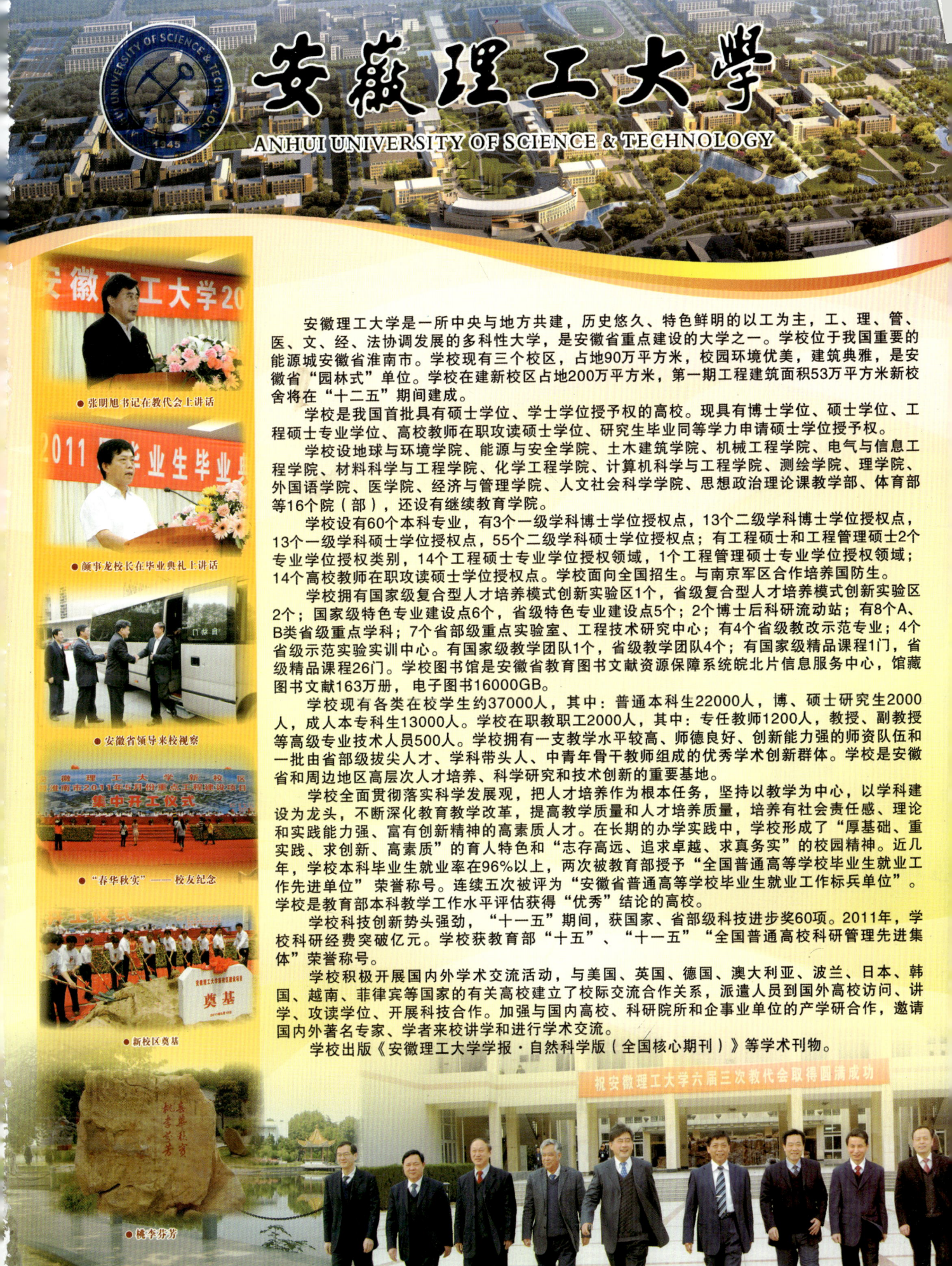

中国高等学校大全

（2012年版）

中华人民共和国教育部发展规划司 编

图书在版编目(CIP)数据

中国高等学校大全:2012年版 / 中华人民共和国教育部发展规划司编. —2版. —北京:北京大学出版社,2012.10
　ISBN 978-7-301-10190-2

Ⅰ.①中… Ⅱ.①中… Ⅲ.①高等学校—概况—中国—2012 Ⅳ.①G649.28

中国版本图书馆CIP数据核字(2012)第260217号

书　　名:	中国高等学校大全(2012年版)
著作责任者:	中华人民共和国教育部发展规划司　编
责 任 编 辑:	唐知涵
标 准 书 号:	ISBN 978-7-301-10190-2/G・3527
出 版 发 行:	北京大学出版社
地　　址:	北京市海淀区成府路205号　100871
网　　址:	http://www.jycb.org　http://www.pup.cn
电 子 信 箱:	zyl@pup.pku.edu.cn
电　　话:	邮购部 62752015　发行部 62750672　编辑部 62767346
	出版部 62754962
印 刷 者:	廊坊市文峰档案印务有限公司
经 销 者:	新华书店
	889×1194毫米　16开本　116印张　4000千字
	2012年10月第2版　2012年10月第1次印刷
定　　价:	580.00元

未经许可,不得以任何方式复制或抄袭本书之部分或全部内容。
版权所有,侵权必究
举报电报:(010)62752024　电子信箱:fd@pup.pku.edu.cn

前　言

　　为了展示我国高等教育改革与发展的现状，加强高等学校之间以及高等学校与社会的广泛联系，促进国内外教育和学术的交流与合作，进一步增强社会各界对高等学校基本情况的了解，2004年，经教育部办公厅批准，教育部发展规划司编辑了《中国高等学校大全》（2004年版），社会各界反映良好。近年来，我国高等学校变动较大，为使社会各界及时了解我国高等教育的发展变动情况，教育部发展规划司继续编辑了《中国高等学校大全》2005年版、2007年版、2009年版。本书（2012年版）共收录了2011年学年初经教育部批准设置的2412所普通高校（含309所独立学院）和353所成人高校。内容包括：省市代码、省市名称、学校（机构）标识码、学校办学类型、学校性质类别、学校举办者、学校地址、邮政编码、办公电话、传真电话、校园（局域）网域名、电子信箱、在校生情况、教师情况、办学条件、专业设置、院系设置、重点学科、科研机构、重点实验室、博士后流动站、出版物、馆藏图书、奖学金、校办产业、毕业生一次就业率、学校历史沿革等，是一部全面、系统、翔实地介绍我国高等学校的工具书，具有重要的参阅价值。

　　书中有关内容均来源于各高等学校填报的国家法定的教育事业统计报表。在编印过程中，得到了各省、自治区、直辖市教育部门和各高等学校的大力支持，大家为此付出了辛勤劳动，在此表示衷心感谢！

编　者
二〇一二年九月

《中国高等学校大全》编辑委员会

主　　编：谢焕忠
副 主 编：张泰青
编　　委：（按姓氏笔画为序）
　　　　　王　卉　　王一杰　　王红进　　叶小贝　　刘　洋
　　　　　刘　晖　　李燕丽　　李振其　　余少军　　张卫波
　　　　　林礼国　　郝　刚　　段雨豪　　姚　敏　　晏正春
　　　　　康世联　　程绍伟　　戴明谊

特约编委：（按姓氏笔画为序）
　　　　　王　华　　卢冠忠　　严欣平　　拜五四　　唐未兵
　　　　　黄汉生　　黄光武

北京体育大学
BEIJING SPORT UNIVERSITY

　　北京体育大学是全国重点大学,国家"211工程"重点建设院校,是新中国成立后国务院确定的首批全国重点院校、唯一拥有体育学一级学科国家重点学科的高等院校和唯一进入"111引智计划"的高等体育院校。学校隶属国家体育总局。

　　学校筹建于1952年,1953年举行开学典礼,原名中央体育学院,1956年更名为北京体育学院,1993年更名为北京体育大学。学校位于海淀区信息路,占地面积约1400余亩,建筑面积约60万平方米。

　　学校设有8个学院、4个系、2个附属学校、3个教研中心和思想政治理论课教学部。此外,国家体育总局干部培训中心和国家体育总局教练员学院设在我校。学校现有4个国家重点学科、12个省部级重点学科、运动生理学等2个省部级优秀重点学科、运动与体质健康教育部重点实验室等5个省部级重点实验室、1个省部级体育社会科学重点研究基地、1个北京市高等学校工程中心。1个国家级实验教学示范中心、2个北京市高校实验教学示范中心。学校设有体育学博士后科研流动站,拥有体育学一级学科博士、硕士学位授予权,3个学科门类6个博士学位授予点和5个学科门类10个硕士学位授予点,体育硕士专业学位授权点、高校师资学位授权点,体育教育、运动训练等12个本科专业,其中3个国家级特色专业建设点,4个北京市特色专业建设点。

　　学校现有教职工1100名,高级专业技术职务人员388名,博士生导师64人,硕士生导师209人,在国际国内各类体育组织任职人员231人次。2010年底在籍各类学生约15000名,其中本科生8000名,各类研究生近2000名。近5年毕业生的一次就业率均达到95%以上。

　　学校已先后与30个国家和地区的56所高等院校建立了交流合作关系;授予了国际奥委会主席罗格等7位国际体育组织负责人和著名专家名誉博士。学校拥有现代化教学楼、科研楼等教学科研设施。拥有室内训练馆25个、室外运动场59个,图书馆藏书94.15万余册。

　　建校50多年来,学校牢记"增强民族体质、弘扬体育精神、探索科学真理、引领文明进步"的办学理念与使命,秉承"追求卓越"的校训,发扬"爱国、拼搏、求实、创新"的校风,为国家培养了一大批享誉国内外的优秀体育人才,为中国体育事业的发展做出了突出贡献。国际奥委会曾分别授予学校3任校长"奥林匹克运动银质奖章"、"体育运动研究奖"和"运动教育奖"。

　　近年来,学校坚持把发展作为第一要务,紧紧围绕"把北京体育大学建设成为世界一流体育大学"的发展目标,实现了超常规、跨越式发展。

　　2005年学校进入国家"211工程"重点院校行列;2006年,国家投资数十亿元、新征土地近400亩,在学校动工建设了国家训练基地;2007年,学校以全优的成绩通过教育部本科教学工作水平评估,在党建和思想政治工作达标检查验收中获得优秀;2008年,学校圆满完成了备战和服务北京奥运会、残奥会的任务,取得14金6银2铜的优异成绩,被中共中央国务院授予"北京奥运会残奥会先进集体"荣誉称号,是唯一获得这一表彰的高等院校;2009年,学校圆满完成新中国成立六十周年庆祝活动任务,被上级机关授予"优秀组织单位"、"突出贡献单位"等荣誉称号;2010年,学校荣获北京市高校党建和思想政治工作先进校提名奖。近年来,北京体育大学学生体育艺术团先后随国务院总理温家宝、国家副主席习近平等党和国家领导人赴俄罗斯参加2010年俄罗斯汉语年开、闭幕演出,成为弘扬中华体育文化的重要窗口,受到党和国家领导人的高度赞誉。

　　国际奥委会主席罗格来校访问时赞誉北京体育大学是推动中国乃至世界体育运动发展的中坚力量;国家体育总局局长刘鹏在学校55周年校庆讲话中评价学校"整体面貌、整体水平、社会影响和声望"三个方面取得了"前所未有"的发展成就;中央政治局委员、国务委员刘延东近年来两次视察学校,她指示说,有这样的学校,我国从体育大国向体育强国的迈进,我们有信心,也有基础和条件。

　　"十二五"期间,北京体育大学将继续以科学发展观为统领,牢记党的重托、人民的期望,办人民满意的教育,全面回应建设体育强国、高等教育强国、人力资源强国、科技强国等国家重大战略需求,加快世界一流体育大学建设进程,为中国体育事业和高等教育事业作出新的贡献。

●刘延东同志在我校审查俄罗斯"汉语年"开幕式并对北体师生发表重要讲话 (摄影:刘丽)

●北京奥运会残奥会总结表彰大会

中国传媒大学
ZhongGuoChuanMeiDaXue

学校主持完成了国家数字中短波广播技术标准制订与系统研制、参与国家手机电视、移动多媒体技术标准制订，在数字广播技术领域处于国内领先、国际先进水平。学校办有教育部"名刊工程"入选期刊《中国传媒大学学报——现代传播》，以及《中国传媒大学学报》（自然科学版）、《当代电影》等刊物，编纂出版《中国广播电视年鉴》、《中国广告作品年鉴》、《中国动画年鉴》、《中国文化产业年鉴》等。

举办世界大学女校长论坛

李长春同志到中国传媒大学考察

张颂教授获高等学校教学名师奖

中国传媒大学是教育部直属的国家"211工程"重点建设大学，其前身是创建于1954年的中央广播事业局技术人员训练班。1959年4月，经国务院批准，学校升格为北京广播学院。2004年8月，北京广播学院更名为中国传媒大学。学校位于中国北京城东古运河畔，校园占地面积46.36万平方米，总建筑面积48.35万平方米。

中国传媒大学秉承"立德、敬业、博学、竞先"的校训，坚持"结构合理、层次分明、重点突出、特色鲜明、优势互补、相互支撑"的学科建设思路，充分发挥传媒领域学科特色和综合优势，形成了以新闻传播学、艺术学、信息与通信工程为龙头，文学、工学、艺术学、管理学、经济学、法学、理学等多学科协调发展，相互交叉渗透的学科体系。目前，学校设有18个学院、2个部、4个研究院，拥有新闻学、广播电视艺术学2个国家重点学科，传播学1个国家重点培育学科，新闻传播学、艺术学、语言学及应用语言学、通信与信息系统、动画5个北京市重点学科，学校现有80个本科专业，3个一级学科博士学位授权点，25个二级学科博士学位授权点，13个一级学科硕士学位授权点，89个二级学科硕士学位授权点，6个专业硕士类别，4个博士后科研流动站。

中国传媒大学致力于高层次、复合型创新人才培养。建校50多年来，学校培养了大批信息传播领域高层次人才，为党和国家的传媒事业以及经济社会发展作出了重要贡献，被誉为"中国广播电视及传媒人才摇篮"、"信息传播领域知名学府"。学校现有各类在读生近30000人。全日制在校生近15000人，其中本专科生近10000人，硕士、博士研究生4000余人，留学生500余人。继续教育在读生近15000人。

学校师资力量雄厚，现有教职工1931人，其中专任教师1070人。拥有一批国内外享有声誉的教授、学者。近年来，有1人入选"长江学者"特聘教授，1人入选"长江学者"讲座教授，3人入选"新世纪百千万人才工程"国家级人选，15人入选教育部"新（跨）世纪优秀人才支持计划"，2人荣获国家级教学名师奖，2人荣获全国优秀教师荣誉称号，9人次荣获北京高校教学名师奖，30人获北京市优秀教师等荣誉称号。一批中青年学术骨干脱颖而出，教师队伍的整体学术实力得到增强。同时，学校还聘请了一批著名专家学者担任特聘教授、客座教授或兼职教授。

作为信息传播研究领域的学术重镇，中国传媒大学致力于传媒内容和形式创新研究、传媒高新技术研发和为政府企事业单位决策咨询服务，形成了一批重要科研成果。学校建有艺术研究院、传播研究院、新媒体研究院和文化产业研究院，建有教育部人文社会科学重点研究基地广播电视研究中心、广播电视数字化教育部工程研究中心、媒介音视频教育部重点实验室、国家语言资源监测与研究中心有声语言分中心、国家工商行政管理总局全国公益广告创新研究基地、文化部国家文化贸易理论研究基地等10个省、部级设置的研究中心，建有"高等学校学科创新引智计划"——数字媒体工程创新引智基地、教育部非通用语种人才培养基地和国家动画教学研究基地，还创办了一批科研特区、研究所等校级科研机构。学校主持完成了国家数字中短波广播技术标准制订与系统研制、参与国家手机电视、移动多媒体技术标准制订，在数字广播技术领域处于国内领先、国际先进水平。学校办有教育部"名刊工程"入选期刊《中国传媒大学学报——现代传播》，以及《中国传媒大学学报》(自然科学版)、《当代电影》等刊物，编纂出版《中国广播电视年鉴》、《中国广告作品年鉴》、《中国动画年鉴》、《中国文化产业年鉴》等。

学校建有校园多媒体网络、数字有线综合业务网、图书文献信息资源网、现代远程教育网，公共服务体系日趋完善；建有1个国家级实验教学示范中心——广播电视与新媒体实验教学中心，6个北京市实验教学示范中心——广告实践教学中心，动画实验教学中心，影视艺术实验教学中心，传媒技术实验教学中心，电视节目制作实验教学中心等；多媒体教室、演播馆、实验室等装备精良，功能完善；图书馆形成了信息传播学科内容丰富，纸质、电子、网络形式多样的馆藏体系。

学校与五大洲50多个国家和地区的200多所高等院校、科研单位及传媒机构建立了交流合作关系。2009年学校发起成立"传媒高等教育国际联盟"，来自20个国家和地区的47所世界知名传媒院校已加入联盟。学校是联合国教科文组织"媒介与女性"教席单位，建有国际传播研究中心、亚洲传媒研究中心、欧洲传媒研究中心等国际学术研究机构。由我校主办的亚洲传媒论坛、世界大学女校长论坛、中国传播论坛等高层次国际学术会议，已成为国际传媒界、高教界交流的重要平台。

中国传媒大学校门及主楼

部分知名校友

学校设远程与继续教育学院，采取函授、夜大、现代远程教育等多种教学模式，建立多媒体、多形式、多层次的继续教育体系，为信息传播领域提供全方位继续教育服务。目前在全国30个省、市、自治区建立了8个分院、30个函授站、32个远程校外学习中心。 学校通过合作办学在六朝古都南京设立了本科层次的独立学院——南广学院，规划占地面积1660亩、建筑面积36万平方米，已建设用地810亩，完成校园建筑33万平方米。学院设立34个本科专业，88个专业方向，现有在校生近11000人。

面向未来，中国传媒大学秉持"植根传媒、依托社会、面向世界开放办学"的办学理念；继承办学传统，创新教育模式，发挥学科的特色和优势；努力将学校建设成为中国传媒与文化事业发展的人才库、科技库、思想库和信息资源库，力争早日实现世界知名高水平传媒大学的奋斗目标。

上海大学
SHANGHAI UNIVERSITY

上海大学是上海市属、国家"211工程"重点建设的综合性大学。现任党委书记是于信汇教授,常务副校长是周哲玮教授。

上海大学现设有26个学院和2个校管系;设有71个本科专业、34个硕士学位一级学科授权点、176个硕士学位二级学科授权点、13种硕士专业学位(其中工程硕士含18个工程领域)、16个博士学位一级学科授权点、82个博士学位二级学科授权点、19个自主设置二级学科博士点、13个博士后科研流动站;拥有4个国家重点学科、9个上海市重点学科;拥有2个科技部与上海市共建的国家重点实验室培育基地,1个国家体育总局体育社会科学重点研究基地,1个教育部重点实验室,1个教育部省部共建重点实验室,1个教育部工程研究中心,3个教育部特色专业建设点,2个上海市高等学校人文社会科学重点研究基地,1个上海市社会科学创新研究基地。

校党委书记于信汇教授　　　　　常务副校长周哲玮教授

上海大学积极实施人才强校战略,初步形成了由名师领衔、层次清晰、结构合理的国际化、高素质、基本满足学校发展需要的师资队伍,并已在多数学科领域中形成了若干有特色、有影响、有潜力的学科团队。现有专任教师2700余人,其中教授近500人,副教授930余人,具有博士学位的教师1300余人。现有中国科学院院士、工程院院士9人,博士生导师400余人;入选中组部"千人计划"4人,教育部"长江学者"4人,上海市"东方学者"18人;获得国家自然科学基金委员会"杰出青年基金"6人,国家级有突出贡献的中青年科技专家5人;享受政府特殊津贴专家48人。

上海大学是上海市重要的人才培养基地。学校建立了以学分制、选课制、短学期制为核心的特色鲜明的人才培养模式,毕业生素以"知识面宽广、综合素质高、创新能力强、发展后劲足"而受到用人单位的青睐,学校2009年被教育部评为首批50所"就业经验典型高校"之一,学校毕业生一次就业率达97.3%。学校现有学生37800余人,其中研究生8800余人,本科生近25000人,高职生4000余人。另外,还有成人教育学生11000余人。

上海大学的科研实力在全国高校中处于先进水平。现建有国家大学科技园和高新技术开发区,还有各类研究所、研究中心100多个。近五年来,学校科研经费一直位于全国高校25位左右,国际三大检索(SCI、EI、ISTP)收录的学术论文数 直位丁全国高校30位左右,专利申请与授权数位于全国高校20位左右。随着学校文科的快速发展,文科科研实力大为增强,2010年新获得国家社科基金项目15项、教育部人文社会科学研究一般项目44项、上海市哲学社会科学项目13项。

上海大学积极实施国际化战略,开展了广泛的国际交流与合作。迄今已与80多个国家和地区的161所高校建立了合作交流关系,中外合作办学稳步发展。与此同时,学校不间断地派遣教师出国进修、考察和开展学术交流。学校在校就读的外国留学生2800余人,其中学历生500余人。

上海大学校园占地面积近200万平方米,校舍建筑面积100余万平方米,形成了以校本部为"一体"、延长校区和嘉定校区为"两翼"的"一体两翼"的校园格局。图书馆建筑面积5.47万平方米,馆藏纸本图书370余万册,中外报刊4450余种。校园通信光缆连接三个校区,建成了较完整的信息网络服务体系。学校体育场馆设施先进,功能完备。学校还建成了3个国家级实验教学示范中心等一批先进的教学实验中心和多媒体教室。

如今的上海大学,钱伟长校长倡导的"自强不息"、"先天下之忧而忧,后天下之乐而乐"的校训和"求实创新"的校风在师生中不断弘扬光大。展望未来,上海大学将继续发扬优良传统,深化改革,开拓创新,不断优化富有上海大学特色的办学模式,进一步推进内涵建设,提高办学水平,改善办学条件,建立与上海现代化国际大都市地位相适应的高层次人才培养体系和科技创新体系,努力朝着国际知名、国内一流的综合性研究型大学的建设目标迈进。

校园景色

华东交通大学

★校园一角

★江西省委书记苏荣(左二)视察该校大学生就业工作并给予高度肯定。华东交通大学党委书记张安哥(右三)介绍该校工作。

★华东交通大学校长雷晓燕教授(右一)率领的科研团队，一举中标泰国国际招标重大项目——曼谷新机场铁路连接线噪声与振动研究，开创了江西省高校主持国际科研招标项目的先河。

目录前插 五

华东交通大学是一所以工为主的教学研究型大学，坐落于物华天宝、人杰地灵的英雄城南昌。1971年经国务院、中央军委批准将上海交通大学机车车辆系和同济大学铁道工程专业并入上海铁道学院迁往江西南昌，更名为华东交通大学。学校始属铁道部，2000年转制为"中央与地方共建，以地方管理为主"，并被江西省列为重点加强建设的高等院校，是博士学位立项建设单位。

目前，学校占地面积近3000亩，山清水秀，景色宜人，为"全国部门造林绿化300佳单位"，是名副其实的花园式大学。各类建筑面积70余万平方米，教学科研仪器设备总值1.65亿元。学校具有一流的办学条件，现代化的教学大楼、装备优良的中心实验室。图书馆收藏各类文献260余万册，数字化图书馆建设走在了全省高校的前列。

我校学科门类齐全，涵盖工、经、管、文、理、法、教育等7大学科门类。现有16个学院，56个本科专业；一级学科硕士点17个，二级学科硕士点81个，省示范性硕士点5个；13个省级重点学科，12个工程硕士培养领域，是工商管理硕士、应用统计硕士、会计硕士等专业学位培养单位。拥有教育部工程研究中心1个，教育部重点实验室1个，省级重点实验室3个，省级人文社会科学重点研究基地2个，省级产学研示范基地2个，是全国CAD应用工程培训基地、江西省知识产权培训中心，为开展推荐优秀应届本科毕业生免试攻读硕士研究生工作单位。"铁路环境振动与噪声工程中心"被批准为博士后科研工作站。

现有在校学生20000余人，教职工1600余人，正副教授460余人。学校拥有入选国家"百千万人才工程"、"教育部新世纪优秀人才支持计划"、"江西省主要学科学术和技术带头人计划"、"江西省青年科学家（井岗之星）培养对象"、"全国优秀教师"、"中青年学科带头人"等80余人，享受政府特殊津贴的专家40人。

近年来，学校科研能力不断增强，承担各级科研项目3000余项，其中"863"、"973"、国家自然基金、科技部国际交流、国际招标及省部级以上项目500余项；获国家科技进步一等奖1项，省部级以上科研成果奖50余项；在国内外学术刊物上发表论文3600余篇，其中600余篇被SCI、EI、ISTP检索；获国家专利50余项；出版论著教材200余部。

学校积极开展国际合作与交流，已与美国马歇尔大学、特泽伊大学、西来大学，英国斯旺西大学、格林威治大学，加拿大新不伦瑞克大学，澳大利亚斯威本科技大学，德国克劳斯塔尔工业大学，日本的九州工业大学，俄罗斯伊尔库茨克国立交通大学，韩国亚洲大学，意大利罗马二大，印度威尔泰克工程技术大学等30余所国外大学结为姊妹学校，建立了全方位、多层次的合作关系。

重视大学生体育事业，曾荣获全国大学生锦标赛女子团体总分第一名、男女团体总分一等奖，我校学子白雪夺得2009年世界田径锦标赛女子马拉松冠军，学校篮球队还多次代表江西高校参加全国大学生篮球联赛（CUBA）。

国防生培养工作获得中央和军委领导的高度肯定，由教育部、总政治部向全国高校推广先进经验；心理咨询中心针对大学生实施"多维立体、全员互助"健康教育模式，被评为全国心理健康教育先进单位；以"校园110"为平台的校园治安防控体系在全省率先实行，学校连续8年获得江西省社会治安综合治理目标管理先进单位。

学校享有良好的社会信誉，高质量的生源为人才培养提供了良好的基础。毕业生一次性就业率长年位居江西省高校前列，连年获评全省普通院校毕业生就业工作先进集体，并被评为2009年度全国普通高校毕业生就业工作先进集体。

栉风沐雨谋发展，团结奋斗谱新篇。华东交通大学全体师生员工正紧紧把握"十二五"事业发展的新机遇与新挑战，围绕"质量、水平、效益"的协调发展，以科学发展观为统揽，以学科建设为龙头，以内涵建设为主线，以教学工作为中心，走质量立校、人才强校、特色兴校、开放办校的发展道路，力争把华东交通大学建成有竞争力的教学研究型大学。

大连海洋大学
Dalian Ocean University

大连海洋大学是我国北方地区唯一的一所以海洋和水产学科为特色，农、工、理、管、文、法、经等学科协调发展的多科性高等院校。学校创建于1952年，前身为东北水产技术学校，1958年升格为大连水产专科学校，1978年升格为大连水产学院。2000年由农业部划转辽宁省管理。2008年以"优秀"成绩通过教育部本科教学工作水平评估。2010年经教育部批准更名为大连海洋大学。

学校坐落于美丽的海滨城市大连。有黄海、渤海和瓦房店3个校区，占地面积80万平方米，管辖使用海域面积67万平方米，总建筑面积40万平方米。学校现设有16个学院和2个教学院部。有省部级重点学科4个，其中水产一级学科被确定为省高水平重点学科，水生生物学、动物遗传育种与繁殖2个二级学科被确定为辽宁省优势特色学科，有省哲学社会科学重点建设学科1个。有一级学科硕士学位授权点11个、二级学科硕士学位授权点28个，有2个硕士专业学位类别、5个培养领域。有46个本科专业和32个高职专业。有1个国家级人才培养模式创新实验区，1个国家级实验教学示范中心，1个省级实验教学示范中心，3个国家级特色专业，4个省级本科特色（示范）专业，1个辽宁省紧缺本科人才培养基地。有国家级加工中心1个，农业部重点开放实验室1个，省级重点实验室6个，省级工程技术研究中心4个，省级科技服务中心1个，省高校重点实验室4个。

学校现有全日制在校生14000余人，有专任教师800多人，其中教授112人，副教授280人。2005年以来，学校共承担各类科研项目640项，其中国家级74项、省部级228项。有29项科研成果获市级及以上奖励，其中国家级3项，省部级18项。

学校秉承"天道酬勤、海纳百川"的校训，倡导"厚德博学、为人师表"的教风，培育"明德尚学、志存高远"的学风，强化第一课堂教学质量，丰富第二课堂科技文化活动，学生的综合素质不断提高。2005年以来，学生在各级各类竞赛中，先后获得省级及以上奖励660余项。

学校先后与美国、澳大利亚、日本、挪威、韩国、俄罗斯等国家和地区的30余所高校和科研机构建立了交流与合作关系，对外影响和国际声誉不断提升。

学校在长期的建设和发展过程中，形成了"传承水的精神，矢志江河湖海，培养敬业、专业、乐业、创业人才"的鲜明办学特色。站在新的历史起点，学校将继续发扬"百折不回、自强进取、求实创新、无私奉献"的"水的精神"，全面创建"特色鲜明、国内一流，具有重要行业影响力的高水平海洋大学"，为国家海洋与水产事业以及辽宁省、大连市区域经济社会发展做出新的更大的贡献！

● 辽宁省大连市沙河口区黑石礁街52号（黄海校区） 邮编：116023
● 辽宁省大连市甘井子区营平路288号(渤海校区) 邮编：116036
● 辽宁省大连市瓦房店市东长春路二段12号(瓦房店校区) 邮编：116300
● 联系电话：0411-84762652　84763008 网址：http://www.dlou.edu.cn

★2004年4月，胡锦涛总书记等中央领导与我校毕业生合影

★全国人大常委会副委员长周铁农（左三）来我校视察

★国家海洋局党组书记、局长刘赐贵（左三），辽宁省副省长赵化明（左二）来我校视察

★研究生毕业典礼

湖南商学院
HUNAN UNIVERSITY OF COMMERCE
|厚德|博学|精明|自强|

▲校长唐未兵教授

湖南商学院是一所以经济学、管理学为主，涵盖经、管、法、文、理、工等学科的多科性省属全日制普通本科高等院校，是教育部本科教学工作水平评估优秀高校。2008年，成为湖南省新增硕士学位授予权立项建设单位。

学校位于历史文化名城长沙市，南朝岳麓，东顾湘江，交通便利，环境优美。学校始建于1949年，校园占地1340.61亩，建筑面积47万余平方米。现有总值9000余万元的教学仪器设备，200余万册的图书馆藏书。有教职工1191人，其中，具有正高职称者124人，具有副高职称者305人，具有博士学位者129人，享受国务院政府特殊津贴的专家9人，"新世纪百千万人才工程"国家级人选2人，教育部"新世纪优秀人才支持计划人选"3人，湖南省优秀社会科学专家2人，湖南省首届优秀青年社会科学专家1人，湖南省"121人才工程"人选20人。现设有16个教学院（部）、35个本科专业、34个科研机构以及教育部首批批准成立的独立学院——北津学院。有省级重点（建设）学科3个；省级研究基地6个；教育部高等学校"第一类特色专业建设点"2个，"第二类特色专业建设点"1个，省级重点专业5个，省级特色专业9个；教育部"2007年度人才培养模式创新实验区"建设项目1个；国家级精品课程2门，省级精品课程10门；省级优秀教学实习基地8个，省级教学团队4个。普通全日制在校本科学生18000余人。

学校近五年共承担各级各类科研项目近800项，其中，国家社会科学基金重大项目1项、重点项目2项、一般项目和青年项目37项、后期资助项目2项，国家自然科学基金项目1项，国家软科学重大项目1项、一般项目4项，教育部人文社科项目24项，国际招标项目2项，省社会科学基金重大项目15项。国家级、省部级课题数量在湖南省省属一般院校中名列前茅。

学校遵循"厚德、博学、精明、自强"的校训，以育人为本，以教学为中心，坚持培养基础扎实、综合素质高、实践能力强，具有市场意识和创新精神的应用型高级专门人才。面向30个省、直辖市、自治区招生，近年来年度就业率一直稳定在94%以上，为地方经济建设和社会发展作出了应有的贡献。学校对外交流日益广泛，已与荷兰、爱尔兰、美国、加拿大、澳大利亚、英国等国家的20多所大学和科研机构建立了合作办学和校际交流关系。

▲2009年财经类高等学校本科人才培养工作研讨会暨高等财经院校第三届校长论坛在我校举行

▲郭开朗副省长来我校视察工作

▲我校六十周年校庆大会现场

电话：0731-88689016　　传真：0731-88882487　　邮政编码：410205　　地址：中国湖南省长沙市岳麓区岳麓大道569号　　网址：www.hnuc.edu.cn

中南民族大学
SOUTH-CENTRAL UNIVERSITY FOR NATIONALITIES

◆全国政协副主席阿不来提 阿不都热西提(左三)在校党委书记陈达云(右三)、校长雷召海(右一)的陪同下视察中南民族大学。

◆中共中央委员、国家民委主任杨晶(右三)在湖北省副省长郭生练(右二)、校党委书记陈达云(右一)、校长雷召海(左一)的陪同下视察中南民族大学。

◆国家民委党组书记杨传堂(左一)在校党委书记陈达云(中)、校长雷召海(右一)的陪同下视察中南民族大学。

目录前插 八

　　中南民族大学是直属国家民族事务委员会的综合性普通高等院校，坐落于白云黄鹤的故乡——武汉南湖之滨。学校前身为中南民族学院，创建于1951年，2002年3月更名为中南民族大学。在办学过程中，学校始终坚持党的民族工作规律与高等教育规律相结合，民族高等教育的特殊性与普通高等教育的普遍性相结合，遵循高等教育的普遍规律，尊重民族高等教育的特殊性，紧紧围绕"各民族共同团结奋斗，共同繁荣发展"的民族工作主题，努力探索办好民族院校的新路子，为国家培养了十万余各类高级专业人才。

　　学校占地1446亩，校舍面积72万平米，馆藏图书280余万册，拥有全国高校第一家民族学博物馆。学校现有56个民族的博士、硕士、本科、预科等各类全日制在校生23,000余人，招生范围覆盖到了31个省(市、自治区)，少数民族学生比例达到60%以上，教职工1,900余人，其中专任教师1201人，有正副教授575人，博士、硕士导师320人，有新世纪百千万人才工程国家级人选3人，享受国务院政府津贴29人，省部级专家32人，具有博士学位教师比例达到35%，形成了一支数量充足、结构优化、素质较高、发展良好的师资队伍。开设有9大学科门类的本科专业65个，拥有10大学科门类的硕士学位点逾百个，博士点5个。毕业生一次性就业率稳定在90%以上。学校现有省级及以上精品课程20门，5个国家级特色专业建设点，17个省部级优势学科、特色学科、重点学科，7个省级品牌专业，1个国家级实验教学示范中心，13个省部级重点实验室。2008年学校成为"推荐优秀应届本科毕业生免试攻读硕士学位"授予权单位。学校设有学校设有少数民族经济、女书、土家族、应用化学、等离子体、生物医学工程等48个研究所(中心)。学校高度重视对学生全面素质的提升和创新能力的培养，以"笃信好学，自然宽和"的校训激励学生奋发图强，鼓励学生全面发展。

　　中南民族大学杰出的办学成就赢得了广泛的国际声誉。随着教育改革与开放的不断深入，学校加快了对外交流、开放办学的步伐。目前，学校已与7个国家的20余所大学建立了校际交流与合作关系。2008年学校与美国威斯康星州立大学联合创办了"孔子学院"。学校定期选派优秀的本科生和研究生到国外访问、交流、学习，选派教师出国讲学、进修和科学研究，也聘请外国专家来校执教和开展合作，扩大了学校在国际上的学术影响。

　　近年来学校事业获得了飞速发展，2001年，学校在教育部本科教学工作随机性水平评估中获得优秀，2006年，我校在教育部本科教学工作水平评估中再度荣获优秀。2003年9月，学校成为国家民委与武汉市人民政府共建院校，2001—2010年连续5次被评为湖北省最佳文明单位，从2004年至2010年我校连续三次获"湖北省大学生思想政治教育工作先进高校"；2005年5月学校被国务院授予"全国民族团结进步模范集体"荣誉称号。2008年学校获得"国家民委文明单位"称号。2010年被中华全国总工会授予"全国模范职工之家"光荣称号。

　　中南民大人在团结奋进的学校领导班子的带领下，不断推动各项事业改革，改善办学条件，增强办学实力，提高办学质量，为构建和谐校园，实现特色鲜明、人民更加满意的高水平民族大学的建设目标努力奋斗。

开封大学

开封大学位于七朝古都开封，是经河南省人民政府批准、教育部备案，由开封市人民政府主办的一所全日制综合性普通高校，创建于1980年，成立之初为河南师范大学（现河南大学）分校；1981年更名为开封市走读大学；1984年更名为开封大学。

多年来，开封大学秉承"明德、励学、笃行、创新"的校训，遵循"以德治校、质量强校、特色立校、科研兴校"的办学理念，坚持"以就业为导向，以育人为根本，以服务为宗旨"的办学宗旨，形成了"就业、培养、招生"相结合、"生产、教学、科研"相结合的办学模式和以"学历教育为主，集职业培训、技术服务、技术开发为一体"的办学格局，各项事业实现了全面、协调、可持续发展。

开封大学综合教学楼

开封大学东京大道校区

开封大学建校三十周年庆祝大会

学校占地1000余亩，设有11院2部5个公共教研部，开设40余个专业，涵盖理、工、经、文、管、医6大类，各类在校生15000余人。现有教职工800余人，专任教师近600人，其中，副高以上170余人，硕士以上学位250余人。固定资产3亿元，教学及科研仪器设备总值6000余万元，纸质图书80万册，电子图书近3000GB。拥有校内实训中心13个，校内实践基地100余个，校外实习基地200余个。设有职业技能鉴定站（点）9个，涉及鉴定或培训工种27个。生源遍布全国30个省（市、自治区），就业率连年达到95%以上，已向社会输送各类毕业生4万余名。 学校拥有国家级技能型紧缺人才示范性培养培训基地、中央财政支持的职业教育实训基地、省高校工程技术研究中心建设项目和省高职教育示范专业、省高职教育教学改革试点专业、省高等学校名牌专业建设点、省高等学校特色专业建设点、省高等学校优秀教学团队、省级精品课程、省优秀课程，学生在国家、省、市各级各类职业技能竞赛中多次获奖。

开封大学与新西兰纳尔逊理工学院洽谈合作办学

近几年，教师完成各级科研项目500余项；发表论文2500余篇；获国家发明专利8项，省教育厅各类优秀教学成果奖47项；创办有《开封大学学报》和《中原儒学》两种刊物；开封市文学学会、语言学会、历史学会、焊接学会、模具学会、公共关系学会、跆拳道协会、宋代文化研究所等均设于开封大学。学校具有接收留学生资格和派出留学生中介资格，与加拿大、新西兰、新加坡、澳大利亚等国家均有联合办学项目。于1994年成立了以香港金鑫国际集团董事局主席李金松博士为董事长的开封大学董事会，以此为依托，大力开展校企合作，与珠三角、长三角、环渤海地区等140多个单位建立了校企合作关系。

开封大学2010年校企合作高峰论坛

学校入选中国职业教育研究会理事单位，在教育部高职高专院校人才培养工作水平评估中获得优秀院校，被确定为河南省首批示范性高等职业院校立项建设单位，在省德育工作评估中获得优秀院校。被评为省职业教育攻坚工作先进单位、全国预征工作先进集体、河南考生心目中最理想的高校、河南专科院校综合实力20强、省大中专毕业生就业工作先进集体、省教育科研先进集体、省教育管理年活动先进单位、省高校校园文化建设先进单位、省高校学生管理工作先进单位、省军事技术人才培养基地、省首批语言文字规范化示范学校、长三角学生就业协作网企业公认"就业服务"特色院校；校团委被团中央授予"全国五四红旗团委"称号。

三十年弹指一挥间。展望明天，开封大学将继续坚定不移地走内涵发展、特色发展、科学发展之路，努力建成国内知名、特色鲜明、水平一流的示范性高等职业院校。

河南师范大学

2009年1月9日河南师范大学帕瓦罗蒂音乐艺术中心成立，校党委书记张亚伟（右二）与意大利驻华大使里卡尔多·谢飒（右四）为中心剪彩。

6月16日，我校2009届本科生毕业典礼暨学位授予仪式隆重举行，校长焦留成（右一）为毕业生颁授学位证书，并拨苏正冠。

校园一角

河南师范大学是一所建校历史较长的省属重点大学。学校北依太行，南滨黄河，位于豫北名城新乡市。其前身是始建于1923年的中州大学和创建于1951年的平原师范学院，1985年始称河南师范大学。河南师范大学以"厚德博学、止于至善"为校训，经过几代人的努力，逐步形成了"明德、正学、倡和、出新"的校风，"修至学、立世范、启智慧、益品行"的教风和"尚诚朴、勤学问、重团结、养正气"的优良学风。

学校现设有20个学院，29个研究所（中心），55个本科专业；学校从1978年开始招收硕士研究生，拥有2个博士学位授权一级学科，15个博士学位授权二级学科，4个博士后科研流动站，19个硕士学位授权一级学科，135个硕士学位授权二级学科。学校设有省部共建细胞分化调控国家重点实验室，黄淮水环境与污染防治、绿色化学介质与反应2个教育部重点实验室，8个省级重点科研基地；设有生命科学和化学2个国家级实验教学示范中心；学校为国家大学生创新性实验计划实施单位、教育部教育硕士专业学位试点单位和河南省教师教育综合改革试验基地；河南省高校师资培训中心和河南省高中校长培训基地挂靠该校，学校建有河南省规模最大、种类最多的生物标本馆。

学校占地面积148万平方米，建筑面积76万平方米，学校现有各类学生40000余人，专业技术人员1900人，其中中国科学院、中国工程院双聘院士5人，设立省级特聘教授岗12个；国家有突出贡献的中青年专家、享受国务院政府特殊津贴专家、全国高等学校教学名师、教育部新世纪优秀人才支持计划入选者、教育部高等学校教学指导委员会委员36人，中原学者、河南省优秀专家、河南省教学名师38人。建国以来，学校已为社会培养各类毕业生16万余人。

河南师范大学以校风淳、教风正、学风浓、本科教学水平高享誉省内外。作为教育部本科教学工作水平评估优秀学校，拥有国家级教学团队2个，近年来获得国家级教学成果奖2项，建设有6个国家级特色专业，6门国家级精品课程、双语课程。学校生源充足，多年来本科招生第一志愿报考上线人数一直是招生计划的2倍左右，毕业生年底就业率保持在90%以上。

近五年来，学校先后承担包括国家"863"、"973"、国家自然科学基金、国家社科基金等在内的国家级、省部级科研项目720余项，获得第七届中国音乐金钟奖金奖、中国校园戏剧奖、全国青年歌手电视大奖赛优秀奖等，出版各类教材、学术著作400余部，在SCI、SSCI、A&HCI、EI源期刊发表学术论文1100余篇，在CSSCI、核心期刊发表论文4100余篇。《河南师范大学学报》哲学社会科学版和自然科学版均为中文核心期刊，哲学社会科学版跻身CSSCI来源期刊。

河南师范大学积极开展对外交流，先与美国、英国、德国、日本、韩国等国的31所院校建立了校际联系和友好协作关系，派出300余位专家、学者赴国外讲学、深造、进行学术交流。

"十二五"期间，学校将不断深化各项改革，优化整合办学资源，不断提高办学层次和质量，突出办学特色，提升综合实力，全面建设国内影响较大的具有教师教育特色的综合性教学研究型大学。

图书馆

晨读的学生

中心花园

中南林业科技大学
Central South University of Forestry & Technology

求是求新 树木树人

●图书馆

●中心广场

●学校校门

●湖南省第九届大运会在我校举行

●第24届"亚洲杯"乒乓球赛在我校举行

　　中南林业科技大学经过53年的发展，已成为一所涵盖理、工、农、文、经、法、管、教等八大学科门类的多科性大学。

　　学校现有3个博士后科研流动站，5个一级学科博士点，34个二级学科博士点；13个一级学科硕士点，81个硕士点，5个专业硕士学位授权类别。有3个国家重点学科，4个国家林业局重点学科，9个省重点学科；63个本科专业，其中有7个国家管理的专业点，9个省重点专业。拥有1个国家重点野外科学观测实验站，1个南方林业生态应用技术国家工程实验室，1个稻谷及副产物深加工国家工程实验室，1个国家林业局重点开放性实验室，1个国家林业局生物乙醇研究中心，1个国家级实验教学示范中心，1个湖南省家具家饰工业设计中心，1个竹业湖南省工程研究中心，4个省级重点实验室，2个省级实践教学示范中心。有国家级"百千万人才工程"人选2人，国务院学位委员会学科评议组成员2人，教育部新（跨）世纪优秀人才3人，全国杰出专业技术人才1人，省"百人计划"人选1人，"芙蓉学者"特聘（讲座）教授5人，省优秀社会科学专家1人，省"新世纪121人才工程"一二层次人选8人。

　　学校积极实施内涵发展战略，大力开展学科引领、教育提质、人才强校、管理创新"四大工程"，全面推行目标管理，各项工作取得显著成绩。

　　学校现有各类在校学生3.4万人，教职工2270人，专任教师1229人。其中，教授及正高职称202人，副教授及副高职称577人；博士生导师117人，硕士生导师485人。人才培养质量位居全国同类院校前列，学生在国家和省部级各类活动、竞赛中频频获奖，毕业生基础知识牢固，专业技能扎实、实践能力强、勇于创新，就业率保持在90%以上。学校还加大了人才培养模式改革，从2010年起开办了创新型人才培养实验班和国际教育本科实验班，加快培养创新型人才和具有国际视野高级人才的步伐。

　　近三年，学校共承担各级各类科研项目1500余项，其中国家"863"、国家自然科学基金、国家社会科学基金、国家"948"计划、国家攻关重大项目等国家级科研项目136项；省部级项目500余项；其它项目1100余项；年均科研经费1亿多元。获国家科技进步二等奖、省科技进步一等奖等省部级以上奖励25项；在各级各类学术期刊上发表学术论文8000多篇，正式出版专著和教材200余部。

　　学校积极推进产学研合作，坚持围绕国家、区域与行业重大战略需求，充分发挥学科专业优势，在经济林、竹木加工与家具家饰、林业生态、生态旅游、园林花卉、粮油食品加工、土木建筑、工程材料、林业生物技术等领域和全国10多个省、市、自治区在人才培养、科技创新、成果推广、基地建设等方面开展多方位、深层次的产学研合作，产生了良好的社会、生态和经济效益。

河南农业职业学院

原国家教育部部长周济（前排左二）在原河南省副省长王菊梅右二、省教育厅厅长蒋笃运（右一）和学院党委书记、院长杨海蛟陪同下视察学院

省长郭庚茂（中）查看学院科技园国家小麦试验田生长情况

2009年学院通过教育部人才培养评估

目录前插 十二

　　河南农业职业学院前身为河南省农业学校，1952年建于郑州，前称河南省郑州农林技术学校，后改称河南省郑州农业学校；1958年迁址中牟，更名为河南省中牟农业学校，1990年更名为河南省农业学校；2004年5月，升格为河南农业职业学院，为公办全日制高等职业院校。

　　学院位于郑州新区中心区域，是郑汴一体化建设的现代农业示范区、国家养殖基地、国家物流中心、农产品加工区、汽车及零部件产业园区，区位优势明显。学院占地面积1200亩，在校生13600人，实验实训设施总价值6200多万元，图书馆现有藏书75余万册。学院现设植物科学系、动物科学系、食品科学系、经济贸易系、电子信息工程系、基础科学系、机电工程系7个系与成人教育中心，共有38个高职专业。学院师资力量雄厚，教职工708人，拥有3个省级优秀教学团队，其中，教授、副教授133人，博士、硕士研究生学历的教师242人。

　　学院坚持以市场和就业为导向，强化学生全面素质与综合职业能力培养，全面提升毕业生的就业竞争力，毕业生双证、多证率连年达到95%以上，毕业生就业率连年达到95%以上，学院连年被评为"河南省大中专院校毕业生就业工作先进单位"。"十一五"期间，获得省市以上科研教研成果奖75项，4部教材被评为国家级精品教材，国家级及省级精品课程6门，主编参编教材（专著）230部，发表专业论文2477篇。

　　目前，学院是国家骨干高职院校建设单位、中国职教学会农村与农业职业教育专业学会副主任单位、河南省职业技术学会副会长单位、河南省农业教育协会会长单位、河南省农业职业教育研究会会长单位、河南省农业职教集团理事长单位、河南省示范性高等职业院校建设单位、河南省职业院校德育、牧医两个教研中心牵头单位。学院自有实习基地，是"全国农业职业教育培训示范基地"、"中国科学院农业高新技术河南示范基地"、"全国农业科技旅游示范基地"、"河南省农业高新科技园"、"河南省农村党员干部培训基地"和"农业部现代农业技术培训基地"。学院长期坚持走产学研结合办学之路，教师积极参加科研教研和农业技术推广工作，成立由60多人组成的"农业专家服务团"，长年坚持为"三农"服务。

　　建校59年来，学院累计为国家培养大中专毕业生8万多人，培训各类学员22万人。结合专业和基地建设，为区域经济建设和发展作出了突出的贡献，赢得了社会的广泛赞誉。学院分别被国家农业部、国家教育部、河南省政府、河南省教育厅授予"全国农业职业院校产学研结合先进单位"、"全国农业职业教育先进集体"、"全国普法教育先进单位"、"全国模范职工之家"、"河南省省级文明单位"、"河南省职业教育先进单位"、"河南省花园式学校"等荣誉称号。

科研楼

体育馆

校园一角

无锡太湖学院
（原江南大学太湖学院）

★ 荣获全国"五一"劳动奖状 ★

无锡太湖学院是经教育部批准设立的全日制、综合性、多学科的普通本科高校，其前身是成立于2002年的江南大学太湖学院，是无锡市重点建设的普通本科院校。今年面向江苏、上海、浙江、福建、湖南、湖北、四川、重庆、北京、河南、安徽、山东、天津、山西、河北、江西、辽宁、黑龙江、吉林、陕西、贵州、内蒙古、广东等23省市招生。

学院坐落在美丽的江南名城无锡市，校园依山傍水，环境优雅，交通便利，占地2000多亩，建筑面积40多万平方米，学院有馆藏图书131万册，教学仪器设备总值1亿多元。

太湖学院设经济系、管理系、机电系、语言文学系、土木工程系、艺术设计系、艺术系等7个系和49个专业及方向，在校生达13000多人。

太湖学院实施"一本多证"制。四年学习，学生可获国家承认、电子注册的大学本科毕业证书和无锡太湖学院学士学位证书，还可通过相应考试获各专业的职业资格证书和技能证书。学生多次在全国各类竞赛中获一等奖，连续六届毕业生高就业率，深受社会欢迎。

学院走国际化办学之路，同美国、英国、日本、加拿大、澳大利亚等国联合办学，培养大批有国际竞争能力的创新型、复合型人才。学院有国家级奖、助学金，省级奖、助学金。学院设"威孚"、"锦宸"奖学金、新生奖学金、贫困生奖学金等10多项奖学金，并设爱心基金，帮助贫困学生顺利完成学业。

学院荣获全国"五一"劳动奖状、"中国民办高等教育优秀院校"、"全国先进独立学院"、"江苏省文明单位"、"江苏省平安校园"、"江苏省优秀科普教育基地"、"江苏省综合治理先进单位"、"无锡市文明单位"、"就业工作先进集体"等40多项荣誉称号。

无锡太湖学院荣获"全国五一劳动奖状"

6号教学大楼

1号教学大楼

计算机中心

迎新晚会

咨询电话：0510-85522008、85503999 85509888（传真）
传　　真：0510-85503261
学院地址：江苏省无锡市钱荣路68号
邮　　编：214064
E - mail：zb@thxy.org
网　　址：http://www.thxy.org

太湖创意职业技术学院
Taihu College of Creative Technologies

★ 太湖创意职业技术学院，是经江苏省人民政府、国家教育部批准的全日制普通专科学校。

★ 学院地处文化和旅游名城无锡市，位于青山、龙山之间，环境优美，交通便捷，教学设施俱全，是莘莘学子读书、成才的理想场所。

★ 学院紧贴市场需求，设置23个热门专业和方向，具有广阔的就业前景。学院被无锡市政府授予"服务外包人才培训基地"，面向全国21个省市招生。

★ 学院注重人格塑造，突出"国际化、职业化"和"实用性、技能性"的教学特色，强化实践训练，依托无锡创意产业优势，面向企业，按需施教；面向学生，因材施教。开展"嵌入式"教学，实行"一本多证"制。产学一体，使学生毕业、就业无缝对接。

★ 太湖创意职业技术学院与无锡太湖学院校园相邻，本院学生学习两年后，由学院为学生进行"专转本"复习，通过"专转本"考试，本院学生可进入无锡太湖学院本科三年级就读。

★ 学院拥有一支学术水平高、实践能力强的专职教师队伍，各系主任均由南京大学、复旦大学、上海财大等资深教授、专家组成。通过产学结合，把学生培养成实践能力强、综合素质高、富有创意的市场紧缺人才，确保高质量就业率。

咨询电话：0510—85528802、85528828
传　　真：0510—85528801　电子邮件：zb@thcyzy.org
学院地址：江苏省无锡市钱荣路80号　邮　编：214064
网　　址：http://www.thcyzy.org

学生公寓

体育运动会

迎新文艺晚会

校园一角

忻州师范学院
XINZHOU TEACHERS UNIVERSITY

厚学启智 修德树人

忻州师范学院基本情况

★学院所塑全国最大的陶行知先生紫铜塑像

忻州师范学院始建于1958年，2000年3月经教育部批准组建为全日制普通高校，是山西省三所本科师范院校之一。现有3个校区，占地面积22万平方米，建筑面积36万多平方米。教学仪器设备总值7050万元，图书馆藏书130多万册。现有22个教学系部，26个本科专业，27个专科专业。教职工1200余人，专任教师800余人（其中山西省教学名师13人，硕士以上学位教师400余人，副高以上职称教师近400人）。在校普通本专科生15000余人，成人教育本专科生10000余人。

学院普通本专科面向全国26个省市自治区招生，第一志愿报考率每年稳定在85%以上，报到率每年稳定在97%以上。毕业生择业期内就业率每年达到80%以上，大部分充实到基层教育一线，考取村干部、特岗教师、公务员、硕士研究生和担任西部志愿者等比例在全省同类高校名列前茅。

学院是教育部、财政部确定的"2007年度人才培养模式创新实验区"，是全国获"人才培养模式创新实验区"称号的9所师范院校之一，是山西省唯一获该项目的高校。

"地方师范院校人才培养模式综合改革"为教育部、财政部确定的"人才培养模式创新实验区建设项目"。汉语言文学、数学与应用数学、化学分别为教育部、财政部确定的第一、二、四批特色专业建设点。"地方师范院校扶贫顶岗实习支教的探索与实践"获第六届高等教育国家级教学成果二等奖，"师范院校人才培养模式综合改革——扶贫顶岗实习支教的实践与理论探索"等3项成果获山西省教学成果一等奖。化学、汉语言文学、数学与应用数学为山西省品牌专业。物理化学、中国古代文学为省级重点扶持学科。五台山文化研究、元好问研究在全国处于领先水平。舞蹈（音乐）系与忻州北路梆子剧团联合创演的现代戏《黄河管子声》获中国戏剧最高奖"文华剧目奖"，受文化部表彰。

多年来，学院把主动服务山西基础教育和经济社会发展，为山老贫困地区培养一批批高素质中小学教师和建设人才，视为党和人民赋予的神圣职责和根本办学任务，大力加强大学生思想政治工作，积极深化人才培养模式改革，全面推进扶贫顶岗实习支教，各项事业持续健康地发展。

1997年9月以来，学院组织实施扶贫顶岗实习支教，至今已连续派出28批共19000多名本专科大学生，到忻州市全部14个县市区和河津市、孟县、大同县、海南省五指山市的近650所农村中小学进行扶贫顶岗实习支教。学院与地方政府签订了至2016年的扶贫顶岗实习支教协议，届时累计派出的扶贫顶岗实习支教学生将达4万人次左右。

近年来，全国人大常委会副委员长严隽琪，时任国务委员陈至立，全国政协副主席罗富和，时任教育部长周济，教

★2007年9月15日教育部部长周济（左二）专程来校调研扶贫顶岗实习支教时听取党委书记王秋生（右一）代表学院所做的实习支教工作汇报。

★2007年3月6日，学院与原平市联合举行扶贫顶岗实习支教启动仪式，党委书记王秋生向带队队长授旗。

★2006年10月14日院长李思殿与原平市市长张志哲签署扶贫顶岗实习支教协议

电话：0350-3048462，3048226　　邮箱：office@xztu.cn

师院精神：
艰苦奋斗的创业精神
敢为人先的创造精神

★ 学院教学主楼。

★ 2007年11月，学院艺术系与忻州市北路梆子剧团联合创排演出的新编现代戏《黄河管子声》荣获"文华剧目奖"。

育部副部长吴启迪和陈小娅，山西省省委常委、组织部长汤涛，原副省长张少琴、副省长张平等领导，先后作出重要批示或来校实地考察，充分肯定扶贫顶岗实习支教。2006年12月，陈至立同志批示："忻州师范学院做了我们近年来一直想做但尚未做成的事。他们的做法，为深化师范院校的教学改革，加强思想政治工作，解决贫困地区教师队伍建设问题，提供了实践经验，很值得进一步总结推广。"2007年7月，教育部专门发文要求全国高师院校因地制宜组织高年级师范生到中小学进行不少于一学期的实习支教。2008年6月，教育部本科教学工作水平评估专家组全面评估后指出："通过扶贫顶岗实习支教，学生献身农村基础教育的自觉性显著增强，开辟了在支教实践中加强大学生思想政治教育的有效途径，形成了鲜明的办学特色。"

学院积极探索符合新时期思想政治教育要求，学生乐于接受并积极参与的有效途径。2002年5月起，在全省高校系统率先组织开展捐献造血干细胞和善款活动，至今已连续8次向山西省红十字会捐献造血干细胞共2688人份，捐款共60万元，是山西捐赠人数最多、捐款数额最大的单位。2009年12月，教育系本科0802班学生张迪与广州一位白血病患者配型成功，2010年4月进行了造血干细胞采集，成为山西分库第38例捐献者，是中国造血干细胞捐献者资料库第1567位非血缘关系造血干细胞捐献者。2004年，我院作为山西高校唯一代表，出席了全国红十字会第八次代表大会，受到党和国家领导人胡锦涛、温家宝的亲切接见。2008年被中国红十字总会、教育部联合表彰为"全国红十字模范校"。

在50多年的高等教育办学历程中，学院各项事业持续健康发展。目前，学院正抓住高教事业发展的大好机遇，努力建设办学特色鲜明的教学型本科学校，为山老贫困地区基础教育事业，培养更多高素质中小学教师和建设人才。

★ 2008年6月1日学院组织举行本科教学工作水平评估汇报会。

★ 我院大力推进对外交流，图为2009年8月我院与美国纽约大学联合举办为期两周的首届"XZTU—CUNY暑期英语教学高级研讨班"开班仪式。

★ 2003年10月30日，学院组织第二次师生集中捐献造血干细胞活动

★ 2009年9月，党委书记王秋生主持的"地方师范院校扶贫顶岗实习支教的探索与实践"项目，获第六届高等教育国家级教学成果奖二等奖，受教育部表彰。

★ 赴原平实习支教学生出发前宣誓。

★ 2003年11月20日，学院与山西省委宣传部联合举行山西省五台山文化研究中心授牌仪式。图为时任省委常委、省委宣传部长申维辰（后右二）向学院授牌。

地址：山西省忻州市和平西街10号 忻州师范学院党委（学院）办公室　　　　邮编：034000

四川大学锦江学院
SICHUAN UNIVERSITY OF JINJIANG INSTITUTE

★校长李志强教授

★学校与日本崇城大学签订校际交流合作协议

★美国布里奇波特大学校长萨洛宁博士向学校2011届毕业生竖起大拇指

四川大学锦江学院是2006年4月经教育部批准，由四川大学举办，按照新机制、新模式运行的全日制普通本科高等学校。在2011年中国独立学院100强排行榜中，学校名列第6位。

学校占地面积1000亩，现设14个系（院），共30个本科专业；学科涵盖文、理、工、经、管、艺等门类，面向全国招生；有在校学生13000余名，专任教师800余名，其中近50%有副高以上职称。

学校依托四川大学优质教育资源，恪守"尊德性而道问学，致广大而尽精微"的校训；遵循"学生为本、通专并重、知行合一、教学相长"的办学理念；致力于培养具有国际视野的高素质应用型人才，志在"创全国一流本科大学，建中国式的小常青藤"。

学校坚持优良校风建设，坚持因材施教和创新能力培养，成效显著。近年来，锦江学子在国内外学术讲坛、各类竞赛中表现突出，累计获得300余个奖项，其中金奖50余项，银奖60余项。2011年主要奖项有：第十二届"挑战杯"全国大学生课外学术科技作品竞赛铜奖2项；四川省第六届大学生艺术节获一等奖2项、二等奖3项、三等奖5项；四川省第十一届"挑战杯"大学生课外学术科技作品竞赛3金、2银、8铜；首届全国戏剧文化奖校园原创剧目大奖；第十届全国大学生电子设计竞赛四川赛区三等奖3项；第二届全国青少年英语能力大赛3个单项一等奖，并获团体一等奖，等等。

2010年和2011年，学校毕业生一次就业率分别达98.8%和98.7%。很多学生进入了银行、航空、通讯、石油等行业的跨国公司、国内大型企业和政府部门工作。2011年2200余名毕业生中，有100余名学生考取硕士研究生，其中43名学生考取南京大学、四川大学等全国"985工程"和"211工程"大学。

随着学校的快速发展，学校知名度和美誉度不断提升，先后承办了首届全国戏剧文化奖颁奖盛典，庆祝中国四川省与日本山梨县友好城市25周年暨第二届中日手工纸"大紫蝴蝶"风光摄影展览会，共青团四川省委、共青团眉山团委、中国青年报共同主办的2010年暑期四川省留守学生"快乐学校"开学典礼，四川省第八届大学生书法大赛等重大活动，受到了各方面的好评。

学校多次得到四川省主管部门、地方党委、政府及社会组织的表彰，获得"2010年四川省普通高等学校毕业生就业工作先进单位"、"2010中国最具影响力独立学院20强"、"2010年四川省高校平安校园建设先进单位"、"2007年四川省自律与诚信建设先进单位"等荣誉称号。

湖南文理学院
Hunan University of Arts and Science

湖南文理学院是一所省属公办全日制普通本科院校，源起于1958年创建的常德师专，1999年，常德师专、常德高专、湖南农学院常德分院、常德教育学院合并升格为本科院校，至今已有五十多年的办学历史。学校坐落在湘西北历史文化名城——常德市，与闻名遐迩的桃花源、张家界等风景名胜毗邻而居，这里人文荟萃，环境优美，交通便利，水陆空交通网络直通全国各地。

学校占地面积1791亩，校舍建筑总面积45万平米，馆藏纸质图书127万册，教学科研仪器设备总值12528万元。学校师资力量雄厚，829名专任教师中，有教授113人、副教授391人，硕、博士640人；学科结构合理，设有文史、法学、外国语、数学与计算科学、经济与管理、资源环境与旅游、物理与电子科学、化学化工、生命科学、机械工程、电气与信息工程、计算机科学与技术、土木建筑工程、音乐、美术、体育、继续教育等17个学院、1个独立学院、1个思政课教学部和38个研究中心与研究所；现有41个本科专业，涵盖文、理、工、农、史、法、经、管、教、艺10大学科门类。学校拥有湖南省地方院校唯一的一个"国家级教学团队"；学校是国家高等学校大学生文化素质教育基地、国家Linux技术培训与推广中心、教育部大学英语教学改革试点高校，是湖南省文明标兵单位、依法治校示范校。学校面向全国31个省（市、自治区）招生，2004年获准招收外国留学生和港澳台学生，现有在校全日制本科学生22000余人。

◆ 湖南文理学院-办公楼

学校坚持以教学为中心，注重教学改革，不断提升教学水平；坚持以学科建设为龙头，大力推动科学研究，深入推进产学研合作，建立了多个产学研合作基地，取得了显著成效。现有4个国家级特色和教改试点专业、1门国家级精品课程、4个省级重点建设学科、6个省级特色专业、14门省级精品课程、5个省级优秀教研室、2个省级高校基础课示范实验室、1个省级高校重点实验室、5个省级研究基地，定期出版百强学报《武陵学刊》和《湖南文理学院学报》，有一大批科研成果得到了转化，推动了地方经济社会发展。

◆ 教学楼群

◆ 学生公寓区

学校坚持质量立校，高度重视人才培养质量，注重提高人才综合素质。学校实行奖学金和助学金制度，每年用于学生奖、助学金和勤工俭学经费达1500余万元，设立的奖学金有"学校优秀学生奖学金"、"专业奖学金"、"国家奖学金"、"国家励志奖学金"、"国家助学金"、"香港慈辉基金"和"杨万柱奖励基金"等。学校高度重视毕业生就业工作，与上千家用人单位建立了长期合作关系，毕业生就业率一直稳定在94%以上。办学五十多年来，已为社会培养输送了10万多名优秀人才，为国家经济建设和社会发展做出了卓越贡献。学校经过五十多年的发展，形成了"尚善尚知尚行、爱国爱校爱人"的校风，凝成了"博学弘文、明理求真"的校训。

目前，学校正按照既定发展战略目标，进一步深化改革，全面加强各项建设，努力争创全国同类院校一流，为社会经济建设、科技进步和文化繁荣做出更大贡献！

湖北工程学院
HUBEI ENGINEERING UNIVERSITY

目录前插 十八

● 党委书记肖波教授

● 杨叔子院士来校讲学并与师生交流

● 中华孝文化研究中心获批立项建设湖北省高校人文社科重点研究基地

● 湖北工程学院揭牌仪式上校长丁玄明与中国航天三江集团领导签订校企合作办学协议

● 湖北工程学院揭牌仪式现场

● 校长丁玄明教授

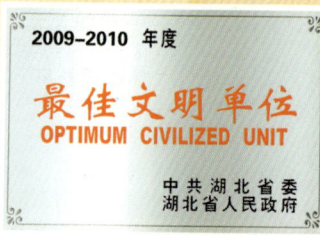
● 学校连续第五次获得湖北省委省人民政府授予的"最佳文明单位"称号

　　湖北工程学院是一所工程特色初显，理工农结合，文、经、法、教、管、艺、医多学科协调发展的省属普通本科高校。学校前身为创办于1943年的湖北省立第三师范学校，历经孝感大学、武师孝感分院、孝感师范高等专科学校、孝感学院几个阶段，先后有湖北职业技术师范专科学校和建设部南方城乡建设学校（孝感市建筑工程学校）整体并入，2011年12月，经教育部批准更名为湖北工程学院，迄今已有69年的办学历史。

　　学校占地面积1458.7亩，设有17个二级学院，举办一所独立学院——湖北工程学院新技术学院。现开办51个本科专业，涵盖工学、理学、文学、经济学、法学、教育学、农学、管理学、艺术学、医学10大学科门类。拥有2个省级重点学科、3个全国高等学校特色专业、4个省级本科品牌专业、8门省级精品课程、4个省级实验教学示范中心、2个湖北省重点实验室、2个湖北省高校人文社科重点研究基地。全日制在校生20780人（含新技术学院）。教职工1103人，其中专任教师775人，获博士及硕士学位教师643人，高级职称教师405人，建有省级教学团队3个、科研团队4个。

　　学校坚持开放办学，加强校校、校企、校地合作。先后与武汉大学、华中师范大学和湖北大学开展校校合作并在学校建立了研究生培养基地；与中国航天三江集团等签订合作办学协议；与孝感市、广水市、应城市人民政府建立校地合作关系。同时积极开展对外合作交流，先后与美国、乌克兰、澳大利亚等国家10余所大学结为友好学校，开展了联合办学和学术交流等活动。

　　近五年来，学生在全国大学生电子设计、数学建模、艺术设计、英语竞赛等重大比赛中屡获佳绩，曾荣获全国大学生电子设计大赛一等奖，并获全国大学生英语竞赛特等奖、一等奖60多人次。2012年学生考研上线率达17.9%。本科毕业生就业率一直稳定在90%以上，被评为"湖北省高校毕业生就业工作先进集体"。学校连续五次被湖北省委、省人民政府授予"湖北省最佳文明单位"称号。

　　"十二五"期间，学校将坚持"以人为本，质量立校；立足地方，凸显特色；尊学崇术，创新发展"的办学理念，秉承"严以治学，诚以立身"的校训，积极推行"一主两翼"多层次开放办学模式，以提高人才培养质量为核心，不断改善办学条件，加强内涵建设，向着高水平、有特色、在全国同类院校中有影响的应用性、教学型新型工程大学目标迈进。

晋中师范高等专科学校
JINZHONG TEACHERS COLLEGE

晋中师范高等专科学校是2010年3月经国家教育部批准设置的、山西省唯一由中师升格为大专、以培养小学教师为主的师范高等专科学校。

学校前身是创办于1949年的山西太谷师范学校和创建于1985年的山西省太行师范学校。2003年11月,晋中市政府做出太谷师范和太行师范迁址榆次合并办学的决定。2007年10月,两校整体搬迁新校办学,实现了实质性合并。

学校占地418.76亩,总建筑面积为14.71万平方米,藏书31.2万册,现有在校生8223人,在编教职工455人,在专职教师中,有副教授以上职称74人,有研究生学位的教师86人,国家级、省级荣誉的教师28人,省级学科带头人12人,市拔尖人才1人。学校现有11个系(部),设置23个专业,面向全省及山西周边省份招生。

★ 团结奋进的领导班子

★ 校园一角

2002年,根据省政府要求,学校开始由中师向大专过渡。学校针对三级师范向二级师范过渡实际,提出了建设"地方性小学教师教育中心、小学教育研究中心、小学教育服务中心"的办学目标。采取多种措施,大力加强师资队伍建设,努力促进教师转型。狠抓教育教学质量的提高,形成

★ 学校举办中小学教师培训

了"分科培养,注重综合,强化实践,发展专长"的人才培养模式。实施文化强校战略,借鉴陶行知教育思想,确定以"爱满天下"为校训,以"向真、崇和、致远"为校风,以"严谨、博雅、垂范"为教风,以"乐学、善思、践行"为学风。晋商诗书画研究院、晋中大众书画院、晋中市文物陈列馆落户学校,学校设立了皇甫束玉文化教育艺术馆、师陶馆,为研究传承当地文化发挥了重要作用。实施科兴校治校方略,近年来,教师在省级以上刊物发表论文587篇,获奖论文223篇,出版论著47部。学校主动服务基础教育,服务社会,2008年以来,共举办中小学教师各类培训42期、共培训12297人次;承办社会培训34期、共培训6400人次。创办了北京师范大学远程教育晋中学习中心,设立了全国英语和计算机等级考试考点。2007年至今,学校招生数量、录取分数线、一次性投档和报到率连续四年在全省同类学校中位居第一。

★ 学校承担中陶会《农村教学做合一教育实验创建与推广项目》

★ 毕业生教学技能大赛

★ 节日文化教育活动

★ 学生暑期实践活动成果展

★ 学校建立石圪塔中心小学教育教学实训基地,并举行揭牌仪式

★ 学生参加上海世博会欢乐巡游大巡游活动

近年来,学校获省教育厅"山西省文明学校"、"山西省依法治校示范校"、"山西省高等学校标准化食堂"、山西省人力资源和社会保障厅"高校毕业生就业见习省级示范校"、中国教师发展基金会"全国教育科研先进单位"、山西省劳动竞赛委员会集体一等功、晋中市"文明和谐单位"、"政风行风建设先进单位"、"四星级党组织"等荣誉,世界博览会组织委员会和执行委员会授予学校"中国2010年上海世博会荣誉奖牌和荣誉证书"。

★ 丰硕的办学成果

★ 大型的文艺演出

目录 前插 十九

西北民族大学建校60周年庆典大会

西北民族大学是我国第一所正式建校的民族院校，直属于国家民族事务委员会。学校前身是西北人民革命大学兰州分校第三部。从1950年2月起，在"革大三部"的基础上开始筹建，是年8月，西北民族学院正式成立，老一辈无产阶级革命家汪锋任院长。2003年4月，经教育部和国家民委批准，更名为西北民族大学。

建校61年来，学校坚持"立足西北、服务民族"的办学宗旨，各民族师生员工发扬朴实无华、甘于清贫、淡泊名利、无私奉献的黄土地精神和志存高远、奔流不息、百折不挠、勇往直前的黄河精神，艰苦创业，无私奉献，自强不息，超越自我，先后为国家培养了近12万名各级各类人才。

学校现已形成了以本科教育为主体，研究生教育、预科教育、继续教育、职业教育和国际教育等协调发展的办学格局，拥有学士学位、硕士学位、博士学位三级学位授予权和推荐优秀应届本科毕业生免试攻读硕士学位研究生权，并获得了教育部"少数民族高层次骨干人才培养计划"博士和硕士研究生招生资格。

学校现有56个民族的全日制在校学生22059人，59个本科专业、拥有民族学、社会学、马克思主义理论、教育学、中国语言文学、中国史、计算机科学与技术、软件工程、畜牧学、兽医学、管理科学与工程、音乐与舞蹈学、美术学等13个一级学科硕士学位授权点，拥有法律硕士、艺术硕士、社会工作硕士、工程硕士等4个专业学位硕士点，有中国少数民族语言文学博士点，有"中国语言文学"博士后科研流动站，涵盖了除军事学外的哲学、经济学、法学、教育学、文学、历史学、理学、工学、农学、医学、管理学、艺术学等12个学科门类，是一所民族特色和区域特色都比较鲜明的多学科协调发展的综合性大学。

学校设有25个学院，拥有国家民委、教育部共建"中国民族语言文字信息技术"重点实验室；有中央统战理论研究会民族宗教理论甘肃研究基地；有1个甘肃省动物细胞工程技术研究中心；有藏文信息技术实验室、生物工程与技术实验室、口腔医学综合实验室、电子材料实验室等4个国家民委重点实验室；有中国少数民族经济、马克思主义民族理论与政策、计算机应用技术3个国家民委重点学科；有中国少数民族语言文学、格萨尔学、民俗学和宗教学4个甘肃省重点学科；有西北少数民族文学研究中心、西北少数民族宗教研究中心和西北民族文献研究基地等3个省级人文社会科学重点研究基地。学校有蒙古语言文学主干课程1个国家级教学团队，有藏语言文学主干课程和20世纪中国文学2个省级教学团队，有中国少数民族（藏、蒙古）语言文学、作曲与作曲技术理论、社会学、汉语言等4个教育部特色专业建设点，24门省级精品课程，129门校级精品课程，212个实践教学基地，有2个甘肃省高等学校实验教学示范中心。学校的本科教学工作水平被教育部评定为优秀等级。

学校拥有一支以博士生、硕士生导师为中坚力量的教职工队伍，现有教职工1700余人，其中专任教师1100余人；正高级专业技术人员190余人，副高级专业技术人员400余人，享受国务院特殊津贴的专家22人，国家民委突出贡献专家7人，甘肃省领军人才6人，博士生导师14人，硕士生导师247人，已建成一支数量保证、结构合理、学术水平较高的师资队伍。

◆校大门

◆气宇轩昂的综合教学楼

◆大礼堂

◆建校60周年文艺演出

◆榆中校区大门　◆宏大而典雅的万人风雨舞场　◆校园一角

大学教师通识教育读本（教学之道丛书）

教师的素质关乎教育的未来。以哈佛大学、剑桥大学为代表的一批欧美著名大学历来极其重视大学新教员的培养，他们成功的经验，为西方大学的发展提供了源源不断的推动力。

○ 本丛书列入"十一五"国家重点图书出版规划。

· 教授是怎样炼成的——未来大学教师培养的改进策略　（美）唐纳德·沃尔夫 等

· 教师的道与德　（美）爱德华·希尔斯

· 如何成为卓越的大学教师　（美）肯·贝恩

· 给大学新教员的建议　（美）罗伯特·博伊斯

· 给研究生导师的建议（第2版）　（英）萨拉·德拉蒙特 等

· 理解教与学：高校教学策略　（澳大利亚）迈克尔·普洛瑟 等

· 规则与潜规则：学术界的生存智慧　（美）约翰·达利 等

学术道德与学术规范系列（学习之道丛书）

把最好的指导教师请回家！

想知道学术研究的基本方法吗，想让自己的论文符合国际学术规范，并能在国际权威刊物上发表吗？"学术道德与学术规范"系列帮助你实现这一愿望。

本丛书分别从学术道德、文献搜集、研究资讯的管理、阅读和写作指导、科研计划的撰写、论文写作与发表以及科学研究的基本方法等方面，简要阐述了国际学术的基本规范。丛书语言通俗，叙述生动，案例清晰，操作性强，适合我国研究生和大学本科生阅读和学习。

○ 本丛书列入"十一五"国家重点图书出版规划。

· 给研究生的学术建议　（英）戈登·鲁格，玛丽安·彼得

· 如何撰写与发表社会科学论文：国际刊物指南　蔡今中

· 科技论文写作快速入门　（瑞典）比约·古斯塔维

· 社会科学研究的基本规则　（英）朱迪思·贝尔

· 学术道德学生读本　（英）保罗·奥利弗

· 做好社会研究的10个关键　（英）马丁·丹斯考姆

· 阅读、写作和推理：学生指导手册　（英）加文·费尔贝恩，克里斯托弗·温奇

· 如何为学术刊物撰稿：写作技能与规范（英文影印版）　（英）罗薇娜·莫瑞

· 如何撰写和发表科技论文（英文影印版）　（美）罗伯特·戴，巴巴拉·盖斯特尔

· 如何查找文献　（英）莎莉·拉姆齐

· 如何写好科研项目申请书（第二版）　（美）安德鲁·弗里德兰德，卡罗尔·弗尔特

大学之道丛书

"大学之道"丛书立足于从广阔的视野、全球的角度并以全新的理念来深入探讨大学的建设、发展中的一系列根本性问题,以探寻什么是真正的"大学之道",为中国的大学改革提供一个思考和行动的参照点。

○ 本丛书列入"十一五"国家重点图书出版规划。

· 大学的逻辑(第三版) 张维迎
· 大学何以放弃了对人生意义的追求 (美)安东尼·T.克龙曼
· 我的科大十年(续集) 孔宪铎
· 现代大学及其图新 (美)谢尔顿·罗斯布莱特
· 高等教育理念 (美)罗纳德·巴内特
· 美国现代大学的崛起 (美)劳伦斯·维赛
· 美国大学时代的学术自由 (美)沃特·梅兹格
· 美国高等教育通史 (美)亚瑟·科恩
· 哈佛通识教育红皮书 哈佛委员会撰
· 高等教育何以为"高"——牛津导师制教学反思 (英)大卫·帕尔菲曼
· 印度理工学院的精英们 (印度)桑迪潘·德布
· 高等教育的未来 (美)弗兰克·纽曼
· 知识社会中的大学 (英)杰勒德·德兰迪
· 后现代大学来临?(英)安东尼·史密斯 弗兰克·韦伯斯特
· 美国大学之魂 (美)乔治·马斯登
· 哈佛规则:捍卫大学之魂 (美)理查德·布瑞德利
· 学术资本主义:政治、政策和创业型大学 (美)希拉·斯劳特 拉里·莱斯利
· 一流大学 卓越校长——麻省理工学院与研究型大学的作用 (美)查尔斯·维斯特
· 大学理念重审:与纽曼对话 (美)雅罗斯拉夫·帕利坎
· 学术部落及其领地——知识探索与学科文化 (英)托尼·比彻 保罗·特罗勒尔
· 21世纪的大学 (美)詹姆斯·杜德斯达
· 公司文化中的大学 (美)埃里克·古尔德
· 美国公立大学的未来 (美)詹姆斯·杜德斯达 等
· 高等教育公司:营利性大学的崛起 (美)理查德·鲁克
· 什么是世界一流大学 丁学良
· 大学校长遴选:理念与实务 黄俊杰
· 转变中的大学:传统、议题与前景 郭为藩
· 大学的逻辑 张维迎
· 东西象牙塔 孔宪铎
· 我的科大十年(增订版) 孔宪铎

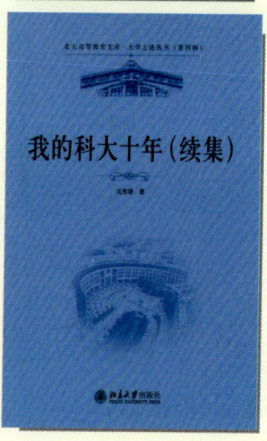

北大开放教育文丛

本丛书立足于一种开放的、超学科的文化视野透视教育中重大的理论问题:教育的本质,人文教育与科学教育的关系,文化、宗教与科学的复杂关系,西方博雅教育的观念史,现代社会如何借助精英教育来保育文化,等等。

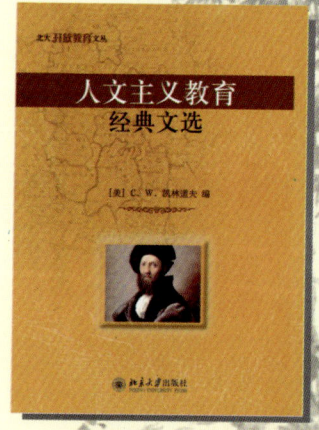

· 教育究竟是什么?100位思想家论教育 (英)乔伊·帕尔默
· 人文主义教育经典文选 (美)凯林道夫
· 教育:让人成为人——西方大思想家谈人文和科学教育 杨自伍
· 雄辩家与哲学家:博雅教育观念史 (美)布鲁斯·金博尔

目 录

普通高等学校

北京市

北京大学 …………………………… 3	中国戏曲学院 …………………………… 49
中国人民大学 ……………………… 5	北京电影学院 …………………………… 49
清华大学 …………………………… 7	北京舞蹈学院 …………………………… 50
北京交通大学 ……………………… 9	中央民族大学 …………………………… 50
北京工业大学 ……………………… 11	中国政法大学 …………………………… 51
北京航空航天大学 ………………… 12	华北电力大学 …………………………… 52
北京理工大学 ……………………… 14	北京工业职业技术学院 ………………… 54
北京科技大学 ……………………… 16	北京信息职业技术学院 ………………… 55
北方工业大学 ……………………… 18	北京电子科技职业学院 ………………… 55
北京化工大学 ……………………… 19	北京京北职业技术学院 ………………… 56
北京工商大学 ……………………… 20	北京交通职业技术学院 ………………… 56
北京服装学院 ……………………… 21	中华女子学院 …………………………… 57
北京邮电大学 ……………………… 21	北京信息科技大学 ……………………… 57
北京印刷学院 ……………………… 23	中国矿业大学（北京） ………………… 58
北京建筑工程学院 ………………… 23	中国石油大学 …………………………… 59
北京石油化工学院 ………………… 24	中国地质大学（北京） ………………… 60
北京电子科技学院 ………………… 25	北京联合大学 …………………………… 61
中国农业大学 ……………………… 25	北京城市学院 …………………………… 62
北京农学院 ………………………… 27	中国青年政治学院 ……………………… 62
北京林业大学 ……………………… 28	北京青年政治学院 ……………………… 63
北京协和医学院 …………………… 29	首钢工学院 ……………………………… 63
首都医科大学 ……………………… 30	北京农业职业学院 ……………………… 64
北京中医药大学 …………………… 31	北京政法职业学院 ……………………… 64
北京师范大学 ……………………… 32	中国劳动关系学院 ……………………… 65
首都师范大学 ……………………… 35	北京财贸职业学院 ……………………… 66
首都体育学院 ……………………… 36	北京北大方正软件职业技术学院 ……… 66
北京外国语大学 …………………… 36	北京经贸职业学院 ……………………… 67
北京第二外国语学院 ……………… 37	北京经济技术职业学院 ………………… 67
北京语言大学 ……………………… 38	北京戏曲艺术职业学院 ………………… 68
中国传媒大学 ……………………… 38	北京汇佳职业学院 ……………………… 68
中央财经大学 ……………………… 40	北京现代职业技术学院 ………………… 68
对外经济贸易大学 ………………… 41	北京科技经营管理学院 ………………… 69
北京物资学院 ……………………… 42	北京吉利大学 …………………………… 69
首都经济贸易大学 ………………… 43	首都师范大学科德学院 ………………… 70
外交学院 …………………………… 44	北京工商大学嘉华学院 ………………… 71
中国人民公安大学 ………………… 44	北京科技职业学院 ……………………… 71
国际关系学院 ……………………… 45	北京培黎职业学院 ……………………… 71
北京体育大学 ……………………… 45	北京邮电大学世纪学院 ………………… 72
中央音乐学院 ……………………… 46	北京工业大学耿丹学院 ………………… 73
中国音乐学院 ……………………… 47	北京警察学院 …………………………… 73
中央美术学院 ……………………… 47	北京经济管理职业学院 ………………… 73
中央戏剧学院 ……………………… 48	北京劳动保障职业学院 ………………… 74
	北京社会管理职业学院 ………………… 74

北京新圆明职业学院 …… 75
北京第二外国语学院中瑞酒店管理学院 …… 75
北京体育职业学院 …… 76
北京交通运输职业学院 …… 76

天津市
南开大学 …… 76
天津大学 …… 79
天津科技大学 …… 80
天津工业大学 …… 81
中国民航大学 …… 83
天津理工大学 …… 83
天津农学院 …… 84
天津医科大学 …… 85
天津中医药大学 …… 86
天津师范大学 …… 87
天津职业技术师范大学 …… 88
天津外国语大学 …… 89
天津商业大学 …… 90
天津财经大学 …… 91
天津体育学院 …… 92
天津音乐学院 …… 92
天津美术学院 …… 93
天津城市建设学院 …… 93
天津天狮学院 …… 94
天津市职业大学 …… 94
天津中德职业技术学院 …… 95
天津滨海职业学院 …… 96
天津工程职业技术学院 …… 96
天津青年职业学院 …… 97
天津渤海职业技术学院 …… 97
天津电子信息职业技术学院 …… 98
天津机电职业技术学院 …… 98
天津现代职业技术学院 …… 99
天津公安警官职业学院 …… 99
天津轻工职业技术学院 …… 100
天津商务职业学院 …… 100
天津国土资源和房屋职业学院 …… 101
天津医学高等专科学校 …… 102
天津开发区职业技术学院 …… 102
天津艺术职业学院 …… 103
天津交通职业学院 …… 103
天津外国语大学滨海外事学院 …… 104
天津体育学院运动与文化艺术学院 …… 104
天津商业大学宝德学院 …… 105
天津医科大学临床医学院 …… 105
南开大学滨海学院 …… 105
天津冶金职业技术学院 …… 106
天津石油职业技术学院 …… 106
天津城市职业学院 …… 107
天津铁道职业技术学院 …… 108
天津师范大学津沽学院 …… 108
天津理工大学中环信息学院 …… 109

北京科技大学天津学院 …… 109
天津工艺美术职业学院 …… 110
天津城市建设管理职业技术学院 …… 110
天津生物工程职业技术学院 …… 111
天津海运职业学院 …… 111
天津大学仁爱学院 …… 112
天津财经大学珠江学院 …… 112
天津广播影视职业学院 …… 113

河北省
河北大学 …… 113
河北工程大学 …… 114
石家庄经济学院 …… 115
河北工业大学 …… 116
河北联合大学 …… 117
河北科技大学 …… 118
河北建筑工程学院 …… 119
河北工程技术高等专科学校 …… 119
河北农业大学 …… 120
河北医科大学 …… 121
河北北方学院 …… 122
承德医学院 …… 123
河北师范大学 …… 124
保定学院 …… 125
河北民族师范学院 …… 125
唐山师范学院 …… 126
廊坊师范学院 …… 127
衡水学院 …… 127
石家庄学院 …… 128
邯郸学院 …… 129
邢台学院 …… 129
沧州师范学院 …… 130
石家庄铁道大学 …… 131
燕山大学 …… 132
河北科技师范学院 …… 133
河北工业职业技术学院 …… 134
唐山学院 …… 134
邯郸职业技术学院 …… 135
华北科技学院 …… 135
中国人民武装警察部队学院 …… 136
河北体育学院 …… 137
石家庄职业技术学院 …… 137
河北金融学院 …… 138
张家口职业技术学院 …… 138
北华航天工业学院 …… 139
防灾科技学院 …… 140
承德石油高等专科学校 …… 140
邢台职业技术学院 …… 141
河北经贸大学 …… 142
中央司法警官学院 …… 142
河北软件职业技术学院 …… 143
河北石油职业技术学院 …… 143
河北建材职业技术学院 …… 144

河北政法职业学院	144
沧州职业技术学院	145
河北能源职业技术学院	146
石家庄铁路职业技术学院	146
保定职业技术学院	147
秦皇岛职业技术学院	147
石家庄计算机职业学院	148
石家庄外国语职业学院	148
河北传媒学院	149
唐山职业技术学院	149
衡水职业技术学院	150
唐山工业职业技术学院	150
石家庄城市职业学院	151
邢台医学高等专科学校	151
河北省艺术职业学院	152
河北旅游职业学院	152
石家庄财经职业学院	153
河北交通职业技术学院	153
河北化工医药职业技术学院	154
石家庄信息工程职业学院	154
河北外国语职业学院	155
河北美术学院	156
河北科技学院	156
保定电力职业技术学院	157
河北机电职业技术学院	157
渤海石油职业学院	158
廊坊职业技术学院	158
唐山科技职业技术学院	159
石家庄邮电职业技术学院	159
河北公安警察职业学院	160
石家庄工商职业学院	160
石家庄理工职业学院	161
石家庄外语翻译职业学院	161
石家庄科技信息职业学院	162
河北大学工商学院	162
河北联合大学轻工学院	163
河北科技大学理工学院	163
河北师范大学汇华学院	164
河北经贸大学经济管理学院	164
河北医科大学临床学院	165
华北电力大学科技学院	165
河北工程大学科信学院	166
河北工业大学城市学院	166
燕山大学里仁学院	167
石家庄铁道大学四方学院	167
石家庄经济学院华信学院	168
河北农业大学现代科技学院	168
河北联合大学冀唐学院	169
河北司法警官职业学院	169
沧州医学高等专科学校	169
河北女子职业技术学院	170
中国地质大学长城学院	170
北京化工大学北方学院	171
北京中医药大学东方学院	171
石家庄医学高等专科学校	172
石家庄外事职业学院	172
冀中职业学院	173
石家庄人民医学高等专科学校	173
石家庄科技工程职业学院	174
北京交通大学海滨学院	174
河北劳动关系职业学院	175
石家庄科技职业学院	175
廊坊东方职业技术学院	176
泊头职业学院	176
宣化科技职业学院	176
廊坊燕京职业技术学院	177
承德护理职业学院	177
石家庄幼儿师范高等专科学校	178
廊坊卫生职业学院	178

山西省

山西大学	179
太原科技大学	179
中北大学	180
太原理工大学	182
山西农业大学	183
山西医科大学	184
长治医学院	185
山西师范大学	186
太原师范学院	187
山西大同大学	187
晋中学院	188
长治学院	189
运城学院	189
忻州师范学院	190
山西财经大学	190
太原电力高等专科学校	191
山西中医学院	192
吕梁学院	192
太原大学	193
山西省财政税务专科学校	193
山西警官高等专科学校	194
长治职业技术学院	194
山西艺术职业学院	195
晋城职业技术学院	195
山西建筑职业技术学院	196
山西生物应用职业技术学院	197
山西工程职业技术学院	197
山西交通职业技术学院	198
山西兴华职业学院	198
大同煤炭职业技术学院	199
山西机电职业技术学院	199
山西戏剧职业学院	200
山西财贸职业技术学院	200
山西林业职业技术学院	201

山西水利职业技术学院 …… 201	集宁师范学院 …… 232
阳泉职业技术学院 …… 202	内蒙古丰州职业学院 …… 232
临汾职业技术学院 …… 202	河套大学 …… 233
山西职业技术学院 …… 203	呼和浩特民族学院 …… 233
山西煤炭职业技术学院 …… 203	包头职业技术学院 …… 234
山西金融职业学院 …… 204	兴安职业技术学院 …… 235
太原城市职业技术学院 …… 204	呼和浩特职业学院 …… 235
山西大学商务学院 …… 205	包头轻工职业技术学院 …… 236
太原理工大学现代科技学院 …… 205	内蒙古电子信息职业技术学院 …… 237
山西农业大学信息学院 …… 206	内蒙古机电职业技术学院 …… 237
山西师范大学现代文理学院 …… 206	内蒙古化工职业学院 …… 238
中北大学信息商务学院 …… 207	内蒙古商贸职业学院 …… 238
山西信息职业技术学院 …… 207	锡林郭勒职业学院 …… 239
太原科技大学华科学院 …… 208	内蒙古警察职业学院 …… 239
山西医科大学晋祠学院 …… 208	内蒙古体育职业学院 …… 240
山西财经大学华商学院 …… 209	乌兰察布职业学院 …… 240
山西工商学院 …… 209	通辽职业学院 …… 241
山西体育职业学院 …… 210	科尔沁艺术职业学院 …… 241
山西警官职业学院 …… 210	内蒙古交通职业技术学院 …… 242
山西国际商务职业学院 …… 210	包头钢铁职业技术学院 …… 242
潞安职业技术学院 …… 211	乌海职业技术学院 …… 243
太原旅游职业学院 …… 211	内蒙古科技职业学院 …… 243
山西旅游职业学院 …… 212	内蒙古北方职业技术学院 …… 244
山西管理职业学院 …… 212	赤峰职业技术学院 …… 244
山西电力职业技术学院 …… 213	内蒙古经贸外语职业学院 …… 245
忻州职业技术学院 …… 213	包头铁道职业技术学院 …… 245
山西同文职业技术学院 …… 214	内蒙古大学创业学院 …… 246
晋中职业技术学院 …… 214	内蒙古师范大学鸿德学院 …… 246
山西华澳商贸职业学院 …… 215	乌兰察布医学高等专科学校 …… 247
山西运城农业职业技术学院 …… 215	鄂尔多斯职业学院 …… 247
运城幼儿师范高等专科学校 …… 216	内蒙古轩元职业学院 …… 247
太原工业学院 …… 216	呼伦贝尔职业技术学院 …… 248
山西老区职业技术学院 …… 217	满洲里俄语职业学院 …… 248
山西经贸职业学院 …… 217	内蒙古能源职业学院 …… 249
朔州职业技术学院 …… 218	赤峰工业职业技术学院 …… 249
运城职业技术学院 …… 218	阿拉善职业技术学院 …… 250
山西轻工职业技术学院 …… 219	**辽宁省**
晋中师范高等专科学校 …… 219	辽宁大学 …… 250
阳泉师范高等专科学校 …… 220	大连理工大学 …… 251
山西青年职业学院 …… 220	沈阳工业大学 …… 255
内蒙古自治区	沈阳航空航天大学 …… 256
内蒙古大学 …… 221	沈阳理工大学 …… 257
内蒙古科技大学 …… 222	东北大学 …… 258
内蒙古工业大学 …… 223	辽宁科技大学 …… 260
内蒙古农业大学 …… 224	辽宁工程技术大学 …… 261
内蒙古医学院 …… 226	辽宁石油化工大学 …… 262
内蒙古师范大学 …… 227	沈阳化工大学 …… 263
内蒙古民族大学 …… 228	大连交通大学 …… 264
赤峰学院 …… 229	大连海事大学 …… 265
内蒙古财经学院 …… 230	大连工业大学 …… 266
呼伦贝尔学院 …… 230	沈阳建筑大学 …… 267
内蒙古建筑职业技术学院 …… 231	辽宁工业大学 …… 268

学校名称	页码	学校名称	页码
沈阳农业大学	269	辽宁经济职业技术学院	304
大连海洋大学	271	辽宁石化职业技术学院	305
中国医科大学	272	渤海船舶职业学院	305
辽宁医学院	273	大连理工大学城市学院	306
大连医科大学	274	沈阳工业大学工程学院	306
辽宁中医药大学	275	沈阳航空航天大学北方科技学院	307
沈阳药科大学	276	沈阳理工大学应用技术学院	307
沈阳医学院	276	大连工业大学艺术与信息工程学院	308
辽宁师范大学	277	大连科技学院	308
沈阳师范大学	278	沈阳建筑大学城市建设学院	309
渤海大学	279	沈阳农业大学科学技术学院	309
鞍山师范学院	280	中国医科大学临床医药学院	310
朝阳师范高等专科学校	281	大连医科大学中山学院	310
大连外国语学院	281	辽宁医学院医疗学院	311
东北财经大学	282	辽宁师范大学海华学院	311
中国刑事警察学院	283	渤海大学文理学院	311
沈阳体育学院	284	东北财经大学津桥商学院	312
沈阳音乐学院	284	沈阳大学科技工程学院	313
鲁迅美术学院	285	辽宁科技大学信息技术学院	313
抚顺师范高等专科学校	285	辽宁石油化工大学顺华能源学院	314
锦州师范高等专科学校	286	大连艺术学院	314
营口职业技术学院	286	辽宁中医药大学杏林学院	314
铁岭师范高等专科学校	287	辽宁何氏医学院	315
辽宁对外经贸学院	287	沈阳化工大学科亚学院	315
大连职业技术学院	288	大连东软信息学院	316
辽宁农业职业技术学院	288	辽宁财贸学院	317
沈阳大学	289	辽宁美术职业学院	317
抚顺职业技术学院	290	大连软件职业学院	318
辽阳职业技术学院	291	大连翻译职业学院	318
阜新高等专科学校	291	辽宁商贸职业学院	319
大连大学	292	大连枫叶职业技术学院	319
辽宁科技学院	293	辽宁装备制造职业技术学院	320
辽宁警官高等专科学校	294	辽河石油职业技术学院	320
辽宁交通高等专科学校	294	辽宁地质工程职业学院	321
沈阳工程学院	295	辽宁铁道职业技术学院	321
辽宁税务高等专科学校	296	辽宁建筑职业技术学院	322
辽东学院	296	大连航运职业技术学院	322
大连民族学院	297	大连装备制造职业技术学院	323
盘锦职业技术学院	297	大连汽车职业技术学院	323
沈阳航空职业技术学院	298	辽宁现代服务职业技术学院	323
辽宁体育运动职业技术学院	298	辽宁冶金职业技术学院	324
辽宁职业学院	299	辽宁工程职业学院	324
辽宁林业职业技术学院	299	辽宁城市建设职业技术学院	325
沈阳职业技术学院	300	辽宁卫生职业技术学院	325
辽宁理工职业学院	300	铁岭卫生职业学院	326
大连商务职业学院	301	**吉林省**	
大连艺术职业学院	301	吉林大学	326
大连东软信息技术职业学院	302	延边大学	330
辽宁金融职业学院	302	长春理工大学	331
辽宁信息职业技术学院	303	东北电力大学	332
辽宁广告职业学院	303	长春工业大学	333
辽宁机电职业技术学院	304	吉林建筑工程学院	334

学校名称	页码
吉林化工学院	335
吉林农业大学	336
长春中医药大学	337
东北师范大学	338
北华大学	339
通化师范学院	340
吉林师范大学	341
吉林工程技术师范学院	342
长春师范学院	342
白城师范学院	343
吉林财经大学	344
吉林体育学院	344
吉林艺术学院	345
辽源职业技术学院	345
吉林华桥外国语学院	346
四平职业大学	346
吉林工商学院	347
长春汽车工业高等专科学校	348
长春工程学院	348
吉林农业科技学院	349
长春金融高等专科学校	349
吉林警察学院	350
长春大学	350
长春医学高等专科学校	351
吉林交通职业技术学院	351
长春东方职业学院	352
吉林司法警官职业学院	353
吉林电子信息职业技术学院	353
吉林工业职业技术学院	354
吉林农业工程职业技术学院	354
长春职业技术学院	355
长春大学光华学院	355
长春工业大学人文信息学院	356
长春理工大学光电信息学院	356
吉林财经大学信息经济学院	357
吉林建筑工程学院城建学院	357
长春建筑学院	358
吉林农业大学发展学院	358
吉林动画学院	359
吉林师范大学博达学院	359
长春大学旅游学院	360
东北师范大学人文学院	360
吉林医药学院	361
白城医学高等专科学校	362
长春信息技术职业学院	362
松原职业技术学院	362
吉林铁道职业技术学院	363
白城职业技术学院	364
长白山职业技术学院	364
吉林科技职业技术学院	364
延边职业技术学院	365

黑龙江省

学校名称	页码
黑龙江大学	365
哈尔滨工业大学	367
哈尔滨理工大学	368
哈尔滨工程大学	369
黑龙江科技学院	370
东北石油大学	371
佳木斯大学	372
黑龙江八一农垦大学	373
东北农业大学	374
东北林业大学	375
哈尔滨医科大学	376
黑龙江中医药大学	377
牡丹江医学院	378
哈尔滨师范大学	379
齐齐哈尔大学	380
牡丹江师范学院	381
哈尔滨学院	382
大庆师范学院	382
绥化学院	383
齐齐哈尔高等师范专科学校	384
哈尔滨商业大学	384
哈尔滨体育学院	385
哈尔滨金融学院	386
伊春职业学院	386
牡丹江大学	387
齐齐哈尔医学院	387
鸡西大学	388
黑龙江东方学院	389
黑龙江工商职业技术学院	389
哈尔滨华夏计算机职业技术学院	390
黑龙江工程学院	390
黑龙江建筑职业技术学院	391
黑龙江艺术职业学院	392
大庆职业学院	392
黑龙江林业职业技术学院	393
黑龙江农业职业技术学院	393
黑龙江农业工程职业学院	394
黑龙江农垦职业学院	394
黑龙江司法警官职业学院	395
齐齐哈尔工程学院	395
鹤岗师范高等专科学校	396
哈尔滨电力职业技术学院	396
哈尔滨铁道职业技术学院	397
大兴安岭职业学院	397
黑龙江科技职业学院	398
黑龙江农业经济职业学院	398
哈尔滨职业技术学院	399
黑龙江外国语学院	400
哈尔滨德强商务学院	400
东北石油大学华瑞学院	401
东北农业大学成栋学院	401

哈尔滨理工大学远东学院 ………………………… 402
哈尔滨现代公共关系职业学院 …………………… 402
哈尔滨剑桥学院 …………………………………… 403
黑龙江工程学院昆仑旅游学院 …………………… 403
哈尔滨商业大学广厦学院 ………………………… 404
哈尔滨华德学院 …………………………………… 404
黑龙江生物科技职业学院 ………………………… 405
黑龙江商业职业学院 ……………………………… 405
黑龙江公安警官职业学院 ………………………… 406
黑龙江信息技术职业学院 ………………………… 406
哈尔滨江南职业技术学院 ………………………… 407
黑龙江农垦科技职业学院 ………………………… 407
黑龙江旅游职业技术学院 ………………………… 408
黑龙江三江美术职业学院 ………………………… 408
黑龙江生态工程职业学院 ………………………… 409
黑龙江煤炭职业技术学院 ………………………… 409
黑河学院 …………………………………………… 410
七台河职业学院 …………………………………… 410
黑龙江民族职业学院 ……………………………… 411
大庆医学高等专科学校 …………………………… 411
黑龙江交通职业技术学院 ………………………… 412
哈尔滨应用职业技术学院 ………………………… 412
黑龙江幼儿师范高等专科学校 …………………… 413
哈尔滨科学技术职业学院 ………………………… 413
黑龙江粮食职业学院 ……………………………… 414
佳木斯职业学院 …………………………………… 414
黑龙江护理高等专科学校 ………………………… 415

上海市
复旦大学 …………………………………………… 415
同济大学 …………………………………………… 418
上海交通大学 ……………………………………… 420
华东理工大学 ……………………………………… 423
上海理工大学 ……………………………………… 425
上海海事大学 ……………………………………… 426
东华大学 …………………………………………… 427
上海电力学院 ……………………………………… 428
上海应用技术学院 ………………………………… 429
上海医疗器械高等专科学校 ……………………… 429
上海海洋大学 ……………………………………… 430
上海中医药大学 …………………………………… 431
华东师范大学 ……………………………………… 432
上海师范大学 ……………………………………… 434
上海外国语大学 …………………………………… 435
上海财经大学 ……………………………………… 436
上海对外贸易学院 ………………………………… 437
上海海关学院 ……………………………………… 438
上海旅游高等专科学校 …………………………… 438
华东政法大学 ……………………………………… 439
上海体育学院 ……………………………………… 439
上海音乐学院 ……………………………………… 440
上海戏剧学院 ……………………………………… 441
上海大学 …………………………………………… 441

上海公安高等专科学校 …………………………… 443
上海东海职业技术学院 …………………………… 444
上海新侨职业技术学院 …………………………… 444
上海工程技术大学 ………………………………… 445
上海立信会计学院 ………………………………… 446
上海电机学院 ……………………………………… 447
上海金融学院 ……………………………………… 447
上海出版印刷高等专科学校 ……………………… 448
上海杉达学院 ……………………………………… 449
上海政法学院 ……………………………………… 449
上海第二工业大学 ………………………………… 450
上海商学院 ………………………………………… 451
上海行健职业学院 ………………………………… 451
上海城市管理职业技术学院 ……………………… 452
上海交通职业技术学院 …………………………… 452
上海海事职业技术学院 …………………………… 453
上海电子信息职业技术学院 ……………………… 453
上海震旦职业学院 ………………………………… 454
上海民远职业技术学院 …………………………… 454
上海欧华职业技术学院 …………………………… 455
上海思博职业技术学院 …………………………… 455
上海立达职业技术学院 …………………………… 456
上海工艺美术职业学院 …………………………… 456
上海济光职业技术学院 …………………………… 457
上海建桥学院 ……………………………………… 457
上海工商外国语职业学院 ………………………… 458
上海科学技术职业学院 …………………………… 458
上海农林职业技术学院 …………………………… 459
上海邦德职业技术学院 …………………………… 459
上海兴韦信息技术职业学院 ……………………… 460
上海中侨职业技术学院 …………………………… 460
上海建峰职业技术学院 …………………………… 461
复旦大学上海视觉艺术学院 ……………………… 461
上海外国语大学贤达经济人文学院 ……………… 462
上海电影艺术职业学院 …………………………… 462
上海师范大学天华学院 …………………………… 463
上海中华职业技术学院 …………………………… 463
上海工会管理职业学院 …………………………… 464
上海医药高等专科学校 …………………………… 464
同济大学同科学院 ………………………………… 465
上海体育职业学院 ………………………………… 465
上海健康职业技术学院 …………………………… 465

江苏省
南京大学 …………………………………………… 466
苏州大学 …………………………………………… 467
东南大学 …………………………………………… 469
南京航空航天大学 ………………………………… 471
南京理工大学 ……………………………………… 472
江苏科技大学 ……………………………………… 474
中国矿业大学 ……………………………………… 475
南京工业大学 ……………………………………… 476
常州大学 …………………………………………… 478

学校名称	页码	学校名称	页码
南京邮电大学	479	南京森林警察学院	524
河海大学	480	常州信息职业技术学院	525
江南大学	482	江苏联合职业技术学院	525
南京林业大学	483	江苏海事职业技术学院	526
江苏大学	484	应天职业技术学院	526
南京信息工程大学	486	无锡科技职业学院	527
南通大学	487	盐城卫生职业技术学院	527
盐城工学院	488	扬州环境资源职业技术学院	528
南京农业大学	489	南通农业职业技术学院	528
南京医科大学	490	苏州经贸职业技术学院	529
徐州医学院	492	苏州工业职业技术学院	530
南京中医药大学	492	苏州托普信息职业技术学院	530
中国药科大学	493	苏州卫生职业技术学院	531
南京师范大学	494	东南大学成贤学院	531
江苏师范大学	497	无锡商业职业技术学院	532
淮阴师范学院	498	南通航运职业技术学院	532
盐城师范学院	499	南京交通职业技术学院	533
南京财经大学	499	淮安信息职业技术学院	534
江苏警官学院	500	江苏畜牧兽医职业技术学院	534
南京体育学院	501	常州纺织服装职业技术学院	535
南京艺术学院	501	苏州农业职业技术学院	536
苏州科技学院	502	苏州工业园区职业技术学院	536
常熟理工学院	503	泰州师范高等专科学校	537
民办明达职业技术学院	504	太湖创意职业技术学院	538
无锡职业技术学院	505	炎黄职业技术学院	538
江苏建筑职业技术学院	505	南京化工职业技术学院	539
南京工业职业技术学院	506	正德职业技术学院	539
南通纺织职业技术学院	507	钟山职业技术学院	540
苏州工艺美术职业技术学院	508	无锡南洋职业技术学院	540
淮阴工学院	508	江南影视艺术职业学院	541
连云港职业技术学院	509	金肯职业技术学院	541
镇江市高等专科学校	509	常州轻工职业技术学院	542
南通职业大学	510	常州工程职业技术学院	543
苏州职业大学	511	江苏农林职业技术学院	543
常州工学院	511	江苏食品职业技术学院	544
扬州大学	512	建东职业技术学院	544
三江学院	514	南京铁道职业技术学院	545
南京工程学院	515	徐州工业职业技术学院	545
南京审计学院	516	江苏信息职业技术学院	546
沙洲职业工学院	516	宿迁职业技术学院	547
南京晓庄学院	517	南京信息职业技术学院	547
扬州市职业大学	517	江海职业技术学院	548
江苏技术师范学院	518	常州机电职业技术学院	548
连云港师范高等专科学校	519	江阴职业技术学院	549
淮海工学院	519	无锡太湖学院	549
徐州工程学院	520	金陵科技学院	550
江苏经贸职业技术学院	521	中国矿业大学徐海学院	551
南京特殊教育职业技术学院	521	南京大学金陵学院	551
九州职业技术学院	522	南京理工大学紫金学院	552
紫琅职业技术学院	522	南京航空航天大学金城学院	552
硅湖职业技术学院	523	中国传媒大学南广学院	553
泰州职业技术学院	523	无锡城市职业技术学院	553

校名	页码	校名	页码
无锡工艺职业技术学院	554	温州大学	588
金山职业技术学院	555	丽水学院	589
健雄职业技术学院	555	浙江工商大学	590
盐城纺织职业技术学院	556	嘉兴学院	591
江苏财经职业技术学院	556	中国美术学院	592
扬州工业职业技术学院	557	中国计量学院	593
南京理工大学泰州科技学院	557	公安海警学院	594
南京师范大学泰州学院	558	宁波职业技术学院	594
南京工业大学浦江学院	559	温州职业技术学院	595
南京师范大学中北学院	559	浙江万里学院	595
苏州港大思培科技职业学院	560	浙江科技学院	596
昆山登云科技职业学院	560	宁波工程学院	597
南京视觉艺术职业学院	561	浙江水利水电专科学校	597
南京医科大学康达学院	561	浙江财经学院	598
南京中医药大学翰林学院	562	浙江警察学院	598
南京信息工程大学滨江学院	562	衢州学院	599
苏州大学文正学院	563	宁波大学	600
苏州大学应用技术学院	563	浙江传媒学院	601
苏州科技学院天平学院	564	浙江树人学院	602
江苏大学京江学院	564	浙江交通职业技术学院	602
扬州大学广陵学院	565	金华职业技术学院	703
江苏师范大学科文学院	565	宁波城市职业技术学院	703
南京邮电大学通达学院	566	浙江电力职业技术学院	704
南京财经大学红山学院	566	浙江同济科技职业学院	704
江苏科技大学南徐学院	567	浙江工商职业技术学院	705
常州大学怀德学院	567	台州职业技术学院	706
南通大学杏林学院	568	浙江工贸职业技术学院	706
南京审计学院金审学院	568	浙江越秀外国语学院	707
江苏城市职业学院	569	浙江医药高等专科学校	707
南京机电职业技术学院	569	浙江机电职业技术学院	708
苏州高博软件技术职业学院	570	浙江建设职业技术学院	708
南京旅游职业学院	570	浙江艺术职业学院	709
江苏建康职业学院	571	浙江经贸职业技术学院	709
苏州信息职业技术学院	571	浙江商业职业技术学院	710
宿迁泽达职业技术学院	572	浙江经济职业技术学院	711
苏州工业园区服务外包职业学院	572	浙江旅游职业学院	711
徐州幼儿师范高等专科学校	573	浙江育英职业技术学院	712
西交利物浦大学	573	浙江警官职业学院	712

浙江省

校名	页码	校名	页码
		浙江金融职业学院	713
浙江大学	574	浙江工业职业技术学院	713
杭州电子科技大学	578	杭州职业技术学院	714
浙江工业大学	579	嘉兴职业技术学院	714
浙江理工大学	580	湖州职业技术学院	715
浙江海洋学院	581	绍兴职业技术学院	715
浙江农林大学	582	衢州职业技术学院	716
温州医学院	583	丽水职业技术学院	716
浙江中医药大学	584	宁波大红鹰学院	717
浙江师范大学	584	浙江东方职业技术学院	718
杭州师范大学	585	义乌工商职业技术学院	718
湖州师范学院	586	浙江大学城市学院	719
绍兴文理学院	587	浙江大学宁波理工学院	719
台州学院	588	浙江医学高等专科学校	720

学校名称	页码	学校名称	页码
浙江纺织服装职业技术学院	720	淮北师范大学	755
杭州科技职业技术学院	721	黄山学院	755
浙江长征职业技术学院	721	皖西学院	756
嘉兴南洋职业技术学院	722	滁州学院	757
浙江广厦建设职业技术学院	722	安徽财经大学	757
杭州万向职业技术学院	723	宿州学院	758
浙江工业大学之江学院	723	巢湖学院	759
浙江师范大学行知学院	724	淮南师范学院	759
宁波大学科学技术学院	724	铜陵学院	760
杭州电子科技大学信息工程学院	725	安徽职业技术学院	761
浙江理工大学科技与艺术学院	725	安徽建筑工业学院	761
浙江海洋学院东海科学技术学院	726	安徽科技学院	762
浙江农林大学天目学院	726	安徽三联学院	763
温州医学院仁济学院	727	淮北职业技术学院	763
浙江中医药大学滨江学院	727	合肥学院	764
杭州师范大学钱江学院	727	芜湖职业技术学院	765
湖州师范学院求真学院	728	蚌埠学院	765
绍兴文理学院元培学院	728	池州学院	766
温州大学瓯江学院	729	淮南联合大学	766
浙江工商大学杭州商学院	730	安徽商贸职业技术学院	767
嘉兴学院南湖学院	730	安徽水利水电职业技术学院	768
中国计量学院现代科技学院	731	阜阳职业技术学院	768
浙江财经学院东方学院	731	安徽新华学院	769
温州大学城市学院	732	铜陵职业技术学院	769
浙江邮电职业技术学院	732	民办万博科技职业学院	770
宁波天一职业技术学院	733	安徽警官职业学院	770
台州科技职业学院	733	淮南职业技术学院	771
浙江国际海运职业技术学院	734	安徽工业经济职业技术学院	771
浙江体育职业技术学院	734	合肥通用职业技术学院	772
温州科技职业学院	735	安徽文达信息工程学院	772
浙江汽车职业技术学院	735	安徽工贸职业技术学院	773
浙江横店影视职业学院	736	宿州职业技术学院	773
同济大学浙江学院	736	六安职业技术学院	774
上海财经大学浙江学院	737	安徽电子信息职业技术学院	774
浙江农业商贸职业学院	737	民办合肥经济技术职业学院	775
浙江外国语学院	738	安徽交通职业技术学院	775
宁波诺丁汉大学	738	安徽体育运动职业技术学院	776

安徽省

学校名称	页码	学校名称	页码
安徽大学	739	安徽中医药高等专科学校	776
中国科学技术大学	741	安徽医学高等专科学校	777
合肥工业大学	743	亳州师范高等专科学校	777
安徽工业大学	745	巢湖职业技术学院	778
安徽理工大学	746	滁州职业技术学院	778
安徽工程大学	747	池州职业技术学院	779
安徽农业大学	748	宣城职业技术学院	779
安徽医科大学	749	安徽广播影视职业技术学院	780
蚌埠医学院	750	民办合肥滨湖职业技术学院	781
皖南医学院	750	安徽外国语学院	781
安徽中医学院	751	安徽电气工程职业技术学院	782
安徽师范大学	752	安徽冶金科技职业学院	782
阜阳师范学院	753	安徽城市管理职业学院	783
安庆师范学院	754	安徽机电职业技术学院	783
		安徽工商职业学院	784

学校名称	页码	学校名称	页码
安徽中澳科技职业学院	784	福州大学	812
阜阳科技职业学院	785	福建工程学院	813
亳州职业技术学院	785	福建农林大学	814
安徽国防科技职业学院	786	集美大学	816
安庆职业技术学院	786	福建医科大学	816
安徽艺术职业学院	787	福建中医药大学	817
安徽财经大学商学院	787	福建师范大学	818
安徽大学江淮学院	788	闽江学院	820
安徽工程大学机电学院	788	武夷学院	820
安徽工业大学工商学院	789	宁德师范学院	821
安徽建筑工业学院城市建设学院	789	泉州师范学院	822
安徽农业大学经济技术学院	790	漳州师范学院	823
安徽师范大学皖江学院	790	福建交通职业技术学院	823
安徽医科大学临床医学院	791	厦门理工学院	824
阜阳师范学院信息工程学院	791	三明学院	825
淮北师范大学信息学院	791	龙岩学院	825
马鞍山师范高等专科学校	792	福建商业高等专科学校	826
安徽财贸职业学院	792	漳州职业技术学院	826
安徽国际商务职业学院	793	闽西职业技术学院	827
安徽公安职业学院	794	黎明职业大学	827
安徽林业职业技术学院	794	福建警察学院	828
安徽审计职业学院	795	莆田学院	828
安徽新闻出版职业技术学院	795	福建华南女子职业学院	829
安徽邮电职业技术学院	795	福州职业技术学院	830
安徽工业职业技术学院	796	仰恩大学	830
芜湖信息技术职业学院	796	福建林业职业技术学院	831
民办合肥财经职业学院	797	福建信息职业技术学院	832
安庆医药高等专科学校	797	福建水利电力职业技术学院	832
合肥师范学院	798	福建电力职业技术学院	833
安徽涉外经济职业学院	799	厦门海洋职业技术学院	833
安徽绿海商务职业学院	799	福建农业职业技术学院	834
合肥共达职业技术学院	800	厦门医学高等专科学校	834
蚌埠经济技术职业学院	800	福建卫生职业技术学院	835
民办安徽旅游职业学院	801	泉州医学高等专科学校	835
徽商职业学院	801	福州英华职业学院	836
马鞍山职业技术学院	802	厦门华厦职业学院	836
河海大学文天学院	802	闽南理工学院	837
安徽现代信息工程职业学院	803	泉州纺织服装职业学院	837
安徽矿业职业技术学院	803	泉州华光摄影艺术职业学院	838
合肥信息技术职业学院	803	泉州理工职业学院	838
桐城师范高等专科学校	804	福建师范大学闽南科技学院	839
黄山职业技术学院	804	福建农林大学东方学院	839
滁州城市职业学院	805	华侨大学厦门工学院	840
安徽汽车职业技术学院	805	福州大学阳光学院	840
皖西卫生职业学院	805	厦门大学嘉庚学院	841
合肥幼儿师范高等专科学校	806	福州大学至诚学院	842
安徽长江职业学院	806	集美大学诚毅学院	842
安徽扬子职业技术学院	807	福建师范大学协和学院	843
安徽黄梅戏艺术职业学院	807	福建警官职业学院	843
福建省		福州外语外贸学院	844
厦门大学	808	福建江夏学院	844
华侨大学	810	闽北职业技术学院	845

学校名称	页码	学校名称	页码
福州黎明职业技术学院	845	南昌工程学院	877
泉州信息职业技术学院	846	江西警察学院	878
厦门演艺职业学院	846	九江职业大学	878
厦门华天涉外职业技术学院	847	新余学院	879
福州科技职业技术学院	847	九江职业技术学院	880
泉州经贸职业技术学院	848	九江学院	880
福建对外经济贸易职业技术学院	848	江西渝州科技职业学院	881
湄洲湾职业技术学院	849	南昌理工学院	882
福州海峡职业技术学院	849	江西司法警官职业学院	883
福建生物工程职业技术学院	850	江西陶瓷工艺美术职业技术学院	883
福建艺术职业学院	850	江西旅游商贸职业学院	884
厦门城市职业学院	851	江西电力职业技术学院	884
德化陶瓷职业技术学院	851	江西环境工程职业学院	885
三明职业技术学院	852	江西艺术职业学院	885
宁德职业技术学院	852	鹰潭职业技术学院	886
福州软件职业技术学院	853	江西城市职业学院	886
厦门兴才职业技术学院	853	江西信息应用职业技术学院	887
福建农林大学金山学院	854	江西交通职业技术学院	887
厦门软件职业技术学院	854	江西财经职业学院	888
福建体育职业技术学院	855	江西应用技术职业学院	888
漳州城市职业学院	855	江西现代职业技术学院	889
厦门南洋职业学院	856	江西工业工程职业技术学院	890
厦门东海职业技术学院	856	江西机电职业技术学院	890
漳州天福茶职业技术学院	856	江西服装学院	891
漳州理工职业学院	857	江西科技职业学院	891
武夷山职业学院	857	南昌职业学院	892
漳州卫生职业学院	858	南昌工学院	892
泉州泰山航海职业学院	858	江西外语外贸职业学院	893
泉州轻工职业学院	859	江西工业贸易职业技术学院	893
厦门安防科技职业学院	859	宜春职业技术学院	894
泉州幼儿师范高等专科学校	859	江西应用工程职业学院	894
江西省		江西生物科技职业学院	895
南昌大学	860	江西建设职业技术学院	896
华东交通大学	861	抚州职业技术学院	896
东华理工大学	862	南昌大学科学技术学院	897
南昌航空大学	863	南昌大学共青学院	897
江西理工大学	864	华东交通大学理工学院	898
景德镇陶瓷学院	865	东华理工大学长江学院	898
江西农业大学	866	南昌航空大学科技学院	899
江西中医学院	867	江西理工大学应用科学学院	899
赣南医学院	868	景德镇陶瓷学院科技艺术学院	900
江西师范大学	868	江西农业大学南昌商学院	900
上饶师范学院	870	江西中医学院科技学院	901
宜春学院	870	江西师范大学科学技术学院	901
赣南师范学院	871	赣南师范学院科技学院	902
井冈山大学	872	江西科技师范学院理工学院	902
江西财经大学	873	江西财经大学现代经济管理学院	903
江西工业职业技术学院	874	南昌师范高等专科学校	903
江西蓝天学院	875	江西中医药高等专科学校	904
景德镇高等专科学校	875	江西先锋软件职业技术学院	904
萍乡高等专科学校	876	江西经济管理职业学院	905
江西科技师范学院	876	江西制造职业技术学院	905

江西工程职业学院 …… 906
江西青年职业学院 …… 906
上饶职业技术学院 …… 907
江西航空职业技术学院 …… 907
江西农业工程职业学院 …… 908
赣西科技职业学院 …… 908
江西护理职业技术学院 …… 909
江西太阳能科技职业学院 …… 909
江西枫林涉外经贸职业学院 …… 910
江西泰豪动漫职业学院 …… 910
江西冶金职业技术学院 …… 911
江西管理职业学院 …… 911
江西新闻出版职业技术学院 …… 912
江西工商职业技术学院 …… 912

山东省
山东大学 …… 913
中国海洋大学 …… 916
山东科技大学 …… 917
中国石油大学(华东) …… 919
青岛科技大学 …… 920
济南大学 …… 921
青岛理工大学 …… 922
山东建筑大学 …… 923
山东轻工业学院 …… 924
山东理工大学 …… 925
山东农业大学 …… 926
青岛农业大学 …… 928
潍坊医学院 …… 928
泰山医学院 …… 929
滨州医学院 …… 930
山东中医药大学 …… 930
山东医学高等专科学校 …… 931
济宁医学院 …… 932
菏泽医学专科学校 …… 932
山东师范大学 …… 933
曲阜师范大学 …… 934
聊城大学 …… 935
德州学院 …… 936
滨州学院 …… 937
鲁东大学 …… 938
临沂大学 …… 939
泰山学院 …… 940
济宁学院 …… 941
菏泽学院 …… 941
山东经济学院 …… 942
山东体育学院 …… 942
山东艺术学院 …… 943
山东万杰医学院 …… 944
山东商业职业技术学院 …… 944
青岛滨海学院 …… 945
枣庄学院 …… 946
山东工艺美术学院 …… 946

青岛大学 …… 947
烟台大学 …… 948
潍坊学院 …… 949
山东警察学院 …… 950
山东交通学院 …… 950
山东工商学院 …… 951
山东财政学院 …… 952
山东电力高等专科学校 …… 953
日照职业技术学院 …… 953
曲阜远东职业技术学院 …… 954
青岛职业技术学院 …… 954
威海职业学院 …… 955
山东职业学院 …… 955
山东劳动职业技术学院 …… 956
莱芜职业技术学院 …… 956
山东女子学院 …… 957
烟台南山学院 …… 958
济宁职业技术学院 …… 958
潍坊职业学院 …… 959
烟台职业学院 …… 959
东营职业学院 …… 960
聊城职业技术学院 …… 961
滨州职业学院 …… 961
山东科技职业学院 …… 962
山东服装职业学院 …… 962
德州科技职业学院 …… 963
潍坊科技学院 …… 963
山东力明科技职业学院 …… 964
山东圣翰财贸职业学院 …… 965
山东水利职业学院 …… 965
山东畜牧兽医职业学院 …… 966
青岛飞洋职业技术学院 …… 966
山东英才学院 …… 967
山东大王职业学院 …… 967
山东交通职业学院 …… 968
淄博职业学院 …… 969
山东外贸职业学院 …… 969
青岛酒店管理职业技术学院 …… 970
山东信息职业技术学院 …… 970
淄博科技职业学院 …… 971
青岛港湾职业技术学院 …… 971
青岛恒星职业技术学院 …… 972
山东胜利职业学院 …… 972
山东经贸职业学院 …… 973
山东工业职业学院 …… 973
山东化工职业学院 …… 974
青岛黄海学院 …… 974
青岛求实职业技术学院 …… 975
山东现代职业学院 …… 976
济南职业学院 …… 976
山东协和学院 …… 977
烟台工程职业技术学院 …… 977

学校名称	页码
山东凯文科技职业学院	978
烟台大学文经学院	978
聊城大学东昌学院	979
青岛理工大学琴岛学院	979
山东师范大学历山学院	980
山东经济学院燕山学院	980
中国石油大学胜利学院	981
山东外国语职业学院	981
潍坊工商职业学院	982
德州职业技术学院	982
枣庄科技职业学院	983
山东科技大学泰山科技学院	983
淄博师范高等专科学校	984
山东中医药高等专科学校	984
济南工程职业技术学院	985
山东电子职业技术学院	986
山东华宇职业技术学院	986
山东旅游职业学院	987
山东铝业职业学院	987
山东杏林科技职业学院	988
泰山职业技术学院	988
山东外事翻译职业学院	989
山东药品食品职业学院	989
青岛工学院	989
青岛农业大学海都学院	990
曲阜师范大学杏坛学院	991
山东财政学院东方学院	991
济南大学泉城学院	991
山东商务职业学院	992
山东丝绸纺织职业学院	992
山东城市建设职业学院	993
烟台汽车工程职业学院	993
山东司法警官职业学院	994
山东政法学院	994
菏泽家政职业学院	995
山东传媒职业学院	995
临沂职业学院	996
枣庄职业学院	996
山东理工职业学院	997
山东文化产业职业学院	997
齐鲁师范学院	998
山东青年政治学院	999
青岛远洋船员职业学院	999
北京电影学院现代创意媒体学院	1000
济南幼儿师范高等专科学校	1000
济南护理职业学院	1001
泰山护理职业学院	1001
山东海事职业学院	1002
潍坊护理职业学院	1002
潍坊工程职业学院	1002

河南省

学校名称	页码
华北水利水电学院	1003
郑州大学	1004
河南理工大学	1007
郑州轻工业学院	1008
河南工业大学	1009
河南科技大学	1010
中原工学院	1011
河南农业大学	1012
河南科技学院	1013
郑州牧业工程高等专科学校	1013
河南中医学院	1014
新乡医学院	1015
河南大学	1015
河南师范大学	1017
信阳师范学院	1018
周口师范学院	1019
安阳师范学院	1019
许昌学院	1020
南阳师范学院	1021
洛阳师范学院	1021
商丘师范学院	1022
河南财经政法大学	1023
郑州航空工业管理学院	1023
河南职业技术学院	1024
漯河职业技术学院	1025
三门峡职业技术学院	1025
郑州铁路职业技术学院	1026
黄淮学院	1027
平顶山学院	1027
中州大学	1028
开封大学	1029
洛阳理工学院	1029
新乡学院	1030
信阳农业高等专科学校	1031
河南机电高等专科学校	1031
安阳工学院	1032
河南工程学院	1033
焦作大学	1033
河南商业高等专科学校	1034
河南财政税务高等专科学校	1034
南阳理工学院	1035
河南城建学院	1036
濮阳职业技术学院	1036
河南警察学院	1037
郑州电力高等专科学校	1037
黄河科技学院	1038
黄河水利职业技术学院	1039
许昌职业技术学院	1039
铁道警官高等专科学校	1040
商丘职业技术学院	1041
郑州科技学院	1041
郑州华信学院	1042
平顶山工业职业技术学院	1042

周口职业技术学院	1043	河南化工职业学院	1069
济源职业技术学院	1044	河南艺术职业学院	1070
河南司法警官职业学院	1044	郑州升达经贸管理学院	1070
鹤壁职业技术学院	1045	河南机电职业学院	1071
河南工业职业技术学院	1045	河南护理职业学院	1071
郑州澍青医学高等专科学校	1046	许昌电气职业学院	1071
郑州师范学院	1046	信阳涉外职业技术学院	1072
焦作师范高等专科学校	1047	鹤壁汽车工程职业学院	1072
郑州经贸职业学院	1047	南阳职业学院	1073
郑州交通职业学院	1048	郑州商贸旅游职业学院	1073
河南检察职业学院	1049	河南推拿职业学院	1073
商丘工学院	1049	洛阳职业技术学院	1074
河南大学民生学院	1050	**湖北省**	
河南师范大学新联学院	1050	武汉大学	1074
信阳师范学院华锐学院	1051	华中科技大学	1077
安阳师范学院人文管理学院	1051	武汉科技大学	1080
新乡医学院三全学院	1052	长江大学	1081
河南科技学院新科学院	1052	武汉工程大学	1082
河南理工大学万方科技学院	1053	中国地质大学	1083
中原工学院信息商务学院	1053	武汉纺织大学	1085
河南质量工程职业学院	1054	武汉工业学院	1086
郑州信息科技职业学院	1054	武汉理工大学	1087
漯河医学高等专科学校	1055	湖北工业大学	1089
南阳医学高等专科学校	1055	华中农业大学	1090
商丘医学高等专科学校	1056	湖北中医药大学	1091
郑州电子信息职业技术学院	1056	华中师范大学	1092
信阳职业技术学院	1057	湖北大学	1094
嵩山少林武术职业学院	1057	湖北师范学院	1095
郑州工业安全职业学院	1058	黄冈师范学院	1096
永城职业学院	1058	湖北民族学院	1096
河南经贸职业学院	1059	郧阳师范高等专科学校	1097
河南交通职业技术学院	1059	襄樊学院	1098
河南农业职业学院	1060	中南财经政法大学	1099
郑州旅游职业学院	1060	武汉体育学院	1100
郑州职业技术学院	1061	湖北美术学院	1101
河南工业贸易职业学院	1061	中南民族大学	1101
商丘学院	1062	湖北汽车工业学院	1102
河南财经政法大学成功学院	1062	孝感学院	1103
郑州电力职业技术学院	1063	武汉职业技术学院	1104
周口科技职业学院	1063	黄石理工学院	1105
河南建筑职业技术学院	1064	咸宁学院	1105
漯河食品职业学院	1064	湖北医药学院	1106
郑州城市职业学院	1065	黄冈职业技术学院	1106
安阳职业技术学院	1065	长江职业学院	1107
新乡职业技术学院	1066	江汉大学	1107
驻马店职业技术学院	1066	荆州理工职业学院	1108
焦作工贸职业学院	1067	三峡大学	1109
许昌陶瓷职业学院	1067	湖北警官学院	1110
郑州理工职业学院	1068	十堰职业技术学院	1111
郑州信息工程职业学院	1068	鄂州职业大学	1111
长垣烹饪职业技术学院	1068	荆楚理工学院	1112
开封文化艺术职业学院	1069	武汉音乐学院	1112

湖北经济学院 …… 1113	武汉体育学院体育科技学院 …… 1142
武汉商业服务学院 …… 1114	湖北师范学院文理学院 …… 1142
武汉城市职业学院 …… 1114	襄樊学院理工学院 …… 1143
武汉东湖学院 …… 1115	孝感学院新技术学院 …… 1143
汉口学院 …… 1116	华中科技大学文华学院 …… 1144
湖北职业技术学院 …… 1116	湖北艺术职业学院 …… 1144
武汉船舶职业技术学院 …… 1117	武汉交通职业学院 …… 1145
华中科技大学武昌分校 …… 1117	咸宁职业技术学院 …… 1145
武昌理工学院 …… 1118	长江工程职业技术学院 …… 1146
恩施职业技术学院 …… 1118	中南财经政法大学武汉学院 …… 1146
襄樊职业技术学院 …… 1119	中国地质大学江城学院 …… 1147
武汉生物工程学院 …… 1119	武汉理工大学华夏学院 …… 1147
武汉工贸职业学院 …… 1120	华中师范大学武汉传媒学院 …… 1148
荆州职业技术学院 …… 1120	江汉艺术职业学院 …… 1149
武汉工程职业技术学院 …… 1121	武汉工业职业技术学院 …… 1149
仙桃职业学院 …… 1121	武汉民政职业学院 …… 1150
湖北轻工职业技术学院 …… 1122	鄂东职业技术学院 …… 1150
湖北交通职业技术学院 …… 1123	湖北财税职业学院 …… 1151
湖北中医药高等专科学校 …… 1123	黄冈科技职业学院 …… 1151
武汉航海职业技术学院 …… 1124	湖北国土资源职业学院 …… 1151
武汉铁路职业技术学院 …… 1124	湖北生态工程职业技术学院 …… 1152
武汉软件工程职业学院 …… 1125	华中农业大学楚天学院 …… 1152
湖北三峡职业技术学院 …… 1125	三峡电力职业学院 …… 1153
随州职业技术学院 …… 1126	湖北第二师范学院 …… 1153
武汉电力职业技术学院 …… 1126	湖北科技职业学院 …… 1154
湖北水利水电职业技术学院 …… 1127	湖北青年职业学院 …… 1155
湖北城市建设职业技术学院 …… 1128	黄石职业技术学院 …… 1155
武汉警官职业学院 …… 1128	三峡旅游职业技术学院 …… 1156
湖北生物科技职业学院 …… 1129	天门职业学院 …… 1156
湖北开放职业学院 …… 1129	湖北体育职业学院 …… 1157
武汉科技职业学院 …… 1130	襄阳汽车职业技术学院 …… 1157
武汉外语外事职业学院 …… 1130	**湖南省**
武汉信息传播职业技术学院 …… 1131	湘潭大学 …… 1157
武汉语言文化职业学院 …… 1131	吉首大学 …… 1159
武汉商贸职业学院 …… 1132	湖南大学 …… 1160
武汉大学珞珈学院 …… 1132	中南大学 …… 1161
湖北大学知行学院 …… 1133	湖南科技大学 …… 1164
武汉科技大学城市学院 …… 1133	长沙理工大学 …… 1165
三峡大学科技学院 …… 1134	湖南农业大学 …… 1166
江汉大学文理学院 …… 1134	中南林业科技大学 …… 1167
湖北工业大学工程技术学院 …… 1135	湖南中医药大学 …… 1168
武汉工程大学邮电与信息工程学院 …… 1135	湖南师范大学 …… 1169
武汉纺织大学外经贸学院 …… 1136	湖南理工学院 …… 1171
武汉工业学院工商学院 …… 1136	湘南学院 …… 1171
武汉长江工商学院 …… 1137	衡阳师范学院 …… 1172
长江大学工程技术学院 …… 1138	邵阳学院 …… 1173
长江大学文理学院 …… 1138	怀化学院 …… 1173
湖北工业大学商贸学院 …… 1139	湖南文理学院 …… 1174
湖北汽车工业学院科技学院 …… 1139	湖南科技学院 …… 1174
湖北医药学院药护学院 …… 1140	湖南人文科技学院 …… 1175
湖北民族学院科技学院 …… 1140	湖南商学院 …… 1176
湖北经济学院法商学院 …… 1141	南华大学 …… 1176

长沙医学院	1177
长沙民政职业技术学院	1178
湖南工业职业技术学院	1178
株洲师范高等专科学校	1179
湖南信息职业技术学院	1179
长沙学院	1180
湖南工程学院	1180
湖南城市学院	1181
湖南工学院	1181
湖南财政经济学院	1182
湖南警察学院	1183
湖南工业大学	1183
湖南女子学院	1184
湖南税务高等专科学校	1185
湖南冶金职业技术学院	1185
湖南第一师范学院	1185
长沙航空职业技术学院	1186
怀化医学高等专科学校	1186
湖南大众传媒职业技术学院	1187
永州职业技术学院	1187
湖南铁道职业技术学院	1188
湖南涉外经济学院	1188
湖南科技职业学院	1189
湖南生物机电职业技术学院	1189
湖南交通职业技术学院	1190
湖南商务职业技术学院	1191
湖南体育职业学院	1191
湖南工程职业技术学院	1192
保险职业学院	1192
湖南外贸职业学院	1193
湖南网络工程职业学院	1193
湘潭大学兴湘学院	1194
邵阳职业技术学院	1194
湖南司法警官职业学院	1195
长沙商贸旅游职业技术学院	1195
湖南工业大学科技学院	1196
湖南科技大学潇湘学院	1196
南华大学船山学院	1197
湖南商学院北津学院	1197
湖南师范大学树达学院	1198
湖南农业大学东方科技学院	1198
中南林业科技大学涉外学院	1199
湖南文理学院芙蓉学院	1199
湖南理工学院南湖学院	1200
衡阳师范学院南岳学院	1200
湖南工程学院应用技术学院	1201
湖南中医药大学湘杏学院	1201
吉首大学张家界学院	1201
湖南环境生物职业技术学院	1202
长沙通信职业技术学院	1202
湘潭职业技术学院	1203
郴州职业技术学院	1203
娄底职业技术学院	1204
张家界航空工业职业技术学院	1204
长沙环境保护职业技术学院	1205
湖南艺术职业学院	1205
湖南机电职业技术学院	1206
长沙职业技术学院	1206
怀化职业技术学院	1207
岳阳职业技术学院	1207
常德职业技术学院	1208
长沙南方职业学院	1208
潇湘职业学院	1209
湖南化工职业技术学院	1209
湖南城建职业技术学院	1210
湖南石油化工职业技术学院	1210
长沙理工大学城南学院	1211
湖南中医药高等专科学校	1211
邵阳医学高等专科学校	1212
湖南民族职业学院	1212
湘西民族职业技术学院	1213
长沙师范学校	1213
衡阳财经工业职业技术学院	1214
益阳职业技术学院	1214
湖南同德职业学院	1215
湖南信息科学职业学院	1215
湖南工艺美术职业学院	1216
湖南九嶷职业学院	1216
湖南理工职业技术学院	1217
湖南科技经贸职业学院	1217
湖南软件职业学院	1218
株洲职业技术学院	1218
长沙电力职业技术学院	1219
湖南水利水电职业技术学院	1219
湖南现代物流职业技术学院	1220
湖南高速铁路职业技术学院	1220
湖南铁路科技职业技术学院	1221
湖南安全技术职业学院	1221
湖南电气职业技术学院	1222
湖南外国语职业学院	1222
益阳医学高等专科学校	1223
湖南都市职业学院	1223
湖南电子科技职业学院	1224
湖南科技工业职业技术学院	1224
湖南高尔夫旅游职业学院	1225
湖南工商职业学院	1225
湖南三一工业职业技术学院	1225
长沙卫生职业学院	1226
湖南食品药品职业学院	1226
湖南有色金属职业技术学院	1227

广东省

中山大学	1227
暨南大学	1229
汕头大学	1232

华南理工大学	1233	南海东软信息技术职业学院	1276
华南农业大学	1235	广州康大职业技术学院	1277
广东海洋大学	1237	珠海艺术职业学院	1277
广州医学院	1238	广东行政职业学院	1277
广东医学院	1239	广东体育职业技术学院	1278
广州中医药大学	1240	华南理工大学广州学院	1278
广东药学院	1242	广州大学华软软件学院	1279
华南师范大学	1243	中山大学南方学院	1279
韶关学院	1244	广东外语外贸大学南国商学院	1280
惠州学院	1245	广东商学院华商学院	1280
韩山师范学院	1246	广东海洋大学寸金学院	1281
湛江师范学院	1246	华南农业大学珠江学院	1282
肇庆学院	1247	广东技术师范学院天河学院	1282
嘉应学院	1248	广东纺织职业技术学院	1283
广州体育学院	1249	广东建设职业技术学院	1283
广州美术学院	1249	广东女子职业技术学院	1284
星海音乐学院	1250	广东机电职业技术学院	1284
广东技术师范学院	1250	广东岭南职业技术学院	1285
深圳大学	1251	汕尾职业技术学院	1285
广东商学院	1252	罗定职业技术学院	1286
广东白云学院	1253	阳江职业技术学院	1286
顺德职业技术学院	1254	河源职业技术学院	1287
广东轻工职业技术学院	1254	广东邮电职业技术学院	1288
广东交通职业技术学院	1255	汕头职业技术学院	1288
广东水利电力职业技术学院	1256	揭阳职业技术学院	1289
潮汕职业技术学院	1256	深圳信息职业技术学院	1289
广州大学	1257	清远职业技术学院	1290
广州航海高等专科学校	1258	广东工贸职业技术学院	1291
广东警官学院	1259	广东司法警官职业学院	1291
深圳职业技术学院	1259	广东亚视演艺职业学院	1292
民办南华工商学院	1260	广东省外语艺术职业学院	1292
私立华联学院	1261	北京师范大学珠海分校	1293
仲恺农业工程学院	1261	广东工业大学华立学院	1293
五邑大学	1262	广州大学松田学院	1294
广东金融学院	1263	华南师范大学增城学院	1294
电子科技大学中山学院	1263	北京理工大学珠海学院	1295
广东石油化工学院	1264	吉林大学珠海学院	1295
东莞理工学院	1265	广东文艺职业学院	1296
广东工业大学	1266	广州体育职业技术学院	1296
广东外语外贸大学	1267	广州工程技术职业学院	1297
佛山科学技术学院	1268	中山火炬职业技术学院	1298
广东财经职业学院	1269	江门职业技术学院	1298
广州民航职业技术学院	1269	茂名职业技术学院	1299
广州番禺职业技术学院	1270	珠海城市职业技术学院	1299
广东培正学院	1270	广州工商职业技术学院	1300
广东松山职业技术学院	1271	广州涉外经济职业技术学院	1300
南方医科大学	1272	广州南洋理工职业学院	1301
广东农工商职业技术学院	1273	广州科技职业技术学院	1301
广东新安职业技术学院	1274	惠州经济职业技术学院	1302
佛山职业技术学院	1274	广东科技学院	1302
广东科学技术职业学院	1275	肇庆科技职业技术学院	1303
广东食品药品职业学院	1275	肇庆工商职业技术学院	1304

肇庆医学高等专科学校	1304
东莞理工学院城市学院	1305
中山大学新华学院	1305
广州现代信息工程职业技术学院	1306
广东理工职业学院	1306
广州华南商贸职业学院	1307
广州华立科技职业学院	1307
广州城市职业学院	1308
广东工程职业技术学院	1308
广州铁路职业技术学院	1309
广东科贸职业学院	1310
广州科技贸易职业学院	1310
中山职业技术学院	1311
广州珠江职业技术学院	1311
广州松田职业学院	1312
湛江现代科技职业学院	1312
广州城建职业学院	1313
东莞职业技术学院	1313
广东江门艺华旅游职业学院	1314
广州华商职业学院	1314
广州华夏职业学院	1315
广东第二师范学院	1315
广东环境保护工程职业学院	1316
广东青年职业学院	1316
广州东华职业学院	1317
广东创新科技职业学院	1317
北京师范大学－香港浸会大学联合国际学院	1318

广西壮族自治区

广西大学	1318
广西工学院	1320
桂林电子科技大学	1321
桂林理工大学	1322
广西医科大学	1323
右江民族医学院	1324
广西中医学院	1324
桂林医学院	1326
广西师范大学	1326
广西师范学院	1327
广西民族师范学院	1328
河池学院	1329
玉林师范学院	1329
广西艺术学院	1330
广西民族大学	1331
百色学院	1332
广西机电职业技术学院	1333
广西体育高等专科学校	1333
梧州学院	1334
南宁职业技术学院	1334
柳州师范高等专科学校	1335
广西财经学院	1336
邕江大学	1336
钦州学院	1337

广西水利电力职业技术学院	1338
桂林师范高等专科学校	1338
广西职业技术学院	1339
桂林航天工业高等专科学校	1339
桂林旅游高等专科学校	1340
贺州学院	1341
柳州医学高等专科学校	1341
柳州职业技术学院	1342
广西生态工程职业技术学院	1343
广西交通职业技术学院	1343
广西工业职业技术学院	1344
广西国际商务职业技术学院	1344
广西农业职业技术学院	1345
柳州铁道职业技术学院	1345
广西建设职业技术学院	1346
广西警官高等专科学校	1347
贵港职业学院	1347
广西现代职业技术学院	1348
北海职业学院	1348
北海艺术设计职业学院	1349
桂林山水职业学院	1349
广西大学行健文理学院	1350
广西工学院鹿山学院	1350
广西民族大学相思湖学院	1351
广西师范大学漓江学院	1351
广西师范学院师园学院	1352
广西中医学院赛恩斯新医药学院	1352
桂林电子科技大学信息科技学院	1353
桂林理工大学博文管理学院	1353
广西经贸职业技术学院	1354
广西工商职业技术学院	1354
广西演艺职业学院	1355
广西外国语学院	1355
广西电力职业技术学院	1356
北京航空航天大学北海学院	1356
广西城市职业学院	1357
广西英华国际职业学院	1357
柳州城市职业学院	1358
百色职业学院	1358
广西工程职业学院	1359
广西理工职业技术学院	1359
梧州职业学院	1360
广西经济职业学院	1360
广西幼儿师范高等专科学校	1361
广西科技职业学院	1361
广西卫生职业技术学院	1361

海南省

海南大学	1362
琼州学院	1363
海南师范大学	1363
海南医学院	1364
海南职业技术学院	1365

海口经济学院	1365	重庆工商职业学院	1400
三亚城市职业学院	1366	重庆民生职业技术学院	1400
海南软件职业技术学院	1366	重庆三峡医药高等专科学校	1401
海南政法职业学院	1367	重庆医药高等专科学校	1401
海南外国语职业学院	1367	重庆青年职业技术学院	1402
琼台师范高等专科学校	1368	重庆财经职业学院	1402
海南经贸职业技术学院	1368	重庆科创职业学院	1403
海南工商职业学院	1369	重庆建筑工程职业学院	1403
海南大学三亚学院	1369	重庆电讯职业学院	1404
三亚航空旅游职业学院	1370	重庆能源职业学院	1404
海南科技职业学院	1370	重庆商务职业学院	1405
三亚理工职业学院	1371	重庆交通职业学院	1405

重庆市

		重庆化工职业学院	1406
重庆大学	1371	重庆旅游职业学院	1406
重庆邮电大学	1373	重庆安全技术职业学院	1406
重庆交通大学	1374	重庆公共运输职业学院	1407
重庆医科大学	1375	重庆艺术工程职业学院	1407
西南大学	1376	重庆轻工职业学院	1408
重庆师范大学	1377	重庆电信职业学院	1408
重庆文理学院	1378	重庆经贸职业学院	1409
重庆三峡学院	1379		

四川省

长江师范学院	1380		
四川外语学院	1380	四川大学	1409
西南政法大学	1381	西南交通大学	1412
四川美术学院	1382	电子科技大学	1415
重庆航天职业技术学院	1383	西南石油大学	1416
重庆科技学院	1383	成都理工大学	1417
重庆理工大学	1384	西南科技大学	1419
重庆工商大学	1385	成都信息工程学院	1419
重庆电力高等专科学校	1387	四川理工学院	1420
重庆工业职业技术学院	1387	西华大学	1421
重庆三峡职业学院	1388	中国民用航空飞行学院	1422
重庆工贸职业技术学院	1388	四川农业大学	1423
重庆机电职业技术学院	1389	西昌学院	1424
重庆正大软件职业技术学院	1390	泸州医学院	1425
重庆电子工程职业学院	1390	成都中医药大学	1425
重庆大学城市科技学院	1391	川北医学院	1426
重庆海联职业技术学院	1391	四川师范大学	1427
重庆信息技术职业学院	1392	西华师范大学	1428
重庆传媒职业学院	1392	绵阳师范学院	1429
重庆警官职业学院	1393	内江师范学院	1430
重庆城市管理职业学院	1393	宜宾学院	1430
重庆工程职业技术学院	1394	四川文理学院	1431
重庆房地产职业学院	1394	阿坝师范高等专科学校	1432
西南大学育才学院	1395	乐山师范学院	1432
四川外语学院重庆南方翻译学院	1396	西南财经大学	1433
重庆师范大学涉外商贸学院	1396	成都体育学院	1434
重庆工商大学融智学院	1397	四川音乐学院	1434
重庆工商大学派斯学院	1397	西南民族大学	1435
重庆邮电大学移通学院	1398	成都学院	1436
重庆城市职业学院	1399	成都电子机械高等专科学校	1437
		攀枝花学院	1438
重庆水利电力职业技术学院	1399	四川烹饪高等专科学校	1438

成都纺织高等专科学校	1439
四川民族学院	1440
民办四川天一学院	1440
成都航空职业技术学院	1441
四川电力职业技术学院	1441
四川警察学院	1442
成都职业技术学院	1442
成都东软学院	1443
四川化工职业技术学院	1444
四川水利职业技术学院	1444
南充职业技术学院	1445
内江职业技术学院	1445
四川航天职业技术学院	1446
四川邮电职业技术学院	1446
四川机电职业技术学院	1447
绵阳职业技术学院	1447
四川交通职业技术学院	1448
四川工商职业技术学院	1448
四川工程职业技术学院	1449
四川建筑职业技术学院	1450
达州职业技术学院	1450
四川托普信息技术职业学院	1451
四川国际标榜职业学院	1451
成都农业科技职业学院	1452
宜宾职业技术学院	1452
泸州职业技术学院	1453
眉山职业技术学院	1453
成都艺术职业学院	1454
四川职业技术学院	1454
乐山职业技术学院	1455
雅安职业技术学院	1456
电子科技大学成都学院	1456
成都理工大学工程技术学院	1457
成都理工大学广播影视学院	1457
成都信息工程学院银杏酒店管理学院	1458
四川师范大学文理学院	1459
四川师范大学成都学院	1459
四川外语学院成都学院	1460
成都医学院	1460
四川商务职业学院	1461
四川司法警官职业学院	1461
广安职业技术学院	1462
四川信息职业技术学院	1462
四川警安职业学院	1463
四川大学锦城学院	1463
四川文化传媒职业学院	1464
四川华新现代职业学院	1464
四川管理职业学院	1465
四川艺术职业学院	1465
四川中医药高等专科学校	1466
西南财经大学天府学院	1466
四川大学锦江学院	1467
四川音乐学院绵阳艺术学院	1467
西南科技大学城市学院	1468
四川科技职业学院	1468
四川文化产业职业学院	1469
四川财经职业学院	1469
四川城市职业学院	1470
四川现代职业学院	1470
四川幼儿师范高等专科学校	1471
西南交通大学希望学院	1471
四川长江职业学院	1471

贵州省

贵州大学	1472
贵阳医学院	1473
遵义医学院	1474
贵阳中医学院	1475
贵州师范大学	1475
遵义师范学院	1476
铜仁学院	1477
兴义民族师范学院	1478
安顺学院	1478
毕节学院	1479
凯里学院	1479
黔南民族师范学院	1480
贵州财经学院	1481
贵州民族学院	1482
贵阳学院	1482
六盘水师范学院	1483
黔南民族医学高等专科学校	1484
贵州商业高等专科学校	1484
贵州警官职业学院	1485
贵州交通职业技术学院	1485
贵州航天职业技术学院	1486
贵州电子信息职业技术学院	1486
安顺职业技术学院	1487
黔东南民族职业技术学院	1487
黔南民族职业技术学院	1488
遵义职业技术学院	1488
贵州亚泰职业学院	1489
贵州工业职业技术学院	1489
贵州电力职业技术学院	1490
六盘水职业技术学院	1490
铜仁职业技术学院	1491
贵阳中医学院时珍学院	1491
贵州财经学院商务学院	1492
贵州大学科技学院	1492
贵州大学明德学院	1493
贵州民族学院人文科技学院	1493
贵州师范大学求是学院	1494
遵义医学院医学与科技学院	1494
贵阳医学院神奇民族医药学院	1495
黔西南民族职业技术学院	1495
贵州轻工职业技术学院	1496

学校名称	页码	学校名称	页码
遵义医药高等专科学校	1496	云南机电职业技术学院	1529
贵阳护理职业学院	1497	云南林业职业技术学院	1530
贵阳职业技术学院	1497	云南城市建设职业学院	1530
毕节职业技术学院	1498	昆明扬帆职业技术学院	1531
贵州师范学院	1498	云南工商学院	1531
贵州职业技术学院	1499	曲靖医学高等专科学校	1532
贵州盛华职业学院	1499	楚雄医药高等专科学校	1532

云南省

学校名称	页码	学校名称	页码
云南大学	1500	保山中医药高等专科学校	1533
昆明理工大学	1501	丽江师范高等专科学校	1533
云南农业大学	1503	德宏师范高等专科学校	1534
西南林业大学	1504	云南新兴职业学院	1534
昆明医学院	1505	临沧师范高等专科学校	1534
大理学院	1506	云南锡业职业技术学院	1535
云南中医学院	1506	云南经贸外事职业学院	1536
云南师范大学	1507	云南三鑫职业技术学院	1536
昭通师范高等专科学校	1508	德宏职业学院	1537
曲靖师范学院	1509	云南商务职业学院	1537
思茅师范高等专科学校	1510	昆明卫生职业学院	1537
保山学院	1510	云南现代职业技术学院	1538
红河学院	1511	云南旅游职业学院	1538

西藏自治区

学校名称	页码
西藏警官高等专科学校	1539
西藏大学	1539
西藏民族学院	1540
西藏藏医学院	1540
拉萨师范高等专科学校	1541
西藏职业技术学院	1541

学校名称	页码
云南财经大学	1511
云南艺术学院	1512
云南民族大学	1513
玉溪师范学院	1514
楚雄师范学院	1514
云南警官学院	1515
昆明学院	1516
文山学院	1516
昆明冶金高等专科学校	1517
云南国土资源职业学院	1518
云南交通职业技术学院	1518
昆明工业职业技术学院	1519
云南农业职业技术学院	1519
云南司法警官职业学院	1520
云南文化艺术职业学院	1520
云南体育运动职业技术学院	1521
云南经济管理职业学院	1521
云南科技信息职业学院	1522
西双版纳职业技术学院	1522
昆明艺术职业学院	1523
玉溪农业职业技术学院	1523
云南能源职业技术学院	1524
云南大学滇池学院	1524
云南大学旅游文化学院	1525
昆明理工大学津桥学院	1525
云南师范大学商学院	1526
云南师范大学文理学院	1527
昆明医学院海源学院	1527
云南艺术学院文华学院	1528
云南热带作物职业学院	1528
云南国防工业职业技术学院	1529

陕西省

学校名称	页码
西北大学	1542
西安交通大学	1543
西北工业大学	1545
西安理工大学	1546
西安电子科技大学	1548
西安工业大学	1549
西安建筑科技大学	1549
西安科技大学	1550
西安石油大学	1551
陕西科技大学	1552
西安工程大学	1553
长安大学	1554
西北农林科技大学	1555
陕西中医学院	1556
陕西师范大学	1557
延安大学	1559
陕西理工学院	1560
宝鸡文理学院	1560
咸阳师范学院	1561
渭南师范学院	1562
西安外国语大学	1562
西北政法大学	1563
西安体育学院	1564
西安音乐学院	1565

西安美术学院	1565
陕西工业职业技术学院	1566
杨凌职业技术学院	1566
西安文理学院	1567
榆林学院	1568
商洛学院	1568
安康学院	1569
西安培华学院	1570
西安财经学院	1570
西安邮电学院	1571
西安航空技术高等专科学校	1572
西安电力高等专科学校	1572
西安医学院	1573
陕西能源职业技术学院	1573
西安欧亚学院	1574
西安外事学院	1574
西安翻译学院	1575
西京学院	1575
陕西国防工业职业技术学院	1576
西安航空职业技术学院	1576
陕西财经职业技术学院	1577
陕西交通职业技术学院	1577
陕西职业技术学院	1578
西安思源学院	1579
西安高新科技职业学院	1579
陕西国际商贸学院	1580
西安三资职业学院	1580
陕西服装工程学院	1581
陕西铁路工程职业技术学院	1581
宝鸡职业技术学院	1582
陕西航空职业技术学院	1582
西安科技商贸职业学院	1583
陕西电子信息职业技术学院	1583
西安交通大学城市学院	1584
西北大学现代学院	1584
西安建筑科技大学华清学院	1585
西安财经学院行知学院	1585
陕西科技大学镐京学院	1586
西安工业大学北方信息工程学院	1586
延安大学西安创新学院	1587
西安电子科技大学长安学院	1587
陕西邮电职业技术学院	1588
西安海棠职业学院	1588
西安汽车科技职业学院	1588
西安东方亚太职业技术学院	1589
陕西警官职业学院	1589
西北工业大学明德学院	1590
陕西经济管理职业技术学院	1590
西安铁路职业技术学院	1591
咸阳职业技术学院	1591
西安职业技术学院	1592
商洛职业技术学院	1592
汉中职业技术学院	1593
延安职业技术学院	1593
渭南职业技术学院	1594
安康职业技术学院	1594
铜川职业技术学院	1595
陕西青年职业学院	1595
陕西工商职业学院	1596
陕西电子科技职业学院	1596
陕西旅游烹饪职业学院	1596
长安大学兴华学院	1597
西安理工大学高科学院	1597
西安科技大学高新学院	1598
西安医学高等专科学校	1598
榆林职业技术学院	1599

甘肃省

兰州大学	1599
兰州理工大学	1601
兰州交通大学	1602
甘肃农业大学	1603
甘肃中医学院	1604
西北师范大学	1605
兰州城市学院	1606
陇东学院	1607
天水师范学院	1608
河西学院	1608
兰州商学院	1609
西北民族大学	1610
兰州石化职业技术学院	1611
甘肃政法学院	1611
甘肃民族师范学院	1612
甘肃联合大学	1613
平凉医学高等专科学校	1613
陇南师范高等专科学校	1614
兰州工业高等专科学校	1614
定西师范高等专科学校	1615
张掖医学高等专科学校	1615
甘肃建筑职业技术学院	1616
酒泉职业技术学院	1616
兰州外语职业学院	1617
兰州职业技术学院	1617
甘肃警察职业学院	1618
甘肃林业职业技术学院	1619
甘肃工业职业技术学院	1619
西北师范大学知行学院	1620
兰州商学院陇桥学院	1620
兰州商学院长青学院	1621
兰州交通大学博文学院	1621
兰州理工大学技术工程学院	1622
武威职业学院	1622
甘肃交通职业技术学院	1623
兰州资源环境职业技术学院	1623
甘肃农业职业技术学院	1624

甘肃畜牧工程职业技术学院	1624	新疆农业大学	1642
甘肃钢铁职业技术学院	1625	石河子大学	1643
甘肃机电职业技术学院	1625	新疆医科大学	1644
甘肃有色冶金职业技术学院	1626	新疆师范大学	1645
白银矿冶职业技术学院	1626	喀什师范学院	1647

青海省

青海大学	1627	伊犁师范学院	1647
青海师范大学	1627	和田师范专科学校	1648
青海民族大学	1628	新疆财经大学	1649
青海卫生职业技术学院	1628	新疆艺术学院	1650
青海警官职业学院	1629	新疆工业高等专科学校	1650
青海畜牧兽医职业技术学院	1629	新疆农业职业技术学院	1651
青海交通职业技术学院	1630	昌吉学院	1651
青海建筑职业技术学院	1630	乌鲁木齐职业大学	1652
青海大学昆仑学院	1631	新疆维吾尔医学专科学校	1653

宁夏回族自治区

宁夏大学	1631	克拉玛依职业技术学院	1653
宁夏医科大学	1632	新疆机电职业技术学院	1654
宁夏师范学院	1633	新疆轻工职业技术学院	1654
北方民族大学	1634	新疆能源职业技术学院	1655
宁夏理工学院	1634	新疆警官高等专科学校	1655
宁夏民族职业技术学院	1635	昌吉职业技术学院	1656
宁夏工业职业学院	1635	伊犁职业技术学院	1656
宁夏职业技术学院	1636	阿克苏职业技术学院	1657
宁夏工商职业技术学院	1636	巴音郭楞职业技术学院	1657
宁夏财经职业技术学院	1637	新疆大学科学技术学院	1658
宁夏司法警官职业学院	1637	新疆农业大学科学技术学院	1658
宁夏建设职业技术学院	1638	新疆医科大学厚博学院	1659
宁夏大学新华学院	1638	新疆财经大学商务学院	1660
银川科技职业学院	1639	新疆建设职业技术学院	1660
中国矿业大学银川学院	1639	新疆兵团警官高等专科学校	1661
宁夏防沙治沙职业技术学院	1640	石河子大学科技学院	1661
		新疆现代职业技术学院	1661

新疆维吾尔自治区

		新疆天山职业技术学院	1662
		新疆交通职业技术学院	1662
新疆大学	1640	新疆石河子职业技术学院	1663
塔里木大学	1642	新疆职业大学	1663

成人高等学校

北京市

		北京市丰台区职工大学	1670
北京市海淀区职工大学	1667	北京市西城经济科学大学	1671
北京市东城区职工业余大学	1667	北京市汽车工业总公司职工大学	1671
北京市崇文区职工大学	1667	北京市农工商联合总公司职工大学	1671
北京宣武红旗业余大学	1668	国家法官学院	1671
北京市石景山区业余大学	1668	华北电业联合职工大学	1672
北京市朝阳区职工大学	1668	首都联合职工大学	1672
北京市机械工业局职工大学	1669	民航管理干部学院	1672
北京医药集团职工大学	1669	公安部管理干部学院	1673
北京市建设职工大学	1669	国家检察官学院	1673
北京市总工会职工大学	1669	北京教育学院	1673
中央党校继续教育学院	1670	北京广播电视大学	1674
中国记协职工新闻学院	1670	中央广播电视大学	1674
中南海业余大学	1670		

天津市
- 天津市和平区新华职工大学 ……………… 1675
- 天津市河西区职工大学 …………………… 1675
- 天津市河东区职工大学 …………………… 1676
- 天津市红桥区职工大学 …………………… 1676
- 天津市南开区职工大学 …………………… 1676
- 天津市建筑工程职工大学 ………………… 1677
- 天津市职工经济技术大学 ………………… 1677
- 天津市渤海化工职工学院 ………………… 1678
- 天津市房地产局职工大学 ………………… 1678
- 天津市管理干部学院 ……………………… 1678
- 天津物资管理干部学院 …………………… 1679
- 天津市政法管理干部学院 ………………… 1679
- 天津市工会管理干部学院 ………………… 1679
- 天津市广播电视大学 ……………………… 1680

河北省
- 河北地质职工大学 ………………………… 1680
- 河北省职工医学院 ………………………… 1681
- 张家口市职工大学 ………………………… 1681
- 石家庄职工大学 …………………………… 1681
- 石油物探职工大学 ………………………… 1681
- 河北省经贸管理干部学院 ………………… 1682
- 农业部乡镇企业管理干部学院 …………… 1682
- 中国环境管理干部学院 …………………… 1682
- 河北管理干部学院 ………………………… 1682
- 河北青年管理干部学院 …………………… 1683
- 张家口教育学院 …………………………… 1683
- 秦皇岛教育学院 …………………………… 1684
- 河北省广播电视大学 ……………………… 1684

山西省
- 太原化学工业集团有限公司职工大学 …… 1684
- 山西机电职工学院 ………………………… 1685
- 太原钢铁(集团)有限公司职工钢铁学院 … 1685
- 山西职工医学院 …………………………… 1685
- 山西煤炭职工联合大学 …………………… 1686
- 山西兵器工业职工大学 …………………… 1686
- 山西省职工工艺美术学院 ………………… 1687
- 广播电影电视管理干部学院 ……………… 1687
- 山西煤炭管理干部学院 …………………… 1688
- 山西省政法管理干部学院 ………………… 1688
- 山西省吕梁市教育学院 …………………… 1688
- 长治市教育学院 …………………………… 1689
- 山西省广播电视大学 ……………………… 1689

内蒙古自治区
- 包头市职工大学 …………………………… 1690
- 鄂尔多斯教育学院 ………………………… 1690
- 内蒙古自治区广播电视大学 ……………… 1690

辽宁省
- 辽宁兵器工业职工大学 …………………… 1690
- 沈阳新光动力机械公司职工大学 ………… 1691
- 辽宁省直属机关职工大学 ………………… 1691
- 大连工人大学 ……………………………… 1691
- 空军第四职工大学 ………………………… 1691
- 海军职工大学 ……………………………… 1692
- 大连职工大学 ……………………………… 1692
- 抚顺矿务局职工工学院 …………………… 1693
- 抚顺石油化工公司职工大学 ……………… 1693
- 辽宁轻工职工大学 ………………………… 1693
- 抚顺职工大学 ……………………………… 1694
- 阜新矿务局职工大学 ……………………… 1694
- 朝阳职工工学院 …………………………… 1694
- 阜新煤炭职工医学专科学校 ……………… 1694
- 辽宁文化艺术职工大学 …………………… 1695
- 辽宁冶金职工大学 ………………………… 1695
- 沈阳机械工业职工大学 …………………… 1696
- 新乐精密机器公司职工大学 ……………… 1696
- 鞍山钢铁集团公司职工大学 ……………… 1696
- 铁岭职工大学 ……………………………… 1697
- 辽宁公安司法管理干部学院 ……………… 1697
- 大连市教育学院 …………………………… 1697
- 辽宁广播电视大学 ………………………… 1698
- 沈阳市广播电视大学 ……………………… 1698
- 大连市广播电视大学 ……………………… 1699

吉林省
- 长春职工大学 ……………………………… 1699
- 长春市建筑职工业余大学 ………………… 1699
- 长春市直属机关业余大学 ………………… 1700
- 长春职工医科大学 ………………………… 1700
- 吉林市职工大学 …………………………… 1700
- 吉林化学工业公司职工大学 ……………… 1700
- 通化市职工大学 …………………………… 1701
- 通化钢铁公司职工大学 …………………… 1701
- 吉林职工医科大学 ………………………… 1701
- 梨树农村成人高等专科学校 ……………… 1702
- 吉林省行政管理干部学院 ………………… 1702
- 吉林省经济管理干部学院 ………………… 1702
- 吉林省教育学院 …………………………… 1703
- 长春教育学院 ……………………………… 1703
- 吉林广播电视大学 ………………………… 1704
- 长春广播电视大学 ………………………… 1705

黑龙江省
- 黑龙江兵器工业职工大学 ………………… 1705
- 哈尔滨航空职工大学 ……………………… 1705
- 哈尔滨轻型车厂职工大学 ………………… 1706
- 哈尔滨市职工大学 ………………………… 1706
- 黑龙江省直属机关职工大学 ……………… 1706
- 黑龙江省电力职工大学 …………………… 1706
- 齐齐哈尔市建设职工大学 ………………… 1706
- 齐齐哈尔市职工大学 ……………………… 1707
- 鹤岗矿务局职工大学 ……………………… 1707
- 大庆石油化工总厂职工大学 ……………… 1708
- 伊春市职工大学 …………………………… 1708
- 鸡西煤炭职工医学院 ……………………… 1708
- 黑龙江省商业职工大学 …………………… 1708

黑龙江省社会科学院职工大学 …………… 1709
哈尔滨市职工医学院 …………………… 1709
黑龙江省职工体育运动技术学院 ………… 1709
黑龙江省经济管理干部学院 ……………… 1710
黑龙江农垦管理干部学院 ………………… 1710
黑龙江省政法管理干部学院 ……………… 1710
黑龙江省教育学院 ………………………… 1711
绥化市教育学院 …………………………… 1711
牡丹江市教育学院 ………………………… 1712
佳木斯市教育学院 ………………………… 1712
齐齐哈尔铁路教育学院 …………………… 1712
黑龙江省广播电视大学 …………………… 1712
哈尔滨市广播电视大学 …………………… 1713

上海市
上海市黄浦区业余大学 …………………… 1713
上海市卢湾区业余大学 …………………… 1714
上海市徐汇区业余大学 …………………… 1714
上海市长宁区业余大学 …………………… 1714
上海市静安区业余大学 …………………… 1715
上海市普陀区业余大学 …………………… 1715
上海市虹口区业余大学 …………………… 1716
上海市杨浦区业余大学 …………………… 1716
上海机电工业职工大学 …………………… 1717
上海纺织工业职工大学 …………………… 1717
上海医药职工大学 ………………………… 1717
上海财政税务职工大学 …………………… 1718
上海工商学院 ……………………………… 1718
上海市宝山区业余大学 …………………… 1718
上海科技管理干部学院 …………………… 1719
海关管理干部学院 ………………………… 1719
上海市经济管理干部学院 ………………… 1719
上海青年管理干部学院 …………………… 1720
上海市广播电视大学 ……………………… 1720

江苏省
南京市职工大学 …………………………… 1721
空军第一职工大学 ………………………… 1721
常州市职工大学 …………………………… 1721
南通市工人业余大学 ……………………… 1722
江苏电力职工大学 ………………………… 1722
南京联合职工大学 ………………………… 1722
南京人口管理干部学院 …………………… 1722
江苏省省级机关管理干部学院 …………… 1723
江苏省青年管理干部学院 ………………… 1723
江苏教育学院 ……………………………… 1724
扬州教育学院 ……………………………… 1724
江苏省广播电视大学 ……………………… 1724
南京市广播电视大学 ……………………… 1725

浙江省
浙江省省级机关职工业余大学 …………… 1725
杭州市工人业余大学 ……………………… 1726
温州市工人业余大学 ……………………… 1726
浙江经济管理职工大学 …………………… 1726

杭州教育学院 ……………………………… 1727
宁波教育学院 ……………………………… 1727
金华教育学院 ……………………………… 1727
浙江嘉兴教育学院 ………………………… 1728
浙江省广播电视大学 ……………………… 1728
宁波市广播电视大学 ……………………… 1729

安徽省
淮南市职工大学 …………………………… 1729
合肥职工科技大学 ………………………… 1730
合肥市职工大学 …………………………… 1730
安徽经济管理干部学院 …………………… 1730
宿州教育学院 ……………………………… 1731
安徽广播电视大学 ………………………… 1731

福建省
福建教育学院 ……………………………… 1732
福州教育学院 ……………………………… 1732
福建省广播电视大学 ……………………… 1733
厦门市广播电视大学 ……………………… 1733

江西省
昌河职工工学院 …………………………… 1733
南昌钢铁有限责任公司职工大学 ………… 1734
南昌市业余大学 …………………………… 1734
南昌市职工科技大学 ……………………… 1734
江西行政管理干部学院 …………………… 1735
江西经济管理干部学院 …………………… 1735
江西教育学院 ……………………………… 1736
南昌教育学院 ……………………………… 1736
赣南教育学院 ……………………………… 1737
江西省广播电视大学 ……………………… 1737

山东省
山东省水利职工大学 ……………………… 1738
山东兵器工业职工大学 …………………… 1738
新汶矿务局职工大学 ……………………… 1738
济南市职工大学 …………………………… 1739
山东电力职工大学 ………………………… 1739
兖州矿区职工大学 ………………………… 1739
山东财政职工大学 ………………………… 1740
山东省职工体育运动技术学院 …………… 1740
山东省经济管理干部学院 ………………… 1740
山东省农业管理干部学院 ………………… 1741
山东省工会管理干部学院 ………………… 1741
山东省滨州教育学院 ……………………… 1742
山东省聊城教育学院 ……………………… 1742
山东省济宁教育学院 ……………………… 1742
山东省菏泽教育学院 ……………………… 1743
山东省广播电视大学 ……………………… 1743
青岛市广播电视大学 ……………………… 1743

河南省
长城铝业公司职工工学院 ………………… 1744
郑州市职工大学 …………………………… 1744
第一拖拉机制造厂拖拉机学院 …………… 1744
洛阳轴承厂职工大学 ……………………… 1745

洛阳有色金属职工大学	1745
开封空分设备厂职工大学	1746
河南卫生职工学院	1746
焦作职工医学院	1746
磨料磨具工业职工大学	1747
河南教育学院	1747
开封教育学院	1748
平顶山教育学院	1748
驻马店教育学院	1749
河南省广播电视大学	1749

湖北省

湖北兵器工业职工大学	1750
湖北省纺织职工大学	1750
鄂城钢铁厂职工大学	1750
丹江口工程管理局职工大学	1750
湖北省直属机关业余大学	1751
大冶钢厂职工大学	1751
华中电业联合职工大学	1751
湖北省经济管理干部学院	1751
武汉冶金管理干部学院	1752
湖北武汉公安管理干部学院	1752
十堰教育学院	1752
荆州教育学院	1753
武汉市广播电视大学	1753
湖北省广播电视大学	1754

湖南省

涟源钢铁总厂职工大学	1754
长沙工业职工大学	1754
株洲市职工大学	1755
南方动力机械公司职工工学院	1755
中钢集团衡阳重机职工大学	1756
衡阳工业职工大学	1756
湖南金融技术职工大学	1756
湖南纺织职工大学	1757
湖南经济管理干部学院	1757
长沙教育学院	1757
湘潭教育学院	1758
湘西民族教师进修学院	1758
益阳教育学院	1758
湖南省广播电视大学	1758

广东省

南海成人学院	1759
湛江市业余大学	1759
广东省国防工业职工大学	1759
汕头市业余大学	1760
韶关市职工大学	1760
广东新华教育学院	1761
广东省职工体育运动技术学院	1761
广东社会科学大学	1761
广州金桥管理干部学院	1762
广州市公安管理干部学院	1762
广东省公安司法管理干部学院	1762

湛江教育学院	1763
广东省广播电视大学	1763
广州市广播电视大学	1764
深圳市广播电视大学	1764

广西壮族自治区

桂林市职工大学	1765
广西壮族自治区经济管理干部学院	1765
广西政法管理干部学院	1766
广西教育学院	1766
南宁地区教育学院	1767
广西壮族自治区广播电视大学	1767

海南省

| 海南省广播电视大学 | 1768 |

重庆市

重庆电力职工大学	1768
重庆冶金成人学院	1768
重庆职工会计专科学校	1769
重庆教育学院	1769
重庆市广播电视大学	1770

四川省

四川科技职工大学	1770
四川省东方动力职工大学	1771
中国工程物理研究院职工工学院	1771
四川核工业职工大学	1772
成都发动机公司职工大学	1772
成都飞机工业公司职工工学院	1772
成都电子职工大学	1773
国营涪江机器厂职工大学	1773
红光电子管厂职工大学	1774
成都电力职工大学	1774
成都冶金职工大学	1774
第五冶金建设公司职工大学	1774
成都工业职工大学	1775
四川省化工职工大学	1775
中国科学院成都分院职工大学	1775
成都水利水电职工大学	1776
广元职工医学院	1776
南充市职工大学	1776
四川省职工运动技术学院	1777
成都市职工大学	1777
四川农业管理干部学院	1777
四川省计划生育管理干部学院	1778
四川教育学院	1778
成都教育学院	1779
四川广播电视大学	1779
成都广播电视大学	1779

贵州省

贵州铝厂职工大学	1780
贵州航空工业职工大学	1780
贵州机械工业职工大学	1781
贵州广播电视大学	1781

云南省
　　南方电力职工大学 …… 1782
　　云南广播电视大学 …… 1782
陕西省
　　陕西航天职工大学 …… 1782
　　陕西电子工业职工大学 …… 1783
　　西安航空职工大学 …… 1783
　　西安飞机工业公司职工工学院 …… 1784
　　陕西兵器工业职工大学 …… 1784
　　西北电业职工大学 …… 1785
　　西安铁路工程职工大学 …… 1785
　　西安电力机械制造公司机电学院 …… 1785
　　陕西省建筑工程总公司职工大学 …… 1786
　　西安石油勘探仪器总厂职工大学 …… 1786
　　西安市职工大学 …… 1786
　　宝鸡市职工大学 …… 1787
　　西安外贸职工大学 …… 1787
　　陕西省财贸管理干部学院 …… 1787
　　陕西工运学院 …… 1787
　　陕西教育学院 …… 1788
　　陕西省宝鸡教育学院 …… 1788
　　陕西省广播电视大学 …… 1789
　　西安市广播电视大学 …… 1789

甘肃省
　　兰州航空工业职工大学 …… 1790
　　兰州铁路工程职工大学 …… 1790
　　甘肃核工业职工大学 …… 1790
　　银光化学材料厂职工大学 …… 1791
　　兰州服装职工大学 …… 1791
　　兰州教育学院 …… 1791
　　甘肃广播电视大学 …… 1792
青海省
　　青海省联合职工大学 …… 1792
　　青海省广播电视大学 …… 1793
宁夏回族自治区
　　宁夏回族自治区广播电视大学 …… 1793
新疆维吾尔自治区
　　新疆维吾尔自治区钢铁公司职工大学 …… 1793
　　新疆教育学院 …… 1794
　　喀什教育学院 …… 1794
　　新疆生产建设兵团教育学院 …… 1795
　　和田地区教育学院 …… 1795
　　阿克苏教育学院 …… 1796
　　新疆生产建设兵团广播电视大学 …… 1796
　　新疆维吾尔自治区广播电视大学 …… 1797

彩插目录

北京体育大学 …………………………… 目录前插一
中国传媒大学 …………………………… 目录前插二至三
上海大学 ………………………………… 目录前插四
华东交通大学 …………………………… 目录前插五
大连海洋大学 …………………………… 目录前插六
湖南商学院 ……………………………… 目录前插七
中南民族大学 …………………………… 目录前插八
开封大学 ………………………………… 目录前插九
河南师范大学 …………………………… 目录前插十
中南林业科技大学 ……………………… 目录前插十一
河南农业职业学院 ……………………… 目录前插十二
无锡太湖学院 …………………………… 目录前插十三
忻州师范学院 …………………………… 目录前插十四至十五
四川大学锦江学院 ……………………… 目录前插十六
湖南文理学院 …………………………… 目录前插十七
湖北工程学院 …………………………… 目录前插十八
晋中师范高等专科学校 ………………… 目录前插十九
西北民族大学 …………………………… 目录前插二十

※　　※　　※　　※　　※

院校风采

中央广播电视大学 ……………………… 605
广西医科大学 …………………………… 606
山西医科大学 …………………………… 608
西南科技大学 …………………………… 609
集美大学 ………………………………… 610
南京信息工程大学 ……………………… 611
福建师范大学 …………………………… 612
福建师范大学福清分校 ………………… 614
天津科技大学 …………………………… 615
临沂大学 ………………………………… 616
上海外国语大学 ………………………… 617
安徽理工大学 …………………………… 618
新乡学院 ………………………………… 620
赤峰学院 ………………………………… 622
蚌埠学院 ………………………………… 623
九江学院 ………………………………… 624
毕节学院 ………………………………… 625
兰州商学院 ……………………………… 626
广东商学院 ……………………………… 627
广州医学院 ……………………………… 628
上海建桥学院 …………………………… 629
重庆文理学院 …………………………… 630
广东培正学院 …………………………… 631
吉林动画学院 …………………………… 632
广东科技学院 …………………………… 633
长春建筑学院 …………………………… 634
重庆科技学院 …………………………… 635
厦门理工学院 …………………………… 636
南昌工程学院 …………………………… 637
大连艺术学院 …………………………… 638
甘肃政法学院 …………………………… 639
甘肃中医学院 …………………………… 640
潍坊科技学院 …………………………… 641
上海音乐学院 …………………………… 642
齐鲁师范学院 …………………………… 643
浙江外国语学院 ………………………… 644
上海应用技术学院 ……………………… 645
中国青年政治学院 ……………………… 646
厦门华厦职业学院 ……………………… 647
厦门城市职业学院 ……………………… 648
河北外国语职业学院 …………………… 649
紫琅职业技术学院 ……………………… 650
苏州工业园区服务外包职业学院 ……… 652
广州涉外经济职业技术学院 …………… 653
德化陶瓷职业技术学院 ………………… 654
山西生物应用职业技术学院 …………… 655
郑州职业技术学院 ……………………… 656
广西英华国际职业学院 ………………… 657
广西生态工程职业技术学院 …………… 658
咸宁职业技术学院 ……………………… 659
山东丝绸纺织职业学院 ………………… 660
黑龙江生态工程职业学院 ……………… 661
潞安职业技术学院 ……………………… 662
信阳师范学院华锐学院 ………………… 663
成都理工大学工程技术学院 …………… 664
中国地质大学长城学院 ………………… 665

学校名称	页码
西南财经大学天府学院	666
电子科技大学成都学院	667
成都纺织高等专科学校	668
泉州医学高等专科学校	669
江西中医药高等专科学校	670
上海新侨职业技术学院	671
广西广播电视大学	671
广西中医学院	672
厦门医学高等专科学校	672
惠州经济职业技术学院	673
贵州电子信息职业技术学院	673
国际关系学院	674
浙江同济科技职业学院	674
江西新闻出版职业技术学院	675
海南医学院	675
焦作大学	676
西安外国语大学	677
兰州理工大学	678
齐齐哈尔大学	679
吉林农业大学发展学院	680
天津商业大学宝德学院	681
武汉工程大学邮电与信息工程学院	682
西安工业大学北方信息工程学院	683
长春大学旅游学院	684
中山大学新华学院	685
泸州医学院	686
长沙医学院	687
河北民族师范学院	688
安康学院	689
四川美术学院	690
黑龙江外国语学院	691
江西财经职业学院	692
厦门华天涉外职业技术学院	693
福建对外经济贸易职业技术学院	694
上海交通职业技术学院	695
广西机电职业技术学院	696
广西工学院鹿山学院	697
许昌职业技术学院	698
吉林电子信息职业技术学院	699
广东轻工职业技术学院	700
武汉软件工程职业学院	701
兰州资源环境职业技术学院	702

普通高等学校

北京大学

学校(机构)标识码　4111010001
学校办学类型　411:本科院校:大学
学校性质类别　01 综合大学
学校举办者　360 教育部
学校地址　北京市海淀区颐和园路5号
邮政编码　100871
办公电话　010-62751201
传真电话　010-62751207
校园(局域)网域名　www.pku.edu.cn
电子信箱　administ@pku.edu.cn

占地面积(平方米)　2741118
校舍建筑面积(平方米)　2199755
图书(万册)　950
固定资产总值(万元)　747770
教学、科研仪器设备资产值(万元)　270723
在校生数(人)　50652
其中:普通本科　14107
　　　普通专科　592
　　　成人本科　9926

成人专科　614
博士研究生　7653
硕士研究生　13454
留学生　4306
专任教师(人)　3120
其中:正高级　1240
　　　副高级　1222
　　　中级　625
　　　初级　13
　　　未定职级　20

本科专业　阿拉伯语、保险、编辑出版学、波斯语、博物馆学、材料化学、材料科学与工程、财政学、朝鲜语、城市管理、城市规划、大气科学、德语、地理科学、地理信息系统、地球化学、地球物理学、地球与空间科学类、地质学、电子信息科学类、电子信息科学与技术、俄语、法学、法语、梵语巴利语、菲律宾语、概率统计系、工程结构分析、工商管理类、工学类、公共管理类、公共政策学、古典文献、古生物学、广播电视编导、广播电视新闻学、广告学、国际经济与贸易、国际政治、国际政治经济学、汉语言学、行政管理、航空航天工程、核物理、护理学、化学、化学类、环境工程、环境科学、环境科学类、环境科学与工程类、环境资源与发展经济学、会计学、基础数学、基础医学、计算机科学与技术、计算数学及其应用软件、金融学、经济学、经济学类、考古学、考古学(文物建筑方向)、空间科学与技术、空间物理学、口腔医学、理论与应用力学、历史学、历史学类、临床医学、蒙古语、缅甸语、能源与资源工程、日语、软件工程、社会工作、社会学、生态学、生物科学、生物医学工程、生物医学英语、世界历史、市场营销、数学、数学类、数学与应用数学、泰语、天文学、统计学、统计与概率、图书馆学、外交学、微电子学、文物保护、乌尔都语、物理学、物理学类、西班牙语、希伯莱语、心理学、新闻传播学类、新闻学、信息管理与信息系统、信息科学、信息与计算科学、药学、医学检验、医学实验学、艺术学、印地语、印度尼西亚语、英语、应用化学、应用数学、应用心理学、应用药学、应用语言学、预防医学、元培计划、越南语、哲学、哲学类、政治学、经济学与哲学、政治学与行政学、智能科学与技术、中国文学、中国语言文学类、资源环境与城乡规划管理、宗教学

专科专业　护理

博士专业　阿拉伯语语言文学、比较文学与世界文学、病理生理学、病理学、病原生物学、财政学(含:税收学)、产业经济学、传播学、大气物理学与大气环境、德语语言文学、等离子体物理、地理学(地貌学与环境演变)、地理学(环境地理学)、地理学(历史地理学)、地球化学、地图学与地理信息系统、地质学(材料及环境矿物学)、地质学(石油地质学)、第四纪地质学、电磁场与微波技术、电路与系统、电子科学与技术(集成电路与系统)、动物学、俄语语言文学、儿科学、儿少卫生与妇幼保健学、儿童口腔医学、耳鼻咽喉科学、法律史、法学理论、法语语言文学、放射医学、分析化学、妇产科学、概率论与数理统计、高等教育学、高分子化学与物理、工程力学、构造地质学、古生物学与地层学、固体地球物理学、固体力学、光学、国际法学、国际关系、国际政治、国民经济学、国外马克思主义、汉语言文字学、行政管理、核技术及应用、护理学、化学、化学(化学生物学)、化学(应用化学)、化学生物学、环境工程、环境科学、环境与资源保护法学、会计学、基础数学、基础心理学、计算机科学与技术、计算机科学与技术(软件服务工程)、计算机科学与技术(智能科学与技术)、计算机软件与理论、计算机系统结构、计算机应用技术、计算数学、教育博士、教育经济与管理、教育学原理、金融学、经济法学、经济史、经济思想史、精神病与精神卫生学、康复医学与理疗学、考古学及博物馆学、科学技术史、科学技术哲学、科学社会主义与国际共产主义运动、空间物理学、口腔颌面外科学、口腔修复学、口腔医学、口腔粘膜病学、口腔正畸学、口腔组织病理学、矿物学、岩石学、矿床学、劳动卫生与环境卫生学、理论经济学(发展经济学)、理论物理、力学(力学系统与控制)、力学(能源动力与资源工程)、力学(生物力学与医学工程)、力学(先进材料与力学)、历史地理学、粒子物理与原子核物理、临床检验诊断学、临床药学、临床医学、流行病与卫生统计学、流体力学、伦理学、逻辑学、麻醉学、马克思主义基本原理、马克思主义哲学、马克思主义中国化研究、美学、免疫学、民商法学、内科学、凝聚态物理、皮肤病与性病学、企业管理、气象学、情报学、区域经济学、人口学、人类学、人体解剖与组织胚胎学、人文地理学、日语语言文学、社会学、社会医学与卫生事业管理、摄影测量与遥感、神经病学、神经生物学、生理学、生物化学与分子生物学、生物物理学、生物学、生物学(生物技术)、生物学(生物信息学)、生药学、史学理论及史学史、世界经济、世界史、思想政治教育、诉讼法学、天体物理、通信与信息系统、统计学、图书馆、情报与档案管理(编辑)、图书馆学、外国语言学及应用语言学、外国哲学、外交学、外科学、微电子学与固体电子学、卫生毒理学、文艺学、无机化学、无线电物理、物理电子学、物理化学、西班牙语语言文学、西方经济学、细胞生物学、宪法学与行政法学、信号与信息处理、刑法学、牙体牙髓病学、牙周病学、亚非语言文学、眼科学、药剂学、药理学、药物

化学、一般力学与力学基础、遗传学、艺术学、印度语言文学、英语语言文学、营养与食品卫生学、影像医学与核医学、应用数学、应用心理学、有机化学、语言学及应用语言学、运动医学、政治经济学、政治学理论、植物学、中国古代史、中国古代文学、中国古典文献学、中国近现代史、中国近现代史基本问题研究、中国现当代文学、中国哲学、中外政治制度、中西医结合临床、肿瘤学、专门史、自然地理学、宗教学

硕士专业 阿拉伯语言文学、比较文学与世界文学、病理生理学、病理学、病原生物学、财政学(含:税收学)、产业经济学、出版硕士、传播学、大气物理学与大气环境、德语语言文学、等离子体物理、地理学(城市与区域规划)、地理学(地貌学与环境演变)、地理学(景观设计学)、地理学(历史地理学)、地球化学、地图学与地理信息系统、地质学(材料及环境矿物学)、地质学(石油地质学)、第四纪地质学、电磁场与微波技术、电路与系统、电影学、电子科学与技术(集成电路与系统)、电子与通信工程、动物学、俄语语言文学、儿科学、儿少卫生与妇幼保健学、儿童口腔医学、耳鼻咽喉科学、发展与教育心理学、法律史、法律硕士、法学(财税法学)、法学(国际经济法)、法学(商法)、法学(知识产权法)、法学理论、法语语言文学、翻译硕士、放射医学、分析化学、风景园林硕士、妇产科学、概率论与数理统计、高等教育学、高分子化学与物理、工程力学、工商管理硕士、公共管理(发展管理)、公共管理(公共政策)、公共管理硕士、公共卫生硕士、构造地质学、古生物学与地层学、固体地球物理学、固体力学、管理科学与工程、光学、国际法学、国际关系、国际政治、国民经济学、国外马克思主义、汉语国际教育硕士、汉语言文字学、行政管理、核技术及应用、护理学、护理学专业学位、化学、化学(化学基因组学)、化学(化学生物学)、化学(应用化学)、化学生物学、环境工程、环境科学、环境与资源保护法学、会计学、基础数学、基础心理学、急诊医学、计算机科学与技术(智能科学与技术)、计算机软件与理论、计算机系统结构、计算机应用技术、计算数学、建筑设计及其理论、教育技术学、教育经济与管理、金融学、经济法学、经济思想史、精神病学与精神卫生学、精神病与精神卫生学、康复医学与理疗学、考古学及博物馆学、科学技术史、科学技术哲学、科学社会主义与国际共产主义运动、空间物理学、控制理论与控制工程、口腔材料学、口腔颌面外科学、口腔颌面医学影像学、口腔黏膜病学、口腔修复学、口腔医学硕士、口腔预防医学、口腔正畸学、口腔组织病理学、矿物学、岩石学、矿床学、劳动卫生与环境卫生学、理论经济学(发展经济学)、理论物理、力学(力学系统与控制)、力学(能源动力与资源工程)、力学(生物力学与医学工程)、力学(先进材料与力学)、历史地理学、历史文献学(含:敦煌学、古文字学)、粒子物理与原子核物理、临床检验诊断学、临床药学、流行病与卫生统计学、流体力学、伦理学、逻辑学、麻醉学、马克思主义基本原理、马克思主义理论与思想政治教育、马克思主义哲学、马克思主义中国化研究、美术学、美学、免疫学、民商法学、内科学、凝聚态物理、皮肤病与性病学、企业管理、气象学、情报学、区域经济学、人口、资源与环境经济学、人口学、人类学、人体解剖与组织胚胎学、人文地理学、日语语言文学、软件工程、社会保障、社会工作硕士、社会学、社会学(老年学)、社会学(女性学)、社会学(社会工作与社会政策)、社会医学与卫生事业管理、摄影测量与遥感、神经病学、神经生物学、生理学、生态学、生物化学与分子生物学、生物物理学、生物信息学、生物学(生物技术)、生物学(生物信息学)、生物医学工程、生药学、史学理论及史学史、世界经济、世界史、思想政治教育、诉讼法学、体育人文社会学、天体物理、通信与信息系统、统计学、图书馆、情报与档案管理(编辑)、图书馆学、外国语言学及应用语言学、外国哲学、外交学、外科学、微电子学与固体电子学、卫生毒理学、文艺学、无机化学、无线电物理、物理电子学、物理化学、西班牙语语言文学、西方经济学、细胞生物学、宪法学与行政法学、新闻学、信号与信息处理、刑法学、牙体牙髓病学、牙周病学、亚非语言文学、眼科学、药剂学、药理学、药物分析学、药物化学、药学硕士、一般力学与力学基础、遗传学、艺术学、印度语言文学、英语语言文学、营养与食品卫生学、影像医学与核医学、应用数学、应用心理硕士、应用心理学、有机化学、语言学及应用语言学、运动医学、政治经济学、政治学(国际政治经济学)、政治学理论、植物学、中共党史、中国古代史、中国古代文学、中国古典文献学、中国近现代史、中国近现代史基本问题研究、中国现当代文学、中国哲学、中外政治制度、中西医结合基础、中西医结合临床、肿瘤学、专门史、自然地理学、宗教学

院系设置

共计50个院系,分别为数学科学学院、物理学院、化学与分子工程学院、生命科学学院、城市与环境学院、地球与空间物理学院、心理学系、信息科学技术学院、工学院、计算机科学技术研究所、软件与微电子学院、环境科学与工程学院、中国语言文学系、历史学系、考古文博学院、哲学系、外国语学院、艺术学院、对外汉语教育学院、国际关系学院、经济学院、光华管理学院、法学院、信息管理系、社会学系、政府管理学院、马克思主义学院、教育学院、新闻与传播学院、人口研究所、国家发展研究院、体育教研部、元培学院、先进技术研究院、前沿交叉学科研究院、中国社会科学调查中心、分子医学研究所、科维理天文研究所、基础医学院、药学院、公共卫生学院、护理学院、公共教学部、医学网络教育学院、第一临床医学院、第二临床医学院、第三临床医学院、口腔医学院、临床肿瘤学院、精神卫生研究所

国家级、省部级研究机构设置

实验室 国家工程研究中心、国家工程实验室:电子出版新技术国家工程研究中心、软件工程国家工程研究中心、数字视频编解码技术国家工程实验室(3个);

省部共建国家重点实验室培育基地:化学基因组学省部共建国家重点实验室培育基地(1个);

教育部重点实验室:数学与应用数学教育部重点实验室、北京现代物理研究中心、生物有机与分子工程教育部重点实验室、纳米器件物理与化学教育部重点实验室、地表过程分析与模拟教育部重点实验室、水沙科学教育部重点实验室(联合)、造山带与地壳演化教育部重点实验室、分子心血管学教育部重点实验室、神经科学教育部重点实验室、高分子化学与物理教育部重点实验室、统计与信息技术教育部-微软重点实验室、机器感知与智能教育部重点实验室、高可信软件技术教育部重点实验室、细胞增殖分化调控机理研究教育部重点实验室、恶性肿瘤发病机制及应用研究教育部重点实验室、计算语言学教育部重点实验室、视觉损伤与修复教育部重点实验室、慢性肾脏病防治教育部重点实验室、辅助生殖教育部重点实验室;(19个);

教育部工程研究中心:微处理器及系统教育部工程研究中心、再生医学教育部工程研究中心、体内局部诊疗、地球观测与

导航、灵长类及大动物临床前研究(5个);

教育部网上合作研究中心:数学与应用数学教育部网上合作研究中心、生命科学与生命技术教育部网上合作研究中心、应用化学教育部网上合作研究中心、核科学与核技术教育部网上合作研究中心、软件科学与技术教育部网上合作研究中心、脑科学教育部网上合作研究中心、流行病学调查网上合作研究中心(7个);

卫生部重点实验室:卫生部心血管分子生物学与调节肽重点实验室、卫生部肾脏疾病重点实验室、卫生部精神卫生学重点实验室、卫生部神经科学重点实验室、卫生部医学免疫学重点实验室、卫生部生育健康重点实验室(6个);

卫生部工程研究中心:卫生部口腔医学计算机应用工程技术研究中心(1个);

北京市重点实验室:医学物理和工程北京市重点实验室、空间信息集成与3S工程应用北京市重点实验室、城市固体废弃物资源化技术与管理北京市重点实验室(3个);

中关村开放式实验室:微处理器及系统芯片开放实验室、细胞分化与细胞工程实验室、空间信息集成与3S工程应用北京市重点实验室、网络与信息安全实验室、北京大学医药卫生分析中心、软件工程国家工程研究中心、微米/纳米加工技术国家级重点实验室(7个);

广东省、深圳市重点实验室:化学基因组学广东省重点实验室、集成微系统科学工程与应用深圳市重点实验室、城市人居环境科学与技术深圳市重点实验室(3个);

国家重点实验室:12个;

北京分子科学国家实验室(筹)、人工微结构和介观物理国家重点实验室、湍流与复杂系统研究国家重点实验室、核物理与核技术国家重点实验室、稀土材料化学及应用国家重点实验室、分子动态与稳态结构国家重点实验室(联合)、蛋白质工程及植物基因工程国家重点实验室、生物膜与膜生物工程国家重点实验室(北大分室)、天然药物及仿生药物国家重点实验室、环境模拟与污染控制国家重点实验室(北大分室)、区域光纤通信网与新型光纤通信系统国家重点实验室(北大实验区)、微米/纳米加工技术国家级重点实验室(北大分室)(12个)。

学校历史沿革

北京大学创办于1898年,初名京师大学堂,是中国第一所国立综合性大学,也是当时中国最高教育行政机关。辛亥革命后,于1912年改为现名。

1937年卢沟桥事变后,北京大学与清华大学、南开大学南迁长沙,共同组成长沙临时大学。不久,临时大学又迁到昆明,改称国立西南联合大学。抗日战争胜利后,北京大学于1946年10月在北平复学。

改革开放以来,北京大学进入了一个前所未有的大发展、大建设的新时期,并成为国家"211工程"重点建设的两所大学之一。

2000年4月3日,北京大学与原北京医科大学合并,组建了新的北京大学。原北京医科大学的前身是国立北京医学专门学校,创建于1912年10月26日。20世纪三四十年代,学校一度名为北平大学医学院,并于1946年7月并入北京大学。1952年在全国高校院系调整中,北京大学医学院脱离北京大学,独立为北京医学院。1985年更名为北京医科大学,1996年成为国家首批"211工程"重点支持的医科大学。两校合并进一步拓宽了北京大学的学科结构,为促进医学与人文社会科学及理科的结合,改革医学教育奠定了基础。

中国人民大学

学校(机构)标识码	4111010002
学校办学类型	411:本科院校:大学
学校性质类别	01 综合大学
学校举办者	360 教育部
学校地址	北京市海淀区中关村大街59号
邮政编码	100872
办公电话	010-82509358
传真电话	010-62511425
校园(局域)网域名	www.ruc.edu.cn
电子信箱	fzghc@ruc.edu.cn
占地面积(平方米)	757729
校舍建筑面积(平方米)	958290
图书(万册)	415.2
固定资产总值(万元)	294781
教学、科研仪器设备资产值(万元)	38397.8
在校生数(人)	32247
其中:普通本科	11261
成人本科	7196
成人专科	666
博士研究生	3306
硕士研究生	7897
留学生	1921
专任教师(人)	1850
其中:正高级	537
副高级	652
中级	621
初级	40

本科专业 保险、财务管理、财政学、城市管理、档案学、德语、俄语、法学、法语、工程管理、工商管理、工商管理类、公共管理类、公共事业管理、管理科学、广播电视新闻学、广告学、国际经济与贸易、国际政治、国民经济管理、国学、汉语言文学、行政管理、化学、环境科学、会计学、绘画、计算机科学与技术、金融工程、金融学、经济学、劳动与社会保障、理科试验班(信息与数学)、历史学、伦理学、贸易经济、美术学、能源经济、农村区域发展、农林经济管理、农业经济管理类、人力资源管理、日语、社会工作、社会学、社会学类、市场营销、数学与应用数学、税务、统计学、土地资源管理、外交学、物理学、新闻传播学类、新闻学、信息管理与信息系统、信用管理、艺术设计、音乐表演、音乐表演(声乐)、英语、应用心理学、哲学、哲学类、政治学与行政学、知识产权法、中国革命史与中国共产党党史、中国语言文学类、宗教学

博士专业 保险学、比较文学与世界文学、财务管理、财政学(含:税收学)、产业经济学、城市经济学、传播学、传媒经济学、当代中国史、档案学、法律史、法学理论、风险管理与精算学、风

险投资、公共财政管理、公共组织与人力资源、管理哲学、国际法学(含:国际公法、国际私法)、国际关系、国际贸易学、国际政治、国民经济学、国外马克思主义研究、汉语言文字学、行政管理、环境与资源保护法学、会计学、计算机软件与理论、计算机应用技术、技术经济及管理、教育经济与管理、金融工程、金融学(含:保险学)、经济法学、经济史、经济思想史、考古学及博物馆学、科学技术哲学、科学社会主义与国际共产主义运动、可持续发展管理、劳动经济学、老年学、理论物理、历史地理学、历史文献学(含:敦煌学、古文字学)、林业经济管理、流通经济学、伦理学、逻辑学、马克思主义发展史、马克思主义基本原理、马克思主义哲学、马克思主义中国化研究、美学、民商法学(含:劳动法学)、社会保障、凝聚态物理、农村发展、农业经济管理、企业管理(含:财务管理、市场营销)、企业经济学、情报学、区域经济学、人口、资源与环境经济学、人口学、人类学、人力资源管理、社会保障、社会心理学(应用心理学)、社会学、史学理论及史学史、世界经济、世界史、市场营销管理、数量经济学、思想政治教育、诉讼法学、统计学、图书馆学、土地资源管理、外国哲学、外交学、网络经济学、文艺学、西方经济学、宪法学与行政法学、新闻传播学新专业、新闻学、信息资源管理、刑法学、语言学与应用语言学、政治经济学、政治学理论、知识产权法、中共党史(含:党的学说与党的建设)、中国古代史、中国古代文学、中国近现代史、中国近现代史基本问题研究、中国特色社会主义理论、中国现当代文学、中国哲学、中国政治、中外政治制度、专门史、宗教学

硕士专业 保险、保险学、比较文学与世界文学、财务管理、财政学(含:税收学)、产业经济学、城市规划管理、城市经济学、传播学、传媒经济学、当代中国史、档案学、德语语言文学、地图学与地理信息系统、电影学、俄语语言文学、法律、法律史、法学理论、房地产经济学、风险管理与精算学、风险投资、概率论与数理统计、高等教育学、工程、工商管理、公共财政管理、公共管理、公共政策、公共组织与人力资源、管理科学与工程、管理哲学、广播电视传播学、国防经济、国际法学(含:国际公法、国际私法)、国际关系、国际贸易学、国际商务、国际政治、国际政治经济学、国民经济学、国外马克思主义研究、汉语国际教育、汉语言文字学、行政管理、环境工程、环境科学、环境与资源保护法学、会计、会计学、基础数学、计算机软件与理论、计算机系统结构、计算机应用技术、计算数学、技术经济及管理、教育法学、教育经济与管理、金融、金融工程、金融学(含:保险学)、经济法学、经济史、经济思想史、考古学及博物馆学、科学技术哲学、科学社会主义与国际共产主义运动、可持续发展管理、劳动关系学、劳动经济学、老年学、理论物理、历史地理学、历史文献学(含:敦煌学、古文字学)、林业经济管理、流行病与卫生统计学、流通经济学、伦理学、逻辑学、马克思主义发展史、马克思主义基本原理、马克思主义哲学、马克思主义中国化研究、美术学、美学、民商法学(含:劳动法学)、社会保障、民俗学(含:中国民间文学)、凝聚态物理、农村发展、农业经济管理、农业推广、企业管理(含:财务管理、市场营销)、企业经济学、情报学、区域经济学、人口、资源与环境经济学、人口学、人类学、人力资源管理、日语语言文学、设计艺术学、社会保障、社会工作、社会心理学(应用心理学)、社会学、社会医学与卫生事业管理、生态学、食品科学、史学理论及史学史、世界经济、世界史、市场营销管理、数量经济学、税务、思想政治教育、诉讼法学、统计学、图书馆学、图书情报、土地资源管理、外国哲学、外交学、网络经济学、文物与博物馆、文艺学、无机化学、物理化学(含:化学物理)、西方经济学、戏剧戏曲学、系统理论、宪法学与行政法学、新闻学、新闻与传播、信息资源管理、刑法学、艺术、艺术学、音乐学、英语语言文学、应用化学、应用经济学新专业、应用数学、应用统计、有机化学、语言学与应用语言学、运筹学与控制论、政治经济学、政治学理论、知识产权法、中共党史(含:党的学说与党的建设)、中国古代史、中国古代文学、中国古典文献学、中国近现代史、中国近现代史基本问题研究、中国现当代文学、中国哲学、中国政治、中外政治制度、专门史、资产评估、自然资源管理、宗教学

院系设置

哲学院、文学院、历史学院、经济学院、财政金融学院、统计学院、农业与农村发展学院、法学院、马克思主义学院、社会与人口学院、国际关系学院、国学院、新闻学院、艺术学院、外国语学院、环境学院、信息学院、商学院、理学院、公共管理学院、劳动人事学院、信息资源管理学院、教育学院、体育部、继续教育学院、培训学院、国际学院

国家级、省部级研究机构设置

实验室:教育部数据工程与知识工程重点实验室

研究中心(所):中国人民大学清史研究所、中国人民大学欧洲问题研究中心、中国人民大学佛教与宗教学理论研究所、中国人民大学伦理学与道德建设研究中心、中国人民大学社会学理论与方法研究中心、中国人民大学新闻与社会发展研究中心、中国人民大学应用统计科学研究中心、中国人民大学中国财政金融政策研究中心、中国人民大学人口与发展研究中心、中国人民大学中国经济改革与发展研究院、中国人民大学民商事法律科学研究中心、中国人民大学刑事法律科学研究中心、中国人民大学"三个代表"研究中心、教育部数据库与商务智能工程研究中心、中国人民大学马克思主义研究基地、中国人民大学人文北京研究中心、北京社会建设研究院

博士后科研流动站 理论经济学、应用经济学、工商管理、法学、社会学、历史学、哲学、中国语言文学、新闻传播学、公共管理、政治学、农林经济管理、图书馆、情报与档案管理、计算机科学与技术、马克思主义理论

定期公开出版的专业刊物 《中国人民大学学报》、《人口研究》、《情报资料工作》、《清史研究》、《经济理论与经济管理》、《教学与研究》、《国际新闻界》、《法学家》、《档案学通讯》、《中国人民大学高教学刊》、《产业经济》、《出版业》、《档案学》、《地理》、《高等教育》、《国际贸易研究》、《国际政治》、《国民经济管理》、《经济史》、《科学技术哲学》、《理论经济学》、《历史学》、《伦理学》、《逻辑》、《马克思列宁主义研究》、《毛泽东思想》、《美学》、《民族问题研究》、《明清史》、《农业经济研究》、《企业管理研究》、《人口学》、《社会科学总论》、《社会主义经济理论与实践》、《审计文摘》、《世界经济导刊》、《世界社会主义运动》、《世界史》、《宋辽金元史》、《体育》、《体制改革》、《图书馆学情报学》、《外国文学研究》、《外国哲学》、《魏晋南北朝隋唐史》、《文化研究》、《文艺理论》、《舞台艺术(戏曲、戏剧)》、《舞台艺术(音乐、舞蹈)》、《先秦》、《秦汉史》、《语言文字学》、《造型艺术》、《哲学原理》、《中国古代》、《近代文学研究》、《中国近代史》、《中国现代》、《当代文学研究》、《中国现代史》、《中国哲学》、《中国政治》、《财会文摘》、《财务与会计导刊(理论版)》、

《财务与会计导刊(实务版)》、《财政金融文摘》、《财政与税务》、《餐饮经理人[原发刊]》、《成人教育学刊》、《成长读本》、《初中数学教与学》、《初中语文教与学》、《创新政策与管理》、《创业家[原发刊]》、《当代文萃》、第八分册(著者索引)、第二分册(政治、法律类)、第六分册(历史、地理类)、第七分册(科技管理、生态环境、出版类)、第三分册(经济类)、第四分册(文化、教育、体育类)、第五分册(语言文字、文学艺术类)、第一分册(马克思主义、哲学、社科总论类)、《都市文萃》、《法理学》、《法史学》、《法学文摘》、《妇女研究》、《高中数学教与学》、《高中语文教与学》、《工会工作》、《公共行政》、《管理科学》、《管理学文摘》、《国际法学》、《国际经济文摘》、《国学学刊[原发刊]》、《家庭教育导读》、《教育学》、《教育学文摘》、《金融与保险》、《经济法学》、《劳动法学》、《经济学文摘》、《经济政策信息》、《精神文明导刊》、《劳动经济与劳动关系》、《历史学文摘》、《旅游管理》、《马克思主义文摘》、《贸易经济》、《民商法学》、《烹饪艺术家[原发刊]》、《企业家信息》、《青少年导刊》、《区域与城市经济》、《人力资源开发与管理》、《商界导刊》、《社会保障制度》、《社会工作》、《社会学》、《社会学文摘》、《生态环境与保护》、《市场营销(上半月·实务版)》、《市场营销(下半月·理论版)》、《市场营销文摘》、《思想政治教育》、《诉讼法学》、《司法制度》、《素质教育》、《台》、《港》、《澳研究》、《统计与精算》、《投资与理财[原发刊]》、《投资与证券》、《文化产业导刊[原发刊]》、《文化创意产业》、《文学研究文摘》、《物流管理》、《宪法学》、《行政法学》、《小学数学教与学》、《小学英语教与学》、《小学语文教与学》、《心理学》、《新闻与传播》、《刑事法学》、《影视艺术》、《幼儿教育导读(上半月·家教版)》、《幼儿教育导读(下半月·幼教版)》、《哲学文摘》、《政治经济学评论[原发刊]》、《政治学》、《政治学文摘》、《职业技术教育》、《中国共产党》、《中国特色社会主义理论》、《中国外交》、《中外经贸信息》、《中小学教育》、《中小学学校管理》、《中学化学教与学》、《中学历史》、《地理教与学》、《中学外语教与学》、《中学物理教与学》、《中学政治及其他各科教与学》、《种植与养殖》、《宗教》

学校设立奖学金情况

学校设立奖学金34项,奖励总金额1072余万元人民币,奖学金最高金额为1万美元,最低金额200元人民币/年。

主要校办产业

中国人民大学出版社、中国人民大学书报资料中心、人大世纪科技发展有限公司、北京时代网格科技发展有限公司——附中所属。

学校历史沿革

中国人民大学的历史历经陕北公学、华北联合大学、华北大学、中国人民大学几个主要阶段。1. 1937年"七七"事变以后,为适应抗日战争的需要,中共中央于1937年7月底决定创办陕北公学。2. 1939年6月,由于抗日战争形势的变化,中共中央决定陕北公学、延安鲁迅艺术学院、延安工人学校、安吴堡战时青年训练班四校联合成立华北联合大学,开赴华北敌人后方办学。3. 1948年春,中共中央决定将华北联合大学和北方大学合并,成立华北大学,校址设在河北省正定县。4. 新中国成立后,中共中央决定以华北大学为基础,组建中国人民大学。1949年12月16日,中央人民政府政务院第十一次政务会议根据中共中央政治局的建议,通过《关于成立中国人民大学的决定》。1950年,中国人民大学正式命名组建。

清华大学

学校(机构)标识码 4111010003		其中:普通本科 13736
学校办学类型 411:本科院校:大学	电子信箱 lbzhz@tsinghua.edu.cn	博士研究生 6688
学校性质类别 02 理工院校	占地面积(平方米) 3893714	硕士研究生 8105
学校举办者 360 教育部	校舍建筑面积(平方米) 1999591	留学生 3303
学校地址 北京市海淀区清华大学	图书(万册) 402.03	专任教师(人) 3109
邮政编码 100084	固定资产总值(万元) 827787.98	其中:正高级 1245
办公电话 010-62782015	教学、科研仪器设备资产值(万元) 308809.98	副高级 1271
传真电话 010-62770349		中级 578
校园(局域)网域名 www.tsinghua.	在校生数(人) 31832	初级 15

本科专业 材料科学与工程、测控技术与仪器、车辆工程、车辆工程(车身方向)、电气工程及其自动化、电子信息科学类、电子信息科学与技术、雕塑、法学、高分子材料与工程、工程管理、工程力学、工程力学(钱学森班)、工程力学与航天航空工程、工程物理、工商管理、工商管理类(会计学)、工商管理类(信息管理与信息系统)、工业工程、工业设计、国际政治、汉语言文学、核工程与核技术、化学、化学工程与工业生物工程、化学生物学、环境工程、会计学、绘画、机械工程及自动化、计算机科学与技术、计算机科学与技术(计算机科学实)、计算机软件、建筑环境与设备工程、建筑学、经济学、经济与金融、历史学、临床医学、能源动力系统及自动化、人文科学实验班、日语、社会科学实验班、社会学、生物科学、生物医学工程、数理基础科学、数学与应用数学、水利水电工程、土木工程、微电子学、微机电系统工程、物理学、心理学、新闻学、信息管理与信息系统、艺术设计、艺术设计学、英语、哲学、制造自动化与测控技术、自动化

博士专业 材料科学与工程、电气工程、电子科学与技术、动力工程及工程热物理、法学、高等教育学、工商管理、公共管理、管理科学与工程、光学工程、国际关系、海洋生物学、航空宇航科学与技术、核科学与技术、化学、化学工程与工业、环境科学与工程、机械工程、计算机科学与技术、建筑学、教育、控制科学

与工程、理论经济学、力学、历史学、临床医学、马克思主义理论、社会学、生物学、生物医学工程、数学、水利工程、体育教育训练学、天体物理、土木工程、物理学、新闻传播学、信息与通信工程、仪器科学与技术、艺术学、英语语言文学、应用经济学、哲学、中国语言文学

硕士专业 安全技术及工程、材料科学与工程、大地测量学与测量工程、电气工程、电子科学与技术、动力工程及工程热物理、法律、法学、风景园林、高等教育学、工程、工商管理、公共管理、管理科学与工程、光学工程、国际关系、海洋生物学、航空宇航科学与技术、核科学与技术、化学、化学工程与技术、环境科学与工程、会计、机械工程、计算机科学与技术、建筑学、交通运输规划与管理、教育技术学、金融、科学技术史、控制科学与工程、理论经济学、力学、历史学、临床医学、马克思主义理论、内科学、日语语言文学、社会学、生物学、生物医学工程、数学、水利工程、体育教育训练学、体育人文社会学、天体物理、土木工程、外国语言学及应用语言学、外科学、物理学、新闻传播学、信息艺术设计、信息与通信工程、药理学、仪器科学与技术、艺术、艺术学、英语语言文学、应用经济学、应用统计、应用心理学、运动人体科学、哲学、中国语言文学

院系设置
建筑学院、土木水利学院、环境学院、机械工程学院、航天航空学院、信息科学技术学院、电机工程与应用电子技术系、材料科学与工程系、工程物理系、化学工程系、理学院、经济管理学院、公共管理学院、马克思主义学院、人文社会科学学院、法学院、新闻与传播学院、美术学院、生命科学学院、医学院

国家级、省部级研究机构设置

国家实验室：清华信息科学与技术国家实验室（筹）

国家重点实验室：化学工程联合国家重点实验室（联合）、环境模拟与污染控制国家重点联合实验室（联合）、生物膜与膜生物工程国家重点实验室（联合）、集成光电子学国家重点联合实验室（联合）、智能技术与系统国家重点实验室、微波与数字通信技术国家重点实验室、水沙科学与水利水电工程国家重点实验室、精密测试技术及仪器国家重点实验室（联合）、摩擦学国家重点实验室、汽车安全与节能国家重点实验室、电力系统及大型发电设备安全控制和仿真国家重点实验室、新型陶瓷与精细工艺国家重点实验室、低维量子物理国家重点实验室（筹）

国家工程实验室：数字电视国家工程实验室（北京）、抗肿瘤蛋白质药物国家工程实验室、下一代互联网核心网国家工程实验室、工业酶国家工程实验室（共建）、特高压工程技术（昆明、广州）国家工程实验室（共建）

国家工程研究中心、国家工程技术研究中心：光盘系统及应用技术国家工程研究中心、工业锅炉及民用煤清洁燃烧技术国家工程研究中心、燃气轮机与煤气化联合循环国家工程研究中心、生物芯片北京国家工程研究中心、国家计算机集成制造系统（CIMS）工程技术研究中心、国家企业信息化应用支撑软件工程技术研究中心

国家大型科学仪器中心：北京电子能谱中心、北京电子显微镜中心

国际科技合作重点科研机构（联合研发中心）：清华大学新材料国际研发中心、新能源与环境国际研发中心

教育部重点实验室：生命有机磷化学及化学生物学教育部重点实验室、有机光电子及分子工程教育部重点实验室、固体废物资源化及应急控制工程教育部重点实验室、应用力学教育部重点实验室、原子分子纳米科学教育部重点实验室、地球系统数值模拟教育部重点实验室、蛋白质科学教育部重点实验室、生物信息学教育部重点实验室、普适计算教育部重点实验室、粒子技术与辐射成像教育部重点实验室、信息系统安全教育部重点实验室、生态规划与绿色建筑教育部重点实验室、土木工程安全与耐久教育部重点实验室、先进成形制造教育部重点实验室、热科学与动力工程教育部重点实验室、先进材料教育部重点实验室、先进反应堆工程与安全教育部重点实验室

教育部工程研究中心：建筑节能教育部工程研究中心、固体器件与集成技术教育部工程研究中心、辐射技术与辐射成像教育部工程研究中心、清洁能源化工技术教育部工程研究中心、核电技术教育部工程研究中心、计算机网络技术教育部工程研究中心

教育部人文社会科学重点研究基地：清华大学现代管理研究中心、清华大学技术创新研究中心、清华大学高校德育研究中心

教育部战略研究基地：清华大学科技教育发展战略研究中心

清华大学-北京大学生命科学联合中心：清华大学-北京大学生命科学联合中心

国家安全生产监督管理局重点实验室：清华大学关键储备设施火灾安全与应急技术基础研究实验室

国家体育总局体育社会科学重点研究基地：清华大学国家体育总局体育社会科学重点研究基地

文化部国家文化产业研究中心：国家文化产业研究中心

环保部重点实验室：国家环境保护微生物利用与安全控制重点实验室

环保部工程技术中心：国家环境保护技术管理与评估工程技术中心

国家文物局重点科研基地：空间信息技术在文化遗产保护中的应用研究国家文物局重点科研基地（清华大学）

国家中医药管理局中医药科研三级实验室：中药化学实验室

北京市重点实验室：绿色反应工程与工艺北京市重点实验室、膜材料与工程北京市重点实验室、蛋白质药物北京市重点实验室、传热与能源利用北京市重点实验室、精细陶瓷北京市重点实验室、城市综合应急科学北京市重点实验室、二氧化碳资源利用与减排技术北京市重点实验室、微量分析测试方法与仪器研制北京市重点实验室

北京市高等学校工程研究中心：可视媒体智能处理与内容安全北京高等学校工程研究中心、北京市集中生物燃气利用工程技术研究中心

北京市哲学社会科学研究基地：清华大学应急管理研究基地

博士后科研流动站 物理学、数学、生物学、化学、力学、机械工程、仪器科学与技术、光学工程、材料科学与工程、动力工程及工程热物理、电气工程、电子科学与技术、信息与通信、计算机科学与技术、控制科学与工程、化学工程与技术、建筑学、土木工程、水利工程、环境科学与工程、核科学与技术、生物医学工程、

工商管理、管理科学与工程、应用经济学、哲学、艺术学、公共管理、中国语言文学、历史学、社会学、新闻传播学、法学、马克思主义理论、理论经济学、外国语言文学、体育学

定期公开出版的专业刊物 《清华大学学报》自然科学版、《清华大学学报》自然科学版英文版、《清华大学学报》哲学社会科学版、《世界建筑》、《物理与工程》、《现代教育技术》、《实验技术与管理》、《清华大学教育研究》、《装饰》、《新清华》、《记录媒体技术》、《计算机教育》、《清华法学》、《中国学术期刊(光盘版)》、《汽车安全与节能学报》、《住宅》、《清华管理评论》、《水木清华》、《科技与出版》、Nano Research(《纳米研究》)

学校设立奖学金情况

针对本科生,学校设立奖学金101项,奖励总金额1729.2余万元。奖学金最高金额15000元/年,最低金额1000元/年。针对研究生,学校设立奖学金65项,奖励总金额510余万元。奖学金最高金额15000元/年,最低金额1000元/年。

主要校办产业

1. 清华控股有限公司 1家(其控股的企业:26家) 2. 设计院 2家 3. 校办工厂 4家 4. 后勤服务企业 1家

主要控股企业:1. 同方股份有限公司 2. 紫光股份有限公司 3. 诚志股份有限公司 4. 启迪控股股份有限公司 5. 清华大学出版社有限公司

学校历史沿革

清华大学的前身为清华学堂,创建于1911年。1925年改办大学。1928年正式命名为国立清华大学。1929年开办研究院。1937年与北京大学、南开大学组建国立长沙临时大学。1938年迁至昆明,更名为国立西南联合大学。1946年迁回原址清华园复校。1952年全国高校院系调整之后成为多科性工业大学。1999年原中央工艺美术学院并入,成立清华大学美术学院。目前,清华大学已成为一所具有理、工、文、法、医、经济、管理和艺术等学科的综合性大学。

北京交通大学

学校(机构)标识码 4111010004	电子信箱 bfdwb@bjtu.edu.cn	成人本科 5257
学校办学类型 411:本科院校:大学	占地面积(平方米) 668103	成人专科 2432
学校性质类别 02 理工院校	校舍建筑面积(平方米) 780145	博士研究生 2268
学校举办者 360 教育部	图书(万册) 162.49	硕士研究生 6431
学校地址 北京市海淀区西直门外上园村3号	固定资产总值(万元) 267269.15	留学生 586
邮政编码 100044	教学、科研仪器设备资产值(万元) 72893.22	专任教师(人) 1704
办公电话 010-51688031	在校生数(人) 32297	其中:正高级 324
传真电话 010-51683030	其中:普通本科 13969	副高级 639
校园(局域)网域名 www.bjtu.edu.cn	普通专科 1354	中级 679
		初级 62

本科专业 材料化学、财务管理、测控技术与仪器、传播学、电气工程与自动化、电气信息类、电子科学与技术、电子商务、法学、工程管理、工商管理、工商管理类、工业工程、光信息科学与技术、环境工程、会计学、机械工程及自动化、机械类、计算机科学与技术、建筑学、交通工程、交通运输、交通运输类、金融学、经济学、经济学类、热能与动力工程、软件工程、生物医学工程、市场营销、数字媒体艺术、通信工程、土木工程、物流管理、西班牙语、信息安全、信息管理与信息系统、信息与计算科学、艺术设计、英语、自动化

专科专业 城市交通运输、道路桥梁工程技术、法律事务、高等级公路维护与管理、公路运输与管理、计算机网络技术、计算机应用技术、旅游英语

博士专业 安全管理与工程、安全技术及工程、产业经济学、车辆工程、城市轨道工程、城市交通工程、道路与铁道工程、地下工程、电磁场与微波技术、电力电子与电力传动、电力系统及其自动化、电气工程、防灾减灾工程及防护工程、工程力学、工程与项目管理、固体力学、管理科学、管理科学与工程、光通信与移动通信、光学、光学工程、环境岩土工程、会计学、机械电子工程、机械设计及理论、机械制造及其自动化、计算机科学与技术、计算机软件与理论、计算机应用技术、交通安全工程、交通信息工程及控制、交通运输规划与管理、结构工程、力学、流体力学、旅游管理、企业管理(含:财务管理、市场营销)、桥梁与隧道工程、人机交互工程、市政工程、水文地质与工程地质、思想政治教育、通信与信息系统、物流管理与工程、系统分析与集成、系统工程、系统理论、信号与信息处理、信息安全、信息管理、信息网络与安全、岩土工程、运筹学与控制论、运输与物流、载运工具运用工程、智能交通工程

硕士专业 安全技术及工程、材料加工工程、材料物理与化学、材料学、财政学(含:税收学)、产业经济学、车辆工程、城市轨道工程、城市交通工程、道路与铁道工程、地下工程、地质工程、电磁场与微波技术、电力电子与电力传动、电路与系统、电气工程、电气工程领域、电子商务、电子与通信工程领域、动力机械及工程、法律硕士(法学)、法律硕士(非法学)、防灾减灾工程及防护工程、概率论与数理统计、工程力学、工程热物理、工程与项目管理、工商管理、工业工程领域、工业设计工程领域、公共管理、固体力学、管理科学、光通信与移动通信、光学、光学工程、光学工程领域、国际法学(含:国际公法、国际私法)、国际贸易学、国民经济学、化学、化学工程领域、环境工程、环境工程领域、环境科学、环境科学与工程、会计、会计学、机械电子工程、机械工程领域、机械设计及理论、机械制造及其自动化、基础数学、集

成电路与工程领域、计算机技术领域、计算机科学与技术、计算数学、技术经济及管理、检测技术与自动化装置、建筑设计及其理论、建筑业土木工程领域、交通安全工程、交通信息工程及控制、交通运输工程领域、交通运输规划与管理、教育技术学、结构工程、金融学(含：保险学)、经济法学、科学技术哲学、控制工程领域、控制理论与控制工程、劳动经济学、理论物理、流体力学、旅游管理、马克思主义基本原理、马克思主义哲学、马克思主义中国化研究、模式识别与智能系统、凝聚态物理、企业管理(含：财务管理、市场营销)、桥梁与隧道工程、人机交互工程、软件工程、设计艺术学、社会保障、摄影测量与遥感、生物化学与分子生物学、生物物理学、生物医学工程、市政工程、思想政治教育、通信与信息系统、统计学、土地资源管理、外国语言学及应用语言学、微电子学与固体电子学、物理电子学、物流工程领域、物流管理与工程、系统分析与集成、系统工程、系统理论、信号与信息处理、信息安全、信息管理、信息网络与安全、岩土工程、英语笔译、英语语言文学、应用化学、应用数学、应用统计、运筹学与控制论、运输与物流、载运工具运用工程、智能交通工程、资产评估

院系设置

1. 学院：电子信息工程学院、计算机与信息技术学院、经济管理学院、交通运输学院、土木建筑工程学院、机械与电子控制工程学院、电气工程学院、理学院、人文社会科学学院、语言与传播学院、软件学院、建筑与艺术系(直属)、国家保密学院、马克思主义学院、法学院、远程与继续教育学院。另外设有研究生院、燕郊、清河职业技术学院和地处河北省黄骅市的独立学院——北京交通大学海滨学院。

2. 系：信息与通信工程系、自动控制工程系、电子工程系、计算机科学系、计算机工程系、生物医学工程系、经济系、会计系、企业管理系、物流管理系、信息管理系、旅游管理系、工程管理系、公共管理系、金融系、运输管理工程系、交通工程系、交通信息管理工程系、道路与铁道工程系、桥梁工程系、隧道与地下工程系、建筑工程系、岩土工程系、市政与环境工程系、力学系、机械工程系、检测技术与控制工程系、动力与控制工程系、电气传动与控制工程系、电力工程系、物理系、数学系、化学系、法律系、外语系、传播学系。

国家级、省部级研究机构设置

1. 国家级科研平台：国家重点实验室(1个)：轨道交通控制与安全国家重点实验室；国家工程研究中心(1个)：轨道交通运行控制系统国家工程研究中心；国家工程实验室(2个)：下一代互联网互联设备国家工程实验室、高速铁路系统试验国家工程实验室(与铁科院合作)；国家认可实验室(4个)：电磁兼容国家认可实验室、结构强度检测国家认可实验室、网络管理国家认可实验室、土木工程检测国家认可实验室；国家工程技术研究中心(分中心)：国家风力发电北京检测站；国家大学科技园。

2. 省部级科研平台：教育部重点实验室(5个)：全光网络与现代通信网教育部重点实验室、发光与光信息技术教育部重点实验室、城市交通复杂系统理论与技术教育部重点实验室、城市地下工程教育部重点实验室、载运工程先进制造与测控技术教育部重点实验室；教育部工程研究中心(4个)：隧道及地下工程教育部工程研究中心、电力牵引教育部工程研究中心、轨道车辆可靠性与检测技术教育部工程研究中心、高速铁路网络管理教育部工程研究中心；教育部、铁道部基础数据平台(1个)：铁路基础数据库；教育部战略研究培育基地(1个)：北京交通大学行业特色研究型大学发展战略研究中心；北京市各类科研平台(共12个)：北京市重点实验室(6个)：城市轨道交通自动化与控制北京市重点实验室、通信与信息系统北京市重点实验室、现代信息科学与网络技术北京市重点实验室、物流管理与技术北京市重点实验室、新能源汽车动力总成技术北京市重点实验室、轨道工程北京市重点实验室；北京市高等学校工程研究中心(1个)：城市轨道交通CBTC系统工程研究中心；另外还有，北京交通发展研究基地、城市交通北京技术转移中心、首都大学生思想政治教育研究中心、首都大学生思想政治教育研究基地、北京产业安全与发展研究基地。

博士后科研流动站 信息与通信工程博士后流动站、机械工程博士后流动站、土木工程博士后流动站、交通运输工程博士后流动站、应用经济学博士后流动站、控制科学与工程博士后流动站、力学博士后流动站、电气工程博士后流动站、计算机科学与技术博士后流动站、工商管理博士后流动站、系统科学博士后流动站、数学博士后流动站、管理科学与工程博士后流动站。

定期公开出版的专业刊物 《北京交通大学学报(自然科学版)》、《北京交通大学学报(社会科学版)》、《交通运输系统工程与信息》、《都市快轨交通》

学校设立奖学金情况

研究生奖学金情况：学校设立研究生奖学金和荣誉称号7项，企业专项奖学金18项，奖励总金额121万元，奖学金最高金额10000元/年，最低金额300元/年；研究生奖助学金奖励总金额1964.3万余元，奖励最高金额16800元/年，最低金额5200元/年。

本科生奖学金情况：学校设立本科生奖学金31项，总金额675.1万元，奖学金最高金额10000元/年，最低金额300元/年。

主要校办产业

北京交大投资企业(10家)：北京交大科技发展中心、北京交大创新科技中心、北京交大印刷厂、北京北交物业管理有限责任公司商泰苑分公司、北京交大天佑科技集团、北京交大资产经营有限公司、北京交大铁科科技园有限公司、北京中北通信信息技术有限公司、北京交大网通信息技术有限公司、北京交大讯通科技发展有限公司。资产经营公司投资企业(17家)：北京方达工程管理有限公司、北京筑通建筑勘察设计院有限公司、北京交大科技孵化器有限公司、北京都市快轨交通杂志社有限公司、北京北交信通科技有限公司、北京交大微联科技有限公司、北京中铁益安科技有限公司、北京交大思诺科技有限公司、北京交大思源科技有限公司、北京新远环球通信技术有限公司、北京国铁源通科技有限公司、北京交通大学出版社有限责任公司、北京紫海投资咨询有限公司、中基兰德(北京)投资管理有限公司、北京北交恒通技术有限公司、北京北交致远发展有限公司、北京平和源机电设备有限公司

学校历史沿革

北京交通大学作为交通大学的重要组成部分，历史渊源追溯到1896年，她的前身是清政府创办的北京铁路管理传习所，是中国第一所专门培养管理人才的高等学校是中国近代铁路管理、电信教育的发祥地。1917年改组为北京铁路管理学校和北京邮电学校，1921年与上海工业专门学校、唐山工业专门学校合并组建交通大学。1923年，交通大学改组后，北京分校更名为北

京交通大学。1950年,学校定名北方交通大学,由著名桥梁专家茅以升任校长。2000年4月,与北京电力高等专科学校合并,由铁道部划转教育部直属管理。2003年,学校恢复使用"北京交通大学"校名。

北京工业大学

学校(机构)标识码 4111010005	电子信箱 xb001@bjut.edu.cn	成人专科 2009
学校办学类型 411:本科院校:大学	占地面积(平方米) 804136	博士研究生 988
学校性质类别 02 理工院校	校舍建筑面积(平方米) 807502	硕士研究生 4448
学校举办者 811 省级教育部门	图书(万册) 172.83	留学生 289
学校地址 北京市朝阳区平乐园100号	固定资产总值(万元) 278424.52	专任教师(人) 1506
	教学、科研仪器设备资产值(万元) 137533.03	其中:正高级 304
邮政编码 100124		副高级 621
办公电话 010-67391765	在校生数(人) 24349	中级 549
传真电话 010-67392675	其中:普通本科 12722	初级 14
校园(局域)网域名 www.bjut.edu.cn	成人本科 3893	未定职级 18

本科专业 材料科学与工程、测控技术与仪器、朝鲜语、城市规划、电子科学与技术、电子信息工程、动画、法学、给水排水工程、工商管理、工业工程、工业设计、广告学、国际经济与贸易、环境工程、环境科学、会计学、机械工程及自动化、计算机科学与技术、建筑环境与设备工程、建筑学、交通工程、金融学、热能与动力工程、日语、软件工程、社会工作、社会学、生物技术、生物医学工程、食品质量与安全、市场营销、数字媒体技术、水务工程、通信工程、统计学、土木工程、信息安全、信息管理与信息系统、信息与计算科学、艺术设计、英语、应用化学、应用物理学、资源循环科学与工程、自动化

博士专业 材料加工工程、材料科学与工程、材料物理与化学、材料学、电路与系统、概率论与数理统计、工程力学、管理科学与工程、光学、光学工程、环境工程、环境科学、环境科学与工程、机械电子工程、机械工程、机械设计及理论、计算机应用技术、检测技术与自动化装置、交通运输规划与管理、结构工程、理论物理、流体力学、模式识别与智能系统、凝聚态物理、桥梁与隧道工程、热能工程、生物医学工程、土木工程、微电子学与固体电子学、物理学、岩土工程、应用化学

硕士专业 材料工程、材料科学与工程、材料学、城市规划与设计、道路与铁道工程、电路与系统、电子与通信工程、动力工程、高等教育学、工程力学、工商管理硕士、工业设计工程、固体力学、管理科学与工程、光学、光学工程、国际贸易学、国际商务硕士、化学工程与技术、环境工程、环境科学、环境科学与工程、机械工程、集成电路工程、计算机技术、计算机科学与技术、计算机应用技术、建筑设计及其理论、建筑学硕士、建筑与土木工程、交通运输工程、交通运输规划与管理、结构工程、科学技术哲学、控制工程、控制科学与工程、流体力学、马克思主义中国化研究、凝聚态物理、企业管理、桥梁与隧道工程、热能工程、人口资源与环境经济学、软件工程、社会学、生物化学与分子生物学、生物物理学、生物医学工程、市政工程、数学、水利水电工程、土木工程、外国语言学及应用语言学、微电子学与固体电子学、物理电子学、物理化学、物理学、信息与通信工程、仪器科学与技术、应用经济学、制冷与低温工程

院系设置

我校教学科研机构共有22个,具体如下:1.机械工程与应用电子技术学院 2.电子信息与控制工程学院 3.建筑工程学院 4.环境与能源工程学院 5.应用数理学院 6.计算机学院 7.材料科学与工程学院 8.经济与管理学院 9.人文社会科学学院 10.建筑与城市规划学院 11.生命科学与生物工程学院 12.外国语学院 13.软件学院 14.实验学院 15.艺术设计学院 16.继续教育学院 17.马克思主义学院 18.国际学院 19.体育教学部 20.激光工程研究院 21.循环经济研究院 22.固体微结构与性能研究所 23.高等教育研究所

国家级、省部级研究机构设置

1.实验室14个:1.北京市交通工程重点实验室——省部共建国家重点实验室培育基地 2.新型功能材料教育部重点实验室 3.传热强化与过程节能教育部重点实验室 4.光电子技术省部共建重点实验室 5.城市与重大工程安全减灾省部共建重点实验室 6.可信计算北京市重点实验室 7.嵌入式系统北京市重点实验室 8.工程抗震与结构诊治北京市重点实验室 9.水质科学与水环境恢复工程北京市重点实验室 10.交通工程北京市重点实验室 11.环境与病毒肿瘤学北京市重点实验室 12.先进制造技术北京市重点实验室 13.多媒体与智能软件技术北京市重点实验室 14.传热与能源利用北京市重点实验室

2.研究中心(所)10个:1.数字社区教育部工程研究中心 2.汽车结构部件先进制造技术教育部工程研究中心 3.精密超精密加工国家工程研究中心 4.北京市生态环境材料及其评价工程技术研究中心 5.北京市污水脱氮除磷处理与过程控制工程技术研究中心 6.北京市激光应用技术工程技术研究中心 7.北京市物联网软件与系统工程技术研究中心 8.激光先进制造北京高等学校工程研究中心 9.环境友好新材料技术北京高等学校工程研究中心 10.北京现代制造业发展研究基地

博士后科研流动站 1.机械工程博士后科研流动站 2.材料科学与工程博士后科研流动站 3.数学博士后科研流动站 4.光学工程博士后科研流动站 5.电子科学与技术博士后科研流动站 6.计算机科学与技术博士后科研流动站 7.土木工程博士

后科研流动站 8. 环境科学与工程博士后科研流动站 9. 管理科学与工程博士后科研流动站 10. 力学博士后科研流动站 11. 动力工程及工程热物理博士后科研流动站 12. 物理学博士后科研流动站 13. 生物医学工程博士后科研流动站 14. 交通运输工程博士后科研流动站 15. 控制科学与工程博士后科研流动站

定期公开出版的专业刊物 《北京工业大学学报》、《北京工业大学学报(社会科学版)》

学校设立奖学金情况

本科设立奖学金 16 项,奖励总金额 289.79 万元。奖学金最高金额 1300 元/年,最低金额 40 元/年。

1. 北京工业大学先进班集体 20 1200 元/班
2. 北京工业大学优良学风班 45 500 元/班
3. 北京工业大学标兵团支部 16 500 元/支部
4. 北京工业大学优秀团支部 48 300 元/支部
5. 北京工业大学优秀社区 4 1000 元/社区
6. 北京工业大学优秀社团 15 300 元/社团
7. 北京工业大学三好学生 369 500 元/人
8. 北京工业大学学习优秀奖 1454 1300 元/人
9. 北京工业大学优秀学生干部 414 800 元/人
10. 北京工业大学科技创新奖 200 300 元/人
11. 北京工业大学励志奖 62 600 元/人
12. 北京工业大学突出事迹奖 10 1000 元/人
13. 北京工业大学科技之星 2 1000 元/人
14. 北京工业大学科技之星提名 5 500 元/人
15. 北京工业大学优秀毕业生 200 奖杯(70 元/人)
16. 北京工业大学学院各项奖学金 7222 40 元/人

研究生设立奖学金 20 项,奖励总金额 302.97 万元。奖学金最高金额 2000 元/年,最低金额 300 元/年。

1. 优秀博士论文奖 17 2000 元/人 导师和学生各 2000 元
2. 优秀硕士论文奖 105 1000 元/人 导师和学生各 1000 元
3. 科技创新一等奖 416 1500 元/人
4. 科技创新一等奖 729 1000 元/人
5. 科技创新二等奖 1188 500 元/人
6. 学习优秀奖 362 1200 元/人
7. 科研优秀奖 460 300 元/人
8. 院级优秀学生干部 39 300 元/人
9. 校级优秀学生干部 187 800 元/人
10. 三好学生 163 500 元/人
11. 励志奖 144 600 元/人
12. 科技之星 9 1000 元/人
13. 科技竞赛 61 300 元/人
14. 科技之星提名奖 10 500 元/人
15. 突出事迹 1 1000 元/人
16. 先进班集体 2 1200 元/班
17. 优良学风班 10 500 元/班
18. 标兵团支部 1 800 元/支部
19. 优秀团支部 2 300 元/支部
20. 突出贡献集体奖 1 1000 元/个

主要校办产业

1. 北京北工大投资管理有限公司(办理国有产权登记证) 2. 北京工大智源科技发展有限公司(办理国有产权登记证) 3. 北京工大中宇智能信息系统工程中心(办理国有产权登记证) 4. 北京工大世通留学咨询服务中心(办理国有产权登记证) 5. 北京经开工大投资管理有限公司(原北工大软件园)(办理国有产权登记证) 6. 北京公达数码科技有限公司(办理国有产权登记证) 7. 北京日立北工大信息系统有限公司(办理国有产权登记证) 8. 北京工大瑞雪制冷公司(办理国有产权登记证)(拟转让) 9. 北京工业大学建筑勘察设计院(办理国有产权登记证) 10. 北京工业大学出版社有限责任公司(办理国有产权登记证) 11. 北京时代创新设计企业孵化器有限公司(办理国有产权登记证) 12. 北京工大建国饭店 13. 北京索浪计算机有限公司 14. 北京高测强度检测所有限公司 15. 北京金太阳药芯焊丝有限公司(拟增资) 16. 北京益泰金天光电子技术有限公司 17. 北京熙园宾馆(办理国有产权登记证)(已停业) 18. 北京工大住宅维修中心(办理国有产权登记证) 19. 北京工大通联科技有限公司(无实投) 20. 北京天图设计工程有限公司(办理国有产权登记证)(拟转让) 21. 北京工大京天加油站(办理国有产权登记证) 22. 北京工大汽车配件公司(办理国有产权登记证)(拟注销) 23. 北京仁达康检测技术有限公司(办理国有产权登记证)(转让中) 24. 北京工大宏远焊接技术有限公司(办理国有产权登记证)(无实投) 25. 北京灵思信息系统有限公司 26. 北京工大天工科技有限公司(注销中) 27. 北京工研精机股份有限公司 28. 北京工大福田交通工程咨询有限公司 29. 北京崇熙科技孵化器有限公司 30. 北京碧信建筑节能环保科技有限公司(无实投)

学校历史沿革

北京工业大学创建于 1960 年。1961 年北京市土木建筑工程学院、北京工业学院、北京师范大学部分学生转入北工大。1972 年,北京工商管理专科学校并入北工大。1981 年成为国家教育部批准的第一批硕士学位授予单位,1985 年成为博士学位授予单位。1996 年 12 月,正式跨入国家 21 世纪重点建设的百所大学行列。

1990 年,原北京联合大学经济管理学院并入北工大。1993 年,北京计算机学院并入北工大。2000 年,国家建材局管理干部学院(武汉工业大学北京研究生部)、华北水利水电学院北京研究生部和北京水利电力函授学院并入北工大。2005 年,北京艺术设计职业学院整体划转北工大。

北京航空航天大学

学校(机构)标识码 4111010006
学校办学类型 411:本科院校:大学
学校性质类别 02 理工院校
学校举办者 339 工业和信息化部
学校地址 北京市海淀区学院路 37 号
邮政编码 100191
办公电话 010-82317580
传真电话 010-82328058
校园(局域)网域名 www.buaa.edu.cn

电子信箱 xiaoban@buaa.edu.cn	在校生数(人) 30343	专任教师(人) 2230
占地面积(平方米) 2205269	其中:普通本科 13704	其中:正高级 503
校舍建筑面积(平方米) 1454108	成人本科 2348	副高级 791
图书(万册) 254.04	成人专科 1225	中级 896
固定资产总值(万元) 567034.45	博士研究生 3807	初级 23
教学、科研仪器设备资产值(万元) 181297	硕士研究生 8314	未定职级 17
	留学生 945	

本科专业 材料成型及控制工程、材料科学与工程、测控技术与仪器、车辆工程、德语、电磁场与无线技术、电气工程与自动化、电子信息工程、法学、法学类(知行文科试验班)、飞行技术、飞行器动力工程、飞行器动力工程(航天工程)、飞行器环境与生命保障工程、飞行器设计与工程、飞行器设计与工程(航天工程)、飞行器制造工程、工程力学、工商管理(体育)、工商管理类、工业设计、管理科学与工程、光电信息工程、国际经济与贸易、行政管理、航空航天工程(高等工程学院)、航空航天工程(在休遗留)、航空航天工程(中法工程师学院)、核物理、化学类(含应用化学)、环境工程、机械工程及自动化、计算机科学与技术、交通运输(民航机务工程)、交通运输(民航信息工程)、交通运输(汽车运用工程)、交通运输类(含适航技术)、金融学(类)、经济学、热能与动力工程、热能与动力工程(内燃机)、软件工程、生物医学工程、数学类、探测制导与控制技术、探测制导与控制技术(航天工程)、土木工程、土木工程(机场道路)、物理学类(含应用物理学)、信息工程(光电通信)、信息工程(仪器光电)、信息管理与信息系统、信息与计算科学、信息与计算科学(系统控制)、遥感科学与技术、艺术设计、英语、质量与可靠性工程、自动化

博士专业 材料加工工程、材料结构失效与安全工程、材料物理与化学、材料学、测试计量技术及仪器、车辆工程、导航、制导与控制、导航仪器与系统技术、道路与铁道工程、电磁场与微波技术、电磁兼容与电磁环境、电机与电器、电路与系统、动力机械及工程、法律科学与管理、飞行动力学与飞行安全、飞行器设计、飞机适航设计、工程力学、工程热物理、工业与制造系统工程、公共政策与管理、固体力学、管理科学与工程、光学工程、广义虚拟经济管理、国民经济学、航空器适航技术、航空与卫星导航技术、航空宇航推进理论与工程、航空宇航系统工程、航空宇航制造工程、航天器导航与控制技术、机械电子工程、机械设计及理论、机械制造及其自动化、基础数学、集成电路设计、计算机软件与理论、计算机系统结构、计算机应用技术、检测技术与自动化装置、建模仿真理论与技术、交通信息工程及控制、交通运输规划与管理、教育经济与管理、金融工程、精密仪器及机械、科技管理与技术创新管理、控制理论与控制工程、流体机械及工程、流体力学、流体与声学工程、模式识别与智能系统、凝聚态物理、热能工程、人机与环境工程、生物医学工程、视觉测量与影像遥感、通信与信息系统、网络信息安全、微电子学与固体电子学、微纳米技术、物理电子学、系统工程、项目管理科学与工程、新能源技术、信号与信息处理、信息功能材料、信息网络、旋翼飞行器设计、遥感传输与处理、一般力学与力学基础、应用数学、载运工具运用工程、制冷及低温工程

硕士专业 材料工程、材料加工工程、材料科学与工程、材料物理与化学、测试计量技术及仪器、车辆工程、导航、制导与控制、道路与铁道工程、德语语言文学、地图制图学与地理信息工程、电工理论与新技术、电机与电器、电力电子与电力传动、电气工程、电子科学与技术、电子与通信工程、动力工程及工程热物理、俄语语言文学、法律(法学)硕士、法律(非法学)硕士、法律硕士(法学)、法律硕士(非法学)、法学、翻译(英语笔译)硕士、飞行器设计、工商管理硕士、工商管理硕士专业学位、工业工程、公共管理、公共管理硕士、管理科学与工程、光学工程、国防经济、国际贸易学、国际商务硕士、国民经济学、行政管理、航空工程、航空宇航科学与技术、航空宇航推进理论与工程、航空宇航制造工程、航天工程、化学、环境科学与工程、会计学、机械工程、机械设计及理论、集成电路工程、计算机技术、计算机科学与技术、计算机系统结构、技术经济及管理、建筑与土木工程、交通信息工程及控制、交通运输工程、交通运输规划与管理、教育管理硕士、教育经济与管理、教育学、金融工程、金融硕士、金融学、科学技术哲学、空间物理学、控制工程、控制科学与工程、力学、流体机械及工程、马克思主义哲学、企业管理、情报学、人机与环境工程、软件工程、设计艺术学、社会保障、摄影测量与遥感、生物医学工程、数学、水声工程、体育教育训练学、土木工程、外国语言学及应用语言学、武器系统与运用工程、物理学、物流工程、信息与通信工程、一般力学与力学基础、仪器科学与技术、仪器仪表工程、英语笔译、英语语言文学、应用化学、应用心理学、载运工具运用工程

院系设置

材料科学与工程学院、电子信息工程学院、自动化科学与电气工程学院、能源与动力工程学院、航空科学与工程学院、计算机学院、机械工程及自动化学院、经济管理学院、数学与系统科学学院、生物与医学工程学院、人文社会科学学院(公共管理学院)、外国语学院、宇航学院、飞行学院、仪器科学与光电工程学院、化学与环境学院、法学院、软件学院、物理科学与核能工程学院、高等工程学院、中法工程师学院、新媒体艺术与设计学院、交通科学与工程学院、可靠性与系统工程学院、国际学院、思想政治理论学院

国家级、省部级研究机构设置

1. 国家级:国家实验室(1个):航空科学与技术国家实验室。国家重点实验室(2个):软件开发环境实验室、虚拟现实技术与系统实验室。国家级重点实验室(5个):航空发动机气动热力实验室、国家计算流体力学实验室、飞行器控制一体化技术实验室、可靠性与环境工程实验室、惯性技术国防科技重点实验室。

2. 省部级:流体力学教育部重点实验室、数学、信息与行为教育部重点实验室、精密光机电一体化技术教育部重点实验室、空天材料与服役教育部重点实验室、航天器设计优化与动态模

拟教育部重点实验室、微纳测控与低维物理教育部重点实验室、生物力学与力生物学教育部重点实验室、仿生智能界面科学与技术教育部重点实验室、先进计算机应用技术教育部工程研究中心、复杂产品先进制造系统教育部工程研究中心、先进航空导航与空管技术教育部工程研究中心、大型整体金属构件激光直接制造教育部工程研究中心、可信网络计算技术国防重点学科实验室、人机工效与环境控制国防重点学科实验室、新型惯性仪表与导航系统技术国防重点学科实验室、聚合物基复合材料北京市高技术实验室、计算机新技术北京市高技术实验室、特种功能材料与薄膜技术北京市重点实验室、数字化设计与制造北京市重点实验室、网络技术北京市重点实验室、粉体技术研究开发北京市重点实验室、飞机发动机综合系统安全性北京市重点实验室、车路协同与安全控制北京市重点实验室、数字媒体北京市重点实验室、首都高等教育发展研究基地、首都高校党建研究基地、清洁能源与高效动力北京高校工程研究中心、通用航空北京市工程研究中心、大型关键金属构件激光直接制造北京市工程研究中心、航空电子航空科技重点实验室、先进仿真技术航空科技重点实验室、航空可靠性综合航空科技重点实验室、中国人民解放军总装备部军用电子元器件 DPA 实验室、民航数据通信及新航行系统重点实验室、民航安全技术和鉴定重点实验室、民政部康复辅具技术与系统重点实验室、北京航空航天大学软件测评实验室、中英空间科学与技术联合实验室、国家空管新航行系统技术重点实验室、机械工业服务机器人技术重点实验室(筹)。

博士后科研流动站 博士后流动站(15个):材料科学与工程、电子科学与技术、动力工程及工程热物理、管理科学与工程、航空宇航科学与技术、机械工程、计算机科学与技术、交通运输工程、控制科学与工程、力学、信息与通信工程、仪器科学与技术、数学、生物医学工程、物理学。

定期公开出版的专业刊物 《北京航空航天大学学报》(自然版)、《北京航空航天大学学报》(社科版)、《大学英语》、《复合材料学报》、《单片机与嵌入式系统应用》

学校设立奖学金情况
学校设立奖学金41项,奖励总金额475余万元。奖学金最高金额10000元/年,最低金额500元/年。

本科生:设立奖学金29项,奖励总金额375余万元。奖学金最高金额10000元/年,最低金额500元/年。

研究生:设立奖学金12项,奖励总金额100余万元。总人数1010人,奖学金最高金额10000元/年,最低金额600元/年。

主要校办产业
北京北航资产经营有限公司、北京北航科技园有限公司、北京北航天华科技有限责任公司、北京唯实酒店管理有限公司、北京中湾智地物业管理有限公司、北京奥举体育文化有限公司、北京航空航天大学出版社有限公司、《单片机与嵌入式系统应用》杂志社、北京航空航天大学机械厂、北京星舟工程管理有限公司、北京天华捷锐光电技术有限公司、北京北航精密机电有限公司、北京天华同创国际贸易有限公司、北京北航天汇科技孵化器有限公司、嘉兴嘉航科技有限公司、北京天宏海阔科技有限公司、北京软件出口中心发展有限公司、北京天汇创业软件有限公司

学校历史沿革
北京航空航天大学(简称北航),原名北京航空学院,成立于1952年。由当时清华大学、北洋大学等8所著名大学的航空院系合并而成,是新中国第一所航空航天高等学府,被誉为中国航空航天工程师的摇篮。1988年更名为北京航空航天大学。

北京理工大学

学校(机构)标识码 4111010007	电子信箱 office@bit.edu.cn	成人本科 4986
学校办学类型 411:本科院校;大学	占地面积(平方米) 1265265	成人专科 1900
学校性质类别 02 理工院校	校舍建筑面积(平方米) 1213863	博士研究生 2775
学校举办者 339 工业和信息化部	图书(万册) 226.2	硕士研究生 7675
学校地址 北京市海淀区中关村南大街5号	固定资产总值(万元) 362783.86	留学生 557
	教学、科研仪器设备资产值(万元) 161940.26	专任教师(人) 1976
邮政编码 100081		其中:正高级 431
办公电话 010-68913278	在校生数(人) 32515	副高级 787
传真电话 010-68468035	其中:普通本科 13432	中级 683
校园(局域)网域名 www.bit.edu.cn	普通专科 1190	初级 75

本科专业 安全工程、安全工程(本硕博)、材料成型及控制工程、材料化学、材料科学与工程、测控技术与仪器、车辆工程、弹药工程与爆炸技术、德语、地面武器机动工程、电气工程与自动化、电子封装技术、电子科学与技术(光电子方向)、电子科学与技术(全英文教学专业)、电子科学与技术(双语班)、电子科学与技术(微电子方向)、法学、飞行器动力工程、飞行器设计与工程、飞行器设计与工程(本硕博)、高分子材料与工程、工程力学、工商管理、工商管理类、工业工程、工业设计、公共事业管理、光电信息工程、光信息科学与技术、国际经济与贸易、国际经济与贸易(国际班)、国际经济与贸易(全英文教学专业)、国际经济与贸易(体优班)、过程装备与控制工程、航天运输与控制、化工与制药类、化学、化学工程与工艺、化学类、环境工程、会计学、机械电子工程、机械工程及自动化、机械类(全英文教学专业)、计算机科学与技术、交通工程、交通运输、交通运输类、经济学、理论与应用力学、能源化学工程、热能与动力工程、日语、软件工程、软件工程(数字媒体技术方向)、软件工程(信息安全方向)、

社会工作、生物工程、生物技术、生物医学工程、市场营销、数学类、数学类（基础科学实验班）、数学与应用数学、探测制导与控制技术、特种能源工程与烟火技术、通信工程、统计学、武器类、武器系统与发射工程、物联网工程、信息对抗技术、信息工程、信息工程（本硕博）、信息工程（实验班）、信息管理与信息系统、信息与计算科学、艺术设计、英语、应用化学、应用物理学、制药工程、自动化、自动化（全英文教学专业）

专科专业 法律事务、公共事务管理、公共事务管理（艺术教育）、机械制造与自动化、计算机应用技术、建筑工程技术、汽车检测与维修技术、图形图像制作、眼视光技术、英语教育、英语教育（商务文秘）、应用电子技术

博士专业 安全技术及工程、兵器发射理论与技术、兵器科学与技术、兵器科学与技术新专业、材料加工工程、材料科学与工程、材料物理与化学、材料学、测试计量技术及仪器、车辆工程、导航、制导与控制、电磁场与微波技术、电路与系统、电子科学与技术、电子科学与技术新专业、动力机械及工程、飞行器设计、工程力学、固体力学、管理科学与工程、光学工程、航空宇航科学与技术、航空宇航科学与技术新专业、航空宇航推进理论与工程、航空宇航制造工程、化学工艺、环境工程、火炮、自动武器与弹药工程、机械电子工程、机械工程、机械工程新专业、机械设计及理论、机械制造及其自动化、计算机软件与理论、计算机应用技术、检测技术与自动化装置、军事化学与烟火技术、控制科学与工程、控制科学与工程新专业、控制理论与控制工程、理论物理、力学、流体力学、模式识别与智能系统、凝聚态物理、企业管理（含：财务管理、市场营销）、人机与环境工程、生物化工、通信与信息系统、微电子学与固体电子学、无机化学、武器系统与运用工程、物理电子学、物理化学（含：化学物理）、系统工程、信号与信息处理、信息与通信工程、信息与通信工程新专业、一般力学与力学基础、仪器科学与技术、应用化学、应用数学、载运工具运用工程

硕士专业 安全工程、安全技术及工程、兵器发射理论与技术、兵器工程、兵器科学与技术、兵器科学与技术新专业、材料工程、材料加工工程、材料科学与工程、材料物理与化学、材料学、产业经济学、车辆工程、德语语言文学、电磁场与微波技术、电机与电器、电力电子与电力传动、电路与系统、电子科学与技术、电子科学与技术新专业、电子与通信工程、动力工程及工程热物理、发展与教育心理学、法律硕士（法学）、法律硕士（非法学）、法学理论、防灾减灾工程及防护工程、飞行器设计、高等教育学、工程、工商管理、工商管理硕士、工业催化、工业设计工程、公共管理、管理科学与工程、光学工程、国防经济、国际法学（含：国际公法、国际私法）、国际贸易学、国际商务硕士、行政管理、航空宇航科学与技术、航空宇航科学与技术新专业、航空宇航推进理论与工程、航空宇航制造工程、航天工程、化学、化学工程、化学工程与技术、化学工艺、环境工程、环境科学、环境与资源保护法学、会计硕士、会计学、火炮、自动武器与弹药工程、机械电子工程、机械工程、机械工程新专业、机械设计及理论、机械制造及其自动化、计算机技术、计算机科学与技术、技术经济及管理、交通运输工程、教育管理、教育技术学、教育经济与管理、教育学、金融学（含：保险学）、科学技术哲学、控制工程、控制科学与工程、控制科学与工程新专业、力学、流体力学、美术学、民商法学（含：劳动法学）、社会保障、企业管理（含：财务管理、市场营销）、情

学、人机与环境工程、软件工程、设计艺术学、神经生物学、生物化工、生物化学与分子生物学、生物医学工程、数学、水声工程、外国语言学及应用语言学、微电子学与固体电子学、微生物学、武器系统与运用工程、物理电子学、物理学、物流工程、系统分析与集成、项目管理、信息与通信工程、药理学、仪器科学与技术、仪器仪表工程、艺术设计、英语笔译、英语语言文学、应用化学、应用经济学、应用统计硕士、有色金属冶金、政治经济学

院系设置

宇航学院、机电学院、机械与车辆学院、光电学院、信息学院、自动化学院、计算机学院、软件学院、材料学院、化工与环境学院、生命学院、数学学院、物理学院、化学学院、管理与经济学院、人文与社会科学学院、法学院、外国语学院、设计与艺术学院。此外设有基础教育学院、继续教育学院（远程教育学院、国际教育合作学院）、高等职业教育学院、秦皇岛分校

国家级、省部级研究机构设置

1.实验室：国家重点实验室（1个）：爆炸科学与技术实验室；国家工程实验室（1个）：电动车辆实验室；国防科技重点实验室（3个）：车辆传动实验室、机电工程与控制实验室、冲击环境材料技术实验室；国家重点学科点专业实验室（4个）：信号采集与处理实验室、颜色科学与工程实验室、汽车动力性与排放测试实验室、阻燃材料研究实验室；国防重点学科实验室（3个）：多元信息系统实验室、先进加工技术实验室、军用车辆动力系统技术实验室；教育部重点实验室（6个）：飞行器动力学与控制实验室、复杂信息系统智能控制与决策实验室、光电成像技术与系统实验室、原子分子簇科学实验室、卫星导航电子信息技术实验室、仿生机器人及系统实验室；教育部部门开放实验室（1个）：信息光学基础实验室；北京市重点实验室（8个）：自动控制系统实验室、智能信息技术实验室、清洁车辆实验室、环境科学与工程实验室、数字表演与仿真技术实验室、嵌入式实时信息处理技术实验室、生物医药成分分离与分析实验室、软件安全工程技术实验室。

2.研究中心（所）：教育部工程研究中心（2个）：导航制导与控制技术工程研究中心、火安全材料与工程技术研究中心；北京市工程技术研究中心（2个）：动力电池及化学能源材料工程研究中心、海量信息处理与云计算应用工程研究中心；国防科技工业技术研究应用中心（1个）：微细结构加工技术研究应用中心。

博士后科研流动站 目前共设立光学工程、兵器科学与技术、电子科学与技术、动力工程及工程热物理、控制科学与工程、材料科学与工程、机械工程、管理科学与工程、信息与通信工程、力学、计算机科学与技术、化学、化学工程与技术、仪器科学与技术、航空宇航科学与技术、数学、物理、交通运输工程、工商管理等19个博士后流动站。

定期公开出版的专业刊物 《北京理工大学学报》（自然科学中文版）、《Journal of Beijing Institute of Technology》（北京理工大学学报·自然科学英文版）、《北京理工大学学报（社会科学版）》、《光学技术》、《车辆与动力技术》、《安全与环境学报》、《学位与研究生教育》

学校设立奖学金情况

学校设立奖学金48项，奖励总金额1854.66万元/年，最低金额1000元/年。

主要校办产业

北京理工资产经营有限公司成立于 2007 年,注册资本 1500 万元,是北京理工大学国有独资企业,代表学校对学校国有经营性资产和对外投资股权,以及理工资产公司拥有的国有资本及股权进行经营和管理,实现保值增值;按照国家《公司法》、《国有资产管理办法》等法律法规,以及现代企业制度的要求,对下属企业的投资等经营行为进行监管;按照国家和学校有关科技成果转化、产业化的方针政策,对学校科技成果和高新技术实施孵化、转移、转化和产业化,为学校的人才培养、科学研究和社会经济建设提供服务等。目前,理工资产公司所属企业 44 家,其中:学校投资控股的企业有 4 家,理工资产公司投资控股的企业有 6 家,理工资产公司下属企业(二级企业)投资控股的企业有 11 家。

学校历史沿革

北京理工大学的前身是创办于 1940 年的延安自然科学院,是中国共产党创办的第一所理工科大学,1943 年学校并入延安大学,1946 年改名为晋察冀边区工业专门学校,1948 年与北方大学工学院合并成立华北大学工学院,1949 年迁入北京,1950 年,中法大学校本部和数理化三系并入,1951 年中央人民政府教育部将华北大学工学院改名为北京工业学院,1988 年更名为北京理工大学。

北京科技大学

学校(机构)标识码	4111010008
学校办学类型	411:本科院校:大学
学校性质类别	02 理工院校
学校举办者	360 教育部
学校地址	北京市海淀区学院路 30 号
邮政编码	100083
办公电话	010 - 62332312
传真电话	010 - 62327283
校园(局域)网域名	www.ustb.edu.cn
电子信箱	xiaoban@ustb.edu.cn
占地面积(平方米)	804560
校舍建筑面积(平方米)	844867
图书(万册)	166.8
固定资产总值(万元)	239326.54
教学、科研仪器设备资产值(万元)	65999.99
在校生数(人)	32492
其中:普通本科	13267
普通专科	265
成人本科	5918
成人专科	3410
博士研究生	2583
硕士研究生	6284
留学生	765
专任教师(人)	1787
其中:正高级	414
副高级	600
中级	693
初级	80

本科专业 安全工程、材料成型及控制工程、材料化学、材料科学与工程、材料物理、采矿工程、测控技术与仪器、车辆工程、德语、电子信息工程、法学、工程管理、工商管理、工商管理类、工业工程、工业设计、管理科学与工程类、国际经济与贸易、行政管理、环境工程、会计学、机械工程及自动化、机械类、计算机科学与技术、建筑环境与设备工程、金融工程、经济学类、矿物加工工程、矿物资源工程、能源动力类、热能与动力工程、日语、社会工作、生态学、生物技术、数理基础科学、数学与应用数学、通信工程、土木工程、无机非金属材料工程、物联网工程、物流工程、信息安全、信息管理与信息系统、信息与计算科学、冶金工程、艺术设计、英语、应用化学、应用物理学、智能科学与技术、自动化

专科专业 计算机信息管理、商务日语、市场营销

博士专业 安全技术及工程、材料合成化学、材料加工工程、材料科学与工程、材料物理与化学、材料学、采矿工程、车辆工程、动力工程及工程热物理、防灾减灾工程及防护工程、钢铁冶金、工程力学、固体力学、管理科学与工程、环境工程、机电测试技术、机械电子工程、机械工程、机械设计及理论、机械制造及其自动化、计算机系统结构、计算机应用技术、科技与教育管理、科学技术史、控制科学与工程、控制理论与控制工程、矿山地质工程、矿物加工工程、矿业地质工程、矿业工程、矿业环境工程、流体力学、凝聚态物理、企业管理(含:财务管理、市场营销)、热能工程、思想政治教育、通信与信息系统、物流工程、岩土工程、冶金工程、冶金工程新专业、冶金物理化学、一般力学与力学基础、有色金属冶金、资源经济与管理

硕士专业 安全技术及工程、材料加工工程、材料科学与工程、材料物理与化学、材料学、采矿工程、测试计量技术及仪器、产业经济学、车辆工程、电子科学与技术、动力工程及工程热物理、法律、翻译、钢铁冶金、高等教育学、工程、工程力学、工商管理、工业生态、公共管理、固体力学、管理科学与工程、国际贸易学、行政管理、化学、环境工程、环境科学、环境科学与工程、会计、会计学、机械电子工程、机械工程、机械设计及理论、机械制造及其自动化、机械装备及控制、计算机科学与技术、计算数学、技术经济及管理、检测技术与自动化装置、教育经济与管理、结构工程、金融管理工程、经济法学、科学技术史、科学技术哲学、控制科学与工程、矿产普查与勘探、矿物加工工程、矿物学、岩石学、矿床学、矿业工程、理论物理、流体力学、马克思主义基本原理、马克思主义理论与思想政治教育、民商法学(含:劳动法学)、社会保障、凝聚态物理、企业管理(含:财务管理、市场营销)、热能工程、日语语言文学、设计艺术学、社会学、生物化工、生物化学与分子生物学、数学、思想政治教育、土木工程、外国语言文学、文艺学、物理电子学、物流工程、系统工程、信息与通信工程、岩土工程、冶金工程、应用化学、运筹学与控制论

院系设置

土木与环境工程学院、冶金与生态工程学院、材料科学与工程学院、机械工程学院、自动化学院、计算机与通信工程学院、数理学院、化学与生物工程学院、东凌经济管理学院、文法学院、外国语学院、马克思主义学院、高等工程师学院、远程与成人教育

学院、继续教育学院、国际学院

国家级、省部级研究机构设置

1. 实验室　国家级：1）国家材料服役安全科学中心（筹）2）新金属材料国家重点实验室 3）高效钢铁冶金

省部级：1）教育部材料服役安全科学中心 2）环境断裂教育部重点实验室 3）金属矿山高效开采与安全教育部重点实验室 4）生态与循环冶金教育部重点实验室 5）钢铁流程先进控制教育部重点实验室 6）材料先进制备技术教育部重点实验室 7）腐蚀与防护教育部重点实验室 8）先进粉末冶金材料与技术北京市重点实验室 9）腐蚀－磨蚀与表面技术北京市重点实验室 10）新能源材料与技术北京市重点实验室 11）金属与矿冶文化遗产研究国家文物局重点科研基地 12）北京市分子与微结构可控高分子材料重点实验室 13）北京科技大学农业部农药残留与环境毒理实验室（农业部）14）冶金工业节能减排北京市重点实验室 15）科技部材料模拟设计实验室－863 实验室 16）国家环境与能源国际科技合作基地 17）先进金属和金属间化合物结构和功能材料学科教育部创新引智基地

2. 研究中心（所）　国家级：1）高效轧制国家工程研究中心 2）国家板带生产先进装备工程技术研究中心 3）材料科学数据共享网 4）国家材料自然环境腐蚀实验台网

省部级：1）金属电子信息材料教育部工程研究中心 2）先进板带生产装备及控制教育部工程研究中心 3）零件近净轧制成形教育部工程研究中心 4）北京表面纳米技术工程研究中心 5）钢铁生产制造执行系统技术教育部工程研究中心 6）北京高校节能与环保工程研究中心 7）高效零件轧制技术研究推广中心

3. 博士后科研流动站：力学、机械工程、材料科学与工程、冶金工程、动力工程及工程热物理、控制科学与工程、矿业工程、计算机科学与技术、环境科学与工程、科学技术史、管理科学与工程

定期公开出版的专业刊物　《北京科技大学学报》、《北京科技大学学报（社会科学版）》、《International Journal of Minerals Metallurgy and Materials》、《物流技术与应用》、《金属世界》、《Rare Metals》、《思想教育研究》、《粉末冶金技术》

学校设立奖学金情况

学校设立奖学金 30 项，奖励总金额 710 余万元。奖励最高金额 10000 元/年，最低金额 250 元/年。

1. 国家奖学金　奖励标准和名额：8000 元/人，共 131 名，其中本科生 128 名，专科生（管庄校区高职生）3 名。评审范围：在校二年级以上（含二年级）全日制本、专科生。

2. 国家励志奖学金　奖励标准和名额：5000 元/人，共 400 名，其中本科生 392 名，专科生（管庄校区高职生）8 名。评审范围：在校二年级以上（含二年级）全日制本、专科学生中品学兼优的家庭经济困难学生。

3. 宝钢优秀学生奖　奖励标准和名额：共 10 名，其中本科生 5 名，研究生 5 名。特等奖：10000 元/人，共 1 人；优秀奖：5000 元/人，共 9 人。

4. 中国石油奖学金　奖励标准和名额：4000 元/人，共 25 名，其中本科生 16 名，研究生 9 名。评审范围：在校二年级以上（含二年级）全日制本科生、研究生。

5. 德龙奖学金　奖励标准和名额：3000 元/人，共 30 名，其中本科生 20 名，研究生 10 名。评审范围：在校二年级以上（含二年级）全日制本科生、研究生。

6. 高效轧制国家工程研究中心奖学金　奖励标准和名额：5000 元/人，共 8 名。评审范围：冶金与生态工程学院、材料科学与工程学院、机械工程学院、信息工程学院在校三年级本科生。

7. 明彩自然科学奖学金　奖励标准和名额：4000 元/人，共 15 名。评审范围：在校二年级以上（含二年级）全日制本科生。

8. 麦思科奖学金　奖励标准和名额：5000 元/人，共 26 名，其中本科生 15 名，研究生 11 名。评审范围：在校二年级以上（含二年级）全日制本科生、研究生。

9. 纳尔科奖学金　奖励标准和名额：5000 元/人，共 10 名。评审范围：冶金与生态工程学院、材料科学与工程学院在校二年级以上（含二年级）全日制本科生。

10. 中信－CBMM 吴宝榕铌钢奖学金　奖励标准和名额：硕士研究生：4000 元/人，共 6 名；博士研究生：6000 元/人，共 7 名。评审范围：材料科学与工程学科从事含铌微合金化材料研究的硕士和博士研究生。

11. 海天奖学金　奖励标准和名额：2000 元/人，共 5 名。评审范围：在校研究生。

12. 人民奖学金　奖励标准和名额：奖励标准和名额：共 3292 人　特等：5000 元/人，共 47 人；一等：2000 元/人，92 人；二等：1000 元/人，322 人；三等：500 元/人，1414 人；四等：300 元/人，1417 人。评审范围：在校二年级以上（含二年级）全日制本科生。

13. 新生奖学金　奖励标准和名额：奖励标准和名额：共 1163 人　特等：2500 元/人，共 17 人；一等：1500 元/人，共 32 人；二等：750 元/人，共 117 人；三等：250 元/人，共 938 人。评审范围：在校一年级全日制本科生。

14. 民考汉、新疆内地班学生奖学金　奖励标准和名额：共 30 人　一等：2000 元/人，共 1 人；二等：1000 元/人，共 3 人；三等：500 元/人，共 13 人；四等：300 元/人，共 13 人。评审范围：在校二年级以上（含二年级）全日制民考汉、新疆内地班本科生。

15. 国防生"砺剑"奖学金　奖励标准和名额：共 19 人　一等：2000 元/人，共 6 人；二等：1000 元/人，共 13 人。评审范围：在校二年级以上（含二年级）全日制本科国防生。

16. 民考汉、新疆内地班新生奖学金　奖励标准和名额：共 12 人　一等：1500 元/人，1 人；二等：750 元/人，1 人；三等：250 元/人，10 人。评审范围：在校一年级全日制民考汉、新疆内地班本科生。

17. 国防生新"砺剑"奖学金　奖励标准和名额：共 3 人　一等：1000 元/人，1 人；二等：500 元/人，2 人。评审范围：在校一年级全日制本科国防生。

18. 美卓奖学金　奖励标准和名额：博士研究生 2 人，4000 元/人；硕士研究生 4 人，3000 元/人。评审范围：矿物加工工程专业的在校研究生。

19. 金广－西南不锈钢奖学金　奖励标准和名额：5000 元/人，共 20 名，其中本科生 15 名，研究生 5 名。

20. "金诚信"奖学金　奖励标准和名额：共 10 人，其中大一新生 2 人。一等：6000 元/人，共 5 人。二等：4000 元/人，共 5 人。

21. "钢铁摇篮"奖学金　奖励标准和名额：共 10 人　一等：5000 元/人，共 3 人　二等：2000 元/人，共 7 人　评审范围：大一至大四在校本科生。

22. 美国"肯纳"奖学金 奖励标准和名额：1000元/人，共10人，评审范围：大二国际班学生。

23. 沃克奖学金：奖励标准和名额：特等：4000元/人，共4人 一等：2000元/人，共4人 二等：1500元/人，共8人 三等：1000元/人，共14人。

24. 威仕炉奖学金 奖励标准和名额：特等：4000元/人，共4人 一等：2000元/人，共5人 二等：1500元/人，共6人 三等：1000元/人，共15人。

25. "孙富"奖学金 奖励标准和名额：三等：300元/人，共3人 评审范围：大一年级高等数学最高分((奖励男、女最高分各一人，2010级学生男生出现重分现象)。三等：300元/人，共23人 评审范围：大二,大三金融、会计、国贸、工商、管信、工程上学期专业排名比前两学年专业排名前进的名次高于专业人数的40%的前两名。

26. 86校友奖学金 奖励标准和名额：10000元/人，共10人。

27. 北京科技大学精英奖学金 奖励标准和名额：5000元/人，共100人。

28. 北京科技大学泰尔奖学金 奖励标准和名额：5000元/人，共40名。评审范围：冶金与生态工程学院、材料科学与工程学院、机械工程学院、高等工程师学院。

29. 海航·慈航精英学子奖学金 奖励标准和名额：8000元/人，共5名。评审范围：在校四年级全日制本科生。

主要校办产业

1. 北京科大资产经营有限公司 2. 北京北科麦思科自动化工程技术有限公司 3. 北京赛能杰高新技术股份有限公司 4. 北京科技大学设计研究院有限公司 5. 广东北科科技发展有限公司 6. 北京科大科技园有限公司 7. 北京科大中冶技术发展有限公司 8. 北京北科麦思科新材料技术有限公司 9. 北京科大京都高新技术有限公司 10. 北京科大机翔科技有限公司 11. 时光科技有限公司 12. 北京科大方兴高新技术有限公司 13. 北京科大森浪信息技术有限公司 14. 北京科大京科技术有限公司 15. 北京宏洁物业管理有限公司 16. 北京科大华科高新技术有限公司 17. 北京科大方兴加油站有限公司 18. 北京科大方兴爆破工程有限公司 19. 北京科大联创冶金技术有限公司 20. 北京科大和兴科技有限公司 21. 北京科大恒兴高技术有限公司 22. 北京科大印刷有限公司 23. 北京北科威斯迈科技发展有限公司 24. 北京北科泰德机电设备有限公司 25. 北京中渣冶金技术有限公司 26. 北京科大光磁性材料有限公司 27. 新冶高科技集团有限公司 28. 北京科大永兴电子信息材料技术有限公司 29. 北京首科兴业工程技术有限公司 30. 北京科技大学科教技术服务中心 31. 北京科大朗涤环保工程技术有限公司 32. 北京科大华冶工程技术有限公司

学校历史沿革

1952年，北洋大学、唐山铁道学院、华北大学工学院、西北工学院等五所国内著名大学的部分系科组建成为北京钢铁工业学院；1960年，更名为北京钢铁学院；1988年，更名为北京科技大学；1998年，北京冶金管理干部学院并入。北京科技大学原隶属冶金工业部，1998年9月直属教育部。1997年，学校首批进入国家"211工程"建设高校行列；2006年，学校成为国家"优势学科创新平台"试点高校。

北方工业大学

学校(机构)标识码	4111010009	电子信箱 xiaoban@ncut.edu.cn	成人本科 1248
学校办学类型	411：本科院校：大学	占地面积(平方米) 301550	成人专科 1109
学校性质类别	02 理工院校	校舍建筑面积(平方米) 315316	硕士研究生 1476
学校举办者	811 省级教育部门	图书(万册) 128.5	留学生 152
学校地址	北京市石景山区晋元庄路5号	固定资产总值(万元) 69456.27	专任教师(人) 748
邮政编码	100144	教学、科研仪器设备资产值(万元) 32196.21	其中：正高级 92
办公电话	010-88803055	在校生数(人) 14094	副高级 229
传真电话	010-68875846	其中：普通本科 10109	中级 386
校园(局域)网域名	www.ncut.edu.cn		初级 41

本科专业 材料成型及控制工程、城市规划、电气工程及其自动化、电子信息工程、动画、法学、工程管理、工商管理、工业设计、广告学、国际经济与贸易、汉语言文学、会计学、机械设计制造及其自动化、计算机科学与技术、建筑环境与设备工程、建筑学、景观建筑设计、能源工程及自动化、日语、数学与应用数学、数字媒体艺术、通信工程、统计学、土木工程、微电子学、信息与计算科学、艺术设计、英语、自动化

硕士专业 电力电子与电力传动、电路与系统、电气工程领域、电子与通信工程领域、法律、法学理论、工商管理、工业设计工程领域、会计学、机械电子工程、机械工程领域、机械设计及理论、机械制造及其自动化、集成电路工程领域、计算机技术领域、计算机软件与理论、计算机应用技术、检测技术与自动化装置、建筑设计及其理论、建筑与土木工程领域、结构工程、经济法学、控制工程领域、控制理论与控制工程、民商法学(含：劳动法学)、社会保障、企业管理(含：财务管理、市场营销)、软件工程领域、设计艺术学、数量经济学、思想政治教育、信号与信息处理、岩土工程、应用数学

院系设置

信息工程学院、机电工程学院、经济管理学院、建筑工程学院、文法学院、艺术学院、理学院、继续教育学院、应用技术学院

国家级、省部级研究机构设置

1. 实验室:现场总线技术及自动化北京市重点实验室;
2. 研究中心:北京市变频技术工程技术研究中心、有色冶金过程现代检测技术及装置工程技术研究中心

定期公开出版的专业刊物 《北方工业大学学报》

学校设立奖学金情况

学校设立奖学金6项,奖励总金额374余万元,奖学金最高金额3000元/年,最低金额200元/年。

主要校办产业

企中电子有限公司、中色北方建筑设计院

学校历史沿革

国立北平高级工业职业学校(1946年-1950年),北京重工业学校(1951年-1952年),北京钢铁工业学校(1952年-1958年),北京冶金专科学校(1958年-1960年),石景山冶金学院(1960年-1963年),北京钢铁学校(1963年-1978年),北京冶金机电学院(1978年-1985年),北方工业大学(1985年至今)。

北京化工大学

学校(机构)标识码 4111010010	电子信箱 xb@mail.buct.edu.cn	成人本科 3911
学校办学类型 411:本科院校:大学	占地面积(平方米) 701056	成人专科 2119
学校性质类别 02 理工院校	校舍建筑面积(平方米) 576765	博士研究生 651
学校举办者 360 教育部	图书(万册) 164.1	硕士研究生 4621
学校地址 北京市朝阳区北三环东路15号	固定资产总值(万元) 137253	留学生 221
	教学、科研仪器设备资产值(万元) 51179	专任教师(人) 1065
邮政编码 100029		其中:正高级 225
办公电话 010-64434820	在校生数(人) 26262	副高级 318
传真电话 010-64423089	其中:普通本科 13591	中级 456
校园(局域)网域名 www.buct.edu.cn	普通专科 1148	初级 66

本科专业 安全工程、材料科学与工程、财务管理、测控技术与仪器、电子科学与技术、电子信息工程、法学、高分子材料与工程、工商管理、工商管理类、工业设计、公共管理类、公共事业管理、国际经济与贸易、过程装备与控制工程、行政管理、化学工程与工艺、环境工程、会计学、机械工程及自动化、计算机科学与技术、社会体育、生物工程、生物工程类、生物功能材料、生物技术、市场营销、数学类、通信工程、信息管理与信息系统、信息与计算科学、英语、应用化学、制药工程、自动化

专科专业 多媒体设计与制作、工业分析与检验、环境监测与评价、会计、计算机多媒体技术、计算机网络技术、人物形象设计、文秘

博士专业 材料加工工程、材料科学与工程、材料学、高分子化学与物理、工业催化、化工过程机械、化学、化学工程、化学工程与技术、化学工艺、环境工程、环境科学、机械设计及理论、控制理论与控制工程、生物化工、应用化学

硕士专业 安全技术及工程、材料工程、材料科学与工程、材料学、发酵工程、工程管理、工程力学、工商管理、管理科学与工程、化工过程机械、化学、化学工程、化学工程与技术、环境工程、环境科学与工程、机械电子工程、机械工程、机械设计及理论、基础数学、计算机应用技术、技术经济及管理、科学技术哲学、控制工程、控制科学与工程、粮食、油脂及植物蛋白工程、流体机械及工程、马克思主义中国化研究、民商法学(含:劳动法学)、社会保障、凝聚态物理、企业管理(含:财务管理、市场营销)、轻工技术与工程、生物工程、生物化工、思想政治教育、微生物与生化药学、项目管理、应用数学、制药工程

院系设置

化学工程学院、材料科学与工程学院、机电工程学院、信息科学与技术学院、经济管理学院、理学院、文法学院、生命科学与技术学院、继续教育学院、职业技术学院、马克思主义学院、国际教育学院

国家级、省部级研究机构设置

实验室:1. 国家级重点实验室(2个):化工资源有效利用国家重点实验室、有机无机复合材料国家重点实验室;2. 国家级工程技术研究中心(1个):国家碳纤维工程技术研究中心;3. 国家发展和改革委员会批准的科研机构(2个):新危险化学品评估及事故鉴定基础研究实验室、危险化学品生产系统故障预防及监控基础研究实验室;4. 国家工程实验室(1个):轮胎设计与制造工艺国家工程实验室;5. 省.部级重点实验室(7个):可控化学反应科学与技术基础教育部重点实验室、北京市生物加工过程重点实验室、北京市新型高分子材料制备与加工重点实验室、纳米材料先进制备技术与应用科学教育部重点实验室、教育部碳纤维及功能高分子材料重点实验室、膜分离过程与技术北京市重点实验室、高端机械装备健康监控与自愈化北京市重点实验室;6. 省.部级工程技术研究中心(9个):塑料机械及塑料工程研究所、化工行业系统仿真工程技术中心、化工行业膜工程技术研究中心、教育部超重力工程技术研究中心、化工安全教育部工程研究中心、智能过程系统工程教育部工程研究中心、生物炼制教育部工程研究中心、高分子材料加工装备教育部工程研究中心、北京市环境污染控制与资源化工程研究中心;7. 校级重点实验室(1个):国防新材料重点实验室

研究中心(所):校级跨学科研究中心(6个):资源与环境研究中心、国防新材料研究中心、信息安全技术研究中心、安全科学与监控工程技术研究中心、水处理工程技术研究中心、光聚合基础与应用研究中心;校级工程技术中心(20个):超重力工程技术中心、

环境科学与工程技术中心、化工装备技术工程中心、过程模拟优化中心、设备诊断工程研究中心、先进复合材料研究中心、非线性科学研究中心、先进弹性体材料研究中心、绿色创新与可持续发展研究中心、安全监控工程研究中心、特种流体装备技术开发中心、过程机械设计研究中心、中国信息化绩效评估中心（北京化工大学）、先进聚合物结构与性能研究中心、微纳制造中心、生物质能源与环境工程技术研究中心、计算机模拟与安全系统工程研究中心、运营管理与战略决策研究中心、低碳经济与管理研究中心、环境与能源催化研究中心；校级研究所（25个）：化学工程与技术研究所、高分子材料研究所、功能材料研究所、材料保护研究所、碳纤维及复合材料研究所、安全管理研究所、塑料机械与塑料工程研究所、自动化研究所、测控技术研究所、计算机应用研究所、近代化学研究所、现代催化研究所、橡塑机械研究所、植物化学物理研究所、电化学研究所、计算化学研究所、工业化学研究所、现代药物研究所、金融工程研究所、科学技术与社会研究所、政治与行政学研究所、法学与知识产权研究所、高等教育研究所、标准物质研究所、膜材料与新膜过程研究所

博士后科研流动站：化学工程与技术、材料科学与工程、化学、动力工程及工程热物理、控制科学与工程

定期公开出版的专业刊物 《北京化工大学学报》（社会科学版）、《北京化工大学学报》（自然科学版）

学校设立奖学金情况
学校设立奖学金44项，奖励总金额747.4余万元。奖学金最高金额10000元/年，最低金额300元/年。

主要校办产业
北京北化大投资有限公司、北京化大化新科技股份有限公司、北京北化大科益精细化工有限公司、北京环峰化工机械实验厂。

学校历史沿革
北京化工大学（原名北京化工学院）始建于1958年，隶属原化学工业部领导，1960年10月中共中央决定把我校列为全国重点大学。

1971年－1976年招收6届工农兵学员。1971年10月与北京化纤工学院合并（校名为北京化工学院），这期间学校对专业进行了大幅度调整，停办了全部尖端绝密专业，增设了若干新专业，全院共设置5个系14个专业。

1977年10月恢复统一高考招生制度，招收四年制本科生，1978年招收首届研究生，同年10月北京化纤工学院从我校分出。

1994年2月学校更名为北京化工大学，1996年4月原化工管理干部学院并入，1998年9月划转为教育部直属高校，2001年7月通过国家"211工程""九五"期间建设项目验收。

北京工商大学

学校（机构）标识码 4111010011	占地面积（平方米） 819673	成人专科 1596
学校办学类型 411：本科院校：大学	校舍建筑面积（平方米） 333150	硕士研究生 1807
学校性质类别 08 财经院校	图书（万册） 162.74	留学生 35
学校举办者 811 省级教育部门	固定资产总值（万元） 88564.78	专任教师（人） 826
学校地址 北京市海淀区阜成路33号	教学、科研仪器设备资产值（万元） 43138.31	其中：正高级 116
邮政编码 100048		副高级 323
办公电话 010-81353201	在校生数（人） 17652	中级 348
传真电话 010-81353201	其中：普通本科 11922	初级 15
校园（局域）网域名 www.btbu.edu.cn	成人本科 2292	未定职级 24
电子信箱 xb@pub.btbu.edu.cn		

本科专业 保险、财务管理、财政学、电气工程及其自动化、电气信息类、电子科学与技术、电子商务、法学、高分子材料与工程、工商管理、管理科学与工程类、广播电视新闻学、广告学、国际经济与贸易、化学、化学类、环境工程、会计学、机械工程及自动化、计算机科学与技术、金融学、经济学、经济学类、旅游管理、贸易经济、轻工纺织食品类、人力资源管理、软件工程、生物工程、食品科学与工程、市场营销、统计学、物流管理、新闻传播学类、新闻学、信息工程、信息管理与信息系统、信息与计算科学、艺术设计、英语、应用化学、自动化

硕士专业 保险、材料加工工程、财政学（含：税收学）、产业经济学、法律、工程、工商管理、管理科学与工程、国际贸易学、国民经济学、环境工程、环境科学、会计、会计学、机械设计及理论、机械制造及其自动化、计算机应用技术、技术经济及管理、检测技术与自动化装置、金融、金融学（含：保险学）、经济法学、控制理论与控制工程、劳动经济学、旅游管理、马克思主义中国化研究、民商法学（含：劳动法学）、社会保障、企业管理（含：财务管理、市场营销）、区域经济学、生物化工、食品科学、数量经济学、税务、思想政治教育、统计学、西方经济学、新闻学、应用化学、应用统计、政治经济学、专门史、资产评估

院系设置
理学院、食品学院、材料与机械工程学院、计算机与信息工程学院、经济学院、商学院、法学院、外国语学院、艺术与传媒学院、马克思主义学院、体育与艺术教学部、继续教育学院

国家级、省部级研究机构设置
实验室：北京市植物资源研究开发重点实验室、首都流通业研究基地、食品添加剂与配料工程中心、食品风味化学实验室、轻工业塑料加工应用研究所

定期公开出版的专业刊物 《北京工商大学学报》（社会科

学版)、《北京工商大学学报》(自然科学版)、《中国塑料》

学校设立奖学金情况

学校设立奖学金25项,奖励总金额246余万元。奖学金最高金额5000元/年,最低金额100元/年。

主要校办产业

北京商苑物业管理中心、北京海淀北商外事楼、北京北轻苑招待所

学校历史沿革

北京工商大学是北京市重点建设的多科性大学,1999年6月经教育部批准由北京轻工业学院与北京商学院合并,机械工业管理干部学院并入组建而成。合并组建后的北京工商大学步入了新的发展时期,综合实力显著增强,由单科性大学发展成为以经、管、工为主,经、管、工、理、文、法、史等学科相互支撑、协调发展的多科性大学,并确立了把学校建设成为一所高水平、特色鲜明的教学研究型大学的奋斗目标。

北京服装学院

学校(机构)标识码 4111010012	电子信箱 dyb@bift.edu.cn	成人本科 848
学校办学类型 412:本科院校:学院	占地面积(平方米) 84734	成人专科 716
学校性质类别 02 理工院校	校舍建筑面积(平方米) 171636	硕士研究生 586
学校举办者 811 省级教育部门	图书(万册) 54.13	留学生 149
学校地址 北京朝阳区樱花东街甲2号	固定资产总值(万元) 46778.92	专任教师(人) 483
	教学、科研仪器设备资产值(万元)	其中:正高级 59
邮政编码 100029	25090.05	副高级 159
办公电话 010-64288135	在校生数(人) 8264	中级 251
传真电话 010-64210950	其中:普通本科 5964	初级 14
校园(局域)网域名 www.bift.edu.cn	普通专科 1	

本科专业 表演、电子信息工程、动画、服装设计与工程、高分子材料与工程、工商管理、工业设计、广告学、国际经济与贸易、会计学、绘画、轻化工程、摄影、市场营销、数字媒体艺术、信息管理与信息系统、艺术设计、英语、应用化学、自动化

专科专业 影视动画

硕士专业 材料学、纺织材料与纺织品设计、纺织工程、纺织化学与染整工程、服装设计与工程、化学工程、机械电子工程、美术学、设计艺术学、艺术设计、艺术学、中国少数民族艺术

院系设置

服装艺术与工程学院、艺术设计学院、材料科学与工程学院、商学院、信息工程学院、外语系、造型艺术系

国家级、省部级研究机构设置

服装材料研究开发与评价北京市重点实验室、首都服饰文化与服装产业研究基地、服装北京市技术转移中心

定期公开出版的专业刊物 《北京服装学院学报》(自然科学版)、《艺术设计研究》

学校设立奖学金情况

学校设立奖学金13项,奖励总金额273.75余万元。奖学金最高金额8000元/年,最低金额400元/年。

学校历史沿革

1959年,北京纺织工学院,1964年,更名为北京化学纤维工学院1971年,合并办学,并入北京化工学院1984年,北京化纤工学院(复校),1988年,更名为北京服装学院。

北京邮电大学

学校(机构)标识码 4111010013	校园(局域)网域名 bupt.edu.cn	在校生数(人) 28051
学校办学类型 411:本科院校:大学	电子信箱 xiaoban@bupt.edu.cn	其中:普通本科 12917
学校性质类别 02 理工院校	占地面积(平方米) 461225	成人本科 3175
学校举办者 360 教育部	校舍建筑面积(平方米) 598863	成人专科 2646
学校地址 海淀区西土城路10号	图书(万册) 167.14	博士研究生 1277
邮政编码 100876	固定资产总值(万元) 159873.99	硕士研究生 7896
办公电话 010-62282044	教学、科研仪器设备资产值(万元)	留学生 140
传真电话 010-62285008	50296.02	专任教师(人) 1394

其中：正高级　201　　　中级　584　　　未定职级　53
　　　副高级　496　　　初级　60

本科专业　测控技术与仪器、电信工程及管理、电子科学与技术、电子商务、电子商务及法律、电子信息工程、电子信息科学类、电子信息科学与技术、法学、工程管理、工商管理、工业设计、公共事业管理、光信息科学与技术、国际经济与贸易、会计学、机械工程及自动化、计算机科学与技术、经济学、日语、软件工程、市场营销、数学类、数学与应用数学、数字媒体技术、数字媒体艺术、通信工程、网络工程、物流工程、信息安全、信息工程、信息管理与信息系统、信息与计算科学、英语、应用物理学、智能科学与技术、自动化

博士专业　电磁场与微波技术、电路与系统、电子科学与技术、管理科学与工程、光学工程、机械电子工程、计算机科学与技术、计算机软件与理论、密码学、通信与信息系统、微电子学与固体电子学、物理电子学、信号与信息处理、信息安全、智能科学与技术

硕士专业　产业经济学、传播学、电磁场与微波技术、电路与系统、电子科学与技术、电子与通讯工程、工商管理、管理科学与工程、光学、光学工程、国际贸易学、行政管理、机械电子工程、机械工程、机械设计及理论、机械制造及其自动化、计算机技术、计算机科学与技术、计算机应用技术、技术经济及管理、检测技术与自动化装置、教育技术学、军事通信学、控制理论与控制工程、理论物理、马克思主义哲学、马克思主义中国化研究、密码学、民商法学（含：劳动法学）、社会保障、模式识别与智能系统、企业管理（含：财务管理、市场营销）、软件工程、设计艺术学、生物医学工程、通信与信息系统、外国语言学及应用语言学、微电子学与固体电子学、物理电子学、物流工程、信号与信息处理、信息安全、信息管理与信息系统、英语语言文学、应用数学、运筹学与控制论、政治经济学

院系设置
信息与通信工程学院、电子工程学院、计算机学院、自动化学院、软件学院、经济管理学院、人文学院、理学院、国际学院、网络教育学院（继续教育学院）、民族教育学院、网络技术研究院、信息光子学与光通信研究院

国家级、省部级研究机构设置
1. 研究所（中心）：泛网无线通信教育部重点实验室、可信分布式计算与服务教育部重点实验室、智能通信软件与多媒体北京市重点实验室、网络系统与网络文化北京市重点实验室、安全生产智能监控北京市重点实验室、网络体系构建与融合北京市重点实验室、灾备技术国家工程实验室、信息内容安全技术国家工程实验室（合作）、教育部信息网络工程研究中心、教育部空间机器人技术工程研究中心、通信与网络核心技术创新引智基地、高等智能与网络服务创新引智基地、教育部战略研究培育基地—北京邮电大学"高水平特色型大学发展战略研究培育基地"
2. 国家重点实验室：网络与交换技术、信息光子学与光通信
3. 博士后流动站：电子科学与技术、信息与通信工程、管理科学与工程、计算机科学与技术、军队指挥学

定期公开出版的专业刊物　《北京邮电大学学报》（自然版）、《北京邮电大学学报》（社科版）、《中国邮电高校学报》（英文版）

学校设立奖学金情况
学校设立奖学金13项，奖励总金额638万元。奖学金最高金额20000元/年，最低金额600元/年。

国家奖学金：8000元/人/年，获奖人数131人　励志奖学金：5000元/人/年，获奖人数372人　一等奖学金：1000元/人/年，获奖人数490人　二等奖学金：800元/人/年，获奖人数980人　三等奖学金：600元/人/年，获奖人数1960人

华为奖学金：本科5000元/人/年，获奖人数2人；硕士6000元/人/年，获奖人数6人

三星奖学金：本科5000元/人/年，获奖人数5人；硕士7000元/人/年，获奖人数5人；博士10000元/人/年，获奖人数5人

长飞奖学金：本科5000元/人/年，获奖人数6人；硕士10000元/人/年，获奖人数2人；博士20000元/人/年，获奖人数2人

南都奖学金：本科5000元/人/年，获奖人数5人；硕士7000元/人/年，获奖人数5人；博士10000元/人/年，获奖人数5人

唐骏孙春兰奖学金：5000元/人/年，获奖人数20人

新华都奖学金：3000元/人/年，获奖人数20人

启明星辰奖学金：5000元/人/年，获奖人数40人

纪慧慧贤腾飞奖学金：2000元/人/年，获奖人数20人

毕业生一次就业率　研究生99.61%，本科生99.25%

主要校办产业
北邮资产经营管理公司

学校历史沿革
北京邮电大学创建于1955年，原名北京邮电学院，是以天津大学电讯系、电话电报通讯和无线电通信广播两个专业及重庆大学电机系电话电报通讯专业为基础组建的，是新中国第一所邮电高等学府，隶属原邮电部。

1959年和1960年北京电信学院及其附属中技部、邮电科技大学先后并入北京邮电学院。1960年北京邮电学院被确定为全国64所重点院校之一。

1993年经原国家教委批准，"北京邮电学院"更名为"北京邮电大学"，时任中共中央总书记、国家主席江泽民亲笔题写了校名。

1998年北京邮电大学成为全国首批重点建设的61所"211工程"项目院校。

1999年成为全国开展远程教育试点的四所院校之一。

2000年全国院校调整后，直属国家教育部管理。

2004年成为全国56所设立研究生院的高校之一。

2005年，教育部和原信息产业部联合签署协议共建北京邮电大学。

北京印刷学院

学校(机构)标识码 4111010015
学校办学类型 412:本科院校:学院
学校性质类别 02 理工院校
学校举办者 811 省级教育部门
学校地址 北京市大兴区兴华北路 25号
邮政编码 102600
办公电话 010-60261254
传真电话 010-60261014
校园(局域)网域名 www.bigc.edu.cn
电子信箱 fzghc@bigc.edu.cn
占地面积(平方米) 217459
校舍建筑面积(平方米) 218293
图书(万册) 95.87
固定资产总值(万元) 64385.54
教学、科研仪器设备资产值(万元) 29147.24
在校生数(人) 9470
其中:普通本科 5843
　　普通专科 754
成人本科 438
成人专科 2032
硕士研究生 402
留学生 1
专任教师(人) 452
其中:正高级 45
　　副高级 154
　　中级 209
　　初级 33
　　未定职级 11

本科专业 包装工程、编辑出版学、财务管理、传播学、电气信息类、电子信息工程、动画、高分子材料与工程、工商管理类、工业设计、广告学、绘画、机械工程及自动化、计算机科学与技术、市场营销、数字媒体技术、数字媒体艺术、数字印刷、文化产业管理、信息管理与信息系统、艺术类、艺术设计、印刷工程、英语、自动化

专科专业 版面编辑与校对、包装技术与设计、多媒体设计与制作、市场营销、印刷技术、印刷设备及工艺、印刷图文信息处理

硕士专业 材料物理与化学、出版、传播学、机械电子工程、企业管理(含:财务管理、市场营销)、设计艺术学、信号与信息处理、艺术

院系设置
印刷与包装工程学院、信息与机电工程学院、设计艺术学院、经济管理学院、新闻出版学院、继续教育学院、职业技术学院、基础部、英语部、社科部、体育部

国家级、省部级研究机构设置
省部级重点实验室(全部为省部级):1.印刷包装材料与技术实验室 2.北京出版产业与文化研究基地 3.印刷装备工程研究中心 4.数字媒体艺术实验室 5.数字化印刷装备实验室 6.高端印刷装备信号与信息处理实验室 7.跨媒体出版实验室

定期公开出版的专业刊物 《北京印刷学院学报》

学校设立奖学金情况
学校设立奖学金 4 项,奖励总金额 135.25 万元。奖学金最高金额 3000 元/年,最低金额 500 元/年。

主要校办产业
北京印刷学院实习工厂

学校历史沿革
北京印刷学院前身是 1958 年文化部所属文化学院印刷工艺系。1961 年全国高校院系调整,撤销文化学院,将印刷工艺系并入轻工业部所属的中央工艺美术学院。1978 年 12 月 28 日经国务院批准,在中央工艺美术学院印刷系基础上改建为北京印刷学院,由国家新闻出版署主管。1997 年通过国家教委组织的普通高等学校教学工作合格评价。1998 年经国务院学位委员会批准,获得硕士学位授予权。2000 年全国高校管理体制调整,学校改由国家新闻出版总署与北京市政府共建,以北京市管理为主,2006 年北京市政府与国家新闻出版总署正式签订共建协议。2006 年通过国家教育部组织的普通高等学校教学工作水平评估。

北京建筑工程学院

学校(机构)标识码 4111010016
学校办学类型 412:本科院校:学院
学校性质类别 02 理工院校
学校举办者 812 省级其他部门
学校地址 北京市西城区展览路 1 号
邮政编码 100044
办公电话 010-68322234
传真电话 010-68364459
校园(局域)网域名 www.bucea.edu.cn
电子信箱 yuanban@bucea.edu.cn
占地面积(平方米) 757760
校舍建筑面积(平方米) 321955
图书(万册) 90.76
固定资产总值(万元) 46333
教学、科研仪器设备资产值(万元) 20856
在校生数(人) 10634
其中:普通本科 6625
　　普通专科 8
成人本科 2429
成人专科 496
硕士研究生 1023
留学生 53
专任教师(人) 695
其中:正高级 103
　　副高级 298
　　中级 224
　　初级 34
　　未定职级 36

本科专业 测绘工程、城市规划、地理信息系统、电气工程及其自动化、电子信息科学与技术、法学、给水排水工程、工程管理、工商管理、工业工程、工业设计、公共事业管理、环境工程、环境科学、机械工程及自动化、计算机科学与技术、建筑电气与智能化、建筑环境与设备工程、建筑学、交通工程、热能与动力工程、社会工作、市场营销、土木工程、无机非金属材料工程、信息与计算科学、自动化

专科专业 道路桥梁工程技术、工程测量技术、汽车检测与维修技术

硕士专业 城市规划与设计(含:风景园林规划)、道路与铁道工程、地图制图学与地理信息工程、防灾减灾工程及防护工程、工程、工商管理、供热、供燃气、通风及空调工程、管理科学与工程、环境工程、技术经济及管理、建筑技术科学、建筑历史与理论、建筑设计及其理论、建筑学、结构工程、控制理论与控制工程、桥梁与隧道工程、设计艺术学、市政工程、岩土工程

院系设置

建筑与城市规划学院、土木与交通工程学院、环境与能源工程学院、电气与信息工程学院、经济与管理工程学院、测绘与城市空间信息学院、机电与汽车工程学院、文法学院、理学院、继续教育学院、计算机教学与网络信息部、体育部

国家级、省部级研究机构设置

1. 实验室:城市雨水系统与水环境教育部重点实验室;供热、供燃气、通风及空调工程北京市重点实验室;绿色建筑与节能技术北京市重点实验室;现代城市测绘国家测绘地理信息局重点实验室;

2. 研究中心(所):代表性建筑与古建筑数据库教育部工程研究中心;工程结构与新材料北京市高等学校工程研究中心;北京市建筑安全监测工程技术研究中心;北京市哲学社会科学;北京建筑文化研究基地;北京建筑科技-大学科技园;建筑工程浙江省工程技术研究中心

定期公开出版的专业刊物 《北京建筑工程学院学报》

学校设立奖学金情况

学校设立奖学金12项,奖励总金额140余万元。奖学金最高金额2000元/年,最低金额500元/年。

综合一等奖学金:150人/年,2000元/人
综合二等奖学金:250人/年,1500元/人
综合三等奖学金:500人/年,800元/人
学习优秀奖学金:170人/年,800元/人
学习进步奖学金:250人/年,500元/人
学科竞赛奖学金:根据实际获奖人数计,分等级发放
体育优胜奖学金:根据实际获奖人数计,分等级发放
文艺优胜奖学金:根据实际获奖人数计,分等级发放
科技成果奖学金:根据实际获奖人数计,分等级发放
优秀学生干部奖学金:根据实际获奖人数计,500元/人
精神文明奖学金:根据实际获奖人数计,500元/人
社会实践奖学金:根据实际获奖人数计,分等级发放

主要校办产业

北京建工广厦资产经营管理中心、北京建工京精大房工程建设监理公司、北京建工建筑设计研究院、北京建工远大市政建筑工程公司、北京建工建方科技公司、北京学宜宾馆有限公司、北京致用恒力建筑材料检测有限公司、北京建达兴工程咨询有限公司

学校历史沿革

北京建筑工程学院是一所北京市属普通高等学校。学校的前身为创办于1936年的北平市立高级工业职业学校土木工程科。七十年变迁,五移校址,数易校名,历经高工建专、中专和大学三个发展阶段。解放初期为北京工业学校土木科,1952年为北京建筑专科学校。1953年迁至现校址,更名为北京市土木建筑工程学校。1958年升办大学,名为北京建筑工程学院。1961年又恢复中专,更名为北京建筑工程学校。1977年经国务院批准,正式升格为大学,定名为北京建筑工程学院。

北京石油化工学院

学校(机构)标识码 4111010017	校园(局域)网域名 www.bipt.edu.cn	其中:普通本科 7264
学校办学类型 412:本科院校:学院	电子信箱 yuanban@bipt.edu.cn	成人本科 532
学校性质类别 02 理工院校	占地面积(平方米) 293078	成人专科 609
学校举办者 811 省级教育部门	校舍建筑面积(平方米) 172665	留学生 35
学校地址 北京市大兴区黄村镇清源北路19号	图书(万册) 73.45	专任教师(人) 471
邮政编码 102617	固定资产总值(万元) 67548.52	其中:正高级 60
办公电话 010-81292049	教学、科研仪器设备资产值(万元) 36992.91	副高级 171
传真电话 010-81292053	在校生数(人) 8440	中级 233
		初级 7

本科专业 材料科学与工程、测控技术与仪器、电气工程及其自动化、高分子材料与工程、公共事业管理、功能材料、国际经济与贸易、过程装备与控制工程、化学工程与工艺、环境工程、会计学、机械电子工程、机械工程及自动化、机械设计制造及其自动化、计算机科学与技术、旅游管理、热能与动力工程、市场营销、通信工程、信息管理与信息系统、信息与计算科学、英语、应用化学、油气储运工程、制药工程、自动化

院系设置

化学工程学院、机械工程学院、信息工程学院、经济管理学院、人文社科学院、思想政治教育中心、材料科学与工程系、数理

系、外语系、体育教学部和工程教育中心等

国家级、省部级研究机构设置

北京市重点实验室：光机电装备技术实验室、恩泽生物质精细化工实验室、特种弹性体复合材料实验室；北京高等学校工程研究中心：能源工程先进连接技术工程中心

定期公开出版的专业刊物 《北京石油化工学院学报》

学校设立奖学金情况

（一）学校设立奖学金6项，奖励总金额为178.63余万元。奖学金最高金额1800元/年，最低100元/年。（困难学生奖学金在原金额基础上增加50%）优秀学生奖学金及单项奖学金（共6项）：3574人/年，共178.63万；

（二）国家及社会资助奖学金共6项，奖励总金额为134.08万元。奖学金最高金额8000元/年，最低200元/年。

学校历史沿革

1978年，北京石油化工学院前身北京石油化工专科学校创建，坐落在北京燕山石化公司厂区内；1985年，学校划归中国石化总公司领导。1987年12月29日，学校新校舍在大兴黄村奠基。1990年学校由燕山整体搬迁到大兴新校址。1992年11月29日，在北京石油化工专科学校基础上建立了北京石油化工学院。1993年2月20日，北京石油化工学院揭牌仪式。2000年2月，学校划为中央与北京市共建，以北京市管理为主。

北京电子科技学院

学校（机构）标识码　4111010018	电子信箱　bgs@besti.edu.cn	其中：普通本科　1794
学校办学类型　412：本科院校：学院	占地面积（平方米）　79310	成人本科　702
学校性质类别　02 理工院校	校舍建筑面积（平方米）　67563	成人专科　1342
学校举办者　201 中央办公厅	图书（万册）　26.19	专任教师（人）　137
学校地址　北京市丰台区富丰路7号	固定资产总值（万元）　10095.58	其中：正高级　16
邮政编码　100070	教学、科研仪器设备资产值（万元）　5674.06	副高级　59
办公电话　010-63740588		中级　61
传真电话　010-83635022	在校生数（人）　3838	初级　1
校园（局域）网域名　www.besti.edu.cn		

本科专业 电子信息工程、行政管理、计算机科学与技术、通信工程、信息安全、信息管理与信息系统、信息与计算科学

院系设置

信息安全系、电子信息工程系、计算机科学与技术系、通信工程系、管理系

国家级、省部级研究机构设置

1. 实验室：中央办公厅重点实验室
2. 研究中心（所）：密码技术北京市高等学校工程研究中心

定期公开出版的专业刊物 《北京电子科技学院学报》

学校设立奖学金情况

3项，奖励总金额37余万元，奖学金最高金额2000元/年，最低金额300元/年。

主要校办产业

北京电子科技学院印刷厂、九环函训招待所；中安网脉（北京）技术股份有限公司

学校历史沿革

1947年8月，北京电子科技学院前身——中央机要干部训练班在河北平山县西柏坡成立，经过60多年的发展历程，学院先后经历了张家口军委工程学校、南京机校、宣化机校、北京电子专科学校、北京电子科技学院6个时期。

中国农业大学

学校（机构）标识码　4111010019	校园（局域）网域名　www.cau.edu.cn	成人本科　6354
学校办学类型　411：本科院校：大学	占地面积（平方米）　1297882	成人专科　5013
学校性质类别　03 农业院校	校舍建筑面积（平方米）　1170005	博士研究生　2643
学校举办者　360 教育部	图书（万册）　185.61	硕士研究生　4122
学校地址　北京市海淀区清华东路17号	固定资产总值（万元）　241193	留学生　187
邮政编码　100083	教学、科研仪器设备资产值（万元）　84714.4	专任教师（人）　1529
办公电话　010-62736673	在校生数（人）　31276	其中：正高级　481
传真电话　010-62732713	其中：普通本科　12957	副高级　721
		中级　304

初级 9　　未定职级 14

本科专业　草业科学、测控技术与仪器、车辆工程、传播学、地理信息系统、电气工程及其自动化、电气信息类、电子商务、电子信息工程、电子信息科学与技术、动物科学、动物医学、法学、工程力学、工商管理、工商管理类、工业设计、公共管理、国际经济与贸易、化学、环境工程、环境科学、环境科学类、会计学、机械设计制造及其自动化、计算机科学与技术、交通运输、金融学、经济学类、理科试验班（生命科学）、理科试验班（信息科学）、农村区域发展、农林经济管理、农学、农业工程、农业工程类、农业机械化及其自动化、农业建筑环境与能源工程、农业水利工程、葡萄与葡萄酒工程、热能与动力工程、设施农业科学与工程、社会学、生态学、生物工程、生物技术、生物科学、生物科学类、食品科学与工程、食品质量与安全、市场营销、数学与应用数学、水产养殖学、水利类、水利水电工程、通信工程、土地资源管理、土建类、土木工程、英语、应用气象学、园林、园艺、植物保护、植物生产类、种子科学与工程、资源环境科学、自动化

博士专业　草业科学、车辆工程、城镇管理与区域规划、动物遗传育种与繁殖、动物营养与饲料科学、观赏园艺、管理科学与工程、果树学、环境工程、机械电子工程、机械设计及理论、机械制造及其自动化、基础兽医学、粮食、油脂及植物蛋白工程、临床兽医学、农产品安全、农产品加工及贮藏工程、农村发展与管理、农药学、农业电气化与自动化、农业工程、农业机械化工程、农业经济管理、农业经济史、农业昆虫与害虫防治、农业生物环境与能源工程、农业水土工程、农业信息化技术、农业装备工程、气候资源与农业减灾、生理学、生态学、生物化学与分子生物学、生物信息学、生物质工程、食品科学、食品生物技术、兽医公共卫生学、兽医生物医学、蔬菜学、水产品加工及贮藏工程、水动力学与水力机械、水土保持与荒漠化防治、水文学及水资源、土地利用与信息技术、土地资源管理、土壤学、微生物学、细胞生物学、遗传学、营养与食品安全、预防兽医学、园林植物与观赏园艺、运筹与管理、植物病理学、植物检疫与农业生态健康、植物学、植物营养学、种子科学、资源环境生物技术、作物生理学、作物遗传育种、作物栽培学与耕作学

硕士专业　草业科学、产业经济学、车辆工程、城市规划与设计（含：风景园林规划）、畜牧生物工程、传播学、大气物理学与大气环境、地图学与地理信息系统、电力系统及其自动化、动物遗传育种与繁殖、动物营养与饲料科学、风景园林、工程、工商管理、管理科学与工程、国际贸易学、果树学、化学、环境工程、环境科学、环境与资源保护法学、机械电子工程、机械设计及理论、机械制造及其自动化、基础兽医学、计算机科学与技术、检测技术与自动化装置、教育经济与管理、结构工程、金融学（含：保险学）、经济法学、科学技术史、科学技术哲学、力学、粮食、油脂及植物蛋白工程、临床兽医学、流体机械及工程、马克思主义基本原理、农产品安全、农产品加工及贮藏工程、农村发展与管理、农药学、农业电气化与自动化、农业工程、农业机械化工程、农业经济管理、农业昆虫与害虫防治、农业生物环境与能源工程、农业水土工程、农业推广、农业装备工程、企业管理（含：财务管理、市场营销）、气候资源与农业减灾、气象学、情报学、区域经济学、人类学、社会保障、社会学、生理学、生态学、生物化学与分子生物学、生物物理学、生物信息学、生物质工程、食品科学、食品生物技术、兽医、兽医公共卫生学、兽医生物医学、蔬菜学、数量经济学、数学、水利工程、水土保持与荒漠化防治、水文学及水资源、思想政治教育、土地利用与信息技术、土地资源管理、土壤学、微生物学、细胞生物学、信号与信息处理、遗传学、英语语言文学、营养与食品安全、营养与食品卫生学、预防兽医学、园林植物与观赏园艺、植物病理学、植物检疫与农业生态健康、植物学、植物营养学、种子科学、资源环境生物技术、作物生理学、作物遗传育种、作物栽培学与耕作学

院系设置

共 15 个学院分别为：农学与生物技术学院、生物学院、资源与环境学院、动物科学技术学院、动物医学院、食品科学与营养工程学院、工学院、信息与电气工程学院、水利与土木工程学院、理学院、经济管理学院、人文与发展学院、国际学院、思想政治教育学院、体育与艺术教学部

国家级、省部级研究机构设置

1. 实验室：国家重点实验室：农业生物技术国家重点实验室、植物生理学与生物化学国家重点实验室、动物营养学国家重点实验室　国家工程实验室：畜禽育种国家工程实验室　省部级实验室：植物-土壤相互作用教育部重点实验室、现代精细农业系统集成研究教育部重点实验室、作物杂种优势研究与利用教育部重点实验室、功能乳教育部北京市共建重点实验室、作物遗传改良北京市重点实验室、草业科学北京市重点实验室、果树逆境生理与分子生物学北京市重点实验室、动物源食品安全检测技术北京市重点实验室、生物饲料添加剂北京市重点实验室、种子病害检验与防控北京市重点实验室、现代农业装备优化设计北京市重点实验室、动物海绵状脑病检测实验室、国家动物寄生原虫实验室、国家兽药残留基准实验室、国家级兽药安全评价（环境评估）实验室、中国农业大学生物安全三级实验室、农业部动物遗传育种与繁殖重点实验室、农业部玉米生物学与遗传育种重点实验室、农业部设施农业工程重点实验室、农业部饲料安全与生物学效价重点实验室、农业部动物流行病学与人畜共患病重点实验室、农业部兽药残留及违禁添加物检测重点实验室、农业部土壤微生物重点实验室、农业部农业信息获取技术重点实验室、农业部华北耕地保育重点实验室、农业部果蔬加工重点实验室、农业部农作制度重点实验室、农业部植物病理学重点实验室、农业部园艺作物营养与生理重点实验室、农业部土壤-机器-植物系统技术重点实验室、农业部可再生能源清洁化利用技术重点实验室

2. 研究中心（所）：国家工程技术研究中心：国家饲料工程技术研究中心、国家果蔬加工工程技术研究中心　省、部级研究所（中心）：国家玉米改良中心、国家家禽测定中心、国家兽药安全评价中心、国家农业野生植物鉴定评价中心（水稻）、玉米育种教育部工程研究中心、现代农业装备与设施教育部工程研究中心、果蔬加工教育部工程研究中心、农业节水与水资源教育部工程研究中心、植物生长调节剂教育部工程研究中心、畜产品北京市高等学校工程研究中心、种苗健康北京市工程研究中心、农业部饲料工业中心、农业部保护性精细耕作研究中心、农业部牧草工

程技术研究中心、农业部农产品质量监督检验测试中心(北京)、农业部牧草与草坪草种子质量监督检验测试中心(北京)、农业部家禽品质监督检验测试中心(北京)、农业部兽药安全监督检验测试中心(北京)、农业部饲料效价与安全监督检验测试中心(北京)、农业部转基因生物食用安全监督检验测试中心(北京)、农业部饲料质量安全监督检验中心、国家果蔬加工技术研发分中心、国家农产品加工技术装备研发分中心、河北省低平原区农业工程技术研究中心 3.实验站:国家级:河北沽源草地生态系统国家野外科学观测研究站 部级:农业部草地生态环境科学观测实验站、农业部桓台农业环境科学观测实验站、农业部武川农业环境科学观测实验站、农业部作物高效用水吴桥科学观测实验站、农业部河北北部耕地保育科学观测实验站、农业部作物高效用水武威科学观测实验站

博士后科研流动站 (12个):生物学、农业工程、食品科学与工程、作物学、园艺学、农业资源利用、植物保护、畜牧学、兽医学、农林经济管理、机械工程、管理科学与工程

定期公开出版的专业刊物 《中国农业大学学报》(自然科学版)、《中国农业大学学报》(社会科学版)、《农业生物技术学报》、《农药学报》、《中国畜牧杂志》、《草地学报》、《植物病理学报》、《植物保护学报》、《中国兽医杂志》、《动物营养学报》、《中国农业文摘——农业工程》、《中国农业经济评论》、《中国葡萄酒》

学校设立奖学金情况
学校设立奖学金35项,奖励总金额1062.84万元。最高金额为12000元/年,为校长奖学金;年最低金额为500元/年,为精神文明优秀奖学金。

主要校办产业
北京中农大地科技发展有限公司、北京东方畅想建筑设计有限公司、北京富通环境工程有限公司、北京龙科方舟生物工程技术中心、北京市先飞农业工程高技术有限公司、北京双电电子新技术开发有限公司、北京思农种业有限公司、北京图信文化发展有限公司、北京我爱我爱动物医院有限公司、北京欣农招待所有限责任公司、北京欣中农油泵油嘴维修有限公司、北京兆通建筑工程有限公司、北京震亚预混饲料厂有限公司、北京中农大康科技开发有限公司、北京中农大科技开发有限责任公司、北京中农大科技企业孵化器有限公司、北京中农大生物技术股份有限公司、北京中农大网络发展有限公司、北农(海利)涿州种衣剂公司、金码大酒店(国际会议中心)、天津中天大地科技有限公司、中农金旺(北京)农业工程技术有限公司、涿州市北农大地肉鸡发展有限公司

学校历史沿革
中国农业大学历史起于1905年成立的京师大学堂农科大学。1949年9月由北京大学农学院、清华大学农学院和华北大学农学院合并为北京农业大学。1952年10月,北京农业大学机械系与华北农业机械专科学校、中央农业部机耕学校合并成立北京机械化农业学院,1953年7月更名为北京农业机械化学院,1985年更名为北京农业工程大学。1995年9月,经国务院批准,北京农业大学与北京农业工程大学合并成立中国农业大学。

北京农学院

学校(机构)标识码 4111010020	电子信箱 A80799002@126.com	普通专科 1167
学校办学类型 412:本科院校:学院	占地面积(平方米) 481863	成人本科 229
学校性质类别 03 农业院校	校舍建筑面积(平方米) 232873	成人专科 164
学校举办者 811 省级教育部门	图书(万册) 59.74	硕士研究生 473
学校地址 北京市昌平区回龙观镇北农路7号	固定资产总值(万元) 49583.32	专任教师(人) 432
	教学、科研仪器设备资产值(万元) 27945.51	其中:正高级 49
邮政编码 102206		副高级 141
办公电话 010-80799002	在校生数(人) 8177	中级 218
传真电话 010-80799004	其中:普通本科 6144	初级 24
校园(局域)网域名 www.bua.edu.cn		

本科专业 动物科学、动物医学、法学、工商管理、国际经济与贸易、会计学、计算机科学与技术、林学、旅游管理、农村区域发展、农林经济管理、农学、农业资源与环境、社会工作、生物工程、生物技术、食品科学与工程、食品质量与安全、市场营销、信息管理与信息系统、艺术设计、园林、园艺、植物保护

专科专业 观光农业、会展策划与管理、旅游管理、农业经济管理、商务英语、兽医、物流管理、园林工程技术

硕士专业 果树学、基础兽医学、临床兽医学、农产品加工及贮藏工程、农业经济管理、农业推广、兽医、蔬菜学、园林植物与观赏园艺、作物遗传育种

院系设置
生物技术学院、植物科学技术学院、动物科学技术学院、经济管理学院、园林学院、食品科学学院、计算机与信息工程学院、人文社会科学学院、城乡发展学院、国际学院、继续教育学院、思想政治理论教学科研部、外语教学部、基础教学部、体育教学部

国家级、省部级研究机构设置
1.实验室:农业部都市农业(北方)重点开放实验室、兽医学(中医药)北京市重点实验室、农业应用新技术北京市重点实验室、农产品有害微生物及农残安全检测与控制北京市重点实验室

2.研究中心(所):北京市新农村建设研究基地、北京都市

农业研究院

定期公开出版的专业刊物 《北京农学院学报》

学校设立奖学金情况

学校设立奖学金 8 项,奖励总金额 147 余万元。奖学金最高金额 4000 元/年,最低金额 300 元/年。

主要校办产业

北农科技产业集团

学校历史沿革

始建于 1956 年的河北通县农业学校 1958 年更名为北京市农业学校,1965 年升格为北京农业劳动大学,1978 年经国务院批准,在现址建立北京农学院。

北京林业大学

学校(机构)标识码	4111010022
学校办学类型	411:本科院校:大学
学校性质类别	04 林业院校
学校举办者	360 教育部
学校地址	北京市海淀区清华东路 35 号
邮政编码	100083
办公电话	010-62338279
传真电话	010-62320571
校园(局域)网域名	www.bjfu.edu.cn
电子信箱	fzghc@bjfu.edu.cn
占地面积(平方米)	468796
校舍建筑面积(平方米)	356938
图书(万册)	156.15
固定资产总值(万元)	171126.55
教学、科研仪器设备资产值(万元)	45777.51
在校生数(人)	30726
其中:普通本科	13213
成人本科	8120
成人专科	5160
博士研究生	930
硕士研究生	3230
留学生	73
专任教师(人)	1113
其中:正高级	209
副高级	473
中级	359
初级	15
未定职级	57

本科专业 包装工程、草业科学、草业科学(含中美合作办学)、车辆工程、城市规划、地理信息系统、电气工程及其自动化、电子信息科学与技术、动画、法学、风景园林、给水排水工程、工商管理、工业设计、国际经济与贸易、环境工程、环境科学、会计学、机械设计制造及其自动化、计算机科学与技术、金融学、林产化工、林学、旅游管理、木材科学与工程、农林经济管理、人力资源管理、日语、森林资源保护与游憩、商务英语、生物技术、生物科学、食品科学与工程、市场营销、数学与应用数学、数字媒体艺术、水土保持与荒漠化防治、统计学、土木工程、网络工程、物业管理、心理学、信息管理与信息系统、野生动物与自然保护区管理、艺术设计、英语、园林、园艺(观赏园艺方向)、资源环境与城乡规划管理、自动化

博士专业 草业科学、城市规划与设计(含:风景园林规划)、复合农林学、工程绿化、机械设计及理论、林产化学加工工程、林木遗传育种、林业经济管理、林业装备工程、木材科学与技术、农业经济管理、森林保护学、森林工程、森林经理学、森林培育、山地灾害防治工程、生态环境工程、生态学、生物化学与分子生物学、水土保持与荒漠化防治、土壤学、微生物学、野生动植物保护与利用、园林植物与观赏园艺、植物学、自然保护区学

硕士专业 草业科学、车辆工程、城市规划与设计(含:风景园林规划)、地图学与地理信息系统、法学理论、翻译、风景园林、复合农林学、工程、工程绿化、管理科学与工程、国际贸易学、国际商务、行政管理、环境科学、会计、会计学、机械电子工程、机械设计及理论、机械制造及其自动化、计算机软件与理论、计算机应用技术、结构工程、金融学(含:保险学)、科学技术哲学、控制理论与控制工程、林产化学加工工程、林木遗传育种、林业、林业经济管理、旅游管理、马克思主义基本原理、木材科学与技术、农产品加工及贮藏工程、农业经济管理、农业生物环境与能源工程、农业推广、企业管理(含:财务管理、市场营销)、人口、资源与环境经济学、森林保护学、森林工程、森林经理学、森林培育、山地灾害防治工程、设计艺术学、生态环境工程、生态学、生物化学与分子生物学、生物物理学、水土保持与荒漠化防治、思想政治教育、统计学、土壤学、外国语言学及应用语言学、微生物学、细胞生物学、野生动植物保护与利用、艺术、英语语言文学、应用统计、应用心理学、园林植物与观赏园艺、植物学、植物营养学、自然保护区学、自然地理学

院系设置

林学院、水土保持学院、生物科学与技术学院、园林学院、经济管理学院、工学院、材料科学与技术学院、人文社会科学学院、外语学院、信息学院、理学院、自然保护区学院、环境科学与工程学院、成人教育学院、体育教学部

国家级、省部级研究机构设置

1. 实验室:林木育种国家工程实验室,水土保持与荒漠化防治教育部重点实验室,林木、花卉遗传育种教育部重点实验室,森林培育与保护教育部重点实验室,木质材料科学与应用教育部重点实验室,树木花卉育种生物工程国家林业局重点实验室,森林资源和环境管理国家林业局重点实验室,干旱半干旱地区森林培育及生态系统研究国家林业局重点实验室,北京市木材科学与工程重点实验室。

2. 研究中心(所):国家花卉工程技术研究中心,山西吉县森林生态系统国家野外科学观测研究站,园林环境教育部工程技术研究中心,林业生态工程教育部工程研究中心,林业生物质材料与能源教育部工程研究中心,首都圈森林生态站,长江三峡库区(重庆)森林生态站,山西太岳山暖温带落叶阔叶林和油松森林生态系统定位研究站,青海大通高寒区森林生态站,"污染水体源控与生态修复"北京市高等学校工程研究中心,宁夏盐池

荒漠生态系统定位研究站,国家林业局生态文明研究中心,国家林业局自然保护区研究中心

博士后科研流动站 林学博士后流动站,生物学博士后流动站,农林经济博士后流动站,林业工程博士后流动站,建筑学博士后流动站

定期公开出版的专业刊物 《北京林业大学学报》、《北京林业大学学报》(社科版)、《中国林学》(英文版)、《风景园林》

学校设立奖学金情况

学校设立奖学金23项,奖励总金额668余万元。奖学金最高金额8000元/年,最低金额100元/年。

1. 国家奖学金,8000元/人/年,
2. 宝钢优秀学生奖学金,5000、10000元/人/年,8人/年
3. 新生专业特等奖学金,5000元/人/年
4. 优秀学生一等奖学金,2000元/人/年
5. 优秀学生二等奖学金,1000元/人/年
6. 优秀学生三等奖学金,500元/人/年
7. 梁希奖学金,2000、3000、5000人/年
8. 学术优秀奖学金,200、300、500、800元/人/年
9. 外语优秀奖学金,300元/人/年
10. 学习进步奖学金,300元/人/年
11. 社团活动奖学金,100元/人/年
12. 文体优秀奖学金,100、200元/人/年
13. 拾金不昧奖学金,100元/人/年
14. 国家励志奖学金,5000元/人/年
15. "汪－王"奖学金,5000元/人/年
16. "KDT极东机械"奖学金,6000元/人/年,5人/年
17. "瑞原佳和"奖学金,3000元/人/年,10人/年
18. "嘉汉林业·北美枫情"奖学金,2000元/人/年,10人/年
19. "冠林"奖学金,2000元/人/年,5人/年
20. "家骐云龙"奖学金,5000元/人/年,20人/年
21. "金光集团黄亦聪"奖学金,4000元/人/年,15人/年
22. 张纪光奖学金,2000元/人/年,5人/年
23. 无偿献血先进个人,500元人/年

主要校办产业

北京林大资产经营有限公司,北京林大林业科技股份有限公司,北京北林科技园有限公司,北京鹫峰国家森林公园

学校历史沿革

北京林业大学创建于1952年10月,由北京农业大学森林系与河北农学院森林系合并,初名北京林学院。1955年,开始招收研究生。1956年,北京农业大学造园系与清华大学建筑系部分并入我校。1958年开始招收留学生。1960年被列为全国重点高等院校。1969年,学校迁往云南丽江,更名为丽江林学院;1973年,在云南昆明安宁县楸木园开展教学、兴建校舍,并更名为云南林学院;1979年经国务院批准返京复校。1981年成为首批具有博士、硕士学位授予权的高校。1985年更名为北京林业大学。1996年被国家列为首批"211工程"重点建设的高校,2000年经教育部批准成立研究生院。2005年获得本科自主选拔录取资格。2008年,学校成为国家"优势学科创新平台"建设项目试点高校。

北京协和医学院

学校(机构)标识码	4111010023
学校办学类型	412:本科院校:学院
学校性质类别	05 医药院校
学校举办者	361 卫生部
学校地址	北京市东城区东单三条9号
邮政编码	100730
办公电话	010－65105915－65295912
传真电话	010－65133089－65135844
校园(局域)网域名	www.pumc.edu.cn
电子信箱	office@pumc.edu.cn
占地面积(平方米)	875870
校舍建筑面积(平方米)	949727
图书(万册)	266
固定资产总值(万元)	28552.31
教学、科研仪器设备资产值(万元)	6399.79
在校生数(人)	5735
其中:普通本科	629
普通专科	234
成人本科	1172
成人专科	246
博士研究生	1573
硕士研究生	1881
专任教师(人)	1022
其中:正高级	609
副高级	286
中级	108
初级	19

本科专业 护理学、临床医学

专科专业 护理

博士专业 病理学与病理生理学、病原生物学、儿科学、耳鼻咽喉科学、放射医学、妇产科学、护理学、基础医学新专业、急诊医学、临床检验诊断学、临床医学、临床医学新专业、流行病与卫生统计学、麻醉学、免疫学、内科学、皮肤病与性病学、人体解剖与组织胚胎学、神经病学、生理学、生物化学与分子生物学、生物物理学、生物医学工程、生药学、外科学、微生物学、微生物与生化药学、细胞生物学、眼科学、药剂学、药理学、药物分析学、药物化学、遗传学、影像医学与核医学、肿瘤学

硕士专业 病理学与病理生理学、病原生物学、动物学、儿科学、耳鼻咽喉科学、放射医学、妇产科学、护理学、急诊医学、科学技术哲学、临床检验诊断学、临床医学、临床医学新专业、流行病与卫生统计学、麻醉学、免疫学、内科学、皮肤病与性病学、情报学、社会医学与卫生事业管理、神经病学、生理学、生物化学与分子生物学、生物物理学、生物医学工程、生药学、外科学、微生物学、微生物与生化药学、细胞生物学、眼科学、药剂学、药理学、药物分析学、药物化学、遗传学、影像医学与核医学、中西医结合临床、肿瘤学

院系设置

临床学院、基础学院、护理学院、研究生院、公共卫生学院、继续教育学院

国家级、省部级研究机构设置

国家重点实验室：分子肿瘤学国家重点实验室、医学分子生物学国家重点实验室、实验血液学国家重点实验室、心血管转化医学国家重点实验室、天然药物活性物质与功能国家重点实验室；省部级研究中心：中国遗传医学中心（北京）、国家干细胞工程技术研究中心、基础医学细胞中心（科技部基础性研究项目）、国家实验动物质量检测中心（病理、环境）、美国国立医学图书馆Medlars中心、国家科技图书文献中心医学分中心、国家药物及代谢产物分析研究中心、国家新药开发工程研究中心、国家新药筛选实验室、国家新药微生物筛选实验室、国家真菌菌种保存中心、国家微生物菌种保存中心、国家爱滋病性病防治研究中心、国家综合性药物临床研究中心、教育部心血管病相关基因与临床研究实验室、教育部中草药物质基础与资源利用重点实验室、中医药管理局中药资源利用与保护研究实验室、卫生部人类疾病比较医学重点实验室、卫生部心血管疾病再生医学研究实验室、卫生部心血管药物临床研究实验室、卫生部微循环实验室、卫生部抗生素生物工程实验室、卫生部内分泌实验室、卫生部天然药物合成实验室、病毒基因工程国家重点实验室、癌发生及预防分子机理实验室。

博士后科研流动站　临床医学博士后科研流动站、基础医学博士后流动站、生物学博士后流动站、药学博士后流动站、生物医学工程博士后流动站、公共卫生与流行病学博士后流动站。

定期公开出版的专业刊物　《抗癌之窗》、《中国临床营养杂志》、《医学信息学杂志》、《中国医药导报》、《医学研究杂志》、《中国现代医生》、《中国分子心脏病学杂志》、《中国微环杂志》、《中国医学科学院学报（中文版）》、《中国医学科学院学报（英文版）》、《中华临床免疫和变态反应》、《癌症进展》、《麻醉与镇痛》、《中国骨与关节外科》、《中华骨质疏松和骨矿盐疾病杂志》、《中国卫生政策研究》、《协和医学杂志》、《中国肿瘤》

学校设立奖学金情况

学校共设立奖学金5项，奖励总金额35万元，最高奖学金2000元/人；其中三好学生奖学金38人，2000元/人；学习成绩优秀奖学金一等1800元/人，二等1500元/人，三等1000元/人，共155人；优秀学生干部奖学金：800元/人，共50人；文体积极分子奖学金：500元/人，共38人；先进班集体2个，每人30元。

主要校办企业

中国协和医科大学出版社；苏州协和方舟生物医药研发有限公司；浙江赐富医药有限公司；中国协和医科大学读者服务部。

学校历史沿革

北京协和医学院前身是美国人创立的私立北平协和医学院，原名"协和医学堂"。1917年9月开办医预科。1919年10月开办本科；1920年开办护士学校；1929年被国民政府教育部改名为"私立北平协和医学院"；1942年因日本侵华战争，学校停办；1947年10月，学校第一次复校；1949年9月改称"北京协和医学院"；1951年1月，中央人民政府教育部和卫生部接管，定名为"中国协和医学院"；1952年1月，政务院决定将"中国协和医学院"拨归中央革命军事委员会建制；1957年7月，国务院决定将"中国协和医学院"与"中国医学科学院"合并，1959年9月，被国务院定名为"中国医科大学"，此为第二次复校；1970年7月学校因为文化大革命停办；1979年9月，经国务院批准更名为"中国首都医科大学"，此为第三次复校；1985年5月经上级批准更名为"中国协和医科大学"；2002年9月，教育部与卫生部签署了清华大学和中国协和医科大学共建"清华大学北京协和医学院"的协议，中国协和医科大学被批准进入"211""985"建设工程项目，2003年9月开始医学本科联合招生；2006年9月，根据两部协议及《中国协和医科大学和清华大学关于落实两部协议的实施意见》，中国协和医科大学更名为"北京协和医学院（清华大学医学部）"，并举行挂牌仪式。

首都医科大学

学校（机构）标识码　4111010025
学校办学类型　411：本科院校：大学
学校性质类别　05 医药院校
学校举办者　811 省级教育部门
学校地址　北京市丰台区右安门外西头条10号
邮政编码　100069
办公电话　010-63291983
传真电话　010-63291984
校园（局域）网域名　www.ccmu.edu.cn
电子信箱　xbxinxi@ccmu.edu.cn
占地面积（平方米）　242859
校舍建筑面积（平方米）　295403
图书（万册）　80.09
固定资产总值（万元）　125403.4
教学、科研仪器设备资产值（万元）　78879.67
在校生数（人）　13977
其中：普通本科　4137
普通专科　2056
成人本科　1949
成人专科　2557
博士研究生　688
硕士研究生　2287
留学生　303
专任教师（人）　621
其中：正高级　94
副高级　168
中级　324
初级　21
未定职级　14

本科专业　法学（卫生法学专业方向）、公共事业管理（卫生管理专业方向）、护理学、护理学（中外合作办学）、基础医学、假肢矫形工程、康复治疗学、口腔医学、临床药学、临床医学、临床医学（儿科医学专业方向）、生物医学工程、药学、医学检验、医学实验学、预防医学、中药学、中医学

专科专业　护理、口腔医学技术、临床医学、临床医学（山区

半山区定向)、卫生信息管理、药学、医学检验技术

博士专业 病原生物学、儿内科学、妇产科学、护理学、口腔颌面外科学、口腔内科学、口腔医颌面外科学、口腔医学、老年医学、临床检验诊断学、临床医学、流行病与卫生统计学、免疫学、内科学、皮肤病与性病学、全科医学、人体解剖与组织胚胎学、神经病学、神经生物学、生理学、生物医学工程、疼痛医学、外科学、细胞生物学、眼科学、影像医学与核医学、肿瘤学

硕士专业 病理学与病理生理学、病原生物学、动物学、儿内科学、耳鼻咽喉科学、方剂学、妇产科学、护理、护理学、计算机应用技术、精神病与精神卫生学、康复医学与理疗学、口腔基础医学、口腔修复学、口腔医学、劳动卫生与环境卫生学、老年医学、临床病理学、临床检验诊断学、临床医学、临床医学(儿科医学专业方向)、临床医学新专业、流行病与卫生统计学、免疫学、内科学、全科医学、人体解剖与组织胚胎学、社会医学与卫生事业管理、神经病学、神经生物学、生理学、生物化学与分子生物学、生物物理学、生物医学工程、生药学、思想政治教育、疼痛医学、外科学、卫生毒理学、细胞生物学、眼科学、药剂学、药理学、药物化学、药学、遗传学、营养与食品卫生学、影像医学与核医学、应用心理学、针灸推拿学、中西医结合基础、中西医结合临床、中药学、中医儿科学、中医妇科学、中医基础理论、中医临床基础、中医内科学、中医外科学、中医医史文献、肿瘤学

院系设置

基础医学院、公共卫生与家庭医学学院、化学生物学与药学院、生物医学工程学院、中医药学院、卫生管理与教育学院、护理学院、燕京医学院、继续教育学院、国际学院、第一临床医学院、第二临床医学院、第三临床医学院、第四临床医学院、第五临床医学院、第六临床医学院、第八临床医学院、第九临床医学院、第十临床医学医学院、第十一临床医学医学院、第十二临床医学医学院、儿科医学院、口腔医学院、精神卫生学院、妇产医学院、中医药临床医学院、肿瘤医学院、康复医学院

国家级、省部级研究机构设置

1. 实验室:省部共建国家重点实验室培育基地:北京市脑重大疾病重点实验室;教育部重点实验室:神经变性病学重点实验室;教育部省部共建重点实验室:儿科重大疾病实验室、心血管重塑相关疾病实验室、耳鼻咽喉头颈科学实验室;北京市重点实验室:神经再生与修复实验室、肝脏保护与再生调节实验室、多肽与小分子药物实验室、眼科学实验室、呼吸与肺循环实验室、临床流行病学实验室、脑血管病转化医学实验室、脑功能疾病调控治疗实验室、热带病防治研究实验室、消化疾病癌前病变实验室、全牙再生与口腔组织功能重建实验室、乙型肝炎与肝癌转化医学研究实验室、艾滋病研究实验室、脑肿瘤研究实验室。2.研究中心(所):国家工程技术研究中心:国家眼科诊断与治疗设备工程技术研究中心;教育部工程研究中心:内源式预防药物工程研究中心;北京市工程技术研究中心:北京市呼吸与危重症诊治工程技术研究中心、北京市人工听觉工程技术研究中心、北京市心脑血管医疗技术与器械工程技术研究中心;北京市高等学校工程研究中心:耳鼻咽喉头颈科学工程研究中心;北京哲学社会科学研究中心:首都卫生管理与政策研究基地;北京神经外科研究所

博士后科研流动站 临床医学博士后科研流动站、口腔医学博士后科研流动站、基础医学博士后科研流动站、生物学博士后科研流动站、生物医学工程博士后科研流动站

定期公开出版的专业刊物 《首都医科大学学报》、《医院院长论坛》(《首都医科大学学报》社科版)、《检验诊断与实验室自动化》、《国际移植与血液净化杂志》、《中国脑血管病杂志》、《药物不良反应杂志》、《中华实验和临床感染病杂志》(电子版)、《中国肝脏病杂志》(电子版)、《INFECTIOUSINTERNATIONAL》(ElectronicEdition)、《中国卒中杂志》、《眼科》、《国际眼科纵览》、《国际外科学杂志》、《中华损伤与修复杂志》、《中国病案》、《临床和实验医学杂志》、《北京口腔医学》、《中国耳鼻咽喉头颈外科》、《国际耳鼻咽喉头颈外科》、《中国医学文摘耳鼻咽喉科学》、《药品评价》、《中华疝和腹壁外科杂志》(电子版)、《中国康复理论与实践》

学校设立奖学金情况

学校设立奖学金9项,奖励总金额118.05万元。奖学金最高金额5000元/年,最低金额500元/年。

1. 研究生优秀奖学金:一等奖:35人/年,1500元/人;二等奖:70人/年,1000元/人;三等奖:104人/年,700元/人;
2. 王忠诚优秀研究生奖学金:4人/年,5000元/人;
3. 金奖奖学金:10人/年,5000元/人;
4. 优秀奖学金:一等奖:210人/年,1200元/人;二等奖:349人/年,900元/人;三等奖:522人/年,600元/人;
5. 学习进步奖:78人/年,500元/人;
6. 科研创新奖:17人/年,500元/人;
7. 社会工作奖:335人/年,500元/人;
8. 文体活动奖:11人/年,500元/人;
9. 农村卫生人才专项奖:一等奖:20人/年,1000元/人;二等奖:40人/年,500元/人。

主要校办产业

北京首医大资产管理有限责任公司。

学校历史沿革

首都医科大学原名北京第二医学院,创建于1960年9月12日;1985年8月更名为首都医学院;1986年8月27日确定为市属重点院校;1994年2月5日经教育部批准,升格为首都医科大学;2001年2月北京联合大学中医药学院、北京医学高等专科学校和北京职工医学院并入首都医科大学。

北京中医药大学

学校(机构)标识码 4111010026
学校办学类型 411:本科院校:大学
学校性质类别 05 医药院校
学校举办者 360 教育部
学校地址 北京市朝阳区北三环东路1号
邮政编码 100029
办公电话 010-64286374
传真电话 010-64287510

校园(局域)网域名 www.bucm.edu.cn	17836.02	硕士研究生 2368
电子信箱 xiaoban@bucm.edu.cn	在校生数(人) 12918	留学生 1098
占地面积(平方米) 253000	其中:普通本科 4923	专任教师(人) 969
校舍建筑面积(平方米) 283267	普通专科 449	其中:正高级 257
图书(万册) 84.1	成人本科 1657	副高级 324
固定资产总值(万元) 75570.54	成人专科 1827	中级 328
教学、科研仪器设备资产值(万元)	博士研究生 596	初级 60

本科专业 法学、工商管理、公共事业管理、护理学、英语、针灸推拿学、制药工程、中药学、中医学

专科专业 护理

博士专业 方剂学、临床中药学、民族医学(含:藏医学、蒙医学等)、针灸推拿学、中西医结合基础、中西医结合临床、中药化学、中药生药学、中药药理学、中药制药学、中医儿科学、中医骨伤科学、中医基础理论、中医临床基础、中医内科学、中医外科学、中医医史文献、中医诊断学

硕士专业 方剂学、临床中药学、社会医学与卫生事业管理、微生物与生化药学、药物分析学、针灸推拿学、中西医结合基础、中西医结合临床、中药化学、中药生药学、中药学、中药药理学、中药制药学、中医儿科学、中医妇科学、中医骨伤科学、中医护理学、中医基础理论、中医临床基础、中医内科学、中医外科学、中医五官科学、中医学、中医养生康复学、中医医史文献、中医诊断学

院系设置

基础医学院、中药学院、针灸学院、管理学院、护理学院、人文学院、国际学院、远程教育学院、继续教育学院、台港澳中医学部、第一临床医学院、第二临床医学院、第三临床医学院

国家级、省部级研究机构设置

1. 实验室 教育部重点实验室:中医内科学实验室和正在筹建的中医养生学实验室

北京市重点实验室:中药基础与新药研究重点实验室和中医内科学实验室

国家中医药管理局三级实验室:1.细胞生物化学实验室;2.神经免疫实验室 3.病理学实验室;4.细胞分子生物学实验室;5.微生物与免疫实验室;6.中药鉴定实验室;7.中药药理实验室;8.中药制剂实验室;9.中药分析实验室;10.中药化学实验室;11.针灸生物学实验室;12.中药药理学实验室;13.神经细胞分子生物学实验室 14.细胞分子技术实验室

2. 研究中心:教育部工程研究中心:中药制药与新药开发关键技术工程研究中心和中药材规范化生产工程研究中心 北京市教委工程研究中心:中药质量控制技术工程研究中心

博士后流动站:中医学、中药学、中西医结合

定期公开出版的专业刊物 《中医教育》、《北京中医药大学学报》、《北京中医药大学(中医临床版)》

学校设立奖学金情况

学校设立奖学金7项,奖励总金额168余万元。奖学金最高金额8000元/年,最低金额500元/年。

1. 国家奖学金:52人/年,每人8000元;
2. 国家励志奖学金:188人/年,每人5000元;
3. 人民甲等奖学金:147人/年,每人1000元;
4. 人民乙等奖学金:244人/年,每人500元;
5. 荔博园助困奖学金:11人/年,每人3000元;
6. 505学习优秀奖:10人/年,每人1000元;
7. 505学习优秀奖:25人/年,每人500元;

主要校办产业

北京北中资产管理有限公司、北京京港湾宾馆

学校历史沿革

1956年5月学校开始筹建,东四十条一栋红楼借用为校舍。同年8月6日,北京中医学院成立,9月初举行开学典礼。1971年7月北京中医学院与中国中医研究院合并。1973年7月,搬至和平街北三环东路11号新的校址。1977年11月,北京中医学院与中国中医研究院分开,自此北京中医学院恢复独立办学,进入一个新的发展阶段。1991年3月,经国家教委批准开始招收7年制学生。1993年12月6日,经国家教委批准,我校更名为北京中医药大学。1997年列入国家"211工程"建设学校。2000年7月26日北京中医药大学与北京针灸骨伤学院合并,组成新的北京中医药大学,成为直属国家教育部管理的重点大学。

北京师范大学

学校(机构)标识码 4111010027	传真电话 010-58800074	教学、科研仪器设备资产值(万元)
学校办学类型 411:本科院校:大学	校园(局域)网域名 www.bnu.edu.cn	77357.71
学校性质类别 06 师范院校	电子信箱 xbxxs@bnu.edu.cn	在校生数(人) 31025
学校举办者 360 教育部	占地面积(平方米) 706439	其中:普通本科 8766
学校地址 北京市新街口外大街19号	校舍建筑面积(平方米) 728381	成人本科 7650
邮政编码 100875	图书(万册) 399.76	成人专科 1887
办公电话 010-58807960	固定资产总值(万元) 300763.23	博士研究生 3056

硕士研究生 7862	其中:正高级 632	初级 8
留学生 1804	副高级 658	未定职级 1
专任教师(人) 1900	中级 601	

本科专业 传播学、地理科学、地理信息系统、电子商务、电子信息科学与技术、俄语、法学、工商管理、公共事业管理、管理科学、国际经济与贸易、汉语言文学、化学、环境工程、环境科学、会计学、计算机科学与技术、教育技术学、教育学、金融学、经济学、历史学、美术学、人力资源管理、日语、社会工作、生物技术、生物科学、生物科学与生物技术、书法学、数学与应用数学、数字媒体艺术、思想政治教育、特殊教育、体育教育、天文学、统计学、舞蹈学、物理学、心理学、信息管理与信息系统、信息科学技术、学前教育、艺术设计、音乐学、英语、影视学、运动训练、哲学、资源环境科学、资源环境与城乡规划管理、资源科学与工程

博士专业 比较教育学、比较文学与世界文学、地理学新专业、地图学与地理信息系统、电影学、动物学、俄语语言文学、发育生物学、发展与教育心理学、分析化学、概率论与数理统计、高等教育学、高分子化学与物理、公共管理新专业、光学、广播电视艺术学、汉语言文字学、行政管理、核技术及应用、环境工程、环境科学、环境科学与工程新专业、基础数学、基础心理学、教育、教育技术学、教育经济与管理、教育史、教育学新专业、教育学原理、科学技术哲学、课程与教学论、理论物理、历史文献学(含:敦煌学、古文字学)、粒子物理与原子核物理、伦理学、马克思主义发展史、马克思主义基本原理、马克思主义哲学、马克思主义中国化研究、美学、民俗学(含:中国民间文学)、凝聚态物理、人口、资源与环境经济学、人文地理学、社会保障、社会医学与卫生事业管理、生理学、生态学、生物化学与分子生物学、生物学新专业、史学理论及史学史、世界经济、世界史、思想政治教育、特殊教育学、体育人文社会学、天体物理、土地资源管理、外国哲学、文艺学、无机化学、物理化学(含:化学物理)、西方经济学、系统分析与集成、系统理论、细胞生物学、心理学新专业、刑法学、学前教育学、遗传学、艺术学、英语语言文学、应用数学、应用心理学、有机化学、语言学与应用语言学、哲学新专业、政治经济学、政治学新专业、职业技术教育学、植物学、中共党史(含:党的学说与党的建设)、中国古代史、中国古代文学、中国古典文献学、中国近现代史、中国现当代文学、中国语言文学新专业、中国哲学、专门史、自然地理学、宗教学

硕士专业 比较教育学、比较文学与世界文学、材料物理与化学、成人教育学、传播学、传媒教育、地理学新专业、地图学与地理信息系统、地图制图学与地理信息工程、电影学、动物学、俄语语言文学、发育生物学、发展与教育心理学、法律、法学理论、翻译、防灾减灾工程及防护工程、分析化学、概率论与数理统计、高等教育学、高分子化学与物理、工程、工商管理、公共管理、公共管理新专业、管理科学与工程、光学、广播电视艺术学、国际法学(含:国际公法、国际私法)、国际关系、国际贸易学、汉语国际教育、汉语言文字学、行政管理、核技术及应用、化学新专业、环境工程、环境科学、环境科学与工程新专业、会计学、基础数学、基础心理学、计算机软件与理论、计算机应用技术、计算数学、教师教育、教育、教育技术学、教育经济与管理、教育史、教育学原理、金融学(含:保险学)、经济思想史、考古学及博物馆学、科学技术史、科学技术哲学、课程与教学论、控制理论与控制工程、劳动经济学、理论物理、历史文献学(含:敦煌学、古文字学)、粒子物理与原子核物理、伦理学、逻辑学、马克思主义发展史、马克思主义基本原理、马克思主义哲学、马克思主义中国化研究、美术学、美学、民俗学(含:中国民间文学)、民族传统体育学、模式识别与智能系统、凝聚态物理、企业管理(含:财务管理、市场营销)、区域经济学、人口、资源与环境经济学、人类学、人文地理学、日语语言文学、设计艺术学、社会保障、社会工作、社会学、社会医学与卫生事业管理、摄影测量与遥感、神经生物学、生理学、生态学、生物化学与分子生物学、生物学新专业、史学理论及史学史、世界经济、世界史、水力学及河流动力学、水生生物学、水土保持与荒漠化防治、水文学及水资源、思想政治教育、诉讼法学、特殊教育学、体育、体育教育训练学、体育人文社会学、天体测量与天体力学、天体物理、通信与信息系统、图书馆、情报与档案管理新专业、图书馆学、土地资源管理、外国语言学及应用语言学、外国哲学、微生物学、微生物与生化药学、文艺学、无机化学、舞蹈学、物理化学(含:化学物理)、西方经济学、戏剧戏曲学、系统分析与集成、系统工程、系统理论、细胞生物学、心理学新专业、新闻学、新闻与传播、信号与信息处理、刑法学、学前教育学、学校咨询、野生动植物保护与利用、遗传学、艺术、艺术学、艺术学新专业、音乐学、英语语言文学、应用数学、应用统计、应用心理、应用心理学、有机化学、语言学与应用语言学、远程教育、运动人体科学、政治经济学、政治学理论、职业技术教育学、植物学、中共党史(含:党的学说与党的建设)、中国古代史、中国古代文学、中国古典文献学、中国近现代史、中国现当代文学、中国语言文学、中国语言文学新专业、中国哲学、中药学、专门史、自然地理学、宗教学

院系设置
1个学部:教育学部。22个学院:文学院、历史学院、哲学与社会学学院、经济与工商管理学院、管理学院、外国语言文学学院、法学院、马克思主义学院(政治学与国际关系学院)、社会发展与公共政策学院、艺术与传媒学院、体育与运动学院、汉语文化学院、数学科学学院、化学学院、生命科学学院、心理学院、信息科学与技术学院、环境学院、资源学院、地理学与遥感科学学院、核科学与技术学院、继续教育与教师培训学院。2个系:物理学系、天文系。

国家级、省部级研究机构设置
1. 实验室(20个):(1)国家重点实验室(4个):环境模拟与污染控制国家重点联合实验室(共建)、遥感科学国家重点实验室(共建)、认知神经科学与学习国家重点实验室、地表过程与资源生态国家重点实验室。(2)教育部重点实验室(8个):射线束技术与材料改性教育部重点实验室、环境演变与自然灾害教育部重点实验室、细胞增殖及调控生物学教育部重点实验室、生物多样性与生态工程教育部重点实验室、水沙科学教育部重点实验室、放射性药物教育部重点实验室、数学与复杂系统教育部重点实验室、理论及计算光化学教育部重点实验室。(3)北京市

重点实验室(8个):应用实验心理北京市重点实验室、中药资源保护与利用北京市重点实验室、基因工程药物及生物技术北京市重点实验室、应用光学北京市重点实验室、环境遥感与数字城市北京市重点实验室、教育技术学北京市重点实验室、文化遗产数字化保护与虚拟现实北京市重点实验室、抗性基因资源与分子发育北京市重点实验室。

2. 研究中心(所)(26个):(1)教育部工程研究中心(5个):资源药物教育部工程研究中心、防沙治沙教育部工程研究中心、虚拟现实应用教育部工程研究中心、地下水污染控制与修复教育部工程研究中心、数字学习与教育公共服务教育部工程研究中心。(2)北京市工程中心(2个):北京市防沙治沙工程技术中心、生态服务产业规划与设计北京高校工程研究中心 (3)教育部人文社会科学重点研究基地(7个):史学理论与史学史研究中心、发展心理研究所、价值与文化研究中心、比较教育研究中心、民俗典籍文字研究中心、文艺学研究中心、教师教育研究中心。(4)代管研究机构(6个):教育部基础教育课程研究中心、教育部北京师范大学中小学英语学习研究中心、教育部"做中学"科学教育研究中心、全国中小学教师远程教育研究中心、全国中小学计算机教育研究中心、教育部基础教育质量监测中心。(5)共建研究机构(6个):北京文化发展研究院、首都基础教育研究院、首都教育经济研究院、首都高等教育研究院、中国教育政策研究院、北京社会建设研究院。

博士后科研流动站 数学、中国语言文学、物理学、生物学、地理学、历史学、教育学、心理学、环境科学与工程、系统科学、理论经济学、化学、哲学、艺术学、政治学、外国语言文学、体育学、公共管理学。

定期公开出版的专业刊物 1. 文科(11种):《北京师范大学学报》(社会科学版)、《史学史研究》、《俄罗斯文艺》、《教师教育研究》、《中国教师》、《教育学报》、《中小学外语教学》、《心理发展与教育》、《比较教育研究》、《思想政治课教学》、《北京师范大学校报》。2. 理科(4种):《北京师范大学学报(自然科学版)》、《高中数理化》、《生物学通报》、《数学通报》

学校设立奖学金情况

学校设立奖学金41项,奖励总金额509.34万元。奖学金最高金额:10000元/年,最低金额150元/年。其中:

(一)本科生教育:学校设立本科生奖学金29项,奖励总额440.64万元。奖学金最高金额10000元/人,最低金额150元/人。其中:

(1)国家奖学金:136人,8000元/人,共1088000元。
(2)国家励志奖学金:191人,5000元/人,共955000元。
(3)一等专业奖学金:260人,1500元/人,荣誉一等奖学金:171人,0元/人,共39万元。
(4)二等专业奖学金:608人,800元/人,荣誉二等奖学金:94人,0元/人,共48.64万元。
(5)三等专业奖学金:1047人,500元/人,荣誉三等奖学金:87人,0元/人,共52.35万元。
(6)一等学术奖学金:6人,1500元/人,共9000元。
(7)二等学术奖学金:20人,800元/人,共16000元。
(8)三等学术奖学金:32人,500元/人,共16000元。
(9)一等竞赛奖学金:25人,1500元/人,共37500元。
(10)二等竞赛奖学金:214人,800元/人,共171200元。
(11)三等竞赛奖学金:98人,500元/人,共49000元。
(12)三好学生奖学金:323人,500元/人,共161500元。
(13)学习进步奖:96人,150元/人,共14400元。
(14)十佳大学生:10人,6000元/人,提名奖:10人,300元/人,网络人气奖300元/人,共63900元。
(15)励耘奖学金:一等奖9人,5000元/人;二等奖17人,3000元/人,共计96000元。
(16)优秀毕业生:北京市优秀毕业生99人,0元/人;北京师范大学优秀毕业生217人,500元/人,共108500元。
(17)宝钢奖学金:6人,5000元/人,特等奖10000元/人,共35000元。
(18)华为奖学金:2人,5000元/人,共10000元。
(19)台湾、港澳及华侨奖学金:,一等奖5人,5000元/人;二等奖3人,4000元/人;三等奖7人,3000元/人,共58000元。
(20)京师校友金声奖:25人/年,2000元/人,共50000元。
(21)勤工助学自强奖:10人/年,2000元/人,共20000元。
(22)先进班集体:10个,600元/班,共6000元。
(23)优良学风班:35个,300元/班,共10500元。
(24)文明班集体:36个,300元/班,共10800元。
(25)优秀学生干部:30人,200元/人,共6000元。
(26)优秀团员:7人,200元/人,共1400元。
(27)优秀团干部:13人,200元/人,共2600元。
(28)优秀团支部:4个,300元/个,共1200元。
(29)社会工作奖:60人,150元/人,共9000元。

(二)研究生教育:学校共设立研究生奖学金15项,奖励总金额68.70万元。奖学金最高金额6000元/人,最低金额200元/人。其中:

(1)宝钢奖学金:3人/年,5000元/人,共1.5万元。
(2)华为奖学金:6人/年,6000元/人,共3.6万元。
(3)京师校友奖学金:25人/年,2000元/人,共5万元。
(4)华藏奖学金:10人/年,1500元/人,共1.5万元。
(5)"爱心妈妈"奖学金:15人/年,4000元/人,共6万元。
(6)港澳台奖学金:7人/年,共42000元。
(7)研究生竞赛奖学金,总计2.14万元。其中,一等奖:5人/年,1000元/人,共5000元;二等奖:18人/年,800元/人,共14400元;三等奖:4人/年,500元/人,共2000元。
(8)研究生社会实践奖学金,总计5400元。其中,一等奖2人/年,1000元/人,共2000元。二等奖3人/年,800元/人,共2400元,三等奖2人/年,500元/人,共1000元。
(9)综合奖硕士奖学金:231人,700元/人,共16.17万元。
(10)优秀毕业生硕士奖学金:213人,700元/人,共15.33万元。
(11)优秀毕业生博士奖学金:113人,1000元/人,共11.3万元。
(12)优秀团员:7人,200元/人,共1400元。
(13)优秀团干部:13人,200元/人,共2600元。
(14)优秀团支部:4个,300元/个,共1200元。
(15)社会工作奖:60人,150元/人,共9000元。

主要校办产业

北京师大资产经营有限责任公司、北京师范大学出版集团、北京师大科技园科技发展有限责任公司、北京师大励耘教育科技发展有限公司、北京师宏药物研制中心、北京师大加油站有限责任公司、北京师范大学光电仪器厂。

学校历史沿革

北京师范大学的前身为京师大学堂师范馆,创立于1902年。1908年改称京师优级师范学堂,独立设校。1912年改名北京高等师范学堂,1923年更名为北京师范大学。1931年和1952年北京女子师范大学、辅仁大学先后与北京师范大学合并。2012年,迎来110周年华诞。"七五"、"八五"期间,北京师范大学被确定为国家首批重点建设的十所大学之一。"九五"期间,又被首批列入"211工程"建设计划。2002年百年校庆之际,教育部和北京市决定重点共建北京师范大学,北京市第九次党代会将北京师范大学列入支持建设的世界一流大学的行列。

首都师范大学

学校(机构)标识码　4111010028	电子信箱　info@cnu.edu.cn	成人专科　4817
学校办学类型　411:本科院校:大学	占地面积(平方米)　881802	博士研究生　501
学校性质类别　06 师范院校	校舍建筑面积(平方米)　722847	硕士研究生　4370
学校举办者　811 省级教育部门	图书(万册)　299.7	留学生　1376
学校地址　北京市海淀区西三环北路105号	固定资产总值(万元)　230635.29	专任教师(人)　1292
	教学、科研仪器设备资产值(万元)　67563.21	其中:正高级　260
邮政编码　100048		副高级　467
办公电话　010-68901964	在校生数(人)　28378	中级　480
传真电话　010-68450111	其中:普通本科　10157	初级　41
校园(局域)网域名　www.cnu.edu.cn	成人本科　7157	未定职级　44

本科专业　德语、地理科学、地理信息系统、电气信息类、电子信息工程、对外汉语、俄语、法学、法语、公共管理类、公共事业管理、国际经济与贸易、汉语言文学、化学、绘画、计算机科学与技术、教育技术学、教育学、考古学、劳动与社会保障、历史学、录音艺术、旅游管理、美术学、美术学(小学教育)、日语、软件工程、社会工作、生物技术、生物科学、世界历史、数学类、数学与应用数学、思想政治教育、舞蹈学、物理学、西班牙语、戏剧影视文学、小学教育、心理学、信息工程、信息管理与信息系统、信息与计算科学、学前教育、遥感科学与技术、艺术设计、音乐学、音乐学(小学教育)、英语、应用化学、哲学、政治学与行政学、智能科学与技术

博士专业　★国际关系史、★全球史、★数学教育、★数学物理、★数学与信息技术、★文化研究、比较文学与世界文学、地图学与地理信息系统、俄语语言文学、发展与教育心理学、概率论与数理统计、汉语言文字学、基础数学、教育学原理、考古学及博物馆学、历史地理学、历史文献学、马克思主义发展史、马克思主义基本原理、马克思主义哲学、美术学、史学理论及史学史、世界史、思想政治教育、文艺学、遗传学、音乐学、应用数学、语言学与应用语言学、植物学、中国古代史、中国古代文学、中国古典文献学、中国近现代史、中国现当代文学、中国哲学、专门史、自然地理学

硕士专业　汉语国际教育硕士、★国际关系史、★全球史、★数学教育、★数学物理、★数学与信息技术、★文化产业、★影视文学、比较教育学、比较文学与世界文学、材料物理与化学、德语语言文学、地图学与地理信息系统、第四纪地质学、动物学、俄语语言文学、发展与教育心理学、法语语言文学、翻译、分析化学、概率论与数理统计、高等教育学、工程、公共管理、光学、光学工程、汉语国际教育、汉语国际教育硕士、汉语言文字学、环境工程、环境科学、基础数学、基础心理学、计算机软件与理论、计算机应用技术、计算数学、教育、教育技术学、教育经济与管理、教育学原理、考古学及博物馆学、科学技术史、课程与教学论、历史地理学、历史文献学、伦理学、逻辑学、旅游管理、马克思主义发展史、马克思主义基本原理、马克思主义哲学、马克思主义中国化研究、美术学、美学、凝聚态物理、人文地理学、日语语言文学、生态学、生物化学与分子生物学、史学理论及史学史、世界史、水文学及水资源、思想政治教育、通信与信息系统、外国语言学及应用语言学、外国哲学、微生物学、文物与博物馆、文艺学、物理化学、戏剧戏曲学、细胞生物学、宪法学与行政法学、学前教育学、遗传学、艺术、音乐学、英语语言文学、应用数学、应用统计、应用心理、应用心理学、有机化学、语言学与应用语言学、运筹学与控制论、政治学理论、植物学、中共党史、中国古代史、中国古代文学、中国古典文献学、中国近现代史、中国现当代文学、中国哲学、专门史、自然地理学、宗教学

院系设置

文学院、历史学院、政法学院、音乐学院、美术学院、外国语学院、管理学院、教育学院、数学科学学院、物理系、化学系、生命科学学院、资源环境与旅游学院、信息工程学院、教育技术系、初等教育学院、良乡校区基础学部、继续教育学院、国际文化学院等19个院系

国家级、省部级研究机构设置

1. 实验室:北京市城市环境过程与数字模拟实验室、三维信息获取与应用教育部重点实验室、太赫兹光电子学教育部重点实验室、民政部灾害评估与风险防范重点实验室、纳米光电子学北京市重点实验室、学习与认知北京市重点实验室、资源环境与地理信息系统北京市重点实验室、太赫兹波谱与成像北京市重点实验室、植物基因资源与低碳环境生物技术北京市重点实验室、DNA损伤应答北京市重点实验室、电子系统可靠性技术北京市重点实验室

2. 研究中心(所):空间信息技术教育部工程研究中心、北京市太赫兹与红外工程技术研究中心、检测成像北京市高等学校工程研究中心、高可靠嵌入式系统技术北京市高等学校工程研究中心、中国诗歌研究中心、教育部首都师范大学课程研究和发展中心

博士后科研流动站 历史学、中国语言文学、生物学、数学、艺术学、哲学、心理学、地理学、马克思主义理论和外国语言文学等10个博士后科研流动站

定期公开出版的专业刊物 《首都师范大学学报》(自然科学版和社会科学版)《语文导报》、《中学语文教学》、《教育艺术》

学校设立奖学金情况

学校设立奖学金5项,奖励总金额500余万元。奖学金最高金额2400元/年,最低金额100元/年。

主要校办产业

北京首都师范大学出版社有限责任公司和北京首都师范大学作文导报社。

学校历史沿革

首都师范大学前身为北京师范学院,成立于1954年。1992年,北京师范学院与北京师范学院分院、北京联合大学外国语师范学院、北京联合大学职业技术师范学院合并成立首都师范大学。

首都体育学院

学校(机构)标识码 4111010029	电子信箱 yb@cipe.edu.cn	成人专科 173
学校办学类型 412:本科院校:学院	占地面积(平方米) 178320	硕士研究生 481
学校性质类别 10 体育院校	校舍建筑面积(平方米) 167205	留学生 60
学校举办者 811 省级教育部门	图书(万册) 35.2	专任教师(人) 244
学校地址 北京市海淀区北三环西路11号	固定资产总值(万元) 58116	其中:正高级 30
	教学、科研仪器设备资产值(万元) 8146	副高级 93
邮政编码 100191		中级 100
办公电话 010-82099007	在校生数(人) 3574	初级 19
传真电话 010-82090528	其中:普通本科 2463	未定职级 2
校园(局域)网域名 www.cipe.edu.cn	成人本科 397	

本科专业 表演、公共事业管理、民族传统体育、社会体育、体育教育、新闻学、休闲体育、运动人体科学、运动训练

硕士专业 民族传统体育学、体育、体育教育训练学、体育人文社会学、应用心理学、运动人体科学

院系设置

体育教育系、运动训练系、体育保健康复系、民族传统体育系、休闲与社会体育系、管理与新闻系

国家级、省部级研究机构设置

国家体育总局体能训练中心、国家体育总局体育社会科学重点研究基地、国家体育总局体育文化发展中心研究基地、北京市体育赛事管理与营销研究基地、运动机能评定与技术分析北京市重点实验室

定期公开出版的专业刊物 《首都体育学院学报》、《体育教学》

学校设立奖学金情况

设立优秀学生奖学金1项;35万

学校历史沿革

首都体育学院成立于1956年,原名北京体育学校,1960年更名为"北京体育师范学院",后并入北京师范学院,1979年复校,2000年更名为首都体育学院。

北京外国语大学

学校(机构)标识码 4111010030	传真电话 010-88818315	10981.15
学校办学类型 411:本科院校:大学	校园(局域)网域名 www.bfsu.edu.cn	在校生数(人) 8532
学校性质类别 07 语文院校	电子信箱 bwghc@bfsu.edu.cn	其中:普通本科 4628
学校举办者 360 教育部	占地面积(平方米) 399255	成人本科 337
学校地址 北京市海淀区西三环北路2号,19号	校舍建筑面积(平方米) 407752	成人专科 155
	图书(万册) 113.65	博士研究生 360
邮政编码 100089	固定资产总值(万元) 129172.41	硕士研究生 1746
办公电话 010-88818315	教学、科研仪器设备资产值(万元)	留学生 1306

专任教师（人） 670	副高级 227	初级 24
其中：正高级 129	中级 290	

本科专业 阿尔巴尼亚语、阿拉伯语、保加利亚语、冰岛语、波兰语、波斯语、朝鲜语、丹麦语、德语、电子商务、对外汉语、俄语、法学、法语、翻译、芬兰语、工商管理、国际经济与贸易、汉语言文学、豪萨语、荷兰语、会计学、计算机科学与技术、柬埔寨语、捷克语、金融学、克罗地亚语、老挝语、罗马尼亚语、马来语、缅甸语、挪威语、葡萄牙语、日语、瑞典语、塞尔维亚语、僧加罗语、斯洛伐克语、斯瓦希里语、泰语、土耳其语、外交学、西班牙语、希伯莱语、希腊语、新闻学、信息管理与信息系统、匈牙利语、意大利语、印地语、印度尼西亚语、英语、越南语

博士专业 阿拉伯语语言文学、比较文学与世界文学、德语语言文学、俄语语言文学、法语语言文学、日语语言文学、外国语言学及应用语言学、西班牙语语言文学、英语语言文学

硕士专业 阿拉伯语语言文学、比较文学与世界文学、德语语言文学、俄语语言文学、法语语言文学、翻译、国际法学（含：国际公法、国际私法）、汉语国际教育、欧洲语言文学、日语语言文学、外国语言学及应用语言学、外交学、西班牙语语言文学、亚非语言文学、英语语言文学、语言学与应用语言学、中国古代文学

院系设置 英语学院、俄语学院、高级翻译学院、国际商学院、中国语言文学学院、国际关系学院、法学院、亚非学院、欧洲语言文化学院、哲学社会科学学院、专用英语学院、继续教育学院（培训学院）、网络教育学院、北京日本学研究中心 德语系、法语系、日语系、阿拉伯语系、西班牙葡萄牙语系、计算机系、体育教研部

国家级、省部级研究机构设置
中国外语教育研究中心（教育部人文社科基地）

博士后科研流动站 外国语言文学

定期公开出版的专业刊物 《外语教学与研究》、《外国文学》、《国际论坛》、《英语学习》、《法语学习》、《德语学习》、《俄语学习》、《中国俄语教学》

学校设立奖学金情况
学校设立奖学金10项，奖励总金额234.6余万元/年。奖学金最高金额6000元/年，最低金额1000元/年。

主要校办产业
外语教学与研究出版社、北京外国语大学宾馆

学校历史沿革
学校前身是1941年成立于延安的中国抗日军政大学三分校俄文大队，后发展为延安外国语学校，建校始隶属于党中央领导。新中国成立后，学校归外交部领导，1952年更名为北京外国语学院，1959年与北京俄语学院合并组建新的北京外国语学院。1980年后隶属国家教育部领导，1994年正式更名为北京外国语大学。

北京第二外国语学院

学校（机构）标识码 4111010031	电子信箱 erwai@bisu.edu.cn	成人专科 247
学校办学类型 412：本科院校：学院	占地面积（平方米） 213224	硕士研究生 1060
学校性质类别 07 语文院校	校舍建筑面积（平方米） 232765	留学生 627
学校举办者 811 省级教育部门	图书（万册） 90.32	专任教师（人） 488
学校地址 北京市朝阳区定福庄南里1号	固定资产总值（万元） 60805.51	其中：正高级 61
	教学、科研仪器设备资产值（万元）	副高级 173
邮政编码 100024	15038.23	中级 229
办公电话 010-65778458	在校生数（人） 9746	初级 14
传真电话 010-65761909	其中：普通本科 6071	未定职级 11
校园（局域）网域名 www.bisu.edu.cn	成人本科 1741	

本科专业 阿拉伯语、财务管理、朝鲜语、德语、对外汉语、俄语、法学、法语、翻译、国际经济与贸易、国际文化贸易、国际政治、汉语言文学、会展经济与管理、金融学、酒店管理、旅游管理、葡萄牙语、日语、商务英语、市场营销、西班牙语、新闻学、意大利语、英语

硕士专业 阿拉伯语语言文学、比较文学与世界文学、德语语言文学、俄语语言文学、法语语言文学、工商管理、国际贸易学、旅游管理、美学、企业管理（含：财务管理、市场营销）、日语口译、日语语言文学、外国语言学及应用语言学、亚非语言文学、英语笔译、英语语言文学

院系设置
英语学院、日语学院、俄语系、德语系、法意语系、西葡语系、阿拉伯语系、朝鲜语系、翻译学院、旅游管理学院、国际经贸学院、国际传播学院、法政学院、继续教育学院（国际教育学院）、汉语学院、思想政治理论教学科研部、应用英语学院、体育部、旅游发展研究院、跨文化研究院

定期公开出版的专业刊物 《北京第二外国语学院学报》

学校设立奖学金情况
设立奖学金4项，奖励总金额146.64余万元。奖学金最高金额2000元/年，最低金额200元/年。

主要校办产业

北京第二外国语学院教育信息咨询中心、旅游教育出版社有限公司

学校历史沿革

1964年建校至今。

北京语言大学

学校(机构)标识码 4111010032	占地面积(平方米) 330289	博士研究生 168
学校办学类型 411:本科院校:大学	校舍建筑面积(平方米) 383234	硕士研究生 1521
学校性质类别 07 语文院校	图书(万册) 98.8	留学生 8917
学校举办者 360 教育部	固定资产总值(万元) 91296.63	专任教师(人) 656
学校地址 北京市海淀区学院路15号	教学、科研仪器设备资产值(万元) 7984.46	其中:正高级 68
邮政编码 100083	在校生数(人) 16119	副高级 190
办公电话 010-82303033	其中:普通本科 3969	中级 324
传真电话 010-82303903	成人本科 1185	初级 21
校园(局域)网域名 www.blcu.edu.cn	成人专科 359	未定职级 53
电子信箱 xinxi@blcu.edu.cn		

本科专业 阿拉伯语、朝鲜语、德语、对外汉语、法语、翻译、国际经济与贸易、国际政治、汉语言文学、会计学、绘画、计算机科学与技术、金融学、葡萄牙语、日语、数字媒体艺术、西班牙语、新闻学、信息管理与信息系统、意大利语、英语

博士专业 比较文学与世界文学、汉语言文字学、文艺学、英语语言文学、语言学与应用语言学、中国古代文学、中国古典文献学、中国少数民族语言文学(分语族)、中国现当代文学

硕士专业 阿拉伯语言文学、比较文学与世界文学、法语语言文学、翻译、国际政治、汉语国际教育、汉语国际教育硕士、汉语言文字学、基础心理学、计算机应用技术、课程与教学论、欧洲语言文学、日语语言文学、思想政治教育、外国语言学及应用语言学、文艺学、西班牙语语言文学、亚非语言文学、英语语言文学、语言学与应用语言学、中国古代文学、中国古典文献学、中国少数民族语言文学(分语族)、中国现当代文学、专门史

院系设置

汉语学院、外国语学院、高级翻译学院、人文学院、社会科学学院、汉语进修学院、汉语速成学院、信息科学学院、国际商学院、继续教育网络教育学院、出国留学人员培训部

国家级、省部级研究机构设置

对外汉语研究中心、首都国际文化研究基地

博士后科研流动站 语言学与应用语言学

定期公开出版的专业刊物 《语言教学与研究》、《中国文化研究》、《世界汉语教学》

学校设立奖学金情况

学校设立奖学金6项,奖励总金额140余万元。奖学金最高金额2500元/年,最低500元/年。

主要校办产业

北京语言大学出版社、北语留学服务中心

学校历史沿革

北京语言大学创办于1962年,1964年定名为北京语言学院,1996年6月更名为北京语言文化大学,2002年校名简化为北京语言大学。

中国传媒大学

学校(机构)标识码 4111010033	占地面积(平方米) 463559	成人专科 1011
学校办学类型 411:本科院校:大学	校舍建筑面积(平方米) 368112	博士研究生 728
学校性质类别 07 语文院校	图书(万册) 163.17	硕士研究生 3334
学校举办者 360 教育部	固定资产总值(万元) 129980.47	留学生 424
学校地址 北京朝阳区定福庄东街一号	教学、科研仪器设备资产值(万元) 43294.28	专任教师(人) 1093
邮政编码 100024	在校生数(人) 20301	其中:正高级 233
办公电话 010-65779139	其中:普通本科 8857	副高级 342
传真电话 010-65779134	普通专科 483	中级 461
校园(局域)网域名 www.cuc.edu.cn	成人本科 5464	初级 30
电子信箱 office@cuc.edu.cn		未定职级 27

本科专业 编辑出版学(电子音像编辑出版)、编辑出版学(新媒体编辑方向)、编辑出版学(新媒体方向)、表演、播音与主持艺术、播音与主持艺术(英语节目主持)、朝鲜语、传播学、传播学(媒体市场调查与分析方向)、导演、导演(剪辑艺术与技术方向)、德语、电气信息类、电子科学与技术、电子信息工程、动画、动画(游戏设计艺术方向)、对外汉语、俄语、法学、法语、工商管理、工商管理类、公共关系学、公共管理类、光信息科学与技术、广播电视编导(电视编辑方向)、广播电视编导(文艺编导、综艺节目)广播电视编导(文艺编导方向)、广播电视工程、广播电视新闻学、广告学、广告学(品牌传播、新媒体广告方向)国际经济与贸易、国际文化贸易、汉语言文学、汉语言文学(应用语言学)、行政管理、荷兰语、会计学、计算机科学与技术、经济学、经济学(传媒经济管理方向)、经济学类、录音艺术(音响导演方向)、录音艺术(音响工程方向)、马来语、媒体创意、孟加拉语、尼泊尔语、葡萄牙语、日语、瑞典语、社会学、摄影、摄影(电视摄影方向)、摄影(电影电视剧、图片摄影方向)、摄影(电影电视剧摄影方向)、市场营销、数字媒体技术、数字媒体技术(游戏设计技术方向)、数字媒体艺术、数字媒体艺术(数字影视特效方向)、数字媒体艺术(网络多媒体方向)、数字媒体艺术(游戏设计方向)、数字游戏设计(游戏设计技术方向)、思想政治教育、斯瓦希里语、通信工程、统计学、土耳其语、文化产业管理、文化产业管理(制片管理方向)、西班牙语、戏剧影视美术设计、戏剧影视文学、戏剧影视文学(影视剧译制方向)、新媒体与信息网络(新媒体网络)、新闻学、新闻学(电视编辑方向)、新闻学(国际新闻方向)、新闻学(视觉传播方向)、信息管理与信息系统、信息与计算科学、艺术设计、意大利语、音乐学、印地语、英语、英语(国际新闻方向)、英语(节目主持方向)、英语(影视剧译制方向)、照明艺术、自动化

专科专业 电视节目制作、影视动画、主持与播音

博士专业 编辑出版、传播学、传媒经济学、电磁场与微波技术、电影学、动画学、广播电视新闻学、广播电视艺术学、广播电视语言传播、广告学、国际新闻学、数字媒体艺术、通信与信息系统、文艺学、戏剧戏曲学、新闻学、艺术学、艺术与科学、音乐学、舆论学、语言学应用语言学

硕士专业 比较文学与世界文学、编辑出版学、产业经济学、出版、传播心理学、传播学、传媒教育、传媒经济学、传媒政策与法规、电磁场与微波技术、电路与系统、电影学、动画学、工程、工程管理、工商管理、公共关系、管理科学与工程、广播电视新闻学、广播电视艺术学、广播电视语言传播、广告学、国际关系、国际新闻学、汉语国际教育、汉语言文字学、行政管理、计算机软件与理论、计算机应用技术、马克思主义基本原理、美术学、企业管理(含:财务管理、市场营销)、设计艺术学、数字媒体艺术、思想政治教育、通信与信息系统、文艺学、戏剧戏曲学、新闻学、新闻与传播、信号与信息处理、艺术、艺术学、艺术与科学、音乐学、应用数学、游戏、舆论学、语言学应用语言学、中国古代文学、中国现当代文学

院系设置

1. 电视与新闻学院:电视系、编辑出版系、新闻学系、传播学系(注:学院建议撤销编辑出版系,还未最终定论) 2. 外国语学院:英语系、亚非语系、欧洲语系、大学外语部 3. 广告学院:广告学系、广告设计系、公共关系系、新媒体广告传播系 4. 经济与管理学院:工商管理系、公共管理系、管理科学与工程系、经济系 5. 政治法律学院:社会学系、法律系、国际关系研究所、政治学研究所 6. 戏剧影视学院:广播电视编导专业、导演专业、表演专业、戏剧影视文学专业、摄影专业、照明专业、戏剧影视美术设计专业、基础教学部 7. 动画与数字艺术学院:动画系、数字艺术系、游戏设计系、新媒体艺术设计系 8. 播音主持艺术学院:播音系 9. 文学院:中国语言文学系、语言文化系 10. 信息工程学院:通信工程系、电子信息工程系、广播电视工程系、自动化系、数字媒体技术系、电子与信息技术实验中心 11. 理学院:应用数学系、光电学系、工程基础部、统计学系 12. 计算机学院:计算机科学系、软件工程系、信息安全系 13. 对外汉语教育学院 14. MBA学院 15. 凤凰学院 16. 音乐与录音艺术学院:音乐系、录音系 17. 国际学院 18. 远程与继续教育学院 19. 思想政治理论课教研部 20. 新媒体研究院 21. 文化产业研究院 22. 艺术研究院 23. 传播研究院 24. 培训学院

国家级、省部级研究机构设置

研究中心(所)——部级10个:广播电视数字化教育部工程研究中心、媒介音视频教育部重点实验室、广播电视研究中心(普通高等学校人文社会科学重点研究基地)、国家语言资源监测与研究中心有声语言分中心(教育部研究中心)、全国公益广告创新研究基地(国家工商行政管理总局)、文化贸易研究所(文化部国家文化贸易理论研究基地)、首都传媒经济研究基地(北京市哲学社会科学研究基地)、新闻学与传播学研究基地(广电总局高校人文社科研究基地)、广播电视艺术学研究基地(广电总局高校人文社科研究基地)、语言学及应用语言学研究基地(广电总局高校人文社科研究基地)

博士后科研流动站 新闻传播学、艺术学、中国语言文学、信息与通信工程

定期公开出版的专业刊物 《现代传播》、《中国传媒大学学报》(自然科学版)、《当代电影》、《中国广播电视年鉴》、《IMI消费行为与生活形态年鉴》、《中国广告作品年鉴》、《中国动画年鉴》

学校设立奖学金情况

学校设立研究生奖学金情况:学校设立奖学金3项,奖励总金额7万多元。奖学金最高金额1500元/年,最低金额1200元/年。

中央三台奖学金:15人/年,1500元/人;

星光奖学金:30人/年,1200元/人;

凤凰奖学金:10人/年,1200元/人。

国家奖学金:出处:国家;金额:8000元;人数:94人;累计:752000元;

国家励志奖学金:出处:国家;金额:5000元;人数:258人;累计:1290000元;

校励志奖学金:出处:学校;金额:1500元;人数:57人;累计:85500元;

时尚奖学金一等:出处:社会;金额:3000元;人数:3人;累计:9000元;

时尚奖学金二等:出处:社会;金额:2000元;人数:10人;累计:20000元;

索尼奖学金:出处:社会;金额:6000元;人数:12人;累计:72000元;

索尼优秀班集体:出处:社会;金额:4000元;班级数:4个;累计:16000元;

菁英奖学金:出处:社会;金额:3000元;人数:20人;累计:60000元;

优秀学生奖学金一等:出处:学校;金额:2000元;人数:202人;累计:404000元;

优秀学生奖学金二等:出处:学校;金额:1500元;人数:337人;累计:505500元;

优秀学生奖学金三等:出处:学校;金额:1000元;人数:540人;累计:540000元;

单项奖学金:出处:学校;金额:500元;人数:1349人;累计:674500元;

中央三台奖学金:出处:社会;金额:1500元;人数:135人;累计:202500元。

主要校办产业

——中传资产管理有限公司 全资企业1家,公司名:北京佳音广播电视发展有限公司。控股企业3家:北京北广在线远程教育技术有限公司;北京北广映画数码科技有限公司;北京中传广信高科技有限公司

学校历史沿革

新中国创建伊始,在国家规划全面建设发展蓝图时,党中央于1952年9月,就已经明确将"培养和训练广播事业干部"当作中央广播事业局的四大任务之一。为落实中央精神,中央广播事业局于1954年3月3日正式创办中专性质的"中央广播事业局技术人员训练班",这是中国传媒大学的前身。1958年9月2日,我国第一所专门培养广播事业人才的高等学校——北京广播专科学校,在原中央广播事业局技术人员训练班的基础上诞生了。1959年4月2日经国务院批准,在北京广播专科学校的基础上,成立了以大学本科教育为主、兼有研究生教育的北京广播学院,然而,北京广播学院蒸蒸日上的迅猛势头不久就被一场众所周知的浩劫所摧残,在停止招生4年后,又遭受了停办的厄运。直到1973年,在周恩来总理的亲切关怀下,国务院正式批准北京广播学院复校。2000年2月,成为教育部直属高校,由教育部与国家广电总局共建。2001年9月,"九五""211工程"建设通过国家验收,正式进入国家"211工程"重点建设大学行列。2002年3月,中国矿业大学北校区(东校园)整体并入北京广播学院。2004年8月,学校经教育部批准更名为中国传媒大学。

中央财经大学

学校(机构)标识码	4111010034
学校办学类型	411:本科院校:大学
学校性质类别	08 财经院校
学校举办者	360 教育部
学校地址	北京市海淀区学院南路39号
邮政编码	100081
办公电话	010-62288261
传真电话	010-62288208
校园(局域)网域名	www.cufe.edu.cn
电子信箱	fzghc@cufe.edu.cn
占地面积(平方米)	1027165
校舍建筑面积(平方米)	428407
图书(万册)	144.82
固定资产总值(万元)	134575.39
教学、科研仪器设备资产值(万元)	14423.85
在校生数(人)	19788
其中:普通本科	9106
成人本科	3879
成人专科	2268
博士研究生	594
硕士研究生	3538
留学生	403
专任教师(人)	960
其中:正高级	199
副高级	310
中级	346
初级	7
未定职级	98

本科专业 保险、财务管理、财政学、电子商务、法学、房地产经营管理、工程管理、工商管理、公共事业管理、管理科学、广告学、国际经济与贸易、国际政治、国民经济管理、汉语言文学、行政管理、会计学、计算机科学与技术、金融工程、金融学、经济学、劳动与社会保障、人力资源管理、日语、社会工作、社会学、市场营销、数学与应用数学、税务、体育经济、统计学、投资学、文化产业管理、物流管理、项目管理、新闻学、信息管理与信息系统、艺术设计、英语、应用心理学

博士专业 财政学(含:税收学)、产业经济学、国防经济、国际贸易学、国民经济学、会计学、金融学(含:保险学)、经济信息管理、跨国公司管理、劳动经济学、马克思主义中国化研究、区域经济学、数量经济学、统计学、投资学、政府经济与管理、政治经济学

硕士专业 保险、保险学、不动产学、财政学(含:税收学)、产业经济学、电子商务、法律、法律(法学)、法律(非法学)、风险管理、工商管理、公共管理、国防经济、国际法学(含:国际公法、国际私法)、国际金融、国际贸易学、国际商务、国民经济学、行政管理、会计、会计学、技术经济及管理、教育经济与管理、金融、金融分析与金融工程、金融学(含:保险学)、经济法学、经济史、精算学、劳动经济学、逻辑学、旅游管理、马克思主义中国化研究、媒体经济、民商法学(含:劳动法学)、社会保障、企业管理(含:财务管理、市场营销)、区域经济学、社会保障、社会学、世界经济、数量经济学、税务、税务咨询与税务策划、思想政治教育、体育经济与管理、统计学、投资学、文艺学、物流管理、西方经济学、项目管理、应用统计、证券投资、政治经济学、资产评估

院系设置

财政学院、金融学院、会计学院、税务学院、保险学院、统计学院、国际经济与贸易学院、经济学院、商学院、管理科学与工程学院、政府管理学院、体育与经济管理学院、法学院、社会发展学院、马克思主义学院、文化与传媒学院、外国语学院、应用数学学院、信息学院、MBA教育中心、国际文化交流学院、继续教育学院、培训学院、中国经济与管理研究院、中国金融发展研究院、中

国公共财政与政策研究院、人力资本与劳动经济研究中心、国防经济研究院、研究生院

国家级、省部级研究机构设置

研究中心(所):中国精算研究院(教育部人文社会科学重点研究基地)、北京财经研究基地(北京市社会科学研究基地)

博士后流动站 应用经济学、理论经济学、工商管理

定期公开出版的专业刊物 《中央财经大学学报》、《中央财经大学校报》

学校设立奖学金情况

学校设立奖学金49项,奖励总金额250.46余万元。奖学金最高金额20000元/年,最低金额200元/年。

主要校办产业

中央财经大学资产经营有限公司

学校历史沿革

中央税务学院(1949年11月——1951年9月);中央财政学院(1951年9月——1952年10月);中央财经学院(1952年10月——1953年8月);中央财政干部学校、中国人民银行总行干部学校、中央财政金融干部学校(1953年8月~1960年1月);中央财政金融学院(1960年1月~1996年5月);中央财经大学(1996年5月至今,1998年10月原中央财政管理干部学院并入)。

对外经济贸易大学

学校(机构)标识码 4111010036	电子信箱 xb@uibe.edu.cn	成人专科 937
学校办学类型 411:本科院校:大学	占地面积(平方米) 342035	博士研究生 486
学校性质类别 08 财经院校	校舍建筑面积(平方米) 511407	硕士研究生 3546
学校举办者 360 教育部	图书(万册) 149.29	留学生 1386
学校地址 北京市朝阳区惠新东街十号	固定资产总值(万元) 117489.99	专任教师(人) 896
	教学、科研仪器设备资产值(万元) 11897.7	其中:正高级 168
邮政编码 100029		副高级 315
办公电话 010-64492107	在校生数(人) 15921	中级 327
传真电话 010-64493861	其中:普通本科 8184	初级 20
校园(局域)网域名 www.uibe.edu.cn	成人本科 1382	未定职级 66

本科专业 阿拉伯语、阿拉伯语(经贸)、保险、保险(风险管理与保险)、保险(精算与风险管理)、保险(员工福利和社会保障)、财务管理、朝鲜(韩)语(经贸)、朝鲜语、德语、德语(经贸)、德语(企业管理)、电子商务、电子商务(国际商务)、电子商务(金融服务外包)、对外汉语、俄语、俄语(经贸)、法学、法语、法语(经贸)、翻译、翻译(英语经贸)、工商管理、工商管理(兰斯)、工商管理(全球管理实验班)、公共管理类、公共事业管理(文化事业管理)、国际经济与贸易、国际经济与贸易(国际贸易)、国际经济与贸易(奢侈品)、国际政治、国际政治(公共外交)、国际政治(经济外交)、汉语言文学、行政管理、行政管理(海关管理)、行政管理(涉外行政管理)、行政管理(涉外经济事务管理)、会计学、会计学(ACCA方向)、会计学(CGA方向)、金融工程、金融学、金融学(特许金融分析师)、经济学(国际税务)、经济学(经济学荣誉学士实验班)、经济学(运输经济与物流)、经济学类、劳动与社会保障(员工福利)、葡萄牙语(经贸)、人力资源管理、日语、日语(经贸)、商务英语、商务英语(工商管理)、商务英语(国际贸易)、市场营销、市场营销(全球营销)、投资学、物流管理(国际运输与物流)、西班牙语、西班牙语(经贸)、信息管理与信息系统、意大利语(经贸)、英语(财经新闻)、英语(传媒)、英语(翻译)、英语(新闻与传媒)、越南语(经贸)

博士专业 财政学、产业经济学、国际法学、国际贸易学、金融学、民商法学、企业管理、区域经济学、世界经济、数量经济学、统计学

硕士专业 阿拉伯语语言文学、保险、财政学、财政学(含:税收学)、产业经济学、德语语言文学、俄语语言文学、法律(法学)、法律(非法学)、法语语言文学、工商管理、公共管理、国际法学、国际法学(含:国际公法、国际私法)、国际贸易学、国际商务、国民经济学、行政管理、会计、会计学、技术经济及管理、金融、金融学、金融学(含:保险学)、经济法学、民商法学、民商法学(含:劳动法学)、社会保障、欧洲语言文学、企业管理、企业管理(含:财务管理、市场营销)、区域经济学、日语语言文学、世界经济、数量经济学、诉讼法学、外国语言学及应用语言学、西班牙语语言文学、亚非语言文学、英语笔译、英语口译、英语语言文学

院系设置

国际经济贸易学院、国际商学院、英语学院、法学院、继续教育学院、公共管理学院、国际学院、信息学院、金融学院、外语学院、保险学院、体育部、远程教育学院、高级研修学院、卓越国际学院、国际关系学院、中国语言文学学院、思想政治理论课教学科研部、国际经济研究院、中国开放经济与国际科技合作战略研究中心(培育)、世界贸易组织研究院

国家级、省部级研究机构设置

1.实验室:(1)国家重点实验室:中国世界贸易组织研究院(2)省部级设置的研究(院、所、中心)、实验室:北京企业国际化经营研究基地(北京市重点研究基地)、中国开放经济与国际科技合作战略研究中心(教育部战略研究培育基地)、教育与开放经济研究中心(教育部教育战略与规划研究中心之一)

2.研究中心(所):(一)实体性研究机构:(1)国际经济研究院(2)中国世界贸易组织研究院(3)中国开放经济与国际科

技合作战略研究中心（4）教育与开放经济研究中心（二）非实体性研究机构（1）北京企业国际化经营研究基地（2）外国直接投资研究中心（3）国际财务与会计研究中心（4）技术性贸易措施研究中心（5）应用金融研究中心（6）竞争法研究中心（7）区域国别研究中心（8）商务英语与跨文化研究中心（9）现代服务业研究中心（10）跨国公司研究中心（11）台港澳经济研究中心（12）中小企业研究中心（13）特许连锁经营研究中心（14）金融市场与投资研究中心（15）租赁研究中心（16）大田物流研究中心（17）电子商务研究所（18）金融科技中心（19）区域国别研究所（20）国际商务研究中心（21）供应链研究中心（22）农产品国际贸易政策研究中心（23）保险法研究中心（24）金融研究所（25）WTO法律研究中心（26）中国—欧盟经济合作研究中心（27）中国-俄罗斯/独联体研究中心（28）全球营销研究中心（29）金融产品与投资研究中心（30）发展金融研究中心（31）国际金融战略研究中心（32）公司法与证券法研究中心（33）国际经济伦理研究中心（34）国际人力资源与组织发展研究中心（35）技术经济研究中心（36）企业风险管理研究中心（37）行业税收政策与管理研究中心（38）国际商法研究所（39）国际商务英语研究所（40）翻译研究所（41）英语国别文化研究所（42）理论语言学研究所（43）应用语言学研究所（44）英美文学研究所（45）亦禾关务研究中心（46）技术管理中心（47）祥祺奢侈品研究中心（48）行业协会研究中心（49）商务汉语研究中心（50）国际经济学研究中心（51）中国能源经济研究中心（52）比较法与欧盟法研究所（53）开放型经济研究所（54）国际新能源战略研究中心（55）中国资本运营研究中心（56）中国企业国际化经营研究中心（57）中国风险管理与保险（数据）研究中心（58）中小金融机构发展研究中心（59）金融市场研究中心（60）信息化研究中心（61）统计与决策研究所（62）国际低碳经济研究所（63）中国国际货币研究中心（64）中国经济发展研究中心（65）正隆私人银行与CRM研究中心（66）中国汽车金融研究中心（67）公共政策研究所（68）国际农业合作与发展研究中心（69）全球企业可持续与创新研究中心（70）国际商学院商务统计研究中心（71）中国钢铁在线交易研究中心（72）全球化与中国现代化问题研究所（73）服务营销与管理国际研究中心（74）管理会计研究中心（75）产品质量与安全法制研究中心（76）企业内部控制与风险管理研究中心（77）资本市场与投融资研究中心（78）青年发展研究中心

博士后科研流动站 1. 应用经济博士后流动站 2. 法学博士后流动站

定期公开出版的专业刊物 《国际贸易问题》、《国际商务——对外经济贸易大学学报》、《日语学习与研究》、《WTO与中国》

学校设立奖学金情况

学校设立奖学金18项，奖励总金额446.08余万元。奖学金最高金额10000元/年，最低金额400元/年。

主要校办产业

北京贸达科技贸易公司、北京对外经济贸易大学出版社有限责任公司、对外经济贸易大学华德公寓

学校历史沿革

对外经济贸易大学的前身为中央人民政府贸易部高级商业干部学校，创建于1951年；1953年1月更名为北京对外贸易专科学校；1954年8月成立北京对外贸易学院；1984年9月更名为对外经济贸易大学；2000年6月原对外经济贸易大学与原中国金融学院合并，组建新的对外经济贸易大学，划归教育部直属。

北京物资学院

学校（机构）标识码 4111010037	电子信箱 yuanban@bwu.edu.cn	成人专科 1051
学校办学类型 412：本科院校：学院	占地面积（平方米）287317	硕士研究生 578
学校性质类别 08 财经院校	校舍建筑面积（平方米）191148	留学生 18
学校举办者 811 省级教育部门	图书（万册）95.63	专任教师（人）391
学校地址 北京市通州区富河大街1号	固定资产总值（万元）36465.37	其中：正高级 41
邮政编码 101149	教学、科研仪器设备资产值（万元）22196.67	副高级 135
办公电话 010-89534628	在校生数（人）8124	中级 177
传真电话 010-89534661	其中：普通本科 6035	初级 17
校园（局域）网域名 www.bwu.edu.cn	成人本科 442	未定职级 21

本科专业 财务管理、采购管理、电子商务、电子信息科学类、法学、工商管理、会计学、机械设计制造及其自动化、计算机科学与技术、经济学、经济学类、劳动与社会保障、人力资源管理、商品学、市场营销、统计学、物流工程、物流管理、信息工程、信息管理与信息系统、信息与计算科学、英语

硕士专业 产业经济学、工商管理、管理科学与工程、劳动经济学、企业管理（含：财务管理、市场营销）、物流工程

院系设置

经济学院、物流学院、信息学院、商学院、劳动科学与法律学院、外国语言与文化学院、体育教学部、思想政治理论课教学与研究部、继续教育学院

国家级、省部级研究机构设置

研究中心（所）：北京市物流系统与技术实验室、北京市现代物流研究基地、北京高校物流技术工程研究中心

定期公开出版的专业刊物 《中国流通经济》

学校设立奖学金情况

学校设立奖学金 5 项,奖励总金额 123.5 万元。奖学金最高金额 1500 元/年,最低金额 500 元/年。

学校历史沿革

北京物资学院前身是 1963 年北京经济学院设立的物资管理系。1980 年,为适应我国改革开放和社会主义经济发展对物资管理人才的需要,经国务院批准,成立了北京物资学院。学校先后隶属于国家物资局、物资部、国内贸易部,1998 年 10 月划归北京市管理。

首都经济贸易大学

学校(机构)标识码	4111010038
学校办学类型	411:本科院校:大学
学校性质类别	08 财经院校
学校举办者	811 省级教育部门
学校地址	北京市丰台区张家路口 121 号
邮政编码	100070
办公电话	010 - 83952021
传真电话	010 - 83952818
校园(局域)网域名	www.cueb.edu.cn
电子信箱	xzbgs@cueb.edu.cn
占地面积(平方米)	396792
校舍建筑面积(平方米)	366591
图书(万册)	161.69
固定资产总值(万元)	110316
教学、科研仪器设备资产值(万元)	25349
在校生数(人)	20436
其中:普通本科	9528
普通专科	392
成人本科	3480
成人专科	4135
博士研究生	170
硕士研究生	2310
留学生	421
专任教师(人)	750
其中:正高级	126
副高级	288
中级	253
初级	29
未定职级	54

本科专业 安全工程、保险、财务管理、财政学、城市管理、传播学、电子商务、对外汉语、法学、工程管理、工商管理、工商管理类、工业工程、公共管理类、公共事业管理、管理科学与工程类、广告学、国际经济与贸易、行政管理、环境工程、会计学、计算机科学与技术、金融工程、金融学、经济学、劳动关系、劳动与社会保障、旅游管理、贸易经济、人力资源管理、商务英语、社会工作、市场营销、数学与应用数学、税务、统计学、土地资源管理、物流管理、信息管理与信息系统、英语、资产评估

专科专业 财务管理、法律文秘、国际经济与贸易、计算机应用技术、旅游管理

博士专业 财政学(含:税收学)、产业经济学、国际贸易学、国民经济学、金融学(含:保险学)、劳动经济学、企业管理(含:财务管理、市场营销)、区域经济学、数量经济学、统计学

硕士专业 安全技术及工程、保险、财政学(含:税收学)、产业经济学、法律、工商管理、公共管理、管理科学与工程、国际贸易学、国际商务、国民经济学、行政管理、会计、会计学、金融、金融学(含:保险学)、经济法学、劳动经济学、劳动卫生与环境卫生学、马克思主义基本原理、民商法学(含:劳动法学)、社会保障、企业管理(含:财务管理、市场营销)、区域经济学、人口、资源与环境经济学、人口学、社会保障、社会工作、数量经济学、税务、思想政治教育、统计学、西方经济学、应用统计、政治经济学、资产评估

院系设置

城市学院、工商管理学院、经济学院、会计学院、劳动经济学院、文化与传播学院、马克思主义学院、信息学院、安全与环境工程学院、财政税务学院、法学院、金融学院、统计学院、外语系、华侨学院、对外文化交流学院、继续教育学院

国家级、省部级研究机构设置

1. 北京市哲学社会科学 CBD 发展研究基地
2. 北京经济社会发展政策研究基地

博士后科研流动站 应用经济学博士后科研流动站

定期公开出版的专业刊物 《首都经济贸易大学学报》、《经济与管理研究》、《当代经理人》、《人口与经济》

学校设立奖学金情况

1. 研究生 设立奖学金 4 项,奖学金最高金额 3000 元/年,奖学金最低金额 1000 元/年,总金额 53.05 万元。

2. 本专科生 设立奖学金 8 项,奖学金最高金额 8000 元/年,奖学金最低金额 200 元/年,总金额 438.4 万元。

学校历史沿革

1958 年 11 月至 1963 年 6 月为北京劳动学院;1963 年 6 月至 1995 年 3 月为北京经济学院;1995 年 3 月 24 日经国家教委批准由原北京经济学院和原北京财贸学院合并,新建首都经济贸易大学。

外交学院

学校(机构)标识码 4111010040	电子信箱 yuanban@cfau.edu.cn	成人专科 45
学校办学类型 412:本科院校:学院	占地面积(平方米) 65039	博士研究生 66
学校性质类别 07 语文院校	校舍建筑面积(平方米) 91458	硕士研究生 513
学校举办者 301 外交部	图书(万册) 43	留学生 146
学校地址 北京市西城区展览馆路24号	固定资产总值(万元) 19459.96	专任教师(人) 188
	教学、科研仪器设备资产值(万元) 2228.66	其中:正高级 36
邮政编码 100037		副高级 84
办公电话 010－68323321	在校生数(人) 2007	中级 60
传真电话 010－68354348	其中:普通本科 1074	未定职级 8
校园(局域)网域名 www.cfau.edu.cn	成人本科 163	

本科专业 法学、法语、翻译、国际经济与贸易、金融学、日语、外交学、英语

博士专业 国际关系、外交学

硕士专业 翻译、国际法学(含:国际公法、国际私法)、国际关系、国际政治、科学社会主义与国际共产主义运动、世界经济、外国语言学及应用语言学(法语)、外国语言学及应用语言学(日语)、外国语言学及应用语言学(英语)、外交学、英语语言文学、政治学理论

院系设置
外交学与外事管理系、英语系、外语系、国际法系、国际经济学院、研究生部、成人教育学院

国家级、省部级研究机构设置
中国国际关系学会、中国国际法学会、北京市对外交流与外事管理研究基地

定期公开出版的专业刊物 《外交评论》

学校设立奖学金情况
学校设立奖学金13项,奖励总金额45.8万余元,最高金额8000元/年,最低金额300元/年。

学校历史沿革
外交学院1955年9月在中国人民大学外交系的基础上建立,60年代初期曾短暂更名为国际关系学院。"文革"中外交学院被撤销,1980年复校。

中国人民公安大学

学校(机构)标识码 4111010041	电子信箱 msk@cppsu.edu.cn	成人专科 1358
学校办学类型 411:本科院校:大学	占地面积(平方米) 855400	博士研究生 65
学校性质类别 09 政法院校	校舍建筑面积(平方米) 600875	硕士研究生 1190
学校举办者 312 公安部	图书(万册) 123.35	留学生 2
学校地址 北京市西城区木樨地南里1号	固定资产总值(万元) 106453.13	专任教师(人) 590
	教学、科研仪器设备资产值(万元) 11298.9	其中:正高级 96
邮政编码 100038		副高级 220
办公电话 010－83903019	在校生数(人) 14834	中级 235
传真电话 010－83903797	其中:普通本科 6900	初级 9
校园(局域)网域名 www.cppsu.edu.cn	成人本科 5319	未定职级 30

本科专业 安全防范工程、犯罪学、公安管理学、公安情报学、国内安全保卫、交通管理工程、警务指挥与战术、涉外警务、网络安全与执法、刑事科学技术、侦查学、治安学

博士专业 诉讼法学

硕士专业 安全技术及工程、法律、法学理论、法医学、工程、公共管理、国际法学(含:国际公法、国际私法)、行政管理、计算机应用技术、交通信息工程及控制、交通运输规划与管理、警务、军事教育训练学(含:军事体育学)、马克思主义中国化研究、民商法学(含:劳动法学)、社会保障、社会学、思想政治教育、诉讼法学、宪法学与行政法学、刑法学、应用心理学

院系设置
研究生部、进修部、继续教育学院、法律系、治安系、侦查系、公安情报学系、犯罪学系、公安管理系、涉外警务系、刑事科学技术系、安全防范系、交通管理工程系、信息安全工程系、军队保

卫系

国家级、省部级研究机构设置

1. 实验室：安全防范技术与风险评估实验室、刑事科学技术实验室；
2. 研究中心（所）：公安执法实验教学中心、警务实战训练中心。

定期公开出版的专业刊物 《现代世界警察》、《中国人民公安大学学报（社会科学版）》、《中国人民公安大学学报（自然科学版）》、《公安教育》

学校设立奖学金情况

学校设立奖学金4项，奖励总金额92余万元。奖金最高金额600元/年，最低金额100元/年。

主要校办产业

中国人民公安大学驾驶员培训学校、北京中大物业管理有限责任公司

学校历史沿革

中国人民公安大学是公安部直属的普通高等院校，创办于1948年7月。办学前期的主要任务是培训在职公安和政法系统业务骨干。1984年1月，改建为全日制普通高等本科院校。1998年2月，与中国人民警官大学合并，组成新的中国人民公安大学。中国人民警官大学的前身是1978年6月成立的国际政治学院。60多年以来，公安大学为全国公安政法机关培训、输送了20万余名领导干部、业务骨干和专门人才，被誉为"共和国警官的摇篮"。

国际关系学院

学校（机构）标识码　4111010042
学校办学类型　412：本科院校：学院
学校性质类别　09 政法院校
学校举办者　360 教育部
学校地址　北京市海淀区坡上村12号
邮政编码　100091
办公电话　010-62861317
传真电话　010-62861660
校园（局域）网域名　www.uir.cn
电子信箱　dyb@uir.cn
占地面积（平方米）　204045
校舍建筑面积（平方米）　116681
图书（万册）　41.87
固定资产总值（万元）　48078.01
教学、科研仪器设备资产值（万元）　7607.7
在校生数（人）　3682
其中：普通本科　2597
成人本科　661
成人专科　83
硕士研究生　341
专任教师（人）　184
其中：正高级　27
副高级　69
中级　76
初级　7
未定职级　5

本科专业 传播学、法学、法语、公共管理、国际经济与贸易、国际政治、行政管理、日语、信息管理与信息系统、英语

硕士专业 法语语言文学、翻译、国际关系、国际政治、日语语言文学、世界经济、通信与信息系统、英语语言文学、应用化学

院系设置

国际政治系、法律系、信息科技系、国际经济系、文化传播系、英语系、日法语系、公共管理系

国家级、省部级研究机构设置

国际战略与安全研究中心、公共市场与政府采购研究所、国际公共关系研究所

定期公开出版的专业刊物 《国际关系学院学报》

学校设立奖学金情况

学校设立奖学金5项，奖励总金额50余万元。奖学金最高金额1500元/年，最低金额100元/年。

1. 三好标兵奖学金：50人/年，1500元/人
2. 三好学生奖学金：190人/年，1000元/人
3. 优秀学生干部奖学金：120人/年，800元/人

主要校办产业

雅信翻译中心

毕业生一次就业率 95.86%

学校历史沿革

际关系学院始建于1949年，二十世纪50年代是一所外事干部学校，1961年改建为外交学院分院，1965年改建为国际关系学院。

北京体育大学

学校（机构）标识码　4111010043
学校办学类型　411：本科院校：大学
学校性质类别　10 体育院校
学校举办者　451 国家体育总局
学校地址　北京市海淀区信息路48号
邮政编码　100084
办公电话　010-62989243
传真电话　010-62989289
校园（局域）网域名　bsu.edu.cn
电子信箱　xiaoban@bsu.edu.cn
占地面积（平方米）　755328
校舍建筑面积（平方米）　590511
图书（万册）　94.15
固定资产总值（万元）　185171.78
教学、科研仪器设备资产值（万元）　13399.54
在校生数（人）　13503
其中：普通本科　7965

成人本科 1299	留学生 597	中级 178
成人专科 1774	专任教师(人) 626	初级 141
博士研究生 314	其中:正高级 107	未定职级 28
硕士研究生 1554	副高级 172	

本科专业 表演、公共事业管理、民族传统体育、社会体育、体育产业管理、体育教育、新闻学、英语、应用心理学、运动康复与健康、运动人体科学、运动训练

博士专业 民族传统体育学、体育教育训练学、体育人文社会学、运动人体科学

硕士专业 行政管理、康复医学与理疗学、民族传统体育学、思想政治教育、体育、体育教育训练学、体育人文社会学、应用心理学、运动人体科学

院系设置
研究生院、教育学院、竞技体育学院、武术学院、管理学院、运动人体科学学院、继续教育学院、国际教育学院、外语系、体育艺术系、体育传媒系、运动康复系

国家级、省部级研究机构设置
1. 实验室：(1)体能训练与身体机能恢复国家体育总局重点实验室(2)运动应激适应国家体育总局重点实验室(3)运动训练国家体育总局重点实验室(4)北京市运动机能评定与技术分析重点实验室(5)运动与体质健康教育部重点实验室
2. 研究中心(所)：(1)国家体育总局体育哲学社会科学重点研究基地(2)北京市高等学校实验教学示范中心——运动人体科学实验中心(3)北京市高等学校实验教学示范中心——现代教育技术中心(4)运动营养北京市高等学校工程研究中心(5)国家级实验教学示范中心——运动人体科学实验中心

博士后科研流动站 体育学博士后科研流动站

定期公开出版的专业刊物 《北京体育大学学报》、《运动》

学校设立奖学金情况
学校设立奖学金4项,奖励总金额270.15万元。奖学金最高金额8000元/年,最低金额400元/年。
国家奖学金79人/年,8000元/人
国家励志奖学金228人/年,5000元/人
学校优秀奖学金1307人/年,1500元/人(一等),800元/人(二等),400元/人(三等)
港澳台侨奖学金10人/年,4000元/人(一等),3000元/人(二等),2000元/人(三等)

主要校办产业
1.北京北体宾馆 2.北京北体大校园综合商店 3.北京博体体育科学技术开发中心 4.北京海淀北体加油站 5.北京北体大体育培训中心 6.北京奥华出租汽车有限公司北体车队

学校历史沿革
学校筹建于1952年,1953年8月31日经中央人民政府批准成立,原名中央体育学院;1953年11月3日,学校在北京先农坛举行开学典礼;1956年3月14日学校更名为北京体育学院;1993年12月11日学校更名为北京体育大学。

1960年学校被确立为新中国成立后首次公布的44所全国重点院校之一。"文化大革命"期间,学校被迫停止办学。1971年,学校恢复办学,成为文革后全国首批复课的高等院校。

北京体育大学是新中国成立后国务院确定的首批全国重点院校、国家"211工程"重点建设院校,是唯一拥有体育学一级学科国家重点学科的高等院校和唯一进入"111引智计划"的高等体育院校,在国内外享有盛誉。

中央音乐学院

学校(机构)标识码 4111010045	电子信箱 ccom@ccom.edu.cn	博士研究生 97
学校办学类型 412:本科院校:学院	占地面积(平方米) 61182	硕士研究生 426
学校性质类别 11 艺术院校	校舍建筑面积(平方米) 144373	留学生 38
学校举办者 360 教育部	图书(万册) 10.27	专任教师(人) 276
学校地址 北京市西城区鲍家街43号	固定资产总值(万元) 23930	其中:正高级 91
邮政编码 100031	教学、科研仪器设备资产值(万元) 11851	副高级 68
办公电话 010-66425598		中级 80
传真电话 010-66413138	在校生数(人) 2022	初级 33
校园(局域)网域名 www.ccom.edu.cn	其中:普通本科 1461	未定职级 4

本科专业 音乐表演、音乐学、作曲与作曲技术理论

博士专业 音乐学

硕士专业 艺术、音乐学

院系设置
音乐学系、作曲系、管弦系、指挥系、民乐系、声乐歌剧系、钢琴系、音乐教育系、音乐科技部(提琴制作研究中心、现代电子音乐中心、音乐治疗中心、嗓音研究中心)、继续教育学院、现代远

程音乐教育学院、乐队学院

国家级、省部级研究机构设置

研究中心(所):音乐学研究所(教育部人文社会科学重点研究基地)、音乐教育改革实验教学中心(北京高等学校实险教学示范中心)、乐队教学实训中心

博士后科研流动站 中央音乐学院博士后流动站

定期公开出版的专业刊物 《中央音乐学院学报》

学校设立奖学金情况

共11项,奖励总金额791000元/每年,奖学金最高金额10000元。

学校历史沿革

中央音乐学院是由20世纪40年代的国立音乐院、东北鲁迅文艺学院音工团、华北大学文艺学院音乐系、国立北平艺术专科学校音乐系、上海、香港中华音乐院等几所音乐教育单位和演出团体于1949年9月起在天津合并组建和发展而来。但学院的历史应追溯到1940年11月抗战期间在陪都重庆青木关成立的国立音乐院,她是中央音乐学院多个前身中一脉相承的主要前身,至今已有70年校龄。中央音乐学院1949年11月正式上课,同年12月18日政务院正式命名并任命马思聪为院长,吕骥、贺绿汀为副院长。1950年6月在天津补办成立典礼,1958年迁至北京,坐落在北京西城区复兴门原清醇王府旧址(光绪皇帝出生地)。原隶属于文化部,2000年归属教育部。1960年被定为国家重点高等学校,1999年被列入国家"211工程"重点建设学校,是目前全国艺术院校中唯一的一所国家重点高校和"211工程"建设学校。

中国音乐学院

学校(机构)标识码 4111010046	电子信箱 ccm_yb@atom.com	成人专科 403
学校办学类型 412:本科院校:学院	占地面积(平方米) 44181	博士研究生 43
学校性质类别 11 艺术院校	校舍建筑面积(平方米) 112200	硕士研究生 264
学校举办者 811 省级教育部门	图书(万册) 27.96	留学生 52
学校地址 北京市朝阳区安翔路1号	固定资产总值(万元) 42298.16	专任教师(人) 223
邮政编码 100101	教学、科研仪器设备资产值(万元) 15865.95	其中:正高级 49
办公电话 010-64887437	在校生数(人) 2623	副高级 66
传真电话 010-64872695	其中:普通本科 1302	中级 79
校园(局域)网域名 www.ccmusic.edu.cn	成人本科 559	初级 25
		未定职级 4

本科专业 音乐表演、音乐学、作曲与作曲技术理论

博士专业 音乐学

硕士专业 艺术、音乐学

院系设置

学院设有音乐学、作曲、声乐歌剧、中国民族器乐、音乐教育、钢琴、指挥、艺术管理、管弦九个系

定期公开出版的专业刊物 《中国音乐》

学校设立奖学金情况

学院设立奖学金3项,奖励总金额20-25余万元,奖学金最高金额6000元/年,最低金额500元/年。

定期公开出版的专业刊物 《中国音乐》

学校历史沿革

中国音乐学院成立于1964年,是根据周恩来总理的提议而建立的。她是我国唯一一所以中国民族音乐教育和研究为特色、专门培养从事民族音乐教育、研究、表演、创作等各方面高层次人才的高等音乐学府。

中央美术学院

学校(机构)标识码 4111010047	传真电话 010-64771011	12101.8
学校办学类型 412:本科院校:学院	校园(局域)网域名 www.cafa.edu.cn	在校生数(人) 5812
学校性质类别 11 艺术院校	电子信箱 cafa@cafa.edu.cn	其中:普通本科 3538
学校举办者 360 教育部	占地面积(平方米) 296450	普通专科 46
学校地址 北京市朝阳区花家地南街8号	校舍建筑面积(平方米) 240651	成人本科 677
邮政编码 100102	图书(万册) 44.4	成人专科 383
办公电话 010-64771000	固定资产总值(万元) 72873	博士研究生 180
	教学、科研仪器设备资产值(万元)	硕士研究生 718

留学生 270	副高级 101	初级 20
专任教师(人) 348	中级 141	未定职级 4
其中:正高级 82		

本科专业 雕塑、动画、绘画、建筑学、美术学、摄影、书法学、艺术设计、中国画

专科专业 影视动画

博士专业 美术学、设计艺术学

硕士专业 建筑设计及其理论、美术学、设计艺术学、艺术

院系设置

中国画学院、造型学院(油画系、版画系、雕塑系、壁画系、实验艺术系、基础部)、设计学院、人文学院、建筑学院、城市设计学院、继续教育学院

博士后科研流动站 1个艺术学博士后流动站

定期公开出版的专业刊物 《美术研究》、《世界美术》

学校设立奖学金情况

学校设立奖学金16项,奖励总金额420余万元,奖学金最高金额35000元/年,最低金额300元/年。

学校历史沿革

中央美术学院于1950年由国立北平艺术专科学校与华北大学美术系合并。北平艺术专科学校的历史可上溯到1918年由著名教育学家蔡元培积极倡导下成立的国立北平美术学院,华北大学美术系的前身是1938年创建于延安的"鲁艺"美术系。

中央戏剧学院

学校(机构)标识码 4111010048	电子信箱 zhongxi@zhongxi.cn	博士研究生 51
学校办学类型 412:本科院校:学院	占地面积(平方米) 239999	硕士研究生 183
学校性质类别 11 艺术院校	校舍建筑面积(平方米) 66637	留学生 87
学校举办者 360 教育部	图书(万册) 48.34	专任教师(人) 208
学校地址 北京市东城区东棉花胡同39号	固定资产总值(万元) 58439.86	其中:正高级 38
	教学、科研仪器设备资产值(万元) 16784.31	副高级 69
邮政编码 100710		中级 69
办公电话 010-64013688	在校生数(人) 2097	初级 30
传真电话 010-64014976	其中:普通本科 1228	未定职级 2
校园(局域)网域名 www.zhongxi.cn	普通专科 548	

本科专业 表演、播音与主持艺术、导演、公共事业管理、戏剧学、戏剧影视美术设计、戏剧影视文学

专科专业 编导、电视制片管理、人物形象设计(舞台服装设计)、人物形象设计(舞台化装技术)、舞台艺术设计、影视表演

博士专业 戏剧戏曲学

硕士专业 电影学、广播电视艺术学、戏剧戏曲学、艺术

院系设置

表演系、导演系、舞台美术系、戏剧文学系、电影电视系、艺术管理系、基础教学部、影视艺术职业学院等

国家级、省部级研究机构设置

学院设置科研管理及艺术实验和学术研讨交流机构:戏剧艺术研究所。下设东方戏剧研究中心,西方戏剧研究中心,音乐剧教学与创作研究中心,影视艺术与传媒文化研究中心。

学院有博士后流动站 艺术学。

定期公开出版的专业刊物 中央戏剧学院学报《戏剧》是我国仅有的两家戏剧类国家一级学术刊物之一,被国家学术机构确定为"戏剧艺术核心期刊"、"中文核心期刊"、"中文社会科学引文索引(CSSCI)"来源期刊以及中国人文社会科学核心期刊"。

学校设立奖学金情况

14项,奖励总金额74.99万余元。奖学金最高金额8000元/年,最低金额500元/年。

主要校办产业

拾贝书店。

学校历史沿革

中央戏剧学院的历史可以溯源至1938年4月10日成立的延安鲁迅艺术学院,至今已经有70多年的历史,其间历经华北联合大学文艺学院、华北大学第三部,后又有南京国立戏剧专科学校并入。1949年12月,中央戏剧学院正式开办,1950年4月2日,正式召开了中央戏剧学院成立大会,毛泽东主席亲笔题写校名。

中国戏曲学院

学校(机构)标识码　4111010049
学校办学类型　412：本科院校：学院
学校性质类别　11 艺术院校
学校举办者　811 省级教育部门
学校地址　北京市丰台区万泉寺 400 号
邮政编码　100073
办公电话　010-63353774
传真电话　010-63353686
校园(局域)网域名　www.nacta.edu.cn
电子信箱　yjg@nacta.edu.cn
占地面积(平方米)　86246
校舍建筑面积(平方米)　65564
图书(万册)　22.61
固定资产总值(万元)　61149.01
教学、科研仪器设备资产值(万元)　14064.37
在校生数(人)　2793
其中：普通本科　2051
成人本科　182
成人专科　124
硕士研究生　231
留学生　205
专任教师(人)　233
其中：正高级　29
副高级　70
中级　115
初级　14
未定职级　5

本科专业　表演、导演、动画、绘画、录音艺术、戏剧影视美术设计、戏剧影视文学、艺术设计、音乐表演、音乐学、作曲与作曲技术理论
硕士专业　戏剧戏曲学、戏曲、艺术学、音乐学
院系设置
京剧系、表演系、音乐系、导演系、戏曲文学系、舞台美术系、新媒体艺术系、基础教育部、中专部(中国戏曲学院附属中等戏曲学校)
定期公开出版的专业刊物　《戏曲艺术》
学校设立奖学金情况
学校设立奖学金 4 项,奖励总金额 24.45 万元。奖学金最高金额 5000 元/年,最低金额 500 元/年。
学校历史沿革
中国戏曲学院的前身为中国戏曲学校(中专),创建于 1950 年 1 月 28 日,1978 年 10 月 1 日改制为中国戏曲学院(大学),原隶属文化部,2000 年 4 月 3 日划转北京市。

北京电影学院

学校(机构)标识码　4111010050
学校办学类型　412：本科院校：学院
学校性质类别　11 艺术院校
学校举办者　811 省级教育部门
学校地址　北京市海淀区西土城路 4 号
邮政编码　100088
办公电话　010-82049512
传真电话　010-62013895
校园(局域)网域名　www.bfa.edu.cn
电子信箱　yuanban@bfa.edu.cn
占地面积(平方米)　91293
校舍建筑面积(平方米)　91339
图书(万册)　32.11
固定资产总值(万元)　56117.16
教学、科研仪器设备资产值(万元)　32455.3
在校生数(人)　3164
其中：普通本科　2004
成人本科　366
成人专科　200
博士研究生　46
硕士研究生　467
留学生　81
专任教师(人)　261
其中：正高级　47
副高级　94
中级　110
初级　6
未定职级　4

本科专业　表演、表演(相声、喜剧)、导演、动画(电脑动画)、动画(动画艺术)、动画(动漫策划)、动画(漫画)、动画(游戏设计)、公共事业管理、公共事业管理(表演)、公共事业管理(动画)、公共事业管理(录音艺术)、公共事业管理(文化经纪人)、公共事业管理(影视管理)、公共事业管理(院线经营管理)、录音艺术、录音艺术(声音特效)、录音艺术(数字媒体)、录音艺术(影视音乐录音与创作)、摄影、摄影(电影摄影)、摄影(电影制作)、摄影(多媒体影像创作)、摄影(媒体影像制作)、摄影(图片商业摄影)、摄影(图片摄影)、数字电影技术、数字电影技术(视频工程)、戏剧影视美术设计、戏剧影视美术设计(电影美术设计)、戏剧影视美术设计(人物造型)、戏剧影视美术设计(新媒体艺术)、戏剧影视美术设计(虚拟空间设计)、戏剧影视美术设计(影视广告导演)、戏剧影视美术设计(影视特技)、戏剧影视文学(电影创意与策划)、戏剧影视文学(电影剧作)、戏剧影视文学(影视媒体理论)、戏剧影视文学(影视文化与传播)
博士专业　电影学
硕士专业　电影学、广播电视艺术学、美术学、设计艺术学、艺术、艺术学
院系设置
表演学院、动画学院、摄影学院、高职学院、继续教育学院、国际交流学院、导演系、文学系、摄影系、录音系、管理系、美术系、电影学系、影视技术系十四个直属院系

国家级、省部级研究机构设置
1. 实验室：数字电影技术与艺术实验室
2. 研究中心：北京影视艺术研究基地。

定期公开出版的专业刊物 《北京电影学院学报》

学校设立奖学金情况

学校设立奖学金四项，奖励总金额 37.5 万元，最高 4000 元、最低 500 元。

一等奖学金 4000 元/年、32 人/年，二等奖学金 2500 元/年、59 人/年，三等奖学金 1000 元/年、74 人/年，单项奖学金 500 元/年、51 人/年。

主要校办产业

青年电影制片厂、北京电影学院音像出版社有限公司、北京未来影城、北京聚力达商贸中心、北京北电风华正茂影视文化艺术发展有限公司、北京影艺空间企业管理中心。

学校历史沿革

北京电影学院前身是中央文化部电影局表演艺术研究所，创建于 1950 年 6 月。1951 年更名为中央文化部电影局电影学校，1953 年 11 月更名为北京电影学校，1956 年 6 月改建为北京电影学院，1973 年 9 月改为中央五七艺术大学电影学校，1977 年 2 月恢复为北京电影学院。

北京舞蹈学院

学校(机构)标识码	4111010051
学校办学类型	412：本科院校：学院
学校性质类别	11 艺术院校
学校举办者	811 省级教育部门
学校地址	北京市海淀区万寿寺路 1 号
邮政编码	100081
办公电话	010-68935693
传真电话	010-68411620
校园(局域)网域名	www.bda.edu.cn
电子信箱	office@bda.edu.cn
占地面积(平方米)	57333
校舍建筑面积(平方米)	97568
图书(万册)	25.36
固定资产总值(万元)	30472.5
教学、科研仪器设备资产值(万元)	9779.07
在校生数(人)	2001
其中：普通本科	1265
成人本科	269
成人专科	297
硕士研究生	160
留学生	10
专任教师(人)	210
其中：正高级	25
副高级	50
中级	115
初级	19
未定职级	1

本科专业 表演、公共事业管理、舞蹈编导、舞蹈学、戏剧影视美术设计

硕士专业 舞蹈学、艺术

院系设置

中国古典舞系、中国民族民间舞系、芭蕾舞系、编导系、舞蹈学系、社会舞蹈系、音乐剧系、艺术传播系、艺术设计系和继续教育学院

国家级、省部级研究机构设置

研究中心(所)：舞蹈教育研究所、生理生化实验室、多媒体教室

定期公开出版的专业刊物 《北京舞蹈学院学报》

学校设立奖学金情况

学院奖学金奖项 4 项，总额 736800 元，其中奖学金最高额 6000 元，最低额 600 元，学院奖学金：一等 6000/4000/2400 元 49 人，二等 3000/2000/1200 元 88 人，三等 1500/1000/600 元 155 人先进班集体 2000 元 4 个

毕业生一次就业率 95%

学校历史沿革

北京舞蹈学院创办于 1954 年，初名北京舞蹈学校，是新中国建立的第一所专业舞蹈院校。1978 年经文化部正式批准成立北京舞蹈学院；1999 年获得舞蹈学硕士学位授予权；2000 年，北京舞蹈学院由直属文化部转为"中央和北京市共建，以北京市管理为主"。2005 年获得艺术硕士(MFA)学位授予权，下设 36 个研究方向。2008 年 3 月，经教育部评定，学院本科教学工作的评估结论为"优秀"。目前北京舞蹈学院是中国舞蹈教育的最高学府，也是当今世界规模最大，专业设置最为齐全的舞蹈知名院校。

中央民族大学

学校(机构)标识码	4111010052
学校办学类型	411：本科院校：大学
学校性质类别	12 民族院校
学校举办者	308 国家民族事务委员会
学校地址	北京市海淀区中关村南大街 27 号
邮政编码	100081
办公电话	010-68933983
传真电话	010-68933983
校园(局域)网域名	www.muc.edu.cn
电子信箱	cunoffice@sina.com
占地面积(平方米)	380830
校舍建筑面积(平方米)	583043
图书(万册)	191.03
固定资产总值(万元)	121870
教学、科研仪器设备资产值(万元)	21091.78
在校生数(人)	28197

其中:普通本科 11247	硕士研究生 3099	副高级 338
成人本科 6371	留学生 858	中级 367
成人专科 5952	专任教师(人) 1052	初级 41
博士研究生 670	其中:正高级 249	未定职级 57

本科专业 表演(舞蹈表演)、博物馆学(文物鉴定与保护)、财务管理、财政学、电子信息工程、对外汉语、俄语、法学、法学与英语双学位、工商管理、工商管理类、公共管理类、公共事业管理、光信息科学与技术、广告学、国际经济与贸易、韩国语、汉语言文学、行政管理、化学、环境科学、会计学、绘画(油画)、绘画(中国画)、计算机科学与技术、教育学、金融学、经济学、历史学(基地班)、历史学(专业)、旅游管理、美术学(美术教育)、民族学、民族学(民族理论与民族政策)、人力资源管理、日语(日本语言文化)、社会工作、社会学、生态学、生物技术、生物科学、市场营销、体育教育、通信工程、统计学、舞蹈编导、舞蹈学(舞蹈教育)、新闻传播学类、新闻学、信息与计算科学、艺术设计(服装设计)、艺术设计(环境艺术)、艺术设计(影像设计)、艺术设计(装潢)、音乐表演、音乐学、音乐学(音乐教育)、英语(翻译)、英语(语言文学)、应用物理学、哲学、政治学与行政学、制药工程、中国少数民族语言文学(藏)、中国少数民族语言文学(藏语零起)、中国少数民族语言文学(朝鲜)、中国少数民族语言文学(哈萨克)、中国少数民族语言文学(汉藏翻译)、中国少数民族语言文学(蒙古)、中国少数民族语言文学(蒙汉双语)、中国少数民族语言文学(维吾尔)、中国少数民族语言文学(维语零起)、中国少数民族语言文学(语言学)、中国少数民族语言文学(中韩经贸)、自动化、宗教学、作曲与作曲技术理论

博士专业 比较文学与世界文学、藏学、马克思主义民族理论与政策、民俗学(含:中国民间文学)、民族地区公共行政管理、民族法学、民族社会学、民族学、民族医学(含:藏医学、蒙医学等)、民族政治学、人类学、语言学与应用语言学、中国古代文学、中国古典文献学、中国少数民族教育、中国少数民族经济、中国少数民族史、中国少数民族艺术、中国少数民族语言文学(分语族)、中国现当代文学、专门史、宗教学

硕士专业 比较教育学、比较文学与世界文学、藏学、法律史、法律硕士、法学硕士、概率论与数理统计、工商管理、公共管理、汉语国际教育、汉语言文字学、行政管理、环境科学、基础数学、技术经济及管理、教育学原理、经济法学、考古学及博物馆学、科学社会主义与国际共产主义运动、历史地理学、历史文献学(含:敦煌学、古文字学)、伦理学、马克思主义基本原理、马克思主义民族理论与政策、马克思主义哲学、美术、美术学、民商法学(含:劳动法学)、社会保障、民俗学(含:中国民间文学)、民族地区公共行政管理、民族法学、民族社会学、民族生态学、民族学、民族医学(含:藏医学、蒙医学等)、民族政治学、企业管理(含:财务管理、市场营销)、区域经济学、人口、资源与环境经济学、人口学、人类学、少数民族传统医学、社会学、生态学、世界史、思想政治教育、文艺学、舞蹈、舞蹈学、宪法学与行政法学、新闻学、音乐学、语言学与应用语言学、政治经济学、植物学、中国古代史、中国古代文学、中国古典文献学、中国近现代史、中国少数民族传统医学、中国少数民族教育、中国少数民族经济、中国少数民族史、中国少数民族艺术、中国少数民族语言文学(分语族)、中国现当代文学、中国哲学、专门史、宗教学

院系设置
民族学与社会学学院、中国少数民族语言文学学院、藏学研究院、经济学院、管理学院、法学院、马列主义学院、文学与新闻传播学院、哲学与宗教学学院、历史文化学院、教育学院、外国语学院、生命与环境科学学院、中国少数民族传统医学研究院、理学院、信息工程学院、美术学院、舞蹈学院、音乐学院、体育学院、继续教育学院、国家教育学院、预科教育学院

国家级、省部级研究机构设置
1. 实验室:中国少数民族医学研究中心实验室、生物科学实验教学中心、化学实验教学中心、文化传播实验教学中心、电子工程实验中心
2. 研究中心(所):中国少数民族研究中心、当代民族问题与中国特色民族理论研究基地

博士后科研流动站 民族学、中国语言文学、历史学

定期公开出版的专业刊物 《中央民族大学学报》(文科版)、《中央民族大学学报》(理科版)、《民族教育研究》

学校设立奖学金情况
学校设立奖学金1项,奖励总金额210余万元。奖学金最高金额1200元/年,最低金额100元/年。

学校历史沿革
中央民族大学的前身为创建于1941年10月的延安民族学院;1951年6月,中央民族学院在北京成立;1993年11月,中央民族学院更名为中央民族大学;1999年11月,学校通过国家"211工程"立项审核;2004年6月,学校进入国家"985工程"重点建设大学行列。

中国政法大学

学校(机构)标识码 4111010053	邮政编码 102249	占地面积(平方米) 487358
学校办学类型 411:本科院校:大学	办公电话 010-58909577	校舍建筑面积(平方米) 399700
学校性质类别 09 政法院校	传真电话 010-58909318	图书(万册) 188
学校举办者 360 教育部	校园(局域)网域名 www.cupl.edu.cn	固定资产总值(万元) 63563.06
学校地址 北京市昌平区府学路27号	电子信箱 plan@cupl.edu.cn	教学、科研仪器设备资产值(万元)

	10879.29	硕士研究生 4940
在校生数(人) 17416		留学生 458
其中:普通本科 8464		专任教师(人) 897
成人本科 2653		其中:正高级 240
博士研究生 901		

副高级 378
中级 240
初级 20
未定职级 19

本科专业 德语、法学、工商管理、公共事业管理、国际商务、国际政治、汉语言文学、行政管理、经济学、社会学、思想政治教育、新闻学、英语、应用心理学、哲学、侦查学、政治学与行政学

博士专业 比较法学、法律史、法律与经济、法学理论、国际法学(含:国际公法、国际私法)、环境与资源保护法学、经济法学、军事法学、马克思主义中国化研究、民商法学(含:劳动法学)、社会保障、人权法学、世界经济、诉讼法学、宪法学与行政法学、刑法学、证据法学、政治学理论、知识产权法学、中外政治制度

硕士专业 比较法学、产业经济学、法律史、法律硕士(法学)、法律硕士(非法学)、法律与经济、法学理论、工商管理、公共管理、国际法学(含:国际公法、国际私法)、国际关系、国际政治、国外马克思主义研究、行政管理、环境与资源保护法学、会计学、经济法学、经济史、军事法学、科学社会主义与国际共产主义运动、逻辑学、马克思主义发展史、马克思主义基本原理、马克思主义哲学、马克思主义中国化研究、民商法学(含:劳动法学)、社会保障、企业管理(含:财务管理、市场营销)、人权法学、社会学、世界经济、思想政治教育、诉讼法学、外国哲学、外交学、宪法学与行政法学、新闻学、刑法学、英语语言文学、应用心理学、证据法学、政治经济学、政治学理论、知识产权法学、中共党史(含:党的学说与党的建设)、中国近现代史、中国近现代史基本问题研究、中国哲学、中外政治制度

院系设置
学校现有法学院、民商经济法学院、国际法学院、刑事司法学院、政治与公共管理学院、商学院、人文学院、外国语学院、继续教育学院、国际教育学院、马克思主义学院、社会学院、法律硕士学院、新闻与传播学院、国际儒学院、高级政法管理干部进修中心、中欧法学院、科学技术教学部、体育教学部共19个教学单位;设有诉讼法学研究院(教育部人文社会科学重点研究基地)、法律史学研究院(教育部人文社会科学重点研究基地)、证据科学研究院(教育部重点实验室)、法治政府研究院(北京市哲学社会科学研究基地)、人权研究院、比较法学研究院、法律古籍整理研究所、法学教育研究与评估中心、法和经济学研究中心、全球化与全球问题研究所10个校级科研机构

国家级、省部级研究机构设置
1. 实验室:证据科学教育部重点实验室(中国政法大学)
2. 诉讼法学研究院、法律史学研究院、法治政府研究院、人权研究院

博士后科研流动站 法学博士后科研流动站、政治学博士后科研流动站

定期公开出版的专业刊物 《政法论坛》、《中国政法大学学报》、《行政法学研究》、《公司法评论》、《民商经济法评论》、《学说汇纂》、《比较法研究》、《诉讼法学研究》、《诉讼法论丛》、《中国诉讼法判解》、《犯罪学评论》、《恢复性司法论坛》、《证据科学》、《中国法学教育研究》、《中国法学文档》、《中国政法大学法律史学研究院学术年刊》

学校设立奖学金情况
学校设立奖学金7项,奖励总金额1490余万元/年,最低金额500元/年。

学校历史沿革
学校的前身是1952年由北京大学、清华大学、燕京大学、辅仁大学四校的法学、政治学、社会学等学科组合而成的北京政法学院。1954年,学校迁址至学院路。文革中学校被停办,文革结束后复办。1983年,北京政法学院与中央政法干校合并,组建为中国政法大学。1985年,学校开辟昌平校区新校址。学校形成一校及本科生院、进修生院、研究生院三院办学格局。进修生院后更名为中央政法管理干部学院单独办学,2000年复又合并于中国政法大学。

华北电力大学

学校(机构)标识码 4111010054	电子信箱 xiaoban@ncepu.edu.cn	成人专科 5412
学校办学类型 411:本科院校:大学	占地面积(平方米) 1000863	博士研究生 889
学校性质类别 02 理工院校	校舍建筑面积(平方米) 790153	硕士研究生 5956
学校举办者 360 教育部	图书(万册) 193.81	留学生 289
学校地址 北京市德胜门外朱辛庄	固定资产总值(万元) 247630.15	专任教师(人) 1761
邮政编码 102206	教学、科研仪器设备资产值(万元)	其中:正高级 347
办公电话 010-61772313	37359.52	副高级 524
传真电话 010-61772177	在校生数(人) 42739	中级 797
校园(局域)网域名 www.ncepu.edu.cn	其中:普通本科 20550	初级 66
	成人本科 9643	未定职级 27

本科专业 材料科学与工程、财务管理、测控技术与仪器、电力工程与管理、电气工程及其自动化、电子科学与技术、电子商务、电子信息工程、电子信息科学与技术、法学、风能与动力工程、工程管理、工程造价、工商管理、工业工程、公共事业管理、广告学、国际经济与贸易、汉语言文学、行政管理、核工程与核技术、环境工程、环境科学、会计学、机械工程及自动化、计算机科学与技术、建筑环境与设备工程、金融学、经济学、经济学类、劳动与社会保障、能源工程及自动化、能源化学工程、农业电气化与自动化、热能与动力工程、人力资源管理、软件工程、社会工作、市场营销、水利水电工程、水文与水资源工程、通信工程、网络工程、物流管理、新能源材料与器件、新能源科学与工程、信息安全、信息管理与信息系统、信息与计算科学、艺术设计、英语、应用化学、应用物理学、智能电网信息工程、自动化

博士专业 电工理论与新技术、电机与电器、电力电子与电力传动、电力经济、电力系统及其自动化、电气信息技术、动力机械及工程、高电压与绝缘技术、工程热物理、工程与项目管理、管理科学与工程、管理信息工程、化工过程机械、技术经济及管理、可再生能源与清洁能源、控制理论与控制工程、流体机械及工程、能源环境工程、热能工程、信息管理工程

硕士专业 材料学、产业经济学、车辆工程、电磁场与微波技术、电工理论与新技术、电机与电器、电力电子与电力传动、电力系统及其自动化、电路与系统、电气工程、电气工程新专业、电子与通信工程、动力工程、动力工程及工程热物理新专业、动力机械及工程、翻译、高电压与绝缘技术、工程、工程管理、工程热物理、工商管理、工商管理硕士、工业工程、供热、供燃气、通风及空调工程、管理科学与工程、管理科学与工程新专业、行政管理、环境工程、环境科学、会计、会计硕士、会计学、机械电子工程、机械工程、机械设计及理论、机械制造及其自动化、计算机技术、计算机软件与理论、计算机系统结构、计算机应用技术、技术经济及管理、检测技术与自动化装置、控制工程、控制理论与控制工程、理论物理、流体机械及工程、模式识别与智能系统、农业电气化与自动化、企业管理(含:财务管理、市场营销)、热能工程、软件工程、数量经济学、水文学及水资源、思想政治教育、诉讼法学、通信与信息系统、物流工程、系统工程、项目管理、信号与信息处理、英语笔译、英语语言文学、应用化学、应用数学、制冷及低温工程、资产评估、资产评估硕士

院系设置

电气与电子工程学院、能源动力与机械工程学院、控制与计算机工程学院、经济与管理学院、数理系、人文与社会科学学院、英语系、可再生能源学院、核科学与工程学院、体育教学部、思想政治理论课教学部、成人教育学院、培训学院、国际教育学院

国家级、省部级研究机构设置

我校现有国家级科研平台3个,省部级科研平台12个。2011年新增"新能源电力系统"国家重点实验室一个、"区域能源系统优化"教育部重点实验室一个。新增"低品位能源多相流与传热"北京市重点实验室。目前我校科研平台发展形势良好,14个省部级以上科研平台基本涵盖了我校主要的学科领域,在科学研究、学科建设和人才培养方面发挥着巨大的作用。特别是"新能源电力系统"国家重点实验室的立项建设标志着我校科研平台建设实现了跨越式的发展。随着我校传统优势学科的不断发展、新兴交叉学科的逐步完善,我校科学研究平台将会迎来更大的发展机遇

博士后科研流动站(4个) 电气工程博士后科研流动站、工商管理博士后科研流动站、动力工程及工程热物理博士后科研流动站、管理科学与工程博士后科研流动站

定期公开出版的专业刊物 《华北电力大学学报》、《华北电力大学学报(社科版)》、《华北电力大学学报(自然科学版)》、《电力科学与工程》、《现代电力》、《中国电力教育》

学校设立奖学金情况

学校设立奖学金40项,奖励总金额4987.215万元/年,最低金额150元/年。其中:本科生奖学金23项,奖励总金额约730.085万元,最低金额150元/年。

1. 校内学生奖学金:一等奖学金:669人/年,3000元/人

二等奖学金:1535人/年,1600元/人

三等奖学金:1533人/年,500元/人

单项奖学金:1684人/年,200元/人(本部);1985人/年,150元/人(保定)

校长奖学金:6人,10000元/人/年

2. 新生入学成绩优秀奖:6.6万

3. 企业奖学金:碧波奖学金,20人,3000元/人/年

新华都奖学金,20人,3000元/人/年

校友奖助金,240人,2000元/人/年

首航奖学金,一等奖,22人,3000元/人/年

二等奖,39人,2000元/人/年

三等奖,56人,1000元/人/年

中国风电奖助学金,一等奖,6人,5000元/人/年

二等奖,10人,3000元/人/年

三等奖,20人,2000元/人/年

中天科技奖学金,一等奖,10人,3000元/人/年

二等奖,20人,2000元/人/年

三等奖,30人,1000元/人/年

南瑞继保奖学金,10人,1000元/人/年(本部)

20人,2000元/人/年(保定)

龙基电力奖学金,50人,2000元/人/年

中国华电集团助困奖学金,12人,5000元/人/年

节能奖学金,10人,1000元/人/年

毅格奖助学金,45人,2000元/人/年

研究生奖学金17项,奖励总金额约4257.13万元,最低金额6000/年。

1. 基本奖助学金:博士优秀基本奖助学金,49人,14400元/人/年,学费全免普通博士基本奖助学金,127人,12000元/人/年,学费全免

普通博士基本奖助学金(博一),97人,9600元/人/年,学费全免

硕士特等奖助学金,125人,5000元/人/年,学费全免

硕士一等奖助学金,717人,4000元/人/年,学费全免

硕士二等奖助学金,1477人,3000元/人/年,学费全免

硕士三等奖助学金,1380人,2000元/人/年,减免50%学费

2. 优秀奖学金:优秀研究生标兵,36人,1000元/人/年

优秀研究生,546人,800元/人/年

优秀研究生干部,349人,800元/人/年

3. 中国风电研究生入学奖企业奖学金,10人,2000元/

人/年

4. 企业奖学金:"南瑞继保"奖学金(北京校部),10人,3000元/人/年

"南瑞继保"奖学金(保定校区),45人,2000元/人/年

"魏德米勒"奖学金,18人,5000元/人/年

校友奖助学金,60人,2000元/人/年

四方优秀研究生:博士10人,5000元/人/年

硕士30人,3000元/人/年

主要校办产业

1.北京华电天德资产经营有限公司 2.北京华电天德科技园有限公司 3.北京华电天仁电力控制技术有限公司 4.北京丹华昊博电力科技有限公司 5.华大天元(北京)电力科技有限公司 6.四方电气(集团)有限公司 7.北京四方立德保护控制设备有限公司 8.青岛华电高压电气有限公司 9.保定华电天德科技园有限公司 10.保定市毅格通信自动化有限公司 11.保定华电电力设计院有限公司 12.保定华仿科技有限公司

学校历史沿革

学校始建于1958年,原为北京电力学院;1969由就迁至河北邯郸,次年迁至保定市,先后更名为河北电力学院、华北电力学院;1978年经国务院批准成为全国重点大学,同年在北京成立了华北电力学院北京研究生部;1992年华北电力学院北京研究生部与新组建的北京动力经济学院一体化办学;1995年5月经原国家教委核电力部批准,华北电力学院和北京动力经济学院合并组建华北电力大学,学校校部由设在保定,分设华北电力大学(北京);2003年3月,华北电力大学由原国家电力公司划转教育部管理,正式成为教育部直属高校,并由国家电网公司、中国南方电网有限责任公司、中国华能集团公司、中国大唐集团、中国华电集团公司、中国国电集团公司、中国电力投资集团公司等七家大型电力企业集团组成的校董会与教育部共建;2005年9月,学校被正式列入国家"十五""211工程"建设高校行列;2005年10月,经教育部批准,学校校部由设在保定变更为设在北京,分设华北电力大学(保定)校区,两地实行实质性一体化管理。

北京工业职业技术学院

学校(机构)标识码 4111010853	传真电话 010-51511118	在校生数(人) 5065
学校办学类型 415:专科院校:高等职业学校	校园(局域)网域名 www.bgy.org.cn	其中:普通专科 4879
	电子信箱 bgybgs@bgy.org.cn	成人专科 186
学校性质类别 02 理工院校	占地面积(平方米) 240120	专任教师(人) 332
学校举办者 811 省级教育部门	校舍建筑面积(平方米) 192474	其中:正高级 3
学校地址 北京市石景山区石门路368号	图书(万册) 49.11	副高级 73
	固定资产总值(万元) 49682.37	中级 155
邮政编码 100042	教学、科研仪器设备资产值(万元)	初级 91
办公电话 010-51511004	26376.97	未定职级 10

专科专业 安全技术管理、电力系统自动化技术、电气自动化技术、电子测量技术与仪器、电子商务、电子信息工程技术、动漫设计与制作、法律事务、法律事务(法庭速录)、法律事务(速录)、法律文秘、法律文秘(速录)、房地产经营与估价、工程测量技术、工程地质勘查、工程造价、工商企业管理(物流)、会计电算化、机电一体化技术、机械制造与自动化、计算机辅助设计与制造、计算机网络技术、计算机应用技术、建筑工程技术、建筑装饰工程技术、旅游管理、模具设计与制造、汽车技术服务与营销、汽车检测与维修技术、商务英语、市场营销、数控技术、通信技术、珠宝首饰工艺及鉴定

院系设置

学院现设机电工程系、建筑工程系、信息工程系、经济工程系、社会科学系、思想政治教育部和基础部等七个系部和一所继续教育学院

定期公开出版的专业刊物 《北京工业职业技术学院学报》

学校设立奖学金情况

学院设立奖学金3项,奖励总金额120余万元。奖学金最高金额8000元/年,最低金额100元/年。

主要校办产业

北京煤炭矿用设备厂、凯尔斯机电技术开发公司、迪纳汽车修理厂、测绘技术服务有限公司、岩土工程技术服务有限公司

学校历史沿革

学院前身为创建于1956年的北京煤炭工业学校,1994年开始举办高等职业教育,1999年正式改制为职业技术学院。北京煤田地质学校(1956-1958),北京煤矿学校(1959-1984),北京煤炭工业学校(1985-1999),北京工业职业技术学院(1999至今)。

北京信息职业技术学院

学校(机构)标识码 4111010857	传真电话 010-64373421	在校生数(人) 7214
学校办学类型 415:专科院校:高等职业学校	校园(局域)网域名 www.bitc.edu.cn	其中:普通专科 5992
	电子信箱 bitc@bitc.edu.cn	成人专科 1222
学校性质类别 02 理工院校	占地面积(平方米) 202066	专任教师(人) 445
学校举办者 812 省级其他部门	校舍建筑面积(平方米) 211915	其中:正高级 6
学校地址 北京市朝阳区芳园西路5号	图书(万册) 53	副高级 110
	固定资产总值(万元) 50474	中级 249
邮政编码 100015	教学、科研仪器设备资产值(万元) 19893	初级 63
办公电话 010-64312725		未定职级 17

专科专业 电子商务、电子信息工程技术、多媒体设计与制作、广告设计与制作(艺术方向)、会计、会计(金融服务)、会展策划与管理、机电一体化技术、计算机多媒体技术、计算机控制技术、计算机控制技术(智能楼宇技术)、计算机网络技术、计算机信息管理、计算机应用技术(楼宇智能技术)、计算机应用技术(信息安全技术)、模具设计与制造、汽车电子技术、汽车电子技术(汽车电脑应用)、汽车技术服务与营销、嵌入式技术与应用(3G软件开发)、嵌入式技术与应用(3G软件开发)、软件技术、软件技术(软件测试)、商务英语、商务英语(国际商务)、市场营销、市场营销(国际商务)、数控技术、税务、通信技术、通信技术(3G方向)、通信技术(3G通信)、通信网络与设备、图文信息技术、图文信息技术(计算机图文设计)、网络系统管理、物流管理、信息安全技术、信息安全技术(网络安全管理)、影视动画(动画方向)、影视动画(艺术专业)、影视动画(影视方向)、应用电子技术(广播电视网络)、应用电子技术(数码技术)、应用电子技术(数字办公)、应用英语(国际商务)、应用英语(涉外文秘)、有线电视工程技术

院系设置
计算机工程系、软件工程系、数字媒体与艺术系、信息工程系、电子工程系、机电工程系、汽车工程系、财经管理系、外语系

定期公开出版的专业刊物 《信息职业技术教育》季刊、《北京信息职业技术学院学报》季刊、《北信校报》月刊

学校设立奖学金情况
学校设立奖学金4项,奖励总金额215.5万元,奖学金最高金额8000元/年,最低金额200元/年。

学校历史沿革
1999年7月,由原北京市成人电子信息大学和北京无线电工业学校合并成立北京信息职业技术学院;2003年8月,北京信息职业技术学院、北京市计算机工业学校、北京市电子工业学校资源整合成立北京信息职业技术学院。

北京电子科技职业学院

学校(机构)标识码 4111010858	传真电话 010-84627840	48923.37
学校办学类型 415:专科院校:高等职业学校	校园(局域)网域名 www.dky.bjedu.cn	在校生数(人) 6613
		其中:普通专科 6276
学校性质类别 02 理工院校	电子信箱 dky_ybgs@126.com	成人专科 337
学校举办者 811 省级教育部门	占地面积(平方米) 559572	专任教师(人) 595
学校地址 北京市朝阳区太阳宫芍药居甲1号	校舍建筑面积(平方米) 251832	其中:正高级 15
	图书(万册) 128.33	副高级 219
邮政编码 100029	固定资产总值(万元) 98497.28	中级 319
办公电话 010-84612856	教学、科研仪器设备资产值(万元)	初级 42

专科专业 城市轨道交通控制、导游、电脑艺术设计、电气自动化技术、电子商务、电子信息工程技术、多媒体设计与制作、钢琴调律、工程监理、工商企业管理、供热通风与空调工程技术、广播电视网络技术、广告设计与制作、国际商务、焊接技术及自动化、环境监测与治理技术、会计、机电一体化技术、机械制造与自动化、计算机多媒体技术、计算机网络技术、计算机应用技术、金融保险、楼宇智能化工程技术、模具设计与制造、汽车电子技术、汽车技术服务与营销、汽车检测与维修技术、汽车制造与装配技术、人物形象设计、软件技术、商务英语、生物技术及应用、食品营养与检测、食品质量与安全监管、数控技术、数控设备应用与维护、通信技术、文秘、物业管理、应用电子技术、装饰艺术设计、资产评估与管理

院系设置

学院下设七个二级学院：艺术设计学院、机械工程学院、自动化工程学院、汽车工程学院、电信工程学院、经济管理学院、生物工程学院

学校设立奖学金情况

学院设立奖学金五项，奖励总金额 167 万余元。奖学金最高金额 8000 元/人·年；最低金额 50 元/人·年。

学校历史沿革

1999 年，北京市轻工职工大学与北京一轻工业学校合并成立北京轻工职业技术学院；2004 年，北京轻工职业技术学院与北京邮电工业学校合并成立北京电子科技职业学院；2007 年，北京机械工业学校、北京二轻工业学校、北京仪器仪表工业学校、北京汽车工业学校并入北京电子科技职业学院成立新的北京电子科技职业学院。

北京京北职业技术学院

学校(机构)标识码 4111011090	传真电话 010-89681399	在校生数(人) 2033
学校办学类型 415：专科院校：高等职业学校	校园(局域)网域名 www.jbzy.com.cn	其中：普通专科 2033
	电子信箱 hrjbzy@163.com	专任教师(人) 129
学校性质类别 02 理工院校	占地面积(平方米) 124000	其中：正高级 2
学校举办者 832 县级其他部门	校舍建筑面积(平方米) 60515	副高级 24
学校地址 北京市怀柔区小中富乐一区 188 号	图书(万册) 50.8	中级 73
	固定资产总值(万元) 159415.24	初级 26
邮政编码 101400	教学、科研仪器设备资产值(万元) 1812.43	未定职级 4
办公电话 010-89681399		

专科专业 电视制片管理、电子商务、电子信息工程技术、会展策划与管理、计算机应用技术、建筑工程技术、建筑设备工程技术、旅游管理、汽车制造与装配技术、市场营销、物流管理、学前教育

院系设置

学院设有三系两部一中心：建筑工程系、管理系、机电系、体育部、培训部和实训中心

国家级、省部级研究机构设置

建筑工程技术专业和汽车制造与装配技术专业实训基地是中央财政支持的实训基地，是北京市示范性实训旅游基地。学院现有校内实训室 21 个，校外实训基地 46 个。

学校设立奖学金情况

学院设立奖学金 5 项，奖励总金额 4 万元，最高金额 400 元/年，最低金额 140 元/年。

学校历史沿革

北京京北职业技术学院是在 1984 年成立的北京建筑工程学院怀柔分院的基础上由北京市批准的郊区第一所公办、全日制的高等职业教育学院。2002 年 12 月更名为北京京北职业技术学院。

北京交通职业技术学院

学校(机构)标识码 4111011092	校园(局域)网域名 www.jtxy.com.cn	在校生数(人) 2109
学校办学类型 415：专科院校：高等职业学校	电子信箱 bjjtxy@126.com	其中：普通专科 2109
	占地面积(平方米) 123661	专任教师(人) 102
学校性质类别 02 理工院校	校舍建筑面积(平方米) 97012	其中：正高级 2
学校举办者 832 县级其他部门	图书(万册) 12.9	副高级 24
学校地址 北京交通职业技术学院	固定资产总值(万元) 11758	中级 46
邮政编码 102200	教学、科研仪器设备资产值(万元) 2810.53	初级 23
办公电话 010-89703146		未定职级 7
传真电话 010-89708999		

专科专业 城市轨道交通车辆、城市轨道交通工程技术、城市轨道交通运营管理、道路桥梁工程技术、高等级公路维护与管理、工程造价、机电设备维修与管理、计算机应用技术、建筑工程技术、旅游管理、汽车电子技术、汽车技术服务与营销、物业管理、物业设施管理、园林工程技术

院系设置

管理系、汽车系、路桥系、基础部

定期公开出版的专业刊物 《学院报》、《心弦》

学校设立奖学金情况

学校设立奖学金 6 项,奖励总金额 11 余万元。奖学金最高金额 1000 元/年,最低金额 400 元/年。

主要校办产业

益学商店、育人物业公司

学校历史沿革

北京交通大学昌平分校(1984－1999)北京交通大学昌平职业技术学院(1999－2005)北京交通职业技术学院(2005－至今)。

中华女子学院

学校(机构)标识码　4111011149	电子信箱　xxbgs@cwu.edu.cn	普通专科　880
学校办学类型　412:本科院校:学院	占地面积(平方米)　99411	成人本科　108
学校性质类别　07 语文院校	校舍建筑面积(平方米)　107889	成人专科　666
学校举办者　713 中华全国妇女联合会	图书(万册)　40.28	专任教师(人)　264
学校地址　北京市朝阳区育慧东路1号	固定资产总值(万元)　8708	其中:正高级　28
	教学、科研仪器设备资产值(万元)　5248	副高级　79
邮政编码　100101		中级　135
办公电话　010－84659005	在校生数(人)　6063	初级　19
传真电话　010－84659300	其中:普通本科　4409	未定职级　3
校园(局域)网域名　www.cwu.edu.cn		

本科专业　播音与主持艺术、财务管理、对外汉语、法学、会计学、计算机科学与技术、金融学、旅游管理、女性学、人力资源管理、社会工作、社会学、审计学、市场营销、文化产业管理、学前教育、艺术设计、英语、应用心理学

专科专业　编导、房地产经营与估价、旅游管理、人物形象设计、社区管理与服务、体育服务与管理、文秘、物业管理、新闻采编与制作、学前教育、音乐表演、影视表演、主持与播音

院系设置

社会与法学院、管理学院、艺术学院、教育学院、金融系、计算机系、外语系、对外汉语系、公共教学部、体育教学部、继续教育学院、高等职业教育学院

定期公开出版的专业刊物　《中华女子学院学报》

学校设立奖学金情况

学校设立奖学金 12 项,奖励总金额 395 余万元。奖学金最高金额 8000 元/年,最低奖学金 100 元/年。

学校历史沿革

中华女子学院隶属于中华全国妇女联合会,学校的前身为中国妇女职业学校。先后经历了中国妇女职业学校(1949 年－1950 年);中国全国民主妇女联合会妇女干部学校(1950 年－1961 年,1961 年停办,1978 年－1984 年为恢复期);全国妇联管理干部学院(1984 年－1987 年);中国妇女管理干部学院(1987 年－1995 年);中华女子学院(1995 年－至今)。

北京信息科技大学

学校(机构)标识码　4111011232	电子信箱　office@bistu.edu.cn	成人专科　2643
学校办学类型　411:本科院校:大学	占地面积(平方米)　333178	硕士研究生　919
学校性质类别　02 理工院校	校舍建筑面积(平方米)　331224	留学生　12
学校举办者　811 省级教育部门	图书(万册)　95.64	专任教师(人)　754
学校地址　北京市海淀区清河小营东路12号	固定资产总值(万元)　80427.21	其中:正高级　99
	教学、科研仪器设备资产值(万元)　34783.4	副高级　221
邮政编码　100192		中级　392
办公电话　010－82426814	在校生数(人)　14947	初级　17
传真电话　010－62913394	其中:普通本科　10665	未定职级　25
校园(局域)网域名　www.bistu.edu.cn	成人本科　708	

本科专业　财务管理,测控技术与仪器、车辆工程、传播学、电气工程及其自动化、电子商务、电子信息工程、电子信息科学与技术、工商管理、工业工程、工业设计、管理科学、光信息科学与技术、行政管理、会计学、机械设计制造及其自动化、计算机科学与技术、经济学、人力资源管理、软件工程、审计学、市场营销、数学类、通信工程、统计学、网络工程、信息安全、信息管理与信

息系统、信息与计算科学、英语、智能科学与技术、自动化

硕士专业 测试计量技术及仪器、车辆工程、电子与通信工程、工商管理、工业工程、管理科学与工程、国民经济学、机械电子工程、机械工程、机械设计及理论、机械制造及其自动化、计算机技术、计算机应用技术、技术经济及管理、检测技术与自动化装置、精密仪器及机械、控制工程、控制理论与控制工程、马克思主义中国化研究、模式识别与智能系统、企业管理(含:财务管理、市场营销)、数量经济学、微电子学与固体电子学、物流工程、信号与信息处理、仪器仪表工程、应用数学

院系设置

机电工程学院、光电信息与通信工程学院、自动化学院、计算机学院、经济管理学院、政治理论教育学院、人文社科系、外国语学院、理学院、体育部、计算中心、机电实习中心、继续教育学院

国家级、省部级研究机构设置

省部共建教育部重点实验室1个(现代测控技术实验室)、北京市重点实验室3个(传感器实验室、机电系统测控实验室、网络文化与数字传播实验室)、北京市哲学社会科学研究基地1个(北京知识管理研究基地)、原信息产业部重点实验室2个(信息与通信系统实验室、信息获取与检测实验室)、北京市工程研究中心1个(光电信息与仪器工程中心)、机械工业重点建设实验室2个(多轴复合机床关键部件研究应用技术实验室、现代测试技术实验室)

定期公开出版的专业刊物 《北京信息科技大学学报(自然科学版)》

学校设立奖学金情况

学校设立奖学金7项,奖励总金额945余万元/年。奖学金最高金额8000元/年,最低金额100元/年。

(1)国家奖学金:24人/年,8000元/人;

(2)国家励志奖学金:353人/年,5000元/人;

(3)国家助学金:1793人/年,一等奖:683人/年,4500元/人,二等奖:1110人/年,2300元/人;

(4)竞赛单项奖学金:749人/年,特等奖:1000元/人,一等奖:600元/人,二等奖:400元/人,三等奖:300元/人,鼓励奖:100元/人;

(5)学术创新奖学金:1人/年,一等奖:500元/人,二等奖:200元/人;

(6)优秀学生奖学金:4977人/年,特等奖:每学期2000元/人,比例不限,一等奖:每学期1000元/人,不超过班/专业总人数3%,二等奖:每学期750元/人,不超过班/专业总人数7%,三等奖:每学期500元/人,不超过班/专业总人数12%,学习单项奖学金:每学期500元/人,不超过班/专业总人数3%,学习进步奖学金:每学期300元/人,不超过班/专业总人数3%;

(7)研究生奖学金:一等奖:1500元/人,二等奖:1200元/人,三等奖:1000元/人。

主要校办产业

北京意康机械有限公司、北信计算机系统工程公司、北京科信机电技术研究所

学校历史沿革

2008年3月26日,经教育部批准,在北京机械工业学院和北京信息工程学院合并的基础上正式设立北京信息科技大学。北京机械工业学院的前身是1986年陕西机械学院北京研究生部和北京机械工业管理专科学校合并成立的北京机械工业管理学院,隶属机械工业部,1990年更名为北京机械工业学院,1998年划转北京市管理。北京信息工程学院的前身是1978年第四机械工业部1915所举办的北京大学第二分校,1985年更名为北京信息工程学院,隶属电子工业部,1997年与电子工业管理干部学院、北京成人电子工业学院合并成立新的北京信息工程学院,2000年划转北京市管理。2004年5月,教育部同意在北京机械工业学院和北京信息工程学院的基础上筹建北京信息科技大学。

中国矿业大学(北京)

学校(机构)标识码 4111011413	电子信箱 president@cumtb.edu.cn	成人专科 678
学校办学类型 411:本科院校:大学	占地面积(平方米) 240040	博士研究生 1152
学校性质类别 02 理工院校	校舍建筑面积(平方米) 360371	硕士研究生 3691
学校举办者 360 教育部	图书(万册) 71	留学生 24
学校地址 北京市海淀区学院路丁11号	固定资产总值(万元) 83655.82	专任教师(人) 560
邮政编码 100083	教学、科研仪器设备资产值(万元) 13588	其中:正高级 130
办公电话 010-62331203	在校生数(人) 11509	副高级 176
传真电话 010-62325016	其中:普通本科 5139	中级 238
校园(局域)网域名 cumtb.edu.cn	成人本科 825	初级 16

本科专业 安全工程、材料科学与工程、采矿工程、测绘工程、测控技术与仪器、地球物理学、地质工程、电气工程与自动化、法学、工程力学、工商管理、工商管理类、工业工程、行政管理、化学工程与工艺、化学类、环境工程、环境科学类、会计学、机械工程及自动化、计算机科学与技术、建筑学、矿物加工工程、生物工程、市场营销、数学与应用数学、土木工程、消防工程、信息与计算科学、英语、应用化学

博士专业 安全技术及工程、采矿工程、测绘科学与技术新

专业、大地测量学与测量工程、地球化学、地球探测与信息技术、地图制图学与地理信息工程、地质工程、地质资源与地质工程新专业、电力电子与电力传动、防灾减灾工程及防护工程、工程力学、供热、供燃气、通风及空调工程、构造地质学、固体力学、管理科学与工程、管理科学与工程新专业、化学工艺、环境工程、环境科学、机械电子工程、机械设计及理论、计算机应用技术、检测技术与自动化装置、结构工程、控制理论与控制工程、矿产普查与勘探、矿物加工工程、矿物学、岩石学、矿床学、矿业工程新专业、力学新专业、流体力学、桥梁与隧道工程、摄影测量与遥感、思想政治教育、通信与信息系统、土地资源管理、岩土工程、应用化学

硕士专业 安全工程、安全技术及工程、材料加工工程、材料物理与化学、材料学、采矿工程、测绘工程、测绘科学与技术新专业、测试计量技术及仪器、产业经济学、车辆工程、城市规划与设计(含：风景园林规划)、大地测量学与测量工程、大气科学新专业、地球探测与信息技术、地图学与地理信息系统、地图制图学与地理信息工程、地质工程、地质资源与地质工程新专业、电力电子与电力传动、电力系统及其自动化、电路与系统、防灾减灾工程及防护工程、概率论与数理统计、工程管理硕士、工程力学、工商管理硕士、工业催化、工业工程、公共管理硕士、固体地球物理学、固体力学、管理科学与工程、管理科学与工程新专业、光学、行政管理、化学工程、化学工艺、环境工程、环境科学、会计硕士、会计学、机械电子工程、机械工程、机械设计及理论、机械制造及其自动化、基础数学、计算机技术、计算机软件与理论、计算机系统结构、计算机应用技术、计算数学、技术经济及管理、检测技术与自动化装置、建筑设计及其理论、建筑与土木工程、结构工程、经济法学、科学技术哲学、控制工程、控制理论与控制工程、矿产普查与勘探、矿物加工工程、矿物学、岩石学、矿床学、矿业工程、矿业工程新专业、流体力学、美术学、企业管理(含：财务管理、市场营销)、桥梁与隧道工程、设计艺术学、摄影测量与遥感、生物化工、市政工程、数量经济学、水文学及水资源、思想政治教育、通信与信息系统、土地资源管理、外国语言学及应用语言学、物理化学(含：化学物理)、物流工程、项目管理、信号与信息处理、岩土工程、艺术设计、英语笔译、英语语言文学、应用化学、应用数学、政治学理论、政治学新专业

院系设置
资源与安全工程学院、地球科学与测绘工程学院、化学与环境工程学院、机电与信息工程学院、管理学院、力学与建筑工程学院、理学院、文法学院、思想政治教育学院、继续教育学院、安全科学技术学院、中国矿业大学(北京)职业技术学院

国家级、省部级研究机构设置
煤炭资源与安全开采国家重点实验室，深部岩土力学与地下工程国家重点实验室。

研究所(中心)：水煤浆研究所、岩石研究所、分形研究所、信息工程研究所、高水材料研究所、煤基浆体燃料工程中心、矿山生态安全工程中心、土地复垦工程中心、煤炭地下气化中心、放顶煤中心。

博士后科研流动站 测绘科学与技术博士后流动站、地质学博士后流动站、地质资源与地质工程博士后流动站、电气工程博士后流动站、管理科学与工程博士后流动站、环境科学与工程博士后流动站、机械工程博士后流动站、控制科学与工程博士后流动站、矿业工程博士后流动站、力学博士后流动站、土木工程博士后流动站、信息与通信工程博士后流动站。

学校设立奖学金情况
13项，奖励总金额213.7余万元。奖学金最高金额8000元/年，最低金额150元/年。

主要校办产业
中矿大投资咨询有限责任公司(中矿大资产管理北京有限公司)、北京矿大能源与安全有限责任公司、中矿大爆破有限公司、天津炭金公司、东方翰科技公司、北京矿大交流中心。

学校历史沿革
中国矿业大学是教育部直属的全国重点大学，由地处北京和徐州的两个校区组成。中国矿业大学(北京)是在原中国矿业大学北京研究生部的基础上建立的。1978年，经国务院批准，中国矿业大学北京研究生部成立，恢复招收和培养研究生。1997年7月，经原国家教委和北京市批准，成立了中国矿业大学(北京)，纳入北京市高等学校教育管理序列。

中国石油大学

学校(机构)标识码 4111011414	占地面积(平方米) 358999	成人专科 2993
学校办学类型 411:本科院校:大学	校舍建筑面积(平方米) 376462	博士研究生 874
学校性质类别 02 理工院校	图书(万册) 104.24	硕士研究生 4797
学校举办者 360 教育部	固定资产总值(万元) 130265.45	留学生 466
学校地址 北京市昌平区府学路18号	教学、科研仪器设备资产值(万元) 44412.05	专任教师(人) 763
邮政编码 102249		其中:正高级 219
办公电话 010-89733062	在校生数(人) 20669	副高级 236
传真电话 010-69744849	其中:普通本科 7010	中级 300
校园(局域)网域名 www.cup.edu.cn	成人本科 4529	初级 8
电子信箱 xzbgs@cup.edu.cn		

本科专业 安全工程、材料科学与工程、财务管理、测控技术与仪器、船舶与海洋工程、地质工程、电子信息工程、工商管

理、国际经济与贸易、过程装备与控制工程、化学工程与工艺、环境工程、环境科学、会计学、机械设计制造及其自动化、计算机科学与技术、勘查技术与工程、能源化学工程、热能与动力工程、石油工程、市场营销、数学与应用数学、信息管理与信息系统、英语、应用化学、油气储运工程、自动化

博士专业 安全技术及工程、材料学、地球化学、地质学、地质资源与地质工程、工程力学、构造地质学、化工材料、化工过程机械、化学工程与技术、环境化工、机械电子工程、机械设计及理论、计算机技术与资源信息工程、控制理论与控制工程、矿物学、岩石学、矿床学、马克思主义中国化研究、能源资源与环境地球化学、热能工程、石油工程管理、石油与天然气工程、油气储运工程、油气井工程、油气田开发工程

硕士专业 安全工程、安全技术及工程、材料工程、材料科学与工程、材料学、测试计量技术及仪器、产业经济学、船舶与海洋结构物设计制造、地球化学、地球探测与信息技术、地图制图学与地理信息工程、地质工程、电子与通信工程、动力工程、翻译、高等教育学、工程力学、工商管理、工业催化、工业工程、供热、供燃气、通风及空调工程、构造地质学、古生物学与地层学(含:古人类学)、固体地球物理学、管理科学与工程、国际政治、海洋地质、化工过程机械、化学、化学工程、化学工艺、环境工程、环境科学、会计、会计学、机械电子工程、机械工程、计算机技术、计算机科学与技术、技术经济及管理、结构工程、金融学(含:保险学)、经济法学、控制工程、控制科学与工程、控制理论与控制工程、矿产普查与勘探、矿物学、岩石学、矿床学、流体力学、马克思主义哲学、马克思主义中国化研究、企业管理(含:财务管理、市场营销)、热能工程、生物化工、石油天然气工程、石油与天然气工程、数学、思想政治教育、体育教育训练学、无线电物理、物理学、信号与信息处理、信息与通信工程、岩土工程、英语语言文学、应用化学、油气储运工程、油气井工程、油气田开发工程

院系设置
现设有11个院(系、部、中心)

国家级、省部级研究机构设置
6个博士后流动站;33个硕士授权的一级学科,151个硕士点;2个国家重点实验室,12个省部级实验室

定期公开出版的专业刊物 《石油科学》(英文版)和《古地理学报》两种公开出版刊物。

学校设立奖学金情况
学校共设立奖学金43项,总金额1900余万元,最高金额50000元,最低金额500元。

主要校办产业
中石大新元投资公司是学校投资的校办产业总公司,代表学校进行经营性资产管理和科技成果产业化。

学校历史沿革
中国石油大学的前身是于1953年创立的北京石油学院。

中国地质大学(北京)

学校(机构)标识码	4111011415	占地面积(平方米)	560076	博士研究生 1558
学校办学类型	411:本科院校:大学	校舍建筑面积(平方米)	441112	硕士研究生 4212
学校性质类别	02 理工院校	图书(万册) 107.49		留学生 49
学校举办者	360 教育部	固定资产总值(万元)	99994.36	专任教师(人) 866
学校地址	北京市海淀区学院路29号	教学、科研仪器设备资产值(万元)		其中:正高级 184
邮政编码	100083		30642.87	副高级 264
办公电话	010-82323104	在校生数(人)	21534	中级 348
传真电话	010-82321006	其中:普通本科	8337	初级 49
校园(局域)网域名	www.cugb.edu.cn	成人本科	5368	未定职级 21
电子信箱	dbxb@cugb.edu.cn	成人专科	2010	

本科专业 安全工程、宝石及材料工艺学、材料化学、材料科学与工程、测绘工程、测控技术与仪器、地理信息系统、地球化学、地球物理学、地下水科学与工程、地质学、电气工程及其自动化、电子信息工程、法学、工商管理、管理科学与工程类、海洋科学、环境工程、会计学、机械设计制造及其自动化、计算机科学与技术、经济学、勘查技术与工程、软件工程、石油工程、数学与应用数学、水文与水资源工程、土地资源管理、土木工程、信息管理与信息系统、艺术设计、英语、资源勘查工程

博士专业 安全工程、安全技术及工程、宝石学、地球化学、地球探测与信息技术、地球物理工程、地球物理学、地图制图学与地理信息工程、地下建筑工程、地下水科学与工程、地学信息工程、地质工程、地质环境与工程、第四纪地质学、非传统矿产资源开发、构造地质学、古生物学与地层学(含:古人类学)、固体地球物理学、管理科学与工程、海洋地质、环境工程、环境科学与工程、环境与工程地球物理、矿产普查与勘探、矿物学、岩石学、矿床学、能源地质工程、生态地质学、水文学及水资源、思想政治教育、土地资源管理、岩石矿物材料、岩石矿物材料学、岩石矿物质材料学、岩土工程、油气田开发工程、资源产业经济、资源管理工程、资源与环境遥感、钻井工程

硕士专业 安全工程、安全技术及工程、宝石学、材料工程、材料科学与工程、测绘工程、大地测量学与测量工程、大气物理学与大气环境、地理学、地球化学、地球探测与信息技术、地球物理工程、地球物理学、地图学与地理信息系统、地图制图学与地理信息工程、地下建筑工程、地下水科学与工程、地质工程、地质

环境与工程、第四纪地质学、电子与通信工程、法律硕士(法学)、高等教育学、工商管理、工商管理硕士、公共管理、公共管理硕士、构造地质学、古生物学与地层学(含:古人类学)、管理科学与工程、光学、海洋地质、海洋化学、化学、化学工程、环境工程、环境科学与工程、环境与工程地球物理、环境与资源保护法学、会计硕士、会计学、机械工程、计算机技术、计算机科学与技术、计算数学、检测技术与自动化装置、建筑与土木工程、科学技术史、控制工程、控制理论与控制工程、矿产普查与勘探、矿物学、岩石学、矿床学、理论经济学、马克思主义理论、能源地质工程、软件工程、设计艺术学、摄影测量与遥感、生态地质学、生物化学与分子生物学、石油与天然气工程、水利工程、水文学及水资源、体育教育训练学、土地资源管理、外国语言学及应用语言学、宪法学与行政法学、信息与通信工程、岩石矿物材料学、岩土工程、艺术设计、英语语言文学、应用化学、应用经济学、应用数学、应用心理学、油气田开发工程、资源产业经济、资源管理工程、资源与环境遥感、钻井工程

国家级、省部级研究机构设置

1. 实验室 1)地质过程与矿产资源国家重点实验室(京汉共建) 2)生物地质与环境地质国家重点实验室(京汉共建) 3)国土资源信息研究开发北京市重点实验室 4)水资源与环境工程北京市重点实验室 5)地下信息探测技术与仪器教育部重点实验室 6)海相储层演化与油气富集机理教育部重点实验室 7)土地整治国土资源部重点实验室(与国土资源部土地整理中心共建) 8)地质超深钻探技术国家专业实验室 9)矿物岩石材料开发与应用国家专业实验室

2. 研究中心(所) 1)煤层气国家工程研究中心(与中联煤集团共建) 2)国家岩矿化石标本库基础条件平台

博士后科研流动站 1)地质学 2)地质资源与地质工程 3)环境科学与工程 4)海洋科学 5)地球物理学 6)石油与天然气工程 7)测绘科学与技术 8)土木工程 9)管理科学与工程

定期公开出版的专业刊物 1)《现代地质》2)《地学前缘》3)《资源与产业》4)《中国地质教育》

学校设立奖学金情况

学校设立奖学金29项,奖励总金额504.74万元。奖学金最高金额10000元/年,最低金额300元/年。

主要校办产业

1)北京中地大投资管理有限责任公司 2)北京天成印务有限责任公司 3)北京京迪广珠宝有限公司 4)北京捷奥斯图书有限责任公司 5)北京中地大工程勘察设计研究院有限责任公司 6)北京地大地质科技公司

学校历史沿革

中国地质大学(北京)是一所以地质、资源、环境和工程技术为特色、理工文管法相结合的多多学科性重点大学,前身是1952年由北京大学、天津大学、唐山铁道学院等院校的地质系(科)合并组成的北京地质学院,隶属于教育部。

北京联合大学

学校(机构)标识码 4111011417	电子信箱 lddb@buu.edu.cn	成人本科 1540
学校办学类型 411:本科院校:大学	占地面积(平方米) 407922	成人专科 1884
学校性质类别 01 综合大学	校舍建筑面积(平方米) 454415	硕士研究生 101
学校举办者 811 省级教育部门	图书(万册) 230.6	留学生 652
学校地址 北京市朝阳区北四环东路97号	固定资产总值(万元) 145906.7	专任教师(人) 1670
	教学、科研仪器设备资产值(万元) 50895.86	其中:正高级 144
邮政编码 100101		副高级 527
办公电话 010-64900048	在校生数(人) 31139	中级 891
传真电话 010-64900054	其中:普通本科 20607	初级 78
校园(局域)网域名 www.buu.edu.cn	普通专科 6355	未定职级 30

本科专业 包装工程、表演、材料科学与工程、财务管理、档案学、地理信息系统、电气工程与自动化、电子商务、电子信息工程、电子信息科学与技术、法学、工程管理、工商管理、工商管理类、工业工程、工业设计、公共事业管理、广告学、国际经济与贸易、汉语言文学、环境科学、会计学、会展经济与管理、绘画、机械工程及自动化、机械类、计算机科学与技术、建筑电气与智能化、建筑环境与设备工程、交通工程、金融学、经济学类、酒店管理、历史学、旅游管理、汽车服务工程、人力资源管理、日语、生物工程、生物技术、生物医学工程、食品科学与工程、食品质量与安全、市场营销、特殊教育、通信工程、物流工程、新闻学、信息管理与信息系统、信息与计算科学、学前教育、艺术设计、音乐学、英语、应用心理学、针灸推拿学、制药工程、资源环境与城乡规划管理、自动化

专科专业 表演艺术、财务管理、餐饮管理与服务、电脑艺术设计、电子商务、电子信息工程技术、服装设计、供热通风与空调工程技术、广告设计与制作、国际商务、会计、机电一体化技术、计算机多媒体技术、计算机控制技术、计算机网络技术、计算机信息管理、计算机应用技术、金融保险、酒店管理、楼宇智能化工程技术、旅游管理、旅游英语、烹饪工艺与营养、汽车技术服务与营销、汽车检测与维修技术、软件技术、商务日语、商务英语、市场营销、视觉传达艺术设计、数控技术、数字媒体技术、听力语言康复技术、通信技术、文秘、物流管理、物业设施管理、信息传播与策划、药物制剂技术、艺术设计、音乐表演、音像技术、营销与策划、应用法语、应用韩语、应用日语、应用西班牙语、园林技术

硕士专业　计算机应用技术、食品科学、专门史
学校历史沿革
北京联合大学是 1985 年 1 月,教育部(85)教计字 002 号文件批准建立的北京市属综合性普通高校。

北京城市学院

学校(机构)标识码　4111011418	电子信箱　bcu@bcu.edu.cn	普通专科　7053
学校办学类型　412:本科院校:学院	占地面积(平方米)　633274	成人本科　108
学校性质类别　01 综合大学	校舍建筑面积(平方米)　258241	成人专科　418
学校举办者　999 民办	图书(万册)　119.4	专任教师(人)　621
学校地址　北京市北四环中路 269 号	固定资产总值(万元)　58872.9	其中:正高级　30
邮政编码　100083	教学、科研仪器设备资产值(万元)	副高级　160
办公电话　010 - 62324350	10207.62	中级　269
传真电话　010 - 62324350	在校生数(人)　20738	初级　126
校园(局域)网域名　www.bcu.edu.cn	其中:普通本科　13159	未定职级　36

本科专业　表演、城市管理、城市规划、传播学、电子信息工程、动画、法学、法语、给水排水工程、工商管理、公共事业管理、国际经济与贸易、会计学、计算机科学与技术、交通工程、教育学、金融学、旅游管理、软件工程、社会工作、生物技术、通信工程、土木工程、西班牙语、信息管理与信息系统、艺术设计、英语、中药学、资源环境与城乡规划管理

专科专业　城市轨道交通运营管理、出版与发行、电脑艺术设计、电子商务、电子信息工程技术、多媒体设计与制作、法律事务、房地产经营与估价、工商企业管理、广播电视技术、广告设计与制作、国际贸易实务、护理、会计、会计与审计、会展策划与管理、计算机多媒体技术、计算机网络技术、计算机应用技术、建筑工程管理、建筑工程技术、建筑设计技术、金融与证券、酒店管理、劳动与社会保障、旅游管理、汽车检测与维修技术、人力资源管理、人物形象设计、软件技术、商务英语、社会工作、生物实验技术、生物制药技术、食品营养与检测、市场营销、税务、通信技术、文秘、舞蹈表演、物流管理、物业管理、新闻采编与制作、信息传播与策划、学前教育、艺术设计、应用德语、应用法语、应用日语、应用西班牙语、园林技术、中药、珠宝首饰工艺及鉴定、资产评估与管理

院系设置
10 个。经济管理学部、国际语言文化学部、信息学部、艺术学部、城市建设学部、生物医药学部、公共管理学部、表演学部、现代职业学部、成人教育学部

定期公开出版的专业刊物　《北京城市学院学报》

学校设立奖学金情况
学校设立奖学金 12 项,奖励总金额 1197.63 万元。奖学金最高金额 8000 元/年,最低金额 200 元/年。

主要校办产业
北京城大宏业教育科技发展公司

学校历史沿革
北京城市学院前身为海淀走读大学,创建于 1984 年,海淀走读大学开创了我国具有学历教育资格的民办教育先河,原为专科层次,2003 年 4 月升为本科普通高等学校,并定名为北京城市学院,民办体制。

中国青年政治学院

学校(机构)标识码　4111011625	校园(局域)网域名　www.cyu.edu.cn	成人本科　1051
学校办学类型　412:本科院校:学院	电子信箱　yb@cyu.edu.cn	成人专科　2246
学校性质类别　09 政法院校	占地面积(平方米)　113220	硕士研究生　504
学校举办者　712 中国共产主义青年团中央委员会	校舍建筑面积(平方米)　172938	留学生　154
学校地址　北京市海淀区西三环北路 25 号 中国青年政治学院	图书(万册)　67.68	专任教师(人)　314
	固定资产总值(万元)　12758.95	其中:正高级　39
邮政编码　100089	教学、科研仪器设备资产值(万元)	副高级　120
办公电话　010 - 88567090	5658.37	中级　141
传真电话　010 - 88568036	在校生数(人)　8446	初级　14
	其中:普通本科　4491	

本科专业 财务管理、法学、广播电视新闻学、国际经济与贸易、汉语言文学、经济学、劳动与社会保障、社会工作、社会学、思想政治教育、新闻学、英语、政治学与行政学

硕士专业 法律(法学)、法律(非法学)、经济法学、马克思主义基本原理、马克思主义哲学、社会学、世界经济、思想政治教育、新闻学、刑法学

院系设置

设有中国马克思主义学院、社会工作学院、青少年工作系、法律系、经济系、新闻与传播系、公共管理系、中国语言文学系、外国语言文学系等9个教学院系,社会科学部、文化基础部、外语教学与研究中心、计算机教学与应用中心、体育教学中心等5个教学中心(部)。《中国青年政治学院学报》是全国中文核心期刊,2006年入选"全国三十佳社科学报",其"青少年研究"栏目于2005年入选教育部高校哲学社会科学学报名栏建设工程。

学校设立奖学金情况

9项,2011年预计发放奖励总金额100.5万,奖学金最高金额为1500元/年,最低金额为100元/年。

主要校办产业

现有中国青年教育音像出版社、万年青宾馆两所校办产业。

学校历史沿革

中国青年政治学院是在中央团校基础上于1985年12月成立的,是共青团中央所属的唯一一所普通高等学校与中央团校两块牌子,一套机构,承担普通高等教育和共青团干部培训的双重职能。目前,学校已建立起包括本科教育、研究生教育、留学生教育、继续教育和团干部培训等在内的多形式、多层次的教育格局。

北京青年政治学院

学校(机构)标识码　4111011626
学校办学类型　414:专科院校:高等专科学校
学校性质类别　07 语文院校
学校举办者　811 省级教育部门
学校地址　北京市朝阳区花家地街9号
邮政编码　100102
办公电话　010－64722074
传真电话　010－64722387

校园(局域)网域名　www.bjypc.edu.cn
电子信箱　ybgs@bjypc.edu.cn
占地面积(平方米)　26272
校舍建筑面积(平方米)　40869
图书(万册)　38.67
固定资产总值(万元)　24718.26
教学、科研仪器设备资产值(万元)　　8863.07

在校生数(人)　4198
其中:普通专科　3901
　　　成人专科　297
专任教师(人)　240
其中:正高级　10
　　　副高级　54
　　　中级　129
　　　初级　46
　　　未定职级　1

专科专业 电脑艺术设计、电子商务、电子政务、法律事务、工商企业管理、国际商务、会计电算化、计算机应用技术、金融与证券、老年服务与管理、旅游英语、美术、青少年工作与管理、社会工作、网络系统管理、文秘、心理咨询、新闻采编与制作、学前教育

院系设置

下设十个系、一部、一分院、三个研究所。

定期公开出版的专业刊物　《北京青年政治学院学报》

学校设立奖学金情况

学校设立奖学金10项,奖励总金额137.47万元。奖学金最高金额8000元/年,最低金额200元/年。

学校历史沿革

北京青年政治学院于1986年成立,前身是成立于1956年的北京市团校。学院现设两个校区:望京校区和东校区。

首钢工学院

学校(机构)标识码　4111011831
学校办学类型　412:本科院校:学院
学校性质类别　02 理工院校
学校举办者　812 省级其他部门
学校地址　北京市石景山区阜石路155号
邮政编码　100144
办公电话　010－59805996
传真电话　010－59805999

校园(局域)网域名　www.sgit.edu.cn
电子信箱　sggxy@sgit.edu.cn
占地面积(平方米)　167535
校舍建筑面积(平方米)　91237
图书(万册)　30.4
固定资产总值(万元)　7811
教学、科研仪器设备资产值(万元)　　2792.16
在校生数(人)　4224

其中:普通专科　3400
　　　成人本科　169
　　　成人专科　655
专任教师(人)　180
其中:副高级　62
　　　中级　92
　　　初级　12
　　　未定职级　14

专科专业 产品造型设计、电气自动化技术、电子商务、环境监测与治理技术、环境监测与治理技术(环境工程)、会计(涉外)、机电一体化技术、机电一体化技术(中德合作)、机械设计与制造、计算机多媒体技术、计算机辅助设计与制造、计算机辅助设计与制造(中德合作)、计算机网络技术、计算机应用技术、建筑工程管理、建筑工程技术、建筑装饰工程技术、金属材料与热处理技术、汽车检测与维修技术、人力资源管理、软件技术、商务管理、生产过程自动化技术、物流管理、冶金技术、冶金技术(高端金属材料)、营销与策划、制冷与空调技术、装饰艺术设计

院系设置 经济管理系、机电工程系、建筑环保系、计算机系、基础系、成教学院

定期公开出版的专业刊物 《首钢工学院学术研究》、《耕耘》

学校设立奖学金情况

优秀学生奖学金和单项奖学金两项奖学金,奖励总金额79.71万元。奖学金最高金额2000元/学年,最低金额600/学年。

第一项:一等奖学金:48人/年,1000元/人,总共4.8万元;二等奖学金:342人/年,600元/人,共计20.52万元;三等奖学金:598人/年,300元/人,共计17.94万元

第二项:单项奖学金:1880人/年,共计36.45万元

学校历史沿革

首钢工学院创建于1978年时有北京钢铁学院一分院、北京钢铁学院二分院;1983年北京钢铁学院一分院、北京钢铁学院二分院合并组成北京钢铁学院分院;1994年经国家教委同意,北京首钢学院分院更名为首钢工学院至今。

北京农业职业学院

学校(机构)标识码 4111012448	**传真电话** 010-80358822	**在校生数(人)** 4547
学校办学类型 415:专科院校:高等职业学校	**校园(局域)网域名** www.bvca.edu.cn	其中:普通专科 4038
	电子信箱 dean@bvca.edu.cn	成人专科 509
学校性质类别 03 农业院校	**占地面积(平方米)** 845518	**专任教师(人)** 416
学校举办者 812 省级其他部门	**校舍建筑面积(平方米)** 275471	其中:正高级 22
学校地址 北京市房山区长阳镇稻田南里5号	**图书(万册)** 44.61	副高级 120
	固定资产总值(万元) 37124.74	中级 250
邮政编码 102442	**教学、科研仪器设备资产值(万元)** 15603.04	初级 22
办公电话 010-80358899		未定职级 2

专科专业 宠物养护与疫病防治、畜牧兽医、电子商务、动物医学、都市农业装备应用技术、法律文秘、工程监理、工商企业管理、国际经济与贸易、国贸经济与贸易、会计、机械制造与自动化、计算机网络技术、计算机应用技术、建筑材料工程技术、建筑工程技术、建筑装饰工程技术、金融保险、经济信息管理、酒店管理、楼宇智能化工程技术、旅游管理、绿色食品生产与检测、农畜特产品加工、农业经济管理、汽车检测与维修技术、嵌入式技术与应用、商务文秘、生物技术及应用、实验动物技术、食品加工技术、市场营销、兽医医药、数控技术、水利工程施工技术、水务管理、税务会计、投资与理财、文秘、物流管理、物业管理、园林技术、园艺技术、植物保护

院系设置 园艺系、畜牧兽医系、食品与生物工程系、水利与建筑工程系、现代服务管理系、信息技术系、经济管理系、财会金融系、文秘法律系、基础部、国际教育学院、机电工程学院

定期公开出版的专业刊物 《北京农业职业学院学报》

学校设立奖学金情况

学校设立奖学金10项,奖励总金额23.42万元。奖学金最高金额1000元/年,最低金额200元/年。

主要校办产业

北京农业职业学院农业发展中心

学校历史沿革

北京农业职业学院是北京市政府于2001年6月29日批准同意设立的普通高等职业教育学院,由原北京农业管理干部学院(1984-2001)和原北京市农业学校(1958-2001)合并组建;2003年5月23日经市教委批准,原北京城乡建设学校(1983-2003)并入学院,成为北苑分院;2004年12月26日经市农委、市教委等主管部门批准,原北京市八一农业机械化学校(1960-2004)并入学院,成立清河分院。2010年4月2日,北苑分院、清河分院分别更名为国际教育学院、机电工程学院。

北京政法职业学院

学校(机构)标识码 4111012451	**学校性质类别** 09 政法院校	号北京政法职业学院
学校办学类型 415:专科院校:高等职业学校	**学校举办者** 812 省级其他部门	**邮政编码** 100024
	学校地址 北京市朝阳区管庄南街1	**办公电话** 010-83700371

传真电话　010-83700371	教学、科研仪器设备资产值（万元）	专任教师（人）　213
校园（局域）网域名　www.bcpl.cn	7391.66	其中：正高级　9
电子信箱　xy@bmcpl.cn	在校生数（人）　4028	副高级　52
占地面积（平方米）　299784	其中：普通专科　3986	中级　130
校舍建筑面积（平方米）　60271	成人专科　19	初级　6
图书（万册）　40.52	留学生　23	未定职级　16
固定资产总值（万元）　20399.71		

专科专业　安全保卫、安全防范技术、办公自动化、电脑艺术设计、电子商务、电子政务、法律文秘、国际贸易法律、国际商务法律、行政执法、计算机网络技术、计算机网络组建与网络攻防、计算机信息管理、金融法律实务、劳动与社会保障、律师事务、软件技术、商务英语、社会工作、社区管理与服务、涉外文秘、书记官、司法信息安全、司法助理、网站开发与安全管理、消防工程技术、知识产权流程管理、罪犯矫治

院系设置
学院设有8个系，20个专业

定期公开出版的专业刊物　1本

学校设立奖学金情况
设立奖学金3项，奖励总金额7.39余万元。奖学金最高金额500元/年，最低金额200元/年。

学校历史沿革
1982年经北京市人民政府决定建立北京政法干部学院。1985年2月经北京市人民政府办公厅审批同意改名为"北京市政法管理干部学院"；1994年3月，原"北京市法律业余大学"并入学院，学院兼有职工大学办学能力。1997年北京市委政法委员会党校挂牌于学院，承担政法系统领导干部培训工作；1999年经北京市教育委员会批准，北京市法律中高层次紧缺人才培训中心设立在学院。2003年经北京市人民政府批复，北京市政法管理干部学院与北京市第三人民警察学校共同组建北京政法职业学院。2008年9月，被北京市教育委员会确定为"北京市示范性高等职业院校建设计划"立项建设院校。

中国劳动关系学院

学校（机构）标识码　4111012453	校园（局域）网域名　www.ciir.edu.cn	其中：普通本科　4541
学校办学类型　412：本科院校：学院	电子信箱　dzb@ciir.edu.cn	普通专科　1362
学校性质类别　09 政法院校	占地面积（平方米）　420767	成人本科　634
学校举办者　711 中华全国总工会	校舍建筑面积（平方米）　198666	成人专科　768
学校地址　北京海淀区增光路45号中国劳动关系学院	图书（万册）　66	专任教师（人）　282
	固定资产总值（万元）　18956.9	其中：正高级　28
邮政编码　100048	教学、科研仪器设备资产值（万元）	副高级　72
办公电话　010-88561833	4459.74	中级　164
传真电话　010-68411465	在校生数（人）　7305	初级　18

本科专业　安全工程、财务管理、法学、工商管理、公共事业管理、汉语言文学、行政管理、经济学、劳动关系、劳动与社会保障、人力资源管理、社会工作、戏剧影视文学、新闻学

专科专业　计算机应用技术、酒店管理、旅游管理、旅游英语、人物形象设计、数控技术、艺术设计、主持与播音

院系设置
学院设有七个本科系（院）和高等职业教育学院及继续教育学院

国家级、省部级研究机构设置
为加强实验教学和实践教学建设，学院建成了法学与社会工作、经济管理、劳动关系、文化传播、安全工程等5个实验区（含32个实验室），形成了覆盖全院各专业的实验教学体系，其中，文化传播实验教学中心、劳动关系协调与发展实验教学中心被评为"北京市实验教学示范"

学校设立奖学金情况
学院设立奖学金5项，奖励总金额270余万元，其中，最高奖金是8000元/年，最低奖金800元/年。

学校历史沿革
中国劳动关系学院中国劳动关系学院的前身是1949年在天津创建的中华全国总工会干部学院。1954年经党中央批准，学校从天津迁到北京。十年动乱期间，学校停办。1978年的十一届三中全会之后，全国总工会干部学校教学科研和管理工作全面恢复。1984年9月，为了贯彻党中央关于加强干部正规化教育的指导精神，经原国家教委批准，全国总工会干部学校正式改建为中国工运学院，2003年7月，为适应新形势下我国劳动关系变革以及我国工会干部队伍建设的需要，经国家教育部批准，中国工运学院正式转制升格为普通高等院校，并更名为中国劳动关系学院，学院从此迈入了一个新的历史发展阶段。

北京财贸职业学院

学校(机构)标识码 4111012561	校园(局域)网域名 www.bjczy.edu.cn	在校生数(人) 6088
学校办学类型 415:专科院校:高等职业学校	电子信箱 xzbgs@bjczy.edu.cn	其中:普通专科 5986
	占地面积(平方米) 286204	成人专科 102
学校性质类别 08 财经院校	校舍建筑面积(平方米) 146596	专任教师(人) 329
学校举办者 811 省级教育部门	图书(万册) 62.87	其中:正高级 7
学校地址 北京市通州区芦庄1号	固定资产总值(万元) 32657.8	副高级 97
邮政编码 101101	教学、科研仪器设备资产值(万元) 14671.58	中级 188
办公电话 010-89532100		初级 37
传真电话 010-89532019		

专科专业 导游、电脑艺术设计、电子商务、工商企业管理、广告设计与制作、国际商务、会计、计算机网络技术、金融与证券、酒店管理、连锁经营管理、旅游英语、人物形象设计、市场营销、税务、文秘、物流管理

院系设置
学院下设三个二级学院:1.立信会计学院 2.国际教育学院 3.广告艺术学院。六个系部:1.工商管理系 2.信息物流系 3.旅游系 4.基础教学部 5.金融系 6.素养教育部

定期公开出版的专业刊物 《北京财贸职业学院学报》

学校设立奖学金情况
学校设立奖学金1项,奖励总金额39余万元。奖学金最高金额800元/年,最低金额200元/年。

学校历史沿革
北京财贸职业学院创建于1958年,原名北京财政贸易学校,"文革"中被取消,1978年复校,1981年更名为北京财贸管理干部学院,2000年5月合并了中国石油物探大学,2002年8月合并了北京立信会计职工大学和北京财政学校,2003年经北京市政府批准学院更名为"北京财贸职业学院"。

北京北大方正软件职业技术学院

学校(机构)标识码 4111012564	传真电话 010-51108888	在校生数(人) 3485
学校办学类型 415:专科院校:高等职业学校	校园(局域)网域名 www.pfc.edu.cn	其中:普通专科 3485
	电子信箱 admin_HR@pfc.cn	专任教师(人) 246
学校性质类别 02 理工院校	占地面积(平方米) 386602	其中:正高级 13
学校举办者 999 民办	校舍建筑面积(平方米) 67448	副高级 39
学校地址 河北省廊坊市经济技术开发区东方大学城	图书(万册) 31.36	中级 90
	固定资产总值(万元) 16965.28	初级 52
邮政编码 065001	教学、科研仪器设备资产值(万元) 4229.69	未定职级 52
办公电话 010-52645210		

专科专业 电视节目制作、电子设备与运行管理、电子信息工程技术、动漫设计与制作、工商企业管理、会计、计算机通信、计算机网络技术、计算机应用技术、软件测试技术、软件技术、数字媒体技术、图形图像制作、物流管理、信息安全技术、医用电子仪器与维护、艺术设计、应用日语、应用英语、游戏软件

院系设置
设置有软件工程分院、国际教育分院、多媒体艺术系、计算机网络技术系、电子信息工程系、经济管理系、基础教学部共计7个系部25个专业。

定期公开出版的专业刊物 《学报》

学校设立奖学金情况
7项,奖励总金额20余万元,奖学金最高金额10000元/年,最低金额200元/年。

主要校办产业
北京方正数字科技有限公司,北京方正数字艺术有限公司,北京方正智成管理顾问有限公司,北大方正培训中心。

学校历史沿革
北京北大方正软件技术学院2002年成立至今。

北京经贸职业学院

学校(机构)标识码　4111012565	办公电话　010-81355903	787.7
学校办学类型　415:专科院校:高等职业学校	传真电话　010-81355929	在校生数(人)　1838
	校园(局域)网域名　www.csuedu.com	其中:普通专科　1838
学校性质类别　08 财经院校	电子信箱　jmxy1982@sina.com	专任教师(人)　90
学校举办者　999 民办	占地面积(平方米)　105692	其中:正高级　10
学校地址　北京房山区良乡镇长虹东路高教园区	图书(万册)　23.5	副高级　24
	固定资产总值(万元)　13258.6	中级　38
邮政编码　102401	教学、科研仪器设备资产值(万元)	未定职级　18

专科专业　电子商务、国际金融、国际贸易实务、会计、计算机网络技术、计算机应用技术、经济信息管理、旅游英语、人力资源管理、商务英语、市场营销、室内设计技术、艺术设计

院系设置

高职教育:设有工商管理系、国际经济贸易系、计算机技术与应用系、艺术设计系　非学历教育:设有综合教育学院(二级学院)

学校设立奖学金情况

学校设奖学金及其他奖项共 6 项,奖励总金额 13 余万元。奖学金最高金额 2000 元/年,最低金额 1000 元/年

1.于陆琳奖学金 2.自强奖 3.创新争先奖 4.高自考一次性通过奖 5.三好学生奖 6.优秀学生干部奖

学校历史沿革

前身是中华社会大学,成立于 1982 年,是我国改革开放后第一所经批准成立的民办大学。1993 年经北京市教育委员会专家组评估,批准为第一批开办学历文凭考试试点学校。2002 年经北京市政府批准为民办高等职业学院更名为北京经贸职业学院。2007 年 11 月,学院获批成立党委,2008 年 4 月成立理事会。

北京经济技术职业学院

学校(机构)标识码　4111012566	校园(局域)网域名　www.tangedu.cn/beijing.htm	在校生数(人)　2515
学校办学类型　415:专科院校:高等职业学校		其中:普通专科　2515
	电子信箱　yuanban@tangedu.cn	专任教师(人)　108
学校性质类别　08 财经院校	占地面积(平方米)　69192	其中:正高级　12
学校举办者　999 民办	校舍建筑面积(平方米)　88078	副高级　21
学校地址　北京经济技术职业学院	图书(万册)　21.2	中级　40
邮政编码　065202	固定资产总值(万元)　18215.5	初级　32
办公电话　010-61598651	教学、科研仪器设备资产值(万元)　1601.91	未定职级　3
传真电话　010-61598523		

专科专业　电子商务、多媒体设计与制作、广告设计与制作、国际经济与贸易、会计、计算机应用技术、金融保险、金融与证券、酒店管理、旅游英语、商务日语、商务英语、市场营销、体育服务与管理、文秘、物流管理、新闻采编与制作、主持与播音

学校历史沿革

学之初,学院地址在河北省廊坊市东方大学城,第一任院长是沈士团教授。2004 年 4 月,经通州区教工委批准,学院成立了党支部。为改善学校的办学条件,2005 年底,在河北省三河市燕郊开发区高楼镇购买了 130 亩教育用地,租用了 205 亩土地,开始建设自己的新校园。2007 年 12 月 25 日,学院接受了市政府教育督导专家组关于贯彻执行教育部 25 号令情况的专项督导检查,并于此年给我们下发了《督导意见书》。2008 年底,为了解决办学经费困难的问题,汤大立董事长与恒岩基业教育投资有限公司达成合作协议,成为学院的投资合作方,给学院注入了资金。

北京戏曲艺术职业学院

学校(机构)标识码 4111012567	传真电话 010-67562143	989.91
学校办学类型 415:专科院校:高等职业学校	校园(局域)网域名 www.bjxx.com	在校生数(人) 370
	电子信箱 bjxx60@sina.com	其中:普通专科 370
学校性质类别 11 艺术院校	占地面积(平方米) 27055	专任教师(人) 182
学校举办者 812 省级其他部门	校舍建筑面积(平方米) 53994	其中:正高级 7
学校地址 北京市丰台区马家堡东里8号	图书(万册) 15.17	副高级 21
	固定资产总值(万元) 9606.62	中级 86
邮政编码 100068	教学、科研仪器设备资产值(万元)	初级 68
办公电话 010-67571886		

专科专业 舞蹈表演、戏曲表演、艺术设计、音乐表演、影视表演

院系设置
戏曲表演系、音乐表演系、舞蹈表演系、艺术设计系、地方戏曲系、影视表演系

学校设立奖学金情况
学院设立奖学金8项,总金额11余万元。最高金额1000元/年,最低金额200元/年。

学校历史沿革
北京戏曲艺术职业学院是经北京市人民政府批准、教育部备案的全日制普通高等学校,是北京地区唯一的戏曲艺术高等职业学校。学院的前身是1952年成立的北京市戏曲学校。2002年12月,学院成立,正式举办全日制高等职业教育。

北京汇佳职业学院

学校(机构)标识码 4111012568	传真电话 010-51631669	在校生数(人) 3420
学校办学类型 415:专科院校:高等职业学校	校园(局域)网域名 www.hju.net.cn	其中:普通专科 3420
	电子信箱 51631600@163.com	专任教师(人) 102
学校性质类别 07 语文院校	占地面积(平方米) 245000	其中:正高级 7
学校举办者 999 民办	校舍建筑面积(平方米) 84206	副高级 14
学校地址 北京市昌平区中关村科技园创新路20号	图书(万册) 27.53	中级 34
	固定资产总值(万元) 5508.43	初级 42
邮政编码 102200	教学、科研仪器设备资产值(万元) 1627.03	未定职级 5
办公电话 010-51631166		

专科专业 导游、国际商务、计算机应用技术、人力资源管理、商务英语、体育服务与管理、学前教育、艺术设计、影视动画、影视多媒体技术

院系设置
学院设置六系一部,分别是动画系、教育系、娱乐经济系、英语系、经济管理系、计算机系、国际部

定期公开出版的专业刊物 《汇佳教育研究》(内部发行)、《汇佳》学院版(内部发行)

学校设立奖学金情况
学校设立奖学金2项,奖励总金额53.1万元。奖学金最高金额8000元/年,最低金额5000元/年。
1. 国家奖学金:2人/年,8000元/人
2. 国家励志奖学金:103人/年,5000元/人

学校历史沿革
1984年-2003年5月,北京辅仁外国语大学;2003年6月至今,北京汇佳职业学院。

北京现代职业技术学院

学校(机构)标识码 4111012569	业学校	学校举办者 832 县级其他部门
学校办学类型 415:专科院校:高等职	学校性质类别 02 理工院校	学校地址 北京市顺义区裕龙花园三

街	com	在校生数(人) 1927
邮政编码 101300	占地面积(平方米) 130289	其中:普通专科 1927
办公电话 010-69449311	校舍建筑面积(平方米) 72760	专任教师(人) 128
传真电话 010-89408141	图书(万册) 15.77	其中:副高级 25
校园(局域)网域名 www.moderncollege.com.cn	固定资产总值(万元) 10627.66	中级 54
	教学、科研仪器设备资产值(万元)	初级 46
电子信箱 moderncollege2003@126.	3278	未定职级 3

专科专业 会展策划与管理、机电一体化技术、计算机应用技术、汽车技术服务与营销、汽车检测与维修技术、汽车制造与装配技术、社区管理与服务、数控技术、物流管理

院系设置
学院设有汽车工程系、机电工程系、经济管理系和基础部,具有比较完善的以培养高素质技能型高级专门人才为目标的专业课程与教学体系。

学校设立奖学金情况
学校设立奖学金1项,奖励总金额10余万元。奖学金最高金额1000元/年,最低金额400元/年。

学校历史沿革
北京现代职业技术学院成立于2003年8月1日。2003年7月30日,北京市人民政府批复北京市教委同意设立北京现代职业技术学院(京政函[2003]68号)。2003年8月1日,北京市教委函复顺义区人民政府同意设立北京现代职业技术学院(京教计[2003]83号)。

北京科技经营管理学院

学校(机构)标识码 4111012733	传真电话 010-80715295	在校生数(人) 3151
学校办学类型 415:专科院校:高等职业学校	校园(局域)网域名 www.bjjsy1985.cn	其中:普通专科 3151
	电子信箱 bjjsy1985@163.com	专任教师(人) 152
学校性质类别 08 财经院校	占地面积(平方米) 89190	其中:正高级 25
学校举办者 999 民办	校舍建筑面积(平方米) 97257	副高级 46
学校地址 北京市海淀区三义庙二号院	图书(万册) 58.8	中级 43
	固定资产总值(万元) 55061	初级 3
邮政编码 100086	教学、科研仪器设备资产值(万元)	未定职级 35
办公电话 010-51731618	3135	

专科专业 电子商务、动漫设计与制作、服装表演与设计、工商企业管理、国际经济与贸易、会计与审计、机电一体化技术、计算机多媒体技术、计算机网络技术、计算机应用技术、建筑工程技术、金融管理与实务、连锁经营管理、旅游管理、汽车技术服务与营销、商务英语、生物技术及应用、文秘、物流管理、艺术设计、影视多媒体技术

院系设置
管理系、商务系、工程系、金融系、艺术系、计算机系、数字电影系

学校设立奖学金情况
学校设立奖学金1项,奖励总金额10万/年,最低金额6万元/年。

学校历史沿革
成立于1985年,原名中国科技经营管理大学。2001年具有颁发国家承认学历证书的资格,更名为北京科技经营管理学院。

北京吉利大学

学校(机构)标识码 4111012802	小营村南	图书(万册) 63.11
学校办学类型 415:专科院校:高等职业学校	邮政编码 102202	固定资产总值(万元) 66676.39
	办公电话 010-60758447	教学、科研仪器设备资产值(万元)
学校性质类别 02 理工院校	传真电话 010-60751040	6062.37
学校举办者 999 民办	校园(局域)网域名 www.bgu.edu.cn	在校生数(人) 5116
学校地址 北京市昌平区马池口镇北	电子信箱 office8447@126.com	其中:普通专科 5115

留学生 1	副高级 76	初级 32
专任教师(人) 518	中级 195	未定职级 176
其中:正高级 39		

专科专业 表演艺术、动漫设计与制作、法律事务、房地产经营与估价、工商企业管理、国际经济与贸易、机电一体化技术、计算机应用技术、金融与证券、旅游管理、汽车电子技术、汽车检测与维修技术、汽车运用技术、商务英语、社区康复、生产过程自动化技术、生物技术及应用、市场营销、数控技术、图形图像制作、物流管理、物业管理、新闻采编与制作、药品经营与管理、艺术设计、影视动画、应用俄语、应用法语、应用日语

院系设置
汽车学院、商学院、欧美国际学院、文化艺术学院、旅游学院、万科物业/房地产学院、物流学院、艺术设计学院、信息工程学院、生命科学与技术学院、社会心理学院、金融证券学院、法政学院、外国语学院、新闻与信息传播学院、继续教育学院

学校设立奖学金情况
学校设立奖学金7项,奖励总金额350余万元。奖学金最高金额8000元/年,最低金额200元/年。

学校历史沿革
1999年12月24日,北京吉利国际教育有限公司成立,开始筹备北京吉利大学;2000年01月25日,北京市教委批准成立北京吉利大学(筹);2000年03月10日,北京吉利大学工程奠基;2000年06月07日,北京市教委批准成立北京吉利大学;2000年09月01日,首批学生入学;2001年05月31日,北京市政府批准成立北京吉利大学;2001年06月08日,国家教育部备案,同意设立北京吉利大学。

首都师范大学科德学院

学校(机构)标识码 4111013629	传真电话 010-89229218	在校生数(人) 4710
学校办学类型 413:本科院校:独立学院	校园(局域)网域名 www.kdcnu.com	其中:普通本科 4710
	电子信箱 kedeyuanban1806@sohu.com	专任教师(人) 238
学校性质类别 07 语文院校		其中:正高级 35
学校举办者 999 民办	占地面积(平方米) 998259	副高级 64
学校地址 北京市大兴区榆垡镇榆祥路10号	图书(万册) 54	中级 87
	固定资产总值(万元) 40498.68	初级 50
邮政编码 102602	教学、科研仪器设备资产值(万元) 3730	未定职级 2
办公电话 010-89229218		

本科专业 表演(歌舞剧)、表演(声乐表演)、表演(舞蹈表演)、表演(影视表演)、播音与主持艺术(文艺)、播音与主持艺术(新闻)、播音与主持艺术(主持人)、公共事业管理(传媒)、广播电视编导、广播电视编导(电视)、广播电视编导(文艺)、广播电视编导(新闻)、广播电视编导(影视)、广播电视新闻学、广播电视新闻学(采编)、广播影视编导、广播影视编导(文艺)、广播影视编导(新闻)、国际经济与贸易、会展经济与管理(会展策划与经营)、会展艺术与技术(策划)、会展艺术与技术(广告)、计算机科学与技术(软测)、计算机科学与技术(网媒)、软件工程(游戏开发)、摄影(图片摄影)、摄影(影视摄影)、市场营销(市场开发)、市场营销(网营)、数字媒体艺术、舞蹈学、舞蹈学(舞蹈艺术)、艺术设计(动漫)、艺术设计(广告)、艺术设计(环艺)、艺术设计(平面)、艺术设计学(环艺)、艺术设计学(会展艺术设计)、艺术设计学(平面)、艺术设计学(新媒体)、音乐学、英语(高级涉外文秘)、英语(应用英语)

院系设置
演艺学院、传媒学院、艺术设计学院、国际商学院

定期公开出版的专业刊物 《国内外教育动态》(月刊、内部刊物)

学校设立奖学金情况
学校设立奖学金4项,奖励总金额79余万元。奖学金最高金额90000元/年,最低金额600元/年。

毕业生一次就业率 91.25%

学校历史沿革
2004年5月,经教育部批准成立首都师范大学科德学院。2004年,学校面向全国招收首届本科生。2010年1月,学校顺利通过北京市人民政府教育督导室、市教委检查组的专项检查,成为北京市唯一一所各项指标全部通过检查的独立学院。2010年7月,学校被中国独立学院协作会评为"全国先进独立学院"。

北京工商大学嘉华学院

学校(机构)标识码 4111013630	办公电话 010-69599538	2274.19
学校办学类型 413:本科院校:独立学院	传真电话 010-69597759	在校生数(人) 5525
	校园(局域)网域名 www.canvard.edu.cn	其中:普通本科 5525
学校性质类别 08 财经院校		专任教师(人) 286
学校举办者 999 民办	电子信箱 jhxy@pub.btbu.edu.cn	其中:正高级 55
学校地址 北京市通州区宋庄镇南路甲一号	图书(万册) 38	副高级 85
	固定资产总值(万元) 2274.19	中级 99
邮政编码 101118	教学、科研仪器设备资产值(万元)	初级 47

本科专业 保险、财务管理、公共事业管理、广告学、国际经济与贸易、会计学、金融学、人力资源管理、市场营销、艺术设计、英语

院系设置
金融与贸易系、财务与管理系、语言与传播系、基础教学部、德育与思想政治教育中心

学校设立奖学金情况
学院设立奖学金3项,奖励总金额40余万元。奖学金最高金额1000元/年,最低金额100元/年。

学校历史沿革
北京工商大学嘉华学院于2004年5月建校。

北京科技职业学院

学校(机构)标识码 4111013703	传真电话 010-80725823	在校生数(人) 2721
学校办学类型 415:专科院校:高等职业学校	校园(局域)网域名 www.5aaa.com	其中:普通专科 2721
	电子信箱 schoolmaster@5aaa.com	专任教师(人) 499
学校性质类别 02 理工院校	占地面积(平方米) 576372	其中:正高级 11
学校举办者 999 民办	校舍建筑面积(平方米) 705047	副高级 90
学校地址 北京市昌平区沙河沙阳路18号	图书(万册) 113.21	中级 96
	固定资产总值(万元) 156945.55	初级 71
邮政编码 102206	教学、科研仪器设备资产值(万元) 14100.66	未定职级 231
办公电话 010-58912772		

专科专业 多媒体设计与制作、法律事务、工程造价、会计与审计、计算机网络技术、计算机应用技术、连锁经营管理、旅游管理、汽车技术服务与营销、汽车运用技术、人物形象设计、商务英语、生物技术及应用、物流管理、艺术设计、营销与策划、应用日语、游戏软件

院系设置
国际教育与健康科学学院、日语学院、航空旅游学院、汽车机电工程学院、艺术学院、文法学院、工学院、物流学院、商学院、管理学院

学校设立奖学金情况
学校设立奖学金10项,奖励总金额100余万元。奖学金最高金额1000元/年,最低金额400元/年。

学校历史沿革
北京东方大学五部(1997年-1999年);北京科技研修学院(1999年-2003年);北京科技职业学院(2003年至今)。

北京培黎职业学院

学校(机构)标识码 4111013728	学校举办者 999 民办	传真电话 010-82417301
学校办学类型 415:专科院校:高等职业学校	学校地址 北京市海淀区双清路1号	校园(局域)网域名 www.bjpldx.edu.cn
	邮政编码 100085	
学校性质类别 08 财经院校	办公电话 010-51634010	电子信箱 beilie_bgs@126.com

占地面积(平方米) 100084	1801.96	副高级 53
校舍建筑面积(平方米) 89160	在校生数(人) 3018	中级 80
图书(万册) 27.4	其中:普通专科 3018	初级 15
固定资产总值(万元) 5522.66	专任教师(人) 170	未定职级 9
教学、科研仪器设备资产值(万元)	其中:正高级 13	

专科专业 电脑艺术设计、电子商务、法律事务、工程造价、工商企业管理、广告设计与制作、国际经济与贸易、环境艺术设计、会计、计算机应用技术、金融与证券、连锁经营管理、旅游管理、软件测试技术、商务日语、商务英语、社区管理与服务、市场营销、新闻采编与制作、影视动画

院系设置

院共设置七个系,21个专业 财会金融系:会计专业、金融与证券专业 国际商务系:国际经济与贸易专业、电子商务专业 工商管理系:工商企业管理专业、旅游管理专业、市场营销专业、连锁经营管理专业、工程造价专业、商务管理专业 艺术传媒系:电脑艺术设计专业、广告设计与制作专业、环境艺术设计专业、新闻采编与制作专业、影视动画专业 外语系:商务英语专业、商务日语专业 计算机系:计算机应用技术专业、软件测试技术专业 法律系:法律事务专业、社区管理与服务专业

学校设立奖学金情况

学校设立奖学金9项,奖励总金额59.5万元,奖学金最高金额9500元/人,最低金额200元/人。

学校历史沿革

民办人民科学文化大学(1983年5月28日—1984年7月4日,含民办科大第一、第二、第三分校,这是北京培黎职业大学的前身)。培黎职业大学(1984年7月4日—1988年11月19日,原民办科大第一、第二、第三分校相应改名为培大第一、第二、第三分校)。北京培黎职业大学(1988年11月19日—2004年4月1日。1992年8月13日后,各分校改称为教学部或系。1994年2月,校部与第四教学部合署办公。1997年底形成校部直接办学和对各教学部、系统一领导管理)。2004年4月1日,4月22日,分别经北京市教委批复同意,在北京培黎职业大学的基础上设置为北京培黎职业学院。主要进行高等职业教育(专科层次),同时进行学历文凭考试、自考助学等非学历教育。2005年8月,撤销第一、第二分部建制,并入总校。

北京邮电大学世纪学院

学校(机构)标识码 4111013901	校园(局域)网域名 www.ccbupt.cn	其中:普通本科 5431
学校办学类型 413:本科院校:独立学院	电子信箱 century@ccbupt.cn	留学生 2
	占地面积(平方米) 12601	专任教师(人) 283
学校性质类别 02 理工院校	校舍建筑面积(平方米) 11506	其中:正高级 21
学校举办者 999 民办	图书(万册) 50.5	副高级 66
学校地址 北京邮电大学世纪学院	固定资产总值(万元) 15329.51	中级 103
邮政编码 102613	教学、科研仪器设备资产值(万元)	初级 36
办公电话 010-61227258	3450.12	未定职级 57
传真电话 010-61227628	在校生数(人) 5433	

本科专业 财务管理、电子科学与技术、电子商务、电子信息工程、公共事业管理、机械工程及自动化、计算机科学与技术、软件工程、市场营销、数字媒体技术、数字媒体艺术、通信工程、物流工程、信息工程、信息管理与信息系统、英语

院系设置

通信与信息工程系、电子与自动化系、计算机科学与技术系、经济管理系、艺术与传媒学院、外语系、中法工程师部、基础教学部

学校设立奖学金情况

学校设立奖学金7项,奖励总金额740800元/年,奖学金最高金额2000元/年,最低金额200元/年。

学校历史沿革

北京邮电大学世纪学院是根据教育部《关于规范并加强普通高校以新的机制和模式试办独立学院管理的若干意见》(教发〔2003〕8号)文件,经教育部(教发函〔2005〕64号)与北京市教育委员会(京教计〔2005〕31号)文件批准,由北京邮电大学与锡华未来教育实业股份有限公司于2005年按照新的机制和新的办学模式合作举办的全日制本科普通高校,是教育部直属高校在京举办的第一所独立学院。

北京工业大学耿丹学院

学校(机构)标识码 4111013904	传真电话 010-60411756	在校生数(人) 5577
学校办学类型 413:本科院校:独立学院	校园(局域)网域名 www.gengdan.edu.cn	其中:普通本科 5577
学校性质类别 08 财经院校	电子信箱 bangongshi@gengdan.edu.cn	专任教师(人) 300
学校举办者 999 民办	图书(万册) 52.89	其中:正高级 24
学校地址 北京市顺义区牛栏山镇牛富路牛山段3号	固定资产总值(万元) 4634.72	副高级 70
	教学、科研仪器设备资产值(万元) 2324.96	中级 97
邮政编码 101301		初级 101
办公电话 010-60411788		未定职级 8

本科专业 财务管理、电子信息工程、动画、工程管理、工业设计、公共事业管理、广告学(会展策划与管理方向)、国际经济与贸易、汉语言(对外汉语教学方向)、机械设计制造及其自动化、计算机科学与技术、计算机科学与技术(软件服务外包)、社会工作、市场营销、数字媒体艺术、通信工程、艺术设计、英语

院系设置
机械工程系、信息工程系、经济与管理系、艺术设计系、应用语言系、人文社会科学系和大学英语教学部、思想政治理论学科部、数理化生学科部、人体运动科技学科部

学校设立奖学金情况
学校设立奖学金7项,奖励总金额90余万元。奖学金最高金额4000元/年,最低金额100元/年。

学校历史沿革
2005年7月,经教育部批准北京工业大学耿丹学院正式设立,学院由北京工业大学与北京耿丹教育发展中心合作举办,属普通高等学校独立学院,实施全日制本科层次学历教育。

北京警察学院

学校(机构)标识码 4111014019	传真电话 010-89790095	7442
学校办学类型 412:本科院校:学院	校园(局域)网域名 www.bppc.edu.cn	专任教师(人) 175
学校性质类别 09 政法院校	电子信箱 jcxy@mail.bppc.edu.cn	其中:正高级 10
学校举办者 812 省级其他部门	占地面积(平方米) 794610	副高级 55
学校地址 北京市昌平区南口镇南涧路11号	校舍建筑面积(平方米) 218322	中级 63
	图书(万册) 42.65	初级 33
邮政编码 102202	固定资产总值(万元) 119344.11	未定职级 14
办公电话 010-89768000	教学、科研仪器设备资产值(万元)	

学校历史沿革
北京人民警察学院创建于1984年1月,是北京市公安局所属的一所公安高等专科学校。

北京经济管理职业学院

学校(机构)标识码 4111014073	办公电话 010-64709870	5022.06
学校办学类型 415:专科院校:高等职业学校	传真电话 010-64709920	在校生数(人) 4458
学校性质类别 08 财经院校	电子信箱 yuanban@biem.edu.cn	其中:普通专科 3610
学校举办者 812 省级其他部门	占地面积(平方米) 216836	成人专科 848
学校地址 北京市朝阳区花家地街19号	校舍建筑面积(平方米) 218934	专任教师(人) 177
	图书(万册) 43	其中:正高级 9
邮政编码 100012	固定资产总值(万元) 20962.13	副高级 48
	教学、科研仪器设备资产值(万元)	中级 78

初级　41　　　　　　未定职级　1

专科专业　宝玉石鉴定与加工技术（营销方向）、电子商务、电子信息工程技术、工程造价、工商企业管理、工商企业管理（中英合作）、国际商务、会计、会计（中英合作）、机电一体化技术、计算机控制技术、计算机网络技术（网络管理方向）、计算机信息管理、计算机应用技术（数字媒体方向）、金融与证券、金融与证券（银行方向）、金融与证券（证券方向）、金融与证券（证券投资理财方向）、旅游管理、商务英语、市场营销、市场营销（汽车方向）、市场营销（网络营销）、税务、应用电子技术

院系设置
7系1部：工商系、财会系、经贸系、信息系、外语系、珠宝与工程系、机械电子系、基础部；3个学院：培训学院、继续教育学院、国际关系交流学院

定期公开出版的专业刊物　《北京经济管理职业学院学报》
学校设立奖学金情况
1项，奖励总金额18.94万，最高金额1000元/年，最低金额400元/年。

学校历史沿革
1979年12月，北京市职工教师进修学校；1982年3月，北京市工交干部学院；1983年1月，北京市工交职工学院；1984年12月，北京市经济管理干部学院；2006年12月，北京经济管理职业学院；2003年8月29日，国务院国有资产监督管理委员会《关于河北远东职业技术学院资产划转的批复》（国资产权函[2003]147号）明确："同意自2003年1月1日起将河北远东职业技术学院资产无偿划转到北京市经济管理干部学院。

北京劳动保障职业学院

学校（机构）标识码　4111014075
学校办学类型　415：专科院校：高等职业学校
学校性质类别　08 财经院校
学校举办者　812 省级其他部门
学校地址　北京市朝阳区惠新东街5号；昌平区南口路32号
邮政编码　100029
办公电话　010-80114009
传真电话　010-80112124
校园（局域）网域名　www.bvclss.cn
占地面积（平方米）　215334
校舍建筑面积（平方米）　125262
图书（万册）　35.06
固定资产总值（万元）　38113.45
教学、科研仪器设备资产值（万元）　10021
在校生数（人）　4958
其中：普通专科　3161
　　　成人专科　1797
专任教师（人）　170
其中：正高级　5
　　　副高级　52
　　　中级　86
　　　初级　22
　　　未定职级　5

专科专业　财务管理、城市管理与监察、城市轨道交通控制、电子商务、电子政务、公共事务管理、国际商务、机电一体化技术、计算机网络技术、酒店管理、劳动与社会保障、老年服务与管理、楼宇智能化工程技术、汽车技术服务与营销、汽车检测与维修技术、人力资源管理、商务英语、数控技术、物业管理、移动通信技术

院系设置
劳动经济管理系、安全工程系、机电工程系、工商管理系
定期公开出版的专业刊物　《北京劳动保障职业学院学报》
学校设立奖学金情况
8项，奖励总金额72.23万，最高金额8000元/年，最低金额100元/年。

学校历史沿革
1984年8月16日成立北京市劳动管理干部学院筹备处，1986年开始正式招收学历大专生；1987年1月9日改名为北京市计划劳动管理干部学院，以成人学历教育为主，兼社会培训、技能培训、鉴定等；2006年4月27日北京市政府批复同意设立北京劳动保障职业学院，同年5月24日北京市教委复函同意在北京市计划劳动管理干部学院基础上组建北京劳动保障职业学院，属于专科层次普通高等学校，主要开展高等职业学历教育，同时可继续举办成人高等学历教育和职业培训。

北京社会管理职业学院

学校（机构）标识码　4111014139
学校办学类型　415：专科院校：高等职业学校
学校性质类别　09 政法院校
学校举办者　812 省级其他部门
学校地址　北京东燕郊开发区燕灵路2号
邮政编码　101601
办公电话　010-61595435
传真电话　010-61591702
校园（局域）网域名　www.bcsa.edu.cn
电子信箱　pkcollege@sina.com
占地面积（平方米）　206678
校舍建筑面积（平方米）　75731
图书（万册）　19.6
固定资产总值（万元）　21881
教学、科研仪器设备资产值（万元）　2584

在校生数(人) 2654	专任教师(人) 140	中级 55
其中:普通专科 2448	其中:正高级 12	初级 37
成人专科 206	副高级 17	未定职级 19

专科专业 公共事务管理、家政服务、假肢与矫形器设计与制造、老年服务与管理、民政管理、社会福利事业管理、社会工作、社区管理与服务、物业管理、现代殡仪技术与管理

院系设置
社会福利系、民政管理系、社会工作系、社区服务系、殡仪系、假肢矫形康复系、人文科学系

国家级、省部级研究机构设置
研究中心(所):民政部社会工作研究所(中心)

定期公开出版的专业刊物 《社会福利》

学校设立奖学金情况
学校设立奖学金3项,奖励总金额6.2余万元。奖学金最高金额3000元/年,最低金额1000元/年。

学校历史沿革
北京社会管理职业学院是经北京市人民政府批准、教育部备案、北京市教委直属的普通高等院校,其前身为1983年批准成立的民政部管理干部学院。

北京新圆明职业学院

学校(机构)标识码 4111014140	传真电话 010-62407074	在校生数(人) 973
学校办学类型 415:专科院校:高等职业学校	校园(局域)网域名 www.ymyu.com	其中:普通专科 973
	电子信箱 ymyu@ymyu.com	专任教师(人) 83
学校性质类别 08 财经院校	校舍建筑面积(平方米) 44660	其中:正高级 13
学校举办者 999 民办	图书(万册) 9.12	副高级 5
学校地址 北京市海淀区聂各庄东路10号	固定资产总值(万元) 3695	中级 14
	教学、科研仪器设备资产值(万元) 820.15	初级 45
邮政编码 100194		未定职级 6
办公电话 010-62406060		

专科专业 城市轨道交通运营管理、工商企业管理、广告设计与制作、国际经济与贸易、计算机应用技术、旅游英语、商务英语、文秘、文物鉴定与修复、艺术设计

院系设置
学院共设6个系部:经济管理系、文化艺术系、外语系、计算机系、体育部、社科部

学校历史沿革
1994—2001年 北京圆明园学院;2002-2006年北京圆明园专修学院;2007年至今北京新圆明职业学院。

北京第二外国语学院中瑞酒店管理学院

学校(机构)标识码 4111014201	办公电话 010-89281111	在校生数(人) 2251
学校办学类型 413:本科院校:独立学院	传真电话 010-89283200	其中:普通本科 2251
	校园(局域)网域名 www.bhi.edu.cn	专任教师(人) 131
学校性质类别 08 财经院校	电子信箱 bhi@bhi.edu.cn	其中:正高级 2
学校举办者 999 民办	图书(万册) 18	副高级 11
学校地址 北京市大兴区庞各庄镇工业区田园路11号	固定资产总值(万元) 1730	中级 25
	教学、科研仪器设备资产值(万元) 709	初级 63
邮政编码 102601		未定职级 30

本科专业 旅游管理、英语

学校历史沿革
北京第二外国语学院中瑞酒店管理学院是按照新机制、新模式由北京第二外国语学院和中瑞乐桑酒店管理有限公司。

北京体育职业学院

学校(机构)标识码 4111014215
学校办学类型 415：专科院校：高等职业学校
学校性质类别 10 体育院校
学校举办者 812 省级其他部门
学校地址 北京市丰台区光彩北路4号院
邮政编码 100075
办公电话 010-87280847
传真电话 010-67214839
校园(局域)网域名 www.bjtzhy.org
电子信箱 btzy2012@126.com
占地面积(平方米) 80000
校舍建筑面积(平方米) 65450
图书(万册) 14.09
固定资产总值(万元) 35150
教学、科研仪器设备资产值(万元) 5098
在校生数(人) 385
其中：普通专科 279
成人专科 106
专任教师(人) 82
其中：正高级 2
副高级 32
中级 39
初级 3
未定职级 6

专科专业 竞技体育、社会体育、体育保健、体育服务与管理、运动训练

学校历史沿革

北京体育职业学院是北京市人民政府批准建立、由北京市体育局举办的一所高等职业院校。是在原北京市职工体育运动技术学院和北京市第二、第五体育运动学校基础上整合体育局所属资源于2008年6月创建的。通过体育和教育资源的全面整合，新的北京体育职业学院将深入改革训练管理体制，探索集约化、职业化发展模式，形成以学院为龙头的训练、科研、医务、教学、人才引进等一体化的办学机构，承担首都竞技体育人才的培养任务。

北京交通运输职业学院

学校(机构)标识码 4111014279
学校办学类型 415：专科院校：高等职业学校
学校性质类别 02 理工院校
学校举办者 812 省级其他部门
学校地址 北京市海淀区西三旗
邮政编码 100096
办公电话 010-69241644
传真电话 010-69243164
校园(局域)网域名 www.jtysxy.com
占地面积(平方米) 220100
校舍建筑面积(平方米) 162260
图书(万册) 17.98
固定资产总值(万元) 26843.33
教学、科研仪器设备资产值(万元) 9077.61
在校生数(人) 1091
其中：普通专科 768
成人专科 323
专任教师(人) 223
其中：副高级 56
中级 89
初级 65
未定职级 13

专科专业 城市轨道交通车辆、城市轨道交通控制、城市轨道交通运营管理、道路桥梁工程技术、公路运输与管理、汽车运用技术

南开大学

学校(机构)标识码 4112010055
学校办学类型 411：本科院校：大学
学校性质类别 01 综合大学
学校举办者 360 教育部
学校地址 天津市南开区卫津路94号
邮政编码 300071
办公电话 022-23508206
传真电话 022-23508208
校园(局域)网域名 www.nankai.edu.cn
电子信箱 xb@nankai.edu.cn
占地面积(平方米) 1377733
校舍建筑面积(平方米) 1142923
图书(万册) 347.07
固定资产总值(万元) 286277.39
教学、科研仪器设备资产值(万元) 87344
在校生数(人) 31248
其中：普通本科 12660
成人本科 3886
成人专科 1922
博士研究生 3115
硕士研究生 7820
留学生 1845
专任教师(人) 2052
其中：正高级 723
副高级 787

中级 444　　　初级 17　　　未定职级 81

本科专业　保险、编辑出版学、博物馆学、材料化学、材料物理、财务管理、财政学、德语、电子科学与技术、电子商务、电子信息科学与技术、对外汉语、俄语、法学、法语、翻译、分子科学与工程、工商管理、工商管理类、工业工程、光电子技术科学、光信息科学与技术、广播电视新闻学、国际经济与贸易、国际政治、汉语言文学、行政管理、化学、环境工程、环境科学、会计学、会展经济与管理、绘画、计算机科学与技术、金融工程、金融学、经济学、经济学类新专业、口腔医学、历史学、临床医学、逻辑学、旅游管理、人力资源管理、日语、软件工程、社会工作、社会学、生物技术、生物科学、世界历史、市场营销、数学类、数学与应用数学、思想政治教育、通信工程、统计学、图书档案学类、图书馆学、微电子学、物理学、物理学类、物流管理、信息安全、信息管理与信息系统、信息与计算科学、药学、艺术设计、英语、应用物理学、应用心理学、哲学、政治学与行政学、智能科学与技术、资源循环科学与工程、自动化

博士专业　保险学、比较文学与世界文学、比较语言学、材料物理与化学、财政学(含:税收学)、产业经济学、电子科学与技术、动物学、分析化学、概率论与数理统计、高等中文教育、高分子化学与物理、工商管理新专业、公司治理、管理科学与工程、光学、光学工程、光子学与光子技术、国际关系、国际贸易学、国外马克思主义研究、汉语言文字学、行政管理、化学生物学、环境工程、环境管理与经济、环境科学、会计学、基础数学、计算机应用技术、计算数学、技术经济及管理、金融学(含:保险学)、经济史、经济思想史、精细化学品化学、考古学及博物馆学、科学技术哲学、科学社会主义与国际共产主义运动、控制理论与控制工程、劳动经济学、理论物理、粒子物理与原子核物理、逻辑学、旅游管理、马克思主义发展史、马克思主义基本原理、马克思主义哲学、马克思主义中国化研究、美学、凝聚态物理、农药学、企业管理(含:财务管理、市场营销)、情报学、区域经济学、人口、资源与环境经济学、人口学、人力资源管理、社会心理学、社会学、神经生物学、生理学、生命信息物理学、生态学、生物化学与分子生物学、生物信息学、史学理论及史学史、世界经济、世界史、数量经济学、思想政治教育、图书馆学、外国哲学、微电子学与固体电子学、微生物学、文艺学、无机化学、物理电子学、物理化学(含:化学物理)、西方经济学、细胞生物学、遗传学、英语语言文学、应用数学、有机化学、语言学与应用语言学、运筹学与控制论、政治经济学、政治学理论、植物学、中共党史(含:党的学说与党的建设)、中国古代史、中国古代文学、中国古典文献学、中国近现代史、中国近现代史基本问题研究、中国少数民族语言文学(分语族)、中国文学思想史、中国现当代文学、中国哲学、中外政治制度、专门史

硕士专业　安全技术及工程、保险、保险学、比较文学与世界文学、比较语言学、材料工程、材料物理与化学、财政学(含:税收学)、测试计量技术及仪器、产业经济学、传播学、档案学、电磁场与微波技术、电路与系统、电子与通信工程、动物学、俄语语言文学、耳鼻咽喉科学、法律、法律(法学)、法律(非法学)、法律史、法学理论、分析化学、妇产科学、概率论与数理统计、高等教育学、高分子化学与物理、高级应用语言学、工程管理、工商管理、公共管理、公司治理、管理科学与工程、光学、光学工程、光子学与光子技术、国际法学(含:国际公法、国际私法)、国际关系、国际贸易学、国际商务、国际政治、国外马克思主义研究、汉语国际教育、汉语言文字学、行政管理、化学工程、化学生物学、环境工程、环境经济与管理、环境科学、环境史、环境与资源保护法学、会计、会计学、基础数学、基础心理学、计算机技术、计算机软件与理论、计算机系统结构、计算机应用技术、计算数学、技术经济及管理、检测技术与自动化装置、教育经济与管理、教育学原理、金融工程、金融硕士、金融学(含:保险学)、经济法学、经济史、经济思想史、精算学、精细化学品化学、军事思想、考古学及博物馆学、科学技术哲学、科学社会主义与国际共产主义运动、控制工程、控制理论与控制工程、口腔临床医学、劳动经济学、理论物理、历史文献学(含:敦煌学、古文字学)、粒子物理与原子核物理、临床检验诊断学、临床医学、伦理学、逻辑学、旅游管理、马克思主义发展史、马克思主义基本原理、马克思主义哲学、马克思主义中国化研究、美术学、美学、免疫学、民商法学(含:劳动法学)、社会保障、民族学、模式识别与智能系统、内科学、凝聚态物理、农药学、企业管理(含:财务管理、市场营销)、情报学、区域经济学、人口、资源与环境经济学、人口学、人类学、人力资源管理、人体解剖与组织胚胎学、日语语言文学、软件工程、设计艺术学、社会保障、社会工作、社会学、生理学、生命信息物理学、生态学、生物工程、生物化学与分子生物学、生物物理学、生物信息学、史学理论及史学史、世界经济、世界史、数量经济学、思想政治教育、诉讼法学、通信与信息系统、统计学、图书馆学、图书情报、外国语言学及应用语言学、外国哲学、外交学、外科学、微电子学与固体电子学、微生物学、文艺评论与创作、文艺学、无机化学、物理电子学、物理化学(含:化学物理)、物流工程、物流学、西方经济学、系统工程、细胞生物学、宪法学与行政法学、新闻学、信号与信息处理、刑法学、药物化学、遗传学、艺术、英语笔译、英语口译、英语语言文学、影像医学与核医学、应用化学、应用数学、应用统计硕士、应用心理、应用心理学、有机化学、语言学与应用语言学、运筹学与控制论、政治经济学、政治学理论、植物学、中共党史(含:党的学说与党的建设)、中国古代史、中国古代文学、中国古典文献学、中国近现代史、中国近现代史基本问题研究、中国现当代文学、中国哲学、中外政治制度、肿瘤学、专门史、资产评估、宗教学

院系设置

文学院、历史学院、哲学院、法学院、周恩来政府管理学院、外国语学院、马克思主义教育学院、经济学院、商学院、数学科学学院、物理科学学院、化学学院、生命科学学院、医学院、信息技术科学学院、环境科学与工程学院、汉语言文化学院、软件学院、药学院、泰达学院、深圳金融工程学院、旅游与服务学院

国家级、省部级研究机构设置

1.研究所(中心):APEC研究中心、公司治理研究中心、世界近现代史研究中心、跨国公司研究中心、政治经济学研究中心、中国社会史研究中心、经济与社会发展研究院、日本研究院、语言研究所、高等教育研究所、滨海开发研究院、跨文化交流研究院、南开大学－香港中文大学社会政策的研究中心、南南合作

研究中心、卫生经济与医疗保障研究中心、中国保险业改革与发展研究中心、全球营销中心、现代物流研究中心、人口与发展研究所、台湾经济研究所、WTO研究中心、欧洲问题研究中心、东北亚研究中心、政治文化研究中心、人权研究中心、周恩来研究中心、全球问题研究所、情报科学研究所、美国研究中心、比较语言学研究中心、环境与社会发展研究中心、中国城市与区域经济研究中心、中文文字学研究中心、亚洲研究中心、国际保险研究所、企业管理研究中心、社会调查研究中心、马列主义理论教育研究所、国际金融研究中心、国际经济研究所、中国农业与农村发展研究中心、心理学研究中心、妇女与发展研究中心、国际经济法研究所、老龄发展战略研究中心、中国农民问题研究中心、东方审美文化研究中心、交通经济研究所、现代管理研究所、虚拟经济与管理研究中心、证券与公司研究中心、比较法律文化研究中心、金融分析中心、国际税务研究中心、中华古典文化研究所、历史研究所、古籍与文化研究所、大洋洲（澳大利亚）研究中心、民族研究所、南开中加研究中心、色彩与公共艺术研究中心、东欧拜占廷研究所、经济研究所、中国留学教育研究中心、形势与政策教育研究中心、城市公共安全研究中心 光电信息技术科学教育部重点实验室、功能高分子材料教育部重点实验室、生物活性材料研究教育部重点实验室、组合数学与核心数学教育部重点实验室、弱光非线性光子学教育部重点实验室、分子微生物学与技术教育部重点实验室、环境污染过程与基准教育部重点实验室、薄膜光电子技术教育部工程研究中心、微生物功能基因组与检测技术教育部工程研究中心、高效储能教育部工程研究中心、天津市信息光子材料与技术重点实验室、天津市光电子薄膜器件与技术重点实验室、天津市微生物功能基因组学重点实验室、天津市金属与分子基材料化学重点实验室、天津市组合数学重点实验室、天津市城市生态环境修复与污染防治重点实验室、天津市农药科学重点实验室、天津市能源材料化学重点实验室、天津市蛋白质科学重点实验室、天津市分子药物研究重点实验室、天津市模式动物与退行性神经系统疾病重点实验室、机器人与信息自动化研究科技部"八六三"重点实验室、国家环境保护城市空气颗粒物污染防治重点实验室环保总局、陈省身数学研究所、组合数学研究中心、现代应用技术研究院、元素有机化学研究所、高分子化学研究所、机器职能研究所、现代光学研究所、中药有效成分提取分离技术中心、光通讯器件技术中心、分子生物研究所、新能源材料化学研究所、光电薄膜器件与技术研究所、催化剂研究所、光子学研究中心、应用化学研究所、机电与冶炼研究中心、光电材料研发中心、智能信息处理实验室、环境科学研究中心、受污染环境修复与绿色化学研究所、水资源开发与研究中心、泰达膜分离技术研究开发中心、艾滋病研究中心、航空航天联合研究中心、可再生能源与环境科学技术中心

2.国家重点实验室：元素有机化学国家重点实验室、农药国家工程研究中心

博士后流动站 数学、物理学、化学、生物学、光学工程、环境科学与工程、植物保护、控制科学与工程、理论经济学、应用经济学、工商管理、中国语言文学、历史学、外国语言文学、电子科学与技术、社会学、政治学、哲学、马克思主义理论、材料科学与工程、图书馆情报学与档案管理

定期公开出版的专业刊物 《南开学报》（哲学社会科学版）、《南开大学学报》（自然科学版）、《南开经济研究》、《南开教育论丛》、《南开管理评论》、《离子交换与吸附》、《实验室科学》、《南开语言学刊》

学校设立奖学金情况

学校设立奖学金90项，奖励总金额1800余万元。奖学金最高金额10000元/年，最低金额1000元/年。

主要校办产业

天津南开大学实业公司、南开大学印刷厂、南开大学出版社、南开大学旅游建筑规划设计研究院

毕业生一次就业率 96.5%

学校历史沿革

南开大学(Nankai University)创建于1919年，系南开系列学校的重要成员，创办人是近代著名爱国教育家严修和张伯苓。

南开大学成立时，本着"文以治国、理以强国、商以富国"的办学理念，设文、理、商3科，周恩来为文科第一期学生（学号62号）。1921年增设矿科；1927年成立社会经济研究委员会（经济研究所前身）和东北研究会。1929年改科为院，时有文学院、理学院、商学院及医预科，共13个系。1931年成立经济学院，创办化学工程系和电机工程系，附属于理学院；1932年设立应用化学研究所。

1937年7月，南开大学惨遭日军野蛮轰炸，遂南迁长沙，再迁昆明，与北京大学、清华大学合组举世闻名的西南联合大学，被誉为"学府北辰"。

抗战胜利后，南开回津复校并改为国立。复校后设文学院、理学院、政治经济学院和工学院，计16个系，另设有经济研究所、应用化学研究所及边疆人文研究室。一批著名学者如吴大任、卞之琳、萧采瑜、傅筑夫、高振衡、李广田、罗大冈、汪德熙、谢国桢、张清常等加盟南开。张伯苓在担任校长长达30年之后，于1948年离任，由何廉代理校长。

1949年新中国成立，南开的发展进入了一个新的纪元。1952年全国高等学校院系调整，南开成为一所文理综合性大学，设有14个系，3个专修科。1958年，南开大学的贸易、企业管理、会计、金融、财政、统计等系转入新组建的天津财经学院。1960年设立地质地理系、物理二系和哲学系（前两系不久撤消）。

1966年至1976年"文革"十年浩劫，南开大学正常教学秩序被破坏，大多数教师受到打击迫害。1976年7月唐山大地震波及天津，学校不仅师生有伤亡，而且大部分校舍遭到不同程度的严重损坏。

改革开放以来，南开大学重新焕发青春活力。1980年以后，学校为适应社会主义现代化建设需要，利用传统支柱学科基础好的优势，建立了一批新的专业和研究机构。文科重点增设了以财经类为主的应用性专业，并在此基础上于1983年恢复了经济学院，理科重点增设了交叉、边缘和高新科技类专业。到80年代中后期，南开已发展成为一所包括人文社会科学、自然科学、技术科学、生命科学、管理科学及艺术等多学科的综合大学。

1994年，天津对外贸易学院并入南开大学。

1995年，南开大学入选我国首批"211工程"院校。

2000年12月25日，教育部和天津市人民政府签署重点共建南开大学协议，南开大学入选"985工程"高校，跻身国家重点建设大学行列。

天津大学

学校(机构)标识码 4112010056	占地面积(平方米) 1819947	成人专科 1525
学校办学类型 411:本科院校:大学	校舍建筑面积(平方米) 885920	博士研究生 2926
学校性质类别 02 理工院校	图书(万册) 246.69	硕士研究生 9418
学校举办者 360 教育部	固定资产总值(万元) 240862	留学生 613
学校地址 天津市南开区卫津路92号	教学、科研仪器设备资产值(万元) 107399.8	专任教师(人) 2166
邮政编码 300072		其中:正高级 524
办公电话 022-27403536	在校生数(人) 35233	副高级 869
传真电话 022-27401798	其中:普通本科 15379	中级 610
校园(局域)网域名 www.tju.edu.cn	普通专科 909	初级 76
电子信箱 webmaster@tju.edu.cn	成人本科 4463	未定职级 87

本科专业 材料成型及控制工程、材料化学、材料科学与工程、财务管理、测控技术与仪器、城市规划、船舶与海洋工程、电气工程及其自动化、电子科学与技术、电子商务、电子信息工程、电子信息科学类、动画、法学、分子科学与工程、风景园林、港口航道与海岸工程、高等教育管理、工程管理、工程力学、工商管理、工业工程、工业设计、功能材料、光电子技术科学、过程装备与控制工程、汉语言文学、化工与制药类新专业、化学工程与工艺、环境工程、环境科学、环境科学类、机械类、机械设计制造及其自动化、集成电路设计与集成系统、计算机科学与技术、建筑环境与设备工程、建筑学、金融学、热能与动力工程、软件工程、生物工程、生物医学工程、食品科学与工程、数学与应用数学、水利水电工程、通信工程、土建类新专业、土木工程、物联网工程、物流工程、信息工程、信息管理与信息系统、药学、艺术设计、英语、应用化学、应用物理学、制药工程、自动化

专科专业 材料工程技术、电气自动化技术、工程造价、工业设计、计算机网络技术、计算机信息管理、应用电子技术

博士专业 材料化学工程、材料加工工程、材料物理与化学、材料学、测试计量技术及仪器、城市规划与设计(含:风景园林规划)、船舶与海洋工程、船舶与海洋结构物设计制造、电磁场与微波技术、电机与电器、电力电子与电力传动、电力系统及其自动化、电路与系统、电气工程、动力机械及工程、防灾减灾工程及防护工程、港口、海岸及近海工程、工程管理、工程力学、工程热物理、工业催化、工业工程、供热、供燃气、通风及空调工程、固体力学、管理科学与工程、光电子技术、光学工程、还有资源与环境、化工过程机械、化学、化学工程、化学工艺、环境工程、环境化工、环境科学、会计学、机械电子工程、机械工程、机械工程新专业、机械设计及理论、机械制造及其自动化、计算机应用技术、技术经济及管理、检测技术与自动化装置、建筑材料、建筑工程技术与管理、建筑环境艺术、建筑技术科学、建筑历史与理论、建筑设计及其理论、结构工程、精密仪器及机械、控制科学与工程、控制理论与控制工程、流体力学、旅游管理、模式识别与智能系统、膜科学与技术、企业管理(含:财务管理、市场营销)、桥梁与隧道工程、热能工程、生物分子工程、生物化工、生物物理学、生物医学工程、市政工程、水工结构工程、水力学及河流动力学、水利工程、水利水电工程、水文学及水资源、通信与信息系统、微电子学与固体电子学、无机化学、物理电子学、系统工程、信号与信息处理、信息管理与信息系统、信息与通信工程、岩土工程、药事管理、一般力学与力学基础、仪器科学与技术、应用化学、有机化学、振动与控制、职业技术教育学、制冷及低温工程、制药工程

硕士专业 材料化学工程、材料加工工程、材料物理与化学、材料学、测试计量技术及仪器、城市规划与设计(含:风景园林规划)、船舶与海洋工程、电磁场与微波技术、电机与电器、电路与系统、电气工程、动力机械及工程、发酵工程、防灾减灾工程及防护工程、风景园林、概率论与数理统计、工程、工程分析与计算力学、工程管理、工程力学、工程热物理、工商管理、工业催化、工业工程、公共管理、供热、供燃气、通风及空调工程、固体力学、管理科学与工程、光电子技术、光学、光学工程、行政管理、核燃料循环与材料、化工过程机械、化学、化学工程、化学工艺、环境工程、环境化工、环境科学、会计学、机械工程、机械设计及理论、机械制造及其自动化、基础数学、计算机科学与技术、计算机软件与理论、计算机系统结构、计算机应用技术、计算数学、技术经济及管理、建筑材料、建筑工程技术与管理、建筑环境艺术、建筑技术科学、建筑历史与理论、建筑设计及其理论、建筑学、教育经济与管理、结构工程、金融学(含:保险学)、经济法学、精密仪器及机械、科学技术哲学、控制科学与工程、控制理论与控制工程、理论物理、流体力学、旅游管理、马克思主义理论、美术学、模式识别与智能系统、膜科学与技术、凝聚态物理、企业管理(含:财务管理、市场营销)、桥梁与隧道工程、情报学、热能工程、设计艺术学、社会保障、社会医学与卫生事业管理、生物分子工程、生物化工、生物化学与分子生物学、生物物理学、生物医学工程、生药学、食品科学、市政工程、数量经济学、水工结构工程、水利工程、通信与信息系统、统计学、土地资源管理、外国语言学及应用语言学、微电子学与固体电子学、微生物与生化药学、物理电子学、系统工程、信息管理与信息系统、信息与通信工程、岩土工程、药剂学、药理学、药事管理、药物分析学、药物化学、一般力学与力学基础、仪器科学与技术、遗传学、艺术、应用化学、应用数学、应用心理学、有机化学、语言学与应用语言学、运筹学与控制论、振动与控制、职业技术教育学、制冷及低温工程、制药工程、中共党史(含:党的学说与党的建设)、中国现当代文学、中国哲学

院系设置

机械工程学院、精密仪器与光电子工程学院、电气与自动化工程学院、电子信息工程学院、建筑学院、建筑工程学院、化学工程学院、材料科学与工程学院、管理与经济学部、文法学院、环境科学与工程学院、理学院、药物科学与技术学院、软件工程学院、职业技术教育学院、计算机科学与技术学院、马克思主义学院、求是学部、农业与生物工程学院

国家级、省部级研究机构设置

1. 实验室：国家重点实验室：内燃机燃烧学国家重点实验室、精密测试技术及仪器国家重点实验室、化学工程联合国家重点实验室（天津大学）、水利工程仿真与安全国家重点实验室

国家工程实验室：多晶硅材料制备技术国家工程实验室（第三单位）

教育部重点实验室：绿色合成与转化教育部重点实验室、先进陶瓷与加工技术教育部重点实验室、光电信息技术科学教育部重点实验室、电力系统仿真控制教育部重点实验室、港口与海洋工程教育部重点实验室、定量系统生物工程教育部重点实验室、滨海土木工程结构与安全教育部重点实验室、机构理论与装备设计教育部重点实验室

天津市重点实验室：天津市电力系统仿真控制重点实验室、天津市生物与制药工程重点实验室、天津市港口与海洋工程重点实验室、天津市应用催化科学与工程重点实验室、天津市现代工程力学重点实验室、天津市低维功能材料物理与制备技术重点实验室、天津市过程检测与控制重点实验室、天津市生物医学检测技术与仪器重点实验室、天津市建筑物理环境与生态技术重点实验室、天津市土木工程结构及新材料重点实验室、天津市材料复合与功能化重点实验室、天津市现代连接技术重点实验室、天津市膜科学与海水淡化技术重点实验室、天津市现代药物传递及功能高效化重点实验室、天津市非线性动力学与混沌控制重点实验室、天津市装备设计与制造技术重点实验室

2. 研究中心（所）：国家文物局重点科研基地、文物建筑测绘研究国家文物局重点科研基地、国家工程研究中心、精馏技术国家工程研究中心、发酵技术国家工程研究中心、国家工程技术研究中心、国家工业结晶工程技术研究中心、国家科技成果重点研究推广中心、工业结晶技术研究推广中心、化工填料塔及塔内件技术研究推广中心、教育部工程研究中心、材料复合与功能化教育部工程研究中心、轻型动力教育部工程研究中心、绿色精制过程教育部工程研究中心、水利工程仿真与安全监测教育部工程研究中心、微纳制造与测量技术教育部工程中心、天津市工程中心、天津市微纳制造技术工程中心、天津市工业结晶技术工程中心、天津市快速成型技术工程中心、天津市集成电路与计算系统技术工程中心

3. 博士后科研流动站：动力工程及工程热物理、力学、化学工程与工业化学、水利工程、土木工程、机械工程、材料科学与工程、电器工程、光学工程、仪器科学与工程、管理科学与工程、建筑学、信息与通信工程、电子科学与技术、生物医学工程、控制科学与工程、环境科学与工程、工商管理、化学、计算机科学与技术

定期公开出版的专业刊物 《天津大学学报》（自然版）、《天津大学学报》（英文版）、《天津大学学报》（社科版）、《燃烧科学与技术》、《纳米技术与精密工程》等

学校设立奖学金情况

学校设立奖学金75项，奖励总金额1800余万元。奖学金最高金额10000元/年，最低金额400元/年。

主要校办产业

天津大学经营性资产公司、天津市天大天发科技有限公司、天津市天大北洋科技开发有限公司、天津市天大北洋化工设备有限公司、天大科技园有限公司、天津大学实业发展总公司、天津天波国际贸易有限公司

学校历史沿革

1895年10月2日，天津海关道盛宣怀奏请光绪皇帝批准，在天津创建天津北洋西学学堂。校址设在天津大营门外梁家园博文书院。1896年，更名为北洋大学堂。1902年，校址迁西沽。1912年，中华民国成立后，奉命更名为北洋大学校。1913年，改称国立北洋大学。1917年，国民政府教育部对北洋大学与北京大学进行科系调整，北洋大学改为专办工科，法科移并北京大学，北京大学工科移并北洋大学。从此，北洋大学进入专办工科时代。1928年，南京国民政府在教育上试行大学区制，北洋大学改称"北平大学第二工学院"。不久大学区制废止，北洋大学暂称"国立北洋工学院"。1934年，设立工科研究所，并于1935年初开始招收研究生。1937年，日军发动侵华战争，北洋大学西迁，组建西北联合大学。1945年，抗战胜利。教育部函令恢复北洋大学。1946年5月，北洋大学复校。1951年9月，北洋大学与河北工学院合并，定名为天津大学，直属中央教育部。

天津科技大学

学校(机构)标识码 4112010057
学校办学类型 411：本科院校：大学
学校性质类别 02 理工院校
学校举办者 811 省级教育部门
学校地址 天津市河西区大沽南路1038号
邮政编码 300222
办公电话 022-28340538
传真电话 022-28340538
校园(局域)网域名 www.tust.edu.cn
电子信箱 tust@tust.edu.cn
占地面积(平方米) 1338672
校舍建筑面积(平方米) 675192
图书(万册) 200.52
固定资产总值(万元) 106319.24
教学、科研仪器设备资产值(万元) 28601.24
在校生数(人) 28023
其中：普通本科 19639
成人本科 3054
成人专科 2770
博士研究生 208
硕士研究生 2238
留学生 114

专任教师(人) 1323	副高级 420	初级 49
其中:正高级 235	中级 601	未定职级 18

本科专业 包装工程、材料成型及控制工程、材料化学、材料科学类、财务管理、测控技术与仪器、电气工程及其自动化、电子信息工程、动画、对外汉语、法学、服装设计与工程、高分子材料与工程、工商管理类、工业工程、工业设计、公共事业管理、国际经济与贸易、过程装备与控制工程、海洋技术、海洋科学、行政管理、化学工程与工艺、环境工程、环境科学、机械电子工程、机械设计制造及其自动化、计算机科学与技术、金融工程、木材科学与工程、汽车服务工程、轻化工程、人力资源管理、日语、软件工程、生物工程、生物工程类、生物技术、食品科学与工程、食品质量与安全、通信工程、网络工程、物流工程、信息管理与信息系统、信息与计算科学、艺术设计、印刷工程、英语、应用化学、制药工程、自动化

博士专业 包装工程、发酵工程、农产品加工及贮藏工程、皮革化学与工程、轻工产业技术经济、轻工过程与装备、生物技术与食品工程、食品科学、制浆造纸工程、制糖工程、制盐科学与工程

硕士专业 材料工程、材料加工工程、材料物理与化学、材料学、测试计量技术及仪器、车辆工程、动力工程、发酵工程、工商管理、工业产品系统设计、工业催化、工业工程、工业设计工程、管理科学与工程、海洋化学、海洋生物学、化工过程机械、化学工程、化学工艺、环境工程、机械电子工程、机械工程、机械设计及理论、机械制造及其自动化、计算机应用技术、检测技术与自动化装置、控制工程、控制理论与控制工程、粮食、油脂及植物蛋白工程、林产化学加工工程、农产品加工及贮藏工程、农产品加工及贮藏工程(农)、皮革化学与工程、企业管理(含:财务管理、市场营销)、轻工技术与工程(包印)、轻工技术与工程(发酵)、轻工技术与工程(造纸)、设计艺术学、生物工程、生物化工、生物化学与分子生物学、食品工程、食品科学、水产品加工及贮藏工程、外国语言学及应用语言学、微生物与生化药学、微生物与生化药学(理)、物流工程、药物化学、药物化学(理)、药物化学(理)、艺术、印刷工程、营养与食品卫生学、应用化学、制浆造纸工程、制糖工程、制药工程

院系设置
机械工程学院、电子信息与自动化学院、材料科学与化学工程学院、海洋科学与工程学院、包装与印刷工程学院、艺术设计学院、经济与管理学院、法政学院、计算机科学与信息技术学院、理学院、外国语学院、食品工程与生物技术学院、生物工程学院、国际学院、留学生院、继续教育学院、体育教学部

国家级、省部级研究机构设置
1. 研究所(中心):食品生物技术教育部工程中心、天津市食品加工工程中心、食品营养与安全省部共建教育部重点实验室、工业发酵微生物省部共建教育部重点实验室、天津市食品营养与安全重点实验室、天津市工业微生物重点实验室、天津市海洋资源与化学重点实验室、天津市制浆造纸重点实验室
2. 国家重点实验室:工业酶国家工程实验室、制浆造纸国家工程实验室
3. 博士后科研流动站:轻工技术与与工程、食品科学与工程

定期公开出版的专业刊物 《天津科技大学学报》、《中国轻工教育》

学校设立奖学金情况
学校设立奖学金18 项,奖励总金额473.70 万元。奖学金最高金额8000 元/年,最低金额50 元/年。

主要校办产业
天津科技大学塑料厂、天津科技大学机工厂、天津科技大学印刷厂、天津科技大学科技开发部、天津市天轻食品发酵开发公司、天津市食品加工工程中心、天津市方润公司

学校历史沿革
学校前身,河北轻工业学院,建于1958 年,隶属河北省委。1963 年由河北省委上交轻工业部直接管理。1968 年改名为天津轻工业学院。1998 年转制为中央和地方共建院校,以地方管理为主。2002 年更名为天津科技大学。

天津工业大学

学校(机构)标识码 4112010058	占地面积(平方米) 1843688	成人专科 1432
学校办学类型 411:本科院校:大学	校舍建筑面积(平方米) 843651	博士研究生 223
学校性质类别 02 理工院校	图书(万册) 212.75	硕士研究生 2119
学校举办者 811 省级教育部门	固定资产总值(万元) 63814.44	留学生 121
学校地址 天津市河东区成林道63 号	教学、科研仪器设备资产值(万元) 28410.49	专任教师(人) 1609
邮政编码 300160	在校生数(人) 30684	其中:正高级 190
办公电话 022 - 83956000	其中:普通本科 23103	副高级 541
传真电话 022 - 83956001	普通专科 1692	中级 762
校园(局域)网域名 www.tjpu.edu.cn	成人本科 1994	初级 116
电子信箱 xzb@tjpu.edu.cn		

本科专业 表演、材料科学与工程、财务管理、测控技术与仪器、电气工程及其自动化、电气信息类、电子科学与技术、电子信息工程、电子信息科学与技术、动画、法学、纺织工程、非织造材料与工程、服装设计与工程、工商管理、工业工程、工业设计、公共事业管理、光信息科学与技术、光源与照明、广播电视编导、广播电视新闻学、广告学、国际经济与贸易、化学工程与工艺、环境工程、会计学、机械工程及自动化、计算机科学与技术、建筑环境与设备工程、金融学、经济学、轻化工程、人力资源管理、日语、软件工程、数学与应用数学、通信工程、土地资源管理、网络工程、无机非金属材料工程、信息管理与信息系统、信息与计算科学、艺术设计、英语、应用化学、应用物理学、制药工程、自动化

专科专业 报关与国际货运、房地产经营与估价、供热通风与空调工程技术、会计电算化、机电一体化技术、计算机信息管理、软件技术、数控技术、物业管理

博士专业 材料加工工程、材料学、纺织材料与纺织品设计、纺织工程、纺织化学与染整工程、纺织机械设计及自动化、纺织消防与安全工程、服装设计与工程、复合材料的设计及成型、复合材料的设计与成型、机械设计及理论、膜科学与技术

硕士专业 材料工程、材料科学与工程、产业经济学、电子与通信工程、纺织材料与纺织品设计、纺织工程、纺织化学与染整工程、纺织消防与安全工程、服装设计与工程、工程管理硕士、工程力学、工商管理、工商管理硕士、工商管理专业学位、工业工程、工业设计工程、管理科学与工程、光学工程、国际贸易学、化学工程、化学工艺、环境工程、会计学、机械工程、集成电路工程、计算机技术、计算机软件与理论、计算机应用技术、技术经济及管理、教育经济与管理、经济法学、控制工程、控制科学与工程、凝聚态物理、企业管理(含:财务管理、市场营销)、软件工程、设计艺术学、生物医学工程、思想政治教育、通信与信息系统、图书馆学、外国语言学及应用语言学、微电子学与固体电子学、物理电子学、物流工程、信号与信息处理、艺术设计、艺术设计学、应用化学、应用数学、运筹学与控制论

院系设置
纺织学院、材料科学与工程学院、环境与化学工程学院、机械电子学院、计算机科学与软件学院、电气工程与自动化学院、信息与通信工程学院、理学院、艺术与服装学院、工商学院、管理学院、经济学院、人文与语法学院、外国语学院、继续教育学院、国际教育学院

国家级、省部级研究机构设置
1. 省部级实验室:中空纤维膜材料与膜过程省部共建国家重点实验室培育基地;中空纤维膜材料与膜过程教育部重点实验室;先进纺织复合材料教育部重点实验室;天津市中空纤维膜材料与膜过程重点实验室;天津市改性与功能纤维重点实验室;天津市现代机电装备技术重点实验室;天津市先进纺织复合材料重点实验室;天津市电工电能新技术重点实验室。
2. 省部级研究中心(所):先进纺织复合材料教育部工程中心;大功率半导体照明应用系统教育部工程研究中心;天津市膜技术工程中心;天津市大功率半导体照明工程中心;天津市纺织纤维界面处理技术工程中心;天津市普通高等学校人文社会科学重点研究基地"现代纺织产业创新研究中心"。
3. 博士后流动站:纺织科学与工程、材料科学与工程

定期公开出版的专业刊物 《天津工业大学学报》

学校设立奖学金情况
2011年我校共设立奖学金14项,共计约899.19万元。最高10000元/人/年,最低200元/人/年。

(一)校级奖学金,获奖学生4771人,共计约345.89万元。其中最高1600元/人/年,最低200元/人/年。

(二)社会奖学金,获奖学生188人,共计约60.6万元。其中最高10000元/人/年,最低500元/人/年。

1. 桑麻奖学金,获奖学生63人,共计17万元。其中特等6000元/人/年,一等4000元/人/年,二等3000元/人/年,三等2000元/人/年。

2. 纺织之光奖学金,获奖学生15人,共计7.5万元。其中5000元/人/年。

3. 香港福田实业奖学金,获奖学生20人,共计5万元。其中2500元/人/年。

4. 天然奖学金,获奖学生3人,共计1万元。其中特等5000元/人/年,一等2500元/人/年。

5. 帝棉针织奖学金,获奖学生6人,共计0.6万元。其中一等2500元/人/年,二等1000元/人/年,三等500元/人/年。

6. 王克昌奖学金,获奖学生18人,共计1.8万元。其中1000元/人/年。

7. 金百合奖学金,获奖学生24人,共计10万元。其中特等5000元/人/年,一等3000元/人/年,二等2000元/人/年,励志奖2000元/人/年。

8. 上纬奖学金,获奖学生6人,共计1万元。其中一等3000元/人/年,二等2000元/人/年,三等1000元/人/年。

9. 乌斯特奖学金,获奖学生16人,共计6.9万元。其中特等8000元/人/年,一等3000元/人/年,二等2000元/人/年。

10. 汇川奖学金,获奖学生17人,共计9.8万元。其中特等10000元/人/年,一等8000元/人/年,二等4000元/人/年。

(三)国家励志奖学金,获奖学生819人,共计409.5万,其中5000元/人/年。

(四)国家奖学金,获奖学生50人,共计40万,其中8000元/人/年。

(五)天津市人民政府奖学金,获奖学生54人,共计43.2万,其中8000元/人/年。

主要校办产业
天津膜天膜工程技术有限公司;天津工大海宇半导体照明有限公司;天津工大纺织助剂有限公司;天津工大功能纤维材料开发中心;天津工大碧缘宾馆;天津工大纺织织造中心;天津工大莱声抛光技术研究所;天津工大计算机应用开发部

学校历史沿革
天津工业大学前身为天津纺织工学院,创建于1958年。(1958年9月10日,河北人民委员会) 2000年4月,天津纺织工学院与天津经济管理干部学院合并组建天津工业大学。(教发[2000]95号)。

中国民航大学

学校(机构)标识码　4112010059
学校办学类型　411:本科院校:大学
学校性质类别　02 理工院校
学校举办者　417 中国民用航空总局
学校地址　天津市东丽区津北公路2898号
邮政编码　300300
办公电话　022-24092104
传真电话　022-24393605
校园(局域)网域名　www.cauc.edu.cn
电子信箱　mhdxbgs@cauc.edu.cn
占地面积(平方米)　1102600
校舍建筑面积(平方米)　705618
图书(万册)　145.2
固定资产总值(万元)　104083.21
教学、科研仪器设备资产值(万元)　28985.58
在校生数(人)　21393
其中:普通本科　13764
　　　普通专科　4677
　　　成人本科　1010
　　　成人专科　427
　　　硕士研究生　1454
　　　留学生　61
专任教师(人)　1073
其中:正高级　132
　　　副高级　237
　　　中级　460
　　　初级　244

本科专业　安全工程、材料化学、材料物理、财务管理、电气工程及其自动化、电子信息工程、法学、飞行技术、飞行器动力工程、飞行器制造工程、工商管理、工业工程、公共事业管理、会计学、机械电子工程、计算机科学与技术、交通工程、交通运输、通信工程、统计学、土木工程、物流管理、信息安全、信息与计算科学、英语、油气储运工程、自动化

专科专业　航空电子设备维修、航空机电设备维修、空中乘务、民航安全技术管理、民航运输

硕士专业　安全工程、安全技术及工程、材料学、产业经济学、导航、制导与控制、道路与铁道工程、电子与通信工程、飞行器设计、工商管理硕士、管理科学与工程、航空工程、航空宇航推进理论与工程、航空宇航制造工程、机械电子工程、计算机技术、计算机应用技术、计算数学、检测技术与自动化装置、交通信息工程及控制、交通运输工程、交通运输规划与管理、控制工程、控制理论与控制工程、模式识别与智能系统、企业管理(含:财务管理、市场营销)、人机与环境工程、生物医学工程、通信与信息系统、物流工程、信号与信息处理、应用数学、油气储运工程、载运工具运用工程

院系设置
学校下设 20 个学院(中心、部)

国家级、省部级研究机构设置
航空地面特种设备研究基地、空中交通管理研究基地、航空运输经济与管理科学研究基地、机场工程民航科研基地、民航机务维修工程科研基地、民航信息技术科研基地、适航审定技术研究与管理中心、天津市智能信号与图像处理重点实验室、天津市飞机维修与民航地面特种设备技术工程中心、航空法律与政策研究中心、天津市民用航空器适航与维修重点实验室、天津市空管运行规划与安全技术重点实验室

定期公开出版的专业刊物　《中国民航大学学报》、《民航教育研究》

学校设立奖学金情况
学校设立奖学金 22 项,奖励总金额 1630.55,最高金额 8000 元/年,最低金额 200 元/年。

主要校办产业
天津航大中天科技发展有限公司、中国民航学院开发总公司、中国民航学院技术开发公司、天津航空产业开发有限公司、天津航大雄鹰航空工程有限公司、天津航网科技发展有限公司

学校历史沿革
中国民航大学前身是 1951 年在天津创建的军委民航局第二民航学校,1981 年更名为中国民用航空学院,2006 年更名为中国民航大学。半个多世纪以来,学校为民航和社会培养各类人才 4 万余名,民航三分之一的工程技术和管理人员毕业于我校,被誉为"中国民航人才的摇篮"、"民航科学研究的基地"。

天津理工大学

学校(机构)标识码　4112010060
学校办学类型　411:本科院校:大学
学校性质类别　02 理工院校
学校举办者　811 省级教育部门
学校地址　天津市南开区红旗南路263号
邮政编码　300191
办公电话　022-60215678
传真电话　022-60215555
校园(局域)网域名　www.tjut.edu.cn
电子信箱　jbg@tjut.edu.cn
占地面积(平方米)　1810661
校舍建筑面积(平方米)　521674
图书(万册)　159.8
固定资产总值(万元)　59866.58
教学、科研仪器设备资产值(万元)　23791.55
在校生数(人)　25966
其中:普通本科　22475
　　　成人本科　1471
　　　成人专科　471
　　　硕士研究生　1549
专任教师(人)　1289
其中:正高级　165

| 副高级 | 325 | 中级 | 675 | 初级 | 124 |

本科专业 安全工程、保险、材料成型及控制工程、材料化学、材料科学类、材料科学与工程、材料类、材料物理、财务管理、测控技术与仪器、电气工程及其自动化、电子科学与技术、电子信息工程、电子信息科学类、电子信息科学与技术、动画、工程管理、工程造价、工商管理、工商管理类、工业工程、工业设计、管理科学与工程类、光信息科学与技术、广告学、过程装备与控制工程、汉语言文学、航海技术、化工与制药类、化学工程与工艺、环境工程、环境科学、环境与安全类、机械电子工程、机械工程及自动化、机械类、集成电路设计与集成系统、计算机科学与技术、轮机工程、能源动力类、能源动力系统及自动化、热能与动力工程、日语、软件工程、社会工作、社会学、摄影、生物工程、数学与应用数学、通信工程、网络工程、物流管理、信息安全、信息管理与信息系统、信息与计算科学、药学、仪器仪表类、艺术设计、英语、应用化学、应用物理学、制药工程、资源环境与城乡规划管理、自动化

硕士专业 安全技术及工程、材料加工工程、材料物理与化学、材料学、产业经济学、电力系统及其自动化、翻译、工程、管理科学与工程、光学、光学工程、化学工程、化学工艺、环境科学、机械电子工程、机械设计及理论、机械制造及其自动化、计算机软件与理论、计算机应用技术、技术经济及管理、检测技术与自动化装置、教育经济与管理、控制理论与控制工程、马克思主义中国化研究、模式识别与智能系统、凝聚态物理、企业管理(含:财务管理、市场营销)、日语语言文学、设计艺术学、社会学、思想政治教育、通信与信息系统、外国语言学及应用语言学、微电子学与固体电子学、物理电子学、信号与信息处理、药物化学、英语语言文学、应用化学、应用数学

定期公开出版的专业刊物 《天津理工大学学报》、《光电子·激光》、《光电子快报》

学校设立奖学金情况

15项,奖励总金额270.4万元。奖学金最高金额2000元/年,最低金额100元/年。

学校历史沿革

1979年正式招收本科生,1981年经国家批准成立,定名为天津理工学院;1996年,天津理工学院、天津大学机电分校、天津大学分校、天津大学冶金分校四校合并,名称仍为天津理工学院;2004年5月,经教育部批准更名为天津理工大学。

天津农学院

学校(机构)标识码	4112010061	占地面积(平方米)	699320	成人本科	366
学校办学类型	412:本科院校:学院	校舍建筑面积(平方米)	256791	成人专科	887
学校性质类别	03 农业院校	图书(万册)	80.71	硕士研究生	80
学校举办者	812 省级其他部门	固定资产总值(万元)	33848.2	留学生	1
学校地址	天津市西青区津静路22号	教学、科研仪器设备资产值(万元)	9369.93	专任教师(人)	615
邮政编码	300384			其中:正高级	92
办公电话	022-23792065	在校生数(人)	12839	副高级	224
传真电话	022-23781315	其中:普通本科	9331	中级	291
校园(局域)网域名	www.tjau.edu.cn	普通专科	2174	初级	8
电子信箱	yuanban@tjau.edu.cn				

本科专业 测控技术与仪器、动物科学、动物医学、公共事业管理、国际经济与贸易、海洋渔业科学与技术、环境科学、会计学、计算机科学与技术、林学、旅游管理、农林经济管理、农学、农业机械化及其自动化、人力资源管理、软件工程、设施农业科学与工程、生物工程、生物技术、食品科学与工程、食品质量与安全、市场营销、水产养殖学、水利水电工程、水文与水资源工程、水族科学与技术、物流管理、信息管理与信息系统、英语、应用化学、园林、园艺、植物保护、种子科学与工程

专科专业 城市园林、电子商务、动物防疫与检疫、国际经济与贸易、机电设备维修与管理、计算机信息管理、计算机应用技术、农产品质量检测、人力资源管理、社会工作、生物技术及应用、食品加工技术、水产养殖技术、水文与水资源、园林技术

硕士专业 果树学、水产养殖、预防兽医学、作物遗传育种

院系设置

农学系、水产科学系、动物科学系、园艺系、经济管理系、机电工程系、食品科学系、人文社会科学系、计算机科学与信息工程系、基础科学系、水利工程系、体育教学部、成教学院、职业技术学院

国家级、省部级研究机构设置

研究所(中心):天津市水产生态及养殖重点实验室

定期公开出版的专业刊物 《天津农学院学报》

学校设立奖学金情况

学校设立奖学金2项,奖励总金额190余万元。奖学金最高金额1200元/年,最低金额400元/年。

毕业生一次就业率 90%

学校历史沿革

天津农学院始建于1976年并于同年开始招生,原址位于天津市武清县,1985年迁入现址。2002年经天津市政府批准,天津市城乡经济学校并入天津农学院。1982年获学士学位授予权,2006年获硕士学位授予权。2007年在教育部进行的本科教

学工作水平评估中获得"优秀"。

天津医科大学

学校(机构)标识码 4112010062	占地面积(平方米) 230075	成人专科 756
学校办学类型 411:本科院校:大学	校舍建筑面积(平方米) 266176	博士研究生 421
学校性质类别 05 医药院校	图书(万册) 126.74	硕士研究生 2900
学校举办者 811 省级教育部门	固定资产总值(万元) 62917.43	留学生 853
学校地址 天津市和平区气象台路22号	教学、科研仪器设备资产值(万元) 29707.53	专任教师(人) 913
邮政编码 300070	在校生数(人) 13398	其中:正高级 334
办公电话 022-23542636	其中:普通本科 5276	副高级 284
传真电话 022-23542011	普通专科 94	中级 228
校园(局域)网域名 www.tmu.edu.cn	成人本科 3098	初级 33
电子信箱 xb@tijmu.edu.cn		未定职级 34

本科专业 法学、公共事业管理(卫生事业管理方向)、护理学、护理学(社区护理方向)、护理学(涉外护理方向)、护理学(助产方向)、口腔医学、口腔医学(本科硕士连续培养)、临床医学、临床医学(本科硕士连续培养)、临床医学(基础研究方向)、临床医学(临床心理学方向)、临床医学(医学影像学方向)、麻醉学、生物医学工程、生物医学工程(生物技术与生物信息)、眼视光学、药物制剂、药学、医学检验、医学影像学、医学影像学(医学影像技术方向)、英语(医学方向)、预防医学、运动康复与健康

专科专业 护理

博士专业 病理学与病理生理学、病原生物学、儿科学、妇产科学、护理学、急诊医学、临床检验诊断学、临床医学、流行病与卫生统计学、麻醉学、免疫学、内科学、皮肤病与性病学、人体解剖与组织胚胎学、神经病学、生物医学工程、外科学、眼科学、药理学、影像医学与核医学、运动医学、中西医结合临床、肿瘤学

硕士专业 病理学与病理生理学、病原生物学、儿科学、儿少卫生与妇幼保健学、耳鼻咽喉科学、妇产科学、公共卫生、护理、护理学、急诊医学、精神病与精神卫生学、口腔基础医学、口腔临床医学、口腔医学、劳动卫生与环境卫生学、老年医学、临床检验诊断学、临床医学、流行病与卫生统计学、伦理学、麻醉学、免疫学、内科学、皮肤病与性病学、人体解剖与组织胚胎学、社会医学与卫生事业管理、神经病学、生理学、生物化学与分子生物学、生物医学工程、生药学、思想政治教育、外科学、卫生毒理学、眼科学、药剂学、药理学、药物分析学、药物化学、药学、营养与食品卫生学、影像医学与核医学、运动医学、中西医结合临床、肿瘤学

院系设置

学校现有 18 个学院、1 个学系、3 个教学部:基础医学院、公共卫生学院、药学院、护理学院、医学影像学院、医学检验学院、生物医学工程学院、医学人文学院、医学英语与健康传媒学院、研究生院、国际医学院、继续教育学院、临床医学院、第一临床医学院、第二临床医学院、肿瘤临床学院、口腔医学院、眼视光学院、康复与运动医学系、社会科学部、体育教学部、外语教学部。

天津医科大学是继协和医学院后,国家最早批准试办八年制的医学院校,也是首批试办七年制的 15 所院校之一。学校现有本科专业 15 个:临床医学(七年制、五年制)、口腔医学(七年制、五年制)、麻醉学(五年制)、医学影像学(五年制)、医学检验学(五年制)、预防医学(五年制)、护理学(五年制)、生物医学工程(四年制)、药学(四年制)、药物制剂(四年制)、法学(四年制)、眼视光学(四年制)、运动康复与健康(四年制)、公共卫生事业管理(四年制)、英语(四年制),其中护理学、生物医学工程、医学影像学为全国首办专业。本科专业方向 8 个:生物医学工程(生物技术与生物信息方向四年制)、临床医学(基础医学方向七年制)、临床医学(医学影像学方向七年制)、临床医学(临床心理学方向五年制)、医学影像学(影像技术方向五年制)、护理学(涉外护理方向五年制)、护理学(社区护理方向五年制)、护理学(助产方向)。

国家级、省部级研究机构设置

1. 实验室 教育部乳腺癌防治重点实验室、卫生部激素与发育重点实验室、教育部省部共建免疫微环境与疾病重点实验室、教育部省部共建中枢神经创伤修复与再生重点实验室、天津市肿瘤防治重点实验室、天津市泌尿外科基础医学重点实验室、天津市神经损伤变异与再生重点实验室、天津市细胞与分子免疫学重点实验室、天津市肺癌转移与肿瘤微环境重点实验室、天津市医学表观遗传学重点实验室、天津市临床药物关键技术重点实验室

2. 研究中心(所):天津市内分泌研究所、天津市肿瘤研究所、天津市神经病学研究所、天津市泌尿外科研究所、天津心脏病学研究所、天津市医学检测技术研究所、天津影像医学研究所、天津普通外科研究所、天津性传播疾病研究所、天津市眼眶病研究所、天津市感染性疾病研究所、天津市肺癌研究所、天津市老年病学研究所

3. 博士后流动站:临床医学博士后科研流动站、基础医学博士后科研流动站、中西医结合临床博士后科研流动站

定期公开出版的专业刊物 《透析与人工器官》、《中国肿瘤临床》、《天津医科大学学报》、《国际内分泌代谢杂志》、《中国现代神经疾病杂志》、《中国中西医结合外科杂志》

学校设立奖学金情况

7 项,奖励总金额 247 余万元。奖学金最高金额 8000 元/年,最低金额 400 元/年。

1. 国家奖学金:14 人/年,8000 元/人;
2. 国家励志奖学金:218 人/年,5000 元/人;
3. 天津市人民政府奖学金:15 人/年,8000 元/人;
4. 王克昌奖学金:9 人/年,1000 元/人;
5. 武田奖学金:8 人/年,1000 元/人;
6. 东芝奖学金:14 人/年,其中 2500 元/人(4 个)、2000 元/人(10 人);
7. 校级奖学金:一等 5% 1000 元/人;二等 10% 800 元/人;三等 10% 600 元/人;四等 15% 400 元/人。

主要校办产业

天津医科大学校办工厂

学校历史沿革

天津医科大学的前身天津医学院创建于 1951 年,是新中国成立后国家政务院批准新建的第一所高等医学院校,著名内分泌学家、医学教育家朱宪彝教授为首任校长。1993 年,天津市委、市政府决定天津医学院与天津第二医学院合并组建天津医科大学,同年 12 月得到国家教委批准。1994 年 6 月,天津医科大学正式组建成立。

天津中医药大学

学校(机构)标识码 4112010063	电子信箱 tcmoffice@163.com	成人专科 338
学校办学类型 411:本科院校:大学	占地面积(平方米) 790420	博士研究生 173
学校性质类别 05 医药院校	校舍建筑面积(平方米) 281550	硕士研究生 1935
学校举办者 811 省级教育部门	图书(万册) 98.5	留学生 756
学校地址 天津市南开区玉泉路 88	固定资产总值(万元) 40703	专任教师(人) 738
邮政编码 300193	教学、科研仪器设备资产值(万元) 10665.1	其中:正高级 153
办公电话 022-59596111		副高级 220
传真电话 022-59596110	在校生数(人) 10899	中级 281
校园(局域)网域名 www.tjutcm.edu.cn	其中:普通本科 7204	初级 84
	成人本科 493	

本科专业 对外汉语、公共事业管理、汉语言、护理学、康复治疗学、劳动与社会保障、市场营销、药物制剂、药学、应用心理学、针灸推拿学、制药工程、中西医临床医学、中药学、中药制剂、中药资源与开发、中医学

博士专业 方剂学、针灸推拿学、中西医结合基础、中药学、中医儿科学、中医妇科学、中医骨伤科学、中医基础理论、中医临床基础、中医内科学、中医外科学、中医学新专业、中医医史文献、中医诊断学

硕士专业 病理学与病理生理学、方剂学、护理学、老年医学、临床医学、神经病学、生药学、药理学、药物分析学、影像医学与核医学、针灸推拿学、中国古典文献学、中西医结合基础、中西医结合临床、中药学、中医儿科学、中医妇科学、中医骨伤科学、中医基础理论、中医临床基础、中医内科学、中医外科学、中医五官科学、中医医史文献、中医诊断学、肿瘤学

院系设置

中医学院、中药学院、针灸学院、护理学院、人文管理学院、实验教学部、临床实训教学部、中医药工程学院、公共课教学部、社会科学教学部、体育教学部、研究生院、继续教育学院、国际教育学院、第一临床医学院、第二临床医学院

国家级、省部级研究机构设置

1. 实验室:天津市现代中药实验室:省部共建国家重点实验室培育基地;教育部重点实验室:方剂学教育部重点实验室;国家中医药管理局三级科研实验室:中药药理实验室、分子生物学实验室、细胞生物学实验室、病理实验室、医用化学传感器实验室、呼吸功能实验室、中药制剂实验室(2 个)、中药毒理实验室、中药化学实验室、针刺量效关系实验室、认知和运动分析实验室、肾脏组织生物学实验室、推拿手法生物效应实验室;国家中医药管理局重点实验室:针刺效应重点研究室、方剂配伍重点研究室;天津市重点实验室:中药药理重点实验室、针灸学重点实验室、中药化学与分析重点实验室

2. 研究中心(所):国家级国际联合研究中心:中意中医药联合实验室;教育部工程研究中心:现代中药发现与制剂技术教育部工程研究中心;天津市技术工程中心:天津市组分中药技术工程中心

3. 博士后科研流动站:中医学、中药学、中西医结合

定期公开出版的专业刊物 《天津中医药大学学报》、《天津中医药》

学校设立奖学金情况

学校设立奖学金 12 项,奖励总金额 251 万元。奖学金最高金额 8000 元/年,最低金额 100 元/年。

主要校办产业

天津中一制药有限公司、天津市天中宾馆

学校历史沿革

1958 年 8 月,天津市中医学校、天津市中医进修学校、中医研究班、中医医院 4 个单位合并成立天津中医学院。校址在和平区陆南道 20 号。

1962 年,学院迁到河北区王串场真理道。

1964 年,河北中医学院全部教师和图书资料并入天津中医

学院。

1969年11月,迁往河北石家庄市。

1970年6月,与河北医学院合并,组成河北新医大学,成为该校中医系,天津中医学院建制撤销。

1978年6月,经天津市人民政府([1978]津革发67号)批准恢复重建。

1992年8月,经国家教委计[1992]167号文件批复同意,在天津中医学院建立中国传统医药国际学院。

2006年,根据教育部2月17日文件(教发函[2006]28号)和天津市委、市政府5月31日文件(津党[2006]15号)同意,天津中医学院更名为天津中医药大学。

天津师范大学

学校(机构)标识码 4112010065	占地面积(平方米) 2560826	成人专科 2089
学校办学类型 411:本科院校:大学	校舍建筑面积(平方米) 804190	博士研究生 257
学校性质类别 06 师范院校	图书(万册) 305.63	硕士研究生 2916
学校举办者 811 省级教育部门	固定资产总值(万元) 61695	留学生 175
学校地址 天津市西青区宾水西道393号	教学、科研仪器设备资产值(万元) 24382.19	专任教师(人) 1387
邮政编码 300387	在校生数(人) 35052	其中:正高级 251
办公电话 022-23766015	其中:普通本科 22485	副高级 401
传真电话 022-23766000	普通专科 1165	中级 586
校园(局域)网域名 www.tjnu.edu.cn	成人本科 5965	初级 103
电子信箱 www.tjnudxb@163.com		未定职级 46

本科专业 表演、播音与主持艺术、播音与主持艺术(广播电视编导)、博物馆学、朝鲜语、档案学、地理科学、地理信息系统、电子信息科学与技术、对外汉语、俄语、法学、法语、工商管理、广播电视编导、广播电视编导(摄影)、广播电视新闻学、广告学、国际经济与贸易、汉语言文学、行政管理、化学、化学生物学、会计学、绘画、计算机科学与技术、教育技术学、教育学、教育学(体育教育)竞训、经济学、历史学、旅游管理、美术学、民族传统体育、日语、日语(国交)、软件工程、社会工作、摄影、生物技术、生物科学、世界历史、市场营销、数学与应用数学、思想政治教育、体育教育、舞蹈学、物理学、物理学(应用物理学)、物流管理、戏剧影视文学、小学教育(科学)、小学教育(数学)、小学教育(英语)、小学教育(中文)、新闻学、信息工程、信息管理与信息系统、信息与计算科学、学前教育、艺术设计、音乐表演(钢琴表演)、音乐表演(器乐表演)、音乐表演(声乐表演)、音乐学、英语、应用物理学、应用心理学、政治学与行政学、资源环境与城乡规划管理

专科专业 公共关系、旅游管理、美术教育(学前教育)、物业管理、学前教育、艺术设计、早期教育

博士专业 比较文学与世界文学、发展与教育心理学、国际政治、基础心理学、考古学及博物馆学、科学社会主义与国际共产主义运动、历史地理学、马克思主义基本原理、马克思主义理论、马克思主义中国化研究、史学理论及史学史、世界史、思想政治教育、应用心理学、政治学理论、中共党史(含:党的学说与党的建设)、中国古代史、中国近现代史、中外政治制度、专门史

硕士专业 比较教育学、比较文学与世界文学、材料物理与化学、传播学、电路与系统、动物学、发展与教育心理学、法律、法律史、翻译、工程、工商管理、公共管理、管理科学与工程、国际政治、国民经济学、汉语国际教育、汉语言文字学、行政管理、环境科学、基础数学、基础心理学、计算机应用技术、计算数学、技术经济及管理、教育、教育技术学、教育史、教育学原理、经济法学、考古学及博物馆学、科学技术史、科学社会主义与国际共产主义运动、课程与教学论、理论物理、历史地理学、历史文献学(含:敦煌学、古文字学)、马克思主义基本原理、马克思主义哲学、马克思主义中国化研究、美术学、民商法学(含:劳动法学)、社会保障、凝聚态物理、企业管理(含:财务管理、市场营销)、情报学、区域经济学、人文地理学、设计艺术学、社会学、生态学、史学理论及史学史、世界经济、世界史、水生生物学、思想政治教育、体育人文社会学、天体物理、图书馆学、外国语言学及应用语言学、文物与博物馆、文艺学、无机化学、物理化学(含:化学物理)、西方经济学、细胞生物学、宪法学与行政法学、新闻学、新闻与传播、学前教育学、遗传学、艺术、英语语言文学、应用数学、应用心理、应用心理学、有机化学、语言学与应用语言学、政治经济学、政治学理论、植物学、中共党史(含:党的学说与党的建设)、中国古代史、中国古代文学、中国古典文献学、中国近现代史、中国现当代文学、专门史、自然地理学

院系设置

文学院、外国语学院、新闻传播学院、历史文化学院、政治与行政学院、马克思主义学院、教育学院、初等教育学院、体育科学学院、体育竞赛训练中心、法学院、经济学院、管理学院、音乐与影视学院、美术与设计学院、数学科学学院、物理与电子信息学院、化学学院、生命科学学院、城市与环境科学学院、计算机与信息工程学院、国际教育交流学院、继续教育学院、学前教育学院

国家级、省部级研究机构设置

实验室:心理与行为研究院,天津市水环境与水资源重点实验室,天津市细胞遗传与分子调控重点实验室,天津市功能分子结构与性能重点实验室

博士后科研流动站：心理学博士后科研流动站，马克思主义理论博士后科研流动站，政治学理论科研流动站，历史学博士后科研流动站，中国语言文学博士后科研流动站。

定期公开出版的专业刊物　《天津师范大学学报》（社会科学版）、《天津师范大学学报》（自然科学版）、《天津师范大学学报》（基础教育版）、《青少年科技博览》、《少年心世界》、《中等数学》、《数学教育学报》、《心理与行为研究》、《政治思想史》

学校设立奖学金情况

学校设立奖学金17项，奖励总金额1054.685余万元。奖学金最高金额8000元/年，最低金额150元/年。

主要校办产业

天津市高师教学技术装备公司，天津市爱德科技发展有限公司，天津金桥宾馆。

学校历史沿革

天津师范大学是天津市唯一一所市属重点师范院校，学校前身为天津师范学院，创建于1958年。1982年6月，学校更名为天津师范大学。1999年4月，经天津市委、市政府决定，教育部同意，由原天津师范大学、天津师范高等专科学校、天津教育学院合并并组建成立新天津师范大学。

天津职业技术师范大学

学校（机构）标识码	4112010066
学校办学类型	411：本科院校：大学
学校性质类别	06 师范院校
学校举办者	811 省级教育部门
学校地址	天津市河西区大沽南路1310号
邮政编码	300222
办公电话	022-88181500
传真电话	022-88181501
校园（局域）网域名	www.tute.edu.cn
电子信箱	dyoffice@tute.edu.cn
占地面积（平方米）	799116
校舍建筑面积（平方米）	476445
图书（万册）	160.66
固定资产总值（万元）	92559
教学、科研仪器设备资产值（万元）	30209.66
在校生数（人）	18611
其中：普通本科	15835
普通专科	781
成人本科	844
成人专科	685
硕士研究生	342
留学生	124
专任教师（人）	858
其中：正高级	104
副高级	312
中级	346
初级	96

本科专业　材料成型及控制工程、财务会计教育、测控技术与仪器、车辆工程、电气工程与自动化、电气技术教育、电气信息类、电子科学与技术、电子商务、电子信息工程、动画、工业设计、机械设计制造及其自动化、机械维修及检测技术教育、机械制造工艺教育、计算机科学与技术、交通运输、教育技术学、金融学、劳动与社会保障、汽车服务工程、汽车维修工程教育、人力资源管理、日语、软件工程、数学类、数学与应用数学、数字媒体技术、通信工程、网络工程、微电子学、物流管理、信息与计算科学、艺术设计、英语、应用电子技术教育、应用物理学、应用心理学、职业技术教育管理、自动化

专科专业　电气自动化技术、机械制造与自动化、计算机应用技术、酒店管理、汽车检测与维修技术、数控技术、应用电子技术

硕士专业　高等教育学、工程、机械设计及理论、机械制造及其自动化、计算机应用技术、教育技术学、控制理论与控制工程、信号与信息处理、应用数学、载运工具运用工程、职业技术教育学

院系设置

（11个）自动化与电气工程学院、电子工程学院、机械工程学院、信息技术工程学院、经济与管理学院、职业教育学院、汽车与交通学院、艺术学院、外国语学院、理学院、高等职业技术教育部

国家级、省部级研究机构设置

研究中心（所）：天津职业技术师范大学职业技术教育研究所

定期公开出版的专业刊物　《职业教育研究》、《天津职业技术师范大学学报》

学校设立奖学金情况

学校设立奖学金9项，奖励总金额133余万元。奖学金最高金额4000元/年，最低金额100元/年。

主要校办产业

1.天津市源峰科技发展有限责任公司 2.天津市晓光传动新技术有限责任公司 3.天津市技师招待所 4.天津市第五机床厂

国家级、省部级研究机构设置

研究中心（所）：天津职业技术师范大学职业技术教育研究所

学校历史沿革

1959年，国家批准建立"天津技工师范学校"，由原国家劳动部主管。1960年，"天津技工师范学校"更名为"天津技工师范学院"并正式招收"机制与工艺"专业学生。1961年，因国家经济困难，"天津技工师范学院"调整并入由原国家劳动部主管的"天津市电气控制技工学校"，同年，"天津市电气控制技工学校"划归天津市劳动局管理，后更名为"天津市劳动局技工学校"。1979年，为适应我国技工教育发展对师资的需求，经时任国务院总理华国锋、副总理邓小平等十四位中央领导圈阅批准，以"天津市劳动局技工学校"和"天津市第五机床厂"为基础，恢复建立"天津技工师范学院"，直属原国家劳动总局，并于1980年招生。1983年，学校更名为"天津职业技术师范学院"。2000年，学校转制为中央与地方共建，以天津市管理为主。2004年，学校更名为"天津工程师范学院"。2010年，学校更名为"天津职业技术师范大学"。

天津外国语大学

学校(机构)标识码 4112010068	电子信箱 xiaoban@tjfsu.edu.cn	成人本科 400
学校办学类型 411:本科院校:大学	占地面积(平方米) 693377	成人专科 121
学校性质类别 07 语文院校	校舍建筑面积(平方米) 349063	硕士研究生 958
学校举办者 811 省级教育部门	图书(万册) 120.32	留学生 100
学校地址 天津市河西区马场道117号	固定资产总值(万元) 16402.65	专任教师(人) 686
	教学、科研仪器设备资产值(万元) 7873.27	其中:正高级 105
邮政编码 300204		副高级 262
办公电话 022-23282310	在校生数(人) 10554	中级 258
传真电话 022-23258720	其中:普通本科 8975	初级 61
校园(局域)网域名 www.tjfsu.edu.cn		

本科专业 阿拉伯语、财务管理、朝鲜语、传播学、德语、动画、对外汉语、俄语、法学、法语、翻译、广告学、国际经济与贸易、国际政治、汉语言文学、行政管理、会计学、教育技术学、金融学、经济学、旅游管理、葡萄牙语、人力资源管理、日语、市场营销、斯瓦希里语、西班牙语、新闻学、信息管理与信息系统、意大利语、英语

硕士专业 比较文学与世界文学、德语语言文学、俄语语言文学、法语语言文学、翻译、日语语言文学、世界经济、外国语言学及应用语言学、外国哲学、西班牙语语言文学、亚非语言文学、英语语言文学、中国古代文学

院系设置
英语学院、欧语学院、日语学院、亚非语学院、国际商学院、汉文化传播学院、涉外法政学院、国际交流学院、继续教育学院、教育技术与信息学院、研究生部

国家级、省部级研究机构设置
研究中心(所):天津外国语大学外国语言文学文化研究中心、天津外国语大学语言符号应用传播研究中心、天津市外语教学实验中心、天津市教育委员会国际教育政策研究基地、天津国际发展研究院、翻译研究所、美国研究中心、美国黑人文学研究所、英语语言教学研究所、莎士比亚戏剧与诗歌研究所、比较文学与文化研究所、欧美文化哲学研究所、外国语言学及应用语言学研究所、高教研究所、国际经济研究所、中国古典文学研究所

定期公开出版的专业刊物 《世界文化》、《天津外国语学院学报》

学校设立奖学金情况
学校设立各类各项奖助学金23项,奖励总金额889.4万元,奖助学金最高金额8000元/年,最低金额500元/年。

1. 国家奖学金:每学年评定一次,按市教委下发名额,奖金8000元/人。
2. 国家励志奖学金:每学年评定一次,按市教委下发名额,奖金5000元/人。
3. 国家助学金:每学年评定一次,按市教委下发名额,按月发放。一等助学金:3500元/人;二等奖学金:2800元/人;三等奖学金:2200元/人。
4. 天津市人民政府奖学金:每学年评定一次,按市教委下发名额,奖金8000元/人。
5. 天津市十佳大学生奖学金:每两学年评定一次,按市教委下发名额,奖金4000元/人。
6. 天津市王克昌特等奖学金:每两学年评定一次,按市教委下发名额,奖金2000元/人。
7. 天津市三好学生奖学金:每学年评定一次,按市教委下发名额,奖金2000元/人。
8. 天津市优秀学生干部奖学金:每学年评定一次,按市教委下发名额,奖金2000元/人。
9. 天津市王克昌奖学金:每学年评定一次,按市教委下发名额,奖金1000元/人。
10. 天津市先进班集体:每学年评定一次,按市教委下发名额,奖金500元/集体。
11. 天津市先进班集体标兵:每两学年评定一次,按市教委下发名额,奖金1000元/集体。
12. 天津市教育发展基金会 天津农商银行助学金:每学年评定一次,按市教委下发名额,奖金1500元/人。
13. 老党员资助:按市教委下发名额,奖金1000元/人。
14. 天津外国语大学优秀学生奖学金:每学年评定一次,获奖学生比例为20%,发放标准为:一等2000元/人;二等1000元/人;三等600元/人;单项600元/人。
15. 天津外国语大学新疆少数民族特殊困难学生助学金:每学年评定一次,助学金分为三个等级,一二三等助学金的金额比例为2:1.5:1。根据当年新疆教育厅拨款情况和认定资助人数,确定不同等级的资助金额。
16. 天津外国语大学住友商事奖学金(面向日语和以英语为第一外语专业的学生):20人/年,2400元/人。
17. 天津外国语大学三井住友银行(中国)有限公司奖学金(面向英语学院国际商务专业、日语学院国际商务专业、国际商学院国际经济与贸易、财务管理等专业、涉外法政学院国际经济法专业三年级学生):8人/年,3200元/人。
18. 日本桑原基金会奖学金(面向日语学院学生):每年评定一次,5人/年,按月发放,5000元/人。
19. 卡西欧教育发展基金(面向英语专业、日语专业学生):13人/年,3500元/人。

20. 中日市民友好俱乐部奖学金(面向英语专业、日语专业学生):4 人/年,4000 元/人。

21. 天津春发奖助学金(面向涉外法政学院学生):每年评定一次,10 人/年,1350 元/人。

22. "峰光"奖助学金(面向汉文化传播学院学生):6 人/年,2000 元/人。

23. "博斯腾"奖助学金(面向汉文化传播学院学生):每年评定一次,6 人/年,2000 元/人。

学校历史沿革

天津外国语大学创建于 1964 年,原校名为秦皇岛外语专科学校,1965 年 9 月改名为河北外语专科学校,1974 年经国务院批准恢复河北外专,改名为天津外国语学院,2010 年 4 月经教育部批准,正式更名为天津外国语大学至今。

天津商业大学

学校(机构)标识码	4112010069
学校办学类型	411:本科院校:大学
学校性质类别	08 财经院校
学校举办者	811 省级教育部门
学校地址	天津市北辰区辰盛东
邮政编码	300134
办公电话	022 - 26651929
传真电话	022 - 26675789
校园(局域)网域名	www.tjcu.edu.cn
电子信箱	tuc@tjcu.edu.cn
占地面积(平方米)	856936
校舍建筑面积(平方米)	525048
图书(万册)	196.1
固定资产总值(万元)	89235.1
教学、科研仪器设备资产值(万元)	17481.97
在校生数(人)	20749
其中:普通本科	17368
成人本科	1689
成人专科	768
硕士研究生	908
留学生	16
专任教师(人)	961
其中:正高级	136
副高级	315
中级	433
初级	76
未定职级	1

本科专业 包装工程、宝石及材料工艺学、财务管理、财务管理(中澳合作)、财政学、电子商务、法学、工程管理、工商管理、工商管理类、工业设计、公共管理类、公共事业管理、公共事业管理(会展经济与管理方、国际经济与贸易、行政管理、会计学、机械设计制造及其自动化、计算机科学与技术、建筑环境与设备工程、金融学、金融学(财富管理方向)、金融学(信用管理方向)、经济学、经济学(经济学数学实验班)、经济学类、酒店管理、酒店管理(中美合作)、旅游管理、旅游管理(高尔夫经营管理方向)、热能与动力工程、热能与动力工程类、人力资源管理、日语、软件工程、商品学、生物工程、生物工程类、生物技术、食品科学与工程、食品质量与安全、市场营销、数学类、数学与应用数学、通信工程、统计学、土地资源管理、物流管理、信息管理与信息系统、信息与计算科学、药事管理、艺术设计、英语、应用化学、应用物理学、应用心理学、制药工程、自动化

硕士专业 产业经济学、动力工程、发酵工程、法学理论、工程热物理、工商管理、供热、供燃气、通风及空调工程、国际贸易学、国际商务、行政管理、会计、会计学、技术经济及管理、金融学(含:保险学)、旅游管理、马克思主义基本原理、马克思主义中国化研究、民商法学(含:劳动法学)、社会保障、企业管理(含:财务管理、市场营销)、轻工技术与工程、区域经济学、人口、资源与环境经济学、食品工程、食品科学、思想政治教育、外国语言学及应用语言学、政治经济学、制冷及低温工程、资产评估

院系设置

学校现设有商学院、法学院、经济学院、机械工程学院、信息工程学院、大学外语教学部、理学院、体卫部、TUC-FIU 合作学院、外国语学院、国际教育学院、生物技术与食品科学学院、马克思主义学院、公共管理学院、艺术设计学院、高职学院等 16 个单位。

国家级、省部级研究机构设置

研究中心(所):冷冻冷藏技术教育部工程研究中心、天津市食品生物技术重点实验室、天津市制冷技术重点实验室、天津商业大学管理创新与评价研究中心。

定期公开出版的专业刊物 《天津商业大学学报》

学校设立奖学金情况

(一)学校共发放各级各类奖学金 7 项,奖励金额总计 591.54 万元。奖学金最高金额 8000 元/年,最低金额 250 元/年。

1. 国家奖学金:31 人/年,8000 元/人合计 24.8 万元。

2. 国家励志奖学金:480 人/年,5000 元/人,合计 240 万元。

3. 天津市人民政府奖学金:33 人/年,8000 元/人,合计 26.4 万元。

4. 天津市王克昌奖学金:18 人/年,1000 元/人,合计 1.8 万元。

5. 天津市三好学生、优秀学生干部奖励:14 人/年,2000 元/人(其中一名市十佳大学生 4000 元/人),合计 3 万元。

6. 天津商业大学奖学金:本科:2921 人/年,一等 1500 元/年,二等 1000 元/年,三等 500 元/年,合计 244.55 万元;研究生:170 人/年,一等 1000 元/年,二等 600 元/年,三等 400 元/年,合计 9.48 万元;毕业班奖学金:958 人/年,一等 750 元/年,二等 500 元/年,三等 250 元/年,合计 39.9125 万元。

7. 港澳台奖学金:4 人/年(一等 1 人,5000 元/人;二等 2 人,4000 元/人;三等 1 人,3000 元/人),合计 1.6 万元。

(二)各学院以企业或个人名义发放奖学金 6 项,奖励金额 41.46 万元。

1. 浩华奖学金(FIU 学院):1 人/年,32800 元/人,合计 3.28 万元。

2. 万豪奖学金(FIU 学院):8 人/年,32800 元/人,合计 26.

24 万元。

3. 企业奖学金(FIU 学院):6 人/年(一等 1 人,5000 元/人,二等 2 人,3000 元/人,三等 3 人,2000 元/人),合计 1.7 万元。

4. 爱迪尔珠宝班奖学金(商学院):35 人/年(一等 3 人,2000 元/人;二等 10 人,1000 元/人;三等 22 人,500 元/人),合计 2.7 万元。

5. 许旭升助学金(商学院):21 人/年,2400 元/人,共计 5.04 万元。

6. 许旭升奖学金(团委):20 个队/年(一等 2 个,5000 元/队;二等 6 个,3000 元/队;三等 14 个,2000 元/队),合计 2.5 万元。

主要校办产业

天津商业大学机电技术研究所、天津商业大学商业综合设计研究院、天津博天科技工程拓展公司

学校历史沿革

天津商业大学的前身为天津商学院,创建于 1980 年。原隶属于国家商业部,现由天津市领导和管理,是一所以商学为主干,管、经、工、法、文、理多学科相互支撑、协调发展的高等学校。2007 年 3 月由国家教育部批准更名为天津商业大学。

天津财经大学

学校(机构)标识码	4112010070
学校办学类型	411:本科院校:大学
学校性质类别	08 财经院校
学校举办者	811 省级教育部门
学校地址	天津市河西区珠江道 25 号
邮政编码	300222
办公电话	022-28341570
传真电话	022-28342535
校园(局域)网域名	www.tjufe.edu.cn
电子信箱	nic@tjufe.edu.cn
占地面积(平方米)	1000500
校舍建筑面积(平方米)	458477
图书(万册)	124.35
固定资产总值(万元)	72800.95
教学、科研仪器设备资产值(万元)	8529.4
在校生数(人)	16716
其中:普通本科	12515
成人本科	1271
成人专科	163
博士研究生	224
硕士研究生	2036
留学生	507
专任教师(人)	833
其中:正高级	158
副高级	277
中级	298
初级	100

本科专业 保险、财务管理、财政学、电子商务、法学、工程管理、工商管理、公共事业管理、管理科学、广播电视新闻学、广告学、国际经济与贸易、汉语言文学、行政管理、会计学、计算机科学与技术、金融工程、金融学、经济学、酒店管理、劳动与社会保障、旅游管理、美术学、人力资源管理、日语、软件工程、商务英语、社会体育、审计学、市场营销、数学与应用数学、统计学、网络工程、物流管理、信息管理与信息系统、信息与计算科学、信用管理、艺术设计、英语

博士专业 财政学(含:税收学)、产业经济学、国际贸易学、国民经济学、会计学、金融学(含:保险学)、企业管理(含:财务管理、市场营销)、数量经济学、统计学

硕士专业 保险、财政学(含:税收学)、产业经济学、法律、翻译、工商管理、公共管理、管理科学与工程、国际法学(含:国际公法、国际私法)、国际贸易学、国际商务、国民经济学、会计、会计学、计算机应用技术、技术经济及管理、金融、金融学(含:保险学)、经济法学、劳动经济学、旅游管理、马克思主义中国化研究、企业管理(含:财务管理、市场营销)、区域经济学、社会保障、世界经济、数量经济学、税务、统计学、西方经济学、英语语言文学、应用数学、应用统计、政治经济学、资产评估

院系设置

商学院:会计学系、ACCA 教育中心、企业管理系、市场营销系、管理信息系统系、管理科学与工程系、旅游系 经济学院:金融系、国际经济贸易系、财政系、经济学系 人文学院:外语系、中文系、理论课部 理工学院:统计学系、信息科学与技术系、数学系 法学院:经济法学系、民商法学系 研究生院、艺术学院、国际教育学院、MBA 教育中心、成人教育学院、体育训练部

国家级、省部级研究机构设置

研究中心(所):法律经济学与政策评价研究中心、金融与保险研究中心

博士后科研流动站 应用经济学博士后流动站、工商管理博士后流动站

定期公开出版的专业刊物 《现代财经》

学校设立奖学金情况

学校设立奖学金 10 项,奖励总金额 1107.33 万元。奖学金最高金额 8000 元/年,最低金额 200 元/年。

主要校办产业

天津财经大学印刷厂、天津财经大学读者服务部

学校历史沿革

1958 年 6 月 3 日,中国共产党河北省委员会发出《关于新建高等学校组成筹建领导小组的通知》。经过筹备,在南开大学经济系部门经济各专业和天津财经学校、天津对外贸易干部学校合并的基础上于当年 8 月 18 日正式建院,院名:河北财经学院。批准机关:河北省人民委员会。1969 年 10 月 1 日,根据河北省革命委员会冀革(69)130 号、天津市革命委员会津革(69)168 号文件精神,学院划归天津市领导,更名为天津财经学院。2004 年 5 月 17 日根据中华人民共和国教育部教发函[2004]121 号文件《教育部关于同意天津财经学院更名为天津财经大学的通知》,更名为天津财经大学至今。

天津体育学院

学校(机构)标识码　4112010071
学校办学类型　412:本科院校:学院
学校性质类别　10 体育院校
学校举办者　812 省级其他部门
学校地址　天津市河西区卫津南路51号
邮政编码　300381
办公电话　022－23012708
传真电话　022－23012628
校园(局域)网域名　www.tjus.edu.cn

电子信箱　office@TJUS.edu.cn
占地面积(平方米)　359847
校舍建筑面积(平方米)　185344
图书(万册)　41.53
固定资产总值(万元)　46383
教学、科研仪器设备资产值(万元)　6377
在校生数(人)　6305
其中:普通本科　5135
　　　普通专科　393

成人本科　163
成人专科　102
硕士研究生　506
留学生　6
专任教师(人)　372
其中:正高级　47
　　　副高级　84
　　　中级　126
　　　初级　110
　　　未定职级　5

本科专业　公共事业管理、教育技术学、旅游管理、民族传统体育、社会体育、市场营销、特殊教育、体育教育、舞蹈学、新闻学、英语、应用心理学、运动康复与健康、运动人体科学、运动训练

专科专业　社会体育、市场营销、体育保健、体育教育、舞蹈教育、学前教育、英语教育

硕士专业　康复医学与理疗学、课程与教学论、民族传统体育学、体育、体育教育训练学、体育人文社会学、运动人体科学

院系设置
体育教育训练一系、体育教育训练二系、体育教育训练三系、社会体育与管理系、武术系、体育文化传媒系、体育艺术系、健康与运动科学系、研究生部、职业技术学院

定期公开出版的专业刊物　《天津体育学院学报》
学校设立奖学金情况
学校设立奖学金2项,奖励总金额163余万元,最高1400元/年,最低800元/年。

定期公开出版的专业刊物　《天津体育学院学报》
学校设立奖学金情况
学校设立奖学金2项,奖励总金额163余万元,最高1400元/年,最低800元/年。

学校历史沿革
天津体育学院建立于1958年8月。学校于2001年通过天津市教委对学校本科教学工作的随机性水平评估,2003年通过天津市教委教委工委对我院进行的党委工作评估。2005年通过教育部本科教学评估。2008年天津体育学院迎来建校50周年校庆。2009年学校完成了对于6个本科系部的调整工作。2010年初成功召开天津体育学院第五次党代会。

天津音乐学院

学校(机构)标识码　4112010072
学校办学类型　412:本科院校:学院
学校性质类别　11 艺术院校
学校举办者　811 省级教育部门
学校地址　天津市河东区十一经路57号
邮政编码　300171
办公电话　022－24310376
传真电话　022－24319205
校园(局域)网域名　www.tjcm.edu.cn

电子信箱　yb@tjcm.edu.cn
占地面积(平方米)　98482
校舍建筑面积(平方米)　98533
图书(万册)　29.57
固定资产总值(万元)　19970
教学、科研仪器设备资产值(万元)　5237
在校生数(人)　3292
其中:普通本科　2896

成人本科　65
硕士研究生　319
留学生　12
专任教师(人)　287
其中:正高级　62
　　　副高级　63
　　　中级　117
　　　初级　34
　　　未定职级　11

本科专业　表演、舞蹈编导、舞蹈学、学前教育、音乐表演、音乐学、作曲与作曲技术理论

硕士专业　艺术、音乐学

院系设置
音乐学系、民乐系、作曲系、管弦系、钢琴系、手风琴键盘系、声乐系、民族声乐系、音乐教育系、艺术管理系、戏剧影视系、现代音乐系、舞蹈系、成教学院

国家级、省部级研究机构设置
1. 实验室:田野考察视听数据资料实验室
2. 研究中心(所):艺术创作与表演研究中心

定期公开出版的专业刊物 《天籁》、《天津音乐学院报》

学校设立奖学金情况

学校设立奖学金1项,奖励总金额57余万元。奖学金最高金额2000元/年,最低金额750元/年。

学校历史沿革

天津音乐学院是天津市属高等音乐艺术学校,坐落于天津市河东区十一经路57号。1958年中央音乐学院从天津迁址北京,留下部分师生与原河北艺师音乐系合并组建天津音乐学院。首任院长为音乐理论家、教育家缪天瑞教授。

天津美术学院

学校(机构)标识码 4112010073	电子信箱 yp@tjarts.edu.cn	成人本科 24
学校办学类型 412:本科院校:学院	占地面积(平方米) 108853	硕士研究生 395
学校性质类别 11 艺术院校	校舍建筑面积(平方米) 161392	留学生 71
学校举办者 811 省级教育部门	图书(万册) 27.36	专任教师(人) 259
学校地址 天津市河北区天纬路4号	固定资产总值(万元) 7764.8	其中:正高级 46
邮政编码 300141	教学、科研仪器设备资产值(万元)	副高级 69
办公电话 022-26241716	2584.8	中级 119
传真电话 022-26241712	在校生数(人) 4120	初级 25
校园(局域)网域名 www.tjarts.edu.cn	其中:普通本科 3630	

本科专业 雕塑、动画、工业设计、绘画、美术学、艺术设计、艺术设计学

硕士专业 美术学、设计艺术学、艺术

院系设置

造型艺术学院、设计艺术学院、现代艺术学院、中国画系、美术史论系、成人教育学院、职业教育学院

定期公开出版的专业刊物 《天津美术学院学报》、《中国书画报》

学校设立奖学金情况

学校设立奖学金10项,奖励总金额63.72万元。奖学金最高金额2000元/年,最低金额500元/年。

主要校办产业

天津美术学院美术设计创作研究所

学校历史沿革

天津美术学院最早的名称为北洋女师范学堂,于1906年创办。1912年改名为北洋女子师范学堂。1949年又改为河北师范学院,1956年改为河北天津师范学院,1959年改名为河北美术学校。1973年又更名为天津美术学院。1980年2月改建,命名为天津天津美术学院,成为一所独立的市属高等美术院校。

天津城市建设学院

学校(机构)标识码 4112010792	电子信箱 ybgs@tjuci.edu.cn	成人本科 972
学校办学类型 412:本科院校:学院	占地面积(平方米) 681090	成人专科 1022
学校性质类别 02 理工院校	校舍建筑面积(平方米) 458828	硕士研究生 612
学校举办者 811 省级教育部门	图书(万册) 101.2	专任教师(人) 812
学校地址 天津市西青区津静路26号	固定资产总值(万元) 142505.23	其中:正高级 115
邮政编码 300384	教学、科研仪器设备资产值(万元)	副高级 306
办公电话 022-23085000	16267.12	中级 332
传真电话 022-23085555	在校生数(人) 16053	初级 59
校园(局域)网域名 www.tjuci.edu.cn	其中:普通本科 13447	

本科专业 安全工程、材料化学、材料科学与工程、测绘工程、城市地下空间工程、城市规划、道路桥梁与渡河工程、地理信息系统、电气工程及其自动化、电子商务、电子信息工程、电子信息科学与技术、港口航道与海岸工程、给水排水工程、工程管理、工商管理、工业设计、环境工程、环境科学、机械设计制造及其自动化、计算机科学与技术、建筑电气与智能化、建筑环境与设备工程、建筑学、交通工程、景观建筑设计、热能与动力工程、软件工程、市场营销、土地资源管理、土木工程、网络工程、信息管理与信息系统、艺术设计、英语、应用化学、园林、资源环境与城乡规划管理

硕士专业 材料学、城市规划与设计（含：风景园林规划）、防灾减灾工程及防护工程、供热、供燃气、通风及空调工程、管理科学与工程、环境工程、计算机应用技术、建筑设计及其理论、建筑与土木工程、结构工程、桥梁与隧道工程、市政工程、项目管理、岩土工程

院系设置

规划与建筑系、土木工程系、能源与机械工程系、材料科学与工程系、管理工程系、环境与市政工程系、电子与信息工程系、艺术系、外语系、成人教育学院

国家级、省部级研究机构设置

实验室：天津市软土特性与工程环境重点实验室；水质科学与技术重点实验室

定期公开出版的专业刊物 《天津城市建设学院学报》

学校设立奖学金情况

学校设立奖学金2项，奖励总金额37万余元。奖学金最高金额1500元/年，最低金额200元/年。

主要校办产业

天津城市建设学院建筑设计研究院、天津城建学院天成工程建设咨询监理公司、天津市煦苑置业有限公司、天津市煦园宾馆、天津城建学院环境工程有限公司

学校历史沿革

1978年9月，成立天津大学第四分校。1979年8月21日，天大四分校改称天津大学建筑分校，划归建工局主管，实行党委领导下的校长分工负责制。1981年11月11日，建委主任毛昌五、市文教委员会副主任谭绍文联合签署文件："从82年1月1日起建筑分校划归市建委，由市建委和文教委双重领导。"1986年8月28日，根据市城建工委[86]第27号文件及建工局党委[86]筑党字第58号文件通知精神，天大建筑分校党的关系归属市城建工委。1987年12月15日，国家教委[87]教计字第223号文件，批准在天大建筑分校的基础上正式成立天津城市建设学院。1996年4月8日，国家教委下发《关于公布天津城市建设学院等十三所高等工科学校本科教学工作评价结论的通知》，批准我院本科教学工作合格评价顺利通过。

天津天狮学院

学校（机构）标识码 4112010859	校园（局域）网域名 www.tianshi.edu.cn	其中：普通本科 2370
学校办学类型 412：本科院校：学院	占地面积（平方米） 459041	普通专科 1117
学校性质类别 01 综合大学	校舍建筑面积（平方米） 160555	成人专科 322
学校举办者 999 民办	图书（万册） 41.31	留学生 27
学校地址 天津市武清开发区源泉路15号	固定资产总值（万元） 45908.33	专任教师（人） 174
邮政编码 301700	教学、科研仪器设备资产值（万元） 3212.53	其中：正高级 25
办公电话 022-82112575		副高级 33
传真电话 86022-82136328	在校生数（人） 3836	中级 87
		初级 29

本科专业 财务管理、电子信息工程、动画、对外汉语、计算机科学与技术、金融学、劳动与社会保障、人力资源管理、生物工程、食品科学与工程、市场营销、通信工程、艺术设计、英语、自动化

专科专业 电脑艺术设计、电子商务、电子信息工程技术、工商企业管理、国际贸易实务、计算机网络技术、计算机应用技术、商务英语、涉外旅游、市场营销、通信技术、影视动画

院系设置

电子与计算机学院、经济管理学院、外国语学院、艺术设计学院、生物工程学院、自动化学院、商务学院、继续教育学院

学校设立奖学金情况

12项，奖励总金额32余万元。奖学金最高金额1500元/年，最低金额50元/年。

学校历史沿革

1999年7月26日经国家教育部《关于同意建立民办天狮职业技术学院的通知》（教发[1999]94号）批准成立民办天狮职业技术学院。2008年4月7日经国家教育部《关于同意在民办天狮职业技术学院基础上建立天津天狮学院的通知》（教发函[2008]112号）批准建立天津天狮学院。

天津市职业大学

学校（机构）标识码 4112011032	学校性质类别 01 综合大学	邮政编码 300410
学校办学类型 415：专科院校：高等职业学校	学校举办者 811 省级教育部门	办公电话 022-60585051
	学校地址 天津市北辰区洛河道2号	传真电话 022-60585050

校园(局域)网域名 www.tjtc.edu.cn	教学、科研仪器设备资产值(万元) 15858.21	专任教师(人) 524
电子信箱 tjzd@js.tjtc.edu.cn	在校生数(人) 11716	其中:正高级 47
占地面积(平方米) 709522	其中:普通专科 11224	副高级 188
校舍建筑面积(平方米) 331186	成人专科 489	中级 253
图书(万册) 77.96	留学生 3	初级 33
固定资产总值(万元) 21371.32		未定职级 3

专科专业 安全技术管理、包装技术与设计、宝玉石鉴定与加工技术、产品造型设计、产品造型设计(眼镜造型)、电气自动化技术、电子商务、工程造价、工业分析与检验、供热通风与空调工程技术、广告设计与制作、国际贸易实务、国际商务、化工设备维修技术、环境监测与评价、环境艺术设计、会计、会计电算化、机械制造与自动化、计算机多媒体技术、计算机类新专业、计算机网络技术、计算机应用技术、金融管理与实务、酒店管理、旅游管理、旅游英语、模具设计与制造、汽车电子技术、汽车技术服务与营销、嵌入式技术与应用、人力资源管理、人物形象设计、软件技术、商务日语、商务英语、社区管理与服务、社区管理与服务(养老服务与管理)、生物技术及应用、生物制药技术、市场营销、通信技术、文秘、文秘速录、物流管理、眼镜设计、眼视光技术(视光眼镜技术)、医用电子仪器与维护(视光仪器技术)、印刷技术、印刷图文信息处理、影视动画、应用电子技术、应用韩语、应用化工技术、装潢艺术设计

院系设置
机电工程与自动化学院、生物与环境工程学院、经济与管理学院、电子信息工程学院、旅游管理学院、艺术工程学院、眼视光工程学院、社会管理系、印刷工程系

定期公开出版的专业刊物 《天津职业大学学报》、《天津职业大学报》、《高职动态》

学校设立奖学金情况
学校设立奖学金7项,奖励总金额80余万元。奖学金最高金额1500元/年,最低金额300元/年。

主要校办产业
天津市汇通仪器设备公司

学校历史沿革
天津职业大学是一所培养高素质技能型专门人才的市属普通高校。1978年建校,其前身是南开大学第二分校、天津大学化工分校。1982年底,改建为天津职业大学,是天津市普通高校中最早举办高等职业技术教育的院校,也是全国接受世界银行贷款的17所院校之一连续四届当选并现任中国高等职业技术教育研究会会长单位。2006年学校被确定为国家首批28所"国家示范性高等职业院校建设计划"立项建设单位,2009年9月顺利通过市级和国家级验收。

天津中德职业技术学院

学校(机构)标识码 4112012105	传真电话 022-28776877	在校生数(人) 6009
学校办学类型 415:专科院校:高等职业学校	校园(局域)网域名 www.zdtj.cn	其中:普通专科 6009
学校性质类别 02 理工院校	电子信箱 zdbangongshi@126.com	专任教师(人) 258
学校举办者 812 省级其他部门	占地面积(平方米) 483620	其中:正高级 3
学校地址 中国天津海河教育园区雅深路2号	校舍建筑面积(平方米) 201142	副高级 97
邮政编码 300350	图书(万册) 39.18	中级 64
办公电话 022-28776969	固定资产总值(万元) 22788.57	初级 62
	教学、科研仪器设备资产值(万元) 14073.75	未定职级 32

专科专业 材料工程技术、产品造型设计、电脑艺术设计、电气自动化技术、飞机制造技术、风能与动力技术、国际商务、航空电子设备维修、航天器制造技术、会计电算化、会展策划与管理、机电一体化技术、计算机多媒体技术、计算机辅助设计与制造、计算机控制技术、计算机网络技术、计算机信息管理、连锁经营管理、楼宇智能化工程技术、模具设计与制造、汽车技术服务与营销、汽车检测与维修技术、人力资源管理、软件技术、商务日语、数控技术、数控设备应用与维护、物联网应用技术、物流管理、新能源应用技术、信息安全技术、液压与气动技术、移动通信技术、音像技术、应用德语、应用电子技术、应用西班牙语、应用英语、装饰艺术设计

院系设置
学院目前设置机械工程系、电气工程系、信息工程系、汽车航空系、应用外语系、经贸管理系、艺术系、基础课部等七个专业教学系和一个公共基础课程教学部。

定期公开出版的专业刊物 《天津市经理学院学报》

学校设立奖学金情况
一项,奖励总金额31.45万元。奖学金最高金额600元/年,最低金额200元/年。

学校历史沿革
天津中德职业技术学院是一所天津市属全日制普通高等院

校是经天津市政府部门批准国家教育部门备案的独立设置高等职业技术学院。学院是国家教育部门、财政部门批准的2007年度国家示范性高等职业院校建设立项单位,国家教育部门批准的全国高职高专师资培训基地、全国重点建设职教师资培训基地、国家高职高专学生实训基地、国家技能型紧缺人才示范性培养培训基地和天津市工业系统数控与自动化技术高技能人才培训基地,也是中德两国政府间在职业教育领域迄今为止最大的合作项目。

天津滨海职业学院

学校(机构)标识码 4112012484	传真电话 022-25215023	在校生数(人) 6679
学校办学类型 415:专科院校:高等职业学校	校园(局域)网域名 www.tjbpi.com.cn	其中:普通专科 6294
	电子信箱 xybgs@tjbpi.com.cn	成人专科 385
学校性质类别 01 综合大学	占地面积(平方米) 610305	专任教师(人) 309
学校举办者 831 县级教育部门	校舍建筑面积(平方米) 196755	其中:正高级 4
学校地址 天津市滨海新区塘沽庐山道1101号	图书(万册) 55.35	副高级 102
	固定资产总值(万元) 24631	中级 141
邮政编码 300451	教学、科研仪器设备资产值(万元) 6727	初级 51
办公电话 022-25215008		未定职级 11

专科专业 报关与国际货运、电脑艺术设计、电气自动化技术、电子商务、电子信息工程技术、工程监理、工程造价、工商企业管理、广告设计与制作、国际金融、国际商务、焊接技术及自动化、环境艺术设计、会计电算化、机电一体化技术、计算机网络技术、计算机应用技术、建筑工程技术、连锁经营管理、旅游管理类新专业、软件技术、商务日语、商务英语、物流管理、园林技术

院系设置
国际语言学院、成人教育学院、远程教育学院、国际商务系、物流管理系、经济管理系、机电工程系、信息工程系、应用艺术系、建筑工程系、基础教学部、体育教学部

学校设立奖学金情况
学校设立奖学金4项,奖励总金额16余万元/年,奖学金最高金额400元/年,最低金额100元/年。

学校历史沿革
天津滨海职业学院是由塘沽区职工大学转制而成的一所高等职业学院。塘沽区职工大学始建于1958年,其前身是塘沽业余外国语学院。1981年经天津市人民政府批准、国家教育部备案更名为塘沽区职工大学。1985年8月与塘沽电大工作站联合。1999年5月塘沽第二专业中专并入塘沽职工大学。2000年10月经教育部授权、天津市人民政府批准转制为天津滨海职业学院。

天津工程职业技术学院

学校(机构)标识码 4112012487	传真电话 022-25969464	7915.34
学校办学类型 415:专科院校:高等职业学校	校园(局域)网域名 www.tjeti.com	在校生数(人) 7532
	电子信箱 webmaster@tjeti.com	其中:普通专科 7521
学校性质类别 02 理工院校	占地面积(平方米) 519500	成人专科 11
学校举办者 891 地方企业	校舍建筑面积(平方米) 265299	专任教师(人) 299
学校地址 天津市滨海新区大港幸福路51号	图书(万册) 64	其中:副高级 114
	固定资产总值(万元) 17769.22	中级 166
邮政编码 300280	教学、科研仪器设备资产值(万元)	初级 19
办公电话 022-25924581		

专科专业 安全技术管理、电气自动化技术、工程监理、工程造价、广告设计与制作、环境艺术设计、会计电算化、机械制造与自动化、计算机网络技术、建筑装饰工程技术、金融保险、旅游管理、软件技术、石油工程技术、石油化工生产技术、石油与天然气地质勘探技术、数控技术、物流管理、信息安全技术、音乐表演、应用电子技术、应用化工技术、油气藏分析技术、油气储运技术

院系设置
设有6个系:石油与化学工程系、机电工程系、建筑工程系、信息工程系、管理工程系、艺术系

学校设立奖学金情况
学校设立奖学金4项,奖励总金额26万元。奖学金最高金额300元/年,最低金额50元/年。

学校历史沿革

天津工程职业技术学院是原大港油田职工大学与大港石油学校合并组建,2001年1月15日经天津市政府批准(津政函[2001]17号)成立天津工程职业技术学院。

天津青年职业学院

学校(机构)标识码 4112012535	传真电话 022-23627689	在校生数(人) 3253
学校办学类型 415:专科院校:高等职业学校	校园(局域)网域名 qzybgs@eyou.com	其中:普通专科 3253
	电子信箱 qzybgs@eyou.com	专任教师(人) 153
学校性质类别 07 语文院校	占地面积(平方米) 340925	其中:正高级 2
学校举办者 812 省级其他部门	校舍建筑面积(平方米) 70664	副高级 49
学校地址 天津市南开区水上公园路43号	图书(万册) 28.69	中级 59
	固定资产总值(万元) 7775.19	初级 32
邮政编码 300191	教学、科研仪器设备资产值(万元) 2211.62	未定职级 11
办公电话 022-23627689		

专科专业 表演艺术、电子商务、法律事务、国际商务、会展策划与管理、计算机网络技术、连锁经营管理、旅游管理、烹饪工艺与营养、软件技术、商务英语、社区管理与服务、市场营销、书记官、图形图像制作、物流管理、西餐工艺

院系设置

电子工程系、管理系、经济贸易系、商务系、艺术系、烹饪系

学校设立奖学金情况

学校设立奖学金4项,奖励总金额53.32余万元。奖学金最高金额8000元/年,最低金额100元/年。

毕业生一次就业率 99.51%

学校历史沿革

天津青年职业学院建立在天津市团校和天津市职工烹饪高等专科学校的基础之上,至今已有50多年办学历史。1993年8月经天津市人民政府批准,原国家教委备案,成为独立设置的成人高等院校—天津青年职业技术职工学院。1999年为首批招收"新高职"学生的试点学校之一。2001年3月经天津人民政府批准,国家教委备案,转制为普通高等职业学院—天津青年职业学院。

天津渤海职业技术学院

学校(机构)标识码 4112012719	传真电话 022-88254107	7446
学校办学类型 415:专科院校:高等职业学校	校园(局域)网域名 www.tjbhzy.net.cn	在校生数(人) 8513
		其中:普通专科 8513
学校性质类别 01 综合大学	电子信箱 tjbhzy@163.com	专任教师(人) 492
学校举办者 891 地方企业	占地面积(平方米) 481208	其中:正高级 21
学校地址 天津市河西区九连山路11号	校舍建筑面积(平方米) 283522	副高级 189
	图书(万册) 85.81	中级 178
邮政编码 300221	固定资产总值(万元) 18851	初级 96
办公电话 022-88250579	教学、科研仪器设备资产值(万元)	未定职级 8

专科专业 安全技术管理、城市水净化技术、电气自动化技术、电子商务、高分子材料应用技术、工业分析与检验、国际金融、国际贸易实务、化工设备维修技术、化学制药技术、环境监测与治理技术、会计、机电一体化技术、机械制造与自动化、计算机多媒体技术、计算机网络技术、计算机应用技术、精细化学品生产技术、楼宇智能化工程技术、软件技术、商务英语、生产过程自动化技术、生化制药技术、生物化工工艺、石油化工生产技术、食品营养与检测、市场营销、物流管理、香料香精工艺、药物制剂技术、应用化工技术、有机化工生产技术、制冷与冷藏技术

院系设置

环境工程系、生物工程系、能源化工系、海洋化工系、机械工程系、电气工程系、信息工程系、经济管理学、基础教学部、体卫艺部、思想政治理论教学部

学校设立奖学金情况

学校设立奖学金3项,奖励总金额12.38万元。奖学金最高金额5000元/年,最低金额200元/年。

学校历史沿革

天津渤海职业技术学院前身:天津市职工化工学院、天津市化学工业学校;合并学校名称:天津市职工化工学院、天津市化

学工业学校、天津市仪电自动化学校、中共天津渤海化工集团公司委员会党校;建校时间:2001年1月15日。

天津电子信息职业技术学院

学校(机构)标识码 4112012720	传真电话 022-28772300	在校生数(人) 7435
学校办学类型 415:专科院校:高等职业学校	校园(局域)网域名 www.tjdz.net	其中:普通专科 7435
	电子信箱 tjdzxx999@126.com	专任教师(人) 346
学校性质类别 02 理工院校	占地面积(平方米) 533328	其中:正高级 6
学校举办者 891 地方企业	校舍建筑面积(平方米) 197596	副高级 195
学校地址 天津海河教育园区雅深路4号	图书(万册) 44.62	中级 98
邮政编码 300350	固定资产总值(万元) 18195	初级 38
办公电话 022-28773688	教学、科研仪器设备资产值(万元) 7931.25	未定职级 9

专科专业 报关与国际货运、电脑艺术设计、电气自动化技术、电子商务、电子信息工程技术、动漫设计与制作、环境艺术设计、会计电算化、机械制造与自动化、计算机控制技术、计算机网络技术、计算机信息管理、计算机应用技术、模具设计与制造、汽车电子技术、软件技术、软件外包服务、商务管理、视觉传达艺术设计、数控技术、通信技术、通信系统运行管理、图形图像制作、网站规划与开发技术、物联网应用技术、应用电子技术、游戏软件

院系设置
天津软件职业技术学院(计算机应用系、软件技术系、网络技术系、数字艺术系);机电技术系、电子技术系、经济管理系、基础部、体育部、人文与社会科学教学部、工学结合与技能培训中心

学校设立奖学金情况
学校设立奖学金10项,奖励总金额89.30余万元。奖学金最高金额1000元/年,最低金额100元/年。
1. 三好学生一等奖学金:86人/年,800元/人
2. 三好学生二等奖学金:359人/年,400元/人
3. 三好学生三等奖学金:751人/年,200元/人
4. 励志一等奖学金:182人/年,1000元/人
5. 励志二等奖学金:231人/年,600元/人
6. 励志三等奖学金:360人/年,400元/人
7. 优秀学生干部一等奖学金:497人/年,800元/人
8. 优秀学生干部二等奖学金:502人/年,400元/人
9. 优秀学生干部三等奖学金:509人/年,200元/人
10. 单项奖学金:889人/年,100元/人

主要校办产业
盛盈装饰有限公司

学校历史沿革
2000年1月7日,天津无线电机械学校与天津市仪表无线电工业学校合并组建天津电子信息学校;2000年5月31日,天津电子信息学校被确定为国家级重点中专学校;2000年6月27日,中共天津市委市政府重新认定天津电子信息学校为副局级单位;2000年10月18日,国营第4508厂划归天津电子信息学校管理;2001年1月15日,天津电子信息学校与天津市职工电子仪表工程学院合并组建天津电子信息职业技术学院;2006年5月19日,恢复天津市仪表无线电工业学校办学资格;2007年6月19日,原中环信息集团有限公司党校迁入天津电子信息职业技术学院;2008年10月7日,天津电子信息职业技术学院被教育部、财政部确定为"国家示范性高等职业院校建设计划"2008年度立项建设校;2009年9月17日,新建天津电子信息职业技术学院确定进入海河教育园区(北洋园)一期入园学校建设单位;2011年2月20日,天津电子信息职业技术学院正式进驻海河教育园区(新址:天津海河教育园区雅深路4号)。

天津机电职业技术学院

学校(机构)标识码 4112012721	传真电话 022-26651156	教学、科研仪器设备资产值(万元) 5267.79
学校办学类型 415:专科院校:高等职业学校	校园(局域)网域名 www.suoyuan.com.cn	在校生数(人) 6240
学校性质类别 02 理工院校	电子信箱 tjjd2001@126.com	其中:普通专科 5631
学校举办者 891 地方企业	占地面积(平方米) 354351	成人专科 609
学校地址 天津市红桥区竹山路7号	校舍建筑面积(平方米) 137050	专任教师(人) 255
邮政编码 300131	图书(万册) 21.94	其中:正高级 2
办公电话 022-26651156	固定资产总值(万元) 17389.8	副高级 89

中级 81　　　初级 75　　　未定职级 8

专科专业　电力系统自动化技术、电气自动化技术、电子商务、国际商务、焊接技术及自动化、会计电算化、机电设备维修与管理、机电一体化技术、计算机多媒体技术、计算机信息管理、金融保险、金融与证券、模具设计与制造、汽车电子技术、汽车检测与维修技术、软件技术、商务英语、数控技术、数控设备应用与维护、网络系统管理、物流管理、应用电子技术

院系设置
机械技术应用系、电气电子技术应用系、财经与工商管理系、信息技术应用系、应用外语系、人文公共基础部、思政政治理论教育部

学校设立奖学金情况
学校设立奖学金 6 项，奖励总金额 25 余万元。奖学金最高金额 1000 元/年，最低金额 100 元/年。

主要校办产业
天津市津久起重工具厂、天津市瑞达实业公司

学校历史沿革
天津机电职业技术学院是由天津市职工机电学院与天津市机电工业学校合并组建，经天津市政府（津政函[2001]16 号文件）批准，于 2011 年 1 月成立。

天津现代职业技术学院

学校（机构）标识码　4112012722
学校办学类型　415：专科院校：高等职业学校
学校性质类别　01 综合大学
学校举办者　891 地方企业
学校地址　天津海河教育园区雅观路 3 号
邮政编码　300350
办公电话　022-28193132
传真电话　022-28193092
校园（局域）网域名　www.xdxy.com.cn
电子信箱　yuabanxx77@163.com
占地面积（平方米）　532800
校舍建筑面积（平方米）　159796
图书（万册）　40.47
固定资产总值（万元）　87277.45
教学、科研仪器设备资产值（万元）　6249.39
在校生数（人）　7002
其中：普通专科　7002
专任教师（人）　275
其中：正高级　4
副高级　92
中级　115
初级　64

专科专业　包装技术与设计、低空无人机操控技术、低空无人机应用、电气自动化技术、电子商务、电子信息工程技术、环境监测与治理技术、会计电算化、机电一体化技术、计算机辅助设计与制造、计算机网络技术、计算机信息管理、金融保险、精密机械技术、精细化学品生产技术、软件技术、商务英语、涉外旅游、生物技术及应用、生物制药技术、食品加工技术、食品生物技术、食品营养与检测、数控技术、水环境监测与分析、天然产物提取技术及应用、印刷技术、印刷图文信息处理、影视动画、应用电子技术、装潢艺术设计、装饰艺术设计

院系设置
管理工程学院、印刷工程学院、机械工程学院、电子工程系、信息工程系、生物化工系

学校设立奖学金情况
奖学金 4 项，总金额 45 余万元。奖学金最高 8000 元/年，最低 150 元/年。

学校历史沿革
天津现代职业技术学院是一所经天津市人民政府批准、国家教育部备案，集应用文科、应用工科及艺术专业类于一体，独立设置的公办全日制高职院校。2011 年 3 月学院整体迁入天津海河教育园区。

天津公安警官职业学院

学校（机构）标识码　4112012723
学校办学类型　415：专科院校：高等职业学校
学校性质类别　09 政法院校
学校举办者　812 省其他部门
学校地址　天津市西青区精武镇
邮政编码　300382
办公电话　022-58393600
传真电话　022-58393600
校园（局域）网域名　www.tjjingyuan.cn
占地面积（平方米）　334590
校舍建筑面积（平方米）　60903
图书（万册）　18.43
固定资产总值（万元）　2089.2
教学、科研仪器设备资产值（万元）　1466.52
在校生数（人）　2338
其中：普通专科　2338
专任教师（人）　170
其中：正高级　7
副高级　60
中级　56
初级　39
未定职级　8

专科专业 安全保卫、法律事务、法律文秘、交通管理、社区管理与服务、信息网络安全监察、刑事技术、侦查、治安管理

学校历史沿革

天津公安警官职业学院隶属天津市公安局,是专科层次的高等院校,始建于1949年1月,历经天津公安学校、天津市人民警察学校、天津市政法管理干部学院公安分院、天津公安警官职业学院等时期,现承担高等职业教育,成人高等教育和民警培训任务。学院坐落在西青区精武镇,占地面积334590.57平方米,是目前本市唯一的一所公安高等院校。1992年6月,公安学校经申请批准同时挂牌天津市公安干部管理学院公安分院。2000年7月天津市人民警察学校与公安学校合并,2001年3月成立天津公安警官职业学院。

天津轻工职业技术学院

学校(机构)标识码　4112012732
学校办学类型　415:专科院校:高等职业学校
学校性质类别　01 综合大学
学校举办者　891 地方企业
学校地址　天津海河教育园区雅观路1号
邮政编码　300350
办公电话　022-27391637
传真电话　022-27391637
校园(局域)网域名　www.tjlivtc.edu.cn
电子信箱　qgyuanban@126.com
占地面积(平方米)　456000
校舍建筑面积(平方米)　160062
图书(万册)　50.37
固定资产总值(万元)　86999
教学、科研仪器设备资产值(万元)　6315.01
在校生数(人)　6668
其中:普通专科　6601
　　　成人专科　67
专任教师(人)　330
其中:正高级　5
　　　副高级　122
　　　中级　93
　　　初级　87
　　　未定职级　23

专科专业 产品造型设计、电气自动化技术、电子商务、电子信息工程技术、工商企业管理、光伏发电技术及应用、广告设计与制作、焊接技术及自动化、环境艺术设计、会计电算化、机电一体化技术、计算机辅助设计与制造、计算机网络技术、计算机信息管理、节能工程技术、楼宇智能化工程技术、模具设计与制造、生产过程自动化技术、数控技术、数控设备应用与维护、投资与理财、文物鉴定与修复、物流管理、艺术设计、影视动画、展览展示艺术设计

院系设置

机械工程学院、电子信息与自动化学院、艺术工程学院、经济管理学院

学校设立奖学金情况

学校设立奖学金13项,奖励总金额27.6万余元,最高金额300元/年,最低金额100元/年。

学校历史沿革

天津轻工职业技术学院是天津市二轻集团(控股)有限公司所属的一所独立设置的高等职业技术学院,由二轻系统三所直属学校即天津市第二轻工业局职工大学、天津市第二轻工业学校、天津市二轻干部中专校调整重组,2001年天津市政府批准成立。2011年3月从老校址西青区西青道274号迁入新址天津海河教育园区雅观路1号。

天津商务职业学院

学校(机构)标识码　4112012788
学校办学类型　415:专科院校:高等职业学校
学校性质类别　08 财经院校
学校举办者　812 省级其他部门
学校地址　天津市河西区珠江道86号
邮政编码　300221
办公电话　022-88382909
传真电话　022-88381968
校园(局域)网域名　www.tifert.edu.cn
电子信箱　tiferthr@163.com
占地面积(平方米)　269858
校舍建筑面积(平方米)　109306
图书(万册)　55.85
固定资产总值(万元)　35072.5
教学、科研仪器设备资产值(万元)　3406.4
在校生数(人)　8224
其中:普通专科　5902
　　　成人专科　2322
专任教师(人)　351
其中:正高级　8
　　　副高级　124
　　　中级　147
　　　初级　66
　　　未定职级　6

专科专业 报关与国际货运、国际金融、国际贸易实务、国际商务、会计、会展策划与管理、酒店管理、旅游管理、软件技术、软件技术(欧美软件外包方向)、商检技术(报检方向)、商务经纪与代理、商务英语、市场营销、市场营销(网络营销方向)、税务(税务代理方向)、文秘、物流管理、应用德语、应用法语、应用韩语、应用日语

院系设置

(一)天津对外经济贸易职业学院:下设五个系:经贸外语

系、国际贸易系、国际物流系、商务管理系、会计系 三个教学部：基础课教学部、社会科学部、体育教学部 三个中心：信息中心、实训中心、培训中心 （二）财贸管理干部学院：下设四个系：会计统计系、工商管理系、基础课部、政治法律系

国家级、省部级研究机构设置

天津市财贸管理干部学院下设科研处

定期公开出版的专业刊物 《天津市财贸管理干部学院学报》

学校设立奖学金情况

（一）天津对外经济贸易职业学院：学校设立奖学金4项，奖励总金额11.67余万元。奖学金最高金额500元/年，最低金额200元/年。

1. 特等优秀学生奖学金：0人/年，0元/人
2. 一等优秀学生奖学金：13人/年，500元/人
3. 二等优秀学生奖学金：106人/年，300元/人
4. 三等优秀学生奖学金：392人/年，200元/人

（二）财贸管理干部学院

学校设立奖学金一项，奖励总金额一万元。奖学金最高金额300元/年，最低金额100元/年。

学校历史沿革

（一）天津对外经济贸易职业学院：1. 学院前身为创建于1960年的"天津对外贸易学校" 2. 1962年更名为"天津市黄纬路中学" 3. 1964年更名为"天津市财经职业学校" 4. 1965年恢复"天津对外贸易学校" 5. 1973年定名为"天津市对外贸易中等专业学校" 6. 1983年11月更名为"天津对外贸易学校" 7. 1995年5月更名为"天津市国际商务学校" 8. 2001年4月30日升格为"天津对外经济贸易职业学院" （二）天津市财贸管理干部学院：1. 1955年2月经天津市人民委员会批准，市供销社干部培训班（1950年7月成立）市商业局干部培训班（1953年10月成立）合并为市商业干部学校。2. 1958年11月经中共天津市委财贸部批准，天津市商业干部学校和银行华北干部学校、市粮食干部学校合并，成立天津市财政贸易干部学校。3. 1961年市财贸部决定撤销财经学院，改为财经学校，与干校仍然是一套机构，两块牌子。4. 1963年2月，财贸干校与财经学校合并。5. 1968年10月，天津市革命委员会下令撤销财政贸易干部学校，1970年11月更名为财贸"五七"干校。6. 1979年2月，中共天津市委决定撤销"五七"干校，恢复财政贸易干部学校。7. 1985年1月26日，天津市人民政府批准在财政贸易干部学校的基础上建立天津市财贸管理干部学院。8. 1992年天津市委商业工委党校成立，与财贸管理干部学院一套机构，两块牌子。9. 2005年6月，撤销天津市委商业工委党校，成立天津市商务工委党校。（三）天津商务职业学院 2011年2月24日 天津对外经济贸易职业学院与天津市财贸管理干部学院合并，更名为"天津商务职业学院"。

天津国土资源和房屋职业学院

学校（机构）标识码	4112012803
学校办学类型	415：专科院校：高等职业学校
学校性质类别	01 综合大学
学校举办者	812 省级其他部门
学校地址	天津市滨海新区大港学苑路600号
邮政编码	300270
办公电话	022－63303801
传真电话	022－63303872
校园（局域）网域名	www.tjgfxy.com.cn
电子信箱	gsxy_bgs@163.com
占地面积（平方米）	384630
校舍建筑面积（平方米）	144961
图书（万册）	55
固定资产总值（万元）	35219.85
教学、科研仪器设备资产值（万元）	6483.4
在校生数（人）	6622
其中：普通专科	6622
专任教师（人）	290
其中：副高级	59
中级	73
初级	77
未定职级	81

专科专业 房地产经营与估价、工程测量技术、工程造价、工商企业管理、广告设计与制作、国际金融、国际商务、国土资源管理、会计电算化、计算机应用技术、建筑工程技术、建筑设备工程技术、建筑装饰工程技术、旅游管理、商务英语、市场营销、物业管理、物业设施管理、艺术设计、园林工程技术、中国古建筑工程技术

院系设置

建筑工程系、房地产经济管理系、工商管理系、国际经济贸易系、建筑艺术系、建筑设备工程系

定期公开出版的专业刊物 《中国房地产》

学校设立奖学金情况

学校设立奖学金3项，奖励总金额8.51余万元。奖励最高金额800元/年，最低金额200元/年。

主要校办产业

天津全行滨海会议中心

学校历史沿革

2001年7月经天津市人民政府批准（津政函【2001】86号）、国家教育部备案，成立天津工商职业技术学院。2004年5月经天津市人民政府同意，天津市教育委员会批准（津教委发【2004】37号），变更举办者为天津房地产管理局（现为天津市国土资源和房屋管理局），并整合天津市房地产管理局职工大学、天津市房地产管理学校教育教学资源，重组天津工商职业技术学院。2007年4月经天津市人民政府同意（津政函【2007】43号）更名为天津国土资源和房屋职业学院。

天津医学高等专科学校

学校(机构)标识码 4112012880	校园(局域)网域名 www.tjyzh.cn	其中:普通专科 6648
学校办学类型 414:专科院校:高等专科学校	电子信箱 tjyzh@public.tpt.tj.cn	成人专科 41
	占地面积(平方米) 396270	专任教师(人) 370
学校性质类别 05 医药院校	校舍建筑面积(平方米) 155599	其中:正高级 64
学校举办者 812 省级其他部门	图书(万册) 39.98	副高级 110
学校地址 天津市河西区柳林路14号	固定资产总值(万元) 27796.33	中级 153
邮政编码 300222	教学、科研仪器设备资产值(万元) 5177.56	初级 30
办公电话 022－60276688		未定职级 13
传真电话 022－60276688	在校生数(人) 6689	

专科专业 护理、护理(口腔护理方向)、护理(社区护理方向)、护理(涉外方向)、康复治疗技术、口腔医学、临床医学、临床医学(乡村医生方向)、卫生信息管理、药品经营与管理、药物制剂技术、药学、医疗保险实务、医疗美容技术、医学检验技术、医学生物技术、医学营养、医学影像技术、医学影像设备管理与维护、针灸推拿、中药、助产

院系设置
护理系、医学系、公共卫生与卫生事业管理系、药学与医学检验技术系、口腔系、医疗技术系及基础医学教学部、公共课教学部

定期公开出版的专业刊物 学校主办的《继续医学教育》杂志发行范围覆盖全国26个省市自治区,取得良好的社会效益和经济效益。《继续医学教育》杂志设有《理论探索》、《技术交流》、《临床实践》、《医学综述》、《病例报告》等栏目,并根据读者需要不断调整和更新,受到全国各省市继续医学教育工作者、管理人员、卫生专业技术人员的广泛好评。杂志在全国具有一定影响力,曾被多家检索机构收录。

学校设立奖学金情况
最高金额600元/生,最低金额100元/生共计585100元。优秀学生奖学金:一等奖学金186人*600=111600元;二等奖学金438人*400=175200元;三等奖学金666人*200=133200元;经济困难生奖学金:一等奖学金96人*400=38400元;二等奖学金189人*300=56700元;三等奖学金240人*200=48000元;单项奖学金:四级单项奖学金85人*200=17000元;六级单项奖学金9人*400=3600元;文体单项奖学金14人*100=1400元。

学校历史沿革
1980年建校的原天津市职工医学院与1908年建校的原天津市护士学校于1997年合并,组建新的天津市职工医学院。2002年3月经教育部批准,在天津市职工医学院的基础上成立天津医学高等专科学校,2002年8月8日天津市人民政府批准成立天津医学高等专科学校,天津市职工医学院建制撤销。

天津开发区职业技术学院

学校(机构)标识码 4112012881	传真电话 022－60662345	在校生数(人) 5822
学校办学类型 415:专科院校:高等职业学校	校园(局域)网域名 www.tedazj.com	其中:普通专科 5822
	电子信箱 1201@tedazj.com	专任教师(人) 316
学校性质类别 01 综合大学	占地面积(平方米) 396638	其中:正高级 12
学校举办者 832 县级其他部门	校舍建筑面积(平方米) 155451	副高级 67
学校地址 天津开发区第十三大街9号	图书(万册) 37	中级 92
邮政编码 300457	固定资产总值(万元) 41137	初级 95
办公电话 022－60662224	教学、科研仪器设备资产值(万元) 4108.6	未定职级 50

专科专业 电子商务、航空电子电气技术、会计、会展策划与管理、计算机网络技术、计算机应用技术、金融保险、汽车电子技术、汽车技术服务与营销、生物技术及应用、食品检测及管理、数控技术、文秘、文秘(外企文员方向)、文秘(外企文员方向)、物流管理、移动通信技术、移动通信运营与服务、影视动画、应用电子技术、应用英语、展览展示艺术设计

院系设置
根据滨海新区及开发区发展对人才的需求,学院设立了电子信息系、汽车工程系、生物技术系、会计系、经济贸易系、工商管理系、计算机系、英语系、秘书系

学校设立奖学金情况

学校设立奖学金 9 项,奖励总金额 33 余万,奖学金最高金额 5000 元/年,最低金额 200 元/年

学校历史沿革

学院于 2002 年 4 月由天津开发区涉外职业中等专业学校、开发区中等专业学校和天津联合业余大学合并重组而成。原天津开发区涉外职业中等专业学校 1993 年 6 月创立,1996 年 10 月与天津市集体经济联合会共同成立天津市经济技术培训中心,1997 年 4 月成立了天津市开发区中等专业学校。1997 年 5 月成立了天津开发区广播电视大学开发区工作站。形成了既有学历教育,又有业余教育、成人教育、继续教育和在职培训的办学新格局,成为开发区培养中等专业人才的重要基地。

天津艺术职业学院

学校(机构)标识码	4112012882
学校办学类型	415:专科院校:高等职业学校
学校性质类别	11 艺术院校
学校举办者	812 省级其他部门
学校地址	天津市河东区娄山道 27 号
邮政编码	300181
办公电话	022 - 58911907
传真电话	022 - 58911909
校园(局域)网域名	www.tjysxy.com
电子信箱	tjyszyxy@126.com
占地面积(平方米)	80667
校舍建筑面积(平方米)	42979
图书(万册)	9.1
固定资产总值(万元)	1127.3
教学、科研仪器设备资产值(万元)	442.32
在校生数(人)	926
其中:普通专科	886
成人专科	40
专任教师(人)	122
其中:正高级	6
副高级	39
中级	26
初级	38
未定职级	13

专科专业 表演艺术、导游、会展策划与管理、人物形象设计、文化市场经营与管理、文物鉴定与修复、舞蹈表演、音乐表演、主持与播音

院系设置

学院下设中专部。学院现有戏剧系、曲艺系、音乐系、舞蹈系、文化管理系。

学校设立奖学金情况

学校设立奖学金 1 项,奖励总金额 18200 元/年,最低金额 300 元/年。

学校历史沿革

天津艺术职业学院前身为天津文化艺术职业学院,创建于 2002 年。2002 年 5 月由天津市艺术学校、天津市工艺美术学校、中国北方曲艺学校合并组建了天津文化艺术职业学院。后于 2006 年将天津文化艺术职业学院分解,重新组建了天津艺术职业学院和天津工艺美术职业学院至今。天津艺术职业学院下设中专部。

天津交通职业学院

学校(机构)标识码	4112012883
学校办学类型	415:专科院校:高等职业学校
学校性质类别	02 理工院校
学校举办者	812 省级其他部门
学校地址	天津市西青区西青道 269 号
邮政编码	300110
办公电话	022 - 87912186
传真电话	022 - 87913106
校园(局域)网域名	www.tjtvc.com
电子信箱	tjjtxy@126.com
占地面积(平方米)	513300
校舍建筑面积(平方米)	201962
图书(万册)	68.57
固定资产总值(万元)	24500
教学、科研仪器设备资产值(万元)	5442.89
在校生数(人)	8777
其中:普通专科	8572
成人专科	205
专任教师(人)	350
其中:正高级	3
副高级	93
中级	121
初级	123
未定职级	10

专科专业 报关与国际货运、道路桥梁工程技术、电子商务、二手车鉴定与评估、港口物流设备与自动控制、工程测量技术、工程机械运用与维护、公路监理、公路运输与管理、国际航运业务管理、会计、集装箱运输管理、计算机多媒体技术、计算机信息管理、计算机信息管理(程序化交易)、计算机应用技术、交通安全与智能控制、空中乘务、连锁经营管理、汽车技术服务与营销、汽车检测与维修技术、汽车检测与维修技术(中加合作办学)、汽车运用技术(汽车保险与理赔方向)、汽车整形技术、汽车制造与装配技术、商务英语、市场营销、物流管理、物流管理(快递方向)、物流管理(物流商务方向)、物流管理(中日合作办学)

院系设置

我院设 5 系:汽车工程系、物流工程系、经济管理系、路桥工程系、航运工程系;2 部:基础教学部、体育工作部;1 学院:国际交流学院

学校设立奖学金情况

学校设立奖学金6项,奖励总金额116.4余万元。奖学金最高金额8000元/年,最低金额500元/年。

主要校办产业

天津市西青区津通汽车修理厂

学校历史沿革

学院成立于2002年3月,由交通局职工大学、交通学校、交通技工学校、交通职工中专组建合并为天津交通职业学院。交通局职工大学成立于1984年,交通学校成立于1986年,交通技校成立于1972年,交通职工中专成立于1975年。

天津外国语大学滨海外事学院

学校(机构)标识码	4112013658
学校办学类型	413:本科院校:独立学院
学校性质类别	07 语文院校
学校举办者	999 民办
学校地址	天津市大港区学府路60号
邮政编码	300270
办公电话	022-63353080
传真电话	022-63353080
校园(局域)网域名	bhws.tjfsu.edu.cn
电子信箱	bhws@tjfsu.edu.cn
占地面积(平方米)	356801
校舍建筑面积(平方米)	95953
图书(万册)	45.2
固定资产总值(万元)	24778.4
教学、科研仪器设备资产值(万元)	2255.6
在校生数(人)	4449
其中:普通本科	4449
专任教师(人)	253
其中:正高级	30
副高级	33
中级	57
初级	63
未定职级	70

本科专业 朝鲜语、德语、俄语、法学、法语、国际经济与贸易、行政管理、金融学、日语、西班牙语、新闻学、英语

院系设置 英语系、日语系、韩语系、法语系、德语系、西班牙语系、俄语系、经济系、管理系、法学系、新闻系

学校设立奖学金情况

学校设立奖学金4项,奖励总金额117余万元。奖学金最高金额5000元/年,最低金额600元/年。

毕业生一次就业率 92.42%

学校历史沿革

天津外国语学院滨海外事学院是经国家教育部2004年批准设立实施全日制普通本科高等教育的独立学院《教发函2004【22】号》,举办校为天津外国语学院。2010年3月,经天津市政府申请,教育部批准天津外国语学院更名为天津外国语大学《教发函【2010】46号》。依据中华人民共和国教育部令第26号《独立学院设置与管理办法》第二十二条"独立学院名称的前冠以参与举办的普通高等学校的名称"的要求。天津外国语学院滨海外事学院应相应变更为天津外国语大学滨海外事学院。

天津体育学院运动与文化艺术学院

学校(机构)标识码	4112013659
学校办学类型	413:本科院校:独立学院
学校性质类别	10 体育院校
学校举办者	999 民办
学校地址	天津市东丽区津塘二线一号
邮政编码	300300
办公电话	022-24971763
传真电话	022-24965337
校园(局域)网域名	www.tjipe.edu.cn
电子信箱	tjasc_zhaoban@126.com
占地面积(平方米)	333337
校舍建筑面积(平方米)	89435
图书(万册)	18.9
固定资产总值(万元)	8287.29
教学、科研仪器设备资产值(万元)	2917.32
在校生数(人)	1279
其中:普通本科	1279
专任教师(人)	129
其中:正高级	11
副高级	29
中级	10
初级	2
未定职级	77

本科专业 表演、播音与主持艺术、公共事业管理、录音艺术、体育教育、舞蹈学、戏剧影视美术设计、音乐表演、音乐学、运动训练

学校设立奖学金情况

学校设立奖学金三项,奖励总金额30余万元。奖学金最高金额1200元/年,最低金额800元/年。

学校历史沿革

天津体育学院运动与文化艺术学院成立于2003年,是经教育部批准,按新的机制和模式举办的全日制本科层次独立学院。为了更加拓展学院的发展,2008年又与北京歌德永乐文化有限公司签约,承办培养我国文化产业急需的艺术及管理人才为主要办学定位的高等艺术院校。

天津商业大学宝德学院

学校(机构)标识码 4112013660	校园(局域)网域名 www.boustead.edu.cn	在校生数(人) 6542
学校办学类型 413:本科院校:独立学院	电子信箱 boustead@public.tpt.tj.cn	其中:普通本科 6530
学校性质类别 08 财经院校	占地面积(平方米) 141389	留学生 12
学校举办者 999 民办	校舍建筑面积(平方米) 78579	专任教师(人) 322
学校地址 天津市西青区津静路28号	图书(万册) 44.3	其中:正高级 49
邮政编码 300384	固定资产总值(万元) 25072.93	副高级 95
办公电话 022-23799800	教学、科研仪器设备资产值(万元) 2292.94	中级 128
传真电话 022-23618680		初级 38
		未定职级 12

本科专业 电子商务、动画、工商管理、国际经济与贸易、会计学、计算机科学与技术、旅游管理、人力资源管理、日语、市场营销、物流管理、信息管理与信息系统、艺术设计、英语

院系设置 国际工商管理系、计算机与信息技术系、外国语言文学系、涉外经济贸易系、艺术设计系

学校历史沿革
2004年2月23日,经教育部《教发函[2004]22号》文件批准,教育部对天津商学院宝德学院予以确认。2007年3月30日,经教育部《教发厅[2007]13号》文件批准,教育部办公厅同意天津商学院宝德学院更名为天津商业大学宝德学院。

天津医科大学临床医学院

学校(机构)标识码 4112013661	传真电话 022-63306333	1962.96
学校办学类型 413:本科院校:独立学院	校园(局域)网域名 cmc.tijmu.edu.cn	在校生数(人) 4802
学校性质类别 05 医药院校	电子信箱 lchyxyzhb@163.com	其中:普通本科 4802
学校举办者 999 民办	占地面积(平方米) 222765	专任教师(人) 268
学校地址 天津医科大学临床医学院	校舍建筑面积(平方米) 126463	其中:正高级 48
邮政编码 300270	图书(万册) 20.5	副高级 80
办公电话 022-63305281	固定资产总值(万元) 39616.7	中级 107
	教学、科研仪器设备资产值(万元)	初级 33

本科专业 法学(医事法律)、公共事业管理(卫生事业管理)、护理学、护理学(涉外护理)、口腔医学、临床医学、临床医学(麻醉疼痛学)、临床医学(医学检验学)、临床医学(医学美容)、临床医学(医学影像学)、市场营销(药品营销)、眼视光学、药学、药学(药物分析)

院系设置 学院共设有临床医学系、护理学系、口腔医学眼视光学系、药学系、法学系、管理学系

学校历史沿革
天津医科大学临床医学院是2002年经天津市教委批准成立的二级学院。2003年根据教育部《关于规范加强普通高校以新机制和新模式试办独立学院的管理的若干意见》的精神,经教委全面检查上报,国家教育部下发了教发函[2004]22号文件,确认天津医科大学临床医学院为本科层次的独立学院。

南开大学滨海学院

学校(机构)标识码 4112013663	学校地址 天津市大港区学府路634号	校园(局域)网域名 binhai.nankai.edu.cn
学校办学类型 413:本科院校:独立学院	邮政编码 300270	电子信箱 bhyb@binhai.nankai.edu.cn
学校性质类别 01 综合大学	办公电话 022-63304888	占地面积(平方米) 594542
学校举办者 999 民办	传真电话 022-63304888	校舍建筑面积(平方米) 212709

图书(万册) 65	在校生数(人) 9302	副高级 140
固定资产总值(万元) 6050	其中:普通本科 9302	中级 134
教学、科研仪器设备资产值(万元) 5500	专任教师(人) 519	初级 135
	其中:正高级 84	未定职级 26

本科专业 保险、财务管理、电子信息、电子政务、法学(律师)、服装设计、工业工程、公共事业管理、广告学、国际经济与贸易、国经贸物流、环境工程、环境科学、环境艺术、金融财管、金融工程、金融学、拍卖与典当、平面设计、人力资源管理、日语外经贸翻译、涉外文秘、市场营销、数学与应用数学、数字仿真、数字媒体、通信工程、物流管理、心理健康咨询与教育、信息管理与信息系统、艺术设计、英语外经贸翻译、影视动画

院系设置

经济管理系、金融学系、外语系、法政学系、艺术系、应用数学系、信息管理系、计算机科学系、电子科学系、环境科学与工程系

学校设立奖学金情况

学校设立奖学金4项,奖励总金额187.7万元。奖学金最高金额3000元/年,最低金额400元/年。

1. 一等 奖学金:165 人/年, 3000 元/人。
2. 二等 奖学金:276 人/年, 2000 元/人。
3. 三等 奖学金:435 人/年, 1000 元/人。
4. 单项 奖学金:436 人/年, 400 元/人。

毕业生一次就业率 92.58%

学校历史沿革

2004年,经教育部批准,由南开大学和天津市大港区政府(现滨海新区大港管委会)按照新模式和新机制合作创办。

2004年9月16日,举行成立揭牌仪式暨首届新生开学典礼。

天津冶金职业技术学院

学校(机构)标识码 4112013700	校园(局域)网域名 www.tjmvti.cn	在校生数(人) 5401
学校办学类型 415:专科院校:高等职业学校	电子信箱 bgsh3789@126.com	其中:普通专科 4897
	占地面积(平方米) 101432	成人专科 504
学校性质类别 02 理工院校	校舍建筑面积(平方米) 129711	专任教师(人) 228
学校举办者 891 地方企业	图书(万册) 28.61	其中:副高级 91
学校地址 天津市北辰区学海道38号	固定资产总值(万元) 11572	中级 80
邮政编码 300400	教学、科研仪器设备资产值(万元) 5581.85	初级 50
办公电话 022-26983719		未定职级 7
传真电话 022-26983719		

专科专业 材料成型与控制技术、电气自动化技术、电子商务、电子信息工程技术、会计、机电一体化技术、机械制造与自动化、计算机控制技术、检测技术及应用、金属制品加工技术、楼宇智能化工程技术、生产过程自动化技术、数控技术、物流管理、信息安全技术、冶金技术、冶金设备应用与维护、应用电子技术

院系设置

机械工程系、电气工程系、电子信息系、经济管理系冶金系、体育部、基础部

学校设立奖学金情况

学校设立奖学金3项,奖励总金额20余万元。奖学金最高金额600元/年,最低金额200元/年。

学校历史沿革

天津冶金职业技术学院前身为天津市工业学校,始建于1958年,2004年市政府津函(2004)14号文件批准成立天津冶金职业技术学院。

天津石油职业技术学院

学校(机构)标识码 4112013701	学校地址 天津市静海县团泊洼天津石油职业技术学院	校园(局域)网域名 www.tjsyxy.com
学校办学类型 415:专科院校:高等职业学校	邮政编码 301607	电子信箱 tjsyxyyb@126.com
		占地面积(平方米) 964993
学校性质类别 02 理工院校	办公电话 022-29000406	校舍建筑面积(平方米) 246874
学校举办者 891 地方企业	传真电话 022-29000555	图书(万册) 43

固定资产总值(万元)	13138.47	其中:普通专科	3973	中级	107
教学、科研仪器设备资产值(万元)		专任教师(人)	197	初级	28
	5673.67	其中:正高级	1	未定职级	6
在校生数(人)	3973	副高级	55		

专科专业 城市燃气工程技术、地球物理测井技术、工程测量技术、焊接技术及自动化、计算机网络技术、汽车检测与维修技术、生产过程自动化技术、石油工程技术、石油化工生产技术、石油与天然气地质勘探技术、数控技术、应用电子技术、应用化工技术、油气储运技术、油气开采技术、钻井技术

院系设置

石油工程系、资源勘查系、化工技术系、机械工程系、电子信息系

学校历史沿革

1976年建校,名为华北石油技工学校;1978年成为中等专业学校,更名为华北石油学校;2004年升为高职,改名为天津石油职业技术学院。

天津城市职业学院

学校(机构)标识码	4112013702	校园(局域)网域名	www.tjcsxy.cn	其中:普通专科	7148
学校办学类型	415:专科院校:高等职业学校	电子信箱	bgs_2005@126.com	成人专科	453
		占地面积(平方米)	418849	专任教师(人)	466
学校性质类别	01 综合大学	校舍建筑面积(平方米)	194021	其中:正高级	1
学校举办者	831 县级教育部门	图书(万册)	65.57	副高级	192
学校地址	天津市河东区真理道27号	固定资产总值(万元)	14780.48	中级	164
邮政编码	300250	教学、科研仪器设备资产值(万元)		初级	85
办公电话	022-26430105		4510.39	未定职级	24
传真电话	022-26430105	在校生数(人)	7601		

专科专业 电脑艺术设计、电气自动化技术、电子商务、动漫设计与制作、国际商务、会计、会展策划与管理、机电一体化技术、计算机网络技术、计算机信息管理、计算机信息管理(制造业)、酒店管理、连锁经营管理、楼宇智能化工程技术、商务英语、社区管理与服务、网络系统管理、文秘、物流管理、应用电子技术、游戏软件

院系设置

机电与信息管理系、经济管理系、人文与艺术设计系

学校设立奖学金情况

学校设立奖学金8项,奖励总金额282.56万元。奖学金最高金额8000元/年,最低金额100元/年。

其中:国家奖学金:8000元/人,共6人;

国家励志奖学金:5000元/人,共143人;

国家一等助学金:2500元/人,共455人;

国家二等助学金:1800元/人,共227人;

国家三等助学金:1200元/人,共228人;

天津市政府奖学金:8000元/人,共4人

校级奖学金:1000元/人,共4人;

校级奖学金:600元/人,共61人;

校级奖学金:500元/人,共41人;

校级奖学金:400元/人,共153人;

校级奖学金:300元/人,共22人;

校级奖学金:200元/人,共309人;

校级奖学金:100元/人,共21人;

爱心助学金:100元/人,共64人;

优秀毕业生:150元/人,共22人;

爱心一等奖学金:400元/人,共12人;

爱心二等奖学金:200元/人,共11人;

爱心三等奖学金:100元/人,共14人;

毕业生一次就业率 98%

学校历史沿革

天津城市职业学院是一所综合性、社区性普通高等职业学院。

学校于1958年8月创立,初期校名为河北区干部业余大学,地址在河北区进步道58号,隶属于河北区教育局。1960年3月,中共河北区委决定将河北区工人业余大学、河北区工农师范学校和第五、七、八工人业余中学的部分教职工并入,改名为河北区业余大学,校址迁至河北区建国道25号。1961年9月,校址又迁至河北区建国道72号。1975年,河北区业余大学迁至河北区王串场幸福道39号。1981年2月经天津市政府批准,将学校定名为河北区职工大学。1982年6月得到国家教育部重新备案的批复。1991年,河北区职工大学与天津广播电视大学河北工作站联合。

2002年1月31日经政府同意,天津市教委批复,河北区职工大学、河北区职工中专、76中及王串场中学四校合并,成立天津市河北社区学院。2003年4月,经天津市教委、天津市广播电视大学审定,电大河北工作站改建为电大河北分校。2004年2月12日经市政府批复,河北社区学院与渤海职专合并,组建天津河北职业学院,主校区设在河东区真理道27号,2005年5月8日经天津市政府批复,天津河北职业学院更名为天津城市职业学院,并于2005年5月13日得到教育部的备案通知。

天津铁道职业技术学院

学校(机构)标识码　4112013863
学校办学类型　415:专科院校:高等职业学校
学校性质类别　02 理工院校
学校举办者　812 省级其他部门
学校地址　天津市河北区建昌道21号
邮政编码　300240
办公电话　022-26181859
传真电话　022-26764192

校园(局域)网域名　www.tjtdxy.cn
电子信箱　tjtdxy@sina.cn
占地面积(平方米)　432269
校舍建筑面积(平方米)　135345
图书(万册)　28.7
固定资产总值(万元)　28802.16
教学、科研仪器设备资产值(万元)　5873

在校生数(人)　5459
其中:普通专科　5359
　　　成人专科　100
专任教师(人)　353
其中:副高级　166
　　　中级　110
　　　初级　43
　　　未定职级　34

专科专业　城市轨道交通工程技术、城市轨道交通控制、城市轨道交通运营管理、道路桥梁工程技术、地下工程与隧道工程技术、电气化铁道技术、高速动车组驾驶与维修、高速铁道技术、高速铁路工程及维护技术、工程测量技术、工程造价、基础工程技术、计算机网络技术、建筑工程技术、建筑经济管理、劳动与社会保障、铁道工程技术、铁道机车车辆、铁道交通运营管理、铁道通信信号、通信技术、物流管理、应用电子技术

院系设置
建筑工程系、铁道动力系、铁道运输系、铁道工程系、铁道电信系、基础课部

学校设立奖学金情况
学校设立奖学金8项,奖励总金额28万余元。奖学金最高金额800元/年,最低金额100元/年。
1. 全优生奖学金:4人,600元/人;
2. 三好生奖学金:196人,300元/人;
3. 优秀学生干部奖学金:158人,400元/人;
4. 先进集体:10个,600元/个;
5. 单项奖学金:12人,200元/人;
6. 一等奖学金:23人,800元/人;
7. 二等奖学金:216人,500元/人;
8. 三等奖学金:106人,200元/人。

主要校办产业
列车接近报警控制柜、列车接近报警传感器

毕业生一次就业率　95.4%

学校历史沿革
2004年12月23日由"天津铁路工程学校"与"天津铁路分局职工培训中心"合并组建"天津铁道职业技术学院"。

天津师范大学津沽学院

学校(机构)标识码　4112013896
学校办学类型　413:本科院校:独立学院
学校性质类别　01 综合大学
学校举办者　999 民办
学校地址　天津市西青区宾水西道393号
邮政编码　300387
办公电话　022-23766088

传真电话　022-23766088
校园(局域)网域名　www.jinguxy.cn
电子信箱　jgxy@mail.tjnu.edu.cn
占地面积(平方米)　329611
校舍建筑面积(平方米)　43224
图书(万册)　33
固定资产总值(万元)　9590.8
教学、科研仪器设备资产值(万元)　2371.8

在校生数(人)　6306
其中:普通本科　6306
专任教师(人)　463
其中:正高级　81
　　　副高级　131
　　　中级　159
　　　初级　70
　　　未定职级　22

本科专业　表演、播音与主持艺术、朝鲜语、对外汉语、俄语、法学、工商管理、广告学、国际经济与贸易、汉语言文学、计算机科学与技术、旅游管理、人力资源管理、日语、摄影、数学与应用数学、数字媒体艺术、戏剧影视文学、新闻学、艺术设计、英语

院系设置
新闻与传播系、文学系、经济系、管理系、理学系、法学系、外语系、表演系、艺术设计系、教育系

学校设立奖学金情况
学院设立奖学金11项,奖励总金额68万余元。奖学金最高金额1000元/年,最低奖学金金额100元/年。

毕业生一次就业率　94.03%

天津理工大学中环信息学院

学校(机构)标识码 4112013897
学校办学类型 413:本科院校:独立学院
学校性质类别 02 理工院校
学校举办者 999 民办
学校地址 天津市西青区杨柳青柳口路99号
邮政编码 300380
办公电话 022-60541800
传真电话 022-60541819
校园(局域)网域名 www.tjzhic.com
电子信箱 tjzhic@126.com
占地面积(平方米) 145846
校舍建筑面积(平方米) 103794
图书(万册) 40.3
固定资产总值(万元) 13455
教学、科研仪器设备资产值(万元) 2691
在校生数(人) 5381
其中:普通本科 5381
专任教师(人) 288
其中:正高级 28
　　副高级 102
　　中级 131
　　初级 27

本科专业 电气工程及其自动化、电子信息工程、电子信息科学与技术、动画、工程管理、工商管理(物流管理方向)、机械工程及自动化、机械工程及自动化(数控技术)、计算机科学与技术、计算机科学与技术(动漫设计方向)、软件工程、通信工程、通信工程(物联网方向)、信息管理与信息系统、自动化、自动化(数控技术方向)

院系设置
4 个

学校设立奖学金情况
学校设立奖学金7项,奖励总金额175余万元。奖学金最高金额8000元/年,最低金额300元/年。

毕业生一次就业率 98%

学校历史沿革
　　天津理工大学中环信息学院是根据国家相关法律、法规和教育部《关于规范并加强普通高校以新的机制和模式试办独立学院管理的若干意见》的通知(教发【2003】8号)、《教育部关于对天津市师范大学津沽学院、天津理工大学中环信息学院二所独立学院予以确认》的通知(教发函【2005】61号)文件精神,依据天津理工大学与天津中环电子信息集团有限公司签定的《合作办学协议》成立的,学院办学方是天津理工大学,出资方是天津中环电子信息集团有限公司,学院采用新的机制和模式办学,是从事非营利性社会服务的组织,属于全日制本科层次普通高等学校,学院座落在天津市西青区杨柳青柳口路99号。

北京科技大学天津学院

学校(机构)标识码 4112013898
学校办学类型 413:本科院校:独立学院
学校性质类别 01 综合大学
学校举办者 999 民办
学校地址 天津市宝坻区京津新城珠江北环东路1号
邮政编码 301830
办公电话 022-22410800
传真电话 022-22410937
校园(局域)网域名 tj.ustb.edu.cn
电子信箱 tjyb@ustb.edu.cn
占地面积(平方米) 865153
校舍建筑面积(平方米) 280221
图书(万册) 65.18
固定资产总值(万元) 64230.02
教学、科研仪器设备资产值(万元) 2946.08
在校生数(人) 5998
其中:普通本科 5998
专任教师(人) 312
其中:正高级 37
　　副高级 68
　　中级 86
　　初级 113
　　未定职级 8

本科专业 材料科学与工程、电子信息工程、法学、工业工程、国际经济与贸易、会计学、机械工程及自动化、计算机科学与技术、金融工程、通信工程、土木工程、物流工程、信息管理与信息系统、信息与计算科学、英语

院系设置
学院设有土木工程系、材料科学与工程系、机械工程系、信息工程系、经济系、管理系、法律系和外语系8个系,设有体育部、基础部、思想政治工作教育部3个部。

学校设立奖学金情况
学校设立奖学金13项,奖励总金额280余万元。奖学金最高金额10000元/年,最低金额300元/年。各项奖学金每学年评选一次。

学校历史沿革
　　北京科技大学天津学院是2005年4月经教育部批准,由北京科技大学和广东投资有限公司合作举办的本科层次独立学院。学院依托北京科技大学优质教育资源,实施"应用型"理论教学和以"职业能力培养为主线"的实践教学,培养适应经济和社会发展需要的基础扎实、实践技能强、综合素质高并具有创新精神的应用型人才。

天津工艺美术职业学院

学校(机构)标识码　4112013911
学校办学类型　415:专科院校:高等职业学校
学校性质类别　11 艺术院校
学校举办者　812 省级其他部门
学校地址　天津市河北区红星路革新道10号
邮政编码　300250
办公电话　022-26786331
传真电话　022-26786331
校园(局域)网域名　www.gmtj.com
电子信箱　tjgyms@126.com
占地面积(平方米)　65300
校舍建筑面积(平方米)　31746
图书(万册)　12.09
固定资产总值(万元)　2076.38
教学、科研仪器设备资产值(万元)　1105.24
在校生数(人)　996
其中:普通专科　996
专任教师(人)　97
其中:正高级　4
　　　副高级　28
　　　中级　45
　　　初级　15
　　　未定职级　5

专科专业　产品造型设计、服装设计、广告设计与制作、绘画(中国画)、景观设计、人物形象设计、视觉传达艺术设计、室内设计技术、影视动画、展示设计、装潢艺术设计、装饰艺术设计、综合绘画艺术

学校设立奖学金情况
学院共设立奖学金3项,奖励总金额2.4余万元。奖学金最高金额700元/年,最低金额300元/年。

毕业生一次就业率　85.35%

学校历史沿革
天津工艺美术职业学院前身为成立于1959年的天津工艺美术设计院。在此基础上于1962年建立天津工艺美术学校,1984年成立天津职工工艺美院。2004年12月经天津市人民政府批准(津政函【2004】198号)国家教委备案,正式成立天津工艺美术职业学院。我院共设五个系室,开设十三个专业。2000年由天津市文化广播影视局、天津市教委、我院共同投资1500万元建成了数字媒体中心,购置了国内先进的实训教学仪器设备在天津市处于领先水平。

天津城市建设管理职业技术学院

学校(机构)标识码　4112014020
学校办学类型　415:专科院校:高等职业学校
学校性质类别　01 综合大学
学校举办者　891 地方企业
学校地址　天津市北辰区光荣道2688号
邮政编码　300134
办公电话　022-58319048
传真电话　022-58216378
校园(局域)网域名　www.tjchengjian.com
电子信箱　tjchengjianw@126.com
占地面积(平方米)　223445
校舍建筑面积(平方米)　126853
图书(万册)　39.03
固定资产总值(万元)　43346.39
教学、科研仪器设备资产值(万元)　3148.66
在校生数(人)　4998
其中:普通专科　4825
　　　成人专科　173
专任教师(人)　243
其中:正高级　1
　　　副高级　80
　　　中级　59
　　　初级　62
　　　未定职级　41

专科专业　城市燃气工程技术、城市热能应用技术、工程造价、焊接技术及自动化、会计、建筑材料工程技术、建筑电气工程技术、建筑工程管理、建筑工程技术、建筑设备工程技术、建筑装饰工程技术、楼宇智能化工程技术、汽车技术服务与营销、汽车检测与维修技术

院系设置
学院设置三系一部,分别是:建筑工程系、建筑经济管理系、能源机电系和基础教学部。

学校设立奖学金情况
学院设立奖学金三项,奖励总金额10.86万元。奖学金最高金额800元/年,最低金额200元/年。

学校历史沿革
天津城市建设管理职业技术院成立于2006年2月,是经天津市人民政府批准,教育部备案的一所全日制高等职业技术院校。学院前身是由天津市公用事业职工学院、天津市职工建材学院、天津市城市建设管理学校组建而成。学院隶属天津市城乡建设和交通委员会。2006年7月正式社会招生。

天津生物工程职业技术学院

学校(机构)标识码　4112014021
学校办学类型　415：专科院校：高等职业学校
学校性质类别　05 医药院校
学校举办者　891 地方企业
学校地址　天津开发区西区南大街175号
邮政编码　300462
办公电话　022-66339006
传真电话　022-66339077
校园(局域)网域名　www.tjbio.cn
电子信箱　bgsh123@126.com
占地面积(平方米)　243795
校舍建筑面积(平方米)　102976
图书(万册)　25.3
固定资产总值(万元)　14933.16
教学、科研仪器设备资产值(万元)　2212.3
在校生数(人)　4412
其中：普通专科　3687
　　　成人专科　725
专任教师(人)　186
其中：正高级　1
　　　副高级　77
　　　中级　88
　　　初级　4
　　　未定职级　16

专科专业　化学制药技术、生物实验技术、生物制药技术、物流管理、药品经营与管理、药品质量检测技术、药物制剂技术、中药、中药制药技术

院系设置
学院目前设有4系一部：生物技术系、化学制药系、中药系、经营管理系、基础部

定期公开出版的专业刊物　刊物1种。

学校设立奖学金情况
学院设有奖学金1项，奖励总金额5.2余元万元；奖学金最高金额300元，最低金额100元。

毕业生一次就业率　92%

学校历史沿革
天津生物工程职业技术学院经天津市人民政府批准成立于2006年2月23日，学院的前身为天津市医药职工大学。

天津海运职业学院

学校(机构)标识码　4112014022
学校办学类型　415：专科院校：高等职业学校
学校性质类别　01 综合大学
学校举办者　812 省级其他部门
学校地址　天津海河教育园区雅深路8号
邮政编码　300350
办公电话　022-28779600
传真电话　022-28779661
校园(局域)网域名　www.tjmvi.cn
电子信箱　haiyun6623@163.com
占地面积(平方米)　409174
校舍建筑面积(平方米)　159134
图书(万册)　45.15
固定资产总值(万元)　16185.8
教学、科研仪器设备资产值(万元)　2203.02
在校生数(人)　6012
其中：普通专科　4637
　　　成人专科　1375
专任教师(人)　252
其中：正高级　1
　　　副高级　58
　　　中级　93
　　　初级　88
　　　未定职级　12

专科专业　船机制造与维修、电子商务、港口业务管理、管道工程技术(地源热泵)、管道工程施工、海事管理、航海技术、集装箱运输管理、计算机网络技术、金融管理与实务、酒店管理(邮轮乘务)、理化测试及质检技术(无损检测)、轮机工程技术、轮机工程技术(电子船员)、软件技术(服务外包)、物流管理

院系设置
学院设有基础课部、航海技术系、轮机工程系、航运经济系、工程技术系、信息工程系、国际邮轮乘务和旅游管理系

学校设立奖学金情况
学校设立奖学金6项，总金额84.25万元，奖学金最高金额8000元/年，最低金额200元/年。

主要校办产业
教学科研仪器、集成电路、电子产品、机电设备、通讯产品(不含无线电发射设备)、计算机软硬件与外围设备、船用光机电一体化设备、无损检测设备、现代物流专用设备的技术开发、技术服务、技术咨询、技术转让、技术维护和销售。网络工程开发、设计。劳务派遣(限国内)。特许经营项目：乙级海船船员服务机构　代理海船船员办理申请培训、考试、申领证书(海员证和外国船员证书除外)等有关手续，代理船用人单位管理海船船员事务，为国内航行海船提供配员等相关活动。

学校历史沿革
天津海运职业学院(天津市科学技术进修学院)成立于1962年，1966年"文革"中，学校停办。1978年5月6日恢复重建，1981年4月9日，市政府批准科学技术进修学院按照高等学校对待，1987年7月经天津市第二教育局批准，以"天津市职工科学技术大学"的校名在国家教育部注册备案，开办成人高等学历教育。2006年2月23日，经天津市人民政府批准，以"天津海运职业学院"的校名在国家教育部备案，开办专科层次高等职业

教育。2011年学院迁入天津海河教育园区。

天津大学仁爱学院

学校(机构)标识码　4112014038
学校办学类型　413:本科院校:独立学院
学校性质类别　01 综合大学
学校举办者　999 民办
学校地址　天津市团泊新城博学苑
邮政编码　301636
办公电话　022-68579996
传真电话　022-68579996

校园(局域)网域名　www.tjrac.edu.cn
电子信箱　yzxx@tjrac.edu.cn
占地面积(平方米)　424895
校舍建筑面积(平方米)　158907
图书(万册)　57.3
固定资产总值(万元)　74127.37
教学、科研仪器设备资产值(万元)　5500.8

在校生数(人)　9287
其中:普通本科　9287
专任教师(人)　483
其中:正高级　88
　　　副高级　149
　　　中级　117
　　　初级　103
　　　未定职级　26

本科专业　财务管理,船舶与海洋工程、电子科学与技术、电子信息工程、动画、法学、港口航道与海岸工程、工程管理、工业设计、过程装备与控制工程、化学工程与工艺、环境工程、机械设计制造及其自动化、计算机科学与技术、建筑学、软件工程、水利水电工程、通信工程、土木工程、物流工程、信息管理与信息系统、艺术设计、英语、自动化

院系设置
天津大学仁爱学院以天津大学的优势学科为基础,依据现代高新科技发展和市场需求设置了机械工程系、信息工程系、计算机科学与技术系、建筑系、管理系、建筑工程系、社会科学与外国语系、艺术系、化工系等九个系。

学校设立奖学金情况
学校设立奖学金30项,奖励总金额109.64万元。奖学金最高金额2000元/年,最低金额400元/年。

毕业生一次就业率　89.5%

学校历史沿革
2006年4月经国家教育部批准,天津大学仁爱学院由天津大学和天津仁爱集团合作创办。

天津财经大学珠江学院

学校(机构)标识码　4112014087
学校办学类型　413:本科院校:独立学院
学校性质类别　08 财经院校
学校举办者　999 民办
学校地址　天津市宝坻区周良庄温泉城北环东路2号
邮政编码　301811
办公电话　022-22410867

传真电话　022-22410867
校园(局域)网域名　zhujiang.tjufe.edu.cn
电子信箱　yuanban_zhujiang@126.com
占地面积(平方米)　598952
校舍建筑面积(平方米)　147538
图书(万册)　39.17
固定资产总值(万元)　40860.06
教学、科研仪器设备资产值(万元)　3225.17

在校生数(人)　6714
其中:普通本科　6714
专任教师(人)　181
其中:正高级　7
　　　副高级　35
　　　中级　50
　　　初级　89

本科专业　保险、财务管理、财务会计、动画艺术设计、工商管理、工业设计、国际会计、国际金融、国际经济与贸易、国际商务、环境艺术设计、会计与信息管理、金融、经贸日语、精算与风险管理、酒店管理、旅游与会展管理、嵌入式软件、人力资源管理、审计学、市场调查与数据分析、市场营销、视觉传达、统计、信息管理与信息系统、艺术管理、证券投资、注册会计师

院系设置
学院设有会计学系、金融系、国际经济与贸易系、管理系、旅游管理系、外语系、艺术系、信科系、统计系,共9个系。

学校设立奖学金情况
学校设立奖学金9项,奖励总金额115余万元。奖学金最高金额1500元/年,最低金额200元/年。

学校历史沿革
天津财经大学珠江学院(简称珠江学院)于2006年经教育部批准成立,由天津财经大学与广东珠江投资有限公司合作创办,是按照独立学院的模式和机制建立的本科层次教育的普通高等学校。

天津广播影视职业学院

学校(机构)标识码 4112014102	传真电话 022-27529970	在校生数(人) 1031
学校办学类型 415:专科院校:高等职业学校	校园(局域)网域名 www.tjgbys.com	其中:普通专科 1031
	电子信箱 tgyszyxy@163.com	专任教师(人) 62
学校性质类别 11 艺术院校	占地面积(平方米) 126371	其中:正高级 12
学校举办者 812 省级其他部门	校舍建筑面积(平方米) 44550	副高级 19
学校地址 天津市西青区东姜井凯苑路148号	图书(万册) 5.01	中级 9
	固定资产总值(万元) 9137	初级 1
邮政编码 300112	教学、科研仪器设备资产值(万元) 1827.25	未定职级 21
办公电话 022-27529970		

专科专业 电视节目制作、广播电视技术、人物形象设计、摄影摄像技术、文化市场经营与管理、新闻采编与制作、影视动画、主持与播音

学校设立奖学金情况
学校设立奖学金4项,分一等奖学金、二等奖学金、三等奖学金和单项奖学金。奖学金总金额13600元,奖学金最高金额400元/年,奖学金最低金额100元/元。

学校历史沿革
天津广播影视职业学院是07年5月份由教育部、天津市政府正式批准成立的一所艺术类高职院校。

河北大学

学校(机构)标识码 4113010075	占地面积(平方米) 1654375	成人专科 9132
学校办学类型 411:本科院校:大学	校舍建筑面积(平方米) 973766	博士研究生 185
学校性质类别 01 综合大学	图书(万册) 328.23	硕士研究生 5090
学校举办者 811 省级教育部门	固定资产总值(万元) 171411.66	留学生 279
学校地址 河北省保定市五四东路180号	教学、科研仪器设备资产值(万元) 31849.52	专任教师(人) 1871
邮政编码 071002	在校生数(人) 52784	其中:正高级 460
办公电话 0312-5079709	其中:普通本科 16637	副高级 527
传真电话 0312-5016914	普通专科 6814	中级 737
校园(局域)网域名 hbu.edu.cn	成人本科 14647	初级 96
电子信箱 hbu@hbu.edu.cn		未定职级 51

本科专业 安全工程、保险、编辑出版学、标准化工程、材料化学、财务管理、财政学、测控技术与仪器、产品质量工程、朝鲜语、档案学、电气工程及其自动化、电气信息类、电子科学与技术、电子商务、电子信息工程、电子信息科学类、电子信息科学与技术、动画、对外汉语、俄语、法学、法语、高分子材料与工程、工程力学、工商管理、工商管理类、公共管理类、公共事业管理、古典文献、光信息科学与技术、广播电视编导、广播电视新闻学、广告学、国际经济与贸易、汉语言文学、护理学、化学、环境工程、环境科学、会计学、绘画、机械设计制造及其自动化、计算机科学与技术、建筑学、教育技术学、教育学、金融学、经济学、经济学类、劳动与社会保障、历史学、临床医学、旅游管理、人力资源管理、日语、软件工程、社会工作、生物工程、生物技术、生物科学、生物信息学、市场营销、数学类、数学与应用数学、通信工程、统计学、图书档案学类、图书馆学、土木工程、网络工程、舞蹈学、物理学、物理学类、新闻传播学类、新闻学、信息管理与信息系统、信息与计算科学、学前教育、药学、医学影像学、艺术类、艺术设计、音乐学、英语、应用物理学、应用心理学、预防医学、哲学、政治学与行政学、中国语言文学类、中药学、中医学、自动化

专科专业 编导、产品造型设计、电子商务、雕塑艺术设计、多媒体设计与制作、服装设计、公共卫生管理、护理、环境艺术设计、计算机网络技术、计算机信息管理、检测技术及应用、口腔医学、理化测试及质检技术、临床医学、汽车检测与维修技术、人民武装、卫生检验与检疫技术、舞蹈表演、药学、医疗保险实务、医学检验技术、医学影像技术、医药营销、艺术设计、音乐表演、影视表演、影视动画、中药、中医学、主持与播音、装潢艺术设计

博士专业 动物学、分析化学、高分子化学与物理、光学工程、汉语言文字学、教育史、世界经济、思想政治教育、中国古代史、中国古代文学、中国近现代史、中国哲学

硕士专业 保险、比较教育学、比较文学与世界文学、材料物理与化学、财政学(含:税收学)、测试计量技术及仪器、出版传播学、档案学、等离子体物理、电路与系统、动物学、发展与教育心理学、法律、法学理论、翻译、分析化学、高等教育学、高分子化学与物理、工程、工商管理、公共管理、固体力学、管理科学与工程、光学、光学工程、广播电视艺术学、国际贸易学、国际商务、国民经济学、汉语国际教育、汉语言文字学、行政管理、环境工程、环境科学、会计、会计学、基础数学、基础心理学、计算机软件与理论、计算机系统结构、计算机应用技术、检测技术与自动化装置、教育、教育技术学、教育史、教育学原理、金融、金融学(含:保险学)、经济法学、控制理论与控制工程、理论物理、历史文献学(含:敦煌学、古文字学)、伦理学、逻辑学、马克思主义发展史、马克思主义基本原理、马克思主义哲学、马克思主义中国化研究、美术学、民商法学(含:劳动法学)、社会保障、凝聚态物理、农业昆虫与害虫防治、企业管理(含:财务管理、市场营销)、情报学、区域经济学、人口、资源与环境经济学、人口学、日语语言文学、设计艺术学、社会保障、社会工作、社会学、生态学、生物化学与分子生物学、史学理论及史学史、世界经济、世界史、数量经济学、水产养殖、水生生物学、思想政治教育、诉讼法学、通信与信息系统、统计学、图书馆学、图书情报、外国语言学及应用语言学、外科学、微电子学与固体电子学、微生物学、微生物与生化药学、文艺学、无机化学、物理化学(含:化学物理)、西方经济学、细胞生物学、宪法学与行政法学、新闻学、新闻与传播、刑法学、学前教育学、岩土工程、药理学、药物分析学、药物化学、艺术、艺术学、英语语言文学、应用化学、应用数学、有机化学、语言学与应用语言学、原子与分子物理、运筹学与控制论、政治经济学、政治学理论、植物学、中国古代史、中国古代文学、中国古典文献学、中国近现代史、中国现当代文学、中国哲学、中西医结合临床、专门史、资产评估

院系设置
研究生学院、文学院、历史学院、新闻传播学院、经济学院、管理学院、外国语学院、教育学院、政法学院、艺术学院、数学与计算机学院、物理科学与技术学院、化学与环境科学学院、药学院、生命科学学院、电子信息工程学院、建筑工程学院、质量技术监督学院、国际交流与教育学院、临床医学院、护理学院、基础医学院、公共卫生学院、中医学院、成人教育学院等

国家级、省部级研究机构设置
国家级实验室:新能源光电器件国家地方联合工程实验室。
部级实验室:省部共建教育部药物化学与分子诊断重点实验室。
省级实验室:河北省机器学习与计算智能实验室、河北省分析科学技术实验室、河北省光电信息材料实验室、河北省药物质量研究实验室、河北省无脊椎动物系统学与应用实验室、河北省微生物多样性研究与应用实验室、河北省化学生物学实验室、河北省生物工程技术研究中心、河北省高分子材料及加工技术工程实验室。
研究中心:教育部省属高校人文社会科学重点研究基地、科学传播研究所、河北大学媒介经济研究所、出版编辑研究所、会计发展研究中心、日本问题研究所、人口问题研究所等30余个研究中心。

博士后科研流动站 中国语言文学、光学工程、分析化学、生物学、教育学、历史学。

定期公开出版的专业刊物 《河北大学学报(自然科学版)》、《河北大学学报(哲学社会科学版)》、《医学研究与教育》、《日本问题研究》、《物理通报》、《河北科技图苑》、《河北大学成人教育学报》

学校设立奖学金情况
学校设立奖学金18项,奖励总金额1370余万元,奖学金最高金额8000元/年,最低金额30元/年。

主要校办产业
河北大学科技开发总公司、人工环境工程公司、十方商贸开发有限公司、轶思达有限公司

学校历史沿革
前身为1921年创建的天津工商大学,其后经历天津工商学院、津沽大学、天津师范学院、天津师范大学等几个时期。1906年改建为综合大学并定名河北大学。1970年由天津迁至河北省保定市。2005年河北省职工医学院及附属医院并入河北大学。2005年11月,河北省人民政府与教育部签署共建河北大学协议,确定为"省部共建大学"。

河北工程大学

学校(机构)标识码 4113010076	cn	普通专科 4014
学校办学类型 411:本科院校:大学	电子信箱 hdwhx@163.com	成人本科 9363
学校性质类别 02 理工院校	占地面积(平方米) 1560780	成人专科 6145
学校举办者 811 省级教育部门	校舍建筑面积(平方米) 908038	硕士研究生 1191
学校地址 河北省邯郸市光明南大街199号	图书(万册) 218	专任教师(人) 1360
	固定资产总值(万元) 82500	其中:正高级 233
邮政编码 056038	教学、科研仪器设备资产值(万元) 20127	副高级 382
办公电话 0310-8579016		中级 610
传真电话 0310-6025698	在校生数(人) 39386	初级 135
校园(局域)网域名 www.hebeu.edu.	其中:普通本科 18673	

本科专业 安全工程、材料成型及控制工程、采矿工程、测绘工程、测控技术与仪器、车辆工程、城市规划、道路桥梁与渡河工程、地理信息系统、电气工程及其自动化、电子信息工程、动物科学、动物医学、法学、复合材料与工程、给水排水工程、工程管理、工程力学、工商管理、工业设计、国际经济与贸易、过程装备与控制工程、汉语言文学、护理学、化学工程与工艺、环境工程、会计学、机械设计制造及其自动化、计算机科学与技术、建筑环境与设备工程、建筑学、交通工程、金属材料工程、经济学、勘查技术与工程、临床医学、农学、农业水利工程、热能与动力工程、食品科学与工程、水利水电工程、水文与水资源工程、水务工程、通信工程、土木工程、无机非金属材料工程、信息管理与信息系统、信息与计算科学、医学检验、医学影像学、艺术设计、英语、应用化学、应用物理学、园林、园艺、植物保护、资源环境与城乡规划管理、资源勘查工程、自动化

专科专业 发电厂及电力系统、高级护理、工程机械运用与维护、工程监理、工程造价、护理、环境艺术设计、会计电算化、机电一体化技术、机械设计与制造、计算机应用技术、建筑工程技术、矿山机电、临床医学、煤矿开采技术、食品营养与检测、市场营销、兽医、水利水电建筑工程、物业管理、眼视光技术、医学检验、医学影像技术、园林技术、园艺技术、中医学

硕士专业 采矿工程、地球探测与信息技术、地质工程、动物遗传育种与繁殖、工商管理、工业工程、供热、供燃气、通风及空调工程、管理科学与工程、环境工程、机械工程、机械设计及理论、计算机技术、计算机应用技术、技术经济及管理、建筑技术科学、建筑与土木工程、结构工程、矿产普查与勘探、矿业工程、农业工程、农业水土工程、企业管理、市政工程、水工结构工程、水力学及河流动力学、水利工程、水利水电工程、水文学及水资源、物流工程、项目管理、岩土工程、园艺

院系设置
建筑学院、土木学院、城市建设学院、机电工程学院、信息与电气工程学院、资源学院、经济管理学院、文学院、理学院、水电学院、医学院、农学院、临床医学院、装备制造学院

国家级、省部级研究机构设置
1. 河北省资源勘测研究重点实验室
2. 河北省充填采煤工程技术研究中心、河北省暖通空调工程技术研究中、河北省煤炭矿井建设工程技术研究中心

定期公开出版的专业刊物 《河北工程大学学报(自然科学版)》、《河北工程大学(社会科学版)》、《World Journal of Engineering》、《Engergy Exploration and Exploitation》

学校设立奖学金情况
4项,奖励总金额390.45余万元。奖学金最高金额3000元/年,最低金额500元/年。

主要校办产业
河北工程大学建筑设计研究院、邯郸市建联建筑安装有限公司、河北工程大学印刷厂。

学校历史沿革
河北工大学前身为2003年4月由河北建筑科学院(含原华北水利水电学院邯郸分部)、邯郸医学高等专科学校、邯郸农业高等专科学合并组建河北工程学院。2006年2月14日河北工程学院更名为河北工程大学。

石家庄经济学院

学校(机构)标识码 4113010077	电子信箱 sjyxyw@sjzue.edu.cn	成人本科 1144
学校办学类型 412:本科院校:学院	占地面积(平方米) 660863	成人专科 3191
学校性质类别 08 财经院校	校舍建筑面积(平方米) 399427	硕士研究生 345
学校举办者 811 省级教育部门	图书(万册) 125.13	专任教师(人) 892
学校地址 河北省石家庄市槐安东路136号	固定资产总值(万元) 41600.1	其中:正高级 140
邮政编码 050031	教学、科研仪器设备资产值(万元) 8671.56	副高级 215
		中级 434
办公电话 0311-87208002	在校生数(人) 21623	初级 94
传真电话 0311-85882562	其中:普通本科 12332	未定职级 9
校园(局域)网域名 www.sjzue.edu.cn	普通专科 4611	

本科专业 宝石及材料工艺学、财务管理、测绘工程、地理信息系统、地球信息科学与技术、地下水科学与工程、地质工程、电气信息类、电子商务、电子信息工程、法学、法语、工程管理、工程造价、工商管理、工商管理类、公共管理类、管理科学与工程类、广告学、国际经济与贸易、行政管理、环境工程、会计学、计算机科学与技术、金融学、经济学、经济学类、勘查技术与工程、矿物加工工程、劳动与社会保障、旅游管理、人力资源管理、软件工程、审计学、市场营销、数学类、数学与应用数学、水文与水资源工程、通信工程、统计学、土地资源管理、土木工程、网络工程、物流管理、信息管理与信息系统、信息与计算科学、艺术设计、英语、资源环境与城乡规划管理、资源勘查工程

专科专业 宝玉石鉴定与加工技术、财务管理、电子商务、电子信息类、工程造价、工商管理类、广告设计与制作、会计电算化、基础工程技术、计算机网络技术、计算机应用技术、建筑工程技术、建筑装饰工程技术、金融与证券、经济管理、旅游管理、商务英语、市场营销、市政工程类、物流管理、应用电子技术、装潢艺术设计

硕士专业 地质工程、工商管理、构造地质学、环境与资源保护法学、会计学、计算机应用技术、矿产普查与勘探、矿物学、岩石学、矿床学、企业管理(含:财务管理、市场营销)、人口、资源

与环境经济学

院系设置

会计学院、经贸学院、管理科学与工程学院、商学院、法学院、人文社科学院、公共管理学院、国际交流学院、工程学院、资源学院、勘查技术学院、信息工程学院、宝石与材料工艺学院、数理学院、外国语学院、研究生学院、职业技术学院、成人教育学院

国家级、省部级研究机构设置

1.实验室：国土资源部"水资源可持续开发利用"开放研究实验室、河北省光电信息与地球探测技术重点实验室 2.研究中心(所)：经济研究所、资源与环境工程研究所

定期公开出版的专业刊物 《石家庄经济学院学报》、《当代经济管理》

学校设立奖学金情况

1.学校设立优秀学生奖学金奖学金1项，一等奖1000元/年，二等奖500元/年。共奖励一等奖1544人，二等奖3680人，奖励金额338.4万元。2.国家奖学金三项：(1)国家奖学金：共奖励23人，奖励金额18.4万元；(2)国家励志奖学金：共奖励485人，奖励金额242.5万元；(3)国家助学金：共奖励3517人，奖励金额527.55万元。

学校历史沿革

学校始建于1953年9月，校名为地质部宣化地质学校；1971年11月学校升格为本科院校，更名为河北地质学院。1985年学校由河北省张家口市宣化区搬迁到石家庄市继续办学。1996年5月学校更名为石家庄经济学院至今。"艰苦奋斗，求实创新"和"地经渗透"是我校的办学特色。

河北工业大学

学校(机构)标识码	4113010080	
学校办学类型	411：本科院校：大学	
学校性质类别	02 理工院校	
学校举办者	811 省级教育部门	
学校地址	天津市北辰区双口镇西平道5340号	
邮政编码	300401	
办公电话	022-60438329　022-60438000	
传真电话	022-60438123　022-60438123	
校园(局域)网域名	www.hebut.edu.cn	
占地面积(平方米)	2100100	
校舍建筑面积(平方米)	782403	
图书(万册)	180	
固定资产总值(万元)	159492	
教学、科研仪器设备资产值(万元)	26900.12	
在校生数(人)	38619	
其中：普通本科	13013	
普通专科	2294	
成人本科	10368	
成人专科	7452	
博士研究生	556	
硕士研究生	4936	
专任教师(人)	1299	
其中：正高级	311	
副高级	353	
中级	564	
初级	26	
未定职级	45	

本科专业 安全工程、材料化学、材料科学与工程、材料物理、测控技术与仪器、车辆工程、城市规划、道路桥梁与渡河工程、电气工程及其自动化、电子科学与技术、电子信息工程、对外汉语、法学、法语、风能与动力工程、高分子材料与工程、给水排水工程、工程管理、工程力学、工商管理、工商管理类、工业工程、工业设计、公共事业管理、管理科学与工程类、国际经济与贸易、过程装备与控制工程、海洋技术、化工与制药类、化学工程与工艺、环境工程、会计学、机械设计制造及其自动化、计算机科学与技术、建筑环境与设备工程、建筑学、交通工程、交通运输、经济学、经济学类、劳动与社会保障、贸易经济、热能与动力工程、日语、软件工程、生物工程、生物医学工程、市场营销、数学类、数学与应用数学、思想政治教育、通信工程、土木工程、网络工程、项目管理、信息管理与信息系统、信息与计算科学、艺术设计、英语、应用化学、应用物理学、制药工程、智能科学与技术、自动化

专科专业 电子商务、电子信息工程技术、电子仪器仪表与维修、法律事务、国际贸易实务、会计电算化、计算机网络技术、计算机应用技术、建筑工程管理、软件技术、商务管理、商务英语、社区管理与服务

博士专业 材料物理与化学、材料学、电机与电器、电力电子与电力传动、电气工程、管理科学与工程、管理科学与工程新专业、化学工程、化学工艺、机械设计及理论、机械制造及其自动化、技术经济及管理、结构工程、控制理论与控制工程、微电子学与固体电子学

硕士专业 材料加工工程、材料物理与化学、材料学、产业经济学、道路与铁道工程、电磁场与微波技术、电路与系统、电气工程、防灾减灾工程及防护工程、高分子化学与物理、工程、工程力学、工商管理、供热、供燃气、通风及空调工程、管理科学与工程、国际贸易学、国际商务、化工过程机械、化学工程、化学工艺、机械工程、计算机应用技术、计算数学、技术经济及管理、建筑技术科学、结构工程、控制科学与工程、理论物理、马克思主义基本原理、模式识别与智能系统、企业管理(含：财务管理、市场营销)、桥梁与隧道工程、热能工程、设计艺术学、生物化工、生物物理学、生物医学工程、市政工程、数量经济学、思想政治教育、通信与信息系统、微电子学与固体电子学、物理电子学、岩土工程、仪器科学与技术、艺术、应用化学、应用数学

院系设置

学校共设17个学院，研究生学院、理学院、机械学院、电气与自动化学院、化工学院、土木工程学院、管理学院、材料学院、能源与环境工程学院、信息工程学院、人文与法律学院、外国语学院、计算机科学与软件学院、建筑与艺术设计学院、继续教育

学院、控制科学与工程学院、国际教育学院；一个体育部、现代化教学中心、工程训练中心。在廊坊设有分部。

国家级、省部级研究机构设置

1.研究所(中心)：共设 50 个研究所室。主要有河北省电器研究所；河北省电磁场与电工产品可靠性应用基地；河北省材料研究中心；电站装置工程研究中心等 2.省部级重点实验室 11：绿色化工与高效节能实验室、河北省新型功能材料实验室、河北省土木工程技术研究中心等 3.博士后流动站：电气工程、材料科学与工程、机械工程、电子科学与技术、控制科学与工程、化学工程与技术、管理科学与工程、土木工程

定期公开出版的专业刊物 《河北工业大学学报》、《河北工业大学学报人文社科版》

学校设立奖学金情况

5 项，奖励总金额 590 余万元，奖学金最高金额 3000 元/年，最低金额 80 元/年。

1.校内本科生优秀奖学金：3507 人/年、金额 1043300 元，一等奖励 1000 元/人、二等奖励 500 元/人、三等奖励 200 元、单项奖励 80 元/人。

2.校内本科生毕业班奖学金：1093 人/年、金额 152380 元，一等奖励 500 元/人、二等奖励 250 元/人、三等奖励 100 元/人、单项奖励 40 元/人。

学校历史沿革

河北工业大学是一所以工为主，多学科协调发展的国家"211"工程建设的河北省属骨干大学，坐落在天津市，在河北省廊坊市建有分校。学校的前身是创办于 1903 年的北洋工艺学堂，1929 年更名为河北省立工业学院，1950 年改为河北工学院，1995 年更名为河北工业大学。

河北联合大学

学校(机构)标识码	4113010081
学校办学类型	411：本科院校：大学
学校性质类别	01 综合大学
学校举办者	811 省级教育部门
学校地址	河北省唐山市新华西道 46 号
邮政编码	063009
办公电话	0315-2592041
传真电话	0315-2232875
校园(局域)网域名	www.heuu.edu.cn
电子信箱	heuuzhk@heuu.edu.cn
占地面积(平方米)	1443741
校舍建筑面积(平方米)	758421
图书(万册)	206
固定资产总值(万元)	180328
教学、科研仪器设备资产值(万元)	48529
在校生数(人)	49003
其中：普通本科	20174
普通专科	5359
成人本科	11393
成人专科	9892
硕士研究生	2002
留学生	183
专任教师(人)	1729
其中：正高级	354
副高级	518
中级	632
初级	96
未定职级	129

本科专业 安全工程、包装工程、材料成型及控制工程、材料化学、采矿工程、测绘工程、测控技术与仪器、地理信息系统、电气工程及其自动化、电子科学与技术、电子信息工程、电子信息科学与技术、动画、法学、高分子材料与工程、给水排水工程、工程管理、工商管理、工业工程、工业设计、公共管理类、公共事业管理、国际经济与贸易、过程装备与控制工程、海洋技术、护理学、化学、化学工程与工艺、化学类、环境工程、环境科学、绘画、机械设计制造及其自动化、计算机科学与技术、建筑环境与设备工程、建筑学、交通工程、交通运输、交通运输类、金融学、金属材料工程、经济学类、康复治疗学、口腔医学、矿物加工工程、劳动与社会保障、临床医学、临床医学(精神卫生)、麻醉学、热能与动力工程、日语、社会工作、生物技术、石油工程、数学类、数学与应用数学、通信工程、统计学、土木工程、网络工程、无机非金属材料工程、物流工程、信息管理与信息系统、信息与计算科学、药物制剂、药学、药学类、冶金工程、医学检验、医学影像学、艺术类、艺术设计、英语、应用化学、应用心理学、预防医学、针灸推拿学、中西医临床医学、中药学、中医学、资源勘查工程、自动化

专科专业 材料成型与控制技术、材料工程技术、工程测量技术、工商企业管理、工业分析与检验、护理、机械制造与自动化、计算机应用技术、检测技术及应用、建筑工程技术、金属矿开采技术、口腔医学、临床医学、热能动力设备与应用、生产过程自动化技术、食品加工技术、选矿技术、药学、冶金技术、医疗美容技术、医学检验技术、医学影像技术、医用电子仪器与维护、应用化工技术、应用英语

硕士专业 病理学与病理生理学、病原生物学、材料加工工程、材料物理与化学、材料学、产业经济学、大地测量学与测量工程、地质工程、翻译、防灾减灾工程及防护工程、妇产科学、工程力学、公共卫生、公共卫生与预防医学、护理学、化学工艺、机械电子工程、机械设计及理论、机械制造及其自动化、计算机应用技术、结构工程、控制理论与控制工程、口腔临床医学、矿业工程、临床医学、内科学、企业管理(含：财务管理、市场营销)、热能工程、人体解剖与组织胚胎学、设计艺术学、社会医学与卫生事业管理、市政工程、外国语言学及应用语言学、外科学、冶金工程、应用化学、应用数学、中医内科学

院系设置

矿业工程学院、冶金与能源学院、机械工程学院、化学工程学院、建筑工程学院、基础医学院、临床医学院、公共卫生学院、生命科学学院、材料科学与工程学院、电气工程学院、管理学院、经济学院、护理与康复学院、中医学院、口腔医学院、药学院、信息工程学院、理学院、外国语学院、人文法律学院、社科部、艺术学院、心理学院、研究生学院、继续教育学院、国际教育中心、以升创新 教育基地、迁安学院

国家级、省部级研究机构设置

实验室：学校建有河北省现代冶金技术实验室、河北省无机非金属材料实验室、河北省地震工程研究中心、河北省矿业开发与安全技术实验室、河北省煤矿卫生与安全实验室共5个河北省重点实验室，河北省现代冶金技术实验室为教育部省部共建重点实验室

定期公开出版的专业刊物 《河北联合大学学报(自然科学版)》、《河北联合大学学报(医学版)》、《河北联合大学学报(社会科学版)》、《中国综合临床》、《中国健康心理学杂志》和《中国煤炭工业医学杂志》

学校设立奖学金情况

学校设立奖学金2项，奖励总金额211余万元。奖学金最高金额1000元/年，最低金额400元/年。

主要校办产业

校办科技产业包括：河北联合大学智能仪器有限公司、河北联合大学印刷厂、河北联合大学建筑研究设计院、唐山市数字设备厂、唐山市精诚冶金设备技术开发科技有限公司、博创物业公司等。其中，智能仪器有限公司是河北省高新技术企业，其产品ZLRJ智能弯管流量计系列高科技产品产业化项目被列入国家重点火炬计划项目，其专利荣获"全国专利新技术发明博览会"金奖。

学校历史沿革

河北联合大学由原河北理工大学和原华北煤炭医学院合并组建。河北理工大学系由唐山铁道学院部分科系和成建制转入的天津大学矿冶系(前身为创办于1895年的北洋西学学堂矿务学学门)组建而成，曾沿用过唐山矿冶学院(1958年)、河北矿冶学院(1970年)、唐山工程技术学院(1985年)、河北理工学院(1995年)等校名。华北煤炭医学院前身为创办于1926年的开滦高级护士职业学校，解放后改建为开滦医学专科学校，1963年经国务院批准成立唐山煤矿医学院，1984年更名为华北煤炭医学院。2010年5月经教育部批准正式组建为河北联合大学。

河北科技大学

学校(机构)标识码 4113010082	电子信箱 dangzhengban@hebust.edu.cn	成人本科 5317
学校办学类型 411：本科院校：大学	占地面积(平方米) 1619214	成人专科 6066
学校性质类别 02 理工院校	校舍建筑面积(平方米) 775746	硕士研究生 1139
学校举办者 811 省级教育部门	图书(万册) 176.83	留学生 3
学校地址 河北省石家庄市裕翔街26号	固定资产总值(万元) 95755	专任教师(人) 1326
邮政编码 050018	教学、科研仪器设备资产值(万元) 21586.56	其中：正高级 233
办公电话 0311-81668025	在校生数(人) 30753	副高级 451
传真电话 0311-81668028	其中：普通本科 15976	中级 452
校园(局域)网域名 www.hebust.edu.cn	普通专科 2252	初级 31
		未定职级 159

本科专业 安全工程、材料成型及控制工程、财务管理、测控技术与仪器、车辆工程、电气工程及其自动化、电子科学与技术、电子商务、电子信息工程、动画、对外汉语、法学、法语、纺织工程、服装设计与工程、高分子材料与工程、给水排水工程、工程管理、工商管理、工商管理类、工业工程、工业设计、管理科学与工程类、国际经济与贸易、过程装备与控制工程、汉语言文学、化学工程与工艺、环境工程、环境科学、机械设计制造及其自动化、计算机科学与技术、建筑环境与设备工程、交通运输、交通运输类、金属材料工程、录音艺术、美术学、轻化工程、热能与动力工程、软件工程、社会工作、生物工程、生物技术、生物科学、生物医学工程、食品科学与工程、食品质量与安全、市场营销、数学类、数学与应用数学、通信工程、土木工程、网络工程、无机非金属材料工程、物流工程、新闻学、信息管理与信息系统、信息与计算科学、药物制剂、药学、冶金工程、艺术设计、英语、应用化学、应用物理学、制药工程、自动化

专科专业 服装设计、焊接技术及自动化、环境艺术设计、会计、计算机应用技术、汽车检测与维修技术、人物形象设计、商务英语、艺术设计类、影视动画、影视多媒体技术、影视广告、装潢艺术设计、装饰艺术设计

硕士专业 材料工程、材料加工工程、材料学、测试计量技术及仪器、电机与电器、电路与系统、电气工程、电影学、电子与通信工程、发酵工程、纺织工程、纺织化学与染整工程、服装设计与工程、高等教育学、工商管理、工业工程、管理科学与工程、化工过程机械、化学工程、化学工程与技术、环境工程、环境科学、环境科学与工程、机械电子工程、机械工程、机械设计及理论、机械制造及其自动化、计算机技术、计算机应用技术、检测技术与自动化装置、结构工程、控制工程、控制理论与控制工程、马克思主义基本原理、美术学、凝聚态物理、企业管理(含：财务管理、市场营销)、设计艺术学、生物工程、生物化工、生物医学工程、食品工程、食品科学、数量经济学、思想政治教育、通信与信息系统、物流工程、药物化学、艺术设计、英语语言文学、应用化学、应用数学、植物学、制药工程

院系设置

制药工程学院、环境科学与工程学院、生物科学与工程学院、理学院、文法学院、外国语学院、机械电子工程学院、材料科学与工程学院、电气信息学院、信息科学与工程学院、纺织服装

学院、艺术学院、动画学院、继续教育学院、建筑工程学院、理工学院

国家级、省部级研究机构设置
1. 实验室1个：河北省污染防治生物技术实验室
2. 研究中心7个：国家环境保护制药废水污染控制工程技术中心、河北省药物化工工程技术研究中心、河北省生产过程自动化工程科技研究中心、河北省现代集成制造工程科技研究中心、河北省发酵工程技术研究中心、河北省纺织服装工程技术研究中心、河北省固体废弃物资源化工程技术研究中心

定期公开出版的专业刊物 《河北科技大学》（自然科学版）、《河北科技大学》（社会科学版）、《河北工业科技》

学校设立奖学金情况
学校设立奖学金2项，奖金总金额255余万元。奖学金最高金额1000元/年，最低金额300元/年。

主要校办产业
河北科技大学实业开发总公司

学校历史沿革
河北科技大学于1996年5月由原河北轻化工学院、河北机电学院和河北省纺织职工大学合并组建而成。2002年，河北纺织工业学校并入。2003年12月，河北科技大学一届四次教代会将开始举办高等教育的1956年确定为建校的起始年，每年的6月6日为校庆日。

河北建筑工程学院

学校（机构）标识码	4113010084
学校办学类型	412：本科院校：学院
学校性质类别	02 理工院校
学校举办者	811 省级教育部门
学校地址	河北省张家口市桥东区建国路33号
邮政编码	075024
办公电话	0313－2050865
传真电话	0313－2010626
校园（局域）网域名	www.hebeiace.edu.cn
电子信箱	netcenter@hebeiace.edu.cn
占地面积（平方米）	815221
校舍建筑面积（平方米）	217986
图书（万册）	64.41
固定资产总值（万元）	25457.27
教学、科研仪器设备资产值（万元）	4348.07
在校生数（人）	14681
其中：普通本科	7465
普通专科	2143
成人本科	2865
成人专科	2208
专任教师（人）	481
其中：正高级	70
副高级	150
中级	232
初级	22
未定职级	7

本科专业 材料科学与工程、财务管理、城市规划、电气工程及其自动化、电子信息工程、风能与动力工程、给水排水工程、工程管理、工程管理（房地产方向）、工程造价、工业设计、环境工程、机械电子工程、机械设计制造及其自动化、计算机科学与技术、建筑电气与智能化、建筑环境与设备工程、建筑学、热能与动力工程、土木工程、土木工程（道桥方向）、土木工程（岩土地下方向）、物联网工程、信息与计算科学、艺术设计、英语

专科专业 道路桥梁工程技术、工程造价、供热通风与空调工程技术、焊接技术及自动化、机电一体化技术、建筑工程技术、建筑设备工程技术、楼宇智能化工程技术、市政工程技术

院系设置
土木系、城市建设系、电气工程系、机械工程系、管理系、建筑系、计算机系、外语系、数理系、社科部、体育部

定期公开出版的专业刊物 《河北建筑工程学院学报》

学校设立奖学金情况
学校设立奖学金9项，奖励总金额100余万元，奖学金最高金额8000元/年，最低金额200元/年。

学校历史沿革
河北建筑工程学院的前身是1950年8月创设的张家口技术学院，1951年定名为察哈尔工业学院，当时的省政府主席张苏担任首任院长。1952年暑假更名为察哈尔工业学院。1952年12月由华北行政委员会工业局接办，更名为华北工业学校。1954年5月起成为中央人民政府建筑工程部张家口建筑工程学院。1958年6月划归河北省，先后更名为张家口学院、张家口建筑工程专科学校和张家口建筑工程学校。1962年学校下马。1964年恢复中专招生，校名为张家口建筑工程学校。1978年经国务院批准，升格为普通高等学校，定名为河北省建筑工程学院。

河北工程技术高等专科学校

学校（机构）标识码	4113010085
学校办学类型	414：专科院校：高等专科学校
学校性质类别	02 理工院校
学校举办者	811 省级教育部门
学校地址	河北省沧州市浮阳大道6号
邮政编码	061001
办公电话	0317－3133169
传真电话	0317－3133169
校园（局域）网域名	www.hbgz.edu.cn
占地面积（平方米）	457954
校舍建筑面积（平方米）	98214
图书（万册）	31.5
固定资产总值（万元）	9146.28

教学、科研仪器设备资产值(万元) 3117.46	成人专科 233	中级 126
在校生数(人) 6797	专任教师(人) 317	初级 27
其中:普通专科 6564	其中:正高级 27	未定职级 37
	副高级 100	

专科专业 道路桥梁工程技术、电力工程管理、电气测控技术、电气工程技术、电气自动化技术、电子信息工程技术、电子信息类、多媒体设计与制作、港口航道与治河工程、工程测量技术、工程监理、工程造价、公路监理、供热通风与空调工程技术、供用电技术、国际商务、会计电算化、机电一体化技术、基础工程技术、计算机类、计算机网络技术、计算机应用技术、建筑工程技术、建筑装饰工程技术、经济贸易类、软件技术、商务英语、市场营销、市政工程技术、水利工程、水利工程施工技术、水文与水资源、通信技术、物流管理、应用电子技术、资产评估与管理、自动化类

院系设置

水利工程系、土木工程系、交通工程系、电气自动化系、电力工程系、计算机系、经济贸易系

定期公开出版的专业刊物 《河北工程技术高等专科学校学报》

学校设立奖学金情况

学校设立奖学金6项,奖学金总额149余万元。奖学金最高金额8000元/年,最低金额300元/年。

学校历史沿革

河北工程技术高等专科学校 河北水利土木学(1952 - 1955 天津) 河北天津水利学校(1955 - 1958 天津) 河北水利电力学(1958 保定) 河北保定水利水电专科学校(1959 保定) 河北水利学院(1960 - 1963 保定) 河北水利学校(1963 - 1965 保定) 河北水利工读专科学校(1965 - 1970 石家庄岗南镇) 河北水利专科学校(1970 - 1992 沧洲) 河北工程技术高等专科学校(1992 - 至今 沧洲)。

河北农业大学

学校(机构)标识码 4113010086	电子信箱 poauh@ hebau. edu. cn	成人本科 3525
学校办学类型 411:本科院校:大学	占地面积(平方米) 1938359	成人专科 4570
学校性质类别 03 农业院校	校舍建筑面积(平方米) 1088553	博士研究生 230
学校举办者 811 省级教育部门	图书(万册) 197.85	硕士研究生 1835
学校地址 河北省保定市南市区灵雨寺街289号	固定资产总值(万元) 142126	专任教师(人) 1640
邮政编码 071001	教学、科研仪器设备资产值(万元) 26206.72	其中:正高级 366
办公电话 0312 - 7521283	在校生数(人) 38024	副高级 400
传真电话 0312 - 7521279	其中:普通本科 16818	中级 614
校园(局域)网域名 www. hebau. edu. cn	普通专科 11046	初级 188
		未定职级 72

本科专业 包装工程、财务管理、草业科学、测控技术与仪器、车辆工程、城市规划、电气工程及其自动化、电气信息类、电子信息工程、电子信息科学与技术、动物科学、动物药学、动物医学、动植物检疫、法学、风景园林、给水排水工程、工程管理、工商管理、工商管理类、工业设计、公共事业管理、国际经济与贸易、海洋技术、海洋科学、海洋科学类、海洋渔业科学与技术、化学、化学工程与工艺、环境科学、会计学、绘画、机械电子工程、机械类、机械设计制造及其自动化、计算机科学与技术、建筑学、金融学、经济学、经济学类、林学、旅游管理、木材科学与工程、农村区域发展、农林经济管理、农学、农业电气化与自动化、农业工程类、农业机械化及其自动化、农业水利工程、农业资源与环境、热能与动力工程、日语、软件工程、森林资源保护与游憩、设施农业科学与工程、生态学、生物工程、生物技术、生物科学、生物信息技术、食品科学与工程、食品质量与安全、市场营销、数学类、数学与应用数学、水产养殖学、水利类、水利水电工程、统计学、土地资源管理、土木工程、网络工程、文秘教育、物流管理、信息与计算科学、艺术设计、音乐学、英语、应用物理学、园林、园艺、植物保护、植物科学与技术、制药工程、中药学、种子科学与工程、资源环境与城乡规划管理

专科专业 财政、畜牧兽医、畜牧兽医类、动物防疫与检疫、法律事务、房地产经营与估价、观光农业、化学教育、环境监测与治理技术、环境艺术设计、会计电算化、机电设备维修与管理、机电一体化技术、机械设计制造类、机械制造与自动化、计算机类、计算机网络技术、计算机系统维护、计算机应用技术、建筑工程技术、金融保险、林业技术、旅游管理、旅游英语、模具设计与制造、农畜特产品加工、农业经济管理、汽车检测与维修技术、汽车运用技术、汽车制造与装配技术、人力资源管理、商务英语、涉外事务管理、生物技术及应用、生物制药技术、食品加工技术、食品营养与检测、市场营销、室内设计技术、兽药生产与营销、兽医、兽医(中兽医方向)、兽医医药、水产养殖技术、水环境监测与保护、水生动植物保护、饲料与动物营养、微生物技术及应用、文化事业管理、文秘、音乐表演、渔业资源与渔政管理、园林工程技

术、园林技术、园艺技术、植物保护、植物检疫、制冷与冷藏技术、种子生产与经营、装潢艺术设计

博士专业 动物遗传育种与繁殖、果树学、花卉与景观园艺学、林木遗传育种、林业经济管理、农产品加工及贮藏工程、农村财政与金融、农药学、农业财务与资产评估、农业产业经济、农业机械化工程、农业技术经济与项目管理、农业经济管理、农业昆虫与害虫防治、农业水土工程、农业微生物、森林培育、设施园艺学、生物安全、生物防治、蔬菜学、饲料作物生产与利用、土壤学、园艺产品质量与安全、植物病理学、植物学、植物资源学、种子科学与技术、作物产品安全生产调控工程、作物生产工程与技术推广、作物生物技术、作物遗传育种、作物栽培学与耕作学

硕士专业 草业科学、产业经济学、城市规划与设计（含：风景园林规划）、动物学、动物遗传育种与繁殖、动物营养与饲料科学、发酵工程、发育生物学、分析化学、风景园林、工程、公共管理、果树学、花卉与景观园艺学、环境科学、会计学、机械制造及其自动化、基础兽医学、计算机应用技术、技术经济及管理、结构工程、林木遗传育种、林业、林业经济管理、临床兽医学、马克思主义基本原理、农产品加工及贮藏工程、农药学、农业电气化与自动化、农业机械化工程、农业经济管理、农业昆虫与害虫防治、农业水土工程、农业推广、区域经济学、人口、资源与环境经济学、森林保护学、森林经理学、森林培育、设施园艺学、生态学、生物安全、生物化学与分子生物学、食品科学、兽医、蔬菜学、水产养殖、水工结构工程、水利水电工程、水生生物学、水土保持与荒漠化防治、思想政治教育、土地资源管理、土壤学、微生物学、微生物与生化药学、细胞生物学、岩土工程、遗传学、英语语言文学、预防兽医学、园林植物与观赏园艺、园艺产品质量与安全、植物病理学、植物学、植物营养学、植物资源学、作物产品安全生产调控工程、作物生产工程与技术推广、作物生物技术、作物遗传育种、作物栽培学与耕作学

院系设置

农学院、植物保护学院、生命科学学院、资源与环境科学学院、园艺学院、林学院、园林与旅游学院、食品科技学院、动物科技学院、商学院、经济贸易学院、城乡建设学院、机电工程学院、成教学院、农村发展学院、职业技术学院、理学院、信息科学与技术学院、艺术学院、外国语学院、人文社会科学学院、中兽医学院、海洋学院、研究生学院、国土资源学院

国家级、省级研究机构设置

1. 实验室：农业部园艺产品质量安全标准化技术重点开放实验室、张北农业资源与生态环境重点野外科学观测实验站、华北作物种质资源研究与利用重点实验室、河北作物种质资源实验室、河北省无无机化学实验室、河北省蔬菜种质创新与利用实验室、河北省作物生长调控实验室、河北省林木种质资源与森林保护实验室、河北省作物抗逆抗病虫应用基础研究基地、省社科规划（三农）精品研究基地、河北省农业经济发展战略研究基地

2. 研究中心（所）：国家北方山区农业工程技术研究中心、国家大豆改良中心河北分中心、国家玉米改良中心河北分中心、国家果蔬加工技术研发分中心、河北省山区农业工程技术研究中心、河北省梨工程技术研究中心、河北省农作物病虫害生物防治工程技术研究中心、河北省牛羊胚胎工程技术研究中心、河北省农产品加工工程技术研究中心、河北省农村信息化工程技术研究中心、河北省轻金属合金材料工程技术研究中心

博士后科研流动站 作物学、植物保护学、园艺学、林学、农林经济管理

定期公开出版的专业刊物 《河北农业大学学报》双月刊、《河北农业大学学报（农林教育版）》季刊、《河北林果研究》、《Frontiers of Agiculture in China》季刊

学校设立奖学金情况

学校设立奖学金6项，奖励总金额709.2万元。奖学金最高金额8000元/年，最低金额100元/年。

1. 涉外奖学金：44人/年；1000元/人
2. 校内奖学金：4863人/年；434.65元/人
3. 优秀学风班奖学金：54个；500元/班
4. 个人单项奖学金：37人；424.32元/人
5. 国家奖学金：43人；8000元/人
6. 国家励志奖学金：908人；5000元/人

主要校办产业

河北农业大学高新技术开发总公司、河北农业大学印刷厂、河北林学院技术开发总公司、保定恺达培训学校、保定高区河北农业大学机电新技术公司

学校历史沿革

1. 1902年-1903年，直隶农务学堂
2. 1904年-1911年，直隶高等农业学校
3. 1912年-1921年，直隶公立农业专门学校
4. 1921年-1931年，河北大学农科
5. 1931年-1950年，河北省立农学院
6. 1951年-1957年，河北农学院
7. 1958年-1994年，河北农业大学
8. 1995年至今，河北农业大学与河北林学院合并组建河北农业大学。期间，2000年河北水产学院、河北畜牧科技学校分别并入河北农业大学。

河北医科大学

学校（机构）标识码　4113010089
学校办学类型　411：本科院校：大学
学校性质类别　05 医药院校
学校举办者　811 省级教育部门
学校地址　河北省石家庄市中山东路361号

邮政编码　050017
办公电话　0311-86048744
传真电话　0311-86048744
校园（局域）网域名　www.hebmu.edu.cn
电子信箱　office@hebmu.edu.cn

占地面积（平方米）　611103
校舍建筑面积（平方米）　707131
图书（万册）　127
固定资产总值（万元）　110364.26
教学、科研仪器设备资产值（万元）　27395

在校生数(人) 26114	博士研究生 312	副高级 434
其中：普通本科 8712	硕士研究生 3225	中级 468
普通专科 3030	留学生 245	初级 114
成人本科 6097	专任教师(人) 1399	未定职级 88
成人专科 4493	其中：正高级 295	

本科专业 法医学、护理学、护理学(中西医结合方向)、口腔医学、临床医学、临床医学(基础方向)、临床医学(中西临床)、麻醉学、药物制剂、药学、药学类、医学检验、医学影像学、预防医学、预防医学(卫生检验方向)、针灸推拿学、针灸推拿学(康复方向)、中西医临床医学、中药学、中医学、中医学(骨伤方向)

专科专业 护理、护理(中西方向)、口腔医学技术、临床医学、医学影像技术、针灸推拿

博士专业 病理学与病理生理学、法医学、流行病与卫生统计学、免疫学、内科学、人体解剖与组织胚胎学、神经病学、生理学、生物化学与分子生物学、外科学、药理学、中西医结合基础、中西医结合临床、中医诊断学、肿瘤学

硕士专业 病理学与病理生理学、病原生物学、儿科学、耳鼻喉科学、耳鼻咽喉科学、法医学、方剂学、妇产科学、护理学、急诊医学、精神病与精神卫生学、康复医学与理疗学、口腔基础医学、口腔临床医学、口腔医学硕士、临床检验诊断学、流行病与卫生统计学、麻醉学、免疫学、内科学、皮肤病与性病学、人体解剖与组织胚胎学、社会医学与卫生事业管理、神经病学、神经生物学、生理学、生物化学与分子生物学、生药学、外科学、微生物与生化药学、卫生毒理学、细胞生物学、眼科学、药剂学、药理学、药物分析学、药物化学、遗传学、营养与食品卫生学、影像医学与核医学、针灸推拿学、中西医结合基础、中西医结合临床、中药学、中医骨伤科学、中医基础理论、中医临床基础、中医内科学、中医外科学、中医医史文献、中医诊断学、肿瘤学

院系设置 基础医学院、药学院、公共卫生学院、中医学院、中西医结合学院、口腔医学院、第一临床医学院、第二临床医学院、第三临床医学院、第四临床医学院、中医临床医学院、临床学院、研究生学院、继续教育学院、国际教育学院

国家级、省部级研究机构设置

博士后流动站：生物学博士后流动站 中西医结合博士后流动站 临床医学博士后流动站 基础医学博士后流动站

定期公开出版的专业刊物 《河北医科大学学报》、《国外医学呼吸系统分册》、《临床荟萃》、《中华医学影像学杂志》、《河北中医药学报》、《现代电生理学》、《实用疼痛学杂志》、《脑与神经疾病杂志》

学校设立奖学金情况

设立奖学金6项、总金额300万元,最高金额8000元,最低100元。

主要校办产业

河北医科大学科技总公司

毕业生一次就业率 本科生89%,研究生63%

学校历史沿革

1894年6月直隶总督北洋大臣李鸿章在天津创办北洋医学堂,1913年改成直隶公立医学专门学校,1915年9月由天津迁往北京。1932年1月衍立河北省立医学院。1949年4月更改为河北医学院。1958年由保定迁至石家庄。1970年6月与(河北)天津中医学院合并,设立河北新医大学。1979年6月河北新医大学撤销,恢复河北医学院和河北中医学院(旧称)。1995年河北医学院、河北中医学院、石家庄医学高等专科学校三校合并,组建河北医科大学。2009年11月,原石家庄卫生学校并入河北医科大学。

河北北方学院

学校(机构)标识码 4113010092	电子信箱 yzbgs361@163.com	成人本科 3797
学校办学类型 412:本科院校:学院	占地面积(平方米) 1080400	成人专科 3539
学校性质类别 01 综合大学	校舍建筑面积(平方米) 500232	硕士研究生 216
学校举办者 811 省级教育部门	图书(万册) 143.9	留学生 462
学校地址 河北省张家口市高新区钻石南路11号	固定资产总值(万元) 27079.75	专任教师(人) 1039
邮政编码 075000	教学、科研仪器设备资产值(万元) 13175.08	其中：正高级 202
办公电话 0313-4029300	在校生数(人) 29680	副高级 304
传真电话 0313-4029101	其中：普通本科 14990	中级 367
校园(局域)网域名 www.hebeinu.edu.cn	普通专科 6676	初级 142
		未定职级 24

本科专业 财务管理、电气信息类、电子信息工程、电子信息科学与技术、动物科学、动物医学、动植物检疫、法医学、工商

管理类、汉语言文学、护理学、化学、计算机科学与技术、口腔医学、历史学、临床医学、麻醉学、美术学、农林经济管理、农学、人力资源管理、日语、食品科学与工程、市场营销、数学与应用数学、思想政治教育、通信工程、文秘教育、舞蹈学、物理学、戏剧影视文学、信息工程、信息管理与信息系统、信息与计算科学、学前教育、药学、医学检验、医学影像学、艺术设计、音乐学、英语、应用化学、应用心理学、园艺、针灸推拿学、植物保护、植物科学与技术、中西医临床医学、中医学、种子科学与工程

专科专业 畜牧、畜牧兽医、电子商务、电子信息工程技术、动物防疫与检疫、法律事务、工业分析与检验、护理、会计与审计、计算机网络技术、计算机信息管理、计算机应用技术、金融保险、精细化学品生产技术、口腔医学、临床医学、旅游管理、旅游英语、美术教育、商务英语、设施农业技术、生物技术及应用、食品加工技术、食品生物技术、食品营养与检测、兽医、兽医兽药、数学教育、思想政治教育、饲料与动物营养、文秘、物流管理、医学检验技术、医学影像技术、移动通信技术、音乐教育、英语教育、应用英语、语文教育、园林技术、园艺技术、植物保护、中药、种子生产与经营、作物生产技术

硕士专业 病理学与病理生理学、病原生物学、人体解剖与组织胚胎学、药理学

院系设置
设有16个二级学院和2个教学部。

定期公开出版的专业刊物 《河北北方学院神经药理学报》、《河北北方学院学报》(自然科学版)、《河北北方学院学报》(社会科学版),共3项。

学校设立奖学金情况
学校设立奖学金四项,奖励总金额187余万元。奖学金最高金额1000元/年,最低金额100元/年。

学校历史沿革
河北北方学院前身是冀晋军区白求恩卫生学校,始建于1945年8月。学院先后更名:华北军区医科大学张家口三分校(1949年4月)、察哈尔省立医科专门学校(1949年10月)、华北医士学校(1953年1月)、张家口医士学校(1953年7月)、张家口医学院(1958年7月)、张家口医学专科学校(1959年8月)、张家口医学院(1982年12月)。2003年5月与张家口师范专科学校、张家口农业高等专科学校合并组建河北北方学院。

承德医学院

学校(机构)标识码 4113010093	电子信箱 www.wj@cdmc.edu.cn	成人本科 5173
学校办学类型 412:本科院校:学院	占地面积(平方米) 851019	成人专科 5982
学校性质类别 05 医药院校	校舍建筑面积(平方米) 187700	硕士研究生 199
学校举办者 811 省级教育部门	图书(万册) 62.44	留学生 30
学校地址 河北省承德市双桥区上二道河子	固定资产总值(万元) 16998.85	专任教师(人) 465
	教学、科研仪器设备资产值(万元)	其中:正高级 95
邮政编码 067000	6522.78	副高级 116
办公电话 0314-2291218	在校生数(人) 19880	中级 121
传真电话 0314-2290777	其中:普通本科 6041	初级 110
校园(局域)网域名 www.cdmc.edu.cn	普通专科 2455	未定职级 23

本科专业 护理学、护理学(英语护理方向)、临床医学、麻醉学、医学影像学、应用心理学、针灸推拿学、中西医临床医学、中药学、中医学

专科专业 护理(涉外护理方向)、计算机应用技术、临床医学、临床医学(麻醉学方向)、医学生物技术(医学设备与仪器方向)、医学影像技术

硕士专业 病理学与病理生理学、病原生物学、人体解剖与组织胚胎学、中药学、肿瘤学

院系设置
基础医学部、中医学系、护理学系、中药学系、心理学系、生物医学工程系、社科部、公共体育部、临床学院、研究生部、继续教育学院11个直属院系。

国家级、省部级研究机构设置
实验室1个,研究中心1个

定期公开出版的专业刊物 《承德医学院学报》

学校设立奖学金情况
学校设立奖学金5项,奖励总金额45余万元。奖学金最高金额1000元/年,最低金额200元/年。

学校历史沿革
承德医学院是一所省属高等医学院校,创建于1945年9月。1982年12月升格为医学本科院校。1985年被批准为学士学位授予单位。1996年首批通过教育部本科教学合格评价。2003年被国务院学位委员会批准为硕士学位授予单位。2007年教育部本科教学评估优秀学校。现有5个硕士研究生专业,普通本科10个专业面向全国招生,并有一所分校招收医学专科学生。

河北师范大学

学校(机构)标识码 4113010094	电子信箱 xiaoban@mail.hebtu.edu.cn	成人本科 10900
学校办学类型 411:本科院校:大学	占地面积(平方米) 1704131	成人专科 9488
学校性质类别 06 师范院校	校舍建筑面积(平方米) 1279764	博士研究生 205
学校举办者 811 省级教育部门	图书(万册) 330.06	硕士研究生 3661
学校地址 河北省石家庄市南二环东路20号	固定资产总值(万元) 92497.54	留学生 236
邮政编码 050024	教学、科研仪器设备资产值(万元) 32922.01	专任教师(人) 1480
		其中:正高级 332
办公电话 0311-80787777	在校生数(人) 45237	副高级 567
传真电话 0311-80788888	其中:普通本科 19020	中级 504
校园(局域)网域名 www.hebtu.edu.cn	普通专科 1727	初级 77

本科专业 播音与主持艺术、财务会计教育、地理科学、地理科学类、地理信息系统、电气工程及其自动化、电气技术教育、电子商务、电子信息工程、电子信息科学与技术、雕塑、动画、对外汉语、俄语、法学、翻译、服装设计与工艺教育、工业设计、公共管理类、公共事业管理、广播电视编导、广告学、国际经济与贸易、汉语言、汉语言文学、行政管理、化学、环境科学、会计学、绘画、机械制造工艺教育、计算机科学与技术、教育技术学、教育学、经济学、考古学、科学教育、劳动与社会保障、历史学、旅游管理、旅游管理与服务教育、美术学、民族传统体育、烹饪与营养教育、汽车服务工程、汽车维修工程教育、人力资源管理、日语、软件工程、商务英语、社会体育、生物技术、生物科学、生物科学类、食品科学与工程、书法学、数学类、数学与应用数学、数字媒体艺术、思想政治教育、体育教育、体育学类、通信工程、外国语言文学类、网络工程、物理学、物理学类、物流管理、西班牙语、心理学、心理学类、新闻传播学类、新闻学、信息与计算科学、信息资源管理、学前教育、药学、艺术类新专业、艺术设计、音乐学、英语、应用电子技术教育、应用化学、应用物理学、应用心理学、运动训练、政治学与行政学、职业技术教育类、中国语言文学类、资源环境与城乡规划管理

专科专业 电气自动化技术、电子信息工程技术、动漫设计与制作、房地产经营与估价、计算机教育、计算机应用技术、景区开发与管理、旅游管理、汽车检测与维修技术、食品营养与检测、数控技术、音乐教育、英语教育

博士专业 动物学、汉语言文字学、化学生物学、基础数学、理论物理、马克思主义基本原理、马克思主义中国化研究、凝聚态物理、生理学、生态学、生物化学与分子生物学、思想政治教育、体育教育训练学、细胞生物学、应用数学、植物学、中国古代史、中国古代文学、中国近现代史

硕士专业 比较文学与世界文学、成人教育学、地图学与地理信息系统、动物学、俄语语言文学、发展与教育心理学、翻译、分析化学、概率论与数理统计、工程、公共管理、光学、国际商务、国际政治、汉语国际教育、汉语言文字学、化学生物学、基础数学、基础心理学、计算机应用技术、计算数学、教育、教育技术学、教育经济与管理、教育学原理、科学技术哲学、课程与教学论、理论物理、伦理学、马克思主义发展史、马克思主义基本原理、马克思主义中国化研究、美术学、民族传统体育学、凝聚态物理、人口、资源与环境经济学、人文地理学、生理学、生态学、生物化学与分子生物学、世界经济、世界史、思想政治教育、体育、体育教育训练学、体育人文社会学、天体物理、外国语言学及应用语言学、微生物学、文艺学、无机化学、无线电物理、物理化学(含:化学物理)、细胞生物学、宪法学与行政法学、刑法学、遗传学、艺术、艺术学、音乐学、英语语言文学、应用数学、应用心理、应用心理学、有机化学、语言学与应用语言学、运动人体科学、政治经济学、政治学理论、职业技术教育学、植物学、中共党史(含:党的学说与党的建设)、中国古代史、中国古代文学、中国古典文献学、中国近现代史、中国近现代史基本问题研究、中国现当代文学、自然地理学

院系设置

法政学院、教育学院、文学学院、历史文化学院、外国语学院、音乐学院、美术与设计学院、新闻传播学院、商学院、公共管理学院、数学与信息科学学院、物理科学与信息工程学院、化学与材料科学学院、生命科学学院、资源与环境科学学院、体育学院、信息技术学院、职业技术学院、软件学院、国际文化交流学院、旅游系

国家级、省部级研究机构设置

1. 实验室:省级重点实验室(7个):河北省计算数学与应用实验室、分子细胞生物学实验室、新型薄膜材料实验、动物生理生化与分子生物学实验室、无机纳米材料实验室、环境演变与生态建设实验室、人体运动生物信息测评实验室。

2. 研究中心(所):(1)国家级实验教学示范中心(2个):生物实验教学示范中心、物理实验教学示范中心。(2)省级实验教学示范中心(5个):电子电工实验教学示范中心、化学实验教学示范中心、传媒实验教学示范中心、计算机实验教学示范中心、外语与翻译实验教学示范中心。(3)研究中心(所)(11个):河北省数学研究中心、河北省高校社科信息研究中心、河北省中小学信息技术教育研究中心、河北省特种经济动物研究所、河北省职业技术教育研究所、河北省杂交小麦研究所、人口研究所、教育科学研究所、古籍整理研究所、代用燃料研究所、心里研究所。

博士后科研流动站 6个 生物学;中国语言文学;数学;物理学;历史学;马克思主义理论。

定期公开出版的专业刊物 《河北师范大学学报(自然科学版)》、《河北师范大学学报(哲学社会科学版)》、《河北师范大学学报(教育科学版)》、《思维与智慧》、《语文周报》、《学周刊》

学校设立奖学金情况

学校设立奖学金12项,奖励总金额1600余万元。奖学金最高金额8000元/年,最低金额300元/年。

主要校办产业

师大资产经营管理有限公司、河北行知文化传媒有限责任公司、商贸总公司、科技开发总公司、第一印刷厂、第二印刷厂、石家庄高新区新教印刷厂、仪器厂

学校历史沿革

河北师范大学起源于1902年创建于北京的顺天府学堂和1906年创建于天津的北洋女师范学堂。顺天府学堂1907年更名为顺天高等学堂,后历经京兆公立第一中学、河北省立北平高级中学、河北师范专科学校等时期,1956年更名为河北北京师范学院。1969年迁宣化,改名河北师范学院。1981年迁石家庄。北洋女师范学堂历经直隶第一女子师范学校等时期,1929年更名为河北省立女子师范学院。七七事变后迁至西北办学,并入国立西北联合大学,抗战胜利返回天津。1949年更名河北师范学院。1956年主要系科迁至石家庄组建石家庄师范学院,1962年更名为河北师范大学。1996年6月,原河北师范大学、河北师范学院与创建于1952年的河北教育学院、创建于1984年的河北师范大学职业技术师范学院合并,组建新的河北师范大学。

保定学院

学校(机构)标识码　4113010096	校园(局域)网域名　www.bdu.edu.cn	普通专科　10418
学校办学类型　412:本科院校:学院	占地面积(平方米)　613467	成人本科　410
学校性质类别　06 师范院校	校舍建筑面积(平方米)　338032	成人专科　911
学校举办者　821 地级教育部门	图书(万册)　108.2	专任教师(人)　745
学校地址　河北省保定市七一东路3027号	固定资产总值(万元)　41727.56	其中:正高级　72
	教学、科研仪器设备资产值(万元)　6293.05	副高级　170
邮政编码　071000	在校生数(人)　17578	中级　334
办公电话　0312-5972222	其中:普通本科　5839	初级　165
传真电话　0312-5972222		未定职级　4

本科专业 地理科学、汉语言文学、化学、绘画、教育技术学、科学教育、历史学、美术学、日语、生物科学、数学与应用数学、思想政治教育、体育教育、物理学、小学教育、音乐学、英语、应用心理学

专科专业 产品造型设计、初等教育、电子商务、电子信息工程技术、多媒体设计与制作、法律事务、工业分析与检验、公共事务管理、汉语、计算机类、计算机网络技术、计算机信息管理、计算机应用技术、经济管理、酒店管理、连锁经营管理、旅游管理、旅游英语、美术教育、汽车技术服务与营销、汽车检测与维修、人力资源管理、软件技术、商务管理、商务英语、社会体育、摄影摄像技术、生物技术及应用、特殊教育、体育教育、文秘、文物鉴定与修复、物流管理、物业管理、新闻采编与制作、学前教育、艺术设计、音乐表演、音乐教育、营销与策划、影视动画、主持与播音、综合理科教育、综合文科教育

院系设置

中文系、历史系、外语系、政法系、管理系、数学与计算机系、资源与环境系、生化系、信息技术系、物理与电子工程系、教育系、音乐系、美术系、体育系

定期公开出版的专业刊物 《保定学院学报》

学校设立奖学金情况

学校设立奖学金1项,奖励总金额83.76余万元。奖学金最高金额2000元/年,最低金额1200元/年。

学校历史沿革

保定学院创建于1904年,始称"保定初级师范学堂",创始人是近代著名教育家严修。1909年改称"直隶第二初级师范学堂"1928年随省易名为"河北省立第二师范学校"。新中国成立后定名"保定师范学校"。1978年经国务院批准改建保定师范专科学校。2007年3月16日,教育部正式下发文件,同意保定师范专科学校升格为本科层次的普通高校,并更名为保定学院。

河北民族师范学院

学校(机构)标识码　4113010098	学校举办者　821 地级教育部门	邮政编码　067000
学校办学类型　412:本科院校:学院	学校地址　河北省承德市开发区教育园区	办公电话　0314-2370999
学校性质类别　06 师范院校		传真电话　0314-2370111

校园(局域)网域名　www.hbun.net	教学、科研仪器设备资产值(万元)　5041.29	专任教师(人)　471
电子信箱　likejun16@126.com		其中:正高级　51
占地面积(平方米)　650969	在校生数(人)　11939	副高级　174
校舍建筑面积(平方米)　230863	其中:普通本科　1206	中级　167
图书(万册)　77.9	普通专科　7990	初级　38
固定资产总值(万元)　53779.51	成人专科　2743	未定职级　41

本科专业　汉语言文学、化学、计算机科学与技术、历史学、美术学、生物科学、数学与应用数学、体育教育、物理学、学前教育、音乐学、英语

专科专业　财务信息管理、初等教育、地理教育、电脑艺术设计、电子信息类、法律实务类、工业分析与检验、行政管理、化学教育、计算机多媒体技术、计算机教育、计算机应用技术、精细化学品生产技术、酒店管理、历史教育、旅游管理、旅游英语、美术教育、人力资源管理、商务日语、社会体育、涉外旅游、摄影、生物技术及应用、生物教育、食品分析与检验、市场开发与营销、数学教育、思想政治教育、体育教育、文秘、舞蹈表演、物理教育、物流管理、新闻采编与制作、学前教育、艺术设计、音乐表演、音乐教育、英语教育、应用电子技术、应用化工技术、应用日语、应用心理学、应用英语、语文教育、主持与播音

院系设置

中文系、外语系、法政系、初等教育系、数学与计算机系、物理系、旅游管理系、化学系、音乐系、体育系、美术系、信息中心、社科部、公共课部

定期公开出版的专业刊物　《承德民族师专学报》

学校设立奖学金情况

学校设立奖学金3项,奖学金最高8000元/年,最低金额4000元/年。

学校历史沿革

河北民族师范学院前身是创建于1909年的热河速成法政学堂,1992年经原国家教委批准改办为承德民族师范高等专科学校,2010年3月经国家教育部批准升格为河北民族师范学院。

唐山师范学院

学校(机构)标识码　4113010099	电子信箱　bgs@tstc.edu.cn	普通专科　6943
学校办学类型　412:本科院校:学院	占地面积(平方米)　800803	成人本科　1265
学校性质类别　06 师范院校	校舍建筑面积(平方米)　335601	成人专科　167
学校举办者　821 地级教育部门	图书(万册)　124.63	专任教师(人)　835
学校地址　河北省唐山市建设北路156号	固定资产总值(万元)　47405	其中:正高级　99
邮政编码　063000	教学、科研仪器设备资产值(万元)　9674	副高级　289
		中级　366
办公电话　0315-3863012	在校生数(人)　20278	初级　47
传真电话　0315-3863012	其中:普通本科　11903	未定职级　34
校园(局域)网域名　www.tstc.edu.cn		

本科专业　保险、材料化学、德语、地理科学、电子信息科学与技术、对外汉语、法学、广播电视新闻学、汉语言文学、化学、计算机科学与技术、教育技术学、教育学、教育学类、历史学、旅游管理、美术学、日语、社会工作、生物技术、生物科学、数学与应用数学、思想政治教育、体育教育、统计学、舞蹈学、物理学、物流管理、小学教育、信息管理与信息系统、信息与计算科学、学前教育、艺术设计、音乐学、英语、应用化学、应用物理学、应用心理学、园艺、资源环境与城乡规划管理

专科专业　保险实务、电脑艺术设计、动漫设计与制作、环境艺术设计、计算机网络技术、计算机应用技术、旅游管理、煤化工生产技术、软件开发与项目管理、商检技术、商务管理、视觉传达艺术设计、数学教育、体育教育、图形图像制作、文秘(涉外文秘方向)、舞蹈表演、物流管理、心理咨询、新闻采编与制作、学前教育、学前教育(美术方向)、学前教育(普幼)、学前教育(普幼)、学前教育(音乐方向)、学前教育(英语方向)、学前教育(幼儿艺术)、艺术设计、英语教育、影视多媒体技术、语文教育、园艺技术

院系设置

教育学院、历史文化与法学系、体育系、中文系、外语系、音乐系、美术系、数学与信息科学系、物理系、化学系、生命科学系、资源管理系、计算机科学系、经济管理系、社会科学系

定期公开出版的专业刊物　《唐山师范学院学报》

学校设立奖学金情况

学校设立奖学金三项,奖励总金额133.27万元。奖学金最高金额800元/年,最低金额200元/年。

学校历史沿革

唐山师范学院前身为唐山师范专科学校,始建于1956年。最初名为河北省速成师范专科学校,后升格为河北唐山师范学院,后又改建为唐山专区教师进修学校。1979年,经国务院批准恢复唐山师范专科学校。1984年,唐山师范专科学校与唐山教

育学院合并,校名仍为唐山师范专科学校。2000年,教育部批准唐山师范专科学校改建为唐山师范学院,同时撤销唐山师范专科学校建制。2008年唐山师范学校并入。

廊坊师范学院

学校(机构)标识码　4113010100
学校办学类型　412:本科院校:学院
学校性质类别　06 师范院校
学校举办者　811 省级教育部门
学校地址　河北省廊坊市安次区爱民西道100号
邮政编码　065000
办公电话　0316 - 2188223
传真电话　0316 - 2112462
校园(局域)网域名　www.lfsfxy.edu.cn
电子信箱　lfsfxy@sina.com
占地面积(平方米)　1171480
校舍建筑面积(平方米)　390216
图书(万册)　135
固定资产总值(万元)　40652.2
教学、科研仪器设备资产值(万元)　7886
在校生数(人)　23749
其中:普通本科　12092
普通专科　7395
成人本科　1303
成人专科　2959
专任教师(人)　897
其中:正高级　98
副高级　262
中级　407
初级　117
未定职级　13

本科专业　材料化学、财务管理、电气工程与自动化、电子信息科学与技术、雕塑、法学、国际经济与贸易、汉语言文学、化学教育、化学类、计算机科学与技术、教育技术学、教育学、历史学、美术学、人力资源管理、日语、社会工作、社会体育、生物技术、生物科学、生物科学类、食品科学与工程、市场营销、数学与应用数学、思想政治教育、体育教育、土木工程、舞蹈学、物理学、戏剧影视文学、心理学、新闻学、信息与计算科学、学前教育、艺术类、艺术设计、音乐表演、音乐学、英语、应用化学

专科专业　财务会计类、财务信息管理、财政金融类、初等教育、电气自动化技术、电子商务、电子信息工程技术、雕塑艺术设计、工程监理、工商企业管理、工业设计、公共关系、广告设计与制作、国际贸易实务、环境艺术设计、会计(法务会计)、会计电算化、会计与审计、计算机类、计算机网络技术、计算机信息管理、建筑工程技术、建筑经济管理、金融保险、金融与证券、酒店管理、连锁经营管理、旅游管理、旅游管理类、软件技术、商务英语、社会体育(高尔夫)、食品营养与检测、市场营销、体育教育、通信技术、文化事业管理(广告方向)、文秘、物流管理、物业管理、心理咨询、新闻采编与制作、艺术设计类、音乐教育、应用英语、中国古建筑工程技术、装潢艺术设计

院系设置
文学院、社会发展学院、外国语学院、数学与信息学院、物理与电子信息学院、化学与材料化学学院、生命科学学院、管理学院、经济学院、体育学院、教育学院、美术学院、建筑工程学院、音乐学院

定期公开出版的专业刊物　《职业时空》、《语文教学之友》、《河北理科教学研究》、《廊坊师范学院学报》

学校设立奖学金情况
学校设立奖学金1项,奖励总金额108余万元。奖学金最高金额1000元/人,最低金额200元/人。

学校历史沿革
2000年经教育部批准,由廊坊师范专科学校、廊坊教育学院、廊坊师范学校合并组建廊坊师范学院,为省属本科普通高校。2005年5月与河北职业技术学院合并组建新的廊坊师范学院。

衡水学院

学校(机构)标识码　4113010101
学校办学类型　412:本科院校:学院
学校性质类别　06 师范院校
学校举办者　821 地级教育部门
学校地址　河北省衡水市和平西路1088号
邮政编码　053000
办公电话　0318 - 6016310
传真电话　0318 - 6016310
校园(局域)网域名　www.hsnc.edu.cn
占地面积(平方米)　367832
校舍建筑面积(平方米)　225006
图书(万册)　110.55
固定资产总值(万元)　36763
教学、科研仪器设备资产值(万元)　6924.33
在校生数(人)　15139
其中:普通本科　8600
普通专科　6020
成人本科　398
成人专科　121
专任教师(人)　800
其中:正高级　76
副高级　174
中级　281
初级　101
未定职级　168

本科专业　播音与主持艺术、电子信息工程、动画、对外汉语、高分子材料与工程、广播电视新闻学、广告学、国际经济与贸

易、汉语言文学、化学、化学类、计算机科学与技术、美术学、人力资源管理、日语、社会体育、生物科学、生物科学类、数学与应用数学、思想政治教育、体育教育、体育学类、舞蹈学、物理学、信息管理与信息系统、学前教育、艺术设计、音乐表演、音乐学、英语、应用化学、应用心理学、园林、政治学与行政学

专科专业 电气化铁道技术、电子商务、法律事务、房地产经营与估价、工业分析与检验、国际经济与贸易、化工技术类、化学教育、会计与统计核算、机电一体化技术、计算机教育、计算机网络技术、旅游英语、社会体育、生物技术及应用、生物教育、市场营销类、数学教育、思想政治教育、太阳能应用技术、体育教育、通信技术、文秘、物流管理、橡胶工艺与应用技术、心理咨询、新闻采编与制作、学前教育、艺术设计、音乐教育、英语教育、营销与策划、应用电子技术、应用化工技术、应用英语、语文教育、园林技术、主持与播音、装潢艺术设计

院系设置

中国语言文学系、法学与思想政治教育系、外国语言文学系、数学与计算机科学系、物理与电子信息系、应用化学系、音乐系、体育系、美术与艺术设计系、生命科学系、教育系、经济学与管理学系

定期公开出版的专业刊物 《衡水学院学报》、《衡水学院报》

学校设立奖学金情况

国家奖学金3项，奖励总金额1318余万元。奖学金最高金额8000元/年，最低金额2000元/年。校内奖学金2项，奖励总金额3.57余万元。奖学金最高金额500元/人，最低300元/人。

学校历史沿革

衡水学院的前身为始建于1923年的直隶第六师范学校。1949年改建为冀县师范学校。1960年迁至衡水并更名为衡水师范学校，1971年始招大专班。1978年国务院批准改建为衡水师范专科学校并与河北农大衡水分校合并。1997年又与衡水教育学院合并，组建为新的衡水师范专科学校。2004年5月由国家教育部批准升为本科院校并更名为衡水学院。

石家庄学院

学校(机构)标识码 4113010102	校园(局域)网域名 www.sjzc.edu.cn	普通专科 8150
学校办学类型 412:本科院校:学院	电子信箱 sjzh-shizhuan@inhe.net	成人本科 121
学校性质类别 01 综合大学	占地面积(平方米) 822943	成人专科 40
学校举办者 821 地级教育部门	校舍建筑面积(平方米) 367127	专任教师(人) 740
学校地址 河北省石家庄市高新技术产业开发区珠峰大街288号	图书(万册) 102.9	其中:正高级 93
	固定资产总值(万元) 66022	副高级 211
邮政编码 050035	教学、科研仪器设备资产值(万元) 8129.35	中级 337
办公电话 0311-66617	在校生数(人) 17415	初级 94
传真电话 0311-66617	其中:普通本科 9104	未定职级 5

本科专业 地理科学、电气工程及其自动化、动画、法学、广播电视新闻学、广告学、汉语言文学、化学、化学工程与工艺、计算机科学与技术、教育技术学、教育学、旅游管理、美术学、人文教育、日语、软件工程、社会工作、社会体育、生物工程、食品科学与工程、数学与应用数学、数字媒体技术、思想政治教育、体育教育、通信工程、文化产业管理、物理学、物业管理、小学教育、信息与计算科学、学前教育、药物制剂、艺术设计、音乐表演、音乐学、英语、应用心理学、制药工程、资源环境与城乡规划管理

专科专业 材料工程技术、初等教育、地理教育、电气自动化技术、电子信息工程技术、法律事务、会计电算化、计算机多媒体技术、计算机网络技术、计算机应用技术、景区开发与管理、历史教育、旅游管理、美术教育、商务英语、社会体育、社区管理与服务、摄影测量与遥感技术、生物技术及应用、食品营养与检测、市场营销、数学教育、体育教育、文化市场经营与管理、文秘、物业管理、现代教育技术、心理咨询、新闻采编与制作、学前教育、艺术设计、音乐教育、英语教育、影视动画、影视多媒体技术、应用俄语、应用日语、有机化工生产技术、语文教育

院系设置

设有文学与传媒学院、政治与法律系、外国语言文学系、历史文化系、数学与信息科学系、电气信息工程系、经济管理系、计算机系、物理学系、化工学院等16个院系。

学校历史沿革

石家庄学院是由石家庄师范专科学校升格而成。石家庄师范专科学校的前身为石家庄专区师范院校，1996年3月经河北省人民政府批准与石家庄市教育学院、河北石家庄地区教育学院合并。1998年9月迁入石家庄市高新技术产业开发区新建校址。2011年经河北省教育厅同意将河北正定师范学校、河北元氏师范学校分别改建为石家庄市师范专科院校正定分校、石家庄师范专科院校元氏分校。2004年5月17日由国家教育部批准升格为石家庄学院，属本科层次的普通高校。2008年取消石家庄师范专科学校正定分校。2011年取消石家庄学院元氏分院。

邯郸学院

学校(机构)标识码 4113010103	电子信箱 hdxybgs@163.com	普通专科 4632
学校办学类型 412:本科院校:学院	占地面积(平方米) 413846	成人本科 1855
学校性质类别 06 师范院校	校舍建筑面积(平方米) 247054	成人专科 1261
学校举办者 821 地级教育部门	图书(万册) 78.56	专任教师(人) 682
学校地址 邯郸市邯山区学院北路530号	固定资产总值(万元) 38515.26	其中:正高级 60
	教学、科研仪器设备资产值(万元) 6076.15	副高级 175
邮政编码 056005		中级 235
办公电话 0310-6260220	在校生数(人) 16600	初级 97
传真电话 0310-6056906	其中:普通本科 8852	未定职级 115
校园(局域)网域名 www.hde.edu.cn		

本科专业 地理科学、电气工程及其自动化、电子信息工程、对外汉语、公共事业管理、汉语言文学、化学、计算机科学与技术、教育技术学、教育学、历史学、旅游管理、美术学、日语、商务英语、社会体育、生物技术、生物科学、数学与应用数学、思想政治教育、特殊教育、体育教育、统计学、网络工程、文化产业管理、物理学、物流工程、学前教育、艺术设计、音乐学、英语、应用化学、应用物理学、应用心理学

专科专业 初等教育、电气自动化技术、电子信息工程技术、化学制药技术、机电一体化技术、计算机应用技术、酒店管理、旅游管理、煤炭深加工与利用、嵌入式系统工程、软件技术、商务英语、社会工作、数学教育、文化市场经营与管理、学前教育、艺术设计、音乐教育、英语教育、影视动画、应用电子技术、应用化工技术

院系设置
外国语学院、教育学院、继续教育学院、艺术传媒学院、信息工程学院、体育学院、软件职业技术学院、太极文化学院、中文系、法政系、历史系、地理旅游系、生物科学系、化学系、数学系、物理与电气工程系、社科部

国家级、省部级研究机构设置
河北省雁翼研究会

定期公开出版的专业刊物 《邯郸学院报》

学校设立奖学金情况
学校设立奖学金2项,奖励总金额65余万元。奖学金最高金额260元/年,最低金额130元/年。

学校历史沿革
学校名称及变更时间;1945创建于冀南区邯郸中学;1950年更名为河北省立师范学校;1956年9月改为河北邯郸师范学校;1968年更名为邯郸地区师范学校;1977年开始招大专班;1982年升格为邯郸师范专科学校;2001年1月,原邯郸师范专科学校、邯郸市第一教育学院、邯郸市第二教育学院、邯郸市幼儿师范学校合并,组建新的邯郸师范专科学校;2004年5月升格为邯郸学院。

邢台学院

学校(机构)标识码 4113010104	电子信箱 yb@xttc.edu.cn	普通专科 7121
学校办学类型 412:本科院校:学院	占地面积(平方米) 832990	成人本科 618
学校性质类别 06 师范院校	校舍建筑面积(平方米) 424429	成人专科 306
学校举办者 821 地级教育部门	图书(万册) 115.02	专任教师(人) 844
学校地址 河北省邢台市桥东区师专街3号	固定资产总值(万元) 32718	其中:正高级 75
	教学、科研仪器设备资产值(万元) 7955	副高级 234
邮政编码 054001		中级 313
办公电话 0319-3650111	在校生数(人) 17966	初级 128
传真电话 0319-3896566	其中:普通本科 9921	未定职级 94
校园(局域)网域名 www.xttc.edu.cn		

本科专业 财务管理、地理科学、电气信息类、电子信息科学与技术、法学、工商管理、工商管理类、国际经济与贸易、汉语言文学、化学、化学类、会计学、计算机科学与技术、教育技术学、教育学、教育学类、历史学、美术学、社会工作、社会体育、生物技术、生物科学、生物科学类、市场营销、数学与应用数学、思想政治教育、体育教育、体育学类、网络工程、文秘教育、舞蹈学、物理

学、小学教育(理科方向)、小学教育(文科方向)、学前教育、艺术设计、音乐学、英语、应用化学、资源环境与城乡规划管理、自动化

专科专业 财务会计类、初等教育(理科方向)、初等教育(文科方向)、地理信息系统与地图制图技术、电脑艺术设计、雕塑艺术设计、法律事务、工商管理类、工商企业管理、工业分析与检验、公共事务管理、国际经济与贸易、国际商务、化工技术类、会计、会计电算化、计算机网络技术、计算机应用技术、教育类、酒店管理、旅游管理、旅游管理类、美术教育、软件技术、商务管理、社会体育、社区管理与服务、市场开发与营销、市场营销、市场营销类、体育教育、通信技术、文化市场经营与管理、文秘、文秘(涉外)、物流管理、心理咨询、学前教育、艺术设计、音乐教育、应用化工技术、应用英语、园艺技术、资源环境与城市管理

院系设置

中文系、法政历史系、外语系、音乐系、美术系、物理系、数学系、生物化学系、信息科学与技术系、地理系、体育系、工商管理系、会计学系、贸易经济系、小教外语系、社会科学教学部、教育科学教学部、国际交流部、初等教育学院、继续教育部

定期公开出版的专业刊物 《邢台学院学报》

学校设立奖学金情况

学校设立奖学金4项,奖励总金额140.76余万元。奖学金最高金额500元/年,最低金额100元/年。

学校历史沿革

邢台学院前身是直隶第四师范学堂,创始于1910年。1912年民国建立,根据国民政府教育部关于学堂一律改称学校规定,是年春改为直隶第四师范学校。1028年又更名为河北省第四初级师范学校。1935年改名为师范学校。1945年又称为太行区公立邢台师范学校,解放后更名为邢台师范学校。1984年升格为邢台师范专科学校,1996年3月,与邢台教育学校、邢台经济管理干部学校合并,改称为邢台师范高等专科学校。2002年3月,经教育部批准升格为邢台学院。

沧州师范学院

学校(机构)标识码	4113010105	校园(局域)网域名	www.caztc.edu.cn	其中:普通本科 1219
学校办学类型	412:本科院校:学院	电子信箱	czszdzb@sina.com	普通专科 9263
学校性质类别	06 师范院校	占地面积(平方米)	489996	成人专科 58
学校举办者	821 地级教育部门	校舍建筑面积(平方米)	212010	专任教师(人) 536
学校地址	河北省沧州市学院路高教区	图书(万册)	65	其中:正高级 63
邮政编码	061001	固定资产总值(万元)	11500	副高级 204
办公电话	0317-2159811	教学、科研仪器设备资产值(万元)	4671	中级 224
传真电话	0317-2159800	在校生数(人)	10540	初级 10
				未定职级 35

本科专业 汉语言文学、化学、历史学、美术学、生物科学、数学与应用数学、思想政治教育、体育教育、物理学、学前教育、英语

专科专业 电气自动化技术、电子商务、电子信息工程技术、法律事务、工商企业管理、化学教育、环境监测与评价、会计、机电一体化技术、计算机类、计算机网络技术、计算机应用技术、金融保险、历史教育、旅游管理、旅游管理类、美术教育、模具设计与制造、人力资源管理、软件技术、商务英语、社会工作、社会体育(武术方向)、涉外旅游、生物技术及应用、生物教育、市场营销、数控技术、数学教育、思想政治教育、体育教育、文秘、物理教育、现代教育技术、心理咨询、信息安全技术、学前教育、学前教育(幼儿艺术方向)、艺术设计、音乐教育、英语教育、应用电子技术、应用化工技术、语文教育、园林技术、自动化类

院系设置

法政系、教育心理系、中文系、英语系、历史系、数学系、生命科学系、化学与环境科学系、计算机系、物理与电子信息系、音乐系、美术系、体育系、机电工程系、经济管理系、社会科学系

定期公开出版的专业刊物 《沧州师范学院学报》

学校设立奖学金情况

学校设立奖学金1项,奖励总金额51余万元。奖学金最高金额500元/年,最低金额300元/年。

学校历史沿革

沧州师范专科学校始建于1958年9月。1984年经省政府批准定名为沧州师范专科学校。1991年5月,沧州师专和沧州地区教育学院合并。2001年7月,经上级批准,原沧州师范专科学校,沧州师范学校,沧州农机化,沧州市教师进修学校合并为现在的沧州师范专科学校。2010年升为本科学校,定名为沧州师范学院。

石家庄铁道大学

学校(机构)标识码　4113010107	占地面积(平方米)　476325	成人专科　5740
学校办学类型　411:本科院校:大学	校舍建筑面积(平方米)　421141	硕士研究生　1066
学校性质类别　02 理工院校	图书(万册)　106.9	留学生　9
学校举办者　811 省级教育部门	固定资产总值(万元)　20476.98	专任教师(人)　844
学校地址　石家庄市北二环东路15号	教学、科研仪器设备资产值(万元)　17407.26	其中:正高级　174
邮政编码　050043		副高级　278
办公电话　0311-87935189	在校生数(人)　25981	中级　348
传真电话　0311-86832161	其中:普通本科　12639	初级　33
校园(局域)网域名　www.stdu.edu.cn	普通专科　1275	未定职级　11
电子信箱　dangban@stdu.edu.cn	成人本科　5252	

本科专业 安全工程、材料科学与工程、材料类、财务管理、测绘工程、测控技术与仪器、车辆工程、城市地下空间工程、电气工程及其自动化、电气信息类、电子商务、电子信息工程、法学、工程管理、工程力学、工商管理类、工业设计、公共事业管理、国际经济与贸易、汉语言文学、会计学、机械工程及自动化、机械设计制造及其自动化、计算机科学与技术、建筑环境与设备工程、建筑学、交通工程、交通运输、交通运输类、教育技术学、金融学、金属材料工程、经济学类、勘查技术与工程、市场营销、数学与应用数学、土木工程、网络工程、无机非金属材料工程、物流管理、信息工程、信息管理与信息系统、艺术设计、英语、应用物理学、侦查学、治安学、自动化

专科专业 道路桥梁工程技术、工程机械运用与维护、工程造价、会计、会计电算化、计算机应用技术、建筑工程技术、商务英语、市政工程技术、铁道工程技术、铁道机车车辆、铁道交通运营管理、铁道通信信号

硕士专业 安全技术及工程、材料学、车辆工程、道路与铁道工程、电力电子与电力传动、防灾减灾工程及防护工程、工程、工程力学、供热、供燃气、通风及空调工程、固体力学、管理科学与工程、会计学、机械电子工程、机械设计及理论、机械制造及其自动化、计算机应用技术、检测技术与自动化装置、交通信息工程及控制、交通运输规划与管理、教育技术学、结构工程、马克思主义基本原理、企业管理(含:财务管理、市场营销)、桥梁与隧道工程、市政工程、思想政治教育、岩土工程、应用数学、载运工具运用工程

院系设置

13个学院,3个系,2个部,设土木工程学院、机械工程学院、经济管理学院、人文学院、交通工程学院、建筑与艺术设计学院、材料科学与工程学院、电气与电子工程学院、信息科学与技术学院、研究生学院、高等技术学院、继续教育学院、四方学院(公办民助)等13个学院;设工程力学系、数理系、外语系等3个系;设体育部和思想政治理论教学研究部等2个部。

国家级、省部级研究机构设置

3个省级实验室:道路与铁道工程安全保障实验室(省部共建)、河北省大型结构健康与诊断控制实验室、河北省交通安全与控制重点实验室。1个中心:河北省交通应急保障工程技术研究中心。

定期公开出版的专业刊物 专业刊物3种:《石家庄铁道大学学报(自然科学版)》、《石家庄铁道大学学报(社会科学版)》、《国防交通工程与技术》

学校设立奖学金情况

学校设立奖学金5项,奖励总金额137.6万元,奖学金最高3000元/人,最低500元/人。一等奖学金434人/年,1000元/人;二等奖学金868人/年,500元/人;茅以升奖学金2人/年,3000元/人;詹天佑奖学金5人/年,3000元/人;英才力学奖学金6人/年,1000元/人。

主要校办产业

中铁建筑工程公司,铁源工程咨询有限公司等。

学校历史沿革

石家庄铁道大学于1950年9月1日在北京成立,当时名为中国人民解放军铁道兵团干部学校。当年迁驻洛阳。1951年,中央军委批准校址选在石家庄并新建,1951年12月学校迁到石家庄。1961年学校更名为第一铁道兵学校。1962年7月1日,经解放军总参谋部批准,学校扩建为中国人民解放军铁道兵学院,军级建制。1970年3月,根据全军院校调整方案和中央军委批复,铁道兵命令组建铁道兵学校,行使军级权限。1976年1月,学校改名为中国人民铁道兵技术学校。1978年1月,遵照中央军委命令,学校更名为中国人民解放军铁道兵工程学院,仍为军级建制。1979年4月,经中央军委批准,教育部和总政治部联合发出通知,将中国人民解放军铁道兵工程学院列为全国重点高等院校,属第一批录取新生单位。1984年1月1日,随铁道兵并入铁道部,更名为石家庄铁道学院。2000年转归河北省,实行中央与地方共建,以河北省管理为主,是河北省重点骨干大学之一。2010年4月,经教育部批准更名为石家庄铁道大学。

燕山大学

学校(机构)标识码 4113010216	电子信箱 xiaoban@ysu.edu.cn	成人本科 7366
学校办学类型 411:本科院校:大学	占地面积(平方米) 2667120	成人专科 10156
学校性质类别 02 理工院校	校舍建筑面积(平方米) 1052890	博士研究生 576
学校举办者 811 省级教育部门	图书(万册) 187	硕士研究生 5317
学校地址 河北省秦皇岛市河北大街西段438号	固定资产总值(万元) 240718.63	留学生 132
邮政编码 066004	教学、科研仪器设备资产值(万元) 32549.47	专任教师(人) 1560
办公电话 0335-8057100	在校生数(人) 40501	其中:正高级 351
传真电话 0335-8051148	其中:普通本科 16486	副高级 474
校园(局域)网域名 www.ysu.edu.cn	普通专科 468	中级 602
		初级 133

本科专业 材料成型及控制工程、材料物理、测控技术与仪器、车辆工程、德语、地理信息系统、电气工程及其自动化、电子科学与技术、电子商务、电子信息工程、电子信息科学与技术、雕塑、俄语、法学、法语、高分子材料与工程、工程力学、工商管理、工业工程、工业设计、公共事业管理、光信息科学与技术、广播电视新闻学、国际经济与贸易、国际政治、过程装备与控制工程、汉语言文学、行政管理、化学工程与工艺、环境工程、会计学、机械设计制造及其自动化、计算机科学与技术、建筑环境与设备工程、建筑学、交通运输、教育技术学、金属材料工程、经济学、旅游管理、热能与动力工程、日语、软件工程、社会体育、生物工程、生物医学工程、石油工程、通信工程、统计学、土木工程、无机非金属材料工程、信息安全、信息与计算科学、艺术设计、音乐表演、英语、应用化学、应用物理学、政治学与行政学、自动化

专科专业 材料成型与控制技术、焊接技术及自动化、会计、机械设计与制造、计算机应用技术、旅游管理、数控技术

博士专业 材料加工工程、材料物理与化学、材料学、车辆工程、大型铸锻件材料与制造技术、电力电子与电力传动、电路与系统、高分子材料、工程力学、管理科学与工程、光学工程、机械电子工程、机械设计及理论、机械制造及其自动化、计算机应用技术、检测技术与自动化装置、控制科学与工程、控制理论与控制工程、流体传动及控制、流体窗洞及控制、凝聚态物理、亚稳材料制备技术与科学、仪器科学与技术、应用化学、运筹与管理、重型装备设计理论及其数字化技术

硕士专业 材料加工工程、材料物理与化学、材料学、测试计量技术及仪器、车辆工程、大型铸锻件材料与制造技术、导航、制导与控制、电磁场与微波技术、电工理论与新技术、电机与电器、电力电子与电力传动、电力系统及其自动化、电路与系统、俄语语言文学、翻译、概率论与数理统计、高电压与绝缘技术、高分子材料、工程、工程管理、工程力学、工商管理、公共管理、固体力学、管理科学与工程、光学、光学工程、行政管理、化工过程机械、化学工艺、环境工程、会计学、机械电子工程、机械设计及理论、机械制造及其自动化、计算机软件与理论、计算机系统结构、计算机应用技术、计算数学、技术经济及管理、检测技术与自动化装置、结构工程、精密仪器及机械、控制理论与控制工程、流体传动及控制、流体机械及工程、流体力学、逻辑学、旅游管理、马克思主义基本原理、马克思主义哲学、马克思主义中国化研究、模式识别与智能系统、凝聚态物理、企业管理(含:财务管理、市场营销)、区域经济学、设计艺术学、生物医学工程、思想政治教育、诉讼法学、通信与信息系统、外国语言学及应用语言学、微电子学与固体电子学、微机电工程、物理电子学、系统工程、信号与信息处理、一般力学与力学基础、音乐学、英语语言文学、应用化学、应用统计、油气井工程、油气田开发工程、运筹学与控制论、运筹与管理、载运工具运用工程、政治学理论、重型装备设计理论及其数字化技术

院系设置

学校现设有21个学院,即:研究生学院、机械工程学院、材料科学与工程学院、电气工程学院、信息科学与工程学院、软件学院、经济管理学院、建筑工程与力学学院、理学院、文法学院、马克思主义学院、外国语学院、环境与化学工程学院、艺术与设计学院、车辆与能源学院、体育学院、国防科学学院、里仁学院、职业技术学院、继续教育学院和国际教育学院。

国家级、省部级研究机构设置

1. 实验室:亚稳材料制备技术与科学"国家重点实验室、极端条件下机械结构与材料学国防重点学科实验室、机械工业流体动力传输技术重点实验室、机械工业大型件塑性成型技术工程实验室、机械工业并联机器人及装备基础重点实验室、河北省亚稳材料制备技术及科学实验室、河北省工业计算机控制工程实验室、河北省金属产品工艺及性能优化控制实验室、河北省重型机械流体动力传输与控制实验室、河北省并联机器人与机电系统实验室、河北省测试计量技术及仪器实验室、河北省特种光纤与光纤传感实验室、河北省电力电子节能与传动控制重点实验室、河北省计算机虚拟制造与系统集成重点实验室、河北省应用化学重点实验室。

2. 研究中心(所):轧制设备及成套技术教育工程研究中心、国防科技工业精密塑性成型技术研究应用中心、机械工业高精度轧制技术装备工程研究中心、河北省高精度轧制技术装备工程研究中心、河北省金属精密塑性加工工程技术研究中心、河北省现代港口煤炭物流工程技术研究中心、河北省先进制造成型技术及装备(产业)工程技术研究中心、国家冷轧板带装备及工业工程技术研究中心。

博士后科研流动站 机械工程、材料科学与工程、仪器科学与技术、电气工程、控制科学与工程、电子科学与工程、力学、化学工程与技术、管理科学与工程。

定期公开出版的专业刊物 《燕山大学学报》(社科版)、《燕山大学学报》(自然版)、《教学研究》

学校设立奖学金情况

学校设立奖学金4项,奖励总金额210.075余万元。奖学金最高金额每年3000元,最低金额每年300元。

主要校办产业

燕山大学于1999年3月在秦皇岛经济技术开发区西区开始兴建燕山大学科技园。国家科技部和教育部于2000年正式启动了国家大学科技园的建设,2003年9月16日,燕山大学科技园被国家科技部和教育部正式批准为国家大学科技园。燕山大学计算机软件中心、秦皇岛科力塑业有限公司、秦皇岛燕大光纤技术有限责任公司、秦皇岛燕大博圣电子有限公司、秦皇岛燕大汽车零部件有限公司、燕大奇才科技开发有限公司、秦皇岛燕大源达科技有限公司、秦皇岛燕大和平精密设备有限公司、秦皇岛燕大国海不锈钢业有限公司、燕大航天高技术转移中心、秦皇岛燕大创新科技有限公司、秦皇岛欧泰克节能门窗制造有限公司、燕大精密制管有限公司、华盛龙电气公司、秦皇岛齐燕数控机床有限公司、秦皇岛燕大丹迪科技有限公司、燕大房地产开发有限公司、燕大设计院、燕大东群生物有机肥有限公司、秦皇岛燕明合金辊轧有限公司

学校历史沿革

燕山大学源于哈尔滨工业大学,始建于1920年。1958年哈尔滨工业大学重型机械系及相关专业成建制迁至工业重镇齐齐哈尔市富拉尔基区,组建了哈尔滨工业大学重型机械学院。1960年独立办学,定名为东北重型机械学院。1978年被确定为全国重点高等院校。1985年至1997年学校整体南迁秦皇岛市。1997年1月经原国家教委批准,更名为燕山大学。1998年,由原机械工业部划到河北省,实行中央与地方共建,以河北省管理为主。2006年,国防科工委和河北省共建燕山大学。2009年,工信部、国家国防科工局和河北省共建燕山大学。

河北科技师范学院

学校(机构)标识码 4113010798
学校办学类型 412:本科院校:学院
学校性质类别 06 师范院校
学校举办者 811 省级教育部门
学校地址 河北省秦皇岛市海港区河北大街西段360号
邮政编码 066004
办公电话 0335－8058347
传真电话 0335－8051516
校园(局域)网域名 www.hevttc.edu.cn
电子信箱 xqb@ cst.hevttc.edu.cn
占地面积(平方米) 1255360
校舍建筑面积(平方米) 473477
图书(万册) 159.4
固定资产总值(万元) 45154.3
教学、科研仪器设备资产值(万元) 14562.9
在校生数(人) 33413
其中:普通本科 19214
普通专科 5800
成人本科 3760
成人专科 4507
硕士研究生 132
专任教师(人) 1160
其中:正高级 165
副高级 334
中级 498
初级 163

本科专业 财务管理、财务会计教育、城市规划、电气工程及其自动化、电气信息类、电子信息工程、动物科学、动物医学、对外汉语、法学、工程管理、工商管理类、国际经济与贸易、汉语言文学、化学、机械设计制造及其自动化、计算机科学与技术、教育技术学、旅游管理、美术学、酿酒工程、农学、农业机械化及其自动化、农业资源与环境、人力资源管理、设施农业科学与工程、生物技术、生物科学、生物科学类、食品科学与工程、食品质量与安全、市场营销、数学与应用数学、水产养殖教育、体育教育、土木工程、网络工程、物理学、物流管理、小学教育、信息管理与信息系统、学前教育、艺术设计、意大利语、音乐学、英语、应用化学、应用心理学、园林、园艺、植物保护、植物科学与技术

专科专业 保险实务、财务管理、电气自动化技术、电子商务、动漫设计与制作、法律事务、工程造价、国际经济与贸易、会计与统计核算、机械设计与制造、机械制造与自动化、计算机多媒体技术、计算机网络技术、计算机应用技术、建筑工程管理、建筑装饰工程技术、酒店管理、旅游管理、旅游英语、汽车检测与维修技术、商务英语、社区管理与服务、审计实务、市场营销、体育保健、图形图像制作、文秘、物联网应用技术、物流管理、音乐教育、英语教育、应用电子技术、应用日语、应用英语、园林技术、园艺技术、装潢艺术设计

硕士专业 果树学、应用化学、园艺、职业技术教育学、作物遗传育种

院系设置

财经学院、城市建设学院、动物科技学院、工商管理学院、机电工程学院、教育学院、生命科技学院、理化学院、食品科技学院、数学与信息科学学院、外国语学院、文法学院、艺术学院、园艺科技学院、继续教育学院、欧美学院、体育系、研究生部、思想政治理论教学部

国家级、省部级研究机构设置

1. 实验室:河北省预防兽医学实验室。
2. 研究中心(所):职业教育研究所、化学实验中心;河北省板栗工程技术研究中心。

定期公开出版的专业刊物 《河北科技师范学院学报》(自然科学版)、《河北科技师范学院学报》(社会科学版)

学校设立奖学金情况

学校设立奖学金5项,奖学金总额674余万元。奖学金最

高总额8000元/年,最低总额120元/年。
主要校办产业
秦皇岛同鑫后勤服务总公司
学校历史沿革
冀东道联立初级农业职业学院(1941-1943);冀东特别行政区立唐山初级农业职业学校(1943-1945);河北省立唐山农业职业学校(1945-1946);河北省立昌黎农业职业学校(1946-1948);冀东区昌黎农业职业学校(1948-1949);河北省昌黎高级农业学校(1949-1954);河北省昌黎农业学校(1954-1958);昌黎农业学院(1958-1959);昌黎农业专科学校(1959-1962);昌黎农业学校(1962-1970);唐山地区农业学校(1971-1975);华北农业大学唐山分校(1975-1978);河北农业大学唐山分校(1978-1983);河北农大昌黎分校(1983-1985);河北农业技术师范学院(1985-1998);河北职业技术师范学院【秦皇岛煤炭工业管理学校于1998年并入)1998-2003】;河北科技师范学院【(河北秦皇岛教育学院于2006年并入)2003年至今】。

河北工业职业技术学院

学校(机构)标识码	4113010873
学校办学类型	415:专科院校:高等职业学校
学校性质类别	02 理工院校
学校举办者	811 省级教育部门
学校地址	河北省石家庄红旗大街626号
邮政编码	050091
办公电话	0311-85239666
传真电话	0311-85239666
校园(局域)网域名	www.hbcit.edu.cn
电子信箱	hbivt@163.com
占地面积(平方米)	639398
校舍建筑面积(平方米)	307946
图书(万册)	46.32
固定资产总值(万元)	32587.69
教学、科研仪器设备资产值(万元)	6966.12
在校生数(人)	11769
其中:普通专科	11311
成人专科	458
专任教师(人)	453
其中:正高级	35
副高级	107
中级	139
初级	135
未定职级	37

专科专业 材料成型与控制技术、材料工程技术、电气自动化技术、电子商务、电子信息工程技术、钢结构建造技术、给排水工程技术、工程监理、工程造价、国际贸易实务、化工类类、化工设备维修技术、环保类、环境监测与治理技术、会计、机电一体化技术、机械制造与自动化、计算机控制技术、计算机类、计算机网络技术、计算机信息管理、家政服务、建筑工程技术、建筑装饰工程技术、精细化学品生产技术、酒店管理、旅游管理、汽车电子技术、汽车技术服务与营销、汽车检测与维修技术、软件技术、生产过程自动化技术、生化制药技术、市场营销、市场营销类、室内设计技术、数控技术、图形图像制作、土建施工类、物流管理、冶金技术、冶金设备应用与维护、医药营销、移动通信技术、应用电子技术、应用化工技术、资源环境与城市管理

院系设置
材料工程系、机电工程系、环境与化学工程系、信息工程与自动化系、计算机技术系、建筑工程系、工商管理与贸易系

学校设立奖学金情况
学院设立奖学金11项,奖励总金额253余万元。奖学金最高金额8000元/年,最低金额50元/年。

学校历史沿革
学院源于1958年宣化龙烟钢铁公司技术学院,1980年组建河北冶金职工大学。1999年,经教育部批准,河北冶金职工大学与创建于1979年的河北省冶金工业学校合并,组建河北工业职业技术学院。2003年创建于1979年的河北外贸学校并入学院。

唐山学院

学校(机构)标识码	4113011033
学校办学类型	412:本科院校:学院
学校性质类别	02 理工院校
学校举办者	821 地级教育部门
学校地址	河北省唐山市大学西道9号
邮政编码	063000
办公电话	0315-2792198
传真电话	0315-2792199
校园(局域)网域名	www.tsc.edu.cn
电子信箱	tsc@tsc.edu.cn
占地面积(平方米)	321174
校舍建筑面积(平方米)	171868
图书(万册)	76.46
固定资产总值(万元)	44494
教学、科研仪器设备资产值(万元)	7228.78
在校生数(人)	14088
其中:普通本科	7620
普通专科	5723
成人本科	502
成人专科	243
专任教师(人)	723
其中:正高级	83
副高级	180
中级	377
初级	30
未定职级	53

本科专业 材料成型及控制工程、财务管理、测控技术与仪器、电气工程及其自动化、电气信息类、电子信息工程、对外汉

语、法学、工程管理、工商管理类、广告学、国际经济与贸易、汉语言文学、化学工程与工艺、环境工程、会计学、机械设计制造及其自动化、计算机科学与技术、建筑环境与设备工程、日语、市场营销、通信工程、土木工程、无机非金属材料工程、信息管理与信息系统、英语

专科专业 材料工程技术、财务管理、电气自动化技术、电子商务、工程造价、工商企业管理、工业分析与检验、环境艺术设计、会计、会计电算化、机电一体化技术、机械制造与自动化、计算机网络技术、计算机信息管理、建筑工程技术、建筑设备工程技术、金融保险、楼宇智能化工程技术、旅游管理、模具设计与制造、涉外旅游、生产过程自动化技术、生物化工工艺、石油化工生产技术、市政工程技术、数控技术、投资与理财、图形图像制作、文秘、物流管理、应用电子技术、应用英语、装饰艺术设计

院系设置
机电工程系、信息工程系、土木工程系、环境与化学工程系、计算机科学与技术系、经济管理系、文法系、外语系、艺术系、专科教育部

定期公开出版的专业刊物 《唐山学院学报》

学校设立奖学金情况
学校设立奖学金7项,奖励总金额79万余元。奖学金最高金额1000元/年,最低金额200元/年。
1. 高庠玉奖金:10人/年,500元/人;
2. 鼎旺奖学金:20人/年,1000元/人;
3. 唐山学院奖学金:一等奖,162人/年,1000元/人;二等奖,811人/年,500元/人;三等奖,888人/年,200元/人。

学校历史沿革
唐山学院是由原唐山高等专科学校、西南交通大学唐山分校和唐山市职工大学合并组建而成的多科性普通本科院校。其中,唐山市职工大学的前身为唐山市业余工学院,成立于1956年9月;唐山高等专科学校的前身为唐山职业大学,成立于1983年3月;西南交通大学唐山分校成立于1985年9月。2002年3月,经教育部批准,三校合并组建唐山学院。

邯郸职业技术学院

学校(机构)标识码 4113011034	传真电话 0310-6026576	7349.72
学校办学类型 415:专科院校:高等职业学校	校园(局域)网域名 www.hdvtc.edu.cn	在校生数(人) 12503
		其中:普通专科 12177
学校性质类别 02 理工院校	电子信箱 wangzhiyong@hdvtc.edu.cn	成人专科 326
学校举办者 821 地级教育部门	占地面积(平方米) 552780	专任教师(人) 576
学校地址 河北省邯郸市渚河路141号	校舍建筑面积(平方米) 315896	其中:正高级 35
	图书(万册) 60.94	副高级 153
邮政编码 056001	固定资产总值(万元) 19943.62	中级 239
办公电话 0310-6027366	教学、科研仪器设备资产值(万元)	初级 149

专科专业 表演艺术、电气自动化技术、电子商务、电子信息工程技术、动漫设计与制作、法律事务、给排水工程技术、工程监理、工程造价、工商企业管理、广告设计与制作、国际经济与贸易、焊接技术及自动化、环境监测与治理技术、环境艺术设计、会计、会计电算化、会计与统计核算、会展策划与管理、机电一体化技术、计算机多媒体技术、计算机控制技术、计算机网络技术、计算机信息管理、计算机应用技术、建筑工程技术、建筑设备工程技术、金融保险、经济信息管理、旅游管理、旅游英语、模具设计与制造、汽车运用技术、汽车制造与装配技术、软件技术、商务英语、社会体育、食品加工技术、食品贮运与营销、市场营销、数控技术、通信技术、投资与理财、文秘、物流管理、物业管理、新闻采编与制作、音像技术、应用俄语、装潢艺术设计

院系设置
建筑工程系、机电工程系、电子信息系、经济系、文法系、外语系、体育系、艺术系、管理系

定期公开出版的专业刊物 《邯郸职业技术学院学报》

学校设立奖学金情况
学校设立奖学金6项,奖励总金额614万元,奖学金最高金额8000元/年,最低金额100元/年。

主要校办产业
邯郸职业技术学院后勤总公司

学校历史沿革
1983年-1984年邯郸职业大学;1984年-1997年邯郸大学;1997年至今邯郸职业技术学院。

华北科技学院

学校(机构)标识码 4113011104	学校举办者 450 国家安全生产监督管理总局	术开发区学院大街806号
学校办学类型 412:本科院校:学院		邮政编码 065201
学校性质类别 02 理工院校	学校地址 河北省三河市燕郊经济技	办公电话 010-61591417

传真电话 010-61591963	教学、科研仪器设备资产值(万元) 10814.21	留学生 100
校园(局域)网域名 www.ncist.edu.cn	在校生数(人) 21981	专任教师(人) 794
电子信箱 office@ncist.edu.cn	其中:普通本科 14693	其中:正高级 124
占地面积(平方米) 521456	普通专科 1469	副高级 184
校舍建筑面积(平方米) 389615	成人本科 1922	中级 360
图书(万册) 86.99	成人专科 3797	初级 92
固定资产总值(万元) 44508.85		未定职级 34

本科专业 安全工程、材料成型及控制工程、材料科学与工程、采矿工程、测绘工程、地质工程、电气工程及其自动化、电子商务、电子信息工程、对外汉语、法学、工程管理、工商管理、国际经济与贸易、汉语言文学、化学工程与工艺、环境工程、会计学、机械设计制造及其自动化、计算机科学与技术、建筑电气与智能化、建筑环境与设备工程、矿物加工工程、日语、社会体育、市场营销、通信工程、土木工程、网络工程、文秘教育、新闻学、信息管理与信息系统、信息与计算科学、艺术设计、英语、自动化

专科专业 电子商务、公路运输与管理、国际经济与贸易、会计与审计、机电一体化技术、计算机应用技术、交通安全与智能控制、旅游管理、商务管理、商务英语、物流管理、信息安全技术

院系设置
华北科技学院:安全工程学院、环境工程系、机电工程系、电子信息工程系、计算机系、管理系、土木工程系、文法系、外语系、基础部、体育部、成人教育学院、培训处

定期公开出版的专业刊物 《华北科技学院学报》

学校设立奖学金情况
学校设立奖学金九项,奖励总金额1941.11万元。奖学金最高金额8000元/年,最低金额200元/年。
1. 国家奖学金:114人/年,8000元/人,合计:91.2万元;
2. 国家励志奖学金:414人/年,5000元/人,合计:207万元;
3. 国家助学金:3999人/年,2467.37元/人,合计:986.7万元;
4. 煤矿主体专业定向奖学金:192人/年,14000元/人,合计:268.8万元;
5. 孙越崎奖学金:11人/年,1000元/人,合计:1.1万元;
6. 院长特别奖学金:38人/年,459.6元/人,合计:1.75万元;
7. 校内奖学金:2239人/年,1081.55元/人,合计:242.16万元;
8. 优秀学生、优秀毕业生、优秀学生干部、优秀毕业生干部、单项奖学金等:1729人/年,401.1元/人,合计:69.35万元;
9. 专业定向奖学金:863人/年,846.47元/人,合计:73.05万元。

学校历史沿革
华北科技学院:北京煤炭管理干部学院分院(1984年—1993年);华北矿业高等专科学校(中国煤矿安全技术培训中心)(1993年—2002年),其中1997年为"全国示范普通高等工程专科重点建设学校",1998年10月原有色金属管理干部学院并入学校;华北科技学院(中国煤矿安全技术培训中心)(2002年至今)。

中国人民武装警察部队学院

学校(机构)标识码 4113011105	电子信箱 wjxy@wjxy.edu.cn	成人本科 6683
学校办学类型 412:本科院校:学院	占地面积(平方米) 994418	成人专科 2466
学校性质类别 09 政法院校	校舍建筑面积(平方米) 356513	硕士研究生 488
学校举办者 312 公安部	图书(万册) 98.85	专任教师(人) 543
学校地址 河北省廊坊市安次区西环路220号	固定资产总值(万元) 86990	其中:正高级 52
	教学、科研仪器设备资产值(万元) 13282	副高级 202
邮政编码 065000		中级 267
办公电话 0316-2068114	在校生数(人) 12506	初级 1
传真电话 0316-2068110	其中:普通本科 2869	未定职级 21
校园(局域)网域名 www.wjxy.edu.cn		

本科专业 边防管理、边防指挥、电子信息工程、核生化消防、火灾勘查、警卫学、抢险救援指挥与技术、消防工程、消防指挥

硕士专业 安全技术及工程、兵种战术学、材料学、工程、警务、军队政治工作学、军事法学、军事情报学、作战指挥学

院系设置
学院下设5个职能机关,9个教学部系。

国家级、省部级研究机构设置
1.实验室:学院设有省部级重点实验室1个;2.研究所(中心):4个

定期公开出版的专业刊物 1 种
学校设立奖学金情况
学校设立奖学金 5 项,奖金总金额 46 余万元。奖学金最高金额 1500 元/年,最低金额 100 元/年。
学校历史沿革
中国人民武装警察部队学院简称武警学院。1981 年 4 月,经国务院批准,为正军级部队院校。1991 年 3 月,学院由武警总部直属改为公安部直接领导,当年 12 月 31 日举行了交接仪式。2002 年 3 月,教育部教高函[2002]5 号文批准武警学院新增两个普通本科专业:火灾勘查、核生化消防。2003 年 2 月,教育部教高函[2003]2 号文批准武警学院新增三个本科专业:边防指挥、消防指挥、警卫学。2003 年 9 月,教育部教高函[2003]56 号文批准武警学院新增四个硕士点:安全技术及工程、作战指挥学、军事情报学、军队政治工作学。2006 年 1 月,经国务院学位委员会[2006]3 号文批准武警学院新增三个硕士点:军事法学、材料学、兵种战术学。2009 年 4 月,经国务院学位办[2009]20 号文批准武警学院为工程硕士培养单位。2010 年 9 月,经国务院学位办[2010]32 号文批准武警学院为警务硕士培养单位。

河北体育学院

学校(机构)标识码 4113011236		其中:普通本科 4847
学校办学类型 412:本科院校:学院	电子信箱 hbty@mail.hepec.edu.cn	普通专科 291
学校性质类别 10 体育院校	占地面积(平方米) 430202	成人本科 69
学校举办者 812 省级其他部门	校舍建筑面积(平方米) 191841	成人专科 5
学校地址 河北省石家庄市学府路 82 号	图书(万册) 28.25	专任教师(人) 311
邮政编码 050041	固定资产总值(万元) 12924.75	其中:正高级 38
办公电话 0311-85336266	教学、科研仪器设备资产值(万元) 2076.09	副高级 93
传真电话 0311-85336296		中级 140
校园(局域)网域名 www.hepec.edu.cn	在校生数(人) 5212	初级 40

本科专业 民族传统体育、社会体育、体育教育、舞蹈学、英语、运动人体科学、运动训练
专科专业 体育教育、运动训练
院系设置
学校体育系、社会体育系、运动训练系、武术系、运动人体科学系、外语系、体育艺术系
定期公开出版的专业刊物 河北体育学院学报
学校设立奖学金情况
学校设立奖学金 4 项,奖励总金额 19 余万元。奖学金最高金额 3000 元/年,最低金额 500 元/年。
1. 特等奖学金:6 人/年,3000 元/人;
2. 一等奖学金:12 人/年,2000 元/人;
3. 二等奖学金:90 人/年,1000 元/人;
4. 三等奖学金:120 人/年,500 元/人。
学校历史沿革
"河北体育学院"最早出现在 1956 年的天津(当时的河北省省会)。后天津成为直辖市,河北省省会从天津迁出,原河北体育学院留在天津,即现在的天津体育学院。今天的河北体育学院于 1984 年恢复重建,是在 1977 年 10 月筹建的河北省体育学校(后更名河北省体育运动学校)校址上建立的,1985 年由原国家教委正式批准建院。2006 年 3 月河北省体育局决定体科所、射击运动管理中心并入。2006 年 6 月河北省体育局决定训练服务中心、体育馆并入。

石家庄职业技术学院

学校(机构)标识码 4113011238	传真电话 0311-85333755	在校生数(人) 11984
学校办学类型 415:专科院校:高等职业学校	校园(局域)网域名 sjzpt.edu.cn	其中:普通专科 11876
	电子信箱 bangongshi@sjzpt.edu.cn	成人专科 108
学校性质类别 01 综合大学	占地面积(平方米) 220445	专任教师(人) 572
学校举办者 821 地级教育部门	校舍建筑面积(平方米) 158042	其中:正高级 30
学校地址 河北省石家庄市中山西路长兴街 12 号	图书(万册) 73.01	副高级 162
	固定资产总值(万元) 30297.58	中级 199
邮政编码 050081	教学、科研仪器设备资产值(万元) 7771	初级 163
办公电话 0311-85333755		未定职级 18

专科专业 财政金融类、电气自动化技术、电子商务、电子信息工程技术、电子信息类、多媒体设计与制作、房地产经营与估价、工程测量技术、工程造价、广告设计与制作、国际贸易实务、化工设备与机械、化学制药技术、环境监测与治理技术、环境艺术设计、会计电算化、会展策划与管理、机电一体化技术、机械设计制造类、机械制造与自动化、计算机多媒体技术、计算机控制技术、计算机类、计算机网络技术、计算机信息管理、计算机应用技术、建筑工程技术、建筑设备工程技术、金融保险、精细化学品生产技术、酒店管理、连锁经营管理、旅游管理、旅游管理类、旅游英语、模具设计与制造、汽车技术服务与营销、汽车检测与维修技术、汽车类、软件技术、商务日语、商务英语、市场营销类、数控技术、投资与理财、网络系统管理、文秘、物流管理、物业管理、信息安全技术、药物制剂技术、艺术设计类、营销与策划、影视动画、应用电子技术、游戏设计与制作、制药技术类、装饰艺术设计、自动化类

院系设置 管理系、经济贸易系、信息工程系、建筑工程系、机电工程系、电气与电子工程系、化学工程系、艺术设计系、动画学院、继续教育学院、软件学院

定期公开出版的专业刊物 《石家庄职业技术学院学报》

学校设立奖学金情况
学院设立奖学金3项,奖励总金额39.14万元。奖学金最高金额800元/年,最低金额500元/年。

学校历史沿革
1984年7月,石家庄职业大学经河北省教育厅批准筹建,并于同年开始招生;1985年9月,河北省政府同意正式建校,校名定为石家庄大学;1995年12月,石家庄市委、市政府决定,将石家庄大学和石家庄市广播电视大学以及原石家庄地区电大分校合并,成立新的石家庄大学;1997年4月,更名为石家庄职业技术学院;1998年迁入新址办公。

河北金融学院

学校(机构)标识码 4113011420	电子信箱 hbfcoffice@126.com	普通专科 6821
学校办学类型 412:本科院校:学院	占地面积(平方米) 954373	成人本科 452
学校性质类别 08 财经院校	校舍建筑面积(平方米) 259472	成人专科 203
学校举办者 811 省级教育部门	图书(万册) 93.2	专任教师(人) 548
学校地址 河北省保定市恒祥北大街3188号	固定资产总值(万元) 34964.11	其中:正高级 51
	教学、科研仪器设备资产值(万元) 4474.77	副高级 119
邮政编码 071051		中级 196
办公电话 0312-3338101	在校生数(人) 13113	初级 173
传真电话 0312-3338102	其中:普通本科 5637	未定职级 9
校园(局域)网域名 www.hbcf.edu.cn		

本科专业 保险、财务管理、财政学、法学、工商管理、国际经济与贸易、会计学、计算机科学与技术、金融学、经济学、人力资源管理、审计学、市场营销、统计学、投资学、物流管理、信息管理与信息系统、信息与计算科学、英语

专科专业 保险实务、电子商务、法律事务、法律文秘、工商企业管理、国际金融、国际经济与贸易、会计、计算机网络技术、金融管理与实务、旅游英语、软件技术、商务英语、审计实务、市场营销、投资与理财、物流管理、证券投资与管理

院系设置 金融系、会计系、管理系、保险系、法律系、信息管理与工程系、商务外语系、经济贸易系

国家级、省部级研究机构设置
实验室:河北省科技金融重点实验室

定期公开出版的专业刊物 《金融教学与研究》

学校设立奖学金情况
学校设立奖学金6项,奖励总金额1011.34万元,奖学金最高金额8000元/年,最低金额200元/年。

学校历史沿革
河北银行学校,创建与1952年,为中国人民银行行属院校,1984年经国家教委批准升格为大专院校,2000年划转为河北省直属院校,2007年3月经教育部批准升格为本科院校,更名为河北金融学院。

张家口职业技术学院

学校(机构)标识码 4113011423	学校举办者 821 地级教育部门	办公电话 0313-4085606
学校办学类型 415:专科院校:高等职业学校	学校地址 张家口市高新区马路东59号	传真电话 0313-4085662
学校性质类别 02 理工院校	邮政编码 075000	校园(局域)网域名 www.zhz.cn
		电子信箱 zzyxzb@tom.com

占地面积(平方米) 283672			副高级 112	
校舍建筑面积(平方米) 142926	在校生数(人)	5279	中级 111	
图书(万册) 27.11	其中:普通专科	5279	初级 30	
固定资产总值(万元) 20064.85	专任教师(人)	295	未定职级 21	
教学、科研仪器设备资产值(万元) 3630.91	其中:正高级	21		

专科专业 道路桥梁工程技术、道桥、地球物理勘查技术、电脑艺术设计、电气自动化技术、电子商务、电子信息工程技术、电子信息类、动漫设计与制作、房地产经营与估价、风电系统运行维护与检修技术、工程测量技术、工程机械运用与维护、焊接技术及自动化、会计电算化、机电一体化技术、机械设计制造类、计算机科技与技术、计算机类、计算机网络技术、计算机信息管理、建筑装饰工程技术、酒店管理、楼宇智能化工程技术、旅游管理、旅游英语、汽车电子技术、汽车技术服务与营销、汽车检测与维修技术、汽车类、汽车整形技术、软件技术、市政工程技术、数控技术、应用电子技术、装潢艺术设计

院系设置 电气工程系、信息工程系、机械工程系、土木工程系、汽车工程系、经济管理系、装饰艺术系、应用外语系

定期公开出版的专业刊物 《张家口职业技术学院学报》、《张家口职业技术学院报》

学校设立奖学金情况

学校设立奖学金5项,奖励总金额10余万元。奖学金最高金额1000元/年,最低金额200元/年。

学校历史沿革

张家口技术技术学院的前身是创建于1984年的张家口大学,1997年经教育部批准更名为"张家口职业技术学院",2001年根据张家口市大中专院校布局调整的精神,学院与国家级重点中专——张家口市农业机械学校合并,组建新的张家口职业技术学院,2004年省部级重点中专——张家口市工业交通学校并入我院。

北华航天工业学院

学校(机构)标识码 4113011629	电子信箱 2083201@163.com		普通专科	5120
学校办学类型 412:本科院校:学院	占地面积(平方米)	501721	成人本科	752
学校性质类别 02 理工院校	校舍建筑面积(平方米)	293983	成人专科	1054
学校举办者 811 省级教育部门	图书(万册)	80.97	专任教师(人)	555
学校地址 河北省廊坊市爱民东道133号	固定资产总值(万元)	33034.29	其中:正高级	53
邮政编码 065000	教学、科研仪器设备资产值(万元) 8995		副高级	135
办公电话 0316-2083201			中级	292
传真电话 0316-2232540	在校生数(人)	13417	初级	59
校园(局域)网域名 www.nciae.edu.cn	其中:普通本科	6491	未定职级	16

本科专业 材料成型及控制工程、财务管理、测控技术与仪器、电气信息类、电子信息工程、飞行器制造工程、工商管理类、工业设计、国际经济与贸易、会计学、机械设计制造及其自动化、计算机科学与技术、建筑环境与设备工程、金属材料工程、社会工作、市场营销、通信工程、土木工程、网络工程、物流管理、英语、自动化

专科专业 道路桥梁工程技术、电气自动化技术、电子工艺与管理、电子商务、高分子材料应用技术、工程造价、航空服务、护理、会计与审计、机械设计与制造、计算机应用技术、金融保险、旅游英语、模具设计与制造、汽车检测与维修技术、商务英语、数控技术、营销与策划、应用电子技术

院系设置

学校设有机械工程系、电子工程系、经济管理系、建筑工程系、计算机科学与工程系、财会金融系、材料工程系、外语系、文法系、基础科学部、体育部、工程技术训练中心、成人教育学院等13个教学部门。

国家级、省部级研究机构设置

1. 实验室:精密光栅位移传感器制造与检测技术河北省工程实验室

2. 研究中心(所):河北省高校先进制造与生产过程自动化应用技术研发中心

定期公开出版的专业刊物 《北华航天工业学院学报》

学校设立奖学金情况

学校设立奖学金6项,奖励总金额288.14余万元。奖学金最高金额8000元/年,最低金额50元/年。

国家设立奖学金两项。

1. 国家奖学金:奖励在校期间学习成绩优异,社会实践、创新能力、综合素质等方面特别突出的优秀学生。奖金每年每人8000元。

2. 国家励志奖学金:主要用于奖励资助品学兼优的家庭经济困难学生。奖金每年每人5000元。

学校设立奖学金三项。

1. 综合奖学金:分为三级,一等奖占注册学生总数5%,每

学期400元;二等奖占注册学生总数10%,每学期200元;三等奖占注册学生总数10%,每学期100元。

2. 单项奖学金:

(1)学习成绩优秀奖:一学期内各门课程成绩均在90分(含90分)以上,一次性奖励500元。

(2)大学生见义勇为奖:一次性奖励300-500元。

(3)学生优秀科研成果奖:凡获得国家级大学生科技作品竞赛、各类学科竞赛一等奖者,奖励1 000元,获二等奖者,奖励800元,获三等奖者,奖励600元;获省级比赛一等奖,奖励500元,获二等奖,奖励400元,获三等奖,奖励300元,按获奖项目奖励。

(4)校园文化贡献奖:专门用于奖励在校园文化活动中做出突出贡献并在省级以上(含省级)大学生文化活动及竞赛中获奖者。获一等奖者,奖励200元,获二等奖者,奖励150元,获三等奖者,奖励100元,团体项目获一等奖每人奖励150元,二等奖每人奖励100元,三等奖每人奖励50元。

(5)体育活动贡献奖:在校级以上运动会打破学校记录者一次性奖励100元;在省级大学生运动会上或省级单项体育竞赛中,获得第一名,奖励200元,获第二名,奖励150元,获第三名,奖励100元。团体项目获得第一名,每人奖励150元,获第二名,每人奖励100元,获第三名,每人奖励50元。

3、社会力量捐助奖:学校现有中国航天科技集团公司设立的CASC奖学金和中国航天科工集团公司设立的CASIC奖学金,主要奖励航天工业所需专业的优秀学生:CASC奖学金一等奖5名,每人奖励3000元;二等奖10名,每人奖励2000元;三等奖15名,每人1000元。CASIC奖学金一等奖2名,每人奖励3000元;二等奖4名,每人奖励2000元;三等奖6名,每人奖励1000元。

主要校办产业

学校有廊坊科技发展有限公司、材料工程系模具研究所、经济管理系创意经济研究所、华航印刷厂等科研与生产单位。

学校历史沿革

1978年建校,时称廊坊精密机械工业学校,隶属原航天工业部,1984年9月易名华北航天工业学校,1985年改为普通高等专科学校,更名为华北航天工业学院。1999年4月,学校划归河北省,实行中央与地方共建的管理体制。2004年7月经教育部批准升格为本科院校,更名为北华航天工业学院,是一所面向全国招生的普通高等本科学校。

防灾科技学院

学校(机构)标识码 4113011775	电子信箱 zhangli@fzxy.edu.cn	普通专科 1774
学校办学类型 412:本科院校:学院	占地面积(平方米) 432515	成人本科 657
学校性质类别 02 理工院校	校舍建筑面积(平方米) 226809	成人专科 2040
学校举办者 419 中国地震局	图书(万册) 66.38	专任教师(人) 443
学校地址 北京东燕郊防灾科技学院	固定资产总值(万元) 17655.32	其中:正高级 25
邮政编码 101601	教学、科研仪器设备资产值(万元) 7709.57	副高级 111
办公电话 010-61596075		中级 203
传真电话 010-61596075	在校生数(人) 10586	初级 101
校园(局域)网域名 www.fzxy.edu.cn	其中:普通本科 6115	未定职级 3

本科专业 测绘工程、测控技术与仪器、地球物理学、地下水科学与工程、地质学、电气工程及其自动化、工程管理、工商管理、公共事业管理、广告学、汉语言文学、会计学、计算机科学与技术、金融学、勘查技术与工程、土木工程、网络工程、信息管理与信息系统、英语、资源勘查工程

专科专业 保险实务、电气自动化技术、工程造价、广告设计与制作、焊接技术及自动化、会计、会计与审计、计算机网络技术、企业资源计划管理、通信技术、文秘、信息安全技术

院系设置

地震科学系、防灾工程系、灾害信息工程系、防灾仪器系、人文社科系、经济管理系、外语系、基础课教学部、体育部、思政课教研部、综合减灾所

学校历史沿革

防灾科技学院的前身为国家地震天水地震专科学校,创建于1975年,1983年学校由甘肃天水迁至河北省三河市燕郊开发区,1985年7月更名为地震技术专科学校,2006年2月14日更名为防灾科技学院。

承德石油高等专科学校

学校(机构)标识码 4113011777	科学校	学校举办者 811 省级教育部门
学校办学类型 414:专科院校:高等专	学校性质类别 02 理工院校	学校地址 承德石油高等专科学校

邮政编码 067000	图书（万册） 56.8	专任教师（人） 552
办公电话 0314-2375666	固定资产总值（万元） 83386.7	其中：正高级 42
传真电话 0314-2377018	教学、科研仪器设备资产值（万元） 10265.6	副高级 134
校园（局域）网域名 www.cdpc.edu.cn		中级 328
电子信箱 xiaoban@cdpc.edu.cn	在校生数（人） 13193	初级 41
占地面积（平方米） 694931	其中：普通专科 11377	未定职级 7
校舍建筑面积（平方米） 246518	成人专科 1816	

专科专业 导游、电气自动化技术、电子商务、工程造价、工业分析与检验、工业设计、供热通风与空调工程技术、焊接技术及自动化、化工设备维修技术、环境监测与治理技术、会计电算化、机械制造与自动化、计算机控制技术、计算机类、计算机网络技术、计算机应用技术、检测技术及应用、建筑工程技术、精细化学品生产技术、酒店管理、楼宇智能化工程技术、旅游英语、内燃机制造与维修、汽车电子技术、汽车技术服务与营销、汽车检测与维修技术、汽车类、汽车制造与装配技术、热工过程自动化技术、热能动力设备与应用、软件技术、商务英语、生产过程自动化技术、生物化工工艺、石油工程技术、石油化工生产技术、市场营销、数控技术、应用电子技术、油气储运技术

院系设置

十系：机械工程系、电气与电子系、管理工程系、热能工程系、化学工程系、计算机与信息工程系、汽车工程系、石油工程系、建筑工程系、外语与旅游系；三部：社科与数理部、成人教育部、体育健康与艺术教育部；两中心：信息中心、工业中心

定期公开出版的专业刊物 《承德石油高等专科学校学报》、《承德石油高等专科学校校报》

学校设立奖学金情况

学校设立奖学金9项，奖励总金额119余万元。奖学金最高金额1200元/年，最低金额100元/年。

主要校办产业

三维科技公司

学校历史沿革

北洋工艺学堂（1903-1904）直隶高等工业学堂（1904-1929）河北省立工业专门学校及高级职业部（1929-1951）天津石油学校（1951-1958）承德石油学校（1958-1965）承德石油学校（1965-1988）承德石油高等专科学校（1988年至今）。

邢台职业技术学院

学校（机构）标识码 4113011821	传真电话 0319-2272882	在校生数（人） 13813
学校办学类型 415：专科院校：高等职业学校	校园（局域）网域名 www.xpc.edu.cn	其中：普通专科 13308
	电子信箱 jxgyxy@yahoo.com.cn	成人专科 505
学校性质类别 02 理工院校	占地面积（平方米） 487334	专任教师（人） 662
学校举办者 811 省级教育部门	校舍建筑面积（平方米） 346924	其中：正高级 47
学校地址 河北省邢台市钢铁路552号	图书（万册） 102	副高级 177
	固定资产总值（万元） 32056	中级 291
邮政编码 054035	教学、科研仪器设备资产值（万元） 11238	初级 132
办公电话 0319-2273678		未定职级 15

专科专业 表演艺术、材料成型与控制技术、传媒策划与管理、电气自动化技术、电子商务、服装表演、服装设计、服装设计与加工、工程监理、工程造价、工商企业管理、工业设计、广告设计与制作、国际经济与贸易、环境监测与治理技术、环境艺术设计、会计、会计电算化、机电一体化技术、机械设计与制造、机械制造与自动化、计算机网络技术、计算机应用技术、建筑钢结构工程技术、建筑工程技术、建筑设备工程技术、建筑装饰工程技术、旅游管理、旅游英语、模具设计与制造、汽车电子技术、汽车技术服务与营销、汽车检测与维修技术、汽车整形技术、汽车制造与装配技术、嵌入式系统工程、软件技术、商务英语、生产过程自动化技术、市场营销、视觉传达艺术设计、数控技术、通信技术、物流管理、物业管理、鞋类设计与工艺、新型纺织机电技术、冶金技术、冶金设备应用与维护、音乐表演、影视表演、应用电子技术、应用化工技术

院系设置

设汽车、建筑、电子、机电、资源与环境、服装、艺术与传媒、外语、经济管理9个系

国家级、省部级研究机构设置

实验实习：拥有中央财政投资重点建设的国家级工业技术中心、服饰产业技术中心、鞋业技术中心、信息技术中心；拥有基础实验中心、语音教学中心、装饰艺术设计中心、表演艺术中心等80多个实验室，以及69个校外实习基地。

学校历史沿革

邢台职业技术学院（中国人民解放军军需工业学院），原隶属总后勤部，一个学校，两块牌子，全国招生。随着国家高等教育体制的改革，2002年7月学院转归为河北省直属高校。学院座落在交通便利、资讯发达、工业基础雄厚的河北省邢台市。2005年通过全国高职高专示范性院校的遴选。2006年12月，学

院被教育部、财政部确定为"国家示范性高等职业院校建设计划"立项建设院校。

河北经贸大学

学校(机构)标识码　4113011832	电子信箱　jmdxb@heuet.edu.cn	成人本科　5055
学校办学类型　411：本科院校：大学	占地面积(平方米)　1981557	成人专科　9932
学校性质类别　08 财经院校	校舍建筑面积(平方米)　584270	硕士研究生　1085
学校举办者　811 省级教育部门	图书(万册)　177.87	留学生　37
学校地址　河北省石家庄市学府路47号	固定资产总值(万元)　100349	专任教师(人)　1048
邮政编码　050061	教学、科研仪器设备资产值(万元)　12532	其中：正高级　192
办公电话　0311-87655580	在校生数(人)　33741	副高级　428
传真电话　0311-86839742	其中：普通本科　17127	中级　394
校园(局域)网域名　www.heuet.edu.cn	普通专科　505	初级　13
		未定职级　21

本科专业　保险、编辑出版学、财务管理、财政学、朝鲜语、电气信息类、电子商务、电子信息工程、动画、对外汉语、法学、工程管理、工商管理、工商管理类、公共管理类、广播电视新闻学、广告学、国际经济与贸易、汉语言文学、行政管理、会计学、会展经济与管理、绘画、计算机科学与技术、金融工程、金融学、经济学、经济学类、酒店管理、劳动与社会保障、旅游管理、贸易经济、农村区域发展、人力资源管理、日语、软件工程、商务英语、审计学、生物工程、生物技术、食品科学与工程、食品质量与安全、市场营销、数学类、数学与应用数学、税务、统计学、图书馆学、网络工程、文化产业管理、物流管理、新闻传播学类、新闻学、信息管理与信息系统、信息与计算科学、艺术设计、音乐表演、英语、中国语言文学类、资产评估

专科专业　广告设计与制作、酒店管理、软件技术、物业管理

硕士专业　保险、财政学(含：税收学)、产业经济学、法律、法学理论、工商管理、公共管理、国际法学(含：国际公法、国际私法)、国际贸易学、国际商务、国民经济学、行政管理、会计、会计学、计算机应用技术、技术经济及管理、金融、金融学(含：保险学)、经济法学、经济史、劳动经济学、伦理学、马克思主义基本原理、民商法学(含：劳动法学)、社会保障、企业管理(含：财务管理、市场营销)、区域经济学、社会保障、数量经济学、税务、思想政治教育、统计学、西方经济学、新闻学、刑法学、应用统计、政治经济学、资产评估

院系设置
研究生学院、商学院、财政税务学院、金融学院、法学院、人文学院、外国语学院、艺术学院、数学与统计学院、生物科学与工程学院、信息技术学院、工商管理学院、会计学院、旅游学院、公共管理学院、市场学院、继续教育学院、经济管理学院

定期公开出版的专业刊物　《河北经贸大学学报》、《经济与管理》

学校设立奖学金情况
学校设立奖学金三项(国家奖学金、国家励志奖学金、校内优秀学生奖学金)，奖励总金额385余万元。奖学金最高金额8000元/年。最低金额200元/年。

学校历史沿革
河北经贸大学始于1953年创办的河北省供销合作社石家庄合作学校，于1995年由河北财经学院、河北经贸学院、河北商业高等专科学校合并组建。

中央司法警官学院

学校(机构)标识码　4113011903	校园(局域)网域名　www.cicp.edu.cn	其中：普通本科　6112
学校办学类型　412：本科院校：学院	电子信箱　cifcp@126.com	成人本科　156
学校性质类别　09 政法院校	占地面积(平方米)　295352	成人专科　110
学校举办者　315 司法部	校舍建筑面积(平方米)　226487	专任教师(人)　309
学校地址　河北省保定市七一中路103号	图书(万册)　76.3	其中：正高级　87
邮政编码　071000	固定资产总值(万元)　41115.81	副高级　80
办公电话　0312-5910003	教学、科研仪器设备资产值(万元)　4232.62	中级　96
传真电话　0312-5910004	在校生数(人)　6378	初级　32
		未定职级　14

本科专业 法学、法制宣传与法制文学、监狱学、矫正教育方向、教育学、警察管理方向、律师方向、社会工作与社区矫正方向、司法行政方向、司法信息安全方向、心理矫治方向、信息管理与信息系统、狱内侦查方向、知识产权

院系设置

监狱学系、劳教管理系、信息管理系、警察管理系、法律系、继续教育部

定期公开出版的专业刊物 《中国监狱学刊》

学校设立奖学金情况

学校设立奖学金5项,奖励总金额350余万元,奖学金最高金额1000元/年,最低金额100元/年。

1. 专业奖学金(监狱、劳教专业):监狱、劳教类专业全部学生,300元/人;

2. 普高优秀学生奖学金 特等奖学金:学生总数1%,1500元/人 一等奖学金:学生总数3%,1000元/人 二等奖学金:学生总数10%,500元/人 三等奖学金:学生总数15%,300元/人;

3. 普高精神文明建设奖学金:学生总数5%,100元/人;

4. 成高优秀学生奖学金 一等奖学金:学生总数2%,350元/人 二等奖学金:学生总数5%,240元/人 三等奖学金:学生总数8%,120元/人;

5. 普高家庭贫困学生勤奋奖学金:学生总数5%,1000元/人。

毕业生一次就业率 88%

学校历史沿革

学院创建于1956年,原名公安部劳改工作干部学校。1983年划归司法部领导。1985年经原国家教委批准,成立了中央劳改劳教管理干部学院,开始成人高等教育。1995年,随着《监狱学》的出台,学院更名为中央司法警官教育学院。在司法部的正确领导下,学院近几年得到了较快的发展。1999年,开始申办中央司法警官学院,2000年3月28日,经教育部批准,在中央司法警官教育学院的基础上筹建具有普通高等教育性质、以本科教育为主的中央司法警官学院。2002年4月24日,教育部下发《关于同意建立中央司法警官学院的通知》,正式建立中央司法警官学院。总体而言,学院的发展经历了申办(1998至1999年)、筹建(2000至2001年)、建设(2002年至2003年)三个阶段。

河北软件职业技术学院

学校(机构)标识码	4113012352
学校办学类型	415:专科院校:高等职业学校
学校性质类别	02 理工院校
学校举办者	811 省级教育部门
学校地址	河北省保定市职大路1号
邮政编码	071000
办公电话	0312-5097779
传真电话	0312-5097772
校园(局域)网域名	www.hbsi.edu.cn
电子信箱	hbsiyhh@126.com
占地面积(平方米)	533600
校舍建筑面积(平方米)	210640
图书(万册)	57
固定资产总值(万元)	17049
教学、科研仪器设备资产值(万元)	4444
在校生数(人)	9607
其中:普通专科	8847
成人专科	760
专任教师(人)	450
其中:正高级	20
副高级	88
中级	215
初级	127

专科专业 电气自动化技术、电子商务、动漫设计与制作、工程监理、工程造价、工商企业管理、国际经济与贸易、航空服务、会计电算化、机电一体化技术、计算机多媒体技术、计算机速录、计算机通信、计算机网络技术、计算机信息管理、计算机应用技术、计算机硬件与外设、建筑工程技术、建筑装饰工程技术、金融管理与实务、酒店管理、旅游管理、软件技术、商务英语、市场营销、数控设备应用与维护、税务、图形图像制作、文秘、物流管理、新能源电子技术、移动通信技术、应用电子技术

院系设置

软件工程系、网络工程系、数字传媒系、智能工程系、信息工程系、经济管理系、社会科学系、继续教育部

定期公开出版的专业刊物 《河北软件职业技术学院学报》

学校设立奖学金情况

学校设立奖学金3项,奖励总金额627余万元。奖学金最高金额8000元/年,最低金额2000元/年。

学校历史沿革

保定职工大学(1972年—1988年)、河北职工大学(1988年—2001年)、河北工程技术职业学院(2001年—2003年)、河北软件职业技术学院(2003年至今)。

河北石油职业技术学院

学校(机构)标识码	4113012367
学校办学类型	415:专科院校:高等职业学校
学校性质类别	02 理工院校
学校举办者	891 地方企业
学校地址	河北省廊坊市爱民西道90号
邮政编码	065000
办公电话	0316-2070205

传真电话 0316-2070200	教学、科研仪器设备资产值(万元) 4359	专任教师(人) 262
校园(局域)网域名 www.pvtc.edu.cn	在校生数(人) 5759	其中:正高级 1
占地面积(平方米) 333335	其中:普通专科 5598	副高级 64
校舍建筑面积(平方米) 162836	成人专科 161	中级 127
图书(万册) 30.13		初级 70
固定资产总值(万元) 18472		

专科专业 城市燃气工程技术、电气自动化技术、电子商务、工程机械运用与维护、工程监理、管道工程技术、焊接技术及自动化、会计电算化、机电一体化技术、机械制造与自动化、计算机多媒体技术、计算机通信、计算机网络技术、计算机信息管理、检测技术及应用、建筑工程技术、建筑装饰工程技术、金融保险、酒店管理、旅游管理、旅游英语、生产过程自动化技术、市场营销、通信技术、无损检测技术、应用电子技术、油气储运技术

院系设置
管道运输系、自动化工程系、电子工程系、经济管理系、管道工程系、焊接工程系、机械工程系、计算机工程系、基础部

学校设立奖学金情况
学校设立奖学金3项,奖励总金额20余万元。奖学金最高金额800元/年,最低金额300元/年。

学校历史沿革
1978年成立石油工业部管道局七.二一大学;1980年更名为管道局职工学院;2001年经河北省人民政府批准,更名改建为河北石油职业技术学院。

河北建材职业技术学院

学校(机构)标识码 4113012389	传真电话 0335-8051441	在校生数(人) 8580
学校办学类型 415:专科院校:高等职业学校	校园(局域)网域名 www.hbjcxy.com	其中:普通专科 8556
学校性质类别 02 理工院校	电子信箱 hbjc@hbjcedu.com	成人专科 24
学校举办者 811 省级教育部门	占地面积(平方米) 156328	专任教师(人) 394
学校地址 秦皇岛市海港区文育路8号	校舍建筑面积(平方米) 135681	其中:正高级 23
邮政编码 066004	图书(万册) 37.1	副高级 85
办公电话 0335-8070181	固定资产总值(万元) 13848	中级 153
	教学、科研仪器设备资产值(万元) 4761	初级 119
		未定职级 14

专科专业 报关与国际货运、材料工程技术、电子商务、房地产经营与估价、复合材料加工与应用技术、给排水工程技术、工程监理、工程造价、工业分析与检验、广告设计与制作、国际经济与贸易、航空服务、环境监测与治理技术、环境艺术设计、会计与审计、机电设备维修与管理、机电一体化技术、计算机多媒体技术、计算机控制技术、计算机类、计算机网络技术、计算机信息管理、建筑工程管理、建筑工程技术、建筑设备工程技术、建筑装饰材料及检测、建筑装饰工程技术、酒店管理、连锁经营管理、旅游管理类、涉外旅游、生产过程自动化技术、市场营销、体育服务与管理、物流管理、艺术设计类、应用电子技术、装饰艺术设计、资产评估与管理

院系设置
建筑工程系、建筑材料系、机电工程系、财经管理系、旅游系、体育教学部、基础部

学校设立奖学金情况
奖励总金额38.9万元,最高金额600元/年,最低金额400元/年。

学校历史沿革
1979年国家建材局秦皇岛玻璃工业技工学校;1985年国家建材干部学院秦皇岛分院;1986年河北建材工业学校;1998年河北建材职工大学;2001年河北建材职业技术学院;12月划归河北省教育厅管理。

河北政法职业学院

学校(机构)标识码 4113012408	学校举办者 812 省级其他部门	办公电话 0311-87115168
学校办学类型 415:专科院校:高等职业学校	学校地址 河北省石家庄市友谊北大街569号	传真电话 0311-87115539
学校性质类别 09 政法院校	邮政编码 050061	校园(局域)网域名 www.helc.edu.cn
		电子信箱 87656001@163.com

占地面积(平方米) 819374	5817.88	其中:正高级 39
校舍建筑面积(平方米) 274106	在校生数(人) 12888	副高级 141
图书(万册) 74.5	其中:普通专科 12782	中级 179
固定资产总值(万元) 29089.4	成人专科 106	初级 104
教学、科研仪器设备资产值(万元)	专任教师(人) 488	未定职级 25

专科专业 安全保卫、财务管理、电子商务、法律事务、法律事务(国际经济法方向)、法律文秘、工程测量与监理、国际金融、国际经济与贸易、国际商务、环境艺术设计、会计(司法会计方向)、会计电算化、会展策划与管理、计算机信息管理、交通管理、经济信息管理、酒店管理、连锁经营管理、旅游管理、旅游英语、人力资源管理、软件技术(3G软件开发)、森林生态旅游、商务英语、社会工作、社区管理与服务、市场营销、司法助理、投资与理财、图形图像制作、物流管理、物业管理、应用英语、应用英语(法律英语方向)、园林技术、园艺技术、园艺技术(商品花卉方向)

院系设置
法律系、国际法商系、计算机系、管理系、园林系、财经系、外语系、会计系、思政教学部、继续教育部、体育部

国家级、省部级研究机构设置
研究中心(所):河北省法学会,诉讼法学研究会、民商法学研究会、刑法学研究会。

定期公开出版的专业刊物 《河北法学》
学校设立奖学金情况
学校设立奖学金3项,奖励总金额58余万元。奖学金最高金额800元/年,最低金额400元/年。
学校历史沿革
河北政法职业学院隶属于中共河北省委政法委,其前身是成立于1949年7月的河北省建设学院,校址在保定市。1954年4月,改建为河北省政法干部学校。1956年6月,学校从保定市迁至石家庄市,校址在裕华路河北省京剧院。文革期间,学校停办。1974年7月,省委、省政府正式恢复河北省政法干部学校,并在五七路选址重建。1983年11月,政法干校改建为河北政法管理干部学院。1998年4月,与省司法厅、省律师协会联合建立了河北律师学院。2001年4月,改建为河北政法职业学院,举办普通高等职业教育。2004年4月,河北林业学校整建制并入学院。2004年7月,恢复"河北政法管理干部学院"。

沧州职业技术学院

学校(机构)标识码 4113012415	校园(局域)网域名 www.czvtc.cn	在校生数(人) 8730
学校办学类型 415:专科院校:高等职业学校	电子信箱 czzyrsc@126m.com	其中:普通专科 8730
	占地面积(平方米) 634537	专任教师(人) 394
学校性质类别 01 综合大学	校舍建筑面积(平方米) 247623	其中:正高级 21
学校举办者 821 地级教育部门	图书(万册) 45.6	副高级 124
学校地址 沧州市运河区学院西路	固定资产总值(万元) 8141	中级 105
邮政编码 061001	教学、科研仪器设备资产值(万元)	初级 115
办公电话 0317-2125836	3463	未定职级 29
传真电话 0317-2022598		

专科专业 报关与国际货运、财务会计类、畜牧兽医、电力工程管理、电力系统自动化技术、电气自动化技术、动漫设计与制作、工程测量与监理、国际经济与贸易、焊接技术及自动化、化学制药技术、会计电算化、会计与审计、机电一体化技术、机械设计制造类、计算机多媒体技术、计算机类、计算机软件技术、计算机通信、计算机网络技术、计算机信息管理、计算机应用技术、建筑工程管理、建筑工程技术、建筑装饰材料及检测、建筑装饰工程技术、酒店管理、空中乘务、旅游管理、模具设计与制造、汽车检测与维修技术、人物形象设计、商务英语、生物技术与应用、食品加工技术、市场营销、兽医、数控技术、艺术设计、影视广告、应用化工技术、园林技术、种子生产与经营、自动化类

院校设置
城乡建设工程系、畜牧兽医系、电气工程系、机械工程系、化学工程系、现代服务系、经贸管理系、外语与艺术设计系、信息工程系、基础部和国际教育交流部

学校设立奖学金情况
学校设立奖学金3项,奖励总金额349余万元。

学校历史沿革
2000年7月由沧州工业学校,沧州农业学校和沧州市农林科学院合并成立沧州职业技术学院(沧州工业学校始建于1972年,其前身为1958年所建的津沧化工学院,属大专建制;沧州农业学校始建于1972年,沧州市农林科学院始建于1955年)。

河北能源职业技术学院

学校(机构)标识码　4113012418
学校办学类型　415:专科院校:高等职业学校
学校性质类别　02 理工院校
学校举办者　891 地方企业
学校地址　河北省唐山市路北区北新西道88号
邮政编码　063004
办公电话　0315-3049221
传真电话　0315-3049221
校园(局域)网域名　www.hbnyxy.cn
占地面积(平方米)　280000
校舍建筑面积(平方米)　128800
图书(万册)　40.43
固定资产总值(万元)　14569
教学、科研仪器设备资产值(万元)　3742
在校生数(人)　8540
其中:普通专科　7263
　　　成人专科　1277
专任教师(人)　315
其中:正高级　10
　　　副高级　109
　　　中级　111
　　　初级　56
　　　未定职级　29

专科专业　安全技术管理、财务会计类、电气自动化技术、电子商务、工程测量技术、工程造价、供用电技术、广告设计与制作、会计、会计电算化、机电一体化技术、机械设计与制造、机械设计制造类、计算机类、计算机网络技术、计算机系统维护、建筑工程技术、金融保险、酒店管理、矿山地质、矿山机电、矿物加工技术、矿业工程类、旅游管理、旅游管理类、煤矿开采技术、能源类、热能动力设备与应用、市场营销、市场营销类、市政工程技术、数控技术、通信技术、图形图像制作、土建施工类、网站规划与开发技术、物流管理、物业管理、自动化类

院系设置
机电工程系、矿产资源与建筑工程系、经济管理系、信息工程系、基础部等

定期公开出版的专业刊物　《河北能源职业技术学院学报》
学校设立奖学金情况
学院设立奖学金 3 项,奖励总金额 40.88 万元。奖学金最高金额 1000 元/年,最低金额 400 元/年。
学校历史沿革
学院的前身为开滦职工大学,创建于 1972 年。2000 年 7 月经省政府批准,改制为专科层次普通高等院校,实施专科层次高等职业技术教育。

石家庄铁路职业技术学院

学校(机构)标识码　4113012424
学校办学类型　415:专科院校:高等职业学校
学校性质类别　02 理工院校
学校举办者　811 省级教育部门
学校地址　石家庄铁路职业技术学院
邮政编码　050041
办公电话　0311-88621021
传真电话　0311-88621073
校园(局域)网域名　www.sirt.edu.cn
电子信箱　yuanban071@126.com
占地面积(平方米)　274600
校舍建筑面积(平方米)　188077
图书(万册)　41.55
固定资产总值(万元)　26000
教学、科研仪器设备资产值(万元)　6393
在校生数(人)　7266
其中:普通专科　6987
　　　成人专科　279
专任教师(人)　305
其中:正高级　28
　　　副高级　86
　　　中级　165
　　　初级　26

专科专业　测绘类、城市轨道交通工程技术、城市轨道交通控制、导游、道路桥梁工程技术、地下工程与隧道工程技术、电气化铁道技术、电气自动化技术、高等级公路维护与管理、高速铁道技术、工程测量技术、工程造价、供用电技术、国际工程施工技术、国际工程物流管理、国际工程造价、会计、会计电算化、机电一体化技术、计算机网络技术、计算机应用技术、建筑材料工程技术、建筑工程管理、建筑工程技术、建筑设备工程技术、酒店管理、楼宇智能化工程技术、旅游英语、软件技术、商务英语、摄影测量与遥感技术、市场营销、铁道工程技术、铁道通信信号、文秘、物流管理、艺术设计、装饰艺术设计

院系设置
交通系、建筑系、测绘工程系、信息工程系、机电工程系、经济管理系、外语系、人文社科系、体育部
学校设立奖学金情况
学校设立奖学金 6 项,奖金总金额 150 余万元。奖学金最高金额 8000 元/年,最低金额 300 元/年。
学校历史沿革
石家庄铁路职业技术学院原为铁道兵工程学院财材系,2000 年升格改制为石家庄铁路工程职业技术学院,先后隶属铁道部、中国铁道建筑总公司,2003 年 10 月经河北省人民政府批

准改为现名,2005 年经河北省人民政府和中国铁道建筑总公司协商,学院成建制整体移交河北省人民政府管理,2007 年 8 月,经国家教育部、财政部批准,学院为国家示范性高等职业院校 2007 年度立项建设单位,2010 年,学院顺利通过河北省和国家级验收,并获优秀成绩。

保定职业技术学院

学校(机构)标识码　4113012543
学校办学类型　415:专科院校:高等职业学校
学校性质类别　01 综合大学
学校举办者　821 地级教育部门
学校地址　保定职业技术学院保定市朝阳南大街 613 号
邮政编码　071051
办公电话　0312-5909330
传真电话　0312-5950370
校园(局域)网域名　www.bvtc.com.cn
电子信箱　office@bvtc.com.cn
占地面积(平方米)　239826
校舍建筑面积(平方米)　161914
图书(万册)　40.82
固定资产总值(万元)　32796.54
教学、科研仪器设备资产值(万元)　4498.77
在校生数(人)　8448
其中:普通专科　7929
成人专科　519
专任教师(人)　381
其中:正高级　30
副高级　94
中级　162
初级　94
未定职级　1

专科专业　财政、宠物养护、畜牧、畜牧兽医、畜牧兽医类、道路桥梁工程技术、电气自动化技术、电视节目制作、电子商务与信息管理、动物养殖与疾病防治、多媒体技术、服装设计、服装设计与加工、工程监理、广告设计与制作、国际经济与贸易、会计电算化、会计与审计、机电一体化、机电一体化技术、机械设计与制造、机械设计制造、机械设计制造类、计算机辅助设计与制造、计算机系统维护、计算机信息管理、计算机应用技术、建筑工程技术、酒店管理、连锁经营管理、旅游管理、旅游管理类、农业技术类、汽车服务与营销、汽车检测与维修技术、汽车制造、软件技术、商务英语、生物技术及应用、市场营销、视觉传达艺术设计、兽医、数控技术、投资与理财、图形图像制作、网络技术、网站规划与开发、文秘、物流管理、影视动画、应用电子技术、园林技术、园艺、植物保护、主持与播音、装饰艺术设计、自动化类、作物生产技术

院校设置
学院设有机电工程系、计算机信息工程系、建筑工程系、农林与生物工程系、畜牧兽医系、传播技术系、商务系、艺术设计系、商务技术系、经济管理系、人文系、基础科学部、社会科学部、体育教学部、现代教育技术部等十系四部。

定期公开出版的专业刊物　《保定职业技术学院》

学校设立奖学金情况
学院设立奖学金 1 项,奖励金额 56.03 万元;奖学金最高金额 1400 元/生/年。最低金额 400 元/生/年。

学校历史沿革
保定职业技术学院是河北省政府 2000 年 9 月批准成立的专科层次的普通高等职业学校,是由原保定农业学校和保定市财税干部中等学校合并而成。保定农业学校建校于 1935 年(始称河北省高等农业学校,曾称保定专区农学院、保定农业专科学校);保定财税干部中专学校 1985 年建立。

秦皇岛职业技术学院

学校(机构)标识码　4113012773
学校办学类型　415:专科院校:高等职业学校
学校性质类别　02 理工院校
学校举办者　821 地级教育部门
学校地址　河北省秦皇岛市北戴河区联峰北路 90 号
邮政编码　066100
办公电话　0335-5926919
传真电话　0335-5926900
校园(局域)网域名　www.qhdvtc.com
电子信箱　yb5926919@163.com
占地面积(平方米)　472077
校舍建筑面积(平方米)　194157
图书(万册)　55.95
固定资产总值(万元)　36708.61
教学、科研仪器设备资产值(万元)　5065.42
在校生数(人)　9322
其中:普通专科　9322
专任教师(人)　479
其中:正高级　35
副高级　71
中级　165
初级　160
未定职级　48

专科专业　报关与国际货运、财务会计类、财政金融类、导游、电气自动化技术、电子商务、电子设备与运行管理、电子信息工程技术、动漫设计与制作、工程造价、工商企业管理、会计与审计、机电一体化技术、机械制造与自动化、计算机应用技术、酒店

管理、连锁经营管理、旅游管理、模具设计与制造、商务英语、涉外旅游、市场营销、数控技术、税务、网络系统管理、物流管理、艺术设计、音乐表演、应用英语、装饰艺术设计、资产评估与管理

院系设置

经济系、管理工程系、商贸系、信息工程系、机电工程系、旅游系、艺术系、外语系

学校设立奖学金情况

学校设立奖学金共2项，奖励总金额为51.428万元。奖学金最高金额为520元/年，最低金额为100元/年。

学校历史沿革

秦皇岛职业技术学院，前身为秦皇岛市财经学校，创建于1985年。2001年4月30日经河北省人民政府批准，与河北省工业管理学校、秦皇岛市商业学校合并组建秦皇岛职业技术学院。

石家庄计算机职业学院

学校(机构)标识码　4113012782	传真电话　0311-86867722	6415
学校办学类型　415:专科院校:高等职业学校	校园(局域)网域名　www.sjzcvc.com	在校生数(人)　5367
	电子信箱　sjzcvctj@126.com	其中:普通专科　5367
学校性质类别　02 理工院校	占地面积(平方米)　333500	专任教师(人)　311
学校举办者　999 民办	校舍建筑面积(平方米)　150010	其中:正高级　15
学校地址　河北省石家庄市学府路169号	图书(万册)　36	副高级　45
	固定资产总值(万元)　29770	中级　84
邮政编码　050061	教学、科研仪器设备资产值(万元)	初级　167
办公电话　0311-86867711		

专科专业　报关与国际货运、电脑艺术设计、电子商务、动漫设计与制作、房地产经营与估价、工程造价、广告设计与制作、环境艺术设计、会计电算化、会计与审计、会计与统计核算、机电一体化技术、计算机多媒体技术、计算机网络技术、计算机应用技术、建筑设计技术、金融与证券、汽车电子技术、软件技术、软件开发与项目管理、室内设计技术、物流管理、新闻采编与制作、移动通信技术

院系设置

应用系、网络系、经管系、软件系、艺术系

学校设立奖学金情况

学校设立奖学金3项，奖学金最高金额8000元/年，最低金额5000元/年。

主要校办产业

河北育杰电子科技有限公司

学校历史沿革

1995年成立，前身为河北中山专修学院，2001年经国家教育部备案、河北省政府批准改制为石家庄计算机职业学院。

石家庄外国语职业学院

学校(机构)标识码　4113012783	传真电话　0311-89299293	1606.49
学校办学类型　415:专科院校:高等职业学校	校园(局域)网域名　www.sjzwgyxy.com	在校生数(人)　2635
		其中:普通专科　2635
学校性质类别　07 语文院校	电子信箱　sjzwgyxy123@163.com	专任教师(人)　134
学校举办者　999 民办	占地面积(平方米)　239760	其中:正高级　8
学校地址　石家庄经济技术开发区岗上文明路12号	校舍建筑面积(平方米)　96480	副高级　18
	图书(万册)　28.63	中级　35
邮政编码　052165	固定资产总值(万元)　9082.01	初级　34
办公电话　0311-89299300	教学、科研仪器设备资产值(万元)	未定职级　39

专科专业　报关与国际货运、动漫设计与制作、国际经济与贸易、计算机网络技术、计算机信息管理、计算机应用技术、酒店管理、旅游日语、旅游英语、人物形象设计、软件技术、商务日语、市场营销、物流管理、应用阿拉伯语、应用俄语、应用法语、应用韩语、应用西班牙语、应用英语

院系设置

外国语言系、经济管理系、计算机系

学校设立奖学金情况

学校设立奖学金 3 项,奖励总金额 89.8 万元。奖学金最高金额 8000 元/年,最低金额 1000 元/年。

学校历史沿革

我院创建于 2001 年,是经河北省教育厅批准、国家教育部备案的全日制高等职业院校,前身为邯郸中原外国语职业学院,自 2004 年由邯郸迁入省会石家庄,并正式更名为石家庄外国语职业学院。

河北传媒学院

学校(机构)标识码	4113012784
学校办学类型	412:本科院校:学院
学校性质类别	11 艺术院校
学校举办者	999 民办
学校地址	河北省石家庄市新华区警安路 8 号
邮政编码	050071
办公电话	0311-85334008
传真电话	0311-85273379
校园(局域)网域名	www.hebic.cn
占地面积(平方米)	1217406
校舍建筑面积(平方米)	166030
图书(万册)	112.59
固定资产总值(万元)	49391.42
教学、科研仪器设备资产值(万元)	5649.2
在校生数(人)	14074
其中:普通本科	10600
普通专科	2625
成人本科	738
成人专科	111
专任教师(人)	1140
其中:正高级	156
副高级	190
中级	255
初级	319
未定职级	220

本科专业 编辑出版学、表演、播音与主持艺术、动画、公共事业管理、广播电视编导、广播电视新闻学、广告学、汉语言文学、计算机科学与技术、录音艺术、葡萄牙语、摄影、数字媒体艺术、舞蹈编导、戏剧影视美术设计、艺术设计、音乐表演、英语

专科专业 编导、电视节目制作、广播电视技术、广告设计与制作、计算机网络技术、计算机信息管理、人物形象设计、社会体育、摄影摄像技术、文化事业管理、舞蹈表演、新闻采编与制作、艺术设计、音乐表演、影视表演、影视动画、影视多媒体技术、影视广告、应用电子技术、主持与播音

院系设置

新闻传播学院、影视学院、艺术设计学院、动画学院、舞蹈学院、音乐系、表演系、艺术体育系、信息系、外语系、管理系、中文系五年制大专部

定期公开出版的专业刊物 《河北传媒研究》

学校设立奖学金情况

学校设立奖学金一项奖励总金额 36 余万元,奖学金最高金额 1000 元/年,最低金额 200 元/年。

学校历史沿革

学院始建于 2000 年,当时名称为河北影视艺术职业学院。2005 年筹备升本,2007 年正式升为本科院校,更名为河北传媒学院。

唐山职业技术学院

学校(机构)标识码	4113012785
学校办学类型	415:专科院校:高等职业学校
学校性质类别	05 医药院校
学校举办者	821 地级教育部门
学校地址	唐山市新华西道 120 号
邮政编码	063004
办公电话	0315-2737608
传真电话	0315-2316425
校园(局域)网域名	www.tsvtc.com
电子信箱	tangzhiyuan2001@163.com
占地面积(平方米)	713262
校舍建筑面积(平方米)	247346
图书(万册)	72.01
固定资产总值(万元)	15509.25
教学、科研仪器设备资产值(万元)	6119.53
在校生数(人)	9540
其中:普通专科	9540
专任教师(人)	539
其中:正高级	37
副高级	200
中级	205
初级	57
未定职级	40

专科专业 报关与国际货运、财务管理、财务会计类、畜牧兽医、电子商务、动车组技术、法律事务、工商管理类、广告设计与制作、护理、护理(涉外方向)、护理(助产士方向)、环境监测与治理技术、会计、会计电算化、机电一体化技术、计算机类、计算机网络技术、计算机信息管理、计算机应用技术、金融保险、酒店管理、口腔医学技术、连锁经营管理、旅游管理、农业经济管理、汽车技术服务与营销、汽车检测与维修技术、人力资源管理、生产过程自动化技术、市场营销、市场营销类、文秘、物流管理、物业管理、眼视光技术、药物制剂技术、医学影像技术、医药营销、园林技术、园林技术(景观设计方向)、园艺技术、中医学、中

医学(针灸推拿方向)、中医学(中西医结合方向)、装潢艺术设计

学校历史沿革

唐山职业技术学院前身事唐山市卫生学校、唐山农业学校、唐山市商业学校和唐山市财贸干部学校。唐山市卫生学校建于1951年,原名为"河北省卫生学校唐山分校",1953年改为唐山医士学校,1958年升格为唐山医1978年唐山市农业学校建立,原名为唐山地区农业机械化学校,1983年地市合并改名为唐山市农业学校。1956年唐山市商业学校建立,原名为唐山地区商业学校,1983年更名为唐山市商业学校。1963年唐山市财贸干部学校建立,文革期间停办,1981年复建。以上四校于2001年4月30日合并为唐山职业技术学院。

衡水职业技术学院

学校(机构)标识码 4113012786	校园(局域)网域名 www.hsvtc.cn	在校生数(人) 3185
学校办学类型 415:专科院校:高等职业学校	电子信箱 hszjxy@163.com	其中:普通专科 3185
	占地面积(平方米) 131578	专任教师(人) 191
学校性质类别 02 理工院校	校舍建筑面积(平方米) 91534	其中:正高级 6
学校举办者 821 地级教育部门	图书(万册) 25.97	副高级 42
学校地址 衡水市红旗大街2373号	固定资产总值(万元) 8997.78	中级 71
邮政编码 053400	教学、科研仪器设备资产值(万元) 2258.17	初级 63
办公电话 0318-2107316		未定职级 9
传真电话 0318-2107316		

专科专业 电气自动化技术、电子商务、房地产经营与估价、工艺绘画、广告设计与制作、国际经济与贸易、会计电算化、机电一体化技术、计算机类、计算机网络技术、计算机应用技术、商务英语、市场营销、物流管理、应用电子技术、应用英语、园林工程技术、园林技术、装潢艺术设计、自动化类

院系设置

六系一部(机电工程系、经济管理系、计算机系、外语系、艺术系、生物工程系、基础部)

学校历史沿革

2001年4月30日,河北省政府正式批准在冀县师范的基础上建立"衡水职业技术学院"。

唐山工业职业技术学院

学校(机构)标识码 4113012787	传真电话 0315-3103878	4984.32
学校办学类型 415:专科院校:高等职业学校	校园(局域)网域名 www.tsgzy.edu.com	在校生数(人) 6535
		其中:普通专科 6535
学校性质类别 02 理工院校	电子信箱 tsgzybgs@163.com	专任教师(人) 325
学校举办者 821 地级教育部门	占地面积(平方米) 431586	其中:正高级 10
学校地址 河北省唐山市路北区缸窑路29号	校舍建筑面积(平方米) 312867	副高级 90
	图书(万册) 40.18	中级 114
邮政编码 063020	固定资产总值(万元) 39853.18	初级 93
办公电话 0315-3271129	教学、科研仪器设备资产值(万元)	未定职级 18

专科专业 包装装潢设计、报关与国际货运、电脑艺术设计、电气自动化技术、动车组技术、港口机械应用技术、港口物流管理、港口物流设备与自动控制、港口业务管理、港口运输类、环境监测与治理技术、会计电算化、机电设备维修与管理、机电一体化技术、机械设计制造类、机械制造与自动化、计算机多媒体技术、计算机控制技术、计算机类、计算机网络技术、计算机应用技术、建筑工程技术、旅游管理类、模具设计与制造、汽车电子技术、汽车技术服务与营销、汽车检测与维修技术、汽车类、石油化工生产技术、数控技术、陶瓷艺术设计、物流管理、新能源汽车维修技术、信息安全技术、艺术设计、艺术设计类、营销与策划、应用电子技术、油气开采技术、装潢艺术设计、自动化类

院系设置

信息工程系、自动化工程系、机械工程系、管理工程系、艺术设计系

定期公开出版的专业刊物 《工业技术与职业教育》

学校设立奖学金情况

学校设立奖学金 2 项,奖励总金额 16.52 万元。奖学金最高金额 300 元/年,最低金额 100 元/年。

主要校办产业

唐山工业职业技术学院工艺美术瓷厂、机械制造厂、礼品艺术瓷厂

学校历史沿革

2001 年 4 月由唐山职工大学陶瓷分校和河北唐山高级技校升格为唐山工业职业技术学院;2004 年唐山工业职业技术学院与唐山工业学校合并。

石家庄城市职业学院

学校(机构)标识码	4113012796
学校办学类型	415:专科院校:高等职业学校
学校性质类别	08 财经院校
学校举办者	999 民办
学校地址	石家庄市桥西区宫北路 11 号
邮政编码	050091
办公电话	0311 - 83831598
传真电话	0311 - 83831598
校园(局域)网域名	www.hbfsh.com
电子信箱	fashang@163.com
占地面积(平方米)	336592
校舍建筑面积(平方米)	202711
图书(万册)	67
固定资产总值(万元)	28007
教学、科研仪器设备资产值(万元)	3585
在校生数(人)	8734
其中:普通专科	8734
专任教师(人)	392
其中:正高级	30
副高级	58
中级	141
初级	163

专科专业 报关与国际货运、财务管理、城镇规划、出版与发行、电子商务、电子信息工程技术、法律事务、房地产经营与估价、工程监理、工程造价、工商企业管理、供热通风与空调工程技术、广告设计与制作、国际经济与贸易、国际商务、环境艺术设计、会计、计算机类、计算机网络技术、计算机应用技术、建筑工程管理、建筑工程技术、建筑设计技术、建筑装饰工程技术、金融保险、酒店管理、连锁经营管理、旅游管理、烹饪工艺与营养、软件技术、商务英语、市政工程技术、物流管理、物业管理、新闻采编与制作、移动通信技术、印刷技术、营销与策划、应用日语、应用英语

学校设立奖学金情况

学校设立奖学金三项,奖励总额 600 余万元。奖学金最高金额 800 元/年,最低金额 300 元/年。

学校历史沿革

1997 年建校,2001 年经批准,正式成为省属全日制普通高等职业院校,2007 年迁入新校区,2011 年 6 月正式更名为石家庄城市职业学院。

邢台医学高等专科学校

学校(机构)标识码	4113012884
学校办学类型	414:专科院校:高等专科学校
学校性质类别	05 医药院校
学校举办者	822 地级其他部门
学校地址	邢台市钢铁北路 618 号
邮政编码	054000
办公电话	0319 - 2233280
传真电话	0319 - 2233280
校园(局域)网域名	www.xtmc.net
电子信箱	xiaobanshi2006@126.com
占地面积(平方米)	917792
校舍建筑面积(平方米)	425450
图书(万册)	63.01
固定资产总值(万元)	8096.7
教学、科研仪器设备资产值(万元)	7396.7
在校生数(人)	10473
其中:普通专科	10473
专任教师(人)	479
其中:正高级	69
副高级	116
中级	154
初级	108
未定职级	32

专科专业 公共卫生管理、护理、康复治疗技术、口腔医学、口腔医学技术、老年护理、临床医学、临床医学(妇幼保健方向)、临床医学(眼科学方向)、临床医学类(全科医学)、社区护理、涉外护理、眼视光技术、药学、医学检验技术、医学影像设备管理、医药营销、中药、中医学、助产

院系设置

临床医学系、护理系、药学系、口腔医学系、中医系、基础医学部、社会科学部、体育教学部

定期公开出版的专业刊物 《邢台医学高等专科学校学报》

学校设立奖学金情况

学校设立奖学金 一 项,奖励总金额 54.6 万元。奖学金最高金额 250 元/年,最低金额 150 元/年。

学校历史沿革

1. 始建于 1964 年,原名为"河北邢台卫生学校"。
2. 1969 年学校因"文化大革命"停办。
3. 1970 年学校重建,更名为"邢台地区卫生学校"。

4.1993年更名为"邢台市卫生学校"。
5.2002年晋升为"邢台医学高等专科学校"。
6.2008年被河北省人民政府确定为"河北省示范性高等职业院校"。

河北省艺术职业学院

学校(机构)标识码	4113012885
学校办学类型	415:专科院校:高等职业学校
学校性质类别	11 艺术院校
学校举办者	812 省级其他部门
学校地址	河北省石家庄市青园街149号
邮政编码	050011
办公电话	0311-86665032
传真电话	0311-86665032
校园(局域)网域名	www.hebart.com
电子信箱	86665032@163.com
占地面积(平方米)	36409
校舍建筑面积(平方米)	42519
图书(万册)	12.89
固定资产总值(万元)	2104.5
教学、科研仪器设备资产值(万元)	1293.5
在校生数(人)	2215
其中:普通专科	2215
专任教师(人)	201
其中:正高级	6
副高级	37
中级	81
初级	63
未定职级	14

专科专业 电视节目制作、动漫设计与制作、钢琴伴奏、钢琴调律、管弦打击乐器演奏、国际标准舞、环境艺术设计、会展管理与策划、绘画、计算机音乐制作、健身舞蹈、键盘、礼宾、模特与礼仪、群众文化、摄影摄像技术、声乐、网页设计、文化创意与策划、文化经理人、文化市场经营与管理、文化事业管理、舞蹈、舞蹈编导、舞蹈表演、舞台美术、演出运营、影视广告、中国乐器演奏、主持与播音、装潢艺术设计、装饰艺术设计、作曲技术

院系设置
音乐系、美术系、戏剧系、舞蹈系、综合艺术系、文化管理系、传媒系、基础教学部

学校设立奖学金情况
学校设立奖学金6项,奖励总金额20余万元。奖学金最高金额800元/年,最低金额50元/年。

学校历史沿革
河北艺术职业学院前身为河北省艺术学校,始建于1955年。1955年12月6日,河北省戏曲学校在保定市成立,1964年10月,易名为河北省戏剧学校,1970年,学校迁到石家庄市,改名为河北省艺术学校。2001年6月,改建为河北艺术职业学院。

河北旅游职业学院

学校(机构)标识码	4113012887
学校办学类型	415:专科院校:高等职业学校
学校性质类别	01 综合大学
学校举办者	821 地级教育部门
学校地址	河北省 承德市 开发区高校园区
邮政编码	067000
办公电话	0314-2376819
传真电话	0314-2376820
校园(局域)网域名	www.hbtvc.com
电子信箱	nyff777@163.com
占地面积(平方米)	308588
校舍建筑面积(平方米)	234942
图书(万册)	58.5
固定资产总值(万元)	29365.04
教学、科研仪器设备资产值(万元)	4681.68
在校生数(人)	9794
其中:普通专科	9557
成人专科	237
专任教师(人)	549
其中:正高级	35
副高级	198
中级	156
初级	125
未定职级	35

专科专业 财务会计类、宠物养护与疫病防治、畜牧兽医、畜牧兽医类、导游、电脑艺术设计、电子商务、动漫设计与制作、航空服务、环境艺术设计、会计、会计电算化、机械设计制造类、机械制造与自动化、计算机网络技术、计算机信息管理、景区开发与管理、酒店管理、旅行社经营管理、旅游管理、旅游日语、旅游英语、绿色食品生产与检测、商务英语、涉外旅游、生物技术及应用、兽医、数控技术、物流管理、艺术设计类、营销与策划、应用电子技术、应用俄语、应用韩语、园林工程技术、园林技术、展览展示艺术设计、中草药栽培技术、装饰艺术设计

院系设置
我院共开设12个系,即:旅行社管理系、旅游外语系、酒店管理系、旅游管理系、设计开发系、生物工程系、畜牧兽医系、园林艺术系、会计系、商务管理系、机械电子系、信息技术系;3个部,即:基础部、社科部、公共英语部;1个中心,即电教中心。

定期公开出版的专业刊物 《河北旅游职业学院学报》

学校设立奖学金情况
学校设立奖学金5项,奖励总金额911余万元。奖学金最高金额8000元/年,最低金额250元/年。

主要校办产业

承德市旅苑旅行社、实习牧场、教学兽医院。

学校历史沿革

河北旅游职业学院属于高职院校,始建于1950年,1956年更名为河北省农业学校,1999年与原承德大学(始建于1985年)合并,更名为承德民族职业技术学院,2004年更名为承德职业学院,2006年6月与原承德旅游职业学院(原承德职教中心与原承德财经学校合并)合并,更名为现在的河北旅游职业学院。

石家庄财经职业学院

学校(机构)标识码 4113013070	校园(局域)网域名 www.sjzcj.edu.cn	在校生数(人) 5891
学校办学类型 415:专科院校:高等职业学校	电子信箱 sjzcjxy@163.com	其中:普通专科 5891
	占地面积(平方米) 324000	专任教师(人) 245
学校性质类别 08 财经院校	校舍建筑面积(平方米) 103689	其中:正高级 18
学校举办者 999 民办	图书(万册) 47.17	副高级 35
学校地址 石家庄市学府路236号	固定资产总值(万元) 10411	中级 49
邮政编码 050061	教学、科研仪器设备资产值(万元) 2045.27	初级 73
办公电话 0311-85201340		未定职级 70
传真电话 0311-85201166		

专科专业 报关与国际货运、电子商务、房地产经营与估价、工程造价、工商企业管理、国际经济与贸易、化学制药技术、会计、会计电算化、会计与审计、会展策划与管理、计算机应用技术、建筑工程管理、建筑工程技术、金融与证券、精细化学品生产技术、酒店管理、连锁经营管理、旅游管理、汽车技术服务与营销、汽车检测与维修技术、软件技术、生物制药技术、食品生物技术、市场营销、室内设计技术、投资与理财、网络系统管理、物流管理、医药营销、移动通信技术、应用化工技术

院系设置

学院设有会计系、商贸系、管理系、国际贸易与金融系、建筑工程系、计算机系、化工制药系、基础课教学部等教学部门

学校设立奖学金情况

学校设立奖学金三项,奖励总金额267余万元,奖学金最高金额8000元/年,最低金额1000元/年。

学校历史沿革

学院的前身为创办于1999年的石家庄知行专修学院。2001年1月经河北省人民政府批准,更名为石家庄北方专修学院。2002年5月经河北省人民政府批准,教育部审核备案,更名为石家庄外经贸职业学院,正式纳入国家统招计划。2011年1月,经河北省人民政府批准,教育部审核备案,更名为石家庄财经职业学院。

河北交通职业技术学院

学校(机构)标识码 4113013071	传真电话 0311-87668005	4273
学校办学类型 415:专科院校:高等职业学校	校园(局域)网域名 www.hejtxy.edu.cn	在校生数(人) 10760
	电子信箱 976161602@qq.com	其中:普通专科 10230
学校性质类别 02 理工院校	占地面积(平方米) 789500	成人专科 530
学校举办者 811 省级教育部门	校舍建筑面积(平方米) 215720	专任教师(人) 451
学校地址 河北省石家庄市珠江大街219号	图书(万册) 45.28	其中:正高级 20
邮政编码 050035	固定资产总值(万元) 14658	副高级 166
办公电话 0311-87668005	教学、科研仪器设备资产值(万元)	中级 145
		初级 120

专科专业 包装印刷类、报关与国际货运、财务会计类、财政金融类、城市交通规划、船舶电子电气技术、船舶工程技术、道路桥梁工程技术、地下工程与隧道工程技术、电脑艺术设计、电气自动化技术、电子商务、电子信息工程技术、高等级公路维护与管理、工程机械控制技术、工程监理、工程造价、公路运输与管理、海事管理、航海技术、会计电算化、机电设备类、机电设备维修与管理、机电一体化技术、机动车评估与管理、建筑工程技术、建筑经济管理、交通安全与智能控制、交通信息技术与应用、连锁经营管理、粮食工程、路政管理、轮机工程技术、汽车技术服务与营销、汽车检测与维修技术、汽车制造与装配技术、涉外会计、食品加工技术、食品类、食品生物技术、市场营销类、投资与理财、物流管理、印刷技术、运输会计、资源环境与城市管理

院系设置

土木工程系、汽车工程系、运输管理系、电气与信息工程系、航海技术系、轮机工程系、经济管理系、粮食工程系、基础教育部、成人教育部、思想政治部

定期公开出版的专业刊物　《河北交通科技》

学校设立奖学金情况

学校设立奖学金6项，奖励总金额173.8余万元。奖学金最高金额8000元/年，最低金额100元/年。

主要校办产业

公路工程施工监理、公路工程交通设施施工、汽车驾驶培训

学校历史沿革

1949年11月—1951年7月 河北省交通局土木工程技术训练班；1951年7月—1956年9月 河北省交通厅干部培训班；1956年9月—1958年9月 交通部石家庄公路工程学院；1958年9月—1962年7月 河北石家庄交通学院；1962年8月—1965年7月 河北石家庄工业学校；1965年7月—2002年5月 河北交通学校；2002年5月至今 河北交通职业技术学院。

河北化工医药职业技术学院

学校(机构)标识码　4113013072	传真电话　0311-85110024	在校生数(人)　10981
学校办学类型　415：专科院校：高等职业学校	校园(局域)网域名　www.hebcpc.cn	其中：普通专科　10981
	电子信箱　hyxy@hebcpc.cn	专任教师(人)　548
学校性质类别　02 理工院校	占地面积(平方米)　466669	其中：正高级　41
学校举办者　811 省级教育部门	校舍建筑面积(平方米)　303585	副高级　183
学校地址　河北省石家庄市裕华区方兴路88号	图书(万册)　43.57	中级　283
	固定资产总值(万元)　37145.42	初级　16
邮政编码　050026	教学、科研仪器设备资产值(万元)　5446	未定职级　25
办公电话　0311-85110021		

专科专业　电气自动化技术、动漫设计与制作、工业分析与检验、化工设备维修技术、化工设备与机械、化学制药技术、环境监测与治理技术、机电一体化技术、计算机网络技术、计算机应用技术、经济信息管理、精细化学品生产技术、连锁经营管理、连锁经营管理(医药连锁方向)、软件技术、设备安装技术、生产过程自动化技术、生化制药技术、生物化工工艺、石油化工生产技术、食品生物技术、物流管理、物流管理(医药物流管理方向)、药品经营与管理、药物制剂技术、药学、医学影像设备管理与维护、医药营销、营销与策划、应用化工技术、应用化工技术(煤化工方向)、有机化工生产技术、中药(鉴定方向)、中药制药技术

院系设置

学校设7个系，35个专业，涵盖化工、医药、生物、轻工、机电、管理、计算机等行业。

学校设立奖学金情况

学校设立奖学金5项，奖励总金额858余万元。奖学金最高金额8000元/年/人，最低金额200元/年/人。

学校历史沿革

河北化工医药职业技术学院始建于1909年，称"直隶补习学堂"，校址保定。1912年起称"直隶甲种工业学校"，1929年更名为"河北省立第二职业学校"。1941年初，学校迁至河南省新乡县，称"河北省立初级实用学校"。1947年7月，更名为"河北保定工业职业学校"，定址天津。1949年迁至石家庄，校名为"河北省工业学校"，1952年10月改名为"河北省石家庄工业学校"，1958年更名为"河北省石家庄轻工业学校"。1982年更名为"河北化工学校"，隶属于河北省石油化工工业厅。2000年6月，划转到河北省教育厅。2002年5月，经省人民政府批准，升格为"河北化工医药职业技术学院"，隶属于河北省教育厅。2007年，学校接受高职高专人才培养工作水平评估，被评为"优秀"。2008年，被确定为河北省示范性高职院校。2010年，被遴选为国家骨干高职院校首批建设单位。2011年4月，设立河北省高校生物反应器与蛋白类药物开发应用技术研发中心。

石家庄信息工程职业学院

学校(机构)标识码　4113013073	学校地址　石家庄高新区信工路18号	电子信箱　sjziei@sjziei.com
学校办学类型　415：专科院校：高等职业学校	邮政编码　050035	占地面积(平方米)　965159
	办公电话　0311-85327210	校舍建筑面积(平方米)　275200
学校性质类别　01 综合大学	传真电话　0311-85327465	图书(万册)　57.61
学校举办者　822 地级其他部门	校园(局域)网域名　www.sjziei.com	固定资产总值(万元)　72667

教学、科研仪器设备资产值(万元)	专任教师(人) 675	中级 307
4652.99	其中:正高级 29	初级 189
在校生数(人) 10356	副高级 94	未定职级 56
其中:普通专科 10356		

专科专业 包装技术与设计、包装印刷类、财务会计类、财政、财政金融类、电脑艺术设计、电视节目制作、电子商务、电子信息工程技术、动漫设计与制作、广告设计与制作、国际经济与贸易、会计、会计电算化、机电一体化技术、计算机多媒体技术、计算机控制技术、计算机类(偏软)、计算机类(偏硬)、计算机网络技术、计算机系统维护、计算机信息管理、计算机应用技术、金融保险、酒店管理、连锁经营管理、旅游管理、人力资源管理、软件技术、市场营销、市场营销类、数控技术、税务、通信技术、文秘、物流管理、物业管理、信息安全技术、艺术设计类、印刷技术、印刷设备及工艺、印刷图文信息处理、影视广告、游戏软件

院系设置

学院现有软件与传媒艺术、电子信息、商贸、管理、印刷五大专业群和一个直属学院(酒店管理学院),设有软件工程系、传媒艺术与广告设计系、动漫系、微软IT学院、机电工程系、电子商务系、财政金融系、国际贸易系、市场营销系、管理系、物流信息系、会计系、外语系、外语教育培训学院、人文素质教育部、国际教育部、中专部、印刷技术系、酒店管理学院等教学系部。

学校设立奖学金情况

学校设立奖学金2项,奖励总金额895500元/年,最低金额400元/年。

学校历史沿革

学院前身为石家庄市财经学校,始建于1963年。1999年6月由石家庄市第一商业学校、第二商业学校、石家庄市财经学校、石家庄财贸干部学校四校合并,成立了新的"石家庄市财经学校"。2002年5月经省人民政府批准、国家教育部备案,学校升格为石家庄信息工程职业学院。

河北外国语职业学院

学校(机构)标识码 4113013074	传真电话 0335-5926030	2925
学校办学类型 415:专科院校:高等职业学校	校园(局域)网域名 www.hbvfl.com.cn	在校生数(人) 7406
		其中:普通专科 7406
学校性质类别 07 语文院校	电子信箱 dzbgs6020@126.com	专任教师(人) 338
学校举办者 821 地级教育部门	占地面积(平方米) 351962	其中:正高级 20
学校地址 河北省秦皇岛市南戴河旅游区前进路6号	校舍建筑面积(平方米) 152633	副高级 85
	图书(万册) 43.6	中级 105
邮政编码 066311	固定资产总值(万元) 23470	初级 88
办公电话 0335-5926020	教学、科研仪器设备资产值(万元)	未定职级 40

专科专业 报关与国际货运、电视节目制作、国际贸易实务、国际商务、会展策划与管理、家政服务、教育类、经济贸易类、酒店管理、空中乘务、旅行社经营管理、旅游管理类、旅游日语、旅游英语、商务日语、商务英语、社区管理与服务、摄影摄像技术、图书档案管理、文秘、物流管理、学前教育、英语教育、影视动画、应用阿拉伯语、应用德语、应用俄语、应用法语、应用韩语、应用日语、应用西班牙语、应用英语、语言文化类、主持与播音

院系设置

学院开办英、法、德、俄、日、韩、阿拉伯、西班牙等8个语种,设有英语系、教育系、国际商务系、酒店航空系、西语系、东语系、旅游系、传媒系等8个系。

学校设立奖学金情况

学校设立奖学金4项,奖励总金额21.671万元。奖学金最高金额500元/年,最低金额50元/年。其中:

(1)学业奖学金:共18.09万元。一等奖500元/人,二等奖200元/人,三等奖100元/人。

(2)自强奖学金:107人/年,共0.781万元。一等奖120元/人,二等奖80元/人,三等奖50元/人。

(3)信氏奖学金:45人/年,共1.8万元。400元/人。

(4)陈氏奖学金:25人/年,共1万元。400元/人。

学校历史沿革

河北外国语职业学院地处举世闻名的北戴河和南戴河两大避暑胜地交界处,北依戴河,南濒渤海,距海滨浴场600米。前身为河北南戴河外国语师范学校,2002年5月升格为秦皇岛外国语职业学院,成为河北省唯一独立建制的国办外语高等院校;2007年6月,经河北省人民政府批准,更名为河北外国语职业学院。

河北美术学院

学校(机构)标识码　4113013075
学校办学类型　412：本科院校：学院
学校性质类别　11 艺术院校
学校举办者　999 民办
学校地址　石家庄新乐市伏羲大街44号
邮政编码　050700
办公电话　0311-88594181
传真电话　0311-88594181
校园(局域)网域名　www.hbafa.com
电子信箱　hbmsxybgs@163.com
占地面积(平方米)　400025
校舍建筑面积(平方米)　215964
图书(万册)　60
固定资产总值(万元)　34720
教学、科研仪器设备资产值(万元)　2401.49
在校生数(人)　4545
其中：普通本科　532
普通专科　4013
专任教师(人)　465
其中：正高级　55
副高级　89
中级　146
初级　141
未定职级　34

本科专业　动画、绘画、艺术设计
专科专业　产品造型设计、城镇规划、电脑艺术设计、雕塑艺术设计、动漫设计与制作、多媒体设计与制作、服装设计、工业设计、广告设计与制作、环境艺术设计、计算机应用技术、建筑装饰工程技术、摄影摄像技术、视觉传达艺术设计、玩具设计与制造、艺术设计、影视动画、影视多媒体技术、装潢艺术设计
院系设置
造型艺术学院、服装学院、工业设计学院、城市设计学院、环境艺术学院、书法学院、传媒学院、动画学院、继续教育学院
定期公开出版的专业刊物　《石家庄东方美术》
学校设立奖学金情况
学校设立奖学金4项，奖励总金额1144余万元，奖学金最高金额800元/年，最低金额200元/年。
毕业生一次就业率　96%
学校历史沿革
2002年经河北省政府批准升格为东方美术职业学院。

河北科技学院

学校(机构)标识码　4113013391
学校办学类型　412：本科院校：学院
学校性质类别　02 理工院校
学校举办者　999 民办
学校地址　保定市南二环路1956号
邮政编码　071000
办公电话　0312-2123360
传真电话　0312-2123360
校园(局域)网域名　www.hbkjxy.cn
电子信箱　hebeikejixueyuan@126.com
占地面积(平方米)　411456
校舍建筑面积(平方米)　160720
图书(万册)　45
固定资产总值(万元)　38121
教学、科研仪器设备资产值(万元)　3697
在校生数(人)　5343
其中：普通本科　703
普通专科　4573
成人专科　67
专任教师(人)　331
其中：正高级　26
副高级　80
中级　53
初级　57
未定职级　115

本科专业　会计学、机械设计制造及其自动化、汽车服务工程
专科专业　导游、电气自动化技术、电子商务、动漫设计与制作、服装设计、工程监理、工程造价、工商企业管理、广告设计与制作、焊接技术及自动化、会计电算化、机电一体化技术、机械制造与自动化、计算机网络技术、计算机应用技术、金融保险、酒店管理、模具设计与制造、烹饪工艺与营养、汽车电子技术、汽车技术服务与营销、汽车检测与维修技术、软件技术、涉外旅游、视觉传达艺术设计、数控技术、物流管理、物业管理、营养与配餐、应用艺术设计、装潢艺术设计
院系设置
汽车工程系、经济管理系、建筑工程系、信息工程系、旅游管理系、机电工程系、传媒与艺术设计系、公共课部、培训部
学校设立奖学金情况
学校设立奖学金3项，奖励总金额93.28万元。奖学金最高金额8000元/年，最低金额200元/年。
主要校办产业
餐饮、房地产
学校历史沿革
河北科技学院前身为保定虎振厨师技校，创建于1991年。2000年经河北省教育厅批准成立保定虎振中等专业学校，2002年在中专基础上升格为保定虎振专修学院，2003年经河北省人民政府批准成立保定虎振职业技术学院，2006年更名为保定科技职业学院，2011年经教育部同意在保定科技职业学院的基础上建立河北科技学院。

保定电力职业技术学院

学校(机构)标识码　4113013392
学校办学类型　415：专科院校：高等职业学校
学校性质类别　02 理工院校
学校举办者　891 地方企业
学校地址　保定市乐凯南大街1278号
邮政编码　071051
办公电话　0312－3303188
传真电话　0312－3303355
校园(局域)网域名　www.bddy.cn
占地面积(平方米)　209549
校舍建筑面积(平方米)　147976
图书(万册)　24.94
固定资产总值(万元)　17490.29
教学、科研仪器设备资产值(万元)　4247.61
在校生数(人)　5025
　其中：普通专科　4412
　　　　成人专科　613
专任教师(人)　211
　其中：副高级　55
　　　　中级　75
　　　　初级　65
　　　　未定职级　16

专科专业　电厂化学、电厂热能动力装置、电厂设备运行与维护、电机与电器、电力系统继电保护与自动化、电力系统自动化技术、发电厂及电力系统、防雷技术、高压输配电线路施工运行与维护、供热通风与空调工程技术、供用电技术、火电厂集控运行、计算机网络技术、软件技术、生产过程自动化技术、新能源技术(风力发电方向)、移动通信技术(移动设备软件开发)、应用电子技术

院系设置
三系一部(电气工程系、动力工程系、信息管理与工程系、基础教学部)

学校设立奖学金情况
学校设计奖学金4项，奖励总金额18.44余万元。奖学金最高总额1000元/年,最低金额100元/年。

学校历史沿革
保定电力职业技术学院由原保定电力学校演变而成。原保定电力学校始建1957年7月,后改为保定电力技工学校,1958年10月又改称为水利电力部列车电业学院,1959年定名为保定电力学校,1960年又定名为保定电力专科学校。1983年3月由列车电业局移交华北电管局领导。1988年6月经能源部批准,复建保定电力学校。2003年4月被河北省政府、河北省教委批准改建为保定电力职业技术学院至今。我院隶属中国华北电网有限公司。

河北机电职业技术学院

学校(机构)标识码　4113013393
学校办学类型　415：专科院校：高等职业学校
学校性质类别　02 理工院校
学校举办者　811 省级教育部门
学校地址　河北省邢台市中兴西大街466号
邮政编码　054048
办公电话　0319－2683260
传真电话　0319－2683260
校园(局域)网域名　www.hbjd.com.cn
电子信箱　hbjd666@163.com
占地面积(平方米)　209600
校舍建筑面积(平方米)　147956
图书(万册)　46.81
固定资产总值(万元)　6994.2
教学、科研仪器设备资产值(万元)　3761.45
在校生数(人)　7555
　其中：普通专科　7555
专任教师(人)　337
　其中：正高级　20
　　　　副高级　68
　　　　中级　146
　　　　初级　96
　　　　未定职级　7

专科专业　材料成型与控制技术、电力系统自动化技术、电气自动化技术、电子商务、高分子材料加工技术、广告设计与制作、焊接技术及自动化、会计电算化、会展策划与管理、机电设备维修与管理、机电一体化技术、机械设计与制造、机械制造与自动化、计算机辅助设计与制造、计算机类、计算机网络技术、计算机应用技术、检测技术及应用、建筑电气工程技术、金属材料与热处理技术、模具设计与制造、汽车电子技术、汽车技术服务与营销、汽车类、汽车制造与装配技术、软件技术、商务英语、生产过程自动化技术、市场营销、市场营销类、数控技术、数控设备应用与维护、通信技术、图形图像制作、物流管理、应用电子技术、自动化类

院系设置
学院现设有6个系：机械工程系、电气工程系、现代制造工程系、计算机信息工程系、材料工程系、人文与管理工程系

学校设立奖学金情况
学校设立奖学金 二 项,奖励总金额60余万元。奖学金最高金额1000元/年,最低金额500元/年。

学校历史沿革
河北机电职业技术学院,隶属于河北省教育厅,是一所以工科为主、文管兼备、门类齐全的国办全日制高等院校,其前身为

河北省机电学校,1956年创建于河北省承德市,1972年搬迁到河北省邢台市。

渤海石油职业学院

学校(机构)标识码	4113013394
学校办学类型	415:专科院校:高等职业学校
学校性质类别	02 理工院校
学校举办者	891 地方企业
学校地址	河北省任丘市华北石油管理局渤海石油职业学院居委会
邮政编码	062552
办公电话	0317-2763989
传真电话	0317-2763989
校园(局域)网域名	www.hbsyxy.com
占地面积(平方米)	717389
校舍建筑面积(平方米)	170532
图书(万册)	38.05
固定资产总值(万元)	12903
教学、科研仪器设备资产值(万元)	4634.8
在校生数(人)	4770
其中:普通专科	4316
成人专科	454
专任教师(人)	303
其中:副高级	68
中级	200
初级	29
未定职级	6

专科专业 城市燃气工程技术、电脑艺术设计、护理、护理类、会计电算化、机械设计与制造、机械设计制造类、计算机多媒体技术、计算机类、计算机网络技术、旅游管理、煤层气抽采技术、汽车检测与维修技术、社会工作、生物制药技术、石油化工生产技术、石油与天然气类、市场营销、文秘、心理咨询、药学、医学检验技术、应用英语、装潢艺术设计、自动化类

院系设置 石油工程系、机电工程系、医学系、信息技术系、管理系、思政部、体育部

定期公开出版的专业刊物 《渤海石油职业学院教育》

学校设立奖学金情况
学校设立奖学金8项,奖励总金额450余万元。奖学金最高金额8000元/年,最低金额50元/年。

主要校办产业
压力容器制造、电子仪器、基础建设等

学校历史沿革
学院始建于1976年,隶属于中国石油天然气集团公司。2000年教育教学业务划归河北省管理。2003年5月经河北省人民政府同意批准、国家教育部备案,在原华北石油技工学校、华北石油财经学校、华北石油教育学院、华北石油卫生学校等院校基础上合并组建为华油职业技术学院,2004年12月更名为渤海石油职业学院。

廊坊职业技术学院

学校(机构)标识码	4113013395
学校办学类型	415:专科院校:高等职业学校
学校性质类别	01 综合大学
学校举办者	821 地级教育部门
学校地址	廊坊开发区大学城二期
邮政编码	065001
办公电话	0316-6028816
传真电话	0316-6028816
校园(局域)网域名	www.lfzhjxy.cn
占地面积(平方米)	345649
校舍建筑面积(平方米)	196279
图书(万册)	38.27
固定资产总值(万元)	9520
教学、科研仪器设备资产值(万元)	3857
在校生数(人)	6281
其中:普通专科	6281
专任教师(人)	455
其中:正高级	20
副高级	144
中级	159
初级	115
未定职级	17

专科专业 财政金融类、畜牧兽医、畜牧兽医类、电气自动化技术、电子商务、动物防疫与检疫、工程造价、广告与会展、环境艺术设计、会计电算化、机电一体化技术、机械设计制造类、机械制造与自动化、计算机多媒体技术、计算机类、计算机网络技术、计算机信息管理、计算机应用技术、建筑电气工程技术、金融保险、林业技术类、旅游管理、旅游管理类、旅游英语、汽车电子技术、汽车类、汽车运用技术、汽车整形技术、市场营销、市场营销类、数控技术、数控设备应用与维护、税务、饲料与动物营养、文秘、物流管理、应用电子技术、应用韩语、语言文化类、园林工程技术、园林技术、园艺技术、植物检疫、自动化类

院系设置
设有机械工程系、电气工程系、汽车工程系、动物科学与技术系、城建工程系、计算机科学与工程系、经济管理系、财会金融系、文法系、外语系、基础部、体育部和继续教育部等13个教学单位。

学校设立奖学金情况
学校设立奖助学金7项,奖励总金额91.53万元。
学院实习工厂是学院教学、科研、生产相结合的实践教学基

地和铁道部制动单元定点生产厂家。
学校历史沿革
经河北省人民政府冀政函【2003】30 号文件批准,原廊坊市工业学校、廊坊市农业学校、廊坊市财贸学校合并升格为廊坊职业技术学院。

唐山科技职业技术学院

学校(机构)标识码 4113013396	校园(局域)网域名 tskjzy.cn	在校生数(人) 4826
学校办学类型 415:专科院校:高等职业学校	电子信箱 webmaster@tskj.cn	其中:普通专科 3915
	占地面积(平方米) 131903	成人专科 911
学校性质类别 02 理工院校	校舍建筑面积(平方米) 119908	专任教师(人) 202
学校举办者 891 地方企业	图书(万册) 28.3	其中:正高级 1
学校地址 唐山科技职业技术学院	固定资产总值(万元) 15871.89	副高级 82
邮政编码 063001	教学、科研仪器设备资产值(万元)	中级 39
办公电话 0315-2961717	2706.17	初级 80
传真电话 0315-2961717		

专科专业 材料工程技术、供用电技术、会计、机电设备维修与管理、机电一体化技术、计算机多媒体技术、计算机控制技术、计算机网络技术、计算机应用技术、经济信息管理、旅游管理、煤炭深加工与利用、数控技术、网络系统管理、冶金动力工程、冶金技术、液压与气动技术、营销与策划、自动化生产设备应用

院系设置
冶金系、机电系、计算机系、财经系、基础部、继续教育部

学校设立奖学金情况
学校设立奖学金 2 项,奖励总金额 6 余万元。奖学金最高金额 1000 元/年,最低金额 60/年。

学校历史沿革
1977 年 10 月,唐山钢铁公司成立"七·二一"工人大学。1980 年 10 月经河北省人民政府批准更名为"唐钢职工大学"。1991 年 11 月河北冶金职工大学(宣钢)联合建立河北冶金总校,下设唐钢分校和宣钢分校。2000 年 1 月河北冶金职工大学唐钢分院改建为河北工业职业技术学院唐钢分院。2003 年 4 月河北工业职业技术学院唐钢分院与河北工业职业技术学院分离,改建为唐山科技职业技术学院。

石家庄邮电职业技术学院

学校(机构)标识码 4113013397	传真电话 0311-85814486	在校生数(人) 8740
学校办学类型 415:专科院校:高等职业学校	校园(局域)网域名 www.sjzpc.edu.cn	其中:普通专科 7639
	电子信箱 websvr@sjzpc.edu.cn	成人专科 1101
学校性质类别 02 理工院校	占地面积(平方米) 650275	专任教师(人) 401
学校举办者 891 地方企业	校舍建筑面积(平方米) 256748	其中:正高级 22
学校地址 石家庄市体育南大街 318 号	图书(万册) 71.65	副高级 121
	固定资产总值(万元) 43357.03	中级 149
邮政编码 050021	教学、科研仪器设备资产值(万元)	初级 78
办公电话 0311-85998005	5063.34	未定职级 31

专科专业 报刊与图书发行方向、财务会计类、财务信息管理、财政金融类、大型数据库与小型机技术方向、电信营销方向、电子商务、光纤通信方向、广告设计与制作、国际邮政通信方向、会计与审计、计算机类、计算机与邮政通信方向、金融保险、金融网技术方向、金融与证券、酒店管理、理财规划师方向、软件系统集成方向、商务英语、市场营销、数据库营销方向、速递服务与管理方向、通信工程设计与监理、通信类、投递管理方向、网络系统集成方向、文秘、无线网络优化与维护方向、物流管理、移动通信技术、应用法语、邮电设备维修与管理、邮政财务会计方向、邮政金融方向、邮政通信管理方向、注册会计师方向

院系设置
邮政通信管理系、电信工程系、计算机系、金融系、经济系、速递物流系、人文与社会科学系、外语系、基础部

国家级、省部级研究机构设置
国家工程实验室:信息灾备中心

定期公开出版的专业刊物 《邮政研究》

学校设立奖学金3项,奖励总金额100余万元,奖学金最高金额1000元/年,最低金额300元/年。

学校历史沿革

学院始建于1956年,1956－1960年石家庄电信学校;1960－1962石家庄邮电师范学院;1962－1963石家庄邮电学院;1963－1975石家庄邮电学校;1975－1979年河北省邮电学校;1979－1984年石家庄邮电学校;1992－2003石家庄邮政高等专科学校;2003至今为石家庄邮电职业技术学院。曾先后隶属原邮电部、信息产业部、国家邮政局,现隶属中国邮政集团公司,是我国唯一一所培养邮政人才的高等院校,同时是中国邮政集团公司培训中心。

河北公安警察职业学院

学校(机构)标识码　4113013398	办公电话　0311－89653212	956.74
学校办学类型　415:专科院校:高等职业学校	传真电话　0311－89653220	在校生数(人)　674
	校园(局域)网域名　www.hebsjy.com	其中:普通专科　674
学校性质类别　09 政法院校	占地面积(平方米)　107653	专任教师(人)　65
学校举办者　812 省级其他部门	校舍建筑面积(平方米)　56166	其中:正高级　7
学校地址　河北省石家庄市桥西区滨河街	图书(万册)　16.1	副高级　37
	固定资产总值(万元)　4584.9	中级　19
邮政编码　050091	教学、科研仪器设备资产值(万元)	初级　2

专科专业　侦查、治安管理

院系设置

治安管理教学训练部、侦查教学训练部、警务技战术训练部、基础教学训练部

定期公开出版的专业刊物　《河北公安警察职业学院学报》

学校设立奖学金情况

学校设立奖学金3项,奖励总金额8.87余万元。奖学金最高金额2000元/年,最低金额600元/年。

学校历史沿革

我院是一所专科层次的普通高等院校,隶属于河北省公安厅,其前身为创建于1978年的河北省公安学校,1982年学校由邯郸迁至省会石家庄市,1991年河北省公安学校更名为河北省人民警察学校;1998年河北省公安厅与河北科技大学采取联合办学的形式,成立了河北科技大学人民警察学院;2003年4月经省政府批准,独立设置河北公安警察职业学院。

石家庄工商职业学院

学校(机构)标识码　4113013399	传真电话　0311－83833648	在校生数(人)　4618
学校办学类型　415:专科院校:高等职业学校	校园(局域)网域名　www.sjzgsxy.com	其中:普通专科　4418
	电子信箱　gsxy@163.com	成人专科　200
学校性质类别　08 财经院校	占地面积(平方米)　248420	专任教师(人)　249
学校举办者　999 民办	校舍建筑面积(平方米)　83350	其中:正高级　16
学校地址　河北省石家庄市桥西区南二环滨河街三号	图书(万册)　27	副高级　35
	固定资产总值(万元)　18367.2	中级　73
邮政编码　050091	教学、科研仪器设备资产值(万元)　1755	初级　115
办公电话　0311－83833648		未定职级　10

专科专业　报关与国际货运、财务会计类、电子商务、工程管理类、工程监理、工程造价、工商管理类、工商企业管理、广告设计与制作、广告与会展、国际贸易实务、计算机类、计算机网络技术、计算机信息管理、计算机应用技术、建筑工程技术、建筑装饰工程技术、金融保险、酒店管理、连锁经营管理、旅游管理、旅游管理类、汽车技术服务与营销、软件技术、商务英语、摄影与摄像艺术、食品营养与检测、市场营销、物流管理、艺术设计类、印刷技术、装潢艺术设计、装饰艺术设计

院系设置

工商管理系、计算机系、建筑工程系、旅游系、经济贸易系、艺术系

学校设立奖学金情况

学校设立奖学金1项,奖励总金额3余万元。奖学金最高金额1000元/年,最低金额200/年。

学校历史沿革

石家庄工商职业学院是共青团河北省委主办的一所民办普

通高等职业学院。始建于1983年(时称河北刊授学院),1995年更名为河北青年进修学院。1999年5月被批准为高等教育学历考试试点院校,2002年平6月经河北省教育厅更名为河北工商专修学院,2003年省政府批准改建为石家庄工商职业学院。学院位于石家庄市南二环滨河街,占地340余亩,总建筑面积8.2万平方米。

石家庄理工职业学院

学校(机构)标识码 4113013400	办公电话 0311-83930086	在校生数(人) 7574
学校办学类型 415:专科院校:高等职业学校	传真电话 0311-83930106	其中:普通专科 7574
	校园(局域)网域名 www.sjzlg.com	专任教师(人) 462
学校性质类别 02 理工院校	电子信箱 lgxybgs@sina.com	其中:正高级 53
学校举办者 999 民办	图书(万册) 68.37	副高级 66
学校地址 河北省石家庄市中山路西获铜路	固定资产总值(万元) 3542.06	中级 119
	教学、科研仪器设备资产值(万元) 3542.06	初级 148
邮政编码 050228		未定职级 76

专科专业 编导、表演艺术、电气自动化技术、电子商务、房地产经营与估价、工程造价、焊接技术及自动化、护理、环境艺术设计、会计、机械设计与制造、机械制造与自动化、计算机类、计算机网络技术、计算机信息管理、建筑工程管理、建筑设备工程技术、建筑设计技术、金融管理与实务、酒店管理、旅游管理、汽车技术服务与营销、汽车检测与维修技术、汽车整形技术、软件技术、商务英语、摄影摄像技术、市场营销、体育保健、体育服务与管理、微电子技术、舞蹈表演、物流管理、药品经营与管理、艺术设计、音乐表演、影视动画、主持与播音

院系设置
建筑工程学院、汽车学院、医学与护理学院、新闻传播与艺术学院、机电工程系、计算机与信息技术系、技术经济与管理系、中专部

学校历史沿革
石家庄理工职业学院成立于2003年,2008年5月更名为石家庄理工职业学院(国家部标码13400)。是一所经河北省人民政府批准、国家教育部备案、河北省教育厅直属的全日制普通高等院校。

石家庄外语翻译职业学院

学校(机构)标识码 4113013402	传真电话 0311-85232600	3203
学校办学类型 415:专科院校:高等职业学校	校园(局域)网域名 www.hbwy.com.cn	在校生数(人) 6428
		其中:普通专科 6428
学校性质类别 07 语文院校	电子信箱 xueyuan@hbwy.com.cn	专任教师(人) 398
学校举办者 999 民办	占地面积(平方米) 349999	其中:正高级 19
学校地址 河北省石家庄市红旗南大街汇丰西路29号	校舍建筑面积(平方米) 171121	副高级 117
	图书(万册) 73	中级 184
邮政编码 050091	固定资产总值(万元) 13202	初级 78
办公电话 0311-85237018	教学、科研仪器设备资产值(万元)	

专科专业 动漫设计与制作、对外汉语教育、俄语导游、工程测量与监理、工程造价、工程咨询方向、韩汉同声传译、韩语导游、计算机网络技术、建筑工程技术、空港英语服务、空中双语服务、日汉同声传译、日语导游、软件技术、商务法语、商务韩语、商务葡萄牙语、商务日语、商务英语、涉外酒店管理、摄影摄像技术、随行翻译方向、随行交替翻译、泰语导游、外语秘书、心理教育与心理咨询、学前英语教育、银行证券与保险营销、英汉双语速录、英汉同声传译、英语报关员、英语报检员、英语导游、英语护理、英语教育、应用阿拉伯语、应用德语、应用俄语、应用法语、应用西班牙语、应用意大利语、应用越南语(商务)、中外土木工程设计

院系设置
外语教育系、英汉同声传译系、国际贸易系、西班牙语系、日语系、韩语系、商务英语系、涉外建筑2系、信息技术系、航空外事服务系、外语护理系、欧亚语系、法语系、涉外建筑1系

定期公开出版的专业刊物 《河北外译》

学校设立奖学金情况
学校设立奖学金五项,奖学金最高金额8000元/年,最低金额50元/年。

主要校办产业

河北圣兰大学生文化传播有限公司、河北圣兰青年大学生旅行社、石家庄圣兰动漫设计有限公司、石家庄圣兰建筑设计有限公司

毕业生一次就业率 97.8%

学校历史沿革

学院是在2003年5月经省委省政府教育厅批准，由石家庄联合科技学院升格为石家庄外语翻译职业学院的，招生纳入国家计划。

石家庄科技信息职业学院

学校(机构)标识码	4113013403
学校办学类型	415：专科院校：高等职业学校
学校性质类别	02 理工院校
学校举办者	999 民办
学校地址	石家庄科技信息职业学院
邮政编码	050091
办公电话	0311-83819756
传真电话	0311-83819756
校园(局域)网域名	www.kjxinxi.edu.com
电子信箱	kjxx123@163.com
占地面积(平方米)	171330
校舍建筑面积(平方米)	98715
图书(万册)	45.9
固定资产总值(万元)	14443
教学、科研仪器设备资产值(万元)	3423
在校生数(人)	5093
其中：普通专科	5093
专任教师(人)	261
其中：正高级	18
副高级	40
中级	98
初级	45
未定职级	60

专科专业 财务信息管理、电气自动化技术、工商企业管理、广告设计与制作、国际经济与贸易、护理类、化学制药技术、会计电算化、会计与审计、机电一体化技术、机械制造与自动化、计算机多媒体技术、计算机网络技术、计算机信息管理、金融保险、汽车电子技术、汽车技术服务与营销、汽车检测与维修技术、软件技术、软件技术(游戏开发)、商务英语、涉外旅游、生物化工工艺、生物技术及应用、生物制药技术、食品营养与检测、市场开发与营销、数控技术、数控设备应用与维护、通信技术、通信类、物流管理、药物制剂技术、药学、医药营销、移动通信技术、影视动画、应用化工技术、应用英语、语言文化类

院系设置

信息工程系、经济管理系、外语系、医药化工系、机电及汽车工程系

学校历史沿革

我院始建于1987年10月，其前身是石家庄长安医学专修学院，2003年5月经河北省政府批准，国家教育部备案，改制为石家庄华安职业学院。2004年4月更名为石家庄科技信息职业学院。

河北大学工商学院

学校(机构)标识码	4113013404
学校办学类型	413：本科院校：独立学院
学校性质类别	01 综合大学
学校举办者	999 民办
学校地址	河北省保定市七一东路2666号
邮政编码	071002
办公电话	0312-5073104
传真电话	0312 5073105
校园(局域)网域名	www.hicc.cn
电子信箱	gsxy@hbu.edu.cn
占地面积(平方米)	312414
校舍建筑面积(平方米)	164219
图书(万册)	83.3
固定资产总值(万元)	27823.56
教学、科研仪器设备资产值(万元)	5919.48
在校生数(人)	16573
其中：普通本科	16573
专任教师(人)	755
其中：正高级	115
副高级	204
中级	363
初级	57
未定职级	16

本科专业 保险、编辑出版学、财务管理、财政学、电气工程及其自动化、电气信息类、电子科学与技术、电子商务、电子信息工程、电子信息科学与技术、对外汉语、法学、工商管理、工商管理类、公共管理类、公共事业管理、光信息科学与技术、广播电视编导、广播电视新闻学、广告学、国际经济与贸易、汉语言文学、会计学、计算机科学与技术、金融学、经济学、经济学类、劳动与社会保障、旅游管理、人力资源管理、日语、软件工程、市场营销、通信工程、统计学、土木工程、网络工程、新闻传播学类、新闻学、信息管理与信息系统、信息与计算科学、艺术设计、英语、政治学与行政学、中国语言文学类、自动化

院系设置

人文学部、信息科学与工程学部、经济与管理学部、国际文化交流学部

学校设立奖学金情况

学校设立奖学金2项,奖励总额158万余元。奖学金最高金额1500元/年,最低金额30元/年。

学校历史沿革

河北大学工商学院前身为河北大学实验学院,创建于2000年,2001年7月更名为河北大学城市学院,2003年4月经河北省教育厅批准更名为河北大学工商学院。

河北联合大学轻工学院

学校(机构)标识码 4113013408	传真电话 0315-2797016	7203
学校办学类型 413:本科院校:独立学院	校园(局域)网域名 qgxy.heuu.edu.cn	在校生数(人) 13714
	电子信箱 bgs@qy.heuu.edu.cn	其中:普通本科 13714
学校性质类别 02 理工院校	占地面积(平方米) 103484	专任教师(人) 680
学校举办者 999 民办	校舍建筑面积(平方米) 162364	其中:正高级 68
学校地址 河北唐山高新技术产业园区大学西道11号	图书(万册) 68.3	副高级 233
	固定资产总值(万元) 57914	中级 270
邮政编码 063000	教学、科研仪器设备资产值(万元)	初级 109
办公电话 0315-2797016		

本科专业 材料成型及控制工程、材料化学、采矿工程、测绘工程、测控技术与仪器、地理信息系统、电气工程及其自动化、电气信息类、电子科学与技术、电子信息工程、电子信息科学与技术、动画、法学、高分子材料与工程、给水排水工程、工程管理、工商管理、工业工程、工业设计、国际经济与贸易、化学工程与工艺、环境工程、绘画、机械类、机械设计制造及其自动化、计算机科学与技术、建筑环境与设备工程、建筑学、交通工程、交通运输、交通运输类、金属材料工程、酒店管理、热能与动力工程、日语、社会工作、生物技术、通信工程、土木工程、无机非金属材料工程、信息管理与信息系统、信息与计算科学、冶金工程、艺术设计、英语、应用化学、自动化

学校设立奖学金情况

学校设立奖学金8项,奖励总额130余万元,奖学金最高金额10000元/年,最低金额100元/年。

学校历史沿革

河北联合大学轻工学院是经河北省政府批准国家教育部确认,由河北联合大学举办的独立学院。学院位于"环渤海、环津京"的开放城市——唐山市。

河北科技大学理工学院

学校(机构)标识码 4113013409	传真电话 0311-85383758	6920
学校办学类型 413:本科院校:独立学院	校园(局域)网域名 hbklg.hebust.edu.cn	在校生数(人) 14458
		其中:普通本科 14458
学校性质类别 02 理工院校	电子信箱 zx_hbklg@163.com	专任教师(人) 632
学校举办者 999 民办	占地面积(平方米) 465457	其中:正高级 26
学校地址 河北省石家庄市裕华区湘江道58号	校舍建筑面积(平方米) 386162	副高级 255
	图书(万册) 88.1	中级 203
邮政编码 050035	固定资产总值(万元) 33940	初级 148
办公电话 0311-85963479	教学、科研仪器设备资产值(万元)	

本科专业 安全工程、材料成型及控制工程、财务管理、测控技术与仪器、电气工程及其自动化、电气信息类、电子商务、电子信息工程、电子信息科学与技术、法学、纺织工程、高分子材料与工程、给水排水工程、工商管理、工商管理类、工业工程、国际经济与贸易、过程装备与控制工程、汉语言文学、化工与制药类、化学工程与工艺、环境工程、环境科学、机械类、机械设计制造及其自动化、计算机科学与技术、建筑环境与设备工程、交通工程、金属材料工程、轻工纺织食品类、热能与动力工程、软件工程、生物工程、生物技术、生物科学、生物科学类、生物医学工程、食品科学与工程、食品质量与安全、市场营销、数学与应用数学、通信工程、土木工程、网络工程、新闻学、信息管理与信息系统、药物制剂、药学、药学类、艺术设计、英语、应用化学、制药工程、自动化

院系设置

工学一部、工学二部、工学三部、工学四部、经管学部、文法学部、文理学部

学校设立奖学金情况

学校设立奖学金3项,奖励总金额33余元。奖学金最高金额4000元/年,最低金额200/年。

学校历史沿革

河北科技大学理工学院,是2001年经教育部和河北省政府批准成立的全日制本科层次的独立学院,学院位于石家庄市东开发区湘江道58号。

河北师范大学汇华学院

学校(机构)标识码 4113013411	传真电话 0311-80785999	6356
学校办学类型 413:本科院校:独立学院	校园(局域)网域名 huihua.hebtu.edu.cn	在校生数(人) 12657
		其中:普通本科 12657
学校性质类别 06 师范院校	电子信箱 huihua@maill.hebtu.edu	专任教师(人) 755
学校举办者 999 民办	占地面积(平方米) 206057	其中:正高级 120
学校地址 河北省石家庄市桥西区红旗大街469号	校舍建筑面积(平方米) 170929	副高级 282
	图书(万册) 115.38	中级 293
邮政编码 050091	固定资产总值(万元) 46494	初级 57
办公电话 0311-80785888	教学、科研仪器设备资产值(万元)	未定职级 3

本科专业 地理科学、地理科学类、电气信息类、动画、对外汉语、俄语、法学、法学类、广播电视编导、广告学、国际经济与贸易、汉语言文学、化学、会计学、计算机科学与技术、经济学类、科学教育、历史学、旅游管理、旅游管理与服务教育、美术学、汽车维修工程教育、人力资源管理、日语、生物技术、生物科学、生物科学类、数学与应用数学、思想政治教育、通信工程、网络工程、物理学、心理学、新闻传播学类、新闻学、学前教育、艺术类、艺术设计、音乐学、英语、中国语言文学类、资源环境与城乡规划管理

院系设置

数学部、理学部、法政学部、经管学部、艺术学部、文学部、外语学部

学校设立奖学金情况

学校设立奖学金4项,奖励总金额129.14万余元。奖学金最高金钱1000元/年,最低金额100元/年。其中,一等专业奖学金462人,1000元/年;二等专业奖学金922人,400元/年;三等专业奖学金1842人,200元/年;单项奖学金462人,1000元/年。

学校历史沿革

河北师范大学汇华学院创建于2001年,由河北师范大学按照新机制、新模式举办,2004年被教育部首批确认为独立学院。学院初建时租用河北税务学校,2002年初与河北青华苑高校服务有限公司合作,在石家庄市红旗大街601号建设校区,随后又建设位于汇明路18号的校区。2010年,河北师范大学将西校区东院(石家庄市红旗大街469号)完全交由汇华学院管理使用,为学院的长期发展奠定了坚实的基础。

河北经贸大学经济管理学院

学校(机构)标识码 4113013414	传真电话 0311-87665259	3782.71
学校办学类型 413:本科院校:独立学院	校园(局域)网域名 www.heuet.edu.cn	在校生数(人) 12578
		其中:普通本科 12578
学校性质类别 08 财经院校	电子信箱 jgxybgs@heuet.edu.cn	专任教师(人) 596
学校举办者 999 民办	占地面积(平方米) 190523	其中:正高级 88
学校地址 河北省石家庄市红旗大街428号	校舍建筑面积(平方米) 139579	副高级 268
	图书(万册) 80.2	中级 216
邮政编码 052460	固定资产总值(万元) 16634.39	初级 8
办公电话 0311-87665259	教学、科研仪器设备资产值(万元)	未定职级 16

本科专业 保险、财务管理、财政学、电气信息类、电子商务、电子信息工程、对外汉语、法学、工程管理、工商管理、公共管理类、公共事业管理、广播电视新闻学、国际经济与贸易、汉语言文学、行政管理、会计学、会展经济与管理、计算机科学与技术、金融学、经济学类、劳动与社会保障、旅游管理、贸易经济、人力资源管理、日语、审计学、市场营销、税务、统计学、网络工程、物

流管理、新闻传播学类、新闻学、信息管理与信息系统、信息与计算科学、英语、中国语言文学类

院系设置

经济系、管理系、信息系、文法系、会计系和商务系。

学校历史沿革

2001年7月经河北省教育厅(冀教发[2001]81号文件)批准,成立"河北经贸大学财通学院";2003年5月根据河北省教育厅冀教发[2003]57号文件,"河北经贸大学财通学院"更名为"河北经贸大学经济管理学院";根据冀教发[2004]107号文件"河北经贸大学经济管理学院"成为教育部首批确认的独立学院之一。

河北医科大学临床学院

学校(机构)标识码	4113013415
学校办学类型	413:本科院校:独立学院
学校性质类别	05 医药院校
学校举办者	999 民办
学校地址	河北省石家庄市建华南大街309号
邮政编码	050031
办公电话	0311-86265948
传真电话	0311-85881628
校园(局域)网域名	www.hebmu.edu.cn
电子信箱	xybgs207@hebmu.edu
占地面积(平方米)	205737
校舍建筑面积(平方米)	211138
图书(万册)	45.8
固定资产总值(万元)	39212.44
教学、科研仪器设备资产值(万元)	5778.64
在校生数(人)	10911
其中:普通本科	10911
专任教师(人)	396
其中:正高级	46
副高级	75
中级	108
初级	120
未定职级	47

本科专业 护理学、口腔医学、临床医学、麻醉学、医学检验、医学影像学、中西医临床医学

学校设立奖学金情况

学院设立奖学金2项,奖励总金额82.59余万元,奖学金最高金额800元/年,奖学金最低金额100元/年。

学校历史沿革

河北医科大学临床学院是河北省人民政府2001年7月批准的13所独立学院之一,由河北医科大学主办,2003年通过了教育部的确认,为全日制本科层次高等学校。

华北电力大学科技学院

学校(机构)标识码	4113013417
学校办学类型	413:本科院校:独立学院
学校性质类别	02 理工院校
学校举办者	999 民办
学校地址	河北省保定市瑞祥大街282号
邮政编码	071051
办公电话	0312-7523555
传真电话	0312-7523492
校园(局域)网域名	www.hdky.edu.cn
占地面积(平方米)	284791
校舍建筑面积(平方米)	177960
图书(万册)	36.49
固定资产总值(万元)	11723.19
教学、科研仪器设备资产值(万元)	3920.6
在校生数(人)	6707
其中:普通本科	6707
专任教师(人)	466
其中:正高级	61
副高级	122
中级	242
初级	24
未定职级	17

本科专业 财务管理、测控技术与仪器、电气工程及其自动化、电子信息科学与技术、给水排水工程、工程管理、工程造价、工商管理、环境工程、会计学、机械工程及自动化、计算机科学与技术、建筑环境与设备工程、农业电气化与自动化、热能与动力工程、软件工程、通信工程、土木工程、网络工程、信息管理与信息系统、艺术设计、英语、应用化学、自动化

院系设置

现有电力工程系、动力工程系、经济管理系、信息工程系、机械工程系、建筑工程系和基础学科部等6系1部

学校设立奖学金情况

学院设立奖学金12项,奖励总金额700余万元。最高奖学金8000元/年,最低金额100元/年。

学校历史沿革

华北电力大学科技学院成立于2002年6月,是国家教育部和河北省人民政府批准设立,由国家"211工程"重点建设高校华北电力大学与河北省电力公司按新机制、新模式合作举办的全日制本科层次的独立学院。学院依托华北电力大学的综合办学优势,根据现代科学技术发展趋势和地方经济发展需求设置专业。

河北工程大学科信学院

学校(机构)标识码 4113013578	传真电话 0310-8579690	教学、科研仪器设备资产值(万元) 4813
学校办学类型 413:本科院校:独立学院	校园(局域)网域名 kexin.hebeu.edu.cn	在校生数(人) 9525
学校性质类别 02 理工院校	电子信箱 kexinxueyuan@hebeu.edu.cn	其中:普通本科 9525
学校举办者 999 民办		专任教师(人) 491
学校地址 河北省邯郸市光明南大街199号	占地面积(平方米) 376064	其中:正高级 78
	校舍建筑面积(平方米) 91434	副高级 142
邮政编码 056038	图书(万册) 48.9	中级 269
办公电话 0310-8579215	固定资产总值(万元) 11035	未定职级 2

本科专业 材料成型及控制工程、测控技术与仪器、城市规划、电气工程及其自动化、电子信息工程、给水排水工程、工程管理、工商管理、国际经济与贸易、会计学、机械设计制造及其自动化、计算机科学与技术、建筑环境与设备工程、建筑学、交通工程、勘查技术与工程、热能与动力工程、水利水电工程、水务工程、通信工程、土木工程、艺术设计、英语、自动化

学校设立奖学金情况
学校设立奖学金4项,奖励总金额190余万元。奖学金最高金额1000元/年,最低金额300元/年。

毕业生一次就业率 69.1%

学校历史沿革
学院于2001年经河北省人民政府批准成立时名"河北建筑科技学院科信学院"。2003年更名为"河北工程学院科信学院",并由国家教育部予以确认。2006年更名为"河北工程大学科信学院"。

河北工业大学城市学院

学校(机构)标识码 4113013584	传真电话 022-60203450 022-60203450	7803.6
学校办学类型 413:本科院校:独立学院	校园(局域)网域名 www.hebut.edu.cn	在校生数(人) 16067
学校性质类别 02 理工院校		其中:普通本科 16067
学校举办者 999 民办	占地面积(平方米) 194178	专任教师(人) 194
学校地址 河北廊坊市新华路144号	校舍建筑面积(平方米) 67206	其中:正高级 3
邮政编码 300130	图书(万册) 74.42	副高级 31
办公电话 022-60203450 022-60203450	固定资产总值(万元) 10109.6	中级 118
	教学、科研仪器设备资产值(万元)	初级 12
		未定职级 30

本科专业 材料科学与工程、测绘工程、测控技术与仪器、车辆工程、城市规划、电气工程及其自动化、电气信息类、电子科学与技术、电子信息工程、法学、高分子材料与工程、给水排水工程、工程管理、工程力学、工商管理、工商管理类、工业工程、工业设计、公共事业管理、管理科学与工程、管理科学与工程类、国际经济与贸易、过程装备与控制工程、海洋技术、化工与制药类、化学工程与工艺、环境工程、会计学、机械设计制造及其自动化、计算机科学与技术、建筑环境与设备工程、建筑学、交通工程、交通运输、经济学、经济学类、劳动与社会保障、热能与动力工程、日语、软件工程、生物工程、生物医学工程、市场营销、数学与应用数学、通信工程、土木工程、网络工程、信息管理与信息系统、信息与计算科学、艺术设计、英语、应用化学、应用物理学、制药工程、自动化

学校历史沿革
城市学院办学所依托的母体学校——河北工业大学其前身是创办于1903年的北洋工艺学堂,1904年改称直隶高等工业学校,1929年改称河北省立工业学院,1950年改名为河北工学院,1995年更名为河北工业大学。

燕山大学里仁学院

学校(机构)标识码　4113013592	传真电话　0335 - 8063793	6409
学校办学类型　413:本科院校:独立学院	校园(局域)网域名　stc.ysu.edu.cn	在校生数(人)　15864
	电子信箱　liren@ysu.edu.cn	其中:普通本科　15864
学校性质类别　02 理工院校	占地面积(平方米)　680295	专任教师(人)　902
学校举办者　999 民办	校舍建筑面积(平方米)　377586	其中:正高级　162
学校地址　河北省秦皇岛市河北大街西段438号	图书(万册)　65	副高级　270
	固定资产总值(万元)　68909	中级　358
邮政编码　066004	教学、科研仪器设备资产值(万元)	初级　112
办公电话　0335 - 8063745		

本科专业　材料成型及控制工程、测控技术与仪器、车辆工程、电气工程及其自动化、电气信息类新专业、电子科学与技术、电子商务、电子信息工程、法学、工商管理、工业工程、工业设计、公共事业管理、广播电视新闻学、国际经济与贸易、过程装备与控制工程、汉语言文学、行政管理、化学工程与工艺、环境工程、会计学、机械设计制造及其自动化、计算机科学与技术、建筑环境与设备工程、交通运输、经济学、旅游管理、日语、生物工程、生物医学工程、通信工程、土木工程、艺术设计、英语、应用化学、政治学与行政学、自动化

院系设置

机械工程系、电气工程系、电子工程系、建筑环境与化学工程系、经济管理系、文法外语系

学校设立奖学金情况

学校设立奖学金2项,奖励总金额180余万元,奖学金最高金额3000元/年,最低金额300元/年。

学校历史沿革

燕山大学里仁学院创办于2001年9月,2003年经河北省批准,更名为燕山大学科学技术学院,2004年4月恢复使用"燕山大学里仁学院"名称。

石家庄铁道大学四方学院

学校(机构)标识码　4113013593	传真电话　0311 - 84576007	在校生数(人)　10070
学校办学类型　413:本科院校:独立学院	校园(局域)网域名　www.stdusfc.cn	其中:普通本科　10070
	电子信箱　sfxy@sjzri.edu.cn	专任教师(人)　473
学校性质类别　02 理工院校	占地面积(平方米)　701254	其中:正高级　58
学校举办者　999 民办	校舍建筑面积(平方米)　275792	副高级　120
学校地址　石家庄中山路西北方大学园	图书(万册)　80.7	中级　178
	固定资产总值(万元)　23841	初级　34
邮政编码　050228	教学、科研仪器设备资产值(万元)　5175	未定职级　83
办公电话　0311 - 84576007		

本科专业　财务管理、测绘工程、电气工程及其自动化、电子信息工程、法学、工程管理、国际经济与贸易、会计学、计算机科学与技术、建筑环境与设备工程、交通工程、金融学、市场营销、土木工程、无机非金属材料工程、信息管理与信息系统、艺术设计、英语、自动化

院系设置

土木工程系、经济管理系、人文社科系、计算机系、电气工程系、外语系、艺术系、测绘工程系、建筑材料工程系、交通工程系、体育部和基础部

学校设立奖学金情况

学院设立奖学金2项,奖励总金额97.97余万元。奖学金最高金额1000元/年,最低金额500元/年。

学校历史沿革

2001年7月,经河北省政府批准,石家庄铁道学院与国家邮政局石家庄培训中心联合办学,成立民办公助二级学院—石家庄铁道学院四方分院,同年首次招生。2002年6月,经河北省政府批准,石家庄铁道学院与河北北方教育投资有限公司联合办学,建立石家庄铁道学院四方分院北方大学园校区(西校区)。

2004年3月,石家庄铁道学院四方分院通过教育部审查,被确认为合格的独立学院,同时更名为石家庄铁道学院四方学院。2006年6月石家庄铁道学院与中国人民解放军石家庄机械化步兵学院合作,创建石家庄铁道学院四方学院装甲兵学院校区(南校区)。2010年5月,经河北省教育厅批准,更名为石家庄铁道大学四方学院。

石家庄经济学院华信学院

学校(机构)标识码	4113013594
学校办学类型	413:本科院校:独立学院
学校性质类别	08 财经院校
学校举办者	999 民办
学校地址	河北省石家庄市桥西区汇丰路18号
邮政编码	050091
办公电话	0311 - 85349810
传真电话	0311 - 85349810
校园(局域)网域名	www.sjzue.edu.cn/sjyhx/index.asp
电子信箱	sjyhx@sjzue.edu.cn
占地面积(平方米)	337600
校舍建筑面积(平方米)	57690
图书(万册)	47
固定资产总值(万元)	8830
教学、科研仪器设备资产值(万元)	2525
在校生数(人)	8150
其中:普通本科	8150
专任教师(人)	388
其中:正高级	36
副高级	90
中级	216
初级	33
未定职级	13

本科专业 财务管理、电子商务、法学、工程管理、工商管理、工商管理类、公共管理类、管理科学与工程类、广告学、国际经济与贸易、行政管理、环境工程、会计学、计算机科学与技术、金融学、经济学类、勘查技术与工程、劳动与社会保障、人力资源管理、市场营销、物流管理、信息管理与信息系统、英语、资源勘查工程

院系设置
管理系、科学技术系、会计系、经济系、文法系

学校设立奖学金情况
学校设立优秀学生奖学金1项,一等奖1000元/年,二等奖500元/年。共奖励一等奖400人,二等奖961人,共奖励金额88.06万元。

学校历史沿革
2001年与河北省邮电学校合作办学建立石家庄经济学院华信学院;2004年与石家庄开发区恒达工贸中心合作举办石家庄经济学院华信学院。

河北农业大学现代科技学院

学校(机构)标识码	4113013595
学校办学类型	413:本科院校:独立学院
学校性质类别	03 农业院校
学校举办者	999 民办
学校地址	河北省保定市南市区乐凯南大街2596号
邮政编码	071001
办公电话	0312 - 7528380
传真电话	0312 - 7528380
校园(局域)网域名	xianke.hebau.edu.cn
电子信箱	xdkjxy@hebau.edu.cn
占地面积(平方米)	562000
校舍建筑面积(平方米)	312059
图书(万册)	72.83
固定资产总值(万元)	36843.65
教学、科研仪器设备资产值(万元)	7830.27
在校生数(人)	14272
其中:普通本科	14272
专任教师(人)	719
其中:正高级	40
副高级	181
中级	357
初级	137
未定职级	4

本科专业 财务管理、草业科学、电气工程及其自动化、电气信息类、电子信息工程、电子信息科学与技术、动植物检疫、法学、风景园林、工程管理、工商管理、工商管理类、工业工程、工业设计、公共事业管理、国际经济与贸易、汉语言文学、环境科学、环境科学类、会计学、机械电子工程、机械类、机械设计制造及其自动化、计算机科学与技术、经济学、经济学类、旅游管理、农业电气化与自动化、农业工程类、农业机械化及其自动化、农业水利工程、日语、生物工程、生物技术、生物科学类、食品科学与工程、食品质量与安全、市场营销、水利水电工程、统计学、土木工程、网络工程、物流管理、艺术设计、音乐学、英语、园林、园艺、制药工程、资源环境与城乡规划管理、自动化

学校历史沿革
2001年7月至2003年4月,河北农业大学知行学院;2003年4月至今,河北农业大学现代科技学院。

河北联合大学冀唐学院

学校(机构)标识码 4113013596	传真电话 0315-8280918	在校生数(人) 7181
学校办学类型 413:本科院校:独立学院	校园(局域)网域名 jitang.ncmc.edu.cn	其中:普通本科 7181
学校性质类别 05 医药院校	电子信箱 jitang8114007@126.com	专任教师(人) 385
学校举办者 999 民办	占地面积(平方米) 333000	其中:正高级 42
学校地址 河北省唐山市丰南区正泰街29号	图书(万册) 45.8	副高级 123
邮政编码 063300	固定资产总值(万元) 13050.65	中级 126
办公电话 0315-8114007	教学、科研仪器设备资产值(万元) 3764.66	初级 64
		未定职级 30

本科专业 法学、护理学、口腔医学、临床医学、生物技术、药物制剂、药学、医学影像学、英语、中医学

院系设置 临床医学系、口腔医学系、医学影像系、中医系、药学系、护理学系、英语系、法学系、生物系

学校历史沿革
2001年经河北省政府批准招生,原校名为渤海分院;2002年更名为华北煤炭医学院冀唐分院;2004年更名为华北煤炭医学院冀唐学院;2010年12月更名为河北联合大学冀唐学院。

河北司法警官职业学院

学校(机构)标识码 4113013690	传真电话 0310-7025057	在校生数(人) 4154
学校办学类型 415:专科院校:高等职业学校	校园(局域)网域名 www.jjgxy.com.cn	其中:普通专科 4154
学校性质类别 09 政法院校	电子信箱 jymsk@163.com	专任教师(人) 206
学校举办者 812 省级其他部门	占地面积(平方米) 668808	其中:正高级 27
学校地址 邯郸市丛台区中华北大街515号	校舍建筑面积(平方米) 113355	副高级 64
邮政编码 056004	图书(万册) 30.7	中级 51
办公电话 0310-3178325	固定资产总值(万元) 9999.07	初级 21
	教学、科研仪器设备资产值(万元) 2439.17	未定职级 43

专科专业 安全防范技术、法律事务、法律事务(法制新闻方向)、法律文秘、计算机应用技术、软件技术、社区管理与服务、书记官、司法警务、司法信息技术、心理咨询、信息安全技术、刑事侦查技术、刑事执行、刑事执行(社区矫正方向)

院系设置 法律系、司法事务系、刑事执行系、刑事侦查系、基础教育部、警体教育部、继续教育部、干警培训部、信息技术部

国家级、省部级研究机构设置
研究中心(所):河北省司法考试研究中心

学校设立奖学金情况
学校设立奖学金2项,奖励总金额201840余万元。奖学金最高金额400元/年最低金额160元/年。

学校历史沿革
2004年元月8日经省政府批准,"河北警官学校"、"河北司法学校"、"河北政法函授"三校合并成立为河北司法警官职业学院。

沧州医学高等专科学校

学校(机构)标识码 4113013779	科学校	学校举办者 822 地级其他部门
学校办学类型 414:专科院校:高等专	学校性质类别 05 医药院校	学校地址 河北省沧州市迎宾大道西

高教区	校舍建筑面积（平方米） 282569	成人专科 600
邮政编码 061001	图书（万册） 46.8	专任教师（人） 382
办公电话 0317-5508008	固定资产总值（万元） 46629.81	其中：正高级 27
传真电话 0317-5508008	教学、科研仪器设备资产值（万元）	副高级 89
校园（局域）网域名 www.czmc.cn	6214.71	中级 100
电子信箱 czyxgdzkxx@126.com	在校生数（人） 9937	初级 106
占地面积（平方米） 682667	其中：普通专科 9337	未定职级 60

专科专业 护理、口腔医学、临床医学、卫生监督、眼视光技术、药学、医学检验技术、医学营养、医学影像技术、助产

院系设置
基础部、医学系、护理系、医学技术系、口腔系、药学系

定期公开出版的专业刊物 《沧州医教研究》

学校设立奖学金情况
学校设立奖学金1项，奖励总金额110余万元。奖学金最高金额800元/年，最低金额300元/年。

主要校办产业
文印室

学校历史沿革
沧州医学高等专科学校创建于1958年，建校时为大专建制，校名为"天津专区医学院"，后更名为"津沧医学高等专科学校"。1962年改为中专建制，更名为"河北省沧州卫生学校"。2001年5月，经省教育厅批准为"河北医科大学沧州分校"。2004年5月17日，经教育部批准升格为"沧州医学高等专科学校"。

河北女子职业技术学院

学校（机构）标识码 4113013822	传真电话 0311-89630669	在校生数（人） 5280
学校办学类型 415：专科院校：高等职业学校	校园（局域）网域名 www.hebnzxy.com	其中：普通专科 5262
	电子信箱 hbnzxy@sina.com	成人专科 18
学校性质类别 07 语文院校	占地面积（平方米） 264668	专任教师（人） 270
学校举办者 812 省级其他部门	校舍建筑面积（平方米） 104405	其中：正高级 4
学校地址 石家庄市桥西区汇文街16号	图书（万册） 46.22	副高级 38
	固定资产总值（万元） 14912.29	中级 83
邮政编码 050091	教学、科研仪器设备资产值（万元）	初级 103
办公电话 0311-89630669	2444.7	未定职级 42

专科专业 表演艺术、财务管理、财务会计类、电脑艺术设计、法律事务、房地产经营与估价、服装设计、工程造价、护理、环境艺术设计、会计电算化、计算机类、计算机应用技术、金融保险、旅游管理、人力资源管理、商务英语、摄影摄像技术、食品加工技术、市场开发与营销、文秘、物业管理、移动通信技术、艺术设计类、应用英语、园林技术、园艺技术、装潢艺术设计

院系设置
艺术设计系、应用技术系、社会工作系

学校设立奖学金情况
学校设立奖学金三项，全年奖励总金额387余万元，最高金额8000元/年，最低金额2000元/年。

学校历史沿革
河北女子职业技术学院（原河北省妇女干部学校）始建于1948年。2004年经河北省政府批准、国家教育部备案，升格改制为大学专科层次普通高等职业院校。

中国地质大学长城学院

学校（机构）标识码 4113013891	学校性质类别 02 理工院校	邮政编码 071000
学校办学类型 413：本科院校：独立学院	学校举办者 999 民办	办公电话 0312-2162666
	学校地址 保定市南二环路1689号	传真电话 0312-2162666

校园(局域)网域名　www.cuggw.com	教学、科研仪器设备资产值(万元)	其中:正高级　91
占地面积(平方米)　844383	7229.3	副高级　91
校舍建筑面积(平方米)　362200	在校生数(人)　14114	中级　164
图书(万册)　73.67	其中:普通本科　14114	初级　95
固定资产总值(万元)　72339.61	专任教师(人)　536	未定职级　95

本科专业　宝石及材料工艺学、财务管理、测绘工程、地理信息系统、地质学、电气工程及其自动化、电子信息工程、工程管理、工商管理、国际经济与贸易、行政管理、会计学、机械设计制造及其自动化、计算机科学与技术、经济学、旅游管理、日语、市场营销、土地资源管理、土木工程、信息管理与信息系统、英语、资源勘查工程

院系设置
共设6个系1个部,分别为地球科学与资源系、工程技术系、信息工程系、经济系、外语系、管理科学与工程系、体育课部

学校设立奖学金情况
学校设立奖学金3项,奖励总金额245.84余万元。奖学金最高金额8000元/年,最低金额200元/年。

学校历史沿革
中国地质大学长城学院是2005年4月经国家教育部批准成立,由中国地质大学(北京)与保定贺阳教育投资有限公司合作,按新机制、新模式举办的全日制本科独立学院。

北京化工大学北方学院

学校(机构)标识码　4113013895	传真电话　0316-3380031	9701.05
学校办学类型　413:本科院校:独立学院	校园(局域)网域名　www.ncbuct.edu.cn	在校生数(人)　18982
		其中:普通本科　18982
学校性质类别　01综合大学	电子信箱　bfxy@mail.buct.edu.cn	专任教师(人)　1078
学校举办者　999民办	占地面积(平方米)　633212	其中:正高级　98
学校地址　河北省三河市燕郊经济技术开发区迎宾北路45号	校舍建筑面积(平方米)　341197	副高级　238
	图书(万册)　194.13	中级　345
邮政编码　065201	固定资产总值(万元)　58382.35	初级　348
办公电话　0316-3380007	教学、科研仪器设备资产值(万元)	未定职级　49

本科专业　财务管理、电子商务、电子信息工程、法学、高分子材料与工程、工商管理、公共事业管理、广告学、国际经济与贸易、化工与制药、化学工程与工艺、会计学、计算机科学与技术、旅游管理、汽车服务工程、人力资源管理、软件工程、市场营销、通信工程、物流管理、艺术设计、英语、应用化学、自动化

院系设置
共设立6个学院1个直属部——理工院、信息院、经管院、文法院、国际商学院、艺术院、基础部

学校设立奖学金情况
学校共设立奖学金1项,奖励总金额93.1余万元。奖学金最高金额1600元/年最低金额600元/年。

学校历史沿革
2005年教育部批准,北京北方投资集团与北京化工大学按照教育部8号文件要求合作举办独立学院,当年招生2355人2006年招生2602人、2007年招生3597人、2008年招生4208人、2009年招生4415人、2010年招生5163人、2011年招生5372人。

北京中医药大学东方学院

学校(机构)标识码　4113013899	邮政编码　065001	校舍建筑面积(平方米)　233113
学校办学类型　413:本科院校:独立学院	办公电话　0316-6058932	图书(万册)　52.6
	传真电话　0316-6058929	固定资产总值(万元)　34316
学校性质类别　05医药院校	校园(局域)网域名　www.df-college.com	教学、科研仪器设备资产值(万元)　　　　　　　　　　　　3938.22
学校举办者　999民办		
学校地址　河北省廊坊市东方大学城一期南教学区	电子信箱　df-college@163.com	在校生数(人)　12062
	占地面积(平方米)　707888	其中:普通本科　12062

专任教师(人) 670	副高级 191	初级 132
其中:正高级 109	中级 238	

本科专业 工商管理、公共事业管理、护理学、针灸推拿学、中药学、中医学

院系设置

中医、针推系、护理系、中药系、管理系、中西医临床系、养生康复系、中医骨伤系

学校设立奖学金情况

奖学金总额49.1万元,最高金额1000元/年,最低金额500元/年。

学校历史沿革

1. 2005年1月26日河北省教育厅专家组来北京中医药大学东方学院检查办学条件,给出条件基本具备,2005年可以开始招生的结论。2. 2005年4月18日教育部下发教函[2005]63号批文给河北省教育厅同意试办北京中医药大学东方学院。3. 2005年9月20日在河北省廊坊大学城东方大讲堂举行北京中医药大学东方学院成立庆典。

石家庄医学高等专科学校

学校(机构)标识码 4113014018	传真电话 0311-87679292	在校生数(人) 12904
学校办学类型 414:专科院校:高等专科学校	校园(局域)网域名 www.sjzmc.cn	其中:普通专科 12681
	电子信箱 xbs121@163.com	成人专科 223
学校性质类别 05 医药院校	占地面积(平方米) 794403	专任教师(人) 899
学校举办者 999 民办	校舍建筑面积(平方米) 466637	其中:正高级 134
学校地址 河北省石家庄市石获南路209号	图书(万册) 98.83	副高级 194
	固定资产总值(万元) 36790	中级 322
邮政编码 050081	教学、科研仪器设备资产值(万元)	初级 173
办公电话 0311-89166011	9436	未定职级 76

专科专业 护理、护理(麻醉护理方向)、护理(涉外方向)、计算机应用技术(医院管理方向)、口腔医学、临床医学、临床医学(美容方向)、眼视光技术、药品经营与管理、药学、医疗美容技术、医学检验技术、医学营养、医学影像技术、针灸推拿、中药、中医骨伤

院系设置

西校区(原冀联校区,分临床医学系和医疗技术系)、南校区(原白求恩校区,分口腔医学系和中医系)、北校区(原新华校区,护理系)

学校历史沿革

石家庄医学高等专科学校,其前身是由河北冀联医科专修学院(1987-2003)、石家庄白求恩医学专修学院(1988-2003)、河北新华医科专修学院(1994-2003)合并而成,2003年3月20日经国家教育部批准为民办普通医学高等专科学校(筹);2066年2月14日国家教育部正式批准为民办普通医学高等专科学校。

石家庄外事职业学院

学校(机构)标识码 4113014047	传真电话 0311-88247961	在校生数(人) 3993
学校办学类型 415:专科院校:高等职业学校	校园(局域)网域名 www.wsxy.net	其中:普通专科 3993
	电子信箱 waishixueyuan@263.net	专任教师(人) 236
学校性质类别 01 综合大学	占地面积(平方米) 299700	其中:正高级 12
学校举办者 999 民办	校舍建筑面积(平方米) 132800	副高级 34
学校地址 石家庄市正定县常山西路47号	图书(万册) 43.1	中级 88
	固定资产总值(万元) 11455.88	初级 76
邮政编码 050800	教学、科研仪器设备资产值(万元)	未定职级 26
办公电话 0311-88247961	2725.3	

专科专业 表演艺术(影视艺术方向)、电子商务、电子商务(软件开发方向)、动漫设计与制作、工程造价、工商企业管理、广告设计与制作、国际金融、国际经济与贸易、海关管理、航空服务、航空服务(韩语方向)、航空服务(日语方向)、航空运输类、护理、护理(日语方向)、护理(社区方向)、护理(英语方向)、护理类、会计、计算机类、计算机网络技术、计算机应用技术、酒店管理、连锁经营管理、旅游管理类、汽车检测与维修技术、商务日语、商务英语、涉外旅游、涉外旅游(日语方向)、涉外旅游(英语方向)、涉外事务管理、市场营销、税务、文秘、物流管理、新闻采编与制作、艺术设计、艺术设计(建筑设计方向)、艺术设计(平面设计方向)、艺术设计(室内装潢方向)、影视动画、应用英语、主持与播音

院系设置
涉外经济系、涉外管理系、涉外护理系、外语系、计算机系、涉外艺术系和中专部

学校设立奖学金情况
学校设立奖学金 3 项,奖励总金额 27 余万元。奖学金最高金额 3000 元/年,最低金额 1000 元/年。

学校历史沿革
河北华英外国语专修学院(1999 年－2005 年);河北外事专修学院(2005 年－2006 年);石家庄外事职业学院(2006 年至今)。

冀中职业学院

学校(机构)标识码	4113014103
学校办学类型	415:专科院校:高等职业学校
学校性质类别	02 理工院校
学校举办者	821 地级教育部门
学校地址	河北省定州市刀枪街 3 号
邮政编码	073000
办公电话	0312-2581538
传真电话	0312-2587700
校园(局域)网域名	www.jzhxy.com
电子信箱	jzrsc2010@126.com
占地面积(平方米)	161172
校舍建筑面积(平方米)	120584
图书(万册)	15.46
固定资产总值(万元)	10223
教学、科研仪器设备资产值(万元)	1104.54
在校生数(人)	2010
其中:普通专科	2010
专任教师(人)	143
其中:正高级	4
副高级	52
中级	53
初级	21
未定职级	13

专科专业 地球物理勘查技术、电气自动化技术、动漫设计与制作、工程测量技术、广告设计与制作、汉语、焊接技术及自动化、会计电算化、机电一体化技术、计算机控制技术、计算机网络技术、计算机网络与安全管理、计算机应用技术、酒店管理、旅游管理、旅游日语、旅游英语、汽车技术服务与营销、汽车检测与维修技术、软件技术、物流管理、应用电子技术、装饰艺术设计

院系设置
学院设有四系一部,机电系、人文系、信息系、应用艺术系、公共教学部

学校设立奖学金情况
学校设立奖学金四项,奖励总金额 150 余万元,奖学金最高金额 1600 元/年,最低金额 400 元/年。

学校历史沿革
冀中职业学院于 2006 年 7 月 27 日经河北省人民政府批准,由原"保定师专定州分校"改建升格而成。2007 年 8 月开始独立招生普通高等教育高职高专类学生。

石家庄人民医学高等专科学校

学校(机构)标识码	4113014158
学校办学类型	414:专科院校:高等专科学校
学校性质类别	05 医药院校
学校举办者	999 民办
学校地址	河北省石家庄市红旗南大街汇丰西路 18 号
邮政编码	050091
办公电话	0311-85349858
传真电话	0311-85933928
校园(局域)网域名	www.sjzrmyz.com
电子信箱	sjzrmygz@126.com
占地面积(平方米)	195524
校舍建筑面积(平方米)	130255
图书(万册)	15.1
固定资产总值(万元)	22895
教学、科研仪器设备资产值(万元)	1613.33
在校生数(人)	3928
其中:普通专科	3707
成人专科	221
专任教师(人)	151
其中:正高级	11
副高级	53
中级	27
初级	34
未定职级	26

专科专业　护理、护理(老年方向)、护理(麻醉方向)、护理(社区方向)、护理(涉外方向)、口腔医学、临床医学、卫生信息管理、医学检验技术、中医学

院系设置
临床系、口腔系、护理系、检验系

学校历史沿革
石家庄人民医学高等专科学校于2009年3月26日,经教育部批准在石家庄华医医学专修学院(资源)基础之上正式设立。

石家庄科技工程职业学院

		1989.25
学校(机构)标识码　4113014185	传真电话　0311-88022125	
学校办学类型　415:专科院校:高等职业学校	校园(局域)网域名　www.zdsf.net	在校生数(人)　3113
	电子信箱　zdsf88022125@sina.com	其中:普通专科　3113
学校性质类别　01 综合大学	占地面积(平方米)　200000	专任教师(人)　164
学校举办者　821 地级教育部门	校舍建筑面积(平方米)　92779	其中:正高级　1
学校地址　河北省石家庄市正定华安西路29号	图书(万册)　25.1	副高级　42
	固定资产总值(万元)　8569.33	中级　56
邮政编码　050800	教学、科研仪器设备资产值(万元)	初级　65
办公电话　0311-88016802		

专科专业　材料成型与控制技术、电脑艺术设计、动漫设计与制作、法律事务、会计电算化、计算机速录、计算机应用技术、旅游管理、旅游英语、软件技术、商务英语、社会体育、市场营销、室内设计技术、数控技术、文秘、物流管理、音乐表演、影视多媒体技术、应用电子技术、应用英语

院系设置
人文系、外语系、信息工程系、机电工程系、经济管理系、音乐系、美术系、体育部

学校历史沿革
学院创建于1924年,始称"直隶第八师范学校",1933年以后,先后改名为"河北省立第八师范学校"、"河北正定师范学校",2001年更名为"石家庄师专正定分校",2004年更名为"石家庄学院正定分院",2007年经省政府批准,教育部备案,改建为"石家庄科技工程职业学院"。

北京交通大学海滨学院

学校(机构)标识码　4113014202	传真电话　0317-8887105	在校生数(人)　7830
学校办学类型　413:本科院校:独立学院	校园(局域)网域名　www.bjtuhbxy.cn	其中:普通本科　7830
	电子信箱　xybgs@bjtuhbxy.cn	专任教师(人)　398
学校性质类别　02 理工院校	占地面积(平方米)　666700	其中:正高级　64
学校举办者　999 民办	校舍建筑面积(平方米)　285259	副高级　124
学校地址　河北省黄骅市学院西路9号	图书(万册)　65.92	中级　72
	固定资产总值(万元)　66349.3	初级　18
邮政编码　061100	教学、科研仪器设备资产值(万元)　5081.01	未定职级　120
办公电话　0317-8887105		

本科专业　电气工程及其自动化、工商管理、光电信息工程、化学工程与工艺、机械工程及自动化、计算机科学与技术、交通运输、旅游管理、热能与动力工程、软件工程、数字媒体艺术、土木工程、物流管理、艺术设计、英语、再生资源科学与技术、自动化

院系设置
设有电子信息与控制工程系、机械与电气工程系、土木工程系、计算机科学学系、交通运输系、化学工程系、经济管理系、艺术系、外语系和基础教学部等10个教学单位。

学校设立奖学金情况
学院现设有思源学习奖学金和思源学生工作奖学金,用以奖励学习优秀和在学生工作中有突出表现的学生,奖励最高金额分别为1000元/学年和500元/学年,最低金额分别为400元/学年和200元/学年。

学校历史沿革

北京交通大学海滨学院成立于2008年7月,是由北京交通大学与融河(黄骅)科教有限公司共同举办、经国家教育部批准设立的独立学院。北京交通大学海滨学院校园占地1000亩,总建筑面积36万多平方米,投资总额逾9亿元,分两期工程建设。

河北劳动关系职业学院

学校(机构)标识码	4113014208
学校办学类型	415:专科院校:高等职业学校
学校性质类别	01 综合大学
学校举办者	812 省级其他部门
学校地址	河北劳动关系职业学院
邮政编码	050002
办公电话	0311-83860952
传真电话	0311-83860962
校园(局域)网域名	www.hbgy.edu.cn
电子信箱	xybgs211@163.com
占地面积(平方米)	127254
校舍建筑面积(平方米)	92792
图书(万册)	34
固定资产总值(万元)	15326.27
教学、科研仪器设备资产值(万元)	1799.27
在校生数(人)	4316
其中:普通专科	3824
成人专科	492
专任教师(人)	188
其中:正高级	5
副高级	54
中级	65
初级	49
未定职级	15

专科专业 安全技术管理、财务会计类、工程管理类、工程造价、广告设计与制作、会计电算化、会计与统计核算、机电设备维修与管理、机电一体化技术、计算机多媒体技术、建筑工程管理、酒店管理、劳动与社会保障、连锁经营管理、旅游管理、软件技术、食品营养与检测、室内设计技术、移动通信技术

院系设置

公共管理系、信息科学与工程系、法律与经济贸易系

学校设立奖学金情况

学院设立奖学金4项,奖励总金额13.265万元。奖学金最高金额800元/年,最低金额150元/年。

学校历史沿革

我院是2007年12月14日经河北省政府批准成立,2008年6月经国家教育部备案,同年开始招收全日制高职学生。

石家庄科技职业学院

学校(机构)标识码	4113014213
学校办学类型	415:专科院校:高等职业学校
学校性质类别	02 理工院校
学校举办者	999 民办
学校地址	石家庄市经济技术开发区创业路23号
邮政编码	052165
办公电话	0311-86683851
传真电话	0311-83050228
校园(局域)网域名	www.sjzkjxy.net
电子信箱	sjzkjxy@163.com
占地面积(平方米)	103372
校舍建筑面积(平方米)	35950
图书(万册)	12.5
固定资产总值(万元)	14260
教学、科研仪器设备资产值(万元)	3110
在校生数(人)	1853
其中:普通专科	1853
专任教师(人)	112
其中:正高级	8
副高级	15
中级	47
初级	34
未定职级	8

专科专业 动漫设计与制作、工程监理、工程造价、会计、机电设备维修与管理、计算机网络技术、计算机应用技术、建筑工程技术、金融保险、精细化学品生产技术、生化制药技术、市场营销、文秘、药物分析技术、药物制剂技术、药学、应用英语、证券投资与管理、装饰艺术设计

院系设置

信息工程系、经济管理系、建筑工程系、医药化工系

学校历史沿革

石家庄科技职业学院是在石家庄语言文化交流专修学院基础上申办,2007年经河北省人民政府批准建立,2008年经国家教育部备案,2008年按国家统一计划面向全国招生。建校十余年来,始终坚持"服务社会、一切为了学生的办学宗旨"。

廊坊东方职业技术学院

学校(机构)标识码 4113014225	传真电话 010-80841927	在校生数(人) 1883
学校办学类型 415:专科院校:高等职业学校	校园(局域)网域名 www.dfzy.edu.cn	其中:普通专科 1847
	电子信箱 zsb2901888@126.com	成人专科 36
学校性质类别 01 综合大学	占地面积(平方米) 189147	专任教师(人) 209
学校举办者 999 民办	校舍建筑面积(平方米) 84725	其中:正高级 15
学校地址 河北省廊坊市廊坊东方大学城一期圣陶路	图书(万册) 8.5	副高级 16
	固定资产总值(万元) 10347.58	中级 128
邮政编码 065001	教学、科研仪器设备资产值(万元) 1581.92	初级 50
办公电话 0316-2901867		

专科专业 城市轨道交通运营管理、服装设计、工程造价、观光农业、护理、环境艺术设计、会计、计算机多媒体技术、计算机网络技术、建筑工程技术、酒店管理、空中乘务、旅游工艺品设计与制作、民航运输、木材加工技术、汽车技术服务与营销、社会体育、涉外旅游、文物鉴定与修复、舞蹈表演、信息安全技术、医学影像技术、印刷图文信息处理、应用电子技术、展览展示艺术设计

院系设置
医学系、民航服务与管理系、艺术设计系、信息工程系、经济管理系、旅游管理系、文物系、艺术表演系和体育系

学校设立奖学金情况
学院设立3项奖学金,奖励总金额2.5余万元,奖学金最高金额1500元/年,最低金额500元/年。

学校历史沿革
2009年2月16日经河北省人民政府批准,国家教育部备案成立了廊坊东方职业技术学院。

泊头职业学院

学校(机构)标识码 4113014259	传真电话 0317-7949800	1372.5
学校办学类型 415:专科院校:高等职业学校	校园(局域)网域名 www.btzyxy.com.cn	在校生数(人) 1761
		其中:普通专科 1761
学校性质类别 01 综合大学	电子信箱 btzyxy@126.com	专任教师(人) 175
学校举办者 821 地级教育部门	占地面积(平方米) 452550	其中:正高级 2
学校地址 河北省泊头市光明街150号	校舍建筑面积(平方米) 94848	副高级 56
	图书(万册) 26.8	中级 30
邮政编码 062150	固定资产总值(万元) 6260.1	初级 35
办公电话 0317-7949114	教学、科研仪器设备资产值(万元)	未定职级 52

专科专业 汉语、会计、连锁运营管理、旅游管理、模具设计与制造、模具制造与自动化、市场营销、舞蹈表演、物流管理、艺术设计、音乐表演、英语教育、应用英语、语文教育

院系设置
现设五系一部,即中文系、经济管理系、会计系、英语系、机械设计系和附设中职部。

学校历史沿革
泊头职业学院是经河北省人民政府批准,教育部备案同意的国办全日制专科层次的高等院校,其前身为1925年9月建校誉有"沧州黄埔"之称的河北泊头师范学校。学院座落于素有"中国铸造名城"、"汽车模具之乡"、"中国鸭梨第一乡"之称的河北泊头市。

宣化科技职业学院

学校(机构)标识码 4113014260	业学校	学校举办者 821 地级教育部门
学校办学类型 415:专科院校:高等职	学校性质类别 01 综合大学	学校地址 河北省张家口市宣化区皇

城桥北街地院巷 1 号
邮政编码　075100
办公电话　0313 - 3165300
传真电话　0313 - 3165300
校园(局域)网域名　www.xhkjzyxy.com
电子信箱　xhkjzyxy@163.com

占地面积(平方米)　130000
校舍建筑面积(平方米)　295664
图书(万册)　25.14
固定资产总值(万元)　10222.6
教学、科研仪器设备资产值(万元)　1978.8
在校生数(人)　1893

其中:普通专科　1893
专任教师(人)　366
其中:正高级　9
　　　副高级　119
　　　中级　165
　　　初级　60
　　　未定职级　13

专科专业　电子信息工程技术、工程造价、汉语、环境艺术设计、会计电算化、计算机网络技术、建筑工程技术、建筑装饰工程技术、旅游管理、美术、汽车技术服务与营销、商务英语、市场营销、视觉传达艺术设计、体育服务与管理、通信技术、物流管理、心理咨询、新闻采编与制作、艺术设计、应用英语

院系设置
学院设文化传媒、经济管理、旅游服务、信息技术、工程技术、艺术教育、体育、运用美术八个教学系。

定期公开出版的专业刊物　《洋河教育》
学校设立奖学金情况
学院设奖学金一项,奖励总金额一年为 18 万,最高金额为一年 1000 元,最低金额为一年 300 元。

学校历史沿革
宣化科技职业学院最前身为直隶第五师范,成立于 1917 年,2001 年升格为全日制普通高校,2007 年经教育部批准为宣化科技职业学院。

廊坊燕京职业技术学院

学校(机构)标识码　4113014280
学校办学类型　415:专科院校:高等职业学校
学校性质类别　01 综合大学
学校举办者　821 地级教育部门
学校地址　河北省三河市工业新区
邮政编码　065200
办公电话　0316 - 3669165

传真电话　0316 - 3669165
校园(局域)网域名　www.lfyjzjxy.com
电子信箱　lfyjzjxy@sohu.com
占地面积(平方米)　386667
校舍建筑面积(平方米)　144727
图书(万册)　15
固定资产总值(万元)　45000
教学、科研仪器设备资产值(万元)　3100

在校生数(人)　1676
其中:普通专科　1676
专任教师(人)　127
其中:副高级　28
　　　中级　10
　　　初级　10
　　　未定职级　79

专科专业　电子工艺与管理、电子仪器仪表与维修、会计与审计、会计与统计核算、机械设计制造类、计算机网络技术、计算机系统维护、酒店管理、商务英语、物流管理

院系设置
财经系、计算机系、机电工程系

学校设立奖学金情况
学校设立奖学金三项,奖励总金额 8 万余元。奖学金最高金额 800 元/年,最低金额 50 元/年。

学校历史沿革
廊坊燕京职业技术学院成立于 2010 年 2 月。2010 年 9 月招收第一批学生。

承德护理职业学院

学校(机构)标识码　4113014281
学校办学类型　415:专科院校:高等职业学校
学校性质类别　05 医药院校
学校举办者　822 地级其他部门
学校地址　河北省承德市下二道河子
邮政编码　067000
办公电话　0314 - 2152013

传真电话　0314 - 2154007
电子信箱　cdwxbangongshi@163.com
占地面积(平方米)　190443
校舍建筑面积(平方米)　91620
图书(万册)　20
固定资产总值(万元)　4617
教学、科研仪器设备资产值(万元)　1293

在校生数(人)　1650
其中:普通专科　1650
专任教师(人)　249
其中:副高级　109
　　　中级　72
　　　初级　46
　　　未定职级　22

专科专业 护理、口腔医学技术、卫生信息管理、医学检验技术、医学影像技术
院系设置
护理系、医学技术系、涉外护理系
学校设立奖学金情况
学校设立奖学金1项,奖励总金额23余万元。奖学金最高金额500元/年,最低金额200元/年。
学校历史沿革
承德护理职业学院前身为承德卫校,创建于1978年。2010年3月31日我院被河北省人民政府同意确立为承德护理职业学院。2011年4月21日我院通过教育部备案。

石家庄幼儿师范高等专科学校

学校(机构)标识码　4113014328
学校办学类型　414:专科院校:高等专科学校
学校性质类别　06 师范院校
学校举办者　821 地级教育部门
学校地址　石家庄市鹿泉开发区幼师路39号
邮政编码　050228
办公电话　0311-83930866
传真电话　0311-83930866
校园(局域)网域名　www.sjzysgz.com
电子信箱　sjzyesf@126.com
占地面积(平方米)　333000
校舍建筑面积(平方米)　118872
图书(万册)　36
固定资产总值(万元)　4746.93
教学、科研仪器设备资产值(万元)　2177.66
在校生数(人)　628
其中:普通专科　628
专任教师(人)　258
其中:副高级　76
中级　117
初级　51
未定职级　14

专科专业 美术教育、学前教育、音乐教育、英语教育
院系设置
学前教育系、语言文学系、音乐系和美术系
学校设立奖学金情况
学校设立奖学金三项,奖励总金额25.015余万元。奖学金最高金额400元/年,最低金额100元/年。
学校历史沿革
2006年10月河北石家庄幼儿师范学校和河北石家庄外国语师范学校合并,成立新的河北石家庄幼儿师范学校。2011年4月经教育部批准,学校升格为石家庄幼儿师范高等专科学校。

廊坊卫生职业学院

学校(机构)标识码　4113014335
学校办学类型　415:专科院校:高等职业学校
学校性质类别　05 医药院校
学校举办者　822 地级其他部门
学校地址　廊坊市经济开发区东方大学城四光路南
邮政编码　065001
办公电话　0316-6026613
传真电话　0316-6026637
校园(局域)网域名　www.lfwx.net
占地面积(平方米)　328755
校舍建筑面积(平方米)　126798
图书(万册)　15.5
固定资产总值(万元)　25443
教学、科研仪器设备资产值(万元)　2309
在校生数(人)　615
其中:普通专科　615
专任教师(人)　180
其中:副高级　85
中级　72
初级　14
未定职级　9

专科专业 护理、康复治疗技术、口腔医学技术、药学、医学检验技术、医学影像技术
学校历史沿革
廊坊卫生职业学院创建于1961年10月天津杨柳青镇,始称"天津市杨柳青卫生学校",1962年10月划归天津专区,更名为"河北省天津专区卫生学校",1964年1月归属河北省卫生厅,改名为"河北省杨柳青卫生学校"。1984年4月廊坊"地"改"市"后,改称"廊坊市卫生学校"。2011年2月经河北省人民政府批准,在廊坊市卫生学校基础上设立廊坊卫生职业学院。

山西大学

学校(机构)标识码 4114010108	占地面积(平方米) 1377769	博士研究生 571
学校办学类型 411:本科院校:大学	校舍建筑面积(平方米) 907717	硕士研究生 4311
学校性质类别 01 综合大学	图书(万册) 320.2	留学生 77
学校举办者 811 省级教育部门	固定资产总值(万元) 130160.34	专任教师(人) 1987
学校地址 山西省太原市坞城路92号	教学、科研仪器设备资产值(万元) 34719.23	其中:正高级 260
邮政编码 030006		副高级 610
办公电话 0351-7010255	在校生数(人) 38115	中级 708
传真电话 0351-7011981	其中:普通本科 19131	初级 230
校园(局域)网域名 www.sxu.edu.cn	成人本科 7275	未定职级 179
电子信箱 xiaoban@sxu.edu.cn	成人专科 6750	

本科专业 编导、德语、电气工程及其自动化、电视摄像、电子商务、电子信息工程、电子信息科学与技术、雕塑、对外汉语、俄语、法学、法语、工程管理、工商管理、工商管理类、公共事业管理、光信息科学与技术、广告学、国际经济与贸易、国际政治、汉语言文学、行政管理、化学、环境工程、环境科学、会计学、绘画、计算机科学与技术、建筑环境与设备工程、教育学、经济学、考古学、劳动与社会保障、历史学、旅游管理、美术学、热能与动力工程、日语、软件工程、社会工作、社会体育、社会学、生物工程、生物科学、食品科学与工程、数学与应用数学、思想政治教育、体育教育、体育学类、统计学、土木工程、舞蹈编导、物理学、戏剧影视文学、新闻学、信息管理与信息系统、信息与计算科学、学前教育、药学、艺术设计、音乐表演、音乐学、英语、影视动画、应用化学、应用物理学、应用心理学、运动训练、哲学、中国语言文学类、主持与播音、资源环境与城乡规划管理、自动化、作曲与作曲技术理论

博士专业 动物学、分析化学、管理科学与工程、光学、汉语言文字学、环境科学、基础数学、计算机应用技术、经济史、考古学及博物馆学、科学技术史、科学技术哲学、理论物理、粒子物理与原子核物理、伦理学、逻辑学、马克思主义哲学、马克思主义中国化研究、凝聚态物理、生态学、生物化学与分子生物学、水生生物学、体育教育训练学、外国哲学、微生物学、无机化学、无线电物理、物理化学、系统工程、细胞生物学、应用化学、有机化学、原子与分子物理、政治学理论、植物学、中国古代文学、中国近现代史

硕士专业 比较文学与世界文学、产业经济学、成人教育学、传播学、档案学、电力系统及其自动化、动物学、发育生物学、发展与教育心理学、法律、法律史、法学理论、法语语言文学、翻译、分析化学、概率论与数理统计、高等教育学、工程、工程管理、工商管理、公共管理、管理科学与工程、光学、光学工程、广播电视艺术学、国际法学、国际政治、汉语国际教育、汉语言文字学、行政管理、环境工程、环境科学、环境与资源保护法学、会计学、基础数学、计算机软件与理论、计算机应用技术、计算数学、教育、教育学原理、经济法学、经济史、考古学及博物馆学、科学技术史、科学技术哲学、科学社会主义与国际共产主义运动、控制理论与控制工程、理论物理、历史地理学、粒子物理与原子核物理、伦理学、逻辑学、旅游管理、马克思主义基本原理、马克思主义哲学、马克思主义中国化研究、美术学、美学、民商法学、民俗学、民族传统体育学、模式识别与智能系统、凝聚态物理、农业推广、企业管理、情报学、人口学、日语语言文学、设计艺术学、社会学、生态学、生物化学与分子生物学、生药学、食品科学、世界史、数量经济学、水生生物学、水土保持与荒漠化防治、思想政治教育、诉讼法学、体育、体育教育训练学、体育人文社会学、通信与信息系统、图书馆学、图书情报、外国语言学及应用语言学、外国哲学、微生物学、文物与博物馆、文艺学、无机化学、舞蹈学、物理电子学、物理化学、戏剧戏曲学、系统工程、细胞生物学、宪法学与行政法学、新闻学、新闻与传播、信号与信息处理、刑法学、药物分析学、药物化学、遗传学、艺术、艺术学、音乐学、英语语言文学、应用化学、应用数学、应用统计、应用心理学、有机化学、原子与分子物理、运筹学与控制论、运动人体科学、政治经济学、政治学理论、植物学、植物营养学、中共党史、中国古代史、中国古代文学、中国古典文献学、中国近现代史、中国现当代文学、中国哲学、中外政治制度、专门史、自然地理学、宗教学、作物遗传育种

学校历史沿革
山西大学堂(1902-1911);山西大学校(1912-1943);国立山西大学(1943-1949);山西大学(1949-至今)。

太原科技大学

学校(机构)标识码 4114010109	学校性质类别 02 理工院校	学校地址 太原市万柏林区瓦流路66号
学校办学类型 411:本科院校:大学	学校举办者 811 省级教育部门	

邮政编码 030024	固定资产总值(万元) 74190.33	博士研究生 60
办公电话 0351-6998180	教学、科研仪器设备资产值(万元)	硕士研究生 1350
传真电话 0351-6998027	13803.11	专任教师(人) 1059
校园(局域)网域名 www.tyust.edu.cn	在校生数(人) 25524	其中:正高级 121
电子信箱 xzbgs@tyust.edu.cn	其中:普通本科 9100	副高级 233
占地面积(平方米) 772356	普通专科 3559	中级 556
校舍建筑面积(平方米) 468719	成人本科 3366	初级 65
图书(万册) 127.1	成人专科 8089	未定职级 84

本科专业 安全工程、材料成型及控制工程、材料科学与工程、材料物理、测控技术与仪器、车辆工程、电气工程及其自动化、电子商务、电子信息工程、法学、工程力学、工业工程、工业设计、光信息科学与技术、国际经济与贸易、过程装备与控制工程、焊接技术与工程、化学工程与工艺、环境工程、环境科学、会计学、绘画、机械电子工程、机械设计制造及其自动化、计算机科学与技术、交通工程、交通运输、经济学、日语、软件工程、社会工作、社会体育、生物工程、市场营销、数学与应用数学、通信工程、土木工程、网络工程、物流工程、信息管理与信息系统、信息与计算科学、冶金工程、艺术设计、英语、应用物理学、应用心理学、自动化

专科专业 工程机械控制技术、工业分析与检验、工业环保与安全技术、化工设备维修技术、化学制药技术、机电一体化技术、计算机应用技术、精细化学品生产技术、煤炭深加工与利用、模具设计与制造、商务英语、生产过程自动化技术、生物化工工艺、市场营销、冶金技术、应用化工技术、有机化工生产技术

博士专业 材料加工工程、机械设计及理论

硕士专业 材料加工工程、材料物理与化学、材料学、产业经济学、车辆工程、电力电子与电力传动、电路与系统、钢铁冶金、工程、工程力学、工商管理、固体力学、管理科学与工程、光学、机械电子工程、机械设计及理论、机械制造及其自动化、计算机软件与理论、计算机应用技术、检测技术与自动化装置、交通信息工程及控制、科学技术哲学、控制理论与控制工程、流体力学、马克思主义基本原理、模式识别与智能系统、农业机械化工程、企业管理(含:财务管理、市场营销)、思想政治教育、诉讼法学、系统工程、一般力学与力学基础、应用数学

院系设置
设有机械工程学院、材料科学与工程学院、电子信息工程学院、计算机科学与技术学院、交通与物流工程学院、应用科学学院、环境与安全学院、化学与生物工程学院、经济与管理学院、人文社科学院、法学院、外国语学院、艺术学院、体育学院、成人教育学院、职业技术学院共16个学院。

国家级、省部级研究机构设置
设有省部共建国家重点实验室培育基地——山西省冶金设备设计理论及技术重点实验室和冶金设备设计理论及技术实验室、机电综合实验室、重大技术装备CAD/CAE实验室、工程力学实验室、大型钢结构疲劳实验室、机械设计基础实验中心、电工电子实验中心等省级重点实验室;设有教育部重型机械工程研究中心和山西省机械行业制造业信息产业化生产力促进中心、山西省现代轧制工程技术研究中心、山西省先进制造技术网上合作研究中心、山西省自动化工程技术研究中心、山西省镁合金工程技术研究中心等省级工程中心。

定期公开出版的专业刊物 《太原科技大学学院》、《高等教育研究》、《铸造设备研究》、《思想教育》、《山西省高等学校社会科学报》

学校设立奖学金情况
学校设有优秀奖学金、国家奖学金、励志奖学金及十多个社会奖学金,奖励总额不定。奖学金最高金额8000元/年,最低金额500元/年。

主要校办产业
机器厂、印刷厂、校园服务公司

学校历史沿革
1952年,山西省工业厅创办山西省机械制造工业学校。1953年,划归国家第一机械工业部,更名为第一机械工业部太原机器制造学校。1955年,汉口机器制造学校(后并入武汉理工大学)锻冲专业师生全部并入,长春汽校(后并入吉林大学)锻压专业教师全部并入。1960年,更名为太原重型机械学院。1965年,大连工学院(现大连理工大学)、沈阳机电学院(现沈阳工业大学)起重运输机械专业师生全部并入。1998年,学校改为教育部与山西省共建共管,以山西省管理为主。2004年,学校更名为太原科技大学。

中北大学

学校(机构)标识码 4114010110	传真电话 0351-3923386	教学、科研仪器设备资产值(万元)
学校办学类型 411:本科院校:大学	校园(局域)网域名 www.nuc.edu.cn	31812.3
学校性质类别 02 理工院校	电子信箱 nuc@nuc.edu.cn	在校生数(人) 33734
学校举办者 811 省级教育部门	占地面积(平方米) 1667676	其中:普通本科 25994
学校地址 山西省太原市学院路3号	校舍建筑面积(平方米) 1007124	普通专科 556
邮政编码 030051	图书(万册) 284.5	成人本科 1821
办公电话 0351-3922018	固定资产总值(万元) 121157.8	成人专科 2408

博士研究生 229	其中：正高级 259	中级 641
硕士研究生 2726	副高级 430	初级 445
专任教师（人）1775		

本科专业 安全工程、包装工程、材料成型及控制工程、财务管理、测控技术与仪器、车辆工程、弹药工程与爆炸技术、地面武器机动工程、电气工程及其自动化、电子科学与技术、电子信息工程、电子信息科学与技术、法学、飞行器设计与工程、飞行器制造工程、复合材料与工程、高分子材料与工程、工程力学、工商管理、工业工程、工业设计、光电信息工程、光信息科学与技术、广播电视新闻学、国际经济与贸易、过程装备与控制工程、汉语言文学、化学工程与工艺、环境工程、机械电子工程、机械工程及自动化、机械设计制造及其自动化、计算机科学与技术、教育技术学、金属材料工程、经济学、民爆公共安全（警专）、热能与动力工程、软件工程、社会体育、生物工程、生物医学工程、市场营销、数学与应用数学、探测制导与控制技术、特种能源工程与烟火技术、通信工程、土木工程、网络工程、微电子学、无机非金属材料工程、武器系统与发射工程、物理学、信息对抗技术、信息管理与信息系统、信息与计算科学、艺术设计、音乐学、英语、应用化学、运动训练、侦查方向（警专）、政治学与行政学、制药工程、自动化

专科专业 电脑艺术设计、电子商务、动漫设计与制作、计算机网络技术、计算机信息管理、软件技术、物流管理

博士专业 兵器发射理论与技术、测试计量技术及仪器、弹箭飞行与控制工程、电子信息技术及仪器、光电子技术与仪器、火炮、自动武器与弹药工程、机动武器系统工程、机械设计及理论、精密仪器及机械、军事化学与烟火技术、微纳技术及仪器、武器能源工程、武器系统信息与控制、武器系统与运用工程、信号与信息处理、信息处理与重建、应用化学

硕士专业 安全工程、安全技术及工程、兵器发射理论与技术、兵器工程、材料工程、材料加工工程、材料物理与化学、材料学、测试计量技术及仪器、车辆工程、弹箭飞行与控制工程、导航、制导与控制、电磁场与微波技术、电路与系统、电子信息技术及仪器、电子与通信工程、动力工程、动力机械及工程、高分子化学与物理、工程力学、工业催化、工业工程、管理科学与工程、光电子技术及仪器、光学工程、航空宇航制造工程、化学工程、化学工艺、环境工程、火炮、自动武器与弹药工程、机动武器系统工程、机械电子工程、机械工程、机械设计及理论、机械制造及其自动化、基础数学、计算机技术、计算机软件与理论、计算机系统结构、计算机应用技术、技术经济及管理、检测技术与自动化装置、精密仪器及机械、军事化学与烟火技术、控制工程、控制理论与控制工程、民族传统体育学、模式识别与智能系统、凝聚态物理、生物化工、生物医学工程、思想政治教育、通信与信息系统、微电子学与固体电子学、微纳技术及仪器、无机化学、武器能源工程、武器系统防护工程、武器系统信息与控制、武器系统与运用工程、物理电子学、系统工程、信号与信息处理、信息处理与重建、仪器仪表工程、英语语言文学、应用化学、应用数学

院系设置
1. 机电工程学院（武器装备技术学院）：机电控制工程系、动力机械系、车辆与动力工程学、航空宇航工程系 2. 机械工程与自动化学院：机械工程系、工业工程系、过程装备系、机械自动化系、工业设计系 3. 材料科学与工程学院：材料加工工程系、材料科学系 4. 化工与环境学院：化学工程系、环境工程系、安全工程系、生命科学系 5. 信息与通信工程学院：电子工程系、信息工程系、通信工程系、电气工程系、光电工程系 6. 电子与计算机科学技术学院：计算机科学与技术系、电子科学与技术系、网络工程系 7. 理学院：数学系、物理系、化学系、力学系、土木工程系 8. 人文社会科学学院：新闻传播系、外语系、政治与行政管理系、法学系 9. 经济与管理学院：经济学系、管理学系 10. 体育与艺术学院：体育系、音乐系、艺术系 11. 研究生院 12. 软件学院 13. 后备军官教育学院 14. 继续教育学院 15. 国防科学技术学院

国家级、省部级研究机构设置
研究中心（所）：电子测试技术国防科技重点实验室（太原分部）、仪器科学与动态测试、国防重点学科实验室、毁伤技术、动态测试技术、中国兵器工业"传爆药性能检测中心实验室"、"镁基材料深加工技术"教育部工程研究中心、精密塑性成形技术研究应用中心、山西省"动态测试技术"重点实验室、山西省先进制造技术实验室、山西省集成精密成型工程技术研究中心、山西省现代无损检测工程技术研究中心、山西省超细粉体工程技术研究中心、山西省微米纳米工程技术研究中心、山西省超重力化工工程技术研究中心、山西省高分子复合材料工程技术研究中心、山西省铸造新工艺工程技术研究中心、山西省工程塑料技术研究中心、山西省光电信息与仪器工程技术研究中心、山西省防火防爆安全工程技术研究中心、微纳惯性传感与集成测量、深孔加工工程技术研究中心

博士后科研流动站 仪器科学与技术、兵器科学与技术、信息与通信工程、机械工程

定期公开出版的专业刊物 《中北大学学报（自然科学版）》、《中北大学学报（社会科学版）》、《测试技术学报》、《测试技术学报》（英文版）

学校设立奖学金情况
学校设立奖学金10项，奖金总额不定。奖学金最高金额8000元/人，最低金额500元/人。
1. 国家奖学金，由省教育厅确定名额，8000元/人；
2. 综合素质奖学金，综合素质测评成绩前1%，4000元/人，次前4%，2000元/人，再次前10%，1200元/人，再次前15%，600元/人；
3. 特殊荣誉奖：奖励为学校争得特殊荣誉的学生，视情况给予500－1000元奖励；破全国、省、校大学生运动会记录者分别给予5000、3000、2000元奖励；
4. 校长奖章，每年最多10人，2000元/人；
5. 航天公益奖学金：一等奖7名，3000元/人，二等奖12人，1500元/人，三等奖11人，1000元/人；
6. 国家助学金，由省教育厅确定名额，平均3000元/人；
7. 新长城助学金，中国扶贫基金会确定名额，1840元/人；
8. 雷恪生奖学金，16名/年，2000元/人；
9. 国家励志奖学金，由省教育厅确定名额，5000元/人；

10. 山西彩票公益金助残项目,根据实际情况确定,5000元/人。

主要校办产业
光电厂、校办工厂、印刷厂

学校历史沿革
1941年5月创建我党我军第一所兵工院校(太行工业学院);1943年停办;1946年恢复学校,改名为长治工业学校,7月停办;1951年4月扩建扩组为华北高级兵工职业学校;1953年改名为华北第二工业学校;1955年9月改名为太原第一工业学校;1956年4月改名为太原机械制造工业学校;1958年改名为太原机械学院;1993年12月6日改名为华北工学院;2004年6月29日更名为中北大学。

太原理工大学

学校(机构)标识码　4114010112
学校办学类型　411:本科院校:大学
学校性质类别　02 理工院校
学校举办者　811 省级教育部门
学校地址　山西省太原市迎泽西大街79号
邮政编码　030024
办公电话　0351-6010290
传真电话　0351-6041237
校园(局域)网域名　www.tyut.edu.cn
电子信箱　xiaoban@tyut.edu.cn

占地面积(平方米)　1210468
校舍建筑面积(平方米)　1172232
图书(万册)　262.5
固定资产总值(万元)　137743.76
教学、科研仪器设备资产值(万元)　42038
在校生数(人)　55033
其中:普通本科　22221
　　　普通专科　1303
　　　成人本科　12021

成人专科　14260
博士研究生　648
硕士研究生　4535
留学生　45
专任教师(人)　2099
其中:正高级　322
　　　副高级　656
　　　中级　972
　　　初级　146
　　　未定职级　3

本科专业　安全工程、材料成型及控制工程、材料化学、材料物理、采矿工程、测绘工程、测控技术与仪器、车辆工程、城市地下空间工程、城市规划、地理信息系统、电气工程及其自动化、电子商务、电子信息工程、动画、法学、纺织工程、服装设计与工程、高分子材料与工程、给水排水工程、工程管理、工程力学、工业设计、光信息科学与技术、国际经济与贸易、过程装备与控制工程、行政管理、化学工程与工艺、环境工程、会计学、绘画、机械设计制造及其自动化、计算机科学与技术、建筑环境与设备工程、建筑学、金融学、金属材料工程、勘查技术与工程、矿物加工工程、农业水利工程、热能与动力工程、软件工程、摄影、生物工程、市场营销、数学与应用数学、数字媒体艺术、水利水电工程、水文与水资源工程、体育教育、通信工程、统计学、土木工程、土木工程(地下方向)、文化产业管理、无机非金属材料工程、物联网工程、物流管理、信息与计算科学、冶金工程、艺术设计、英语、应用化学、应用物理学、制药工程、资源环境与城乡规划管理、资源勘查工程、自动化

专科专业　部队基础工作类新专业、电气自动化技术、电子商务、电子信息工程技术、服装设计、国际商务、会计电算化、机电一体化技术、计算机应用技术、旅游管理、艺术设计、应用英语

博士专业　材料加工工程、材料科学与工程、材料学、采矿工程、电机与电器、电路与系统、工程力学、工业催化、固体力学、化学工程、化学工程与技术、化学工艺、环境工程、机械电子工程、机械工程、机械设计及理论、机械制造及其自动化、计算机应用技术、结构工程、矿产普查与勘探、矿物加工工程、生物医学工程、水力学及河流动力学、岩土工程

硕士专业　安全工程、安全技术及工程、材料工程、材料加工工程、材料科学与工程、材料物理与化学、材料学、采矿工程、测试计量技术及仪器、车辆工程、地球探测与信息技术、地图制图学与地理信息工程、地质工程、电工理论与新技术、电机与电器、电力电子与电力传动、电力系统及其自动化、电路与系统、电气工程、电器工程、电子与通讯工程、动力工程、动力机械及工程、防灾减灾工程及防护工程、纺织材料与纺织品设计、钢铁冶金、港口、海岸及近海工程、高电压与绝缘技术、高分子化学与物理、工程力学、工商管理、工业催化、工业工程、工业设计工程、供热、供燃气、通风及空调工程、固体力学、管理科学与工程、光学工程、化工过程机械、化学工程、化学工程与技术、化学工艺、环境工程、环境科学、环境科学与工程、会计学、机械电子工程、机械工程、机械设计及理论、机械制造及其自动化、集成电路工程、计算机技术、计算机科学与技术、计算机软件与理论、计算机系统结构、计算机应用技术、技术经济及管理、检测技术与自动化装置、建筑技术科学、建筑历史与理论、建筑与土木工程、结构工程、控制工程、控制科学与工程、控制理论与控制工程、矿产普查与勘探、矿物加工工程、矿业工程、力学、流体力学、马克思主义基本原理、马克思主义哲学、模式识别与智能系统、凝聚态物理、农业水土工程、企业管理(含:财务管理、市场营销)、桥梁与隧道工程、热能工程、日语笔译、软件工程、设计艺术学、生物化工、生物医学工程、市政工程、水工结构工程、水力学及河流动力学、水利工程、水利水电工程、水文学及水资源、思想政治教育、体育教学、体育教育训练学、通信与信息系统、土木工程、外国语言学及应用语言学、物理电子学、物理化学(含:化学物理)、系统工程、信号与信息处理、信息与通信工程、岩土工程、一般力学与力学基础、英语笔译、应用化学、应用数学、有色金属冶金、运动人体科学、运动训练

院系设置
(20个)机械工程学院、材料科学与工程学院、电气与动力工程学院、信息工程学院、计算机科学与技术学院(软件学院)、

建筑与土木工程学院、水利科学与工程学院、化学化工学院、矿业工程学院、轻纺工程与美术学院、环境科学与工程学院、数学学院、力学学院、物理与光电工程学院、政法学院、外国语学院、经济管理学院、体育学院、继续教育学院、研究生院、国际教育交流学院、现代科技学院

国家级、省部级研究机构设置

1. 实验室(10个)：山西省煤科学与技术重点实验室(省部共建国家重点实验培育基地)、煤科学与技术山西省重点实验室、材料强度与结构冲击山西省重点实验室、材料界面科学与工程山西省重点实验室、新型传感器与智能控制山西省重点试验室、矿产资源高效安全开采山西省重点实验室、材料界面科学与工程教育部重点实验室、原位改性采矿省部共建教育部重点实验室、煤科学与技术教育部重点实验室、新型传感器与控制教育部重点实验室

2. 研究中心(所)(24个)：山西省机械电子工程中心、山西省煤转化技术研究中心、山西省测控技术与新型传感器工程研究中心、山西省安全工程技术研究中心、山西省矿山流体控制工程技术研究中心、山西省绿色矿山工程技术研究中心、山西省新能源与再生能源工程技术研究中心、山西省工业与城市污水处理工程技术研究中心、山西省矿山机械CAE工程技术研究中心、教育部煤炭转化技术工程研究中心、山西省新材料工程技术中心(太原理工大学—富士康材料研发中心)、煤科学与技术教育部与山西省重点实验室、新型传感器与智能控制教育部和山西省重点实验室 煤化工研究所、应用力学与生物医学工程研究所、表面工程研究所精细化工研究所、机械电子研究所、采煤工艺研究所、测控技术研究所、人文素质研究与教育中心、新材料工程技术中心、精细化工研究所、人文素质民教育中心、信息化管理与建设中心、工程训练中心

博士后科研流动站 化学工程与技术、力学、机械工程、材料科学与工程、矿业工程、电气工程

定期公开出版的专业刊物 《太原理工大学学报》、《太原理工大学学报》(社科版)、《山西煤炭》、《煤炭转化》、《山西高等学校社会科学学报》、《系统科学学报》

学校设立奖学金情况

"晋昌"博士创新奖励基金 6人/年,10000元/人

国家奖学金 8000元/人年

校长奖学金 10人/年,10000元/人；10人/年,5000元/人

国家励志奖学金 5000元/人·年

"富士康"奖学金(博士生) 2人/年 6000元/人

"富士康"奖学金(硕士生) 10人/年 5000元/人

梅赛尼斯奖学金 9人/年,5000元/人

维达机械奖学金 20人/年 5000元/人

柳道万和奖学金 16人/年本科生,4000元/人；6人/年研究生,5000元/人；1人/年博士研究生,6000元/人

王宪夫妇女子奖学金 3人/年,3000元/人

龙软奖学金 6人/年,1000—2000元/人

台北山西同乡晋才奖学金 奖励山西籍本科生和研究生 3000元/人

优秀学生奖学金 1500元/人·年

中原电器助困奖学金 10人/年,2000元/人

武尽杰、冀照明奖学金 15人/年,1000-2000元/人

孙越崎科技教育基金奖学金 2人/年 1000元/人

赵宗复基金奖学金 36-38人/年,1000元/人 单项奖学金 1000-5000元

电机工程教育奖学金 每两年评定一次

主要校办产业

太原理工大学建筑设计研究院、太原理大成工程有限公司、太原理工大学机电厂、太原理工大学印刷厂、太原理工大学劳动就业服务中心、山西科灵催化净化技术发展公司、山西太原理工煤转化工程有限公司、太原发鑫集团有限公司、山西亿众公用事业有限公司

学校历史沿革

太原理工大学前身是创立于1902年的国立山西大学堂西学专斋,是我国最早成立的三所国立大学之一。经过百余年的传承与发展,学校业已建设成为一所以工为主,理工结合多学科协调发展的高等学府,是山西省唯一一所国家"211工程"重点建设大学,也是国家中部地区重点建设的五所高校之一。

山西农业大学

学校(机构)标识码 4114010113	电子信箱 sxauxb@sxau.edu.cn	成人本科 756
学校办学类型 411:本科院校:大学	占地面积(平方米) 1493968	成人专科 410
学校性质类别 03 农业院校	校舍建筑面积(平方米) 645336	博士研究生 170
学校举办者 811 省级教育部门	图书(万册) 141.5	硕士研究生 1147
学校地址 山西省太原市兴农街或山西省太谷县	固定资产总值(万元) 77126.1	专任教师(人) 1191
	教学、科研仪器设备资产值(万元) 15250.2	其中:正高级 138
邮政编码 030801		副高级 286
办公电话 0354-6288211	在校生数(人) 15875	中级 521
传真电话 0354-6222942	其中:普通本科 13392	初级 246
校园(局域)网域名 www.sxau.edu.cn		

本科专业 草业科学、城市规划、地理信息系统、电气工程及其自动化、电子信息科学与技术、动物科学、动物医学、动植物检疫(动物检疫方向)、动植物检疫(植物检疫方向)、法学、公共事业管理、国际经济与贸易、行政管理、环境科学、机械设计制造及其自动化、计算机科学与技术、交通运输(汽车运用工程方向)、林学、旅游管理、农村区域发展、农林经济管理、农林经济管理(物流管理方向)、农学、农业机械化及其自动化、农业建筑环境与能源工程(土木工程)、农业水利工程、农业资源与环境、农艺教育、软件工程、生态学、生物工程、生物技术、生物科学、生物科学(动物方向)、生物科学(化学生物技术方向)、生物科学(生物安全方向)、生物科学(生物制药方向)、生物信息学、食品科学与工程、食品质量与安全、市场营销、水产养殖学、水土保持与荒漠化防治、土地资源管理、土木工程、信息管理与信息系统、信息与计算科学、艺术设计、英语、英语(经贸英语方向)、英语(涉外文秘方向)、园林、园林(风景园林方向)、园艺、园艺(花卉与景观设计方向)、植物保护、制药工程、中药资源与开发、种子科学与工程

博士专业 动物遗传育种与繁殖、果树学、临床兽医学、农业机械化工程、农业昆虫与害虫防治、森林培育、蔬菜学、饲料作物生产与利用、土壤学、种子科学与技术、作物安全生产与质量管理、作物生物技术、作物信息技术、作物遗传育种、作物栽培学与耕作学

硕士专业 草业科学、地图学与地理信息系统、动物遗传育种与繁殖、动物营养与饲料科学、果树学、基础兽医学、林业、临床兽医学、农产品加工及贮藏工程、农村与区域发展、农林经济管理、农药学、农业电气化与自动化、农业机械化工程、农业经济管理、农业科技服务、农业昆虫与害虫防治、农业生物环境与能源工程、农业水土工程、农业资源利用、森林保护学、森林培育、生态学、生物化学与分子生物学、生物物理学、食品加工安全、食品加工与安全、食品科学、兽医、蔬菜学、水土保持与荒漠化防治、思想政治教育、饲料作物生产与利用、特种经济动物饲养(含:蚕、蜂等)、土地资源管理、土壤学、养殖、预防兽医学、园林植物与观赏园艺、植物保护、植物病理学、植物学、植物营养学、种子科学与技术、作物安全生产与质量管理、作物生物技术、作物信息学、作物遗传育种、作物栽培学与耕作学

院系设置
农学院、动物科技学院、林学院、资源环境学院、园艺学院、工程技术学院、食品科学与工程学院、经济贸易学院、文理学院、生命科学学院、公共管理学院、现代技术教育学院、研究生院、职业技术学院、成人教育学院、体育教学部、山西农业大学运城农学院、山西农业大学太原园艺学院、山西农业大学平遥机电学院、山西农业大学太原畜牧兽医学院、山西农业大学原平农学院、山西农业大学职业技术学院

国家级、省部级研究机构设置
1. 研究所(中心):农业工程研究所、蔬菜研究所、食品研究所、环境兽医研究所、生态畜牧研究所、动物种质研究所、羊驼研究所、管理工程研究所、生态经济研究所、农业经济研究所、乡村发展研究所、化学生态研究所、辐射研究所
2. 重点实验室:生态畜牧与环境兽医学、农业装备与物料特性(09年申报待批)、植物化学调控实验室、农产品加工及贮藏工程(省级重点建设实验室)
3. 博士后流动站:畜牧学、兽医学、作物学、植物保护、农业资源利用

定期公开出版的专业刊物 《山西农业大学学报(自然科学版)》、《山西农业大学学报(社会科学版)》《科技农业报》

学校设立奖学金情况
学校设立奖学金情况:学校设立奖学金21项,奖励总金额537.525万元。奖学金最高金额5000元/生年,最低金额300元/生年。
1. 校长奖学金:学生人数1%/年,5000元/生;
2. 专业奖学金:所有在校学生/年,生均470元/生;
3. 周氏奖学金:人数不定,1000元/生;
4. 农教未来人才基金奖:10-15人/年,1000元/生;
5. 建昊奖学金:人数不定/年,3000元/生;
6. 大北农奖学金:16-18人/年,1000元/生。

主要校办产业
我校主要校办产业有山西农业大学科技开发公司,下设有三个分公司:恒远药业公司、开源种苗公司、绿荣科技公司

学校历史沿革
山西农业大学前身为创建于1907年的铭贤学堂和在此基础上发展起来的铭贤学院。1951年10月1日由山西人民政府接管,改私立为公办,成立了山西农学院。1952年11月,根据教育部的决定,学校兽医专业并入内蒙古畜牧兽医学院;1965年4月22日,山西省人民委员会决定山西省畜牧兽医科学研究所、山西省果树科学研究所与山西农学院合并;1971年5月15日,山西农业劳动大学正式并入山西农学院;1979年7月21日经国务院批准,原大寨农学院并入山西农学院,新组建山西农业大学,并被列入全国重点高等学校。

山西医科大学

学校(机构)标识码 4114010114
学校办学类型 411;本科院校:大学
学校性质类别 05 医药院校
学校举办者 811 省级教育部门
学校地址 山西省太原市新建南路56号
邮政编码 030001

办公电话 0351-4135419
传真电话 0351-2024239
校园(局域)网域名 www.sxmu.cn
电子信箱 ykdbgsh@163.com
占地面积(平方米) 1458438
校舍建筑面积(平方米) 516087
图书(万册) 145.07

固定资产总值(万元) 57505.21
教学、科研仪器设备资产值(万元) 16697.19
在校生数(人) 27984
其中:普通本科 12987
普通专科 3804
成人本科 5864

成人专科 1984	专任教师(人) 1090	中级 442
博士研究生 171	其中:正高级 203	初级 134
硕士研究生 3174	副高级 265	未定职级 46

本科专业 临床医学、预防医学、法医学、口腔医学、医学影像学、麻醉学、护理学、药学、中药学、药物制剂、医学检验、生物制药、社会工作、信息管理与信息系统、公共事业管理、英语

专科专业 护理、口腔医学、临床医学、卫生信息管理、眼视光技术、医学检验技术、医学影像技术、医药营销、助产

博士专业 生理学、生物化学与分子生物学、内科学、儿科学、老年医学、神经病学、精神病与精神卫生学、皮肤病与性病学、影像医学与核医学、临床检验诊断学、护理学、外科学、妇产科学、眼科学、耳鼻咽喉科学、肿瘤学、康复医学与理疗学、运动医学、麻醉学、急诊医学、流行病与卫生统计学、劳动卫生与环境卫生学、营养与食品卫生学、儿少卫生与妇幼保健学、卫生毒理学、法医学、微生物学、神经生物学、遗传学、发育生物学、细胞生物学

硕士专业 生理学、生物化学与分子生物学、中药学、人体解剖和组织胚胎学、免疫学、病原生物学、病理学与病理生理学、法医学、内科学、儿科学、老年医学、神经病学、精神病与精神卫生学、皮肤病与性病学、影像医学与核医学、临床检验诊断学、护理学、外科学、妇产科学、眼科学、耳鼻咽喉科学、肿瘤学、康复医学与理疗学、运动医学、麻醉学、急诊医学、药物化学、药剂学、生药学、药物分析学、微生物与生化药学、药理学、流行病与卫生统计学、劳动卫生与环境卫生学、营养与食品卫生学、儿少卫生与妇幼保健学、卫生毒理学、中西医结合临床、口腔临床医学、社会医学与卫生事业管理、应用心理学、动物学、微生物学、神经生物学、遗传学、发育生物学、细胞生物学、临床医学硕士专业学位、公共卫生硕士专业学位、护理学硕士专业学位、口腔医学硕士专业学位、药学硕士专业学位

院系设置
第一临床医学院、第二临床医学院、基础医学院、公共卫生学院、药学院、法医学院、护理学院、研究生学院、人文社会科学学院(思想政治理论教学研究部)、继续教育学院(职业技术学院)、口腔医学系、儿科医学系、麻醉学系、医学影像学系、信息管理系(图书馆)、外语系、体育教学部、计算机教学部、临床技能教学模拟医院

国家级、省部级研究机构设置
1. 实验室:细胞生理学省部共建教育部重点实验室、细胞生理学山西省重点实验室、法医学山西省重点实验室、骨与软组织损伤修复山西省重点实验室
2. 研究中心(所):山西省新药工程技术研究中心、山西省中医药现代工程技术研究中心、山西省肾病研究所

博士后科研流动站 生物学、公共卫生与预防医学、临床医学

定期公开出版的专业刊物 山西医科大学学报、山西医科大学学报基础医学教育、护理研究、中西医结合心脑血管病杂志、实用骨科杂志、临床医药实践

学校设立奖学金情况
学校设立奖学金11项,奖励总金额:237.1万元-238.6万元。奖学金最高金额2000元/年,最低金额300元/年。

主要校办产业
山西医科大学制药厂、山西医科大学招待所、山西医科大学仪器厂、山西医科大学印刷厂

学校历史沿革
山西医科大学的前身是山西医学传习所,创建于1919年。学校多次易名,数次迁址。1921年8月,改为山西医学专门学校。1928年12月,改为山西医学专科学校。1932年1月,改为私立山西川至医学专科学校。1937年11月,改为山西民族革命大学医学院。1938年3月,改为山西川至医学院。1939年1月,改为私立山西川至医学专科学校。1940年3月,改为山西大学医学专修科。1946年8月,升格为国立山西大学医学院。新中国成立后,学校步入了一个崭新的发展时期。1953年9月,独立建校,更名为山西医学院。1955年全国高校院系调整时,山西、江苏、山东、浙江四所医学院的卫生系合并组建了山西医学院卫生系,成为全国保留有卫生系的六所高等医学院校之一,并由全国著名卫生学专家、国家一级教授、原江苏医学院院长邵象伊担任院长。1996年4月,更名为山西医科大学。

长治医学院

学校(机构)标识码 4114010117	占地面积(平方米) 326591	成人本科 2685
学校办学类型 412:本科院校:学院	校舍建筑面积(平方米) 177483	成人专科 840
学校性质类别 05 医药院校	图书(万册) 69	专任教师(人) 633
学校举办者 811 省级教育部门	固定资产总值(万元) 29806.21	其中:正高级 93
学校地址 长治市解放东街161号	教学、科研仪器设备资产值(万元)	副高级 211
邮政编码 046000	5462.76	中级 189
办公电话 0355-3151421	在校生数(人) 11476	初级 96
传真电话 0355-3034065	其中:普通本科 7321	未定职级 44
校园(局域)网域名 www.czmc.com	普通专科 630	

本科专业 护理学、康复治疗学、口腔医学、临床医学、临床医学(妇产科学方向)、临床医学(精神卫生方向)、临床医学(美容医学方向)、临床医学(眼视光方向)、麻醉学、生物医学工程、信息管理与信息系统、药学、药学类、医学检验、医学影像学、音乐学(音乐治疗方向)、应用心理学、运动人体科学

专科专业 护理、口腔医学技术、临床医学、眼视光技术、药学、医疗美容技术、医学检验技术、音乐康复技术

院系设置

1. 第一临床学院；2. 第二临床学院；3. 职业技术教育学院；4. 基础医学部；5. 人文社会科学部；6. 成人教育学院；7. 外语教学部；8. 公共体育部；9. 护理学系；10. 医学影像学系；11. 生物医学工程系；12. 麻醉学系；13. 医学检验学系；14. 药学系；15. 信息管理与信息系统系。

定期公开出版的专业刊物 《长治医学院报》

学校设立奖学金情况

学校设立奖学金4项，奖励总金额421余万元，奖学金最高金额8000元/年，最低金额800元/年。

学校历史沿革

白求恩和平医院附属护士学校(1946年)，和平医专(1948年)，山西省立长治医学专门学校(1950年)，山西省立长治医士学校(1951年)，山西省立长治卫生学校(1952-1958年)，晋东南医学专科学校(1958-1986年)，长治医学院(1986年至今)。

山西师范大学

学校(机构)标识码 4114010118	占地面积(平方米) 835876	成人专科 3973
学校办学类型 411:本科院校:大学	校舍建筑面积(平方米) 800146	博士研究生 58
学校性质类别 06 师范院校	图书(万册) 252.51	硕士研究生 2707
学校举办者 811 省级教育部门	固定资产总值(万元) 76380.24	留学生 3
学校地址 山西省临汾市贡院街1号	教学、科研仪器设备资产值(万元) 22148.51	专任教师(人) 1416
邮政编码 041004		其中:正高级 102
办公电话 0357-2051757	在校生数(人) 30602	副高级 417
传真电话 0357-2051757	其中:普通本科 12212	中级 569
校园(局域)网域名 www.sxun.edu.cn	普通专科 5167	初级 262
电子信箱 fzghc@sxun.edu.cn	成人本科 6482	未定职级 66

本科专业 编辑出版学、财务管理、地理科学、地理信息系统、电子信息工程、电子信息科学与技术、对外汉语、法学、公共事业管理、广播电视编导、汉语言文学、行政管理、化学、计算机科学与技术、教育技术学、教育学、经济学、经济学类、科学教育、历史学、旅游管理、美术学、美术学(书法方向)、民族传统体育、日语、商务英语、社会体育、社会学、生物工程、生物技术、生物科学、生物科学类、食品科学与工程、食品营养与检验教育、数学与应用数学、思想政治教育、体育教育、舞蹈学、物理学、心理学、信息与计算科学、学前教育、音乐学、英语、园林、园艺、运动训练、资源环境与城乡规划管理

专科专业 电气自动化技术、供用电技术、化学教育、机械设计与制造、计算机多媒体技术、计算机教育、建筑工程管理、建筑工程技术、金融保险、历史教育、美术教育、商务英语、生物技术及应用、数学教育、思想政治教育、体育教育、物理教育、现代信息技术教育、新闻采编与制作、音乐教育、英语教育、应用英语、语文教育

博士专业 无机化学、戏剧戏曲学

硕士专业 比较文学与世界文学、材料物理与化学、材料学、发展与教育心理学、管理科学与工程、光学、国民经济学、行政管理、化学、基础心理学、计算机应用技术、教育、教育技术学、教育经济与管理、教育史、教育学原理、课程与教学论、理论物理、粒子物理与原子核物理、马克思主义发展史、马克思主义基本原理、马克思主义中国化研究、美术学、民俗学(含:中国民间文学)、凝聚态物理、区域经济学、人文地理学、社会学、生态学、世界史、数学、思想政治教育、体育教育训练学、体育人文社会学、外国语言学及应用语言学、文艺学、无线电物理、戏剧戏曲学、信号与信息处理、药物分析学、语言学与应用语言学、原子与分子物理、政治经济学、政治学理论、植物学、中国古代文学、中国古典文献学、中国近现代史、中国现当代文学、专门史、自然地理学

院系设置

我校共有20个学院，分别为：文学院、政法学院、历史与旅游学院、外语学院、教师教育学院、教育技术与传媒学院、经济管理学院、管理学院、美术学院、音乐学院、数学与计算机科学学院、化学与材料科学学院、生命科学学院、城市与环境科学学院、工程学院、体育学院、现代文理学院、成人教育学院、职业技术学院。

国家级、省部级研究机构设置

研究所(中心)：研究所(中心)33个。其中省部分设置的研究所6个，分别为：戏曲文物研究所、晋学研究中心、山西省可持续发展研究所、山西省区域经济研究所、网上合作研究中心、山西省高校人文社科重点研究基地。

博士后流动站 文艺学

定期公开出版的专业刊物 5种，分别为：山西师大学报

(社科版)、山西师大学报(自然版)、山西师大学报(体育版)、中华戏曲、教育史研究。

学校设立奖学金情况

学校设立奖学金两项,奖励总金额760余万元。奖学金最高金额1000元/年,最低金额100元/年。

主要校办产业

语文报社、英语周报社、科技开发中间实验场。

毕业生一次就业率 本科73.8% 专科67.3%

学校历史沿革

山西师范大学的前身为晋南师范专科学校,创建于1958年。1964年升格为本科院校,定名为山西师范学院。1984年更名为山西师范大学。1999年山西师范大学体育学院(独立建制)和山西省职业师范专科学校并入山西师范大学。

太原师范学院

学校(机构)标识码 4114010119	电子信箱 tyzhoulin@163.com	普通专科 1252
学校办学类型 412:本科院校:学院	占地面积(平方米) 361252	成人本科 3934
学校性质类别 06 师范院校	校舍建筑面积(平方米) 458463	成人专科 1655
学校举办者 811 省级教育部门	图书(万册) 138.39	专任教师(人) 820
学校地址 山西省太原市迎泽区南内环街81号	固定资产总值(万元) 40940	其中:正高级 91
邮政编码 030012	教学、科研仪器设备资产值(万元) 7877	副高级 311
办公电话 0351-2027329	在校生数(人) 19613	中级 351
传真电话 0351-4165215	其中:普通本科 12772	初级 66
校园(局域)网域名 www.tynu.edu.cn		未定职级 1

本科专业 播音与主持艺术、播音与主持艺术(1)、地理科学、地理信息系统、电子科学与技术、动画、法学、汉语言文学、汉语言文学播音主持方向、汉语言文学戏剧影视文学方向、汉语言文学新闻传播方向、化学、化学(2)、绘画、计算机科学与技术、教育学、经济学、科学教育、历史学、历史学(2)、旅游管理、美术学、美术学(1)、美术学书法方向、人文教育、生物技术、生物科学、生物科学(2)、数学与应用数学、数学与应用数学(2)、思想政治教育、思想政治教育(2)、体育教育、舞蹈编导、舞蹈学、舞蹈学(1)、物理学、物理学(2)、信息与计算科学、学前教育、艺术教育、艺术设计、音乐学、音乐学(1)、英语、应用化学、应用物理学、应用心理学、政治学与行政学、资源环境与城乡规划管理、作曲与作曲技术理论

专科专业 国际商务、汉语、旅游英语、涉外旅游、应用英语

院系设置

学院直属院系21个

国家级、省部级研究机构设置

省部级研究机构设置:汾河流域科学发展研究中心。

定期公开出版的专业刊物 《教学与管理》、《德育报》、《学习方法报》、《太原师范学院学报》、《新课程学习》

学校设立奖学金情况

学校设立奖学金8项,奖励总金额84万元,奖学金最高金额8000元/年,最低金额200元/年。

主要校办产业

经济技术开发总公司、印刷厂、中试笔厂。

学校历史沿革

太原师范学院是2000年由山西大学师范学院、山西省教育学院、太原师范专科学校合并而成。

山西大同大学

学校(机构)标识码 4114010120	传真电话 0352-7158137	固定资产总值(万元) 62136.5
学校办学类型 411:本科院校:大学	校园(局域)网域名 www.sxdtdx.edu.cn	教学、科研仪器设备资产值(万元) 14760
学校性质类别 01 综合大学	电子信箱 dtdxsuntao@126.com	在校生数(人) 49363
学校举办者 811 省级教育部门	占地面积(平方米) 2132503	其中:普通本科 27048
学校地址 山西省大同市兴云街1	校舍建筑面积(平方米) 883334	普通专科 7659
邮政编码 037009	图书(万册) 229	成人本科 8330
办公电话 0352-7158630		

成人专科 6326	副高级 554	初级 752
专任教师（人） 2206	中级 672	未定职级 115
其中：正高级 113		

本科专业 安全工程、材料成型及控制工程、采矿工程、测绘工程、电子信息科学与技术、雕塑、俄语、法学、工商管理、光信息科学与技术、汉语言文学、护理学、化学、化学工程与工艺、会计学、机械设计制造及其自动化、计算机科学与技术、建筑环境与设备工程、教育技术学、历史学、临床医学、旅游管理、美术学、农学、社会体育、生物工程、生物科学、数学与应用数学、数字媒体技术、思想政治教育、体育教育、统计学、土木工程、物理学、小学教育、心理学、新闻学、医学美容技术、艺术设计、音乐学、英语、应用化学、中医学、自动化

专科专业 工程地质勘查、护理、会计、机电设备维修与管理、建筑工程技术、矿井通风与安全、矿山机电、历史教育、临床医学、旅游管理、煤矿开采技术、煤炭深加工与利用、美术教育、市场营销、数学教育、体育教育、物理教育、现代教育技术、学前教育、药学、医疗美容技术、医学影像技术、音乐教育、英语教育、应用化工技术、语文教育、中医学、综合理科教育、综合文科教育

院系设置
学校下设14个教学学院，共50个本科专业，35个专科专业，涵盖了理、工、文、史、农、医、管、法、教育等九大学科门类。省级实验室有5个、省级研究所1个

定期公开出版的专业刊物 有2种，自然科学和社会科学

学校设立奖学金情况
学校设立奖学金1项，奖励总金额每学期500余万元，最高金额为700元/年，最低金额300元/年。

学校历史沿革
山西大同大学是2006年经中华人民共和国教育部批准，由原雁北师范学院、大同医学专科学校、大同职业技术学院、山西工业职业技术学院四校合并成立的多科性综合性大学。

晋中学院

学校（机构）标识码 4114010121	电子信箱 jzxydwb@163.com	普通专科 2918
学校办学类型 412：本科院校：学院	占地面积（平方米） 666666	成人本科 4271
学校性质类别 01 综合大学	校舍建筑面积（平方米） 378059	成人专科 5112
学校举办者 811 省级教育部门	图书（万册） 109.45	专任教师（人） 969
学校地址 山西省晋中市榆次区文苑街1号	固定资产总值（万元） 25370	其中：正高级 38
	教学、科研仪器设备资产值（万元） 8624.5	副高级 270
邮政编码 03600		中级 372
办公电话 0354－3026965	在校生数（人） 25578	初级 255
传真电话 0354－3026314	其中：普通本科 13277	未定职级 34
校园（局域）网域名 www.sxjztc.edu.cn		

本科专业 财务管理、对外汉语、汉语言文学、行政管理、化学、机械设计制造及其自动化、机械设计制造及其自动化（职业师）、计算机科学与技术、计算机科学与技术（网络工程方向）、教育学、经济学、历史学、旅游管理、旅游管理（会展旅游方向）、旅游管理（酒店管理方向）、美术学、民族传统体育、人力资源管理、生物技术、生物科学、数学与应用数学、思想政治教育、体育教育、物理学、小学教育、新闻学、信息与计算科学、艺术设计、音乐表演、音乐表演（舞蹈方向）、音乐学、英语、应用化学

专科专业 初等教育、电子信息工程技术、化学教育、机电一体化技术、机械设计与制造、机械制造与自动化、酒店管理、历史教育、美术教育、数控技术、数学教育、思想政治教育、体育教育、图形图像制作、文秘、现代教育技术、学前教育、音乐教育、英语教育、语文教育

院系设置
文学院、外国语学院、公共管理学院、政治与历史学院、教育科学与技术学院、数学学院、物理与电子工程学院、化学化工学院、生物科学与技术学院、计算机科学与技术学院、体育学院、美术学院、音乐学院、旅游管理学院、经济管理学院、机械学院、继续教育学院、远程教育学院、职业技术学院

定期公开出版的专业刊物 《晋中学院学报》、《晋中学院报》

学校设立奖学金情况
学校设立奖学金6项，奖励总金额251.7万元。奖学金最高金额8000元/年，最低金额300元/年。

学校历史沿革
1958年，晋中师范专科学校成立；1998年10月，晋中师范专科学校和晋中教育学院合并组建晋中师范高等专科学校；2000年12月，晋中职工大学并入；2004年5月，升格为本科院校——晋中学院。

长治学院

学校(机构)标识码 4114010122	电子信箱 czxyxb@sohu.com	普通专科 2566
学校办学类型 412:本科院校:学院	占地面积(平方米) 372111	成人本科 837
学校性质类别 01 综合大学	校舍建筑面积(平方米) 371240	成人专科 588
学校举办者 811 省级教育部门	图书(万册) 130.26	专任教师(人) 710
学校地址 山西省长治市城北东街73号	固定资产总值(万元) 26850.85	其中:正高级 15
	教学、科研仪器设备资产值(万元) 6825.65	副高级 150
邮政编码 046011		中级 277
办公电话 0355-2178421	在校生数(人) 12940	初级 250
传真电话 0355-2178128	其中:普通本科 8949	未定职级 18
校园(局域)网域名 www.czc.edu.cn		

本科专业 电子信息科学与技术、法学、公共事业管理、汉语言文学、化学、化学生物学、计算机科学与技术、教育技术学、经济学、历史学、旅游管理、美术学、生物技术、生物科学、数学与应用数学、思想政治教育、体育教育、体育教育(表演方向)、网络工程、文秘教育、舞蹈学、物理学、新闻学、信息与计算科学、艺术设计、音乐学、英语、英语(经贸方向)

专科专业 初等教育、计算机信息管理、旅游管理、美术教育、数学教育、体育教育、舞蹈表演、现代教育技术、小学教育、艺术设计、音乐教育、英语教育、语文教育

院系设置
长治学院师范分院、长治学院沁县师范分院;
中文系、外语系、政法系、历史文化与旅游管理系、电子信息与物理系、数学系、计算机系、化学系、生物科学系、音乐舞蹈系、体育系、美术系

定期公开出版的专业刊物 《长治学院学报》
学校设立奖学金情况
学校设立奖学金4项,奖励总金额600余万元。奖学金最高金额923400元/年,最低金额340200元/年。
1. 一等奖学金:1080人/年,855元/人
2. 二等奖学金:3240人/年,675元/人
3. 三等奖学金:5400人/年,540元/人
4. 四等奖学金:1080人/年,315元/人

毕业生一次就业率 74.6%
学校历史沿革
长治学院的前身为晋东南师范专科学校,创建于1958年,1962年停办,1978年复校,2004年升格为普通本科院校,2007年设立长治学院师范分院、长治学院沁县师范分院。

运城学院

学校(机构)标识码 4114010123	电子信箱 dbyb@ycu.edu.cn	普通专科 4110
学校办学类型 412:本科院校:学院	占地面积(平方米) 1671119	成人本科 2466
学校性质类别 01 综合大学	校舍建筑面积(平方米) 521199	成人专科 981
学校举办者 811 省级教育部门	图书(万册) 144.33	专任教师(人) 1001
学校地址 山西省运城市河东东街333号	固定资产总值(万元) 47048.86	其中:正高级 32
	教学、科研仪器设备资产值(万元) 10251.49	副高级 196
邮政编码 044000		中级 409
办公电话 0359-2090418	在校生数(人) 20519	初级 326
传真电话 0359-2090378	其中:普通本科 12962	未定职级 38
校园(局域)网域名 www.ycu.edu.cn		

本科专业 财务管理、电子信息科学与技术、法学、公共事业管理、汉语言文学、化学、机械设计制造及其自动化、计算机科学与技术、科学教育、历史学、旅游管理、美术学、日语、生物科学、食品科学与工程、数学与应用数学、思想政治教育、体育教育、物理学、物流管理、小学教育、信息管理与信息系统、信息与计算科学、艺术设计、艺术设计学、音乐表演、音乐学、印刷工程、英语、应用化学、园林

专科专业 机电一体化技术、计算机网络技术、经济管理、酒店管理、美术教育、数学教育、体育教育、文秘、现代教育技术、艺术设计、音乐教育、英语教育、应用化工技术、应用英语、语文

教育
院系设置
运城学院共有15个院系。中文系、数学与应用数学系、物理与电子工程系、外语系、生命科学系、计算机科学与技术系、政法系、应用化学系、经济管理系、美术与工艺设计系、体育系、教育与心理科学系、机电工程系、国际学院。
定期公开出版的专业刊物 《运城学院学报》
学校设立奖学金情况
学校设立奖学金3项,奖励总金额654余万元。奖学金最高金额3000元/年,最低金额300元/年。

1. 综合优秀奖学金:2434人/年,650元/人。
2. 单项奖学金:82人/年,700元/人。
3. 专业奖学金:13989人/年,师范类400元/人,非师范类300元/人。

学校历史沿革
运城学院的前身为始建于1978年12月的运城师范专科学校,1989年12月经原国家教委批准,运城师范专科学校与运城教育学院、河东大学合并组建为运城高等专科学校。2002年2月经国家教育部批准,在运城高等专科学校的基础上独立设置综合性本科院校—运城学院。

忻州师范学院

学校(机构)标识码	4114010124
学校办学类型	412:本科院校:学院
学校性质类别	06 师范院校
学校举办者	811 省级教育部门
学校地址	忻州市和平西街10号
邮政编码	034000
办公电话	0350-3048226
传真电话	0350-3031845
校园(局域)网域名	www.xztc.edu.cn
电子信箱	office@xztu.cn
占地面积(平方米)	383552
校舍建筑面积(平方米)	510413
图书(万册)	132.26
固定资产总值(万元)	62555.01
教学、科研仪器设备资产值(万元)	9721.2
在校生数(人)	25370
其中:普通本科	11633
普通专科	6548
成人本科	5583
成人专科	1606
专任教师(人)	1085
其中:正高级	39
副高级	253
中级	365
初级	180
未定职级	248

本科专业 财务管理、地理科学、电子信息科学与技术、法学、工商管理、汉语言文学、行政管理、化学、会计学、计算机科学与技术、教育学、历史学、旅游管理、美术学、社会体育、生物科学、市场营销、数学与应用数学、思想政治教育、体育教育、舞蹈编导、物理学、心理学、学前教育、音乐学、英语

专科专业 导游、法律事务、汉语、会计电算化、计算机应用技术、美术教育、数学教育、体育教育、舞蹈表演、现代教育技术、音乐表演、音乐教育、英语教育、应用电子技术、应用英语、语文教育

院系设置
中文系、数学系、化学系、生物系、外语系、物理电子系、经济管理系、地理系、体育系、艺术系、教育系、法律系、政治历史系、计算机科学与管理系、基础部、政治教育部、公共外语部、成人教育学院

定期公开出版的专业刊物 《忻州师范学院学报》
学校设立奖学金情况
学校设立奖学金3项,奖励总金额750余万元。奖学金最高金额1280元/年,最低金额380元/年。

1. 专业奖学金:1153人/年,125元/人。
2. 杨清钦奖学金:20人/年,200元/人。
3. 国家奖学金:20人/年,4500元/人。

学校历史沿革
忻州师范学院的前身为忻州师专,创建于1985年。1999年与原忻州地区教育学院、忻州地区职工大学、忻州电视大学合并为忻州师范学院高等专科学校。2000年3月与原忻州师范学校合并为忻州师范学院。2003年11月设立忻州师范学院五寨分院。

山西财经大学

学校(机构)标识码	4114010125
学校办学类型	411:本科院校:大学
学校性质类别	08 财经院校
学校举办者	811 省级教育部门
学校地址	山西省太原市坞城路696号
邮政编码	030006
办公电话	0351-7666879
传真电话	0351-7666138
校园(局域)网域名	www.sxufe.edu.cn
电子信箱	sxcdfzghc@163.com
占地面积(平方米)	789315
校舍建筑面积(平方米)	522477
图书(万册)	200.4
固定资产总值(万元)	68590.3
教学、科研仪器设备资产值(万元)	8561.69
在校生数(人)	24129
其中:普通本科	12066
成人本科	6511
成人专科	2924

博士研究生 74	其中:正高级 142	初级 44
硕士研究生 2554	副高级 323	未定职级 148
专任教师(人) 1080	中级 423	

本科专业 保险、财务管理、财政学、城市经济学、电子商务、法学、风险管理与精算、工程管理、工商管理、公共事业管理、管理科学、广告学、国际经济与贸易、国民经济管理、行政管理、环境科学、会计学、计算机科学与技术、金融工程、金融学、经济法方向、经济学、经济学类(中德)、劳动与社会保障、旅游管理、贸易经济、贸易经济(师)、农林经济管理、农林经济管理(师)、人力资源管理、日语、社会体育、审计学、市场调查与分析、市场营销、市场营销(师)、数学与应用数学、统计学、物流管理、项目管理、新闻学、信息管理与信息系统、信息与计算科学、艺术设计、英语、资源环境与城乡规划管理

博士专业 金融学、统计学、政治经济学

硕士专业 财政学(含:税收学)、产业经济学、法律硕士(法学)、法律硕士(非法学)、工商管理硕士、公共管理硕士、管理科学与工程、国际贸易学、国际商务硕士、国民经济学、环境与资源保护法学、会计硕士、会计学、计算机应用技术、技术经济及管理、教育经济与管理、金融硕士、金融学(含:保险学)、经济法学、经济史、经济思想史、劳动经济学、旅游管理、旅游管理硕士、马克思主义基本原理、马克思主义理论与思想政治教育、马克思主义中国化研究、农业经济管理、企业管理(含:财务管理、市场营销)、情报学、区域经济学、人口、资源与环境经济学、社会保障、世界经济、数量经济学、税务硕士、思想政治教育、统计学、外国语言学及应用语言学、物流工程、西方经济学、应用统计硕士、政治经济学、资产评估硕士

院系设置

经济学院、统计学院、国际贸易学院、财政金融学院、法学院、经贸外语学院、管理科学与工程学院、信息管理学院、工商管理学院、会计学院、公共管理学院、文化传播学院、旅游管理学院、马克思主义学院、研究生学院、对外交流学院、继续教育学院、职业技术学院、应用数学学院、环境经济学院、体育学院、MBA教育学院、MPA教育学院

国家级、省部级研究机构设置

研究中心(所):晋商研究院、旅游经济研究中心

定期公开出版的专业刊物 《山西财经大学学报》、《高等财经教育研究》

学校设立奖学金情况

学校设立奖学金4项,奖励总金额500余万元,最低金额300元/年。

学校历史沿革

山西财经大学始建于1951年。1958年9月,由山西省财政干部学校、山西省银行干部学校、山西省供销合作干部学校、山西省商业干部学校和山西省粮食干部学校五所干部学校合并成立山西财经学院,1984年12月,成立山西经济管理学院1997年10月,由山西财经学院和山西经济管理学院合并组建山西财经大学。

太原电力高等专科学校

学校(机构)标识码 4114010805	传真电话 0351-4422062		7133.43
学校办学类型 414:专科院校:高等专科学校	校园(局域)网域名 www.sxuec.edu.cn	在校生数(人) 4479	
		其中:普通专科 3887	
学校性质类别 02 理工院校	电子信箱 tydzbgs@126.com	成人专科 592	
学校举办者 811 省级教育部门	占地面积(平方米) 161898	专任教师(人) 254	
学校地址 山西省太原市红沟南街36号	校舍建筑面积(平方米) 126487	其中:正高级 16	
	图书(万册) 26.97	副高级 56	
邮政编码 030013	固定资产总值(万元) 15221.43	中级 74	
办公电话 0351-2646210	教学、科研仪器设备资产值(万元)	初级 108	

专科专业 电厂热能动力装置、电厂设备运行与维护、电气自动化技术、发电厂及电力系统、高压输配电线路施工运行与维护、工程造价、供热通风与空调工程技术、供用电技术、行政管理、火电厂集控运行、计算机控制技术、计算机网络技术、建筑工程技术、建筑装饰工程技术、热能动力设备与应用、生产过程自动化技术、通信技术、物业管理

院系设置

学校共设八系三部。分别为电力工程系、动力工程系、环境工程系、垫子信息工程系、计算机科学与技术系、自动化系、土木工程系、管理工程系、基础部、思政部、体育部。

定期公开出版的专业刊物 《电力学报》

学校设立奖学金情况

学校设立奖学金三项,奖励总金额290余万元,最高金额8000元/年,最低金额800元/年。

学校历史沿革

太原电力高等专科学校始建于1955年,1997年由原国家教委确定为全国示范性高等工程专科重点建设学校。2000年太原电力高等专科学校的管理体制由原来隶属电力部管理,划归山西省政府管理,实行中央与地方共建,并经山西省人民政府批准

与山西大学实施联合办学,成立山西大学工程学院,目前两块牌子同时运行。

山西中医学院

学校(机构)标识码 4114010809	电子信箱 zyxyyb@163.com	成人本科 1470
学校办学类型 412:本科院校:学院	占地面积(平方米) 176371	成人专科 1028
学校性质类别 05 医药院校	校舍建筑面积(平方米) 236227	硕士研究生 166
学校举办者 812 省级其他部门	图书(万册) 63.41	留学生 2
学校地址 山西省太原市晋祠路一段89号	固定资产总值(万元) 24075	专任教师(人) 421
	教学、科研仪器设备资产值(万元) 5472.57	其中:正高级 70
邮政编码 030024		副高级 112
办公电话 0351-6528781	在校生数(人) 8997	中级 170
传真电话 0351-6528276	其中:普通本科 4765	初级 69
校园(局域)网域名 www.sxtcm.com	普通专科 1566	

本科专业 护理学、市场营销、信息管理与信息系统、针灸推拿学、制药工程、中西医临床医学、中药学、中医学

专科专业 护理、医药营销、针灸推拿、中药、中医骨伤

硕士专业 针灸推拿学、中医临床基础、中医医史文献

院系设置

基础医学院、中医临床学院、针灸推拿学院、中西医结合临床医学院、中药学院、护理学院、医药管理学院、继续教育学院、职业技术学院、国际教育中心、研究生部、思想政治理论教研部、体育部

国家级、省部级研究机构设置

省部级实验室:中医学基础实验室、针灸学实验室、针灸针法实验室、中药分析实验室、中药化学教学实验室、中药化学科研实验室、中医临床基础实验室、中医药基因表达调节技术实验室。

定期公开出版的专业刊物 《山西中医学院学报》

学校设立奖学金情况

学校设立奖学金 5 项,奖励总金额 140 余万元。奖学金最高金额 3800 元/年,最低金额 200 元/年。

1. 综合单项奖学金:2335 人/年,均 600 元/人;
2. 学习进步奖:243 人/年,均 200 元/人;
3. 科技创新奖:8 人/年,均 500 元/人。

学校历史沿革

山西中医学院于 1982 年经国务院筹建,1985 年完成了学校的选址、勘查、征地、设计论证和"三通一平"等筹建准备工作和部分基建任务。1989 年国家教委正式批准建院。1999 年 11 月,被国家教育部评估为本科教学工作合格学校。2007 年 4 月,被国家教育部评估为本科教学良好学校。

吕梁学院

学校(机构)标识码 4114010812	校园(局域)网域名 www.llhc.edu.cn	其中:普通本科 6320
学校办学类型 412:本科院校:学院	电子信箱 llxyxzb@163.com	普通专科 8118
学校性质类别 01 综合大学	占地面积(平方米) 743509	成人专科 1460
学校举办者 811 省级教育部门	校舍建筑面积(平方米) 407553	专任教师(人) 820
学校地址 山西省吕梁市离石区学院路 1 号	图书(万册) 106.6	其中:正高级 15
	固定资产总值(万元) 55758	副高级 200
邮政编码 033001	教学、科研仪器设备资产值(万元) 9214.98	中级 226
办公电话 0358-8248720		初级 309
传真电话 0358-8248728	在校生数(人) 15898	未定职级 70

本科专业 采矿工程、汉语言文学、化学、化学工程与工艺、计算机科学与技术、历史学、美术学、生物科学、数学与应用数学、思想政治教育、体育教育、土木工程、物理学、学前教育、音乐学、英语

专科专业 财务信息管理、法律文秘、工程造价、化学教育、环境监测与评价、会计电算化、计算机信息管理、计算机应用技术、建筑工程技术、矿井通风与安全、理科、历史教育、煤矿开采技术、煤炭深加工与利用、美术教育、生物教育、食品生物技术、数学教育、思想政治教育、体育教育、文科、物理教育、现代教育技术、新闻采编与制作、学前教育、音乐教育、英语教育、应用化

工技术、语文教育、园林技术、园艺技术

院系设置

数学系、化学化工系、中文系、政法系、历史文化系、外语系、艺术系、体育系、计算机系、生命科学系、建筑系、教育系、经济系、园林系、矿业工程系、物理系

定期公开出版的专业刊物 《吕梁学院学报》

学校设立奖学金情况

学校设立的奖学金5项,奖励总金额575余万元,奖学金最高金额8000/年,最低金额300元/年。

学校历史沿革

吕梁学院最早创办于1978年。1984年经省政府正式批准建立吕梁师范专科学校。1989年12月经省政府正式批准由吕梁师范专科学校和吕梁理工专科学校合并为吕梁高等专科学校。

2003年11月经省政府晋政函[2003]227号文件批准离石师范学校、汾阳师范学校与吕梁高等专科学校联合办学,分别设立吕梁高等专科学校离石师范分校和吕梁高等专科学校汾阳师范分校。2010年3月18日,经教育部教发函[2010]26号文件批准,吕梁高等专科学校升格为吕梁学院。

太原大学

学校(机构)标识码 4114011242	传真电话 0351-8378006	在校生数(人) 10487
学校办学类型 415:专科院校:高等职业学校	校园(局域)网域名 www.sxtyu.com	其中:普通专科 10480
	电子信箱 tydxbgs@163.com	成人专科 7
学校性质类别 01 综合大学	占地面积(平方米) 918276	专任教师(人) 779
学校举办者 822 地级其他部门	校舍建筑面积(平方米) 378452	其中:正高级 23
学校地址 太原市汾东教育城(原农牧场)	图书(万册) 70.52	副高级 152
	固定资产总值(万元) 81132	中级 241
邮政编码 030032	教学、科研仪器设备资产值(万元)	初级 246
办公电话 0351-8378007	4700	未定职级 117

专科专业 初等教育(日文方向)、道路桥梁工程技术、电气自动化技术、电子商务、法律事务、法律文秘、给排水工程技术、广告设计与制作、国际金融、国际商务、化学教育、会计、计算机教育、计算机网络技术、计算机应用技术、建筑工程技术、建筑设备工程技术、建筑装饰工程技术、金融管理与实务、酒店管理、连锁经营管理、旅游管理、美术教育、汽车技术服务与营销、汽车检测与维修技术、人力资源管理、涉外旅游、数学教育、思想政治教育、体育教育、投资与理财、文秘、物理教育、现代教育技术、心理咨询、艺术设计、音乐表演、音乐教育、音乐教育(舞蹈方向)、英语教育、营销与策划、应用电子技术、语文教育、园林工程技术、园林技术

院系设置

太原大学校本部 二级学院:太原大学外语师范学院、太原大学继续教育学院 系部设置:文法系、旅游系、经济贸易系、管理系、财务会计系、建筑工程系、环境工程系、机电工程系、计算机工程系、应用艺术系、基础教育教学部、外语教学部、体育教学部、社会科学

国家级、省部级研究机构设置

研究所(中心):高职研究所

定期公开出版的专业刊物 《太原大学学报》

学校设立奖学金情况

学校设立奖学金10项,奖励总金额150余万元。奖学金最高金额8000元/年,最低金额200元/年。

毕业生一次就业率 90%

学校历史沿革

太原大学是山西省人民政府批准,太原市人民政府主办,教育部备案的具有高等学历教育资格的多科性院校(专科层次)。1984年6月4日,山西省人民政府以[84]晋政函《关于成立"太原大学"、"云中大学"的批复》,成立太原大学。2002年12月26日,山西省人民政府以晋政[2002]212号《关于同意将太原大学外语师范学院太原园林技校并入太原大学的批复》,将太原市教育学院、太原园林技术并入太原大学。2003年11月3号,太原市人民政府办公厅以办政办发[2003]184号文件《关于成立太原大学外语师范学院和太原大学继续教育学院的通知》,成立太原大学二级学院:太原大学外语师范学院、太原大学继续教育学院。

山西省财政税务专科学校

学校(机构)标识码 4114011630   学校办学类型 414:专科院校:高等专科学校

学校性质类别 08 财经院校
学校举办者 812 省级其他部门
学校地址 山西省太原市万柏林区千峰南路25号
邮政编码 030024
办公电话 0351-6583658
传真电话 0351-6580599
校园(局域)网域名 www.sxftc.edu.cn
电子信箱 xb@sxftc.edu.cn
占地面积(平方米) 116841
校舍建筑面积(平方米) 168615
图书(万册) 35.37
固定资产总值(万元) 18678.12
教学、科研仪器设备资产值(万元) 3502.8
在校生数(人) 5660
其中:普通专科 4770
　　　成人专科 890
专任教师(人) 246
其中:正高级 31
　　　副高级 101
　　　中级 69
　　　初级 38
　　　未定职级 7

专科专业 保险实务、财务管理、电子商务、法律事务、会计、会计电算化、计算机应用技术、建筑工程管理、金融管理与实务、酒店管理、连锁经营管理、旅游管理、汽车技术服务与营销、商务英语、市场营销、税务、网络系统管理、证券投资与管理、资产评估与管理

院系设置
1.财政系 2.会计系 3.金融系 4.经济信息系 5.贸易经济系 6.旅游管理系

定期公开出版的专业刊物 《山西财政税务专科学校学报》
学校设立奖学金情况
学校设立奖学金2项,奖励总金额110余万元。奖学金最高金额1000元/年,最低金额200元/年。
学校历史沿革
1985年11月成立山西省财政税务专科学校至今。

山西警官高等专科学校

学校(机构)标识码 4114012111
学校办学类型 414:专科院校:高等专科学校
学校性质类别 09 政法院校
学校举办者 812 省级其他部门
学校地址 山西警官高等专科学校
邮政编码 030021
办公电话 0351-6925258
传真电话 0351-6925258
占地面积(平方米) 221031
校舍建筑面积(平方米) 230299
图书(万册) 49.7
固定资产总值(万元) 28045
教学、科研仪器设备资产值(万元) 5624
在校生数(人) 5025
其中:普通专科 4701
　　　成人专科 324
专任教师(人) 331
其中:正高级 11
　　　副高级 119
　　　中级 107
　　　初级 70
　　　未定职级 24

专科专业 法律事务、防火管理、公共安全管理、计算机应用技术、交通管理、经济犯罪侦查、警察管理、文秘、信息网络安全监察、刑事技术、侦查、治安管理

院系设置
公安管理系、侦查系、治保系、交通系、法学系、计算机科学与技术系、思想政治部、基础部、警体部、电化教育与网络管理中心

国家级、省部级研究机构设置
研究所(中心):警务科学技术研究所、山西省公安厅科学技术研究所警专分所。

定期公开出版的专业刊物 《山西警官高等专科学校学报》
学校设立奖学金情况
学校设立的奖学金2项,奖励总金额190余万元,奖学金最高金额800元/年,最低金额150元/年。

学校历史沿革
1978年在山西省政法干部学校附设公安中专班,1981年山西省政法干部学校中专班正式改为山西省人民警察学校,1984年山西省中级警官学校(筹),1988年经国家教委批准为公安部管理干部学院山西分院,1991年山西省人民警察学校与公安部管理干部学院山西分院实行统一领导,合并管理;2000年,在两校合并的基础上成立山西警官高等专科学校。2006年2月,根据山西省人民政府文件,太原警官职业学院撤销并入山西警官高等专科学校,两校实行合并办学,现上报数据系两校合并全教育资源相加。

长治职业技术学院

学校(机构)标识码 4114012388
学校办学类型 415:专科院校:高等职业学校
学校性质类别 02 理工院校
学校举办者 822 地级其他部门
学校地址 长治市城北东街97号
邮政编码 046000
办公电话 0355-3589500
传真电话 0355-3526309

校园(局域)网域名　www.czzy.cn	教学、科研仪器设备资产值(万元)　2284.76	其中：正高级　2
电子信箱　czybgs@163.com	在校生数(人)　3784	副高级　109
占地面积(平方米)　243892	其中：普通专科　3100	中级　102
校舍建筑面积(平方米)　152956	成人专科　684	初级　54
图书(万册)　26.67	专任教师(人)　330	未定职级　63
固定资产总值(万元)　7858.25		

专科专业　畜牧兽医、导游、电气自动化技术、电子商务、工程测量技术、工程监理、会计电算化、机电一体化技术、机械制造与自动化、计算机网络技术、计算机应用技术、建筑工程技术、矿山测量、矿山机电、煤化工生产技术、煤矿开采技术、汽车检测与维修技术、商务英语、生物技术及应用、文秘、舞蹈表演、音乐表演、应用阿拉伯语、园林技术

院系设置
学院现设有13个系部，分别为采矿系、机电系、土木工程系、信息工程系、经贸管理系、园艺系、动科系、农学系、中文系、外语系、艺术系、基础部、成教部。

学校设立奖学金情况
学校设立奖学金3项，奖励总金额213.2余万元。

学校历史沿革
长治职业技术学院是2000年9月经山西省人民政府(晋政函『2000』245号)批准，由原长治职工大学、晋东南煤炭工业学校、长治农校三校合并组建而成，位于长治市城北东街97号。

山西艺术职业学院

学校(机构)标识码　4114012704	校园(局域)网域名　www.sxyz.com	其中：普通专科　1535
学校办学类型　415：专科院校：高等职业学校	电子信箱　sxyszyxy001@126.com	成人专科　26
	占地面积(平方米)　25357	专任教师(人)　198
学校性质类别　11 艺术院校	校舍建筑面积(平方米)　61888	其中：正高级　7
学校举办者　812 省级其他部门	图书(万册)　16.24	副高级　43
学校地址　太原市并州东街95号	固定资产总值(万元)　5229.55	中级　56
邮政编码　030001	教学、科研仪器设备资产值(万元)　1375.63	初级　84
办公电话　0351-2246018		未定职级　8
传真电话　0351-2246196	在校生数(人)　1561	

专科专业　电视节目制作、歌舞表演、旅游工艺品设计与制作、美术、涉外旅游、摄影摄像技术、舞蹈表演、音乐表演、影视表演、影视动画、主持与播音

院系设置
音乐系、美术系、舞蹈系、旅游系、影视表演系、电视艺术系

国家级、省部级研究机构设置
研究所(中心)：艺术研究所

定期公开出版的专业刊物　《艺境》

学校设立奖学金情况
学校设立奖学金1项，奖励总金额18余万元。奖学金最高金额1000元/年，最低金额500元/年。

毕业生一次就业率　85%

学校历史沿革
山西艺术职业学院创建于1951年，1958年建为山西艺术学院。1978年重新恢复招生，1986年改为正规中专，1993年被评为省部级重点学校。1998年与原山西省电影学校合并为山西省文化艺术学校。2000年9月经山西省文化厅申报和山西省人民政府正式批准(晋政函【2000】244号)，改制为山西艺术职业学院。

晋城职业技术学院

学校(机构)标识码　4114012774	1658号	电子信箱　jczyjsxy@vip.tom.com
学校办学类型　415：专科院校：高等职业学校	邮政编码　048026	占地面积(平方米)　182961
	办公电话　0356-2190238	校舍建筑面积(平方米)　154058
学校性质类别　01 综合大学	传真电话　0356-2191528	图书(万册)　45.54
学校举办者　822 地级其他部门	校园(局域)网域名　www.sxjczy.com.cn	固定资产总值(万元)　16053.31
学校地址　山西省晋城市凤台东街		教学、科研仪器设备资产值(万元)

	4132.04	专任教师(人) 394	中级 170
在校生数(人) 4902	其中:正高级 1	初级 68
其中:普通专科 4827	副高级 103	未定职级 52
成人专科 75		

专科专业 保险实务、编导、财务管理、初等教育、纺织品装饰艺术设计、服装设计、工业分析与检验、广告设计与制作、会计电算化、机电一体化技术、机械制造与自动化、计算机应用技术、酒店管理、矿山测量、旅游管理、旅游英语、煤层气抽采技术、煤炭深加工与利用、商务管理、设施农业技术、食品营养与检测、文秘、音乐表演、应用化工技术、主持与播音

院系设置
学院共设有10个教学系,分别是信息工程系、化工系、机械与电子工程系、旅游与酒店管理系、民用工程与商务管理系、财经系、矿业工程系、教师教育系、外语系、艺术系。

国家级、省部级研究机构设置
设置有高职教育研究所和生物研究所两个研究中心

定期公开出版的专业刊物 《晋城职业技术学院学报》和省内刊物《职教园地》,《晋城职业技术学院学报》是由学院主办的国内外公开发行的教育类综合性学术刊物。国际标准刊号ISSN1674-5078,全国统一刊号CN14-1348/G4,双月刊。

学校设立奖学金情况
学院设立奖学金共6项,奖励总金额358.74万元。奖学金最高金额8000元/年,最低金额1000元/年。

学校历史沿革
2011年5月17日经山西省人民政府批准、国家教育部备案,由原晋城教育学院、晋城师范学校、晋城文化艺术学校、晋城中等专业学校四校合并升格为晋城职业技术学院。

山西建筑职业技术学院

学校(机构)标识码 4114012775	校园(局域)网域名 www.sxatc.com	其中:普通专科 8320
学校办学类型 415:专科院校:高等职业学校	电子信箱 sxjybgs123@163.com	成人专科 201
	占地面积(平方米) 126878	专任教师(人) 378
学校性质类别 02 理工院校	校舍建筑面积(平方米) 175199	其中:正高级 5
学校举办者 812 省级其他部门	图书(万册) 43.36	副高级 95
学校地址 山西省太原市学府街50号	固定资产总值(万元) 26274.54	中级 161
邮政编码 030006	教学、科研仪器设备资产值(万元)	初级 112
办公电话 0351-7432646	4491.91	未定职级 5
传真电话 0351-7432810	在校生数(人) 8521	

专科专业 城镇规划、道路桥梁工程技术、电脑艺术设计、给排水工程技术、工程测量技术、工程监理、工程造价、工业设备安装工程技术、供热通风与空调工程技术、基础工程技术、计算机信息管理、计算机应用技术、建筑电气工程技术、建筑工程管理、建筑工程技术、建筑会计与审计、建筑经济管理、建筑设备工程技术、建筑设计技术、建筑装饰工程技术、建筑装饰艺术设计、楼宇智能化工程技术、市政工程技术、物业管理、园林工程技术、中国古建筑工程技术、装饰艺术设计

院系设置
建筑工程系、市政工程系、建筑与艺术系、工程管理系、设备工程系、机电工程系、计算机工程系、基础教学部、思想政治理论教学部

学校设立奖学金情况
学校设立奖学金6项,奖励总金额54.32万元。奖学金最高金额1200元/年,最低金额400元/年。

主要校办产业
设计所、装饰公司、监理公司

学校历史沿革
1952年8月,学校成立,校名为山西省土木工程学校;1954年4月,更名为山西省建筑工程学校;1955年6月,城市建设部太原建筑工程学校;1980年,学校被教育部确定为全国重点中等专业学校;1998年8月,与太原大学联合办学,在全省中等学校率先招收工民建高职生;2001年4月2日,省人民政府批准我院改制为山西建筑工程职业技术学院;2002年11月,更名为山西建筑职业技术学院。

山西生物应用职业技术学院

学校(机构)标识码 4114012776	校园(局域)网域名 www.sxbac.net.cn	在校生数(人) 4415
学校办学类型 415:专科院校:高等职业学校	电子信箱 sxswxyyb@sina.com	其中:普通专科 4415
	占地面积(平方米) 236012	专任教师(人) 218
学校性质类别 05 医药院校	校舍建筑面积(平方米) 107706	其中:正高级 8
学校举办者 812 省级其他部门	图书(万册) 19.34	副高级 33
学校地址 太原市民航南路16号	固定资产总值(万元) 7743.97	中级 75
邮政编码 030031	教学、科研仪器设备资产值(万元) 2698.16	初级 77
办公电话 0351-2215862		未定职级 25
传真电话 0351-2215898		

专科专业 电子商务、连锁经营管理、生物制药技术、食品营养与检测、物流管理、现代中药技术、药品质量检测技术、药物制剂技术、药学、医疗器械制造与维护、医药营销、中药、中药鉴定与质量检测技术、中药制药技术

院系设置
中药系、生物制药工程系、药品经济贸易系

学校设立奖学金情况
学校设立奖学金三项,奖励总金额157.82余万元。奖学金最高金额1600元/年,最低金额600元/年。

主要校办产业
山西省太原晋阳制药厂

学校历史沿革
学校创建于1964年,1965年7月25日,根据山西省人民委员会批示,山西省中药材学校正式成立,受山西省商业厅、山西省卫生厅双重领导,由山西省药材公司具体管理。"文革"期间停办。1976年经山西省革命委员会同意,在太原(现住址)复校,隶属山西省商业厅,1979年转隶山西省医药管理局。2001年4月28日,经山西省人民政府批准,学校升格为高等职业技术学院,由山西省食品药品监督管理局管理。

山西工程职业技术学院

学校(机构)标识码 4114012777	传真电话 0351-3350318	在校生数(人) 6774
学校办学类型 415:专科院校:高等职业学校	校园(局域)网域名 www.sxgy.cn	其中:普通专科 6774
	占地面积(平方米) 131422	专任教师(人) 272
学校性质类别 02 理工院校	校舍建筑面积(平方米) 157181	其中:正高级 9
学校举办者 811 省级教育部门	图书(万册) 27.28	副高级 75
学校地址 太原市新建路131号	固定资产总值(万元) 11570	中级 118
邮政编码 030009	教学、科研仪器设备资产值(万元) 6629	初级 53
办公电话 0351-3350198		未定职级 17

专科专业 材料工程技术、电气工程技术、工程测量与监理、工业分析与检验、会计电算化、机电一体化技术、机械设计与制造、计算机控制技术、计算机网络技术、建筑工程管理、建筑经济管理、建筑设计类、金属矿开采技术、软件技术、生产过程自动化技术、数控技术、物流管理、冶金技术、自动化生产设备应用

院系设置
冶金工程系、机械工程系、电气工程系、建筑工程系、计算机工程系、管理系、基础部

定期公开出版的专业刊物 《山西工程教育》

学校设立奖学金情况
奖学金3项,总金额547万元 最高奖8000元最低奖200元。

主要校办产业
太原金联机械厂

学校历史沿革
学院的前身是冶金工业部太原钢校;1957年合并冶金工业部太原建校,更名为冶金工业部太原工业学校;1960年升格为"山西省冶金专科学校";1978年—1994年学院兼办"太原工学院冶金大专班";2000年政府机构改革。2001年转制升格为山西工程职业技术学院。

山西交通职业技术学院

学校(机构)标识码　4114012778
学校办学类型　415：专科院校：高等职业学校
学校性质类别　02 理工院校
学校举办者　812 省级其他部门
学校地址　山西省太原市武宿
邮政编码　030031
办公电话　0351-7661701
传真电话　0351-7663133

校园(局域)网域名　www.sxjy.com
电子信箱　sxjtedu@163.com
占地面积(平方米)　135827
校舍建筑面积(平方米)　78969
图书(万册)　19.9
固定资产总值(万元)　12060.3
教学、科研仪器设备资产值(万元)　3195.02

在校生数(人)　4230
其中：普通专科　4230
专任教师(人)　239
其中：正高级　2
副高级　71
中级　59
初级　86
未定职级　21

专科专业　保险实务、道路桥梁工程技术、地下工程与隧道工程技术、高等级公路维护与管理、工程测量技术、工程机械技术服务与营销、工程机械运用与维护、工程造价、公路工程检测技术、公路监理、会计与审计、计算机信息管理、计算机应用技术、交通安全与智能控制、汽车技术服务与营销、汽车检测与维修技术、汽车整形技术、投资与理财、物流管理

院系设置
公路系、工程管理系、经济管理系、信息工程系、车辆工程系、工程机械系、基础部、实验中心、机械实验中心

定期公开出版的专业刊物　《山西交通职业技术学院学报》

学校设立奖学金情况
学校设立奖学金：3 项，奖励总金额 95.2 余万元，奖学金最高金额 2000 元/年，最低金额 800 元/年。

主要校办产业
山西省育通科工贸服务中心

学校历史沿革
1958 年山西省交通学校在山西太谷县成立，1976 年成立山西省交通技工学校，一套人马两块牌子。1998 年因办学需要，与山西省交通技工学校分开办学，迁址到太原武宿。2001 年经山西省人们政府批准，升格成立山西交通职业技术学院。

山西兴华职业学院

学校(机构)标识码　4114012779
学校办学类型　415：专科院校：高等职业学校
学校性质类别　08 财经院校
学校举办者　999 民办
学校地址　山西省太原市北营黄陵路39 号
邮政编码　030031
办公电话　0351-7121697

传真电话　0351-7121697
校园(局域)网域名　www.sxxh.org
电子信箱　yb7121697@163.com
占地面积(平方米)　649738
校舍建筑面积(平方米)　116959
图书(万册)　36.2
固定资产总值(万元)　21032.85
教学、科研仪器设备资产值(万元)　2200.56

在校生数(人)　4558
其中：普通专科　4511
成人专科　47
专任教师(人)　192
其中：正高级　24
副高级　32
中级　62
初级　58
未定职级　16

专科专业　包装技术与设计、财务管理、产品造型设计、导游、电脑艺术设计、电子商务、电子信息工程技术、工商企业管理、国际贸易实务、会计电算化、计算机应用技术、经济管理、酒店管理、旅游管理、旅游英语、汽车检测与维修技术、人力资源管理、商务英语、数控技术、投资与理财、文秘、舞蹈表演、物流管理、物业管理、音乐表演、营销与策划、影视表演、主持与播音、装潢艺术设计

院系设置
太谷校区、财经系、管理系、会电系、工程系、音乐系、美术系、基础教学部

学校设立奖学金情况
学校设立兴航奖学金 8 万余元。奖学金最高金额 3000 元/年，最低金额 1000 元/年。

学校历史沿革
山西兴华职业学院的前身是山西文化专修学院，创建于 1991 年，期间主要是自考的助学单位，包括有职业中专、技校，于 1999 年更名为山西兴华学院，并被山西省教育厅批准为学历文凭试点学院，2001 年经省政府批准、国家教育部正式备案成为山西省第一所国家承认学历的全日制民办普通高校。

大同煤炭职业技术学院

学校(机构)标识码 4114012780	传真电话 0352-7057357	在校生数(人) 6574
学校办学类型 415:专科院校:高等职业学校	校园(局域)网域名 www.dtmtxy.com	其中:普通专科 3815
	电子信箱 tmxyyuanban@163.com	成人专科 2759
学校性质类别 02 理工院校	占地面积(平方米) 188474	专任教师(人) 248
学校举办者 891 地方企业	校舍建筑面积(平方米) 149780	其中:副高级 51
学校地址 山西省大同市矿区新平旺迎新街	图书(万册) 27.08	中级 72
	固定资产总值(万元) 14518.2	初级 86
邮政编码 037003	教学、科研仪器设备资产值(万元) 3368	未定职级 39
办公电话 0352-7057078		

专科专业 电厂热能动力装置、电气自动化技术、电子商务、工程造价、会计电算化、机电一体化技术、计算机应用技术、建筑工程技术、酒店管理、矿井通风与安全、矿山测量、矿山地质、旅游英语、煤化工生产技术、煤矿开采技术、市场营销、文秘、选煤技术

院系设置
采矿工程系、煤化工系、机电工程系、经济管理系、建筑工程系、信息工程系、公共基础部、思想政治理论课教学部和中专部

定期公开出版的专业刊物 《大同煤院报》

学校设立奖学金情况
学校设立奖学金3项,奖励总金额193余万元。奖学金最高金额8000元/年,最低金额1000元/年。

主要校办产业
实业服务队、实习工厂

学校历史沿革
1975年,成立矿务局职工大学,1999年,组建山西矿业职业技术学院;2001年,独立设置为北岳职业技术学院;2010年,更名为大同煤炭职业技术学院。

山西机电职业技术学院

学校(机构)标识码 4114012888	传真电话 0355-5830200	在校生数(人) 6546
学校办学类型 415:专科院校:高等职业学校	校园(局域)网域名 www.sxjdxy.org	其中:普通专科 6546
	电子信箱 jdxybgs@yahoo.com.cn	专任教师(人) 295
学校性质类别 02 理工院校	占地面积(平方米) 233919	其中:正高级 4
学校举办者 811 省级教育部门	校舍建筑面积(平方米) 99045	副高级 52
学校地址 山西省长治市城北东街130号	图书(万册) 28.15	中级 98
	固定资产总值(万元) 12074.91	初级 80
邮政编码 046011	教学、科研仪器设备资产值(万元) 5830.66	未定职级 61
办公电话 0355-5830207		

专科专业 材料成型与控制技术、电气自动化技术、焊接技术及自动化、机电设备维修与管理、机电一体化技术、机械设计与制造、机械制造与自动化、计算机辅助设计与制造、计算机控制技术、计算机网络技术、金属材料与热处理技术、矿山机电、连锁经营管理、模具设计与制造、汽车技术服务与营销、汽车检测与维修技术、汽车制造与装配技术、商务英语、市场营销、数控技术、数控设备应用与维护、通信技术

院系设置
机械工程系、数控工程系、电子电气工程系、汽车工程系、信息与管理工程系、材料工程系、基础部、思政部、产学研合作部

定期公开出版的专业刊物 《山西机电教学论坛》

学校设立奖学金情况
3项,奖励总金额80万元,奖学金最高金额1000元/年,最低金额300元/年。

学校历史沿革
山西机电职业技术学院前身是"太原工学院附设机械工业学校",创建于1958年。1965年更名为"太原机械学校"。1973年8月,经山西省革命委员会批准在长治市办学,定名为"山西省机械工业学校",2000年由于省级行政机构改革,学校划归山西省教育厅管理,2002年5月,山西省人民政府批准在原山西省机械工业学校的基础上,成立"山西机电职业技术学院",学院步入高职高专行列,填补了我省机电行业高等职业院校的空白。

山西戏剧职业学院

学校(机构)标识码　4114012889
学校办学类型　415:专科院校:高等职业学校
学校性质类别　11 艺术院校
学校举办者　812 省级其他部门
学校地址　太原市解放路奶生堂25号
邮政编码　030002
办公电话　0351-2682983
传真电话　0351-4067009

电子信箱　xjxy_rs@126.com
占地面积(平方米)　33802
校舍建筑面积(平方米)　64423
图书(万册)　17.93
固定资产总值(万元)　2946.29
教学、科研仪器设备资产值(万元)　1242.99
在校生数(人)　1081

其中:普通专科　945
　　　成人专科　136
专任教师(人)　142
其中:正高级　1
　　　副高级　37
　　　中级　74
　　　初级　29
　　　未定职级　1

专科专业　导游、非物质文化管理、酒店管理、文化事业管理、舞蹈表演、戏曲表演、艺术设计、音乐表演、影视表演、主持与播音

院系设置
公共课教学部、成人教育部、中专教育部、戏曲系、音乐系、舞蹈系、美术系、话剧影视系、文化艺术管理系、旅游管理系

国家级、省部级研究机构设置
研究中心(所):山西省戏剧研究所

学校历史沿革
山西戏剧职业学院的前身为山西省戏曲学校,创建于1958年12月。2002年4月经山西省人民政府批准,山西省戏曲学校与山西戏剧研究所合并组建山西戏剧职业学院。

山西财贸职业技术学院

学校(机构)标识码　4114012890
学校办学类型　415:专科院校:高等职业学校
学校性质类别　08 财经院校
学校举办者　811 省级教育部门
学校地址　山西省太原市小店区坞城街道办事处煤机八一居委
邮政编码　030031
办公电话　0351-2216163

传真电话　0351-2216758
校园(局域)网域名　www.sxcmvc.com
电子信箱　sxcmrsc@163.com
占地面积(平方米)　103132
校舍建筑面积(平方米)　70649
图书(万册)　22.74
固定资产总值(万元)　6605.21
教学、科研仪器设备资产值(万元)　1419.76

在校生数(人)　4537
其中:普通专科　4537
专任教师(人)　178
其中:正高级　4
　　　副高级　53
　　　中级　57
　　　初级　64

专科专业　财务管理、电子商务、供热通风与空调工程技术、广告设计与制作、会计电算化、计算机网络技术、计算机应用技术、连锁经营管理、旅游工艺品设计与制作、旅游管理、商务英语、涉外旅游、市场营销、投资与理财、物流管理、制冷与冷藏技术、资产评估与管理

院系设置
我院共设7个系(部),会计系、计算机科学与技术系、经济贸易系、应用电子系、旅游系、公共基础、思想政治理论教学部。

定期公开出版的专业刊物　《山西财贸职业技术学院院刊》

学校设立奖学金情况
学校设立奖学金9项,奖励总金额80余万元。奖学金最高金额8000元/年,最低金额30元/年。

学校历史沿革
山西财贸职业技术学院的前身是山西省财贸学校,始建于1978年8月,是经山西省人民政府批准(晋政发[1978]30号)教育部备案的一所全日制普通中等专业学校,最初隶属于山西省财委。建校以来,随相关政府机构的改革与调整的影响,山西财贸职业技术学院(即原山西省财贸学校,下同)三易其隶属关系:1981年4月改为隶属山西省商业厅(晋贸发[1981]8号);1993年改为隶属于原山西省国内贸易厅;2000年11月改为隶属于山西省教育厅(晋政函[2000]264号),并一直延续至今。

山西林业职业技术学院

学校(机构)标识码 4114012891	传真电话 0351-3439521	在校生数(人) 5362
学校办学类型 415:专科院校:高等职业学校	校园(局域)网域名 www.sxly.com.cn	其中:普通专科 5310
	电子信箱 sxlyxx@public.ty.sx	成人专科 52
学校性质类别 04 林业院校	占地面积(平方米) 146667	专任教师(人) 208
学校举办者 812 省级其他部门	校舍建筑面积(平方米) 93661	其中:正高级 4
学校地址 山西省太原市滨河东路(北段)78号	图书(万册) 22.93	副高级 44
	固定资产总值(万元) 11637.65	中级 77
邮政编码 030009	教学、科研仪器设备资产值(万元)	初级 56
办公电话 0351-3438949	1880.38	未定职级 27

专科专业 包装技术与设计、导游、导游(生态方向)、雕刻艺术与家具设计、工程监理(生态方向)、工程监理(园林方向)、环境监测与治理技术、环境艺术设计、会计电算化、计算机网络技术、计算机信息管理、景区开发与管理、林业技术、林业信息工程与管理、森林生态旅游、商品花卉、市场营销、投资与理财(林业方向)、园林工程技术(景观)、园林技术、园艺技术

院系设置
七系一部,林学系、园艺系、园林系、信息工程系、经济贸易系、艺术设计系、旅游系、基础教学部

定期公开出版的专业刊物 《山西林业教育》、《山西林业职业技术学院院报》

学校设立奖学金情况
学院设立奖学金四项,奖励总金额 200 余万元。奖学金最高金额 2000 元/年,最低金额 300 元/年。

学校历史沿革
学校始建于 1952 年,1970 年因"文革"动乱被迫停办。1972 年在关帝、管涔、中条、太岳四地林区办分校,1981 年四所分校迁回太原市合并办学,2005 年 4 月经山西省人民政府批准升格为专科院校。

山西水利职业技术学院

学校(机构)标识码 4114012892	传真电话 0359-6309567	在校生数(人) 5327
学校办学类型 415:专科院校:高等职业学校	校园(局域)网域名 www.sxsy.com.cn	其中:普通专科 5231
	电子信箱 sxsyyb@126.com	成人专科 96
学校性质类别 02 理工院校	占地面积(平方米) 258198	专任教师(人) 255
学校举办者 812 省级其他部门	校舍建筑面积(平方米) 130207	其中:副高级 80
学校地址 山西省运城市盐湖区安邑庙风西路34号	图书(万册) 17.85	中级 76
	固定资产总值(万元) 10133.37	初级 70
邮政编码 044004	教学、科研仪器设备资产值(万元)	未定职级 29
办公电话 0359-6309200	2184.69	

专科专业 城市水利、道路桥梁工程技术、电子测量技术与仪器、给排水工程技术、工程测量技术、工程监理、工程造价、机电排灌设备与管理、计算机信息管理、计算机应用技术、建筑工程技术、水利工程、水利工程监理、水利水电工程管理、水利水电建筑工程、水信息技术

院系设置
共设 7 系:水利工程系、建筑工程系、信息工程系、管理工程系、道路与桥梁工程系、测绘工程系、环境与工程系

定期公开出版的专业刊物 《水利高等职业教育》

学校设立奖学金情况
共设立 3 项奖学金,奖励总金额 70 余万元。奖学金最高金额 1000 元/年,最低金额 60 元/年。

1. 考核奖学金:最高 800 元/学年、人,按班级的 10% 评定;
2. 单项奖学金:最高 1000 元/学年、人,最低 100 元/学年、人;
3. 班级奖学金:最高 1000 元/学期、班,按全院班级的 10% 评定,最低 400 元/学期、班,按全院班级的 30% 评定。

学校历史沿革
山西水利职业技术学院是一所全日制水利高等职业院校,其前身是始建于 1956 年的山西省水利学校和成立于 1985 年的山西省水利职工大学,2002 年 4 月 18 日,经山西省人民政府批准,组建成立山西水利职业技术学院,设运城和太原两个校区。

阳泉职业技术学院

学校(机构)标识码　4114012893	传真电话　0353-2111872	在校生数(人)　7566
学校办学类型　415:专科院校:高等职业学校	校园(局域)网域名　tyutyqc.edu.cn	其中:普通专科　7566
	电子信箱　yqxy@tyutyqc.edu.cn	专任教师(人)　338
学校性质类别　01 综合大学	占地面积(平方米)　759910	其中:正高级　10
学校举办者　811 省级教育部门	校舍建筑面积(平方米)　166285	副高级　64
学校地址　山西省阳泉市开发区学院路	图书(万册)　61.43	中级　125
邮政编码　045000	固定资产总值(万元)　21589.27	初级　106
办公电话　0353-2111851	教学、科研仪器设备资产值(万元)　2856.02	未定职级　33

专科专业　城镇规划、初等教育、道路桥梁工程技术、电气自动化技术、电子商务、法律文秘、工程测量技术、工程地质勘查、工程造价、供用电技术、广告设计与制作、国际经济与贸易、会计、机电一体化技术、机械制造与自动化、计算机应用技术、建筑工程技术、建筑装饰工程技术、金融保险、矿井建设、矿井通风与安全、矿山机电、旅游管理、煤矿开采技术、煤炭深加工与利用、市场营销、数控技术、物流管理、应用电子技术、证券投资与管理

院系设置
信息工程与自动化系、建筑工程系、经济贸易系、管理工程系、机械电子系、采矿工程系、地质与测量系、社会科学系、基础部、体育部

定期公开出版的专业刊物　《教学与科研》

学校设立奖学金情况
学校设立奖学金综合奖学金、单项奖学金和优秀毕业生奖学金三项，奖励总金额 100 余万元。综合奖学金最高金额 4000 元/年，最低金额 1000 元/年；单项奖学金按 300 元/项或 500 元/项奖定；优秀毕业生奖学金按 500 元/人奖励省级优秀毕业生，按 300 元/人奖励校级优秀毕业生。

学校历史沿革
1984 年 5 月，阳泉市人民政府筹建当时的山西矿业学院阳泉煤炭专科班，隶属阳泉市人民政府。同年 10 月 15 日正式成立山西矿院阳泉煤炭专科班。1986 年 1 月 16 日，山西省人民政府以《晋政函 5 号文件》批准成立阳泉煤炭专科学校。1990 年 4 月 5 日，经山西省人民政府批准阳泉煤炭专科学校改由省教委直接管理，教育部备案为"太原理工大学阳泉煤炭专科班"。2001 年 5 月，经省政府晋教计(2001)71 号文件批准，同意将太原理工大学阳泉煤炭专科班更名为太原理工大学阳泉学院，并开始招收本科生。2002 年 5 月，经省政府晋教计(2002)71 号文件批准成立阳泉职业技术学院，并在教育部备案。

临汾职业技术学院

学校(机构)标识码　4114013171	传真电话　0357-3087899	在校生数(人)　5774
学校办学类型　415:专科院校:高等职业学校	校园(局域)网域名　www.lfvtc.cn	其中:普通专科　5774
	电子信箱　lfwsxx@163.com	专任教师(人)　478
学校性质类别　01 综合大学	占地面积(平方米)　268398	其中:正高级　12
学校举办者　822 地级其他部门	校舍建筑面积(平方米)　148935	副高级　105
学校地址　临汾市东郊埝下临汾职业技术学院	图书(万册)　39.23	中级　228
	固定资产总值(万元)　11710.85	初级　110
邮政编码　041000	教学、科研仪器设备资产值(万元)　3576.97	未定职级　23
办公电话　0357-3087600		

专科专业　畜牧兽医、电气自动化技术、护理、机电一体化技术、计算机应用技术、计算机硬件与外设、酒店管理、康复治疗技术、矿井通风与安全、旅游传媒、旅游管理、汽车检测与维修技术、医学检验技术、医学影像技术、园艺技术、助产、资源环境与城市管理

院系设置
1. 党政职能机构:院办、纪检监察室、组织人事处、工会、教务处、学生处、计财处、招生就业处。2. 教学辅助机购 3 个:图书馆、网络信息中心、科研中心。3. 教学业务机构:公共教学部、医学系、护理系、机电系、计算机系、外语系、动科系、农学系、实训部。

定期公开出版的专业刊物 《临汾职业教育研究》
学校设立奖学金情况
1项:奖励总金额100余万元。奖学金最高8000元/年,最低1000元/年。
学校历史沿革
临汾职业技术学院是2002年根据晋政函[2002]73号经山西省人民政府正式批准,国家教育部备案的综合性全日制高等专科学院,由原临汾卫校(1958)、原临汾农校(1958)、原临汾农机校(1964)、原临汾工业学校(1964)合并组建而成。2008年5月,顺利通过国家教育部人才培养水平评估,获得良好等次。

山西职业技术学院

学校(机构)标识码 4114013528	传真电话 03517015176	在校生数(人) 9057
学校办学类型 415:专科院校:高等职业学校	校园(局域)网域名 www.sxzzy.cn	其中:普通专科 9057
	电子信箱 yb@sxzzy.cn	专任教师(人) 574
学校性质类别 02 理工院校	占地面积(平方米) 193514	其中:正高级 5
学校举办者 811 省级教育部门	校舍建筑面积(平方米) 223474	副高级 100
学校地址 山西省太原市坞城路115号	图书(万册) 55	中级 139
	固定资产总值(万元) 13300.48	初级 192
邮政编码 030006	教学、科研仪器设备资产值(万元) 5170.38	未定职级 138
办公电话 03517015346		

专科专业 材料成型与控制技术、材料工程技术、电气自动化技术、电子信息工程技术、动漫设计与制作、复合材料加工与应用技术、会计与审计、机电设备维修与管理、机电一体化技术、计算机辅助设计与制造、计算机信息管理、计算机应用技术、建筑工程管理、建筑工程技术、建筑装饰材料及检测、建筑装饰工程技术、酒店管理、连锁经营管理、旅游管理、商务英语、社会体育、数控技术、数控设备应用与维护、物流管理、移动通信技术、营销与策划、应用电子技术、装饰艺术设计、资产评估与管理
院系设置
机械工程系、数控系、商贸旅游系、材料工程系、电气与自动化工程系、电子与信息工程系、计算机工程系、建筑工程系、建筑装饰系、物流系、会计系、基础部、思想政治理论教学研究部、社会体育教学部、成人教育部、培训部

国家级、省部级研究机构设置
研究机构:山西省建筑材料设计研究院(托管)
定期公开出版的专业刊物 《建材技术与应用》
学校设立奖学金情况
国家奖学金、国家励志奖学金、学院优秀学生奖学金。
学校历史沿革
山西职业技术学院是经山西省人民政府批准成立的专科层次的高等职业学校,隶属于山西省教育厅。2003年又山西省建材工业学校、山西省电子工业学校、山西省轻工业学校、山西省工业管理学校、太原化学工业学校和太原工贸学校等六校合并组建;2004年12月23日经山西省教育厅研究决定,由山西省建材工业学校和山西省电子工业学校进行实质性合并;2009年12月经山西省人民政府批准学院正式更名为山西职业技术学院。

山西煤炭职业技术学院

学校(机构)标识码 4114013529	传真电话 0351-7975199	5395.32
学校办学类型 415:专科院校:高等职业学校	校园(局域)网域名 www.sxmtxy.edu.cn	在校生数(人) 6426
		其中:普通专科 6426
学校性质类别 02 理工院校	电子信箱 sxmtxy@126.com	专任教师(人) 279
学校举办者 812 省级其他部门	占地面积(平方米) 473189	其中:正高级 7
学校地址 太原市小店区许坦东街38号	校舍建筑面积(平方米) 155951	副高级 96
	图书(万册) 38.7	中级 103
邮政编码 030031	固定资产总值(万元) 10710.78	初级 66
办公电话 0351-7975248	教学、科研仪器设备资产值(万元)	未定职级 7

专科专业 电气自动化技术、电子信息工程技术、工程测量技术、工程地质勘查、会计(煤炭企业会计方向)、机电设备维修与管理(矿山方向)、机械制造与自动化(矿山机械制造)、计算机网络技术(煤矿安全监控网)、计算机硬件与外设、建筑工程技

术、矿井建设、矿井通风与安全、矿井运输与提升、矿山测量、矿山地质、矿山机电、煤层气抽采技术、煤矿开采技术、煤矿开采技术(综合机械化采煤方向)、煤炭深加工与利用、煤质分析技术、市场营销(煤炭市场营销方向)、选煤技术、应用化工技术(煤化工技术方向)

院系设置
采矿工程系、地测工程系、机电工程系、煤炭化工系、计算机信息系、财经系、体育基础部、社科部、中专部、成人教育部

定期公开出版的专业刊物 《煤炭高职教育研究》

学校设立奖学金情况
设立奖学金三项:第一项:国家奖学金72000元(8000元/生×9人);第二项:国家励志奖学金930000元(5000元/生×186人);第三项:煤炭基金奖学金(一等奖600000元:4000元/生×150人,二等奖学金600000元:2000元/生×300人)。

学校历史沿革
1. 1952年4月7日建校—1954年,校名:山西采矿学校,隶属于华北行政局。2. 1954年—1958年10月,校名:太原采矿学校,隶属于中央地方工业厅。3. 1958年10月—1970年,校名:太原煤矿学校,隶属于国家教育部。4. 1970年—1980年5月,学校停办。5. 1980年5月13日—1986年1月,校名:山西省地方煤矿学校,隶属于山西省地方煤管局。6. 1986年1月—2003年1月18日,校名:山西省煤炭工业学校,隶属于山西省煤炭工业厅、局。7. 2003年1月18日更名—2009年7月,校名为:山西煤炭职业技术学院,校址:太原市许坦东街38号,隶属于山西省煤炭工业局。8. 2009年7月至今,校名为:山西煤炭职业技术学院,校址:太原市许坦东街38号,隶属于山西省煤炭工业厅。

山西金融职业学院

学校(机构)标识码 4114013530	传真电话 03513159275	在校生数(人) 3536
学校办学类型 415:专科院校:高等职业学校	校园(局域)网域名 www.sxjrzyxy.com	其中:普通专科 3536
	电子信箱 jybgs@sxjrzyxy.com	专任教师(人) 170
学校性质类别 08 财经院校	占地面积(平方米) 33353	其中:正高级 3
学校举办者 811 省级教育部门	校舍建筑面积(平方米) 34024	副高级 43
学校地址 山西省太原市迎新街南巷10号	图书(万册) 18.69	中级 53
	固定资产总值(万元) 4829.78	初级 70
邮政编码 030008	教学、科研仪器设备资产值(万元) 1855.7	未定职级 1
办公电话 03513059289		

专科专业 工商企业管理、国际金融、会计电算化、计算机网络技术、计算机信息管理、计算机应用技术、金融保险、金融管理与实务、市场营销、税务、投资与理财、文秘、应用英语

院系设置
金融系、会计系、信息技术系、经济管理系、社科部、基础部、成人(网络)教育部

学校设立奖学金情况
学校设立奖学金综合奖和单项奖,奖励总金额60余万元。奖学金最高金额2000元/年,最低金额800元/年。

学校历史沿革
我院的前身是建校于1978年的山西银行学校,原隶属人民银行管理,2001年9月移交山西省教育厅管理,2003年1月经山西省政府批准升格为山西金融职业学院。学院面向山西省金融行业及其他经济建设战线,培养银行、证券、投资、会计、计算机应用、信息技术管理等高级应用型人才。

太原城市职业技术学院

学校(机构)标识码 4114013532	传真电话 0351-5633000	在校生数(人) 5141
学校办学类型 415:专科院校:高等职业学校	校园(局域)网域名 www.cntcvc.com	其中:普通专科 4970
	电子信箱 csxyyb88163.com	成人专科 171
学校性质类别 01 综合大学	占地面积(平方米) 119000	专任教师(人) 252
学校举办者 822 地级其他部门	校舍建筑面积(平方米) 107996	其中:正高级 3
学校地址 太原市胜利桥西兴华街3号	图书(万册) 26.65	副高级 68
	固定资产总值(万元) 6332.1	中级 102
邮政编码 030027	教学、科研仪器设备资产值(万元) 2305.1	初级 50
办公电话 0351-5633000		未定职级 29

专科专业 电脑艺术设计、电子商务、工程造价、工商企业管理、会计电算化、机电一体化技术、计算机网络技术、建筑工程管理、建筑工程技术、酒店管理、楼宇智能化工程技术、汽车检测与维修技术、软件技术、商务英语、市政工程技术、数控技术、文秘、物流管理、物业管理

院系设置

城建系、工程经济系、人文系、财会系、艺术设计系、机电系、信息工程系、工商管理系、基础教学部、成人教育部

定期公开出版的专业刊物 《太原城市职业技术学院学报》

学校设立奖学金情况

学校设立奖学金2项，奖励总金额73.1余万元。奖学金最高金额8000元/年，最低金额5000元/年。

毕业生一次就业率 88.7%

学校历史沿革

太原城市职业技术学院于2003年7月由太原经济管理干部学院、太原市工业经济学校、太原市城市建设学校三校组建而成。原三校均创建于1984年。

山西大学商务学院

学校(机构)标识码 4114013533	校园(局域)网域名 www.sdsy.sxu.edu.cn	其中:普通本科 14134
学校办学类型 413:本科院校:独立学院		留学生 3
学校性质类别 08 财经院校	电子信箱 sdsy@sxu.edu.cn	专任教师(人) 797
学校举办者 999 民办	图书(万册) 81.82	其中:正高级 71
学校地址 太原市太榆公路16公里处	固定资产总值(万元) 51190	副高级 168
邮政编码 030031	教学、科研仪器设备资产值(万元)	中级 192
办公电话 0351-7942416	5289	初级 273
传真电话 0351-7942426	在校生数(人) 14137	未定职级 93

本科专业 财务管理、电子商务、电子信息科学与技术、对外汉语、法学、工商管理、广告学、国际经济与贸易、汉语言文学、行政管理、会计学、计算机科学与技术、金融学、经济学、旅游管理、美术学、人力资源管理、日语、软件工程、生物技术、市场营销、数学与应用数学、体育教育、网络工程、文化产业管理、舞蹈编导、物流管理、新闻学、信息管理与信息系统、信息与计算科学、艺术设计、音乐表演、英语

院系设置

现设有3个院、8个系、1个部：会计学院、管理学院、信息学院、电子商务系、文化传播系、法律系、外语系、艺术系、体育管理系、经济系、理学系、思想政治教学研究部。

定期公开出版的专业刊物 《商务教育》

学校设立奖学金情况

学校设立奖学金4项，奖励总金额462.5余万元。奖学金最高金额1800元/年，最低金额600元/年。

1. 综合奖学金：6000人/年,1500元/人；
2. 单项奖学金：1700人/年,1000元/人；
3. 创业大赛奖学金：300人/年,300元/人；
4. 学习型社团奖学金：200人/年,200元/人。

学校历史沿革

山西大学商务学院创建于2001年3月，是经山西省人民政府批准由山西大学、山西省供销社联合社、山西省商务学校联合兴办，以新的机制和模式创办的一所全日制普通高校，按照国家计划进行统一招生。2003年12月23日经国家教育部确认为独立学院。

太原理工大学现代科技学院

学校(机构)标识码 4114013534	传真电话 03516534500	在校生数(人) 11032
学校办学类型 413:本科院校:独立学院	校园(局域)网域名 www.xdkj.tyut.edu.cn	其中:普通本科 11032
学校性质类别 02 理工院校	电子信箱 tyutxdkj@163。com	专任教师(人) 621
学校举办者 999 民办	图书(万册) 44.45	其中:正高级 50
学校地址 山西省太原市新晋祠路45号	固定资产总值(万元) 13219.8	副高级 239
邮政编码 030021	教学、科研仪器设备资产值(万元)	中级 212
办公电话 03516534500	5321.4	初级 89
		未定职级 31

本科专业 材料成型及控制工程、材料化学、测控技术与仪器、车辆工程、电气工程及其自动化、电子信息工程、法学、高分子材料与工程、工业设计、国际经济与贸易、过程装备与控制工程、化学工程与工艺、环境工程、会计学、机械设计制造及其自动化、计算机科学与技术、建筑环境与设备工程、建筑学、农业水利工程、热能与动力工程、市场营销、水利水电工程、水文与水资源工程、体育教育、通信工程、土木工程、无机非金属材料工程、冶金工程、艺术设计、英语、应用化学、自动化

院系设置

学院设置14系2部,分别是机械工程系、材料科学与工程系、电气与动力工程系、信息工程系、计算机与软件工程系、建筑与土木工程系、环境科学与工程系、水利科学与工程系、化学化工系、经济管理系、法学系、英语系、体育系、艺术设计系、基础部、思政部。

学校设立奖学金情况

学院设立奖学金3项,奖励总金额135余万元,奖学金最高金额8000元/年,最低金额200/年。

学校历史沿革

学院2002年5月成立。

山西农业大学信息学院

学校(机构)标识码　4114013535
学校办学类型　413：本科院校：独立学院
学校性质类别　03农业院校
学校举办者　999民办
学校地址　山西省太谷县学院路8号
邮政编码　030800
办公电话　0354－5503866
传真电话　0354－5503577
校园(局域)网域名　www.cisau.com.cn
电子信箱　sxndxxxy@126.com
图书(万册)　6.5
固定资产总值(万元)　14119
教学、科研仪器设备资产值(万元)　3731.86
在校生数(人)　11522
其中：普通本科　11522
专任教师(人)　435
其中：正高级　53
副高级　92
中级　163
初级　107
未定职级　20

本科专业 电气工程及其自动化、动物医学、公共事业管理、国际经济与贸易、行政管理、环境科学、机械设计制造及其自动化、计算机科学与技术、农林经济管理、农林经济管理(财务管理方向)、农林经济管理(会计学方向)、农业资源与环境、生物工程、生物技术、生物科学、食品科学与工程、食品质量与安全、市场营销、土地资源管理、信息管理与信息系统、艺术设计、艺术设计(动漫设计与制作方向)、英语、英语(经贸英语方向)、英语(涉外文秘方向)、园林、园艺

院系设置

农业与生命科学系、信息与工程技术系、经济管理系、人文科学与管理系、文理教学部

学校设立奖学金情况

学校设立奖学金16项,奖励总金额160.37余万元。奖学金最高金额5000元/年,最低金额300元/年。

学校历史沿革

山西农业大学信息学院是2002年经山西省人民政府批准成立,2003年国家教育部正式确认的普通高等学校以新的机制和模式举办的一所本科独立学院。根据教育部26号令《独立学院设置与管理办法》的要求,经过山西农业大学与山西泰古投资有限公司协商决定共同举办山西农业大学信息学院,并于2009年12月30日正式签订合作办学协议。

山西师范大学现代文理学院

学校(机构)标识码　4114013537
学校办学类型　413：本科院校：独立学院
学校性质类别　06师范院校
学校举办者　999民办
学校地址　山西省临汾市解放东路85号
邮政编码　041000
办公电话　0357－3012190
传真电话　0357－3013525
校园(局域)网域名　www.sxnu.end.cn
电子信箱　xd/wlxy@126.com
图书(万册)　57.5
固定资产总值(万元)　24289
教学、科研仪器设备资产值(万元)　5386
在校生数(人)　10734
其中：普通本科　10734
专任教师(人)　645
其中：正高级　46
副高级　182
中级　283
初级　119
未定职级　15

本科专业 财务管理、地理科学、电子信息科学与技术、法学、广播电视编导、汉语言文学、行政管理、化学、计算机科学与技术、教育技术学、经济学、历史学、美术学、日语、生物技术、生物科学、数学与应用数学、思想政治教育、体育教育、舞蹈学、物

理学、心理学、学前教育、音乐学、英语、资源环境与城乡规划管理

院系设置

中文系、政法系、历史系、外语系、教育系、经管系、美术系、数计系、物信系、化学系、生物系、地理系、传媒系、音乐系、体育系

学校设立奖学金情况

学校设立奖学金1项,奖励总金额212余万元。奖学金最高金额1000元/年,最低金额400元/年。

学校历史沿革

山西师范大学现代文理学院创建于2002年。2002年1月山西师范大学与临汾华翔实业有限公司达成合作协议,经山西省人民政府批准成立、国家教育部备案,以新机制、新模式举办的实施本科学历教育的高等学校。学院位于山西省临汾市解放东路85号,于2003年开始招生。2010年1月新增合作投资方临汾国丰益焦铁有限公司。

中北大学信息商务学院

学校(机构)标识码　4114013538
学校办学类型　413:本科院校:独立学院
学校性质类别　02 理工院校
学校举办者　999 民办
学校地址　山西省太原市尖草坪区
邮政编码　030051
办公电话　0351-3557353
传真电话　0351-3557353
校园(局域)网域名　xxsw.nuc.edu.cn/cms/
电子信箱　ibc@nuc.edu.cn
图书(万册)　66.1
固定资产总值(万元)　11267.82
教学、科研仪器设备资产值(万元)　5046.82
在校生数(人)　12795
其中:普通本科　12795
专任教师(人)　482
其中:正高级　41
副高级　102
中级　151
初级　152
未定职级　36

本科专业　材料成型及控制工程、测控技术与仪器、车辆工程、电气工程及其自动化、电子科学与技术、电子信息工程、电子信息科学与技术、法学、高分子材料与工程、工商管理、国际经济与贸易、过程装备与控制工程、化学工程与工艺、环境工程、机械设计制造及其自动化、计算机科学与技术、金属材料工程、经济学、市场营销、通信工程、网络工程、微电子学、信息管理与信息系统、音乐学、英语、自动化

院系设置

1. 机电工程系 2. 机械工程与自动化系 3. 材料科学与工程系 4. 化工与环境系 5. 信息与通信工程系 6. 电子与计算机科学技术系 7. 人文社会科学系 8. 经济与管理系 9. 体育与艺术系 10. 理学系

学校历史沿革

华北工学院信息商务学院(2003年——2004年)中北大学信息商务学院(2004年——现在)中北大学信息商务学院南校区(2008年—现在)。

山西信息职业技术学院

学校(机构)标识码　4114013541
学校办学类型　415:专科院校:高等职业学校
学校性质类别　02 理工院校
学校举办者　999 民办
学校地址　山西省临汾市尧都区屯里
邮政编码　041000
办公电话　0357-3351155
传真电话　0357-3351100
校园(局域)网域名　www.vcit.cn
电子信箱　wyj6100@vip.sina.com
占地面积(平方米)　146680
校舍建筑面积(平方米)　89830
图书(万册)　22.7
固定资产总值(万元)　9118.7
教学、科研仪器设备资产值(万元)　2035.65
在校生数(人)　2701
其中:普通专科　2701
专任教师(人)　205
其中:正高级　16
副高级　30
中级　48
初级　81
未定职级　30

专科专业　电脑艺术设计、电子商务、动漫设计与制作、环境艺术设计、计算机多媒体技术、计算机网络技术、计算机系统维护、计算机信息管理、软件技术、图形图像制作、网络系统管理、影视动画、影视广告、应用电子技术、装潢艺术设计

院系设置

1. 基础部 2. 信息管理系 3. 信息工程系 4. 影视动漫系 5. 电脑艺术系

学校设立奖学金情况

学校设立奖学金3项,奖励总金额10余万元。奖学金最高

金额 2000 元/年，最低金额 500 元/年。
学校历史沿革
山西信息职业技术学院前身为山西计算机网络学校，成立于 1999 年，2001 年 2 月 20 日晋升为山西信息工程专修学院，2002 年 7 月 29 日更名为山西信息工程学院，2003 年 8 月 20 日成立山西信息职业技术学院。

太原科技大学华科学院

学校(机构)标识码　4114013597
学校办学类型　413：本科院校：独立学院
学校性质类别　02 理工院校
学校举办者　999 民办
学校地址　太原市晋祠路二段 264 号
邮政编码　030021
办公电话　0351 – 6998005
传真电话　0351 – 6998005
校园(局域)网域名　www.kdhk.cn
电子信箱　kdhuake@126.com
图书(万册)　38.27
固定资产总值(万元)　9533.91
教学、科研仪器设备资产值(万元)　2794.83
在校生数(人)　8264
其中：普通本科　8264
专任教师(人)　456
其中：正高级　44
副高级　102
中级　218
初级　92

本科专业　安全工程、材料成型及控制工程、电气工程及其自动化、电子商务、电子信息工程、法学、过程装备与控制工程、化学工程与工艺、环境工程、会计学、机械设计制造及其自动化、计算机科学与技术、经济学、社会体育、市场营销、通信工程、信息管理与信息系统、艺术设计、英语、自动化
院系设置
机电系、材料系、电子系、计算机系、经管系、外语系、法学系、基础部

学校设立奖学金情况
设立奖学金 5 项，总金额 174.53 余万，最高金额 3000 元/年，最低金额 200 元/年。
学校历史沿革
2002 年 6 月太原重型机械学院软件学院；2004 年 3 月太原重型机械学院华科学院；2004 年 5 月更名为太原科技大学华科学院。

山西医科大学晋祠学院

学校(机构)标识码　4114013598
学校办学类型　413：本科院校：独立学院
学校性质类别　05 医药院校
学校举办者　999 民办
学校地址　山西省 太原市 晋祠
邮政编码　030025
办公电话　0351 – 6936806
传真电话　0351 – 6936806
校园(局域)网域名　www.sxmu – jcc.com
电子信箱　sxmujcc@163.com
图书(万册)　35.5
固定资产总值(万元)　5730.27
教学、科研仪器设备资产值(万元)　2827
在校生数(人)　3029
其中：普通本科　3029
专任教师(人)　260
其中：正高级　40
副高级　85
中级　86
初级　39
未定职级　10

本科专业　护理学、口腔医学、临床医学、信息管理与信息系统
院系设置
两部十系十个专业，(1)医学部(本科)：临床医学、口腔医学、护理学、预防医学、法医学、麻醉学、医学影像学；(2)社会学部(本科)：公共事业管理、信息管理与信息系统、社会工作。
定期公开出版的专业刊物　《山西医科大学晋祠学院院报》
学校设立奖学金情况
学院设立奖学金 3 项，奖金总额 20 余万元，奖学金最高金额 2000 元/年，最低 200 元/年。
主要校办产业
校办工厂、超市、服务部、附属医院。
学校历史沿革
山西医科大学晋祠学院是山西省人民政府批准创建的山西医科大学二级学院，学院性质为公办民营，学院创建于 2001 年，主要专业为临床医学、护理学等，2004 年被国家确立为独立学院。

山西财经大学华商学院

学校(机构)标识码 4114013608	传真电话 03517654335	其中:普通本科 7189
学校办学类型 413:本科院校:独立学院	校园(局域)网域名 www.schsxy.com	专任教师(人) 423
	电子信箱 hs200905@163.com	其中:正高级 47
学校性质类别 08 财经院校	图书(万册) 43.34	副高级 90
学校举办者 999 民办	固定资产总值(万元) 3887	中级 94
学校地址 太原市坞城南路79号	教学、科研仪器设备资产值(万元) 1602	初级 89
邮政编码 030031		未定职级 103
办公电话 0351-7654335	在校生数(人) 7189	

本科专业 保险、财务管理、财政学、法学、工商管理、国际经济与贸易、行政管理、会计学、计算机科学与技术、金融学、经济学、旅游管理、贸易经济、人力资源管理、社会体育、市场营销、物流管理、信息管理与信息系统、英语

院系设置
五系二部。

学校设立奖学金情况
学校设立奖学金4项,奖励总金额259.05余万元。奖学金最高金额2000元/年,最低金额500元/年。

学校历史沿革
山西财经大学华商学院的前身是2002年经山西省人民政府晋政【2002】122号文件批准成立的山西财经大学通才学院。为贯彻教育部教【2003】8号《关于规范并加强普通高校以新的机制和模式试办独立学院管理的若干意见》文件精神,经与北京顺鑫农业发展集团有限公司协商,2003年10月在现有通才学院的基础上,共同举办民营机制的独立学院,正式更名为山西财经大学华商学院,校址设立在山西省晋阳街110号。2004年3月教育部教发函【2004】42号文件予以确认。2006年5月,山西财经大学华商学院与山西英杰学校签订合作办学协议,在山西财经大学华商学院已有的基础上,进一步联合办学,校址迁至山西省太原市小店区坞城南路79号。

山西工商学院

学校(机构)标识码 4114013691	校园(局域)网域名 www.sxtbu.net	其中:普通本科 1397
学校办学类型 412:本科院校:学院	电子信箱 sxtbunet@163.com	普通专科 6627
学校性质类别 08 财经院校	占地面积(平方米) 370510	成人专科 1533
学校举办者 999 民办	校舍建筑面积(平方米) 138976	专任教师(人) 463
学校地址 山西省太原市坞城南路99号	图书(万册) 70.52	其中:正高级 35
	固定资产总值(万元) 34986	副高级 144
邮政编码 030006	教学、科研仪器设备资产值(万元) 3793.47	中级 144
办公电话 0351-2218145		初级 128
传真电话 0351-7965833	在校生数(人) 9557	未定职级 12

本科专业 工商管理、广告学、会计学、计算机科学与技术、旅游管理、市场营销

专科专业 财务管理、电脑艺术设计、电视节目制作、电子商务、电子信息工程技术、动漫设计与制作、工商企业管理、广告设计与制作、国际金融、国际商务、会计、计算机网络技术、计算机应用技术、建筑工程管理、酒店管理、旅游管理、烹饪工艺与营养、汽车电子技术、人力资源管理、商务英语、市场营销、通信技术、文秘、舞蹈表演、物业管理、新闻采编与制作、音乐表演、证券投资与管理、主持与播音

院系设置
六院四部,分别为商学院、酒店管理学院、财经学院、理工学院、艺术传媒学院、成人教育学院、通才教学部、基础教学部、思政部、体育教学部。

学校设立奖学金情况
学校设立了苏惠玲奖学助学金1项,奖励总金额10万元。除其外国家奖(助)学金3项,奖励总金额544.6万元,最高奖8000元,10人,最低奖2000元,1455人。

学校历史沿革
太原市南城区民办育新学校(1986-1992年),太原市育新高校自考辅导学校(1992-1993年),山西工商专修学院(1993-2002年),山西财经大学通才学院(2002-2004年)。山西工商职业学院(2004-2010年),山西工商学院(2011-至今)。

山西体育职业学院

学校(机构)标识码　4114013692	校园(局域)网域名　www.sxptc.com	在校生数(人)　1324
学校办学类型　415:专科院校:高等职业学校	电子信箱　cwm7981026@.com	其中:普通专科　1324
	占地面积(平方米)　200000	专任教师(人)　138
学校性质类别　10 体育院校	校舍建筑面积(平方米)　43512	其中:正高级　1
学校举办者　812 省级其他部门	图书(万册)　14.02	副高级　34
学校地址　山西体育职业学院	固定资产总值(万元)　3721.12	中级　39
邮政编码　030006	教学、科研仪器设备资产值(万元)　798.62	初级　58
办公电话　0351-7981068		未定职级　6
传真电话　0351-7981525		

专科专业　竞技体育、社会体育、体育保健、体育服务与管理、运动训练

院系设置

党政管理机构8个,教学机构根据专业和教学需要设置5个系,教学辅助机构3个:分运动训练系、体育艺术系、竞技体育系、体育经济系、社会体育系5个系

学校历史沿革

山西体育职业学院是在山西省人民政府领导下,隶属于山西省体育局管理的副厅级全额事业单位。其前身是山西省体育运动学校,创建于1956年9月,是原国家体委最早在部分省市成立的12所中等专业学校。1976年恢复建校,1980年10月经省政府批准在山西体育运动内部设置"山西大学体育专科班",1991年4月将其命为"山西大学体育运动训练专科班"。1995年获"省部级重点中专学校"称号,1997年被省教委评为"山西省文明学校"。2000年11月迁入太原市高新开发区新校址;2004年经省人民政府批准(晋政函【2004】60号)在原"山西省体育运动学校"的基础上成立"山西体育职业学院",属于专科层次的高职院校。

山西警官职业学院

学校(机构)标识码　4114013693	传真电话　0351-2677930	在校生数(人)　2379
学校办学类型　415:专科院校:高等职业学校	校园(局域)网域名　山西广电网	其中:普通专科　2379
	占地面积(平方米)　151928	专任教师(人)　152
学校性质类别　09 政法院校	校舍建筑面积(平方米)　31321	其中:正高级　6
学校举办者　812 省级其他部门	图书(万册)　24.13	副高级　53
学校地址　太原市双塔南路34号	固定资产总值(万元)　5202	中级　53
邮政编码　030006	教学、科研仪器设备资产值(万元)　1115.95	初级　34
办公电话　0351-2677940		未定职级　6

专科专业　法律事务、行政执行、计算机网络技术、计算机应用技术、社区矫正、司法警务、刑事执行

院系设置

监所管理系、应用法律系、信息工程系

学校设立奖学金情况

学校设立奖学金4项。奖励总金额190余万,奖学金最高8000元/年,最低金额1000元/年。

学校历史沿革

我院建于1964年9月原名为"山西省省公安技校"、1980年9月更名为"山西省公安技校"、1983年7月和1986年3月先后更名为"山西省劳改工作学校"、"山西省劳改警察学校"、1995年6月改为"山西省第二人民警察学校"。2004年10月学院升级为山西警官职业学院。

山西国际商务职业学院

学校(机构)标识码　4114013694	业学校	学校举办者　812 省级其他部门
学校办学类型　415:专科院校:高等职	学校性质类别　08 财经院校	学校地址　山西国际商务职业学院

邮政编码 030031	校舍建筑面积(平方米) 33336	其中:普通专科 2075
办公电话 0351-5691389	图书(万册) 15.8	专任教师(人) 117
传真电话 0351-5691507	固定资产总值(万元) 3120.91	其中:副高级 22
校园(局域)网域名 www.sxibs.com	教学、科研仪器设备资产值(万元)	中级 18
电子信箱 5691389@163.com	953.45	初级 77
占地面积(平方米) 70000	在校生数(人) 2075	

专科专业 报关与国际货运、广告设计与制作、国际贸易实务、国际商务、会计、计算机应用技术、连锁经营管理、拍卖与典当管理、烹饪工艺与营养、商务管理、商务英语、涉外事务管理、市场开发与营销、图形图像制作、物流管理

院系设置
国际贸易经济系、工商管理系、信息系、外语系、公共课教学部

学校设立奖学金情况
学校设立奖学金三项,奖励总金额140.7万元。奖学金最高金额8000元/年,最低金额3000元/年。

学校历史沿革
前身山西省对外经济贸易职工中专,始建于1985年,隶属于山西省商务厅(原山西省外经贸厅),2000年6月26日,挂牌成立山西省国际商务学校,2004年6月30日,挂牌成立山西省国际商务职业学院。

潞安职业技术学院

学校(机构)标识码 4114013695	传真电话 0355-5922679	1461.5
学校办学类型 415:专科院校:高等职业学校	校园(局域)网域名 sxlazyjsxy.cen114.com	在校生数(人) 2746
学校性质类别 02 理工院校	电子信箱 lazyjsxy@126.com	其中:普通专科 1556
学校举办者 891 地方企业	占地面积(平方米) 198647	成人专科 1190
学校地址 山西省长治市襄垣县侯堡镇	校舍建筑面积(平方米) 106286	专任教师(人) 199
邮政编码 046204	图书(万册) 13.6	其中:副高级 38
办公电话 0355-5921879	固定资产总值(万元) 4837.38	中级 55
	教学、科研仪器设备资产值(万元)	初级 76
		未定职级 30

专科专业 发电厂及电力系统、工商企业管理、焊接技术及自动化、会计电算化、机电一体化技术、矿井通风与安全、矿山地质、矿山机电、矿物加工技术、煤矿开采技术、汽车检测与维修技术、应用化工技术

学校设立奖学金情况
学校设立奖学金2项,奖励总金额9万余元,奖学金最高金额1200元/年最低金额500元/年。

主要校办产业
煤矸石生物肥料

学校历史沿革
1958年7月10日 潞安煤矿筹备处决定成立"潞安煤矿技工学校";1959年4月3日 潞安煤矿中等技术学校与技工学校合并,成立潞安矿务局职工大学;1975年1月23日,成立潞安矿务局"七二一"工人大学;1980年10月,经山西省人民政府第36次常务会议比准,正式成立潞安矿务局职工大学;1985年9月13日,矿务局安全教育培训中心、职工中专、山西矿院函授站同职工大学合并;1986年3月30日矿务局党校也与职工大学合并;1991年,成立山西煤炭联大潞安分校(由阳泉、汾西、西山、潞安联合组成);2004年3月,晋政函【2004】30号批复省教育厅《关于成立潞安职业技术学院的请示》同意成立潞安职业技术学院,属专科层次高等职业技术学院。

太原旅游职业学院

学校(机构)标识码 4114013696	学校举办者 822 地级其他部门	传真电话 0351-7693799
学校办学类型 415:专科院校:高等职业学校	学校地址 太原市经济技术开发区	校园(局域)网域名 www.tylyzyxy.com
	邮政编码 030032	电子信箱 tlyb2008@126.com
学校性质类别 07 语文院校	办公电话 0351-7693839	占地面积(平方米) 13401

校舍建筑面积(平方米) 24588
图书(万册) 33.11
固定资产总值(万元) 13043.51
教学、科研仪器设备资产值(万元) 2635.08
在校生数(人) 4074
其中:普通专科 4074
专任教师(人) 283
其中:副高级 55
中级 119
初级 79
未定职级 30

专科专业 餐饮管理与服务、导游、导游(西班牙语方向)、广告设计与制作、会计(旅游方向)、会展策划与管理、景区开发与管理、酒店管理、空中乘务、旅行社经营管理、旅游管理、旅游日语、旅游英语、烹饪工艺与营养、物流管理、音乐表演(航空服务方向)、营销与策划、应用德语、应用俄语、应用法语、应用韩语

院系设置
旅行社管理系、旅游规划系、饭店管理系、现代信息技术系、旅游艺术系、外语系、基础部、中专部

定期公开出版的专业刊物 《旅游教育与研究》

学校设立奖学金情况
学校设立奖学金8项,奖励总金额20余万元/年,奖学金最高金额1200元/年,最低金额100元/年。

主要校办产业
太原育英旅游服务中心、榆次后沟景区旅游教学实训基地(委托经营管理)。

学校历史沿革
1985年建校为太原二十八中,是一所普通中学,1990年由职业高中转为职业中专学校,1998年与太原一中合并成为普通中专学校,2000年与北二外联合办学成立北二外太原旅游职业学校高职部,2004年5月经山西省政府批准(批准文号为晋政函[2004]74号)国家教育部备案升格为太原旅游职业学院。

山西旅游职业学院

学校(机构)标识码 4114013697
学校办学类型 415:专科院校:高等职业学校
学校性质类别 07 语文院校
学校举办者 812 省级其他部门
学校地址 山西省太原市许坦东街29号
邮政编码 030031
办公电话 0351-2393628
传真电话 0351-7978511
校园(局域)网域名 www.sxtvj.edu.cn
电子信箱 lyxybgs@163.com
占地面积(平方米) 121842
校舍建筑面积(平方米) 91949
图书(万册) 39
固定资产总值(万元) 13147.26
教学、科研仪器设备资产值(万元) 2985.8
在校生数(人) 5821
其中:普通专科 5704
成人专科 117
专任教师(人) 248
其中:正高级 3
副高级 60
中级 81
初级 104

专科专业 宝玉石鉴定与营销、表演艺术、导游、电子商务、工程造价、广告设计与制作、国际经济与贸易、航空服务、会计电算化、计算机应用技术、景区开发与管理、酒店管理、旅游管理、旅游日语、旅游英语、烹饪工艺与营养、商务管理、涉外旅游、文物鉴定与修复、物业管理、营销与策划、应用韩语、珠宝首饰工艺及鉴定、装饰艺术设计

院系设置
学院共设8个系(院),旅游管理系、旅游外语系、酒店管理系、旅游文化与艺术系、国际经济与贸易系、经济管理系、计算机科学系、成人教育学院

学校设立奖学金情况
学校设立奖学金一项,总金额为66.57万元。奖学金最高金额500元/年,最低金额150元/年。

学校历史沿革
2004年经省委省政府批准教育部备案,升格转制成立山西旅游职业学院。

山西管理职业学院

学校(机构)标识码 4114013698
学校办学类型 415:专科院校:高等职业学校
学校性质类别 08 财经院校
学校举办者 812 省级其他部门
学校地址 山西省临汾市尧都区滨河西路北段
邮政编码 041051
办公电话 0357-3102215
传真电话 0357-3102145
校园(局域)网域名 www.sxglzyxy.com.cn
电子信箱 glzyxy@126.com
占地面积(平方米) 191379
校舍建筑面积(平方米) 52048
图书(万册) 24.34
固定资产总值(万元) 3733.12
教学、科研仪器设备资产值(万元) 904.47
在校生数(人) 2991
其中:普通专科 2991

专任教师(人) 140	中级 48	未定职级 22
其中:副高级 30	初级 40	

专科专业　财务管理、导游、会计、计算机应用技术、劳动与社会保障、人力资源管理、商务英语、市场营销、图文信息技术、文秘、物流管理、资产评估与管理

院系设置
商贸系、信息管理系、公共管理系、基础部、思政部

学校设立奖学金情况
学校设立奖学金三项,奖励总金额10余万元,奖学金最高金额1000元/年,最低金额300元/年。

学校历史沿革
学院前身是山西行政管理学校,成立于1986年,2003年11月经山西省政府批准由中专学校升为高等职业学院——山西管理职业学院。

山西电力职业技术学院

学校(机构)标识码　4114013745	传真电话　0351-4261963	在校生数(人) 5708
学校办学类型　415:专科院校:高等职业学校	校园(局域)网域名　www.dlxy.sx.sgcc.com.cn	其中:普通专科 5708
学校性质类别　02 理工院校	电子信箱　tyliuxch@163.com	专任教师(人) 369
学校举办者　812 省级其他部门	占地面积(平方米) 113339	其中:副高级 120
学校地址　山西省太原市晋祠路三段160号	校舍建筑面积(平方米) 179195	中级 154
邮政编码　030021	图书(万册) 23.96	初级 70
办公电话　0351-4261961	固定资产总值(万元) 14218.03	未定职级 25
	教学、科研仪器设备资产值(万元) 5064.59	

专科专业　电厂化学、电厂热能动力装置、电力系统继电保护与自动化、电子仪器仪表与维修、发电厂及电力系统、高压输配电线路施工运行与维护、工程监理、工程造价、供用电技术、环境监测与治理技术、火电厂集控运行、计算机信息管理、计算机应用技术、检测技术及应用、建筑工程技术、经济信息管理、农村电气化技术、市场营销、网络系统管理、新能源应用技术、信息安全技术

院系设置
电力工程系、动力工程系、计算机信息工程系、建筑工程系、企业管理系

学校设立奖学金情况
学校设立奖学金8项,奖励总金额63.83余万元。奖学金最高金额820元/年,最低金额100元/年。

学校历史沿革
太原电力工人技工学校(1955-1958);太原电力中等技术学校(1958-1960);山西电力工业专科学校(1960-1964);太原电力技工学校(1964-1972);山西省电力学校(1972-1984);太原电力学校(1984-2004);山西电力职业技术学院(2004-今)。

忻州职业技术学院

学校(机构)标识码　4114013821	传真电话　0350-3159516	在校生数(人) 4597
学校办学类型　415:专科院校:高等职业学校	校园(局域)网域名　忻州职教网	其中:普通专科 4597
学校性质类别　01 综合大学	电子信箱　xzvtc@126.com	专任教师(人) 337
学校举办者　822 地级其他部门	占地面积(平方米) 323682	其中:正高级 1
学校地址　忻州市经济技术开发区学院路1号	校舍建筑面积(平方米) 182259	副高级 70
邮政编码　034000	图书(万册) 33.4	中级 78
办公电话　0350-3159009	固定资产总值(万元) 19888.57	初级 36
	教学、科研仪器设备资产值(万元) 2127.27	未定职级 152

专科专业　财务管理、电脑艺术设计、护理、会计、机电设备维修与管理、机械设计与制造、计算机多媒体技术、计算机应用

技术、旅游管理、汽车检测与维修技术、舞蹈表演、医学检验技术、医学影像技术、艺术设计、音乐表演、助产

院系设置

护理系、医学系、应用美术系、机电系、计算机系、财经系、艺术系、管理系、基础部

定期公开出版的专业刊物 《忻州职业技术学院简报》、《忻州职业技术学院报》、《忻州职业技术学院论坛》、《浅草》

学校设立奖学金情况

学校设立奖学金四项，奖励总金额232.3万元。奖学金最高金额8000元/年，最低金额3000元/年。

主要校办产业

学院附属医院

学校历史沿革

忻州职业技术学院于2004年6月26日经省人民政府晋教函[2004]78号文件批准成立，是整合山西省忻州商业学校、忻州市卫生学校、忻州市农业机械化学校、忻州市艺术学校四所中专学校组建的忻州市唯一一所高等职业院校，属全额事业副厅级单位。

山西同文职业技术学院

学校(机构)标识码 4114013862	传真电话 0354-3558999	在校生数(人) 1952
学校办学类型 415:专科院校:高等职业学校	校园(局域)网域名 www.sxtwedu.com	其中:普通专科 1952
	电子信箱 sxtwyb@126.com	专任教师(人) 116
学校性质类别 07 语文院校	占地面积(平方米) 190748	其中:正高级 10
学校举办者 999 民办	校舍建筑面积(平方米) 37915	副高级 14
学校地址 山西省介休市北坛西路239号	图书(万册) 18.35	中级 11
邮政编码 032000	固定资产总值(万元) 6959.33	初级 33
办公电话 0354-5584128	教学、科研仪器设备资产值(万元) 822.03	未定职级 48

专科专业 电子仪器仪表与维修、汉语(涉外方向)、护理(涉外方向)、酒店管理、商务英语、文秘(涉外方向)、应用韩语、应用化工技术(煤化工方向)、应用日语、应用英语、助产

院系设置

护理系、外语系、旅游管理系、化工技术系

学校历史沿革

山西同文职业技术学院(原山西同文外语职业学院)于2004年5月经山西省人民政府以晋政函(2004)75号文件批准建立，报国家教育部以教发(2004)27号文件正式备案，2005年秋季学院开始纳入国家招生计划正式招生，学院设有四个系，开设12个专业。近年来，由于学院教学条件不断改善，所设专业适应社会需求，招生计划和招生规模逐年增加。2010年6月，山西省教育厅组织高职院校人才培养评估专家对学院的人才培养工作进行了首轮评估，并获得好评。

晋中职业技术学院

学校(机构)标识码 4114013913	传真电话 0354-2661839	3622
学校办学类型 415:专科院校:高等职业学校	校园(局域)网域名 www.jzzy.sx.cn	在校生数(人) 8621
	电子信箱 jzzy.bgs@163.com	其中:普通专科 8621
学校性质类别 01 综合大学	占地面积(平方米) 379982	专任教师(人) 417
学校举办者 822 地级其他部门	校舍建筑面积(平方米) 172945	其中:副高级 71
学校地址 晋中市榆次区蕴华街229号	图书(万册) 40.42	中级 101
邮政编码 030600	固定资产总值(万元) 21355	初级 182
办公电话 0354-2661839	教学、科研仪器设备资产值(万元)	未定职级 63

专科专业 安全技术管理、财务管理、餐饮管理与服务、畜牧兽医、电子商务、工程测量技术、工商企业管理、会计电算化、机电一体化技术、机械制造与自动化、计算机系统维护、景区开发与管理、矿山机电、旅游管理、煤矿开采技术、煤炭深加工与利用、汽车技术服务与营销、汽车检测与维修技术、生物制药技术、食品生物技术、食品营养与检测、数控设备应用与维护、图文信息技术、图形图像制作、物流管理、园林工程技术、园艺技术

院系设置

机电工程系、信息技术系、煤炭化工系、生物技术系、经贸旅游系

学校设立奖学金情况

学校设立奖学金2项,奖励总金额30余万元。奖学金最高金额3000元/年,最低金额500元/年。

学校历史沿革

晋中职业技术学院于2004年12月经山西省人民政府晋函(2004)201号批准成立,晋中职业技术学院由原晋中财贸学校、晋中农业学校、晋中煤矿职工中专、晋中供销学校合并组建而成。学院主要承担高等职业教育和培训任务。

山西华澳商贸职业学院

学校(机构)标识码	4114013914
学校办学类型	415:专科院校:高等职业学校
学校性质类别	08 财经院校
学校举办者	999 民办
学校地址	山西省太原教育园区东外环8号路15号
邮政编码	030031
办公电话	0351-3624900
传真电话	0354-2784006
校园(局域)网域名	www.huaao.sx.cn
电子信箱	jwc3283391@126.com
图书(万册)	10.46
固定资产总值(万元)	1806.2
教学、科研仪器设备资产值(万元)	766.2
在校生数(人)	512
其中:普通专科	512
专任教师(人)	54
其中:副高级	8
中级	3
初级	40
未定职级	3

专科专业 电脑艺术设计、电子商务、国际贸易实务、会计、计算机应用技术、酒店管理、人物形象设计、商务英语、涉外旅游、网络系统管理、物流管理、应用韩语

院系设置

会计理财系、外语系、计算机科学系、国际商务系、旅游系

学校设立奖学金情况

学院设立奖学金3项(优秀学生奖学金,新生入学奖学金,学生单项奖学金),奖励总金额9.71万元;

新生入学奖学金最高金额10000元/年,最低金额2000元/年;

优秀学生奖学金最高金额1000元/年,最低金额400元/年。

学校历史沿革

我院位于山西太原教育园区东外环8号路15号,是2005年由省政府批准成立的民办高等职业院校。

山西运城农业职业技术学院

学校(机构)标识码	4114013934
学校办学类型	415:专科院校:高等职业学校
学校性质类别	03 农业院校
学校举办者	822 地级其他部门
学校地址	山西运城农业职业技术学院
邮政编码	044000
办公电话	0359-2023458
传真电话	0359-2084809
校园(局域)网域名	www.sycnxy.com
电子信箱	ycnxy@163.com
占地面积(平方米)	677322
校舍建筑面积(平方米)	52564
图书(万册)	13.89
固定资产总值(万元)	3000.9
教学、科研仪器设备资产值(万元)	1020
在校生数(人)	1911
其中:普通专科	1911
专任教师(人)	127
其中:副高级	32
中级	33
初级	34
未定职级	28

专科专业 畜牧兽医、会计电算化、计算机应用技术、计算机硬件与外设、旅游管理、农业经济管理、食品营养与检测、市场营销、园林技术、园艺技术

院系设置

三系一部:农林与工程系、经贸管理系、信息技术系、基础部

学校设立奖学金情况

国家奖学金8000元/年,3人。励志奖学金5000元/年,65人。秋季助学金1500元/年,475人。

学校历史沿革

山西运城农业职业技术学院(山西农大运城农学院)前身是运城农校,成立于是1951年,1978年为山西劳动大学运城农学院,1998年与山西省运城高等专科学校联合举办运城高专农校大专班,2001年与山西农业大学联合办学,成立山西农大运城农学院,2004年10月正式升格为山西运城农业职业技术学院。

运城幼儿师范高等专科学校

学校(机构)标识码 4114014093	传真电话 0359-2550600	2422.4
学校办学类型 414:专科院校:高等专科学校	校园(局域)网域名 www.sxycys.com	在校生数(人) 4932
	电子信箱 ycyzxb@163.com	其中:普通专科 4932
学校性质类别 06 师范院校	占地面积(平方米) 359996	专任教师(人) 337
学校举办者 822 地级其他部门	校舍建筑面积(平方米) 168146	其中:副高级 68
学校地址 山西省运城市空港南区华雄南路	图书(万册) 48.45	中级 67
邮政编码 044000	固定资产总值(万元) 18724.4	初级 69
办公电话 0359-2550600	教学、科研仪器设备资产值(万元)	未定职级 133

专科专业 美术教育、体育教育、舞蹈表演、学前教育、艺术设计、音乐教育、音乐教育(舞蹈方向)、英语教育、语文教育、早期教育、主持与播音

院系设置
语言文学系、学前教育系、艺术系、美术系、基础教育部

国家级、省部级研究机构设置
研究中心(所):幼教科研中心

学校设立奖学金情况
学校设立奖学金 3 项,奖励总金额 283.2 余万元。奖学金最高金额 8000 元/年,最低金额 2000 元/年

学校历史沿革
运城幼儿师范高等专科学校的前身是运城市幼儿师范学校是山西省最早创办的一所公立幼儿师范学校。2007 年 3 月经国家教育部发函 2007(30)号文件批准学校升格为高等专科学校。这是以运城幼儿师范学校为基础独立设置的全省唯一一所培养学前教育师资的高等学府。

太原工业学院

学校(机构)标识码 4114014101	电子信箱 chinatit@163.com	普通专科 2196
学校办学类型 412:本科院校:学院	占地面积(平方米) 352553	成人本科 1168
学校性质类别 02 理工院校	校舍建筑面积(平方米) 213331	成人专科 2935
学校举办者 811 省级教育部门	图书(万册) 57.7	专任教师(人) 499
学校地址 太原市迎新街北一巷 2 号	固定资产总值(万元) 37633.17	其中:正高级 28
邮政编码 030008	教学、科研仪器设备资产值(万元) 9864.39	副高级 126
办公电话 0351-3566011		中级 215
传真电话 0351-3566100	在校生数(人) 16206	初级 130
校园(局域)网域名 www.tit.edu.cn	其中:普通本科 9907	

本科专业 安全工程、材料成型及控制工程、测控技术与仪器、电气工程及其自动化、电子信息工程、法学、高分子材料与工程、工商管理、工业设计、国际经济与贸易、化学工程与工艺、环境工程、机械电子工程、机械设计制造及其自动化、计算机科学与技术、经济学、软件工程、生物工程、市场营销、通信工程、网络工程、无机非金属材料工程、信息管理与信息系统、信息与计算科学、艺术设计、英语、应用化学、制药工程、自动化

专科专业 会计、机械制造与自动化、应用电子技术

院系设置
学校现设有 12 个系:机械工程系、电子工程系、自动化系、化学与化工系、计算机工程系、环境与安全工程系、材料工程系、理学系、管理工程系、外语系、设计艺术系、经济与法学系。3 个教学部:思想政治理论教学研究部、体育与素质拓展部、继续教育部。

学校设立奖学金情况
学校设立奖学金 4 项,奖励总金额 100 余万元,奖学金最高金额 1500 元/年,最低金额 200 元/年。

学校历史沿革
太原工业学院是"一五"时期为适应国防工业建设的需要而兴建的兵工院校。1954 年建校时校名为"华北第五工业学校",隶属于第二机械工业部。1955 年 9 月,更名为"太原第二工业学校",隶属于第二机械工业部。1956 年 4 月,更名为"太原第一化学工业学校",隶属于第二机械工业部。1958 年 10 月,升格为"太原化学工业学院",隶属第一机械工业部,1959 年 5 月,恢复

为"太原第一化学工业学校"。1960年5月,学校划归太原机械学院,成为"太原机械学院中专二部"。1961年7月又恢复为"太原第一化学工业学校"。1972年6月更名为"太原工业学校",期间先后隶属于第五机械工业部、兵器工业部、国家机械工业委员会、机械电子工业部。1988年6月,由国家机械委员会提出将该校改办为高等专科学校,更名为:太原机械学院专科部,挂在同属机械委的太原机械学院名下。1992年,兵器工业总公司发文将学校更名为"太原机械学院专科学校"。1993年,更名为"华北工业学院专科学校",隶属兵器工业部。1998年,更名为"华北工学院分院",由山西省和国防科工委共建。教育部批准,以"华北工学院分校"校名进行招生。2005年4月,华北工学院更名为:中北大学后,又更名为"中北大学分校"2007年3月,由教育部批准,正式更名为"太原工业学院",为普通全日制本科高等院校。

山西老区职业技术学院

学校(机构)标识码　4114014105
学校办学类型　415:专科院校:高等职业学校
学校性质类别　01 综合大学
学校举办者　999 民办
学校地址　太原市和平北路小东流
邮政编码　030027
办公电话　0351-2800554
传真电话　0351-6655967

校园(局域)网域名　www.sxlqzy.cn
电子信箱　lqzy14105@163.com
占地面积(平方米)　18490
校舍建筑面积(平方米)　51120
图书(万册)　17.34
固定资产总值(万元)　4443.27
教学、科研仪器设备资产值(万元)　904.01

在校生数(人)　2701
其中:普通专科　2701
专任教师(人)　178
其中:正高级　7
副高级　34
中级　41
初级　48
未定职级　48

专科专业　导游、护理、酒店管理、市场营销、眼视光技术、医疗美容技术、助产
院系设置
护理系、医疗技术系、经济管理系
学校设立奖学金情况
学院设立"书贤奖学金",本学年奖励总额49.85万元,其中:一等奖学金16人,每人4000元,二等奖学金43人,每人2500元,三等奖学金146人,每人1500元。
学校历史沿革
我院是2004年经山西省人民政府批准在山西老区医学院(非学历教育)的基础上筹建,2006年批准正式建校,2007年秋季开始招生的高职院校,接受山西省教育厅的业务领导,并在民政厅注册"民办非企业组织"。

山西经贸职业学院

学校(机构)标识码　4114014177
学校办学类型　415:专科院校:高等职业学校
学校性质类别　08 财经院校
学校举办者　812 省级其他部门
学校地址　山西省太原市南内环西街1号
邮政编码　030024
办公电话　0351-6338716

传真电话　0351-6337714
校园(局域)网域名　www.sxieb.com
电子信箱　sxjm@sxieb.com
占地面积(平方米)　313670
校舍建筑面积(平方米)　192749
图书(万册)　36.94
固定资产总值(万元)　9881.5
教学、科研仪器设备资产值(万元)　2273

在校生数(人)　4744
其中:普通专科　4557
成人专科　187
专任教师(人)　254
其中:正高级　7
副高级　75
中级　112
初级　51
未定职级　9

专科专业　财务管理、财务管理(电子理财)、电脑艺术设计、法律事务、工商企业管理、行政管理、会计(注册会计师)、会计电算化、会展策划与管理、计算机网络技术、建筑工程管理、建筑工程管理(造价方向)、酒店管理、旅游管理、人力资源管理、软件技术、市场营销、室内设计技术、数控设备应用与维护
院系设置
管理工程系、财务会计系、旅游管理系、艺术设计系、信息工程系、机械工程系、电子工程系、建筑工程系、公共管理系、基础部、思想政治理论教学研究部、技师部
定期公开出版的专业刊物　《山西经济管理干部学院学报》
学校设立奖学金情况
学校设立奖学金两项,奖励总金额48.7余万元。奖学金最高金额8000元/生,最低金额5000元/生。

学校历史沿革

山西经济管理干部学院成立于一九八四年六月,是经山西省政府批准,由国家教育行政主管部门备案的一所高等院校。改建为厅(局)级,隶属省经济和信息化委员会领导,省教育厅给予业务指导。二〇〇八年一月经山西省政府批准,国家教育部备案,改建为山西经贸职业学院。

朔州职业技术学院

		1891
学校(机构)标识码 4114014186	传真电话 0349－6660001	在校生数(人) 2557
学校办学类型 415:专科院校:高等职业学校	校园(局域)网域名 www.szvtc.com	其中:普通专科 2557
	电子信箱 szvtcdm@163.com	专任教师(人) 131
学校性质类别 01 综合大学	占地面积(平方米) 380000	其中:副高级 25
学校举办者 822 地级其他部门	校舍建筑面积(平方米) 106242	中级 51
学校地址 朔州市张辽路	图书(万册) 13.6	初级 11
邮政编码 036002	固定资产总值(万元) 19704	未定职级 44
办公电话 0349－6660001	教学、科研仪器设备资产值(万元)	

专科专业 畜牧、导游、发电厂及电力系统、供用电技术、固体矿床露天开采技术、会计与审计、机电一体化技术、酒店管理、矿井建设、矿井通风与安全、矿山机电、煤矿开采技术、生物技术及应用、兽医、作物生产技术

院系设置

能源与资源工程系、社会管理工程系、生物工程系、基础学科部

学校设立奖学金情况

3项,10万,最高奖学金8000元,最低奖学金3000元。

学校历史沿革

2007年4月28日山西省人民政府批准新建朔州职业技术学院。

运城职业技术学院

		3571
学校(机构)标识码 4114014226	传真电话 0359－2439999	在校生数(人) 4175
学校办学类型 415:专科院校:高等职业学校	校园(局域)网域名 www.ycptu.edu.cn	其中:普通专科 4175
	电子信箱 yczyjsxybgs@126.com	专任教师(人) 219
学校性质类别 02 理工院校	占地面积(平方米) 347524	其中:正高级 17
学校举办者 999 民办	校舍建筑面积(平方米) 170019	副高级 27
学校地址 山西省运城市盐湖区学苑北路	图书(万册) 22	中级 17
邮政编码 044000	固定资产总值(万元) 18722	初级 58
办公电话 1873－5977838	教学、科研仪器设备资产值(万元)	未定职级 100

专科专业 包装技术与设计、电气自动化技术、会计与统计核算、机械制造与自动化、计算机控制技术、计算机网络技术、建筑工程管理、建筑工程技术、矿井通风与安全、矿山机电、绿色食品生产与检测、绿色食品生产与经营、煤矿开采技术、民政管理、模具设计与制造、汽车电子技术、汽车技术服务与营销、汽车检测与维修技术、汽车制造与装配技术、食品加工技术、市场开发与营销、数控技术、通信技术、物流管理、移动通信技术、印刷技术、印刷图文信息处理

院系设置

矿山工程系、电子信息工程系、机电工程系、经济管理系、有机食品工程系、印刷工程系、汽车工程系

学校历史沿革

运城职业技术学院是由市政府、运城经济开发区吸引社会民间资本投资教育建设的,2006年筹备,2007年开始建校,2008年经省政府批准,国家教育部备案的一所大专层次的国家统招高校,2009年大专招生。该项目被原国家建设部、科技部确定为全国十二个"十一五"国家科技重点支撑项目之一,山西仅此一家,也是目前山西省民间资本投资高职教育事业的最大项目。

山西轻工职业技术学院

学校(机构)标识码 4114014247	传真电话 0351-4670001	在校生数(人) 3140
学校办学类型 415:专科院校:高等职业学校	校园(局域)网域名 www.sxqgzy.cn	其中:普通专科 3140
	电子信箱 bgsysq@163.com	专任教师(人) 154
学校性质类别 02 理工院校	占地面积(平方米) 57554	其中:正高级 2
学校举办者 811 省级教育部门	校舍建筑面积(平方米) 37613	副高级 46
学校地址 山西省太原市马道坡街57号	图书(万册) 13.59	中级 52
	固定资产总值(万元) 3045.27	初级 29
邮政编码 030013	教学、科研仪器设备资产值(万元) 1240.25	未定职级 25
办公电话 0351-4670803		

专科专业 材料工程技术、多媒体设计与制作、机电一体化技术、计算机网络技术、连锁经营管理、煤化工生产技术、食品生物技术、食品营养与检测、市场开发与营销、视觉传达艺术设计、印刷图文信息处理、应用电子技术、应用化工技术、装饰艺术设计

院系设置
轻工工程系、化工工程系、机电工程系、信息工程系、工商管理系、艺术设计系

学校设立奖学金情况
学校设立奖学金一项,奖励总金额6余万元。奖学金最高金额800元/年,最低金额200元/年。

学校历史沿革
山西轻工职业技术学院位于太原市杏花岭区,是直属教育厅主管的专科层次的高等职业学院。学院的前身是山西省轻工业学校,始建于1958年,原址在太原市西羊市街。1961年山西省轻工业学校和山西省纺织学校合并,校址前往榆次北郊。1978年山西省轻工厅分为轻工和纺织两个厅,学校也一分为二为轻工和纺织两个学校。经省政府批准,山西省轻工业学校迁址太原市剪子湾东口,并与1980年8月重新建校,1998年被省政府命名为"省部级重点中专"。2003年2月,经省政府批准,我校与其他五所中专合并成立"山西综合职业技术学院"。我院以"山西综合职业技术学院轻工分院"独立运行。2009年2月,省政府批准,4月省教育厅正式下文同意成立"山西轻工职业技术学院",成为一所独立设置的高等职业技术学院。

晋中师范高等专科学校

学校(机构)标识码 4114014270	办公电话 0354-3127015	2601.58
学校办学类型 414:专科院校:高等专科学校	传真电话 0354-3127015	在校生数(人) 4807
	校园(局域)网域名 www.sxjzsf.cn	其中:普通专科 4807
学校性质类别 06 师范院校	占地面积(平方米) 278667	专任教师(人) 322
学校举办者 822 地级其他部门	校舍建筑面积(平方米) 147092	其中:副高级 72
学校地址 山西省晋中市榆次区纬一街99号	图书(万册) 31.02	中级 83
	固定资产总值(万元) 34513	初级 132
邮政编码 030600	教学、科研仪器设备资产值(万元)	未定职级 35

专科专业 初等教育、化学教育、历史教育、美术教育、数学教育、思想政治教育、体育教育、现代教育技术、学前教育、音乐教育、英语教育、语文教育、装饰艺术设计

院系设置
中文系、数学系、外语系、现代信息技术系、体育系、美术系、音乐系、政史系、教育系、自然科学系、幼师部

学校历史沿革
晋中师范高等专科学校是2003年11月、2004年2月经晋中人民政府和山西省教育厅批准,由1949年成立的太谷师范和1985年成立的太行师范两校在2007年10月正式合并组建,学校迁至榆次办学,结束了三地办学的历史。2010年3月,经国家教育部评估验收,升格为独立办学的专科学校。

阳泉师范高等专科学校

学校(机构)标识码　4114014271
学校办学类型　414:专科院校:高等专科学校
学校性质类别　06 师范院校
学校举办者　822 地级其他部门
学校地址　山西省阳泉市平定县上城街59号
邮政编码　045200
办公电话　0353-6160115

传真电话　0353-6160071
校园(局域)网域名　www.sxyqsz.cn
电子信箱　pdsflj@126.com
占地面积(平方米)　179534
校舍建筑面积(平方米)　99294
图书(万册)　21.76
固定资产总值(万元)　5961.5
教学、科研仪器设备资产值(万元)　1179

在校生数(人)　1297
其中:普通专科　1297
专任教师(人)　213
其中:正高级　1
　　　副高级　71
　　　中级　59
　　　初级　82

专科专业　美术教育、数学教育、特殊教育、体育教育、现代教育技术、学前教育、音乐教育、英语教育、语文教育
院系设置
学校设置7个系、部。中文系、外语系、数学系、艺体系、计算机系、特教幼教系
定期公开出版的专业刊物　《阳泉师专教育教学研究》

学校历史沿革
阳泉师范高等专科学校成立于2010年3月,由山西省平定师范学校和阳泉市教育学院合并组建而成。学校系专科层次的普通高等学校,主要任务是培养培训专科层次的小学教师和小学特殊教育教师。

山西青年职业学院

学校(机构)标识码　4114014336
学校办学类型　415:专科院校:高等职业学校
学校性质类别　01 综合大学
学校举办者　812 省级其他部门
学校地址　太原市经济技术开发区教育园区
邮政编码　030032
办公电话　0351-4720856

传真电话　0351-2023101
校园(局域)网域名　www.sxqzy.cn
电子信箱　qgy_bgs@163.com
占地面积(平方米)　200000
校舍建筑面积(平方米)　83669
图书(万册)　16
固定资产总值(万元)　4540
教学、科研仪器设备资产值(万元)　1218.4

在校生数(人)　2566
其中:普通专科　2272
　　　成人专科　294
专任教师(人)　126
其中:正高级　10
　　　副高级　36
　　　中级　40
　　　初级　28
　　　未定职级　12

专科专业　电脑艺术设计、电子商务、服装设计、环境艺术设计、会计电算化、计算机多媒体技术、计算机网络技术、计算机信息管理、酒店管理、连锁经营管理、旅游管理、软件技术、社区管理与服务、文秘、物流管理、心理咨询、应用德语、应用英语、资产评估与管理
院系设置
社会工作系、经济管理系、应用艺术系、计算机系、应用外语系
国家级、省部级研究机构设置
研究中心:山西青少年研究所
定期公开出版的专业刊物　《山西青年管理干部学院学报》、《当代青少年研究》

学校设立奖学金情况
学校设立奖学金2项,奖励总金额37余万元,奖学金最高金额8000元/年,最低金额5000元/年。
学校历史沿革
山西青年管理干部学院是在山西省团校的基础上,经原国家教委和山西省人民政府批准成立的一所高等院校。1950年2月22日中共山西省委决定,以省委党校青年干部培训班为基础,建立共青团山西省团校。1978年7月2日中共山西省委决定恢复共青团山西省团校 1994年经国家教委和山西省政府批准建立山西青年管理干部学院 2000年,经省教育厅批准,开始从应届中专生和高中毕业生中招高职生。2011年经山西省政府批准、教育部备案改建为山西青年职业学院。

内蒙古大学

学校(机构)标识码 4115010126	占地面积(平方米) 3587090	成人专科 678
学校办学类型 411:本科院校:大学	校舍建筑面积(平方米) 986681	博士研究生 410
学校性质类别 01 综合大学	图书(万册) 238.13	硕士研究生 4053
学校举办者 811 省级教育部门	固定资产总值(万元) 166648.26	留学生 626
学校地址 内蒙古自治区呼和浩特市赛罕区大学西街 235 号	教学、科研仪器设备资产值(万元) 37258.53	专任教师(人) 1658 其中:正高级 280
邮政编码 010021	在校生数(人) 29122	副高级 436
办公电话 0471-4994464	其中:普通本科 18694	中级 652
传真电话 0471-4994464	普通专科 2710	初级 220
校园(局域)网域名 www.imu.edu.cn	成人本科 1951	未定职级 70
电子信箱 xxdck@imu.edu.cn		

本科专业 编辑出版学、编辑出版学(蒙语授课)、表演(二人台表演)、表演(服装设计与表演)、表演(国标舞)、表演(舞蹈表演)、表演(舞蹈表演与教育)、表演(影视表演)、播音与主持艺术、播音与主持艺术(蒙语授课)、材料化学、财务管理、电子科学与技术、电子商务、电子信息科学与技术、雕塑、动画、动画(漫画)、对外汉语、俄语、法学、法学(蒙语授课)、工商管理类、公共事业管理、管理科学、管理科学与工程类、国际经济与贸易、汉语言文学、汉语言文学(基地)、行政管理、化学(基地)、化学工程与工艺、环境工程、环境科学、会计学、绘画(版画)、绘画(国画)、绘画(水彩)、绘画(油画)、机械工程及自动化、计算机科学与技术、计算机科学与技术(软件方向)、交通运输、金融学、经济学、劳动与社会保障、历史学、历史学(蒙语授课)、历史学(文史哲基地)、旅游管理、旅游管理(蒙语授课)、美术学、蒙古语言文学(基地)、蒙古语言文学(文理综合班)、蒙古语言文学(新蒙文)、民族学、人力资源管理、日语、日语(蒙语授课)、社会工作、社会工作(蒙语授课)、社会学、生态学、生物工程、生物技术、生物技术(基地)、生物科学、生物学基地、食品科学与工程、市场营销、数理学基地(数学)、数理学基地(物理)、数学与应用数学、通信工程、土木工程、文化产业管理、舞蹈编导、舞蹈编导(舞蹈教育)、新闻学、新闻学(蒙语授课)、信息管理与信息系统、信息与计算科学、艺术类、艺术设计、艺术设计(多媒体艺术)、艺术设计(服装设计)、艺术设计(工业品造型)、艺术设计(广告艺术)、艺术设计(环境艺术)、艺术设计(数字媒体)、艺术设计(舞台美术)、艺术设计(装饰艺术)、艺术设计学、音乐表演(钢琴)、音乐表演(管乐)、音乐表演(呼麦)、音乐表演(键盘)、音乐表演(马头琴)、音乐表演(美声)、音乐表演(民乐)、音乐表演(民声)、音乐表演(手风琴)、音乐表演(弦乐)、音乐表演(长调)、音乐学(键盘教育)、音乐学(科尔沁民歌)、音乐学(民族音乐)、音乐学(声乐教育)、音乐学(音乐理论)、英语、应用化学、应用物理学、预科生、哲学、哲学(文史哲基地)、哲学类、政治学与行政学、自动化、作曲与作曲技术理论

专科专业 道路桥梁工程技术、高等级公路维护与管理、工程机械控制技术、工程机械运用与维护、工程造价、公路工程检测技术、公路机械化施工技术、汽车技术服务与营销、汽车运用技术、食品加工技术、市政工程技术、物流管理、园艺技术

博士专业 动物学、计算机应用技术、理论物理、马克思主义基本原理、生态学、生物化学与分子生物学、生物物理学、微生物学、应用数学、植物学、中国少数民族史、中国少数民族语言文学(分语族)、专门史

硕士专业 比较文学与世界文学、材料物理与化学、草业科学、动物学、俄语语言文学、法律、法律史、法学新专业、翻译、工程、工商管理、公共管理、管理科学与工程、汉语言文字学、行政管理、化学、化学工程、环境科学、会计、会计学、计算机科学与技术、金融、金融学(含:保险学)、考古学及博物馆学、科学技术哲学、历史地理学、历史文献学(含:敦煌学、古文字学)、马克思主义理论、马克思主义哲学、美术学、民商法学(含:劳动法学)、社会保障、民族学、模式识别与智能系统、企业管理(含:财务管理、市场营销)、区域经济学、日语语言文学、生态学、生物化学与分子生物学、生物物理学、生物学新专业、史学理论及史学史、世界史、数学、诉讼法学、外国语言学及应用语言学、微生物学、文艺学、物理电子学、物理学、物理学新专业、宪法学与行政法学、新闻学、新闻与传播、信号与信息处理、艺术学、音乐学、英语语言文学、应用化学、语言学与应用语言学、政治经济学、政治学理论、植物学、中国古代史、中国古代文学、中国近现代史、中国少数民族经济、中国少数民族史、中国少数民族语言文学(分语族)、中国现当代文学、专门史、宗教学

院系设置

艺术学院、交通学院、蒙古学学院、蒙古学研究中心、民族与社会学学院、文学与新闻传播学院、历史与旅游文化学院、哲学学院、经济管理学院、法学院、外国语学院、公共管理学院、数学科学学院、物理科学与技术学院、电子信息工程学院、化学化工学院、生命科学学院、计算机学院(软件学院)、环境与资源学院、研究生院、继续教育学院、国际教育学院、体育教学部、满洲里学院、鄂尔多斯学院

国家级、省部级研究机构设置

1. 实验室:内蒙古草地生态学重点实验室——省部共建国家重点实验室培育基地,哺乳动物生殖生物学及生物技术实验室——省部共建国家重点实验室培育基地,哺乳动物生殖生物

学及生物技术教育部重点实验室,牧草与特色作物生物技术省部共建教育部重点实验室,农业部草食家畜繁殖生物技术与育种重点实验室,内蒙古自治区草地资源生态重点实验室,内蒙古自治区家畜繁殖生物技术重点实验室,内蒙古自治区高等学校稀土材料重点实验室,内蒙古自治区蒙药化学重点实验室,内蒙古自治区牧草与特色作物生物技术重点实验室,内蒙古自治区离子束生物工程重点实验室,内蒙古自治区稀土材料化学与物理重点实验室,内蒙古自治区网络协议工程与智能信息处理重点实验室,内蒙古自治区煤炭化学重点实验室,内蒙古自治区蒙古文信息处理技术重点实验室,内蒙古自治区半导体光伏技术重点实验室,内蒙古自治区数据挖掘与知识工程重点实验室,自治区高校半导体光伏技术重点实验室,结构检测重点实验室——自治区高校重点实验室培育基地。

2. 研究中心(所):内蒙古大学蒙古语研究所、内蒙古大学蒙古史研究所、内蒙古大学近现代史研究、内蒙古大学周边国家研究所、优良家畜规模化繁育技术教育部工程研究中心、乳制品生产与质量安全化学技术教育部工程研究中心、内蒙古自治区马铃薯工程技术研究中心、内蒙古自治区电子工程技术研究中心、内蒙古自治区高校马铃薯现代农业工程研究中心。

博士后科研流动站 中国语言文学、生物学、物理学、历史学

定期公开出版的专业刊物 《内蒙古大学学报》

学校设立奖学金情况

学校设立奖学金34项,奖励总金额2017余万元。奖学金最高额10000元/年,最低金额800元/年。

主要校办产业

奥都资产经营公司、奥都木业公司、桃李湖宾馆、内蒙古大学出版社。

学校历史沿革

内蒙古大学创建于1957年,是新中国成立后在少数民族地区创立最早的一所综合性大学。学校于1987年被确定为国家重点大学,1997年获准立项进入国家"211"工程重点建设院校行列,2004年成为内蒙古自治区人民政府和教育部共建高校。首任校长由当时的国务院副总理、内蒙古自治区主席乌兰夫兼任,中国科学院学部委员、著名生物学家、北京大学李继侗教授于建校初期来校执教并担任副校长。现任校长是陈国庆教授。

内蒙古科技大学

学校(机构)标识码 4115010127	电子信箱 neikeda2006@163.com	成人本科 8057
学校办学类型 411:本科院校:大学	占地面积(平方米) 2237236	成人专科 7568
学校性质类别 01 综合大学	校舍建筑面积(平方米) 1020597	硕士研究生 1646
学校举办者 811 省级教育部门	图书(万册) 264.48	留学生 20
学校地址 内蒙古包头市昆都仑区阿尔丁大街7号	固定资产总值(万元) 152653.71	专任教师(人) 2703
邮政编码 014010	教学、科研仪器设备资产值(万元) 31979.01	其中:正高级 333
办公电话 0472-5951530		副高级 835
	在校生数(人) 59946	中级 913
传真电话 0472-5951628	其中:普通本科 38918	初级 262
校园(局域)网域名 www.imust.edu.cn	普通专科 3737	未定职级 360

本科专业 安全工程、材料成型及控制工程、材料成型及控制工程(中外合作办学)、材料化学、采矿工程、采矿工程(煤矿方向)、测绘工程、测绘工程(矿山测量)、测控技术与仪器、车辆工程、城市规划、地理科学、地理信息系统、地质工程、电气工程及其自动化、电子信息工程、电子信息科学与技术、法学、法学(医事法律方向)、法医学、放射医学、复合材料与工程、给水排水工程、工程管理、工程力学、工程造价、工商管理、工商管理(中外合作办学)、工业设计、工业设计(艺术类)、公共事业管理、公共事业管理(卫生事业管理方向)、广告设计、广告学、国际经济与贸易、国际经济与贸易(中外合作办学)、过程装备与控制工程、汉语言文学、汉语言文学(少数民族预科)、护理学、护理学(麻醉护理方向)、护理学(助产方向)、化学、化学工程与工艺、环境工程、环境工程(中外合作办学)、会计学、机械设计制造及其自动化、机械设计制造及其自动化(矿山)、机械设计制造及其自动化(中外合作)、计算机科学与技术、计算机科学与技术(中外合作办学)、建筑环境与设备工程、建筑学、交通工程、教育技术学、金融学、金属材料工程、金属材料工程(中外合作办学)、口腔医学、矿物加工工程、历史学、临床医学、临床医学(骨科方向)、临床医学(急救医学方向)、临床医学(医疗康复方向)、临床医学(肿瘤学方向)、麻醉学、美术学、轻化工程、热能与动力工程、人力资源管理、社会工作、社会体育、生物工程、生物技术、生物科学、食品科学与工程、市场营销、市场营销(少数民族预科)、数学与应用数学、思想政治教育、体育教育、通信工程、图书馆学、土木工程、卫生检验、无机非金属材料工程、舞蹈学、物理学、稀土工程、小学教育、新闻学、信息管理与信息系统、信息管理与信息系统(医学信息)、信息与计算科学、学前教育、药学、药学(临床药学方向)、冶金工程、冶金工程(中外合作办学)、医学检验、医学影像学、艺术设计、音乐表演、音乐学、英语、英语(医学英语方向)、应用化学、应用物理学、应用心理学、应用心理学(医学心理方向)、预防医学、运动康复与健康、政治学与行政学、资源环境与城乡规划管理、自动化

专科专业 材料成型与控制技术、电气自动化技术、工程测量技术、护理、护理(助产方向)、会计电算化、机电一体化技术、机械制造与自动化、建筑装饰工程技术、康复治疗技术、矿山机

电、煤矿开采技术、煤炭深加工与利用、市场开发与营销、眼视光技术、冶金技术、医疗美容技术、医学检验技术、医学影像技术、艺术设计、音乐教育、语文教育、综合机械化采煤

硕士专业 材料工程、材料加工工程、材料物理与化学、材料学、采矿工程、动力工程、儿科学、防灾减灾工程及防护工程、钢铁冶金、工程力学、工程热物理、公共卫生、供热、供燃气、通风及空调工程、环境工程、机械电子工程、机械工程、机械设计及理论、机械制造及其自动化、急诊医学、计算机技术、计算机应用技术、建筑与土木工程、结构工程、控制工程、控制理论与控制工程、矿业工程、临床医学(内科学)、临床医学(内科学)、临床医学(神经病学)、临床医学(神经病学)、临床医学(外科学)、流行病与卫生统计学、内科学、凝聚态物理、企业管理(含:财务管理、市场营销)、区域经济学、热能工程、人体解剖与组织胚胎学、神经病学、生理学、生物化学与分子生物学、思想政治教育、外科学、冶金工程、冶金物理化学、遗传学、营养与食品卫生学、有色金属冶金、专门史

院系设置
材料与冶金学院、能源与环境学院、建筑与土木工程学院、机械学院、经济管理学院、化学与化工学院、信息工程学院、矿业工程学院、数理与生物工程学院、人文与社会科学学院、外语学院、稀土学院、高等职业技术学院、国际学院、继续教育学院、体育教学部

国家级、省部级研究机构设置
1. 研究所(中心):内蒙古自治区冶金工程技术研究中心、内蒙古自治区装备制造信息化工程技术中心、内蒙古自治区冶金测试及节能技术研究推广中心、内蒙古自治区新材料生产力促进中心、包头市激光应用工程技术研究中心、包头市玻璃材料工程技术中心、包头市粉煤灰综合利用工程技术研究中心、包头市制造业信息化生产力促进中心、内蒙古科技大学无机非金属材料研究所、内蒙古科技大学冶金工程研究所、内蒙古科技大学基因工程研究中心、内蒙古科技大学高压绝缘子装备制造技术研究中心、内蒙古科技大学思政理论、法学研究所、内蒙古科技大学经济管理研究中心、包头市新创瑞图与内蒙古科技大学产学研技术研究中心、内蒙古自治区煤炭安全开采与利用工程技术研究中心。

2. 国家重点实验室:白云鄂博稀土及铌资源高效利用省部共建教育部重点实验室。

定期公开出版的专业刊物 《内蒙古科技大学学报》

学校设立奖学金情况
学校设立奖学金16项,奖励总额为2800万元。奖学金最高金额8000元/人,最低金额为300元/人。
1. 国家奖学金:8000元/人,获奖人数占在校生0.3%;
2. 国家励志奖学金:5000元/人,获奖人数占在校生3%;宝钢奖学金:5000元/人,获奖人数2人/年;学习奖学金:500-1000元/人,获奖人数占在校生25%;社会活动奖学金:300-600元/人,获奖人数占在校生15%;国家助学金,500万元/年;绿之韵树人行动奖学:金现金和物品共计5000元/人,获奖人数10/年;中国移动包头分公司一对一奖助学金:1000元/人,获奖人数40人/年;中国联通奖助学金8万元/年;天翼奖助学金2万元/人;琼霖奖助学金6万元/年;中国建设银行少数民族地区大学生成才计划将助学金:3000元/人,获奖人数30人/年;包头红十字会"博爱一日捐、助你上大学"助学金:1000元/人,获奖人数30人/年。

主要校办产业
包头市联方高新技术有限公司、包头市钢苑工程建设监理有限责任公司、包头市钢苑工程设计开发有限责任公司、包头市爱能控制工程有限责任公司、包头市光科激光技术发展有限责任公司、包头市起重机械有限公司、包头市新园建筑工程有限责任公司、内蒙古科技大学工业技能培训中心、包头市亿博科技设备有限公司

毕业生一次就业率 84.01%

学校历史沿革
1956年冶金工业部在包头建立了包头钢铁工业学校和包头建筑工程学校;1957年上述两校合并为包头工业学校;1958年改建为包头工学院;1960年改名为包头钢铁学院;1964年由于国家处于困难时期,根据"调整、巩固、充实、提高"的方针,学校改名为包头钢铁学校,改制为中专;1978年恢复包头钢铁学院建制;1998年实行中央与地方共建,以地方管理为主的管理体制;2000年内蒙古煤炭工业学校并入包头钢铁学院;2003年更名为内蒙古科技大学。

内蒙古工业大学

学校(机构)标识码 4115010128
学校办学类型 411:本科院校:大学
学校性质类别 02 理工院校
学校举办者 811 省级教育部门
学校地址 呼和浩特爱民街49号
邮政编码 010051
办公电话 0471-6576193
传真电话 0471-6503898
校园(局域)网域名 http://www.imut.edu.cn
电子信箱 xuexb@imut.edu.cn

占地面积(平方米) 2118769
校舍建筑面积(平方米) 695133
图书(万册) 119.93
固定资产总值(万元) 98631.7
教学、科研仪器设备资产值(万元) 17795
在校生数(人) 33742
其中:普通本科 22101
　　　普通专科 1247
　　　成人本科 4404

成人专科 3792
博士研究生 151
硕士研究生 1881
留学生 166
专任教师(人) 1430
其中:正高级 132
　　　副高级 432
　　　中级 647
　　　初级 68
　　　未定职级 151

本科专业 安全工程、材料成型及控制工程、材料成型及控制工程(中外合作办学)、材料物理、财务管理、财务管理(中外合作办学)、采矿工程、测控技术与仪器、测控技术与仪器(中外合作办学)、车辆工程、城市规划、城市规划(中外合作办学)、道路桥梁与渡河工程、德语、电气工程及其自动化、电气工程及其自动化(中外合作办学)、电子商务、电子信息工程、电子信息科学与技术、法学、纺织工程、风景园林、风能与动力工程、服装设计与工程(含艺术类)、给水排水工程、工程管理、工程力学、工商管理、工商管理(中外合作办学)、工业工程、工业工程(中外合作办学)、工业设计、公共事业管理、国际经济与贸易、国际经济与贸易(中外合作办学)、过程装备与控制工程、过程装备与控制工程(中外合作办学)、焊接技术与工程、化学工程与工艺、化学工程与工艺(中外合作办学)、环境工程、环境科学、会计学、会计学(中外合作办学)、机械电子工程、机械电子工程(中外合作办学)、机械设计制造及其自动化、机械设计制造及其自动化(中外合作)、计算机科学与技术、建筑环境与设备工程、建筑学、交通工程、交通运输、交通运输(中外合作办学)、金融学、金融学(中外合作办学)、金属材料工程、金属材料工程(中外合作办学)、理论与应用力学、煤及煤层气工程、能源与环境系统工程、能源与环境系统工程(中外合作办学)、轻化工程、热能与动力工程、热能与动力工程(中外合作办学)、人力资源管理、软件工程、软件工程(中外合作办学)、少数民族班(材料成型)、少数民族班(材料焊接)、少数民族班(管理)、少数民族班(人文法学)、社会工作、生物工程、食品科学与工程、市场营销、市场营销(中外合作办学)、通信工程、土木工程、土木工程(中外合作办学)、无机非金属材料工程、物流管理、物流管理(中外合作办学)、信息管理与信息系统、信息与计算科学、冶金工程、冶金工程(中外合作办学)、艺术设计(室内设计方向)、印刷工程、英语、应用化学、制药工程、自动化、自动化(中外合作办学)

专科专业 财务信息管理、电子商务、焊接技术及自动化、会计电算化、机电一体化技术、建筑工程技术、建筑装饰工程技术、煤矿开采技术、汽车检测与维修技术、应用化工技术

博士专业 材料加工工程、动力机械及工程、固体力学、化学工艺

硕士专业 材料科学与工程、测试计量技术及仪器、产业经济学、电力电子与电力传动、电力系统及其自动化、动力机械及工程、纺织化学与染整工程、工程管理、工商管理、供热、供燃气、通风及空调工程、管理科学与工程、管理科学与工程(工学)、化工过程机械、化学科学与技术、环境工程、机械工程、计算机应用技术、计算数学、检测技术与自动化装置、建筑设计及其理论、教育经济与管理、结构工程、金融学、精密仪器及机械、控制理论与控制工程、力学、流体机械及工程、马克思主义基本原理、热能工程、数量经济学、思想政治教育、外国语言学及应用语言学、物理电子学、岩土工程、载运工具运用工程、中国少数民族经济

院系设置
信息工程学院、建筑学院、管理学院、化工学院、机械学院、轻工与纺织学院、材料科学与工程学院、能源与动力工程学院、外国语学院、理学院、人文与社会科学学院、马克思主义学院、国际商学院、继续教育学院、土木工程学院、电力学院、矿业学院、体育部、工程训练中心、工程技术专修学院

国家级、省部级研究机构设置
1. 省级重点实验室:内蒙古自治区机电控制重点实验室、内蒙古自治区工业催化重点实验室、内蒙古自治区轻金属材料重点实验室、内蒙古自治区可再生能源重点实验室、内蒙古自治区材料成型及控制工程重点实验室、内蒙古自治区绿色建筑测评重点实验室、风能太阳能利用技术重点实验室

2. 省级工程技术研究中心:内蒙古新材料工程技术研究中心、内蒙古自治区内燃机代用燃料工程技术研究中心、内蒙古自治区可再生能源工程研究中心、内蒙古绿色建筑工程技术研究中心

3. 省级重点研究基地:内蒙古高等学校人文社会科学重点研究基地—管理现代化研究中心

4. 省级研究中心:内蒙古自治区创新方法研究中心

定期公开出版的专业刊物 《内蒙古工业大学学报》

学校设立奖学金情况
学校设立奖学金7项,奖励总金额710万元/年,最低金额520元/年。同时,学校设立助学金7项,奖励总金额2002.61万元/年。

主要校办产业
内蒙古工业大学机械厂、内蒙古工程技术专修学院、内蒙古工大英华培训中心、内蒙古工大华远化学工程有限责任公司、内蒙古工大阳光环保节能有限责任公司、内蒙古工大博远风电装备制造有限责任公司、内蒙古工大建筑设计有限责任公司、内蒙古工大教材供应有限责任公司、内蒙古工大印刷厂

学校历史沿革
绥远省高级工业学校(1951年);绥远省归绥工业学校(1952年－1953年);内蒙古第一工业学校(1954年);呼和浩特工业学校(1955年);呼和浩特机械制造工业学校(1956年－1958年);内蒙古工学院(1958年－1993年);内蒙古工业大学(1993年至今)。

内蒙古农业大学

学校(机构)标识码 4115010129	路306号	电子信箱 zdb3@vip.imau.edu.cn
学校办学类型 411:本科院校:大学	邮政编码 010018	占地面积(平方米) 1654688
学校性质类别 03 农业院校	办公电话 0471-4300795	校舍建筑面积(平方米) 950864
学校举办者 811 省级教育部门	传真电话 0471-4309302	图书(万册) 165.07
学校地址 内蒙古呼和浩特市昭乌达	校园(局域)网域名 www.imau.edu.cn	固定资产总值(万元) 102188.56

教学、科研仪器设备资产值(万元) 34366.24	成人专科 4745	其中:正高级 253
在校生数(人) 41486	博士研究生 381	副高级 479
其中:普通本科 27330	硕士研究生 1858	中级 610
普通专科 3385	留学生 104	初级 171
成人本科 3683	专任教师(人) 1524	未定职级 11

本科专业 包装工程、包装工程(中外合作)、材料科学与工程、材料科学与工程(中外合作)、财务管理、财务管理(中外合作)、财务会计教育、草业科学、草业科学(蒙)、草业科学(中外合作)、测绘工程、测绘工程(中外合作)、车辆工程、车辆工程(中外合作)、城市规划、城市规划(中外合作)、畜禽生产教育、畜禽生产教育(蒙授)、道路桥梁与渡河工程、地质工程、电气工程及其自动化、电气工程及其自动化(中外合作)、电子科学与技术、电子科学与技术(中外合作)、电子商务、电子商务(中外合作)、动物科学、动物科学(蒙)、动物科学(中外合作)、动物生产类(蒙)、动物医学、动物医学(蒙)、动物医学(中外合作)、动植物检疫、动植物检疫(中外合作)、法学、法学(中外合作)、风能与动力工程、风能与动力工程(中外合作)、服装设计与工程、给水排水工程、给水排水工程(中外合作)、工商管理、工商管理(中外合作)、工业设计、工业设计(中外合作)、公共管理类(中外合作)、行政管理、行政管理(蒙)、行政管理(中外合作)、化学工程与工艺、化学工程与工艺(中外合作)、环境工程、环境工程(中外合作)、环境生态类、环境生态类(中外合作)、会计学、会计学(中外合作)、机械设计制造及其自动化、机械设计制造及其自动化(中外合作)、计算机科学与技术、计算机科学与技术(中外合作)、建筑工程教育、建筑学、建筑学(中外合作)、交通工程、交通工程(中外合作)、交通运输、交通运输(中外合作)、金融学、金融学(中外合作)、经济学、经济学(中外合作)、林学、林学(蒙)、林学(中外合作)、旅游管理与服务教育、木材科学与工程、木材科学与工程(中外合作)、农林经济管理、农林经济管理(蒙)、农林经济管理(中外合作)、农学、农学(蒙)、农业电气化与自动化、农业电气化与自动化(中外合作)、农业机械化及其自动化、农业机械化及其自动化(蒙)、农业机械化及其自动化(中外合作)、农业水利工程、农业水利工程(中外合作)、农业资源与环境、农业资源与环境(中外合作)、农艺教育、软件工程、软件工程(中外合作)、森林工程、森林工程(中外合作)、森林资源保护与游憩、设施农业科学与工程、设施农业科学与工程(中外合作)、社会工作、社会工作(蒙)、生物工程、生物工程(中外合作)、生物技术、生物技术(中外合作)、生物科学、生物科学(中外合作)、食品工艺教育、食品科学与工程、食品科学与工程(蒙)、食品科学与工程(中外合作)、食品营养与检验教育、食品质量与安全、食品质量与安全(中外合作)、市场营销教育、水产养殖学、水利水电工程、水利水电工程(中外合作)、水土保持与荒漠化防治、水土保持与荒漠化防治(中外合作)、水文与水资源工程、水文与水资源工程(中外合作)、统计学、统计学(中外合作)、土地资源管理、土地资源管理(中外合作)、土木工程、土木工程(中外合作)、网络工程、网络工程(中外合作)、物流管理、物流管理(中外合作)、消防工程、消防工程(中外合作)、信息管理与信息系统、信息管理与信息系统(中外合作)、艺术设计、英语、英语(中外合作)、应用化学、应用化学(中外合作)、应用生物教育、园林、园林(蒙)、园林(中外合作)、园艺、园艺(中外合作)、植物保护、植物保护(中外合作)、植物科学与技术、植物科学与技术(中外合作)、制药工程、制药工程(中外合作)、种子科学与工程、种子科学与工程(中外合作)、装潢设计与工艺教育、资源环境与城乡规划管理、资源环境与城乡规划管理(中外合作)

专科专业 畜牧兽医、畜牧兽医(马术方向)、畜牧兽医(蒙授)、电子商务、雕刻艺术与家具设计、给排水工程技术、工程造价、工商企业管理、广告设计与制作、环境艺术设计、会计、会展策划与管理、计算机网络技术、计算机系统维护、计算机信息管理、建筑电气工程技术、建筑工程管理、建筑工程技术、酒店管理、汽车技术服务与营销、汽车检测与维修技术、软件技术、商务英语、食品加工技术、食品生物技术、食品营养与检测、食品贮运与营销、市场营销、兽药生产与营销、饲料与动物营养、文秘、艺术设计、园林技术、园艺技术、运动马驯养与管理、种子生产与经营、自然保护区建设与管理

博士专业 草畜种质资源学、草业科学、畜产品安全生产、动物发育生物学与生物技术、动物遗传育种与繁殖、动物营养与饲料科学、基础兽医学、临床兽医学、木材科学与技术、农产品加工及贮藏工程、农业电气化与自动化、农业机械化工程、农业经济管理、农业生物环境与能源工程、农业水土建筑物、农业水土工程、森林保护学、森林工程、森林经理学、森林培育、蔬菜学、水土保持与荒漠化防治、土壤学、野生动植物保护与利用、预防兽医学、植物学、作物遗传育种、作物栽培学与耕作学

硕士专业 材料加工工程、草畜种质资源学、草业科学、产业经济学、畜产品安全生产、动物生产与管理、动物遗传育种与繁殖、动物营养与饲料科学、发酵工程、发育生物学、风景园林、工程、公共管理、管理科学与工程、果树学、机械设计及理论、基础兽医学、计算机应用技术、技术经济及管理、教育经济与管理、结构工程、粮食、油脂及植物蛋白工程、林木遗传育种、林业、林业经济管理、临床兽医学、马克思主义基本原理、木材科学与技术、农产品加工及贮藏工程、农业电气化与自动化、农业机械化工程、农业经济管理、农业昆虫与害虫防治、农业生物环境与能源工程、农业水土建筑物、农业水土工程、农业推广、区域经济学、森林保护学、森林工程、森林经理学、森林培育、设计艺术学、生态学、生物化学与分子生物学、生物物理学、食品科学、市政工程、兽医、蔬菜学、水工结构工程、水利水电工程、水土保持与荒漠化防治、水文学及水资源、思想政治教育、土地资源管理、土壤学、微生物学、野生动植物保护与利用、遗传学、预防兽医学、园林植物与观赏园艺、植物病理学、植物学、植物营养学、作物遗传育种、作物栽培学与耕作学

院系设置

(共设立22个院部)动物科学学院、兽医学院、农学院、林

学院、生态环境学院、机电工程学院、水利与土木建筑工程学院、材料科学与艺术设计学院、经济管理学院、食品科学与工程学院、生物工程学院、计算机与信息工程学院、人文与社会科学学院、继续教育学院、职业技术学院、外国语言学院、理学院、国际教育学院、能源与交通工程学院、马克思主义教学研究部、体育教学部、中央农业干部教育培训中心农业大学分院

国家级、省部级研究机构设置

1.1个国家重点实验室：内蒙古大兴安岭森林生态系统国家野外科学观测研究站。

2.1个教育部工程研究中心：乳品生物技术工程研究中心。

3.3个省部级工程研究中心：沙生灌木资源开发利用工程技术研究中心、畜产品加工工程技术研究中心、草品种育繁工程技术研究中心。

4.12个省部级重点实验室：2个教育部重点实验室(乳制品生物技术与工程实验室和草业与草地资源重点实验室)，1个林业部重点实验室(沙地生物资源保护与培育实验室)，1个农业部重点实验室(动物疾病临床诊疗技术重点实验室)，8个自治区级重点实验室(草食动物遗传育种与繁殖重点实验室、沙地(沙漠)生态系统与生态工程重点实验室、水资源保护与利用重点实验室、森林培育林木菌根生物技术重点实验室、作物栽培与遗传改良重点实验室、基础兽医学重点实验室、野生特有蔬菜种质资源与种质创新重点实验室和动物生物技术实验室)。

5.5个省部级观测研究站：内蒙古乌梁素海湿地生态系统定位站、内蒙古赛罕乌拉森林生态系统定位研究站、马属动物遗传育种与繁殖科学观测实验站、华北黄土高原地区作物栽培科学观测实验站和东北区域农业微生物资源利用科学观测实验站和动物疾病临床诊疗技术重点实验室。

6.3个自治区级设置的研究所：内蒙古农村牧区发展研究所、蒙古族工艺美术研究所和内蒙古哲学社会科学研究基地。

博士后流动站 畜牧学学科博士后流动站、兽医学学科博士后流动站、农业工程学科博士后流动站和林学博士后流动站。

定期公开出版的专业刊物 《内蒙古农业大学学报》(自然科学版、哲学社会科学版和蒙文版)

学校设立奖学金情况

专业奖学金、国家助学金和社会团体奖学金三类，2010年－2011年发放奖学金2482.7万元，最高为8000元/人·年，最低位200元/人·年。

毕业生一次就业率 87.54%

主要校办产业

内蒙古农牧业科技开发总公司

学校历史沿革

内蒙古农业大学是经教育部批准，内蒙古自治区政府决定，由始建于1952年的原内蒙古农牧学院和始建于1958年的原内蒙古林学院于1999年4月合并组建成立的。新成立的内蒙古农业大学是内蒙古自治区规模最大、以农为主的多科性大学。

内蒙古医学院

学校(机构)标识码 4115010132	电子信箱 nmgyxy@public.hh.nm.cn	成人本科 2878
学校办学类型 412：本科院校：学院	占地面积(平方米) 1230141	成人专科 281
学校性质类别 05 医药院校	校舍建筑面积(平方米) 437647	硕士研究生 1167
学校举办者 811 省级教育部门	图书(万册) 90.74	留学生 80
学校地址 内蒙古自治区呼和浩特市金山经济技术开发区	固定资产总值(万元) 116551.13	专任教师(人) 782
邮政编码 010110	教学、科研仪器设备资产值(万元) 13250.45	其中：正高级 180
办公电话 0471－6653034	在校生数(人) 17149	副高级 232
传真电话 0471－6653094	其中：普通本科 9805	中级 201
校园(局域)网域名 www.immc.edu.cn	普通专科 2938	初级 142
		未定职级 27

本科专业 法医学、公共事业管理、护理学、护理学(蒙医护理方向)、护理学(中外合作办学)、口腔医学、临床医学、临床医学(病诊方向)、临床医学(骨科方向)、临床医学(运动方向)、麻醉学、蒙药学、蒙医学、生物技术、生物技术(中外合作办学)、市场营销、市场营销(中外合作办学)、信息管理与信息系统、药物制剂、药学、药学(中外合作办学)、医学影像学、英语、应用心理学、应用心理学(中外合作办学)、预防医学、针灸推拿学、制药工程、中药学、中医学、中医学(养生康复方向)、中医学(中西医结合)、中医学(中西医结合方向)

专科专业 护理、护理(初中起点)、护理(康复护理方向)、护理(社区护理方向)、临床医学、临床医学(妇幼保健方向)、临床医学(社区医师方向)、蒙医学、眼视光技术、药物制剂技术、药学、医疗保险实务、医学检验技术、医药营销、医用电子仪器与维护

硕士专业 病理学与病理生理学、儿科学、耳鼻咽喉科学、方剂学、妇产科学、口腔临床医学、流行病与卫生统计学、蒙医学、免疫学、内科学、皮肤病与性病学、人体解剖与组织胚胎学、神经病学、生理学、外科学、眼科学、药理学、药物化学、影像医学与核医学、中医临床基础、中医内科学、中医医史文献

院系设置

临床医学部、基础医学院、药学院、中医学院、蒙医药学院、公共卫生管理学院、公共教育学院、护理学院、医药应用技术学

院、研究生学院、继续教育培训中心

国家级、省部级研究机构设置

研究所(中心):蒙药研究所、分子生物学研究中心、人体组织胚胎学实验室、分子病理学实验室、蒙医疗术学实验室、医学生物工程学实验室

定期公开出版的专业刊物 《内蒙古医学院学报》、《疾病监测与控制》

学校设立奖学金情况

学校设立奖学金2项,奖励总金额330.57余万元。奖学金最高金额2000元/年,最低金额700元/年。

毕业生一次就业率 81.6%

学校历史沿革

内蒙古医学院建于1956年,当时隶属卫生部,后划归内蒙古自治区管理。1958年成立内蒙古医学院附属医院;1958年原呼和浩特市建工局第一职工医院划归我院,成立内蒙古医学院第二附属医院;2002年原内蒙古医药职工中专并入我院,在此基础上成立了内蒙古医药应用技术学院;2004年原呼和浩特铁路中心医院整建制划归我院,成立了内蒙古医学院附属人民医院。内蒙古医学院名称沿用至今。

内蒙古师范大学

学校(机构)标识码 4115010135	占地面积(平方米) 2787578	成人专科 2863
学校办学类型 411:本科院校:大学	校舍建筑面积(平方米) 918983	博士研究生 25
学校性质类别 06 师范院校	图书(万册) 244.9	硕士研究生 2696
学校举办者 811 省级教育部门	固定资产总值(万元) 154145.78	留学生 179
学校地址 呼和浩特市昭乌达路81号	教学、科研仪器设备资产值(万元) 28678.3	专任教师(人) 1530
邮政编码 010022		其中:正高级 180
办公电话 0471-4392337	在校生数(人) 39383	副高级 493
传真电话 0471-4392036	其中:普通本科 25448	中级 651
校园(局域)网域名 www.imnu.edu.cn	普通专科 5222	初级 182
电子信箱 xbtjk@imnu.edu.cn	成人本科 2950	未定职级 24

本科专业 博物馆学、材料化学、测绘工程、城市规划、地理科学、地理科学(师)、地理科学类、地理信息系统、地理信息系统(中外合作办学)、电气信息类、电气信息类(中外合作办学)、电子信息工程、电子信息工程(中外合作办学)、电子信息科学与技术、雕塑、动画、动画(中外合作办学)、对外汉语、对外汉语(中外合作办学)、俄语、俄语(商务)、法学、工商管理、工商管理(中外合作办学)、公共事业管理、公共事业管理(师)、公共事业管理(中外合作办学)、广播电视编导、广播电视编导(中外合作办学)、汉语言文学、汉语言文学(中外合作办学)、行政管理、行政管理(中外合作办学)、化学、环境科学、环境科学(中外合作办学)、绘画、绘画(中外合作办学)、计算机科学与技术、计算机科学与技术(中外合作办学)、教育技术学、教育技术学(中外合作办学)、教育学、经济学、经济学(中外合作办学)、考古学、历史学、旅游管理、旅游管理(中外合作办学)、美术学、美术学(中外合作办学)、农村区域发展、人力资源管理、人力资源管理(中外合作办学)、日语、社会工作、社会体育、社会学、生态学、生物技术、生物技术(中外合作办学)、生物科学、数学与应用数学、数学与应用数学(中外合作办学)、思想政治教育、体育教育、通信工程、通信工程(中外合作办学)、土地资源管理、文化产业管理、文化产业管理(中外合作办学)、舞蹈学、物理学、小学教育、小学教育(中外合作办学)、心理学、新闻学、信息管理与信息系统、信息管理与信息系统(中外合作办学)、信息与计算科学、信息与计算科学(中外合作办学)、学前教育、艺术设计、艺术设计(中外合作办学)、音乐表演、音乐表演(中外合作办学)、音乐学、音乐学(民族音乐学)、英语、英语(商务英语)、英语(中外合作办学)、运动训练、政治学与行政学、中国少数民族语言文学、资源环境与城乡规划管理、作曲与作曲技术理论

专科专业 公共事务管理、会计电算化、计算机网络技术、计算机应用技术、计算机应用技术(中外合作办学)、旅游管理、旅游管理(中外合作办学)、美术教育、人力资源管理(中外合作办学)、人民武装、商务英语、社会工作、思想政治教育、文秘、新闻采编与制作、学前教育、音乐教育、英语教育、应用韩语、应用日语、语文教育、中国少数民族语言文化、综合文科教育

博士专业 科学技术史

硕士专业 比较文学与世界文学、材料物理与化学、地图学与地理信息系统、动物学、俄语语言文学、发展与教育心理学、公共管理、光学、国外马克思主义研究、汉语国际教育、汉语言文字学、环境科学、基础数学、基础心理学、计算机应用技术、计算数学、教育、教育技术学、教育经济与管理、教育学原理、科学技术史、科学技术哲学、科学社会主义与国际共产主义运动、课程与教学论、理论物理、历史文献学(含:敦煌学、古文字学)、伦理学、逻辑学、马克思主义发展史、马克思主义基本原理、马克思主义民族理论与政策、马克思主义哲学、马克思主义中国化研究、美术学、民俗学(含:中国民间文学)、民族传统体育学、民族学、凝聚态物理、区域经济学、人口、资源与环境经济学、人类学、人文地理学、设计艺术学、社会工作、社会学、思想政治教育、体育、体育教育训练学、土地资源管理、外国语言学及应用语言学、外国哲学、文艺学、无机化学、物理化学(含:化学物理)、学前教育学、艺术、音乐学、应用数学、应用心理学、语言学与应用语言学、运筹学与控制论、政治经济学、植物学、中国古代文学、中国古典文

献学、中国近现代史、中国近现代史基本问题研究、中国少数民族经济、中国少数民族史、中国少数民族艺术、中国少数民族语言文学(分语族)、中国现当代文学、中国哲学、专门史、自然地理学、宗教学

院系设置

1. 直属学院(34个):教育科学学院、蒙古学学院、文学院、外国语学院、国际交流学院、历史文化学院、旅游学院、法政学院、经济学院、音乐学院、体育学院、美术学院、国际现代设计艺术学院、雕塑艺术研究院、数学科学学院、物理与电子信息学院、化学与环境科学学院、生命科学与技术学院、地理科学学院、传媒学院、计算机与信息工程学院、田家炳教育书院、社会学民俗学学院、科学技术史研究院、马克思主义学院、继续教育学院、基础教育学院、公共管理学院、公共外语教育学院、网络技术学院、民族艺术学院、青年政治学院、人民武装学院、兴安学院 2. 独立学院(1个):内蒙古师范大学鸿德学院

国家级、省部级研究机构设置

1. 实验室(21个):计算中心实验室、环境科学实验室、广播电视编导实验室、测绘工程实验室、心理学实验室、电子信息工程实验室、材料化学实验室、工业设计(美术学院)、社会工作实验室、通信工程实验室、旅游综合实训室、内蒙古自治区高校资源与环境信息系统重点实验室、内蒙古自治区遥感与地理信息系统重点实验室、内蒙古自治区功能材料物理与化学重点实验室、内蒙古自治区心理学重点实验室、内蒙古自治区高校民族学重点研究基地、内蒙古自治区民俗文化研究基地、内蒙古自治区高校中国北疆史研究基地、内蒙古自治区高校思想政治教育理论与实践研究基地、内蒙古自治区高校民族工业产品设计研究重点实验室、内蒙古自治区工业产品设计研究重点实验室

2. 研究中心(所)(2个):教师教育职业技能训练与实验教学研究中心、内蒙古自治区高校心理教育研究中心

定期公开出版的专业刊物 《内蒙古师范大学学报》自然科学版(汉文)、《内蒙古师范大学学报》自然科学版(蒙古文)、《内蒙古师范大学学报》哲学社会科学版(汉文)、《内蒙古师范大学学报》哲学社会科学版(蒙古文)、《内蒙古师范大学学报》教育科学版(汉文)、《语文学刊》

学校设立奖学金情况

学校设立奖学金5项,奖励总金额270余万元,最高金额800元/年,最低金额100元/年。

主要校办产业

赛罕后勤服务集团、盛乐后勤服务集团、华远科技开发总公司

学校历史沿革

1952年5月5日,"内蒙古师范学院"成立于当时的内蒙古自治区首府乌兰浩特;1954年8月,学院随自治区首府西迁至呼和浩特;1982年,学院更名为"内蒙古师范大学",并被确定为自治区重点大学;2000年7月,内蒙古教育学院并入,组建了新的内蒙古师范大学;2003年上半年,开始建设盛乐校区,并于2004年9月正式投入使用。

内蒙古民族大学

学校(机构)标识码 4115010136	电子信箱 guang572000@yahoo.com.cn	普通专科 749
学校办学类型 411:本科院校:大学		成人本科 1095
学校性质类别 01 综合大学	占地面积(平方米) 911239	成人专科 1220
学校举办者 811 省级教育部门	校舍建筑面积(平方米) 365576	硕士研究生 615
学校地址 内蒙古通辽市霍林河大街(西)536号	图书(万册) 113	留学生 368
	固定资产总值(万元) 61685	专任教师(人) 1045
邮政编码 028043	教学、科研仪器设备资产值(万元) 12490	其中:正高级 132
办公电话 0475-8313322		副高级 325
传真电话 0475-8218937	在校生数(人) 23190	中级 400
校园(局域)网域名 imun.edu.cn	其中:普通本科 19143	初级 188

本科专业 编辑出版学、材料成型及控制工程、材料化学、草业科学、电子信息工程、电子信息科学与技术、动物科学、动物医学、动物医学(预科)、对外汉语、俄语、法学、法学(预科)、广播电视编导、国际经济与贸易、汉语言文学、行政管理、护理学、化学、机械设计制造及其自动化、计算机科学与技术、教育技术学、教育学、经济学、历史学、临床医学、临床医学(预科)、旅游管理、美术学、蒙药学、蒙医学、农学、农业机械化及其自动化、农业资源与环境、日语、社会体育、生物技术、生物科学、食品科学与工程、食品科学与工程(预科)、市场营销、数学与应用数学、水产养殖学、思想政治教育、体育教育、物理学、心理学、新闻学、信息与计算科学、学前教育、药物制剂、医学检验、医学影像学、艺术设计、音乐表演、音乐学、英语、应用化学、应用物理学、园林、园艺、运动训练、植物保护、中国少数民族语言文学

专科专业 护理、会计电算化、计算机网络技术、蒙医学、园艺技术

硕士专业 草业科学、动物营养与饲料科学、理论物理、临床医学、马克思主义基本原理、马克思主义中国化研究、民族医学(含:藏医学、蒙医学等)、农业推广、世界史、思想政治教育、体育教育训练学、应用数学、有机化学、预防兽医学、中国古代文学、中国少数民族史、中国少数民族语言文学(分语族)、中西医结合基础、中西医结合临床、中药学、作物栽培学与耕作学

院系设置

政法与历史学院、教育科学学院、蒙古学学院、外国语学院、大学外语教学部、文学院、音乐学院、美术学院、体育学院、数学学院、计算机科学与技术学院、物理与机电学院、化学化工学院、机械工程学院、农学院、动物科技学院、蒙医药学院、医学院、护理学院、生命科学学院、经济管理学院、传媒学院、马克思主义学院、成人教育学院、国际交流学院、大学体育教学部、旅游与航空服务学院

国家级、省部级研究机构设置

1. 实验室：蒙医药研发工程重点实验室、蒙医药研发工程国家民委－教育部重点实验室、内蒙古自治区蒙医药重点实验室、毒物与动物疾病监控重点实验室（培育基地）。

2. 研究中心（所）：蒙医药研发工程研究中心、蓖麻产业工程研究中心、内蒙古东部经济历史文化研究基地、科尔沁非物质文化遗产研究中心、内蒙古体育社会科学研究基地、蒙古族历史文化与社会发展研究基地。

定期公开出版的专业刊物 《内蒙古民族大学学报哲学》（社会科学版）（蒙文版）季刊、《哲学科学社会版》（汉文版）季刊、《内蒙古民族大学学报》（自然科学版）（蒙文版）季刊、《自然科学》（汉文版）季刊、《内蒙古民族大学蒙医药学》（蒙文版）半年刊、《教育科学版》（汉文版季刊）。

学校设立奖学金情况

学校设立奖学金1项，奖励总金额290余万元。奖学金最高金额1400元/年，最低金额500元/年。

主要校办产业

通辽市绿茵蒙医药科技开发有限公司、内蒙古通辽市民大电子科技有限公司

学校历史沿革

内蒙古民族师范学院、内蒙古蒙医学院、哲里木畜牧学院，都始创于1958年。2000年7月合并成立为内蒙古民族大学。

赤峰学院

学校（机构）标识码 4115010138	电子信箱 nmcfxy@163.com	普通专科 1168
学校办学类型 412：本科院校：学院	占地面积（平方米） 480223	成人本科 3439
学校性质类别 01 综合大学	校舍建筑面积（平方米） 159733	成人专科 3282
学校举办者 811 省级教育部门	图书（万册） 85.9	专任教师（人） 937
学校地址 内蒙古自治区赤峰市红山区迎宾大街西段1号	固定资产总值（万元） 39898	其中：正高级 110
	教学、科研仪器设备资产值（万元） 5121.39	副高级 322
邮政编码 024000		中级 287
办公电话 0476－2205811	在校生数（人） 16232	初级 115
传真电话 0476－8810068	其中：普通本科 8343	未定职级 103

本科专业 地理科学、地理科学（蒙）、地理科学类（中外合作办学）、电子信息工程、工商管理类（中外合作办学）、广播电视编导、汉语言文学、护理学、护理学（蒙）、护理学类（中外合作办学）、化学、会计学、计算机科学与技术、建筑环境与设备工程、教育技术学、考古学、口腔医学、历史学、历史学（蒙）、旅游管理、美术学、美术学（蒙）、日语、社会体育、生物技术、生物科学、数学与应用数学、数学与应用数学（蒙）、思想政治教育、思想政治教育（蒙）、体育教育、统计学、物理学、戏剧影视文学、小学教育（理综）、小学教育（文综）、信息与计算科学、学前教育、学前教育（蒙）、医学检验、艺术设计学、音乐表演、音乐学、音乐学（蒙）、英语、英语（蒙）、应用化学、应用物理学、应用心理学、应用心理学（蒙）、中国少数民族语言文学、中国少数民族语言文学（双语）、资源环境与城乡规划管理、资源勘查工程

专科专业 畜牧兽医、工程造价、护理、化学教育、机械制造与自动化、计算机网络技术、建筑工程技术、经济法律事务、经济法律事务（蒙）、经济管理、酒店管理、口腔医学、临床医学、旅游管理（蒙）、市场营销、数控设备应用与维护、文物鉴定与修复、舞蹈表演、药学、中医学

院系设置

蒙古文史学院、文学院、外国语学院、音乐学院、美术学院、政法学院、历史文化学院、经济与管理学院、教育科学学院、体育学院、数学与统计学院、资源与环境学院、物理与电子信息工程学院、计算机与信息工程学院、化学化工学院、生命科学学院、建筑与机械工程学院、初等教育学院、医学院、社会科学部、大学外语教学部、成人教育学院、远程教育学院

国家级、省部级研究机构设置

研究中心（所）：红山文化暨契丹辽文化研究基地、内蒙古体育社会科学研究基地

定期公开出版的专业刊物 《赤峰学院学报》

学校设立奖学金情况

学校设立奖学金5项，奖励总金额139.835万元，奖学金最高金额1200元/年，最低金额400元/年

学校历史沿革

赤峰学院的前身为赤峰民族师范高等专科学校，创建于1960年。2003年4月16日，教育部教发函【2003】105号文件，同意赤峰民族师范高等专科学校、赤峰教育学院、内蒙古广播电视大学赤峰分校合并，并入赤峰卫校、内蒙古幼儿师范学校的部分资源组建赤峰学院，合并后的赤峰学院升为本科院校。

内蒙古财经学院

学校(机构)标识码 4115010139	电子信箱 yb@imfec.edu.cn	普通专科 1327
学校办学类型 412:本科院校:学院	占地面积(平方米) 1351273	成人本科 947
学校性质类别 08 财经院校	校舍建筑面积(平方米) 619777	成人专科 808
学校举办者 811 省级教育部门	图书(万册) 200	硕士研究生 419
学校地址 内蒙古呼和浩特市回民区北二环路185号	固定资产总值(万元) 84638	专任教师(人) 975
邮政编码 010051	教学、科研仪器设备资产值(万元) 9338.78	其中:正高级 120
办公电话 0471-3661314	在校生数(人) 20179	副高级 304
传真电话 0471-3661428	其中:普通本科 16678	中级 392
校园(局域)网域名 www.imfec.edu.		初级 159

本科专业 保险、保险(蒙)、财务管理、财政学、财政学(蒙)、财政学(税收方向)、电子商务、电子商务(中外合作办学)、法学、法学(蒙)、工程管理、工商管理、工商管理(中外合作办学)、公共关系学、公共事业管理、国际经济与贸易、国际经济与贸易(蒙)、汉语言文学、行政管理、环境资源与发展经济学、会计学、会计学(蒙)、会计学(中外合作办学)、会展经济与管理、计算机科学与技术、金融工程、金融学、金融学(蒙)、经济学、经济学(蒙)、劳动与社会保障、旅游管理、旅游管理(会展管理方向)、旅游管理(蒙)、旅游管理(中外合作办学)、旅游管理与服务教育、农村区域发展、人力资源管理、人力资源管理(蒙)、软件工程、商务策划管理、社会工作、审计学、市场营销、市场营销(蒙)、市场营销(中外合作办学)、数学与应用数学、税务、税务(蒙)、统计学、统计学(风险管理方向)、投资学、投资学(蒙)、土地资源管理、物流管理、物业管理、项目管理、信息管理与信息系统、信息与计算科学、英语、政治学与行政学、资产评估、资产评估(蒙)、资源环境与城乡规划管理

专科专业 财务管理、财政、工程造价、公共关系、会计、会计电算化、会计与审计、计算机应用技术、金融保险、酒店管理、旅游管理、烹饪工艺与营养、市场营销、税务、投资与理财、资产评估与管理

硕士专业 财政学(含:税收学)、工商管理、会计学、企业管理(含:财务管理、市场营销)、统计学、政治经济学

院系设置
会计学院、金融学院、工商管理学院、财政税务学院、商务学院、旅游学院、统计与数学学院、计算机信息管理学院、经济学院、马克思主义学院、职业学院、继续教育学院、MBA学院、法学院、公共管理学院、外语学院、人文学院、资源环境学院、国际教育学院

国家级、省部级研究机构设置
1. 实验室:国家级经济管理实验实训中心;自治区级重点实验室:计算机信息管理实验教学中心;自治区级合格实验室:计算机实验室、硬件实验室、会计电算化实验室。
2. 研究中心(所):内蒙古市场营销协会、工商管理研究所、内蒙古民商经济法研究会、内蒙古法学教育研究会、经济与资源开发研究所、内蒙古经济发展竞争力研究中心、内蒙古生态经济学会、内蒙古东北亚研究中心、信息资源开发研究所、知识产权研究中心、经济法研究中心、内蒙古产业发展研究基地、内蒙古社情民意调研中心、内蒙古中小企业发展研究基地、内蒙古经济与社会发展规划研究院、内蒙古财政政策与内蒙古经济发展基地、内蒙古财经学院疑难法律实务咨询研究中心、内蒙古会计财务研究中心。

定期公开出版的专业刊物 《内蒙古财经学院学报》、《内蒙古财经学院学报(综合版)》

学校设立奖学金情况
学校设立奖学金10项,奖励总金额442.94万元/年,最低金额100元/年。

学校历史沿革
内蒙古财经学院始建于1960年,后几经更名,1979年恢复本科教育,1980年经国务院批准重建。2000年与原内蒙古经济管理干部学院合并组建新的内蒙古财经学院,2005年取得硕士学位授予权,2006年原内蒙古财税职业学院和原内蒙古工商学校并入内蒙古财经学院,同年顺利通过国家教育部本科教学工作水平评估。

呼伦贝尔学院

学校(机构)标识码 4115010819	学校举办者 811 省级教育部门	邮政编码 021008
学校办学类型 412:本科院校:学院	学校地址 内蒙古自治区呼伦贝尔市海拉尔区学府路83号	办公电话 0470-8259100
学校性质类别 01 综合大学		传真电话 0470-8259380

校园(局域)网域名　hlbrc.edu.cn		专任教师(人)　673
电子信箱　hlbrxy@public.hh.nm.cn	在校生数(人)　15175	其中:正高级　80
占地面积(平方米)　1109609	其中:普通本科　9903	副高级　194
校舍建筑面积(平方米)　300759	普通专科　1795	中级　264
图书(万册)　100.3	成人本科　1736	初级　77
固定资产总值(万元)　52216.86	成人专科　1720	未定职级　58
教学、科研仪器设备资产值(万元)　6201.3	留学生　21	

本科专业　采矿工程、地理科学、电气工程及其自动化、电子信息工程、俄语、俄语(中外合作办学)、法学、法学(蒙)、工程管理、工商管理、国际经济与贸易、汉语言文学、化学、环境科学、会计学、机械设计制造及其自动化、机械设计制造及其自动化(机电)、机械设计制造及其自动化(机械制造)、机械设计制造及其自动化(汽车运用)、计算机科学与技术、计算机科学与技术(软件工程)、计算机科学与技术科(蒙)、教育技术学、历史学、历史学(档案)、历史学(档案蒙)、历史学(蒙)、旅游管理、美术学、美术学(中外合作办学)、摄影、生物科学、市场营销、数学与应用数学、数学与应用数学(蒙)、数字媒体技术、思想政治教育、思想政治教育(G公管)、思想政治教育(公管蒙)、思想政治教育(蒙)、体育教育、体育教育(冰雪方向)、体育教育(蒙)、体育教育(体育旅游)、统计学、统计学(蒙)、土木工程、物理学、物理学(蒙)、小学教育(美术)、小学教育(音乐)、小学教育了(蒙)、心理学、新闻学、新闻学(蒙)、信息管理与信息系统、学前教育、学前教育(蒙)、艺术设计、音乐表演(蒙)、音乐学、英语、英语(蒙)、应用化学、中国少数民族语言文学(蒙古语言)、中国少数民族语言文学(语言教育)

专科专业　初等教育(数学与科学)、初等教育(中文与社会)、电子商务、电子信息工程技术、法律事务、工程监理、工程造价、行政管理、环境监测与治理技术、机电一体化技术、计算机网络技术、计算机网络技术(蒙)、计算机信息管理、计算机应用技术、计算机应用技术(蒙)、建筑工程技术、旅游管理、旅游英语、煤矿开采技术、汽车检测与维修技术、生物技术及应用、数学教育、数学教育(蒙)、思想政治教育(蒙)、物理教育、物流管理、英语教育、英语教育(蒙)、应用电子技术、应用俄语

院系设置
计算机科学与技术学院、生命科学与化学学院、工程技术学院、初等教育学院、继续教育学院、建筑工程学院、经济管理学院、外国语学院、俄罗斯语言学院、物理与电子信息学院、旅游管理与地理科学学院、美术学院、法学院、马克思主义学院、蒙古语言文学学院、政治与历史学院、音乐学院、体育学院、教育教学学院、传媒学院、文学院、数学科学学院

定期公开出版的专业刊物　《呼伦贝尔学院学报》

学校设立奖学金情况
学院设立奖学金4项,分别为国家奖学金每年16.8万元;国家励志奖学金每年172万元;国家助学金每年96.9万元;学院奖学金每年110万元,合计:395.7万元,奖学金最高金额8000元/年,最低金额300元/年。

主要校办产业
呼伦贝尔学院后勤集团

学校历史沿革
上世纪70年代末80年代初相继成立海拉尔师范专科学校、呼伦贝尔盟教育学院、呼伦贝尔管理干部学院和内蒙古广播电视大学呼伦贝尔盟分校。1997年,原国家教委批准四校合并组建专科层次的呼伦贝尔学院。2000年,海拉尔蒙古族师范学校、呼伦贝尔盟商业学校、呼伦贝尔盟城建职工中专实质性并入。2003年,经教育部批准,学院晋升为本科院校,同年10月,内蒙古工程技术学校实质性并入。

内蒙古建筑职业技术学院

学校(机构)标识码　4115010871	传真电话　0471-6604058	其中:普通专科　9314
学校办学类型　415:专科院校:高等职业学校	校园(局域)网域名　www.imaa.edu.cn	成人专科　314
	占地面积(平方米)　907525	专任教师(人)　421
学校性质类别　02理工院校	校舍建筑面积(平方米)　209497	其中:正高级　17
学校举办者　811省级教育部门	图书(万册)　64.49	副高级　113
学校地址　内蒙古自治区呼和浩特市回民区攸攸板镇一间房村	固定资产总值(万元)　18992.2	中级　138
	教学、科研仪器设备资产值(万元)　6097.42	初级　130
邮政编码　010070		未定职级　23
办公电话　0471-6604108	在校生数(人)　9628	

专科专业　城镇规划、道路桥梁工程技术、电气自动化技术、房地产经营与估价、给排水工程技术、工程测量技术、工程监理、工程造价、公路工程检测技术、公路监理、供热通风与空调工程技术、广告设计与制作、环境艺术设计、计算机网络技术、建筑

财务会计电算化、建筑电气工程技术、建筑工程技术、建筑工程项目管理、建筑经济管理、建筑设备工程技术、建筑设计技术、建筑装饰工程技术、楼宇智能化工程技术、旅游管理、市政工程技术、室内设计技术、文秘、物业管理、消防工程技术、影视动画、园林工程技术

院系设置

建筑工程学院、建筑与规划学院、装饰与艺术学院、工程管理学院、机电与暖通工程学院、市政与路桥工程学院、经济管理学院、公共课教学部、继续教育学院、军体教学部

定期公开出版的专业刊物 《内蒙古建筑职业技术学院学报》

学校设立奖学金情况

学校设立奖学金1项,奖励总金额134余万元。奖学金最高金额1200元/年,最低金额800元/年。

主要校办产业

建筑勘察设计院、监理公司、实习工厂。

学校历史沿革

学校成立于1956年,1999年7月,经国家教育部和自治区人民政府批准,独立升格为普通高等院校。2007年被国家教育部、财政部确定为"国家示范性高等职业院校建设计划"立项建设单位。2010年6月通过国家验收。自治区高职高专教育研究会理事长单位和自治区高职高专毕业生就业工作促进会理事长单位。2010年起担任全国高职高专土建类教学指导委员会副主任委员单位。

集宁师范学院

学校(机构)标识码 4115011427	校园(局域)网域名 www.jntc.nm.cn	普通专科 5696
学校办学类型 412:本科院校:学院	占地面积(平方米) 691254	成人本科 295
学校性质类别 06 师范院校	校舍建筑面积(平方米) 225536	成人专科 1520
学校举办者 811 省级教育部门	图书(万册) 82.54	专任教师(人) 484
学校地址 内蒙古乌兰察布市集宁区工农大街59号	固定资产总值(万元) 27580	其中:正高级 34
	教学、科研仪器设备资产值(万元) 6674.36	副高级 129
邮政编码 012000		中级 194
办公电话 0474-4875811	在校生数(人) 10648	初级 92
传真电话 0474-4875729	其中:普通本科 3137	未定职级 35

本科专业 地理科学、汉语言文学、化学、计算机科学与技术、历史学、美术学、蒙古语言文学、生物科学、数学与应用数学、思想政治教育、体育教育、物理学、小学教育、信息与计算科学、学前教育、音乐学、英语、中国少数民族语言文学

专科专业 城镇规划、初等教育、初等教育(蒙)、地理教育、电脑艺术设计、电子信息工程技术(师)、法律文秘、供用电技术、化学教育、会计电算化、计算机教育、计算机应用技术、历史教育、美术教育、汽车运用技术、商务英语、数控技术、数学教育、体育教育、图形图像制作、文秘、物理教育、现代教育技术、学前教育、学前教育(蒙)、音乐表演、音乐教育、英语教育、语文教育、园艺技术、装饰艺术设计

院系设置

中文系、英语系、政史系、数学系、物理系、化学系、计算机系、美术系、体育系、教育系、蒙文系

定期公开出版的专业刊物 《集宁师专学报》

学校设立奖学金情况

学校设立奖学金三项,奖励总金额360余万元。奖学金最高金额1000元/年,最低金额400元/年。

学校历史沿革

学校始建于1958年,1983年成立乌盟教育学院,1985年又批准为乌兰察布师范专科学校,与教育学院合署办学,1995年更名为集宁师范高等专科学校。2001年7月,乌盟师范学校与乌盟蒙古族师范学校并入我校。2009年我校正式被批准为本科院校,更名为集宁师范学院。

内蒙古丰州职业学院

学校(机构)标识码 4115011429	学校地址 内蒙古呼和浩特市赛罕区文明路69号	校园(局域)网域名 www.qcdx.net
学校办学类型 415:专科院校:高等职业学校	邮政编码 010010	占地面积(平方米) 77919
学校性质类别 01 综合大学	办公电话 0471-2658442	校舍建筑面积(平方米) 47518
学校举办者 999 民办	传真电话 0471-4310011	图书(万册) 14
		固定资产总值(万元) 3200

教学、科研仪器设备资产值(万元) 1602	其中:普通专科 2772	副高级 18
在校生数(人) 2772	专任教师(人) 60	中级 22
	其中:正高级 11	初级 9

专科专业 道路桥梁工程技术、电子商务、服装设计、工程监理、工程造价、会计电算化、会计与审计、计算机网络技术、计算机应用技术、建筑工程技术、汽车检测与维修技术、市场营销、物业管理

院系设置 财经系、信息管理系、建筑工程系、艺术系

学校历史沿革

内蒙古丰州职业学院(内蒙古青城大学)是1983年由民盟内蒙古区委创办,并于1985年列入全国普通高等院校序列,属国家计划内统一招生,学院代码11429,是内蒙古自治区成立最早的高等职业学院。

河套大学

学校(机构)标识码 4115011631	传真电话 0478-8414413	4352.16
学校办学类型 415:专科院校:高等职业学校	校园(局域)网域名 www.hetaodaxue.com	在校生数(人) 7188
		其中:普通专科 7188
学校性质类别 01 综合大学	电子信箱 hdda101@163.com	专任教师(人) 479
学校举办者 822 地级其他部门	占地面积(平方米) 461771	其中:正高级 30
学校地址 内蒙古自治区巴彦淖尔市临河区利民东街	校舍建筑面积(平方米) 244156	副高级 138
	图书(万册) 73.92	中级 165
邮政编码 015000	固定资产总值(万元) 41823.9	初级 146
办公电话 0478-8419964	教学、科研仪器设备资产值(万元)	

专科专业 畜牧兽医、畜牧兽医(蒙)、道路桥梁工程技术、电气自动化技术、电子商务、工业分析与检验、供用电技术、护理、护理(蒙)、环境监测与治理技术、会计电算化、会计电算化(蒙)、计算机网络技术、计算机应用技术、建筑工程技术、金融保险、酒店管理、酒店管理(蒙)、康复治疗技术、矿山机电、旅游管理、旅游管理(蒙)、美术教育、汽车技术服务与营销、人力资源管理、商务英语、生物技术及应用、食品加工技术、食品营养与检测、市场营销、数学教育、水利工程、思想政治教育、文秘、舞蹈教育、物流管理、新闻采编与制作、学前教育、艺术设计、音乐教育、印刷图文信息处理、英语教育、英语教育(蒙)、应用电子技术、应用化工技术、语文教育、园艺技术、助产

院系设置 经济管理系、理学系、机电工程系、汉语言文学系、外国语言文学系、医学系、土木工程系、农学系、艺术系、马列教研室、体育教研室、蒙古语言文学系

定期公开出版的专业刊物 《河套大学学报》

学校设立奖学金情况

学校设立奖学金一项,名称为优秀学生奖学金。奖学金最高金额400元/年,最低金额200元/年。

学校历史沿革

河套大学创办于1985年,是由盟委、行署决定,自治区人民政府批准并经国家教育部备案而创办的一所综合性大学。1986年,原国家副主席乌兰夫为河套大学题写校名。1993年起,被教育部连续公布为具有教育招生资格的普通高校,1997年12月自治区人民政府决定河套大学的管理体制由巴盟行署地方管理改变为自治区、巴盟两级管理,学校升格为副厅级事业单位。2004年4月20日,自治区人民政府下发《自治区人民政府批转自治区教育委员会关于师范院校层次布局结构高校实施方案的意见的通知》(内政发[2000]36号),决定巴盟师范、巴盟教育学院并入河套大学。2004年年初,根据自治区教育厅内教办函[2004]6号《关于巴盟行署对临河区大中专学校管理体制改革和布局结构调整实施方案的意见》,巴盟电大、巴盟卫校、巴盟农牧学校、巴盟财校、临河水校并入河套大学。

呼和浩特民族学院

学校(机构)标识码 4115011709	学校举办者 811 省级教育部门	邮政编码 010051
学校办学类型 412:本科院校:学院	学校地址 呼和浩特市新城区通道北路56号	办公电话 0471-6585816
学校性质类别 01 综合大学		传真电话 0471-6586106

校园(局域)网域名 www.imnc.edu.cn	教学、科研仪器设备资产值(万元) 3427.48	成人专科 152
电子信箱 minghua3339@163.com	在校生数(人) 6132	专任教师(人) 318
占地面积(平方米) 352631	其中:普通本科 2152	其中:正高级 38
校舍建筑面积(平方米) 195688	普通专科 3803	副高级 88
图书(万册) 60	成人本科 25	中级 129
固定资产总值(万元) 27831.73		初级 63

本科专业 播音与主持艺术、行政管理、行政管理(财务管理)、行政管理(工商行政管理)、行政管理(行政法)、行政管理(文化产业管理)、计算机科学与技术、计算机科学与技术(蒙文)、信息处理、计算机科学与技术(软件)、美术学、美术学(版画)、美术学(油画)、美术学(中国画)、日语、数学与应用数学、数学与应用数学(经济数学)、数学与应用数学(小学数学教育)、体育教育、新闻学、新闻学(摄影)、学前教育、艺术设计(广告设计)、艺术设计(环境艺术设计)、艺术设计(民族服装设计)、艺术设计(民族装饰设计)、音乐学、音乐学(马头琴)、中国少数民族语言文学、中国少数民族语言文学(翻译)、中国少数民族语言文学(汉蒙翻译)、中国少数民族语言文学(蒙古语言)、中国少数民族语言文学(蒙文信息)、中国少数民族语言文学(小学蒙古)

专科专业 表演艺术(马头琴)、财务管理、法律事务、法律文秘、工商企业管理、广告设计与制作、汉语(对外汉语)、行政管理、环境监测与治理技术、会计、计算机教育、计算机信息管理、计算机应用技术、旅游管理、民族装饰设计、软件技术、摄影摄像技术、市场营销、数学教育、司法助理、思想政治教育、图书档案管理、文秘、现代教育技术、新闻采编与制作、艺术设计、英语教育、影视表演、应用英语、语文教育、主持与播音

院系设置
传媒系、法律系、管理系、汉语言文学系、环境工程系、计算机系、体育系、经济系、马列教研部、美术系、蒙古语言文学系、数学系、外国语言文学系、音乐系、教育系

国家级、省部级研究机构设置
研究中心(所):《八省区蒙古语文规范化研究中心》(2004年)、《翻译研究中心》(2011年)

定期公开出版的专业刊物 《蒙古学研究》

学校设立奖学金情况
学校设立奖学金一项,奖励总金额151万元/年,最低金额160元/年。

学校历史沿革
呼和浩特民族学院的前身为内蒙古民族高等专科学校成立于2000年。2000年内蒙古蒙文专科学校与内蒙古民族师范学校合并组建了内蒙古民族高等专科学校,2009年3月经国家教育部批准升格为本科学院,更名为呼和浩特民族学院。

包头职业技术学院

学校(机构)标识码 4115012057	传真电话 0472-6992558	在校生数(人) 10420
学校办学类型 415:专科院校:高等职业学校	校园(局域)网域名 www.btzyjsxy.cn	其中:普通专科 9314
	电子信箱 dangyuanban@163.com	成人专科 1106
学校性质类别 02 理工院校	占地面积(平方米) 733580	专任教师(人) 557
学校举办者 811 省级教育部门	校舍建筑面积(平方米) 352589	其中:正高级 8
学校地址 内蒙古包头市青山区建华路15号	图书(万册) 52.49	副高级 198
	固定资产总值(万元) 59902.21	中级 170
邮政编码 014030	教学、科研仪器设备资产值(万元) 12011.01	初级 159
办公电话 0472-6918388		未定职级 22

专科专业 材料成型与控制技术、电力系统自动化技术、电气自动化技术、多媒体设计与制作、房地产经营与估价、风能发电设备制造与维修、工商企业管理、工业设计、广告设计与制作、焊接技术及自动化、会计电算化、机电一体化技术、机械制造与自动化、计算机辅助设计与制造、计算机网络技术、计算机信息管理、计算机应用技术、计算机硬件与外设、检测技术及应用、建筑工程技术、金属材料与热处理技术、酒店管理、民族预科、模具设计与制造、汽车电子技术、汽车技术服务与营销、汽车运用与维修、汽车制造与装配技术、商务英语、涉外旅游、室内设计技术、数控技术、数控设备应用与维护、文秘、无损检测技术、物业管理、冶金技术、液压与气动技术、应用电子技术、应用英语

院系设置
机械工程系、数控技术系、电气工程系、车辆工程系、人文与艺术设计系、材料工程系、材料成型技术系、经济贸易管理系、计算机与信息工程系

国家级、省部级研究机构设置
高等职业教育研究所

定期公开出版的专业刊物 《包头职业学院学报》、《包头职工大学学报》

学校设立奖学金情况
学院设立奖学金3项,奖励总金额总计293余万元,奖学金

最高金额 8000 元/年,最低金额 307 元/年。
主要校办产业
山河机械厂
学校历史沿革
包头职业技术学院的前身是国家"一五"期间(1956)与内蒙古自治区两个特大型兵工企业一同创建的包头机械工业学校,1960-1962 年升格为包头工业专科学校;1962 年恢复为包头机械工业学校,为国家级重点普通中等专业学校;1998 年经原国家教委批转建立包头职业技术学院,是兵器系统和内蒙古自治区第一所独立设置的高等职业院校。期间先后隶属于国家第五工业部、兵器工业部、国家机械委、国家机电工业部、兵器工业总公司。1999 年,因国务院体制改革,学院改为国家国防科工委与内蒙古自治区政府共建的普通高等院校,以地方管理的体制。2006 年学院划归包头市政府管理,保留与国家国防科工委的共建关系。2007 年,学院被国防科工委确定为首批国防科技工业职业教育实训基地建设单位。

兴安职业技术学院

学校(机构)标识码　4115012443
学校办学类型　415:专科院校:高等职业学校
学校性质类别　01 综合大学
学校举办者　822 地级其他部门
学校地址　内蒙古兴安盟乌兰浩特市乌察路 160 号
邮政编码　137400
办公电话　0482-8529128
传真电话　0482-8494432
校园(局域)网域名　www.nmxzy.cn
电子信箱　nmdcc@126.com
占地面积(平方米)　430241
校舍建筑面积(平方米)　148303
图书(万册)　54.03
固定资产总值(万元)　13719
教学、科研仪器设备资产值(万元)　3053.2
在校生数(人)　4292
其中:普通专科　3811
　　　成人专科　481
专任教师(人)　427
其中:正高级　11
　　　副高级　175
　　　中级　155
　　　初级　86

专科专业　畜牧兽医、道路桥梁工程技术、电子商务、雕塑艺术设计、动漫设计与制作、法律事务、工程监理、工程造价、汉语言文学、护理、会计电算化、计算机多媒体技术、计算机教育、计算机应用技术、酒店管理、旅游管理、旅游英语、绿色食品生产与经营、美术教育、蒙汉双语、蒙日双语、蒙英双语、汽车检测与维修技术、汽车运用技术、摄影与摄像艺术、食品加工技术、书记官、舞蹈表演、物流管理、新闻采编与制作、学前教育、学前教育(中英文)、学前教育(中英文)、音乐教育、英语教育、园艺技术、装潢艺术设计
院系设置
学院下设农牧、卫生、财经、交通四个分院;总院设置十三个处室、十三个教学系:党委办公室、院长办公室、组织人事处、纪检监察室、工会、团委、学生工作处(部)、教务处、招生就业处、计财处、后勤管理处(中心)、图书馆、成人教育学院;蒙文系、中文系、数学系、理化生地系、外语系、政法系、教育系、计算机系、电教系、旅游管理系、音乐系、体育系、美术系。
国家级、省部级研究机构设置
一所职教研究所。
定期公开出版的专业刊物　《兴安职业技术学院学报》
学校设立奖学金情况
学院设奖学金一项,奖励总金额 2.7 万余元,最高金额 1000 元/年,最低金额 200 元/年。优秀学生奖学金每年 74 人,一等奖学金 1000 元/人,二等奖学金 600 元/年,三等奖学金 200 元/年。
主要校办产业
印刷厂、超市、兴安职业技术学院"兴职天泰公司"。
学校历史沿革
兴安职业技术学院是兴安盟唯一一所全日制高等专科学校,学院的组建经历四个阶段,一是,2000 年 4 月经自治区政府和教育厅批准,由兴安盟师范学校并入兴安盟教育学院,重组兴安盟教育学院;二是,2001 年 3 月经自治区政府批准,在兴安盟教育学院的基础上组建兴安职业技术学院,学院定位为专科层次;三是,2002 年自治区政府批准学院升格为副厅级单位;四是,2004 年 7 月,兴安盟委、行署将盟属五所中专整体并入兴安职业技术学院。

呼和浩特职业学院

学校(机构)标识码　4115012670
学校办学类型　415:专科院校:高等职业学校
学校性质类别　01 综合大学
学校举办者　822 地级其他部门
学校地址　呼和浩特通道北路 58 号
邮政编码　010051
办公电话　0471-6585809
传真电话　0471-6516592
校园(局域)网域名　www.hhvc.net.cn
电子信箱　zyxyrsc@163.com
占地面积(平方米)　1185480
校舍建筑面积(平方米)　546873
图书(万册)　113
固定资产总值(万元)　31930

教学、科研仪器设备资产值(万元) 9363.6	成人专科 228	中级 276
在校生数(人) 10256	专任教师(人) 723	初级 155
其中:普通专科 10028	其中:正高级 24	未定职级 38
	副高级 230	

专科专业 初等教育、道路桥梁工程技术、道路桥梁工程技术(中外合作办学)、电脑艺术设计、电气化铁道技术、电气自动化技术、电气自动化技术(中外合作办学)、电视节目制作、电子商务、电子信息工程技术、法律事务、工程造价、工商企业管理、工业分析与检验、国际经济与贸易、国际经济与贸易(中外合作办学)、环境监测与治理技术、会计电算化、会计电算化(中外合作办学)、机电一体化技术、计算机多媒体技术、计算机网络技术、计算机网络技术(中外合作办学)、计算机应用技术、计算机应用技术(中外合作办学)、建筑工程技术、建筑工程技术(中外合作办学)、建筑装饰工程技术、楼宇智能化工程技术、旅游管理、旅游管理(中外合作办学)、美术教育、美术教育(中外合作办学)、汽车电子技术、汽车检测与维修技术、汽车检测与维修技术(中外合作办学)、软件技术、商务英语、摄影摄像技术、生物技术及应用、生物技术及应用(中外合作办学)、食品生物技术、市场营销、数学教育、体育教育、铁道车辆、铁道交通运营管理、铁道通信信号、网络系统管理、物流管理、新闻采编与制作、学前教育、音乐表演、音乐教育、音乐教育(中外合作办学)、英语教育、应用俄语、应用化工技术、语文教育、园艺技术、主持与播音

院系设置

学院设有 15 个教学机构、3 个教学辅助机构:生物化学工程学院、机电工程学院、计算机信息学院、建筑工程学院、铁道学院、人文与旅游学院、美术与传媒学院、经济管理与法学院、外国语学院、国际教育学院、师范学院、培训学院、继续教育学院、呼和浩特市广播电视大学、马列主义教学研究部等;另设高职高专研究所、图书馆、网络管理中心。

学校设立奖学金情况

学校设立奖学金 1 项,奖励总金额 300 余万元。最高金额 1200 元/年最低 400 元/年。

学校历史沿革

呼和浩特职业学院位于"中国乳都"——内蒙古呼和浩特市,是 2002 年经内蒙古自治区人民政府批准成立的全日制综合类高等职业学院,也是呼和浩特市举办的唯一一所高等院校。学院的办学历史可追溯到 1907 年的归绥学堂,迄今已有百余年,其中职业教育办学也历经 50 多年,成为呼和浩特市及自治区经济和社会发展的人才摇篮。

包头轻工职业技术学院

学校(机构)标识码 4115012671	传真电话 0472-6887028	在校生数(人) 9636
学校办学类型 415:专科院校:高等职业学校	校园(局域)网域名 www.btqy.comc.n	其中:普通专科 8235
学校性质类别 02 理工院校	电子信箱 btqgzyxy@163.com	成人专科 1401
学校举办者 822 地级其他部门	占地面积(平方米) 806855	专任教师(人) 612
学校地址 包头市青区建华路 19 号包头轻工职业技术学院	校舍建筑面积(平方米) 335447	其中:正高级 14
邮政编码 014035	图书(万册) 45	副高级 125
办公电话 0472-6887011	固定资产总值(万元) 21064.83	中级 193
	教学、科研仪器设备资产值(万元) 5800	初级 173
		未定职级 107

专科专业 包装技术与设计、餐饮管理与服务(酒店管理)、畜牧兽医、电脑艺术设计、电脑艺术设计(动画设计)、电气自动化技术、服装设计、工商企业管理、工商企业管理(财务管理)、工商企业管理(金融与保险)、工业分析与检验、广告设计与制作、环境监测与治理技术、机电一体化技术、机电一体化技术(风力发电技术)、机械制造与自动化、机械制造与自动化(热能动力设备)、计算机网络技术、计算机应用技术(软件方向)、计算机应用技术(物联网方向)、计算机应用技术(信息管理)、旅游管理、旅游管理(外事服务与管理)、民族预科生、农畜特产品加工、农畜特产品加工(奶源建设)、农畜特产品加工(乳品设备)、汽车运用与维修、乳品工艺、商务英语、商务英语(国际酒店旅游)、商务英语(涉外文秘)、设施农业技术、生产过程自动化、食品加工技术、食品加工技术(营养与检测技术)、食品生物技术、食品生物技术(生物制药技术)、市场营销、数控技术、微生物技术及应用、物流管理、印刷技术、应用韩语、应用韩语(涉外文秘)、应用化工技术(煤化工)、制冷与冷藏技术、装潢艺术设计

院系设置

8 系 2 部 1 中心 1 附属中专 1 附属职业高中

定期公开出版的专业刊物 《包头轻工职业技术学院》

学校设立奖学金情况

学校设立奖学金 4 项,奖励总金额 244 万多元。奖学金最高金额 8000 元/年,最低金额 200 元/年。

主要校办产业

兴鹿公司

学校历史沿革

1956 年建校,2002 年底升格为包头轻工职业技术学院,

2009年合并了包头市轻工技校、包头市农牧学校、包头市农职业高中。

内蒙古电子信息职业技术学院

学校(机构)标识码　4115012673
学校办学类型　415:专科院校:高等职业学校
学校性质类别　02 理工院校
学校举办者　811 省级教育部门
学校地址　内蒙古呼和浩特市赛罕区巴彦镇大学城
邮政编码　010070
办公电话　0471-4909996
传真电话　0471-4909995
校园(局域)网域名　www.imeic.cn
电子信箱　4605378@163.com
占地面积(平方米)　686711
校舍建筑面积(平方米)　318476
图书(万册)　74.69
固定资产总值(万元)　20408.27
教学、科研仪器设备资产值(万元)　6631.85
在校生数(人)　9813
其中:普通专科　9790
　　　成人专科　23
专任教师(人)　494
其中:正高级　13
　　　副高级　149
　　　中级　142
　　　初级　164
　　　未定职级　26

专科专业　.NET方向、JAVA方向、电脑艺术设计、电气控制方向、电子商务、电子信息工程技术、电子政务、动漫设计与制作、工业设计、环境艺术设计、会计电算化、机电一体化技术、计算机多媒体技术、计算机通信、计算机系统维护、计算机信息管理、计算机音乐制作、计算机应用技术(预科)、计算机应用开发方向、连锁经营管理、楼宇智能化工程技术、汽车电子技术、软件测试方向、软件设计方向、涉外文秘、生产过程自动化技术、数据库应用与信息化技术、数字媒体技术、通信技术、图形图像制作、网络安全与管理方向、网站开发方向、物流管理、信息采集与控制方向、移动通信技术、营销与策划、应用电子技术、应用系统开发方向、园林技术、智能产品开发方向、自动控制方向

院系设置
软件工程系、计算机科学系、电子工程系、信息管理系

学校设立奖学金情况
学校设立奖学金4项,奖励总金额78余万元。奖学金最高金额800元/年,最低金额200元/年。

1. 特等奖学金 135 人/年,800 元/人;
2. 一等奖学金 348 人/年,500 元/人;
3. 二等奖学金 849 人/年,300 元/人;
4. 三等奖学金 1217 人/年,200 元/人。

学校历史沿革
内蒙古电子信息职业技术学院前身为内蒙古电子学校,创建于1980年7月14日。2003年5月16日经内蒙古自治区批准,改建为高等职业院校,更名为内蒙古电子信息职业技术学院。根据内蒙古自治区党委办公厅2006年1月下发的《内蒙古党委办公厅、政府办公厅关于自治区部门所属高、中等职业院校调整的意见》(厅发[2006]9号)文件精神,内蒙古林业职工中专学校(内蒙古林业技工学校)整体并入我院。学院归内蒙古自治区教育厅直属管理,是全国职业教育先进单位,学院是国家教育部、信息产业部批准的承担"计算机应用与软件技术专业的技能型紧缺人才培养工程"的院校,国家首批35所示范性软件职业技术学院之一。

内蒙古机电职业技术学院

学校(机构)标识码　4115012674
学校办学类型　415:专科院校:高等职业学校
学校性质类别　02 理工院校
学校举办者　811 省级教育部门
学校地址　呼和浩特市赛罕区巴彦镇高职园区
邮政编码　010070
办公电话　0471-5279011
传真电话　0471-5279000
校园(局域)网域名　www.nmgjdxy.com
电子信箱　nmgjdxy@sina.com
占地面积(平方米)　560028
校舍建筑面积(平方米)　293950
图书(万册)　70
固定资产总值(万元)　46354
教学、科研仪器设备资产值(万元)　10204
在校生数(人)　11556
其中:普通专科　10786
　　　成人专科　770
专任教师(人)　495
其中:正高级　21
　　　副高级　162
　　　中级　266
　　　初级　40
　　　未定职级　6

专科专业　材料成型与控制技术、材料工程技术、道路桥梁工程技术、电厂热能动力装置、电力系统自动化技术、电气自动化技术、工程测量与监理、工程造价、焊接技术及自动化、会计与统计核算、机电一体化技术、机械设计与制造、计算机网络技术、计算机信息管理、建筑工程技术、矿山机电、楼宇智能化工程技术、模具设计与制造、汽车电子技术、生产过程自动化技术、数控技术、数控设备应用与维护、水利工程施工技术、水利水电建筑工程、物流管理、冶金技术、有机化工生产技术

院系设置

机电工程系、电气工程系、冶金与材料工程系、水利与土木建筑工程系、信息与管理工程系、公共管理系、中专部

学校设立奖学金情况

学院设立各类奖学金四项,每年 500 多万元奖励,最高 5000 元/年,最低 1500 元/年。

主要校办产业

拥有自治区最大工种最齐全的校内实习工厂。

学校历史沿革

内蒙古机电职业技术学院前身为成立于 1952 年的内蒙古工业学校,2003 年学院经自治区人民政府批准升格为高等职业技术学院,2006 年内蒙古水利学校(含内蒙古水利职工大学)整体并入我院。2008 年学院高职高专人才培养工作评估优秀,2010 年列为国家百所骨干院校立项建设单位。

内蒙古化工职业学院

学校(机构)标识码	4115012675
学校办学类型	415:专科院校:高等职业学校
学校性质类别	02 理工院校
学校举办者	811 省级教育部门
学校地址	呼和浩特市赛罕区巴彦镇罗家营 高职园区
邮政编码	010071
办公电话	0471-5260331
传真电话	0471-5260333
校园(局域)网域名	hgzyxy.com.cn
电子信箱	nhybgs@188.com
占地面积(平方米)	551478
校舍建筑面积(平方米)	301815
图书(万册)	38.09
固定资产总值(万元)	55142.5
教学、科研仪器设备资产值(万元)	7384.19
在校生数(人)	9618
其中:普通专科	9314
成人专科	304
专任教师(人)	435
其中:正高级	9
副高级	120
中级	118
初级	188

专科专业 材料工程技术、电力系统自动化技术、电气自动化技术、电子商务、电子信息工程技术、高分子材料应用技术、工业分析与检验、化工技术类、化工设备维修技术、化学制药技术、环境监测与评价、会计电算化、会计与审计、机电一体化技术、计算机多媒体技术、计算机控制技术、计算机网络技术、计算机应用技术、建筑装饰材料与检测、建筑装饰工程技术、精细化学品生产技术、旅游管理、煤炭深加工与利用、煤质分析技术、热能动力设备与应用、生产过程自动化技术、石油化工生产技术、食品加工技术、食品营养与检测、市场营销、数控技术、物流管理、应用化工技术

院系设置

化学工程系、材料工程系、测控与机电工程系、计算机与信息工程系、管理工程系、基础部

国家级、省部级研究机构设置

研究所(中心):科研与职业教育研究中心

定期公开出版的专业刊物 《内蒙古化工职业学院学报》

学校设立奖学金情况

学校设立奖学金 8 项,奖励总金额 42.98 万元。奖学金最高金额 1200 元/年,最低金额 100 元/年。

1. 一等奖学金:71 人/年,1200 元/年,小计:85200 元;
2. 二等奖学金:201 人/年,800 元/年,小计:160800 元;
3. 三等奖学金:321 人/年,400 元/年,小计:128400 元;
4. 日常表现奖:82 人/年,100 元/年,小计:8200 元;
5. 鼓励进步奖:42 人/年,100 元/年,小计:4200 元;
6. 单科成绩优秀奖:13 人/年,100 元/年,小计:1300 元;
7. 优秀学生干部:107 人/年,300 元/年,小计:32100 元;
8. 优秀学生干部工作奖:48 人/年,200 元/年,小计:9600 元。

毕业生一次性就业率 90.86%

学校历史沿革

本校于 1978 年 8 月 8 日,按内革发(1978)154 号文件从内蒙古燃化学校化工专业划过来单独成立内蒙古化工学校。1984 年,按内石化人字(1984)35 号文件更名为内蒙古石油化工学校。2003 年 5 月,按内政字(2003)158 号文件,经自治区人民政府批准、国家教育部备案,在合并内蒙古石油化工学校、内蒙古建材工业学校的基础上组建内蒙古化工职业学院。

内蒙古商贸职业学院

学校(机构)标识码	4115012676
学校办学类型	415:专科院校:高等职业学校
学校性质类别	08 财经院校
学校举办者	811 省级教育部门
学校地址	内蒙古自治区呼和浩特市赛罕区高职院区
邮政编码	010070
办公电话	0471-5279986
传真电话	0471-5279666
电子信箱	smzyxy@126.com
占地面积(平方米)	629763
校舍建筑面积(平方米)	123911
图书(万册)	103.77
固定资产总值(万元)	10115.86

教学、科研仪器设备资产值(万元) 6037.08	成人专科 98	中级 101
在校生数(人) 9611	专任教师(人) 314	初级 75
其中:普通专科 9513	其中:正高级 13	未定职级 25
	副高级 100	

专科专业 导游、电子商务、动漫设计与制作、服装设计、广告设计与制作、国际贸易实务、国际贸易实务(中英合作)、环境艺术设计、会计、会计(中英合作)、会计电算化、会展策划与管理、计算机多媒体技术、计算机网络技术、计算机信息管理、计算机应用技术、家具设计、金融与证券、酒店管理、酒店管理(预科生)、酒店管理(中英合作)、劳动与社会保障、连锁经营管理、粮食工程、旅游管理、烹饪工艺与营养、皮革制品设计与工艺、人力资源管理、商务英语(中英合作)、摄影摄像技术、审计实务、食品加工技术、食品营养与检测、食品贮运与营销、市场营销、室内设计技术、文化市场经营与管理、文秘、物流管理、物业管理、移动通信技术

院系设置

会计系、商务系、工程系、计算机系、旅游系、经营管理系、艺术系、国际交流教学部、社科部、体育部、基础教学部、附属中专

学校设立奖学金情况

学校设立奖学金3项,奖励总金额347余万元。奖学金最高金额8000元/年,最低金额400元/年。

国家奖学金8000元/人;励志奖学金5000元/人;学校奖学金1200-400元/年。

学校历史沿革

2001年4月经自治区人民政府批准,内蒙古商业学校与内蒙古粮食学校合并并组建内蒙古商业学校。2003年5月经内蒙古自治区人民政府批准并报教育部核准备案,由内蒙古商业学校与内蒙古工艺美术学校合并组建全日制公办高等院校内蒙古商贸职业学院。

锡林郭勒职业学院

学校(机构)标识码 4115012677	传真电话 0479-8264305	在校生数(人) 7506
学校办学类型 415:专科院校:高等职业学校	校园(局域)网域名 www.xlglvc.com	其中:普通专科 6566
	电子信箱 xlglvc@126.com	成人专科 940
学校性质类别 01 综合大学	占地面积(平方米) 1363341	专任教师(人) 502
学校举办者 822 地级其他部门	校舍建筑面积(平方米) 419364	其中:副高级 153
学校地址 内蒙古锡林浩特市那达慕大街122号	图书(万册) 88	中级 165
邮政编码 026000	固定资产总值(万元) 50856.61	初级 105
办公电话 0479-8261397	教学、科研仪器设备资产值(万元) 5744.47	未定职级 79

专科专业 采矿工程技术、畜牧、畜牧兽医、导游、电厂设备运行与维护、动漫设计与制作、风力发电设备及电网自动化、广告设计与制作、护理、会计、机电一体化技术、计算机网络技术、计算机信息管理、经济管理、康复治疗技术、矿物加工技术、煤炭深加工与利用、民族传统体育、汽车运用与维修、软件技术、生物技术及应用、食品加工技术、水土保持、体育教育、学前教育、医药营销、音乐教育、英语教育、主持与播音、助产

院系设置

共设11个院系,29个高职专业

学校设立奖学金情况

学校设立奖学金一项,奖励金额20余万元,奖学金最高800元/年,最低400元/年。

主要校办产业

锡林郭勒九曲湾旅游度假区、锡林郭勒福达驾驶员培训学校、锡盟福达机动车检测中心

学校历史沿革

锡林郭勒职业学院于2003年经内蒙古自治区人民政府批准成立,是锡盟唯一一所全日制专科层次的综合类院校。学院由原锡盟教育学院、锡盟卫生学校、锡盟民族财贸学校、内蒙古电大锡盟分校合并组建,2006年6月根据锡林郭勒盟锡署办(2006)51号文件精神,内蒙古锡林浩特牧业机械化学校、内蒙古锡林浩特牧业学校并入我院。

内蒙古警察职业学院

学校(机构)标识码 4115012797	业学校	学校举办者 812 省级其他部门
学校办学类型 415:专科院校:高等职	学校性质类别 09 政法院校	学校地址 内蒙古警察职业学院 呼和

浩特市兴安北路11号
邮政编码　010051
办公电话　0471-5279301
传真电话　0471-5279308
校园(局域)网域名　www.imppc.cn
电子信箱　fwg1950@126.com
占地面积(平方米)　146355
校舍建筑面积(平方米)　65698
图书(万册)　29.16
固定资产总值(万元)　6610.42
教学、科研仪器设备资产值(万元)　1594.12
在校生数(人)　1127
其中:普通专科　866
成人专科　261
专任教师(人)　158
其中:正高级　22
副高级　63
中级　66
初级　7

专科专业　法律事务、法律事务(蒙授)
院系设置
侦查系、治安管理系、交通管理系、公安管理系、监管系、法律系、蒙语授课教学部、政治理论教学部、警体教学部
定期公开出版的专业刊物　《内蒙古警察职业学院学报》
学校设立奖学金情况
学校设立奖学金一项,奖励总额35万元。奖学金最高金额1000元/年,奖学金最低金额200元/年。
学校历史沿革
1943年成立内蒙古公安直属训练科,1978年改名为内蒙古政法干部学院,1980年改建为内蒙古人民警察学校,2011年4月,组建内蒙古警察职业学院,2002年9月,内蒙古法学校并入内蒙古警察职业学院。

内蒙古体育职业学院

学校(机构)标识码　4115012894
学校办学类型　415:专科院校:高等职业学校
学校性质类别　10 体育院校
学校举办者　812 省级其他部门
学校地址　内蒙古自治区呼和浩特市新城区成吉斯汗大街19号
邮政编码　010051
办公电话　0471-6511583
传真电话　0471-6511583
校园(局域)网域名　www.nmtyxy.com
电子信箱　nmtyxy@163.com
占地面积(平方米)　123470
校舍建筑面积(平方米)　47667
图书(万册)　9.89
固定资产总值(万元)　4088
教学、科研仪器设备资产值(万元)　765.35
在校生数(人)　595
其中:普通专科　582
成人专科　13
专任教师(人)　92
其中:副高级　19
中级　38
初级　29
未定职级　6

专科专业　体育服务与管理、体育市场营销、新闻采编与制作、新闻与采编、休闲服务与管理、学校体育、运动训练

乌兰察布职业学院

学校(机构)标识码　4115013699
学校办学类型　415:专科院校:高等职业学校
学校性质类别　01 综合大学
学校举办者　822 地级其他部门
学校地址　内蒙古乌兰察布市集宁新区满达东街曙光路交汇处
邮政编码　012000
办公电话　0474-8308318
传真电话　0474-8303455
校园(局域)网域名　www.wlcbzyxy.com.cn
电子信箱　wlcbzyxy@126.com
占地面积(平方米)　588172
校舍建筑面积(平方米)　177603
图书(万册)　33.83
固定资产总值(万元)　58533.14
教学、科研仪器设备资产值(万元)　5621.68
在校生数(人)　5375
其中:普通专科　4738
成人专科　637
专任教师(人)　339
其中:正高级　15
副高级　113
中级　129
初级　47
未定职级　35

专科专业　宠物医学、畜牧兽医、电力系统自动化技术、电子商务、动漫设计与制作、工程造价、广告设计与制作、焊接技术及自动化、焊接质量检测技术、会计电算化、机电设备维修与管理、机电一体化技术、计算机网络技术、计算机应用技术、建筑工程技术、旅游管理、马铃薯生产加工、农产品质量检测、汽车电子技术、汽车检测与维修技术、食品加工技术、市场营销、兽药生产与营销、物流管理、物业管理、园林技术、园艺技术

院系设置

学院下设生物技术系、机电技术系、建筑技术系、经济管理系、马铃薯工程系、基础部、中专部

学校设立奖学金情况

学院设立国家奖学金、国家助学金、励志奖学金、育人助学金、"博爱一日捐,祝你上大学"助学金等奖学金五项,奖励总金额483.4余万元。奖学金最高金额8000元/年,最低金额300元/年。

学校历史沿革

乌兰察布职业学院是2004年4月5日经内蒙古自治区人民政府批准,国家教育部备案的综合性高等职业院校,学院的前身是乌盟财贸粮食学校、乌盟农牧学校、乌盟工业学校三所中专学校。

通辽职业学院

学校(机构)标识码	4115013740
学校办学类型	415:专科院校:高等职业学校
学校性质类别	01 综合大学
学校举办者	822 地级其他部门
学校地址	内蒙古通辽市经济技术开发区辽河大街北段
邮政编码	028000
办公电话	0475-8888551
传真电话	0475-8888508
校园(局域)网域名	www.tlzyxy.com
电子信箱	tlzyl@126.com
占地面积(平方米)	533000
校舍建筑面积(平方米)	147011
图书(万册)	51
固定资产总值(万元)	35252
教学、科研仪器设备资产值(万元)	6018.03
在校生数(人)	7750
其中:普通专科	5784
成人专科	1966
专任教师(人)	498
其中:正高级	6
副高级	141
中级	158
初级	188
未定职级	5

专科专业 初等教育、工程监理、护理、会计电算化、机电设备维修与管理、计算机教育、计算机网络技术、计算机应用技术、建筑工程技术、酒店管理、旅游英语、美术教育、汽车检测与维修技术、食品营养与检测、数学教育、体育教育、物流管理、学前教育、药品经营与管理、药物制剂技术、药学、音乐教育、英语教育、应用电子技术、应用化工技术、语文教育、助产

院系设置

通辽职业学院现有理工系、生物化工系、财经管理系、数学与计算机系、艺体系、护理系、药学系、医学卫生系、中文系、外语系、政法系等十一个教学系,其中药学系药学专业、学前教育专业为我区区级精品专业。

学校设立奖学金情况

学校设立奖学金3项,奖励总金额70余万元。奖学金最高金额8000元/年,最低金额800/元。

学校历史沿革

通辽职业学院是2004年4月经内蒙古自治区人民政府批准、教育部备案,在原通辽教育学院、内蒙古电大通辽分校、通辽卫生学校等三所学校的基础上合并组建的一所全日制综合性高等职业学校。学院以举办高等职业教育为主,保留原中等职业教育和电大远程教育职能,同时承担面向社会的职业技能培训和初中老师继续教育培训。

科尔沁艺术职业学院

学校(机构)标识码	4115013741
学校办学类型	415:专科院校:高等职业学校
学校性质类别	11 艺术院校
学校举办者	822 地级其他部门
学校地址	内蒙古通辽市经济技术开发区辽河大街东段
邮政编码	028000
办公电话	0475-8621018
传真电话	0475-8621017
校园(局域)网域名	www.keqysxy.com.cn
电子信箱	keqysxy@163.com
占地面积(平方米)	312729
校舍建筑面积(平方米)	69395
图书(万册)	9.41
固定资产总值(万元)	20709
教学、科研仪器设备资产值(万元)	926.83
在校生数(人)	770
其中:普通专科	759
成人专科	11
专任教师(人)	190
其中:正高级	4
副高级	37
中级	37
初级	74
未定职级	38

专科专业 电脑艺术设计、动漫设计与制作、广告设计与制作、计算机应用技术、旅游管理、舞蹈表演、艺术设计、音乐表演、主持与播音、装潢艺术设计

院系设置

声乐系、器乐系、舞蹈系、美术系、古筝系、马头琴系、计算机系、戏剧表演系

学校历史沿革

科尔沁艺术职业学院前身系通辽市艺术学校,始建于1976年。2004年,经教育资源整合,内蒙古人民政府批准(内政字【2004】128号文件),由通辽市艺术学校与通辽市粮商学校合并,组建成立了全区唯一一所独立设置的艺术类高等职业学校——科尔沁艺术职业学院。

内蒙古交通职业技术学院

学校(机构)标识码	4115013824
学校办学类型	415:专科院校:高等职业学校
学校性质类别	02 理工院校
学校举办者	822 地级其他部门
学校地址	内蒙古自治区赤峰市新城王府大街6号
邮政编码	024005
办公电话	0476-8823955
传真电话	0476-8823955
校园(局域)网域名	www.mnjtzy.com
电子信箱	zhlabc123@sina.com
占地面积(平方米)	477838
校舍建筑面积(平方米)	194170
图书(万册)	35.62
固定资产总值(万元)	19351.19
教学、科研仪器设备资产值(万元)	3508.82
在校生数(人)	7765
其中:普通专科	6688
成人专科	1077
专任教师(人)	419
其中:正高级	5
副高级	77
中级	116
初级	147
未定职级	74

专科专业 道路桥梁工程技术、电子信息工程技术、房地产经营与估价、高等级公路维护与管理、工程地质勘查、工程机械运用与维护、工程监理、工程造价、公路监理、焊接技术及自动化、会计与审计、计算机网络技术、计算机应用技术、建筑电气工程技术、建筑工程技术、建筑设备工程技术、金属矿产地质与勘查技术、酒店管理、汽车电子技术、汽车技术服务与营销、汽车检测与维修技术、汽车运用技术、汽车整形技术、汽车制造与装配技术、数控技术、铁道工程技术、微电子技术、物流管理

院系设置

汽车工程系、道路桥梁工程系、机械电子工程系、建筑工程系、基础教育部

学校设立奖学金情况

学校设立奖学金3项,奖励总金额60余万元。奖学金最高金额8000元/年,最低金额200元/年。

主要校办产业

汽车修理厂、赤峰正通路桥监理股份有限公司

毕业生一次就业率 98%

学校历史沿革

内蒙古交通职业技术学院前身为昭乌达盟汽车技工学校,创建于1975年。1980年10月更名为内蒙古赤峰交通技工学校,1999年10月更名为内蒙古交通高级技工学校,2004年6月更名为内蒙古交通职业技术学院。

包头钢铁职业技术学院

学校(机构)标识码	4115013864
学校办学类型	415:专科院校:高等职业学校
学校性质类别	02 理工院校
学校举办者	822 地级其他部门
学校地址	包头钢铁职业技术学院
邮政编码	014010
办公电话	0472-2897209
传真电话	0472-2897209
校园(局域)网域名	www.btsvc.edu.cn
电子信箱	bgjypxzx@163.com
占地面积(平方米)	338865
校舍建筑面积(平方米)	181210
图书(万册)	31.45
固定资产总值(万元)	9843.59
教学、科研仪器设备资产值(万元)	1992.58
在校生数(人)	5499
其中:普通专科	4615
成人专科	884
专任教师(人)	324
其中:正高级	2
副高级	137
中级	109
初级	62
未定职级	14

专科专业 电气自动化技术、工程造价、焊接技术及自动化、会计电算化、机电设备维修与管理、机电一体化技术、计算机控制技术、计算机网络技术、计算机应用技术、检测技术及应用、建筑工程管理、建筑工程技术、酒店管理、矿山机电、市场营销、数控设备应用与维护、物流管理、冶金技术、液压与气动技术、应用化工技术

院系设置

机械系、自动化系、基础部、建筑工程系、工商管理系、冶金化工系、实践教学处、社科系、网络中心、实训中心、成人教育处

学校设立奖学金情况

学校设立奖学金1项,奖励总金额10余万元。奖学金最高金额300元/年/人,最低金额100元/年/人。

学校历史沿革

包头钢铁职业技术学院的前身是包钢职工大学,2003年以包钢职工大学为基础与包钢党校合并,2005年5月经国家教育部备案,更名为包头钢铁职业技术学院,成为一所全日制高等职业院校。2007年11月包钢高级技术学校并入我院。

乌海职业技术学院

学校(机构)标识码	4115013915
学校办学类型	415:专科院校:高等职业学校
学校性质类别	02 理工院校
学校举办者	822 地级其他部门
学校地址	内蒙古乌海市海勃湾区滨河新区市府大道
邮政编码	016000
办公电话	0473-2616008
传真电话	0473-2616008
校园(局域)网域名	www.whvtc.net
电子信箱	whxydb@126.com
占地面积(平方米)	466620
校舍建筑面积(平方米)	98124
图书(万册)	26.86
固定资产总值(万元)	22803.49
教学、科研仪器设备资产值(万元)	3432.91
在校生数(人)	4669
其中:普通专科	3590
成人专科	1079
专任教师(人)	220
其中:副高级	72
中级	75
初级	37
未定职级	36

专科专业 电厂热能动力装置、电力系统继电保护与自动化、电气自动化技术、发电厂及电力系统、高聚物生产技术、工程造价、工业分析与检验、环境监测与治理技术、会计与统计核算、火电厂集控运行、机电一体化技术、计算机多媒体技术、计算机网络技术、建筑工程管理、建筑工程技术、建筑装饰工程技术、酒店管理、矿井通风与安全、矿山机电、煤矿开采技术、煤炭深加工与利用、汽车检测与维修技术、市场营销、市政工程技术、数控技术、物流管理、物业管理、选煤技术、应用化工技术、预科生

院系设置

机电工程系、矿业工程系、电力工程系、化学工程系、建筑工程系、管理系、素质教育部、电大与成人教育中心、工程训练中心

学校设立奖学金情况

学校设立奖学金2项,奖励总金额14余万元。奖学金最高金额8000元/年,最低金额800元/年。

学校历史沿革

乌海职业技术学院是经内蒙古自治区人民政府批准成立、教育部备案的全日制普通高职院校,受自治区教育厅和乌海市人民政府双重管理,是乌海市唯一一所高等学校。内蒙古自治区人民政府于2004年6月15日以内政字【2006】216号文件批准成立内蒙古工业大学乌海学院,2005年2月6日以内政字【2005】28号文件批准成立乌海职业技术学院,于内蒙古工业大学乌海学院一个实体,两块牌子。

内蒙古科技职业学院

学校(机构)标识码	4115014048
学校办学类型	415:专科院校:高等职业学校
学校性质类别	02 理工院校
学校举办者	999 民办
学校地址	内蒙古呼和浩特市机场高速路44号
邮政编码	010011
办公电话	0471-2315168
传真电话	0471-2315168
校园(局域)网域名	www.imtvc.edu.com
电子信箱	kjjw1999@163.com
占地面积(平方米)	13377
图书(万册)	7.73
固定资产总值(万元)	7272.7
教学、科研仪器设备资产值(万元)	540
在校生数(人)	1457
其中:普通专科	1438
成人专科	19
专任教师(人)	56
其中:正高级	2
副高级	10
中级	18
初级	26

专科专业 电子商务、工程造价、工商企业管理、焊接技术及自动化、会计与审计、计算机多媒体技术、计算机网络技术、计算机信息管理、建筑装饰工程技术、旅游管理、文秘、音乐表演、营销与策划、影视多媒体技术、应用电子技术、应用英语

院系设置

经济管理系、电子信息系、外语系、艺术与传媒系

定期公开出版的专业刊物 《内蒙古科技职业学院校刊》

学校设立奖学金情况

学校设立奖学金4项,奖励总金额4余万元。奖学金最高

金额 500 元/年,最低金额 100 元/年。
1. 国家奖学金:1 人/年,8000 元/人。
2. 国家励志奖学金:51 人/年,5000 元/人。
3. 国家助学金:477 人/年,3000 元/人。

学校历史沿革
1. 学校前身:1991 年成立的内蒙古科技专修学院。2. 2006 年经自治区人民政府批准、教育部备案成为具有独立颁发国家承认毕业证书的高等职业学院。

内蒙古北方职业技术学院

学校(机构)标识码　4115014049
学校办学类型　415:专科院校:高等职业学校
学校性质类别　01 综合大学
学校举办者　999 民办
学校地址　内蒙古北方职业技术学院
邮政编码　010070
办公电话　0471-2692009

传真电话　0471-2692006
校园(局域)网域名　www.nmbfxy.com
电子信箱　beifang@vip.qq.com
占地面积(平方米)　347501
图书(万册)　26.6
固定资产总值(万元)　10721
教学、科研仪器设备资产值(万元)　1736.1

在校生数(人)　2305
　其中:普通专科　2300
　　　　成人专科　5
专任教师(人)　130
　其中:正高级　6
　　　　副高级　15
　　　　中级　47
　　　　初级　62

专科专业　工程造价、护理、会计电算化、机电一体化技术、计算机应用技术、旅游管理、汽车检测与维修技术、食品营养与检测、新闻采编与制作、医药营销、中药制药技术
院系设置
护理系、药学系、建筑系、人文系、计算机系、机电系
定期公开出版的专业刊物　《农村医药报》
学校设立奖学金情况
国家奖学金 8000 生/元、国家励志奖学金 5000 生/元。

学校历史沿革
始建于 1984 年"乡村医生刊援学院",1993 年经内蒙古自治区教育厅批准,成立非学历民办高等教育机构"内蒙古医药专修学院",2006 年经内蒙古自治区人民政府批准,国家教育部备案,成为具有独立颁发高等专科毕业证书资格的全日制高等职业院校。

赤峰职业技术学院

学校(机构)标识码　4115014050
学校办学类型　415:专科院校:高等职业学校
学校性质类别　01 综合大学
学校举办者　999 民办
学校地址　赤峰市新城区第三粮食储备库北 500 米
邮政编码　024005
办公电话　0476-5899989

传真电话　0476-8425699
校园(局域)网域名　www.cfzyjsxy.com
电子信箱　fl800206@126.com
占地面积(平方米)　33350
图书(万册)　7.2
固定资产总值(万元)　15000
教学、科研仪器设备资产值(万元)　418

在校生数(人)　845
　其中:普通专科　845
专任教师(人)　46
　其中:正高级　2
　　　　副高级　10
　　　　中级　18
　　　　初级　10
　　　　未定职级　6

专科专业　道路桥梁工程技术、法律事务、工程测量技术、工程监理、工程造价、会计电算化、计算机信息管理、建筑工程技术、酒店管理、商务英语、市场营销、文秘、物流管理、装潢艺术设计
院系设置
理学系、工学系、人文系、经管系
学校设立奖学金情况
学校设立奖学金 3 项,奖励总金额 67 余万元。奖学金最高金额 8000 元/年,最低金额 1000 元/年。
毕业生一次就业率　89.25%
学校历史沿革
赤峰职业技术学院(原内蒙古职业技术学院)地处内蒙古赤峰市新城区,于 1995 年筹建,1996 年学院经自治区

内蒙古经贸外语职业学院

学校(机构)标识码 4115014051	办公电话 0471-6572534	在校生数(人) 2051
学校办学类型 415:专科院校:高等职业学校	传真电话 0471-6572534	其中:普通专科 2051
	校园(局域)网域名 www.nmgjwy.com	专任教师(人) 68
学校性质类别 08 财经院校	电子信箱 info@nmgjwy.com	其中:正高级 2
学校举办者 999 民办	图书(万册) 10.5	副高级 5
学校地址 呼和浩特市新城区呼哈路六公里处	固定资产总值(万元) 4109.84	中级 23
邮政编码 010070	教学、科研仪器设备资产值(万元) 627.72	初级 38

专科专业 财务管理、电子商务、动漫设计与制作、工商企业管理、广告设计与制作、会计与审计、会计与统计核算、计算机网络技术、金融保险、酒店管理、连锁经营管理、旅游英语、人力资源管理、商务英语、营销与策划、应用韩语、应用英语

院系设置
经济管理系、外语系、会计金融系、艺术设计系、继续教育系

学校设立奖学金情况
学校设立三项,总金额1.975万元。最高500元/年,最低50元/年。国家奖学金一项,总金额1.6万元;励志奖一项,金额35.5万元;助学奖一项,金额198.6万元。

学校历史沿革
学院前身是1992年成立的非学历民办高等教育。2006年自治区人民政府批准、教育部备案,成为独立颁发国家认可的高等专科学历毕业证书资格的全日制普通高等职业院校。

包头铁道职业技术学院

学校(机构)标识码 4115014187	传真电话 0472-2222249	在校生数(人) 2947
学校办学类型 415:专科院校:高等职业学校	校园(局域)网域名 www.bttzy.com	其中:普通专科 2695
	电子信箱 btzybgs@126.com	成人专科 252
学校性质类别 02 理工院校	占地面积(平方米) 237625	专任教师(人) 285
学校举办者 822 地级其他部门	校舍建筑面积(平方米) 115258	其中:副高级 86
学校地址 内蒙古包头市东河区巴彦塔拉大街44号	图书(万册) 26.1	中级 70
邮政编码 014040	固定资产总值(万元) 9690	初级 48
办公电话 0472-6915114	教学、科研仪器设备资产值(万元) 2666.19	未定职级 81

专科专业 电子政务、动漫设计与制作、高速铁道技术、工程测量技术、供用电技术、环境监测与治理技术、机电设备维修与管理、机电设备维修与管理(民族预科)、计算机网络技术、建筑工程技术、建筑装饰工程技术、数控技术、铁道工程技术、铁道机车车辆、铁道交通运营管理、铁道通信信号、铁道运输经济

院系设置
环境工程、机电、车辆、运输、工程、信息、社会事务、基础部、土木工程

学校设立奖学金情况
学校设立奖学金1项,奖励总金额9.3万元/年。奖学金最高金额1200元/年,最低金额600元/年。

学校历史沿革
包头铁道职业技术学院是2008年经自治区人民政府批准,国家教育部备案的理工类高职院校,学院以高职教育为主,同时承担中专培养任务。学院前身是包头铁路工程学校,创建于1956年4月1日。1957年9月6日经铁道部批准升格为包头铁道学院,附设中专部。1959年铁道部将天津、石家庄、太原、西宁4所铁道学院合并到包头铁道学院。1960年呼铁局将包头铁道运输、师范、卫生三所中专及职工学校合并到中专部。1964年9月1日撤销建制,恢复包头铁路工程学校校名。文革期间招生停止6年。1971年9月25日更名为包头铁路技术学校,1972年恢复招生。1983年10月11日恢复包头铁路刚才学校校名。1996年呼铁局将昆都仑铁小划拨我校。1998年4月,呼铁局将包铁路职工学校合并到我校。2000年5月呼铁局将包铁三中划归我校。2002年2月呼铁局将包铁铁路职工学校划出。2003年12月31日我校规包头市管理。2005年11月呼铁局将包铁铁路职工学校、萨拉齐铁中划归我校管理。

内蒙古大学创业学院

学校(机构)标识码 4115014199	传真电话 0471-4996512	在校生数(人) 4611
学校办学类型 413:本科院校:独立学院	校园(局域)网域名 www.imuchuangye.cn	其中:普通本科 4611
学校性质类别 01 综合大学	电子信箱 cyxybgs@126.com	专任教师(人) 283
学校举办者 999 民办	占地面积(平方米) 204615	其中:正高级 65
学校地址 内蒙古呼和浩特市玉泉区昭君路24号	校舍建筑面积(平方米) 94068	副高级 98
邮政编码 010070	图书(万册) 43.42	中级 78
办公电话 0471-4996517	固定资产总值(万元) 16310.01	初级 21
	教学、科研仪器设备资产值(万元) 2873.81	未定职级 21

本科专业 电子信息科学与技术、动画、汉语言文学、环境科学、会计学、绘画、计算机科学与技术、人力资源管理、日语、通信工程、土木工程、新闻学、信息与计算科学、艺术设计、英语

院系设置 设有艺术教学部、语言与传媒教学部、信息工程教学部、土木工程教学部和商学教学部5个教学部

学校设立奖学金情况 学院设立奖学金一项,2010年度奖励总金额38.73万元。奖学金最高金额4000元/年,最低金额500元/年。

学校历史沿革 内蒙古大学创业学院(以下简称"学院")是内蒙古大学与社会投资方合作,于2005年开始筹建、2008年经教育部正式批准设立并在当年开始招生的一所本科层次的独立学院。学院位于内蒙古自治区首府呼和浩特市,毗邻南湖湿地公园和内蒙古大学新校区,环境优美、交通便利,地理位置优越。

内蒙古师范大学鸿德学院

学校(机构)标识码 4115014205	校园(局域)网域名 www.honder.com	其中:普通本科 5159
学校办学类型 413:本科院校:独立学院	电子信箱 hdjyjgbgs@163.com	留学生 21
学校性质类别 01 综合大学	占地面积(平方米) 377301	专任教师(人) 215
学校举办者 999 民办	校舍建筑面积(平方米) 104115	其中:正高级 15
学校地址 呼和浩特市机场路29号	图书(万册) 53	副高级 25
邮政编码 010070	固定资产总值(万元) 35000	中级 72
办公电话 0471-4611698	教学、科研仪器设备资产值(万元) 2122	初级 68
传真电话 0471-4697816	在校生数(人) 5180	未定职级 35

本科专业 财务管理、动画、工程管理、广播电视编导、会计学、旅游管理、美术学、摄影、戏剧影视文学、新闻学、学前教育、艺术设计、英语

院系设置 外语系、人文系、管理系、艺术系、财会系、影视艺术分院

学校设立奖学金情况 学校设立奖学金4项,奖励金额5余万元。奖学金最高金额800元/年,最低金额200元/年。

学校历史沿革 内蒙古师范大学鸿德学院是经国家教育部批准成立的普通本科院校,也是内蒙古自治区仅有的两所独立学院之一。学院由内蒙古内蒙古师范大学与内蒙古鸿创科教有限公司合作举办,于2004年开始筹备。2006年3月,学院顺利通过教育部和自治区教育厅两家专家组评估论证,于6月29日被批准筹建(教育厅[2006]3号文件);2008年4月19日,经教育专家组验收合格,5月7日被正式批准成立(教发厅[2008]44号文件)。

乌兰察布医学高等专科学校

学校(机构)标识码 4115014219	传真电话 0474-8303008	在校生数(人) 2252
学校办学类型 414:专科院校:高等专科学校	校园(局域)网域名 www.wlcbswx.com	其中:普通专科 1837
	电子信箱 jnslws@sohu.com	成人专科 415
学校性质类别 05 医药院校	占地面积(平方米) 349889	专任教师(人) 139
学校举办者 822 地级其他部门	校舍建筑面积(平方米) 80399	其中:正高级 6
学校地址 内蒙古乌兰察布市集宁区白海子镇邓土村民委员会	图书(万册) 13.4	副高级 51
	固定资产总值(万元) 24095.56	中级 43
邮政编码 012000	教学、科研仪器设备资产值(万元) 2142.26	初级 27
办公电话 0474-8303008		未定职级 12

专科专业 护理、临床医学、蒙医学、药品经营与管理、药学、医学检验技术、中医学、助产

院系设置
临床医学系、护理系、医学检验系、药学系、蒙中医系

学校设立奖学金情况
学校设立奖学金 4 项,奖励总金额 52.5 余万元。奖学金最高金额 5000 元/年,最低金额 1000 元/年。

学校历史沿革
乌兰察布市卫生学校,1959 年建校,自治区重点中等专业学校。2009 年升格为乌兰察布医学高等专科学校。

鄂尔多斯职业学院

学校(机构)标识码 4115014248	传真电话 0477-8591117	在校生数(人) 1996
学校办学类型 415:专科院校:高等职业学校	校园(局域)网域名 www.ordosvc.cn	其中:普通专科 1996
	电子信箱 eerds1962@yahoo.com	专任教师(人) 156
学校性质类别 02 理工院校	占地面积(平方米) 676599	其中:正高级 7
学校举办者 822 地级其他部门	校舍建筑面积(平方米) 139243	副高级 78
学校地址 内蒙古鄂尔多斯康巴什新区	图书(万册) 7.91	中级 30
	固定资产总值(万元) 3197.13	初级 29
邮政编码 017000	教学、科研仪器设备资产值(万元) 3197.13	未定职级 12
办公电话 0477-8591117		

专科专业 电厂热能动力装置、电气自动化技术、工程测量技术、工程监理、机电一体化技术、机械制造与自动化、计算机应用技术、建筑工程技术、建筑装饰工程技术、矿山机电、煤矿开采技术、煤炭深加工与利用、汽车检测与维修技术、应用化工技术

学校历史沿革
2007 年内蒙古人民政府下文批准鄂尔多斯市政府创办鄂尔多斯职业学院,2009 年 4 月教育部备案。

内蒙古轩元职业学院

学校(机构)标识码 4115014282	学校地址 内蒙古呼和浩特市盛乐经园区盛乐四路	校园(局域)网域名 www.nmxuanyuan.cn
学校办学类型 415:专科院校:高等职业学校	邮政编码 011517	电子信箱 nmxuanyuan@foxmail.com
学校性质类别 01 综合大学	办公电话 0471-6208290	占地面积(平方米) 205894
学校举办者 999 民办	传真电话 0471-6208290	校舍建筑面积(平方米) 58934

图书(万册) 11	其中:普通专科 556	副高级 11
固定资产总值(万元) 25310	成人专科 170	中级 10
教学、科研仪器设备资产值(万元) 1500	专任教师(人) 45	初级 4
在校生数(人) 726	其中:正高级 6	未定职级 14

专科专业 财务管理、法律事务、会计与审计、火电厂集控运行、机械制造与自动化、计算机应用技术、建筑工程技术、建筑装饰工程技术、商务英语、音乐表演

院系设置
能源工程系、建筑工程系、机械工程系、管理工程系、艺术系

学校设立奖学金情况
学校设立奖学金三项,奖励总金额 5 万元。奖学金最高金额 3000 元/年,最低金额 1000 元/年。

学校历史沿革
内蒙古轩元职业学院是经内蒙古自治区人民政府批准(内政字[2009]91号),国家教育部备案(教发函[2010]71号),纳入国家统一招生计划,具有独立颁发国家承认学历证书资格的全日制普通高等职业院校。学院前身为成立于 1997 年 7 月的内蒙古商法专修学院。

呼伦贝尔职业技术学院

学校(机构)标识码 4115014283	办公电话 0470-2283011	2937.76
学校办学类型 415:专科院校:高等职业学校	传真电话 0470-2283009	在校生数(人) 554
	电子信箱 hlbezyjsxy@yiah.net	其中:普通专科 554
学校性质类别 01 综合大学	占地面积(平方米) 149589	专任教师(人) 303
学校举办者 822 地级其他部门	校舍建筑面积(平方米) 91449	其中:副高级 147
学校地址 呼伦贝尔市中心城新区规划三街	图书(万册) 32.37	中级 97
	固定资产总值(万元) 7561.9	初级 36
邮政编码 021000	教学、科研仪器设备资产值(万元)	未定职级 23

专科专业 服装设计、护理、机电一体化技术、计算机应用技术、口腔医学技术、旅游管理、煤炭深加工与利用、生物制药技术、食品生物技术、舞蹈表演、音乐表演、应用化工技术

院系设置
工业工程系、蒙医蒙药系、医疗护理系、艺术系、商贸旅游系、信息工程系

学校历史沿革
呼伦贝尔职业技术学院是 2009 年 9 月 26 日由原呼伦贝尔市蒙医学校、呼伦贝尔市民族艺术学校、呼伦贝尔市工业学校、内蒙古大兴安岭卫生学校等四所中等学校基础上组建而成。四所学校都建与二十世纪六、七十年代,其中工业学校为国家级重点学校,其他三所均为自治区级重点学校。

满洲里俄语职业学院

学校(机构)标识码 4115014285	传真电话 0470-6242060	1863.58
学校办学类型 415:专科院校:高等职业学校	校园(局域)网域名 ey.mzlxy.cn	在校生数(人) 115
	电子信箱 mzleyzyxy@163.com	其中:普通专科 115
学校性质类别 07 语文院校	占地面积(平方米) 1300000	专任教师(人) 108
学校举办者 822 地级其他部门	校舍建筑面积(平方米) 105964	其中:副高级 9
学校地址 内蒙古自治区满洲里市华埠大街 1 号	图书(万册) 4.1	中级 18
	固定资产总值(万元) 28985.1	初级 55
邮政编码 021400	教学、科研仪器设备资产值(万元)	未定职级 26
办公电话 0470-6242057		

专科专业 国际经济与贸易、艺术设计、应用俄语

院系设置

俄罗斯语言文学系、经济学系、艺术系

学校设立奖学金情况

学校设立奖学金3项,奖励总金额1万余元。奖学金最高金额2000元/年,最低金额200元/年。

学校历史沿革

满洲里俄语职业学院是由满洲里市政府创办的一所高等院校,于2009年3月31日挂牌成立。

内蒙古能源职业学院

学校(机构)标识码 4115014337	办公电话 0471-5229050	1137
学校办学类型 415:专科院校:高等职业学校	传真电话 0471-5229050	在校生数(人) 358
	校园(局域)网域名 www.nmpower.cn	其中:普通专科 358
学校性质类别 02 理工院校	电子信箱 nmpower1@126.com	专任教师(人) 39
学校举办者 999 民办	占地面积(平方米) 133200	其中:正高级 2
学校地址 内蒙古呼和浩特市经济技术开发区金川工业园区金川西街35号	校舍建筑面积(平方米) 30911	副高级 5
	图书(万册) 4.58	中级 3
	固定资产总值(万元) 8600	初级 6
邮政编码 010070	教学、科研仪器设备资产值(万元)	未定职级 23

专科专业 城市热能应用技术、电厂设备运行与维护、发电厂及电力系统、会计、煤炭深加工与利用、油气藏分析技术

院系设置

1. 党政办公室 2. 组织人事处 3. 教务处 4. 学生工作处 5. 行政处 6. 财务处 7. 招生办公室 8. 就业与培训处(就业指导中心)9. 能源与动力工程部 10. 石化资源开发应用工程部 11. 工业信息智能化技术应用部 12. 商企文化应用部(会计与人力资源系)13. 思想政治教育研究部 14. 语言艺术教育研究部 15. 体育与卫生教学部

定期公开出版的专业刊物 《内蒙古建筑职业技术学校学报》

学校历史沿革

内蒙古能源职业学院于2009年12月1日,是经呼和浩特市回民区教育局批准内蒙古电力工程职业学校重组后更名为内蒙古建筑职业技术学校,为中等职业技术类院校。于2010年12月,经内蒙古自治区政府批准,成立了内蒙古能源职业学院,首所自治区内以能源为主题的高等专科院校。内蒙古能源职业学院作为内蒙古唯一一所以能源学科为主导方向的大学,积极发挥合作双方在人才、科研、行业和产学方向的大学,坚持独立办学,不断凝练特色。

赤峰工业职业技术学院

学校(机构)标识码 4115014338	传真电话 0476-5890592	934.9
学校办学类型 415:专科院校:高等职业学校	校园(局域)网域名 www.nmgfzxx.cn	在校生数(人) 191
	电子信箱 cfgzy5890592@163.com	其中:普通专科 191
学校性质类别 02 理工院校	占地面积(平方米) 231004	专任教师(人) 314
学校举办者 822 地级其他部门	校舍建筑面积(平方米) 75462	其中:副高级 120
学校地址 内蒙古赤峰市新城区天义路北段	图书(万册) 13	中级 108
	固定资产总值(万元) 9262.83	初级 44
邮政编码 024005	教学、科研仪器设备资产值(万元)	未定职级 42
办公电话 0476-5890576		

专科专业 电气自动化技术、会计电算化、机械设计与制造、应用化工技术

院系设置

各行政处室:政办、党办、工资职称处、学生处、财务处、安保处、考核办、工会、团委、公寓处、教务处、督导组、总务处、招生处、就业处。教学及辅助机构:纺织工程系、机电工程系、工业自动化系、电力冶金工程系、电子工程系、经济管理系、工业艺术设计系、成人教育系、培训中心、网络中心、图书馆、鉴定站。

学校历史沿革

1. 1958年成立昭乌达盟农牧业机械学校。2. 1975年更名

为昭乌达盟农牧业学院农机系。3.1977年恢复昭乌达盟农机校。4.根据内政发[1983]34号文件将昭乌达农机校更名为赤峰工业学校。5.根据内政发[1988]15号文件将赤峰工业学校改建为内蒙古纺织工业学校。6.根据赤党办发[2003]35号文件将内蒙古纺织工业学校与赤峰电子职工中等职业学校合并。7.根据内教发展函[2004]2号文内蒙古纺织工业学校挂靠赤峰学院,举办高等职业教育,成立赤峰学院轻纺职业技术学院。8.根据赤政纪字[2005]47号文件内蒙古纺织工业学校与赤峰黄金技工学校、赤峰民族技工学校、赤峰财经学校合并。9.根据内政字[2011]24号文件,将内蒙古纺织工业学校升格为赤峰工业职业技术学院。

阿拉善职业技术学院

学校(机构)标识码 4115014339	传真电话 0483-8331810	820.69
学校办学类型 415:专科院校:高等职业学校	校园(局域)网域名 61.138.121.9	在校生数(人) 52
	电子信箱 amddbgs@163.com	其中:普通专科 52
学校性质类别 01综合大学	占地面积(平方米) 380825	专任教师(人) 155
学校举办者 822地级其他部门	校舍建筑面积(平方米) 73015	其中:副高级 60
学校地址 内蒙古阿拉善盟阿拉善左旗	图书(万册) 8	中级 40
	固定资产总值(万元) 1694.23	初级 53
邮政编码 750306	教学、科研仪器设备资产值(万元)	未定职级 2
办公电话 0483-8331810		

专科专业 护理、会计电算化

院系设置
学院设有计算机与信息工程系、机电技术系、经济管理系、管理工程系、医学系、教师继续教育管理处、招生就业处、实习实训处、中职教育部、以及内蒙古广播电视大学阿拉善分校。

学校设立奖学金情况
学校设立奖学金1项,奖励总金额2400元,奖学金最高金额1000元,最低金额600元。

学校历史沿革
2011年2011年经内蒙古自治区人民政府批准,教育部备案。在原阿拉善广播电视大学、阿拉善盟经济开发区中等职业技术学校的基础上合并组建为阿拉善职业技术学院。

辽宁大学

学校(机构)标识码 4121010140	电子信箱 office@lnu.edu.cn	成人本科 2467
学校办学类型 411:本科院校:大学	占地面积(平方米) 1463847	成人专科 2700
学校性质类别 01综合大学	校舍建筑面积(平方米) 627720	博士研究生 369
学校举办者 811省级教育部门	图书(万册) 253.8	硕士研究生 5990
学校地址 辽宁省沈阳市沈北新区道义南大街58号	固定资产总值(万元) 132785.65	留学生 750
	教学、科研仪器设备资产值(万元) 15523.49	专任教师(人) 1406
邮政编码 110136		其中:正高级 254
办公电话 024-62202390	在校生数(人) 32399	副高级 539
传真电话 024-62602277	其中:普通本科 20034	中级 573
校园(局域)网域名 www.lnu.edu.cn	普通专科 89	初级 40

本科专业 保险、编辑出版学、表演、材料化学、财政学、测控技术与仪器、朝鲜语、档案学、德语、电气工程及其自动化、电子科学与技术、电子信息科学与技术、对外汉语、俄语、法学、法学(体改)、法语、工程管理、工商管理、工商管理(国际工商管理方向)、工商管理(国际物流方向)、广播电视编导、广播电视新闻学、广告学、国际经济与贸易、国际经济与贸易(国际商务方向)、国际政治、国民经济管理、汉语言文学、行政管理、化学、环境工程、环境科学、会计学、会计学(国际会计方向)、计算机科学与技术、金融学、金融学(金融与风险管理方向)、经济学、劳动与社会保障、历史学、历史学(满族历史与文化方向)、旅游管理、人力资

源管理、日语、摄影、生态学、生物化学与分子生物学、生物技术、生物科学、食品科学与工程、市场营销、市场营销（国际营销与商务方向）、数学与应用数学、通信工程、统计学、无机非金属材料工程、物理学、戏剧影视文学、项目管理、新闻学、信息管理与信息系统、信息与计算科学、英语、应用化学、应用物理学、哲学、制药工程

专科专业 电视节目制作、环境保护与检测技术、机电工程技术、主持与播音

博士专业 比较经济体制学、财政学（含：税收学）、产业经济学、赶超经济学、规制经济学、国际贸易学、国民经济学、会计学、技术经济及管理、技术经济学、金融工程、金融学（含：保险学）、经济法学、经济史、经济思想史、劳动经济学、马克思主义基本原理、马克思主义哲学、企业管理（含：财务管理、市场营销）、区域经济学、人口、资源与环境经济学、世界经济、数量经济学、思想政治教育、统计学、投资经济学、文艺学、西方经济学、政策性金融学、政府经济学、政治经济学、转轨经济学

硕士专业 保险、保险学、比较经济体制学、比较文学与世界文学、财政学（含：税收学）、测试计量技术及仪器、产业经济学、传播学、档案学、俄语语言文学、法律（法学）、法律（非法学）、法律（体改）、法律史、法学理论、分析化学、赶超经济学、高分子化学与物理、工商管理、公共管理、广播电视、广播电视艺术学、规制经济学、国际法学（含：国际公法、国际私法）、国际关系、国际贸易学、国际商务、国际政治、国民经济学、国外马克思主义研究、汉语国际教育、汉语言文字学、行政管理、化学工程、环境工程、环境科学、环境与资源保护法学、会计、会计学、计算机技术、计算机软件与理论、计算机应用技术、技术经济及管理、技术经济学、金融、金融工程、金融学（含：保险学）、经济法学、经济史、经济思想史、考古学及博物馆学、科学技术哲学、科学社会主义与国际共产主义运动、劳动经济学、理论物理、历史地理学、历史文献学（含：敦煌、古文字学）、逻辑学、旅游管理、马克思主义发展史、马克思主义基本原理、马克思主义哲学、马克思主义中国化研究、民商法学（含：劳动法学）、社会保障、民俗学（含：中国民间文学）、企业管理（含：财务管理、市场营销）、区域经济学、人口、资源与环境经济学、人口学、日语语言文学、软件工程、社会保障、社会工作、生态学、生物化学与分子生物学、食品科学、史学理论及史学史、世界经济、世界史、数量经济学、税务、思想政治教育、诉讼法学、统计学、投资经济学、外国语言学及应用语言学、外国哲学、外交学、微电子学与固体电子学、微生物学、文艺学、无机化学、物理化学（含：化学物理）、西方经济学、宪法学与行政法学、新闻学、新闻与传播、刑法学、药物化学、英语笔译、英语口译、英语语言文学、应用化学、应用数学、应用统计、有机化学、语言学与应用语言学、原子与分子物理、政策性金融学、政府经济学、政治经济学、政治学理论、中共党史（含：党的学说与党的建设）、中国古代史、中国古代文学、中国古典文献学、中国近现代史、中国近现代史基本问题研究、中国少数民族语言文学（分语族）、中国现当代文学、中国哲学、中外政治制度、专门史、转轨经济学、宗教学

院系设置

文学院、历史学院、哲学与公共管理学院、马克思主义学院、经济学院、商学院、国际关系学院、亚澳商学院、新华国际商学院、法学院、外国语学院、广播影视学院、本山艺术学院、化学院、信息学院、数学院、物理学院、生命学院、环境学院、药学院、轻型产业学院、汉语国际教育学院、成人教育学院/继续教育学院、人文科技学院、公共基础学院

国家级、省部级研究机构设置

1. 实验室：省级重点实验室7个、中央与地方共建高校特色优势学科实验室6个。

2. 研究中心（所）：国家级教育教学基地1个、国家级实验教学示范中心2个、教育部人文社科重点研究基地1个、省级实验教学中心3个、省级人文社科重点研究基地7个。

博士后流动站 应用经济学博士后流动站、理论经济学博士后流动站、工商管理博士后流动站。

定期公开出版的专业刊物 《辽宁大学学报》（哲学社会科学版）、《辽宁大学学报》（自然科学版）、《日本研究》

学校设立奖学金情况

学校设立奖学金1项，奖励总金额588余万元。奖学金最高金额1000元/学期，最低金额100元/学期。

1. 一等奖学金1525人次/年,1000元/人；
2. 二等奖学金3003人次/年,500元/人；
3. 三等奖学金5958人次/年,260元/人；
4. 单项奖学金6108人次/年,100元/人。

主要校办产业

辽宁大学出版社、辽宁大学文化科技发展中心。

学校历史沿革

辽宁大学已经走过了半个世纪的发展历程，是一所拥有文、史、哲、经、法、理、工、管等多学科的综合性大学。其前身院校之一是1948年11月东北人民政府在沈阳建立的商业专门学校。1958年9月，东北财经学院、沈阳师范学院和沈阳俄文专科学校三校合并，命名为辽宁大学。

大连理工大学

学校（机构）标识码 4121010141	学校地址 大连市甘井子区凌工路2号	传真电话 0411-84706185
学校办学类型 411:本科院校:大学	邮政编码 116024	校园（局域）网域名 www.dlut.edu.cn
学校性质类别 02 理工院校	办公电话 0411-84708300	电子信箱 office@dlut.edu.cn
学校举办者 360 教育部		占地面积（平方米） 3025201

校舍建筑面积(平方米) 1222872	其中:普通本科 19236	专任教师(人) 2059
图书(万册) 275.8	成人本科 79	其中:正高级 505
固定资产总值(万元) 320276	成人专科 15	副高级 765
教学、科研仪器设备资产值(万元) 106398.59	博士研究生 3507	中级 731
	硕士研究生 9787	初级 58
在校生数(人) 33152	留学生 528	

本科专业 材料成型及控制工程、材料类、材料物理、测控技术与仪器(机械)、测控技术与仪器(自动化)、车辆工程、车辆工程(英语强化)、城市规划、船舶与海洋工程、电气工程与自动化、电气信息类(创新院)、电气信息类(电气)、电子科学与技术、电子信息工程、电子信息工程(集成电路)、电子信息工程(英语强化)、雕塑、法学、飞行器设计与工程、港口航道与海岸工程、高分子材料与工程、工程管理、工程力学、工商管理类、工业设计(机械)、工业设计(建筑)、公共事业管理(人文)、光信息科学与技术、广播电视新闻学、国际经济与贸易(英语强化)、过程装备与控制工程、汉语言文学、化工环境生命类创新实验班(化工)、化工与制药类、化学工程与工艺、化学工程与工艺(英语强化)、化学基础科学班(应用化学)、环境工程、环境科学、环境科学类、机械类、机械设计制造及其自动化、机械设计制造及其自动化(汽车工程)、机械设计制造及其自动化(日语强化)、机械设计制造及其自动化(英语强化)、机械土建类创新实验班(机械类)、集成电路设计与集成系统、计算机科学与技术、计算机科学与技术(日语强化)、建筑环境与设备工程、建筑学、交通工程、金融学、金属材料工程、金属材料工程(日语强化)、经济学类、理科数学基地班(数学类)、能源动力类、能源与环境系统工程(能源与环境)、能源与环境系统工程(制冷与低温)、钱令希基础力学班、热能与动力工程、人力资源管理、日语、软件工程、软件工程(日语强化)、软件工程类、生物工程、生物工程类、生物技术、生物医学工程、数学类、数学与应用数学、水利水电工程、土建类、土建类(建筑类)、土木工程、土木工程(英语强化)、网络工程、物理基础科学班(应用物理学)、物理学类、物流工程、物流管理、新闻传播学类、信息管理与信息系统、信息与计算科学、艺术设计、英语、应用化学、应用化学(精细化工)、应用物理学、哲学类、制药工程、自动化

博士专业 材料加工工程、材料科学与工程新专业、材料物理与化学、材料学、测试计量技术及仪器、车辆工程、船舶与海洋结构物设计制造、等离子体物理、电机与电器、电路与系统、动力工程及工程热物理新专业、动力机械及工程、防灾减灾工程及防护工程、分析化学、概率论与数理统计、港口、海岸及近海工程、高分子化学与物理、工程力学、工程热物理、工业催化、供热、供燃气、通风及空调工程、固体力学、管理科学与工程、管理科学与工程新专业、光学、光学工程、化工过程机械、化学工程、化学工程与技术新专业、化学工艺、环境工程、环境科学、环境科学与工程新专业、会计学、机械电子工程、机械工程新专业、机械设计及理论、机械制造及其自动化、基础数学、计算机软件与理论、计算机应用技术、计算数学、技术经济及管理、建筑设计及其理论、结构工程、精密仪器及机械、科学技术哲学、控制理论与控制工程、理论物理、力学、力学新专业、粒子物理与原子核物理、流体机械及工程、流体力学、旅游管理、凝聚态物理、企业管理(含:财务管理、市场营销)、桥梁与隧道工程、热能工程、生物化工、生物医学工程、生物医学工程新专业、市政工程、数学新专业、水工结构工程、水力学及河流动力学、水利水电工程、水声工程、水文学及水资源、思想政治教育、通信与信息系统、土木工程新专业、微电子学与固体电子学、无机化学、物理化学(含:化学物理)、信号与信息处理、岩土工程、仪器科学与技术、应用化学、应用数学、有机化学、原子与分子物理、运筹学与控制论、制冷及低温工程

硕士专业 安全工程、安全技术及工程、材料工程、材料加工工程、材料科学与工程新专业、材料物理与化学、材料学、测试计量技术及仪器、产业经济学、车辆工程、城市规划与设计(含:风景园林规划)、传播学、船舶与海洋工程、船舶与海洋结构物设计制造、道路与铁道工程、等离子体物理、电工理论与新技术、电机与电器、电力系统及其自动化、电路与系统、电气工程、电子与通讯工程、动力工程、动力工程及工程热物理新专业、动力机械及工程、翻译、防灾减灾工程及防护工程、分析化学、概率论与数理统计、港口、海岸及近海工程、高等教育学、高分子化学与物理、工程力学、工程热物理、工商管理、工商管理新专业、工业催化、工业工程、公共管理、供热、供燃气、通风及空调工程、固体力学、管理科学与工程、管理科学与工程新专业、光学、光学工程、国际贸易学、行政管理、化工过程机械、化学工程、化学工程与技术新专业、化学工艺、环境工程、环境科学、环境科学与工程新专业、会计学、机械电子工程、机械工程、机械工程新专业、机械设计及理论、机械制造及其自动化、基础数学、集成电路工程、计算机技术、计算机软件与理论、计算机系统结构、计算机应用技术、计算数学、技术经济及管理、检测技术与自动化装置、建筑技术科学、建筑历史与理论、建筑设计及其理论、建筑学、建筑与土木工程、教育经济与管理、结构工程、金融学(含:保险学)、精密仪器及机械、科学技术哲学、控制工程、控制理论与控制工程、理论物理、力学新专业、流体机械及工程、流体力学、伦理学、轮机工程、旅游管理、马克思主义基本原理、马克思主义哲学、美术学、民商法学(含:劳动法学)、社会保障、模式识别与智能系统、凝聚态物理、企业管理(含:财务管理、市场营销)、桥梁与隧道工程、区域经济学、热能工程、人口、资源与环境经济学、软件工程、社会保障、生物工程、生物化工、生物化学与分子生物学、生物物理学、生物医学工程、生物医学工程新专业、市政工程、数学新专业、水工结构工程、水力学及河流动力学、水利工程、水利水电工程、水声工程、水文学及水资源、思想政治教育、通信与信息系统、土木工程新专业、外国语言学及应用语言学、微电子学与固体电子学、无机化学、物理电子学、物理化学(含:化学物理)、物

流工程、系统分析与集成、系统工程、信号与信息处理、岩土工程、药物化学、一般力学与力学基础、仪器仪表工程、艺术、英语语言文学、应用化学、应用数学、应用统计、有机化学、语言学与应用语言学、原子与分子物理、运筹学与控制论、运动人体科学、制冷及低温工程、制药工程、中国近现代史、作物遗传育种

院系设置

学部（7个）：运载工程与力学学部，由船舶工程学院、汽车工程学院、工程力学系和航空航天学院组成；建设工程学部，由水利工程学院、土木工程学院、交通运输学院组成；化工与环境生命学部，由化工学院、化学学院、环境学院、生命科学与技术学院、化工机械学院、制药科学与技术学院组成；电子信息与电气工程学部，由电气工程学院、电子科学与技术学院、控制科学与工程学院、计算机科学与技术学院、信息与通信工程学院、生物医学工程系组成；机械工程与材料能源学部，由机械工程学院、材料科学与工程学院、能源与动力学院组成；管理与经济学部，由工商管理学院、管理科学与工程学院、经济学院组成；人文与社会科学学部，由人文学院、公共管理与法学院、马克思主义学院组成。学院、系部（11个）：建筑与艺术学院、国家示范性软件学院、外国语学院、物理与光电工程学院、数学科学学院、体育教学部、创新实验学院、国际文化交流学院、国防教育学院、城市学院、继续教育学院

国家级、省部级研究机构设置

1. 研究所（中心）：1）研究院（室）、研究中心（71个）能源研究院、高科技研究院、深圳研究院、大连理工大学国际航运中心研究院、深海工程研究中心、微系统研究中心、光电研发中心、二十一世纪发展研究中心、传播科学与教育技术中心、CERNET大连地区网络中心、大工—IBM计算机技术中心、邵逸夫工程力学研究中心、分析中心、爆破复合材料研究制造中心、环境管理与可持续发展中心、科技开发中心、经济研究中心、大连国际模具教育研究中心、低温等离子体科学与工程研究中心、信息与控制研究中心、知识科学与技术研究中心、欧盟研究中心、信息安全研究中心、热泵技术研究开发中心、空间信息研究中心、材料测试分析中心、膜科学与技术研究开发中心、纳米材料科学与技术研究中心、集成电路设计研究开发中心、金融工程与管理研究中心、环境科学与技术研究中心、铸造工程研究中心、环境设计研究室、马克思主义研究室、海水淡化及其综合利用研究中心、生物医学工程研究中心、社会保障研究中心、证券期货研究中心、金融风险与系统评价管理研究中心、CAE/CAD软件中心、新能源与节能研究中心、港口发展研究中心、德国技术哲学研究中心、电子政务工程（技术）研究中心、工业生态与环境工程（技术）研究中心、高性能树脂工程（技术）研究中心、先进装备设计与CAE软件工程（技术）研究中心、畜产品安全保障技术工程（技术）研究中心、"三个代表"重要思想研究中心、大坝老化再生技术工程化研究中心、统一战线理论研究中心、综合交通运输研究中心、物流研究中心、光子技术研究中心、大连-AMD-SUN64位Solaris技术引用开发中心、中加资源与环境研究中心、党的先进性建设理论研究中心、大连理工大学材料科学与工程学院-日本东北大学金属材料研究所联合研究中心、大连理工大学-瑞典皇家工学院分子器件联合研究中心、日新电机·大连理工大学联合研发中心、大连理工大学·岩手大学国际联合与技术转移中心、大连理工大学材料学院—日本高力科公司联合研发中心、大连理工大学-日本东北大学催化科学联合研究中心、微化工技术研究中心、大连理工大学思想政治理论课案例教学研究中心、大连理工大学网络与信息化中心、大连理工大学创新与发展研究中心、大连理工大学风险管理研究中心、大连理工大学心理健康教育与咨询中心、大连理工大学-群马大学环境与能源新技术研发中心、大连理工大学司法鉴定中心

2）研究所（74个）数学科学研究所、工程力学研究所、光信息科学与技术研究所、海洋工程研究所、水利水电工程研究所、结构工程研究所、现代制造技术研究所、现代加工技术研究所、自动化研究所、CAD/CG/CAM研究所、机电设计研究所、现代设计技术与控制研究所、数控技术研究所、工程机械研究所、精密机械研究所、模具研究所、振动工程研究所、材料电磁加工与数值模拟研究所、大连市形状记忆合金研究所、无损监测研究所、化学工程研究所、化工研究所、应用化学研究所、煤化工研究设计所、工业催化剂研究所、环境工程研究设计所、高分子材料研究所、吸附与无机膜研究所、生物化学工程研究所、化工系统工程研究所、化工装备特种技术研究所、船舶工程研究所、内燃机研究所、汽车电子研究所、能源工程研究所、信息技术研究所、传感技术研究所、神经信息学研究所、计算机与控制研究所、系统工程研究所、技术经济研究所、信息与决策技术研究所、财务管理研究所、毛泽东思想与邓小平理论研究所、科学学与科技管理研究所、公共政策研究所、高等教育研究所、应用心理学研究所、日本学研究所、静电和特种电源研究所、体育科学研究所、环境设计研究所、水环境研究所、水资源与防洪研究所、环境电工研究所、噪声检测与控制研究所、内燃机排放控制研究所、生态规划与发展研究所、哲学研究所、政治学与思想政治教育研究所、金融研究所、国际经济与贸易研究所、建筑技术及其产业化研究所、电力电子研究所、法学研究所、焊接技术研究所、计算机技术研究所、计算生物学和生物信息学研究所、建筑与规划研究所、力迪市场营销研究所、流体与粉体工程研究设计所、桥梁工程研究所、辽宁省车辆先进设计制造工程技术研究中心、环境保护与规划研究所

2. 国家重点实验室：海岸及近海工程国家重点实验室、精细化工国家重点实验室、工业装备结构分析国家重点实验室

博士后流动站 数学、物理学、力学、机械工程、光学工程、材料科学与工程、动力工程与工程热物理、信息与通信工程、控制科学与工程、土木工程、水利工程、化学工程与技术、船舶与海洋工程、环境科学与工程、管理科学与工程、工商管理、化学、仪器科学与技术、电子科学与技术、生物医学工程、哲学、计算机科学与技术

定期公开出版的专业刊物 《大连理工大学学报（自然版）》、《景观设计》、《建筑细部》、《数学研究与评论》、《计算力学学报》、《热科学与技术》、《大连理工大学学报社科版》、《中学课程资源》

学校设立奖学金情况

学校设立奖学金85项，奖励总金额折合人民币961万元。奖学金最高金额307.5万元/年，最低金额4000元/年。本科生

中设立奖学金66项。奖励总金额人民币1100余万元,其中美元汇率采用6.6488计算;日元汇率采用0.08027计算,最低金额4000元。

1. 国家奖学金:272人,8000元/人,总计2176000元。
2. 国家励志奖学金:615人,5000元/人,总计3075000元。
3. 优秀学生奖学金:总计3841800元。
4. 优秀学生标兵:10人,4000元/人,总计40000元。
5. 屈伯川奖学金:10人,10000元/人,总计100000元。
6. 烟台LG伊诺特奖学金:5人,10000元/人,总计50000元。
7. 航天科技奖学金:一等,1人,10000元/人;二等,4人,5000元/人;三等,5人,3000元/人;总计45000元。
8. 潘家铮水电奖学金:2人,6000元/人,总计12000元。
9. 米其林卓越奖学金:20人,6000元/人,总计120000元。
10. 大众汽车奖学金:一等,8人,6000元/人;二等,15人,4000元/人;三等,27人,1500元/人;总计148500元。
11. 光华奖学金:8人,5000元/人,总计40000元。
12. 新加坡科技工程奖学金:19人,5000元/人,总计95000元。
13. 张家港圣汇奖学金:14人,5000元/人,总计70000元。
14. 宝钢奖学金:7人,5000元/人,总计35000元。
15. 中国科学院奖学金:3人,5000元/人,总计15000元。
16. 实德奖学金:38人,5000元/人,总计190000元。
17. 中国石化英才奖学金:7人,5000元/人,总计35000元。
18. 华为奖学金:2人,5000元/人,总计10000元。
19. 纳尔科奖学金:4人,5000元/人,总计20000元。
20. 巅峰奖学金:6人,5000元/人,总计30000元。
21. 中科院过程工程研究生奖学金:4人,5000元/人,总计20000元。
22. 花期集团金融信息科技教育奖学金:6人,4426.5元/人,总计26559元。
23. 常青藤人文社科英才奖学金:20人,4000元/人,总计80000元。
24. NOK奖学金:一等,5人,600美元/人;二等,9人,400美元/人;三等,15人,200美元/人;总计9600美元。
25. MEKTRON日语学习奖学金:一等,4人,600美元/人;二等,7人,400美元/人;三等,16人,200美元/人;总计8400美元。另有奖教金1200美元。
26. 住友化学奖学金:一等,20人,600美元/人;二等,44人,400美元/人;总计29600美元。
27. 苏州工业园区奖学金:20人,3500元/人,总计70000元。
28. 三菱化学奖学金:一等,10人,3000元/人;二等,15人,2000元/人;三等,20人,1000元/人;总计80000元。
29. 中国石油奖学金:25人,3000元/人,总计75000元。
30. 德豪润达奖学金:18人,3000元/人,总计54000元。
31. 旭硝子英才奖学金:优秀,3人,3000元/人;清寒,3人,3000元/人;总计18000元。
32. 住友商事奖学金:20人,370美元/人,总计7400美元。
33. STX奖学金:40人,2500元/人,总计100000元。
34. 万邦奖学金:20人,2500元/人,总计50000元。
35. 佳能奖学金:15人,3000元/年,总计30000元。
36. 徐小麟先生、徐杨洁女士纪念奖学金:60人,2000元/人,总计120000元。
37. Panasonic育英基金奖学金:10人,2000元/人,总计20000元。
38. 东方实业奖学金:70人,1000元/人,总计70000元。
39. 七八校友奖学金:4人,1000元/人,总计4000元。
40. 富岗奖学金:一等,1人,5000元/人;二等,2人,2000元/人;三等,6人,1000元/人;总计25000元。
41. 谭毅奖学金:4人,1000元/人,总计4000元。
42. 水流奖学金:一等,2人,2408.1元/人;二等,2人,1605.4元/人;总计8027元。
43. 可韧奖学金:学习优秀奖,4人,3000元/人;单项优秀奖,8人,1000元/人,总计20000元。
44. 七九校友奖学金:一等,1人,5000元/人;二等,1人,3000元/人;三等,1人,2000元/人;总计10000元。
45. 袁景侠奖学金:4人,4000元/人,总计16000元。
46. 沈阳机床励志奖学金:一等,2人,5000元/人;二等,6人,4000元/人;三等,13人,2000元/人;总计60000元。
47. 中联重科奖学金:一等,1人,2000元/人;二等,8人,1000元/人,总计10000元。
48. 华畅奖学金:大一,2人,4000元/人;大二,3人,2000元/人;大三,3人,1500元/人;大四,3人,1000元/人;总计21500元。
49. 敏通奖学金:3人,1000/人,总计3000元。
50. TDK奖学金:集成电路专业(一等),2人,4000元/人;集成电路专业(二等),6人,2000元/人,总计20000元。
51. 水资源珺德奖学金:5人,1000元/人,总计5000元。
52. 苏君谦、黄奕娇奖学金:10人,1000元/人,总计10000元。
53. 邱大洪奖教、学金:7人,1000元/人,总计7000元。
54. 中国路桥奖学金:50人,3000元/人,总计150000元。
55. 张光斗科技教育基金——优秀学生奖学金:1人,8000元,总计8000元。
56. 林皋奖学金:6人,1500元/人,总计9000元。
57. 亚洲基金会沈氏奖学金:2人,2000元/人,总计4000元。
58. 道达重工奖教金、奖学金:7人,3000元/人,总计21000元。
59. 物理80校友勤奋奖学金:5人,4000元/人,总计20000元。
60. 陈德兼奖学金:6人,2000元/人,总计12000元。
61. 东达环境奖学金:12人,1000元/人,总计12000元。
62. 赢创校友奖学金:7人,6000元/人,总计42000元。
63. 天瑞仪器奖学金:一等,1人,3000元/人;二等,3人,2000元/人;三等,5人,1000元/人,总计14000元。
64. 烟台万华奖学金:4人,3000元/人,总计12000元。

65. 校友奖学金：优秀，一等，1 人，4000 元/人；二等，2 人，3000 元/人；三等，3 人，2000 元/人总计 20000 元；清寒，2 人，3000 元/人；总计 22000 元。

66. 浩隆奖学金：一等，1 人，4000 元/人；二等，2 人，3000 元/人；三等，2 人，2500 元/人；总计 15000 元。

研究生中设立奖学金 21 项。奖励总金额折合人民币 82.5 万元。专项奖学金最高额 155000 元/年，最低金额 8000 元/年。

1. 宝钢奖学金：3 人/年，1,5000 元/人；总计 15000 元。
2. 中科院奖学金：2 人/年，10000 元/人；总计 20000 元。
3. 华为奖学金：8 人/年，6000 元/人；总计 48000 元。
4. 伯川奖学金：10 人/年，10000 元/人；总计 100000 元。
5. 航天科技（CASC）奖学金：11 人/年，10000 元 2 人，5000 元 4 人，3000 元 5 人；总计 55000 元。
6. "纪念向坊隆"村井隆奖学金：15 人/年，2000 元/人；总计 30000 元。
7. 光华奖学金：31 人/年，5000 元/人；总计 155000 元。
8. 水田宗子奖学金：2000 元/人，15 人，总计 30000 元。
9. 中国石化英才奖学金：5000 元/人，3 人，总计 15000 元。
10. 法国国际检验局奖学金：5000 元/人，5 人，总计 25000 元。
11. 纳尔科奖学金：5000 元/人，4 人，总计 20000 元。
12. 潘家铮奖学金：8000 元/人，1 人，总计 8000 元。
13. 米其林卓越奖学金：7000 元/人，6 人，42000 元。
14. 英特尔奖学金：7000 元/人，5 人，35000 元。
15. 昭和电工奖学金：12 人/年，一等奖 2 人，6000 元/人；二等奖 10 人，3000 元/人；总计 42000 元。
16. 中科院过程所奖学金：5000 元/人，4 人，总计 20000 元。
17. 三井化学奖学金：5000 元/人，4 人，总计 20000 元。
18. 巅峰奖学金：5000 元/人，6 人，总计 30000 元。
19. 张家港圣汇奖学金：5 人/年，5000 元/年，总计 25000 元。
20. 辽宁东方实业奖学金：1000 元/人，30 人，总计 30000 元。
21. 苏州工业园区奖学金：20 人/人，3500 元/人，总计 70000 元。

主要校办产业

大连理工大学产业投资有限公司、大连理工大学出版社有限公司、大连理工大学土木建筑设计研究院有限公司、大连市理工工程建设监理有限公司、大连理工大学环境工程研究设计所有限公司、大连理工大学模具研究所有限公司、大连理工大学振动与强度测试中心有限公司、大连理工印刷有限公司、大连远东计算机系统有限公司、大连理工大学技术转移中心、大连理工大学领先集团有限公司、大连理工大学科技园有限公司

学校历史沿革

1949 年 4 月建校，时为大连大学工学院；1950 年 7 月大连大学建制撤销，大连大学工学院独立为大连工学院；1960 年 10 月被确定为教育部直属全国重点大学；1978 年 2 月被重新确定为教育部直属全国重点大学；1986 年 4 月设立研究生院；1988 年 3 月更名为大连理工大学；1996 年－2000 年实施"九五""211 工程"建设，教育部、辽宁省、大连市共建大连理工大学；2001 年－2003 年教育部、辽宁省、大连市重点共建大连理工大学，实施"985 工程"一期建设；2003 年－2005 年实施"十五""211 工程"建设；2003 年 12 月被中央确定为中管干部学校；2004 年开始实施"985 工程"二期建设，教育部、辽宁省、大连市继续重点共建大连理工大学。

沈阳工业大学

学校（机构）标识码　4121010142
学校办学类型　411：本科院校：大学
学校性质类别　02 理工院校
学校举办者　811 省级教育部门
学校地址　沈阳经济技术开发区沈辽西路 111 号
邮政编码　110870
办公电话　024－25496222
传真电话　024－25496288
校园（局域）网域名　www.sut.edu.cn
电子信箱　sygydxbgs@163.com
占地面积（平方米）　1384427
校舍建筑面积（平方米）　624146
图书（万册）　175.54
固定资产总值（万元）　154773
教学、科研仪器设备资产值（万元）　26032.46
在校生数（人）　27836
其中：普通本科　16087
　　　普通专科　1831
　　　成人本科　4017
　　　成人专科　3219
　　　博士研究生　180
　　　硕士研究生　2406
　　　留学生　96
专任教师（人）　1203
其中：正高级　201
　　　副高级　373
　　　中级　555
　　　初级　74

本科专业　材料成型及控制工程、测控技术与仪器、车辆工程、电气工程及其自动化、电子科学与技术、电子商务、电子信息工程、法学、风能与动力工程、高分子材料与工程、工程管理、工商管理、工业工程、工业设计、功能材料、广告学、国际经济与贸易、过程装备与控制工程、焊接技术与工程、化学工程与工艺、环境工程、会计学、机械设计制造及其自动化、机械设计制造及其自动化（流体传动）、计算机科学与技术、计算机科学与技术（信息共享与安、建筑环境与设备工程、建筑学、金融学、金属材料工程、经济学、日语、软件工程、生物医学工程、市场营销、数学与应用数学、体育装备工程、通信工程、土木工程、无机非金属材料工

程、物流工程、物流管理、信息与计算科学、艺术设计、英语、应用化学、应用物理学、油气储运工程、智能科学与技术、自动化

专科专业 电气自动化技术、高分子材料应用技术、工业分析与检验、化工设备维修技术、精细化学品生产技术、煤化工生产技术、生产过程自动化技术、石油化工生产技术、数控技术、应用化工技术

博士专业 材料加工工程、测试计量技术及仪器、电工理论与新技术、电机与电器、电力电子与电力传动、电力系统及其自动化、高电压与绝缘技术、机械设计及理论、人工智能与运动控制、医学电磁工程业

硕士专业 材料工程、材料加工工程、材料物理与化学、材料学、测试计量技术及仪器、车辆工程、电工理论与新技术、电机与电器、电力电子与电力传动、电力系统及其自动化、电气工程、高电压与绝缘技术、工程力学、工商管理、工商管理新专业、工业工程、固体力学、管理科学与工程、国际贸易学、化学工程、化学工艺、会计学、机械电子工程、机械工程、机械设计及理论、机械制造及其自动化、计算机技术、计算机软件与理论、计算机应用技术、技术经济及管理、检测技术与自动化装置、结构工程、精密仪器及机械、科学技术哲学、控制工程、控制理论与控制工程、流体机械及工程、旅游管理、马克思主义中国化研究、民商法学（含：劳动法学）、社会保障、凝聚态物理、企业管理（含：财务管理、市场营销）、软件工程、生物医学工程、微电子学与固体电子学、物流工程、系统工程、信号与信息处理、信息与通信工程、仪器仪表工程、应用化学、应用数学

院系设置

研究生学院、基础教育学院、国际教育学院、继续教育学院、机械工程学院、材料科学与工程学院、电气工程学院、信息科学与工程学院、理学院、建筑工程学院、经济学院、外语学院、管理学院、文法学院、软件学院、国防生学院、新能源工程学院、校区基础部、石油化工学院、工程学院、化工装备学院、体育部思政部、工程实践中心

国家级、省部级研究机构设置

国家稀土永磁电机工程技术研究中心、辽宁省稀土永磁电机工程技术中心、教育部稀土永磁应用工程研究中心、辽宁沈阳风力发电装备制造基地有限公司工程技术研究中心、辽宁省风力发电技术工程研究中心、辽宁省高电压强电流与新型电机重点实验室、辽宁省复杂曲面数控制造技术重点实验室等23个

博士后科研流动站 电气工程、材料科学与工程

定期公开出版的专业刊物 《沈阳工业大学学报》（自然科学版）、《沈阳工业大学学报》（社会科学版）

学校设立奖学金情况

学校设立奖学金8项，奖励总额265.51元/年，最低金额100元/年。

主要校办产业

沈阳华创风能有限公司、沈阳工业大学通益科技公司、沈阳工业大学科技园公司

学校历史沿革

学校创办于1949年，校名为东北工业部机械管理技工学校，1955年8月更名为第一机械工业部沈阳机器制造学校，1958年升格为沈阳机电学院，1985年更名为沈阳工业大学，2002年2月辽阳石油化工高等专科学校并入沈阳工业大学，2002年8月与辽阳石油化纤公司合作举办沈阳工业大学工程学院。

沈阳航空航天大学

学校(机构)标识码 4121010143	占地面积(平方米) 1069420	成人专科 3235
学校办学类型 411：本科院校：大学	校舍建筑面积(平方米) 474212	硕士研究生 1119
学校性质类别 02 理工院校	图书(万册) 107.8	留学生 221
学校举办者 811 省级教育部门	固定资产总值(万元) 129207.58	专任教师(人) 1013
学校地址 沈阳市道义经济开发区道义南大街37号	教学、科研仪器设备资产值(万元) 16946.03	其中：正高级 140
		副高级 287
邮政编码 110136	在校生数(人) 22629	中级 458
办公电话 89723992-89723993	其中：普通本科 15054	初级 86
传真电话 89724848-89724848	普通专科 1598	未定职级 42
校园(局域)网域名 www.sau.edu.cn	成人本科 1402	

本科专业 安全工程、保险、材料成型及控制工程、测控技术与仪器、车辆工程、电子信息工程、动画、飞行技术、飞行器动力工程、飞行器设计与工程、飞行器制造工程、服装设计与工程、高分子材料与工程、工程力学、工业工程、工业设计、公共事业管理、广告学、国际经济与贸易、环境工程、绘画、机械电子工程、机械设计制造及其自动化、计算机科学与技术、交通运输、金融学、金属材料工程、旅游管理、热能与动力工程、人力资源管理、日语、市场营销、数字媒体艺术、探测制导与控制技术、通信工程、网络工程、物流管理、消防工程、信息管理与信息系统、信息与计算科学、艺术设计、英语、应用物理学、自动化

专科专业 计算机网络技术、计算机应用技术、空中乘务、数控技术、应用英语

硕士专业 安全技术及工程、材料学、飞行器设计、工程、工程力学、航空宇航推进理论与工程、航空宇航制造工程、机械及

其自动化、机械设计及理论、机械设计及其理论、机械制造及其自动化、计算机软件及理论、计算机应用技术、模式识别与智能系统、企业管理(含:财务管理、市场营销)、人机与环境、设计艺术学、思想政治教育、信号与信息处理

院系设置

1.计算机学院 2.电子信息工程学院 3.航空航天工程学部(院) 4.环境与能源工程学院 5.安全工程学院 6.民用航空工程学院 7.机电工程学院 8.自动化学院 9.设计艺术学院 10.经济与管理学院 11.材料科学与工程学院 12.理学院 13.外国语学院 14.继续教育学院 15.空军后备军官学院 16.继续教育学院 17.北方软件学院 18.人文社科部 19.体育部 20.工程训练中心 21.国际教育学院 22.研究生学院

国家级、省部级研究机构设置

研究所(中心):1.航天技术研究所 2.可再生能源研究所 3.人机智能研究中心 4.机载设备研究院 5.材料研究院 6.先进制造工艺技术研究院 7.辽宁省产业经济研究所 8.专业设备研究所 9.SGS东北亚物流研究所 10.科技发展公司 11.大学科技园 12.测控技术研究所 13.安全技术研究所 14.飞行器结构分析研究所

定期公开出版的专业刊物 《沈阳航空航天大学学报》

学校设立奖学金情况

学校设立奖学金二项,奖励总金额229.13万元。奖学金最高金额3000元/年,最低金额200元/年。

主要校办产业

沈阳航达机载公司,沈阳格微软件有限责任公司,沈阳航院专用设备仪器研究所。

学校历史沿革

沈阳航空工业学院创建于1952年,与新中国航空事业同时起步,1958年升格为本科高等院校,历经几度变迁之后,1978年恢复本科高等学校,定校名为沈阳航空工业学院,先后隶属于国家重工业部、航空工业部、航空航天工业部、航空工业总公司,是原航空工业部所属6所本科院校之一,1999年划归辽宁省人民政府管理。1.沈阳航空工业学校 1952 主管部门:重工业部航空工业局 2.东北第一工业学校 1953 主管部门:第二机械工业部四局 3.沈阳第一工业学校 1955 主管部门:第二机械工业部四局 4.沈阳航空工业学院 1956 主管部门:第二机械工业部四局 5.沈阳航空学院 1958 主管部门:第一机械工业部四局 6.沈阳航空工业学院 1959 主管部门:第一机械工业部四局 7.沈阳航空工业学院专科学校 1960 主管部门:第三机械工业部四局 8.沈阳航空工业学校 1962 主管部门:第三机械工业部四局 9.国营251厂 1969 主管部门:第三机械工业部四局 10.沈阳航空工业学校 1972 主管部门:航空工业部 11.沈阳航空工业学校 1978 主管部门:航空工业部 12.沈阳航空工业学校 1999 主管部门:辽宁省教育厅 13.沈阳航空航天大学 2010 批准部门:中华人民共和国教育部。

沈阳理工大学

学校(机构)标识码	4121010144
学校办学类型	411:本科院校:大学
学校性质类别	02 理工院校
学校举办者	811 省级教育部门
学校地址	沈阳市浑南新区南屏中路6号
邮政编码	110159
办公电话	024-24686069
传真电话	024-24686029
校园(局域)网域名	www.sylu.edu.cn
电子信箱	syluxxdy@126.com
占地面积(平方米)	1148497
校舍建筑面积(平方米)	443372
图书(万册)	121.92
固定资产总值(万元)	105029.63
教学、科研仪器设备资产值(万元)	10975.41
在校生数(人)	26255
其中:普通本科	16704
普通专科	1644
成人本科	2426
成人专科	3988
硕士研究生	1245
留学生	248
专任教师(人)	1062
其中:正高级	165
副高级	335
中级	495
初级	67

本科专业 安全工程、材料成型及控制工程、测控技术与仪器、车辆工程、弹药工程与爆炸技术、电子科学与技术、电子商务、电子信息工程、电子信息科学与技术、动画、俄语、法学、粉体材料科学与工程、高分子材料与工程、工商管理、工业工程、工业设计、光信息科学与技术、国际经济与贸易、化学、化学工程与工艺、环境工程、会计学、机械电子工程、机械设计制造及其自动化、机械设计制造及其自动化(高职本)、计算机科学与技术、计算机科学与技术(高职本)、交通运输、金融学、金属材料工程、经济学、热能与动力工程、市场营销、探测制导与控制技术、特种能源工程与烟火技术、通信工程、统计学、无机非金属材料工程、武器系统与发射工程、物流管理、信息对抗技术、信息管理与信息系统、信息显示与光电技术、信息与计算科学、艺术设计、英语、应用化学、自动化

专科专业 焊接技术及自动化、会计电算化、机电一体化技术、机械制造与自动化、计算机网络技术、模具设计与制造、汽车运用技术、汽车制造与装配技术、软件技术、摄影摄像技术、生产过程自动化技术、市场营销、数控技术、物流管理、影视动画、应用电子技术

硕士专业 MBA工商管理硕士、兵器工程、材料工程、材料加工工程、材料物理与化学、材料学、车辆工程、导航、制导与控

制、电子与通信工程、工程力学、国际贸易学、化学工程、环境工程、会计学、火炮、自动武器与弹药工程、机械电子工程、机械工程、机械设计及理论、机械制造及其自动化、计算机技术、计算机软件与理论、计算机系统结构、计算机应用技术、检测技术与自动化装置、控制工程、控制理论与控制工程、马克思主义中国化研究、模式识别与智能系统、企业管理(含：财务管理、市场营销)、设计艺术学、通信与信息系统、武器系统与运用工程、物理电子学、系统工程、信号与信息处理、应用化学

院系设置

机械工程学院、信息科学与工程学院、经济管理学院、材料科学与工程学院、环境与化学工程学院、汽车与交通学院、理学院、外国语学院、艺术设计学院、装备工程学院、国际教育学院、国防教育学院、继续教育学院、高等职业技术学院、应用技术学院和研究生学院

国家级、省部级研究机构设置

1. 省部级重点实验室：国家863空间信息安全基础技术重点实验室、辽宁省兵器科学与技术重点实验室、先进制造技术与装备重点实验室、材料先进加工技术重点实验室、材料成型与控制重点实验室、数控加工中心重点实验室、辽宁省信息网络与信息对抗技术重点实验室。

2. 研究所：辽宁高速切削工程技术中心、弹药研究所、专用设备研究所、高新技术研究所、新材料研究所、铸造研究所、现代制造技术研究所、多媒体技术研究所、计算机通用网络研究所。

定期公开出版的专业刊物 《沈阳理工大学学报》

学校设立奖学金情况

学校设立奖学金2项，奖励总额87万元。奖学金最高金额3000元/年，最低金额500元/年。

主要校办产业

沈阳理工大学科技开发总公司、沈阳机电设备有限公司、沈阳孚孚技术产品总公司、沈阳劲松化工技术有限公司

学校历史沿革

沈阳理工前身是东北军工专门学校，创建于1948年。东北工业学校(1953年-1956年)；1960年组建沈阳工业学院；沈阳劲松机械厂(1965年-1971年)；沈阳机械工业学(1972年-1978年)；沈阳工业学院(1978年-2004年)；2004年5月更名为沈阳理工大学。

东北大学

学校(机构)标识码 4121010145	电子信箱 mskxb@mail.neu.edu.cn	成人专科 2947
学校办学类型 411：本科院校：大学	占地面积(平方米) 2033630	博士研究生 3069
学校性质类别 02 理工院校	校舍建筑面积(平方米) 1221946	硕士研究生 5613
学校举办者 360 教育部	图书(万册) 315	留学生 345
学校地址 沈阳市和平区文化路3号巷11号	固定资产总值(万元) 197740	专任教师(人) 2410
	教学、科研仪器设备资产值(万元) 64513	其中：正高级 418
邮政编码 110819	在校生数(人) 38498	副高级 741
办公电话 024-83687329	其中：普通本科 24514	中级 993
传真电话 024-23892454	成人本科 2010	初级 249
校园(局域)网域名 neu.edu.cn		未定职级 9

本科专业 安全工程、材料成型及控制工程、材料科学与工程、材料物理、采矿工程、测绘工程、测控技术与仪器、车辆工程、城市规划、德语、电气工程及其自动化、电子科学与技术、电子商务、电子信息工程、俄语、法学、工程力学、工商管理、工业工程、工业设计、公共事业管理、功能材料、国际经济与贸易、过程装备与控制工程、行政管理、环境工程、环境科学、会计学、机械工程及自动化、计算机科学与技术、建筑学、金融学、经济学、勘查技术与工程、矿物加工工程、热能与动力工程、日语、软件工程、社会体育、生物工程、生物医学工程、市场营销、数学与应用数学、数字媒体技术、思想政治教育、通信工程、统计学、土木工程、物联网工程、新能源科学与工程、新闻学、信息安全、信息管理与信息系统、信息与计算科学、冶金工程、艺术设计、音乐表演、英语、应用化学、应用物理学、哲学、资源勘查工程、资源循环科学与工程、自动化

博士专业 材料电磁工程与科学、工业工程、科学计算与信息处理、矿物粉体材料与工程、矿物资源利用与环境控制、数字矿山工程、特殊冶金、无机材料工程、物流优化与控制、系统仿真与应用、系统复杂性理论、冶金资源与生态环境、资源信息与决策、安全技术及工程、材料成型过程控制、材料加工工程、材料物理与化学、材料学、采矿工程、车辆工程、导航、制导与控制、电力电子与电力传动、动力机械及工程、分析化学、复杂系统综合自动化、钢铁冶金、高分子科学与工程、工程力学、工程热物理、管理科学与工程、行政管理、化工冶金、机械电子工程、机械设计及理论、机械制造及其自动化、计算机软件与理论、计算机系统结构、计算机应用技术、检测技术与自动化装置、教育经济与管理、结构工程、科学技术哲学、控制理论与控制工程、矿产普查与勘探、矿物加工工程、矿物资源利用与环境控制、流体机械及工程、马克思主义基本原理、模式识别与智能系统、企业管理(含：财务管理、市场营销)、热能工程、社会保障、生物医学工程、通信与信息系统、土地资源管理、物流优化与控制、系统复杂性理论、系统

工程、冶金物理化学、有色金属冶金、制造信息科学与技术、资源信息与决策

硕士专业 安全技术及工程、材料工程、材料加工工程、材料物理与化学、材料学、采矿工程、测试计量技术及仪器、产业经济学、车辆工程、大地测量学与测量工程、导航、制导与控制、地球探测与信息技术、地图制图学与地理信息工程、电工理论与新技术、电力电子与电力传动、电力系统及其自动化、电路与系统、电气工程、电子与通信工程、俄语语言文学、分析化学、概率论与数理统计、钢铁冶金、高分子化学与物理、工程力学、工程热物理、工商管理硕士、工业工程、公共管理硕士、固体力学、管理科学与工程、光学、国际法学、国际贸易学、国际商务硕士、行政管理、化工过程机械、化学工程、化学工艺、环境工程、环境科学、会计硕士、会计学、机械电子工程、机械工程、机械设计及理论、机械制造及其自动化、基础数学、计算机技术、计算机软件与理论、计算机系统结构、计算机应用技术、计算数学、技术经济及管理、检测技术与自动化装置、建筑与土木工程、教育经济与管理、结构工程、金融学、科学技术史、科学技术哲学、控制工程、控制理论与控制工程、矿产普查与勘探、矿物加工工程、矿业工程、理论物理、流体机械及工程、伦理学、马克思主义基本原理、马克思主义哲学、马克思主义中国化研究、模式识别与智能系统、凝聚态物理、企业管理(含:财务管理、市场营销)、热能工程、日语语言文学、软件工程、设计艺术学、社会保障、摄影测量与遥感、生态学、生物化工、生物医学工程、数量经济学、思想政治教育、体育教学、体育人文社会学、通信与信息系统、外国语言学及应用语言学、无机化学、无线电物理、物理化学、物理化学(含:化学物理)、物流工程、系统工程、系统理论、宪法学与行政法学、信号与信息处理、岩土工程、冶金工程、冶金物理化学、一般力学与力学基础、音乐学、英语笔译、英语口译、英语语言文学、应用化学、应用数学、应用统计硕士、有机化学、有色金属冶金、运筹学与控制论、政治经济学、政治学理论、制冷及低温工程、中国近现代史基本问题研究

院系设置

学校设有研究生院、秦皇岛分校 学院:基础学院、文法学院、艺术学院、外国语学院、工商管理学院、理学院、资源与土木工程学院、材料与冶金学院、机械工程与自动化学院、信息科学与工程学院、软件学院、体育部、中荷生物医学与信息工程学院、国防教育学院

国家级、省部级研究机构设置

1. 实验室:轧制技术及连轧自动化国家重点实验室、流程工业综合自动化国家重点实验室、国家环境保护生态工业重点实验室、省部共建国家重点实验室培育基地——材料电磁过程研究教育部重点实验室、材料各向异性与织构教育部重点实验室、软件架构国家重点实验室、多金属共生矿生态化冶金教育部重点实验室、医学影像计算教育部重点实验室、航空动力装备振动及控制教育部重点实验室(B类)、辽宁省金属材料微结构设计与控制重点实验室、辽宁省液晶功能高分子科学与工程重点实验室、辽宁省采矿工程重点实验室、辽宁省高档数控机床重点实验室、辽宁省特种钢冶炼重点实验室、辽宁省数字化装备综合信息处理系统重点实验室、辽宁省制造系统与物流优化重点实验室、辽宁省重大机械装备动力学可靠性与质量工程重点实验室、辽宁省复杂装备多学科设计优化技术重点实验室、辽宁省非煤矿山安全技术及工程重点实验室、辽宁省矿物加工技术重点实验室、辽宁省冶金资源循环科学重点实验室、辽宁省流动分析与装备重点实验室、辽宁省高校现代冶金技术重点实验室、辽宁省高校新材料技术重点实验室、辽宁省高校硼资源生态化利用技术与硼材料重点实验室、辽宁省高校面向先进装备业的嵌入式技术重点实验室、辽宁省高校先进制造与自动化技术重点实验室、辽宁省高校微流控芯片及流动分析重点实验室、辽宁省电磁冶金工程实验室

2. 研究中心(所):国家数字化医学影像设备工程技术研究中心、国家冶金自动化工程技术研究中心、计算机软件国家工程研究中心、先进钢铁材料国家工程研究中心(合作)、国家科技政策东北研究中心、教育部材料先进制备技术工程研究中心、教育部特殊钢先进冶金工艺与装备工程研究中心、教育部复杂网络系统安全保障技术工程研究中心、教育部流程工业数字化仪表工程研究中心、教育部有色金属冶金过程技术工程研究中心、教育部战略研究基地:东北大学科技政策研究中心、辽宁省轧制工程技术研究中心、辽宁省自动化工程技术研究中心、辽宁省数字化医学设备工程技术研究中心、辽宁省计算机软件工程技术研究中心、辽宁省CAD/CAM工程技术研究中心、辽宁省硼资源综合开发利用工程技术研究中心、辽宁省嵌入式软件工程技术研究中心、辽宁省设备诊断工程技术研究中心、辽宁省矿物材料工程技术研究中心、辽宁省网络与信息安全技术工程研究中心、辽宁省高新过滤材料工程技术研究中心、辽宁省节能冶金装备与智能检测工程技术研究中心、辽宁省云计算工程技术研究中心、辽宁省镁合金工程技术中心、辽宁省高校材料成形与控制工程技术研究中心、辽宁省高校数字化设计制造工程技术研究中心、辽宁省科技与社会研究中心、辽宁省先进管理研究中心

博士后流动站 冶金工程、矿业工程、控制科学与工程、计算机科学与技术、机械工程、力学、地质资源与地质工程、材料科学与工程、动力工程及工程热物理、化学、哲学、公共管理、管理科学与工程、工商管理

定期公开出版的专业刊物 《东北大学学报》(自然科学版)、《东北大学学报》(社会科学版)、《控制工程》、《材料与冶金学报》、《控制与决策》、《冶金经济与管理》、《国际信息与系统科学学报》

学校设立奖学金情况

本科生:学校设立奖学金23项,奖励总金额688.3万元/年,最低金额600元/年;

学校设立奖学金四项,奖励总金额132.97万元/年。奖学金最高金额2000元/年,最低金额300元/年。

主要校办产业

东软集团股份有限公司、沈阳东北大学冶金技术研究所有限公司、东北大学设计研究院有限公司、沈阳东创贵金属材料有限公司、沈阳东大材料先进制备技术工程研究中心

学校历史沿革

东北大学始建于1923年4月26日。1949年3月,在东北大学工学院和理学院(部分)的基础上成立沈阳工学院。1950

年8月有,定名为东北工学院,1993年3月,复名为东北大学,1997年1月原沈阳黄金学院并入东北大学,1998年成为教育部直属高校。是"211"工程、"985"工程重点建设学校。

辽宁科技大学

学校(机构)标识码 4121010146	占地面积(平方米) 1239300	成人专科 1776
学校办学类型 411:本科院校:大学	校舍建筑面积(平方米) 400064	博士研究生 39
学校性质类别 02 理工院校	图书(万册) 148.32	硕士研究生 1016
学校举办者 811 省级教育部门	固定资产总值(万元) 95763.84	留学生 19
学校地址 辽宁省鞍山市高新技术产业开发区 千山中路185号	教学、科研仪器设备资产值(万元) 14896.1	专任教师(人) 1041
邮政编码 114051	在校生数(人) 25344	其中:正高级 109
办公电话 0412-5928000	其中:普通本科 16031	副高级 359
传真电话 0412-5928012	普通专科 3899	中级 527
校园(局域)网域名 www.ustl.edu.cn	成人本科 2564	初级 39
电子信箱 ustl@ustl.edu.cn		未定职级 7

本科专业 表演、材料成型及控制工程、材料化学、材料科学与工程、财务管理、采矿工程、测绘工程、测控技术与仪器、电气工程及其自动化、电子商务、电子信息工程、动画、法学、工商管理、工业设计、国际经济与贸易、化学工程与工艺、环境工程、会计学、机械电子工程、机械设计制造及其自动化、计算机科学与技术、建筑环境与设备工程、建筑学、交通工程、金融学、金属材料工程、矿物加工工程、旅游管理、热能与动力工程、软件工程、生物工程、市场营销、通信工程、土木工程、网络工程、无机非金属材料工程、信息与计算科学、冶金工程、艺术设计、英语、应用化学、应用物理学、自动化

专科专业 电力系统自动化技术、电气自动化技术、电气自动化技术(订单)、工程造价、机械制造与自动化、机械制造与自动化(订单)、计算机网络技术、计算机应用技术、建筑工程技术、金属材料与热处理技术、旅游管理、汽车检测与维修技术、人民武装、生产过程自动化技术、市场开发与营销、数控设备应用与维护、无机非金属材料工程技术、无机非金属材料工程技术(订单)、物业管理、冶金技术、冶金技术(订单)

博士专业 钢铁冶金、化学工艺

硕士专业 材料加工工程、材料科学与工程、材料物理与化学、材料学、采矿工程、电力电子与电力传动、钢铁冶金、工程、工程力学、工程热物理、工商管理、工业催化、化学工程、化学工程与技术、化学工艺、机械电子工程、机械设计及理论、计算机软件与理论、计算机应用技术、技术经济及管理、控制理论与控制工程、矿物加工工程、企业管理(含:财务管理、市场营销)、热能工程、生物化工、系统工程、岩土工程、冶金工程、冶金物理化学、应用化学、运筹学与控制论

院系设置

材料与冶金学院、化学工程学院、高温材料与镁资源工程学院、机械工程与自动化学院、电子与信息工程学院、资源与土木工程学院、软件学院、工商管理学院、理学院、经济与法律学院、建筑与艺术设计学院、外国语学院、艺术学院、高等职业技术学院、装备制造学院、体育部、人文社科部、继续教育学院

国家级、省部级研究机构设置

1.实验室:辽宁省高校功能材料重点实验室、辽宁省高校冶金工程重点实验室、辽宁省高校材料成型与组织性能控制重点实验室、辽宁省冶金设备及过程控制重点实验室、辽宁省粉体制备及应用重点实验室、辽宁省化学冶金工程重点实验室、辽宁省先进煤焦化技术重点实验、辽宁省先进金融装备技术重点实验室

2.研究中心(所):国家金融机具工程技术研究中心、辽宁省高校精细分离工程技术中心、辽宁省科大聚龙金融设备工程中心、辽宁省镁资源及镁质材料工程技术中心

定期公开出版的专业刊物 《辽宁科技大学学报》

学校设立奖学金情况

学校设计奖学金13项,奖励总额679.7万元。奖学金最高金额8000/年,最低金额1000元/年。

1. 国家奖学金:32人/年,8000元/人;
2. 政府奖学金:37人/年,8000元/人;
3. 国家励志奖学金:528人,5000元/人;
4. 董事会奖学金:10人/年,2000元/人;
5. 宝钢奖学金:8人/年,5000元/人;
6. 海华优秀学生奖学金:15人/年,2000元/人;
7. 科信奖学金:10人/年,2000元/人;
8. 聚龙奖学金:10人/年,2000元/人;
9. 龙源奖学金:25人/年,2000元/人;
10. 荣钢奖学金:25人/年,2000元/人;
11. 腾飞奖学金:50人/年,1000元/人;
12. 发蓝钢带贫寒学子奖学金:10人/年,2000元/人;
13. 校内奖学金:一等奖学金:233人/年,3000元/人;
二等奖学金:1357人/年,1500元/人;

三等奖学金:2390人/年,1000元/人;
社会工作骨干奖:426人/年,300元/人。

主要校办产业

资产经营有限公司、鞍山科技大学中小企业服务中心、辽宁科大建设监理有限公司、辽宁科技大学工程技术有限公司

学校历史沿革

辽宁科技大学(原鞍山科技大学)于1948年建校,1958年建院,曾于1969年改名为鞍山钢铁大学,1977年又恢复为鞍山钢铁学院。1994年与鞍山高等专科学校合并,由原冶金部和鞍山市政府共建共管。1998年7月,国务院作出决定将该校由冶金部划转为辽宁省与教育部共建共管,以省管为主,从而把该校的建设与发展纳入到辽宁地区的经济建设和社会发展的总体规划之中。1999年2月,辽宁省冶金工业学校、辽宁省建材学校、辽宁省食品工业学校三所中专并入该校,2002年3月,经国家教育部批准该校更名为鞍山科技大学。2006年8月,经教育部批准学校更名为辽宁科技大学。

辽宁工程技术大学

学校(机构)标识码 4121010147	占地面积(平方米) 1854985	成人专科 3214
学校办学类型 411:本科院校:大学	校舍建筑面积(平方米) 599464	博士研究生 303
学校性质类别 02 理工院校	图书(万册) 223.69	硕士研究生 2316
学校举办者 811 省级教育部门	固定资产总值(万元) 135675	留学生 109
学校地址 辽宁省阜新市中华路47号	教学、科研仪器设备资产值(万元) 21943.24	专任教师(人) 1755
邮政编码 123000		其中:正高级 202
办公电话 0418-3350022	在校生数(人) 41353	副高级 513
传真电话 0418-2828772	其中:普通本科 24252	中级 916
校园(局域)网域名 www.lntu.edu.cn	普通专科 4814	初级 124
电子信箱 master@lntu.edu.cn	成人本科 6345	

本科专业 安全工程、安全工程(安全信息工程与检测监、安全工程(单招)、安全工程(矿井通风安全)、材料成型及控制工程、材料科学与工程、财务管理、采矿工程、采矿工程(安全工程)、采矿工程(单招)、测绘工程、测绘工程(单招)、测绘工程(摄影测量与遥感)、测控技术与仪器、地理信息系统、地质工程、电气工程及其自动化、电气工程及其自动化(单招)、电气工程及其自动化(电力系统及其自动化)、电气工程及其自动化(电气技术)、电子科学与技术、电子商务、电子信息工程、动画、法学、法学(知识产权法)、给水排水工程、工程管理、工程结构分析、工程力学、工程力学(虚拟仿真工程)、工商管理、工商管理(企业理财)、工业工程、工业设计、广播电视新闻学、国际经济与贸易、国际经济与贸易(产业经济)、焊接技术与工程、行政管理、环境工程、环境科学、会计学、机械工程及自动化、机械工程及自动化(单招)、机械工程及自动化(机械电子工程)、机械工程及自动化(加工技术与控制)、机械工程及自动化(矿山机电工程)、机械工程及自动化(流体传动与控制)、机械工程及自动化(汽车工程)、机械工程及自动化(涉外机械)、机械工程及自动化(液压传动与控制)、计算机科学与技术、计算机科学与技术(计算机软件)、建筑环境与设备工程、建筑学、交通工程、金融学、经济学、勘查技术与工程、矿物加工工程、矿物资源工程、劳动与社会保障、理科实验班、理论与应用力学、煤及煤层气工程、热能与动力工程、软件工程、软件工程(嵌入式软件方向)、生物工程、生物工程(食品科学)、生物技术、市场营销、数学与应用数学、水土保持与荒漠化防治、通信工程、土木工程、土木工程(地下建筑工程)、土木工程(地下建筑工程)(单招、土木工程(建筑工程)、土木工程(交通土建工程)、土木工程(矿井建设)(单招)、土木工程(涉外建筑工程)、网络工程、信息管理与信息系统、信息管理与信息系统(电子商务)、信息与计算科学、英语、应用物理学、运动训练(篮球方向)、灾害防治工程、资源环境与城乡规划管理、资源勘查工程、自动化

专科专业 财务管理、电气自动化技术、电子商务、工程测量技术、供热通风与空调工程技术、广告设计与制作、会计电算化、会计电算化(中职)、机电设备维修与管理、机电设备维修与管理(单招)、计算机辅助设计与制造、计算机控制技术、计算机网络技术、计算机信息管理、计算机应用技术、计算机应用技术(中职)、建筑工程技术、建筑工程技术(中职)、金融保险、金融管理与实务、矿井通风与安全、矿山测量、矿山地质、矿山机电、连锁经营管理、旅游管理、煤矿开采技术、煤矿开采技术(单招)、汽车检测与维修技术、软件外包服务、商务经纪与代理、数控技术、税务、税务(中职)、图形图像制作、网站规划与开发技术、新闻采编与制作、营销与策划、应用化工技术、证券与期货、资产评估与管理

博士专业 安全技术及工程、采矿工程、大地测量学与测量工程、地图制图学与地理信息工程、地质工程、工程力学、管理科学与工程、管理科学与工程新专业、环境工程、机械设计及理论、矿物加工工程、矿业工程新专业、摄影测量与遥感、岩土工程

硕士专业 安全技术及工程、材料加工工程、材料学、采矿工程、产业经济学、车辆工程、大地测量学与测量工程、地图制图学与地理信息工程、地质工程、电工理论与新技术、电机与电器、电力电子与电力传动、防灾减灾工程及防护工程、工程、工程管

理、工程力学、工商管理、供热、供燃气、通风及空调工程、固体力学、管理科学与工程、环境工程、机械电子工程、机械设计及理论、机械制造及其自动化、计算机软件与理论、计算机应用技术、技术经济及管理、检测技术与自动化装置、结构工程、控制理论与控制工程、矿产普查与勘探、矿物加工工程、矿业工程新专业、流体机械及工程、流体力学、企业管理（含：财务管理、市场营销）、桥梁与隧道工程、热能工程、摄影测量与遥感、市政工程、水土保持与荒漠化防治、通信与信息系统、岩土工程、一般力学与力学基础、应用数学

院系设置

资源与环境工程学院、机械工程学院、工商管理学院、土木与交通学院、建筑工程学院、软件学院、测绘与地理科学学院、电气与控制工程学院、电子与信息工程学院、理学院、营销管理学院、公共管理与法学院、矿业技术学院、力学与工程学院、安全科学与工程学院、应用技术学院、经济管理学院、材料科学与工程学院、外语系、传媒艺术学院、研究生学院、继续教育学院、思想政治教研部、创新实践学院、军事教学部、体育教学部

国家级、省部级研究机构设置

矿山灾害治理研究院、矿物加工与利用设计研究院、电力电子磁集成与矿山电气化研究院、炸药与爆破技术研究院、工程与环境研究所、安全工程技术研究所、冲击地压研究院、计算力学研究所、CIMS工程研究中心、采矿损害与控制工程研究中心、工程力学研究所、辽宁工程技术大学安全评价中心、测绘与地理住处研究院、系统工程研究所、建筑设计研究所。

学校历史沿革

我校是在原燃料工业部直属阜新煤矿学校（1949年建校）基础上发展起来的。1958年定名为阜新煤矿学院，1961年抚顺煤矿学院、沈阳煤矿师范学院迁并阜新煤矿学院，1964年鸡西煤矿学院又迁并于阜新煤矿学院。1978年确定为全国重点高等学校，改名为阜新矿业学院，1996年经批准更名为辽宁工程技术大学，1998年由原煤炭工业部所属院校划归为辽宁省地方院校。1999年阜新工业学校、辽宁电子计算机学校并入，2000年辽宁财政学校并入，2004年经省政府批准设立辽宁工程技术大学葫芦岛校区

辽宁石油化工大学

学校（机构）标识码　4121010148
学校办学类型　411：本科院校：大学
学校性质类别　02 理工院校
学校举办者　811 省级教育部门
学校地址　辽宁省抚顺市望花区丹东路西段1号
邮政编码　113001
办公电话　024－56860960
传真电话　024－56860766
校园（局域）网域名　www.lnpu.edu.cn

占地面积（平方米）　1270806
校舍建筑面积（平方米）　627828
图书（万册）　114.9
固定资产总值（万元）　42212.26
教学、科研仪器设备资产值（万元）　13453.22
在校生数（人）　22371
其中：普通本科　16176
　　　普通专科　3139
　　　成人本科　1054

成人专科　818
硕士研究生　1119
留学生　65
专任教师（人）　949
其中：正高级　150
　　　副高级　237
　　　中级　472
　　　初级　89
　　　未定职级　1

本科专业　安全工程、安全工程（矿山安全方向）、材料成型及控制工程、材料化学、材料化学（营口校区）、测控技术与仪器、电气工程及其自动化、电子科学与技术、电子信息工程、对外汉语、俄语、复合材料与工程、高分子材料与工程、高分子材料与工程（营口校区）、给水排水工程、工程管理、工商管理、工业设计、工业设计（艺术类）、国际经济与贸易、国际经济与贸易（对欧美）、国际经济与贸易（对日）、过程装备与控制工程、过程装备与控制工程（营口校区）、行政管理、化学、化学工程与工艺、化学工程与工艺（营口校区）、环境工程、环境科学、会计学、机械设计制造及其自动化、计算机科学与技术、建筑环境与设备工程、交通运输、金融学、金属材料工程、旅游管理、热能与动力工程、日语、软件工程、社会体育、生物工程、生物工程（营口校区）、石油工程、石油工程（盘锦校区）、市场营销、数学与应用数学、数字媒体技术、通信工程、土木工程、土木工程（地下土木工程方向）、无机非金属材料工程、信息管理与信息系统、信息与计算科学、英语、应用化学、应用化学（营口校区）、应用物理学、油气储运工程、油气储运工程（盘锦校区）、政治学与行政学、自动化

专科专业　安全技术管理、电气自动化技术、电子商务、工程造价、供热通风与空调工程技术、焊接技术及自动化、化工设备维修技术、环境监测与治理技术、会计、机电一体化技术、机械制造与自动化、计算机网络技术、检测技术及应用、建筑工程技术、炼油技术、煤矿开采技术、模具设计与制造、汽车技术服务与营销、汽车检测与维修技术、软件技术、生产过程自动化技术、石油化工生产技术、数控技术、物流管理、油气储运技术、制冷与冷藏技术

硕士专业　安全技术及工程、材料加工工程、材料学、分析化学、工程力学、工商管理、工业催化、化工过程机械、化学工程、化学工艺、环境工程、机械设计及理论、机械制造及其自动化、计算机技术、计算机软件与理论、计算机应用技术、技术经济及管理、检测技术与自动化装置、控制工程、控制理论与控制工程、马克思主义基本原理、模式识别与智能系统、企业管理（含：财务管理、市场营销）、热能工程、软件工程、生物化工、石油与天然气工

程、思想政治教育、物理化学(含:化学物理)、应用化学、油气储运工程

院系设置

石油化工学院、化学与材料科学学院、环境与生物工程学院、信息与控制工程学院、计算机与通信工程学院、机械工程学院、石油天然气工程学院、经济管理学院、理学院、马克思主义学院、外国语学院、体育学院、继续教育学院、职业技术学院、研究生学院、教育实验学院、国际教育学院、营口大学园石油化工学院

国家级、省部级研究机构设置

1. 研究所(中心):省级重点实验室:辽宁省石油化工承压设备安全工程重点实验室、辽宁省石油化工重点实验室、辽宁省石油化工环境科学与工程重点实验室、辽宁省非常规油气综合利用重点实验室、辽宁省油气储运技术重点实验室

省级工程技术中心:辽宁省专用石油化工品工程技术研究中心、辽宁省生物及可替代能源工程技术研究中心、辽宁省油田化学工程技术研究中心、辽宁省车用清洁燃料工程技术研究中心

省级高校重点实验室:石油化工承压设备安全工程重点实验室(C类)、石油化工环境科学与工程重点实验室(C类)、油气储运工程实验室(C类)、石油化工重点实验室(C类)

省级高校工程技术中心:石油化工技术研发及分析测试研究中心(A类)、顺博石化工程技术中心(SPEC)、石油化学品研制与开发研究室、自动化研究所、油气储运工程实验室、环境科学与工程研究中心、中俄国际石化设备研究开发中心、辽宁石油化工大学软件研究开发中心、中澳结构工程技术研究所、系统管理研究所、天然气储运研究室、区域产业经济规划研究中心、石油化学品生产及石油化工助剂开发中心、传热技术研发中心、现场总线与容错控制研究中心、应用化学研究所、先进制造技术研究所、计算机应用研究所、电子信息工程技术研究所、心理研究所、石油化工压力容器及管道检测中心、石油化工设备研究所、体育与健康研究中心、数利研究所、外语教学与二语习得研究中心、金属材料加工与应用技术研究所、工程软件研究所、微波化学研究所、精细化工研究开发中心、马克思主义中国化研究所、计算机系统集成与应用研究所、雷锋学研究中心、企业运作研究中心、抚顺地方经济文化研究所、新能源技术研究中心、社会稳定科研培训中心

定期公开出版的专业刊物 《石油化工高等学校学报》、《辽宁石油化工大学学报》

学校设立奖学金情况

学校设立奖学金6项,奖励总金额545余万元。奖学金最高金额8000元/年,最低金额1000元/年。

毕业生一次就业率 91.47%

学校历史沿革

辽宁石油化工大学的前身为大连石油学校,创建于1950年11月。1958年建立抚顺石油学院。2008年8月原抚顺工业专门学校划归抚顺石油学院。2002年3月,原抚顺石油学院更名为辽宁石油化工大学。

沈阳化工大学

学校(机构)标识码 4121010149	电子信箱 yuanban@syict.edu.cn	成人本科 1045
学校办学类型 411:本科院校:大学	占地面积(平方米) 946980	成人专科 1332
学校性质类别 02 理工院校	校舍建筑面积(平方米) 365695	硕士研究生 843
学校举办者 811 省级教育部门	图书(万册) 119.67	留学生 100
学校地址 沈阳经济技术开发区11号街	固定资产总值(万元) 94750	专任教师(人) 730
邮政编码 110142	教学、科研仪器设备资产值(万元) 11063.43	其中:正高级 116
办公电话 024-89388230		副高级 278
传真电话 024-89388211	在校生数(人) 16025	中级 299
校园(局域)网域名 www.syuct.edu.cn	其中:普通本科 12705	初级 37

本科专业 安全工程、包装工程、材料化学、材料物理、测控技术与仪器、电气工程及其自动化、电子科学与技术、电子信息工程、电子信息科学类、电子信息科学与技术、复合材料与工程、高分子材料与工程、工程管理、工商管理、工业工程、工业设计、公共事业管理、国际经济与贸易、过程装备与控制工程、化工与制药、化学、化学工程与工艺、环境工程、环境科学、会计学、机械类、机械设计制造及其自动化、计算机科学与技术、金融学、金属材料工程、经济学、理论与应用力学、林产化工、热能与动力工程、软件工程、社会工作、社会体育、生物工程、食品科学与工程、市场营销、水质科学与技术、通信工程、网络工程、无机非金属材料工程、信息管理与信息系统、信息与计算科学、艺术设计、英语、应用化学、油气储运工程、制药工程、资源科学与工程、自动化

硕士专业 材料加工工程、材料科学与工程、材料学、产业经济学、高分子化学与物理、工业催化、化工过程机械、化学工程、化学工程与技术、化学工艺、环境工程、环境科学、机械设计及理论、计算机软件与理论、计算机应用技术、检测技术与自动化装置、控制工程、控制理论与控制工程、流体机械及工程、无机化学、系统工程、信号与信息处理、药物化学、应用化学

院系设置

机械工程学院、化学工程学院、信息工程学院、材料科学与工程学院、应用化学学院、环境与生物工程学院、计算机科学与技术学院、经济管理学院、成人教育学院、国际教育学院、外语系、社科系、数理系、体育系、研究生部

国家级、省部级研究机构设置

1. 实验室：辽宁省化工应用技术重点实验室、辽宁省高效化工混合技术重点实验室、辽宁省稀土化学及应用重点实验室、辽宁省化工过程控制技术重点实验室、化工技术重点实验室、高效化工混合技术重点实验室、稀土化学及应用重点实验室、工业环境－资源协同控制与优化技术重点实验室、高分子材料应用技术重点实验室、沈阳市无机分子基材料化学（国际）重点实验室、沈阳市先进高分子及其复合材料重点实验室。

2. 研究所（中心）：辽宁省化工静态混合反应工程技术研究中心、辽宁省高分子材料工程技术研究中心、辽宁省化工新技术转移推广中心、辽宁（中日）新材料技术转移推广服务中心、沈阳化工学院化工设备设计研究所、沈阳化工学院有机合成研究所、沈阳市流量计量工程技术研究中心、沈阳市高分子塑编材料工程技术研究中心。

定期公开出版的专业刊物 《沈阳化工大学学报》、《沈阳化工大学报》

学校设立奖学金情况

学校设立奖学金6项，奖励总金额250余万元。奖学金最高金额2500元/年，最低金额50元/年。

主要校办产业

沈阳化工大学研究开发设计院（有限公司）、沈阳化工学院兴科中小企业服务中心、沈阳化工大学机械厂、沈阳化工学院聚氨酯科技开发公司、沈阳化工学院自动化工程公司、沈阳泰普自动化仪表有限公司、沈阳威尔特控制及仪表有限公司、沈阳宏安软件开发有限公司

学校历史沿革

沈阳化工大学始建于1952年7月15日，建校时校名为"沈阳化学工业技术学校"，隶属东北人民政府工业部；1953年10月，隶属中央重工业部，更名为"重工业部沈阳化学工业学校"；1953年至1958年，沈阳机械工业学校化工科、吉林工业学校染料科专业和分析专业、大连工业学校电机科、沈阳市化工学校等相继并入我校；1956年国家组建化学工业部，学校隶属化学工业部；1958年8月10日学校升格为本科院校，更名为"沈阳化工学院"，隶属于辽宁省人民政府；1960年6月，经辽宁省委批准，更名为"辽宁科学技术大学"，抚顺工学院有机合成专业并入我校；1962年4月，重新隶属化学工业部，校名改回"沈阳化工学院"，大连工业专科学校并入我校；1970年12月，学校迁至抚顺市办学，原抚顺工学院、抚顺石油学校并入我校，更名为"抚顺化工学院"；1978年7月，学校迁回沈阳，恢复"沈阳化工学院"，隶属化学工业部；1998年8月，学校划转地方，管理体制变为"中央与地方共建，以地方管理为主"；2010年3月22日，经教育部批准，更名为"沈阳化工大学"。

大连交通大学

学校（机构）标识码 4121010150	占地面积（平方米） 851595	成人专科 3814
学校办学类型 411：本科院校：大学	校舍建筑面积（平方米） 514322	博士研究生 104
学校性质类别 02 理工院校	图书（万册） 110.2	硕士研究生 1156
学校举办者 811 省级教育部门	固定资产总值（万元） 84065	专任教师（人） 1091
学校地址 大连市沙河口区黄河路794号	教学、科研仪器设备资产值（万元） 14391	其中：正高级 142
邮政编码 116028	在校生数（人） 24513	副高级 296
办公电话 0411－84106969	其中：普通本科 15297	中级 552
传真电话 0411－84606139	普通专科 1793	初级 92
校园（局域）网域名 www.djtu.edu.cn	成人本科 2349	未定职级 9

本科专业 安全工程、材料成型及控制工程、材料科学与工程、测控技术与仪器、车辆工程、电气工程及其自动化、电子科学与技术、电子信息工程、动画、工商管理、工商管理类、工业工程、工业设计、焊接技术与工程、化学工程与工艺、环境工程、会计学、机械工程及自动化、计算机科学与技术、交通工程、交通运输、经济学、日语、软件工程、社会工作、生物技术、市场营销、数学与应用数学、通信工程、土木工程、网络工程、物流管理、信息管理与信息系统、信息与计算科学、艺术设计、英语、应用化学、自动化

专科专业 城市轨道交通车辆、电气化铁道技术、酒店管理、软件技术、铁道车辆、铁道交通运营管理、铁道通信信号

博士专业 材料加工工程、机械制造及其自动化

硕士专业 材料工程、材料加工工程、材料物理与化学、材料学、车辆工程、道路与铁道工程、电力电子与电力传动、工程力学、环境工程、环境科学、机械电子工程、机械工程、机械设计及理论、机械制造及其自动化、计算机应用技术、交通信息工程及控制、交通运输工程、交通运输规划与管理、控制工程、控制理论与控制工程、马克思主义中国化研究、企业管理（含：财务管理、市场营销）、软件工程、物流工程、应用数学、载运工具运用工程

院系设置

机械工程学院、材料科学与工程学院、交通运输工程学院、电气信息学院、环境与化学工程学院、土木与安全工程学院、软件学院、管理学院、艺术学院、理学院、外国语学院、思想政治理论科学研究部、爱恩国际学院、轨道交通技术学院

国家级、省部级研究机构设置

研究中心（所）：大连交通大学现代轨道交通研究院（国家技术转移中心）、教育部连续挤压工程研究中心、辽宁省轨道交通关键材料重点实验室、辽宁省现代轨道交通工程技术研究中心、

辽宁省轨道交通装备制造业信息化工程研究中心、辽宁省重大装备热加工工程技术研究中心、辽宁省高速动车组制造与运用工程技术研究中心、辽宁省隧道与地下结构工程技术研究中心、辽宁省运动与康复器重点实验室、辽宁省新能源电池重点实验室、辽宁轨道交通装备数字化设计与制造重点实验室、辽宁省高等学校轨道交通关键材料重点实验室、辽宁省高等学校数字化设计与制造重点实验室、辽宁省高等学校无机超细粉体制备及应用重点实验室、辽宁省高等学校载运工具先进技术重点实验室、辽宁省高等学校人机工程重点实验室、辽宁省高等学校环境科学与技术重点实验室、辽宁省高等学校连续挤压工程技术中心、辽宁省高等学校光电材料与器件工程技术研究中心、国家体育总局体育文化发展中心体育文化研究基地

博士后流动站 机械工程、材料科学与工程

定期公开出版的专业刊物 《大连交通大学学报》

学校设立奖学金情况

学校设立奖学金10项，奖励总金额710余万元。奖学金最高金额8000元/年，最低金额600元/年。

主要校办产业

大连交通大学大学科技园有限公司下设瑞尔高技术产业公司、大连交大连续挤压技术有限公司、大连交大三合科技有限公司等企业。

学校历史沿革

大连交通大学始建于1956年，时为大连机车车辆制造学校，隶属第一机械工业部。1957年易名为大连机器制造学校，1958年划归为铁道部管理。铁道部在该校的基础上建立了大连铁道学院，主要为机车车辆工业培养高级专门技术人才。2000年2月，学校转制为中央与地方共建，以辽宁省人民政府为主的管理体制。2004年5月经教育部批准，更名为大连交通大学。

大连海事大学

学校(机构)标识码 4121010151	占地面积(平方米) 1372144	博士研究生 772
学校办学类型 411:本科院校:大学	校舍建筑面积(平方米) 773023	硕士研究生 3245
学校性质类别 02 理工院校	图书(万册) 195.08	留学生 420
学校举办者 348 交通运输部	固定资产总值(万元) 257936	专任教师(人) 1271
学校地址 辽宁省大连市凌海路1号	教学、科研仪器设备资产值(万元) 70624	其中:正高级 286
邮政编码 116026		副高级 469
办公电话 0411-84724336	在校生数(人) 26392	中级 365
传真电话 0411-84727395	其中:普通本科 16768	初级 125
校园(局域)网域名 www.dlmu.edu.cn	成人本科 573	未定职级 26
电子信箱 dmuxb@dlmu.edu.cn	成人专科 4614	

本科专业 材料科学与工程、材料科学与工程（高分子材料）、财务管理、测控技术与仪器、传感网技术、船舶电子电气工程、船舶与海洋工程、船机修造、地理信息系统、电气工程及其自动化、电子商务、电子信息工程、电子信息科学与技术、港口经营与管理、工商管理、公共事业管理、光电信息工程、国际经济法、国际经济与贸易、海商法、海事管理、海洋科学、海洋生物资源与环境、汉语言文学、行政管理、航海技术、航运管理、环境工程、机械设计制造及其自动化、计算机科学与技术、经济学、救助打捞、轮机工程、旅游管理、热能与动力工程、日语、软件工程、市场营销、数学与应用数学、通信工程、土木工程、外贸运输、网络工程、物流工程、物流工程（系统工程）、物流管理、信息管理与信息系统、信息与计算科学、英语、应用物理学、哲学、政治学与行政学、智能科学与技术、自动化

博士专业 道路与铁道工程、管理科学与工程、国际法学（含：国际公法、国际私法）、海上交通工程、航海科学与技术、环境科学、计算机应用技术、交通工程、交通信息工程及控制、交通运输规划与管理、控制理论与控制工程、轮机工程、马克思主义中国化研究、通信与信息系统、物流工程与管理、载运工具运用工程

硕士专业 材料工程、材料科学与工程、产业经济学、船舶与海洋工成、船舶与海洋工程、船舶与海洋结构物设计制造、道路与铁道工程、等离子体物理、电力电子与电力传动、电力系统及其自动化、电气工程、电子科学与技术、电子与通信工程、动力工程、动力机械及工程、法律硕士（法学）、法律硕士（非法学）、法学、工程管理、工程力学、工商管理、工业工程、公共管理、管理科学与工程、国际贸易学、海上交通工程、海洋化学、行政管理、航海科学与技术、环境工程、环境科学、环境科学与工程、机械电子工程、机械工程、计算机技术、计算机科学与技术、技术经济及管理、检测技术与自动化装置、交通工程、交通信息工程及控制、交通运输工程、交通运输规划与管理、控制工程、控制理论与控制工程、轮机工程、马克思主义理论、马克思主义哲学、模式识别与智能系统、凝聚态物理、企业管理（含：财务管理、市场营销）、桥梁与隧道工程、日语翻译、软件工程、生物物理学、外国语言学及应用语言学、物流工程、物流工程与管理、信息与通信工程、英语翻译、英语语言文学、应用数学、运筹学与控制论、载运工具运用工程

院系设置

航海学院、轮机学院、信息科学技术学院、交通运输管理学院、环境科学与工程学院、交通运输装备与海洋工程学院、法学院、外国语学院、人文与社会科学学院、马克思主义学院、数学系、物理系

国家级、省部级研究机构设置

1. 实验室：2个交通行业重点实验室：航海动态仿真与控制重点实验室，船机修造工程重点实验室(亦为辽宁省科技厅重点实验室)。9个省科技厅重点实验室：高气压强电场电离放电重点实验室，交通安全与通信技术重点实验室，物流航运管理系统工程重点实验室，环境系统生物学重点实验室，船舶自动化工程重点实验室，船舶污染监测与检测的信息化技术重点实验室，船舶机电一体化实验室，船用小型燃气轮机技术重点实验室，辽宁省公路工程重点实验室。5个省教育厅重点实验室：高校交通信息工程重点实验室，高校强电离放电单分子工程重点实验室，高校交通装备先进制造与控制技术重点实验室，高校港航机电控制工程重点实验室，高校轮机科学与运用工程重点实验室。

2. 研究中心(所)：1个国家工程研究中心：船舶导航国家工程研究中心。6个省级工程技术中心：董氏镀铁工程技术中心，船舶装备维修工程技术中心，轮机监控与仿真工程技术中心，交通与重大装备物流网工程中心，辽宁省船舶节能环保工程技术研究中心，辽宁省船用集成电路片上系统SOC设计工程技术研究中心。4个省级人文社会科学重点研究基地：国际海事法律研究中心，大学英语教学研究基地，马克思主义中国化研究中心，辽宁沿海开放与经济发展研究基地。

博士后科研流动站 交通运输工程博士后科研流动站、船舶与海洋工程博士后科研流动站、信息与通信工程博士后科研流动站、法学博士后科研流动站、

定期公开出版的专业刊物 《大连海事大学学报(理)》(季刊)、《大连海事大学学报(社会科学版)》(季刊)、《航海教育研究》(季刊)、《世界海运》(双月刊)、《中国海商法年刊》(季刊)

学校设立奖学金情况

学校设立奖学金55项，奖励总金额2098万元/年，最低金额2000元/年。

主要校办产业

大连海事大学出版社、大连海大航运管理有限公司、大连海事大学科技开发总公司、大连海事大学微电脑开发公司、大连海事大学董氏镀铁有限公司

学校历史沿革

大连海事大学(原大连海运学院)是交通运输部所属的全国重点大学，是中国著名的高等航海学府，是被国际海事组织认定的世界上少数几所"享有国际盛誉"的海事院校之一。大连海事大学历史悠久，其前身可追溯到1909年晚清邮传部上海高等实业学堂(南洋公学)船政科。解放前，中国高等航海教育历尽艰辛，几度中断。解放以后，高等航海教育得以迅速发展。1953年，由上海航务学院、东北航海学院、福建航海专科学校合并成立大连海运学院，时为我国惟一的高等航海学府。1960年，大连海运学院被确定为全国重点大学；1983年，联合国开发计划署(UNDP)和国际海事组织(IMO)在学校设立了亚太地区国际海事培训中心；1985年，世界海事大学在学校设立分校；1994年，经国家教委批准，学校更名为大连海事大学，江泽民同志亲笔为学校题写了校名；1997年，被国家批准进行"211工程"重点建设。

大连工业大学

学校(机构)标识码 4121010152	电子信箱 xwb@dlpu.edu.cn	成人本科 190
学校办学类型 411：本科院校：大学	占地面积(平方米) 703885	成人专科 4889
学校性质类别 02 理工院校	校舍建筑面积(平方米) 445918	硕士研究生 1449
学校举办者 811 省级教育部门	图书(万册) 102.04	留学生 126
学校地址 大连市甘井子区轻工苑1号	固定资产总值(万元) 115185	专任教师(人) 939
	教学、科研仪器设备资产值(万元) 16934.84	其中：正高级 131
邮政编码 116034		副高级 244
办公电话 0411-86322228	在校生数(人) 23543	中级 471
传真电话 0411-86323889	其中：普通本科 13948	初级 66
校园(局域)网域名 www.dlpu.edu.cn	普通专科 2941	未定职级 27

本科专业 包装工程、材料成型及控制工程、材料化学、材料科学与工程(高分子材料方向)、材料科学与工程(无机非金属材料)、电子商务、电子信息工程、雕塑、对外汉语、纺织工程、纺织工程(服装工程方向)、服装设计与工程、服装设计与工程(服装设计与表演)、服装设计与工程(服装艺术设计方向)、服装设计与工程(形象设计方向)、服装设计与工程(中外合作办学)、工商管理、工业工程、工业设计、国际经济与贸易(英语强化)、化学工程与工艺、环境工程、机械电子工程、机械工程及自动化、机械工程及自动化(模具设计与制控)、计算机科学与技术、美术学、轻化工程、人力资源管理、日语、日语(商务日语方向)、摄影、生物工程、生物技术、食品科学与工程、食品科学与工程(公共营养方向)、食品质量与安全、数字媒体艺术、通信工程、网络工程、物流管理、信息管理与信息系统、信息与计算科学、艺术设计(环境艺术设计方向)、艺术设计(景观设计方向)、艺术设计(设计管理方向)、艺术设计(饰品设计方向)、艺术设计(视觉传达艺术设计方向)、艺术设计(中外合作办学)、印刷工程、英语(商务英语方向)、应用化学、自动化

专科专业 电脑艺术设计、电子信息工程技术、纺织品检验与贸易、服装表演(空中乘务方向)、服装工艺技术、服装设计、服装设计(视觉营销方向)、环境艺术设计、机械制造与自动化、计算机多媒体技术、计算机网络技术、酒店管理、空中乘务(空中保安方向)、空中乘务(空中乘务方向)、旅游管理、软件技术、商务

日语、商务英语、数控技术、艺术设计(服装设计方向)、装潢艺术设计

硕士专业 材料工程、材料加工工程、材料物理与化学、材料学、发酵工程、纺织材料与纺织品设计、纺织工程、纺织化学与染整工程、服装设计与工程、化工过程机械、化学工程、化学工艺、环境工程、环境科学、机械工程、机械设计及理论、机械制造及其自动化、粮食、油脂及植物蛋白工程、美术学、模式识别与智能系统、农产品加工及贮藏工程、皮革化学与工程、企业管理(含:财务管理、市场营销)、设计艺术学、生物工程、生物化工、食品工程、食品科学、水产品加工及贮藏工程、微生物学、艺术设计、应用化学、制浆造纸工程、制糖工程

院系设置

研究生学院、轻工与化学工程学院、生物工程学院、食品学院、纺织与材料工程学院、机械工程与自动化学院、信息科学与工程学院、艺术设计学院、服装学院、管理学院、外国语学院、爱丁堡国际航空服务学院、国际教育学院、艺术与信息工程学院、职业技术学院、继续教育学院、思想政治理论课教学科研部、体育教学部、现代教育技术部等19个教学单位

国家级、省部级研究机构设置

1. 辽宁省发酵工程重点实验室、辽宁省海洋食品科学与技术重点实验室、辽宁省食品生物技术重点实验室、辽宁省数字化服装设计与工程重点实验室、辽宁省清洁化纺织重点实验室、辽宁省发酵工程高校重点实验室、辽宁省制浆造纸工程高校重点实验室、辽宁省纺织工程高校重点实验室、辽宁省新材料与改性高校重点实验室。

2. 研究所(中心):海洋食品教育部工程研究中心、农业部农产品加工技术研发贝类专业分中心、国家食品工程技术转移中心、海珍品精深加工国际合作创新基地、辽宁省水产品深加工工程技术研究中心、辽宁省食品工程技术研究中心、辽宁省发酵工业产品工程技术研究中心、辽宁省纺织行业技术开发中心、辽宁省纺织清洁化工程技术研究中心、辽宁省废弃物资源化利用工程技术研究中心。

定期公开出版的专业刊物 《大连工业大学学报》

学校设立奖学金情况

学校设立奖学金10项,奖励总金额500万余元。奖学金最高金额10,000元/年/人,最低金额100元/年/人。

1. 国家奖学金:29人/年,共计:232,000元/年,8000元/人/年。

2. 辽宁省政府奖学金:34人/年,共计:272,000元/年,8000元/人/年。

3. 优秀入学成绩奖:41人/年,共计:68,000元/年,一等奖:7人,奖金3000元/人;二等奖:13人,奖金2000元/人;三等奖:21人,奖金1000元/人。

4. 大连工业大学学生综合奖学金:共计:1,801,173元,艺术类专业:一等奖学金3000元/人/年,获奖学生占年级专业人数的3%;二等奖学金1500元/人/年,获奖学生占年级专业人数的5%;三等奖学金600元/人/年,获奖学生占年级专业人数的7%。其他类专业:一等奖学金2000元/人/年,获奖学生占年级专业人数的2%;二等奖学金800元/人/年,获奖学生占年级专业人数的7%;三等奖学金400元/人/年,获奖学生占年级专业人数的9%。

5. 大连工业大学学生单项奖学金,共计:117,140元/年,各专业皆有:校园文化活动突出贡献奖:100 - 300元/人;艺术类专业特有:(1)竞赛荣誉奖:一等奖:10名,奖金1000~1500元/人;二等奖:15名,奖金500~1000元/人;三等奖:30名,奖金300~500元/人(2)单科学习优秀奖:100元/人/年(3)外语学习优秀奖:200 - 600元/人/年(4)社会工作奖:一等奖:学生总数的2%,奖金500元/人/年;二等奖:学生总数的3%,奖金300元/人/年;三等奖:学生总数的5%,奖金100元/人/年;其他类专业特有:(1)科技创新奖:100 - 2000元/人/年。(2)外语学习优秀奖:奖学金100元/人/年。

6. "爱心助学"奖学金:15人/年,共计:15,000元/年,1000元/人/年。

7. 索恩奖学金:15人/年,共计:100,000元/年,一等奖:5名,奖金10000元/人,二等奖:10名,奖金5000元/人。

8. 国家励志奖学金:454人/年,共计:2,270,000元/年,奖金5000元/人。

9. 金士百奖学金:82人/年,共计:61,000元/年,优秀学生奖学金63名,一等奖11名,1200元/人/年;二等奖21名,800元/人/年;三等奖31名,600元/人/年;励志奖学金15名,一等奖3名,1000元/人/年;二等奖3名,600元/人/年;三等奖9名,400元/人/年;行业最具卓越工程师潜力奖4名,1000元/人/年。

10. "绿诺环保"奖学金:20人/年,共计:20,000元/年,奖金1000元/人,共计:4,956,313元。

主要校办产业

大连工大科技发展有限公司

学校历史沿革

大连工业大学原名沈阳轻工业学院,1958年10月24日创建于沈阳市。1959年2月全国总工会干部学校沈阳分校并入。1961年10月营口海水化工专科学校并入。1962年2月辽宁省纺织工业专科学校的棉纺、毛纺、机织3个专业并入。1969年末,辽宁纺织工业职工学校并入。1970年初,迁往辽宁省宽甸县,同年迁入大连市,大连轻工技校并入,沈阳轻工业学院更名为大连轻工业学院。1999年7月辽宁省纺织工业学校并入。2007年3月16日大连轻工业学院更名为大连工业大学。

沈阳建筑大学

学校(机构)标识码	4121010153	学校举办者	811 省级教育部门
学校办学类型	411:本科院校:大学	学校地址	沈阳市浑南新区浑南东路9号
学校性质类别	02 理工院校		
		邮政编码	110168
		办公电话	024 - 24690016
		传真电话	024 - 24690111

校园(局域)网域名 www.sjzu.edu.cn		9186.31	留学生 37
电子信箱 yb@sjzu.edu.cn	在校生数(人) 18375		专任教师(人) 829
占地面积(平方米) 958255	其中:普通本科 11730		其中:正高级 157
校舍建筑面积(平方米) 423386	成人本科 2853		副高级 235
图书(万册) 122.52	成人专科 1895		中级 355
固定资产总值(万元) 131646	硕士研究生 1860		初级 82
教学、科研仪器设备资产值(万元)			

本科专业 安全工程、材料化学、测绘工程、城市管理、城市规划、电气工程及其自动化、电气信息类、动画、法学、房地产经营管理、高分子材料与工程、给水排水工程、工程管理、工程机械、工程造价、工商管理、工商管理类、工业设计、功能材料、广告学、环境工程、会计学、机械设计制造及其自动化、计算机科学与技术、建筑电气与智能化、建筑环境与设备工程、建筑节能技术与工程、建筑学、交通运输、景观建筑设计、理论与应用力学、人力资源管理、生态学、通信工程、土地资源管理、土木工程、无机非金属材料工程、物流工程、信息管理与信息系统、信息与计算科学、艺术设计、英语、园林、自动化

硕士专业 材料工程、材料加工工程、材料物理与化学、材料学、车辆工程、城市规划与设计(含:风景园林规划)、道路与铁道工程、防灾减灾工程及防护工程、工程力学、工业设计工程、供热、供燃气、通风及空调工程、固体力学、管理科学与工程、环境工程、环境科学、机械电子工程、机械工程、机械设计及理论、机械制造及其自动化、计算机技术、计算机应用技术、检测技术与自动化装置、建筑技术科学、建筑历史与理论、建筑设计及其理论、建筑学、建筑与土木工程、交通与运输工程、结构工程、控制工程、控制理论与控制工程、马克思主义中国化研究、模式识别与智能系统、桥梁与隧道工程、设计艺术学、市政工程、思想政治教育、岩土工程

院系设置
沈阳建筑大学研究生学院、沈阳建筑大学建筑与规划学院、沈阳建筑大学土木工程学院、沈阳建筑大学市政与环境工程学院、沈阳建筑大学材料科学与工程学院、沈阳建筑大学交通与机械工程学院、沈阳建筑大学信息与控制工程学院、沈阳建筑大学管理学院(文法学院)、沈阳建筑大学设计艺术学院、沈阳建筑大学外国语学院、国际学院、沈阳建筑大学思想政治理论教研部、沈阳建筑大学理学院、沈阳建筑大学体育部(体育设施管理中心)、沈阳建筑大学城市建设学院、沈阳建筑大学继续教育学院

国家级、省部级研究机构设置
1. 实验室:辽宁省重点实验室:辽宁省建筑生态物理技术与评价实验室、辽宁省建筑结构工程实验室、辽宁省数控机床主轴系统实验室、辽宁省建筑节能与室内环境控制实验室、辽宁省新型建筑材料制备技术实验室、辽宁省饮用水水质安全保障实验室。辽宁省高等学校重点实验室:结构工程实验室、机械电子工程实验室、市政与环境工程实验研究中心、新型建筑材料制备与检测技术实验室、岩土与道路工程实验室。建设部重点实验室:建筑生态物理技术实验室、结构工程实验室、机械电子工程实验室、材料检测与分析技术实验室、建筑智能技术与系统实验室。

2. 研究中心(所):辽宁省异型石材数控加工成套设备工程技术研究中心、辽宁省异型高耸建筑工程设备工程技术研究中心、辽宁省新型建筑材料制备与加工工程技术研究中心、辽宁省城镇区域生态构建与管控工程技术研究中心、辽宁省建筑节能与室内环境控制工程技术研究中心、辽宁省现代建筑产业工程技术研究中心。

定期公开出版的专业刊物 《沈阳建筑大学学报》(自然科学版)、《沈阳建筑大学学报》(社会科学版)

学校设立奖学金情况
学校设立奖学金5项,奖励总金额212.31余万元。奖学金最高金额10000元/年,最低金额200元/年。研究生设立奖学金4项,奖励总金额243.63余万元/年,最高金额2000元,最低金额500元。

主要校办产业
1.沈阳建筑大学建筑设计研究院 2.沈阳建筑大学建设项目管理公司 3.沈阳建筑大学建筑科技发展工程公司 4.沈阳建筑大学兴科中小企业服务中心 5.沈阳建筑大学工厂 6.沈阳新建大城市规划设计有限公司 7.沈阳沈建大建筑工程检测有限责任公司 8.沈阳宏建发展有限公司

学校历史沿革
学校始建于1948年东北军工专。1949年学校改名为沈阳兵工学院,1977年组建辽宁建工学院。1984年更名为沈阳建筑工程学院直属国家建设部。2000年由建设部划转到辽宁省。2004年经国家教育部批准更名为沈阳建筑大学。

辽宁工业大学

学校(机构)标识码 4121010154	街道华工社区	电子信箱 lgbgs2010@sohu.com
学校办学类型 411:本科院校:大学	邮政编码 121001	占地面积(平方米) 630671
学校性质类别 02 理工院校	办公电话 0416-4198417	校舍建筑面积(平方米) 363987
学校举办者 811 省级教育部门	传真电话 0416-4198642	图书(万册) 98.33
学校地址 辽宁省锦州市古塔区敬业	校园(局域)网域名 www.lnit.edu.cn	固定资产总值(万元) 71655.71

教学、科研仪器设备资产值(万元) 9883.46	成人本科 2790	其中:正高级 119
	成人专科 3709	副高级 327
在校生数(人) 22853	硕士研究生 666	中级 308
其中:普通本科 13819	留学生 117	初级 51
普通专科 1752	专任教师(人) 807	未定职级 2

本科专业 材料成型及控制工程、材料科学与工程、材料物理、测控技术与仪器、车辆工程、传播学、电气工程及其自动化、电气信息类、电子商务、电子信息工程、房地产经营管理、服装设计与工程、给水排水工程、工程管理、工商管理、工商管理类、工业工程、工业设计、广告学、国际经济与贸易、过程装备与控制工程、化学工程与工艺、环境工程、环境科学、环境科学类、会计学、机械电子工程、机械设计制造及其自动化、计算机科学与技术、建筑环境与设备工程、建筑学、交通工程、交通运输、交通运输类、金融学、经济学、汽车服务工程、日语、软件工程、市场营销、通信工程、统计学、土木工程、网络工程、物流工程、信息管理与信息系统、信息与计算科学、艺术设计、英语、应用化学、自动化

专科专业 材料工程技术、电子商务、供用电技术、计算机网络技术、计算机信息管理、计算机应用技术、楼宇智能化工程技术、汽车电子技术、软件技术、数控技术、网络系统管理

硕士专业 材料工程、材料加工工程、材料物理与化学、材料学、车辆工程、电力电子与电力传动、电力系统及其自动化、电气工程、电子与通信工程、工程力学、化工过程机械、机械电子工程、机械工程、机械设计及理论、机械制造及其自动化、计算机应用技术、建筑与土木工程、交通运输工程、结构工程、控制工程、控制理论与控制工程、马克思主义基本原理、企业管理(含:财务管理、市场营销)、思想政治教育、通信与信息系统、冶金物理化学、应用数学、载运工具运用工程

院系设置
设有机械工程与自动化学院、汽车与交通工程学院、材料科学与工程学院、化学与环境工程学院、电气工程学院、电子与信息工程学院、管理学院、经济学院、艺术设计与建筑学院、土木建筑工程学院、外国语学院、理学院、文化传媒学院、计算中心、社会科学部、体育部等16个本科教学学院、部和研究生学院、国际教育学院、软件学院、光伏学院、继续教育学院

国家级、省部级研究机构设置
1. 实验室(5个):汽车新材料重点实验室、汽车工程重点实验室、光伏材料重点实验室、电动汽车驱动技术重点实验室、汽车零部件数字化设计与制造重点实验室。
2. 研究中心(2个):汽车振动与噪声工程技术研究中心、汽车材料轻量化工程技术研究中心。

定期公开出版的专业刊物 《辽宁工业大学学报》(自然科学版和社会科学版)

学校设立奖学金情况
学校设立奖学金5项,奖励总金额1262余万元。奖学金最高金额8000.00元/年,最低金额300.00元/年。

主要校办产业
附属工厂、实业总公司、维森信息技术有限公司、维森电子有限公司、建筑监理公司、建筑设计院

学校历史沿革
辽宁工业大学是一所以工为主,理、工、经、管、文协调发展的省属全日制多科性大学。
辽西省锦州工科高级职业学校(1951年3月1日)辽宁省锦州工业技术学校(1952年2月4日)辽西省锦州工业学校(1952年11月)锦州机械制造学校(1955年9月)锦州工业专科学校(1958年8月)锦州工学院(1960年4月)辽宁工学院(1992年6月-2007年3月)1997年4月16日辽宁省锦州粮食学校并入辽宁工学院 辽宁工业大学(2007年3月至今)。

沈阳农业大学

学校(机构)标识码 4121010157	占地面积(平方米) 1880442	成人专科 1449
学校办学类型 411:本科院校:大学	校舍建筑面积(平方米) 378618	博士研究生 570
学校性质类别 03 农业院校	图书(万册) 121.48	硕士研究生 2275
学校举办者 811 省级教育部门	固定资产总值(万元) 52242.69	留学生 30
学校地址 沈阳市东陵路120号	教学、科研仪器设备资产值(万元) 16563.51	专任教师(人) 975
邮政编码 110866		其中:正高级 159
办公电话 024-88487011	在校生数(人) 19293	副高级 319
传真电话 024-88417415	其中:普通本科 9927	中级 442
校园(局域)网域名 www.syau.edu.cn	普通专科 3510	初级 55
电子信箱 xiaoban@163.com	成人本科 1532	

本科专业 包装工程、蚕学、草业科学、电气工程及其自动化、电子信息工程、动物科学、动物药学、动物医学、国际经济与贸易、环境工程、环境科学、会计学、机械设计制造及其自动化、计算机科学与技术、建筑环境与设备工程、交通运输、金融学、林

学、农村区域发展、农林经济管理、农学、农业电气化与自动化、农业工程、农业机械化及其自动化、农业建筑环境与能源工程、农业水利工程、农业资源与环境、森林资源保护与游憩、设施农业科学与工程、生态学、生物安全、生物工程、生物技术、生物科学、食品科学与工程、食品质量与安全、市场营销、水产养殖学、水利水电工程、水土保持与荒漠化防治、土地资源管理、土木工程、信息与计算科学、应用化学、应用气象学、园林、园艺、植物保护、中草药栽培与鉴定

专科专业 测绘与地理信息技术、畜牧兽医、工程测量技术、工程监理、工程造价、供用电技术、会计电算化、机电设备维修与管理、计算机应用技术、建筑工程技术、农业经济管理、食品加工技术、水利水电建筑工程、饲料与动物营养、物流管理、物业管理、园林技术、园艺技术

博士专业 持续发展与推广学、观赏园艺学、果树学、林业经济管理、农林经济管理、农药学、农业电气化与自动化、农业环境与生态、农业机械化工程、农业机械系统理论与设计、农业经济管理、农业昆虫与害虫防治、农业生物环境与能源工程、农业水土工程、农业信息化技术、农业装备工程技术、设施园艺学、食品科学、蔬菜学、水资源与农业节水、土地利用与信息化技术、土壤学、药用植物学、有害生物与环境安全、植物病理学、植物营养学、作物生物技术、作物学、作物栽培学与耕作学

硕士专业 草坪资源与利用、草业科学、持续发展与推广学、动物学、动物遗传育种与繁殖、动物营养与饲料科学、发育生物学、观赏园艺学、果树学、环境工程、会计学、机械设计及理论、基础兽医学、计算机应用技术、教育经济与管理、粮食、油脂及植物蛋白工程、林木遗传育种、林业、临床兽医学、农产品加工及贮藏工程、农村区域发展、农林经济管理、农药学、农业电气化与自动化、农业工程、农业环境与生态、农业机械化、农业机械化工程、农业机械系统理论与设计、农业科技组织与服务、农业昆虫与害虫防治、农业生物环境与能源工程、农业水土工程、农业信息化、农业信息化技术、农业装备工程技术、农业资源利用、气象学、森林保护学、森林经理学、森林培育、设施园艺学、生态学、生物工程、生物化学与分子生物学、生物物理学、食品工程、食品加工与安全、食品科学、兽医、蔬菜学、水产品加工及贮藏工程、水利工程、水利水电工程、水土保持与荒漠化防治、水资源与农业节水、思想政治教育、特种经济动物饲养(含:蚕、蜂等)、土地利用与信息化技术、土地利用与信息技术、土地资源管理、土壤学、微生物学、细胞生物学、养殖、药用植物学、遗传学、有害生物与环境安全、预防兽医学、园林植物与观赏园艺、园艺、植物保护、植物病理学、植物学、植物营养学、作物、作物生物技术、作物学、作物遗传育种、作物栽培学与耕作学

院系设置
农学院、植物保护学院、园艺学院、土地与环境学院、经济管理学院、工程学院、信息与电气工程学院、水利学院、林学院 畜牧兽医学院、生物科学技术学院、食品学院、理学院、成人教育学院、高等职业技术学院

国家级、省部级研究机构设置
农业部批准的:农业部北方作物生理生态重点开放实验室、农业部东北土壤与环境重点开放实验室、农村经济研究所、稻作研究室、植物营养与施肥研究室、农村能源研究室、土壤肥力研究室、蔬菜研究室、果树研究室、柞蚕研究室、害虫生物防治研究室、植物生理生化研究室、农业生态系统研究室、果蔬贮藏加工研究室、高等农业教育研究室、国家果树种质沈阳山楂资源圃、国家水稻区域技术创新中心、植物免疫研究室、沈阳农业大学国家水稻原原种扩繁基地、北方粳稻超级稻成果转化基地、北方超级粳稻原原种扩繁基地、多功效大豆根病防治剂菌线克科技成果转化基地、沈阳农业大学东北野生猕猴桃资源异位保存圃、沈阳农业大学秸秆技术研发项目(农业部建设项目)、辽宁东北野菜种质异位保存圃与鉴定中心 教育部与辽宁省共建重点开放实验室:北方粳稻遗传育种重点实验室、设施园艺重点实验室 辽宁省科技厅批准:辽宁省农业生物技术重点实验室、辽宁省植物病理重点实验室、辽宁省农业资源与环境重点实验室、辽宁省北方粳稻育种重点实验室、辽宁省设施园艺重点实验室、辽宁省工厂化高效农业工程技术研究中心、辽宁省生物农药工程技术研究中心、辽宁省农产品加工工程技术研究中心、辽宁省瘦肉型猪繁育工程技术研究中心、辽宁省玉米育种工程技术研究分中心、辽宁省农业水土工程重点实验室、辽宁省十字花科蔬菜遗传育种重点实验室、辽宁省农作物秸秆饲喂反畜家禽配套技术推广中心、辽宁省植物基因工程技术研究中心、辽宁省农业机械化重点实验室、辽宁省生物质能源生物转化技术重点实验室 辽宁省教育厅批准:辽宁省农作物病害免疫重点实验室、辽宁省设施园艺重点实验室、辽宁省北方粳稻育种重点实验室、辽宁省养猪工程技术中心、经济与应用昆虫重点实验室、农产品深加工重点实验室、农业水土重点实验室、蔬菜遗传育种重点实验室、农业机械化重点实验室、北方园林植物与地域景观重点实验室

博士后科研流动站 作物学、园艺学、农业资源利用、植物保护、农林经济管理、农业工程

定期公开出版的专业刊物 《高等农业教育》、《沈阳农业大学校报》、《沈阳农业大学学报》、《沈阳农业大学学报》(社会科学版)、《新农业》、《土壤通报》、《养猪》

学校设立奖学金情况
学校设立奖学金3项,奖励总金额260.43元,奖学金最高金额5000元/年,最低金额50元/年。

1.优秀学生奖学金:一等奖学金,奖励金额每人每年2500元;二等奖学金,奖励金额每人每年1500元;三等奖学金,奖励金额每人每年1000元。

2.单项奖学金:包括品德优秀奖、学习优秀奖、优秀论文奖、科技创新奖、文体优秀奖,奖金为每人每年50—5000元。

3.新生入学奖学金:一等奖学金,奖励金额3000元;二等奖学金,奖励金额2000元;三等奖学金,奖励金额1000元。

主要校办产业
沈阳农大种子有限公司、沈阳农业大学特种玉米开发有限公司、沈阳农业大学石化公司

学校历史沿革
沈阳农业大学组建于1952年,由当时的复旦大学农学院(茶叶专业除外)和沈阳农学院部分专业合并而成,今天的沈阳农业大学是辽宁省与中央共建的全国重点大学。第一任院长由我国著名教育家、畜牧专家张克威教授出任。1979年10月经国务院批准为全国重点高等院校,1981年被批准为首批博士、硕士授予权单位,1985年10月5日,经原农牧渔业部批准更名为沈

阳农业大学,邓小平亲自为沈阳农业大学题写校名。2000年4月,学校在教育管理体制改革中由农业部属被划为辽宁省与地方共建。2000年10月原辽宁省水利学校并入沈阳农业大学。

大连海洋大学

学校(机构)标识码　4121010158
学校办学类型　411:本科院校:大学
学校性质类别　03 农业院校
学校举办者　811 省级教育部门
学校地址　大连市沙河口区黑石礁街52号
邮政编码　116023
办公电话　0411-84763008
传真电话　0411-84763306
校园(局域)网域名　www.dlou.edu.cn

电子信箱　syxb@dlou.edu.cn
占地面积(平方米)　798346
校舍建筑面积(平方米)　334688
图书(万册)　96.47
固定资产总值(万元)　65162.5
教学、科研仪器设备资产值(万元)　11386.43
在校生数(人)　15974
其中:普通本科　9799
　　　普通专科　3716

成人本科　286
成人专科　1387
硕士研究生　749
留学生　37
专任教师(人)　791
其中:正高级　111
　　　副高级　273
　　　中级　341
　　　初级　56
　　　未定职级　10

本科专业　船舶与海洋工程、电子信息工程、动画、法学、港口航道与海岸工程、给水排水工程、工程管理、工业工程、海洋管理、海洋技术、海洋科学、海洋渔业科学与技术、行政管理(渔政与渔港监督管理)、航海技术、环境工程、环境科学、会计学、机械设计制造及其自动化、计算机科学与技术、建筑环境与设备工程、经济学、轮机工程、轮机工程(船舶动力方向)、农林经济管理(渔业经济管理)、热能与动力工程(船舶动力方向)、热能与动力工程(制冷与空调方向)、人力资源管理、日语(水产贸易日语)、生物技术、生物科学、食品科学与工程、食品质量与安全、市场营销、水产养殖学、水资源与海洋工程、通信工程、土建类、土木工程、土木工程(道桥工程方向)、信息与计算科学、艺术设计、英语(水产贸易英语)、应用物理学、自动化

专科专业　城镇建设、船舶工程技术、电气自动化技术、电气自动化技术(船舶电气专门)、电子商务、电子商务(网络编辑)、房地产经营与估价、供热通风与空调工程技术、供用电技术、航海技术、会计电算化、机械设计与制造、机械设计与制造(船舶焊接技术)、机械设计与制造(轴承加工方向)、机械制造与自动化(机械电子技术)、计算机辅助设计与制造、计算机网络技术、计算机应用技术、建筑工程技术、建筑装饰工程技术、酒店管理、轮机工程技术、模具设计与制造、汽车电子技术、汽车检测与维修技术、商务日语、市场开发与营销、数控技术、水产养殖技术、图形图像制作、应用电子技术

硕士专业　捕捞学、动物遗传育种与繁殖、动物营养与饲料科学、港口、海岸及近海工程、海洋生物学、环境科学、计算机应用技术、农村与区域发展、农业机械化工程、农业生物环境与能源工程、农业信息化、企业管理、生物化学与分子生物学、生物物理学、食品科学、水产品加工及贮藏工程(农学)、水产养殖、水生生物学、渔业资源

院系设置
水产与生命学院、海洋科技与环境学院、食品科学与工程学院、机械与动力工程学院、海洋与土木工程学院、航海与船舶工程学院、信息工程学院、经济管理学院、理学院、外国语学院、文法学院、艺术与传媒学院、研究生院、国际教育学院、思想政治理论课教学研究部、体育教学研究部、职业技术学院、继续教育学院

国家级、省部级研究机构设置
1. 实验室:农业部海洋水产增养殖学与生物技术重点开放实验室、辽宁省水产品加工及综合利用重点开放实验室、辽宁省海水养殖学重点实验室、辽宁省水生生物学重点实验室、辽宁省海洋信息重点实验室、国家海藻加工技术研发中心、辽宁省海洋生物资源恢复与生境修复重点实验室
2. 研究中心(所):辽宁省海洋牧场工程技术研究中心、辽宁省刺身良种繁殖与健康养殖工程技术研究中心、辽宁省渔业装备工程技术研究中心

定期公开出版的专业刊物　《大连海洋大学学报》

学校设立奖学金情况
学校设立奖学金5项,奖励总金额283余万元。奖学金最高金额8000元/年,最低金额200元/年。

主要校办产业
大连海洋规划设计研究院有限公司、大连海洋大学海珍品苗种培育基地、大连海洋大学爱尼养殖场、大连精工石油化工仪器设备开发公司、大连海洋大学职业技术学院金工实习厂、大连海洋大学职业技术学院电气实习厂

学校历史沿革
大连海洋大学始建于1952年,原名为东北水产技术学院;1953年改名为大连水产学校;1958年经水产部门批准升格为大连水产专科学校,先后隶属于水产部和辽宁省水产局领导;1978年10月经国务院批准升格为大连水产学院,隶属于国家水产局和辽宁省水产局双重领导;1982年规划为农业部,2000年规划为辽宁省;2000年辽宁省农业工程学校并入我校,更名为大连水产学院职业技术学院;2010年3月,经教育部批准,更名为大连海洋大学。

中国医科大学

学校(机构)标识码 4121010159	电子信箱 bgs@mail.cmu.edu.cn	成人本科 3898
学校办学类型 411:本科院校:大学	占地面积(平方米) 1370020	成人专科 3665
学校性质类别 05 医药院校	校舍建筑面积(平方米) 261561	博士研究生 1112
学校举办者 811 省级教育部门	图书(万册) 107.2	硕士研究生 3712
学校地址 辽宁省沈阳市和平区北二马路92号	固定资产总值(万元) 61878.08	留学生 353
	教学、科研仪器设备资产值(万元) 21857.72	专任教师(人) 1067
邮政编码 110001		其中:正高级 272
办公电话 024-23862578	在校生数(人) 20161	副高级 371
传真电话 024-23261169	其中:普通本科 6330	中级 339
校园(局域)网域名 www.cmu.edu.cn	普通专科 1091	初级 85

本科专业 法医学、护理学、口腔医学、临床药学、临床医学、麻醉学、生物科学与生物技术、生物医学工程、信息管理与信息系统、药学、医学检验、医学影像学、预防医学

专科专业 护理、康复治疗技术、医学检验技术、医学生物技术、医学影像技术

博士专业 病理学与病理生理学、病原生物学、动物学、儿科学、耳鼻咽喉科学、发育生物学、法医学、妇产科学、基础医学新专业、急诊医学、精神病与精神卫生学、康复医学与理疗学、口腔临床医学、口腔医学、劳动卫生与环境卫生学、老年医学、临床检验诊断学、临床医学、临床医学新专业、麻醉学、免疫学、内科学、皮肤病与性病学、人体解剖与组织胚胎学、神经病学、神经生物学、生理学、生物化学与分子生物学、外科学、细胞生物学、眼科学、药理学、遗传学、影像医学与核医学、运动医学、肿瘤学

硕士专业 感染病学(自设)、微创外科学(自设)、重症医学(自设)、组织工程学(自设)、病理学与病理生理学、病原生物学、动物学、儿科学、儿少卫生与妇幼保健学、耳鼻咽喉科学、发育生物学、法医学、妇产科学、公共卫生、护理、护理学、急诊医学、精神病与精神卫生学、康复医学与理疗学、口腔基础医学、口腔临床医学、口腔医学、劳动卫生与环境卫生学、老年医学、临床检验诊断学、临床医学、流行病与卫生统计学、伦理学、麻醉学、免疫学、内科学、皮肤病与性病学、情报学、人体解剖与组织胚胎学、社会医学与卫生事业管理、神经病学、神经生物学、生理学、生物化学与分子生物学、生物物理学、生物医学工程、外科学、微生物学、卫生毒理学、细胞生物学、眼科学、药理学、药物分析学、遗传学、营养与食品卫生学、影像医学与核医学、应用心理学、运动医学、中西医结合临床、肿瘤学

院系设置 研究生院、基础医学院、公共卫生学院、法医学院、(国际)护理学院、第一临床学院、第二临床学院、第三临床学院、第四临床学院、口腔医院、临床药学院、高等职业技术学院、附设卫生学校、网络教育学院、继续教育学院(成人教育)、药学院、国际教育学院、人文社会、实验动物部、理工学部、医学信息系、医学影像学系、运动医学系、医学检验系、医学心理与精神卫生系、生物科学与生物技术系、生物医学工程系、眼科学系。非直属临床医院11个、中国医科大学教学医院17个、中国医科大学实习基地23个、实习医院8个。

国家级、省部级研究机构设置

实验室:教育部重点实验室:医学细胞生物学重点实验室;科技部省部共建国家重点实验室培育基地:辽宁省内分泌疾病重点实验室;省部共建教育部重点实验室:免疫皮肤病学重点实验室;卫生部重点实验室:卫生部细胞生物学重点实验室、卫生部免疫皮肤病学重点实验室、卫生部小儿先天畸形重点实验室、艾滋病免疫学重点实验室;辽宁省重点实验室:辽宁省器官移植重点实验室、辽宁省实验动物转基因重点实验室、辽宁省甲状腺疾病重点实验室、辽宁省艾滋病免疫学重点实验室、辽宁省介入治疗与器材开发重点实验室、辽宁省医学影像重点实验室、辽宁省妇科肿瘤与高危妊娠重点实验室、辽宁省晶状体学重点实验室、辽宁省砷生物学作用与砷中毒重点实验室、辽宁省胃癌分子病理学重点实验室、辽宁省呼吸疾病重点实验室、辽宁省肺癌早诊及分子病理学重点实验室;辽宁省高等学校重点实验室:细胞生物学重点实验室、皮肤病重点实验室、艾滋病重点实验室、胃癌分子病理及流行病学重点实验室、辽宁省介入治疗与器材开发重点实验室、小儿先天畸形重点实验室、医学影像重点实验室、免疫相关性呼吸疾病重点实验室、自身免疫性内分泌疾病重点实验室、低温分子生物学与器官保存重点实验室、妇产科重点实验室、晶状体重点实验室、肿瘤药物与生物治疗重点实验室、实验动物生物工程与转基因技术应用重点实验室、肿瘤病因与预防重点实验室

博士后科研流动站 基础医学、临床医学、生物医学、公共卫生学

定期公开出版的专业刊物 《中国医科大学学报》、《中国卫生统计》、《中国实用眼科杂志》、《中国临床医学影像杂志》、《国际儿科杂志》、《解剖科学进展》、《实用乡村医生杂志》、《中国实用口腔杂志》、《小儿急救医学》、《现代医学管理》、《辽宁药物与临床杂志》、《中国实用内科杂志》、《中国实用妇产与产科杂志》、《中国实用儿科杂志》、《中国实用外科杂志》

学校设立奖学金情况

1项 总金额:180.41元,最高2000元,最低300元。

学校历史沿革

中国医科大学是中国共产党最早创建的院校,是唯一以学校名义参加并走完红军两万五千里长征全程的院校,是我国最早进行西医学院式教育的医学高校之一。其前身为中国工农红军军医学校和中国工农红军卫生学校,1931年11月创建于江西瑞金。1940年9月在延安,经毛泽东同志提议,中共中央批准,学校更名为中国医科大学。1948年11月,在沈阳合并了原国立沈阳医学院(前身为满洲医科大学,1911年由日本国南满铁道株式会社建立)和原私立辽宁医学院(前身为盛京医科大学,1882年由英国教会建立)。中国医科大学是卫生部原部属高等学校,2000年由卫生部划转为省部共建、以辽宁省管理为主。

辽宁医学院

学校(机构)标识码	4121010160
学校办学类型	412:本科院校:学院
学校性质类别	05 医药院校
学校举办者	812 省级其他部门
学校地址	辽宁省锦州市松坡路三段40号
邮政编码	121001
办公电话	0416-4673073
传真电话	0416-4673528
校园(局域)网域名	www.lnmu.edu.cn
占地面积(平方米)	995512
校舍建筑面积(平方米)	320352
图书(万册)	95
固定资产总值(万元)	48529
教学、科研仪器设备资产值(万元)	7489
在校生数(人)	18644
其中:普通本科	7142
普通专科	2500
成人本科	2857
成人专科	4058
硕士研究生	2039
留学生	48
专任教师(人)	744
其中:正高级	101
副高级	207
中级	224
初级	212

本科专业 动物科学、动物医学、护理学、口腔医学、临床医学、临床医学(定向)、麻醉学、食品科学与工程、药学、医疗保险方向、医事法律方向、医学检验、医学影像学、预防医学

专科专业 畜牧兽医、动物防疫与检疫、动物医学、护理、口腔医学技术、水产养殖技术、饲料与动物营养、眼视光技术、医药营销

硕士专业 病理学与病理生理学、耳鼻咽喉科学、法医学、妇产科学、护理学、口腔临床医学、口腔医学、临床检验诊断学、临床医学、流行病与卫生统计学、伦理学、马克思主义基本原理、免疫学、内科学、人体解剖与组织胚胎学、神经病学、生理学、生物化学与分子生物学、生药学、食品科学、思想政治教育、外科学、微生物与生化药学、眼科学、药剂学、药理学、药物分析学、药物化学、药学、影像医学与核医学、中西医结合临床、肿瘤学

院系设置 第一临床学院、口腔医学院、第三临床学院、基础学院、畜牧兽医学院、食品科学与工程学院、公共卫生管理学院、药学院、研究生学院(研究生处)、护理学院、高等职业技术学院、继续教育学院(培训学院)、医疗学院、国际教育学院(国际交流处)、思想政治理论教学科研部、外语教研部、体育教研部

国家级、省部级研究机构设置
省部级重点实验室:辽宁省教育厅高校重点实验室:分子细胞生物学与新药开发重点实验室、外科学重点实验室;辽宁省科技厅重点实验室:医学组织工程重点实验室、畜产品质量与安全工程重点实验室、脑与脊髓损伤重点实验室、国人体质特征研究重点实验室、心脑血管药物重点实验室、喉癌及喉重建重点实验室。

定期公开出版的专业刊物 《辽宁医学院学报》(自然版)、《辽宁医学院学报》(社科版)、《中国医师能力评价》

学校设立奖学金情况
学校设立奖学金4项,奖励金额170余万元,奖学金最高金额2000元/人/年,最低200元/人/年。

新生入学奖学金30人/年,一等奖学金2000元/人/,二等奖学金1500元/人,三等奖学金1000元/人;

优秀学生奖学金2200人/年,特等奖学金1000元/人/年,一等奖学金750元/人/年,二等奖学金500元/人/年,三等奖学金200元/人/年;单项奖学金1500人/年,三好学生标兵300元/人/年,三好学生300元/人/年,优秀学生干部300元/人/年;先进集体奖金受奖面20%,甲级团支部600元/班,三好班集体500元/班优良学风班500元/班。

主要校办产业
锦州宏祥畜牧发展中心

学校历史沿革
辽宁医学院诞生于解放战争时期,至今已有60多年的历史。学校前身为1946年在吉林省洮南市成立的辽吉军区卫生干部学校,1947年改名为辽北医学院。1949年迁址辽宁省锦州市,1958年经国务院批准成立锦州医学院,2006年经教育部批准更名为辽宁医学院。

大连医科大学

学校(机构)标识码 4121010161	电子信箱 office@dlmedu.edu.cn	成人本科 2961
学校办学类型 411:本科院校:大学	占地面积(平方米) 1509710	成人专科 3737
学校性质类别 05 医药院校	校舍建筑面积(平方米) 378638	博士研究生 199
学校举办者 812 省级其他部门	图书(万册) 86.42	硕士研究生 3397
学校地址 辽宁省大连市旅顺口区旅顺南路西段9号	固定资产总值(万元) 172228	留学生 1105
邮政编码 116044	教学、科研仪器设备资产值(万元) 12806	专任教师(人) 815
办公电话 0411-86110016	在校生数(人) 19662	其中:正高级 156
传真电话 0411-86110012	其中:普通本科 7624	副高级 247
校园(局域)网域名 www.dlmedu.edu.cn	普通专科 639	中级 303
		初级 109

本科专业 法学、护理学、口腔医学、临床血液检验、临床药学、临床医学、麻醉学、摄影、生物技术、生物医学工程、生物制药、卫生事业管理、形象设计、药学、医事法律、医学检验、医学影像学、艺术设计、应用心理学、预防医学、中西医临床医学

专科专业 护理、卫生检验与检疫技术、医疗美容技术、医学影像技术、医药营销

博士专业 病理学与病理生理学、内科学、人体解剖与组织胚胎学、生理学、生物化学与分子生物学、外科学、中西医结合临床、中西医结合新专业

硕士专业 病理学与病理生理学、病原生物学、儿科学、耳鼻咽喉科学、发育生物学、法医学、妇产科学、护理学、急诊医学、精神病与精神卫生学、康复医学与理疗学、口腔基础医学、口腔临床医学、口腔医学、劳动卫生与环境卫生学、老年医学、临床检验诊断学、临床医学、流行病与卫生统计学、伦理学、麻醉学、免疫学、内科学、皮肤病与性病学、人体解剖与组织胚胎学、社会医学与卫生事业管理、神经病学、神经生物学、生理学、生物化学与分子生物学、思想政治教育、外科学、微生物学、微生物与生化药学、细胞生物学、眼科学、药理学、遗传学、影像医学与核医学、应用心理学、运动医学、中西医结合基础、中西医结合临床、中医内科学、肿瘤学

院系设置
基础医学院、公共卫生学院、检验医学院、口腔医学院、药学院、美容医学院、研究生院、七年制办公室、国际教育学院、继续教育学院、高等职业技术学院、医学影像学系、麻醉学系、心理学系、护理学系、生物技术系、针灸推拿系、外语教研部、体育教研部、思想政治理论课教学研究部、中西医结合研究院

国家级、省部级研究机构设置
1. 实验室:国家中医药管理局分子生物学实验室(三级)、辽宁省医学细胞分子生物学重点实验室、辽宁省脑疾病重点实验室、辽宁省癌症基因组重点实验室、辽宁省糖生物学与糖生物工程重点实验室、辽宁省SPF动物重点实验室、辽宁省药代动力学与药物转运重点实验室、辽宁省机体微生态与疾病控制重点实验室、辽宁省中西医结合疑难危重病基础研究重点实验室、辽宁省肿瘤转移干预研究重点实验室、辽宁省肿瘤干细胞研究重点实验室、辽宁省省级高校脑疾病研究重点实验室、辽宁省省级高校癌症基因组学重点实验室、辽宁省高校蛋白质组学重点实验室、辽宁省高校中西医结合外科疑难危重病重点实验室、辽宁省高校药代动力学与药物转运重点实验室、辽宁省高校肿瘤转移研究重点实验室。

2. 研究中心(所):辽宁省抗肝炎创新药物工程技术研究中心、国家级干细胞移植与再生医学国际科技合作基地、国家食品药品监督管理局药物临床试验机构。

博士后科研流动站 3个

定期公开出版的专业刊物 《大连医科大学学报》、《中国微生态学杂志》、《医学与哲学临床决策论坛版》、《医学与哲学人文社会医学版》

学校设立奖学金情况
学校设立奖学金14项,奖励总金额500余万元。奖学金最高金额8000元/年,最低金额300元/年。
1. 国家奖学金:8000元/人·年,全校评选14人。
2. 国家励志奖学金:5000元/人·年,全校评选248人。
3. 省政府奖学金:8000元/人·年,全校评选16人。
4. 综合类奖学金:特等奖5000元/人·年,获奖比例2‰;一等奖2000元/人·年,获奖比例2%;二等奖1400元/人·年,获奖比例5%;三等奖800元/人·年,获奖比例8%。
5. 学长奖学金:1000元/人·年,全校评选30人。
6. 博康医药奖学金:1000元/人·年,全校评选35人。
7. 大商奖学金:1000元/人·年,全校评选50人。
8. 学习优秀奖学金:一等奖600元/人·年,获奖比例5%;二等奖400元/人·年,获奖比例10%;三等奖200元/人·年,获奖比例20%。
9. 文明修身奖学金:300元/人·年,获奖比例35%。
10. 文体活动奖学金:300元/人·年,获奖比例5%。
11. 社会工作奖学金:300元/人·年,获奖比例5%。
12. 社会实践奖学金:300元/人·年,获奖比例5%。
13. 科技创新奖学金:800元/人·年,全校评选50人。
14. 英语之星奖学金:300元/人·年,全校评选60人。

主要校办产业
大连医科大学印刷厂
学校历史沿革
1947年5月建校，时为关东医学院。1949年3月，大连大学成立，医学院并入大连大学，改称大连大学医学院。1950年7月，大连大学医学院独立，定名为大连医学院。1969年南迁遵义，更名为遵义医学院。1978年大连医学院在原址复办。1994年1月更名为大连医科大学。

辽宁中医药大学

学校(机构)标识码 4121010162		成人本科 1008
学校办学类型 411：本科院校：大学	电子信箱 office@lnutcm.edu.cn	成人专科 1283
学校性质类别 05 医药院校	占地面积(平方米) 601868	博士研究生 147
学校举办者 812 省级其他部门	校舍建筑面积(平方米) 219708	硕士研究生 1389
学校地址 辽宁省沈阳市皇姑区崇山东路79号	图书(万册) 76	留学生 228
	固定资产总值(万元) 52715	专任教师(人) 552
邮政编码 110847	教学、科研仪器设备资产值(万元) 8481.42	其中：正高级 77
办公电话 024－31207108		副高级 131
传真电话 024－31207133	在校生数(人) 11001	中级 106
校园(局域)网域名 www.lnutcm.edu.cn	其中：普通本科 6946	初级 238

本科专业 公共事业管理、护理学、护理学(高级护理)、护理学(日语班)、护理学(英语班)、食品科学与工程、市场营销(医药物流方向)、市场营销(中药方向)、市场营销(中药营销)、物流管理、信息管理与信息系统、药物制剂、药学、医学信息工程、英语、针灸推拿学、针灸推拿学(康复医学方向)、针灸推拿学(运动医学方向)、针灸推拿学日语班、针灸推拿学英语班、制药工程、中西医临床医学、中药学、中药学(英语班)、中药学(中药分析方向)、中药学(中药制药)、中医学、中医学(骨伤方向)、中医学七年制、中医学七年制(骨伤方向)、中医学七年制(信息工程方向)、中医学七年制(英语方向)、中医学七年制(针灸推拿学方向)、中医学七年制(中西医结合方向)、中医学英语班

博士专业 方剂学、临床医学、生药学、中西医结合基础、中西医结合临床、中药学、中医儿科学、中医基础理论、中医内科学

硕士专业 方剂学、临床医学、生药学、思想政治教育、药理学、针灸推拿学、中西医结合基础、中西医结合临床、中药学、中医儿科学、中医妇科学、中医骨伤科学、中医基础理论、中医临床基础、中医内科学、中医外科学、中医五官科学、中医学七年制、中医学七年制(信息工程方向)、中医学七年制(英语方向)、中医学七年制(针灸方向)、中医学七年制(中西药结合方向)、中医学七年制(中药方向)、中医医史文献、中医诊断学

院系设置
研究生学院、基础医学院、第一临床学院、第二临床学院、第三临床学院、第四临床学院、药学院、针灸推拿学院、护理学院、经济管理学院、信息工程学院、继续教育学院、国际教育学院、外国语学院、教学实验中心、军事体育部、社会科学部、医史文献研究院、大连海外教育学院

国家级、省部级研究机构设置
1.实验室：辽宁中医现代研究实验室、中医分子生物重点实验室、针灸生物学重点实验室、病毒重点实验室、辽宁省中药临床药代动力学重点实验室、辽宁省现代中药制剂重点实验室、辽宁省中药鉴定与品质评价重点实验室、辽宁省中医分子免疫学重点实验室、辽宁省中医临床验方系统评价重点实验室、辽宁省中药活性筛选重点实验室、辽宁省中医分子生物学重点实验室、辽宁省中医肺病重点实验室、辽宁省中药炮制重点实验室研究中心(所)

2.研究中心(所)：中医文化研究中心(人文社会科学重点研究基地)、辽宁省中药现代化工程技术研究中心、辽宁省中药炮制工程技术研究中心、辽宁省中医健康保健器械工程技术研究中心、辽宁省中医转化医学工程技术研究中心

博士后科研流动站 中医学博士后流动站、中药学博士后流动站、中西医结合博士后流动站

定期公开出版的专业刊物 《辽宁中医杂志》、《辽宁中医药大学学报》、《中华中医药学刊》

学校设立奖学金情况
学校设立奖学金7项，奖励总金额186.8余万元。奖学金最高金额2000元/年，最低金额600元/年。

主要校办产业
辽宁中医药大学新技术开发中心、辽宁中医药大学科学技术开发公司、辽宁中医药大学兴科中小企业服务中心

学校历史沿革
辽宁中医药大学座落在沈阳风景优美的北陵公园附近。它的前身是辽宁省中医进修学校和辽宁省中医医院。1958年8月29日经中共辽宁省委、省人委批准，组建了辽宁中医学院。当时，座落在原东北局东邻，省水利学校旧址。招收中医专业一期学生57名，1959年1月5日正式开学。同年春，辽宁省中医医院改名为辽宁中医学院附属医院，隶属辽宁中医学院领导。2000年原省职工医学院并入我校，成为我校的一个分院(名称辽宁中医学院职业技术学院)。2002年增设校区30000平方米(购入原沈阳大学财经学院校舍)。2004年在大连高新技术园区双D港建立了大连校区，形成了"一校三区"的格局。2006年经教育部批准，正式更名为辽宁中医药大学。

沈阳药科大学

学校(机构)标识码　4121010163
学校办学类型　411:本科院校:大学
学校性质类别　05 医药院校
学校举办者　811 省级教育部门
学校地址　辽宁省沈阳市沈河区文化路 103 号
邮政编码　110016
办公电话　024－23986028
传真电话　024－23843654
校园(局域)网域名　www.syphu.edu.cn

电子信箱　xb@syphu.edu.cn
占地面积(平方米)　637208
校舍建筑面积(平方米)　278552
图书(万册)　87.08
固定资产总值(万元)　41031.4
教学、科研仪器设备资产值(万元)　15855.82
在校生数(人)　14674
其中:普通本科　5965
　　　普通专科　1919

成人本科　2724
成人专科　1854
博士研究生　415
硕士研究生　1794
留学生　3
专任教师(人)　593
其中:正高级　85
　　　副高级　189
　　　中级　259
　　　初级　60

本科专业　工商管理、国际经济与贸易、环境科学、基础药学基地班、临床药学、生物工程、生物技术、食品药学、市场营销、药事管理、药物制剂、药学、药学(日语)、药学(英语)、应用化学、制药工程、中药学、中药学(日语)、中药资源与开发

专科专业　电子商务、化工设备维修技术、生物制药技术、药品经营与管理、药物分析技术、药物制剂技术、药学、医疗器械制造与维护、医用电子仪器与维护、中药、中药制药技术

博士专业　临床药学、生药学、天然药物化学、微生物与生化药学、药剂学、药理学、药事管理学、药物分析学、药物化学、药学信息学、制药工程、中药分析学、中药化学、中药鉴定学、中药炮制学、中药学、中药药理学、中药制剂学

硕士专业　分析化学、临床药学、企业管理(含:财务管理、市场营销)、生物化工、生物化学与分子生物学、生药学、天然药物化学、微生物与生化药学、药剂学、药理学、药事管理学、药物分析学、药物化学、药学、药学信息学、应用化学、有机化学、制药工程、中西医结合基础、中药分析学、中药鉴定学、中药炮制学、中药生物技术学、中药学、中药药剂学、中药药理学、中药制剂学、中药资源学

院系设置　药学院、制药工程学院、中药学院、生命科学与技术学院、工商管理学院、基础学院、高等职业技术学院、继续教育学院

国家级、省部级研究机构设置
中药分析实验室、中药化学实验室、中药药理实验室、中药制剂实验室、辽宁省创新药物设计与评价实验室、辽宁省药物制剂工程技术研究中心

博士后流动站　药学

定期公开出版的专业刊物　《中国药物化学杂志》、《沈阳药科大学学报》、《亚洲药剂学杂志》、《亚洲传统医药》、《亚洲社会药学杂志》

学校设立奖学金情况
学校设立奖学金 1 项,总额 80 余万元,最高 10000 元/年,最低 150 元/年。

主要校办产业
药大药业有限责任公司、药科大学信息技术开发中心、药大制剂新技术有限公司、药苑广告部

学校历史沿革
1931 年 11 月 红军军医学校 1932 年 10 月 中国工农红军卫生学校 1937 年 7 月 八路军卫生学校 1940 年 9 月 中国医科大学调剂班 1941 年 中国医科大学药科 1942 年 东北药科学校 1946 年 11 月 东北药科学校 1949 年 东北药学院 1956 年 9 月 沈阳药学院 1994 年 2 月 沈阳药科大学。

沈阳医学院

学校(机构)标识码　4121010164
学校办学类型　412:本科院校:学院
学校性质类别　05 医药院校
学校举办者　822 地级其他部门
学校地址　沈阳市黄河北大街 146 号
邮政编码　110034
办公电话　024－62215889
传真电话　024－62215656

校园(局域)网域名　www.symc.edu.cn
电子信箱　shenyiyuanban@yahoo.com.cn
占地面积(平方米)　444000
校舍建筑面积(平方米)　207318
图书(万册)　72.19
固定资产总值(万元)　68000
教学、科研仪器设备资产值(万元)　7842.61

在校生数(人)　10220
其中:普通本科　4840
　　　普通专科　2811
成人本科　873
成人专科　1517
留学生　179
专任教师(人)　454

其中:正高级 102	中级 133	初级 63
副高级 156		

本科专业 公共事业管理、护理学、护理学(涉外护理方向)、康复治疗学、口腔医学、临床医学、临床医学(英语班)、麻醉学、医学检验、医学影像学、预防医学

专科专业 护理、护理(涉外护理方向)、康复治疗技术、临床医学、药学、医疗美容技术、医学检验技术、医学生物技术、医学营养、医学影像技术

院系设置

基础医学院、公共卫生学院、护理学院、医学应用技术学院、继续教育学院、体育教学部、外语教学部、社会科学教学部、计算机与数理基础教学部、第一临床学院、第二临床学院

国家级、省部级研究机构设置

实验室:(1)环境污染与微生态实验室 (2)环境与人口健康实验室 (3)手外科组织工程实验室

定期公开出版的专业刊物 《沈阳医学院学报》

学校设立奖学金情况

学校设立奖学金四项,奖励总金额 128 余万元。奖学金最高金额 1000 元/年,最低金额 150 元/年。

分别为:1. 院长奖学金:1000 元/人,54 人;

2. 一等奖学金:750 元/人,547 人;

3. 二等奖学金:375 元/人,1093 人;

4. 三等奖学金,150 元/人,2733 人。

学校历史沿革

沈阳医学院是一所普通高等医学院校,始建于 1949 年,前身为沈阳市立高级护产学校,1958 年升格为沈阳医学专科学校;1983 年,学校由中等卫生学校升格为高等医学专科学校;1987 年,经国家教委批准,沈阳医学院正式成立,开始本科办学;1997 年,国家教委确定学校为本科教学工作合格学校;2000 年经沈阳市政府批准,学校通过资产置换方式,建设了新校区,于 2001 年完成整体搬迁;2007 年,教育部对我校开展本科教学工作水平评估,2008 年学校获评估优秀结论;2009 年,学校被辽宁省学位委员会确定为立项建设新增硕士学位授予单位;2011 年,学校顺利通过新增硕士学位授权立项建设中期检查。

辽宁师范大学

学校(机构)标识码 4121010165	电子信箱 lnnu_xwb@lnnu.edu.en	成人专科 3446
学校办学类型 411:本科院校:大学	占地面积(平方米) 993536	博士研究生 169
学校性质类别 06 师范院校	校舍建筑面积(平方米) 663411	硕士研究生 4436
学校举办者 811 省级教育部门	图书(万册) 165.19	留学生 215
学校地址 辽宁省大连市沙河口区黄河路 850 号	固定资产总值(万元) 76965.41	专任教师(人) 1144
	教学、科研仪器设备资产值(万元) 15159.93	其中:正高级 230
邮政编码 116029		副高级 394
办公电话 0411-82159598	在校生数(人) 25927	中级 446
传真电话 0411-84214450	其中:普通本科 14769	初级 69
校园(局域)网域名 www.lnnu.edu.cn	成人本科 2892	未定职级 5

本科专业 博物馆学、地理科学、地理信息系统、电子科学与技术(按类招生)、电子商务、电子信息工程、动画、对外汉语、俄语、俄语(国际贸易)、法学、法语、工商管理、工商管理类(按类招生)、公共管理类(按类招生)、公共事业管理(按类招生)、广告学、汉语言文学、行政管理、化学、环境科学、会计学、计算机科学与技术、教育技术学、教育学、教育学类(按类招生)、劳动与社会保障、历史学、旅游管理、美术学、日语、日语(国际贸易)、社会体育、生物技术、生物科学、数学类(按类招生)、数学与应用数学、数学与应用数学(金融数学)、水文与水资源工程、思想政治教育、特殊教育、体育教育、图书馆学、物理学、小学教育、心理学、心理学类(按类招生)、新闻学、信息管理与信息系统、信息与计算科学、学前教育、药学、艺术设计、音乐表演、音乐学、英语、英语(国际贸易)、应用化学、运动训练、政治学与行政学、资源环境与城乡规划管理

博士专业 发展与教育心理学、教育学原理、理论物理、马克思主义基本原理、马克思主义中国化研究、人文地理学、思想政治教育、体育教育训练学、物理化学(含:化学物理)、细胞生物学、中共党史(含:党的学说与党的建设)、中国现当代文学、自然地理学

硕士专业 比较教育学、比较文学与世界文学、产业经济学、地理、地图学与地理信息系统、第四纪地质学、动物学、俄语口译、俄语语言文学、发展与教育心理学、法学理论、分析化学、概率论与数理统计、高等教育学、高分子化学与物理、公共管理硕士、公共管理专业学位、管理科学与工程、光学、海洋生物学、汉语国际教育、汉语国际教育硕士、汉语国际教育专业学位、汉语言文字学、环境科学、基础数学、基础心理学、计算机软件与理论、计算机系统结构、计算机应用技术、计算数学、教育管理、教育技术学、教育经济与管理、教育史、教育学原理、考古学及博物馆学、科学技术史、科学社会主义与国际共产主义运动、课程与教学论、理论物理、历史文献学(含:敦煌学、古文字学)、粒子物理与原子核物理、伦理学、旅游管理、旅游管理硕士、马克思主义基本原理、马克思主义中国化研究、美术、美术学、民族传统体育

学、凝聚态物理、区域经济学、人文地理学、日语口译、日语语言文学、设计艺术学、社会体育指导、生态学、世界史、数学、水文学及水资源、思想政治教育、特殊教育、特殊教育学、体育、体育教学、体育教育训练学、体育人文社会学、图书馆学、外国语言学及应用语言学、微生物学、文艺学、无机化学、物理化学(含:化学物理)、细胞生物学、现代教育技术、心理健康教育、学科教学(地理)、学科教学(化学)、学科教学(数学)、学科教学(思政)、学科教学(物理)、学科教学(英语)、学科教学(语文)、学前教育、学前教育学、遗传学、音乐学、英语、英语笔译、英语口译、英语语言文学、应用化学、应用数学、应用心理硕士、应用心理学、有机化学、语言学与应用语言学、原子与分子物理、运筹学与控制论、运动人体科学、运动训练、政治经济学、政治学理论、职业技术教育学、植物学、中共党史(含:党的学说与党的建设)、中国古代史、中国古代文学、中国古典文献学、中国近现代史、中国近现代史基本问题研究、中国现当代文学、中外政治制度、专门史、自然地理学

院系设置
1.政治与行政学院 2.法学院 3.文学院 4.管理学院 5.历史文化旅游学院 6.美术学院 7.音乐学院 8.数学学院 9.物理与电子技术学院 10.化学化工学院 11.生命科学学院 12.教育学院 13.国际商学院 14.计算机与信息技术学院 15.城市与环境学院 16.外国语学院 17.体育学院 18.继续教育学院 19.国际教育学院 20.海华学院 21.影视艺术学院

国家级、省部级研究机构设置
1.实验室:马克思主义理论与思想政治教育研究基地、学校道德教育研究基地、辽海历史与旅游文化研究基地、体育社会科学研究基地、辽宁省植物生物技术重点实验室、生物技术与分子药物研发重点实验室、辽宁省新型材料制备与应用重点实验室、光电材料与技术重点实验室、自然地理与空间信息科学重点实验室、辽宁省运动人体科学重点实验室、心理学实验室、分子与功能材料重点实验室、辽宁沿海经济带发展研究基地、基础教育课程评价研究基地、特殊需要儿童发展与教育研究基地、体育文化研究基地

2.研究(中心)所:海洋经济与可持续发展研究中心、心理发展与教育研究中心、辽宁省海洋生物资源开发工程技术研究中心、辽宁(大连)知识产权培训中心、辽宁师范大学兴科企业服务中心

博士后流动站 心理学、马克思主义理论、地理学

定期公开出版的专业刊物 《辽宁师范大学学报》(社会科学版)、《辽宁师范大学学报》(自然科学版)、《教育科学》

学校设立奖学金情况
学校设立奖学金9项,奖励总金额709余万元。奖学金最高金额2600元/年,最低金额400元/年。

主要校办产业
1.辽宁师范大学出版社 2.辽宁师范大学文化交流中心 3.辽宁师范大学印刷厂 4.辽宁师范大学实验室装备中心 5.辽宁师范大学出版社书店 6.辽宁斯达电脑开发公司 7.辽宁师范大学兴科中小企业服务中心 8.大连地理软科学技术开发公司 9.辽宁师范大学分析测试中心 10.大连师苑物业管理中心 11.辽宁师范大学基建工程队 12.大连天福园食品有限公司 13.大连天孚经济贸易中心 14.大连天益教育管理咨询有限公司 15.大连斯达学校设备安装公司

学校历史沿革
1.一九五一年八月,成立了旅大师范专科学院。
2.一九五三年六月,东北地区各师专物理、地理及部分数学科调入、辽东师范专科并入,成立了大连师范专科学院。
3.一九五八年七月,改名为大连师范学院。
4.一九六零年,改名为辽宁师范学院。
5.一九八三年十二月,改名为辽宁师范大学。

沈阳师范大学

学校(机构)标识码 4121010166
学校办学类型 411:本科院校:大学
学校性质类别 06 师范院校
学校举办者 811 省级教育部门
学校地址 沈阳市皇姑区黄河北大街253号
邮政编码 110034
办公电话 024-86592206
传真电话 024-86592205
校园(局域)网域名 www.synu.edu.cn
电子信箱 dzb@synu.edu.cn
占地面积(平方米) 1117089
校舍建筑面积(平方米) 629565
图书(万册) 201.51
固定资产总值(万元) 198900
教学、科研仪器设备资产值(万元) 15896.42
在校生数(人) 32618
其中:普通本科 18802
普通专科 3794
成人本科 2373
成人专科 5062
硕士研究生 2484
留学生 103
专任教师(人) 1754
其中:正高级 256
副高级 596
中级 742
初级 160

本科专业 表演(芭蕾舞表演)、表演(服装表演与设计)、表演(广播电视编导)、表演(京剧表演)、表演(空中乘务方向)、表演(戏剧与影视表演)、表演(中国舞表演)、播音与主持艺术、电子信息工程、对外汉语(师)、俄语(商务俄语)、法学、法学(国际经济法)、法学(民商法学)、法语、翻译、服装设计与工程、工商管理类(按类招生)、公共管理类(按类招生)、国际经济与贸易、汉语言文学(师)、行政管理、化学(师)、化学类(按类招生)、环境科学、会展经济与管理、绘画、绘画(版画)、绘画(雕塑)、绘画(水彩)、绘画(艺术品鉴赏与拍卖)、绘画(油画)、绘画(中国画)、计算机科学与技术、计算机科学与技术(师)、教育技术学

（师）、教育学（师）、金融学、经济学（国际金融）、经济学（国际物流）、酒店管理、劳动与社会保障、粮食工程、旅游管理、旅游管理（旅游英语）、美术学（师）、民族传统体育、人力资源管理、日语、软件工程、社会工作、社会体育、社会学、社会学（人类学）、生物技术、生物科学（古生物方向）、生物科学（师）、生物科学类按类招生、食品科学与工程、食品质量与安全、市场营销、市场营销（国际会计方向）、市场营销（国际物流）、数学按类招生、数学与应用数学（师）、思想政治教育（师）、体育教育（师）、统计学、网络工程、文秘教育、舞蹈学、物理学（师）、物流管理、物流管理（国际物流）、小学教育（师）、新闻学、新闻学（数字媒体方向）、信息管理与信息系统、信息与计算科学、学前教育（师）、艺术设计、艺术设计（动漫设计）、艺术设计（环境艺术设计）、艺术设计（戏剧影视美术设计）、艺术设计（影视数字艺术）、艺术设计（展示设计）、艺术设计（装潢设计）、音乐表演（钢琴）、音乐表演（流行音乐演唱）、音乐表演（流行音乐演奏）、音乐表演（美声）、音乐表演（民声）、音乐表演（西洋管弦乐）、音乐表演（戏曲器乐演奏）、音乐表演（中国器乐演奏）、音乐学（教师教育师）、英语、英语（口译）、英语（师）、英语按类招生、应用化学、应用物理学、应用物理学（光电技术方向）、应用心理学、运动训练

专科专业 初等教育（朝师）、初等教育（蒙师）、电脑艺术设计（电脑美术）、电脑艺术设计（服装设计）、服装设计、会计电算化、计算机网络技术、计算机应用技术、酒店管理、粮食工程、粮油储藏与检测技术、旅游管理、商务英语、食品加工技术、文秘（工商文秘）、物业管理、学前教育、音乐教育、应用电子技术、装饰艺术设计（室内装饰）

硕士专业 比较教育学、材料物理与化学、动物学、发展与教育心理学、法律（法学）、法律（非法学）、法学理论、翻译、分析化学、高等教育学、公共管理、管理科学与工程、汉语国际教育、行政管理、计算机应用技术、教育（教育管理）、教育（美术）、教育（数学）、教育（思想政治教育）、教育（物理）、教育（现代教育技术）、教育（小学教育）、教育（心理健康教育）、教育（学前教育）、教育（英语）、教育（语文）、教育法学、教育管理、教育技术学、教育经济与管理、教育史、教育学原理、科学技术哲学、课程与教学论、粒子物理与原子核物理、伦理学、旅游管理、马克思主义基本原理、马克思主义哲学、马克思主义中国化研究、美术学、民商法学（含：劳动法学）、社会保障、凝聚态物理、企业管理（含：财务管理、市场营销）、社会保障、社会工作、社会学、社会医学与卫生事业管理、神经生物学、生物化学与分子生物学、思想政治教育、诉讼法学、特殊教育学、体育、体育教育训练学、体育人文社会学、土地资源管理、外国语言学及应用语言学、文艺学、西方经济学、细胞生物学、学前教育学、音乐学、英语语言文学、应用化学、应用数学、应用心理学、语言学与应用语言学、运筹学与控制论、政治经济学、政治学理论、职业技术教育学、中共党史（含：党的学说与党的建设）、中国古代文学、中国现当代文学、中国哲学

院系设置
马克思主义学院、国际商学院、法学院、社会学学院、教师专业发展学院、教育技术学院（辽宁省电化教育馆）、教育科学学院、教育硕士研究生院、体育科学学院、文学院、外国语学院、音乐学院、美术与设计学院、司徒安国际雕塑学院、戏剧艺术学院、数学与系统科学学院、物理科学与技术学院、化学与生命科学学院、科信软件学院、工程技术学院、管理学院、旅游管理学院、职业技术学院、国际教育学院、继续教育学院、古生物学院（古生物博物馆、古生物研究所）、大学外语教学部

定期公开出版的专业刊物 《沈阳师范大学学报社科版》、《沈阳师范大学学报自然版》、《辽宁教育行政学报》、《教育管理研究》、《中小学教育研究》

学校设立奖学金情况
学校设立奖学金5项，奖励总金额347.8万元。奖学金最高金额5000元/年，最低金额200元/年。

学校历史沿革
1951年5月21日成立东北教育学院；1953年9月2日更名为沈阳师范学院；1965年10月1日更名为辽宁第一师范学院；1978年10月26日恢复为沈阳师范学院；1996年6月10日辽宁省艺术幼儿师范学院并入；2000年8月16日辽宁省粮食学校并入；2001年6月19日沈阳师范学院与辽宁教育学院合并；2002年2月20日辽宁省实验学校划归；2005年4月8日辽宁省艺术学校并入。

渤海大学

学校（机构）标识码 4121010167	电子信箱 bhu.edu.cn	成人本科 2774
学校办学类型 411：本科院校：大学	占地面积（平方米） 894562	成人专科 6061
学校性质类别 01 综合大学	校舍建筑面积（平方米） 486741	硕士研究生 1616
学校举办者 811 省级教育部门	图书（万册） 149.9	留学生 105
学校地址 辽宁省锦州市太区科技路19号	固定资产总值（万元） 95756	专任教师（人） 1167
	教学、科研仪器设备资产值（万元） 10329.97	其中：正高级 167
邮政编码 121013		副高级 302
办公电话 0416-3400018	在校生数（人） 33160	中级 447
传真电话 0416-3400013	其中：普通本科 17181	初级 251
校园（局域）网域名 Webmaster.edu.cn	普通专科 5423	

本科专业 播音与主持艺术、财务管理、德语、电子商务、电子信息工程、对外汉语、法务会计、法学、法语、饭店管理、工商管

理、公共事业管理、广播电视编导、广播电视新闻学、广告学、国际经济与贸易、汉语言文学、化学、环境工程、环境科技与回收技术、环境科学、会计学、绘画油画、绘画中国画、计算机科学与技术、教育技术学、金融学、经济学、历史文化影视传播方向、历史学、旅游管理、旅游英语、美术学、器乐、日语、软件开发方向、商务英语、社会体育、声乐、食品检验与分析、食品科学与工程、食品质量与安全、市场营销、数学与应用数学、思想政治教育、太阳能光伏、通信工程、微电子学、文化遗产开发与管理、舞蹈学、物理学、物流管理、小学教育、新闻学、信息管理与信息系统、信息与计算科学、艺术设计、音乐学、英语、应用化学、应用物理学、运动训练、政治学与行政学、中职升本、自动化

专科专业 餐饮管理与服务、超市连锁管理、导游、导游日语、电脑艺术设计、电子商务、动漫设计与制作、房地产经营、光伏材料加工与应用技术、国际贸易实务、航海技术、会计、会计电算化、计算机网络技术、计算机应用、计算机应用技术、连锁经营管理、轮机工程技术、旅游管理、旅游英语、日语、软件技术、商务日语、商务文秘、商务英语、市场营销、体育产业经营与管理、物流管理、英语涉外体育、应用电子技术

硕士专业 汉语国际教育、汉语言文字学、化学工艺、基础数学、计算机软件与理论、教育技术学、教育学原理、科学技术哲学、科学社会主义与国际共产主义运动、课程与教学论、控制理论与控制工程、理论物理、历史、旅游管理、马克思主义基本原理、马克思主义中国化研究、美术学、企业管理(含:财务管理、市场营销)、食品科学、世界史、思想政治教育、无机化学、物理化学(含:化学物理)、现代教育技术、小学教育、新闻学、英语、应用化学、应用数学、有机化学、语文、语言学与应用语言学、运筹学与控制论、中国古代史、中国古代文学、中国现当代文学

院系设置
学校高有 13 个学院
国家级、省部级研究机构设置
省部级实验室 8 个,研究中心 4 个
定期公开出版的专业刊物 2 个
学校设立奖学金情况
学校设立奖学金 1 项,奖励总金额 18 万,最低金额 700 元/年。
学校历史沿革
渤海大学是辽宁省属综合性大学。2003 年经教育部批准由州师范学院和辽宁商业高等专科学校合并组建而成。锦州师范学院始建设于 1950 年。

鞍山师范学院

学校(机构)标识码 4121010169	电子信箱 office@mail.asnc.edu.cn	成人本科 2708
学校办学类型 412:本科院校:学院	占地面积(平方米) 683928	成人专科 1629
学校性质类别 06 师范院校	校舍建筑面积(平方米) 328970	留学生 73
学校举办者 821 地级教育部门	图书(万册) 86.24	专任教师(人) 722
学校地址 辽宁省鞍山市铁东区平安街 43 号	固定资产总值(万元) 19601.98	其中:正高级 62
	教学、科研仪器设备资产值(万元) 5513.22	副高级 270
邮政编码 114007		中级 288
办公电话 0412-2960963	在校生数(人) 17314	初级 62
传真电话 0412-2960111	其中:普通本科 9677	未定职级 40
校园(局域)网域名 www.asnc.edu.cn	普通专科 3227	

本科专业 电子科学与技术、电子信息科学类新专业、电子信息科学与技术、对外汉语、工业设计、汉语言文学、行政管理、化学、会计学、机械制造工艺教育、计算机科学与技术、教育技术学、历史学、旅游管理、美术学、日语、社会工作、社会体育、摄影、生物技术、生物科学、食品科学与工程、市场营销、数学与应用数学、思想政治教育、体育教育、体育学类新专业、统计学、图书馆学、物理学、小学教育、新闻学、信息与计算科学、学前教育、艺术设计、音乐表演、音乐学、英语、应用化学、应用心理学

专科专业 保险实务、电脑艺术设计、电子商务、服装设计、公共事务管理、广告设计与制作、会计电算化、机械制造与自动化、计算机多媒体技术、计算机控制技术、计算机系统维护、计算机应用技术、酒店管理、老年服务与管理、连锁经营管理、旅游管理、人物形象设计、商务经纪与代理、市场营销、文秘、物业管理、学前教育、艺术设计、应用韩语、应用日语、应用英语、证券投资与管理

院系设置
教育科学与技术学院、高等职业技术学院、成人教育学院、国际交流中心、中文系、政史系、外语系、财经系、数学系、物理系、化学系、音乐系、美术系、体育系
国家级、省部级研究机构设置
中国特色社会主义研究中心
定期公开出版的专业刊物 《鞍山师范学院学报》、《生物数学学报》
学校设立奖学金情况
学校设立奖学金 2 项,奖金总金额 110 万元。奖学金最高金额 2000 元/年,最低金额 800 元/年。
主要校办产业
鞍山市中大印刷厂、鞍山师范学院计算机应用技术研究所、鞍山师范学院科技文化交流中心

学校历史沿革

鞍山师范学院(1958-1962),1962年7月停止办学圻筹建五七师范(1970-1973),鞍山师范学校(1973-1978),鞍山师范专科学校(1978-1993),鞍山师范学院(1993至今),先后将鞍山师范学校、鞍山职工大学、鞍山市卫生学校、鞍山市财经学校合并到鞍山师范学院。

朝阳师范高等专科学校

学校(机构)标识码	4121010171
学校办学类型	414:专科院校:高等专科学校
学校性质类别	06 师范院校
学校举办者	821 地级教育部门
学校地址	朝阳市双塔区龙山街四段966号
邮政编码	122000
办公电话	0421-6681829
传真电话	0421-6681200
校园(局域)网域名	www.cysz.com.cn
电子信箱	cyszbgs@163.com
占地面积(平方米)	569336
校舍建筑面积(平方米)	214462
图书(万册)	43.16
固定资产总值(万元)	35522.41
教学、科研仪器设备资产值(万元)	3096.36
在校生数(人)	3959
其中:普通专科	3790
成人专科	169
专任教师(人)	468
其中:正高级	46
副高级	158
中级	189
初级	62
未定职级	13

专科专业 初等教育、初等教育(计算机)、初等教育(英语)、动漫设计与制作、广告设计与制作、化学教育、会计电算化、计算机应用技术(3G 移动软件开发)、计算机应用技术(网络通信技术)、历史教育、旅游管理、美术教育、汽车检测与维修技术、生物化工工艺、生物教育、市场开发与营销、数学教育、文秘、物理教育、学前教育、音乐教育、英语教育、应用电子技术、应用韩语、应用英语、语文教育、装潢艺术设计

院系设置
中文系、政经系、外语系、体育系、音乐系、美术系、数学计算机系、信息工程系、生化工程系、初等教育系、教育管理系、法律系

国家级、省部级研究机构设置
省级研究机构设置:红山文化研究所

定期公开出版的专业刊物 《辽宁师专学报》
学校设立奖学金情况
4项,奖励总金额 90.4 万元,最高 8000 元/年,最低 150 元/年。
学校历史沿革
朝阳师范高等专科学校是 1981 年经国务院批准建立的普通高等专科学校,1990 年 9 月朝阳教育学院并入,2001 年 6 月朝阳职工大学、朝阳第一师范学校并入,1993 年 6 月国家教委通知我校更名为朝阳师范高等专科学校,今年 8 月学校整体搬入新校址,新校园占地 854 亩,一期工程建筑面积 21.4 万平方米现已交付使用。

大连外国语学院

学校(机构)标识码	4121010172
学校办学类型	412:本科院校:学院
学校性质类别	07 语文院校
学校举办者	811 省级教育部门
学校地址	大连市旅顺南路西段 6 号
邮政编码	116044
办公电话	0411-86113777
传真电话	0411-86113333
校园(局域)网域名	www.dlufl.edu.cn
占地面积(平方米)	1060666
校舍建筑面积(平方米)	425362
图书(万册)	158
固定资产总值(万元)	103404
教学、科研仪器设备资产值(万元)	6430
在校生数(人)	15228
其中:普通本科	13220
普通专科	450
成人本科	170
成人专科	373
硕士研究生	896
留学生	119
专任教师(人)	878
其中:正高级	84
副高级	254
中级	328
初级	193
未定职级	19

本科专业 阿拉伯语、财务管理、朝鲜语、德语、对外汉语、俄语、法语、翻译、国际经济与贸易、汉语言文学、计算机科学与技术、金融学、经济学、旅游管理、美术学、葡萄牙语、日语、市场营销、西班牙语、新闻学、信息管理与信息系统、艺术设计、意大利语、音乐学、英语
专科专业 软件技术
硕士专业 阿拉伯语语言文学、比较文学与世界文学、德语语言文学、俄语口译、俄语语言文学、法语语言文学、汉语国际教

育、日语笔译、日语口译、日语语言文学、思想政治教育、外国语言学及应用语言学、西班牙语语言文学、亚非语言文学、英语笔译、英语口译、英语语言文学、语言学与应用语言学

院系设置

日本语学院、英语学院、软件学院、应用英语学院、俄语系、法语系、德语系、韩国语系、国际艺术学院、经济与管理学院、社会科学部、汉学院、国际培训学院、文化传播学院、公共外语教学部、研究生部

定期公开出版的专业刊物 《英语知识》、《日语知识》、《外语与外语教学》

学校设立奖学金情况

学校设立奖学金12项，奖励总金额700余万元。奖学金最高金额16000元/年，最低金额500元/年。

主要校办产业

外文印刷厂、大外图书音像中心、留学服务中心、大外宾馆、大外旅行社

学校历史沿革

大连外国语学院坐落于美丽的海滨城市大连。现有两个校区，老校区位于大连市中心的中山区南山脚下，新校区位于旅顺南路西段6号，是一所优美的花园式学校。大连外国语学院是辽宁省属，以外语为主的多科性外国语大学。学校前身是大连日语专科学校，1964年经周恩来总理亲自批准建立，1978年更名为大连外国语学院，全国人大副委员长廖承志亲笔题写了校名。学校是国家教育部出国留学人员培训基地、辽宁省二十一世纪人才开发培养国际合作工程培训基地和辽宁省教育厅人文社会科学重点研究基地。

东北财经大学

学校(机构)标识码	4121010173
学校办学类型	411：本科院校：大学
学校性质类别	08 财经院校
学校举办者	811 省级教育部门
学校地址	辽宁省大连市沙河口区尖山街217号
邮政编码	116023
办公电话	0411-84710221
传真电话	0411-84712503
校园(局域)网域名	www.dufe.edu.cn
电子信箱	office@dufe.edu.cn
占地面积(平方米)	616202
校舍建筑面积(平方米)	522987
图书(万册)	163.7
固定资产总值(万元)	46230.57
教学、科研仪器设备资产值(万元)	10802.98
在校生数(人)	24036
其中：普通本科	11977
普通专科	128
成人本科	3993
成人专科	1871
博士研究生	738
硕士研究生	5247
留学生	82
专任教师(人)	991
其中：正高级	199
副高级	334
中级	391
初级	45
未定职级	22

本科专业 保险、财务管理、财政学、电子商务、法学、房地产经营与管理方向、工商管理、公共事业管理、公关文秘方向、管理科学、广告学、国际会计方向ACCA班、国际会计方向CGA班、国际会计方向日语班、国际经济与贸易、国际商务方向、行为金融学方向、行政管理、会计学、计算机科学与技术、计算机信息管理方向、金融工程、金融学、经济数学方向、经济新闻方向、经济学、酒店管理方向、跨国公司管理方向、劳动与社会保障、旅游管理、企业税务方向、人力资源管理、日语班、社会学、实验班、市场营销、税务、统计学、投资与造价管理方向、物流管理、信息管理与信息系统、休闲与服务管理方向、营口校区、证券期货方向、注册会计师方向、资产评估方向

专科专业 国际商务、会计电算化、计算机应用技术、金融与证券、旅游管理

博士专业 财政学(含：税收学)、产业经济学、产业组织学、公共经济与公共政策、管理科学与工程、规制经济学、国际经济合作、国际贸易学、国际投资学、国民经济核算、国民经济学、会计学、技术经济及管理、金融工程、金融学(含：保险学)、经济史、经济思想史、经济哲学、劳动经济学、旅游管理、企业管理(含：财务管理、市场营销)、区域经济学、全球化与大国经贸关系、人口、资源与环境经济学、社会保障、世界经济、数量经济学、统计学、西方经济学、政治经济学、中国管理思想史

硕士专业 保险硕士、财政学(含：税收学)、产业经济学、产业组织学、电子商务、法律(法学)、法律硕士(非法学)、法学理论、风险统计、工商管理硕士、公共管理硕士、公共经济与公共政策、管理科学与工程、规制经济学、国际法学(含：国际公法、国际私法)、国际贸易学、国际商务硕士、国际商务与管理、国民经济学、行政管理、环境与资源保护法学、会计硕士、会计学、计算机应用技术、技术经济及管理、教育经济与管理、金融工程、金融硕士、金融学(含：保险学)、经济法学、经济史、经济思想史、科学技术哲学、劳动经济学、旅游管理、马克思主义基本原理、民商法学(含：劳动法学)、社会保障、企业管理(含：财务管理、市场营销)、区域经济学、人口、资源与环境经济学、社会保障、社会学、世界经济、数量经济学、税务硕士、思想政治教育、统计学、投资经济、土地资源管理、外国语言学及应用语言学、物流管理、西方经济学、宪法学与行政法学、应用统计硕士、政治经济学、政治学理论、职业技术教育学、资产评估

院系设置

东北财经大学下设研究生院、MBA学院、MPA教育中心、MPAcc教育中心、JM教育中心、财政税务学院、法学院、工商管理学院、公共管理学院、管理科学与工程学院、国际经济贸易学院、国际商务外语学院、国际商学院、金融学院、经济学院、会计学院、旅游与酒店管理学院、萨里国际学院、数学与数量经济学

院、统计学院、投资工程管理学院、新闻传播学院、人文学院、国际汉语文化学院、继续教育学院、职业技术学院、网络教育学院、自学考试学院、马克思主义理论教学部、体育教学部等

国家级、省部级研究机构设置

研究中心（所）1. 教育部人文社科重点研究基地：产业组织与企业组织研究中心；2. 省人文社科重点研究基地：产业组织与企业组织研究中心、地方财政研究中心、应用金融研究中心、区域经济一体化与上海合作组织研究中心、国民经济核算研究中心、中国内部控制研究中心、经济计量分析与预测研究中心、劳动就业与人力资本开发研究中心、公共政策研究中心；3. 省社科联重点研究基地：辽宁经济与社会协调发展研究基地；4. 省教育科学规划重点研究基地：中外合作办学政策与可持续发展研究基地；5. 省高等学校中小企业服务中心：兴科中小企业研究中心；6. 省重点实验室：金融分析与模拟重点实验室、会计信息化实

博士后科研流动站 应用经济学、理论经济学、工商管理。

定期公开出版的专业刊物 《财经问题研究》、《东北财经大学学报》

学校设立奖学金情况

学校设立奖学金21项，奖励总金额146余万元。奖学金最高金额10000元/年，最低金额100元/年。

主要校办产业

东北财经大学出版社

学校历史沿革

东北财经大学的前身是在东北银行专门学校（1946年）、东北商业专门学校（1949年）、东北财政专门学校（1950年）及东北计划统计学院（1951年）、东北合作专门学校（1951年）的基础上于1952年10月开始组建的东北财经学院，校址在沈阳。1958年，东北财经学院与沈阳师范学院、沈阳俄语专科学校合并，组建辽宁大学。1959年，并入辽宁大学的原东北财经学院的计划统计系与财政信贷系迁至大连，与位于大连的辽宁商学院合并，成立辽宁财经学院。1979年，辽宁财经学院划归财政部管理，1985年更名为东北财经大学。2000年，东北财经大学由财政部划归辽宁省人民政府管理，实行中央与地方共建、以辽宁省管理为主的管理体制。

中国刑事警察学院

学校（机构）标识码　4121010175
学校办学类型　412：本科院校：学院
学校性质类别　09 政法院校
学校举办者　312 公安部
学校地址　沈阳市皇姑区塔湾街83号
邮政编码　110854
办公电话　024-86982071
传真电话　024-86787000
校园（局域）网域名　www.ccpc.edu.cn

电子信箱　zgxjxy@ccpc.edu.cn
占地面积（平方米）　262750
校舍建筑面积（平方米）　153273
图书（万册）　68.22
固定资产总值（万元）　40739.22
教学、科研仪器设备资产值（万元）　8859.79
在校生数（人）　9080
其中：普通本科　5833

成人本科　2921
硕士研究生　326
专任教师（人）　374
其中：正高级　90
副高级　116
中级　148
初级　7
未定职级　13

本科专业 法医学（体改二学位）、公安情报学、公安情报学（体改二学位）、公安视听技术、公安视听技术（体改二学位）、禁毒学、经济犯罪侦查、经济犯罪侦查（体改二学位）、警犬技术、信息安全、信息安全（体改二学位）、刑事科学技术、刑事科学技术（普通二学位）、刑事科学技术（体改二学位）、侦查学、侦查学（普通二学位）、侦查学（体改二学位）、治安学、治安学（体改二学位）

硕士专业 法律硕士（法学）、法律硕士（非法学）、法律硕士（非法学）、法医学、分析化学、计算机应用技术、警务硕士、军事教育训练学（含：军事体育学）、诉讼法学、刑法学

院系设置

学院设有刑事犯罪侦查系、公安情报学系、禁毒学系、经济犯罪侦查系、计算机犯罪侦查系、痕迹检验技术系、文件检验技术系、声像资料检验技术系、法化学系、法医学系、治安学系、公安基础教研部、法律教研部、思想政治理论课教学科研部、基础教研部、警察技能战术训练部、警犬技术系（挂靠）

国家级、省部级研究机构设置

设有省部级研究机构2个（实验室）

定期公开出版的专业刊物 《中国刑事警察学院学报》、《中国刑事警察》

学校设立奖学金情况

学院设立奖学金1项，2010年至2011年奖励总金额为45.126万元，最低金额300元每人每年。

学校历史沿革

中国刑事警察学院是公安部直属高校，建校以来，已经为全国公安和司法机关输送了10余万名刑事侦查和刑事科学技术专门人才。学院始建于1948年5月，原名东北公安训练队，后改为中央人民警察干部学校、公安部第一警察干部学校，1981年11月迁至现校址，扩建为中国刑事警察学院。

沈阳体育学院

学校(机构)标识码　4121010176
学校办学类型　412：本科院校：学院
学校性质类别　10 体育院校
学校举办者　812 省级其他部门
学校地址　沈阳市苏家屯区金钱松东路36号
邮政编码　110102
办公电话　024-89166334
传真电话　024-89166630
校园(局域)网域名　www.syty.edn.cn

电子信箱　web.master@syty.edn.cn
占地面积(平方米)　1219394
校舍建筑面积(平方米)　290827
图书(万册)　68.09
固定资产总值(万元)　76129.69
教学、科研仪器设备资产值(万元)　7227.7
在校生数(人)　10189
其中：普通本科　7778
成人本科　1511

成人专科　193
硕士研究生　698
留学生　9
专任教师(人)　509
其中：正高级　56
副高级　163
中级　222
初级　66
未定职级　2

本科专业　表演、公共事业管理、教育技术学、旅游管理、民族传统体育、社会体育、市场营销、体育教育、新闻学、休闲体育、英语、应用心理学、运动康复与健康、运动人体科学、运动训练

硕士专业　民族传统体育学、体育、体育教育训练学、体育人文社会学、运动人体科学

院系设置
体育教育学院、运动训练学院、民族传统武术学院、运动人体科学学院、体育人文学院、体育艺术学院、体育经济管理学院、社会体育学院、体育信息技术系、研究生部、成人教育部

国家级、省部级研究机构设置
实验室：重点实验室、基础实验室。体育社科研究中心、体育人文社科研究中心。

定期公开出版的专业刊物　《沈阳体育学院学报》
学校设立奖学金情况
学院设立奖学金一项，奖励总金额每年113万元，最低金额800元。

学校历史沿革
沈阳体育学院创建于1954年9月，原东北体育学院，1956年改现名。1958年归辽宁省政府领导，1980年归属国家体委领导，成为直属六所全国体育院校之一。2001年开始实施国家体育总局与辽宁省政府共建的管理体制，学院继续实行教学、训练、科研"三结合"的办学模式，培养运动员、教练员、体育师资和各类体育行政，社会体育指导员和体育科技人员。

沈阳音乐学院

学校(机构)标识码　4121010177
学校办学类型　412：本科院校：学院
学校性质类别　11 艺术院校
学校举办者　811 省级教育部门
学校地址　辽宁省沈阳市和平区三好街61号
邮政编码　110818
办公电话　024-23892223
传真电话　024-23891655
校园(局域)网域名　www.sycm.com

cn
电子信箱　sycmdzb@126.com
占地面积(平方米)　485427
校舍建筑面积(平方米)　330717
图书(万册)　60.15
固定资产总值(万元)　49550.7
教学、科研仪器设备资产值(万元)　5303.05
在校生数(人)　12627
其中：普通本科　12025

成人本科　242
成人专科　24
硕士研究生　329
留学生　7
专任教师(人)　825
其中：正高级　83
副高级　190
中级　407
初级　124
未定职级　21

本科专业　表演、播音与主持艺术、广播电视编导、录音艺术、舞蹈编导、舞蹈学、戏剧影视美术设计、戏剧影视文学、音乐表演、音乐学、作曲与作曲技术理论

硕士专业　舞蹈学、音乐、音乐学

院系设置
作曲系、声乐系、民声系、民乐系、管弦系、钢琴系、音乐教育系、音乐学系、流行音乐系、乐器工艺系、电子琴系、舞蹈系、艺术学院、国际音乐教育中心

定期公开出版的专业刊物　《辽宁高职学报》、《乐府新声》
学校设立奖学金情况
学校设立奖学金33项，奖励总金额183余万元。奖学金最高金额每年5000元，最低金额每年200元。

主要校办产业
文化产业推广中心

学校历史沿革
延安鲁迅艺术文学院(1938-1945)、东北鲁迅文艺学院(1945-1953)、东北音乐专科学校(1953-1958)、沈阳音乐学院(1958至今)。

鲁迅美术学院

学校(机构)标识码　4121010178
学校办学类型　412:本科院校:学院
学校性质类别　11 艺术院校
学校举办者　811 省级教育部门
学校地址　辽宁省沈阳市和平区三好街19号
邮政编码　110816
办公电话　024-23932635
传真电话　024-23930334
校园(局域)网域名　lumei.edu.cn
电子信箱　lumei_dzb@163.com
占地面积(平方米)　464201
校舍建筑面积(平方米)　362362
图书(万册)　55
固定资产总值(万元)　55732.32
教学、科研仪器设备资产值(万元)　3867.49
在校生数(人)　8261
其中:普通本科　7369
成人本科　341
成人专科　106
硕士研究生　422
留学生　23
专任教师(人)　511
其中:正高级　52
副高级　124
中级　156
初级　101
未定职级　78

本科专业　版画、城市规划、雕塑、动画、服装、工业设计、环艺、美术史论、染织、摄影、书法、水彩、文化传播与管理、纤维、艺术设计、影视摄影、油画、中国画
硕士专业　版画、雕塑、服装、工业设计、环艺、美术史论、染织、摄影、视觉传达、书法、水彩、艺术学、油画、中国画
院系设置
学院现有12个系,一个继续教育学院。设有鲁迅美术学院大连校区。
国家级、省部级研究机构设置
1.国家级实验室—鲁迅美术学院工业设计实验教学示范中心
2.研究中心(所):艺术文化研究中心
定期公开出版的专业刊物　《美苑》
学校设立奖学金情况
学校设立奖学金2项,奖励总金额131余万元。奖学金最高金额5000元/年,最低金额300元/年。
主要校办产业
鲁迅美术学院艺术工程总公司　鲁迅美术学院画廊
学校历史沿革
鲁迅美术学院的前身是1938年建于延安的鲁迅艺术学院。1958年发展为鲁迅美术学院。

抚顺师范高等专科学校

学校(机构)标识码　4121010179
学校办学类型　414:专科院校:高等专科学校
学校性质类别　06 师范院校
学校举办者　821 地级教育部门
学校地址　抚顺市顺城区高山路17号
邮政编码　113006
办公电话　024-57600543
传真电话　024-57600356
校园(局域)网域名　www.fstc.cn
电子信箱　office@fstc.cn
占地面积(平方米)　139606
校舍建筑面积(平方米)　77425
图书(万册)　25.6
固定资产总值(万元)　8052.08
教学、科研仪器设备资产值(万元)　1548.03
在校生数(人)　3084
其中:普通专科　3058
成人专科　26
专任教师(人)　304
其中:正高级　7
副高级　111
中级　139
初级　47

专科专业　茶文化、电脑艺术设计、电子声像技术、动漫设计与制作、都市园艺、计算机方向、计算机网络技术、计算机应用技术、旅游管理、美术方向、拍卖与典当管理、普师、商务日语、商务英语、社会体育、社区管理与服务、生物实验技术、数学教育、数学双语方向、双语方向、文秘、学前教育、音乐表演、音乐方向、英语方向、英语教育、影视动画、应用电子技术、应用韩语、语文教育、园艺技术
院系设置
初等教育一系、初等教育二系、学前教育系、外系系、计算机系、体育系、美术系、音乐系、中旅系、生化系、声光工程系、思想政治理论课教学科研部
定期公开出版的专业刊物　《辽宁师专学报》
学校设立奖学金情况
学校设立奖学金1项,奖励总金额为73.1余万元。奖学金

最高金额800元/年,最低金额400元/年。
学校历史沿革
抚顺师范高等专科学校成立于1978年。

锦州师范高等专科学校

学校(机构)标识码 4121010180	传真电话 0416-4585396	在校生数(人) 6729
学校办学类型 414:专科院校:高等专科学校	校园(局域)网域名 www.jzsz.com.cn	其中:普通专科 6012
	电子信箱 jzszxbgs@163.com	成人专科 717
学校性质类别 06 师范院校	占地面积(平方米) 190643	专任教师(人) 440
学校举办者 821 地级教育部门	校舍建筑面积(平方米) 111338	其中:正高级 18
学校地址 辽宁省锦州市凌河区松坡里189号	图书(万册) 46	副高级 159
	固定资产总值(万元) 9096.15	中级 210
邮政编码 121000	教学、科研仪器设备资产值(万元) 2869.28	初级 50
办公电话 0416-4784019		未定职级 3

专科专业 初等教育、电脑艺术设计、电气自动化技术、动漫设计与制作、工业分析与检验、广告设计与制作、汉语、化学教育、环境监测与治理技术、会计电算化、计算机应用技术、美术教育、商务英语、生物教育、市场开发与营销、数控设备应用与维护、数学教育、思想政治教育、体育教育、文秘、物理教育、学前教育、音乐教育、英语教育、应用英语、语文教育、装潢艺术设计

院系设置
经济管理系、中文系、英语系、计算机系、物理系、化学系、音乐系、美术系、体育系、初等教育一系、初等教育二系

学校设立奖学金情况
学校设立奖学金4项,奖励总金额33500万元/年,最低金额100元/年。

学校历史沿革
1980年11月11日建立锦州师范学院分校。1983年8月更名为锦州师范专科学校。1993年6月更名为锦州师范高等专科学校。1997年8月4日锦州师范高等专科学校与锦州市第一师范学校合并,组建新的锦州师范高等专科学校。2001年2月28日锦州师范高等专科学校与辽宁广播电视大学锦州分校合并,合并后校名仍叫锦州师范高等专科学校,保留辽宁广播电视大学锦州分校,同时挂锦州师范高等专科学校东区校牌。2001年10月13日锦州职工大学并入锦州师范高等专科学校。

营口职业技术学院

学校(机构)标识码 4121010181	传真电话 0417-2809400	在校生数(人) 4211
学校办学类型 415:专科院校:高等职业学校	校园(局域)网域名 www.ykdx.net	其中:普通专科 3747
	电子信箱 ykdxzxq66@126.com	成人专科 464
学校性质类别 01 综合大学	占地面积(平方米) 510000	专任教师(人) 415
学校举办者 821 地级教育部门	校舍建筑面积(平方米) 147906	其中:正高级 8
学校地址 辽宁省营口市金牛山大街东14号	图书(万册) 47.9	副高级 138
	固定资产总值(万元) 13916	中级 176
邮政编码 115000	教学、科研仪器设备资产值(万元) 3054.03	初级 84
办公电话 0417-2832269		未定职级 9

专科专业 报关与国际货运、材料工程技术、初等教育、初等教育(计算机方向)、初等教育(特教方向)、初等教育(心理健康与心理咨询)、初等教育(英语)、道路桥梁工程技术、电脑艺术设计、电脑艺术设计(室内设计方向)、电气自动化技术、动漫设计与制作、儿童康复、房地产经营与估价、服装设计、工程造价、供用电技术、会计电算化、机电设备维修与管理、机电一体化技术、机械制造与自动化、计算机辅助设计与制造、计算机应用技术、建筑工程技术、精细化学品生产技术、酒店管理、旅游管理、汽车检测与维修技术、染整技术、人群康复、商务英语、数控技术、特殊教育、特殊教育(手语翻译)、特殊教育(艺术方向)、物流管理、新闻采编与制作、学前教育、英语教育、应用电子技术、语文教育

院系设置
机电工程系、建筑工程系、电子工程系、计算机工程系、环境

保护与化学工程系、艺术系、外国语系、汉语言文学系、经济管理系、特师分院、普师分院、电大分校、附属中专、成人教育分院、本科部

定期公开出版的专业刊物 《辽宁高职学报》、《辽宁广播电视大学学报》、《辽宁师专学报社会》(科学版)、《辽宁师专学报》(自然科学版)

学校设立奖学金情况
学校设立奖学金4项,奖励总金额92.6余万元,奖学金最高金额8000元/年,最低金额100元/年。

学校历史沿革
营口职业技术学院是2000年10月经辽宁省人民政府批准,由营口师范高等专科学校(1959年-2000年)、营口高等职业专科学校(1991年-2000年)、辽宁广播电视大学营口分校(1979年-1991年)、辽宁工运学院营口分院(1988年-2000年)、辽宁省特殊教育师范学校(1986年-2000年)和营口市幼儿师范学校(1984年-2000年)六校合并而成。是一所集高等职业教育、师范教育协调发展的高校,以全日制学历教育为主,兼顾发展成人学历教育和非学历教育培训。

铁岭师范高等专科学校

学校(机构)标识码	4121010182
学校办学类型	414:专科院校:高等专科学校
学校性质类别	06 师范院校
学校举办者	821 地级教育部门
学校地址	铁岭市铁岭县凡河镇得胜台村
邮政编码	112008
办公电话	024-72216018
传真电话	024-72217517
校园(局域)网域名	www.tlsz.com.cn
电子信箱	tlsz_013@163.com
占地面积(平方米)	368001
校舍建筑面积(平方米)	167994
图书(万册)	62.2
固定资产总值(万元)	80970.8
教学、科研仪器设备资产值(万元)	2439.76
在校生数(人)	4213
其中:普通专科	4186
成人专科	27
专任教师(人)	420
其中:正高级	51
副高级	135
中级	149
初级	56
未定职级	29

专科专业 初等教育(计算机双语)、初等教育(科学双语)、初等教育(美术)、初等教育(师范)五年制、初等教育(数学双语)、初等教育(体育)、初等教育(音乐)、初等教育(英语)、电脑艺术设计五年制、电子商务、动漫设计与制作、机械制造与自动化、计算机应用技术、计算机应用技术(朝汉双语)、金融保险、旅游英语、商务英语、社区管理与服务、书法教育、数学教育、文秘、物流管理、物业管理、新闻采编与制作、学前教育、学前教育(双语)、移动通信技术、英语教育、营销与策划、应用电子技术、应用韩语、应用日语、应用日语(朝师联办)、语文教育、语文教育(朝汉双语)

院系设置
师范学院、人文学院、外语学院、理工学院、艺体学院

定期公开出版的专业刊物 《辽宁师专学报》(社会科学版)、《铁岭师专学报》

学校设立奖学金情况
学校设立奖学金3项,奖励总金额47.6余万元,奖学金最高额8000元/年,最低5000元/年。

学校历史沿革
铁岭师范高等专科学校始建于1983年,当年8月经辽宁省人民政府批准正式定名为"铁岭师范专科学校"。1993年由国家批准改称为"铁岭师范高等专科学校"。1997年7月与铁岭市师范学校合并,2001年铁岭职工大学并入。

辽宁对外经贸学院

学校(机构)标识码	4121010841
学校办学类型	412:本科院校:学院
学校性质类别	08 财经院校
学校举办者	999 民办
学校地址	大连市旅顺口区顺乐街33号
邮政编码	116052
办公电话	0411-86208662
传真电话	0411-86209388
校园(局域)网域名	www.luibe.edu.cn
电子信箱	luibe1997@163.com
占地面积(平方米)	680000
校舍建筑面积(平方米)	205379
图书(万册)	128.28
固定资产总值(万元)	42415
教学、科研仪器设备资产值(万元)	3600.38
在校生数(人)	11721
其中:普通本科	7280
普通专科	4441
专任教师(人)	628
其中:正高级	67
副高级	156
中级	311
初级	66
未定职级	28

本科专业 财务管理、财政学、电子商务、俄语、工商管理、国际经济与贸易、会计学、会展经济与管理、金融学、旅游管理、人力资源管理、日语、市场营销、物流管理、信息管理与信息系统、艺术设计、英语

专科专业 报关与国际货运、财务管理、电子商务、工商企业管理、国际经济与贸易、会计、计算机信息管理、计算机应用技术、金融保险、旅游管理、旅游英语、软件技术、商务管理、商务日语、商务英语、市场营销、税务、物流管理、装潢艺术设计

院系设置
国贸系、外语系、管理系、财经系、信息技术系

国家级、省部级研究机构设置
实验室:国际商品交易分析与模拟实验室

学校设立奖学金情况
学校设立奖学金3项,奖励总金额31.98余万元,最低金额300元/年。

主要校办产业
辽润培训学校、大连辽润国际经济与贸易公司、大连世达建筑公司星泰分公司

学校历史沿革
1997年4月 动工建设 1998年2月 辽宁省政府批准建立辽宁省对外贸易学校民办分校 1999年7月 教育部批准建立民办万成经贸职业学院 2001年2月 辽宁省政府更名为辽宁对外经贸职业学院 2005年3月 教育部批准建立辽宁对外经贸学院。

大连职业技术学院

学校(机构)标识码 4121010845	传真电话 0411-86402301	在校生数(人) 11124
学校办学类型 415:专科院校:高等职业学校	校园(局域)网域名 www.dlvtc.edu.cn	其中:普通专科 10998
	电子信箱 yb@dlvtc.edu.cn	成人专科 126
学校性质类别 01 综合大学	占地面积(平方米) 332536	专任教师(人) 484
学校举办者 821 地级教育部门	校舍建筑面积(平方米) 184551	其中:正高级 46
学校地址 大连市甘井子区夏泊路100号	图书(万册) 61.02	副高级 199
邮政编码 116035	固定资产总值(万元) 37977.43	中级 185
办公电话 0411-86402300	教学、科研仪器设备资产值(万元) 11865.35	初级 48
		未定职级 6

专科专业 船舶工程技术、电气自动化技术、电子商务、法律事务、房地产经营与估价、工程造价、工商企业管理、光电子技术、广告设计与制作(艺术类)、国际贸易实务、国际贸易实务(中澳合作办学)、航海技术、会计(涉外)、会计电算化、机电一体化技术、机械设计与制造、机械设计与制造(机械装配技术方法)、计算机网络技术、计算机信息管理、建筑工程管理、金融与证券、酒店管理、老年服务与管理、轮机工程技术、模具设计与制造、烹饪工艺与营养(营养师)、汽车电子技术、汽车技术服务与营销、汽车检测与维修技术、人力资源管理、软件技术、软件技术(日语)、商务日语、商务英语、社区管理与服务、涉外旅游、生物技术及应用、市场营销、市场营销(中澳合作办学)、数控技术、微电子技术、文秘、物流管理、物流管理(中澳合作办学)、物业管理、学前教育(师范类)、影视动画、应用电子技术、应用韩语(商务)、游戏软件、装潢艺术设计(艺术类)

院系设置
机械工程技术系、电气与电子工程技术系、汽车工程技术系、信息技术系、管理工程系、工商管理系、社会事业系、国际商务语言系、艺术教育系、航海与船舶工程技术系、思想政治理论课教学科研部、基础教学部、公共外语教学部、继续教育学院、国际学院

定期公开出版的专业刊物 《大连职业技术学院学报》

学校设立奖学金情况
学校设立奖学金9项,奖励总金额136.44万元,奖学金最高金额3500元/年,最低金额300元/年。

主要校办产业
大连职院现代制造技术中心、大连市甘井子区校友商店

学校历史沿革
学院前身为大连市干部学校,创建于一九六九年七月,一九七九年将旅大市"五·七"干校改名为大连干部学校,一九八三年十一月改建为大连管理干部学院,一九九九年改制为大连职业技术学院,二〇〇一年六月将原大连工业学校、原大连师范学校并入大连职业技术学院。

辽宁农业职业技术学院

学校(机构)标识码 4121010957	学校性质类别 03 农业院校	区
学校办学类型 415:专科院校:高等职业学校	学校举办者 812 省级其他部门	邮政编码 115009
	学校地址 辽宁省营口经济技术开发	办公电话 0417-7020679

传真电话　0417-7020007	固定资产总值(万元)　17380.66	专任教师(人)　282
校园(局域)网域名　www.lnnzy.ln.cn	教学、科研仪器设备资产值(万元)	其中:正高级　31
电子信箱　lnzyyb2324@sohu.com	5281.21	副高级　83
占地面积(平方米)　426880	在校生数(人)　7033	中级　103
校舍建筑面积(平方米)　183512	其中:普通专科　6790	初级　45
图书(万册)　36.72	成人专科　243	未定职级　20

专科专业　宠物养护与疫病防治、畜牧、畜牧兽医、畜牧兽医(3+2)、电子商务、电子商务(3+2)、动漫设计与制作、高尔夫场地管理、观光农业、国际贸易实务、环境艺术设计、环境艺术设计(3+2)、会计电算化、会计电算化(一村一大)、机械制造与自动化、计算机网络技术、计算机网络技术(3+2)、酒店管理、连锁经营管理、农产品质量检测、汽车运用技术、设施农业技术、生物技术及应用、生物制药技术、食品加工技术、食品加工技术(3+2)、食品营养与检测、兽药生产与营销、兽医、兽医(一村一大)、物流管理、物流管理(3+2)、应用电子技术、园林工程技术、园林技术、园林技术(3+2)、园艺技术(果树、蔬菜方向)、园艺技术(果树、蔬菜方向)、园艺技术(一村一大)、种子生产与经营、作物生产技术(农资方向)

院系设置
农学园艺系、畜牧兽医系、工程系、信息工程系、生物技术系、园林系、经济贸易系、管理系、食品系、继续教育部、基础部、社科部、体育部

国家级、省部级研究机构设置
实验室:设施园艺重点实验室
定期公开出版的专业刊物　《辽宁农业职业技术学院学报》
学校设立奖学金情况
学校设立奖学金2项,奖励总金额185万元。奖学金最高金额2000元/年,最低金额200元/年。
主要校办产业
辽宁东亚辽南种业有限公司、辽农职院科技开发公司、辽农职院种猪场、辽农职院兽医站
学校历史沿革
学院始建于1948年9月23日,建校时名称为辽宁省农业专门学校。随国家举办高等教育政策调整,行政区划的分合,社会经济体制变革,先后更名为辽宁省熊岳农业专科学校、营口农学院、熊岳农业专科学校、辽宁熊岳农业高等专科学校等,1999年8月经国家教育部批准更名为辽宁农业职业技术学院。

沈阳大学

学校(机构)标识码　4121011035	电子信箱　ghb@syu.cn	成人本科　1622
学校办学类型　411:本科院校:大学	占地面积(平方米)　573668	成人专科　2910
学校性质类别　01 综合大学	校舍建筑面积(平方米)　631334	硕士研究生　405
学校举办者　821 地级教育部门	图书(万册)　158	留学生　124
学校地址　辽宁省沈阳市大东区望花南街21号	固定资产总值(万元)　52642.5	专任教师(人)　1228
	教学、科研仪器设备资产值(万元)	其中:正高级　170
邮政编码　110044	11551.33	副高级　555
办公电话　024-62266976	在校生数(人)　22511	中级　460
传真电话　024-88112793	其中:普通本科　12843	初级　41
校园(局域)网域名　www.syu.edu.cn	普通专科　4607	未定职级　2

本科专业　(国际旅游管理)、(信访方向)、表演(体育艺术表演)、表演(舞蹈)、表演(音乐表演)、表演(影视表演)、材料成型及控制工程、材料成型及控制工程(铸造)、财务管理、财政学、测控技术与仪器、车辆工程、地理科学、电子信息工程、电子信息科学与技术、雕塑、俄语、法学、给水排水工程、工商管理、工业工程、工业工程(地铁运输)、工业设计、广播电视编导、广播电视编导(播音支持)、广播电视编导(空乘服务)、国际金融、国际经济与贸易、国际企业管理、国际商务、国际物流管理、汉语言文学、汉语言文学(师范)、焊接技术与工程、化学、环境工程、会计学、会计学(国际会计)、会计学(国际会计ACCA)、绘画(版画)、绘画(国画)、绘画(油画)、机械设计制造及其自动化、机械设计制造及其自动化(车辆)、计算机科学与技术、计算机科学与技术(电子商务)、建筑环境与设备工程、建筑学、交通运输、金融学、金属材料工程、经济学、历史学、旅游管理、美术学、美术学(雕塑)、人力资源管理、日语、社会体育、生物工程、生物技术、生物科学、数学与应用数学、思想政治教育、体育教育、通信工程、通信工程(3G移动通讯)、通信工程(3G应用技术)、统计学、土木工程、土木工程(交通土建)、物理学、小学教育(高师)、小学教育(高中)、学前教育、艺术设计(产品)、艺术设计(服装设计)、艺术设计(环艺)、艺术设计(家具与展示)、艺术设计(数码设计)、艺术设计(装潢设计)、艺术设计(装饰设计)、音乐学、英语、英语(师范)、应用心理学、园林、哲学、自动化

专科专业　(会计电算化方向)、电气自动化技术、会计电算化、机械制造与自动化、计算机双语(新民)、计算机系统维护、计

算机应用技术(动画制作方向)、家政服务(新民)、教育教育(体校)、竞技体育(体校)、酒店管理、酒店管理(新民)、旅游管理、美术绘画(幼师)、汽车技术服务与营销、食品营养与检测(校本)、市场开发与营销、数学双语(新民)、司法事物(校本)、体育服务与管理(校本)、文秘、小学教育(新民)、小学教育(幼师)、新闻采编与制作(校本)、艺术设计(校本)、音乐(幼师)、应用电子技术(校本)、园林技术(校本)、证券投资与管理、装潢艺术设计(校本)

硕士专业 材料加工工程、材料学、财政学(含:税收学)、产业经济学、动物学、工程(材料工程)、工程(工业工程)、工程(机械工程)、工程(物流工程)、工程(项目管理)、工商管理、管理科学与工程、管理科学与工程(工)、管理科学与工程(管)、会计学、控制理论与控制工程、美术学、岩土工程

院系设置

经济学院、政法学院、师范学院、新民师范学院、体育学院、外国语学院、音乐学院、美术学院、文化传媒学院、理学院、生物与环境工程学院、机械工程学院、信息工程学院、建筑工程学院、工商管理学院、旅游与地理科学学院、国际商学院、职业技术学院、教育学院、继续教育学院、社会科学教学部、公共外语学院

国家级、省部级研究机构设置

1. 实验室:省部共建教育部重点实验室:污染环境的生态修复与资源化技术实验室;辽宁省重点实验室:辽宁省生态环境重点实验室、辽宁省先进材料制备技术重点实验室、辽宁省装备制造综合自动化重点实验室、辽宁省城市有害生物治理与生态安全重点实验室、辽宁省高校重点实验室、沈阳环境工程重点实验室、先进材料技术重点实验室、装备制制造业综合自动化实验室、辽宁省环境岩土重点实验室

2. 研究中心(所):辽宁省物联网信息集成技术工程技术研究中心

博士后科研流动站 有

定期公开出版的专业刊物 《沈阳大学学报》、《沈阳教育学院学报》

学校设立奖学金情况

学校设立奖学金10余项,奖励总金额520万元/年,最低金额600元/年。

学校历史沿革

沈阳大学的前身为东北工学院沈阳分院和辽宁大学沈阳分校,建立于1980年。1993年经省政府批准成立沈阳大学,并于同年招生。1987年经教育部批准,沈阳大学、沈阳财经学院、沈阳市农业大学、沈阳市教育学院四校联合组建沈阳大学,下设沈阳大学工学院、沈阳大学财经学院、沈阳大学师范学院、沈阳大学农业分校,校本部设在沈阳大学工学院,四校仍独立办学机构。1985年,依据国家"联合、共建、调整、合并"的八字方针,经沈阳市人民政府,原国家冶金部批准,沈阳大学、沈阳工业高等专科学校,沈阳大学农业分校在全国高校中率先组建,组建为沈阳大学沈阳工业高等专科学校。1996年沈阳大学财经学院与沈阳大学沈阳高等专科学校实现了实质性的合并。合并成功,得到了原国家教委领导的肯定,并受到李岚清副总理的表扬。1997年11月,一次性顺利通过原国家教委对本科教学水平合格评估。1998年,经原国家教委批准,撤销沈阳大学沈阳工业高等专科学校的两校建制,组建现在的沈阳大学。2003年6月经教育部批准,沈阳大学成为硕士研究生授权单位,在2007年教育部本科教学水平评估中获得优秀成绩。

抚顺职业技术学院

学校(机构)标识码 4121011037	传真电话 024-57510445	在校生数(人) 2944
学校办学类型 415:专科院校:高等职业学校	校园(局域)网域名 www.fvti.com	其中:普通专科 2944
	电子信箱 fvti@sina.com	专任教师(人) 199
学校性质类别 01 综合大学	占地面积(平方米) 136117	其中:正高级 5
学校举办者 821 地级教育部门	校舍建筑面积(平方米) 68873	副高级 84
学校地址 辽宁省抚顺市顺城区新城路东段7号	图书(万册) 21.19	中级 74
邮政编码 113006	固定资产总值(万元) 9444.23	初级 31
办公电话 024-57510122	教学、科研仪器设备资产值(万元) 2094.36	未定职级 5

专科专业 电子商务、动漫设计与制作、房地产经营与估价、工程监理、工业分析与检验、会计电算化、机电一体化技术、计算机网络技术、计算机应用技术、建筑工程技术、建筑装饰工程技术、精细化学品生产技术、楼宇智能化工程技术、旅游管理、汽车检测与维修技术、人物形象设计、软件技术、商务英语、生产过程自动化技术、市场开发与营销、数控技术、通信技术、物业管理、应用韩语、有机化工生产技术

院系设置

共设有10个系部:机电工程系、工商管理系、建筑工程系、化学工程系、信息工程系、外语系、基础部、现代教育中心、成人教育处、社会科学教学部

定期公开出版的专业刊物 《辽宁高职学报》

学校设立奖学金情况

设立奖学金1项,奖励总金额9.78万元,最高金额800元/年,最低金额300元/年。

学校历史沿革

抚顺职业技术学院原名抚顺大学、抚顺市高等专科学校。抚顺大学于1983年7月25日经辽宁省人民政府辽政府[1983]

193号文件批准成立,1990年10月17日根据省教计[1990]134号文件更名为抚顺市高等专科学校,1998后11月18日根据抚委[]14号文件精神,将抚顺市高等专科学校、抚顺市财经学校、抚顺市商业学校三所学校合并,1999年8月16日根据国家教育部[1999]111号文件更名为抚顺职业技术学院。

辽阳职业技术学院

学校(机构)标识码 4121011249	传真电话 0419-2380737	在校生数(人) 5248
学校办学类型 415:专科院校:高等职业学校	校园(局域)网域名 www.419.com.cn	其中:普通专科 5248
	电子信箱 lyzy8016@126.com	专任教师(人) 474
学校性质类别 01 综合大学	占地面积(平方米) 352173	其中:正高级 35
学校举办者 821 地级教育部门	校舍建筑面积(平方米) 105642	副高级 124
学校地址 辽阳市白塔区铁西路150号	图书(万册) 26.68	中级 194
	固定资产总值(万元) 21840.37	初级 104
邮政编码 111004	教学、科研仪器设备资产值(万元) 4521.15	未定职级 17
办公电话 0419-2480016		

专科专业 初等教育、初等教育(数学双语)、初等教育(体、音、美、普)、初等教育(英语)、电脑艺术设计、电脑艺术设计(平面)、电脑艺术设计(室内)、动漫设计与制作、服装艺术设计、高尔夫运动技术与管理、工业检验与分析、国际经济与贸易、汉语、环境监测与治理技术、环境监测与治理技术(工业环保)、会计电算化、机械制造与自动化、机械制造与自动化(模具)、机械制造与自动化(微控)、计算机网络技术、计算机应用技术、精细化学品生产技术、精细化学品生产技术(化工设备)、酒店管理、旅游管理、旅游管理(高尔夫俱乐部)、商务管理、旅游英语、汽车检测与维修技术、汽车检测与维修技术(电控)、商务日语、商务英语、生物制药技术、食品生物技术、食品生物技术(营养)、市场开发与营销、数控技术、体育保健、体育教育、体育教育(高尔夫方向)、物业管理、新闻采编与制作、学前教育、学前教育(师)、音乐教育、应用电子技术、应用韩语、制冷与冷藏技术

院系设置
文经系、外语系、学前教育系、初等教育系、体育系、音乐系、艺术设计系、高尔夫学院、机电工程系、化学工程系、计算机系、思想政治教育研究部、成交分院

定期公开出版的专业刊物 《辽宁师专学报》(社会科学版)联办、《辽宁师专学报》(自然科学版)联办和《辽宁高职学报》联办。

学校设立奖学金情况
学校设立奖学金3项,奖励总金额79.78万元/年,最低金额100元/年。

学校历史沿革
1984年6月9日成立辽阳师范专科学校;1988年8月与辽阳大学合并;1993年5月辽阳师范专科学校更名为辽阳师范专科学校;1996年8月与辽阳师范学校合并;1999年8月与辽宁广播电视大学辽阳分校、辽宁经济管理干部学院辽阳分院、辽阳商业职工中专、辽宁工运学院辽阳分院合并,并于2000年10月更名为辽阳职业技术学院。

阜新高等专科学校

学校(机构)标识码 4121011250	传真电话 0418-2290188	在校生数(人) 4135
学校办学类型 414:专科院校:高等专科学校	校园(局域)网域名 www.fxgz.com.cn	其中:普通专科 3557
	电子信箱 fxgzbgs@163.com	成人专科 578
学校性质类别 01 综合大学	占地面积(平方米) 262252	专任教师(人) 322
学校举办者 821 地级教育部门	校舍建筑面积(平方米) 116749	其中:正高级 15
学校地址 辽宁省阜新市海州区育红路36号	图书(万册) 37.5	副高级 120
	固定资产总值(万元) 10928	中级 124
邮政编码 123000	教学、科研仪器设备资产值(万元) 2082.36	初级 52
办公电话 0418-2290249		未定职级 11

专科专业 导游(涉外方向)、导游(中文方向)、动画制作技术、动漫设计与制作、汉语、汉语(对外汉语方向)、会计电算化、机械制造与自动化、计算机多媒体技术、计算机信息管理、计算机应用与维护、酒店管理、蒙医学、汽车检测与维修技术、汽车

维护与检测、商务英语、社会体育(围棋)、兽医、文秘、小学教育、小学教育(计算机)、小学教育(美术)、小学教育(英语)、学前教育、液压与气动技术、移动通信技术、印刷技术、营销与策划、应用化工技术、应用英语、游戏软件、语文教育(蒙古语方向)、园林技术、园艺技术、制冷与冷藏技术

院系设置

学校现有八系、六部。即计信系、外语系、人文系、农牧系、工程系、财经系、蒙文系、机械系。综职部、思政部、体育部、师范部、成教部、电大部。

学校历史沿革

阜新高等专科学校前身为阜新市师范专科学校,始建于1958年。1984年6月,学校更名为阜新师范专科学校。1993年12月,学校更名为阜新高等专科学校。1999年2月1日,阜新市师范学校并入。2002年4月27日,阜新职工大学并入。2003年4月25日,阜新市财贸学校并入。2005年8月辽宁广播电视大学阜新分校并入。

大连大学

学校(机构)标识码 4121011258	电子信箱 dldxxb@dlu.edu.cn	成人本科 2477
学校办学类型 411:本科院校:大学	占地面积(平方米) 1248157	成人专科 2239
学校性质类别 01 综合大学	校舍建筑面积(平方米) 442212	硕士研究生 952
学校举办者 821 地级教育部门	图书(万册) 158.47	留学生 293
学校地址 大连经济技术开发区学府大街10号	固定资产总值(万元) 73205	专任教师(人) 1039
	教学、科研仪器设备资产值(万元) 19201.13	其中:正高级 196
邮政编码 116622		副高级 407
办公电话 0411-87403597	在校生数(人) 20961	中级 413
传真电话 0411-87403963	其中:普通本科 14148	初级 23
校园(局域)网域名 www.dlu.edu.cn	普通专科 852	

本科专业 材料成型及控制工程、电子信息工程、法学、法学(企业法律事务)、翻译、高分子材料与工程、工程管理、工商管理、工业设计、国际经济与贸易、过程装备与控制工程、汉语言文学、汉语言文学(师范)、护理学、化学、化学工程与工艺、环境工程、环境科学、会计学、会计学(中外合作)、机械设计制造及其自动化、机械设计制造及其自动化(汽车工程)、计算机科学与技术、计算机科学与技术(中外合作办学)、建筑环境与设备工程、建筑学、金融学、口腔医学、历史学、临床医学、旅游管理、旅游管理(中外合作)、美术学、美术学(师范)、人力资源管理、日语、软件工程、生物工程、生物技术、市场营销、数学与应用数学、数学与应用数学(金融数学)、数学与应用数学(师范)、体育教育、通信工程、土木工程、舞蹈编导、物理学、物理学(师范)、物流工程、小学教育、信息与计算科学、医学检验、艺术设计(服装)、艺术设计(服装形象设计与展示)、艺术设计(环境)、艺术设计(新媒体)、艺术设计(装潢)、音乐表演、音乐学(师范)、英语、应用物理学、应用物理学(多媒体与网络技术)、运动人体科学、运动训练、制药工程、中药学、自动化

专科专业 护理、酒店管理、口腔医学技术、小学教育、药物制剂技术、应用电子技术

硕士专业 病原生物学、材料物理与化学、分析化学、高等教育学、高分子化学与物理、管理科学与工程、环境工程、机械设计及理论、机械制造及其自动化、计算机技术、计算机应用技术、结构工程、科学技术哲学、控制理论与控制工程、临床检验诊断学、马克思主义基本原理、企业管理(含:财务管理、市场营销)、人体解剖与组织胚胎学、生理学、生物化学与分子生物学、世界经济、世界史、思想政治教育、体育人文社会学、外国语言学及应用语言学、外科学、文艺学、物理化学(含:化学物理)、应用数学、有机化学、中国古代史、中国古代文学、中西医结合基础、肿瘤学、专门史

院系设置

师范学院、体育学院、文学院、历史学院、法学院、英语学院、日本语言文化学院、音乐学院、美术学院、环境与化学工程学院、信息工程学院、物理科学与技术学院、机械工程学院、建筑工程学院、生物工程学院、医学院、护理学院、经济管理学院、旅游学院、国际学院、成人教育学院、国际文化交流学院、职业技术学院、女子学院、研究生部

国家级、省部级研究机构设置

1. 省部共建教育部重点实验室:先进设计与智能计算重点实验室 2. 省重点实验室:智能信息处理重点实验室、生物有机化学重点实验室、通信网络与信息处理重点实验室、复杂结构系统灾害预测防治重点实验室、骨关节病细胞工程重点实验室 3. 省高校重点实验室:信息科学与工程重点实验室、生物有机化学重点实验室、复杂结构系统灾害预测与防治重点实验室、生物物理学重点实验室、通信与信号处理重点实验室、特种加工与功能材料制备重点实验室 4. 省工程技术研究中心:海洋微生物工程技术研究中心、岩土与结构工程技术研究中心、化工环保过程工程技术研究中心、机械制冷工程技术研究中心 5. 省高校工程技术研究中心:岩土与结构工程技术研究中心 6. 省高校人文社会科学重点研究基地:中国古代社会与思想文化研究中心 7. 省教育科学规划重点研究基地:现代大学文化研究基地 8. 省生物医学材料研发基地:生物医学工程技术研究中心 9. 省创新能力建设重点项目:辽宁省微波光电子工程研究中心 10. 省工程实验室:计算机辅助设计工程实验室

定期公开出版的专业刊物 《大连大学学报》

学校设立奖学金情况

学校设立个人奖学金 5 项,奖励总金额 300 余万元。奖学金最高金额 3000 元/每年,最低金额 600 元/每年。

1. 大学生标兵:原则上每年 10 人左右,3000 元/人;
2. 优秀学生(一、二、三等):800-2000 元/人不等;
3. 优秀学生干部奖学金:每年每人 600 元;
4. 大学生科技活动奖励:市级以上科技竞赛、发表论文、获得专利,个人奖励 20-2000 元不等,团队奖励 200-5000 元不等。

主要校办产业

大连大学创想产业投资管理有限公司、大连垠艺生物材料研制开发有限公司、大连大学亿达建筑设计院

学校历史沿革

大连大学的历史可以追溯到始建于 1949 年 4 月成立的大连大学(1950 年 7 月大连大学建制撤销,1978 年 10 月成立大连工学院旅大分校,后为大连工学院分院,1983 年 11 月大连工学院大连分院独立办学更名为大连大学)、1948 年 3 月成立的关东文法专门学校(后为大连师范专科学校)、1950 年 10 月成立的旅大市卫生学校(后为大连市卫生学校)。1987 年 10 月,大连大学、大连师范专科学校、大连市卫生学校三校合一,组建新的大连大学,大连大学设工学院、师范学院、医学专科学校。

辽宁科技学院

学校(机构)标识码	4121011430
学校办学类型	412:本科院校:学院
学校性质类别	02 理工院校
学校举办者	811 省级教育部门
学校地址	本溪经济开发区香槐路 176 号
邮政编码	117004
办公电话	0414-4837132
传真电话	0414-4836532
校园(局域)网域名	www.lnist.edu.cn
电子信箱	辽宁科技学院@mail.lnist.edu.cn
占地面积(平方米)	749757
校舍建筑面积(平方米)	259022
图书(万册)	81.48
固定资产总值(万元)	31842.57
教学、科研仪器设备资产值(万元)	10371.89
在校生数(人)	13024
其中:普通本科	3930
普通专科	6393
成人本科	592
成人专科	2109
专任教师(人)	536
其中:正高级	45
副高级	189
中级	271
初级	31

本科专业 采矿工程、测绘工程、测控技术与仪器、档案学、电气工程及其自动化、广告学、汉语言、环境工程、会计学、绘画、机械设计制造及其自动化、计算机科学与技术、通信工程、土木工程、小学教育、冶金工程、艺术设计、音乐表演、英语、应用化学、制药工程、自动化

专科专业 材料成型与控制技术、材料工程技术、道路桥梁工程技术、电力系统自动化技术、电脑艺术设计、电气自动化技术、法律事务、工程测量技术、工程机械运用与维护、广告设计与制作、会计电算化、机械制造与自动化、计算机网络技术、计算机应用技术、建筑工程技术、金属矿开采技术、旅游服务与管理、汽车检测与维修技术、生产过程自动化技术、生物技术及应用、市场营销类新专业、数控技术、文秘、小学教育、冶金技术、应用化工技术、园林技术、中药制药技术、自动化生产设备应用

院系设置

冶金工程学院、资源与建筑工程学院、机械工程学院、生物医药与化学工程学院、电气与信息工程学院、人文艺术学院、管理学院、外语系、基础部、思政部、体育部、工程实践中心

定期公开出版的专业刊物 《辽宁科技学院学报》

学校设立奖学金情况

学校设立奖学金 6 项,奖励总金额 7266500 元,奖学金最高金额 8000 元/年,最低 400 元/年。

1. 国家奖学金 18 人,每人 8000 元/年。
2. 政府奖学金 21 人,每人 8000 元/年。
3. 励志奖学金 284 人,每人 5000 元/年。
4. 宝钢奖学金 1 人,每人 5000 元/年。
5. 国家助学金一等 656 人,每人 4000 元/年;二等 1311 人,每人 2500 元/年。
6. 学校综合奖学金一等 263 人,每人 1600 元/年;二等 365 人,每人 800 元/年;三等 568 人,每人 400 元/年。

主要校办产业

本溪高新钻具制造有限责任公司、辽宁科技学院兴科中小企业服务中心

学校历史沿革

辽宁科技学院前身是本溪县立师范讲习所,创建于 1914 年。2000 年 11 月,本溪市高等职业专科学校,本溪师范高等专科学校并入本溪冶金高等专科学校,建立新的本溪冶金高等专科学校。2004 年 5 月,本溪冶金高等专科学校由普通高等专科学校升格为普通本科院校——辽宁科技学院。2008 年 4 月,学校异地建校,选址本溪经济开发区。2009 年 9 月,学校全部搬迁新址。

辽宁警官高等专科学校

学校(机构)标识码　4121011432
学校办学类型　414：专科院校：高等专科学校
学校性质类别　09 政法院校
学校举办者　812 省级其他部门
学校地址　大连市甘井子区营平路260号
邮政编码　116036
办公电话　0411-86729527
传真电话　0411-86729111
校园(局域)网域名　www.lnpc.cn
电子信箱　xb@lnpc.cn
占地面积(平方米)　590298
校舍建筑面积(平方米)　179006
图书(万册)　60.6
固定资产总值(万元)　40639.8
教学、科研仪器设备资产值(万元)　4189.5
在校生数(人)　5680
　其中：普通本科　3074
　　　　普通专科　2606
专任教师(人)　318
　其中：正高级　34
　　　　副高级　103
　　　　中级　142
　　　　初级　39

本科专业　刑事科学技术、刑事科学技术(道路交通安全方向)、刑事科学技术(道路交通安全方向、刑事科学技术(痕迹检验方向)、刑事科学技术(体改生)、刑事科学技术(网络安全与计算机)、刑事科学技术(网络安全与计算机)、刑事科学技术(预科班转入)、侦查学、侦查学(2011年计划体改生)、侦查学(国内安全保卫方向)、侦查学(经济犯罪侦查方向)、侦查学(体改生)、侦查学(刑事司法方向)、侦查学(预科班转入)、侦查学(治安学方向)、侦查学(治安学方向)体改生、侦查学(治安学方向)预科班转入

专科专业　安全防范技术、行政管理(涉外保安方向)、行政管理(随身护卫方向)、行政管理(治安保卫方向)、计算机系统维护、计算机应用技术、计算机应用技术(网络编辑方向)、软件技术、书记官(法律文秘方向)、书记官(中文速录方向)、司法鉴定技术、司法鉴定技术(预科班转入)、治安管理(2011年计划)体改生、治安管理(特警方向)体改生

院系设置
侦查系、公安技术系、公安管理系、公安信息系、监所管理系、警察训练系、法学教研部、思想政治理论教研部、职业教育部

国家级、省部级研究机构设置
实验室：物证技术实验室

定期公开出版的专业刊物　《辽宁警专学报》

学校设立奖学金情况
学校设立奖学金3项，奖励总金额55万元/年，最高金额2000元/年，最低金额1000元/年。

学校历史沿革
1960.03，辽宁省公安厅为适应辽西凌源地区劳改企业建设的需要决定成立"辽西工业大学"，并于同年9月开始筹建；1961.06，成立"辽宁省公安厅凌源劳改分局干部学校"；1961.11，在鞍山市海城南台成立"辽宁省公安厅劳改干部学校"；1965.06，在大连成立"辽宁省人民警察学校"；1968.11，学校因"文革"停办；1975.04，在锦州高山子筹备恢复"辽宁省公安厅劳改干部学校"；1976.03，在大连市成立"辽宁省劳改干部培训班"；1977.08，"辽宁省劳改干部训练班"改为"辽宁省劳改干部学校"；1978.07，"辽宁省劳改干部学校"改为"辽宁省公安学校"；1980.07，"辽宁省公安学校"更名为"辽宁省人民警察学校"；1985.05，建立大专，在"辽宁省人民警察学校"的基础上成立"辽宁省警官专科学校"，同时保留中专教育；1986.03，原"辽宁省人民警察学校"劳改专业从"辽宁省警官专科学校"分出，成立"辽宁省劳改工作警官学校"；1990，"辽宁省人民警察学校"迁到鞍山市办学；1993.06，原国家教委批准学校更名为"辽宁警官高等专科学校"。

辽宁交通高等专科学校

学校(机构)标识码　4121011500
学校办学类型　414：专科院校：高等专科学校
学校性质类别　02 理工院校
学校举办者　812 省级其他部门
学校地址　辽宁省沈阳市沈北新区沈北路102号
邮政编码　110122
办公电话　024-89708710
传真电话　024-89872497
校园(局域)网域名　www.lncc.com
电子信箱　xiaoban@lncc.cn
占地面积(平方米)　568791
校舍建筑面积(平方米)　217844
图书(万册)　40.3
固定资产总值(万元)　48461.11
教学、科研仪器设备资产值(万元)　8452
在校生数(人)　8631
　其中：普通专科　8444
　　　　成人专科　187
专任教师(人)　392
　其中：正高级　61
　　　　副高级　144
　　　　中级　142
　　　　初级　44
　　　　未定职级　1

专科专业 保险实务、报关与国际货运、城市轨道交通运营管理、大地测量与卫星定位技术、道路桥梁工程技术、地下工程与隧道工程技术、电子商务、港口与航运管理、高等级公路维护与管理、给排水工程技术、工程测量技术、工程机械运用与维护、公路机械化施工技术、公路监理、公路运输与管理、广告设计与制作、会计电算化、会展策划与管理、机电一体化技术、基础工程技术、计算机通信、计算机网络技术、建筑工程技术、建筑装饰工程技术、旅游管理、模具设计与制造、汽车电子技术、汽车定损与评估、汽车技术服务与营销、汽车检测与维修技术、汽车整形技术、软件技术、市场营销、数控技术、图形图像制作、物流管理、印刷技术、影视动画、应用电子技术

院系设置 道桥系、物流系、汽车系、机电系、信息系、经管系、建工系、测绘系、社科系、现代教育中心、体育部、继续教育学院

定期公开出版的专业刊物 《辽宁省交通高等专科学校学报》

学校设立奖学金情况
奖学金一项。总金额179万元,最高金额1700元/年。最低金额500元/年。

主要校办产业
辽宁科杰公路工程监理有限公司、辽宁交通高等专科学校国际交流培训中心、辽宁省交通高等专科学校驾驶学校

学校历史沿革
辽宁省交通高等专科学校的前身是东北交通学校,创建于1951年。1954年更名为交通部沈阳公路工程学校。1958年为辽宁省交通学校继续办学。1985年开始筹建辽宁省公路专科学校。1989年开始在省内招收专科生。1991年9月经国家教委批准正式成立,校名为辽宁省交通高等专科学校。

沈阳工程学院

学校(机构)标识码	4121011632
学校办学类型	412:本科院校:学院
学校性质类别	02 理工院校
学校举办者	811 省级教育部门
学校地址	沈阳市沈北新区蒲昌路18号
邮政编码	110136
办公电话	024-31975105
传真电话	024-31975757
校园(局域)网域名	www.sie.edu.cn
电子信箱	liusy@sie.edu.cn
占地面积(平方米)	856860
校舍建筑面积(平方米)	308305
图书(万册)	59.1
固定资产总值(万元)	73653.2
教学、科研仪器设备资产值(万元)	8478.6
在校生数(人)	11750
其中:普通本科	6205
普通专科	3569
成人本科	1428
成人专科	548
专任教师(人)	505
其中:正高级	63
副高级	185
中级	237
初级	20

本科专业 保险、财务管理、测控技术与仪器、电气工程及其自动化、电子信息工程、法学、风能与动力工程、工程管理、工业工程、核工程与核技术、机械设计制造及其自动化、计算机科学与技术、建筑环境与设备工程、能源化学工程、农业电气化与自动化、热能与动力工程、软件工程、社会工作、通信工程、物流管理、物业管理、新能源科学与工程、英语、应用化学、应用心理学、自动化

专科专业 保险实务、电厂热能动力装置、电力系统继电保护与自动化、电气自动化技术、动漫设计与制作、发电厂及电力系统、房地产经营与估价、风能与动力技术、高压输配电线路施工运行与维护、供用电技术、火电厂集控运行、机电一体化技术、机械制造与自动化、连锁经营管理、旅游英语、商务英语、社区管理与服务、生产过程自动化技术、数控技术、太阳能光热技术及应用、物流管理、物业管理、营销与策划、应用电子技术

院系设置 电气工程系、能源与动力工程系、自动控制系、机械工程系、信息工程系、管理工程系、政治法律系、英语系、技术经济系、国际教育学院、基础教学部、思想政治理论课教学科研部、公共外语教学部、体育教学部、继续教育学院、计算机基础教学部

定期公开出版的专业刊物 《沈阳工程学院学报(自然科学版)》《沈阳工程学院学报(社会科学版)》

学校设立奖学金情况
学校设立奖学金8项,奖励总金额365余万元/年,最低金额100元/年。

主要校办产业
沈阳兴源电力设备有限公司、沈阳电专电站配件公司、辽宁太阳能技术应用有限公司、沈阳工程学院资产经营有限公司

学校历史沿革
2003年4月,经国家教育部批准,原"沈阳电力高等专科学校"和原"辽宁商务职业学院"合并组建本科学院,更名沈阳工程学院。原"沈阳电力高等专科学校"前身为"东北电管局技工学校",创建于1952年,相继更名为"东北电管局沈阳电力技术工人学校"、"沈阳电力学校"、"沈阳电力学院"、"沈阳电力专科学校";原"辽宁职务职业学院"的前身为"哈尔滨青年干部学校"创建于1947年相继更名为"东北青年干部学校"、"东北团校"、"辽宁省团校"、"辽宁青年干部学院"。

辽宁税务高等专科学校

学校(机构)标识码　4121011735
学校办学类型　414：专科院校：高等专科学校
学校性质类别　08 财经院校
学校举办者　812 省级其他部门
学校地址　大连市沙河口区由家路25号
邮政编码　116023
办公电话　0411 - 84671823
传真电话　0411 - 84671823
电子信箱　lyg1000@sina.com
占地面积(平方米)　117339
校舍建筑面积(平方米)　65644
图书(万册)　12.34
固定资产总值(万元)　13262
教学、科研仪器设备资产值(万元)　826.57
专任教师(人)　147
其中：正高级　12
　　　副高级　53
　　　中级　77
　　　初级　5

辽东学院

学校(机构)标识码　4121011779
学校办学类型　412：本科院校：学院
学校性质类别　01 综合大学
学校举办者　811 省级教育部门
学校地址　辽宁省丹东市振安区临江后街116号
邮政编码　118001
办公电话　0415 - 3789027
传真电话　0415 - 3789030
校园(局域)网域名　www.ldxy.cn
电子信箱　ldxyyb@163.com
占地面积(平方米)　835182
校舍建筑面积(平方米)　416179
图书(万册)　118.9
固定资产总值(万元)　57855
教学、科研仪器设备资产值(万元)　9077.45
在校生数(人)　18931
其中：普通本科　8376
　　　普通专科　8209
成人本科　623
成人专科　1642
留学生　81
专任教师(人)　1058
其中：正高级　83
　　　副高级　407
　　　中级　534
　　　初级　21
　　　未定职级　13

本科专业　财务管理、财务管理(企业纳税管理)、测控技术与仪器、朝鲜语、朝鲜语(韩朝贸易)、电子信息工程、动画、动物医学、对外汉语、对外汉语(对韩汉语)、纺织工程、纺织工程(纺织品设计)、服装设计与工程、服装设计与工程(服装艺术设计)、工程管理、工程管理(工程造价)、国际经济与贸易、国际经济与贸易(报关与国际物流)、国际经济与贸易(国际商务)、国际经济与贸易(韩朝贸易)、汉语言文学、护理学、化学工程与工艺、化学工程与工艺(精细化工)、会计学、机械设计制造及其自动化、机械设计制造及其自动化(纺机)、计算机科学与技术、金融学、金融学(证券与期货)、劳动与社会保障、劳动与社会保障(公共基金管理)、旅游管理、轻化工程、人力资源管理、生物技术、市场营销、数学与应用数学、统计学、土木工程、土木工程(道路与桥梁)、网络工程、小学教育、小学教育(音乐教育)、信息管理与信息系统、信息管理与信息系统(电子商务)、艺术设计、艺术设计(服装设计)、音乐学、英语、园艺、资源环境与城乡规划管理

专科专业　产品造型设计、初等教育、初等教育(现代)、初等教育(音乐)、初等教育(英语)、初等教育的(体育)、畜牧兽医、导游、电子信息工程技术、动画设计、服装工艺技术、工商企业管理、航空服务、护理、会计电算化、会计电算化(纳税会计与筹划)、机电一体化技术、计算机网络技术、计算机应用技术、计算机应用技术(数字媒体)、计算机应用技术(数字媒体方向)、精密机械技术、酒店管理、口腔医学、临床医学、染整技术、人物形象设计、人物形象设计(美容方向)、商务日语、商务英语、数控技术、数字印刷技术、现代教育技术、学前教育、医疗美容技术、医学检验技术、医学影像技术、艺术设计、营销与策划、应用电子技术、应用韩语(商务韩语)、应用化工技术、园林技术、制冷与冷藏技术

院系设置
经济学院、信息技术学院、艺术与设计学院、外语学院、服装与纺织学院、会计学院、师范学院、工商管理学院、机电学院、化工与材料学院、城市建设学院、韩朝经济与文化学院、医学院、农学院、旅游管理学院、形象健康管理学院、继续教育学院

定期公开出版的专业刊物　《辽东学院学报(社会科学版)》、《辽东学院学报(自然科学版)》

学校设立奖学金情况
学校设立奖学金4项，奖励总金额284余万元。奖学金最高金额2000元/年，最低金额600元/年。

主要校办产业
辽宁财专印刷厂、辽宁财专家具厂

学校历史沿革
2003年4月经国家教育部批准，原辽宁财政高等专科学校与原丹东职业技术学院合并组建辽东学院。

大连民族学院

学校(机构)标识码　4121012026
学校办学类型　412：本科院校：学院
学校性质类别　12 民族院校
学校举办者　308 国家民族事务委员会
学校地址　大连市金州新区辽河西路18号
邮政编码　116600
办公电话　0411-87656013
传真电话　0411-87618179
校园(局域)网域名　www.dlnu.edu.cn
电子信箱　xinxi@dlnu.edu.cn
占地面积(平方米)　689568
校舍建筑面积(平方米)　391803
图书(万册)　109.6
固定资产总值(万元)　82984.91
教学、科研仪器设备资产值(万元)　17199.23
在校生数(人)　14770
其中：普通本科　14747
　　　留学生　23
专任教师(人)　817
其中：正高级　123
　　　副高级　246
　　　中级　368
　　　初级　72
　　　未定职级　8

本科专业　财务管理、测控技术与仪器、朝鲜语、电子信息工程、动画、法学、工程管理、工商管理、工业工程、工业设计、光电子材料与器件、光电子技术科学、国际经济与贸易、汉语言文学、行政管理、化学工程与工艺、环境工程、环境科学、会计学、机械设计制造及其自动化、计算机科学与技术、建筑学、经济学、旅游管理、日语、软件工程、生物工程、生物技术、食品科学与工程、食品质量与安全、市场营销、数学与应用数学、通信工程、土木工程、网络工程、新闻学、信息与计算科学、艺术设计、英语、应用化学、制药工程、自动化

院系设置
经济管理学院、机电信息工程学院、生命科学学院、外国语言文化学院、计算机科学与工程学院、设计学院、土木建筑工程学院、文法学院、理学院、国际商学院、信息与通信工程学院、环境与资源学院、物理与材料工程学院

国家级、省部级研究机构设置
生物技术与资源利用(国家民委—教育部重点实验室)、思想政治教育——国家民委首批人文社会科学重点研究基地、国家民委生物化工重点实验室、辽宁省省级高校生物工程技术下游重点实验室、辽宁省生物催化与仿生化学重点实验室、辽宁省光电薄膜材料重点实验室、大连市生物化学工程技术中心、民族学——大连市社科院人文社科研究基地

定期公开出版的专业刊物　《大连民族学院学报》

学校设立奖学金情况
学校设立奖学金22项，奖励总金额630余万元。最低金额200元/年。

学校历史沿革
大连民族学院是一所以工科为主，工、经、管、文、理、法等门类协调发展的多科性普通高等学校，隶属于国家民族事务委员会。学院1984年以东北族学院名义立项筹建，1993年以中央民族大学名义招生办学，1997年7月经原国家教委批准正式建校。

盘锦职业技术学院

学校(机构)标识码　4121012063
学校办学类型　415：专科院校：高等职业学校
学校性质类别　01 综合大学
学校举办者　821 地级教育部门
学校地址　盘锦市兴隆台区惠宾大街119号
邮政编码　124010
办公电话　0427-2936758
传真电话　0427-2936088
校园(局域)网域名　www.pjzy.net.cn
电子信箱　bangongshi722@sohu.com
占地面积(平方米)　116000
校舍建筑面积(平方米)　67729
图书(万册)　33.57
固定资产总值(万元)　10494.2
教学、科研仪器设备资产值(万元)　1466.63
在校生数(人)　3357
其中：普通专科　3357
专任教师(人)　285
其中：正高级　13
　　　副高级　110
　　　中级　104
　　　初级　39
　　　未定职级　19

专科专业　初等教育、船舶工程技术、汉语、焊接技术及自动化、护理、护理三校生、化工设备维修技术、会计电算化、计算机应用技术、计算机应用技术三校生、建筑材料工程技术、建筑工程管理、旅游管理、汽车电子技术、汽车技术服务与营销、汽车检测与维修技术、商务英语、社会工作、水产养殖技术、通信网络与设备、文秘、物流管理、物业管理、学前教育、油气开采技术、有机化工生产技术

院系设置
应用工程系、师范教育系、经济管理系、卫生系、财贸系、信息系

学校设立奖学金情况

学校设立奖学金1项,奖励总金额21余万元。奖学金最高金额300元/年,最低金额100元/年。

学校历史沿革

我校前身为盘锦师范专科学校,创建于1978年,1998年与盘锦师范学校及2000年与盘锦财贸中专、盘锦卫生学校合并并组建成盘锦职业技术学院。

沈阳航空职业技术学院

学校(机构)标识码 4121012590	传真电话 024-86502279	在校生数(人) 3676
学校办学类型 415:专科院校:高等职业学校	校园(局域)网域名 www.syhzy.cn	其中:普通专科 3541
	占地面积(平方米) 156453	成人专科 135
学校性质类别 02 理工院校	校舍建筑面积(平方米) 78826	专任教师(人) 247
学校举办者 891 地方企业	图书(万册) 24.3	其中:副高级 94
学校地址 沈阳市皇姑区凌北街7号	固定资产总值(万元) 10220.58	中级 71
邮政编码 110034	教学、科研仪器设备资产值(万元)	初级 69
办公电话 024-86596953	4588.05	未定职级 13

专科专业 电气自动化技术、航空机电设备维修、机电设备维修与管理、机电设备运行与维护、计算机应用技术、金属材料与热处理技术、模具设计与制造、数控技术、数控设备应用与维护、应用电子技术

院系设置

基础部、机电系、材料系、电工电子系、实训处

学校设立奖学金情况

学校设立奖学金4项,奖金总额90000余万元。最高金额2000元/年,最低金额500元/年。

学校历史沿革

1955-1956"五二一"联校;1957-1958 沈阳东塔业余工学院;1959-1997 黎明职工工学院;1998-2002 沈阳航空职工工学院;2003-今沈阳航空职业技术学院。

辽宁体育运动职业技术学院

学校(机构)标识码 4121012591	办公电话 024-23206357	441.45
学校办学类型 415:专科院校:高等职业学校	传真电话 024-23346338	在校生数(人) 248
	电子信箱 luanjiang823@yahoo.com.cn	其中:普通专科 248
学校性质类别 10 体育院校	占地面积(平方米) 130000	专任教师(人) 33
学校举办者 812 省级其他部门	校舍建筑面积(平方米) 59152	其中:正高级 2
学校地址 沈阳市东陵区浑南三路18号	图书(万册) 2.62	副高级 16
	固定资产总值(万元) 5884.58	中级 5
邮政编码 110179	教学、科研仪器设备资产值(万元)	初级 10

专科专业 竞技体育、社会体育、体育保健、体育服务与管理、运动训练

院系设置

我院设两个专业:运动训练专业、社会体育专业

学校设立奖学金情况

学校设立奖学金3项,奖励总金额1.47余万元。奖学金最高金额1500元/年,最低金额300元/年。

学校历史沿革

学院的前身是东北体育训练班,创建于1953年9月,后相继改为东北体育学院、东北体育学院竞技指导科、沈阳体育运动系、沈阳体育学院分院和辽宁省体育运动训练班。我院于1999年试办高职班,2003年转制为普通高等学校。

辽宁职业学院

学校(机构)标识码　4121012592
学校办学类型　415:专科院校:高等职业学校
学校性质类别　03 农业院校
学校举办者　812 省级其他部门
学校地址　辽宁省铁岭市银州区岭东街一委
邮政编码　112001
办公电话　024-72860666
传真电话　024-72861666
校园(局域)网域名　www.lnvc.cn
电子信箱　lnvc@vip.163.com
占地面积(平方米)　542422
校舍建筑面积(平方米)　139722
图书(万册)　38
固定资产总值(万元)　15274.57
教学、科研仪器设备资产值(万元)　2763.86
在校生数(人)　5080
其中:普通专科　5072
　　　成人专科　8
专任教师(人)　269
其中:正高级　15
　　　副高级　74
　　　中级　82
　　　初级　98

专科专业　宠物养护与疫病防治、畜牧兽医、电气自动化技术、电子商务、动漫设计与制作、动物防疫与检疫、高尔夫草坪养护与管理、高尔夫俱乐部商务管理、高尔夫球场服务与管理、高尔夫运动技术与管理、广告设计与制作、会计电算化、机械制造与自动化、计算机网络技术、计算机应用技术、楼宇智能化工程技术、旅游管理、模具设计与制造、农产品质量检测、汽车技术服务与营销、汽车检测与维修技术、商务英语、生物技术及应用、市场营销、兽医、数控技术、饲料与动物营养、物流管理、园林技术、园艺技术、种子生产与经营、作物生产技术

院系设置
高尔夫学院、机械工程学院、汽车工程学院、商贸学院、信息科技学院、农艺学院、园艺学院、动物科技学院

学校设立奖学金情况
学校设立奖学金 5 项,奖励总金额 262.25 余万元。奖学金最高金额 8000 元/年,最低金额 1500 元/年。

学校历史沿革
辽宁职业学院前身为凤城蚕校,创建于 1956 年。1980 年搬迁至铁岭更名为辽宁省铁岭农业学校。2003 年 1 月被省教育厅批准、教育部备案独立晋升为高职学院。2005 年 5 月,与辽宁省农业机械化学校成功实现教育资源整合。2006 年 2 月,与韩国酷伦开发株式会社联合办学,在全国公办高职院校中首家开办了高职教育。2006 年 10 月 31 日,经辽宁省人民政府批准,铁岭农业职业技术学院正式更名为辽宁职业学院。

辽宁林业职业技术学院

学校(机构)标识码　4121012593
学校办学类型　415:专科院校:高等职业学校
学校性质类别　04 林业院校
学校举办者　812 省级其他部门
学校地址　辽宁省沈阳市苏家屯区枫杨路 186 号
邮政编码　110101
办公电话　024-89814005
传真电话　024-29816767
校园(局域)网域名　www.lnlzy.cn
电子信箱　lzydzb@163.com
占地面积(平方米)　277031
校舍建筑面积(平方米)　111210
图书(万册)　27.89
固定资产总值(万元)　8458.5
教学、科研仪器设备资产值(万元)　2297.89
在校生数(人)　4739
其中:普通专科　4378
　　　成人专科　361
专任教师(人)　230
其中:正高级　17
　　　副高级　56
　　　中级　87
　　　初级　58
　　　未定职级　12

专科专业　草坪、电脑艺术设计、雕刻艺术与家具设计、动漫设计与制作、工程测量技术、工程造价、环境艺术设计、计算机网络技术、计算机应用技术、家具设计与制造、家政服务、建筑工程技术、酒店管理、林业技术、旅游管理、旅游英语、木材加工技术、木工机床、木工机械方向、人造板自动化生产技术、森林生态旅游、商品花卉、手机游戏开发方向、数控技术、数字林业科技、图形图像制作、预算、园林工程技术、园林规划设计方向、园林技术、园艺技术、装潢艺术设计

院系设置
木材工程学院、林学系、旅游管理系、园林系、建筑工程系、信息工程系

学校历史沿革
1951 年 9 月在吉林省郑家屯创建了东北林业专科学校。1953 年初搬迁至沈阳将东北林业专科学校改为沈阳林业学校 1959 年 6 月更名为辽宁省林业学校。2003 年 1 月经省政府批准同意原辽宁省林业学校独立升格为辽宁林业职业技术学院至今。

沈阳职业技术学院

学校(机构)标识码　4121012594
学校办学类型　415:专科院校:高等职业学校
学校性质类别　01 综合大学
学校举办者　821 地级教育部门
学校地址　沈阳市大东区劳动路32号
邮政编码　110045
办公电话　024-88252550
传真电话　024-88252660
校园(局域)网域名　www.vtcsy.com
电子信箱　kydd2550@163.com
占地面积(平方米)　483107
校舍建筑面积(平方米)　339580
图书(万册)　89.41
固定资产总值(万元)　52606.55
教学、科研仪器设备资产值(万元)　11815.54
在校生数(人)　17975
其中:普通专科　17439
　　　成人专科　536
专任教师(人)　798
其中:正高级　45
　　　副高级　228
　　　中级　305
　　　初级　134
　　　未定职级　86

专科专业　材料成型与控制技术、财务信息管理、城市轨道交通控制、城市轨道交通运营管理、电气自动化技术、电子商务、动漫设计与制作、工程造价、工业环保与安全技术、供用电技术、广告设计与制作、国际贸易实务、焊接技术及自动化、会计、会计电算化、会计电算化(工程造价)、会计电算化(工程造价方向)、机电一体化技术、机械设计与制造、计算机多媒体技术、计算机辅助设计与制造、计算机控制技术、计算机网络技术、计算机信息管理、计算机应用技术、建筑工程管理、建筑工程技术、建筑装饰材料及检测、金属材料与热处理技术、酒店管理、连锁经营管理、楼宇智能化工程技术、旅游管理、旅游英语、模具设计与制造、拍卖与典当管理、汽车电子技术、汽车技术服务与营销、汽车检测与维修技术、汽车制造与装配技术、人物形象设计、软件技术、商务管理、商务英语、社区管理与服务、摄影摄像技术、市场营销、数控技术、数控设备应用与维护、通信技术、投资与理财、图形图像制作、图形图像制作(平面设计)、图形图像制作(室内设计与装修技术)、网络系统管理、文秘(档案管理信息化)、文秘(速记速录)、物流管理、应用日语、应用英语、证券投资与管理、证券与期货、装潢艺术设计

院系设置
七系一部(机械装备系、电气工程系、计算机系、建筑系、商贸旅游系、工商管理系、外语系、基础部)、软件学院、附属中专、计算机学院、汽车学院、城市学院

学校设立奖学金情况
学校设立奖学金4项,奖励总金额53.16万元/年,最低金额100元/年。

学校历史沿革
沈阳职业技术学院于2005年7月30日完成校区置换工作。2007年城市学院部分资源整合到沈阳职业技术学院。商贸旅游学院、机械电子学院、商学院三个学院组成了现在的沈阳职业技术学院总院。现沈阳职业技术学院由总院、汽车学院、计算机学院、城市学院组成。

辽宁理工职业学院

学校(机构)标识码　4121012595
学校办学类型　415:专科院校:高等职业学校
学校性质类别　08 财经院校
学校举办者　999 民办
学校地址　辽宁省锦州经济技术开发区西海路东段二号
邮政编码　121007
办公电话　0416-3349735
传真电话　0416-3343999
校园(局域)网域名　www.lndhdx.com
电子信箱　lnlgzyxy@sina.com
占地面积(平方米)　125821
校舍建筑面积(平方米)　81630
图书(万册)　29
固定资产总值(万元)　8125.03
教学、科研仪器设备资产值(万元)　1130.05
在校生数(人)　3401
其中:普通专科　3401
专任教师(人)　172
其中:正高级　9
　　　副高级　29
　　　中级　69
　　　初级　39
　　　未定职级　26

专科专业　报关与国际货运、餐饮管理与服务、电子商务、房地产经营与估价、工程监理、会计电算化、计算机应用技术、建筑工程管理、连锁经营管理、楼宇智能化工程技术、旅游管理、旅游英语、汽车电子技术、汽车检测与维修技术、商务日语、商务英语、市场营销、投资与理财、物流管理、物业管理

院系设置
下设六个系三个部,即电子信息系、建筑系、汽车与运输系、财经系、旅游系、外语系、思政部、体育部和技能部

学校设立奖学金情况
学校设立奖学金十二项,奖励总金额195余万元。最高金

额 8000 元/年,最低金额 100 元/年。
学校历史沿革
辽宁理工职业学院前身先后是锦州东开专修学院和锦州商务职业学院。锦州东开专修学院创建于 2001 年 5 月。批准文号是辽教函[2001]99 号。2003 年 4 月经辽宁省人民政府辽政[2003]78 号文件批准锦州东开专修学院转制为锦州商务职业学院。2010 年 2 月经辽宁省人民政府辽政[2010]33 号文件批准更名为辽宁理工职业学院。在校生规模调整为 5000 人。

大连商务职业学院

学校(机构)标识码　4121012730
学校办学类型　415:专科院校:高等职业学校
学校性质类别　08 财经院校
学校举办者　999 民办
学校地址　大连市金州区城南路 15 号
邮政编码　116100
办公电话　0411-39952804
传真电话　0411-39952802
校园(局域)网域名　www.dbi.edu.com
图书(万册)　19.55
固定资产总值(万元)　23720.33
教学、科研仪器设备资产值(万元)　1296.2
在校生数(人)　1648
其中:普通专科　1516
成人专科　132
专任教师(人)　72
其中:正高级　6
　　　副高级　17
　　　中级　28
　　　初级　18
　　　未定职级　3

专科专业　报关与国际货运、动漫设计与制作、港口业务管理、工商企业管理、国际贸易实务、呼叫中心服务与管理、环境艺术设计、会计(法务会计方向)、会计(涉外会计方向)、会计(税务会计方向)、计算机应用技术、金融与证券、金融与证券(金融理财方向)、酒店管理、人力资源管理、软件技术、商务日语、商务英语、涉外旅游、视觉传达艺术设计、物流管理、应用俄语、应用韩语、游戏软件、装潢艺术设计

院系设置
经贸管理学院、商务外语学院、金融会计学院、信息技术与艺术设计学院、呼叫中心服务与管理学院、继续教育学院

学校设立奖学金情况
学校设立奖学金一项,奖励总金额 4 万余元,奖学金最高金额 800 元/年,最低金额 300 元/年。

学校历史沿革
大连商务职业学院前身是大连国际商务学院,创建于 1997 年,2001 年 2 月经辽宁省人民政府批准转制为高等职业院校,更名为大连商务职业学院。

大连艺术职业学院

学校(机构)标识码　4121012839
学校办学类型　415:专科院校:高等职业学校
学校性质类别　11 艺术院校
学校举办者　999 民办
学校地址　大连市金州新区辽宁街 39 号
邮政编码　116600
办公电话　0411-87639398
传真电话　0411-87642286
校园(局域)网域名　www.dac.edu.cn
电子信箱　dlysxy@126.com
占地面积(平方米)　92398
校舍建筑面积(平方米)　99629
图书(万册)　16.63
固定资产总值(万元)　28454.33
教学、科研仪器设备资产值(万元)　1035.86
在校生数(人)　1653
其中:普通专科　1653
专任教师(人)　124
其中:正高级　8
　　　副高级　19
　　　中级　52
　　　初级　37
　　　未定职级　8

专科专业　电脑艺术设计、电子商务、雕塑艺术设计、服装设计、工商企业管理、广告设计与制作、环境艺术设计、酒店管理、旅游工艺品设计与制作、旅游管理、人物形象设计、市场营销、视觉传达艺术设计、文化事业管理、文秘、舞蹈表演、物流管理、艺术设计、音乐表演、影视表演、影视动画、应用韩语、应用日语、应用意大利语、应用英语、主持与播音

院系设置
音乐系、艺术设计系、美术系、表演艺术系、国际商务系、视觉传达艺术设计系、服装分院、基础部

学校历史沿革
2001 年 1 月 5 日建立大连艺术专修学院,2001 年 7 月 4 日转制为大连艺术职业学院。

大连东软信息技术职业学院

学校(机构)标识码 4121012840
学校办学类型 415:专科院校:高等职业学校
学校性质类别 02 理工院校
学校举办者 999 民办
学校地址 大连市甘井子区软件园路8号
邮政编码 116023
办公电话 0411-84865085
传真电话 0411-84769999
校园(局域)网域名 www.neusoft.edu.cn
电子信箱 lujing@neusoft.edu.cn
图书(万册) 16.05
固定资产总值(万元) 3036
教学、科研仪器设备资产值(万元) 1092
在校生数(人) 2104
其中:普通专科 2104
专任教师(人) 108
其中:正高级 5
副高级 29
中级 67
初级 6
未定职级 1

专科专业 电子商务、工商企业管理、计算机网络技术、计算机应用技术、嵌入式系统工程、软件技术、物流管理、影视动画、应用日语、应用英语

院系设置
计算机科学与技术系、信息技术与商务管理系、日语系、英语系、数字艺术系、嵌入式系统工程系、基础教学部、继续教育学院、国际教育学院

学校设立奖学金情况
学校设立奖学金 2 项,奖励总金额 9.7 万元。奖学金最高金额 8000 元/年,最低金额 1000 元/年。
1. ALPS 奖学金:8000 元/人,4 人/年;
2. 企业奖学金:6.5 万。企业一等奖学金为 5000 元/人;企业二等奖学金为 2000 元/人;企业三等奖学金为 1000 元/人。

主要校办产业
大连东软教育服务有限公司、大连东软电子出版社有限公司

毕业生一次就业率 90.26%

学校历史沿革
2000 年 6 月 13 日,辽宁省教育厅批准成立大连东方信息研修学院。2001 年 7 月 4 日,辽宁省人民政府批复学院转制为高等职业学院,学校名称改为大连东软信息技术职业学院,属国家信息类普通高等院校。2003 年 11 月 26 日,经教育部批准成为首批 35 所国家示范性软件职业技术学院,并成为院长联席会主席单位。

辽宁金融职业学院

学校(机构)标识码 4121012895
学校办学类型 415:专科院校:高等职业学校
学校性质类别 08 财经院校
学校举办者 811 省级教育部门
学校地址 沈阳市沈北新区虎石台镇建设南一路七号
邮政编码 110122
办公电话 024-62299923
传真电话 024-89872654
校园(局域)网域名 www.lnfvc.cn
电子信箱 lnjzybgs@163.com
占地面积(平方米) 100212
校舍建筑面积(平方米) 69558
图书(万册) 37.71
固定资产总值(万元) 9153
教学、科研仪器设备资产值(万元) 2118
在校生数(人) 5677
其中:普通专科 5205
成人专科 472
专任教师(人) 269
其中:正高级 23
副高级 47
中级 87
初级 90
未定职级 22

专科专业 保险实务、财务管理、财务信息管理、村镇银行经营管理、电子商务、动漫设计与制作、工商企业管理、工商企业管理(中澳班)、国际金融、国际贸易实务、会计、会计(中澳班)、会计电算化、会计与统计核算、计算机应用技术、金融管理与实务、金融管理与实务(中澳班)、旅游管理、软件技术、商务英语、审计实务、税务、投资与理财、网络系统管理、文秘、文秘(韩语方向)、物流管理、信用管理、营销与策划、证券投资与管理、证券与期货、资产评估与管理

院系设置
金融系、会计系、信息技术系、工商管理系、文化基础部、体育教学部、思想政治理论课教学科研部

国家级、省部级研究机构设置
研究中心(所):高职研究中心

学校设立奖学金情况
学校设立奖学金 7 项,奖励总金额 104.76 余万元。奖学金最高金额 8000 元/年,最低 500 元/年。

学校历史沿革
辽宁金融职业学院前身为中国人民银行干校,创建于 1954 年。1961 年,经省政府批准更名为辽宁银行学校。1985 年,经中国人民银行总行批准,在辽宁银行学校的基础上成立辽宁省

金融职工大学(两块牌子,一套人马)。2002年1月经省政府批准,转制更名为辽宁金融职业学院。

辽宁信息职业技术学院

学校(机构)标识码　4121012896
学校办学类型　415:专科院校:高等职业学校
学校性质类别　02 理工院校
学校举办者　811 省级教育部门
学校地址　辽阳市白塔区青年大街24——26
邮政编码　111000
办公电话　0419-2307713
传真电话　0419-2306268
校园(局域)网域名　www.lnxxxy.com
电子信箱　E-mail:lndz@sina.com
占地面积(平方米)　220000
校舍建筑面积(平方米)　109074
图书(万册)　27.1
固定资产总值(万元)　13228
教学、科研仪器设备资产值(万元)　2749
在校生数(人)　7182
其中:普通专科　6948
成人专科　234
专任教师(人)　309
其中:正高级　26
副高级　109
中级　136
初级　35
未定职级　3

专科专业　财务管理、电气自动化技术、电子商务、工程监理、工程造价、供热通风与空调工程技术、会计电算化、会计与统计核算、机械制造与自动化、计算机辅助设计与制造、计算机网络技术、计算机应用技术、建筑电气工程技术、建筑工程管理、酒店管理、楼宇智能化工程技术、旅游管理、模具设计与制造、汽车电子技术、软件技术、商务英语、市场开发与营销、数控技术、物流管理、应用电子技术

院系设置
软件工程系、自动化控制系、装备制造系、财经管理系、工商管理系、旅游管理系

国家级、省部级研究机构设置
研究中心(所):高职教育生产性实训模式研究基地

学校设立奖学金情况
学校设立奖学金 五 项,奖励总金额约915.0万元。奖学金最高金额3000元/年,最低金额600元/年。
1. 特等奖学金43人/年,300元/人;
2. 一等奖学金231人/年,1600元/人;
3. 二等奖学金658人/年,1000元/人;
4. 三等奖学金1038人/年,600元/人;
5. 自强奖学金20人/年,1000元/人。

学校历史沿革
辽宁信息职业技术学院是一所独立设置的公立高等职业技术学院,隶属于省教育厅。其前身是两所国家级重点中专——原辽宁电子工业学校和原辽宁省供销学校。原辽宁电子工业学校隶属于省教育厅,始建于1951年;原辽宁省供销学校隶属于省供销社,始建于1952年。2002年经辽宁省人民政府(辽政【2002】13号文件)批准,两校合并组建辽宁信息职业技术学院,批准办学规模暂定为5000人。

辽宁广告职业学院

学校(机构)标识码　4121012897
学校办学类型　415:专科院校:高等职业学校
学校性质类别　11 艺术院校
学校举办者　999 民办
学校地址　辽宁省沈阳市于洪区造化街道郭大桥村
邮政编码　110148
办公电话　024-89345800
传真电话　024-89346236
校园(局域)网域名　www.ggxy.com
电子信箱　suncat00@qq.com
占地面积(平方米)　119999
校舍建筑面积(平方米)　113428
图书(万册)　33.08
固定资产总值(万元)　20367.31
教学、科研仪器设备资产值(万元)　1462.44
在校生数(人)　4811
其中:普通专科　4599
成人专科　212
专任教师(人)　300
其中:正高级　19
副高级　41
中级　49
初级　107
未定职级　84

专科专业　办公文秘、编导、表演艺术、餐饮旅游、电视节目制作、服装工艺技术、广告经营与管理、广告设计与制作、连锁经营管理、旅游景点、庆典、人物形象设计、商务管理、商务经纪与代理、形象设计、艺术设计、营销与策划、影视广告、装潢艺术设计、装饰艺术设计

院系设置
营销系、策划系、广告经营系、商务管理系、旅游管理系、工艺美术系、庆典与表演系、人物形象系

学校设立奖学金情况
学校设立奖学金3项,奖励总金额8.54余万元。奖学金最高金额800元/年,最低金额200元/年。

学校历史沿革

辽宁广告职业学院的前身为辽宁北方广告专修学院。2002年被辽宁省人民政府批准为辽宁广告职业学院,并纳入国家计划内招生,是一所集中培养广告人才的高等专科学校。

辽宁机电职业技术学院

学校(机构)标识码	4121012898
学校办学类型	415:专科院校:高等职业学校
学校性质类别	02 理工院校
学校举办者	811 省级教育部门
学校地址	辽宁省丹东市振兴区洋河大街30号
邮政编码	118009
办公电话	0415－3853711
传真电话	0415－3853777
校园(局域)网域名	www.lnmec.net.cn
电子信箱	yzbgs@lnmec.net.cn
占地面积(平方米)	331387
校舍建筑面积(平方米)	101837
图书(万册)	20.48
固定资产总值(万元)	6934.37
教学、科研仪器设备资产值(万元)	2873.93
在校生数(人)	5243
其中:普通专科	5243
专任教师(人)	260
其中:正高级	31
副高级	56
中级	125
初级	30
未定职级	18

专科专业 材料成型与控制技术、产品造型设计、电气自动化技术、电子商务、电子信息工程技术、电子仪器仪表与维修、动漫设计与制作、广告设计与制作、焊接技术及自动化、机电一体化技术、机械设计与制造、机械制造与自动化、计算机辅助设计与制造、计算机通信、计算机网络技术、计算机硬件与外设、检测技术及应用、模具设计与制造、汽车电子技术、汽车技术服务与营销、汽车检测与维修技术、汽车制造与装配技术、嵌入式技术与应用、软件技术、商务日语、商务英语、生产过程自动化技术、数控技术、数控设备应用与维护、物流管理、印刷图文信息处理、应用韩语、珠宝鉴定与营销、珠宝首饰工艺及鉴定、自动化生产设备应用

院系设置

机械工程系、自动控制工程系、信息工程系、工商管理系、黄海汽车工程学院、北方黄金珠宝学院、基础教学部、思想政治理论课教学研究部、体育教学部

学校设立奖学金情况

学校设立奖学金3项,奖励总金额81.55万元/年,奖学金最高金额2000元/年,最低金额500元/年

主要校办产业

丹东辽仪机械厂

学校历史沿革

辽宁机电职业技术学院前身是辽宁仪器仪表工业学校,始建于1965年,从1999年开始,成为辽宁省首批高职试点学校。2002年1月9日,经辽宁省政府批准,撤销辽宁仪器仪表工业学校,成立辽宁机电职业技术学院,办学性质为普通高等职业教育,隶属于辽宁省教育厅,面向全省及部分省外招生,2000年,学校被国家教育部确定为重点建设职业教育师资培训基地,同时经国家教育部、社会劳动保障部等部门授权,具有20余种职业技能鉴定考评与发证资格。

辽宁经济职业技术学院

学校(机构)标识码	4121012899
学校办学类型	415:专科院校:高等职业学校
学校性质类别	08 财经院校
学校举办者	812 省级其他部门
学校地址	辽宁省沈阳市沈北新区沈北路88号
邮政编码	110122
办公电话	024－89872391
传真电话	024－89872598
校园(局域)网域名	www.lnemci.com
电子信箱	lnjjzsb@126.com
占地面积(平方米)	372920
校舍建筑面积(平方米)	98445
图书(万册)	38.9
固定资产总值(万元)	23305.94
教学、科研仪器设备资产值(万元)	2248.89
在校生数(人)	7082
其中:普通专科	6676
成人专科	406
专任教师(人)	320
其中:正高级	15
副高级	111
中级	130
初级	64

专科专业 报关与国际货运、财务管理(工程财务)、财务信息管理、电脑艺术设计、电子商务、雕塑艺术设计、服装工艺技术、服装设计、工商行政管理、工商企业管理、工商企业管理(质量认证运营)、工业设计(计算机与产品开发)、工业设计(计算机与产品开发)、广告设计与制作、国际贸易实务、国际贸易实务(国际贷代通关)、环境监测与治理技术、环境艺术设计、会计、机电一体化技术、机电一体化技术(电梯技术)、计算机多媒体技术、计算机辅助与制造、计算机网络技术、计算机信息管理、金融

管理与实务、客运站务管理、旅游管理、模具设计与制造、人力资源管理、商务管理、商务英语、审计实务（企业内部审计）、生物技术及应用、生物技术及应用（生物容）、生物制药技术、食品机械与管理、食品生物技术、市场营销、市场营销（经营与管理）、视觉传达艺术设计、室内设计技术、数控技术、税务（企业税务会计）、投资与理财、文秘、文秘（韩语）、物流管理、影视动画、装潢艺术设计、装潢艺术设计（包装印刷工艺）

院系设置

工商管理系、财税管理系、商务流通系、公共管理系、信息工程系、生物工程系、环境艺术系、视觉传达系、服装装饰艺术系、动漫艺术系

定期公开出版的专业刊物　《辽宁经济管理干部学院（辽宁经济职业技术学院）学报》

学校设立奖学金情况

学校设立奖学金5项，奖励总金额8.6万元/年，最低金额200元/年。

主要校办产业

辽宁省21世纪经贸人才培训中心、兴科中心企业服务中心。

学校历史沿革

辽宁经济管理干部学院（辽宁经济职业技术学院）经辽宁省人民政府批准，国家教育部备案，于1984年1月成立，主要承担企业经济管理干部培训与继续教育任务，1997年被辽宁省教育厅列为全省第一批15所高等职业教育试点院校之一。2002年1月经辽宁省人民政府批准成立辽宁经济职业技术学院。2009年成功获批省级示范性高职院校建设单位。学院"十二五"发展蓝图已经绘就，学院将继续坚持"把学院建设成为开放性、应用型、有产业特色的一流高等职业管理院校"的发展定位，继续坚持"金三角"发展模式，努力构建一流特色学院。

辽宁石化职业技术学院

学校（机构）标识码　4121012900
学校办学类型　415：专科院校：高等职业学校
学校性质类别　02 理工院校
学校举办者　811 省级教育部门
学校地址　锦州市北京路二段四号
邮政编码　121001
办公电话　0416 - 3212018
传真电话　0416 - 4166854
校园（局域）网域名　www.lnpc.edu.cn
电子信箱　daniaoyu429@yahoo.com.cn
占地面积（平方米）　99335
校舍建筑面积（平方米）　100485
图书（万册）　22.25
固定资产总值（万元）　11911
教学、科研仪器设备资产值（万元）　3012.45
在校生数（人）　4373
其中：普通专科　4373
专任教师（人）　268
其中：正高级　17
副高级　102
中级　121
初级　28

专科专业　电气自动化技术、高分子材料应用技术、工业分析与检验、供用电技术、国际贸易实务、化工设备维修技术、环境监测与治理技术、机电一体化技术、计算机网络技术、检测技术及应用、精细化学品生产技术、炼油技术、软件技术、商务日语、商务英语、生产过程自动化技术、石油化工生产技术、数控技术、文秘、应用化工技术、油气储运技术、有机化工生产技术、制冷与冷藏技术

院系设置

学院设有石油化工系、应用化学系、机械技术系、自动化系、计算机系、应用外语系、体育教学部、学院南区

学校设立奖学金情况

学院每年对品学兼优的学生发放国家、政府及学校设立的奖学金，学校设立奖学金3项，奖励总金额83.9万，最高金额8000元/年，最低金额5000元/年。

学校历史沿革

辽宁石化职业技术学院2002年经辽宁省政府审批（辽政〔2002〕12号文）实行辽宁省教育厅与中国石油锦州石化公司合作办学的体制，是全省唯一一所校企合作、工学结合、依托行业优势培养高等技术应用性人才的专科层次的普通高校。坐落在交通便利、文化发达的美丽海滨城市——锦州。学院秉承"严谨、求实、创新、和谐"的校训，坚持以人为本，德育为先，严格管理，强化职业能力训练提升学生综合素质构建和谐校园。学院是辽宁省思想政治工作先进单位，2006年被辽宁省委高校工委、辽宁省教育厅评为安全文明校园被锦州市委、市政府评为文明单位。

渤海船舶职业学院

学校（机构）标识码　4121012931
学校办学类型　415：专科院校：高等职业学校
学校性质类别　02 理工院校
学校举办者　821 地级教育部门
学校地址　辽宁省葫芦岛市龙港区海星路29号
邮政编码　125000
办公电话　0429 - 3156991
传真电话　0429 - 3156992
校园（局域）网域名　www.bhcy.cn
电子信箱　bhcyyb@163.com
占地面积（平方米）　385686
校舍建筑面积（平方米）　142777
图书（万册）　35.9

固定资产总值(万元) 15774.9	其中:普通专科 6439	副高级 169
教学、科研仪器设备资产值(万元) 4984.6	成人专科 1053	中级 136
	专任教师(人) 392	初级 54
在校生数(人) 7492	其中:正高级 27	未定职级 6

专科专业 材料成型与控制技术(铸造)、初等教育、初等教育(英语)、船舶工程技术、船舶工程技术(船舶电气技术)、船舶工程技术(船舶动力装置技术)、船舶工程技术(船艇设计制造方向)、船舶工程技术(海洋工程装备)、船舶工程技术(涂装专门化)、船舶舾装(船舶舾装专门化)、电子商务、动漫设计与制作、焊接技术及自动化、会计电算化、机电设备维修与管理、机电一体化技术、机械设计与制造(船机制造工艺)、机械制造与自动化(电气自动化技术)、计算机控制技术(自动控制技术)、计算机网络技术、计算机应用技术、计算机应用技术(数字媒体设计)、建筑工程技术(钢结构制造技术)、金属材料与热处理技术、酒店管理、理化测试及质检技术(焊接质量检测)、轮机工程技术(船舶动力装置技术)、轮机工程技术(船舶管系方向)、轮机工程技术(轮机管理)、模具设计与制造、汽车运用技术、软件技术、商务英语、市场开发与营销、室内设计技术、数控技术、通信技术(船舶电子设备与通讯)、物流管理、艺术设计、制冷与冷藏技术

院系设置
船舶工程系、动力工程系、电气工程系、机电工程系、材料工程系、信息工程系、管理科学系、师范教育系、电视大学部、成人教育部

定期公开出版的专业刊物 《渤海教学》

学校设立奖学金情况
设立1项,奖励总金额80余万元,最高额1500元/年,最低额600元/年。

学校历史沿革
渤海船舶职业学院前身为成立于1959年的国家级重点中专——渤海船舶工业学校,2001年5月,与葫芦岛市师范学校、葫芦岛市广播电视大学合并,更为现名。

大连理工大学城市学院

学校(机构)标识码 4121013198	办公电话 0411-82177096	在校生数(人) 9452
学校办学类型 413:本科院校:独立学院	传真电话 0411-82171569	其中:普通本科 9452
	校园(局域)网域名 city.dlut.edu.cn	专任教师(人) 499
学校性质类别 02 理工院校	电子信箱 city@dlut.edu.cn	其中:正高级 42
学校举办者 999 民办	图书(万册) 57	副高级 125
学校地址 辽宁省大连市金州区杏林社区马桥子街道	固定资产总值(万元) 74205	中级 233
	教学、科研仪器设备资产值(万元) 4867	初级 86
邮政编码 116600		未定职级 13

本科专业 测绘工程、电气工程及其自动化、电子信息工程、工程管理、工程造价、工商管理、公共事业管理、广播电视新闻学、计算机科学与技术、建筑学、日语、软件工程、软件工程(嵌入式系统)、软件工程(日语强化)、市场营销、通信工程、网络工程、物流管理、信息管理与信息系统、艺术设计、艺术设计(数字媒体)、英语、自动化

院系设置
学院下设计算机工程学院、电子与自动化学院、管理学院、建筑与工程学院、外国语学院、艺术与传媒学院,共6个直属分院。

学校设立奖学金情况
学校设立奖学金10项,奖励总金额107.84万元。奖学金最高金额3000元/年,最低金额200元/年。

学校历史沿革
大连理工大学城市学院经国家教育部批准成立于2003年3月,是东北首家按新机制、新模式设立的独立学院,是大连理工大学和中国城市建设控股集团有限公司(国企)下属的全资子公司大连松源企业集团有限公司合作创办的新型本科院校。2003年5月28日挂牌成立。

沈阳工业大学工程学院

学校(机构)标识码 4121013199	学校性质类别 02 理工院校	公路30号
学校办学类型 413:本科院校:独立学院	学校举办者 999 民办	邮政编码 111003
	学校地址 辽宁省辽阳市宏伟区西线	办公电话 0419-5319363

传真电话	0419-5311989
校园(局域)网域名	gcxy.sut.edu.cn
电子信箱	sygydxgcxy@sut.edu.cn
图书(万册)	22.6
固定资产总值(万元)	4578.35
教学、科研仪器设备资产值(万元)	2161.83
在校生数(人)	3383
其中:普通本科	3383
专任教师(人)	231
其中:正高级	23
副高级	98
中级	100
初级	10

本科专业 材料成型及控制工程、测控技术与仪器、电气工程及其自动化、电子商务、法学、高分子材料与工程、国际经济与贸易、过程装备与控制工程、化学工程与工艺、环境工程、会计学、机械设计制造及其自动化、计算机科学与技术、市场营销、应用化学、自动化

院系设置
下设7个系、1个部:机械系、自动化系、计算机系、化工系、经济系、管理系、法学系、基础教学部

学校设立奖学金情况
学校设立奖学金4项,奖励总金额55万元。奖学金最高金额2000元/年,最低金额500元/年。

学校历史沿革
沈阳工业大学工程学院成立于2002年8月。

沈阳航空航天大学北方科技学院

学校(机构)标识码	4121013200
学校办学类型	413:本科院校:独立学院
学校性质类别	02 理工院校
学校举办者	999 民办
学校地址	沈阳市沈北新区沈北路81号
邮政编码	110136
办公电话	024-89726068
传真电话	024-89726567
校园(局域)网域名	Nstc.syiae.edu.cn
电子信箱	shbeike@yahoo.cn
图书(万册)	22.07
固定资产总值(万元)	2271.76
教学、科研仪器设备资产值(万元)	2169.76
在校生数(人)	3655
其中:普通本科	3655
专任教师(人)	191
其中:正高级	33
副高级	57
中级	74
初级	17
未定职级	10

本科专业 测控技术与仪器、车辆工程、电子信息工程、公共事业管理、国际经济与贸易、机械设计制造及其自动化、计算机科学与技术、市场营销、通信工程、网络工程、信息管理与信息系统、英语、自动化

院系设置
工学教学部Ⅰ、工学教学部Ⅱ、经管教学部、基础教学部、外语教学部、实践教学部

学校设立奖学金情况
学校设立奖学金5项,奖励总金额50余万元。奖学金最高金额1500元/年,最低金额200元/年。

学校历史沿革
沈阳航空航天大学北方科技学院创建于1999年,2004年经国家教育部批准为按新的机制和模式实施普通高校全日制本科教育的独立学院。学院现设有计算机科学与技术、电子信息工程、机械设计制造及其自动化等13个专业与机械设计制造及其自动化(数控技术方向)、国际经济与贸易(投资经济方向)等6个专业方向。

沈阳理工大学应用技术学院

学校(机构)标识码	4121013201
学校办学类型	413:本科院校:独立学院
学校性质类别	02 理工院校
学校举办者	999 民办
学校地址	辽宁省抚顺市经济开发区滨河路
邮政编码	113122
办公电话	024-56618000
传真电话	024-56618100
校园(局域)网域名	www.syyyy.com.cn
电子信箱	www.syyyy@163.com
占地面积(平方米)	555139
校舍建筑面积(平方米)	153423
图书(万册)	47.26
固定资产总值(万元)	18779
教学、科研仪器设备资产值(万元)	4693.32
在校生数(人)	8910
其中:普通本科	8910
专任教师(人)	376
其中:正高级	46
副高级	102
中级	161
初级	47
未定职级	20

本科专业 安全工程、壁画壁饰设计与制作方向、表演、材料成型及控制工程、测控技术与仪器、车辆工程、弹药工程与爆炸技术、电气工程与自动化、电子信息工程、动画、动画二维、动画三维、工商管理、工商管理(酒店管理方向)、工业工程、工业设计、工业设计(汽车造型设计方向)、国际经济与贸易、环境工程、环境艺术设计、会计学、机械设计制造及其自动化、计算机科学与技术、交通运输、金融学、汽车服务工程、软件工程、市场营销、市场营销(网络营销方向)、视觉传达、陶瓷艺术、特种能源工程与烟火技术、通信工程、网络工程、物流管理、中国画装饰与修复、自动化

院系设置 机械与运载学院、经济与管理学院、信息与控制学院、艺术与传媒学院、能源工程系

学校设立奖学金情况 学校设立奖学金8项,奖励总金额160.64万元/年,奖学金最高金额10000元/年,最低金额300元/年。

学校历史沿革 沈阳理工大学应用技术学院原位于沈阳市大东区文官街,其办学历史可以追溯到1948年4月穿件的东北军区工部工业专门学校,后来经历:东北军工专门学校、沈阳第一化学工业学校、沈阳工业学院专科学校、沈阳工业学院1999年9月经辽宁省委批准招收国有民办学生,并成立"沈阳工业学院应用技术学院"2004年3月教育部确认"沈阳理工大学应用技术学院"为独立学院2005年7月学院校址由沈阳迁至抚顺经济开发区2007年9月学院迁入新校区

大连工业大学艺术与信息工程学院

学校(机构)标识码	4121013203
学校办学类型	413:本科院校:独立学院
学校性质类别	02 理工院校
学校举办者	999 民办
学校地址	辽宁省大连市开发区人文街80号
邮政编码	116600
办公电话	0411-39261515
传真电话	0411-39261500
校园(局域)网域名	www.caie.org
电子信箱	yybg@dlpu.edu.cn
占地面积(平方米)	341395
图书(万册)	20.88
固定资产总值(万元)	13864.15
教学、科研仪器设备资产值(万元)	1748.85
在校生数(人)	4311
其中:普通本科	4311
专任教师(人)	219
其中:正高级	4
副高级	81
中级	48
初级	86

本科专业 电子商务、服装设计与工程、工商管理、工业设计、国际经济与贸易、机械工程及自动化、计算机科学与技术、日语、艺术设计、英语、自动化

院系设置 艺术设计系、服装设计与工程系、机电与信息工程系、外语系、经济管理系

学校设立奖学金情况 学校设立奖学金11项,奖励总金额32余万元。奖学金最高金额4000元/年,最低金额30元/年。

学校历史沿革 2002年由大连轻工业学院创办(大连轻工业学院艺术与信息工程学院2002年-2007年),大连轻工业学院与2007年更名为大连工业大学(大连工业大学艺术与信息工程学院2007年-至今)。

大连科技学院

学校(机构)标识码	4121013207
学校办学类型	412:本科院校:学院
学校性质类别	02 理工院校
学校举办者	999 民办
学校地址	辽宁省大连市旅顺口区经济开发区滨港路999-26号
邮政编码	116052
办公电话	0411-86245010
传真电话	0411-86245100
校园(局域)网域名	www.ieidjtu.edu.cn
电子信箱	dlkj2011@sina.com
占地面积(平方米)	366040
校舍建筑面积(平方米)	145137
图书(万册)	54.5
固定资产总值(万元)	51177.19
教学、科研仪器设备资产值(万元)	3245.9
在校生数(人)	5313
其中:普通本科	5313
专任教师(人)	318
其中:正高级	29
副高级	80
中级	150
初级	59

本科专业 电气工程及其自动化、动画、工商管理、工业工程、工业设计、会计学、机械电子工程、机械设计制造及其自动

化、计算机科学与技术、交通运输、劳动与社会保障、日语、软件工程、社会工作、市场营销、网络工程、物流管理、信息工程、信息管理与信息系统、英语、自动化

院系设置

机械工程系、电气工程系、信息科学系、管理工程系、社会福祉系、外语系、艺术系、莱特国际学院、基础部

学校设立奖学金情况

学院设立奖学金四项,奖励总金额313.13万元。奖学金最高金额20000元/年,最低金额600元/年。

学校历史沿革

大连科技学院2002年7月建校,时为大连交通大学信息工程学院,由大连交通大学和大连阳光世纪教育产业投资有限公司共同举办的独立学院;2011年4月经教育部批准(教育部教发函【2011】80号),转设为独立建制的大连科技学院。

沈阳建筑大学城市建设学院

学校(机构)标识码	4121013208
学校办学类型	413:本科院校:独立学院
学校性质类别	02 理工院校
学校举办者	999 民办
学校地址	沈阳市东陵区白塔街380号
邮政编码	110167
办公电话	024-23743320
传真电话	024-23743320
校园(局域)网域名	www.sjcy.edu.cn
电子信箱	yb@sjcy.cn
占地面积(平方米)	472336
校舍建筑面积(平方米)	119541
图书(万册)	31
固定资产总值(万元)	56000
教学、科研仪器设备资产值(万元)	2209.19
在校生数(人)	7008
其中:普通本科	7008
专任教师(人)	347
其中:正高级	40
副高级	84
中级	105
初级	86
未定职级	32

本科专业 安全工程、测绘工程、城市规划、电气工程及其自动化、电气信息类、给水排水工程、工程管理、工商管理、会计学、机械类、机械设计制造及其自动化、计算机科学与技术、建筑环境与设备工程、建筑学、交通运输、人力资源管理、通信工程、土木工程、无机非金属材料工程、物流工程、艺术设计、自动化

院系设置

建筑与艺术系、土木工程系、市政与环境工程系、交通与机械工程系、信息与控制工程系、管理系、基础学科部

学校设立奖学金情况

学校设立奖学金3项,奖励总金额125万元。奖学金最高金额8000元/学年,最低金额100元/学年。

学校历史沿革

沈阳建筑大学城市建设学院前身为沈阳建筑工程学院城市建设分院,成立于2000年7月。2002年11月更名为沈阳建筑工程学院城市建设学院,2003年5月更名为沈阳建筑大学城市建设学院。2003年11月经教育部确认为独立学院。

沈阳农业大学科学技术学院

学校(机构)标识码	4121013210
学校办学类型	413:本科院校:独立学院
学校性质类别	03 农业院校
学校举办者	999 民办
学校地址	辽宁省抚顺市经济开发区顺大街北段4-1号
邮政编码	113122
办公电话	024-56619995
传真电话	024-54319555
校园(局域)网域名	www.syaustc.com
电子信箱	kj_syau@163.com
占地面积(平方米)	172955
图书(万册)	19.28
固定资产总值(万元)	7200.45
教学、科研仪器设备资产值(万元)	1308.97
在校生数(人)	4065
其中:普通本科	4065
专任教师(人)	137
其中:正高级	12
副高级	33
中级	31
初级	42
未定职级	19

本科专业 动物科学、动物医学、国际经济与贸易、会计学、机械设计制造及其自动化、计算机科学与技术、金融学、农林经济管理、农学、农业电气化与自动化、农业水利工程、生物工程、生物技术、食品科学与工程、水利水电工程、园林、园艺、植物保护

院系设置

农学系、工学系、经管系、基础部

学校设立奖学金情况

设立奖学金10余项,每年奖励金额30余万元,最高奖励额6500元/年,最低奖励额300元/年。

学校历史沿革

沈阳农业大学科学技术学院是 2000 年 6 月经辽宁省教育厅批准成立的按新机制新模式举办的全日制本科院校。2004 年被教育部确认为独立学院。

中国医科大学临床医药学院

学校(机构)标识码	4121013211
学校办学类型	413：本科院校：独立学院
学校性质类别	05 医药院校
学校举办者	999 民办
学校地址	辽宁省沈阳市和平区北五马路 21 号
邮政编码	110002
办公电话	024－22892036
传真电话	024－22892033
校园(局域)网域名	www.cmu.edu.cn
电子信箱	yaojiang@mail.cmu.edu.cn
图书(万册)	16.63
固定资产总值(万元)	1556.1
教学、科研仪器设备资产值(万元)	1431.48
在校生数(人)	1948
其中：普通本科	1948
专任教师(人)	146
其中：正高级	33
副高级	50
中级	23
初级	38
未定职级	2

本科专业 护理学、口腔医学、临床医学、信息管理与信息系统、药学、预防医学

学校设立奖学金情况

学校设立奖学金 11 项，奖励总金额 129 余万元。奖学金最高金额 8000 元/年，最低金额 200 元/年。

学校历史沿革

中国医科大学临床医药学院是经辽宁省教育厅批准成立，由中国医科大学举办的独立学院。学院成立于 2003 年 8 月，是按新机制、新模式举办的本科层次的二级学院。临床医药学院采用民办机制，独立管理、独立招生、独立颁发学历证书、独立进行财务核算、独立承担民事责任。中国医科大学临床医药学院的教学组织运行和学生管理工作，由临床医药学院独立执行，但具体教学工作由中国医科大学社会科学部、基础医学院、预防医学院、法医学院、护理学院、药学院、生物医学工程系、病理学系及各临床医学院承担。中国医科大学临床医药学院的教学、学生管理工作的质量控制由中国医科大学负责。

大连医科大学中山学院

学校(机构)标识码	4121013212
学校办学类型	413：本科院校：独立学院
学校性质类别	05 医药院校
学校举办者	999 民办
学校地址	大连市高新区爱贤街 28 号
邮政编码	116023
办公电话	0411－88859725
传真电话	0411－84791840
校园(局域)网域名	www.dmuzs.edu.cn
电子信箱	zhongshan465@yahoo.com
校舍建筑面积(平方米)	135172
图书(万册)	38.26
固定资产总值(万元)	81182.7
教学、科研仪器设备资产值(万元)	2333.91
在校生数(人)	4505
其中：普通本科	4505
专任教师(人)	405
其中：正高级	144
副高级	118
中级	79
初级	57
未定职级	7

本科专业 护理学、康复医学、口腔修复工艺学、口腔医学、临床医学、视觉传达设计、医药贸易、医药卫生应用、影像技术与设备工程、针灸推拿学、中乌合作办学

学校设立奖学金情况

学院设立两项奖学金：刘长虎董事长奖学金和优秀学生奖学金。奖励总金额为 624.5 万元，最高金额 3000 元/年，最低金额 800 元/年。

学校历史沿革

我院 1999 年 9 月经辽宁省委员会和辽宁省计划委员会批准(辽教[1999]74 号文件)成立大连医科大学分校，后更名为大连医科大学星海学院，后设两个教学点为星海学院和中山学院。2004 年 3 月经省教育厅申报，教育部批准为大连医科大学中山学院。2006 年我院与金州陆军学院合作办学，2006 级新生在陆军学院学习一年，实行军事化管理。2007 年 1 月 17 日大连医科大学与大连金真源集团房地产开发有限公司签署合作办学协议书，合作办学期限为 25 年。大连医科大学中山学院原有三个校区的学生于 2007 年 8 月前全部搬入新校园，校址为大连市高新区爱贤街 28 号。

辽宁医学院医疗学院

学校(机构)标识码 4121013213	传真电话 0416-3345200	其中:普通本科 3949
学校办学类型 413:本科院校:独立学院	校园(局域)网域名 ylxy.lnmu.edu.cn	专任教师(人) 328
	电子信箱 ylxy@lnmu.edu.cn	其中:正高级 53
学校性质类别 05 医药院校	图书(万册) 31.65	副高级 107
学校举办者 999 民办	固定资产总值(万元) 9333.91	中级 75
学校地址 锦州市太和区南庄里12号	教学、科研仪器设备资产值(万元) 2206.56	初级 51
邮政编码 121000		未定职级 42
办公电话 0416-3345116	在校生数(人) 3949	

本科专业 动物医学、公共事业管理、护理学、口腔医学、临床医学、麻醉学、食品科学与工程、药学、医学影像学

学校设立奖学金情况
学校设立奖学金4项,奖励总金额34万元,奖学金最高金额1000元/年,最低金额260元/年。

学校历史沿革
辽宁医学院医疗学院前身是创办于1999年7月原锦州医学院分院,是当时辽宁省9所高校举办的二级分院之一。2004年3月,根据教育部【2003】8号文件精神,由原锦州医学院申请,经教育部批准,改建为独立学院。2006年8月,经辽宁省教育厅批准,伴随锦州医学院更名为辽宁医学院医疗学院。

辽宁师范大学海华学院

学校(机构)标识码 4121013215	传真电话 024-31679601	在校生数(人) 3723
学校办学类型 413:本科院校:独立学院	校园(局域)网域名 www.lshhxy.cn	其中:普通本科 3723
	电子信箱 lshhxyjwc@163.com	专任教师(人) 183
学校性质类别 06 师范院校	占地面积(平方米) 353481	其中:正高级 12
学校举办者 999 民办	图书(万册) 21.75	副高级 61
学校地址 辽宁省沈阳市东陵区白塔街380-1号	固定资产总值(万元) 16231.4	中级 52
邮政编码 110167	教学、科研仪器设备资产值(万元) 2002.65	初级 49
办公电话 024-31679622		未定职级 9

本科专业 法学、广告学、会计学、计算机科学与技术、旅游管理、日语、图书馆学、新闻学、艺术设计、英语

院系设置
文法系、外语系、管理系、信息与艺术系

学校设立奖学金情况
学校设立奖学金5项。奖学金最高金额1000元/年,最低金额100元/年。

学校历史沿革
辽宁师范大学海华学院是2000年7月经辽宁省教育厅批准成立,2003年12月教育部首批确认、由辽宁师范大学按照新机制和新模式举办的全日制普通本科学院(独立学院)。2009级、2010级、2011级录取的学生在沈阳校区学习。

渤海大学文理学院

学校(机构)标识码 4121013217	学校地址 辽宁省锦州市高新技术产业园区昆明街2号	校园(局域)网域名 bhuwlxy.edu.cn
学校办学类型 413:本科院校:独立学院		电子信箱 wlxybgs@126.com
	邮政编码 121000	占地面积(平方米) 373520
学校性质类别 01 综合大学	办公电话 0416-7980068	校舍建筑面积(平方米) 173578
学校举办者 999 民办	传真电话 0416-7980114	图书(万册) 57.59

固定资产总值(万元) 46174.3	其中:普通本科 8432	中级 170
教学、科研仪器设备资产值(万元) 3664.31	专任教师(人) 502	初级 132
	其中:正高级 41	未定职级 16
在校生数(人) 8432	副高级 143	

本科专业 财务管理、电子商务、电子商务(网络营销)、法学、工商管理、工商管理(人力资源开发与管理)、工商管理(物流配送)、公共事业管理、公共事业管理(保险与保障)、公共事业管理(体育产业经营与管理)、广播电视新闻学、广播电视新闻学(播音与主持艺术)、广播电视新闻学(广播传播与策划)、广播电视新闻学(广告学)、国际经济与贸易、国际经济与贸易(国际金融)、汉语言文学、汉语言文学(高级文秘)、汉语言文学(汉语国际教育)、汉语言文学(新闻传媒)、汉语言文学(新闻学)、会计学、计算机科学与技术、计算机科学与技术(数字媒体应用)、计算机科学与技术(网络工程技术)、计算机科学与技术(网络与多媒体)、旅游管理、美术学(动漫设计)、美术学(艺术设计)、日语、日语(商务日语)、社会体育、社会体育(健身指导与健康)、社会体育(体育娱乐节目策划与主持)、社会体育(运动休闲)、市场营销、市场营销(商务策划)、信息管理与信息系统、艺术设计、音乐学、英语、英语(高级翻译)、英语(国际货物运输与物流管理)、英语(国际贸易)、英语(商务英语)、运动训练

院系设置
文法系、外语系、管理系、信息技术系、体育系、艺术系、经贸系

学校设立奖学金情况
学校设计奖学金 8 项,奖励总金额 50 万余元。奖学金最高金额 3000 元/元,最低金额 100 元/年。
1. 特等奖学金:3000 元/人;
2. 一等奖学金:1000 元/人;
3. 二等奖学金:500 元/人;
4. 三等奖学金 100 元/人;
5. 特长奖学金:200 元/人;
6. 科技创新奖学金:200 元/人;
7. 特殊贡献奖学金:200 - 500 元/人;
8. 考研奖学金:500 元/人;
9. 考取公务员、双学位奖学金:200 元/人。

毕业生一次就业率 90.7%。

学校历史沿革
渤海大学文理学院成立于 1999 年 7 月,2001 年 9 月渤海大学(原锦州师范学院)与辽宁毅兴投资管理有限公司正式签署合作办学协议,试办足球学院。2003 年 9 月,经教育部批准,在原有基础上进一步加强合作,组建新的文理学院,将三批本科录取的学生及足球学院均纳入文理学院这一办学实体中,实现了国家规定的全新办学形式。

东北财经大学津桥商学院

学校(机构)标识码 4121013218	办公电话 0411 - 39265009	2077.86
学校办学类型 413:本科院校:独立学院	传真电话 0411 - 39265008	在校生数(人) 6670
	校园(局域)网域名 www. kingbridge. net	其中:普通本科 6670
学校性质类别 08 财经院校		专任教师(人) 278
学校举办者 999 民办	占地面积(平方米) 532618	其中:正高级 35
学校地址 辽宁省大连经济技术开发区人文街 80 号	图书(万册) 30.6	副高级 57
	固定资产总值(万元) 20491.2	中级 79
邮政编码 116622	教学、科研仪器设备资产值(万元)	初级 107

本科专业 财务管理、财政学、法学、广播电视编导、国际经济与贸易、会计学、金融学、劳动与社会保障、旅游管理、人力资源管理、市场营销、物流管理、信息管理与信息系统

学校设立奖学金情况
学校设立奖学金 1 项,奖励总金额 20 万元。奖学金最高金额 1000 元/年,最低金额 300 元/年。

毕业生一次就业率 84.5%

学校历史沿革
东北财经大学津桥商学院是 2001 年经国家教育主管部门批准成立的独立学院。是一所以经济学、管理学为主,包括管理学、经济学、法学三大学科门类的新型高等财经学府。

沈阳大学科技工程学院

		3007.03
学校(机构)标识码 4121013220	传真电话 024-89597677	在校生数(人) 5914
学校办学类型 413:本科院校:独立学院	校园(局域)网域名 www.sdkj-syu.net	其中:普通本科 5914
学校性质类别 01 综合大学	电子信箱 sdkjhlj@163.com	专任教师(人) 296
学校举办者 999 民办	占地面积(平方米) 599332	其中:正高级 48
学校地址 辽宁省沈阳市苏家屯区梧桐大街2号	校舍建筑面积(平方米) 48425	副高级 51
	图书(万册) 52.83	中级 76
邮政编码 110112	固定资产总值(万元) 83970	初级 116
办公电话 024-89597688	教学、科研仪器设备资产值(万元)	未定职级 5

本科专业 财务管理、财政学、俄语、法学、给水排水工程、工商管理、工商管理(国际企业管理)、工商管理(国际物流管理)、工商管理(网络营销)、工业工程、广播电视编导、广播电视编导(播音与主持艺术)、国际经济与贸易、国际经济与贸易(国际经济)、国际经济与贸易(国际商务)、汉语言文学、汉语言文学(高级文秘)、环境工程、会计学、会计学(国际会计)、机械设计制造及其自动化、机械设计制造及其自动化(车辆)、计算机科学与技术、计算机科学与技术(电子商务)、建筑环境与设备工程、建筑学、金融学、金融学(国际金融)、经济学、旅游管理、旅游管理(国际旅游管理)、旅游管理(酒店管理)、人力资源管理、日语、生物工程、通信工程、土木工程、艺术设计、艺术设计(数媒艺术)、艺术设计(影像艺术)、英语、应用心理学、园林、自动化

院系设置
机械电子工程学院、建筑工程学院、工商管理学院、会计学院、酒店管理学院、经济学院、外国语学院、文法学院、影视传媒学院、通识教育学院、体美教学部、基础课教学部

学校设立奖学金情况
学校设立:奖学金最高每年5000元;最低1000元/年。

学校历史沿革
2001年5月建校,2003年12月经教育部确认为辽宁省首批独立学院,并正式更名为沈阳大学科技工程学院。

辽宁科技大学信息技术学院

学校(机构)标识码 4121013582	办公电话 0412-6520688	在校生数(人) 4633
学校办学类型 413:本科院校:独立学院	传真电话 0412-6520321	其中:普通本科 4633
学校性质类别 02 理工院校	校园(局域)网域名 www.ustl.edu.cn	专任教师(人) 203
学校举办者 999 民办	电子信箱 lkdxxxy@163.com	其中:正高级 5
学校地址 辽宁省鞍山市千山中路200号	图书(万册) 18.65	副高级 56
	固定资产总值(万元) 1648.5	中级 57
邮政编码 114044	教学、科研仪器设备资产值(万元) 1422.62	初级 50
		未定职级 35

本科专业 财务管理、电子商务、电子信息工程、国际经济与贸易、计算机科学与技术、软件工程、市场营销、网络工程、艺术设计、英语、自动化

院系设置
计算机系、电子系、经济管理系、基础部

学校设立奖学金情况
我院奖学金情况根据当年教育部、教育厅的要求配置。

学校历史沿革
辽宁科技大学信息技术学院其前身为鞍山科技大学工程技术学院,成立于2002年6月27日。2003年12月23日通过国家教育部批准成立全日制普通本科院校(独立学院)。2005年初通过国家教育部的专项检查。

辽宁石油化工大学顺华能源学院

学校(机构)标识码 4121013583	传真电话 024-56807706	在校生数(人) 4078
学校办学类型 413:本科院校:独立学院	校园(局域)网域名 www.Lnshny.com	其中:普通本科 4078
	电子信箱 shnyxy@sina.com	专任教师(人) 138
学校性质类别 02 理工院校	占地面积(平方米) 111956	其中:正高级 20
学校举办者 999 民办	校舍建筑面积(平方米) 43685	副高级 29
学校地址 辽宁省抚顺市望花区丹东路西段10号	图书(万册) 35.32	中级 54
	固定资产总值(万元) 4845	初级 32
邮政编码 113001	教学、科研仪器设备资产值(万元) 1699.78	未定职级 3
办公电话 024-56807048		

本科专业 安全工程、材料成型及控制工程、采矿工程、测绘工程、测控技术与仪器、地质工程、电气工程及其自动化、工程管理、过程装备与控制工程、化学工程与工艺、会计学、机械工程及自动化、机械设计制造及其自动化、矿物加工工程、热能与动力工程、市场营销、土木工程、应用化学、油气储运工程、自动化

学校设立奖学金情况

学校设立奖学金5项,奖励总金额31.32元/年,最低金额200元/年。

大连艺术学院

学校(机构)标识码 4121013599	校园(局域)网域名 www.dac.edu.cn	其中:普通本科 6783
学校办学类型 412:本科院校:学院	电子信箱 dlysxy@126.com	普通专科 712
学校性质类别 11 艺术院校	占地面积(平方米) 764336	成人本科 39
学校举办者 999 民办	校舍建筑面积(平方米) 240102	专任教师(人) 683
学校地址 大连市金州新区东北大街92号	图书(万册) 55.75	其中:正高级 29
	固定资产总值(万元) 26704.62	副高级 187
邮政编码 116600	教学、科研仪器设备资产值(万元) 3067.3	中级 223
办公电话 0411-87639398		初级 164
传真电话 0411-87642286	在校生数(人) 7534	未定职级 80

本科专业 表演、播音与主持艺术、电子商务、雕塑、动画、服装设计与工程、工商管理、广播电视编导、广告学、会计学、绘画、旅游管理、日语、市场营销、舞蹈编导、艺术设计、音乐表演、音乐学

专科专业 电脑艺术设计、电子商务、雕塑艺术设计、工商企业管理、广告设计与制作、酒店管理、旅游管理、人物形象设计、市场营销、视觉传达艺术设计、室内装饰设计、文化事业管理、文秘、舞蹈表演、物流管理、艺术设计、音乐表演、影视表演、影视动画、应用韩语、应用日语、应用意大利语、主持与播音

院系设置

音乐系、艺术设计系、美术系、表演艺术系、国际商务系、视觉传达艺术设计系、服装分院、基础部

学校历史沿革

2003年12月30日成立东北大学大连艺术学院,2009年4月15日转设为大连艺术学院。

辽宁中医药大学杏林学院

学校(机构)标识码 4121013609	学校地址 辽宁省沈阳市东陵区白塔街380-2号	校园(局域)网域名 www.lnutcm.edu.cn/xinglin
学校办学类型 413:本科院校:独立学院		
	邮政编码 110167	电子信箱 xinglinzs@lnutcm.edu.cn
学校性质类别 05 医药院校	办公电话 024-31679905	占地面积(平方米) 341400
学校举办者 999 民办	传真电话 024-31679905	图书(万册) 16.93

固定资产总值(万元)	15082.19	其中:普通本科	2781	中级	23
教学、科研仪器设备资产值(万元)	1387.21	专任教师(人)	101	初级	26
		其中:正高级	17	未定职级	10
在校生数(人)	2781	副高级	25		

本科专业 护理学、针灸推拿学、制药工程、中西医临床医学、中西医临床医学(全科医生方向)、中药学、中医学、中医学(骨伤方向)、中医学(全科医生方向)、中医学专业(康复医学方向)

院系设置
学院设有制药工程、中医学专业(康复医学方向)、中医学(全科医生方向)、中医学(骨伤方向)、中医学、针灸推拿学、中西医临床医学、中西医临床医学(全科医生方向)、护理学、中药学

学校设立奖学金情况
学院设立奖学金二项,奖励总额10余万元。奖学金最高额2500元/年,最低金额100元/年。

学校历史沿革
辽宁中医药大学杏林学院成立于2001年7月,是经辽宁省教育厅批准设立的全日制本科高校。为适应发展,于2002年更名为辽宁中医学院科技学院。根据教育部"试办独立学院"的要求,我院将辽宁中医学院医药科技学院恢复为辽宁中医学院杏林学院,并经教育部重新审核,于2004年3月正式批准为独立学院——全日制本科高校。因辽宁中医学院于2006年2月通过全国高校设置评议委员会平评议,经教育部批准正式更名为辽宁中医药大学,故我院2006年3月更名为辽宁中医药大学杏林学院。从成立至今,目前在校生达2781人。

辽宁何氏医学院

学校(机构)标识码	4121013610	校园(局域)网域名	www.he-edu.com	在校生数(人)	3373
学校办学类型	412:本科院校:学院	电子信箱	he-edu@163.com	其中:普通本科	3373
学校性质类别	05 医药院校	占地面积(平方米)	416627	专任教师(人)	213
学校举办者	999 民办	校舍建筑面积(平方米)	103919	其中:正高级	43
学校地址	辽宁省沈阳市东陵区泗水街66号	图书(万册)	27	副高级	42
邮政编码	110163	固定资产总值(万元)	12227.54	中级	20
办公电话	024-88059798	教学、科研仪器设备资产值(万元)	2955.44	初级	33
传真电话	024-88053142			未定职级	75

本科专业 动画、公共事业管理、广告学、护理学、临床医学、市场营销、眼视光学、药学、医学影像学、艺术设计、应用心理学

院系设置
公共教学部、基础医学部、临床教学部、艺术系、药学系、眼视光系

国家级、省部级研究机构设置
实验室:省级实验室一个;

定期公开出版的专业刊物 一个《何世界》

学校设立奖学金情况
学院设立奖学金一共8项,奖励总金额7.77余万元,奖学金最高金额8000元/年,最低金额200元/年。

学校历史沿革
1999年,沈阳医学院与沈阳何氏眼科医院经市教委批准建立"沈阳医学院何氏眼科视光学院";2003年1月由辽宁省教育厅批准(辽教函【2003】14号),2004年3月经教育部确认(教发函【2004】46号)成为沈阳医学院和沈阳何氏眼科医院共同举办的独立学院。改名为沈阳医学院何氏视觉科学学院;2011年5月经教育部确认(教发函【2011】111号)学院转设为独立设置的普通民办高校,更名为辽宁何氏医学院。

沈阳化工大学科亚学院

学校(机构)标识码	4121013621	学校举办者	999 民办	办公电话	024-31679796
学校办学类型	413:本科院校:独立学院	学校地址	沈阳市东陵区白塔街380号	传真电话	024-31676796
学校性质类别	02 理工院校	邮政编码	110167	校园(局域)网域名	www.syuctky.edu.cn

电子信箱 syictky3710@126.com	1810.43	其中:正高级 18
占地面积(平方米) 350678	在校生数(人) 3592	副高级 47
图书(万册) 17	其中:普通本科 3592	中级 60
固定资产总值(万元) 2922.8	专任教师(人) 178	初级 53
教学、科研仪器设备资产值(万元)		

本科专业 电气工程及其自动化、电气信息类、电子信息工程、高分子材料与工程、工商管理、国际经济与贸易、过程装备与控制工程、化工与制药类、化学工程与工艺、环境工程、会计学、机械类、机械设计制造及其自动化、计算机科学与技术、金融学、经济学类、生物工程、市场营销、通信工程、信息管理与信息系统、应用化学、制药工程、自动化

院系设置
信息系、机械系、化工与制药系、材料系、环境与生物系

学校设立奖学金情况
学校设立奖学金5项、奖学金总金额60余万元,最高金额2500元/年,最低金额50元/年。

学校历史沿革
1999年6月－2002年6月:沈阳化工学院国有民办分院;2002年6月－2004年4月:沈阳化工学院理工学院 2004年4月－2010年5月:沈阳化工学院亚科学院 2010年3月至今:沈阳化工大写科亚学院。

大连东软信息学院

学校(机构)标识码 4121013631	cn	普通专科 1060
学校办学类型 412:本科院校:学院	电子信箱 lujing@neusoft.edu.cn	成人本科 213
学校性质类别 02 理工院校	占地面积(平方米) 333438	成人专科 205
学校举办者 999 民办	校舍建筑面积(平方米) 154779	留学生 99
学校地址 大连市甘井子区软件园路8号	图书(万册) 91	专任教师(人) 585
邮政编码 116023	固定资产总值(万元) 34198	其中:正高级 35
办公电话 0411-84835085	教学、科研仪器设备资产值(万元) 5692	副高级 145
传真电话 0411-84769999	在校生数(人) 11402	中级 205
校园(局域)网域名 www.neusoft.edu.	其中:普通本科 9825	初级 84
		未定职级 116

本科专业 财务管理、电气信息类新专业、电子商务、电子信息工程、动画、工程管理、计算机科学与技术、人力资源管理、日语、软件工程、市场营销、数字媒体技术、通信工程、网络工程、物流工程、信息管理与信息系统、艺术设计、英语

专科专业 电子商务、工商企业管理、计算机网络技术、计算机应用技术、嵌入式系统工程、软件技术、物流管理、应用日语、应用英语

院系设置
计算机科学与技术系、信息技术与商务管理系、日语系、英语系、数字艺术系、嵌入式系统工程系、基础教学部、继续教育学院、国际教育学院

定期公开出版的专业刊物 《软件工程师》

学校设立奖学金情况
学校设立奖学金10项,奖励总金额50余万元。奖学金最高金额10000元/年,最低金额300元/年。

1. 华天奖学金:4万元。10000元/人,4人次;
2. ALPS奖学金:12.8万元。8000元/人,16人次;
3. 企业奖学金:24万。企业一等奖学金为5000元/人,企业二等奖学金为2000元/人,企业三等奖学金为1000元/人;
4. 三好学生:3.05万元。500元/人,61人/年;
5. 优秀学生干部:3.6万元。500元/人,72人/年;
6. 学习优胜奖:1.17万元。300元/人,39人/年;
7. 科技创新奖:1.24万元。400元/人,31人/年;
8. 特殊贡献奖:0.08万元。400元/人,2人/年;
9. 先进班集体:0.25万元。500元/人,5班/年;
10. 学风标兵班:0.1万元。1000元/人,1班/年。

毕业生一次就业率 90.2%

学校历史沿革
大连东软信息学院的前身为东北大学东软信息学院,是2004年4月28日由教育部批准设立的由东北大学与东软集团合作举办的独立学院。2008年9月28日,教育部批准东北大学东软信息学院转设为独立设置的民办普通本科学校,名称为大连东软信息学院。

辽宁财贸学院

学校(机构)标识码 4121013900	校园(局域)网域名 www.coolliuleng.com	在校生数(人) 8081
学校办学类型 412:本科院校:学院		其中:普通本科 8081
学校性质类别 08 财经院校	电子信箱 lncmxy@126.com	专任教师(人) 450
学校举办者 999 民办	占地面积(平方米) 360306	其中:正高级 68
学校地址 辽宁省兴城市高教园区新东路14号	校舍建筑面积(平方米) 152826	副高级 98
	图书(万册) 62	中级 69
邮政编码 125105	固定资产总值(万元) 60663.44	初级 192
办公电话 0429－5418030	教学、科研仪器设备资产值(万元) 2738.3	未定职级 23
传真电话 0429－5418000		

本科专业 表演(社会文体工作方向)、表演(演艺经纪人方向)、表演(主持人方向)、城市规划、国际经济与贸易、国际经济与贸易(物流师方向)、汉语言、汉语言(对外汉语教学方向)、汉语言(商务秘书方向)、会计学、会计学(工程预算方向)、会计学(审计师方向)、会计学(项目评估师方向)、会计学(注册会计师方向)、经济学、经济学(国际金融方向)、经济学(投资经济学方向)、旅游管理、旅游管理(导游方向)、旅游管理(酒店管理方向)、日语、社会体育、新闻学、信息管理与信息系统、艺术设计、英语、英语(翻译方向)、英语(旅游英语方向)、英语(商务英语方向)

院系设置
中文系、经济系、会计系、旅游系、外语系、体育系、信息管理系、艺术系、表演系

学校设立奖学金情况
学院设立奖学金4项,奖励总金额22余万元。奖学金最高金额1000元/年,最低金额300元/年。

学校历史沿革
2005年4月,经教育部批准,成立沈阳师范大学渤海学院。2008年9月,经教育部批准,沈阳师范大学渤海学院转设为民办普通高校辽宁财贸学院。

辽宁美术职业学院

学校(机构)标识码 4121013957	传真电话 024－89736291	在校生数(人) 4367
学校办学类型 415:专科院校:高等职业学校	校园(局域)网域名 www.fzcollege.org	其中:普通专科 4367
	电子信箱 msxy@sohu.com	专任教师(人) 342
学校性质类别 11 艺术院校	占地面积(平方米) 188761	其中:正高级 14
学校举办者 999 民办	校舍建筑面积(平方米) 128691	副高级 93
学校地址 辽宁省沈阳市沈北新区沈北路30号	图书(万册) 30.78	中级 139
	固定资产总值(万元) 20021.61	初级 85
邮政编码 110136	教学、科研仪器设备资产值(万元) 2075.81	未定职级 11
办公电话 024－89745560		

专科专业 产品造型设计、电脑艺术设计、雕刻艺术与家居设计、雕塑艺术设计、动漫设计与制作、服装表演、服装设计、广告设计与制作、环境艺术设计、视觉传达艺术设计、室内设计技术、手机游戏开发方向、文化市场经营与管理、影视动画、影视多媒体技术、园林工程技术、展示设计方向

院系设置
服装系、动漫系、环境艺术系、视觉传达系

定期公开出版的专业刊物 《辽宁美术职业学院学报》

学校设立奖学金情况
学校设立奖学金6项,奖励总金额81余万元。奖学金最高金额8000元/年,最低金额300元/年。

学校历史沿革
辽宁美术职业学院是经辽宁省人民政府批准,国家教育部备案,隶属辽宁省教育厅管理的一所普通高校。学院始建于1991年,地处辽宁省会沈阳市的沈北大学城中心。近20年来学院飞速发展,不断壮大,现已成为省级示范院校,是国家第一所通过ISO9001质量管理体系认证的艺术院校。

大连软件职业学院

学校(机构)标识码　4121013958
学校办学类型　415：专科院校：高等职业学校
学校性质类别　02 理工院校
学校举办者　999 民办
学校地址　辽宁省大连市红旗西路600号
邮政编码　116021
办公电话　0411-84297011
传真电话　0411-82112299
电子信箱　dryzb@126.com
占地面积(平方米)　11776
图书(万册)　24.7
固定资产总值(万元)　17569
教学、科研仪器设备资产值(万元)　1256.96
在校生数(人)　2548
其中：普通专科　2548
专任教师(人)　157
其中：正高级　9
副高级　20
中级　83
初级　45

专科专业　电子商务、计算机多媒体技术、计算机网络技术、计算机信息管理、酒店管理、旅游管理、软件技术、市场营销、物流管理

院系设置
信息工程系、电子商务系、媒体艺术系、旅游管理系、国际交流学院

学校设立奖学金情况
学院设立奖学金评选制度，奖励总金额40余万元。一等奖学金 2000 元/人/年；二等奖学金 1000 元/人/年；三等奖学金 600 元/人/年。

毕业生一次就业率　92%

学校历史沿革
1993年8月31日，经辽宁省教育委员会批准(辽教委办字[1993]115号)，成立民办大连远东大学；

1994年7月7日，经辽宁省政府批准(辽政[1994]113号)，筹办民办大连远东学院；

1997年1月20日，经辽宁省教育委员会批准，成立民办大连远东学院；

2001年3月2日，经辽宁省教育厅批准，民办大连远东学院更名为大连远东经贸专修学院；

2003年1月15日，经辽宁省教育厅批准(辽教函[2003]6号)，大连远东经贸专修学院更名为大连软件专修学院；

2004年2月27日，经辽宁省教育厅批准(辽教函[2004]41号)，筹建大连软件职业学院；

2005年3月31日，经辽宁省人民政府批准(辽政[2005]87号)，成立大连软件职业学院。

大连翻译职业学院

学校(机构)标识码　4121013959
学校办学类型　415：专科院校：高等职业学校
学校性质类别　07 语文院校
学校举办者　999 民办
学校地址　大连市开发区铁山西路11-10号
邮政编码　116600
办公电话　0411-87580097
传真电话　0411-87580951
校园(局域)网域名　www.dltcedu.org
电子信箱　yuanban87580097@163.com
占地面积(平方米)　23397
校舍建筑面积(平方米)　39401
图书(万册)　27.59
固定资产总值(万元)　9521
教学、科研仪器设备资产值(万元)　869
在校生数(人)　1462
其中：普通专科　1462
专任教师(人)　83
其中：正高级　1
副高级　1
中级　26
初级　49
未定职级　6

专科专业　俄英双语、法英双语、韩日双语、日韩双语、英韩双语、英日双语、应用阿拉伯语、应用德语、应用韩语、应用日语、应用英语

院系设置
日德俄学院、英韩法阿学院

国家级、省部级研究机构设置
研究所(中心)：数字党建研究中心，翻译研究所，数字教学研究院，数字汉学院

学校设立奖学金情况
学校设立奖学金4项，奖励总金额135余万元。奖学金最高金额 8000 元/年，最低金额 200 元/年。

主要校办产业
翻e网，网网网络，e统天下。

毕业生一次就业率　94.4%

辽宁商贸职业学院

学校(机构)标识码 4121013960	办公电话 024-88496600	在校生数(人) 4503
学校办学类型 415:专科院校:高等职业学校	传真电话 024-88496677	其中:普通专科 4503
	占地面积(平方米) 73663	专任教师(人) 191
学校性质类别 08 财经院校	校舍建筑面积(平方米) 65165	其中:正高级 26
学校举办者 811 省级教育部门	图书(万册) 26.45	副高级 50
学校地址 辽宁省沈阳市沈河区东大营街11号	固定资产总值(万元) 9398.55	中级 62
	教学、科研仪器设备资产值(万元) 1795.5	初级 53
邮政编码 110161		

专科专业 电子商务、法律事务、房地产经营与估价、国际商务、会计电算化、会计与统计核算、计算机网络技术、计算机应用技术、建筑电气工程技术、建筑工程管理、连锁经营管理、旅游管理、旅游英语、人力资源管理、软件技术、商务经纪与代理、商务英语、社区管理与服务、市场开发与营销、文秘、物流管理

院系设置
财务管理系、公共管理系、商务外语系、商务贸易系、技术经济系、信息技术系、社会管理教研部、素质教育教研部

国家级、省部级研究机构设置
研究中心(所):邓小平理论研究中心、辽宁行政管理科学研究所、辽宁省亚洲太平洋研究所、辽宁省邓小平理论和"三个代表"重要思想研究基地

定期公开出版的专业刊物 《辽宁行政学院学报》
学校设立奖学金情况
学校设立奖学金3项,奖励总金额35余万元。奖学金最高额600元/年,最低金额200元/年。

学校历史沿革
1984年7月,辽宁省人民政府批准成立"辽宁农业管理干部学院"是辽宁省直属高等院校。1990年7月,辽宁省人民政府批准成立"辽宁行政学院与辽宁农业管理干部学院一套机构两个名义"是辽宁省国家公务员培训中心,由人事厅代管。2005年4月,辽宁省人民政府批准成立"辽宁商贸职业学院",办学性质为全日制普通高等职业教育,隶属于省教育厅管理。

大连枫叶职业技术学院

学校(机构)标识码 4121013961	办公电话 0411-84899705	在校生数(人) 658
学校办学类型 415:专科院校:高等职业学校	传真电话 0411-84899705	其中:普通专科 658
	校园(局域)网域名 www.dlxgjy.com	专任教师(人) 42
学校性质类别 02 理工院校	电子信箱 dlxgjy@163.com	其中:正高级 2
学校举办者 999 民办	图书(万册) 6.2	副高级 15
学校地址 辽宁省大连市甘井子区营城子镇大黑石街道0号	固定资产总值(万元) 327	中级 9
	教学、科研仪器设备资产值(万元) 283	初级 9
邮政编码 116036		未定职级 7

专科专业 宝玉石鉴定与加工技术、报关与国际货运、动漫设计与制作、港口物流管理、国际邮轮乘务、市场营销、图形图像制作、应用英语

院系设置
经济贸易系、计算机系、外语系

学校历史沿革
2004年2月23日辽宁省教育厅批准同意筹建大连枫叶职业技术学院;2005年12月经辽宁省教育厅审查,辽宁省人民政府批准成立。学校性质为民办普通高等学校。2005、2006年与加拿大不列颠哥伦毕业理工大学(BCTT)合作办学,2007年开始正式计划招生;2009年在校生数在300人左右;2010年7月搬迁至大黑石校区,校园占地面积93582.3平方米;2010年学院加大对宝玉石鉴定实验室、实训车间和国际贸易实验室建设,为学生在校实训提供了平台。

辽宁装备制造职业技术学院

学校(机构)标识码 4121014076	传真电话 024-88045000	5030.33
学校办学类型 415:专科院校:高等职业学校	校园(局域)网域名 www.lncem.com	在校生数(人) 6813
	电子信箱 lntvuxb@163.com	其中:普通专科 6813
学校性质类别 02 理工院校	占地面积(平方米) 392146	专任教师(人) 401
学校举办者 811 省级教育部门	校舍建筑面积(平方米) 141371	其中:正高级 14
学校地址 沈阳市蒲河新城裕农路70号	图书(万册) 29.1	副高级 77
邮政编码 110164	固定资产总值(万元) 36651	中级 74
办公电话 024-88045003	教学、科研仪器设备资产值(万元)	初级 236

专科专业 材料成型与控制技术、电脑艺术设计、电气自动化技术、电线电缆制造技术、电子商务、焊接技术及自动化、会计电算化、机电设备维修与管理、机电一体化技术、机械制造与自动化、计算机辅助设计与制造、计算机及应用、计算机控制技术、计算机网络技术、计算机网络技术(IP技术与信息)、计算机应用技术、模具设计与制造、汽车技术服务与营销、汽车检测与维修技术、汽车制造与装配技术、嵌入式技术与应用、软件技术、商务英语、生产过程自动化技术、市场营销、数控技术、数控技术应用、文秘、无损检测技术、物流管理、信息安全技术、艺术设计、应用电子技术、应用电子技术(3G移动通信方向)、游戏软件(网络社区开发方向)、装潢艺术设计

院系设置
机械工程系、塑性成型系、自动控制系、信息工程系、工商管理系、社会科学系、通信工程系、艺术系

国家级、省部级研究机构设置
研究所(中心):科研处

学校设立奖学金情况
学校设立奖学金4项,奖励总金额50余万元,奖学金最高金额1000元/年,最低金额400元/年。
1. 一等奖学金:1000元/年;
2. 二等奖学金:600元/年;
3. 三等奖学金:400元/年。

毕业生一次就业率 96%

学校历史沿革
2006年5月12日辽宁省人民政府批准成立辽宁装备制造职业技术学院,办学性质为普通高等职业教育,由辽宁省教育厅主管。2006年6月10日教育部对辽宁省政府批准建立的辽宁装备制造职业技术学院予以备案。

辽河石油职业技术学院

学校(机构)标识码 4121014077	传真电话 0427-7638210	在校生数(人) 1621
学校办学类型 415:专科院校:高等职业学校	电子信箱 xyb7878@163.com	其中:普通专科 1614
	占地面积(平方米) 720000	成人专科 7
学校性质类别 02 理工院校	校舍建筑面积(平方米) 171756	专任教师(人) 296
学校举办者 891 地方企业	图书(万册) 25	其中:副高级 80
学校地址 辽宁省盘锦市盘山甜水	固定资产总值(万元) 13019	中级 123
邮政编码 124103	教学、科研仪器设备资产值(万元)	初级 71
办公电话 0427-7638210	4800	未定职级 22

专科专业 电气自动化技术、管道工程施工、焊接技术及自动化、汽车运用与维修、热能动力设备与应用、石油与天然气地质勘探技术、油气开采技术、钻井技术

院系设置
基础学科教研部、政治理论教研部、经济信息系、石油化工系、石油工程系、机电工程系、体育拓展中心

国家级、省部级研究机构设置
设置1个科研部门:科研管理部

学校设立奖学金情况
学院设立奖学金2项,奖励总金额33万元,奖学金最高金额8000元/年,最低金额5000元/年。

学校历史沿革
建院以来,学院坚持"以人为本,以德治院,知识经营,多元办学,服务油田,再塑品牌"的办学思想,实现"五链环"办学框架和"五零制"办学模式,以提高办学水平和增强综合办学实力为根本目标,力争分明办专业特色鲜明的国内一流示范性高等职业技术学院。

辽宁地质工程职业学院

学校(机构)标识码　4121014106
学校办学类型　415:专科院校:高等职业学校
学校性质类别　02 理工院校
学校举办者　812 省级其他部门
学校地址　辽宁省丹东市振兴区地质路386号
邮政编码　118008
办公电话　0415－6225009
传真电话　0415－6224000
校园(局域)网域名　www.lndzxy.com
电子信箱　dbgyxx@163.com
占地面积(平方米)　470391
校舍建筑面积(平方米)　60209
图书(万册)　15.3
固定资产总值(万元)　12669.97
教学、科研仪器设备资产值(万元)　2522.31
在校生数(人)　2709
其中:普通专科　2448
　　　成人专科　261
专任教师(人)　164
其中:正高级　9
　　　副高级　42
　　　中级　50
　　　初级　51
　　　未定职级　12

专科专业　宝玉石鉴定与加工技术、宝玉石鉴定与加工技术(3+2)、宝玉石鉴定与加工技术(宝石营销)、报关与国际货运、地理信息系统与地图制图技术、电气自动化技术、动漫设计与制作、工程测量技术、工程地质勘查、工程监理、工业分析与检验、工业分析与检验(岩矿方向)、环境监测与治理技术、机电一体化技术、机电一体化技术(3+3)、机械设计与制造、计算机应用技术(测绘方向)、计算机应用技术(平面设计方向)、建筑工程技术、建筑工程技术(3+2)、建筑装饰工程技术、金属矿产地质与勘查技术、岩矿分析与鉴定技术、应用电子技术、应用韩语、应用化工技术

院系设置
学院设置六系二部一中心,资源系、机电系、建筑系、环境与生态系、经贸系、信息系、基础部、体育部、网络管理中心

学校设立奖学金情况
学校设立奖学金四项,奖励总金额20余万元。奖学金最高金额2000元/年,最低金额600元/年。

学校历史沿革
根据辽宁省人民政府,辽政(2007)第46号文件批复,2007年3月22日成立"辽宁地质工程职业学院"。

辽宁铁道职业技术学院

学校(机构)标识码　4121014188
学校办学类型　415:专科院校:高等职业学校
学校性质类别　02 理工院校
学校举办者　812 省级其他部门
学校地址　辽宁省锦州市凌河区松坡里129号
邮政编码　121000
办公电话　0416－3920426
传真电话　0416－2643119
校园(局域)网域名　www.lntdzyjsxy.com
电子信箱　ltybgs@126.com
占地面积(平方米)　133874
校舍建筑面积(平方米)　75528
图书(万册)　19.54
固定资产总值(万元)　9958
教学、科研仪器设备资产值(万元)　2349
在校生数(人)　2619
其中:普通专科　2381
　　　成人专科　238
专任教师(人)　145
其中:正高级　4
　　　副高级　42
　　　中级　68
　　　初级　16
　　　未定职级　15

专科专业　城市轨道交通控制、城市轨道交通运营管理、电气化铁道技术、电气自动化技术、计算机应用技术、铁道工程技术、铁道机车车辆、铁道交通运营管理、铁道通信信号、通信技术

院系设置
铁道运输管理系、电务信息系、铁道工程机车车辆系、铁道供电系、基础部、体育部、思想政治教研部

定期公开出版的专业刊物　《辽宁铁道学刊》

学校设立奖学金情况
学校设立奖学金3项,奖励总金额116.21余万元,奖学金最高金额8000元/年,最低200元/年。

学校历史沿革
辽宁铁道职业技术学院于2008年3月成立,是辽宁省人民政府批准建立的全日制高等职业院校。学校前身是锦州铁路运输学校,是省属国家级重点中等职业学校,始建于1952年。学校占地面积133874㎡,建有设施先进、功能配套的校内实习实训演练场所56个,其中铁道通信信号专业实训基地、铁道交通运营管理实训基地在同类院校中处于领先水平。学校与行业企业合作共建稳定的校外实训基地36个。

辽宁建筑职业技术学院

学校(机构)标识码 4121014189	传真电话 0419-2302402	其中:普通专科 4093
学校办学类型 415:专科院校:高等职业学校	电子信箱 lnjy@163.com	成人专科 270
	占地面积(平方米) 138523	专任教师(人) 177
学校性质类别 02 理工院校	校舍建筑面积(平方米) 68603	其中:正高级 5
学校举办者 811 省级教育部门	图书(万册) 21.01	副高级 30
学校地址 辽宁省辽阳市太子河区南郊街11号	固定资产总值(万元) 11781	中级 67
	教学、科研仪器设备资产值(万元) 1776.7	初级 40
邮政编码 111000		未定职级 35
办公电话 0419-2302406	在校生数(人) 4363	

专科专业 城镇规划、给排水工程技术、工程监理、工程造价、工业设备安装工程技术、供热通风与空调工程技术、环境艺术设计、基础工程技术、计算机应用技术、建筑电气工程技术、建筑工程管理、建筑工程技术、建筑经济管理、建筑设备工程技术、建筑装饰工程技术、楼宇智能化工程技术、市政工程技术、室内设计技术、物业管理、制冷与空调方向

院系设置
建筑工程系、建筑设备系、经济管理系、建筑装饰与规划系、基础部

定期公开出版的专业刊物　《辽宁建筑职业技术学院学院学报》

学校设立奖学金情况
学校设立奖学金6项,奖励总金额79万元,奖学金最高金额8000元/年,最低金额500元/年。

学校历史沿革
　　1982年经辽宁省人民政府批准,在辽宁省辽阳市建工学校的基础上,成立辽宁省建筑工程学校,并于当年开始招生。1999年经辽宁省人民政府批准,学校与沈阳建筑工程学院共建沈阳建筑工程学院职业技术学院,开始招收专科层次的学生。2000年在全省教育结构调整中,辽宁省建筑工程学校实质性并入沈阳建筑工程学院,正式开办沈阳建筑工程学院职业技术学院。2004年5月沈阳建筑工程学院更名为沈阳建筑大学,学院也随之更名为沈阳建筑大学职业技术学院。2008年3月经辽宁省人民政府批准成立辽宁建筑职业技术学院。

大连航运职业技术学院

学校(机构)标识码 4121014209	传真电话 0411-86274009	在校生数(人) 2500
学校办学类型 415:专科院校:高等职业学校	校园(局域)网域名 www.dlsc.net.cn	其中:普通专科 2500
	电子信箱 dlhangyun@126.com	专任教师(人) 162
学校性质类别 02 理工院校	占地面积(平方米) 140797	其中:正高级 17
学校举办者 999 民办	校舍建筑面积(平方米) 32854	副高级 25
学校地址 大连旅顺经济开发区金昌街1号	图书(万册) 15.02	中级 73
	固定资产总值(万元) 5668.56	初级 28
邮政编码 116052	教学、科研仪器设备资产值(万元) 2044.56	未定职级 19
办公电话 0411-86274009		

专科专业 船舶电子电气技术、船舶工程技术、船机制造与维修、电气自动化技术、国际航运业务管理、航海技术、轮机工程技术

学校历史沿革
大连航运职业技术学院2008年3月经辽宁省人民政府批准成立,是一所以培养航运类应用型人才为主的普通高等职业技术学院。

大连装备制造职业技术学院

学校(机构)标识码　4121014227
学校办学类型　415:专科院校:高等职业学校
学校性质类别　02 理工院校
学校举办者　999 民办
学校地址　辽宁省大连金州区大魏家街道前石村和庆路20号
邮政编码　116110
办公电话　0411-39952508
传真电话　0411-87899890
校园(局域)网域名　www.dlzbzzedu.com
电子信箱　dlzbzz@163.com
占地面积(平方米)　174299
校舍建筑面积(平方米)　71327
图书(万册)　11.5
固定资产总值(万元)　7518.44
教学、科研仪器设备资产值(万元)　1100
在校生数(人)　1870
其中:普通专科　1870
专任教师(人)　79
其中:正高级　1
副高级　25
中级　22
初级　9
未定职级　22

专科专业　电气自动化技术、焊接技术及自动化、机电设备维修与管理、机电一体化技术、机械制造与自动化、计算机控制技术、检测技术及应用、旅游管理、模具设计与制造、汽车制造与装配技术、数控技术

院系设置
机械工程系、电气工程系、基础教学部

学校设立奖学金情况
学校设立奖学金1项,奖励金额20余万元。奖学金最高金额3000元/年,最低金额500元/年。

学校历史沿革
创建于2009年。

大连汽车职业技术学院

学校(机构)标识码　4121014228
学校办学类型　415:专科院校:高等职业学校
学校性质类别　02 理工院校
学校举办者　999 民办
学校地址　大连市金州新区友谊街龙山路一号
邮政编码　116100
办公电话　0411-39302609
传真电话　0411-39302606
校园(局域)网域名　www.dlqcxy.net
电子信箱　dqyb2010@163.com
占地面积(平方米)　260000
校舍建筑面积(平方米)　92616
图书(万册)　10
固定资产总值(万元)　15000
教学、科研仪器设备资产值(万元)　3000
在校生数(人)　1778
其中:普通专科　1778
专任教师(人)　71
其中:正高级　2
副高级　18
中级　24
初级　27

专科专业　保险实务、城市交通运输、金融保险、汽车电子技术、汽车技术服务与营销、汽车检测与维修技术、汽车整形技术、资产评估与管理

院系设置
继续教育学院、商业管理系、酒店管理系、旅游航空系、艺术设计系

学校历史沿革
大连汽车职业技术学院是辽宁省人民政府批准,国家教育部备案的省属全日制民办普通高等职业院校(大专学历),系国内首批成立的专门培养汽车后市场服务的各类高级专业人才的高等职业技术学院,招生计划纳入国家高校统招计划。学院坐落在美丽的海滨城市——大连,依托于被国家评为"改革开放30年最具影响力的优秀汽车销售集团"的大连天巳汽车服务集团。

辽宁现代服务职业技术学院

学校(机构)标识码　4121014240
学校办学类型　415:专科院校:高等职业学校
学校性质类别　08 财经院校
学校举办者　812 省级其他部门
学校地址　沈阳市沈北新区蒲河新城通顺街81号
邮政编码　110164
办公电话　024-88085660

传真电话　024－88085700	固定资产总值(万元)　3184.86	专任教师(人)　147
校园(局域)网域名　www.lnxdfwxy.com	教学、科研仪器设备资产值(万元)　1000.95	其中:正高级　5
		副高级　26
占地面积(平方米)　133333	在校生数(人)　2678	中级　36
校舍建筑面积(平方米)　88589	其中:普通专科　2261	初级　35
图书(万册)　13.7	成人专科　417	未定职级　45

专科专业　财务信息管理、电脑艺术设计、公共关系、航空服务、酒店管理、连锁经营管理、旅游管理、烹饪工艺与营养、汽车技术服务与营销、人物形象设计、食品营养与检测、物流管理、营销与策划(拍卖与典当方向)

院系设置

设置1院4系,即继续教育学院、旅游航空系、艺术设计系、酒店管理系、商业管理系

学校设立奖学金情况

学校设立奖学金8项,奖励总金额107余万元。奖学金最高金额5000元/年,最低金额150元/年。

学校历史沿革

学院前身为辽宁省服务学校,始建于1985年。2004年学校通过资产置换建设新校区,不断深化教育教学改革,使学校由小变大,由弱变强。2006年经省教育厅评估,学校被确定为省级示范中等职业学校;2008年被评为国家级重点中等职业学校;2009年2月学校经辽宁省人民政府批准、国家教育部备案转制为辽宁现代服务职业技术学院。

辽宁冶金职业技术学院

学校(机构)标识码　4121014286	传真电话　0414－2217338	在校生数(人)　1183
学校办学类型　415:专科院校:高等职业学校	校园(局域)网域名　www.lnyj.net	其中:普通专科　980
	电子信箱　lnyjzyjsxybgs@126.com	成人专科　203
学校性质类别　02 理工院校	占地面积(平方米)　143666	专任教师(人)　198
学校举办者　811 省级教育部门	校舍建筑面积(平方米)　71423	其中:正高级　1
学校地址　辽宁省本溪市平山区环山路60号	图书(万册)　17.08	副高级　101
	固定资产总值(万元)　7764.13	中级　72
邮政编码　117022	教学、科研仪器设备资产值(万元)　3188.89	初级　22
办公电话　0414－2217338		未定职级　2

专科专业　材料工程技术、电气自动化技术、焊接技术及自动化、机电设备维修与管理、计算机控制技术、模具设计与制造、物流管理、冶金技术

院系设置

设置六系二部,冶金工程系、自动化控制系、机械工程系、机电工程系、信息工程系、管理工程系、基础部和思政部

学校设立奖学金情况

学院设立奖学金4项,奖励总金额为4余万元,奖学金最高金额为1000元/学年,最低金额为200元/学年。

学校历史沿革

辽宁冶金职业技术学院前身系本钢职工工学院(1956年成立独立设置的成人高校)。2008年7月,本钢集团公司将本钢内部的教学单位进行合并重组,在改善本钢职工工学院办学条件的基础上,申办辽宁冶金职业技术学院。2009年1月19日由省政府正式批准成立辽宁冶金职业技术学院,学制3年,办学规模3000人。

辽宁工程职业学院

学校(机构)标识码　4121014287	邮政编码　112000	图书(万册)　8.1
学校办学类型　415:专科院校:高等职业学校	办公电话　024－72230007	固定资产总值(万元)　23390
	传真电话　024－74561091	教学、科研仪器设备资产值(万元)　1677
学校性质类别　02 理工院校	校园(局域)网域名　www.lngczyxy.com	
学校举办者　821 地级教育部门	电子信箱　lngczyxy@vip.sina	在校生数(人)　950
学校地址　辽宁省铁岭市铁岭县凡河新区鸭绿江路18号	占地面积(平方米)　150722	其中:普通专科　950
	校舍建筑面积(平方米)　79696	专任教师(人)　134

| 其中:正高级 1 | 中级 33 | 未定职级 19 |
| 副高级 32 | 初级 49 | |

专科专业 电气自动化技术、焊接技术及自动化、会计电算化、机械设计与制造、汽车技术服务与营销、汽车检测与维修技术、市场营销、数控技术、通信技术、物流管理

院系设置
机械工程系、汽车工程系、电子工程系、财经管理系四个系

学校历史沿革
辽宁工程职业学院于2010年3月经辽宁省人民政府批准成立,是国家教育部备案的全日制普通高等专科学校。学校坐落于独具魅力的北方水城——铁岭市凡河新区教育园区。

辽宁城市建设职业技术学院

学校(机构)标识码	4121014288	传真电话	024-88797880	在校生数(人)	1477
学校办学类型	415:专科院校:高等职业学校	校园(局域)网域名	www.lncjxy.com	其中:普通专科	1477
学校性质类别	02 理工院校	电子信箱	lncjxy@163.com	专任教师(人)	185
学校举办者	812 省级其他部门	占地面积(平方米)	185480	其中:正高级	5
学校地址	辽宁省沈阳市沈北新区虎石台开发区蒲硕路88号	校舍建筑面积(平方米)	84110	副高级	47
邮政编码	110122	图书(万册)	12.93	中级	43
办公电话	024-88797880	固定资产总值(万元)	24085.69	初级	75
		教学、科研仪器设备资产值(万元)	1850.51	未定职级	15

专科专业 城镇规划、房地产经营与估价、工程测量技术、工程监理、工程造价、建筑工程技术、建筑工程技术(土木工程检测技术)、建筑设计技术、楼宇智能化工程技术、市政工程技术、市政工程技术(给排水与环境工程)、物业管理、装饰艺术设计

院系设置
市政工程系、建筑工程系、建筑与环境、建筑设备与工程测量系、房产与工程管理系

学校历史沿革
辽宁省城市建设学校于1982年经省政府批准成立,隶属于辽宁省建设厅,1985年开始招生,1994年被确立为省部级重点中专,2004年被国家教育部确定为国家级重点中等职业学校、全国建设人才工作先进单位、全国思想道德建设工作先进集体、全国职业院校学生工作创新十佳单位、辽宁省职业教育先进单位、辽宁省毕业生就业指导工作先进单位、辽宁省教育科研先进学校等多项称号;2005年被教育部、建设部选为"建设行业实施技能型紧缺人才示范性培养培训基地"。

辽宁卫生职业技术学院

学校(机构)标识码	4121014289	传真电话	024-89800920	在校生数(人)	3881
学校办学类型	415:专科院校:高等职业学校	校园(局域)网域名	lzygzy-edu.com	其中:普通专科	3745
学校性质类别	05 医药院校	电子信箱	lzyzjy-ywbgs@163.com	成人专科	136
学校举办者	811 省级教育部门	占地面积(平方米)	106610	专任教师(人)	165
学校地址	辽宁省沈阳市苏家屯区乔松路2号	校舍建筑面积(平方米)	70613	其中:正高级	10
邮政编码	110101	图书(万册)	27.76	副高级	38
办公电话	024-89800919	固定资产总值(万元)	10353.3	中级	98
		教学、科研仪器设备资产值(万元)	1483.74	初级	15
				未定职级	4

专科专业 护理、护理(英语班)、康复治疗技术、口腔医学技术、卫生检验与检疫技术、药品营销、药品质量检测技术、药物制剂技术、医疗保险实务、医疗器械营销、医事法律、医学生物技术、医学营养、医学影像技术、医药营销、针灸推拿、中草药炮制与加工技术、中药制药技术、中医美容技术

院系设置
学院设有五系二部,五系分别是医学技术系、药学系、生物技术系、护理系、卫生管理系;二部分别是:医学基础部、公共基

础部

国家级、省部级研究机构设置

1. 共有5个国家中医药局二级实验室,分别是药理实验室、分子生物学实验室、药物制剂实验室、免疫实验室、病理实验室。
2. 一个研究所:辽宁省基础医学研究所

定期公开出版的专业刊物 《中国中西医结合儿科学》

学校设立奖学金情况

学校设立奖学金1项,奖励总金额39.58元/年,最低金额100元/年。一等奖:750元/人,二等奖:500元/人,三等奖:260元/人,四等奖:150元/人,五等奖:100元/人。

主要校办产业

沈阳北方医药采购供应站、辽宁龙华印刷服务中心

学校历史沿革

辽宁省医学科学院(1978年-1984年);辽宁省卫生职工医学院(1984年-1993年);辽宁卫生职工医学院(1993年-2000年);辽宁中医学院职业技术学院(2000年-2006年);辽宁中医药大学职业技术学院(2006年-2010年);辽宁卫生职业技术学院(2010年3月)。

铁岭卫生职业学院

学校(机构)标识码 4121014290	校园(局域)网域名 www.lntlhc.com	在校生数(人) 1145
学校办学类型 415:专科院校:高等职业学校	电子信箱 tlwxxb1234@163.com	其中:普通专科 1145
	占地面积(平方米) 100050	专任教师(人) 190
学校性质类别 05 医药院校	校舍建筑面积(平方米) 72466	其中:正高级 21
学校举办者 822 地级其他部门	图书(万册) 11.42	副高级 89
学校地址 铁岭市银州区岭东街21号	固定资产总值(万元) 4198	中级 45
邮政编码 112008	教学、科研仪器设备资产值(万元) 977	初级 17
办公电话 024-72216895		未定职级 18
传真电话 024-72218356		

专科专业 护理、康复治疗技术、口腔医学技术、药学、医学检验技术、医学营养

院系设置

护理系、药学系、医学检验系、康复治疗技术系、口腔医学技术系、医学营养系

学校历史沿革

铁岭市卫生学校建校时间:一九七三年七月.在此基础上并于二0一0年三月十日由辽宁省人民政府发文成立了铁岭卫生职业学院辽政[2010]53号。

吉林大学

学校(机构)标识码 4122010183	电子信箱 pro514@jlu.edu.cn	成人本科 6870
学校办学类型 411:本科院校:大学	占地面积(平方米) 6109938	成人专科 9793
学校性质类别 01 综合大学	校舍建筑面积(平方米) 3382482	博士研究生 6569
学校举办者 360 教育部	图书(万册) 659.48	硕士研究生 18526
学校地址 吉林省长春市前进大街2699号	固定资产总值(万元) 632737.44	留学生 1547
	教学、科研仪器设备资产值(万元) 184444.07	专任教师(人) 4646
邮政编码 130012		其中:正高级 1449
办公电话 0431-85166467	在校生数(人) 84686	副高级 1516
传真电话 0431-85166279	其中:普通本科 39631	中级 1612
校园(局域)网域名 www.jlu.edu.cn	普通专科 1750	初级 69

本科专业 包装工程、播音与主持艺术、博物馆学、材料成型及控制工程、材料化学、材料科学与工程、材料物理、财务管理、财政学、测绘工程、测控技术与仪器、朝鲜语、车辆工程、档案学、地理科学、地理信息系统、地球物理学、地球物理学类新专业、地质工程、地质学、电气工程及其自动化、电子科学与技术、电子商务、电子信息工程、电子信息科学与技术、动物科学、动物医学、俄语、法学、放射医学、服装设计与工程、高分子材料与工程、工程管理、工程力学、工商管理、工业工程、工业设计、管理科学、光信息科学与技术、广播电视编导、广告学、国际经济与贸易、汉语言文学、行政管理、核物理、护理学、化学、化学工程与工艺、化学类新专业、环境工程、环境科学、会计学、绘画、机械工程及自动化、机械类新专业、计算机科学与技术、交通工程、交通运

输、金融学、经济学、勘查技术与工程、考古学、口腔医学、劳动与社会保障、理论与应用力学、历史学、临床医学、旅游管理、农林经济管理、农学、农业机械化及其自动化、农业资源与环境、热能与动力工程、人力资源管理、日语、软件工程、社会工作、社会体育、社会学、生物工程、生物技术、生物科学、生物医学工程、食品科学与工程、食品质量与安全、市场营销、数学与应用数学、水文与水资源工程、体育学类新专业、通信工程、统计学、土地资源管理、土木工程、微电子学、无机非金属材料工程、物理学、物流工程、物流管理、西班牙语、新闻学、信息工程、信息管理与信息系统、信息与计算科学、信用管理、药物制剂、药学、艺术设计、音乐表演、音乐学、英语、应用化学、应用物理学、应用心理学、预防医学、园艺、哲学、政治学与行政学、植物保护、制药工程、资源环境与城乡规划管理、资源勘查工程、自动化、作曲与作曲技术理论

专科专业 电脑艺术设计、电子信息技术及产品营销、工程测量技术、工程地质勘查、工程管理类新专业、广告设计与制作、机电一体化技术、计算机网络技术、计算机应用技术、酒店管理、汽车检测与维修技术、区域地质调查及矿产普查、商务英语、市场营销、水文地质与勘查技术、艺术设计、钻探技术

博士专业 比较文学与世界文学、病理学与病理生理学、病原生物学、材料加工工程、材料科学与工程新专业、材料物理与化学、材料学、测试计量技术及仪器、产业经济学、车辆工程、道路与铁道工程、地球化学、地球探测与信息技术、地质工程、地质学新专业、地质资源与地质工程新专业、第四纪地质学、电路与系统、动力机械及工程、动物学、动物遗传育种与繁殖、耳鼻咽喉科学、法律史、法学理论、放射医学、分析化学、妇产科学、概率论与数理统计、高分子化学与物理、公共管理新专业、构造地质学、古生物学与地层学(含:古人类学)、固体地球物理学、固体力学、管理科学与工程、光学、国际法学(含:国际公法、国际私法)、国际关系、国际政治、国外马克思主义研究、汉语言文字学、行政管理、化学新专业、环境工程、环境科学、环境科学与工程新专业、会计学、机械电子工程、机械工程新专业、机械设计及理论、机械制造及其自动化、基础兽医学、基础数学、基础医学新专业、计算机科学与技术新专业、计算机软件与理论、计算机系统结构、计算机应用技术、计算数学、技术经济及管理、交通信息工程及控制、交通运输工程新专业、交通运输规划与管理、金融学(含:保险学)、经济法学、经济思想史、考古学及博物馆学、科学技术哲学、控制理论与控制工程、口腔临床医学、矿产普查与勘探、矿物学、岩石学、矿床学、理论经济学、理论经济学新专业、理论物理、历史文献学(含:敦煌学、古文字学)、历史学新专业、粒子物理与原子核物理、临床兽医学、伦理学、马克思主义发展史、马克思主义基本原理、马克思主义哲学、马克思主义中国化研究、免疫学、民商法学(含:劳动法学)、社会保障、内科学、凝聚态物理、农业电气化与自动化、农业工程新专业、农业机械化工程、农业生物环境与能源工程、企业管理(含:财务管理、市场营销)、情报学、区域经济学、人口、资源与环境经济学、人口学、人体解剖与组织胚胎学、日语语言文学、社会保障、社会学、社会医学与卫生事业管理、神经病学、生理学、生物化学与分子生物学、生物物理学、声学、世界经济、世界史、兽医学新专业、数量经济学、数学新专业、水文学及水资源、思想政治教育、通信与信息系统、图书馆学、土地资源管理、外国哲学、外科学、微电子学与固体电子学、微生物学、微生物与生化药学、卫生毒理学、文艺学、无机化学、物理电子学、物理化学(含:化学物理)、物理学新专业、西方经济学、细胞生物学、宪法学与行政法学、刑法学、眼科学、药剂学、仪器科学与技术、应用化学、应用数学、有机化学、语言学与应用语言学、预防兽医学、原子与分子物理、运筹学与控制论、载运工具运用工程、政治经济学、政治学理论、政治学新专业、植物学、中国古代史、中国古代文学、中国近现代史、中国现当代文学、中国哲学、专门史

硕士专业 保险、比较文学与世界文学、病理学与病理生理学、病原生物学、材料加工工程、材料物理与化学、材料学、财政学(含:税收学)、草业科学、测试计量技术及仪器、产业经济学、车辆工程、传播学、大地测量学与测量工程、档案学、道路与铁道工程、地球化学、地球探测与信息技术、地图学与地理信息系统、地图制图学与地理信息工程、地质工程、地质学新专业、地质资源与地质工程新专业、第四纪地质学、电磁场与微波技术、电工理论与新技术、电力电子与电力传动、电路与系统、动力机械及工程、动物学、动物遗传育种与繁殖、动物营养与饲料科学、俄语语言文学、儿科学、儿少卫生与妇幼保健学、耳鼻咽喉科学、发酵工程、法律、法律史、法学、法学理论、法学新专业、法医学、翻译、防灾减灾工程及防护工程、放射医学、分析化学、服装设计与工程、妇产科学、概率论与数理统计、钢铁冶金、高等教育学、高分子化学与物理、工程、工程力学、工程热物理、工商管理、公共管理、公共管理新专业、构造地质学、古生物学与地层学(含:古人类学)、固体地球物理学、固体力学、管理科学与工程、管理科学与工程新专业、光学、光学工程、广播电视艺术学、国防经济、国际法学(含:国际公法、国际私法)、国际贸易学、国际商务、国际政治、国民经济学、国外马克思主义研究、海洋地质、汉语国际教育、汉语言文字学、行政管理、核技术及应用、后方专业勤务、护理、护理学、环境工程、环境科学、环境与资源保护法学、会计、会计学、机械电子工程、机械工程新专业、机械设计及理论、机械制造及其自动化、基础兽医学、基础数学、基础心理学、基础医学新专业、急诊医学、计算机科学与技术新专业、计算机软件与理论、计算机系统结构、计算机应用技术、计算数学、技术经济及管理、检测技术与自动化装置、交通信息工程及控制、交通运输工程新专业、交通运输规划与管理、教育、教育技术学、结构工程、金融、金融学(含:保险学)、经济法学、经济史、经济思想史、精密仪器及机械、军事法学、军事预防医学、康复医学与理疗学、考古学及博物馆学、科学技术哲学、科学社会主义与国际共产主义运动、课程与教学论、空间物理学、控制理论与控制工程、口腔临床医学、口腔医学、矿产普查与勘探、矿物学、岩石学、矿床学、劳动卫生与环境卫生学、理论经济学新专业、理论物理、历史文献学(含:敦煌学、古文字学)、粒子物理与原子核物理、临床检验诊断学、临床兽医学、临床医学、流行病与卫生统计学、流体力学、伦理学、麻醉学、马克思主义发展史、马克思主义基本原理、马克思主义哲学、马克思主义中国化研究、美术学、免疫学、民商法学(含:劳动法学)、社会保障、模式识别与智能系统、内科学、凝聚态物理、农药学、农业电气化与自动化、农业工程新专业、农业机械化工程、农业经济管理、农业昆虫与害虫防治、农业生物环境与能源工程、农业推广、皮肤病与性病学、企业管理(含:财务管理、市场营销)、桥梁与隧道工程、情报学、区域经济学、热能工程、人口、资源与环境经济学、人口学、人类学、人体解剖与组织胚胎学、日语语言文学、设计艺术学、社会保障、社会工作、社会

学、社会医学与卫生事业管理、神经病学、生理学、生物化学与分子生物学、生物医学工程、生药学、声学、食品科学、食品科学与工程、史学理论及史学史、世界经济、世界史、兽医、数量经济学、水利水电工程、水文学及水资源、思想政治教育、诉讼法学、体育、体育人文社会学、通信与信息系统、图书馆学、图书情报、土地资源管理、外国语言学及应用语言学、外国哲学、外科学、微电子学与固体电子学、微生物学、微生物与生化药学、卫生毒理学、文物与博物馆、文艺学、无机化学、无线电物理、物理电子学、物理化学(含:化学物理)、物理学新专业、西班牙语语言文学、西方经济学、系统工程、细胞生物学、宪法学与行政法学、新闻传播学、新闻学、新闻与传播、信号与信息处理、刑法学、亚非语言文学、岩土工程、眼科学、药理学、药物分析学、药物化学、药学、遗传学、艺术、音乐学、英语语言文学、营养与食品卫生学、影像医学与核医学、应用化学、应用经济学新专业、应用数学、应用统计、应用心理、应用心理学、有机化学、有色金属冶金、语言学与应用语言学、预防兽医学、原子与分子物理、运筹学与控制论、运动人体科学、载运工具运用工程、政治经济学、政治学理论、政治学新专业、植物病理学

院系设置

(一)学院：1.哲学社会学院 2.文学院 3.外国语学院 4.公共外语教育学院 5.艺术学院 6.体育学院 7.经济学院 8.法学院 9.行政学院 10.商学院 11.马克思主义学院 12.金融学院 13.数学学院 14.物理学院 15.化学学院 16.生命科学学院年 17.机械科学与工程学院 18.汽车工程学院 19.材料科学与工程学院 20.交通学院 21.生物与农业工程学院 22.管理学院 23.电子科学与工程学院 24.通信工程学院 25.计算机科学与技术学院 26.软件学院 27.地球科学学院 28.地球探测科学与技术学院 29.建设工程学院 30.环境与资源学院 31.仪器科学与电气工程学院 32.白求恩医学院 33.公共卫生学院 34.药学院 35.护理学院 36.第一临床医学院 37.第二临床医学院 38.第三临床医学医院 39.口腔医学院 40.畜牧兽医学院 41.植物科学学院 42.军需科技学院

(二)中心：1.公共计算机教学与研究中心 2.公共教学中心 3.实验动物中心

(三)其他：1.应用技术学院 2.工商管理学院 3.经济信息学院 4.珠海学院 5.东荣学院 6.莱姆顿学院

国家级、省部级研究机构设置

科研机构 社会科学 (一)教育部人文社会科学重点研究基地 1.东北亚研究中心 2.边疆考古研究中心 3.数量经济研究中心 4.理论法学研究中心 5.中国国有经济研究中心 6.哲学基础理论研究中心 (二)学校重点研究基地 1.社会公正与政府治理研究中心 2.创新管理研究中心 (三)实体研究机构 1.东北亚研究院 2.高等教育研究所 3.古籍研究所 4.中国文化研究所 5.国际关系研究所 6.南方研究院 7.中国特色社会主义理论体系研究中心 (四)非实体研究机构 1.社会发展研究中心 2.残疾人事业发展研究中心 3.东北历史与疆域研究中心 4.中国当代马克思主义文艺学研究中心 5.民族研究所 6.知识经济研究中心 7.欧洲研究中心 8.中日经济社会共同研究中心 9.金融研究院 10.农村金融研究中心 11.农村发展研究中心 12.东北亚地缘政治经济研究所 13.蒙古研究中心 14.中国人口老龄化与经济社会发展研究中心 15.日本研究中心 16.俄罗斯研究中心 17.朝鲜·韩国研究中心 18.中国与周边国家区域合作研究中心 19.妇女研究中心 20.创业研究中心 21.信息资源研究中心 22.粤港澳台区域合作与发展研究中心 23.中国科技政策与科技管理研究中心 24.文化遗产保护研究中心 25.吉林大学-加州州立大学中美比较管理联合研究中心 26.吉林省长吉图开发开放研究中心 27.吉林大学俄罗斯现代化研究中心

自然科学科研机构：(一)国家工程实验室(中心) 1.艾滋病疫苗国家工程试验室 2.长春市国家实验动物中心 3.国家863计划长春特种工程塑料研究开发中心 4.国家地球物理探测仪器工程技术研究中心 (二)国家重点实验室 1.集成光电子学国家重点联合实验室 2.超硬材料国家重点实验室 3.理论化学计算国家重点实验室 4.汽车仿真与控制国家重点实验室 5.无机合成与制备化学国家重点实验室 6.超分子结构与材料国家重点实验室 (三)教育部重点实验室 1.符号计算与知识工程教育部重点实验室 2.分子酶学工程教育部重点实验室 3.工程仿生教育部重点实验室 4.汽车材料教育部重点实验室 5.病理生物学教育部重点实验室 6.地球信息探测仪器教育部重点实验室 7.东北亚生物演化与环境教育部重点实验室 8.人兽共患病研究教育部重点实验室 9.相干光与原子分子光谱教育部重点实验室(筹) 10.地下水资源与环境教育部重点实验室 (四)行业部委开放/重点实验室 1.变质动力学及地质流体开放研究实验室 2.水资源评价管理系列模型开放研究实验室 3.分子生物学Ⅲ级实验室 4.中药化学实验室 5.中药药代动力学实验室 6.中药生物工程实验室 7.中药药理实验室 8.中药制剂实验室 9.免疫与分子生物学实验室 10.肿瘤细胞生物学实验室 11.地球探测技术及仪器实验室 12.功能矿物材料应用基础与物化性能检测方法开放研究实验室 13.复杂条件钻进技术开放研究实验室 14.现代地球物理仪器开放研究实验室 15.应用地球物理综合解释理论开放研究实验室 16.放射生物学重点实验室 17.计算机通信重点实验室 18.通信软科学重点实验室 19.通信新技术重点实验室 20.信息科学重点那实验室 (五)部级工程中心 1.汽车开发工程研究中心 2.特种工程塑料教育部工程中心 3.有机聚物光电材料 4.网络技术及应用软件 5.地热资源开发技术与装备 (六)吉林省工程研究/技术中心 1.汽车零部件制造技术工程研究中心 2.现代疫苗工程研究中心 3.组织修复与再生医学工程研究中心 4.网络技术及应用软件工程研究中心 5.吉林省动物生物工程研究中心 6.天然药物药理药效与应用开发工程研究中心 7.医用生物材料工程研究中心 8.功能食品工程研究中心 9.肿瘤疫苗工程研究中心 10.吉林省通信新技术工程研究中心 11.吉林省动物重大疫情诊断与防控中心 12.吉林省人参创新药物开发工程研究中心 13.吉林省现代检测技术工程研究中心 14.高压技术与功能材料工程技术中心 15.测控智能化仪器工程技术中心 16.金网格模具工程技术中心 17.干细胞工程研究中心 18.汽车材料工程研究中心 19.光谱分析仪器工程技术中心 20.智能信号识别设备工程技术研究中心 21.通信软件产品线工程技术研究中心 22.医学影像工程技术研究中心 23.吉林省兽药工程技术研究中心 (七)吉林省工程实验室 1.整车开发与底盘匹配工程实验室 2.仿生工程实验室 3.生物催化与生物转化工程实验室 4.特种工程塑料工程实验室 5.汽车传动工程实验室 6.有机白光照明工程实验室 7.中草药道地性保护研究工程实验室 8.吉林省社区人群健康护理工程实验室 (八)吉林省科技创新中心 1.吉林省特种工程塑料科技创新中心 2.吉

省网络通信软件科技创新中心 3. 吉林省纳米孔材料科技创新中心 4. 吉林省地球探测仪器装备科技创新中心 5. 吉林省工程仿生科技创新中心 6. 吉林省干细胞组织工程技术中心 7. 吉林省生物纳米分子临床诊断创新平台建设 8. 吉林省生物治疗科技创新中心建设 9. 吉林省先进控制与自主系统科技创新中心建设（九）吉林省重点实验室 1. 吉林省车辆零部件先进制造技术及系统重点实验室 2. 吉林省工程仿生重点实验室 3. 吉林省生物识别新技术重点实验室 4. 吉林省道路交通创新重点实验室 5. 吉林省重大疾病分子与化学与遗传学重点实验室 6. 吉林省酵母表达重组蛋白药物研发重点实验室 7 吉林省临床分子医学重点实验室 8. 吉林省水资源与水环境重点实验室 9. 吉林省牙发育及颌骨重塑与再生重点实验室 10. 应用有机化学重点实验室 11. 生物制药工程重点实验室 12. 软件新技术重点实验室 13. 表面与界面化学重点实验室 14. 汽车能源与动力重点实验室 15. 智能化农业装备与技术重点实验室 16. 工程装备先进设计制造技术重点实验室 17. 水资源与水环境重点实验室 18. 动物胚胎工程重点实验室 19. 神经病学和神经病科学重点实验室 20. 油页岩与共生矿产成矿及勘查开发实验室 21. 组织修复与重建实验室 22. 数量化科学计算实验室 23. 吉林省作物基因工程重点实验室 24. 血液病和肿瘤学实验室 25. 金属矿产资源勘查技术与评价工程研究中心（十）校属处级单位 1. 原子与分子物理研究所 2. 古生物学与地层学研究中心 3. 光谱分析仪器工程技术中心 4. 数学研究所 5. 辊锻工艺研究所 6. 再生医学研究所 7. 综合信息矿产预测研究所 8. 链传动研究所 9. 超塑性与塑性研究所 10. 理论化学研究所 11. 人兽共患病研究所 12. 吉林大学—佐治亚理工学院数学研究所（十一）院属处级单位 1. 水资源与环境研究所 2. 农业机械工程研究院 3. 计算机科学技术研究所 4. 吉林大学汽车运输工程研究所 5. 吉林省地面机械仿生技术与仿生功能材料中试基地 6. 吉林大学前列腺疾病防治中心 7. 智能仪器与测控技术研究所 8. 吉林大学组合化学药物研发中心 9. 吉林大学理论物理中心 10. 吉林大学车辆检测技术研究与开发中心（十二）非实体机构 1. 病理学吉林省重点实验室 2. 吉林省中医药科研实验室微生物二级实验室 3. 吉林省卫生厅病原生物学重点实验室 4. 吉林省卫生厅病理生物学重点实验室 5. 吉林省中药管理局基因工程制药二级实验室 6. 吉林省药物研发重点实验室 7. 吉林省中药药理学二级实验室 8. 病理生理实验室 9. 吉林省卫生厅神经生物学重点实验室 10. 吉林省中医药科研实验室 11. 吉林省中药管理局中药生化与生物工程二级实验室 12. 吉林省医学蛋白质及蛋白质组学重点实验室 13. 吉林省神经免疫与临床免疫重点实验室 14. 吉林省中医药科研实验室病理学二级实验室 15. 吉林省中医药科研实验室寄生虫二级实验室 16. 吉林省生殖医学研究所 17. 吉林省中医药组织化学与细胞化学二级实验室 18. 吉林省神经病学重点实验室 19. 吉林省整形外科重点实验室 20. 吉林省血液肿瘤病重点实验室 21. 吉林省传染病重点实验室 22. 吉林省眼病防治中心 23. 吉林省生物治疗与基因诊断实验室 24. 口腔生物医学工程吉林省重点实验室 25. 吉林省神经病外科重点实验室 26. 吉林省呼吸病研究所 27. 吉林省耳鼻喉－头颈外科重点实验室 28. 吉林省肝病重点实验室 29. 吉林省卫生厅肾病重点实验室 30. 吉林省儿科病重点实验室 31. 吉林省泌尿外科重点实验室 32. 吉林省普通外科重点实验室 33. 吉林大学第二医院基质金属蛋白质白酶研究室 34. 吉林省优生与生殖医学研究室 35. 吉林省围产医学中心 36. 吉林省皮肤性病防治研究所 37. 吉林省创伤骨科重点实验室 38. 吉林大学第二医院中心实验室 39. 吉林省心血管病研究所 40. 吉林省乳腺病研究所 41. 吉林大学手外科研究中心 42. 吉林省临床分子生物学重点实验室 43. 吉林省消化系病重点实验室 44. 吉林省创伤骨科研究所 45. 卫生毒理学重点实验室 46. 基因组医学研究中心 47. 预防医学研究所 48. 吉林省医学影像重点实验室 49. 吉林省肾脏移植与血液净化研究中心 50. 吉林省外科研究所 51. 耳鼻喉－头颈外科研究中心 52. 吉林省放射介入研究所 53. 国家药物临床试验 54. 吉林省中医药管理局中药药理二级实验室 55. 吉林大学卫生检测中心 56. 卫生部放射医学研究所 57. 液力机械传动研究所 58. 动物胚胎工程中心 59. 汽车研究所 60. 内燃机研究所 61. 动物重要病原与疫病研究室 62. 动物营养代谢病与中毒研究室 63. 吉林大学工程装备实验室 64. 拖拉机研究所 65. 吉林大学车辆产品检测实验室 66. 拖拉机研究所 67. 营养与功能食品研究室 68. 吉林大学汽车空气动力学研究室 69. 吉林大学先进制造技术实验室 70. 吉林大学轿车车型开发中心 71. 吉林省汽车发动机节油与净化技术实验室 72. 吉林大学 CATIAj 技术中心 73. 长春市内燃机产品质量监督检测中心内燃机检测室 74. 机械工业拖拉机农用运输车产品质量监督检测中心内燃机检测室 75. 西门子－吉林大学汽车电控技术实验室 76. 生物大分子研究所 77. 吉林大学机电设备研究所 78. 智能运输系统研究与开发中心 79. 无模成型技术开发中心 80. 吉林大学 Edmond H. Fischer 细胞信号传导实验室 81. 原子核科学与技术研究中心 82. 植物分子生物学研究室 83. 吉林大学现代物流研究所 84. 生物种质资源用与利用研究室 85. 有害生物综合防治研究室 86. 农业生态与环境研究室 87. 吉林省实验动物质量检测中心 88. 吉林大学结构工程研究所 89. 声息与微波技术研究所 90. 吉林大学北方交通灾害研究所 91. 汽车交通安全研究所 92. 吉林省振动冲击与噪声公害治理技术中心 93. 吉林省车辆综合性能检测中心站 94. 环境科学与技术研究所 95. 地球物理研究所 96. 环境工程研究所 97. 工程地质工程与岩土工程研究所 98. 自动化研究所 99. 能源地质研究所 100. 油气与盆地研究所 101. 吉林大学工程技术研究所 102. 数字地学研究中心 103. 环境地质灾害研究所 104. 勘查工程研究所 105. 信息检测技术研究所 106. 水利工程研究所 107. 微弱信号检测与估计实验室 108. 吉林大学环境影响评价室 109. 遥感应用研究所 110. 水科学与技术研究所 111. 应用地球化学研究室 112. 麦克德尔米德实验室 113. 吉林大学钻智基因工程药物研究中心 114. X 射线 射中心 115. 吉林大学振动与噪声研究中心 116. 吉林大学－上海医药集团(有限)公司创新药物研究联合实验室 117. 吉林大学－悉尼大学呼吸道疾病联合研究中心 118. 吉林大学油页岩实验中心 119. 国家 863 计划长春特种工程塑料研究开发中心 120. 海洋油气资源研究中心 121. 国家地球物理探测仪器工程技术研究中心珠海分中心 122. 吉林大学转化医学研究院 123. 吉林大学－悉尼大学呼吸道疾病联合研究中心 124. 吉林大学汽车研究院 125. 地下能源与废物处置研究所

博士后科研流动站 1. 哲学 2. 理论经济学 3. 应用经济学 4. 法学 5. 政治学 6. 马克思主义理论 7. 中国语言文学 8. 历史学 9. 数学 10. 物理学 11. 化学 12. 地质学 13. 生物学 14. 力学 15. 机械工程 16. 社会学 17. 管理科学与工程 18. 水利工程 19. 公共卫

生与预防医学 20. 仪器科学与技术 21. 材料科学与工程 22. 动力工程及工程热物理 23. 电子科学与技术 24. 控制科学与工程 25. 计算机科学与技术 26. 地质资源与地质工程 27. 交通运输工程 28. 农业工程 29. 环境科学与工程 30. 兽医学 31. 基础医学 32. 临床医学 33. 口腔医学 34. 工商管理 35. 公共管理 36. 地球物理学 37. 信息与通信工程

定期公开出版的专业刊物 1.《吉林大学社会科学学报》2.《史学集刊》3.《人口学刊》4.《现代日本经济》5.《东北亚论坛》6.《法制与社会发展》7.《当代法学》8.《情报科学》9.《高教研究与实践》(内部资料) 10.《中风与神经病杂志》11.《情报科学》12.《国际老年医学杂志》13.《东北亚地学研究》14.《世界地质》(中文版、英文版) 15.《数学研究通信》16.《临床肝胆病杂志》17.《中国实验诊断学》18.《仿生工程学报》19.《高等学校化学学报》20.《高等学校化学研究》21. 吉林大学学报(理学版) 22. 吉林大学学报(地球科学版) 23. 吉林大学学报(工学版) 24. 吉林大学学报(医学版) 25. 吉林大学学报(信息科学版) 26. 中国兽医学报

学校设立奖学金情况
学校设立奖学金 6 项,奖励总金额 1300 余万元。奖学金最高金额 2000 元/人,最低金额 300/人。其中:
一等奖学金 1913 人(每人 2000 元);
二等奖学金 3825 人(每人 1000 元);
三等奖学金 5736 人(每人 500 元);
单项奖学金 3825 人(每人 300 元);
校优秀学生干部奖学金 1146 人(每人 600 元);
院优秀学生干部奖学金 2008 人(每人 300 元)。
社会奖(助)学金设立情况:共有 50 多家国内外知名企业或个人在我校设立了社会奖学金,每年奖((助)总金额达到 500 余万元。

主要校办产业
1. 吉林吉大控股有限公司 2. 吉林长邮通信建设股份有限公司 3. 长春电信工程设计院股份有限公司 4. 白求恩医科大学制药厂 5. 吉林省吉大机电设备有限公司 6. 吉林大学辊锻件厂 7. 吉林大学同拓高科技发展中心 8. 吉林大学科教仪器厂 9. 长春吉大 小天鹅仪器有限公司 10. 长春吉大天元化学技术股份有限公司 11. 吉林公卫药物安评有限公司 12. 吉林吉大文化传播有限公司

学校历史沿革
原吉林大学的前身是创建于 1946 年的东北行政学院;原吉林工业大学的前身是 1955 年建立的长春汽车拖拉机学院;原白求恩医科大学的前身是 1939 年建立的晋察冀军区白求恩卫生学校;原长春科技大学的前身是创建于 1951 年的长春地质学校;原长春邮电学院的前身是 1947 年建立的东北邮电学校;原中国人民解放军军需大学的前身是 1953 年创建的中国人民解放军兽医大学。原吉林大学 1946 年建校;原吉林工业大学 1955 年建校;原白求恩医科大学 1939 年建校;原长春科技大学 1951 年建校;原长春邮电学院 1947 年建校;原中国人民解放军军需大学 1953 年建校。原吉林大学 1950 年更名为东北人民大学,1958 年更名为吉林大学;原吉林工业大学 1958 年更名;原白求恩医科大学 1978 年更名;原长春科技大学 1996 年更名;原长春邮电学院 1960 年更名;原中国人民解放军军需大学 1999 年更名。合并前校名:吉林大学、吉林工业大学、白求恩医科大学、长春科技大学、长春邮电学院、中国人民解放军军需大学。合并后校名:吉林大学 合并时间:2000 年 6 月 12 日,原吉林大学、吉林工业大学、白求恩医科大学、长春科技大学、长春邮电学院、中国人民解放军军需大学 2004 年 8 月 29 日,原中国人民解放军军需大学并入吉林大学。

延边大学

学校(机构)标识码 4122010184	占地面积(平方米) 2543772	成人专科 7395
学校办学类型 411:本科院校:大学	校舍建筑面积(平方米) 741301	博士研究生 196
学校性质类别 01 综合大学	图书(万册) 222.95	硕士研究生 3372
学校举办者 811 省级教育部门	固定资产总值(万元) 58324.93	留学生 556
学校地址 吉林省延吉市公园路 977 号	教学、科研仪器设备资产值(万元) 23808.63	专任教师(人) 1989
邮政编码 133002		其中:正高级 289
办公电话 0433 - 2732052	在校生数(人) 36242	副高级 648
传真电话 0433 - 2719618	其中:普通本科 17031	中级 714
校园(局域)网域名 www.ybu.edu.cn	普通专科 953	初级 210
电子信箱 president@ybu.edu.cn	成人本科 6739	未定职级 128

本科专业 表演、朝鲜语、德语、地理科学、地理信息系统、电气信息类、电子信息工程、动物科学、动物医学、对外汉语、俄语、法学、工商管理、工业设计、国际经济与贸易、国际政治、汉语言、汉语言文学、护理学、化学、化学工程与工艺、环境科学、会计学、绘画、机械类、机械设计制造及其自动化、计算机科学与技术、建筑学、教育技术学、经济学、经济学类、口腔医学、历史学、临床医学、旅游管理、麻醉学、美术学、农林经济管理、农学、农业机械化及其自动化、日语、社会学、生物工程、生物技术、食品科学与工程、市场营销、数学与应用数学、数字媒体技术、思想政治教育、体育教育、通信工程、统计学、土木工程、舞蹈学、物理学、物理学类、心理学、新闻学、信息管理与信息系统、药物制剂、药学、药学类、艺术设计、音乐表演、音乐学、英语、应用化学、预防

医学、园林、园艺、运动训练、政治学类、政治学与行政学、中国少数民族语言文学、中医学、作曲与作曲技术理论

专科专业 初等教育、护理

博士专业 病理学与病理生理学、动物遗传育种与繁殖、内科学、生理学、世界史、亚非语言文学、药物化学、有机化学

硕士专业 比较文学与世界文学、病理学与病理生理学、病原生物学、草业科学、动物遗传育种与繁殖、动物营养与饲料科学、儿科学、法律、法医学、翻译、分析化学、妇产科学、高分子化学与物理、工程、光学、国际政治、果树学、汉语言文字学、护理、护理学、机械设计及理论、基础兽医学、基础数学、急诊医学、计算机应用技术、教育、教育学原理、结构工程、课程与教学论、理论物理、临床医学、麻醉学、马克思主义基本原理、马克思主义民族理论与政策、马克思主义中国化研究、美术学、免疫学、民商法学(含:劳动法学)、社会保障、民族学、内科学、农业推广、企业管理(含:财务管理、市场营销)、人体解剖与组织胚胎学、人文地理学、日语语言文学、生理学、生物化学与分子生物学、生药学、世界经济、世界史、兽医、思想政治教育、特种经济动物饲养(含:蚕、蜂等)、体育、体育教育训练学、外国语言学及应用语言学、外国哲学、外科学、卫生毒理学、无机化学、舞蹈学、物理化学(含:化学物理)、宪法学与行政法学、亚非语言文学、眼科学、药剂学、药理学、药物分析学、药物化学、药学、艺术、音乐学、影像医学与核医学、有机化学、预防兽医学、中国古代文学、中国少数民族经济、中国少数民族史、中国少数民族艺术、中国现当代文学、中西医结合临床、专门史、作物遗传育种、作物栽培学与耕作学

院系设置

经济管理学院、法学院、师范学院、体育学院、人文社会科学学院、朝鲜-韩国学学院、汉语言文化学院、外国语学院、艺术学院、美术学院、理学院、工学院、农学院、基础医学院、临场医学院、中医学院、药学院、护理学院、科学技术学院、成人教育学院

国家级、省部级研究机构设置

教育部:长白山生物功能因子省部共建教育部重点实验室、中国社会科学院中国边疆史地研究中心基地:东北边疆地区国情调研基地,吉林省哲学社会科学重点研究基地:渤海文化研究中心、朝鲜半岛研究中心、教育厅:良种肉牛选育吉林省高等学校工程研究中心、免疫生物学吉林省重点实验室 教育部省属高校人文社会科学重点研究基地、吉林省教育厅人文社会科学重点研究基地:朝鲜-韩国研究中心

博士后科研流动站 亚非语言文学、化学

定期公开出版的专业刊物 《延边大学学报(哲学社会科学版)》、《延边大学学报(理工学科版)》、《延边大学学报(农学版)》、《延边大学学报(医学版)》、《汉语学习》、《东疆学刊》

学校设立奖学金情况

学校设立奖学金96项,奖励总金额1024.36万元。

主要校办产业

草仙药业、延大设计院、延大纯净水厂

毕业生一次就业率 67.8%

学校历史沿革

延边大学成立于1949年3月20日,是中国共产党亲手创建的一所以培养朝鲜族为主,同时培养汉族及其他少数民族各类高级专门人才为目标的省属重点综合性民族大学。建校初期,学校设有文学部、理工学部、医学部和农业专科。后经院系调整,将学部、专科发展成为师范学院、工学院、医学院、农学院。1958年,经中共吉林省委批准,延边大学一分为四,分别成立了延边大学、延边医学院、延边农学院和延边工学院。1959年,延边工学院重新并入延边大学。1983年1月和1988年6月,分别成立了延边师范高等专科学校和吉林艺术学院延边分院。1996年4月16日,经国家教委批准(教计[1996]49号),延边大学、延边医学院、延边农学院、延边师范高等专科学校、吉林艺术学院延边分院合并为新的延边大学。同时,将国家教委1991年批准(教外美[1991]239号)举办的延边地区中外合作办学机构-延边科技大学(筹)并入延边大学。

长春理工大学

学校(机构)标识码 4122010186
学校办学类型 411:本科院校:大学
学校性质类别 02 理工院校
学校举办者 811 省级教育部门
学校地址 吉林省长春市卫星路7089号
邮政编码 130022
办公电话 0431-85384644
传真电话 0431-85383815
校园(局域)网域名 www.cust.edu.cn
电子信箱 xiaoban@cust.edu.cn
占地面积(平方米) 800464
校舍建筑面积(平方米) 665530
图书(万册) 204.29
固定资产总值(万元) 123019.28
教学、科研仪器设备资产值(万元) 25570.79
在校生数(人) 32061
其中:普通本科 17469
成人本科 4525
成人专科 6131
博士研究生 346
硕士研究生 3355
留学生 235
专任教师(人) 1288
其中:正高级 172
副高级 415
中级 603
初级 98

本科专业 材料化学、测控技术与仪器、朝鲜语、电气工程及其自动化、电子科学与技术、电子信息工程、电子信息科学与技术、对外汉语、俄语、法学、工商管理、工业设计、光电信息工程、光电子材料与器件、光电子技术科学、光信息科学与技术、广告学、国际经济与贸易、过程装备与控制工程、汉语言文学、化学工程与工艺、环境工程、环境科学、会计学、机械电子工程、机械设计制造及其自动化、计算机科学与技术、金融工程、经济学、劳动与社会保障、日语、软件工程、社会工作、生物工程、生物技术、

生物医学工程、市场营销、探测制导与控制技术、通信工程、网络工程、微电子学、无机非金属材料工程、新能源材料与器件、信息对抗技术、信息管理与信息系统、信息与计算科学、艺术设计、英语、应用化学、应用物理学、自动化

博士专业 材料物理与化学、测试计量技术及仪器、光学、光学工程、机械电子工程、机械设计及理论、机械制造及其自动化、通信与信息系统、物理电子学、仪器科学与技术

硕士专业 材料加工工程、材料物理与化学、材料学、产业经济学、等离子体物理、电子科学与技术、工程、工商管理、管理科学与工程、光学、光学工程、汉语言文字学、机械电子工程、机械设计及理论、机械制造及其自动化、计算机软件与理论、计算机系统结构、计算机应用技术、检测技术与自动化装置、理论物理、马克思主义理论、模式识别与智能系统、凝聚态物理、企业管理(含：财务管理、市场营销)、生物医学工程、外国语言学及应用语言学、微电子学与固体电子学、无机化学、物理电子学、物理化学(含：化学物理)、宪法学与行政法学、信息与通信工程、仪器科学与技术、应用化学、原子与分子物理

院系设置

理学院、光电工程学院、机电工程学院、电子信息工程学院、计算机科学技术学院、软件学院、材料科学与工程学院、化学与环境工程学院、生命科学技术学院、经济管理学院、外国语学院、文学院、法学院、马克思主义学院、应用技术学院、成人教育学院、国际教育交流学院、军体部、国防科学技术学院

国家级、省部级研究机构设置

1. 研究所(中心)：光电子科学研究所、激光技术研究所、光电技术研究所、航天技术研究所、机电技术研究所、先进制造技术研究所、机械工程实验教学中心、计算机与信息技术研究所、应用电子技术研究所、光电测试分析中心、科技创新中心、材料研究所、化学与环境工程研究所、生物医学研究所、经济管理研究所、东北亚比较法研究所、马克思主义理论研究中心、纳米技术研究中心、空间光电技术研究所、法学中心、高等教育发展战略研究所、国际纳米光子学与生物光子学联合研究中心、高功率半导体激光国家重点实验室、空地激光通信技术国防重点学科实验室、光电测控与光信息传输技术教育部(直属)重点实验室、光电功能材料吉林省重点实验室、精密与特种加工技术吉林省重点实验室、吉林省空间光电技术重点实验室、吉林省光电检测装备工程实验室、吉林省生物检测工程实验室、光电功能材料教育部工程研究中心、吉林省光电测控仪器工程技术研究中心、吉林省空间光电技术工程中心、吉林省特种电影技术及装备工程研究中心、吉林省半导体激光技术工程研究中心、吉林省激光加工高等学校工程研究中心、吉林省光机电一体化研究与设计科技创新中心、吉林省网络数据库应用软件科技创新中心、激光加工长春市科技创新中心、数字化制造长春市科技创新中心、科技部国际科技合作基地(光学领域)

2. 国家重点实验室：高功率半导体激光国家重点实验室

3. 博士后流动站：光学工程博士后科研流动站、物理学博士后科研流动站、机械工程博士后科研流动站、电子科学与技术博士后科研流动站、仪器科学与技术博士后科研流动站、信息与通信工程博士后科研流动站

定期公开出版的专业刊物 《长春理工大学学报》、《光学精密机械》、《应用写作》

学校设立奖学金情况

学校设立奖学金10项,奖励总金额800余万元。奖学金最高金额5000元/年,最低金额300元/年。

1. 普通奖学金5000元/人·年(博士409元/人·月；硕士一等269元/人·月,二等249元/人·月,三等229元/人·月)。
2. 优秀奖学金1500元/人·年。
3. 优秀干部奖学金1000元/人·年。
4. 优秀论文奖学金500元/人·年。
5. 优秀新生奖学金500元/人·年。
6. 社会工作奖学金300元/人·年。
7. 文体活动奖学金300元/人·年。
8. 社会实践奖学金300元/人·年。
9. 优秀科技创新奖学金1000元/人·年。
10. 优秀毕业研究生奖学金2000元/人·年。

学校设立本专科学生奖学金

优秀学生奖学金奖励总金额500余万元,校长奖学金3000元/人·年,一等奖学金1800/人·年,二等奖学金1200元/人·年,三等奖学金600元/人·年,单项奖学金200元/人·年。

主要校办产业

长春理工大学资产经营有限公司

毕业生一次就业率 95%

学校历史沿革

长春理工大学(原长春光学精密机械学院)是1958年由中国科学院创办的一所理工科高等院校。著名科学家、两院院士王大珩先生为学校创始人,并担任第一任院长,现任名誉校长。学校先后隶属于中国科学院、国防科工委、第五机械工业部、兵器部、机电部、中国兵器工业总公司,1999年4月该由国防科工委与吉林省共建,以吉林省管理为主。2000年8月长春建筑材料工业学校并入长春光学精密机械学院。2002年4月经教育部批准更名为长春理工大学。2007年6月吉林省电信培训中心并入长春理工大学。目前,学校已经发展成为以光电技术为特色,光、机、电、算、材相结合为优势,工、理、文、经、法多学科多层次协调发展的一所多学科大学。

东北电力大学

学校(机构)标识码 4122010188	学校地址 吉林省吉林市长春路169号	传真电话 0432-64883102
学校办学类型 411:本科院校:大学	邮政编码 132012	校园(局域)网域名 www.nedu.edu.cn
学校性质类别 02 理工院校	办公电话 0432-64806433	电子信箱 xybgs@mail.nedu.edu.cn
学校举办者 811 省级教育部门		占地面积(平方米) 799900

校舍建筑面积（平方米） 504599　　其中：普通本科 15180　　专任教师（人） 888
图书（万册） 129.28　　　　　　　普通专科 1712　　　其中：正高级 143
固定资产总值（万元） 93970.15　　成人本科 5109　　　　　副高级 292
教学、科研仪器设备资产值（万元）　成人专科 1491　　　　　中级 350
　　　　　　　　　16252　　　　硕士研究生 1572　　　　初级 97
在校生数（人） 25142　　　　　　留学生 78　　　　　　　未定职级 6

本科专业 材料成型及控制工程、测控技术与仪器、电气工程及其自动化、电子信息工程、电子信息科学与技术、动画、风能与动力工程、服装设计与工程、给水排水工程、工程管理、工商管理、广播电视编导、国际经济与贸易、核工程与核技术、环境工程、会计学、机械设计制造及其自动化、计算机科学与技术、建筑环境与设备工程、轻化工程、热能与动力工程、日语、软件工程、社会工作、社会体育、生物工程、市场营销、数学与应用数学、通信工程、土木工程、信息管理与信息系统、信息与计算科学、艺术设计、英语、应用化学、自动化

专科专业 发电厂及电力系统、高压输配电线路施工运行与维护、供用电技术、火电厂集控运行、机电一体化技术

硕士专业 测试计量技术及仪器、电工理论与新技术、电机与电器、电力电子与电力传动、电力系统及其自动化、电气工程、动力工程、动力工程及工程热物理、动力机械及工程、防灾减灾工程及防护工程、高电压与绝缘技术、工程热物理、供热、供燃气、通风及空调工程、化学工程、环境工程、机械制造及其自动化、计算机技术、计算机应用技术、技术经济及管理、检测技术与自动化装置、建筑与土木工程、结构工程、控制工程、控制科学与工程、控制理论与控制工程、流体机械及工程、马克思主义基本原理、模式识别与智能系统、企业管理（含：财务管理、市场营销）、热能工程、设计艺术学、思想政治教育、通信与信息系统、系统工程、项目管理、应用化学、应用数学、制冷及低温工程

院系设置
电气工程学院、能源与动力工程学院、自动化工程学院、化学工程学院、经济管理学院、建筑工程学院、信息工程学院、机械工程学院、理学院、外国语学院、艺术学院、输变电技术学院、社会科学学院、体育学院、媒体技术与传播系、国际交流学院、成人教育学院、研究生部

国家级、省部级研究机构设置
1 实验室：现代电力系统仿真控制与绿色电能新技术省部共建教育部重点实验室、现代电力系统仿真控制与绿色电能新技术吉林省高等学校重点实验室、吉林省现代电力系统仿真控制与绿色电能新技术重点实验室、吉林省电力变流技术与电气节能工程实验室、吉林省流体机械安全节能技术工程实验室、吉林省节能与测控技术工程实验室

2. 研究中心（所）：油页岩综合利用教育部工程研究中心、能源有效利用与油页岩综合开发技术吉林省高等学校工程研究中心、电站水处理技术工程研究中心吉林省高等学校工程研究中心、服饰文化研究中心吉林省高等学校重点文科基地、吉林省油页岩综合利用科技创新中心、吉林省油页岩综合利用工程研究中心、吉林省风力发电联网运行与控制技术工程研究中心、吉林省电力电子产业公共技术研发中心

定期公开出版的专业刊物 《东北电力大学学报》（自然科学版）

学校设立奖学金情况
学校设立奖学金10项，奖励总金额460余万元，奖学金最高金额8000元/年，最低金额400元/年。

学校历史沿革
沈阳电机高级职业技术学校（1949年）、长春电机高级职业学校（1949－1952）、长春电业技术学校（1952－1953）、长春电力工业学校（1953－1954）、长春电力学校（1954－1955）、吉林电力学校（1955－1958）、吉林电力学院（1958－1978）、东北电力学院（1978－2005）、东北电力大学（2005年至今）。

长春工业大学

学校（机构）标识码 4122010190　　电子信箱 dwbgs@mail.china.com　　成人本科 6203
学校办学类型 411：本科院校：大学　　占地面积（平方米） 813728　　　　成人专科 7090
学校性质类别 02 理工院校　　　　　校舍建筑面积（平方米） 441429　　硕士研究生 1718
学校举办者 811 省级教育部门　　　图书（万册） 117.88　　　　　　　留学生 16
学校地址 长春市朝阳区延安大街　　固定资产总值（万元） 77776.7　　专任教师（人） 1067
　　　　2055号　　　　　　　　　教学、科研仪器设备资产值（万元）　其中：正高级 133
邮政编码 130012　　　　　　　　　　　　　　　14493.85　　　　　　副高级 334
办公电话 0431-85716234　　　　　在校生数（人） 31246　　　　　　中级 479
传真电话 0431-85952413　　　　　其中：普通本科 14113　　　　　　初级 121
校园（局域）网域名 www.ccut.edu.cn　普通专科 2106

本科专业 材料成型及控制工程、材料物理、财务管理、测控技术与仪器、电气工程及其自动化、电子商务、电子信息工程、动画、俄语、法学、纺织工程、服装设计与工程、高分子材料与工程、工商管理、工业工程、工业设计、公共事业管理、广播电视编导、广告学、国际经济与贸易、化学、化学工程与工艺、环境工程、会计学、机械电子工程、机械工程及自动化、计算机科学与技术、教育技术学、金融学、金属材料工程、劳动与社会保障、日语、软件工程、社会工作、生物工程、生物技术、生物医学工程、食品科学与工程、市场营销、统计学、网络工程、信息管理与信息系统、信息与计算科学、艺术设计、英语、制药工程、资源循环科学与工程、自动化

专科专业 电子商务、计算机网络技术、计算机信息管理、计算机应用技术、软件技术、商务英语、数控技术、图形图像制作、网络系统管理、信息安全技术、证券投资与管理

硕士专业 材料工程、材料加工工程、材料物理与化学、材料学、测试计量技术及仪器、电力电子与电力传动、电气工程、电子与通信工程、纺织工程、高分子化学与物理、工商管理、工业催化、工业设计工程、管理科学与工程、国际贸易学、行政管理、化学工程、化学工艺、机械电子工程、机械工程、机械设计及理论、机械制造及其自动化、计算机软件与理论、计算机应用技术、检测技术与自动化装置、控制工程、控制理论与控制工程、马克思主义基本原理、马克思主义中国化研究、民商法学(含:劳动法学)、社会保障、设计艺术学、社会保障、社会工作、社会学、生物化工、食品工程、食品科学、思想政治教育、外国语言学及应用语言学、物流工程、信号与信息处理、应用化学、应用数学、有机化学

院系设置
机电工程学院、材料科学与工程学院、电气与电子工程学院、计算机科学与工程学院、工商管理学院、化学工程学院、化学与生命科学学院、基础科学学院、人文学院、外国语学院、艺术设计学院、信息传播工程学院、纺织服装学院、软件学院、政治与行政学院、高等职业技术学院、软件职业技术学院、继续教育学院、研究生学院

国家级、省部级研究机构设置
学校拥有的部、省级重点实验室、教育部先进结构材料重点实验室、教育部合成树脂与特种纤维工程研究中心、国家级综合性工程训练实验教学中心、吉林省高性能强韧化工程材料重点实验室、吉林省工业节能科技创新中心、吉林省合成树脂与化学纤维科技创新中心、吉林省合成树脂与特种纤维工程研究中心、吉林省新型结构材料及加工技术工程实验室、吉林省产业发展与企业环境研究中心、吉林省石化资源与生物质综合利用工程实验室、吉林省人才测评研究中心、吉林产业发展与企业环境研究中心、吉林省民生问题研究中心

定期公开出版的专业刊物 《长春工业大学学报》(自然科学版)、《长春工业大学学报》(社会科学版)、《长春工业大学学报》(高教研究版)

学校设立奖学金情况
学校设立优秀大学生奖学金奖励总金额400余万元。最低金额200元/年。

学校历史沿革
长春工业大学始建于1952年,初期是国家为筹建中国第一汽车制造厂而创办的长春汽车工业学校,1958年学校更名为长春工业专科学校,1961年长春理工学院和长春无线电工业学校并入,学校更名为吉林理工学院。1962年吉林矿冶学院和吉林轻工业学院并入,学校定名为吉林工学院。1970年学校并入原吉林工业大学,1978年复校,1992年被确定为首批省属重点高校,2000年长春煤炭管理干部学院和吉林省工业设计学校并入,2002年学校更名为长春工业大学。

吉林建筑工程学院

学校(机构)标识码	4122010191
学校办学类型	412:本科院校:学院
学校性质类别	02 理工院校
学校举办者	811 省级教育部门
学校地址	吉林省长春市新城大街5088号
邮政编码	130118
办公电话	0431-84566021
传真电话	0431-84566030
校园(局域)网域名	www.jliae.edu.cn
电子信箱	yuanzhang@jliae.edu.cn
占地面积(平方米)	741845
校舍建筑面积(平方米)	323013
图书(万册)	85
固定资产总值(万元)	104245.75
教学、科研仪器设备资产值(万元)	7193.78
在校生数(人)	17403
其中:普通本科	13724
普通专科	1357
成人本科	858
成人专科	1046
硕士研究生	418
专任教师(人)	730
其中:正高级	78
副高级	201
中级	292
初级	159

本科专业 安全工程、材料化学、财务管理、测绘工程、城市地下空间工程、城市管理、城市规划、城市燃气工程、道路桥梁与渡河工程、地理信息系统、电气工程及其自动化、电子信息工程、电子信息科学与技术、房地产经营管理、高分子材料与工程、给水排水工程、工程管理、工程力学、工程造价、工商管理、公共事业管理、广告学、环境工程、环境科学、机械工程及自动化、计算机科学与技术、建筑电气与智能化、建筑环境与设备工程、建筑学、交通工程、景观学、勘查技术与工程、美术学、热能与动力工程、软件工程、社会工作、土木工程、土木工程(对口)、网络工程、无机非金属材料工程、物流管理、信息管理与信息系统、艺术设计、英语、自动化

专科专业 道路桥梁工程技术、动漫设计与制作、建筑工程

技术、建筑装饰工程技术、市场营销、物流管理、物业管理

硕士专业 材料学、城市规划与设计、城市规划与设计（含：风景园林规划）、工业设计工程、供热、供燃气、通风及空调工程、环境工程、建筑技术科学、建筑设计及其理论、建筑与土木工程、结构工程、马克思主义中国化研究、企业管理（含：财务管理、市场营销）、设计艺术学、市政工程、思想政治教育

院系设置

建筑与规划学院、土木工程学院、交通科学与工程学院、市政与环境工程学院、电气与电子信息工程学院、计算机科学与工程学院、材料科学与工程学院、测绘与勘察工程学院、管理学院、艺术设计学院、文法学院、外国语学院、职业技术学院、继续教育学院、国际交流学院

国家级、省部级研究机构设置

1. 实验室：水污染控制与资源化利用实验室、建筑节能技术工程实验室、智能建筑系统集成与节能控制实验室

2. 研究中心：吉林建筑文化研究基地、中国东北建筑文化研究中心、寒地绿色建筑技术吉林省高等学校工程研究中心、吉林省新型建材产业公共技术研发中心

定期公开出版的专业刊物 《吉林建筑工程学院学报》

学校设立奖学金情况

学校设立奖学金三项，奖励总金额316余万元。奖学金最高金额1600元/年，最低金额500元/年。

主要校办产业

吉林建筑工程学院勘测公司、吉林建筑工程学院设计院

学校历史沿革

1956年4月创建国家城市建设部长春城市建设学校，1958年更名为吉林省建筑工程学校 1960年6月成立吉林建筑工程学院 1962年9月吉林建筑工程学院改回吉林省建筑工程学校 1978年12月恢复吉林建筑工程学院。

吉林化工学院

学校（机构）标识码 4122010192	电子信箱 home@jlict.edu.cn	其中：普通本科 12648
学校办学类型 412：本科院校：学院	占地面积（平方米） 466896	成人本科 315
学校性质类别 02 理工院校	校舍建筑面积（平方米） 287181	成人专科 131
学校举办者 811 省级教育部门	图书（万册） 62.69	专任教师（人） 609
学校地址 吉林省吉林市承德街45号	固定资产总值（万元） 44228.84	其中：正高级 86
邮政编码 132022	教学、科研仪器设备资产值（万元）	副高级 160
办公电话 -13843210481	10833.21	中级 234
传真电话 0432-63083000	在校生数（人） 13094	初级 129
校园（局域）网域名 www.jlict.edu.cn		

本科专业 安全工程、材料成型及控制工程、材料化学、材料科学与工程、测控技术与仪器、电气工程及其自动化、电子信息工程、高分子材料与工程、给水排水工程、工业工程、工业设计、国际经济与贸易、过程装备与控制工程、化学、化学工程与工艺、环境工程、环境科学、会计学、机械设计制造及其自动化、计算机科学与技术、轻化工程、热能与动力工程、日语、生物工程、生物技术、生物制药、食品科学与工程、市场营销、数学与应用数学、信息管理与信息系统、信息与计算科学、药物制剂、英语、应用化学、应用物理学、油气储运工程、制药工程、资源循环科学与工程、自动化

院系设置

化工与材料工程学院、机电工程学院、信息与控制工程学院、环境与生物工程学院、化学与制药工程学院、经济管理学院、外国语学院、理学院、人文社会科学部、体育教学部、成人教育学院

国家级、省部级研究机构设置

1. 实验室：化工清洁生产技术吉林省高校重点实验室、吉林省化工分离技术与节能工程实验室、吉林省精细化工重点实验室

2. 研究中心（所）：化工分离技术吉林省高校工程研究中心、吉林省化工过程优化与节能科技创新中心、吉林省石油化工行业公共技术服务平台、水处理工程研究中心、吉林化工园区大学科技园

定期公开出版的专业刊物 《吉林化工学院学报》（社会科学版）、《吉林化工学院学报》（自然科学版）、《大学物理实验》、《吉林化工学院院报》

学校设立奖学金情况

学校设立奖学金9项，奖励总金额168.8万元/年，最低金额100元/年，最高金额1200元/年。

学校历史沿革

学院前身为吉林机电技术学校，创办于1951年。吉林业余化工学院和化工部吉林干部学校先后于1958年2月和9月并入。1958年9月吉林化工学院在三校合并的基础上诞生，隶属化工部，由吉化公司主管。1965年改为吉林化工机械学校，由化工部教育司主管。1972年改名吉林化学工业公司化工学校，由吉化公司主管。1978年恢复吉林化工学院，隶属吉林省，由省教育厅统管，省石化局主管。1992年10月，划归吉化公司主管。2001年1月，吉林化工学院划归省教育厅主管隶属吉林省。

吉林农业大学

学校(机构)标识码 4122010193	占地面积(平方米) 3190200	成人专科 3946
学校办学类型 411:本科院校:大学	校舍建筑面积(平方米) 711021	博士研究生 219
学校性质类别 03 农业院校	图书(万册) 174.58	硕士研究生 2233
学校举办者 811 省级教育部门	固定资产总值(万元) 71658.97	留学生 12
学校地址 长春市新城大街2888号	教学、科研仪器设备资产值(万元) 21748.37	专任教师(人) 1066
邮政编码 130118		其中:正高级 139
办公电话 0431-84533001	在校生数(人) 23949	副高级 284
传真电话 0431-84531264	其中:普通本科 15725	中级 409
校园(局域)网域名 www.jlau.edu.cn	普通专科 58	初级 100
电子信箱 jlauxb@163.com	成人本科 1756	未定职级 134

本科专业 保险、财务管理、草业科学、畜禽生产教育、传播学、电子信息科学与技术、动物科学、动物药学、动物医学、风景园林、工商管理、广告学、环境工程、环境科学、机械设计制造及其自动化、计算机科学与技术、家政学、交通运输、粮食工程、旅游管理、农产品储运与加工教育、农林经济管理、农学、农业机械化及其自动化、农业建筑环境与能源工程、汽车维修工程教育、轻化工程、设施农业科学与工程、社会学、生物工程、生物技术、食品科学与工程、食品质量与安全、市场营销、水产养殖学、水土保持与荒漠化防治、土地资源管理、信息管理与信息系统、信息与计算科学、野生动物与自然保护区管理、艺术设计学、英语、应用化学、应用生物科学、应用心理学、园林、园艺、植物保护、植物科学与技术、制药工程、中药学、中药资源与开发、种子科学与工程、资源环境科学、资源环境与城乡规划管理、自动化

专科专业 食药用菌、园林技术

博士专业 畜牧业经济管理、动物营养与饲料科学、菌类作物、林业经济管理、农业经济管理、农业资源环境经济管理、食品科学、土壤学、药用植物、预防兽医学、植物病理学、种子科学与工程、作物生理生态、作物生物技术、作物遗传育种、作物栽培学与耕作学、作物资源学

硕士专业 草业科学、动物遗传育种与繁殖、动物营养与饲料科学、发酵工程、工程、果树学、环境工程、基础兽医学、计算机应用技术、技术经济及管理、菌类作物、粮食、油脂及植物蛋白工程、临床兽医学、马克思主义基本原理、农产品加工及贮藏工程、农药学、农业电气化与自动化、农业机械化工程、农业经济管理、农业昆虫与害虫防治、农业生物环境与能源工程、农业水土工程、农业推广、农业资源环境经济管理、社会工作、社会学、生态学、生物化学与分子生物学、生物物理学、生药学、食品科学、兽医、蔬菜学、水产品加工及贮藏工程、思想政治教育、特种经济动物饲养(含:蚕、蜂等)、土壤学、药用植物、野生动植物保护与利用、应用化学、预防兽医学、园林植物与观赏园艺、职业技术教育学、植物病理学、植物学、植物营养学、中药学、种子科学与工程、作物生物技术、作物遗传育种、作物栽培学与耕作学、作物资源学

院系设置
我校共16个院系,即研究生学院、成人教育学院、动物科学技术学院、工程技术学院、农学院、外国语学院、园艺学院、中药材学院、资源与环境学院、信息技术学院、人文学院、马克思主义学院、生命科学学院、经济管理学院、食品科学与工程学院、国际教育交流学院

国家级、省部级研究机构设置
1. 实验室:小麦和玉米深加工国家工程实验室
2. 研究所(中心):农业部参茸产品质量监督检验测试中心、生态恢复与生态系统管理省部共建国家重点实验室培育基地(与东北师大、地理所联合建立)、动物生产及产品质量安全教育部重点实验室、吉林省大豆区域技术创新中心(吉林农业大学作物研究中心)、生物反应器与药物开发教育部工程研究中心、食药用菌教育部工程研究中心、药用植物栽培与育种实验室、菌类药物实验室、药用植物学实验室、中药化学实验室、药用动物学实验室、吉林省生物医药技术工程研究中心、生物反应器及药物开发实验室、农产品深加工联合实验室、中国粮食主产区农村经济研究中心、食药用菌产业化吉林省高等学校工程研究中心、天敌昆虫应用技术工程研究中心、吉林省动物营养与饲料科学重点实验室(建设)、人参工程技术研究中心、吉林省食用菌科技创新中心、吉林省食品生物制造科技创新中心、吉林省主要农作物常规与生物技术育种研发公共服务平台(与吉林省农业科学院合作)、农业现代化综合技术研究所、食品工程及食品安全工程研究中心、菌物作物工程中心、吉林省东北农业生物国际科技孵化基地

博士后流动站 作物学、农林经济管理、植物保护、畜牧学、兽医学、农业资源利用、食品科学与工程

定期公开出版的专业刊物 《吉林农业大学学报》、《经济动物学报》、《菌物研究》、《农业经济管理》、《家政与生活》、《高教研究》

学校设立奖学金情况
学校设立奖学金十二项,奖励总金额1880余万元。奖学金最高金额8000元/年,最低金额100元/年。
1. 国家奖学金:27人/年,8000元/人。
2. 国家励志奖学金:470人/年,5000元/人。
3. 国家助学金:3381人/年,3000元/人。
4. 吉林省政府奖学金:95人/年,4000元/人。

5. 非农专业奖学金:一等 648 人/年,900 元/人;二等 1446 人/年,600 元/人;三等 4097 人/年,300 元/人;四等 3480 人/年,200 元/人。

6. 纯农专业奖学金:一等 685 人/年,400 元/人;二等 1330 人/年,350 元/人;三等 3357 人/年,285 元/人;四等 1303 人/年,163 元/人。

7. 单科奖学金:788 人/年,100 元/人。

8. 电信奖学金:50 人/年,1000 元/人。

9. 金塔奖学金:60 人/年,2500 元/人。

10. 先正达奖学金:20 人/年,3000 元/人。

11. 781 奖学金:30 人/年,2000 元/人。

12. 781 助学金:40 人/年,1000 元/人。

学校历史沿革

黑龙江农业专科学院(1956 – 1958);北安农学院(1956 – 1958);长春畜牧兽医大学(1956 – 1958);长春农学院筹备处(1956 – 1958);长春农业机械化专科学校(1958 – 1961);吉林特产学院(1959 – 1961);长春农学院(1958 – 1959);长春畜牧兽医大学、北安农学院、长春农学院筹备处合并而成吉林农业大学(1959 至今)。

长春中医药大学

学校(机构)标识码　4122010199
学校办学类型　411:本科院校:大学
学校性质类别　05 医药院校
学校举办者　811 省级教育部门
学校地址　长春净月经济开发区博硕路 1035 号
邮政编码　130117
办公电话　0431 – 86172513
传真电话　0431 – 86172345
电子信箱　webmaster@ ccutcm. com. cn

占地面积(平方米)　546918
校舍建筑面积(平方米)　245210
图书(万册)　86.1
固定资产总值(万元)　41033.59
教学、科研仪器设备资产值(万元)　10301.84
在校生数(人)　11299
其中:普通本科　8739
　　　成人本科　255
　　　成人专科　1174

博士研究生　57
硕士研究生　973
留学生　101
专任教师(人)　503
其中:正高级　80
　　　副高级　157
　　　中级　190
　　　初级　72
　　　未定职级　4

本科专业　公共事业管理(卫生监督)、公共事业管理(卫生事业管理)、公共事业管理(药事管理)、护理学、护理学(英语)、临床医学、日语、生物技术、生物技术(生物制药)、生物科学、生物制药、市场营销(药品营销)、药物制剂、药学、药学(临床药学)、英语、针灸推拿学、针灸推拿学(康复治疗)、针灸推拿学(全科医学)、针灸推拿学(英语)、制药工程、中药学、中药学(保健食品)、中医学、中医学(健康医学)、中医学(全科医学)、中医学(中西医结合)、中医学(中医骨伤学)

博士专业　针灸推拿学、中药学、中医内科学

硕士专业　方剂学、护理学、临床医学专业学位、生药学、微生物与生化药学、药剂学、药理学、药物分析学、药物化学、药学、针灸推拿学、中西医结合基础、中西医结合临床、中药学、中医儿科学、中医妇科学、中医骨伤科学、中医基础理论、中医临床基础、中医内科学、中医外科学、中医五官科学、中医医史文献、中医诊断学

院系设置

基础医学院、第一临床学院、药学院、针灸推拿学院、人文管理学院、护理学院、继续教育学院、国际学院、思想政治理论课教学科研部、现代教育技术中心、体育教学部

国家级、省部级研究机构设置

1. 实验室:规范化药理实验室

2. 研究中心(所):中药有效成分教育部省部共建重点实验室、中药动物药实验室、中药药理实验室、中药分析实验室、中药化学实验室、中药药理实验室、吉林省中药生物大分子重点实验室、北药产业化关键技术工程中心、吉林省现代中药工程研究中心、药用动物可持续利用重点研究室、中风病破血化瘀重点研究室、长白山道地药材关键技术工程中心、吉林省人参科学研究院

博士后科研流动站　中医学博士后流动站、中药学博士后流动站

定期公开出版的专业刊物　《吉林中医药》、《长春中医药大学学报》

学校设立奖学金情况

学校设立奖学金 6 项,奖励总金额 168.84 万元/年,最高金额 2000 元/年,最低金额 200 元/年。

主要校办产业

长春中医药大学国有资产经营有限责任公司、长春华涛生物技术有限公司

学校历史沿革

我校前身为 1958 年成立的长春中医学院,1962 年吉林省卫生干部学院并入长春中医学院,1970 年全国高等院校调整时我校并入吉林医科大学,1978 年恢复长春中医学院建制,2006 年更名为长春中医药大学。

东北师范大学

学校(机构)标识码	4122010200	
学校办学类型	411:本科院校:大学	
学校性质类别	06 师范院校	
学校举办者	360 教育部	
学校地址	吉林省长春市人民大街5268号	
邮政编码	130024	
办公电话	0431-85099303	
传真电话	0431-85684009	
校园(局域)网域名	www.nenu.edu.cn	
电子信箱	xxxfs@nenu.edu.cn	
占地面积(平方米)	1674773	
校舍建筑面积(平方米)	996961	
图书(万册)	326.22	
固定资产总值(万元)	189337.97	
教学、科研仪器设备资产值(万元)	30967.84	
在校生数(人)	27604	
其中:普通本科	14365	
成人本科	2206	
成人专科	831	
博士研究生	1166	
硕士研究生	8312	
留学生	724	
专任教师(人)	1554	
其中:正高级	384	
副高级	473	
中级	615	
初级	75	
未定职级	7	

本科专业 播音与主持艺术、地理科学、地理科学类、地理信息系统、电气工程及其自动化、电子信息科学与技术、雕塑、俄语、俄语(商务俄语)、法学、工商管理类、广播电视编导、广播电视新闻学、广告学、国际政治、汉语言文学、行政管理、化学、环境科学、计算机科学与技术、教育技术学、教育学类、经济学类、历史学、旅游管理、美术学、民族传统体育、日语、日语(商务日语)、日语(语言文学)、软件工程、商务英语、社会学、生态学、生物技术、生物科学、生物科学类、数学与应用数学、思想政治教育、体育教育、统计学、图书馆学、舞蹈编导、物理学、物理学类、小学教育、心理学、新闻学、学前教育、艺术设计、音乐学、英语、英语(电子商务)、英语(翻译)、英语(科技交流)、英语(语言文学)、运动训练、哲学、资源环境与城乡规划管理

博士专业 比较教育学、材料物理与化学、草业科学、地理学新专业、地图学与地理信息系统、动物学、发展与教育心理学、分析化学、概率论与数理统计、高分子化学与物理、国外马克思主义研究、汉语言文字学、环境工程、环境科学、环境科学与工程新专业、基础数学、教育、教育技术学、教育经济与管理、教育史、教育学新专业、教育学原理、课程与教学论、历史文献学(含:敦煌学、古文字学)、历史学新专业、马克思主义发展史、马克思主义基本原理、马克思主义哲学、马克思主义中国化研究、凝聚态物理、区域经济学、人文地理学、日语语言文学、生理学、生态学、生物化学与分子生物学、史学理论及史学史、世界经济、世界史、思想政治教育、体育教育训练学、文艺学、无机化学、物理化学(含:化学物理)、细胞生物学、遗传学、英语语言文学、应用数学、有机化学、运筹学与控制论、植物学、中共党史(含:党的学说与党的建设)、中国古代史、中国古代文学、中国近现代史、中国近现代史基本问题研究、中国现当代文学、专门史、自然地理学

硕士专业 保险、比较教育学、比较文学与世界文学、材料物理与化学、财政学(含:税收学)、草业科学、产业经济学、城市规划与设计(含:风景园林规划)、传播学、地理学新专业、地图学与地理信息系统、电路与系统、动物学、俄语语言文学、发展与教育心理学、法律、翻译、纺织科学与工程新专业、分析化学、风景园林、服装设计与工程、概率论与数理统计、高等教育学、高分子化学与物理、工程、工商管理、公共管理、光学、广播电视艺术学、国际关系、国际贸易学、国际商务、国际政治、国外马克思主义研究、汉语国际教育、汉语言文字学、行政管理、核技术及应用、环境工程、环境科学、会计、会计学、基础数学、基础心理学、计算机软件与理论、计算机应用技术、计算数学、技术经济及管理、建筑设计及其理论、教育、教育技术学、教育经济与管理、教育史、教育学新专业、教育学原理、金融学(含:保险学)、考古学及博物馆学、科学技术哲学、科学社会主义与国际共产主义运动、课程与教学论、劳动经济学、理论物理、历史地理学、历史文献学(含:敦煌学、古文字学)、历史学新专业、粒子物理与原子核物理、伦理学、逻辑学、旅游管理、马克思主义发展史、马克思主义基本原理、马克思主义哲学、马克思主义中国化研究、美术学、民商法学(含:劳动法学)、社会保障、民族传统体育学、凝聚态物理、企业管理(含:财务管理、市场营销)、情报学、区域经济学、人口资源与环境经济学、人文地理学、日语语言文学、设计艺术学、社会保障、社会学、生理学、生态学、生物化学与分子生物学、史学理论及史学史、世界经济、世界史、数量经济学、数学新专业、思想政治教育、体育、体育教育训练学、体育人文社会学、统计学、图书馆学、土地资源管理、外国语言学及应用语言学、外国哲学、微生物学、文物与博物馆、文艺学、无机化学、舞蹈学、物理化学(含:化学物理)、西方经济学、戏剧戏曲学、细胞生物学、宪法学与行政法学、新闻学、新闻与传播、刑法学、学前教育学、遗传学、艺术、艺术学、音乐学、英语语言文学、应用数学、应用心理、应用心理学、有机化学、语言学与应用语言学、园林植物与观赏园艺、运筹学与控制论、运动人体科学、政治经济学、政治学理论、植物学、中共党史(含:党的学说与党的建设)、中国古代史、中国古代文学、中国古典文献学、中国近现代史、中国近现代史基本问题研究、中国现当代文学、中国语言文学新专业、中国哲学、中外政治制度、专门史、自然地理学

院系设置

教育科学学院、政法学院、经济学院、商学院、文学院、历史文化学院、外国语学院、音乐学院、美术学院、国际关系学院、数学与统计学院、计算机学院、物理学院、化学学院、生命科学学院、城市与环境科学学院、体育学院、传媒科学学院、软件学院、远程与继续教育学院、留学生教育学院、民族教育学院

国家级、省部级研究机构设置

研究所(中心):世界文明史研究中心、教育部人文社会科学

重点研究基地农村教育研究所、教育部高校辅导员培训和研修基地、全国妇联妇女/女性研究与培训基地女性研究中心、艺术研究中心、国家基础教育实验中心、国际与比较教育研究所、儿童发展研究中心、当代马克思主义研究中心、农村发展研究中心、古籍整理研究所、亚洲文明研究院、日本研究所、世界中古史研究所、世界古典文明史研究所、东北工作站、思想理论教育研究所、中国东北研究院、全国中小学教师继续教育东北师范大学研究中心；草地生态工程实验室、湿地生态与植被恢复重点实验室、吉林省生态恢复与生态系统管理重点实验室、药物基因和蛋白筛选国家工程实验室、农药与医药基因工程研究中心、植被生态科学重点实验室、多酸科学重点实验室、应用统计重点实验室、数字化学习支撑技术工程研究中心（在建）、分子表观遗传学重点实验室、紫外光发射材料与技术重点实验室（在建）、中国东北资源环境研究吉林省高等学校重点实验室、教育软件吉林省高等学校重点实验室、吉林省锂离子电池材料科技创新中心、吉林省湿地恢复与功能开发科技创新中心、吉林省多酸及金属纳米材料科技创新中心、吉林省有机功能分子设计与合成重点实验室、吉林省网络教育关键支撑技术科技创新中心、吉林省植物工业工程实验室、吉林省药物筛选工程实验室、吉林省锂离子电池工程实验室、吉林省现代中药工程研究中心、吉林省现代生物医药专业技术服务中心、长春市网络建议关键支撑技术科技创新中心、吉林省长白山天然药物化学与生物学重点实验室、吉林省动物资源保护与利用重点实验室、吉林省中药生物工程重点实验室、智能信息处理吉林省高等学校重点实验室、认知与脑科学吉林省高等学校重点实验室

博士后科研流动站 生物学、中国语言文学、教育学、应用经济学、历史学、数学、化学、地理学、政治学、马克思主义理论、环境科学与工程、理论经济学

定期公开出版的专业刊物 《东北师范大学学报》（哲学社会科学版）、《东北师大学报》（自然科学版）、《现代中小学教育》、《分子科学学报》、《外国教育研究》、《古籍整理研究学刊》、《物理实验》

学校设立奖学金情况

学校设立奖学金11项，奖励总金额840余万元。奖学金最高额3000元/年，最低额300元/年。

学年奖学金：

1. 校长奖学金：（全校本科人数的5%）人/年,3000元/人；
2. 一等奖学金：（全校本科人数的8%）人/年,1500元/人；
3. 二等奖学金：（全校本科人数的12%）人/年,1000元/人；
4. 三等奖学金：（全校本科人数的15%）人/年,500元/人。

单项奖学金：

1. 学有专长奖学金：（约350）人/年,300元/人；
2. 教师技能奖学金：（全校本科人数的5%）人/年,300元/人；
3. 社会工作奖学金：（全校本科人数的5%）人/年,300元/人；
4. 社会实践成果奖学金：（约300）人/年,300元/人；
5. 美德风范奖学金：（约300）人/年,300元/人；
6. 资格证书奖学金：（约350）人/年,300元/人；
7. 少数民族齐飞奖学金：（全校少数民族学生的30%）人/年,500元/年。

主要校办产业

1. 吉林东北师大资产经营有限公司；2. 东北师范大学出版社有限责任公司；3. 长春东师三株精细化工开发公司；4. 长春东师学园科技开发中心；5. 长春东师留学服务中心；6. 长春东师科教仪器厂

学校历史沿革

东北公学（1946.1）；东北大学（1946.2 - 1950.3）（含1946年4月创建的吉林大学，国民党时期的国立长春大学，国立东北大学文、理、商法专业，国立长白师范学院）；东北师范大学（1950.4 - 1958.9）（含吉林师范专科学校，吉林教育学院中文、数学专业，长春电影学院编剧专业，长春师范专科学校）；吉林师范大学（1958.10 - 1980.7）；东北师范大学（1980.8 - 至今）。1995年9月29日通过国家教委"211"工程预审。

北华大学

学校(机构)标识码	4122010201
学校办学类型	411：本科院校：大学
学校性质类别	01 综合大学
学校举办者	811 省级教育部门
学校地址	吉林省吉林市滨江东路3999号
邮政编码	132013
办公电话	0432 - 64608888
传真电话	0432 - 64608777
校园(局域)网域名	beihua.edu.cn
电子信箱	bhoffice@ beihua.edu.cn
占地面积(平方米)	867607
校舍建筑面积(平方米)	788346
图书(万册)	310.04
固定资产总值(万元)	118050
教学、科研仪器设备资产值(万元)	23365.85
在校生数(人)	41928
其中：普通本科	20630
普通专科	2753
成人本科	5538
成人专科	11455
硕士研究生	1104
留学生	448
专任教师(人)	1716
其中：正高级	235
副高级	555
中级	481
初级	416
未定职级	29

本科专业 包装工程、播音与主持艺术、材料物理、测控技术与仪器、朝鲜语、电气工程及其自动化、电子信息工程、电子信息科学与技术、雕塑、对外汉语、俄语、俄语（师范）、法学、工程管理、工商管理、国际经济与贸易、汉语言文学、行政管理、护理学、护理学（英语）、化学、环境科学、会计学、绘画、机械设计制造及其自动化、计算机科学与技术、计算机科学与技术（师范）、交通

运输、教育技术学、教育技术学(网络与数字媒体)、口腔医学、历史学、林学、林学(林业数字化)、临床药学、临床医学、临床医学(全科医学方向)、旅游管理、美术学、木材科学与工程、汽车服务工程、日语、软件工程、社会学、生物科学、食品科学与工程、市场营销、数学与应用数学、数学与应用数学(精算与风险管理)、思想政治教育、体育教育、通信工程、统计学、统计学(精算与风险管理)、土木工程、网络工程、舞蹈学、物理学、物流管理、小学教育、心理学、信息与计算科学、学前教育、学前教育(师范)、药学、医学检验、医学影像学、艺术设计、音乐表演、音乐学、英语、英语(师范)、应用化学、预防医学、园林、运动人体科学、运动训练、自动化

专科专业 初等教育(计算机)、初等教育(美术)、初等教育(数学)、初等教育(音乐)、初等教育(英语)、初等教育(语文)、电气自动化技术、护理、会计、机电一体化技术、计算机应用技术、模具设计与制造、汽车检测与维修技术、学前教育

硕士专业 病理学与病理生理学、病原生物学、电力电子与电力传动、翻译、高等教育学、工程、汉语言文字学、护理学、机械设计及理论、基础数学、计算机应用技术、教育、课程与教学论、临床检验诊断学、临床医学、马克思主义基本原理、马克思主义中国化研究、美术学、木材科学与技术、内科学、凝聚态物理、皮肤病与性病学、企业管理(含:财务管理、市场营销)、人体解剖与组织胚胎学、森林保护学、森林培育、神经病学、生物化学与分子生物学、世界史、思想政治教育、体育教育训练学、外国语言学及应用语言学、外科学、物理化学(含:化学物理)、药理学、药物分析学、野生动植物保护与利用、影像医学与核医学、应用化学、应用数学、园林植物与观赏园艺、专门史

院系设置 学校设有1个医学部、31个教学院(中心)(法学院、马克思主义学院、教育科学学院、信息技术学院、体育学院、文学院、外语学院、公共外语教育学院、音乐学院、美术学院、历史文化学院、数学学院、物理学院、化学与生物学院、机械工程学院、电气信息工程学院、计算机科学技术学院、软件学院、交通建筑工程学院、林学院、基础医学院、公共卫生学院、第一临床医学院(附属医院)、医学检验学院、口腔医学院、护理学院、药学院、经济管理学院、成人与继续教育学院、国际教育交流学院、工程训练中心)

国家级、省部级研究机构设置

实验室：1. 吉林省林业与生态环境实验室 2. 吉林省木质材料科学与工程重点实验室 3. 分子医学实验室

研究中心：1. 东亚历史与文献研究中心 2. 吉林省特色文化(吉林市城市文化)研究基地 3. 吉林省长吉图旅游产业发展研究中心 4. 吉林省特色文化(长吉图旅游文化)研究基地 5. 智能电力电子装备吉林省高等教育研究中心 6. 电力电子与电力传动吉林省工程研究中心 7. 吉林省采育林科技创新中心 8. 吉林省电力电子应用技术创新中心

定期公开出版的专业刊物 《北华大学学报》(社会科学版)、《北华大学学报》(自然科学版)

学校设立奖学金情况

学校设立奖学金六项,分别是:

1. 国家奖学金:32.8万元;
2. 国家励志奖学金:340万元;
3. 吉林省政府奖学金:55.2万元;
4. 国家助学金:1425.6万元;
5. 北华大学优秀奖学金、专业奖学金:554.07万元;
6. 松下电器育英奖学金(社会资助):2万元;

奖励总金额2409.67余万元。奖学金最高金额8000元/年,最低金额400元/年。

主要校办产业

北大电气公司、北华大学劳动服务公司

学校历史沿革

北华大学是1999年经教育部批准,由原吉林师范学院、吉林医学院、吉林林学院、吉林电气化高等专科学校合并组建的一所融研究生教育、普通高等教育、高等职业技术教育、成人高等教育和留学生教育为一体的综合性大学。

原吉林师范学院的历史可追溯到1906年的吉林初等师范学堂,1958年更名为吉林师范学院。原吉林医学院起源于1948年创建的吉林省立助产学校,1958年8月更名为吉林医学院。原吉林林学院起源于1952年创建的吉林林业学校,1958年3月更名为吉林省林学院。原吉林电气化高等专科学校起源于1948年3月创建的吉林工科职业学校,1959年6月更名为吉林冶金电气化专科学校,1984年10月更名为吉林电气化专科学校。

通化师范学院

学校(机构)标识码 4122010202	占地面积(平方米) 753200	成人本科 3528
学校办学类型 412:本科院校:学院	校舍建筑面积(平方米) 285142	成人专科 2399
学校性质类别 06 师范院校	图书(万册) 120	专任教师(人) 719
学校举办者 811 省级教育部门	固定资产总值(万元) 29395	其中:正高级 36
学校地址 通化市育才路950号	教学、科研仪器设备资产值(万元) 5907	副高级 205
邮政编码 134002		中级 237
办公电话 0345-3202756	在校生数(人) 17246	初级 238
传真电话 0345-3209898	其中:普通本科 10119	未定职级 3
校园(局域)网域名 www.thun.edu.cn	普通专科 1200	

本科专业 财务管理、朝鲜语、地理科学、对外汉语、法学、公共事业管理、汉语言文学、行政管理、化学、绘画、计算机科学与技术、教育技术学、历史学、旅游管理、美术学、日语、社会体育、生物技术、生物科学、食品科学与工程、市场营销、数学与应用数学、思想政治教育、体育教育、物理学、心理学、信息管理与信息系统、信息与计算科学、学前教育、药物制剂、艺术设计、音乐表演、音乐学、英语、中药学

专科专业 初等教育、雕塑艺术设计、酒店管理、商务英语、生物技术及应用、市场营销、药物制剂技术

院系设置

教育科学系、政法系、历史地理系、外语系、工商管理系

学校历史沿革

1978年经国务院批准命名为通化师范学院至今。2004年通化师范学院分院与通化农业学校实质性合并至今。1959年命名为浑江师范学校,主管单位浑江市教育局。学制4年,1995年更名为白山师范学校,1999年12月更名为通化师范学院白山分院,大专学历。动漫设计、学前教育、初等教育。

吉林师范大学

学校(机构)标识码 4122010203	电子信箱 a3296230@163.com	成人本科 7730
学校办学类型 411:本科院校:大学	占地面积(平方米) 1087256	成人专科 4537
学校性质类别 06 师范院校	校舍建筑面积(平方米) 590113	硕士研究生 1386
学校举办者 811 省级教育部门	图书(万册) 196.76	留学生 358
学校地址 吉林省四平市铁西区海丰大街1301号	固定资产总值(万元) 75641.09	专任教师(人) 1153
	教学、科研仪器设备资产值(万元) 16110.11	其中:正高级 108
邮政编码 136000		副高级 321
办公电话 0434-3296230	在校生数(人) 30735	中级 498
传真电话 0434-3292233	其中:普通本科 15646	初级 220
校园(局域)网域名 www.jlnu.edu.cn	普通专科 1078	未定职级 6

本科专业 编辑出版学、财务管理、朝鲜语、地理科学、地理信息系统、电子信息工程、动画、对外汉语、俄语、法学、公共事业管理、广播电视编导、国际经济与贸易、汉语言文学、化学、环境工程、环境科学、绘画、计算机科学与技术、教育技术学、教育学、金融学、经济学类、历史学、旅游管理、美术学、人力资源管理、日语、软件工程、社会工作(社会福利方向)、社会体育、生物技术、生物科学、市场营销、数学与应用数学、思想政治教育、体育教育、通信工程、统计学、物理学、小学教育、小学教育(英语方向)、心理学、新闻学、信息管理与信息系统、学前教育、艺术设计、音乐表演、音乐学、英语、英语(商务英语)、应用化学、应用物理学、运动训练

专科专业 初等教育、学前教育

硕士专业 材料物理与化学、出版、俄语语言文学、俄语语言文字、发展与教育心理学、法学理论、翻译、概率论与数理统计、国外马克思主义研究、汉语国际教育、汉语言文字学、基础数学、计算机应用技术、计算数学、教育、教育学原理、科学技术哲学、课程与教学论、理论物理、伦理学、马克思主义发展史、马克思主义基本原理、马克思主义哲学、马克思主义中国化研究、美术学、凝聚态物理、思想政治教育、体育教育训练学、外国语言学及应用语言学、文艺学、无机化学、物理电子学、物理化学(含:化学物理)、物理化学(含化学物理)、英语语言文学、英语语言学、应用数学、语言学与应用语言学、运筹学与控制论、中国古代史、中国近代史基本问题研究、中国近现代史、中国近现代史基本问题研究、中国现当代文学、专门史、自然地理学

院系设置

1.文学院 2.政法学院 3.历史文化学院 4.外国语学院 5.教育科学学院 6.管理学院 7.数学学院 8.物理学院 9.化学学院 10.计算机学院 11.生命科学学院 12.旅游与地理科学学院 13.传媒学院 14.体育学院 15.美术学院 16.音乐学院 17.信息技术学院 18.环境工程学院 19.经济学院 20.马克思主义学院 21.继续教育学院 22.国际文化交流学院

国家级、省部级研究机构设置

1.实验室:功能材料物理与化学实验室、环境友好材料制备及应用实验室、活性产物检测与分析实验室

2.研究中心(所):吉林省医药中间体工程研究中心

定期公开出版的专业刊物 《吉林师范大学学报》(自然科学版,社会科学版)、《作文点评报》

学校设立奖学金情况

学校设立奖学金10项,奖励总金额580余万元。奖学金最高金额8000元/年,最低金额340元/年。

学校历史沿革

吉林师范大学前身是四平师范学院,创建于1958年,2002年更名为吉林师范大学。2004年被确定为吉林省重点大学。

吉林工程技术师范学院

学校(机构)标识码 4122010204	电子信箱 jlgs@mail.jltiet.net	普通专科 920
学校办学类型 412:本科院校:学院	占地面积(平方米) 227690	成人本科 428
学校性质类别 06 师范院校	校舍建筑面积(平方米) 173726	成人专科 2184
学校举办者 811 省级教育部门	图书(万册) 55.74	专任教师(人) 529
学校地址 长春市凯旋路 3050 号	固定资产总值(万元) 21334	其中:正高级 43
邮政编码 130052	教学、科研仪器设备资产值(万元) 5696.11	副高级 157
办公电话 0431-86906001		中级 264
传真电话 0431-81790066	在校生数(人) 11098	初级 62
校园(局域)网域名 www.jltiet.net	其中:普通本科 7566	未定职级 3

本科专业 编辑出版学、材料成型及控制工程、财务管理、测控技术与仪器、电气工程及其自动化、电子信息工程、动画、服装设计与工程、工业设计、国际经济与贸易、汉语言文学、行政管理、机械电子工程、机械设计制造及其自动化、计算机科学与技术、教育技术学、教育学、旅游管理、美术学、人力资源管理、软件工程、生物工程、食品科学与工程、食品营养与检验教育、食品质量与安全、市场营销、数学与应用数学、通信工程、投资学、信息管理与信息系统、艺术设计、英语、装潢设计与工艺教育、自动化

专科专业 电子商务、服装设计、国际经济与贸易、会计、会计电算化、机电一体化技术、计算机应用技术、旅游日语、人物形象设计

院系设置
机械工程学院、电气工程学院、信息工程学院、食品工程学院、服装工程学院、工商管理学院、经济贸易学院、艺术学院、职业教育学院、外语学院、文化传媒学院、应用理学院、继续教育学院、高等职业技术学院、马克思主义教研部、体育教研部

国家级、省部级研究机构设置
吉林工程技术师范学院职业技术教育研究中心,服装设计与加工工程研究中心,葡萄酒研发工程研究中心。

定期公开出版的专业刊物 《职业技术教育杂志》、《吉林工程技术示范学院学报》

学校设立奖学金情况
学校设立奖学金 4 项,奖励总金额 180 万元,奖学金最高金额 2000 元/年,最低金额 800 元/年。

学校历史沿革
1979 年 2 月,学院成立,原名吉林技工师范学院,隶属原国家劳动总局;1983 年 5 月,划归吉林省人民政府,并更名为吉林职业师范学院;2000 年 8 月,原吉林省经济贸易学院并入吉林职业师范学院;2002 年 4 月,经教育部批准更名为吉林工程技术师范学院;学校于 2000 年被教育部确定为全国重点建设职业教育师资培训基地,2004 年 5 月被劳动和社会保障部确定为高等学校职业技能鉴定试点院校,被确定为国家职业技能鉴定基地,设立了国家职业技能鉴定所。

长春师范学院

学校(机构)标识码 4122010205	电子信箱 ccsfxy—bgs@163.com	成人本科 713
学校办学类型 412:本科院校:学院	占地面积(平方米) 1389948	成人专科 884
学校性质类别 06 师范院校	校舍建筑面积(平方米) 447427	硕士研究生 210
学校举办者 811 省级教育部门	图书(万册) 159.1	留学生 154
学校地址 长春市长吉北路 677 号	固定资产总值(万元) 48559	专任教师(人) 1033
邮政编码 130032	教学、科研仪器设备资产值(万元) 11519	其中:正高级 131
办公电话 0431-86168002		副高级 302
传真电话 0431-86168047	在校生数(人) 20268	中级 297
校园(局域)网域名 www.cncnc.edu.cn	其中:普通本科 14262 普通专科 4045	初级 303

本科专业 播音与主持艺术、朝鲜语(师)、地理科学(师)、地理信息技术、动画、对外汉语(师)、俄语(师)、法学、广播电视编导、广告学、汉语言文学(师)、行政管理、化学(师)、环境科学、会计学、绘画、机械设计制造及其自动化、计算机科学与技

术、计算机科学与技术(师)、交通工程、教育技术学、教育学(师)、科学教育(师)、历史学(师)、旅游管理、美术学(师)、人文教育(师)、日语(师)、软件工程、社会工作、社会体育、生态学、生物工程、生物技术、生物科学、市场营销、数学与应用数学(师)、思想政治教育、体育教育(师)、图书馆学、文秘教育、舞蹈学、物理学、西班牙语、戏剧影视美术设计、戏剧影视文学、小学教育(师)、信息与计算科学、学前教育(师)、冶金工程、艺术教育、艺术设计、音乐表演、音乐学(师)、英语(师)、应用物理学、应用心理学(师)、运动训练

专科专业 初等教育(3+2)、初等教育(师)、电子商务、计算机应用技术、金融保险、酒店管理、商检技术、生物技术及应用、图形图像制作、物业管理、学前教育(师)、英语教育(师)、应用俄语、语文教育(师)、园艺技术

硕士专业 分析化学、课程与教学论、马克思主义基本原理、马克思主义理论、思想政治教育、中国古代文学、专门史

院系设置

汉语言文学学院、历史学院、外语学院、数学学院、政法学院、物理学院、传媒科学学院、教育科学学院、生命科学学院、计算机科学与技术学院、化学学院、音乐学院、城市环境与科学学院、美术学院、体育学院、经济学院、国际交流学院、工程学院、初等教育学院

国家级、省部级研究机构设置

1. 实验室：吉林省长白山天然药物化学重点实验室，中药有效成分分离纯化工程实验室
2. 研究中心(所)：东北民族历史与文化研究中心、东北民族与疆域重点研究中心、中国东北边疆研究资料信息中心、中国民间文艺家协会、中国文选《昭明文选》与传统文化研究中心、吉林省高句丽渤海文献中心、吉林省粮食深加工研究所

定期公开出版的专业刊物 《长春师范学院学报》

学校设立奖学金情况

学校设立奖学金四项，奖励总金额190余万元，奖学金最高金额2000元/年，最低金额500元/年。

(一)院长奖学金：一年220人，每人2000元
(二)一定奖学金：一年443人，每人1500元
(三)二等奖学金：一年665人，每人1000元
(四)三等奖学金：一年997人，每人500元

学校历史沿革

长春师范学院于1958年建立；长春师专(1958年10月-1959年9月，含长春师范学校，长春市进修学院)；长春师范专科学校(1959年9月开始有大专和中专班，1963年7月撤销)；长春师范学院筹备处(1978年成立，含长春师范学校)；长春师范学院(1981年正式独立办学)。

白城师范学院

学校(机构)标识码 4122010206	电子信箱 bcsfxy2011@126.com	成人本科 830
学校办学类型 412:本科院校:学院	占地面积(平方米) 563862	成人专科 346
学校性质类别 06 师范院校	校舍建筑面积(平方米) 280730	留学生 2
学校举办者 811 省级教育部门	图书(万册) 82.5	专任教师(人) 501
学校地址 吉林省白城市中兴东路九号	固定资产总值(万元) 34449.64	其中:正高级 38
	教学、科研仪器设备资产值(万元) 5181	副高级 174
邮政编码 137000		中级 161
办公电话 0436-3267071	在校生数(人) 12435	初级 89
传真电话 0436-3238521	其中:普通本科 9445	未定职级 39
校园(局域)网域名 www.bcsfxy.com	普通专科 1812	

本科专业 地理科学、电子信息科学与技术、法学、公共事业管理、广播电视编导、广播电视新闻学、汉语言文学、化学、机械设计制造及其自动化、计算机科学与技术、交通运输、教育技术学、科学教育、历史学、旅游管理、美术学、人文教育、日语、软件工程、生物技术、生物科学、市场营销、数学与应用数学、思想政治教育、体育教育、土木工程、物理学、小学教育、信息与计算科学、学前教育、艺术设计、音乐学、英语、应用化学、园艺

专科专业 初等教育、畜牧、会计、机电一体化技术、计算机应用技术、建筑工程技术、汽车检测与维修技术、软件技术、数学教育、英语教育、语文教育、综合文科教育

院系设置

学院共设19个系(院)分别是：汉语言文学系、外国语言文学系、地理系、历史系、数学系、化学系、教育系、教育技术系、音乐系、美术系、计算机系、机械电子工程系、土木工程系、经济管理系、政法系、体育系、软件学院

国家级、省部级研究机构设置

1 化学实验教学中心
2 创业教育与文化研究中心、吉林西部草原文化研究基地、白城盐碱地治理工程中心

定期公开出版的专业刊物 《白城师范学院学报》、《创业研究信息》

学校设立奖学金情况

学院设立奖学金8项，奖励总金额1060余万元，奖学金最高金额8000元/年，最低金额400元/年。

学校历史沿革

1958-1967 白城师范专科学校 1967-1977 并入四平师专，1978-1981 白城师范学院筹备处，1981-1985 白城师范专科学校 1985-2002 白城师范高等专科学校，2002-现在 白城师范学院。

吉林财经大学

学校(机构)标识码 4122010207	电子信箱 nic@jlufe.edu.cn	成人本科 2999
学校办学类型 411:本科院校:大学	占地面积(平方米) 1080457	成人专科 1584
学校性质类别 08 财经院校	校舍建筑面积(平方米) 274602	硕士研究生 1267
学校举办者 811 省级教育部门	图书(万册) 127.83	留学生 25
学校地址 吉林省长春市净月大街3699号	固定资产总值(万元) 10732.5	专任教师(人) 680
邮政编码 130117	教学、科研仪器设备资产值(万元) 5255	其中:正高级 117
办公电话 0431-84539018	在校生数(人) 17299	副高级 280
传真电话 0431-88910534	其中:普通本科 11424	中级 209
校园(局域)网域名 www.jlufe.edu.cn		初级 74

本科专业 保险、财务管理、财政学、朝鲜语、电子商务、法学、工商管理、公共事业管理、广告学、国际经济与贸易、国际商务、行政管理、会计学、计算机科学与技术、金融工程、金融学、经济学、劳动与社会保障、旅游管理、人力资源管理、日语、审计学、市场营销、数学与应用数学、税务、统计学、物流管理、新闻学、信息管理与信息系统、英语

硕士专业 财政学(含:税收学)、产业经济学、法律、工商管理、国防经济、国际贸易学、国际商务、国民经济学、行政管理、会计、会计学、金融学(含:保险学)、经济法学、马克思主义基本原理、民商法学(含:劳动法学)、社会保障、农业经济管理、企业管理(含:财务管理、市场营销)、区域经济学、人口、资源与环境经济学、世界经济、数量经济学、税务、思想政治教育、统计学、外国语言学及应用语言学、西方经济学、应用统计、政治经济学

院系设置
研究生院;国际交流学院;经济学院;国际经济贸易学院;工商管理学院;公共管理学院;税务学院;会计学院;金融学院;管理科学与信息工程学院;法学院;新闻与传播学院;外语学院;统计学院;应用数学学院;马克思主义学院;公共外语教研部;体育军事教研部;成人教育学院。

国家级、省部级研究机构设置
1. 实验室:物流产业经济与智能物流实验室。
2. 研究中心:吉林财经大学吉林经济研究中心、吉林财经大学马克思主义经济学研究中心。

定期公开出版的专业刊物 《当代经济研究》、《税务与经济》

学校设立奖学金情况
学校设立奖学金3项,奖励总金额329余万元。奖学金最高金额3000元/年,最低金额300元/年。

学校历史沿革
1946年7月,东北银行总行干部学校;1950年9月,东北银行专门学校;1958年9月,吉林财贸学院;1992年5月,长春税务学院;2010年3月,吉林财经大学。

吉林体育学院

学校(机构)标识码 4122010208	校园(局域)网域名 www.jlty.com.cn	成人本科 92
学校办学类型 412:本科院校:学院	占地面积(平方米) 304840	成人专科 42
学校性质类别 10 体育院校	校舍建筑面积(平方米) 277929	硕士研究生 184
学校举办者 812 省级其他部门	图书(万册) 48.24	专任教师(人) 410
学校地址 吉林省长春市南关区自由大路2476号	固定资产总值(万元) 20603.55	其中:正高级 33
邮政编码 130022	教学、科研仪器设备资产值(万元) 4653.11	副高级 105
办公电话 0431-85267829	在校生数(人) 6853	中级 102
传真电话 0431-85682954	其中:普通本科 6535	初级 161
		未定职级 9

本科专业 公共管理、民族传统体育、社会体育、体育教育、运动人体科学、运动训练

硕士专业 民族传统体育学、社会体育指导、体育教学、体育教育训练学、体育人文社会学、运动人体科学、运动训练

院系设置
运动系、竞教系、冰雪系、体育、武术系、体育人文社会学习系、运动人体科学系、体育艺术表演系

国家级、省部级研究机构设置
实验室：冬季耐力项目重点实验室
定期公开出版的专业刊物 《吉林体育学院学报》
学校设立奖学金情况
学院设立奖学金三项，奖励总额110余万。奖学金最高金额1200元/年，最低金额400元/年

学校历史沿革
学院的前身是长春体育学院，始建于1958年，1961年更名为吉林体育学院，在暂时经济困难时期，吉林体育学院，根据国家"调整、巩固、充实、提高"的方针办学，当十一届三中全会以后，为适应吉林体育学院事业发展需要，1981年7月正式复建。2000年省政府正式发文。

吉林艺术学院

学校(机构)标识码	4122010209
学校办学类型	412：本科院校：学院
学校性质类别	11 艺术院校
学校举办者	811 省级教育部门
学校地址	长春市自由大路695号
邮政编码	130021
办公电话	0431-85618892
传真电话	0431-85620010
校园(局域)网域名	www.jlart.edu.cn
电子信箱	jlxiaoban@126.com
占地面积(平方米)	85518
校舍建筑面积(平方米)	137591
图书(万册)	84
固定资产总值(万元)	19237.87
教学、科研仪器设备资产值(万元)	4191.8
在校生数(人)	8631
其中：普通本科	6697
普通专科	126
成人本科	1119
成人专科	181
硕士研究生	507
留学生	1
专任教师(人)	476
其中：正高级	49
副高级	153
中级	160
初级	108
未定职级	6

本科专业 编辑出版学、表演、播音与主持艺术、导演、雕塑、动画、工业设计、公共事业管理、广播电视编导、广播电视新闻学、广告学、绘画、美术学、摄影、舞蹈编导、舞蹈学、戏剧影视美术设计、艺术设计、音乐表演、音乐学、作曲与作曲技术理论
专科专业 艺术设计、音乐表演、影视动画、主持与播音
硕士专业 美术学、设计艺术学、舞蹈学、戏剧戏曲学、艺术、音乐学
院系设置
音乐学院、美术学院、设计学院、戏剧学院、舞蹈学院、新媒体学院、动漫学院、艺术教育学院、文化艺术管理学院、城市艺术学院
定期公开出版的专业刊物 《吉林艺术学院学报》、《吉林艺术学院学报——设计视界》
学校设立奖学金情况
学校设立奖学金5项，奖励总金额9.5万元。奖学金最高金额3000元/年，最低金额300元/年。
毕业生一次就业率 86.51%
学校历史沿革
吉林艺术学院是吉林省重点建设高校，也是东北地区唯一的综合性高等艺术学府。1946年，学院的前身东北大学鲁迅文艺学院音乐系，1958年从吉林师范大学(现东北师范大学)中划分独立，从祖国四方汇聚一批艺术名家，组建成独立建制的吉林艺术专科学校。此后，学院先后合并了吉林省文化干部学校、吉林省艺术学校、吉林省歌舞剧院附设的音乐舞蹈学校、吉林市艺术学校、长春电影制片厂附属长春电影学院等五所各具特色的艺术院校，初步形成了艺术学科完备的综合性办学格局。1978年学院升格为本科院校，逐步确立了东北地区艺术教育的优势地位。

辽源职业技术学院

学校(机构)标识码	4122010847
学校办学类型	415：专科院校：高等职业学校
学校性质类别	02 理工院校
学校举办者	821 地级教育部门
学校地址	吉林省辽源市西安区仙城大街52号
邮政编码	136201
办公电话	0437-3630591
传真电话	0437-3630591
校园(局域)网域名	www.lyvtc.cn
电子信箱	dl55@eyou.com
占地面积(平方米)	319974
校舍建筑面积(平方米)	146970
图书(万册)	34.48
固定资产总值(万元)	8393
教学、科研仪器设备资产值(万元)	3317.4
在校生数(人)	5715
其中：普通专科	5412
成人专科	303
专任教师(人)	311
其中：正高级	14
副高级	107
中级	84
初级	79
未定职级	27

专科专业 材料成型与控制技术、导游、电子商务、电子信息工程技术、工程测量技术、工程监理、工程造价、护理、会计电算化、机电设备维修与管理、机电一体化技术、机械制造与自动化、计算机网络技术、计算机应用技术、建筑工程管理、建筑工程技术、康复治疗技术、口腔医学技术、矿井通风与安全、矿山测量、矿山地质、矿山机电、旅游英语、煤矿开采技术、商务英语、生物制药技术、市场营销、数控设备应用与维护、物流管理、选煤技术、医疗美容技术、医学检验技术

院系设置

学院现有资源工程系、建筑工程系、机电工程系、信息工程系、经济管理系、外语教学部、基础教学部和医药分院8个系部

定期公开出版的专业刊物 《辽源职业技术学院院刊》

学校设立奖学金情况

学院设立奖学金两项,奖励总金额约40万元/年,最低奖励金额220元/年。

主要校办产业

异型材厂

学校历史沿革

辽源职业技术学院历经:辽源矿业学院(1958-1959年)、辽源矿业专科学校(1959-1962年)、辽源煤矿学校(1962年-1969年。与辽源煤矿学校、辽源煤炭卫生学校、蛟河煤矿学校合并)、学校停办(1971年-1985年)、辽源煤炭工业学校(1985年-1996年)、吉林工业学校(1996年-1999年),辽源职业技术学院(1999年至今,与辽源市职工大学、吉林电大辽源分校合并,2010年将辽源卫校合并组建辽源职业技术学院医药分院)。

吉林华桥外国语学院

学校(机构)标识码 4122010964	校园(局域)网域名 www.hqwy.com	其中:普通本科 7831
学校办学类型 412;本科院校:学院	电子信箱 yb@hawy.com	留学生 63
学校性质类别 07语文院校	占地面积(平方米) 357083	专任教师(人) 456
学校举办者 999民办	校舍建筑面积(平方米) 96685	其中:正高级 78
学校地址 吉林省长春市净月大街3658号	图书(万册) 61.98	副高级 101
	固定资产总值(万元) 60794.15	中级 173
邮政编码 130117	教学、科研仪器设备资产值(万元) 4058.83	初级 100
办公电话 0431-84565012		未定职级 4
传真电话 0431-84533598	在校生数(人) 7894	

本科专业 阿拉伯语、编辑出版学、朝鲜语、德语、电子商务、对外汉语、俄语、法语、翻译、工商管理、国际经济与贸易、汉语言文学、会计学、教育学、金融学、经济学、旅游管理、葡萄牙语、人力资源管理、日语、商务英语、市场营销、西班牙语、意大利语、英语

院系设置

英语学院、双语学院、商务英语学院、翻译学院、日语系、德语系、法语系、韩语系、俄语系、西班牙语系、葡萄牙语系、意大利语系、国际经济贸易学院、国际工商管理学院、汉学院、德育部、公共外语部、体育部、现代教育技术中心

国家级、省部级研究机构设置

研究中心(所):吉林省外语类应用型人才培养研究中心

定期公开出版的专业刊物 《吉林华桥外国语学院学报》

学校设立奖学金情况

学校设立奖学金四项,奖励总金额40.35万元/年,最低金额300元/年。

学校历史沿革

吉林华桥外国语学院创建于1995年。建校后校名变更情况如下:民办吉林华侨外国语专修学院(1995年2月——1999年8月);民办吉林华桥外语职业学院(1999年9月——2003年2月);吉林华桥外国语学院(2003年2月至今)。

四平职业大学

学校(机构)标识码 4122011044	学校地址 吉林省四平市铁东区沥山路5117号	校园(局域)网域名 www.jlsppc.cn
学校办学类型 415;专科院校:高等职业学校	邮政编码 136002	电子信箱 jlspzydx@126.com
学校性质类别 02理工院校	办公电话 0434-3304499	占地面积(平方米) 226800
学校举办者 822地级其他部门	传真电话 0434-3304848	校舍建筑面积(平方米) 135812
		图书(万册) 26.83

固定资产总值(万元) 13190.56	其中:普通专科 5345	副高级 88
教学、科研仪器设备资产值(万元) 2393.26	成人专科 28	中级 65
	专任教师(人) 228	初级 58
在校生数(人) 5373	其中:正高级 2	未定职级 15

专科专业 电气自动化技术、电子商务、电子仪器仪表与维修、工商企业管理、供热通风与空调工程技术、广告设计与制作、焊接技术及自动化、行政管理、会计电算化、机电一体化技术、机械设计与制造、计算机辅助设计与制造、计算机网络技术、计算机应用技术、建筑工程技术、旅游英语、汽车检测与维修技术、软件技术、商务英语、社区管理与服务、市场营销、数控技术、文秘、物流管理、营销与策划、应用电子技术、装潢艺术设计

院系设置
我校共设置7个教学院,一个继续教育学院,一个基础教育部,一个现代教育技术中心

国家级、省部级研究机构设置
研究中心(所):发展研究中心、科研开发处
定期公开出版的专业刊物 校报、创刊号

学校设立奖学金情况
学校设立奖学金9项,奖励总金额256.11万元。奖学金最高金额8000元/年,最低金额50元/年。

学校历史沿革
1. 1983年,经吉林省人民政府批准,依据吉政函[1983]288号文件精神,成立四平职业大学,由四平市人民政府领导。2. 2001年3月经吉林省教育厅同意依据吉教规划字[2001]26号文件精神,吉林师范大学(原四平师范学院)与四平市人民政府实行合作办学,四平职业大学改建为吉林师范大学(四平师范学院)应用工程学院。3. 2008年4月,按省教育厅要求,解除吉林师范大学与四平市人民政府合作办学关系,恢复四平职业大学招生。

吉林工商学院

学校(机构)标识码 4122011261	校园(局域)网域名 www.jlbtc.edu.cn	其中:普通本科 7806
学校办学类型 412:本科院校:学院	电子信箱 jlbtc@jlbtc.edu.cn	普通专科 5726
学校性质类别 08 财经院校	占地面积(平方米) 347148	成人本科 57
学校举办者 811 省级教育部门	校舍建筑面积(平方米) 242053	成人专科 126
学校地址 吉林省长春市皓月大路1606号	图书(万册) 96	专任教师(人) 650
	固定资产总值(万元) 23575.7	其中:正高级 65
邮政编码 130062	教学、科研仪器设备资产值(万元) 3621.18	副高级 219
办公电话 0431-88530016		中级 266
传真电话 0431-88530016	在校生数(人) 13715	初级 100

本科专业 保险、财务管理、财政学、电子信息工程、动画、工程管理、工商管理、广告学、国际经济与贸易、过程装备与控制工程、会计学、机械设计制造及其自动化、计算机科学与技术、金融学、经济学、粮食工程、旅游管理、烹饪与营养教育、人力资源管理、日语、生物工程、食品科学与工程、食品质量与安全、市场营销、税务、物流管理、英语

专科专业 保险实务、财务管理、财政、餐饮管理与服务、电子商务、工商企业管理、广告设计与制作、国际贸易实务、会计、会计电算化、计算机控制技术、计算机网络技术、计算机应用技术、金融管理与实务、酒店管理、粮食工程、旅游管理、烹饪工艺与营养、人力资源管理、软件技术、商务日语、商务英语、生物技术及应用、食品加工技术、食品营养与检测、市场营销、税务、文秘、物流管理、物业管理、新闻采编与制作、应用电子技术、证券与期货、资产评估与管理

院系设置
学院下设金融分院、会计分院、经济贸易分院、工商管理分院、旅游管理分院、传媒艺术分院、外语分院、生物工程分院、食品工程分院、信息工程分院11个分院,基础部、社会科学部、体育部3个教学部。

国家级、省部级研究机构设置
研究中心(所):吉林省旅游文化研究中心

学校历史沿革
吉林工商学院是2007年3月经国家教育部批准,由原吉林财税高等专科学校、吉林商业高等专科学校和吉林粮食高等专科学校实体合并组建的省属公办本科院校。

长春汽车工业高等专科学校

学校(机构)标识码　4122011436
学校办学类型　414：专科院校：高等专科学校
学校性质类别　02 理工院校
学校举办者　821 地级教育部门
学校地址　长春市东风大街9999号
邮政编码　130013
办公电话　0431-85751803
传真电话　0431-85902539
校园(局域)网域名　www.caii.edu.cn
电子信箱　zhgl_pxzx@faw.com.cn
占地面积(平方米)　400000
校舍建筑面积(平方米)　213333
图书(万册)　38.6
固定资产总值(万元)　77375
教学、科研仪器设备资产值(万元)　7337
在校生数(人)　6603
其中：普通专科　6603
专任教师(人)　279
其中：正高级　11
副高级　117
中级　79
初级　54
未定职级　18

专科专业　保险实务、电气自动化技术、二手车鉴定与评估、焊接技术及自动化、机电一体化技术、机械制造与自动化、模具设计与制造、汽车电子技术、汽车技术服务与营销、汽车检测与维修技术、汽车造型技术、汽车整形技术、汽车制造与装配技术、数控技术、物流管理

院系设置
汽车工程学院、机电工程学院、汽车营销学院

学校设立奖学金情况
学校设立3项奖学金，奖励总额106.7万元。

学校历史沿革
1978.3-1980.3 长春师范学院一汽分院；1980.3 更名为长春联合大学汽车厂分校；1985年经教育部批准正式更名为长春汽车工业高等专科学校。

长春工程学院

学校(机构)标识码　4122011437
学校办学类型　412：本科院校：学院
学校性质类别　02 理工院校
学校举办者　811 省级教育部门
学校地址　长春市宽平大路395号
邮政编码　130012
办公电话　0431-85711115
传真电话　8431-85940805
校园(局域)网域名　www.ccit.edu.cn
占地面积(平方米)　458439
校舍建筑面积(平方米)　463367
图书(万册)　130.87
固定资产总值(万元)　73394
教学、科研仪器设备资产值(万元)　26789.16
在校生数(人)　20709
其中：普通本科　12021
普通专科　1527
成人本科　4055
成人专科　3106
专任教师(人)　769
其中：正高级　97
副高级　297
中级　316
初级　59

本科专业　宝石及材料工艺学、材料成型及控制工程、财务管理、测绘工程、城市地下空间工程、城市规划、地质学、电气工程及其自动化、电子信息工程、房地产经营管理、风能与动力工程、服装设计与工程、给水排水工程、工程管理、工程造价、工商管理、工业设计、环境工程、环境科学、机械电子工程、机械设计制造及其自动化、计算机科学与技术、建筑电气与智能化、建筑环境与设备工程、建筑学、勘查技术与工程、农业水利工程、热能与动力工程、软件工程、市场营销、水利水电工程、水文与水资源工程、土木工程、艺术设计、英语、应用化学、资源勘查工程、自动化

专科专业　电子商务、发电厂及电力系统、焊接技术及自动化、会计电算化、机械制造与自动化、计算机网络技术、建筑工程技术、软件技术、数控技术、水电站动力设备与管理、水利水电建筑工程、图形图像制作

院系设置
机电工程学院、电气与信息工程学院、土木工程学院、能源动力工程学院、水利与环境工程学院、勘查与测绘工程学院、建筑与设计学院、管理学院、理学院、外语学院、人文社科部、体育部、软件学院、继续教育学院、国防教育学院、计算机基础教育中心、工程训练中心

定期公开出版的专业刊物　《长春工程学院学报》(社会科学版、自然科学版)

学校设立奖学金情况
学校设立奖学金2项，奖励总金额259.9万元/年，最低金额400元/年。

主要校办产业
长春工程学院科技产业中心、长春工程学院印刷厂、长春工程学院建筑研究设计院

学校历史沿革

1951年9月始建：长春土木建筑工业技术学校；1984年10月升格为长春建筑专科学校；1992年4月更名为长春建筑高等专科学校 1952年8月始建：长春测量地质技术学校；1985年1月升格为长春冶金地质专科学校；1992年4月更名为长春工业高等专科学校 1953年7月始建：长春水利发电工程学校；1985年9月升格为东北水利电力专科学校；1992年4月更名为长春水利电力高等专科学校 2000年3月原长春建筑高等专科学校、长春工业高等专科学校、长春水利电力高等专科学校合并组建长春工程学院。

吉林农业科技学院

学校(机构)标识码 4122011439	电子信箱 jlkj20040327@126.com	普通专科 2848
学校办学类型 412：本科院校：学院	占地面积(平方米) 1980000	成人本科 4
学校性质类别 03 农业院校	校舍建筑面积(平方米) 313059	成人专科 545
学校举办者 811 省级教育部门	图书(万册) 73.2	专任教师(人) 530
学校地址 吉林市吉林经济技术开发区翰林路77号	固定资产总值(万元) 40340.7	其中：正高级 43
	教学、科研仪器设备资产值(万元)	副高级 140
邮政编码 132101	5754.21	中级 196
办公电话 0432-63509711	在校生数(人) 11846	初级 130
传真电话 0432-63509711	其中：普通本科 8449	未定职级 21
校园(局域)网域名 www.jlnku.com		

本科专业 包装工程、财务管理、朝鲜语、电气工程及其自动化、电子信息科学与技术、动物科学、动物生物技术、动物医学、动植物检疫、工商管理、国际经济与贸易、机械设计制造及其自动化、计算机科学与技术、农业建筑环境与能源工程、烹饪与营养教育、生物工程、生物技术、食品科学与工程、食品质量与安全、市场营销、水利水电工程、统计学、网络工程、药物制剂、野生动物与自然保护区管理、英语、应用化学、园林、园艺、植物保护、植物科学与技术、制药工程、中草药栽培与鉴定、中药学、中药资源与开发

专科专业 包装技术与设计、餐饮管理与服务、畜牧兽医、动物防疫与检疫、工商企业管理、国际经济与贸易、会计电算化、机械制造与自动化、计算机应用技术、商务英语、摄影摄像技术、生物技术及应用、生物制药技术、食品加工技术、食品生物技术、食品营养与检测、兽医、水利工程、特种动物养殖、网络系统管理、物流管理、医药营销、园林技术、园艺技术、中草药栽培技术、中药、作物生产技术

院系设置
学校下设14个教学院部。
国家级、省部级研究机构设置
建成国家级工程技术研究中心1个，省部级实验室1个，工程技术研究中心1个。
定期公开出版的专业刊物 《吉林农业科技学院学报》
学校设立奖学金情况
学校现设立奖学金1项，最高金额1200元，最低金额400元。
学校历史沿革
吉林农业科技学院前身是1958年成立的吉林特产学院，1966年改建为吉林省"五七"干校，1978年更名为吉林省干部学校，1984年改建为吉林农垦特产专科学校，2000年更名为吉林特产高等专科学校，2004年升格为吉林农业科技学院。

长春金融高等专科学校

学校(机构)标识码 4122011440	传真电话 0431-85374927	1990.3
学校办学类型 414：专科院校：高等专科学校	校园(局域)网域名 www.cjgz.edu.cn	在校生数(人) 5374
	电子信箱 cjgz@public.cc.jl.com	其中：普通专科 5374
学校性质类别 08 财经院校	占地面积(平方米) 473113	专任教师(人) 251
学校举办者 811 省级教育部门	校舍建筑面积(平方米) 76053	其中：正高级 12
学校地址 长春市人民大街7696号	图书(万册) 46.63	副高级 59
邮政编码 130028	固定资产总值(万元) 8680.6	中级 122
办公电话 0431-85374925	教学、科研仪器设备资产值(万元)	初级 58

专科专业 保险实务、财务管理、电子商务、国际金融、国际贸易实务、会计、会计与审计、计算机网络技术、计算机应用技

术、金融管理与实务、商务经纪与代理、市场营销、投资与理财、物流管理、证券投资与管理

院系设置
金融系、会计系、经济信息管理与计算机应用、经济管理系

定期公开出版的专业刊物 《长春金融高等专科学校学报》

学校设立奖学金情况
学校设立奖学金 三 项，奖励总金额98.52余万元。奖学金最高金额1200元/年，最低金额400元/年。

毕业生一次就业率 85.8%

学校历史沿革
1978年6月－1984年12月 吉林银行学校；1984年12月－1992年4月 长春金融专科学校；1992年4月－现在 长春金融高等专科学校。

吉林警察学院

学校(机构)标识码　4122011441
学校办学类型　412：本科院校：学院
学校性质类别　09 政法院校
学校举办者　812 省级其他部门
学校地址　长春市净月经济开发区博硕路1399号
邮政编码　130117
办公电话　0431－84532542
传真电话　0431－84532523
校园(局域)网域名　www.jljcxy.com
电子信箱　bangongshijljcxy@.cn
占地面积(平方米)　420258
校舍建筑面积(平方米)　168483
图书(万册)　56.28
固定资产总值(万元)　25914
教学、科研仪器设备资产值(万元)　4427
在校生数(人)　4999
其中：普通本科　1328
　　　普通专科　3671
专任教师(人)　297
其中：正高级　31
　　　副高级　74
　　　中级　94
　　　初级　87
　　　未定职级　11

本科专业 财务管理、法学、韩国语、汉语言文学、计算机科学与技术、网络安全方向、刑事科学技术、刑侦方向、侦查学、治安学

专科专业 保险实务、财务管理、法律事务、计算机应用技术、监所管理、经济犯罪侦查、涉外警务、市场营销、文秘、刑事技术、艺术设计、应用韩语、应用英语、侦查、治安管理

院系设置
侦查系 治安系、法律系、中外语言系、信息工程系、基础部、警体部

定期公开出版的专业刊物 《吉林警察学院学报》

学校设立奖学金情况
学校设立奖学金一项，奖励总金额75万余元。

学校历史沿革
1949年10月吉林省公安干部学校 1955年4月吉林省公安学校，1957年12月吉林省行政干部学校，1959年5月吉林省政法干部学校 1985年3月吉林公安专科学校 1993年6月吉林公安高等专科学校 2010年3月吉林警察学院。

长春大学

学校(机构)标识码　4122011726
学校办学类型　411：本科院校：大学
学校性质类别　01 综合大学
学校举办者　811 省级教育部门
学校地址　吉林省长春市朝阳区卫星路6543号
邮政编码　130022
办公电话　0431－85250060
传真电话　0431－85250111
校园(局域)网域名　www.ccu.edu.cn
电子信箱　swg1111@163.com
占地面积(平方米)　1028887
校舍建筑面积(平方米)　412051
图书(万册)　148
固定资产总值(万元)　51037
教学、科研仪器设备资产值(万元)　10262.66
在校生数(人)　21627
其中：普通本科　14486
　　　普通专科　821
　　　成人本科　1763
　　　成人专科　4546
　　　留学生　11
专任教师(人)　893
其中：正高级　102
　　　副高级　275
　　　中级　405
　　　初级　111

本科专业 财务管理、测控技术与仪器、车辆工程、电气工程及其自动化、电子信息工程、动画、对外汉语、俄语、飞行器动力工程、风景园林、工商管理、工业工程、工业设计、公共事业管理、国际经济与贸易、汉语言文学、会计学、绘画、机械工程及自动化、计算机科学与技术、计算机软件、教育技术学、金融学、经济学、旅游管理、汽车服务工程、日语、软件工程、食品科学与工程、食品质量与安全、市场营销、数学与应用数学、特殊教育、通信工程、统计学、网络工程、文化产业管理、物联网工程、物流管

理、信息与计算科学、艺术设计、音乐表演、音乐学、英语、应用物理学、园林、针灸推拿学、政治学与行政学、自动化

专科专业 产品造型设计、电脑艺术设计、多媒体设计与制作、工商企业管理、国际经济与贸易、计算机网络技术、商务英语

院系设置

有15个院部，分别为：机械工程学院、电子信息工程学院、计算机科学技术学院、管理学院、经济学院、人文学院、音乐学院、理学院、外国语学院、特殊教育学院、美术学院、生物科学技术学院、车辆工程学院、继续教育学院、国际教育学院

国家级、省部级研究机构设置

拥有国家级研究机构3个，分别为：国家大豆工程技术研究中心吉林分中心、国家大豆深加工技术研究推广中心、国家高等教育视障资源中心；

省部级研究机构4个，分别为：吉林省残疾人康复设备及技术科技创新中心、农产品深加工吉林省普通高校重点实验室、萨满文化吉林省社科重点研究基地、特殊教育吉林省普通高校人文社科重点研究基地。

定期公开出版的专业刊物 《长春大学学报》

学校设立奖学金情况

长春大学设立校内奖学金10项，奖励总金额为1200余万元。奖学金最高金额8000元/年，最低金额300元/年。

学校历史沿革

长春大学有着悠久的办学历史，这里曾是1938年伪满洲国最高学府长春建国大学的校址。1949年新中国成立后，党和政府在这里创办了长春工业会计统计专门学校，隶属东北人民政府工业部。1954年国家院系调整时，改为长春工业计划经济学校，隶属中央人民政府重工业部。1958年学校下放吉林省，改为长春冶金专科学校。1983年改为吉林机电专科学校。1987年经原国家教育委员会批准，由原吉林科技大学、吉林机电专科学校、长春外国语专科学校、长春职业大学4所学校合并，组建成新的长春大学。

长春医学高等专科学校

学校(机构)标识码 4122011823	**传真电话** 0431-84845181	**在校生数(人)** 5861
学校办学类型 414：专科院校：高等专科学校	**校园(局域)网域名** www.cmcedu.com	其中：普通专科 5861
	电子信箱 xzbgs@cmcedu.cn	**专任教师(人)** 373
学校性质类别 05 医药院校	**占地面积(平方米)** 474514	其中：正高级 25
学校举办者 822 地级其他部门	**校舍建筑面积(平方米)** 190600	副高级 99
学校地址 吉林省长春市吉林大路6177号	**图书(万册)** 36.82	中级 140
	固定资产总值(万元) 25173	初级 96
邮政编码 130031	**教学、科研仪器设备资产值(万元)** 6044	未定职级 13
办公电话 0431-84825235		

专科专业 护理、护理(加强英语)、护理(中外合作办学)、康复治疗技术、口腔医学、临床医学、临床医学(全科医学方向)、生物技术及应用、生物制药技术、眼视光技术、药品经营与管理、药物制剂技术、药学、医疗美容技术、医学检验技术、医学文秘、医学营养、医学影像技术、针灸推拿、中药制药技术、中医学

院系设置

设有五系六部(护理系、医学系、药学系、医学技术系、生物工程系、外语教研部、体育教研部、微机教研部、医学人文部、成人教育部、基础医学部)、两所附属医院、一所社区卫生服务中心、一所模拟教学医院、一所外语培训中心和三个科研机构(护理学研究所、生命教育研究推广中心、卫生改革与发展研究中心)

学校设立奖学金情况

学校设立奖学金11项，奖励总金额658.96万元/年，最低金额400元/年。

学校历史沿革

1928—1947 吉林市私立助产学校；1947—1949 吉林省立助产士学校；1949-1951 吉林省卫生干部学校；1951-1952 吉林省吉林医士学校；1952-1955 吉林省吉林卫生学校；1955-1958 吉林省长春卫生学校；1958-1959 长春市医学专科学校；1959-1962 吉林省长春医学专科学校；1962-1993 长春市卫生学校；1993—2001 长春医学高等专科学校；2001—2007 长春医学高等专科学校(含长春职工医科大学、长春医学情报研究所)；2007—至今 长春医学高等专科学校(含长春职工医科大学、长春医学情报研究所、长春市直属机关业余大学)

吉林交通职业技术学院

学校(机构)标识码 4122012049　　**学校办学类型** 415：专科院校：高等职业学校

学校性质类别　02 理工院校	电子信箱　Webmasper jjtc.com.cn	其中：普通专科　7084
学校举办者　811 省级教育部门	占地面积（平方米）　220000	成人专科　362
学校地址　吉林省长春市新电台街63号	校舍建筑面积（平方米）　158020	专任教师（人）　302
	图书（万册）　31.2	其中：正高级　15
邮政编码　130012	固定资产总值（万元）　16984	副高级　76
办公电话　0431-85512916	教学、科研仪器设备资产值（万元）　4765	中级　104
传真电话　0431-85512916		初级　87
校园（局域）网域名　jjtc.com.cn	在校生数（人）　7446	未定职级　20

专科专业　报关与国际货运、城市轨道交通工程技术、城市轨道交通控制、城市轨道交通运营管理、道路桥梁工程技术、电子商务、高等级公路维护与管理、工程测量技术、工程机械控制技术、工程机械运用与维护、工商企业管理、公路工程造价管理、公路机械化施工技术、公路运输类新专业、会计、会计电算化、会计与审计、机动车保险实务、计算机网络技术、计算机系统维护、汽车电子技术、汽车技术服务与营销、汽车检测与维修技术、汽车整形技术、人力资源管理、市政工程技术、图形图像制作、物流管理、物业管理、营销与策划、应用日语、应用英语

院系设置
吉林交通职业技术学院设有道桥工程系、汽车工程系、管理工程系、电子工程系、工程机械系、轨道交通系、外语系、社科部、体育部、基础部、成人教育部和国际交流中心

国家级、省部级研究机构设置
研究中心（所）：1 个

定期公开出版的专业刊物　《吉林交通职业技术学院校刊》

学校设立奖学金情况
学校设立奖学金三项，奖励总金额134.3 万元/年，奖学金最高金额8000元/年，最低金额4000元/年。

学校历史沿革
吉林交通职业技术学院是省政府批准的我省第一所独立设置的高等职业院学院始建于1958年，坐落于吉林省长春市高新技术开发区占地面积22万平方米，建筑面积15.8万平方米。2001年学院被教育部评为全国31所示范性职业技术学院建设院校之一。

长春东方职业学院

学校（机构）标识码　4122012306	传真电话　0431-84521531	640
学校办学类型　415：专科院校：高等职业学校	校园（局域）网域名　www.ccdfcedu.com	在校生数（人）　1219
		其中：普通专科　1219
学校性质类别　01 综合大学	电子信箱　ccdfcedu@yahoo.com.cn	专任教师（人）　115
学校举办者　999 民办	占地面积（平方米）　24229	其中：正高级　32
学校地址　吉林省长春市净月旅游经济开发区博学路（原农大北四路）	校舍建筑面积（平方米）　13303	副高级　41
	图书（万册）　10.57	中级　20
邮政编码　130118	固定资产总值（万元）　1914.2	初级　5
办公电话　0431-85421531	教学、科研仪器设备资产值（万元）	未定职级　17

专科专业　护理、护理(3+2)、机电一体化技术、机械制造与自动化、康复治疗技术、口腔医学技术、汽车检测与维修技术、生物制药技术、眼视光技术、药学

院系设置
长春东方职业学院下设七个系：工学院、计算机应用技术系、护理系、眼视光技术系、药学系、康复治疗技术系、口腔医学技术系

学校设立奖学金情况
学校设立奖学金三项，奖励总金额163.3万元。奖学金最高金额8000元/年，最低金额3000元/年。
国家奖学金：4 人/年，8000 元/人；
国家励志奖学金：61 人/年，5000 元/人；
国家助学金：432 人/年，3000 元/人。

学校历史沿革
长春东方职业学院的前身是民办东方大学，1992年10月经吉林省老教授协会倡导建立，原吉林省教委批准的一所多学科、多层次的民办大学。1996年经原吉林省教委批准为首批"高等教育学历文凭考试"试点院校。2000年6月经吉林省政府"吉政[2000]48号"文件批准，国家教育部审定为具有颁发国家大学专科学历文凭资格，参加国家计划统一高考招生的普通高等学校，定名"长春东方职业学院"。

吉林司法警官职业学院

学校(机构)标识码 4122012901	传真电话 0431-83448222	在校生数(人) 2923
学校办学类型 415:专科院校:高等职业学校	校园(局域)网域名 www.jlsfjy.cn	其中:普通专科 2919
	电子信箱 15900573@qq.com	成人专科 4
学校性质类别 09 政法院校	占地面积(平方米) 228000	专任教师(人) 125
学校举办者 812 省级其他部门	校舍建筑面积(平方米) 131934	其中:正高级 5
学校地址 吉林省长春市合隆经济开发区	图书(万册) 17.89	副高级 39
	固定资产总值(万元) 4632	中级 29
邮政编码 130216	教学、科研仪器设备资产值(万元) 1049	初级 40
办公电话 0431-83448222		未定职级 12

专科专业 安全防范技术、法律事务、法律文秘、行政执行、民事执行、社区矫正、涉毒人员矫治、书记官、司法鉴定技术、司法警务、司法信息技术、司法助理、网络系统管理、刑事侦查技术、刑事执行、应用法制心理技术、应用韩语

院系设置
我校现设三系一部(监狱劳教系、司法技术系、应用法律系、基础部)

学校设立奖学金情况
学校设立奖学金 4 项,奖励总金额 150 余万元。奖学金最高金额 8000 元/年,最低金额 4000 元/年。

学校历史沿革
1995 年 10 月,吉林省劳改工作人民警察学校与吉林省司法学校合并组建吉林省司法警官学校。2002 年 1 月 14 日,经吉林省政府批准,吉林省司法警官学校改建为吉林司法警官职业学院。

吉林电子信息职业技术学院

学校(机构)标识码 4122012902	校园(局域)网域名 www.jltc.edu.cn	其中:普通专科 8152
学校办学类型 415:专科院校:高等职业学校	电子信箱 Yuanban@mail.edu.cn	成人专科 111
	占地面积(平方米) 342000	专任教师(人) 355
学校性质类别 02 理工院校	校舍建筑面积(平方米) 196279	其中:正高级 18
学校举办者 811 省级教育部门	图书(万册) 36.59	副高级 83
学校地址 吉林市龙潭区汉阳街 65 号	固定资产总值(万元) 14838.42	中级 120
邮政编码 132021	教学、科研仪器设备资产值(万元) 3171.94	初级 122
办公电话 0432-63426608		未定职级 12
传真电话 0432-63426608	在校生数(人) 8263	

专科专业 材料工程技术、导游、电厂热能动力装置、电气自动化技术、电气自动化技术(3+2)、电子商务、电子信息工程技术、动漫设计与制作、发电厂及电力系统、风能与动力技术、高压输配电线路施工运行与维护、工程造价、工商管理类新专业、供用电技术、焊接技术及自动化、会计(3+2)、会计电算化、会计与审计、会展策划与管理、机电一体化技术、机电一体化技术(3+2)、机械设计制造类新专业、计算机控制技术、计算机网络技术、计算机信息管理、计算机应用技术、计算机应用技术(3+2)、金属矿开采技术、酒店管理、酒店管理(3+2)、矿山机电、模具设计与制造、软件技术、商务英语、涉外旅游、生产过程自动化技术、市场营销、数控技术、数控技术(3+2)、图形图像制作、网络系统管理、物流管理、选矿技术、冶金技术、移动通信技术、应用电子技术、应用韩语

院系设置
材料及资源系、计算机系、电气工程系、旅游系、外语系、机械系、工商管理系

学校设立奖学金情况
总金额为:299900 元,学院共设奖学金一项,分一、二、三等,最高金额 400 元/年,最低金额 100 元/年。

学校历史沿革
1964.8 吉林有色金属工业学校属于吉林有色金属管理局 1965.3 吉林矿产公司吉林中等技术学校隶属于冶金部中国黄金矿产公司 1970.12 吉林冶金工业学校隶属于冶金部吉林省冶金局 1985.3 吉林冶金工业学校隶属于吉林省冶金工业厅 2000.2

吉林冶金工业学校隶属于吉林省教育委员会2002.1批准改建为吉林电子信息职业技术学院并隶属于吉林省教育厅

吉林工业职业技术学院

学校(机构)标识码　4122012903
学校办学类型　415:专科院校:高等职业学校
学校性质类别　02 理工院校
学校举办者　811 省级教育部门
学校地址　吉林市丰满区恒山西路15号
邮政编码　132013
办公电话　0432-64644312
传真电话　0432-64644338
校园(局域)网域名　www.jvcit.edu.cn
占地面积(平方米)　92600
校舍建筑面积(平方米)　135678
图书(万册)　37.6
固定资产总值(万元)　18742.3
教学、科研仪器设备资产值(万元)　4699.3
在校生数(人)　5669
其中:普通专科　5669
专任教师(人)　234
其中:正高级　9
副高级　80
中级　91
初级　54

专科专业　电子商务、高分子材料加工技术、工业分析与检验、工业环保与安全技术、广告设计与制作、焊接技术及自动化、化工设备维修技术、环境监测与治理技术、环境艺术设计、机电设备维修与管理、计算机辅助设计与制造、计算机信息管理、计算机应用技术、精细化学品生产技术、模具设计与制造、软件技术、商务英语、涉外旅游、生产过程自动化技术、石油化工生产技术、市场营销、室内设计技术、数控技术、物流管理、消防工程技术、药物制剂技术、应用电子技术、应用化工技术

院系设置
化工机械系、应用化工系、质量与安全系、自动化系、商学院

国家级、省部级研究机构设置
实验室:国家重点实验室一个

学校设立奖学金情况
学校设立奖学金3项奖励总金额54.2万元。奖学金最高金额1600元/年,最低金额200元/年。

学校历史沿革
1950年经吉林省人民政府批准筹建于吉林省长春市校名为"吉林省工业专科学校"1953年8月随吉林省人民政府迁址至吉林市现址,更名为"吉林省吉林化学工业学校"1956年9月更名为"吉林省吉林食品工业学校",隶属国家食品工业部1958年9月为"吉林省吉林化学工业学校"1959年9月升格为"吉林化学工业专科学校"1962年9月因国民经济调整,撤销专科建制,更名为"吉林省石油化学工业学校",隶属吉林省石油化工局1963年9月更名为"吉林省化学工业学校"1970年12月更名为"吉林省化肥机械配件厂技工学校"1973年4月更名为"吉林省石油化工学校"1978年9月更名为"吉林化工学校",隶属吉林省石油化工厅2002年1月改制为高职院校,更名为"吉林工业职业技术学院",隶属吉林省教育厅。

吉林农业工程职业技术学院

学校(机构)标识码　4122012904
学校办学类型　415:专科院校:高等职业学校
学校性质类别　03 农业院校
学校举办者　812 省级其他部门
学校地址　吉林省四平市长发路1299号
邮政编码　136001
办公电话　0434-3352088
传真电话　0434-3352008
校园(局域)网域名　www.jlnyxy.com.cn
电子信箱　nyxy4001@tom.com
占地面积(平方米)　350000
校舍建筑面积(平方米)　127251
图书(万册)　25.4
固定资产总值(万元)　7042
教学、科研仪器设备资产值(万元)　1255
在校生数(人)　4939
其中:普通专科　4939
专任教师(人)　256
其中:正高级　21
副高级　94
中级　70
初级　71

专科专业　电子商务、动漫设计与制作、二维动画设计与制作、工程造价、会计电算化、机电一体化技术、机械设计与制造、机械设计与制造(3+2)、计算机网络技术、计算机信息管理、计算机应用技术、计算机应用技术(软件开发)、连锁经营管理、粮食工程、粮食工程(储运检测)、粮食工程(深加工)、旅游英语、农产品质量检测、汽车电子技术、汽车检测与维修技术、商务英语、生物技术及应用、生物技术及应用(3+2)、生物制药技术、食品加工技术、食品生物技术、食品营养与检测、食品贮运与营销、数控技术、数字媒体动画设计与制作

院系设置
机械工程系、机电工程系、生物工程系、信息工程系、食品工程系、粮食工程系、汽车工程系、管理科技系

学校设立奖学金情况
学校设立奖学金6项,奖励总金额15余万元。奖学金最高

金额8000元/年,最低金额200元/年。

学校历史沿革

始建于1958年,校名为公主岭市农学院;2002年1月晋升为高职院校,校名为吉林农业工程职业技术学院;2006年8月,与四平粮食学校合并,校址迁到四平市铁东区长发路。

长春职业技术学院

学校(机构)标识码 4122013161	传真电话 0431-84602816	在校生数(人) 9660
学校办学类型 415:专科院校:高等职业学校	电子信箱 bangongshioffice@126.com	其中:普通专科 9615
	占地面积(平方米) 379588	成人专科 45
学校性质类别 02 理工院校	校舍建筑面积(平方米) 242556	专任教师(人) 453
学校举办者 821 地级教育部门	图书(万册) 46.62	其中:正高级 11
学校地址 吉林省长春经济技术开发区卫星路3278号	固定资产总值(万元) 75108.34	副高级 176
	教学、科研仪器设备资产值(万元) 10818	中级 139
邮政编码 130033		初级 127
办公电话 0431-84603000		

专科专业 城市轨道交通车辆、城市轨道交通控制、电脑艺术设计、电脑艺术设计(中外合作)、电气自动化技术、电视节目制作、电子商务、电子商务(中外合作)、动漫设计与制作、焊接技术及自动化、会计电算化、会展策划与管理、机电一体化技术、计算机网络技术、计算机应用技术、金融与证券、酒店管理、酒店管理(中外合作)、旅游管理、模具设计与制造、汽车电子技术、汽车技术服务与营销、汽车检测与维修技术、汽车运用技术、汽车整形技术、嵌入式系统工程、软件技术、商务英语、涉外旅游、生物技术及应用、食品工艺与检测、食品加工技术、食品生物技术、食品生物技术(啤酒工艺方向)、食品生物技术(啤酒酿造方向)、食品生物技术(玉米深加工方向)、市场营销、数控技术、数控设备应用与维护、网站规划与开发技术、物流管理、物流管理(汽车方向)、物流管理(中外合作)、药品经营与管理、应用电子技术、应用电子技术(嵌入式产品开发)、应用韩语、应用日语、主持与播音

院系设置

商贸分院、旅游分院、工程分院、信息分院、食品生物技术分院、汽车分院、国际分院、培训分院

定期公开出版的专业刊物 《长春高职教育》

学校设立奖学金情况

学校设立奖学金5项,奖励总金额57.89万元/年,最低金额300元/年。

学校历史沿革

2000年12月29日,根据省教育厅吉教规划字[2000]23号文件批准,组建长春高级职业技术学校,由长春市计算机学校(1994年)、长春市经济贸易学校(1952年)、长春市机电技术学校(1995年)、长春市第四中等专业学校(1984年)、长春市第六中等专业学校(1995年)、长春市轻工业学校(1958年)、长春市旅游职业学校(1987年)、长春联合职业学校(1996年)、长春电大附属职业学校(1995年)等九所学校合并组成,隶属于长春市教育委员会。2002年4月26日,经吉林省政府吉政函[2002]32号文件批准,长春高级职业技术学校改建为长春职业技术学院,隶属于长春市教育局。2003年3月,吉林省广播电视学校并入长春职业技术学院。2004年9月,长春市财政学校并入长春职业技术学院。

长春大学光华学院

学校(机构)标识码 4122013600	传真电话 0431-84849990	在校生数(人) 9960
学校办学类型 413:本科院校:独立学院	校园(局域)网域名 www.ccughc.net	其中:普通本科 9498
	电子信箱 ccughc@126.com	普通专科 462
学校性质类别 01 综合大学	占地面积(平方米) 334059	专任教师(人) 410
学校举办者 999 民办	校舍建筑面积(平方米) 245759	其中:正高级 51
学校地址 长春市经开区岭东路283号	图书(万册) 66.2	副高级 97
	固定资产总值(万元) 55920.08	中级 120
邮政编码 130117	教学、科研仪器设备资产值(万元) 4450	初级 142
办公电话 0431-84802322		

本科专业 播音与主持艺术、财务管理、朝鲜语、电气工程及其自动化、电子信息工程、对外汉语、俄语、工商管理、广播电视编导、广告学、国际经济与贸易、汉语言、汉语言文学、会计学、机械工程及自动化、计算机科学与技术、金融学、经济学、旅游管理、日语、市场营销、通信工程、新闻学、艺术设计、音乐表演、音乐学、英语、应用心理学

专科专业 电子信息工程技术、数控技术、应用韩语

院系设置

学院设有外国语学院、管理学院、经济学院、文学院、信息工程学院、机械工程学院、艺术学院、电影学院

学校历史沿革

长春大学光华学院建设于2000年,由长春大学与长春康中集团有限公司合作举办长春大学的二级学院。2004年经吉林省教育批准、国家教育部首批确认的独立学院。校址于2001年8月,由长春大洋高中校舍迁至长春市经济技术开发区岭东路283号校舍至今。

长春工业大学人文信息学院

学校(机构)标识码	4122013601
学校办学类型	413:本科院校:独立学院
学校性质类别	02 理工院校
学校举办者	999 民办
学校地址	长春市净月经济开发区福祉大路1016号
邮政编码	130122
办公电话	0431-84535017
传真电话	0431-84528139
校园(局域)网域名	www.ccutchi.com
电子信箱	ccutchi@126.com
占地面积(平方米)	159322
校舍建筑面积(平方米)	119700
图书(万册)	49.2
固定资产总值(万元)	30020
教学、科研仪器设备资产值(万元)	4000
在校生数(人)	8801
其中:普通本科	8442
普通专科	359
专任教师(人)	433
其中:正高级	66
副高级	155
中级	196
初级	16

本科专业 财务管理、测控技术与仪器、电气工程及其自动化、电子商务、电子信息工程、法学、工商管理、国际经济与贸易、会计学、机械工程及自动化、计算机科学与技术、汽车服务工程、软件工程、市场营销、网络工程、物流管理、信息管理与信息系统、英语、制药工程、自动化

专科专业 会计电算化、市场营销、数控技术、印刷技术

院系设置

10个系

学校设立奖学金情况

学校设立奖学金4项,奖励总金额180余万元。奖学金最高金额8000元/年,最低金额500元/年。

学校历史沿革

长春工业大学人文信息学院是由长春工业大学和吉林省关心下一代工作委员会联合举办。1999年经原吉林省教育委员会批准成立,2004年经国家教育部批准为普通高等学校举办的独立学院。2005年顺利通过了教育部组织的独立学院办学条件和教学工作状态专项评估。2006年学院创建人陈坚董事长等发表"资产所属声明",明确将学院全部资产归"长春工业大学人文信息学院所有",实行公有民办体制。学院坐落在环境优美的长春净月国家森林公园旁。2008年经省学位委员会审查批准为学士学位授予单位。

长春理工大学光电信息学院

学校(机构)标识码	4122013602
学校办学类型	413:本科院校:独立学院
学校性质类别	02 理工院校
学校举办者	999 民办
学校地址	长春市高新技术产业开发区达新路399号
邮政编码	130012
办公电话	0431-86903656
传真电话	0431-86015555
校园(局域)网域名	www.csoei.com
电子信箱	gdyzxx@163.com
占地面积(平方米)	21429
校舍建筑面积(平方米)	4101
图书(万册)	41.68
固定资产总值(万元)	25065
教学、科研仪器设备资产值(万元)	6455
在校生数(人)	8400
其中:普通本科	8400
专任教师(人)	398
其中:正高级	41
副高级	130
中级	136
初级	88
未定职级	3

本科专业 材料成型及控制工程、测控技术与仪器、电气工程及其自动化、电子科学与技术、电子信息工程、电子信息科学

与技术、对外汉语、光电信息工程、光电子技术科学、光信息科学与技术、广告学、国际经济与贸易、过程装备与控制工程、汉语言文学、会计学、机械电子工程、机械设计制造及其自动化、计算机科学与技术、美术学、日语、软件工程、市场营销、通信工程、无机非金属材料工程、信息管理与信息系统、艺术设计、英语、自动化

院系设置

学院设有光电科学分院、光电工程分院、电子工程分院、信息工程分院、机电工程分院、经济管理分院、语言文学分院、传媒艺术学院、成人教育学院、基础教学部、思想政治理论课教研部和体育教研部等12个教学单位。

国家级、省部级研究机构设置

学院建有真空镀膜实验室、喇曼光谱实验室、光纤实验室、光速测量实验室、塞曼效应实验室、电子衍射实验室、信息处理实验室、光电检测技术实验室、机械设计实验室、光学CAD实验室、通信网络实验室、单片机系统实验室等80多个实验室，建有金工实习实训基地、电子工程实训基地、光电工程实训基地、光电科学实训基地、通信工程实训基地等校内实习实训基地

学校历史沿革

长春理工大学光电信息学院是由长春理工大学与长春中山实业集团有限公司于2001年依托长春理工大学优秀教育资源合作创办的新制二级学院，于2004年经国家教育部确认为独立学院。

吉林财经大学信息经济学院

学校(机构)标识码　4122013603
学校办学类型　413：本科院校：独立学院
学校性质类别　08 财经院校
学校举办者　999 民办
学校地址　长春市净月经济开发区擎天树街58号
邮政编码　130112
办公电话　0431-84529124
传真电话　0431-84529122
校园(局域)网域名　www.iecjiufe.edu.cn
电子信箱　976152858@126.com
图书(万册)　58
固定资产总值(万元)　10009
教学、科研仪器设备资产值(万元)　3347
在校生数(人)　7211
其中：普通本科　7211
专任教师(人)　422
其中：正高级　54
副高级　86
中级　154
初级　114
未定职级　14

本科专业　保险、财务管理、电子商务、法学、工商管理、国际经济与贸易、国际商务、会计学、计算机科学与技术、金融学、旅游管理、人力资源管理、市场营销、统计学、物流管理、信息管理与信息系统、英语

院系设置

现设有9个系。

学校设立奖学金情况

设有国家、学院奖(助)学金。总额720余万元。最高每生每学年8000元，最低每生每学年800元。

学校历史沿革

吉林财经大学信息经济学院成立于2000年5月，经吉林省教育厅批准、教育部备案。以经济学、管理学、为主的全日制高等财经类本科院校。严格按照民办教育促进法依法办学。

吉林建筑工程学院城建学院

学校(机构)标识码　4122013604
学校办学类型　413：本科院校：独立学院
学校性质类别　02 理工院校
学校举办者　999 民办
学校地址　吉林省长春市绿园区迎宾路1666号
邮政编码　130111
办公电话　0431-87984166
传真电话　0431-87984166
校园(局域)网域名　www.jlucc.net
电子信箱　cjxy_2007@126.com
校舍建筑面积(平方米)　4376
图书(万册)　48
固定资产总值(万元)　42569.33
教学、科研仪器设备资产值(万元)　4343.54
在校生数(人)　8667
其中：普通本科　8667
专任教师(人)　443
其中：正高级　46
副高级　147
中级　130
初级　114
未定职级　6

本科专业　安全工程、财务管理、测绘工程、测控技术与仪器、城市地下空间工程、城市规划、电气工程及其自动化、电子信

息工程、雕塑、动画、给水排水工程、工程管理、工程造价、工商管理、环境工程、绘画、计算机科学与技术、建筑电气与智能化、建筑环境与设备工程、建筑学、交通工程、热能与动力工程、日语、软件工程、市场营销、土木工程、信息管理与信息系统、艺术设计、英语、自动化

院系设置

土木工程系、艺术设计系、管理工程系、电气信息工程系、计算机科学与工程系、市政与环境工程系、建筑系、外语系、基础部

学校设立奖学金情况

1. 学期奖学金：一等奖学金：1000元每学期，占同一年级总人数1%；二等奖学金：500元每学期，占同一年级本专业总人数4%；三等奖学金：200元每学期，占同一年级本专业总人数10%。

2. 科技创新奖学金 省市级奖励标准500元每人；国家级奖励标准1000元每人；有重要成就或突出贡献者奖励标准2000元每人。

毕业生一次性就业率 94.22%

学校历史沿革

吉林建筑工程学院城建学院是2000年6月20日经吉林省教育厅（吉教法字【2000】13号）首批成立的新制二级学院，是吉林建筑工程学院与吉林省国土资源开发集团有限公司合作协办。2004年3月经国家教育部确认为独立学院。

长春建筑学院

学校（机构）标识码	4122013605
学校办学类型	412：本科院校：学院
学校性质类别	02 理工院校
学校举办者	999 民办
学校地址	长春市双阳区奢岭街道办事处
邮政编码	130607
办公电话	0431-89752000
传真电话	0431-89752022
校园（局域）网域名	www.jladi.com
电子信箱	1286333266@qq.com
占地面积（平方米）	617339
校舍建筑面积（平方米）	314814
图书（万册）	73
固定资产总值（万元）	76296
教学、科研仪器设备资产值（万元）	4765
在校生数（人）	9524
其中：普通本科	9524
专任教师（人）	538
其中：正高级	76
副高级	171
中级	128
初级	163

本科专业 安全工程、财务管理、城市地下空间工程、城市规划、电气工程与自动化、电子信息工程、动画、给水排水工程、工程管理、工程造价、工商管理、广告学、环境工程、计算机科学与技术、建筑环境与设备工程、建筑学、交通工程、景观学、社会工作、通信工程、土木工程、信息安全、艺术设计、英语、园林、自动化

院系设置

设有建筑与规划学院、土木工程学院、交通学院、城建学院、管理学院、公共艺术学院、电气信息学院、基础教学部8个教学单位

学校设立奖学金情况

学校设立奖学金1项，奖励总金额70余万元。奖学金最高金额2000元/年，最低金额500元/年。

学校历史沿革

长春建筑工程学院，其前身吉林建筑工程学院建筑装饰学院，始建于2000年。以其培养工程师、建筑师的人才定位及先进的办学理念独树一帜。2011年4月，经国家教育部正式批准转设为独立设置的本科层次的民办普通高等学校。

吉林农业大学发展学院

学校（机构）标识码	4122013606
学校办学类型	413：本科院校：独立学院
学校性质类别	03 农业院校
学校举办者	999 民办
学校地址	长春市双阳区东华大街1699号
邮政编码	130600
办公电话	0431-84250800
传真电话	0431-84230019
校园（局域）网域名	www.jlaudev.com.cn
电子信箱	fzxy521@163.com
占地面积（平方米）	566529
校舍建筑面积（平方米）	54243
图书（万册）	73.5
固定资产总值（万元）	43119.79
教学、科研仪器设备资产值（万元）	5579
在校生数（人）	10583
其中：普通本科	8482
普通专科	2101
专任教师（人）	442
其中：正高级	53
副高级	91
中级	128
初级	94
未定职级	76

本科专业 财务管理、测控技术与仪器、朝鲜语、电子信息科学与技术、动物科学、动物医学、对外汉语、工商管理、工商管

理(物流管理)、广告学(设计与制作)、广告学(影视广告制作)、国际经济与贸易、环境工程、机械设计制造及其自动化、计算机科学与技术、交通运输、金融学、旅游管理、旅游管理(英日双语)、美术学、农林经济管理、人力资源管理、日语、生物工程、食品科学与工程、食品质量与安全、市场营销、数字媒体艺术、网络工程、艺术设计(环境艺术)、艺术设计(园林设计)、艺术设计(展示设计)、英语、英语(英日双语)、应用化学、园林、中药学、自动化

专科专业 财务管理、道路桥梁工程技术、电子商务、广告设计与制作、计算机应用技术、建筑工程技术、酒店管理、连锁经营管理、模具设计与制造、汽车检测与维修技术、涉外旅游、生物制药技术、食品工艺与检测、市场营销(汽车营销)、兽医、数控技术、应用俄语、园林技术

院系设置
财经管理学院、信息工程学院、汽车机械工程学院、工商管理学院、外国语学院、动物科技学院、生物食品学院、视觉艺术学院、职业技术学院

学校设立奖学金情况
学校设立奖学金四项,奖励总金额40余万元。奖学金最高金额1000元/年,最低金额200元/年。

主要校办产业
吉林兰苑物业公司

学校历史沿革
2000年5月—2004年1月为新制二级学院,2004年至今为独立学院。

吉林动画学院

学校(机构)标识码 4122013607	校园(局域)网域名 www.jldh.com.cn	在校生数(人) 9212
学校办学类型 412:本科院校:学院	电子信箱 jldh@jldh.com.cn	其中:普通本科 9212
学校性质类别 11 艺术院校	占地面积(平方米) 336858	专任教师(人) 424
学校举办者 999 民办	校舍建筑面积(平方米) 38697	其中:正高级 45
学校地址 吉林省长春市高新技术产业开发区博识路168号	图书(万册) 44	副高级 74
邮政编码 130012	固定资产总值(万元) 28457	中级 80
办公电话 0431-87021917	教学、科研仪器设备资产值(万元) 3732.9	初级 130
传真电话 0431-87021913		未定职级 95

本科专业 播音与主持艺术、动画、工业设计、广播电视编导、广播电视新闻学、广告学、会展艺术与技术、绘画、摄影、市场营销、数字媒体技术、数字媒体艺术、戏剧影视美术设计、戏剧影视文学、艺术设计

院系设置
动漫分院:动画系、绘画系 游戏分院:数字媒体艺术系、数字媒体技术系 设计分院:艺术设计系,工业设计系,会展艺术与技术系、戏剧影视美术设计系 传媒分院:播音与主持系、广播电视新闻学系、广播电视编导、摄影系、戏剧影视文学系 广告分院:广告学系、市场营销系。

国家级、省部级研究机构设置
研究中心(所):现代动画技术吉林省高等学校工程研究中心;吉林省高等学校游戏与互动媒体技术工程研究中心。

定期公开出版的专业刊物 《动画新视窗》

学校设立奖学金情况
学校设立奖学金2项,奖励总金额52.5余万元。奖学金最高金额3000元/年,最低金额500元/年。

主要校办产业
吉林禹硕动漫游戏科技股份有限公司

学校历史沿革
动画学院创建于2000年6月,初名:吉林艺术学院动画学院,属二级学院;2004年2月被教育部批准为独立学院。2008年9月28日被教育部批准为独立设置的本科层次的民办普通高校。2004年、2005年先后被国家广电总局确定为"国家动画教学研究基地"和"国家动画产业基地"。2007年2月经教育厅批准,在动画学院设立了现代动画技术吉林省高等学校工程研究中心。2007年6月经省委、省政府批准将吉林动漫游戏原创产业园设在动画学院。

吉林师范大学博达学院

学校(机构)标识码 4122013622	学校举办者 999 民办	校园(局域)网域名 www.bdxy.com.cn
学校办学类型 413:本科院校:独立学院	学校地址 吉林省四平市铁西区英雄街道办事处师大社区	电子信箱 bdxysbzx@tom.com
学校性质类别 06 师范院校	邮政编码 136000	占地面积(平方米) 54291
		校舍建筑面积(平方米) 104555

图书（万册） 41.35	其中：普通本科 7171	副高级 71
固定资产总值（万元） 37824.58	普通专科 14	中级 165
教学、科研仪器设备资产值（万元） 2559.3	专任教师（人） 423	初级 85
在校生数（人） 7185	其中：正高级 56	未定职级 46

本科专业 财务管理、朝鲜语、德语、地理科学、电子信息工程、对外汉语、俄语、法语、广播电视编导、汉语言文学、科学教育、旅游管理、美术学、人文教育、日语、社会工作、市场营销、数学与应用数学、体育教育、小学教育、小学教育（英语方向）、信息科学技术、学前教育、艺术教育、艺术设计、英语

专科专业 营销与策划

院系设置

我院共设有11个系，2个部。

学校设立奖学金情况

学校设立奖学金9项，奖励总金额73.68万元/年。

学校历史沿革

2000年3月，原四平师范学院与四平市铁东区热轧钢厂签订联合举办民办二级学院协议书，并于2000年4月，经原吉林省教育委员会批准四平师范学院成立二级学院，即四平师范学院博达学院；2002年3月，四平师范学院更名为吉林师范大学，四平师范学院博达学院更名为吉林师范大学博达学院；2004年3月，教育部批准吉林师范大学博达学院为独立学院。

长春大学旅游学院

学校（机构）标识码 4122013623	传真电话 0431-89811111	2511.1
学校办学类型 413：本科院校：独立学院	校园（局域）网域名 www.cctourcollege.com	在校生数（人） 8070
		其中：普通本科 7892
学校性质类别 08 财经院校	电子信箱 changchundaxuelvyouxueyuan@yahoo.com	普通专科 178
学校举办者 999 民办		专任教师（人） 396
学校地址 长春市双阳区奢岭街道办事处幸福村委会	占地面积（平方米） 233000	其中：正高级 41
	图书（万册） 44	副高级 123
邮政编码 130607	固定资产总值（万元） 31020.7	中级 184
办公电话 0431-89811111	教学、科研仪器设备资产值（万元）	初级 48

本科专业 财务管理、朝鲜语、雕塑、动画、俄语、国际经济与贸易、会计学、建筑学、金融学、旅游管理、日语、市场营销、物流管理、戏剧影视美术设计、艺术设计、英语

专科专业 导游、景区开发与管理、酒店管理、旅行社经营管理、物流管理

院系设置

四个分院：旅游管理分院、经济管理分院、外语分院、艺术分院。

四个教研部：体育课教研部、思政课教研部、大学外语教研部、基础部。

学校设立奖学金情况

学校设立奖学金5项，奖励总金额46.27万元。奖学金最高金额1500元/年，最低金额100元/年。

1. 学院一等奖学金：82人/年，1500元/人。
2. 学院二等奖学金：167人/年，800元/人。
3. 学院三等奖学金：494人/年，400元/人。
4. 优秀学生干部奖学金：49人/年，100元/人。
5. 通过英语六级、日语二级奖学金：18人，200元/人。

毕业生一次就业率 86.61%

学校历史沿革

长春大学旅游学院创建于2000年6月，是经吉林省教育厅批准的实施普通高等学校本科教育的新制二级学院。并于2004年3月被中华人民共和国教育部确认为独立学院。

东北师范大学人文学院

学校（机构）标识码 4122013662	学校性质类别 01 综合大学	区博硕路1488号
学校办学类型 413：本科院校：独立学院	学校举办者 999 民办	邮政编码 130117
	学校地址 吉林省长春净月经济开发	办公电话 0431-84537145

传真电话 0431-84541128	图书(万册) 59	专任教师(人) 631
校园(局域)网域名 www.chsnenu.edu.cn	固定资产总值(万元) 61431.8	其中:正高级 144
	教学、科研仪器设备资产值(万元) 4195.23	副高级 137
电子信箱 zsb@chs.nenu.edu.cn		中级 300
占地面积(平方米) 194269	在校生数(人) 10573	初级 50
校舍建筑面积(平方米) 117691	其中:普通本科 10573	

本科专业 表演、播音与主持艺术、朝鲜语、城市管理、动画、对外汉语、俄语、法学、服装设计与工程、工商管理、广播电视编导、广告学、国际经济与贸易、汉语言文学、会计学、绘画、计算机科学与技术、金融学、旅游管理、美术学、人力资源管理、日语、社会工作、生物技术、市场营销、数学与应用数学、网络工程、舞蹈编导、舞蹈学、学前教育、艺术设计、音乐学、英语、中药资源与开发

院系设置
国际商务学院、文学院、英语学院、日本语言文化学院、亚欧语言学院、设计学院、艺术学院、音乐舞蹈学院、信息技术学院、生物工程学院、福祉学院、法律系、大学外语教研部、马列主义教研部、公共体育教研部

国家级、省部级研究机构设置
工程研究中心名称:吉林省人体数据库与服装版型研究中心

定期公开出版的专业刊物 《东北师范大学人文学院学报》

学校设立奖学金情况
学校设立奖学金5项,奖励总金额90余万元。奖学金最高金额2000元/年,最低金额600元/年。

学校历史沿革
1988年7月,经吉林省编制委员会批准,创办了吉林省对外语言文化交流中心;1991年11月,经吉林省教委批准,建立吉林国际语言文化学院;1996年6月,吉林省教委批准学院为"高等教育学历文凭考试试点学校";2000年6月,吉林省政府批准吉林国际语言文化学院为民办专科层次的普通高等学校;2001年3月,经吉林省政府批准,成立吉林对外经贸职业学院,实施专科教育;2001年9月,成立东北师范大学对外经贸学院,实施本科教育;2004年2月,经教育部批准,成立东北师范大学人文学院

吉林医药学院

学校(机构)标识码 4122013706	校园(局域)网域名 www.jlmpc.cn	其中:普通本科 6614
学校办学类型 412:本科院校:学院	电子信箱 jyybzw@163.com	普通专科 1334
学校性质类别 05 医药院校	占地面积(平方米) 525982	成人本科 622
学校举办者 811 省级教育部门	校舍建筑面积(平方米) 279958	成人专科 671
学校地址 吉林省吉林市吉林大街5号	图书(万册) 62.17	专任教师(人) 412
	固定资产总值(万元) 65380.32	其中:正高级 35
邮政编码 132013	教学、科研仪器设备资产值(万元) 8458.78	副高级 129
办公电话 0432-64560185		中级 161
传真电话 0432-64560185	在校生数(人) 9241	初级 87

本科专业 公共事业管理、护理学、临床医学、生物技术、生物医学工程、市场营销、药物制剂、药学、医学检验、医学影像学、应用心理学、预防医学

专科专业 护理、口腔医学、药学、医学检验技术、医学影像技术

院系设置
人文社科部、基础医学院、药学院、护理学院、临床医学院、检验系、公共卫生系、口腔影像系

国家级、省部级研究机构设置
实验室:吉林省重点实验室1个,"辐射损伤防治实验室"

定期公开出版的专业刊物 《吉林医药学院学报》

学校设立奖学金情况
学校设立奖学金3项,奖励总金额160余万元。奖学金最高金额1600元/年,最低金额300元/年。(学院优秀奖学金一等1600元/年,二等800元/年,三等400元/年;双自标兵奖学金300元/年;单项奖学金1000元/年)。

学校历史沿革
吉林医药学院 前身是1952年在辽宁鞍山创办的鞍山军医中学;1961年1月改编为空军卫生学校,迁址吉林省长春市;1975年5月组建为空军军医学校,迁址吉林省吉林市;1986年10月更名为空军医学专科学校;1993年6月更名为空军医学高等专科学校;1999年5月更名为中国人民解放军第四军医大学吉林军医学院;2004年8月经国务院、中央军委批准,学校按独立设置的本科院校整体移交吉林省,更名为吉林医药学院。学院纳入国家普通高等院校系列,面向全国招生。

白城医学高等专科学校

学校(机构)标识码　4122013743	校园(局域)网域名　www.bcyz.cn	在校生数(人)　5658
学校办学类型　414:专科院校:高等专科学校	电子信箱　bcyzxb@sina.com	其中:普通专科　5411
	占地面积(平方米)　332125	成人专科　247
学校性质类别　05 医药院校	校舍建筑面积(平方米)　111754	专任教师(人)　256
学校举办者　821 地级教育部门	图书(万册)　20.79	其中:正高级　17
学校地址　吉林省白城市棉纺路27号	固定资产总值(万元)　10873	副高级　84
邮政编码　137000	教学、科研仪器设备资产值(万元)	中级　91
办公电话　0436－3311049	3769.8	初级　64
传真电话　0436－3311144		

专科专业　护理、口腔医学、口腔医学技术、临床医学、眼视光技术、药学、医疗美容技术、医学检验技术、医学影像技术

学校历史沿革

白城医学高等专科学校创建于1958年,1962年调整为全日制中等卫生学校。1985年以后先后与原吉林医学院、白求恩医科大学开展联合办学,1988年晋升为省部级重点学校,2000年晋升为国家重点示范校。2001年白城市政府与吉林大学共建成立"吉林大学白城医学院"。2002年7月白城市委、市政府在教育结构调整中将白城粮食学校与白城卫生学校进行实体合并。2002年末,教育部同意由吉林省自行筹建白城医高专,2003年首批招收全日制专科生,2003年底教育部专家考核验收,2004年5月13日教育部正式批复,同意建立白城医学高等专科学校。2004年6月,白城市将交给地方的原白城铁路医院成建制划归学校,作为附属医院。

长春信息技术职业学院

学校(机构)标识码　4122013916	传真电话　0431－81904018	2580.46
学校办学类型　415:专科院校:高等职业学校	校园(局域)网域名　www.citpc.net	在校生数(人)　1493
	电子信箱　ccxinxixueyuan@163.com	其中:普通专科　1493
学校性质类别　02 理工院校	占地面积(平方米)　42196	专任教师(人)　82
学校举办者　999 民办	校舍建筑面积(平方米)　49936	其中:正高级　5
学校地址　长春信息技术职业学院(高新区卓越大街881号)	图书(万册)　15.7	副高级　16
	固定资产总值(万元)　12200	中级　27
邮政编码　130000	教学、科研仪器设备资产值(万元)	初级　34
办公电话　0431－81904109		

专科专业　电子商务、动漫设计与制作、会计、会计电算化、机电一体化技术、计算机多媒体技术、计算机网络技术、汽车电子技术、软件技术、通信系统运行管理、移动通信技术

院系设置

计算机系、经济管理系、中兴通讯 NC 学院、水晶石动画系、机电系、基础教学部

学校历史沿革

长春信息技术职业学院是由吉林省民营企业长春伍陆柒捌集团有限公司举办。2001年,集团同北大青鸟印度 APTECH 计算机教育公司合作,培养软件工程师;2002年,集团同吉林大学合作,创建了吉林大学远程教育学院计算机分院;2003年,吉林省教育厅批准集团成立"长春信息专修学院";2005年,经吉林省人民政府批准"长春信息专修学院"改建成"长春信息技术职业学院"。长春信息技术职业学院是教育部备案,全国计划内统招的高等职业院校。

松原职业技术学院

学校(机构)标识码　4122013917	业学校	学校举办者　821 地级教育部门
学校办学类型　415:专科院校:高等职	学校性质类别　02 理工院校	学校地址　吉林省松原市宁江区中山

大街1号
邮政编码 138005
办公电话 0438-3166111
传真电话 0438-3166600
校园(局域)网域名 www.sypt.cn
电子信箱 sypt_2006@163.com
占地面积(平方米) 540000
校舍建筑面积(平方米) 233277
图书(万册) 24
固定资产总值(万元) 98730
教学、科研仪器设备资产值(万元) 13480
在校生数(人) 3909
其中:普通专科 3463
成人专科 446
专任教师(人) 359
其中:正高级 11
副高级 80
中级 196
初级 56
未定职级 16

专科专业 初等教育、畜牧兽医、广告设计与制作、焊接技术及自动化、会计、机电一体化技术、计算机应用技术、建筑工程技术、酒店管理、农业经济管理、汽车运用技术、商务管理、石油化工生产技术、市场营销、数控技术、饲料与动物营养、物流管理、学前教育、应用电子技术、应用化工技术、油气开采技术、园林技术、园艺技术、主持与播音、装饰艺术设计、钻井技术

院系设置
农业工程系、师范教育系、石油工程系、机电工程系、信息工程系、经济管理系、化工医药系、汽车工程系、建筑工程系、基础部

主要校办产业
驾校、山葡萄酒厂

学校历史沿革
松原职业技术学院于2005年经省政府批准,八月组建。由原吉林师范大学松原分院、吉林油田职工大学、松原农村成人高等专科学校三所学校合并组建而成。

吉林铁道职业技术学院

学校(机构)标识码 4122014052
学校办学类型 415:专科院校:高等职业学校
学校性质类别 02 理工院校
学校举办者 811 省级教育部门
学校地址 吉林市昌邑区通江路2号
邮政编码 132001
办公电话 0432-66136669
传真电话 0432-66136299
校园(局域)网域名 www.jtpt.cn
占地面积(平方米) 872306
校舍建筑面积(平方米) 193149
图书(万册) 27.06
固定资产总值(万元) 21655.46
教学、科研仪器设备资产值(万元) 4347.63
在校生数(人) 7880
其中:普通专科 7576
成人专科 304
专任教师(人) 249
其中:正高级 12
副高级 84
中级 79
初级 72
未定职级 2

专科专业 财务管理、城市轨道交通车辆、城市轨道交通工程技术、城市轨道交通控制、城市轨道交通运营管理、道路桥梁工程技术、电脑艺术设计、电气化铁道技术、高速铁道技术、供用电技术、焊接技术及自动化、会计、机电设备维修与管理、计算机网络技术、计算机应用技术、建筑工程技术、旅游管理、汽车电子技术、汽车技术服务与营销、汽车检测与维修技术、汽车制造与装配技术、铁道车辆、铁道工程技术、铁道机车车辆、铁道交通运营管理、铁道通信信号、文秘、物流管理

院系设置
铁道运输系、铁道工程系、铁道机车车辆系、电气工程系、计算机科学技术系、经济管理系、基础部、思想政治教研部、体育教研部、培训部、成人教育部

学校设立奖学金情况
学校设立奖学金3项,奖励总额49.52余万元。奖学金最高金额1600元/年,最低金额400元/年。

学校历史沿革
吉林铁路经济学校的前身是吉林铁路职工学校,建办于1948年10月。1950年2月,更名为吉林铁路局技术学校。1953年,再次更名为吉林铁路学校,1960年2月,铁道部批准在吉林铁路学校的基础上成立吉林铁道学院。学院设大专部和中专部。1961年5月撤消吉林铁道学院,学校更名为吉林铁路中等专业学校。1962年8月,学校更名为吉林铁路经济学校。1970年,吉林铁路经济学校更名为吉林铁路局技工学校。1979年,铁道部确定我校为全路财经类重点学校。1980年经铁道部批准,学校更名为吉林铁路运输经济学校。2001年6月18日,经沈阳铁路局宣布吉林铁路经济学校与吉林铁路运输职工大学合并。2005年8月25日,沈阳铁路局与吉林省人民政府签属协议,将学校移交吉林省教育厅管理。2006年2月23日经吉林省政府批准,改建为吉林铁道职业技术学院。

白城职业技术学院

学校(机构)标识码 4122014107	传真电话 0436-5094033	在校生数(人) 1949
学校办学类型 415:专科院校:高等职业学校	校园(局域)网域名 www.bcvit.cn	其中:普通专科 1949
学校性质类别 02 理工院校	电子信箱 zyjsyb@126.com	专任教师(人) 190
学校举办者 821 地级教育部门	占地面积(平方米) 153600	其中:正高级 2
学校地址 吉林省白城市白平公路50-34号	校舍建筑面积(平方米) 73089	副高级 80
邮政编码 137000	图书(万册) 13.37	中级 60
办公电话 0436-3329574	固定资产总值(万元) 5685.89	初级 39
	教学、科研仪器设备资产值(万元) 1157	未定职级 9

专科专业 电气自动化技术、工商企业管理、化学制药技术、会计电算化、机电一体化技术、计算机应用技术、建筑工程技术、建筑装饰工程技术、模具设计与制造、农畜特产品加工、汽车技术服务与营销、食品加工技术、市场营销、数控技术、图形图像制作

长白山职业技术学院

学校(机构)标识码 4122014190	传真电话 0439-3325413	1584
学校办学类型 415:专科院校:高等职业学校	校园(局域)网域名 www.cbsvtv.com.cn	在校生数(人) 1587
		其中:普通专科 1587
学校性质类别 02 理工院校	电子信箱 bszybgs@163.com	专任教师(人) 251
学校举办者 821 地级教育部门	占地面积(平方米) 92657	其中:正高级 22
学校地址 吉林省白山市浑江大街76号	校舍建筑面积(平方米) 46555	副高级 122
	图书(万册) 8.8	中级 62
邮政编码 134300	固定资产总值(万元) 4763	初级 44
办公电话 0439-3325413	教学、科研仪器设备资产值(万元)	未定职级 1

专科专业 国际商务、护理、会计、机电设备维修与管理、机电一体化技术、酒店管理、老年服务与管理、旅游管理、社区康复、市场营销、药品经营与管理、应用韩语、中药制药技术

院系设置
旅游系、教育学、工业工程系、康复保健系、药学系、财经系

学校历史沿革
长白山职业技术学院前身为通化师范学院白山分院(1999年建校)、吉林省中医药学校(1995年建校)、白山市财会职工中等专业学校(1983年建校)合并创建长白山职业技术学院(2008年建院)。2008年2月经省政府批准正式成立长白山职业技术学院,同期报教育部备案。

吉林科技职业技术学院

学校(机构)标识码 4122014291	邮政编码 130123	校舍建筑面积(平方米) 117090
学校办学类型 415:专科院校:高等职业学校	办公电话 0431-84813089	图书(万册) 8.81
	传真电话 0431-84813089	固定资产总值(万元) 31512
学校性质类别 02 理工院校	校园(局域)网域名 office.jlkjzs.com/xw/default.html	教学、科研仪器设备资产值(万元) 3560
学校举办者 999 民办		
学校地址 吉林省长春市二道区长吉南线7777号	电子信箱 jilinkeji_yb@126.com	在校生数(人) 2222
	占地面积(平方米) 118161	其中:普通专科 2222

专任教师(人) 196	副高级 56	初级 24
其中:正高级 11	中级 105	

专科专业 城市轨道交通运营管理、道路桥梁工程技术、动漫设计与制作、工程机械运用与维护、广告设计与制作、焊接技术及自动化、会计电算化、机电一体化技术、建筑工程技术、酒店管理、旅游管理、模具设计与制造、汽车技术服务与营销、汽车检测与维修技术、汽车整形技术、市场开发与营销、数控技术、数控设备应用与维护、物流管理、装潢艺术设计

院系设置

五系一部包括:汽车系、机电系、土木系、经管系、计算机系及基础部

学校设立奖学金情况

学校设立奖学金 3 项,奖励总金额 5.02 余万元。奖学金最高金额 500 元/年,最低金额 200 元/年。

学校历史沿革

吉林科技职业技术学院的办学基础是吉林省博文培训学校。该学校是创办者从 2000 年开始与省内几所大学合作办学后,于 2004 年创办的。该培训机构是一所集学历教育和技能培训为一体的综合性教育机构。2010 年 4 月 21 日,正式成立吉林科技职业技术学院。

延边职业技术学院

学校(机构)标识码 4122014340	校园(局域)网域名 www.ybvtc.com	其中:普通专科 158
学校办学类型 415:专科院校:高等职业学校	电子信箱 wuyushan663@163.com	成人专科 157
学校性质类别 02 理工院校	占地面积(平方米) 228000	专任教师(人) 258
学校举办者 821 地级教育部门	校舍建筑面积(平方米) 88506	其中:正高级 1
学校地址 延吉市站前街 875 号	图书(万册) 26.3	副高级 145
邮政编码 133000	固定资产总值(万元) 6614	中级 69
办公电话 0433-2317033	教学、科研仪器设备资产值(万元) 1245	初级 30
传真电话 0433-2315682	在校生数(人) 315	未定职级 13

专科专业 会计电算化、机电一体化技术、计算机应用技术、建筑工程技术、旅游服务与管理、汽车检测与维修技术、应用韩语

学校设立奖学金情况

学校现设有一、二、三等奖学金,奖学金总金额为 3.8 万元,最高的一等奖学金为 600 元/年,最低的三等奖学金为 200 元/年。

学校历史沿革

延边职业技术学院于 2011 年 2 月 28 日经省政府批准成立,5 月 9 日由国家教育部备案,延边州政府主办的全日制普通高等专科学校。

黑龙江大学

学校(机构)标识码 4123010212	电子信箱 zdjs@hlju.edu.cn	成人专科 1882
学校办学类型 411:本科院校:大学	占地面积(平方米) 1914645	博士研究生 275
学校性质类别 01 综合大学	校舍建筑面积(平方米) 1162552	硕士研究生 4117
学校举办者 811 省级教育部门	图书(万册) 398.07	留学生 582
学校地址 哈尔滨市南岗区学府路 74 号	固定资产总值(万元) 183856.79	专任教师(人) 1972
邮政编码 150080	教学、科研仪器设备资产值(万元) 34446.42	其中:正高级 326
办公电话 0451-86604001	在校生数(人) 40943	副高级 613
传真电话 0451-86661259	其中:普通本科 30074	中级 922
校园(局域)网域名 www.hlju.edu.cn	成人本科 4013	初级 111

本科专业 阿拉伯语、编辑出版学、材料化学、传播学、档案学、德语、电气工程及其自动化、电子科学与技术、电子商务、电子信息工程、电子信息科学与技术、对外汉语、俄语、法学、法学(伊春分校)、法语、翻译(俄语)、高分子材料与工程、工商管理、公共事业管理、广播电视编导、广告学、国际经济与贸易、韩国语、汉语言文学、汉语言文学(伊春分校)、行政管理、化学、化学(色彩化学)、化学工程与工艺、环境科学、会计学、会计学(伊春分校)、绘画、机械设计制造及其自动化、集成电路设计与集成系统、计算机科学与技术、计算机科学与技术(电子测量)、计算机科学与技术(通信应用)、计算机科学与技术(网络工程)、计算机科学与技术(伊春分校)、建筑学、教育学、金融学、经济学、考古学、历史学、历史学(满文化与历史文化)、旅游管理、农业水利工程、农业资源与环境、农业资源与环境(种子科学与工程、人力资源管理、日语、软件工程、商务英语、社会工作、社会学、生物工程、生物技术、食品科学与工程、市场营销、数学与应用数学、水利水电工程、水利水电工程(工程施工与项目)、水土保持与荒漠化防治、水文与水资源工程、通信工程、统计学、统计学(精算方向)、图书馆学、土地资源管理、土木工程、土木工程(给排水工程)、网络工程、物理学、物联网工程、物联网工程(无线技术)、西班牙语、新闻学、信息管理与信息系统、信息与计算科学、艺术设计、艺术设计(伊春分校)、音乐表演、音乐表演(伊春分校)、英语、英语(翻译)、英语(伊春分校)、英语(应用英语)、应用化学、应用物理学、应用心理学、应用英语、哲学、政治学与行政学、植物保护、制药工程(化学制药)、制药工程(生物制药)、治安学、自动化

博士专业 俄语语言文学、管理哲学、国外马克思主义研究、汉语言文字学、伦理学、马克思主义哲学、美学、民商法学(含:劳动法学)、社会保障、外国哲学、微电子学与固体电子学、文化哲学、无机化学、中国古代文学、中国哲学、宗教学

硕士专业 比较文学与世界文学、材料物理与化学、产业经济学、传播学、档案学、德语语言文学、电路与系统、电子与通信工程、俄语语言文学、法律、法律史、法学、法学理论、法语语言文学、翻译、分析化学、高等教育学、高分子化学与物理、工商管理、工业催化、公共管理、光学、国际法学(含:国际公法、国际私法)、国际关系、国际贸易学、国际商务、国际政治、国民经济学、国外马克思主义研究、汉语国际教育、汉语言文字学、行政管理、核技术及应用、化学工程、化学工艺、环境科学、环境与资源保护法学、会计学、基础数学、集成电路工程、计算机技术、计算机软件与理论、计算机系统结构、计算机应用技术、计算数学、检测技术与自动化装置、教育管理、教育经济与管理、经济法学、科学技术哲学、控制工程、控制理论与控制工程、伦理学、逻辑学、旅游管理、马克思主义发展史、马克思主义基本原理、马克思主义哲学、马克思主义中国化研究、美学、民商法学(含:劳动法学)、社会保障、农业昆虫与害虫防治、企业管理(含:财务管理、市场营销)、情报学、区域经济学、人口、资源与环境经济学、日语语言文学、软件工程、社会保障、社会学、生态学、生物化学与分子生物学、食品加工与安全、史学理论及史学史、世界经济、世界史、水利工程、水利水电工程、思想政治教育、诉讼法学、通信与信息系统、图书馆学、图书情报、外国语言学及应用语言学、外国哲学、外交学、微电子学与固体电子学、微生物学、文化哲学、文艺学、无机化学、物理电子学、物理化学(含:化学物理)、西方经济学、宪法学与行政法学、新闻学、新闻与传播、信号与信息处理、刑法学、亚非语言文学、英语语言文学、应用化学、应用数学、有机化学、语言学与应用语言学、运筹学与控制论、政治经济学、政治学理论、植物保护、中共党史(含:党的学说与党的建设)、中国古代史、中国古代文学、中国古典文献学、中国近现代史基本问题研究、中国少数民族语言文学(分语族)、中国现当代文学、中国哲学、中外政治制度、专门史、宗教学、作物遗传育种

院系设置
中俄学院、哲学学院、经济与工商管理学院、法学院、马克思主义学院、教育科学研究院、文学院、新闻传播学院、西语学院、俄语学院、东语学院、应用外语学院、外语教研部、历史文化旅游学院、数学科学学院、物理科学与技术学院、化学化工与材料学院、生命科学学院、机电工程学院、电子工程学院、计算机科学技术学院、软件学院、信息科学与技术学院、建筑工程学院、水利电力学院、农业资源与环境学院、政府管理学院、信息管理学院、艺术学院、国防教育学院、研究生学院、国际文化教育学院、创业教育学院、体育教研部、应用技术学院、职业技术学院、专科部、继续教育学院

国家级、省部级研究机构设置
黑龙江大学俄语语言文学研究中心、国家糖料改良中心、农业部甜菜品质监督检验测试中心、农业微生物技术省部共建教育部工程研究中心、功能无机材料化学省部共建教育部重点实验室、黑龙江省马克思主义哲学研究基地、黑龙江省俄语研究基地、黑龙江省数据库与并行计算重点实验室、黑龙江省农药工程技术研究中心、黑龙江省光电与能源环境材料重点实验室、黑龙江省寒区植物基因工程与生物发酵重点实验室、中国农科院黑龙江科技示范基地

博士后科研流动站 外国语言文学博士后科研流动站、哲学博士后科研流动站、中国语言文学博士后科研流动站、化学博士后科研流动站、法学博士后科研流动站、电子科学与技术博士后科研流动站、甜菜研究所博士后科研工作站、教育部农业微生物技术工程研究中心、黑龙江省农药工程技术研究中心

定期公开出版的专业刊物 《求是学刊》、《外语学刊》、《自然科学学报》、《中国糖料》、《满语研究》、《黑龙江水专学报》、《黑龙江教育》、《北方法学》、《远东经贸导报》(俄文版)、《俄罗斯学刊》、《初中生学习》

学校设立奖学金情况
学校设立奖学金8项,奖励总金额1028余万元。奖学金最高金额8000元/年,最低金额200元/年。

主要校办产业
黑龙江大学科技开发总公司、黑龙江大学实业总公司、黑龙江大学司法鉴定中心、黑龙江黑大资产经营有限公司、哈尔滨市黑龙江大学测绘工程中心、黑龙江大学出版社有限责任公司、黑龙江学府生物工程有限责任公司、哈尔滨市大邦体育用品商场、哈尔滨市学府宾馆、黑龙江大学附属中学、哈尔滨俄语学校、哈尔滨学府电子城有限公司、黑龙江省黑大旅游有限公司、黑龙江省大学生城物业经营有限责任公司、黑龙江伊思特信息技术有限公司、大庆黑大同智科技有限公司、哈尔滨黑大北软科技开发有限公司、哈尔滨黑大创力科技开发有限公司、哈尔滨黑大博宇

软件有限公司、哈尔滨格曼电气自动化设备有限责任公司、黑龙江胜农化工有限公司、黑龙江学府农业技术推广有限公司、哈尔滨黑大伊思特软件有限公司、哈尔滨黑龙江大学科技贸易有限公司、哈尔滨德维自动化设备开发有限公司、哈尔滨市黑龙江大学电子工程有限责任公司、哈尔滨光宇电气自动化有限公司、黑龙江大学服务公司、哈尔滨市黑大综合商场、哈尔滨市学府书店、哈尔滨汇通机动车驾驶员培训学校(合作)

学校历史沿革

黑龙江大学是一所具有优良历史传统的高等学府。它的前身是1941年在延安成立的中国人民抗日军政大学第三分校俄文队。几经迭变,先后易名为中央军委俄文学校、延安外国语学校。1946年,学校迁至哈尔滨,成为东北民主联军司令部附设外国语学校。1949年,易名为哈尔滨外国语专门学校。1953年,改为由高等教育部直属的哈尔滨外国语专科学校。1956年,改名为哈尔滨外国语学院。1958年,在哈尔滨外国语学院基础上,扩建、更名为黑龙江大学,由外语类单科性学校发展成为黑龙江省第一所综合性大学。1961年黑龙江科技大学和省哲学研究所并入黑龙江大学。1972年,哈尔滨外国语专科学院并入黑龙江大学。1999年,黑龙江省满语研究所并入黑龙江大学。2003年,中国农业科学院甜菜研究所和黑龙江教育杂志社并入黑龙江大学。2004年,黑龙江水利专科学校并入黑龙江大学。

哈尔滨工业大学

学校(机构)标识码　4123010213
学校办学类型　411:本科院校:大学
学校性质类别　02 理工院校
学校举办者　339 工业和信息化部
学校地址　黑龙江省哈尔滨市南岗区西大直街92号
邮政编码　150001
办公电话　0451-86413099
传真电话　0451-86244806
校园(局域)网域名　www.hit.edu.cn

电子信箱　hgdxb@hit.edu.cn
占地面积(平方米)　4671575
校舍建筑面积(平方米)　2425399
图书(万册)　387.88
固定资产总值(万元)　542203.26
教学、科研仪器设备资产值(万元)　199250.21
在校生数(人)　53270
其中:普通本科　26681
成人本科　5903

成人专科　2790
博士研究生　4527
硕士研究生　12412
留学生　957
专任教师(人)　3392
其中:正高级　963
副高级　1242
中级　1167
初级　20

本科专业　材料成型及控制工程、材料化学、材料科学与工程、材料物理、财务管理、测控技术与仪器、朝鲜语、车辆工程、城市规划、船舶与海洋工程、道路桥梁与渡河工程、电磁场与无线技术、电气工程及其自动化、电子封装技术、电子科学与技术、电子信息工程、电子信息科学与技术、俄语、法学、飞行器动力工程、飞行器环境与生命保障工程、飞行器设计与工程、飞行器制造工程、复合材料与工程、高分子材料与工程、给排水科学与工程、工程管理、工程力学、工商管理、工商管理类、工业工程、工业设计、光电信息工程、光电子材料与器件、光信息科学与技术、广播电视编导、广告学、国际经济与贸易、汉语言文学、焊接技术与工程、核反应堆工程、核化工与核燃料工程、核物理、化学工程与工艺、化学类、环境工程、环境科学、会计学、机械设计制造及其自动化、计算机科学与技术、建筑环境与设备工程、建筑学、交通工程、交通信息与控制工程、交通运输、金融学、经济学、经济学类、景观学、空间科学与技术、理论与应用力学、能源动力类、能源化学工程、热能与动力工程、日语、软件工程、社会学、生物工程、生物技术、生物科学类、生物信息技术、食品科学与工程、市场营销、数学类、数学与应用数学、探测制导与控制技术、通信工程、土木工程、物理学类、物联网工程、信息安全、信息对抗技术、信息管理与信息系统、信息与计算科学、遥感科学与技术、艺术设计、英语、应用化学、应用物理学、自动化

博士专业　材料科学与工程、城市规划与设计、城市水资源、道路与铁道工程、电气工程、电子科学与技术、动力工程及工程热物理、工程力学、供热、供燃气、通风及空调工程、固体力学、管理科学与工程、光学、光学工程、行政管理、航空宇航科学与技术、航空宇航制造工程、化学工程与技术、化学工艺、环境科学与工程、机械工程、基础数学、计算机科学与技术、技术经济及管理、建筑技术科学、建筑历史与理论、建筑设计及其理论、交通运输规划与管理、控制科学与工程、企业管理、桥梁与隧道工程、社会工程与管理、生物医学仪器与工程、市政工程、土木工程、信息与通信工程、一般力学与力学基础、仪器科学与技术、应用化学

硕士专业　材料工程、材料加工工程、材料物理与化学、材料学、车辆工程、城市规划与设计、城市水资源、道路与铁道工程、电磁场与微波技术、电气工程、电子与通信工程、动力工程、动力工程及工程热物理、动力机械及工程、俄语语言文学、防灾减灾工程及防护工程、飞行器设计、风景园林硕士、概率论与数理统计、高分子化学与物理、工程力学、工程热物理、工商管理硕士、公共管理硕士、供热、供燃气、通风及空调工程、固体力学、管理科学与工程、光学、光学工程、广播电视艺术学、国际法学、国际贸易学、行政管理、航空宇航科学与技术、航空宇航制造工程、航天工程、化工过程机械、化学工程、化学工程与技术、环境工程、环境科学与工程、会计学、机械电子工程、机械工程、机械设计及理论、机械制造及其自动化、基础数学、集成电路工程、计算机技术、计算机科学与技术、计算数学、技术经济及管理、建筑技术科学、建筑历史与理论、建筑设计及其理论、建筑学硕士、建筑与土木工程、交通信息工程及控制、交通运输工程、交通运输规

划与管理、教育经济与管理、结构工程、金融学、科学技术史、科学技术哲学、空间材料与加工、控制工程、控制科学与工程、力学、粒子物理与原子核物理、流体机械及工程、流体力学、马克思主义理论、马克思主义哲学、凝聚态物理、企业管理、桥梁与隧道工程、热能工程、人机与环境工程、软件工程、设计艺术学、社会学、生物化工、生物化学与分子生物学、生物医学工程、食品科学、世界经济、市政工程、水力学及河流动力学、体育教育训练学、土地资源管理、土木工程、外国语言学及应用语言学、微电子学与固体电子学、微生物学、无机化学、物理电子学、物理化学、信息功能材料与器件、信息与通信工程、岩土工程、仪器科学与技术、仪器仪表工程、遗传学、艺术学、英语语言文学、应用数学、运筹学与控制论、载运工具运用工程、政治经济学、制冷及低温工程、中共党史、中国近现代史

院系设置

航天学院、能源科学与工程学院、人文与社会科学学院、交通科学与工程学院、化工学院、媒体技术与艺术系

学校历史沿革

哈尔滨工业大学创建于1920年，建校初期主要为中东铁路培养技术人才和管理人才。哈工大历史上就是一所对外开放的学校，曾以俄、日教育模式办学。1950年6月7日苏联政府移交中长铁路的同时，将哈工大移交中国政府管理。

1959年，哈尔滨工业大学根据国家需要，分出一些专业分别建立了哈尔滨建筑大学和东北重型机械学院。1970年，哈尔滨工业大学根据国家需要，分出一些专业南迁，组建重庆工业大学，同时与哈尔滨电工学院、黑龙江工学院合并，组建哈尔滨工业大学。1974年，哈尔滨工业大学南迁部分返回，哈尔滨电工学院、黑龙江工学院分出。

2000年，原哈尔滨建筑大学与哈尔滨工业大学组建新的哈尔滨工业大学。

哈尔滨理工大学

学校(机构)标识码 4123010214
学校办学类型 411：本科院校：大学
学校性质类别 02 理工院校
学校举办者 811 省级教育部门
学校地址 黑龙江省哈尔滨市南岗区学府路52号
邮政编码 150080
办公电话 0451-86390077
传真电话 0451-86390800
校园(局域)网域名 www.hrbust.edu.cn
电子信箱 public@hrbust.edu.cn
占地面积(平方米) 2114461
校舍建筑面积(平方米) 1157886
图书(万册) 197.36
固定资产总值(万元) 168850.97
教学、科研仪器设备资产值(万元) 39114.98
在校生数(人) 39675
其中：普通本科 27554
普通专科 2711
成人本科 3884
成人专科 2150
博士研究生 333
硕士研究生 2943
留学生 100
专任教师(人) 1601
其中：正高级 289
副高级 533
中级 663
初级 21
未定职级 95

本科专业 安全工程、材料成型及控制工程、材料化学、材料物理、测控技术与仪器、朝鲜语、车辆工程、传感网技术、电气工程及其自动化、电子科学与技术、电子信息工程、电子信息科学与技术、动画、对外汉语、俄语、法学、高分子材料与工程、工程力学、工商管理、工业设计、光信息科学与技术、国际经济与贸易、化学工程与工艺、环境工程、会计学、绘画、机械电子工程、机械设计制造及其自动化、集成电路设计与集成系统、计算机科学与技术、建筑学、金融学、金属材料工程、经济学、旅游管理、热能与动力工程、人力资源管理、日语、软件工程、市场营销、通信工程、统计学、土木工程、网络工程、微电子学、无机非金属材料工程、信息管理与信息系统、信息与计算科学、艺术设计、英语、应用物理学、哲学、制药工程、自动化

专科专业 电机与电器、电气自动化技术、焊接技术及自动化、会计电算化、机电一体化技术、机械设计与制造、计算机应用技术、旅游管理、模具设计与制造、食品加工技术、市场营销

博士专业 材料学、测试计量技术及仪器、电介质工程、电气工程、管理科学与工程、机械制造及其自动化、计算机应用技术、技术经济及管理、精密仪器及机械、思想政治教育

硕士专业 安全技术及工程、材料加工工程、材料物理与化学、材料学、测试计量技术及仪器、产业经济学、车辆工程、导航制导与控制、电工理论与新技术、电机与电器、电力电子与电力传动、电力系统及其自动化、翻译、翻译、高等教育学、高电压与绝缘技术、高分子化学与物理、工程、工程管理、工商管理、管理科学与工程、光学工程、国外马克思主义研究、化学工艺、会计学、机械电子工程、机械设计及理论、机械制造及其自动化、基础数学、计算机软件与理论、计算机系统结构、计算机应用技术、技术经济及管理、检测技术与自动化装置、精密仪器及机械、科学技术哲学、控制理论与控制工程、旅游管理、马克思主义发展史、马克思主义基本原理、马克思主义中国化研究、模式识别与智能系统、凝聚态物理、企业管理(含：财务管理、市场营销)、热能工程、日语语言文学、设计艺术学、思想政治教育、通信与信息系统、微电子学与固体电子学、系统工程、信号与信息处理、英语语言文学、应用化学、应用数学、中国近现代史基本问题研究

院系设置

学院(21)：机械动力工程学院、计算机科学与技术学院、软件学院、自动化学院、建筑工程学院、应用科学学院、国际文化教

育学院、后备军官学院、电气与电子工程学院、材料科学与工程学院、测控技术与通信工程学院、化学与环境工程学院、外国语学院、管理学院、经济学院、艺术学院、法学院、成人与继续教育学院、马克思主义学院、研究生学院、荣成学院

教学部（1）：体育教学部

国家级、省部级研究机构设置

1. 实验室：电介质工程省部共建国家重点实验室培育基地、工程电介质及其应用教育部重点实验室、机械工业切削控制及高效刀具技术重点实验室、黑龙江省电介质工程重点实验室、黑龙江省铝镁合金材料重点实验室、高效切削及刀具技术工程实验室

2. 研究中心（所）：汽车电子驱动控制与系统集成教育部工程研究中心、黑龙江省汽车电子工程技术研究中心、黑龙江省轻合金材料工程研究中心、大型电机电气与传热技术工程研发中心

博士后科研流动站 电气工程、仪器科学与技术、材料科学与工程、机械工程、管理科学与工程

定期公开出版的专业刊物 《哈尔滨理工大学学报》、《电机与控制学报》、《科技与管理》、《思想政治教育研究》

学校设立奖学金情况

学校设立奖学金5项，奖励总金额296.02余万元。奖学金最高金额3000元/年，最低金额400元/年。

主要校办产业

哈尔滨理工大学科技发展总公司、哈理工技术开发公司、哈电工服务公司、哈尔滨科大纸箱印刷厂、哈尔滨理工大学生活服务部

学校历史沿革

哈尔滨理工大学由原机械工业部所属的哈尔滨科学技术大学、哈尔滨电工学院和哈尔滨工业高等专科学校于1995年4月合并而成。其中，哈尔滨科学技术大学于1952年创建，哈尔滨电工学院于1950年创建，哈尔滨工业高等专科学校于1950年创建。

哈尔滨工程大学

学校（机构）标识码	4123010217
学校办学类型	411：本科院校：大学
学校性质类别	02 理工院校
学校举办者	339 工业和信息化部
学校地址	黑龙江省哈尔滨市南岗区南通大街道145号
邮政编码	150001
办公电话	0451-82519212
传真电话	0451-82533090
校园（局域）网域名	www.hrbeu.edu.cn
电子信箱	dzb@hrbeu.edu.cn
占地面积（平方米）	1061379
校舍建筑面积（平方米）	788550
图书（万册）	194.83
固定资产总值（万元）	246661
教学、科研仪器设备资产值（万元）	88354
在校生数（人）	25058
其中：普通本科	13804
成人本科	2918
成人专科	318
博士研究生	1604
硕士研究生	5663
留学生	751
专任教师（人）	1786
其中：正高级	432
副高级	559
中级	713
初级	71
未定职级	11

本科专业 材料化学、材料科学与工程、材料物理、测控技术与仪器、船舶与海洋工程、电气工程及其自动化、电子科学与技术、电子商务、电子信息工程、电子信息工程（水声）、电子信息科学与技术、法学、飞行器动力工程、飞行器设计与工程、港口航道与海岸工程、给水排水工程、工程力学、工商管理、工业设计（理工类）、工业设计（艺术类）、公共事业管理、光电子材料与器件、光信息科学与技术、国际经济与贸易、核工程与核技术、核化工与核燃料工程、化学工程与工艺、环境工程、机械设计制造及其自动化、计算机科学与技术、建筑环境与设备工程、金融学、经济学、经济学类、轮机工程、热能与动力工程、软件工程、软件工程（数字新媒体技术）、社会学、生物医学工程、数学与应用数学、水声工程、探测制导与控制技术、通信工程、土木工程、微电子学、信息安全、信息安全（保密管理）、信息安全（保密技术）、信息对抗技术、信息与计算科学、英语、应用化学、政治学与行政学、质量与可靠性工程、自动化

博士专业 材料学、船舶与海洋结构物设计制造、导航、制导与控制、动力机械及工程、工程力学、固体力学、管理科学与工程、核能科学与工程、机械电子工程、机械设计及理论、机械制造及其自动化、计算机应用技术、检测技术与自动化装置、精密仪器及机械、控制理论与控制工程、流体力学、轮机工程、模式识别与智能系统、水声工程、思想政治教育、通信与信息系统、系统工程、信号与信息处理、一般力学与力学基础

硕士专业 材料加工工程、材料物理与化学、材料学、测试计量技术及仪器、产业经济学、船舶与海洋结构物设计制造、导航、制导与控制、电磁场与微波技术、电力电子与电力传动、电力系统及其自动化、电路与系统、动力机械及工程、翻译、防灾减灾工程及防护工程、飞行器设计、辐射防护及环境保护、港口、海岸及近海工程、工程、工程力学、工程热物理、工商管理、公共管理、固体力学、管理科学与工程、光学、光学工程、国际贸易学、航空宇航推进理论与工程、核技术及应用、核能科学与工程、核燃料循环与材料、化学工程、化学工艺、环境工程、机械电子工程、机械设计及理论、机械制造及其自动化、计算机软件与理论、计算机系统结构、计算机应用技术、技术经济及管理、检测技术与自动化装置、交通信息工程及控制、教育经济与管理、结构工程、金融学（含：保险学）、经济法学、精密仪器及机械、控制理论与控制工程、流体力学、轮机工程、马克思主义基本原理、模式识别与智

能系统、企业管理(含:财务管理、市场营销)、热能工程、设计艺术学、社会学、生物医学工程、声学、水声工程、思想政治教育、体育教育训练学、通信与信息系统、外国语言学及应用语言学、系统工程、系统理论、信号与信息处理、一般力学与力学基础、英语语言文学、应用化学、应用数学、应用心理学

院系设置

哈尔滨工程大学现设有船舶工程学院、航天与建筑工程学院、动力与能源工程学院、自动化学院、水声工程学院、计算机科学与技术学院、机电工程学院、信息与通信工程学院、经济管理学院、材料科学与化学工程学院、理学院、人文社会科学学院、国际合作教育学院、继续教育学院、核科学与技术学院、国防教育学院、软件学院、国家保密学院等18个学院,以及外语系、体育部、工程训练中心、思想政治理论课教学研究部等4个教学系(部、中心)。

国家级、省部级研究机构设置

博士后科研流动站:船舶与海洋工程、力学、控制科学与工程、计算机科学与技术、信息与通信工程、管理科学与工程、动力工程及工程热物理、材料科学与工程、机械工程、核科学与技术、仪器科学与技术。

定期公开出版的专业刊物 《哈尔滨工程大学学报(自然科学版)》、《Journal of Marine Science And Application》、《智能系统学报》、《应用技术》

学校设立奖学金情况

学校设立奖学金4项,奖励总金额220余万元。奖学金最高金额10000元/年,最低金额200元/年。

1. 创新奖学金:特等奖1名,奖学金10000元;一等奖5名,奖学金5000元;二等奖15名,奖学金3000元;三等奖30名,奖学金1000元。评奖比例约为在校生总数2.5‰,每年额度约110000元。

2. 本科生年度学习特别奖:评选对象为英语、物理、数学在单科课程结业时成绩第一名或者以上三科同时进入全校前10名当中的成绩最好者,10000元/年,每年额度约30000元。

3. 优秀学生奖学金:评选对象为我校学习成绩优异的全日制本科生,一等奖800元/年,为在校本科生总数的8%;二等奖400元/年,为在校本科生总数的12%;三等奖200元/年,为在校本科生总数的15%。每学期一次,每年额度约2000000元。

4. 少数民族学生奖学金:一等奖800元/年,为在校少数民族预科生总数的10%;二等奖400元/年,为在校少数民族预科生总数的15%;三等奖200元/年,为在校少数民族预科生总数的25%。每学期评选一次,每年额度月58000元。

主要校办产业

深圳远舟科技实业有限公司、大连船舶工程技术研究中心有限公司、哈尔滨工程大学科技园发展有限公司、哈尔滨工程大学科技园建设开发有限公司、黑龙江水运规划设计院、哈尔滨工程大学海洋装备科技有限公司、浙江恒丰光电技术有限公司、哈尔滨长城水下高技术有限公司、哈尔滨船大工程技术设计研究院等。

学校历史沿革

哈尔滨工程大学的前身是创建于1953年的中国人民解放军军事工程学院(简称"哈军工")。1970年,在"哈军工"原址,以海军工程系为建制及其他各系部分干部教师为基础,组建哈尔滨船舶工程学院,1994年更名为哈尔滨工程大学。1978年学校被国务院确定为全国重点大学;1982年,被国务院批准为首批具有博士、硕士学位授予权的单位;1996年,进入国家"211工程"首批重点建设高校行列;2002年,由教育部批准成立研究生院;2007年6月,由国防科工委、教育部、黑龙江省政府与海军四方共建;2011年,成为国家"优势学科创新平台"建设高校。学校现隶属于工业和信息化部。

黑龙江科技学院

学校(机构)标识码 4123010219	电子信箱 yb@usth.edu.cn	成人本科 527
学校办学类型 412:本科院校:学院	占地面积(平方米) 1317095	成人专科 364
学校性质类别 02 理工院校	校舍建筑面积(平方米) 667584	硕士研究生 1183
学校举办者 811 省级教育部门	图书(万册) 179.02	留学生 5
学校地址 黑龙江省哈尔滨市糖厂街一号	固定资产总值(万元) 159048	专任教师(人) 1229
邮政编码 150027	教学、科研仪器设备资产值(万元) 24373	其中:正高级 147
		副高级 354
办公电话 0451-88036022	在校生数(人) 22413	中级 662
传真电话 0451-88036025	其中:普通本科 20303	初级 66
校园(局域)网域名 www.usth.edu.cn	普通专科 31	

本科专业 安全工程、材料成型及控制工程、财务管理、采矿工程、测绘工程、测控技术与仪器、城市规划、电气工程及其自动化、电子信息工程、电子信息科学与技术、俄语、工程管理、工程力学、工商管理、工业工程、工业设计、公共事业管理、国际经济与贸易、汉语言文学、化学工程与工艺、环境工程、会计学、机械电子工程、机械设计制造及其自动化、计算机科学与技术、建筑学、金融学、金属材料工程、经济学、矿物加工工程、煤及煤层气工程、软件工程、社会工作、社会学、市场营销、数学与应用数学、思想政治教育、通信工程、土木工程、无机非金属材料工程、信息管理与信息系统、信息与计算科学、英语、应用化学、应用物

理学、资源环境与城乡规划管理、资源勘查工程、自动化

专科专业 会计、数控技术

硕士专业 安全技术及工程、材料学、采矿工程、电力电子与电力传动、工程、工商管理、管理科学与工程、化学工艺、机械设计及理论、计算机应用技术、技术经济及管理、教育经济与管理、控制理论与控制工程、矿物加工工程、马克思主义基本原理、企业管理(含:财务管理、市场营销)、区域经济学、思想政治教育、岩土工程

院系设置

资源与环境工程学院、安全工程学院、电气与信息工程学院、机械工程学院、经济管理学院、建筑工程学院、人文社会科学学院、马克思主义学院、计算机工程学院、材料科学与工程学院、理学院、外语系、国际教育学院、成人教育学院、体育部、嵩山校区

国家级、省部级研究机构设置

省级实验室:采矿工程实验室、矿物加工工程实验室、煤矿分布开采地压控制与瓦斯治理省级实验室、瓦斯等烃气输送管网安全基础研究实验室。省级研究中心:洁净能源工程技术研发中心、省东部煤电化人才与技术支撑平台、省级石墨技术创新研发平台、现代制造工程中心、现代测试分析中心

定期公开出版的专业刊物 《黑龙江科技学院学报》、《煤炭机械》、《煤炭技术》

学校设立奖学金情况

学校设立奖学金6项,奖励总金额173.89万元。奖学金最高金额5000元/年,最低金额200元。

主要校办产业

校办工厂

学校历史沿革

黑龙江科技学院学校前身是中国共产党1947年在鸡西建立的东北第一所煤矿工人干部学校。1954年与鹤岗煤矿学校合并成立鸡西煤矿学校,1958年在此基础上成立鸡西矿业学院,1964年部分并回鸡西煤矿学校,部分与其他院校合并成立阜新煤矿学院,1978年复建鸡西矿业学院,1981年改称黑龙江矿业学院。1998年以前,学校隶属于原国家煤炭工业部,主要面向煤炭行业办学。1998年高等教育管理体制改革后,隶属关系实行中央与地方共建,以黑龙江省管理为主。2000年经教育部批准更名为黑龙江科技学院,2003年主体迁入哈尔滨市。

东北石油大学

学校(机构)标识码	4123010220
学校办学类型	411:本科院校:大学
学校性质类别	02 理工院校
学校举办者	811 省级教育部门
学校地址	黑龙江省大庆市高新技术开发区发展路199号
邮政编码	163318
办公电话	0459-6504852
传真电话	0459-6504763
校园(局域)网域名	www.nepu.edu.cn
电子信箱	nepugjs@126.com
占地面积(平方米)	1691443
校舍建筑面积(平方米)	675760
图书(万册)	187.34
固定资产总值(万元)	137802.8
教学、科研仪器设备资产值(万元)	27000.33
在校生数(人)	27780
其中:普通本科	16127
普通专科	3428
成人本科	4535
成人专科	1311
博士研究生	237
硕士研究生	2131
留学生	11
专任教师(人)	1234
其中:正高级	244
副高级	365
中级	587
初级	38

本科专业 财务管理、测控技术与仪器、地球化学、地球物理学、电气工程及其自动化、电子科学与技术、电子信息工程、电子信息科学与技术、俄语、高分子材料与工程、给水排水工程、工程管理、工程力学、工商管理、工业设计、国际经济与贸易、过程装备与控制工程、海洋油气工程、汉语言文学、行政管理、化学、化学工程与工艺、环境工程、会计学、机械设计制造及其自动化、计算机科学与技术、建筑环境与设备工程、建筑学、教育技术学、金属材料工程、勘查技术与工程、旅游管理、能源化学工程、热能与动力工程、人力资源管理、软件工程、社会工作、石油工程、市场营销、数学与应用数学、通信工程、土木工程、舞蹈编导、信息管理与信息系统、信息与计算科学、艺术设计、音乐表演、英语、应用化学、应用物理学、油气储运工程、资源勘查工程、自动化

专科专业 电子商务、工程造价、供用电技术、环境监测与治理技术、会计电算化、计算机控制技术、计算机应用技术、建筑工程技术、建筑装饰工程技术、酒店管理、旅游管理、旅游英语、软件技术、涉外旅游、生产过程自动化技术、石油工程技术、市场营销、通信网络与设备、网络系统管理、物业管理、应用电子技术、油田化学应用技术

博士专业 化工过程机械、化学工艺、矿产普查与勘探、石油与天然气工程

硕士专业 石油工程计算技术、油气田地面工程、油气田化学工程、油气田信息与控制工程、油气信息与控制工程、安全技术及工程、材料学、测试计量技术及仪器、车辆工程、地球化学、地球探测与信息技术、地质工程、电力电子与电力传动、电气工程、电子与通信工程、动力工程、动力机械及工程、防灾减灾工程及防护工程、工程力学、工程热物理、工商管理、工业催化、供热、供燃气、通风及空调工程、固体地球物理学、固体力学、化工过程机械、化学工程、化学工艺、环境工程、会计学、机械电子工程、机械工程、机械设计及理论、机械制造及其自动化、计算机技术、计算机软件与理论、计算机应用技术、技术经济及管理、建筑与土

木工程、教育技术学、结构工程、精密仪器及机械、控制工程、控制理论与控制工程、矿产普查与勘探、矿物学、岩石学、矿床学、矿业工程、流体机械及工程、马克思主义基本原理、模式识别与智能系统、企业管理(含:财务管理、市场营销)、热能工程、软件工程、生物化工、石油工程管理、石油工程计算技术、石油与天然气工程、思想政治教育、通信与信息系统、物理化学(含:化学物理)、项目管理、信号与信息处理、仪器仪表工程、应用化学、应用数学、油气储运工程、油气井工程、油气田地面工程、油气田地质工程、油气田防灾减灾工程及防护工程、油气田化学工程、油气田开发工程、油气信息与控制工程、制冷及低温工程、中共党史(含:党的学说与党的建设)

院系设置

地球科学学院、石油工程学院、化学化工学院、机械科学与工程学院、电气信息工程学院、计算机与信息技术学院、土木建筑工程学院、经济管理学院、电子科学学院、数学科学与技术学院、马克思主义学院、人文科学学院、外国语学院、体育部、秦皇岛分院、艺术学院、软件学院、继续教育学院

国家级、省部级研究机构设置

提高油气采收率教育部重点实验室、钻井工程重点实验室、盆地构成与油气成藏重点实验室、HSE重点实验室、地面工程试验基地、天然气成藏与开发重点实验室、油气藏改造重点实验室、油气地球化学重点实验室、石油工程节能技术研究开发中心、石油天然气化工重点实验室、油气藏形成机理与资源评价重点实验室、油田控制与动态监测重点实验室、石油与天然气化工重点实验室、声发射检测实验室、石油井架检测实验室

定期公开出版的专业刊物 《东北石油大学学报》

主要校办产业

大庆开发区东油新技术有限公司、大庆华星新技术开发有限公司、大庆高新区华纳新技术开发有限公司、大庆金科工贸有限公司、大庆四环科技开发有限公司、大庆学府建筑工程设计有限公司

学校历史沿革

1960年,在松辽石油会战指挥部所在地安达市创建东北石油学院。1975年,东北石油学院更名为大庆石油学院。1978年10月,大庆石油学院被国务院确定为88所全国重点院校之一。2000年2月,大庆石油学院划转为中央与地方共建、以黑龙江省管理为主的普通高等院校。同年6月,黑龙江省政府批准学校由安达迁往大庆市。2002年10月,学校一次性完成搬迁。2007年6月,我校通过教育部本科教学工作水平评估,结论为优秀。2010年4月,更名为东北石油大学。

佳木斯大学

学校(机构)标识码	4123010222
学校办学类型	411:本科院校:大学
学校性质类别	01 综合大学
学校举办者	811 省级教育部门
学校地址	黑龙江省佳木斯市学府街148号
邮政编码	154007
办公电话	0454-8618710
传真电话	0454-8789004
校园(局域)网域名	jmsu.org
电子信箱	jmsdxxsc@maih.hi.cn
占地面积(平方米)	1488264
校舍建筑面积(平方米)	671677
图书(万册)	230.2
固定资产总值(万元)	117523
教学、科研仪器设备资产值(万元)	26000
在校生数(人)	36971
其中:普通本科	22655
普通专科	268
成人本科	8492
成人专科	4058
硕士研究生	1202
留学生	296
专任教师(人)	1431
其中:正高级	221
副高级	466
中级	594
初级	110
未定职级	40

本科专业 包装工程、材料成型及控制工程、朝鲜语、车辆工程、地理科学、电气工程及其自动化、电子商务、电子信息工程、对外汉语、俄语、法学、工商管理、工业设计、国际经济与贸易、汉语言文学、焊接技术与工程、护理学、化学、化学工程与工艺、会计学、绘画、机械设计制造及其自动化、计算机科学与技术、建筑学、交通运输、教育技术学、金属材料工程、康复治疗学、口腔修复工艺学、口腔医学、历史学、临床医学、旅游管理、美术学、农业电气化与自动化、农业机械化及其自动化、热能与动力工程、日语、社会体育、生物技术、生物科学、生物医学工程、市场营销、数学与应用数学、思想政治教育、体育教育、通信工程、土木工程、无机非金属材料、无机非金属材料工程、物理学、物流管理、物业管理、小学教育、心理学、学前教育、药学、冶金工程、医学检验、艺术设计、音乐表演、音乐学、英语、预防医学、园林、制药工程、自动化

专科专业 电子信息工程技术、机动车检测与维修技术、计算机应用技术、汽车检测与维修技术、文秘、物业管理、医药营销

硕士专业 病理学与病理生理学、材料加工工程、材料学、儿科学、耳鼻喉科学、耳鼻咽喉科学、妇产科学、机械工程、机械设计及理论、机械制造及其自动化、计算机应用技术、康复医学与理疗学、口腔基础医学、口腔临床医学、口腔医学、流行病与卫生统计学、麻醉学、马克思主义基本原理、马克思主义中国化研究、美术学、免疫学、内科学、农业机械化工程、人体解剖与组织胚胎学、日语语言文学、神经病学、神经科学、生物化学与分子生物学、生药学、思想政治教育、外科学、眼科学、药剂学、药物分析学、药物化学、遗传学、影像医学与核医学

院系设置

我校下设26个学院。分别为:理学院、人文学院、经济管理学院、外国语学院、旅游管理学院、音乐学院、美术学院、体育学

院、材料科学与工程学院、机械工程学院、信息电子技术学院、基础医学院、药学院、应用技术学院、继续教育学院、留学生教育学院、国际学院、教育科学学院、建筑工程学院、生命科学学院、临床医学院、口腔医学院、康复医学院、公共卫生学院、检验医学院、护理医学院、研究生学院。

国家级、省部级研究机构设置

研究所(中心):黑龙江省小儿神经精神病研究所、黑龙江省药学研究所、黑龙江省口腔研究所、黑龙江省医学遗传学研究所、低温医学研究所、佳木斯大学耐磨材料研发中心

定期公开出版的专业刊物 《佳木斯大学社会科学学报》、《佳木斯大学自然科学学报》、《黑龙江医药科学》

学校设立奖学金情况

学校设立奖学金1项,奖励总金额285余万元,最高金额600元/年,最低金额200元/年。

主要校办产业

佳木斯大学液压件厂、佳木斯大学印刷厂

学校历史沿革

佳木斯大学是1995年6月27日经教育部(原国家教委)批准,由佳木斯医学院、佳木斯工学院、佳木斯师范专科学校和原佳木斯大学四所院校合并组成,1996年11月21日正式运作,现已成为黑龙江省属高校中规模较大、学科最多、综合实力较强,融研究生教育、普通高等教育、成人教育、高等职业教育于一体的省属重点综合性大学。原佳木斯医学院经历:合江军区卫生干部学校(1947.7-1979.2)、合江省立卫生干部学校(1949.2-1949.5)、松江省卫生学校(1949.5-1951.7)、松江省医士学校(1951.7-1954.10)、黑龙江省医士学校(1954.10-1958)、佳木斯医学院(1958-1995.6);原佳木斯工学院经历:佳木斯工学院(1958.11-1959.12)、佳木斯农业机械制造学校(1959.12-1966.5)、佳木斯农业机械学院(1972.6-1983.6)、佳木斯工学院(1983.6-1995.6);原佳木斯师范专科学校经历:佳木斯师范学校(1949.9-1958.9)、[佳木斯师范学校(1958.9-1961)、佳木斯师范专科学校(1958.9-1959.7)]、佳木斯师范学校(1963-1978.7)、佳木斯师范专科学校(1978.12-1995.6);原佳木斯大学经历:佳木斯大学(1985-1995.6)。

黑龙江八一农垦大学

学校(机构)标识码 4123010223	电子信箱 byndfzgh@126.com	成人本科 773
学校办学类型 411:本科院校:大学	占地面积(平方米) 1135000	成人专科 878
学校性质类别 03 农业院校	校舍建筑面积(平方米) 456459	博士研究生 34
学校举办者 812 省级其他部门	图书(万册) 100.7	硕士研究生 420
学校地址 黑龙江省大庆市高新区新风路5号	固定资产总值(万元) 89865.49	专任教师(人) 806
	教学、科研仪器设备资产值(万元) 13006.82	其中:正高级 139
邮政编码 163319		副高级 191
办公电话 0459-6813678	在校生数(人) 17708	中级 426
传真电话 0459-6813567	其中:普通本科 15174	初级 29
校园(局域)网域名 www.hlau.cn	普通专科 429	未定职级 21

本科专业 包装工程、财务管理、草业科学、电气工程及其自动化、电子信息工程、动物科学、动物药学、动物医学、工业设计、公共事业管理、国际经济与贸易、环境科学、会计学、机械设计制造及其自动化、计算机科学与技术、建筑环境与设备工程、交通运输、粮食工程、农林经济管理、农学、农业电气化与自动化、农业机械化及其自动化、农业资源与环境、人力资源管理、社会工作、生物工程、生物技术、生物科学、食品科学与工程、食品质量与安全、市场营销、通信工程、土木工程、物流管理、信息与计算科学、英语、园林、园艺、政治学与行政学、植物保护、制药工程

专科专业 畜牧兽医、机电设备维修与管理、农村行政与经济管理、作物生产技术

博士专业 农业机械化工程、作物栽培学与耕作学

硕士专业 动物遗传育种与繁殖、动物营养与饲料科学、会计、会计学、机械设计及理论、基础兽医学、临床兽医学、农产品加工及贮藏工程、农药学、农业电气化与自动化、农业机械化工程、农业经济管理、农业推广、企业管理(含:财务管理、市场营销)、生物化学与分子生物学、食品科学、兽医、土壤学、预防兽医学、植物病理学、植物营养学、作物遗传育种、作物栽培学与耕作学

国家级、省部级研究机构设置

建有4个省高校重点实验室、8个省部共建实验室、2个省高校工程中心、5个省级实验教学示范中心、7个与省(部)共建的科研中心;拥有博士后科研工作站、博士后科研流动站、国家和省级人才培养模式创新试验区。

定期公开出版的专业刊物 《黑龙江八一农垦大学学报》

学校设立奖学金情况

学校设立奖学金共12项,奖励总金额2500余万元。奖学金最高金额8000元/年,最低金额200元/年。

学校历史沿革

黑龙江八一农垦大学是黑龙江省属全日制普通高等学校。学校创建于1958年,由前国家副主席、时任农垦部长的王震将军主持创建并亲任校长。学校原址位于黑龙江省密山市裴德镇。2003年10月迁至大庆市。

东北农业大学

学校(机构)标识码 4123010224
学校办学类型 411:本科院校:大学
学校性质类别 03 农业院校
学校举办者 811 省级教育部门
学校地址 黑龙江省哈尔滨市香坊区木材街59号
邮政编码 150030
办公电话 0451-55190251
传真电话 0451-55103336
校园(局域)网域名 www.neau.edu.cn

电子信箱 office@neau.edu.cn
占地面积(平方米) 3665202
校舍建筑面积(平方米) 895288
图书(万册) 143.59
固定资产总值(万元) 134428
教学、科研仪器设备资产值(万元) 29257
在校生数(人) 25590
其中:普通本科 19045
成人本科 2022

成人专科 993
博士研究生 487
硕士研究生 2905
留学生 138
专任教师(人) 1267
其中:正高级 266
副高级 336
中级 564
初级 101

本科专业 保险、草业科学、车辆工程、电气工程及其自动化、电子信息工程、动物科学、动物科学(畜禽生产教育)、动物生产类(拔尖人才培养班)、动物药学、动物医学、动物医学(本硕分流培养)、对外汉语、俄语、法学、风景园林、工程管理、工商管理、工业工程、广播电视编导(编导方向)、广播电视编导(播音主持)、国际经济与贸易、行政管理、环境科学、会计学、机械设计制造及其自动化、计算机科学与技术、金融学、粮食工程、旅游管理、农村区域发展、农林经济管理、农林经济管理(拔尖人才培养班)、农学、农业电气化与自动化、农业工程类(拔尖人才培养班)、农业机械化及其自动化、农业建筑环境与能源工程、农业水利工程、农业资源与环境、人力资源管理、乳品工程、软件工程、社会工作、生态学、生物工程、生物技术、生物科学、生物科学(理科实验班)、食品科学与工程、食品科学与工程(拔尖人才培养班)、食品质量与安全、市场营销、水产养殖学、水利水电工程、水文与水资源工程、统计学、土地资源管理、土木工程、物流工程、信息管理与信息系统、信息与计算科学、艺术设计、艺术设计(动漫)、艺术设计(服装设计)、艺术设计(建筑装饰)、艺术设计(视觉传达)、音乐表演、音乐表演(器乐)、音乐表演(声乐)、英语、应用化学、应用生物科学、园林、园艺、园艺(园艺教育)、植物保护、植物生产类(拔尖人才培养班)、制药工程、种子科学与工程、资源环境与城乡规划管理

博士专业 草业科学、畜产品加工、畜牧系统管理、动物生物化学与分子生物、动物遗传育种与繁殖、动物营养与饲料科学、环境水利、基础兽医学、粮食、油脂及植物蛋白工程、林业经济管理、临床兽医学、农产品加工及贮藏工程、农业电气化与自动化、农业机械化工程、农业经济管理、农业水土工程、农业遥感与土地利用、生物化学与分子生物学、生物质转化与利用工程、食品科学、兽医、蔬菜学、水产品加工及贮藏工程、特种经济动物饲养(含:蚕、蜂等)、预防兽医学、植物学、作物生态学、作物遗传育种、作物栽培学与耕作学

硕士专业 草业科学、产业经济学、畜牧系统管理、动物学、动物遗传育种与繁殖、动物营养与饲料科学、发育生物学、工商管理、工业工程、公共管理、管理科学与工程、果树学、环境水利、会计学、机械设计及理论、基础兽医学、计算机应用技术、金融学(含:保险学)、粮食、油脂及植物蛋白工程、林业经济管理、临床兽医学、马克思主义基本原理、农产品加工及贮藏工程、农村科技组织与服务、农村与区域发展、农药学、农业电气化与自动化、农业工程、农业机械化工程、农业经济管理、农业科技组织与服务、农业昆虫与害虫防治、农业生物环境与能源工程、农业水土工程、农业遥感与土地利用、农业资源利用、生态学、生物工程、生物化工、生物化学与分子生物学、生物物理学、生物质转化与利用工程、食品工程、食品科学、兽医、蔬菜学、水产品加工及贮藏工程、水生生物学、水文学及水资源、思想政治教育、特种经济动物饲养(含:蚕、蜂等)、土地资源管理、土壤学、微生物学、细胞生物学、养殖、遗传学、英语语言文学、应用化学、预防兽医学、园林植物与观赏园艺、园艺、植物病理学、植物学、植物营养学、作物、作物遗传育种、作物栽培学与耕作学

院系设置
农学院、经济管理学院、工程学院、动物科学技术学院、动物医学学院、食品学院(乳品学院)、生命科学学院(生命科学与生物技术研究中心)、园艺学院、资源与环境学院、水利与建筑学院、应用技术学院(职业技术学院)、人文社会科学学院、理学院、国际文化教育学院、法学院、艺术学院(艺术教育中心)、研究生学院、马克思主义学院、继续教育中心(管理干部学院)

国家级、省部级研究机构设置

1. 实验室:部级(4个):乳品科学教育部重点实验室、大豆生物学教育部重点实验室、农业部园艺作物遗传改良重点开放实验室、农业部寒地作物生理生态重点开放实验室

省级(3个):黑龙江省大豆生物学重点实验室、动物营养与饲料科学重点实验室、北方寒地园艺作物遗传育种与设施栽培重点实验室

省高校(11个):动物遗传育种与繁殖重点实验室、饲料营养重点实验室、生物乳业重点实验室、动物群发性疾病监测和防治重点实验室、农业工程重点实验室、寒地作物品种改良与生理生态重点实验室、农业经济发展研究中心、寒地蔬菜生物学重点实验室、农业生物功能基因重点实验室、寒地黑土重点实验室、节水农业实验室

2. 研究中心(所):国家级(2个):国家乳业工程技术研究

中心、国家大豆工程技术研究中心

省部级(9个)：国家乳制品质量监督检验中心、全国乳品标准化中心、国际轻工业乳品信息中心、农业部转基因生物产品成分监督检验测试中心、黑龙江省农业生物基因检测中心、黑龙江省农村贫困地区发展研究中心、黑龙江省乳品工业技术开发中心、黑龙江省大豆技术开发中心、黑龙江省哲学社会科学研究基地(农业与农村经济研究基地)

省高校(4个)：黑龙江省高校新型肥料研发中心、黑龙江省高校人文社科重点研究基地、乳制品工程技术研发中心、黑龙江农业信息技术研发中心

博士后科研流动站　(8个)：畜牧学、作物学、兽医学、农业工程、农林经济管理、食品科学与工程、园艺学、生物学

定期公开出版的专业刊物　《东北农业大学学报(自然科学版)》《东北农业大学学报(社会科学版)》《东北农业大学学报(英文版)》《饲料博览》《中国马铃薯》《中国乳品工业》《乳品与人类》《农业经济与管理》《大豆科技》

学校设立奖学金情况

学校设立奖学金12项，奖励总金额350余万元/年，最高金额2000元/年，最低金额500元/年。

主要校办产业

哈尔滨市东农抗旱节水有限责任公司、哈尔滨市东农兽药饲料有限责任公司、哈尔滨市东大烘贮设备有限责任公司、哈尔滨市原种鸡场孵化场、东北农业大学劳动服务公司

学校历史沿革

1948年8月，东北农学院在哈尔滨创建；1950年1月，学校更名为哈尔滨农学院；1950年10月，因朝鲜战争爆发，沈阳农学院并入，学校恢复东北农学院旧称；1952年10月，浙江大学森林系并入；1952年11月，东北林学院成立，与东北农学院实行统一领导，合校办学；1953年8月，北京农业机械化学院农学系并入；1956年5月，东北林学院分离，独立办学；1976年6月，抽调部分人员组建绥化农学院、嫩江农学院；1978年6月，组建绥化农学院，嫩江农学院干部教师撤回学校；1994年2月，东北农学院与黑龙江农业管理干部学院合并组建东北农业大学；2004年12月，黑龙江省乳品工业技术开发中心划归东北农业大学；2006年10月，黑龙江大豆技术开发研究中心(国家大豆工程技术研究中心)整体划转东北农业大学。

东北林业大学

学校(机构)标识码　4123010225	电子信箱　baimy@nefu.edu.cn	成人专科　3650
学校办学类型　411：本科院校：大学	占地面积(平方米)　1359837	博士研究生　912
学校性质类别　04 林业院校	校舍建筑面积(平方米)　890798	硕士研究生　2877
学校举办者　360 教育部	图书(万册)　188.89	留学生　34
学校地址　黑龙江省哈尔滨市和兴路26号	固定资产总值(万元)　157894.36	专任教师(人)　1461
邮政编码　150040	教学、科研仪器设备资产值(万元)　48203.52	其中：正高级　293
办公电话　0451-82191630		副高级　488
传真电话　0451-82190200	在校生数(人)　30600	中级　569
	其中：普通本科　19025	初级　94
校园(局域)网域名　www.nefu.edu.cn	成人本科　4102	未定职级　17

本科专业　安全工程、包装工程、材料化学、城市规划、地理信息系统、电气工程及其自动化、电子信息工程、动物科学、动物医学、俄语、法学、风景园林、高分子材料与工程、工程管理、工商管理、工业工程、工业设计、公共事业管理、广告学、国际经济与贸易、化学、化学工程与工艺、环境科学、会计学、机械电子工程、机械设计制造及其自动化、计算机科学与技术、建筑环境与设备工程、交通工程、交通运输、交通运输类、林产化工、林学、旅游管理、木材科学与工程、农林经济管理、轻化工程、日语、软件工程、森林工程、森林资源保护与游憩、森林资源类、社会工作、生物技术、生物科学、食品科学与工程、市场营销、数学与应用数学、通信工程、统计学、土木工程、物理学、物流工程、信息管理与信息系统、信息与计算科学、野生动物与自然保护区管理、艺术设计、英语、应用化学、园林、政治学与行政学、自动化

博士专业　发育生物学、机械设计及理论、林产化学加工工程、林木基因组学、林木遗传育种、林区交通工程、林业工程自动化、林业经济管理、林业信息工程、木材科学与技术、农业经济管理、森林保护学、森林防火、森林工程、森林经理学、森林培育、森林生物工程、森林植物资源学、生态学、生物材料工程、生物化学与分子生物学、水土保持与荒漠化防治、思想政治教育、微生物学、细胞生物学、野生动植物保护与利用、遗传学、园林植物与观赏园艺、载运工具运用工程、植物学、自然保护区学

硕士专业　车辆工程、城市规划与设计(含：风景园林规划)、道路与铁道工程、动物学、动物遗传育种与繁殖、发育生物学、风景园林、风景园林专业学位、高分子化学与物理、工商管理硕士、工业工程、管理科学与工程、国际贸易学、行政管理、化学工程、环境科学、环境与资源保护法学、会计、会计学、机械电子工程、机械工程、机械设计及理论、机械制造及其自动化、计算机技术、计算机应用技术、技术经济及管理、检测技术与自动化装置、建筑与土木工程、交通信息工程及控制、交通运输工程、交通运输规划与管理、结构工程、控制工程、控制理论与控制工程、林产化学加工工程、林木基因组学、林木遗传育种、林业、林业工程、林业工程自动化、林业经济管理、林业硕士、林业信息工程、

旅游管理、马克思主义基本原理、马克思主义中国化研究、木材科学与技术、农村与区域发展、农业电气化与自动化、农业工程、农业机械化、农业机械化工程、农业经济管理、农业科技组织与服务、农业信息化、企业管理(含:财务管理、市场营销)、桥梁与隧道工程、轻工技术与工程、人口、资源与环境经济学、森林保护学、森林防火、森林工程、森林经理学、森林培育、森林生物工程、森林植物资源学、设计艺术学、生理学、生态学、生物材料工程、生物工程、生物化学与分子生物学、生物物理学、生药学、食品工程、食品科学、水生生物学、水土保持与荒漠化防治、思想政治教育、特种经济动物饲养(含:蚕、蜂等)、统计学、土壤学、外国语言学及应用语言学、微生物学、物流工程、细胞生物学、项目管理、养殖、药物化学、野生动植物保护与利用、遗传学、艺术设计、英语笔译、英语口译、英语语言文学、应用化学、应用数学、园林植物与观赏园艺、载运工具运用工程、植物学、植物营养学、制浆造纸工程、资产评估、自然保护区学、自然保护学

院系设置

经济管理学院、生命科学学院、林学院、园林学院、野生动物资源学院、工程技术学院、材料科学与工程学院、机电工程学院、土木工程学院、理学院、外语学院、文法学院、交通运输工程学院、信息与计算机工程学院、职业技术学院、成人教育学院

国家级、省部级研究机构设置

1. 研究所(中心):东北林业大学植物资源生态与分子工程研究院、东北林业大学大庆生物技术研究院、花卉生物工程研究所、森林病虫害防治研究所、造林研究所、红松研究所、森林土壤研究所、森林防火研究所、花卉研究所、木材科学与应用技术研究所、林产品加工及人造板研究所、野生动物研究所、高新技术研究所、经济研究所、桦树育种研究中心、林木保护技术研究中心、森林作业与环境研究中心、林业与木工机械工程技术中心、汽车研究中心、植物药工程研究中心、盐碱地研究中心

2. 国家重点实验室:黑龙江帽儿山森林生态系统国家野外科学观测研究站

3. 博士后科研流动站:生物学博士后科研流动站、林业工程博士后科研流动站、林学博士后科研流动站、机械工程博士后科研流动站、农林经济管理博士后科研流动站

定期公开出版的专业刊物 《东北林业大学学报》、《林业研究》、《绿色财会》、《森林工程》、《中国林业经济》、《野生动物》、《植物研究》

学校设立奖学金情况

学校设立奖学金13项,奖励总金额2000余万元。奖学金最高金额5000元/年,最低金额500元/年。

主要校办产业

专家公寓、汽车测试中心、机械厂、工程勘察设计院、工程监理部、林大建筑工程公司、服务公司、木机质量检测中心、印刷厂、帽儿山实验林场、凉水实验林场、东北林业大学经济技术开发总公司、哈尔滨林大房地产开发有限公司

毕业生一次就业率 本科生92.12%,专科生98.59%。

学校历史沿革

东北林业大学(原名东北林学院)创建于1952年是在浙江大学农学院森林系和东北农学院森林系的基础上建立的。1985年经林业部批准东北林学院更名为东北林业大学。2000年2月12日由国家林业局划归教育部管理。2005年正式列入国家"211工程"建设规划,成为中华人民共和国教育部直属的国家"211工程"重点高校。

哈尔滨医科大学

学校(机构)标识码 4123010226	电子信箱 zhaochunwei_2006@yahoo.com.cn	成人本科 942
学校办学类型 411:本科院校:大学	占地面积(平方米) 1655933	成人专科 2548
学校性质类别 05 医药院校	校舍建筑面积(平方米) 604467	博士研究生 708
学校举办者 811 省级教育部门	图书(万册) 170.07	硕士研究生 4004
学校地址 黑龙江省哈尔滨市南岗区学府路194号	固定资产总值(万元) 99635	留学生 62
邮政编码 150081	教学、科研仪器设备资产值(万元) 30854	专任教师(人) 1146
办公电话 0451-86661458	在校生数(人) 21014	其中:正高级 162
传真电话 0451-86661458	其中:普通本科 10188	副高级 222
校园(局域)网域名 www.hrbmu.edu.cn	普通专科 2562	中级 445
		初级 317

本科专业 法学(医学法学)、公共事业管理、护理学、基础医学(本硕连读)、精神医学、康复治疗学、口腔医学、临床药学、临床医学、临床医学(本硕连读)、临床医学(俄语医学班)、临床医学(日语医学班)、临床医学与医学技术类、麻醉学、生物技术、生物信息学、信息管理与信息系统、药物制剂、药学、医学检验、医学影像学、预防医学、中药学

专科专业 护理、康复治疗技术、口腔医学、临床医学、临床医学类新专业、卫生信息管理、药学、医学技术类新专业、医学检验技术、医学文秘、医学影像技术、医药营销、中药

博士专业 病理学与病理生理学、病原生物学、儿科学、儿少卫生与妇幼保健学、耳鼻咽喉科学、妇产科学、基础医学、精神病与精神卫生学、口腔临床医学、劳动卫生与环境卫生学、老年

医学、临床检验诊断学、临床医学、流行病与卫生统计学、麻醉学、免疫学、内科学、皮肤病与性病学、人体解剖与组织胚胎学、社会医学与卫生事业管理、神经病学、神经生物学、生理学、生物化学与分子生物学、生物物理学、外科学、卫生毒理学、眼科学、药理学、遗传学、营养与食品卫生学、影像医学与核医学、肿瘤学

硕士专业 病理学与病理生理学、病原生物学、儿科学、儿少卫生与妇幼保健学、耳鼻咽喉科学、法医学、妇产科学、护理学、基础医学、急诊医学、精神病与精神卫生学、康复医学与理疗学、科学技术史、口腔临床医学、口腔医学、劳动卫生与环境卫生学、老年医学、临床检验诊断学、临床医学、流行病与卫生统计学、麻醉学、免疫学、内科学、皮肤病与性病学、人体解剖与组织胚胎学、社会医学与卫生事业管理、神经病学、神经生物学、生理学、生物化学与分子生物学、生物物理学、生物医学工程、思想政治教育、外科学、微生物与生化药学、卫生毒理学、细胞生物学、眼科学、药剂学、药理学、药物分析学、药物化学、遗传学、营养与食品卫生学、影像医学与核医学、中西医结合临床、肿瘤学

院系设置

基础医学院、公共卫生学院、药学院、卫生管理学院、人文社会科学学院、生物信息科学与基础医学院、公共卫生学院、药学院、卫生管理学院、人文社会科学学院、生物信息科学与技术学院、研究生

国家级、省部级研究机构设置

1. 研究所(中心)：中国疾病预防控制中心地方病控制中心、国家新药临床试验研究中心、卫生部俄语培训中心

2. 博士后流动站：基础医学博士后科研流动站、临床医学博士后流动站、药学博士后科研流动站、公共卫生与预防医学博士后流动站

定期公开出版的专业刊物 《中国地方病学》、《国际免疫学》、《国际遗传学》、《哈尔滨医科大学学报》、《实用肿瘤学》、《中华伤残》

学校设立奖学金情况

学校设立奖学金8项，奖励总金额80余万元。奖学金最高金额1500元/年，最低金额100元/年。

1. 学校综合奖学金2512人/年，1000元/人；800元/人；500元/人；100元/人；

2. 卫生部国际交流中心日本第一三共医药学奖学金45人/年，1500元/人；1000元/人；

3. 上好佳奖学金20人/年，1000元/人；

4. CUBA奖学金6人/年，1000元/人。

主要校办产业

哈尔滨医科大学附属第一医院劳动服务公司、哈尔滨伊达医学发展有限公司、哈尔滨伊达德隆医疗器械经销有限公司、黑龙江哈尔滨医大药业有限公司、黑龙江旭东科技开发有限责任公司、黑龙江省嘉诚大药房、哈尔滨市嘉诚大药房、哈尔滨医科大学附属第二医院劳动服务公司、黑龙江威科实业有限公司、黑龙江省嘉隆药业有限公司、黑龙江省肿瘤医院招待所、哈尔滨医科大学招待所、哈尔滨医科大学劳动服务公司、哈尔滨医科大学科技开发总公司等25个校办产业。

毕业生一次就业率 92%

学校历史沿革

哈尔滨医科大学创建于1926年的哈尔滨医学专门学校，1938年改名为哈尔滨医科大学。1997年经教育部批准将原鸡西煤炭医学专科学校接收，2006年将其由鸡西迁至大庆市。

黑龙江中医药大学

学校(机构)标识码 4123010228	占地面积(平方米) 459491	成人专科 2089
学校办学类型 411：本科院校：大学	校舍建筑面积(平方米) 430203	博士研究生 235
学校性质类别 05 医药院校	图书(万册) 119.97	硕士研究生 1753
学校举办者 811 省级教育部门	固定资产总值(万元) 69960	留学生 103
学校地址 哈尔滨市香坊区和平路24号	教学、科研仪器设备资产值(万元) 13186.54	专任教师(人) 870
邮政编码 150040	在校生数(人) 20692	其中：正高级 198
办公电话 0451-82193000	其中：普通本科 9458	副高级 196
传真电话 0451-82110652	普通专科 3437	中级 198
校园(局域)网域名 www.hljucm.net	成人本科 3617	初级 195
电子信箱 hljucm@hljucm.net		未定职级 83

本科专业 公共事业管理、古典文献、护理学、康复治疗学、生物技术、食品科学与工程、市场营销、药物制剂、药学、医学美容技术、应用心理学、针灸推拿学、制药工程、中西医临床医学、中药学、中药资源与开发、中医学、中医学七年制

专科专业 护理、康复治疗技术、医疗美容技术、针灸推拿、中药、中药制药技术、中医学

博士专业 方剂学、生药学、针灸推拿学、中西医结合基础、中西医结合临床、中药学、中医妇科学、中医基础理论、中医临床基础、中医内科学、中医五官科学、中医医史文献

硕士专业 方剂学、护理学、康复医学与理疗学、人体解剖与组织胚胎学、社会医学与卫生事业管理、生药学、药剂学、药理学、药物分析学、药学、针灸推拿学、中西医结合基础、中西医结合临床、中药学、中医儿科学、中医妇科学、中医骨伤科学、中医护理学、中医基础理论、中医临床基础、中医内科学、中医外科

学、中医五官科学、中医学七年制、中医医史文献

院系设置

基础医学院、临床医学院、药学院、针灸推拿学院、研究生学院、佳木斯学院、国际教育学院、成人教育学院、人文与管理学院、马克思主义学院

国家级、省部级研究机构设置

1. 实验室：(1)省部共建开放实验室：北药基础与应用研究重点实验室；(2)黑龙江省重点实验室培育实验室：中药天然药物药效物质基础实验室、中药血清药物化学重点实验室、针灸临床神经生物学重点实验室；(3)国家中医药管理局科研(三级)实验室10个：中药质量分析实验室、中药化学实验室、中药材质量控制实验室、方剂分析实验室、中药药理(行为)实验室、中药制剂实验室、分子生物学实验室、细胞分子生物学实验室、中药药理(妇科)实验室、中药毒理实验室；(4)国家中医药管理局重点研究室3个：中药血清药物化学重点研究室、方剂配伍重点研究室、不孕症"证、治"重点研究室

2. 研究中心(所)：黑龙江省中药材GAP研究中心、实验动物中心、中国中医药文献检索中心黑龙江分中心、中药临床药理基地、中西医结合心肺病研究所、中药工程研究所、中医基本理论研究所、高教理论研究与评价中心、针灸研究所、药物安全性评价中心

博士后科研流动站 中医学、中药学、中西医结合博士后流动站

定期公开出版的专业刊物 《中医药学报》、《中医药信息》、《针灸临床杂志》

学校设立奖学金情况

学校设立奖学金项，奖励总金额936余万元。奖学金最高金额8000元/年，最低金额300元/年。

主要校办产业

哈尔滨中医药科技开发中心、黑龙江久久药业有限公司(股份制)

学校历史沿革

黑龙江中医药大学始建于1954年，经半个多世纪的建设与发展，学校已成为具有较高教学、科研、医疗水平，在国内外有一定影响的高等中医药院校，现为黑龙江省重点建设的高水平大学。学校于2004年获得全国首批教育部本科教学工作水平评估优秀结论，2007年全国首家通过教育部本科中医学专业认证单位，2008年被确定为国家中医临床研究基地建设单位，2009年晋升全国精神文明建设工作先进单位。

牡丹江医学院

学校(机构)标识码	4123010229
学校办学类型	412：本科院校：学院
学校性质类别	05 医药院校
学校举办者	811 省级教育部门
学校地址	黑龙江省牡丹江市爱民区通乡街3号
邮政编码	157011
办公电话	0453-6581496
传真电话	0453-6581496
校园(局域)网域名	www.mdjmu.cn
电子信箱	mdjmubgs@163.com
占地面积(平方米)	574785
校舍建筑面积(平方米)	316932
图书(万册)	72.6
固定资产总值(万元)	45097.56
教学、科研仪器设备资产值(万元)	9171.48
在校生数(人)	12581
其中：普通本科	9586
普通专科	638
成人本科	1011
成人专科	1346
专任教师(人)	563
其中：正高级	101
副高级	123
中级	234
初级	75
未定职级	30

本科专业 公共事业管理、护理学、康复治疗学、口腔医学、临床医学、麻醉学、市场营销、信息管理与信息系统、药物制剂、药学、医学检验、医学影像学、应用心理学、预防医学、制药工程

专科专业 护理、口腔医学、临床医学、全科医学、医学影像技术、医药营销

院系设置

基础医学院、临床医学院、医学影像学院、药学院、公共卫生学院、护理学院、卫生管理学院、成人教育学院

国家级、省部级研究机构设置

实验室：设有生物医药技术服务平台、抗纤维化生物治疗重点实验室、麻醉与危重病学研究实验室等3个省部级实验室

定期公开出版的专业刊物 《牡丹江医学院学报》

学校设立奖学金情况

学校设立奖学金4项，奖励总金额92余万元。奖学金最高金额800元/年，最低金额400元/年。

学校历史沿革

牡丹江医学院创建于1958年，著名史学家郭沫若先生为学院题写了院名。

哈尔滨师范大学

学校(机构)标识码 4123010231	电子信箱 hsd88060555@163.com cn	成人本科 7626
学校办学类型 411:本科院校:大学	占地面积(平方米) 2453652	成人专科 6550
学校性质类别 06 师范院校	校舍建筑面积(平方米) 1619941	博士研究生 132
学校举办者 811 省级教育部门	图书(万册) 341.18	硕士研究生 3145
学校地址 黑龙江省哈尔滨市呼兰区利民经济技术开发区师大南路1号	固定资产总值(万元) 242179.8	留学生 463
	教学、科研仪器设备资产值(万元) 22350.07	专任教师(人) 2020
邮政编码 150025		其中:正高级 290
办公电话 0451-88060114	在校生数(人) 55492	副高级 559
传真电话 0451-88060600	其中:普通本科 36578	中级 868
校园(局域)网域名 www.hrbnu.edu.	普通专科 998	初级 189
		未定职级 114

本科专业 阿拉伯语、表演(戏剧编导)、表演(戏剧表演)、材料化学、朝鲜语、地理科学、地理信息系统、电子信息科学与技术、电子信息科学与技术(光电信息)、动画、动画(媒体广告)、动画(摄影)、动画(游戏制作艺术)、对外汉语、俄语、俄语(波兰语)、俄语(法律俄语)、俄语(经贸俄语)、法学、法语、公共事业管理(城市社区管理与服务)、公共事业管理(文化产业管理)、广播电视编导、广播电视编导(播音主持)、广播电视新闻学、广播电视新闻学(编辑出版)、广播电视新闻学(摄影)、汉语言文学、汉语言文学(编辑出版)、汉语言文学(政务文秘)、化学、化学(制药工程)、会计学、会计学(财务管理)、绘画(版画)、绘画(壁画)、绘画(冰雪雕塑)、绘画(雕塑)、绘画(动画)、绘画(绘画媒介与表现)、绘画(金属工艺)、绘画(漆画)、绘画(书法)、绘画(水彩)、绘画(陶艺)、绘画(艺术学(理论))、绘画(艺术学理论)、绘画(油画)、绘画(中国画)、绘画(综合材料绘画)、绘画(综合绘画)、绘画(综合艺术(美术方向))、计算机科学与技术、计算机科学与技术(计算机工程)、计算机科学与技术(嵌入式系统)、计算机科学与技术(软件工程)、教育技术学、教育学、教育学(小学教育)、经济学、经济学(证券与投资)、科学教育、历史学、旅游管理、美术学、美术学(美术教育)、美术学(美术理论)、美术学(艺术设计理论)、美术学(装潢艺术设计教育)、美术学(综合艺术)、民族传统体育、葡萄牙语、人力资源管理、日语、日语(阿拉伯语)、日语(国际观光日语)、日语(实用日语)、软件工程、软件工程(软件项目管理)、生物技术、生物技术(生物制药)、生物科学、市场营销、数学与应用数学、数学与应用数学(统计学(精算方向))、数字媒体技术(动漫设计)、数字媒体技术(游戏软件设计)、数字媒体技术(游戏制作艺术)、思想政治教育、体育教育、统计学(精算)、文物保护技术、舞蹈学(舞蹈编导)、舞蹈学(舞蹈表演)、物理学、物理学(通用技术)、物流管理、西班牙语、心理学、信息与计算科学、学前教育、艺术设计(城市景观)、艺术设计(出版艺术设计)、艺术设计(服装表演与造型设计)、艺术设计(服装表演与整体形象设计)、艺术设计(服装设计)、艺术设计(公共艺术)、艺术设计(环境艺术)、艺术设计(金属工艺)、艺术设计(平面设计)、艺术设计(摄影)、艺术设计(视觉传达)、艺术设计(陶艺)、艺术设计(新媒体)、艺术设计(装饰艺术)、音乐表演(巴扬手风琴)、音乐表演(电子键盘)、音乐表演(电子音乐作曲)、音乐表演(钢琴)、音乐表演(行进军乐)、音乐表演(键盘)、音乐表演(流行声乐)、音乐表演(美声)、音乐表演(民歌)、音乐表演(民族管弦)、音乐表演(手风琴)、音乐表演(手风琴、巴扬)、音乐表演(手风琴/巴扬)、音乐表演(通俗)、音乐表演(舞蹈编导)、音乐表演(舞蹈表演)、音乐表演(西洋管弦)、音乐表演(戏剧表演)、音乐表演(现代乐器)、音乐表演(现代器乐)、音乐表演(现代音乐)、音乐表演(艺术学(理论))、音乐表演(艺术学理论)、音乐表演(音乐编辑)、音乐表演(音乐剧)、音乐表演(主持(节目主持))、音乐表演(综合艺术(音乐方向))、音乐表演(作曲与作曲技术理论)、音乐学、音乐学(儿童音乐教育)、音乐学(黑龙江少数民族传承教师)、音乐学(黑龙江少数民族音乐)、音乐学(教师教育)、音乐学(音乐编辑)、音乐学(音乐教育)、音乐学(音乐学理论)、音乐学(综合艺术)、英语、英语(科技英语)、英语(商务英语)、英语(英语翻译)、园林、运动训练、制药工程、资源环境与城乡规划管理、资源环境与城乡规划管理(城市规划)、资源环境与城乡规划管理(环境工程)、资源环境与城乡规划管理(环境监测)、资源环境与城乡规划管理(资源勘查)、资源勘查工程、作曲与作曲技术理论(电子音乐制作)、作曲与作曲技术理论(合唱与指挥)、作曲与作曲技术理论(作曲)

专科专业 电脑艺术设计、会计电算化、商务英语、数学教育、物流管理、英语教育、营销与策划、园林技术、证券投资与管理

博士专业 课程与教学论、马克思主义基本原理、马克思主义中国化研究、思想政治教育、文艺学、遗传学、音乐学、中国古代文学、自然地理学

硕士专业 比较教育学、比较文学与世界文学、材料物理与化学、地理、地图学与地理信息系统、动物学、俄语笔译、俄语口译、俄语语言文学、发展与教育心理学、分析化学、概率论与数理统计、工业设计工程、光学、广播电视艺术学、国外马克思主义研究、汉语国际教育、汉语国际教育硕士、汉语言文字学、化学、基

础数学、计算机技术、计算机应用技术、计算数学、教育技术学、教育经济与管理、教育学原理、科学技术史、科学技术哲学、科学社会主义与国际共产主义运动、科学与技术教育、课程与教学论、理论物理、历史、历史文献学（含：敦煌学、古文字学）、马克思主义基本原理、马克思主义理论新专业、马克思主义哲学、马克思主义中国化研究、美术、美术学、民族传统体育学、凝聚态物理、区域经济学、人文地理学、日语笔译、日语口译、日语语言文学、设计艺术学、生态学、生物、生物化学与分子生物学、史学理论及史学史、世界史、数学、思想政治教育、体育、体育教育训练学、体育学新专业、外国语言学及应用语言学、文艺学、无机化学、无线电物理、物理、物理化学（含：化学物理）、戏剧戏曲学、现代教育技术、小学教育、心理健康教育、心理学新专业、学科教学（地理）、学科教学（化学）、学科教学（历史）、学科教学（美术）、学科教学（生物）、学科教学（数学）、学科教学（思政）、学科教学（体育）、学科教学（物理）、学科教学（英语）、学科教学（语文）、学前教育学、遗传学、艺术学、音乐、音乐学、英语、英语笔译、英语口译、英语语言文学、应用数学、应用心理学、有机化学、语言学与应用语言学、原子与分子物理、运筹学与控制论、运动训练、政治经济学、植物学、中国古代史、中国古代文学、中国古典文献学、中国近现代史、中国少数民族语言文学（分语族）、中国现当代文学、自然地理学

院系设置

学校专业、学科设置齐全，现有 26 个学院（部），58 个本科专业。

国家级、省部级研究机构设置

1. 实验室：7 个省级重点实验室和省高校重点实验室。1 个国家级人才培养模式创新实验区。

2. 研究中心（所）：生命科学研究所、生物工程研究所、化学研究所、凝聚态物理研究所、物理教育研究所、数学与系统科学研究所、中国语言文学研究所、中国古籍整理研究所、历史研究所、远东科技与社会发展研究所、中国边疆经济研究所、教育科学研究所、计算机应用技术研究所、高师教育研究所、政治教育研究所、环境科学研究所、哈尔滨实达计算机技术研究所、民意研究中心、体育文化交流与发展中心、中国洛河文化研究中心、曾远荣泛函分析研究中心、金源文化研究所、高教研究中心、东北历史文化研究中心。

博士后科研流动站 中国语言文学、马克思主义理论

定期公开出版的专业刊物 《北方论丛》、《哈尔滨师范大学自然科学学报》、《黑龙江高教研究》、《教书育人》、《中学物理》、《中学化学》、《继续教育研究》、《理科考试研究》、《中学生理科应试》、《哈尔滨师大报》、《边疆经济与文化》、《哈尔滨师范大学社会科学学报》、《语文天地》、《数理化学习》

学校设立奖学金情况

学生设立奖学金 5 项，奖励总金额 1400 余万元。奖学金最高金额 1500 元/年最低金额 250 元/年。

学校历史沿革

哈尔滨师范大学创建于 1951 年，其前身是 1946 年我党在解放区以著名教育家陶行知先生命名的行知师范学校。先后经历了哈尔滨示范专科学校、哈尔滨师范学院时期，1980 年发展为哈尔滨师范大学。2000 年呼兰师范专科学校、黑龙江农垦专科学校和黑龙江物资职工大学实质性并入，组建成现在的哈尔滨师范大学。是黑龙江省教育、艺术、人文社会科学和自然科学的重要人才培养基地和科学研究基地，是黑龙江省重点建设的省属高水平大学之一。

齐齐哈尔大学

学校（机构）标识码 4123010232	电子信箱 qidatongji@163.com	成人本科 2958
学校办学类型 411：本科院校：大学	占地面积（平方米） 1258861	成人专科 1096
学校性质类别 01 综合大学	校舍建筑面积（平方米） 734446	硕士研究生 966
学校举办者 811 省级教育部门	图书（万册） 237.4	留学生 128
学校地址 齐齐哈尔市文化大街 42 号	固定资产总值（万元） 140207.91	专任教师（人） 1454
邮政编码 161006	教学、科研仪器设备资产值（万元） 21953.55	其中：正高级 178
办公电话 0452-2738388		副高级 460
传真电话 0452-2725454	在校生数（人） 28030	中级 701
校园（局域）网域名 www.qqhru.edu.cn	其中：普通本科 22458	初级 115
	普通专科 424	

本科专业 包装工程、播音与主持艺术、材料化学、财务管理、朝鲜语、城市规划、地理科学、电气工程及其自动化、电子信息工程、电子信息科学与技术、动植物检疫、对外汉语、俄语、法学、纺织工程、服装设计与表演、高分子材料与工程、工商管理、广播电视新闻学、国际经济与贸易、过程装备与控制工程、汉语言文学、化学、化学工程与工艺、环境工程、绘画、机械电子工程、机械设计制造及其自动化、计算机科学与技术、教育技术学、教育学、金融数学与金融工程、历史学、美术学、轻化工程、日语、软件工程、社会工作、社会体育、生物工程、生物技术、生物科学、食品科学与工程、食品质量与安全、市场营销、数学与应用数学、思想政治教育、体育保健康复、体育教育、通信工程、土木工程、文物保护、无机非金属材料工程、舞蹈编导、物理学、物联网工程、物流管理、新闻学、信息管理与信息系统、信息与计算科学、休闲体育、艺术设计、音乐表演、音乐学、英语、应用化学、应用心理

学、园林、园艺、哲学、政治学与行政学、制糖工程、制药工程、资源环境与城乡规划管理、自动化

专科专业 会计电算化、机电一体化技术、旅游管理、市场营销、视觉传达艺术设计、应用化工技术、应用英语

硕士专业 材料加工工程、材料学、电子与通信工程、俄语语言文学、纺织工程、纺织化学与染整工程、工业设计工程、化学、化学工程、化学工程与技术、机械设计及理论、计算机技术、计算机应用技术、控制理论与控制工程、马克思主义理论、农产品加工及贮藏工程、企业管理（含：财务管理、市场营销）、设计艺术学、通信与信息系统、文艺学、遗传学、英语语言文学、植物学、中国近现代史

院系设置

1. 化学与化学工程学院 2. 计算机与控制工程学院 3. 理学院 4. 文学与历史文化学院 5. 生命科学与农林学院 6. 美术与艺术设计学院 7. 体育学院 8. 外国语学院 9. 经济与管理学院 10. 轻工与纺织学院 11. 机电工程学院 12. 通信与电子工程学院 13. 教育与传媒学院 14. 材料科学与工程学院 15. 食品与生物工程学院 16. 哲学与法学学院 17. 音乐与舞蹈学院 18. 应用技术学院与建筑与土木工程学院 19. 马克思主义学院 20. 国际交流学院 21. 继续教育学院 22. 还有计算中心 23. 网络信息中心 24. 分析测试中心 25. 大学英语教研部

国家级、省部级研究机构设置

省部级设置的重点实验室3个：1. 精细化工实验室；2. 农产品加工试验室；3. 表面活性剂与工业助剂实验室。

定期公开出版的专业刊物 《齐齐哈尔大学学报》（自然科学版）、《齐齐哈尔大学学报》（社会科学版）、《高师理科学刊》

学校设立奖学金情况

学校设立奖学金15项，奖励总金额2078.28万元。奖学金最高金额8000元/人年，最低金额180元/人年。

1. 专业奖学金：3851人/年，432元/年；
2. 优秀学生奖学金：20297人/年，180元/年；
3. 国家奖学金：48人/年，8000元/年；
4. 国家励志奖学金：765人/年，5000元/年；
5. 国家助学金：6338人/年，1666.614元/年；
6. 北大仓奖学金：82人/年，1219.512元/年；
7. 美丽华奖学金：155人/年，645.161元/年；
8. 校贫困生奖学金：440人/年，540元/年；
9. 克来恩奖学金：10人/年，1000元/年；
10. 天元之星奖学金：10人/年，1500元/年；
11. 普昱之星奖学金：10人/年，1500元/年；
12. 皮埃尔勒之星奖学金：10人/年，1000元/年；
13. 格迈纳尔奖学金：515人/年，194.175元/年；
14. 中国联通奖学金：200人/年，500元/年；
15. 自动化专业奖学金：9人/年，677.778元/年。

学校历史沿革

齐齐哈尔大学于1996年11月，经省政府批准，由原齐齐哈尔轻工学院与原齐齐哈尔师范学院个并组建。其前身分别是建校于1952年的齐齐哈尔化学工业学校和建校于1958年的齐齐哈尔师范专科学校。2002年11月黑龙江省化学工业学校、黑龙江省商业贸易学校并入齐齐哈尔大学；2003年7月克山师范专科学校并入齐齐哈尔大学。

牡丹江师范学院

学校（机构）标识码 4123010233	电子信箱 mdjnu@163.com	成人本科 2858
学校办学类型 412：本科院校：学院	占地面积（平方米） 1050000	成人专科 3642
学校性质类别 06 师范院校	校舍建筑面积（平方米） 391667	硕士研究生 304
学校举办者 811 省级教育部门	图书（万册） 113.81	留学生 16
学校地址 黑龙江省牡丹江市爱民区文化街19号	固定资产总值（万元） 45500	专任教师（人） 770
邮政编码 157012	教学、科研仪器设备资产值（万元） 9574.46	其中：正高级 93
办公电话 0453-6516767	在校生数（人） 23586	副高级 175
传真电话 0453-6590010	其中：普通本科 16402	中级 392
校园（局域）网域名 www.mdjnu.com	普通专科 364	初级 90
		未定职级 20

本科专业 朝鲜语、电气工程及其自动化（工业）、电气工程及其自动化（智能）、电子信息科学与技术、电子信息科学与技术（电子工程）、电子信息科学与技术（电子信息）、电子信息科学与技术（科学与技术）、电子信息科学与技术（自动化）、动画、对外汉语、俄语、俄语（经贸）、法学、工商管理、工商管理（电子商务）、工商管理（会计）、工商管理（物流）、汉语言、汉语言文学、汉语言文学（文）、汉语言文学（文秘）、汉语言文学（新）、汉语言文学（新闻）、化学、化学工程与工艺、绘画、计算机科学与技术、计算机科学与技术（动漫）、计算机科学与技术（软件）、计算机科学与技术（网络）、教育技术学、教育学、经济学（国贸）、经济学（金融）、科学教育、历史学、旅游管理、美术学、日语、商务英语、社会体育、社会体育（社体指导）、社会体育（体育健身指导）、生物技术、生物技术（检验）、生物技术（制药）、生物科学、生物科学类新专业、市场营销、市场营销（电子商务）、市场营销

(物流)、数学与应用数学、数学与应用数学(金融)、思想政治教育、体育教育、文化产业管理、舞蹈学、物理学、物理学(材料)、小学教育、心理学、信息与计算科学、艺术设计、音乐学、音乐学(电脑)、音乐学(器乐)、音乐学(声乐)、英语、英语(翻译)、英语(国际)、英语(旅游)、英语(商务)、英语(小学)、应用化学、应用化学(环境)、应用化学(精细)、应用化学(制药)、园林、制药工程

专科专业 旅游管理

硕士专业 马克思主义基本原理、凝聚态物理、思想政治教育、体育教育训练学、文艺学

院系设置

文学院、政法学院、物理与电子工程学院、化学化工学院、体育科学学院、生命科学与技术学院、西语系、东语系、商务英语系、数学系、计算机科学与技术系、历史系、管理系、音乐系、美术系、教育系

国家级、省部级研究机构设置

实验室:新型碳基功能与超硬材料重点实验室、超硬材料重点实验室

定期公开出版的专业刊物 《牡丹江师范学院学报(哲社版)》、《牡丹江师范学院学报(自然科学版)》

学校设立奖学金情况

学校设立奖学金2项,奖励总金额630余万元,最高奖励金额886元/年,最低金额250元/年。

学校历史沿革

牡丹江师范学院1958年建校,历经东北农学院嫩江分院、北安师范专科学校、宁安师范专科学校、牡丹江师范学院四个发展阶段。

哈尔滨学院

学校(机构)标识码 4123010234	电子信箱 hrbu@hrbu.edu.cn	普通专科 578
学校办学类型 412:本科院校:学院	占地面积(平方米) 648037	成人本科 1400
学校性质类别 01 综合大学	校舍建筑面积(平方米) 289206	成人专科 391
学校举办者 822 地级其他部门	图书(万册) 105	专任教师(人) 671
学校地址 哈尔滨市南岗区中兴大道109号	固定资产总值(万元) 63627.24	其中:正高级 69
	教学、科研仪器设备资产值(万元) 10704.91	副高级 258
邮政编码 150080		中级 273
办公电话 0451-86688516	在校生数(人) 13520	初级 33
传真电话 0451-86688510	其中:普通本科 11151	未定职级 38
校园(局域)网域名 www.hrbu.edu.cn		

本科专业 财务管理、地理科学、电子信息工程、动画、对外汉语、俄语、法学、汉语言文学、化学、会计学、计算机科学与技术、金融学、历史学、旅游管理、美术学、软件工程、社会工作、社会体育、摄影、生物科学、食品科学与工程、数学与应用数学、思想政治教育、体育教育、土木工程、文秘教育、物理学、小学教育、心理学、艺术设计、音乐表演、音乐学、英语

专科专业 学前教育

院系设置

工学院、教育科学学院、经济管理学院、理学院、人文学院、软件学院、体育学院、外语学院、艺术与设计学院、政法学院

国家级、省部级研究机构设置

研究机构设置:黑龙江省级基础物理实验教学示范中心

定期公开出版的专业刊物 《哈尔滨学院学报》、《数理化解题研究》

学校设立奖学金情况

学校主要设立奖学金四项,奖励总金额605万元/年,最高金额5000元/年,最低金额400元/年。

学校历史沿革

2000年,哈尔滨学院在哈尔滨师范专科学校、哈尔滨大学、哈尔滨市教育学院、哈尔滨市成人教育学院四所院校合并的基础上组建升本的普通高等院校。升本后,哈尔滨师范学校和哈尔滨市财经学校相继并入。

大庆师范学院

学校(机构)标识码 4123010235	学校地址 黑龙江省大庆市让胡路区西宾西路	传真电话 0459-6353020
学校办学类型 412:本科院校:学院		校园(局域)网域名 www.dqsy.net
学校性质类别 06 师范院校	邮政编码 163712	电子信箱 dzb@dqsy.net
学校举办者 822 地级其他部门	办公电话 0459-5510038	占地面积(平方米) 627510

校舍建筑面积(平方米) 222651	其中:普通本科 10692	专任教师(人) 567
图书(万册) 90.08	普通专科 108	其中:正高级 52
固定资产总值(万元) 35416.44	成人本科 617	副高级 133
教学、科研仪器设备资产值(万元) 6384.74	成人专科 451	中级 265
	留学生 17	初级 117
在校生数(人) 11885		

本科专业 财务管理、电子信息工程、动画、对外汉语、俄语、法学、汉语言文学、化学、化学工程与工艺、绘画、计算机科学与技术、旅游管理、美术学、人文教育、日语、软件工程、社会体育、生物技术、生物科学、市场营销、数学与应用数学、体育教育、网络工程、物理学、小学教育、学前教育、艺术设计、音乐表演、音乐学、英语、自动化

专科专业 焊接技术及自动化、会计电算化

院系设置

直属教学院(部)共13个,分别为:外国语学院、教育科学学院、艺术学院、文学院、数学学院、物理与电气信息工程学院、化学化工学院、计算机科学与信息技术学院、体育学院、生命科学学院、思想政治理论课教研部、法学院、经济管学院

定期公开出版的专业刊物 《大庆师范学院学报》、《百家作文指导》

学校设立奖学金情况

学校 2010/2011 学年度共设立奖学金 3 项,奖励总金额 295.4 万元,最高金额 5000 元/年,最低金额 400 元/年。

学校历史沿革

学校创建于1965年,前身为大庆师范学校,2004年5月13日经教育部批准在大庆高等专科学校的基础上建立大庆师范学院。

绥化学院

学校(机构)标识码 4123010236	校园(局域)网域名 www.shxy.net	其中:普通本科 10136
学校办学类型 412:本科院校:学院	电子信箱 shxybgs@163.com	成人本科 675
学校性质类别 01 综合大学	占地面积(平方米) 406111	成人专科 560
学校举办者 811 省级教育部门	校舍建筑面积(平方米) 195795	专任教师(人) 520
学校地址 黑龙江省绥化市黄河南路18号	图书(万册) 82.32	其中:正高级 45
	固定资产总值(万元) 33824	副高级 100
邮政编码 152061	教学、科研仪器设备资产值(万元) 4794.91	中级 232
办公电话 0455-8301019		初级 90
传真电话 0455-8337715	在校生数(人) 11371	未定职级 53

本科专业 财务管理、地理科学、电气工程及其自动化、电子信息工程、电子信息工程(电气工程方向)、俄语、俄语(俄英双修)、俄语(同声传译方向)、俄语(外贸俄语方向)、俄语与英语辅修、汉语言文学、汉语言文学(对外汉语方向)、汉语言文学(文秘方向)、汉语言文学(新闻方向)、化学、计算机科学与技术、计算机科学与技术(软件工程方向)、计算机科学与技术(网络工程方向)、旅游管理、美术学、农学、日语、生物工程(生物制药方向)、食品科学与工程、食品科学与工程(食品安全方向)、食品科学与工程(食品安全与质量)、市场营销、市场营销(财务管理方向)、市场营销(电子商务方向)、市场营销(物流管理方向)、数学与应用数学、数学与应用数学(统计学方向)、数学与应用数学(信息安全方向)、特殊教育、体育教育、物理学、物流管理、信息与计算科学、学前教育、艺术设计、艺术设计(广告设计方向)、艺术设计(环艺设计方向)、艺术设计(视觉传达方向)、艺术设计(装潢艺术设计方向)、音乐表演、音乐表演(舞蹈编导与表演方向)、音乐学、音乐学(键盘与乐器演奏方向)、音乐学(声乐表演方向)、音乐学(铜管乐方向)、英语、英语(翻译方向)、英语(商务方向)、英语(英日双修)、应用化学、应用化学(无机非金属材料方向)、制药工程、制药工程(化学制药方向)、制药工程(生物制药方向)、资源环境与城乡规划管理

学校历史沿革

绥化学院前身是创办于1953年的绥化师范学校,是绥化市历史上建制最早的一所师范院。

齐齐哈尔高等师范专科学校

学校(机构)标识码　4123010238
学校办学类型　414:专科院校:高等专科学校
学校性质类别　06 师范院校
学校举办者　822 地级其他部门
学校地址　齐齐哈尔市民航路 566 号
邮政编码　161005
办公电话　0452 - 2289108
传真电话　0452 - 2289008
校园(局域)网域名　www.qqhrtc.com
电子信箱　qszrsc@163.com
占地面积(平方米)　284000
校舍建筑面积(平方米)　123200
图书(万册)　45.07
固定资产总值(万元)　22312.8
教学、科研仪器设备资产值(万元)　2660
在校生数(人)　4733
其中:普通专科　4072
　　　成人专科　660
　　　留学生　1
专任教师(人)　274
其中:正高级　21
　　　副高级　122
　　　中级　71
　　　初级　59
　　　未定职级　1

专科专业　报关与国际货运、宠物护理与美容、初等教育、电脑艺术设计(平面广告设计)、高尔夫服务与管理、汉语、化学教育、会计与审计、计算机网络与安全管理、计算机应用技术、酒店管理、历史教育、楼宇智能化工程技术、旅游管理、美术教育、汽车检测与维修技术、人力资源管理、社会体育、生物教育、数控技术、数学教育、思想政治教育、特殊教育、体育教育、网站规划与开发技术、文秘速录、现代教育技术、现代教育技术(师)、心理咨询、学前教育、音乐教育、英语教育、营销与策划、应用俄语、应用韩语、应用英语、语文教育、主持与播音

院系设置
教育系、人文系、理工系、外语系、计算机系、体育系

定期公开出版的专业刊物　《齐齐哈尔师范高等专科学校学报》

学校设立奖学金情况
学校设立奖学金情学校设立奖学金情况:
国家奖学金:8000 元/人,共 6 人。
国家励志奖学金:5000 元/人,共 147 人。
国家助学金:一等:4000 元/人,共 163 人;二等:3000 元/人,共 326 人;三等:2000 元/人,共 816 人。
校奖学金:一等:800 元/人,共 11 人;二等:500 元/人,共 54 人;三等:300 元/人,共 114 人。
学校贫困大学生奖学金:一等:800 元/人,共 6 人;二等:600 元/人,共 42 人。
国家奖学金:8000 元/人,共 6 人。
国家励志奖学金:5000 元/人,共 147 人。
国家助学金:一等:4000 元/人,共 163 人;二等:3000 元/人,共 326 人;三等:2000 元/人:816 人。
校奖学金:一等:800 元/人,共 11 人;二等:500 元/人,共 54 人;三等:300 元/人,共 114 人。
学校贫困大学生奖学金:一等:800 元/人,共 6 人;二等:600 元/人,共 42 人。

学校历史沿革
齐齐哈尔市师范学校创建于 1906 年(清光绪 32 年)省城(齐齐哈尔)高等小学(前汉义学)创办的速成班。齐齐哈尔市幼儿师范学校 1986 年由齐齐哈尔市师范学校分出部分教师和资源成立。2003 年 3 月 26 日经国家教育部、7 月 24 日经省政府批准将克山师专更名为齐齐哈尔高等师范专科学校,原齐齐哈尔市师范学校、齐齐哈尔市幼儿师范学校、齐齐哈尔市教育学院学历部分合并成立齐齐哈尔高等师范专科学校。

哈尔滨商业大学

学校(机构)标识码　4123010240
学校办学类型　411:本科院校:大学
学校性质类别　08 财经院校
学校举办者　811 省级教育部门
学校地址　哈尔滨市松北区学海街 1 号
邮政编码　150028
办公电话　0451 - 84830511
传真电话　0451 - 84892111
校园(局域)网域名　www.hrbcu.edu.cn
电子信箱　webmaster@hrbcu.edu.cn
占地面积(平方米)　1131743
校舍建筑面积(平方米)　600318
图书(万册)　202.17
固定资产总值(万元)　220477.81
教学、科研仪器设备资产值(万元)　14505.42
在校生数(人)　31262
其中:普通本科　23118
　　　普通专科　381
　　　成人本科　3608
成人专科　2554
博士研究生　64
硕士研究生　1483
留学生　54
专任教师(人)　1509
其中:正高级　172
　　　副高级　435
　　　中级　586
　　　初级　225
　　　未定职级　91

本科专业 包装工程、财务管理、财务会计教育、财政学、电子商务、电子信息工程、俄语、法学、工程管理、工商管理、工业工程、国际经济与贸易、汉语言文学、行政管理、环境工程、会计学、会展经济与管理、机械设计制造及其自动化、计算机科学与技术、建筑环境与设备工程、金融工程、金融学、经济学、劳动与社会保障、旅游管理、旅游管理与服务教育、烹饪与营养教育、热能与动力工程、人力资源管理、软件工程、商品学、商务英语、社会工作、审计学、生物工程、实验班(工商管理类)、实验班(化工与制药类)、实验班(经济学类)、实验班(能源动力类)、食品科学与工程、食品质量与安全、市场营销、市场营销教育、数学与应用数学、体育经济、统计学、投资学、土木工程、物流工程、物流管理、新闻学、信息管理与信息系统、药学、艺术设计、印刷工程、英语、油气储运工程、制药工程、中药学

专科专业 财政、会展策划与管理、酒店管理、旅游英语、物流管理

博士专业 产业经济学、食品科学、中药学

硕士专业 财政学(含:税收学)、产业经济学、发酵工程、工程、工商管理、工商管理新专业、公共管理、管理科学与工程、国际贸易学、国际商务、国民经济学、海洋生物学、行政管理、环境科学、会计、会计学、机械设计及理论、计算机应用技术、技术经济及管理、金融学(含:保险学)、经济思想史、粮食、油脂及植物蛋白工程、旅游管理、马克思主义中国化研究、民商法学(含:劳动法学)、社会保障、农产品加工及贮藏工程、企业管理(含:财务管理、市场营销)、区域经济学、食品科学、数量经济学、税务、统计学、信号与信息处理、药剂学、药理学、制冷及低温工程、中药学、资产评估

院系设置
我校下设管理学院,金融学院等21个学院

国家级、省部级研究机构设置
1. 我校现有食品工程实验室,抗肿瘤药物实验室
2. 我校现有抗肿瘤天然药物教育部工程研究中心

我校下设博士科研后流动站:东北亚服务外包研究中心博士后工作站,中药学博士后科研工作站,药物研究所博士后流动站

定期公开出版的专业刊物 《商业研究》、《哈尔滨商业大学学报》(自然科学版)、《哈尔滨商业大学学报》(社会科学版)

学校设立奖学金情况
学校设立奖学金2项,奖励总金额130余万元。奖学金最高金额3000元/年,最低金额300元/年。

学校历史沿革
我校建于1952年,1959年开招收学士学位本科生,1982年开始招收硕士学位研究生,2007年开始招收博士学位研究生,2001被省委省政府确定为黑龙江省"十五"重点建设院校。

哈尔滨体育学院

学校(机构)标识码	4123010242
学校办学类型	412:本科院校:学院
学校性质类别	10 体育院校
学校举办者	811 省级教育部门
学校地址	哈尔滨市南岗区大成街1号
邮政编码	150008
办公电话	0451-82720322
传真电话	0451-87020606
校园(局域)网域名	www.hrbipe.edu.cn
电子信箱	htycwc@163.com
占地面积(平方米)	621430
校舍建筑面积(平方米)	170341
图书(万册)	41.95
固定资产总值(万元)	46540.78
教学、科研仪器设备资产值(万元)	12935.26
在校生数(人)	5679
其中:普通本科	5572
硕士研究生	107
专任教师(人)	383
其中:正高级	43
副高级	106
中级	138
初级	93
未定职级	3

本科专业 表演、民族传统体育、社会体育、体育教育、新闻学、英语、运动人体科学、运动训练

硕士专业 体育、体育教育训练学、体育人文社会学、运动人体科学

院系设置
体育教育系、社会体育系、运动人体科学系、运动训练系、民族传统体育系、冰雪运动系

定期公开出版的专业刊物 《哈尔滨体育学院学报》

学校设立奖学金情况
奖学金4项,奖励总金额441万元。最高金额8000元/年,最低金额200元/年。

学校历史沿革
哈尔滨体育学院前身为哈尔滨体育学校,创建于1956年。1958年9月建立哈尔滨体育学院。1966年6月至1970年11月文化大革命期间停办,同年合并到哈尔滨师范学院。1979年学院复办。

哈尔滨金融学院

学校(机构)标识码　4123010245
学校办学类型　412:本科院校:学院
学校性质类别　08 财经院校
学校举办者　811 省级教育部门
学校地址　黑龙江省哈尔滨市香坊区电碳路65号
邮政编码　150030
办公电话　0451-55161890
传真电话　0451-55160613

校园(局域)网域名　www.hrbjz.edu.cn
占地面积(平方米)　663502
校舍建筑面积(平方米)　194552
图书(万册)　115.1
固定资产总值(万元)　46127.52
教学、科研仪器设备资产值(万元)　5707
在校生数(人)　11244
其中:普通本科　4164

普通专科　5940
成人本科　416
成人专科　724
专任教师(人)　542
其中:正高级　39
副高级　187
中级　160
初级　156

本科专业　保险、财务管理、电子商务、国际经济与贸易、会计学、金融学、市场营销、英语

专科专业　保险实务、财务管理、电子商务、法律事务、国际金融、国际贸易实务、会计、会计电算化、计算机网络技术、计算机信息管理、金融管理与实务、软件技术、商务英语、市场营销、税务、投资与理财、文秘、证券投资与管理

院系设置
我院共有7个系、3个部:金融系、会计系、计算机系、投资保险系、商务英语系、管理系、法律系、基础教研部、思想政治理论课教研部、体育教研部

定期公开出版的专业刊物　《金融理论与教学》
学校设立奖学金情况
学校设立奖学金2项,奖励总金额89余万元。奖学金最高金额3000元/年,最低金额600元/年。

学校历史沿革
哈尔滨金融学院,创建于1950年。1983年2月经国务院批准成为哈尔滨金融高等专科学校。2003年6月黑龙江银行学校并入哈尔滨金融高等专科学校。2010年4月,哈尔滨金融高等专科学校升格为哈尔滨金融学院。

伊春职业学院

学校(机构)标识码　4123010872
学校办学类型　415:专科院校:高等职业学校
学校性质类别　01 综合大学
学校举办者　822 地级其他部门
学校地址　黑龙江省伊春市伊春区花园路4号
邮政编码　153000
办公电话　0458-3769044

传真电话　0458-3767155
校园(局域)网域名　www.ycvc.com.cn
电子信箱　www.cwc555@126.com
占地面积(平方米)　360000
校舍建筑面积(平方米)　114542
图书(万册)　19.95
固定资产总值(万元)　18364
教学、科研仪器设备资产值(万元)　2190

在校生数(人)　2153
其中:普通专科　1503
成人专科　650
专任教师(人)　216
其中:正高级　20
副高级　74
中级　92
初级　30

专科专业　餐饮管理与服务、电气自动化技术、雕刻艺术与家具设计、动漫设计与制作、对外汉语、钢铁冶金、钢铁冶炼技术、广告设计与制作、环境艺术设计、机电一体化技术、计算机应用技术、家具设计与制造、建筑工程技术、建筑经济管理、金融保险、酒店管理、矿物加工技术、林业技术、旅游管理、美术、汽车检测与维修技术、软件技术、森林生态旅游、森林消防、商务英语、市场营销、数控技术、文秘与办公自动化、物流管理、现代教育技术、学前教育、野生植物资源开发与利用、医药营销、英语教育、语文教育、园林技术、轧钢技术、综合理科教育、综合文科教育

院系设置
外语系、计算机科学系、中文系、经济管理系、艺术设计系、音乐系、机电工程系、法律系、森林资源系、建筑工程与材料系、旅游商务系

学校设立奖学金情况
学校设立奖学金3项奖励总金额10余万元。奖学金最高金额1500元/年,最低金额200元/年。

学校历史沿革
黑龙江大学伊春分校史源拟建的黑龙江省林业师范专科学

校,成立于1984年。伊春师范学校成立于1958年。经国家教育部批准于1999年7月合并组建伊春职业学院。

牡丹江大学

学校(机构)标识码 4123011046	传真电话 0453-6596445	在校生数(人) 9387
学校办学类型 415:专科院校:高等职业学校	校园(局域)网域名 www.mdjdx.cn	其中:普通专科 8260
	电子信箱 mdjdxdzb@126.com	成人专科 1127
学校性质类别 01 综合大学	占地面积(平方米) 736454	专任教师(人) 427
学校举办者 822 地级其他部门	校舍建筑面积(平方米) 255883	其中:正高级 38
学校地址 黑龙江省牡丹江市爱民区西地明街60号	图书(万册) 58.1	副高级 108
	固定资产总值(万元) 16657	中级 103
邮政编码 157011	教学、科研仪器设备资产值(万元) 4623	初级 122
办公电话 0453-6596765		未定职级 56

专科专业 报关与国际货运、初等教育、道路桥梁工程技术、电厂设备运行与维护、电脑艺术设计、动漫设计与制作、房地产经营与估价、工程测量技术、工程监理、工程造价、工业分析与检验、光伏材料加工与应用技术、光伏发电技术及应用、广告设计与制作、国际经济与贸易、海关管理、汉语、焊接技术及自动化、化工技术类新专业、会计电算化、会计与审计、机电一体化技术、计算机多媒体技术、计算机类新专业、计算机网络技术、计算机信息管理、计算机应用技术、建筑工程技术、金融保险、连锁经营管理、旅游管理、美术教育、模具设计与制造、汽车电子技术、汽车技术服务与营销、汽车检测与维修技术、人力资源管理、生物制药技术、食品药品管理类新专业、食品药品监督管理、市场营销、数控技术、物流管理、新闻采编与制作、音乐表演、音乐教育、印刷设备及工艺、应用电子技术、应用俄语、应用韩语、应用日语、应用英语

院系设置
财会与金融学院、机械工程学院、经贸与管理学院、外语学院、生物制药与食品工程学院、信息与电气工程学院、传媒与艺术学院、土木工程学院、动画学院、光伏学院、继续教育学院

定期公开出版的专业刊物 《牡丹江大学学报》

学校设立奖学金情况
学校设立奖学金3项,奖励总金额48万余元,奖学金最高额1000元/年,最低金额500元/年。

主要校办产业
牡丹江大学牡大动画有限公司

学校历史沿革
1984年8月与市行政学校合并;1986年6月与市直机关职工大学合并;1991年5月与市电大合并;2005年7月与牡丹江市联合职工大学、建设中专合并,第十八中学、兴平小学(占地);2009年5月牡丹江市园林处将西山广场整体移交给牡丹江大学,更名为"牡丹江大学明珠广场";2010年1月成立牡丹江大学牡大动画有限公司;2011年10月牡丹江大学海林实习实训基地落成并投入使用。

齐齐哈尔医学院

学校(机构)标识码 4123011230	校园(局域)网域名 www.qqhrmu.cn	普通专科 807
学校办学类型 412:本科院校:学院	占地面积(平方米) 600000	成人本科 4515
学校性质类别 05 医药院校	校舍建筑面积(平方米) 264396	成人专科 2160
学校举办者 811 省级教育部门	图书(万册) 84	留学生 19
学校地址 黑龙江省齐齐哈尔市建华区卜奎北大街333号	固定资产总值(万元) 73091.12	专任教师(人) 583
	教学、科研仪器设备资产值(万元) 8543	其中:正高级 119
邮政编码 161006	在校生数(人) 16542	副高级 184
办公电话 0452-2663397		中级 222
传真电话 0452-2663266	其中:普通本科 9041	初级 58

本科专业 公共事业管理、护理学、精神医学、康复治疗学、口腔医学、临床医学、社会工作、信息管理与信息系统、药物制剂、药学、医学检验、医学影像学、应用心理学、预防医学、制药工程、中药学

专科专业 护理、全科医学

院系设置

基础医学院、精神卫生学院、公共卫生学院、医学技术学院、护理学院、药学院、外语部、体育部、社科部、病理系、成人继续教育学院、第一临床医学院、第二临床医学院、第三临床医学院

国家级、省部级研究机构设置

药物研究所、精神卫生研究所、血液病研究所、神经病学研究所、妇产科学研究所、心血管病研究所、肺癌研究所、糖尿病研究所、甲状腺疾病研究所、中心实验室、微生态工程技术研究中心、生物化学及生物大分子研究室、肿瘤分子生物学研究室、多基因病研究所、直肠肿瘤外科研究所、冠状动脉疾病研究所、胆道胰腺疾病研究所、生物功能材料研究室、天然药物抗肿瘤研究与开发

博士后科研流动站 齐齐哈尔医药科学研究所

定期公开出版的专业刊物 《齐齐咍尔医学院学报》、《中华现代护理》、《神经疾病与精神卫生》

学校设立奖学金情况

学校设立奖学金4项,奖励总金额73万余元,奖学金最高600元/生,最低金额200元。

学校历史沿革

1946－1974 黑龙江省军区军医学校、1947－1948 黑龙江省军医卫生学校、1948－1949 黑龙江省卫生学校、1949－1951 黑龙江省卫生干部学校、1951－1953 黑龙江省医士学校、1953－1959 黑龙江省齐齐哈尔医士学校、1959－1960 齐齐尔医士学校、1960－1961 齐齐哈尔医学专科学校、1961－1978 齐齐尔医士学校、1978－1986 齐齐哈尔医学专科学校、1986至今齐齐哈尔医学院。

鸡西大学

学校(机构)标识码	4123011445
学校办学类型	415:专科院校:高等职业学校
学校性质类别	01 综合大学
学校举办者	822 地级其他部门
学校地址	黑龙江省鸡西市鸡冠区和平南大街99号
邮政编码	158100
办公电话	0467－2395017
传真电话	0467－2355864
校园(局域)网域名	www.jxdx.net
电子信箱	jxdx@mail.jxdx.com
占地面积(平方米)	600000
校舍建筑面积(平方米)	235648
图书(万册)	95.2
固定资产总值(万元)	21045
教学、科研仪器设备资产值(万元)	5743
在校生数(人)	11400
其中:普通专科	10480
成人专科	920
专任教师(人)	560
其中:正高级	90
副高级	95
中级	220
初级	125
未定职级	30

专科专业 畜牧兽医、电气自动化技术、电子信息工程技术、俄语教育、法律事务、工程测量技术、工程监理、供用电技术、广告设计与制作、国际经济与贸易、汉语、焊接技术及自动化、会计与审计、机电一体化技术、机械设计与制造、计算机教育、计算机网络技术、建筑工程管理、建筑工程技术、金融与证券、矿井通风与安全、矿山机电、矿物加工技术、连锁经营管理、旅游管理、绿色食品生产与检测、煤矿开采技术、煤炭深加工与利用、美术教育、模具设计与制造、人力资源管理、人物形象设计、软件技术、商务日语、商务英语、社会体育、生物技术及应用、市场营销、室内设计技术、数控技术、数学教育、体育教育、通信技术、文秘、物流管理、现代殡仪技术与管理、新闻采编与制作、选矿技术、学前教育、音乐表演、音乐教育、英语教育、影视动画、应用德语、应用俄语、应用法语、应用韩语、应用化工技术、应用英语、语文教育

院系设置

有安全系、东语系、经济系、电信系、理工系、体育系、文法系、西语系、师范学院、继续教育部10个院系部

国家级、省部级研究机构设置

实验室:58个校内实验室,其中"大功率电牵引采煤机实验室"为省级重点实验室。

研究中心(所):有"黑龙江省鸡西中俄科技合作交流中心"、"黑龙江企业采煤机研发中心"、"黑龙江采煤机工程技术研究中心"等3个省级研究中心,10个校级研究所。

博士后科研流动站 鸡西大学"大功率电牵引采煤机实验室"是国家级博士后科研工作站。

定期公开出版的专业刊物 《鸡西大学学报》

学校设立奖学金情况

学校设立奖学金4项,奖励总金额500余万元。奖学金最高金额8000元/年,最低金额500元/年。

学校历史沿革

鸡西大学是1984年8月成立的普通高等学校,1988年5月,鸡西市经委职工大学、鸡西广播电视大学并入鸡西大学。1999年9月,鸡西市师范学校并入鸡西大学。

黑龙江东方学院

学校(机构)标识码 4123011446	校园(局域)网域名 www.dfxy.net	在校生数(人) 10824
学校办学类型 412:本科院校:学院	电子信箱 dfxyyb@163.com	其中:普通本科 10824
学校性质类别 01 综合大学	占地面积(平方米) 396000	专任教师(人) 537
学校举办者 999 民办	校舍建筑面积(平方米) 183739	其中:正高级 127
学校地址 哈尔滨市南岗区学府路331号	图书(万册) 105	副高级 137
	固定资产总值(万元) 59400.34	中级 187
邮政编码 150086	教学、科研仪器设备资产值(万元) 5596.2	初级 83
办公电话 0451-86673244		未定职级 3
传真电话 0451-86673244		

本科专业 财务管理、朝鲜语、电气工程及其自动化、电子商务、电子信息工程、动画、对外汉语、俄语、法学、给水排水工程、国际经济与贸易、汉语言文学、环境工程、机械设计制造及其自动化、计算机科学与技术、建筑学、金融学、旅游管理、日语、生物工程、食品科学与工程、市场营销、土木工程、新闻学、信息管理与信息系统、艺术设计、英语、应用化学

院系设置

黑龙江东方学院设置9个学部,4个教研部。9个学部为:计算机科学与电气工程学部、食品与环境工程学部、建筑工程学部、机电工程学部、管理学部、经济贸易学部、人文社会科学学部、外国语学部、艺术设计学部。4个教研部:基础课教研部、公共外语教研部、体育教研部、思想政治理论教学研究部。

学校设立奖学金情况

学校设立奖学金二项,奖励总金额:145.92余万元。奖学金最高金额8000元/年,最低金额100元/年。

1. 学习优秀奖:特等9人,8000元/人;一等69人,4000元/人;二等236人,2000元/人;三等471人,1000元/人。
2. 学习进步奖:一等118人,300元/人;二等296人,200元/人;三等736人,100元/人。

学校历史沿革

黑龙江东方学院是国家教育部批准的具有高等学历教育资格的民办普通本科高等学校,是黑龙江省教育厅确定的全省高等教育体制改革试点学校。1992年12月12日,省人民政府批准建校,定名为东方学院,1993年暑期参加全国统一高考招生,举办专科专业。经全国高校设置评议委员会及其专家组考核通过,国家教委于1995年4月10日批准学院正式列入全国具有学历教育招生资格的普通高等学校系列,定名为黑龙江东方学院。

黑龙江工商职业技术学院

学校(机构)标识码 4123011449	传真电话 0451-86662074	在校生数(人) 8058
学校办学类型 415:专科院校:高等职业学校	校园(局域)网域名 www.hcic.gov.cn	其中:普通专科 8058
	电子信箱 86662074@163.com	专任教师(人) 352
学校性质类别 01 综合大学	占地面积(平方米) 582000	其中:正高级 17
学校举办者 812 省级其他部门	校舍建筑面积(平方米) 220989	副高级 92
学校地址 黑龙江省哈尔滨市南岗区学府路5号	图书(万册) 44.8	中级 129
	固定资产总值(万元) 15593	初级 101
邮政编码 150080	教学、科研仪器设备资产值(万元) 3312.49	未定职级 13
办公电话 0451-86662074		

专科专业 报关与国际货运、城市热能应用技术、电气自动化技术、电子商务、电子信息工程技术、动漫设计与制作、房地产及物业管理、工程监理、工程造价、工商企业管理、广告设计与制作、国际商务、焊接技术及自动化、会计、会计电算化、会计与审计、机电一体化技术、机械制造与自动化、计算机多媒体技术、计算机网络技术、计算机应用技术、建筑装饰工程技术、金融保险、酒店管理、连锁经营管理、旅游管理、旅游英语、旅游与酒店管理、模具设计与制造、农村发展与管理、农村经纪人、汽车检测与维修技术、汽车营销、人力资源管理、商务英语、食品生物技术、食品营养与检测、市场营销、数控技术、数控设备应用与维护、文

秘、文秘与办公自动化、物流管理、物业管理、新闻采编与制作、应用电子技术、应用俄语、应用韩语、应用日语、证券投资与管理、注册会计师、注册税务师、资产评估与管理

学校历史沿革

松江省工业学校(1952－1954年)；哈尔滨机器制造学校(1954－1958年)；黑龙江工学院(哈尔滨机器制造学校、哈尔滨市土木建筑学校、哈尔滨城市建筑学校)后变黑龙江省工学院附属工业学校(1958－1963年)；哈尔滨机械制造学校(1963－1965年)；黑龙江省机械中等技术学校(1965－1966年)；黑龙江抗大机械战校(1966－1972年)；黑龙江机械制造学校(1972－2002年)；黑龙江工商职业技术学院(2000年)；2007年8月黑龙江省科技职工大学并入黑龙江工商职业技术学院。

哈尔滨华夏计算机职业技术学院

学校(机构)标识码	4123011635
学校办学类型	415：专科院校：高等职业学校
学校性质类别	02 理工院校
学校举办者	999 民办
学校地址	哈尔滨市利民开发区学院路9号
邮政编码	150025
办公电话	0451－88123567
传真电话	0451－88123800
校园(局域)网域名	www.hxci.com.cn
电子信箱	hxciduyanhua@126.com
占地面积(平方米)	50000
校舍建筑面积(平方米)	114992
图书(万册)	28
固定资产总值(万元)	22444.8
教学、科研仪器设备资产值(万元)	2094.78
在校生数(人)	6183
其中：普通专科	6183
专任教师(人)	296
其中：正高级	19
副高级	56
中级	141
初级	59
未定职级	21

专科专业 报关与国际货运、产品造型设计、单片机与应用电子技术、道路桥梁工程技术、电气自动化技术、电视节目制作、电子商务、动漫设计与制作、房地产经营与估价、风力发电设备制造与安装、给排水工程技术、工程监理、工程造价、供热通风与空调工程技术、广告经营与管理、广告设计与制作、环境艺术设计(建筑表现设计)、会计(涉外会计)、会计电算化、会计与审计、机电一体化技术、计算机网络技术、计算机网络技术(微软院校合作项目)、计算机网络技术(与思科、锐捷网)、计算机系统维护、计算机信息管理、计算机信息管理(与用友联合培养)、计算机应用技术、计算机应用技术(单片机应用与测试)、计算机应用技术(联想订单培养售)、计算机应用技术(培养品牌电脑厂)、建筑电气工程技术、建筑工程技术、建筑装饰工程技术、连锁经营管理、楼宇智能化工程技术、旅游管理(旅游与酒店管理)、旅游管理(旅游与酒店管理)、汽车技术服务与营销、汽车检测与维修技术、嵌入式技术与应用、软件测试技术(与IBM联合培养)、软件技术、软件技术(对日软件开发)、软件技术(对日软件外包)、软件技术(对日软件外包)、商务英语、市场营销、市场营销(房地产营销)、室内设计技术、数控技术、数字媒体设计与制作、通信技术、网站规划与开发技术、微软院校合作项目、物流管理、学前教育、学前教育(双语方向)、学前教育(双语方向)、移动通信技术(3G通信)、艺术设计(网站艺术设计)、应用电子技术、应用电子技术(飞利浦、海尔订单、应用电子技术(飞利浦、海尔家电)、应用日语(计算机方向)、游戏软件、游戏软件(游戏美工)

院系设置

软件技术系、网络工程系、计算机应用系、机电工程系、数码艺术系、建筑工程系、商务系、外事系

学校设立奖学金情况

学校设立奖学金3项，奖励总金额34余万元。奖学金最高金额400元/年，最低金额200元/年。

学校历史沿革

学院前身是黑龙江华夏计算机专修学院，始建于1995年。2002年被黑龙江省政府批准为民办普通高校。2003年4月，被省政府授予黑龙江省职业教育先进单位荣誉称号，同年底，被教育部批准为首批国家示范性软件职业技术学院建设单位。2007年初，被省教育厅批准为黑龙江省首批示范性高等职业技术学院。

黑龙江工程学院

学校(机构)标识码	4123011802
学校办学类型	412：本科院校：学院
学校性质类别	02 理工院校
学校举办者	811 省级教育部门
学校地址	黑龙江省哈尔滨市道外区红旗大街999号
邮政编码	150050
办公电话	0451－57673470
传真电话	0451－57678811
校园(局域)网域名	www.hljit.edu.com
电子信箱	88028000@163.com
占地面积(平方米)	769398
校舍建筑面积(平方米)	344999
图书(万册)	117.49
固定资产总值(万元)	89271
教学、科研仪器设备资产值(万元)	16026
在校生数(人)	16845
其中：普通本科	13125
普通专科	1206
成人本科	1676

成人专科　838	其中：正高级　88	中级　474
专任教师（人）　837	副高级　253	初级　22

本科专业 材料成型及控制工程、材料化学、材料科学与工程、财务管理、测绘工程、测控技术与仪器、车辆工程、城市规划、道路桥梁与渡河工程、地理信息系统、电气工程及其自动化、电子科学与技术、电子信息工程、动画、复合材料与工程、工程管理、工业设计、国际经济与贸易、会计学、机械电子工程、机械设计制造及其自动化、计算机科学与技术、建筑环境与设备工程、建筑学、交通工程、交通运输、旅游管理、能源工程及自动化、汽车服务工程、软件工程、社会工作、生物功能材料、市场营销、数字媒体艺术、土木工程、物流工程、信息管理与信息系统、信息与计算科学、遥感科学与技术、艺术设计、英语、应用化学、自动化

专科专业 道路桥梁工程技术、工程测量技术、工程机械运用与维护、会计与审计、机电一体化技术、汽车运用技术

院系设置 土木与建筑工程学院、测绘工程学院、汽车与交通工程学院、机电工程学院、经济管理学院、计算机科学与技术系、电子工程系、材料与化学工程系、艺术与设计系、外语系、数学系、人文与社会科学系、思想政治理论课教学科研部、公共体育教研部以及成人教育学院、职业技术学院

定期公开出版的专业刊物《黑龙江工程学院学报》《测绘工程》《交通科技与经济》

学校设立奖学金情况 学校设立奖学金1项，奖励总金额250余万元。奖学金最高金额2000元/年，最低金额600元/年。

主要校办产业 工程训练中心、驾驶员培训中心、科技交流培训中心、华正监理公司、测量公司

学校历史沿革 黑龙江工程学院是2000年经教育部批准由原黑龙江交通高等专科学校与哈尔滨工程高等专科学校合并组建而成的一所以工为主、多科性发展的全日制普通本科学校。1994年改为黑龙江交通高等专科学校；哈尔滨工程高等专科前身是创建于1953年的哈尔滨土木建筑学校，1955年更名为哈尔滨冶金测量学校，1986年重建哈尔滨测量专科学校，1994年更名为哈尔滨工程高等专科学校。

黑龙江建筑职业技术学院

学校（机构）标识码　4123012053	传真电话　0451-85916366	在校生数（人）　11621
学校办学类型　415：专科院校：高等职业学校	校园（局域）网域名　www.hcc.net.cn	其中：普通专科　11448
	电子信箱　hcc_news@163.com	成人专科　173
学校性质类别　02 理工院校	占地面积（平方米）　960000	专任教师（人）　516
学校举办者　812 省级其他部门	校舍建筑面积（平方米）　286317	其中：正高级　52
学校地址　黑龙江省哈尔滨市利民开发区学院路	图书（万册）　76.28	副高级　153
	固定资产总值（万元）　35408.01	中级　226
邮政编码　150025	教学、科研仪器设备资产值（万元）　9134.24	初级　85
办公电话　0451-85915558		

专科专业 材料工程技术、城镇规划、道路桥梁工程技术、电脑艺术设计、电气自动化技术、电子信息工程技术、雕刻艺术与家具设计、房地产经营与估价、纺织品检验与贸易、服装设计、给排水工程技术、工程监理、工程造价、供热通风与空调工程技术、环境监测与治理技术、会计（建筑财务会计）、机械制造与自动化、计算机应用技术、建筑电气工程技术、建筑工程管理、建筑工程技术、建筑经济管理、建筑设备工程技术、建筑设备类新专业、建筑设计技术、建筑水电技术、建筑装饰工程技术、酒店管理、楼宇智能化工程技术、旅游管理、市场营销（建筑市场营销方向）、市政工程技术、室内设计技术、数控技术、物流管理（物资管理方向）、物业管理、现代纺织技术、艺术设计、园林技术、制冷与空调技术、中国古建筑工程技术、装潢艺术设计

院系设置 建筑工程技术学院、建筑与城市规划学院、机电工程技术学院、热能工程技术学院、市政工程技术学院、计算机与通信工程学院、环境艺术学院、建筑经济管理学院、建筑工程管理学院、建筑材料与工业学院、商务与纺织工程学院、艺术设计学院、成人教育学院、外语教学部、数学教学部、军事体育教研部、思想政治理论课教学科研部

学校设立奖学金情况 学校设立奖学金1项，奖励总金额27余万元，奖学金最高金额600元/年，最低金额200元/年。

学校历史沿革 原黑龙江省建筑工程学校创建于1948年，原黑龙江省建筑职工大学创建于1981年，原黑龙江省建筑材料工业学校创建于1980年。1998年3月经国家教育部批准原黑龙江省建筑工程学校与黑龙江省建筑职工大学合并，组建黑龙江建筑职业技术学院。2000年9月经黑龙江省人民政府批准原黑龙江省建筑材料工业学校并入黑龙江建筑职业技术学院，2003年4月经黑龙江省人民政府批准原黑龙江省纺织工业学校并入黑龙江建筑职业技术学院。

黑龙江艺术职业学院

学校(机构)标识码 4123012490	传真电话 0451-86344147	在校生数(人) 684
学校办学类型 415:专科院校:高等职业学校	校园(局域)网域名 www.hljyzy.com	其中:普通专科 684
	电子信箱 hyzy2005@yahoo.com.cn	专任教师(人) 167
学校性质类别 11 艺术院校	占地面积(平方米) 44843	其中:正高级 41
学校举办者 812 省级其他部门	校舍建筑面积(平方米) 45261	副高级 42
学校地址 哈尔滨市南岗区和兴路149号	图书(万册) 9.81	中级 46
	固定资产总值(万元) 3625.7	初级 29
邮政编码 150080	教学、科研仪器设备资产值(万元) 749.4	未定职级 9
办公电话 0451-86344147		

专科专业 伴奏、电脑艺术设计、电视节目制作、服装设计与表演、广告与会展、美术、摄影摄像技术、舞蹈编导、舞蹈表演、舞台艺术设计、新闻采编与制作、音乐表演、影视表演、影视动画、应用艺术设计、油画、主持与播音、装潢艺术设计

院系设置

学院设有教学系7个:舞蹈系、声乐系、戏剧影视系、传媒系、管弦键盘系、民族器乐系、艺术设计系。同时设有音乐理论教学部、文化教学部。

学校历史沿革

黑龙江艺术职业学院成立于2002年,在原黑龙江省艺术学校、黑龙江省文化干部学校的基础上合并组建。目前是我省唯一一所国办独立艺术院校。学校主校区位于哈尔滨市南岗区和兴路149号,环境优美,师资优良,为我省及国家各艺术团体培养了大批艺术人才。

大庆职业学院

学校(机构)标识码 4123012718	传真电话 0459-5874099	在校生数(人) 5301
学校办学类型 415:专科院校:高等职业学校	校园(局域)网域名 www.dqzyxy.net	其中:普通专科 4032
	电子信箱 xzb@dqvc.net	成人专科 1269
学校性质类别 01 综合大学	占地面积(平方米) 912785	专任教师(人) 320
学校举办者 822 地级其他部门	校舍建筑面积(平方米) 191556	其中:正高级 10
学校地址 大庆市萨尔图区火炬东路7号	图书(万册) 40.3	副高级 107
	固定资产总值(万元) 23018.97	中级 127
邮政编码 163255	教学、科研仪器设备资产值(万元) 6191	初级 66
办公电话 0459-5871139		未定职级 10

专科专业 产品造型设计、电气自动化技术、电子商务、电子信息工程技术、工业分析与检验、广告设计与制作、国际经济与贸易、环境工程技术、环境监测与治理技术、会计电算化、会展策划与管理、机电一体化技术、计算机网络技术、计算机系统维护、计算机应用技术、精细化学品生产技术、井下作业技术、酒店管理、旅游管理、汽车技术服务与营销、汽车运用技术、软件技术、商务管理、商务英语、生物化工工艺、石油工程技术、石油化工生产技术、石油与天然气地质勘探技术、市场营销、数控技术、文秘、物流管理、物业管理、应用化工技术、油气储运技术、油气开采技术、装潢艺术设计、钻井技术

院系设置

石油工程系、化学工程系、机电工程系、工商管理系、计算机应工程系、人文科学系

毕业生一次就业率 92%

学校设立奖学金情况

学校神力奖学金一项,奖励总金额80余万元。奖学金最高金额500元/年,最低金额300元/年。

学校历史沿革

大庆职业学院于2001年3月经黑龙江省人民政府批准,由大庆职工大学、大庆石油学校、大庆警官学校和大庆艺术学校组建而成,行政上由大庆市政府领导。2005年5月,经省政府批准学院变更隶属关系,改由大庆油田有限责任公司(原大庆石油管理局)领导,将大庆艺术学校划归东北石油大学(原大庆石油学院)管理。大庆石油管理局决定大庆石油技术培训中心由大庆职业学院管理,实行相对独立运作。2005年12月,大庆警官学校整体划归大庆市公安局,2006年大庆油田技术培训中心被批准成立大庆技师学院。

黑龙江林业职业技术学院

学校(机构)标识码 4123012724	传真电话 0453-6596476	在校生数(人) 6222
学校办学类型 415:专科院校:高等职业学校	校园(局域)网域名 www.hljlzy.com	其中:普通专科 6215
	电子信箱 mdjlx@public.md.hl.cn	留学生 7
学校性质类别 04 林业院校	占地面积(平方米) 364019	专任教师(人) 289
学校举办者 812 省级其他部门	校舍建筑面积(平方米) 135426	其中:正高级 35
学校地址 黑龙江省牡丹江市爱民区文化街15号	图书(万册) 40.69	副高级 115
	固定资产总值(万元) 8462	中级 77
邮政编码 157011	教学、科研仪器设备资产值(万元) 2572	初级 44
办公电话 0453-6599215		未定职级 18

专科专业 道路桥梁工程技术、电脑艺术设计、电气自动化技术、雕刻艺术与家具设计、工程测量技术、工程机械运用与维护、工程监理、工程造价、工商企业管理、广告与会展、焊接技术及自动化、会计、机电一体化技术、计算机网络技术、计算机应用技术、家具卖场设计与管理、家具设计与制造、建筑工程技术、酒店管理、林业技术、林业加工技术、旅游管理、汽车技术服务与营销、汽车检测与维修技术、软件技术、生物技术及应用、生物制药技术、食品生物技术、室内设计技术、数控技术、文秘、物流管理、学前教育、印刷图文信息处理、营销与策划、影视动画、应用电子技术、应用俄语、应用日语、应用英语、园林工程技术、园林技术

院系设置
学院设有七个二级学院:土木工程学院、生态工程学院、材料工程学院、经济管理学院、信息工程学院、机电工程学院、人文学院,四个部:中专部、思想政治理论教研部、体育教研部、培训部,并设有一个实训基地

学校历史沿革
黑龙江林业职业技术学院是2001年3月8日经黑龙江省人民政府批准设立的,它是由原黑龙江省牡丹江林业学校、牡丹江林业师范学校、牡丹江林业干部学校、牡丹江林业技工学校、东京城林业机电学校合并组建而成,其中牡丹江林业学校为国家级重点普通中等专业学校,始建于1958年。学院隶属于黑龙江省森林工业总局,是以生物生态类、林业工业类为主,集工程、管理、机电、林业、财经、政治师范教育类等几大门类,林科教育特色鲜明的多学科普通高等职业技术学校。学院设有三个校区,均坐落在牡丹江市。

黑龙江农业职业技术学院

学校(机构)标识码 4123012725	传真电话 0454-8304376	在校生数(人) 4508
学校办学类型 415:专科院校:高等职业学校	校园(局域)网域名 www.hljnzy.net	其中:普通专科 4508
	电子信箱 hnzykjc@126.com	专任教师(人) 270
学校性质类别 03 农业院校	占地面积(平方米) 420604	其中:正高级 33
学校举办者 812 省级其他部门	校舍建筑面积(平方米) 103038	副高级 59
学校地址 黑龙江省佳木斯市前进区胜利路52号	图书(万册) 30.39	中级 66
	固定资产总值(万元) 18073.57	初级 106
邮政编码 154007	教学、科研仪器设备资产值(万元) 5020.34	未定职级 6
办公电话 0454-8322036		

专科专业 报关与国际货运、宠物养护与疫病防治、畜牧兽医、电脑艺术设计、电气自动化技术、电子商务、动物医学、工程测量技术、广告设计与制作、会计、会计电算化、机电一体化技术、计算机网络技术、建筑装饰工程技术、金融保险、酒店管理、连锁经营管理、旅游管理、绿色食品生产与经营、模具设计与制造、农资营销、汽车电子技术、汽车技术服务与营销、汽车检测与维修技术、软件技术、商务日语、商务英语、生物技术及应用、生物制药技术、食品加工技术、食品营养与检测、饲料与动物营养、物流管理、医药营销、影视动画、应用俄语、园林工程技术、园林技术、园艺技术、植物保护、种子生产与经营、作物生产技术

院系设置
农学院、园艺学院、经贸学院、动物科学学院、生物工程学院、信息工程学院、外语学院、机电工程学院、马克思主义理论课教学部、军事体育教学部

学校历史沿革
黑龙江农业职业技术学院前身为黑龙江省佳木斯农业学

校,于1948年6月在松江省呼兰县成立,校名为松江省呼兰农林技术专门学校,归松江省林业厅领导,是当时松江省第一所中等林业学校。1952年学校易名为松江省农林技术学校。1954年正式定名为黑龙江省佳木斯市农业学校,隶属于黑龙江省农业厅领导,被中央教育部提升为全国中等农业学校的重点校。2001年3月8日,升为黑龙江农业职业技术学院。

黑龙江农业工程职业学院

学校(机构)标识码　4123012726
学校办学类型　415:专科院校:高等职业学校
学校性质类别　03 农业院校
学校举办者　812 省级其他部门
学校地址　黑龙江省哈尔滨市南岗区哈双路348号
邮政编码　150088
办公电话　0451 - 86701967
传真电话　0451 - 86720674
校园(局域)网域名　www.hngzy.com
电子信箱　bgs502@163.com
占地面积(平方米)　588438
校舍建筑面积(平方米)　240680
图书(万册)　47.05
固定资产总值(万元)　21993.88
教学、科研仪器设备资产值(万元)　7166.28
在校生数(人)　7219
其中:普通专科　7219
专任教师(人)　377
其中:正高级　35
副高级　105
中级　186
初级　46
未定职级　5

专科专业　包装自动化技术、测绘与地理信息技术、宠物养护与疫病防治、畜牧兽医、电气自动化技术、电子商务、电子信息工程技术、动漫设计与制作、动物医学、工程机械运用与维护、供用电技术、广告与会展、焊接技术及自动化、会计电算化、会计与审计、机电一体化技术、机械制造与自动化、计算机网络技术、酒店管理、旅游管理、绿色食品生产与检测、模具设计与制造、农机使用与维护、农业机械应用技术、农业机械制造与装配、汽车电子技术、汽车服务与管理、汽车检测与维修技术、汽车制造与装配技术、软件技术、商务日语、商务英语、设施农业技术、生物制药技术、食品加工技术、市场开发与营销、室内设计技术、兽医医药、数控技术、数控设备应用与维护、文秘、物流管理、移动通信技术、印刷技术、应用俄语、园林技术、装潢艺术设计

院系设置
汽车学院、农机学院、机电学院、自动化学院、信息学院、人文学院、动物科技学院、经济管理学院
定期公开出版的专业刊物　《职教研究》、《黑龙江农业工程职业学院学报》
学校历史沿革
黑龙江农业工程职业学院的前身是黑龙江省农业机械化学校,创建于1949年。1980年学校被教育部确定为国家级重点中专。2001年3月8日,学院晋升为高等职业技术学院。2007年8月,被教育部、财政部确定为国家示范性高等职业院校建设单位。2010年4月,通过教育部、财政部验收,成为国家30所优秀示范性高等职业院校之一。

黑龙江农垦职业学院

学校(机构)标识码　4123012727
学校办学类型　415:专科院校:高等职业学校
学校性质类别　01 综合大学
学校举办者　812 省级其他部门
学校地址　哈尔滨市呼兰利民经济技术开发区学院路3号
邮政编码　150025
办公电话　0451 - 88127910
传真电话　0451 - 88127913
校园(局域)网域名　www.nkzy.com
电子信箱　hljnkzyxy@163.com
占地面积(平方米)　388048
校舍建筑面积(平方米)　150548
图书(万册)　55.2
固定资产总值(万元)　36400
教学、科研仪器设备资产值(万元)　4298
在校生数(人)　6178
其中:普通专科　6178
专任教师(人)　322
其中:正高级　37
副高级　100
中级　126
初级　59

专科专业　报关与国际货运、畜牧工程技术、电脑艺术设计、电视节目制作、动漫设计与制作、工程造价、广告设计与制作、护理、会计电算化、计算机网络技术、建筑经济管理、康复治疗技术、旅游管理、绿色食品生产与经营、美术教育、软件技术、商务英语、设施园艺工程、社区管理与服务、摄影摄像技术、生物制药技术、食品加工技术、食品生物技术、食品营养与检测、市场营销、物流管理、新闻采编与制作、学前教育、药物制剂技术、药学、医学检验技术、音乐教育、英语教育、影视动画、应用电子技术、应用俄语、语文教育、中药制药技术、主持与播音、助产
院系设置
学院下设六个分院两个教学部:经济管理分院、食品工程分院、护理分院、制药工程分院、师范教育分院、计算机与艺术传媒

分院、体育教学部、思想政治理论课教育部

定期公开出版的专业刊物 《黑龙江农垦职业学院学报》

学校设立奖学金情况

学校设立奖学金3项,奖励总金额442.43余万元。奖学金最高金额8000元/年,最低金额100元/年。

学校历史沿革

黑龙江农垦职业学院于2001年3月8日由黑龙江省政府批准成立,原校址在佳木斯市,前身是由黑龙江农垦师范学校和黑龙江农垦经济学校合并成立的,原黑龙江农垦师范学校成立于1977年,黑龙江农垦经济学校成立于1981年。学校为求得更快的发展,经黑龙江省及黑龙江省农垦总局的批准,于2003年从佳木斯搬迁至哈尔滨市利民经济技术开发区的大学城内。黑龙江农垦卫生学校成立于1959年,原校址在密山市裴德镇,2004年1月由黑龙江农垦总局批准整建制搬迁并入黑龙江农垦职业学院。

黑龙江司法警官职业学院

学校(机构)标识码 4123012728
学校办学类型 415:专科院校:高等职业学校
学校性质类别 09 政法院校
学校举办者 812 省级其他部门
学校地址 黑龙江省哈尔滨市南岗区学府路383号
邮政编码 150060
办公电话 0451-88079148
传真电话 0451-86668798
校园(局域)网域名 www.hljsfjy.com
电子信箱 88079849@163.com
占地面积(平方米) 165233
校舍建筑面积(平方米) 101390
图书(万册) 20.13
固定资产总值(万元) 10990
教学、科研仪器设备资产值(万元) 1567.5
在校生数(人) 2790
其中:普通专科 2790
专任教师(人) 157
其中:正高级 7
副高级 60
中级 64
初级 14
未定职级 12

专科专业 安全保卫、法律事务、法律文秘、会计、会计与审计、计算机网络技术、计算机应用技术、监狱管理、经济法律事务、人民武装、软件技术、司法会计、心理咨询、刑事侦查技术、刑事执行、罪犯心理测量与矫正技术

院系设置

法律系、司法行政管理系、经济管理系、信息技术应用系、基础课教研部、警察体育课教研部、政治理论课教研部

学校设立奖学金情况

学校设立奖学金2项,奖励总金额45.2万元/年,最低金额5000元/年。

学校历史沿革

学院是在原黑龙江省司法警官学校的基础上建立的。黑龙江省司法警官学校前身为黑龙江省劳改工作干部学校(泰来劳改局技术学校),始建于1979年,1982年7月13日,省政府正式批准省劳改干校搬迁到哈市独立办学;1991年3月11日经黑龙江省教育委员会批准,成立黑龙江省司法警官学校,学校同设黑龙江省监狱管理局干部学校、黑龙江省监狱管理局党校、黑龙江省国家公务员培训基地、黑龙江省司法汽车驾驶员培训中心;2001年3月在原黑龙江省司法警官学校的基础上,经黑龙江省人民政府批准,独立升格设置为全日制高职高专院校即:黑龙江司法警官职业学院。

齐齐哈尔工程学院

学校(机构)标识码 4123012729
学校办学类型 412:本科院校:学院
学校性质类别 02 理工院校
学校举办者 999 民办
学校地址 齐齐哈尔市龙沙区南苑开发区鹤城路168号
邮政编码 161005
办公电话 0452-6117038
传真电话 0452-6117058
校园(局域)网域名 www.qqhrit.com
电子信箱 rsc6117038@163.com
占地面积(平方米) 676808
校舍建筑面积(平方米) 146185
图书(万册) 59.02
固定资产总值(万元) 32980.95
教学、科研仪器设备资产值(万元) 4241.4
在校生数(人) 6325
其中:普通本科 968
普通专科 5036
成人专科 321
专任教师(人) 383
其中:正高级 26
副高级 101
中级 75
初级 145
未定职级 36

本科专业 电子商务、机械设计制造及其自动化、计算机科学与技术、汽车服务工程、土木工程、英语

专科专业 财务管理、道路桥梁工程技术、电脑艺术设计、电气自动化技术、电子商务、动漫设计与制作、房地产经营与估价、高等级公路维护与管理、工程测量技术、工程机械运用与维护、工程造价、焊接技术及自动化、环境艺术设计、会计电算化、机电设备维修与管理、机电一体化技术、机械制造与自动化、计算机网络技术、计算机应用技术、家具设计与制造、家政服务、建筑工程技术、连锁经营管理、旅游管理、模具设计与制造、汽车电子技术、汽车技术服务与营销、汽车检测与维修技术、汽车整形技术、人力资源管理、软件技术、商务日语、商务英语、食品加工技术、食品营养与检测、市场营销、数控技术、图形图像制作、文秘、物流管理、应用电子技术、应用俄语、应用韩语、应用英语、园林技术、园艺技术

院系设置
学校设置建筑工程系、机电工程系、交通工程系、信息工程系、管理工程系、外语系、基础部和职业发展中心

学校设立奖学金情况
学院设立奖学金1项,奖励总金额180余万元。奖学金最高金额1000元/年,最低金额200元/年。

主要校办产业
学校共设置校办产业24个:齐三机床、东亚汽车销售有限公司、东亚驾校、二手车交易市场有限公司、汽车修理有限公司、东亚广告有限公司、东亚旅行社、齐工贸有限公司、我爱我家劳务有限公司、宝宏科技有限公司、东亚网络有限公司、东亚模型设计有限公司、原子晶格科技有限公司、文博信息技术服务有限公司、经世商贸有限公司、东亚环艺装饰设计有限公司、东亚建筑劳务有限责任公司、学友书店、蓝宇软件有限公司、后勤服务有限公司、鑫鼎广告设计有限责任公司、百草家园老年公寓、中和教育咨询服务有限公司、东亚教育发展有限公司

学校历史沿革
齐齐哈尔工程学院前身是成立于1958年的齐齐哈尔第一机床厂职工大学,在计划经济下为工厂技术人才和管理人才的培养作出巨大贡献。1993年易名为黑龙江东亚大学,整建制地由企业转为民办运行机制,面向市场自主办学,自考助学成绩显著,及格率始终稳定在80%以上,被教育部授予自考助学先进集体。2001年经省政府批准成立齐齐哈尔职业学院,行政上隶属齐齐哈尔市政府,2011年4月经教育部批准升格更名为齐齐哈尔工程学院。

鹤岗师范高等专科学校

学校(机构)标识码 4123012905	传真电话 0468-3593058	1720.76
学校办学类型 414:专科院校:高等专科学校	校园(局域)网域名 www.hgtc.org.cn	在校生数(人) 1828
	电子信箱 hszbgs@163.com	其中:普通专科 1828
学校性质类别 06 师范院校	占地面积(平方米) 523591	专任教师(人) 214
学校举办者 822 地级其他部门	校舍建筑面积(平方米) 91411	其中:正高级 19
学校地址 黑龙江省鹤岗市东山区	图书(万册) 25.04	副高级 111
邮政编码 154107	固定资产总值(万元) 13550	中级 79
办公电话 0468-3593185	教学、科研仪器设备资产值(万元)	初级 5

专科专业 地理教育、动漫设计与制作、会计电算化、会计与审计、计算机网络技术、计算机应用技术、建筑工程技术、矿井通风与安全、矿山机电、历史教育、旅游服务与管理、旅游英语、煤化工生产技术、煤矿开采技术、美术教育、商务英语、数学教育、体育保健、体育教育、现代教育技术、心理咨询、新闻采编与制作、学前教育、音乐教育、英语教育、应用俄语、语文教育

院系设置
文史教育系、数理教育系、外语教育系、计算机科学教育系、音乐教育系、美术教育系、体育教育系、工程与经济管理系、政治与教育科学系、成人教育部

学校历史沿革
鹤岗师范高等专科学校是由省教育厅和鹤岗市人民政府共管的一所全日制普通高等学校。学校坐落在黑龙江省东北部。学校的前身为创建于1958年的鹤岗市师范学校,2000年5月鹤岗矿务局师范学校、鹤岗矿务局财经学校合并到鹤岗市师范学校。2002年3月教育部正式批准在鹤岗市师范学校的基础上建立鹤岗师范高等专科学校。

哈尔滨电力职业技术学院

学校(机构)标识码 4123012906	学校性质类别 02 理工院校	香电街59号
学校办学类型 415:专科院校:高等职业学校	学校举办者 891 地方企业	邮政编码 150030
	学校地址 黑龙江省哈尔滨市香坊区	办公电话 0451-53681711

传真电话	0451-53681888	固定资产总值(万元)	16164.04	专任教师(人)	180
校园(局域)网域名	hepotc.hl.sgcc.cn	教学、科研仪器设备资产值(万元)		其中:正高级	2
电子信箱	hpvtc@sian.com		3559.27	副高级	80
占地面积(平方米)	72000	在校生数(人)	3529	中级	51
校舍建筑面积(平方米)	96708	其中:普通专科	3274	初级	39
图书(万册)	15.55	成人专科	255	未定职级	8

专科专业 电厂化学、电厂热能动力装置、电力系统继电保护与自动化、发电厂及电力系统、供热通风与空调技术工程、供用电技术、火电厂集控运行、计算机应用技术、检测技术及应用、通信技术

院系设置

学院设有电力系、动力系、信息系、基础部、培训部、继续教育处、教务处、科研督导室等教学二级机构。

学校设立奖学金情况

学院设立奖学金情况:学院设立奖学金3项,奖励总额319万余元,奖学金最高金额8000元/年,最低2000元/年。

学校历史沿革

哈尔滨电力职业技术学院前身是国家级重点中等专业学校哈尔滨电力学校——始建于1958年,2002年经黑龙江省政府批准,晋升为哈尔滨电力职业技术学院,属专科层次普通高等院校。主办单位是黑龙江省电力有限公司。学院保持省级文明单位标兵荣誉称号,是电力类高等技术应用性人才的重要培养基地。学院是黑龙江省第一家被国家和社会保障部批准授权的火力发电国家职业技能鉴定站。

哈尔滨铁道职业技术学院

学校(机构)标识码	4123012907	传真电话	0451-57839202	在校生数(人)	8684
学校办学类型	415:专科院校:高等职业学校	校园(局域)网域名	htxy.net	其中:普通专科	8452
		电子信箱	htxyy@0451.com	成人专科	232
学校性质类别	02 理工院校	占地面积(平方米)	600000	专任教师(人)	408
学校举办者	812 省级其他部门	校舍建筑面积(平方米)	254031	其中:正高级	10
学校地址	哈尔滨市南岗区保健路123号	图书(万册)	59	副高级	118
邮政编码	150081	固定资产总值(万元)	15927.97	中级	115
		教学、科研仪器设备资产值(万元)		初级	125
办公电话	0451-57839200		8521.99	未定职级	40

专科专业 安全技术管理、城市轨道交通工程技术、城市轨道交通运营管理、道路桥梁工程技术、电脑艺术设计、电子测量技术与仪器、动漫设计与制作、盾构施工技术、高速铁道技术、工程测量技术、工程机械运用与维护、工程监理、工程造价、混凝土构件工程技术、计算机网络技术、检测技术及应用、建筑材料工程技术、建筑钢结构工程技术、建筑工程技术、建筑装饰工程技术、软件技术、铁道工程技术、铁道交通运营管理、铁道通信信号、铁道运输类新专业、物联网应用技术、物流管理

院系设置

学院共设有铁道建筑学院、城市轨道交通学院、计算机学院、基础教育学院、成人教育学院共五个分院,并在山东烟台、黑龙江省鹤岗、湖南长沙、贵州设有实训教学基地。

学校设立奖学金情况

学院设立奖学金2项,奖励总金额70余万元。奖学金最高金额800元/年,最低金额400元/年。

学校历史沿革

哈尔滨铁道职业技术学院始建于1959年,前身为哈尔滨铁路工程学校,2002年经黑龙江省人民政府批准晋升为高职学院。

大兴安岭职业学院

学校(机构)标识码	4123012908	学校地址	大兴安岭加格达奇区晨光南街13号	校园(局域)网域名	www.dxalu.com
学校办学类型	415:专科院校:高等职业学校	邮政编码	165000	电子信箱	zyxycwc@126.com
				占地面积(平方米)	240000
学校性质类别	01 综合大学	办公电话	0457-2172371	校舍建筑面积(平方米)	68153
学校举办者	822 地级其他部门	传真电话	0457-2172371	图书(万册)	25.02

固定资产总值(万元) 11715	其中:普通专科 2942	中级 107
教学、科研仪器设备资产值(万元) 2244.5	专任教师(人) 255 其中:正高级 17	初级 44 未定职级 6
在校生数(人) 2942	副高级 81	

专科专业 财务管理、城市热能应用技术、初等教育、电子商务、雕刻艺术与家具设计、动漫设计与制作、护理、机电一体化技术、计算机网络技术、临床医学、旅游工艺品设计与制作、旅游管理、木材加工技术、森林工程技术、森林资源保护、选矿技术、学前教育、药学、冶金技术、医学检验技术、移动通信技术、音乐表演、音乐教育、英语教育、应用俄语、语文教育、园林技术、运动训练、主持与播音

院系设置

林业管理系、师范教育系、电子工程系、医学技术系、艺术体育系、基础部和成教部

学校设立奖学金情况

设有学院奖学金国家助学金等奖学种类。奖励总金额240元万元。最高8000元/年。

学校历史沿革

2003年学院由原大兴安岭林校、大兴安岭师范学校、大兴安岭卫校和大兴安岭电大合并而成。

黑龙江科技职业学院

学校(机构)标识码 4123012909	传真电话 0451-53183889	在校生数(人) 4512
学校办学类型 415:专科院校:高等职业学校	校园(局域)网域名 www.hmy.com.cn 电子信箱 hmy@hmy.com.cn	其中:普通专科 4472 成人专科 40
学校性质类别 03 农业院校	占地面积(平方米) 225600	专任教师(人) 248
学校举办者 812 省级其他部门	校舍建筑面积(平方米) 82936	其中:正高级 57
学校地址 黑龙江省双城市迎宾路162号	图书(万册) 34.9 固定资产总值(万元) 9532.46	副高级 65 中级 92
邮政编码 150111	教学、科研仪器设备资产值(万元) 2690.87	初级 34
办公电话 0451-53187402		

专科专业 城市园林、宠物养护与疫病防治、宠物医学、畜牧兽医、动漫设计与制作、动物防疫与检疫、动物医学、动物医学(执业兽医师)、工商企业管理、工商企业管理(互联网商务)、环境艺术设计、会计电算化、机电一体化技术、机电一体化技术(食品加工设备)、机电一体化技术(制药与制药设备)、机械设计与制造、计算机网络技术、汽车检测与维修技术、软件技术、软件技术(软件外包服务)、商品花卉、生物制药技术(生物药品与化药)、食品加工技术、食品加工技术(果蔬加工与检测)、食品加工技术(肉品加工与检测)、食品加工技术(乳品加工技术)、食品生物技术、食品营养与检测(食品安全与检测)、兽医医药、饲料与动物营养、特种动物养殖、图形图像制作、物流管理、药品质量检测技术、药物制剂技术、药物制剂技术(药品生产与经营)、应用电子技术、应用英语、园林技术、园林技术(商品花卉)、园艺技术、园艺技术(设施园艺)、园艺技术(设施园艺)、中药制药技术(中药制剂与资源)、作物生产技术

院系设置

教学机构11个:动物科技学院、动物医学学院、生物工程学院、制药工程学院、食品工程学院、信息工程学院、经济贸易学院、机电工程学院、社会人文学院(基础部)、思想政治教研部、体育教研部

学校历史沿革

黑龙江科技职业学院位于哈尔滨市双城市迎宾路162号,隶属于省畜牧兽医局。1949年建校校名为黑龙江农业专科学校;1958年,升格为东北农学院松花江分院,校址迁至双城市;1979年,确定为黑龙江省畜牧兽医学校;2002年,晋升为黑龙江畜牧兽医职业学院,2011年2月,更名为黑龙江科技职业学院。

黑龙江农业经济职业学院

学校(机构)标识码 4123012910	学校举办者 812 省级其他部门	传真电话 0453-6402306
学校办学类型 415:专科院校:高等职业学校	学校地址 黑龙江省牡丹江市西安区 邮政编码 157041	校园(局域)网域名 www.nyjj.net.cn 电子信箱 yz_njxy@126.com
学校性质类别 03 农业院校	办公电话 0453-6402306	占地面积(平方米) 1263000

校舍建筑面积（平方米） 272222	在校生数（人） 6415	其中：正高级 26
图书（万册） 59	其中：普通专科 6194	副高级 106
固定资产总值（万元） 25831.29	成人专科 221	中级 175
教学、科研仪器设备资产值（万元） 7965.29	专任教师（人） 403	初级 96

专科专业 报关与国际货运、畜牧兽医、电脑艺术设计、电子商务、动漫设计与制作、动物防疫与检疫、房地产经营与估价、高尔夫技术与管理、工程监理、工程造价、广告设计与制作、国际经济与贸易、焊接技术及自动化、环境监测与治理技术、会计电算化、会计与审计、会展策划与管理、机电一体化技术、计算机网络技术、计算机应用技术、经济管理、景观设计、酒店管理、连锁经营与管理、旅游管理、旅游英语、绿色食品生产与经营、模具设计与制造、农畜特产品加工、农业经济管理、汽车服务与管理、汽车技术服务与营销、软件技术、商务日语、商务英语、生物技术及应用、生物制药技术、食品分析与检验、食品加工技术、市场营销、兽医、数控技术、物流管理、新能源应用技术、新闻采编与制作、药品经营与管理、药品质量检测技术、药物制剂技术、应用电子技术、应用俄语、应用韩语、园林技术、园艺技术、执业兽医师、植物保护、中药制药技术、种子生产与经营、注册会计师、装潢艺术设计、资产评估与管理、作物生产技术

院系设置

经济贸易系、财务管理系、信息工程系、绿色农业系、动物科技系、制药工程系、机电系、社会人文系

学校历史沿革

学院前身为1948年在佳木斯开办的东北荣军校，1956年以荣军校为基础，建立佳木斯农业经济职业学校，1958年迁至牡丹江市，建立东北农学院牡丹江分院，本科建制。1962年按照"调整、巩固、提高"的中央政策，改办中专，更名为黑龙江省温春农业学校，隶属省农业厅。1968年学校下放给牡丹江地区，同牡丹江农业科学研究所、牡丹江水田机械化研究所、牡丹江地区园艺农业学校等单位合并，成立牡丹江地区农业"五七"公社,1970年学校分设出来，更名为牡丹江农业学校。1979年收归省农业局领导，更名为黑龙江省牡丹江农业学校。1995年根据省农业厅的教育分工，以培养农业经济管理人才为主，经省政府批准，更名为黑龙江省农业经济学校。2002年2月经省政府批准、国家教育部备案，学校晋升为普通高等职业学校，校名变更为黑龙江农业经济职业学院，隶属黑龙江省农业委员会。

哈尔滨职业技术学院

学校（机构）标识码 4123012911	传真电话 0451-86684652	在校生数（人） 13890
学校办学类型 415：专科院校：高等职业学校	校园（局域）网域名 hzjxy.net	其中：普通专科 7800
学校性质类别 01 综合大学	电子信箱 bga@hzjxy.net	成人专科 6090
学校举办者 822 地级其他部门	占地面积（平方米） 850000	专任教师（人） 367
学校地址 哈尔滨市香坊区哈平路217号	校舍建筑面积（平方米） 225294	其中：正高级 43
	图书（万册） 67.6	副高级 167
邮政编码 150081	固定资产总值（万元） 33600	中级 96
办公电话 0451-86635992	教学、科研仪器设备资产值（万元） 4981	初级 53
		未定职级 8

专科专业 财务管理、城市轨道交通控制、道路桥梁工程技术、电力电子技术、电脑艺术设计、电气自动化技术、电子商务、电子信息工程技术、动漫设计与制作、服装设计、给排水工程技术、工程监理、工程造价、供热通风与空调工程技术、广告设计与制作、国际商务、焊接技术及自动化、环境艺术设计、会计、会计（注册会计师方向）、会计电算化、会计与审计、会展策划与管理、机电一体化技术、机械制造与自动化、计算机网络技术（网络工程师方向）、计算机应用技术、计算机应用技术（服务外包方向）、建筑电气工程技术、建筑工程技术、酒店管理、连锁经营管理、楼宇智能化工程技术、旅游管理、模具设计与制造、汽车技术服务与营销、汽车检测与维修技术、汽车整形技术、软件技术（工程师方向）、软件技术（软件工程师方向）、商务英语、室内设计技术、数控技术、微电子技术、文秘（商务文秘）、物流管理、新能源应用技术、营销与策划、应用电子技术、游戏软件、装潢艺术设计

学校历史沿革

哈尔滨职业技术学院是黑龙江省人民政府批准，国家教委备案，哈尔滨市人民政府创办的综合性普通高校。

黑龙江外国语学院

学校(机构)标识码 4123013296
学校办学类型 412:本科院校:学院
学校性质类别 07 语文院校
学校举办者 999 民办
学校地址 哈尔滨市利民开发区师大南路1号
邮政编码 150025
办公电话 0451-88121333
传真电话 0451-88121333

校园(局域)网域名 www.hiu.edu.cn
电子信箱 hiu@edu.com.cn
占地面积(平方米) 534794
校舍建筑面积(平方米) 232384
图书(万册) 88
固定资产总值(万元) 52202.02
教学、科研仪器设备资产值(万元) 3167.5

在校生数(人) 8349
其中:普通本科 8349
专任教师(人) 465
其中:正高级 115
副高级 112
中级 34
初级 141
未定职级 63

本科专业 财务管理、对外汉语、俄语、国际经济与贸易、汉语言文学、计算机科学与技术、人力资源管理、日语、商务英语、市场营销、数学与应用数学、艺术设计、英语

院系设置
共设立6个系:外国语言文学系、商学系、信息科学系、艺术系、中国语言文学系、第二外国语言文学系

学校设立奖学金情况
学校设立奖学金2项,奖励总金额36.9余万元。奖学金最高金额8000元/年,最低金额5000元/年。

学校历史沿革
哈尔滨师范大学恒星学院于2003年3月经黑龙江省政府黑政函〔2003〕26号文件批准成立。其前身为1993年成立的(中英合作)哈尔滨恒星外国语学院。(中英合作)哈尔滨恒星外国语学院主要实施专科学历文凭教育和非学历教育。2001年6月,经教育厅批准,(中英合作)哈尔滨恒星外国语学院与原北方联合大学进行实质性合并,办学实力进一步增强,办学水平进一步提高,合并后校名仍为(中英合作)哈尔滨恒星外国语学院。2003年3月被批准为哈尔滨师范大学恒星学院,以实施本科教育为主。2011年4月7日,经教育部批准,哈尔滨师范大学恒星学院已更名为黑龙江外国语学院。

哈尔滨德强商务学院

学校(机构)标识码 4123013298
学校办学类型 412:本科院校:学院
学校性质类别 08 财经院校
学校举办者 999 民办
学校地址 黑龙江省哈尔滨市呼兰区利民开发区学院路99号
邮政编码 150025
办公电话 0451-85911662
传真电话 0451-85911665

校园(局域)网域名 www.hrbtc.com
电子信箱 dqxy1164@yahoo.com.cn
占地面积(平方米) 465988
校舍建筑面积(平方米) 241030
图书(万册) 87.8
固定资产总值(万元) 52482.4
教学、科研仪器设备资产值(万元) 3485.72
在校生数(人) 11300

其中:普通本科 10327
普通专科 973
专任教师(人) 518
其中:正高级 62
副高级 173
中级 208
初级 66
未定职级 9

本科专业 财务管理、电子信息工程、动画、俄语、法学、工商管理、工业工程、广告学、国际经济与贸易、汉语言文学、会计学、计算机科学与技术、金融学、旅游管理、人力资源管理、日语、摄影、市场营销、物流管理、信息管理与信息系统、艺术设计、英语

专科专业 电脑艺术设计、国际贸易实务、会计电算化、计算机网络技术、酒店管理、旅游管理、热能动力设备与应用、市场营销、物流管理、应用电子技术、证券投资与管理、装饰艺术设计

院系设置
我院下设7个系:工商管理系、贸易经济系、会计系、计算机与信息工程系、外语系、人文科学系、艺术系。还包括基础部、社科部、体军部三个公共课程教学单位。

学校设立奖学金情况
学校设立奖学金1项,奖励总金额15余万元。奖学金最高金额800元/年,最低金额300元/年。另外我院学生享受国家奖学金、国家励志奖学金和国家助学金的相应政策。

学校历史沿革
1999年3月,经黑龙江省教委批准,德强集团成立了中外合作哈尔滨德强专修学院。2000年2月,经省教育厅批准,省政府同意,德强专修学院与黑龙江商学院(现哈尔滨商业大学)合作

办学,成立黑龙江省第一所公有民办试点高校——黑龙江商学院哈尔滨商务学院,是黑龙江商学院的二级学院。以黑龙江商学院为依托,以德强集团投资为办学资金来源。招生计划挂在黑龙江商学院,列入普通高等学校教育与招生系列,通过全国高考招收本科生和专科生。2001年5月,原黑龙江商学院与黑龙江财政高等专科学校合并,成立了哈尔滨商业大学。经黑教发[2001]289号文件批准,黑龙江商学院哈尔滨商务学院更名为哈尔滨商业大学商务学院。2003年3月19日经省政函[2003]26号文批准,哈尔滨商业大学与黑龙江商务专修学院联合建立哈尔滨商业大学德强商学院。2003年7月7日,经省教育厅黑教发[2003]165号文批准将哈尔滨商业大学德强商学院更名为哈尔滨商业大学德强商务学院。2008年9月27日,经教育部教发函[2008]285号文件批准哈尔滨商业大学德强商务学院由独立学院转设为普通民办本科高校哈尔滨德强商务学院。

东北石油大学华瑞学院

学校(机构)标识码 4123013299	传真电话 0451-87174100	4534.98
学校办学类型 413:本科院校:独立学院	校园(局域)网域名 www.hr-edu.com	在校生数(人) 9052
	电子信箱 huaruixy@sina.com	其中:普通本科 9052
学校性质类别 02 理工院校	占地面积(平方米) 679959	专任教师(人) 506
学校举办者 999 民办	校舍建筑面积(平方米) 281145	其中:正高级 81
学校地址 黑龙江省哈尔滨市松北区松浦路297号	图书(万册) 73.16	副高级 117
	固定资产总值(万元) 20895.52	中级 159
邮政编码 150027	教学、科研仪器设备资产值(万元)	初级 149
办公电话 0451-87174555		

本科专业 财务管理、测控技术与仪器、电气工程与自动化、电子信息工程、工程管理、工业设计、广播电视编导、国际经济与贸易、过程装备与控制工程、化学工程与工艺、环境工程、机械设计制造及其自动化、计算机科学与技术、建筑环境与设备工程、石油工程、市场营销、通信工程、土木工程、音乐表演、英语、自动化

院系设置
石油工程系、化学工程系、机械电子工程系、自动控制工程系、信息工程与计算机技术系、土木工程系、经济管理系、外语系、艺术系

学校设立奖学金情况
学校设立奖学金5项,奖励总金额70万元。奖学金最高金额8000元/年,最低金额400元/年。

主要校办产业
实验加工厂

毕业生一次就业率 92.57%

学校历史沿革
东北石油大学华瑞学院是2003年经黑龙江省人民政府批准成立,2004年经教育部确认的独立学院。

东北农业大学成栋学院

学校(机构)标识码 4123013300	传真电话 0451-55564959	在校生数(人) 7762
学校办学类型 413:本科院校:独立学院	校园(局域)网域名 www.chdxy.come	其中:普通本科 7762
	电子信箱 dncdyb99@163.com	专任教师(人) 464
学校性质类别 03 农业院校	占地面积(平方米) 155947	其中:正高级 40
学校举办者 999 民办	图书(万册) 40	副高级 101
学校地址 黑龙江省哈尔滨市利民开发区学院路群英街33号	固定资产总值(万元) 3478.1	中级 209
	教学、科研仪器设备资产值(万元) 3028	初级 89
邮政编码 150025		未定职级 25
办公电话 0451-55564959		

本科专业 播音与主持艺术、财务管理、电气工程及其自动化、电子信息工程、动画、动物科学、法学、服装设计与工程、工程管理、工商管理、广播电视编导、广播电视新闻学、广告学、国际经济与贸易、行政管理、会计学、计算机科学与技术、金融学、录音艺术、摄影、生物工程、生物技术、食品科学与工程、市场营销、戏剧影视美术设计、新闻学、信息管理与信息系统、艺术设计、英语

院系设置

艺术设计系、艺术与传播系、经济管理系、会计系、生物食品系、电子信息系、外语系、人文社科部、基础部(含体育)和国际交流

学校设立奖学金情况

学校设立奖学金13项，奖励总金额145.27余万元。奖学金最高金额2000元/年,最低金额300元/年。

毕业生一次就业率 84.54%

学校历史沿革

东北农业大学成栋学院是2002年5月经黑龙江省人民政府批准成立,2004年2月经国家教育部审核批准确认,并在国家教育部正式备案的全日制计划内统招院校。学院是由东北农业大学和哈尔滨东农兽药饲料有限责任公司共同合作举办的一所全日制高等教育独立学院。

哈尔滨理工大学远东学院

学校(机构)标识码	4123013301
学校办学类型	413:本科院校:独立学院
学校性质类别	02 理工院校
学校举办者	999 民办
学校地址	哈尔滨利民开发区学院路时代大街158号
邮政编码	150025
办公电话	0451-82473076
传真电话	0451-82473076
校园(局域)网域名	www.fe-edu.com.cn
电子信箱	yd3076@163.com
占地面积(平方米)	530000
校舍建筑面积(平方米)	252000
图书(万册)	77
固定资产总值(万元)	41067
教学、科研仪器设备资产值(万元)	4501
在校生数(人)	7974
其中:普通本科	7271
普通专科	703
专任教师(人)	417
其中:正高级	82
副高级	148
中级	99
初级	69
未定职级	19

本科专业 朝鲜语、电气工程及其自动化、电子信息工程、电子信息科学与技术、工程管理、国际经济与贸易、汉语言文学、会计学、机械电子工程、机械设计制造及其自动化、计算机科学与技术、计算机软件、日语、市场营销、信息管理与信息系统、艺术设计、英语

专科专业 会计电算化、机械设计制造类新专业、应用韩语

院系设置

经济管理系、工商管理系、计算机科学系、电子信息系、英语系、中韩语言文学系、日语系、基础部、体育军事教研部

国家级、省部级研究机构设置

研究所(中心):高等教育研究所、机电自动化研究所、中韩经济文化研究所

定期公开出版的专业刊物 《远东人》、《中韩研究所论坛》

学校设立奖学金情况

学校设立奖学金五项,奖励总金额115余万元。奖学金最高金额8000元/年,最低金额元200/年。

毕业生一次就业率 93.37%

学校历史沿革

哈尔滨理工大学远东学院具有16年的办学历史,2003年由哈尔滨理工大学申请,黑龙江省政府首批批准为普通高校本科独立学院。2004年2月国家教育部正式确认备案。远东学院秉承哈尔滨理工大学严谨的治学传统,弘扬以就业为导向,创新进取,追求卓越的办学精神,以先进的教育理念和创新的管理模式,成为鲜明特色、充满活力的一所独立学院。

哈尔滨现代公共关系职业学院

学校(机构)标识码	4123013302
学校办学类型	415:专科院校:高等职业学校
学校性质类别	08 财经院校
学校举办者	999 民办
学校地址	黑龙江省哈尔滨市南岗区京哈公路13.5公里处
邮政编码	150089
办公电话	0451-86703344
传真电话	0451-86703344
校园(局域)网域名	www.hljpr0451.com
电子信箱	hljgggx@163.com
占地面积(平方米)	160000
校舍建筑面积(平方米)	29410
图书(万册)	13.2
固定资产总值(万元)	9734.04
教学、科研仪器设备资产值(万元)	1044.15
在校生数(人)	1928
其中:普通专科	1928
专任教师(人)	119
其中:正高级	2
副高级	24
中级	36
初级	41
未定职级	16

专科专业 动漫设计与制作、房地产经营与估价、服装设计、公共关系、广告设计与制作、会计、计算机网络技术、计算机

应用技术、建筑工程技术、酒店管理、连锁经营管理、旅游管理、汽车技术服务与营销、汽车检测与维修技术、商务管理、市场营销、文秘、物流管理、心理咨询、新闻采编与制作、移动通信技术、应用韩语、应用日语、应用英语、装潢艺术设计

院系设置

大众传媒系、管理系、经济系、建筑工程系

学校设立奖学金情况

学院设立奖学金2项,资励总金额9.8余万元。奖学金最高金额400元/生,最低金额100元/年。

学校历史沿革

2002年为哈尔滨学院二级学院,即哈尔滨学院公共关系学院,2005年经省政府批准国家教育部备案为高职学院,名称为哈尔滨现代公共关系职业学院。

哈尔滨剑桥学院

学校(机构)标识码 4123013303	校园(局域)网域名 www.jqu.net.cn	其中:普通本科 9095
学校办学类型 412:本科院校:学院	电子信箱 86615651@163.com	留学生 4
学校性质类别 01 综合大学	占地面积(平方米) 445406	专任教师(人) 460
学校举办者 999 民办	校舍建筑面积(平方米) 218412	其中:正高级 34
学校地址 哈尔滨市香坊区哈平路239号	图书(万册) 91.2	副高级 141
邮政编码 150069	固定资产总值(万元) 42980	中级 172
办公电话 0451-86615651	教学、科研仪器设备资产值(万元) 4567.82	初级 73
传真电话 0451-86615333	在校生数(人) 9099	未定职级 40

本科专业 财务管理、朝鲜语、电子信息工程、对外汉语、国际经济与贸易、会计学、机械设计制造及其自动化、计算机科学与技术、交通工程、人力资源管理、日语、通信工程、学前教育、艺术设计、英语、幼儿英语

院系设置

学院下设电气与电子工程学院、汽车与机电工程学院、计算机工程学院、教育学院、工商管理学院、外国语学院、艺术学院

学校历史沿革

哈尔滨剑桥学院前身为黑龙江剑桥专修学院,创建于1995年。2001年东方剑桥教育集团与哈尔滨理工大学联合办学,成立哈尔滨理工大学剑桥学院,2003年3月与黑龙江大学联合办学,成立黑龙江大学剑桥学院。2011年4月,经国家教育部批准转设为独立设置的普通本科高等院校,正式更名为哈尔滨剑桥学院。

黑龙江工程学院昆仑旅游学院

学校(机构)标识码 4123013304	校园(局域)网域名 www.kllyxy.com	其中:普通本科 950
学校办学类型 413:本科院校:独立学院	电子信箱 kunlunxueyuan@126.com	普通专科 213
	占地面积(平方米) 10000	专任教师(人) 117
学校性质类别 02 理工院校	校舍建筑面积(平方米) 13738	其中:正高级 17
学校举办者 999 民办	图书(万册) 9	副高级 31
学校地址 哈尔滨二龙山风景区山门	固定资产总值(万元) 7895	中级 15
邮政编码 150040	教学、科研仪器设备资产值(万元) 1300	初级 45
办公电话 0451-57906003		未定职级 9
传真电话 0451-57906010	在校生数(人) 1163	

本科专业 旅游管理、市场营销、艺术设计、英语

专科专业 电脑艺术设计、房地产经营与估价、航空服务、计算机应用技术、酒店管理、旅游管理、旅游英语、人力资源管理、商务英语、市场营销、物流管理、装饰艺术设计、资产评估与管理

院系设置

旅游管理系、外语系、应用技术系、艺术设计系、公共基础教学部

学校历史沿革

黑龙江工程学院昆仑旅游学院是2002年5月经黑龙省政府批准的二级学院,2004年经国家教育部批准为独立学院。

哈尔滨商业大学广厦学院

学校(机构)标识码　4123013306
学校办学类型　413:本科院校:独立学院
学校性质类别　08 财经院校
学校举办者　999 民办
学校地址　哈尔滨市利民开发区学院路1号
邮政编码　150025
办公电话　0451-57363681
传真电话　0451-57350177
校园(局域)网域名　www.gsxy.cn
电子信箱　hsdgsxy@126.com
占地面积(平方米)　457202
校舍建筑面积(平方米)　154184
图书(万册)　78.08
固定资产总值(万元)　37037
教学、科研仪器设备资产值(万元)　2632.43
在校生数(人)　6281
其中:普通本科　5688
　　　普通专科　593
专任教师(人)　425
其中:正高级　61
　　　副高级　120
　　　中级　151
　　　初级　82
　　　未定职级　11

本科专业　财务管理、财务管理(会计方向)、财务管理(税务筹划)、财务管理(证券投资)、电气工程及其自动化、电子商务、俄语、工商管理、工商管理(物流方向)、公共事业管理、国际经济与贸易、国际经济与贸易(国际金融)、汉语言文学、汉语言文学(新闻传媒)、汉语言文学(影视剧作方向)、绘画、计算机科学与技术、计算机科学与技术(海康)、计算机科学与技术(软件)、计算机科学与技术(网络)、计算机科学与技术(英立)、交通运输、交通运输(汽车诊断与维修方向)、市场营销、市场营销(资本运作)、物流管理、艺术设计(动画方向)、艺术设计(广告方向)、艺术设计(环艺方向)、英语、应用心理学

专科专业　电子商务、工商企业管理、国际经济与贸易、会计电算化、机电一体化技术、酒店管理、汽车检测与维修技术、艺术设计、应用俄语、应用英语

院系设置
学院现设有八系三部即会计系、管理系、经济系、外语系、艺术设计系、人文系、计算机科学与技术系、汽车与机电工程系、思想政治理论课教研部、基础部和体育教研部

学校设立奖学金情况
十项,奖励总金额179余万元/年。奖学金最高金额8000元/年,最低金额200元/年。

学校历史沿革
2000年10月建校黑龙江广厦学院,2001年更名为哈尔滨理工大学广厦学院,2003年更名为哈尔滨商业大学广厦学院,2005年学院跻身全国百强的前60名,并被评为全国质量、信誉、服务AAA诚信单位。2008年广厦学院投资方改为实力强劲的北京北科皓月科技有限公司控股,给学院的发展建设注入了动力。

哈尔滨华德学院

学校(机构)标识码　4123013307
学校办学类型　412:本科院校:学院
学校性质类别　02 理工院校
学校举办者　999 民办
学校地址　黑龙江省哈尔滨市呼兰利民开发区学院路5号
邮政编码　150025
办公电话　0451-88128609
传真电话　0451-88128600
校园(局域)网域名　www.hithd.net
电子信箱　huadeyuanban@126.com
占地面积(平方米)　623003
校舍建筑面积(平方米)　203664
图书(万册)　78
固定资产总值(万元)　38983.6
教学、科研仪器设备资产值(万元)　5498
在校生数(人)　8922
其中:普通本科　8794
　　　普通专科　128
专任教师(人)　538
其中:正高级　83
　　　副高级　169
　　　中级　187
　　　初级　98
　　　未定职级　1

本科专业　材料成型及控制工程、财务管理、车辆工程、电气工程及其自动化、电子信息工程、动画、俄语、服装设计与工程、工程管理、工商管理、工业设计、广播电视编导、国际经济与贸易、焊接技术与工程、机械设计制造及其自动化、计算机科学与技术、建筑学、交通运输、人力资源管理、市场营销、通信工程、土木工程、信息管理与信息系统、艺术设计、英语、自动化

专科专业　焊接技术及自动化、建筑工程技术、汽车运用技术、数控技术、应用电子技术

院系设置
学院下设7个二级学院:电子与信息工程学院、机电与汽车工程学院、建筑与土木工程学院、艺术与传媒学院、经济管理学院、通识教育学院和职业技术教育学院

学校设立奖学金情况
学院设立奖学金二项,奖励总金额54.73万元。奖学金最高金额1100元/人年,最低金额300元/人年。

1.学院奖学金:特等奖学金1100元/人,一等奖学金600元/

人,二等奖学金400元/人,三等奖学金300元/人,进步奖学金每人每年300元。

2.入学优等生奖学金:一等3000元/人,二等1000元/人,三等800元/人。

学校历史沿革

哈尔滨华德学院是经教育部批准、由独立学院转设而成的民办普通本科高校(教发函【2011】75号)。学院前身为哈尔滨工业大学华德应用技术学院、哈尔滨工业大学职业技术学院、哈尔滨工业大学机电学院培训中心。学院于1992年创办,经历了4个发展阶段、19年的发展历程。

黑龙江生物科技职业学院

学校(机构)标识码	4123013447
学校办学类型	415:专科院校:高等职业学校
学校性质类别	03 农业院校
学校举办者	812 省级其他部门
学校地址	哈尔滨市利民开发区时代大街2号
邮政编码	150025
办公电话	0451-56860000
传真电话	0451-56860000
校园(局域)网域名	www.swkj.net
电子信箱	56860001@163.com
占地面积(平方米)	698160
校舍建筑面积(平方米)	201170
图书(万册)	39.94
固定资产总值(万元)	36050
教学、科研仪器设备资产值(万元)	3198.69
在校生数(人)	6936
其中:普通专科	6936
专任教师(人)	353
其中:正高级	27
副高级	117
中级	119
初级	58
未定职级	32

专科专业 报关与国际货运、宠物养护与疫病防治、畜牧兽医、电子商务、动漫设计与制作、工程造价、海产品加工、海水养殖、环境监测与治理技术、会计、计算机网络技术(3G)、计算机应用技术、建筑装饰工程技术、旅游管理、生物技术及应用、生物制药技术、食品加工技术、食品生物技术、食品营养与检测、室内设计技术、兽医、兽医医药、水产养殖技术、水环境监测与保护、投资与理财、图形图像制作、物流管理、药物分析技术、药物制剂技术、鱼病防治与鱼药、园林工程技术、园林技术、园艺技术、中药制药技术、种子生产与经营、作物生产技术

院系设置

目前设有8系3部,分别是生物制药系、食品生物系、经济管理系、农学系、畜牧兽医系、水产系、信息工程系、建筑工程系和基础部、政教部、体育部

国家级、省部级研究机构设置

其中省级教学改革试点专业2个。有1个中央财政支持的职教实训基地、1个人力资源社会保障部专项资金支持的特有工种职业技能鉴定(047号)站,具有60个高、中、初级职业(工种)的鉴定资格。学院是黑龙江省食品工业协会职业资格(技能)培训基地、黑龙江省水产养殖科普教育基地。

学校历史沿革

黑龙江生物科技职业学院是一所公办普通高等职业院校,始创于1948年。省级文明单位标兵,教育部高职高专人才培养工作水平评估优秀学校、全省普通高校毕业生就业工作优秀学校。自2003年建院以来,学院坚持面向现代农业、面向生物产业、面向市场需求的办学方向,凝练形成了"建设高职强校,培养态度好、知识新、技能强的实用型人才"的办学理念。

黑龙江商业职业学院

学校(机构)标识码	4123013448
学校办学类型	415:专科院校:高等职业学校
学校性质类别	08 财经院校
学校举办者	812 省级其他部门
学校地址	黑龙江省牡丹江市爱民区西圣林街15号
邮政编码	157011
办公电话	0453-6575118
传真电话	0453-6520117
校园(局域)网域名	www.hljszy.net
电子信箱	hljsyzyxybgs@163.com
占地面积(平方米)	110348
校舍建筑面积(平方米)	35416
图书(万册)	20.04
固定资产总值(万元)	4979.05
教学、科研仪器设备资产值(万元)	1014.62
在校生数(人)	1997
其中:普通专科	1997
专任教师(人)	130
其中:正高级	14
副高级	23
中级	40
初级	36
未定职级	17

专科专业 报关与国际货运、导游、电子商务、国际贸易实务、会计、会计(涉外会计方向)、会计(物流会计方向)、会计电算化、会计与审计、会展策划与管理、机电一体化技术、计算机网络技术、计算机网络技术(网页制作方向)、计算机应用技术、计

算机应用技术(硬件与外设方向)、酒店管理、连锁经营管理、旅行社经营管理、旅游管理、汽车技术服务与营销、汽车检测与维修技术、汽车检测与维修技术(制造与装配)、软件技术、市场营销、市场营销(房地产营销方向)、市场营销(商务策划方向)、市场营销(职业经理人方向)、室内设计技术、数控技术、物流管理、装潢艺术设计

院系设置

黑龙江商业职业学院现设有会计系、经贸系、工商管理系、艺术系、机电系、信息工程系、旅游学院六系一院

学校设立奖学金情况

学校设立奖学金五项,奖励总金额13.865余万元。奖学金最高金额500元/年,最低金额50元/年。

学校历史沿革

黑龙江商业职业学院,始建于1958年。前身为黑龙江省蚕业学校。1962年与黑龙江省服务学校合并成立黑龙江省商业厅专业干部培训班。1972年8月,经省商业厅和牡地革委会报省革委会批准中专复校定名为黑龙江省牡丹江商业学校。1994年学校被原内贸部和黑龙江省人民政府命名为省部级重点中专校。1996年3月经黑龙江省机构编制委员会批转更名为黑龙江财贸学校。2000年被国家教育部首批命名为国家级重点中专学校。经过多年的发展建设,2003年3月11日经黑龙江省人民政府批准,在黑龙江省财贸学校的基础上组建黑龙江商业职业学院,实施普通专科层次高等职业技术教育,同时保留中等职业教育功能。同年,被黑龙江省人民政府评为全省职业教育先进单位。2004年、2009年先后被省委、省政府授予省级文明单位标兵。

黑龙江公安警官职业学院

学校(机构)标识码 4123013449	办公电话 0451-88126089	178.01
学校办学类型 415:专科院校:高等职业学校	传真电话 0451-88126188	在校生数(人) 359
	校园(局域)网域名 www.hlpolice.com	其中:普通专科 359
学校性质类别 09 政法院校	占地面积(平方米) 610238	专任教师(人) 115
学校举办者 812 省级其他部门	校舍建筑面积(平方米) 172341	其中:正高级 4
学校地址 哈尔滨市利民经济技术开发区警官路	图书(万册) 21.5	副高级 38
	固定资产总值(万元) 27446.43	中级 65
邮政编码 150025	教学、科研仪器设备资产值(万元)	初级 8

专科专业 公安技术类、交通管理、信息网络安全监察、刑事技术、侦查、治安管理

学校设立奖学金情况

学校设立奖学金1项,奖励总金额50余万元。奖学金最高金额200元。最低金额90元。

学校历史沿革

黑龙江公安警官职业学院前身是黑龙江省人民警察学校。1998年与黑龙江大学合作办学,成立了黑龙江大学警官学院。2003年3月经黑龙江省人民政府批准,正式成立了黑龙江公安警官职业学院。

黑龙江信息技术职业学院

学校(机构)标识码 4123013450	传真电话 0451-85969671	在校生数(人) 3848
学校办学类型 415:专科院校:高等职业学校	校园(局域)网域名 www.hljitpc.com	其中:普通专科 3848
	电子信箱 renshichu2005@163.com	专任教师(人) 181
学校性质类别 02 理工院校	占地面积(平方米) 200000	其中:正高级 31
学校举办者 812 省级其他部门	校舍建筑面积(平方米) 74573	副高级 29
学校地址 黑龙江省哈尔滨市呼兰区利民开发区学院路88号	图书(万册) 30	中级 73
	固定资产总值(万元) 11116.02	初级 47
邮政编码 150025	教学、科研仪器设备资产值(万元) 2245.04	未定职级 1
办公电话 0451-85969676		

专科专业 地理信息系统与地图制图技术、电气自动化技术、电子商务、电子信息工程技术、广告设计与制作、机电一体化技术、计算机网络技术、计算机信息管理、汽车电子技术、软件技术、商务英语、市场营销、数控技术、通信技术、通信网络与设备、微电子技术、信息安全技术、移动通信技术、影视动画、应用电子技术、邮政通信、游戏软件

学校设立奖学金情况

学校设立奖学金一项,奖励总金额18余万元。奖学金最高金额800元/年,最低金额400元/年。

毕业生一次就业率 83%

学校历史沿革

黑龙江信息技术职业学院成立于2003年8月,由黑龙江省电子工业学校和黑龙江省邮电学校合并而成。

哈尔滨江南职业技术学院

学校(机构)标识码	4123013451
学校办学类型	415:专科院校:高等职业学校
学校性质类别	01 综合大学
学校举办者	999 民办
学校地址	黑龙江省哈尔滨市阿城区新华开发区江南大学城
邮政编码	150317
办公电话	0451-82920227
传真电话	0451-82385609
校园(局域)网域名	www.13451.cn
电子信箱	a13451@126.com
占地面积(平方米)	101249
校舍建筑面积(平方米)	76307
图书(万册)	27
固定资产总值(万元)	16600
教学、科研仪器设备资产值(万元)	1350
在校生数(人)	2856
其中:普通专科	2585
成人专科	271
专任教师(人)	122
其中:副高级	8
中级	54
初级	60

专科专业 报关与国际货运、道路桥梁工程技术、电子商务、动漫设计与制作、服装设计、工程造价、工商企业管理、公路监理、国际经济与贸易、焊接技术及自动化、航空服务、航空港管理、护理、环境艺术设计、会计电算化、机电一体化技术、机械制造与自动化、计算机应用技术、建筑工程技术、酒店管理、空中乘务、旅行社经营管理、旅游管理、民航商务、模具设计与制造、烹饪工艺与营养、汽车电子技术、汽车技术服务与营销、汽车检测与维修技术、汽车制造与装配技术、软件技术、三维动画设计、商务英语、社区康复、食品营养与检测、市场营销、视觉传达艺术设计、数控技术、数控设备应用与维护、物流管理、新闻采编与制作、学前教育、药品经营与管理、药品质量检测技术、艺术设计、印刷图文信息处理、应用电子技术、应用俄语、应用韩语、应用日语、主持与播音

学校历史沿革

学院经省政府批准,国家教育部备周案的一所普通高等院校,坐落于美丽的哈尔滨,学院自1999年在全国首开航空服务大专班,几年来培养了近2600名航空乘务人员,就业率在行业中名列前矛。

黑龙江农垦科技职业学院

学校(机构)标识码	4123013453
学校办学类型	415:专科院校:高等职业学校
学校性质类别	03 农业院校
学校举办者	812 省级其他部门
学校地址	黑龙江省宾西经济技术开发区大学城1号
邮政编码	150431
办公电话	0451-53980699
传真电话	0451-53980699
校园(局域)网域名	www.nkkjxy.com
电子信箱	syf578@163.com
占地面积(平方米)	370000
校舍建筑面积(平方米)	150627
图书(万册)	39
固定资产总值(万元)	32429
教学、科研仪器设备资产值(万元)	5197
在校生数(人)	5387
其中:普通专科	5387
专任教师(人)	337
其中:正高级	31
副高级	79
中级	99
初级	128

专科专业 安全技术管理、报关与国际货运、测绘工程技术、城镇规划、畜牧兽医、道路桥梁工程技术、电气自动化技术、电子商务、动物防疫与检疫、工程测量技术、工程监理、工程造价、化工设备与机械、环境艺术设计、会计电算化、机电一体化技术、机械制造与自动化、计算机网络技术、计算机应用技术、建筑工程技术、建筑装饰工程技术、酒店管理、楼宇智能化工程技术、旅游管理、旅游英语、绿色食品生产与检测、农业经济管理、宠物养护与疫病防治、汽车技术服务与营销、三维动画设计、商务管理、生物技术及应用、生物制药技术、食品加工技术、食品营养与检测、市场营销、室内设计技术、数控技术、水利水电建筑工程、通信系统运行管理、图形图像制作、物流管理、药品质量检测技术、液压与气动技术、应用电子技术、园林工程技术、园林技术、园艺技术、植物保护、种子生产与经营

院系设置

机电系、农学系、森林资源系、动物科学系、建筑工程系、经济管理系

学校设立奖学金情况

学校设立奖学金6项，奖励总额50余万元。

主要校办产业

林场、苗木基地、实验田、驾校等

学校历史沿革

黑龙江农垦科技职业学院是一所综合性、多学科、以农为主的职业院校。学院始建于1965年，当时在友谊农场四分场成立东北农垦总局友谊农业技术学校，1966年因"文革"原因招生未能继续。1975年由黑龙江生产建设兵团三师在双鸭山市新安煤矿选址，组建三师"五七"大学。1978年更名为黑龙江省红兴隆农业技术学校，校址在红兴隆国营农场管理局。1994年红兴隆农业技术学院经省编委批准更名为黑龙江农垦农业学校。2003年3月，经省政府批准，同意在黑龙江农垦农业学校的基础上建立黑龙江农垦农业职业技术学院。2008年11月，原农垦林业职业技术学院正式并入学院，2010年，学院更名为黑龙江农垦科技职业学院。

黑龙江旅游职业技术学院

学校(机构)标识码 4123013729	传真电话 0451-86680896	在校生数(人) 4374
学校办学类型 415:专科院校:高等职业学校	校园(局域)网域名 www.ljly.net	其中:普通专科 4038
	电子信箱 ljly@ljly.net	成人专科 336
学校性质类别 08 财经院校	占地面积(平方米) 462700	专任教师(人) 213
学校举办者 812 省级其他部门	校舍建筑面积(平方米) 82607	其中:正高级 27
学校地址 哈尔滨市南岗区学府路315号	图书(万册) 25.48	副高级 74
	固定资产总值(万元) 11238	中级 52
邮政编码 150086	教学、科研仪器设备资产值(万元) 1869.91	初级 41
办公电话 0451-86684655		未定职级 19

专科专业 财务管理、电脑艺术设计、电子商务、电子商务连锁经营方向、电子商务旅游管理方向、动漫设计与制作、国际贸易实务、化妆形象设计、会展策划与管理、计算机网络技术、酒店管理、酒店管理涉外方向、酒店智能化方向、旅游管理、旅游管理会展策划方向、旅游管理中外合作方向、旅游日语、旅游英语、烹饪工艺与营养、汽车电子技术、汽车检测与维修技术、汽车贸易与国际物流方向、汽车商务与保险理赔方向、汽车运用技术、商务英语、涉外旅游、食品生物技术、食品营养与检测、食品质量与安全监管、视觉传达艺术设计、数控技术、数控加工工艺方向、数控模具设计与制造方向、物流管理、西餐工艺、西餐工艺方向、药品质量检测技术、应用俄语、应用韩语、中西面点方向、装潢艺术设计

院系设置

食品工程学院、中职与成人教育学院、旅游管理系、酒店管理烹饪系、应用外语系、计算机艺术设计系、机电工程系、经济管理系

学校设立奖学金情况

我院共设立奖学金3项，奖励总金额350余万元。奖学金最高金额8000元/年，最低金额2000元/年。

学校历史沿革

2002年3月经省政府批准，原省食品工业学校、省服务学校、省二轻职工大学合并，成立黑龙江旅游学校。2004年2月通过省政府高等院校评估委员会评估，4月12日省政府正式下发《黑龙江省人民政府关于建立黑龙江旅游职业技术学院的批复》，我校晋升为黑龙江旅游职业技术学院。

黑龙江三江美术职业学院

学校(机构)标识码 4123013730	传真电话 0454-8871111	在校生数(人) 712
学校办学类型 415:专科院校:高等职业学校	校园(局域)网域名 www.sjmsxy.net.cn	其中:普通专科 607
学校性质类别 11 艺术院校	电子信箱 sjmsxy@163.com	成人专科 105
学校举办者 999 民办	占地面积(平方米) 249225	专任教师(人) 124
学校地址 黑龙江省佳木斯市郊区大来镇	校舍建筑面积(平方米) 4225	其中:正高级 12
	图书(万册) 13.63	副高级 16
邮政编码 154013	固定资产总值(万元) 2705	中级 38
办公电话 0454-8871998	教学、科研仪器设备资产值(万元)	初级 58

专科专业 电脑艺术设计、雕塑艺术设计、动漫设计与制作、服装设计、广告设计与制作、环境艺术设计、美术、美术教育、三维动画设计、摄影摄像技术、视觉传达艺术设计、室内设计技术、艺术设计、影视动画、装潢艺术设计

院系设置
四个系、两个基地

学校设立奖学金情况
学校设立奖学金3项,最低金额100元/年。

学校历史沿革
1980年创办;1997年升格;2004年升为高职高专。

黑龙江生态工程职业学院

学校(机构)标识码 4123013731	传真电话 0451-82470020	3151.55
学校办学类型 415:专科院校:高等职业学校	校园(局域)网域名 www.hlj-green.cn	在校生数(人) 5531
		其中:普通专科 5531
学校性质类别 04 林业院校	电子信箱 stxyb@63.com	专任教师(人) 239
学校举办者 812 省级其他部门	占地面积(平方米) 235571	其中:正高级 22
学校地址 哈尔滨市利民开发区学院路77号	校舍建筑面积(平方米) 91753	副高级 81
	图书(万册) 23.1	中级 85
邮政编码 150025	固定资产总值(万元) 21544.07	初级 37
办公电话 0451-82470021	教学、科研仪器设备资产值(万元)	未定职级 14

专科专业 动漫设计与制作、工程监理、工业环保与安全技术、环境监测与评价、环境监测与治理技术、环境艺术设计、会计、会展策划与管理、计算机网络技术、家具设计与制造、建筑工程技术、酒店管理、林业技术、旅游管理、旅游英语、汽车技术服务与营销、软件技术、食品营养与检测、市场营销、室内检测与控制技术、室内设计技术、通信技术、投资与理财、图形图像制作、文秘、物流管理、物业管理、应用电子技术、园林工程技术、园林技术、园艺技术、中药、中药制药技术、资源环境与城市管理、自然保护区建设与管理

院系设置
生态工程系、生物技术系、经济贸易系、应用技术系、资源环境系、计算机技术系、人文社科系

定期公开出版的专业刊物 《黑龙江生态工程职业学院学报》、《林区教学》

学校历史沿革
黑龙江生态工程职业学院的前身为原林业部所属"东北森林工业学校",创建于1953年,1954年更名为"带岭森林工业学校"1958年8月,学校并入东北林学院,更名为"东北林学院带岭分院",1960年学院扩建为"黑龙江林学院",1963年4月,重新划归原林业部,定名为"中华人民共和国林业部带岭林业干部学校"。十年动乱时期,学校再次并入东北林学院,1973年9月复称"带领林业干部学校"。1981年7月,学校升格为"黑龙江林业干部学校",1984年和1985年年底,先后成立"黑龙江森林工业职工大学"和"黑龙江森工管理干部学院"。1992年4月"中共黑龙江省森林工业委员会"挂靠学院。1999年3月,学院与哈尔滨的"黑龙江林业教育学院"合并,名为"黑龙江森工管理干部学院"。2003年5月组建"黑龙江生态工程职业学院:

黑龙江煤炭职业技术学院

学校(机构)标识码 4123013732	传真电话 0469-4310140	其中:普通专科 1659
学校办学类型 415:专科院校:高等职业学校	电子信箱 hmzy022@163.com	成人专科 1312
	占地面积(平方米) 113578	专任教师(人) 156
学校性质类别 02 理工院校	校舍建筑面积(平方米) 78702	其中:正高级 5
学校举办者 891 地方企业	图书(万册) 11.1	副高级 75
学校地址 黑龙江省双鸭山市岭东区岭西兴华街50号	固定资产总值(万元) 2748	中级 28
	教学、科研仪器设备资产值(万元) 630	初级 28
邮政编码 155124		未定职级 20
办公电话 0469-4310140	在校生数(人) 2971	

专科专业 安全技术管理、财务管理、测绘工程技术、电厂设备运行与维护、工程测量技术、工商企业管理、会计与审计、会

计与统计核算、机电设备维修与管理、机电一体化技术、机械制造与自动化、建筑工程技术、矿井通风与安全、矿山测量、矿山地质、矿山机电、矿物加工技术、煤矿开采技术、数控技术、舞蹈表演

学校历史沿革

黑龙江煤炭职业技术学院是黑龙江省的高等职业技术学院。是全省唯一一所煤炭行业的高职院校。1999年8月7日，原双鸭山矿务局调整教育机构，集中教育资源，将双鸭山矿务局师范学校、工学院、职工中专、党校、安全培训中心六校合一，组建了双鸭山矿务局培训中心。后易名为双鸭山矿业集团职工大学。2004年4月8日，经黑龙江省政府批复同意建立黑龙江煤炭职业技术学院。

黑河学院

学校(机构)标识码 4123013744	电子信箱 heihexueyuanxb@163.com	普通专科 375
学校办学类型 412:本科院校:学院	占地面积(平方米) 536000	成人本科 209
学校性质类别 01 综合大学	校舍建筑面积(平方米) 243621	成人专科 202
学校举办者 811 省级教育部门	图书(万册) 54.48	留学生 17
学校地址 黑河市教育科技区学院路1号	固定资产总值(万元) 15969.14	专任教师(人) 476
	教学、科研仪器设备资产值(万元) 4959	其中:正高级 50
邮政编码 164300		副高级 105
办公电话 0456－6842029	在校生数(人) 9147	中级 197
传真电话 0456－6842029	其中:普通本科 8344	初级 124
校园(局域)网域名 www.hhhxy.cn		

本科专业 电子信息科学与技术、对外汉语、俄语、俄语(联办)、俄语(外贸旅游)、法学、广播电视新闻学、国际经济与贸易、汉语言文学、汉语言文学(文秘)、化学、会计学、绘画(国画)、绘画(油画)、计算机科学与技术、计算机科学与技术(电子商务)、计算机科学与技术(软件工程)、教育技术学、历史学、旅游管理、美术学、人文教育、商务英语、社会体育、生物技术、数学与应用数学、体育教育、统计学、网络工程、网络工程(通信工程)、网络工程(物联网技术)、物理学、物理学(农业机械)与自动化、物流管理、小学教育、学前教育、艺术设计、艺术设计(动画)、艺术设计(环境)、艺术设计(视传)、艺术设计(装饰)、音乐表演(管弦)、音乐表演(声乐)、音乐学、音乐学(表演管弦)、音乐学(表演声乐)、音乐学(表演舞蹈)、英语、应用化学(环境监测)、应用化学(制药)

专科专业 化学制药技术、会计、旅游管理、应用俄语(联办)、应用俄语(外贸)

院系设置

计算机科学与信息工程系、数学与应用数学系、汉语言文学系、社会科学系、物理化学系、美术系、音乐系、俄语系、英语系、教育系、经济管理系、体育与运动科学系、国际教育交流与合作中心、继续教育学院、思想政治理论课教学科研部

国家级、省部级研究机构设置

1. 实验室:文科实验教学中心、艺术实践教学中心
2. 研究中心(所):黑河学院TRIZ理论研究所

定期公开出版的专业刊物 《黑河学院学报》、《远东高教学刊》

学校设立奖学金情况

学校设立奖学金1项，奖励总金额124.96万元/年，最低金额180元/年。

学校历史沿革

黑河学院前身为黑河师范专科学校。创建于1958年，1989年更名为齐齐哈尔师范学院黑河分校，1997年12月齐齐哈尔师范学院黑河分校与黑河教育学院(创建于1981年)、黑河师范学校(创建于1958年)三校合并组建齐齐哈尔大学黑河分校。2001年3月黑河广播电视大学(创建于1982年)并入该校，2004年实现专升本。

七台河职业学院

学校(机构)标识码 4123013918	邮政编码 154600	图书(万册) 26
学校办学类型 415:专科院校:高等职业学校	办公电话 0464－8687632	固定资产总值(万元) 16816
	传真电话 0464－8687633	教学、科研仪器设备资产值(万元) 2614
学校性质类别 01 综合大学	校园(局域)网域名 www.qthzyxy.com	
学校举办者 822 地级其他部门	电子信箱 000812@163.com	在校生数(人) 1088
学校地址 七台河市桃山区学府街185号	占地面积(平方米) 160000	其中:普通专科 1040
	校舍建筑面积(平方米) 68104	成人专科 48

专任教师(人) 120	副高级 41	初级 36
其中:正高级 17	中级 25	未定职级 1

专科专业 电气自动化技术、电子商务、动漫设计与制作、工程造价、供热通风与空调工程技术、广告设计与制作、焊接技术及自动化、化工技术类新专业(化学工艺)、会计、会计电算化、机电一体化技术、机械设备制造类新专业(焊接技术)、计算机网络技术、计算机应用技术、建筑电气工程技术、建筑设备工程技术、建筑设计类新专业(建筑维修管理)、矿井通风与安全、矿山地质、矿山机电、矿业工程类新专业(矿山机械运行)、煤矿开采技术、煤炭深加工与利用、煤田地质与勘查技术、汽车检测与维修技术、社区管理与服务、通信技术、物流管理、心理咨询、选煤技术、应用心理学、语文教育、装饰艺术设计

学校设立奖学金情况

学院设立奖学金3项,奖学金总金额2.7万元。奖学金最高金额8000元/年最低金额300元/年。

学校历史沿革

原矿务局师范学校2005年与七台河市成人教育,合并成立七台河职业学院。

黑龙江民族职业学院

学校(机构)标识码 4123013935	传真电话 0451-86662126	705.8
学校办学类型 415:专科院校:高等职业学校	校园(局域)网域名 www.mvcollege.com	在校生数(人) 1752
学校性质类别 12 民族院校	电子信箱 sjxxmzxy@163.com	其中:普通专科 1752
学校举办者 812 省级其他部门	占地面积(平方米) 303819	专任教师(人) 136
学校地址 哈尔滨市平房区哈南工业新城南城九路39号	校舍建筑面积(平方米) 104178	其中:正高级 1
邮政编码 150060	图书(万册) 13.01	副高级 34
办公电话 0451-86662128	固定资产总值(万元) 36220.13	中级 39
	教学、科研仪器设备资产值(万元)	初级 62

专科专业 朝鲜语言文学教育、宠物医疗方向、会计电算化、会计与审计、美术教育、蒙古语言文学教育、乳品工艺、生物药品检验方向、生物药品调剂方向、生物制药技术、生物制药设备与工艺方向、食品分析与检验、食品机械与管理、食品加工技术、市场营销、税务会计方向、体育教育、新媒体与公关实务方向、医药营销方向、艺术设计、音乐教育、英语教育、应用韩语、语文教育、注册会计师方向

院系设置

学院现有食品与制药工程系、动物医学与科学系、少数民族语言系、经济管理系、中文系、外语系、艺术系、体育部、基础部、思想政治科研部、继续教育中心

学校历史沿革

黑龙江民族职业学院前身的三个办学母体分别是具有悠久办学历史的黑龙江省民族中等专业学校(黑龙江省民族干部学院)、哈尔滨朝鲜族师范学校、齐齐哈尔民族师范学校。黑龙江民族职业学院成立于2005年7月8日,是经黑龙江省政府批准,国家教育部备案,由国家公办的黑龙江省唯一的一所全日制的少数民族学院。

大庆医学高等专科学校

学校(机构)标识码 4123014017	校园(局域)网域名 dqyz.petrodaqing.com	在校生数(人) 5594
学校办学类型 414:专科院校:高等专科学校	电子信箱 lichm@cnpc.com.cn	其中:普通专科 3462
学校性质类别 05 医药院校	占地面积(平方米) 246564	成人专科 2132
学校举办者 822 地级其他部门	校舍建筑面积(平方米) 74655	专任教师(人) 137
学校地址 大庆市萨尔图区富强街道办事处丁香园社区居委会	图书(万册) 18.99	其中:正高级 10
邮政编码 163312	固定资产总值(万元) 10350.24	副高级 31
办公电话 0459-5883375	教学、科研仪器设备资产值(万元) 2211.83	中级 53
传真电话 0459-6324700		初级 38
		未定职级 5

专科专业 护理、康复治疗技术、口腔医学、口腔医学技术、临床医学、药学、医学检验技术

院系设置

人文社科部、基础医学部、临床医学系、护理系、康复医学系、继续教育培训部（成教学院）、过敏病医院

学校设立奖学金情况

学校设立奖学金2项，奖励总金额10.31万元。奖学金最高金额4000元/年，最低金额500元/年。

学校历史沿革

大庆卫生学校（1965年——1969年）；大庆卫生学校（1972年——1975年）；"七.二一"职工大学（1975年——1976年）；大庆卫生学校干部进修学院（1980年——1984年）；大庆石油管理局卫生学校（1984年——2006年）；大庆职工医学院（1984年——2006年）；大庆医学高等专科学校（2006年——至今）。

黑龙江交通职业技术学院

学校（机构）标识码 4123014053	传真电话 0452-8085612	在校生数（人） 6265
学校办学类型 415：专科院校：高等职业学校	校园（局域）网域名 www.hlcp.com.cn	其中：普通专科 6263
	电子信箱 xb5611@163.com	成人专科 2
学校性质类别 02 理工院校	占地面积（平方米） 450000	专任教师（人） 376
学校举办者 822 地级其他部门	校舍建筑面积（平方米） 209000	其中：正高级 2
学校地址 齐齐哈尔铁锋区龙华路庆胜街6号	图书（万册） 39.8	副高级 81
	固定资产总值（万元） 11605	中级 188
邮政编码 161000	教学、科研仪器设备资产值（万元） 3790	初级 85
办公电话 0452-8085611		未定职级 20

专科专业 财务信息管理、城市轨道交通车辆、城市轨道交通车辆方向、城市轨道交通工程技术、城市轨道交通控制、城市轨道交通运营管理、道路桥梁工程技术、地下工程与隧道工程技术、电力机车方向、电气化铁道技术、电气自动化技术、工程测量技术、工程机械运用与维护、焊接技术及自动化、机电一体化技术、客运组织方向、内燃机车方向、汽车技术服务与营销、汽车检测与维修技术、市场营销、数控技术、铁道车辆、铁道工程技术、铁道交通运营管理、铁道通信信号、通信技术、土木工程检测技术、物流管理、营销与策划

院系设置

运输管理系、电信工程系、机车车辆系、机电工程系、土木工程系、基础教育部、思想政治理论教学部

学校设立奖学金情况

学校设立奖学金3项，奖励总金额14.31万元。奖学金最高金额800元/年，最低金额300元/年。

学校历史沿革

黑龙江交通职业技术学院的前身是齐齐哈尔铁路运输职工大学，成立于1980年，是经铁道部批准、教育部备案的成人专科学校。2005年8月通过企业分离办社会职能，铁道部批准哈尔滨铁路局将齐齐哈尔铁路运输职工大学移交给齐齐哈尔市政府管理。在路局和市政府的大力支持下，2006年3月经黑龙江省人民政府批准、教育部备案更为现名，行政隶属于齐齐哈尔市政府，业务隶属于黑龙江省教育厅。

哈尔滨应用职业技术学院

学校（机构）标识码 4123014055	办公电话 0451-84114766	在校生数（人） 4136
学校办学类型 415：专科院校：高等职业学校	传真电话 0451-84114955	其中：普通专科 4136
	校园（局域）网域名 www.hyyzy.com	专任教师（人） 199
学校性质类别 01 综合大学	电子信箱 hyyzy@126.com	其中：副高级 39
学校举办者 999 民办	图书（万册） 32.7	中级 66
学校地址 哈尔滨市道里区机场路998号	固定资产总值（万元） 16220	初级 84
邮政编码 150078	教学、科研仪器设备资产值（万元） 2612.69	未定职级 10

专科专业 城市热能应用技术、道路桥梁工程技术、电气自动化技术、电子商务、动漫设计与制作、房地产经营与估价、给排水工程技术、工程测量技术、工程测量与监理、工程机械运用与维护、工程监理、工程造价、供热通风与空调工程技术、焊接技术及自动化、会计、会计电算化、机电一体化技术、机械制造与自动化、计算机多媒体技术、计算机网络技术、计算机系统维护、建筑

电气工程技术、建筑工程管理、建筑工程技术、建筑工程项目管理、建筑装饰工程技术、连锁经营管理、楼宇智能化工程技术、旅游英语、模具设计与制造、汽车电子技术、汽车技术服务与营销、汽车检测与维修技术、汽车运用与维修、汽车整形技术、汽车制造与装配技术、软件技术、生物制药技术、室内设计技术、数控技术、数控设备应用与维护、物业管理、印刷技术、印刷图文信息处理、营销与策划、应用电子技术

院系设置

汽车工程系、机械工程系、自动化系、印刷工程系、计算机与信息工程系、建筑工程系、财贸系、生物工程系、基础部

学校历史沿革

批准于1999年的哈尔滨应用技术专修学院,是经黑龙江省教育厅批准,国家教育部备案的一所全日制助学高校。该校于2006年3月经黑龙江省人民政府批准,国家教育部备案,在哈尔滨应用技术专修学院的资源基础上成立哈尔滨应用职业技术学院。

黑龙江幼儿师范高等专科学校

学校(机构)标识码	4123014095
学校办学类型	414:专科院校:高等专科学校
学校性质类别	06 师范院校
学校举办者	822 地级其他部门
学校地址	牡丹江市爱民区西地明街7号
邮政编码	157011
办公电话	0453-6559019
传真电话	0453-6545943
校园(局域)网域名	www.hljys.com
电子信箱	hljysbgs@163.com
占地面积(平方米)	242376
校舍建筑面积(平方米)	110483
图书(万册)	35.44
固定资产总值(万元)	7297
教学、科研仪器设备资产值(万元)	2259
在校生数(人)	4092
其中:普通专科	4092
专任教师(人)	264
其中:正高级	4
副高级	99
中级	56
初级	44
未定职级	61

专科专业 儿童康复、广告与会展、老年服务与管理、美术教育、普师教育、数学教育、特殊教育、玩具设计与制造、心理咨询、学前教育、学前教育(村大)、音乐教育、英语教育、应用韩语、语文教育、早期教育

学校设立奖学金情况

学校设立奖学金1项,奖励总金额34余万元,奖学金最高金额1000元/年,最低金额400元/年。

学校历史沿革

黑龙江幼儿师范高等专科学校创建于1950年4月1日,校址现中国人民解放军209医院(伪满营林署)。

1962年7月,根据"高速、巩固、充实、提高"的八字方针,学校迁往宁安县,与宁师合并为宁安师范学校。

1964年2月,学校又迁往牡丹江市第一人民医院院址。

1970年8月,因战备需要,学校迁至远郊桦林公社南城子大队。

1973年10月,现校址正中教学大楼建成次使用,学校全部撤回牡丹江市爱民区西地明街七号址。

2002年5月,牡丹江市幼儿师范学校并入我校,学校和名称地址不变。

2007年3月,经国家教育部批准,在牡丹江师范学校的基础上建立黑龙江幼儿师范高等专科学校。

哈尔滨科学技术职业学院

学校(机构)标识码	4123014108
学校办学类型	415:专科院校:高等职业学校
学校性质类别	01 综合大学
学校举办者	822 地级其他部门
学校地址	哈尔滨市阿城区金城街十二委
邮政编码	150300
办公电话	0451-53775756
传真电话	0451-53775756
校园(局域)网域名	www.hrbkjzy.cn
电子信箱	hrbkjzy@126.com
占地面积(平方米)	240000
校舍建筑面积(平方米)	100311
图书(万册)	29.66
固定资产总值(万元)	17577
教学、科研仪器设备资产值(万元)	1764
在校生数(人)	3116
其中:普通专科	3116
专任教师(人)	199
其中:正高级	9
副高级	86
中级	103
初级	1

专科专业 电脑艺术设计、电气自动化技术、电子商务、雕塑艺术设计、动漫设计与制作、房地产经营与估价、工程监理、工

程造价、广告设计与制作、航空服务、环境艺术设计、会计、会计电算化、机电一体化技术、计算机网络技术、计算机系统维护、计算机信息管理、建筑工程技术、金融保险、酒店管理、老年服务与管理、旅游管理、美术教育、民航安全技术管理、生物制药技术、食品营养与检测、市场开发与营销、数学教育、体育教育、物流管理、物业管理、现代教育技术、心理咨询、心理咨询与心理健康教育、新闻采编与制作、学前教育、学前教育(双语方向)、移动通信技术、音乐教育、英语教育、语文教育、园艺技术、运动休闲服务与管理、证券投资与管理、资产评估与管理

院系设置

人文科学系、社会服务系、理工系、财经系、体育系、艺术系、英语系

毕业生一次就业率 93.58%

学校历史沿革

1920年,吉林省立第二师范学校;
民国,宾州道立师范学校;
1945年,阿城高级中学;
1949年,松花江师范学校;
1966年,停办;
1974年,呼兰师范阿城分校;
1978年,黑龙江省阿城师范学校;
2003年,阿城师范学校、五常师范学校、哈尔滨教师体育学院三校合并,定名为黑龙江省阿城师范学校;
2007年,哈尔滨科学技术职业学院。

黑龙江粮食职业学院

学校(机构)标识码	4123014109
学校办学类型	415:专科院校:高等职业学校
学校性质类别	02 理工院校
学校举办者	812 省级其他部门
学校地址	黑龙江省哈尔滨市南岗区和兴路92号
邮政编码	150080
办公电话	0451-86301309
传真电话	0451-86301645
校园(局域)网域名	www.hljgvc.com
电子信箱	hljrtvu0818@163.com
占地面积(平方米)	11600
校舍建筑面积(平方米)	113778
图书(万册)	16.28
固定资产总值(万元)	6869.68
教学、科研仪器设备资产值(万元)	2869.95
在校生数(人)	2056
其中:普通专科	2019
成人专科	37
专任教师(人)	159
其中:正高级	7
副高级	71
中级	31
初级	28
未定职级	22

专科专业 动漫设计与制作、工商企业管理、广告设计与制作、会计电算化、计算机网络技术、计算机应用技术、金融与证券、连锁经营管理、粮食工程、粮油储藏与检测技术、旅游管理、人力资源管理、软件技术、商务英语、社区管理与服务、生物制药技术、食品生物技术、食品营养与检测、食品贮运与营销、学前教育、医药营销、艺术设计、音像技术、影视广告

院系设置

粮食工程系、信息工程系、经济管理系、基础教学系、开放教学部、开放学院、继续教育学院

学校设立奖学金情况

学校设立奖学金4项,奖励总金额18余万元。奖学金最高金额8000元/年,最低金额80元/年

学校历史沿革

黑龙江粮食职业学院,始建于1959年,原名为黑龙江粮食学校,2005年并入黑龙江广播电视大学,2007年经黑龙江省政府批准,教育部备案成立黑龙江粮食职业学院。与黑龙江广播电视大学,属于一套领导班子。

佳木斯职业学院

学校(机构)标识码	4123014178
学校办学类型	415:专科院校:高等职业学校
学校性质类别	01 综合大学
学校举办者	822 地级其他部门
学校地址	佳木斯光复路1877号
邮政编码	154004
办公电话	0454-8550720
传真电话	0454-8550277
电子信箱	yinlimeimrs@163.com
占地面积(平方米)	1030000
校舍建筑面积(平方米)	203515
图书(万册)	40
固定资产总值(万元)	15783
教学、科研仪器设备资产值(万元)	2010
在校生数(人)	5122
其中:普通专科	2960
成人专科	2162
专任教师(人)	318
其中:正高级	10
副高级	95
中级	102
初级	74
未定职级	37

专科专业 报关与国际货运、电子商务、动漫设计与制作、工程造价、焊接技术及自动化、环境艺术设计、机电一体化技术、机械制造与自动化、计算机应用技术、建筑工程管理、建筑工程技术、建筑设备工程技术、旅游管理、美术教育、模具设计与制造、汽车检测与维修技术、市场营销类、数控技术、数学教育、图形图像制作、物流管理、物业管理、现代教育技术、消防工程技术、心理咨询与心理健康教育、学前教育、音乐教育、英语教育、应用俄语、语文教育

院系设置
成教处、机电工程系、信息工程系、交通工程系、管理系、师范教育系、建筑工程系、公共教学部

学校设立奖学金情况
学校设立奖学金37项,奖学金总金额49.1万元/年,奖学金最高金额8000元/年,最低金额1000元/年。

主要校办产业
校内有18个实训基地,引进7家校企单位供学生实训生产。

学校历史沿革
在建国初期,各级政府将培训提高教师的工作纳入了工作日程,并组建专门负责培训提高教师教师的学校。随着事业的发展,负责培训提高教师的学校名称不断变更。一九五一年设立了佳木斯市教师业余文化学习学校,一九五三年校名为佳木斯市进修学院,一九七八年更名为佳木斯市教育学院。备案文号为黑编(81)10号。随着我市职业教育事业的蓬勃发展,黑龙江省人民政府于2007年7月16日同意在佳木斯市教育学院、佳木斯广播电视大学和佳木斯市联合职工大学的基础上建立佳木斯职业学院。备案为黑正函【2007】49号。

黑龙江护理高等专科学校

学校(机构)标识码 4123014272	办公电话 0451-55654190	3354
学校办学类型 414:专科院校:高等专科学校	传真电话 0451-55654190	在校生数(人) 3075
学校性质类别 05 医药院校	校园(局域)网域名 www.hljjlgz.com	其中:普通专科 3075
学校举办者 812 省级其他部门	占地面积(平方米) 136634	专任教师(人) 286
学校地址 哈尔滨市南岗区学府路209号	校舍建筑面积(平方米) 100850	其中:副高级 141
邮政编码 150086	图书(万册) 33.42	中级 62
	固定资产总值(万元) 8429	初级 73
	教学、科研仪器设备资产值(万元)	未定职级 10

专科专业 护理、口腔医学技术、药品经营与管理、药学、医学检验技术、助产

学校设立奖学金情况
学校设立奖学金2项,奖励总金额14000余万元。奖学金最高金额200元/年,最低金额30元/年。

主要校办产业
附属医院

毕业生一次就业率 69.49%

学校历史沿革
黑龙江护理高等专科学校于2010年3月,经教育部批准,在原黑龙江省卫生学校、黑龙江省第二卫生学校、省医院附属护士学校合并的基础上建立的一所专科层次的普通高等专科学校。

黑龙江省卫生学校创建于1948年,具有60多年的中等医学教育办学历程,2004年该校晋升为国家重点中等职业学校,并被教育部确定为护理专业技能型紧缺人才培养培训基地。黑龙江省第二卫生学校前身为哈尔滨铁路卫生学校,1950年建校,1992年首批进入省重点中等职业学校行列,2005年晋升为国家重点中等职业学校。

复旦大学

学校(机构)标识码 4131010246	传真电话 021-65644937	教学、科研仪器设备资产值(万元) 213841
学校办学类型 411:本科院校:大学	校园(局域)网域名 www.fudan.edu.cn	在校生数(人) 43706
学校性质类别 01 综合大学	电子信箱 poffice@fudan.edu.cn	其中:普通本科 12293
学校举办者 360 教育部	占地面积(平方米) 1122262	普通专科 710
学校地址 上海市杨浦区邯郸路220号	校舍建筑面积(平方米) 1049230	成人本科 11092
邮政编码 200433	图书(万册) 509	成人专科 990
办公电话 021-65642222	固定资产总值(万元) 561981.7	博士研究生 4793

硕士研究生　10110	其中：正高级　745	初级　37
留学生　3718	副高级　795	未定职级　6
专任教师（人）　2419	中级　836	

本科专业　保险、博物馆学、材料化学、材料科学类、材料物理、财务管理、财政学、朝鲜语、传播学、德语、电气工程及其自动化、电子科学与技术、电子信息科学类、电子信息科学与技术、俄语、法学、法医学、法语、翻译、飞行器设计与工程、高分子材料与工程、工商管理、工商管理类、公共事业管理、管理科学、管理科学与工程类、光信息科学与技术、广播电视新闻学、广告学、国际经济与贸易、国际政治、汉语言、汉语言文学、汉语言文学（武警班）、行政管理、核技术、护理学、化学、环境科学、环境科学（环境工程方向）、环境科学（环境管理方向）、会计学、基础医学、计算机科学与技术、计算机科学与技术类、金融学、经济管理试验班、经济学、经济学（数理经济方向）、理论与应用力学、力学类、历史学、历史学类、临床医学（八年制）、临床医学（五年制）、临床医学类、旅游管理、日语、软件工程、社会工作、社会科学试验班、社会学、生物技术、生物科学、生物科学类、生物医学工程、市场营销、数学类、数学与应用数学、思想政治教育、思想政治教育（武警班）、通信工程、统计学、微电子学、物理学、心理学、新闻传播学类、新闻学、新闻学（武警班）、信息安全、信息管理与信息系统、信息与计算科学、药学、药学（临床药学方向）、医学试验班、艺术设计、英语、英语类、应用化学、预防医学、哲学、哲学（国学方向）、哲学（武警班）、哲学类、政治学与行政学、中国语言文学类、自然科学试验班、宗教学

专科专业　护理

博士专业　比较文学与世界文学、比较哲学、病理学与病理生理学、病原生物学、材料物理与化学、产业经济学、产业组织学、传播学、当代中国史、电磁场与微波技术、电路与系统、东方管理学、儿科学、儿少卫生与妇幼保健学、耳鼻咽喉科学、发育生物学、法医学、放射医学、分析化学、分子医学、妇产科学、概率论与数理统计、高分子化学与物理、工商管理、公共政策、管理科学与工程、光学、广播电视学、国际法学（含：国际公法、国际私法）、国际关系、国际贸易学、国际政治、国民经济学、国外马克思主义、汉语言文字学、行政管理、化学生物学、环境科学、会计学、基础数学、疾病蛋白组学、计算机软件与理论、计算机系统结构、计算机应用技术、计算数学、金融管理与金融工程、金融学（含：保险学）、经济思想史、经济哲学、精神病与精神卫生学、康复医学与理疗学、考古学及博物馆学、科学技术哲学、劳动卫生与环境卫生学、理论物理、历史地理学、历史文献学（含：敦煌学、古文字学）、粒子物理与原子核物理、临床检验诊断学、临床医学、流行病与卫生统计学、流体力学、伦理学、旅游管理、麻醉学、马克思主义基本原理、马克思主义哲学、马克思主义中国化研究、媒介管理学、免疫学、民商法学（含：劳动法学）、社会保障、内科学、凝聚态物理、皮肤病与性病学、企业管理（含：财务管理、市场营销）、区域经济学、人口、资源与环境经济学、人口史、人类生物学、人体解剖与组织胚胎学、社会管理与社会政策、社会学、社会医学与卫生事业管理、神经病学、神经生物学、生理学、生态学、生物化学与分子生物学、生物力学、生物物理学、生物信息学、生物医学工程、生药学、史学理论及史学史、世界经济、世界史、数量经济学、思想政治教育、统计学、外国语言学及应用语言学、外国哲学、外交学、外科学、微电子学与固体电子学、微生物学、卫生毒理学、文物学、文艺学、无机化学、物理电子学、物理化学（含：化学物理）、物流与运营管理、西方经济学、现代汉语语言学、新闻学、眼科学、药剂学、药理学、药物化学、医学电子学、医学信息学、遗传学、艺术人类学与民间文学、英语语言文学、营养与食品卫生学、影视文学、影像医学与核医学、应用化学、应用经济学、应用数学、有机化学、语言学与应用语言学、原子与分子物理、运筹学与控制论、运动医学、政治经济学、政治学理论、植物学、中共党史（含：党的学说与党的建设）、中国古代史、中国古代文学、中国古典文献学、中国近现代史、中国文学古今演变、中国文学批评史、中国现当代文学、中国哲学、中外政治制度、中西医结合基础、中西医结合临床、肿瘤学、专门史、宗教学

硕士专业　比较文学与世界文学、编辑出版、病理学与病理生理学、病原生物学、材料工程、材料物理与化学、材料学、财务管理、财政学（含：税收学）、产业经济学、传播学、德语语言文学、电磁场与微波技术、电路与系统、电影学、电子与通信工程、动物学、对外汉语教学、俄语语言文学、儿科学、儿少卫生与妇幼保健学、耳鼻咽喉科学、发育生物学、发展经济学、法律史、法律硕士、法学理论、法医学、法语语言文学、放射医学、飞行器设计、分析化学、分子医学、妇产科学、概率论与数理统计、高等教育学、高分子化学与物理、工程力学、工商管理、工商管理硕士、公共关系、公共管理硕士、公共卫生硕士、公共政策、固体力学、管理科学与工程、光电系统与控制技术、光学、光学工程、广播电视学、广播电视艺术学、广告学、国际传播、国际法学（含：国际公法、国际私法）、国际关系、国际贸易学、国际商务硕士、国际政治、国民经济学、国外马克思主义、汉语国际教育硕士、汉语言文字学、行政管理、护理硕士、护理学、化学工程、化学生物学、环境工程、环境管理、环境科学、环境与资源保护法学、会计学、基础数学、急诊医学、疾病蛋白组学、集成电路工程、计算机技术、计算机软件与理论、计算机系统结构、计算机应用技术、计算数学、教育经济与管理、金融工程管理、金融硕士、金融学（含：保险学）、经济法学、经济史、经济思想史、康复医学与理疗学、考古学及博物馆学、科学技术哲学、科学社会主义与国际共产主义运动、课程与教学论、口腔临床医学、口腔医学硕士、劳动经济学、劳动卫生与环境卫生学、理论物理、历史地理学、历史文献学（含：敦煌学、古文字学）、历史学新专业、粒子物理与原子核物理、临床检验诊断学、临床医学硕士、流行病与卫生统计学、流体力学、伦理学、逻辑学、旅游管理、旅游管理硕士、麻醉学、马克思主义基本原理、马克思主义哲学、马克思主义中国化研究、媒介管理学、免疫学、民商法学（含：劳动法学）、社会保障、民俗学（含：中国民间文学）、内科学、凝聚态物理、欧盟经济、皮肤病与性病学、企业管理（含：财务管理、市场营销）、企业伦理学、区域经济学、全科医学、人口、资源与环境经济学、人口学、人类生物学、人类学、人体解剖与组织胚胎学、日语语言文学、社会保障、社会工作硕士、社会学、社会医学与卫生事业管理、社区卫生与健康促进、神经病学、

神经生物学、生理学、生态学、生物工程、生物化学与分子生物学、生物物理学、生物信息学、生物医学工程、生药学、史学理论及史学史、世界经济、世界史、市场营销、数量经济学、思想政治教育、诉讼法学、通信与信息系统、图书馆学、外国语言学及应用语言学、外国哲学、外交学、外科学、微电子学与固体电子学、微生物学、卫生毒理学、文物与博物馆硕士、文学写作、文艺学、无机化学、无线电物理、物理电子学、物理化学(含:化学物理)、物流工程、西方经济学、戏剧、细胞生物学、现代汉语语言学、宪法学与行政法学、项目管理、新闻学、新闻与传播硕士、信息功能材料与器件、信息管理与信息系统、刑法学、亚非语言文学、眼科学、药剂学、药理学、药物分析学、药物化学、药学硕士、一般力学与力学基础、医学电子学、医学信息学、遗传学、艺术人类学与民间文学、英语笔译、英语语言文学、营养与食品卫生学、影像医学与核医学、应用化学、应用经济学、应用数学、有机化学、语言学与应用语言学、原子与分子物理、运筹学与控制论、运动医学、政治经济学、政治学理论、植物学、中共党史(含:党的学说与党的建设)、中国古代史、中国古代文学、中国古典文献学、中国近现代史、中国文学古今演变、中国文学批评史、中国现当代文学、中国哲学、中西医结合基础、中西医结合临床、肿瘤学、专门史、宗教学

院系设置

中国语言文学系、历史学系、文物与博物馆学系、哲学学院、新闻学院、外国语言文学学院、法学院、经济学院、管理学院、国际关系与公共事务学院、社会发展与公共政策学院、国际文化交流学院、力学与工程科学系、材料科学系、生命科学学院、上海医学院、公共卫生学院、药学院、护理学院、信息科学与工程学院、计算机科学技术学院、数学科学学院、物理学系、核科学技术系、化学系、环境科学与工程系、高分子科学系、复旦学院、网络教育学院、继续教育学院

国家级、省部级研究机构设置

1.实验室:国家重点实验室5个:遗传工程、应用表面物理、医学神经生物学、专用集成电路与系统、聚合物分子工程;教育部重点实验室14个:应用离子束物理、非线性数学模型与方法、聚合物分子工程、癌变与侵袭原理、生物多样性与生态工程、医学分子病毒学、分子医学、波散射与遥感信息、公共卫生安全、现代人类学、物质计算科学(筹)、微纳光子结构、B类重点实验室、智能化递药(筹);上海市科委重点实验室7个:现代应用数学、分子催化与功能材料、智能信息处理、周围神经显微外科、医学图象处理与计算机辅助手术、器官移植(筹)、女性生殖内分泌相关疾病(筹);卫生部重点实验室9个:抗生素临床药理、医学分子病毒学、手功能重建、糖复合物、病毒性心脏病、听觉医学、近视眼研究、医学技术评估、新生儿疾病;总后卫生部1个:全军智能化递药(筹)。

2.研究中心(所):教育部工程研究中心4个:先进涂料、网络信息安全审计与监控、先进仪器制造、先进照明技术。

博士后科研流动站 哲学、理论经济学、应用经济学、政治学、中国语言文学、外国语言文学、新闻传播学、历史学、法学、社会学、马克思主义理论、数学、物理学、化学、生物学、力学、电子科学与技术、计算机科学与技术、管理科学与工程、工商管理、材料科学与工程、环境科学与工程、生物医学工程、基础医学、公共卫生与预防医学、公共管理、药学、中西医结合、临床医学

定期公开出版的专业刊物 《复旦学报(自然科学版)》、《复旦学报(医学版)》、《数学年刊》、《微生物与感染》、《中国感染与化疗杂志》、《中国眼耳鼻喉科杂志》、《中国循证儿科杂志》、《中国临床神经科学》、《中国医学计算机成像杂志》、《中华手外科杂志》、《中国临床医学》、《中国癌症杂志》、《新闻大学》、《世界经济文汇》、《当代修辞学》、《文科学报》、《研究与发展管理》、《复旦教育论坛》、《Fudan Journal of the Humanities and Social Sciences》

学校设立奖学金情况

学校设立奖学金85项,奖励总金额7578.18万元。奖学金最高金额20000元/年,最低金额1000元/年。

主要校办产业

上海复旦复华科技股份有限公司、上海复旦微电子股份有限公司、上海复旦张江生物医药股份有限公司、上海复旦科技园股份有限公司、上海复旦资产经营有限公司、上海复旦企业发展有限公司、上海复旦创业投资有限公司、上海复旦爆破建设工程有限公司、上海复旦规划建筑设计研究院有限公司、上海复旦天翼计算机有限公司、上海复旦天欣科教仪器有限公司、上海复旦科教器材服务有限公司、上海复旦天臣新技术有限公司、上海复旦水务工程技术有限公司、上海复旦海泰生物技术有限公司、上海复旦数字医疗科技有限公司、上海复旦网络股份有限公司、上海复旦光华信息科技股份有限公司、上海复旦后勤服务发展有限公司、上海复旦大学出版社有限公司、上海复旦申花净化技术股份有限公司、上海复旦耀天医疗器械科技有限公司、上海复旦安佳信功能材料有限公司

学校历史沿革

复旦大学原名为复旦公学,由中国近代知名教育家马相伯先生于1905年创办。1917年改为私立复旦大学,设文、理、商三科及预科和中学部。1922年迁上海江湾,拥有文、理、法、商4个学院15个系。1937年抗战爆发后内迁重庆北碚。1941年改为国立大学。1946年迁回原址。1949年学校已设立文、理、法、商、农5个学院20个系(科)。1950年起进行院系调整,复旦大学海洋系并入山东大学;上海暨南大学的文、法、商学院,同济大学的文、法学院以及浙江大学、英士大学的部分系科并入复旦大学。1952年秋,复旦大学的法、商、农学院调出,分别成立华东政法学院、上海财经学院和沈阳农学院;华东地区的浙江大学、交通大学、南京大学、安徽大学、金陵大学、圣约翰大学、沪江大学、震旦大学、大同大学、光华大学、大夏大学、上海学院、中华工商专科学校、中国新闻专科学校等高等院校的文、理科有关院系并入复旦大学。从此,复旦大学成为一所文理并蓄的综合性大学。2000年,复旦大学与上海医科大学合并,成立新的复旦大学。2005年9月24日,复旦大学迎来建校100周年庆。

同济大学

学校(机构)标识码 4131010247	占地面积(平方米) 2570909	成人专科 1706
学校办学类型 411:本科院校:大学	校舍建筑面积(平方米) 1575269	博士研究生 3903
学校性质类别 02 理工院校	图书(万册) 416	硕士研究生 12561
学校举办者 360 教育部	固定资产总值(万元) 576153.26	留学生 3695
学校地址 上海市四平路1239号	教学、科研仪器设备资产值(万元) 144080.87	专任教师(人) 3268
邮政编码 200092		其中:正高级 826
办公电话 021-65983803	在校生数(人) 52008	副高级 1129
传真电话 021-65988885	其中:普通本科 19175	中级 1125
校园(局域)网域名 www.tongji.edu.cn	普通专科 294	初级 34
电子信箱 officetj@tongji.edu.cn	成人本科 10674	未定职级 154

本科专业 表演、材料科学与工程、材料类、测绘工程、测绘类、车辆工程(创新实验区)、车辆工程(轨道交通)、车辆工程(汽车)、城市规划、德语、地理信息系统、地球物理学、地球信息科学与技术、地质工程、地质学、电气工程及其自动化、电气信息类、电子科学与技术、电子信息工程、电子信息工程(职教师资)、电子信息工程(中意班)、电子信息科学类、动画、法学、飞行器制造工程、港口航道与海岸工程、给水排水工程、工程管理、工程力学、工程力学(创新实验区)、工程力学类、工商管理、工商管理(职教师资)、工商管理(中法班)、工商管理类、工业工程、工业工程(中德班)、工业设计、工业设计(创新实验区)、公共管理类、管理科学与工程类、光信息科学与技术、广播电视编导、广播电视编导(电影制作)、广播电视新闻学、广告学、国际经济与贸易、海洋学(试验基地班)、汉语言、汉语言文学、行政管理、航空航天类、化学工程与工艺、化学类、环境工程、环境工程(创新实验区)、环境科学、环境科学(创新实验区)、环境科学类、会计学、机械电子工程、机械类、机械设计制造及其自动化、机械设计制造及其自动化(职教师)、机械设计制造及其自动化(中意班)、计算机科学与技术、建筑环境与设备工程、建筑设施智能技术、建筑学、建筑学(室内设计)、交通工程、交通运输、交通运输类、金融学、经济学类、景观学、口腔医学、历史建筑保护工程、临床医学、能源动力类、汽车服务工程、热能与动力工程、日语、软件工程、软件工程(媒体艺术与科学)、社会学、摄影、生命科学(试验基地班)、生物技术、生物科学类、生物信息学、市场营销、数理强化班(创新实验区)、数学类、数学与应用数学、通信工程、统计学、土木工程、土木工程(职教师资)、文化产业管理、物理学(试验基地班)、物理学类、物流工程、物流工程(中德班)、物流管理、物流管理(中德班)、新闻传播学类、信息安全、信息管理与信息系统、艺术设计、音乐表演、英语、应用化学、应用物理学、哲学、哲学类、政治学与行政学、自动化

专科专业 护理

博士专业 材料加工工程、材料物理与化学、材料学、车辆工程、城市发展与管理、城市管理与建设工程管理、城市规划与设计(含:风景园林规划)、大地测量学与测量工程、道路与铁道工程、地图制图学与地理信息工程、地质工程、动力机械及工程、防灾减灾工程及防护工程、分析化学、风工程、供热、供燃气、通风及空调工程、固体地球物理学、管理科学与工程、管理理论与工业工程、光学、海洋地质、海洋化学、海洋生物学、环境工程、环境科学、会计学、机械电子工程、机械设计及理论、机械制造及其自动化、基础数学、计算机软件与理论、计算机系统结构、计算机应用技术、技术经济及管理、检测技术与自动化装置、建设工程管理、建筑技术科学、建筑历史与理论、建筑设计及其理论、交通信息工程及控制、交通运输规划与管理、结构工程、金融工程与管理、景观规划设计、科技发展与管理、控制理论与控制工程、口腔临床医学、理论物理、力学、马克思主义基本原理、模式识别与智能系统、纳米材料与技术、内科学、凝聚态物理、企业管理(含:财务管理、市场营销)、桥梁与隧道工程、热能工程、摄影测量与遥感、生物材料、生物化学与分子生物学、生物医学工程、声学、市政工程、思想政治教育、隧道及地下建筑工程、土地资源管理、土木工程计算机仿真、土木工程施工、外国语言学及应用语言学、外国哲学、外科学、无机化学、物理化学(含:化学物理)、系统工程、信息功能材料与器件、信息管理与信息系统、岩土工程、一般力学与力学基础、应用数学、有机化学、载运工具运用工程、知识产权与知识管理

硕士专业 比较文学与世界文学、病理学与病理生理学、病原生物学、材料工程(专业学位)、材料加工工程、材料物理与化学、材料学、财政学(含:税收学)、测绘工程(专业学位)、产业经济学、车辆工程、车辆工程(专业学位)、成人教育学、城市规划与设计、城市规划与设计(含:风景园林规划)、传播学、大地测量学与测量工程、道路与铁道工程、德语笔译(专业学位)、德语语言文学、地球探测与信息技术、地图学与地理信息系统、地图制图学与地理信息工程、地质工程、地质工程(专业学位)、第四纪地质学、电机与电器、电力电子与电力传动、电力系统及其自动化、电路与系统、电气工程(专业学位)、电子与通信工程(专业学位)、动力工程(专业学位)、动力机械及工程、儿科学、法律、法律(法学)、法律硕士、法学理论、防灾减灾工程及防护工程、分析化学、风工程、风景园林硕士(专业学位)、妇产科学、妇产科学(专业学位)、概率论与数理统计、港口、海岸及近海工程、高等教育学、工程管理、工程热物理、工商管理(MBA)、工业工程、工业工

程(专业学位)、工业设计工程(专业学位)、公共管理、供热、供燃气、通风及空调工程、构造地质学、固体地球物理学、管理科学与工程、光学、光学工程、光学工程(专业学位)、国际法学(含:国际公法、国际私法)、国际关系、国际贸易学、国际政治、海洋地质、海洋化学、海洋生物学、行政管理、航空航天材料与结构设计、护理学、化学工程(专业学位)、环境工程、环境工程(专业学位)、环境科学、会计硕士、会计学、机械电子工程、机械工程(专业学位)、机械设计及理论、机械制造及其自动化、基础数学、集成电路工程(专业学位)、计算机技术(专业学位)、计算机软件与理论、计算机系统结构、计算机应用技术、计算数学、技术经济及管理、检测技术与自动化装置、建筑技术科学、建筑历史与理论、建筑设计及其理论、建筑学硕士(专业学位)、建筑与土木工程(专业学位)、交通信息工程及控制、交通运输工程(专业学位)、交通运输规划与管理、教育技术学、教育经济与管理、结构工程、金融硕士、金融学(含:保险学)、经济法学、精神病与精神卫生学、精神病与精神卫生学(专业学位)、景观规划设计、科学技术哲学、控制工程(专业学位)、控制理论与控制工程、口腔基础医学、口腔临床医学、口腔医学硕士(专业学位)、矿产普查与勘探、劳动经济学、老年医学、理论物理、力学、临床检验诊断学、临床医学硕士(专业学位)、流行病与卫生统计学、麻醉学、麻醉学(专业学位)、马克思主义基本原理、马克思主义理论、马克思主义理论(一级学科)、马克思主义中国化研究、美学、免疫学、民商法学(含:劳动法学)、社会保障、模式识别与智能系统、纳米材料与技术、内科学、内科学(专业学位硕士)、凝聚态物理、农业工程(专业学位)、农业生物环境与能源工程、皮肤病与性病学、企业管理(含:财务管理、市场营销)、桥梁与隧道工程、情报学、区域经济学、热能工程、人体解剖与组织胚胎学、日语语言文学、软件工程(专业学位)、设计艺术学、社会保障、社会学、摄影测量与遥感、神经病学、神经病学(专业学位)、生态学、生物材料、生物工程(专业学位)、生物化学与分子生物学、生物学、生物医学工程、声学、市政工程、水工结构工程、水利工程(专业学位)、水文学及水资源、思想政治教育、隧道及地下建筑工程、通信与信息系统、土地资源管理、土木工程计算机仿真、土木工程施工、外国语言学及应用语言学、外国哲学、外科学、外科学(专业学位)、微电子学与固体电子学、文艺学、无机化学、物理化学(含:化学物理)、物流工程(专业学位)、戏剧戏曲学、系统工程、宪法学与行政法学、信号与信息处理、信息功能材料与器件、刑法学、岩土工程、眼科学、眼科学(专业学位)、药理学、艺术设计(专业学位)、艺术学、英语笔译(专业学位)、英语语言文学、营养与食品卫生学、影像医学与核医学、影像医学与核医学(专业学位)、应用化学、应用数学、有机化学、运筹学与控制论、运动人体科学、载运工具运用工程、政治经济学、政治学理论、职业技术教育学、植物学、制冷及低温工程、中国现当代文学、中国哲学、中外政治制度、中医内科学、肿瘤学、宗教学

院系设置

经济与管理学院、建筑与城市规划学院、土木工程学院、交通运输工程学院、机械工程学院、汽车学院、环境科学与工程学院、人文学院、马克思主义学院、法学院、政治与国际关系学院、传播与艺术学院、材料科学与工程学院、电子与信息工程学院、外国语学院、电影学院、知识产权学院、海洋与地球科学学院、理学部、医学院、生命科学与技术学院、航空航天与力学学院、软件学院、高等技术学院、职业技术教育学院、继续教育学院、网络教育学院、国际文化交流学院、中德工程学院、中意学院、中德学院、女子学院、设计创意学院

国家级、省部级研究机构设置

1. 实验室:土木工程防灾国家重点实验室、污染控制与资源化研究国家重点实验室、海洋地质国家重点实验室、新能源汽车及动力系统国家工程实验室、城市规划与设计现代技术国家专业实验室、道路与交通工程教育部重点实验室、长江水环境教育部重点实验室、先进土木工程材料教育部重点实验室、嵌入式系统与服务计算教育部重点实验室、岩土及地下工程教育部重点实验室、高密度人居环境生态与节能教育部重点实验室、先进微结构材料教育部国防科技重点实验室、心律失常教育部重点实验室、桥梁结构抗风技术交通行业重点实验室、上海市金属功能材料开发应用重点实验室、上海市结核病(肺)重点实验室、上海市特殊人工微结构材料与技术重点实验室、上海市信号转导与疾病研究重点实验室、现代工程测量国家测绘局重点实验室

2. 研究所(中心):城市污染控制国家工程研究中心、国家燃料电池汽车及动力系统工程技术研究中心、国家设施农业工程技术研究中心、土木信息技术教育部工程研究中心、教育部设施农业网上合作研究中心、企业数字化技术教育部工程研究中心、教育部城市环境与可持续发展研究中心、新能源汽车教育部工程研究中心、建筑钢结构教育部工程研究中心、道路交通安全与环境教育部工程研究中心、重大工程施工技术与装备教育部工程研究中心、上海建设机器人工程技术研究中心、上海电动汽车工程技术研究中心、上海设施农业工程技术研究中心

博士后流动站 土木工程、建筑学、交通运输工程、环境科学与工程、物理学、海洋科学、机械工程、控制科学与工程、管理科学与工程、材料科学与工程、数学、力学、测绘科学与技术、化学、地球物理学、计算机科学与技术、生物医学工程、工商管理、地质资源与地质工程

定期公开出版的专业刊物 《城市规道交通研究》、《同济大学学报(社会科学版)》、《同济大学学报(自然科学版)》、《同济大学学报(医学版)》、《城市规划学刊》、《时代建筑》、《结构工程师》、《建筑材料学报》、《放射免疫学杂志》、《口腔颌面外科杂志》、《中国医学文摘外科学分册(英文版)》、《联邦德国研究》、《建筑钢结构进展》、《系统仿真技术》

学校设立奖学金情况

学校设立奖学金110项,奖励总金额1501.52万元。奖学金最高金额15000元/年,最低金额1000元/年。主要项目如下:

1. 宝钢教育奖:学生10人,教师4人;18.5万元/年
2. 光华奖学金:学生165人,40万元/年
3. 倪李氏奖学金:学生5人,1万元/年
4. 李国豪奖励金:学生10人,教师8人;7.75万元/年
5. 倪天增奖励金:学生10人,教师5人,2.8万元/年
6. 建筑装饰集团奖励金:教师5人,1万元/年
7. 隧道奖励金:教师15人,本金70万
8. 韩国龙奖励金:学生13人,教师13人;10万元/年
9. 郭谢碧蓉奖学金:学生62人,25万元/年
10. 天祥奖学金:学生12人,10万元/年
11. 大众奖学金:学生25人,10万元/年
12. 张梁任奖学金:学生8人,2.4万元/年

13. 恒生奖学金:学生 7 人,2.8 万元/年
14. 金门奖学金:学生 12 人,5 万元/年
15. 上海三菱电梯奖励金:教师 18 人,3.6 万元/年
16. 上海一建奖励金:教师 10 人,2 万元/年
17. 上勘院奖学金:学生 5 人,2 万元/年
18. 麦斯特奖学金:学生 14 人,3.4 万元/年
19. 银润奖学金:学生 10 人,15 万元/年
20. 上海和氏璧奖学金:学生 15 人,3 万元/年
21. 花旗奖学金:学生 6 人,教师 1 人,3.23 万元/年
22. 康斐尔奖学金:学生 12 人,2.4 万元/年
23. 青鹰奖学金:学生 9 人,5 万元/年
24. 新鸿基地产郭氏基金助学金:学生 347 人,151.8 万元/年
25. 中建八局奖学金:学生 19 人,6 万元/年
26. 西门子奖学金:学生 20 人,9.3 万元/年
27. 沈阳机床励志奖学金:学生 24 人,12 万元/年
28. 精工—沈祖炎奖励金:学生 65 人,10 万元/年
29. 三鼎新能源奖学金:学生 6 人,2.4 万元/年
30. 南玻奖(助)学金:学生 16 人,6 万元/年
31. 德邦重工奖学金:学生 5 人,2 万元/年
32. 机场道路奖学金:学生 24 人,4 万元/年
33. 桑德环境教育奖学金:学生 11 人,7.6 万元/年
34. 南海发展固体废物研究奖学金:学生 17 人,10 万元/年
35. 雅居乐地产奖学金:学生 20 人,10 万元/年
36. 新奥新能源奖学金:学生 56 人,30 万元/年
37. 南车株机公司奖学金:学生 8 人,8 万元/年
38. 美克美家奖学金:学生 5 人,2.5 万元/年
39. 中国路桥奖励金:学生 60 人,教师 6 人,20 万元/年
40. Grosvenor 高富诺奖(助)学金:学生 5 人,3 万元/年
41. FLUOR 奖学金:学生 8 人,4.6 万元/年
42. 北新建材奖学金:学生 24 人,10 万元/年
43. 上海环境奖励金:学生 15 人,教师 9 人,13.05 万元/年
44. 晨兴助学金:学生 60 人,18 万元/年
45. 世联奖学金:学生 15 人,6.8 万元/年
46. 潍柴奖励金:学生 82 人,教师 16 人,50 万元/年
47. 铁狮门奖学金:学生 3 人,3 万元/年
48. 国家奖学金:学生 280 人,224 万元/年
49. 国家励志奖学金:学生 642 人,321 万元/年
50. 上海市奖学金:学生 43 人,34.4 万元/年

主要校办产业

上海同济科技实业股份有限公司、同济大学建筑设计研究院、上海燃料电池汽车动力系统有限公司、上海同济科技园有限公司、同济大学出版社、上海同济工程咨询有限公司、上海同济建设工程质量检测站、上海同济城市规划设计研究院

学校历史沿革

德文医学堂(1907 年 10 月 – 1912 年);同济医工学堂(1912 年 – 1917 年 4 月);同济医工学校(1917 年 4 月 – 1924 年 5 月);同济医工大学(1924 年 5 月 – 1927 年 8 月);国立同济大学(1927 年 8 月 – 1949 年 10 月);同济大学(1949 年 10 月 – 至今);1996 年 7 月原上海建筑材料工业学院、上海城市建筑学院并入同济大学;2000 年 4 月与上海铁道大学合并组建新同济大学;2003 年 10 月上海航空工业学校划归同济大学管理。

上海交通大学

学校(机构)标识码	4131010248
学校办学类型	411:本科院校:大学
学校性质类别	01 综合大学
学校举办者	360 教育部
学校地址	上海市闵行区东川路 800 号
邮政编码	200240
办公电话	021 – 34206227
传真电话	021 – 34206227
校园(局域)网域名	www.sjtu.edu.cn
电子信箱	xiaoban@sjtu.edu.cn
占地面积(平方米)	3225833
校舍建筑面积(平方米)	1742002
图书(万册)	409.7
固定资产总值(万元)	697814.59
教学、科研仪器设备资产值(万元)	237992
在校生数(人)	50839
其中:普通本科	16802
成人本科	13738
成人专科	1172
博士研究生	4968
硕士研究生	12595
留学生	1564
专任教师(人)	2979
其中:正高级	835
副高级	1171
中级	834
初级	138
未定职级	1

本科专业 ACM 试点班、材料科学与工程、测控技术与仪器、车辆工程、车用发动机、传播学、船舶与海洋工程、德语、电气工程与自动化、电气信息类、电子科学与技术、电子信息科学类、电子与计算机工程、动物生物技术、法学、高分子方向、工程力学、工业工程、工业设计、公共事业管理、光信息科学与技术、广播影视编导、国际航运、国际经济与贸易、海洋工程与土建类、汉语言文学、行政管理、航空航天工程、核工程与核技术、护理学、化学工程与工艺、化学类、环境科学与工程、环境生态与生物技术类、会计学、机械电子、机械动力类、机械工程及自动化、机械类、计算机科学与技术、建筑环境与设备工程、建筑学、交大理科班(生命科学)、交大理科班(数理科学)、金融、商务、金融学、经济学、经济学类、口腔医学七年制、口腔医学五年制、临床医学、临床医学八年制、临床医学八年制(法语班)、临床医学五年制、轮机工程方向、密西联合、热能工程、人力资源管理、日语、软件工程、商务管理、商务汉语方向、商务英语、设计与制造、生物工程、生物技术、生物技术与工程、生物科学类、生物信息学、生物医学工程、食品科学与工程、市场营销、试点班、试点班 – 车辆工程、试点班 – 机械电子、试点班 – 设计与制造、试点班 – 塑性成

形、试点班－微机电、数学与应用数学、塑性成形、体育事业方向、土木工程、微电子学、微机电、文化艺术管理、物理学类、物流管理、信息安全、信息工程、信息管理与信息系统、药学、药学（医）、叶轮机械、医学检验、艺术设计、艺术设计（环境艺术）、艺术设计（视觉传达）、营养学、应用化学、应用化学方向、应用物理学、预防医学、园林、植物生物技术、制冷与空调、致远计算机科学班、致远生命科学班、致远数学班、致远物理学班、资源环境科学、自动化

博士专业 病理学与病理生理学、病原生物学、材料加工工程、材料科学与工程、材料科学与工程（纳米材料与技术）、材料物理与化学、材料学、测试计量技术及仪器、产业经济学、车辆工程、船舶与海洋工程、船舶与海洋工程（海洋工程）、船舶与海洋结构物设计制造、导航、制导与控制、等离子体物理、电磁场与微波技术、电工理论与新技术、电机与电器、电力电子与电力传动、电力系统及其自动化、电路与系统、电气工程、电子科学与技术、电子科学与技术（纳米电子与器件）、电子科学与技术（芯片设计与系统）、动力工程及工程热物理、动力工程及工程热物理（飞行器动力）、动力工程及工程热物理（洁净能源）、动力机械及工程、儿科学、耳鼻咽喉科学、发育生物学、妇产科学、高电压与绝缘技术、高分子化学与物理、工程力学、工程热物理、工商管理、工商管理（媒介管理）、固体力学、管理科学与工程、管理科学与工程（金融工程）、管理科学与工程（科技与教育管理）、光学、光学工程、核能科学与工程、环境工程、环境科学、环境科学与工程、会计学、机械电子工程、机械工程、机械工程（工业工程）、机械设计及理论、机械制造及其自动化、基础数学、计算机科学与技术、计算机科学与技术（密码学与计算机）、计算机软件与理论、计算机系统结构、计算机应用技术、计算数学、结构工程、金融学、精密仪器及机械、精神病与精神卫生学、控制科学与工程、控制科学与工程（航空航天信息）、控制理论与控制工程、口腔基础医学、口腔临床医学、老年医学、理论物理、力学、粒子物理与原子核物理、临床检验诊断学、临床医学、临床医学（临床药学）、流体机械及工程、流体力学、轮机工程、麻醉学、马克思主义中国化研究、免疫学、模式识别与智能系统、内科学、凝聚态物理、农业经济管理、皮肤病与性病学、企业管理、热能工程、人体解剖与组织胚胎学、神经病学、神经生物学、生理学、生态学、生物化学与分子生物学、生物学、生物学（化学生物学）、生物医学工程、生物医学工程（基因工程药物）、生物医学工程（生物工程）、生物医学工程（生物技术）、生物医学工程（生物纳米医药）、生物医学工程（生物信息学）、生物医学工程（药物输送与代谢）、生物医学工程（预防兽医学与畜禽）、蔬菜学、数学、水声工程、通信与信息系统、外国语言学及应用语言学、外科学、微电子学与固体电子学、微生物学、物理学、物理学（物理学史）、细胞生物学、宪法学与行政法学、信号与信息处理、信息与通信工程、岩土工程、眼科学、药剂学、药理学、药物化学、药学、一般力学与力学基础、仪器科学与技术、遗传学、影像医学与核医学、应用化学、应用数学、植物学、制冷及低温工程、肿瘤学

硕士专业 病理学与病理生理学、病原生物学、材料工程、材料加工工程、材料科学与工程、材料物理与化学、材料学、草业科学、测试计量技术及仪器、产业经济学、车辆工程、城市规划与设计、城市规划与设计（含：风景园林规划）、畜牧学、传播学、船舶与海洋工程、船舶与海洋结构物设计制造、档案学、导航、制导与控制、等离子体物理、电磁场与微波技术、电工理论与新技术、电机与电器、电力电子与电力传动、电力系统及其自动化、电路与系统、电气工程、电子科学与技术、电子与通信工程、动力工程、动力工程及工程热物理、动力机械及工程、动物遗传育种与繁殖、动物营养与饲料科学、儿科学、耳鼻咽喉科学、发育生物学、法律硕士（法学）、法律硕士（非法学）、法学、法学理论、翻译硕士、防灾减灾工程及防护工程、飞行器设计、风景园林硕士、妇产科学、概率论与数理统计、港口、海岸及近海工程、高等教育学、高电压与绝缘技术、高分子化学与物理、工程力学、工程热物理、工商管理、工商管理硕士、工业工程、工业设计工程、公共管理、公共管理硕士、供热、供燃气、通风及空调工程、固体力学、管理科学与工程、光学、光学工程、广播电视、广播电视艺术学、国际法学（含：国际公法、国际私法）、国际关系、国际贸易学、国际政治、汉语国际教育硕士、行政管理、航空工程、航空宇航推进理论与工程、航空宇航制造工程、核能科学与工程、核能与核技术工程、护理硕士、护理学、化学、化学工程、化学工程与技术、环境工程、环境科学、环境科学与工程、环境与资源保护法学、会计、会计硕士、会计学、机械电子工程、机械工程、机械设计及理论、机械制造及其自动化、基础数学、急诊医学、集成电路工程、计算机技术、计算机科学与技术、计算机软件与理论、计算机系统结构、计算机应用技术、计算数学、技术经济及管理、建筑设计及其理论、建筑与土木工程、交通运输工程、交通运输规划与管理、教育技术学、结构工程、金融硕士、金融学（含：保险学）、经济法学、精密仪器及机械、精神病与精神卫生学、康复医学与理疗学、科学技术史、科学技术哲学、控制工程、控制科学与工程、控制理论与控制工程、口腔基础医学、口腔临床医学、口腔医学硕士、劳动卫生与环境卫生学、老年医学、理论物理、力学、临床检验诊断学、临床医学、临床医学硕士、流行病与卫生统计学、流体机械及工程、流体力学、轮机工程、旅游管理、麻醉学、马克思主义理论、马克思主义哲学、美术学、密码学、免疫学、民商法学、民商法学（含：劳动法学）、社会保障、模式识别与智能系统、内科学、凝聚态物理、农药学、农业经济管理、皮肤病与性病学、企业管理（含：财务管理、市场营销）、情报学、热能工程、人体解剖与组织胚胎学、日语语言文学、软件工程、设计艺术学、社会保障、社会医学与卫生事业管理、神经病学、神经生物学、生理学、生态学、生物工程、生物化工、生物化学与分子生物学、生物物理学、生物学、生物医学工程、生物医学工程新专业、生药学、食品工程、食品科学、食品科学与工程、数学、水声工程、诉讼法学、体育教育训练学、通信与信息系统、图书馆、情报与档案管理、外国语言学及应用语言学、外科学、微电子学与固体电子学、微生物学、微生物与生化药学、物理学、物流工程、西方经济学、细胞生物学、宪法学与行政法学、新闻传播学、新闻学、新闻与传播硕士、信号与信息处理、信息与通信工程、刑法学、岩土工程、眼科学、药剂学、药理学、药物分析学、药物化学、药学、药学硕士、一般力学与力学基础、仪器科学与技术、仪器仪表工程、遗传学、艺术设计、艺术硕士、艺术学、英语笔译、英语语言文学、营养与食品卫生学、影像医学与核医学、应用经济学、应用数学、应用统计硕士、应用心理学、语言学与应用语言学、预防兽医学、园林植物与观赏园艺、园艺、园艺学、政治学、政治学理论、植物保护、植物保护学、植物病理学、植物学、制冷及低温工程、制药工程、中国语言文学、中外政治制度、中西医结合临床、中药学、中医骨伤科学、中医基础理

论、肿瘤学、专门史、作物遗传育种

院系设置

28个学院(系):船舶海洋与建筑工程学院、机械与动力工程学院、电子信息与电气工程学院、信息安全工程学院、软件学院、材料科学与工程学院、理学院、生命科学技术学院、人文学院、化学化工学院、安泰经济与管理学院、环境科学与工程学院、国际与公共事务学院、外国语学院、农业与生物学院、药学院、医学院、凯原法学院、媒体与设计学院、微电子学院、航空航天学院、马克思主义学院、交大密西根联合学院、上海高级金融学院、塑性成形工程系、体育系

国家级、省部级研究机构设置

1. 研究所(中心、院)252个(略)

2. 国家重点实验室6个 海洋工程国家重点实验室、机械系统与振动国家重点实验室、金属基复合材料国家重点实验室、区域光纤通信网与新型光通信系统国家重点实验室、癌基因及相关基因国家重点实验室、医学基因组学国家重点实验室等。

3. 博士后流动站一览表28个 船舶与海洋工程、力学、土木工程、动力工程与工程热物理、机械工程、核科学与技术、仪器科学与技术、电气工程、电子科学与技术、信息与通信工程、控制科学与工程、计算机科学与技术、材料科学与工程、数学、物理学、光学工程、生物医学工程、生物学、化学、管理科学与工程、工商管理、外国语言文学、环境科学与工程、园艺学、药学、基础医学、临床医学、口腔医学。

定期公开出版的专业刊物 《Process Biochemistry》、《国际消化病杂志》、《国际心血管病杂志》、《临床儿科杂志》、《内科理论与实践》、《上海交通大学学报(哲学社会科学版)》、《上海精神医学》、《上海口腔医学》、《神经病学与神经康复学杂志》、《外科理论与实践》、《胃肠病学》、《现代免疫学》、《医用生物力学》、《诊断学理论与实践》、《中国口腔颌面外科杂志》、《中国男科学杂志》、《中国实验诊断学》、《中华内分泌代谢杂志》、《组织工程与重建外科》、《Communications on Pure and Applied Analysis》、《Journal of Shanghai Jiao Tong University(English Edition)》、《传动技术》、《工业工程与管理》、《海洋工程》、《机械设计与研究》、《当代外语研究》、《力学季刊》、《模具技术》、《上海交通大学医学版(英文版)》、《上海管理科学》、《上海交通大学学报(农业科学版)》、《上海交通大学学报(医学版)》、《上海交通大学学报(中文版)》、《实验室研究与探索》、《微米/纳米科学与技术》、《微型电脑应用》、《系统工程理论方法应用》、《系统管理学报》、《噪声与振动控制》、《振动与冲击》、《肿瘤》、《铸造工程》

学校设立奖学金情况

学校设立奖学金106项(未计算学院奖学金),奖励总金额2770余万元。奖学金最高金额20000元/年,最低金额1000元/年。国家奖学金、国家励志奖学金、国家助学金、"远修无忧"奖学金、ABB杜曼奖学金(本科)、CASC航天科技奖学金(本科)、EMBA助学金、IBM奖学金、SMC高田奖学金(本/硕)、埃克森美孚奖学金、爱菊助学金(本科)、安捷伦药学奖学金(本/硕)、宝钢奖学金、北京校友会奖学金、超越助学金、晨曦助学金、晨兴助学金、大飞机奖励金、单际仁暨赵德五助学金、东芝电子奖学金(本/硕)、董氏东方海外基金奖学金(本/硕)、方铿奖学基金、富的奖助学金、谷歌女性学生奖学金、顾国华博士研究生奖学金、光华奖学金(本/硕)、郭谢碧蓉奖助学金、海立奖助学金、胡法光奖助学金(本科)、花旗集团金融信息科技教育优秀奖学金、华泰汽车基金、华为奖学金(硕士)、蒋震奖学金(MBA)、金清扬奖助学金(本科)、金正均教育基金、联合利华市场之星奖学金、林陈孝文助学金、刘仁训奖学金(硕士)、留园、陆伯勋奖学金(本科)、罗氏诊断公司、美国校友(世钊)、摩根士丹利奖学金(2011毕业硕士)、南洋新生奖学金(本科)、倪葆生奖学金(本科新生)、欧姆龙奖学金、欧诺法奖学金、潘文渊奖学金(本/硕)、勤俭奖助学金(本科)、求是研究生奖学金、日立化成助学金(本科)、三井化学集团奖学金、三星奖学金(本/硕)、上海市慈善基金会晨兴、上海市奖学金、上海市甬协公益基金会奖助学金(本科)、申银万国奖助学金、圣约翰-文霞优秀学生金额奖学金、施耐德奖学金(本/硕)、叔蘋奖助学金、宋庆龄医学教育奖、苏浙沪同乡会助学金、汤菊梅助贷金(本科)跟踪三年、唐氏奖学金(本科)、陶氏化学奖学金(本/硕)、腾讯科技卓越奖学金、万业企业奖助学金、王教仁纪念奖助学金(本科)、唯爱天使基金(本科生)、卫材药学奖学金本科优秀奖、卫材药学奖学金学生本干部成长奖、翁史烈奖学金(轮机专业硕士)、吴有生奖学金(硕士)、伍威权伙食资助基金、伍威权奖助学金(本/硕)、悟宿基金会奖助学金、香港道德会助学金、香港思源奖助学金、校友爱心奖助学金、新长城结对资助(本科)、新鸿基地产郭氏基金助学金(本科)、新加坡科技工程奖学金(本科)、研究生国家优秀奖学金、杨槱造船奖学金(本/硕)、杨裕球基金奖学金(本/硕)、甬协助学金、优秀学生奖学金(本科)、曾宪梓奖助学金、张墚任奖学金、张明为奖助学金(本科)、张乃新奖助学金(本科)、章达锐,马彦家庭奖学基金(本科新生)、昭和电工奖学金、赵朱木兰博士生奖学金、中国电科十四所国睿奖学金、中海油贫困大学生助学基金(本科)、中华基金、中科院奖学金(本/硕)、竹风源奖助学金、自强(本科新生)、棕榈园林奖学金(本科)、台湾学生奖学金、港澳及华侨学生奖学金、宝钢港澳台奖学金。

主要校办产业

12家 上海交大产业投资管理(集团)、上海交大企业管理中心、上海交大南洋股份有限公司、上海交大昂立股份有限公司、上海交大慧谷信息产业股份有限公司、上海交大教育服务产业投资管理(集团)有限公司、上海交通大学教育(集团)有限公司、上海交大海科(集团)有限公司、上海交大科技园有限公司、上海高清数字科技产业有限公司、上海交大技术转移中心、上海交通大学出版社。

毕业生一次就业率 平均为96.87%。研究生97.38%、本科96.35%

学校历史沿革

上海交通大学建校于1896年4月,校名为南洋公学。1905-1949年,学校曾先后改名为商务部高等实业学堂、邮传部上海高等实业学堂、南洋大学堂、交通部上海工业专门学校、交通大学上海学校、交通部南洋大学、交通部第一交通大学、铁道部交通大学上海本部、国立交通大学。1949年夏,更名为交通大学。1959年8月,定名为上海交通大学。1999年9月,上海农学院并入上海交通大学,2001年3月上海海洋水下工程科学研究院并入上海交通大学。2005年7月上海市人民政府和教育部签署协议上海第二医科大学并入上海交通大学。

华东理工大学

学校(机构)标识码 4131010251	占地面积(平方米) 1768655	成人专科 2708
学校办学类型 411:本科院校:大学	校舍建筑面积(平方米) 852567	博士研究生 1433
学校性质类别 02 理工院校	图书(万册) 276.41	硕士研究生 6956
学校举办者 360 教育部	固定资产总值(万元) 256575.03	留学生 555
学校地址 上海市梅陇路130号	教学、科研仪器设备资产值(万元) 62996.85	专任教师(人) 1674
邮政编码 200237		其中:正高级 361
办公电话 021-64252500	在校生数(人) 37673	副高级 672
传真电话 021-64251138	其中:普通本科 17265	中级 604
校园(局域)网域名 www.ecust.edu.cn	成人本科 8756	初级 37
电子信箱 xiaoban@ecust.edu.cn		

本科专业 安全工程、保险、材料成型及控制工程、材料化学、材料物理、财务管理、测控技术与仪器、城市管理、德语、电气工程及其自动化、法学、复合材料与工程、高分子材料与工程、工程管理、工商管理、工商管理类、工业设计、公共事业管理、管理科学与工程类、广告学、国际经济与贸易、过程装备与控制工程、行政管理、化学、化学工程与工艺、环境工程、会计学、机械设计制造及其自动化、计算机科学与技术、金融学、金属材料工程、经济学类、劳动与社会保障、旅游管理、轻化工程、热能与动力工程、人力资源管理、日语、社会工作、社会学、生物工程、生物技术、生物科学、食品科学与工程、食品质量与安全、市场营销、数学与应用数学、无机非金属材料工程、物流管理、新能源材料与器件、信息工程、信息管理与信息系统、信息显示与光电技术、信息与计算科学、药物制剂、药学、艺术设计、英语、应用化学、应用物理学、油气储运工程、知识产权、制药工程、资源循环科学与工程、自动化

博士专业 材料化学工程(自主)、材料加工工程、材料科学与工程、材料学、动力工程及工程热物理、发酵工程、分析化学、高分子化学与物理、工业催化、过程系统工程(自主)、化工过程机械、化学工程、化学工艺、化学生物技术与工程(自主)、环境工程、环境科学、环境科学与工程、机械设计及理论、机械制造及其自动化、计算机应用技术、检测技术与自动化装置、精细合成化学与分子工程(自主)、控制科学与工程、控制理论与控制工程、马克思主义中国化研究、模式识别与智能系统、纳米材料技术(自主)、农药学、热能工程、社会学、生物材料(自主)、生物化工、生物化学与分子生物学、数学、无机化学、物理化学(含:化学物理)、系统工程、先进材料与制备技术(自主)、药物化学、应用化学、应用数学、有机化学、制药工程与技术(自主)

硕士专业 安全技术及工程、材料化学工程(自主)、材料科学与工程、材料学、测试计量技术及仪器、产业经济学、车辆工程、动力机械及工程、发酵工程、法律(法学)、法律(非法学)、法律(非法学)、分析化学、高等教育学、高分子化学与物理、工程、工商管理、工业催化、公共管理、固体力学、管理科学与工程、光学、国际法学(含:国际公法、国际私法)、国际贸易学、国际商务、国民经济学、过程系统工程(自主)、海洋生物学、行政管理、化工过程机械、化学工程、化学工艺、化学生物技术与工程(自主)、环境科学与工程、环境与资源保护法学、会计、会计学、机械电子工程、机械工程、机械设计及理论、机械制造及其自动化、计算机软件与理论、计算机应用技术、技术经济及管理、检测技术与自动化装置、教育经济与管理、金融学(含:保险学)、经济法学、精细合成化学与分子工程(自主)、控制科学与工程、控制理论与控制工程、理论物理、流体机械及工程、旅游管理、马克思主义理论、模式识别与智能系统、农药学、皮革化学与工程、企业管理(含:财务管理、市场营销)、情报学、区域经济学、热能工程、人口学、设计艺术学、社会保障、社会工作、社会学、生物化工、生物化学与分子生物学、生物医学工程、食品科学、数学、体育人文社会学、土地资源管理、外国语言学及应用语言学、微生物学、微生物与生化药学、无机化学、物理化学(含:化学物理)、先进材料与制备技术(自主)、信号与信息处理、药物化学、药学、艺术、英语语言文学、应用化学、油气储运工程、有机化学、原子与分子物理、哲学、政治学理论、植物保护、制药工程与技术(自主)、中药学

院系设置

1.化工学院(化学工程系、石油加工系、产品工程系);2.生物工程学院(生物工程系、应用生物学系、食品科学与工程系);3.化学与分子工程学院(化学系、精细化工系);4.药学院(制药工程系、药物科学系);5.材料工程学院(高分子材料系、无机材料系);6.机械与动力工程学院(机械工程系、动力工程及过程机械系、材料与装备工程系);7.信息科学与工程学院(自动化系、电子与通信工程系、计算机系);8.资源与环境工程学院(能源化工系、环境工程系);9.理学院(数学系、物理系);10.商学院(管理科学与工程系、工商管理系、会计学系、国际经济与贸易系、金融学系);11.社会与公共管理学院(公共管理系、社会工作系、行政管理系、社会学系);12.艺术设计与传媒学院(艺术设计系、旅游管理系、工业设计系、传媒系);13.外国语学院(英语系、日语系、德语系);14.法学院(法律系);15.体育科学与工程学院(体育系)。

国家级、省部级研究机构设置

1.实验室:化学工程联合国家重点实验室、生物反应器工程国家重点实验室、化工过程环境风险评价与控制重点实验室、超细材料制备与应用教育部重点实验室、结构可控先进功能材料及其制备教育部重点实验室、承压系统安全科学教育部重点实

验室、煤气化教育部重点实验室、化工过程先进控制和优化技术教育部重点实验室、特种功能高分子材料及相关技术教育部重点实验室、上海市化学生物学重点实验室、上海市先进聚合物材料重点实验室、上海市功能性材料化学重点实验室。

2. 研究中心（所）：国家超细粉末工程研究中心、国家生化工程技术研究中心（上海）、国家盐湖资源综合利用工程技术研究中心、国家医用生物材料动员中心、医用生物材料教育部工程研究中心、大型工业反应器工程教育部工程研究中心、绿色高效过程装备与节能教育部工程研究中心、过程系统工程教育部工程研究中心、资源（盐湖）过程工程教育部工程研究中心、制药工程与过程化学教育部工程研究中心、国家宝石检测中心。

博士后科研流动站 化学工程与技术博士后科研流动站、控制科学与工程博士后科研流动站、材料科学与工程博士后科研流动站、环境科学与工程博士后科研流动站、动力工程及工程热物理博士后科研流动站、动力工程及工程热物理博士后科研流动站、化学博士后科研流动站、机械工程博士后科研流动站、药学博士后科研流动站、社会学博士后科研流动站。

定期公开出版的专业刊物 《华东理工大学周报》、《华东理工大学学报（自然科学版）》、《华东理工大学学报（社会科学版）》、《功能高分子学报》、《化工高等教育》

学校设立奖学金情况

学校设立奖学金42项，奖励总金额120余万元。奖学金最高金额每人12000元/年，最低金额50元/年。

1. 综合课程奖：（研究生）一等：48人/年，2000元/人；二等：84人/年，1000元/人；三等：154人/年，500元/人
2. 民族班奖学金（本科）：49人/年，总额：68500元，最高1500元/人，最低500元/人
3. 寒梅奖（本科）：286人/年，总额：143000元，最高500元/人，最低500元/人
4. 先进个人、先进集体奖学金（本科）：983人/年，总额：173750元
5. 毕业班奖学金（本科）：(1)综合课程奖：1786人/年，总额：2287442元；(2)民族班：37人/年，总额：47500元；(3)优秀毕业生：345人/年，总额：131200元
6. 高水平论文奖（研究生）：一等，55人/年，2000元/人；二等，73人/年，1000元/人
7. 优秀学生奖（研究生）：311人/年，300元/人
8. 优秀学生干部奖（研究生）：71人/年，300元/人
9. 社会工作奖（研究生）：一等，67人/年，200元/人；二等，88人/年，150元/人；三等，94人/年，100元/人
10. 三助工作奖（研究生）：120人/年，50元/人
11. 陶氏奖学金：（本科）6人/年，4000元/人；（研究生）14人/年，6000元/人
12. 三井化学集团奖：（本科）3人/年，5000元/人；（研究生）6人/年，5000元/人
13. 迈图有机硅奖学金：（研究生）博士1人/年，5000元/硕士5人/年，4000元/人；（本科）2人/年，3500元/人
14. 阿科玛奖学金：（本科）5人/年，3000元/人；（研究生）4人/年，4500元/人
15. 液空奖学金：博士3人/年，6000元/人；硕士3人/年，4000元/人
16. 科华生物奖学金（研究生）：10人/年，3000元/人
17. 天鼎－东岳奖（研究生）：特等，3人/年，12000元/人；一等，16人/年，3000元/人
18. 聚光科技奖学金（研究生）：1人/年，2000元/人
19. 住友奖学金（本科）：总额37500元，15人/年
20. 洛德教育奖学金：（研究生）总额65000元，9人/年；（本科）总额35000元，7人/年，共35000元
21. 祁柳奖（本科）：总额10000元，10人/年
22. 巴斯夫奖学金：（本科）总额27000元，9人/年；（研究生）总额23000，9人/年
23. 烟台万华奖学金（本科）：总额50000元，10人/年
24. 和氏璧奖学金：（研究生）总额6000元，2人/年；（本科）总额24000元，8人/年
25. 化学化工奖学金（本科）：总额3000元，3人/年
26. 宝钢奖学金：（研究生）总额10000元，2人/年；（本科）总额45000元，8人/年
27. 德固赛奖学金：（研究生）总额：58000元，8人/年；（本科）总额42000元，7人/年
28. 东芝电子奖学金（本科）：总额25000元，5人/年
29. 福禄奖学金（本科）：总额50000元，10人/年
30. 亚什兰奖学金（本科）：总额100000元，19人/年
31. 山河奖学金（本科）：总额18000元，6人/年
32. 化工区优秀生奖：（研究生）总额20000元，32人/年；（本科）总额80000元，8人/年
33. 化工区创新奖：（研究生）总额25000元，10人/年；（本科）总额52500元，21人/年
34. 化工区特长生奖：（研究生）总额5000元，2人/年；（本科）总额27500元，13人/年
35. 中石化奖学金：（研究生）总额10000元，2人/年；（本科）总额40000元，8人/年
36. 艾利发明奖学金（本科）：总额45000元，6人/年
37. 飞扬进步奖学金（本科）：总额145000元，45人/年
38. 博禄奖学金：（研究生）总额20000元，5人/年；（本科）总额40000元，10人/年
39. 空气化工奖学金：（研究生）总额26000元，6人/年；（本科）总额16000元，4人/年
40. 锋泾奖学金（本科）：总额150000元，75人/年
41. 埃克森美孚奖学金：（研究生）总额20000元，4人/年；（本科）总额20000元，5人/年
42. 金谷商场奖学金：（研究生）总额5000元，1人/年；（本科）总额10000元，2人/年

主要校办产业

华东理工大学出版社、上海伯瑞生物技术发展有限公司、上海华理资产经营有限公司、上海华理远大技术有限公司、上海华凯科技贸易公司、上海捷成信息工程部、华东理工大学科技服务部、上海华商企业发展智力服务公司、上海化立教育信息咨询有限公司、上海华东理工安全工程咨询有限公司、华东理工大学服务公司、上海华卫装潢公司、上海华平园林工程公司、上海维达实业公司、上海华化生物制品厂、上海顺风自控新技术开发公司、华东理工大学催化剂厂、上海市徐汇区华化余力生活服务部、上海华化副食品经营部、上海华方建筑装饰工程公司、上海

华顺科学器材公司、上海伊特工程技术有限公司、上海国佳生化工程技术研究中心有限公司、上海华理置业有限公司、常熟经经济开发区高新技术创业投资有限公司、华东理工大学华昌聚合物有限公司、华东理工大学工程设计研究院有限公司、上海四达石油化工科技有限公司、上海华天生物添加剂科技有限公司、上海华明高技术(集团)有限公司、上海敏光化学科技有限公司、上海华理能源生物技术有限公司、上海华化摩擦材料有限公司、上海多佳水处理科技有限公司、上海华东理工科技园有限公司、上海华力索菲科技有限公司、上海浩思海洋生物科技有限公司、上海华理安全装备有限公司、上海华理化工科技发展有限公司、上海宝利纳材料科技有限公司、上海华友科贸实业有限公司、上海博商经济技术有限公司、上海合达碳素材料有限公司、上海海湾科技园发展有限公司、上海华理生物医药有限公司、上海深懋中医药工程技术有限公司、上海华泰科技贸易有限公司、上海瑞邦生物材料有限公司、上海华理化学专用品公司、青海盐湖镁业有限公司、上海现代中医药技术发展有限公司

学校历史沿革

华东理工大学原名华东化工学院,是在1952年全国院系调整时,由交通大学(上海)、震旦大学(上海)、大同大学(上海)、东吴大学(苏州)、江南大学(无锡)等校的化工系合并在上海组建成的全国第一所单科性化工院校。1960年,被中共中央确定为全国重点高校,直属原高等教育部。1972年,华东化工学院曾改名为上海化工学院。1980年,教育部批准恢复原华东化工学院校名。1993年,经教育部批准,华东化工学院改名为华东理工大学。1996年进入国家"211工程"重点建设行列,1997年10月,上海市参与共建共管,在全国首创了教育部、国家企业集团、地方政府共建共管、以教育部为主的共建模式。2000年经教育部批准建立研究生院,同年12月,华东理工大学石油化工学院(原上海石油化工高等专科学校)正式并入学校。2008年获准建设"985创新平台",是国家首批实施自主招生改革的22所高校之一。

上海理工大学

学校(机构)标识码 4131010252	占地面积(平方米) 602458	成人专科 1835
学校办学类型 411:本科院校:大学	校舍建筑面积(平方米) 518526	博士研究生 323
学校性质类别 02 理工院校	图书(万册) 182.17	硕士研究生 4277
学校举办者 811 省级教育部门	固定资产总值(万元) 115436.02	留学生 433
学校地址 上海市杨浦区军工路516号	教学、科研仪器设备资产值(万元) 30349.7	专任教师(人) 1403
邮政编码 200093		其中:正高级 200
办公电话 021-55273476	在校生数(人) 27422	副高级 352
传真电话 021-55272258	其中:普通本科 17145	中级 692
校园(局域)网域名 www.usst.edu.cn	普通专科 432	初级 111
电子信箱 xb@usst.edu.cn	成人本科 2977	未定职级 48

本科专业 包装工程、编辑出版学、材料成型及控制工程、材料科学与工程、材料类、测控技术与仪器、车辆工程、传播学、德语、电气工程及其自动化、电气信息类、电子科学与技术、电子商务、电子信息工程、电子信息科学类、电子信息科学与技术、动画、工商管理、工商管理类新专业、工业工程、工业设计、公共管理类、公共事业管理、管理科学、光电信息工程、光信息科学与技术、广告学、国际经济与贸易、过程装备与控制工程、环境工程、会计学、会展经济与管理、机械类、机械设计制造及其自动化、计算机科学与技术、建筑环境与设备工程、交通工程、金融学、经济学类、能源动力类、热能与动力工程、日语、生物医学工程、食品科学与工程、食品质量与安全、市场营销、数学与应用数学、数字印刷、通信工程、土建类、土木工程、网络工程、系统科学与工程、新能源科学与工程、新闻传播学类、信息管理与信息系统、信息与计算科学、药物制剂、医疗器械工程、医学影像工程、艺术设计、印刷工程、英语、应用化学、应用物理学、智能科学与技术、自动化

专科专业 电气自动化技术、机电一体化技术、模具设计与制造、数控技术

博士专业 测试计量技术及仪器、动力机械及工程、工程热物理、管理科学与工程、光学工程、化工过程机械、流体机械及工程、能源与环境工程、热能工程、生物系统热科学与技术、系统分析与集成、制冷及低温工程

硕士专业 财政学(含:税收学)、测试计量技术及仪器、产业经济学、车辆工程、传播学、电机与电器、电力电子与电力传动、电气工程、动力工程、动力机械及工程、翻译、工程管理、工程热物理、工商管理、工业工程、公共管理、供热、供燃气、通风及空调工程、管理科学与工程、光学、光学工程、光学工程新专业、国际贸易学、国际商务、国民经济学、行政管理、化工过程机械、环境工程、环境科学、机械电子工程、机械工程、机械设计及理论、机械制造及其自动化、基础数学、计算机技术、计算机应用技术、技术经济及管理、检测技术与自动化装置、建筑与土木工程、交通运输规划与管理、教育经济与管理、结构工程、金融学(含:保险学)、精密仪器及机械、控制工程、控制理论与控制工程、劳动经济学、流体机械及工程、流体力学、马克思主义基本原理、模式识别与智能系统、凝聚态物理、企业管理(含:财务管理、市场营销)、区域经济学、热能工程、生物工程、生物医学工程、食品工程、食品科学、数量经济学、思想政治教育、统计学、外国语言学及应用语言学、物流工程、系统分析与集成、系统工程、系统理

论、信号与信息处理、仪器仪表工程、印刷光学工程、英语语言文学、应用数学、制冷及低温工程

院系设置

能源与动力工程学院、光电信息与计算机工程学院、管理学院、机械工程学院、环境与建筑学院、出版印刷与艺术设计学院、医疗器械与食品学院、外语学院、理学院、材料科学与工程学院、中英国际学院、上海—汉堡国际工程学院、基础学院、工程科技学院、继续教育学院、沪江学院、社会科学部、体育教学部

国家级、省部级研究机构设置

1. 实验室：现代光学系统实验室、机械工业精密磨削技术实验室、机械工业环保制冷剂应用研究重点实验室、机械工业汽车底盘机械零部件强度与可靠性评价重点实验室、机械工业精密光电测试技术与仪器重点实验室、机械工业数控机床优化技术重点实验室、新闻出版总署数字传播科学重点实验室。

2. 研究中心（所）：教育部工程中心现代微创医疗器械及技术工程中心、教育部工程中心光学仪器与系统工程中心、新闻出版总署数字印刷工程研究中心、工业过程自动化（与上海工业自动化仪表研究所共建）、国家工程研究中心、光学仪器国家质量监督检验中心。

博士后科研流动站 动力工程与工程热处理、管理科学与工程、光学工程。

定期公开出版的专业刊物 《上海理工大学学报》（自然科学版）、《上海理工大学学报》（社会科学版）、《光学仪器》、《能源研究与信息》

学校设立奖学金情况

学校设立奖学金32项，奖励总金额1105.98万元。奖学金最高金额8000元/年，最低金额600元/年。（备注：含社会资源在校设立的奖学金）

主要校办产业

资产经营公司、实业总公司、高机书店、瑞纽机械装备制造公司

学校历史沿革

1906~1952年，沪江大学；1953~1958年，上海机械制造学院、上海工业管理学院；1958~1960年，上海机械专科学院；1960~1994年，上海机械学院；1994~1996年，华东工业大学；1907~1920年，同济德文医工学堂；1920~1945年，中法国立工学堂；1945~1953年，国立上海高级机械职业学校；1953~1959年，上海动力机械制造学院；1959~1983年，上海机械制造学校；1983~1996年，上海机械高等专科学校。1996年5月，由原华东工业大学与原上海机械高等专科学校合并组建上海理工大学。1998年9月，学校由原机械工业部规划上海市管理。2003年7月，上海医疗器械高等专科学校和上海出版印刷高等专科学校规划上海理工大学管理，并组建上海理工大学医疗器械学院和上海理工大学出版印刷学院。

上海海事大学

学校（机构）标识码	4131010254
学校办学类型	411：本科院校：大学
学校性质类别	02 理工院校
学校举办者	811 省级教育部门
学校地址	上海市浦东新区临港新城海港大道1550号
邮政编码	201306
办公电话	021-38284172
传真电话	021-38284171
校园（局域）网域名	www.shmtu.edu.cn
电子信箱	smupo@shmtu.edu.cn
占地面积（平方米）	1599757
校舍建筑面积（平方米）	732578
图书（万册）	197.23
固定资产总值（万元）	167846.2
教学、科研仪器设备资产值（万元）	41479.76
在校生数（人）	26131
其中：普通本科	16248
普通专科	2524
成人本科	2878
成人专科	1644
博士研究生	182
硕士研究生	2459
留学生	196
专任教师（人）	1026
其中：正高级	136
副高级	309
中级	468
初级	65
未定职级	48

本科专业 安全工程、财务管理、测控技术与仪器、船舶电子电气工程、船舶与海洋工程、电气工程及其自动化、电气工程与智能控制（中荷）、电子商务、电子信息工程、法学（海商法）、港口航道与海岸工程、港口机械、工商管理、工业工程、工业设计、管理科学、国际经济与贸易、海洋材料、海运与物流经济、行政管理、航海技术、航运管理、环境工程、会计学、机械电子工程（中荷）、机械类、计算机科学与技术、交通工程、交通运输、金融学、经济学、轮机工程、旅游管理、能源工程及自动化、热能与动力工程、日语、数学与应用数学、通信工程、网络工程、物流工程、物流管理、信息管理与信息系统、信息与计算科学、艺术设计、英语、自动化

专科专业 船舶工程技术、电气自动化技术、港口物流设备与自动控制、国际航运业务管理、国际会计、机电一体化技术、集装箱运输管理、计算机应用技术、商务英语、物流管理、应用电子技术

博士专业 电力电子与电力传动、交通信息工程及控制、交通运输规划与管理、交通运输经济与管理、轮机工程、物流管理与工程、载运工具运用工程

硕士专业 产业经济学、船舶与海洋工程、电磁场与微波技术、电力电子与电力传动、电气工程、电子与通信工程、法律硕士（法学）、法律硕士（非法学）、港口、海岸及近海工程、工程管理硕士、工商管理硕士、管理科学与工程、国际法学（含：国际公法、国际私法）、国际贸易学、会计学、机械电子工程、机械工程、机械设计及理论、计算机技术、计算机软件与理论、计算机应用技术、

技术经济及管理、检测技术与自动化装置、交通信息工程及控制、交通运输工程、交通运输规划与管理、经济法学、控制理论与控制工程、轮机工程、民商法学(含:劳动法学)、社会保障、企业管理(含:财务管理、市场营销)、软件工程、思想政治教育、通信与信息系统、外国语言学及应用语言学、物流工程、信号与信息处理、英语笔译、英语语言文学、载运工具运用工程、制冷及低温工程

院系设置

商船学院、交通运输学院、经济管理学院、物流工程学院(设中荷机电工程学院)、信息工程学院、外国语学院、法学院、文理学院(设艺术设计学院)、海洋环境与工程学院、高等技术学院、浦东工商管理学院、海华高等技术学院、继续教育学院

国家级、省部级研究机构设置

研究中心(所):集装箱供应链技术教育部工程研究中心、航运仿真技术教育部工程研究中心、航运技术与控制工程交通行业重点实验室、上海市普通高校人文社会科学重点研究基地——上海海事大学海商法研究中心、上海航运物流信息工程技术研究中心、上海市社会科学创新研究基地(上海航运中心建设研究方向)

博士后科研流动站 交通运输工程、电气工程

定期公开出版的专业刊物 《上海海事大学学报》、《计算机辅助工程》、《水运管理》、《集装箱化》

学校设立奖学金情况

学校设立奖学金40项,奖励总金额909.6余万元。奖学金最高金额15000元/年,最低金额1000元/年。

主要校办产业

上海海大资产经营有限公司、上海育海航运公司、上海育海船务代理有限责任公司、上海海阳气象导航有限公司、上海星海印刷公司、上海联勤工贸实业有限公司、上海海云宾馆、上海海昕装潢有限公司、上海海园房地产开发有限公司、上海航元海运技术开发有限公司、上海海笪文化传播有限公司、上海航蕴运输咨询有限公司

学校历史沿革

1909年晚清邮传部上海高等实业学堂(南洋公学)船政科开创了我国高等航海教育的先河。1912年成立吴淞商船学校,1928年更名为吴淞商船专科学校。1959年交通部在沪组建上海海运学院。从2000年开始,学校实行由上海市和交通部共建,以上海市管理为主的体制。2004年教育部批准上海海运学院更名为上海海事大学。

东华大学

学校(机构)标识码 4131010255	电子信箱 cims@dhu.edu.cn	成人专科 1076
学校办学类型 411:本科院校:大学	占地面积(平方米) 1218760	博士研究生 996
学校性质类别 02 理工院校	校舍建筑面积(平方米) 606828	硕士研究生 5293
学校举办者 360 教育部	图书(万册) 170.53	留学生 1174
学校地址 上海市松江区人民北路2999号	固定资产总值(万元) 183604	专任教师(人) 1247
邮政编码 201620	教学、科研仪器设备资产值(万元) 60431	其中:正高级 249
办公电话 021-67792401	在校生数(人) 27089	副高级 501
传真电话 021-67792199	其中:普通本科 14886	中级 421
校园(局域)网域名 www.dhu.edu.cn	成人本科 3664	初级 37
		未定职级 39

本科专业 表演、材料类、财务管理、传播学、电气工程及其自动化、电气信息类、电子商务、电子信息工程、动画、法学、纺织工程、非织造材料与工程、服装设计与工程、复合材料与工程、高分子材料与工程、工商管理类、工业设计、公共关系学、功能材料、管理科学与工程类、光电子技术科学、国际经济与贸易、行政管理、环境工程、环境科学、会计学、会展经济与管理、会展艺术与技术、机械工程及自动化、计算机科学与技术、建筑环境与设备工程、教育技术学、金融学、经济学类、旅游管理、能源与环境系统工程、轻化工程、日语、软件工程、生物工程、市场营销、数学与应用数学、数字媒体艺术、通信工程、统计学、网络工程、无机非金属材料工程、物流管理、信息安全、信息管理与信息系统、艺术设计、英语、应用化学、应用物理学、自动化

博士专业 材料加工工程、材料科学与工程、材料物理与化学、材料学、产业组织创新与管理控制、电子商务、仿生材料、纺织材料与纺织品设计、纺织复合材料、纺织工程、纺织化学与染整工程、纺织生物材料与技术、纺织生物材料与技术、非织造材料与工程、服装设计与工程、高分子化学与物理、供热、供燃气、通风及空调工程、管理科学与工程、环境工程、环境科学与工程、环境生物技术、机械设计及理论、机械制造及其自动化、经济管理决策与分析、控制理论与控制工程、模式识别与智能系统、纳米纤维及杂化材料、企业管理(含:财务管理、市场营销)、数字化纺织工程、纤维材料物理、信息管理与信息系统、智能决策与知识管理、中国古代纺织工程

硕士专业 材料工程、材料工程(金属材料)、材料加工工程、材料加工工程(金属材料)、材料物理与化学、材料学、产业经济学、等离子体物理、电力电子与电力传动、电气工程、电子与通信工程、动力工程、仿生材料、纺织材料与纺织品设计、纺织复合材料、纺织工程、纺织工程(服装)、纺织工程(染整)、纺织化学与染整工程、纺织生物材料技术、纺织生物材料与技术、非织造材料与工程、服装设计与工程、高分子化学与物理、工商管理硕

士、工业设计工程(服装)、工业设计工程(机械)、供热、供燃气、通风及空调工程、固体力学、管理科学与工程、国际贸易学、行政管理、化学工程、环境工程、环境科学、环境生物技术、会计学、机械电子工程、机械工程、机械设计及理论、机械制造及其自动化、基础数学、计算机技术、计算机软件与理论、计算机系统结构、计算机应用技术、技术经济及管理、检测技术与自动化装置、建筑与土木工程、金融学(含:保险学)、科学技术史、科学技术哲学、控制工程、控制理论与控制工程、马克思主义基本原理、马克思主义哲学、模式识别与智能系统、纳米纤维及杂化材料、企业管理(含:财务管理、市场营销)、热能工程、软件工程、设计艺术学、生物工程、生物化工、生物化学与分子生物学、世界经济、数字化纺织工程、通信与信息系统、外国语言学及应用语言学、物流工程、物质智能系统工程、系统工程、信号与信息处理、信息与通信工程、艺术设计、英语笔译、应用化学、应用数学、有机化学、中国古代纺织工程、中国近现代史

院系设置

纺织学院、材料科学与工程学院、化学化工与生物工程学院、服装.艺术设计学院、环境科学与工程学院、信息科学与技术学院、旭日工商管理学院、机械工程学院、理学院、外语学院、人文学院、计算机科学与技术学院、体育部、继续教育学院、国际文化交流学院以及合作办学的东华大学-莱佛士国际设计专修学院

国家级、省部级研究机构设置

1. 实验室:纤维材料改性国家重点实验室、纺织面料技术教育部重点实验室、生态纺织教育部重点实验室、高性能纤维及制品教育部重点实验室、现代服装设计与技术教育部重点实验室

2. 研究中心(所):国家染整工程技术研究中心、数字化纺织服装技术教育部工程研究中心、先进玻璃制造技术教育部工程研究中心、产业用纺织品教育部工程研究中心、纺织装备教育部工程研究中心、磁约束核聚变教育部研究中心、国家环境保护纺织工业污染纺织工程技术中心

博士后流动站 纺织科学与工程博士后流动站、材料科学与工程博士后流动站、控制科学与工程博士后流动站、环境科学与工程博士后流动站、机械工程博士后流动站

定期公开出版的专业刊物 《东华大学学报》(自然科学版)(双月刊)、《产业用纺织品》(月刊)、《国外纺织技术》(月刊)、《国际纺织导报》(季刊)、《东华大学学报》(社会科学版)(季刊)、《玻璃与搪瓷》(自然刊)(月刊)、《东华大学学报》(英文)(季刊)、《纺织教育》(双月刊)

学校设立奖学金情况

学校设立奖学金48项,奖励总金额:763.66万元。

奖学金最高金额:12000元/年;最低金额:500元/年。

主要校办产业

上海东华大学镜月资产经营有限公司、上海东华大学科技园发展有限公司、上海喜天游发展有限公司、上海东华海欣纺织科技发展有限公司、东华大学出版社、上海东华信息技术有限公司、上海东华健利纺织科技有限公司、上海东大菲菲有限责任公司、上海东大纺织新材料有限公司、上海汉达染整技术有限公司、上海新力纺织化学品有限公司、上海新欣产业用纺织品开发公司、上海东雅艺术设计工程有限公司等

学校历史沿革

华东纺织工学院(1951年-1972年)(1952年-1956年并入的学校有南通学院纺织科、武汉中南纺织专科学校、四川乐山技艺专科学校、青岛工学院纺织系);上海纺织工学院(1972年-1980年);华东纺织工学院(1980年-1985年);中国纺织大学(1985年-1999年)(1994年,中国纺织总会管理学院并入,1999年上海纺织高等专科学校、轻工业玻璃搪瓷研究所并入);东华大学(1999年至今,2003年7月无锡校区调整至江南大学)2002年10月,松江校区启动建设。2004年7月,长宁路校区置换。2003年9月,首批本科生入住松江校区,2005年9,机关部处及部分学院、业务部门搬至松江校区。

上海电力学院

学校(机构)标识码	4131010256
学校办学类型	412:本科院校:学院
学校性质类别	02 理工院校
学校举办者	811 省级教育部门
学校地址	上海市平凉路2103号
邮政编码	200090
办公电话	021-65458500
传真电话	021-65207280
校园(局域)网域名	www.shiep.edu.cn
电子信箱	bgs@shiep.edu.cn
占地面积(平方米)	383200
校舍建筑面积(平方米)	289540
图书(万册)	96.43
固定资产总值(万元)	64961.1
教学、科研仪器设备资产值(万元)	14732.31
在校生数(人)	17582
其中:普通本科	10336
普通专科	166
成人本科	5557
成人专科	1117
硕士研究生	365
留学生	41
专任教师(人)	711
其中:正高级	73
副高级	223
中级	364
初级	51

本科专业 材料化学、材料科学与工程、测控技术与仪器、电力工程与管理、电气工程及其自动化、电子科学与技术、电子信息工程、工程管理、工商管理、公共事业管理、光电信息工程、国际经济与贸易、化学工程与工艺、环境工程、机械设计制造及其自动化、计算机科学与技术、经济学、热能与动力工程、日语、软件工程、通信工程、物流管理、信息安全、信息管理与信息系统、信息与计算科学、英语、应用物理学、自动化

专科专业 电气自动化技术

硕士专业 电力系统及其自动化、热能工程、应用化学
院系设置
学校设有能源与环境工程学院、电力与自动化工程学院、计算机与信息工程学院、经济与管理学院、数理学院、外国语学院、国际交流学院、高等职业技术学院、成人教育学院（含华东电力继教中心）共九个二级学院，以及社会科学部、体育部两个直属部。
定期公开出版的专业刊物 《上海电力学院学报》
学校设立奖学金情况
学校设立奖学金4项，奖励总金额503余万元。奖学金最高金额8000元/年，最低金额750元/年。
学校历史沿革
上海电力学院创建于1951年，历经了上海电业学校、上海动力学校、上海电力学校、上海电力专科学校的发展演变。1985年1月，经教育部和水利电力部批准，更名为上海电力学院，开始了本科层次的办学历程。李鹏同志为学校题写了校名。

上海应用技术学院

学校(机构)标识码 4131010259	电子信箱 po@sit.edu.cn	成人本科 2320
学校办学类型 412:本科院校:学院	占地面积(平方米) 1098614	成人专科 1611
学校性质类别 02 理工院校	校舍建筑面积(平方米) 513563	硕士研究生 111
学校举办者 811 省级教育部门	图书(万册) 125.74	留学生 37
学校地址 上海市奉贤区海泉路100号	固定资产总值(万元) 70717.97	专任教师(人) 1027
	教学、科研仪器设备资产值(万元)	其中:正高级 97
邮政编码 201418	28485.55	副高级 302
办公电话 021-60873536	在校生数(人) 22288	中级 520
传真电话 021-60873335	其中:普通本科 15828	初级 101
校园(局域)网域名 www.sit.edu.cn	普通专科 2381	未定职级 7

本科专业 安全工程、材料成型及控制工程、材料科学与工程、材料物理、德语、电气工程及其自动化、电子信息工程、复合材料与工程、工程管理、国际经济与贸易、过程装备与控制工程、化学工程与工艺、环境工程、会计学、会展经济与管理、绘画、机械设计制造及其自动化、计算机科学与技术、建筑环境与设备工程、建筑学、交通工程、劳动与社会保障、轻化工程、热能与动力工程、软件工程、社会工作、生物工程、食品科学与工程、市场营销、数学与应用数学、土木工程、网络工程、文化产业管理、信息管理与信息系统、信息显示与光电技术、艺术设计、英语、应用化学、园林、园艺、制药工程、自动化
专科专业 电气自动化技术、高分子材料应用技术、国际商务、会展策划与管理、机电一体化技术、计算机应用技术、建筑装饰工程技术、金属材料与热处理技术、空中乘务、商务管理、商务管理(中加合作)、市场营销、应用电子技术、应用化工技术、应用艺术设计、园艺技术、资产评估与管理
硕士专业 工程、应用化学
院系设置
材料学科与工程学院、化学环境与工程学院、城市建设与安全工程学院、机械工程学院、电气与电子工程学院、计算机科学与信息工程学院、经济与管理学院、人文学院和思想政治学院、外国语学院、艺术设计学院、生态技术与工程学院、理学院、香料香精技术工程学院、工程创新学院、轨道交通学院、体育教育部、高职学院、继续教育学院
国家级、省部级研究机构设置
上海香料研究所
定期公开出版的专业刊物 《上海应用技术学院学报》(自然科学版)、《香料香精化妆品》
学校设立奖学金情况
奖学金总金额540万元。奖学金最高金额5000元/年，最低金额50元/年。
主要校办产业
应翔资产经营公司
学校历史沿革
2000年4月经国家教育部批准，由原上海冶金高等专科学校(1954年建立)、上海轻工业高等专科学校(1956年建立)、上海化工高等专科学校(1959年建立)合并组建上海应用技术学院。

上海医疗器械高等专科学校

学校(机构)标识码 4131010262	学校性质类别 02 理工院校	邮政编码 200093
学校办学类型 414:专科院校:高等专科学校	学校举办者 811 省级教育部门	办公电话 021-65483431
	学校地址 上海市营口路101号	传真电话 021-55620106

校园(局域)网域名　www.smic.edu.cn	教学、科研仪器设备资产值(万元)	专任教师(人)　184
电子信箱　xiaoban@smic.edu.cn	7443.19	其中:正高级　8
占地面积(平方米)　184426	在校生数(人)　4607	副高级　40
校舍建筑面积(平方米)　40528	其中:普通专科　4260	中级　115
图书(万册)　24.23	成人专科　347	初级　21
固定资产总值(万元)　22576.9		

专科专业　放射治疗技术及设备、工商企业管理(经贸英语)、计算机网络技术(远程医疗)、检测技术及应用(医疗器械检测技)、康复工程技术、临床工程技术(中日合作)、临床工程技术(中日合作医疗电子)、软件技术(医疗器械软件)、生物制药技术(生物制药设备)、食品药品监督管理(食品监管)、食品药品监督管理(医疗器械监管)、市场营销(医疗器械营销)、卫生信息管理(数字医学信息技术)、物流管理(医疗器械物流管理)、药剂设备制造与维护、医疗器械制造与维护、医学检验仪器管理与维护、医学影像设备管理与维护、医用电子仪器与维护、医用治疗设备应用技术

院系设置
学校现设精密医疗器械系、医用电子设备系等五系一部。

国家级、省部级研究机构设置
拥有国家级和上海市级职业教育公共实训基地13个,并在140家企业与医院内建立了校外实习实训基地。

学校设立奖学金情况
学校设立奖学金14项,奖励总额186余万元,奖学金最高金额8000元/年,最低金额120元/年。

学校历史沿革
1960年国家卫生部创办,先后隶属国家医药管理局、国家食品药品监督管理局,2000年划归上海市人民政府管理,2003年划归上海理工大学管理,是国内唯一独立设置的专门培养医疗器械高技能人才的全日制普通高等职业院校。

上海海洋大学

学校(机构)标识码　4131010264	电子信箱　xb@shou.edu.cn	成人本科　3452
学校办学类型　411:本科院校:大学	占地面积(平方米)　1373599	成人专科　2369
学校性质类别　03 农业院校	校舍建筑面积(平方米)　395178	博士研究生　114
学校举办者　811 省级教育部门	图书(万册)　105.7	硕士研究生　1711
学校地址　上海市浦东新区沪城环路999号	固定资产总值(万元)　72818.75	留学生　47
邮政编码　201306	教学、科研仪器设备资产值(万元)　23496.58	专任教师(人)　871
办公电话　021-61900296	在校生数(人)　20657	其中:正高级　119
传真电话　021-61900000	其中:普通本科　12161	副高级　270
校园(局域)网域名　www.shou.edu.cn	普通专科　803	中级　430
		初级　52

本科专业　包装工程、朝鲜语、电气工程及其自动化、动物科学(动物营养与饲料)、工业工程、国际经济与贸易、海洋管理、海洋技术、海洋技术(海洋测绘)、海洋科学(海洋生物资源)、海洋科学(环境海洋学)、海洋渔业科学与技术、行政管理、行政管理(劳动与社会保障)、环境工程、环境科学、会计学、机械设计制造及其自动化、计算机科学与技术、建筑环境与设备工程、金融学、空间信息与数字技术、农林经济管理、热能与动力工程、日语、社会工作、生物技术、生物技术(海洋生物制药)、生物科学、生物科学(海洋生物)、食品经济管理、食品科学与工程、食品科学与工程(食品物流工程)、食品质量与安全、市场营销、市场营销(国际商务)、水产养殖学、水族科学与技术、物流工程、物流管理、物流管理(食品物流管理)、信息管理与信息系统、信息管理与信息系统(海洋信息技术)、信息管理与信息系统(环境信息系)、信息与计算科学、英语、园林(水域生态景观)

专科专业　计算机应用技术、轮机工程技术、食品药品监督管理、食品营养与检测、物流管理、应用英语、制冷与冷藏技术

博士专业　捕捞学、水产品加工及贮藏工程、水产养殖、水生生物学、渔业环境保护与治理、渔业经济与管理、渔业资源

硕士专业　捕捞学、产业经济学、动物遗传育种与繁殖、动物营养与饲料科学、海洋生物学、环境科学、机械工程、机械设计及理论、计算机技术、计算机应用技术、临床兽医学、农村与区域发展、农业经济管理、农业信息化、生物化学与分子生物学、食品工程、食品科学与工程、水产养殖、水生生物学、应用化学、渔业、渔业环境保护与治理、渔业经济与管理、渔业资源、制冷及低温工程、作物遗传育种

院系设置
水产与生命学院、食品学院、海洋科学学院、经济管理学院、信息学院、工程学院、人文学院、外国语学院、国际文化交流学院、成人教育学院、高等职业技术学院、爱恩学院

国家级、省部级研究机构设置
研究所(中心):水产种质资源发掘与利用教育部重点实验室、农业部水产种质资源与养殖生态重点开放实验室、农业部渔

业动植物病原库、农业部鱼类营养与环境生态研究中心、上海高校水产养殖学E-研究院、水域环境生态上海高校工程研究中心、大洋渔业资源可持续开发省部共建教育部重点实验室、农业部远洋渔业培训中心、大洋生物资源开发和利用上海市高校重点实验室、农业部冷库及制冷设备质量监督检验测试中心、中国渔业发展战略研究中心、水产养殖工程技术研究中心、海洋科学研究院

博士后流动站 水产养殖学博士后科研流动站、食品科学与工程博士后科研流动站

定期公开出版的专业刊物 《上海海洋大学学报》、《水产学报》

学校设立奖学金情况

学校设立奖学金16项。奖学金最高金额8000元/年,最低金额100元/年。

1. 上海海洋大学人民奖学金:获奖人为每学期学生总人数的35%,每年评选2次;一等奖1200元/人、二等奖600元/人、三等奖300元/人;
2. 上海海洋大学单项奖学金(获奖名额不限):学习进步奖、单科成绩优秀奖、自强奖学金、文学艺术奖、发明创造奖、专业成就奖、创业实践奖等;
3. 上海海洋大学朱元鼎奖学金:共50人/年,其中本科生44人/年,研究生6人/年,2000元/人;
4. 上海海洋大学侯朝海奖学金:共50人/年,其中本科生44人/年,研究生6人/年,2000元/人;
5. 上海海洋大学孟庆闻奖学金:共50人/年,其中本科生44人/年,研究生6人/年,2000元/人;
6. 秀康奖学金:共15人/年,一等奖1人,2500元/人;二等奖3人,1600元/人;三等奖4人,800元/人;四等奖7人,500元/人;
7. 航海奖学金:1人/年,1200元/人;
8. 索尼奖学金:3人/年,4000元/人;
9. 宝钢奖学金:2人/年,5000元/人;
10. 上海海洋大学自强奖学金:100人/年,250元/人;
11. 国家奖学金:34人/年,8000元/人;
12. 上海市奖学金:34人/年,8000元/人;
13. 国家励志奖学金:540人/年,5000元/人;
14. 爱普奖学金:共15人/年 研究生6人/年,一等奖1人,5000元/人;二等奖2人,2000元/人,三等奖3人,1000元/人。本科生6人/年,一等奖1人,3000元/人;二等奖2人,1500元/人,三等奖3人,800元/人;教师3人/年,一等奖1人,2000元/人;二等奖2人,1000元/人;
15. 汉宝奖学金:共11人/年 其中研究生3人/年,一等奖1人,3000元/人;二等奖1人,2000元/人,三等奖1人,1000元/人;本科生5人/年,一等奖1人,8000元/人;二等奖2人,2000元/人,三等奖2人,1000元/人;教师3人/年,1000元/人;
16. 上海海洋大学中水(CNFC)奖学金:共45人/年 其中研究生3人/年 一等奖1人,3000元/人;二等奖1人,2000元/人,三等奖1人,1000元/人;本科生29人/年 一等奖3人,3000元/人;二等奖11人,2000元/人,三等奖15人,1000元/人;高职轮机专业10人/年 一等奖2人,3000元/人;二等奖2人,2000元/人,三等奖6人,1000元/人;教师3人/年 一等奖1人,3000元/人;二等奖1人,2000元/人,三等奖1人,1000元/人

主要校办产业

上海海洋大学招待所、上海海洋大学服务公司、上海海洋大学蔚海后勤服务中心

学校历史沿革

上海海洋大学诞生于1912年,其前身是江苏省立水产学校(俗称吴淞水产学校);1927年改名为国立第四中山大学农学院附设水产学校;1928年改名为中央大学农学院水产学校;1931年1月恢复原校名(即江苏省立水产学校);抗日战争期间,学校辗转四川省合川市(今归属重庆市)艰难办学;1947年12月教育部复办上海市立吴淞水产专科学校;并先后合并江苏省水产职业学校、国立高级水产职业学校(乍浦)之后,1951年4月改名为上海水产专科学校;1952年8月改名为上海水产学院;1972年4月学校迁往厦门,改名为厦门水产学院;1979年5月,经国务院批准,学校回迁上海军工路旧址;1985年定名为上海水产大学;2008年5月更名为上海海洋大学,2008年9月学校整体搬迁上海临港新城。

上海中医药大学

学校(机构)标识码 4131010268	占地面积(平方米) 276668	成人专科 552
学校办学类型 411:本科院校:大学	校舍建筑面积(平方米) 201793	博士研究生 436
学校性质类别 05 医药院校	图书(万册) 75.5	硕士研究生 1618
学校举办者 811 省级教育部门	固定资产总值(万元) 98699	留学生 951
学校地址 上海中医药大学	教学、科研仪器设备资产值(万元) 24972	专任教师(人) 705
邮政编码 201203		其中:正高级 115
办公电话 021-51322001	在校生数(人) 9985	副高级 166
传真电话 021-51322000	其中:普通本科 3641	中级 333
校园(局域)网域名 www.shutcm.com	普通专科 937	初级 83
电子信箱 zyd.xb@163.com	成人本科 1850	未定职级 8

本科专业 公共事业管理、护理学、康复治疗学、药学、营养学、针灸推拿学、中西医临床医学、中药学、中医学

专科专业 护理、康复治疗技术、医疗美容技术、医学营养、中药制药技术

博士专业 方剂学、针灸推拿学、中西医结合基础、中西医结合临床、中药学、中医儿科学、中医妇科学、中医骨伤科学、中医基础理论、中医临床基础、中医内科学、中医外科学、中医医史文献、中医诊断学

硕士专业 方剂学、生药学、药剂学、药理学、针灸推拿学、中西医结合基础、中西医结合临床、中药学、中药学新专业、中医儿科学、中医妇科学、中医骨伤科学、中医基础理论、中医临床基础、中医内科学、中医外科学、中医五官科学、中医学、中医学新专业、中医医史文献、中医诊断学

院系设置
基础医学院、中药学院、针推学院、护理学院、医学技术学院、国际教育学院、曙光临床医学院、龙华临床医学院、岳阳临床医学院、市中医临床医学院、普陀临床医学院、继续教育学院、社科部、体育部、外语教育中心、康复（医）学院

国家级、省部级研究机构设置
1. 实验室：中药标准化教育部重点实验室，肝肾疾病病证教育部重点实验室，筋骨理论与治法教育部重点实验室，上海市复方中药重点实验室
2. 研究中心（所）：国家中医药管理局传统医药法律保护重点研究室，国家中医药管理局中医医疗服务评估重点研究室，国家中医药管理局慢性肝病虚损重点研究室，国家中医药管理局脊柱退变肾骨相关重点研究室，国家中医药管理局中药新资源与品质评价重点研究室，国家中医药管理局针灸免疫效应重点研究室，国家中医药管理局中医传染病学重点研究室；中药现代制剂技术教育部工程研究中心

博士后流动站 中医、中药、中西医结合

定期公开出版的专业刊物 《上海中医药杂志》、《上海中医药大学学报》、《中医药文化》

学校设立奖学金情况
学校设立奖学金15项，奖励总金额100余万元。奖学金最高金额5000元／年，最低金额200元／年。
1. 综合奖学金：一等奖5000元／人，学生总数2%；二等奖3500元／人，学生总数8%；三等奖2000元／人，学生总数20%
2. 丁济万先生奖学金：2500元／人，2人／年
3. 朱汝功奖学金：1000元／人，5人／年
4. "心可舒"奖学金：1000元／人，20人／年
5. 李月卿女士奖学金：100－250元／人，25人／年

主要校办产业
上海中医大资产经营有限公司、上海中医药杂志社、上海现代中医药股份有限公司、上海中医大科技发展公司、上海明治健康科技有限公司、上海中医药大学科技服务部、上海中医大药业股份有限公司、上海中医大中药科技有限公司、上海医创中医药科技发展有限公司、上海中医药大学中健公司、上海道生医疗科技有限公司、上海健民职业技能培训中心、上海浦江教育出版社有限公司、上海徐汇区东方中医进修学校、上海中医大源创科技有限公司、上海中医大尚新医学科技有限公司、张江中药现代制剂技术工程研究中心

学校历史沿革
创立于1956年的上海中医学院，是新中国诞生后国家首批建立的四所中医高等学校之一，前身是1916年创办的上海中医专门学校。1985年上海市中医药研究院成立，实行研究院与学校合署的管理体制，1993年更名为上海中医药大学。2003年9月整体搬迁浦东新区张江高科技园区新校区。

华东师范大学

学校（机构）标识码 4131010269	占地面积（平方米） 2095828	成人专科 2139
学校办学类型 411：本科院校：大学	校舍建筑面积（平方米） 1099686	博士研究生 2516
学校性质类别 06 师范院校	图书（万册） 407.45	硕士研究生 8708
学校举办者 360 教育部	固定资产总值（万元） 377102.03	留学生 805
学校地址 上海市闵行区东川路500号	教学、科研仪器设备资产值（万元） 92841.97	专任教师（人） 1917
邮政编码 200241	在校生数（人） 37351	其中：正高级 496
办公电话 021－54344815	其中：普通本科 14324	副高级 693
传真电话 021－54344800	普通专科 403	中级 663
校园（局域）网域名 www.ecnu.edu.cn	成人本科 8456	初级 8
电子信箱 xb@admin.ecnu.edu.cn		未定职级 57

本科专业 保险、编辑出版学、播音与主持艺术、德语、地理科学、地理信息系统、电子科学与技术、电子信息科学与技术、对外汉语、俄语、法学、法语、翻译、房地产经营管理、工商管理、公共关系学、公共事业管理、广播电视编导、广告学、国际经济与贸易、汉语言文学、行政管理、化学、环境科学、环境科学类、会计学、会展经济与管理、计算机科学与技术、教育技术学、金融工程、金融学、经济学、历史学、旅游管理、美术学、人力资源管理、日语、软件工程、社会工作、社会体育、社会学、生态学、生物技术、生物科学、生物科学类、数学类、数学与应用数学、思想政治教育、特殊教育、体育教育、通信工程、统计学、统计学类、微电子学、物理学、心理学、新闻学、信息管理与信息系统、信息与计算科学、学前教育、言语听觉科学、艺术教育、艺术设计、音乐学、英

语、应用化学、应用心理学、运动训练、哲学、政治学与行政学、资源环境与城乡规划管理

专科专业 学前教育

博士专业 比较教育学、比较文学与世界文学、成人教育学、地图学与地理信息系统、第四纪地质学、动物学、对外汉语教学、发展与教育心理学、分析化学、概率论与数理统计、高等教育学、高分子化学与物理、光学、国际关系、国际冷战史、国外马克思主义研究、海外中国学、汉语言文字学、河口海岸学、环境工程、环境科学、基础数学、基础心理学、基因组学、计算机应用技术、计算数学、教育技术学、教育经济与管理、教育领导与管理、教育伦理学、教育史、教育文化与社会、教育学原理、教育政策学、金融学(含:保险学)、精算学、科学社会主义与国际共产主义运动、课程与教学论、理论物理、历史社会学、历史文献学(含:敦煌学)、古文字学、领导教育学、马克思主义基本原理、马克思主义理论与思想政治教育、马克思主义中国化研究、纳米物理学、凝聚态物理、人口学、人力资源开发与教育、人文地理学、神经生物学、生理学、生态学、生物化学与分子生物学、生物医学、生物医学工程、史学理论及史学史、世界经济、世界史、水生生物学、思想政治教育、特殊教育学、体育教育训练学、体育人文社会学、通信与信息系统、外国哲学、微电子学与固体电子学、文学与传媒、文艺民俗学、文艺学、无机化学、无线电物理、物理化学(含:化学物理)、系统分析与集成、系统理论、心理信息工程学、学科教育、学前教育学、学生发展与教育、学习科学与技术设计、学校课程与教学、言语与听觉科学、艺术语言学、英语语言文学、应用数学、应用心理学、有机化学、语言学与应用语言学、原子与分子物理、运筹学与控制论、运动人体科学、政治学理论、职业技术教育学、植物学、中国各体文学理论、中国古代史、中国古代文学、中国古典文献学、中国近现代史、中国现当代文学、中国哲学、中外教育关系、专门史、自然地理学

硕士专业 比较教育学、比较文学与世界文学、材料物理与化学、产业经济学、成人教育学、传播学、地图学与地理信息系统、第四纪地质学、电磁场与微波技术、电路与系统、电影学、电子与通信工程、动物学、对外汉语教学、俄语语言文学、发展与教育心理学、法语语言文学、翻译硕士、分析化学、概率论与数理统计、港口、海岸及近海工程、高等教育学、高分子化学与物理、工商管理硕士、工业设计工程、公共管理硕士、光学、广播电视艺术学、国际关系、国际贸易学、国际政治、海洋化学、汉语国际教育硕士、汉语言文字学、行政管理、化学生物学、环境工程、环境科学、会计学、基础数学、基础心理学、基因组学、集成电路工程、计算机技术、计算机软件与理论、计算机系统结构、计算机应用技术、计算数学、教育技术学、教育经济与管理、教育伦理学、教育史、教育硕士、教育文化与社会、教育学新专业、教育学原理、教育政策学、金融硕士、金融学(含:保险学)、经济法学、精算学、科学技术史、科学技术哲学、科学社会主义与国际共产主义运动、科学与技术教育、课程与教学论、理论物理、历史社会学、伦理学、逻辑学、旅游管理、旅游管理硕士、马克思主义发展史、马克思主义基本原理、马克思主义哲学、马克思主义中国化研究、美术、美术学、民俗学(含:中国民间文学)、民族传统体育学、纳米物理学、凝聚态物理、企业管理(含:财务管理)、市场营销、气象学、情报学、区域经济学、人口、资源与环境经济学、人口学、人类学、人力资源开发与教育、人文地理学、日语语言文学、软件工程、设计艺术学、社会保障、社会工作硕士、社会工作与管理、社会体育指导、社会学、神经生物学、生理学、生态学、生物化学与分子生物学、生物物理学、生物医学、史学理论及史学史、世界经济、世界史、思想政治教育、特殊教育、特殊教育学、体育教学、体育教育训练学、体育人文社会学、通信与信息系统、图书馆学、图书情报硕士、外国语言学及应用语言学、外国哲学、外交学、微电子学与固体电子学、文学与传媒、文艺学、无机化学、无线电物理、物理电子学、物理化学(含:化学物理)、西方经济学、系统分析与集成、系统理论、现代教育技术、宪法学与行政法学、小学教学、小学教育、心理健康教育、新闻学、新闻与传播硕士、学科教学(地理)、学科教学(地理)、学科教学(化学)、学科教学(化学)、学科教学(历史)、学科教学(历史)、学科教学(美术)、学科教学(生物)、学科教学(生物)、学科教学(数学)、学科教学(思政)、学科教学(思政)、学科教学(物理)、学科教学(物理)、学科教学(音乐)、学科教学(英语)、学科教学(英语)、学科教学(语文)、学科教学(语文)、学科教育、学前教育、学前教育学、学习科学与技术设计、艺术设计、音乐、音乐学、英语语言文学、应用化学、应用数学、应用统计硕士、应用心理硕士、应用心理学、有机化学、语言学与应用语言学、运筹学与控制论、运动人体科学、政治经济学、政治学理论、职业技术教育学、植物学、中共党史(含:党的学说与党的建设)、中国各体文学理论、中国古代史、中国古代文学、中国古典文献学、中国近现代史、中国近现代史基本问题研究、中国现当代文学、中国哲学、中外教育关系、中外政治制度、专门史、自然地理学、宗教学

院系设置

人文社会科学学院(中国语言文学系、历史学系、哲学系、政治学系、法律系、社会科学部、古籍研究所)、社会发展学院、外语学院、对外汉语学院、教育科学学院、心理与认知科学学院、学前教育与特殊教育学院、体育与健康学院、公共管理学院、商学院、金融与统计学院、传播学院、艺术学院、设计学院、理工学院(数学系、物理学系、化学系)、资源与环境科学学院、生命科学学院、信息科学学院、软件学院

国家级、省部级研究机构设置

1. 实验室 国家重点实验室:河口海岸学国家重点实验室、精密光谱科学与技术国家重点实验室;国家野外科学观测研究站、浙江天童森林生态系统国家野外科学观测研究站;教育部重点实验室和工程中心、脑功能基因组学教育部重点实验室、地理信息科学教育部重点实验室、纳光电集成与先进装备教育部工程研究中心、软硬件协同设计技术与应用教育部工程研究中心、极化材料与器件教育部重点实验室、言语听觉科学教育部重点实验室、青少年健康评价与运动干预教育部重点实验室、教育部科技创新与发展战略研究中心;上海市重点实验室和工程中心、上海市脑功能基因组学重点实验室、上海市绿色化学与化工过程绿色化重点实验室、上海市城市化生态过程与生态恢复重点实验室、上海市磁共振重点实验室、上海市分子治疗与新药创制工程技术研究中心、上海市高可信计算重点实验室、上海市数字化教育装备工程技术研究中心

2. 研究所(中心):教育部人文社会科学重点研究基地、课程与教学研究所、中国现代思想文化研究所、俄罗斯研究中心、中国文字研究与应用中心、基础教育改革与发展研究所、中国现代城市研究中心;上海市社会科学创新研究基地和上海市发展研

究中心工作室、长三角区域一体化、社会主义核心价值体系、房地产与城市管理政策研究

博士后流动站 哲学、马克思理论、理论经济学、政治学、教育学、心理学、体育学、中国语言文学、历史学、数学、物理学、化学、地理学、生物学、系统科学、电子科技、环境科学与工程、公共管理

定期公开出版的专业刊物 《华东师范大学学报(自然科学版)》、《华东师范大学学报(哲学社会科学版)》、《华东师范大学学报(教育科学版)》、《文艺理论研究》、《历史教学问题》、《全球教育展望》、《心理科学》、《俄罗斯研究》、《中文自修》、《现代中文学刊》、《思想政治课研究》、《大众心理学》、《数学教学》、《生物学教学》、《中小学英语教学与研究》、《基础教育》、《化学教学》、《地理教学》、《物理教学》、《世界地理研究》、《外语教学理论与实践》、《应用概率统计》

学校设立奖学金情况
学校设立奖学金7项,奖励总金额745.85万元,奖学金最高金额5000元/年,最低金额1000元/年
1. 优秀学生奖学金(特等):219人/年,5000元/人
2. 优秀学生奖学金(一等):553人/年,3500元/人
3. 优秀学生奖学金(二等):1092人/年,2000元/人
4. 优秀学生奖学金(三等):2156人/年,1000元/人
5. 刘翔奖学金:12人/年,4000元/人
6. 少数民族优秀学生奖学金:40人/年,1000元/人
7. 新生奖学金:本年度无人获得新生奖学金(达不到要求)

主要校办产业
学校企业以发展高新技术为龙头,集电子电器、医药、仪器仪表、出版印刷、房地产经营开发、人才开发培训、咨询服务、商务贸易、旅游等为一体的技工相结合的经济实体,充分依托华东师范大学雄厚的人才优势、管理优势、产学研互动、技工贸结合,实现了可持续、跨跃式发展,多元化经营已取得一定成效。华东师范大学校办产业一是利用华东师大丰富的教育资源,发展教育文化服务业,二是重点发展以生化医药为核心的高科技产业,三是充分发挥华东师大科技综合发展实力优势,孵化培育科技企业,现已形成了以教学仪器、生物制药、出版印刷等为主的主要特色产业。截止2010年底,华东师范大学共有现经营企业近60家(含控股),注册资本共计21854万元,2010年企业资产总额61161万元,负债总额18627万元,所有者权益总额42533万元,企业主营业务收入为38469万元,利润总额为4868万元,上缴学校2500万元,上缴各类税金2545.33万元,学校企业从业人员为1501人。

学校历史沿革
华东师范大学诞生于1915年10月,是以私立大夏大学的文理为基础,加上复旦大学、同济大学、沪江大学等相关系科合并而成,以大夏大学原址为校址。大夏大学创立于1924年7月,首任校长冯君武。光华大学创立于1925年,首任校长张寿镛。新中国成立以后,教育、教育心理、社会教育,光华大学的国文、英文、教育、数理、化学、生物,同济大学的动物、植物,复旦大学的教育,东亚体专的体育、体育专修科和沪江大学的音乐等系相继并入。1951年10月16日举行开学典礼,正式宣布华东师范大学成立。

上海师范大学

学校(机构)标识码	4131010270
学校办学类型	411:本科院校:大学
学校性质类别	06 师范院校
学校举办者	811 省级教育部门
学校地址	上海市徐汇区桂林路100号
邮政编码	200234
办公电话	021-64322881
传真电话	021-64322150
校园(局域)网域名	www.shnu.edu.cn
电子信箱	xiaoban@shnu.edu.cn
占地面积(平方米)	1620853
校舍建筑面积(平方米)	772855
图书(万册)	333.5
固定资产总值(万元)	196818
教学、科研仪器设备资产值(万元)	57432
在校生数(人)	42081
其中:普通本科	21903
普通专科	1393
成人本科	10519
成人专科	3188
博士研究生	333
硕士研究生	3922
留学生	823
专任教师(人)	1713
其中:正高级	260
副高级	533
中级	745
初级	77
未定职级	98

本科专业 保险、编辑出版学、表演、播音与主持艺术、财务管理、档案学、地理科学、地理科学类、地理信息系统、电气工程及其自动化、电气信息类、电子商务、电子信息工程、雕塑、动画、对外汉语、法学、法语、工程管理、工商管理类、公共关系学、公共管理类、公共事业管理、古典文献、广播电视编导、广播电视新闻学、广告学、汉语言文学、行政管理、化学、化学工程与工艺、化学类、环境工程、会展经济与管理、绘画、机械设计制造及其自动化、计算机科学与技术、教育技术学、教育学、金融工程、金融学、经济学、经济学类、酒店管理、科学教育、劳动与社会保障、历史学、录音艺术、旅游管理、美术学、汽车服务工程、人力资源管理、日语、社会工作、社会体育、摄影、生物技术、生物科学、食品科学与工程、数学与应用数学、数字媒体艺术、思想政治教育、体育教育、通信工程、统计学、投资学、土木工程、文化产业管理、舞蹈学、物理学、物业管理、戏剧影视文学、小学教育、信息与计算科学、信用管理、学前教育、艺术设计、音乐表演、音乐学、英语、应用化学、应用物理学、应用心理学、园艺、哲学、资产评估、资源环

境与城乡规划管理

专科专业 计算机信息管理、青少年工作与管理、社会工作、文秘、心理咨询、证券与期货

博士专业 比较文学与世界文学、都市文化学、发展与教育心理学、汉语言文字学、环境科学、计算数学、课程与教学论、历史地理学、历史文献学(含:敦煌学)、古文字学、马克思主义中国化研究、世界史、文艺学、语言学与应用语言学、中国古代史、中国古代文学、中国古典文献学、中国近现代史、中国少数民族语言文学(分语族)、中国现当代文学、中国哲学、专门史

硕士专业 比较教育学、比较文学与世界文学、产业经济学、成人教育学、传播学、动物学、都市文化学、发展与教育心理学、法律史、法学理论、分析化学、概率论与数理统计、高等教育学、高分子化学与物理、工业催化、广播电视艺术学、国际关系、国际政治、国民经济学、国外马克思主义研究、汉语言文字学、行政管理、环境科学、基础数学、基础心理学、计算机软件与理论、计算机应用技术、计算数学、教育技术学、教育经济与管理、教育史、教育学原理、科学技术哲学、科学社会主义与国际共产主义运动、课程与教学论、理论物理、历史地理学、历史文献学(含:敦煌学)、古文字学、伦理学、旅游管理、马克思主义发展史、马克思主义基本原理、马克思主义哲学、马克思主义中国化研究、美术学、美学、民俗学(含:中国民间文学)、人文地理学、设计艺术学、生物化学与分子生物学、史学理论及史学史、世界史、水生生物学、思想政治教育、体育教育训练学、体育人文社会学、天体物理、通信与信息系统、外国语言学及应用语言学、外国哲学、微生物学、文艺学、无机化学、物理化学(含:化学物理)、学前教育学、遗传学、音乐学、英语语言文学、应用化学、应用数学、应用心理学、有机化学、语言学与应用语言学、运筹学与控制论、政治经济学、政治学理论、职业技术教育学、植物学、中共党史(含:党的学说与党的建设)、中国古代史、中国古代文学、中国古典文献学、中国近现代史、中国近现代史基本问题研究、中国少数民族语言文学(分语族)、中国现当代文学、中国哲学、中外政治制度、专门史、自然地理学、宗教学

学校历史沿革

上海师范大学创建于1954年,时名上海师范专科学校,1956年扩建为上海第一师范学院和上海第二师范学院,1958年两所学院合并成立上海师范学院。1972年至1978年与华东师范大学等五校合并成立上海师范大学。1978年恢复上海师范学院。1984年改名为上海师范大学。1994年10月,与上海技术师范学院合并成立新的上海师范大学。1997年9月至2003年8月,上海师范高等专科学校、南林师范学校黄陵卫生保健师范部、上海行知艺术师范学校、上海旅游高等专科学校等先后并入或划归我校管理。

上海外国语大学

学校(机构)标识码　4131010271
学校办学类型　411:本科院校:大学
学校性质类别　07 语文院校
学校举办者　360 教育部
学校地址　上海市大连西路550号
邮政编码　200083
办公电话　021-35372217
传真电话　021-65420225
校园(局域)网域名　www.shisu.edu.cn
电子信箱　xiaoban@shisu.edu.cn

占地面积(平方米)　141192
校舍建筑面积(平方米)　166787
图书(万册)　85.29
固定资产总值(万元)　50938.58
教学、科研仪器设备资产值(万元)　9540.4
在校生数(人)　16076
其中:普通本科　6039
普通专科　828
成人本科　4442
成人专科　746
博士研究生　309
硕士研究生　2244
留学生　1468
专任教师(人)　688
其中:正高级　105
副高级　218
中级　307
初级　43
未定职级　15

本科专业 阿拉伯语、波斯语、朝鲜语、德语、对外汉语、俄语、法学、法语、翻译、工商管理、广播电视新闻学、广告学、国际经济与贸易、国际政治、荷兰语、会计学、教育技术学、金融学、葡萄牙语、人力资源管理、日语、瑞典语、商务英语、泰语、土耳其语、乌克兰语、西班牙语、希伯来语、希腊语、新闻学、信息管理与信息系统、意大利语、印度尼西亚语、英语、越南语

专科专业 旅游英语、商务日语、商务英语、应用法语

博士专业 阿拉伯语言文学、德语语言文学、俄语语言文学、法语语言文学、国际关系、日语语言文学、外国语言文学新专业、外国语言学及应用语言学、英语语言文学

硕士专业 阿拉伯语言文学、比较文学与世界文学、传播学、德语语言文学、俄语语言文学、法语语言文学、翻译、工商管理、国际关系、国际贸易学、国际政治、汉语国际教育、教育技术学、欧洲语言文学、企业管理(含:财务管理)、市场营销、日语语言文学、思想政治教育、外国语言文学新专业、外国语言学及应用语言学、外交学、西班牙语言文学、新闻学、亚非语言文学、英语语言文学、语言学与应用语言学、中国现当代文学

院系设置

英语学院、日本文化经济学院、东方语学院、俄语系、法语系、德语系、西方语系、国际金融贸易学院、国际工商管理学院、新闻传播学院、法学院、国际教育学院、国际文化交流学院、高级翻译学院、研究生院(筹)、网络学院、高等职业教育技术学院、继续教育学院、海外合作学院

国家级、省部级研究机构设置

中东研究所、语言研究所、文学研究所、国际关系与外交事务研究院、跨文化研究中心、东方管理研究中心、舆情研究中心、中亚研究中心

博士后流动站 外国语言文学

定期公开出版的专业刊物 《外国语》、《外语界》、《中国比较文学》、《阿拉伯世界》、《外语电化教学》、《国际观察》、《英语自学》、《英美文学节刊》、《外语战略动态》

学校设立奖学金情况

学校设立奖学金20项，奖励总金额100余万，最高金额37000元/年，最低金额200元/年。

主要校办产业

后勤实业发展中心、上海外语教育出版社、上外教育集团（筹）/上外教育培训中心、上外翻译公司、上海上外国际教育交流信息中心、上外印刷厂、上外迎宾馆、上外宾馆、上外健身中心、上外旅游公司、上海市青少年外语活动中心

学校历史沿革

上海外国语大学创建于1949年，前身为上海俄文学校，1952年更名为"上海俄文专科学校"，1956年更名为"上海外国语学院"，1963年经国务院批准成为全国重点高校.1994年经国家教委批准，学校正式更名为"上海外国语大学"。1996年学校通过国家教委"211工程"预审。

上海财经大学

学校(机构)标识码　4131010272	占地面积(平方米)　484725	博士研究生　967
学校办学类型　411:本科院校:大学	校舍建筑面积(平方米)　404917	硕士研究生　3938
学校性质类别　08 财经院校	图书(万册)　171.01	留学生　845
学校举办者　360 教育部	固定资产总值(万元)　61148	专任教师(人)　1055
学校地址　上海市国定路777号	教学、科研仪器设备资产值(万元)	其中:正高级　200
邮政编码　200433	9340.47	副高级　344
办公电话　021－65903506	在校生数(人)　21276	中级　414
传真电话　021－65100561	其中:普通本科　7867	初级　22
校园(局域)网域名　www.sufe.edu.cn	成人本科　6702	未定职级　75
电子信箱　liangban@sufe.edu.cn	成人专科　957	

本科专业 保险、财务管理、财政学、电子商务、对外汉语、法学、房地产经营管理、工商管理、公共事业管理、国际经济与贸易、国际商务、行政管理、会计学、计算机科学与技术、金融工程、金融学、经济学、劳动与社会保障、人力资源管理、日语、商务英语、社会学、市场营销、数学与应用数学、税务、统计学、投资学、物流管理、新闻学、信息管理与信息系统、信息与计算科学、信用管理、英语

博士专业 保险学、财务管理、财政学(含:税收学)、产业经济学、当代马克思主义经济理论、法律金融学、法律经济学、房地产经济学、工商管理新专业、公共经济政策学、管理科学与工程、国防经济、国际贸易学、国民经济学、会计学、技术经济及管理、金融数学与金融工程、金融学(含:保险学)、经济史、经济思想史、经济哲学、劳动经济学、理论经济学、旅游管理、马克思主义哲学、马克思主义中国化研究、能源经济与环境政策、农业经济管理、企业管理(含:财务管理)、市场营销、区域经济学、人口、资源与环境经济学、世界经济、市场营销学、数量经济学、税收学、统计学、投资经济、西方经济学、信用管理、政治经济学

硕士专业 保险、保险学、财务管理、财政学(含:税收学)、产业经济学、城市经济与管理、当代马克思主义经济理论、电子商务、法律、法律(法学)、法学理论、房地产经济学、概率论与数理统计、工商管理、公共管理、公共经济政策学、管理科学与工程、国防经济、国际法学(含:国际公法、国际私法)、国际贸易学、国际商务、国民经济学、行政管理、会计、会计学、技术经济及管理、教育经济与管理、金融、金融数学与金融工程、金融学(含:保险学)、经济法学、经济史、经济思想史、经济哲学、科学技术哲学、劳动经济学、林业经济管理、伦理学、旅游管理、马克思主义基本原理、马克思主义哲学、马克思主义中国化研究、民商法学(含:劳动法学)、社会保障、能源经济与环境政策、农业经济管理、企业管理(含:财务管理)、市场营销、区域经济学、人口、资源与环境经济学、社会保障、社会学、社会医学与卫生事业管理、世界经济、市场营销学、数量经济学、税收学、税务、思想政治教育、体育经营管理、统计学、投资经济、土地资源管理、西方经济学、宪法学与行政法学、新闻学、信用管理、英语语言文学、应用数学、应用统计、语言学与应用语言学、运筹学与控制论、政治经济学、制度经济学、中国古代文学、中国古典文献学、中国现当代文学、专门史、资产评估

院系设置

学校设有会计学院、经济学院、金融学院、公共经济与管理学院、国际工商管理学院、信息管理与工程学院、法学院、人文学院、统计学系、应用数学系、外语系、体育教学部等12个院系，和商学院(原MBA学院)、继续教育学院、国际教育学院、国际文化交流学院、国际从业资格教育学院等5个专门学院。

国家级、省部级研究机构设置

1. 上海市重点实验室:上海市金融信息技术研究重点实验室

2. 教育部人文社会科学重点研究基地:会计与财务研究院

博士后科研流动站 理论经济学、应用经济学、工商管理、哲学

定期公开出版的专业刊物 《财经研究》(月刊)、《外国经济与管理》(月刊)、《上海财经大学学报》(双月刊)

学校设立奖学金情况

2010年，我校本科生、研究生共有6859人次获得各类奖学

金,总计发放金额为 1932.8465 万元,其中本科生 2840 人次,发放金额 237.2095 万元;研究生 4019 人次,发放金额 1695.637 万元。

主要校办产业

目前拥有上海财大产业投资管理有限公司(参股上海财经大学国家大学科技园(上海现代服务产业园)、上海财大科技发展有限公司、上海新世纪投资服务有限公司、上海张江金融滩网络有限公司、上海财源投资发展有限公司),还有上海财经大学出版社(含印刷厂)、财大书店等全资公司。

学校历史沿革

上海财经大学源于 1917 年南京高等师范学校创办的商科,著名社会活动家、爱国民主人士杨杏佛任商科主任。南京高等师范学校扩展为国立东南大学时,为适应商学人才培养的需要,商科迁址上海,于 1921 年成立上海商科大学,这是中国教育史上最早的商科大学,著名教育家郭秉文任校长,著名经济学家马寅初任教务主任。几经变革,1932 年 8 月独立建校,定名为国立上海商学院,时为国内唯一的国立商科类本科高校。1950 年 8 月,学校更名为上海财政经济学院,著名经济学家孙冶方和姚耐为院长、副院长。20 世纪 50 年代初全国高校院系调整,复旦大学、交通大学、圣约翰大学、沪江大学、厦门大学、东吴大学等 20 余所高校的商学院或财经系科相继并入,上海财政经济学院遂成为华东地区唯一的财经类高等学校。1980 年 3 月,学校隶属财政部领导。1985 年 9 月,学校更名为上海财经大学。2000 年 2 月,学校划归教育部领导。

上海对外贸易学院

学校(机构)标识码	4131010273
学校办学类型	412:本科院校:学院
学校性质类别	08 财经院校
学校举办者	811 省级教育部门
学校地址	上海市松江区文翔路 1900 号
邮政编码	201620
办公电话	021-67703612
传真电话	021-67703023
校园(局域)网域名	www.shift.edu.cn
电子信箱	xb@shift.edu.cn
占地面积(平方米)	606303
校舍建筑面积(平方米)	158190
图书(万册)	126.07
固定资产总值(万元)	58188.45
教学、科研仪器设备资产值(万元)	6208.9
在校生数(人)	11626
其中:普通本科	9328
普通专科	445
成人本科	809
硕士研究生	962
留学生	82
专任教师(人)	599
其中:正高级	82
副高级	192
中级	268
初级	57

本科专业 保险、财务管理、电子商务、对外汉语、法学、法语、工商管理、国际经济与贸易、国际商务、国际政治、行政管理、会计学、会展经济与管理、金融工程、金融学、经济学、旅游管理、人力资源管理、日语、商务英语、审计学、市场营销、统计学、物流管理、新闻学、信息管理与信息系统、英语、资产评估

专科专业 国际经济与贸易、商务英语

硕士专业 法律、翻译、工商管理、国际法学(含:国际公法、国际私法)、国际贸易学、金融学(含:保险学)、马克思主义中国化研究、民商法学(含:劳动法学)、社会保障、民商法学(含:劳动法学)、社会保障、企业管理(含:财务管理)、市场营销、外国语言学及应用语言学、英语语言文学

院系设置

专业二级学院:国际经贸学院(含中外合作办学:奥曼特国际商学院)、国际商务外语学院(含中外合作办学:加州商务与英语学院)、金融管理学院、法学院、工商管理学院、会计学院、会展与旅游学院、商务信息学院、国际交流学院、继续教育学院、人文社科部、体育教学部和 WTO 教育研究院

国家级、省部级研究机构设置

1. 实验室:国际商务实验中心(于 2007 年被教育部批准为"国家级实验教学示范中心建设单位")

2. 研究中心(所):上海市普通高等学校人文社会科学重点研究基地

定期公开出版的专业刊物 《国际商务研究》、《世界贸易组织动态与研究》

学校设立奖学金情况

学校设立奖学金 24 项,奖励总金额 468 余万元/年,最低金额 13000 元/年。

主要校办产业

上海久利资产经营有限公司、上海久谐物业管理有限公司

学校历史沿革

上海对外贸易学院建立于 1960 年,原为国家对外贸易经济合作部(现商务部前身)直属高校,1994 年划转由上海市人民政府领导。其间,1962 年 12 月因国家三年经济困难停办,并入上海外国语学院;1964 年 6 月复校;1972 年 10 月被迫撤销,1978 年复校。2000 年,上海市人民政府在松江区拨地建立了我校松江校区。

上海海关学院

学校（机构）标识码	4131010274	
学校办学类型	412：本科院校：学院	
学校性质类别	08 财经院校	
学校举办者	415 海关总署	
学校地址	上海市浦东新区华夏西路5677号	
邮政编码	201204	
办公电话	021-28992899	
传真电话	021-28991267	
校园（局域）网域名	shanghai_edu.customs.gov.cn	
电子信箱	shcc_bgs@customs.gov.cn	
占地面积（平方米）	224221	
校舍建筑面积（平方米）	92060	
图书（万册）	58.03	
固定资产总值（万元）	55756	
教学、科研仪器设备资产值（万元）	4367.41	
在校生数（人）	1829	
其中：普通本科	1702	
普通专科	127	
专任教师（人）	136	
其中：正高级	15	
副高级	40	
中级	73	
初级	5	
未定职级	3	

本科专业 法学、国际商务、海关管理、行政管理、审计学、税务、物流管理、英语

专科专业 应用英语

院系设置 基础部、法律系、经济与工商管理系、海关管理系、外语系

定期公开出版的专业刊物 《上海海关学院学报》

学校设立奖学金情况

学校设立奖学金21项，奖励总金额48余万元。奖学金最高金额3000元/年，最低金额200元/年

学校历史沿革

税务学堂（1908-1953年）；上海海关学校（1953-1980年）；上海海关专科学校（1980-1996年）；上海海关学院（2007年至今）。

上海旅游高等专科学校

学校（机构）标识码	4131010275	
学校办学类型	414：专科院校：高等专科学校	
学校性质类别	08 财经院校	
学校举办者	811 省级教育部门	
学校地址	上海市奉贤区海思路500号	
邮政编码	201418	
办公电话	021-57126268	
传真电话	021-57126222	
校园（局域）网域名	www.sitsh.edu.cn	
电子信箱	sit@shnu.edu.cn	
占地面积（平方米）	225087	
校舍建筑面积（平方米）	74896	
图书（万册）	30.36	
固定资产总值（万元）	14412.83	
教学、科研仪器设备资产值（万元）	3567.43	
在校生数（人）	3501	
其中：普通专科	3209	
成人专科	289	
留学生	3	
专任教师（人）	146	
其中：正高级	3	
副高级	39	
中级	87	
初级	14	
未定职级	3	

专科专业 餐饮管理与服务、电子商务、会计、会展策划与管理、酒店管理、旅游管理、旅游日语、旅游英语、烹饪工艺与营养、西餐工艺、应用韩语、应用西班牙语

院系设置 学校直属院（系）7个。

定期公开出版的专业刊物 《旅游科学》

学校设立奖学金情况

学校共设立5项奖学金，奖励总金额99.55万元，最高金额10000元/年，最低金额100元/年。

学校历史沿革

上海旅游高等专科学校创建于1979年。1978年12月-1983年5月，学校隶属上海市人民政府外事办公室；1983年5月-1986年1月，由上海市旅游局和高教局双重领导；1986年2月-2000年，由国家旅游局领导；2000年至今，由上海市教委主管。2003年8月，学校划归上海师范大学管理，和上海师大原城市与旅游学院共同组建"上海师范大学旅游学院"，实行"一套班子，两块牌子"的管理体制。

华东政法大学

学校(机构)标识码 4131010276	电子信箱 dyban@ecupl.edu.cn	成人专科 248
学校办学类型 411:本科院校:大学	占地面积(平方米) 853415	博士研究生 266
学校性质类别 09 政法院校	校舍建筑面积(平方米) 336652	硕士研究生 3175
学校举办者 811 省级教育部门	图书(万册) 198.75	留学生 191
学校地址 上海市松江大学园区龙源路555号	固定资产总值(万元) 102904.73	专任教师(人) 1003
	教学、科研仪器设备资产值(万元) 12053	其中:正高级 105
邮政编码 201620		副高级 236
办公电话 021-67790256	在校生数(人) 22313	中级 382
传真电话 021-67790256	其中:普通本科 12263	初级 173
校园(局域)网域名 www.ecupl.edu.cn	成人本科 6170	未定职级 107

本科专业 边防管理、法学、翻译、工商管理、公共事业管理、国际经济与贸易、汉语言文学、行政管理、会计学、计算机科学与技术、金融学、经济学、劳动与社会保障、日语、社会工作、社会学、文化产业管理、新闻学、英语、侦查学、政治学与行政学、知识产权、治安学

博士专业 法律史、法学理论、法学新专业、国际法学(含:国际公法、国际私法)、经济法学、民商法学(含:劳动法学)、社会保障、司法鉴定、诉讼法学、宪法学与行政法学、刑法学、知识产权

硕士专业 产业经济学、法本法硕、法律、法律史、法律硕士、法学理论、公共管理、国际法学(含:国际公法、国际私法)、行政管理、环境与资源保护法学、经济法学、劳动与社会保障、劳动与社会保障学、马克思主义中国化研究、民商法学(含:劳动法学)、社会保障、司法鉴定、思想政治教育、诉讼法学、西部班、宪法学与行政法学、刑法学、政治学理论、知识产权

院系设置

经过多年努力,学校已从一所以法学学科为主的单科型、行业性高校,逐步发展成为以法学门类为主、同时拥有其他学科门类中相关特色学科的多科性大学。现设有法律学院、经济法学院、国际法学院、刑事司法学院、外语学院、政治学与公共管理学院、人文学院、商学院、知识产权学院、社会发展学院、国际金融法律学院、国际航运法律学院等12个学院和研究生教育院、继续教育学院、国际交流学院。

国家级、省部级研究机构设置

博士后科研流动站:法学学科设有博士后流动站

定期公开出版的专业刊物 学校出版有《法学》、《犯罪研究》、《青少年犯罪问题》、《华东政法大学学报》等学术期刊

学校设立奖学金情况

学校设立奖学金30项,奖励总金额350万元。奖学金最高金额13000元/年,最低金额300元/年。

学校历史沿革

华东政法学院成立于1952年,2007年3月,经教育部批准,正式更名为华东政法大学。

上海体育学院

学校(机构)标识码 4131010277	电子信箱 yb@sus.edu.cn	成人专科 320
学校办学类型 412:本科院校:学院	占地面积(平方米) 395396	博士研究生 176
学校性质类别 10 体育院校	校舍建筑面积(平方米) 254611	硕士研究生 510
学校举办者 811 省级教育部门	图书(万册) 59.23	留学生 293
学校地址 上海市杨浦区清源环路650号	固定资产总值(万元) 42290.4	专任教师(人) 402
	教学、科研仪器设备资产值(万元) 11984.3	其中:正高级 59
邮政编码 200438		副高级 138
办公电话 021-51253000	在校生数(人) 6512	中级 164
传真电话 021-51253030	其中:普通本科 4005	初级 34
校园(局域)网域名 www.sus.edu.cn	成人本科 1208	未定职级 7

本科专业 公共事业管理、民族传统体育、社会体育、市场营销、体育教育、舞蹈编导、新闻学、信息管理与信息系统、休闲体育、英语、应用心理学、运动康复与健康、运动人体科学、运动训练

博士专业 民族传统体育学、体育教育训练学、体育人文社会学、运动人体科学

硕士专业 民族传统体育学、体育、体育教育训练学、体育人文社会学、体育赛事运作、新闻学、休闲体育学、应用心理学、运动人体科学、运动医学

院系设置

体育教育训练学院、武术学院、体育人文学院、运动科学学院、经济管理学院、体育休闲系、继续教育学院、中国乒乓球学院

国家级、省部级研究机构设置

国家重点实验室：运动技战术诊断与分析重点实验室（国家体育总局）

博士后流动站 体育学

定期公开出版的专业刊物 《上海体育学院学报》、《中国体育教练员》、《运动与健康科学》

学校设立奖学金情况

学校设立奖学金9项奖励。奖励总金额150余万元。奖学金最高金额5000元/年，最低金额500元/年。

1. 学院奖学金：按学生总人数的26%评奖，设特等奖5000元/学年、一等奖2500元/学年、二等奖1500元/学年、三等奖1000元/学年。
2. 单项奖学金：奖励在某方面有突出成绩的学生。
3. 优秀学生奖学金：按学生总数的9%评奖。
4. 优秀运动员奖学金名：报据学生的参赛及获奖情况发放。
5. 专业奖学金：体育教育运动训练和社会体育等专业学生享受此奖学金。
6. 新生奖学金：根据入学成绩在本科的在籍新生中评选。特等新生奖学金：20000元/人。
7. 成才助学金：按学生总数的2%比例1500元/年，分10个月发放。
8. 研究生优秀奖学金：按学生人数25%评奖，一等奖1000元/学年，二等奖500元/学年。
9. 入伍返校奖学金：3000元/人。

主要校办产业

上海体院资产经营管理公司、上海体院科技发展有限公司、上海体院体育交流中心、上海体院房屋经营管理所

学校历史沿革

上海体育学院创建于1952年，原名华东体育学院。由原南京大学、华东师范大学和金陵女子大学的体育系、科组成，是新中国成立后建立最早的体育高等学府。学院原直属国家体育总局，2001年6月起由国家体育总局与上海市人民政府共建共管。

上海音乐学院

学校（机构）标识码　4131010278
学校办学类型　412：本科院校：学院
学校性质类别　11 艺术院校
学校举办者　811 省级教育部门
学校地址　上海市徐汇区汾阳路20号
邮政编码　200031
办公电话　021－64313146
传真电话　021－64330866
校园（局域）网域名　www.shcmusic.edu.cn
电子信箱　webmaster@shcmusic.edu.cn
占地面积（平方米）　48000
校舍建筑面积（平方米）　92985
图书（万册）　22.63
固定资产总值（万元）　23818.92
教学、科研仪器设备资产值（万元）　11118.75
在校生数（人）　2229
其中：普通本科　1421
成人本科　295
博士研究生　62
硕士研究生　374
留学生　77
专任教师（人）　269
其中：正高级　48
副高级　69
中级　107
初级　45

本科专业 录音艺术、数字媒体艺术、艺术管理、音乐表演、音乐科技与艺术、音乐学、作曲与作曲技术理论

博士专业 音乐学

硕士专业 艺术、音乐学

院系设置

作曲系、指挥系、音乐学系、声乐歌剧系、钢琴系、管弦系、民族器乐系、音乐教育系、艺术管理系、音乐工程系、现代器乐打击乐系、公共基础部、音乐戏剧系

博士后科研流动站 艺术学

定期公开出版的专业刊物 《音乐艺术》

学校设立奖学金情况

学校设立奖学金2项，奖励总金额132余万元。奖学金最高金额10000元/年，最低金额200元/年。

主要校办产业

上海音乐学院乐器工厂、上海上音文化经济发展公司、上海音乐学院出版社、上海上音演出有限公司

学校历史沿革

国立音乐院（1927—1929），国立音乐专科学校（1929—1942），国立音乐院（1942—1950），中央音乐学院上海分院（1950—1952），中央音乐学院华东分院（1952—1956），上海音乐学院（1956至今）。

上海戏剧学院

学校(机构)标识码 4131010279	电子信箱 yuanban@sta.edu.cn	成人专科 224
学校办学类型 412:本科院校:学院	占地面积(平方米) 121965	博士研究生 67
学校性质类别 11 艺术院校	校舍建筑面积(平方米) 102091	硕士研究生 212
学校举办者 811 省级教育部门	图书(万册) 33.84	留学生 87
学校地址 上海市静安区华山路630号	固定资产总值(万元) 21236.26	专任教师(人) 281
	教学、科研仪器设备资产值(万元) 4605	其中:正高级 52
邮政编码 200040		副高级 50
办公电话 021-62482920	在校生数(人) 3250	中级 114
传真电话 021-62482646	其中:普通本科 1890	初级 54
校园(局域)网域名 www.sta.edu.cn	成人本科 770	未定职级 11

本科专业 表演、播音与主持艺术、导演、公共事业管理、广播电视编导、媒体创意、舞蹈编导、戏剧影视美术设计、戏剧影视文学、艺术教育、艺术设计、作曲与作曲技术理论

博士专业 戏剧戏曲学

硕士专业 电影学、广播电视、广播电视艺术学、美术、美术学、舞蹈、舞蹈学、戏剧、戏剧戏曲学、艺术学

院系设置
表演系、舞台美术系、戏剧文学系、导演系、电视艺术学院、创意学院、戏曲学院、舞蹈学院、继续教育学院、公教部、研究生部

国家级、省部级研究机构设置
1. 实验室:(1)演艺灯光综合实验室;(2)表演人才科学训练实验室;(3)戏剧戏曲学研究中心;(4)多媒体虚拟演艺空间合成实验室;(5)演播空间实验室;(6)影像摄录制作基础教学实验室;(7)远程互动艺术创作教学实验室;(8)新媒体互动演艺创作实验中心。
2. 研究中心(所):1个。

博士后科研流动站:1个。

定期公开出版的专业刊物 《戏剧艺术》

学校设立奖学金情况
学校设立奖学金3项,奖励总金额1,602,206元/年,最低金额500元/年。

1. 新生奖学金:一等奖1人,10,000元;三等奖16人,1000元/人。
2. 综合奖学金:特等奖1人,12000元;一等奖39人,8000元/人;二等奖113人,6000元/人;三等奖217人,2000元/人;英语单项21人,500元/人。
3. 专业奖学金:集体专业一等奖71人,8275元;集体专业二等奖19人,11715元;集体专业三等奖30人,19216元;专业一等奖6人,3000元/人;专业二等奖6人,2000元/人,8000元;专业三等奖115人,1000元/人。

主要校办产业
上海上戏资产经营有限公司、上海世纪创意数码科技有限公司、上海上戏艺术发展有限公司

学校历史沿革
1945年成立上海市实验戏剧学校,1949年10月改名为上海市立戏剧专科学校,1952年全国高校院系调整,剧专合并了山东大学艺术系戏剧科、上海行知艺术学校戏剧组正式建院,命名为中央戏剧学院华东分院,1956年正式改名为上海戏剧学院,列为文化部直属院校。2000年划归上海市,2002年6月原上海师大表演艺术学院、上海戏曲学校、上海舞蹈学校并入上海戏剧学院。

上海大学

学校(机构)标识码 4131010280	电子信箱 xiaoban@shu.edu.cn	普通专科 3237
学校办学类型 411:本科院校:大学	占地面积(平方米) 1991697	成人本科 9210
学校性质类别 01 综合大学	校舍建筑面积(平方米) 1019834	成人专科 2653
学校举办者 811 省级教育部门	图书(万册) 372.5	博士研究生 1378
学校地址 上海市宝山区上大路99号	固定资产总值(万元) 317876.32	硕士研究生 7264
邮政编码 200444	教学、科研仪器设备资产值(万元) 98714.64	留学生 954
办公电话 021-96928188		专任教师(人) 2891
传真电话 021-66134021	在校生数(人) 49684	其中:正高级 494
校园(局域)网域名 www.shu.edu.cn	其中:普通本科 24988	副高级 857

中级 1365　　　初级 166　　　未定职级 9

本科专业 包装工程、材料科学与工程、材料物理、财务管理、测控技术与仪器、城市规划、档案学、电气工程及其自动化、电子科学与技术、电子信息工程、电子信息科学与技术、雕塑、动画、法学、高分子材料与工程、工程管理、工商管理、工业工程、工业设计、管理科学、广播电视编导、广播电视新闻学、广告学、国际经济与贸易、汉语言文学、行政管理、化学工程与工艺、环境工程、会计学、会展艺术与技术、绘画、机械工程及自动化、计算机科学与技术、建筑学、金融学、金属材料工程、经济学、理论与应用力学、历史学、旅游管理、美术学、人力资源管理、日语、社会学、生物工程、生物医学工程、食品科学与工程、数学与应用数学、通信工程、土地资源管理、土木工程、微电子学、无机非金属材料工程、物流管理、新闻学、信息工程、信息管理与信息系统、信息与计算科学、冶金工程、艺术设计、音乐学、英语、影视艺术技术、应用化学、应用物理学、哲学、自动化

专科专业 城市轨道交通运营管理、房地产经营与估价、广告设计与制作、国际金融、国际商务、会计、机电一体化技术、计算机应用技术、旅游管理、汽车电子技术、汽车技术服务与营销、汽车运用技术、数控技术、文秘、物流管理、物业管理、眼视光技术、艺术设计、应用英语

博士专业 材料学、传播学、电磁场与微波技术、电力电子与电力传动、电影学、钢铁冶金、高可信计算与信息处理、工程力学、工业工程、固体力学、管理科学与工程、环境工程、机械电子工程、机械工程、机械设计及理论、机械制造及其自动化、基础数学、计算机应用技术、计算数学、结构工程、控制理论与控制工程、力学、流体力学、美术学、凝聚态物理、人类学、社会学、生物力学工程、生物信息工程、数学、数字媒体技术与应用、思想政治教育、通信与信息系统、无线电物理、信号与信息处理、信息学与系统生物学、信息与通信工程、一般力学与力学基础、应用经济学、应用数学、运筹学与控制论、中国古代文学、中国近现代史、中国现当代文学

硕士专业 比较文学与世界文学、材料加工工程、材料物理与化学、材料学、测试计量技术及仪器、产业经济学、传播学、档案学、电磁场与微波技术、电工理论与新技术、电机与电器、电力电子与电力传动、电路与系统、电影学、法律、法学理论、翻译、防灾减灾工程及防护工程、分析化学、钢铁冶金、高分子化学与物理、工程、工程力学、工商管理、固体力学、管理科学与工程、光学、广播电视艺术学、国际贸易学、国际商务、汉语国际教育、汉语言文字学、行政管理、核技术及应用、化学、化学工程与技术、化学工艺、环境工程、环境科学、会计、会计学、机械电子工程、机械设计及理论、机械制造及其自动化、基础数学、计算机科学与技术、计算机软件与理论、计算机系统结构、计算机应用技术、计算数学、检测技术与自动化装置、结构工程、结构力学与岩土力学、金融、金融学、精密仪器及机械、考古学及博物馆学、科学技术哲学、控制科学与工程、控制理论与控制工程、理论物理、力学、流体力学、旅游管理、马克思主义基本原理、马克思主义理论、马克思主义哲学、马克思主义中国化研究、美术学、民商法学、民俗学、模式识别与智能系统、凝聚态物理、企业管理、情报学、人类学、设计艺术学、社会工作、社会学、生物化工、生物化学与分子生物学、生物力学工程、生物医学工程、食品科学、世界经济、世界史、数学、数字媒体技术与应用、思想政治教育、通信与信息系统、图书馆学、图书情报、土木工程、外国语言学及应用语言学、微电子学与固体电子学、文艺学、无机化学、无线电物理、物理化学、物理学、戏剧戏曲学、系统分析与集成、系统工程、宪法学与行政法学、新闻传播学、新闻学、新闻与传播、信号与信息处理、刑法学、岩土工程、一般力学与力学基础、艺术、艺术学、音乐学、英语语言文学、应用化学、应用经济学、应用力学与飞行器工程、应用数学、有机化学、有色金属冶金、运筹学与控制论、政治经济学、中国古代史、中国古代文学、中国古典文献学、中国近现代史、中国现当代文学、专门史

院系设置
文学院、理学院、法学院、生命科学学院、知识产权学院、悉尼工商学院、社会科学学院、成人教育学院、美术学院、国际交流学院、外国语学院、高等技术学院、管理学院、经济学院、图书情报档案系、通信与信息工程学院、计算机工程与科学学院、材料工程与科学学院、机电工程与自动化学院、环境与化工工程学院、影视艺术技术学院、巴士汽车学院、房地产学院、中欧学院、数码艺术学院、土木系、钱伟长学院、社区学院

国家级、省部级研究机构设置
1. 实验室：上海市现代冶金材料制备重点实验室——省部共建国家实验室培育基地、上海市特种光纤与光接入网重点实验室——省部共建国家实验室培育基地、特种光纤与光接入网省部共建教育部重点实验室、新型显示及应用集成教育部重点实验室、上海市机械自动化及机器人重点实验室、上海市钢铁冶金新技术开发应用重点实验室、上海市特种光纤重点实验室、上海市电站自动化技术重点实验室、上海市能源作物育种与应用重点实验室、上海市力学在能源工程中的应用重点实验室

2. 研究中心（所）：上海大学科技园区、上海大学国家大学科技园、机电一体中心国家863计划智能机器人主题产业化基地、材料复合及先进分散技术教育部工程研究中心、先进钢铁材料技术国家工程研究中心南方实验基地、上海市高性能计算机与网络技术研发平台、先进复合材料设计与制造技术服务平台、有机光电显示设计与制造专业技术服务平台、上海资源环境新材料及应用工程技术研究中心、上海市多媒体应用技术研究中心、上海市应用数学和力学研究所、上海大学美术创作中心、上海大学公共艺术创作中心

博士后科研流动站 社会学、中国语言文学、新闻传播学、数学、力学、机械工程、材料科学与工程、冶金工程、电气工程、电子科学与技术、环境科学与工程、信息与通信工程、控制科学与工程

定期公开出版的专业刊物 《应用数学和力学》（英文版）、《社会、应用科学学报》、《上海大学学报》（自然科学版）、《上海大学学报》（英文版）、《自然杂志、上海大学学报》（社会科学版）、《秘书、运筹学学报》、《应用数学与计算数学学报》

学校设立奖学金情况
学校设立奖学金二十五项，奖励总金额1657.07万元。奖学金最高金额10000元/年，最低金额200元/年。

1. 上海大学校长奖学金:26 人/年,10000 元/人;
2. 上海大学费孝通奖学金:8 人/年,8000 元/人;
3. 上海大学教育奖学金特等奖:798 人/年,5000 元/人;
4. 上海大学教育奖学金一等奖:999 人/年,3000 元/人;
5. 上海大学教育奖学金二等奖:1685 人/年,1000 元/人;
6. 上海大学教育奖学金单项奖、自强奖:982 人/年,500 元/人;
7. 国家奖学金:61 人/年,8000 元/人;
8. 国家励志奖学金:1036 人/年,5000 元/人;
9. 上海市奖学金:71 人/年,8000 元/人;
10. 宝钢奖学金:12 人/年,5000 - 10000 元/人;
11. 光华奖学金:315 人/年,1000 - 2000 元/人;
12. 上海大学"仲皓璟"奖学金:15 人/年,2000 元/人;
13. 捷普科技助学金 8 人/年,5000 元/人;
14. 蔡冠深奖学金:10 人/年,10000 元/人;
15. 台达奖学金:13 人/年,2000 - 6000 元/人;
16. 自仪奖学金:13 人/年,1500 - 3000 元/人;
17. 上电所奖学金:9 人/年,2000 - 3000 元/人;
18. 中国仪器仪表学会奖学金:2 人/年,5000 元/人;
19. 东洋电装奖学金:65 人/年,250 - 2000 元/人;
20. 王嘉廉美术奖学金:7 人/年,1000 元/人;
21. Materialise Academy 奖学金:2 人/年,1000 元/人;
22. 上海大学一等奖学金:67 人/年, 800 元/人;
23. 上海大学二等奖学金:22 人/年, 400 元/人;
24. 上海大学三等奖学金:49 人/年, 200 元/人;
25. 上海大学特困奖学金:1 人/年,2500 元/人。

主要校办产业

上海大学出版社有限公司、上海茂利机械制造有限公司、上海大学科技园区、上海上大泮苑宾馆有限公司、上海浦美建筑装潢公司、上海上大热欣科技发展有限公司、上海上大电子设备有限公司、上海上大必信科技开发有限公司、上海上达电器有限公司、上海上大嘉延宝文化传播有限公司、上海上大建筑设计院有限公司、上海上大热处理有限公司、上海上大海润信息系统有限公司、上海上大莱欧美术创作有限公司、上海大学科技园投资管理有限公司

学校历史沿革

上海大学 1994.5.27 由以下四所学校合并成立至今。

一、上海工业大学(1979.1 - 1994.5)
1. 前身:1972.4 - 1979.1 上海机械学院总部
2. 前身:1960.9 - 1972.4 上海工学院

二、上海科技大学(1958.5 - 1994.5)

三、上海大学,1983.5 由以下五所大学合并成立至 1994.5 止
1. 上海大学文学院,1983.5 由以下二所学校合并成立
(1)上海大学政治学院 1983.5 - 1988.6
(2)复旦大学分校 1978.12 - 1983.5
2. 上海大学国际商学院,1993.9 由以下二所学校合并成立至 1994.5 止
(1)上海大学国际商业学院 1985.5 - 1993.9
①前身:1983.5 - 1985.5 上海大学外国语学院
②前身:1978.11 - 1983.5 上海外国语学院分院
(2)上海大学商学院 1986.4 - 1993.9
①前身:1983.4 - 1986.4 上海大学工商管理学院
②前身:1978.1 - 1983.4 上海机械学院轻工分院
3. 上海大学美术学院,1983.5 - 1994.5
4. 上海大学法学院,1993.4 - 1994.5
①前身:上海法律高等专科学校,1992.4 - 1993.4
②前身:上海法律专科学校,1985.11 - 1992.4
5. 上海大学工学院,1983.5 - 1994.5 由以下二所学校合并成立至 1994.5 止
(1)上海科技大学分校,1978.11 - 1983.5
(2)华东师范大学仪表电子分校,1978.11 - 1983.5

四、上海科技高等专科学校,1993.12 - 1994.5
(1)前身:1981.12 - 1993.12 上海科技专科学校
(2)前身:1978.11 - 1981.12 上海科技大学分部
(3)前身:1970.11 - 1978.10 上海电子专科学校
(4)前身:1969.12 - 1970.11 上海第二科学技术学校
(5)前身:1959.10 - 1969.12 上海计算技术学校。

上海公安高等专科学校

学校(机构)标识码 4131010283
学校办学类型 414:专科院校:高等专科学校
学校性质类别 09 政法院校
学校举办者 812 省级其他部门
学校地址 上海市浦东新区凌桥崇景路 100 号
邮政编码 200137
办公电话 021 - 28957000
传真电话 021 - 33843028
校园(局域)网域名 www.shpc.edu.cn
电子信箱 gajgz@ gaj.shanghai.gov.cn
占地面积(平方米) 475207
校舍建筑面积(平方米) 119791
图书(万册) 36.43
固定资产总值(万元) 29557.51
教学、科研仪器设备资产值(万元) 8766.21
在校生数(人) 2269
其中:普通专科 2269
专任教师(人) 220
其中:正高级 3
副高级 31
中级 90
初级 40
未定职级 56

专科专业 公安管理类

院系设置

学校为副局级单位,下设办公室、政治处、后保处、教务处、学管处、科研中心、教辅中心、岗位业务教研部、基础教研部、警训部、培训一部至五部共 15 个副处级机构。

国家级、省部级研究机构设置

研究所(中心):科研中心

定期公开出版的专业刊物 《上海公安高等专科学校学报》

学校设立奖学金情况

学校设立奖学金 7 项,奖励总金额 50 余万元。奖学金最高金额 8000 元/年,最低金额 1000 元/年。

毕业生一次就业率　100%

学校历史沿革

学校创建于1949年6月,其前身是与上海市人民政府公安局同时成立的上海市警务学校。1955年,更名为上海市公安学校,主要开展各类短期培训和中专教育。1983年11月,改建为上海公安专科学校,列入高校建制,主要开展专科教育和成人学历教育。1992年4月,易名为上海公安高等专科学校。1996年,学校与当时的上海市第一、第二人民警察学校实行"三校合并";同年,经国家教委批准在全国省属公安院校中率先试办本科教育。

上海东海职业技术学院

学校(机构)标识码　4131010851	校园(局域)网域名　www.esu.edu.cn	其中:普通专科　4805
学校办学类型　415:专科院校:高等职业学校	电子信箱　dhyb@esu.edu.cn	成人专科　282
	占地面积(平方米)　126589	专任教师(人)　145
学校性质类别　08 财经院校	校舍建筑面积(平方米)　94641	其中:正高级　11
学校举办者　999 民办	图书(万册)　33.18	副高级　37
学校地址　上海市虹梅南路6001号	固定资产总值(万元)　35684	中级　59
邮政编码　200241	教学、科研仪器设备资产值(万元)　　　1909	初级　20
办公电话　021-64505555		未定职级　18
传真电话　021-64503319	在校生数(人)　5087	

专科专业　报关与国际货运、表演艺术、电气自动化技术、法律事务、服装设计、国际航运业务管理、国际金融、国际经济与贸易、国际商务、航空机电设备维修、护理、环境艺术设计、会计、机电一体化技术、计算机应用技术、建筑工程技术、空中乘务、旅游管理、民航商务、汽车运用与维修、人物形象设计、商务日语、商务英语、数控技术、投资与理财、物流管理、新闻与传播、艺术设计、印刷技术、影视动画、应用艺术设计、装潢艺术设计

院系设置

经管学院、商贸学院、艺术学院、机电工程系、信息工程系、航空运输系、金融系、护理系、基础教学部、马列教研部

学校设立奖学金情况

学校设立奖学金3项,奖励总金额50余万元。奖学金最高金额1000元/年,最低300元/年。

学校历史沿革

上海东海职业技术学院是1993年根据沪高教办(92)第603号文创建的,于1999年经国家教育部教发【1999】91号文批准,成为具有颁发国家学历文凭资格的全日制普通高等学校,更名为:民办东海职业技术学院,纳入国家招生计划。于2003年经上海市人民政府沪【2003】27号文批准更名为:上海东海职业技术学院。

上海新侨职业技术学院

学校(机构)标识码　4131010852	办公电话　021-64540146	4110.57
学校办学类型　415:专科院校:高等职业学校	传真电话　021-64540146	在校生数(人)　4773
	电子信箱　216bgs@163.com	其中:普通专科　4773
学校性质类别　02 理工院校	占地面积(平方米)　80618	专任教师(人)　134
学校举办者　999 民办	校舍建筑面积(平方米)　37741	其中:正高级　6
学校地址　上海市徐汇区天等路465号	图书(万册)　34.5	副高级　27
	固定资产总值(万元)　18567.72	中级　67
邮政编码　200237	教学、科研仪器设备资产值(万元)	初级　34

专科专业　法律事务、国际商务、机电一体化技术、计算机网络技术、计算机信息管理、计算机应用技术、旅游管理、汽车电子技术、汽车定损与评估、汽车技术服务与营销、汽车运用技术、商务管理、数控技术、通信技术、物流管理、应用电子技术、应用日语、应用艺术设计、应用英语、珠宝首饰工艺及鉴定

院系设置

内设汽车工程、机电工程、计算机信息、经济贸易与管理、珠宝艺术设计、应用外语与法律、基础部共六系和一部。

学校设立奖学金情况

学校共设奖学金4项,奖励金额95.24万元/年。最高奖学金8000元/年,最低金额100元/年。

学校历史沿革

上海新侨职业技术学院于1999年7月经国家教育部批准建立的一所国有民办性质的全日制高等职业技术学院,理事会

由上海海外交流协会、上海海外联谊会、上海市归国华侨联合会、上海中华职教社组成。学院于2003年4月经上海市人民政府(国府[2003]27号)文批准更名为上海新侨职业技术学院。学院共有在校生4773名,共21个专业。

上海工程技术大学

学校(机构)标识码 4131010856	占地面积(平方米) 945504	成人本科 3920
学校办学类型 411:本科院校:大学	校舍建筑面积(平方米) 400498	成人专科 1467
学校性质类别 02 理工院校	图书(万册) 138	硕士研究生 315
学校举办者 811 省级教育部门	固定资产总值(万元) 131130.36	留学生 174
学校地址 上海市龙腾路333号	教学、科研仪器设备资产值(万元) 38792.24	专任教师(人) 1040
邮政编码 201620		其中:正高级 96
办公电话 021-67791050	在校生数(人) 23772	副高级 267
传真电话 021-67791333	其中:普通本科 15284	中级 585
校园(局域)网域名 www.sues.edu.cn	普通专科 2612	初级 92
电子信箱 xb@sues.edu.cn		

本科专业 材料成型及控制工程、材料成型及控制工程(模具CAD/CAM、材料成型及控制工程(微电子封装、材料科学与工程(纳米表面工程)、财务管理、车辆工程、电气工程及其自动化、电气工程及其自动化(现代建筑电、电子信息工程、电子信息工程(城市轨道交通通信、电子信息工程(广电通信网络工程、电子信息工程(中美合作)、纺织工程、飞行技术、服装设计与工程、服装设计与工程(服装CAD/CAM)、高分子材料与工程、工程管理、工商管理、工商管理(航空经营管理)、工业工程、工业设计、公共事业管理、管理科学(东方管理)、广告学、国际经济与贸易、化学工程与工艺(精细化工)、环境工程、会展艺术与技术、机械工程及自动化、机械工程及自动化(城市轨道交通、机械设计制造及其自动化(汽车工程)、机械设计制造及其自动化(汽车工程)、机械设计制造及其自动化(现代装?、计算机科学与技术、交通工程、交通运输(城市轨道交通运营管理)、交通运输(航空器械维修)、交通运输(汽车运用工程)、交通运输(汽车运用工程)(中美)、金融学、劳动与社会保障、旅游管理(邮轮经济)、能源与环境系统工程、汽车服务工程、人力资源管理、摄影、市场营销、市场营销(服装营销)、市场营销(汽车营销)、物流管理、物流管理(航空物流)、信息管理与信息系统、艺术设计、艺术设计(产品包装与造型设计)、艺术设计(多媒体设计)(中韩?、艺术设计(服装表演策划)、艺术设计(服装设计与工程)(中?、艺术设计(服装与服饰设计)、艺术设计(广告设计)、艺术设计(游戏软件与艺术造型设、制药工程、自动化、自动化(汽车电子工程)(中美合

专科专业 城市轨道交通工程技术(车辆技术、城市轨道交通工程技术(机电设备、城市轨道交通工程技术(通信信号、城市轨道交通运营管理、电气自动化技术、国际商务、航空机电设备维修、机电一体化技术、机械制造工艺及设备、空中乘务、连锁经营管理、民航商务、模具设计与制造、数控技术、应用电子技术

硕士专业 材料加工工程、车辆工程、服装设计与工程、社会保障

院系设置
机械工程学院、电子电气工程学院、管理学院、化学化工学院、材料工程学院、汽车工程学院、艺术设计学院、航空运输学院、飞行学院、服装学院、城市轨道交通学院、中法埃菲时装设计师学院、中韩多媒体设计学院、社会科学学院、基础教学学院、马克思主义理论教学部、体育教学部、成人教育学院、高等职业技术学院、高级技师学院、女工程师学院

国家级、省部级研究机构设置
1. 实验室:上海市汽车工程实训中心、现代工业实训中心
2. 研究中心(所):能源与环境工程研究所、激光工业技术研究所、化工研究所、上海市社会保障问题研究中心、上海国际邮轮经济研究中心、上海飞行仿真技术研究中心、上海市社会调查研究中心上海工程技术大学分中心

定期公开出版的专业刊物 《上海工程技术大学校报》、《上海工程技术大学学报》、《上海工程技术大学教育研究》

学校设立奖学金情况
学校设立奖学金23项,奖励总金额461余万元。奖学金最高金额8000元/学年,最低金额150元/学年。

1. 优秀学生奖学金:该学期学生人数的2%-24%,7000元-150元/学年;
2. 自强奖学金:该学期困难学生人数的30%,甲等600元/人,乙等300元/人;
3. 国家奖学金:人数不定,8000元/人;
4. 上海市奖学金:人数不定,8000元/人;
5. 国家励志奖学金:人数不定。5000元/人;
6. 交运奖学金:一等奖5人,3000元/人,二等奖10人,1000元/人;
7. "博世力士乐"奖学金:一等奖1人,5000元/年,二等奖3人,2000元/年,三等奖3人,1000元/年;
8. 上联奖学金:一等奖7人,1500元/人,二等奖14人,750元/人;
9. "托米"奖学金:一等奖1人,2000元/年,二等奖4人,1500元/年,三等奖7人,1000元/年;
10. SIMATIC奖学金:22人,500元—2000元/年;
11. "长润"奖学金:40人,500元—2000元/年

12. 中山奖学金：39 人，500 元—2000 元/年；
13. "国药化试杯"化学奖学金：一等奖 1 人，2000 元/年，二等奖 2 人，1500 元/年，三等奖 3 人，1000 元/年，优胜奖 10 人，200 元/年；
14. 上海市化学化工学会优秀学生奖：1 人，1000 元/年；
15. "开成兴业"励志奖学金：17 人，1500 元/年—6500 元/年；
16. 3D 动力奖学金：2 人，500 元/年；
17. 申通奖学金：19 人，200 元—500 元/年；
18. 上航奖学金：427 人，300 元—1000 元/年；
19. 三枪奖学金：一等奖 4 人，2000 元/人，二等奖 6 人，800 元/人，三等奖 9 人，300 元/人；
20. 海螺奖学金：一等奖 4 人，2000 元/人，二等奖 6 人，800 元/人，三等奖 9 人，300 元/人；
21. 赵玉峰奖学金：19 人，300 元—2000 元/年；
22. 海宁奖学金：19 人，300 元—2000 元/年；
23. 上海地铁奖学金：42 人，800 元—3000 元/年；
24. 宝钢奖学金：2 人，5000 元/人；
25. 中联重工奖学金：一等奖 1 人，2000 元/人，二等奖 2 人，1000 元/人，三等奖 3 人，500 元/人，优胜奖 15 人，300 元/人；
26. 九华奖学金：一等奖 3 人，1500 元/人，二等奖 6 人，1000 元/人，三等奖 9 人，500 元/人；
27. 亨斯迈奖学金：一等奖 1 人，5000 元/人，二等奖 2 人，3000 元/人，三等奖 7 人，1500 元/人，助学奖 3 人，1000 元/人；
28. 金博奖学金：一等奖 1 人，1500 元/人，二等奖 2 人，1100 元/人，三等奖 3 人，800 元/人，优秀奖 4 人，600 元/人，助学奖 3 人，500 元/人；
29. 小松奖学金：10 人，1000 元/人/年；
30. 奥佩克奖学金：一等奖 4 人，1500 元/人，二等奖 10 人，1000 元/人，三等奖 28 人，500 元/人；
31. 红蜻蜓奖学金：一等奖 1 人，1200 元/人，二等奖 2 人，700 元/人，三等奖 3 人，300 元/人；
32. 乔治白奖学金：一等奖 1 人，1200 元/人，二等奖 2 人，7000 元/人，三等奖 3 人，300 元/人；
33. 宝钢奖学金：2 人，5000 元/人。

学校历史沿革

上海工程技术大学的前身是上海交通大学机电分校和华东纺织工学院分校，创办于 1978 年 10 月。1984 年华东化工学院（分院）停办后，部分教职工调入交通大学机电分校。1985 年经教育部批准在两校的基础上成立上海工程技术大学。1991 年学校通过国家教委教学合格评估鉴定。2003 年，上海高级技工学校划入我校，组建上海工程技术大学高等职业技术学院。2005 年，上海工程技术大学整体迁入松江校区。

上海立信会计学院

学校（机构）标识码	4131011047
学校办学类型	412：本科院校：学院
学校性质类别	08 财经院校
学校举办者	811 省级教育部门
学校地址	上海市松江区文翔路 2800 号
邮政编码	201620
办公电话	021－67705200
传真电话	021－67705031
校园（局域）网域名	lixin.edu.cn
电子信箱	fgc@lixin.edu.cn
占地面积（平方米）	351936
校舍建筑面积（平方米）	165153
图书（万册）	107.8
固定资产总值（万元）	66880
教学、科研仪器设备资产值（万元）	9815
在校生数（人）	15515
其中：普通本科	8410
普通专科	1779
成人本科	3884
成人专科	1414
留学生	28
专任教师（人）	539
其中：正高级	47
副高级	147
中级	301
初级	37
未定职级	7

本科专业　财务管理、财政学、法学、房地产经营管理、工商管理、工商管理类、国际经济与贸易、汉语言文学、会计学、计算机科学与技术、金融学、经济学、经济学类、日语、社会工作、审计学、市场营销、数学与应用数学、税务、统计学、信息管理与信息系统、信用管理、英语、资产评估

专科专业　国际金融、国际经济与贸易、会计、计算机信息管理、商务英语

院系设置　会计与财务学院、工商管理学院、经贸学院、金融学院、财税学院、数学与信息学院、外语学院、文法学院、思想政治理论课教学科研部、体育部、高职学院、继续教育学院、国际交流学院

定期公开出版的专业刊物　《上海立信会计学院学报》

学校设立奖学金情况

学校设立奖学金 2 项，奖励总金额 328.08 元/年，最低金额 400 元/年。

主要校办产业

立信会计出版社、立信会计用品总公司、申松立信印刷厂

学校历史沿革

上海立信会计学院始创于 1928 年。1952 年全国高校院系调整，学校与上海地区其他财经类院系合并成上海财经学院。1980 年，立信会计高等专科学校独立复办。2003 年 9 月，经上海市人民政府批准，学校升格为本科院校，校名定为上海立信会计学院。

上海电机学院

学校(机构)标识码 4131011458	校园(局域)网域名 www.sdju.edu.cn	其中:普通本科 7958
学校办学类型 412:本科院校:学院	电子信箱 sunyj@sdju.edu.cn	普通专科 3635
学校性质类别 02 理工院校	占地面积(平方米) 676899	成人本科 1156
学校举办者 891 地方企业	校舍建筑面积(平方米) 388924	成人专科 1118
学校地址 上海市浦东新区临港新城橄榄路1350号	图书(万册) 90.3	专任教师(人) 572
	固定资产总值(万元) 44220	其中:正高级 43
邮政编码 201306	教学、科研仪器设备资产值(万元) 11174.5	副高级 151
办公电话 021-38223034		中级 308
传真电话 021-38223300	在校生数(人) 13867	初级 70

本科专业 材料成型及控制工程、财务管理、测控技术与仪器、产品质量工程、车辆工程、德语、电机电器智能化、电气工程及其自动化、电子信息工程、工业工程、工业设计、国际经济与贸易、机械电子工程、机械设计制造及其自动化、计算机科学与技术、汽车服务工程、软件工程、市场营销、通信工程、网络工程、物流管理、英语、自动化

专科专业 电机与电器、电气自动化技术、国际商务、会计、机电一体化技术、机械制造工艺及设备、机械制造与自动化、计算机软件技术、计算机网络技术、计算机应用技术、模具制造技术、汽车运用技术、社区管理与服务、市场营销、数控技术、图文信息技术、文秘、物流管理、应用德语、应用电子技术、应用法语、应用西班牙语

院系设置 电气学院、机械学院、电子信息学院、商学院、外国语学院、马克思主义学院、汽车学院、国际教育学院、高等职业技术学院、数理教学部、体育教学中心、继续教育学院、李斌技师学院、工业技术中心

定期公开出版的专业刊物 《上海电机学院学报》、《电世界》

学校设立奖学金情况
学校设立奖学金6项,奖励总金额196余万元。奖学金最高金额6000元/年,最低金额300元/年。

主要校办产业
上海昂电实业有限公司

学校历史沿革
学校创建于1953年,由华东工业管理局筹办,取名上海电器工业学校。1954年改校名为上海电器制造学校,1956年改校名为上海电机制造学校,隶属于第一机械工业部。1970年学校解散,1978年复校,隶属上海市第一机电工业局。1985年经国家教委批准,举办五年制技术专科教育,改校名为上海电机制造技术学校。1987年上海市第一机电工业职工大学闵行分部并入。1992年改校名为上海电机技术高等专科学校。1998年上海机电工业职工大学一分校和上海市机电工业职工中等专业学校并入。2004年上海市机电工业学校和上海机电工业职工大学并入。2004年9月,学校升格为本科院校,改校名为上海电机学院。

上海金融学院

学校(机构)标识码 4131011639	电子信箱 xiaoban@shfc.edu.cn	普通专科 893
学校办学类型 412:本科院校:学院	占地面积(平方米) 362075	成人本科 2844
学校性质类别 08 财经院校	校舍建筑面积(平方米) 149283	成人专科 930
学校举办者 811 省级教育部门	图书(万册) 88.36	留学生 90
学校地址 上海浦东新区上川路995号	固定资产总值(万元) 50265.49	专任教师(人) 411
	教学、科研仪器设备资产值(万元) 6165.78	其中:正高级 50
邮政编码 201209		副高级 138
办公电话 021-50218814	在校生数(人) 11958	中级 185
传真电话 021-50218570	其中:普通本科 7201	初级 38
校园(局域)网域名 www.shfc.edu.cn		

本科专业 保险、财务管理、财政学、电子商务、法学、工商管理、国际经济与贸易、国际商务、行政管理、会计学、计算机科学与技术、金融工程、金融学、经济学、劳动与社会保障、人力资源管理、审计学、市场营销、数学与应用数学、税务、统计学、物流

管理、信息管理与信息系统、信用管理、英语

专科专业 保险实务、广告设计与制作、国际金融、国际金融(中丹合作)、计算机信息管理(中丹合作)、市场营销(中丹合作)、艺术设计

院系设置

国际金融学院、国际经贸学院、会计学院、保险学院、公共经济管理学院、工商管理学院、信息管理学院、政法学院、应用数学系、外语系、人文艺术系、体育教学部、继续教育学院、国际交流学院

定期公开出版的专业刊物 《上海金融学院学报》

学校设立奖学金情况

学校设立奖学金8项,奖励总金额255万元。奖学金最高金额3000元/年,最低金额200元/年。

1. 优秀学生奖学金(优秀学生奖学金):2957人/年,平均495.3元/人;
2. 民族学生奖学金:6人/,平均800元/人;
3. 社会活动奖学金:2051人/年,平均233.3元/人;
4. 科技创新奖学金:131人/年,平均216元/人;
5. 新生入学奖学金:33人/年,平均2121/人;
6. 精神文明风尚奖学金:1人/年,2000元/人;
7. 文体竞赛奖学金:23人/年,274元/人;
8. 保送生奖学金:12人/年,2000元/人;
9. 先进班级:6个/年,800元/个;
10. 三好学生:403人/年,162.5元/人。

主要校办产业

上海金院资产经营管理有限公司、上海浦东现代金融职业培训中心

学校历史沿革

上海银行学校(1952年-1987年)(含:上海财政金融学校);上海金融专科学校(1987年-1992年,附设上海银行学校);上海金融高等专科学校(1992年-2003年,附设上海银行学校);上海金融学院(2003年9月10日-至今,附设上海银行学校)。

上海出版印刷高等专科学校

学校(机构)标识码 4131011733	校园(局域)网域名 www.sppc.edu.cn	在校生数(人) 4589
学校办学类型 414:专科院校:高等专科学校	电子信箱 xb@sppc.edu.cn	其中:普通专科 4307
	占地面积(平方米) 207055	成人专科 282
学校性质类别 02 理工院校	校舍建筑面积(平方米) 58831	专任教师(人) 191
学校举办者 811 省级教育部门	图书(万册) 37.89	其中:正高级 9
学校地址 上海市水丰路100号	固定资产总值(万元) 15397.2	副高级 44
邮政编码 200093	教学、科研仪器设备资产值(万元) 9059.49	中级 95
办公电话 021-65673587		初级 43
传真电话 021-65674432		

专科专业 包装技术与设计、出版与电脑编辑技术、出版与发行(出版商务)、电脑艺术设计、多媒体设计与制作、广告设计与制作、会展策划与管理、机电一体化技术、数字出版、数字媒体设备管理、数字印刷技术、艺术设计(印刷美术设计)、印刷技术、印刷技术(印刷包装管理)、印刷设备及工艺、印刷图文信息处理、印刷图文信息处理(中美)、影视动画、影视多媒体技术、装潢艺术设计(展示设计)、装饰艺术设计

院系设置

印刷包装工程系、出版与传播系、印刷设备工程系、艺术设计系、基础部、继续教育部、印刷实训中心

国家级、省部级研究机构设置

1. 实验室:国家新闻出版总署数字传播科学重点实验室;2. 研究中心(所):国家新闻出版总署数字印刷工程研究中心。

定期公开出版的专业刊物 《出版与印刷》

学校设立奖学金情况

学校设立奖学金19项,奖励总金额338余万元。奖学金最高金额为8000元/年,最低金额为50元/年。

国家奖学金:8000元/人;

国家励志奖学金:5000元/人;

上海市奖学金:8000元/人;

国家助学金:1500-3000元/人;

宝钢奖学金:1人/年,5000元/人;

金光纸业奖学金:10人/年,3000元/人;

小森 奖学金:5人/年,3000元/人;

巴士之星奖学金:10人/年,2000元/人;

曼恒创新创业基金:10人/年,3000元/人;

曼罗兰奖学金:2人/年,1000-2000元/人;

晨兴助学金:2人/年,2500元/人;

中华 慈善助学金:8人/年,3000元/人;

吉田公彦奖学金:4人/年,2000-3000元/人;

芬欧蓝泰奖学金:4人/年,2000-5000元/人;

当纳利奖学金:3人/年,5000-10000元/人;

韬奋奖学金:10人/年,2000-3000元/人;

优秀学生奖学金:50-1500元/人;

校长奖学金:1000-5000元/人;

海外奖学金:3000-8000元/人。

学校历史沿革

学校前身为上海印刷学校,创建于1953年,1962年上海出

版学校并入。文革期间停办,1978 年复校。1987 年升格为大专建制,为上海出版印刷专科学校。1994 年校名调整为上海出版印刷高等专科学校。学校原属于国家新闻出版总署,2000 年改为属地化管理,归属于上海市教育委员会管理,并实现上海市人民政府和国家新闻出版总署的共建。2003 年与上海理工大学组成大学系统。2010 年成为国家示范性骨干高职院校建设单位。

上海杉达学院

学校(机构)标识码	4131011833
学校办学类型	412:本科院校:学院
学校性质类别	08 财经院校
学校举办者	999 民办
学校地址	上海市浦东新区金海路 2727 号
邮政编码	201209
办公电话	021-50210894
传真电话	021-50210895
校园(局域)网域名	www.sandau.edu.cn
电子信箱	sanda_university@sandau.edu.cn
占地面积(平方米)	492845
校舍建筑面积(平方米)	268740
图书(万册)	87.29
固定资产总值(万元)	49660.2
教学、科研仪器设备资产值(万元)	6149.9
在校生数(人)	11319
其中:普通本科	9695
普通专科	1624
专任教师(人)	565
其中:正高级	86
副高级	198
中级	200
初级	60
未定职级	21

本科专业 财务管理、电子商务、法学、工程管理、国际经济与贸易、国际经济与贸易(中美合作)、行政管理、行政管理(电子政务方向)、行政管理(食品质量安全管理方向)、护理学、会计学、计算机科学与技术、金融学、酒店管理、劳动与社会保障、旅游管理、日语、市场营销、西班牙语、新闻学、新闻学(传媒经营方向)、信息管理与信息系统、艺术设计、艺术设计(产品设计)、艺术设计(环境艺术设计)、艺术设计(视觉传达设计)、艺术设计(数字媒体方向)、英语、英语(新闻英语方向)

专科专业 船舶工程技术、电气自动化技术、国际金融、国际商务、会计(涉外)、机电一体化技术、旅游管理(酒店管理方向)、物流管理、艺术设计(时尚设计方向)

院系设置
胜祥商学院、外语学院、信息科学与技术学院、管理学院、人文学院、公共教育学院、医学技术与护理学院、嘉善光彪学院、沪东工学院、时尚设计学院、成人教育学院

学校设立奖学金情况
学校设立奖(助)学金 3 项,奖励总金额 53 余万元。奖(助)学金最高金额 10000 元/年,最低金额 100 元/年。

学校历史沿革
1992 年建立杉达大学专科层次 1992 级、1993 级二年制专科毕业生先后经上海市高教局、国家教委审核批准均给国家承认的学历证书;1994 年 2 月国家教育委员会同意建立民办杉达学院,专科层次。2002 年 3 月教育部同意建立上海杉达学院,同时撤消民办杉达学院的建制,以本科教育为主,同时可举办专科层次高等职业教育。

上海政法学院

学校(机构)标识码	4131011835
学校办学类型	412:本科院校:学院
学校性质类别	09 政法院校
学校举办者	812 省级其他部门
学校地址	上海市外青松公路 7989 号
邮政编码	201701
办公电话	021-39225000
传真电话	021-39225168
校园(局域)网域名	www.shupl.edu.cn
电子信箱	office@shupl.edu.cn
占地面积(平方米)	699254
校舍建筑面积(平方米)	192420
图书(万册)	81.57
固定资产总值(万元)	46223
教学、科研仪器设备资产值(万元)	8908.99
在校生数(人)	10738
其中:普通本科	7677
普通专科	1720
成人本科	917
成人专科	424
专任教师(人)	385
其中:正高级	50
副高级	85
中级	182
初级	32
未定职级	36

本科专业 财务管理、法学、工商管理、国际经济与贸易、国际政治、汉语言文学、行政管理、监狱学、经济学、劳动与社会保障、社会工作、社会学、思想政治教育、新闻学、英语、政治学与行政学

专科专业 法律事务、公共事务管理、国际商务、商务英语、社区管理与服务、司法助理、文秘

院系设置

法律系、经济法系、国际法商系、刑事司法学院、经济管理系、社会科学系、社会学与社会工作系、国际事务与公共管理系、新闻传播与中文系、外语系、体育部

定期公开出版的专业刊物 《上海政法学院学报》

学校设立奖学金情况

学校设立奖学金6项;奖励总金额226余万元。奖学金最高金额10000元/年,最低金额500元/年。

学校历史沿革

1984年11月19日,经上海市政府批准,建立上海市政法管理干部学院;1985年11月24日,经上海市政府批准,并报国家教委备案,建立上海法律专科学校,同时明确上海市政法管理干部学院与上海法律专科学校实行"两块牌子,一套班子"的管理体制,隶属于上海市政法委,由上海市司法局直接领导。1992年,上海法律专科学校经国家教委批准,更名为上海法律高等专科学校。1993年4月,经上海市政府批准,在上海法律高等专科学校和原有上海大学文学院法律系的基础上,组建上海大学法学院。上海市政法管理干部学院与上海大学法学院仍然实行"两块牌子,一套班子"的管理体制,原有隶属关系不变。2004年9月,经上海市政府批准,在原有上海大学法学院和上海市政法管理干部学院的基础上,建立上海政法学院。学院成为一所独立设置的本科院校。

上海第二工业大学

学校(机构)标识码	4131012044
学校办学类型	412:本科院校:学院
学校性质类别	02 理工院校
学校举办者	811 省级教育部门
学校地址	上海市浦东新区金海路2360号
邮政编码	201209
办公电话	021-50216988
传真电话	021-50214154
校园(局域)网域名	www.sspu.cn
电子信箱	sspuxb@sspu.cn
占地面积(平方米)	409004
校舍建筑面积(平方米)	214422
图书(万册)	111.56
固定资产总值(万元)	75339.89
教学、科研仪器设备资产值(万元)	28570
在校生数(人)	15030
其中:普通本科	8594
普通专科	3260
成人本科	2171
成人专科	992
留学生	13
专任教师(人)	627
其中:正高级	50
副高级	191
中级	297
初级	74
未定职级	15

本科专业 材料化学、财务管理、测控技术与仪器、电子商务、电子信息工程、工业工程、工业设计、公共关系学、国际商务、环境工程、会展经济与管理、机械电子工程、机械工程及自动化、计算机科学与技术、交通运输、日语、软件工程、数字媒体艺术、通信工程、统计学、网络工程、物流管理、信息管理与信息系统、信息显示与光电技术、信息与计算科学、信用管理、艺术设计、英语、自动化

专科专业 电气自动化技术、工商企业管理、国际商务、国际商务(中澳合作)、国际商务(中澳合作)、会展策划与管理(中澳合作)、机电一体化技术(中澳合作)、机械制造与自动化、计算机应用技术(中澳合作)、建筑经济管理、金融保险、酒店管理(中澳合作)、酒店管理(中澳合作)、模具设计与制造、人物形象设计、软件技术、社区管理与服务、数控技术、通信技术、文秘、物流管理、信息安全技术、眼视光技术、应用电子技术、应用韩语、应用艺术设计、应用英语、应用英语(中澳合作)

院系设置

机电工程学院、电子与电气工程学院、计算机与信息学院、经济管理学院(中外运国际物流学院)、外国语学院、国际交流学院(昆士兰学院)、人文学院(蒙妮坦学院)、理学院、应用艺术设计学院、城市建设与环境工程学院、成人与继续教育学院

定期公开出版的专业刊物 《上海第二工业大学学报》

学校设立奖学金情况

学校设立奖学金8项,奖励总金额330余万元。奖学金最高金额5000元/年,最低金额150元/年。最低金额150元/年。

优秀学生奖学金(特等) 5000元/年
优秀学生奖学金(一等) 1800元/年
优秀学生奖学金(二等) 1200元/年
优秀学生奖学金(三等) 600元/年
优秀学生奖学金(四等) 150元/年
优秀困难学生奖学金(甲等) 800/年
优秀困难学生奖学金(已等) 500/年
优秀困难学生奖学金(丁等) 300/年

主要校办产业

上海二工大资产经营有限公司、海二工大置业发展有限公司、上海上能节能技术发展公司、上海第二工业大学招待所、上海浦东新区金桥职业技能培训中心

学校历史沿革

上海第二工业大学成立于1960年,原名为上海市业余工业大学。1965年改名为上海市半工半读工业大学,1972年恢复上海市业余工业大学。1984年学校正式改名为上海第二工业大学。2001年11月,与上海东沪职业技术学院合并组建新上海第二工业大学。2003年9月,经上海市政府批准,设置为本科院校。2007年5月,学校被上海市命名为首批"技师学院"。2009年4月,学校被上海市教委列为工程硕士专业学位立项建设单位。

上海商学院

学校(机构)标识码　4131012050
学校办学类型　412:本科院校:学院
学校性质类别　08 财经院校
学校举办者　812 省级其他部门
学校地址　上海市徐汇区田林街道华鼎居委会中山西路2271号
邮政编码　200235
办公电话　021-64870
传真电话　021-64288
校园(局域)网域名　www.sbs.edu.cn
电子信箱　yzxx@sbs.edu.cn
占地面积(平方米)　654785
校舍建筑面积(平方米)　208717
图书(万册)　103.8
固定资产总值(万元)　58830
教学、科研仪器设备资产值(万元)　4297
在校生数(人)　13099
其中:普通本科　7066
普通专科　3790
成人本科　1133
成人专科　936
留学生　174
专任教师(人)　460
其中:正高级　30
副高级　138
中级　257
初级　35

本科专业　财务管理、电子商务、电子信息工程、法学、广告学、国际经济与贸易、会计学、计算机科学与技术、金融学、酒店管理、连锁经营管理、旅游管理、日语、社会工作、食品质量与安全、市场营销、税务、物流管理、信息管理与信息系统、艺术设计、英语、园林

专科专业　报关与国际货运、电子商务、工商企业管理、国际商务、国际商务(合计)、会计、会计(合计)、计算机应用技术、金融管理与实务、酒店管理、连锁经营管理、人物形象设计、商务管理、商务英语、食品工艺与检测、税务、物流管理、新闻与传播、应用韩语、应用艺术设计

学校历史沿革
　　上海商学院是在原上海商业职业技术学院(原中共上海市财贸党校)的基础上建立的本科层硕

上海行健职业学院

学校(机构)标识码　4131012493
学校办学类型　415:专科院校:高等职业学校
学校性质类别　08 财经院校
学校举办者　832 县级其他部门
学校地址　上海市闸北区原平路55号
邮政编码　200072
办公电话　021-56075555
传真电话　021-56958696
校园(局域)网域名　www.shxj.edu.cn
占地面积(平方米)　70814
校舍建筑面积(平方米)　91137
图书(万册)　49.7
固定资产总值(万元)　31364.32
教学、科研仪器设备资产值(万元)　3584.54
在校生数(人)　5264
其中:普通专科　4733
成人专科　531
专任教师(人)　175
其中:正高级　4
副高级　36
中级　108
初级　12
未定职级　15

专科专业　电子商务、飞机制造技术、工商企业管理、工商企业管理(中法合作)、广告设计与制作、会展策划与管理、计算机网络技术、旅游管理、旅游管理(中澳合作)、汽车技术服务与营销(汽车保险)、汽车运用技术、软件技术、图文信息技术、物流管理、学前教育、学前教育(幼儿保健)、影视动画、影视多媒体技术、应用德语、应用法语、应用日语、应用英语、装潢艺术设计、装饰艺术设计

院系设置
　　经济管理系、学前教育系、商务外语系、应用艺术系、信息技术与机电工程系

学校设立奖学金情况
　　学校设立奖学金7项,奖励总金额34余万元。奖学金最高金额4000元/年,最低金额300元/年。

综合奖学金:一等:1%学生/年,4000元/人
二等:2%学生/年,2000元/人
三等:3%学生/年,1000元/人
单项奖学金:一等:1%学生/年,500元/人
二等:2%学生/年,300元/人
PET奖学金:一等:1%学生/年,500元/人
二等:2%学生/年,300元/人

学校历史沿革
　　上海行健职业学院的前身为上海市闸北区业余大学,创建于1982年11月。1985年7月,上海市闸北区干部文化学校并入。1993年9月,闸北区第三职业技术学校并入。1998年9月,经上海市教育委员会批准,闸北区业余大学与闸北区职工中等专业学校的教育资源进行优化组合,建立闸北区社区学院。同

年,闸北区第三职业技术学校与闸北区业余大学脱钩。2000 年 1 月,上海市教育委员会同意闸北区社区学院更名为上海行健学院。2001 年 4 月,由闸北区人民政府申报,上海市人民政府审核批准,上海市闸北区业余大学转型为高等职业学校,校名全称为"上海行健职业学院",同时停止使用"上海市闸北区业余大学"和"上海行健学院"校名。2001 年 9 月,上海市工商职业技术学校(闸北区第二职业技术学院)并入。2003 年 9 月,闸北区第二职业技术学校与上海行健职业学院脱离。

上海城市管理职业技术学院

学校(机构)标识码 4131012495	传真电话 021-65744308	在校生数(人) 4868
学校办学类型 415:专科院校:高等职业学校	校园(局域)网域名 www.umcollege.com	其中:普通专科 3667
学校性质类别 02 理工院校	电子信箱 zbzhb@shumc.edu.com	成人专科 1201
学校举办者 812 省级其他部门	占地面积(平方米) 212082	专任教师(人) 184
学校地址 上海市杨浦区军工路 2360 号	校舍建筑面积(平方米) 106744	其中:正高级 10
邮政编码 200438	图书(万册) 24.19	副高级 51
办公电话 021-65744308	固定资产总值(万元) 5428.2	中级 78
	教学、科研仪器设备资产值(万元) 4313.71	初级 45

专科专业 城市管理与监察、城市轨道交通工程技术、城市园林(景观)、城市园林(中美合作)、房地产经营与估价、工程机械运用与维护、工程监理、工程造价、环境监测与治理技术、环境艺术设计、环境艺术设计(二维)、计算机应用技术、建筑工程技术、建筑工程项目管理、建筑工程项目管理(中加合作)、建筑经济管理、建筑经济管理(工程会计与审计)、酒店管理、楼宇智能化工程技术(电梯)、旅游管理、市政工程技术、微电子技术、文物鉴定与修复、物业管理、物业管理(设备管理)、物业管理(智能)、应用电子技术、园林工程技术

院系设置
土木工程与交通学院、建筑经济与管理学院、园林与环境学院、人文与信息技术学院、国际交流学院、成人教育学院(业余土木建筑学院)、旅游管理学院

国家级、省部级研究机构设置
上海城市管理职业技术学院高教研究所

定期公开出版的专业刊物 《上海城市管理》

学校设立奖学金情况
学校设立奖学金 12 项,奖励总金额 100.78 万元。奖学金最高金额 8000 元/年,最低金额 300 元/年。

学校历史沿革
学院成立于 2001 年 4 月。

上海交通职业技术学院

学校(机构)标识码 4131012497	传真电话 021-56993234	在校生数(人) 4911
学校办学类型 415:专科院校:高等职业学校	校园(局域)网域名 www.scp.edu.cn	其中:普通专科 4596
学校性质类别 02 理工院校	电子信箱 jtbgscs@126.com	成人专科 315
学校举办者 891 地方企业	占地面积(平方米) 270026	专任教师(人) 286
学校地址 上海市宝山区呼兰路 883 号	校舍建筑面积(平方米) 144818	其中:正高级 2
邮政编码 200431	图书(万册) 31.79	副高级 70
办公电话 021-56993234	固定资产总值(万元) 21715	中级 145
	教学、科研仪器设备资产值(万元) 7283	初级 66
		未定职级 3

专科专业 报关与国际货运、城市轨道交通车辆、城市轨道交通工程技术、城市轨道交通控制、城市交通运输、城市燃气工程技术、飞机制造技术、港口物流设备与自动控制、航空电子设备维修、航空机电设备维修、集装箱运输管理、交通安全与智能控制、空中乘务、民航安全技术管理、民航商务、汽车技术服务与营销、汽车运用技术、物流管理

院系设置
学院下设经济管理系、信息技术系、汽车工程系、港口机械系、物流管理系、民航经济管理系、民航机电工程系、轨道交通系、基础部、社科部

学校设立奖学金情况
学校设立奖学金 5 项,奖励总金额 223.3 万元。奖学金最

高金额8000元/年,最低金额800元/年。
学校历史沿革
本院是2001年4月经上海市高等职业学校设置评议委员会评议,上海市人民政府批准,由上海交运(集团)公司职工大学和上海海港职工大学合并转型组建而成。上海交运(集团)公司职工大学(1980年—2001年),上海海港职工大学(1979年-2001年)。

上海海事职业技术学院

学校(机构)标识码 4131012498	传真电话 021-68670908	在校生数(人) 4749
学校办学类型 415:专科院校:高等职业学校	校园(局域)网域名 www.sma.edu.cn	其中:普通专科 4391
	电子信箱 smaeo@81890.net	成人专科 358
学校性质类别 02 理工院校	占地面积(平方米) 124760	专任教师(人) 168
学校举办者 555 中国海运(集团)总公司	校舍建筑面积(平方米) 73208	其中:正高级 1
	图书(万册) 29.26	副高级 34
学校地址 上海市浦东新区源深路158号	固定资产总值(万元) 8483.95	中级 83
邮政编码 200120	教学、科研仪器设备资产值(万元) 4346.57	初级 38
办公电话 021-58311677		未定职级 12

专科专业 报关与国际货运、船舶电子电气技术、船舶工程技术、电气自动化技术、国际航运业务管理、国际商务、航海技术、会计(水运会计)、会水(水运会计)、会展策划与管理、集装箱运输管理、建筑装饰工程技术、轮机工程技术、商务英语、物流管理、应用艺术设计

院系设置
航海技术系、轮机工程系、航运管理系、外语系、基础部、实训部、继续教育部

定期公开出版的专业刊物 《上海海事职业技术学院学报》

学校设立奖学金情况
学校设立奖学金2项,奖金总额50余万元。奖学金最高额2000元/年,最低额200元/年

主要校办产业
职业培训、工程维修、招待所等

学校历史沿革
一九七八年八月成立,上海海运局职工大学;一九八零年更名为上海海运职工大学;二零零一年四月转型为上海海事职业技术学院。

上海电子信息职业技术学院

学校(机构)标识码 4131012499	传真电话 021-57131138	在校生数(人) 7161
学校办学类型 415:专科院校:高等职业学校	校园(局域)网域名 www.stiei.edu.cn	其中:普通专科 6834
	电子信箱 mxs2005@126.com	成人专科 327
学校性质类别 02 理工院校	占地面积(平方米) 308347	专任教师(人) 215
学校举办者 812 省级其他部门	校舍建筑面积(平方米) 163798	其中:正高级 1
	图书(万册) 33.52	副高级 49
学校地址 上海市奉贤区瓦洪公路3098号	固定资产总值(万元) 30424	中级 141
邮政编码 201411	教学、科研仪器设备资产值(万元) 6077	初级 21
办公电话 021-57132803		未定职级 3

专科专业 电脑艺术设计、工业设计、国际商务、航空电子设备维修、环境艺术设计、会计与审计、会展策划与管理、机电一体化技术、机电一体化技术(机器人应用)、机电一体化技术(中德合作)、机电一体化技术(中德合作)、计算机多媒体技术、计算机辅助设计与制造、计算机控制技术、计算机网络技术、计算机应用技术、金融管理与实务、楼宇智能化工程技术、汽车电子技术、软件技术、数控技术、通信技术、通信技术(中德合作)、通信系统运行管理、投资与理财、微电子技术、微电子技术(版图设计)、信息安全技术、移动通信技术、影视动画、应用电子技术

院系设置
学院设有三个二级学院及五系三部和一个公共实训中心:上海中德职业技术学院、动画学院(产学合作)、继续教育学院;电子工程系、通信与信息工程系、机电工程系、计算机工程系、经济管理系;公共基础部、外语教学部、思政教学部和公共实训中心

国家级、省部级研究机构设置

上海电子信息职业技术学院高等职业技术教育研究所。

定期公开出版的专业刊物 《电子信息与高职教育》（季刊）

学校设立奖学金情况

共计18项，奖励总金额356万元/年，最低金额2000元/年。

学校历史沿革

1960年成立为上海仪电电子专科学校，文革后期曾为上海仪表电讯工业局七二一大学，文革后并入上海师大分校。1981年分离出来后为上海仪表电讯工业局职工大学。1990年5月与上海仪表公司职工大学合并，更名为上海仪表电子职工大学。2001年4月转制为上海电子信息职业技术学院至今。

上海震旦职业学院

学校（机构）标识码	4131012583
学校办学类型	415：专科院校：高等职业学校
学校性质类别	08 财经院校
学校举办者	999 民办
学校地址	上海市宝山区罗店镇市一路88号
邮政编码	201908
办公电话	021-66866920
传真电话	021-66865043
校园（局域）网域名	www.aurora-college.cn
电子信箱	zd6920@163.com
占地面积（平方米）	112961
图书（万册）	36.7
固定资产总值（万元）	3038.38
教学、科研仪器设备资产值（万元）	1238.02
在校生数（人）	4117
其中：普通专科	3726
成人专科	391
专任教师（人）	216
其中：正高级	14
副高级	61
中级	95
初级	25
未定职级	21

专科专业 出版与电脑编辑技术、电脑艺术设计、电气自动化技术、工商企业管理、广告设计与制作、国际商务、国际邮轮乘务、护理、机电一体化技术、计算机多媒体技术、计算机信息管理、旅游管理、媒体营销技术、汽车技术服务与营销、社区管理与服务、社区康复、食品营养与检测、数控技术、投资与理财、图文信息技术、文秘、新闻与传播、音像技术、营养与食品卫生、影视表演、应用韩语、应用日语、应用艺术设计、应用英语

院系设置

学院设有新闻传播学院、公共卫生与护理学院、东方电影艺术学院3个院；艺术设计、商务贸易、外语、管理、计算机信息、机械电子工程6个系，以及思政和基础2个部

学校设立奖学金情况

学校设立奖学金5项，奖励总额21万多元/年，最低金额50元/年。

学校历史沿革

上海震旦职业学院是由上海市人民政府批准设立的国家计划内的全日制普通高校，学制三年，大专学历。2005年9月，上海震旦教育发展有限公司接受上海东方文化职业学院的举办权。同年11月，经上海市教育委员会批准，上海东方文化职业学院更名为上海震旦职业学院。

上海民远职业技术学院

学校（机构）标识码	4131012584
学校办学类型	415：专科院校：高等职业学校
学校性质类别	08 财经院校
学校举办者	999 民办
学校地址	上海市浦东新区唐陆路3892号
邮政编码	201210
办公电话	021-58968140
传真电话	021-58968042
电子信箱	sh_minyuan@126.com
图书（万册）	22.2
固定资产总值（万元）	16185
教学、科研仪器设备资产值（万元）	2402
在校生数（人）	2500
其中：普通专科	2500
专任教师（人）	119
其中：正高级	7
副高级	28
中级	49
初级	35

专科专业 报关与国际货运、电子商务、服装设计、港口业务管理、国际航运保险与公估、国际航运业务管理、会计、会展策划与管理、机电一体化技术、集装箱运输管理、酒店管理、旅游管理、汽车检测与维修技术、商务日语、商务英语、社区管理与服务、市场营销、体育服务与管理、物流管理、艺术设计、应用电子技术、应用韩语

院系设置

国际航运物流学院、现代服务系、应用技术系、外语系、应用艺术系、财经系

学校设立奖学金情况

学校设立奖学金5项，奖励总金额20余万元。奖学金最高金额5000元/年，最低金额500元/年。

学校历史沿革

上海民远职业技术学院1998年5月经上海市教育委员会批准筹建,并于1999年批准招生,作为"高等专科学历文凭考试点"的全日制(三年制)高等专科学校。2003年3月经上海市政府批准正式建校,名称定为"上海民远职业技术学院"为全日制普通高等学校,专科层次,学制三年。从2003年秋季正式纳入国家计划内招生,独立颁发国家承认的大专文凭。

上海欧华职业技术学院

学校(机构)标识码	4131012585
学校办学类型	415:专科院校:高等职业学校
学校性质类别	02 理工院校
学校举办者	999 民办
学校地址	上海市徐汇区田林路418号
邮政编码	200233
办公电话	021-54902167
传真电话	021-54902167
电子信箱	ouhua@vip.citiz.net
图书(万册)	17.93
固定资产总值(万元)	6008.26
教学、科研仪器设备资产值(万元)	1225.5
在校生数(人)	1688
其中:普通专科	1688
专任教师(人)	107
其中:正高级	3
副高级	27
中级	26
初级	42
未定职级	9

专科专业 护理、计算机应用技术、康复治疗技术、乐器维护服务、旅游管理、汽车技术服务与营销、汽车检测与维修技术、商务管理、社区管理与服务、物流管理、艺术设计、应用英语

院系设置
现设有卫生与健康系、外语与教育系、管理系、应用技术系、艺术与设计系和基础教学部

定期公开出版的专业刊物 《教学与研究》

学校设立奖学金情况
学校设立奖学金7项,奖励总金额74.6余万元。奖学金最高金额8000元/年,最低金额300元/年。

学校历史沿革
上海欧华职业技术学院始建于1999年5月,2003年经国家教委备案,上海市政府批准正式建立全日制三年的民办普通高校(沪府[2003]16号、沪教委发[2003]58号)。

上海思博职业技术学院

学校(机构)标识码	4131012586
学校办学类型	415:专科院校:高等职业学校
学校性质类别	08 财经院校
学校举办者	999 民办
学校地址	上海市浦东新区惠南镇城南路1408号
邮政编码	201300
办公电话	021-68029005
传真电话	021-68029004
校园(局域)网域名	www.shsipo.com
电子信箱	sipoxb@126.com
占地面积(平方米)	331886
校舍建筑面积(平方米)	36246
图书(万册)	27.92
固定资产总值(万元)	17725.69
教学、科研仪器设备资产值(万元)	2772.85
在校生数(人)	5785
其中:普通专科	5431
成人专科	354
专任教师(人)	192
其中:正高级	11
副高级	47
中级	68
初级	63
未定职级	3

专科专业 报关与国际货运、表演艺术、服装设计、广告设计与制作、国际商务、护理、会计、会展策划与管理、机械制造与自动化、计算机应用技术(医疗电子信息技、计算机应用技术(医疗卫生信息化、建筑工程管理、建筑工程技术、酒店管理、乐器维护服务、连锁经营管理、旅游管理、汽车电子技术、汽车检测与维修技术、软件技术、商务英语、数控技术、卫生信息管理、物流管理、艺术设计

院系设置
卫生技术与护理学院、国际商务与管理学院、建筑工程与管理学院、工程技术学院、美术设计学院、音乐艺术学院

学校设立奖学金情况
学校设立奖学金两项,奖励总金额22.36余万元。奖学金最高金额1500元/年,最低金额700元/年。

学校历史沿革
上海思博职业技术学院由上海思博教育发展有限公司投资创建,上海思博教育发展有限公司由上海康桥半岛(集团)有限公司、深圳市汇博投资发展有限公司共同投资组建。上海思博职业技术学院于2003年3月19日获上海市教育委员会批准建校,正式定名为"上海思博职业技术学院",是经上海市人民政府批准和国家教育部备案的全日制普通高校,2003年秋季起正式列入上海市普通高校招生计划内招生。

上海立达职业技术学院

学校(机构)标识码　4131012587
学校办学类型　415:专科院校:高等职业学校
学校性质类别　08 财经院校
学校举办者　999 民办
学校地址　上海立达职业技术学院
邮政编码　201609
办公电话　021-57805678
传真电话　021-57802566

校园(局域)网域名　www.lidapoly.edu.cn
电子信箱　yb@lidapoly.edu.cn
占地面积(平方米)　209610
校舍建筑面积(平方米)　103596
图书(万册)　25.8
固定资产总值(万元)　25226.22
教学、科研仪器设备资产值(万元)　2335.41

在校生数(人)　4543
其中:普通专科　4543
专任教师(人)　177
其中:正高级　7
　　　副高级　16
　　　中级　60
　　　初级　81
　　　未定职级　13

专科专业　报关与国际货运、传媒策划与管理、电脑艺术设计、港口业务管理、国际航运业务管理、国际商务、护理、会计、会展策划与管理、机电一体化技术、集装箱运输管理、计算机网络技术、计算机应用技术、酒店管理、旅游管理、模具设计与制造、软件技术、商务日语、商务英语、物流管理、信息传播与策划、应用艺术设计、装饰艺术设计

院系设置
艺术设计学院、护理与健康学院、航运物流系、现代传媒与计算机系、旅游会展系、机电工程系、商贸系、基础教学部

学校设立奖学金情况
学校设立奖学金三项,总金额44.87万元,最高金额4000元/年,最低金额100元/年。

学校历史沿革
2003年3月成立上海立达职业技术学院。

上海工艺美术职业学院

学校(机构)标识码　4131012588
学校办学类型　415:专科院校:高等职业学校
学校性质类别　11 艺术院校
学校举办者　891 地方企业
学校地址　上海市嘉定区嘉行公路851号
邮政编码　201808
办公电话　021-69977812

传真电话　021-69977800
校园(局域)网域名　www.gymy.cn
电子信箱　gymyzhbgs@163.com
占地面积(平方米)　192168
校舍建筑面积(平方米)　73475
图书(万册)　25.8
固定资产总值(万元)　18220.48
教学、科研仪器设备资产值(万元)　4421.24

在校生数(人)　4247
其中:普通专科　4068
　　　成人专科　179
专任教师(人)　195
其中:正高级　3
　　　副高级　56
　　　中级　78
　　　初级　54
　　　未定职级　4

专科专业　包装技术与设计、产品造型设计、电脑艺术设计、动漫设计与制作、服装设计、工艺美术品设计与制作、广告设计与制作、环境艺术设计、家具设计、交互媒体设计、模具设计与制造、人物形象设计、摄影摄像技术、室内装饰设计、数控技术、艺术设计、印刷图文信息处理、游戏设计与制作、展示设计、珠宝首饰工艺及鉴定、装饰艺术设计

院系设置
目前设有时尚与工艺、视觉艺术、环境艺术、数码艺术四个二级学院以及文化、专业两个基础部

定期公开出版的专业刊物　《创意设计源》

学校设立奖学金情况
学校设立奖学金四项,奖励总金额29余万元。奖学金最高金额8000元/年,最低金额200元/年。

学校历史沿革
上海工艺美术职业学院是于2003年3月经上海市人民政府和国家教育部批准的独立设置的艺术设计类特色高等院校,其前身为上海市工艺美术学校和第二轻工业局职工大学,已有50年办学历史,培养出一批全国工艺美术界的知名专家和国家、上海市的工艺美术大师。于2007年被批准成为国家示范性高职院校,成为中国唯一一所艺术设计类示范性高职院校。

上海济光职业技术学院

学校(机构)标识码 4131012798
学校办学类型 415：专科院校：高等职业学校
学校性质类别 02 理工院校
学校举办者 999 民办
学校地址 上海济光职业技术学院
邮政编码 201901
办公电话 021-66761067
传真电话 021-56490747
校园(局域)网域名 www.shjgxy.com
电子信箱 yzbgs@mail.shjgxy.com
占地面积(平方米) 112531
校舍建筑面积(平方米) 58562
图书(万册) 31.57
固定资产总值(万元) 17099.8
教学、科研仪器设备资产值(万元) 2556
在校生数(人) 4668
其中：普通专科 4668
专任教师(人) 140
其中：正高级 12
　　　副高级 45
　　　中级 56
　　　初级 25
　　　未定职级 2

专科专业 报关与国际货运、产品造型设计、城镇规划、房地产经营与估价、工商企业管理、广告设计与制作、国际航运业务管理、国际商务、护理、会计、计算机网络技术、计算机应用技术、建筑工程管理、建筑工程技术、建筑设计技术、建筑装饰工程技术、金融管理与实务、旅游管理、汽车电子技术、汽车技术服务与营销、汽车检测与维修技术、软件技术、商务日语、商务英语、物流管理、园林工程技术

院系设置
下设6系2部：建筑系、建工系、机电系、经管系、外语系、护理系、基础部、思政教育部

国家级、省部级研究机构设置
研究机构：高职教育研究所

学校设立奖学金情况
学院设立奖学金1项，奖金总金额120余万元。奖学金最高金额1000元/年，最低金额300元/年。

学校历史沿革
上海济光职业技术学院创办于1993年(原名"民办济光学院(筹)")；2001年进入国家计划招生，同时更名为"民办上海济光职业技术学院"；2003年，学院再次更名为现用名"上海济光职业技术学院"。

上海建桥学院

学校(机构)标识码 4131012799
学校办学类型 412：本科院校：学院
学校性质类别 08 财经院校
学校举办者 999 民办
学校地址 上海市浦东新区康桥路1500号
邮政编码 201319
办公电话 021-58137788
传真电话 021-58137900
校园(局域)网域名 www.gench.edu.cn
电子信箱 bgs@mail.gench.com.cn
占地面积(平方米) 191970
校舍建筑面积(平方米) 90045
图书(万册) 91.41
固定资产总值(万元) 49263.09
教学、科研仪器设备资产值(万元) 6436.79
在校生数(人) 11564
其中：普通本科 8331
普通专科 2980
成人本科 95
成人专科 158
专任教师(人) 410
其中：正高级 30
　　　副高级 156
　　　中级 143
　　　初级 71
　　　未定职级 10

本科专业 宝石及材料工艺学、传播学、电子科学与技术、电子商务、工程管理、工商管理、广告学、国际经济与贸易、会计学、机械设计制造及其自动化、计算机科学与技术、旅游管理、汽车服务工程、日语、数字媒体艺术、微电子学、物流管理、新闻学、艺术设计、英语

专科专业 城市园林、电视节目制作、广告设计与制作、国际商务、护理、会展策划与管理、机电一体化技术、计算机多媒体技术、计算机网络技术、计算机应用技术、旅游管理、商务日语、商务英语、微电子技术、文秘、物流管理、影视动画

院系设置
商学院、机电学院、新闻传播学院、信息技术学院、外语学院、艺术设计学院、基础教学部、思政教学部、继续教育学院、护理系

定期公开出版的专业刊物 《教学与研究》

学校设立奖学金情况
学校设立奖学金6项，奖励总金额301.66元/年，最低金额100元/年。

学校历史沿革
2000.4.-2001.4. 上海建桥学院(筹)，2001.4.-2003.

4. 民办上海建桥职业技术学院 2003.4.－2005.9. 上海建桥职业技术学院 2005.9.－至今 上海建桥学院。

上海工商外国语职业学院

学校(机构)标识码　4131012800
学校办学类型　415：专科院校：高等职业学校
学校性质类别　07 语文院校
学校举办者　999 民办
学校地址　上海市浦东新区惠南镇观海路 505 号
邮政编码　201300
办公电话　021－68020621
传真电话　021－68020687
校园(局域)网域名　www.sicfl.edu.cn
电子信箱　sicfl@126.com
占地面积(平方米)　198842
校舍建筑面积(平方米)　156407
图书(万册)　55.76
固定资产总值(万元)　50052.5
教学、科研仪器设备资产值(万元)　3263
在校生数(人)　6511
其中：普通专科　6336
　　　成人专科　175
专任教师(人)　301
其中：正高级　15
　　　副高级　45
　　　中级　95
　　　初级　80
　　　未定职级　66

专科专业　电脑艺术设计、电子商务、法律事务、国际商务、汉语、会展策划与管理、机电一体化技术、计算机信息管理、酒店管理、空中乘务、旅游管理、软件技术、视觉传达艺术设计、数控技术、文秘、物流管理、新闻采编与制作、影视动画、应用德语、应用法语、应用韩语、应用日语、应用西班牙语、应用英语

院系设置　英语系、日语系、德语系、法语系、韩语系、商务系、机电系、文法系、基础系、计算机系、公共英语教学部、思想政治理论课教学部

定期公开出版的专业刊物　《教学与科研》

学校设立奖学金情况
学校设立奖学金 8 项，奖励总金额 500 余万元。奖学金最高金额 8000 元/年，最低金额 300 元/年。

学校历史沿革
2011 年 4 月 29 日，民办上海工商外国语职业学院经上海市人民政府批准成立，同年列入全国招生计划。2003 年 4 月更名为上海工商外国语职业学院，2003 年 3 月遴选为上海市示范性高职建设院校，2003 年 12 月通过 ISO9001：2000 国际质量管理体系认证，2005 年获上海市教委文明单位称号，2006 年 1 月被批准为上海市依法自主招生改革试点院校。

上海科学技术职业学院

学校(机构)标识码　4131012801
学校办学类型　415：专科院校：高等职业学校
学校性质类别　02 理工院校
学校举办者　832 县级其他部门
学校地址　上海市嘉定区金沙路 280 号
邮政编码　201800
办公电话　021－69990010
传真电话　021－69990027
校园(局域)网域名　www.scst.edu.cn
电子信箱　kjxybgs0010@126.com
占地面积(平方米)　214011
校舍建筑面积(平方米)　118613
图书(万册)　28.06
固定资产总值(万元)　20422.43
教学、科研仪器设备资产值(万元)　5376.8
在校生数(人)　4278
其中：普通专科　4278
专任教师(人)　139
其中：正高级　7
　　　副高级　38
　　　中级　65
　　　初级　27
　　　未定职级　2

专科专业　安全防范技术(智能监控技术)、电子商务、会展策划与管理、机电一体化技术(数控机床维修)、计算机网络技术、计算机信息管理、酒店管理、旅游管理、汽车技术服务与营销、人力资源管理、软件技术、商务管理、商务管理(创业管理)、社会工作、市场营销、数控技术、通信技术、物流管理、应用电子技术、应用日语、应用艺术设计(环境与展示设计)、应用艺术设计(新媒体与平面设计)、应用英语、装潢艺术设计

院系设置　我院有通信与电子信息系、机电工程系、经营管理系、商务流通系、人文与社会科学系

定期公开出版的专业刊物　《上海科学技术职业学院校报》

学校设立奖学金情况
学院设立奖学金 4 项，奖励总金额 50 余万元。奖学金最高金额 2000 元/年，最低金额 300 元/年。

学校历史沿革
上海科学技术职业学院(简称：上海科技学院)成立于 2001 年 4 月 29 号是经上海市人民政府批准、国家教育部备案的一所高等职业学院，其前身是建校于 1959 年的"上海第二科学技术学校"。

上海农林职业技术学院

学校(机构)标识码 4131012912	传真电话 021-57813895	在校生数(人) 3806
学校办学类型 415:专科院校:高等职业学校	校园(局域)网域名 www.shafc.edu.cn	其中:普通专科 3806
	电子信箱 shafc@shafc.edu.cn	专任教师(人) 197
学校性质类别 03 农业院校	占地面积(平方米) 384481	其中:正高级 8
学校举办者 812 省级其他部门	校舍建筑面积(平方米) 103695	副高级 46
学校地址 上海市松江区中山二路658号	图书(万册) 20.78	中级 98
	固定资产总值(万元) 8932	初级 33
邮政编码 201600	教学、科研仪器设备资产值(万元) 2096	未定职级 12
办公电话 021-578226666		

专科专业 报关与国际货运、宠物诊疗与护理、动物科学与技术、动物医学、动物疫病防治技术、都市林业资源与林政管理、环境监测与治理技术、环境艺术设计、会展策划与管理、计算机网络技术、计算机应用技术、酒店管理、旅游管理、旅游英语、农业经济管理、软件技术、商务管理、商务日语、商务英语、生物产品、生物技术及应用、生物制药、食品安全与管理、食品工艺与检测、食品加工与工艺、图文信息技术、物业管理、应用日语、应用艺术设计、应用英语、园林技术、园艺技术、种子生产与经营

院系设置
共设立5系1部:园林园艺系、动物科学技术系、应用外语系、计算机应用技术系、商旅系、基础部

学校历史沿革
上海市七宝农业职业学校(1947年-1951年);上海市农业学校(1956年-1959年);上海市农业专科学校(1959年-1960年);上海市农业学校(1978年至今);上海农林职业技术学院(2002年至今)。

上海邦德职业技术学院

学校(机构)标识码 4131012913	传真电话 021-56682066	其中:普通专科 3333
学校办学类型 415:专科院校:高等职业学校	校园(局域)网域名 www.shbangde.com	成人专科 158
	电子信箱 yuanban@shbangde.com	专任教师(人) 161
学校性质类别 08 财经院校	图书(万册) 30.5	其中:正高级 8
学校举办者 999 民办	固定资产总值(万元) 3558	副高级 26
学校地址 上海市宝山区锦秋路299号	教学、科研仪器设备资产值(万元) 1865	中级 48
邮政编码 200444		初级 41
办公电话 021-56682066	在校生数(人) 3491	未定职级 38

专科专业 安全技术管理、钢琴调律、国际金融、会计与审计、计算机信息管理、计算机应用技术、酒店管理、旅游管理、模具设计与制造、汽车技术服务与营销、汽车运用与维修、社会工作、投资与理财、物流管理、物流管理(中澳合作)、影视动画、应用法语、应用日语、应用西班牙语、应用艺术设计、应用英语、资产评估与管理

院系设置
邦德职业技术学院下设七院一部

国家级、省部级研究机构设置
研究所(中心):钢琴研究中心、动漫画师资培训基地、上海邦德汽车营销管理科学研究所、高教研究室

定期公开出版的专业刊物 上海邦德专业技术学院《邦德简报》、《邦德报》、《党建园地》

学校设立奖学金情况
学校设立奖学金5项,奖励金额15余万元,奖学金最高额度2000元/年,最低金额100元/年。

邦德奖奖学金2000元/年,一等奖奖学金1000元/年;二等奖奖学金800元/年;三等奖奖学金500元/年;进步奖奖学金100元/年;

获得国家、市级、行业比赛前三名给予奖学金:
大学生竞赛奖:全国一等奖800元、全国二等奖600元上海一等奖500元、上海二等奖300元、全国三等奖200元;

大学生行业竞赛奖:行业一等奖300元、行业二等奖200元、行业优胜奖100元;

大学生学校竞赛奖学校一等奖200元、学校二等奖100元。获总奖学金比例占学生总数10%。

学校历史沿革
1. 民办邦德学院(筹)(1998年7月-2002年4月);
2. 民办邦德职业技术学院(2002年4月-2003年4月);
3. 上海邦德职业技术学院(2003年4月至今);
4. 上海邦德职业技术学院浦东川沙校区(2006年5月);
5. 中共上海邦德职业技术学院委员会(2010年8月成立)。

上海兴韦信息技术职业学院

学校(机构)标识码　4131012914
学校办学类型　415:专科院校:高等职业学校
学校性质类别　02 理工院校
学校举办者　999 民办
学校地址　上海浦东新区南汇科教园区勤奋路1号
邮政编码　201300
办公电话　021-68020823
传真电话　021-68021309
校园(局域)网域名　www.etop.com.cn
电子信箱　xybgs@shtopedu.org
占地面积(平方米)　145299
校舍建筑面积(平方米)　46465
图书(万册)　29.3
固定资产总值(万元)　2783.59
教学、科研仪器设备资产值(万元)　2106.77
在校生数(人)　2062
其中:普通专科　2062
专任教师(人)　91
其中:副高级　19
中级　36
初级　31
未定职级　5

专科专业　电脑艺术设计、动漫设计与制作、工商企业管理、机电一体化技术、计算机类新专业、计算机网络技术、计算机应用技术、软件技术、商务管理、社区管理与服务、物流管理、信息安全技术、应用日语、应用英语

院系设置
学院设有数字媒体分院、网络商务分院、信息安全分院三个二级分院。

学校设立奖学金情况
学校设立奖学金3项,奖励总金额33.56余万元。奖(助)学金最高金额1600元/年,最低金额400元/年。

学校历史沿革
上海兴韦信息技术职业学院创办于2001年4月,至今已有十年多的历史,前身为上海托普信息技术职业学院。2001年4月经上海市教育委员会批准筹建,名称为民办上海托普信息技术职业学院(筹);2002年4月正式建校,名称为民办上海托普信息技术职业学院;2003年经上海市人民政府批准更名为上海托普信息技术职业学院,并被教育部批准为国家示范性软件职业技术学院;2010年12月经上海市教育委员会批准更名为上海兴韦信息技术职业学院。

上海中侨职业技术学院

学校(机构)标识码　4131012915
学校办学类型　415:专科院校:高等职业学校
学校性质类别　08 财经院校
学校举办者　999 民办
学校地址　上海浦东新区川周路2788号
邮政编码　201319
办公电话　021-58132788
传真电话　021-58133477
校园(局域)网域名　www.shzq.edu.cn
电子信箱　zqdangban@126.com
图书(万册)　28.01
固定资产总值(万元)　2859.52
教学、科研仪器设备资产值(万元)　1807.53
在校生数(人)　4676
其中:普通专科　4486
成人专科　190
专任教师(人)　188
其中:正高级　20
副高级　49
中级　63
初级　32
未定职级　24

专科专业　报关与国际货运、房地产经营与估价、工程造价、工商企业管理、广告设计与制作、广告设计与制作(电视广告)、国际航运业务管理、国际贸易实务、国际商务、会计(涉外会计)、会展策划与管理、机电一体化技术、计算机软件技术、计算机网络技术、计算机应用技术、金融管理与实务、旅游管理、汽车运用(检测与维修)、汽车运用技术、人物形象设计、软件技术、商务日语、商务英语、物流管理、物业管理、应用德语、应用法语、应用西班牙语、应用艺术设计(商业空间)、应用艺术设计(室内设计)、应用艺术设计(游戏美术)、应用艺术设计(展示设计)、应用艺术设计(装潢设计)、证券投资与管理、证券与期货

院系设置
外语系、经济系、管理系、应用技术系、应用艺术
国家级、省部级研究机构设置
研究所(中心):高等教育研究所
定期公开出版的专业刊物　《上海中侨职业技术学院教育教学研究》

学校设立奖学金情况

学校设立奖学金五项:1. 特等奖学金:2 人/年,3000 元/人。
2. 一等奖学金:各系按学生数量的 2% 评选,1000 元/人。
3. 二等奖学金:各系按学生数量的 8% 评选,500 元/人。
4. 三等奖学金:各系按学生数量的 15% 评选,200 元/人。
5. 鼓励奖学金:各系按学生数量的 5% 评选,100 元/人。

毕业生一次就业率 97.13 %

学校历史沿革

上海中侨职业技术学院创办于 1993 年,是一所经上海市教委批准筹建的民办全日制普通高等学校。1994 年开始招生,1996 年实行国家学历文凭考试,是上海市首批参加学历文凭考试试点院校之一。2002 年 4 月,经上海市人民政府批准、国家教育部备案,正式更名为"上海中侨职业技术学院",纳入国家统一招生计划,具有独立颁发学历文凭资格。2004 年,中侨学院非学历教育部得到了上海市教委批准。

上海建峰职业技术学院

学校(机构)标识码 4131012916	传真电话 021-56698213	在校生数(人) 3783
学校办学类型 415:专科院校:高等职业学校	校园(局域)网域名 www.shjf.com	其中:普通专科 3532
	电子信箱 shjf_yb@shjf.com	成人专科 251
学校性质类别 02 理工院校	占地面积(平方米) 132139	专任教师(人) 161
学校举办者 891 地方企业	校舍建筑面积(平方米) 95411	其中:正高级 11
学校地址 上海市宝山区漠河路 750 弄 100 号	图书(万册) 25.08	副高级 44
	固定资产总值(万元) 19273.32	中级 71
邮政编码 201900	教学、科研仪器设备资产值(万元) 4390.79	初级 33
办公电话 021-56601258		未定职级 2

专科专业 报关与国际货运、给排水工程技术、工程测量技术、供热通风与空调工程技术、国际商务、护理、会计、机电一体化技术、建筑工程管理、建筑工程技术、建筑经济管理、建筑设备工程技术、建筑装饰工程技术、酒店管理、楼宇智能化工程技术、旅游管理、民航商务、汽车技术服务与营销、汽车运用技术、数控技术、物流管理、医学检验技术、应用韩语、应用日语、应用艺术设计、应用英语、园艺技术

院系设置

目前学院共设有六系一部:土木工程系、工程管理系、医检与护理系、外经外贸系、应用艺术系、机电工程系和公共基础部

学校设立奖学金情况

学院设立了三项奖学金,奖学金最高每学年 8000 元,每年奖学金总额达 100 多万元。

学校历史沿革

上海建峰职业技术学院于 1998 年筹建,2002 年 4 月经上海市人民政府批准,正式成立并于当年开始召生高职学生。学院由上海建工集团投资兴办,是一所经费实行自收自支的全日制普通高职院校,集高职、成人专科、教育培训和校办企业为一体,是国家教育部和建设部全国建设紧缺人才培养、培训基地,上海市文明单位。

复旦大学上海视觉艺术学院

学校(机构)标识码 4131013632	传真电话 021-67823216	在校生数(人) 3702
学校办学类型 413:本科院校:独立学院	校园(局域)网域名 www.siva.edu.cn	其中:普通本科 3698
	电子信箱 siva@siva.edu.cn	留学生 4
学校性质类别 11 艺术院校	占地面积(平方米) 492113	专任教师(人) 171
学校举办者 999 民办	校舍建筑面积(平方米) 96026	其中:正高级 34
学校地址 上海市松江区文翔路 2200 号	图书(万册) 24.56	副高级 24
	固定资产总值(万元) 63307	中级 73
邮政编码 201620	教学、科研仪器设备资产值(万元) 5696	初级 40
办公电话 021-67822500		

本科专业 表演、播音与主持艺术、雕塑、动画、工业设计、广播电视编导、广告学、会展艺术与技术、绘画、摄影、数字媒体艺术、文化产业管理、艺术设计

院系设置

学校现有设计学院、新媒体艺术学院、时尚设计学院、美术学院、表演艺术学院（演艺中心）、文化创意产业管理学院、基础教育学院七个专业学院；实训管理中心、图文信息中心和国家艺术交流中心三个业务中心。

定期公开出版的专业刊物 《艺术世界》

学校设立奖学金情况

学校设立奖学金4项，奖励总金额209.9余万元。奖学金最高金额20000元/年，最低金额2000元/年。

学校历史沿革

2005年9月，在市委、市政府的支持下，经国家教育部批准，复旦大学上海视觉艺术学院正式创办，为复旦大学的独立学院。学校现董事单位包括：复旦大学、上海文化广播影视集团、文汇新民联合报业集团、上海精文投资有限公司、上海精置置业（集团）有限公司、上海申教投资有限公司、上海世博（集团）有限公司、中房置业股份有限公司、上海第九城市信息技术有限公司、上海盛大网络发展有限公司、宝矿控股（集团）有限公司、上海三湘股份有限公司。学校位于松江大学园区，占地面积近千亩。

上海外国语大学贤达经济人文学院

学校（机构）标识码	4131013636
学校办学类型	413：本科院校：独立学院
学校性质类别	08 财经院校
学校举办者	999 民办
学校地址	上海市东体育会路390号
邮政编码	200083
办公电话	021-51278000
传真电话	021-51278111
校园（局域）网域名	www.xdsisu.edu.cn
电子信箱	xiandaxueyuan@163.com
占地面积（平方米）	86619
校舍建筑面积（平方米）	75286
图书（万册）	46.1
固定资产总值（万元）	35000
教学、科研仪器设备资产值（万元）	2764
在校生数（人）	5000
其中：普通本科	5000
专任教师（人）	216
其中：正高级	15
副高级	25
中级	71
初级	47
未定职级	58

本科专业 阿拉伯语、朝鲜语、德语、法学、法语、工商管理、广告学、国际经济与贸易、会计学、金融学、旅游管理、日语、文化产业管理、西班牙语、新闻学、信息管理与信息系统、学前教育、音乐学、英语

院系设置

外语学院、经济管理学院、新文传播系、法学系、艺术教育系、文化产业系、学前教育系、基础教育部

学校设立奖学金情况

学校设立奖学金3项；奖励总金额227余万元；奖学金最高金额8000元/年；最低金额300元/年。

学校历史沿革

2004年，上海外国语大学贤达经济人文学院成为上海市第一批经教育部批准筹建、按照教育部的文件精神以新的机制和模式举办的独立学院，由上海外国语大学和上海贤达投资有限公司共同创办，上外负责学院的教学管理和日常指导，贤达投资公司负责投资和校园建设。2010年10月，崇明新校区（一期）正式启动，大一、大二学生前往崇明新校区学校，大三、大四学生在虹口校区学校。

上海电影艺术职业学院

学校（机构）标识码	4131013747
学校办学类型	415：专科院校：高等职业学校
学校性质类别	11 艺术院校
学校举办者	999 民办
学校地址	上海市浦东新区张江高科达尔文路188号
邮政编码	201203
办公电话	021-50271101
传真电话	021-50273988
校园（局域）网域名	www.shfilmart.com
电子信箱	skssks@126.com
图书（万册）	21.5
固定资产总值（万元）	3108.36
教学、科研仪器设备资产值（万元）	2068.88
在校生数（人）	2247
其中：普通专科	2247
专任教师（人）	133
其中：正高级	16
副高级	14
中级	25
初级	72
未定职级	6

专科专业 3D动画、CG动画、编导、国标舞、视觉传达、数码环艺、数码会展、文化事业管理、舞台美术设计、新媒体、新闻采编与制作、音乐表演、影视表演、影视服装与化妆、游戏美术设计与制作、中国舞、主持与播音

院系设置

学院共有影视艺术系、电视艺术系、动画游戏系、艺术设计

系、音乐舞蹈系、艺术管理系六个系

学校设立奖学金情况

学院设立奖学金5项,奖励总金额60余万。奖学金最高金额3000元/年,最低金额300元/年。

学校历史沿革

上海电影艺术职业学院是经国家教育部、文化部和上海市人民政府批准的全日制普通高等艺术院校,座落于上海市浦东新区张江高科技园区内,距地铁二号线张江高科站800米。

上海师范大学天华学院

学校(机构)标识码 4131013893	传真电话 021-39966366	在校生数(人) 6794
学校办学类型 413:本科院校:独立学院	校园(局域)网域名 www.sthu.edu.cn	其中:普通本科 6794
	电子信箱 thxy@shnu.edu.cn	专任教师(人) 338
学校性质类别 02 理工院校	占地面积(平方米) 161802	其中:正高级 36
学校举办者 999 民办	校舍建筑面积(平方米) 63316	副高级 66
学校地址 上海市嘉定区胜辛北路1661号	图书(万册) 54.9	中级 128
	固定资产总值(万元) 31185	初级 93
邮政编码 201815	教学、科研仪器设备资产值(万元) 4010	未定职级 15
办公电话 021-39966266		

本科专业 财务管理、德语、电子信息工程、对外汉语、国际商务、汉语言文学、机械电子工程、机械设计制造及其自动化、计算机科学与技术、交通运输、旅游管理、汽车服务工程、日语、数字媒体艺术、通信工程、网络工程、物流管理、小学教育、学前教育、艺术教育、艺术设计、英语、应用心理学

院系设置

设有机械工程系、计算机系、电子与信息工程系、英语系、日语系、德语系、教育系、艺术系、经济与管理系、交通物流系、对外汉语系、心理系、基础教学部、通识教学部等十四个系部

学校设立奖学金情况

学校设立奖学金5项,奖励总金额60余万元。奖学金最高金额5000元/年,最低金额500元/年。

学校历史沿革

上海师范大学天华学院于2005年4月经国家教育部批准建校,是一所民办性质、全日制本科层次的独立学院,由上海师范大学和上海天华教育文化投资有限公司合作举办。

上海中华职业技术学院

学校(机构)标识码 4131013907	传真电话 021-57482222	在校生数(人) 1698
学校办学类型 415:专科院校:高等职业学校	校园(局域)网域名 www.zhonghuacollege.com	其中:普通专科 1698
	电子信箱 zhonghua5225@126.com	专任教师(人) 118
学校性质类别 02 理工院校	图书(万册) 18.4	其中:正高级 1
学校举办者 999 民办	固定资产总值(万元) 3651	副高级 7
学校地址 上海市奉贤区大叶公路5225号	教学、科研仪器设备资产值(万元) 1318	中级 22
		初级 54
邮政编码 201404		未定职级 34
办公电话 021-57485020		

专科专业 城市轨道交通控制、电气自动化技术、服装设计、广告设计与制作、国际商务、环境监测与治理技术、环境艺术设计、机电一体化技术、计算机应用技术、旅游与酒店管理、模具设计与制造、涉外事务管理、物流管理、营销与策划、影视动画、应用法语、应用日语、应用西班牙语、应用英语

院系设置

学院下设五系一部:机电工程系、外语系、设计艺术系、计算机与控制系、管理经济系、基础教学部

学校历史沿革

上海中华职业技术学院是2004年9月经上海市政府批准正式建立的普通全日制高等学校,2005年列入普通高校招生计划,招收大专层次的高职教育学历生。学院位于上海奉贤区金汇镇,毗邻上海市工业综合开发区,漕河泾技术开发新区,上海世博家园。举办单位为上海中华职教社和上海中发教育投资有限公司。

上海工会管理职业学院

学校(机构)标识码 4131014023	传真电话 021-57460188	在校生数(人) 5388
学校办学类型 415:专科院校:高等职业学校	校园(局域)网域名 www.shghxyedu.net	其中:普通专科 4737
学校性质类别 07 语文院校	电子信箱 ghxy@shzgh.org	成人专科 651
学校举办者 812 省级其他部门	占地面积(平方米) 286036	专任教师(人) 211
学校地址 上海市奉贤区庄行镇南亭公路2080号	校舍建筑面积(平方米) 108159	其中:正高级 2
邮政编码 201415	图书(万册) 40.92	副高级 41
办公电话 021-57460188	固定资产总值(万元) 38347	中级 115
	教学、科研仪器设备资产值(万元)	初级 53

专科专业 安全技术管理、包装技术与设计、电子商务、古玩艺术品投资管理、国际商务、环境艺术设计、会展策划与管理、交通运营管理、酒店管理、劳动与社会保障、连锁经营管理、旅游管理、人力资源管理、商务英语、社会工作、社区管理与服务、食品营养与检测、食品质量与安全监督、食品质量与安全监管、体育服务与管理、文化市场经营与管理、文秘、文物鉴定与修复、物流管理、物业管理、医药营销、艺术设计、珠宝首饰工艺及鉴定

院系设置 经济贸易系、人文艺术系、公共管理系、健康安全系

定期公开出版的专业刊物 《工会理论研究》

学校设立奖学金情况
学校设立奖学金三项,奖金总额7.37万元,奖金最高金额1000元/年,最低金额200元/年。

学校历史沿革
上海工会管理职业学院的前身为上海工会干校,创建于1951年;1985年批准成为成人高校,更名为上海工会管理干部学院;2000年经国家教育部批准增设普通高等职业教育,2005年经上海市人民政府批准转型为普通高等职业院校,更名为上海工会管理职业学院。

上海医药高等专科学校

学校(机构)标识码 4131014033	校园(局域)网域名 www.sihs.cn	其中:普通专科 4597
学校办学类型 414:专科院校:高等专科学校	电子信箱 sihs.cn@163.com	成人专科 762
学校性质类别 05 医药院校	占地面积(平方米) 227617	留学生 6
学校举办者 811 省级教育部门	校舍建筑面积(平方米) 115402	专任教师(人) 346
学校地址 上海周祝公路279号	图书(万册) 33.16	其中:正高级 3
邮政编码 201318	固定资产总值(万元) 25522.2	副高级 69
办公电话 021-33755278	教学、科研仪器设备资产值(万元) 6467.19	中级 175
传真电话 021-33759807	在校生数(人) 5365	初级 90
		未定职级 9

专科专业 护理、计算机应用技术、口腔工艺方向、口腔卫生方向、乡村医生方向、学校卫生保健方向、眼视光技术、药物制剂与检测、药学、医学检验技术、医学营养、医学影像技术、幼儿保健方向、中美合作、中日合作、助产

院系设置 护理系、检验技术系、口腔技术系、视光技术系、医学影像系、临床医学系、药学系、基础部、人文社科部、思政部、国际交流学院、继续教育学院

学校设立奖学金情况
学校设立奖学金4项,奖励总金额92余万元。奖学金最高金额1800元/年,最低金额100元/学期。

学校历史沿革
上海医药高等专科学校的前身为上海第二医科大学卫生技术学院,建立于1999年。2005年上海第二医科大学与上海交通大学合并,上海医药高等专科学校在上海第二医科大学卫生技术学院的基础上申办独立设置,于2006年正式成立,隶属上海市教育委员会。

同济大学同科学院

学校(机构)标识码 4131014036
学校办学类型 413:本科院校:独立学院
学校性质类别 02 理工院校
学校举办者 999 民办
学校地址 上海市闸北区共和新路1238号
邮政编码 200070
办公电话 021-66052501
传真电话 021-66052500
校园(局域)网域名 tk.tongji.edu.cn
电子信箱 TKC@tongji.edu.cn

院系设置

电子与信息技术系、交通与机电技术系、楼宇设备工程与管理系、人文与艺术设计系、土木施工与环境技术系、医学技术与护理系

学校设立奖学金情况

学校设立奖学金2项,奖励总金额23万元。奖学金最高金额3000元/年,最低金额200元/年。

毕业生一次就业率 90.07%

学校历史沿革

同济大学同科学院2006年4月经教育部及上海市教育委员会批准、由同济大学与上海同济科技实业股份有限公司合作成立的本科层次独立学院。同科学院属民办性质,为独立法人单位。

上海体育职业学院

学校(机构)标识码 4131014179
学校办学类型 415:专科院校:高等职业学校
学校性质类别 10 体育院校
学校举办者 812 省级其他部门
学校地址 上海市徐汇区百色路1333号
邮政编码 200237
办公电话 021-64771485
传真电话 021-64776077
校园(局域)网域名 www.ssi.edu.cn
电子信箱 tjybgs88@126.com
占地面积(平方米) 93592
校舍建筑面积(平方米) 47181
图书(万册) 9
固定资产总值(万元) 11617
教学、科研仪器设备资产值(万元) 968
在校生数(人) 965
其中:普通专科 431
　　　成人专科 534
专任教师(人) 224
其中:正高级 11
　　　副高级 74
　　　中级 83
　　　初级 56

专科专业 社会体育、体育服务与管理、体育类、体育类新专业

学校历史沿革

上海体育运动技术学院与2007年底由市政府批准转型为上海体育职业学院,学院前身上海体育运动技术学院是一所专门培养运动健儿的高等学府。他的前身是五十年代的华东体训班,1958年改为上海体育竞技指导科,六十年代又改为上海体育学院运动系。1981年成为上海体育学院分院,1984年正式命名为上海体育运动技术学院,2007年底转型为上海体育职业学院。

上海健康职业技术学院

学校(机构)标识码 4131014292
学校办学类型 415:专科院校:高等职业学校
学校性质类别 05 医药院校
学校举办者 812 省级其他部门
学校地址 上海市徐汇区梅陇路21号
邮政编码 200237
办公电话 021-54397980
传真电话 021-64104616
校园(局域)网域名 www.shvtc.com
电子信箱 zhiyi@shvtc.com
占地面积(平方米) 118984
校舍建筑面积(平方米) 62149
图书(万册) 10.5
固定资产总值(万元) 7683
教学、科研仪器设备资产值(万元) 2557.17
在校生数(人) 3623
其中:普通专科 1081
　　　成人专科 2542
专任教师(人) 144
其中:正高级 5
　　　副高级 57
　　　中级 67
　　　初级 10
　　　未定职级 5

专科专业 护理、护理(中美合作)、康复治疗技术、生物技术及应用、卫生信息管理、药学、医学检验技术、医学营养、医学影像技术、助产

院系设置

学院现设有文理教学部、医学基础部、护理系、医疗系、公共卫生系、生物医学系

学校设立奖学金情况

学校设立奖学金3项,奖励总金额为7.5万元左右,奖学金最高金额3000元/年,最低金额600元/年。

主要校办产业

迪隆医疗卫生用品厂

学校历史沿革

上海健康职业技术学院原名上海职工医学院,创建于1957年,2010年转型更名为上海健康职业技术学院。

南京大学

学校(机构)标识码	4132010284
学校办学类型	411:本科院校:大学
学校性质类别	01 综合大学
学校举办者	360 教育部
学校地址	南京市汉口路22号
邮政编码	210093
办公电话	025-83593186
传真电话	025-83302728
校园(局域)网域名	www.nju.edu.cn
电子信箱	guyue@nju.edu.cn
占地面积(平方米)	2041129
校舍建筑面积(平方米)	1042011
图书(万册)	560.58
固定资产总值(万元)	362635.06
教学、科研仪器设备资产值(万元)	160339.34
在校生数(人)	37987
其中:普通本科	14648
成人本科	5386
成人专科	1509
博士研究生	4149
硕士研究生	9432
留学生	2863
专任教师(人)	2180
其中:正高级	861
副高级	790
中级	518
初级	11

本科专业 保险、编辑出版学、材料化学、材料科学类、材料物理、财务管理、朝鲜语、城市规划、大气科学、大气科学类、档案学、德语、地理科学、地理科学类、地理信息系统、地球化学、地下水科学与工程、地质工程、地质学、地质学类、电气信息类、电子商务、电子信息科学类、电子信息科学与技术、对外汉语、俄语、法学、法语、工商管理、工商管理类、工业工程、公共管理类、管理科学与工程类、广播电视新闻学、广告学、国际经济与贸易、国际政治、海洋科学、汉语言文学、行政管理、化学、化学类、环境工程、环境科学、环境科学、会计学、计算机科学与技术、建筑学、教育技术学、金融工程、金融学、经济学、经济学、考古学、口腔医学、理科强化班、历史学、历史学类、临床医学、旅游管理、日语、软件工程、社会工作、社会学、社会学类、生物技术、生物科学、生物科学类、生物医学工程、声学、市场营销、数学类、数学与应用数学、水文与水资源工程、天文学、通信工程、统计学、图书馆学、物理学、物理学类、西班牙语、戏剧影视文学、新闻传播学类、新闻学、信息工程、信息管理与信息系统、信息与计算科学、英语、应用化学、应用气象学、应用文科强化班、应用心理学、哲学、政治学、政治学与行政学、资源环境与城乡规划管理、自动化

博士专业 比较文学与世界文学、边疆学、编辑出版社、材料物理与化学、材料学、产业经济学、城市与区域规划、大气科学、大气物理学与大气环境、档案学、德语语言文学、地理学、地球化学、地球探测与信息技术、地图学与地理信息系统、地下水科学、地质工程、第四纪地质学、电磁场与微波技术、电路与系统、东方哲学与宗教、对外汉语教学、俄语语言文学、法语语言文学、分子免疫与疾病预防、高等教育学、高分子化学与物理、工商管理、构造地质学、古生物学与地层学(含:古人类学)、管理科学与工程、光学、国际关系、国际关系史、国外马克思主义研究、海岸海洋科学、海洋地球化学、海洋地质、汉语言文字学、行政管理、化学、化学(理论与计算化学)、环境安全与健康、环境材料工程、环境工程、环境规划与管理、环境科学、会计学、计算机软件与理论、计算机应用技术、建筑设计及其理论、教育博士、金融学、经济法学、考古学及博物馆学、科学技术哲学、矿产普查与勘探、矿物学、岩石学、矿床学、理论经济学、伦理学、逻辑学、旅游地理与旅游规划、马克思主义发展史、马克思主义哲学、马克思主义中国化、马克思主义中国化研究、内科学、能源地质学、企业管理(含:财务管理)、市场营销、气候系统与气候变化、气象学、情报学、人文地理学、社会学、生态学、生物学、声学、世界经济、世界经济学、世界史、数学、水文学及水资源、台湾暨海外华文文学、天文学、图书馆学、土地利用与规划、外国语言学及应用语言学、外国哲学、外科学、微电子学与固体电子学、文艺学、无机化学、无线电物理、物理电子学、物理化学(含:化学物理)、物理学、西方经济学、戏剧戏曲学、信号与信息处理、信息管理工程、信息资源管理、药理学、遗传学、英语语言文学、应用经济学、应用软件工程、有机化学、语言学与应用语言学、哲学新专业、政治经济学、政治社会学、政治学理论、中国古代史、中国古代文学、中国古典文献学、中国近现代史、中国思想史、中国文学批评史、中国现当代文学、中国语言文学、中国哲学、中国政府与政治、资源环境遥感、自然地理学、宗教学

硕士专业 比较文学与世界文学、编辑出版学、材料工程、材料物理与化学、材料学、产业经济学、城市规划与设计(含:风景园林规划)、出版硕士、传播学、大气物理学与大气环境、档案学、德语语言文学、地球化学、地球探测与信息技术、地图学与地理信息系统、地质工程、第四纪地质学、电磁场与微波技术、电路与系统、电影学、电子与通信工程、动物学、俄语语言文学、儿科

学、耳鼻咽喉科学、法律史、法律硕士(法学)、法律硕士(法学)、法律硕士(非法学)、法律硕士(非法学)、法学理论、法语语言文学、分析化学、妇产科学、概率论与数理统计、高等教育学、高分子化学与物理、工商管理硕士、工业工程、公共管理、构造地质学、古生物学与地层学(含:古人类学)、固体地球物理学、管理科学与工程、光学、光学工程、国际法学、国际法学(含:国际公法、国际私法)、国际关系、国际贸易学、国际商务、国际政治、国民经济学、国外马克思主义研究、海洋地质、汉语国际教育硕士、汉语言文字学、行政管理、化学、化学工程、环境工程、环境科学、环境与资源保护法学、会计硕士、会计学、基础数学、基础心理学、基础医学、急诊医学、集成电路工程、计算机技术、计算机软件与理论、计算机应用技术、计算数学、建筑历史与理论、建筑设计及其理论、建筑学硕士、教育技术学、教育经济与管理、金融、金融学(含:保险学)、经济法学、精神病与精神卫生学、考古学及博物馆学、科学技术哲学、课程与教学论、控制工程、控制科学与工程、口腔临床医学、口腔医学、口腔医学硕士、矿产普查与勘探、矿物学、岩石学、矿床学、理论物理、粒子物理与原子核物理、临床检验诊断学、临床医学、临床医学硕士、伦理学、逻辑学、麻醉学、马克思主义发展史、马克思主义基本原理、马克思主义哲学、马克思主义中国化研究、美术、美术学、免疫学、民商法学(含:劳动法学)、社会保障、民族学、内科学、凝聚态物理、企业管理(含:财务管理、市场营销)、气象学、情报学、区域经济学、人口、资源与环境经济学、人口学、人类学、人文地理学、日语语言文学、软件工程、社会保障、社会工作硕士、社会学、摄影测量与遥感、神经病学、生理学、生态学、生物化学与分子生物学、生物物理学、生物医学工程、生物医学工程新专业、声学、世界经济、世界史、数量经济学、水文学及水资源、思想政治教育、诉讼法学、体育教育训练学、天体测量与天体力学、天体物理、通信与信息系统、图书馆学、图书情报硕士、土地资源管理、外国语言学及应用语言学、外国哲学、外交学、外科学、微电子学与固体电子学、微生物与生化药学、文物与博物馆硕士、文艺学、无机化学、无线电物理、物理电子学、物理化学(含:化学物理)、物流工程、西班牙语语言文学、西方经济学、戏剧、戏剧戏曲学、宪法学与行政法学、新闻学、新闻与传播硕士、信号与信息处理、信息管理工程、刑法学、眼科学、药剂学、药理学、药物化学、遗传学、艺术学、英语笔译、英语语言文学、影像医学与核医学、应用化学、应用软件与工程、应用数学、应用统计硕士、应用心理学、有机化学、语言学与应用语言学、运筹学与控制论、政治经济学、政治学理论、植物学、制冷及低温工程、制药工程、中共党史(含:党的学说与党的建设)、中国古代史、中国古代文学、中国古典文献学、中国近现代史、中国现当代文学、中国哲学、中外政治制度、肿瘤学、专门史、自然地理学、宗教学

定期公开出版的专业刊物 《南京大学学报》(哲学、人文社会科学版)、《高等学校计算数学学报》、《数学半年刊》、《物理学进展》、《无机化学学报》、《高校地质学报》、《当代外国文学》、《高校档案》、《高校研究与探索》、《南京大学法律评论》、《Numeral Mathmatics》(A Journal of Chinese Universities)(English Series)、《Analysis in Theory and Its Application》

学校历史沿革

南京大学坐落于钟灵毓秀、虎踞龙蟠的金陵古都,是一所历史悠久、声誉卓著的百年名校。其前身是创建于1902年的三江师范学堂,此后历经两江师范学堂、南京高等师范学校、国立东南大学、第四中山大学、国立中央大学、国立南京大学等历史时期,于1950年更名为南京大学。1952年,在全国高校院系调整中,南京大学调整出工学、农学、师范等部分院系后与创办于1888年的金陵大学文、理学院等合并,仍名南京大学。校址从四牌楼迁至鼓楼金大原址。在一个多世纪的办学历程中,南京大学及其前身与时代同呼吸、与民族共命运,谋国家之强盛、求科学之进步,为国家的富强和民族的振兴做出了重要的贡献。

苏州大学

学校(机构)标识码 4132010285	占地面积(平方米) 2088137	博士研究生 1594
学校办学类型 411:本科院校:大学	校舍建筑面积(平方米) 1608753	硕士研究生 8213
学校性质类别 01 综合大学	图书(万册) 409.37	留学生 1549
学校举办者 811 省级教育部门	固定资产总值(万元) 381604.37	专任教师(人) 2698
学校地址 苏州市十梓街1号	教学、科研仪器设备资产值(万元) 83140.61	其中:正高级 618
邮政编码 215006		副高级 912
办公电话 0512-65238805	在校生数(人) 46031	中级 1001
传真电话 0512-65231918	其中:普通本科 24753	初级 165
校园(局域)网域名 www.suda.edu.cn	成人本科 9922	未定职级 2
电子信箱 szdx@suda.edu.cn		

本科专业 材料成型及控制工程、材料化学、材料科学与工程、材料科学与工程(冶金过程自动化)、材料类、财务管理、财政学、财政学(税务)、测控技术与仪器、朝鲜语、车辆工程、城市管理、城市规划、传感网技术、档案学、德语、电气工程与自动化、电气工程与自动化(城市轨道交通)、电气信息类、电子科学与技术、电子商务、电子信息工程、电子信息科学类、电子信息科学与技术、对外汉语、俄语(俄英双语)、法学、法学(法学教改)、法学(文科强化班)、法学(知识产权)、法医学、法语(法英双语)、纺织工程、纺织工程(国际课程实验班)、放射医学、放射医学(核医学)、放射医学(医学物理)、非织造材料与工程、服装设计与工

程、高分子材料与工程、工程管理、工商管理、工业工程、工业工程(城市轨道交通工程管理)、公共管理类、公共事业管理、管理科学、管理科学(物流管理)、管理科学与工程类、光信息科学与技术、广播电视新闻学、广播电视新闻学(主持人艺术)、广告学、国际经济与贸易、汉语言文学、汉语言文学(基地)、汉语言文学(师范)、行政管理、护理学、化工与制药类、化学、化学(师范)、化学工程与工艺、化学类、环境工程、环境工程(城市轨道交通环境安全)、会计学、会计学(国际会计)、机械电子工程、机械工程及自动化、机械工程及自动化(城市轨道交通)、机械工程及自动化(冶金过程装备、机械、计算机科学与技术、建筑环境与设备工程、建筑环境与设备工程(城市轨道交、建筑环境与设备工程(室内装饰技、建筑学、建筑学(室内设计)、交通运输、教育技术学、教育技术学(师范)、教育技术学(数字媒体技术)、教育学、教育学(师范)、金融学、金融学(国际课程实验班)、经济学、经济学(城市经济)、口腔医学、劳动与社会保障、历史学(师范)、临床医学、临床医学(本硕连读)、临床医学(儿科医学)、临床医学(放射医学)、临床医学(医学心理学)、旅游管理、美术学(插画)、美术学(美术教育)、民族传统体育、纳米材料与技术、轻化工程、热能与动力工程、人力资源管理、日语、软件工程、软件工程(嵌入式软件人才培养)、社会工作、社会学、生物功能材料、生物技术、生物技术(生物制药)、生物技术(食品质量与安全)、生物科学、生物科学(师范)、生物科学(应用生物学)、生物科学类、生物信息学、市场营销、数学(理科强化班)、数学与应用数学(基地)、数学与应用数学(师范)、思想政治教育、体育教育、通信工程、通信工程(城市轨道交通通信信号)、统计学、图书馆学、土建、网络工程、微电子学、无机非金属材料工程、物理学、物理学(光伏科学与技术)、物理学(师范)、物联网工程、物流管理、西班牙语、戏剧影视文学(主持人艺术)、新能源材料与器件、新闻传播、新闻学、信息工程、信息管理与信息系统、信息管理与信息系统(城市轨道交)、信息管理与信息系统(城市轨道交、信息与计算科学、信息资源管理、药学、冶金工程、医学检验、医学影像学、艺术设计、艺术设计(时装表演与服装设计)、艺术设计(数码媒体艺术设计)、艺术设计学、音乐学(音乐教育)、英语、英语(翻译)、英语(师范)、应用化学、应用心理学、预防医学、预防医学(卫生法学)、园林、园林(城市园林)、园艺(城市园艺)、运动人体科学、运动人体科学(运动休闲与健康)、运动训练、哲学、中国语言文学类、中药学

博士专业 比较文学与世界文学、病理学与病理生理学、病原生物学、材料学、财政学(含:税收学)、儿科学、法医学、纺织材料与纺织品设计、纺织工程、纺织化学与染整工程、放射医学、分析化学、服装设计与工程、概率论与数理统计、高等教育学、高分子化学与物理、光学、光学工程、汉语言文字学、化学生物学、基础数学、基因组医学、计算机应用技术、计算数学、金融数学、金融学(含:保险学)、劳动卫生与环境卫生学、流行病与卫生统计学、马克思主义基本原理、马克思主义哲学、媒介文化、免疫学、内科学、凝聚态物理、胚胎生理与围产基础医学、企业管理(含:财务管理、市场营销)、人体解剖与组织胚胎学、设计艺术学、思想政治教育、特种经济动物饲养(含:蚕、蜂等)、体育教育训练学、外科学、卫生毒理学、文艺学、无机化学、物理化学(含:化学物理)、戏剧影视文学、系统生物学、宪法学与行政法学、信号与信息处理、药理学、医学神经生物学、医学生物化学、医学细胞生

物学、英语语言文学、应用化学、应用数学、有机化学、语言学与应用语言学、运筹学与控制论、政治学理论、中国古代文学、中国近现代史、中国通俗文学、中国现当代文学、中国哲学

硕士专业 金融数学、胚胎生理和围产基础医学、系统生物学、医学神经生物学、医学心理学、比较文学与世界文学、病理学与病理生理学、病原生物学、材料加工工程、材料物理与化学、材料学、财政学(含:税收学)、产业经济学、车辆工程、传播学、档案学、等离子体物理、动物学、俄语语言文学、儿科学、儿少卫生与妇幼保健学、耳鼻咽喉科学、发育生物学、发展与教育心理学、法律、法律史、法学理论、法医学、翻译、纺织材料与纺织品设计、纺织工程、纺织化学与染整工程、放射医学、分析化学、服装设计与工程、妇产科学、概率论与数理统计、高等教育学、高分子化学与物理、工程、工商管理、公共管理、公共卫生、管理科学与工程、光学、光学工程、国际法学(含:国际公法、国际私法法)、国际关系、国际贸易学、国际商务、汉语国际教育、汉语言文字学、行政管理、护理学、环境与资源保护法学、会计、会计学、机械电子工程、机械设计及理论、机械制造及其自动化、基础数学、基础心理学、急诊医学、计算机软件与理论、计算机应用技术、计算数学、检测技术与自动化装置、教育、教育经济与管理、教育学原理、金融、金融学(含:保险学)、经济法学、精密仪器及机械、精神病与精神卫生学、康复医学与理疗学、科学技术哲学、课程与教学论、控制理论与控制工程、劳动卫生与环境卫生学、老年医学、理论物理、临床检验诊断学、临床医学、流行病与卫生统计学、伦理学、逻辑学、旅游管理、麻醉学、马克思基本主义理论、马克思主义基本原理、马克思主义哲学、美术学、美学、免疫学、民商法学(含:劳动法学)、社会保障、社会保障、民族传统体育学、内科学、凝聚态物理、农业经济管理、农业昆虫与害虫防治、皮肤病与性病学、企业管理(含:财务管理)、市场营销、情报学、区域经济学、人体解剖与组织胚胎学、日语语言文学、设计艺术学、社会保障、社会工作、社会学、社会医学与卫生事业管理、神经病学、神经生物学、生理学、生物化学与分子生物学、生物物理学、生物医学工程、生药学、世界经济、世界史、水产养殖、水生生物学、税务、思想政治教育、诉讼法学、特种经济动物饲养(含:蚕、蜂等)、体育、体育教育训练学、体育人文社会学、通信与信息系统、土地资源管理、外国语言学及应用语言学、外国哲学、外科学、微电子学与固体电子学、微生物学、微生物与生化药学、卫生毒理学、文艺学、无机化学、物理化学(含:化学物理)、戏剧戏曲学、细胞生物学、宪法学与行政法学、新闻学、新闻与传播、信号与信息处理、刑法学、眼科学、药剂学、药理学、药物分析学、药物化学、药学、遗传学、艺术、英语语言文学、营养与食品卫生学、影像医学与核医学、应用化学、应用数学、应用统计、应用心理、应用心理学、有机化学、园林植物与观赏园艺、运筹学与控制论、运动人体科学、政治经济学、政治学理论、植物学、中共党史(含:党的学说与党的建设)、中国古代史、中国古代文学、中国近现代史、中国现当代文学、中国哲学、中西医结合临床、肿瘤学、专门史

院系设置

文学院、凤凰传媒学院、社会学院、政治与公共管理学院、教育学院、东吴商学院(财经学院)、王健法学院、外国语学院、金螳螂建筑与城市环境学院、数学科学学院、物理科学与技术学院、能源学院、材料与化学化工学部、纳米科学技术学院、计算机科学与技术学院、电子信息学院、机电工程学院、沙钢钢铁学院、纺

织与服装工程学院、城市轨道交通学院、体育学院、艺术学院、医学部、海外教育学院、应用技术学院、文正学院

国家级、省部级研究机构设置

1. 实验室:现代丝绸国家工程实验室、江苏省薄膜材料重点实验室、江苏省有机合成重点实验室、江苏省计算机信息处理技术重点实验室、江苏省丝绸工程重点实验室、江苏省现代光学技术重点实验室、江苏省放射医学与防护重点实验室、省部共建教育部现代光学技术重点实验室、江苏省干细胞研究重点实验室、卫生部血栓与止血重点实验室、江苏省先进光学制造技术重点实验室、江苏省碳基功能材料与器件重点实验室、江苏省干细胞与生物医用材料重点实验室—省部共建国家重点实验室培育基地、江苏省新型高分子功能材料工程实验室、江苏省先进功能高分子材料设计及应用重点实验室、江苏省感染与免疫重点实验室、江苏省先进机器人技术重点实验室

2. 研究中心(所):国家化学电源产品质量监督检测中心、国家纺织产业创新支撑平台、国家技术转移示范机构、江苏省苏州化学电源公共技术服务中心、江苏省苏州丝绸技术服务中心、江苏省苏州医疗器械临床前研究与评价公共技术服务中心、江苏省节能环保材料测试与技术服务中心、江苏省化学电源公共技术服务创新平台提升项目、江苏省数码激光图像与新型印刷工程技术研究中心、教育部数码激光成像与显示工程研究中心、江苏省纺织印染业节能减排与清洁生产工程中心、血液和血管系统疾病诊疗药物技术教育部工程研究中心

博士后流动站 中国语言文学、数学、临床医学、基础医学、化学、哲学、材料科学与工程、纺织科学与工程、体育学、历史学、物理学、光学工程、教育学、公共卫生与预防医学、艺术学、化学工程与技术、法学、应用经济学、外国语言文学、政治学

定期公开出版的专业刊物 《苏州大学学报》(哲社版)、《苏州大学学报》(医学版)、《苏州大学学报》(工科版)、《苏州大学学报》(自然科学版)、《代数集刊》、《中学数学月刊》、《现代丝绸简介》、《物理教师》

学校设立奖学金情况

学校设立奖学金48项,奖励总金额230余万元。奖学金最高金额10000元/年,最低金额500元/年。

主要校办产业

苏州大学出版社有限公司、苏州市东吴饭店、江苏苏大投资有限公司、苏州苏大维格光电科技股份有限公司、苏大特种化学试剂有限公司、苏州大学科技园有限公司、苏州苏大视光配镜中心有限公司、苏州苏大明世光学有限公司、苏州苏大雷克科技有限公司、江苏苏大科技创业园有限公司、江苏苏大科技产业园有限公司、苏州苏大技术转移中心有限公司、苏州中核华东辐照有限公司、苏州苏大科技投资管理有限公司、苏州华绸科技有限公司

学校历史沿革

苏州大学坐落于素有"人间天堂"之称的古城苏州,是国家"211工程"重点建设高校和江苏省属重点综合性大学,其主要前身为创建于1900年的东吴大学。1952年全国院系调整时,东吴大学文理学院与苏南文化教育学院(建国初由省立教育学院、国立社会教育学院和无锡国学专修学校合并组建而成)、江南大学数理系合并为苏南师范学院,同年定名为江苏师范学院,在原东吴大学校址办学。1982年,经国务院批准改办为苏州大学。经教育部和江苏省人民政府批准,苏州蚕桑专科学校、苏州丝绸工学院、苏州医学院先后于1995年、1997年、2000年并入苏州大学。

东南大学

学校(机构)标识码	4132010286	
学校办学类型	411:本科院校:大学	
学校性质类别	01 综合大学	
学校举办者	360 教育部	
学校地址	南京市江宁开发区东南大学路2号	
邮政编码	211189	
办公电话	025-52090033	
传真电话	025-52090000	
校园(局域)网域名	www.seu.edu.cn	
电子信箱	xxgk@pub.seu.edu.cn	
占地面积(平方米)	3104156	
校舍建筑面积(平方米)	1174179	
图书(万册)	357.75	
固定资产总值(万元)	311077.24	
教学、科研仪器设备资产值(万元)	140107.47	
在校生数(人)	40163	
其中:普通本科	16233	
成人本科	4536	
成人专科	5042	
博士研究生	3067	
硕士研究生	10083	
留学生	1202	
专任教师(人)	2484	
其中:正高级	632	
副高级	983	
中级	848	
初级	21	

本科专业 材料科学与工程、测绘工程、测控技术与仪器、城市规划、道路桥梁与渡河工程、地理信息系统、电气工程及其自动化、电子科学与技术、电子商务、动画、法学、港口航道与海岸工程、给水排水工程、工程管理、工程力学、工商管理、工业工程、工业设计、国际经济与贸易、汉语言文学、护理学、化学工程与工艺、环境工程、会计学、机械设计制造及其自动化、机械设计制造及其自动化(教育)、计算机科学与技术、建筑环境与设备工程、建筑学、交通工程、交通运输、金融学、经济学、景观学、勘查技术与工程、科学教育、劳动与社会保障、临床医学、临床医学(本硕连读)、旅游管理、美术学、热能与动力工程、日语、软件工程、社会学、生物工程、生物医学工程、生物医学工程(本硕连读)、数学与应用数学、土木工程、物流管理、信息工程、信息管理与信息系统、信息与计算科学、医学检验、医学影像学、艺术设计、英语、应用物理学、预防医学、政治学与行政学、自动化

博士专业 材料加工工程、材料科学与工程、材料科学与工程新专业、材料物理与化学、材料学、测试计量技术及仪器、车辆

工程、城市规划与设计(含:风景园林规划)、导航、制导与控制、道路与铁道工程、电磁场与微波技术、电机与电器、电力系统及其自动化、电路与系统、电气工程、电子科学与技术新专业、动力工程及工程热物理、动力工程及工程热物理新专业、动力机械及工程、防灾减灾工程及防护工程、工程力学、供热、供燃气、通风及空调工程、固体力学、管理科学与工程、管理科学与工程新专业、光学工程、环境工程、环境科学与工程、机械电子工程、机械工程新专业、机械设计及理论、机械制造及其自动化、计算机科学与技术新专业、计算机软件与理论、计算机系统结构、计算机应用技术、检测技术与自动化装置、建筑技术科学、建筑历史与理论、建筑设计及其理论、建筑学新专业、交通信息工程及控制、交通运输工程、交通运输规划与管理、结构工程、精密仪器及机械、科学技术哲学、控制理论与控制工程、劳动卫生与环境卫生学、伦理学、马克思主义基本原理、免疫学、模式识别与智能系统、内科学、凝聚态物理、桥梁与隧道工程、热能工程、生物医学工程、生物医学工程新专业、市政工程、思想政治教育、通信与信息系统、土木工程、土木工程新专业、微电子学与固体电子学、卫生毒理学、物理电子学、系统工程、信号与信息处理、信息与通信工程、岩土工程、仪器科学与技术、遗传学、艺术学、影像医学与核医学、应用化学、应用数学、载运工具运用工程、制冷及低温工程

硕士专业 病理学与病理生理学、病原生物学、材料加工工程、材料科学与工程、材料科学与工程新专业、材料物理与化学、材料学、测试计量技术及仪器、产业经济学、车辆工程、城市规划与设计(含:风景园林规划)、大地测量学与测量工程、导航、制导与控制、道路与铁道工程、地图制图学与地理信息工程、电磁场与微波技术、电力电子与电力传动、电路与系统、电气工程、电子科学与技术新专业、动力工程及工程热物理、儿科学、耳鼻咽喉科学、发育生物学、法律、法学理论、翻译、防灾减灾工程及防护工程、分析化学、风景园林、妇产科学、概率论与数理统计、港口、海岸及近海工程、高等教育学、高分子化学与物理、工程、工程管理、工程力学、工商管理、公共管理、公共卫生、供热、供燃气、通风及空调工程、固体力学、管理科学与工程、光学、光学工程、国际贸易学、国际商务、国民经济学、行政管理、护理学、化学工程与技术、环境工程、环境科学与工程、会计、会计学、机械电子工程、机械工程新专业、机械设计及理论、机械制造及其自动化、基础数学、急诊医学、计算机科学与技术新专业、计算机软件与理论、计算机系统结构、计算机应用技术、计算数学、技术经济及管理、检测技术与自动化装置、建筑技术科学、建筑历史与理论、建筑设计及其理论、建筑学、建筑学新专业、交通信息工程及控制、交通运输工程新专业、交通运输规划与管理、教育、教育技术学、结构工程、金融学(含:保险学)、精神病与精神卫生学、科学技术哲学、课程与教学论、控制理论与控制工程、劳动卫生与环境卫生学、临床检验诊断学、临床医学、流行病与卫生统计学、伦理学、旅游管理、麻醉学、马克思主义理论、马克思主义哲学、美术学、免疫学、民商法学(含:劳动法学)、社会保障、模式识别与智能系统、内科学、企业管理(含:财务管理、市场营销)、桥梁与隧道工程、区域经济学、人体解剖与组织胚胎学、日语语言文学、设计艺术学、社会保障、摄影测量与遥感、神经病学、神经生物学、生理学、生物化学与分子生物学、生物物理学、生物医学工程、生物医学工程新专业、市政工程、体育教育训练学、体育人文社会学、图书馆学、土木工程、土木工程新专业、外国语言学及应用语言学、外国哲学、外科学、微电子学与固体电子学、卫生毒理学、物理电子学、物理化学(含:化学物理)、物理学、系统分析与集成、系统工程、宪法学与行政法学、信息与通信工程、岩土工程、眼科学、药理学、一般力学与力学基础、仪器科学与技术、遗传学、艺术学、英语语言文学、营养与食品卫生学、影像医学与核医学、应用化学、应用数学、应用统计、应用心理学、运筹学与控制论、载运工具运用工程、政治学理论、职业技术教育学、中国古代文学、中国现当代文学、中医内科学、肿瘤学、资产评估

院系设置
建筑学院、机械工程学院、能源与环境学院、信息科学与工程学院、土木工程学院、电子科学与工程学院、数学系、自动化学院、计算机科学与工程学院、物理系、生物科学与医学工程学院、材料科学与工程学院、人文学院、经济管理学院、电气工程学院、外国语学院、体育系、化学化工学院、交通学院、仪器科学与工程学院、艺术学院、法学院、医学院、公共卫生学院、吴健雄学院、海外教育学院、软件学院、集成电路(IC)学院、马克思主义学院、继续教育学院

国家级、省部级研究机构设置
1. 实验室:国家重点实验室毫米波国家重点实验室、移动通信国家重点实验室、生物电子学国家重点实验室;国家专业实验室计算机辅助建筑设计(CAAD)国家专业实验室;教育部重点实验室计算机网络和信息集成教育部重点实验室、混凝土及预应力混凝土结构教育部重点实验室、微电子机械系统教育部重点实验室、发育与疾病相关基因教育部重点实验室(部省共建)、儿童发展与学习科学教育部重点实验室、复杂工程系统测量与控制教育部重点实验室、城市与建筑遗产保护教育部重点实验室、环境医学工程教育部重点实验室;教育部重点实验室(B类)微惯性仪表与先进导航技术教育部重点实验室、水声信号处理教育部重点实验室(B类)(筹);江苏省高技术研究重点实验室江苏省网络与信息安全高技术研究重点实验室、江苏省生物材料与器件高技术研究重点实验室、江苏省土木工程材料高技术研究重点实验室、江苏省先进金属材料高技术研究重点实验室、江苏省微纳生物医疗器械设计与制造重点实验室、江苏省生物药物高技术研究重点实验室、江苏省智能电网技术与装备重点实验室;江苏省高校重点实验室江苏省交通规划与管理重点实验室、江苏省计算机网络技术重点实验室、江苏省分子影像与功能影像重点实验室、江苏省远程测控技术重点实验室、江苏省传感网技术重点实验室、江苏省工程力学分析重点实验室

2. 研究中心(所):国家工程研究中心火电机组振动国家工程研究中心、国家专用集成电路系统工程技术研究中心;教育部工程研究中心智能交通运输系统教育部工程研究中心、新型光源技术及装备教育部工程研究中心、射频电路集成与系统教育部工程研究中心、伺服控制技术教育部工程研究中心、低碳型建筑环境设备与系统教育部工程研究中心;江苏省工程研究中心江苏省显示技术工程研究中心、江苏省数码技术工程研究中心、江苏省光通信器件与技术工程研究中心、江苏省伺服工程研究中心、江苏省射频与光电集成电路工程研究中心、江苏省玄武岩纤维工程中心、江苏省光传感与光通信网络技术工程中心;江苏省工程技术研究中心江苏省信息显示工程技术研究中心、江苏省预应力工程技术研究中心、江苏省污染控制及资源化工程技

术研究中心；江苏省公共技术服务平台江苏省南京"无线谷"电磁兼容公共技术服务平台

博士后流动站 建筑学、机械工程、动力工程及热物理、环境科学与工程、信息与通信工程、土木工程、力学、电子科学与技术、数学、控制科学与工程、计算机科学与技术、生物医学工程、材料科学与工程、管理科学与工程、电气工程、仪器科学与技术、交通运输工程、哲学、艺术学、公共卫生与预防医学、生物学、光学工程、临床医学

定期公开出版的专业刊物 《东南大学学报》(自然科学版)、《东南大学学报》(英文版)、《东南大学学报》(哲学社会科学版)、《东南大学学报》(医学版)、《现代医学、中国医学文摘内科学分册》(英文版)、《电气电子教学报》、《电子器件、传感技术学报》

学校设立奖学金情况
学校设立奖学金140项，奖励总金额近523万元。奖学金最高金额40000元/人/年，最低金额1000元/人/年。

主要校办产业
江苏东南大学资产经营有限公司、东南大学建筑设计研究院、东南大学规划设计研究院、南京东南大学出版社有限公司、南京榴园酒店管理有限公司、江苏华宁工程咨询监理有限公司、江苏东南交通工程咨询监理有限公司、南京东大科技服务中心有限公司、江苏东大科技园发展有限公司、苏州东大科技园发展有限公司、江苏东大工程检测技术有限公司、南京东大测振仪器厂

学校历史沿革
东南大学前身是创建于1902年的三江师范学堂。1921年在南京高等师范学校的基础上正式建立东南大学。1928年学校改名为国立中央大学。1952年全国院系调整，学校文理等科迁出，以原中大工学院为主体，先后并入复旦大学、交通大学、浙江大学、金陵大学等校的有关系、科，在中央大学本部原址建立了南京工学院。1988年5月，学校复更名为东南大学。2000年4月，原南京铁道医学院、南京交通高等专科学校与东南大学合并组建新的东南大学，南京地质学校并入组建成新东南大学。

南京航空航天大学

学校(机构)标识码 4132010287
学校办学类型 411:本科院校:大学
学校性质类别 02 理工院校
学校举办者 339 工业和信息化部
学校地址 江苏省南京市白下区御道街29号
邮政编码 210016
办公电话 025-84892424
传真电话 025-84891512
校园(局域)网域名 www.nuaa.edu.cn

电子信箱 office@nuaa.edu.cn
占地面积(平方米) 1632122
校舍建筑面积(平方米) 888866
图书(万册) 223.3
固定资产总值(万元) 259529.65
教学、科研仪器设备资产值(万元) 79024.25
在校生数(人) 30834
其中:普通本科 16646
成人本科 3197

成人专科 2410
博士研究生 1445
硕士研究生 6489
留学生 647
专任教师(人) 1762
其中:正高级 412
副高级 692
中级 588
初级 29
未定职级 41

本科专业 材料科学与工程、测控技术与仪器、车辆工程、电气工程与自动化、电子商务、电子信息科学与技术、电子信息科学与技术(微波毫米波、法学、飞行技术、飞行器动力工程、飞行器环境与生命保障工程、飞行器设计与工程、飞行器制造工程、飞行器制造工程(航空维修工程)、工程力学、工商管理、工业工程、工业设计、公共事业管理、光信息科学与技术、广播电视新闻学、国际经济与贸易、核技术、会计学、机械工程及自动化、计算机科学与技术、建筑环境与设备工程、交通运输(机场运行与管理)、交通运输(空中交通管理与签派)、交通运输(民航电子电气工程)、交通运输(民航机务工程)、交通运输(民航运输管理)、金融学、空间科学与技术、美术学、热能与动力工程、日语、软件工程、生物医学工程、市场营销、探测制导与控制技术、探测制导与控制技术(航天)、土木工程、微电子学、物联网工程、戏剧影视美术设计、信息安全、信息工程、信息工程(航天电子信息技术)、信息工程(航天信息应用)、信息管理与信息系统、信息与计算科学、艺术设计、音乐表演(歌舞)、英语(国际贸易)、英语(民航业务)、应用化学、应用物理学、政治学与行政学、自动化

博士专业 材料加工工程、测试计量技术及仪器、车辆工程、导航、制导与控制、道路与铁道工程、电机与电器、电力电子与电力传动、飞行器设计、工程力学、工程热物理、工程与项目管理、固体力学、管理科学与工程、光学工程、航空宇航推进理论与工程、航空宇航制造工程、机械电子工程、机械设计及理论、机械制造及其自动化、计算机科学与技术、计算机应用技术、检测技术与自动化装置、交通信息工程及控制、交通运输规划与管理、金融工程、经济与产业管理、精密仪器及机械、控制理论与控制工程、流体力学、马克思主义基本原理、模式识别与智能系统、纳米力学、凝聚态物理、人机与环境工程、通信与信息系统、微机电系统与微细制造、系统仿真与控制、系统工程、信号与信息处理、一般力学与力学基础、载运工具运用工程、直升机工程、制造信息化技术、智能监测与控制

硕士专业 安全技术及工程、材料工程、材料加工工程、材料物理与化学、材料学、测试计量技术及仪器、产业经济学、车辆工程、导航、制导与控制、道路与铁道工程、电磁场与微波技术、电机与电器、电力电子与电力传动、电力系统及其自动化、电路

与系统、电气工程、电子与通信工程、动力工程、动力机械及工程、防灾减灾工程及防护工程、飞行器设计、辐射防护及环境保护、概率论与数理统计、高等教育学、工程力学、工程热物理、工程与项目管理、工商管理、工业工程、工业设计工程、公共管理、固体力学、管理科学与工程、光学、光学工程、广播电视、广播电视艺术学、国防经济、国际贸易学、行政管理、航空工程、航空宇航推进理论与工程、航空宇航制造工程、航天工程、核技术及应用、核能与核技术工程、化学工程、环境工程、会计、会计学、机械电子工程、机械工程、机械设计及理论、机械制造及其自动化、基础数学、计算机技术、计算机科学与技术、计算机软件与理论、计算机应用技术、计算数学、技术经济及管理、检测技术与自动化装置、建筑与土木工程、交通信息工程及控制、交通运输工程、交通运输规划与管理、教育经济与管理、结构工程、金融、金融工程、金融学(含:保险学)、经济法学、精密仪器及机械、科学技术哲学、课程与教学论、控制工程、控制理论与控制工程、理论物理、流体机械及工程、流体力学、马克思主义基本原理、美术、美术学、模式识别与智能系统、纳米力学、凝聚态物理、企业管理(含:财务管理)、市场营销、桥梁与隧道工程、情报学、区域经济学、热能工程、人机与环境工程、日语口译、日语语言文学、软件工程、设计艺术、设计艺术学、社会工作、社会学、生物医学工程、数量经济学、思想政治教育、通信与信息系统、统计学、外国语言学及应用语言学、微机电系统及微细制造、无线电物理、武器系统与运用工程、舞蹈、物理电子学、物理化学(含:化学物理)、物流工程、戏剧、戏剧戏曲学、系统仿真与控制、系统工程、宪法学与行政法学、信号与信息处理、岩土工程、一般力学与力学基础、仪器仪表工程、艺术设计、音乐、音乐学、英语笔译、英语口译、英语语言文学、应用化学、应用数学、有机化学、运筹学与控制论、载运工具运用工程、政治学理论、直升机工程、制冷及低温工程、制造信息化技术、智能监测与控制

院系设置

院:航空宇航学院、能源与动力学院、自动化学院、电子信息工程学院、机电学院、材料科学与技术学院、民航学院/飞行学院、理学院、经济与管理学院、人文与社会科学学院、艺术学院、外国语学院、航天学院、国际教育学院、计算机科学与技术学院

系:飞行器系、空气动力学系、结构工程与力学系、人机与环境工程系、土木工程系、动力工程系、能源工程系、车辆工程系、自动控制系、电气工程系、测试工程系、生物医学工程系、电子科学与技术系、信息与通信工程系、设计工程系、机械制造及其自动化系、机械电子工程系、航空宇航制造工程系、材料科学与工程系、应用化学系、核科学与工程系、空中交通系、交通运输系、民航工程系(机)、民航工程系(电)、飞行技术系、数学系、应用物理系、贸易经济系、工商管理系、管理科学与工程系、信息管理与电子商务系、会计学系、金融系、法律系、政治学系、公共管理系、思想政治理论课教研部、新闻传媒学系、音乐系、美术系、英语系、日语系、大学外语教学部、航天控制系、航天信息与应用系、计算机科学与技术系、信息安全系、计算机基础教学部

国家级、省部级研究机构设置

1.实验室 直升机旋翼动力学国防科技重点实验室、智能材料与结构航空科技重点实验室、航空电源航空科技重点实验室、精密驱动技术国防重点学科实验室、飞行器先进设计技术国防重点学科实验室、飞行器结果力学与控制教育部重点实验室、江苏省精密与维系制造高技术研究重点实验室、江苏省数字化医疗装备技术重点实验室、江苏省锋利机设计高技术重点实验室

2.研究中心(所) 国防科技工业难加工材料加工技术研究应用中心、能源软科学研究中心、科学发展研究中心、高效精密加工与装备技术教育部工程研究中心、航空航天电源技术教育部工程研究中心、飞行器自主控制技术教育部工程研究中心、江苏省数字化设计制造工程技术研究中心、江苏省超声电机工程研究中心、江苏省复合材料工程研究中心、江苏省热处理及表面改性工程技术研究中心、江苏省光伏能源工程技术研究中心、江苏省物流自动化装备工程技术研究中心、江苏省精密复合数控机床工程技术研究中心、江苏省机床附件工程技术研究中心、江苏省活塞环境技术研究中心

博士后科研流动站 机械工程、航空宇航科学与技术、力学、控制科学与工程、信息与通信工程、电气工程、交通运输工程、仪器科学与技术、管理科学与工程、动力工程及工程热物理、计算机科学与技术、物理学

定期公开出版的专业刊物 《南京航空航天大学学报》、《南京航空航天大学学报》英文版、《南京航空航天大学学报》社会科学版、《数据采集与处理》、《振动、诊断与测试》、《振动工程学报》

学校设立奖学金情况

学校设立奖学金41项,奖励总金额840余万元。奖学金最高金额10000元/年,最低金额500元/年。

主要校办产业

南航印刷厂、江苏南航恒响科教器材有限公司、南航御苑宾馆、江苏知识书店、南航航宇辐照技术有限公司、南京航空航天大学资产经营有限公司

学校历史沿革

1952年10月20日至1956年4月28日为南京航空工业专科学校 1956年4月28日至1993年3月为南京航空学院 1993年至今南京航空航天大学 1996年12月学校通过国家"211工程"预审 2002年8月,国防科工委和江苏省人民政府签订了重点共建南航协议书。

南京理工大学

学校(机构)标识码 4132010288
学校办学类型 411:本科院校:大学
学校性质类别 02 理工院校
学校举办者 339 工业和信息化部
学校地址 江苏省南京市孝陵卫200号
邮政编码 210094
办公电话 025-84303040
传真电话 025-84421612
校园(局域)网域名 www.njust.edu.cn
电子信箱 phf@mail.njust.edu.cn
占地面积(平方米) 2078690

校舍建筑面积(平方米) 874550	其中:普通本科 15246	专任教师(人) 1806
图书(万册) 202.83	成人本科 3061	其中:正高级 370
固定资产总值(万元) 220472.59	成人专科 2356	副高级 604
教学、科研仪器设备资产值(万元) 73431	博士研究生 1411	中级 802
	硕士研究生 6352	初级 30
在校生数(人) 28812	留学生 386	

本科专业 安全工程、材料成型及控制工程、材料化学、材料科学与工程、材料类、材料物理、财务管理、测控技术与仪器、车辆工程、弹药工程与爆炸技术、电气工程及其自动化、电气信息类、电子科学与技术、电子商务、电子信息工程、法学、飞行器设计与工程、辐射防护与环境工程、高分子材料与工程、工程力学、工商管理、工商管理类、工业工程、工业设计、公共事业管理、管理科学与工程类、光电信息工程、光信息科学与技术、广播电视新闻学、国际经济与贸易、化工与制药类、化学工程与工艺、环境工程、会计学、机械工程及自动化、机械类、计算机科学与技术、建筑环境与设备工程、交通工程、金融学、经济学、经济学类、纳米材料与技术、热能与动力工程、人力资源管理、软件工程、社会工作、生物工程、市场营销、数学类、数学与应用数学、探测制导与控制技术、特种能源工程与烟火技术、通信工程、土木工程、网络工程、微电子学、武器系统与发射工程、武器系统与工程、新能源科学与工程、信息对抗技术、信息管理与信息系统、信息与计算科学、艺术设计、英语、应用化学、应用物理学、真空电子技术、知识产权、制药工程、自动化

博士专业 兵器科学与技术、材料科学与工程、电子科学与技术、工程热物理、管理科学与工程、光学工程、航空宇航推进理论与工程、化学工程与技术、环境科学与工程、机械工程、计算机科学与技术、控制科学与工程、力学、思想政治教育、通信与信息系统、信息与通信工程、仪器科学与技术

硕士专业 安全技术及工程、兵器发射理论与技术、材料加工工程、材料物理与化学、材料学、测试计量技术及仪器、产业经济学、车辆工程、传播学、导航、制导与控制、等离子体物理、电磁场与微波技术、电机与电器、电力电子与电力传动、电力系统及其自动化、电路与系统、翻译、飞行器设计、分析化学、概率论与数理统计、高等教育学、高分子化学与物理、工程、工程力学、工程热物理、工商管理、工业催化、公共管理、供热、供燃气、通风及空调工程、固体力学、管理科学与工程、光学、光学工程、国际贸易学、国际商务、行政管理、航空宇航推进理论与工程、航空宇航制造工程、化工过程机械、化学工程、化学工艺、环境工程、环境科学、会计、会计学、火炮、自动武器与弹药工程、机械电子工程、机械设计及理论、机械制造及其自动化、基础数学、计算机软件与理论、计算机系统结构、计算机应用技术、计算数学、技术经济及管理、检测技术与自动化装置、交通信息工程及控制、结构工程、金融、金融学(含:保险学)、精密仪器及机械、军事化学与烟火技术、科学技术哲学、控制理论与控制工程、劳动经济学、流体力学、马克思主义理论、民商法学(含:劳动法学)、社会保障、模式识别与智能系统、凝聚态物理、企业管理(含:财务管理)、市场营销、情报学、热能工程、人机与环境工程、设计艺术学、社会工作、社会学、生物化工、生物医学工程、思想政治教育、体育教育训练学、通信与信息系统、图书情报、外国语言学及应用语言学、微电子学与固体电子学、无机化学、武器系统与运用工程、物理电子学、物理化学(含:化学物理)、系统工程、信号与信息处理、一般力学与力学基础、英语语言文学、应用化学、应用数学、有机化学、运筹学与控制论、载运工具运用工程、制冷及低温工程

院系设置
机械学院、化工学院、电子工程与电光学院、计算机科学与技术学院、经济管理学院、能源与动力工程学院、自动化学院、理学院、外国语学院、人文与社会科学学院、材料科学与工程学院、环境与生物工程学院、设计艺术与传媒学院。另外建有研究生院、继续教育学院、国际教育学院、软件学院、与合作方联合创办了南京理工大学紫金学院和南京理工大学泰州科技学院两个独立学院、南京理工大学知识产权学院、南京理工大学兵器装备科技学院

国家级、省部级研究机构设置
1. 实验室:弹道国防科技重点实验室、近程高速目标探测技术国防重点学科实验室、智能弹药技术国防重点学科实验室、软化学与功能材料教育部重点实验室、江苏省化工污染控制与资源化高校重点实验室、江苏省光谱成像与智能感知高技术研究重点实验室

2. 研究中心(所):国家特种超细粉体工程技术研究中心、国家微多蛋白素技术研究推广中心、国家民用爆破器材质量监督检验测试中心、国防科技工业大构件焊接技术研究应用中心、国防科技工业弹药自动装药技术研究应用中心、国防科技工业民爆制备工艺技术研究应用中心、特种材料评价与优选设计教育部工程研究中心、化工污染与控制教育部工程研究中心、特种作业装备教育部工程研究中心、江苏省表面活性剂及助剂工程研究中心、江苏省药物中间体工程技术研究中心、江苏省片式元件与材料工程技术研究中心、江苏省轨道交通电气自动化工程技术研究中心、江苏省电厂废气污染治理工程技术研究中心、江苏省改性塑料工程技术研究中心、江苏省现代饲料加工装备工程技术研究中心、江苏省锻压机械自动化工程技术研究中心、江苏省高性能棉纺机械工程技术研究中心、江苏省混凝土砌块成型装备工程技术研究中心、江苏省稀贵金属爆炸复合工程技术研究中心、江苏省心脑血管药物工程技术研究中心、江苏省高分子聚合发泡材料工程技术研究中心、江苏省代糖工程技术研究中心、江苏省驱动设备工程技术研究中心、江苏省汽车电子控制系统工程技术研究中心、江苏省轨道交通电气牵引仿真设计公共技术服务中心、南京理工大学技术转移中心、中国兵器工业弹箭技术研究开发中心

博士后科研流动站 力学、机械工程、光学工程、仪器科学与技术、材料科学与工程、电子科学与技术、信息与通信工程、控制科学与工程、计算机科学与技术、化学工程与技术、兵器科学与技术、管理科学与工程、航空宇航科学与技术

定期公开出版的专业刊物 《南京理工大学学报》(自然科学版)、《南京理工大学学报》(社会科学版)、《弹道学报》、《爆破器材》、《机械电子统计》、《江苏外语教学》、《高教文摘》

学校设立奖学金情况

学校设立奖学金55项,奖励总金额2724.32余万元。奖学金最高金额10000元/年,最低金额900元/年。

主要校办产业

南京理工大学科技园股份有限公司、南京理工大学校办产业总公司、南京理工大学科技贸易总公司、江苏瑞德信息产业公司、南京理工大学科技化工有限责任公司、南京理工大学华浦水处理有限责任公司、南京东诺工业炸药高科技有限公司、南京理工大学技术服务有限公司、机电总厂、南京理工大学科技开发生产经营部、江苏天冠科技开发公司、江苏智能银行机具发展中心、南京理工大学印刷厂、南京理工大学爆破工程公司、南京理工大学激光排照有限公司、南京理工贝索光电科技有限公司、南京理工大学方盛科技有限公司、南京理工大学诺赛自动化有限公司

学校历史沿革

学校前身为创建于1953年的中国人民解放军军事工程学院(简称哈军工),1960年分建后与中国人民解放军武昌高级军械技术学校合并组建为中国人民解放军炮兵工程学院,初址武汉,1962年迁至现址。1966年退出部队序列,改称华东工程学院。上世纪70年代,原太原机械学院轻武器专业和西北工业大学航空炮专业先后并入。1984年改名华东工学院,1993年更为现名,1994年学校通过国家"211工程"部门预审,并成为国家国家首批"211工程"重点建设院校,1999年江泽民同志为学校亲笔题写了校名。2008年,学校直属于新组建的工业与信息化部。

江苏科技大学

学校(机构)标识码 4132010289	占地面积(平方米) 1159228	成人专科 1853
学校办学类型 411:本科院校:大学	校舍建筑面积(平方米) 480192	博士研究生 18
学校性质类别 02 理工院校	图书(万册) 139.7	硕士研究生 1777
学校举办者 811 省级教育部门	固定资产总值(万元) 104119.96	专任教师(人) 1145
学校地址 江苏省镇江市梦溪路2号	教学、科研仪器设备资产值(万元) 24621.63	其中:正高级 141
邮政编码 212003		副高级 307
办公电话 0511-84401002	在校生数(人) 27929	中级 587
传真电话 0511-84421823	其中:普通本科 15823	初级 79
校园(局域)网域名 www.just.edu.cn	成人本科 8458	未定职级 31
电子信箱 just1933@163.com		

本科专业 材料成型及控制工程、财务管理、测控技术与仪器、船舶与海洋工程、电气工程及其自动化、电子封装技术、电子信息工程、电子信息科学与技术、港口航道与海岸工程、高分子材料与工程、工程管理、工商管理、工业工程、工业设计、公共事业管理、海洋工程与技术、焊接技术与工程、环境工程、会计学、机械电子工程、机械设计制造及其自动化、机械设计制造及其自动化(车辆)、机械设计制造及其自动化(汽车设?计算机科学与技术、计算机科学与技术(嵌入式软件人?建筑环境与设备工程、建筑学、金属材料工程、金属材料工程(腐蚀与防护方向)、经济学、经济学(国际贸易方向)、经济学(金融分析与风险管理方向)、经济学(金融工程)、轮机工程、热能与动力工程、人力资源管理、软件工程、软件工程(嵌入式软件人才培养方向)、社会体育、生物工程、生物技术、通信工程、统计学、土木工程、物联网工程、物流管理、信息管理与信息系统、信息管理与信息系统(电子商务)、信息管理与信息系统(网络营销方向)、信息与计算科学、冶金工程、英语、应用化学、应用物理学、政治学与行政学、自动化

博士专业 特种经济动物饲养(含:蚕、蜂等)

硕士专业 材料工程、材料加工工程、材料物理与化学、材料学、船舶与海洋工程、船舶与海洋结构物设计制造、电力电子与电力传动、电子与通信工程、工程力学、工业工程、管理科学与工程、化学工程、会计、会计学、机械电子工程、机械工程、机械设计及理论、机械制造及其自动化、计算机技术、计算机软件与理论、计算机应用技术、技术经济及管理、建筑与土木工程、结构工程、控制工程、控制理论与控制工程、流体力学、轮机工程、模式识别与智能系统、农业推广、企业管理(含:财务管理)、市场营销、生物化学与分子生物学、特种经济动物饲养(含:蚕、蜂等)、外国语言学及应用语言学、物理电子学、信号与信息处理、应用化学、有色金属冶金

院系设置

船舶与海洋工程学院、能源与动力工程学院、机械工程学院、电子信息学院、计算机科学与工程学院、经济管理学院、数理学院、材料科学与工程学院、土木工程与建筑学院、外国语学院、马克思主义学院、公共管理学院、生物与化学工程学院、体育学院等14个学院

国家级、省部级研究机构设置

1. 实验室:江苏省船舶先进设计制造技术重点实验室、江苏省先进焊接技术重点实验室、农业部蚕桑遗传改良重点开放实验室、中国农业科学院蚕桑遗传改良与生物技术重点开放实验室

2. 研究中心(所):江苏省高效焊接工程中心、数字化造船软件工程中心、农业部蚕桑产业产品质量监督检验测试中心、江苏

省船舶数字化设计制造技术中心、江苏省镇江现代焊接技术服务中心

定期公开出版的专业刊物 《江苏科技大学学报(自然科学版)》、《江苏科技大学学报(社会科学版)》、《中国蚕业》、《蚕业科学》

学校设立奖学金情况
学校设立奖学金13项,奖金总额470万余万元。奖学金最高金额10000元/年,最低金额500元/年。

主要校办产业
资产经营公司

学校历史沿革
学校办学历史源自1933年诞生于黄浦江畔的上海大公职业学校,经历了上海市机电工业学校、上海船舶工业学校等时期。1970年迁至镇江,更名为镇江船舶工业学校。1978年升格为镇江船舶学院。1993年更名为华东船舶工业学院。1999年、2000年,江苏省江海贸易学校、中国农业科院蚕业研究所先后并入。2004年更名为江苏科技大学。

中国矿业大学

学校(机构)标识码 4132010290	电子信箱 pres@cumt.edu.cn	成人专科 5538
学校办学类型 411:本科院校:大学	占地面积(平方米) 2942182	博士研究生 1109
学校性质类别 02 理工院校	校舍建筑面积(平方米) 1342429	硕士研究生 5757
学校举办者 360 教育部	图书(万册) 226	留学生 124
学校地址 江苏徐州大学路1号中国矿业大学南湖校区	固定资产总值(万元) 241360.03	专任教师(人) 1732
	教学、科研仪器设备资产值(万元) 47911.74	其中:正高级 317
邮政编码 221116		副高级 478
办公电话 0516-83590069	在校生数(人) 48381	中级 822
传真电话 0516-83590070	其中:普通本科 26742	初级 115
校园(局域)网域名 www.cumt.edu.cn	成人本科 9111	

本科专业 安全工程、材料成型及控制工程、材料科学与工程、材料类、采矿工程、测绘工程、测绘类、测控技术与仪器、德语、地理信息系统、地球物理学、地质工程、电力工程与管理、电气工程与自动化、电气信息类、电子科学与技术、电子商务、电子信息科学与技术、法学、工程管理、工程力学、工商管理、工商管理类、工业工程、工业设计、光信息科学与技术、广播电视新闻学、国际经济与贸易、过程装备与控制工程、汉语言文学、行政管理、化学工程与工艺、环境工程、环境科学、环境科学类、会计学、机械工程及自动化、机械类、计算机科学与技术、建筑环境与设备工程、建筑学、交通运输、金融学、经济学类、矿物加工工程、煤及煤层气工程、能源化学工程、热能与动力工程、人力资源管理、社会工作、社会体育、生物工程、市场营销、数学类、数学与应用数学、水文与水资源工程、体育教育、体育学类、土地资源管理、土建类、土木工程、网络工程、物理学类、消防工程、信息安全、信息工程、信息与计算科学、艺术设计、音乐学、英语、应用化学、应用物理学、资源环境与城乡规划管理

博士专业 安全管理工程、安全技术及工程、采矿工程、车辆工程、大地测量学与测量工程、地球探测与信息技术、地球信息科学、地图制图学与地理信息工程、地质工程、地质学、地质资源与地质工程、第四纪地质学、电力电子与电力传动、动力系统分析、防灾减灾工程及防护工程、工程管理、工程力学、供热、供燃气、通风及空调工程、固体力学、管理科学与工程、化学工艺、环境工程、环境科学、机械电子工程、机械设计及理论、机械制造及其自动化、计算机应用技术、检测技术与自动化装置、洁净能源技术与工程、结构工程、金融工程与风险管理、科技与教育管理、控制理论与控制工程、矿产普查与勘探、矿物材料工程、矿物加工工程、矿物学、岩石学、矿床学、流体力学、桥梁与隧道工程、摄影测量与遥感、市政工程、思想政治教育、通信与信息系统、土地资源管理、岩土工程、一般力学与力学基础、应用化学、资源开发规划与设计、资源开发与规划

硕士专业 安全管理工程、安全技术及工程、材料加工工程、材料物理与化学、材料学、采矿工程、测试计量技术及仪器、产业经济学、车辆工程、城市规划与设计(含:风景园林规划)、大地测量学与测量工程、地球化学、地球探测与信息技术、地球信息科学、地图学与地理信息系统、地图制图学与地理信息工程、地质工程、第四纪地质学、电机与电器、电力电子与电力传动、电力系统及其自动化、电路与系统、动力系统分析、翻译、防灾减灾工程及防护工程、概率论与数理统计、工程、工程管理、工程力学、工商管理、公共管理、供热、供燃气、通风及空调工程、构造地质学、古生物学与地层学(含:古人类学)、固体地球物理学、固体力学、管理科学与工程、光学、行政管理、化学工程与技术、化学工艺、环境工程、环境科学、会计、会计学、机械电子工程、机械设计及理论、机械制造及其自动化、基础数学、计算机软件与理论、计算机系统结构、计算机应用技术、计算数学、技术经济及管理、检测技术与自动化装置、建筑设计及其理论、结构工程、金融工程与风险管理、经济法学、科技与教育管理、科学技术哲学、控制理论与控制工程、矿产普查与勘探、矿山空间信息学与沉陷控制工程、矿物加工工程、矿物学、岩石学、矿床学、矿业工程、理论物理、流体机械及工程、流体力学、马克思主义基本原理、马克思主义理论与思想政治教育、美术学、凝聚态物理、企业管理(含:财

务管理)、市场营销、桥梁与隧道工程、设计艺术学、摄影测量与遥感、生物化工、市政工程、数量经济学、水文学及水资源、思想政治教育、体育、体育教育训练学、体育人文社会学、通信与信息系统、土地资源管理、外国语言学及应用语言学、文艺学、物理化学(含：化学物理)、信号与信息处理、岩土工程、一般力学与力学基础、艺术、英语语言文学、应用化学、应用数学、运筹学与控制论、政治学理论、资产评估、资源开发规划与设计、资源开发与规划、自然地理学

院系设置

矿业工程学院、力学与建筑工程学院、机电工程学院、信息与电气工程学院、资源与地球科学学院、化工学院、环境与测绘学院、计算机科学与技术学院、管理学院、理学院、文学与法政学院、外国语言文化学院、体育学院、材料科学与工程学院、艺术与设计学院、安全学院、电力学院、孙越崎学院、国际学院、应用技术学院、马克思主义学院、成人教育学院

国家级、省部级研究机构设置

1. 实验室：(13 个) 煤炭资源与安全开采国家重点实验室；深部岩土力学与地下工程国家重点实验室；煤炭加工与高效洁净利用教育部重点实验室；矿业安全生产技术支撑体系国家级中心实验室——矿山瓦斯粉尘灾害技术基础研究实验室；矿业安全生产技术支撑体系国家级中心实验室——矿山水害防治技术基础研究实验室；江苏省资源环境信息工程重点实验室；煤层气资源与成藏过程教育部重点实验室；国土资源与灾害防治国家测绘局重点实验室；江苏省凹土资源利用重点实验室；煤矿瓦斯与火灾防治教育部重点实验室；江苏省煤基 CO2 捕集与地质储存重点实验室；江苏省土木工程环境灾变与结构可靠性高校重点实验室；江苏省物联网感知矿山工程实验室

2. 研究中心(所)(10 个) 煤矿瓦斯治理国家工程研究中心；国家环境保护清洁煤炭与矿区生态恢复工程技术中心；江苏省电力传动与自动控制工程技术研究中心；矿山生态修复教育部工程研究中心；矿山数字化教育部工程研究中心；江苏省矿山支护装备工程技术研究中心；江苏省多晶硅材料工程技术研究中心；江苏省能源经济研究基地；国家能源煤矿采掘机械装备研发(实验)中心；江苏省产学研联合创新资金中国矿业大学国家大学科技园感知矿山物联网工程研究中心重大创新载体建设 3. 国家级大学科技园：(1 个) 中国矿业大学国家大学科技园

博士后科研流动站 矿业工程、电气工程、测绘科学与技术、地质资源与地质工程、管理科学与工程、机械工程、力学、控制科学与工程、土木工程、环境科学与工程、地质学、信息与通信工程

定期公开出版的专业刊物 《中国矿业大学学报》、《矿业科学技术(英文版)》、《中国矿业大学学报(社会科学版)》、《采矿与安全工程学报》、《煤炭高等教育》

学校设立奖学金情况

学校设立奖学金 11 项，奖励总金额 1879 余万元。奖学金最高金额 8000 元/年，最低金额 500 元/年。

主要校办产业

徐州中国矿业大学资产经营有限公司、徐州中国矿业大学建筑设计咨询研究院有限公司、中国矿业大学出版社有限责任公司、江苏中矿大正表面工程技术有限公司、徐州中国矿大岩土工程新技术发展有限公司、徐州中矿大传动与自动化有限公司、徐州中矿大华洋通信设备有限公司、徐州中大电子信息技术有限公司、徐州中矿大能源化工有限公司、徐州中国矿大爆破技术有限公司、徐州中矿大贝克福尔科技有限公司、徐州中矿大印发科技有限公司、徐州中矿大机电科技有限公司、徐州中滋纯净水有限责任公司

学校历史沿革

中国矿业大学前身是创办于 1909 年的焦作路矿学堂，后改称焦作工学院。1950 年，以焦作工学院为基础在天津建立了中国矿业学院，中央人民政府燃料工业部部长陈郁为第一任院长。1952 年，清华大学、天津大学、唐山铁道学院采矿科系调整到该校；1953 年，学校迁至北京，更名为北京矿业学院，1960 年被确定为全国重点高校。1970 年，学校从北京搬迁到四川省合川县，改称四川矿业学院。1978 年，经国务院批准，迁到江苏省徐州市重建，恢复中国矿业学院的校名，并于同年再次被确定为 88 所全国重点高校之一。1988 年，经原国家教委批准，正式改名为中国矿业大学。邓小平同志为学校题写了校名。

南京工业大学

学校(机构)标识码 4132010291	电子信箱 xiaoban@njut.edu.cn	成人本科 7189
学校办学类型 411：本科院校：大学	占地面积(平方米) 1559434	成人专科 1838
学校性质类别 02 理工院校	校舍建筑面积(平方米) 941885	博士研究生 407
学校举办者 811 省级教育部门	图书(万册) 188.08	硕士研究生 4278
学校地址 南京市鼓楼区新模范马路 30 号	固定资产总值(万元) 221985	专任教师(人) 1484
	教学、科研仪器设备资产值(万元) 43075.86	其中：正高级 310
邮政编码 210009		副高级 483
办公电话 025-58139888	在校生数(人) 30444	中级 644
传真电话 025-58139988	其中：普通本科 16732	初级 47
校园(局域)网域名 www.njut.edu.cn		

本科专业 安全工程、材料化学、材料科学与工程、材料物理、测绘工程、测控技术与仪器、车辆工程、城市地下空间工程、

城市规划、德语、地理信息系统、电气工程及其自动化、电子商务、电子信息工程、电子信息工程(国际班)、法学、风能与动力工程、复合材料与工程、高分子材料与工程、给排水科学与工程、工程管理、工商管理、工业工程、工业设计、公共事业管理、光电子材料与器件、国际经济与贸易、过程装备与控制工程、行政管理、化学、化学(国际班)、化学工程与工艺、环境工程、环境工程类、环境科学、环境艺术设计、会计学、机械工程及自动化、机械工程及自动化(国际班)、计算机科学与技术、计算机科学与技术(软件班)、建筑电气与智能化、建筑环境与设备工程、建筑节能技术与工程、建筑学、交通工程、交通工程(轨道交通方向)、金融学、金属材料工程、景观设计、勘查技术与工程、嵌入式软件人才培养、轻化工程、热能与动力工程、人力资源管理、日语、乳品工程、社会工作、生物工程类、食品科学与工程、食品科学与工程类、市场营销、数学与应用数学、水质科学与技术、通信工程、土木工程、无机非金属材料工程、消防工程、信息管理与信息系统、信息与计算科学、药学类、冶金工程、艺术设计、英语、应用化学、应用物理学、制药工程、制药工程(国际班)、装潢艺术设计、资源科学与工程、自动化

博士专业 安全技术及工程、材化制药-生态工业、材料加工工程、材料物理与化学、材料学、发酵工程、高分子材料-纳材、工业催化、化工过程机械、化学工程、化学工艺、生物化工、岩土工程、应用化学

硕士专业 安全工程、安全技术及工程、材料学、材料加工工程、材料物理与化学、材料学、城市规划与设计(含:风景园林规划)、大地测量学与测量工程、地质工程、电子与通信工程、动力工程、发酵工程、防灾减灾工程及防护工程、分析化学、高分子化学与物理、工程力学、工程热物理、工商管理、工业催化、工业工程、工业设计工程、供热、供燃气、通风及空调工程、管理科学与工程、行政管理、化工过程机械、化学工艺、环境工程、机械电子工程、机械工程、机械设计及理论、机械制造及其自动化、计算机技术、计算机软件与理论、计算机应用技术、技术经济及管理、检测技术与自动化装置、建筑历史与理论、建筑设计及其理论、建筑与土木工程、结构工程、控制工程、控制理论与控制工程、流体机械及工程、马克思主义基本原理、模式识别与智能系统、企业管理(含:财务管理)、市场营销、桥梁与隧道工程、轻工技术与工程、热能工程、生物工程、生物化工、食品科学、市政工程、思想政治教育、外国语言学及应用语言学、微生物学、无机化学、物理化学(含:化学物理)、物流工程、系统工程、宪法学与行政法学、项目管理、信号与信息处理、岩土工程、药物化学、应用化学、有机化学、制冷及低温工程、制药工程

院系设置

化学化工学院、材料科学与工程学院、生物与制药工程学院、药学院、食品与轻工学院、机械与动力工程学院、电子与信息工程学院、自动化与电气工程学院、建筑学院、工业与艺术设计学院、土木工程学院、交通学院、测绘学院、城市建设与安全工程学院、理学院、经济与管理学院、法律与行政学院、政治教育学院、外国语学院、环境学院、能源学院、国际教育学院、力学部、技术学院、继续教育学院

国家级、省部级研究机构设置

1. 国家重点实验室:材料化学工程国家重点实验室、江苏省工业生物技术创新中心——共性技术实验室、省部共建教育部材料化学工程重点实验室、江苏省材料化学工程重点实验室、江苏省工业生物技术重点实验室、江苏省无机及其复合新材料重点实验室、江苏省土木工程与防灾减灾重点实验室、江苏省工业节水减排重点实验室、江苏省过程强化与新能源装备技术重点实验室、江苏省工业装备数字制造及控制技术重点实验室、江苏省城市与工业安全重点实验室、江苏省精细功能高分子材料高技术研究重点实验室(科技服务平台)、江苏省化工减排技术工程实验室

2. 研究中心(所):国家生化工程技术研究中心、国家热管技术研究推广中心、化学工业(全国)工业生物工程技术中心、化学工业(全国)膜工程技术中心(南京)、中国石化总公司南京设备失效分析及预防研究中心、建材行业集料碱活性研究测试中心、国家轻工业电光源材料质量监督检测中心、化学工业水处理技术培训中心、中国石化股份有限公司工程风险分析技术研究中心、中石化南京工业生物技术联合研发中心、江苏省(中圣)工业节能技术研究院(科技服务平台)、江苏省膜工程研究中心、江苏省非金属复合功能材料工程研究中心、江苏省药物新制剂研究及工程化技术服务中心、江苏省海外外领军人才"三创"科技服务中心、江苏省药物安全性评价中心、江苏省化工污染控制与事故应急工程技术研究中心、江苏省中小企业培训服务中心、江苏省绿色建筑工程技术研究中心、江苏省特种分离膜材料工程技术研究中心

博士后科研流动站 化学工程、材料科学与工程、动力工程及工程热物理、矿业工程、土木工程

定期公开出版的专业刊物 《南京工业大学学报(自然科学)》版、《南京工业大学学报(社会科学)》版、《生物加工过程》

学校设立奖学金情况

学校设立奖学金57项,奖励总金额1300余万元。奖学金最高金额近2000元/年,最低金额500元/年。

主要校办产业

江苏久吾高科技股份有限公司、南京圣诺热管有限公司、江苏省药物研究所有限公司、南京工大建设监理咨询有限公司、江苏建华建设有限公司、南京工大开元化学有限公司、南京工大印务有限公司、南京工大建设技术有限公司、南京工大机电技术有限公司、南京工大岩土工程有限公司、南京同凯兆业生物技术有限公司、南京工大公兴科技有限公司、南京工业大学建筑设计研究院

学校历史沿革

南京工业大学于2001年由原南京化工大学与南京建筑工程学院合并组建而成,南京化工大学历经三江师范学堂、两江师范学堂、国立东南大学、南京大学、南京工学院、南京化工学院,1995年更名为南京化工大学;南京建筑工程学院历经同济医学堂、同济大学高级工业职业技术学校、南京建筑工程学校,1998年升格为南京建筑工程学院。

常州大学

学校(机构)标识码 4132010292	电子信箱 dbxb@ccau.edu.cn	成人专科 4149
学校办学类型 411:本科院校:大学	占地面积(平方米) 832558	硕士研究生 1269
学校性质类别 02 理工院校	校舍建筑面积(平方米) 420161	留学生 6
学校举办者 811 省级教育部门	图书(万册) 128.6	专任教师(人) 775
学校地址 江苏省常州市武进区滆湖路1号	固定资产总值(万元) 88223.97	其中:正高级 128
	教学、科研仪器设备资产值(万元) 18443.5	副高级 235
邮政编码 213164	在校生数(人) 19628	中级 259
办公电话 0519-86330009	其中:普通本科 11647	初级 139
传真电话 0519-86330047	成人本科 2557	未定职级 14
校园(局域)网域名 www.ccau.edu.cn		

本科专业 安全工程、材料成型及控制工程、材料化学、材料科学与工程、电气工程及其自动化、电子科学与技术、电子信息工程、法学、复合材料与工程、高分子材料与工程、给水排水工程、工商管理、工业设计、公共事业管理、国际经济与贸易、过程装备与控制工程、汉语言文学、护理学、化学工程与工艺、环境工程、环境科学、会计学、机械设计制造及其自动化、计算机科学与技术、建筑环境与设备工程、金属材料工程、美术学、轻化工程、热能与动力工程、人力资源管理、日语、社会工作、生物工程、石油工程、市场营销、数学与应用数学、通信工程、土木工程、无机非金属材料工程、物流管理、西班牙语、信息管理与信息系统、信息与计算科学、休闲体育、艺术设计、英语、应用化学、油气储运工程、园林、制药工程、自动化

硕士专业 安全技术及工程、材料加工工程、材料物理与化学、材料学、高分子化学与物理、工程、工业催化、化工过程机械、化学工程、化学工艺、环境工程、环境科学、机械制造及其自动化、计算机应用技术、凝聚态物理、热能工程、油气储运工程、有机化学

院系设置
石油化工学院、制药与生命科学学院、机械工程学院、石油工程学院、材料科学与工程学院、环境与安全工程学院、经济与管理学院、法学与公共管理学院、信息科学与工程学院、数理学院、外国语学院、体育学院、国际教育交流学院、继续教育学院

定期公开出版的专业刊物 《江苏工业学院学报》(社会科学版)、《江苏工业学院学报》(自然科学版)

学校设立奖学金情况
学校设立奖学金6项,奖励总金额490.66万
1. 国家奖学金:30人,8000元/人
2. 国家励志奖学金:381人,5000元/人
3. 扬巴奖学金:50人/年,2000元/人
4. 惠明励志奖学金:25人/年,4000元/人
5. 唐荆川奖助金:2人/年,5000元/人
6. 学校综合测评奖学金(255.16万元):特等奖学金:152人/年,4000元/人;一等奖学金:264人/年,2000元/人;二等奖学金:888人/年,800元/人;三等奖学金:1670人/年,400元/人;单项奖学金:186人/年,200元/人

国家级、省部级研究机构设置
科研机构共79个,其中省部级设置的研究(院、所、中心)、实验室共14个 研究机构:

研究所(中心):江苏省精细化工重点实验室、江苏省油气储运技术重点实验室、江苏省太阳能电池材料和储能材料与技术重点实验室、江苏省油气井口装备工程技术研究中心、江苏省兽用抗寄生虫药物工程技术研究中心、江苏省工业自动化热工仪表工程技术研究中心、江苏省特种工程材料工程技术研究中心、常州大学技术转移中心、江苏省生物能源与过程工程技术研究中心、江苏省重防腐涂料与涂装工程技术研究中心、江苏省链传动工程技术研究中心、江苏省热载体炉工程技术研究中心、江苏省有机废弃物资源化处理工程技术研究中心、江苏省特种玻璃纤维复合材料工程技术研究中心 常州市高分子新材料重点实验室、常州市精细化工新技术开发重点实验室、常州市新能源工程重点实验室、常州市过程感知与信息互联重点实验室、常州市先进金属材料重点实验室、常州市粉体应用及装备工程技术研究中心、常州市兽药工程技术研究中心、常州中小企业测试服务中心、常州市有机废弃物资源化处理技术研究中心、常州市橡塑密封与减震工程技术中心、常州知识产权服务中心、常州市特种聚合物工程技术研究中心、常州市生物质能源工程技术研究中心、常州重点培育中小企业公共服务平台、常州市功能聚酯薄膜工程技术研究中心、常州市有机硅新材料工程技术研究中心、常州市功能重防腐涂料工程技术研究中心、常州市复合线材工程技术研究中心、常州市铸造装备工程技术研究中心、常州市轮胎活络模具工程技术研究中心、常州市生态纺织品绿色制造工程技术研究中心、常州市粉末涂料工程技术研究中心 绿色化工联合研究中心、低微材料微纳器件与系统研究中心、强力-北化工-常大新材料联合研究中心、石油化工工业中心、岩土工程研究所、市政工程研究所、机电工程研究所、化工设备设计研究所、过程装备研究所、材料成型与控制研究所、热能应用研究室、油气污染与控制研究室、能源与环境工程应用研究中心、化工与制药装备研究室、安全生产培训中心、安全工程研究所、环境保护研究所、中圣节能环保研究所、高分子材料工程研究所、分离工程研究所、有机中间体开发研究室、常州大学汉康化学有限公司联合实验室、常州大学江达机电工程研究所、溧竹大气污

染控制研究所、联合石化研究所、绿色化工研究所、催化新材料研究室、常州大学(中日)大洋电子化工研究所、制药工程研究所、应用催化与功能材料研究室、计算机技术应用研究所、仿真与人工智能应用研究所、功能材料研究室、日语语言文学研究所、英语语言文学研究所、科技与社会研究所、经济发展研究所、民营企业发展研究中心、创造经营学研究所、联合分析与测试中心、精细化工研究所、常州大学新能源研究院、常州大学石油工程研究院

省级重点实验室:江苏省精细化工重点实验室、江苏省油气储运技术重点实验室、江苏省太阳能电池材料和储能材料与技术重点实验室

省级工程中心:江苏省油气井口装备工程技术研究中心、江苏省兽用抗寄生虫药物工程技术研究中心、江苏省工业自动化热工仪表工程技术研究中心、江苏省特种工程材料工程技术研究中心、常州大学技术转移中心、江苏省生物能源与过程工程技术研究中心、江苏省重防腐涂料与涂装工程技术研究中心、江苏省链传动工程技术研究中心、江苏省热载体炉工程技术研究中心、江苏省有机废弃物资源化处理工程技术研究中心、江苏省特种玻璃纤维复合材料工程技术研究中心

主要校办产业

常州江工化工设计研究院、常州江工阔智电子技术有限公司、常州江工精细化工厂、常州江工教育服务有限公司

学校历史沿革

南京化工学院无锡分院(1978—1981),江苏化工学院(1981—1992),江苏石油化工学院(1992—2002),江苏工业学院(2002—2010),2010年更名为常州大学。

南京邮电大学

学校(机构)标识码 4132010293	电子信箱 nupt@njupt.edu.cn	成人专科 2010
学校办学类型 411:本科院校:大学	占地面积(平方米) 1401337	博士研究生 224
学校性质类别 02 理工院校	校舍建筑面积(平方米) 696083	硕士研究生 3061
学校举办者 811 省级教育部门	图书(万册) 138.03	留学生 11
学校地址 江苏省南京市亚东新城区文苑路9号	固定资产总值(万元) 181792.82	专任教师(人) 1078
	教学、科研仪器设备资产值(万元) 21541.22	其中:正高级 142
邮政编码 210046		副高级 345
办公电话 025-85866888	在校生数(人) 23508	中级 554
传真电话 025-85866999	其中:普通本科 13526	初级 37
校园(局域)网域名 www.njupt.edu.cn	成人本科 4676	

本科专业 材料化学、材料物理、测绘工程、测控技术与仪器、地理信息系统、电磁场与无线技术、电气工程及其自动化、电气信息工程、电气信息类(强化班)、电子科学与技术、电子商务、电子信息工程、电子信息科学与技术、高分子材料与工程、工商管理、公共事业管理、光电信息工程、光信息科学与技术、广播电视工程、广告学、计算机科学与技术、教育技术学、经济学、人力资源管理、日语、软件工程、生物医学工程、市场营销、数字媒体技术、数字媒体艺术、通信工程、统计学、网络工程、微电子学、物联网工程、信息安全、信息管理与信息系统、信息显示与光电技术、信息与计算科学、英语、应用物理学、智能电网信息工程、自动化

博士专业 电磁场与微波技术、通信与信息系统、信号与信息处理、信息安全、信息材料、信息网络

硕士专业 测试计量技术及仪器、电磁场与微波技术、电路与系统、工程、工商管理、管理科学与工程、光学、光学工程、计算机软件与理论、计算机系统结构、计算机应用技术、教育技术学、空间信息系统、控制理论与控制工程、模式识别与智能系统、企业管理(含:财务管理)、市场营销、通信与信息系统、信号与信息处理、信息安全、信息材料、信息网络、信息与通信工程、应用数学

院系设置

通信与信息工程学院、电子科学与工程学院、光电工程学院、计算机学院/软件学院、自动化学院、材料科学与工程学院、物联网学院、理学院、地理与生物信息学院、传媒与艺术学院、经济与管理学院、马克思主义学院、人文与社会科学学院、外国语学院、教育科学与技术学院、海外教育学院、强化培养部、继续教育学院,另设独立学院(通达学院)

国家级、省部级研究机构设置

1.实验室:宽带无线通信与传感网技术省部共建教育部重点实验室、江苏省无线传感网高技术研究重点实验室、江苏省宽带无线通信和物联网重点实验室、江苏省图像处理与图像通信重点实验室、江苏省无线通信重点实验室、江苏省有机电子与平板显示重点实验室、信产部实验通信网实验室、信产部校园网实验室、信产部图像处理与图像通信实验室、信产部语音与智能信号处理实验室、信产部移动通信和个人通信实验室、信产部无线通信与电磁兼容实验室、信产部光通信实验室、信产部电子设计自动化(EDA)实验室、信产部信息网络技术实验室、信产部网上教育中心实验室、信产部管理信息系统实验室

2.研究中心(所):宽带无线通信及显示技术教育部工程研究中心、江苏省信息显示与白光照明工程研究中心、江苏省通信与网络技术工程研究中心、江苏省光通信工程技术研究中心、江苏省物联网产业发展研究基地、江苏省产业信息安全与应急管理研究中心

博士后科研流动站 信息与通信工程博士后科研流动站、

电子科学与技术博士后科研流动站

定期公开出版的专业刊物 《南京邮电大学学报(自然科学)》版、《南京邮电大学学报(社会科学)》版

学校设立奖学金情况

学校设立奖学金10项,奖励总金额每年400余万元。奖学金最高金额20000元/年,最低金额100元/年。

1. 新生奖学金:入校当年一次性奖励
2. 优秀学生奖学金:三好学生标兵:2000元/人,1%;优秀学生干部:1200元/人,2%;三好学生:1200元/人,5%;一等奖:1000元/人,3%;二等奖:700元/人,10%;三等奖:400元/人,15%;单项奖:100-300元/人,20%
3. 各级科技竞赛奖学金:(1)国际级大学生科技竞赛:特等奖:2500元 一等奖:1500元 二等奖:1200元 三等奖:1000元 (2)国家级大学生科技竞赛:特等奖:2000元 一等奖:1000元 二等奖:800元 三等奖:600元 (3)省级大学生科技竞赛:特等奖:800元 一等奖:600元 二等奖:400元 三等奖:200元
4. 江苏富士通奖学金:本科生:36人,2000元/人,研究生:4人,2000元/人
5. 华为奖学金:研究生:10人,4000元/人
6. 长飞奖学金:本科生:6人,5000元/人;硕士生:2人,10000元/人;博士生:1人,20000元/人
7. 移动通信助困金:本科生:一等助困金:20人,1500元/人;二等助困金:35人,1000元/人;三等助困金:50人,800元/人;研究生:一等助困金:10人,1500元/人;二等助困金:30人,1000元/人
8. 亨通光电奖学金:本科生:优秀学生30名、优秀学生干部20名,2000元/人;优秀毕业生10名,5000元/人。研究生:优秀学生10名、优秀学生干部10名,4000元/人;
9. 三维通信奖学金:本科生:一等奖15人,2000元/人 二等奖20人,1500元/人 三等奖40人,1000元/人 研究生:20人,2000元/人
10. 常熟高新园奖学金:本科生:一等奖学金20人,2000元/人 二等奖学金30人,1500元/人 三等奖学金50人,1000元/人 研究生:一等奖学金10人,2000元/人 二等奖学金30人,1500元/人

主要校办产业

全资企业4家:南京南邮智能科技有限公司、南京邮电大学电信工程勘察设计所、无锡邮信通物联网技术有限公司、南京邮电大学印刷厂;参股企业7家:江苏南邮通信有限责任公司、江苏南邮电信工程有限责任公司、江苏南邮电信工程勘察设计院有限公司、南京南邮网络信息科技有限公司、南京南邮数码科技公司、无锡方圆环球显示技术股份有限公司、中天日立射频电缆有限公司

学校历史沿革

南京邮电大学是一所具有光荣革命传统的高校,其前身是1942年诞生于山东抗日根据地的战邮干训班,是我党、我军早期系统培养通信人才的学校之一,江苏省重点建设高校。1958年经国务院批准,正式改建为本科院校,长期属工业与信息化部(原邮电部)领导,是部属重点高校。2000年2月起按照高校管理体制改革的精神,实行国家工业和信息化部与江苏省人民政府共建,以江苏省管理为主。2005年4月,经江苏省人民政府批准,南京邮电学院正式更名为南京邮电大学。

河海大学

学校(机构)标识码 4132010294	占地面积(平方米) 1307263	博士研究生 1974
学校办学类型 411:本科院校:大学	校舍建筑面积(平方米) 662590	硕士研究生 7457
学校性质类别 02 理工院校	图书(万册) 252.92	留学生 247
学校举办者 360 教育部	固定资产总值(万元) 198077.31	专任教师(人) 1844
学校地址 江苏省南京市西康路1号	教学、科研仪器设备资产值(万元) 42763.73	其中:正高级 327
邮政编码 210098		副高级 502
办公电话 025-83786232	在校生数(人) 36702	中级 908
传真电话 025-83735375	其中:普通本科 19078	初级 84
校园(局域)网域名 www.hhu.edu.cn	成人本科 5360	未定职级 23
电子信箱 hohai@hhu.edu.cn	成人专科 2586	

本科专业 播音与主持艺术、材料科学与工程、财务管理、测绘工程、地理信息系统、地质工程、电气工程及其自动化、电子科学与技术、电子商务、电子信息工程、法学、风能与动力工程、港口航道与海岸工程、给水排水工程、工程管理、工程力学、工商管理、工商管理类、工业设计、管理科学与工程类、广播电视新闻学、国际经济与贸易、海洋技术、海洋科学、海洋科学类、环境工程、环境科学、环境科学类、会计学、机械工程及自动化、计算机科学与技术、交通工程、金属材料工程、经济学、经济学类、劳动与社会保障、农业水利工程、热能与动力工程、人力资源管理、设施农业科学与工程、市场营销、数学类、数学与应用数学、数字媒体艺术、水利类、水利水电工程、水文与水资源工程、水务工程、思想政治教育、通信工程、土木工程、物联网工程、新能源科学与工程、信息管理与信息系统、信息与计算科学、英语、应用物理学、资源环境与城乡规划管理、自动化

博士专业 城市水务、大地测量学与测量工程、地下水科学与工程、地质工程、电力系统及其自动化、防灾减灾工程及防护工程、港口、海岸及近海工程、工程力学、管理科学与工程、海岸带资源与环境、环境工程、环境科学、环境科学与工程、计算机应

用技术、技术经济及管理、结构工程、景观生态学、马克思主义基本原理、农业水土工程、桥梁与隧道工程、社会学、生态水利学、市政工程、水工结构工程、水力学及河流动力学、水利水电工程、水利水电建设工程管理、水文学及水资源、水系统科学、水信息学、水灾害与水安全、思想政治教育、土木工程材料、物理海洋学、岩土工程

硕士专业 材料工程、材料加工工程、材料物理与化学、材料学、测绘工程、测绘科学与技术、测试计量技术及仪器、产业经济学、城市水务、传播学、大地测量学与测量工程、地理学、地图制图学与地理信息工程、地质工程、地质资源与地质工程、电力电子与电力传动、电力系统及其自动化、电路与系统、电气工程、电子与通信工程、电子与通讯工程、法律(法学)、法律(法学)、法律(非法学)、法律(非法学)、翻译、防灾减灾工程及防护工程、港口、海岸及近海工程、高等教育学、工程力学、工商管理、工商管理(MBA)、工商管理(MBA)、工业工程、公共管理、公共管理硕士、固体力学、管理科学与工程、国际贸易学、国际商务、国民经济学、海岸带资源与环境、行政管理、环境工程、环境科学与工程、环境与资源保护法学、会计、会计学、机械电子工程、机械工程、计算机技术、计算机科学与技术、计算机软件与理论、计算机应用技术、技术经济及管理、检测技术与自动化装置、建筑与土木工程、交通运输工程、交通运输规划与管理、结构工程、金融、金融学(含:保险学)、科学技术哲学、控制工程、控制理论与控制工程、力学、流体机械及工程、流体力学、伦理学、马克思主义基本原理、马克思主义理论与思想政治教育、马克思主义哲学、民商法学(含:劳动法学)、社会保障、模式识别与智能系统、凝聚态物理、农业工程、农业生物环境与能源工程、农业水土工程、企业管理(含:财务管理)、市场营销、桥梁与隧道工程、情报学、区域经济学、人口、资源与环境经济学、人口学、软件工程、社会保障、社会工作、社会学、摄影测量与遥感、生态水利学、市政工程、数学、水工结构工程、水力学及河流动力学、水利工程、水利水电工程、水利水电建设与管理、水文学及水资源、水系统科学、水信息学、水灾害与水安全、思想政治教育、体育教育训练学、通信与信息系统、土地资源管理、土木工程材料、土壤学、文艺学、物理海洋学、宪法学与行政法学、信号与信息处理、岩土工程、英语语言文学、应用经济学、应用数学、应用心理学、政治学、资产评估

院系设置

(20个) 水文水资源学院、水利水电学院、港口海岸与近海工程学院、土木与交通学院、环境学院、能源与电气学院、计算机与信息学院、计算机与信息学院(常州)、机电工程学院、力学与材料学院、地球科学与工程学院、理学院、商学院、商学院(常州)、公共管理学院、法学院、马克思主义学院、外国语学院、体育系、大禹学院

国家级、省部级研究机构设置

1.实验室(6个) 水文水资源与水利工程科学国家重点实验室、浅水湖泊综合治理与资源开发教育部重点实验室、海岸灾害及防护教育部重点实验室、岩土力学与堤坝工程教育部重点实验室、南方地区高效灌排与农业水土环境教育部重点实验室、江苏省输配电装备技术重点实验室

2.研究中心(所)(15个) 水资源高效利用与工程安全国家工程研究中心、水利水电工程安全教育部工程研究中心、疏浚技术教育部工程研究中心、可再生能源发电技术教育部工程研究中心、江苏省交通基础技术工程研究中心、江苏省岩土工程技术工程研究中心、江苏省循环经济工程中心、江苏省水灾害监控与决策支持系统工程中心、东部资源环境与持续发展研究中心、教育部城市环境与可持续发展联合研究中心、水利部水工金属结构安全检测中心、水利部水库移民经济研究中心、水利部水利经济研究所、水利部节水园区、江苏省水资源与可持续发展研究中心

博士后流动站 (9个):水利工程、土木工程、环境科学与工程、力学、工商管理、测绘科学与技术、管理科学与工程、电气工程、计算机科学与技术

定期公开出版的专业刊物 《河海大学学报(自然科学版)》、《河海大学学报(哲学社会科学版)》、《水利水电科技进展》、《水利经济》、《水资源保护》、《Water Science and Engineering》(水科学与水工程)

学校设立奖学金情况

学校设立奖学金32项,奖励总金额2416.27余万元。奖学金最高金额10000元/年,最低金额300元/年。

主要校办产业

江苏河海大学资产经营有限公司、江苏河海工程技术总公司、河海大学设计院、南京河海大学出版社、河海大学印刷厂、江苏河海管理咨询公司、南京河海科技有限公司、江苏河海工程建设监理有限公司、南洋河海南自水电自动化有限公司、南京河海电力软件有限公司、常州河海自动化仪器厂、常州河海商业物资公司

学校历史沿革

河海大学是一所以水利为特色,工科为主,理工结合,多学科协调发展的教育部直属全国重点大学,也是国家"211工程"重点建设及设有研究生院的高校。

河海大学的前身是1915年由我国著名实业家张謇在南京创办的河海工程专门学校,也是我国历史上第一所专门培养水利科技人才的高等学府。1924年东南大学工科并入,改名河海科大学(学制五年),隶属于全国水利局。1927年与东南大学、江苏政法大学等八所学校合并为第四中山大学。1928年3月,第四中山大学改名为江苏大学。同年5月又改名为中央大学,至1949年5月改名为南京大学。

1985年9月,经国家教委批准,水电部(85)水电教字第55号文化复,恢复河海大学传统校名。河海大学校本部设在南京市鼓楼区,1986年,河海大学在江苏省常州市国家高新技术开发区设立校区;1998年,又在南京江宁开发区设立新校区。

江南大学

学校(机构)标识码	4132010295	
学校办学类型	411：本科院校：大学	
学校性质类别	01 综合大学	
学校举办者	360 教育部	
学校地址	江苏省无锡市滨湖区蠡湖大道1800号	
邮政编码	214122	
办公电话	0510－85913660－	
传真电话	0510－85910799－	
校园(局域)网域名	jiangnan.edu.cn	
电子信箱	poffice@jiangnan.edu.cn	
占地面积(平方米)	2134177	
校舍建筑面积(平方米)	928114	
图书(万册)	229.96	
固定资产总值(万元)	262956.85	
教学、科研仪器设备资产值(万元)	35573.3	
在校生数(人)	34162	
其中：普通本科	19866	
成人本科	4246	
成人专科	4384	
博士研究生	647	
硕士研究生	4362	
留学生	657	
专任教师(人)	1606	
其中：正高级	277	
副高级	682	
中级	587	
初级	48	
未定职级	12	

本科专业 包装工程、传感网技术、电气工程及其自动化、电子信息工程、动画、动物科学、法学、纺织工程、服装设计与工程、高分子材料与工程、工程管理、工商管理、工商管理类、工业工程、工业设计、光信息科学与技术、广告学、国际经济与贸易、过程装备与控制工程、汉语言文学、行政管理、护理学、化学工程与工艺、环境工程、会计学、机械工程及自动化、计算机科学与技术、建筑学、教育技术学、教育学、金融学、旅游管理、美术学、轻化工程、人力资源管理、日语、社会工作、社会学、生物工程、生物技术、生物科学类、食品科学与工程、食品质量与安全、数学与应用数学、数字媒体技术、体育教育、通信工程、土木工程、微电子学、舞蹈编导、物联网工程、物流管理、戏剧影视文学、小学教育、信息安全、信息管理与信息系统、信息与计算科学、艺术设计、音乐学、印刷工程、英语、应用化学、应用物理学、制药工程、自动化

博士专业 包装工程、产品系统设计及理论、动物营养与饲料科学、发酵工程、纺织工程、环境工程、控制理论与控制工程、粮食、油脂及植物蛋白工程、农产品加工及贮藏工程、皮革化学与工程、轻工信息技术与工程、轻化技术与工程、食品科学、食品贸易与文化、食品营养与安全、水产品加工及贮藏工程、应用化学、制浆造纸工程、制糖工程

硕士专业 包装工程、比较文学与世界文学、材料工程、材料学、电机与电器、电力电子与电力传动、电气工程、电子与通信工程、动物营养与饲料科学、发酵工程、纺织工程、分析化学、服装设计与工程、工商管理硕士、工业工程、工业设计工程、管理科学与工程、光学工程、国际贸易学、化学工程、化学工艺、环境工程、机械电子工程、机械工程、机械设计及理论、机械制造及其自动化、集成电路工程、计算机技术、计算机软件与理论、计算机系统结构、计算机应用技术、检测技术与自动化装置、教育学原理、控制工程、控制理论与控制工程、粮食、油脂及植物蛋白工程、马克思主义基本原理、美术学、模式识别与智能系统、农产品加工及贮藏工程、农村与区域发展、农业信息化、企业管理(含：财务管理)、市场营销、轻工技术与工程、软件工程、设计艺术学、生物工程、生物化工、生物化学与分子生物学、食品工程、食品加工与安全、食品科学、食品贸易与文化、思想政治教育、微电子学与固体电子学、微生物学、微生物与生化药学、物流工程、系统工程、信号与信息处理、艺术设计、印刷工程与媒体技术、英语语言文学、营养与食品卫生学、应用化学、应用数学、制浆造纸工程、制糖工程、制药工程、中国古代文学

院系设置

(17个)生物工程学院、食品学院、纺织服装学院、化学与材料工程学院、设计学院、机械工程学院、物联网工程学院、商学院、法学院、马克思主义学院、人文学院、外国语学院、理学院、环境与土木工程学院、医药学院、体育学院、数字媒体学院

国家级、省部级研究机构设置

1.实验室(9个)：食品科学与技术国家重点实验室、粮食发酵工艺与技术国家工程实验室、工业生物技术教育部重点实验室、食品科学与安全教育部重点实验室、生态纺织教育部重点实验室、轻工过程先进控制教育部重点实验室、糖化学与生物技术教育部重点实验室、中国包装总公司食品包装技术与安全重点实验室、江苏省生物质能与减碳技术工程实验室

2.研究中心(10个)：发酵技术国家工程研究中心、功能食品教育部工程研究中心、经编技术教育部工程研究中心、物联网技术应用教育部工程研究中心、中国高校工业微生物资源和信息中心、国家粮油加工技术研发分中心、国家农产品加工研究院、江苏省生物活性产品加工工程研究中心、江苏省生物医药制造工程研究中心、江苏省工业色谱分离技术研究中心

博士后科研流动站(4个)：轻工技术与工程、食品科学与工程、纺织科学与工程、控制科学与工程

定期公开出版的专业刊物 (4种)《江南大学学报(自然科学版)》、《江南大学学报(人文社会科学版)》、《食品与生物技术学报》、《创意与设计》

学校设立奖学金情况

学校设立奖学金52项，奖励总金额782.6万元。奖学金最高金额6000元/年，最低金额200元/年。主要奖项：(1)希捷奖学金：60人/年，2000－6000元/人；(2)德新奖学金：20人/年，5000元/人；(3)肯德基曙光基金奖学金：40人/年，5000元/人；(4)龚铁城奖学金：20人/年，2500元/人；(5)唐星海奖学金：50人/年，1000元/人；(6)荣智权奖学金：30人/年，1000元/人；(7)荣鸿庆奖学金：10人/年，3000元/人；(8)夏普奖学金：35人/年，1000－2500元/人；(9)恒天然奖学金：20人/年，4000元/人；(10)乔昕奖学金：37人/年，2000－5000元/人；(11)联茂奖

学金:35 人/年,1000 - 5000 元/人;(12)综合奖学金:一等 2400 元/年、二等 1200 元/年、三等 600 元/年

主要校办企业

无锡江大技术转移工程公司、无锡江大科技文化发展有限公司、无锡江大教育服务发展有限公司、无锡江大留学服务中心有限公司、无锡长广溪宾馆有限公司、无锡江大图书服务有限公司、江苏省江大绿康生物工程技术研究有限公司、江苏省无锡江大大学科技园有限公司、杭州江南科学研究院有限公司、无锡锐泰节能系统科学有限公司、无锡百泰科技有限公司、无锡东方新格环境设计装饰工程有限公司、无锡江大培训服务中心

学校历史沿革

江南大学由无锡轻工大学、江南学院、无锡教育学院三所院校于 2001 年 1 月合并组建而成。原无锡轻工大学可溯源于 1902 年创立的三江师范学堂,经历中央大学、南京大学等历史时期,1952 年由南京大学食品工业系、浙江大学农化系、原江南大学食品工业系及复旦大学、武汉大学的有关系科合并组建成南京工业学院(现东南大学)食品系。1958 年,该系整建制东迁到无锡,建立无锡轻工业学院,1995 年更名为无锡轻工大学,1998 年由原隶属于中国轻工总会划转直属教育部。江南大学是国家"211 工程"重点建设高校,是"985"优势学科创新平台建设高校。

南京林业大学

学校(机构)标识码 4132010298	电子信箱 nfu@njfu.com.cn	成人本科 2122
学校办学类型 411:本科院校:大学	占地面积(平方米) 3730262	成人专科 1027
学校性质类别 04 林业院校	校舍建筑面积(平方米) 692600	博士研究生 638
学校举办者 811 省级教育部门	图书(万册) 155.1	硕士研究生 2498
学校地址 南京市龙蟠路 159 号	固定资产总值(万元) 119672.27	专任教师(人) 1180
邮政编码 210037	教学、科研仪器设备资产值(万元) 33088	其中:正高级 173
办公电话 85427206 -	在校生数(人) 22047	副高级 296
传真电话 85424121 -	其中:普通本科 15762	中级 561
校园(局域)网域名 www.njfu.com.cn		初级 150

本科专业 包装工程、材料化学、测绘工程、测控技术与仪器、车辆工程、城市规划、城市规划(城市设计)、城市规划(地理信息系统)、地理信息系统、电气信息工程、电子商务、电子商务(现代物流)、电子信息工程、电子信息工程(微电子技术)、动画(数码影视)、法学、高分子材料与工程、高分子材料与工程(生物高分子材料)、给水排水工程、工程管理、工商管理、工业设计、工业设计(产品艺术设计)、工业设计(家具设计)、工业设计(建筑工业产品艺术设计)、广播电视新闻学、广告学、国际经济与贸易、过程装备与控制工程、汉语言文学(高级文秘)、化学工程与工艺、化学工程与工艺(化工过程与控制)、化学工程与工艺(精细化工)、化学工程与工艺(生物资源化学与环境工程、环境工程(木材工业环境工程)、环境科学、会计学、机械设计制造及其自动化(机械电机设计制造及其自动化(机械电机设计制造及其自动化(机械设计制造及其自动化(机械设计制造及其自动化(汽车设计计算机科学与技术、计算机科学与技术(软件服务外包)、计算机科学与技术(软件工程)、计算机科学与技术(软件技术)、计算机科学与技术(网络工程)、计算机科学与技术(网络系统)、交通工程、交通运输(汽车电子及道路信息工程交通运输(汽车运用工程)、交通运输(物流技术)、景观建筑设计、景观建筑设计(景观工程)、林产化工、林学、林学(树木与观赏植物保护)、林学(水土保持与生态工程)、林学(植物资源利用)、旅游管理、木材科学与工程(材料工程)、木材科学与工程(工业装备与过程)、木材科学与工程(胶粘剂与涂料工程)、木材科学与工程(木结构建筑工程)、农林经济管理、轻化工程(制浆造纸工艺)、轻化工程(制浆造纸过程自动化)、轻化工程(制浆造纸装备与控制)、热能与动力工程、日语、森林工程、社会工作、生态学、生物工程、生物工程(生物制药)、生物工程(生物制药技术)、生物技术、生物科学、食品科学与工程、市场营销、土木工程(建筑工程)、土木工程(交通土建工程)、信息管理与信息系统、信息与计算科学、艺术设计(城市景观艺术设计)、艺术设计(广告艺术设计)、艺术设计(环境艺术设计)、艺术设计(视觉传达艺术设计)、艺术设计(室内设计)、艺术设计(装饰艺术设计)、印刷工程、英语、园林、园艺、自动化

博士专业 动物学、机械设计及理论、家具设计与工程、林产化学加工工程、林木基因组与生物信息学、林木遗传育种、林业经济管理、木材科学与技术、森林保护学、森林工程、森林经理学、森林培育、森林微生物、生态学、生物化学与分子生物学、水土保持与荒漠化防治、微生物学、细胞生物学、野生动植物保护与利用、遗传学、园林植物与观赏园艺、植物学、制浆造纸工程

硕士专业 MBA、材料工程、材料加工工程、材料学、测试计量技术及仪器、城市规划与设计(含:风景园林规划)、道路与铁道工程、动物学、风景园林、工业设计、管理科学与工程、汉语言文学、化学工程、化学工艺、环境工程、环境科学、机械工程、机械设计及理论、计算机应用技术、家具设计与工程、检测技术与自动化装置、建筑与土木、交通运输工程、交通运输规划与管理、控制工程、控制理论与控制工程、林产化学加工工程、林木遗传育种、林业、林业工程、林业基因组与生物信息学、林业经济管理、伦理学、木材科学与技术、农业机械化工程、农业科技组

与服务、企业管理(含:财务管理、市场营销)、轻工技术与工程、人口、资源与环境经济学、森林保护学、森林工程、森林经理学、森林培育、设计艺术学、生态学、生物工程、生物化工、生物化学与分子生物学、水土保持与荒漠化防治、思想政治教育、土壤学、微生物学、物流工程、细胞生物学、岩土工程、野生动植物保护与利用、仪器仪表工程、遗传学、艺术、园林植物与观赏园艺、载运工具运用工程、植物学、制浆造纸工程

院系设置

森林资源与环境学院、木材工业学院、化学工程学院、机械电子工程学院、土木工程学院、经济管理学院、人文社会学院、信息科学技术学院、风景园林学院、理学院、外国语学院、艺术设计学院、家具与工业设计学院、轻工科学与工程学院、研究生院、国际教育学院、应用技术学院、继续教育学院、体育教育部、南方学院

国家级、省部级研究机构设置

研究所(中心):竹类研究所、竹材工程中心、杨树研究开发中心、林业生物技术研究中心、森林保护研究所、森林资源信息研究所、环境学科与工程研究中心、园林植物研究所、经济植物研究所、人造板研究所、干燥技术研究所、木材科学研究中心、家具与木制品工程中心、森林植物化学工程研究所、制浆造纸工程研究所、生物化工研究所、桂花研究中心、企业管理与发展研究中心、社会生态研究所、现代物流研究中心、语言应用研究中心、木结构材料与工程研究中心、木材保护研究所、南京食品包装机械研究所、南京光机电科创业中心、环境艺术研究所、生态景观建筑研究所、风景园林规划研究所、新农村规划建设研究所、智能控制与机器人技术研究所、交通运输研究所、道路与桥梁工程研究所、岩土与地下工程研究所、外国语言学及应用语言研究所、高等教育研究所、生态经济研究所、环境与发展系统工程研究所、城市与规划设计研究所、湿地生态研究中心、车辆工程研究所、家具设计研究中心、工业设计研究中心、古典家具与红木工艺研究所、人类工效学研究所

博士后流动站 林业工程、生物学、林学、农林经济管理、轻工技术与工程

定期公开出版的专业刊物 《林业科技开发》、《室内设计与装修》、《南京林业大学学报》(人文版)、《南京林业大学学报》(自然版)

学校设立奖学金情况

学校设立奖学金47项,奖励总金额871余万元。奖学金最高金额10000元/年,最低金额300元/年。

毕业生一次就业率 88.21%

学校历史沿革

南京林业大学坐落在风景秀丽的紫金山麓、碧波荡漾的玄武湖畔,是一所中央与地方共建并以地方管理主为的多科性大学。学校前身为中央大学(创建于1902年)森林系和金陵大学(创建于1888年)森林系,1952年合并组建南京林学院,是当时全国仅有的三所高等林业院校之一。1955年华中农学院林学系(武汉大学、南昌大学和湖北农学院森林系合并组成)并入,1972年更名为南京林产工业学院,1983年恢复南京林学院名称,1985年更名为南京林业大学。

江苏大学

学校(机构)标识码 4132010299	电子信箱 xban@ujs.edu.cn	成人专科 628
学校办学类型 411:本科院校:大学	占地面积(平方米) 1938673	博士研究生 757
学校性质类别 01 综合大学	校舍建筑面积(平方米) 1270137	硕士研究生 5307
学校举办者 811 省级教育部门	图书(万册) 264.97	留学生 307
学校地址 江苏省镇江市学府路301号	固定资产总值(万元) 256673.07	专任教师(人) 2119
邮政编码 212013	教学、科研仪器设备资产值(万元) 49968	其中:正高级 330
办公电话 0511-88791328	在校生数(人) 47434	副高级 634
传真电话 0511-88791739	其中:普通本科 21281	中级 938
校园(局域)网域名 www.ujs.edu.cn	成人本科 19154	初级 75
		未定职级 142

本科专业 安全工程、保险、材料成型及控制工程、财务管理、财政学、测控技术与仪器、车辆工程、车辆工程(卓越)、电气工程及其自动化、电气工程及其自动化(卓越)、电子商务、电子信息工程、电子信息科学与技术、动画、对外汉语、法学(国际经济法)、法学(经济法)、复合材料与工程、高分子材料与工程、工程管理、工商管理、工业工程、工业设计、工业设计(艺术)、公共事业管理(医疗保险)、光信息科学与技术、国际经济与贸易、汉语言文学(涉外高级文秘)、汉语言文学(师范)、护理学、化学(师范)、化学工程与工艺、环保设备工程、环境工程、环境工程(环保设备工程)、会计学、机械电子工程、机械设计制造及其自动化、机械设计制造及其自动化(模具)、机械设计制造及其自动化(卓越)、计算机科学与技术、建筑环境与设备工程、交通工程、交通运输(汽车运用与物流工程)、教育技术学(师范)、教育学(师范)、金融学、金属材料工程、历史学(师范)、临床医学、临床医学(全科医学)、美术学(师范)、能源经济、农业电气化与自动化、农业机械化及其自动化、热能与动力工程(电厂热能工程及?热能与动力工程(动力机械工程及热能与动力工程(工程热物理过程?热能与动力工程(工程热物理与节热能与动力工程(工程热物理与新?热能与动力工程(流体机械及其自热能与动力工程(流体机械及其人力资源管理、日语、软件工程、软件工程(嵌

入式软件人才培养与生物工程、生物技术、生物医学工程、食品科学与工程、食品科学与工程(国际课程实验班)、食品质量与安全、市场营销、数学与应用数学、数学与应用数学(国际课程实验班)、数学与应用数学(师范)、思想政治教育(师范)、通信工程、统计学、土木工程(建筑工程)、土木工程(交通土建工程)、网络工程、卫生检验、无机非金属材料工程、无机非金属材料工程(光电材料与?)物理学(师范)、物理学(应用物理技术)、物联网工程、物流管理、新能源科学与工程、信息安全、信息管理与信息系统、信息与计算科学、药物制剂、药学、冶金工程、医学检验、医学影像学、艺术设计(环境艺术设计)、艺术设计(媒体艺术设计)、艺术设计(平面设计)、艺术设计(装饰艺术设计)、英语、英语(师范)、应用化学、制药工程、自动化

博士专业 材料学、车辆工程、创新管理与中小企业发展、电力电子与电力传动、动力机械及工程、工程热物理、固体力学、管理科学与工程、化工过程机械、环境工程、机械电子工程、机械设计及理论、机械制造及其自动化、计算机应用技术、经济系统分析与管理、控制理论与控制工程、临床检验诊断学、流体机械及工程、农产品加工及贮藏工程、农业电气化与自动化、农业机械化工程、农业生物环境与能源工程、清洁能源与环境保护、热能工程、生物机电工程、食品科学、食品营养与安全、水产品加工及贮藏工程、系统工程、载运工具运用工程、制冷及低温工程

硕士专业 安全技术及工程、病原生物学、材料加工工程、材料物理与化学、材料学、测试计量技术及仪器、车辆工程、道路与铁道工程、电磁场与微波技术、电工理论与新技术、电机与电器、电力电子与电力传动、电力系统及其自动化、动力机械及工程、儿科学、防灾减灾工程及防护工程、概率论与数理统计、钢铁冶金、高等教育学、高电压与绝缘技术、工程、工程力学、工程热物理、工商管理、工业催化、固体力学、管理科学与工程、光学工程、国际贸易学、化工过程机械、环境工程、环境科学、会计、会计学、机械电子工程、机械设计及理论、机械制造及其自动化、基础数学、计算机软件与理论、计算机系统结构、计算机应用技术、技术经济及管理、检测技术与自动化装置、交通信息工程及控制、交通运输规划与管理、结构工程、精神病与精神卫生学、控制理论与控制工程、粮食、油脂及植物蛋白工程、临床检验诊断学、临床医学、流体机械及工程、流体力学、麻醉学、马克思主义基本原理、马克思主义哲学、美术学、免疫学、模式识别与智能系统、内科学、农产品加工及贮藏工程、农业电气化与自动化、农业机械化工程、农业生物环境与能源工程、农业水土工程、企业管理(含:财务管理、市场营销)、情报学、热能工程、人体解剖与组织胚胎学、设计艺术学、社会医学与卫生事业管理、生理学、生态学、生物化学与分子生物学、生物机电工程、生物医学工程、生药学、食品科学、水利水电工程、思想政治教育、通信与信息系统、统计学、外国语言学及应用语言学、外科学、无机化学、物理电子学、物理化学(含:化学物理)、系统工程、信号与信息处理、药剂学、一般力学与力学基础、影像医学与核医学、应用化学、应用数学、应用统计、有色金属冶金、载运工具运用工程、中药学、肿瘤学、资产评估

院系设置

机械工程学院、汽车与交通工程学院、能源与动力工程学院、材料科学与工程学院、电气信息工程学院、食品与生物工程学院、环境学院、计算机科学与通信工程学院、理学院、土木工程与力学学院、化学化工学院、工商管理学院、财经学院、马克思主义学院、文法学院、外国语学院、艺术学院、教师教育学院、临床医学院、基础医学与医学技术学院、药学院、海外教育学院、京江学院、继续教育学院

国家级、省部级研究机构设置

1. 实验室:江苏省汽车工程重点实验室、江苏省材料摩擦学重点实验室、江苏省光子制造科学与技术重点实验室、江苏省动力机械清洁能源与应用重点实验室、机械工业金属基复合与功能材料重点实验室、机械工业机械结构损伤检测评估技术重点实验室、现代农业装备与技术重点实验室、江苏省道路载运工具技术应用重点实验室、机械工业激光冲击波加工技术重点实验室、机械工业离心泵重点实验室、江苏省农业装备与智能化高技术研究重点实验室、中澳光电分子功能材料国际联合研究中心、农产品物理学加工技术及装备重点实验室

2. 研究中心(所):国家水泵及系统工程技术研究中心、江苏省中小功率内燃机工程研究中心、江苏省流体机械工程技术研究中心、江苏省农产品生物加工与分离工程技术研究中心、江苏省铝基复合材料工程技术研究中心、生物柴油动力机械应用工程中心、江苏省高性能特种精密钢管工程技术研究中心、江苏省拖拉机及机具工程技术研究中心、江苏省太阳能电池激光加工设备工程技术研究中心、江苏省高温合金工程技术研究中心、国家农产品加工分中心、江苏省电气设备防护工程技术研究中心、江苏省汽车焊接冲压应用工程技术研究中心、江苏省汽车零部件精密锻造工程技术研究中心、江苏省养殖环境生态修复工程技术研究中心、江苏省超临界萃取天然药物工程技术研究中心、江苏省电力阀门驱动装置工程技术研究中心、江苏省中小功率内燃机工程技术研究中心、江苏省高精度铝箔制造工程技术研究中心、江苏省光学材料及玻纤复合材料工程技术研究中心、江苏省电热工程技术研究中心

博士后科研流动站 机械工程、材料科学与工程、动力工程及工程热物理、控制科学与工程、交通运输工程、农业工程、食品科学与工程、管理科学与工程

定期公开出版的专业刊物 《江苏大学学报(自然科学版)》、《江苏大学学报(社会科学版)》、《江苏大学学报(医学版)》、《排灌机械工程学报》、《高校教育管理》

学校设立奖学金情况

学校设立奖学金35项,奖励总金额684.06万元/年,最低金额400元/年。

1. 学习优秀奖学金:4632人/年,一等奖1500元/人,二等奖800元/人,三等奖400元/人

2. 校长奖学金:10人/年,10000元/人

3. 阳光助学金:一等奖3000元/人,二等奖2000元/人,三等奖1000元/人

4. 励志助学金:一等奖3000元/人,二等奖2000元/人,三等奖1000元/人

5. 单项奖学金:180700元/年 6. 粤鸿和助学金:总额50000元

7. 联通奖助学金:40人/年,一等奖2000元/人,二等奖1000元/人

8. 中国电信奖学金:29人/年,一等奖3000元/人,二等奖2000元/人,三等奖1000元/人

9. 常发光彩奖助学金：：26 人/年，一等奖 4600 元/人，二等奖 3000 元/人
10. 菲达奖学金：总额 50000 元
11. 浦项奖学金：总额 30000 元
12. 海协教育基金：20 人/年,4000 元/人
13. 金鹰国际特殊教育基金：9 人/年,5000 元/人
14.《零距离》中国移动爱心站资助：1 人/年,8000 元/人
15. 建行灵山善行福卡助学金：2 人/年,3000 元/人
16. 肯德基曙光基金：50 人/年，15 名 2011 级新生，7000 元/人，另外 35 人,5000 元/人
17. 茅以升家乡教育奖：2 人/年,1500 元/人
18. 镇江质检所助学金：总额 26225 元
19. 邵忠义老师个人资助：总额 12000 元
20. 时雨社资助：总额 60000 元
21. 镇江市工商局暑期助学金：总额 22000 元
22. 西南受旱灾区学生助学金：总额 6000 元
23. 孙建新助学金：总额 50000 元
24. 凯发助学金：总额 10000 元
25. 镇江正恺电子助学金：总额 50000 元
26. 周君亮院士奖助学金：4 人/年,2000 元/人
27. 丽德百货资助：总额 33600 元
28. 迪安奖助学金：5 人/年,2000 元/人
29. 镇江天马空调有限公司资助：总额 4800 元
30. 镇江浩然管业有限公司资助：2 人/年,5000 元/人
31. 利欧助学金：总额 47700 元
32. 吉孚动力奖学金：16 人/年，一等奖 3000 元/人，二等奖 1500 元/人
33. 新科动力奖学金：总额 70600 元
34. MARQUIS 奖助学金：总额 40000 元
35. "新蕾"奖学金：13 人/年，一等奖 1500 元/人，二等奖 800 元/人
36. 常熟永新印染有限公司资助：5 人/年,2000 元/人
37. 蒋雯若奖助学金：总额 155000 元
38. 社会爱心人士资助：总额 46000 元

主要校办产业

江苏大学机电总厂有限公司、江苏大学流体机械质量技术检验中心有限公司、江苏大学出版社有限责任公司、江苏大学汽车摩托车研究所有限公司、江苏大学土木工程技术研究院有限公司、镇江亿百特信息服务有限公司、镇江江苏大学技术转移中心有限公司、镇江市江大江科大大学科技园股份有限公司、镇江市江大科技有限责任公司、江苏江大环境工程有限责任公司、镇江江大工程建设监理有限责任公司、镇江江大环境工程设计有限公司、江苏悦虎信息科技有限公司、镇江和盛环境科技有限公司

学校历史沿革

1960 年以南京工学院的农机、汽车、拖拉机专业为基础，在南京筹建农业机械学院，翌年迁址镇江,定名为镇江农业机械学院。1963 年吉林工业大学排灌机械专业及排灌机械研究室并入。1982 年学校更名为江苏工学院,1994 年再次更名为江苏理工大学。1999 年江苏冶金经济管理学校并入。2001 年 8 月，经教育部批准，江苏理工大学、镇江医学院、镇江师范专科学校合并组建成立江苏大学。

南京信息工程大学

学校(机构)标识码　4132010300
学校办学类型　411:本科院校:大学
学校性质类别　02 理工院校
学校举办者　811 省级教育部门
学校地址　南京信息工程大学
邮政编码　210044
办公电话　025－58731051
传真电话　025－57792648
校园(局域)网域名　www.nuist.edu.cn
电子信箱　office2@nuist.edu.cn

占地面积(平方米)　1282006
校舍建筑面积(平方米)　580671
图书(万册)　178.2
固定资产总值(万元)　181997.9
教学、科研仪器设备资产值(万元)　23074.93
在校生数(人)　21305
其中:普通本科　15586
　　　成人本科　2587

成人专科　843
博士研究生　343
硕士研究生　1739
留学生　207
专任教师(人)　1290
其中:正高级　173
　　　副高级　357
　　　中级　720
　　　初级　40

本科专业　材料物理、财务管理、测绘工程、测控技术与仪器、大气科学、大气科学(大气环境方向)、大气科学(大气探测方向)、大气科学(大气物理方向)、大气科学(大气物理与大气环境方)、大气科学(气候学方向)、大气科学(气候资源方向)、大气科学(人工影响天气方向)、大气科学(数理班)、大气科学(水文气象方向)、大气科学(长望实验班)、地理信息系统、电气工程与自动化、电子科学与技术、电子信息工程、动画、对外汉语、对外汉语(汉日双语方向)、对外汉语(汉英双语方向)、法学、法学(经济法)(国际课程实验班)、翻译、给水排水工程、公共事业管理、光信息科学与技术、国际经济与贸易、海洋科学、汉语言文学、汉语言文学(高级文秘方向)、汉语言文学(文化创意与设计方向)、行政管理、环境工程、环境工程(国际课程实验班)、环境科学、会计学、计算机科学与技术、金融工程、雷电防护科学与技术、农业资源与环境、人力资源管理、日语、软件工程、软件工程(动画方向)、软件工程(国际课程实验班)、生态学、市场营销、数学与应用数学、数字媒体艺术、数字媒体艺术(网络与媒体方向)、数字媒体艺术(游戏艺术设计方向)、通信工程、统计学、网络工程、物理学、物联网工程、物流管理、信息工程、信息工程(系

统工程方向)、信息管理与信息系统、信息与计算科学、信息与计算科学(国际课程实验班)、遥感科学与技术、英语、英语(国际商务方向)、英语(实用翻译方向)、应用化学、应用化学(中外合作办学)、应用气象学、应用物理学、资源环境与城乡规划管理、自动化

博士专业 大气科学(3S集成与气象应用)、大气科学(城市气象学)、大气科学(大气遥感科学与技术)、大气科学(地球流体力学)、大气科学(空间天气学)、大气科学(雷电科学与技术)、大气科学(气候变化与公共气象)、大气科学(气象信息技术与安全)、大气科学(应用气象学)、大气物理学与大气环境、气象学

硕士专业 大气科学(3S集成与气象应用)、大气科学(3S集成与气象应用)、大气科学(城市气象学)、大气科学(大气物理与大气环境)、大气科学(大气遥感科学与技术)、大气科学(空间天气学)、大气科学(雷电科学与技术)、大气科学(气候变化与公共气象)、大气科学(气候系统与全球变化)、大气科学(气候系统与全球宾化)、大气科学(气候资源开发与利用)、大气科学(气象信息技术与安全)、大气科学(应用气象学)、大气物理学与大气环境、工程(电子与通信工程)、工程(环境工程)、环境科学、计算机应用技术、马克思主义基本原理、气象学、生态学、思想政治教育、系统分析与集成、系统理论、信号与信息处理、应用数学、自然地理学

院系设置

大气科学学院、应用气象学院、遥感学院、大气物理学院、水文气象学院、海洋科学学院、信息与控制学院、电子与信息工程学院、环境科学与工程学院、计算机与软件学院、数理学院、公共管理学院、经济管理学院、语言文化学院、传媒与艺术学院、继续教育学院、职业技术学院、滨江学院、国际教育学院、大学体育部

国家级、省部级研究机构设置

重点实验室:气象灾害省部共建教育部重点实验室、中国气象局大气物理与大气环境重点实验室、大气环境监测与污染控制高技术研究重点实验室、江苏省农业气象重点实验室

研究所(中心):江苏省气象传感网技术工程中心、中国制造业研究院、江苏省网络监控工程研究中心、气候变化与公共政策研究院

博士后流动站 南京信息工程大学博士后流动站

定期公开出版的专业刊物 《大气科学学报》、《南京信息工程大学学报》、《阅江学刊》

学校设立奖学金情况

学校设立奖学金10余项,奖励总金额1000余万元:

1. 优秀新生奖学金:特等奖10万元,一等奖5万元,二等奖3万元。
2. 学校奖学金:校长奖学金2000元/年,一等1000元/年,二等800元/年,三等400元/年。
3. 国家奖学金:8000元/年。
4. 国防奖学金:10000元/年。
5. 长望助学基金:特等10000元,一等7000元,二等5000元,三等3000元,四等2000元,五等1000元。
6. 国家励志奖学金:5000元/年。
7. 国家助学金:2000元/年。
8. 学校另设有"玛丽英语奖学金"、章基嘉奖学金、南京菲尼克斯防雷奖学金、同创森林基金、赵息保奖学金、维艾斯奖学金、集群奖学金、中国移动通信奖学金、为山奖学金等专项奖学金,奖励品学兼优的优秀学生。

学校历史沿革

1960年1月12日,教育部同意以南京大学气象系为基础成立南京大学气象学院;1960年1月14日,江苏省人民委员会批准成立南京大学气象学院筹建委员会;1961年4月29日,江苏省人民委员会颁发《南京气象学院》印章;1963年5月14日,教育部批准南京大学气象学院更名为南京气象学院;2000年2月18日,管理体制划转为中央与地方共建,以地方管理为主的普通高校;2004年5月10日,经教育部批准,南京气象学院更名为南京信息工程大学;2006年4月7日,经教育部评定,我校本科评估结论为"优秀"等级;2007年7月14日,江苏省人民政府与中国气象局签署协议共建南京信息工程大学。

南通大学

学校(机构)标识码 4132010304	占地面积(平方米) 1675695	成人专科 765
学校办学类型 411:本科院校:大学	校舍建筑面积(平方米) 809378	博士研究生 22
学校性质类别 01 综合大学	图书(万册) 204.88	硕士研究生 1536
学校举办者 811 省级教育部门	固定资产总值(万元) 235182	留学生 291
学校地址 江苏省南通市啬园路9号	教学、科研仪器设备资产值(万元) 37377	专任教师(人) 1767
邮政编码 226019		其中:正高级 240
办公电话 0513-85012127	在校生数(人) 34795	副高级 569
传真电话 0513-85012127	其中:普通本科 24920	中级 799
校园(局域)网域名 www.ntu.edu.cn	普通专科 423	初级 85
电子信箱 fzghc@ntu.edu.cn	成人本科 6838	未定职级 74

本科专业 测控技术与仪器、地理科学、地理信息系统、电气工程及其自动化、电气信息类(电气)、电气信息类(电子)、电子科学与技术、电子商务、电子信息工程、电子信息科学与技术、动画、对外汉语、纺织工程、非织造材料与工程、服装设计与工

程、服装设计与工程(服装设计与表演)、服装设计与工程(服装艺术设计)、高分子材料与工程、工程管理、工商管理、工商管理类、工业设计、公共事业管理、公共事业管理(医学法学)、公共事业管理卫生经济与管理)、光信息科学与技术、广播电视新闻学、国际经济与贸易、海洋技术、汉语言文学、汉语言文学(高级文秘)、行政管理、护理学、护理学(涉外护理)、化学、化学工程与工艺、环境工程、环境科学、会计学、机械工程及自动化、机械工程及自动化(机电一体化)、集成电路设计与集成系统、计算机科学与技术、计算机科学与技术(计算机网络)、建筑电气与智能化、建筑学、交通运输类、教育技术学(数字媒体)、教育学(小学双语教育)、教育学(小学英语教育)、教育学(小学语文教育)、教育学(心理健康教育)、康复治疗学、口腔医学、历史学、临床医学、临床医学(全科医学)、旅游管理、美术学、轻化工程、人力资源管理、日语、软件工程、软件工程(服务外包)、社会工作、社会体育、生物工程、生物技术、生物科学、生物医学工程、市场营销、数学与应用数学、思想政治教育、体育教育、通信工程、统计学、土木工程、网络工程、物理学、物流管理、信息管理与信息系统、信息与计算科学、学前教育、药学、医学检验、医学信息学、医学影像学、艺术设计、音乐表演、音乐学、英语、英语(外贸英语)、英语(英语翻译)、应用化学、应用物理学、应用心理学、预防医学、资源环境与城乡规划管理、自动化

专科专业　临床医学

博士专业　人体解剖与组织胚胎学、外科学、中国古代文学

硕士专业　病理学与病理生理学、病原生物学、儿科学、耳鼻咽喉科学、纺织工程、放射医学、妇产科学、汉语言文字学、航空、航天与航海医学、护理学、机械设计及理论、急诊医学、教育学原理、康复医学与理疗学、控制理论与控制工程、临床检验诊断学、临床医学、流行病与卫生统计学、麻醉学、马克思主义基本原理、美术学、免疫学、内科学、皮肤病与性病学、人体解剖与组织胚胎学、神经病学、神经生物学、生理学、思想政治教育、体育教育训练学、通信与信息系统、外科学、眼科学、药理学、英语语言文学、影像医学与核医学、应用数学、中国古代文学、中国现当代文学、肿瘤学

院系设置

文学院、理学院、政治学院、管理学院、商学院、教育科学学院、外国语学院、化学化工学院、生命科学学院、机械工程学院、电子信息学院、电气工程学院、计算机科学与技术学院、建筑工程学院、纺织服装学院、医学院、公共卫生学院、护理学院、体育科学学院、艺术学院、地理科学学院、国际教育学院、神经再生重点实验室(神经科学系)、专用集成电路设计重点实验室、航海医学研究所(航海医学系)

国家级、省部级研究机构设置

1. 实验室:省、部级设置的实验室:分子神经生物学实验室、江苏省高技术研究重点实验室(神经再生)、江苏省专用集成电路设计重点实验室

2. 研究中心(所):省、部级设置的研究(院、所、中心):江苏省南通化学物检测及安全性评价公共技术服务中心、江苏省风能应用技术工程中心、江苏省南通大学技术转移中心

定期公开出版的专业刊物　《南通大学学报》(社会科学版)、《南通大学学报》(自然科学版)、《南通大学学报》(医学版)、《交通医学》、《廉政文化研究》

学校设立奖学金情况

(一)研究生奖学金设立情况:学校设立奖学金4项,奖励总金额14.01万元。奖学金最高金额500元/年,最低金额100元/年。

(二)普通本专科生奖学金设立情况:学校设立奖学金2项,奖励总金额442.15万元。奖学金最高金额1500元/年,最低金额100元/年。

主要校办产业

南通大学资产管理经营有限公司(下属):南通大学科技开发中心、南通市阳光经贸科技服务中心、南通通大培训中心、南通市校苑印刷厂、南通通大物业管理有限公司、南通通大化学物安全评价中心有限公司、江苏益通生物科技有限公司(30%股份)、南通梦乡金属制品有限公司(45%股份)、常熟沙家浜通大玻璃模具工程研究院有限公司(30%股份)、南通通大科技园管理有限公司(20%股份)

学校历史沿革

2004年5月18日,经教育部批准,南通医学院、南通工学院、南通师范学院三校合并组建南通大学。

盐城工学院

学校(机构)标识码　4132010305	校园(局域)网域名　ycit.cn	其中:普通本科　15742
学校办学类型　412:本科院校:学院	电子信箱　dbyb@ycit.cn	成人本科　2340
学校性质类别　02 理工院校	占地面积(平方米)　1584627	成人专科　4054
学校举办者　811 省级教育部门	校舍建筑面积(平方米)　543251	专任教师(人)　1072
学校地址　江苏省盐城市希望大道9号	图书(万册)　153.22	其中:正高级　102
邮政编码　224051	固定资产总值(万元)　141767.91	副高级　375
办公电话　0515－88298019	教学、科研仪器设备资产值(万元)　14688.87	中级　547
传真电话　0515－88316719	在校生数(人)　22136	初级　48

本科专业　材料科学与工程、材料物理、财务管理、车辆工程、电气工程及其自动化、电子商务、电子信息工程、纺织工程、

服装设计与工程、复合材料与工程、高分子材料与工程、给水排水工程、工程管理、工商管理、工业工程、工业设计、国际经济与贸易、过程装备与控制工程、海洋技术、汉语言文学、化学工程与工艺、环保设备工程、环境工程、环境科学、会计学、机械电子工程、机械设计制造及其自动化、计算机科学与技术、建筑电气与智能化、建筑学、交通工程、金属材料工程、旅游管理、汽车服务工程、轻化工程、日语、软件工程、生物工程、食品科学与工程、市场营销、土木工程、物流管理、新能源科学与工程、信息管理与信息系统、艺术设计、英语、应用化学、制药工程、自动化

院系设置

机械工程学院、化学与生物工程学院、经济与管理学院、电气工程学院、人文学院、设计艺术学院、材料工程学院、土木工程学院、纺织服装学院、信息工程学院、优集学院、汽车工程学院、环境工程学院、继续教育学院

国家级、省部级研究机构设置

江苏省新型环保重点建设实验室、江苏省产品快速设计工程研究中心、江苏省盐城工学院大学科技园、江苏省盐城纺织机械创新公共技术服务中心、江苏省环保装备创新公共技术服务中心

定期公开出版的专业刊物 《盐城工学院学报(自然科学)》、《盐城工学院学报(社会科学)》

学校设立奖学金情况

5种,总额326.5万元,最高1500元/年,最低200元/年。

学校历史沿革

1958年建校,始名盐城工学院;1961年省政府批准更名为盐城工业专科学校;1962年7月,停办;1977年12月恢复办学,时称南京工学院盐城分院;1979年1月,国务院批准定名为盐城工业专科学校;1996年5月,教育部和省政府批准盐城工专和盐城职大合并建立盐城工学院;2000年2月,原盐城会计学校并入盐城工学院。

南京农业大学

学校(机构)标识码 4132010307	占地面积(平方米) 5594234	博士研究生 2152
学校办学类型 411:本科院校:大学	校舍建筑面积(平方米) 570980	硕士研究生 5615
学校性质类别 03 农业院校	图书(万册) 206.2	留学生 441
学校举办者 360 教育部	固定资产总值(万元) 142822.69	专任教师(人) 1508
学校地址 江苏省南京市卫岗1号	教学、科研仪器设备资产值(万元) 47956.91	其中:正高级 310
邮政编码 210095		副高级 425
办公电话 025-84395366	在校生数(人) 38140	中级 532
传真电话 025-84432420	其中:普通本科 16688	初级 123
校园(局域)网域名 www.njau.edu.cn	成人本科 5739	未定职级 118
电子信箱 xb@njau.edu.cn	成人专科 7505	

本科专业 表演、材料成型及控制工程、草业科学、车辆工程、电子商务、电子信息科学与技术、动物健康与生产强化班、动物科学、动物科学实验班、动物药学、动物医学、动物医学实验班、法学、蜂学、工程管理、工商管理、工业工程、工业设计、公共事业管理、国际经济与贸易、国家理科基地生物学基地、行政管理、环境工程、环境科学、会计学、机械设计制造及其自动化、计算机科学与技术、交通运输、金融学、经济管理强化班、景观学、劳动与社会保障、旅游管理、农村区域发展、农林经济管理、农学、农学强化班、农业电气化与自动化、农业机械化及其自动化、农业资源与环境、人力资源管理、日语、设施农业科学与工程、社会学、生命科学与技术基地班、生态学、生物工程、生物技术、生物科学、食品科学与工程、食品质量与安全、市场营销、水产养殖学、统计学、土地资源管理、网络工程、物流工程、信息管理与信息系统、信息与计算科学、英语、应用化学、园林、园艺、植物保护、中药学、种子科学与工程、资源环境与城乡规划管理、自动化

博士专业 草业科学、茶学、动物检疫与动物源食品安全、动物学、动物医学生物学、动物遗传育种与繁殖、动物营养与饲料科学、发育生物学、观赏园艺、果树学、行政管理、环境污染控制工程、基础兽医学、教育经济与管理、科学技术史、临床兽医学、农产品加工及贮藏工程、农村发展、农村金融、农药学、农业电气化与自动化、农业机械化工程、农业经济管理、农业昆虫与害虫防治、农业生物环境与能源工程、设施园艺学、社会保障、生态农业科学技术、生态学、生物工程、生物化学与分子生物学、生物物理学、生物信息学、食品科学、食品质量与安全、兽医公共卫生与动物源食品安全、蔬菜学、水产养殖、水生生物学、特种经济动物饲养(含:蚕、蜂等)、土地资源管理、土壤学、微生物学、细胞生物学、药用植物学、遗传学、应用海洋生物学、应用植物基因组学、预防兽医学、植物病理学、植物检疫与生物安全、植物学、植物营养学、种子科学与技术、作物信息学、作物遗传育种、作物栽培学与耕作学

硕士专业 草业科学、茶学、产业经济学、车辆工程、城市规划与设计(含:风景园林规划)、地图学与地理信息系统、动物学、动物遗传育种与繁殖、动物营养与饲料科学、发酵工程、发育生物学、风景园林硕士、工商管理硕士、公共管理硕士、国际贸易学、国际商务硕士、果树学、海洋生物学、行政管理、化学工程、环境工程、环境科学、会计硕士、会计学、机械电子工程、机械工程、机械设计及理论、机械制造及其自动化、基础兽医学、计算机应用技术、技术经济及管理、检测技术与自动化装置、教育经济与

管理、金融硕士、金融学(含:保险学)、经济法学、科学技术史、科学技术哲学、粮食、油脂及植物蛋白工程、临床兽医学、旅游管理、马克思主义基本原理、农产品加工及贮藏工程、农村与区域发展、农药学、农业电气化与自动化、农业工程、农业机械化工程、农业经济管理、农业科技组织与服务、农业昆虫与害虫防治、农业生物环境与能源工程、农业信息化、农业资源利用、企业管理(含:财务管理)、市场营销、情报学、日语笔译、日语语言文学、社会保障、社会工作、社会工作硕士、社会学、生态学、生物工程、生物化学与分子生物学、生物物理学、食品工程、食品加工与安全、食品科学、兽医硕士、蔬菜学、水产品加工及贮藏工程、水产养殖、水生生物学、思想政治教育、特种经济动物饲养(含:蚕、蜂等)、图书馆学、土地资源管理、土壤学、微生物学、物流工程、细胞生物学、养殖、遗传学、英语笔译、英语语言文学、应用化学、应用数学、渔业、预防兽医学、园林植物与观赏园艺、园艺、植物保护、植物病理学、植物学、植物营养学、中药学、专门史、作物、作物遗传育种、作物栽培学与耕作学

院系设置

农学院、植物保护学院、资源与环境科学学院、园艺学院、动物科技学院(含无锡渔业学院)、动物医学院、经济管理学院、公共管理学院、(含土地管理学院)、理学院、人文社会学学院(中华农业文明研究院)、食品科技学院、工学院(含乡镇企业学院)、生命科学学院、信息科学技术学院、外国语学院、国际教育学院、研究生院、继续教育学院、体育部

国家级、省部级研究机构设置

1.研究所(中心):(1)国家级工程技术中心:国家大豆改良中心、国家肉品质量安全控制工程技术研究中心。(2)省部级研究所:教育部资源节约型肥料工程研究中心、教育部杂交棉创制工程研究中心、教育部农作物特种遗传资源标准化整理、整合及共享平台、农业部小麦区域技术创新中心、农业部转基因大豆检测与监测中心(南方)、农业部动物疫病防治技术创新中心、农业部牛冷冻精液质量检测中心(南方)、农业部农药残留微生物降解研发基地、江苏省植物基因工程技术研究中心、江苏省肉品工程技术研究中心、江苏省新型兽药与饲料添加剂工程技术研究中心(共建)、江苏生物源农药工程中心、江苏省生态营养水产饲料工程研究中心(共建)、东部资源环境与持续发展研究中心(共建)、江苏省循环经济工程中心(共建)、江苏省有机肥料工程中心(共建)、江苏省农村发展与土地政策研究基地、大豆研究所、细胞遗传研究所、植物病原生物学研究所、农业昆虫研究所、农业资源与生态环境研究所、蔬菜研究所、农业经济研究所、杂草研究室、农业微生物研究室、动物繁殖研究室、家畜生理研究室、中国农业遗产研究室、教育部园艺作物种质创新工程研究中心。(3)省、部级设置的实验室:教育部肉品加工与质量控制重点实验室、农业部南方作物生理生态重点开放实验室、农业部病虫监测与治理重点开放实验室、农业部动物疫病诊断与免疫重点开放实验室、农业部动物生理生化重点开放实验室、农业部农畜产品加工与质量控制重点开放实验室、农业部农业环境微生物工程重点开放实验室、农业部南方蔬菜遗传改良重点开放实验室、江苏省信息农业高技术研究重点实验室、江苏省固体有机废弃物资源化高技术研究重点实验室、江苏省海洋生物学重点实验室、江苏省水产动物营养重点实验室

2.国家重点实验室:作物遗传与种质创新国家重点实验室

博士后流动站 生物学、植物保护、科学技术史、兽医学、作物学、农林经济管理学、园艺学、共公管理、农业资源利用师、食品科学与工程、水产学、畜牧学、农业工程

定期公开出版的专业刊物 《南京农业大学学报》(自然版)、南京农业大学学报(社科版)、《畜牧与兽医》、《中国农史》、《中国农业教育》

学校设立的奖学金情况

学校设立奖学金26项,奖励总金额1000多万元。奖学金最高额8000元/年,最低200元/年。

主要校办产业

江苏南农高科技股份有限公司、南京神州种业有限公司、江苏南京农大科技开发有限责任公司、南京南农农药科技发展有限公司、南京农大环境生物工程有限公司、江苏南京农大动物药业有限公司、南京农大科贸发展有限公司、江苏新天地生物肥料工程中心有限公司、南京南农食品有限公司、南京农业大学资产经营有限公司、江苏兴农实业有限责任公司

毕业生一次就业率 本专科生96.28%、研究生86.4%

学校历史沿革

南京农业大学是教育部直属的全国重点大学,办学起源于1902年三江师范学堂农业博物科,其前身是私立金陵大学农学院和国立中央大学农学院。新中国成立以后,原私立金陵大学农学院改名为公立金陵大学农学院,原国立中央大学农学院改名为国立南京大学农学院。1952年6月,全国高校院系调整,上述两院合并,并调入浙江大学农学院部分系科,成立南京农学院。1972年1月,学校迁址扬州,与当时的苏北农学院合并成立江苏农学院。1979年2月,经国务院批准,南京农学院在原址南京卫岗恢复办学,并列入农业部所属全国重点大学。1984年7月,经教育部批准,南京农学院改名为南京农业大学。1998年12月,南京农业大学正式进入全国"211工程"重点建设的大学行列。2000年2月,由农业部划转教育部直接管理。

南京医科大学

学校(机构)标识码	4132010312
学校办学类型	411:本科院校:大学
学校性质类别	05 医药院校
学校举办者	811 省级教育部门
学校地址	江苏省南京汉中路140号
邮政编码	210029
办公电话	025-86862639
传真电话	025-86508960
校园(局域)网域名	njmu.edu.cn
电子信箱	xiaoban@numu.edu.cn
占地面积(平方米)	1173754
校舍建筑面积(平方米)	349555
图书(万册)	95.23
固定资产总值(万元)	126517.61
教学、科研仪器设备资产值(万元)	

27319.06	硕士研究生 2758	副高级 168
在校生数（人） 16367	留学生 341	中级 255
其中：普通本科 7210	专任教师（人） 789	初级 167
成人本科 5649	其中：正高级 125	未定职级 74
博士研究生 409		

本科专业 法医学（医学司法鉴定）、公共事业管理（卫生法学）、公共事业管理（卫生事业管理）、公共事业管理（医药贸易与管理）、护理学、康复治疗学、口腔医学、临床医学、临床医学（儿科医学方向）、临床医学（精神与心理卫生方向）、临床医学（临床病理诊断学）、临床医学（影像医学与核医学）、生物技术、生物医学工程、生殖医学、卫生检验、眼视光学、药学、药学（临床药学）、医学检验、医学影像学、英语、预防医学

博士专业 病理学与病理生理学、病原生物学、儿科学、耳鼻咽喉科学、妇产科学、口腔临床医学、劳动卫生与环境卫生学、老年医学、临床检验诊断学、流行病与卫生统计学、麻醉学、免疫学、内科学、皮肤病与性病学、人体解剖与组织胚胎学、神经病学、生物化学与分子生物学、生殖医学、外科学、卫生毒理学、眼科学、药理学、营养与食品卫生学、影像医学与核医学、运动医学、肿瘤学

硕士专业 病理学与病理生理学、病原生物学、儿科学、儿少卫生与妇幼保健学、耳鼻咽喉科学、耳鼻咽喉学、放射医学、妇产科学、公共卫生硕士、护理学、急诊医学、精神病与精神卫生学、康复医学与理疗学、口腔基础医学、口腔临床医学、口腔医学、口腔医学硕士、劳动卫生与环境卫生学、老年医学、临床检验诊断学、临床医学、临床医学（儿科医学）、流行病与卫生统计学、麻醉学、免疫学、内科学、皮肤病与性病学、人体解剖与组织胚胎学、社会医学与卫生事业管理、神经病学、神经生物学、生理学、生物化学与分子生物学、生物医学工程、生殖医学、思想政治教育、外科学、微生物学、微生物与生化药学、卫生毒理学、细胞生物学、眼科学、药剂学、药理学、药物分析学、药物化学、药学硕士、遗传学、营养与食品卫生学、影像医学与核医学、应用心理学、运动医学、中医内科学、肿瘤学

院系设置

基础医学院、公共卫生学院、药学院、医政学院、第一临床医学院、第二临床医学院、第三临床医学院、第四临床医学院、继续教育学院、高等职业技术学院、口腔医学院、外国语学院、护理学院、国际教育学院、康达学院

国家级、省部级研究机构设置

南京市心血管病研究所、临床药理研究所、医学分子生物学研究所、南京医科大学脑血管病研究所、神经科学研究所、运动医学研究所、儿科医学研究所、儿童保健研究所、脑血管病研究所、病理毒理学研究所、营养与食品科学研究所、南京精神病防治研究所、热带医学研究中心、动脉粥样硬化研究中心、南京心理卫生研究中心、南京儿童心理卫生研究中心、南京立体定向与功能性神经外科治疗研究中心、南京第一医院放射免疫中心、卫生分析检测中心、小儿肾脏病研究中心、肝癌防治研究中心、南京脑血管病防治研究中心、南京心理危机干预中心、生殖医学研究中心、生态遗传与流行病学研究中心、国际鼻变态反应研究中心、南京市心脏介入中心、重点实验室、江苏省人类生殖调控与危害评估重点实验室——省部共建国家重点实验室培育基地、现代毒理学教育部重点实验室、卫生部抗体技术重点实验室、江苏省应用毒理学重点实验室、江苏省生殖医学重点实验室、江苏省现代病原生物学重点实验室、江苏省人类功能基因组学重点实验室、江苏省医药、农药、兽药安全性评价与研究中心、江苏省基因表达工程研究中心、江苏省基因药物技术中心、江苏省神经退行性疾病重点实验室、卫生部活体肝脏移植重点实验室、国家人口与计划生育委员会生殖医学国家重点实验室、江苏省医药动物试验基地、江苏省心血管病分子干预重点实验室、江苏省恶性肿瘤生物标志物与防治重点实验室、江苏省区域卫生信息化工程中心

博士后流动站 基础医学博士后科研流动站、临床医学博士后科研流动站、公共卫生与预防医学博士后流动站、口腔医学博士后流动站、药学博士后流动站

定期公开出版的专业刊物 《南京医科大学学报（自然科学版）》、《南京医科大学学报（社会科学版）》、《生物医学研究杂志》英文版

学校设立奖学金情况

学校设立奖学金13项，奖励总金额约270万元。奖学金最高金额20000元/年，最低金额300元/人。

优秀学生奖学金：在校生的39%，2600－300元/年。

费孝通奖学金：42人/年，4000元/年。

国家励志奖学金：在校生的3%，5000元/年。

五友奖学金：26人/年，5000元/年。

校长奖学金：10人/年，10000元/年。

国家奖学金：在校生的4%，8000元/年。

扬子江奖学金：25人/年，2000元/人。

新生奖学金：人数不限，5000－20000元/年。

五友奖学金：26人/年，5000元/年。

唐仲英德育奖学金：20－30人/年，4000元/年。

创新奖学金：人数不限，500－2000元/年。

境外访学奖学金：人数不限，5000－10000元/人。

天元奖学金：20人与1集体奖/年，2000元集体奖4000元/年。

临床医学90届校友奖学金：15人/年，2000元/人。

主要校办产业

江苏康达实业开发总公司、江苏省怡达后勤服务有限公司

毕业生一次就业率 95.19%

学校历史沿革

南京医科大学是江苏省属重点高校，前身是江苏医政学院、国立江苏医学院，创建于1934年，1957年改名为南京医学院，1993年经国家教委批准更名为南京医科大学。

徐州医学院

学校(机构)标识码 4132010313	占地面积(平方米) 740491	成人专科 2355
学校办学类型 412:本科院校:学院	校舍建筑面积(平方米) 250787	硕士研究生 1379
学校性质类别 05 医药院校	图书(万册) 67.27	留学生 52
学校举办者 811 省级教育部门	固定资产总值(万元) 63025.54	专任教师(人) 623
学校地址 徐州市铜山路209号	教学、科研仪器设备资产值(万元) 12070.62	其中:正高级 99
邮政编码 221004		副高级 165
办公电话 0516-83262018	在校生数(人) 16584	中级 242
传真电话 0516-83262014	其中:普通本科 8474	初级 112
校园(局域)网域名 www.xzmc.edu.cn	普通专科 876	未定职级 5
电子信箱 webmaster@xzmc.edu.cn	成人本科 3448	

本科专业 公共事业管理、护理学、康复治疗学、口腔修复工艺学、口腔医学、临床药学、临床医学、临床医学(全科医学)、麻醉学、生物医学工程、眼视光学、药物制剂、药学、药学(临床药学)、医学检验、医学信息学、医学影像学、营养学、预防医学

专科专业 临床医学

硕士专业 病理学与病理生理学、病原生物学、儿科学、耳鼻咽喉科学、妇产科学、护理学、急诊医学、精神病与精神卫生学、康复医学、康复医学与理疗学、临床检验诊断学、流行病与卫生统计学、麻醉学、内科学、皮肤病与性病学、人体解剖与组织胚胎学、神经病学、神经生物学、生物化学与分子生物学、外科学、眼科学、药理学、影像医学与核医学、肿瘤学

院系设置
基础学院、麻醉学院、临床医学系、医学技术学院、公共卫生学院、药学院、护理学院、成人教育学院、华方学院、研究生学院、国际教育学院、医学信息学院、口腔医学院、医学影像学院

国家级、省部级研究机构设置
1. 实验室:江苏省麻醉学重点实验室 麻醉与镇痛应用技术重点实验室 脑病生物信息重点实验室 肿瘤生物治疗重点实验室
2. 研究中心:肿瘤生物治疗工程中心

定期公开出版的专业刊物 《国际麻醉与复苏杂志》、《徐州医学院报》、《麻醉学科信息报》

学校设立奖学金情况
学校设立奖学金六项,奖励总金额127.49余万元。奖学金最高金额1500元/年,最低100元/年。

学校历史沿革
1958年7月15日建立南京学院徐州分校;1959年4月,新海连徐州医学专科学校并入;1960年定名为徐州医学院;2000年徐州卫生学院并入我校。

南京中医药大学

学校(机构)标识码 4132010315	电子信箱 xzbox@njutcm.edu.cn	成人专科 1199
学校办学类型 411:本科院校:大学	占地面积(平方米) 938080	博士研究生 365
学校性质类别 05 医药院校	校舍建筑面积(平方米) 607347	硕士研究生 2046
学校举办者 811 省级教育部门	图书(万册) 82.4	留学生 470
学校地址 江苏省南京市栖霞区仙林大学城仙林大道138号	固定资产总值(万元) 35414.2	专任教师(人) 946
	教学、科研仪器设备资产值(万元) 13991.8	其中:正高级 262
邮政编码 210046		副高级 179
办公电话 025-85811001	在校生数(人) 17282	中级 397
传真电话 025-85811006	其中:普通本科 9825	初级 78
校园(局域)网域名 www.njutcm.edu.cn	普通专科 317	未定职级 30
	成人本科 3060	

本科专业 电子商务、公共事业管理、国际经济与贸易、护理学、计算机科学与技术、康复治疗学、生物制药、市场营销、信息管理与信息系统、眼视光学、药物制剂、药学、英语、应用心理学、针灸推拿学、制药工程、中西医临床医学、中药学、中药制药、中药资源与开发、中医学

专科专业 康复治疗技术、中医学

博士专业 方剂学、临床医学、针灸推拿学、中西医结合基础、中西医结合临床、中药化学与分析、中药炮制学、中药学、中药药剂学、中药药理学、中药资源与鉴定、中医儿科学、中医妇科学、中医骨伤科学、中医基础理论、中医康复学、中医临床基础、中医内科学、中医外科学、中医五官科学、中医医史文献、中医诊断学

硕士专业 方剂学、护理、护理学、康复医学与理疗学、临床医学、社会医学与卫生事业管理、生药学、药剂学、药理学、针灸推拿学、中西医结合护理、中西医结合基础、中西医结合临床、中西医结合内科学、中西医结合外科学、中药学、中医儿科学、中医妇科学、中医骨伤科学、中医基础理论、中医康复学、中医临床基础、中医内科学、中医外科学、中医外语学、中医五官科学、中医医史文献、中医诊断学

院系设置

基础医学院、第一临床医学院、第二临床医学院、药学院、经贸管理学院、护理学院、外国语学院、信息技术学院、心理学院

国家级、省部级研究机构设置

1. 研究所(中心):江苏省植物药深加工工程研究中心、江苏省海洋药物研究开发中心、江苏省中医药研究与新药创制中心、SPF级实验动物中心、中医文化研究中心、中医药文献研究所

2. 国家重点实验室:科技部规范化药理实验室

博士后流动站 中医学、中药学、中西医结合

定期公开出版的专业刊物 《南京中医药大学学报(自然科学版)》、《南京中医药大学学报(社会科学版)》

学校设立奖学金情况

学校设立奖学金14项,奖励总金额560.3余万元。奖学金最高金额30000元/年,最低金额400元/年。

1. 唐仲英德育奖学金 4000元/人 135人/年 计54万元/年
2. 朱敬文奖学金 1500元/人 90人/年 计13.5万元/年
3. 优秀新生奖学金 1000—30000元/人 不定 计15万元/年
4. 江苏慈善总会教育助学金 2000元/人 38人/年 计7.6万元/年
5. 杨慕兰助学金 6000元/人 4人/年 2.4万元/年
6. 上元药店红十字博爱助学金 5000元/人 10人/年 计5万元/年
7. 江苏海协教育基金会助困奖学金 8000元/人 25人/年 计20万元/年
8. 信达博爱助困基金奖学金 5800元/人 35人/年 计20.3万元/年
9. 华佗奖学金 500元+礼品/人 不定 计5万元/年
10. 金鹰国际特殊教育助学金 5000元/人 3人/年 计1.5万元/年
11. 宝钢奖学金 5000元/人 1人/年 计0.5万元/年
12. 李政育奖学金 5000元/人 1人/年 计0.5万元/年
13. 何崇本助贫奖学金 一等奖4500元/年 10人/年;二等奖3500元/年 15人/年;勤学金2500元/年 21人/年 计15万元/年
14. 人民奖学金 一等奖2500元/人 占学生总数3%;二等奖1500元/人 占学生总数5%;三等奖800元/人 占学生总数20%;校优干600元/人 占学生总数2%;单项奖400—1000元/人 占学生总数8% 计400万元左右

主要校办产业

江苏南中医大资产管理公司、南京中医药大学资产经营有限公司、南京中医药大学国际交流服务中心、江苏中康药物科技有限公司、江苏南星药业有限责任公司、南京海昌中药饮片有限公司

毕业生一次就业率 94.41%

学校历史沿革

南京中医药大学始建于1954年10月15日,初名江苏省中医进修学校,后经江苏省中医学校扩建为南京中医学院,1995年经国家教育部批准正式更名为南京中医药大学,发展至今已历经了半个多世纪的岁月洗礼,是全国建校最早的高等中医药院校之一。

中国药科大学

学校(机构)标识码 4132010316	占地面积(平方米) 1759155	成人专科 6631
学校办学类型 411:本科院校:大学	校舍建筑面积(平方米) 614684	博士研究生 595
学校性质类别 05 医药院校	图书(万册) 89.5	硕士研究生 2421
学校举办者 360 教育部	固定资产总值(万元) 149559	留学生 117
学校地址 南京市中央路童家巷24号	教学、科研仪器设备资产值(万元) 34893	专任教师(人) 827
邮政编码 210009		其中:正高级 111
办公电话 025-83271555	在校生数(人) 29458	副高级 267
传真电话 025-83302827	其中:普通本科 10625	中级 374
校园(局域)网域名 www.cpu.edu.cn	普通专科 884	初级 75
电子信箱 xb@cpu.edu.cn	成人本科 8185	

本科专业 工商管理、国际经济与贸易、海洋药学、环境科学、经济学、临床药学、生物工程、生物技术、生物技术(生化药学强化班)、生物制药、食品质量与安全、市场营销、信息管理与信息系统、药事管理、药物分析、药物化学、药物制剂、药学、药学(国家生科基地班)、药学(基础药学理科基地)、英语、制药工程、中药学、中药制药、中药资源与开发

专科专业 国际经济与贸易、化学制药技术、药品经营与管理、药物分析技术、药物制剂技术、中药制药技术

博士专业 海洋药物学、临床药学、社会与管理药学、生药学、天然药物化学、微生物与生化药学、药剂学、药理学、药物代谢动力学、药物分析学、药物化学、药物经济学、药物生物信息学、药学信息学、制药工程学、中西医结合基础、中药学

硕士专业 分析化学、海洋药物学、临床药学、企业管理、社会与管理药学、生物化工、生物化学与分子生物学、生药学、思想政治教育、天然药物化学、微生物与生化药学、药剂学、药理学、药物代谢动力学、药物分析学、药物化学、药物经济学、药物生物信息学、药学、药学信息学、制药工程学、中西医结合基础、中药分析学、中药化学、中药学、中药药理学、中药制剂学、中药资源学

院系设置

药学院、中药学院、生命科学与技术学院、国际医药商学院、高等职业技术学院、成人教育学院、基础部、社会科学部、体育部、外语系

国家级、省部级研究机构设置

1. 实验室:(1)国家重点实验室:天然药物活性组分与药效国家重点实验室。(2)省部级重点实验室:科技部新药筛选重点实验室、教育部药物质量与安全预警重点实验室、江苏省药物代谢动力学重点实验室、江苏省肿瘤发生与干预重点实验室

2. 研究中心(所):(1)国家级:科技部综合性新药研究开发技术大平台、科技部临床前药物代谢动力学关键技术及平台、国家酶工程技术工业性试验基地。(2)省部级:教育部"药物发现理论与技术"优势学科创新平台、江苏省新药筛选中心、江苏省新型神经药物制剂技术中心、江苏省药效研究与评价服务中心、江苏省半合成抗生素研究中心、江苏省新药创制与产业化服务平台

博士后科研流动站 设有包含药物化学、药剂学、生药学、药物分析学、微生物与生化药学、药理学、制药工程学、天然药物化学、社会与管理药学、药物生物信息学、海洋药物学、临床药学、药物代谢动力学、药学信息学、药物经济学等专业的药学博士后流动站及包含中药化学、中药生物技术、中药药理、中药制剂、中药鉴定、中药分析、中药炮制、中药资源学等专业的中药学博士后流动站

定期公开出版的专业刊物 《中国药科大学学报》、《药学进展》、《中国天然药物》、《中国药学年鉴》、《药物生物技术》、《药学教育》

学校设立奖学金情况

学校设立奖学金14项,奖励总金额600余万元/年。奖学金最高金额2713250元/年,最低金额12000元/年。

主要校办产业

中国药科大学制药有限公司、中国药科大学保健品厂、中国药科大学神农生物技术公司、中国药科大学生物工程公司、江苏药大医药有限公司、南京药大生物制药有限公司

学校历史沿革

中国药科大学是我国最早独立设置的学科门类齐全的药科大学,始建于1936年,其前身为国立药学专科学校。1950年更名为华东药学专科学校,1952年山东齐鲁大学药学系、苏州东吴大学药学专修科并入华东药学专科学校,改称华东药学院。1956年更名为南京药学院,1986年与南京中药学院(筹)合并为中国药科大学,现隶属教育部,是国家"211工程"重点建设的高校之一。

南京师范大学

学校(机构)标识码	4132010319
学校办学类型	411:本科院校:大学
学校性质类别	06 师范院校
学校举办者	811 省级教育部门
学校地址	江苏省南京市文苑路1号
邮政编码	210046
办公电话	025-85898139
传真电话	025-85898223
校园(局域)网域名	www.njnu.edu.cn
电子信箱	xb@njnu.edu.cn
占地面积(平方米)	2009906
校舍建筑面积(平方米)	829759
图书(万册)	304.46
固定资产总值(万元)	236889.33
教学、科研仪器设备资产值(万元)	60735.53
在校生数(人)	34334
其中:普通本科	20134
成人本科	5097
成人专科	624
博士研究生	963
硕士研究生	6881
留学生	635
专任教师(人)	1791
其中:正高级	461
副高级	593
中级	655
初级	82

本科专业 财务管理、测绘工程、测控技术与仪器、朝英双语、德英双语、地理科学、地理信息系统、电气工程及其自动化、电气信息类、电子信息工程、动画、对外汉语、俄英双语、法学、法英双语、工科强化班、工商管理、工商管理类、公共管理类、公共事业管理、古典文献、广播电视编导、广播电视新闻学、广告学、国际经济与贸易、海洋资源开发技术、汉语言、汉语言文学、行政管理、化学、化学类、环境工程、环境科学、会计学、机械工程及自动化、计算机科学与技术、建筑环境与设备工程、教育技术学、金融学、经济学、经济学类、劳动与社会保障、理科强化班、历史学、旅游管理、美术学、能源与环境系统工程、热能与动力工程、人力资源管理、日英双语、社会工作、社会体育、社会学、社会学类、摄影、生物工程、生物技术、生物科学、生物科学类、师范、食品科学与工程、食品质量与安全、市场营销、数学类、数学与应用数学、思想政治教育、通信工程、统计学、文科强化班、文物与博物馆学、舞蹈编导、舞蹈学、物理学、物理学类、西班牙语、戏剧影视文学、新闻学、信息管理与信息系统、信息与计算科学、艺术设计、

意英双语、音乐表演、音乐学、英语、应用化学、应用物理学、应用心理学、哲学、自动化

博士专业 比较教育学、比较文学与世界文学、德育学、地图学与地理信息系统、第四纪地质学、动物学、对外汉语、发展与教育心理学、法律史、法学理论、高等教育学、国外马克思主义研究、海洋地理学、汉语言文字学、环境地理学、基础数学、基础心理学、计算数学、教育技术学、教育领导与管理、教育史、教育学原理、决策学、科学社会主义与国际共产主义运动、课程与教学论、空间经济学、理论物理、伦理学、马克思主义基本原理、马克思主义理论、马克思主义中国化研究、美术学、美育学、民商法学（含：劳动法学）、社会保障、人文地理学、生态学、生物化学与分子生物学、生物技术、生物物理化学、水生生物学、思想政治教育、诉讼法学、体育人文社会学、外国语言学及应用语言学、微生物学、文艺学、物理电子学、戏剧文学、细胞生物学、宪法学与行政法学、新闻学、刑法学、学前教育学、学生发展与教育、学校课程与教学、遥感技术与应用、英语语言文学、影视文学、应用数学、应用文体学、语言学与应用语言学、职业技术教育学、植物学、中国古代文学、中国古典文献学、中国文学与文化、中国现当代文学、专门史、资源科学、自然地理学

硕士专业 比较教育学、比较文学与世界文学、成人教育学、传播学、德育学、地图学与地理信息系统、地图制图学与地理信息工程、第四纪地质学、电磁场与微波技术、电工理论与新技术、电路与系统、电影学、动物学、对外汉语、俄语语言文学、发育生物学、发展与教育心理学、法律、法律史、法学理论、法语语言文学、翻译、分析化学、概率论与数理统计、高等教育学、高分子化学与物理、工程、工商管理、公共管理、供热、供燃气、通风及空调工程、管理科学与工程、光学工程、广播电视艺术学、国际法学（含：国际公法、国际私法）、国际政治、国外马克思主义研究、海洋地理学、汉语国际教育、汉语言文字学、行政管理、环境地理学、环境科学、基础数学、基础心理学、计算机软件与理论、计算机应用技术、计算数学、教师教育、教育技术学、教育经济与管理、教育领导与管理、教育史、教育学原理、教育政策学、金融、金融学（含：保险学）、经济法学、决策学、考古学及博物馆学、科学技术哲学、科学社会主义与国际共产主义运动、课程与教学论、空间经济学、控制理论与控制工程、理论物理、历史文献学（含：敦煌学）、古文字学、粒子物理与原子核物理、伦理学、旅游管理、马克思主义基本原理、马克思主义中国化研究、美术学、美育学、民商法学（含：劳动法学）、社会保障、民俗学（含：中国民间文学）、凝聚态物理、农产品加工及贮藏工程、农业推广、女性教育学、欧洲语言文学、企业管理（含：财务管理）、市场营销、热能工程、人文地理学、日语语言文学、设计艺术学、社会保障、社会工作、社会学、生理学、生态学、生物化学与分子生物学、生物技术、生物物理化学、食品科学、世界史、数学教育、水产养殖、水生生物学、思想政治教育、诉讼法学、体育、体育教育训练学、体育人文社会学、天体物理、土地资源管理、外国语言学及应用语言学、外国哲学、微生物、微生物与生化药学、文物与博物馆、文艺学、无机化学、物理电子学、物理化学（含：化学物理）、西方经济学、戏剧戏曲学、细胞生物学、宪法学与行政法学、新闻学、新闻与传播、刑法学、学前教育学、亚非语言文学、遥感技术与应用、遗传学、艺术、音乐学、英语语言文学、影视文学、应用化学、应用数学、应用文体学、应用心理、应用心理学、有机化学、语言学与应用语言学、运筹学与控制论、运动人体科学、政治经济学、职业技术教育学、植物学、中共党史（含：党的学说与党的建设）、中国古代史、中国古代文学、中国古典文献学、中国近现代史、中国文学与文化、中国现当代文学、中外政治制度、专门史、资源科学、自然地理学

院系设置

文学院、社会发展学院、公共管理学院、教育科学学院、外国语学院、数学科学学院、物理科学与技术学院、化学与材料科学学院、生命科学学院、地理科学学院、音乐学院、美术学院、体育科学学院、新闻与传播学院、商学院、金陵女子学院、法学院、计算机科学与技术学院、能源与机械工程学院、电气与自动化工程学院、教师教育学院、强化培养学院、国际文化教育学院、马克思主义学院

国家级、省部级研究机构设置

理科：实验室：1）虚拟地理环境教育部重点实验室；2）江苏省医药超分子材料及应用重点实验室；3）江苏省新型动力电池重点实验室；4）江苏省地理信息科学重点实验室；5）江苏省光电技术重点实验室；6）江苏省生物多样性与生物技术重点实验室；7）江苏省分子医学生物技术重点实验室；8）江苏省环境演变与生态建设重点实验室；9）江苏省大规模复杂系统数值模拟重点实验室；10）江苏省功能微生物与功能基因组学重点实验室；11）江苏省智能信息技术与软件工程实验室；12）江苏省水生甲壳动物病害重点实验室；13）江苏省水产生物饵料重点实验室；

研究中心（所）：1）江苏省信息安全保密技术工程研究中心；2）江苏省海洋综合开发与生态建设工程中心；3）江苏省医药功能材料工程研究中心；4）江苏省萃取分离工程技术研究中心；5）江苏省微生物工程技术研究中心；

文科部级（5个）：道德教育研究所；联合国农教中心；全国妇女/性别研究与培训基地；国家体育总局体育文化研究基地；体育社会科学研究中心。省级（6个）：江苏法治发展研究院；创新经济研究院；江苏省老年学研究基地；语言信息科技研究中心；马克思主义研究院；教育社会学研究中心

博士后科研流动站 马克思主义理论、教育学、中国语言文学、数学、地理学、生物学、法学、心理学、外国语言文学、艺术学、体育学、物理学

定期公开出版的专业刊物 《南京师大学报（社会科学版）》、《南京师大学报（自然科学版）》、《南京师大学报（工程技术版）》、《南京师大学报（英文版）》、《中国美术教育》、《文学院学报》、《数学之友》、《音乐教育》、《化学之友》、《文教资料》、《物理之友》

学校设立奖学金情况

学校设立奖学金46项，每年奖励总金额2425.16万元。奖学金最高金额每人10000元/年，最低金额每人100元/年。

1. 华藏奖学金（10人）：每年14000元。

2. 校长特别奖学金：每年评选25名，每人奖励人民币8000元，共计15万元。

3. 优秀新生奖学金：对2011年录取的高考投档分在全省排名前7000名的优秀新生予以表彰和奖励3000-10000元不等，共奖励29人，奖金共计12.5万元。

4. 滚动式奖学金共计545.4万元：1）优秀学生奖学金分三个等级：一等奖每人每年1500元；二等奖1000元；三等奖500

元。2)专业奖学金分四个等级：一等奖每人每年1500元；二等奖1000元；三等奖500元；四等奖300元。

5. 冯茹尔奖学金：每次评奖共130名，其中特等奖10名，每人2000元；一等奖40名，每人1200；二等奖80名，每人800元。共计13.2万元。

6. 朱敬文奖、助学金：每年总金额为88.25万元，每生每年为2000元，奖金一次性发放。其中奖学金376人，每人2000元，共75.2万；助学金87人，1500元/人，共计130500元。

7. 恒力发展奖学金：每年总金额为40万元，每生每年为2000元，奖金一次性发放，共200人。

8. 四方文化发展奖学金：每年总金额为20万元，每生每年为2000元，奖金一次性发放，共100人。

9. 天工发展助学奖学金：每年评奖67人，获奖总金额为33.5万元，每生每年为5000元，奖金分四学年发放。

10. 三好评优奖励金：每年64.2万元。三好学生标兵3000元/人，三好学生200元/人，优秀学生干部200元/人，单项奖100元/人，先进班级评奖49900元。

11. 费孝通奖学金：每年5.6万元。4000元/人，共14人。

12. 国家奖学金(58人)：计46.4万元，8000元/人。国家励志奖学金(625人)：计321.5万元，5000元/人。

13. 国家普通奖学金：硕士每年总额12000万，每人每月350元，博士每年总额27700万，每人每月1000元。

14. 省政府奖学金(359人)：计71.8万元。2000元/人。

15. 中国金谷·花桥国际商务城奖学金(共7人)：每年2.7万，一等奖一名，7000元/人，二等奖一名，5000元/人，三等奖5名，3000元/人。

16. 国家助学金(3166人)：每年978.2万，2000-4000元/人。

17. 省民政厅福利彩票助学金(50人)：每年10万，2000元/人。

18. 爱德基金会薪火工程助学金(11人)：每年5.5万，5000元/人。

19. 江苏海协助困奖学金(34人)：每年24.2万，5000-8000元/人。

20. 江苏陶欣伯助学金(80人)：每年24万，4000元/人。

21. 招商银行一卡通奖学金(25人)：每年5万，2000元/人。

22. 省公安厅春风行动助学金(8人)：每年8000元，1000元/人。

23. 益洙奖学金(共10名)：每年1.02万元。一等奖500元/人二等奖400元/人三等奖300元/人(分设三个奖项各奖项设一等奖2名、二等奖4名、三等奖8名)。(公共管理学院)阳光奖学金(共20名)：每年4000元。一等奖600元/人，二等奖400元/人，三等奖200元/人。(公共管理学院)

24. 钱杰西奖学金：每年7万元，名额不限，特等奖5000元/人，一等奖3000元/人，二等奖2000元/人，三等奖1000元/人。(外国语学院)。钱杰西助学金(10人)：每年1万元，1000元/人。(外国语学院)

25. 福达奖(助)学金(20人)：5万元。2000元/人。(数学与计算机科学学院)

26. 冯如尔助学金(40人)：每年1.6万元。400元/人。(化学与环境科学学院)

27. 林振山助学金(65人)：每年3.25万元。04年名额为25人,05年名额20人,06年名额为20人,500元/人。(地理科学学院)

28. 卡西欧奖学金(26人)：每年3万元。一等奖2名，奖金3000元/人；二等奖4名，奖金2000元/人；三等奖8名，奖金1000元/人；单项奖12名，奖金500元/人。(音乐学院)

29. 厚生奖学金：每年4800元每人800元，共6人。(金女院)名额不限，两个等级，300、200元/人。(商学院)神鹰奖学金：每年1.8万元。名额不限，分综合奖1000/500/300元每人社会实践奖300/200/100元每人优秀论文奖500/300/200元每人。(商学院)

30. 谢纬鹏农村女生奖学金(8人)：每年6400元。800元/人。(金女院)喻娴文奖学金基金(12人)：每年9600元。800元/人。(金女院)郭邓如鸳奖学金基金(14人)：每年1.12万元。800元/人。(金女院)魏特琳奖学金基金(8人)：每年1.28万元。1600元/人。(金女院)厚生奖学金基金(25人)：每年2万元。800元/人。(金女院)胡权氏奖学金基金(4人)：每年3.2万元。800元/人。(金女院)凌石惠芳奖学金(8人)：每年6400元。800元/人。(金女院)厚生助学金基金(25人)：每年1.5万元。600元/人。胡权氏助学金基金(4人)：每年3200元。800元/人。(金陵女子学院)

31. 法德永衡奖助学金(10-20人)：每年2万元。奖学金10人800元/人；助学金：不定。(法学院)康瑞奖学金(50-60人)：每年60万元。特等奖：8000元/人；一等奖：4000元/人；二等奖：2000元/人；三等奖：1000元/人。(法学院)

32. 院友基金会助学金(13人)：每年1.3万元。1000元/人。(动力工程学院)

33. 环网新生奖学金(9人)：每年9000元。1000元/人。(电自院)环网新生助学金(22人)：每年1.1万元。500元/人。(电自院)厦门ABB奖学金(6-12人)：每年2000-3000元。分为一等奖、二等奖、三等奖 名额为6-12人。(电气与自动化工程学院)

34. 南京师范大学出版社"行知英才"奖学金(10人)：每年2万元。2000元/人(强化培养学院)。

35. 文枢奖学金(10人)：每年2万，大二和大三各五名，2000元/人。(文学院)

36. 天地龙·背影奖学金(20人)：每年2万，1000元/人。(社发院)

37. 天地龙·背影助学金(5人)：每年5000元，1000元/人。(社发院)

38. 黄开斌特别奖学金(10人)：每年2万，1000元/人。(数科院)

39. 施中柱奖助学金(20人)：奖学金15人，3000元/人，助学金5名，2000元/人，每年50万。(数科院)

40. 致远奖(助)学金(24人)：奖学金1500元/人，助学金1000元/人，每年6万。(地科院)

41. "珠江·恺撒堡"钢琴奖学金：名额按专业学生数比例，一等奖10% 5000元/人，二等奖30% 3000元/人，三等奖60% 1000元/人，每年3万。(音乐院)

42. 银都奖学金(20人)：设三项，学校优秀奖，科研突出奖，实践创新奖。1000元/人，获奖比例2.4%，每年2万。(新传

43. 吴玉清奖学金(12人):每年9600元,800元/人。(金女院)

44. 学院三好奖学金(1150人):一等奖1000元/人,二等奖500元/人,优干500元/人,单项奖100元/人,获奖比例25%,每年68.04万。(中北学院)

45. 中北奖学金(213人):一等400元/人,二等200元/人,三等100元/人,助学金100元/人,获奖比例5%,每年8100元。(中北学院)

46. 银都奖学金(25人):一等400元/人,二等200元/人,三等100元/人,获奖比例0.68%,每年6800元。(中北学院)

47. 周昭常奖学金(20人):电自院12名,能机院8名,1000元/人,每年2万。

主要校办产业

南京师范大学资产经营有限责任公司(学校全资企业)、江苏南京师大教育发展有限公司(资产经营公司控股企业)、江苏师豪高校实业有限责任公司(资产经营公司控股企业)、南京师范大学南山专家楼(资产经营公司全资企业)、南京师范大学随园山庄(资产经营公司全资企业)、江苏动专电气工程公司(资产经营公司全资企业)、南京师范大学印刷厂(资产经营公司全资企业)、江苏初阳传播商务公司(资产经营公司全资企业)、南京师情礼品有限责任公司(资产经营公司参股企业)、南京动专电机制造有限公司(资产经营公司控股企业)、江苏吴中大自然生物工程有限责任公司(资产经营公司参股企业)、江苏恒达激光图像有限公司(资产经营公司控股企业)、南京师范大学劳动服务公司(学校全资企业,资产经营公司代管)、南京师大紫金劳动服务中心(学校全资企业,资产经营公司代管)、南京师范大学装潢雕塑公司(学校全资企业,资产经营公司代管)、南京化工电器仪表厂(学校全资企业,资产经营公司代管)、江苏省南师大留学服务中心(学校全资企业,资产经营公司管理)、南京师范大学出版社有限责任公司

学校历史沿革

三江师范学堂(1902-1905);两江优级师范学堂(1905-1913);南京高等师范学校(1914-1923);东南大学(1923-1927);第四中山大学(1927-1928);江苏大学(1928);中央大学(1928-1949);南京大学(1949-1952)。汇文书院(1888-1910);私立金陵大学(1910-1951);公立金陵大学(私立金陵大学和私立金陵女子文理学院合并建立,1951-1952)。南京师范学院(在南京大学和金陵大学部分院系等基础上创建,1952-1984);南京师范大学(1984年至今,1996年成为国家"211工程"建设高校;2000年南京动力高等专科学校并入)。

江苏师范大学

学校(机构)标识码	4132010320
学校办学类型	411:本科院校:大学
学校性质类别	06 师范院校
学校举办者	811 省级教育部门
学校地址	江苏省徐州市铜山新区上海路101号
邮政编码	221116
办公电话	0516-83403026
传真电话	0516-83403320
校园(局域)网域名	www.xznu.edu.cn
电子信箱	office@xznu.edu.cn
占地面积(平方米)	1136193
校舍建筑面积(平方米)	708300
图书(万册)	249.13
固定资产总值(万元)	101364.64
教学、科研仪器设备资产值(万元)	22700.77
在校生数(人)	28742
其中:普通本科	18213
成人本科	8353
硕士研究生	2082
留学生	94
专任教师(人)	1388
其中:正高级	225
副高级	474
中级	571
初级	60
未定职级	58

本科专业 财务管理、测绘工程、测控技术与仪器、地理科学、地理信息系统、电气工程及其自动化、电气工程及其自动化(电气信息工、电子科学与技术、电子信息工程、动物科学、对外汉语、俄语、俄语(俄英双语)、法学、法学(国际商贸法)、工业设计、公共事业管理、光信息科学与技术、广播电视编导、广播电视新闻学、广告学、广告学(广告策划与创意)、广告学(广告设计与制作)、国际经济与贸易、国际经济与贸易(国际商务)、汉语言、汉语言文学、汉语言文学(高级文秘)、行政管理、化学、环境工程、环境科学、环境科学(环境规划管理)、绘画、机械设计制造及其自动化、计算机科学与技术、计算机科学与技术(计算机应用)、计算机科学与技术(网络工程)、计算机科学与技术(物联网)、教育技术学、教育学(小学教育)、教育学(学校心理教育)、经济学、经济学(金融工程)、经济学(金融与保险)、历史学、旅游管理、贸易经济、美术学、美术学(书法)、民族传统体育、日语、软件工程、社会工作、生物技术、生物科学、生物科学(海洋生物科学)、生物科学(应用生物技术)、市场营销、市场营销(国际市场营销)、数学与应用数学、数字媒体艺术、思想政治教育、体育教育、统计学、土地资源管理、文化产业管理、物理学、物流管理、信息与计算科学、学前教育、遥感科学与技术、艺术设计、音乐表演、音乐学、英语、英语(翻译)、英语(商贸英语)、英语(营销英语)、应用化学、应用化学(化学工程与工艺)、应用化学(应用分析)、应用心理学、园林、园林(园林设计)、运动训练、政治学与行政学、制药工程、中国语言文学类(强化班)、资源环境与城乡规划管理、资源环境与城乡规划管理(城市规、自动化

硕士专业 比较文学与世界文学、大地测量学与测量工程、动物学、翻译、概率论与数理统计、光学、汉语国际教育、汉语言文字学、机械设计及理论、基础数学、基础心理学、计算数学、教育、教育技术学、教育经济与管理、教育学原理、考古学及博物馆

学、课程与教学论、理论经济学、理论物理、伦理学、马克思主义发展史、马克思主义基本原理、马克思主义哲学、马克思主义中国化研究、美术学、美学、区域经济学、人口、资源与环境经济学、人文地理学、生物化学与分子生物学、世界史、思想政治教育、体育、体育教育训练学、外国语言学及应用语言学、文艺学、戏剧戏曲学、遗传学、艺术、艺术学、音乐学、英语语言文学、应用化学、应用数学、有机化学、语言学与应用语言学、运筹学与控制论、运动人体科学、植物学、中共党史(含:党的学说与党的建设)、中国古代史、中国古代文学、中国古典文献学、中国近现代史、中国少数民族语言文学(分语族)、中国现当代文学、专门史、自然地理学

学校历史沿革

徐州师范大学前身是1956年经国务院批准、始建于无锡市的江苏师范专科学校；

1958年学校北迁徐州；

1959年与徐州师范专科学校合并,成立徐州师范学院；

1996年经原国务院教委批准,学校更名为徐州师范大学。

淮阴师范学院

学校(机构)标识码 4132010323	校园(局域)网域名 www.hytc.edu.cn	其中:普通本科 15919
学校办学类型 412:本科院校:学院	电子信箱 wjm@hytc.edu.cn	成人本科 3861
学校性质类别 06 师范院校	占地面积(平方米) 1151853	成人专科 2030
学校举办者 811 省级教育部门	校舍建筑面积(平方米) 538323	专任教师(人) 1008
学校地址 江苏省淮安市长江西路111号	图书(万册) 186.06	其中:正高级 115
邮政编码 223300	固定资产总值(万元) 91111.26	副高级 279
办公电话 0517-83526016	教学、科研仪器设备资产值(万元) 11406.27	中级 404
传真电话 0517-83526020	在校生数(人) 21810	初级 210

本科专业 财务管理、财务管理(会计与审计)、测控技术与仪器、地理科学、地理信息系统、电气工程及其自动化、电气信息类(国际课程实验班)、电子信息工程、电子信息工程(国际课程实验班)、电子信息科学与技术、动画、对外汉语、法学、法语、法语(国际旅游)、公共事业管理、光信息科学与技术、广播电视新闻学、广告学、国际经济与贸易、汉语言文学、汉语言文学(高级文秘)、行政管理、化学、化学工程与工艺、环境科学、计算机科学与技术、计算机科学与技术(嵌入式软件人与计算机科学与技术(软件工程)、计算机科学与技术(网络工程)、计算机科学与技术(物联网)、教育技术学、教育技术学(媒体技术)、教育技术学(数字传媒技术)、教育学(教育管理)、经济学、经济学(国际课程实验班)、经济学(金融与保险)、历史学、旅游管理是(涉外旅游)、美术学、美术学(绘画)、美术学(书法)、人力资源管理、日语、社会工作、社会体育、社会体育(体育防卫)、社会体育(体育经营与管理)、社会体育(体育艺术)、生物工程、生物工程(国际课程实验班)、生物技术、生物技术(城市园林)、生物科学、市场营销、数学与应用数学、思想政治教育、体育教育、统计学、舞蹈编导、舞蹈学、物理学、小学教育(理科)、小学教育(双语)、小学教育(文科)、信息与计算科学、学前教育、艺术设计、艺术设计(新媒体传播)、音乐表演、音乐学、英语、应用化学、应用物理学(材料物理)、应用物理学(光学工程)、应用心理学、应用心理学(人力资源心理培训)、应用心理学(心理教育)、政治学与行政学、资源环境与城乡规划管理、资源环境与城乡规划管理(房地产)

院系设置

文通学院、文学院、外国语学院、教育科学学院、政治与公共管理学院、历史文化旅游学院、法学院、经济与管理学院、美术学院、音乐学院、体育学院、数学科学学院、物理与电子电气工程学院、化学化工学院、传媒学院、计算机科学与技术学院、生命科学学院、城市与环境学院

国家级、省部级研究机构设置

1. 实验室：江苏省环洪泽湖生态农业生物技术重点实验室、江苏省生物质能与酶技术重点实验室、江苏省低维材料化学重点建设实验室

2. 研究中心(所)：江苏省高校社科重点研究基地"周恩来精神与青少年教育研究中心"

定期公开出版的专业刊物 《淮阴师范学院学报》(哲学社会科学版)、《淮阴师范学院学报》(自然科学版)

学校设立奖学金情况

学校设立奖学金2项,奖励总金额700余万元。奖学金最高金额2000元/年,最低金额500元/年。

主要校办产业

淮安市师苑物业管理公司

学校历史沿革

淮阴师范专科学校(1958-1997)与淮阴教育学院(1983-1997)1997年合并组建淮阴师范学院,淮阴师范学校(1953-2000年)与淮安师范学校(1953-2000年)2000年并入淮阴师范学院(1997年至今)。

盐城师范学院

学校(机构)标识码　4132010324
学校办学类型　412:本科院校:学院
学校性质类别　06 师范院校
学校举办者　811 省级教育部门
学校地址　江苏省盐城市开放大道50号
邮政编码　224002
办公电话　0515-88233012
传真电话　0515-88240754
校园(局域)网域名　www.yctc.edu.cn
电子信箱　bgs@yctc.edu.cn
占地面积(平方米)　841493
校舍建筑面积(平方米)　514797
图书(万册)　151.87
固定资产总值(万元)　133546.76
教学、科研仪器设备资产值(万元)　13437.58
在校生数(人)　19910
其中:普通本科　15354
成人本科　3007
成人专科　1540
留学生　9
专任教师(人)　981
其中:正高级　107
副高级　311
中级　355
初级　171
未定职级　37

本科专业　材料化学、朝鲜语、地理科学(师范类)、电气工程及其自动化、电气工程及其自动化(光伏发电)、电子信息工程(电子工程)、电子信息工程(汽车电子技术)、电子信息工程(通信工程)、对外汉语、法学、公共事业管理、公共事业管理(人力资源)、广播电视新闻学、国际经济与贸易、汉语言文学(高级文秘)、汉语言文学(涉外文秘)、汉语言文学(师范类)、行政管理、行政管理(电子政务)、化学(师范类)、环境科学、会计学、会计学(公司理财)、会计学(公司理财)(国际课程实、会计学(国际课程实验班)、计算机科学与技术(嵌入式软件)、计算机科学与技术(嵌入式软件人、计算机科学与技术(软件工程)、计算机科学与技术(师范类)、计算机科学与技术(数据库)、计算机科学与技术(数字媒体)、计算机科学与技术(网络工程)、教育技术学(媒体内容生成)(师、教育学(小学教育)(师范类)、教育学(心理学)(师范类)、历史学(师范类)、历史学(文博与档案)、旅游管理、美术学(国画)(师范类)、美术学(色彩画)(师范类)、美术学(师范类)、软件工程(嵌入式软件人才培养)、社会体育、生物工程、生物技术、生物技术(海洋生物技术)、生物技术(生物制药)、生物科学(师范类)、市场营销、数学与应用数学(师范类)、数字媒体技术、数字媒体技术(嵌入式软件人才培、思想政治教育(师范类)、体育教育(师范类)、统计学、网络工程、网络工程(嵌入式软件人才培养)、物理学(光电技术)、物理学(师范类)、物流管理、物流管理(国际物流)、信息管理与信息系统、信息与计算科学、学前教育(师范类)、艺术设计、艺术设计(公共艺术设计)、艺术设计(平面设计)、艺术设计(室内设计)、艺术设计(展示设计)、音乐表演、音乐表演(国际课程实验班)、音乐学(师范类)、英语(翻译)、英语(经贸英语)、英语(师范类)、应用化学、应用化学(精细化工)、应用心理学、制药工程、资源环境与城乡规划管理、资源环境与城乡规划管理(城市规、资源环境与城乡规划管理(城市规、资源环境与城乡规划管理(房地产、资源环境与城乡规划管理(房地产、资源环境与城乡规划管理(海洋资

院系设置
文学院、经济法政学院、社会学院、外国语学院、教育科学学院、音乐学院、美术学院、数学科学学院、物理科学与电子技术学院、化学化工学院、生命科学与技术学院、城市与资源环境学院、信息科学与技术学院、体育学院、商学院、黄海学院(二级民办学院)

国家级、省部级研究机构设置
1. 实验室:江苏省生物资源与环境保护重点建设实验室
2. 研究中心(所):江苏沿海开发研究院、江苏农村教育研究中心

定期公开出版的专业刊物　《盐城师范学院学报》

学校设立奖学金情况
学校设立奖学金6项,奖励总金额800余万元。奖学金最高金额10000元/年,最低金额200元/年。

学校历史沿革
盐城师范学院由盐城师范专科学校和盐城教育学院于1999年3月合并组建成立。盐城师范专科学校创办于1958年,2002年4月盐城商业学校并入盐城师范学院,成为盐城师范学院的二级学院,即目前的商学院。

南京财经大学

学校(机构)标识码　4132010327
学校办学类型　411:本科院校:大学
学校性质类别　08 财经院校
学校举办者　811 省级教育部门
学校地址　南京市仙林大学城文苑路3号
邮政编码　210046
办公电话　025-84028966
传真电话　025-84028955
校园(局域)网域名　www.njue.edu.cn
电子信箱　xiaoban@njue.edu.cn
占地面积(平方米)　1198400
校舍建筑面积(平方米)　605696
图书(万册)　212.32
固定资产总值(万元)　197100.5

教学、科研仪器设备资产值(万元) 14369.75	成人专科 435	其中:正高级 151
在校生数(人) 23048	硕士研究生 1483	副高级 415
其中:普通本科 15618	留学生 30	中级 426
成人本科 5482	专任教师(人) 1062	初级 70

本科专业 保险、财务管理、财政学、电气信息类新专业、电子商务、动画、法学、工商管理、工商管理类新专业、工业工程、公共事业管理、管理科学、广告学、国际经济与贸易、会计学、计算机科学与技术、金融工程、金融学、经济学、经济学类新专业、劳动与社会保障、旅游管理、贸易经济、人力资源管理、社会工作、审计学、生物工程、食品科学与工程、食品质量与安全、市场营销、数学与应用数学、税务、统计学、物流管理、新闻学、信息管理与信息系统、艺术设计、英语、应用化学、资产评估

硕士专业 保险、财政学(含:税收学)、产业经济学、工商管理、国际法学(含:国际公法、国际私法)、国际贸易学、国民经济学、会计、会计学、计算机应用技术、金融、金融学(含:保险学)、劳动经济学、马克思主义基本原理、农产品加工及贮藏工程、企业管理(含:财务管理)、市场营销、区域经济学、食品科学、数量经济学、思想政治教育、统计学、西方经济学、英语语言文学、应用数学、应用统计、政治经济学、资产评估

院系设置
学校现设有经济学院、财政与税务学院、金融学院、国际经贸学院、会计学院、工商管理学院、营销与物流管理学院、公共管理学院、管理科学与工程学院、法学院、食品科学与工程学院、信息工程学院、应用数学学院、外国语学院、新闻学院、艺术设计学院、马克思主义学院、体育部等18个教学院(部),1个独立学院红山学院

国家级、省部级研究机构设置
1. 实验室:学校设有国家工程实验室——粮食储运国家工程实验室,设有电子商务实验室、粮油品质控制及深加工技术实验室两个江苏省重点实验室
2. 研究中心(所):学校设有国家粮食局粮油质量检测工程技术研究中心、中国粮食流通管理培训中心、江苏省产业发展研究院、粮食安全与战略研究中心、公共财政研究中心、江苏现代服务业研究院、江苏省质量安全工程研究院、江苏品牌研究院等8个省部级研究机构

定期公开出版的专业刊物 《南京财经大学学报》、《产业经济研究》

学校历史沿革
1981年经国务院批准成立南京粮食经济学院。1993年更名为南京经济学院。1999年南京物资学校并入。2000年南京经济学院、江苏财经高等专科学院、南京经济管理干部学院合并组建新的南京经济学院并筹建南京财经大学。2003年经教育部批准正式更名为南京财经大学。

江苏警官学院

学校(机构)标识码 4132010329	电子信箱 jspi@jspi.edu.cn	普通专科 314
学校办学类型 412:本科院校:学院	占地面积(平方米) 670414	成人本科 1335
学校性质类别 09 政法院校	校舍建筑面积(平方米) 164017	成人专科 133
学校举办者 812 省级其他部门	图书(万册) 63.7	专任教师(人) 395
学校地址 江苏省南京市安德门小行路16号	固定资产总值(万元) 25139.93	其中:正高级 30
	教学、科研仪器设备资产值(万元) 4322	副高级 134
邮政编码 210012		中级 200
办公电话 025-52881515	在校生数(人) 7204	初级 26
传真电话 025-52432395	其中:普通本科 5422	未定职级 5
校园(局域)网域名 www.jspi.cn		

本科专业 法化学、法学、反恐怖犯罪、公安管理学、公安文秘、公安信息化(招改班)、公安应急管理、公安政工、公共安全管理、行政管理、计算机安全监察、交通管理、经济犯罪侦查、警察管理、民商法、涉外警务管理、文秘、刑事科学技术、刑事科学技术(招改班)、刑事侦查(招改班)、侦查学、治安管理(招改班)、治安学

专科专业 防火管理、交通管理、交通管理(招改士官班)、侦查"

院系设置
公安管理系、治安管理系、侦查系、公安科技系、法律系

定期公开出版的专业刊物 《江苏警官学院学报》

学校设立奖学金情况
1. "警方"奖学金,每学年评选一次,其中特等奖2人,3000元/人;一等奖10人,2000元/人;二等奖50人,1000元/人;三等奖140人,600元/人。
2. 优秀学生奖学金,每学期评选一次,其中一等1000元/

年,评选比例为学生人数 2%;二等 600 元/年,评选比例为学生人数 6%;三等 300 元/年,评选比例为学生人数 22%。

学校历史沿革

学院前身为创建于 1949 年 6 月的南京市公安学校,1953 年 8 月更名为江苏省公安学校。"文革"中停办,1978 年在南京市安德门复校。1982 年 10 月,经国务院批准,成立江苏公安专科学校。2002 年 3 月,经教育部批准,设立江苏警官学院。2004 年 3 月,经省政府批准,增挂江苏公安管理干部学院牌子。

南京体育学院

学校(机构)标识码	4132010330
学校办学类型	412:本科院校:学院
学校性质类别	10 体育院校
学校举办者	812 省级其他部门
学校地址	南京市玄武区灵谷寺路 8 号
邮政编码	210014
办公电话	025 - 84755113
传真电话	025 - 84431175
校园(局域)网域名	www.nipes.cn
占地面积(平方米)	429058
校舍建筑面积(平方米)	125148
图书(万册)	20.65
固定资产总值(万元)	28687
教学、科研仪器设备资产值(万元)	2077
在校生数(人)	3500
其中:普通本科	2708
普通专科	232
成人本科	258
成人专科	124
硕士研究生	178
专任教师(人)	205
其中:正高级	19
副高级	50
中级	81
初级	35
未定职级	20

本科专业 表演(体育艺术表演)、民族传统体育、社会体育、体育产业管理、体育教育、新闻学、运动康复与健康、运动人体科学、运动训练

专科专业 高尔夫运动技术与管理、运动休闲服务与管理

硕士专业 体育、体育教育训练学、体育人文社会学、运动人体科学

院系设置

体育系、运动系、运动健康科学系、民族体育与表演系、职业技术学院、研究生部、继续教育部、奥林匹克学院、社科部、运动员教育教学管理部

国家级、省部级研究机构设置

1. 实验室:运动人体科学江苏省高校重点建设实验室
2. 研究中心(所):运动人体科学江苏省基础课实验教学示范中心、体育人文社会学研究中心

定期公开出版的专业刊物 《南京体育学院学报(社会科学版)》《南京体育学院学报(自然科学版)》

学校设立奖学金情况

学校设立奖学金 6 项,奖励总金额 270 余万元。奖学金最高金额 8000 元/年,最低 400 元/年。

主要校办产业

江苏康荣体育发展有限公司

学校历史沿革

南京体育学院的前身为 1956 年成立的南京体育学校,1958 年经江苏省人民政府批准,由江苏师范体育专修科、江苏省体育干部训练班、南京体育学校合并成立南京体育学院。经过 50 多年的发展,南京体育学院已经发展成为一个集体育专业学校、高水平专业运动训练基地和体育科研中心为一体的特色型高等体育院校。

南京艺术学院

学校(机构)标识码	4132010331
学校办学类型	412:本科院校:学院
学校性质类别	11 艺术院校
学校举办者	811 省级教育部门
学校地址	南京市北京西路 74 号
邮政编码	210013
办公电话	025 - 83498015
传真电话	025 - 83498122
校园(局域)网域名	www.njarti.edu.cn
电子信箱	nyyb@ njarti.edu.cn
占地面积(平方米)	480002
校舍建筑面积(平方米)	231939
图书(万册)	80.3
固定资产总值(万元)	79273
教学、科研仪器设备资产值(万元)	7974
在校生数(人)	10526
其中:普通本科	8497
成人本科	901
成人专科	216
博士研究生	103
硕士研究生	689
留学生	120
专任教师(人)	634
其中:正高级	132
副高级	122
中级	221
初级	127
未定职级	32

本科专业 表演、播音与主持艺术、导演、雕塑、动画、服装设计与工程、工业设计、公共事业管理、广播电视编导、广告学、

会展艺术与技术、绘画、录音艺术、美术学、摄影、数字媒体艺术、舞蹈编导、舞蹈学、戏剧影视文学、艺术教育、艺术设计、艺术设计学、音乐表演、音乐学、作曲与作曲技术理论

博士专业 电影学、美术学、设计艺术学、数字媒体艺术、文化产业研究、艺术学、音乐学

硕士专业 电影学、广播电视艺术学、美术、美术学、设计艺术学、舞蹈学、艺术设计、艺术学、音乐、音乐学

院系设置

美术学院、音乐学院、设计学院、电影电视学院、传媒学院、舞蹈学院、流行音乐学院、人文学院、高等职业教育学院、工业设计学院、文化产业学院、尚美学院、成人教育学院、国际教育学院

国家级、省部级研究机构设置

实验室：江苏省艺术设计材料与工艺重点实验室

研究中心(所)：江苏省文化艺术发展研究中心

博士后科研流动站 艺术学一级学科博士后科研流动站。

定期公开出版的专业刊物 《美术与设计》、《音乐与表演》

学校设立奖学金情况

学校设立奖学金8项；奖励总金额440余万元。奖学金最高金额400元/人/年，最低金额300元/人/年。

主要校办产业

南京艺术学院艺丰艺术发展公司、江苏南艺艺术设计工程中心、常熟南艺艺术设计有限公司、南京艺术学院艺术设计院

学校历史沿革

南京艺术学院是中国最早创立的独立建制的艺术院校，其前身华东艺术专科学校是由上海美术专科学校(1912年创立)、苏州美术专科学校(1922年创立)、山东大学(1901年创立)艺术系美术、音乐两科于1952年合并而成，址于无锡。1958年华东艺术专科学校迁址南京，6月更名为南京艺术专科学校，1959年定名为南京艺术学院。

苏州科技学院

学校(机构)标识码	4132010332
学校办学类型	412：本科院校：学院
学校性质类别	02 理工院校
学校举办者	811 省级教育部门
学校地址	苏州市高新区科锐路1号
邮政编码	215009
办公电话	0512-69379142
传真电话	0512-69379140
校园(局域)网域名	www.usts.edu.cn
电子信箱	fzb@mail.usts.edu.cn
占地面积(平方米)	1086626
校舍建筑面积(平方米)	513135
图书(万册)	141.17
固定资产总值(万元)	121000.4
教学、科研仪器设备资产值(万元)	13930.51
在校生数(人)	19653
其中：普通本科	13271
成人本科	4562
成人专科	1071
硕士研究生	748
留学生	1
专任教师(人)	925
其中：正高级	139
副高级	329
中级	417
初级	40

本科专业 材料化学、测绘工程、城市规划、地理科学、地理信息系统、电气工程及其自动化、电子信息工程、电子信息科学与技术、动画、对外汉语、给水排水工程、工程管理、工程管理(国际班)、工程力学、工商管理、功能材料、广播电视新闻学、汉语言文学、汉语言文学(师范)、化学、环境工程、环境科学、机械设计制造及其自动化、计算机科学与技术、计算机科学与技术(软件服务外包)、建筑环境与设备工程、建筑学、交通工程、教育技术学、景观学、景观学(幕墙)、劳动与社会保障、历史学、旅游管理、美术学、人力资源管理、日语、社会工作、生物工程、生物技术、生物科学、市场营销、数学与应用数学、数字媒体艺术、思想政治教育(师范)、通信工程、土木工程、无机非金属材料工程、物理学、物流管理、信息与计算科学、艺术设计(平面)、艺术设计(室内)、音乐学(师范)、英语、英语(师范)、应用化学、应用物理学、应用心理学、园林、资源环境与城乡规划管理

硕士专业 城市规划与设计(含：风景园林规划)、防灾减灾工程及防护工程、工程、环境工程、基础数学、结构工程、伦理学、世界史、市政工程、应用化学、专门史

院系设置

建筑与城市规划学院、环境科学与工程学院、土木工程学院、电子与信息工程学院、经济与管理学院、化学与生物工程学院、人文学院、教育与公共管理学院、传媒与视觉艺术学院、数理学院、外国语学院、音乐学院、机电工程系、体育部

国家级、省部级研究机构设置

1. 实验室：江苏省环境科学与工程重点实验室、江苏省结构工程重点实验室、江苏环境功能材料重点实验室、江苏省环境工程技术工程实验室

2. 研究中心(所)：江苏省现代测绘仪器工程技术研究中心、江苏省苏州太阳能和风能发电设备检测公共技术服务中心、江苏省塑料改性工程技术研究所、企业社会责任研究中心(江苏省人文社科重大研究培育基地)、苏州科技学院大学科技园、江苏省企业院士工作站

定期公开出版的专业刊物 《苏州科技学院学报(自然科学版)》、《苏州科技学院学报(社会科学版)》、《苏州科技学院学报(工程技术版)》

学校设立奖学金情况

学校设立奖学金36项，奖励总金额443.8万元，奖学金最高金额10000元/年，最低金额200元/年。

1. 新生奖学金：院长特别奖4600元/人、优秀学习奖2300元/人、优秀专业奖3400元/人、单项奖1000元/人

2. 综合奖学金：特别奖3000元/人/学年、一等奖2000元/人/学年、二等奖1000元/人/学年、三等奖500元/人/学年

3. 学习优秀奖：200元/人/学年

4. 社会工作奖:200元/人/学年
5. 文体活动奖:200元/人/学年
6. 自强不息奖:200元/人/学年
7. 学习进步奖:200元/人/学年
8. 社会实践奖:200元/人/学年
9. 科技论文奖:500元/篇/人
10. 师范生专业奖学金:500元/人/学年
11. 盛力机械勤学奖学金:一等奖3000元/人/学年、二等奖2000元/人/学年、三等奖1000元/人/学年
12. 鑫龙勤学奖学金:一等奖3000元/人/学年、二等奖2000元/人/学年、三等奖1000元/人/学年
13. 越建勤学奖学金:一等奖3000元/人/学年、二等奖2000元/人/学年、三等奖1000元/人/学年
14. 阿克苏诺贝尔勤学奖:一等奖4000元/人/学年、二等奖3000元/人/学年、三等奖1500元/人/学年、四等奖1000元/人/学年
15. 澄辉奖学金:1000元/人/学年
16. 奉天海奖学金:1000元/人/学年
17. 一箭奖学金:1000元/人/学年
18. 亚细亚奖学金:2000元/人/学年
19. 亚翔奖学金:1500元/人/学年
20. 亚翔储学金:10000元/人/学年
21. 研究生、本科生寒山教育奖学金:2000元/人/学年

主要校办产业

苏州科技学院资产经营有限公司、苏州天河环保科技开发有限公司、苏州市环院工程咨询有限公司、苏州科大城市规划设计研究院有限公司、苏州科技学院设计研究院有限公司、苏州天狮建设监理有限公司、苏州科大科技园有限责任公司

学校历史沿革

苏州科技学院于2001年9月由苏州城市建设环境保护学院与苏州铁道师范学院合并组建而成。原苏州城市建设环境保护学院为1985成立的建设部直属院校,1998年通过教育部本科教学工作合格评估。原苏州铁道师范学院为1980年成立的铁道部直属院校。2000年两所学校的隶属关系同时划转为江苏省,实行"中央与地方共建,以地方管理为主"的办学管理体制。两校的办学历史可以追溯到五十年代初。2007年,学校本科教学工作水平被国家教育部评为"优秀"。

常熟理工学院

学校(机构)标识码 4132010333	电子信箱 db3@cslg.cn	普通专科 21
学校办学类型 412:本科院校:学院	占地面积(平方米) 1169724	成人本科 2056
学校性质类别 02 理工院校	校舍建筑面积(平方米) 596419	成人专科 2604
学校举办者 811 省级教育部门	图书(万册) 125.6	专任教师(人) 749
学校地址 江苏省常熟市南三环路99号	固定资产总值(万元) 99076.76	其中:正高级 82
	教学、科研仪器设备资产值(万元) 12792.17	副高级 210
邮政编码 215500		中级 370
办公电话 0512-52251113	在校生数(人) 16731	初级 75
传真电话 0512-52251113	其中:普通本科 12050	未定职级 12
校园(局域)网域名 www.cslg.cn		

本科专业 安全工程、材料科学与工程、材料科学与工程(高分子材料)、材料科学与工程(金属材料)、材料科学与工程(无机功能材料)、财务管理、财务管理(工程预算)、测控技术与仪器、朝鲜语、电气工程及其自动化、电气工程及其自动化(单招)、电子科学与技术、电子信息工程、服装设计与工程(单招)、服装设计与工程(理工类)、工程管理、公共事业管理、光电信息工程、光电信息工程(光伏技术与产业)、汉语言文学、汉语言文学(师范)、汉语言文学(文秘)、化学(师范)、机械电子工程、机械电子工程(国际课程实验班)、机械电子工程(中外合作)、机械工程及自动化、机械工程及自动化(材料成型)、机械工程及自动化(单招)、机械工程及自动化(电梯工程)、机械工程及自动化(机电工程)、机械工程及自动化(机械设计)、机械工程及自动化(机械设计与制、机械工程及自动化(机械制造)、计算机科学与技术、计算机科学与技术(软件服务外包、计算机科学与技术(师范)、历史学(师范)、历史学(文化产业)、旅游管理、旅游管理(酒店管理)、美术学(师范)、汽车服务工程、日语、软件工程、软件工程(服务外包)、软件工程(嵌入式软件人才培养)、生物工程、生物科学、生物科学(师范)、食品科学与工程、食品质量与安全、市场营销、数学与应用数学、数学与应用数学(经济数学)、数学与应用数学(软件设计)、数学与应用数学(师范)、数字媒体技术、数字媒体技术(嵌入式软件人才培、思想政治教育、思想政治教育(企业文化)、统计学、网络工程、网络工程(嵌入式软件人才培养)、文化产业管理、物理学(师范)、物联网工程(嵌入式软件人才培养、小学教育、学前教育、艺术设计、艺术设计(服装设计)、艺术设计(国际课程实验班)、艺术设计(环艺设计)、艺术设计(烹饪设计)、艺术设计(烹饪艺术)、艺术设计(平面设计)、音乐学(师范)、英语、英语(经贸)、英语(商务英语)、英语(师范)、应用化学、自动化、自动化(单招)、自动化(电气工程)、自动化(电气工程)(单招)

专科专业 财务管理、工程造价、汽车检测与维修技术、艺术设计、艺术设计(单招)、应用化工技术

院系设置

人文学院、外国语学院、艺术学院、生物与食品工程学院、计算机科学与工程学院、物理与电子工程学院、数学与统计学院、化学与材料工程学院、机械工程学院、电气与自动化工程学院、管理学院、继续教育学院、社会科学部、体育部

国家级、省部级研究机构设置

江苏省新型功能材料重点实验室；
江苏省纺织机械工程研究中心

定期公开出版的专业刊物 《常熟理工学院学报》、《东吴学术》

学校设立的奖学金情况

1. 国家奖学金：8000元/人，人数37人，金额29.6万元；
2. 国家励志奖学金：5000元/人，人数464人，金额232万元；
3. 国家助学金：2000元/人，人数2384人，金额476.8万元；
4. 校综合奖学金：500-2000元/人，人数3920人，金额392.185万元；
5. 特困生奖学金：200-500元/人，人数469人，金额12.995万元；
6. 校单项奖学金：80-800元/人，人数2960人，金额36.872万元；
7. 新生奖学金：3000-10000元/人，人数17人，金额7.1万元；
8. 长方奖学金：500-3000元/人，人数44人，金额3万元；
9. 移动奖学金：500-3000元/人，人数20人，金额4万元；
10. 夏普奖学金：500-3000元/人，人数20人，金额5万元；
11. NSK奖学金：500-3000元/人，人数20人，金额5万元；
12. 长春奖学金：500-3000元/人，人数10人，金额2万元；
13. 常熟青联、东阳商会奖学金：500-3000元/人，人数10人，金额2万元；
14. 中和教育基金：500-3000元/人，人数100人，金额20万元；
15. 农商行助学金：500-3000元/人，人数30人，金额6万元；
16. 隈利实国际助学金：500-3000元/人，人数20人，金额4万元；
17. 昌元助学金：500-3000元/人，人数13人，金额3.9万元；
18. 联通助学金：500-3000元/人，人数20人，金额3万元。

毕业生一次就业率 92.04%

学校历史沿革

常熟理工学院的前身是苏州师范专科学校和常熟职业大学。苏州师范专科学校创建于1958年，停办于1962年，其后经历了苏州地区"五七"实训班、苏州地区师范学校，1983又恢复了苏州师范专科学校。常熟职业大学创办于1984年，1985年、1987年先后将原常熟职业大学和常熟市工艺美术职业大学并入。1989年，经原国家教委和江苏省人民政府批准，苏州师范专科学校与常熟职业大学两校合并，建立常熟高等专科学校。2004年5月，经国家教育部批准，撤销常熟高等专科学校建制，建立常熟理工学院，为省属普通本科院校。

民办明达职业技术学院

学校(机构)标识码 4132010826	传真电话 0515-82314699	在校生数(人) 2443
学校办学类型 415；专科院校：高等职业学校	校园(局域)网域名 www.mdut.cn	其中：普通专科 2443
	占地面积(平方米) 491779	专任教师(人) 130
学校性质类别 02 理工院校	校舍建筑面积(平方米) 104981	其中：正高级 3
学校举办者 999 民办	图书(万册) 26.58	副高级 27
学校地址 江苏省盐城市射阳县	固定资产总值(万元) 15697	中级 46
邮政编码 224300	教学、科研仪器设备资产值(万元) 1878.3	初级 53
办公电话 0515-82314618		未定职级 1

专科专业 电气自动化技术、电子商务、电子信息工程技术、动漫设计与制造、工商企业管理、广告设计与制作、国际经济与贸易、会计电算化、会展策划与管理、机电一体化技术、机械设计与制造、计算机多媒体技术、计算机网络技术、计算机应用技术、连锁经营管理、旅游管理、旅游英语、模具设计与制造、汽车技术服务与营销、软件技术、商务日语、商务英语、市场营销、视觉传达艺术设计、数控设备应用与维护、物流管理、应用电子技术、装潢艺术设计

院系设置

经济贸易系、信息工程系、机电工程系、旅游系、外语系、艺术设计系

定期公开出版的专业刊物 《明达职业技术学院学报》

学校设立奖学金情况

学校设立奖学金4项，奖励总金额25余万元，奖学金最高金额1000元/年，最低金额200元/年。

学校历史沿革

明达职业技术学院于1995年5月经江苏省人民政府批准待办，1999年3月经国家教育部批准正式建立。

无锡职业技术学院

学校(机构)标识码　4132010848
学校办学类型　415:专科院校:高等职业学校
学校性质类别　02 理工院校
学校举办者　811 省级教育部门
学校地址　无锡市高浪西路 1600 号
邮政编码　214122
办公电话　0510-85916000
传真电话　0510-85917000
电子信箱　bangs@wxit.edu.cn
占地面积(平方米)　664200
校舍建筑面积(平方米)　313607
图书(万册)　75.09
固定资产总值(万元)　16884.05
教学、科研仪器设备资产值(万元)　13789.26
在校生数(人)　14944
其中:普通专科　11041
　　　成人专科　3903
专任教师(人)　553
其中:正高级　18
　　　副高级　123
　　　中级　248
　　　初级　136
　　　未定职级　28

专科专业　材料成型与控制技术、财务管理、电气自动化技术、电子工艺与管理、电子商务、电子信息工程技术、动漫设计与制作、工商企业管理、供热通风与空调工程技术、光伏发电技术及应用、广告设计与制作、国际贸易实务、国际商务、会计、机电一体化技术、机械设计与制造、计算机控制技术、计算机网络技术、计算机应用技术、酒店管理、连锁经营管理、旅游管理、模具设计与制造、汽车技术服务与营销、汽车检测与维修技术、汽车整形技术、软件技术、商务日语、商务英语、生产过程自动化技术、市场营销、数控技术、数控设备应用与维护、微电子技术、物联网应用技术、物流管理、应用德语、应用电子技术、应用法语、自动化生产设备应用

学校历史沿革

无锡职业技术学院的前身为农业机械部无锡农业机械学校,创建于 1959 年。1978 年 3 月改名为江苏无锡机械制造学校,1999 年 7 月经教育部批准升格为无锡职业技术学院。

江苏建筑职业技术学院

学校(机构)标识码　4132010849
学校办学类型　415:专科院校:高等职业学校
学校性质类别　02 理工院校
学校举办者　811 省级教育部门
学校地址　江苏省徐州市泉山区学苑路 26 号
邮政编码　221116
办公电话　0516-83889000
传真电话　0516-83888547
校园(局域)网域名　www.jsjzi.edu.cn
电子信箱　dwbgs@xzcat.edu.cn
占地面积(平方米)　715997
校舍建筑面积(平方米)　563480
图书(万册)　59.76
固定资产总值(万元)　60693.2
教学、科研仪器设备资产值(万元)　12468.82
在校生数(人)　16106
其中:普通专科　12244
　　　成人专科　3862
专任教师(人)　502
其中:正高级　26
　　　副高级　129
　　　中级　248
　　　初级　99

专科专业　保险实务、道路桥梁工程技术、道路桥梁工程技术(监理)、电气自动化技术、电气自动化技术【单招】、电子商务、电子信息工程技术、法律事务、房地产经营与估价、给排水工程技术、工程测量技术、工程监理、工程造价、工程造价【单招】、工程造价【直通车】、供热通风与空调工程技术、供用电技术、广告设计与制作、国际商务、环境监测与治理技术、环境监测与治理技术【单招】、会计、会计(建筑会计)、机电一体化【单招】、机电一体化技术、机械设计与制造、计算机控制技术、计算机控制技术【单招】、计算机网络技术【单招】、计算机应用技术【单招】、建筑电气工程技术、建筑钢结构工程技术、建筑工程管理(工程项目管理)、建筑工程技术、建筑工程技术(建筑安全)、建筑工程技术(建筑材料与监测)、建筑工程技术【单招】、建筑工程技术【直通车】、建筑设备工程技术、建筑设备工程技术(空调与制冷)、建筑设计技术、建筑设计技术【直通车】、建筑装饰工程技术、建筑装饰工程技术【直通车】、酒店管理、矿井建设、矿井建设(预算)【煤企单招】、矿井通风与安全、矿山机电、连锁经营管理、楼宇智能化工程技术、模具设计与制造、模具设计与制造【单招】、软件技术、软件技术【单招】、商务日语、商务英语(涉外建筑工程)、社区管理与服务、市场营销、市政工程技术、市政工程技术【单招】、视觉传达艺术设计、室内设计技术、数控技术、数控技术【单招】、水利工程、通信技术、文秘(工程造价文秘)、文秘(建筑文秘)、物流管理、艺术设计(建筑动画设计)、艺术设计(室内设计)、园林工程技术、中国古建筑工程技术、资产评估与管理

院系设置

学院现有 11 个二级学院(建筑工程技术学院、建筑设备工

程学院、建筑装饰艺术学院、建筑工程管理学院、建筑设计学院、市政工程学院、矿业工程学院、机电工程学院、信息电子工程学院、经济管理学院、人文与社会科学学院）、3个教学部（公共基础教学部、思政部、体育教学部）和继续教育学院共15个教学单位。

国家级、省部级研究机构设置

学院建有建筑节能、建筑安全2个省级工程技术研发中心

定期公开出版的专业刊物 《徐州建筑职业技术学院学报》

学校设立奖学金情况

学校设立奖学金4项，奖励总金额180余万元。奖学金最高金额3000元/年，最低额200元/年。

主要校办产业

学院有徐州建苑印务有限公司、徐州方圆工程建设监理公司、徐州煤炭工业环保设备工程公司

学校历史沿革

江苏建筑职业技术学院始建于1979年，原为中国人民解放军基建工程兵第三技术学校；1983年，随百万裁军，划归原国家煤炭工业部；1998年随国务院机构改革，煤炭工业部撤消，划归江苏省；1999年，经教育部批准升格为徐州建筑职业技术学院；2011年1月更名为"江苏建筑职业技术学院"。

南京工业职业技术学院

学校（机构）标识码	4132010850
学校办学类型	415：专科院校：高等职业学校
学校性质类别	02 理工院校
学校举办者	811 省级教育部门
学校地址	江苏省南京市仙林大学城羊山北路1号-1
邮政编码	210046
办公电话	025-85864151
传真电话	025-85864195
校园（局域）网域名	www.niit.edu.cn
电子信箱	niit@niit.edu.cn
占地面积（平方米）	907632
校舍建筑面积（平方米）	383624
图书（万册）	91.97
固定资产总值（万元）	78243.16
教学、科研仪器设备资产值（万元）	13687.57
在校生数（人）	12176
其中：普通专科	12176
专任教师（人）	604
其中：正高级	38
副高级	168
中级	329
初级	63
未定职级	6

专科专业 财务管理（财务主管）、产品造型设计、产品造型设计（轻工产品造型设计）、产品造型设计（首饰造型设计）、产品造型设计（展示设计与制作）、电气自动化技术、电子商务、电子信息工程技术、动漫设计与制作（二维）、动漫设计与制作（三维）、房地产经营与估价、房地产经营与估价（开发项目经理、高分子材料加工技术、高分子材料应用技术、工程造价、工程造价（注册造价师）、供热通风与空调工程技术、国际贸易实务、国际贸易实务（外贸业务经理）、国际商务、环境艺术设计（施工管理）、环境艺术设计（室内设计）、环境艺术设计（园林景观设计）、会计、会计（注册会计师）、机电一体化技术、机电一体化技术（数控机床维护）、机械设计与制造、机械制造与自动化、机械制造与自动化（电气自动化技术）、机械制造与自动化（数控工艺与编程）、机械制造与自动化（数字模具设计）、计算机多媒体技术、计算机多媒体技术（游戏软件设计）、计算机网络技术、计算机应用技术、计算机应用技术（电子商务）、计算机应用技术（计算机与信息系）、计算机应用技术（嵌入式计算机系）、计算机应用技术（软件工程）、计算机应用技术（商务信息技术）、计算机应用技术（网络管理）、计算机应用技术（网络技术）、建筑工程管理、建筑工程管理（施工项目经理）、建筑工程技术、酒店管理（酒店经理）、连锁经营管理（店长）、楼宇智能化工程技术、旅游管理、旅游管理（导游管理）、旅游管理（旅游与酒店管理）、模具设计与制造、汽车技术服务与营销、汽车检测与维修技术、汽车制造与装配技术、嵌入式技术与应用、软件技术、软件技术（.NET）、软件技术（JAVA）、软件技术（软件测试）、商务英语、商务英语（国际贸易）、市场营销、市场营销（连锁经营管理）、市场营销（汽车营销）、视觉传达艺术设计（广告设计制作）、视觉传达艺术设计（品牌设计）、数控技术、数控技术（数控加工工艺与编程）、数控设备应用与维护、通信技术、统计实务（国际贸易）、统计实务（市场调查）、投资与理财、投资与理财（理财规划师）、文秘（商贸秘书与策划）、文秘（文秘与策划）、物联网应用技术、物流管理、新能源应用技术、影视动画、影视动画（动画设计（三维））、影视动画（动漫设计与制作（二维、影视动画（三维动画设计与制作）、影视动画（摄影与摄像技术）、影视动画（影视多媒体制作）、影视动画（影视后期与制作（商业、影视动画（游戏美术设计）、应用电子技术、应用韩语、应用韩语（国际韩语）、应用韩语（国际贸易）、应用日语、应用日语（国际贸易）、装饰艺术设计、装饰艺术设计（家纺设计）、装饰艺术设计（轻工产品造型装饰、装饰艺术设计（首饰造型设计）、装饰艺术设计（陶瓷美术设计）

院系设置

机械工程学院、能源与电气工程学院、经济管理学院、计算机与软件学院、艺术设计学院、人文与数理系、外语系、社会科学部、体育部、国际教育学院、继续教育学院

国家级、省部级研究机构设置

1. 国家级：国家高职教育数控技术实训基地、国家高职教育电工电子与自动化实训基地、国家高职教育新能源应用技术与装备制造实训基地

2. 省级：江苏省精密制造工程技术研究开发中心、电气技术实验中心、江苏省智能传感器网络工程技术研究开发中心、江苏省医疗器械工程技术研究中心

定期公开出版的专业刊物 《南京工业职业技术学院学报》

学校设立奖学金情况

学校设立奖学金6项,奖励总金额101.32余万元,奖学金最高金额10000元/年,最低金额800元/年。

主要校办产业

南京高开特精密机械厂、南京众益达实业公司、南京炎培印刷厂、南京工业职业技术学院资产经营有限责任公司

学校历史沿革

上海市私立中华职业学校(1918年-1951年)(我国著名教育家黄炎培先生在上海创办);中央人民政府轻工业部上海中华职业学校(1952年-1953年);中央轻工业部上海轻工业学校(1953年-1954年);中央轻工业部上海机械学校(1954年-1960年);轻工业部南京机电学校(1960年-1995年);南京机电学校(1995年-1999年);南京工业职业技术学院(1999年至今)(1999年经国家教育部批准,在南京机电学校基础上建立南京工业职业技术学院,隶属于江苏省教育厅领导和管理)。

南通纺织职业技术学院

学校(机构)标识码	4132010958
学校办学类型	415:专科院校:高等职业学校
学校性质类别	02 理工院校
学校举办者	811 省级教育部门
学校地址	南通市青年东路105号
邮政编码	226007
办公电话	0513-81050000
传真电话	0513-83567234
校园(局域)网域名	www.nttec.edu.cn
电子信箱	fybgs@nttec.edu.cn
占地面积(平方米)	466520
校舍建筑面积(平方米)	182299
图书(万册)	48.86
固定资产总值(万元)	60956
教学、科研仪器设备资产值(万元)	11004.26
在校生数(人)	11005
其中:普通专科	9014
成人专科	1983
留学生	8
专任教师(人)	388
其中:正高级	15
副高级	115
中级	192
初级	60
未定职级	6

专科专业 电气自动化技术、电子商务、电子信息工程技术、电子信息工程技术(智能电子)、动漫设计与制作、动漫设计与制作(二维动画)、动漫设计与制作(三维动画)、纺织品装饰艺术设计、服装表演、服装设计、服装设计(服装展示)、服装设计(品牌策划)、服装设计(时装样板)、服装设计(形象设计)、服装设计(针织服装设计)、服装营销与管理、服装制版与工艺、工程造价、工商企业管理、工商企业管理(营销管理)、工商企业管理(营销与策划)、工业分析与检验、工业分析与检验(化工产品及原材)、广告与会展、国际贸易实务(报关与商检)、国际贸易实务(单证)、国际贸易实务(跟单)、国际商务、环境艺术设计、会计、会计(税务会计)、机电一体化技术、计算机网络技术、计算机网络技术(网络工程)、计算机网络技术(网络规划与开发)、计算机应用技术、家用纺织品设计、建筑工程技术、建筑装饰工程技术(工程管理)、建筑装饰工程技术(装饰设计)、酒店管理、连锁经营管理、楼宇智能化工程技术(安全防范)、楼宇智能化工程技术(智能楼宇)、旅游管理、模具设计与制造、平面广告设计、染整技术(跟单与贸易)、染整技术(染料助剂)、染整技术(染料助剂应用与营销)、染整技术(染整产品跟单与贸易)、染整技术(染整产品检测与贸易)、染整技术(染整工艺)、软件技术、软件外包服务、商务日语、商务英语、市场营销、市政工程技术、室内设计技术、室内设计技术(建筑电脑表现)、室内设计技术(装饰工程管理)、数控技术、物流管理、物流管理(国际物流)、现代纺织技术(纺织工艺)、现代纺织技术(纺织面料设计)、现代纺织技术(纺织品检测与经贸)、现代纺织技术(纺织品设计)、现代纺织技术(家用纺织品工艺)、新能源应用技术、新型纺织机电技术、艺术设计(建筑效果图设计)、艺术设计(室内设计)、应用电子技术、应用化工技术、应用化工技术(精细化学品生产与、应用英语(酒店管理)、应用英语(涉外旅游)、针织技术与针织服装、针织技术与针织服装(针织服装工、针织品工艺与贸易)

院系设置

纺织系、染化系、机电系、艺术系、服装系、经贸系、外语系、信息系、建工系、体育与军事教学部、社科部、继续教育学院、国际合作学院(堪培门学院)

国家级、省部级研究机构设置

江苏省家用纺织品与服装工程技术研发中心

江苏省风光互补发电工程技术研究开发中心

定期公开出版的专业刊物 《南通纺织职业技术学院学报》、《南通纺织职业技术学院报》

学校设立奖学金情况

学院设立奖助学金15项,奖励总金额约为2075万元。奖学金最高金额8000元/年,最低400元/年。

学校历史沿革

南通纺织专科学校(1957-1959);南通纺织工业学校(1960-1963);江苏省南通纺织技术学校(1964-1978);江苏省南通纺织工业学校(1979-1999.8);南通纺织职业技术学院(1999.9至今)。

苏州工艺美术职业技术学院

学校(机构)标识码　4132010960
学校办学类型　415：专科院校：高等职业学校
学校性质类别　11 艺术院校
学校举办者　811 省级教育部门
学校地址　江苏省苏州市吴中大道国际教育园南区致能大道189号
邮政编码　215104
办公电话　0512-66501081
传真电话　0512-66501080
校园(局域)网域名　www.sgmart.com
电子信箱　sgmart@126.com
占地面积(平方米)　374299
校舍建筑面积(平方米)　199148
图书(万册)　37.76
固定资产总值(万元)　64189
教学、科研仪器设备资产值(万元)　8696
在校生数(人)　4824
　其中：普通专科　4742
　　　　成人专科　82
专任教师(人)　324
　其中：正高级　10
　　　　副高级　79
　　　　中级　190
　　　　初级　44
　　　　未定职级　1

专科专业　产品造型设计、雕塑艺术设计、服装表演、服装设计、服装设计与工程、广告媒体设计、广告摄影、环境艺术设计、家具设计、景观设计、室内设计、室内设计与工程管理、书画鉴定与修复、数字媒体技术、苏绣设计与制作、陶艺设计、玩具设计、影视动画、娱乐软件设计、展示设计、珠宝首饰设计与制作、装饰艺术设计

院系设置
设有装饰艺术系、环境艺术系、视觉传达系、服装工程系、数字艺术系、工业设计系

国家级、省部级研究机构设置
学院另设有中国工艺美术研究院、江苏省工业设计工程技术研发中心

定期公开出版的专业刊物　《苏州工艺美术职业技术学院学报》(季刊)。

学校设立奖学金情况
设有奖学金 3 项，奖励总额 53 余万元，奖学金最高金额 3000 元/年，最低金额 200 元/年。

主要校办产业
为苏州桃花坞木刻年后社、苏州工艺美院环境艺术设计研究院

学校历史沿革
苏州工艺美术职业技术学院于 1999 年 8 月经教育部和江苏省人民政府批准，学院拥有 80 多年的工艺美术教育传统，前身为 1958 年 8 月创办的"苏州工艺美术专科学校"。

淮阴工学院

学校(机构)标识码　4132011049
学校办学类型　412：本科院校：学院
学校性质类别　02 理工院校
学校举办者　811 省级教育部门
学校地址　江苏省淮安市高教园区枚乘东路1号
邮政编码　223003
办公电话　0517-83591010
传真电话　0517-83524999
校园(局域)网域名　www.hyit.edu.cn
电子信箱　office.mail.hyit.edu.cn
占地面积(平方米)　1380134
校舍建筑面积(平方米)　572705
图书(万册)　133.06
固定资产总值(万元)　132018.33
教学、科研仪器设备资产值(万元)　14000.72
在校生数(人)　17174
　其中：普通本科　14207
　　　　成人本科　1034
　　　　成人专科　1933
专任教师(人)　933
　其中：正高级　58
　　　　副高级　220
　　　　中级　590
　　　　初级　65

本科专业　材料成型及控制工程、财务管理、财务管理(中外办学)、测控技术与仪器、车辆工程、城市规划、电气工程及其自动化、电气信息类、电子科学与技术、电子信息工程、工程管理、工商管理、工商管理类、工业设计、公共事业管理、国际经济与贸易、化学工程与工艺、环境工程、会计学、机械电子工程、机械设计制造及其自动化、计算机科学与技术、建筑学、交通工程、交通运输、金属材料工程、农学、农学(中外办学)、汽车服务工程、人力资源管理、软件工程、社会工作、生物工程、食品科学与工程、食品质量与安全、市场营销、通信工程、土木工程、物流工程、信息管理与信息系统、信息与计算科学、艺术设计、英语、应用物理学、园林、园艺、制药工程、自动化

院系设置
机械工程学院、电子与电气工程学院、计算机工程学院、建筑工程学院、交通工程学院、生命科学与化学工程学院、经济管理学院、外国语学院、人文学院、数理学院、设计艺术学院

国家级、省部级研究机构设置

省级实验室：数字化制造技术重点实验室、凹土资源利用重点实验室、介入医疗器械研究重点实验室、盐化工新材料工程实验室

定期公开出版的专业刊物　《淮阴工学院学报》

学校设立奖学金情况

学校设立奖学金四项，奖励总金额288万元/年，最低金额600元/年。

主要校办产业

淮安市淮工深蓝软件有限公司、淮安市教育建筑设计研究院有限公司、淮安市淮工校办企业发展有限公司、淮安市淮工印务有限公司、淮安市淮阴工学院汽车驾驶员培训学校、淮安市淮工太阳能有限公司

学校历史沿革

建于1958年，时为淮阴工业专科学校。1990年淮海交通职业专科学校并入淮阴工业专科学校。2000年3月经教育部批准，淮阴工业专科学校与江苏农垦职工大学、淮阴职工大学合并组建淮阴工学院。

连云港职业技术学院

学校(机构)标识码　4132011050	校园(局域)网域名　www.lygtc.cn	其中：普通专科　8253
学校办学类型　415：专科院校：高等职业学校	电子信箱　yzbgs@lygtc.net.cn	成人专科　805
	占地面积(平方米)　766705	留学生　9
学校性质类别　02 理工院校	校舍建筑面积(平方米)　329134	专任教师(人)　430
学校举办者　822 地级其他部门	图书(万册)　67.11	其中：正高级　6
学校地址　江苏省连云港市新浦区晨光路2号	固定资产总值(万元)　79171	副高级　143
	教学、科研仪器设备资产值(万元)　5618.12	中级　164
邮政编码　222000		初级　72
办公电话　0518-85985088	在校生数(人)　9067	未定职级　45
传真电话　0518-85985010		

专科专业　报关与国际货运、船舶工程技术、电脑艺术设计、电气自动化技术、电子商务、电子信息工程技术、服装设计、港口工程技术、港口物流设备与自动控制、港口业务管理、工程监理、工程造价、国际贸易实务、海事管理、化学制药技术、环境艺术设计、会计与审计、机电一体化技术、计算机网络技术、计算机应用技术、建筑工程技术、建筑设计技术、建筑装饰材料及检测、建筑装饰工程技术、酒店管理、连锁经营管理、旅游工艺品设计与制作、旅游管理、模具设计与制造、汽车技术服务与营销、人力资源管理、软件技术、商务日语、商务英语、生物制药技术、室内设计技术、数控技术、税务、文秘、物流管理、新闻采编与制作、营销与策划、影视动画、应用韩语、应用化工技术、园艺技术、智能监控技术

院系设置

机电工程学院、医药与化学工程学院、公共管理学院、建筑工程学院、信息工程学院、商学院、艺术与旅游学院、外国语学院（国际交流合作学院）、继续教育学院、基础课部、政治教学部

国家级、省部级研究机构设置

研究中心(所)：江苏省模具工程技术研究开发中心

定期公开出版的专业刊物　《连云港职业技术学院学报》

学校设立奖学金情况

学校设立奖学金6项，奖励总金额60余万元。奖学金最高金额1000元/年，最低金额60元/年。

主要校办产业

连云港金麦特现代制造技术发展有限公司、连云港金麦特精密机械有限公司、连云港树人科创有限公司、连云港格兰特化工有限公司、连云港职业技术学院后勤服务公司、连云港市科创机床有限公司、连云港晨光置业有限公司

学校历史沿革

连云港职业大学(1983——1999年)(含连云港职工大学)；1999年3月原连云港职业大学、原连云港市职业技术教育中心合并成立连云港职业技术学院。

镇江市高等专科学校

学校(机构)标识码　4132011051	学校举办者　822 地级其他部门	传真电话　0511-88962345
学校办学类型　414：专科院校：高等专科学校	学校地址　镇江市学府路61号	校园(局域)网域名　www.zjc.edu.cn
	邮政编码　212003	电子信箱　zjcxb@zjc.edu.cn
学校性质类别　02 理工院校	办公电话　0511-88962533	占地面积(平方米)　440892

校舍建筑面积（平方米） 231952	在校生数（人） 6425	副高级 184
图书（万册） 52.9	其中：普通专科 6425	中级 197
固定资产总值（万元） 19848.9	专任教师（人） 447	初级 38
教学、科研仪器设备资产值（万元） 4705	其中：正高级 13	未定职级 15

专科专业 产品造型设计、电气自动化技术、电子商务、法律事务、法律文秘、工业分析与检验、工业环保与安全技术、广告设计与制作、化工设备维修技术、化学制药技术、会计、机电一体化技术、机械制造与自动化、计算机辅助设计与制造、计算机应用技术、精细化学品生产技术、酒店管理、旅游管理、旅游英语、模具设计与制造、汽车检测与维修技术、人力资源管理、商务管理、商务英语、市场营销、司法助理、文化市场经营与管理、文秘、物流管理、小学教育、心理咨询、学前教育、音乐表演、影视广告、应用电子技术、应用化工技术、应用英语、装潢艺术设计、装饰艺术设计

院系设置
学校设有机械工程系、电子与信息系、化工系、管理系、旅游系、教师教育系、人文科学与社科部、艺术设计系、外语系、基础部、体育部、国际教育学院、师资培训中心和高等职业教育研究所等

定期公开出版的专业刊物 《镇江高专学报》
学校设立奖学金情况
学校设立奖学金4项，奖励总金额13.8余万元。奖学金最高金额1000元/年，最低金额100元/年。
学校历史沿革
1992年3月，原镇江职业大学、镇江教育学院、江苏广播电视大学镇江分校合并组建镇江高专。2001年5月，江苏省劳动经济学校成建制并入。2003年3月，江苏省丹阳师范学校成建制并入，同年，镇江市中小学教师培训中心并入。

南通职业大学

学校（机构）标识码 4132011052	校园（局域）网域名 www.ntvc.edu.cn	在校生数（人） 12865
学校办学类型 415：专科院校：高等职业学校	电子信箱 ntvc@mail.ntvc.edu.cn	其中：普通专科 10796
学校性质类别 02 理工院校	占地面积（平方米） 667326	成人专科 2069
学校举办者 822 地级其他部门	校舍建筑面积（平方米） 397298	专任教师（人） 537
学校地址 南通市青年东路139号	图书（万册） 92.2	其中：正高级 18
邮政编码 226007	固定资产总值（万元） 43105.62	副高级 169
办公电话 0513-81050812	教学、科研仪器设备资产值（万元） 8934.84	中级 304
传真电话 0513-81050812		初级 46

专科专业 环境艺术设计（室内、外环境装饰与船舶工程技术、电气自动化技术、电气自动化技术（船舶电气）、电气自动化技术（楼宇智能）、动漫设计与制作、动漫设计与制作（游戏开发）、房地产经营与估价、纺织品检验与贸易、分子材料应用技术、服装工艺技术、服装设计、服装设计（服装展示设计）、服装设计（针织服装设计）、港口物流设备与自动控制、高分子材料应用技术（新材料）、工程监理、工程造价、工业分析与检验、工业分析与检验（质量控制）、工业环保与安全技术、广告设计与制作、广告设计与制作（动画影视与平面、广告设计与制作（企业形象与产品、广告设计与制作（商业广告摄影）、国际经济与贸易（对日贸易）、国际经济与贸易（商务日语）、国际经济与贸易（外销与跟单）、国际商务（报关与报检）、环境监测与治理技术、会计（纳税策划）、会计（审计与理财）、会计（中外合作）、会计与统计核算、机电一体化技术、机电一体化技术（数控加工设备）、机电一体化技术（数控设备应用）、机电一体化技术（数控维修）、机电一体化技术（自动化生产设备）、机械制造与自动化、计算机信息管理（中外合作）、计算机应用技术（电子商务）、计算机应用技术（网络技术）、计算机应用技术（信息管理）、建筑钢结构工程技术、建筑工程管理、建筑工程技术、建筑工程技术（中外合作）、建筑装饰工程技术、精细化学品生产技术、连锁经营管理、旅游管理、旅游管理（国际旅游酒店）、模具设计与制造、汽车电子技术、汽车技术服务与营销、汽车检测与维修技术、染整技术、软件技术、生化制药技术、生物技术及应用、市场营销、市政工程技术、室内设计技术、室内设计技术（综合装饰设计）、室内设计技术（综合装饰设计）、数控技术、文秘（财务与会计）、文秘（商务）、文秘（商务管理）、文秘（涉外）、物流管理（港口物流）、物流管理（企业物流）、现代纺织技术、现代纺织技术（针织技术与服装）、新能源应用技术（风电运行与维护、药品经营与管理、艺术设计（服装陈列与展示）、艺术设计（家用纺织品设计）、艺术设计（室内、外环境装饰）、应用电子技术、应用电子技术（通信电子）、应用电子技术（微电子）、应用韩语（商务）、应用化工技术、应用日语（财务与会计）、应用日语（会计）、应用日语（商务）、应用日语（物流）、应用英语（报关）、应用英语（财务与会计）、应用英语（翻译）、应用英语（会计）、应用英语（商务）、应用英语（物流）、自动化生产设备应用

院系设置

目前设有成教学院、海门学院、国际交流学院、机械、电子信息、化学与生物工程、建筑工程、纺织服装、艺术设计、经济管理、应用人文与旅游管理、外国语等12个学院

定期公开出版的专业刊物 《南通职业大学学报》

学校设立奖学金情况

学校设立奖学金7项,奖励总额140余万元,奖学金最高金额1200元/年,最低金额100元/年。

主要校办产业

设有南通职业大学后勤服务有限公司、南通市通大建设监理有限公司、南通职业大学劳动服务公司

学校历史沿革

1973年4月,南通市成立机械工人大学和电子仪表系统工人大学,及一轻局、二轻局工人大学。1982年10月,这几所学校合并成立南通市职工大学。1983年5月9日,经江苏省人民政府批准,成立南通职业大学,与南通市职工大学"两块牌子,一套班子";1995年,南通市职工大学停办。1997年2月,南通市纺织职工大学并入南通职业大学。1999年6月,南通市粮食职工中专并入。2004年2月5日,南通技师学院并入。南通职业大学校名沿用至今。

苏州职业大学

学校(机构)标识码	4132011054
学校办学类型	415:专科院校:高等职业学校
学校性质类别	02 理工院校
学校举办者	822 地级其他部门
学校地址	苏州市吴中区致能大道106号
邮政编码	215014
办公电话	0512-66503928
传真电话	0512-66507801
校园(局域)网域名	www.jssvc.edu.cn
电子信箱	xiaoban@jssvc.edu.cn
占地面积(平方米)	841980
校舍建筑面积(平方米)	432516
图书(万册)	120.57
固定资产总值(万元)	118635.09
教学、科研仪器设备资产值(万元)	10362.81
在校生数(人)	26384
其中:普通专科	14081
成人专科	12303
专任教师(人)	678
其中:正高级	31
副高级	197
中级	419
初级	27
未定职级	4

专科专业 报关与货运、财务管理、产品造型、初等教育、电气、电子、电子商务、电子信息、动漫设计与制作、多媒体设计、法律事务、法律文秘、房地产经营、服装制版与工艺、工业分析、广告设计、国际交流、国际经济与贸易、国际商务、行政管理、行政实务(外)、环境艺术、会计、会计与审计、会展管理、机电一体化、机械制造与自动化、计算机多媒体、计算机应用、交通信息管理、金融保险、金融与证券、流程管理(外)、旅游工艺品、旅游管理、旅游日语、旅游英语、美术教育、模具、汽车技术服务与营销、汽车营销、汽车运用、嵌入式、群众文艺、人力资源管理、软件测试、软件技术、商务日语、商务英语、涉外商务秘书、食品营养与检测、视觉传达、数控技术、数学教育、体育教育、通信技术、投资与理财、网络安全、网络技术、网站应用开发、微电子、文化产业管理、物流管理、新闻采编、信息管理、学前教育、音乐教育、英语教育、英语口译、应用德语、游戏动画、语文教育、装饰艺术设计

院系设置

管理工程系、经贸系、机电工程系、计算机工程系、电子信息工程系、教育与人文科学系、外国语与国际交流系、艺术与设计系、基础部、干将路校区管委会

国家级、省部级研究机构设置

省级研究中心:软件工程技术研究开发中心,江苏省光伏发电工程技术研究开发中心

定期公开出版的专业刊物 《苏州市职业大学学报》、《苏州教育学院学报》

学校设立奖学金情况

学校设立奖学金4项,奖励总金额112余万元。奖学金最高金额5000/年,最低金额300/年。

学校历史沿革

苏州市职业大学成立于1981年5月,1993年苏州市经济管理干部学院并入我校。2003年苏州市市政府决定,由苏州市职业大学、苏州市职工大学、苏州市职工科技大学、苏州教育学院等合并筹建苏州学院。

常州工学院

学校(机构)标识码	4132011055
学校办学类型	412:本科院校:学院
学校性质类别	02 理工院校
学校举办者	822 地级其他部门
学校地址	江苏省常州市通江南路299号
邮政编码	213002
办公电话	0519-85217512
传真电话	0519-85210976
校园(局域)网域名	www.czu.cn
电子信箱	bgs@oa.czu.cn
占地面积(平方米)	700108
校舍建筑面积(平方米)	294749
图书(万册)	108.83
固定资产总值(万元)	49691.86

教学、科研仪器设备资产值(万元) 12622.1	成人本科 3733	副高级 280
	成人专科 5188	中级 349
在校生数(人) 16724	留学生 34	初级 14
其中:普通本科 7768	专任教师(人) 733	未定职级 34
普通专科 1	其中:正高级 56	

本科专业 材料成型及控制工程、财务管理、测控技术与仪器、电气工程及其自动化、电子科学与技术、电子商务、电子信息工程、动画、工程管理、工商管理、工业工程、工业设计、公共事业管理、光电信息工程、国际经济与贸易、汉语言文学、化学工程与工艺、机械设计制造及其自动化、计算机科学与技术、建筑学、汽车服务工程、日语、软件工程、市场营销、数学与应用数学、通信工程、土木工程、物流管理、小学教育、学前教育、艺术教育、艺术设计、英语、自动化

专科专业 计算机应用技术

院系设置

机电工程学院、汽车工程系(挂靠机电工程学院)、电子信息与电气工程学院、计算机信息工程学院、土木建筑工程学院、经济与管理学院、光电工程学院、人文社科学院、外国语学院、艺术与设计学院、理学院、师范学院、国际交流学院、体育教学部、思想政治教学部、延陵学院、成人(继续)教育学院

定期公开出版的专业刊物 《常州工学院学报》、《常州工学院学报(社科版)》

学校设立奖学金情况

学校设立奖学金14项,奖励总金额532.05万元。奖学金最高金额8000元/年,最低金额300元/年。

1. 国家奖学金:17人/年,8000元/人
2. 国家励志奖学金:351人/年,5000元/人
3. 优良学风班:25人/年,500元/人
4. 优秀学生标兵奖学金:17人/年,5000元/人
5. 优秀学生奖学金:90人/年,1000元/人
6. 学业优秀奖学金:2033人/年,1000元/人
7. 学术科技创新奖学金:381人/年,500元/人
8. 精神文明奖学金:508人/年,300元/人
9. 社会工作奖学金:1007人/年,300元/人
10. 文化艺术奖学金:499人/年,300元/人
11. 体育奖学金:376人/年,300元/人
12. 优秀毕业生奖学金:190人/年,500元/人
13. 新生奖学金:48人/年,3750元/人
14. 毕业生考取研究生奖励金:103人/年,1000元/人

主要校办产业

常州工学院资产经营有限公司、常州大地测绘科技有限公司、常州蓝联科技有限公司、常州市常工建筑工程部、常州工学院建筑设计研究所、常州常工院建设工程质量检测所有限公司、常州常工汽车驾驶员培训学校、常州常工富藤科技有限公司、常州常工教育服务有限公司、常州常工科技服务部

毕业生一次就业率 94.41%

学校历史沿革

常州工学院前身主要为常州工业技术学院,创建于1978年4月。2000年与常州市机械冶金职工大学合并组建常州工学院,成为本科层次的全日制普通高等学校。2003年常州师范专科学院(筹)成建制并入常州工学院。

扬州大学

学校(机构)标识码 4132011117	电子信箱 xiaoban@yzu.edu.cn	博士研究生 432
学校办学类型 411:本科院校:大学	占地面积(平方米) 2440022	硕士研究生 4457
学校性质类别 01 综合大学	校舍建筑面积(平方米) 916977	留学生 223
学校举办者 811 省级教育部门	图书(万册) 341.66	专任教师(人) 2007
学校地址 江苏省扬州市大学南路88号	固定资产总值(万元) 210008	其中:正高级 372
邮政编码 225009	教学、科研仪器设备资产值(万元) 59640.61	副高级 787
办公电话 0514-87971858	在校生数(人) 41281	中级 781
传真电话 0514-87311374	其中:普通本科 24842	初级 39
校园(局域)网域名 www.yzu.edu.cn	成人本科 11327	未定职级 28

本科专业 阿拉伯语、材料成型与控制工程、财务管理、财政学、草业科学、测控技术与仪器、朝鲜语、车辆工程、档案学、电气工程及其自动化、电子商务、电子信息工程、电子信息科学与技术、动物科学、动物科学(动物营养)、动物医学、动物医学(动物检验与检疫)、动物医学(实验动物)、对外汉语、法学、法语、服装设计与工程、高分子材料与工程、给水排水工程、工程管理、工商管理、工业设计、公共事业管理、光信息科学与技术、广播电视新闻学(电视编导)、广播电视新闻学(新闻采编)、国际经济与贸易、国际经济与贸易(国际商务)、海洋生物资源与环境、汉语言文学(师)、汉语言文学(文秘)、行政管理、护理学、化学(师)、

化学工程与工艺、环境工程、环境科学、会计学、机械设计制造及其自动化(机电工)、机械设计制造及其自动化(机械制造)、计算机科学与技术、计算机科学与技术(师)、建筑电气与智能化、建筑环境与设备工程(暖通空调)、建筑学、交通工程、教育技术学(多媒体网络技术)、教育技术学(师)、教育学(心理学)(师)、金融学、经济学、历史学(师)、临床医学、临床医学(妇产科学)、临床医学(皮肤病与性病学)、旅游管理、美术学(师)、民族传统体育(单招)、农村区域发展、农林经济管理、农村经济管理(农村金融)、农学、农学(农业信息技术)、农业机械化及其自动化、农业水利工程、农业资源环境(资源环境科学)、烹饪与营养教育、烹饪与营养教育(单)、热能与动力工程、人力资源管理、日语、乳品工程、软件工程、商务英语、社会工作、社会体育、摄影、摄影(影视动画)、生态学、生物工程、生物工程(发酵工程)、生物技术、生物科学、生物科学(师范)、食品科学与工程、食品质量与安全、市场营销、数学与应用数学(师)、水产养殖学、水利水电工程、水文与水资源工程、思想政治教育(师)、体育教育(师)、通信工程、土木工程(建)、土木工程(交)、网络工程、微电子学、物理学、物理学(师)、小学教育(师范)、信息管理与信息系统、信息与计算科学、药学(临床药学)、艺术设计(公共艺术设计)、艺术设计(环境设计)、艺术设计(室内设计)、音乐学(表演)、音乐学(师)、英语(翻译)、英语(师)、营养学、应用化学、园林、园艺、园艺(设施园艺科学与工程)、哲学、植物保护、植物保护(农用化学品工艺及营销)、制药工程、中西医临床医学、中医学(中西医结合)、资源环境科学、自动化

博士专业 草业科学、动物发育生物学、动物免疫学、动物生产与环境控制、动物性食品安全、动物遗传育种与繁殖、动物营养与饲料科学、动物与人类的运动比较科学、动物源性食品营养与加工工程、分析化学、基础兽医学、基础数学、临床兽医学、马克思主义中国化研究、农产品安全与环境、农业昆虫与害虫防治、农业水土工程、农业信息技术、区域农业发展、人兽共患病学、水利水电工程、特种经济动物饲养、文艺学、物理化学、预防兽医学、植物生物技术、植物学、中国古代文学、中国近现代史、中西医结合临床、作物生产装备及其自动化、作物遗传育种、作物栽培学与耕作学

硕士专业 比较文学与世界文学、病理学与病理生理学、材料工程、材料加工工程、材料物理与化学、材料学、草业科学、茶学、产业经济学、车辆工程、畜产品安全与环境控制、电机与电器、电子与通信工程、动力工程、动物性食品安全、动物学、动物遗传育种与繁殖、动物营养与饲料科学、发育生物学、法律硕士(法学)、法律硕士(非法学)、法律硕士(非法学)、防灾减灾工程及防护工程、分析化学、妇产科学、概率论与数理统计、高分子化学与物理、工商管理硕士、工业催化、公共管理硕士、管理科学与工程、果树学、汉语国际教育硕士、汉语言文字学、化学工程、化学工艺、环境工程、环境科学、机械工程、机械设计及理论、机械制造及其自动化、基础兽医学、基础数学、计算机技术、计算机软件与理论、计算机应用技术、计算数学、技术经济及管理、建筑与土木工程、教育管理、教育技术学、教育经济与管理、教育学原理、结构工程、课程与教学论、控制工程、控制理论与控制工程、劳动经济学、理论物理、临床兽医学、流体机械及工程、旅游管理、马克思主义基本原理、马克思主义哲学、马克思主义中国化研究、美术、美术学、免疫学、民商法学、民族传统体育学、内科学、凝聚态物理、农产品安全与环境、农产品加工及贮藏工程、农村教育硕士、农村与区域发展、农药学、农业经济管理、农业昆虫与害虫防治、农业水土工程、农业信息化技术、农业信息技术、农业资源利用、皮肤病与性病学、企业管理、区域经济学、区域农业发展、人体解剖与组织胚胎学、软件工程、社会体育指导、神经生物学、生理学、生态学、生物化工、生物化学与分子生物学、生物物理学、食品工程、食品科学、史学理论及史学史、市政工程、兽医硕士、蔬菜学、水工结构工程、水力学及河流动力学、水利工程、水利水电工程、水生生物学、水文学及水资源、思想政治教育、特种经济动物饲养、体育教学、体育教育训练学、体育人文社会学、土壤学、外国语言学及应用语言学、外科学、微电子学与固体电子学、微生物学、文艺学、无机化学、物理化学、细胞生物学、现代教育技术、宪法学与行政法学、小学教育、信号与信息处理、学科教学(化学)、学科教学(历史)、学科教学(数学)、学科教学(体育)、学科教学(物理)、学科教学(英语)、学科教学(语文)、岩土工程、养殖、药理学、遗传学、英语笔译、英语口译、英语语言文学、营养与食品卫生学、影像医学与核医学、应用化学、应用数学、应用心理学、有机化学、语言学及应用语言学、预防兽医学、园艺、运筹学与控制论、运动人体科学、运动训练、植物保护、植物病理学、植物生物技术、植物学、植物营养学、制药工程、中共党史、中国古代史、中国古代文学、中国古典文献学、中国近现代史、中国现当代文学、中西医结合基础、中西医结合临床、中药学、中药学硕士、作物、作物遗传育种、作物栽培学与耕作学

院系设置

扬州大学现设有27个学院,分别为文学院、社会发展学院、马克思主义学院、法学院、教育科学学院(师范学院)、新闻与传媒学院、外国语学院、数学科学学院、物理科学与技术学院、化学化工学院、体育学院、机械工程学院、信息工程学院、建筑科学与工程学院、水利科学与工程学院、能源与动力工程学院、环境科学与工程学院、农学院、园艺与植物保护学院、动物科学与技术学院、兽医学院、生物科学与技术学院、医学院、商学院、旅游烹饪学院(食品科学与工程学院)、艺术学院和公有民办的广陵学院

国家级、省部级研究机构设置

实验室:教育部植物功能基因组学重点实验室、教育部禽类预防医学重点实验室、农业部畜禽传染病学重点开放实验室、农业部长江中下游作物生理生态重点开放实验室、江苏省作物遗传生理国家重点实验室培育建设点、江苏省植物功能基因组学重点实验室、江苏省作物栽培生理重点实验室、江苏省动物预防医学重点实验室、江苏省动物遗传繁育与分子设计重点实验室、江苏省人兽共患病学重点实验室、江苏省环境材料与环境工程重点实验室、江苏省水动力工程重点实验室、江苏省乳品生物技术与安全控制重点实验室

研究中心(所):教育部新型兽用疫苗工程研究中心、农业部长江中下游稻作技术创新中心、江苏省转基因动物制药工程技术研究中心、江苏省扬州现代乳业加工服务中心、江苏省扬州农业环境安全技术服务中心、江苏省扬州LED新光源材料测试技术服务中心、江苏扬州规模猪场高效健康养殖公共技术服务中心、江苏高校技术转移中心(扬州大学)、苏中发展研究院、淮扬文化研究中心

博士后科研流动站 中国语言文学、作物学、兽医学、化学、

畜牧学、农业工程、植物保护

定期公开出版的专业刊物 《扬州大学学报（人文社会科学版）》、《扬州大学学报（自然科学版）》、《扬州大学学报（高教研究版）》、《扬州大学学报.农业与生命科学版》、《扬州大学烹饪学报》、《实用临床医药杂志》、《初中数学教与学》、《高中数学教与学》

学校设立奖学金情况

学校设立奖学金 10 项；奖励总金额 599.53 余万元。奖学金最高金额 8000 元/年，最低金额 200 元/年。

主要校办产业

扬州大学资产经营有限公司、扬州扬大联环药业基因有限公司、扬州大学工程设计研究院、扬州大学运输服务中心、扬州大学商贸服务中心、扬州大学宾馆服务中心、扬州扬大水利机械有限责任公司、扬州大学汽车工程实验总厂、扬州大学东风汽车技术服务站、扬州大学扬龙喷油泵维修中心、扬州市扬大印刷厂、扬州大学园林绿化工程公司、扬州扬大润扬劳动服务有限公司、扬州扬大驾驶员培训学校有限公司、扬州润扬劳务服务有限公司、扬州扬达物业管理有限公司、扬州市扬大康源乳业有限公司、扬州市扬大饲料厂、扬州大学实验蜂厂、扬州市扬大机械电子设备厂、扬州多维技术有限公司、扬州市扬大工程检测中心有限公司

学校历史沿革

扬州大学是江苏省属重点综合性大学，是全国率先进行合并办学的高校，1992 年由扬州师范学院、江苏农学院、扬州工学院、扬州医学院、江苏水利工程专科学校、江苏商业专科学校等 6 所高校合并组建而成。扬州大学的办学历史最早可以追溯到 1902 年由近代著名实业家、教育家张謇先生创建的通州师范学校和通海农学堂（后成为南通学院的一部分）。原江苏农学院和扬州师范学院便是在南通学院农科和通州师范学校文史科的根基上发展起来的。参与合并的其他 4 所高校也均有 50 年以上的独立办学历史。

三江学院

学校（机构）标识码	4132011122	
学校办学类型	412：本科院校：学院	
学校性质类别	01 综合大学	
学校举办者	999 民办	
学校地址	江苏省南京市雨花台区铁心桥龙西路 10 号	
邮政编码	210012	
办公电话	025－52897066	
传真电话	025－52897066	
校园（局域）网域名	www.sju.js.cn	
电子信箱	sjxiaoban@sju.js.cn	
占地面积（平方米）	971201	
校舍建筑面积（平方米）	414938	
图书（万册）	106.05	
固定资产总值（万元）	61534	
教学、科研仪器设备资产值（万元）	9533.03	
在校生数（人）	18095	
其中：普通本科	14100	
普通专科	3416	
成人本科	36	
成人专科	543	
专任教师（人）	873	
其中：正高级	105	
副高级	341	
中级	351	
初级	76	

本科专业 表演、材料成型及控制工程、财务管理、财务管理（对口单招）、测控技术与仪器、电气工程及其自动化、电子科学与技术、电子信息工程、动画、对外汉语、工程管理、广播电视编导、广告学、国际经济与贸易、汉语言文学、绘画、机械电子工程、机械设计制造及其自动化、机械设计制造及其自动化（对口单招）、计算机科学与技术、建筑电气与智能化、建筑学、旅游管理、旅游管理（对口单招）、日语、软件工程、市场营销、市场营销（对口单招）、通信工程、土木工程、网络工程、微电子学、文化产业管理、新闻学、艺术设计、英语、园林、自动化

专科专业 电气自动化技术、电子信息工程技术、法律事务、工商管理类、工商企业管理、广告设计与制作、国际金融、国际经济与贸易、会计、计算机应用技术、建筑工程管理、旅游管理、汽车技术服务与营销、人力资源管理、商务日语、商务英语、市场营销、数控技术、新闻采编与制作、营销与策划、应用韩语、园林技术、园艺技术

院系设置

英语系、文学与新闻传播学院、法律系、商学院、计算机科学与工程学院、建筑系、电气与自动化工程学院、土木工程学院、电子信息工程学院、文化产业与旅游管理学院、日语系、艺术学院、机械工程学院、经济学院、风景园林学院、高等职业技术学院、国际教育学院、知识产权管理学院、成人教育学院

国家级、省部级研究机构设置

省级重点建设实验室：电气信息综合实验中心、计算机教学实验示范中心、影视实验教学中心

研究中心（所）院系级：新闻学研究所、影视艺术研究所、鲁迅与中国现代文学研究所、阅读与写作学研究所、市场营销战略研究所、财务与会计研究所、企业管理研究所、计算机应用研究所、节能与自动化技术应用研究所、物业研究（所）中心、现代土木工程技术研究所、信息技术研究所、旅游资源开发研究所、三江旅游规划与发展设计中心、历史地图研究中心、艺术设计研究所、机电工程及自动化研究所、经济研究所、知识产权研究所、文化产业发展研究所、三江管理决策咨询中心

定期公开出版的专业刊物 《三江学院学报》

学校设立奖学金情况

学校设立奖学金 5 项、奖学金总额 894.4 万元/年，最低金额 1500 元/年。

1. 新生奖学金：30 万元 一等 5000 元/人，二等 2000 元/人
2. 学年奖学金：224.7 万元 一等 3000 元/人，二等 1500 元/人
3. 国家奖学金：8.8 万元，标准：8000 元/人
4. 国家励志奖学金：127.5 万元，标准 5000 元/人

5. 国家助学金:334.8万元,标准3000元/人
6. 优秀贫困生奖学金:168.6万元,标准2000元/人

学校历史沿革

1993年6月,江苏省政府同意筹建三江大学并试招生,校址位于南京市凤凰西街南京商业中等学校内;同年10月,首届学生进校。1994年8月,学校迁至南京市北崮山江苏省军区第八干休所(现第一干休所)。1995年4月经原国家教育委员会批准正式建校,为江苏省第一所独立设置的全日制民办普通高等学校,学校首任名誉董事长陈香梅/董事长钱中韩/名誉院长匡亚明/院长陶永德。1999年8月,学校迁至现址——南京市雨花台区铁心桥街道。2002年2月,经教育部批准升格为本科高校,定名为"三江学院"。

南京工程学院

学校(机构)标识码	4132011276
学校办学类型	412:本科院校:学院
学校性质类别	02 理工院校
学校举办者	811 省级教育部门
学校地址	南京市江宁科学园弘景大道1号
邮政编码	211167
办公电话	025-86118800
传真电话	025-86118840
校园(局域)网域名	www.njit.edu.cn
电子信箱	yuanban@njit.edu.cn
占地面积(平方米)	1844679
校舍建筑面积(平方米)	756656
图书(万册)	153.36
固定资产总值(万元)	216981.8
教学、科研仪器设备资产值(万元)	22156.73
在校生数(人)	26037
其中:普通本科	17242
成人本科	3054
成人专科	5741
专任教师(人)	1149
其中:正高级	74
副高级	331
中级	663
初级	81

本科专业 包装工程、材料成型及控制工程(材料制备与材料成型及控制工程(焊接技术)、材料成型及控制工程(模具设计)、材料科学与工程、财务管理、测控技术与仪器、测控技术与仪器(工业测控系统及车辆工程、车辆工程(车辆电子电气)、车辆工程(城市轨道车辆)、车辆工程(汽车技术)、电力工程(中外合作办学)、电气工程及其自动化、电气工程及其自动化(电力系统及其自动化)、电气工程及其自动化(电力系统继电保护)、电气工程及其自动化(电网监控)、电气工程及其自动化(供用电技术)、电气工程及其自动化(输配电工程)、电气工程及其自动化(智能建筑电电子信息工程、电子信息工程(传感网)、电子信息科学与技术、动画、高分子材料与工程、工程管理(工程项目管理)、工程管理(工程造价管理)、工商管理(现代物流管理)、工业工程、工业设计、国际经济与贸易、过程装备与控制工程、焊接技术与工程、核工程与核技术、环境工程、环境工程(电厂化学)、环境工程(电力环保)、会计学(注册会计学)、机械电子工程、机械设计制造及其自动化、机械设计制造及其自动化(城市轨道机械设计制造及其自动化(机械设机械设计制造及其自动化(计算机机械设计制造及其自动化(流体传动)、机械设计制造及其自动化(汽车技术机械设计制造及其自动化(数控加工机械设计制造及其自动化(制造技术计算机科学与技术(多媒体技术)、计算机科学与技术(嵌入式系统)、计算机科学与技术(软件测试)、计算机科学与技术(软件技术)、计算机科学与技术(网络技术)、建筑电气与智能化、建筑环境与设备工程、建筑学、金属材料工程、经济学类、劳动与社会保障、热能与动力工程、热能与动力工程(核电站集控运行)、热能与动力工程(火电厂集控运行)、热能与动力工程(生产过程自动化)、热能与动力工程(制冷与空调工程)、人力资源管理、社会工作、市场营销、市场营销(电力市场营销)、水质科学与技术、通信工程(电力通信)、通信工程(多媒体通信)、通信工程(光纤通信)、通信工程(计算机通信)、通信工程(无线通信)、土木工程(工程管理)、土木工程(建设工程管理)、土木工程(建筑工程)、土木工程(建筑工程管理)、土木工程(交通土建)、网络工程、信息工程、信息管理与信息系统、艺术设计、艺术设计(工艺美术设计)、艺术设计(环境艺术设计)、英语(经贸英语)、自动化、自动化(车辆电子电气)、自动化(数控技术)、自动化(系统集成)

院系设置

机械工程学院、材料工程学院、能源与动力工程学院、电力工程学院、自动化学院、通信工程学院、计算机工程学院、经济管理学院、建筑工程学院、艺术与设计学院、车辆工程系、环境工程系、人文与社会科学系、外语系、基础部、体育部、工程基础实验与训练中心、先进制造技术工程中心、电力仿真与控制工程中心、继续教育学院

国家级、省部级研究机构设置

先进数控技术江苏省重点建设实验室。

定期公开出版的专业刊物 《南京工程学院学报(自然科学版)》《南京工程学院学报(社会科学版)》

学校设立奖学金情况

学院设立奖学金3项,奖励总金额396.7余万元。奖学金最高金额8000元/年,最低金额50元/年。

1. 优秀学生奖学金:(1) 特等奖学金:229人/年,1000元/人。(2) 一等奖学金:1930人/年,500元/人。(3) 二等奖学金:4328人/年,300元/人。(4) 三等奖学金:6212人/年,150元/人。(5) 单项奖学金:8429人/年,50元/人。
2. 国家奖学金:62人/年,8000元/人。
3. 国家励志奖学金:783人/年,5000元/人。

主要校办产业

南京康尼机电新技术有限公司、南京鼎牌电器有限公司、南京聚星机械装备有限公司、江苏书源图书有限公司、南京电力高等专科学校印刷厂、南京电力高等专科学校附属工厂、江苏康尼机电新技术公司

学校历史沿革

南京工程学院是由原南京机械高等专科学校、南京电力高等专科学校及南京工业学校合并组建而成。2000年6月,根据教育部(2000)132号及江苏省人民政府苏政发(2000)82号文件精神,南京机械高等专科学校与南京电力高等专科学校正式合并升格,组建南京工程学院。2001年3月,根据江苏省人民政府苏政复(2001)39号文件精神,原南京工业学校并入南京工程学院。

南京审计学院

学校(机构)标识码 4132011287	校园(局域)网域名 www.nau.edu.cn	其中:普通本科 14485
学校办学类型 412:本科院校:学院	电子信箱 yzxx@nau.edu.cn	成人本科 7196
学校性质类别 08 财经院校	占地面积(平方米) 1448966	成人专科 3240
学校举办者 811 省级教育部门	校舍建筑面积(平方米) 467015	留学生 20
学校地址 江苏省南京市浦口区江浦街道雨山西路86号	图书(万册) 122.61	专任教师(人) 863
	固定资产总值(万元) 136713	其中:正高级 101
邮政编码 211815	教学、科研仪器设备资产值(万元) 8414	副高级 270
办公电话 025-58318818		中级 397
传真电话 025-58318819	在校生数(人) 24941	初级 95

本科专业 保险、财务管理、财政学、电子商务、对外汉语、法学、法学(法务会计方向)、法学(法务金融方向)、工程管理(工程审计方向)、工商管理、工商管理(金融企业管理方向)、国际经济与贸易、国际经济与贸易(2+2)、行政管理、会计学、会计学(CGA方向)、会计学(CPA方向)、会计学(中澳合作项目)、计算机科学与技术、计算机科学与技术(计算机审计方案金融学、经济学、经济学(基地班)、劳动与社会保障、人力资源管理、审计学、审计学(ACCA方向)、审计学(IAEP方向)、市场营销、数学与应用数学、数学与应用数学(数理金融方向)、税务、统计学、投资学、物流管理、信息管理与信息系统、信息管理与信息系统(信息系统审?信用管理、英语、英语(经贸英语方向)

院系设置

学院设有11个教学院系:国际审计学院、会计学院、金融学院、经济学院、管理学院、法学院、信息科学学院、数学与统计学院、政治与行政学院、外国语学院、国际文化交流学院。并设有继续教育学院、管理干部学院、民办二级金审学院

国家级、省部级研究机构设置

1. 实验室:审计信息工程重点建设实验室、公共工程审计实验室

2. 研究中心:中国内部审计协会内部审计发展研究中心

定期公开出版的专业刊物 《审计与经济研究》、《南京审计学院学报》

学校设立奖学金情况

学校设立奖学金7项,奖励总金额652万元,奖学金最高金额8000元/年,最低金额100元/年。

学校历史沿革

1983年8月,经江苏省政府批准,筹建南京财贸学院。学院由南京市人民政府主办,性质为职业大学,办学层次为专科。1984年6月,南京财贸学院正式成立,实行由省、市双重领导,以市为主的领导体制。1987年5月,南京财贸学院由审计署与南京市政府联合办学,与江苏省教委共同管理,学院同年更名为南京审计学院。1990年12月,南京审计学院改为审计署直属高校,实行审计署、江苏省和南京市共同领导,以审计署为主的领导体制。学院仍为专科层次,面向全国招生。2002年4月,经江苏省人民政府批准,南京金融高等专科学校并入南京审计学院。2003年8月,经教育部批准,学院被列入为开展联合培养研究生工作的单位。

沙洲职业工学院

学校(机构)标识码 4132011288	办公电话 0512-56730032	教学、科研仪器设备资产值(万元) 5853.05
学校办学类型 415:专科院校:高等职业学校	传真电话 0512-5826263915	
	校园(局域)网域名 www.szit.edu.cn	在校生数(人) 5557
学校性质类别 02 理工院校	电子信箱 das@szit.edu.cn	其中:普通专科 3636
学校举办者 822 地级其他部门	占地面积(平方米) 235334	成人专科 1921
学校地址 江苏省张家港市杨舍镇长兴路8号	校舍建筑面积(平方米) 152974	专任教师(人) 199
	图书(万册) 29.63	其中:正高级 4
邮政编码 215600	固定资产总值(万元) 49565.45	副高级 82

中级 95　　　初级 14　　　未定职级 4

专科专业　电气自动化技术、电子信息工程技术、纺织品检验与贸易、纺织品装饰艺术设计、国际经济与贸易、会计、机电一体化技术、机械制造与自动化、计算机网络技术、建筑工程技术、建筑装饰工程技术、模具设计与制造、汽车检测与维修技术、商务日语、商务英语、市场营销、数控技术、物流管理、现代纺织技术、艺术设计

院系设置　建筑工程系、纺织工程系、机电工程系、经济管理系、基础科学系、电子信息工程系、机械动力工程系

定期公开出版的专业刊物　《沙洲职业工学院学报》

学校设立奖学金情况　学校设立奖学金八项,奖励总金额163.21余万元。奖学金最高金额8000元/年,最低金额300元/年。

主要校办产业　沙工医疗电子电器厂、沙工无线电厂、沙工机械密封泵阀有限公司

学校历史沿革　沙洲职业工学院是1984年7月经江苏省人民政府苏政复[1984]104号文件批准正式成立的一所由张家港市政府投资兴办的公办专科院校。

南京晓庄学院

学校(机构)标识码　4132011460	校园(局域)网域名　www.njxzc.edu.cn	成人本科　5171
学校办学类型　412:本科院校:学院	占地面积(平方米)　871353	成人专科　2345
学校性质类别　06 师范院校	校舍建筑面积(平方米)　392128	留学生　31
学校举办者　822 地级其他部门	图书(万册)　135.34	专任教师(人)　672
学校地址　南京市江宁区弘景大道3601号	固定资产总值(万元)　27272	其中:正高级　68
邮政编码　211171	教学、科研仪器设备资产值(万元)　9911.8	副高级　177
办公电话　025 - 86178198	在校生数(人)　15096	中级　311
传真电话　025 - 86178197	其中:普通本科　7549	初级　102
		未定职级　14

本科专业　保险精算、城市规划、地理科学、地理信息系统、电视编导、电子信息科学与技术、动画、动画设计、动植物检疫、对外汉语、分析技术、光电子材料与器件、广播电视新闻学、国际贸易、汉语言文学、行政管理、化学、环境艺术设计、绘画、计算机科学与技术、教育技术学、经济学、精细化工、历史学、旅游管理、旅游规划与管理、汽车电子、嵌入式、软件工程、商贸英语、商务日语、商务英语、社会工作、社会体育、生物技术、生物检疫、生物科学、生物制药、食品科学与工程、食品质量与安全、数学与应用数学、数字媒体、思想政治教育、体育教育、网络工程、网络技术、文秘、舞蹈、物理学、物流管理、小学教育、心理健康教育、新媒体、信息显示与光电技术、学前教育、艺术设计、音乐表演、音乐学、英语、应用分析、运输经济与物流、智能检测与控制、资源环境与城乡规划管理

院系设置　教育科学学院、人文学院、经济与管理学院、外国语学院、教师教育学院、新闻传播学院、数学与信息技术学院、物理与电子工程学院、生物化工与环境科学学院、音乐学院、美术学院、体育系、继续教育学院

国家级、省部级研究机构设置　未成年人心理健康全国辅导中心(国家级)、江苏省未成年人成长指导中心(省级)

定期公开出版的专业刊物　《南京晓庄学院学报》、《生活与教育》

学校设立奖学金情况　学校设立奖学金3项,奖励总金额699.23余万元。奖学金最高金额5000元/年,最低金额100元/年。

学校历史沿革　南京晓庄师范学校:1927年3月创建,1930年4月遭封闭,1951年复建;南京教育学院:1952年创建,1969年停办,1972年复办;南京师范专科学校:1958年创办,1962年停办,1972年复办;南京师专·教院:1991年南京教育学院与南京师范专科学校合并成立南京师专·教院;南京晓庄学院:2000年南京师专·教院与南京晓庄师范学校合并成立南京晓庄学院。

扬州市职业大学

学校(机构)标识码　4132011462	业学校	学校举办者　822 地级其他部门
学校办学类型　415:专科院校:高等职	学校性质类别　02 理工院校	学校地址　扬州市文昌西路458号

江苏省

邮政编码	225012
办公电话	0514-87697076
传真电话	0514-87697068
校园（局域）网域名	www.yzpc.edu.cn
电子信箱	yzpc@mail.yzpc.edu.cn
占地面积（平方米）	658584
校舍建筑面积（平方米）	380602
图书（万册）	93
固定资产总值（万元）	73348
教学、科研仪器设备资产值（万元）	10153.9
在校生数（人）	16087
其中：普通专科	14415
成人专科	1672
专任教师（人）	713
其中：正高级	28
副高级	228
中级	337
初级	105
未定职级	15

专科专业 报关与国际货运、财务管理、产品造型设计、道路桥梁工程技术、电脑艺术设计、电气自动化技术、电子商务、电子信息工程技术、法律事务、纺织品检验与贸易、服装设计、工程造价、光伏材料加工与应用技术、国际经济与贸易、环境监测与治理技术、环境艺术设计、会计电算化、会计与统计核算、机电一体化技术、机械制造与自动化、计算机辅助设计与制造、计算机网络技术、计算机应用技术、家政服务、建筑工程技术、建筑装饰工程技术、金融与证券、酒店管理、连锁经营管理、旅游管理、旅游英语、模具设计与制造、汽车检测与维修技术、汽车制造与装配技术、人力资源管理、软件技术、商务日语、商务英语、涉外旅游、生物化工工艺、食品营养与检测、市场营销、数控技术、数学教育、体育服务与管理、体育教育、通信技术、玩具设计与制造、文秘、舞蹈表演、物流管理、现代纺织技术、现代教育技术、新闻采编与制作、学前教育、音乐表演、音乐教育、英语教育、营销与策划、影视动画、应用电子技术、应用化工技术、语文教育、装潢艺术设计

院系设置
机械工程学院、汽车与电气工程系、土木建筑工程系、纺织服装系、生化工程系、电子工程系、信息工程学院、社会发展系、工商管理学院、经济贸易学院、外国语学院、艺术学院、人文学院、数学系、体育系、继续教育学院、国际交流学院、思想政治理论教学部

定期公开出版的专业刊物 《扬州职业大学学报》

学校设立奖学金情况
学校设立奖学金2项，奖励总金额65余万元。奖学金最高金额1200元/年，最低金额100元/年。

主要校办产业
扬州市艺美装饰设计工程公司、扬州润扬高校后勤服务有限公司

学校历史沿革
扬州市职业大学创办于1984年9月，2002年2月与扬州市广播电视大学合并办学，2007年2月与扬州教育学院合并办学。

江苏技术师范学院

学校（机构）标识码	41320114 63
学校办学类型	412：本科院校：学院
学校性质类别	06 师范院校
学校举办者	811 省级教育部门
学校地址	江苏常州市中吴大道1801号
邮政编码	213001
办公电话	0519-86953016
传真电话	0519-86953020
校园（局域）网域名	www.jstu.edu.cn
电子信箱	tctbgs@jstu.edu.cn
占地面积（平方米）	945549
校舍建筑面积（平方米）	379731
图书（万册）	134.59
固定资产总值（万元）	83622.65
教学、科研仪器设备资产值（万元）	11519.9
在校生数（人）	19889
其中：普通本科	11302
成人本科	2121
成人专科	6466
专任教师（人）	806
其中：正高级	83
副高级	254
中级	372
初级	97

本科专业 材料成型及控制工程、财务管理、测控技术与仪器、车辆工程、德语、电气工程及其自动化、电子信息工程、动画、服装设计与工程、工业设计、广告学、国际经济与贸易、汉语言文学、化学工程与工艺、环境工程、会计学、机械电子工程、机械设计制造及其自动化、计算机科学与技术、教育技术学、教育学、金融学、旅游管理、美术学、汽车服务工程、人力资源管理、日语、软件工程、摄影、市场营销、数学与应用数学、数字媒体技术、通信工程、统计学、物联网工程、信息管理与信息系统、艺术设计、英语、应用化学、应用心理学、政治学与行政学、资源循环科学与工程

国家级、省部级研究机构设置
江苏省贵金属深加工技术及应用重点实验室、江苏省电子废弃物资源循环工程中心、江苏省职业技术教育科研中心

定期公开出版的专业刊物 《江苏技术师范学院学报》、《职教通讯》

学校设立奖学金情况
学校设立奖学金7项，奖励总金额319.93万元/年，最低金额200元/年。

定期公开出版的专业刊物 《江苏技术师范学院学报》、《职教通讯》

学校设立奖学金情况
学校设立奖学金7项，奖励总金额319.93万元/年，最低金

额 200 元/年。
主要校办产业
资源再生、再创造及工业设计
学校历史沿革
1984 年 8 月经省政府批准筹建,原名常州职业师范学院;1987 年 12 月经国家教委批准成立,并易名为常州技术师范学院;2002 年 8 月经教育部同意,更名为江苏技术师范学院。

连云港师范高等专科学校

学校(机构)标识码　4132011585
学校办学类型　414:专科院校:高等专科学校
学校性质类别　06 师范院校
学校举办者　822 地级其他部门
学校地址　江苏省连云港市科教园区圣湖西路 28 号
邮政编码　222000
办公电话　0518 - 85817757
传真电话　0518 - 85817753
校园(局域)网域名　www.lszsf.cn
电子信箱　lszxzbgs@qq.com
占地面积(平方米)　816600
校舍建筑面积(平方米)　208698
图书(万册)　59.28
固定资产总值(万元)　65394.9
教学、科研仪器设备资产值(万元)　4723.5
在校生数(人)　8231
其中:普通专科　6659
　　　成人专科　1572
专任教师(人)　408
其中:正高级　40
　　　副高级　180
　　　中级　170
　　　初级　18

专科专业　保险实务、报关与国际货运、初等教育、电子商务、动漫设计与制作、汉语、行政管理、化学教育、化学制药技术、环境艺术设计、计算机多媒体技术、计算机教育、计算机信息管理、历史教育、旅游管理、美术教育、汽车电子技术、青少年工作与管理、人力资源管理、商务日语、商务英语、社会体育、涉外旅游、生物技术及应用、生物教育、视觉传达艺术设计、数学教育、思想政治教育、体育教育、统计实务、文秘、物理教育、小学教育、心理咨询、新闻采编与制作、学前教育、音乐表演、音乐教育、英语教育、营养与食品卫生、影视广告、应用电子技术、应用韩语、应用化工技术、语文教育、园林技术、主持与播音
院系设置
13 个系:初等教育系、学前教育系、中文系、经济法政系、外语系、数学系、物理与电子工程系、化学系、生命科学系、计算机系、美术系、音乐系、体育系;1 个中心计算机网络中心
定期公开出版的专业刊物　1 个。
学校设立奖学金情况
设立奖学金 2 项,奖励总金额 164.69 万元。奖学金最高金额 2000 元/年,最低金额 400 元/年。
学校历史沿革
2000 年 3 月教育部正式下文批准成立由教育学院 1978 年建校、连云港师范学校 1984 年建校、和海州师范学校 1914 年建校"三校"联合组建。2003 年 6 月连云港市经济管理干部学校并入。

淮海工学院

学校(机构)标识码　4132011641
学校办学类型　412:本科院校:学院
学校性质类别　02 理工院校
学校举办者　811 省级教育部门
学校地址　江苏省连云港市新浦区苍梧路 59 号
邮政编码　222005
办公电话　0518 - 85895015
　　　　　0518 - 85895013
传真电话　0518 - 85806171
校园(局域)网域名　www.hhit.edu.cn
电子信箱　hhit@hhit.edu.cn
占地面积(平方米)　1304295
校舍建筑面积(平方米)　514434
图书(万册)　135.39
固定资产总值(万元)　77664.46
教学、科研仪器设备资产值(万元)　16221.8
在校生数(人)　17546
其中:普通本科　13753
　　　成人本科　828
　　　成人专科　2956
　　　留学生　9
专任教师(人)　943
其中:正高级　119
　　　副高级　322
　　　中级　491
　　　初级　11

本科专业　安全工程、材料化学、财务管理、测绘工程、测控技术与仪器、朝鲜语、船舶与海洋工程、地理信息系统、电气工程及其自动化、电子科学与技术、电子信息工程、动植物检疫、法学、港口航道与海岸工程、高分子材料与工程、工程管理、工商管理、工业工程、工业设计、光信息科学与技术、广告学、国际经济与贸易、过程装备与控制工程、海洋管理、海洋技术、海洋科学、

汉语言文学、行政管理、化学工程与工艺、环境工程、会计学、机械电子工程、机械设计制造及其自动化、计算机科学与技术、建筑学、金融学、日语、软件工程、生物工程、生物技术、食品科学与工程、市场营销、数学与应用数学、水产养殖学、水族科学与技术、通信工程、土木工程、网络工程、物流管理、新能源科学与工程、新闻学、信息与计算科学、艺术设计、英语、制药工程、自动化

院系设置

全院共设有16个学院(机械工程学院、土木工程学院、电子工程学院、化学工程学院、海洋学院、计算机工程学院、测绘工程学院、文学院、理学院、法学院、商学院、外国语学院、艺术学院、继续教育学院、东港学院、国际学院)2个部(大外部、体育部)。

国家级、省部级研究机构设置

实验室:江苏省海洋生物技术重点建设实验室、江苏省海洋资源开发研究院、江苏省海洋经济研究中心、江苏省沿海特色水产品加工研究开发中心、江苏省海水养殖甲壳类种质资源研究中心、江苏省海水甲壳动物遗传育种重点实验室、江苏省海水养殖动物病害重点实验室、海水养殖甲壳类种质资源库

定期公开出版的专业刊物 《淮海工学院学报人文》(社会科学版)、《淮海工学院学报》(自然科学版)

学校设立奖学金情况

学校设立奖学金项4项,奖励总金额247余万元/年。奖学金最高金额5000元/年,最低金额100元/年。

学校历史沿革

淮海工学院的前身是淮海大学(筹),创建于1985年,1989年7月正式建校。1998年5月,经江苏省人民政府批准,江苏盐业学校成建制并入淮海工学院。2000年1月,经江苏省人民政府批准,连云港水校成建制并入淮海工学院。2002年4月,经教育部批准,连云港化工高等专科学校并入淮海工学院。

徐州工程学院

学校(机构)标识码　4132011998
学校办学类型　412:本科院校:学院
学校性质类别　02 理工院校
学校举办者　822 地级其他部门
学校地址　江苏省徐州市泉山区南三环路18号
邮政编码　221008
办公电话　0516-83208204
传真电话　0516-83202744
校园(局域)网域名　xzit.edu.cn
电子信箱　xba@xzit.edu.cn
占地面积(平方米)　1327664
校舍建筑面积(平方米)　514405
图书(万册)　178.86
固定资产总值(万元)　120005.09
教学、科研仪器设备资产值(万元)　10902.04
在校生数(人)　27050
其中:普通本科　18146
普通专科　1233
成人本科　2449
成人专科　5220
留学生　2
专任教师(人)　1044
其中:正高级　62
副高级　281
中级　562
初级　114
未定职级　25

本科专业 材料成型及控制工程、财务管理、朝鲜语、朝鲜语(国际课程实验班)、电气工程及其自动化、电气工程及其自动化(电气工程)、电气工程及其自动化(工业自动化、电气工程及其自动化(国际课程实、电子科学与技术、电子信息科学与技术、电子信息科学与技术(电子信息工、电子信息科学与技术(电子信息技、电子信息科学与技术(通信工程)、电子信息科学与技术(通信技术)、动画、服装设计与工程、高分子材料与工程、给水排水工程、工程管理、工程管理(房地产经营管理)、工程管理(房地产开发与经营)、工程管理(工程项目管理)、工程管理(投资与造价管理)、工业设计、工业设计(国际课程实验班)、广告学、国际经济与贸易、国际经济与贸易(国际课程实验班、汉语言文学(涉外秘书)、汉语言文学(现代文秘及信息技术、化学工程与工艺、环境工程、会计学(国际会计)、机械电子工程、机械设计制造及其自动化、机械设计制造及其自动化(机电一、机械设计制造及其自动化(机械电、机械设计制造及其自动化(机械设计(机械制造)、机械设计制造及其自动化(机械制造)、计算机科学与技术、计算机科学与技术(嵌入式软件人、计算机科学与技术(软件工程)、计算机科学与技术(软件技术)、计算机科学与技术(网络工程)、计算机科学与技术(网络技术)、教育学、教育学(小学教育)、教育学(小学全科教育)、教育学(小学双语教育)、教育学(语文教育)、经济学、经济学(财税)、经济学(财政与税收)、经济学(金融与投资)、经济学(网络经济)、旅游管理、社会体育、生物工程、食品科学与工程、食品科学与工程(食品工程)、食品科学与工程(食品检测)、食品科学与工程(食品营养)、食品科学与工程(食品质量与安全、市场营销、市场营销(国际课程实验班)、市场营销(物流管理)、市场营销(营销与策划)、土木工程、土木工程(安全技术与管理)、土木工程(道路、桥梁、隧道工程、土木工程(房屋建筑工程)、土木工程(建筑装饰技术)、物流工程、信息管理与信息系统、信息与计算科学、信息与计算科学(调查与分析)、信息与计算科学(统计与精算)、信息与计算科学(运筹学与控制论、艺术设计、艺术设计(国际课程实验班)、艺术设计(环境艺术设计)、艺术设计(平面艺术设计)、艺术设计(装饰艺术设计)、音乐学、英语、应用化学、应用物理学、应用物理学(光伏工程)、应用物理学(智能化测试技术)、园林、园林(景观工程)

专科专业 电子商务(电子商务师)、电子信息工程技术、国际经济与贸易、会计(国际会计)、会计(会计电算化)、机械制造与自动化、计算机网络技术、计算机应用技术、建筑工程管理、建筑工程管理(工程造价)、建筑工程技术、金融与证券(投资理财)、旅游管理、数控技术、体育教育、文秘(涉外秘书)、音乐教育、装潢艺术设计

学校历史沿革

经教育部和江苏省人民政府同意,2002年6月,彭城职业大学与徐州经济管理干部学院合并,筹建徐州工程学院;2005年3月,徐州工程学院正式成立。2007年6月经江苏省人民政府批准徐州教育学院整建制并入徐州工程学院。

江苏经贸职业技术学院

学校(机构)标识码	4132012047
学校办学类型	415:专科院校:高等职业学校
学校性质类别	08 财经院校
学校举办者	811 省级教育部门
学校地址	南京市江宁区龙眠大道180号
邮政编码	211168
办公电话	025-852710881
传真电话	025-852710812
校园(局域)网域名	www.jseti.edu.cn
电子信箱	jmydyb402@163.com
占地面积(平方米)	698760
校舍建筑面积(平方米)	417834
图书(万册)	125.1
固定资产总值(万元)	71942.3
教学、科研仪器设备资产值(万元)	7783.2
在校生数(人)	18254
其中:普通专科	12125
成人专科	6129
专任教师(人)	629
其中:正高级	23
副高级	175
中级	283
初级	130
未定职级	18

专科专业 保险实务、报关与国际货运、财务管理、城市管理与监察、电脑艺术设计、电子商务、电子信息工程技术、动漫设计与制作、法律事务、工商行政管理、工商企业管理、工业设计、广告设计与制作、国际会计、国际金融、国际贸易实务、国际商务、行政管理、环境艺术设计、会计、会计与审计、计算机网络技术、计算机应用技术、金融管理、金融管理与实务、老年服务与管理、连锁经营管理、旅游管理、烹饪工艺与营养、汽车技术服务与营销、人力资源管理、软件技术、商检技术、商务日语、商务英语、社会工作、涉外旅游、审计实务、食品药品监督管理、食品营养与检测、市场营销、视觉传达艺术设计、室内设计技术、司法助理、体育保健、体育服务与管理、投资与理财、文化市场经营与管理、文秘、物联网应用技术、物流管理、物业管理、音乐表演、营销与策划、影视动画、应用德语、应用电子技术、应用韩语、证券投资与管理、制冷与空调技术、制冷与冷藏技术、珠宝首饰工艺及鉴定

院系设置

工商管理系、艺术设计系、贸易经济系、会计系、信息技术系、人文社会科学系、应用外语系、旅游管理系、体育系、工程技术学院、继续教育学院、国际教育学院、老年产业管理学院、文化艺术学院

国家级、省部级研究机构设置

实验室:流通现代化工程实训基地;研究中心(所):数字媒体与现代商务实训基地、老年产业人才培养基地、流通现代化传感网工程研发中心、江苏省食品安全工程技术研发中心、食品安全与营养实训基地

定期公开出版的专业刊物 《江苏经贸职业技术学院学报》、《江苏调味副食品》

学校设立奖学金情况

学校设立奖学金1项,奖励总金额110万元,奖学金最高金额1000元/年,最低600元/年。

学校历史沿革

江苏经贸职业技术学院前身是江苏商业管理干部学院,学院始建于1983年。2002年6月,经江苏省人民政府批准,将江苏商业管理干部学院改建为江苏经贸职业技术学院。

南京特殊教育职业技术学院

学校(机构)标识码	4132012048
学校办学类型	415:专科院校:高等职业学校
学校性质类别	06 师范院校
学校举办者	811 省级教育部门
学校地址	南京市栖霞区燕子矶街道神农路1号
邮政编码	210038
办公电话	025-89668030
传真电话	025-89668029
校园(局域)网域名	www.njty.edu.cn
占地面积(平方米)	337884
校舍建筑面积(平方米)	154220
图书(万册)	47.65
固定资产总值(万元)	49652.9
教学、科研仪器设备资产值(万元)	2710
在校生数(人)	5320
其中:普通专科	5320
专任教师(人)	292
其中:正高级	20
副高级	72
中级	131
初级	61
未定职级	8

专科专业 初等教育、儿童康复、公共事务管理、计算机多媒体技术、计算机网络技术、计算机应用技术、旅游英语、美术教

育、社会工作、社区康复、手语翻译、特殊教育、学前教育、艺术设计、音乐表演、音乐教育、英语教育、应用韩语、应用英语、园艺技术、装潢艺术设计

院系设置

特殊教育与学前教育学院、艺术学院、阳光学院、文理学院、康复科学系、公共管理系、国际合作与继续教育学院、社会科学部

定期公开出版的专业刊物 《南京特教学院学报》

学校设立奖学金情况

学校设立奖学金4项,奖励总金额222万余元。奖学金最高金额1500元/年,最低金额600元/年。

学校历史沿革

学院的前身是教育部于1982年创办的中国第一所特殊教育师范学校,是我国政府与联合国儿童基金会的合作项目单位。1997年由教育部划归江苏省人民政府管理。2002年6月,经江苏省人民政府批准,升格为南京特殊教育职业技术学院,同年获教育部备案,成为我国唯一的一所独立设置的、以培养特殊教育师资为主的普通高等学校。2001年学院成为江苏省特殊教育师资培训中心,2009年,成为江苏省人民政府、中国残疾人联合会共建学校,同时成为中残联全国残疾人职业教育师资培训基地。

九州职业技术学院

学校(机构)标识码	4132012054
学校办学类型	415:专科院校:高等职业学校
学校性质类别	02 理工院校
学校举办者	999 民办
学校地址	江苏省徐州市铜山新区嵩山路
邮政编码	221116
办公电话	0516-83430266
传真电话	0516-83430266
校园(局域)网域名	jznu.com.cn
电子信箱	jzxy1993@sina.com
占地面积(平方米)	129371
图书(万册)	22.8
固定资产总值(万元)	18114.05
教学、科研仪器设备资产值(万元)	3150.55
在校生数(人)	5263
其中:普通专科	5200
成人专科	63
专任教师(人)	208
其中:正高级	22
副高级	56
中级	71
初级	59

专科专业 道路桥梁工程技术、电气自动化技术、电子商务、法律事务、工程造价、汉语、会计电算化、会计与审计、机电一体化技术、计算机网络技术、计算机应用技术、建筑工程技术、建筑装饰工程技术、金融管理与实务、酒店管理、旅游管理、汽车运用技术、商务日语、商务英语、市场营销、文秘、物流管理、新闻采编与制作、应用电子技术、装饰艺术设计

院系设置

机电工程系、土木工程系、计算机工程系、经济与管理系、人文与社会工程系。

定期公开出版的专业刊物 《九州学林》

学校设立奖学金情况

学校设立奖学金7项,奖励总金额45余万元。奖学金最高金额8000元/年,最低金额200元/年。

学校历史沿革

1993年,经教育部备案,江苏省人民政府批准,九州大学开始获准筹建(1993年-2001年)。1995年,九州大学正式列入全国普通专科招生计划(1996年-2001年)。2002年3月,经江苏省人民政府批准,国家教育部评定,改为具有独立招生、独立颁发文凭资格的全日制普通高等学校,九州大学正式更名为九州职业技术学院(2002年至今)。

紫琅职业技术学院

学校(机构)标识码	4132012056
学校办学类型	415:专科院校:高等职业学校
学校性质类别	02 理工院校
学校举办者	999 民办
学校地址	江苏省南通市港闸经济开发区永兴路14号
邮政编码	226002
办公电话	0513-85609160
传真电话	0513-85609160
校园(局域)网域名	www.zlvc.edu.cn
电子信箱	zlvc@zlvc.edu.cn
占地面积(平方米)	285906
校舍建筑面积(平方米)	155539
图书(万册)	50.6
固定资产总值(万元)	52278.3
教学、科研仪器设备资产值(万元)	5133.4
在校生数(人)	5364
其中:普通专科	5219
成人专科	145
专任教师(人)	273
其中:正高级	13
副高级	44
中级	104
初级	92
未定职级	20

专科专业 报关与国际货运、船舶工程技术、道路桥梁工程技术、电气自动化技术、电线电缆制造技术、电子信息工程技术、

风能与动力技术、港口物流设备与自动控制、工程监理、工程造价、广告设计与制作、国际商务、会计、会计与审计、机电一体化技术、计算机网络技术、计算机应用技术、建筑工程管理、建筑工程技术、旅游管理、模具设计与制造、汽车电子技术、汽车技术服务与营销、汽车检测与维修技术、汽车制造与装配技术、软件外包服务、商务管理、商务日语、商务英语、数控技术、数控设备应用与维护、通信技术、物流管理、新能源应用技术、艺术设计、音乐表演、营销与策划、影视动画、应用德语、应用电子技术、应用日语、应用英语、展览展示艺术设计、装潢艺术设计

院系设置

目前设有机电、汽车、船舶、新能源、建筑、软件、经贸、公共课教育部等8个系部及继续教育学院

国家级、省部级研究机构设置

学院积极为地方经济社会发展服务,是江苏省高等教育人才培养模式创新实验基地、江苏省高职高专实训基地建设点、江苏省高职院校省工程技术研究开发中心建设项目学校、江苏省国际服务外包人才培训基地、江苏省高新技术创业服务中心。

学校设立奖学金情况

学校每年设立奖学金总计25.5万元,助学金总计12.39万元。

学校历史沿革

紫琅职业技术学院是2000年6月经江苏省人民政府批准创建、教育部备案的全日制民办普通高等职业院校。

硅湖职业技术学院

学校(机构)标识码 4132012078	传真电话 0512-57788007	其中:普通专科 3835
学校办学类型 415:专科院校:高等职业学校	校园(局域)网域名 www.uls.edu.cn	成人专科 32
	电子信箱 yb@usl.edu.cn	专任教师(人) 179
学校性质类别 02 理工院校	图书(万册) 29	其中:正高级 6
学校举办者 999 民办	固定资产总值(万元) 6609.38	副高级 22
学校地址 江苏省昆山花桥国际商务城1号	教学、科研仪器设备资产值(万元) 3150.43	中级 88
邮政编码 215332	在校生数(人) 3867	初级 62
办公电话 0512-57788009		未定职级 1

专科专业 道路桥梁工程技术、电气自动化技术、电子商务、服装设计、工程造价、工商企业管理、国际商务、环境艺术设计、会计、机电一体化技术、计算机网络技术、计算机应用技术、建筑工程管理、建筑工程技术、建筑设计技术、旅游管理、模具设计与制造、汽车技术服务与营销、汽车运用技术、商务日语、商务英语、生物技术及应用、市场营销、物流管理、物业管理、艺术设计、影视广告、应用电子技术、应用韩语、园林技术

院系设置

文化创意产业类、工商管理类、外语类、生物医药类、机电工程类、信息工程类、建筑工程类

学校设立奖学金情况

结合我院实际情况,设三好学生奖、优秀学生干部奖、优秀毕业生荣誉奖、新生优秀奖、先进班级奖、文明宿舍奖还有国家奖学金、国家励志奖学金、国家助学金等23个奖项,奖金总额近300万元,奖学金最高金额10000元/年,最低金额200元/年。

毕业生一次就业率 97%

学校历史沿革

硅湖职业技术学院(原名硅湖大学)是1998年经江苏省政府批准创办、国家教育部备案的全日制普通高校,于2002年正式定名为硅湖职业技术学院。学院地处江苏省与上海市的交会处——江苏昆山花桥国际商务城,毗邻上海高科技产业开发区和苏州工业园区,交通便捷。

泰州职业技术学院

学校(机构)标识码 4132012106	办公电话 0523-86662914	固定资产总值(万元) 38719.38
学校办学类型 415:专科院校:高等职业学校	传真电话 0523-86664049	教学、科研仪器设备资产值(万元) 5178.62
	校园(局域)网域名 www.tzpc.edu.cn	
学校性质类别 02 理工院校	电子信箱 tzy7561@163.com	在校生数(人) 13529
学校举办者 822 地级其他部门	占地面积(平方米) 325388	其中:普通专科 7784
学校地址 泰州市迎春东路8号	校舍建筑面积(平方米) 206371	成人专科 5745
邮政编码 225300	图书(万册) 43.8	专任教师(人) 383

其中：正高级　4　　　　　　　　中级　165　　　　　　　　未定职级　14
　　　副高级　142　　　　　　　初级　58

专科专业　材料成型与控制技术、船舶工程技术、道路桥梁工程技术、电气自动化技术、电子信息工程技术、法律事务、广告设计与制作、国际贸易实务、护理、护理（助产）、环境监测与治理技术、环境艺术设计、会计电算化、机电一体化技术、机电一体化技术（纺织机电）、机电一体化技术（国际合作）、计算机应用技术、计算机应用技术（嵌入式系统开发）、计算机应用技术（软件技术）、计算机应用技术（软件开发）、计算机应用技术（网络技术）、计算机应用技术（系统集成）、计算机应用技术（系统维护）、建筑工程技术、建筑设计技术、建筑装饰工程技术、精细化学品生产技术、酒店管理、康复治疗技术、口腔医学技术、连锁经营管理、旅游管理、模具设计与制造、商务英语、市场营销、视觉传达艺术设计、数控技术、文秘（商务秘书）、物流管理、现代纺织技术、药物制剂技术（含医药营销）、药学、音乐表演（含舞蹈）、应用电子技术、应用电子技术（检测技术与应用）、应用电子技术（智能电子技术）

院系设置
医学技术学院、机电技术学院、经济与管理学院、电子与信息工程系、环境与化学工程系、建筑工程系、艺术系、基础科学部、思想政治理论教学部等9个院、系、部

国家级、省部级研究机构设置
实验实训基地：中央财政支助的实训基地（护理实训中心）、省级高职实训基地（机电技术生产性实训基地）

定期公开出版的专业刊物　《泰州职业技术学院学报》

学校设立奖学金情况
学校设立奖学金4项，奖励总金额70余万元。奖学金最高金额1500元/年，最低金额100元/年。

学校历史沿革
局办职工大学时期（1978年－1985年）含电子仪表局职工大学、机械工业局职工大学、化学工业局职工大学、纺织工业局电大班　泰州市职工大学（1985年－1997年）含扬州市广播电视大学泰州分校、泰州职业技术教育中心　泰州市高等职业技术学院（筹）（1997年－1998年）　泰州职业技术学院（1998年－至今），2000年泰州卫生学校并入。

南京森林警察学院

学校（机构）标识码	4132012213
学校办学类型	412：本科院校：学院
学校性质类别	09 政法院校
学校举办者	432 国家林业局
学校地址	南京市仙林大学城文澜路28号
邮政编码	210046
办公电话	025－85878755
传真电话	025－85878888
校园（局域）网域名	www.forestpolice.net
占地面积（平方米）	726138
校舍建筑面积（平方米）	175416
图书（万册）	57.2
固定资产总值（万元）	48766
教学、科研仪器设备资产值（万元）	5154.86
在校生数（人）	4537
其中：普通本科	1841
普通专科	2650
成人专科	46
专任教师（人）	272
其中：正高级	26
副高级	74
中级	133
初级	39

本科专业　消防工程、刑事科学技术、侦查学、治安学
专科专业　信息网络安全监察、刑事技术、侦查、治安管理

院系设置
治安系、森林消防系、侦查系、刑事科学技术系、警务管理系、信息技术系、警务技战术系、思政部、教学训练基地、继续教育部

国家级、省部级研究机构设置
研究中心（所）：国家林业局职业教育研究中心、国家林业局野生动植物刑事物证鉴定中心、国家林业局森林公安司法鉴定中心

定期公开出版的专业刊物　《森林防火》、《森林公安》

学校设立奖学金情况
学校设立奖学金6项，奖励总金额151余万元。奖学金最高金额8000元/年，最低金额100元/年。

学校历史沿革
1953年8月6日，创建林业部南京林业学校；1972年11月至1979年7月，并入南京林产工业学院（现南京林业大学）；1979年8月至1983年7月，复建南京林业学校；1983年8月至1994年9月，南京林业学校；1994年9月至1999年7月，改建为林业部南京人民警察学校；1999年7月至2000年3月，更名为国家林业局南京人民警察学校；2000年3月至2010年3月，建立南京森林公安高等专科学校；2010年3月至今，建立南京森林警察学院。

常州信息职业技术学院

学校(机构)标识码 4132012317	传真电话 0519-86338010	在校生数(人) 12025
学校办学类型 415:专科院校:高等职业学校	校园(局域)网域名 www.ccit.js.cn	其中:普通专科 10469
	电子信箱 yb@ccit.js.cn	成人专科 1556
学校性质类别 02 理工院校	占地面积(平方米) 694670	专任教师(人) 471
学校举办者 812 省级其他部门	校舍建筑面积(平方米) 313598	其中:正高级 15
学校地址 常州市武进区鸣新中路2号	图书(万册) 68.98	副高级 139
	固定资产总值(万元) 68327.47	中级 194
邮政编码 213164	教学、科研仪器设备资产值(万元) 10746.65	初级 107
办公电话 0519-86338049		未定职级 16

专科专业 电气自动化技术、电子商务、电子信息工程技术、动漫设计与制作、多媒体设计与制作、工商企业管理、光伏发电技术及应用、广告与会展、国际经济与贸易、环境艺术设计、机电一体化技术、机械设计与制造、计算机网络技术、计算机网络与安全管理、计算机应用技术、楼宇智能化工程技术、模具设计与制造、企业资源计划管理、汽车电子技术、嵌入式系统工程、软件技术、视觉传达艺术设计、数控技术、通信技术、通信网络与设备、微电子技术、物联网应用技术、物流管理、营销与策划、影视动画、应用德语、应用电子技术、应用韩语、应用日语、应用英语、自动化生产设备应用

院系设置
学院共设六个系(院)和三部。分别为:计算机科学与技术学院(软件学院)、电子与电气工程学院、经贸管理学院、机电工程学院、外国语学院、艺术设计系、基础部、社科部、体育部

国家级、省部级研究机构设置
研究中心(所):江苏省嵌入式软件工程技术研究开发中心
定期公开出版的专业刊物 《常州信息职业技术学院学报》、《职教探索与研究》
学校设立奖学金情况
学院设院级奖学金有一等、二等、学习特别奖、新生奖励共四项总金额为49.86万,最高3000元/年,最低400/年,学院设系级奖学金有一等、二等、三等、单项奖共四项,总金额为89.438万。最高1000元/年,最低200元/年。
学校历史沿革
学院于1962年创办,初名常州市勤业机电学校,1980年更名为常州无线电工业学校,2000年10月经江苏省人民政府批准由常州无线电工业学校和常州市电子职工大学合并组建成立常州信息职业技术学院。

江苏联合职业技术学院

学校(机构)标识码 4132012678	校园(局域)网域名 www.juti.cn	在校生数(人) 72583
学校办学类型 415:专科院校:高等职业学校	电子信箱 lhxybgsh@163.com	其中:普通专科 72583
	占地面积(平方米) 7354083	专任教师(人) 9589
学校性质类别 02 理工院校	校舍建筑面积(平方米) 3723501	其中:正高级 35
学校举办者 811 省级教育部门	图书(万册) 790.27	副高级 2577
学校地址 南京市北京西路15-2号	固定资产总值(万元) 801290	中级 3928
邮政编码 210024	教学、科研仪器设备资产值(万元) 156927	初级 2502
办公电话 025-83335358		未定职级 547
传真电话 025-83335358		

专科专业 安全防范技术、包装技术与设计、报关与国际货运、表演艺术、财务管理、财务信息管理、城市交通运输、城镇规划、出版与发行、畜牧兽医、船舶工程技术、道路桥梁工程技术、地籍测绘与土地管理信息技术、电脑艺术设计、电气自动化技术、电视节目制作、电子工艺与管理、电子商务、电子信息工程技术、动漫设计与制作、法律事务、房地产经营与估价、服装设计、港口物流设备与自动控制、工程测量技术、工程地质勘查、工程监理、工程造价、公路监理、广告设计与制作、国际经济与贸易、国际贸易实务、国际商务、国土资源调查、焊接技术及自动化、护理、化学制药技术、环境监测与治理技术、会计、会计电算化、会计与审计、机电一体化技术、机械制造与自动化、计算机辅助设计与制造、计算机网络技术、计算机信息管理、计算机应用技术、检测技术及应用、建筑电气工程技术、建筑工程技术、建筑设备工程技术、建筑装饰工程技术、金融保险、金融管理与实务、金融

与证券、经济管理、经济贸易类新专业、精细化学品生产技术、康复治疗技术、矿山机电、粮食工程、楼宇智能化工程技术、旅游管理、煤矿开采技术、模具设计与制造、烹饪工艺与营养、汽车技术服务与营销、汽车检测与维修技术、汽车运用技术、汽车运用与维修、汽车制造与装配技术、区域地质调查及矿产普查、人物形象设计、软件技术、商务管理、商务日语、商务英语、社区管理与服务、社区矫正、涉外旅游、摄影摄像技术、审计实务、生产过程自动化技术、生化制药技术、生物化工工艺、生物技术及应用、生物制药技术、市场营销、市政工程技术、室内设计技术、数控技术、数控设备应用与维护、司法信息技术、丝绸技术、特种动物养殖、体育服务与管理、卫生信息管理、文物鉴定与修复、物流管理、物业管理、戏曲表演、刑事执行、眼视光技术、药品经营与管理、药品质量检测技术、药物分析技术、药物制剂技术、药学、医疗仪器维修技术、医学检验技术、医学影像技术、医用电子仪器与维护、艺术设计、音乐表演、印刷技术、印刷图文信息处理、影视表演、影视动画、应用电子技术、应用韩语、应用化工技术、园林工程技术、园林技术、园艺技术、运动训练、证券投资与管理、植物保护、中药、中药制药技术、珠宝首饰工艺及鉴定、主持与播音、助产、装潢艺术设计

学校历史沿革

江苏联合职业技术学院成立于2003年。

江苏海事职业技术学院

学校(机构)标识码 4132012679	校园(局域)网域名 www.jmi.edu.cn	在校生数(人) 11260
学校办学类型 415:专科院校:高等职业学校	电子信箱 jmiyb@126.com	其中:普通专科 10436
	占地面积(平方米) 763855	成人专科 824
学校性质类别 02 理工院校	校舍建筑面积(平方米) 293269	专任教师(人) 500
学校举办者 811 省级教育部门	图书(万册) 65.8	其中:正高级 10
学校地址 江苏海事职业技术学院	固定资产总值(万元) 59233.15	副高级 123
邮政编码 211170	教学、科研仪器设备资产值(万元) 8322	中级 244
办公电话 025-86176917		初级 123
传真电话 025-86176000		

专科专业 报关与国际货运、船舶电气工程技术、船舶工程技术、电气自动化技术、电子商务、电子信息工程技术、动漫设计与制作、港口电气技术、港口物流设备与自动控制、供热通风与空调工程技术、国际航运业务管理、国际经济与贸易、海事管理、焊接技术及自动化、航海技术、环境艺术设计、会计、机械制造与自动化、集装箱运输管理、计算机网络技术、交通运输管理、楼宇智能化工程技术、轮机工程技术、热能动力设备与应用、软件技术、商务英语、涉外旅游、涉外事务管理、物流管理、移动通信技术

院系设置

航海工程系、轮机工程系、船舶与港口工程系、电气工程系、港航运输与物流管理系、信息工程系、外国语言系、人文科学系、体育部

学校设立奖学金情况

学校设立奖学金6项,奖励总额241万余元。奖学金最高金额8000元/年,最低金额300元/年。

学校历史沿革

2003年7月江苏海事职业技术学院正式成立。江苏海事职业技术学院由南京海运学校和南京航运学校联合组建。南京海运学校创建于1951年,南京航运学校创建于1956年。

应天职业技术学院

学校(机构)标识码 4132012680	传真电话 025-85780800	在校生数(人) 7338
学校办学类型 415:专科院校:高等职业学校	校园(局域)网域名 www.ytc.edu.cn	其中:普通专科 7338
	电子信箱 ytcollege@ytc.edu.cn	专任教师(人) 269
学校性质类别 02 理工院校	占地面积(平方米) 338435	其中:正高级 27
学校举办者 999 民办	图书(万册) 29.45	副高级 68
学校地址 南京仙林大学城仙林大道100号	固定资产总值(万元) 38970.11	中级 73
邮政编码 210046	教学、科研仪器设备资产值(万元) 3140	初级 92
办公电话 025-85780016		未定职级 9

专科专业 初等教育、电力系统自动化技术、电子信息工程技术、动漫设计与制作、广告设计与制作、国际经济与贸易、环境艺术设计、会计、计算机多媒体技术、计算机网络技术、建筑工程管理、酒店管理、老年服务与管理、旅游管理、模具设计与制造、汽车技术服务与营销、商务英语、市场营销、数控技术、通信技术、文化事业管理、物流管理、物业管理、学前教育、影视多媒体技术、应用韩语、应用日语

院系设置

教师教育学院、商学院、管理工程系、信息工程系、机电工程系、艺术与设计系、基础部、继续教育学院

学校设立奖学金情况

学校设立奖学金6项,奖励金总金额244.44万元/年,最高金额8000元/年,最低金额200元/年。

学校历史沿革

学校前身为江苏省幼儿师范学校(1953—2002年),为省委直属公办学校。2002年改制,由江苏省教育发展投资中心、江苏教育电视台和南京特希投资有限公司合作办学,建立民办股份制高校"应天职业技术学院"(2003年至今)。

无锡科技职业学院

学校(机构)标识码 4132012681	校园(局域)网域名 www.wxstc.cn
学校办学类型 415:专科院校:高等职业学校	电子信箱 web@wxstc.cn
学校性质类别 02 理工院校	占地面积(平方米) 260476
学校举办者 822 地级其他部门	校舍建筑面积(平方米) 208976
学校地址 江苏省无锡市新锡路8号	图书(万册) 48.57
邮政编码 214028	固定资产总值(万元) 53081.9
办公电话 0510-85347777	教学、科研仪器设备资产值(万元) 3575
传真电话 0510-85342087	在校生数(人) 8777

其中:普通专科 7451
成人专科 1326
专任教师(人) 370
其中:正高级 1
副高级 74
中级 163
初级 103
未定职级 29

专科专业 3G通信、IT运维、报关与国际货运、财务管理、采购管理、电气自动化技术、电子商务、动漫设计与制作、工业控制、光电子技术、国际电子商务、国际物流、航空物流、会计、会计与统计、机电一体化技术、计算机控制技术、计算机信息管理、经济管理、旅游与酒店、民航运输、模具设计与制造、企业策划、汽车电子技术、汽车检测与维修技术、汽车营销、嵌入式系统工程、嵌入式校企合作、嵌入式校企合作(艺术)、人力资源管理、软件测试、软件技术、软件外包、三网融合、商务英语、设备与运行管理、涉外旅游、市场营销、视觉传达艺术设计、数控技术、数控系统应用与维护、通信网络与设备、网页设计、微电子技术、文化市场经营与管理、文秘、物联网应用技术、物流管理、物流信息技术、信息传播与策划、液晶显示、艺术、影视动画、应用电子技术、应用韩语、应用日语、游戏美术设计、游戏设计、中澳国际合作、中美合作项目、中新国际合作

院系设置

共设物联网技术学院、软件与服务外包学院、中新外包管理学院、尚德光伏学院、中德机电学院、文化创意学院、外语系及继续教育学院8个教学院系

学校设立奖学金情况

学校设立奖学金7项,奖励总金额60.22余万元。奖学金最高金额3000元/年,最低金额200元/年。

学校历史沿革

无锡科技职业学院是经江苏省人民政府批准成立,由无锡市人民政府主办,无锡新区管委会承办的全日制普通高校,学院于2003年正式建院招生,2006年首届毕业生毕业。2007年6月通过教育部高职高专人才培养工作水平评估。

盐城卫生职业技术学院

学校(机构)标识码 4132012682	校园(局域)网域名 www.ycmc.edu.cn
学校办学类型 415:专科院校:高等职业学校	电子信箱 ycweiyuan@163.com
学校性质类别 05 医药院校	占地面积(平方米) 463000
学校举办者 812 省级其他部门	校舍建筑面积(平方米) 216827
学校地址 盐城市解放南路263号	图书(万册) 49.14
邮政编码 224005	固定资产总值(万元) 32557
办公电话 0515-88588608	教学、科研仪器设备资产值(万元) 6004.27
传真电话 0515-88159499	在校生数(人) 6773

其中:普通专科 6426
成人专科 347
专任教师(人) 321
其中:正高级 16
副高级 64
中级 43
初级 177
未定职级 21

专科专业 护理、护理(涉外护理)、护理(伊宁卫校)、护理(助产)、康复工程技术、康复治疗技术、口腔医学技术、临床医学、生物制药技术、司法鉴定技术、卫生信息管理、药品经营与管理、药物分析技术、药物制剂技术、药学、医疗美容技术、医疗仪器维修技术、医学检验技术、医学影像技术、医用电子仪器与维护、营养与食品卫生、中药

院系设置

现设有护理系、药学系、影像系、医学技术系、基础部、思政部等

学校设立奖学金情况

学校设立奖学金9项,奖励总金额206余万元。奖学金最高金额8000元/年,最低金额100元/年。

主要校办产业

康阜公司

学校历史沿革

学院前身为新四军军部于1941年7月创办的华中卫生学校,1958年成立盐城医学专科学校、盐城中医专科学校,1964年7月改办江苏省盐城卫生学校。1977年国家恢复高考制度后,较长时间承担普通大专及本科的培养任务。1996年开始五年制高职招生,开展高等职业教育。2005年3月18日经江苏省人民政府批准(苏政发[2005]25号)建立盐城卫生职业技术学院。

扬州环境资源职业技术学院

学校(机构)标识码 4132012683	校园(局域)网域名 www.yzerc.net	其中:普通专科 8069
学校办学类型 415:专科院校:高等职业学校	电子信箱 yzhjzyxy@yeah.net	成人专科 1112
	占地面积(平方米) 499432	专任教师(人) 492
学校性质类别 03 农业院校	校舍建筑面积(平方米) 244016	其中:正高级 7
学校举办者 822 地级其他部门	图书(万册) 49.97	副高级 122
学校地址 扬州市润扬南路33号	固定资产总值(万元) 46320	中级 166
邮政编码 225127	教学、科研仪器设备资产值(万元)	初级 173
办公电话 0514-87432008	4664.63	未定职级 24
传真电话 0514-87432008	在校生数(人) 9181	

专科专业 产品造型设计、地理信息系统、电气自动化技术、电子商务、房地产经营与估价、工程测量技术、供热通风与空调工程技术、广告设计与制作、国际贸易实务、国土资源管理、护理、护理(助产)、环境监测与评价、环境监测与治理技术、环境监测与治理技术(中外合作办学)、环境艺术设计、会计电算化、会计电算化(对口)、会计电算化(海外本科直通车)、计算机网络技术、计算机应用技术、计算机应用技术(对口)、计算机应用技术(日语本科直通车)、建筑工程技术、建筑工程技术(中外合作办学)、建筑装饰工程技术、旅游管理、旅游管理(酒店管理)(海外本科)、绿色食品生产、软件技术、商务日语、商务文秘、商务英语、摄影测量与遥感技术、生物技术及应用、生物技术及应用(日语本科直通车)、食品营养与检测、卫生检验、文秘、物流管理、物业管理、药学、医学检验技术、医药营销、应用电子技术、园林工程技术、园林技术、园林技术(对口)、园艺技术

院系设置

设有环境科学与工程系、资源科学系、园林园艺系、医学系、计算机科学与技术系、经济贸易系、外语系、人文科学系等八个系,另设有基础课部,共八系一部

国家级、省部级研究机构设置

实验室:省级农业安全生产与环境保护实训中心;省级园林园艺生态中心

定期公开出版的专业刊物 《环境资源论坛》

学校设立奖学金情况

学校设立奖学金三项,奖励总金额65余万元。奖学金最高金额1000元/年,最低金额400元/年。

主要校办产业

扬州华扬传感器厂、扬州玻纹管厂、中外合资朝扬特玻有限公司

学校历史沿革

扬州环境资源职业技术学院前身是的扬州农校,创建于1956年;2003年7月,江苏省人民政府批准在其基础上升格为专科层次的普通高等学校;2004年12月,扬州经济干部管理学院并入学院;2005年12月,扬州卫校并入学院。

南通农业职业技术学院

学校(机构)标识码 4132012684	学校性质类别 03 农业院校	邮政编码 226007
学校办学类型 415:专科院校:高等职业学校	学校举办者 822 地级其他部门	办公电话 0513-81050507
	学校地址 南通农业职业技术学院	传真电话 0513-81050507

校园(局域)网域名 www.ntac.edu.cn	教学、科研仪器设备资产值(万元) 4081	其中:正高级 8
电子信箱 ntnydzb@163.com		副高级 69
占地面积(平方米) 438689	在校生数(人) 6558	中级 145
校舍建筑面积(平方米) 156904	其中:普通专科 5888	初级 58
图书(万册) 39.77	成人专科 670	未定职级 10
固定资产总值(万元) 21327	专任教师(人) 290	

专科专业 城市水净化技术、城市园林、电气自动化技术、电子商务、动漫设计与制作、法律文秘、工业分析与检验、广告与会展、环境工程技术、环境监测与评价、环境监测与治理技术、会计与统计核算、机电一体化技术、机械制造与自动化、计算机网络技术、计算机应用技术、旅游日语、农产品质量检测、软件技术、商务日语、商务英语、设施农业技术、生物技术及应用、食品加工技术、食品营养与检测、数控技术、水环境监测与保护、网络系统管理、文秘、物流管理、营销与策划、应用电子技术、应用化工技术、应用日语、园林工程技术、园林技术、园艺技术、植物保护、装潢艺术设计

院系设置

生物工程系、园林园艺系、环境与资源系、机电工程系、经济贸易与管理系、信息工程系、人文科学系、基础教学部

定期公开出版的专业刊物 《南通农业科技与教育》

学校设立奖学金情况

学校设立奖学金1项,奖励总金额60余万元。奖学金最高金额600元/年,最低金额300元/年。

学校历史沿革

一九四五年二月在重庆创办"国立高级农业职业学校"(简称"国立高农")。一九四六年八月东迁南通。一九四七年元旦,更名为"国立南通高级农业职业学校"。一九四九年十月,改称"苏北南通农业学校"。一九五三年十月,改名为"江苏省农业学校"。一九五八年,增挂"南通农业专科学校"校牌。一九五九年"江苏省南通农业学校"和"南通农业专科学校"一起迁往如皋薛窑。一九六二年十月,学校改名"南通专区农业干校"。一九六五年复办"江苏省南通农业学校"。一九七五年四月,经江苏省革命委员会批准成立"南通地区五七农业大学"。一九七九年四月,学校正式恢复"江苏省南通农业学校"。一九九零年学校自如皋薛窑迁至南通市青年东路。二零零三年七月经江苏省人民政府批准建立"南通农业职业技术学院"。

苏州经贸职业技术学院

学校(机构)标识码 4132012685	传真电话 0512-62910307	在校生数(人) 10000
学校办学类型 415:专科院校:高等职业学校	校园(局域)网域名 www.szjm.edu.cn	其中:普通专科 9119
	电子信箱 bgs@szjm.edu.cn	成人专科 881
学校性质类别 08 财经院校	占地面积(平方米) 615792	专任教师(人) 433
学校举办者 811 省级教育部门	校舍建筑面积(平方米) 256065	其中:正高级 12
学校地址 苏州市虎丘区国际教育园(北区)学府路287号	图书(万册) 60.9	副高级 118
	固定资产总值(万元) 70087.9	中级 231
邮政编码 215009	教学、科研仪器设备资产值(万元) 6770.37	初级 66
办公电话 0512-62910307		未定职级 6

专科专业 电子商务、电子信息工程技术、纺织品检验与贸易、服装设计、工商企业管理、国际贸易实务、国际贸易实务(海外本科直通车)、国际贸易实务(中外合作办学)、会计、会计(海外本科直通车)、会计(中外合作办学)、会计与审计、会展策划与管理、机电一体化技术、计算机网络技术、计算机应用技术、金融管理与实务、金融管理与实务(中外合作办学)、酒店管理、旅游管理、染整技术、软件技术、商务英语、市场营销、市场营销(海外本科直通车)、市场营销(中外合作办学)、投资与理财、文秘、物流管理、物流管理(海外本科直通车)、现代纺织技术、营销与策划、影视动画、应用电子技术、针织品工艺与贸易、制冷与冷藏技术、装潢艺术设计

院系设置

学院设有机电系、贸经系、轻纺系、工商系、艺术系、旅游系、信息系、国际学院和公共基础部等教学部门,及数字化校园管理中心等教学辅助机构

国家级、省部级研究机构设置

拥有1个中央财政支持建设的实训基地,2个省级实训基地,1个省级工程技术研发中心,1个省级人才培养模式创新实验基地

学校设立奖学金情况

设立奖学金7项,奖励总金额273余万,最高奖金8000元/年,最低金额300元/年。

学校历史沿革

苏州经贸职业技术学院前身为1961年创建的江苏省苏州商业学校和1984年创建的江苏省丝绸学校。2003年7月2日,经江苏省人民政府(苏政发【2003】7号文)批准,江苏省苏州商

业学校和江苏省丝绸学校合并组建苏州经贸职业技术学院。

苏州工业职业技术学院

学校(机构)标识码 4132012686	传真电话 0512-66550870	在校生数(人) 7150
学校办学类型 415:专科院校:高等职业学校	校园(局域)网域名 www.siit.edu.cn	其中:普通专科 6732
	电子信箱 www.siitbgs@siit.edu.cn	成人专科 418
学校性质类别 02 理工院校	占地面积(平方米) 366489	专任教师(人) 308
学校举办者 822 地级其他部门	校舍建筑面积(平方米) 179548	其中:正高级 3
学校地址 苏州国际教育园致能大道1号	图书(万册) 50.02	副高级 87
	固定资产总值(万元) 39703.21	中级 170
邮政编码 215104	教学、科研仪器设备资产值(万元) 5817.49	初级 43
办公电话 0512-66550863		未定职级 5

专科专业 电脑艺术设计、电气自动化技术、电子测量技术与仪器、电子商务、电子信息工程技术、动漫技术与制作、机电一体化技术、计算机网络技术、计算机信息管理、计算机应用技术、经济管理、模具设计与制造、软件技术、商务日语、商务英语、生化制药技术、市场营销、数控技术、数控设备应用与维护、通信技术、物流管理、营销与策划、应用电子技术、自动化生产设备应用

院系设置
行政部处、机电工程系、电子工程系、信息工程系、管理工程系、公共教学部、成人教学部

学校历史沿革
苏州工业职业技术学院于2003年7月由江苏省政府发文(苏政发[2003]70号)批准成立,由苏州高级工业学校、苏州机械学校和虎丘中等高级中学三所学校合并重建组成的一所市属公办全日制高等职业学院。

苏州托普信息职业技术学院

学校(机构)标识码 4132012687	办公电话 0512-57650512	1300.15
学校办学类型 415:专科院校:高等职业学校	传真电话 0512-57650512	在校生数(人) 2003
	校园(局域)网域名 www.szetop.com	其中:普通专科 2003
学校性质类别 02 理工院校	电子信箱 yuanban@szetop.com	专任教师(人) 97
学校举办者 999 民办	图书(万册) 17.1	其中:副高级 9
学校地址 江苏省昆山市巴城镇湖滨北路288号	固定资产总值(万元) 15351.02	中级 24
	教学、科研仪器设备资产值(万元)	初级 64
邮政编码 215311		

专科专业 报关与国际货运、电子商务、动漫设计与制作、广告设计与制作、会计、机械设计与制造、机械制造与自动化、计算机应用技术、计算机应用技术(3G手机技术)、计算机应用技术(网络工程)、酒店管理、旅游英语、模具设计与制造、软件技术、商务管理、商务英语、市场营销、视觉传达艺术设计、数控设备应用与维护、玩具设计与制造、物流管理、物流管理(中外合作)、影视动画、影视多媒体技术、游戏设计与制作、装潢艺术设计

院系设置
目前学院下辖5个教学部门,分别是现代服务学院、现代技术学院、数字传媒学院、国际教育中心、基础部

学校设立奖学金情况
学校设立奖学金3项,奖励总额50余万元。奖学金最高金额为5000元/年,最低金额为500元/年。学院另设国家奖学金、国家励志奖学金、助学奖学金。

1. 入学奖学金:50人/年,1000-5000元/年;
2. 企业奖学金:50人/年,500-2000元/年;
3. 优秀奖学金:1200人/年,200元/年。

学校历史沿革
苏州托普信息职业技术学院成立于2003年,是一所经江苏省人民政府批准、教育部备案,具有独立颁发文凭资格的全日制普通高校。学院位于江苏省昆山市,坐落在碧波万顷的阳澄湖畔。学院秉持"厚德、重能、实用、创新"的校训,坚持"以学生为主体,以教学为中心,以就业为导向"的办学理念,努力为学生成人成才创造良好条件。

苏州卫生职业技术学院

学校(机构)标识码 4132012688
学校办学类型 415:专科院校:高等职业学校
学校性质类别 05 医药院校
学校举办者 812 省级其他部门
学校地址 江苏省苏州市国际教育园北区科华路28号
邮政编码 215009
办公电话 0512-62690000
传真电话 0512-62690101
校园(局域)网域名 www.szhct.edu.cn
电子信箱 swybgs@163.com
占地面积(平方米) 502002
校舍建筑面积(平方米) 237111
图书(万册) 35
固定资产总值(万元) 57470
教学、科研仪器设备资产值(万元) 6995
在校生数(人) 6850
其中:普通专科 6850
专任教师(人) 346
其中:正高级 15
副高级 82
中级 137
初级 103
未定职级 9

专科专业 护理、会计、酒店管理、康复治疗技术、口腔医学技术、社区管理与服务、食品贮运与营销、卫生检验与检疫技术、卫生信息管理、眼视光技术、药品经营与管理、药物制剂技术、药学、医学检验技术、医学营养、中药

院系设置
药学系、护理系、口腔系、基础部

国家级、省部级研究机构设置
国家卫生部视光学研发中心苏州中心。

定期公开出版的专业刊物 《苏卫通讯》、《苏州卫生职业技术学院学报》

学校设立奖学金情况
学院设立奖学金2项,奖励总金额60余万元。奖学金最高金额1600元/年,最低金额300元/年。

主要校办产业
苏州市华夏口腔医院(附属口腔医院)、义齿制作中心、苏州眼视光医院(附属眼科医院)、苏州三元宾馆

学校历史沿革
苏州卫生职业技术学院创建于1911年(原博习医院护士学校),1929年改名为吴县私立博习高级护士职业学校;1937年11月因抗日战争,学校停办一年;1944年到1946年秋,学校又因日军占领校舍而停办。1951年学校改名为苏南护士学校,隶属于苏南行署卫生处管辖,该年11月私立新民卫生学校并入我校。1953年5月,学校又改名为江苏省苏州卫生学校由江苏省卫生厅直接管理,7月嘉定护士学校并入我校。1958年7月,苏州地委宣传部接管我校,并更名为苏州医学专科学校及附设护士学校。1962年6月17日苏州医专停办又恢复苏州护士学校,并交还省卫生厅管理。1965年学校补命名为江苏省苏州卫生学校,隶属于省卫生厅领导。1972年4月,学校归由苏州市卫生局领导,并改名为苏州卫生学校。1981年4月,学校归由省、市双重领导,以省为主,直到1991年,苏州卫生学校直属省卫生厅领导。1998年5月,原苏医附一院卫校并入我校。2002年3月,原苏州第一卫生学校并入我校,形成了一体两翼格局的苏州卫生学校。2005年3月18日经江苏省人民政府发文(苏政发【2005】25号)批准,建立了苏州卫生职业技术学院,同时撤销苏州卫生学校、苏州第二卫生学校建制,仍隶属于江苏省卫生厅。

东南大学成贤学院

学校(机构)标识码 4132012689
学校办学类型 413:本科院校:独立学院
学校性质类别 01 综合大学
学校举办者 999 民办
学校地址 南京浦口区泰山新村东大路6号
邮政编码 210088
办公电话 025-58690709
传真电话 025-58690710
校园(局域)网域名 cxxy.seu.edu.cn
电子信箱 yzxx@cxxy.seu.edu.cn
校舍建筑面积(平方米) 45999
图书(万册) 73.7
固定资产总值(万元) 14130
教学、科研仪器设备资产值(万元) 4710
在校生数(人) 9188
其中:普通本科 9188
专任教师(人) 517
其中:正高级 44
副高级 174
中级 212
初级 87

本科专业 财务管理、电气工程及其自动化、电子科学与技术、电子商务、电子信息工程、动画、工程管理、公共事业管理、国际经济与贸易、化学工程与工艺、会计学、机械设计制造及其自动化、计算机科学与技术、建筑学、交通运输、市场营销、土木工程、物流管理、艺术设计、制药工程、自动化

院系设置
设有8个系,1个部:电子工程系、电气工程系、土木工程系、经济管理系、机械工程系、化工与制药工程系、机械工程系、建筑

与艺术系、基础部

学校设立奖学金情况

学校设立奖学金26项,奖励总金额398.59万元/年,最低金额200元/年/人。

学校历史沿革

东南大学成贤学院成立于2003年6月,是经教育部批准,由东南大学举办的独立学院。

无锡商业职业技术学院

学校(机构)标识码　4132012702
学校办学类型　415:专科院校:高等职业学校
学校性质类别　08 财经院校
学校举办者　811 省级教育部门
学校地址　江苏省无锡市惠山区钱桥街道藕乐苑社区居委会钱胡路809号
邮政编码　214153
办公电话　0510-83270530
传真电话　0510-83272299
占地面积(平方米)　1065175
校舍建筑面积(平方米)　270723
图书(万册)　81.57
固定资产总值(万元)　101831.16
教学、科研仪器设备资产值(万元)　7380.61
在校生数(人)　13886
其中:普通专科　12094
　　　成人专科　1773
　　　留学生　19
专任教师(人)　515
其中:正高级　14
　　　副高级　157
　　　中级　279
　　　初级　65

专科专业　财务管理、电气自动化技术、电子商务、电子信息工程技术、动漫设计与制作、多媒体设计与制作、服装设计、工商企业管理、广告设计与制作、国际经济与贸易、环境艺术设计、环境艺术设计(公共艺术)、会计、会计与审计、会计与统计核算、机电一体化技术、计算机网络技术、计算机应用技术、建筑装饰工程技术、金融保险、酒店管理、连锁经营管理、楼宇智能化工程技术、旅游管理、模具设计与制造、烹饪工艺与营养、汽车技术服务与营销、汽车运用技术、软件技术、软件技术(微软合作)、商务日语、商务英语、市场营销、室内设计技术、数控技术、投资与理财、微电子技术、物联网应用技术、物流管理、营销与策划、应用电子技术、应用电子技术(光伏新能源)、应用电子技术(嵌入式)、应用韩语、制冷与空调技术、装饰艺术设计

院系设置

经济贸易学院、会计金融学院、旅游管理学院、商务外语学院、艺术设计学院、信息工程学院、电子工程学院、机电工程学院、国际教育学院、继续教育与培训学院、基础教学部、思想政治理论课教学部、体育部

国家级、省部级研究机构设置

江苏省无线传感系统应用工程技术研究开发中心

定期公开出版的专业刊物　《无锡商业职业技术学院学报》

学校设立奖学金情况

学校设立奖学金1项,奖励总金额约80万元/年,奖学金最高金额1000元/年,最低金额300元/年。

主要校办产业

江苏省教育超市有限公司

学校历史沿革

1965年6月,学校创建,校名为"无锡市商业学校",经费由省商业厅拨付,隶属于无锡市商业局领导,是中专性质的学校。1965年10月,学校更名为"无锡市半工半读商业学校"。1970年11月,由于文化大革命影响,无锡市财贸系统革命委员会核心小组决定"无锡市半工半读商业学校"停办。1973年9月,经江苏省革命委员会批准复校,同时更名为"无锡市商业中等技术学校"。1978年10月,经无锡市革命委员会批准,并报请省革命委员会、省商业局、无锡市革命委会财办同意,我校由"无锡市商业中等技术学校"改称为"江苏省无锡商业学校"。隶属江苏省商业厅及无锡市商业局领导,并以省厅为主,党的领导关系仍旧不变。1986年5月,经省厅和省编委明确,学校由科级单位上升为县处级建制,隶属江苏省商业厅管理。2000年4月,经江苏省人民政府批准,将江苏省无锡商业学校、无锡市商业技工学校、无锡市商业职工中等专业学校合并,筹建无锡商业职业技术学院。5月,我校被国家教育部(教职成[2000]6号)正式命名为国家级重点中专。6月,我校成建制由省贸易厅划转给省教育厅。10月,经江苏省人民政府批准,教育部备案,江苏省无锡商业学校、无锡市商业技工学校、无锡市商业职工中等专业学校合并,正式建立了无锡商业职业技术学院。

南通航运职业技术学院

学校(机构)标识码　4132012703
学校办学类型　415:专科院校:高等职业学校
学校性质类别　02 理工院校
学校举办者　812 省级其他部门
学校地址　江苏省南通市经济技术开发区通盛大道185号
邮政编码　226010
办公电话　0513-85960889
传真电话　0513-85960899
校园(局域)网域名　www.ntsc.edu.cn
电子信箱　yuanban2009@ntsc.edu.cn

占地面积(平方米) 631368		9882.8	其中:正高级 13
校舍建筑面积(平方米) 319712	在校生数(人) 10505	副高级 147
图书(万册) 55.63	其中:普通专科 8914	中级 217
固定资产总值(万元) 73429	成人专科 1591	初级 93
教学、科研仪器设备资产值(万元)	专任教师(人) 472	未定职级 2

专科专业 报关与国际货运、船舶电气工程技术、船舶工程技术(船舶检验)、船舶工程技术(船舶涂装)、船舶工程技术(船舶舾装)、船舶工程技术(船舶制造)、船舶工程技术(钢结构技术)、船舶检验、船舶舾装、船机制造与维修、电气自动化技术、多媒体应用技术、钢结构建造技术、钢结构建造技术(海洋工程)、港口工程技术(港航工程)、港口物流设备与自动控制(港电)、港口物流设备与自动控制(港制)、港口物流设备与自动控制(技管)、工程监理、光伏发电技术及应用、广告设计与制作、国际航运业务管理、国际商务、焊接技术及自动化、航海技术、环境艺术设计(美术类)、会计、机电一体化技术、机械设计与制造(船舶配套设备)、机械制造与自动化、集装箱运输管理、计算机网络技术、计算机网络技术(物联网应用)、计算机系统维护、建筑工程技术(交通建设)、交通运营管理(综合运输)、轮机工程技术(船舶电气)、轮机工程技术(船机修造)、轮机工程技术(轮机管理)、汽车运用技术(技术服务)、汽车运用技术(检测与维修)、汽车运用技术(检测与维修)、软件技术(服务外包)、商务日语、商务英语(船务与航运业务)、视觉传达艺术设计(家纺设计)、视觉传达艺术设计(美术类)、室内设计技术(船舶舱室设计)、数控技术、物流管理、制冷与空调技术

院系设置
航海系、轮机工程系、交通工程系、船舶与海洋工程系、管理信息系、机电系、人文艺术系、成人教育学院

国家级、省部级研究机构设置
江苏省船舶工程技术研究开发中心

定期公开出版的专业刊物 《南通航运职业技术学院学报》

学校设立奖学金情况
7项,每年奖励总金额180余万元,最高金额每人每年2000元,最低金额每人每年600元。

主要校办产业
江苏远东、南通航兴公司等4个企业。

学校历史沿革
1960年建校,中专;2000年升格改制为高职院校。

南京交通职业技术学院

学校(机构)标识码 4132012804	传真电话 025-86115300	在校生数(人) 12319
学校办学类型 415:专科院校:高等职业学校	校园(局域)网域名 www.nici.edu.cn	其中:普通专科 9014
	电子信箱 yzb@njci.edu.cn	成人专科 3305
学校性质类别 02 理工院校	占地面积(平方米) 614170	专任教师(人) 388
学校举办者 812 省级其他部门	校舍建筑面积(平方米) 279208	其中:正高级 8
学校地址 南京江宁科学园龙眠大道629号	图书(万册) 60.53	副高级 125
	固定资产总值(万元) 54298	中级 182
邮政编码 211188	教学、科研仪器设备资产值(万元)	初级 62
办公电话 025-86115111	7950	未定职级 11

专科专业 报关与国际货运、产品造型设计、城市轨道交通工程技术、道路桥梁工程技术、电气自动化技术、电子商务、电子信息工程技术、动漫设计与制作、法律事务、港口物流管理、高等级公路维护与管理、工程机械技术服务与营销、工程机械运用与维护、工程造价、公路工程管理(公路工程造价方向)、公路监理、公路运输与管理、会计、会计与审计、机电一体化技术、计算机网络技术、计算机网络技术(物联网应用)、计算机系统维护、建筑工程技术、建筑工程技术(钢结构)、建筑装饰工程技术、交通安全与智能控制、交通运营管理、交通运营管理(轨道交通运营管理)、连锁经营管理、楼宇智能化工程技术、模具设计与制造、汽车电子技术、汽车定损与评估、汽车技术服务与营销、汽车检测与维修技术、汽车运用技术、汽车整形技术、软件技术(嵌入式软件技术)、市场营销、市政工程技术、视觉传达艺术设计、视觉传达艺术设计(媒体广告设计与视觉传达设计(展示设计与制作、水利工程施工技术(港航)、通信技术、文秘(商务文秘)、物流管理、应用电子技术、园林工程技术(园林景观设计)

院系设置
汽车工程系、路桥工程系、运输管理系、电子信息工程系、机电工程系、建筑工程系、人文艺术系

国家级、省部级研究机构设置
研究中心(所):江苏省道路交通节能减排工程技术研究开发中心

学校设立奖学金情况
学校设立奖学金11项,奖励总金额324万元。奖学金最高金额10000元/年,最低金额300元/年。

主要校办产业
江苏育通交通工程咨询监理有限责任公司、江苏省南京交院土木工程检测所、南京交苑道路工程有限责任公司

学校历史沿革

南京交通职业技术学院是经江苏省人民政府批准建立的全日制普通高等学校,隶属于江苏省交通运输厅。学院现有江宁和浦口两个校区,分别位于南京江宁大学城和南京高新技术开发区,占地总面积921亩,校舍总建筑面积27.9万平方米。学院前身是创建于1953年的江苏省交通干部职工学校,1964年定名为南京交通学校,2001年6月经江苏省人民政府批准独立升格为南京交通职业技术学院。

淮安信息职业技术学院

学校(机构)标识码	4132012805
学校办学类型	415:专科院校:高等职业学校
学校性质类别	02 理工院校
学校举办者	812 省级其他部门
学校地址	淮安市高教园区枚乘东路3号
邮政编码	223003
办公电话	0517-83808088
传真电话	0517-83808077
校园(局域)网域名	www.hcit.edu.cn
电子信箱	webmast@hcit.edu.cn
占地面积(平方米)	720000
校舍建筑面积(平方米)	273113
图书(万册)	51.53
固定资产总值(万元)	58535
教学、科研仪器设备资产值(万元)	9386
在校生数(人)	10678
其中:普通专科	9627
成人专科	1051
专任教师(人)	501
其中:正高级	19
副高级	128
中级	229
初级	76
未定职级	49

专科专业 包装技术与设计、报关与国际货运、产品造型设计、电气自动化技术、电子商务、电子商务(网络营销)、电子信息工程技术、电子信息工程技术(物联网技术)、动漫设计与制作、光电子技术、光电子技术(光伏发电)、广告与会展、国际经济与贸易、机电一体化技术、机电一体化技术(机电设备管理)、机械制造与自动化、计算机多媒体技术、计算机网络技术、计算机系统维护、计算机应用技术、连锁经营管理、模具设计与制造、汽车电子技术、汽车电子技术(汽车电控系统检修)、汽车技术服务与营销、汽车检测与维修技术、软件技术、商务英语、市场营销、市场营销(国际市场营销)、数控技术、通信工程设计与施工、通信工程设计与施工(监理)、通信技术、微电子技术、物流管理、物流管理(第三方物流)、物流管理(国际物流)、信息安全技术、移动通信技术、应用电子技术、应用电子技术(声像传媒)、应用电子技术(声像技术)、应用韩语、应用英语(报关与国际货运)、应用英语(涉外酒店管理)

院系设置

电子工程学院、计算机与通信工程学院、商学院、国际交流学院、机电工程系、电气工程系、汽车工程系、传媒艺术系、基础部、社政部

学校设立奖学金情况

学校设立奖学金12项,奖励总金额528余万元。奖学金最高金额8000元/年,最低金额300元/年。

主要校办产业

淮安市新世纪应用技术研究所、淮安市淮信科技有限公司(淮安信息职业技术学院教育发展基金会法人独资)

学校历史沿革

淮安信息职业技术学于1978年7月20日经江苏省革命委员会批准建立(革复1978[63]),2001年经江苏省人民政府批准更名为淮安信息职业技术学院(江苏省人民政府2001[99]号)。

江苏畜牧兽医职业技术学院

学校(机构)标识码	4132012806
学校办学类型	415:专科院校:高等职业学校
学校性质类别	03 农业院校
学校举办者	812 省级其他部门
学校地址	江苏省泰州市凤凰东路过号
邮政编码	225300
办公电话	0523-86158002
传真电话	0523-86663808
校园(局域)网域名	www.jsahvc.edu.cn
电子信箱	jsmybgs@163.com
占地面积(平方米)	2925072
校舍建筑面积(平方米)	463639
图书(万册)	92.64
固定资产总值(万元)	61886.32
教学、科研仪器设备资产值(万元)	9915.39
在校生数(人)	11387
其中:普通专科	11387
专任教师(人)	564
其中:正高级	30
副高级	137
中级	213
初级	158
未定职级	26

专科专业 宠物护理与美容、宠物训导与保健、宠物养护与疫病防治、宠物药学、宠物医学、畜牧(动物生产与营销)、畜牧工程技术、畜牧兽医、动物防疫与检疫、动物科学与技术、动物药品生产与检测、动物医学、动物医学(医药)、动物医药、国际商务、

化学制药技术、会计、机电技术应用、机电设备维修与管理、机电一体化技术、计算机网络技术、计算机应用技术、金融保险、旅游管理(农业观光)、农产品质量检测、农业经济管理、汽车技术服务与营销、软件技术、商务日语、生物技术及应用、生物制药技术、实验动物技术、食品安全与检验、食品加工技术、食品药品监督管理、食品营养与检测、食品营养与检测(食品安全与检验)、食品营养与检验、市场开发与营销、兽药生产与营销、兽医(兽医检验技术)、兽医医药(动物医药)、数控技术、数控设备应用与维护、水产养殖技术、饲料与动物营养、特种动物养殖、图书档案管理、物流管理、养禽与禽病防治、药品经营与管理、药品质量检测技术、艺术设计(城市景观艺术设计)、应用电子技术、园林工程技术、园林技术、园艺技术、中药制药技术

国家级、省部级研究机构设置

国家级保种与研发机构:国家水禽基因库、姜曲海猪保种场;江苏省兽用生物制药高技术研究重点实验室、江苏动物药品工程研究开发中心、江苏动物流行病学研究中心、江苏水禽繁育推广中心、江苏藏獒繁育中心

院系设置

设有动物科技学院、动物医学院、动物药学院、食品科技学院、宠物科技系、园林科技系、水产科技系、经济贸易系、信息工程系、机电工程系、基础部和思政部等四个二级学院六个系二个部。

学校设立奖学金情况

学校设立奖学金46项,奖励总金额2800余万元。最高金额8000元/年,最低55元/年。

主要校办产业

建有现代畜牧科技园、动物医院、倍康药业有限公司、鑫光机械制造有限公司

学校历史沿革

学院创办于1958年。

常州纺织服装职业技术学院

学校(机构)标识码	4132012807
学校办学类型	415:专科院校:高等职业学校
学校性质类别	02 理工院校
学校举办者	811 省级教育部门
学校地址	常州市武进区漏湖中路5号(常州大学城内)
邮政编码	213164
办公电话	0519-86336010
传真电话	0519-86336008
校园(局域)网域名	www.cztgi.edu.cn
电子信箱	yb@cztgi.edu.cn
占地面积(平方米)	550000
校舍建筑面积(平方米)	290911
图书(万册)	64.4
固定资产总值(万元)	75327.37
教学、科研仪器设备资产值(万元)	8257.18
在校生数(人)	12414
其中:普通专科	9872
成人专科	2541
留学生	1
专任教师(人)	423
其中:正高级	11
副高级	122
中级	217
初级	66
未定职级	7

专科专业 报关与国际货运、财务管理(公司财税)、财务管理(注册会计师)、产品造型设计、电气自动化技术、电子商务、电子信息工程技术(汽车电子)、雕塑艺术设计、多媒体设计与制作、纺织品检验与贸易、纺织品设计、纺织品装饰艺术设计、服装设计、服装营销与管理、服装制版与工艺、工商企业管理、国际经济与贸易、环境监测与治理技术、环境艺术设计、机电一体化技术、机械制造与自动化、计算机多媒体技术、计算机网络技术、计算机信息管理、计算机应用技术、酒店管理、连锁经营管理、旅游英语、模具设计与制造、染整技术、染织艺术设计、人物形象设计、软件技术、商务日语、商务英语、市场营销、视觉传达艺术设计、室内设计技术、数控技术、物流管理、现代纺织技术、艺术设计、印刷技术(印刷设计与工艺)、影视动画、影视动画(多媒体)、影视动画(网络游戏)、影视广告、应用电子技术、应用日语、应用英语、针织技术与针织服装

院系设置

设有创意与艺术设计学院、纺化系、服装系、经贸系、外语系、机电系、信息系、常纺-莱佛士国际学院和继续教育部、体育部、思政部共六系、两院、三部

国家级、省部级研究机构设置

研究所:学院高职教育研究所

学校设立奖学金情况

学院设立奖学金10项;奖学金总金额280.7494万元;奖学金最高金额8000元/年;最低100元/年。

主要校办产业

资产经营公司

毕业生一次性就业率 99.79%

学校历史沿革

常州纺织服装职业技术学院是江苏省教育厅主管的一所全日制普通高等院校,始建于1958年,2001年6月由国家级重点中专独立升格为高等职业技术学院。

苏州农业职业技术学院

学校(机构)标识码 4132012808	传真电话 0512-67232506	在校生数(人) 9878
学校办学类型 415:专科院校:高等职业学校	校园(局域)网域名 www.szai.com	其中:普通专科 7113
	电子信箱 szny@vip.163.com	成人专科 2765
学校性质类别 03 农业院校	占地面积(平方米) 671336	专任教师(人) 399
学校举办者 812 省级其他部门	校舍建筑面积(平方米) 228125	其中:正高级 17
学校地址 江苏省苏州市金阊区西园路279号	图书(万册) 57.99	副高级 109
	固定资产总值(万元) 25350	中级 182
邮政编码 215008	教学、科研仪器设备资产值(万元) 6172.56	初级 80
办公电话 0512-66098678		未定职级 11

专科专业 电气自动化技术、电气自动化技术(机电设备维护)、观光农业、国际贸易实务、环境工程技术、环境监测与治理技术、环境监测与治理技术(城市环境监、环境艺术设计、环境艺术设计(室内设计)、会计、机电一体化技术、计算机多媒体技术(多媒体技术与、计算机多媒体技术(图像图形设计、计算机网络技术、计算机网络技术(网站设计)、计算机应用技术、计算机应用技术(多媒体技术与应、计算机应用技术(计算机应用与软、计算机应用技术(软件工程)、计算机应用技术(图形图像设计)、计算机应用技术(信息系统开发)、景观设计、连锁经营管理、旅游管理、农业环境保护技术、农业环境保护技术(生态环境保护、汽车电子技术、汽车电子技术(汽车技术服务与营、商务日语、商务英语、生态农业技术、生物技术及应用、食品加工技术、食品药品监督管理、食品营养与检测、食品营养与检测(公共营养)、数控技术、水环境监测与分析、文秘(法律文秘)、文秘(法律应用)、文秘(涉外文秘)、物流管理、物业管理、应用日语、应用日语(日企财务管理应用)、应用英语、应用英语(英语导游)、园林工程技术、园林工程技术(草坪管理)、园林工程技术(园林工程监理)、园林工程技术(园林绿化与养护)、园林技术、园林技术(景观设计)、园艺技术、园艺技术(茶果)、园艺技术(设施园艺)、园艺技术(蔬菜)、种子生产与经营、作物生产技术、作物生产技术(生态农业技术)

院系设置
园艺与园林系、食品系、生态环境系、机电与信息工程系、人文科学系、经贸系、继续教育学院、基础部

国家级、省部级研究机构设置
国家级杨梅种质基因库(国家重点实验室)、江苏省太湖常绿果树技术推广中心、江苏省球宿根花卉种质基因库、江苏省枇杷、杨梅种质资源圃、江苏省园艺工程技术研发中心、苏州市园艺工程技术研究开发中心、苏州市花卉园艺科技公共服务平台、苏州农业职业技术学院相成科技园、苏州农业职业技术学院风景园林研究所、苏州农业职业技术学院植保研究所

定期公开出版的专业刊物 《苏州农业职业技术学院学报》
学校设立奖学金情况
除了国家助学金、学院特困生补助金、江苏省教育厅涉农专业学费补助、江苏省教育厅中职学生助学金之外,学院设立奖学金3项。
1. 国家奖学金:8人,8000元/人;
2. 国家励志奖学金:264人,5000元/人;
3. 学院奖学金。一等奖学金:39人,2000元/人;二等奖学金:431人,600元/人;三等奖学金:564人,300元/人;四等奖学金:782人,150元/人。

主要校办产业
星火绿化公司
学校历史沿革
1907-1912,苏州府官立农业学堂;1912-1927,江苏省立第二农业学堂;1927-1928,国立第四中山大学区立农业学校;1928-1929,国立江苏大学区立苏州农业学校及国立中央大学区立苏州农业学校;1929-1937,江苏省立高级农业学校;1946-1949,江苏省立苏州高级农业技术学校;1949-1952,苏南苏州高级农业技术学校;1952-1966,江苏省苏州农业学校(前段为专科);1979-2001,江苏省苏州农业学校;2001-至今,苏州农业职业技术学院。

苏州工业园区职业技术学院

学校(机构)标识码 4132012809	学校地址 苏州工业园区若水路1号	电子信箱 sipivt@ivt.edu.cn
学校办学类型 415:专科院校:高等职业学校	邮政编码 215123	占地面积(平方米) 202425
	办公电话 0512-62557010	校舍建筑面积(平方米) 232545
学校性质类别 02 理工院校	传真电话 0512-62557019	图书(万册) 37
学校举办者 822 地级其他部门	校园(局域)网域名 www.ivt.edu.cn	固定资产总值(万元) 60820

教学、科研仪器设备资产值(万元) 7098	**成人专科** 1924	**中级** 111
在校生数(人) 7095	**专任教师(人)** 214	**初级** 23
其中:普通专科 5171	**其中:正高级** 6	**未定职级** 23
	副高级 51	

专科专业 报关与国际货运、产品造型设计(产品包装设计)、产品造型设计(产品设计)、产品造型设计(工业产品设计)、产品造型设计(工艺品设计)、电子产品质量检测(在线检测)、电子组装技术与设备(SMT)、多媒体设计与制作(三维动画制作)、多媒体设计与制作(游戏设计)、工程造价、光电子技术(液晶)、环境艺术设计、会计、会计(国际会计)、会计(涉外会计)、会计(中外合作涉外会计)、机电设备维修与管理、机电一体化技术、机电一体化技术(医疗器械制造与、计算机多媒体技术、计算机辅助设计与制造、计算机网络技术、建筑工程技术、建筑装饰工程技术、建筑装饰工程技术(古建筑工程技、金融管理与实务、旅游管理、模具设计与制造、汽车运用技术、软件技术(NIIT)、商务管理(会展与营销)、商务管理(商务流程外包)、商务管理(营销服务外包)、视觉传达艺术设计、数控技术、通信技术、通信网络与设备(3G)、微电子技术、文秘(涉外)、物联网应用技术、物流管理、医疗器械制造与维护、移动通信技术、营销与策划、影视动画、应用电子技术、应用日语(商务管理)、应用英语(人力资源管理)、游戏软件、园林工程技术、中国古建筑工程技术

院系设置
机电工程系、精密工程系、电子工程系、信息工程系、建筑工程系、工商管理系、国际学院、数字艺术系、公共学科部、继续教育部、院长办公室、人力资源部、教学管理部、项目研发部、学生工作部、招生就业部、财务管理部、行政管理部

国家级、省部级研究机构设置
1. 研究所(中心):电子应用技术研究所、精密加工研究所、软件研发中心、物流技术研究中心、艺术设计思维研究所、先进制造技术中心、职业教育研究所、文物保护与修复技术研究中心、融合通信技术工程研究开发中心、IVT-园区检察院法律实务中心、江苏省微电子技术工程研究开发中心、江苏省医疗器械技术工程研究开发中心

2. 重点实验室:虚拟测试技术实验室、ERP物流实验室、机电一体化中心实验室、《数字通信》实验室、网络实验室、光电技术实验室、三星半导体技术实验室、西门子SMT实验室、英语专业多媒体语言学习实验室、数控加工中心实验室

定期公开出版的专业刊物 《唯实现代管理》
学校设立奖学金情况
学校设立奖学金、助学金、奖教金27项,奖励总金额74.9万元。奖学金最高金额10000元/年,最低金额1000元/年。
毕业生一次就业率 98.2%
学校历史沿革
苏州工业园区职业技术学院(以下简称学院)是在新加坡总理吴作栋亲自提议下,经江苏省人民政府正式批准建立的一所公办股份制的新型高等职业技术学院。1997年12月经江苏省教委批准成立苏州工业园区职业技术培训学院。1999年9月,江苏省政府批准学院筹建"苏州工业园区职业技术学院",试办大专层次的高等职业教育。2001年5月,经江苏省普通高校设置委员会评审通过,报请江苏省政府批准,正式建立苏州工业园区职业技术学院。

泰州师范高等专科学校

学校(机构)标识码 4132012917	**校园(局域)网域名** www.tzsz.net	**其中:普通专科** 5470
学校办学类型 414:专科院校:高等专科学校	**电子信箱** tns.tz@pubilc.tz.js.cn	**成人专科** 821
学校性质类别 06 师范院校	**占地面积(平方米)** 424978	**专任教师(人)** 371
学校举办者 822 地级其他部门	**校舍建筑面积(平方米)** 168358	**其中:正高级** 26
学校地址 泰州市春晖路100号	**图书(万册)** 57.8	**副高级** 107
邮政编码 225300	**固定资产总值(万元)** 20084.42	**中级** 201
办公电话 0523-86667800	**教学、科研仪器设备资产值(万元)** 4560.7	**初级** 32
传真电话 0523-86669508	**在校生数(人)** 6291	**未定职级** 5

专科专业 表演艺术、初等教育、船舶工程技术、电气自动化技术、电子商务、法律事务、环境监测与评价、会计、机电一体化技术、计算机多媒体技术、计算机网络技术、计算机应用技术、金融保险、旅游管理、美术教育、商务管理、商务英语、数控技术、数学教育、文秘、物流管理、心理咨询、学前教育、艺术设计、音乐教育、英语教育、营销与策划、应用德语、应用电子技术、应用韩语、应用日语、应用英语、语文教育、综合理科教育、综合文科教育

院系设置
人文学院、旅游管理学院、数理信息学院、外国语学院、教育与心理科学学院、机电工程学院、音乐学院、美术学院、商学院、泰兴学院

国家级、省部级研究机构设置

泰州历史文化研究所、梅兰芳京剧艺术研究所、基础教育课程改革研究所

学校设立奖学金情况

学校设立奖学金1项,奖励总金额110.65万元/年,最低金额400元/年。

学校历史沿革

2000年1月,经江苏省人民政府批准,原泰州师范和泰兴师范合并筹建泰州师专。2002年3月,经教育部批准,正式成立泰州师范高等专科学校。2002年5月,泰州市广播电视大学并入泰州师专。

太湖创意职业技术学院

学校(机构)标识码 4132012918	校园(局域)网域名 www.thcyzy.org	在校生数(人) 1568
学校办学类型 415:专科院校:高等职业学校	电子信箱 thcyzy@thcyzy.org	其中:普通专科 1568
	占地面积(平方米) 102015	专任教师(人) 82
学校性质类别 02 理工院校	校舍建筑面积(平方米) 38585	其中:正高级 3
学校举办者 999 民办	图书(万册) 13.86	副高级 28
学校地址 江苏省无锡市钱荣路80号	固定资产总值(万元) 9163.34	中级 35
邮政编码 214064	教学、科研仪器设备资产值(万元) 712.37	初级 11
办公电话 0510-85528802		未定职级 5
传真电话 0510-85528801		

专科专业 导游、动漫设计与制作、服装设计、工业设计、国际经济与贸易、会计、会计电算化、机电一体化技术、计算机网络技术、计算机应用技术、建筑装饰工程技术、金融保险、商务日语、商务英语(旅游)、商务英语(商贸)、市场营销、文秘、物流管理、艺术设计(环艺)、艺术设计(视觉)、应用电子技术、证券投资与管理

院系设置

目前学院有国际商务系、计算机系、外语系、机电土木系和艺术设计系

学校历史沿革

根据江苏省人民政府《省政府关于同意培尔职业技术学院更名为太湖创意职业技术学院的批复》(苏政复【2007】14号)和省教育厅《省教育厅关于同意太湖教育投资发展有限公司接办培尔职业技术学院并更名为太湖创意职业技术学院的复函》(苏教发【2006】112号)文,由太湖教育投资发展有限公司于2007年4月正式举行"太湖创意职业技术学院揭牌仪式"。

炎黄职业技术学院

学校(机构)标识码 4132012919	传真电话 0517-82383257	在校生数(人) 2581
学校办学类型 415:专科院校:高等职业学校	校园(局域)网域名 www.yhust.edu.cn	其中:普通专科 2581
学校性质类别 02 理工院校	电子信箱 yhxyggw10@126.com	专任教师(人) 159
学校举办者 999 民办	占地面积(平方米) 206103	其中:正高级 3
学校地址 江苏省涟水县炎黄大道东1号	校舍建筑面积(平方米) 100732	副高级 13
	图书(万册) 20.15	中级 59
邮政编码 223400	固定资产总值(万元) 11850.87	初级 79
办公电话 0517-82302375	教学、科研仪器设备资产值(万元)	未定职级 5

专科专业 道路桥梁工程技术、电气自动化技术、电子商务、电子信息工程技术、工程监理、工程造价、国际经济与贸易、国际商务、会计电算化、机电一体化技术、机械制造与自动化、计算机网络技术、计算机应用技术、建筑工程技术、建筑装饰工程技术、酒店管理、旅游管理、模具设计与制造、商务英语、市场营销、室内设计技术、数控技术、物流管理、物业管理、应用电子技术、应用英语

院系设置

学院设有建筑工程系、机电工程系、经济贸易系、信息工程系、旅游管理系、实用英语系和五专部,即"六系一部"

学校设立奖学金情况

学校设立奖学金一项,奖励总金额22余万元。奖学金最高金额1000元/年,最低400元/年。

学校历史沿革

我院于1998年11月经江苏省人民政府批复同意筹建,校名始为民办炎黄大学(筹);2001年6月更名为炎黄学院;2002年4月更名为炎黄职业技术学院。

南京化工职业技术学院

学校(机构)标识码	4132012920
学校办学类型	415:专科院校:高等职业学校
学校性质类别	02 理工院校
学校举办者	811 省级教育部门
学校地址	南京市六合区大厂葛关路625号
邮政编码	210048
办公电话	025 - 58372718
传真电话	025 - 57793690
校园(局域)网域名	www.njcc.edu.cn
电子信箱	njhy@njcc.edu.cn
占地面积(平方米)	493335
校舍建筑面积(平方米)	303874
图书(万册)	75.82
固定资产总值(万元)	61785.25
教学、科研仪器设备资产值(万元)	10625.1
在校生数(人)	10579
其中:普通专科	9678
成人专科	901
专任教师(人)	508
其中:正高级	14
副高级	136
中级	251
初级	87
未定职级	20

专科专业 安全技术管理、电气自动化技术、电子商务、电子商务(直通车)、高分子材料应用技术、高聚物生产技术、工程造价、工业分析与检验、工业环保与安全技术、焊接技术及自动化、化工设备维修技术、化工装备技术、环境监测与治理技术、环境监测与治理技术(合作)、环境监测与治理技术(直通车)、机电设备维修与管理、机电一体化技术、机电一体化技术(航空机务)、计算机多媒体技术、计算机多媒体技术(艺术)、计算机控制技术、计算机网络技术、计算机应用技术、检测技术及应用、建筑工程技术、精细化学品生产技术、楼宇智能化工程技术、旅游管理、旅游管理(直通车)、模具设计与制造、热能动力设备与应用、软件技术、商检技术、商务英语、商务英语(航空乘务)、生产过程自动化技术、生产过程自动化技术(直通车)、生物化工工艺、生物技术及应用、市场营销、市场营销(合作)、数控技术、数控技术(合作)、物流管理、眼视光技术、应用电子技术、应用化工技术、应用化工技术(合作)、有机化工生产技术、制冷与冷藏技术

院系设置

化学工程系、应用化学系、自动控制系、机械技术系、信息技术系、经济管理系、社会科学部、基础科学部、体育工作部

国家级、省部级研究机构设置

江苏省化工应用工程技术研发中心、江苏省精细化工应用工程技术研究中心、江苏省流体密封与测控工程技术研究开发中心、南京市机械密封工程技术研究中心、南京市氨基模塑料工程技术研究中心

学校设立奖学金情况

学校设立奖学金8项,奖励总金额357余万元。最低金额400元/年。

主要校办产业

南京化工职业技术学院学院机械厂、南京紫光精细化工厂、苏陵化工厂

学校历史沿革

永利化工专科学校(1958-1959);南化公司化工学校(1959-1962)(含南化公司技工学校);南化公司技工学校(1961-1965);化工部南京动力学校(1965-1966);化工部南京化工学校(1966-1969);停办(1969-1973);南化公司化工学校(1974-1980)(含南京化工学院南化分院);南京化工学院南化分院(1978-1983);南京化工学校(1983-2001);南京化工职业技术学院(2001-至今)。

正德职业技术学院

学校(机构)标识码	4132012921
学校办学类型	415:专科院校:高等职业学校
学校性质类别	02 理工院校
学校举办者	999 民办
学校地址	南京市江宁开发区将军大道18号
邮政编码	210048
办公电话	025 - 52111888
传真电话	025 - 52111888
校园(局域)网域名	www.zdxy.cn
电子信箱	zdyb@zdxy.cn
占地面积(平方米)	167288
校舍建筑面积(平方米)	2200
图书(万册)	57.71

固定资产总值(万元) 35410.2	其中:普通专科 6921	中级 150
教学、科研仪器设备资产值(万元) 4491.95	专任教师(人) 342	初级 81
在校生数(人) 6921	其中:正高级 44	未定职级 21
	副高级 46	

专科专业 电脑艺术设计、电气自动化技术、电子商务、电子信息工程技术、动漫设计与制作、飞行技术、工程造价、广告设计与制作、国际金融、国际经济与贸易、环境艺术设计、会计与审计、计算机网络技术、计算机应用技术、建筑装饰工程技术、酒店管理、汽车电子技术、汽车技术服务与营销、汽车检测与维修技术、软件技术、商务日语、商务英语、数控技术、数控设备应用与维护、通信技术、物流管理、新闻采编与制作、营销与策划

院系设置
电子与信息技术系、工商管理系、艺术设计与建筑工程系、汽车工程系、机电工程系、国际经济与贸易系、民用航空系

学校设立奖学金情况
学校设立奖学金8项,奖励总金额126余万元。奖学金最高金额8000元/年,最低金额200元/年。

学校历史沿革
民办正德学院(筹)(1998年11月23日-2001年7月12日,1998年11月23日经江苏省人民政府同意成立);正德学院(2001年7月21日-2002年4月,2001年7月12日江苏省教育厅同意去"筹"字,成立"正德学院");正德职业技术学院(2002年4月江苏省教育厅下文将"正德学院"更名为"正德职业技术学院")。

钟山职业技术学院

学校(机构)标识码 4132012922	校园(局域)网域名 www.zscollege.com	其中:普通专科 7353
学校办学类型 415:专科院校:高等职业学校		成人专科 749
	电子信箱 office@zscollege.com	专任教师(人) 232
学校性质类别 02 理工院校	图书(万册) 46.1	其中:正高级 12
学校举办者 999 民办	固定资产总值(万元) 24529.57	副高级 24
学校地址 南京栖霞区马群街169号	教学、科研仪器设备资产值(万元) 3762.72	中级 117
邮政编码 210049		初级 47
办公电话 025-84361418	在校生数(人) 8102	未定职级 32
传真电话 025-84365269		

专科专业 产品造型、电脑美术设计、电气自动化技术、电子电路设计与生产工艺、电子商务、动漫设计、风景园林设计与生态景观设计、工程概预算与招标投标、广电与网络传播、广告策划与制作、国际酒店与酒店管理、国际贸易实务、国际商务(中澳合作)、含注册会计师、行政秘书、新闻秘书、化妆与美容、环境监测与治理技术、会计与审计、机电一体化技术、计算机网络技术、计算机应用技术、建筑工程技术、老年服务与管理、旅游管理、模具CAD/CAM、平面设计、汽车技术服务与营销、汽车运用技术、汽车运用技术(中韩合作)、人力资源管理、商贸管理与物流、商务日语、商务英语、社区管理与服务、社区康复、市场营销、视觉传达设计、室内设计、数控技术、体育服务与管理、微软特色、移动通信技术、应用电子技术、应用韩语、应用英语、中澳合作办学、装饰艺术设计、资源环境与城市管理

院系设置
信息与电子工程系、机电与汽车工程系、现代服务与管理系、环境与土木工程系、经济学院、艺术设计学院、爱恩国际学院、江宁校区

学校设立奖学金情况
学校设立奖学金6项,奖励总金额60余万元。奖学金最高金额3000元/年,最低金额300元/年。

学校历史沿革
1998年11月26日,省政府同意筹建民办钟山学院 2001年6月14日,省政府同意建立钟山学院 2002年4月29日,根据教育部规定,钟山学院更名为钟山职业技术学院。

无锡南洋职业技术学院

学校(机构)标识码 4132012923	学校性质类别 02 理工院校	号
学校办学类型 415:专科院校:高等职业学校	学校举办者 999 民办	邮政编码 214081
	学校地址 无锡市滨湖区山水西路88	办公电话 0510-85556166

传真电话 0510-85556621		2602.29	其中:正高级 6
校园(局域)网域名 www.wsoc.edu.cn	在校生数(人) 4545		副高级 38
电子信箱 wxyb@chiway.com.cn	其中:普通专科 4499		中级 110
图书(万册) 28.79	成人专科 46		初级 47
固定资产总值(万元) 5327.22	专任教师(人) 211		未定职级 10
教学、科研仪器设备资产值(万元)			

专科专业 电气自动化技术、电子信息工程技术、动漫设计与制作、工程监理、工程造价、国际金融、国际贸易实务、国际商务、环境艺术设计、会计、会计电算化、机电一体化技术、计算机应用技术、建筑工程技术、酒店管理、旅游管理、汽车电子技术、汽车技术服务与营销、汽车检测与维修技术、汽车运用技术、软件技术、软件外包服务、市场营销、物联网应用技术、物流管理、艺术设计、应用日语、应用英语

院系设置
新英格兰学院、汽车工程与管理学院、国际商学系、电子与信息工程系、数字艺术系、建筑工程系、旅游管理系

学校设立奖学金情况
学院设立奖学金1003项,奖励总金额39.52万元,最低金额100元/学年。

学校历史沿革
1998.5经江苏省人民政府批准筹建并于当年挂靠无锡轻工大学招生,定名为无锡南洋学院。2001.5,经江苏省人民政府批准和教育部备案正式批准我院为全日制普通高校,定名为无锡南洋职业技术学院并独立招生。

江南影视艺术职业学院

学校(机构)标识码 4132013017	传真电话 0510-80101015	其中:普通专科 2717
学校办学类型 415:专科院校:高等职业学校	校园(局域)网域名 www.jnys.cn	成人专科 47
	电子信箱 jnystv@163.com	专任教师(人) 202
学校性质类别 11 艺术院校	图书(万册) 22.02	其中:正高级 21
学校举办者 999 民办	固定资产总值(万元) 9513	副高级 27
学校地址 无锡市钱藕路2号	教学、科研仪器设备资产值(万元)	中级 17
邮政编码 214153	1240	初级 94
办公电话 0510-83275920	在校生数(人) 2764	未定职级 43

专科专业 编导、产品造型设计、电视节目制作、动漫设计与制作、多媒体设计与制作、服装设计、钢琴调律、广播电视网络技术、广告设计与制作、环境艺术设计、计算机网络技术、计算机音乐制作、空中乘务、人物形象设计、三维动画设计、摄影摄像技术、新闻采编与制作、音乐表演、影视表演、影视动画、影视多媒体技术、影视广告、应用日语、珠宝首饰工艺及鉴定、主持与播音、装饰艺术设计

院系设置
影视表演系、主持播音学院、数字艺术学院、影视传媒学院、航空乘务系

学校设立奖学金情况
学院奖学金设置分别为三个等级。一等专业奖学金按学生数的3%,每生每学期800元;二等专业奖学金按学生数的5%评定,每生每学期500元;三等专业奖学金按学生数的10%评定,每生每学期200元。获一等奖学金的学生单科成绩必须在85分以上,或二,三等奖学金的学生单科考试必须80分以上。

学校历史沿革
学院前身为江苏省江南立志进修学院,一九九四年一月经江苏省教育厅批准成立,主要与解放军国际关系学院,南京理工大学,中国传媒大学等高等联合举办普通专科,二00一年,学院在中国电视艺术家协会,中国水产研究院淡水渔业研究中心的共同参与下,开始筹建江南影视艺术职业学院。二00五年五月经江苏省教育厅同意筹建"江南影视技术学院",并首期向全省招收艺术类普通专科学生,二00三年三月经江苏省人民政府批准,正式成立江南影视艺术职业学院,面向全国招生。

金肯职业技术学院

学校(机构)标识码 4132013100	业学校	学校举办者 999 民办
学校办学类型 415:专科院校:高等职	学校性质类别 02 理工院校	学校地址 金肯职业技术学院

邮政编码	211156	图书（万册）	36.9	专任教师（人）	323
办公电话	025-86195591	固定资产总值（万元）	35517.32	其中：正高级	31
传真电话	025-86195792	教学、科研仪器设备资产值（万元）		副高级	64
校园（局域）网域名	www.jku.edu.cn		3732.46	中级	124
电子信箱	jinken@publicl.js.cn	在校生数（人）	6154	初级	88
占地面积（平方米）	32005	其中：普通专科	5656	未定职级	16
校舍建筑面积（平方米）	50802	成人专科	498		

专科专业 电气自动化技术、电子商务、电子信息工程技术、法律文秘、给排水工程技术、工程监理、工程造价、工商企业管理、国际经济与贸易、环境艺术设计、会计、会计与审计、机电一体化技术、机械制造与自动化、计算机多媒体技术、计算机应用技术、建筑工程技术、建筑设计技术、酒店管理、旅游管理、汽车电子技术、汽车技术服务与营销、汽车检测与维修技术、汽车运用技术、汽车制造与装配技术、软件技术、商务英语、社区管理与服务、市场营销、市政工程技术、数控技术、通信网络与设备、物流管理、新闻采编与制作、移动通信技术、艺术设计、装饰艺术设计

院系设置
学院设有机械工程、汽车工程、建筑与土木工程、信息工程、经济与管理工程、人文与社会科学

国家级、省部级研究机构设置
学院设有6个实训中心、30个实验实训模块。其中，数控技术实训中心已成为江苏省高职实训基地建设点。

学校设立奖学金情况
学生获全国和省市各类技能大赛奖高达22项。学校设立奖学金8项，奖励总金额3000元/最低金额100元/年。

学校历史沿革
金肯职业技术学院是经江苏省人民政府和教育部批准建立的省属全日制普通高等专科院校。

常州轻工职业技术学院

学校（机构）标识码	4132013101	校园（局域）网域名	www.czili.cn	其中：普通专科	9797
学校办学类型	415：专科院校：高等职业学校	电子信箱	yuanban@czili.edu.cn	成人专科	2057
		占地面积（平方米）	549333	专任教师（人）	396
学校性质类别	02 理工院校	校舍建筑面积（平方米）	241861	其中：正高级	5
学校举办者	811 省级教育部门	图书（万册）	71.02	副高级	119
学校地址	常州市鸣新中路8号	固定资产总值（万元）	78039.08	中级	213
邮政编码	213164	教学、科研仪器设备资产值（万元）		初级	44
办公电话	0519-86335011		9453.98	未定职级	15
传真电话	0519-86335010	在校生数（人）	11854		

专科专业 材料成型与控制技术、产品造型设计、电光源技术、电气自动化技术、电子商务、电子声像技术、电子信息工程技术、多媒体设计与制作、高分子材料加工技术、高分子材料应用技术、广告设计与制作、国际贸易实务、环境艺术设计、机电一体化技术、机械制造与自动化、计算机辅助设计与制造、计算机控制技术、计算机网络技术、计算机信息管理、计算机应用技术、精细化学品生产技术、酒店管理、旅游管理、旅游英语、模具设计与制造、人物形象设计、软件技术、商务英语、涉外旅游、市场营销、数控技术、数控设备应用与维护、文秘、物流管理、影视动画

院系设置
目前，学院形成了以全日制高职教育为主体，成人教育与职业培训并存的办学格局；设有轻化工工程系、艺术设计系、机械工程系、模具系、电子电气工程系、信息工程系、管理系、旅游系、基础部、体育部等八系二部。

国家级、省部级研究机构设置
建有国家级示范性数控技术实训基地、江苏省家电检测与维修实训基地、江苏省高校电工电子实验示范中心、江苏省高校化学基础课教学实验中心、江苏省数字化设计与研发中心、江苏省高分子材料应用技术实训基地、江苏省LED应用工程技术研究开发中心等100多个实验实训中心。

学校设立奖学金情况
学校设立奖学金3项，奖励总金额349.8。奖学金最高金额8000元/人/年，最低金额800元/人/年。

1. 学院专业奖学金（合计125.1万元）一等奖学金2000元/人/年 二等奖学金1200元/人/年 三等奖学金800元/人/年

2. 国家奖学金和国家励志奖学金（合计214.1万）国家奖学金8000元/人/年 国家励志奖学金5000元/人/年

3. 企业奖学金（合计10.6万）托利多奖学金1000元/人/年 常发光彩奖学金5000元/人/年

学校历史沿革

常州轻工职业技术学院是直属江苏省教育厅的一所以工为主,文、管、艺等专业协调发展的高职院校。学院前身是1960年筹办的常州市轻化工中等技术学校;1966年,轻化工学校分设,学校在轻工的基础上,成立常州轻工机械中等技术学校;1973年,学校更名为常州市轻工业技术学校,属市轻工业局主管;1980年,根据社会发展和经济建设需要,学校迁址更名为常州轻工业学校,属轻工厅主管;2002年6月,经省政府批准、教育部备案,学校升格为高等职业技术学院,属教育厅主管,标志着学院进入了崭新的发展时期。

常州工程职业技术学院

学校(机构)标识码	4132013102
学校办学类型	415:专科院校:高等职业学校
学校性质类别	02 理工院校
学校举办者	811 省级教育部门
学校地址	常州工程职业技术学院
邮政编码	213164
办公电话	0519-86332228
传真电话	0519-86332228
校园(局域)网域名	www.czie.net
电子信箱	yb@email.czie.net
占地面积(平方米)	746576
校舍建筑面积(平方米)	344794
图书(万册)	59.57
固定资产总值(万元)	76626.27
教学、科研仪器设备资产值(万元)	10267.67
在校生数(人)	12182
其中:普通专科	9649
成人专科	2533
专任教师(人)	486
其中:正高级	6
副高级	155
中级	220
初级	65
未定职级	40

专科专业 材料工程技术、复合材料加工与应用技术、高分子材料加工技术、高聚物生产技术、工程监理、工程造价、工业分析与检验、国际商务、焊接技术及自动化、化工设备维修技术、化工装备技术、化学制药技术、环境监测与评价、环境监测与治理技术、会计、机电一体化技术、计算机信息管理、计算机应用技术、建筑工程技术、建筑装饰材料及检测、建筑装饰工程技术、精细化学品生产技术、楼宇智能化工程技术、模具设计与制造、汽车检测与维修技术、软件技术、生产过程自动化技术、生物技术及应用、生物制药技术、市场营销、市政工程技术、体育服务与管理、网络数字媒体、无损检测技术、药物制剂技术、艺术设计、应用电子技术、应用化工技术、有机化工生产技术、制冷与冷藏技术

院系设置

学院设有化工工程技术系、制药与生物工程技术系、机械系、建工系、自动化系、材料系、经济贸易系、计算机系、体育系等11个二级教学单位。

国家级、省部级研究机构设置

建有校内实训中心42个(其中国家级实训基地2个,省级实训基地3个)。

学校设立奖学金情况

学院设立一、二、三等奖学金及单项奖学金,奖励总金额200余万元。奖学金金额最高2000元/年,最低金额30元/年。

学校历史沿革

2002年6月经江苏省人民政府批准,江苏建筑材料工业学校(前身为常州建材职工大学)与常州化工学校合并组建提升为常州工程职业技术学院。

江苏农林职业技术学院

学校(机构)标识码	4132013103
学校办学类型	415:专科院校:高等职业学校
学校性质类别	03 农业院校
学校举办者	812 省级其他部门
学校地址	江苏省句容市长江路3号
邮政编码	212400
办公电话	0511-87290000
传真电话	0511-87290000
校园(局域)网域名	www.jsafc.net
电子信箱	bgs@jsafc.net
占地面积(平方米)	2189385
校舍建筑面积(平方米)	422299
图书(万册)	88.2
固定资产总值(万元)	33776.41
教学、科研仪器设备资产值(万元)	9332.19
在校生数(人)	10997
其中:普通专科	10997
专任教师(人)	518
其中:正高级	23
副高级	112
中级	209
初级	174

专科专业 财务管理、财务管理(海外直通车)、茶艺、城镇规划、宠物保健与疾病防治、宠物护理与美容、宠物养护与疫病防治、宠物医学、畜牧兽医、电气自动化技术、电子商务、电子信息工程技术、动漫设计与制作、动物防疫与检疫、动物医学、都市

园艺、高尔夫场地管理、工程管理(园林绿化工程)、工程监理、观光农业、广告与会展、环境监测与治理技术、环境监测与治理技术(海外直通车)、机电一体化技术、机械设计与制造、计算机应用技术、酒店管理、连锁经营管理、林业技术、旅游管理、模具设计与制造、木材加工技术、农产品质量检测、农业机械应用技术、汽车技术服务与营销、汽车检测与维修技术、设施园艺工程、生产过程自动化技术、生化制药技术、生物技术及应用、食品加工技术、食品药品监督管理、食品营养与检测、市场营销、视觉传达艺术设计、兽医、兽医医药、数控技术、数控设备应用与维护、水产养殖技术、通信技术、文秘、物流管理、药品经营与管理、艺术设计、音乐表演、应用电子技术、应用韩语、应用日语、园林工程技术、园林工程技术(工程预决算)、园林工程技术(市政工程)、园林技术、园林技术(庭院绿化)、园林技术园林绿化、园林建筑、园艺技术、资源环境与城市管理、作物生产技术

学校历史沿革

学院的前身是1923年由美国文化人士开办的教会职业学校中华三育研究社和1946年由当时南京政府建立的江阴农校,1951年两校在桥头镇合并创建为江苏省句容农业学校。其后,上海高行农校、江苏省南通农校、江苏省淮阴农校的畜牧兽医专业师生并入句容农校,学校得到了长足发展,成为闻名省内外的一所名校。六十年代,由于"文革"的影响,学校于1969年被迫停办。1975年镇江地区在现校址创办了"五·七"农业大学1981年经省政府批准在"五·七"农大的基础上恢复了江苏省句容农业学校,2000年5月被国家教育部批准为国家级重点中专校2001年8月经省政府批准更名为江苏省农林学校2002年6月,经省政府批准,成立了江苏农林职业技术学院。

江苏食品职业技术学院

学校(机构)标识码　4132013104
学校办学类型　415:专科院校:高等职业学校
学校性质类别　02 理工院校
学校举办者　811 省级教育部门
学校地址　江苏省淮安市高教园区枚乘东路4号
邮政编码　223003
办公电话　0517-87088008
传真电话　0517-87088009
校园(局域)网域名　www.jsfsc.edu.cn
电子信箱　jsfscoffice@163.com
占地面积(平方米)　846106
校舍建筑面积(平方米)　287350
图书(万册)　64.24
固定资产总值(万元)　60478
教学、科研仪器设备资产值(万元)　7513.92
在校生数(人)　9300
其中:普通专科　9300
专任教师(人)　416
其中:正高级　13
副高级　138
中级　181
初级　84

专科专业　报关与国际货运、电气自动化技术、电子商务、动物科学与技术、工业分析与检验、国际经济与贸易、环境监测与治理技术、会计、会计电算化、会计与审计、机电一体化技术、机械制造与自动化、计算机多媒体技术、计算机网络技术、计算机应用技术、酒店管理、旅游管理、旅游英语、模具设计与制造、烹饪工艺与营养、商务管理、商务英语、生物技术及应用、生物制药技术、食品加工技术、食品加工技术(中外)、食品生物技术、食品药品监督管理、食品营养与检测、食品贮运与营销、食品贮运与营销(烹饪)、食品贮运与营销(营销)、市场营销、数控技术、饲料与动物营养、微生物技术及应用、文秘、物流管理、药物制剂技术、应用电子技术、应用化工技术、应用日语、应用艺术设计、中西面点工艺

院系设置
设有食品与营养工程学院、生物与化学工程学院、酒店与旅游管理学院等10个二级教学单位

国家级、省部级研究机构设置
建有江苏省微生物工程实验室、江苏省食品加工工程技术研究开发中心等2个省级研究机构

学校设立奖学金情况
学院设立奖学金6项,奖励总金额122余万元,奖学金最高金额8000元/年,最低金额200元/年。

学校历史沿革
学院于2002年由原江苏省食品学校和原江苏省淮安经贸学校合并升格。

建东职业技术学院

学校(机构)标识码　4132013105
学校办学类型　415:专科院校:高等职业学校
学校性质类别　02 理工院校
学校举办者　999 民办
学校地址　江苏省常州市新北区建东路1号
邮政编码　213022
办公电话　0519-85132760
传真电话　0519-85132775
校园(局域)网域名　www.czjdu.com
电子信箱　yb@czjdu.com
图书(万册)　30.64
固定资产总值(万元)　4020.25
教学、科研仪器设备资产值(万元)

	2358.75	专任教师(人) 150	中级 61
在校生数(人) 5285	其中:正高级 2	初级 37
其中:普通专科 4652	副高级 25	未定职级 25
成人专科 633		

专科专业 报关与国际货运、电气工程技术、电气自动化技术、电子工艺与管理、电子信息工程技术、多媒体设计与制作、风能与动力技术、工程监理、工程造价、工商企业管理、国际商务、会计、机电一体化技术、计算机网络技术、计算机应用技术、建筑工程管理、酒店管理、连锁经营管理、旅游管理、模具设计与制造、汽车技术服务与营销、汽车检测与维修技术、商务英语、审计实务、市场营销、视觉传达艺术设计、室内设计技术、数控技术、投资与理财、物流管理、影视动画、应用电子技术、应用电子技术（光能源）、应用日语

院系设置
应用外语系、经济管理系、机电工程系、电子信息工程系、媒体与艺术设计系

学校设立奖学金情况
学校设立奖学金6项，奖励总金额80余万元，奖学金最高金额10000元/年，最低金额500元/年。

学校历史沿革
2001.4—2003.7，华东船舶工业学院(筹)；2003.7—至今，建东职业技术学院。

南京铁道职业技术学院

学校(机构)标识码 4132013106	传真电话 025-68533016	在校生数(人) 15362
学校办学类型 415:专科院校:高等职业学校	校园(局域)网域名 www.njrts.edu.cn	其中:普通专科 13132
	电子信箱 ntydbyb@126.com	成人专科 2230
学校性质类别 02 理工院校	占地面积(平方米) 1376866	专任教师(人) 504
学校举办者 811 省级教育部门	校舍建筑面积(平方米) 553502	其中:正高级 7
学校地址 江苏省南京市浦口区珍珠南路65号	图书(万册) 89.97	副高级 138
	固定资产总值(万元) 93861.61	中级 237
邮政编码 210031	教学、科研仪器设备资产值(万元)	初级 117
办公电话 025-68533019	12931.74	未定职级 5

专科专业 电气化铁道技术、电气自动化技术、电子信息工程技术、动漫设计与制作、高速动车组检修技术、高速铁路动车乘务、高速铁路信号控制、供热通风与空调工程技术、广告设计与制作、国际贸易实务、国际商务、环境艺术设计、会计、机械制造与自动化、计算机辅助设计与制造、计算机网络技术、计算机应用技术、检测技术及应用、楼宇智能化工程技术、旅游管理、模具设计与制造、软件技术、商务日语、涉外旅游、市场营销、数控技术、数控设备应用与维护、铁道工程技术、铁道机车车辆、铁道交通运营管理、铁道通信信号、铁路工程机械、通信技术、物流管理、移动通信技术、资产评估与管理

学校历史沿革
学校前身是创建于1941年秋的南京特别市立第一职业中学。1945年，更名为南京市立第一职业学校。

徐州工业职业技术学院

学校(机构)标识码 4132013107	传真电话 086-0516	在校生数(人) 11141
学校办学类型 415:专科院校:高等职业学校	校园(局域)网域名 www.xzcit.cn	其中:普通专科 10952
	电子信箱 yb@mail.xzcit.cn	成人专科 189
学校性质类别 02 理工院校	占地面积(平方米) 720056	专任教师(人) 540
学校举办者 811 省级教育部门	校舍建筑面积(平方米) 312700	其中:正高级 5
学校地址 江苏省徐州市鼓楼区襄王路1号	图书(万册) 69.99	副高级 198
	固定资产总值(万元) 67356.61	中级 259
邮政编码 221140	教学、科研仪器设备资产值(万元)	初级 78
办公电话 086-0516	6917.15	

专科专业 安全技术管理、材料工程技术、电脑艺术设计、电气自动化技术、电子商务、动漫设计与制作、房地产经营与估价、高分子材料加工技术、高分子材料应用技术、高聚物生产技术、给排水工程技术、工业分析与检验、国际贸易实务、化学制药技术、环境监测与评价、环境监测与治理技术、会计与审计、机电一体化技术、机械制造与自动化、计算机辅助设计与制造、计算机网络技术、计算机应用技术、精细化学品生产技术、酒店管理、旅游管理、旅游英语、模具设计与制造、汽车电子技术、汽车检测与维修技术、软件技术、商务英语、生物化工工艺、食品加工技术、食品营养与检测、市场营销、数控技术、数控设备应用与维护、通信技术、文秘、物流管理、应用电子技术、应用化工技术

院系设置

现设化学工程技术学院、机电工程技术学院、信息管理技术学院、思想政治教育与研究部、体育教学部、继续教育学院等7个院系(部)。

国家级、省部级研究机构设置

江苏省废橡胶综合利用工程技术研究开发中心、江苏省化工新材料工程技术研究开发中心

学校设立奖学金情况

学校设立奖学金三项,奖励金额为435.31余万元。奖学金最高金额8000元/年,最低金额1000元/年。

学校历史沿革

学院1964年建校,前身徐州化工学校,1998年开设五年制高职班,1999年被评为"国家级重点中专";2002年经省人民政府批准独立升格,并正式定名为"徐州工业职业技术学院";2006年被教育部评估为优秀院校;2009年体育教学评估优秀;2010年江苏省党建考评优秀同年被评为江苏省创业教育示范学校;2004年起,连年被评为"江苏省高校就业工作先进集体"。

江苏信息职业技术学院

学校(机构)标识码	4132013108
学校办学类型	415:专科院校:高等职业学校
学校性质类别	02 理工院校
学校举办者	811 省级教育部门
学校地址	江苏信息职业技术学院
邮政编码	214153
办公电话	0510-85804253
传真电话	0510-85860331
校园(局域)网域名	www.jsit.edu.cn
电子信箱	yb@jsit.edu.cn
占地面积(平方米)	779631
校舍建筑面积(平方米)	287327
图书(万册)	57.41
固定资产总值(万元)	48690.37
教学、科研仪器设备资产值(万元)	6634.85
在校生数(人)	9754
其中:普通专科	8782
成人专科	972
专任教师(人)	335
其中:正高级	3
副高级	103
中级	172
初级	42
未定职级	15

专科专业 电气自动化技术、电子商务、电子信息工程技术、动漫设计与制作、多媒体设计与制作、服装设计、工业设计、光伏应用技术、广告设计与制作、国际贸易实务、环境艺术设计、会计与审计、机电一体化技术、计算机辅助设计与制造、计算机网络技术、计算机应用技术、金融与证券、精密机械技术、空中乘务、旅游管理、模具设计与制造、汽车电子技术、汽车技术服务与营销、汽车检测与维修技术、人力资源管理、软件技术、商务日语、商务英语、市场营销、数控技术、数控设备应用与维护、玩具设计与制造、微电子技术、文秘、物联网应用技术、物流管理、应用德语、应用电子技术

院系设置

设有国家示范性软件职业技术学院(计算机工程系)、电子信息工程系、机电工程系、电气工程系、工商管理系、艺术设计系、外国语言文学系、城市学院。

国家级、省部级研究机构设置

1.实验室:中央财政支持的微电子实训基地、精密模具综合实训基地

2.研究中心(所):江苏省集成电路制造装备工程技术研究开发中心

学校设立奖学金情况

学校设立奖学金8项,奖励总金额385余万元。奖学金最高金额8000元/年,最低金额500元/年。

主要校办产业

机电设备厂

学校历史沿革

江苏信息职业技术学院于2002年8月组建,是江苏省人民政府批准、教育部备案的国有公办普通高等学校,是"十二五"期间我省首批建设的三所示范性高等职业院校之一。学院的前身为创建于1953年的国家级重点中专无锡无线电工业学校和创建于1997年的国家级职教中心无锡市锡山职教中心。

宿迁职业技术学院

学校(机构)标识码　4132013110
学校办学类型　415:专科院校:高等职业学校
学校性质类别　02 理工院校
学校举办者　999 民办
学校地址　湖滨新城合欢路8号
邮政编码　223800
办公电话　0527-80805128
传真电话　0527-80805108
校园(局域)网域名　www.cjsiu.com
电子信箱　cjsiu@yahoo.com.cn
占地面积(平方米)　332457
图书(万册)　11.8
固定资产总值(万元)　1400
教学、科研仪器设备资产值(万元)　1177.74
在校生数(人)　4103
其中:普通专科　1497
　　　成人专科　2606
专任教师(人)　83
其中:正高级　4
　　　副高级　12
　　　中级　19
　　　初级　20
　　　未定职级　28

专科专业　财务管理、动漫设计与制作、工商企业管理、环境艺术设计、会计、会计电算化、机电一体化技术、计算机网络技术、计算机应用技术、建筑工程管理、建筑工程技术、建筑设计技术、建筑装饰技术、模具设计与制造、数控技术、文秘、应用日语、应用英语、资产评估与管理

学校历史沿革
宿迁职业技术学院创建于1999年,是经江苏省人民政府批准、教育部备案的一所全日制普通高等学校,实施专科层次高等职业教育。学院位于风景秀丽的国家级园林城市、中国金融生态城市—江苏省宿迁市湖滨新城高教园区,拥有500亩独立校园,7万平方米校舍,环境优雅,交通便利,设施先进,师资雄厚。

南京信息职业技术学院

学校(机构)标识码　4132013112
学校办学类型　415:专科院校:高等职业学校
学校性质类别　02 理工院校
学校举办者　812 省级其他部门
学校地址　南京仙林大学城文澜路99号
邮政编码　210046
办公电话　025-85842006
传真电话　025-85842088
校园(局域)网域名　www.njcit.edu.cn
电子信箱　zhong_minghu@163.com
占地面积(平方米)　618976
校舍建筑面积(平方米)　328484
图书(万册)　79.9
固定资产总值(万元)　85020.94
教学、科研仪器设备资产值(万元)　12442.93
在校生数(人)　15969
其中:普通专科　11561
　　　成人专科　4408
专任教师(人)　522
其中:正高级　14
　　　副高级　134
　　　中级　155
　　　初级　178
　　　未定职级　41

专科专业　3G技术与基站工程、JAVA/校企合作、测试/校企合作、电力控制技术、电气自动化技术、电子工艺与管理、电子工艺与设计、电子商务、电子信息工程技术、电子信息工程技术(电子创新班)、电子信息工程技术(电子声像)、电子信息工程技术(海外直通车)、电子信息工程技术(检测技术)、电子信息工程技术(中澳合作)、电子信息工程技术(中外合作办学)、电子组装技术与设备、电子组装技术与设备(SMT)、电子组装技术与设备(通信设备制造、工业环保与安全技术、光电子技术、光伏发电技术及应用、光伏发电技术及应用(智能环境信息、国际商务、国际外包/校企合作、海外直通车、会计、机电一体化技术、计算机多媒体技术、计算机控制技术、计算机网络技术、计算机网络技术(中加合作办学)、计算机网络技术(中外合作办学)、计算机应用技术、理化测试与质检、连锁经营管理、录音技术与艺术、模具设计与制造、汽车检测与维修技术、嵌入式系统工程、市场营销、视觉传达艺术设计、数据库营销、数控技术、数字娱乐艺术设计、通信技术、通信技术(光纤通信/校企合作)、通信技术(通信工程监理/校企合作网络营销、微波技术与器件、微电子技术、无线电技术、无线电技术(微波技术与设备)、无线电技术(无线通信技术)、物联网应用技术、物流管理、校企合作、移动通信技术、移动应用开发、影视动画、影视多媒体技术、应用韩语、应用英语、游戏程序设计、有线电视工程技术、中外合作办学

院系设置
电子信息学院、机电学院、微电子学院、信息服务学院、通信工程学院、计算机软件学院、素质教育部、体育部、成教院

定期公开出版的专业刊物　《南京信息职业技术学院学报》《南京信息职业技术学院校报》

学校设立奖学金情况

学校设立奖学金6项,奖励总金额300余万元。奖学金最高金额5000元/年,最低金额500元/年。

学校历史沿革

南京信息职业技术学院是江苏省信息产业厅下属的一所电子技术类学校。建于1953年10月,是我国建设最早的学校之一,学校最初为南京电信工业学校,后改为华东第一工业学校,南京工业学校。1956年4月定名为南京无线电工业学校。2002年6月,升格为南京信息职业技术学院。

江海职业技术学院

学校(机构)标识码	4132013113
学校办学类型	415:专科院校:高等职业学校
学校性质类别	02 理工院校
学校举办者	999 民办
学校地址	江苏省扬州市扬子江南路5号
邮政编码	225101
办公电话	0514-87579919
传真电话	0514-87579919
电子信箱	jhxy0514@hotmail.com
占地面积(平方米)	643167
校舍建筑面积(平方米)	215015
图书(万册)	44.3
固定资产总值(万元)	53855.08
教学、科研仪器设备资产值(万元)	5116.01
在校生数(人)	7383
其中:普通专科	6796
成人专科	587
专任教师(人)	337
其中:正高级	10
副高级	103
中级	148
初级	63
未定职级	13

专科专业 道路桥梁工程技术、电脑艺术设计、电气自动化技术、工商企业管理、光电子技术、国际贸易实务、环境监测与治理技术、会计电算化、会计与审计、机电一体化技术、计算机应用技术、建筑工程技术、旅游管理、模具设计与制造、汽车检测与维修技术、市场营销、数控技术、投资与理财、物流管理、艺术设计、应用电子技术、应用韩语、应用日语、应用英语、珠宝首饰工艺及鉴定

院系设置
信息工程系、机电工程系、土木工程系、外语系、应用艺术系、经贸系、工商管理系、基础部

学校设立奖学金情况
学校设立奖学金4项,奖励总金额65万元,奖学金最高1600元/年,最低600元/年。

毕业生一次就业率 87.06%

学校历史沿革
1999年5月至2004年7月,学校名称"民办扬州江海学院(筹)",江苏省人民政府文件"苏政复[1999]53号",批复时间1999年5月28日;2004年7月至今,学校名称"江海职业技术学院",江苏省人民政府文件"苏政发[2004]66号",批复时间2004年7月15日。

常州机电职业技术学院

学校(机构)标识码	4132013114
学校办学类型	415:专科院校:高等职业学校
学校性质类别	02 理工院校
学校举办者	811 省级教育部门
学校地址	常州机电职业技术学院
邮政编码	213164
办公电话	0519-86331000
传真电话	0519-86331111
校园(局域)网域名	www.czmec.cn
电子信箱	1000@czmec.cn
占地面积(平方米)	628367
校舍建筑面积(平方米)	262503
图书(万册)	46.07
固定资产总值(万元)	51831.68
教学、科研仪器设备资产值(万元)	8758.63
在校生数(人)	12498
其中:普通专科	9760
成人专科	2738
专任教师(人)	473
其中:正高级	6
副高级	141
中级	224
初级	61
未定职级	41

专科专业 材料成型与控制技术、材料成型与塑模技术、产品造型设计、冲模CAD/CAE/CAM、冲压成型与模具技术、第三方物流、电机设计与制造、电机与电器、电力电器技术、电气运行与控制、电气自动化技术、电气自动化技术(海外直通车)、电子产品设计与制造、电子商务、电子商务(中外合作)、电子设备维修、电子信息技术、动画设计、动漫设计与制作、多媒体设计与制作、工业机器人、供用电技术、光伏电子技术、广告设计、广告设计与制作、国际商务、国际商务(海外直通车)、国际物流、焊接技术及自动化、环境艺术设计、会计、会计实务、会展设计、机电产品与电子商务、机电设备维修与管理、机电市场营销、机电一体

化技术、机电一体化技术(海外直通车)、机械制造与自动化、计算机多媒体技术、计算机辅助设计与制造、计算机网络技术、计算机网络技术(合作办学)、计算机系统维护、精密机械技术、精密模具制造技术、楼宇智能化工程技术、楼宇智能化技术、模具CAD/CAM、模具设计与制造、农业机械应用技术、企业物流、汽车电子技术、汽车技术服务与营销、汽车检测与维修技术、软件技术、软件技术(中外合作)、商务日语、商务英语、市场营销、室内设计、数控机床维护与管理、数控技术、数控设备技术服务与销售、数控设备应用与维护、数字媒体设计、塑料成型与模具技术、塑模CAD/CAE/CAM、物联网技术应用、艺术设计

院系设置

学院设立机械工程系、模具技术系、汽车工程系、电气工程系、信息工程系、经济管理系和继续教育学院

学校设立奖学金情况

1项,2010-2011学年总额为97.76万元,按学期发放,奖学金最高金额一等为800元。

学校历史沿革

常州机电职业技术学院是一所省属公办全日制普通高等学校,创办于1963年,是原省机械工业厅直属的两所职业院校之一。2002年独立升格,现坐落于以高等职业教育为显著特色的常州科教城内,毗邻武进高新技术开发区,占地面积942亩,建筑面积26万多平方米。

江阴职业技术学院

学校(机构)标识码 4132013137	传真电话 0510-86022815	在校生数(人) 10422
学校办学类型 415:专科院校:高等职业学校	校园(局域)网域名 www.jypc.org	其中:普通专科 7432
	电子信箱 dzb2887@126.com	成人专科 2990
学校性质类别 02 理工院校	占地面积(平方米) 316902	专任教师(人) 376
学校举办者 822 地级其他部门	校舍建筑面积(平方米) 172589	其中:正高级 3
学校地址 江苏省江阴市锡澄路168号	图书(万册) 49.7	副高级 110
	固定资产总值(万元) 30245	中级 212
邮政编码 214405	教学、科研仪器设备资产值(万元) 5495	初级 42
办公电话 0510-86022887		未定职级 9

专科专业 电脑艺术设计、电气自动化技术、电子商务、电子信息工程技术、动漫设计与制作、服装设计、高分子材料加工技术、环境监测与治理技术、会计、机电一体化技术、机械制造与自动化、计算机网络技术、计算机应用技术、建筑工程技术、精细化学品生产技术、旅游管理、模具设计与制造、汽车运用技术、软件技术、商务日语、商务英语、生物化工工艺、市场营销、数控技术、文秘、物流管理、物业管理、现代纺织技术、影视多媒体技术、应用电子技术

院系设置

学院设七系两部,分别为化纺系、机电系、电子系、外语系、艺术系、管理系、计算机系、基础部和体育部

学校设立奖学金情况

学院设院奖学金一项,最高为1500元/年,最低为500元/年。

学校历史沿革

江阴职业技术学院前身是江阴职工大学,,2002年11月,经江苏省人民政府批准,学校正式更名为江阴职业技术学院,属专科层次的普通高等专科学校。

无锡太湖学院

学校(机构)标识码 4132013571	校园(局域)网域名 www.thxy.org	在校生数(人) 13196
学校办学类型 412:本科院校:学院	电子信箱 thxy@thxy.org	其中:普通本科 13196
学校性质类别 01 综合大学	占地面积(平方米) 1665192	专任教师(人) 825
学校举办者 999 民办	校舍建筑面积(平方米) 410993	其中:正高级 110
学校地址 江苏省无锡市钱荣路68号	图书(万册) 135.39	副高级 261
邮政编码 214064	固定资产总值(万元) 103859	中级 253
办公电话 0510-85502663	教学、科研仪器设备资产值(万元) 8320.65	初级 134
传真电话 0510-85502663		未定职级 67

本科专业 电子信息工程、法学、服装设计与工程、工程管理、工商管理、工业设计、广告学、国际经济与贸易、汉语言文学、会计学、机械工程及自动化、计算机科学与技术、金融学、旅游管理、人力资源管理、日语、通信工程、土木工程、艺术设计、音乐表演、英语、自动化

院系设置

经济管理系、信息与机械系、语言文学与法律系、艺术设计系、音乐系、土木工程系、医学护理系、公共基础部

学校设立奖学金情况

学校设立奖学金5项，奖励总金额105.8余万元。奖学金最高金额1000元/年，最低金额200元/年。

学校历史沿革

1. 2002年7月22日，教育部下发《关于同意江南大学太湖学院企业合作试办太湖学院的批复》（教发司【2002】60号，同意江南大学与江苏太湖锅炉股份有限公司等5家企业合作试办江南大学太湖学院）。2. 2011年4月19日，教育部下发《关于同意江南大学太湖学院转设为无锡太湖学院的通知》（教发函【2011】108号），即日起江南大学太湖学院（独立学院）成功转设为民办普通本科高等学校——无锡太湖学院。

金陵科技学院

学校（机构）标识码 4132013573	电子信箱 yb@jit.edu.cn	普通专科 215
学校办学类型 412:本科院校:学院	占地面积（平方米） 971767	成人本科 249
学校性质类别 02 理工院校	校舍建筑面积（平方米） 451154	成人专科 1564
学校举办者 822 地级其他部门	图书（万册） 102.5	专任教师（人） 826
学校地址 江苏省南京市江宁区弘景大道99号	固定资产总值（万元） 120359.81	其中:正高级 45
	教学、科研仪器设备资产值（万元）	副高级 192
邮政编码 211169	13116.83	中级 524
办公电话 025-86188966	在校生数（人） 13009	初级 61
传真电话 025-86188987	其中:普通本科 10981	未定职级 4
校园（局域）网域名 www.jit.edu.cn		

本科专业 宝石及材料工艺学、材料科学与工程、材料科学与工程（视光材料与应用、财务管理、车辆工程、城市地下空间工程、城市规划、电气工程及其自动化、电气工程及其自动化（机械电子工业、电气工程及其自动化（楼宇智能化）、电子信息工程、动画、动物科学、动物医学、对外汉语、服装设计与工程、复合材料与工程、工程管理、工业设计、古典文献（古籍修复）、古典文献（文献保护）、国际经济与贸易、行政管理、行政管理（高级秘书）、行政管理（行政法）、会计学、会计学（国际会计）、机械设计制造及其自动化、机械设计制造及其自动化（车辆）、机械设计制造及其自动化（现代汽车）、计算机科学与技术、计算机科学与技术（NIIT）、计算机科学与技术（软件工程）、建筑电气与智能化、建筑学、金融学、旅游管理、软件工程、软件工程（NIIT）、软件工程（服务外包）、食品科学与工程、市场营销、市场营销（商业与零售管理）、市场营销（物流管理）、市场营销（现代物流）、通信工程、土木工程、土木工程（道路桥梁工程）、土木工程（建筑工程）、物流管理、艺术设计、艺术设计（环境艺术）、艺术设计（视觉传达）、英语、园林、园艺、园艺（农业生物技术）、自动化

专科专业 宝玉石鉴定与加工技术、经济信息管理、人力资源管理、食品营养与检测、眼视光技术

院系设置

设有商学院、人文学院、园艺学院、动物科学与技术学院、机电工程学院、建筑工程学院、信息技术学院、艺术学院、材料工程学院、外国语学院、龙蟠学院等11个二级学院，另有国际教育学院、继续教育学院、公共基础课部和思想政治理论课教学部等4个教学单位

定期公开出版的专业刊物 《金陵科技学院学报》、《金陵科技学院学报》（社会科学版）

学校设立奖学金情况

学校设立奖学金五项，奖金总金额67.14万元，奖学金最高金额130500元/年，最低75600元/年。

1. 一等奖学金87人/年,1500元/人。
2. 二等奖学金259人/年,800元/人。
3. 三等奖学金606人/年,300元/人。
4. 单项奖学金643人/年,50-500元/人。
5. 考研奖学金98人/年,800元/人。

主要校办产业

南京金科宾馆管理有限公司、金科院南京技术服务中心有限公司

学校历史沿革

金陵科技学院是一所全日制公办普通本科院校，前身是1980年成立的金陵职业大学和1958年成立、1984年复建的南京市农业专科学校。学校经国家教育部和省市政府批准，于2002年筹建、2005年正式成立。

中国矿业大学徐海学院

学校(机构)标识码 4132013579	传真电话 0516-83885230	其中:普通本科 6911
学校办学类型 413:本科院校:独立学院	校园(局域)网域名 xhc.cumt.edu.cn	专任教师(人) 294
	电子信箱 xhxy@cumt.edu.cn	其中:正高级 23
学校性质类别 02 理工院校	图书(万册) 33.65	副高级 78
学校举办者 999 民办	固定资产总值(万元) 3376.98	中级 151
学校地址 江苏省徐州市解放南路	教学、科研仪器设备资产值(万元) 2817.87	初级 39
邮政编码 221008		未定职级 3
办公电话 0516-83995091	在校生数(人) 6911	

本科专业 材料科学与工程、电气工程及其自动化、电子科学与技术、工程管理、工业工程、工业设计、国际经济与贸易、汉语言文学、行政管理、会计学、机械工程及自动化、计算机科学与技术、建筑环境与设备工程、金融学、热能与动力工程、市场营销、土木工程、信息工程、艺术设计、英语、自动化

院系设置
经济与管理系、外国语言文化系、信息与电气工程系、机电与材料工程系、建筑与安全工程系、计算机科学与技术系、文学与艺术系

学校设立奖学金情况
学校设立奖学金七项,本学年奖励总金额 150 余万元。奖学金最高金额 8000 元/年,最低金额 400 元/年。

学校历史沿革
中国矿业大学徐海学院于 1999 年 4 月经江苏省教委批准成为江苏省较早开办的民办二级学院。1999 年、2000 年招收两届学生共 650 余名。2003 年 12 月经教育部批准成为独立学院。2004 年开始面向全国招生,目前学院共有在校生 6911 名。

南京大学金陵学院

学校(机构)标识码 4132013646	办公电话 025-58646684	在校生数(人) 10033
学校办学类型 413:本科院校:独立学院	传真电话 025-58646680	其中:普通本科 10033
	校园(局域)网域名 jlxy.nju.edu.cn	专任教师(人) 459
学校性质类别 01 综合大学	电子信箱 ndjlxy@nju.edu.cn	其中:正高级 57
学校举办者 999 民办	图书(万册) 81	副高级 93
学校地址 江苏省南京市浦口区学府路 8 号	固定资产总值(万元) 68431	中级 111
	教学、科研仪器设备资产值(万元) 5782.6	初级 197
邮政编码 210089		未定职级 1

本科专业 阿拉伯语、财务管理、城市规划、德语、地理信息系统、地质工程、电子信息科学与技术、法语、广播电视编导、广告学、国际经济与贸易、护理学、环境科学、会计学、计算机科学与技术、金融学、日语、软件工程、生物科学、市场营销、通信工程、土木工程、西班牙语、新闻学、艺术设计、英语、应用化学、资源环境与城乡规划管理

院系设置
设有 7 个二级学院:1. 传媒学院,下设新传媒系、策略传播系。2. 商学院,下设金融学系、国际经济与贸易学系、会计学系、市场营销系。3. 外国语学院,下设英语系、西班牙语系、阿拉伯语系、德语系、日语系、法语系。4. 信息科学与工程学院,下设电子科学与工程系、计算机科学与工程系。5. 化学与生命科学学院,下设应用化学系、环境科学与工程系、生物科学与工程系、护理学系。6. 城市与资源学院,下设资源与环境学系、城市规划系、土木工程系。7. 艺术学院,下设艺术设计系、广播电视编导系。

学校设立奖学金情况
学校设立奖学金 3 项,奖励总金额 182.38 万元。奖学金最高金额 5000 元/年,最低金额 200 元/年。

学校历史沿革
1. 1998 年南京大学金陵学院作为公有民办二级学院成立。
2. 2004 年经国家教育部批准,南京大学金陵学院改办为本科层次的独立学院。

南京理工大学紫金学院

学校(机构)标识码　4132013654
学校办学类型　413:本科院校:独立学院
学校性质类别　02 理工院校
学校举办者　999 民办
学校地址　江苏省南京市栖霞区文澜路89号
邮政编码　210046
办公电话　025 - 85786000
传真电话　025 - 85786000
校园(局域)网域名　zj.njust.edu.cn
电子信箱　zjxydzb@hotmail.com
占地面积(平方米)　372895
图书(万册)　45
固定资产总值(万元)　45544.28
教学、科研仪器设备资产值(万元)　3742.09
在校生数(人)　10288
其中:普通本科　10288
专任教师(人)　456
其中:正高级　27
　　　副高级　119
　　　中级　161
　　　初级　113
　　　未定职级　36

本科专业　测控技术与仪器、车辆工程、电气工程及其自动化、电子科学与技术、电子科学与技术(LED 和 LCD 显示技术)、电子信息工程、法学、工业工程、公共事业管理、光电信息工程、国际经济与贸易、会计学、机械工程及自动化、计算机科学与技术、计算机科学与技术(网博软件工程)、金融学、人力资源管理、软件工程、社会工作、市场营销、通信工程、土木工程、土木工程(工程项目管理)、网络工程、英语、自动化

院系设置
学院下设机械工程系、电子工程与光电技术系、计算机科学与技术系、经济管理系、人文与社会科学系、基础教学系等六个系。

学校设立奖学金情况
学院设立优秀学生奖学金五项,奖励总金额 165 万/年。其中:特优奖学金:10000 元/年 特等奖学金:3000 元/年 一等奖学金:1000 元/年 二等奖学金:500 元/年 三等奖学金:300 元/年。

学校历史沿革
1998 年 12 月 29 日,中国兵器工业总公司批准成立南京理工大学紫紫金学院。紫金学院为南京理工大学公有民办二级学院性质,按照南京理工大学有关规定实施教学、学生、人事、财务等各项管理。
1999 年 2 月 13 日,江苏省教育委员会同意举办公有民办南京理工大学紫金学院。属公有民办性质,引入民办机制,由南京理工大学统一管理,校区相对独立。以培养本科层次学生为主。收费项目、收费标准、招生录取统一按省有关规定办理。
2004 年,按照国家教育部 2003 年 8 号文件要求,经国防科工委及江苏省教育厅批复同意、国家教育部 2004 年 70 号文件正式批准,南京理工大学紫金学院重组改制为独立学院。
2010 年 7 月,我院被中国独立学院协作会评为"全国先进独立学院"。

南京航空航天大学金城学院

学校(机构)标识码　4132013655
学校办学类型　413:本科院校:独立学院
学校性质类别　02 理工院校
学校举办者　999 民办
学校地址　南京市江宁区禄口航金大道88号
邮政编码　211156
办公电话　025 - 87190185
传真电话　025 - 87190090
校园(局域)网域名　jc.nuaa.edu.cn
电子信箱　jcdzb@nuaa.edu.cn
占地面积(平方米)　380950
图书(万册)　57.69
固定资产总值(万元)　37552.5
教学、科研仪器设备资产值(万元)　6715.5
在校生数(人)　12136
其中:普通本科　12136
专任教师(人)　445
其中:正高级　47
　　　副高级　104
　　　中级　158
　　　初级　95
　　　未定职级　41

本科专业　播音与主持艺术、播音与主持艺术(航空服务)、测控技术与仪器、车辆工程、电气工程与自动化、工商管理、工商管理(物流方向)、工业工程、工业设计、国际经济与贸易、会计学、会计学(CIMA 方向)、机械工程及自动化、计算机科学与技术、计算机科学与技术(网博软件工程)、交通运输(航空服务)、交通运输(民航电子电气工程)、交通运输(民航机电工程)、金融学、汽车服务工程、软件工程、市场营销、土木工程、信息工程、信息管理与信息系统、信息与计算科学、艺术设计、英语、英语(国际贸易)、英语(商务翻译)、自动化

院系设置
机电工程系、信息工程系、自动化系、英语系、经济系、艺术系、管理系、民用航空系、数理力学系、社科体育部、实验中心、终

身教育学院

学校设立奖学金情况

学校设立奖学金22项,奖励总金额343余万元。奖学金最高金额8000元/年,最低金额500元/年。

学校历史沿革

南京航空航天大学金城学院是南京航空航天大学联合社会力量于1999年经原中国航空工业总公司和江苏省教育委员会批准成立的公有民办二级学院,2004年6月根据国家规定,经教育部批准,学院改办为独立设置的民办学院。

中国传媒大学南广学院

学校(机构)标识码 4132013687	传真电话 025-86179999	在校生数(人) 10990
学校办学类型 413:本科院校:独立学院	校园(局域)网域名 www.cucn.edu.cn	其中:普通本科 10990
学校性质类别 11 艺术院校	电子信箱 nanguang@cuc.edu.cn	专任教师(人) 756
学校举办者 999 民办	占地面积(平方米) 531136	其中:正高级 122
学校地址 南京江宁区弘景大道3666号	图书(万册) 78.02	副高级 112
邮政编码 211172	固定资产总值(万元) 10847.42	中级 279
办公电话 025-86179990	教学、科研仪器设备资产值(万元) 5748.2	初级 204
		未定职级 39

本科专业 播音与主持艺术(小语种)、编辑出版学、表演、播音与主持艺术、播音与主持艺术(英语播音)、传播学、导演、导演(文化经纪、艺术管理、影视、电子信息工程、动画、对外汉语、公共事业管理、广播电视编导(电编)、广播电视编导(文编)、广播电视工程、广告学、国际文化贸易、汉语言文学、计算机科学与技术、经济学、录音艺术(音响导演)、录音艺术(音响工程)、媒体创意、美术学、摄影、摄影(电视摄影)、数字媒体技术、数字媒体艺术(数字影视特效)、数字媒体艺术(数字娱乐)、数字媒体艺术(网络多媒体)、通信工程、文化产业管理、戏剧影视美术设计、戏剧影视文学、新闻学、新闻学(国际新闻小语种)、新闻学(小语种)、艺术设计、音乐学、英语(国际新闻)、照明艺术

院系设置

学校共设有播音主持艺术学院、广播电视学院、新闻传播学院、国际传播学院、摄影学院、演艺学院、艺术设计学院、动画与数字艺术学院、文化管理学院、传媒技术学院十个二级学院和思政教学部与基础教学部

定期公开出版的专业刊物 《中国传媒大学南广学院报》、《传媒与教育》

学校设立奖学金情况

学校设立奖学金一项,奖励总金额155余万元,奖励总金额1500元/年,最低金额500元/年。

学校历史沿革

中国传媒大学南广学院是中国传媒大学为拓展学校品牌优势,充分利用学校优质教育资源,满足国家对高等信息传播人才日益增长的需求,与南京美亚教育投资有限公司合作,经教育部批准于2004年6月创办的四年制、本科层次独立学院。南京美亚教育投资有限公司董事长蒲树林担任南广学院董事会董事长,中国传媒大学原校长刘继南教授任南广学院名誉校长。

无锡城市职业技术学院

学校(机构)标识码 4132013748	传真电话 0510-83276022	在校生数(人) 7828
学校办学类型 415:专科院校:高等职业学校	校园(局域)网域名 www.wxcsxy.com	其中:普通专科 6727
学校性质类别 08 财经院校	电子信箱 wxcydzb@126.com	成人专科 1101
学校举办者 822 地级其他部门	占地面积(平方米) 425646	专任教师(人) 361
学校地址 江苏省无锡市惠山区钱藕路12号	校舍建筑面积(平方米) 180738	其中:正高级 10
邮政编码 214153	图书(万册) 49.65	副高级 98
办公电话 0510-85522602	固定资产总值(万元) 13508.37	中级 152
	教学、科研仪器设备资产值(万元) 3669.95	初级 93
		未定职级 8

专科专业 城市轨道交通工程技术、道路桥梁工程技术、道路桥梁工程技术(轨道交通)、电子商务、动漫设计与制作、动漫

设计与制作(三维动画制作技术、动漫设计与制作(数码艺术、房地产经营与估价、给排水工程技术、工程造价、工商企业管理(中新合作)、广告设计与制作、国际经济与贸易、国际经济与贸易(国际商务日语)、国际经济与贸易(国际商务英语)、国际经济与贸易(商务日语)、国际经济与贸易(商务英语)、国际经济与贸易(中澳合作)、国际经济与贸易(中外合作办学)、会计、会计(审计)(中外合作办学)、会展策划与管理、计算机控制技术、计算机网络技术、计算机网络技术(网络硬件)、计算机应用技术(NIIT)、计算机应用技术(软件设计)、计算机应用技术(校企合作)、计算机应用技术(与微软公司合作)、建筑工程技术、建筑工程技术(建筑给排水)、建筑装饰工程技术、金融管理与实务、景观设计、酒店管理、酒店管理(国际)、酒店管理(国际酒店管理)、酒店管理(天星)、酒店管理(与艾迪酒店校企合作)、酒店管理(与君来集团合作)、酒店管理(与天星公司校企合作)、旅游管理、旅游管理(民航服务与高铁乘务)、烹饪工艺与营养、人物形象设计、商务管理、商务英语、涉外旅游、涉外旅游(侧重英语)、市场营销、投资与理财、物联网应用技术(传感)、物流管理、物流管理(轨道交通管理)、休闲服务与管理、应用电子技术、园林技术、园林技术(施工管理)、装潢艺术设计(室内设计)

院系设置

下设经济贸易管理系、旅游系、艺术设计系、电子信息工程系、建筑工程系五个系和基础课部

学校设立奖学金情况

学校设立奖学金一项,奖励总金额82余万元。奖学金最高金额1000元/年,最低金额300元/年。

学校历史沿革

1979年3月无锡市干部学校成立。1979年12月无锡市职工大学成立。1983年3月无锡市城建职工大学成立。1993年2月江南大学马山分部成立。于1998年6月更名为江南学院旅游经贸分院。2003年4月无锡市干部学校、无锡市职工大学、江南学院旅游经贸分院合并成立新的无锡市职工大学。2004年7月无锡市职工大学与无锡市城建职工大学合并成立无锡城市职业技术学院。

无锡工艺职业技术学院

学校(机构)标识码 4132013749	校园(局域)网域名 www.wxgyxy.cn	在校生数(人) 8583
学校办学类型 415:专科院校:高等职业学校	电子信箱 wxgyxy@wxgyxy.cn	其中:普通专科 7872
	占地面积(平方米) 354997	成人专科 711
学校性质类别 02 理工院校	校舍建筑面积(平方米) 223611	专任教师(人) 336
学校举办者 811 省级教育部门	图书(万册) 40.4	其中:正高级 6
学校地址 宜兴市荆邑南路99号	固定资产总值(万元) 46634	副高级 72
邮政编码 214206	教学、科研仪器设备资产值(万元) 4492.84	中级 159
办公电话 0510-81710000		初级 99
传真电话 0510-81710018		

专科专业 材料工程技术、财务管理、财务管理(中加合作)、电线电缆制造技术、电线电缆制造技术(免学费订单培养)、电子商务、雕塑艺术设计、动漫设计与制作(二维动画设计)、动漫设计与制作(三维动画设计)、动漫设计与制作(游戏美术)、服装设计、服装设计(服装工程)、服装设计(服装营销与表演)、国际经济与贸易、环境艺术设计、环境艺术设计(景观设计)、会计与审计、机电一体化技术、计算机辅助设计与制造、计算机网络技术、计算机网络技术(互联网方向)、计算机网络技术(嵌入式)、计算机信息管理、建筑工程技术、旅游工艺品设计与制作、旅游管理、旅游管理(导游)、旅游管理(现代酒店管理)、软件技术、软件技术(嵌入式)、商务日语、商务英语、市场营销、视觉传达艺术设计(广告设计)、视觉传达艺术设计(广告设计与制作)、视觉传达艺术设计(平面设计)、室内设计技术、室内设计技术(室内设计与工程管理)、数控技术、数控技术(中加合作)、陶瓷艺术设计、眼视光技术、应用电子技术、应用电子技术(电子产品制作与调?)、应用电子技术(新能源与节能电子技术、应用韩语、针织技术与针织服装、装潢艺术设计、装饰艺术设计

院系设置

学院共分为七个系三个部,分别为:陶瓷工艺系、环境艺术系、机电工程系、电子信息系、服装工程系、经济管理系和基础部、成教部、体育部

国家级、省部级研究机构设置

学院拥有省级工程中心两所:陶瓷材料与工程技术研究开发中心、线缆材料与工艺技术研究开发中心

学校设立奖学金情况

学院设立奖学金为优秀学生奖,奖励总金额为109.5万元。奖学金最高金额2000元/年,最低金额200元/年。

学校历史沿革

无锡工艺职业技术学院前身是江苏省宜兴轻工业学校,创建于1958年。2004年7月以江苏省宜兴轻工业学校为基础,整合江苏省电大宜兴学院部分资源,组建了无锡工艺职业技术学院。

金山职业技术学院

学校(机构)标识码 4132013750	传真电话 0511-88362337	在校生数(人) 2176
学校办学类型 415:专科院校:高等职业学校	校园(局域)网域名 www.jinshan-cn.com	其中:普通专科 2176
学校性质类别 02 理工院校	www.jscu.cn	专任教师(人) 95
学校举办者 999 民办	电子信箱 1610@jinshan-cn.com	其中:正高级 4
学校地址 江苏省镇江扬中市金山路1号	图书(万册) 18	副高级 21
邮政编码 212200	固定资产总值(万元) 14546	中级 23
办公电话 0511-88361688	教学、科研仪器设备资产值(万元) 1372.6	初级 42
		未定职级 5

专科专业 电气自动化技术、电气自动化技术(电气控制)、电气自动化技术(机电一体化)、电气自动化技术(数控技术)、动漫设计与制作、工程监理、工程造价、广告设计与制作、国际贸易实务、会计电算化、会计与审计、机电一体化技术、计算机网络技术、计算机应用技术、建筑工程管理、建筑装饰工程技术、酒店管理、模具设计与制造、汽车电子技术、汽车技术服务与营销、涉外旅游、市场营销、数控技术、物流管理、应用电子技术

院系设置 学院设有建筑系、机电系、经管系、信息系、外语系和艺术系等6个系

学校设立奖学金情况
品学兼优的学生每学年可获得国家奖学金:8000元/人,国家励志奖学金:5000元/人,国家助学金1000-3000元/人;企业助学金6000-8000元/人;学院还设置多种奖学金,最高达1.5万元/人,奖励面达35%;学院通过勤工助学、工学结合等方式帮助学生减免学费。

学校历史沿革
金山职业技术学院是经江苏省人民政府批准、国家教育部备案,独立设置的全日制民办普通高等学校,学制三年,面向全国招生。

健雄职业技术学院

学校(机构)标识码 4132013751	传真电话 0512-53940899	在校生数(人) 6877
学校办学类型 415:专科院校:高等职业学校	校园(局域)网域名 www.wjxvtc.cn	其中:普通专科 4586
学校性质类别 02 理工院校	电子信箱 wjxvtc@mail.wjxvtc.cn	成人专科 2291
学校举办者 822 地级其他部门	占地面积(平方米) 324160	专任教师(人) 273
学校地址 江苏省太仓市科教新城区济南路1号	校舍建筑面积(平方米) 152119	其中:正高级 3
邮政编码 215411	图书(万册) 30.89	副高级 62
办公电话 0512-53940888	固定资产总值(万元) 37464.75	中级 137
	教学、科研仪器设备资产值(万元) 3680.5	初级 35
		未定职级 36

专科专业 报关与国际货运、电气自动化技术、电线电缆制造技术、电子工艺与管理、电子信息工程技术、工业分析与检验、广告与会展、会计、机电一体化技术、计算机网络技术、计算机应用技术、精细化学品生产技术、旅游英语、模具设计与制造、软件技术、商务日语、商务英语、生化制药技术、生物实验技术、市场营销、数控技术、物流管理、信息安全技术、艺术设计、应用德语、有机化工生产技术、装饰艺术设计

院系设置 机电工程系、软件与服务外包学院、现代港口和物流管理系、应用外语系、生物与化学工程系、艺术设计系、电气工程学院、职业素质教育中心、职业发展教育中心、继续教育学院

学校设立奖学金情况
学校设立奖学金4项,奖励总金额90余万元。奖学金最高金额2000元/年,最低300元/年。

学校历史沿革
太仓县娄东职业中学(1985年-1992年),太仓市职业中学(1992年-1994年)江苏省太仓市职业高级中学(1994年-1997年)江苏省太仓市教育中心校(1997年-2002年),太仓市广播电视大学(2002年-2004年);健雄职业技术学院(2004至今)。

盐城纺织职业技术学院

学校(机构)标识码 4132013752	校园(局域)网域名 www.yctei.cn	其中:普通专科 7009
学校办学类型 415:专科院校:高等职业学校	电子信箱 ycfzxy@yctei.cn	成人专科 603
	占地面积(平方米) 490540	专任教师(人) 351
学校性质类别 02 理工院校	校舍建筑面积(平方米) 209008	其中:正高级 4
学校举办者 811 省级教育部门	图书(万册) 44.62	副高级 137
学校地址 盐城市解放南路265号	固定资产总值(万元) 43176.37	中级 129
邮政编码 224005	教学、科研仪器设备资产值(万元) 6041.36	初级 80
办公电话 0515－88583900		未定职级 1
传真电话 0515－88583948	在校生数(人) 7612	

专科专业 报关与国际货运、材料工程技术(化纤与非织造)、材料工程技术(化纤与贸易)、材料工程技术(新型材料加工与贸)、材料工程技术(医用材料加工及贸)、电气自动化技术、纺织品检验与贸易、纺织品设计、服装设计(服装品牌与营销)、服装设计(服装设计与工程)、服装设计(家用纺织品艺术设计)、服装设计(时装样板设计)、服装设计(针织服装设计)、工商企业管理(国际会计)、工业分析与检验、广告设计与制作、化学制药技术、环境艺术设计、会计电算化、机电一体化技术、机电一体化技术(纺织机电)、机电一体化技术(机电设备维护与机电一体化技术(中外合作办学))、机械设计与制造、机械设计与制造(模具设计与加工)、机械设计与制造(模具设计与制造、机械设计与制造(数控加工技术))、计算机控制技术、连锁经营管理、连锁经营管理(经营管理)、模具设计与制造、汽车技术服务与营销、染整技术(检测与贸易)、染整技术(染整工艺)、染整技术(染整助剂)、染整技术(染整助剂及贸易)、商务管理(旅游与酒店管理)、商务管理(物流)、商务英语、室内设计技术(室内设计)、室内设计技术(室内设计与工程管、室内设计技术(室内装潢)、数控技术、丝绸技术、现代纺织技术(产业用纺织品)、现代纺织技术(纺织工艺设计与生、现代纺织技术(纺织设备与维护)、现代纺织技术(纺织生产管理)、现代纺织技术(纺织信息化)、现代纺织技术(家用纺织品设计)、现代纺织技术(毛纺织)、现代纺织技术(棉纺织工艺)、新型纺织机电技术、艺术设计(动漫设计制作)、艺术设计(工艺美术设计)、艺术设计(展示设计)、应用电子技术、应用电子技术(汽车电子)、应用化工技术(分析与检验)、应用化工技术(过程控制与自动化)应用化工技术(环境检测与治理)、应用化工技术(精细化学品加工)、针织技术与针织服装、装饰艺术设计

院系设置
纺织工程系、机电工程系、轻化工程系、艺术设计系、经贸管理系

国家级、省部级研究机构设置
研究所(中心):高教研究所、纺织研究所、染化研究所、生态纺织工程中心、机电工程中心、化工工程中心、染化料工程中心

定期公开出版的专业刊物 《盐城纺织职业技术学院学报》

学校设立奖学金情况
学校设立奖学金4项,奖励总金额220余万元。奖学金最高金额4000元/年,最低金额400元/年。

学校历史沿革
盐城纺织职业技术学院的前身为江苏省盐城纺织工业学校,创建于1964年,2004年7月经江苏省人民政府批准,与盐城轻工业学校合并组建盐城纺织职业技术学院。

江苏财经职业技术学院

学校(机构)标识码 4132013753	校园(局域)网域名 jscj.edu.cn; jscjxy.cn	在校生数(人) 7698
学校办学类型 415:专科院校:高等职业学校	电子信箱 jscjxybgs@163.com	其中:普通专科 7697
		成人专科 1
学校性质类别 08 财经院校	占地面积(平方米) 541445	专任教师(人) 382
学校举办者 811 省级教育部门	校舍建筑面积(平方米) 247575	其中:正高级 12
学校地址 江苏省淮安市高教园区枚乘东路8号	图书(万册) 62.54	副高级 100
	固定资产总值(万元) 51667.07	中级 176
邮政编码 223003	教学、科研仪器设备资产值(万元) 6533.81	初级 93
办公电话 0517－83858081		未定职级 1
传真电话 0517－83858020		

专科专业 财务管理、财务信息管理、电气自动化技术、电子商务、电子商务(网络贸易)、电子信息工程技术、法律事务、法律文秘、工商企业管理、工商企业管理(海外本科直通车)、广告设计与制作、国际贸易实务、国际贸易实务(海外本科直通车)、会计、会计(国际会计)、会计(海外本科直通车)、会计(基建会计)、会计(税务会计)、会计(注册会计师)、会计(注册税务师)、会计电算化、会计与审计、会计与统计核算、机电一体化技术、机电一体化技术(汽车技术服务)、计算机网络技术、计算机应用技术、计算机应用技术(软件测试/多媒体)、金融保险、连锁经营管理、粮食工程、粮食工程(管理与营销)、粮食工程(质量控制与技术管理)、旅游管理、模具设计与制造、模具设计与制造(模具成本核算)、软件技术、商务英语、社区管理与服务、审计实务、食品营养与检测、食品营养与检测(安全与管理)、市场营销、视觉传达艺术设计、数控技术、数控技术(数控设备管理)、数控设备应用与维护、司法助理、文秘、文秘(财经)、物流管理、印刷设备及工艺、应用电子技术、应用电子技术(生产与成本管理)、应用英语(财经)

院系设置
学院设有会计系、经济贸易系、工商管理系、人文法律系、应用外语系、机械与电子工程系、粮食工程与管理系、计算机技术与艺术设计系、基础教学部、思想政治理论课教学科研部等10个系(部)

学校设立奖学金情况
学校设立奖学金5项,奖励总金额110余万元。奖学金最高金额1200元/年,最低金额100元/年。

主要校办产业
淮阴财经印刷厂

学校历史沿革
江苏财经职业技术学院是2004年7月经江苏省人民政府批准的一所省属全日制普通高等学校。

扬州工业职业技术学院

学校(机构)标识码 4132013754	校园(局域)网域名 www.ypi.edu.cn	其中:普通专科 8158
学校办学类型 415:专科院校:高等职业学校	电子信箱 yangyun@ypi.edu.cn	成人专科 355
学校性质类别 02 理工院校	占地面积(平方米) 464468	专任教师(人) 407
学校举办者 811 省级教育部门	校舍建筑面积(平方米) 300153	其中:正高级 8
学校地址 扬州市华扬西路199号	图书(万册) 55.3	副高级 125
邮政编码 225127	固定资产总值(万元) 44138.46	中级 198
办公电话 0514-87433016	教学、科研仪器设备资产值(万元) 6480.14	初级 74
传真电话 0514-87433107	在校生数(人) 8513	未定职级 2

专科专业 产品造型设计、电气自动化技术、电子商务、电子信息工程技术、高分子材料应用技术、工程监理、工程造价、工业分析与检验、光电子技术、国际贸易实务、化工设备维修技术、化工装备技术、化学制药技术、环境监测与治理技术、环境艺术设计、会计电算化、机电设备维修与管理、机电一体化技术、机械设计与制造、计算机网络技术、计算机应用技术、建筑工程技术、建筑装饰工程技术、精细化学品生产技术、汽车技术服务与营销、汽车检测与维修技术、商务管理、商务英语、社区管理与服务、生产过程自动化技术、生物化工工艺、石油化工生产技术、市场营销、市政工程技术、室内设计技术、数控技术、文秘、物流管理、应用电子技术、应用韩语、应用化工技术、应用英语、有机化工生产技术、钻井技术

院系设置
化学工程系、机械工程系、电子信息工程系、建筑工程系、经济管理系、社会科学系、基础部、体育部、国际合作交流中心

国家级、省部级研究机构设置
实验室:现代分析测试中心

学校设立奖学金情况
学校设立奖学金五项,奖励总金额93.25万元。奖学金最高金额2000元/年,最低金额200元/年。

学校历史沿革
扬州工业职业技术学院的前身为扬州化工学校和扬州建筑工程学校。1978年9月建校,1981年3月经扬州地区行政公署(扬署经[81]25号)文件批准,正式建立市属扬州化工技术学校。1983年3月,经江苏省人民政府(苏政复[83]47号)文件批准建立省属扬州化工学校,隶属于江苏省石化厅,2000年9月划归于江苏省教育厅;扬州建筑工程学校建立于1983年,原隶属于核工业部,1999年划归于江苏省教育厅。2004年7月,经江苏省人民政府(苏政发[2004]66号)文件批准扬州化工学校与扬州建筑工程学校合并,建立扬州工业职业技术学院。

南京理工大学泰州科技学院

学校(机构)标识码 4132013842	院	学校举办者 999 民办
学校办学类型 413:本科院校:独立学	学校性质类别 02 理工院校	学校地址 江苏省泰州市梅兰东路8

号	图书(万册) 61.61	专任教师(人) 545
邮政编码 225300	固定资产总值(万元) 64930.71	其中:正高级 51
办公电话 0523-86150722	教学、科研仪器设备资产值(万元)	副高级 174
传真电话 0523-86150222	5316.59	中级 207
校园(局域)网域名 tz.njust.edu.cn	在校生数(人) 9380	初级 106
电子信箱 tz_njust@163.com	其中:普通本科 9380	未定职级 7

本科专业 电气工程及其自动化、电子科学与技术、电子信息工程、工业工程、国际经济与贸易、化学工程与工艺、环境工程、会计学、机械电子工程、机械工程及自动化、计算机科学与技术、人力资源管理、软件工程、市场营销、土木工程、信息管理与信息系统、艺术设计、英语、制药工程、自动化

院系设置

机械工程学院、电子电气工程学院、土木工程学院(艺术系)、化工学院、商学院、计算机科学与技术系、外语系、基础科学部

学校设立奖学金情况

学院设立奖学金四项。奖学金最高金额4000元/学年,最低金额400元/学年。

特等奖学金按标准评定,拟发金额为每人每学期2000元。

一等奖学金按标准评定,拟发金额为每人每学期800元。

二等奖学金拟发比例为学生人数的10%,拟发金额为每人每学期400元。

三等奖学金拟发比例为学生人数的15%,拟发金额为每人每学期200元。

创新电子奖学金:由泰州创新电子有限公司面向学院学生设立。

特等奖学金15000元/人每学年;一等奖学金6000元/人每学年;二等奖学金3000元/人每学年。

学校历史沿革

学院是由南京理工大学与泰州市人民政府合作举办的新机制、新模式运行的全日制本科普通高校,2004年6月14日获教育部批准成立。学院坐落于素有"汉唐古郡、淮海名区"之称的古城泰州。

南京师范大学泰州学院

学校(机构)标识码 4132013843	办公电话 0523-86153696	在校生数(人) 10223
学校办学类型 413:本科院校:独立学院	传真电话 0523-86153333	其中:普通本科 10223
学校性质类别 01 综合大学	校园(局域)网域名 www.nnutc.edu.cn	专任教师(人) 516
学校举办者 999 民办	图书(万册) 67.8	其中:正高级 58
学校地址 江苏省泰州市东风南路518号	固定资产总值(万元) 13403.48	副高级 108
	教学、科研仪器设备资产值(万元)	中级 266
邮政编码 225300	5952.68	初级 70
		未定职级 14

本科专业 播艺与主持艺术、财务管理、地理信息系统、电气工程及其自动化、电子信息工程、电子信息工程(通信工程)、动画、法学、工商管理、公共事业管理、广播电视编导、广播电视编导(播音与主持艺术)、广告学、国际经济与贸易、汉语言文学、汉语言文学(文秘)、行政管理、计算机科学与技术、计算机科学与技术(网络技术与系、历史学、历史学(旅游管理)、美术学、热能与动力工程、人力资源管理、社会体育、摄影、生物技术、数学类(理工类强化班)、数学与应用数学、数学与应用数学(金融数学)、体育教育、通信工程、舞蹈编导、舞蹈编导(体育舞蹈)、物理学、小学教育、学前教育、艺术设计、艺术设计(广告设计)、音乐表演、音乐学、英语、英语(翻译)、英语(实用英语)、英语(小学英语教育)、应用化学、应用心理学、园艺、哲学、制药工程、中国语言文学类(文科类强化班)

院系设置

商学院、法学院、教育科学与技术学院、人文传媒学院、外国语学院、音乐学院、美术学院、数学科学与应用学院、信息工程学院、体育系、应用物理系、电力工程学院、生物技术与化学工程学院、强化培养部

定期公开出版的专业刊物 《泰苑学术》

学校设立奖学金情况

学校设立奖学金8项,奖励金额270万元。奖学金最高金额6000元/年,最低金额100元/年。

(1)"院长奖学金"特等奖6000元/人/年 名额不限

(2)"院长奖学金"单项奖:1000元/人/年 名额不限

(3)"三好学生"200元/人/年 710人/年(在籍大二、大三、大四学生总数的10%)

(4)"优秀学生干部":200元/人/年 198人/年(在籍大二、大三、大四学生总数的2%)

(5)"学习优秀奖":100元/人/年 315人/年(在籍大二、大三、大四学生总数的5%)

(6)"滚动式一等奖学金":400元/人/学期 855人次(学生总数的5%)

(7)"滚动式二等奖学金":300元/人/学期 1711人次(学生总数的10%)

(8)"滚动式三等奖学金":200元/人/学期2791人次(学生总数的15%)。

学校历史沿革

南京师范大学泰州学院是一所经国家教育部批准,于2004年6月成立的普通本科层次独立学院,由南京师范大学和泰州市人民政府(泰州市高教园区建设发展有限公司)共同组建。

南京工业大学浦江学院

学校(机构)标识码 4132013905	办公电话 025-58139808	在校生数(人) 9712
学校办学类型 413:本科院校:独立学院	传真电话 025-58139839	其中:普通本科 9712
	校园(局域)网域名 pjxy.njut.edu.cn	专任教师(人) 334
学校性质类别 02 理工院校	电子信箱 pj@njut.edu.cn	其中:正高级 41
学校举办者 999 民办	图书(万册) 47.91	副高级 61
学校地址 江苏省南京市浦口区浦珠南路30号	固定资产总值(万元) 38834	中级 223
	教学、科研仪器设备资产值(万元) 5185.76	初级 9
邮政编码 211816		

本科专业 安全工程、测绘工程、电气工程及其自动化、电子信息工程、电子信息工程(国际班)、高分子材料与工程、高分子材料与工程(复合材料)、高分子材料与工程(复合材料与工、给水排水工程、工程管理、工商管理、工商管理(财务管理)、工业工程、公共事业管理、国际经济与贸易、行政管理、化学工程与工艺、机械工程及自动化、计算机科学与技术、计算机科学与技术(软件班)、建筑环境与设备工程、建筑学、交通工程、轻化工程、热能与动力工程、人力资源管理、日语、社会工作、生物工程、食品科学与工程、市场营销、通信工程、土木工程、物业管理、信息管理与信息系统、药物制剂、艺术设计、艺术设计(环境艺术设计)、艺术设计(展示设计)、应用化学、制药工程、制药工程(国际班)、自动化

院系设置

学院设有五个系和一个部,即化学与材料工程系、生物与轻化工程系、土木与建筑工程系、管理与人文科学系以及基础教育部

学校设立奖学金情况

设立奖学金7项。每学期奖学金总金额约为120万元。奖学金最高金额3000元/人·年,最低金额200元/人·年。

1. 学业奖学金(特等):3000元/人·年
2. 学业奖学金(一等)1600元/人·年
3. 学业奖学金(二等)800元/人·年
4. 学业奖学金(三等)500元/人·年
5. 校单项奖学金:200元/人·年
6. 厚勤奖学金:500元/人·年
7. 夕阳助新苗助学金:1000元/人·年

学校历史沿革

南京化工大学浦江学院(1998年11月-2001年5月);南京工业大学浦江学院(2001年5月-2005年5月);南京工业大学浦江学院(独立学院)(2005年5月至今)。

南京师范大学中北学院

学校(机构)标识码 4132013906	办公电话 025-87720966	在校生数(人) 7316
学校办学类型 413:本科院校:独立学院	传真电话 025-85891052	其中:普通本科 7316
	校园(局域)网域名 zbzs.njnu.edu.cn	专任教师(人) 555
学校性质类别 06 师范院校	电子信箱 zbzs@njnu.edu.cn	其中:正高级 52
学校举办者 999 民办	图书(万册) 39.5	副高级 167
学校地址 南京市栖霞区文苑路一号、南京市栖霞区学林路二号	固定资产总值(万元) 4618.4	中级 264
	教学、科研仪器设备资产值(万元) 2919.88	初级 72
邮政编码 210046		

本科专业 播音与主持艺术、测绘工程、电气工程及其自动化、电子商务、电子信息工程、动画、法学、法语、翻译、工商管理、公共人力资源管理、广播电视编导、广告学、国际经济与贸易、汉语言文学、行政管理、环境工程、环境设计、会计学、计算机科学与技术、计算机科学与技术(微软方向)、金融学、金融学(艺术品投资)、经济管理(强化班)、经贸英语、理工科强化班、流行音乐、旅游管理、旅游管理(涉外)、美术学、热能与动力工程、日语、社会工作、社会工作(社区服务)、涉外法学、生态环境艺术设计、生物技术、实用英语、食品科学与工程、食品质量与安全、视觉传达艺术、通信工程、文学新闻传播(强化班)、物流管理、新闻学、信

息管理与信息系统、艺术设计、音乐学、英语、应用化学

院系设置

中北学院设8系1部:人文与社会科学系、经济与经济管理系、公共管理系、外语系、信息与科学技术系、工学系、音乐系、美术系和强化部

学校设立奖学金情况

中北学院共设奖学金计十一项,奖学金最高8000元/年,最低100元/年。

毕业生一次就业率 96%

学校历史沿革

中北学院成立于1998年,为南京师范大学公有民办二级学院,2005年经教育部批准转制为独立学院。

苏州港大思培科技职业学院

学校(机构)标识码 4132013962	办公电话 0512-62955623	807.1
学校办学类型 415:专科院校:高等职业学校	传真电话 0512-62955690	在校生数(人) 1465
	校园(局域)网域名 www.hkuspace.edu.cn	其中:普通专科 1465
学校性质类别 02 理工院校		专任教师(人) 71
学校举办者 999 民办	电子信箱 info@hkuspace.edu.cn	其中:副高级 22
学校地址 苏州工业园区独墅湖高教区仁爱路一号	图书(万册) 9.5	中级 26
	固定资产总值(万元) 17733.1	初级 23
邮政编码 215123	教学、科研仪器设备资产值(万元)	

专科专业 工商行政管理、工商企业管理、国际金融、国际贸易实务、会计、酒店管理、商务英语、市场营销、物流管理

学校设立奖学金情况

学校设立奖学金6项,奖励总金额79.15余万元。经徐金最高金额21000元/年,最低金额200元/年。

1. 单项奖:231人,200元/人,共46200元
2. 三好学生:26人,300元/人,共7800元
3. 优秀学生干部:19人,400元/人,共7600元
4. 优秀团员:25人,300元/人,共7500元
5. 优秀团员干部:16人,400元/人,共6400元
6. 学院奖学金:共98人,分6000、8000、9000、12000、16000、21000元/人几档,共716000元。

学校历史沿革

苏州港大思培科技职业学院是2005年经江苏省人民政府批准建立、教育部备案的中外合作全日制普通高校。

昆山登云科技职业学院

学校(机构)标识码 4132013963	办公电话 0512-57800788	在校生数(人) 3984
学校办学类型 415:专科院校:高等职业学校	传真电话 0512-57890710	其中:普通专科 3984
	校园(局域)网域名 www.dyc.edu.cn	专任教师(人) 155
学校性质类别 02 理工院校	电子信箱 dycmailer@126.com	其中:正高级 3
学校举办者 999 民办	图书(万册) 26.08	副高级 24
学校地址 江苏省昆山市马鞍山西路1058号	固定资产总值(万元) 6637	中级 45
	教学、科研仪器设备资产值(万元) 3397	初级 71
邮政编码 215300		未定职级 12

专科专业 财务管理、产品造型设计、道路桥梁工程技术、电子工艺与管理、动漫设计与制作、环境艺术设计、机电设备维修与管理、机电一体化技术、机械设计与制造、计算机网络技术、计算机应用技术、建筑工程管理、建筑工程技术、建筑设计技术、酒店管理、老年服务与管理、旅游管理、模具设计与制造、汽车电子技术、汽车技术服务与营销、汽车检测与维修技术、商务日语、商务英语、市场营销、数控技术、物流管理、艺术设计、应用电子技术

院系设置

信息技术系、机电工程系、汽车工程系、建筑工程系、商务管理系、商贸外语系、艺术设计系

学校设立奖学金情况

1. 综合奖学金:特等奖5000元;一等奖200元,2%;二等奖1000元,4%;三等奖500元,10%
2. 单项奖学金:一等奖200元;二等奖100元;三等奖50元
3. 学生干部社会工作奖:每人每学年200元

学校历史沿革

昆山登云科技职业学院是由台湾登云企业集团主要投资兴建,于2005年4月20日经江苏省人民政府批准(苏政复[2005]25号)正式成立。

南京视觉艺术职业学院

学校(机构)标识码	4132013964
学校办学类型	415:专科院校:高等职业学校
学校性质类别	11 艺术院校
学校举办者	999 民办
学校地址	南京市溧水县柘塘镇柘宁东路116号
邮政编码	211215
办公电话	025-57246666
传真电话	025-57246655
校园(局域)网域名	www.niva.cn
电子信箱	njsjysxy@163.com
占地面积(平方米)	107512
校舍建筑面积(平方米)	12920
图书(万册)	12.58
固定资产总值(万元)	4149
教学、科研仪器设备资产值(万元)	800
在校生数(人)	1574
其中:普通专科	1574
专任教师(人)	108
其中:正高级	12
副高级	10
中级	34
初级	40
未定职级	12

专科专业 编导(影视编导)、产品造型设计、传媒策划与管理、多媒体设计与制作、广告设计与制作、环境艺术设计、计算机应用技术、建筑设计技术、酒店管理、摄影摄像技术(图片摄影)、摄影摄像技术(影视摄影)、体育服务与管理(高尔夫球教练)、物流管理、艺术设计、艺术设计(室内设计)、音乐表演(声乐)、影视动画、影视广告、主持与播音

院系设置

摄影系、传媒系、设计系、高尔夫系、基础部

学校设立奖学金情况

学校设立奖学金1项,奖励总金额15万余元。奖学金最高金额1000元/年,最低金额300元/年。

学校历史沿革

南京视觉艺术职业学院是一所按国际化高标准、新理念创办的综合性新型艺术院校,学院位于南京禄口机场空港产业园,拥有800亩生态校园。自1999年创办以来,学院始终秉承"精艺创新、追求卓越"的校训,培养高素质的专业艺术人才。

南京医科大学康达学院

学校(机构)标识码	4132013980
学校办学类型	413:本科院校:独立学院
学校性质类别	05 医药院校
学校举办者	999 民办
学校地址	南京市鼓楼区汉中路140号
邮政编码	210029
办公电话	025-86864005
传真电话	025-86531460
校园(局域)网域名	kdc.njmu.edu.cn
电子信箱	kdcollege@njmu.edu.cn
图书(万册)	17.8
固定资产总值(万元)	1329
教学、科研仪器设备资产值(万元)	907.36
在校生数(人)	2993
其中:普通本科	2993
专任教师(人)	134
其中:正高级	52
副高级	46
中级	32
初级	4

本科专业 护理学、急诊医学方向、健康教育与媒体传播方向、临床医学、全科医学方向、生物医学工程、卫生法规与行政管理方向、卫生事业管理方向、卫生信息管理与信息系统方向、眼视光学、药学、医疗保险方向、医学影像学、医药贸易与管理方向、英语班、预防医学、整形与美容医学方向

院系设置

急诊医学系、全科医学系、公共事业管理系、英语教研组等教学部门

学校设立奖学金情况

学院设立奖学金主要有五类七项,奖励总金额达255万元。奖学金最高金额10000元/年,最低金额150元/年。

1. 大学英语六级奖学金:10000元/人;

2. 大学英语四级奖学金:1000元/人;

3. 优秀学生一等奖学金:2600元/人;二等奖学金1300元/人;三等奖学金650元/人;

4. 校单项奖学金:300元/人;院单项奖学金:150元/人。

此外,学院学生享受国家奖学金、励志奖学金、费孝通奖学金等各类奖励。

毕业生一次性就业率 90.5%

学校历史沿革

南京医科大学康达学院是江苏省内首批18所公有民办二级学院之一,于1999年2月经江苏省教育厅批准成立。2005年5月,经国家教育部批准,正式设立为独立学院。

南京中医药大学翰林学院

学校(机构)标识码 4132013981	办公电话 0523-80639001	在校生数(人) 3298
学校办学类型 413:本科院校:独立学院	传真电话 0523-80639007	其中:普通本科 3298
	校园(局域)网域名 hlxy.njutcm.edu.cn	专任教师(人) 160
学校性质类别 05 医药院校		其中:正高级 23
学校举办者 999 民办	图书(万册) 15.95	副高级 23
学校地址 江苏省泰州市中国医药城学院路6号	固定资产总值(万元) 7250.06	中级 50
	教学、科研仪器设备资产值(万元) 1687.03	初级 38
邮政编码 225300		未定职级 26

本科专业 公共事业管理、国际经济与贸易、护理学、市场营销、信息管理与信息系统、药物制剂、药学、药学类新专业、应用心理学、制药工程、中药学、中药资源与开发、中医学

院系设置
公共基础系、医学系、药学系、经贸管理系

学校设立奖学金情况
学校设立奖学金4项,奖励总金额189.9余万元。奖学金最高金额8000元/年,最低金额500元/年。

学校历史沿革
南京中医药大学翰林学院2005年5月经教育部批准设立为独立学院2010年9月移址泰州市办学,坐落在国家医药高新技术产业开发区内,为首家进驻中国医药城的全日制本科院校。

南京信息工程大学滨江学院

学校(机构)标识码 4132013982	办公电话 025-58731280	在校生数(人) 15471
学校办学类型 413:本科院校:独立学院	传真电话 025-58731551	其中:普通本科 15471
	校园(局域)网域名 www.bjxy.cn	专任教师(人) 410
学校性质类别 02 理工院校	电子信箱 bjoffice@nuist.edu.cn	其中:正高级 47
学校举办者 999 民办	图书(万册) 69.1	副高级 86
学校地址 南京信息工程大学滨江学院	固定资产总值(万元) 34925	中级 185
	教学、科研仪器设备资产值(万元) 6210	初级 82
邮政编码 210044		未定职级 10

本科专业 财务管理、测绘工程、测控技术与仪器、大气科学、地理信息系统、电气工程与自动化、电子科学与技术、电子信息工程、法学、给水排水工程、光信息科学与技术、国际经济与贸易、会计学、计算机科学与技术、雷电防护科学与技术、人力资源管理(公共部门人力资源)、人力资源管理(企业人力资源管理)、日语、日语(国际商务方向)、软件工程、软件工程(动画方向)、市场营销、通信工程、网络工程、物流管理、信息工程、信息工程(系统工程方向)、信息管理与信息系统、信息与计算科学、遥感科学与技术、英语、英语(国际商务方向)、英语(实用翻译方向)、应用化学、应用物理学、自动化

院系设置
理学系、经济与贸易系、外语系、计算机系、公共管理系、会计系、电子工程系、大气与遥感系、自动控制系

学院设立奖学金情况
学院设有优秀学生奖学金,以奖励学习成绩优异、表现突出的学生;设有"长望"助学基金、"移动通信"奖学金,用以资助因突发事件无法完成学业的学生;设有勤工助学岗位,鼓励家庭经济困难学生通过劳动获取报酬;根据国家有关规定,学生可以参评国家奖学金、国家励志奖学金和国家助学金。优秀学生奖学金分为特等奖学金、一等奖学金、二等奖学金、三等奖学金四个等级:特等每人每学年2000元,占学生总数1%;一等每人每学年1000元,占学生总数5%;二等每人每学年800元,占学生总数10%;三等每人每学年400元,占学生总数24%。"长望"助学基金特等每人每年10000元,一等每人每年7000元,二等每人每年5000元,三等每人每年3000元,四等每人每年2000元,五等每人每年1000元;"移动通信"奖学金每人每年800元。

学校历史沿革
2002年3月,经江苏省教育厅批准,成立南京气象学院滨江学院。2004年5月,经教育部批准,南京气象学院更名为南京信息工程大学,学院随之改名为南京信息工程大学滨江学院。2005年4月,被教育部批准为独立学院。

苏州大学文正学院

学校(机构)标识码　4132013983
学校办学类型　413:本科院校:独立学院
学校性质类别　01 综合大学
学校举办者　999 民办
学校地址　江苏省苏州市吴中区吴中大道1188号
邮政编码　215104
办公电话　0215-66555732
传真电话　0512-68230911
校园(局域)网域名　www.sdwz.cn
电子信箱　sdwzyqwj@sina.com
占地面积(平方米)　202233
校舍建筑面积(平方米)　143591
图书(万册)　74.73
固定资产总值(万元)　58892.88
教学、科研仪器设备资产值(万元)　5132.04
在校生数(人)　9152
其中:普通本科　9152
专任教师(人)　272
其中:正高级　59
　　　副高级　90
　　　中级　90
　　　初级　33

本科专业　测控技术与仪器、城市管理、档案学、电气工程与自动化、电气工程与自动化(城市轨道交通)、电子信息科学与技术、对外汉语、法学、服装设计与工程、工商管理、光信息科学与技术、广告学、国际经济与贸易、汉语言文学、会计学、机械电子工程、机械工程及自动化、机械工程及自动化(城市轨道交通)、计算机科学与技术、金融学、劳动与社会保障、热能与动力工程、人力资源管理、日语、市场营销、通信工程、通信工程(城市轨道交通通信信号)、微电子学、新闻学、信息工程、信息与计算科学、信息资源管理、艺术设计、英语、应用化学、应用心理学

院系设置
文学系、外语系、艺术系、经济系、管理系、电子信息系、光电技术系、机电工程系、计算科学系、法学系、城市轨道交通系

学校设立奖学金情况
学校设立奖学金6项,奖励总金额304万元,最低金额200元/年,最高金额4000元/年。

学校历史沿革
学院由省教育委员会批准,成立于1998年12月,并于2006年3月改设为独立学院。

苏州大学应用技术学院

学校(机构)标识码　4132013984
学校办学类型　413:本科院校:独立学院
学校性质类别　01 综合大学
学校举办者　999 民办
学校地址　苏州市昆山周庄大学路一号
邮政编码　215325
办公电话　0512-57182821
传真电话　0512-57182800
校园(局域)网域名　tec.suda.edu.cn
电子信箱　szuvts@suda.edu.cn
占地面积(平方米)　143262
校舍建筑面积(平方米)　38700
图书(万册)　51.88
固定资产总值(万元)　31292.81
教学、科研仪器设备资产值(万元)　5295.76
在校生数(人)　6836
其中:普通本科　6836
专任教师(人)　381
其中:正高级　52
　　　副高级　164
　　　中级　159
　　　初级　6

本科专业　财务管理、测控技术与仪器(仪表自动化)、朝鲜语、电气工程与自动化、电子信息工程、电子信息科学与技术、对外汉语、服装设计与工程、工商管理(电子商务)、工商管理(物流)、工商管理(物流管理)、广告学、国际经济与贸易、会计学、机械电子工程、机械工程及自动化、计算机科学与技术、计算机科学与技术(物联网技术及)、旅游管理、旅游管理(国际酒店管理)、旅游管理(会展管理)、日语、市场营销、通信工程、物流管理、信息与计算科学、艺术设计、英语、应用心理学

院系设置
机电工程系、电子信息系、外语系、服装艺术系、经贸系、财会系、旅游系

学校设立奖学金情况
学校设立奖学金12项,奖励总金额400余万元。奖学金最高金额8000元/年,最低金额200元/年。

1. 人民奖学金学习奖:分三个等级,最高4000元/人,最低600元/人,获奖比例28%。
2. 人民奖学金社会工作奖:分三个等级,最高600元/人,最低200元/人,获奖比例7%。
3. 院长特别奖:10000元/人,依据当年新生的高考成绩确定获奖人员。
4. 国家奖学金:6人/年,8000元/人。
5. 国家励志奖学金:114人/年,5000元/人。
6. 国家助学金:525人/年,2000元/人。
7. 朱敬文奖学金:20人/年,1000元/人。
8. 云都奖学金:15人/年,2000元/人。
9. 积水奖学金:15人/年,2000元/人。
10. 爱渡奖学金:10人/年,2000元/人。
11. 移动奖学金:10人/年,2000元/人。

12. 农行奖学金:10人/年,2000元/人。
毕业生一次就业率 96%
学校历史沿革
苏州大学职业技术学院(1997年—2002年)
苏州大学应用技术学院(2003年至今)

苏州大学应用技术学院成立于1997年11月,原名苏州大学职业技术学院,属苏大公办二级学院。2002年3月,苏州大学与周庄太师淀旅游风景发展有限公司联合办学,经江苏省教育厅批准改制为公有民办二级学院,2003年8月迁至周庄,改为现名。2005年5月经教育部批准改办为独立学院。

苏州科技学院天平学院

学校(机构)标识码	4132013985
学校办学类型	413:本科院校:独立学院
学校性质类别	02 理工院校
学校举办者	999 民办
学校地址	江苏省苏州市吴中区长江路8号
邮政编码	215009
办公电话	0512－68091930
传真电话	0512－68091930
校园(局域)网域名	www.usts.edu.cn
电子信箱	tpxy@mail.usts.edu.cn
占地面积(平方米)	563115
校舍建筑面积(平方米)	233390
图书(万册)	50
固定资产总值(万元)	17760.89
教学、科研仪器设备资产值(万元)	4904.4
在校生数(人)	8847
其中:普通本科	8847
专任教师(人)	336
其中:正高级	19
副高级	97
中级	124
初级	92
未定职级	4

本科专业 电气工程及其自动化、电子信息工程、电子信息工程(通信工程)、电子信息工程(物联网技术)、给水排水工程、工程管理、工程管理(房地产经营管理)、工程管理(房地产开发与管理)、工程管理(工程项目管理)、工程管理(投资与造价管理)、工商管理、工商管理(财务管理)、工商管理(公司理财)、工商管理(投资管理)、工商管理(投资与理财管理)、汉语言文学、汉语言文学(对外汉语)、汉语言文学(高级文秘)、汉语言文学(涉外汉语)、环境工程、机械设计制造及其自动化、计算机科学与技术、计算机科学与技术(计算机工程)、计算机科学与技术(软件工程)、计算机科学与技术(软件技术)、人力资源管理、日语、日语(国际商务)、日语(国际商务管理)、市场营销、市场营销(电子商务)、市场营销(网络营销)、市场营销(物流管理)、市场营销(物流营销与策划)、通信工程、土木工程、土木工程(道路桥梁工程)、土木工程(建筑工程)、物流管理、艺术设计(平面设计)、艺术设计(室内设计)、音乐学、音乐学(电脑音乐)、音乐学(舞蹈)、英语、英语(国际商务)、英语(国际商务管理)、英语(应用翻译)、应用化学、园林、园林(景观设计)

院系设置
人文科学系、城建环保系、管理科学系、机电工程系、基础教学部
学校设立奖学金情况
学校设立奖学金10项,奖励总金额223.8743万元/年,最低金额200元/年。
学校历史沿革
苏州科技学院天平学院是经教育部批准,由苏州科技学院申办的民办本科层次的全日制普通类高等院校,学制四年。苏州科技学院由原苏州城市建设环境保护学院和苏州铁道师范学院于2001年9月合并组建而成,是一所以工为主,工、理、文、管、艺协调发展的多科性大学。苏州科技学院天平学院由苏州科技学院申办,经原江苏省教育委员会(苏教计[1999]215号)1999年9月批准成立的公有民办二级学院。2005年按照教育部[2003]第8号文件精神和江苏省教育厅(苏教发[2005]40号)文件精神,学院改办为独立学院。2008年1月由江苏省民政厅颁发独立学院法人登记证书。

江苏大学京江学院

学校(机构)标识码	4132013986
学校办学类型	413:本科院校:独立学院
学校性质类别	01 综合大学
学校举办者	999 民办
学校地址	江苏省镇江市学府路301号
邮政编码	212013
办公电话	0511－88780120
传真电话	0511－88780120
校园(局域)网域名	www.ujs.edu.cn
电子信箱	jjxy@ujs.edu.cn
图书(万册)	71.9
固定资产总值(万元)	10945
教学、科研仪器设备资产值(万元)	5475
在校生数(人)	9215
其中:普通本科	9215
专任教师(人)	287
其中:正高级	50
副高级	95
中级	130
初级	12

本科专业 安全工程、材料成型及控制工程、车辆工程、电气工程及其自动化、电子信息工程、动画、高分子材料与工程、工业工程、工业工程(物流管理)、工业设计、公共事业管理(卫生事业管理)、公共事业管理(医疗保险管理)、国际经济与贸易、护理学、化学工程与工艺、会计学、会计学(财务管理)、会计学(财务与金融管理)、机械电子工程、机械设计制造及其自动化、机械设计制造及其自动化(模具)、计算机科学与技术、交通工程、交通运输、金属材料工程、热能与动力工程(电厂热能工程及热能与动力工程)、(动力机械工程及、热能与动力工程(流体机械及其自、食品科学与工程、市场营销、市场营销(电子商务)、市场营销(网络商务)、通信工程、统计学、土木工程、物流管理、信息管理与信息系统、药物制剂、冶金工程、医学检验、艺术设计、艺术设计(环境艺术设计)、艺术设计(媒体艺术设计)、艺术设计(平面艺术设计)、艺术设计(装饰艺术设计)、英语、制药工程、自动化

学校设立奖学金情况
学校设立奖学金21项,奖励总金额200余万元,奖学金最高金额8000元/年,最低金额400元/年。

学校历史沿革
江苏大学京江学院是1999年成立的公有民办二级学院,2005年经教育部批准为由江苏大学和江苏大学教育发展基金会共同举办的独立学院。

扬州大学广陵学院

学校(机构)标识码	4132013987
学校办学类型	413:本科院校:独立学院
学校性质类别	01 综合大学
学校举办者	999 民办
学校地址	江苏省扬州市江阳中路131号
邮政编码	225009
办公电话	0514-87993918
传真电话	0514-87994009
校园(局域)网域名	www.yzugl.com
电子信箱	glxy@yeu.com
图书(万册)	98.8
固定资产总值(万元)	22285.29
教学、科研仪器设备资产值(万元)	4915
在校生数(人)	9790
其中:普通本科	9790
专任教师(人)	619
其中:正高级	40
副高级	262
中级	294
初级	23

本科专业 财务管理、测控技术与仪器、朝鲜语、电气工程及其自动化、电气工程及其自动化(建筑电气与电子信息工程)、电子信息科学与技术、法学、高分子材料与工程、工程管理(工程造价)、工程管理(工程造价管理)、工商管理、公共事业管理、广播电视新闻学、国际经济与贸易、汉语言文学(涉外文秘)、汉语言文学(文秘)、护理学、化学工程与工艺、化学工程与工艺(高分子材料与工环境工程)、会计学、机械设计制造及其自动化、机械设计制造及其自动化(机电一?机械设计制造及其自动化(汽车工程)、计算机科学与技术、计算机科学与技术(软件工程)、计算机科学与技术(信息安全)、建筑环境与设备工程、建筑环境与设备工程(供热通风与建筑环境)与设备工程(暖通空调)、建筑学、旅游管理、旅游管理(酒店管理)、人力资源管理、日语、软件工程、市场营销、水利水电工程、通信工程、土木工程(建筑)、土木工程(交通)、土木工程(交通土建)、微电子学、微电子学(半导体照明)、微电子学(集成电路设计与集成系统信息与计算科学)、艺术设计、艺术设计(皮具与服饰设计)、艺术设计(室内环境设计)、艺术设计(影视动画)、英语(旅游英语)、英语(商务英语)、英语(实用商务英语)、应用化学、园林、园林(城市景观生态规划设计)、制药工程

院系设置
扬州大学广陵学院下设文法系、经济管理系、机械电子工程系、土木电气工程系、化工与医药系、旅游与艺术系、基础部等六系一部

学校设立奖学金情况
学院现设有国家奖学金、国家励志奖学金、特等奖学金、校长奖学金、朱敬文奖学金,奖励总金额约300万元。奖学金最高额6000元/人,最低金额1000元/人。

学校历史沿革
扬州大学广陵学院是1998年12月经原江苏省教委批准,于1999年设立的隶属于扬州大学、公有性质、民办机制的新建学院,2005年经教育部批准变更为独立学院。

江苏师范大学科文学院

学校(机构)标识码	4132013988
学校办学类型	413:本科院校:独立学院
学校性质类别	06 师范院校
学校举办者	999 民办
学校地址	徐州市铜山区上海路101号
邮政编码	221116
办公电话	0516-80270210
传真电话	0516-83403586
校园(局域)网域名	kwxy.xznu.edu.cn
电子信箱	kwxy@xznu.edu.cn
占地面积(平方米)	249712
校舍建筑面积(平方米)	34883
图书(万册)	49.07

固定资产总值(万元) 17989.33	其中:普通本科 7960	副高级 168
教学、科研仪器设备资产值(万元) 4363.16	专任教师(人) 442	中级 204
	其中:正高级 67	初级 3
在校生数(人) 7960		

本科专业 财务管理、测绘工程、地理信息系统、电气工程及其自动化、电子信息工程、对外汉语、工业设计、广播电视编导、广播电视新闻学、广告学、国际经济与贸易、汉语言文学、机械设计制造及其自动化、计算机科学与技术、经济学、旅游管理、日语、社会工作、生物技术、市场营销、统计学、艺术设计、音乐表演、英语、应用化学、应用心理学、制药工程、资源环境与城乡规划管理、自动化

学校设立奖学金情况
学校设立奖学金6项,奖励总金额243万元/年,最低金额500元/年。

学校历史沿革
"徐州师范大学科文学院"于2000年4月经江苏省教育厅批准成立,并于当年开始招收全日制普通本专科学生,为徐州师范大学的二级学院;2005年4月经教育部批准改制为独立学院,校名不变。

南京邮电大学通达学院

学校(机构)标识码 4132013989	邮政编码 210003	4161.04
学校办学类型 413:本科院校:独立学院	办公电话 025-83492716	在校生数(人) 8311
	传真电话 025-83492716	其中:普通本科 8311
学校性质类别 02 理工院校	校园(局域)网域名 tdxy.njupt.edu.cn	专任教师(人) 418
学校举办者 999 民办	电子信箱 tdxy@njupt.edu.cn	其中:正高级 23
学校地址 江苏省南京市鼓楼区中央门街道模范马路社区新模范马路66号	图书(万册) 61.96	副高级 111
	固定资产总值(万元) 6500.84	中级 229
	教学、科研仪器设备资产值(万元)	初级 55

本科专业 电子商务、光电信息工程、广播电视工程、广告学(网络传播)、计算机科学与技术、计算机科学与技术(计算机通信)、计算机科学与技术(信息安全)、软件工程、市场营销、市场营销(物流)、数字媒体技术、通信工程、通信工程(嵌入式系统开发)、统计学、网络工程、微电子学、信息工程、信息管理与信息系统、英语、自动化

院系设置
设置了通信与信息工程系、计算机系、电子与自动化系、经济与管理系、外语系等五个系。

学校设立奖学金情况
学院设立奖学金18项,奖励总金额183.08万元。奖励金最高金额3000元/年,最低金额100元/年。

学校历史沿革
南京邮电大学通达学院是由国家教育部批准,由南京邮电大学于1999年创办的民办二级学院,于2005年经教育部批准确立为"独立学院",2008年通过法人注册。

南京财经大学红山学院

学校(机构)标识码 4132013990	办公电话 0511-87762087	4356
学校办学类型 413:本科院校:独立学院	传真电话 0511-87762118	在校生数(人) 8021
	校园(局域)网域名 hs.njue.edu.cn	其中:普通本科 8021
学校性质类别 08 财经院校	电子信箱 qiaotouxiaoqu@sina.com	专任教师(人) 418
学校举办者 999 民办	占地面积(平方米) 611510	其中:正高级 63
学校地址 江苏省镇江市句容市桥头镇	图书(万册) 93.97	副高级 110
	固定资产总值(万元) 31869	中级 115
邮政编码 212413	教学、科研仪器设备资产值(万元)	初级 130

本科专业 保险、财务管理、电子商务、法学、工商管理、广告学、国际经济与贸易、会计学、金融学、贸易经济、人力资源管

理、审计学、市场营销、税务、物流管理、新闻学、英语
学校历史沿革
南京财经大学红山学院经江苏省教育厅批准于1999年成立。

江苏科技大学南徐学院

学校(机构)标识码　4132013991
学校办学类型　413:本科院校:独立学院
学校性质类别　02 理工院校
学校举办者　999 民办
学校地址　江苏省镇江市润州区南徐大道中段
邮政编码　212004
办公电话　0511-85606900
传真电话　0511-85631502
校园(局域)网域名　202.195.195.90.81
电子信箱　justnxdzb@163.com
图书(万册)　49.9
固定资产总值(万元)　9017.31
教学、科研仪器设备资产值(万元)　3291.73
在校生数(人)　6216
其中:普通本科　6216
专任教师(人)　252
其中:正高级　12
　　　副高级　71
　　　中级　144
　　　初级　18
　　　未定职级　7

本科专业　材料成型及控制工程、船舶与海洋工程、电气工程及其自动化、电子信息工程、高分子材料与工程、工程管理、工商管理(会计学)、工商管理类、环境工程、机械电子工程、机械类、机械设计制造及其自动化、计算机科学与技术、经济学(国际经济与贸易)、轮机工程、旅游管理、热能与动力工程、人力资源管理、社会体育、通信工程、土木工程、物流管理、信息管理与信息系统、信息管理与信息系统(电子商务)、信息管理与信息系统(网络营销方向)、英语

院系设置
船舶与海洋工程系、机械与材料工程系、电子与信息工程系、经济管理系

学校设立奖学金情况
学校设立奖学金9项,奖励总金额300余万元。奖学金最高金额8000元/年,最低金额100元/年。

学校历史沿革
1. 江苏科技大学南徐学院经江苏省教育厅(苏教发【2002】46号)批准成立的由江苏科技大学举办的二级民办学院,并于2002年开始招生;2. 2004年6月根据江苏科技大学【2004】9号文件精神,"江苏科技大学高职教育调整方案"中部分专业和部分教职工进入南徐学院;3. 经教育部批准(苏教发函【2005】75号)江苏科技大学南徐学院于2005年5月被确认为独立学院。

常州大学怀德学院

学校(机构)标识码　4132013992
学校办学类型　413:本科院校:独立学院
学校性质类别　02 理工院校
学校举办者　999 民办
学校地址　江苏省常州市钟楼区白云路
邮政编码　213016
办公电话　0519-83290005
传真电话　0519-83971106
校园(局域)网域名　hdc.cczu.edu.cn
电子信箱　cdy@cczu.edu.cn
占地面积(平方米)　167421
校舍建筑面积(平方米)　110495
图书(万册)　28.33
固定资产总值(万元)　24111.86
教学、科研仪器设备资产值(万元)　3499.17
在校生数(人)　6140
其中:普通本科　6140
专任教师(人)　211
其中:正高级　22
　　　副高级　89
　　　中级　96
　　　初级　3
　　　未定职级　1

本科专业　电气工程及其自动化、电子信息工程、高分子材料与工程、给水排水工程、工业设计、国际经济与贸易、过程装备与控制工程、化学工程与工艺、环境工程、会计学、机械设计制造及其自动化、计算机科学与技术、日语、社会工作、市场营销、通信工程、土木工程、信息管理与信息系统、英语、油气储运工程、制药工程、自动化

院系设置
常州大学怀德学院现有四个系

国家级、省部级研究机构设置
实验室:(1)精细石油化工重点实验室与常州大学共享 (2)油气储运技术重点实验室与常州大学共享
研究中心(所):(1)石油化工工业中心与常州大学共享 (2)计算机技术应用研究所与常州大学共享 (3)英语语言文学

研究所与常州大学共享 (4)经济发展研究所与常州大学共享 (5)能源与环境工程应用研究中心与常州大学共享 (6)过程装备研究所与常州大学共享 (7)高分子材料工程研究所与常州大学共享

学校设立奖学金情况

学校设立奖学金 5 项,奖励总金额 204 余万元。奖学金最高金额 4000 元/年,最低金额 200 元/年。

学校历史沿革

2002 年 3 月,经江苏省教育厅批准,成立江苏工业学院怀德学院(公有民办二级学院)2005 年 5 月,经教育部批准,成立江苏工业学院怀德学院(独立学院)2009 年 5 月,经江苏省民政厅批准,江苏工业学院怀德学院取得独立法人资格 2010 年 5 月,经江苏省教育厅批准,江苏工业学院怀德学院更名为常州大学怀德学院。

南通大学杏林学院

学校(机构)标识码 4132013993	办公电话 0513-85015979	在校生数(人) 7797
学校办学类型 413:本科院校:独立学院	传真电话 0513-85015981	其中:普通本科 7797
	校园(局域)网域名 xlxy.ntu.edu.cn	专任教师(人) 176
学校性质类别 01 综合大学	电子信箱 xlzhb@ntu.edu.cn	其中:正高级 16
学校举办者 999 民办	图书(万册) 43.3	副高级 70
学校地址 江苏省南通市崇川区外环东路 999 号	固定资产总值(万元) 6442.51	中级 57
	教学、科研仪器设备资产值(万元) 5242	初级 14
邮政编码 226007		未定职级 19

本科专业 电子科学与技术、电子信息工程、动画、纺织工程、服装设计与工程、高分子材料与工程、工程管理、广播电视新闻学、国际经济与贸易、汉语言文学、行政管理、护理学、化学工程与工艺、会计学、机械工程及自动化、集成电路设计与集成系统、计算机科学与技术、临床医学、轻化工程、日语、软件工程、商务英语、市场营销、通信工程、统计学、土木工程、网络工程、物流管理、眼视光学、医学检验、医学影像学、艺术设计、英语、应用化学、应用心理学、资源环境与城乡规划管理、自动化

院系设置

人文学部设中文系、外文系、艺术系;理学部设地理科学系、教育科学系、理学系;经济与管理学部设工商系、公共管理系;信息科学部设电子信息系、电气工程系、计算机科学与技术系、交通信息与设备工程系;工程学部设化学化工系、机械工程系、建筑工程系、纺织服装系;医学部设基础医学系、临床医学系、医学检验系、护理学系;公共课教学部设思政教育系、公共外语系、公共体育系、公共计算机技术系

学校设立奖学金情况

学校设立奖学金 2 项,奖励总金额 135.8 万元/年,最低金额 100 元/年。

学校历史沿革

1999 年 2 月南通医学院江东分院成立;1999 年 3 月学院更名为南通医学院杏林学院;2004 年 5 月南通大学合并成立,学院更名为南通大学杏林学院;2005 年 5 月学院经教育部批准转办为独立学院。

南京审计学院金审学院

学校(机构)标识码 4132013994	办公电话 025-86585006	在校生数(人) 6913
学校办学类型 413:本科院校:独立学院	传真电话 025-86585006	其中:普通本科 6913
	校园(局域)网域名 jsxy.nau.edu.cn	专任教师(人) 90
学校性质类别 08 财经院校	电子信箱 jsxy@nau.edu.cn	其中:正高级 13
学校举办者 999 民办	图书(万册) 44	副高级 41
学校地址 南京市浦口区雨山西路 86 号	固定资产总值(万元) 2166	中级 32
	教学、科研仪器设备资产值(万元) 2166	初级 4
邮政编码 211815		

本科专业 保险、财务管理、工商管理、国际经济与贸易、行政管理、会计学、计算机科学与技术、金融学、审计学、税务、物流管理、信息管理与信息系统、资产评估

学校设立奖学金情况

学校设立奖学金八项,奖励总金额 226 万元。奖学金最高金额 2500 元/年,最低金额 100 元/年。

学校历史沿革

2002年12月31日,由江苏省教育厅审批苏教发【2002】262号(关于同意举办南京审计学院金审学院)。办学层次:本科。

2005年5月15日,教育部《关于对南京工业大学浦江学院等17所独立学院予以确认的通知》(教发函【2005】75号),确认南京审计学院金审学院为独立学院。

江苏城市职业学院

学校(机构)标识码	4132014000
学校办学类型	415:专科院校:高等职业学校
学校性质类别	01 综合大学
学校举办者	811 省级教育部门
学校地址	南京市古平岗35-1号
邮政编码	210106
办公电话	025-86265300
传真电话	025-86265318
校园(局域)网域名	jscvc.cn
电子信箱	bgs@jscvc.cn
占地面积(平方米)	2383862
校舍建筑面积(平方米)	1396725
图书(万册)	281.55
固定资产总值(万元)	209075.87
教学、科研仪器设备资产值(万元)	36169.5
在校生数(人)	31989
其中:普通专科	31989
专任教师(人)	2732
其中:正高级	9
副高级	733
中级	1263
初级	602
未定职级	125

专科专业 报关与国际货运、城市轨道交通运营管理、城市检测与工程技术、城市园林、电脑艺术设计、电气自动化技术、电视节目制作、电子商务、电子信息、电子信息类、动漫设计与制作、多媒体设计与制作、工程、工程监理、工程造价、广告设计与制作、国际贸易、国际贸易实务、国际商务、环境监测与治理技术、环境艺术设计、环境艺术设计(园林景观)、会计、会计电算化、会计与审计、会计与统计核算、机电一体化技术、机械设计与制造、机械制造与自动化、计算机网络技术、计算机信息管理、计算机应用技术、建筑工程管理、建筑工程技术、建筑设备工程技术、建筑装饰工程技术、旅游管理、模具设计与制造、汽车技术服务与营销、汽车检测与维修技术、汽车运用与维修、汽车制造与装配技术、人物形象设计(化妆品应用)、人物形象设计(现代美容)、软件技术(软件质量管理)、商务日语、商务英语、数控技术、数控设备应用与维护、物流管理、物流管理(国际货运代理)、药物制剂技术、药学、艺术设计、艺术设计(展示设计)、影视动画、应用电子技术、装潢

院系设置
学院设有传媒艺术系、城市科学系、信息工程系、建筑工程系、公共管理系、财经系、外语系7个系。

学校设立奖学金情况
学校设立奖学金4项,奖励总金额2700余万元。奖学金最高金额8000元/年,最低金额500元/年。

学校历史沿革
2006年6月5日经省政府批准成立江苏城市职业学院(苏政复〔2006〕50号文),2007年5月14日教育部备案(教发函〔2007〕67号文)。

南京机电职业技术学院

学校(机构)标识码	4132014056
学校办学类型	415:专科院校:高等职业学校
学校性质类别	02 理工院校
学校举办者	822 地级其他部门
学校地址	南京市江宁区沧波门宝善寺路56号
邮政编码	211135
办公电话	025-84190109
传真电话	025-84170659
校园(局域)网域名	www.njcmee.net
电子信箱	jdxy_bgs@163.com
占地面积(平方米)	186667
校舍建筑面积(平方米)	88439
图书(万册)	24.6
固定资产总值(万元)	12304.18
教学、科研仪器设备资产值(万元)	2572
在校生数(人)	7748
其中:普通专科	4356
成人专科	3392
专任教师(人)	209
其中:正高级	2
副高级	33
中级	38
初级	107
未定职级	29

专科专业 材料成型与控制技术、电气自动化技术、电子测量技术与仪器、电子信息工程技术、环境艺术设计、机电设备维修与管理、机电一体化技术、机械设计与制造、机械制造与自动化、计算机多媒体技术、计算机辅助设计与制造、计算机信息管理、计算机应用技术、检测技术及应用、模具设计与制造、软件技术、视觉传达艺术设计、数控技术、数控设备应用与维护、图形图像制作、网络系统管理、物流管理、应用电子技术

院系设置
机械工程系、电子工程系、信息工程系、基础部、继续教育学院

学校设立奖学金情况

学校设立奖学金5项,奖金总金额6.97万余万元。奖学金最高金额1000元/年,最低金额100元/年。

学校历史沿革

1978年,第四机械工业部批复建立南京电子管厂职工大学,1985年由原电子工业部所属的六家职工大学联合组建成南京电子工业职工大学;1982年由南京市机械局下属地五家企业组建南京市机械工业局职工大学,1992年更名为南京机械工业职工大学。2006年4月,经江苏省人民政府批准,南京机械工业职工大学与南京电子工业职工大学合并组建南京机电职业技术学院。

苏州高博软件技术职业学院

学校(机构)标识码	4132014163
学校办学类型	415:专科院校:高等职业学校
学校性质类别	02 理工院校
学校举办者	999 民办
学校地址	苏州市高新区苏州科技城青山路5号
邮政编码	215163
办公电话	0512-68836121
传真电话	0512-68836120
校园(局域)网域名	www.gist.edu.cn
电子信箱	yb@gist.edu.cn
图书(万册)	20
固定资产总值(万元)	5147.5
教学、科研仪器设备资产值(万元)	1887.51
在校生数(人)	2992
其中:普通专科	2992
专任教师(人)	173
其中:正高级	9
副高级	27
中级	56
初级	67
未定职级	14

专科专业 产品造型设计、电子商务、国际商务、环境艺术设计、会计电算化、计算机多媒体技术、计算机通信、计算机网络技术、计算机信息管理、计算机应用技术、经济信息管理、软件技术、市场开发与营销、网络系统管理、艺术设计、影视动画、应用日语、应用英语

院系设置

软件工程系、网络工程系、数字艺术系、国际商务系

学校设立奖学金情况

学校设立奖学金3项,奖励总金额43余万元。奖学金最高金额3000元/年,最低600元/年。

学校历史沿革

2007年成立苏州高博软件技术职业学院。

南京旅游职业学院

学校(机构)标识码	4132014180
学校办学类型	415:专科院校:高等职业学校
学校性质类别	08 财经院校
学校举办者	812 省级其他部门
学校地址	南京市江宁区月华西路1号
邮政编码	211100
办公电话	025-68576811
传真电话	025-58800066
校园(局域)网域名	www.njith.net
电子信箱	office@njith.net
占地面积(平方米)	284769
校舍建筑面积(平方米)	135061
图书(万册)	27.6
固定资产总值(万元)	16826
教学、科研仪器设备资产值(万元)	1900.92
在校生数(人)	5674
其中:普通专科	5295
成人专科	379
专任教师(人)	186
其中:正高级	6
副高级	35
中级	83
初级	62

专科专业 导游、动漫设计与制作、高尔夫经营与管理、会所俱乐部、景区开发与管理、酒店管理、酒店管理日语单招、酒店网络与智能控制、空中乘务、旅行社经营管理、旅游财会、旅游电子商务、旅游管理、旅游管理(单招)、旅游韩语、旅游日语、旅游市场营销、旅游英语、烹饪工艺与营养、文秘、西餐工艺、信息工程、应用韩语、园林技术、装饰艺术设计

院系设置

学院下设酒店管理系、旅游管理系、人文艺术系、烹饪工艺与营养系、外语系、工程技术系、继续教育学院、基础课部等九个系部。

定期公开出版的专业刊物 《中国酒店》、《旅游科学研究》

学校设立奖学金情况

学院共设奖学金四项,奖金总额100多万元,其中最高奖学金8000元,最低1000元。

学校历史沿革

京旅游职业学院位于江苏省省会南京隶属于江苏省旅游局,是专业培养旅游人才的公办全日制高职院。学院前身是江苏省旅游学校和金陵旅馆管理干部学院,分别成立于1978年和

1989 年,素有"中国旅游人才摇篮"和"中国酒店业黄埔军校"的美誉,在我国旅游业发展史上都具有十分重要的意义。2001 年获江苏省政府批准,两校合署办学,成为江苏省旅游业最主要的人才培养基地。2007 年正式转制为南京旅游职业学院。

江苏建康职业学院

学校(机构)标识码	4132014255
学校办学类型	415:专科院校:高等职业学校
学校性质类别	05 医药院校
学校举办者	812 省级其他部门
学校地址	南京市汉中路129号
邮政编码	210029
办公电话	025-68170904
传真电话	025-68170904
校园(局域)网域名	www.jssmu.edu.cn
电子信箱	jsjkzyxy@126.com
占地面积(平方米)	313345
校舍建筑面积(平方米)	125912
图书(万册)	31.22
固定资产总值(万元)	31752.25
教学、科研仪器设备资产值(万元)	2629.26
在校生数(人)	6264
其中:普通专科	4006
成人专科	2258
专任教师(人)	215
其中:正高级	4
副高级	52
中级	99
初级	59
未定职级	1

专科专业 公共卫生管理、公共卫生管理(健康管理)、护理、护理(助产)、康复治疗技术、涉外护理、卫生信息管理、药学、医学文秘、医学营养、医学影像技术、医药营销、医院病案管理、中药

院系设置
公共基础系、医学护理系、药学系、中西医结合系、卫生事业管理及公共卫生系

定期公开出版的专业刊物 《中国肿瘤外科杂志》、《国外医学.卫生经济分册》

学校设立奖学金情况
学校设立奖学金6项,奖励总金额40余万元。奖学金最高金额2000元/年,最低金额200元/年。

主要校办产业
江苏益大有限公司

学校历史沿革
江苏建康职业学院的前身是江苏职工医科大学。江苏职工医科大学1981年在南京卫生学校基础上设立。南京卫生学校始名中央助产学校,创建于1933年,校址南京市石鼓路87号,新中国成立初先后更名为华东助产学校、江苏省南京华东助产学校,1954年与附设产院分开,在南京市汉中路129号另行建校,1963年更名为南京卫生学校,1980年,决定利用南京卫生学校的校舍和师资力量举办"江苏省卫生系统职工医科大学",1981年省政府苏政复[1981]17号文件批准成立。1991年,省卫生厅为了集中力量办好成人高等医学教育,报请省政府批准,撤销南京卫生学校建制。1995年,"江苏省卫生系统职工医科大学"经省政府批准更名为"江苏职工医科大学"。2005年1月,省卫生厅决定由江苏职工医科大学兼管江苏省中医学校。2006年11月,省卫生厅正式报请省政府批准将江苏职工医科大学、江苏省中医学校合并组建江苏卫生职业技术学院,2007年4月,省政府同意由省教育厅批准在两校合并基础上筹建江苏卫生职业技术学院。2008年12月省卫生厅报请省政府批准正式建立江苏卫生职业技术学院,省政府、教育部分别于2009年3月、4月批准和备案,校名定为江苏建康职业学院。

苏州信息职业技术学院

学校(机构)标识码	4132014256
学校办学类型	415:专科院校:高等职业学校
学校性质类别	02 理工院校
学校举办者	999 民办
学校地址	江苏省吴江市松陵镇鲈乡南路200号
邮政编码	215200
办公电话	0512-63118888
传真电话	0512-63118777
校园(局域)网域名	www.Szitu.Cn
电子信箱	yb@szitu.cn
占地面积(平方米)	346477
校舍建筑面积(平方米)	113949
图书(万册)	28.5
固定资产总值(万元)	32905
教学、科研仪器设备资产值(万元)	3227.57
在校生数(人)	3096
其中:普通专科	3096
专任教师(人)	176
其中:副高级	47
中级	84
初级	45

专科专业 报关与国际货运、电气自动化技术、电子商务、动漫设计与制作、广播电视网络技术、国际贸易实务、会计、机电一体化技术、计算机控制技术、计算机网络技术、计算机信息管理、计算机应用技术、酒店管理、楼宇智能化工程技术、旅游管理、旅游英语、汽车电子技术、软件技术、商务英语、市场营销、通信技术、物流管理、信息安全技术、影视多媒体技术、应用电子技

术、有线电视工程技术、资产评估与管理

院系设置

学校设经济贸易系、管理工程系、通信与信息工程系、电气与电子工程系、计算机科学与技术系、外语系、基础课部等六系一部

学校设立奖学金情况

学校设立奖学金 7 项,奖励总金额 402 万元。奖学金最高金额 103 万元/年,最低金额 9 万元/年。

学校历史沿革

苏州信息职业技术学院的前身为南京邮电大学吴江职业技术学院,创建于 2003 年。2009 年 3 月经江苏省人民政府批准、国家教育部备案成立苏州信息职业技术学院。

宿迁泽达职业技术学院

学校(机构)标识码 4132014293	办公电话 0527-84258868	在校生数(人) 1989
学校办学类型 415:专科院校:高等职业学校	传真电话 0527-84258868	其中:普通专科 1989
	电子信箱 zdjsxy@126.com	专任教师(人) 102
学校性质类别 02 理工院校	占地面积(平方米) 347520	其中:正高级 3
学校举办者 999 民办	图书(万册) 10.89	副高级 18
学校地址 宿迁市湖滨新城开发区合欢路 66 号	固定资产总值(万元) 18253	中级 17
	教学、科研仪器设备资产值(万元) 793	初级 46
邮政编码 223800		未定职级 18

专科专业 财务管理、电脑艺术设计、电气自动化技术、动漫设计与制作、机电一体化技术、计算机网络技术、计算机应用技术、建筑工程管理、建筑工程技术、建筑设计技术、建筑装饰工程技术、旅游管理、模具设计与制造、市场营销、数控技术、文秘、应用电子技术、应用日语

院系设置

建筑工程系、机电工程系、信息传播系、艺术与设计系、商贸系、基础部、社科部

学校历史沿革

2007 年 成立筹建 楚天科技职业技术学院(筹) 2010 年 5 月 经江苏省人民政府批准,教育部备案。正式建立 宿迁泽达职业技术学院。

苏州工业园区服务外包职业学院

学校(机构)标识码 4132014295	传真电话 0512-62932000	在校生数(人) 2793
学校办学类型 415:专科院校:高等职业学校	校园(局域)网域名 www.siso.edu.cn	其中:普通专科 2793
	电子信箱 siso@siso.edu.cn	专任教师(人) 125
学校性质类别 02 理工院校	占地面积(平方米) 283122	其中:正高级 3
学校举办者 822 地级其他部门	校舍建筑面积(平方米) 151163	副高级 22
学校地址 苏州工业园区服务外包职业学院	图书(万册) 10.4	中级 36
	固定资产总值(万元) 57963.34	初级 6
邮政编码 215123	教学、科研仪器设备资产值(万元) 1329	未定职级 58
办公电话 0512-62932032		

专科专业 动漫设计与制作(动画)、动漫设计与制作(二维动画)、动漫设计与制作(三维动画)、动漫设计与制作(手机漫画)、多媒体设计与制作(互动媒体设计)、多媒体设计与制作(媒体出版设计)、多媒体设计与制作(数字出版)、多媒体设计与制作(游戏)、多媒体设计与制作(游戏内容制作)、计算机网络技术(IT 服务)、计算机网络技术(网络服务)、计算机信息管理(ERP 管理)、计算机信息管理(数据库)、金融管理与实务、金融管理与实务(财务外包)、金融管理与实务(银行客服与后台)、嵌入式技术与应用、软件测试技术、软件技术(.net)、软件技术(JAVA)、软件技术(测试)、软件技术(嵌入式)、软件技术(移动互联网)、商务管理(行政管理)、商务管理(行政实务)、商务管理(流程管理)、商务管理(物流)、商务管理(物流管理)、商务管理(业务流程)、商务管理(营销与会展)、物业管理

院系设置

商务管理系、信息技术系、数字媒体系、公共学科部

国家级、省部级研究机构设置
研究所(中心):服务外包研究所
学校设立奖学金情况
学校设立奖学金5项,奖学金最高金额10000元/年,最低金额1000元/年。

学校历史沿革
苏州工业园区服务外包职业学院于2008年5月筹建,2010年4月正式建校,是一所经江苏省人民政府批准、教育部备案,苏州工业园区管委会投资的公办全日制普通高等职业院校。

徐州幼儿师范高等专科学校

学校(机构)标识码 4132014329	传真电话 0516-87893202	1550
学校办学类型 414:专科院校:高等专科学校	校园(局域)网域名 www.xzyz.edu.cn	在校生数(人) 2179
	电子信箱 xzyoushi@163.com	其中:普通专科 2179
学校性质类别 06 师范院校	占地面积(平方米) 226469	专任教师(人) 242
学校举办者 822 地级其他部门	校舍建筑面积(平方米) 99641	其中:副高级 77
学校地址 徐州市经济开发区桃园路6号	图书(万册) 27.28	中级 99
	固定资产总值(万元) 15640	初级 65
邮政编码 221004	教学、科研仪器设备资产值(万元)	未定职级 1
办公电话 0516-87893203		

专科专业 美术教育、特殊教育、舞蹈表演、学前教育、音乐表演、音乐教育、英语教育、装饰艺术设计
学校设立奖学金情况
学校设立奖学金4项,奖励总金额23.7余万元。奖学金最高金额1000元/年,最低金额300元/年。

主要校办产业
徐州幼师幼教集团
学校历史沿革
徐州幼儿师范高等专科学校,前身为江苏省徐州幼儿师范学校,始建于1984年。

西交利物浦大学

学校(机构)标识码 4132016403	校园(局域)网域名 www.xjtlu.edu.cn	在校生数(人) 5711
学校办学类型 411:本科院校:大学	电子信箱 academicoffice@xjtlu.edu.cn	其中:普通本科 5622
学校性质类别 01 综合大学	占地面积(平方米) 268600	留学生 89
学校举办者 999 民办	校舍建筑面积(平方米) 146568	专任教师(人) 321
学校地址 苏州工业园区独墅湖高等教育区仁爱路111号	图书(万册) 60.3	其中:正高级 39
	固定资产总值(万元) 61880.44	副高级 109
邮政编码 215123	教学、科研仪器设备资产值(万元) 7507.2	中级 126
办公电话 0512-88161012		初级 47
传真电话 0512-88161249		

本科专业 城市规划、电气工程及其自动化、电气信息类、电子科学与技术、工商管理、管理工程与科学类、会计学、计算机科学与技术、建筑学、金融数学、经济学、经济学类、人力资源管理、生物科学、市场营销、数学类、数学与应用数学、通信工程、土建类、土木工程、信息管理与信息系统、信息与计算科学、英语、应用化学
院系设置
生物科学系、商务、经济与管理系、计算机科学与软件工程系、电气与电子科学系、英语语言中心、语言与文化系、数学教学中心、数学科学系、城市规划系、土木工程系

学校设立奖学金情况
学校设立了入学奖学金和续得奖学金两项,奖励总金额658万元。最高金额6万/年最低金额5000元/年。
学校历史沿革
西交利物浦大学是2006年5月经教育部批准,西安交通大学与英国利物浦大学在苏州合作创立的中国目前唯一一所强强合作,以理、工、管起步,具有独立法人和鲜明特色的新型国际大学。致力于建设"研究导向、独具特色、世界认可的中国大学和中国土地上的国际大学。

浙江大学

学校(机构)标识码 4133010335	电子信箱 zupo@zju.edu.cn	成人本科 504
学校办学类型 411:本科院校:大学	占地面积(平方米) 4503741	博士研究生 7737
学校性质类别 01 综合大学	校舍建筑面积(平方米) 1948881	硕士研究生 13868
学校举办者 360 教育部	图书(万册) 627	留学生 2706
学校地址 杭州市余杭塘路866号	固定资产总值(万元) 724493.22	专任教师(人) 3117
邮政编码 310058	教学、科研仪器设备资产值(万元) 303660.05	其中:正高级 1239
办公电话 0571-88981358		副高级 1320
传真电话 0571-88981583	在校生数(人) 47479	中级 445
校园(局域)网域名 www.zju.edu.cn	其中:普通本科 22664	未定职级 113

本科专业 编辑出版学、博物馆学、材料科学与工程、财务管理、财政学、城市规划、大气科学、德语、地理信息系统、地球信息科学与技术、电气工程及其自动化、电气信息类新专业、电子科学与技术、电子信息工程、电子信息技术及仪器、动物科学、动物医学、对外汉语、俄语、法学、法语、高分子材料与工程、工程力学、工商管理、工业工程、工业设计、公共事业管理、公共事业管理(体育)、古典文献、广播电视新闻学、广告学、国际经济与贸易、国际政治、过程装备与控制工程、汉语言文学、行政管理、化学、化学工程与工艺、环境工程、环境科学、会计学、机械电子工程、机械工程及自动化、机械设计制造及其自动化、基础医学、计算机科学与技术、计算机科学与技术(中加班)、建筑学、教育学、金融学、经济学、科技与创意设计实验班、口腔医学、口腔医学类新专业、劳动与社会保障、历史学、临床医学、临床医学八年制、旅游管理、美术学、民族传统体育、能源动力类新专业、能源与环境系统工程、农林经济管理、农业资源与环境、人力资源管理、日语、软件工程、社会科学实验班、社会学、生物工程、生物技术、生物科学、生物系统工程、生物信息学、生物医学工程、食品科学与工程、数学类新专业、数学与应用数学、数字媒体艺术、水资源与海洋工程、体育产业管理、体育教育、统计学、土地资源管理、土木工程、外国语言文学类新专业、物理学、物流管理、系统科学与工程、心理学、新闻学、信息工程、信息管理与信息系统、信息与计算科学、信息与通信工程、信息资源管理、药物制剂、药学、医学实验班类、医学实验班类(医药)、艺术设计、英语、应用化学、应用生物科学、应用生物科学类、应用心理学、预防医学、园林、运动训练、哲学、制药工程、中国语言文学类新专业、中药学、资源环境科学、资源环境与城乡规划管理、自动化

博士专业 比较教育学、比较文学与世界文学、病理学与病理生理学、病原生物学、材料加工工程、材料科学与工程、材料物理与化学、材料学、测试计量技术及仪器、茶学、产业经济学、车辆工程、传播学、创业管理、导航、制导与控制、等离子体物理、地球化学、地球探测与信息技术、地图学与地理信息系统、电磁场与微波技术、电路与系统、电气工程、电子服务、电子信息技术及仪器、动力机械及工程、动物学、动物遗传育种与繁殖、动物营养与饲料科学、儿科学、儿科学(专业学位博士)、儿科学(专业学位博士)、耳鼻咽喉科学(专业学位博士)、发育生物学、法学理论、防灾减灾工程及防护工程、非传统安全管理、妇产科学、妇产科学(专业学位博士)、妇产科学(专业学位博士)、概率论与数理统计、干细胞和再生医学、港口、海岸及近海工程、高等教育学、高分子材料、高分子化学与物理、工程力学、工程热物理、工业催化、工业工程、供热、供燃气、通风及空调工程、构造地质学、固体力学、观赏园艺学、管理科学与工程、光通信技术、光学、光学工程、国际贸易学、果树学、海洋建筑物与环境、汉语言文字学、行政管理、核技术及应用、化工过程机械、化学、化学工程、化学工程与技术、化学工艺、环境工程、环境科学、环境生物学、环境修复与资源再生、会计学、机械电子工程、机械设计及理论、机械制造及其自动化、基础兽医学、基础数学、基础心理学、急诊医学(专业学位博士)、集成电路设计、计算机科学与技术、计算机应用技术、计算数学、技术经济及管理、建筑设计及其理论、教育技术学、教育经济与管理、教育领导与管理(教育博士)、教育领导与管理(专业学位博士)、教育史、教育学原理、结构工程、金融经济理论、经济思想史、精神病与精神卫生学、考古学及博物馆学、科学技术哲学、课程与教学论、空天信息技术、控制科学与工程、控制理论与控制工程、口腔临床医学、口腔医学博士(专业学位)、口腔医学博士(专业学位博士)、矿物学、岩石学、矿床学、劳动经济学、劳动卫生与环境卫生学、老年医学、理论物理、粒子物理与原子核物理、粮食、油脂及植物蛋白工程、林业经济管理、临床检验诊断学、临床医学、临床医学(八年制)、临床医学(专业学位博士)、流体机械及工程、流体力学、伦理学、逻辑学、旅游管理、麻醉学、麻醉学(专业学位博士)、马克思主义基本原理、马克思主义中国化研究、美学、免疫学、内科学、内科学(专业学位博士)、内科学(专业学位博士)、能源环境工程、凝聚态物理、农产品加工及贮藏工程、农药学、农业电气化与自动化、农业机械化工程、农业经济管理、农业昆虫与害虫防治、农业生物环境与能源工程、农业遥感与信息技术、农业资源利用、皮肤病与性病学、企业管理、桥梁与隧道工程、全科医学、热能工程、人口、资源与环境经济学、人口学、人体解剖与组织胚胎学、社会保障、社会医学与卫生事业管理、神经病学、神经病学(专业学位博士)、神经生物学、生理学、生态学、生物化工、生物化学与分子生物学、生物物理学、生物系统工程、生物信息学、生物学、生物医学工程、食品安全、食品科学、世界经济、世界史、市政工程、蔬菜学、数字化艺术与设计、水工结构工程、水资源利用与保护、思想政治教育、特种经济动物饲养、体育人文社会学、通信与信息系统、土地

资源管理、土壤学、外国哲学、外科学、外科学（专业学位博士）、外科学（专业学位博士）、微电子学与固体电子学、微生物学、文艺学、无线电物理、物理电子学、物理化学、西方经济学、细胞生物学、宪法学与行政法学、信号与信息处理、信息资源管理、休闲学、学校课程与教学（教育博士）、学校课程与教学（专业学位博士）、岩土工程、眼科学、眼科学（专业学位博士）、眼科学（专业学位博士）、药剂学、药理学、药物分析学、药物化学、一般力学与力学基础、遗传学、英语语言文学、影像医学与核医学、影像医学与核医学（专业学位博士）、影像医学与核医学（专业学位博士）、应用化学、应用数学、应用心理学、有机化学、语言学及应用语言学、预防兽医学、原子与分子物理、运筹学与控制论、运动医学、政治经济学、政治学理论、植物病理学、植物学、植物营养学、制冷及低温工程、制药工程、中国古代史、中国古代文学、中国古典文献学、中国近现代史、中国近现代史基本问题研究、中国现当代文学、中国哲学、肿瘤学、肿瘤学（专业学位博士）、肿瘤学（专业学位博士）、专门史、宗教学、作物学、作物遗传育种、作物栽培学与耕作学

硕士专业 比较教育学、比较文学与世界文学、病理学与病理生理学、病原生物学、材料工程（专业学位）、材料科学与工程、财政学、测试计量技术及仪器、茶学、产业经济学、车辆工程、成人教育学、城市规划与设计、传播学、船舶与海洋结构物的设计制造、创业管理、档案学、导航、制导与控制、道路与铁道工程、德语语言文学、等离子体物理、地球化学、地图学与地理信息系统、地质工程（专业学位）、地质资源与地质工程、电磁场与微波技术、电工理论与新技术、电机与电器、电力电子与电力传动、电力工程管理与信息化、电力系统及其自动化、电路与系统、电气工程、电气工程（专业学位）、电子信息技术及仪器、电子与通信工程（专业学位）、动力工程（专业学位）、动力机械及工程、动物学、动物遗传育种与繁殖、动物营养与饲料科学、俄语语言文学、儿科学、儿科学（专业学位）、儿科学（专业学位硕士）、耳鼻咽喉科学、耳鼻咽喉科学（专业学位）、耳鼻咽喉科学（专业学位硕士）、发酵工程、发育生物学、发展与教育心理学、法律史、法律硕士、法律硕士（法学）、法律硕士（法学）（专业学位）、法律硕士（非法学）、法律硕士（非法学）（专业学位）、法学理论、法语语言文学、防灾减灾工程及防护工程、飞行器设计、非传统安全管理、风景园林硕士（专业学位）、妇产科学、妇产科学（专业学位）、妇产科学（专业学位硕士）、概率论与数理统计、干细胞和再生医学、港口、海岸及近海工程、高等教育学、高电压与绝缘技术、高分子材料、高分子化学与物理、工程管理、工程力学、工程热物理、工商管理硕士、工商管理硕士（专业学位）、工业催化、工业工程、工业设计工程（专业学位）、工业设计工程（专业学位）、公共管理硕士（专业学位）、公共管理硕士（专业学位硕士）、供热、供燃气、通风及空调工程、构造地质学、固体力学、管理科学与工程、光通信技术、光学、光学工程、光学工程（专业学位）、广播电视（专业学位）、广播电视艺术学、国际法学、国际关系、国际贸易学、国际商务硕士（专业学位）、国际政治、国民经济学、海洋地质、海洋建筑物与环境、海洋生物学、汉语国际教育硕士（专业学位）、汉语言文学、行政管理、航空宇航推进理论与工程、航空宇航制造工程、航天工程（专业学位）、护理学、化工过程机械、化工过程信息工程、化学、化学工程、化学工程（专业学位）、化学工艺、环境工程、环境工程（专业学位）、环境科学、环境修复与资源再生、环境与资源保护法学、会计学、机械电子工程、机械工程（专业学位）、机械设计及理论、机械制造及其自动化、基础兽医学、基础数学、基础心理学、急诊医学、急诊医学（专业学位）、急诊医学（专业学位硕士）、集成电路工程、计算机技术、计算机技术（专业学位）、计算机科学与技术、计算机软件与理论、计算机系统结构、计算机应用技术、计算数学、技术经济及管理、检测技术与自动化装置、建筑技术科学、建筑历史与理论、建筑设计及其理论、建筑与土木工程（专业学位）、教育技术学、教育经济与管理、教育史、教育学原理、结构工程、金融硕士（专业学位）、金融学、经济法学、经济思想史、精密仪器及机械、精神病与精神卫生学、精神病与精神卫生学（专业学位）、精神病与精神卫生学（专业学位硕?考古学及博物馆学、科学技术史、科学技术哲学、科学社会主义与国际共产主义运动、课程与教学论、空天信息技术、控制工程（专业学位）、控制科学与工程、控制理论与控制工程、口腔临床医学、口腔医学（七年制硕士）、口腔医学（专业学位硕士）、口腔医学硕士（专业学位）、矿物学、岩石学、矿床学、劳动经济学、劳动卫生与环境卫生学、老年医学、理论物理、历史地理学、粒子物理与原子核物理、临床检验诊断学、临床兽医学、临床医学、临床医学（七年制硕士）、临床医学（专业学位硕士）、临床医学硕士（专业学位）、流行病与卫生统计学、流体机械及工程、流体力学、伦理学、逻辑学、旅游管理、麻醉学、麻醉学（专业学位）、麻醉学（专业学位硕士）、马克思主义基本原理、马克思主义哲学、马克思主义中国化研究、美术学、美学、免疫学、民商法学、民族传统体育、模式识别与智能系统、内科学、内科学（专业学位）、内科学（专业学位硕士）、能源环境工程、凝聚态物理、农产品加工及贮藏工程、农村与区域发展（专业学位）、农业电气化与自动化、农业工程、农业工程（专业学位）、农业机械化工程、农业经济管理、农业生物环境与能源工程、农业遥感与信息技术、农业资源利用（专业学位）、皮肤病与性病学、皮肤病与性病学（专业学位）、皮肤病与性病学（专业学位硕士）、企业管理、气象学、桥梁与隧道工程、情报学、区域经济学、全科医学、热能工程、人口、资源与环境经济学、人口学、人体解剖与组织胚胎学、人文地理学、日语语言文学、软件工程、软件工程（专业学位）、软件工程硕士、设计艺术学、社会保障、社会学、社会医学与卫生事业管理、神经病学、神经病学（专业学位）、神经病学（专业学位硕士）、神经生物学、生理学、生态学、生物化工、生物化学与分子生物学、生物物理学、生物系统工程、生物信息学、生物医学工程、生物医学工程（专业学位）

院系设置

（一）人文学部 人文学院（哲学系、中国语言文学系、艺术学系、历史学系、社会学系、文物与博物馆学系）、外国语言文化与国际交流学院（英语语言文学系、外国语言学及应用语言学系、亚欧语言文学系）、传媒与国际文化学院（新闻与传播学系、国际文化学系、影视艺术与新媒体学系）（二）社会科学学部 经济学院（经济学系、金融学系、财政学系、国际经济系）、光华法学院（法律系）、教育学院（教育学系、体育学系、公共体育部）、管理学院（管理科学与工程学系、企业管理系、会计与财务管理系、农业经济与管理系、旅游管理系）、公共管理学院（政府管理系、土地管理系、社会保障与风险管理系、公共政策与公共经济系、信息资源管理系、政治学系）、思想政治理论教学科研部（三）理学部 数学系、物理学系、化学系、地球科学系、心理与行为科学系

(四)工学部 机械工程学系、材料科学与工程学系、能源工程学系、电气工程学院(电机工程学系、系统科学与工程学系、应用电子学系)、建筑工程学院(土木工程学系、建筑学系、区域与城市规划系、水利与海洋工程学系)、化学工程与生物工程学系、海洋科学与工程学系、航空航天学院(航空航天系、工程力学系)、高分子科学与工程学系 (五)信息学部 光电信息工程学系;信息与电子工程学系、控制科学与工程学系、计算机科学与技术学院(计算机科学与工程学系、数字媒体与网络技术系、工业设计系)、生物医学工程与仪器科学学院(生物医学工程学系、仪器科学与工程学系)、软件学院 (六)农业生命环境学部 生命科学学院(生物科学系、生物技术系)、生物系统与食品科学学院(生物系统工程系、食品科学与营养系)、环境与资源学院(环境科学系、环境工程系、资源科学系)、农业与生物技术学院(农学系、园艺系、植物保护系、茶学系、应用生物科学系)、动物科学学院(特种经济动物科学系、动物科技系、动物医学系) (七)医学部 医学院(基础医学系、公共卫生系、临床医学一系、临床医学二系、临床医学三系、口腔医学系、护理系)、药学院(药学系、中药科学与工程学系、药物制剂系)

国家级、省部级研究机构设置
1.实验室 1)国家重点实验室 硅材料国家重点实验室、计算机辅助设计与图形学国家重点实验室、流体传动及控制国家重点实验室、工业控制技术国家重点实验室、现代光学仪器国家重点实验室、能源清洁利用国家重点实验室、化学工程联合国家重点实验室聚合反应分室(联合)、植物生理学与生物化学国家重点实验室(联合)、水稻生物学国家重点实验室(联合)、传染病诊治国家重点实验室 2)国家专业实验室 二次资源化工国家专业实验室、生物传感技术国家专业实验室、电力电子技术国家专业实验室、工业心理学国家专业实验室 3)国家工程实验室 生物饲料安全与污染防控国家工程实验室 4)国家工程(技术)研究中心 国家光学仪器工程技术研究中心、国家电液控制工程技术研究中心、国家水煤浆工程技术研究中心、工业自动化国家工程研究中心、电力电子应用国家工程研究中心、国家列车智能化工程技术研究中心 5)省部级重点实验室 生物医学工程教育部重点实验室、濒危野生动物保护遗传与繁殖教育部重点实验室、动物分子营养学教育部重点实验室、污染环境修复与生态健康教育部重点实验室、高分子合成与功能构造教育部重点实验室、软弱土与环境土工教育部重点实验室、恶性肿瘤预警与干预教育部重点实验室、视觉感知教育部－微软重点实验室、农业部核农学重点开放实验室、农业部作物病虫分子生物学重点开放实验室、农业部动物疫病病原学与免疫控制重点开放实验室、农业部面源污染控制重点开放实验室、农业部动物营养与饲料重点开放实验室、农业部园艺植物生长与生物技术重点开放实验室、农业部生态农业环境工程重点开放实验室、卫生部多器官联合移植研究重点实验室、卫生部医学神经生物学重点实验室、国家药品监督管理局新药研究管理中心浙江呼吸药物研究实验室、浙江省医学分子生物学重点研究实验室、浙江省应用化学重点研究实验室、浙江省饲料与动物营养重点研究实验室、浙江省资源与环境信息系统重点研究实验室、浙江省农业遥感与信息技术重点研究实验室、浙江省细胞与基因工程重点研究实验室、浙江省核农学重点研究实验室、浙江省综合信息网技术重点研究实验室、浙江省心脑血管、神经系统疾病药物筛选和中药开发及评价重点研究实验室、浙江省亚热带土壤与植物营养重点研究实验室、浙江省生物电磁学重点研究实验室、浙江省先进制造技术重点研究实验室、浙江省器官移植重点研究实验室、浙江省动物预防医学重点实验室、浙江省女性生殖健康研究重点实验室、浙江省传染病重点实验室、浙江省医学分子影像重点实验室、浙江省生物治疗重点实验室、浙江省水体污染控制与环境安全技术重点实验室、浙江省新生儿疾病(诊治)重点实验室、浙江省血液肿瘤(诊治)重点实验室、浙江省服务机器人重点实验室、国家中医药管理局中药药理实验室(三级)、国家中医药管理局计算机辅助中药分析实验室(三级)、国家中医药管理局中药药理与毒理实验室(三级)、国家中医药管理局免疫(肾病)实验室(三级)、国家中医药管理局中药药理(心血管)实验室(三级)、国家中医药管理局病理生理(胃肠病)实验室(三级)、国家中医药管理局中药分析与代谢实验室(三级)、国家中医药管理局中药药理(血液病)实验室(三级)、浙江省微生物生化与代谢工程重点实验室、浙江省心血管诊治高新技术重点实验室、浙江省疾病蛋白质组学重点实验室、浙江省有机污染过程与控制重点实验室

2.研究中心(所) 农业现代化与农村发展研究中心(中国农村发展研究院)、汉语史研究中心、民营经济研究中心、宋学研究中心、基督教与跨文化研究中心、语言与认知研究中心、创新管理与持续竞争力研究中心、科教发展战略研究中心、基础教育课程研究中心、体育现代化发展研究中心、地方政府与社会治理研究中心、区域经济开放与发展研究中心、劳动保障与社会政策研究中心、《浙江文献集成》编纂中心、宋学研究中心、传媒与文化产业研究中心、膜与水处理技术教育部工程研究中心、计算机辅助产品创新设计教育部工程研究中心、表面与结构改性无机功能材料教育部工程研究中心、嵌入式系统教育部工程研究中心、数字图书馆教育部工程研究中心、智能科学教育部网上合作研究中心、教育部含油气盆地构造研究中心、国家濒危野生动植物种质基因保护中心、浙江国际纳米技术研发中心、高压过程装备与安全教育部工程研究中心、磁约束核聚变教育部研究中心(联合)

博士后科研流动站 理论经济学、教育学、中国语言文学、历史学、数学、物理学、化学、心理学、地质学、生物学、机械工程、动力工程及工程热物理、力学、化学工程与技术、材料科学与工程、电气工程、控制科学与工程、光学工程、电子科学与技术、信息与通信工程、土木工程、农业工程、农业资源利用、食品科学与工程、环境科学与工程、生物医学工程、仪器科学与技术、植物保护、作物学、园艺学、畜牧学、临床医学、基础医学、口腔医学、药学、管理科学与工程、农林经济管理、工商管理、计算机科学与技术、应用经济学、法学、哲学、公共管理学、马克思主义理论、水利工程、兽医学、公共卫生与预防医学

定期公开出版的专业刊物 《浙江大学学报(英文版)》(月刊)》、《浙江大学学报(哲学社会科学版)》(双月刊)、《浙江大学学报(工学版)》(月刊)、《浙江大学学报(理学版)》(双月刊)、《浙江大学学报(农业与生命科学版)》(双月刊)、《浙江大学学报(医学版)》(双月刊)、《工程设计学报(双月刊)》、《管理工程学报(季刊)》、《高等学校化学工程学报(双月刊)》、《材料科学与工程学报(双月刊)》、《Applied Mathematics - A Journal of Chinese University(季刊)》、《高校应用数学学报(季刊)》、《空间结构(季刊)》、《新农村(月刊)》、《实用肿瘤杂志(双月刊)》、

《应用心理学(季刊)》、《中国高等医学教育(双月刊)》、《全科医学临床与教育(季刊)》、《健康人生(双月刊)》、《浙江农业科学(双月刊)》、《HBPD INT(肝胆胰肿瘤杂志)(季刊)》、《医学与工程(内部刊物)》、《化学反映工程与工艺(季刊)》、《浙江畜牧兽医(季刊)》、《蚕桑通报(季刊)》、《中华急诊医学杂志(月刊)》、《茶叶、浙江大学报、中华临床感染病杂志(电子刊物)》、《中华移植杂志(电子刊物)》、《中华危重症医学杂志(电子刊物)》、World Journal of Pediatrics、中国传媒报告(香港发行,季刊)》、《China Media Research》、《汉语史学报(以书代刊)》、《Journal of Knowledge – based Innovation in China》、《新政治经济学评论(以书代刊)》、《浙江高等教育研究(季刊)》、《浙江大学教育研究(电子刊物)》、《演化与创新经济学评论(以书代刊)》

学校设立奖学金情况

学校设立奖学金100项,奖励总金额1600余万元。奖学金最高金额20000元/年,最低金额350元/年。本科生奖学金:

1. 竺可桢奖学金 12名 15000元/人
2. 宝钢奖学金 8名 5000元/人
3. 中科院奖学金 3名 5000元/人
4. 光华奖学金 63名 1000元/人
5. 杨士林－建滔奖学金 8名 2000元/人
6. 南都奖学金 一等奖9名、二等奖21名、三等奖80名、创新奖10名 一等10000元/人、二等5000元/人、三等2500元/人、创新奖1500元/人
7. 希望森兰奖学金 5名 3000元/人
8. 三星奖学金 15名 5000元/人
9. 葛克全奖学金 15名 2500元/人
10. 陶氏化学奖学金 11名 5000元/人
11. 姚宜民奖学金 5名 1800元/人
12. 刘永龄奖助学金 甲类2名、乙类10名 甲类5000元/人、乙类2000元/人
13. 松下奖学金 20名 1000元/人
14. 李达三奖学金 一等2名、二等6～8名 一等1500/人、二等800元/人
15. 圣雄奖学金 40名 3000元/人
16. FERROTEC CHINA奖学金 10名 10000元/人
17. 默沙东奖学金 12名 40000元/人
18. 东芝奖学金 10名 4000元/人
19. 奇瑞21世纪东方之子奖学金 21名 2100元/人
20. 矽玛特奖助学金 5名 一等10000元/人、二等6000元/人、助学3000
21. 新加坡科技工程奖学金 14名 5000元/人
22. 宁波西摩国际交流奖学金 6名
23. 汇丰银行奖学金 20名 8000元/人
24. 泰尔茂奖学金 40名 2500元/人
25. 博世奖学金 8名 3000元/人
26. 长飞奖学金 6名 5000元/人
27. 艾默生奖学金 1名 8000元/人
28. 富通奖学金 一等奖40名、二等奖157名 一等4000元/人、二等3000元/人
29. 阿斯麦奖学金 11名 5000元/人
30. 心平奖学金 50名 6000元/人
31. 中国塔里木油田奖学金 优秀生6名、优秀特困生8名 优秀生奖学金1200元/人、优秀特困生1000元/人
32. 潍柴动力奖学金 一等奖16名、二等奖22名、三等奖32名 一等5000元/人、二等3000元/人、三等1000元/人
33. 赢创奖学金 14名 6000元/人
34. 腾讯奖学金 特等奖学金2名、优秀奖学金2名、交流奖学金2名、特等奖10000元/人、优秀奖5000元/人、交流奖5000元/人
35. 郑志刚奖学金 4名 3000元/人
36. 平安励志奖学金 一等3名、二等6名、三等16名 一等10000元/人、二等5000元/人、三等1000元/人
37. 三井住友奖学金 16名 3200/人
38. 华硕奖学金 80名 2000元/人
39. 花旗奖学金 6名 4427元/人
40. 李达三奖学金 一等2名、二等8名 一等1500/人、二等800/人
41. SCHOTT奖学金 1名 5000/人
42. 鼎利通讯奖学金 15名 5000/人
43. 松下奖学金 20名 1000/人
44. 阳光奖学金 一等奖5名、二等奖14名 一等奖3500/人、二等奖2500/人
45. CASC奖学金 一等奖1名、二等奖2名、三等奖4名 一等5000元/人、二等3000元/人、三等2000元/人
46. 罗姆奖学金 5名 6000元/人
47. 西摩奖学金 一等奖16名、二等奖32名 一等奖3000/人、二等奖1500/人
48. 鼎丰奖学金 12名 5000元/人
49. 贝卡尔特奖学金 2名 4000/人
50. 天赐奖学金 10名 6000元/人
51. 研究与创新奖学金 一等奖420名、二等奖251名 一等1000元/人、二等500元/人
52. 优秀学生奖学金 一等奖858名、二等奖1193名、三等2133名 一等奖5000元/人、二等奖2500元/人、三等1000元/人
53. 学业优秀奖学金 一等奖931名、二等奖1432名、三等2804 一等奖1500元/人、二等1000元/人、三等500元/人
54. 文体活动优秀奖学金 289名 500元/人
55. 社会实践优秀奖学金 321名 500元/人
56. 社会工作优秀奖学金 395名 500元/人
57. 专业奖学金 优秀奖350名、普通奖885名 优秀奖850元/人、普通奖350元/人

研究生奖学金:

1. BCD奖学金 博士生2名、硕士生6名 博士生5000元/人、硕士生2500元/人
2. CASC奖学金 一等2名、二等3名、三等6名 一等5000元/人、二等3000元/人、三等2000元/人
3. Corning研究生奖学金 11名 5000元/人
4. MPS奖学金 博士生2名、硕士生8名 博士生5000元/人、硕士生3000元/人
5. 艾默生奖学金 硕士生2名 6000元/人 贝尔卡特奖学金 博士生2名、硕士生6名 博士生6000元/人、硕士生5000元/人
6. 宝钢奖学金 4名 5000元/人

7. 博世奖学金 一类 21 名、二类 3 名 一类 6000 元/人、二类 3000 元/人

8. 长飞奖学金 博士生 1 名、硕士生 2 名 博士生 20000 元/人、硕士生 10000 元/人

9. 东港博士生奖学金 博士生 68 名 1500 元/人

10. 芩可法奖学金 一等 8 名、二等 8 名 一等 10000 元/人、二等 2500 元/人

11. 鼎丰奖学金 4 名 10000 元/人

12. 鼎利通信奖学金 硕士 15 名 5000 元/人

13. 东芝奖学金 25 名 5000 元/人

14. 葛克全奖学金 9 名 3500 元/人

15. 光华奖学金 224 名 1200 元/人

16. 国睿奖学金 博士生 6 名、硕士生 5 名 5000 元/人

17. 华硕奖学金 博士生 8 名、硕士生 20 名 博士生 5000 元/人、硕士生 3000 元/人

18. 华为奖学金 一等 4 名、二等 6 名、三等 11 名 一等 6000 元/人、二等 4000 元/人、三等 2000 元/人

19. 黄子源奖学金 10 名 3000 元/人

20. 金都奖学金 18 名 3000 元/人

21. 晶澳阳光奖学金 一等 3 名、二等 6 名 一等 4000 元/人、二等 3000 元/人

22. 联合利华奖学金 5 名 4000 元/人

23. 罗姆奖学金 硕士 5 名 7000 元/人

24. 南都奖学金 一等 13 名、二等 24 名、三等 96 名 一等 10000 元/人、二等 5000 元/人、三等 2500 元/人

25. 三星奖学金 博士生 2 名、硕士生 5 名 博士生 10000 元/人、硕士生 7000 元/人

26. 圣雄奖学金 10 名 3000 元/人

27. 泰尔茂奖学金 博士生 20 名、硕士生 20 名 博士生 4000 元/人、硕士生 3000 元/人

28. 王惕悟奖学金 博士生 8 名、硕士生 5 名 博士生 1000 元/人、硕士生 800 元/人

29. 潍柴动力奖学金 一等 11 名、二等 16 名 一等 6000 元/人、二等 3000 元/人

30. 温持祥奖学金 博士生 12 名、硕士生 24 名 博士生 2000 元/人、硕士生 1000 元/人 西摩奖学金 8 名 3000 元/人

31. 希望森兰奖学金 博士生 3 名、硕士生 4 名 博士生 6000 元/人、硕士生 4000 元/人

32. 杨士林奖学金 博士生 8 名、硕士生 8 名 博士生 4000 元/人、硕士生 3000 元/人 先正达农业奖学金 2 名 5000 元/人

33. 昭和电工奖学金 硕士一等 3 名、硕士二等 12 名 一等 6000 元/人、二等 3000 元/人

34. 中国科学院奖学金 2 人 10000 元/人

35. 中国平安励志奖学金 一等 2 人、二等 5 人、三等 15 人 一等 10000 元/人、二等 5000 元/人、三等 1000 元/人

36. 中国港湾奖学金 一等 1 人、二等 4 人 一等 8000 元/人、二等 5000 元/人

37. 庄氏奖学金 40 人 2000 元/人

38. 浙江大学一等奖学金 17 名 1200 元/人

39. 浙江大学二等奖学金 27 名 800 元/人

40. 创新创业奖学金 10 名 500 元/人

41. 社会实践奖学金 40 名 500 元/人

42. 社会工作奖学金 40 名 500 元/人

43. 文体工作奖学金 10 名 500 元/人

主要校办产业

浙江大学圆正控股集团有限公司（辖浙江大学后勤投资控股总公司、浙江大学新宇集团控股有限公司、浙江大学科技园区发展有限公司、浙江大学圆正宾馆有限公司、浙江大学创业投资有限公司、浙江大学农业科技园有限公司）、浙江大学海纳科技股份有限公司、浙江浙大网新信息控股有限公司

学校历史沿革

前身为求是书院，建于 1897 年。先后更名为：浙江求是大学堂(1901 年)；浙江大学堂(1902 年)；浙江高等学堂(1903 年)；浙江高等学校(1912 年)；国立第三中山大学(1927 年)；浙江大学(1928 年 4 月)；国立浙江大学(1928 年 7 月)；浙江大学(1951 年 10 月)。1998 年 9 月 15 日与原杭州大学、浙江农业大学、浙江医科大学合并，成立新的浙江大学。

杭州电子科技大学

学校(机构)标识码　4133010336
学校办学类型　411：本科院校：大学
学校性质类别　02 理工院校
学校举办者　811 省级教育部门
学校地址　浙江省杭州市经济技术开发区白杨街道高教社区 2 号大街 1 号
邮政编码　310037
办公电话　0571-87713567
传真电话　0571-86919004
校园(局域)网域名　www.hdu.edu.cn
电子信箱　office@hdu.edu.cn
占地面积(平方米)　842914
校舍建筑面积(平方米)　507335
图书(万册)　173.84
固定资产总值(万元)　94890.42
教学、科研仪器设备资产值(万元)　25495.42
在校生数(人)　22331
其中:普通本科　16116
成人本科　1299
成人专科　2469
硕士研究生　2423
留学生　24
专任教师(人)　1173
其中:正高级　192
副高级　374
中级　563
初级　44

本科专业　包装工程、包装工程(艺术设计方向)、编辑出版学、材料科学与工程、财务管理、车辆工程、传播学、电气工程与

自动化、电气信息工程、电子科学与技术、电子商务、电子信息工程、电子信息工程类、电子信息技术及仪器、电子信息科学与技术、法学、工商管理、工商管理(司法)、工商管理类、工业工程、工业工程(工业技术管理方向)、工业设计、光电信息工程、光信息科学与技术、国际经济与贸易、国际经济与贸易(高职升本2+3)、环境工程、环境科学、会计学、会计学(专升本)、会计学类、机械设计制造及其自动化、集成电路设计与集成系统、计算机科学与技术、计算机科学与技术(专升本)、金融学、经济学、人力资源管理、软件工程、软件工程(2+2)、软件工程(2+3)、社会学、审计学、生物医学工程、市场营销、数学与应用数学、数字媒体技术、通信工程、统计学、网络工程、网络工程(2+3)、物流管理、信息安全、信息对抗技术、信息工程、信息管理与信息系统、信息管理与信息系统类、信息与计算科学、医学信息工程、印刷工程、英语、应用物理学、自动化

硕士专业 测试计量技术及仪器、电磁场与微波技术、电路与系统、工程、工商管理、管理科学与工程、国际贸易学、会计、会计学、机械电子工程、机械设计及理论、机械制造及其自动化、基础数学、计算机软件与理论、计算机系统结构、计算机应用技术、技术经济及管理、检测技术与自动化装置、精密仪器及机械、控制理论与控制工程、旅游管理、模式识别与智能系统、企业管理(含:财务管理)、市场营销、思想政治教育、通信与信息系统、统计学、微电子学与固体电子学、物理电子学、系统工程、信号与信息处理、英语语言文学、应用数学、运筹学与控制论、资产评估

院系设置
学校下设机械工程学院、自动化学院、会计学院、经贸学院、管理学院、电子信息学院、计算机学院、通信工程学院、理学院、外国语学院、人文学院、思想政治理论教学部、新闻出版学院、软件工程学院、生命信息与仪器工程学院、材料与环境工程学院、成人教育学院及独立设置的信息工程学院

国家级、省部级研究机构设置
1. 实验室:通信信息传输与融合技术国防重点学科实验室、信息产业部系统集成电路重点实验室、信息产业部特种加工重点实验室、信息产业部电子商务与会计电算化重点实验室(会计信息集成与分析)、信息产业部电子商务与会计电算化重点实验室(电子商务与企业信息化)、信息产业部计算机应用技术重点实验室、信息产业部信号与信息处理重点实验室、信息产业部电子材料与器件重点实验室、浙江省大规模集成电路设计重点实验室、教育部射频电路与系统省部共建重点实验室、浙江省嵌入式系统联合重点实验室、浙江省船港机械装备技术研究重点实验室

2. 研究中心(所)教育部检测仪表与自动化系统集成技术工程研究中心

博士后科研流动站 杭州富通计算机软件公司
定期公开出版的专业刊物 《杭州电子科技大学学报》
学校设立奖学金情况
学校设立奖学金25项,奖励总金额1000余万元。奖学金最高金额10000元/年,最低金额100元/年。

主要校办产业
杭州电子工业学院机电总厂、杭州电子工业学院印刷厂、杭州电子工业学院西子招待所、杭州中电科学仪器装备有限公司、杭州隆昌空调设备有限公司、杭州文一教育发展有限公司、杭州恒通波纹管有限公司、杭州科铭电子工程有限公司、杭州电子工业学院工贸公司

学校历史沿革
杭州电子科技大学坐落于历史文化名城杭州市,是一所电子信息特色突出,经济管理学科优势明显,工、理、经、管、文、法、教等多种学科相互渗透的高等学院。学校的前身是创建于1956年的杭州航空工业财经学校。经国务院批准,1980年设立杭州电子工业学院,2004年更名为杭州电子科技大学。学校先后隶属于第四机械工业部、电子工业部和信息产业部等中央部委,2000年开始实行部省共建、以省管为主的管理体制。2007年浙江省人民政府与国防科学技术工业委员会共建杭州电子科技大学,是浙江省重点建设的教学研究型大学。

浙江工业大学

学校(机构)标识码 4133010337	占地面积(平方米) 1951946	成人专科 8475
学校办学类型 411:本科院校:大学	校舍建筑面积(平方米) 736538	博士研究生 433
学校性质类别 02 理工院校	图书(万册) 225.61	硕士研究生 4915
学校举办者 811 省级教育部门	固定资产总值(万元) 244612.12	留学生 592
学校地址 浙江省 杭州市 下城区 朝晖街道 潮王路18号	教学、科研仪器设备资产值(万元) 55887.84	专任教师(人) 1689
邮政编码 310032	在校生数(人) 47254	其中:正高级 345
办公电话 0571-88320015	其中:普通本科 21643	副高级 620
传真电话 0571-88320667	普通专科 2	中级 541
校园(局域)网域名 www.zjut.edu.cn	成人本科 11194	初级 71
电子信箱 xb@zjut.edu.cn		未定职级 112

本科专业 安全工程、播音与主持艺术、材料科学与工程、测控技术与仪器、车辆工程、城市规划、电气工程及其自动化、电气工程及其自动化(师范)、电气工程及其自动化(专升本)、电子科学与技术、电子信息工程、动画、对外汉语、法学、给水排水

工程、工程管理、工商管理、工商管理实验班、工业工程、工业设计、公共管理类、光信息科学与技术、广播电视新闻学、广告学、国际经济与金融实验班、国际经济与贸易、国际经济与贸易3(1)+1、过程装备与控制工程、海洋技术、汉语言文学、化学工程+计算机、化学工程+英语、化学工程与工艺、化学工程与工艺卓越工程师、化学类、环境工程、环境工程+法学、环境科学、环境科学+法学、机械工程及自动化、机械工程及自动化(师范)、机械工程及自动化(专升本)、机自(卓越工程师)、计算机科学与技术、计算机科学与技术(国际学院)、计算机科学与技术(师范)、计算机科学与技术(实验班)、计算机科学与技术(专升本)、计算机科学与技术+自动化、计算机类、建筑学、健行学院理工班、健行学院文科班、教育技术学、金融学、旅游管理、日语、日语+法学、软件工程、软件工程(2+2)、软件工程(专升本)、生物工程、生物技术、食品科学与工程、食品质量与安全、数学类、数学与应用数学、数字媒体技术、通信工程、土木工程、土木工程(专升本)、土木工程+工程管理、网络工程、物理学类、物流工程、信息管理与信息系统、信息与计算科学、药物制剂、药物制剂+工商管理、药学、药学+工商管理、艺术设计、英语、英语+法学、应用化学、应用化学+知识产权、应用物理学、应用心理学、知识产权、制药工程(化学制药)、制药工程(化学制药)+工商管理、制药工程(生物制药)、制药工程(生物制药)+工商管理、中药学、中药学+工商管理、自动化

专科专业 电脑艺术设计、软件技术

博士专业 材料化工、工业催化、国际贸易学、化工过程机械、化学工程、化学工艺、环境化工、机械电子工程、机械制造及其自动化、技术经济及管理、控制理论与控制工程、生物化工、药物化学、应用化学

硕士专业 材料加工工程、材料物理与化学、材料学、产业经济学、车辆工程、传播学、导航、制导与控制、发酵工程、分析化学、工程、工程管理、工商管理、工业催化、固体力学、管理科学与工程、光学、光学工程、国际贸易学、化工过程机械、化学工程、化学工艺、环境工程、环境科学、会计学、机械电子工程、机械设计及理论、机械制造及其自动化、计算机软件与理论、计算机系统结构、计算机应用技术、技术经济及管理、检测技术与自动化装置、教育技术学、教育经济与管理、结构工程、科学技术哲学、控制理论与控制工程、流体机械及工程、旅游管理、马克思主义中国化研究、模式识别与智能系统、农药学、农业推广、企业管理(含:财务管理)、市场营销、桥梁与隧道工程、热能工程、设计艺术学、生物化工、生物化学与分子生物学、生药学、食品科学、市政工程、思想政治教育、诉讼法学、通信与信息系统、微生物学、微生物与生化药学、物理化学(含:化学物理)、系统分析与集成、系统工程、信号与信息处理、岩土工程、药剂学、药理学、药物分析学、药物化学、药学、应用化学、应用数学、有机化学、职业技术教育学、中国古代文学

院系设置
化学工程与材料学院、机械工程学院、信息工程学院、经贸管理学院、建筑工程学院、生物与环境工程学院、职业技术教育学院、人文学院、药学院、理学院、法学院、外国语学院、艺术设计学院、健行学院、政治与公共管理学院、成人教育学院、继续教育学院、国际学院、教育科学与技术学院、计算机科学与技术学院、软件学院、软件职业技术学院、思想政治理论课教学与研究部、体育军训部

国家级、省部级研究机构设置
1. 实验室:绿色化学合成技术国家重点实验室培育基地、特种装备制造与先进加工技术教育部重点实验室、制药工程教育部重点实验室、浙江省绿色化学合成技术重点实验室、浙江省光纤通信技术重点研究实验室、浙江省制药工程重点实验室、浙江省嵌入式系统联合重点实验室、浙江省特种装备制造与先进加工技术重点实验室、浙江省生物燃料利用技术研究重点实验室、绿色制药浙江省工程实验室

2. 研究中心(所):能源材料及应用国际科技合作基地、生物转化与生物净化教育部工程研究中心、过程装备及其再制造教育部工程研究中心

博士后科研流动站 化学工程与技术、机械工程、控制科学与工程

定期公开出版的专业刊物 《浙江工业大学学报》

学校设立奖学金情况
学校设立奖学金11项,奖励总金额693.6余万元。奖学金最高金额5000元/年,最低金额300元/年。

主要校办产业
浙江工业大学建筑规划设计研究院有限公司、浙江工业大学化工设备有限公司、杭州航海仪器有限公司、浙江工业大学机械设备有限公司、浙江翔园宾馆、杭州工大用弘教科器材有限公司、浙江工业大学催化剂有限公司、杭州东晖印务有限公司等

学校历史沿革
浙江工业大学始建于1953年,其前身可以追溯到1910年创立的浙江中等工业学堂,先后经历了杭州化工学校(1953年6月~1958年6月)、浙江化工专科学校(1958年6月~1960年8月)、浙江化工学院(1960年2月~1980年10月)、浙江工学院(1978年2月~1993年2月)和浙江工业大学(1993年12月至今)等发展阶段。浙江省经济管理干部学院、杭州船舶工业学校、浙江建材工业学校分别于1994年、1997年和2001年并入浙江工业大学。2009年6月8日,浙江省人民政府和教育部签订共建协议,浙江工业大学进入省部共建高校行列。

浙江理工大学

学校(机构)标识码	4133010338
学校办学类型	411:本科院校:大学
学校性质类别	02 理工院校
学校举办者	811 省级教育部门
学校地址	浙江省杭州市下沙高教园区西区
邮政编码	310018
办公电话	0571-86843014
传真电话	0571-86843000
校园(局域)网域名	www.zstu.edu.cn
电子信箱	zist@zstu.edu.cn
占地面积(平方米)	732875

校舍建筑面积(平方米) 556527	其中:普通本科 17022	专任教师(人) 1187
图书(万册) 169.1	成人本科 1315	其中:正高级 189
固定资产总值(万元) 148308.01	成人专科 4530	副高级 460
教学、科研仪器设备资产值(万元) 42111.16	博士研究生 71	中级 505
	硕士研究生 2314	初级 25
在校生数(人) 25487	留学生 235	未定职级 8

本科专业 包装工程、表演、材料科学与工程、测控技术与仪器、传播学、电气工程及其自动化、电气信息类新专业、电子商务、电子信息工程、电子信息科学类新专业、电子信息科学与技术、动画、法学、纺织工程、纺织工程(纺织品设计)、非织造材料与工程、风景园林、服装设计与工程、服装设计与工程(ZIFT)、服装设计与工程(全英文)、工程管理、工商管理、工商管理类、工业工程、工业设计(工)、工业设计(工:产品设计)、工业设计(艺:家具设计)、公共管理类、公共事业管理、广告学、国际经济与贸易、过程装备与控制工程、汉语言文学、行政管理、化学类新专业、会计学、机械电子工程、机械类、机械设计制造及其自动化、计算机科学与技术、建筑环境与设备工程、建筑学、金融学、经济学、经济学类新专业、美术学、轻化工程、人力资源管理、日语、社会工作、生物技术、生物技术(生物工程)、生物技术(生物制药)、生物制药、市场营销、数学类新专业、数学与应用数学、数字媒体技术、通信工程、土木工程、信息管理与信息系统、信息与计算科学、艺术设计(ZIFT)、艺术设计(ZIFT营销)、艺术设计(产品设计)、艺术设计(服饰品设计与营销)、艺术设计(服装设计与营销)、艺术设计(服装艺术设计)、艺术设计(环境艺术设计)、艺术设计(家具设计)、艺术设计(染织艺术设计)、艺术设计(人物造型)、艺术设计(时装表演及营销)、艺术设计(时装表演及营销)、艺术设计(视觉传达设计)、英语、应用化学、应用物理学、应用心理学、自动化

博士专业 纺织工程、机械设计及理论

硕士专业 材料加工工程、材料物理与化学、材料学、测试计量技术及仪器、产业经济学、车辆工程、纺织材料与纺织品设计、纺织工程、纺织化学与染整工程、服装设计与工程、高分子化学与物理、工程、工商管理、管理科学与工程、机械电子工程、机械设计及理论、机械制造及其自动化、基础数学、计算机应用技术、控制理论与控制工程、流体机械及工程、马克思主义基本原理、美术学、企业管理、区域经济学、设计艺术学、生物化学与分子生物学、思想政治教育、信号与信息处理、艺术、应用化学、应用心理学、有机化学

院系设置

理学院、材料与纺织学院、服装学院、信息电子学院、机械与自动控制学院、建筑工程学院、生命科学学院、经济管理学院、设计与艺术学院、法政学院、外国语学院、文化传播学院、启新学院、马克思主义学院、成人教育学院、计算机技术教研部、体育教研部

国家级、省部级研究机构设置

1. 实验室:先进纺织材料与制备技术教育部重点实验室、浙江省丝纤维材料及加工技术实验室、浙江省现代纺织装备技术实验室、浙江省家蚕生物反应器和生物医药重点实验室

2. 研究中心(所):生态染整技术教育部工程研究中心、现代纺织装备技术教育部工程研究中心、浙江城镇有害生物预防控制省级高新技术研究开发中心、浙江省基因治疗研究中心

定期公开出版的专业刊物 《现代纺织技术》、《浙江理工大学学报》、《丝绸》、《中国丝绸年鉴》

学校设立奖学金情况

学校设立奖学金19项,奖励总金额445.74万元/年,最低金额200元/年。

主要校办产业

浙江理工大学后勤集团公司(浙江中纺教育发展有限公司、经济技术开发总公司、浙江学源后勤发展有限公司)

学校历史沿革

蚕学馆(1897年–1908年),浙江中等蚕桑学堂(1908年–1911年),浙江高等蚕桑学校(1911年–1912年),浙江中等蚕桑学堂(1912–1913),浙江省立甲种蚕业学校(1913年–1926年),浙江省立蚕桑科职业学校(1926年–1933年),浙江省立高级蚕桑科职业学校(1933年–1952年),浙江制丝技术学校(1952年),浙江杭州纺织工业学校(1952年),杭州工业学校(1953年),浙江纺织专科学校(1958年–1960年),杭州工学院(1960年–1961年),浙江纺织专科学校(1961年–1962年),浙江丝绸专科学校(四年制本科)(1962年–1964年),浙江丝绸工学院(1964年–1970年),杭州工业学校(1970年),浙江丝绸工学院(1975年–1999年),浙江工程学院(1999年–2004年),浙江理工大学(2004年5月至今)。

浙江海洋学院

学校(机构)标识码 4133010340	街道东湾村委会	电子信箱 zjhyxy@zjou.edu.cn
学校办学类型 412:本科院校:学院	邮政编码 316000	占地面积(平方米) 768659
学校性质类别 03 农业院校	办公电话 0580-2550009	校舍建筑面积(平方米) 379482
学校举办者 811 省级教育部门	传真电话 0580-2551314	图书(万册) 88.68
学校地址 浙江省舟山市定海区城东	校园(局域)网域名 www.zjou.edu.cn	固定资产总值(万元) 67746.5

教学、科研仪器设备资产值（万元） 11226.4	成人本科 391	其中：正高级 73
在校生数（人） 10439	成人专科 332	副高级 129
其中：普通本科 7950	硕士研究生 221	中级 253
普通专科 1535	留学生 10	初级 15
	专任教师（人） 470	

本科专业 安全工程、财务管理、船舶与海洋工程、电气工程及其自动化、电子信息工程、港口航道与海岸工程、海洋技术、海洋科学、海洋渔业科学与技术、汉语言文学、行政管理、航海技术、护理学、化学工程与工艺、环境工程、环境科学、机械电子工程、机械设计制造及其自动化、计算机科学与技术、建筑环境与设备工程、经济学、历史学、轮机工程、旅游管理、农业资源与环境、生物技术、生物科学、食品科学与工程、食品质量与安全、市场营销、数学与应用数学、水产养殖学、土木工程、物理学、物流管理、信息与计算科学、药学、英语、油气储运工程

专科专业 船舶工程技术、动漫设计与制作、会计、机电一体化技术、旅游管理、商务英语、生物技术及应用、水产养殖技术、物流管理、应用电子技术

硕士专业 捕捞学、海洋生物学、农业推广

院系设置
设有海洋科学学院、水产学院、海运学院、船舶与建筑工程学院、机电工程学院、食品与药学学院、医学院、数理与信息学院、石油化工学院、管理学院、人文学院、外国语学院、萧山科技学院、普陀科学技术学院和一所独立些学院，即东海科学技术学院

国家级、省部级研究机构设置
现有国家水产品头足类加工技术专业技术中心，浙江省海洋增养殖重点实验室，浙江省船舶工程重点实验室，浙江省海洋增养殖工程技术研究中心，浙江省海洋增养殖装备与工程技术重点实验室，浙江海洋药物研究中心，江海通达新船型研发中心

定期公开出版的专业刊物 《浙江海洋学院学报》（人文社科版）、《浙江海洋学院学报》（自然科学版）

学校设立奖学金情况
学校设立王成海奖学金、太平洋寿险奖学金、三好学生奖学金、一等奖学金、二等奖学金、单项奖学金、常石奖学金、美德奖学金8项，奖励总额1582700.00元。

主要校办产业
浙江海洋学院资产经营有限公司、浙江大海洋科技股份有限公司

学校历史沿革
浙江海洋学院创建于1958年，1998年由原浙江水产学院和舟山师范专科学校合并组建，此后舟山卫生学校、浙江水产学校、浙江省海洋水产研究所、舟山石化学校、舟山商业学校等学校（单位）相继并（进）入。半个世纪以来，学校数易校址、历经变迁，积淀形成了"海纳百川、自强不息"的校训精神，现已发展成为一所具有硕士学位授权资格，以海洋为特色，理学、农学、工学、文学、管理学、经济学等多学科发展的省属高校。

浙江农林大学

学校（机构）标识码 4133010341	电子信箱 xb@zafu.edu.cn	成人专科 2645
学校办学类型 411：本科院校：大学	占地面积（平方米） 1547074	硕士研究生 1100
学校性质类别 04 林业院校	校舍建筑面积（平方米） 430139	留学生 90
学校举办者 811 省级教育部门	图书（万册） 159.83	专任教师（人） 956
学校地址 浙江省杭州临安市环城北路88号	固定资产总值（万元） 126032.33	其中：正高级 138
邮政编码 311300	教学、科研仪器设备资产值（万元） 18539.24	副高级 324
办公电话 0571-63732700	在校生数（人） 18061	中级 443
传真电话 0571-63740666	其中：普通本科 13469	初级 42
校园（局域）网域名 www.zafu.edu.cn	成人本科 757	未定职级 9

本科专业 财会类、财务管理、测绘工程、城市管理、地理信息系统、电子商务、电子信息工程、电子信息类、动物科学、法学、风景园林、高分子材料与工程、工商管理、工商管理类、工业设计、工业设计（艺术类）、公共管理类、公共事业管理（健康管理）、广告学、国际经济与贸易、国际经济与贸易（国教）、汉语言文学、环境工程、环境科技类、环境科学、会计学、机械类、机械设计制造及其自动化、计算机科学与技术、建筑学、交通运输、理工创新实验、林学、旅游管理、旅游管理（休闲与健康促进）、木材科学与工程、木材科学与工程（室内与家具设计）、农林经济管理、农学、农学（种子科学与工程）、农业机械化及其自动化、农业资源与环境、日语、摄影、生态学（生态工程技术）、生物技术、生物科技类、生物科学、食品科学与工程、食品质量与安全、市场营销、数字媒体艺术、统计学、统计与信息类、土木工程、文化产业管理（茶文化）、文科创新实验、信息管理与信息系统、信息与计

算科学、艺术类、艺术设计(服装艺术设计)、艺术设计(视觉传达艺术设计)、艺术设计(数字媒体艺术)、艺术设计(园林艺术设计)、英语、应用化学、园林、园艺、园艺(观赏园艺)、植物保护、中药学、资源环境与城乡规划管理

硕士专业 城市规划与设计(含:风景园林规划)、工程、环境与资源保护法学、林木遗传育种、林业工程、林业经济管理、马克思主义中国化研究、农业推广、森林保护学、森林经理学、森林培育、设计艺术学、生态学、土壤学、园林植物与观赏园艺

院系设置

农业与食品科学学院、林业与生物技术学院、环境与资源源学院、工程学院、风景园林与建筑学院、旅游与健康学院、经济管理学院、马克思主义学院、法政学院、艺术设计学院、人文.茶文化学院、信息工程学院、外国语学院、理学院、国际教育学院、继续教育学院、农林干部管理学院

国家级、省部级研究机构设置

1. 实验室:亚热带森林培育国家重点实验室培育基地、浙江省现代森林培育技术重点实验室、浙江省森林生态系统碳循环与固碳减排重点实验室、竹业科学与技术省部共建教育部重点实验室、生物农药高效制备技术浙江省工程实验室

2. 研究中心(所):木质资源综合利用国家工程技术研究中心

定期公开出版的专业刊物 《浙江农林大学学报》

学校设立奖学金情况

学校设立奖学金14项,奖励总金额近654万元。奖学金最高金额10000元/人,最低金额100元/人。

主要校办产业

浙江林学院园林设计院、浙江林学院环境艺术工程公司、浙江林学院科欣科技开发有限公司、浙江林学院绿色技术中心、浙江吴越教育发展有限公司、浙江林学院天则山核桃科技开发有限公司

学校历史沿革

1958年,创建天目林学院 1960年,与浙江农学院、舟山水产学院合并,成立浙江农业大学 1962年,天目林学院独立建制 1966年,从浙江农业大学划出,更名为浙江林学院 1970年,省革委会决定浙江林学院与浙江农业大学合并 1978年,省革委会恢复浙江林学院(改为浙江农业大学天目分校) 1979年,国务院批准恢复浙江林学院 1982年,国务院批准浙江林学院为首批学士学位授予单位 1986年,由省林业厅主管改为省教委主管 1997年,顺利通过国家教委本科教学合格评价 2000年,浙江林业干部管理学校整体并入浙江林学院 2003年,国务院学位委员会批准为硕士授予单位 2007年,以优秀成绩通过教育部本科教学工作水平评估 2010年,经教育部批准更名为浙江农林大学。

温州医学院

学校(机构)标识码　4133010343
学校办学类型　412:本科院校:学院
学校性质类别　05 医药院校
学校举办者　811 省级教育部门
学校地址　浙江省温州市瓯海区茶山高教园区
邮政编码　325035
办公电话　0577 – 86689821
传真电话　0577 – 86689821
校园(局域)网域名　www.wzmc.edu.cn

电子信箱　office@wzmc.edu.cn
占地面积(平方米)　860576
校舍建筑面积(平方米)　427656
图书(万册)　149.41
固定资产总值(万元)　153253.22
教学、科研仪器设备资产值(万元)　22708.16
在校生数(人)　30692
其中:普通本科　10645
普通专科　600

成人本科　12555
成人专科　3923
博士研究生　81
硕士研究生　2274
留学生　614
专任教师(人)　1210
其中:正高级　250
副高级　295
中级　416
初级　249

本科专业 电子信息工程、法医学、公共事业管理、管理科学与工程类、海洋科学、护理学、环境科学、计算机科学与技术、康复治疗学、口腔医学、劳动与社会保障、临床医学、麻醉学、日语、生物技术、生物科学类、生物医学工程、市场营销、信息管理与信息系统、眼视光学、药学、药学类、医学检验、医学影像学、英语、应用心理学、预防医学、运动人体科学、制药工程、中药学、中医学

专科专业 护理、眼视光技术

博士专业 妇产科学、外科学、眼科学

硕士专业 病理学与病理生理学、病原生物学、儿科学、耳鼻咽喉科学、妇产科学、护理学、急诊医学、精神病与精神卫生学、康复医学与理疗学、口腔临床医学、口腔医学、老年医学、临床检验诊断学、临床医学、麻醉学、免疫学、内科学、皮肤病与性病学、人体解剖与组织胚胎学、神经病学、生理学、外科学、眼科学、药理学、遗传学、影像医学与核医学、运动医学、中西医结合临床、中药学、肿瘤学

院系设置

基础医学院、第一临床医学院、第二临床医学院、检验医学院、生命科学学院、环境与公共卫生学院、人文与管理学院、外国语学院、眼视光学院、口腔医学院、护理学院、药学院、体育科学学院、信息与工程学院

国家级、省部级研究机构设置

1. 实验室:浙江省眼视光学和视觉科学重点实验室、省部共建教育部检验医学重点实验室、卫生部视觉科学研究重点实验室、浙江省医学遗传学重点实验室、浙江省生物技术制药工程重点实验室、浙江省模式生物技术与应用重点实验室

2. 研究中心(所):卫生部视光学研究中心、现代眼视光技术与装备教育部工程研究中心

博士后科研流动站 临床医学一级学科博士后科研流动站

定期公开出版的专业刊物 《温州医学院学报》、《中华眼视光学与视觉科学杂志》、《肝胆胰外科杂志》、《浙江创伤外科》、《检验医学教育》

学校设立奖学金情况

学校设立奖学金14项,奖励总金额710.6余万元。奖学金最高金额2万元/年,最低金额500元/年。

学校历史沿革

学校前身为1912年建立的浙江医学专门学校,1958年由浙江医学院从杭州分迁至温州建立,原名"浙江第二医学院",同年根据学校所在地更名为"温州医学院"。2001年温州卫生学校并入。

浙江中医药大学

学校(机构)标识码	4133010344
学校办学类型	411:本科院校:大学
学校性质类别	05 医药院校
学校举办者	811 省级教育部门
学校地址	浙江省杭州市滨江区滨文路548号
邮政编码	310053
办公电话	0571-86633077
传真电话	0571-86613500
校园(局域)网域名	www.zjtcm.net
电子信箱	zjtcm@zjtcm.net
占地面积(平方米)	273347
校舍建筑面积(平方米)	163212
图书(万册)	61.7
固定资产总值(万元)	48500
教学、科研仪器设备资产值(万元)	16800
在校生数(人)	8579
其中:普通本科	5441
成人本科	1011
成人专科	438
博士研究生	156
硕士研究生	1376
留学生	157
专任教师(人)	592
其中:正高级	164
副高级	158
中级	200
初级	40
未定职级	30

本科专业 公共事业管理、护理学、计算机科学与技术、康复治疗学、口腔医学、临床医学、生物工程、生物科学、食品科学与工程、市场营销、听力学、药物制剂、药学、药学类、医学检验、医学影像、英语、针灸推拿学、制药工程、中草药栽培与鉴定、中西医临床医学、中药学、中医学、中医学(七年制)、中医学(针推方向七年制)

博士专业 中西医结合临床、中药学、中医骨伤科学、中医临床基础、中医内科学

硕士专业 方剂学、护理学、康复医学与理疗学、内科学、生物化工、生药学、药剂学、药理学、影像医学与核医学、针灸推拿学、中西医结合基础、中西医结合临床、中药学、中医儿科学、中医妇科学、中医骨伤科学、中医基础理论、中医临床基础、中医内科学、中医外科学、中医五官科学、中医学、中医医史文献、中医诊断学

院系设置

基础医学院、第一临床医学院、第二临床医学院、第三临床医学院、药学院、管理学院、生物科学学院、生物工程学院、护理学院、听力学院、口腔医学院、信息技术学院、外国语学院、成教学院、外教学院、体育部、社科部

国家级、省部级研究机构设置

分子医学研究所、浙江省中医骨伤研究所、何任中医研究所、针灸推拿研究所、中医临床基础研究所、心脑血管病研究所、耳聋康复研究所药物研究所、中西医结合血液病研究所、中药炮制研究所、动物实验中心

博士后流动站 中药学、中医临床基础。

定期公开出版的专业刊物 《浙江中医药大学学报》、《中医临床基础》

学校设立奖学金情况

学校设立奖学金共9项,奖励总金额417.44万元。奖学金最高金额8000元/年,最低金额100元/年。

主要校办产业

浙江中医药大学实验药厂、人民卫生出版社杭州发行站

学校历史沿革

前身为浙江省中医进修学校,1959年6月成立浙江中医学院,2006年升格为浙江中医药大学。

浙江师范大学

学校(机构)标识码	4133010345
学校办学类型	411:本科院校:大学
学校性质类别	06 师范院校
学校举办者	811 省级教育部门
学校地址	浙江省金华市迎宾大道688号
邮政编码	321004
办公电话	0579-82282388
传真电话	0579-82280322
校园(局域)网域名	www.zjnu.cn
电子信箱	zjnu@zjnu.cn
占地面积(平方米)	1808049
校舍建筑面积(平方米)	984661
图书(万册)	236.55
固定资产总值(万元)	135956.71
教学、科研仪器设备资产值(万元)	27098.64
在校生数(人)	34605

其中:普通本科 16098	硕士研究生 3429	副高级 483
普通专科 1269	留学生 893	中级 448
成人本科 9044	专任教师(人) 1308	初级 57
成人专科 3872	其中:正高级 282	未定职级 38

本科专业 材料物理、财务管理、财务会计教育、城市规划、地理科学、电子商务、电子信息工程、动画、对外汉语、法学、翻译、工商管理、工商管理类、光信息科学与技术、广告学、国际经济与贸易、汉语言文学、行政管理、化学、环境科学、会计学、机械设计制造及其自动化、计算机科学与技术、交通运输、教育技术学、教育学、金融学、科学教育、历史学、旅游管理、旅游管理与服务教育、美术学、汽车维修工程教育、人文教育、日语、软件工程、社会工作、社会体育、生物技术、生物科学、市场营销、数学类新专业、数学与应用数学、数字媒体技术、思想政治教育、体育教育、通信工程、外国语言文学类新专业、网络工程、文化产业管理、物理学、戏剧影视文学、小学教育、信息与计算科学、学前教育、艺术教育、艺术设计、音乐表演、音乐学、英语、应用电子技术教育、应用化学、应用心理学、中国语言文学类新专业

专科专业 机电一体化技术、汽车检测与维修技术、数控技术、学前教育、应用电子技术

硕士专业 比较教育学、比较文学与世界文学、成人教育学、动物学、发展与教育心理学、分析化学、高等教育学、工商管理、公共管理、光学、广播电视艺术学、国外马克思主义研究、汉语国际教育、汉语言文字学、行政管理、基础数学、基础心理学、计算机软件与理论、计算机应用技术、计算数学、教育、教育技术学、教育经济与管理、教育史、教育学原理、课程与教学论、理论物理、马克思主义基本原理、马克思主义中国化研究、美术、美术学、民商法学(含:劳动法学)、社会保障、民俗学(含:中国民间文学)、凝聚态物理、农业科技组织与服务、企业管理(含:财务管理)、市场营销、区域经济学、人文地理学、软件工程、社会工作、社会体育指导、社会学、生态学、世界史、思想政治教育、特殊教育学、体育教学、体育教育训练学、体育人文社会学、外国语言学及应用语言学、外国哲学、文艺学、物理电子学、物理化学(含:化学物理)、系统理论、学前教育学、音乐学、英语笔译、英语语言文学、应用数学、应用心理、应用心理学、有机化学、语言学与应用语言学、运筹学与控制论、运动训练、职业技术教育学、植物学、中国古代文学、中国古典文献学、中国近现代史基本问题研究、中国现当代文学、专门史、自然地理学

院系设置
初阳学院、经济与管理学院、法政学院、教师教育学院、杭州幼儿师范学院、体育与健康科学学院、人文学院、外国语学院、音乐学院、美术学院、文化创意与传播学院、数理与信息工程学院、化学与生命科学学院、地理与环境科学学院、工学院、职业技术教育学院、国际文化与教育学院、中非商学院

国家级、省部级研究机构设置
1. 实验室:先进催化材料实验室,固体表面反应化学实验室
2. 研究中心(所):江南文化研究基地,浙江省非物质文化遗产研究基地,江南村落研究基地,体育文化研究基地,非洲研究中心

定期公开出版的专业刊物 《浙江师范大学学报(自然科学版)》、《浙江师范大学学报(社会科学版)》、《浙江师范大学报》、《中学教研(数学)》、《幼儿教育》、《中国儿童文化》

学校设立奖学金情况
学校设立奖学金8项,奖励总金额9031100元/年,最低金额9010000元/年。

主要校办产业
浙江师范大学资产经营有限责任公司、浙江浙师大出国留学服务中心、浙江师范大学科技实业总公司、浙江师范大学商业旅游发展公司、浙江师范大学杭州幼儿师范学院工厂、浙江师范大学杭州幼儿师范学院工厂分厂、北京教具中心浙江分中心杭州经理部、浙江幼师后勤服务有限公司、浙江师范大学杭州培训中心、浙江幼儿师范学院小天使服务部

学校历史沿革
浙江师范大学前身为杭州师范专科学校,创建于1956年。1958年升格为杭州师范学院。1962年,杭州师范学院与浙江教育学院、浙江体育学院合并,更名为浙江师范学院。1965年,浙江师范学院从杭州搬迁至金华现校址。1980年被列为省属重点高校。1985年更名为浙江师范大学。2000年、2001年、2004年浙江财政学校、浙江幼儿师范学校和金华铁路司机学校相继并入。

杭州师范大学

学校(机构)标识码 4133010346	传真电话 0571-28865000	33699.35
学校办学类型 411:本科院校:大学	校园(局域)网域名 www.hznu.edu.cn	在校生数(人) 24241
学校性质类别 06 师范院校	电子信箱 dwbgs@hznu.edu.cn	其中:普通本科 13609
学校举办者 821 地级教育部门	占地面积(平方米) 705003	普通专科 21
学校地址 浙江省杭州市下沙高教园区学林街16号	校舍建筑面积(平方米) 512519	成人本科 4795
	图书(万册) 208.35	成人专科 3841
邮政编码 310036	固定资产总值(万元) 154986.28	硕士研究生 1697
办公电话 0571-28865011	教学、科研仪器设备资产值(万元)	留学生 278

| 专任教师(人) 1283 | 副高级 450 | 初级 27 |
| 其中:正高级 240 | 中级 431 | 未定职级 135 |

本科专业 电气信息类、电子商务、电子信息工程、电子信息工程(服务外包方向)、电子信息工程(嵌入式软件服务方)、电子信息工程(物联网工程方向)、动画、对外汉语、法学、法学类、高分子材料与工程、公共事业管理、公共事业管理(卫生事业管理)、国际商务、汉语言文学、护理学、化学、化学类、环境科学、环境科学类、会展经济与管理、绘画、计算机科学与技术、计算机科学与技术(服务外包方向)、教育技术学、教育学类、经济学、科学教育、口腔医学、历史学、临床医学、临床医学(心电与超声方向)、临床医学(医学影像方向)、旅游管理、美术学、美术学(动漫方向)、民族传统体育、人文教育、日语、软件工程、软件工程(服务外包方向)、软件工程(嵌入式软件服务方向)、社会工作、社会体育、生物技术、生物科学、食品质量与安全、市场营销(网络)、市场营销(医药市场营销)、数学与应用数学、思想政治教育、体育教育、统计学、舞蹈学、物理学、小学教育、信息与计算科学、休闲体育、学前教育、药学、艺术教育、艺术教育(学前)、艺术设计、艺术设计(动漫方向)、音乐表演、音乐学、英语、应用化学、应用物理学、应用心理学、预防医学、知识产权、制药工程、作曲与作曲技术理论

专科专业 体育教育(高职)

硕士专业 动物学、发展与教育心理学、高分子化学与物理、汉语言文字学、护理学、基础数学、计算机应用技术、教育经济与管理、教育硕士、教育学原理、课程与教学论、理论物理、马克思主义中国化研究、美术学、民商法学(含:劳动法学)、社会保障、凝聚态物理、人体解剖与组织胚胎学、设计艺术学、社会医学与卫生事业管理、生态学、思想政治教育、体育教育训练学、体育人文社会学、外国语言学及应用语言学、文艺学、遗传学、艺术学、音乐学、应用数学、应用心理学、有机化学、植物学、中国古代文学、中国古典文献学、中国近现代史、中国现当代文学、中国哲学、专门史

院系设置

人文学院、理学院、生命与环境科学学院、音乐学院、体育与健康学院、美术学院、外国语学院、政治经济学院、法学院、教育学部(教育科学学院、经亨颐学院、初等教育学院)、医学部(临床医学院、附属医院、护理学院、医药卫生管理学院、基础医学部)、材料与化学化工学院、阿里巴巴商学院、杭州国际服务与工程学院(信息科学与工程学院)、杭州国际动漫学院、国际教育学院、社会科学基础部、钱江学院(外国语言文化分院、理学分院、经济管理分院、音乐舞蹈分院、创意设计艺术分院、新闻传播分院、信息与机电工程分院、法学分院、医学与生物工程分院、体育与健康管理分院、材料与化学工程分院、基础教学部、现代教育技术中心、艺术教育指导委员会)

国家级、省部级研究机构设置

浙江省有机硅化学及材料技术重点实验室、浙江省城市湿地与区域变化研究重点实验室

定期公开出版的专业刊物 《杭州师范大学学报(社会科学版)》、《杭州师范大学学报(自然科学版)》、《健康研究》、《美育学刊》

学校设立奖学金情况

学校设立奖学金13项,奖励总金额1357.57余万元。奖学金最高金额8000元/年,最低金额200元/年。

1. 国家奖学金:42人/年,8000元/人,合计33.6万元;
2. 国家励志奖学金:650人/年,5000元/人,合计325万元;
3. 国家助学金:一等:759人/年,3000元/人,合计227.7万元;二等:1996人/年,1500元/人,合计299.4万元;
4. 星巴克奖学金:20人/年,3000元/人,合计6万元;
5. 金秋助学经:45人/年,2500元/人,合计11.25万元;
6. 亚思奖学金:10人/年,2000元/人,合计2万元;
7. 陈魏珍医学奖学金:31人/年,400-100元/人,合计1.75万元;
8. 孝廉奖学金:42人/年,400元/人,合计1.68万元;
9. 福慧奖学金:50人/年,2000元/人,合计10万元;
10. 励学奖学金:50人/年,2000元/人,合计10万元;
11. 韩国晴山奖学金:4人/年,5000元/人,合计2万元;
12. 优秀学生奖学金:600、1000、2000元/年,分别按照学生的5%、10%、10%来评奖,合计247.85万元;
13. 师范生奖学金:200、440、900、1500元/人,分别按照5%、15%、30%、40%来发放,合计179.343万元。

主要校办产业

杭州仁和教育发展有限公司、杭州师范大学科技园发展有限公司、杭州杭师大国际服务外包教育有限公司、杭州世达马克汉姆投资管理有限公司

学校历史沿革

杭州师范学院于1978年经国务院批准【教育部(78教计字1427号)】,在原杭州师范学校的基础上建立,1982年获得学士学位授予权。1988年经国务院学位委员会批准,获得硕士学位授予权。1999年开始招收研究生。2000年。杭州教育学院、杭州师范学校并入杭州师范学院。2001年,杭州医学高等专科学校并入杭州师范学院。2003年10月,下沙高教园区新校区启用,第一批新生入学。2005年9月,杭本部迁往下沙高教园区新校区。2007年3月,杭州师范学院正式更名为杭州师范大学。

湖州师范学院

学校(机构)标识码 4133010347	学校举办者 821 地级教育部门	邮政编码 313000
学校办学类型 412:本科院校:学院	学校地址 浙江省湖州市吴兴区学士路1号	办公电话 0572-2321058
学校性质类别 06 师范院校		传真电话 0572-2321059

校园(局域)网域名　www.hutc.zj.cn	6697.3	专任教师(人)　526
电子信箱　yzbgs@hutc.zj.cn	在校生数(人)　14138	其中:正高级　65
占地面积(平方米)　566906	其中:普通本科　9198	副高级　140
校舍建筑面积(平方米)　247749	普通专科　851	中级　219
图书(万册)　92.73	成人本科　1804	初级　41
固定资产总值(万元)　49054.54	成人专科　2275	未定职级　61
教学、科研仪器设备资产值(万元)	留学生　10	

本科专业　材料化学、电子科学与技术、电子商务、电子信息工程、对外汉语、光电子技术科学、广告学、国际经济与贸易、汉语言文学、行政管理、护理学、化学、环境设计、机械电子工程、机械设计制造及其自动化、计算机科学与技术、教育管理、教育技术学、科学教育、口腔医学、历史学、临床医学、旅游管理、美术学、日语、生物工程、生物技术、市场营销、数学与应用数学、思想政治教育、体育教育、物理学、物流管理、小学教育、小学教育(英语)、新闻学、信息管理与信息系统、信息与计算科学、学前教育、音乐表演、音乐学、英语、英语师范、应用物理学、应用心理学、制药工程

专科专业　临床医学、学前教育

院系设置
商学院、社会发展学院、教师教育、继续教育学院、体育学院、文学院、外国语学院、艺术学院、理学院、信息与工程学院、生命科学学院、医学院

国家级、省部级研究机构设置
研究所(中心):物理实验教学中心

定期公开出版的专业刊物　《湖州师范学院学报》

学校设立奖学金情况
学校设立奖学金3项,奖励总金额260余万元。奖学金最高金额2000元/年,最低金额200元/年。
1. 专业一等奖学金:314人/年,2000元/人
2. 专业二等奖学金:650人/年,1200元/人
3. 专业三等奖学金:964人/年,800元/人
4. 陆侯燕英奖学金:22人/年,2000元/人
5. 单项奖学金:1506人/年,200元/人

主要校办产业
湖州师范学院印刷厂

毕业生一次就业率　96.09%

学校历史沿革
湖州师范学院是一所全日制普通本科高等院校,学校办学历史可追溯至1916年的钱塘道第三联合县立师范讲习所,1958年开始高等教育,1994年开始招收本科生。1999年3月,经国家教育部批准,原湖州师范专科学校、湖州师范学校和湖州教师进修学院合并成立湖州师范学院。2000年5月,原湖州卫生学校并入湖州师范学院。

绍兴文理学院

学校(机构)标识码　4133010349	电子信箱　office@usx.edu.cn	成人本科　3978
学校办学类型　412:本科院校:学院	占地面积(平方米)　1013384	成人专科　2484
学校性质类别　06 师范院校	校舍建筑面积(平方米)　479177	留学生　32
学校举办者　821 地级教育部门	图书(万册)　127.6	专任教师(人)　763
学校地址　浙江省绍兴市环城西路508号	固定资产总值(万元)　88945.93	其中:正高级　125
	教学、科研仪器设备资产值(万元)	副高级　237
邮政编码　312000	16860.69	中级　344
办公电话　0575-88064138	在校生数(人)　20319	初级　17
传真电话　0575-88067917	其中:普通本科　11781	未定职级　40
校园(局域)网域名　www.usx.edu.cn	普通专科　2044	

本科专业　电子信息工程、对外汉语、法学、纺织工程、服装设计与工程、工程管理、工商管理、公共事业管理、国际经济与贸易、汉语言文学、汉语言文学(师)、行政管理、护理学、化学(师)、环境科学、会计学、机械电子工程、机械设计制造及其自动化、计算机科学与技术、建筑学、科学教育(师)、临床医学、临床医学(医学影像诊断)、美术学(师)、酿酒工程、轻化工程、日语、生物科学、生物科学(师)、书法学、书法学(师)、数学与应用数学(师)、思想政治教育(师)、体育教育(师)、土木工程、微电子学、物理学(师)、小学教育(师)、信息管理与信息系统、信息与计算科学、学前教育(师)、药学、医学检验、艺术设计、艺术设计(服装设计)、音乐表演、音乐学、音乐学(师)、英语、英语(师)、应用化学、应用心理学、应用心理学(师)、运动训练、自动化

专科专业　会计(高职)、计算机应用技术(高职)、酒店管理(高职)、商务英语(高职)、文秘(高职)、舞蹈表演(高职)、戏曲表演(高职)、学前教育(专科)(师)、艺术设计(高职)、音乐表演(高职)

院系设置

18 个二级学院设置:经济与管理学院、法学院、教育学院、体育学院、人文学院、外国语学院、音乐学院、美术学院、兰亭书法艺术学院、数理信息学院、工学院、纺织服装学院、化学化工学院、生命科学学院、医学院、元培学院、上虞分院、成人教育学院

国家级、省部级研究机构设置

5 个重点学科:浙江省省级重点学科(一级):中国古代文学、应用化学;浙江省省级重点学科(二级):课程与教学论、计算数学、企业管理学

定期公开出版的专业刊物 《绍兴文理学院学报》

学校设立奖学金情况

学校设立奖学金 21 项,奖励总金额 1161.08 万元。奖学金最高金额 8000 元/年,最低金额 80 元/年。

学校历史沿革

1. 1980 年 5 月 8 日,经国务院批准建立绍兴师范专科学校。2. 1987 年 4 月 14 日,经浙江省教育委员会批准建立绍兴高等专科学校。3. 1996 年 4 月 14 日,经国家教育委员会批准,原绍兴师范专科学校、绍兴高等专科学校、绍兴职工大学、浙江广播电视大学绍兴分校,合并组建绍兴文理学院。

台州学院

学校(机构)标识码 4133010350	电子信箱 xbgs@tzc.edu.cn	成人本科 984
学校办学类型 412:本科院校:学院	占地面积(平方米) 1017138	成人专科 1434
学校性质类别 01 综合大学	校舍建筑面积(平方米) 394854	留学生 13
学校举办者 821 地级教育部门	图书(万册) 165.05	专任教师(人) 854
学校地址 浙江省临海市东方大道 605 号	固定资产总值(万元) 113257	其中:正高级 53
	教学、科研仪器设备资产值(万元) 14709	副高级 246
邮政编码 317000	在校生数(人) 16972	中级 471
办公电话 0576-85137003	其中:普通本科 13159	初级 19
传真电话 0576-85137088	普通专科 1382	未定职级 65
校园(局域)网域名 www.tzc.edu.cn		

本科专业 材料成型及控制工程、材料化学、材料科学与工程、材料物理、财务管理、财务管理(财务信息方向)、电气工程及其自动化、电子信息工程、高分子材料与工程、给水排水工程、工商管理、工商管理(旅游管理方向)、国际经济与贸易、汉语言文学、汉语言文学(师范)、护理学、化学(师范)、化学工程与工艺、环境工程、机械设计制造及其自动化、计算机科学与技术、计算机科学与技术(师范)、科学教育(师范)、历史学(师范)、临床医学、美术学(师范)、生物工程、生物科学、生物科学(师范)、市场营销、数学与应用数学(师范)、思想政治教育、体育教育(师范)、土木工程、物理学(师范)、小学教育(师范)、信息管理与信息系统、学前教育(师范)、医学检验、艺术设计、音乐学(师范)、英语、英语(师范)、制药工程

专科专业 初等教育(特殊教育)(师范)、初等教育(英语方向)(师范)、护理、会计、临床医学、旅游管理、商务英语、学前教育(师范)、应用电子技术、助产

院系设置

人文学院、经贸管理学院、外国语学院、数学与信息工程学院、物理与电子工程学院、生命科学学院、医药化工学院、体育科学学院、艺术学院、教育学院、机械工程学院、建筑工程学院、医学院、教师教育学院

定期公开出版的专业刊物 《台州学院学报》

学校设立奖学金情况

学校设立奖学金 8 项,奖励总金额 1058.09 万元。奖学金最高金额 8000 元/年,最低金额 100 元/年。

学校历史沿革

台州学院前身是 1907 年创建的三台中学堂简师科。1958 年建立台州师范专科学校。1970 年再次举办师专,后改校名为浙江师范学院台州分院。1978 年经国务院批准正式建立台州师范专科学校。1995 年台州地区教师进修学校并入台州师专。2002 年 6 月临海师范学校并入台州师专。2002 年 3 月经国家教育部批准正式升格为台州学院。2004 年 12 月台州卫生学校并入,2007 年温岭师范学校并入。

温州大学

学校(机构)标识码 4133010351	学校举办者 821 地级教育部门	邮政编码 325035
学校办学类型 411:本科院校:大学	学校地址 温州市高教园区(瓯海区茶山镇)	办公电话 0577-86598000
学校性质类别 01 综合大学		传真电话 0577-86597000

校园(局域)网域名　www.wzu.edu.cn	26441.53	留学生　147
电子信箱　wzu@wzu.edu.cn	在校生数(人)　17794	专任教师(人)　928
占地面积(平方米)　968298	其中:普通本科　11383	其中:正高级　155
校舍建筑面积(平方米)　633283	普通专科　257	副高级　311
图书(万册)　133.58	成人本科　2098	中级　430
固定资产总值(万元)　59425.26	成人专科　2948	初级　32
教学、科研仪器设备资产值(万元)	硕士研究生　961	

本科专业 材料科学与工程、财务管理、电气工程及其自动化、电气信息类、电子信息工程、电子信息科学类、电子信息科学与技术、法学、服装设计与工程、工程管理、工商管理、工商管理类、工业工程、工业设计、广告学、国际经济与贸易、汉语言文学、行政管理、化学、化学工程与工艺、化学类、环境科学、机械工程及自动化、机械类、计算机科学与技术、建筑学、教育技术学、教育学、经济学、历史学、美术学、汽车服务工程、生物技术、生物科学、市场营销、数学类、数学与应用数学、思想政治教育、体育教育、通信工程、统计学、土木工程、网络工程、物理学、小学教育、信息管理与信息系统、信息与计算科学、学前教育、艺术设计、音乐表演、音乐学、英语、应用化学、应用心理学

专科专业 学前教育

硕士专业 汉语言文字学、计算机应用技术、课程与教学论、理论物理、马克思主义基本原理、民俗学(含:中国民间文学)、凝聚态物理、思想政治教育、体育教育训练学、文艺学、物理化学(含:化学物理)、音乐学、英语语言文学、应用化学、应用数学、有机化学、语言学与应用语言学、中国古代文学、中国现当代文学、专门史

院系设置

商学院、法政学院、马克思主义学院、教师教育学院、体育学院、人文学院、外国语学院、音乐学院、美术与设计学院、数学与信息科学学院、物理与电子信息工程学院、化学与材料工程学院、生命与环境科学学院、机电工程学院、建筑与土木工程学院、国际合作学院、创业人才培养学院、成人(继续)教育学院

国家级、省部级研究机构设置

1. 实验室:浙江皮革工程重点实验室、浙江省低压电器智能技术重点实验室

2. 研究所(中心):浙江省哲学社会科学重点研究基地、温州人经济研究中心

定期公开出版的专业刊物 《温州大学学报(社会科学版)》、《温州大学学报(自然科学版)》

学校设立奖学金情况

学校设立奖学金7项,奖励总金额754.69余万元,奖学金最高金额6000元/年,最低金额200元/年。

1. 综合奖学金8417人/年,400元/人;
2. 谷超豪奖学金10人/年,5000元/人;
3. 国梁奖学金21人/年,6000元/人;
4. 移动学子情奖学金70人/年,4000元/人;
5. 普通研究生奖学金858人/年,4627元/人;
6. 优秀研究生奖学金217人/年,518人/年;
7. 新生奖学金32人/年,2906元/人。

学校历史沿革

温州大学是一所地方综合性大学,于2006年2月经教育部批准由温州师范学院与原温州大学合并组建而成。温州师范学院(初称温州师范专科学校)于1956年,办学历史可追溯到1933年创办的温州师范学校,1958年升格为本科。成立1964年撤销温州师范学院,成立温州地区教研函授站,1978年恢复温州师范专科学校,1987年国家教委同意正式建立温州师范学院,1991年获学士学位授予权,1992年与温州教育学院联合办学,2001年瑞安师范学校、平阳师范学校、温州幼儿师范学校相继并入,2003年或硕士学位授予权。原温州大学创办于1984年。

丽水学院

学校(机构)标识码　4133010352	电子信箱　office@lsu.edu.cn	普通专科　3662
学校办学类型　412:本科院校:学院	占地面积(平方米)　654155	成人本科　2322
学校性质类别　06师范院校	校舍建筑面积(平方米)　335268	成人专科　1690
学校举办者　821地级教育部门	图书(万册)　133.97	专任教师(人)　709
学校地址　浙江省丽水市莲都区学院路1号	固定资产总值(万元)　58662.74	其中:正高级　59
	教学、科研仪器设备资产值(万元)	副高级　202
邮政编码　323000	7341.91	中级　334
办公电话　0578-2271072	在校生数(人)　15915	初级　76
传真电话　0578-2134306	其中:普通本科　8241	未定职级　38
校园(局域)网域名　www.lsu.edu.cn		

本科专业 财务管理、电气信息类、电子信息工程、工商管理类、国际经济与贸易、汉语言文学、汉语言文学(文秘方向)、护理学、化学、化学工程与工艺、机械设计制造及其自动化、计算机科学与技术、教育学类、旅游管理、美术学、农村区域发展、摄影、生物科学、数学与应用数学、数学与应用数学(金融数学方向)、思想政治教育、体育教育、土木工程、网络工程、物理学、物理学(光源与照明方向)、小学教育、信息与计算科学、学前教育、艺术设计、音乐学、音乐学(舞蹈方向)、英语、英语(非师范)、园林、园艺、自动化

专科专业 电子商务、电子信息工程技术、工业分析与检验、国际经济与贸易、护理、护理(口腔专门化)、护理(助产方向)、环境监测与治理技术、会计、计算机网络技术、计算机应用技术、建筑工程技术、口腔医学、口腔医学技术、临床医学、旅游管理、商务英语、社会工作、生物技术及应用、市场营销、数控技术、文秘、新闻采编与制作、学前教育、艺术设计、音乐表演、应用电子技术、园林技术

院系设置
文学院、理学院、工学院、商学院、生态学院、教育学院、艺术学院、医学院、成人教育学院

国家级、省部级研究机构设置
实验室:机械工程实验室、化学化工实验中心、园林园艺实训中心、计算机基础实验中心

定期公开出版的专业刊物 《丽水学院学报》

学校设立奖学金情况
学校设立奖学金7项,奖励总金额1147.55万元,奖学金最高金额8000元/年,最低金额300元/年。
1. 丽水学院奖学金:1824人/年,1400、800、300元/人;
2. 国家奖学金:28人/年,8000元/人;
3. 国家励志奖学金:478人/年,5000元/人;
4. 国家助学金:8941672人/年,40002500元/人;
5. 扬帆寿尔福助学金:22人/年,1200元/人;
6. 中天集团爱心公益基金:50人/年,3000元/人;
7. 万地慈善助学金:50人/年,4000元/人。

主要校办产业
丽水学院后勤发展有限公司

学校历史沿革
丽水学院的前身是创建于1906年的处州学堂,1907年处州学堂改名为处州师范学堂,1946年更名为浙江省处州师范学校,1954年改称丽水师范学校;1978年经国务院批准建立丽水师范专科学校,2000年8月浙江省少数民族师范学校并入丽水师范专科学校,2003年3月浙江省政府批复同意丽水师范专科学校与丽水职业技术学院合并,2004年5月升格更名为丽水学院。

浙江工商大学

学校(机构)标识码	4133010353
学校办学类型	411:本科院校:大学
学校性质类别	08 财经院校
学校举办者	811 省级教育部门
学校地址	浙江省杭州市下沙高教园区学正街18号
邮政编码	310018
办公电话	0571-28877888
传真电话	0571-28877222
校园(局域)网域名	www.zjsu.edu.cn
电子信箱	xiaoban@zjsu.edu.cn
占地面积(平方米)	1117532
校舍建筑面积(平方米)	810581
图书(万册)	183.4
固定资产总值(万元)	166810
教学、科研仪器设备资产值(万元)	25357
在校生数(人)	25100
其中:普通本科	14918
成人本科	3662
成人专科	3433
博士研究生	133
硕士研究生	2501
留学生	453
专任教师(人)	1156
其中:正高级	219
副高级	460
中级	426
初级	29
未定职级	22

本科专业 保险、编辑出版学、财务管理、测控技术与仪器、城市管理、电子商务、电子信息工程、动画、法学、法语、给水排水工程、工程管理、工商管理、公共事业管理、广告学、国际经济与贸易、国际商务、汉语言文学、行政管理、环境工程、环境科学、会计、计算机科学与技术、金融学、经济学、劳动与社会保障、历史学、旅游管理、美术学、人力资源管理、日语、软件工程、社会工作、审计学、生物工程、食品科学与工程、食品质量与安全、市场营销、数学与应用数学、通信工程、统计学、土地资源管理、网络工程、文化产业管理、物流管理、新闻学、信息安全、信息管理与信息系统、信息与计算科学、艺术设计、英语、应用化学、哲学、知识产权、资源环境与城乡规划管理

博士专业 企业管理(含:财务管理)、市场营销、食品科学、统计学

硕士专业 保险、产业经济学、法律、翻译、工程、工商管理、管理科学与工程、国际法学(含:国际公法)、国际私法、国际贸易学、国际商务、国民经济学、行政管理、环境工程、会计、会计学、计算机软件与理论、计算机应用技术、技术经济及管理、金融、金融学(含:保险学)、经济法学、旅游管理、马克思主义基本原理、民商法学(含:劳动法学)、社会保障、企业管理(含:财务管理、市场营销)、区域经济学、日语语言文学、设计艺术学、生物化工、食品科学与工程、数量经济学、诉讼法学、通信与信息系统、统计学、外国语言学及应用语言学、西方经济学、信号与信息处理、英语语言文学、应用统计、专门史

院系设置
工商管理学院、旅游与城市管理学院、财务与会计学院、统计与数学学院、经济学院、金融学院、食品与生物工程学院、环境科学与工程学院、信息与电子工程学院、计算机与信息工程学院、法学院、人文与传播学院、公共管理学院、外国语学院、日本

语言文化学院、艺术设计学院、马克思主义学院、章乃器学院、MBA学院、国际教育学院、继续教育学院、人民武装学院

国家级、省部级研究机构设置

1. 实验室：浙江省重点实验室——浙江省食品安全重点实验室

2. 研究中心(所)：教育部省部共建人文社会科学重点研究基地——浙江工商大学现代商贸研究中心；浙江省哲学社会科学重点研究基地——浙江省浙商研究中心；浙江省省级行业科研创新平台——浙江省渔业科技创新服务平台(第二单位)；国家农产品加工技术研发专业分中心——国家海水鱼类加工技术研发分中心(杭州)

博士后科研流动站 食品科学与工程、工商管理

定期公开出版的专业刊物 《商业经济与管理》、《浙江工商大学学报》

学校设立奖学金情况

学校设立奖学金18项，奖励总金额1000余万元。奖学金最高金额15000元/年，最低金额200元/年。

国家奖学金：人数由省教育厅下达 8000元/人；

国家励志奖学金：人数由省教育厅下达 5000元/人；

优秀学生综合一等奖学金：人数为学生数的3% 每年2500元/人；

优秀学生综合二等奖学金：人数为学生数的6% 每年1200元/人；

优秀学生综合三等奖学金：人数为学生数的12% 每年800元/人；

考研奖学金：参加硕士研究生入学考试表现突出 200－600元/人；

能力突出奖学金：人数为学生数的8% 每年800元/人；

单项奖学金：人数为学生数的20% 300元(平均)/人；

金家麟奖学金：14人/年，2500－5000元/人；

健达奖学金：10人/年，5000元/人；

中石化奖学金：5人/年，2000元/人；

新宏愉奖学金：14人/年，2000－5000元/人；

荣盛化纤奖学金：18人/年，1000－3000元/人；

贝因美奖学金：55人/年，1000－6000元/人；

宗树义奖学金：12人/年，1000元/人；

汪贤进奖学金：21人/年，2000－3000元/人；

海平奖学金：18人/年，3000－5000元/人；

新生奖学金：每年第一志愿录取高分新生3万－6万/人.四年。

主要校办产业

浙江工商大学资产经营有限责任公司、浙江华越教育发展有限公司、浙江省工业环保设计研究院、杭州桑达房地产开发有限公司、浙江工商大学出版社有限公司

学校历史沿革

1911年，创建杭州中等商业学堂。章乃器、骆耕漠等是我校的著名校友。1980年，国务院批准成立杭州商学院，获学士学位授予权。1990年，获硕士学位授予权。2003年，获博士学位授予权。2004年，教育部批准更名为浙江工商大学。

嘉兴学院

学校(机构)标识码 4133010354	占地面积(平方米) 789048	成人本科 4381
学校办学类型 412:本科院校:学院	校舍建筑面积(平方米) 429032	成人专科 4765
学校性质类别 01 综合大学	图书(万册) 145.65	留学生 54
学校举办者 811 省级教育部门	固定资产总值(万元) 66128.99	专任教师(人) 936
学校地址 浙江省嘉兴市越秀地路56号	教学、科研仪器设备资产值(万元) 12230.33	其中：正高级 95
邮政编码 314001	在校生数(人) 25030	副高级 244
办公电话 0573－83643658	其中：普通本科 13948	中级 462
传真电话 0573－83642282	普通专科 1882	初级 110
校园(局域)网域名 www.zjxu.edu.cn		未定职级 25

本科专业 材料成型及控制工程、财务管理、测控技术与仪器、电气工程及其自动化、电子信息工程、对外汉语、法学、纺织工程、非织造材料与工程、服装设计与工程、高分子材料与工程、工程管理、工商管理、工业工程、工业设计、公共事业管理、国际经济与贸易、汉语言文学、护理学、化学工程与工艺、环境工程、会计学、机械设计制造及其自动化、计算机科学与技术、建筑环境与设备工程、建筑学、金融学、经济学、临床医学、轻化工程、人力资源管理、日语、生物工程、市场营销、数学与应用数学、统计学、土木工程、信息管理与信息系统、信息与计算科学、药学、艺术设计、英语、应用化学

专科专业 初等教育、电脑艺术设计、服装设计、会计、商务英语、文秘、物流管理、学前教育、应用日语

院系设置

商学院、数学与信息工程学院、文法学院、外国语学院、医学院、机电工程学院、生化学院、材料与纺织工程学院、建工学院、设计学院、平湖校区、思想政治理论教学科研部、体军部、成教学院、国际教育学院、教师教育学院、南湖学院

定期公开出版的专业刊物 《嘉兴学院报》、《嘉兴学院学报》

学校设立奖学金情况

学校设立奖学金10项,奖励总金额337余万元,奖学金最高金额5000元/年,最低金额200元/年。

学校历史沿革

1914年我校创办于浙江宁波,前身为宁属县立甲种商业学校,后经几度搬迁易用名,于1986年迁址嘉兴。2000年3月22日,经国家教育部批准,浙江经济高等专科学校与嘉兴高等专科学校合并组建嘉兴学院,后嘉兴卫校、平湖师范学校、浙江会计学校、嘉兴粮食干部学校等相继并入。

中国美术学院

学校(机构)标识码 4133010355	占地面积(平方米) 615080	成人专科 170
学校办学类型 412:本科院校:学院	校舍建筑面积(平方米) 326758	博士研究生 132
学校性质类别 11 艺术院校	图书(万册) 79.63	硕士研究生 731
学校举办者 811 省级教育部门	固定资产总值(万元) 148871	留学生 140
学校地址 浙江省杭州市南山路218号	教学、科研仪器设备资产值(万元) 18432	专任教师(人) 649
		其中:正高级 110
邮政编码 310002	在校生数(人) 10155	副高级 180
办公电话 0571-87164611	其中:普通本科 6708	中级 271
传真电话 0571-87164611	普通专科 1937	初级 49
校园(局域)网域名 www.caa.edu.cn	成人本科 337	未定职级 39
电子信箱 yb@caa.edu.cn		

本科专业 城市规划(城市设计)、雕塑(雕塑)、动画(插画与漫画)、动画(动画)、动画(网络游戏美术)、工业设计(工业设计)、工业设计(工业造型设计)、公共艺术(壁画)、公共艺术(城市景观造型艺术)、公共艺术(公共雕塑)、公共艺术(景观装置)、公共艺术(漆画)、广播电视编导(广播电视编导)、广播电视编导(影视广告)、绘画(版画)、绘画(壁画)、绘画(公共雕塑)、绘画(景观装置)、绘画(跨媒体艺术)、绘画(漆画)、绘画(新媒体)、绘画(油画)、绘画(中国画花鸟)、绘画(中国画人物)、绘画(中国画山水)、绘画(综合艺术)、建筑学(城市设计)、建筑学(建筑学类四年)、建筑学(建筑学类五年)、建筑学(建筑艺术)、景观学(景观设计)、美术学(公共艺术策划与传播)、美术学(美术教育)、美术学(史论)、美术学(视觉文化)、美术学(视觉文化与艺术管理)、美术学(艺术鉴赏)、美术学(艺术与博物馆学)、摄影(商业摄影)、摄影(摄影艺术)、书法学(书法学)、书法学(书法学与教育)、书法学(书法与篆刻)、艺术类(设计艺术类)、艺术类(图像与媒体艺术类)、艺术类(造型艺术类)、艺术设计(玻璃)、艺术设计(多媒体网页设计)、艺术设计(多媒体与网页设计)、艺术设计(服装设计)、艺术设计(环境艺术)、艺术设计(会展设计)、艺术设计(建筑与环境艺术设计)、艺术设计(景观设计)、艺术设计(平面设计)、艺术设计(染织设计)、艺术设计(染织与服装设计)、艺术设计(色彩设计)、艺术设计(饰品)、艺术设计(视觉传达设计)、艺术设计(数字出版与展示设计)、艺术设计(陶瓷设计)、艺术设计(综合设计)、艺术设计学(艺术设计学)

专科专业 产品造型设计、产品造型设计(家具设计)、产品造型设计(日用陶瓷)、雕塑艺术设计、动漫设计与制作(漫画与插画)、多媒体设计与制作、多媒体设计与制作(影视广告)、工业设计(家具设计)、工业设计(日用陶瓷)、工业设计(珠宝首饰设计)、环境艺术设计(景观设计)、环境艺术设计(室内设计)、环境艺术设计(展示设计)、视觉传达艺术设计(平面设计)、视觉传达艺术设计(数字媒体艺术)、视觉传达艺术设计(影视广告)、艺术设计(景观设计)、艺术设计(室内设计)、艺术设计(展示设计)、影视动画、影视动画(二维动画)、影视动画(漫画与插画)、影视动画(三维动画)、影视动画(网络游戏)、影视动画(文化教育传媒类)、装饰艺术设计(景观设计)、装饰艺术设计(琉璃艺术)、装饰艺术设计(室内设计)、装饰艺术设计(展示设计)、装饰艺术设计(珠宝首饰设计)

博士专业 美术学、设计艺术学、哲学

硕士专业 美术学、设计艺术学、艺术(美术)、艺术学

院系设置

设计艺术学院、公共艺术学院、传媒动画学院、建筑艺术学院、职业技术学院、继续教育学院、上海设计学院、国际教育学院、艺术人文学院、造型艺术学院(中国画系、书法系、油画系、版画系、雕塑系)、跨媒体学院、社会科学教学部、专业基础教学部、实验教学管理部

国家级、省部级研究机构设置

部级研究所(中心):国家动画教学研究基地

博士后科研流动站 艺术学一级学科博士后科研流动站

定期公开出版的专业刊物 《新美术》

学校设立奖学金情况

学校设立奖学金13项,奖励总金额600余万元/年,最低金额1000元/年。

主要校办产业

中国美术学院资产经营有限公司、中国美术学院风景建筑

设计研究院、中国美术学院创意产业发展公司、中国美术学院出版社有限公司、中国美术学院电脑美术中心、中国美术学院文化艺术公司、中国美术学院艺术设计研究院、中国美术学院造型艺术研究院、中国美术学院国艺城市设计研究院、中国美术学院美术中心有限公司、杭州国美建筑装饰设计有限公司

学校历史沿革

1928 年创建国立艺术院；1929 年改名为国立杭州艺术专科学校；1938 年定名为国立艺术专科学校；1950 年 11 月改名为中央美术学院华东分院；1958 年 6 月改名为浙江美术学院；1993 年 11 月 16 日正式更名为中国美术学院。

中国计量学院

学校(机构)标识码 4133010356	电子信箱 cimdyb@cjlu.edu.cn	成人本科 995
学校办学类型 412:本科院校:学院	占地面积(平方米) 564733	成人专科 3076
学校性质类别 02 理工院校	校舍建筑面积(平方米) 495413	硕士研究生 922
学校举办者 811 省级教育部门	图书(万册) 132.93	留学生 19
学校地址 浙江省杭州市下沙高教园区学源街 258 号	固定资产总值(万元) 141547	专任教师(人) 852
	教学、科研仪器设备资产值(万元) 23137.16	其中:正高级 126
邮政编码 310018		副高级 315
办公电话 0571-86914401	在校生数(人) 18319	中级 382
传真电话 0571-86914401	其中:普通本科 13307	初级 29
校园(局域)网域名 www.cjlu.edu.cn		

本科专业 安全工程、标准化工程、材料化学、材料科学与工程、财务管理、测控技术与仪器、产品质量工程、电气工程及其自动化、电子科学与技术、电子信息工程、电子信息科学与技术、对外汉语、法学、法学类、工程力学、工商管理、工业工程、工业设计、公共关系学、公共事业管理、光电信息工程、光信息科学与技术、广告学、国际经济与贸易、汉语言文学、环境工程、机械电子工程、机械设计制造及其自动化、计算机科学与技术、热能与动力工程、生物工程、生物技术、生物医学工程、食品质量与安全、市场营销、数学与应用数学、通信工程、微电子学、信息管理与信息系统、信息与计算科学、药学、艺术设计、英语、应用物理学、知识产权、自动化

硕士专业 材料物理与化学、测试计量技术及仪器、光学工程、计算机应用技术、检测技术与自动化装置、经济法学、精密仪器及机械、控制工程、控制理论与控制工程、生物化学与分子生物学、思想政治教育、物理电子学、信号与信息处理、仪器仪表工程、应用数学、中国哲学

院系设置

机电工程学院、计量测试工程学院、信息工程学院、光学与电子科技学院、材料科学与工程学院、质量安全与工程学院、经济与管理学院、理学院、生命科学学院、法学院、人文社科学院、马克思主义学院、外国语学院、艺术与传播学院、标准化学院、量新学院、体育军事部、现代科技学院、成人(继续)教育学院

国家级、省部级研究机构设置

1. 实验室:浙江省现代计量技术与仪器重点实验室、浙江省生物计量与检验检疫技术重点实验室、浙江省在线检测装备校准技术研究重点实验室、灾害监测技术与仪器浙江省工程实验室、海洋食品加工质量控制技术与仪器浙江省工程实验室

2. 研究中心(所):国家磁性材料及其制品质量监督检验中心、计量测试技术与仪器教育部工程研究中心、浙江省磁性材料试验基地

定期公开出版的专业刊物 《中国计量学院学报》

学校设立奖学金情况

学校设立奖学金项,奖励总金额约 290 万元。奖学金最高金额 1200 元/人。最低金额 100 元/人。

1. 优秀学生奖学金:总评定比例为学生人数的 30%。
(1)优秀学生一等奖学金:606 人次/年,1200 元/人
(2)优秀学生二等奖学金:1491 人次/年,600 元/人
(3)优秀学生三等奖学金:4131 人次/年,300 元/人

2. 优秀学生单项奖学金:822 人次/年,100 元/人 2007、2008 级 (1)学科成绩优秀奖学金 (2)课外科技活动奖学金 (3)社会实践奖学金 (4)体育运动奖学金 (5)文艺活动奖学金 (6)精神文明荣誉奖学金 2009、2010 级 (1)学业奖学金 (2)研究与创新奖学金 (3)社会实践奖学金 (4)社会工作奖学金 (5)文体活动奖学金 (6)道德风尚奖学金

主要校办产业

中国计量学院资产经营有限公司、浙江中远后勤发展有限公司、中国计量学院机电总厂、中国计量学院劳动服务公司

学校历史沿革

1978 年 10 月 经国家教育部批准,筹建杭州计量学校;1984 年 更名为杭州计量专科学校;1985 年 10 月 经国家教委批准,建立中国计量学院;1986 年 胡耀邦同志亲笔为中国计量学院题写校名;1990 年 取得学士学位授予权;1997 年 通过国家教委本科教学工作合格评价;2000 年 5 月 实行由"浙江省和国家质量技术监督局共建,以省为主"的管理体制。

公安海警学院

学校(机构)标识码 4133010829	占地面积(平方米) 351774	成人本科 232
学校办学类型 412:本科院校:学院	校舍建筑面积(平方米) 172908	成人专科 1010
学校性质类别 09 政法院校	图书(万册) 43	专任教师(人) 303
学校举办者 312 公安部	固定资产总值(万元) 35601.32	其中:正高级 27
学校地址 浙江省宁波市北仑区小港红联	教学、科研仪器设备资产值(万元) 7600.11	副高级 73
		中级 86
邮政编码 315801	在校生数(人) 2553	初级 104
办公电话 0574-86155210	其中:普通本科 526	未定职级 13
传真电话 0574-86166308	普通专科 785	

本科专业 电子科学与技术、电子信息工程、航海技术、轮机工程、治安学

专科专业 边防船艇指挥、边防通信指挥、部队后勤管理、船艇动力管理、计算机应用技术

院系设置
基础部、船艇指挥系、机电管理系、电子技术系、进修系

国家级、省部级研究机构设置
研究所(中心):海警研究所

定期公开出版的专业刊物 《公安海警学院学报》

学校设立奖学金情况
学校设立奖学金 5 项,奖励总金额 2 余万元。奖学金最高金额 500 元/年,最低金额 100 元/年。

主要校办产业
海帆印刷厂

毕业生一次就业率 100%

学校历史沿革
公安海警学院原名"武警水面船艇学校",始建于 1983 年 7 月,当时隶属于武警总部,1985 年 9 月开始招生。1993 年 8 月,学校移交公安部领导,归口边防局管理,更名"公安边防水面船艇学校"。1999 年学校升格并更名为"公安海警高等专科学校",开始大专教学;2010 年学校通过全国高校设置评议委员会评审,开始本科办学,更名为"公安海警学院"。

宁波职业技术学院

学校(机构)标识码 4133010863	传真电话 0574-86874502	在校生数(人) 13421
学校办学类型 415:专科院校:高等职业学校	校园(局域)网域名 www.nbptweb.net	其中:普通专科 7923
	电子信箱 nzy@nbpt.edu.cn	成人专科 5498
学校性质类别 01 综合大学	占地面积(平方米) 445339	专任教师(人) 371
学校举办者 821 地级教育部门	校舍建筑面积(平方米) 238397	其中:正高级 16
学校地址 浙江省宁波市经济技术开发区新大路 1069 号	图书(万册) 71.18	副高级 89
	固定资产总值(万元) 65895.58	中级 198
邮政编码 315800	教学、科研仪器设备资产值(万元) 9079.6	初级 63
办公电话 0574-86891367		未定职级 5

专科专业 电气自动化技术、电子商务、电子信息类、动漫设计与制作、工业分析与检验、工业环保与安全技术、工业设计、国际经济与贸易、国际商务、化工技术类、会计、机电设备维修与管理、机电一体化技术、机械制造生产管理、计算机辅助设计与制造、计算机类、计算机网络技术、计算机信息管理、计算机应用技术、建筑工程管理、建筑工程技术、建筑装饰工程技术、金融保险、乐器制造技术、模具设计与制造、软件技术、商务日语、商务英语、涉外旅游、摄影摄像技术、生物技术及应用、市场营销、视觉传达艺术设计、数控技术、通信技术、物流管理、应用电子技术、应用韩语、应用化工技术、应用日语、应用西班牙语、应用英语、自动化类

院系设置
建筑工程系、电子信息工程系、工商管理系、国贸系、应用化工系、国际学院、海天学院、阳明学院、成人与继续教育学院

定期公开出版的专业刊物 《宁波职业技术学院学报》

学校设立奖学金情况

学校设立奖学金八项,奖励总金额 230 余万元。奖学金最金额 8000 元/年,最低金额 500 元/年。

学校历史沿革

宁波职业技术学院的前身是宁波职工业余大学(1959 年 – 1999 年)和宁波中专(1984 年 – 1999 年)。1999 年 7 月经国家教育部教发[99]9797 号文批准,宁波中专与宁波职工业余大学合并成立宁波职业技术学院。

温州职业技术学院

学校(机构)标识码 4133010864	传真电话 0577 – 86680090	在校生数(人) 11805
学校办学类型 415:专科院校:高等职业学校	校园(局域)网域名 www.wzvtc.cn	其中:普通专科 9592
	电子信箱 wzvtc@ wzvtc.cn	成人专科 2213
学校性质类别 01 综合大学	占地面积(平方米) 558161	专任教师(人) 445
学校举办者 821 地级教育部门	校舍建筑面积(平方米) 239123	其中:正高级 25
学校地址 浙江省温州市瓯海区高教园区	图书(万册) 83.74	副高级 134
	固定资产总值(万元) 59868.27	中级 203
邮政编码 325035	教学、科研仪器设备资产值(万元) 11804.51	初级 75
办公电话 0577 – 86680000		未定职级 8

专科专业 财务管理、传媒策划与管理、电机与电器、电气自动化技术、电子商务、电子信息工程技术、阀门设计与制造、房地产经营与估价、服装表演、服装设计、工程监理、工商企业管理、国际商务、环境艺术设计、会计、机电一体化技术、机械设计与制造、机械设计与制造(中加合作)、计算机多媒体技术、计算机控制技术、计算机网络技术、计算机信息管理、计算机应用技术、家具设计与制造、建筑工程技术、建筑经济管理、建筑类专业、建筑设计技术、建筑装饰工程技术、金融与证券、酒店管理、旅游管理、模具设计与制造、汽车电子技术、汽摩零部件制造、软件开发与项目管理、商务英语、市场营销、数控技术、文秘、鞋类设计与工艺

院系设置

工商管理系、财会系、计算机系、电气电子工程系、机械工程系、人文传播系、建筑工程系、轻工系、公共教学部

国家级、省部级研究机构设置

浙江省温州轻工机械技术创新服务平台

定期公开出版的专业刊物 《温州职业技术学院学报》

学校设立奖学金情况

学校设立奖学金 1 项奖励总金额 150 万元/年最低金额 500 元/年。

学校历史沿革

1999 年 7 月,教育部教发〔1999〕97 号文件,同意在温州业余科技大学与温州商业学校、温州经济学校、温州机械工业学校的基础上建立温州职业技术学院。2010 年 7 月,通过"国家示范性高等职业院校建设计划"2007 年度立项建设院校项目验收(教育部教高〔2010〕6 号)。

浙江万里学院

学校(机构)标识码 4133010876	校园(局域)网域名 www.zwu.edu.cn	其中:普通本科 20080
学校办学类型 412:本科院校:学院	电子信箱 yzb@ zwu.edu.cn	成人本科 1757
学校性质类别 02 理工院校	占地面积(平方米) 712557	成人专科 4142
学校举办者 812 省级其他部门	校舍建筑面积(平方米) 413705	留学生 32
学校地址 宁波市鄞州区钱湖南路 8 号	图书(万册) 163.81	专任教师(人) 1042
	固定资产总值(万元) 132623.74	其中:正高级 78
邮政编码 315100	教学、科研仪器设备资产值(万元) 22725.78	副高级 324
办公电话 0574 – 88222243		中级 541
传真电话 0574 – 88222004	在校生数(人) 26011	初级 99

本科专业 编辑出版学、财务管理、电气工程及其自动化、电子商务、电子信息工程、动画、法学、工商管理、公共事业管理、

广告学、国际经济与贸易、汉语言文学、环境工程、环境科学、会计学、会展经济与管理、计算机科学与技术、建筑学、教育创新班、金融学、景观建筑设计、日语、软件工程(服务外包)、生物工程、生物技术、生物技术(公办)、食品科学与工程、食品质量与安全、市场营销、通信工程、统计学、物流管理、新闻传播学类、新闻学、信息工程、信息管理与信息系统、信息与计算科学、信息与计算科学(公办)、艺术设计、英语

院系设置

商学院、现代物流学院、法学院、文化与传播学院、外语学院、设计艺术与建筑学院、生物与环境学院、电子信息学院、计算机与信息学院、基础学院、继续教育学院、国际学院

国家级、省部级研究机构设置

实验室：浙江省水产品加工技术研究联合重点实验室

定期公开出版的专业刊物 《浙江万里学院学报》、《现代农机》

学校设立奖学金情况

学校设立奖学金4项，奖励总金额575.21余万元。奖学金最高金额20000元/年，最低金额300元/年。

主要校办产业

宁波科技园区博远创业有限公司、宁波市鄞州区《现代农机》杂志社、宁波万信移动通信技术研究开发有限公司、宁波东港培训学校

学校历史沿革

浙江省立宁波农业技术学院(1950年－1960年)，宁波农学院(1960年－1977年)，浙江农业大学宁波分校//宁波地区农林学校//浙江省宁波农业学校(1977年－1984年)，浙江农村技术师范专科学校//浙江省宁波农业学校(1984年－1999年)浙江万里学院(筹)(1999年－2002年)，浙江万里学院(2002年－)。

浙江科技学院

学校(机构)标识码 4133011057
学校办学类型 412：本科院校：学院
学校性质类别 02 理工院校
学校举办者 811 省级教育部门
学校地址 浙江省杭州市西湖区留和路318号
邮政编码 310023
办公电话 0571－85070031
传真电话 0571－5070020
校园(局域)网域名 www.zust.edu.cn
电子信箱 xb@zust.edu.cn
占地面积(平方米) 921105
校舍建筑面积(平方米) 438082
图书(万册) 104.43
固定资产总值(万元) 39643.28
教学、科研仪器设备资产值(万元) 17176.21
在校生数(人) 19838
其中:普通本科 14825
成人本科 1110
成人专科 3570
留学生 333
专任教师(人) 819
其中:正高级 98
副高级 241
中级 446
初级 19
未定职级 15

本科专业 包装工程、材料成型及控制工程、材料科学与工程、财务管理、测控技术与仪器、车辆工程、城市规划、德语、电气工程及其自动化、电气信息类新专业、电子信息工程、电子信息科学与技术、动画、服装设计与工程、给水排水工程、工业工程、工业设计、管理科学与工程类新专业、国际经济与贸易、汉语言文学、化学工程与工艺、机械类新专业、机械设计制造及其自动化、计算机科学与技术、建筑电气与智能化、建筑学、交通工程、教育技术学、经济学、汽车服务工程、轻化工程、软件工程、生物工程、生物工程类新专业、食品科学与工程、市场营销、数字媒体技术、通信工程、土建类新专业、土木工程、物流工程、信息管理与信息系统、信息与计算科学、艺术类新专业、艺术设计、印刷工程、英语、应用物理学、制药工程、自动化

院系设置

机械与汽车工程学院、自动化与电气工程学院、信息与电子工程学院、建筑工程学院、生物与化学工程学院、轻工学院、服装学院、艺术与设计学院、经济管理学院、语言文学院、理学院、中德学院、国际学院、社科部、体育部

国家级、省部级研究机构设置

实验室：浙江省农产品化学与生物加工技术重点实验室

定期公开出版的专业刊物 《浙江科技学院学报》

学校设立奖学金情况

学校设立奖学金6类奖励总金额为510余万元。奖学金最高金额为3万元/年，最低为396元/年。

主要校办产业

浙江科源后勤发展有限公司、浙江威联科技教育交流中心、浙江博大教育发展有限公司、科恩物业公司

学校历史沿革

1980年10月成立，浙江大学附属杭州工业专科学校1983年，杭州工业专科学校1984年7月，更名为浙江大学附属杭州高等专科学校1987年10月，更名为杭州高等专科学校1992年4月，更名为杭州应用工程技术学院2001年8月，更名为浙江科技学院。

宁波工程学院

学校(机构)标识码　4133011058
学校办学类型　412:本科院校:学院
学校性质类别　02 理工院校
学校举办者　821 地级教育部门
学校地址　浙江省宁波市江北区风华路 201 号
邮政编码　315211
办公电话　0574-87616023
传真电话　0574-87616789
校园(局域)网域名　www.nbut.cn
电子信箱　dyb@nbut.cn
占地面积(平方米)　855709
校舍建筑面积(平方米)　374992
图书(万册)　117
固定资产总值(万元)　31485.18
教学、科研仪器设备资产值(万元)　11414.01
在校生数(人)　16104
其中:普通本科　11811
　　　普通专科　396
　　　成人本科　1052
　　　成人专科　2736
　　　留学生　109
专任教师(人)　660
其中:正高级　68
　　　副高级　170
　　　中级　317
　　　初级　86
　　　未定职级　19

本科专业　材料成型及控制工程、德语、电气工程及其自动化、电子科学与技术、电子信息工程、工程管理、工业设计、广告学、国际经济与贸易、国际商务、汉语言文学、化学工程与工艺、会计学、会计学(中美合作办学)、机械设计制造及其自动化、计算机科学与技术、建筑环境与设备工程、建筑学、交通运输、汽车服务工程、日语、市场营销、统计学、土木工程、网络工程、物流管理、信息与计算科学、英语、油气储运工程

专科专业　计算机控制技术、模具设计与制造、汽车运用技术、应用英语

院系设置
电子与信息工程学院、建筑工程学院、机械工程学院、化学工程学院、交通与物流学院、经济与管理学院、外国语学院、人文学院、国际交流学院、理学院、成人教育学院

定期公开出版的专业刊物　《宁波工程学院学报》
学校设立奖学金情况
学校设立奖学金 13 项,奖励总金额 254 余万元。奖学金最高金额 5000 元/年,最低金额 100 元/年。
主要校办产业
宁波工程学院资产经营有限公司
学校历史沿革
我校前身为宁波高等专科学校,创办于 1983 年,1997 年被国家教育部确立为全国示范性高工专重点建设学校,2001 年宁波市委决定,宁波高等专科学校与宁波交通职业技术学院(筹)合并,组建新的宁波高等专科学校,2004 年 5 月 19 日,经教育部批准,升格为宁波工程学院。

浙江水利水电专科学校

学校(机构)标识码　4133011481
学校办学类型　414:专科院校:高等专科学校
学校性质类别　02 理工院校
学校举办者　812 省级其他部门
学校地址　浙江省杭州市下沙高教园区学府街 508 号
邮政编码　310018
办公电话　0571-86929012
传真电话　0571-86929121
校园(局域)网域名　www.zjwchc.com
电子信箱　zjsdgz@zjwchc.com
占地面积(平方米)　636699
校舍建筑面积(平方米)　254892
图书(万册)　69.23
固定资产总值(万元)　73500
教学、科研仪器设备资产值(万元)　7601.59
在校生数(人)　7715
其中:普通专科　7551
　　　成人专科　164
专任教师(人)　433
其中:正高级　62
　　　副高级　137
　　　中级　188
　　　初级　32
　　　未定职级　14

专科专业　城市水利、道路桥梁工程技术、道路桥梁工程技术(市政)、电力技术类新专业、电气自动化技术、电子测量技术与仪器、电子商务、电子商务(商务英语)、电子信息工程技术、发电厂及电力系统、发电厂及电力系统(风力发电)、给排水工程技术、工程测量技术、工程测量技术(地理信息)、工程造价、工商企业管理、供用电技术、机电一体化技术、机械质量管理与检测技术、计算机类、计算机网络技术(网络 BENT)、计算机信息管理、计算机信息管理(中外合作)、计算机应用技术、建筑工程管理、建筑工程技术、建筑设备工程技术、建筑装饰工程技术、建筑装饰工程技术(园林)、模具设计与制造、汽车电子技术、汽车技

服务与营销、汽车类、软件技术、软件技术（软件 ACCP）、市场营销、市场营销（中外合作）、数控技术、数字媒体技术、水利工程、水利工程与管理类、水利水电建筑工程、水利水电建筑工程（港口方向）、水信息技术（工程监测方向）、物流管理

院系设置

水利工程系、建筑工程系、市政工程系、机械电子工程系、电气工程系、经济与管理工程系、计算机与信息工程系、继续教育学院、国际教育交流学院

国家级、省部级研究机构设置

4 个省级实训基地

定期公开出版的专业刊物 《浙江水利水电专科学校学报》

学校设立奖学金情况

学校设立 4 项奖学金，奖励总额 150.85 万元，奖学金最高 2000 元/年，最低 200 元/年。

1. 忠义奖学金:6 人/年,2000 元/人
2. 学生奖学金:一等奖学金 209 人/年,1000 元/人 二等奖学金 1693 人/年,500 元/人 三等奖学金 2140 人/年,200 元/人
3. 新生奖学金 26 人/年,500 元/人

学校历史沿革

浙江水利水电专科学校的前身为杭州水力发电学校、浙江电力专科学校、浙江省杭州水利发电学校、浙江省水利电力学院,创建于 1953 年 8 月,浙江电力学校 1962 年停办,1975 年 4 月重建。1984 年 12 月建立浙江水利水电专科学校。

浙江财经学院

学校（机构）标识码 4133011482	电子信箱 dyb@zufe.edu.cn	成人专科 2150
学校办学类型 412:本科院校:学院	占地面积（平方米） 715346	硕士研究生 1083
学校性质类别 08 财经院校	校舍建筑面积（平方米） 343366	留学生 3
学校举办者 811 省级教育部门	图书（万册） 159.5	专任教师（人） 818
学校地址 杭州下沙高教园区东区学源街 18 号	固定资产总值（万元） 66322	其中:正高级 146
	教学、科研仪器设备资产值（万元） 10844.13	副高级 290
邮政编码 310018		中级 315
办公电话 0571 - 87557012	在校生数（人） 17449	初级 38
传真电话 0571 - 87557000	其中:普通本科 12525	未定职级 29
校园（局域）网域名 zufe.edu.cn	成人本科 1688	

本科专业 保险、财务管理、财政学、电子商务、对外汉语、法学、工程管理、工商管理、公共管理、广告学、国际经济与贸易、汉语言文学、行政管理、会计学、计算机科学与技术、金融工程、金融学、经济学、劳动与社会保障、农林经济管理、人力资源管理、日语、社会工作、摄影、审计学、市场营销、数学与应用数学、数字媒体艺术、税务、统计学、物流管理、信息管理与信息系统、信息与计算科学、信用管理、艺术设计、英语、资产评估、资源环境与城乡规划管理

硕士专业 保险、财政学（含:税收学）、产业经济学、工商管理、汉语言文字学、行政管理、会计、会计学、金融、金融学（含:保险学）、经济法学、经济史、伦理学、马克思主义中国化研究、企业管理、区域经济学、社会保障、税务、西方经济学、英语语言文学、资产评估

院系设置

共 12 个二级学院:财政与公共管理学院、会计学院、金融学院、工商管理学院、信息学院、经济与国际贸易学院、法学院、外国语学院、数学与统计学院、人文学院、艺术学院、体军部、成人教育学院

国家级、省部级研究机构设置

省部级研究机构设置:政府管制与公共政策研究中心 1 个

定期公开出版的专业刊物 《财经论丛》

学校设立奖学金情况

学校设立奖学金 8 项；奖励总金额 701.69 余万元/年；最低金额 700 元/年单项。

学校历史沿革

浙江财经学院筹建于 1984 年,其前身是建于 1974 年的浙江银行学校,1987 年经国家教委批准成立浙江财经学院。1991 年获学士学位授予权；1996 年顺利通过国家教委组织的教学评价；2003 年获硕士学位授予权；2006 年荣获教育部本科教学工作水平评估优秀。

浙江警察学院

学校（机构）标识码 4133011483	学校性质类别 09 政法院校	学校地址 浙江省杭州市滨江区滨文路 555 号
学校办学类型 412:本科院校:学院	学校举办者 812 省级其他部门	

邮政编码 310053	固定资产总值(万元) 25479	留学生 2
办公电话 0571-87787121	教学、科研仪器设备资产值(万元) 4925.63	专任教师(人) 235
传真电话 0571-86615786		其中:正高级 26
校园(局域)网域名 www.zjjcxy.cn	在校生数(人) 2893	副高级 67
占地面积(平方米) 339503	其中:普通本科 2726	中级 92
校舍建筑面积(平方米) 155568	普通专科 49	初级 31
图书(万册) 69.41	成人专科 116	未定职级 19

本科专业 法学、法学(公安法制方向)、公安学类、计算机科学与技术、交通管理工程、经济犯罪侦查、刑事科学技术、侦查学、治安学

专科专业 交通管理

院系设置

侦查系、刑事科学技术系、治安系、法律系、计算机和信息技术系、社会科学部、公共基础部、警察体育部、实战训练部

国家级、省部级研究机构设置

浙江省本科院校实验教学示范中心建设点:刑事科学技术实验中心、侦查综合实验教学中心

定期公开出版的专业刊物 《公安学刊》

学校历史沿革

浙江警察学院坐落于杭州市滨江高教园区,是浙江唯一的公安本科院校。学院前身创办于1949年5月,历经浙江省公安干校、浙江省公安学校、浙江公安专科学校、浙江公安高等专科学校等时期,2000年7月,浙江省人民警察学校并入,2007年3月经教育部和浙江省人民政府批准,升格更名为浙江警察学院。

衢州学院

学校(机构)标识码 4133011488	电子信箱 bgs@qzu.zj.cn	普通专科 4415
学校办学类型 412:本科院校:学院	占地面积(平方米) 469651	成人本科 13
学校性质类别 01 综合大学	校舍建筑面积(平方米) 210341	成人专科 189
学校举办者 821 地级教育部门	图书(万册) 57.6	专任教师(人) 332
学校地址 浙江省衢州市九华北大道78号	固定资产总值(万元) 66969.28	其中:正高级 32
邮政编码 324000	教学、科研仪器设备资产值(万元) 5360	副高级 94
办公电话 0570-8015117		中级 178
传真电话 0570-8015112	在校生数(人) 5946	初级 23
校园(局域)网域名 www.qzu.zj.cn	其中:普通本科 1329	未定职级 5

本科专业 材料成型及控制工程、电气工程及其自动化、高分子材料与工程、汉语言文学、化学工程与工艺、机械设计制造及其自动化、数学与应用数学、土木工程、音乐学、英语

专科专业 初等教育、道路桥梁工程技术、电气自动化技术、工业分析与检验、公共关系、化工设备维修技术、化学制药技术、环境监测与治理技术、机械设计与制造、机械制造与自动化、计算机信息管理、计算机应用技术、建筑工程管理、建筑工程技术、建筑设计技术、精细化学品生产技术、美术教育、人力资源管理、商务英语、生产过程自动化技术、数控技术、数学教育、物流管理、学前教育、移动通信技术、音乐教育、英语教育、影视多媒体技术、应用化工技术、语文教育

院系设置

学校设有化学与材料工程学院、机械工程学院、建筑工程学院、电气与信息工程学院、经贸管理学院、教师教育学院、外国语学院7个学院

国家级、省部级研究机构设置

学校建有"机械基础实验教学中心"一个省级实验教学示范中心建设点

学校设立奖学金情况

学校设立奖学金3项,奖励金额71.95万元。奖学金最高金额1500元/年,最低金额200元/年。

学校历史沿革

衢州学院前身是创办于1985年的浙江工业大学浙西分校,2010年3月教育部批准升格更名为衢州学院。

宁波大学

学校(机构)标识码	4133011646	
学校办学类型	411：本科院校：大学	
学校性质类别	01 综合大学	
学校举办者	811 省级教育部门	
学校地址	浙江省宁波市江区北风华路818号	
邮政编码	315211	
办公电话	0574-87600248	
传真电话	0574-87604161	
校园(局域)网域名	www.nbu.edu.cn	
电子信箱	ndxbfa@nbu.edu.cn	
占地面积(平方米)	1492486	
校舍建筑面积(平方米)	536529	
图书(万册)	153.24	
固定资产总值(万元)	82182.72	
教学、科研仪器设备资产值(万元)	41468	
在校生数(人)	35085	
其中：普通本科	15900	
普通专科	249	
成人本科	7714	
成人专科	7756	
博士研究生	83	
硕士研究生	2985	
留学生	398	
专任教师(人)	1352	
其中：正高级	283	
副高级	507	
中级	468	
初级	51	
未定职级	43	

本科专业 财务会计教育(师范 职教师资)、财务会计教育(职教师资)、城市规划、德语、地理科学、电气工程与自动化、电子信息科学与技术、法学、法学(2+2)、法学(高水平运动队)、法政文史类、工程管理、工程力学、工商管理、工商管理(2+2中加学分互认)、工商管理(高水平运动队)、工商管理(中加学分互认)、工业工程、工业设计、工业设计(艺术类)、公共事业管理、公共事业管理(高水平运动队)、广告学、广告学(高水平运动队)、国际工商管理类、国际经济与贸易、国际经济与贸易(2+2)、国际经济与贸易(高水平运动队)、国际经济与贸易(全英文)、海洋生物工程类、海洋生物资源与环境、汉语言文学、汉语言文学(高水平运动队)、行政管理、行政管理(高水平运动队)、航海技术、化学、环境工程、会计学、会计学(ACCA)、会计学(CGA)、机械设计制造及其自动化、机械设计制造及其自动化(国际贸)、计算机科学与技术、建筑规划类、建筑学、教育技术学、教育学类新专业、金融学、金融学(高水平运动队)、经济学、经济与管理类、科学教育、理科试验班、历史学、临床医学、轮机工程、旅游管理、旅游管理(高水平运动队)、旅游管理(中法合作)、旅游管理与服务教育(师范 职教？旅游管理与服务教育(职教师资)、美术学、人文教育、日语、日语(辅修英语)、日语类、生物工程、生物工程类、生物技术、生物科学、生物科学与生物工程类、生物与化学类、食品科学与工程、食品质量与安全、市场营销、数学与应用数学、数学与应用数学(3+1)、数学与应用数学(基地班)、数字媒体技术、水产养殖学、体育教育、体育类、通信工程、土木工程、文秘教育(师范 职教师资)、文秘教育(职教师资)、物理学、物理学(基地班)、物流管理、物流管理(高水平运动队)、小学教育、信息管理与信息系统、信息与计算科学、学前教育、医学类、艺术类、艺术设计、音乐学、英语、英语(师范 职教师资)、英语类、应用化学、应用物理学、应用心理学、预防医学、运动训练、政治学与行政学、资源环境与城乡规划管理、自然科学类

专科专业 海洋船舶驾驶、计算机信息管理、临床医学、学前教育

博士专业 工程力学、水产养殖、通信与信息系统

硕士专业 产业经济学、电路与系统、发展与教育心理学、法律、翻译、工程、工程力学、工商管理、公共管理、固体力学、光学、国际贸易学、国际商务、海洋生物学、汉语言文字学、机械电子工程、机械制造及其自动化、基础数学、计算机应用技术、教育、教育技术学、教育经济与管理、结构工程、金融学(含：保险学)、经济法学、课程与教学论、理论物理、流行病与卫生统计学、轮机工程、马克思主义基本原理、马克思主义中国化研究、民商法学(含：劳动法学)、社会保障、内科学、凝聚态物理、农业推广、企业管理(含：财务管理)、市场营销、区域经济学、人文地理学、日语语言文学、生物化学与分子生物学、食品科学、数量经济学、水产品加工及贮藏工程、水产养殖、思想政治教育、体育、体育教育训练学、体育人文社会学、通信与信息系统、外国语言学及应用语言学、外科学、无机化学、物理化学(含：化学物理)、信号与信息处理、英语语言文学、应用数学、应用心理学、渔业资源、中国古代文学、中国近现代史、中国现当代文学、专门史

院系设置

商学院、法学院、教师教育学院、体育学院、人文与传媒学院、外语学院、艺术学院、理学院、材料科学与化学工程学院、机械工程与力学学院、信息科学与工程学院、建筑工程与环境学院、海运学院、生命科学与生物工程学院、医学院、成人教育(继续教育)学院、国际交流学院、阳明学院

国家级、省部级研究机构设置

研究中心：1.宁波大学体育经济研究中心(国家体育总局体育社会科学研究基地)2.浙江省海洋文化与经济研究中心(浙江省哲学社会科学重点研究基地)

国家重点实验室：1.宁波市新型功能材料及其制备科学国家重点实验室培育基地 2.新型通信与信息技术国际科技合作基地 3.全国科技兴海技术转移宁波中心

省、部级设置的研究(院、所、中心)、实验室：1.应用海洋生物技术教育部重点实验室 2.冲击与安全工程 教育部重点实验室 3.浙江省冲击与安全工程重点实验室 4.浙江省/宁波市海洋生物工程重点实验室 5.浙江省嵌入式系统联合重点实验室 6.

浙江省移动网络应用技术联合重点实验室 7.新型通信技术与系统学科创新引智基地 8.多媒体通信教育部工程研究中心 9.宁波医用光电仪器省级高新技术研究开发中心 10.浙江省海洋科技创新服务平台 11.教育部科技查新工作站 12.宁波空间信息技术公共服务中心 13.生物芯片北京国家工程研究中心－海洋生物中心

定期公开出版的专业刊物　《宁波大学学报（教育科学版）》、《宁波大学学报（理工版）》、《宁波大学学报（人文科学版）》

学校设立奖学金情况

学校设立奖学金22项，奖励总金额559.3万元，最高金额8000元/年，最低金额300元/年。

主要校办产业

宁波大学资产经营有限公司 宁波宁大工程建设监理有限公司 宁波前瞻教育科技发展总公司 参股企业：宁波保税区宁大信息产业有限公司、宁波创炜建筑装饰工程技术有限公司、宁波宁大教育设备有限公司 宁波大学综合经营有限公司 宁波大学地基处理技术有限公司 宁波大学建筑设计研究院有限公司 参股企业：宁波宁大建设工程施工图审查有限公司 宁波电磁铁厂 宁波大学波力高新技术工程有限公司 宁波宁大留学服务有限公司 宁波宁大后勤服务发展有限公司 宁波宁大学生社区管理中心 宁波大学教育印刷服务中心 宁波宁大汽车修理厂 宁波宁大驾驶培训有限公司

学校历史沿革

原宁波大学成立于1985年1月。1996年3月，原宁波大学、原宁波师范学院（1956年6月建立，称宁波师范专科学校，1958年8月改名为宁波师范学院）、原浙江水产学院宁波分院（1958年创建浙江水产学院，80年代中期在宁波成立分院）三校合并，组建新的宁波大学。

浙江传媒学院

学校(机构)标识码　4133011647		普通专科　541
学校办学类型　412：本科院校：学院	电子信箱　xb@zjicm.edu.cn	成人本科　339
学校性质类别　07 语文院校	占地面积(平方米)　905984	成人专科　797
学校举办者　811 省级教育部门	校舍建筑面积(平方米)　574354	留学生　12
学校地址　杭州下沙高教园区学源街998号	图书(万册)　98.6	专任教师(人)　609
	固定资产总值(万元)　110705.81	其中：正高级　78
邮政编码　310018	教学、科研仪器设备资产值(万元)　18265	副高级　168
办公电话　0571-86832013		中级　286
传真电话　0571-86832000	在校生数(人)　11185	初级　47
校园(局域)网域名　www.zjicm.edu.	其中：普通本科　9496	未定职级　30

本科专业　编辑出版学、表演、播音与主持艺术、电子科学与技术、电子信息工程、动画、对外汉语、公共关系学、广播电视编导、广播电视工程、广播电视新闻学、广告学、汉语言文学、会展经济与管理、录音艺术、媒体创意、摄影、数字媒体技术、数字媒体艺术、网络工程、文化产业管理、舞蹈编导、戏剧影视美术设计、戏剧影视文学、新闻学、信息管理与信息系统、艺术设计、音乐表演、英语

专科专业　电视节目制作、电视制片管理、摄影摄像技术、新闻采编与制作、艺术设计、影视广告、主持与播音

院系设置

设有播音主持艺术学院、电子信息学院、动画学院、管理学院、国际文化传播学院、设计艺术学院、新媒体学院、新闻与传播学院、文化创意学院、文学院、音乐学院、影视艺术学院(电影学院)、继续教育学院

国家级、省部级研究机构设置

1. 实验室：学校建有省级实验教学示范中心建设点5个，校级实验实训中心12个，实验室21个，实验电视台1家。

2. 研究中心(所)：浙江传媒与文化产业研究基地、国家动画教学研究基地、中国广播电视协会学会媒介素养研究基地、浙江广播电视研究院、浙江广播电视技术研究所、浙江省非物质文化研究基地、浙江文化产业研究中心。

定期公开出版的专业刊物　《浙江传媒学院学报》

学校设立奖学金情况

学校设立奖学金22项，奖励总金额599.8万元/年，最低金额100元/学期。

学校历史沿革

浙江传媒学院前身为浙江省广播电视学校，1978年建校。1984年，筹建浙江广播电视高等专科学校。1994年，经国家广电不同意，报国家教委批准，更名为浙江广播电视高等专科学校。2000年，浙江广播电视高等专科升格更名为浙江传媒学院。

浙江树人学院

学校(机构)标识码　4133011842
学校办学类型　412:本科院校:学院
学校性质类别　01 综合大学
学校举办者　999 民办
学校地址　浙江省杭州市拱墅区树人街8号
邮政编码　310015
办公电话　0571-88297011
传真电话　0571-88297012
电子信箱　zjsrdx@163.com
占地面积(平方米)　288964
校舍建筑面积(平方米)　205616
图书(万册)　124.8
固定资产总值(万元)　70439.44
教学、科研仪器设备资产值(万元)　11732.65
在校生数(人)　17040
其中:普通本科　12022
普通专科　2419
成人本科　134
成人专科　2465
专任教师(人)　579
其中:正高级　61
副高级　153
中级　273
初级　92

本科专业　财务管理、城市规划、电子商务、电子信息工程、动画、风景园林、工商管理、工业设计、国际经济与贸易、汉语言文学、化学工程与工艺、环境工程、会展经济与管理、计算机科学与技术、建筑学、旅游管理、日语、社会工作、生物工程、食品科学与工程、市场营销、通信工程、土木工程、物流管理、新闻学、艺术设计、英语、应用化学

专科专业　茶文化、电子商务、工业分析与检验、国际金融、国际经济与贸易、会计电算化、会展策划与管理、旅游管理、市场营销、文秘、应用德语、应用电子技术、应用韩语

院系设置
城建学院、管理学院、人文学院、信息科技学院、生物与环境工程学院、现代服务业学院、艺术学院、外国语学院、中博会展学院、成人教育学院

定期公开出版的专业刊物　《浙江树人大学学报》
学校设立奖学金情况
学校设立奖学金 11 项,奖励总金额 194.35 万元。奖学金最高金额 5000 元/年,最低金额 500 元/年。

学校历史沿革
浙江树人学院于 1984 年经浙江省人民政府批准成立;1994 年经国家教委批准成为国内首批具有颁发国家承认学历资格的全日制民办高校;2000 年浙江树人学院与浙江省电子工业学校、浙江省对外经济贸易学校、浙江省工业学校联合组建新浙江树人学院。

浙江交通职业技术学院

学校(机构)标识码　4133012036
学校办学类型　415:专科院校:高等职业学校
学校性质类别　02 理工院校
学校举办者　812 省级其他部门
学校地址　杭州市莫干山路金家渡
邮政编码　311112
办公电话　0571-88481798
传真电话　0571-88172538
校园(局域)网域名　www.zjvtit.edu.cn
电子信箱　yuanban@zjvtit.edu.cn
占地面积(平方米)　427497
校舍建筑面积(平方米)　239941
图书(万册)　43.75
固定资产总值(万元)　67675.34
教学、科研仪器设备资产值(万元)　7080.11
在校生数(人)　13064
其中:普通专科　8493
成人专科　4571
专任教师(人)　327
其中:正高级　15
副高级　105
中级　168
初级　17
未定职级　22

专科专业　船舶工程技术、船机制造与维修、道路桥梁工程技术、钢结构建造技术、高等级公路维护与管理、工程监理、公路运输与管理、国际航运业务管理、航海技术、机电设备维修与管理、机电一体化技术、集装箱运输管理、计算机网络技术、计算机信息管理、交通运营管理、楼宇智能化工程技术、轮机工程技术、旅游管理、汽车电子技术、汽车技术服务与营销、汽车运用技术、人力资源管理、商务英语、市场营销、市政工程技术、数控技术、铁道工程技术、通信技术、物流管理、应用电子技术

院系设置
路桥学院、汽车学院、海运学院、机电学院、信息学院、人文学院、运输管理学院

国家级、省部级研究机构设置
研究中心(所):浙江省交通科学研究所

定期公开出版的专业刊物　《浙江交通职业技术学院学报》
学校设立奖学金情况
学校设立奖学金 1 项,奖励总金额 150 余万元。奖学金最高金额 2700 元/年,最低金额 360 元/年。

学校历史沿革
1958 年建校,成立浙江省交通学校,1999 年升格为高职院校——浙江交通职业技术学院。

院校风采

中央广播电视大学
THE OPEN UNIVERSITY OF CHINA

◆ 中央电大组织实施教育部"一村一名大学生"计划，将优质高等教育资源送到农村田间地头

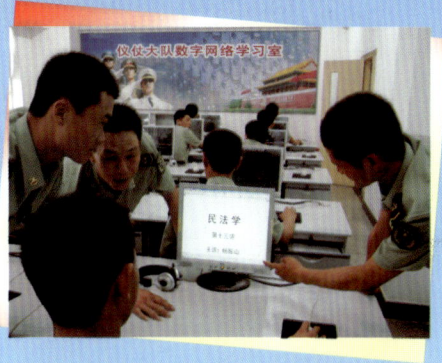

◆ 面向士官开展远程教育让战士不出营门上大学

◆ 个性化的学习支持服务让残疾学员轻松上网学习

中央广播电视大学是采用计算机网络、卫星电视等现代传媒技术，运用印刷教材、音像教材、多媒体课件、网络课程等多种教学媒体，面向全国开展远程开放教育的教育部直属高等学校。1978年2月由邓小平同志批准筹建，1979年2月6日正式开学。

中央电大的主要任务是面向在职成人开展高等学历教育和非学历教育培训以及公共服务，包括为行业、企业从业人员和部队士官及其他社会成员提供接受高等教育的机会；开展岗位培训、证书教育及农村实用技术培训，以及为各类社会成员更新知识和掌握新的技能、休闲学习提供教育服务；统筹利用电大体系教育资源，建设远程教育公共服务体系，为高等学校及其他教育机构开展远程教育提供学习支持服务。

中央电大现设文法学院、经济管理学院、工学院、教育学院、外语学院、农林医药学院等六个学科学院和直属学院、继续教育学院以及八一学院、总参学院、空军学院、西藏学院、残疾人教育学院等，还设有中国电视师范学院、中国燎原广播电视学校、中央广播电视中等专业学校和教育部社区教育研究培训中心。现有教职工480人，并先后从清华大学、北京大学、中国人民大学等100多所高校和科研院所聘请了1300多位教授、专家担任课程主讲教师和教材主编。数以万计的教授、专家参与了中央电大的专业建设和课程资源建设工作。

中央电大依托全国电大系统组织实施的开放教育面向全国开设理学、工学、农学、医学、文学、法学、经济学、管理学、教育学等9大学科92个本、专科专业。中央电大主要负责远程开放教育的整体规划、教学资源建设、教学管理、组织协调和教学过程指导监督。

中央电大是亚洲开放大学协会(AAOU)和国际远程开放教育理事会（ICDE）的成员，并积极参与了欧洲远程电子学习网络协会（EDEN）等国际组织的各项学术活动。中央电大与美国、加拿大、英国、法国、德国、日本、韩国、泰国、新加坡、澳大利亚、新西兰、埃及、南非等许多国家以及港、澳、台地区的远程教育机构建立了良好的合作伙伴关系。

目前，以中央电大为首的广播电视大学系统已经发展成为由中央电大、44所省级电大、1103所地市级电大分校（工作站）、1853所县级电大工作站组成的世界上规模最大的远程教育系统，成为国家公共教育事业的重要资源，已经成为中国高等教育和终身学习体系的重要组成部分。建校30多年来，累计培养高等学历教育毕业生757万人，各类非学历教育培训5000余万人次，为扩大人民群众接受高等教育的机会、加快我国高等教育大众化、为我国终身学习体系的建设作出了重大贡献。

根据《国家中长期教育改革和发展规划纲要(2010-2020年)》目标、任务和要求，国务院决定在部分省市、学校开展国家教育体制改革试点。在"改革人才培养模式，提高高等教育人才培养质量"试点项目中，中央电大被确定为"探索开放大学建设模式"试点单位。今年2月和5月，国家教育咨询委员会和教育部党组会议分别审议通过了国家开放大学建设方案。目前，中央电大正在以广播电视大学为基础，构建一所以现代信息技术为支撑，面向全体社会成员，学历继续教育与非学历继续教育并重，办学网络立体覆盖全国城乡，没有围墙的远程开放大学，即国家开放大学。

建设中的国家开放大学将秉承"开放、责任、质量、多样化和国际化"的核心理念，以适应国家经济社会发展和人的全面发展需要，促进终身教育体系建设，促进全民学习、终身学习的学习型社会形成为历史使命，大力发展非学历继续教育，稳步发展学历继续教育，积极推进现代科技与教育的深度融合，努力搭建终身学习"立交桥"。经过10年努力，国家开放大学将建设成为我国高等教育体系中一所新型大学、世界开放大学体系中富有中国特色的一流开放大学、我国学习型社会的重要支柱。

广西医科大学

学子风采

校党委书记韦波（左）与校长黄光武（右）

卫生部部长陈竺与自治区主席马飚共同为广西医科大学地中海贫血联合实验室揭牌

广西医科大学坐落在广西壮族自治区首府南宁市，创建于1934年11月21日，是全国建校较早的22所医学院校之一，是全国最早定点招收外国留学生、港澳台学生和华侨学生的8所医学院校之一，是全国首批有资质开展全英授课的30所高校之一。

学校办学历史悠久。创建时称广西省立医学院，之后校名曾先后改为广西大学医学院、广西军医学校、广西省立医药专科学校、广西省医学院、广西医学院。校址也因时局多次迁徙，1954年7月，学校从桂林搬迁到南宁现址。1996年6月，国家教育部批准更名为广西医科大学。

校园总占地面积约71万多平方米。改革开放以来，广西医科大学步入了快速发展阶段，通过不断深化教育教学改革、加强学科建设、培养和引进高层次人才，在办学层次、教育质量、科研水平、社会服务能力等方面都实现了跨越式发展，取得了历史性的突破，成为一所以医为主，与医学相关的理、工、文、管、法等学科协调发展的有显著特色的省属医科大学。

现设有25个二级学院，1个教学部，12所附属"三级甲等"医院，71个教学实习基地。其中第一附属医院、肿瘤医院、口腔医院3所直属附属医院分别是广西规模最大的"三甲"综合医院和专科医院。目前，学校拥有24个本科专业（方向），5个国家级特色专业建设点，4个博士后科研流动站，3个一级学科博士点，1个临床医学博士专业学位授权点，9个二级学科博士学位授权点，8个一级学科和39个二级学科硕士点，3个硕士专业学位授权点。现有在校全日制本科学生8496人，博士研究生186人，硕士研究生2241人，留学生569人。

与国家卫生部人才中心合作成立东盟卫生人才培训基地

医学誓词

医者仁心

厚德励志　博学弘医

科技大楼

药学基础大楼

学校坚持把人才培养作为根本任务，围绕提高人才培养质量，加强本科教学工作，实施了一系列教育教学改革，本科教学质量与教学改革工程成效显著，在2008年的教育部本科教学工作水平评估中获得优秀。近年来，获国家级精品课程1门、人才培养模式创新实验区2个、教学成果奖1项；获省级教学名师6人、精品课程28门、教学团队7个、实验教学示范中心7个、教学成果奖12项。

学校重视学科建设，不断凝练学科方向，建设学术研究基地。经过多年建设，学术科研条件大大改善，学科特色更加鲜明，学科整体水平进一步提升。学校现有国家重点（培育）学科1个，省部共建教育部重点实验室1个，国家中医药管理局"十一五"重点专科1个，广西高校重点实验室5个，国家中医药管理局中医药科研三级实验室3个，广西中医药科研三级实验室5个；广西省级重点学科10个，广西医疗重点建设学科18个。

学校在血红蛋白研究、蛇毒研究、心血管疾病防治、肝癌防治研究、妇科肿瘤研究、肝脏移植、断指再植、外周血造血干细胞移植等研究领域达到国内或国际先进水平。"十一五"期间，科研工作取得了长足发展，获国家重大专项"十一五"攻关课题2项，鼻咽癌研究进入国家"973"项目，中华医学科技奖、卫生部宋庆龄儿科医学奖、中华口腔医学研究创新奖各1项，省部级以上项目691项，国家自然科学基金项目128项。

迄今为止，学校已培养出3万多名大学毕业生，校友遍布世界80多个国家和地区，成为引领广西高等医学教育、医学科学研究和医疗卫生服务事业发展的骨干力量。近年来，我校毕业生就业率在92%以上，国家医师资格考试（临床执业医师）通过率高出全国平均水平14%以上。

学校今后将继续秉承"厚德励志，博学弘医"的校训，以服务国家发展战略和广西经济社会发展人才需求为导向，积极实施"十二五"发展规划，把学校建设成为"立足广西，面向全国，辐射东盟，走向世界，以医学为特色优势，医学相关的理、工、文、管、法等多学科协调发展的区域性高水平的教学研究型医科大学。

图书馆与教学综合楼

杏湖

广西医科大学鸟瞰

山西医科大学
SHANXI MEDICAL UNIVERSITY

山西医科大学前身是山西医学传习所，创建于1919年。经过九十多年的建设与发展，学校已经发展成为一所以医学为主，医、理、管、法、文多学科相互渗透、协调发展的医科大学。

学校校本部坐落在太原市中心，毗邻迎泽公园，环境优雅，交通便利。校本部占地1864亩（含新校区）；建筑总面积41.59万平方米，教学科研仪器设备总值12000余万元，图书、资料150余万册。

学校校本部现有专任教师851人。学校现有博士研究生导师66人，硕士研究生导师804人（含博士研究生导师66人）；享受政府特殊津贴人员111名，国家级有突出贡献专家2名；教育部新世纪优秀人才4名，"新世纪百千万人才工程"国家级人选2名，"新世纪学术技术带头人333人才工程"省级人选37名，山西省海外高层次人才"百人计划"入选者3名。

学校生源来自全国28个省、市、自治区。校本部普通高等教育在校生为12142人，其中，博士生162人，硕士生3095人，本科生8885人；成人高等教育学生为6649人。建校以来，学校培养了以全国首枚"白求恩奖章"获得者、"人民的好医生"赵雪芳为代表的医药卫生专业人才7万名。近年来，学校积极调整人才培养层次结构，不断深化教育教学改革，人才培养质量逐步提高，本科生考研率保持在30%左右，毕业生就业率保持在80%左右。

学校现有第一临床医学院、第二临床医学院、汾阳学院、基础医学院、公共卫生学院、药学院、法医学院、护理学院、研究生学院、人文社会科学学院、继续教育学院、职业技术学院等12个二级学院，晋祠学院1所独立学院，口腔医学系、儿科医学系、麻醉学系、医学影像学系、外语系、信息管理系、体育教学部、计算机教学部8个直属系部，16所附属医院，100多个其他教学基地。

学校设有临床医学（五年制、七年制）、预防医学、法医学、口腔医学、医学影像学、麻醉学、护理学、药学、中药学、药物制剂、医学检验、生物制药、社会工作、信息管理与信息系统（医药方向）、公共事业管理（卫生事业管理方向）、英语（医学方向）16个本科专业。其中，七年制临床医学专业是山西省唯一的长学制专业。

学校生理学为国家重点学科，生物学、公共卫生与预防医学、临床医学3个一级学科设有博士后科研流动站，细胞生理学实验室为省部共建教育部重点实验室，临床医学、预防医学、法医学、药学、护理学5个专业为国家级特色专业建设点，临床技能实训中心为国家级实验教学示范中心，骨科学为国家临床重点专科；另有10个省级重点学科、3个省重点实验室、7个省级品牌专业、6个省级实验教学示范中心、2个省级工程研究中心。学校是全国首批硕士学位、学士学位授权单位，山西省首批博士学位授权单位，全国临床医学专业硕士学位、公共卫生专业硕士学位试点单位，现有生物学、临床医学、公共卫生与预防医学3个一级学科，37个二级学科具有博士学位授予权；生物学、中药学、基础医学、临床医学、药学、公共卫生与预防医学6个一级学科，54个二级学科具有硕士学位授予权；5个专业学位硕士授权学科。

"十一五"期间，学校共承担国家级、省部级科技计划项目1050项，学科建设与科研总经费1.5亿元；在国际性和国家级期刊发表科研论文3700余篇，其中SCI收录论文347篇；出版教材著作648部；获省部级科技奖励142项，获专利授权62项。

在未来的征程中，学校将秉承"医理博精、德能高邃"的校训和"献身、务实、团结、进取"的优良校风，加快发展步伐，为建成建好特色鲜明的教学研究型医科大学而努力奋斗。

集美大学新校区
航海学院白楼
陈延奎图书馆
集美大学90周年校庆

  集美大学是福建省省属多科性大学，省重点建设高校之一，面向全国招生。

  集美大学办学历史悠久。集美大学的办学历史始于著名爱国华侨领袖陈嘉庚先生1918年创办的集美师范学校，迄今已有93年的办学历史，校训"诚毅"为陈嘉庚先生和其弟陈敬贤先生所立。1994年，在原集美航海学院、厦门水产学院、福建体育学院、集美财经高等专科学校和集美高等师范专科学校等五所高校的基础上合并组建集美大学。

  集美大学办学实力较强，办学条件完备。集美大学现有20个学院，9个一级学科硕士学位授予点，2个硕士专业学位点，63个本科专业，专业覆盖工学、农学、经济学、管理学、教育学、理学、文学和法学等8个学科门类，全日制在校生25000多人。2009年，学校成为博士学位授予单位立项建设高校。现有专任教师1500多人，其中正高职称170多人，副高职称530多人。有4个国家级特色专业建设点，1个国家级教学团队，1个国家级实验教学示范中心，1个国家级研究基地；有11个省级重点学科，10个省级特色专业建设点，34门省级精品课程，6个省级教学团队，5个省部级重点实验室（工程技术研究中心）。学校占地面积1900多亩，校舍面积102万平方米，新校区入选新中国成立60周年"百项经典暨精品工程"，是全国高校唯一入选的项目。学校建有万兆高速校园网，图书馆建有数字信息检索中心，馆藏纸质文献216万册，各类电子图书7531GB，中外文现刊2900多种，维普全文数据库等中外文数据库39个。

  集美大学办学得到党中央、国务院的亲切关怀。江泽民同志亲自为集美大学题写校名并题词，李鹏、乔石和李岚清等中央领导对办好集美大学也作了专门题词。李岚清同志亲自为学校揭牌，并多次亲临学校视察指导。2004年，中共中央政治局常委、全国政协主席贾庆林同志视察学校并为陈嘉庚先生铜像揭幕。

  集美大学办学特色鲜明，教学质量优异。"嘉庚精神立校，诚毅品格树人"是学校鲜明的办学特色。学校多年来生源充足、质量高，毕业生就业率在全省高校中名列前茅。2008年，学校以"优秀"成绩通过了教育部本科教学工作水平评估。集美大学在长期办学实践中形成了航海、水产等面向海洋的学科专业特色和优势。集美大学航海教育是我国培养高级航海人才的重要基地，在国内外具有较大的影响；水产学科在国内具有一定的优势和影响。

  集美大学"十二五"期间的奋斗目标是：立足地方、面向全国、服务行业，以本科教育为主体，积极发展研究生教育，培养应用型创新人才，初步把学校办成一所有特色、高水平、国内知名的多科性地方大学。

  此外，我校举办有经教育部批准设立的独立学院"集美大学诚毅学院"，该院现有在校生12000多人，专任教师800多人，其中高级职称教师占32.7%，具有硕士以上学位教师占63%。学院校舍面积28万多平方米，藏书近68万册，教学仪器设备价值6950万元。

□ 校党委书记：辜芳昭　　□ 校长：苏文金

校址：厦门集美学村（厦门市集美区银江路185号）　　　　邮编：361021

南京信息工程大学

蓬勃发展的南京信息工程大学

南京信息工程大学前身是有"中国气象人才摇篮"美誉的南京气象学院，始建于1960年，1978年被确定为全国重点大学，2004年更名为南京信息工程大学，是中国气象局和江苏省人民政府共建的全国重点高校，是教育部本科教学工作水平评估优秀学校，江苏省重点建设大学，江苏省高等教育综合改革试点高校，江苏省人才强校首批试点单位，具有完整的学士、硕士、博士教育培养体系，并设有博士后科研流动站。

学校现有全日制在校本科生3万余人，专任教师千余人，其中近70%具有高级职称或博士学位，拥有一批大气科学及相关学科国际一流团队和专家。现有大气科学学院等21个院（部），拥有气象灾害省部共建教育部重点实验室、中国制造业发展研究院等20余个省部级科研机构，拥有11个江苏省实验教学示范中心。校园占地2189亩，各类校舍总建筑面积65万平方米。图书馆馆藏纸质文献143万余册，中外文电子图书137万种，电子期刊1.9万种，年订阅纸质中外文期刊1800种，是国内大气科学类文献最齐全的高校图书馆。

学校拥有一批国家级重点学科、省部级重点学科、国家级特色专业以及江苏省品牌专业和特色专业，48个本科专业覆盖理、工、管、文、经、法、农、艺八大学科门类，硕博点基本涵盖本科专业。大气科学、环境科学与工程、传感网与现代气象装备等学科获批江苏高校优势学科建设工程项目。学校逐步形成了以大气科学为核心，以信息科学与技术、环境科学与工程为重点，理、工、管、文、经、法、农等多学科协调发展的学科体系。

学校秉承"艰苦朴素、勤奋好学、追求真理、自强不息"的优良校风，恪守"明德格物、立己达人"的校训，坚持"精英、国际、技能"的人才培养导向。建校以来，已培养各类毕业生5万多人。学校坚持"三全育人"，全面提高教育教学质量，近三届毕业生就业率均达到了99%以上，众多校友成为国内外著名的科学家、学者和高级管理者。

学校长期参与国家重大、重点项目研究，科学研究向高水平、有特色的方向发展。学校获得包括国家科学技术进步奖一等奖在内的国家级和省部级科技奖百余项，获得世界气象组织Norbert Gerbier-Mumm奖、国际光学工程学会科学成就奖等国际性大奖多项。"十一五"期间，承担各级各类科研项目2194项，2010年科技经费突破2亿元。

学校积极拓展国际合作，先后与耶鲁大学、马里兰大学、威斯康星大学等40余所国外著名高校、研究机构建立了合作关系。学校拥有中国政府、国家汉办、江苏省政府茉莉花奖学金等招收留学生资格。2009年，学校创办巴哈马学院"孔子课堂"。学校设有"世界气象组织区域培训中心"，已为127个国家和地区培养了1200余名中高级气象科技人员和管理者。

学校作为教育部领导创先争优联系点，大力推进创先争优活动，认真组织庆祝建党90周年各项系列活动。活动做法和经验多次被省委教育工委、教育部、中央创先争优专题网等报道。

今日的南京信息工程大学坚持"开放发展，联合发展"理念，大力实施人才强校战略，主动服务中国气象事业和江苏经济社会发展，坚持改革创新、争先进位，大力推进"三化一工程"，即精英化、国际化、产业化和民生工程，为建设一流特色重点大学而努力奋斗。

■别样毕业典礼"吴阿姨"

■走国际化办学之路

■湿地使者行动

院校风采

福建师范大学是一所具有百年历史和光荣传统的省属重点大学,是我国建校最早的师范大学之一,前身为1907年由清朝末代帝师陈宝琛创办的福建优级师范学堂。新中国成立以后,由华南女子文理学院、福建协和大学、福建省立师范专科学校等单位几经调整合并,于1953年成立福建师范学院,1972年易名为福建师范大学并沿用至今。

百载春秋,薪火相传。叶圣陶、郭绍虞、董作宾、林兰英、郑作新、黄维垣、唐仲璋、唐崇惕、姚建年等一大批知名专家、学者曾在学校任教。虽然学校数度易名,几经迁徙,但经过一代又一代师大人的共同努力,砥砺出"知明行笃,立诚致广"的校训精神,孕育了"重教、勤学、求实、创新"的优良校风,不断推动学校事业向前发展。

学校坐落于福建省省会福州市,有旗山、仓山两个校区,占地面积3500多亩。学校本部现有本科专业68个,全日制本专科生23000多人,各类研究生6000多人。拥有国家重点学科1个、省重点学科18个,博士后科研流动站10个,博士学位授权一级学科点19个,硕士学位授权一级学科点38个,硕士专业学位类别12种,均位居福建省属高校首位,其中一级学科博士点数量名列全国师范院校第5位;此外,还拥有高校、中职教师在职攻读硕士学位授权点,形成了文、史、哲、理、工、教、经、法、管、农、艺等多学科协调发展的办学格局和学士—硕士—博士完整的人才培养体系。

学校拥有国家重点实验室培育基地1个,部省级重点实验室、工程研究中心和省级行业技术开发基地12个,国家科学研究和人才培养基地4个,国家级实验教学示范中心2个,省级实验教学示范中心8个,国家级人才培养模式创新实验区4个,省级人才培养模式创新实验区14个,教育部人文社科重点研究基地1个,省高校人文社科研究基地10个,省高校重点实验室4个。此外,学校还是国家中小学教师继续教育工程培训基地、全国重点建设职业教育师资培训基地、现代远程教育试点学校、面向东南亚开展对外汉语教学培训基地、国家单独招收台湾学生试点学校、支持周边国家汉语教学重点学校、中国政府奖学金来华留学生接受院校、教育部高校辅导员培训和研修基地、教育部基础教育课程研究中心、福建省高校师资培训中心等人才培养和科学研究基地。

学校师资队伍素质优良、结构合理、爱岗敬业。在1700多名专任教师中,高级职称人员800余人;具有硕士学位以上的教师1200多人,其中博士学位教师400多人。现有双聘院士2人,国际欧亚科学院院士1人,国家级有突出贡献中青年专家7人,国务院学位委员会学科评议组召集人、成员3人,教育部创新团队1个,国家级教学团队3个、省级教学团队6个,国家级"教学名师"2人、省级"教学名师"15人,"百千万人才工程"国家级人选5人、省级人选64人,省级优秀专家21人,教育部"高校优秀青年教师"3人,教育部"新世纪优秀人才支持计划"入选者10人,教育部高等学校专业教学指导分委员会委员5人,"闽江学者"特聘教授和讲座教授7人,享受国务院政府特殊津贴专家117人。

2007年1月16日,温家宝总理亲切接见我校第四批赴菲汉语教学志愿者师生代表

2007年我校接受教育部本科教学工作水平评估,成绩优秀

2010-12-25学校与创办的福建海峡学院落户平潭

2010年8月11日下午,中共中央政治局常委、全国政协主席贾庆林参观"锦绣海西—福建省当代美术(书画)大展"并在学校《闽水万古流》作品前合影留念

福建师大旗山校区理工楼群

福建师范大学
Fujian Normal University

依托多学科的优势和高素质的师资队伍，学校的教学科研水平不断提升。本科教学工作水平被教育部评为优秀，先后获得国家级优秀教学成果奖一、二等奖13项；2001年以来，获得全国优秀教材一、二、三等奖7项，国家级特色专业建设点10个，国家级精品课程9门，国家级双语教学示范课程1门，全国基础教育改革实验研究项目优秀成果奖5项，省优秀教学成果特等奖和一、二等奖60项。近五年先后承担各类国家级课题165项，其他各类课题2000多项。先后获部省级以上科研成果奖391项，其中独立或合作获国家三大奖（国家自然科学奖、国家技术发明奖、国家科学技术进步奖）16项。

学校充分发挥地处海峡西岸经济区、毗邻台港澳、面向东南亚的区位优势，积极开展对外交流与合作，目前已与美国、英国、澳大利亚、日本等30多个国家，以及台港澳地区的100多所高校、科研机构和联合国教科文组织建立了友好合作关系。尤其是与台湾师范大学、彰化师范大学、高雄师范大学、台湾艺术大学等高校确立了校际学生交换项目，对台教育交流合作先行先试成效显著。学校的海外华文教育初具规模，在东南亚国家产生良好反响。2009年10月，与菲律宾红溪礼示大学合作创办的孔子学院正式获批，菲律宾总统阿罗约亲自为孔子学院揭牌，标志着福建省省属高校首家孔子学院正式设立。2010年6月，与印尼阿拉扎大学合作创办了第二所孔子学院。2011年4月，温家宝总理访问印尼时到访阿拉扎大学孔子学院，亲切看望我校汉语教学志愿者。

学校办学条件优良。图书馆为全国古籍重点保护单位，现藏书300余万册，在全国高师院校中名列前茅，其中尤以丰富的古籍、善本、碑刻、字画、地方文献、早期外文原版书籍和"五四"前后的代表性报刊的收藏，享誉海内外。拥有教学科研用计算机7000多台，多媒体教室250多间，语音室30多间；建有各类研究所、研究中心70多个，并拥有现代教育技术中心等教学科研实验基地。

学校已培养各类毕业生40多万人，为国家建设，尤其为福建经济建设和社会发展做出了重要贡献。福建各中学校长、特级教师和其他教学骨干中60%以上毕业于我校，一大批优秀人才成为高等院校的专家、教授以及科研院所的精英，有相当数量的毕业生分别担任省（部）、市、县各级各部门和企事业单位的领导。

当前，福建师范大学正在科学发展观的指导下，继续解放思想，突出服务海西，强化内涵建设，推进教育创新，朝着建设综合性、有特色、高水平的教学研究型大学的奋斗目标大踏步前进，努力为国家和海峡西岸经济区建设作出新的更大贡献。

福建师大——湿润亚热带山地生态国家重点实验室培育基地

福建师大与台湾世新大学、福建省旅游局联合组建福建海峡旅游学院

学校参与研制的可见光光学镜头成功用于神舟七号飞船

学校编纂的《台湾文献汇刊》在胡锦涛总书记访美时作为国礼之一赠予耶鲁大学，并入选建国60周年成就展

学校与菲律宾红溪礼示大学合作创办孔子学院，时任菲律宾总统阿罗约出席揭牌仪式

学校与台湾师范大学姐妹校签约仪式

福建师范大学旗山校区星雨湖

福建师范大学福清分校

福建师大福清分校是福建省教育厅和福建师大双重管理的省属本科院校，成立于1977年，原名为莆田师范专科学校，是国务院批准设立的福建省首批4所师范高等专科学校之一。2000年，学校由教师教育向非师教育整体转型，2002年开始招收本科生，2007年全部专业招收本二批次生源；2009年全面实现本科办学。

近年来，学校坚持多科性、有特色、教学应用型的办学定位，紧密围绕海西经济社会发展需要，着力提升学校整体办学水平和人才培养质量。

● **学科专业**

学校现有8个系26个本科专业，在校全日制普通本科生7000多人，初步形成文、理、教、经、管、法、工等多学科并存结构。

学校注重学科专业建设，定期评选建设校重点学科、特色专业、教学团队和精品课程；特色专业和教学团队曾入选省级，并有多门课程获评省级精品课程；与多家企业签订校企合作协议，电子信息工程、生物工程（食品科学方向）、应用化学等3个专业列入福建省教育改革试点总体方案中"产学研用联合培养工程类应用型人才"改革试点专业。

● **教学科研**

与福建师大图书馆联网，共享电子图书、期刊等资源，基本形成覆盖多学科文献资源的保障体系；实现教学科研、图书文献检索和办公管理网络化；设有省级实验教学示范中心和专业实验室，拥有计算机、多媒体、音乐舞蹈、体育基本技能训练等教学中心；学报影响因子在全国地方本科师范院校中排名较前。

科研工作稳步推进。近五年，学校曾获教育部青年项目，省自然科学基金项目，省社科规划项目，教育厅A、B、JK类项目近200项；多项科研项目获省、地市级奖励，10多个项目正向中国知识产权局申请专利。

学校在应用电子科学、高分子材料、化工、食品工程、生物技术（含现代农业、制药）等方面具有一定的科研成果转化能力，与福州、福清相关产业实现对接；成立了应用电子技术研究所、环境保护研究所、儿童发展与教育研究中心，并初步形成几个具有一定实力的科研创新团队。

学校利用区位优势，与地方共建人才培养校外实训（实习）基地近70个。

● **师资队伍**

高职称教师120多人，硕、博士（含在读）占比75%，部分老师获博导、硕导资格；常年聘请外籍教师、专家学者来校授课，引进、聘请行业企业高职称高水平"双师型"人才来校任教；鼓励专业教师到企业见习，参与技术研发。近年来，学校教师曾先后获省部级科研成果奖，省"教学名师"、"优秀教师"和"师德之星"等荣誉称号，以及被推荐为教育部高等学校实验教学专家和仪器设备专家。

● **人才培养**

学校推荐优秀学生到清华大学参与课题研究并接受毕业论文指导；采取多种举措鼓励学生考研。近五年，有230多名学生考取中国科技大学、厦门大学等高校就读硕士研究生，录取公务员、选调选聘生近150人；在数学建模竞赛、英语类竞赛、电子设计竞赛、嵌入式设计大赛、电子创新设计竞赛、网络技术大赛等全国性竞赛中，学生捷报频传。

学校推行学业证书和职业技能证书并重制度，动员鼓励在校生攻读第二学位，报考各类职业资格证书，提升就业竞争力。近年来，毕业生就业率名列省内同类高校前茅，2010年毕业生就业率在福建师大20多个学院中名列第五。

● **服务海西**

建校34年，学校培养输送近2.8万名优秀毕业生，为海西经济建设和社会发展提供了智力支持和人才保障。

学校现为福建省专业技术人员和管理人员继续教育基地、福州市公务员和专业技术人员继续教育和在职学习培训基地；设有国家职业技能鉴定站、华中科技大学网络教育学习中心，华中科技大学等远程教育教学站点等，成立了终身学习发展中心、法律援助工作站。

为促进福清精神文明建设，扩大我校在地方的知名度美誉度，学校开展了丰富多彩的第二课堂和社会实践活动，在福清三山核电站开工典礼、福清撤县建市20周年、第六届人口普查等大型活动中，均活跃着我校青年志愿者的身影。2010年，我校学子赴上海世博园开展为期7个月的实训服务，并获高度肯定。

福建师大福清分校珍惜福建高等教育大发展和海西大建设的重要战略机遇期，在"十二五"规划实施过程中，紧密围绕海西经济社会发展需要，坚持人才培养、科学研究、社会服务和文化传承创新的基本职能，注重夯实办学基础、强化办学特色、提升办学内涵，着力推动学校事业科学发展、跨越发展。

天津科技大学
Tianjin University of Science & Technology

天津科技大学位于渤海之滨、海河之畔，是中央与地方共建、天津市重点建设的以工为主，工、理、文、经、管、法等学科协调发展的多科性大学，占地面积1780亩，建筑面积60余万平方米。学校创建于1958年，前身为天津轻工业学院，2002年更名为天津科技大学，2004年建成并投入使用的新校区位于中国改革开放的最前沿、最具活力的地区之一——滨海新区。

天津科技大学紧紧围绕21世纪经济社会发展和人才培养需要，坚持特色发展、科学发展，本科、硕士、博士和博士后教育协调发展。拥有49个本科专业，建有"发酵工程"国家重点学科，4个国家特色专业，6个省部级重点学科。建有"轻工技术与工程"、"食品科学与工程"2个一级学科博士学位授权点，覆盖13个博士学位授权学科，建有2个博士后科研流动站和1个博士后科研工作站；13个一级学科硕士学位授权点，覆盖63个二级硕士学位授权学科；4个硕士专业学位授权点，覆盖16个授权领域专业。建有"食品营养与安全"、"工业发酵微生物"教育部重点实验室，教育部"食品生物技术工程研究中心"，与中科院等单位共建"工业酶"、"制浆造纸"国家工程实验室，建有天津市普通高校人文社会科学重点研究基地——天津科技大学食品安全管理与战略研究中心。

★校训石揭牌仪式

天津科技大学拥有一支结构合理、学术过硬、锐意创新、与学校发展相适应的师资队伍。现有教职工1906人，博士生导师、硕士生导师339人，教授、副教授678人，其中双聘院士5人，1人入选国家"千人计划"，2人入选教育部"长江学者"特聘（讲座）教授，10人被聘为国务院政府特贴专家，5人入选天津市"千人计划"，2人入选"新世纪国家百千万人才工程"国家级人选，6人入选"新世纪优秀人才支持计划"，13人被聘为天津市特聘（讲座）教授，涌现出了"全国优秀教师"、"全国优秀思想政治教育工作者"、"全国优秀科技工作者"、"全国五一巾帼标兵"等一批优秀教师、教学名师和一批师德建设先进集体。

学校始终坚持以本科生培养为主、本科生与研究生培养并重，形成了本科生、研究生、留学生、国防生、国际合作办学、继续教育和谐发展的多元化人才培养模式，人才培养质量不断提高。现有各类学生27769人，其中本科生18703人，硕士研究生1908人，博士研究生199人，留学生552人，继续教育学生6407人。多年来，天津科技大学始终狠抓教学质量这一根本任务，已建成4门国家级精品课程，1门国家级双语教学示范课程，2个国家级教学团队，1个国家级实验教学示范中心，获得国家级教学成果奖5项。自2004年起，作为天津市唯一培养国防生的地方院校，已为军队输送了264名高素质军官，在2009年被中宣部、教育部、解放军总政治部、国家国防教育办公室授予"全国全民国防教育先进单位"。

★国防生签约5周年

学校科学研究能力不断增强，服务经济社会发展不断深化。"十一五"期间，共承担国家"973"计划项目、国家"863"计划项目、国家科技支撑计划重大项目、国家自然科学基金项目、国家科技攻关项目等国家级科研项目近200项。依托食品、生物、发酵、海洋、化工等特色重点学科，积极开展国家急需的战略性研究、探索科学技术尖端领域的前瞻性研究、涉及国计民生重大问题的公益性研究，先后与江西、海南、云南、内蒙古等8个省、自治区建立了合作关系，与滨海新区280家企业建立合作关系，服务全国经济社会的辐射力和影响力明显增强。

天津科技大学在50多年的办学历史过程中，输送各类人才8万余名，毕业生以基础扎实、素质全面、富于开拓精神和实践能力而受到社会各界青睐。学校始终高度重视大学生思想道德建设，将大学生思想政治教育工作作为学校育人工作的核心任务抓实抓好。学校创新思想政治教育工作思路，充分开发网络资源，拓展实践平台，并以志愿服务为抓手，大学生思想政治教育工作扎实有效。

学校一贯重视民主管理和精神文明建设，2006年荣获"全国五一劳动奖状"，2009年被评为"全国精神文明建设工作先进单位"，2010年荣获"全国厂务公开民主管理先进单位"和"全国绿化模范单位"。

天津科技大学已制定了学校"十二五"乃至中长期发展规划，提出了更高的奋斗目标，学校将以科学发展观为统领，全面落实顶层设计，向着建立有特色高水平科技大学的目标奋力迈进。

★教育部长江学者王硕教授指导学生实验

临沂大学
LINYI UNIVERSITY

● 70周年校庆现场

● 学校承办的第一届全国大学生传统运动会开幕式

● 建筑面积6.7万平方米的图书馆

● 学校获技巧啦啦操世锦赛第8名

● 校园风景

临沂大学是国家设立、山东省政府直属管理的综合性大学。党委书记丁凤云，校长韩延明。学校所在的临沂市是著名的历史文化名城，书圣王羲之、智圣诸葛亮、兵圣孙膑、算圣刘洪等历史文化名人在这里出生或曾生活在这里；临沂也是全国著名的革命老区，在这里孕育诞生了伟大的沂蒙精神，涌现出了"红嫂"、"沂蒙六姐妹"等无数支前模范；临沂还是一座充满生机和活力的现代商贸物流城，有"物流天下，天下物流"、"南有义乌，北有临沂"的美誉；2010年，在全国文明指数测评中位居全国地级市第一名，2011年荣获"全国文明城市"称号。

临沂大学是沂蒙革命老区唯一一所综合性大学。学校前身是1941年由中共滨海区委和抗大一分校共同创建的滨海建国学院。1999年成立临沂师范学院，开始本科办学，在2008年国家教育部本科教学评估中获得"优秀"等次。2010年11月26日，国家教育部批准由临沂师范学院更名为临沂大学。在70多年的办学历程中，为国家和地方培养各类优秀人才20余万人。

临沂大学是沂蒙人民举全市之力、集全市之智，投资30亿元建设的大学。目前，学校占地6000余亩，校舍建筑面积155万平方米，教学科研仪器设备总值2.6亿元，图书馆藏书420万册、中外文期刊4000余种，电子图书300多万册，电子文献数据库19个。学校内设19个二级学院，2个分校，9个校级研究院所。在校生规模达到35000余人，专任教师1948人，其中副高级以上专业技术人员701人，硕士以上学位人员1375人。设有69个本科专业，涵盖10大学科门类。现有9个省级重点学科、5个省级重点实验室、2个省级实验教学示范中心、2个省级工程技术研究中心、3个省级人文社科重点研究基地、2个国家级特色专业、5个省级品牌特色专业，山东省精品课程和山东省双语教学示范课程15门；"十一五"期间，主持承担各类科研项目798项，其中国家级、省级科研项目188项，获得各级各类科研奖励537项，在世界《自然》和《科学》杂志论文排行榜中跻身中国高校第22位。近三年，毕业生总体就业率达到94.91%以上，学生考研录取率超过30%，学生在省级以上各类科技文化及学科竞赛中获奖1354项。学校与48所国外高校建立友好合作关系，还与山东大学、华东师范大学、中国海洋大学等国内50多所高校建立了对口交流和互换学生访学关系。学校已经发展成为鲁南苏北地区规模最大、配置最好、发展最快的高等院校之一。

学校更名以来，坚持老区大学的定位，确立了建设"高质量综合性品牌大学"的办学定位和"五年强特色，十年创一流"的发展战略。按照培养"具有沂蒙精神特质和国际视野的高素质应用型人才"的目标定位，深入实施红色育人和国际视野培育两大育人工程，形成了我校"一体两翼"的人才培养新体系。实施质量立校、开放强校、特色亮校三大发展战略，全力推进内涵提升，实现了向综合性大学的转变提升。经过5-10年的特色发展，努力在淮海经济区、全国老区大学和全国同类高校中实现率先发展，成为一流大学，成为区域经济社会发展的重要力量。

上海外国语大学创建于1949年12月，1956年更名为上海外国语学院，1994年更名为上海外国语大学。现已发展成一所培养涉外型、复合型外语人才的多科性、国际化、高水平特色大学。

学校现有虹口、松江两个校区。虹口校区位于上海市中心，占地254亩，是学校研究生高年级、留学生、培训生等的培养基地。松江校区位于上海松江新城，占地867亩，是学校本科生、研究生低年级的培养基地。

学校拥有教学院（系）21个：英语学院、日本文化经济学院、东方语学院、俄语系、法语系、德语系、西方语系、国际金融贸易学院、国际工商管理学院、新闻学院、传媒学院、法学院、国际教育学院、国际文化交流学院以及高级翻译学院、研究生院（筹）、网络教育学院、职业技术学院（专科）、继续教育学院、海外合作学院（中外合作办学）和贤达经济人文学院（民办独立学院）。4个直属教学部：体育教学部、社会科学部、出国人员培训部、出国人员集训部。

学校专业与学科点涉及五大学科门类：文学、教育学、经济学、管理学和法学，现有36个本科专业。

语言类专业24个：英语、俄语、德语、法语、西班牙语、阿拉伯语、日语、波斯语、朝鲜语、泰语、葡萄牙语、希腊语、意大利语、印尼语、对外汉语、汉语言、翻译、瑞典语、荷兰语、希伯来语、乌克兰语、越南语、商务英语、土耳其语。

非语言类专业12个：国际经济与贸易、金融学、法学、国际政治、教育技术学、新闻学、广播电视新闻学、广告学、信息管理与信息系统、工商管理、会计学、公共关系学。

学校拥有2个一级学科博士学位授权点：外国语言文学、政治学，下设12个二级学科博士学位授权点；1个博士后科研流动站：外国语言文学；7个一级学科硕士学位授权点：外国语言文学、政治学、应用经济学、教育学、中国语言文学、新闻传播学、工商管理，下设30个二级学科硕士学位授权点。另外，学校具有工商管理硕士（MBA）专业学位授予权、翻译硕士（MTI）专业学位授予权、汉语国际教育（MTCSOL）专业学位授予权。

学校现有3个国家级重点学科：英语语言文学、俄语语言文学、阿拉伯语语言文学（培育）；2个上海市重点学科：阿拉伯语语言文学和国际关系；1个教育部人文社会科学重点研究基地：中东研究所；1个国家级非通用语种本科人才培养基地：西欧语种专业。学校现为教育部高等学校外语专业教学指导委员会主任委员单位。

学校现有本、专科学生6867名，留学生1468名，研究生2553名。学校现有教师688名，外籍教师51名。

学校设有国际关系与外交事务研究院、语言研究院、文学研究院、中东研究所、跨文化研究中心、中亚研究中心、中国国际舆情研究中心、中国外语战略研究中心、中国外语教材与教法研究中心等数十个研究机构和学术团体，研究领域涉及外国语言文学、国际政治、经济、文化等各个方面。学校编辑出版《外国语》、《外语界》、《国际观察》、《中国比较文学》、《阿拉伯世界研究》、《外语电化教学》等核心期刊。

院校风采

学校积极开展国际间的学术交流与合作，先后与46个国家和地区的210余所大学签订了校际交流合作协议。学校图书馆现有馆藏图书70万册，电子图书100万册，中外文报刊近2000种，并设有英语语言文学资料中心和美国亚洲基金会赠书分配转运中心。

安徽理工大学
ANHUI UNIVERSITY OF SCIENCE & TECHNOLOGY

安徽理工大学是一所中央与地方共建、历史悠久、特色鲜明的以工为主，工、理、管、医、文、经、法协调发展的多科性大学，是安徽省重点建设的大学之一。学校位于我国重要的能源城安徽省淮南市。学校现有三个校区，占地90万平方米，校园环境优美，建筑典雅，是安徽省"园林式"单位。学校在建新校区占地200万平方米，第一期工程建筑面积53万平方米新校舍将在"十二五"期间建成。

学校是我国首批具有硕士学位、学士学位授予权的高校。现具有博士学位、硕士学位、工程硕士专业学位、高校教师在职攻读硕士学位、研究生毕业同等学力申请硕士学位授予权。

学校设地球与环境学院、能源与安全学院、土木建筑学院、机械工程学院、电气与信息工程学院、材料科学与工程学院、化学工程学院、计算机科学与工程学院、测绘学院、理学院、外国语学院、医学院、经济与管理学院、人文社会科学学院、思想政治理论课教学部、体育部等16个院（部），还设有继续教育学院。

学校设有60个本科专业，有3个一级学科博士学位授权点，13个二级学科博士学位授权点，13个一级学科硕士学位授权点，55个二级学科硕士学位授权点；有工程硕士和工程管理硕士2个专业学位授权类别，14个工程硕士专业学位授权领域，1个工程管理硕士专业学位授权领域；14个高校教师在职攻读硕士学位授权点。学校面向全国招生。与南京军区合作培养国防生。

学校拥有国家级复合型人才培养模式创新实验区1个，省级复合型人才培养模式创新实验区2个；国家级特色专业建设点6个，省级特色专业建设点5个；2个博士后科研流动站；有8个A、B类省级重点学科；7个省部级重点实验室、工程技术研究中心；有4个省级教改示范专业；4个省级示范实验实训中心。有国家级教学团队1个，省级教学团队4个；有国家级精品课程1门，省级精品课程26门。学校图书馆是安徽省教育图书文献资源保障系统皖北片信息服务中心，馆藏图书文献163万册，电子图书16000GB。

● 新校区奠基

● 颜校长与蒙古科技大学校长签订合作协议

● 煤与瓦斯共采实验室揭牌

● 校园风景

● 桃李芬芳

学校现有各类在校学生约37000人，其中：普通本科生22000人，博、硕士研究生2000人，成人本专科生13000人。学校在职教职工2000人，其中：专任教师1200人，教授、副教授等高级专业技术人员500人。学校拥有一支教学水平较高、师德良好、创新能力强的师资队伍和一批由省部级拔尖人才、学科带头人、中青年骨干教师组成的优秀学术创新群体。学校是安徽省和周边地区高层次人才培养、科学研究和技术创新的重要基地。

学校全面贯彻落实科学发展观，把人才培养作为根本任务，坚持以教学为中心，以学科建设为龙头，不断深化教育教学改革，提高教学质量和人才培养质量，培养有社会责任感、理论和实践能力强、富有创新精神的高素质人才。在长期的办学实践中，学校形成了"厚基础、重实践、求创新、高素质"的育人特色和"志存高远、追求卓越、求真务实"的校园精神。近几年，学校本科毕业生就业率在96%以上，两次被教育部授予"全国普通高等学校毕业生就业工作先进单位"荣誉称号。连续五次被评为"安徽省普通高等学校毕业生就业工作标兵单位"。学校是教育部本科教学工作水平评估获得"优秀"结论的高校。

● 学生公寓

学校科技创新势头强劲，"十一五"期间，获国家、省部级科技进步奖60项。2011年，学校科研经费突破亿元。学校获教育部"十五"、"十一五""全国普通高校科研管理先进集体"荣誉称号。

学校积极开展国内外学术交流活动，与美国、英国、德国、澳大利亚、波兰、日本、韩国、越南、菲律宾等国家的有关高校建立了校际交流合作关系，派遣人员到国外高校访问、讲学、攻读学位、开展科技合作。加强与国内高校、科研院所和企事业单位的产学研合作，邀请国内外著名专家、学者来校讲学和进行学术交流。

学校出版《安徽理工大学学报·自然科学版（全国核心期刊）》等学术刊物。

志存高远、追求卓越、求真务实

新乡学院
XINXIANG UNIVERSITY

院校风采

新乡学院是一所公办全日制普通本科院校，坐落在豫北历史名城——新乡市，拥有60多年的办学历史。

学院占地面积1708亩，建筑面积近80万平方米，教学科研仪器设备总值11592万元，馆藏图书170余万册，电子图书60万种，电子期刊8000种，多媒体教室和语音室座位数近2万个，教学用计算机6000余台。学院建有完善的计算机网络服务系统，拥有现代化的教学楼、实验楼、图书电教大楼、学生公寓和标准体育场等，办学条件优越。校园环境优美，四季木秀花馨，景色宜人。

学院现设有文学、经济学、教育学、理学、工学、管理学、历史学、法学、艺术学等9个学科门类，本专科专业73个。机械制造及其自动化、化学工程与工艺、生物技术等专业为河南省省级特色专业；《材料力学》、《毛泽东思想和中国特色社会主义理论体系概论》、《现代汉语》等课程为河南省省级精品课程。

学院目前有全日制在校生23046名，有教职工1387人，其中专任教师1117名，正副教授366人；具有博士、硕士学位的教师638人。学院坚持科学发展观，全面贯彻党和国家的教育方针，树立正确的教育观、全面的质量观和厚重的文化观，坚持"以人为本、厚德强能、开放创新、和谐发展"的办学理念，依照"突出地方性、加强应用性、保持师范性、发展综合性"的办学定位，实施"人才强校，质量立校，管理兴校，文化厚校，勤俭建校"五大战略。坚持育人为本，德育为先；坚持以学生为本，因材施教，实施素质教育；坚持知行统一，注重实践，力求创新；坚持全方位育人、全过程育人、全员育人。努力构建"教书育人、实践育人、管理育人和服务育人"的"四育人"体系，着力培育实践育人特色。学院早于2006年已召开过实践育人研讨会，对实践育人进行了有益的探索。学院又专门成立了由院长任组长的实践育人领导小组，2010年12月召开了新乡学院实践育人动员大会，出台了《新乡学院实践育人实施方案》等相关规定，向全校师生印发了《新乡学院实践育人手册》，设立了实践学分，把实践育人的各项内容通过学分的手段固定下来，学生只有修得相应的学分才能毕业。《方案》从2010级新生开始全面实行。在办学实践中，学院逐步探索出教学实践、生产实践、科技实践、管理实践、劳动实践、艺术实践、军事实践、社会实践、

●院党委书记陈兴民教授在新乡学院创业孵化基地检查指导工作

●院长杨宏志教授颁发聘任证书 Presiddent Yang Hongzhi is presenting Guest Professorcertificate to Prof. Wagner

●学院关于实践育人的简报、文件

●科技实践

●管理实践

●劳动实践

●艺术实践

创业实践和德育实践等实践育人的形式及内容。学院建设了实训大楼，相继建立了众多校内实验室、实训室和校外实习实训基地、社会实践基地、德育实践基地和就业创业基地等，不断实现实践育人的目标。我院实践育人的做法，深得广大师生家长、兄弟院校以及上级部门的充分肯定，中国教育报、中新网等多家媒体对我校实践育人工作做了多次报道或转载。

学院高度重视学科专业建设，走产学研结合的道路，为地方经济社会发展服务。近年来，共完成省部级以上科研课题125项，10余项科研成果获国家专利，获得地厅级以上各项科研奖励1000余项，省部级教学科研成果奖40余项。出版专著、教材、译著300余部，发表论文5300余篇。化学化工、生物制药、机械制造、信息技术等特色专业与地方、与企业联合办学成效显著。

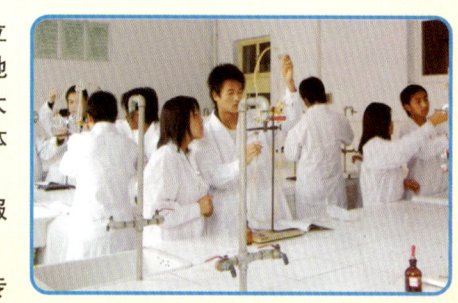
●教学实践

学院高度重视队伍建设，大力实施"硕士化工程"、"师资队伍培训工程"和"干部队伍培训工程"。学院成立以来，我校40岁以下青年教师硕士化率达到了75%，选派了378名教师到北京大学、清华大学等知名院校进修访学，派出了125名中层干部到兄弟院校挂职、培训。三大工程极大地提高了我院师资队伍、干部队伍的业务素质和整体水平，提升了学院的办学实力。

学院积极开展国际教育交流与合作，聘请国外知名学者担任客座教授。2004年与英国东伦敦大学（UNIVERSITY OF EAST LONDON）、2006年与澳大利亚墨尔本博士山学院（Boxhill Institute of Technical and Further Education）等学校签订合作办学协议，联合培养高素质应用型人才。

●生产实践

学院高度重视就业工作，总体就业率一直高于全省平均水平。在目前就业形势十分严峻的形势下，毕业生凭着过硬的素质和技能接受市场检阅，2009、2010、2011连续三年就业率始终保持在95%以上。

近年来，学院先后荣获河南省文明单位、河南省基本建设管理先进单位、河南省大学生"三下乡"社会实践先进单位、河南省五四红旗团委、河南省计算机网络建设先进单位、河南省四六级英语考试优秀考点等荣誉称号。

半个多世纪的风雨，半个多世纪的磨砺。充满活力的新乡学院正承载着厚重文化和宏伟梦想，站在了新的历史起点，乘风破浪，扬帆远航，迈向更美好的未来。

●军事实践

●社会实践

●创业实践

●德育实践

赤峰学院
CHIFENG UNIVERSITY

◆ 赤峰学院与韩国湖南大学签署本科教育合作协议

◆ 赤峰学院大型学生演出

◆ 国际交流

◆ 领导调研

◆ 重点学科 口腔临床模拟实验课

赤峰学院是2003年经国家教育部批准，由具有40多年办学历史、在社会上享有良好声誉的赤峰民族师范高等专科学校与赤峰教育学院、内蒙古广播电视大学赤峰分校、赤峰卫生学校、内蒙古幼儿师范学校合并组建的一所多科性本科普通高等学校。2008年赤峰艺术旅游艺术学校并入赤峰学院。学院位于闻名遐迩的"红山文化"发祥地——内蒙古赤峰市。

学院占地面积708亩，建筑面积15.92万平方米，固定资产39231万元。现有在籍全日制本专科学生8838人，成人教育函授7072人。正在启动的建设项目有学院标志性建筑图书馆和学生宿舍楼等。

◆ 赤峰学院党委书记高金祥

学院教育教学管理体系完善，内设党务及行政管理处室19个，设有蒙古文史学院等23个教学院系部。专业设置涵盖文学、史学、法学、教育学、理学、工学、医学和管理学八个学科门类，开设39个本科专业和59个高职高专专业，部分专业采用蒙汉两种语言授课。

学院师资力量比较雄厚，现有专任教师878人，其中教授98人，副教授326人，博士、硕士学位教师358人，享受国务院政府特殊津贴教师3人，自治区有突出贡献中青年专家3人，自治区"321"人才工程第一、二层次人选3人，"111"人才工程人选1人，自治区教学名师2人，自治区优秀教师1人，中国工艺美术大师1人，硕士研究生导师9人。

◆ 赤峰学院党委副书记、院长李春林

学院具有良好的办学条件，建有综合教学楼、学生公寓、体育馆、多功能厅等学习、生活设施；拥有各类专业实验室、专业实训室、数字化校园网、计算机机房、多媒体教室和电子阅览室等现代化教学、试验和科研场所；学院图书馆是自治区CALIS中心成员馆。

学院注重对学生创新精神、实践能力和健全人格的培养，重视学生德、智、体、美全面发展。学校的人才培养质量稳步提升，为地方经济社会发展建设培养了数以万计的优秀人才。学院的学生管理工作、毕业生就业工作及学生资助工作被评为自治区先进达标学校。学院进一步完善学分制改革，充分发挥多科性大学的学科和专业优势，为学生的自主选学、全面发展提供良好的环境和条件。

学院坚持"以学科建设为龙头，以专业建设为基础，以培养特色为突破口"的办学指导思想，在教学、科研、服务社会等方面取得了一批社会公认的优秀科研成果。《赤峰学院学报》有红山文化、契丹辽文化等名栏。升格为本科院校以来，学院教师共主持研究科研项目199项，其中承担国家自然科学和社会科学基金项目11项，省部级项目114项。有127项科技成果获国家级、自治区级和市级奖励。公开发表论文4016篇，其中国家级核心期刊447篇，被国际三大检索系统收录92篇，出版学术专著44部，教材、译著、工具书等270部。

学院现有国家级特色专业建设点一个，自治区重点培育学科一个，自治区级科学研究基地两个，自治区品牌专业7个，自治区精品课程10个，荣获自治区奖励的教改成果3个。

学院积极开展对外交流与合作，与蒙古国、韩国等国家高校建立了稳定的合作关系。现有蒙古国、韩国、加纳等国家的留学生在学校深造。

学院设有附属医院、第二附属医院、附属中学三个附属单位。附属医院是一所大型综合性三级医院，是全国百姓放心医院，拥有口腔正畸科、心内科、泌尿外科三个自治区重点学科。第二附属医院是集医疗、教学、科研、预防保健和康复为一体的综合性二级医院，目前正向着建成三甲医院的目标奋进。附属中学是一所有着40年办学历史的国办完全中学，是赤峰市高中管理先进学校、常规管理示范学校、国家首批高中新课改实验学校。

面向未来，迎接挑战，新一届领导班子团结带领广大师生员工，以邓小平理论和"三个代表"重要思想为指导，全面贯彻落实科学发展观和国家教育方针，以育人为根本，以提高教育教学质量为主题，坚持区域性大学的办学理念和定位，突出地方和民族特色，融入赤峰、服务地方，改革创新、转型发展，把学院建设成为具有重道厚德、求实创新精神的多科性教学型大学。

蚌埠学院
BENGBU COLLEGE

蚌埠学院是一所以工为主，工学、人文学科、理学、管理学、社会学科多学科协调发展的教学型普通本科院校。学校占地1000余亩，坐落于蚌埠大学园区，按照本科院校标准、网络化、信息化、智能化、生态化要求建设。东靠京沪高铁蚌埠站，南见茂林修竹的芦山，西接国家4A级龙子湖风景区，北邻安徽财经大学。截止到2011年，学校校舍总面积28.2万平方米，教学仪器设备总值5400余万元；多媒体教室和语音实验室座位3050座；建有15个实习（实训）中心和135个校内外实习（实训）和就业基地；馆藏纸质图书71余万册，电子图书62余万册，共计完成投资4亿多元。学院现有专任教师610名，副高以上教师151名，博士、硕士（含在读）422名，2人为安徽省教学名师。

▲ 大学生竞赛实验室

学院现有机械与电子工程系、食品与生物工程系、计算机科学与技术系、应用化学与环境工程系、数学与物理系、经济与管理系、艺术设计系、外语系、文学与教育系、音乐与舞蹈系、基础部等11个二级教学机构和淮河文化研究中心、工程研究中心等机构。开设机械设计制造及其自动化、计算机科学与技术、食品科学与工程、生物工程、电子信息工程、数学与应用数学、应用化学、环境科学、化学工程与工艺、交通运输、电子信息科学与技术、无机非金属材料工程、电气工程及其自动化、汉语言文学、广告学、英语、市场营销、艺术设计、工业设计、音乐学、工程管理、学前教育、光信息科学与技术、土木工程、制药工程、材料成型及控制工程等31个本科

▲ 汽车工程实验教学中心

▲ 数控加工中心

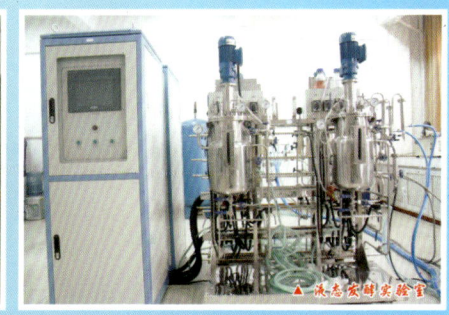
▲ 发酵实验室

专业。同时开设模具设计与制造、食品营养与检测、环境监测与治理技术、建筑工程技术、应用化工技术、应用英语、电子商务、初等教育等45个专科专业。目前，学院现有在册全日制普通在校生13271人。

近年来，学院积极发挥学科的综合交叉优势，不断加强实验室建设，提升科研水平和服务社会能力。学院现有2个省级实验教学示范中心，共承担省级科研项目200余项，与有关企业签定在研项目160项，发表论文约1700余篇。其中SCI、EI、CSSCI收录118篇，主编（参编）教材、出版专著105部。省级教学团队2个，省级本科精品课程3门，合作共建省级本科精品课程6门，获各类奖项140项。蚌埠学院一直积极开展对外交流与合作，先后与日本、德国、法国、美国、韩国等国多所高校建立合作交流关系，教师、学生校际访问、讲学、短期工作和学习交流互动频繁。

蚌埠学院是一所充满生机与活力的学校，目前学校正在围绕首届党代会确定的战略发展目标和"十二五"发展规划，深化内部管理体制改革和教育教学改革，全力打造自身办学特色，为把学校建设成为规模适度、结构合理、具有特色、人才培养质量和办学效益好、与区域经济社会发展良性互动的合格的应用型本科院校而努力奋斗。

九江学院

竞知向学 厚德笃行

跃上葱茏的九江学院
——聚庐山灵气、如长江奔流、展鄱湖浩瀚

● 九江学院"濂溪门"

● 九江学院与郑州大学开展"书院文化之旅"活动

九江学院是经国家教育部批准设立的国有公办全日制本科普通高等院校,面向全国30个省(市、自治区)招生。办学历史可上溯至1901年由美国基督教卫理公会创办的但福德学校,现办学体制为军地共建、省市共建。

学校坐落在长江中下游的历史文化名郡—江西省九江市,位于庐山之麓、长江之滨、鄱湖之畔,校园美丽宜居,环境优越,蕴育着名城名山名江名湖之灵气,承载着千年白鹿洞书院和濂溪书院的脉理文风。

学校占地2700多亩,共有四个校区,设有1所直辖"三级甲等"附属医院,1所省重点附属中学。全日制在校生3.6万余人。现有专任教师1847人,其中有副高以上职称的620余人;有博士、硕士学位的近1100余人;研究生导师38人。学校还聘请了100多位知名专家学者为学校兼职和客座教授。

学校现有21个二级学院,设有经济学、法学、教育学、文学、历史学、理学、工学、农学、医学、管理学、艺术学等十一大学科门类;有本、专科专业169个,有省级重点学科10个,并设立了"流域管理与生态保护"博士后科研工作站。建有庐山文化研究中心、鄱阳湖经济研究中心、沿江产业开发研究中心等科研机构30个、各类实验室162个(其中中央与地方共建基础实验室和高校特色优势学科实验室20个)、校外实习基地200多个,图书馆藏有纸质和电子图书480万余册。

● 九江学院逸夫图书馆

学校以学科建设为核心,围绕九江特定庐山、长江、鄱阳湖优势资源,构建"山江湖"特色学科群;以文化传承创新为己任,致力保护传承地方非物质文化遗产,建立了江西省高校首个非物质文化遗产研究基地;致力具有九江地域文化特色的庐山文化、书院文化的研究和传承创新;并将其融入到校园文化建设和人才培养中,不断厚实大学文化精神。

● 九江学院厚德楼

学校在教学科研和开放办学方面取得了喜人成果。近两年来,获得国家级"质量工程"特色专业2个,国家自然科学基金项目20项、国家社会科学基金项目7项。2011年,学校各类科研项目经费达3000万元。现已与美国、法国、英国、泰国、印度等10多个国家的高校与科研机构建立了稳定的合作与交流关系,并招收来自世界各国的留学生200余人;同柬埔寨王家学院等合作建立了柬埔寨第一所孔子学院,国家副主席习近平出席了孔子学院揭牌仪式,并誉之为"中柬人文交流的里程碑",在2011年第六届全球孔子学院大会上,柬埔寨王家学院孔子学院获先进孔子学院荣誉。学校还与地方政府和企业在人才培养、学生实习就业以及科研成果转化等方面进行了深度合作,积极服务地方经济社会发展。

学校全面推进素质教育,"竞知向学、厚德笃行"校训深入人心,校歌传唱弘扬立德树人,"濂溪讲坛"学术品味高尚,科学技术与人文精神交融。在全国大学生数学建模竞赛、全国英语演讲比赛、全国大学生广告艺术大赛、国际大学生龙舟邀请赛等赛事中均取得优秀成绩。学校重视毕业生就业工作,毕业生受到用人单位的好评。

● 九江学院正学门

毕节学院
BIJIE UNIVERSITY

① 2010年6月，中共中央政治局委员刘延东视察毕节学院时与学子亲切交谈

② 教育部党组书记、部长袁贵仁出席毕节学院创先争优活动座谈会

③ 承办的全国学术研讨会"回顾与瞻望：中国逻辑史研究30年"

④ 毕节学院承办的中国贵州国际百里杜鹃花节开幕大型文艺演出《索玛花开》

⑤ 毕节学院采矿专业学生在织金县富祥煤矿下井实习

⑥ 毕节学院师生在乌蒙山脉进行土壤采样

毕节学院是2005年3月经国家教育部批准，由原毕节师范高等专科学校、毕节教育学院合并组建的一所全日制综合性普通本科院校，其前身系1938年成立的省立毕节师范学校，2009年列入教育部"对口支援西部高校计划"受援高校，成为西南大学对口支援高校。

现任党委书记陈永祥教授，校长张学立教授。学校坐落在1988年时任中共贵州省委书记胡锦涛同志倡导，经国务院批准建立的毕节"开发扶贫、生态建设"试验区。目前，校园占地面积1300余亩，校舍建筑面积26万平方米，教学科研仪器设备总值5000万元，有馆藏图书72.6万册及清华同方学术期刊全文数据库等电子图书资源120万册。

现有教职工807人，其中专任教师556人，教授、副教授170人，博士、硕士308人，教师中有国家一级学会专业委员会主任、副秘书长、省管专家、省高校哲学社会科学学术带头人、省级教学名师、毕节地区突出贡献人才、地管专家、毕节地区专业技术拔尖人才共26人，有1人受聘担任西南大学博士研究生导师，10人受聘担任省内外高校硕士研究生导师，有兼职教授、客座教授和兼职研究员89人，外籍教师2人。设有14个教学学院，开设有28个本科专业，18个专科专业，专业覆盖经济学、法学、教育学、文学、历史学、理学、工学、管理学、艺术学等九大学科门类。有1个省级特色重点学科、2个省级重点支持学科、1个省高校人文社科研究基地、1个省科技创新人才团队、1个省级优秀教学团队、1个农业部绒毛用羊产业技术综合试验站、2个省级特色重点实验室、2门省级精品课程、18门校级精品课程、4项省级教改项目、16项校级教改项目。建有15个科研院所，教师承担百余项国家级、省部级、地厅级科研项目。有来自25个省、区、市的全日制在校学生10174人，有成人教育在册本专科学生4651人，建成了融"奖、贷、助、补、减、免"等途径为一体，整合了国家、社会和学校力量的贫困生助学保障体系，设有"绣山贫困学生助学金"、"毕节学院大学生突出贡献奖学金"、"毕节学院入学成绩优异奖学金"、"毕节学院弘毅奖学金"等数十项各类奖助学金，学生社团活动等校园文化活动丰富多彩，学生在全省乃至全国性的各种竞赛中屡获佳绩，学校先后获"三下乡"、"扶残助残"、"国防教育"、"预征工作"等全国先进集体称号。

学校注重对外交流与合作，先后与澳大利亚、印尼、美国等10多个国家和地区的大学与科研机构建立了长期合作与交流关系，分别与澳大利亚堪培拉大学、美国西北理工大学等国外高校签订了校际（企）合作协议，与西南大学、贵州大学、山东科技大学、西安科技大学等国内高校开展了校际合作。

站在新的起点和历史征程上，毕节学院依托艰苦创业、求实进取的办学传统，秉承"明德笃学、弘毅力行"的校训，围绕服务毕节试验区经济社会发展需要，构建工学优先发展，文学、理学等多学科相互融合、协调发展的学科专业体系，全面提升人才培养、科学研究、社会服务、文化传承水平，把学校建设成为毕节地区人才培养培训基地、科技研发基地、文化宣传基地、咨询服务基地。

兰州商学院简介

兰州商学院前身为1958年成立的甘肃省财经学院,1981年7月经国务院批准正式成立,是甘、青、宁三省(区)唯一一所财经类高等院校。学校先后隶属原国家商业部、原国内贸易部领导,1998年7月,根据国务院有关文件精神,实行中央与地方共建、以地方为主的管理体制。

学校占地面积1450余亩,校舍建筑面积63.88万平方米,教学科研仪器设备总值5650.72万元,图书馆藏书223.92万册。学校面向全国招生,现有全日制在校研究生856人,本科生16810人、成人教育学生5000余人。

学校设有经贸、金融、工商管理、会计、统计、信息工程、外语、艺术、商务传媒、法学、财税与公共管理、农林经济管理、马克思主义、国际教育、继续教育等15个二级学院及MBA教育中心;设有甘肃经济发展数量分析研究中心、甘肃省商务发展研究中心2个省级人文社科重点研究基地和16个校级研究所(中心)。

学校现有教职员工1302人,其中专任教师865人,具有教授、副教授职称教师406人,博士、硕士研究生学历教师493人,专任教师中享受国务院政府特殊津贴专家、部级优秀专家、教育部新世纪优秀人才支持计划入选者、全国优秀教师、甘肃省领军人才等高层次人才60余人。

学校现有统计学、会计学、国际贸易学、金融学(含保险学)等4个省重点学科,有应用经济学、理论经济学、工商管理、管理科学与工程等4个一级学科硕士点,26个二级学科硕士点,有工商管理、会计、金融、应用统计、国际商务、保险、资产评估等7个硕士专业学位授权点、是省属高校中最早获得MBA办学资格的高校;现有省级教学团队2个,省级精品课程18门,本科专业40个,统计学、会计学、市场营销专业是教育部"特色专业建设点";经济管理实验教学中心为国家级实验教学示范中心。

经过50多年的建设和发展,学校现已形成了以经济学、管理学、法学为重点,经、管、法、文、理、工相互支撑、交叉渗透、协调发展的学科专业体系,构筑起了一个能够满足西北地区经济社会发展需要的财经类应用型人才培养平台。"会计统计看兰商、金融国贸选择兰商、营销设计用兰商"已经成为西北地区人才市场的共识,毕业生就业率连续多年位居甘肃省高校前列。

学校坚持以科研促教学,积极发挥科研服务社会的办学功能。近五年来,学校共承担国家级、省部级科研项目130余项,其中国家级科研项目17项;获得省部级科研成果奖励58项,其中全国优秀科研成果一等奖1项;在国内外学术期刊上发表论文4159篇,其中收录于SCI、EI、ISTP、CSSCI等国内外引文检索系统的论文509篇,出版学术专著和教材190余部。学校主办的学术期刊《兰州商学院学报》为CSSCI扩展版来源期刊。

学校坚持开放办学,积极开展对外学术交流和中外合作办学。先后与英国、法国、美国等10余所国外高等院校建立了合作办学关系。学校是《1+2+1中美人才培养计划》项目的合作院校,先后承担了国家外专局、中美教育服务机构(ESEC)英语培训项目等10余项国际合作项目。

截止目前,学校为国家特别是为西北地区培养和输送了5万余名经济管理类专门人才,现已成为甘、青、宁三省(区)重要的财经类专业人才教育基地、经济管理研究与咨询基地及财经类在职干部和人员的培训基地。

广东商学院

未来的北校区

广东商学院是一所以经济学、管理学、法学为主体，经、管、法、文、理、工、教等多学科协调发展的省属重点建设院校，是广东和华南地区经、管、法人才培养基地和科学研究基地，2007年通过教育部本科教学工作水平评估并获得"优秀"。

学校现有广州校本部和三水校区两个校园，占地面积2383亩，拥有全日制在校研究生和本科生22837人；专任教师1009人，其中正高211人、副高322人，具有博士学位257人。

学校学科建设与学术研究不断取得新进展。建成5个省级重点（扶持）学科、5个一级学科硕士点（二级学科硕士点31个）、4个专业硕士点。根据中国管理科学研究院《中国大学评价》，经济学、管理学、法学三大主体学科连续七年进入全国高校"百强"行列。2006年以来共获得科研项目714项，其中国家级项目33项、省部级项目241项，省部级以上人文社科课题数位居广东省属高校前列。着力打造三级科研平台体系，现拥有省级重点研究基地2个、省级重点实验室1个、广州市重点研究基地1个。《广东商学院学报》为全国中文核心期刊、中国人文社会科学核心期刊、中国人文社科学报核心期刊和全国百强社科学报。

学校始终以教学工作为中心，以加强学生实践能力和创新能力为重点，构建特色鲜明的本科人才培养模式。现有17个教学院部，50个本科专业，其中国家级特色专业5个、省级特色专业10个、省级名牌专业7个，特色专业和名牌专业数居广东省属高校前列。建成国家级人才培养模式创新实验区1个、国家级教学团队1个、国家级精品课程1门、国家级双语教学示范课程2门，获国家级教学成果奖1项，学校经济与管理实验教学中心是全国首批两个经管类国家级实验教学示范中心之一。学校大力开展素质教育活动，已成为"国家大学生文化素质教育基地"，人才培养成绩突出。2006年以来，学生参加各级各类课外学术科技竞赛共获奖437项，其中国家级265项、省级172项；参加各级各类课外文体竞赛共获奖524项，其中国家级72项、省级452项。本科毕业生总体就业率稳居全省高校前茅，2001年以来均在99%以上。

学校高度重视对外交流与合作，先后与国外30多所著名大学开展学分互认、本硕连读等合作项目，加入教育部"1+2+1中美人才培养计划"，为培养国际复合型人才构建多元化教育平台。

在新的历史阶段，广东商学院将秉承"厚德、励学、笃行、拓新"的校训，积极实践"人才立校、学术强校、服务兴校、特色优校"的办学理念和"依法治校、民主治校、阳光治校"的治校方略，朝着特色鲜明的高水平教学研究型大学迈进，为广东和华南地区的经济社会发展做出新的更大贡献。

校本部教学大楼

校本部实验大楼

三水校区图书馆

院校风采

广州医学院
GUANGZHOU MEDICAL UNIVERSITY

广州医学院创办于1958年，是一所以医学为优势和特色，开展博士、硕士、本科多层次人才培养的全日制高等医科院校。学校现有东风路主校区、龙洞校区、南校区、江高校区和从化校区，占地面积共38.84万平方米。东风路主校区坐落于历史文化名城——广州的中心地带，南依苍翠葱茏的越秀山，北傍风光秀美的流花湖，是读书治学的理想之地。总占地面积1500亩的新校区正在建设之中。

学校设有基础学院、卫生管理学院、公共卫生学院、护理学院、第一临床学院、第二临床学院、第三临床学院等7个二级学院，以及研究生学院、继续教育学院、卫生职业技术学院、广州卫生学校、广东省全科医学培训中心。开设临床医学、医学检验、医学影像学、护理学、麻醉学、口腔医学、预防医学、药学、康复治疗学、公共事业管理、生物医学工程、应用心理学、生物技术、中西医临床、法学、统计学、信息管理与信息系统、市场营销等18个本科专业。其中，临床医学专业为普通高等教育本科第一批次招生专业，并招收外国留学生。

学校大门

学校拥有8所直属医院，其中第一附属医院、第二附属医院、第三附属医院、第四附属医院是综合性三级甲等医院，荔湾医院是一所以全科和社区医学为特色的综合医院；港湾医院是一所以微创外科、康复医学为特色的综合医院；附属肿瘤医院和口腔医院是专科医院；另外还有9所非直属附属医院。

图书馆

学校拥有中国工程院院士1人，新世纪百千万人才工程国家级人选2人，广东省特聘教授（珠江学者）1人，国家级教学团队1个，国家级教学名师1人，全国优秀教师2人，享受国务院政府特殊津贴专家30人，卫生部有突出贡献中青年专家4人，博士研究生导师44人，硕士研究生导师531人。学校注重学生综合素质和动手能力的培养，毕业生受到社会和用人单位好评，近三年，研究生就业率为100%，本科就业率98%。

学校现有国家级精品课程1门，省级精品课程8门，市级精品课程18门，校级精品课程38门。省级优秀课程2门，省级重点课程11门，市级重点课程9门。临床医学、医学检验是国家特色建设专业，临床医学、医学检验、医学影像学、护理学是广东省高等学校本科特色专业，临床医学、医学检验、医学影像学是广东省名牌专业，临床医学、医学检验、医学影像学和护理学是广州市名牌专业。基础医学实验中心、全科医学实验教学中心是广东省高校实验教学示范中心。内科学（呼吸系病）是国家级重点学科，内科学、外科学、神经病学等7个二级学科为广东省重点学科或重点扶持学科。学校具有研究生推免资格，有一级学科硕士授权点4个，二级学科硕士授权点35个，有一级学科博士授权点1个（临床医学，涵盖18个二级学科，16个三级学科），设有一级学科（临床医学）博士后流动站。

龙洞校区

学校设有呼吸疾病研究所、蛇毒研究所、神经科学研究所、化学致癌研究所、肿瘤研究所、人文社会科学研究所、妇产科学研究所、心血管疾病研究所、骨科研究所等9个研究所。设有广东省伦理学研究中心、广东省窥镜外科研究开发中心、广东呼吸疾病工程研究中心。呼吸疾病实验室是广东地方高校中唯一一个国家重点实验室，神经遗传与离子通道病重点实验室是教育部与广东省共建重点实验室。另外拥有省级重点实验室2个、厅市级重点实验室12个。近年来，学校承担国家"973"、"863"等重大科研项目多项，在《自然医学》、《柳叶刀》等世界知名杂志上发表多篇高水平论文。

学校主办的学术刊物有《广州医学院学报》、《中华生物医学工程杂志》、《中华关节外科杂志》、《血栓与止血学杂志》、《CHEST》（中文版）、《J Thoracic Disease》。

改革开放以来，学校先后与美国斯坦福大学、加州州立大学、哥伦比亚大学、法国西布列塔尼大学、爱丁堡大学、阿肯色州立大学、旧金山州立大学、香港大学、香港中文大学、台湾中山医学大学、台湾义守大学等高等院校和研究部门开展合作办学和学术交流活动。有一批国外著名高校专家被聘为学校特聘教授、名誉教授或客座教授。

教学大楼

半个世纪的薪火相传，学校坚持发扬广医大学精神，实施"学科强校、人才兴校、附属医院组团发展"三大战略，与时俱进，开拓进取，从整体上提升了学校办学的核心竞争力，实现了自身的快速发展和办学水平的不断提高，为创建较高水平的教学研究型医科大学奠定了坚实的基础。

上海建桥学院
SHANGHAI JIANQIAO COLLEGE

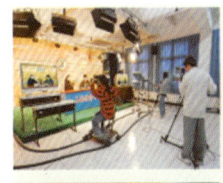

上海建桥学院是一所以本科教育为主体、专科教育和继续教育为两翼，培养生产、管理、服务第一线应用型专门人才的多科性全日制民办大学。

学校创办于2000年4月，由周星增等浙江温州籍人士共同出资举办，地处上海浦东康桥。

学校是上海市首批自主招生改革试点单位、校企合作培养高技能人才试点单位，首批"上海市技师学院"和"上海市高校辅导员培训基地"。目前学校已拥有国家级示范性实训基地、国家级特色专业和国家级精品课程1个，拥有上海市精品课程5门、重点建设课程12门、重点建设专业3个、教学高地4个。

学校自2005年始，连续三届获"上海市文明单位"称号，学校还是上海市花园单位和上海市平安校园。

学校总投资6亿元人民币。校园占地面积487亩，校舍建筑面积26万余平方米，教学仪器设备逾6000万元；图书馆馆藏纸图书84万册、电子图书245GB；建成各类实验实训室64个，总建筑面积23000多平方米。

学校现设商学院、机电学院、新闻传播学院，以及信息技术系、外语系、艺术设计系和护理系（筹）等7个院系。其中商学院下设工商管理系、电子商务与物流系、经济贸易系、旅游管理系和工程管理系，机电学院下设机电工程系、电子工程系和汽车工程系，新闻传播学院下设新闻系、传播系和秘书系。学校本科专业有20个，专科专业有16个，学科专业范围覆盖工、管、文等多个学科门类。

学校教职工总人数544名，其中专任教师361名，专任老师中的高级职称人数占35.7%，研究生学历比例为55.1%。学校主要学科及专业负责人均由上海资深教授、专家及海外留学回国的中青年学者担纲组成。另外，学校还聘有一支稳定和兼职老师队伍约500名。

学校全日制在校生目前已超过一万人，其中本科生占比近七成。自创办以来，学校已向社会 输送八届约16000多名合格毕业生，平均就业率达97%以上。

地址：浦东康桥路1500-1700号
电话：021-58137788
传真：021-58137900
邮编：201319
网址：http://www.gench.edu.cn

院校风采

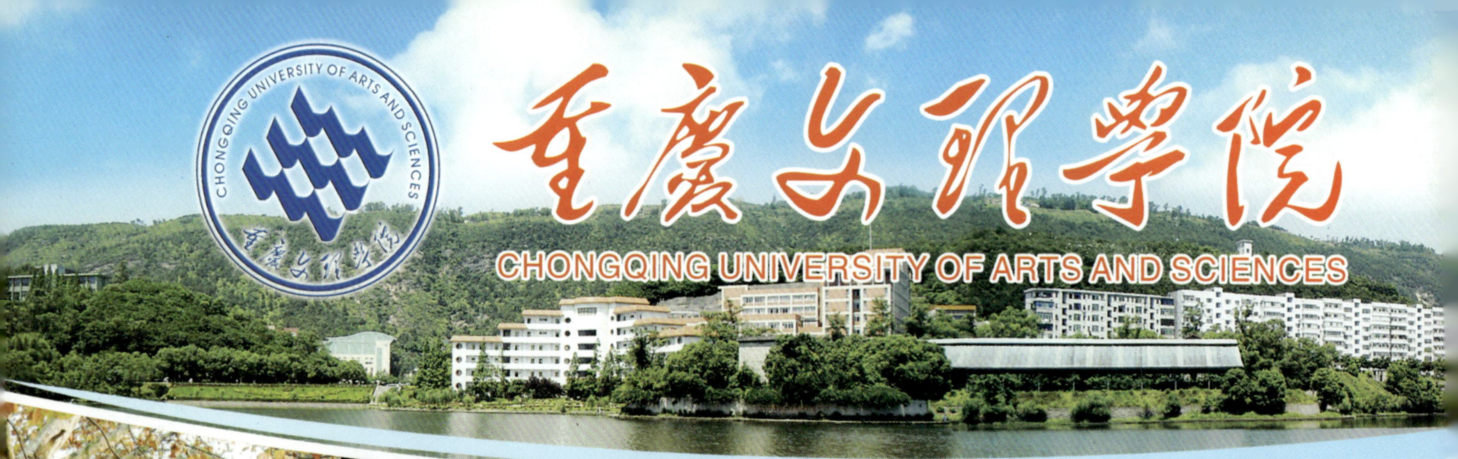

重庆文理学院

CHONGQING UNIVERSITY OF ARTS AND SCIENCES

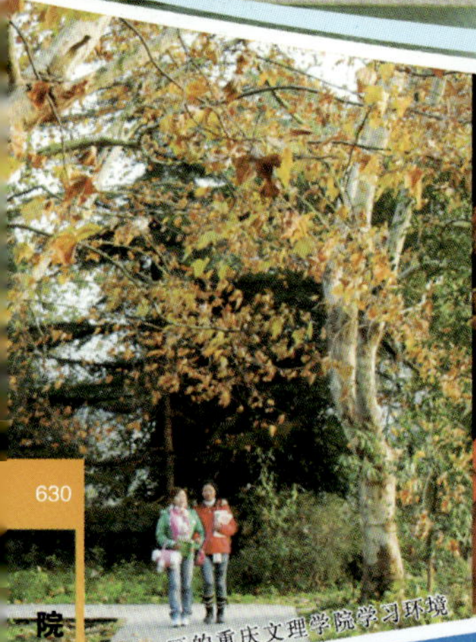

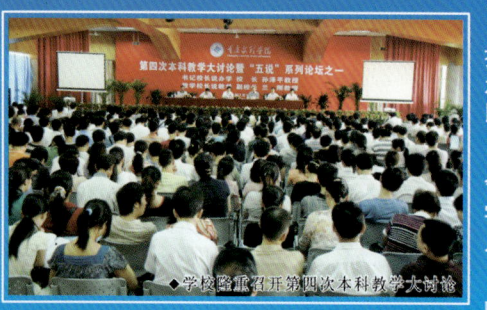

如诗如画的重庆文理学院学习环境

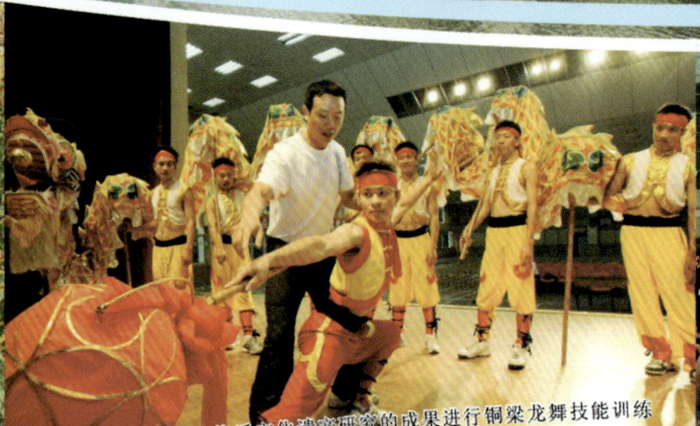

该校师生利用非物质文化遗产研究的成果进行铜梁龙舞技能训练

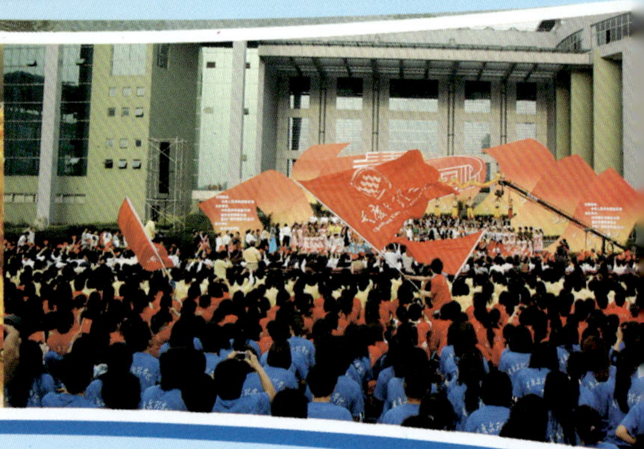

学校隆重召开第四次本科教学大讨论

重庆文理学院是重庆市人民政府主办的全日制普通本科高等学校。学校坚持“依法治校，诚信办校，改革兴校，质量立校，人才强校”的办学思路，秉承“进德修业，博文达理”的校训，形成了“教育即服务，学生即顾客，质量即生命”的办学理念。

学校位于重庆市永川区，现有红河、星湖两个校区，占地面积1921亩，校舍建筑面积48万平方米，馆藏图书148万册，教学仪器设备总值10342余万元。学校现有教职员工1200余人，其中中国工程院院士1名，高级职称人员近300人，博士、硕士520余人，外籍教师15人，外聘专家教授100余人。

学校现有20个二级学院和重庆服务外包学院、重庆文化遗产学院2个特色学院，有42个本科专业，涵盖文学、理学、工学、管理学、农学、教育学、法学七大学科门类，形成了以文学、理学为基础，应用型学科专业为重点，多学科交叉融合协调发展的学科专业体系。学校面向全国20多个省（市、自治区）招生，目前共有在校生16700余人。

学校现有国家级特色专业建设点1个，市级特色专业建设点3个。国家级精品课程1门，市级精品课程12门。获得国家级教学成果奖一等奖、二等奖各1项，重庆市级优秀教学成果奖11项。学校先后获得“教育部首批依法治校示范校”、“全国教育网络示范单位”、“全国校园文化先进单位”等50多项市级以上荣誉称号。

学校是重庆市非物质文化遗产研究基地、重庆市品牌学会、中山大学中国非物质文化遗产研究中心重庆工作站所在地，现设有非物质文化遗产研究中心、重庆市高校园林花卉工程研究中心（花卉研究所）、重庆新材料中心应用研究实验室、重庆市特色植物种苗工程技术研究中心、中国文学人类学研究会重庆研究中心等20多个科研机构，并在这些领域取得了丰硕的科研成果。主办有国内外公开发行的《重庆文理学院学报》（社会科学版）、《重庆文理学院学报》（自然科学版）等省级学术刊物。

学校与美国、俄罗斯、英国、澳大利亚、韩国、马来西亚、新加坡等多个国家的大学建立了友好交流关系，在学生交流互派、教师互访等方面进行了广泛而深入的交流与合作，为学校和学生的发展拓展了空间。

学校正深入实施“顶天立地”发展战略，努力把学校建设成为具有植根地方的学科生命、追求进步的学习精神、践行诚信的学校品格，全国知名的区域性、应用型、多科性大学。

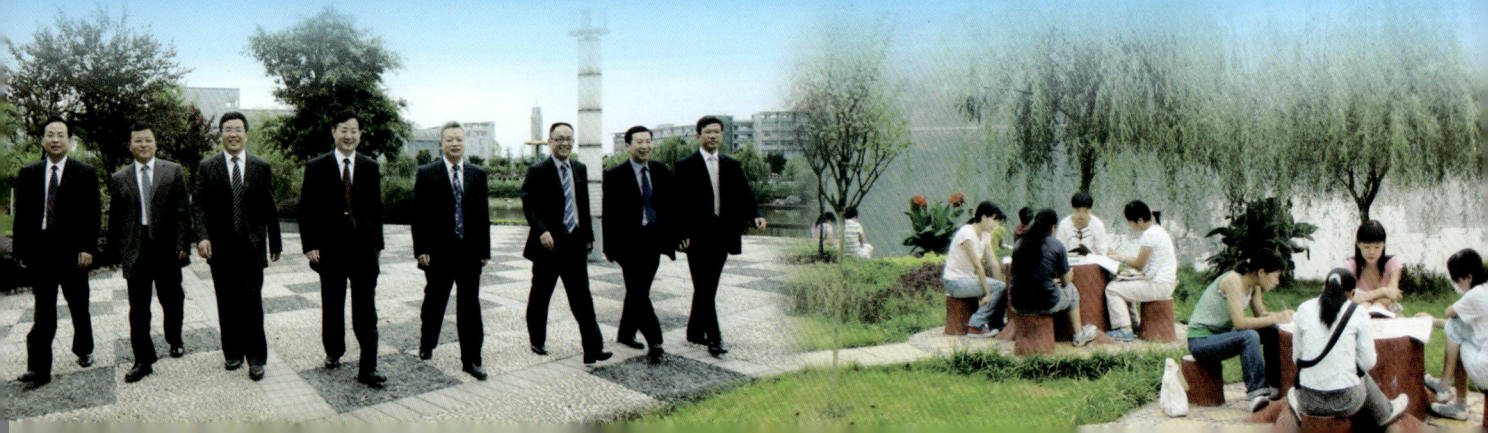

广东培正学院

广东培正学院创办于1993年，是由培正学长梁尚立先生倡导的全球培正校友、社会贤达捐资办学的公益性民办高等学院。

梁普建 董事长

张蕾 院长

办学18年，成绩令人瞩目

1996年经广东省人民政府批准成立；2005年3月，教育部正式批准升格为本科院校；2009年，获教育部颁发《中华人民共和国民办学校办学许可证》，并顺利通过学士学位授权评审，获得学士学位授予权。

学院一直坚持以"公益办学、规范办学、诚信办学、特色办学、质量至上"的原则。办学18年，学院取得令人瞩目的成绩。1999年被全国民办教育委员会评为"全国民办高校先进单位"，2005年被广东省教育厅评为"广东省先进民办学校"，2007年荣获"广东省民办高校就业竞争力十强"称号，2008年获评"广东省十佳民办高校"，2010年获得"全国民办教育先进集体"称号。

省厅领导和学士学位评审专家组莅临我院

师资队伍结构合理，办学条件不断完善

学院定位为教学型财经类院校，以培养高质量应用型人才为目标；以本科教育为主，兼顾专科教育，努力为开拓专业硕士层次教育奠定基础；以管理学、经济学学科为主干，文、法、理、工学科协调发展。学院下设13个教学单位，目前已有18个本科专业，22个专科专业，其中12个本科专业可授予学士学位。

学院拥有一支专职和兼职相结合、职称与学术水平较高、结构合理又充满活力的师资队伍。现有专任教师621人，研究生学历382人，具有高级职称的教师97人，其中正教授职称33人，聘有一批国内外著名的专家学者为客座教授；外籍教师76人，英语外籍教师人数居全省高校之首。

学院与德国安哈尔特应用技术大学、加拿大北大西洋学院等建立合作办学关系，与荷兰北方莱瓦顿大学、立陶宛商法学院建立三校联合本科"2+1+1"项目，开办中英合作（3+1）等国际合作高等教育项目，培养具有国际视野的应用型人才。目前正积极探索与兄弟院校合作培养专业硕士的工作。

学院占地面积一千余亩，校舍建筑面积31万平方米，总资产达8.3亿元。全院拥有设备先进的各类专业实验室70余间，图书馆现有纸质图书136万多册，另有电子图书48万种；拥有校外实践基地44个。

学术氛围浓厚，教风学风优良

学院学术氛围浓厚。每年学院聘请多名国内外学术界知名专家来校讲学。学院定期出版的专业刊物有《广东培正学院学报》和《广东培正学院报》。2011年学报获全国民办高校学报"十佳"期刊，"经济与管理"栏目连续2年被评为"特色栏目"。院报2011年在广东高校校报"好新闻"评比中获通讯类一等奖等多项荣誉。

教风学风优良，学院建立了以每年9月和3月实行的"师德月"、"学风月"制度以及学位论文反抄袭检查制度，推进教风学风建设。为激励学生努力学习，学院实行奖学金制度，每年进行一次三好学生标兵、优秀学生干部、优秀班集体等奖项评比。同时，学院每年推选优秀学生参评国家奖学金、国家励志奖学金、国家助学金。对于学业上取得优异成绩的学生还可获得"院长基金奖"。

学院依山傍水，四季树绿花红，自然环境优美。有多个各类学生社团，文体、科技活动丰富多彩，校园文化氛围浓厚。学生积极参与各项文体比赛和社会实践活动。2010年，学院1500余名学生全程参与第十六届广州亚运会闭幕式表演，气势恢宏，受到广泛关注。另有1100名学生参加亚运志愿者工作。

2011年，在校生达1.36万人。历届毕业生就业率高，2009年毕业生就业率达98.05%，2010年毕业生就业率为99.06%，在全省同类高校中名列前茅。

广东培正学院已从创业阶段进入稳定发展阶段，从外延发展向内涵发展阶段转变，积极提高教育教学质量，努力实现将广东培正学院办成一所高水平的民办高校的目标。

学院1500余名合唱团成员全程参与广州亚运会闭幕式表演

吉林动画学院于2000年6月成立，2008年9月，经国家教育部批准成为"独立设置的本科层次的民办普通高校"。目前，学院设有长春校区和正在建设的双阳校区，校园占地面积43.5万平方米，建筑面积22万平方米，专任教师500余名，外籍客座教授200余名，大学本科在校生人数8000余人，七届毕业生就业率均在90%以上。到2015年，双阳校区全部建成后，办学规模达到10000人，校园占地面积达到76万平方米，建筑面积达到40万平方米，总投资规模达到30亿元人民币。

学院秉承"自尊、自强、创新、创造"的校训精神，坚持开放式办学，走学、研、产一体化的办学道路，培养具有创新能力强、综合艺术修养高和具有国际视野的专业化人才。学院已经与20多个国家的教育和产业公司建立了交流与合作关系；在长春举办国际性论坛和展会十余次，邀请国内外知名专家以及外国公使、总领事、文化参赞千余人到学院讲座交流；并参加美国、加拿大、法国、德国、西班牙、韩国、日本等国内外重要展览和赛事，有400余幅动画、游戏、设计类作品获国际及国内重要奖项。2004年12月，学院被国家广电总局批准为"国家动画教学研究基地"；2005年6月，学院与长影集团、吉林出版集团一起被国家广电总局批准为"国家动画产业基地"。2007年6月，经吉林省委、省政府批准将吉林动漫游戏原创产业园设在我院。

●2010年9月15日，吉林动画学院喜迎十年华诞，于学院体育场举行"辉耀明天"大型文艺晚会

学院设有动漫学院、游戏学院、设计学院、传媒学院、广告学院等五个分院，开设动画、数字媒体艺术、数字媒体技术、播音与主持艺术、戏剧影视美术设计等15个专业。

学院投资3.9亿元人民币建设的吉林动漫游戏原创产业园，建筑面积6.4万平方米，主要功能包括动漫游戏研发、制作、发行以及动画研究院、动画博物馆、动漫展览馆、特种电影播放厅、国际动画教育交流中心、动漫游戏公共技术服务平台等。

学院重视创新人才培养模式，已经形成以教学为主导，科研为支撑，产业为导向的学、研、产一体化人才培养模式。2008年成立了吉林禹硕动漫游戏科技股份有限公司，在长春设立动漫和新媒体分公司，上海、北京分别设立网络和游戏分公司，产业工作人员近1000人。吉林禹硕公司已经形成禹硕动漫、禹硕游戏、禹硕网络、禹硕新媒体四大支柱产业，并具备每年3000分钟原创动画片，1-2部90分钟3D电影，5部4D和环幕特种电影，6款游戏上线运营及开发的能力。2010年11月，吉林禹硕公司和吉林动画学院被国家文化部授予"国家文化产业示范基地"。

学院的建设与发展，得到了中央和省市领导的高度重视。中共中央政治局常委、全国人大常委会委员长吴邦国，中共中央政治局常委、国务院总理温家宝，中共中央政治局常委、全国政协主席贾庆林，中共中央政治局常委李长春，中共中央政治局委员、中央书记处书记、中宣部部长刘云山，中共中央政治局委员、国务委员刘延东，全国政协副主席孙家正等领导亲自到学院或学院展区视察；吉林省委书记孙政才、吉林省省长王儒林、长春市市委书记高广滨、长春市市长崔杰等省市领导多次到学院检查指导工作，对学院的建设与产业发展都给予了高度的评价和充分的肯定。

学院站在新的历史起点上，将按照国家"十二五"规划对教育和文化产业发展总体目标的要求，加大改革力度，进一步更新办学理念，努力把学院办成国内一流、国际知名的高等艺术院校，为打造民族艺术品牌、繁荣民族艺术教育和发展创意产业作出积极的贡献！

●2009年4月14日，我院乐园之屋Cosplay社团参加第五届中国国际动漫节Cosplay东北赛区晋级赛

●多彩多姿的校园生活

●专家工作室

●2009年9月16日，2009中国吉林国际动漫游戏论坛期间学院领导与百余位国际嘉宾合影留念

廣東科技學院
GUANGDONG UNIVERSITY OF SCIENCE & TECHNOLOGY

创百年学府 育产业精英

一、学院概况

广东科技学院是一所经国家教育部批准成立的全日制普通本科院校。

学院位于东莞市南城区，占地面积906亩，教学仪器设备总价值近亿元，实验实训室130多间，校外实习、就业基地200多家。设有机电工程系、计算机系、管理系、财经系、应用英语系、艺术系、基础部、思政部、继续教育学院等六系两部一院，承担国家计划内招生任务，在校学生一万多人。

2006-2010年，学院连续5年荣获"广东省民办高校竞争力十强单位"，其中2010年荣列"十强单位"第二名。

二、管理体制

学院严格实行董事会领导下的院长负责制。院长独立履行学院章程所赋予的职权，真正做到决策权和管理权的有效分离，保证了学院高效、健康、快速发展。

学院成立了顾问委员会，顾问成员既有高等教育领域的专家和老教授，也有省、市政府的老领导，还有来自知名企业的负责人。顾问委员会充分发挥"智囊团"作用，针对学院的管理和运作定期开展调研并提出意见和建议。

学院始终坚持专家治校。林国梁、许学强、王国健等历任院长均为全国知名的教育专家，都曾长期担任知名高校的领导职务，有着先进的办学理念和丰富的教育教学管理经验。

三、服务地方

学院牢牢把握为广东社会经济发展服务的办学方向，根据区域社会经济发展需要，制定学科和专业建设规划，培养适应生产、建设、管理、服务需要的高素质应用型人才。

根据广东的产业特征，将数控、模具、汽车、计算机等工科专业作为骨干专业；并在办学过程中灵活设置经济发展急需的紧缺专业，不断优化专业结构，培育品牌专业和特色专业，初步形成了具有自身特色的专业体系和布局。

四、工学结合

学院积极推行工学结合的教育模式。

● 刘东风董事长向王国健院长颁授聘书。

● 在2010年广东高等教育院校（民办）竞争力评选中，学院荣列10强单位第二名。

● 学院被中国教育学会授予"'十一五'科研规划课题研究先进科研单位"称号。

为了强化实验实训教学，建有多个设备先进，配套完善的大型实训中心，有校内实验实训室一百三十余个，其中汽车检测与维修实训基地被评为省级实训基地。还建有200多个校外合作基地，为学生实习、实训和就业搭建了良好的平台。

学院以加强"四个合作"为主线，深化校企合作，和众多企业建立了良好的合作关系。通过校企合作，在项目化模块教学、订单式人才培养等方面取得了丰硕成果。

五、教学科研

学院坚持以教学为中心，不断深化教学改革，加强教学管理。

学院坚持"积极引进、加强培养"的指导思想，推进"人才强校"工程，建成了一支数量充足、结构合理、素质过硬的教师队伍，并大力实施奖教、奖学、奖研，促进师资素质的提高。

学院不断深化教学改革，大力推进精品课程建设，建立起了院、系两级教学质量监控体系和管理体系，保证了教学管理水平的稳步提高。

学院引导和鼓励教师积极参与科研工作，大力加强应用科学研究和教学研究，使科研更好地为教学服务。形成了学科带头人、骨干教师承担主要任务，全体教师积极参与的科研体系。2007-2010年，学院国家级、省部级等科研立项课题34项；教师出版教材专著51本，发表论文近500篇。

学院被中国教育学会授予"'十一五'科研规划课题研究先进科研单位"称号。

六、学生就业

学院毕业生得到了用人单位的广泛认可。2006-2010年，毕业生初次就业率均在93%以上，最终就业率均达98%以上。部分重点专业的毕业生就业率达100%。

学院多次荣获广东省普通高校就业先进单位。2010年，被广东省教育厅评为"广东省普通高校毕业生就业工作先进集体"。

长春建筑学院
CHANGCHUN ARCHITECTURE & CIVIL ENGINEERING COLLEGE

院校风采

长春建筑学院，其前身吉林建筑工程学院建筑装饰学院，始建于2000年，以其培养工程师、建筑师的人才定位及先进的办学理念独树一帜。2011年4月，经国家教育部正式批准转设为独立设置的本科层次的民办普通高等学校。

学院位于长春市双阳区奢岭镇高校园区，毗邻净月潭国家森林公园，风景秀美幽静，生态环境宜人。校园规划占地93公顷，现集中教学区占地61.73公顷，建筑面积31.48万平方米。学院规划在校生规模为12000人，目前在校生为8700余人。校园设计理念先进，以欧式建筑为主体，中西合璧，俨然一座建筑教育的"博物馆"，目前在全国同类高校绝无仅有，厚重、古朴、深邃、人文的校园风格，成为长春市的一张名片。

学院的人才培养目标是：基础知识扎实，实践能力、适应能力强，综合素质高，具有创新精神、创业意识、社会责任感，面向基层的高级技术应用型人才。设有建筑与规划学院、土木工程学院、交通学院、城建学院、管理学院、公共艺术学院、电气信息学院、基础教学部8个教学单位。设有以工学土建类专业为主的行业特色鲜明的27个本科专业，形成了以土建类专业、公共艺术类专业、电子信息工程专业三个学科专业群，成为学院特色主干专业。学院设置和拟增设的与建筑节能、环境保护等相关工程类专业，填补了吉林省民办高校应用型人才培养的空白，凸显了办学特色。

毕业生专业基础扎实，实践能力强，适应工作环境快，一直受到用人单位的好评和社会各界的赞誉。2007年以来四届毕业生就业率始终稳定在90%以上，75%的毕业生被中铁、中建、路桥集团等大中型国有企事业单位录用，部分毕业生现已成为企业的中坚力量。毕业生考取硕士研究生的比例逐年提高。

投资方吉林省建筑装饰集团把原校区规划建设成19万平方米的"东北亚文化创意科技园"，科技园不仅是文化科技企业成长的孵化器、也是名符其实的学生实践基地，显现出文化创意科技与高等教育紧密结合的特征。所有专业在科技园都有对应的实践基地，为学生提供实习实训、展示才能的舞台，成为人才培养新模式的成功范例。

十年栉风沐雨，学院历经初始创业、规范整治、跨越发展的办学历程，孕育出"和衷共济，追求一流"的学院精神，助推学院朝着创建国内一流民办大学的目标高歌奋进！

重庆科技学院
CHONGQING UNIVERSITY OF SCIENCE & TECHNOLOGY

厚德博学　励志笃行

重庆科技学院由原重庆工业高等专科学校和重庆石油高等专科学校合并组建，于2004年5月经国家教育部批准成立的全日制公办普通本科院校。

学校坚持"培养人才，发展科学，服务社会"的办学宗旨和"立足重庆、背靠行业、面向世界、服务全国"的办学思路，深入实施"特色立校、文化兴校、人才强校"发展战略，已发展成行业优势突出，办学特色鲜明，蕴藏着勃勃生机与较大发展潜力的高等学校。

学校位于重庆虎溪大学城，占地2000余亩，建筑总面积73余万平方米，教学仪器设备总值1.69亿元，图书馆建筑面积42000多平方米，藏书130.3万册，拥有大批数字化信息资源。现有教职工1500余人，其中正副教授430余人，博士150人，硕士640余人，外籍教师5人；全日制在校生20000余人。学校是工程硕士专业学位研究生培养试点单位、教育部卓越工程师教育培养计划高校，重庆市"文明单位"和"园林式单位"。

▲图书馆

▲实验室

学校以石油、冶金、机电为特色，涵盖理、工、经、管、文等学科。现有13个学院（部）及继续教育学院，本科专业36个、专科专业15个；其中，石油工程和冶金工程为国家级特色专业建设点；机械电子工程和油气井工程是重庆市重点建设学科。学校现有国家级精品课程2门，市级精品课程9门。建有国内独特的"冶金技术与装备综合实践教学平台"和重庆市电工电子实验教学示范中心。

学校现有"重庆市生活垃圾资源化处理工程技术研究中心"、"重庆高校垃圾焚烧发电技术工程研究中心"、"重庆高校石油天然气工程研究中心"、与中国运载火箭研究院共建的"航空航天功能材料与元件研究中心"等4个市级工程中心；建有"重庆市非矿山安全与重大危险源监控实验室"、"重庆市职业危害监测与鉴定实验室"等国家安全生产技术职称体系重点实验室和重庆市社会科学知识普及基地；国家级安全工程实验与研发基地、重庆安全工程及地质灾害监测预警技术研发中心已落户我校。

▲学生活动

近年来，学校承担了国家863重大专项、国家自然科学基金和国家社会科学基金项目研究多项，获得国家技术发明及省部级科技进步奖30项，授权专利80余项，被美国《科学引文索引》（SCI）和《工程索引》（EI）检索和收录的科研论文300余篇。

学校先后与重庆大学、北京科技大学、中国石油大学、韩国昌原大学、加拿大劳里埃大学、墨西哥维拉克鲁斯大学等知名高校在教学、科研、人才培养等方面建立了长期合作关系；与中钢协、中国有色金属工业协会、国内三大石油公司、武汉钢铁集团公司等建立了产学研合作关系；与美国卡万塔能源公司、国际钻井承包商协会（IADC）等建立了友好合作关系。

▲垃圾焚烧

学校注重学生的全面发展，形成了文化艺术节、科技创新节、体育文化节和传统节日文化系列、新年文化系列及"红五月·青年成才"等特色活动；注重培养学生科技创新能力，在大学生数学建模、电子设计制作、机器人和体育竞技舞蹈等竞赛中共获得国家、省市级奖励140余项。

站在新的历史起点，重庆科技学院正以科学发展观为统领，全面贯彻国家中长期教育改革和发展规划纲要，努力朝着高水平特色科技大学迈进！

院校风采

学校地址：重庆市沙坪坝区虎溪大学城　　**学校网址**：http://www.cqust.cn　　**联系电话**：023-65022006

特色精致　　开放创新
——快速发展中的厦门理工学院

厦门理工学院位于中国东南海滨城市厦门，创立于1981年，是福建省属公立本科大学，实行省市共建、以市为主的管理体制。学校根植厦门，服务海西，面向全国，正逐步成长为一所区位优势突出、专业特色鲜明、师资结构优化、学生素质出众、办学效益显著、发展后劲十足、影响力和知名度快速提升的新型"亲产业大学"。

学校现有集美和思明两个校区。集美主校区位于集美文教区，占地97万平方米，建筑面积36.4万平方米；思明校区依山傍海，恬静雅致。

学校现有系（院、部）20个，全日制在校生17427人，本科专业（方向）56个。专业设置紧密对接海西（厦门）的支柱产业和新兴产业，已形成先进制造业、现代服务业、电子信息、文化传播、数字创意、城市建设与环境、新材料等7条专业链，正在构建绿色能源专业链。国家级特色专业1个，省级特色专业6个，在福建省高校中率先且唯一设置的专业达18个。

校园鸟瞰

学校现有教职工1200余人。其中，中国工程院院士1人，长江学者特聘教授2人，省级教学名师9人，硕博士学历教师占专任教师总数的85%，外（含台）籍教师占4%，有企业经历的教师占15%，有国外留学工作经历的教师占10%。

学校自2007年开始，科研项目的级别、数量、经费总额居省内新建高校首位，学科建设定位于"特色的工科、精致的理科、应用的文科"。现有省级重点建设学科3个，省级创新平台5个，市级（副省级）重点实验室、工程技术研究中心、公共技术服务平台8个，中央与地方共建实验室15个，校企合作实验室（研究中心）15个。固定资产总值11.2亿元；实验室建筑面积8万平方米，实验室、教学设备原值2.4亿元；图书馆藏书134.3万册；校园信息化水平位居前列。

图书馆

学校构建了以就业需求和素质养成为导向的实践性、创新型人才培养体系。强调政产学研结合，积极与企业联办专业，正在联合开展硕士研究生教育。近年来，学生生源质量和综合素质快速提升。2009年、2010年连续高考录取分数线文理科均位居福建省本二批次第二名，学生在"中国大学生莎士比亚英文戏剧大赛"、"全国大学生数学建模竞赛"、"世界大学生SAE方程式比赛"、"全国大学生结构设计大赛"、"全国大学生物流设计大赛"、"英语演讲比赛"、"韩素音翻译大赛"等各项学科竞赛中成绩优异，屡获殊荣。毕业生以务实、创新、能吃苦、动手能力强等特点深受用人单位欢迎，一次性就业率位居全省高校前列，连续被评为2004-2006年度、2007-2009年度"福建省大中专毕业生就业工作先进集体"称号。获准组建篮球、健美操国家大学生高水平运动队。

教学楼群

学校积极推进开放式办学战略，国际化办学进程加快，闽台合作形成特色。现与加拿大、英国、新西兰、澳大利亚、法国、日本、韩国以及香港、台湾地区等境外30余所高校开展合作交流。与国外多所知名大学开展"2+2"、"1+1"、"3+1+1"等本科和研究生联合培养项目，与台湾多所高校开展"分段对接"、"校校企"联合培养项目。

学校现主办民办高校"厦门软件职业技术学院"，与集美区人民政府联办"附属中专"和"附属中学"。

学校的快速发展得到社会各界的广泛认可，被誉为"地方经济的人才摇篮"，2006年被网评为10所改名最成功的大学之一，2008年被网评为10所进步最快的大学之一，2009年被评为福建省最受考生欢迎的高校之一、社会关注度全省排名第5；2011年学校各项办学指标在福建省高校内涵建设评价指标的对比中均位居同类高校之首。

在新的发展阶段，全校师生将始终坚持"开放则生、改革则活、创新则强、兼容则和"的办学理念，以清新的面貌、特色的校风、开拓创新的精神，抢抓机遇，扎实推进，努力建设"特色、精致、具有较强竞争力的开放式、应用型、地方性、国际化的海西一流亲产业大学"！

实验楼群

地址： 厦门市集美区理工路600号　　**电话：** 0592-6291536 6291537
传真： 0592-6291993　　**网址：** http://www.xmut.edu.cn/　　**邮编：** 361024

南昌工程学院
NANCHANG INSTITUTE OF TECHNOIOGY

　　南昌工程学院创建于1958年（前身是江西水利电力学院），原为水利部直属的南昌水利水电高等专科学校，2004年升格为本科院校（更名为南昌工程学院），现为水利部与江西省政府共建的一所以工学为主，经济学、管理学、文学、理学、农学、艺术学等多学科协调发展的应用型本科院校。

　　学校占地面积2026亩，校舍建筑面积60万平方米，是一个花园式、生态型、数字化的校园，是"江西省园林化单位"。学校教学仪器设备近亿元，拥有1个水文与水资源省级重点实验室，1个水文化研究省级重点人文社科基地，5个省级实验教学示范中心，7个校级科研院所。

　　学校现有教职工1100余人，专任教师800多人，副高以上职称人员占专任教师比例达30%以上，硕士学历以上人员66%。现有国家跨世纪一、二层次人才1名，国家有突出贡献的青年专家1名，全国优秀教师1名，享受国务院特殊津贴教师4人；"赣鄱英才555工程"首批人选2人，省级学科带头人9名，省级中青年骨干教师13名，省级教学名师8名，江西省"新世纪百千万人才工程"14人，特聘中国科学院院士2人，中国工程院院士3人。学校设有13个教学院（系、部），开设了本科专业39个（其中国家特色专业1个，省级特色专业7个）、专科专业43个，面向全国31个省、市、自治区招生就业，现有普通全日制在校生18000余人；学校还积极与国际教育接轨，先后与荷兰、韩国、英国等国家的大学开展教育合作项目，目前已有国际教育学生近900余人；学校在全国十多个省、市、自治区设有函授站，函授生6000余人；与浙江大学等4所高校联合举办了远程教育。学校基本形成了以本科教育为主，专科教育、成人高等教育、国际合作办学与远程教育相结合的多层次、多类型、多形式的人才培养格局。目前，学校正在积极拓展专业硕士培养教育。

　　学校坚持面向地方和行业，努力培养符合社会发展需要的应用型人才，办学水平和人才培养质量稳步提升。近年来，荣获国家优秀教学成果二等奖2项、1个国家特色专业、7个省级特色专业、省级精品课程9门、省级教学团队5个、省级教学成果奖10项。近年均有国家自然科学基金、社会科学基金项目等国家级科研项目立项资助，年科研经费突破1000万元。学生在全国力学竞赛、全省数学建模比赛等活动中都获得好成绩，2009年在全国大学生"挑战杯"课外科技作品大赛中荣获三等奖两项；2009年在全国大学生"挑战杯"课外科技作品大赛（江西赛区）中，荣获团体总分第二名；学校"水文化建设"荣获全国高校校园文化建设优秀成果三等奖。近三年学校毕业生就业率均在90%以上，其中本科就业率高于全省平均水平，专科生初次就业率连续多年高居全省首位。2007年学校荣获江西省高校党建工作先进单位，2007年和2008年学校连续荣获江西省高校大学生思想政治工作先进单位，2010年荣获江西省教育系统"提升质量年"先进单位。

　　学校坚持质量立校、人才兴校、特色强校、科学发展的理念，坚持走内涵式发展道路，围绕"水"字做文章，在"应用型"上下功夫，努力把学校建成水利特色鲜明、省内有优势、国内有影响的高水平应用型工程大学。

▲共建签约

▲我校承办第十一届"挑战杯"中国江西大学生课外学术科技作品竞赛，图为校党委书记李水弟教授（左一）出席启动仪式

▲校长扶名福教授（左一）代表学校与地方政府签署校地产学研合作协议

院校风采

学院男声合唱团在第八届中国音乐"金钟奖"比赛中获银奖第一名

学院精师室内混乐团在白俄罗斯国际民族艺术节上获团体金奖和多个单项金奖

《赶海乐》在第九届全国"桃李杯"舞蹈比赛中获得二等奖

大连艺术学院
DALIAN ART COLLEGE

院校风采

跨越发展的大连艺术学院

大连艺术学院是经国家教育部批准，具有普通高等学历教育招生资格的本科院校，学校代码13599。学院始建于2000年，目前是辽宁省唯一一所以艺术冠名的、艺术学科门类齐全的普通高等院校。2009年4月，学院成功由东北大学大连艺术学院转设为大连艺术学院，从而由独立学院升格为独立设置的民办普通本科学校。

学院坐落于素有浪漫之都美誉的北方名城大连。校址位于东北地区最具经济活力的大连开发区。周围依山傍海、环境优美，主体建筑有音乐楼、美术楼、综合电教楼、体育馆、音乐厅、舞蹈排练厅、室内影视表演基地、雕塑场、大学生活动中心、标准化学生宿舍等。这些先进完备的基础设施，为来自全国26个省市的9500余名学子提供了优良的学习和生活条件。学院现有音乐系、表演艺术系、美术系、艺术设计系、视觉传达系、国际商务系、服装学院、基础部等8个教学单位，设有18个专业、30个专业方向。

学院董事长王贤俊

学院拥有一支以特聘教授和学科专业带头人为中坚，以中青年教师为主体的高水平教师队伍，并聘请徐沛东、鲍国安、滕矢初等文艺界名师为学院客座教授。学院推行开放的办学模式，经常邀请国内外知名专家学者交流讲学，如世界著名钢琴大师罗尼·韦勒、吉它大师拉法谢诺、巴比奴、长笛大师诺瓦、低音提琴演奏家丹尼雷·巴杜来、著名画家萨瓦多里等，以及范曾、李双江、尹升山、潘懋元等国内著名专家学者。

学院目前已与中国音乐学院、中央音乐学院、中国美术学院、中国戏曲学院、中央戏剧学院、北京舞蹈学院、北京电影学院、中国传媒大学、美国马里兰州圣玛丽学院、意大利马切拉塔大学、意大利佩鲁贾外国人大学等国内外十几所著名艺术院校建立了长期的校际合作关系。常年开展对外文化艺术交流与合作，有力地促进了教育教学水平的不断提高。2011年，王贤俊董事长率精师室内民族乐团随赴白俄罗斯参加国际民族艺术节，获得团体金奖和三个单项金奖。

自2008年以来，学院陆续有186人被评为省、市、校级优秀教师，有200多项教学和科研成果获奖。现有8部教材列入国家十一五规划教材，有5门专业课被评为省级精品课，5项教学成果荣获省高等教育教学成果奖；有3本教材被指定为全国教育科学十一五科研重点课题规划教材。近三年承担国家级科研课题1项、省级重点课题12项、一般课题41项。曹屯裕教授研究的《面向学生选择适应社会需求、推动教学资源优化的人才培养机制探索与实践》被评为国家级教学成果二等奖；徐子淇副教授获省高校教学名师称号；学院教师还获国家发明专利8项。

近年来，大连艺术学院的师生在国内外一些专业比赛中屡创佳绩：在中国音协举办的全国手风琴展演和第64届全国世界杯手风琴锦标赛中一举获得两枚金奖；在与电影金鸡奖、电视金鹰奖、戏剧梅花奖并列的中国音乐金钟奖大赛中曾获得银奖；在文化部主办的国内最高级别青少年舞蹈比赛桃李杯大赛中获得二等奖；在2010年全国第三届海峡两岸合唱节获金茉莉奖，赴台湾参加第四届海峡两岸合唱节获团体金奖；在十四届CCTV青年歌手大奖赛上进入决赛并获得第十三名，应邀参加教育部举办的2010年全国教师节文艺晚会；在2010年学院承办的首届全国高等院校服装类专业服装设计与服装模特两项大赛共获奖七项大奖；在2011年"神州唱响"第三届全国大学生艺术展演中获得通俗组银奖和民族组铜奖。

2010年学院本科就业率为96.52%，专科就业率为96.37%，创历史新高。学院先后被评为大连首届知名院校和大连十佳名校，被评为辽宁省民办教育先进单位和辽宁省民办教育优秀学校。学院党委连续四年被大连市委高校工委评为先进党委。

为适应可持续发展的需要，学院将于2012年下半年整体搬迁至占地1000亩、建筑面积36万平方米，体现现代化、园林化特点的具有艺术院校建筑风格的新校园。大连艺术学院正以青春的自信与活力、开放的胸怀和气魄迎接全国各地的栋梁之才，并期待着与莘莘学子共同创造辉煌的未来！

甘肃政法学院
GANSU POLITICAL SCIENCE AND LAW INSTITUTE

★ 学校和谐广场标志

★ 第三教学楼

★ 体育馆

★ 学生活动中心

★ 班级风采展示大赛

甘肃政法学院是甘肃省属的唯一一所政法公安类普通高等院校。其前身是1956年创建的甘肃省政法干部学校，1984年更名为甘肃政法学院，开办普通高等教育。经过50多年的建设，特别是近年来的快速发展，学校现已成为我国重要的政法公安类院校之一。

学校位于兰州市科教中心安宁区，校园占地面积554亩。现有各级各类在校学生14987人，其中研究生346人，普通本科生10514人，体改生194人，预科生179人，成人本专科学生1943人，自考助学班学生1811人。学校现有教职工605人，其中，专任教师425人，教授、副教授165人，具有博士、硕士学位的教师333人。享受国务院"政府特殊津贴"专家2人，入选教育部"新世纪人才支持计划"3人，甘肃省领军人才4人，省级教学名师3人，兼职客座教授183人。

学校设有法学院、民商经济法学院、公安分院、公安技术学院、经济管理学院、公共管理学院、行政学院、人文学院、计算机科学学院、艺术学院、继续教育学院、人民武装分院等12个二级学院，设有实验管理中心、司法鉴定中心、思想政治理论课教学部、甘肃省政法干部培训中心等12个教学、管理及培训机构。1个证据科学技术省级重点实验室，1个公安技术省级实验教学示范中心，有甘肃省经济法制研究中心和西北民族地区侦查理论与实务研究中心2个省级人文社科重点研究基地和11个校级科研机构。有法医DNA实验室、法医毒理实验室、文件检验实验室、ERP沙盘模型实验室、法律实验训练中心等53个特色明显、设备功能齐全的教学实验室，图书馆馆藏纸质图书和电子图书共110余万册。

学校学科专业特色鲜明，法学、公安学教育优势明显。现设有法学、治安学、侦查学、刑事科学技术、信息安全、边防管理、禁毒学、安全防范工程、工商管理、市场营销、财务管理、人力资源管理、物流管理、国际经济与贸易、劳动与社会保障、社会工作、公共事业管理、行政管理、政治学与行政学、汉语言文学、英语、新闻学、广告学、计算机科学与技术、信息管理与信息系统、艺术设计等26个本科专业，专业涵盖了法学、经济学、管理学、文学、工学、艺术学等六大学科门类。学校拥有法学和工商管理两个一级学科硕士学位授予权，有法学理论、法律史、宪法学与行政法、刑法学、民商法学、诉讼法学、经济法学、环境与资源保护法学、国际法学、会计学、企业管理、旅游管理、技术经济及管理等13个硕士学位授权点，学校为法律硕士专业学位授权单位和全国政法院校招录体制改革试点单位。现有法学、侦查学、边防管理3个国家级特色专业建设点，1个国家级法学应用型人才培养模式创新实验区建设项目，有法学、侦查学、边防管理、工商管理、刑事科学技术5个甘肃省高等学校特色专业建设点，有民商法学、刑事科学技术2个省级重点学科，建成民法学、侦查学、警察查缉战术等省级精品课程14门，建成校级精品课程20门，创建省级优秀教学团队2个。

学校立足甘肃，辐射西北，面向全国，积极服务于地方经济社会发展和法制建设。自建校以来，已累计向社会培养各级各类人才5万余人。学校主办的学术期刊《甘肃政法学院学报》和《西部法学评论》面向国内外公开发行，其中，《甘肃政法学院学报》入选CSSCI来源期刊扩展版、RCCSE中国核心学术期刊，被评为"全国高校百强社科期刊"、"甘肃省优秀期刊"。学校重视学术交流活动，多次举办或承办如中国法学会刑法学研究会全国学术年会等多类型、多层次的学术研讨会和学术讲座。积极发展对外交流合作，与英国胡弗汉顿大学、英格兰科技大学、伍斯特大学等院校建立了互派留学生、访问学者的校际学术交流与合作关系。

新时期，学校将秉承"崇德明法、弘毅致公"的校训，坚持"稳定规模，提升内涵，突出特色，提高质量"的办学思路和"法学创品牌，公安学办特色，法商结合，多学科协调发展"的学科专业建设思路，努力把甘肃政法学院建设成为在西北地区有重要地位、全国同类院校中有重要影响的高水平教学型政法公安大学，努力向教学研究型大学迈进。

★ 政法学子参加甘肃省第一届大运会

学校地址：兰州市安宁西路6号　　邮政编码：730070　　传　真：7678037
联系电话：（0931）7601586　（0931）7603272　　学校网址：http://www.gsli.edu.cn

甘肃中医学院
GANSU UNIVERSITY OF TRADITIONAL CHINESE MEDICINE

现任领导班子合影 左起：李应东（党委常委、副院长）、李志魁（党委副书记、纪委书记）、叶小平（党委书记）、李金田（院长）、王安平（党委常委、副院长）、郑贵森（党委常委、副院长）

2005年，马达加斯加卫生部部长率团来甘肃中医学院参观访问

2007年，教育部专家组一行7人对甘肃中医学院进行本科教学工作水平评估。2008年4月，教育部发文公布甘肃中医学院本科教学工作水平评估结论为良好

院校风采

　　甘肃中医学院于1978年经国务院批准正式成立，是甘肃省唯一的省属医学类本科院校，拥有于己百、周信有、李少波、张士卿、王道坤、宋贵杰等全国知名专家，已为社会培养输送了近20,000名中医药高级专业人才。学院现有14个本科专业，涵盖了医学、理学、工学、管理学、经济学等5个学科门类；1990年被确定为硕士学位授权单位，现有中医学、中药学、中西医结合和临床医学4个硕士学位授权一级学科和临床医学、中药学2个专业学位培养点，同时具有同等学力人员申请硕士学位、高等学校教师在职攻读硕士学位、推荐优秀本科毕业生免试攻读硕士学位资格等。2002年起与南京中医药大学等兄弟院校联合培养博士研究生，现为2008～2015年博士学位授予单位立项建设单位，已形成了以本科生教育为主体，研究生教育为延伸，继续教育、留学生教育为补充的办学格局。

　　学院现有10个教学系部，2个二级学院，5个教学辅助部门。有直属附属医院2所，非直属附属医院6所，教学医院45所，实习医院9所，实习药厂13个，药用植物野外实习基地2个，药材加工及鉴定实习基地1个，药材种植基地1个，其他专业实习基地8个。中国医学史馆、中药标本馆、敦煌医学馆荣获国家教学成果二等奖，省级教学成果一等奖，与人体标本馆被国家科技部、中宣部、教育部、中国科协确定为全国青少年科技教育基地。

　　在科研方面，学院坚持以甘肃道地药材、地方中医药文献、西部常见病和疑难病的中医药防治、名老中医经验传承等研究为重点，现有5个国家中医药管理局重点学科、2个省级重点学科、9个甘肃省医疗卫生重点学科、9个院级重点学科；拥有省内领先，总面积约2200平方米的科研实验中心，并联合组建了"甘肃省中药现代化工程技术研究中心"、"兰州中药现代化工程技术研究开发中心"；有甘肃省重点实验室（培育基地）"中药药理与毒理学重点实验室"1个，甘肃省高校省级重点实验室"中（藏）药化学与质量研究省级重点实验室"1个，甘肃省高校重点人文社科研究基地"敦煌文献整理与研究中心"1个，院级重点实验室是9个。主办《甘肃中医学院学报》、《中医儿科杂志》和《甘肃基层卫生》三种学术期刊。此外，学院已与美、英、日、韩等国以及港、澳、台地区建立了广泛的学术联系。

　　建院三十多年来，学院始终以打造甘肃中医药人才高地，办人民群众满意的高等中医药教育为己任，坚持以提高育人质量为根本，以学科建设为龙头，以队伍建设为关键，以科研开发和医疗服务为支撑，以科学管理为保障，坚持立足甘肃，面向全国，服务社会，西部一流的服务定位，为中医药事业和甘肃教育及医疗卫生事业的发展，为经济社会发展做出了积极贡献。

潍坊科技学院
Weifang University of Science&Technology

潍坊科技学院是一所经教育部批准成立的全日制普通本科高校，学院坐落于著名的"中国蔬菜之乡"——山东寿光。校园占地2000亩，建筑面积78万平方米，总资产15亿元，其中教学科研仪器设备总值1.3亿元，馆藏图书150万册。现设11个院系，开设58个本、专科专业，在校生15000余人。教职工1562人，其中教授、副教授280人，博士、硕士教师416人，客座教授141人，外籍教师33人。学院先后获得省级文明单位、山东省思想政治教育工作先进集体、山东省企校合作先进单位和山东省就业服务先进单位等荣誉称号。

学院秉承"修身、博学、求索、笃行"的校训，弘扬"创业敬业、求是求新"的学院精神，实施"内涵发展，特色提升，制度管理，和谐校园"的治校方略，努力建设高水平应用型特色大学，培养高素质应用型专门人才。

学院积极推进教学改革和创新，规范教学管理，确保了教学质量的稳步提高，就业率一直保持在95%以上。学院以农学为龙头，工学为主体，文管、艺术为两翼，形成了结构合理、协调发展的学科体系。软件技术是省级特色专业，有2个省级示范专业，4个省校企共建专业。学生参加全国教育工程就业技能大赛、全国大学生数学建模竞赛均获一等奖；参加2011年全国大学生"挑战杯"创新大赛获山东省特等奖；参加第八届全省大学生机电产品创新设计竞赛获一等奖8项；参加第三届山东省科技外语大赛获专业组比赛二等奖，并获优秀人才培养奖。

学院成立了100多个学生社团组织，校园文化活动丰富多彩。学院先后成功举办了全国大学生排球联赛、中国女排四强邀请赛、全国国际标准舞大赛、中美女排对抗赛和山东省大学生武术锦标赛等重大赛事。

学院坚持科研兴院，积极推进产学研结合。建立了蔬菜花卉研究所、植物病虫害防治研究所、微生物研究所、海洋精细化工研发中心、计算机软件研发中心等15个科研机构。近五年，共承担省级以上科研课题128项，获市级以上科研成果奖211项，获国家专利33项，出版著作175部，发表论文1869篇。

学院坚持开放办学，加强国际交流与合作，先后与印度联合成立了"中印计算机软件学院"、"山东中印环球软件科技发展有限公司"；与日本合作成立了生物化妆品研究所；与韩国东西大学、京东大学互派了教师和留学生。先后有八个国家的119名教师来学院任教，其中1人获国家友谊奖，2人获山东省齐鲁友谊奖，3人获山东省外国文教专家教学奖。派出留学生600余人，接收外国留学生100多名。

学院坚持教学、科研、服务一体化，走产学研结合之路。建设的软件园占地812亩，总投资8.9亿元。目前，已有软件、动漫企业80多家入驻。离岸外包业务已打入美国、日本、韩国市场。软件园被确定为山东省服务外包示范基地、山东省服务外包人才实训基地和山东省研究生联合培养基地，还被团中央授予青年就业创业见习基地。

2010年8月，教育部副部长李卫红、鲁昕先后莅临学院视察指导工作，鲁昕称赞学院专业办产业，产业建园区，丰富了办学内容、办学形式和办学内涵，是个很好的校企合作平台。

院校风采

上海音乐学院前身为国立音乐院，由蔡元培先生和萧友梅博士于1927年11月27日在上海创办，是我国第一所独立建制的高等专业音乐教育机构，1956年起改用现名。2000年，学院由文化部直属院校转为上海市地方领导为主，文化部与上海市共建院校。现任党委书记桑秀藩，院长许舒亚。

党委书记 桑秀藩　　　院长 许舒亚

学院设14个系（部）并设有上海音乐学院附中（含附小），开创了具有中国特色的"大中小学一贯制"教学体系。目前，学院拥有学士、硕士、博士学位授予权，并设艺术学博士后科研流动站。学院现有一所高等音乐研究所、一座馆藏丰富的音乐图书馆以及独一无二的东方乐器博物馆及上海音乐学院出版社。

学院始终坚持精品教育战略，拥有一支高水平的师资队伍，重视学生创新实践能力的培养，不断地探索和构建创新型人才培养体系，在过去八十四年的办学过程中，培养了中国几代享誉国内、国际乐坛的歌唱家、演奏家、作曲家、音乐理论家，奠定了上海音乐学院在中国专业音乐教育领域的领先地位，教学成果显著，学生屡获国际、国内音乐比赛大奖，学院被誉为"音乐家的摇篮"。其中，1990年至1993年学院附中学生连续在国际音乐比赛中获得第一名，被文化部授予"三年中连续

2007上海音乐学院国际音乐院校长论坛合影

四次获国际比赛第一名"的奖匾；2010年全年，学院有74人次师生获得76个国内比赛奖项，14人次师生获得14个国际比赛奖项，附中附小共有51人次学生在国内外各类音乐赛事中获奖。

学院附设上海青年交响乐团、上海音乐学院新室内乐团、上海音乐学院打击乐团、上海音乐学院民族乐团、上海音乐学院弦乐四重奏组、上海音乐学院合唱团（女子合唱团）等音乐表演团体并活跃于国际、国内各类音乐舞台。学院积极开展对外文化交流，目前已与约30所世界著名音乐院校签订校际合作协议，每年有百余名师生赴世界各地交流、演出。2010年12月，学院院长代表团访问了美国、加拿大等六所国际知名音乐院校，学习经验，交流、商谈合作。学院还积极开展国家留学基金委艺术类人才培养特别项目，鼓励师生留学深造，通过在世界一流音乐院校的学习交流，拓宽自身视野，提高专业水平。

在2010年举世瞩目的上海世博会举行期间，学院积极参与各类服务世博活动。院长许舒亚教授担任世博开、闭幕式音乐总监，赵光教授创作世博会主题歌《致世博》，学院另有诸多师生加入与世博相关的音乐创作和表演之中，并参加世博接待服务及志愿者服务共计1000余人次，获得国家级、市级世博表彰共计20余项。

在新的历史时期，学院全面贯彻党的教育方针，坚持以邓小平理论和"三个代表"重要思想为指导，坚持科学发展观，立足上海、服务全国、面向世界。1997年，江泽民同志为上海音乐学院校庆七十周年题词："办一流音乐教育，创国际先进水平"，这既是对学院的殷切期望也明确了学院的办学目标和定位。上海音乐学院以培养德艺双馨的优秀音乐艺术人才为己任，以海纳百川的胸怀和积极开拓的探索精神及创新意识，为推动中国民族音乐的发展及与世界音乐文化的交流融合而不懈努力！

全国高校教学名师　　全国高校教学名师　　钢琴家傅聪大师课　　廖昌永教授在演出
上海市教育功臣周小燕教授在授课　上海市教育功臣俞丽拿教授在授课

2009年上海音乐学院赴国家大剧院演出

齐鲁师范学院
QILU NORMAL UNIVERSITY

齐鲁师范学院坐落于美丽的泉城济南，是一所全日制普通本科师范学校，前身系创建于1948年的山东教育学院，2010年4月改建为全日制普通本科高校。学院先后被授予山东省"文明校园"、"平安校园"和"德育工作优秀高校"等荣誉称号。撷齐鲁大地之灵秀，积60余年办学之厚重，聚全院师生之智慧，形成了"博学明道，崇德象贤"的校训。

学院现有两个校区（历下校区和章丘校区），占地面积1274亩，校舍建筑面积18.5万多平方米；教学、科研仪器设备总值4320余万元，各类实验室、机房、多媒体教室、语音室等200余个；学院现有馆藏纸质图书83万多册，各类电子文献16TB，中外文期刊1600余种，建有图书馆局域网，拥有快捷便利的电子检索系统。

学院现有18个本科专业，32个专科专业，全日制在校生8000余人。有4所附属学校，57处教学实习基地。经省学位办批准与曲阜师范大学建立了硕士研究生联合培养基地。省教育厅中小学师资培训中心、中小学教师资格认定指导中心等多个部门设在我院。学院现有教职工648人，其中教授67人，副教授93人，副高级以上职称教师占专任教师总数的36%；硕士研究生以上学位教师占专任教师总数的67%；终身享受国务院特殊津贴专家4人，全国教育系统先进集体1个，省级教学团队2个，山东省有突出贡献的中青年专家1人，全国优秀教师、山东省教学名师、山东省优秀教师等20余人，山东大学、曲阜师范大学等高校兼职硕士研究生导师70余人。学院有3个省级特色专业；8门省级精品课程。

学院现有国家社科基金和国家自然科学基金项目3项，教育部专项基金项目3项，省社科规划、省自然基金和省艺术科学项目45项、省博士基金项目3项，省教育科研项目81项，国家专利2项。141篇学术论文被SCI、EI索引，6部教材被收录教育部"国培计划"培训课程资源库。先后荣获"齐鲁文学奖"、"齐鲁人口奖"、"泰山文艺奖"、"刘勰文艺评论奖"、山东省社会科学优秀科研成果和山东省文化艺术科学优秀成果奖等省部级奖励近百项。

学院在教师教育方面形成了师资优势、课程资源优势、网络技术优势和研究优势。利用远程研修等多种形式培训中小学教师近86万人次；培训本省中小学校长、教育行政干部1.55万人次。承担了援疆、援藏和支援四川北川中小学教师培训任务。

学院先后与澳大利亚、韩国、日本等国家和台湾地区的高校建立了友好合作关系，与澳大利亚南岸理工学院联合培养"学前教育"专业学生。即将与韩国平泽大学开展培养计划外本科生、专升本及硕士研究生，相互派遣"3+1（交换学生）"或"2+2（双学士学位生）"等国际合作办学项目。

◆ 团结进取、干事创业的学院领导班子

◆ 我院承办全省领导干部素质教育专题培训班

◆ "弘扬主旋律，永远跟党走"校园红歌大赛

◆ 山东省教学名师、宣民兴劳动奖章、国务院政府特殊津贴者、法学博士二级教授陈海燕　　山东省有突出贡献的中青年专家、齐鲁文学奖获得者、著名儿童文学作家二级教授郁月娟 副书

 # 浙江外国语学院

2010年在省人民大会堂隆重举行成立大会

浙江外国语学院是以培养国际化应用人才为主要特色的省属全日制普通本科高校，坐落于风景秀丽的杭州西子湖畔。学校前身为创建于1955年的浙江教育学院。1994年开始普通本科教育。2010年，经国家教育部批准改制并更名为现校名。

学校现设有英语语言文化、欧亚语言文化、国际工商管理、教育、人文、艺术、理工、信息等8个下属学院；开设30余个普通本专科专业，分布在文学、经济学、管理学、教育学、理学等5个学科门类。现有外国语言学及应用语言学、汉语言文字学、教育管理学、应用化学等4个省级重点学科。是浙江省教师教育省级重点基地。设有外国语言学及应用语言学、翻译、国际商务语言与文化等11个研究所。

学校现有专任教师340余人，其中教授65人，副教授近100人，受国内高校聘请的博士生、硕士生导师18人。具有研究生学历（学位）的教师265人，其中博士70人。有全国优秀教师1人，省功勋教师1人，省优秀教师5人，省级教学名师2人；入选省新世纪"151人才工程"培养对象20人，省高校中青年学科带头人11人。另外还常年聘请一批外国文教专家和外籍教师。

学校十分重视并积极开展对外合作交流。2008年以来，学校与北京外国语大学在教学、科研、管理等领域开展了实质性、全方位合作办学。已与美、德、英、日等国家及台湾、香港地区的20多所高校和学术文化机构建立了长期合作交流关系。

学校目前有文三路、小和山两个校区。现有馆藏纸质图书65万册，电子图书32万册，中外文学术期刊1228种。建有实验室23个，其中外语语言实验教学中心为省级实验教学示范中心。学校公开出版《浙江外国语学院学报》及《教学月刊·中学版》、《教学月刊·小学版》、《作文新天地》、《小学生世界》等报刊。

学校遵循以人为本的办学理念，立足浙江，面向全国。目前，学校正在大力实施特色发展战略，致力于建设外语特色鲜明、教育品质一流的多科性普通本科高校，成为浙江省国际化应用人才培养重要基地、教师教育重点基地、国际教育交流基地、外国语言文化和国际经济贸易研究基地。

院校风采

2008年与北京外国语大学签订合作办学协议

学生在英语角与外籍师生交流

丰富多彩的校园文化

校园一角

上海应用技术学院
SHANGHAI INSTITUTE OF TECHNOLOGY

办学特色及发展情况

上海应用技术学院是2000年4月经教育部批准，由办学近50年历史的上海轻工业高等专科学校、上海冶金高等专科学校、上海化工高等专科学校合并组建而成。2006年2月，上海香料研究所、上海日用化学研究所并入该校。学校是以建设高水平、应用型、以工为主、特色鲜明的多科性本科院校为办学目标的全日制普通高校，合校11年来，坚持走跨越式发展道路，在人才培养、科学研究、服务社会等方面取得了令人瞩目的成就。

学校有两个校区：漕宝路校区坐落在上海西南隅，相邻漕河泾高科技开发区；奉贤校区坐落在奉贤海湾地区，2010年8月，学校主体搬迁至奉贤校区。学校现设有19个二级学院（部），以全日制本科教育为主，积极发展技术型、工程型研究生教育和留学生教育，兼办高职高专教育，现有全日制学生近17000名，教职工1700余名，高级职称教师占教师总数的42%，具有硕士以上学位的教师占教师总数的80%。

学校与上海奉贤区人民政府、上海科学院签署合作成立大学科技园框架协议

学生（左五）在"天华杯"全国电子专业人才设计与技能大赛中获特等奖

上海世博会志愿者出征仪式

上海应用技术学院致力于培养具有创新精神和实践能力的、具有国际视野的卓越一线工程师，形成了"依托行业、服务企业，培养一线工程师为主的高层次应用技术人才"的办学特色。近年来，学生多次在全国学科和技能竞赛中获得特等奖，人才培养质量受到社会各界普遍认可，七届本科毕业生就业率平均达98.5%。学校积极适应社会经济发展需求，构建合理的学科专业体系，现有本科专业42个，涵盖工、理、文、法、经、管、农7个学科门类，拥有国家级特色专业和国家级精品课程，以应用型人才培养和都市工业技术与工程为特色的学科群建设正在稳步发展。2011年，学校获得两个一级学科（化学工程与技术、机械工程）硕士学位授予权。学校还坚持以科研促教学，积极推动科技成果转化和产学研合作。2010年科研经费达到1.1亿元，年科研经费平均增长率达41%。近五年来，共获得省部级以上科研计划项目57项，其中：国家自然科学基金项目36项（2010年12项），国家社会科学基金项目2项，获省部级奖项6项。学校将产学研合作定位于"以服务长三角及华东地区中小城市为主，以服务中小企业为主"，每年新增与企业合作项目150余项；为更好地利用自身优势服务社会，学校正积极建设"上海高等应用技术研究中心"和"国际香料香精产业园"。

当前，上海应用技术学院全体师生员工满怀信心，为全面实现"十二五"建设与发展规划目标、为把学校建设成为一所特色鲜明的高水平应用技术大学而努力奋斗！

中国青年政治学院
CHINA YOUTH UNIVERSITY FOR POLITICAL SCIENCES

青年人才成长的摇篮　社会精英培育的殿堂

院校风采

◆ 领导班子坚强有力，学校发展蓬勃向上

◆ 狠抓教学"质量工程"，努力提高教学质量

◆ "科研精品"致力呈现，打造"青年"学术品牌

◆ 育人为本德育为先，全程育人培育精英

中国青年政治学院是在中央团校基础上于1985年成立的，是共青团中所属的唯一一所普通高等学校，与中央团校两块牌子，一套机构，承担着普通高等教育和共青团干部培训的双重职能。校长历来由团中央第一书记兼任，冯文彬、胡耀邦、韩英、王兆国、胡锦涛、宋德福、李克强、周强、胡春华先后任校长。现任校长为团中央第一书记陆昊。党委书记为倪邦文，常务副校长（法人代表）为王新清。

经过20多年的发展，中青院已经成为一所具有一定办学实力和办学优势、特色鲜明的高校。学校继承和弘扬"实事求是、朝气蓬勃"的优良传统，坚持"质量立校、特色兴校"的办学思想，坚持"青年"和"政治"的办学特色，坚持规模、质量、结构、效益协调发展，走"精、特、强"的科学发展之路，不断提高教育质量和办学水平。2006年以"优秀"成绩通过教育部本科教学工作水平评估。

学校建立了本科教育、研究生教育、留学生教育、继续教育和团干部培训等多层次、多形式的教育格局。目前有13个学士学位专业，15个硕士学位专业，6个一级学科硕士授权点。拥有4个教育部高等学校特色专业建设点。被教育部批准为国家大学生文化素质教育基地，是中华全国青年联合会和国际劳工组织首批命名的大学生KAB创业教育基地。

学校具有高级职称的教师占专任教师总数的52%，具有博士学位的教师占专任教师总数的48.2%；享受国务院政府特殊津贴的教师5人，多名教师入选教育部社会学学科教学指导委员会、国家级新世纪百千万人才工程、教育部新世纪优秀人才支持计划。

学校设有青少年研究院等多个研究机构，在青少年研究、马克思主义理论、思想政治教育、社会工作等领域出现了一批有一定社会影响的成果及专家。近年来，学校承担了国家社会科学基金项目和自然科学基金项目等科研项目三百余项。《中国青年政治学院学报》入选"教育部高校哲学社会科学名刊工程"并连续荣获"中文核心期刊"称号。建成了"中国青年论坛"等学术品牌。与十多个国际机构、国家和地区的高校及研究机构建立了良好的合作关系。

学校把"育人为本、德育为先"的办学理念贯穿教育的全过程，坚持"全面育人、全程育人、全员育人"，形成"教书育人、管理育人、服务育人"的良好氛围，构建了以党建为龙头、以课堂教学为中心、以社会实践为载体、以校园文化为基础、以自我教育为支撑的全面的人才培养体系，努力培养政治素质高、理论基础扎实、实践能力强，富有社会责任感的高素质人才。毕业生的素质得到社会的广泛认可和普遍好评，许多校友已成为各级党政机关和企事业单位的领导骨干，人才培养的品牌优势初步显现。此外，学校每年还为共青团组织和其他行业培训青年骨干5000余人。

学校认真践行科学发展观，全面推进党的各项建设。2008年，作为第一批开展学习实践科学发展观活动的高校，活动经验得到中央创先争优活动领导小组办公室、教育部的认可并给予推广。学校是北京市首批命名的"文明校园"，连续14次被评为"首都文明单位标兵"，多次荣获"全国精神文明建设工作先进单位"称号。

进入新的发展时期，学校正为建成国内培养高素质管理人才的重要基地和全国青少年研究的重要基地而不懈努力，向着国内知名、特色突出的教学研究型院校的目标踏实迈进。

◆ 高度重视党的建设，党建龙头带动发展

◆ "智慧青大"打造平台，学生科研成果频出

◆ 校园环境小巧精致，教学设施完备现代

厦门华厦职业学院

厦门华厦职业学院于1993年由时任厦门市政协主席蔡望怀等知名人士创办,是厦门市首家民办全日制普通高等职业学院,是完全公益性的教育机构。2001年经福建省人民政府批准,教育部备案,纳入全国统一招生,是厦门市政府重点扶持的民办高校。

学院实行董事会领导下的院长负责制,现任董事长为厦门市政协原主席蔡望怀,现任院长为我国分析科学与环境分析化学的知名专家、厦门大学原副校长王小如教授。学院现有教职工近300人,专任教师近200人,其中硕士、博士70余名,并长期聘用企业生产管理一线的高水平技术人员和厦门大学等院校专家教授任教。

学院位于厦门市集美文教区,校园占地面积约390亩,是一个集教学楼、实验实训中心、图书馆、后勤服务楼、行政办公楼和体育运动场于一体的现代化校园。学院环境优雅宁静,是养德求知学技能的理想场所。

近年来,学院的招生录取分数和新生的报到率在全省民办高职高专院校中均位列第一。至2011年,学院面向福建省、山西省、内蒙古自治区、浙江省、安徽省、江西省、河南省、湖北省、湖南省、广东省、广西壮族自治区、海南省、重庆市、四川省、贵州省、云南省、陕西省、甘肃省、新疆维吾尔自治区等19个省份招生。现有在校生5000余名。

学院坚持"不比层次,但求素质;不唯书本,更重技能"的办学理念,积极探索教学模式和人才培养模式的改革,并面向社会、面向企业、面向市场、面向民生、面向基层培养生产、建设、服务和管理第一线需要的高素质技能型人才,力争将华厦打造成一所能够培养涵盖中专、本科乃至研究生层次的职业技术人才、拥有特色拳头学科、拳头专业、拳头产品的有影响的高等职业技术学院。

学院专业建设日臻完善,形成了食品药品、创意设计、通信网络、电子电控、汽车机电、现代流通、企管营销、商务服务、金融服务、财会核算等十个专业领域,设有药品质量检测技术、环境监测与评价、视觉设计、电子商务、旅游管理、文秘、会计、财务管理、微电子技术等31个专业。

学院重视实验实训室和校企合作开发的校外实训基地建设。目前以电子信息类、财经商贸类、食品药品分析类为特色的校内实验实训室有40多个,挂靠企业的校外实训基地多达50余家。近年来,学院致力于专业服务平台建设,使专业建设、学科建设更贴近生产技术、管理技术的发展前沿,并建成了食品药品检测中心、数字媒体、光电应用、嵌入式技术四大实训研发平台。

2005年获得教育部和财政部联合颁发的中央职业教育实训基地建设支持奖励专项基金,2008年获批"福建省产品质量与食品安全检测试剂与仪器工程技术研究中心"。2010年批筹建"厦门市食品药品安全重点实验室"、华厦物流培训学院——厦门市物流师资培养项目、获团中央"青年就业创业见习基地"荣誉、分析测试实验室获"中国计量认证证书(CMA)"资质等。

学院坚持"走出去,请进来"的方针,积极与海内外高校交流合作,先后与美国伊利诺伊中心学院、香港专上书院、台中技术学院、台湾勤益科技大学、台湾树德科技大学、台湾亚洲大学、台湾侨光技术学院等学校签订合作交流协议,互换教师、学生,引进境外优质教育资源。2010年9月,学院选送了10名学生前往台中技术学院交流学习一年。

院长王小如

王小如院长现场实验分析指导

食品药品实验室

厦门城市职业学院
Xiamen City University

厦门城市职业学院是2005年经福建省人民政府批准，2006年教育部备案，由厦门市人民政府举办的一所全日制高等职业院校。

学院座落在厦门岛内东海岸环岛路畔，与小金门岛隔海相望。校园占地面积306.64亩，建筑面积10万多平方米，依山傍海，环境幽雅。建有现代教育技术中心大楼、教学群楼、实验实训大楼、行政楼、学生公寓、学生食堂、田径运动场、篮球场、排球场等设施，为师生的学习、生活提供良好的条件。馆藏纸质图书27万多册，电子图书56万多册。

学院以举办全日制大专层次高等职业教育为主，设有经济管理学部、工程技术学部、人文应用学部、体育与军事教研室、思想政治教研室以及负责成人教育的开放教育学院、成人教育部和培训部等，现有各类在校生14000多人。高职高专全日制在校生4300多人，开设电子信息工程技术、涉外旅游、学前教育、会计电算化、国际贸易实务等24个专业。开放教育现开设本、专科共18个专业，成人教育开设16个专业。

学院现有教职工371人，专任教师247人。教职工中博士15人，硕士125人，正高职称7人，副高职称84人。享受国务院政府特殊津贴专家1人，全国优秀教师2人，福建省优秀教师4人，省级教学名师1人。

建有各专业的实验实训基地和场所。现有中央财政支持的计算机应用技术、建筑工程技术、涉外旅游实训基地3个，福建省财政支持的电子信息工程技术实训基地1个。已建成网络游戏、三维造型与平面设计、数字录音技术、苹果动漫设计与制作、光电子、商务英语、工业设计、ERP沙盘等实训室55间。积极推进工学结合，已和厦门建发集团、国贸控股有限公司、厦门航空公司等130多家企业开展校企合作，并建立校外实习实训基地。同厦门海悦山庄酒店、厦门弘信通讯科技投资有限公司等企业深度合作，开展"订单式"人才培养。近年来，学院理工类、文史类最低录取分数均高出福建省高职投档线100多分，新生报到率和毕业生就业率均达到90%以上，居全省同类院校前列。

学院充分发挥闽台"五缘"优势，作为省首批对台先行先试校，与台湾多所高等院校签署了合作协议，积极推动两岸高职教育的实质性合作，成功开展了首批闽台高职院校动漫设计与制作、电子信息工程技术、涉外旅游和物流管理等四个专业的联合培养人才项目，并轮流举办教育教学学术活动研讨会和大学生夏令营。加强与国外高等院校和教育机构的合作与往来。已同美国、德国、新西兰、泰国、菲律宾、马来西亚等国家的高校以及教育机构达成交流与合作关系。

学院的人才培养工作和内涵建设成效凸显。近年来取得教育部重点规划课题1项，省级各类课题6项，获得全国教育科学研究优秀成果奖一等奖1项以及多项市级科技成果。学生在各类技能大赛上屡获嘉奖。参加全国旅游院校导游大赛，全国大学生会计信息化技能大赛和全国通信行业职业技能大赛等获得一、二、三等奖以及优秀奖各级奖项多个。参加多届福建省职业院校技能大赛，均取得优异的奖项。作为学院的特色之一，学院大帆船队在青岛国际大帆船比赛等赛事中取得傲人佳绩。

经过全院师生的不懈努力和耕耘，学校各项事业取得显著的成绩，获得社会各界的肯定和好评。学院荣获"福建省诚信教育进校园活动先进单位"，厦门市"军民共建社会主义精神文明先进单位"、"绿色校园"、"平安校园"等荣誉。

学院将继续秉承"明德强技，笃行致用"的校训以及"质量立校、人才强校、特色兴校、文化塑校"的治校理念，面对新的形势和新的挑战，探索创新，不断增强学院综合办学实力，发挥独特优势，努力实现学院"十二五"教育事业科学发展的新跨越。

▲电子专业、计算机专业学生在戴尔公司实习

▲学院与台湾景文科技大学开展师生交流互访

▲学生积极参加厦门国际马拉松志愿者服务

▲学院大帆船队屡获佳绩

河北外国语职业学院
HEBEI VOCATIONAL COLLEGE OF FOREIGN LANGUAGES

[学院基本情况]河北外国语职业学院是目前河北省唯一独立建制的国办外语高等院校，地址北戴河和南戴河两大避暑胜地的交界处，北依戴河南滂渤海，占地528亩，建筑面积14万平方米。学院面向全国招收高中起点三年制专科生，开办英、法、德、俄、日、韩、阿拉伯、西班牙等8个语种，设有英语系、教育系、国际商务系、酒店航空系、西语系、东语系、旅游系、传媒系等8个系、35个专业及方向，在校生7400名，长、短期留学生100多名，为河北省中小学教师英语培训基地、河北省创造创新示范基地、中国大学生沙滩排球训练比赛基地、中央财政支持的旅游英语实训基地、国家级语言文字规范化示范校。2010年7月，再度被省委、省政府授予文明单位。

[坚持科学决策]提出学院建设体现文化、系部建设打造品牌、专业建设突出特色的目标。

[干部队伍建设]严格执行《干部任用条例》，按程序提拔任用26名中层干部、25名基层干部。

[创先争优活动]制定了活动实施方案，领导多次分层次做专题报告。组织观看警示教育录像，评比表彰先进。学院在干部人事档案专项核查工作中，作为全市五个单位之一在推进会上做典型发言。

[加强内涵建设]认真落实规范管理年、改革创新年、质量提高年实施方案，努力打造读书工程、晨读工程和语音工程三个学生品牌学习工程。以教学科研为重点，不断提高教师业务水平。年内有4项国家级、7项省部级科研课题立项，2项省基金项目、13项市级课题结题。丁国声院长被授予秦皇岛市第八批专业技术拔尖人才，单迎春老师获河北省第六届高等学校教学名师奖，吴娇老师主持的精品课程《酒店情景英语》被评为2010年国家级精品课程。年内成功申报了应用西班牙语、旅行社经营管理等7个专业，组织完成了原有各专业培养方案的修订工作和新增专业培养方案的制订工作，实践学时占到了总学时的45%。2010年学院选派600多名学生赴上海世博会实习。

[招生就业工作]2010年计划招生2600人，实际报到2475人，报到率达到95.2%，在全省专科院校中名列前茅。院、系多次召开人才培养方案论证会，举办毕业生就业双选会，学生就业保持强劲态势。

[对外合作交流]本着"宽领域、多层次、优势互补"的原则，不断拓宽合作渠道。2010年，接待了俄罗斯、韩国、日本等国外院校和组织机构来访4次，招收长短期留学生127人，聘用外籍教师18人。组织教职工到国外访问4次，有20多名学生分别到韩国、俄罗斯、日本留学。

[基础设施建设]建设了两栋共计2万多平米的学生公寓，使校外居住的学生全部搬进了校园。多方协调，争得率先对戴河改造工程中我院境内的沿河堤坝筑堤完工。与集发绿化公司签定了绿化承包协议，使学院绿化工作又上了一个新台阶。

[校园文化建设]成立了校园文化建设领导小组，制定了《校园文化建设实施方案》。通过开展外语演讲、书法、摄影、红歌联唱、主持人大赛、导游大赛、学术作品及创业计划大赛等形式多样、丰富多彩的活动拓展了大学生的思想政治教育形式，推进校园文化繁荣发展，本年度学生文体活动共获得1次国家级、23次省级、17次市级荣誉。

[安全稳定工作]进一步完善了突发事件应急预案等各项制度，组织师生进行了灭火知识培训及安全演练；定期开展安全隐患排查。学院治安防范安全面达到100%；普法面达到100%；学生行为规范率达到95%。与洋河口边防派出所签订了警校共建协议书；在学院门前沿海公路上设置了减速带和超速抓拍装置；彻底清理了校园周边的马路市场。

院校风采

●国家副主席习近平与我院世博会服务学生亲切交谈

●我院学生赴上海世博会欢送仪式

●国家级语言文字规范化示范校授牌仪式

●学院承办中国青少年语文风采大赛

●我院学生参加全国亚运空姐总决赛

陈明宇，男，汉族，1965年出生，江西九江人，中共党员，毕业于南京理工大学。现任江苏江海科教开发公司董事长、紫琅职业技术学院董事长、东博软件有限公司董事长、紫琅奥马汽车服务有限公司董事长、紫琅科技园管理有限公司董事长，南通市政协委员，港闸区政协委员，江苏省江西商会常务副会长，中国民办教育协会高等教育专业委员会副理事长，《民办教育》编委会常务理事，《教育与职业》常务理事。

董事长 陈明宇

党委书记、院长 张荣生

张荣生，男，一九四二年十月生，江苏宝应人，中共党员，大学本科毕业，研究员专业技术职务，现任紫琅职业技术学院党委书记、院长，兼任江苏省高等教育学会副会长、江苏省高职教育研究会副理事长、江苏省高教学会学术委员会委员、中国职业教育学会管理工作委员会常务理事、全国教育行政管理学术委员会委员等职。

　　紫琅职业技术学院是2000年6月经江苏省人民政府批准创建、教育部备案的全日制民办普通高等职业院校。学院座落于风景秀丽、经济发达的我国首批14个对外开放沿海城市之一的南通市区。目前，学院已累计投资5.2亿元，占地600亩，建筑面积23万平方米，教学仪器设备总值6000多万元，馆藏图书55万册，教职工500余名，专任教师301名，其中正教授14名，还有一批兼任教师参与学院的教学与建设。专业教师中具有双师素质的教师已达70.2%，有28名专业教师到德国培训后，全部获得德国培训师证书。在校生8000多名。现设有机电工程系、汽车运用工程系、船舶工程系、新能源工程系、建筑工程系、软件工程系、经济贸易与应用外语系、公共课教育部等8个系（部）及继续教育学院，设置专业41个，其中，"风能与动力技术"、"展览展示艺术设计"两个专业经教育部批准，为全国首创的高职高专新专业。

　　学院整体规划科学合理，校园环境优美，草木葱郁，假山瀑布、小桥流水、广场喷泉，相映成趣，绿化率达43%以上，还建有6000平方米的现代化体育馆，食堂、超市、ATM自动取款机等生活配套设施一应俱全。学生宿舍实行公寓化管理，内部除配有学习桌椅、电话、网线以外，大部分宿舍还配有空调、单独卫生间、淋浴器、管道热水系统等。每幢宿舍楼都设置了便民服务台，每层宿舍还安装了开水供应系统，可24小时供应开水。学院开设了"校园110"预警联动系统，为学生提供24小时安全服务。

　　学院自创建以来，立足"长三角"经济圈和地方经济社会对人才的需求，开设了就业市场前景广阔，高技能人才最为紧缺的一系列专业，并以培养学生职业能力为主线，构建了具有我院特色的课程体系。学院组建了六个校内生产性实训基地，还分别与省内外75家知名企业签订了"校企合作、产教融合"的合作协议，从而为学生真刀真枪地进行实习实训创造了有利条件。学院经批准在校内设有5个国家职业技能鉴定站（点），可以颁发16种专业资格证书。学院经批准成立的"中德（紫琅）职业技术培训中心"还被授权可以颁发德国"IHK职业技能证书"。另外，学院还设有14个职业技能培训站（点），负责专业技能证书的培训工作。这都为学生在取得毕业证书的同时取得一种或多种职业资格证书或专业技能证书，从而提升学生就业的核心竞争力创造了有利条件。毕业生深受社会欢迎，近三年毕业生的平均就业率达99%以上。在2009年2月省政府召开的全省高校毕业生就业工作会议上，我院作为全省两所高校代表之一作了大会经验介绍。

　　为强化教育教学质量管理，学院在全省民办高校中率先引进了ISO9001:2000国际质量管理体系，建立了教育教学质量的校内保障机制和社会评价机制，并成为我国国家标准化指导性技术文件《质量管理体系GB/T 19001在教育组织中的应用指南》的起草单位之一。学院还主持或参与了"模具调整工"、"电切削工"、"制齿工"等多部国家职业标准的制定。

全省高校毕业生就业工作会议上我院作大会经验介绍

我院陈明宇董事长和江苏爱康邹承慧董事长签订校企合作协议书

校园一隅

紫琅职业技术学院
ZILANG VOCATIONAL TECHNICAL COLLEGE

学院积极为地方经济社会发展服务，是江苏省高等教育人才培养模式创新实验基地、江苏省高职高专省级实训基地建设点、江苏省高职院校省工程技术研究开发中心建设项目学校、江苏省国际服务外包人才培训基地、江苏省高新技术创业服务中心和南通市现代制造技术公共服务平台。

学院积极开展对外合作办学，先后与南京财经大学、南京工业大学、南京农业大学、南京工程学院、苏州大学、扬州大学等著名高校合作为我院学生开办了专接本教育；与电子科技大学等联合开办了10个专业的网络远程本科教育；与吉利汽车集团等一批国内知名企业合作办班；与加拿大、德国、日本等国外高校开展广泛的国际合作与交流。学院是"南通高校联盟"成员，与南通地区的高校共享师资、教材等资源。学院与德国工商会合作，在德国西门子公司培训中心、海德汽车培训中心等建立了我院教师的培训基地。

学院先后获得"南通市文明单位"、"南通市最安全学校"、"江苏省民办教育先进单位"、"江苏省高等学校和谐校园"、"江苏省平安校园"、"江苏省大学生创业教育示范校"、"江苏省高校'文明宿舍'先进单位"、"江苏省高校'文明食堂'"、"江苏省机械工业高技能人才队伍建设先进集体"和"全国机械工业高技能人才培养示范基地"、"全国汽车行业骨干职业院校"、"全国机械行业校企合作与人才培养优秀职业院校"、"全国机械工业职业技能鉴定工作先进集体"等荣誉称号，成为中国民办教育协会高等教育专业委员会副理事长单位、江苏省高等教育学会副会长单位、江苏省高职教育研究会副理事长单位和江苏省民办高等教育研究会副理事长单位。

院校风采

中心广场

苏州工业园区服务外包职业学院

Suzhou Industrial Park
Institute Of Services Outsourcing

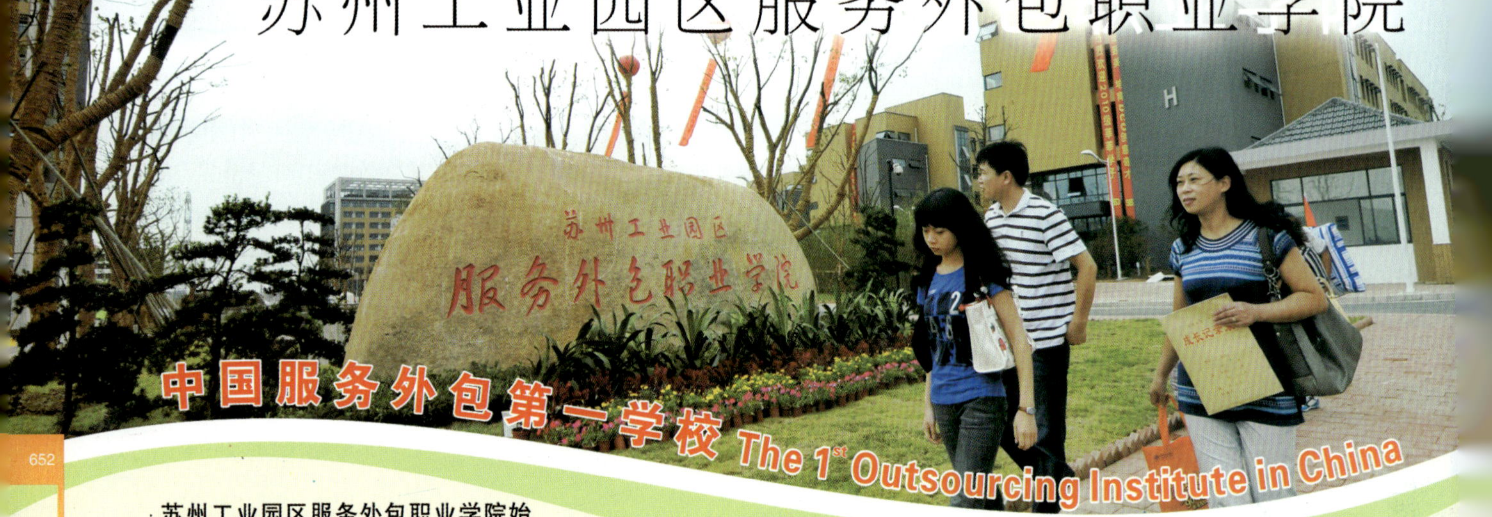

中国服务外包第一学校 The 1st Outsourcing Institute in China

苏州工业园区服务外包职业学院始建于2008年5月，2010年4月正式建校，是一所经江苏省人民政府批准、教育部备案，苏州工业园区管委会投资设立的公办全日制普通高等职业院校。学院坐落于名校云集、产业集聚的苏州独墅湖科教创新区，校园占地424亩，建筑面积22万余平方米。

学院设有信息技术系、商务管理系、金融系、数字媒体系和公共学科部等教学单位，拥有一支特色鲜明的“双师型”教师队伍，主要由来自于国际知名企业的工程师、留学归国精英和外籍教师构成，90%以上具有博士、硕士学位，熟悉国际前沿技术，具有丰富的实践经验和科研水平。

学院以“开放办学”为宗旨，遵循“为产业办教育”的发展思路，针对苏州地区服务外包领域规模最大、发展最快、前景最为看好、人才需求最为紧缺的ITO、BPO和数字媒体外包三大重点业务领域，开办了软件技术、计算机网络技术、计算机信息管理、嵌入式技术与应用、软件测试技术、生物信息技术与应用、微电子技术、移动通信运营与服务、金融管理与实务、财务与审计、商务管理、物业管理、采购与供应链管理、动漫设计与制作、多媒体设计与制作等15个专业32个专业方向，实现了学院专业链与地区产业链之间的高度铆合。

学院以“奉献，创新，合作，行动（commitment，creativeness，cooperativeness，conduct）”为教风。办学理念包括：教学办公室，定岗化教育、流程化学习、情景化实践、无界化考核；“四位一体”培养人才；“2+3矩阵”式课程体系；零公里就业。在2010年正式建校后的首次招生中，新生报到率高达96.1%，位列江苏省高职院校之首。2011年首届毕业生实现了100%签约就业。

学院的建设被列入中国和新加坡两国政府的“软件合作借鉴项目”，学院先后与新加坡南洋理工学院、美国奥龙尼大学、加州大学伯克利分校、日本京都情报大学院大学等海外院校建立合作关系，在师资培训、学生海外实习、留学等方面展开合作，兼容并蓄全球优质教育资源。

学院致力于打造“政校企”三方合作的人才培养体系，先后成为第一个“苏州市服务外包人才培养培训基地”和第二批“江苏省国际服务外包人才培训基地”，并于2010年5月被认定为唯一一家“苏州市服务外包人才培养实训中心”。

▲学院公共教学北楼报告厅

▲我院龙舟队在全国多次大赛中获得佳绩

▲学院系部实训楼

▶参加各类实训项目 学院老师指导学生

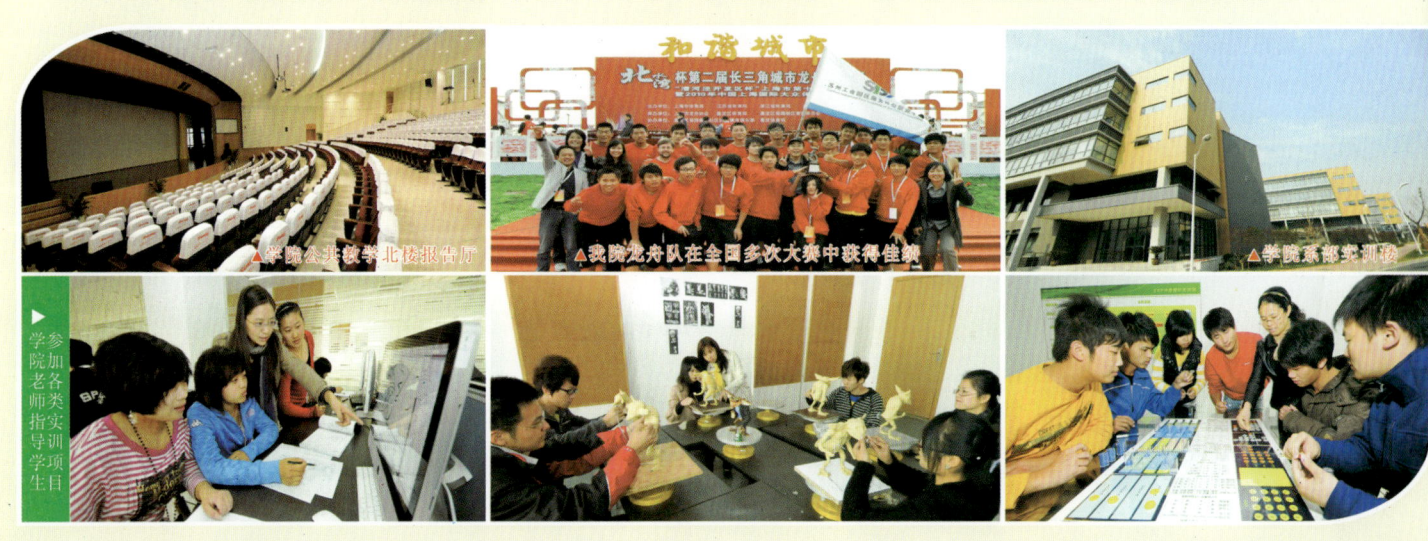

广州涉外经济职业技术学院
Guangzhou International Economics College

校北区　　　　　　　　　图书馆　　　　　　　　　教学楼

一、学院概况

广州涉外经济职业技术学院前身为广州维城科技专修学院，2004年3月，经广东省人民政府批准，国家教育部备案升级为高职高专院校。学校始终贯彻党的教育方针，以服务为宗旨，以就业为导向，走产学结合发展道路，形成了具有"涉外"特色的办学模式，被评为"中国民办教育50强"、"全国中外合作院校示范单位"。学校立足广东，面向全国13个省市招生，现有全日制在校生近8000人，主要培养方向是为珠三角地区的涉外企业培养生产、建设、管理和服务所需要的高素质、高技能人才。

学校占地面积767597m²，总建筑面积17万多m²，建有标准田径运动场、各类球场、学生活动中心等文体活动设施、教学科研仪器设备价值2810余万元、图书馆藏书64万多册，电子图书1152.86G，纸质期刊351种；实验、实习、实训场所及附属用房占地面积18251m²，校内实训室70个，校外实习基地160个，教学用计算机1914台，多媒体教室105间，语音室12间。

学校现有教师445人，其中专任教师360人，副高以上职称76人，硕士及以上学位72人，双师素质教师185人，南粤优秀教师2人，专业带头人24人，骨干教师144人。

学校设有9个学院、2个中心、1个创业园，在10个省、市及行业设有职业技能培训考试点、站，设24个专业共39个方向，其中80%以上属于外语、财经、管理类。

二、专业特色

学校开设的专业课程均具有"涉外"特色，强调"三外技能"即外语、外经、外贸技能教育；学校以商务英、日、韩、法等商务外语及财经、管理类专业为龙头，商务英语、会计专业为学校的品牌专业；学校通过校企合作、"三课堂"联动训练、顶岗实习等教学模式着力打造"订单式人才培养"模式，校企双方量身定制教学计划，共同进行课程建设与改革，共同开发教材，考核评价与企业录用提拔相结合，优秀毕业生先期入合作企业实习，合格后直接聘用。

三、就业状况

近两年来，学校新生文理科录取成绩均高于省控线60分，学生第一志愿率、报到率、就业率均高于省内同类院校。2010年学校就思想觉悟、工作态度、业务水平、协作精神、工作业绩、继续学习、身体状况、社会能力、心理素质、创新能力等10个方面，对企业、行业用人单位发出1500份调查问卷，收回1251份，满意率达95.3%。毕业生主要就业单位包括：中国进出口商品交易会、中国移动、光大证券、美国友邦保险广州分公司；中国建行、工商行、农行、中国银行，中国电信，德邦物流等。

学校在海外建立了广州涉外经济职业技术学院附属澳大利亚墨尔本希斯国际学院和附属新加坡威尔士国际教育学院两所教学基地以及香港佳美教育中心；先后与新加坡、澳大利亚、新西兰、美国、韩国、日本、德国、英国和加拿大等国多所高校建立校际合作关系，达成协作交流项目15项，目前学校已输送13批留学生。

四、教学管理

学校制定了较为完备的教学管理制度，教学管理规范。2010年3月通过了国家教育部办学条件和检测办学条件核查，6月通过了人才培养工作全面评估，办学条件、水平和质量均得到了专家肯定。

五、校园文化

学校高度重视思想政治教育和校园文化建设，注重培养学生的高尚情操。全校共成立40多个学生协会、社团，3年来校团委连续荣获广州市共青团特色工作奖，学生在全国、省、市各项大赛中获奖350多项，其中集体获全国比赛奖项45项，个人获省级以上比赛奖项11项。2008届商务英语专业毕业生双胞胎姐妹吴燕珊、吴燕菁成为著名的广州双胞胎主持人，被网络誉为"最美双胞胎主持人"；2010年"抱子妈妈"龚桂花和儿子刘志勇历尽艰辛求学的事迹，被凤凰卫视中文台《鲁豫有约》、《广州日报》等新闻媒体关注，刘志勇以第一志愿为学校注册会计师专业录取。在康正董事长的关怀下，学校不但为刘志勇免掉了三年的学费，还单独设岗为他的母亲龚桂花安排了工作，这一举动在全校乃至省内外引起了积极反响，《广州日报》、《信息时报》等多家媒体做了全面报道。

"十二五"期间，学校将在国内民办教育50强基础上，建设广东省一流、全国较大影响、有鲜明办学特色的民办高职院校。

院校风采

康正董事长、陈亦军总经理到学校建立的新加坡威尔士国际学院视察

自强不息的"小勇"与校亚运志愿者、会计学院的同学同台合唱《最美的风景》

动漫实训室

鸟瞰校南区

德化陶瓷職業技術學院
DeHua Ceramics professional&technical College

学院领导：陈师宪

师生作品展厅

中韩陶艺交流

德化陶瓷职业技术学院系福建省人民政府批准设立，由泉州市人民政府举办，中华人民共和国教育部备案的公办全日制艺术类高等职业学校。

学院地处素有"世界瓷塑之都"、"中国瓷都"、"中国陶瓷之乡"、"中国民间（陶瓷）艺术之乡"之称的泉州德化，是"福建省花园式学校"；学院设有"福建省高级技师培训基地"、"中国陶瓷职业技能培训基地"、"福建省陶瓷产业技术开发基地"、"国家职业技能鉴定站"、"福建省工艺美术学会陶瓷艺术专业委员会"、"全国计算机等级考试考点"、"全国大学英语四、六级考试考点"；是"福州大学教学科研实践基地"、"华侨大学境外生社会实践基地"、"泉州市科普教育基地"、"泉台青少年交流基地"。

学院以"博学、精艺、厚德、善行"为校训，以"特色立校、质量强校、研发兴校、联企活校"为办学理念，依托德化源远流长、博大精深的陶瓷文化积淀，1100多家高度外向型陶瓷企业的强力支撑，五十多位国家级、省级工艺大师、副高职称以上专家教授的精心传授，完备的校内专业实践实训基地以及与40多家企业长期合作的校外专业实践实训基地，学院办学规模和质量逐年大幅提高。学院围绕陶瓷产业链设置有19个专业，即艺术设计（陶瓷方向）、雕塑艺术设计、装潢艺术设计、视觉传达艺术设计、工业设计、材料工程技术、热能动力设备与应用、工商企业管理、物流管理、商务英语、装饰艺术设计（陶瓷方向）、雕塑艺术设计（石雕方向）、材料工程技术（工业陶瓷方向）、商务管理（文秘方向）、营销与策划、产品造型设计、旅游工艺品设计与制作、视觉传达艺术设计（包装设计方向）、机电设备维修与管理等。2009年12月通过了教育部人才培养工作评估。

山西生物应用职业技术学院
Shanxi Vocational and Technical College of Applied Biology

——前进中的山西生物应用职业技术学院

党委书记 张瑞芳

党委副书记、院长 李华荣

山西生物应用职业技术学院前身是山西省中药材学校，创建于1957年，曾连续三次被国家教育部确定为国家级重点中专学校，2001年4月经山西省人民政府批准，学校升格为高等职业技术学院，主要为山西乃至全国医药行业和药品、食品监督管理等领域培养高等技术应用性专门人才和管理人才。

学院地处太原市区东隅，占地375亩，建筑面积近11万平方米，有教职工321人，在校学生近5000名。设有12个党群行政机构和11个教学与教辅部门，开设有现代中药技术、生物制药技术、药品质量检测技术、医药市场营销等16个专业。馆藏图书文献23万余册，教学仪器设备总价值2600多万元。学院校园环境整洁质朴，栋栋楼群掩映在碧绿丛中，洋溢着蓬勃的朝气。

学院五十多年的办学历程，积淀了厚重的文化底蕴，打下了坚实的人才培养基础。目前，学院有国家级精品课程5门、省级精品课程8门，有2个专业分别确定为国家级和省级教改试点专业。任职教师中，具有硕士学位者71人，教授8人、副高职称47人、省级"双师型"教学名师4人、省级"双师型"优秀教师7人。同时，建有国家级优秀教学团队1个、省级优秀教学团队2个、中央财政支持的实训基地1个、省级示范实训基地2个。近年来，学院相继获得山西省模范单位、山西省文明和谐单位、山西省德育示范学院、山西省高职高专人才培养工作优秀单位等荣誉称号。

学院坚持"面向未来、面向实践、面向技术"的办学指导思想，围绕"首岗适应、多岗迁移、生动活泼、全面发展"的人才培养目标，积极创新校企合作、工学结合的人才培养模式，全力实施"质量、特色、就业、声誉"四大工程，促进了高素质技能型人才的培养。在校学生曾多次荣获全国医药技能大赛一等奖、全国数学建模大赛山西赛区一等奖、全国英语口语大赛山西赛区一等奖等优异成绩。历届毕业生平均就业率达95%以上，居全省同类院校前列。建校以来，共为社会培养中高级技能人才25000多名，其中在医药生产、流通、科研、使用、教育、药监等领域涌现出一批卓有成就的杰出校友，为医药事业发展和社会经济建设做出了积极贡献。

教学主楼

图书大楼

红歌启动仪式

中药标本厅

郑州职业技术学院

团结奋进的领导班子

郑州职业技术学院是经河南省人民政府批准、国家教育部备案，面向全国招生的公办专科学校。是国家首批示范专业（点），国家高技能人才培训基地，国家紧缺人才数控技术应用培训基地，设有国家职业技能鉴定所，是河南省文明学校，花园式学校，全省"五好"基层党组织，河南省最具特色的十佳职业院校，首批河南省诚信规范招生示范院校，河南省考生心目中最理想的高校，河南专科院校综合实力20强。

学院创建于1976年。现设有机械工程系、电气电子工程系、现代管理系、生物工程系、大众传媒系、汽车工程系、材料工程系、软件工程系、成人教育处、基础教育处等10个教学系（处），开设机电一体化、应用电子技术、汽车运用技术、数控技术、焊接技术及自动化、计算机网络技术、电子商务、新闻采编与制作、生物技术及应用等33个专业。

学院位于郑州市郑上路与郑州西南绕城高速交汇处，占地1004亩，现有教职工623人，在校生10031多人。学院建有信息技术教育中心和数控、电子、机电、焊接、机械、生物等专业实验室74个，校外实习实训基地78个，图书馆藏书110万册，拥有数字化交互式多媒体校园网络系统、闭路电视系统、电子货币系统。教学楼、实验楼、办公楼、信息图文中心、学术报告厅、学生公寓、体育馆、运动场等基础设施完备，并设有邮局、银行营业点，可满足万余名在校生的学习、实习、活动需要。

学院拥有一支师德高尚、素质优良、治学严谨、结构合理的"双师"型教师队伍。427名专任教师中，副高级以上职称96人，博士12人，硕士174人，双师型教师248人。近年来获国家、省、市教科研成果二百多项，并被评为省、市教育科研先进单位。

生物技术及应用专业学生实验

学院以科学发展观为指导，坚持社会主义办学方向，全面贯彻党的教育方针，坚持育人为本，德育为先，以"严谨、求是、敬业、奉献"为校训，按照"教育、科研、生产、经营"四位一体的办学模式和工学结合的人才培养模式，以高尚的师德感染学生，以优良的校风熏陶学生，以扎实的专业课程发展学生，以丰富的社会实践活动锻炼学生，不断提高学生综合素质，努力培养社会主义合格建设者和可靠接班人。

学院坚持以服务为宗旨，以就业为导向，采取与企业和社会用人单位相联系的"订单式"培养模式，加强与企业的融合，先后与全国300多家企事业单位签订人才聘用协议，为毕业生就业开辟了畅通的渠道，近几年毕业生就业率均在90%以上，居全省同类高校前列。

学院广泛开展国际合作，先后与美国、加拿大、英国、澳大利亚、俄罗斯、韩国、朝鲜等国家的教育专家和教育机构进行过交流。

焊接技术及自动化专业学生实训

学院工学结合、校企合作、四位一体的办学特色得到各级领导和社会各界的肯定，国家、省内外领导、专家及联合国教科文组织官员先后到学院参观考察。全国人大常委会副委员长陈至立亲临学院视察并为学院题词"工学结合，培养高素质技术人才"。

今天，郑州职业技术学院正昂首阔步，与时俱进，向着国家级示范性职业学院迈进……

地址：郑州市郑上路西二十里铺
邮编：450121
电话：0371-64960088　64964080　64966928
网址：http://www.zzyedu.cn

广西英华国际职业学院
Talent International College Guangxi
www.tic-gx.com

● 校园一角
● 我院2006级高尔夫专业毕业生在广西钦州滨海高尔夫俱乐部实习

● 图书馆

● 教学一角

● 丰富多彩的校园文化生活

● 学校食堂

● 侯振梅董事长与英国互动设计学院罗伊教授签署合作办学协议

● 2009年3月学院侯振梅董事长在泰国与那空沙旺皇家大学签署合作办学

● 2009年3月学院侯振梅董事长在泰国与那空沙旺皇家大学签署合作办学

广西英华国际职业学院（Talent International College Guangxi）创办于2005年，是由广西钦州市人民政府与英国英华国际教育集团投资创办，经广西壮族自治区人民政府批准，教育部备案的全日制高等专科院校，是一所具有独立颁发国家承认普通专科学历证书并且可以到英国、美国、日本、西班牙、泰国、越南等国留学的国际院校。

学院位于美丽的北部湾滨海旅游城市、中华白海豚之乡——广西钦州市。学院规划用地面积1000亩，一期工程250亩，已投资近2亿元人民币，已完成建筑面积约13.4万平方米，建有全新教学楼、实验楼、体育场、图书馆、网络中心、专家楼、学生公寓、食堂、商铺等一批现代化设施，校园环境优美，基础设施完备，实训设施齐全，教学理念先进，是莘莘学子求学成才的理想之地。

学院现有教职工365人，其中专任教师253人，具有研究生学历38人，正高级专业技术职称10人，副高级专业技术职称17人，形成了一支文学历层次较高、职称结构合理、专业结构较好、素质优良的师资队伍。

学院目前设有商学院、旅游管理学院、机电化工学院、外语学院、财经学院、艺术工程学院、信息学院、建筑工程学院等8个二级学院与1个基础教学部。设有海事管理（船舶驾驶、轮机管理）、物流管理（港口业务管理、连锁经营管理）、报关与国际货运、模具设计与制造、数控技术、制浆造纸、涉外旅游（应用西班牙语、高尔夫俱乐部与管理）等29个专业48个专业和专业方向，涵盖了文、理、工、经济管理、艺术等9个专业大类。

其中物流管理的港口业务管理、报关与国际货运、涉外旅游专业的高尔夫俱乐部服务及球场管理、空中乘务及西班牙语、应用越语、泰语等小语种专业方向，深受学生的欢迎。

学院以"加强教育对外交流与合作□促进教育事业的发展"为办学宗旨，坚持"以德树人、以技立业、以特兴校"的开放办学理念，致力于为中国经济和社会发展培养有爱心、有责任心、有一技之能、通晓一门外语的国际实用型人才。建校以来，学院培养了4000余名各类专业人才，现已成为各行各业的骨干和地方经济建设的生力军，为国家经济和社会发展特别是广西的经济和发展做出了重要贡献。

学院始终坚持"人无我有，人有我特"的办学理念，紧跟市场需求，与国际接轨，培养国内外急需的应用型人，按市场需求设置专业和方向，成为了西南五省中率先开设西班牙语、空中乘务、高尔夫俱乐部服务与管理专业的高校。同时，以侯振梅董事长为核心的学院高层管理团队，积极探索，创新思路，大力引进国外先进教学管理经验和课程体系，实行制度管理、名师执教、科研兴校、校际合作的育人模式，先后与英国互动设计学院、美国西北理工大学、西班牙胡安卡洛斯国王大学、泰国那空沙旺皇家大学、越南河静大学等国外高校进行合作办学，并与广西师范大学、广西工学院、玉林师范学院、钦州学院等高校签署专升本合作办学协议。学院充分利用英国英华国际教育集团雄厚的国际背景和国际教育资源优势，突出"双语"教学，从国内外聘请大批著名专家、教授、学者、企业家参与教学与实习指导，其中包括在教育行业工作多年的专家以及来自英国帝国理工学院、牛津大学、爱丁堡大学、阿伯丁大学等英国著名大学的博士和硕士。外籍教师丰富的教学经验，灵活的授课方式，使每一个英华学子的外语学习和水平都得到质的飞跃和提高，为学生成材提供有力师资保障，形成了鲜明的国际化办学特色。

院校风采

自治区示范性高等职业院校　首批国家高技能人才培养示范基地

广西生态工程职业技术学院
Guangxi Eco-engineering Vocational And Technical College

树木树人　知行合一

广西生态工程职业技术学院是广西壮族自治区人民政府举办，自治区林业厅、教育厅管理的全日制普通高等学校。学院创办于1956年，已培养各类毕业生三万多人。学院是"自治区示范性高等职业院校"、"首批国家高技能人才培养示范基地"、自治区"绿色大学"、自治区"文明单位"、"卫生优秀学校"、"安全文明校园"。2010年荣获第十届国家技能人才培育突出贡献奖。2011年在校生6500多人。

校园环境优美

学院位于柳州市柳北区，与君武森林公园毗邻，校园绿树成荫，鸟语花香，湖光山色，风光秀丽，是柳州市著名的旅游风景区。

办学条件优良

学院占地面积1.8万亩，其中校园面积1000多亩，校舍面积20万平方米，固定资产5亿多元，其中教学科研仪器设备总值3600多万元，拥有教学用电脑2500多台，图书馆藏书45万册，报刊500多种，实验室、语音室、多媒体教室、电子阅览室、演播室及闭路电教系统等，校园网功能宏大。教学楼、实验楼、学生公寓、图书馆、食堂和体育馆等基础设施齐全，条件优良。

师资队伍优秀

学院现有教职工400多人，其中专任教师260人，有博士5人，硕士100多人；教授5人，副教授80人，双师型教师160多人；在行业企业中聘请了兼职教师168人。此外，聘请了一批国内外知名专家、学者作为学院的客座教授。

教学质量优良

学院拥有自治区优质专业4个，国家级示范性实训基地1个，自治区示范性实训基地3个，自治区精品课程3门，自治区优秀教学团队2支，取得重大科研成果几十项，主编出版公开发行教材数十本，学生参加全区和全国有关教学竞赛频频获奖，计算机等级和大学英语等级考试通过率高，成绩良好。许多毕业生已经成为生态建设和林业发展的重要岗位的管理者或技术骨干。学院是林业行业特有工种职业技能鉴定、电子商务师国家职业资格培训考核、计算机信息高新技术考试等国家职业资格培训鉴定单位，可开展职业技能培训鉴定工种近50个。学生在获得毕业证书的同时，还可取得多种职业技能等级证书和职业资格证书。部分优秀毕业生可保送到本科院校深造。学院还办有函授本科、自考本科专业10多个。

实践条件优越

学院设有君武森林公园、教学实验林场、生物技术中心、园林公司、林业规划设计院、木业公司和教育贸易公司等校内生产经营性实训基地16个；以广西林业行业为依托，通过校企合作，与30多家大型外资企业、200多个区内外大中型企事业单位建立了校外实训基地，学生实习实训条件非常优越。

就业成绩优异

学院设立就业指导中心，全面负责毕业生就业指导和推荐工作，与200多家大中型知名企业合作建立了长期稳定的就业基地，大部分毕业生在大中型企事业单位就业，就业满意度好、对口率高。2007-2010年毕业生就业率97%以上，名列全区高校前列，连续4年获得自治区教育厅的表彰。

自治区陈章良副主席一行视察我院学生公寓

教学大楼

棕榈路

咸宁职业技术学院

学院党委书记 叶振华

学院院长 戴国强

　　咸宁职业技术学院是经教育部备案、湖北省人民政府批准成立的一所多科性公办高职院校。学院所在地－咸宁市，北距武汉68公里，武广高速铁路、京广铁路、京珠高速公路、107国道贯穿其境，交通十分便捷，被誉为"三国赤壁故地、内陆核电新城、中国温泉之都"，自然环境非常优美。

　　学院创建于1965年。自1976年以来一直从事专科层次的普通高等教育，1984年被省政府确定为"湖北省中职学校师资培养培训基地"，1999年被省政府列为"全省首批试点高职院校"。独特的历史奠定了学院坚实的办学基础。学院占地面积1086亩，建筑面积37万平方米，设有12个系（院、部），教职员工1200人，全日制在校生14000余人，馆藏图书110万册，固定资产总计4.8亿元。校园面街临河，拥山抱水，松茂竹盛，繁花序时，是求知治学的理想之地。

　　学院坚持以服务为宗旨，以就业为导向，走产学结合发展之路。深入贯彻落实科学发展观，形成了"突出一个核心、加强两种服务、铸造三大特色、完善四双制度"的办学理念。即：突出以提高培养生产、建设、管理、服务第一线高素质高级技能型专门人才的质量为核心；加强为学生就业创业服务，为区域经济社会发展服务；铸造学校的人才特色、专业特色、文化特色；完善育人双主体、专业双带头、教师双素质、学生双证书制度。学院共开设有41个高职专科专业，涵盖了文、理、工、农、经、法、管、艺术、教育等门类。建有国家紧缺人才培训基地1个、中央财政支持的实训基地2个、省级实训基地4个、省级教改试点专业3个、省级教学团队2个、省级以上精品课程6门、楚天名师教学岗位5个，设有英语、计算机等级考试中心、普通话测试站和职业技能鉴定所。

　　学院坚持"从严治校、质量立校、特色兴校、人才强校"的治校方略。现有专任教师762人，其中教授、副教授228人，讲师290人。3名教师荣获"全国优秀教师"称号，3名教师获得曾宪梓教育基金奖励，4名教师被评为湖北省有突出贡献的中青年专家，20余名教师被列为省、市杰出人才或鄂南名师。近三年，主持省级以上科研课题30余项，出版学术专著和通用教材百余部，发表学术论文3500余篇。

校企合作签字仪式

　　学院建有校内实训基地98个、校外实训基地200余个，与松下电器、光宝集团等多家大型企业签订了校企合作协议，为学生成才立业创造了广阔天地。近年来，学生多次在全国全省职业技能大赛中捧杯夺筹。在全国数学建模大赛中，2008年、2009年均荣获湖北赛区一等奖；在电子设计大赛中，2010年均荣获湖北赛区一等奖；全国高校市场营销大赛中，2010年获总决赛三等奖；全国高职高专生物技术职业技能竞赛中，2010年获团体二等奖；在IT&AT全国教育工程就业技能大赛中，2010年获全国三等奖6名；在全国信息化核心技能大赛中，2010年获团体一等奖；在全省第二届高职院校篮球比赛中，2010年荣获冠军。过硬的人才质量为学生的就业发展创造了机遇，毕业生在全国人才市场广受欢迎，一次性就业率高达92%以上。

湖北省委常委、
省纪委书记黄先耀一行在学院调研

　　四十年风雨兼程，来自全国各地的10余万学子曾在咸宁职院这片如诗如画的沃土上求学探索、薪火相传，秉持"厚德尚能、砺志创新"的校训孕育了"自尊自强、务实拼搏"的人文传统。站在新的起点，咸宁职院把"建设一流环境、造就一流人才、创办一流高职"作为不懈的追求，长风破浪，迈向新的辉煌。

湖北省委高校工委书记、
省教育厅党组书记蔡民族在学院调研

山东丝绸纺织职业学院

山东丝绸纺织职业学院是一所公办全日制普通高等职业学院。迄今已有50年的办学历史，地处历史悠久，文化灿烂的齐国故都—山东省淄博市，是著名的"陶瓷之都"、"丝绸之乡"、"大染坊"故地。

学院占地33.5万平方米，建筑面积13.7万平方米，教职工359人，全日制在校生6000人。设染化工程、纺织工程、机电工程、信息工程、工商管理、服装工程、艺术设计等7个系，25个专科专业，4个高等教育自学考试本科试点专业。现建有现代化实验室59个，校外实习基地84处，总资产达2.24亿元。学院是省级文明单位、省级花园式单位、省级卫生先进单位、山东省职业教育先进单位、全国诚信和谐校、山东省最受企业欢迎职业技术院校、山东省首批高等教育自学考试本科专业试点院校，被中国质量万里行山东市场调查中心评为"质量服务满意单位"。

近年来，学院以建设"家长放心、学生舒心、企业称心"的优质品牌高等职业院校为目标，走品牌发展、内涵发展的道路。"十二五"以来，学院坚持以教育教学为核心，大力开展质量工程建设，建立和实施教学质量控制系统，深化课程改革，努力打造品牌特色专业。2011年，获批省级特色专业2个，中央财政支持专业2个，省级精品课程5门，省级教学团队1个。学院注重对学生品德和技能的培养，大力开展科技创新和实践教学。五年来，教师主编或参编教材及其他各类书籍58部，发表论文、作品共327篇（幅），其中，中文核心期刊和EI、ISTP检索期刊37篇，获得专利4项。学院研发的真丝大麻绉绸荣获2010全国丝绸创新产品银奖。学生参加各级各类职业技能大赛，其中，在国家级技能大赛中，获一等奖4项、二等奖19项、三等奖48项。学院毕业生就业率连年保持在98%以上。2011年，学院牵头组建了淄博市纺织服装职业教育集团，开设订单班11个，建立密切校企合作关系单位达到70家。2012年，启动建设"淄博市纺织服装数据库"，与上海东华大学、台湾实践大学及有关纺织服装企业联合开展"纺织服装设计工业化虚拟仿真工作平台"建设项目，进一步探索建立校、政、行、外、企合作新模式，不断提升社会服务能力，促进区域行业经济发展。

学院健全学生管理工作机制，坚持立体式、全天候的管理教育模式。完善德育工作制度体系，设立大学生心理健康咨询室，为学生搭建健康成长平台。积极组织学生参加非富多彩的文体活动、志愿者服务和爱国主教育等主题活动，引导学生树立正确的世界观、人生观、价值观。通过减免学费、发放国家奖、助学金和开通绿色通道等方式帮助贫困学生顺利完成学业。

在强化内涵建设的同时，学院大力改善办学条件建设，先后建设纺织楼、机电楼、染化楼、三座学生公寓及体育场，总投资达9415万元，安装地源热泵空调系统，全面实现中央空调控温，为学生创造了良好的学习和生活环境。

2011年5月，学院顺利通过省教育厅第一次人才培养评估，评建工作取得了显著成效，赢得评估专家组的一致好评。2011年12月，学院组织申报了"山东省高等教育名校建设工程"，争创省级示范院校。学院目前正以昂扬向上的精神风貌走进充满希望的未来。

艺术设计系参与毛主席纪念堂大型壁画项目

山东省教育厅总督学徐曙光、淄博市人民政府副市长刘旭光、中国纺织服装教育学会会长倪阳生、山东省丝绸协会会长席时平共同为我院牵头组建的淄博市纺织服装职业教育集团揭牌

学院院长张志斌陪同其国南安普敦大学马库教授来学院参观

深化改革 突出特色

充满时尚感的图书馆

院长 曲大声

学院正门

为生态文明建设培养高素质应用型技术人才
——跨越式发展的黑龙江生态工程职业学院

黑龙江生态工程职业学院是2004年4月经省政府批准、国家教育部备案、目前我国北方唯一一所生态工程职业学院。学院位于哈尔滨市利民开发区学院路77号,在伊春市带岭区设有分院。学院占地面积23.76万平方米,建筑面积8.46万平方米。拥有现代化的多媒体教室35个,实训室、微机室、语音室等60多个,校内外实训基地127个,图书馆藏书44.9万册。

现有专兼职教师340多名,其中教授25名,副教授97名,双师素质教师137名,省级优秀教师3名,省级教学名师1名。学院在校生5760名。

学院开设有资源环境与城市管理、环境监测与治理技术、园林工程技术、环境艺术设计、中药制药技术等28个专业。已建成院级精品课程13门,其中《园林植物遗传育种技术》、《环境监测与治理技术》等5门课程被评为省级精品课程。园林教研室、室内设计技术专业被评为省级优秀教学团队项目。

学院成立以来,顺应生态文明建设发展需要和区域经济社会对高素质技能型人才的迫切需要,立足林业这一生态主体,着眼于生态建设、生态保护、生态安全技能型人才的培养,按照"规模适度、结构合理、特色鲜明、质量优良"的发展目标,突出"生态环保、园林绿化、绿色食品、中药技术、生态旅游"特色,以"道德为重,技能为本",积极推进办学特色的探索和人才培养模式的创新,不断提升教育教学水平。学院抓住课程改革这个难点和关键,以精品课建设为抓手,改革课程体系和教学内容,园林技术等四个学院重点建设专业"教、学、做"一体化课程已达60?,教学内容与生产实际和职业技能标准融为一体,已初步营造了"教室与车间合一,教师与师傅合一,学生与徒弟合一,作业和作品合一"的高职教学育人情景。学院大力推动教产结合、校企一体化办学,深化培养模式和教育教学模式的改革,基本实现了互利、互惠、双赢的校企深度合作,学院被哈尔滨市和黑龙江省森工总局确定为"创业实训基地"、"就业培训基地"。

在办学中,学院坚持"为人师表、育人有责"、"以学生为本"的教育理念,加强对学生"道德为重,技能为本"的教育,学生综合素质明显提高。学生管理工作连续多年被省教育厅授予"先进集体"的称号。此外,学院大学生心理健康教育和咨询工作在全省同类院校中走在前列,2010年荣获"黑龙江省大学生心理健康教育工作先进单位"、"黑龙江省高校学生工作'环境育人'先进单位"和"全国高职院校心理健康教育先进单位"。学院毕业生就业质量和就业率逐年提升,现已跃居全省同类院校前列。

2009年6月,教育部高等职业院校人才培养工作水平评估专家组现场考察组,对学院进行了现场评估考察,学院得以顺利通过。同年,学院在振兴东北老工业基地过程中,勇于创新,成绩卓著,贡献突出,被黑龙江省振兴老工业基地研究会授予"人才支撑特别贡献奖"。2011年学院省级骨干高职建设项目得以批准立项建设。学院伴随国家生态建设应运而生,也必将为黑龙江省"八大经济区"、"十大工程"建设,乃至我国生态文明建设培养大批高素质高级技能型人才作出积极的贡献!

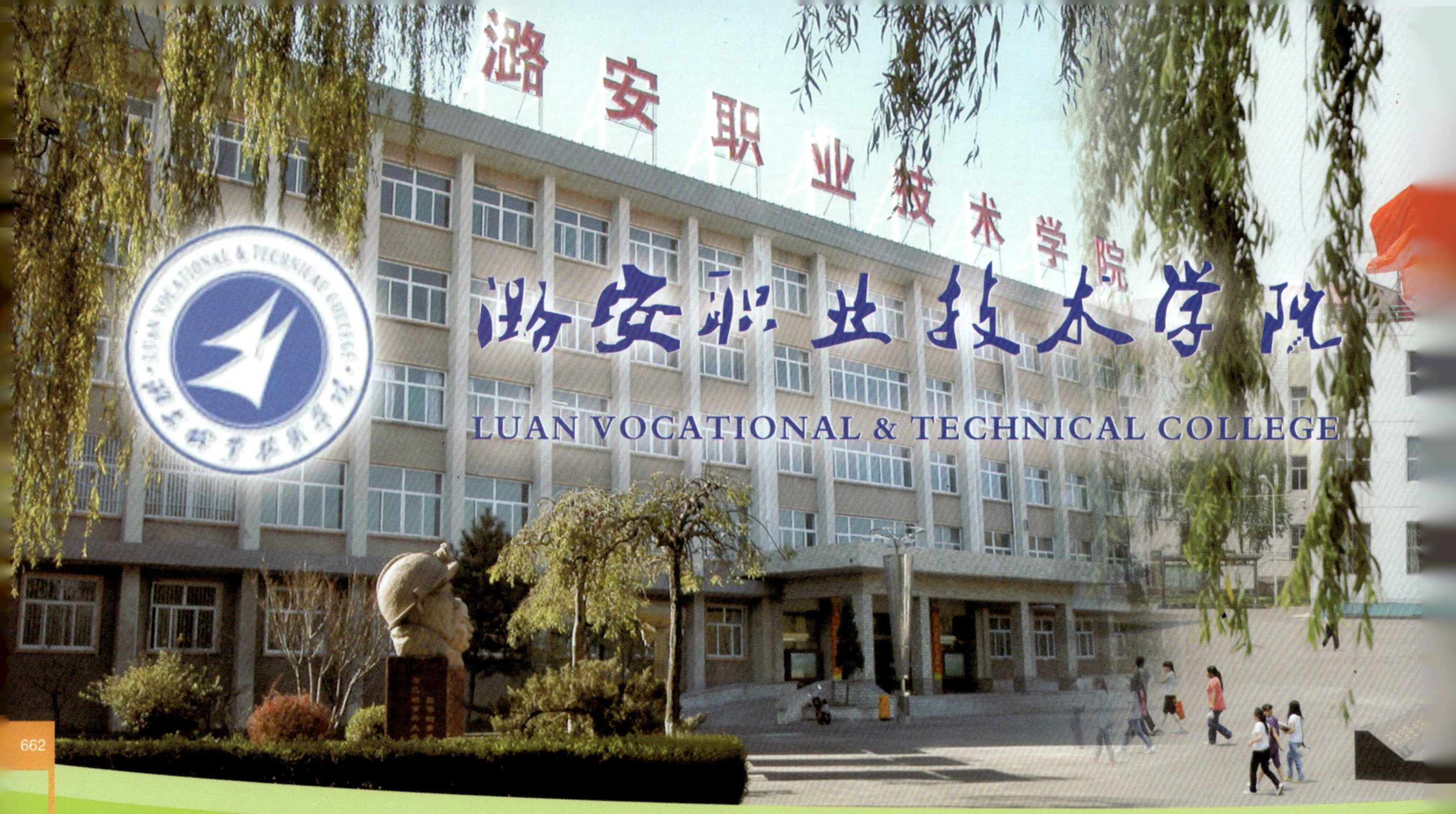

潞安职业技术学院
潞安职业技术学院
LUAN VOCATIONAL & TECHNICAL COLLEGE

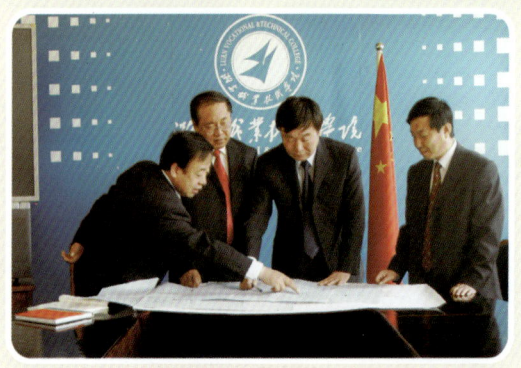

★学院领导研究“十二五”发展蓝图

潞安职业技术学院，是山西省批准教育部备案潞安集团主管的综合职业技术学院。其中学院的潞安培训中心为国家一级安培中心。

学院现有教职工284人，在校学生2000余人，安培中心年培训量10000余人次。学院分为南北两校区，有300座学术报告厅一座，具有同类学校先进的实验室七个，实习车间五个，井下仿真模拟巷道三条。另外，有网络远程教学的互联网系统。

学院设有机电工程系、采矿工程系、开设煤矿类高职高专14个、中专9个、技校4个。汽车维修、焊接技术专业为中德合作办学专业；煤矿开采技术、矿井通风与安全专业为山西省紧缺人才培养专业。

学院的主管单位是全国500强企业前100名——潞安集团，因此，自从学院成立以来，学校与企业就乳水相溶，我们的定位是“立足潞安、面向企业、适应时代、服务社会”；办学目标坚持“打造一流培训基地，锻铸高职精品专业”的方针，注重理论教学与实习相结合的教学理念。学生一入学以为煤炭企业培养准员工的理念进行针对性的知识教育，连续几年创毕业生就业新高。在教学研究方面，我院教师编写的《井下电钳工》、《通风机司机》、《煤矿安全管理》等10余本全国统编教材被指定在国家煤矿安全培训中使用。

自建校以来，潞安集团历届领导始终高度关注学院的发展。为适应潞安集团“既大又强”的发展战略，十二五期间向世界500强企业冲刺的目标，潞安职业技术学院以科学的发展观统领学院的各项工作，在潞安集团的大力支持和帮助下，学院各项工作朝着“高水平、有特色”的职业院校方向持续健康发展。

建校三十年来，学院走过了一条艰辛而辉煌的道路，上世纪八十年代曾被原煤炭部总工尚海涛同志誉为“潞安黄埔”，一批又一批的学子在我校毕业后走向了重要的领导岗位，更多的学子成为潞安集团建设“国际化潞安”的精英，为潞安乃至国家煤炭事业的发展做出了突出的贡献。多次受到潞安集团、山西省、中国成人教育协会、中国煤炭教育协会、国家安监总局的表彰。

2010年，在迎接全国高职院校人才评估中，我院以优异成绩一次性顺利通过国家的评估验收。

潞安集团的强大实力，是我们坚强的后盾；打造高职精品教育，是我们孜孜以求的方向；培养专业技能人才，是我们矢志不渝的目的；创办一流培训中心是我们对中国潞安的回报。

利用外国先进技术
培养煤炭事业现
代化人才
★原山西省委书记胡富国为学院题词

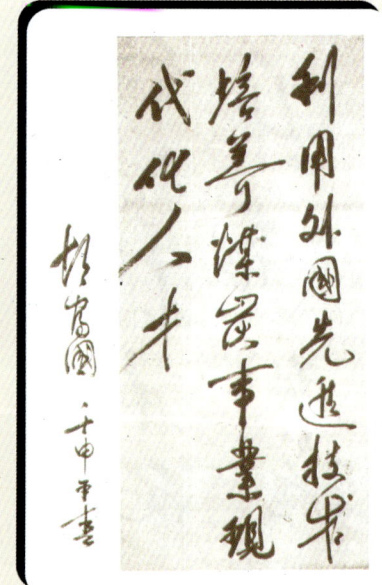

董事长　高峰

院长　郑定豪

校园一角

信阳师范学院华锐学院是经国家教育部批准设立的一所全日制本科师范类独立院校。学院坐落在景色秀丽的全国十佳宜居城市信阳，西邻"长淮明珠"南湾湖，南望"云中公园"鸡公山，校园内山清水秀，花木交荫，绿围翠绕，景色宜人；学院毗邻信阳师范学院，可以共享优质的教育资源与浓厚的校园文化氛围，是青年学子接受高等教育的理想学校。

学院占地面积900余亩，建筑面积达23万平方米。学院投资兴建了多媒体教室、微格教室、各类实验室、网络机房、高速宽带局域网、图书馆、体育场等现代教育教学设施及标准化学生公寓、学生食堂等配套生活设施，能很好的满足学生生活、学习的需要。

学院根据国家经济发展需求，结合地方的发展特色设置专业，加强应用型专业建设。开设英语、法学、汉语言文学、对外汉语、文秘教育、历史学、旅游管理、市场营销、社会工作、数学与应用数学、计算机科学与技术、信息管理与信息系统、地理科学、生物技术、电子信息工程、土木工程、物理学、化学、资源环境与城乡规划管理、教育学、学前教育、教育技术学、心理学、音乐学、美术学、艺术设计、体育教育、房地产经营管理、物业管理、广播电视新闻学、日语、经济学32个本科专业，计算机应用技术、会计、英语教育、学前教育、工程造价、装潢艺术设计6个专科专业，涵盖文、理、工、法、教、史、经、管八大学科门类，生源范围包括河南、天津、湖北、江西、江苏、安徽、山东、山西、广东、湖南、海南、内蒙古、新疆、福建14省区。现有在校生9000余名。

学院以学生发展为根本，以学生出路为导向，充分考虑学生就业需求、创业需求和继续深造需求，采取"依据所需、科学分类、因材施教、学以致用、用以见效"的人才培养模式，力促学生成长成才。学院高度重视教学工作，突出教学工作的中心地位，形成了"领导重视教学、制度规范教学、教师热爱教学、经费保障教学、督导促进教学、管理服务教学"的良好局面，拥有副教授以上职称的教师183人。2009年、2010年考研录取均超过12%；2011年考研录取率达到14.11%，在全省同类院校中名列前茅。2009年、2010年河南省农村教师特岗招聘录取率分别达到16.56%、12%；2010年全国英语专业八级考试过关率高达77.55%；普通话测试、计算机等级考试、大学英语四六级考试成绩位居全省独立学院前列。

学生工作是学院的特色工作。20个班级被评为河南省先进班集体；200多名学生分别获得大中华教育基金会助学金，河南省优秀困难大学生、模范干部、三好学生；400余人在全国、全省组织的大学生各类竞赛中获得优异成绩。40余个各具特色的学生社团彰显华锐学子的青春个性，大学生支教服务团、大学生文艺演出团、大学生世博宣传团先后被评为河南省大中专学生志愿者暑期"三下乡"社会实践活动先进团队。2009年学院被授予河南省大中专学生志愿者暑期文化科技卫生"三下乡"社会实践活动先进单位。

在不断探索的办学实践中，华锐学院的办学特色和品牌优势赢得了社会各界的高度赞誉，先后荣获"2010年度河南考生心目中理想的高校"、"2010年度十佳优秀独立学院"和2011年度"河南发展（成长）最快的院校"等荣誉称号。

长风破浪会有时，生机无限向未来。面对高等教育大发展的历史机遇，华锐学院坚持人本关怀，狠抓质量，突出特色，严格管理，正朝着建设"和谐、高效、优质"、省内外有影响有特色的独立学院的目标迈进。

成都理工大学工程技术学院
The Engineering & Technical Of College Of Chengdu University Of Technology

● 赵成荣院长。

强强联合孕育中国一流独立学院

　　成都理工大学工程技术学院是由中国核工业西南物理研究院与成都理工大学在"产、学、研"全面合作的基础上强强联合，于2000年在亚洲最大的受控核聚变实验基地创办的全日制普通高等本科院校（国有、公办）。在2004年教育部专家组对全国独立学院的办学条件和教学质量的全面考察评估中被评为独立学院本科教学水平优秀高校。2006年4月，学院作为四川独立学院的代表接受了教育部专家组对学生管理新规定落实情况的专项检查，专家组一致认为：学院学习贯彻落实教育部学生管理规定的工作扎实，以学生为本，依法治校，严谨治学，科学管理，育人成绩卓著。2004年以来学院先后获得"中国一流高等独立学院"、"全国十大著名独立学院"、"全国独立学院毕业生就业竞争力20强"、"全国教育教学管理示范院校"、"2008年度中国教育十大责任诚信独立学院"、"二十一世纪中国教育改革卓越成就奖"等荣誉称号和奖项，综合实力名列中国百强独立学院第6名。
　　学院位于世界文化与自然双遗产所在地、一代文豪郭沫若的故乡————乐山市，座落于天下名山——峨眉山东麓的青衣江、大渡河、岷江三江汇合处，与举世闻名的乐山大佛隔江相望，包孕于峨眉天下秀色之中。学院占地面积1138亩，建设规划面积1632亩，教学建筑面积46.6万平方米，集历史文化、自然风景为一体，是四川独立学院中唯一获得省级卫生先进单位、绿化模范先进学校、园林式单位的高校，是一所陶冶情操、读书治学的生态型园林式大学。

双重优势厚积薄发　人才荟萃强劲发展

　　学院秉承中国核工业西南物理研究院"修德、博学、笃行、报国"的人才培养理念，移植了成都理工大学"不甘人后，敢为人先"、"穷究于理，成就于工"的大学精神，制定了"高起点，重质量，创特色"的办学方针，经过十多年辛勤实践和升华凝练，把"奋发图强，志比峨眉，循理求真，学竟山河，善学勇行，育才树人"作为全院师生奋斗进取的价值目标和引领办学的文化理念，为学院科学发展提供了丰富的精神动力。
　　目前学院的学科专业已涵盖理、工、经、管、文、艺术6个一级学科，55个专业，实现了规模、结构、质量协调和可持续发展，通过校企联合走"产、学、研"结合的道路，大大提升了专业内涵，丰富了专业特色，精品课程日益增多。同时，学院高度重视和大力开展教学质量工程建设，目前拥有省级特色专业2个、省级实验教学示范中心2个、省级教改项目5项、省级精品课程5项、校级精品课程30项。形成以理工为基础、新型应用型专业为支撑，多学科交叉融合，协调发展的学科专业体系。
　　学院坚定不移地实施人才强校战略，强势提升核心竞争力。分别从中国核工业集团公司、清华大学、北京大学、四川大学、重庆大学、成都理工大学等科研院所和著名高校聘请了一批富有教学、科研经验和成果丰硕的专家、教授为学科带头人，近几年又先后引进硕士、博士生603人作为师资队伍的中坚骨干，目前我院副教授以上高级职称及博士、硕士学历教师已占教师总数的87.3%。形成了一支老中青结合，结构优良，业务精湛，师德高尚，稳定雄健的教学队伍。

● 学院教师在教学。

● 成都理工大学工程技术学院毕业生专场招聘会。

科研出成果　论文誉内外　创新促发展

　　为了全面提高教师队伍的综合素质，培养学术和科研能力，学院2006年申报国防军事科研课题获得批准，2008年完成国防军事科研课题任务，受到验收组专家的高度评价，为我国独立学院进入国防科研工作开创了一条新路。在中国核工业西南物理研究院的大力支持下，学院教师积极参加国际最前沿重大科研"国际受控热核聚变堆ITER"的相关研发工作，借鉴平台，提升科研创新能力。为加快服务地方经济建设步伐，学院成立了"物联网应用技术研究所"和"核技术与高新技术研究所"。与地方大中型企业成功对接项目20余项，取得良好社会经济效果。此外，我院教师还承担了国防科技工业局、中核集团公司、省教育厅等各类纵横向科研项目50余项。学院设立科研发展基金项目40余项。曾先后获得"国防科技工业管理创新"二等奖1项，省部级科技进步三等奖2项，国家发明专利2项；在国家核心期刊上发表论文400余篇，其中，收入EI的42篇，收入SCI的35篇，培育和形成了教研创新和科技创新团队。

招生就业进出两旺　社会满意持续走强

　　学院在校生达16000余人，面向全国27个省（直辖市、自治区）招生，已为社会培养毕业生20000余人。学院高度重视毕业生就业工作，坚持实施就业工作"一把手工程"，持续加大就业经费投入，确保毕业生能就业、就好业。从大一学生开始即开展就业咨询和职业生涯指导教育，为其未来就业进行正确、积极的引导；在中国核工业西南物理研究院国家实验室等大中型企业建立就业实习基地；还在珠江三角洲、长江三角洲建立实习及就业办事处，利用中国核工业平台向核电站及核工业系统输送大量的优秀人才；有针对性的举办大、中、小型的供需见面会以及多渠道搭建就业平台、设立企业奖学金、拓宽毕业生的就业途径等多种就业措施，极大地提高了毕业生的就业率。学院毕业生就业率连续几年达到91.7%以上，部分专业达到100%，毕业生倍受用人单位的欢迎和好评，形成了"进口旺，出口畅"的强劲发展态势。学院先后被评为"全国独立学院毕业生就业竞争力20强"、"四川省高等院校就业工作先进单位"，并被四川省人事厅命名为"西部大开发人才培养基地"。

走进理工，走向成功！

中国地质大学长城学院
CHINA UNIVERSITY OF GEOSCIENCES GREAT WALL COLLEGE

学校简介

中国地质大学长城学院是经国家教育部批准成立，由中国地质大学(北京)与保定贺阳教育投资有限公司合作，按新机制、新模式举办的独立学院，办学层次为全日制普通本科。学院按国家普通高等学校招生计划，面向全国招生，目前在校生逾一万三千人。

中国地质大学长城学院地处我国历史文化名城——保定市，保定素有北京南大门之称，首都护城河之誉，区位优势得天独厚，交通十分便利。学院具有独立的校园，具有齐全的教学基础设施、文化体育设施和学生综合服务设施，其中，图书馆藏书50余万册，与母校数字图书资源实现了资源共享，为学生的学习和生活提供了便利。中国地质大学(北京)是教育部直属全国重点多科性大学，是首批设立研究生院和进入"211工程"建设的高校之一。中国地质大学(北京)被称为地学人才的摇篮，近六十年来，为国家培养了大批地学及其他学科的优秀人才。

长城学院以中国地质大学（北京）的智力和人才资源优势为依托，由中国地质大学（北京）负责教学管理，择优选派及聘用专兼职结合的品德高尚、业务精湛、具有较高素质的教师和管理人员，教学质量得到保证。学院广泛借鉴国内外先进的办学理念，立足河北、面向全国，是一所以地质类为特色，工科为主体，理、工、文、管、经等多学科协调发展的教学型大学。

学院采取"3+1"和"1+1+N"的人才培养模式，以社会经济发展以及人力资源市场需求设置专业，根据独立学院特色及学生特点制定人才培养方案，目前建有地球科学与资源系、工程技术系、信息工程系、管理科学与工程系、经济系、外语系等六系，开设地质学、宝石及材料工艺学、工程管理等24个本科专业。学院以教育质量为核心，致力于培养"品德优良、基础扎实、知识匹配、能力突出"，具有市场竞争能力的应用型、复合型、创新型人才。

学院坚持开放办学，注重学生专业素质和创新能力提升，目前已建立多家教学实习及就业实习基地，学院毕业生以作风朴实、专业过硬、态度积极、勇于创新的显著特点广受用人单位好评，毕业生初次就业率连续两年达到83%以上，180余名学生升入中国地质大学等全国重点大学攻读硕士学位研究生。

按教育部政策和我院规定，学生学业期满，符合毕业条件者颁发中国地质大学长城学院普通本科毕业证书；符合学位授予条件者授予中国地质大学长城学院学士学位。学生按国家规定可享受国家奖学金、国家励志奖学金和国家助学金及校奖学金。

中国地质大学长城学院全面贯彻党的教育方针，继承和发扬中国地质大学（北京）"艰苦朴素、求真务实"的优良校风，在科学发展观的指导下，以教育教学为中心，按照规模、结构、质量、效益协调发展的原则，不断优化办学过程，提高培养质量，努力建设一所定位明确、结构合理、特色鲜明、国内知名的独立学院。

电话：0312-2165166　010-82323760
传真：0312-2143166
地址：河北省保定市南二环路1689号
邮编：071000
E-mail：ccxyzb@cuggw.edu.cn

网　址：www.cuggw.com　　www.cuggw.edu.cn

欢迎广大考生报考中国地质大学长城学院

西南财经大学天府学院
TIANFU COLLEGE OF SWUFE

院校风采

　　西南财经大学天府学院是经教育部(教发函[2006]81号)批准,将西南财经大学三大校区(光华校区、柳林校区、涪江校区)之一的涪江校区进行整体置换,并完整继承了原西南财经大学电子商务学院的全部师资和管理队伍、办学理念、图书资料、教学仪器设备、校园建筑及生活设施等而设立的独立学院。2010年,我院荣获由四川省教育厅颁发的"2010年普通高等学校毕业生就业工作优秀本科院校"称号,并在2010年二十一世纪中国教育年度总评榜中,荣获"21世纪中国教育改革创新示范院校",2011年荣获"亚太十大教育创新示范基地"称号。经四川省教育考试院(川教考院【2012】22号)批准,自2012年起,我院本科在四川省本科第二批次录取。

　　学院现有两大校区:绵阳校区和成都校区。绵阳校区坐落在中国科技城,四川省第二大城市——绵阳市,距省会成都市仅1.5小时车程;成都校区位于成都市东三环路二段龙潭总部经济城内。学院占地面积共计1100余亩,现有本专科在校生15877名。

　　学院充分依托西南财经大学60年的优良教育品牌,秉承高规格、高起点的办学理念,以"一个头脑(创新思维),两个工具(英语和信息技术)"为培养目标;率先实现教育模式国际化、教学手段电子化、教学语言双语(汉语、英语)化。经过多年的教学经验积淀,学院的《管理学/ Foundations of Management》双语课程被教育部、财政部批准为全国首批双语教学示范课程。我院的英国国家高等教育文凭出国留学项目中心被评为国内首个A级中心。同时,我院与美国的密苏里大学、密苏里科技大学、东新墨西哥大学、英国的牛津布鲁克斯大学、利兹大学、普利茅斯大学、瑞士洛桑酒店管理大学、海牙大学等美国、欧洲、澳洲的著名学府建立了长期合作关系,部分课程教学计划参照国外合作院校相关专业的标准制定。我院本科毕业生可直接攻读国外大学研究生,专科毕业生可直接攻读国外大学本科等。

　　学院现有专任教师982名,具有硕士以上学位教师698名,外籍教师30名。课堂教学采取互动式教学、多媒体教学、实践操作等多种手段,着力培养学生的实际动手能力和创新能力。学院注重理论联系实际,并加强与美国甲骨文公司、世界上最大的第三方物流公司马士基物流等世界500强企业合作,建立了Oracle电子商务应用系统、IBM电子商务系统、金蝶K3系统,以及设立了全国独立学院中唯一的由中国物流条码推进工程办公室、中国物品编码中心授予的条码实验室等电子商务应用实验室,并将这些应用系统融入课堂教学中,使学生在校园内就能直接使用国际水准的电子商务平台。学院还与中国银行四川省分行、交通银行四川省分行、兴业银行成都分行、海南兰海集团、四川维奥集团、四川长虹、绵阳九洲集团、广东中远航运集团等优势企业合作,建立了长期的学生实习就业基地。此外,学院还建立了电子商务模拟环境、电子政务模拟环境、商业银行模拟环境、电子税务模拟环境、情景管理模拟环境等,为培养创新型实用型人才奠定了坚实的物质基础,创造了优良的育人条件。

　　学院在校园内大力营造"小社会、大课堂"的育人环境,提倡赏识教育和"关爱心灵、砺炼心志"的积极人生心态,广泛开展大学生职业生涯规划等一系列综合素质拓展活动。通过职业能力、兴趣爱好等方面的测评,帮助学生发现自身优势和特长,为学生的专业选择和未来发展方向提供科学依据和参考。通过个人发展咨询中的一对一咨询、团体咨询、同辈咨询,以及心理讲座、工作坊等形式,引导学生了解自我,开发自身潜能,为学生进入社会、适应社会做好准备。同时,通过实施双导师制和学长制建立良好的师生及同辈沟通关系,帮助学生适应大学环境,提升综合素质,落实职业规划,取得了良好效果。

　　学院拥有现代化的教学、科研、体育运动和后勤生活设施,教学场地充足,设施先进齐全,学生住宿条件优良。全院建有各类现代化多媒体教室上百间,座位15000余个;图书馆馆藏各类图书126万余册,各类杂志数百种;实验大楼教学仪器设备完善,设备先进,可满足18000余名学生的上机实习和实验教学要求;主干千兆的校园网络延伸到了每个教室、每间学生宿舍和实验室的每个桌面,共计有18850余个信息点,网上教学、科研资源丰富;各类体育设施、设备完善,建有标准人工草坪足球场、塑胶跑道田径场、标准塑胶篮球场、标准塑胶排球场、标准塑胶网球场以及标准游泳池等运动设施。

　　学院遵循西南财经大学"严谨、勤俭、求实、开拓"的校训,坚持以财经、信息为主线,交叉学科为特色,多学科协调发展的专业设置思路,高度重视教育观念和教学方法的更新,大力推进课程及课程体系国际化进程,利用新的机制和模式与国外大学开展多层次联合办学,培养具有国际竞争力的创新型实用型人才。学院坚持人才强院、学术兴院,立足西部,面向全国,努力将西南财经大学天府学院建设成为全国一流的本科学院。

电子科技大学成都学院
ChengDu College Of University Of Electronic Science And Technology Of China

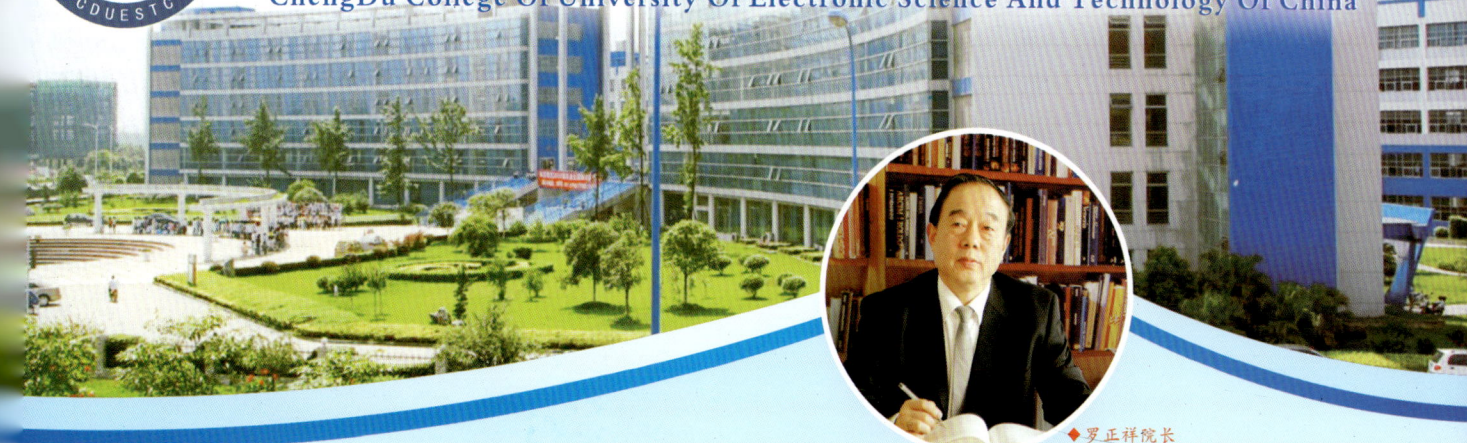

◆ 罗正祥院长

电子科技大学成都学院是国家教育部批准成立的独立学院（教发函[2004]21号），是由电子科技大学与成都国腾实业集团合作创办，是采用新模式新机制举办的以本科层次为主的普通高等学校。

学院创建于2001年，坐落在享有"天府之国"美誉的成都，位于国家级高新技术产业开发区——成都市高新西区，现有本、专科学生16000余名，占地700亩，规划面积1500亩。学院现设有系（分院）8个，本、专科专业37个，是国家国际软件人才培训基地、国家软件产业基地人才培训中心。

学院秉承"厚德笃学、求实创新"的院训精神，坚持"一个宗旨，三类专业，三个面向"的办学理念，即：坚持"以学生为本，以学院发展为重"的办学宗旨；坚持在传承电子科技大学电子信息人才培养优势的基础上，办好传统优势类专业、特色类专业和服务地方经济发展的三类专业；坚持在办学过程中实施"面向行业，面向就业，面向市场"。

学院不断推进教育创新和管理创新，实施培养目标多元化，培养模式多样化，全力培养有系统理论基础和工程实践能力，具备可持续发展潜力和创新精神的应用型科技人才和技术领军型应用人才，把立足成都、辐射西部，建设有特色的国内一流独立学院作为发展目标，走出了一条"以电子信息技术为核心，工、管、经、文和艺术类多科性协调发展"的办学之路。

学院始终把增强内涵建设、提高人才培养质量放在第一位，在办学中全面落实教学质量工程，全面开展专业建设、课程建设、实验室建设、名师工程及教学科研和改革，取得了十分显著的内涵建设成绩。学院现有四川省省级特色专业1个，校企合作专业16个，四川省省级精品课程5门，并获得四川省教学成果二等奖1项；全院教师参编各类教材教辅42部，其中国家"十一五"规划教材10部，信息类规划教材3部，高等教育出版社规划教材5部；有"中央高校基本科研"立项项目2个，国家青年基金项目4个，国家级教改项目1项、省级3项。经过十年建设，学院构建并形成了8个实验教学中心，共54类102间实验室，其中四川省省级实验教学示范中心建设项目2个，实验室总面积达到11546平方米，形成了具有我院特色的实验教学"三级结构"，为我院培养应用型人才提供了强有力的保障。

学院坚持"以学生为本，以学院发展为重"的办学宗旨，坚持"教书育人，管理育人，服务育人"的育人理念，坚持以服务"学生成长成才"为目标，在学生工作中全面推进"三个中心"（学生文化艺术中心、科技创新中心和创业中心）建设，大力营造"勤学、乐学、自律、诚信"的良好学风和积极、健康向上的校园文化，不断丰富"3+x"人才培养模式，全面促进学生能力和综合素质培养。近几年来，我院学子获得了全国大学生电子设计竞赛全国一等奖，多次获得微软"校园之星"大赛全国总决赛亚军，先后有多人次在美国国际大学生数学建模竞赛、全国大学生数学建模竞赛、全国大学生英语竞赛等各类国际国内重大比赛中获得一等奖和二等奖。

学院广泛开展合作办学，大力推进对外交流，与微软、IBM、华为、长虹、阿里巴巴、四川航空集团等国内外企业135家建立了友好合作关系，校企共建学生实习基地28个；与英国剑桥大学、东安格利亚大学，比利时鲁汶联合工程学院，德国德累斯顿工业大学，香港城市大学，澳大利亚拉筹伯大学，新西兰国立工学院等15所国外院校建立了稳定的交流与合作关系。近年来，学院共有120余名师生前往国外、境外学习交流，100余名国外专家、学者、学生来我院讲学、交流和访问。

办学以来，学院取得了显著的成绩和良好的办学效果，办学质量广受赞誉，学院先后荣获"四川省人才开发先进单位"、"全国教育系统先进集体"、"全国先进独立学院"、"中国民办高等教育优秀院校"、"四川省大学生思想政治教育先进集体"等多种荣誉。

内涵建设上水平 科学发展创一流。目前，发展中的电子科技大学成都学院不负众望，正向着创建有特色的国内一流独立学院的目标不断迈进。

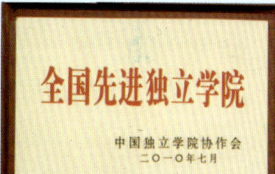

◆ 全国先进独立学院

◆ 中国民办高等教育优秀院校

◆ 全国教育系统先进集体

◆ 四川省大学生思想政治教育先进集体

成都纺织高等专科学校
CHENGDU TEXTILE COLLEGE

四川省人民政府副省长黄彦蓉、省教育厅厅长涂文涛莅临学校 　　师生共庆祖国60华诞 　　校园风采

院校风采

党委书记　王允昌

校长　尹析明

成都纺织高等专科学校是四川省政府举办的全日制普通高等学校，直属于四川省教育厅，是中国西南地区唯一一所独立建制的纺织类高等专科学校。学校地处四川省成都市，交通便利，占地616.12亩，现在校生近万人。

成都纺织高等专科学校前身为创立于1939年的国立中央技艺专科学校。七十多年来，学校的发展始终与国家和民族的命运紧密相连；改革开放以来学校紧紧抓住我国经济社会和高等教育快速发展的历史机遇，深化改革、锐意进取、科学发展，办学条件不断改善，办学水平不断提高、为区域经济和我国纺织产业的发展做出了重要贡献。学校于2010年列为国家首批骨干高职院校建设单位、四川省示范高职院校建设单位。

学校秉承"服务纺织、服务社会，服务学生、服务人民"的办学理念，以"办好人民满意教育"为宗旨，艰苦奋斗，薪火相传，形成了"敬业奉献、民主和谐、自强不息、追求卓越"的学校精神、"德修于正、学究于行"的校训和"团结、勤奋、求实、创造"的校风。

学校现有教职工588人，其中教授30名，美籍华人教授1名，副教授、高级工程师、高级实验师130名，讲师、工程师、实验师253名；国务院津贴获得者2名、全国优秀教师2名、省级教学名师3名、四川省有突出贡献的优秀专家3名、省级劳动模范1名、省级师德标兵2名、省级教学团队4个。学校还特聘7名外籍教授、21名国内专家为学校客座教授。中国科学院学部主席团成员、中科院院士刘盛纲教授担任了我校客座教授、科学委员会名誉主任、太赫兹纺织研究中心科学顾问。近五年来，教师承担省部级以上科研项目58项，获省部级科技成果奖9项，获省级教学成果奖7项，获教育部高专英语教学优秀集体三等奖1项，3本教材获中国纺织工业协会"十五"部委优秀教材奖，数十项研究发明获国家专利。

学校坚持以社会对人才的需求为导向，适时调整专业结构，不断加强专业课程建设。现有纺织工程与材料科学系、染化与环境工程系、服装艺术与工程系、电子信息与电气工程系、机械工程与自动化系、建筑工程系、经贸与管理系、外语系、艺术系等9个教学系和基础教学部、思想政治理论课教学部、体育工作部等3个教学部。形成了以纺织、服装、染化为龙头，以机械、电气、电子信息、建筑为骨干，艺术、经贸、管理和外语并举的专业格局，现已成为一所应用型多科性高等学校。学校现有国家级精品课程1门、国家级试点专业3个、省级试点专业3个、省级精品专业3个、省级精品课程18门。

学校坚持育人为本、德育为先，全面推进素质教育，不断深化教育教学改革，深入推进"四据四定、工学结合"的教改思路，教育教学质量不断提高，学生普遍具备较强的社会适应性和实践动手能力，受到社会的广泛好评。近年来，学生在省级以上各类竞赛中获国家级奖90余项、省级奖160余项。服装专业学生曾白子在"益鑫泰杯"第五届中国时装设计大赛中荣获一等奖；在第三届全国高职高专纺织服装类技能大赛中，服装系6名参赛同学分别荣获一金、一银、两铜及两个优秀奖。在第四届"艾民儿杯"国际青年女鞋设计师大赛中荣获团体设计一等奖。在第16届真维斯杯休闲装设计大赛中，学生王米佳荣获西部赛区冠军。电气系学生荣获全国电子竞赛国家二等奖2项，全国软件专业人才设计与开发大赛选拔赛省三等奖1项及C语言程序设计大赛省三等奖1项。电子商务专业学生何欣在中国首届电子商务大赛中夺取国家级银奖。服装专业学生曹于亚被评为"全国孝老爱亲道德模范"，并当选为团中央第十六届中央委员会委员。2005年以来，我校学生在全国大学生数学建模竞赛中荣获全国二等奖4项、四川省一等奖4项、四川省二等奖8项、四川省三等奖7项。我校十分重视对学生的知识能力和职业技能培养，积极组织开展各项课外科技活动，使学生的素质和能力不断提高。

学校毕业生连续16年保持一次性就业率在90%以上。学校连续6年被四川省教育厅评为"普通高等学校毕业生就业工作先进集体"。在2010年全省普通高校毕业生就业工作考核评估中学校获得优秀。学校发挥智力、科研优势，积极主动服务于区域经济社会发展，校企合作、校地合作向纵深发展，服务社会的能力不断增强。近年来，先后成立了太赫兹纺织研究中心、染整技术研究所、蜀锦蜀绣研究中心、生态染整研究中心、成都软件测试中心，深入开展高新技术研发和推广，一批科技创新成果已广泛应用于相关领域。学校还与彭州纺织服装园区、乐山土主纺织园区、广东新唐纺织园区等企业和地方政府开展产学研合作和校地共建活动，合作成立技术研发中心、人力培训中心、社会实践基地、校外实训基地等近200个，实现教学与实际需求无缝衔接。

学校国际交流与合作不断加深，与美国田纳西大学、北卡罗来纳州大学、日本桐生高等专科学校、法国亚眠大学和格诺布尔第二大学等建立了长期友好合作关系。学校设立出国培训部，与国外高校开展合作办学，常年开展师生跨国交流学习活动。近年已有60余名师生前往国外、境外学习交流，100余名国外、境外专家、学者、学生来校讲学或访问。2001年，学校被选定为中-意政府合作职业培训项目执行学校，获项目资金320余万欧元。

2006年学校党委被中共四川省委授予"先进基层党组织"称号；2007年学校被省委组织部、省委教育工委授予"四川高校领导班子开展'四好'活动先进单位"称号；2008年学校获"四川省教育系统抗震救灾先进集体"称号；2008年学校被中共四川省委、省委教育工委列为四川省第二批深入学习实践科学发展观活动试点单位，学习实践活动取得丰硕成果。2009年学校作为高职院校代表参加了第十八次全国高校党建会。

沧桑砥砺七十年，科学发展谱华章。目前，成都纺织高等专科学校已进入"十二五"重要发展时期。站在新的历史起点，学校正牢牢抓住灾后重建、扩大内需和西部全面开发开放的重大机遇，结合国家和省关于振兴纺织工业的有关政策，把握机遇、迎接挑战、弘扬传统、开放办学、彰显特色，朝着"打造西部特色高专，争创职教一流水平"的发展目标奋勇向前。

泉州医学高等专科学校

泉州医学高等专科学校座落在著名的侨乡、历史文化名城、中国最佳魅力城市——泉州，是国家示范性建设骨干高职院校、福建省示范性高等职业院校，是福建省医药护理职业教育集团的龙头单位。

她的前身是惠世高级护校，1934年5月由英国教会驻泉代表贾丽德主持创办；1952年12月与晋江医士学校合并组建晋江医士学校；1958年学校升格为泉州大学医学院；1960年调整为泉州医学专科学校；1963年改为晋江地区卫生学校；1986年随地改市又更名为泉州卫生学校；1993年被省政府批准为我省首批省、部级重点中专学校；2000年5月被国家教育部命名为国家级重点中专学校；2004年5月经国家教育部批准升格为泉州医学高等专科学校，属全日制公办医学普通高等学校。

实训中心

学校拥有附属人民医院、晋江市医院、安溪县医院和惠安县医院等4所附属医院，其中附属人民医院设置有800张床位，医疗环境良好，技术力量雄厚，医疗设备先进，服务水平一流，是一所专业较全，集医疗、教学、科研为一体的二级甲等综合性医院。拥有分布在全省各地的教学实习医院、实习药企共165家，形成了完善的实践教学基地网络。护理专业、生物制药技术专业实训基地被确定为中央财政支持国家级实训基地，临床医学专业、生物制药技术专业、口腔医学专业实训基地被确定为福建省级高等职业教育实训基地。

学校建立了5个校院（企）合作理事会，开设校外教学基地5个，实施"1+1+1"人才培养模式，通过入院（企）学习前选拔，毕业时考核录用的合作就业的"订单式"人才培养机制，实现与医院、医药企业资源共享和深度融合，形成人才共育、过程共管、成果共享、责任共担的紧密型合作办学体制机制，学生就业率达98%以上。学校设立护理教育研究室、生物医药研究室、美容整形外科研究室、高等医学职业教育研究室等10个研究室，定期出版《高职医学教育简讯》、《福建医药护理职业教育》等杂志和《福建省医药护理职业教育集团简讯》。学校积极参与医药科研攻关，已获国家省市立项科研项目62个。

临床医学专业新型校院合作人才培养模式高职教学改革综合试验项目、药学专业"校企深度合作、全程职业模拟"工学结合高职教学改革综合试验项目被确定为省级教学改革综合试验项目。有"高等职业学校单独招生"、"校行企深度融合共建生物医药生产性实训基地"、"双师型教师队伍建设"、"校企联合培养医学高技能人才"4个福建省教育改革试点项目。护理专业教学团队被评为福建省优秀教学团队，临床医学专业教学团队被评为国家级教学团队，有福建省高校教学名师3名。同时学校还是福建省护理紧缺人才培养基地、福建省全科医学教育培训基地、福建省乡村医生培训分中心、福建省乡镇卫生院卫生技术人才培训分中心。

校（院）企合作

福建省医药护理职业教育集团成立大会召开，省教育厅、卫生厅领导出席

学校设有临床医学系、护理系、药学系、检验预防系、口腔系、社科公共部、基础医学部、成人教育部、实验实训中心和科研信息中心等10个教学系、部、中心。专业设置有临床医学、临床医学（全科医学）、临床医学（乡村医生方向）、临床医学（精神卫生）、临床医学（妇产科方向）、临床医学（麻醉医学）、中医学、口腔医学、护理、护理（英语护理）、助产、药学、药学（新农村合作医疗方向）、生物制药技术、医药营销、康复治疗技术、公共卫生管理、医学检验技术、医学影像技术、卫生检验与检疫技术、药品质量检测技术等21个专业（含专业方向），面向全国招生，文理兼收，现有在校生8000人。其中护理、临床医学、药学、口腔医学、医学检验技术6个专业被评为福建省高等职业教育精品专业；《人体解剖学》、《病理学》、《病原生物学与免疫学》、《诊断学》、《内科学》、《外科学》、《儿科学》等11门课程被评为福建省高职精品课程。成人教育设置临床医学、中医学、护理、药学、医学检验技术、医学影像技术、公共卫生管理等7个专业，在籍函授学生3200人。学校设立奖勤助贷中心，通过国家奖学金、励志奖学金、校奖学金、政府助学金、勤工俭学奖，年平均奖励资助学生金额达400万元。

 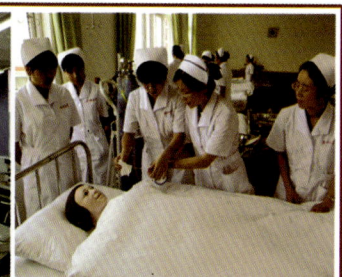

实践操作

学校成立21个党支部，包括学生支部3个，扎实开展创建学习型党组织活动，以优良的党风引领校风，以优良的师德形成教风，以优良的教风促进学风，发展学生党员500多人，基层党组织不断健全。学校先后荣获福建省第八、九、十届文明学校、泉州市第七、八届文明学校、泉州市园林式学校等称号。

学校坚持"质量立校、人才强校、特色兴校、科研优校"的办学理念，秉承"精诚惠世"的校训和"文明、勤奋、求实、创新"的校风，为社会输送了30000多名大、中专实用型各类专业卫生技术人才。毕业生遍布全省各级医疗卫生机构，许多毕业生旅居港澳台、东南亚，不少人已成为所在单位的医疗骨干和管理骨干，为福建省和本区域社会经济与发展，特别是医药卫生事业发展作出了重要的贡献。

江西中医药高等专科学校
JianXi College of Traditional Chinese Medicine

抚州市委书记龚建华、市长张和平视察学校

团结奋进的校领导班子

新校区学生公寓

江西中医药高等专科学校创建于1986年，是全国八所中医药高等专科学校之一，也是国家中医药管理局重点建设的新型特色高等院校。

学校位于抚州市，分2个校区，总占地面积650余亩，校园设施齐全，环境优美，绿树成荫，池榭亭阁风格别致。

学校设有"三系四部"，开设了18个专业（方向），形成了中医医疗、康复保健、药学、护理四大专业群。目前，学校有2个省级人才培养创新实验区、3门省级精品课程、4个省级优秀教学团队、5个省级特色专业。学校有教授29人、副教授43人，"双师型"教师占比达72.5%，有国家级名老中医2人、享受政府特殊津贴专家6人、江西省百千万人才5人、省高校中青年骨干教师12人、省高校教学名师2人；全国五一劳动奖章2人，省五一劳动奖章2人，硕士生导师4名。近年以来，全校教师主持科研课题200余项。学校现有学生近9000人，毕业生一次性就业率达90%以上，连续4年居全省专科学校和医药类院校"双第一"。

近年来，学校坚持以办人民满意的教育为宗旨，努力为地方经济社会发展和行业发展服务，紧紧抓住招生、教学、就业三个环节，建好干部队伍、师资队伍、学工队伍、社团队伍四支队伍，推进教学、教师、教风、教改、教材"五教工程"，办学质量、办学实力明显提升。学校先后获得"全国卫生文明建设先进集体"、"全国卫生系统先进集体"、"江西省文明单位"、"江西省安全文明校园"、"江西省园林化单位"、"全省教育系统'规范管理年'活动先进集体"、"全省教育系统'创新发展年'活动先进集体"和"江西省高等学校节约型校园建设先进单位"、"江西省高校安全稳定先进单位"、"江西省依法治校示范校"、"江西省2007-2009年度普通高校毕业生就业工作评估优秀单位"、"抚州市文明单位"等荣誉称号。

当前，学校正围绕建万人大学的近期目标、建全新校园的中期目标、升格本科的长远目标，努力把学校建设成为"省内有优势、国内有影响、办学有特色、学生有作为"的示范性中医药高等学校。

上海新侨职业技术学院
SHANGHAI XIAOQIAO COLLEGE

上海新侨职业技术学院创建于1993年，批准1999年，是上海市首批由国家教育部批准的独立设置、面向全国招生的民办高职院校之一，也是上海市首批依法自主招生的高校之一。学院由上海海外联谊会、上海市海外交流协会、上海市归国华侨联合会、上海中华职教社、上海市工商联和民建上海市委同举办。资产性质为社会公益资产。学院曾2次被评为上海市级"文明单位"；2006年荣获"上海市职教先进单位"称号。

学院在上海市嘉定区、徐汇区、青浦区设有3个校区，现设7系（部），23个专业，具有完善的教学设施和规范的管理机制。拥有一批由资深的教授、副教授组成的优秀专兼职师资队伍，专任教师134人，兼任教师233人，专任教师中高级职称占24%以上，双师素质教师占专业课教师20%。学院共招收学生18810名，目前在校高职生4773名。

准确的办学定位和现代办学理念。学院坚持"以服务为宗旨，以就业为导向，以市场为目标，培养适应社会需要的高等技术应用性人才"的办学定位，提出了"以人为本，服务为重，特色为求，质量为基"的办学目标。确定了"办学特色鲜明，市场对接紧密，教学质量领先，校园环境和美"的办学理念，形成了以工科为主，文科并举适应于先进制造业和现代服务业发展的专业结构。

注重实践能力和突出学生技能培养的鲜明特色。学院建立了50余个稳定的校外实训基地、7个具有良好设施和"仿真"职业氛围的校内实训基地和56个实验、实习、实训基地。以培养学生的学业与未来工作岗位的"无缝对接"。学院主动适应社会对先进制造业和现代服务业人才的需求，重点建设以机电、数控、汽车、微电子、珠宝首饰设计与制作等先进制造业为主的特色专业。

教育教学成果丰硕。历年来，我校学生参加各项赛事获奖数居同类院校之首。此外，学院教师先后获得过上海市"精品课程"3门、上海普通高校优秀教材二等奖、国家教师科研专项基金"十一五"规划重点课题项目二等奖等各类奖项。

毕业生就业率多年来一直保持较高水平。平均达到95%以上，重视就业指导工作，发挥学院优势，帮助学生理性规划未来，把握就业机遇。学院的就业指导理念和成效，上海市教育主管部门曾专刊作过介绍。2010年毕业学生就业率达98%。2011年毕业生就业工作专门召开推进会，并举办了多场大学生创业竞赛活动。我院学生在大学生创业竞赛活动中成绩优异，在"第二届全国大学生职业生涯规划大赛"获上海赛区一等奖；"上海市首届高职高专院校大学生创业大赛"获创业团队赛一等奖。

广西广播电视大学
GUANGXI RADIO&TV UNIVERSITY

广西广播电视大学（以下简称广西电大）创办于1979年1月，是由广西壮族自治区人民政府举办，运用广播、电视、网络等信息技术从事现代远程开放教育的高等学校。广西电大总校坐落在南宁市的东宝路1-1号。现任党委书记崔践，校长毛汉领。

广西电大建校三十年来，主动适应当地经济建设和社会发展的需要，创新办学模式，努力为社会成员提供高等教育和终身学习的机会，累计培养本、专科毕业生30万余人，举办各种各类岗位培训和继续教育40多万人次，培养了大批"用得上，留得住"的高素质应用型人才。"十一五"期间，我校积极实施教育部"一村一名大学生计划"项目，努力开展部队士官远程教育和残疾人远程高等学历教育，为广西经济社会发展做出了积极贡献。

经过30年的艰苦创业，广西电大已经发展成为由广西电大总校为中心、18所市级电大分校为骨干、106个教学点为基础共同组成的广西最大的现代远程开放教育办学系统。现设有文、经、管、法、理、工、农、医等8个学科门类72个专业，教职工1065人，在校生6.9万人，其中本科生1.5万人。学校占地12万平方米，教学行政用房面积7万平方米，学生宿舍面积1万平方米，运动场地1万平方米，绿化用地1万平方米。截止2009年底，教学科研仪器设备总值3955万元，拥有教学用计算机2012台，多媒体教室和语音实验室坐位4355个，馆藏书刊61.6万册，电子图书2159.3GB。学校建有宽带校园网、功能完备的卫星电视、VBI、IP接收系统和双向视频教学系统，拥有应用计算机网络的在线教学平台、教务平台、办公平台和远程教育服务中心，已形成"天网地网融合、三级平台互动"的网上教学、管理和学习支持服务的现代远程开放教育体系，成为广西发展现代远程教育和终身教育的主要基地。

广西中医学院
GUANGXI TRADITIONAL CHINESE MEDICAL UNIVERSITY

广西中医学院创建于1956年，经过55年的建设，现已发展成为一所以医药学科为主，拥有医学、理学、工学、管理学等多个学科门类，集教学、科研、医疗和药品生产于一体的高等中医药院校。

学校占地总面积1989.25亩。拥有教职工和医务人员5000多人，各级各类注册学生近2万人。设有19个二级学院、2个教学部和1个独立学院。有27个本科专业及专业方向和13个高职专业及专业方向，有22个二级学科硕士学位授权点，8个博士培养协作点，1个博士后联合培养协作点。学校从1989年开始招收港澳台和外国留学生，是广西开展留学生教育最早的高校之一，至今已为20多个国家和地区培养了大量中医药专业留学生，在海外尤其是东南亚具有较大的影响。拥有8所附属医院（直属医院2所，非直属附属医院6所），1所附设中医学校，1家校办制药厂。

近年来，广西中医学院大力加强校园建设，校容校貌焕然一新。仙葫新校区一期工程于2009年正式投入使用，二期工程也在加速推进，力争2012年投入使用。面对新的机遇和挑战，广西中医学院人正坚持"保持和发扬传统特色，走现代化的道路"的办学理念，充分利用直接面对东盟自由贸易区和中国北部湾经济开发区的地域优势，把学校建成国内外知名、产学研结合突出，具有鲜明中医药特色和壮瑶民族医药特色的现代化中医药大学。

广西中医学院新校区鸟瞰图

厦门医学高等专科学校

厦门医学高等专科学校是经国家教育部批准成立的一所公办普通高等学校，创建于1953年9月。学校由校本部和两所附属医院组成，校本部位于"国际花园城市"——厦门岛内，座落在美丽的环岛路和环岛干道旁，依山面海，环境优美。办学60年来，为国家培养了3万多名医药卫生技术人才，目前开设医学与医学技术类、护理类和药学类等12个专业，在校生近3000人，学生就业率连续多年保持在98%以上。

校本部教职工271人，专任教师143人，其中具有博士、硕士学位教师占59%，教授、副教授占35%，86%的专业课教师为"双师型"。

校本部教学仪器设备总值5000余万元。50间教室全部配有多媒体设备，电脑语音室180座，学生用计算机510台。有校内实验实训中心6个，各专业均配有较完善的现代化实验实训设施。有校外实训基地68个，其中教学医院7所，实习医院38所，技能实训基地26个。

近年来，学校与菲律宾碧瑶大学、美国托马斯大学和日本福祉大学等建立友好合作关系，开展教学交流、学术交流和文化交流。2008年与嘉南药理科技大学（台湾）开展实质性合作与交流。

惠州经济职业技术学院
Huizhou Economics And Polytechnic College

惠州经济职业技术学院新校区校门

党委书记、院长 陈优生

惠州经济职业技术学院位于惠州市惠城区新乐教育园区，是2004年3月经广东省人民政府批准、教育部备案，由广东省教育厅主管的全日制民办高职院校。

学院现有校园占地面积62.02万㎡，校舍建筑面积22.46万㎡，教学仪器设备总值2282万元，馆藏纸质图书30.56万册，电子图书2500GB，用于教学的计算机1063台，多媒体教室和语音室的座位共有6934个，建有覆盖两校区的高速校园网，拥有校内实践基地15个，校外实习实训基地81个。

学院现设有财经系、工商管理系、外语系、计算机系、服装与艺术系、汽车工程系、机电工程系、公共课部、思想政治理论课教学部、继续教育中心等七系二部一中心，开设会计电算化、投资与理财、市场营销、旅游管理、物业管理、国际贸易实务、商务英语、计算机应用技术、动漫设计与制作、数控技术、服装设计、汽车检测与维修技术等17个专业共25个专业方向，全日制在校学生6000余人。教职工551人，专任教师299人，其中高级职称教师70人，硕士及以上学位教师81人。还有校外兼职兼课教师227人。

近年来，学院努力转变思想，加强基本建设、改善办学条件，积极谋划学校未来的发展，以内涵建设为重点，推进教育教学改革，办学条件和内涵建设取得明显成效，学校呈现出团结奋进、积极向上的良好发展态势，被定点为由国家劳动和社会保障部授权的"国家职业技能鉴定站"、"广东省中小企业培训示范基地"和"惠州市高技能人才实训基地"。学院在总结6年来办学经验的基础上，构建起了符合高职教育规律、具有自己特色的"43334"治学方略，2010年被中国教育学会教育管理分会授予"全国创建和谐校园先进单位"荣誉称号。2010年12月，《中国教育报》刊载的《悄然崛起的惠州经济职业技术学院》，被中央党刊和国内众多主流媒体纷纷转载。2010年学院党委被列为惠州市基层组织创建示范单位和广东省基层组织生活创新试点单位。2010年毕业生就业率为98%，居全省同类院校校前列。2010年12月，顺利通过了教育部高等职业院校人才培养工作评估和省教育厅思想政治理论课建设评估。2011年5月，我院大学生创业园被团中央授予"青年就业创业见习基地"的荣誉。

院校风采

图书馆

贵州电子信息职业技术学院
GuiZhou Vocational Technical College Of Electronics Information

贵州电子信息职业技术学院是经贵州省人民政府批准，2000年首批独立设置的省属高等职业技术学院。

学院位于贵州省凯里市华联路1号，占地面积近400亩，建筑面积22万余平方米，图书馆藏书60余万册，现有教职工497名，在校生10000余人。设有机电工程、计算机科学、通信工程、电子工程、管理工程5大类32个专业，以工科为主兼有文、理、经、管等学科。学院办学条件优良，实验实习条件完备，设有国家级计算机等级考试站、贵州省第八十六国家职业技能鉴定所职业技能考试鉴定机构，有校内实训中心4个，校外实训基地68个。2003年，学院在省内第一家通过了国家办学水平评估。2009年，通过了北京中大华远认证中心GB/T19001-2001质量管理体系认证；学院被批准为贵州省首批省级示范性高职院校建设单位。

江泽民、胡启立、韦钰、全国24个省市政协主席等领导同志曾亲临学院视察指导，并对学院办学成果予以了充分肯定，有力地促进了学院的发展。经国家教育部等六部委批准，学院设立了数控加工技术和计算机应用与软件技术国家紧缺人才培养培训基地，原劳动和社会保障部、信息产业部在学院设立了"电子信息产业高技能人才培训基地"。学院先后获得"全国职业教育先进单位"、"全国职业指导工作先进学校"、"贵州省职业教育先进单位"、"贵州省信息产业'十五'先进单位"、"贵州省高等学校优美校园"、"贵州省五好基层党组织"等荣誉称号。

地址：贵州省凯里市华联路1号　邮编：556000　电话：0855-8225460　传真：0855-8270152　网址：http://www.gzeic.cn

学院简介

国际关系学院与共和国同龄,地处风景优美的北京西郊,是属于教育部管理的全国重点院校。她以国际问题研究和外语教学见长,注重培养学生广阔的国际视野、深厚的专业底蕴和扎实的外语基础,重视综合分析、创新思维和实践能力的培养,为政府部门、科研院所、企事业单位、传播媒体等单位培养输送高素质人才。许多毕业生已经成长为蜚声中外的专家学者、业务骨干。

国际关系学院目前有全日制在校生3000余人,教职工350余人。学院设有本科和硕士研究生教育,与中国现代国际关系研究院联合培养国际关系专业博士生。本科教育设有国际政治、国际经济与贸易、英语、日语、法语、传播学、法学、信息管理与信息系统、公共管理、行政管理专业以及国际经济与贸易、政府采购、英语文学、英语翻译、应用日语、应用法语、文化传播、汉语国际传播、信息安全、智能信息处理、国际事务管理、涉外管理等专业方向。研究生教育设有国际关系、国际政治、世界经济、英语、日语、法语、通信与信息系统、应用化学八个学术硕士点,以及翻译硕士和工程硕士两个专业学位点。

国际关系学院重视国际交流与合作,目前与美国、日本、法国、丹麦、巴西、阿根廷等国家的十余所大学建立合作关系,内容包括交换本科和硕士生,接收留学生和外国访问学者在校学习,以及开展国际关系问题合作研究。

国际关系学院一直受到党和国家的高度重视和亲切关怀,周恩来总理曾亲自批准建校并到校视察;陈毅元帅亲笔题写校名;江泽民同志1994年亲笔题词:"努力把国际关系学院办成富有特色的一流大学"。本届中央领导对我校人才培养也提出了具体要求和希望。一代又一代国关人将继续为"要求高,小而精,重素质,求创新"的发展理念充实新的内涵。

浙江同济科技职业学院
ZHEJIANG TONGJI VOCATIONAL COLLEGE OF SCIENCE AND TECHNOLOGY

浙江同济科技职业学院是一所由浙江省水利厅承办的公办全日制高等职业院校。学院是浙江省文明单位,2008年获国家人力资源和社会保障"国家技能人才培育突出贡献奖",2010年通过了教育部人才培养工作评估。

现学院占地面积442亩,校舍建筑面积13.97万平方米;设有水利、建筑、信息、机电、艺术等5系和基础部,开设了18个专业,在校学生近5000人;拥有教学仪器设备3500多万元,馆藏纸质图书25.5万余册,建有12个校内实训基地(包含80个实验实训室)、150余个联系紧密的校外实习基地;现有教师370余人,其中副高级以上技术职务教师100余人,聘用100余名企业管理精英和技术骨干担任兼职教师,建成了一支专兼职相结合的教学团队。

学院设有国家职业技能鉴定所和水利行业特有工种职业技能鉴定站。学院立足浙江,依托水利行业,发挥同济大学的学科优势,以大土木类专业为主体,以建筑艺术、水利水电类专业为特色,培养生产、建设、管理、服务一线需要的高技能人才。

学院十分重视教育教学,坚持以科研促进、带动教学。学院现拥有3个浙江省特色建设专业,2个全国水利示范建设专业,1门国家级精品课程;获浙江省政府教学成果二等奖1项、浙江省高校科研成果奖三等奖1项、浙江省教学团队2个、浙江省精品课程6门、浙江省重点教材11本、中央财政资助的实训基地1个、浙江省示范性实训基地2个;独著或以第一作者公开发表论文185篇,被SCI收录1篇和被EI、ISTP收录8篇。近年来,学生先后在全国大学生数学建模竞赛、全国水利院校学生水利知识竞赛、全国普通高校信息技术创新与实践活动大赛等赛事中屡获佳绩。

江西新闻出版职业技术学院

江西新闻出版职业技术学院是一所经江西省人民政府批准设立、由国家教育部备案的公办性质的全日制普通高校，隶属于江西省新闻出版局（版权局），是国家新闻出版系统精神文明单位，连续三届荣获江西省精神文明单位，国家重点技工学校，全省优秀技工学校，全省教育系统提升质量年活动先进单位。

学院位于江西省省会南昌市，座落在赣水环绕的蒋巷国家生态示范区，占地300余亩，建筑面积10万多平方米，校内有优良的教学活动和生活设施，有高标准的实训设备和配套的其它教学辅助条件。

学院积近30年的办学历史，师资力量雄厚，其中教授、副教授40多人。依托新闻出版行业多年的传承和积淀，形成了工、文、艺相互渗透且有鲜明特色的"印刷工程"、"包装工程与设计"、"出版传播"三大专业群，开设了适应出版、印刷、包装、设计等职业岗位的近20个颇具行业特色的专业方向。学院治学严谨，管理规范，毕业生一直供不应求，深受社会企事业单位的青睐，在江西省和全国有广泛的影响。

学院坚持走"学历教育与非学历教育、全日制职业教育与继续教育、高职高技教育与中职中技教育，本部教育与境内外校企合作"的办学之路，形成了鲜明的办学特色。在合作教育办学中，与武汉大学、华中科技大学、北京印刷学院等开展了继续教育合作；与英国爱丁堡龙比亚大学、日本月冈株式会社、大韩民国国际能力开发交流协会等开展研修生培训合作；与多个国内知名出版、印刷、包装、设计企业合作开设企业冠名班，取得了良好的办学成果和效益。

学院贯彻"以人为本、以能力为本位"的教育、教学思想，以多元智能和职业核心能力理论指导构建人才的人文素质和职业能力，建立学分制、多证制等质量评估体系，积极营造一种蓬勃向上的育人成才氛围。学院设有国家新闻出版总署行业特有工种职业技能鉴定站、省人力资源和社会保障厅职业技能鉴定站、ATA国家计算机高新技术认证考试站、省劳务输出基地等与职业相关的机构，为人才获取相应的职业资格提供了便利条件。

学院坚持"依托行业，突出特色；面向市场，综合办学；培养能力，优质就业；适度规模，创建品牌"的办学思路，伴随着新闻出版这一朝阳产业，立足江西，面向全国，迈向世界，不断地谋求更大的发展。

院校风采 675

海南医学院 HAINAN MEDICAL UNIVERSITY

海南医学院成立于1993年，是海南省惟一的一所省属公办普通高等医学院校。学校前身是由1947年创建的私立海强医事技术学校与私立海南大学医学院于1951年合并而成的海南医学专门学校及建国后续办的海南医学专科学校、海南大学医学部。经过60余年的发展，已形成了普通高等教育、成人教育、职业技术教育、研究生学历教育和医学专业留学生教育并举的办学格局，凝炼出"厚德、严谨、博学、和谐"的校训和"自强不息、团结向上、奋发有为"的校园文化精神。

学校现占地2096亩，设有城西校区、龙华校区和西海岸校区；校本部教职工有869人，其中博士106人、硕士348人、专任教师444人；开设课程700多门；有各类在校生12000多人，留学生100余人；设有临床学院等15个二级教学单位、4家直属和非直属附属医院、80个教学（实习）基地；本科层次开设有医学、理学和管理学3个学科门类、27个专业（含方向），专科层次具备招生资格的专业有21个；拥有国家特色专业建设点2个、国家中医药管理局重点学科1个、国家级教育培训基地1个、全国科普教育基地1个、国家级药物临床试验专科基地7个、国家级实验教学示范中心建设单位1个。直属附属医院是国家人力资源和社会保障部批准的目前全省惟一的博士后科研工作站的医疗机构。生殖医学中心是国内最先开展和通过国家卫生部人类辅助生殖技术准入的机构之一。学校拥有海南省目前规模最大、设备最先进、功能最齐全的图书馆大楼。校园已建成主干双核心万兆环网，双通道连接中国教育与科研计算机网和中国网，实现全校区高带宽无线网覆盖的校园网络。学校主编出版了《亚太热带医药杂志》（英文版）和《海南医学学报》，其中《亚太热带医药杂志》是中国惟一的一本全英文版热带医药国际性刊物，已被美国《科学引文索引》（SCI）等十余种国际重要数据库收录。学校以热带医学和养生保健为办学特色，并在生殖医学、热带医学、热带药学、黎族遗传病、养生保健等领域形成了研究特色。

目前，学校正按照医科大学标准建设，以科学发展为主题，以转型升级为主线，不断加强内涵建设，走以服务和发展养生保健产业为龙头、产学研医一体化的科学发展之路，努力建设成为适应海南国际旅游岛建设需求，具有现代水准而又热带医学、养生保健特色鲜明的医科大学。

校党委书记：廖小平 校长：吕传柱 ●地址：海南省海口市龙华区学院路3号 ●电话：0898-66893398 ●邮编：571199 ●传真：0898-66893761 ●网址：http://www.hainmc.edu.cn

南校区大门

和谐发展中的焦作大学

焦作大学创建于1981年,是一所经国家教育部备案的具有高等学历教育招生资格的综合性公办全日制普通高等专科学校(国标代码:11522,河南省招生代码:6256),坐落在中国优秀山水旅游城市、太极文化圣地——河南省焦作市,她资源雄厚、学科齐全、管理规范、环境幽雅,是大学生成才深造的理想场所。近年来,学校先后荣获河南省文明单位、河南省文明学校、河南省思想政治工作先进单位、河南省大学生就业先进单位、焦作市党委中心组理论学习先进单位等多项荣誉称号。

学校确立了依法治校、以德治校和以情治校相统一的治校方略,坚持以人为本,形成了一整套管理规范,学校管理逐步走上制度化、规范化、科学化轨道,并被省教育厅评为教育管理年先进单位。学校现有省级特色专业建设点建设项目2个,省级精品课程4门,省级思想政治理论课优秀课程1门,省级教学团队建设项目1个,省级高等职业教育实训基地建设项目3个,荣获省级教学成果奖14项。学校现设立职业技能鉴定所(站)、培训考试点11个,开展28个工种(项目)的职业技能培训及鉴定,2010年毕业生职业资格证书获取率达85%以上。2008年,作为河南省试点,接受并通过教育部高校人才培养工作评估。2010年,顺利通过全省高校就业评估、公共艺术教育评估,体育工作评估荣获优秀格次,远程教育学院被中央电大列入全国首批"示范性基层电大"。2010年,学校就业率达到92.24%,第一志愿上线率98%,专升本通过率达到70%,人才培养质量位居全国同类院校前列。学校发展日新月异,达到了千亩校园、万名学生的较大规模,太极拳、四大怀药等项目研发居全国领先水平。面对中原经济区建设对高等应用型人才的需要,学校明确了"十二五"规划目标和战略举措,将坚持"366"的工作思路,把焦作大学的发展推向一个新的高度。

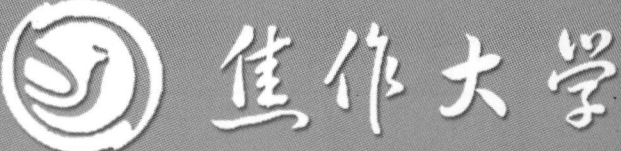

合作办学

学校现有机电工程学院、信息工程学院、土木建筑工程学院、化工与环境工程学院、经济管理学院、人文学院、艺术学院、外国语学院、法律与政治学院、体育学院、会计学院、继续教育学院、远程教育学院、基础教学部等14个教学院部。开设专业有电气自动化技术、应用电子技术、机械制造与自动化、汽车技术服务与营销、计算机辅助设计与制造、模具设计与制造、工业设计、计算机应用技术、计算机信息管理、计算机网络技术、通信技术、软件技术、建筑工程技术、建筑装饰工程技术、建筑工程管理、应用化工技术、工业分析与检验、环境监测与治理技术、商检技术、材料工程技术、生物化工工艺、经济管理、国际经济与贸易、市场营销、会计电算化、电子商务、旅游管理、酒店管理、物业管理、物流管理、文秘、涉外旅游、新闻采编与制作、编导、汉语、行政管理、旅游英语、商务英语、应用英语、法律事务、公共事业管理、人力资源管理、装潢艺术设计、装潢艺术设计(商业美术方向)、电脑艺术设计、影视多媒体技术、室内设计技术、主持与播音、舞蹈表演、音乐表演(声乐方向)、音乐表演(音乐编辑与制作方向)、社会体育、武术、太极拳等54个专业。焦作大学2011年普通专科招生学制三年,学生毕业后颁发经教育部电子注册的专科毕业证书。

语音课

30年的发展历程,30年的辉煌成就。今天,焦作大学已形成全日制普通大专生13000余人的办学规模。学校分南北两个校区,占地面积1140亩,建筑面积41.6万平方米,拥有固定资产3.6亿元、教学仪器9273万元。学校拥有一支高素质的师资队伍,现有教职工990人,专任教师683人,其中教授44人,副教授194人。学校建有设施齐全的教学大楼、实验中心大楼,拥有先进的教学实验室、电教室、语音室、舞蹈练功房、数字网络系统、多媒体教学设备,以及标准体育运动场、太极武术馆等各种运动场馆。图书馆拥有馆藏图书108万余册、各种中外文期刊1265种、电子图书与期刊数据库等数字资源量7000GB,公开发表有《焦作大学学报》和《焦作大学报》。学校拥有电子阅览室,同时可容纳1000多人阅览。近三年,学校在各类学术期刊发表论文1100余篇,主持完成地厅级以上科研项目87项。

多年来,焦作大学一直坚持以育人为根本,以服务为宗旨,以就业为导向,校企合作、工学结合,着力培养高素质应用型专门人才。学校将就业理念融入于学生的平时教学过程之中,注重学生实践操作能力与动手能力的培养,真正做到学以致用。学校注重学生职业能力的培养,实行毕业生双证书制度,要求学生在拿到毕业证的同时,拿到相关专业的职业资格证书。目前,学校建立了11个职业资格鉴定站(所),129个校内外实习实训基地。毕业生具有较高的综合素质,勤奋敬业,踏实肯干,吃苦耐劳,诚实守信,具有扎实的专业理论基础和较强的实践动手能力,具备良好的心理素质、较强的再学习能力和组织协调与沟通能力,倍受企事业单位和三资企业的青睐。建校以来,先后为国家培养输送了5万余名各类毕业生,在社会经济建设中发挥着重要积极作用。

为鼓励品学兼优的考生第一志愿报考焦作大学,学校设立了"优秀新生奖学金",凡第一志愿报考焦作大学的考生,成绩前10名者,学校将减免一年学费。为了激励学生在校期间奋发向上、刻苦学习,德、智、体、美全面发展,设立"国家奖学金",8000元/人;设立"国家励志奖学金",5000元/人;设立"国家助学金",3000元/人;同时学校还设有其他各类奖助学金。家庭经济确有困难的学生可申请助学贷款。对特别困难的学生,学校按要求发放相关生活补助,并提供勤工俭学岗位以改善他们的学习和生活条件。

英语角

院校风采

西安外国语大学
XI`AN INTERNATIONAL STUDIES UNIVERSITY

西安外国语大学创建于1952年，是新中国最早建立的4所外语院校之一，是西北地区唯一一所主要外语语种齐全的普通高校。其前身是西北大学俄语系、兰州大学俄语系、中共西北局党校俄文班合并组建的西北俄文专科学校，1958年更名为西安外国语学院。1979年开始招收研究生，1986年经国务院学位委员会批准成为硕士学位授权单位。2006年经教育部批准，更名为西安外国语大学。2010年经国务院学位委员会和陕西省人民政府批准成为博士学位授予立项建设单位。

学校现有28个院、系、部等教学机构，具有外国语言文学、中国语言文学、工商管理、教育学等4个一级学科硕士点、39个二级学科硕士点；开设41个本科专业，7个辅修专业，覆盖文学、经济学、管理学、法学、教育学、理学、艺术学7个学科门类。

学校现有"欧美文学研究中心"和"外国语言学及应用语言学研究中心"两个陕西（高校）哲学社会科学重点研究基地；有外国语言文学研究所、比较文学与世界文学研究所等25个研究机构。与中国教育国际交流协会合作共建国际教育交流研究中心。

学校定期出版的专业刊物有《外语教学》、《西安外国语大学学报》、《人文地理》等，均在国内外学术界具有一定影响的中国人文社会科学核心期刊。其中，《人文地理》为中国地理学核心期刊；《外语教学》、《人文地理》杂志历年均入选CSSCI来源期刊。

学校与国（境）外138所大学和教育机构建立了友好合作关系。先后被教育部确定为中美富布莱特项目定点院校、接受中国政府奖学金项目来华留学生委托培养单位；与国外4所知名大学联合培养博士，与70余所国（境）外教育机构和知名大学开展了联合培养硕士、学士"双校园"合作项目；开辟了美国、新加坡和英国等海外实习基地。在哈萨克斯坦和阿根廷建立有2所孔子学院。与英国特许公认会计师公会、管理会计师公会合作开办了ACCA教改班、CIMA教改班。韩国文化院、德国歌德学院、美国普城英语集团分别在学校设立了"世宗学堂"、"歌德语言中心"、"秦苏珊英语中心"。

学校现有硕士研究生、本专科生、外国留学生及各类培训学生2.5万余人。学校设立的"奖、贷、助、补、减、免"为一体的帮困助学体系健全。奖学金有：国家奖学金、国家励志奖学金以及校级优秀奖学金。此外，在研究生中设有"优秀生源奖学金"、"优秀研究生奖学金"、"研究生科研奖励基金"、"研究生困难补助"等。助学金有：国家助学金、"红凤工程"、"西部助学工程"以及校内伙食补助等。

学校着力提高人才培养质量，毕业生以"外语功底扎实，交际能力强，综合素质高，适应工作快"而深受用人单位欢迎。本科生就业率连续多年保持在90%以上，研究生就业率超过95%。

学校现有外事服务中心、留学服务中心、西安教育国际旅行社、西安外语音像教材出版社、电脑翻译公司、印刷厂等6个校办产业。

为适应新世纪国家经济社会发展和建设需要，学校始终坚持"立足陕西，服务西北，辐射全国，面向世界"的办学方针，秉承"爱国、勤奋、博学、创新"校训，培养具有国际化视野、跨文化沟通能力和国际竞争力的国际化人才，不断深化教学改革，全面提高教育教学质量，努力增强核心竞争力，沿着建设教学研究型外国语大学而阔步前进！

● 新增博士学位授予单位立项建设中期检查报告会

● 《校园会客厅》走进西安外国语大学

● 第十一届国际认知语言学大会在学校召开

● 学校与法国普罗旺斯大学联合培养博士答辩会

● 校园一角学子林

兰州理工大学

学校前身是始建于1919年的甘肃省立工艺学校，1958年10月1日定名为甘肃工业大学。1965年学校划归第一机械工业部。1998年转制为"中央与地方共建，以地方管理为主"的院校。2003年更名为兰州理工大学。

学校具有较高的学科层次，是我国首批学士、硕士学位授权高校，是甘肃省第一所工学博士学位授权和设置工学博士后科研流动站的高校。现有工学、理学、管理学、经济学、文学、法学、教育学、医学8个学科门类；12个省级重点学科，3个博士后科研流动站，5个一级学科博士点，25个二级学科博士点，15个一级学科硕士点，77个二级学科硕士点，并设有18个工程硕士学位授权领域，拥有工商管理硕士（MBA）和会计硕士（MPACC）专业学位授权点。有53个本科专业。研究生3552人，全日制普通本科生2.2万余人。

省委书记陆浩颁发特殊贡献奖

现有专任教师1425人，其中与中国科学院共享院士1人，国家和省部级专家11人，教育部专业教学指导委员会委员12人，国家级教学团队2个，省级学科带头人95人，甘肃省领军人才36人，甘肃省"555"创新人才27人，甘肃省"333"科技人才23人，省级"教学名师"5人。

学校是国家大学生创新型实验计划高校，教育部本科教学工作水平评估优秀高校，现有1个国家教学示范中心，6个省级教学示范中心，3个省级工科人才培养基地。毕业生就业率连续多年保持在95%以上，被教育部授予"2009年度全国毕业生就业典型经验高校"称号。学校高新技术成果推广中心是首批国家级技术转移示范机构，现设国家重点实验室2个，国家级科技创新平台2个，教育部重点实验室及工程技术研发中心5个，省级研究机构15个。先后与美国、俄罗斯、澳大利亚等国家和地区的60余所大学建立了学术合作和师生互派交流关系；具有留学生招收资格。

学校两个校区占地面积2430亩，校舍建筑面积99.6万平方米，图书馆馆藏纸质文献168.2万册，电子图书10200GB。固定资产13.14亿元，教学科研仪器设备总值2.6亿元。

学校高度重视大学文化建设，大力弘扬以"艰苦奋斗，自强不息，求真务实，开拓创新"为内涵的"红柳精神"。先后获"全国党建和思想政治工作先进高等学校"、"全国精神文明建设先进单位"、"全国文明单位"等称号。

齐齐哈尔大学
Qiqihar University

齐齐哈尔大学具有59年的办学历史，是黑龙江省西部地区唯一一所省属综合性普通高等学校。她坐落在嫩江之滨闻名遐迩的丹顶鹤故乡——黑龙江省齐齐哈尔市劳动湖畔，占地面积125万平方米，建筑面积72万平方米，享有"环湖大学"的美誉。被省委、省政府授予"花园式学校"称号，2007年荣获教育部"高等学校本科教学工作水平评估优秀学校"称号，2008年荣获全省"十佳和谐校园"称号，2009年荣获"全国精神文明建设工作先进单位"称号，是黑龙江省重点建设高校。

近年来，齐齐哈尔大学实现了跨越式发展。学校设有70个本科专业，隶属10个学科门类，其中英语、生物科学、艺术设计、化学工程与工艺等4个专业为教育部特色专业建设点；高分子材料与工程、英语、生物科学、化学工程与工艺、轻化工程、工商管理、应用化学、生物工程、汉语言文学、艺术设计等10个专业为省级重点专业；14个一级学科、80多个二级学科具有硕士学位授予权，其中应用化学、遗传学和分析化学3个学科为省级重点学科；是工程硕士授权单位。亚麻加工技术工程研发中心为教育部工程研究中心，农产品（玉米）加工工程技术研发中心、大豆精深加工研发中心、亚麻加工技术工程研发中心、通用聚合物复合改性工程技术研发中心4个中心为省高校工程技术研发中心；精细化工实验室为黑龙江省重点实验室，精细化工实验室和农产品加工实验室为省高校重点实验室；精细化工培训中心和粮油食品加工技术培训中心为省级振兴东北老工业基地人才培训中心；黑龙江流域科技与社会研究基地为省高校人文社科重点研究基地。学校还拥有3个省级实验教学示范中心和3个省级研究生培养创新示范基地，并在北京设有研发中心。

学校师资力量雄厚、结构合理。学校现有专任教师1427人，具有博士学位的教师102人、硕士学位的教师785人；享受国家级政府特殊津贴专家20人，龙江学者1人，博士生导师5人，硕士生导师168人，省级名师4人，还有外籍教师22人。师资队伍中，教授183人、副教授477人。

学校科学研究工作效果显著。近年来，先后获得11项国家自然基金资助，资助金额428万元，获省部级项目50多项，获得各级各类奖励70多项，取得各类科研成果200多项，其中相当一部分项目得到及时物化，为地方经济建设和社会发展作出了突出贡献。

学校具有先进的教学条件和设施。图书馆藏书240多万册，电子图书44万册，中外数据库43个，电子阅览室6个，社科、外文资料等专门阅览室6个；拥有现代化的语言实验室、网络中控多媒体教室等功能性教室107个，建立了2个远程网络教学主播教室和14个远程网络教室。拥有省内一流的体育馆、体育场、游泳馆和音乐厅。学校定期出版国内外公开发行的学术期刊有《齐齐哈尔大学学报》（哲社版）、（自然科学版）和《高师理科学刊》3种。

学校高度重视国际交流与合作，相继与美国、英国、日本、韩国、俄罗斯、加拿大、乌克兰、爱尔兰等8个国家的31所高校开展了校际往来、学术交流和合作办学，并取得了积极成果。

近60年的办学实践中，齐齐哈尔大学几代人保持和弘扬了学校的办学特色，辛勤耕耘，为国家培养了近15万名各类高素质人才。他们扎根龙江，遍布祖国各地，以安于基层、吃苦耐劳、踏实敬业、会学善用的美誉在工作岗位上广泛受到好评。

齐齐哈尔大学秉承"养正毓德、精存自生"的校训，正在面向未来，抓住机遇，求真务实，开拓进取，为把学校建成省属综合性重点大学而奋斗。

吉林农业大学发展学院
Development College Of Jilin Agricultural University

吉林农业大学发展学院成立于2000年5月，是经国家教育部确认，由省属重点大学吉林农业大学与吉林东华教育集团合作举办的独立学院。校园坐落在风光秀丽的长春市南花园——双阳湖畔。目前在校生10837人。

学校贯彻"精心育人、服务社会"的办学宗旨，恪守"质量立校、人才兴校、特色强校、科学治校"的办学理念。坚持培养高素质应用型人才的目标定位。形成了融理、工、农、医、文、管多学科协调发展的格局。

学校现占地面积59.02万平方米，校舍面积30.63万平方米，教学仪器设备值达5579万元。建有容纳6000多人的体育馆及设施先进的图书馆和各类实验室113个，还设有外语听力电台和数字化校园网络。建有校内两处大型实训、实习基地双阳湖东华庄园、御龙温泉和校外实训、实习基地100多个。

学校拥有优秀的师资队伍，专任教师442人，其中有国务院特殊津贴获得者，博士生导师和硕士生导师。教授副教授占教师总数的55%。青年教师中，具有硕士以上学历的占78%。

学校构建以加强党团组织建设为基础、以开展校园文化活动为载体、以加强学生全面教育管理为保障、以全面增强学生综合素质为目标的学生工作模式。思想政治教育扎实深入，日常管理规范有序，校园文化活动丰富多彩，建立了一支政治坚定、业务精湛、结构合理、纪律严明、战斗力强的学生工作干部队伍。

学校经吉林省人力资源和社会劳动保障厅批准为"职业技能鉴定所"、"国家技能鉴定基地"和"大学生创业培训基地"，并被吉林省旅游局定为"吉林省旅游行业岗位培训定点单位"。近三年通过理财规划师、人力资源管理师、营养师、营销师、涉外秘书、电子商务师、广告设计师等25类职业资格考试，获取资格证书的学生为9000多人次。

学校高度重视就业、创业工作，确保"人员、经费、设施"三到位。学校成立了就业与创业指导教研室、创业教育学院，开设了就业指导和创业指导课。学生在大一上职业生涯规划课，大二接受创业教育通识培训，针对有自主创业愿望学生，可在校再接受免费的SIYB、KAB培训，大三、大四时接受就业技能指导。同时学校不断加大推荐毕业生就业工作力度，就业办常年保持同省内外用人单位联系，相继在北京、上海、大连、杭州、苏州、昆山等地建立了20余个毕业生就业工作站，为毕业生求职提供住宿和岗位信息。为提高学生创业实践能力。学校创建大学生创业园区，免费为学生提供创业实践平台，鼓励和扶持大学生广泛开展各项创业实践活动。2009年6月学校被吉林省人力资源与社会保障厅评为吉林省高校唯一一家创业培训基地。

2003年教育厅确定学校为应用型本科教学改革试点单位。2005年学校被评为省普通高校为振兴吉林老工业基地服务科技工作先进单位。近几年，学校先后在国家及省高教和人社系统介绍教学改革、就业指导和创业教育经验。并荣获省优秀教学成果二等奖2项，2005年，在教育部对全国独立学院评估中，获得最佳评价。2006年至2010年学生管理、共青团工作连续获得省、市"学生工作创新奖"、"先进基层单位"、"优秀学生管理集体"和"先进团委"等光荣称号。2008年12月，通过省教育厅专家组评审，学校获得了学士学位授予单位资格。2009年5月学校被吉林省高等教育学会评为全省高校首家"诚信就业教育示范单位"。2010年4月，我校被吉林省教育厅、省公务员局评为就业管理先进单位。2010年和2011年先后被中国独立学院协作会和中国民办教育协会评为"全国先进独立学院"、"中国民办高等教育优秀院校"。

▲全国先进独立学院

▲中国民办高等教育优秀院校

电话：0431-84266666 84250800　　　传真：0431-84230019　　　邮编：130600
地址：吉林省长春市双阳区东华大街1699号　　　网址：www.jlaudev.com.cn

天津商业大学宝德学院
Tianjin University of Commerce Boustead College

天津商业大学宝德学院是2004年经国家教育部批准，由天津商业大学和天津摩根教育管理咨询有限公司合作举办的本科层次的独立学院，学制四年。学生学习期满成绩合格的颁发本科毕业证书，符合学士学位授予条件的颁发学士学位证书。

学院是以经济学和管理学为主，兼有工学、文学的多科性独立学院。目前，设有国际工商管理系、涉外经济贸易系、外国语言文学系、计算机与信息技术系、艺术设计系，共有工商管理、会计学、市场营销、物流管理、人力资源管理、国际经济与贸易、旅游管理、英语、日语、对外汉语、计算机科学与技术、电子商务、信息管理与信息系统、艺术设计、动画等15个本科专业，已有在校生6000余人。学院面向全国30个省市招生，其中外地生源超过2/3。

学院拥有一支高素质、实力较强的教学、科研、管理队伍，其中具有高级职称的教师约占42%，并且还聘请了多位来自英国、美国、澳大利亚、新加坡、日本等国的优秀外籍专家、教师授课。

学院始终将培养学生就业素质和能力作为教育教学工作的重点，重视实践教学与就业指导工作，为毕业生开辟广泛的就业渠道。本科毕业生就业率一直位居天津市同类高校前列。几十名学生被中国国防科技大学、兰州大学等重点大学录取为硕士研究生。

学院坐落在天津市第三高教区，毗邻滨海高新技术产业园区，在这座现代化、花园式的校园中，拥有综合办公楼、教学楼、实验楼、图书馆、宝德书院、运动场、同心广场、学生公寓及品类齐全的生活服务设施，为学生营造了良好的学习和生活环境。

学院配备先进的教学设备、设施：多媒体教室、高级视听语音室、普通物理实验室、电工电子实验室、计算机硬件实验室、计算机网络实验室、会计实验室、经济管理模拟实验室、画室、三维动画工作室、配有Macpro工作站的影视后期工作室、配有苹果计算机的平面设计工作室及摄影工作室等，为学生营造了一个现代化的学习环境。学院图书馆备有各类中外文书刊资料，馆藏较为丰富，并通过天津商业大学图书馆与天津高校数字图书馆联网，实现了与天津高校图书馆文献资源共享，为学生所学知识的融会贯通、知识面的拓宽、知识结构的完善以及学生综合素质的培养提高创造了良好的条件。学院拥有一支高素质的专职学生工作管理队伍。学生党团组织和学生会组织开展了丰富多彩的课余活动，为学生提供了施展才华的天地。学院严格的教学管理、严谨的教学作风、完善的教学计划和良好的校园文化得到了社会各界的好评。

天津商业大学宝德学院作为天津市实施科教兴国战略，优化教育结构，积极稳步发展高等教育的一项新事业，一如既往地以市场和就业为导向，以学生的成长和成才作为办学工作的出发点和落脚点，更多、更好地培养出适应经济发展需要、经得起社会实践考验的应用型专业人才，办出新体制大学品牌，为高等教育的改革与发展作出应有的贡献。

武汉工程大学邮电与信息工程学院

The College of Post and Telecommunication of WIT

温家宝总理亲切接见学院学子

武汉工程大学邮电与信息工程学院创建于2002年8月，是武汉工程大学按照新机制和新模式举办的以实施全日制普通本科教育为主的独立学院，是国家教育部首批确认具有办学资格的独立学院，是一所以培养化工、材料、通信、电子、经济和管理等学科领域高级应用型专门人才为主的教学型普通高等学校。

学院注册地址为湖北省武汉市虎泉街366号，位于武汉东湖新技术开发区"武汉·中国光谷"的中心，交通便利，环境优雅，风景秀美，文化氛围浓郁，生活设施一应俱全，是莘莘学子学习生活的理想场所。现有在校学生一万余人。

学院2010年大学生思想政治教育研讨会

学院根据经济社会发展对人才的需要和行业特色，结合自身实际，及时调整学科专业设置，不断优化学科专业结构，积极发展社会急需的新学科、新专业，构建符合地方经济建设和社会发展需要的专业结构体系。同时，稳步实施教学质量提高工程，全面推进课程建设工作，不断深化教育教学改革，按照"优势突出、特色鲜明、社会急需"的原则，加强"特色专业"和"品牌专业"建设。学院现设本科专业36个，专科专业12个，涵盖工、理、经、管、文、法等6个学科门类，其中化学工程与工艺、自动化、通信工程三个专业为湖北省独立学院第一批重点培育本科专业，数量为湖北省独立学院中最多的学校之一。通信工程专业入选第二批湖北省普通高等学校战略性新兴(支柱)产业人才培养计划项目名单，《经济法》课程被评为2010年湖北省精品课程。2010年3月，学院作为湖北省第一所独立学院接受了本科专业教学合格评估，并顺利通过。

学院"五月的鲜花"青春歌会

学院高度重视师资队伍建设，聘请多名博士生导师作为学术带头人，并从国内外大学和科研院所中聘请知名学者、专家和教授来校任教。目前，学院拥有一支专兼结合、结构合理的教师队伍，教师人数达460余人。学院重视教师特别是青年教师的培养，施行了青年教师导师制，推行教学工作的老、中、青相结合，充分发挥名师的"传、帮、带"作用，特聘请相关学科40多位高职称教师担任学院青年教师的指导老师，负责指导青年教师的教学、科研等活动。同时，采取同行听课、专家听课、"诊断式"听课、开展青年教师讲课比赛等方式，促进青年教师更快、更好地成长。

学院承办"百企万岗"大学生公益招聘会

学院以培养与用人单位对人才应具备的知识、能力和素质要求相符合的应用型高级工程技术及经营管理人才为目标，坚持"合格+创新"的办学理念，重视学生实践能力和创新能力的培养。为满足各类专业的实践教学需要，学院在充分共享举办高校教学资源的同时，建立了大学物理实验室、电工电子实验室、政治理论课网络实验室等基础实验室，建立了电机与拖动实验室、流量测量实验室、湖北省第一个"移动通信实验室"、国内最先进的3G实验室和40G-SDH设备实验室等专业实验室。同时，不断拓宽校外实习实训基地，加大校企合作力度，除与武汉邮电科学研究院下属的多家公司建成固定对口的实训基地外，还与多家国有大中型国企、外资企业、民营企业等建立了密切的校企合作关系，较好地满足了学生理论联系实际、提高动手能力的要求，并为学生增加就业机会，实现学生实践性环节与就业的无缝对接。

学院承办湖北省独立学院重点培育本科专业评审会

经过近十年的发展，学院办学质量不断提高，取得了喜人的成绩。近三年来，学院学生在全国大学生电子设计竞赛、全国大学生数学建模竞赛、"毕·杯"全国大学生电子创新大赛、湖北省高校大学生化学实验技能竞赛、湖北省外语翻译大赛等竞赛中屡创佳绩，共获国家级奖励50余项，省部级奖励130余项。学院也涌现出一批先进集体和个人，学院团委、学工部被湖北省委高校工委、教育厅授于"湖北省大学生思想政治教育工作先进基层单位"荣誉称号；"破风轮滑社"被湖北团省委、湖北省学联授予2009年湖北省"优秀社团标兵"荣誉称号；2006级土木工程专业陈迪萌同学荣获2008年"中国大学生自强之星"称号；2006级高分子材料专业张璇同学开办的"天翼营业厅"是湖北省首家大学生创业励志电信营业厅；2007级自动化专业王华佗同学入选"2010中国大学生年度人物"前200名等，引起社会的广泛好评。

武汉工程大学邮电与信息工程学院是一所办学特色鲜明、学科结构合理、教学设施完备、校园环境优美、发展愿景美好的普通高等院校。

学院学生在"飞思卡尔"杯智能汽车竞赛中荣获三等奖

学院网址：www.witpt.edu.cn
地址：湖北省武汉市虎泉街366号

E-mail：ydy@mail.wit.edu.cn

邮编：430073

西安工业大学北方信息工程学院
Xi'an Technological University North Institute Of Information Engineering

陕西省作家协会副主席高建群先生来我院做讲座

西安工业大学北方信息工程学院是经教育部2004年5月（教发函【2004】72号）批准设立的本科独立学院，是西安工业大学优质教育资源和西安地区兵工厂、兵工所优质生产、科研资源有机结合的产物，具有学、产、研联合的强大科技实力和培训平台，为西安工业大学北方信息工程学院培养应用型高级技术人才提供了极为有利的条件。

北方信息工程学院现以信息工程科学为主体，设有光电信息系、机电信息系、电子信息系、经济与贸易系、管理信息系、计算机信息与技术系、建筑工程系、艺术设计系、人文社科系及基础部，共9系1部。有涵盖工学、理学、经济学、管理学、文学5个学科门类的28个本科专业。现有全日制在校本科生7900人，累积资产共计4.13亿，其中包括：西安工业大学投入到北方信息工程学院部分无形资产和自有实物资产。教学用房10.4万平方米，教学仪器设备总值4003万元，图书56.78万册。

因材施教 特色办学

作为以工学为主，经管文理多学科协调发展的本科教学型独立学院，学院立足地方经济，面向市场需求，遵循"保证基础、注重实践、强化能力、突出特色"的基本原则，按照教育规律构建了"五模块结构、按学分考核、三学期运行"的人才培养模式和机制。在日常教学中，学院在保证本科理论教学体系的基础上，注重"因材施教"，通过分级教学、技能训练、校企合作、国际交流等多种途径，培养社会需要、企业欢迎、家长满意、学生成才的应用型本科人才。

分级教学：根据学生的基本特点，在大学英语和高等数学中采用分级教学，因材施教，提高了学生的积极性，效果明显
通过四年的实践，基础课程分级教学取得了明显成果。据统计，A级的学生四级通过率达到80%左右，最高成绩达到560分，部分学生还通过了六级考试；高等数学每学期三次阶段性测验；建立"高等数学前百名学习团队"进行单独辅导，开设"高等数学第二课堂"公选课，为学生搭建起不同层次的学习平台。

加强技能培训，提高学生就业竞争力

学院特别重视学生的技能训练和个人特长发展，提倡多证就业，提高就业竞争力。在2007年由教育部举办的第三届全国ITAT教育工程就业技能大赛中，我院获得全国特等奖一名、一等奖一名、二等奖一名，三等奖二名，优秀奖若干名。我院也因此获得"伯乐奖"及"最佳组织奖"两项殊荣。2009年，我院在全国三维设计大赛中，获得陕西省特等奖、全国总决赛二等奖的好成绩；在全国电子设计大赛陕西赛区获两项三等奖的好成绩。

此外，我院是陕西省首批《计算机综合应用能力》考试试点院校。在校生通过学习《计算机文化基础》、《计算机应用基础》，经考试合格后可获得计算机操作员国家职业资格证书或计算机综合应用能力相应等级计算机操作员国家职业资格证书。经过三年的试点，我院学生参加省级《计算机综合应用能力》联考，通过率全省第一。2008、2009、2010年我院连续三年被评为"先进考试站"、"星级考试站"称号，薛虹副院长荣获"优秀组织者"称号。

2010年7月，经过工业和信息化部及陕西省科技厅严格审查，我院最终被认定为"全国工业和信息化人才培养综合服务平台认定测评中心"，这是陕西省第一家测评中心，并具有组织全国信息化应用能力考试的资格，是国家对我院人才培养特色的认可，更是为学生成才提供了良好平台。

推进校企合作，提升学生综合素质

学院2007年与东莞伟易达电子厂合作，拉开了校企合作的序幕。2008-2010年陆续与佛山华国光电、烟台富士康科技集团、苏州工业园等企业合作，实习学生人数也由第一批的33人增加到近2000人。生产性岗位实习增强了学生的自信心，磨练了意志，明确了学习目标，具有良好的纪律性和吃苦耐劳精神，提高了学生的综合素质，就业竞争力明显增强。很多表现优秀的学生已直接被企业录用。

注重国际交流，开拓办学视野

学院重视国际交流合作，开拓国际办学视野，提高学术交流层次。学院同美国"阿肯色州立大学"，"北阿拉巴马州立大学"，英国拉夫堡大学，英国谢菲尔德哈勒姆大学等签署了合作协议；每年定期开展"暑期赴美带薪实习"项目，学生可以感受美国文化，丰富海外实习经历，增加社会阅历，部分实习学生获得美国雇主的嘉奖与肯定。目前已有50余名同学远赴法国巴黎十三大、梅斯大学，蒙彼利埃第一大学，克莱蒙费朗第二大学，尼斯大学以及美国"北阿拉巴马州立大学"、阿肯色州立大学等交流学习。学院计划2011级学生组建"国际专班"，单独制定培养计划，单独配备班主任，进行全程服务和指导。

长春大学旅游学院
THE TOURISM COLLEGE OF CHANGCHUN UNIVERSITY

院校风采

长春大学旅游学院图书馆

长春大学旅游学院教学楼休闲厅

长春大学旅游学院
参加省高校工委组织的勤廉颂活动

长春大学旅游学院，创建于2000年，2004年经教育部确认为独立学院。学习期满成绩合格的，颁发由国家规定的普通高等学校独立学院毕业证书，符合学士学位授予条件的，颁发长春大学旅游学院的学士学位证书。学院系中国旅游协会理事单位和中国旅游教育分会常务理事单位，吉林省旅游局和长春市旅游局行业岗位定点培训单位，吉林省劳动社会保障厅职业技能鉴定中心授权的国家职业技能鉴定基地。

学院现有奢岭、净月两校区，均毗邻国家风景名胜区——长春净月潭国家森林公园，风景优美、环境清雅，交通便利，地理位置十分优越。学院占地面积37.6万平方米，建筑面积15.6万平方米。学院设有旅游、艺术、外语、经管分院等7个教学单位，31个本科专业及专业方向，涵盖管理学、文学、经济学、工学四个学科门类。现有在校生7000余人。

学院始终坚持以学生为本，以教育质量求生存，以办学特色求发展，以就业需求为导向，以严格管理为手段，以学科建设为龙头，以教学改革为核心，以培养德智体美全面发展，宽知识、强能力、高素质、会学习、会创新、会做人的高级应用型人才为目标的办学理念。

学院以工商管理、外国语言文学、艺术学、经济学四个二级类专业为主干学科，以旅游管理为标志性专业，突出为旅游及相关产业培养人才。强化品牌意识，坚持开放办学，密切与行业管理部门、相关企事业单位的联系，在人才培养过程中，坚持外语、计算机四年不断线的同时，不断强化对学生专业技能和实践动手能力的培养和训练。在校内建立了旅游管理、工商管理、艺术设计等综合实训基地和动漫、数码、雕塑等创作室，在校外与四十多个企事业单位共建了实习就业一条龙的实训基地。学院动漫专业实训基地还承担了中央电视台计划播出的大型动漫片《乌龙院》的部分制作任务。

经过近十年的建设和发展，我院的办学质量和办学声誉已得到广大学生、家长和社会的认可。我们将近一步完善办学条件，努力提高教育质量，发展校园文化，锤炼大学精神，诠释大学内涵，全面提升办学实力，把我院打造成一所名牌独立学院。

主校区地址：长春市双阳区奢岭街长春大学旅游学院　　邮编：130607
分校区地址：长春净月经济开发区福祉大路1595号　　邮编：130122
联系电话：（0431）89811111　　传　真：（0431）89811111
网　址：www.cctourcollege.com　　电　邮：lvyouxueyuan@hotmail.com

中山大学新华学院
XINHUA COLLEGE OF SUN YAT SEN UNIVERSITY

中山大学新华学院(院校代码:13902)是中山大学依据教育部教发〔2003〕8号文的精神,与广东东宝集团有限公司按新机制新模式申办、经教育部批准设立的涵盖文、理、医、工、经、管、法的多科性独立学院。学院现有两个校区。广州天河校区位于广州市天河区龙洞华美路,交通快捷方便。该校区规划占地面积385亩,教学设施齐备,与中山大学校园网互联,共享中山大学丰富的教育教学资源。东莞校区位于东莞市麻涌镇,规划占地面积1200亩,另有配套设施占地600亩。该校区与广州市黄浦区一江之隔,交通便利,通讯网络发达,生活设施配套,校区三面环水,自然生态环境优美,离中山大学新华学院广州天河校区约30分钟车程。

学院坚持以经济发展和社会需求为导向,以学生全面发展为目标,以多学科、应用型、教学型、开放性为办学定位,培养实基础、宽口径、重应用、强技能、显个性、以能力见长和具有创新精神与国际视野的复合型、应用型的高素质专业人才;采取启发式、互动式教学等教学模式;推进学分制和主辅修制。在注重学生理论基础培养的同时十分注重实践教学,先后在近50家企业、事业单位、政府机构建立实习基地(主要有医院、法院、药厂、律师事务所、会计师事务所、工业园区及政府机关、社区事业单位等)。

中山大学对新华学院的教学和管理负责,并监控办学质量。学院拥有雄厚的师资力量,师资主要来自:中山大学教师(含在职、退休的教师);向社会招聘的优秀专任教师;聘请其他高校有教学经验的教师和有关行业富有实践经验的高层管理人士、专业技术骨干。学院充分发挥中山大学老领导、专家、学者治校办学的作用,设立院务委员会、教学指导委员会、教学督导组等机构,指导学科建设、专业设置、课程建设和专业骨干的培养,监督检查教学质量。

学院现已连续招收六届学生。在校生近5000人,分属11个系18个专业:国际经济与贸易、统计学、经济学、法学、汉语言文学、英语、艺术设计学、服装设计、电子信息科学与技术、计算机科学与技术、护理学、药学、生物医学工程、工商管理、财务管理、电子商务、市场营销、会计学、行政管理。2011年将增设旅游管理和物流管理、税务三个专业,计划招收新生5000人。已毕业的2009届和2010届学生就业情况良好,2010届毕业生总体就业率为96.65%,其中护理学、行政管理两专业的总体就业率均为100%,药学、工商管理、电子商务、国际经济与贸易、电子信息科学与技术等专业毕业生的总体就业率都在97%以上。

学生修满教学计划所规定的学分,达到毕业要求时,准予毕业并颁发中山大学新华学院的毕业证书;根据2008年教育部颁布的第26号令规定,对符合学士学位授予条件的本科毕业生,授予中山大学新华学院的学士学位并颁发学位证书。

学院立足广东,主要服务于广东和泛珠三角地区经济社会发展,同时面向全国,放眼世界,旨在培养具有创新意识的复合型、应用型专门人才。学院坚持科学发展观,坚持"一校两区,统筹规划,突出重点,共同发展"的方针协调发展,努力构建布局合理、风格独特、设施良好、功能齐全、品位高雅、校园和谐、安全文明的育人环境,力争把学院办成在全国独立学院中有一定知名度、应用型、教学型、开放性、多科性、特点鲜明的全日制普通高等院校。

中山大学校长黄达人为我院毕业生授予学士学位

泸州医学院
Luzhou Medical College

泸州医学院是四川省普通高等院校，坐落在川、渝、滇、黔结合地区的国家历史文化名城、国家卫生城市——泸州市。学校始建于1951年，其前身是西南区川南医士学校，1959年升格为泸州医学专科学校，1978年升格为本科院校并更名为泸州医学院。1982年获得学士学位授予权，1993年成为硕士学位授权单位，2006年通过教育部本科教学工作水平评估并被评为优秀等级。

学校现有忠山和城北两个校区，占地面积1500余亩，建筑面积43万平方米，图书馆藏书180余万册，教学科研仪器设备总值1.22亿元。

学校拥有一支结构合理、素质优良的师资队伍。校本部现有在职教职工1173人，其中专任教师956人，正高职称教师131人，副高职称教师289人，硕士生导师（含校外兼职）399人。有国家"百千万人才工程"第一、二层次人选1人，享受国务院政府特殊津贴专家29人，全国优秀教师3人，四川省有突出贡献的优秀专家17人，省、市、厅级学术技术带头人和后备人选93人，省级教学名师5名。

学校现有17个二级院系，在校全日制本专科学生、研究生、留学生14000余人。设有23个本科专业，涉及医学、理学、文学、管理学、法学、工学、教育学七大学科门类，有3个国家级特色专业，6个省级特色专业，17门省级精品课程，4个省级教学团队，2个省级人才培养模式创新实验区，2个省级实验教学示范中心，2个四川省本科人才培养基地。学校拥有3所直属附属医院和1所中等卫生学校，16所非直属附属医院，另有三级乙等以上临床教学医院46所，以及近医、非医专业实践教学基地23个。近两届获得四川省高等教育教学成果奖13项，其中一等奖2项、二等奖5项、三等奖6项。在2011、2012年的全国高等医学院校大学生临床技能竞赛中两度蝉联西南西北分赛区一等奖、全国总决赛三等奖。学校面向20个省、直辖市、自治区招生，生源丰富、质量良好，近10年毕业生就业率连续保持在95%以上。

学校有一级学科硕士学位授权点7个，二级学科硕士学位授权点34个，专业学位授权学科5个。有省级重点学科5个，重点培育学科1个，国家级博士后科研工作站1个，省部共建教育部重点实验室1个，四川省重点实验室1个，四川省科技条件平台1个，四川省高校重点实验室3个，国家中医药科研三级实验室1个、二级实验室3个，四川省哲学社会科学重点研究基地1个。主办有《泸州医学院学报》和《医学与法学》两种公开出版的学术刊物。

近5年，学校获得厅局级以上科研项目800余项，其中国家级项目37项，部省级项目80余项；发表学术论文5000余篇，其中核心期刊1500余篇，SCI、EI、ISTP收录论文115篇；获得国家专利授权17项，出版学术专著33部。共获得各级科技进步奖69项，20项成果获省、部级科技进步奖，其中省科技进步一等奖2项，二等奖2项，三等奖16项；49项成果获市厅局级科技进步奖。

近年来，学校不断加强对外交流与合作，先后与美国、日本、德国等20多个国家和地区的高等教育、医疗卫生和科研机构建立了长期交流合作关系，开展合作办学、交流互访、合作研究；20余次获得国家、省外专局智力引进项目；与浙江大学联合招收和培养博士后研究人员。留学生教育逐步发展壮大，援外医疗取得了显著成绩。

建校61年来，学校在人才培养、科学研究、社会服务等方面取得了令人瞩目的成绩，为我国医学教育和医疗卫生事业发展，为地方经济建设和社会发展做出了重要贡献。在2012年召开的学校第十二次党代会上，学校提出了"125"发展战略，即"一大战略目标、两大战略任务、五大战略重点"。一大战略目标——建设特色鲜明的教学研究型医科大学；两大战略任务——实现博士点零的突破和更名为医科大学；五大战略重点——质量立校、科技兴校、人才强校、特色名校和文化铸校。

在未来五年，泸州医学院将坚持以人才培养为根本，大力实施"125"发展战略，全面提高学校人才培养质量、科学研究水平和社会服务能力，大力推进文化传承创新，为加快建设"学习、和谐、奋进、品牌"的泸州医学院和省属一流、国内知名，立足四川、面向西部、辐射全国的特色鲜明的教学研究型医科大学而努力奋斗。

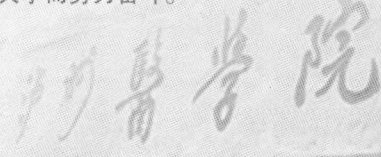

长沙医学院

千年长医　济世惠民

长沙医学院举办者何彬生教授

长沙医学院是全国第一所医学类民办普通本科院校（二本），也是国内首家招收医学留学生的民办普通高校。学校座落在历史文化名城长沙，依湘江之畔，临岳麓书院，居雷锋故里。"敢为天下先"的湖湘文化和长沙丰富的现代人文资源引领着学校快速发展。学校占地面积1090亩，分为长沙、衡阳两个校区，校园绿树成荫，四季长青，鸟语花香。学校现有在校学生1.6万余名，教师1300余名。学校下设15个院（系、部），一所直属附属医院、一个研究所和一个职业技能鉴定所，开设15个本科专业和8个专科专业。学校以普通本科教育为主，兼顾发展职业教育和继续教育，逐步扩大留学生教育规模。

专家治校　质量铸品牌

立志科教兴国、开拓创新的专家型领导团队，是推动学校科学发展不断做大做强的关键。学校举办者何彬生教授为全国著名教育家、博士研究生、硕士生导师、全国优秀教育工作者、劳动模范、全国教育系统先进工作者。他矢志办学无私奉献，为祖国医学教育事业做出了突出贡献，先后陪同胡锦涛主席、吴邦国委员长、温家宝总理和习近平副主席出国访问，并受到吴邦国委员长和贾庆林政协主席等中央领导的亲切接见。校长胡冬煦教授是全国著名心胸外科专家、博士生导师，历任湖南医科大学校长、中南大学党委书记、校长，荣获共和国教育领域最高荣誉称号——全国首批杰出教育家。党委书记宋裕国教授为省委、省政府派任的督导专员、省教育厅巡视员，具有丰富的管理经验。常务副校长卢捷湘教授，博士生导师，原湖南医科大学党委副书记，中华医学会医学教育学会常务理事，中国高等医学教育管理学会副主委，湖南省医学教育学会副理事长。

学校领导班子志存高远，坚持"千年长医，济世惠民"的办学宗旨，坚持"办学以教师为本、教学以学生为本"的办学理念，坚持医学与人文相通、博学与专精兼取、理论与实践并重的教育理念，弘扬"厚德、博学、储能、求真"的校训精神，带领全体长医人锐意进取，教育教学质量连创佳绩，学校不断实现新跨越。2007年学校被教育部评为"全国民办高校教育教学质量20强"；2008年在中国网大颁布的大学排行榜中，列全国民办本科院校第一名；2009年获得学士学位授予权；2010年我校与中南大学联合培养基础医学硕士研究生；2011年迎接教育部本科教学工作合格评估，受到了评估专家的一致好评和高度赞扬。

大师治校　特色育英才

学校实行大师治学，教授执教。既有卢捷湘教授、祝继明教授等百余名国内医学界和教育界享有盛名的老专家学者，也有禹华旭等留学欧美的海归学者，还有一大批毕业于清华大学、北京大学和中南大学等十余所名校的博士、硕士研究生在校任教。学校现已建成一支老、中、青结构合理、学科齐全的高水平师资队伍。其中具有高级职称的专任教师656人，约占教师比例50%，特聘外教4人。学校紧抓国家教育、卫生体制改革机遇，在国内率先实施"全科医学本科教育"特色发展战略，主要为地方医疗卫生事业培养具有创新精神的应用型高级医卫人才和其他专业人才。这一人才培养定位，符合当前医疗卫生改革趋势，受到了用人单位的充分肯定和社会各界的普遍赞誉。多年来，已为国家输送了4万余名高素质的应用型高级医药卫生人才和其他专业高级专门人才。

人民满意　不懈的追求

留学生在人体科技馆学习

从建校伊始，学校始终以办人民满意的好大学为己任，20多年来为之不懈追求,学校办学条件日益完善。实验大楼配备了价值近亿元的现代化教学仪器设备，共有各类实验室19个，部分实验室和仪器设备已处于国内医学院校先进水平。多媒体教室73间，语音室17间，计算机中心有高性能电脑2442台，校园网"一网打尽"每个角落，学生公寓配有空调、电话、宽带和独立卫生间等，设施齐全。图书馆纸质藏书137.13万册，电子图书80.5万册，中、外文期刊1740多种，拥有中华医学会电子期刊全文数据库，万方博士、硕士学位论文全文数据库、超星数字图书馆等54个中外文数据库。现有直属和非直属附属医院14所，实习医院近百所，实习床位2万余张，学校新建的附属第一医院为三级甲等综合医院，医院设备齐全，资源利用率高，为临床教学质量的提高和见习实习的需要提供了保障。

学校办学实力不断提升。现已先后拥有"国家级特色专业"、"省级特色专业"、"省级重点建设学科"、"省级示范实验室"、"省级精品课程"、"省级优秀教学团队"和"省级优秀实习基地"等一大批国家和省级质量工程项目。近年来，科研实力不断增强，学校主持国家自然科学基金项目1项，全国教育科学规划课题2项，省部级科研课题157项；主持湖南省普通高等学校教学改革研究项目31项；主编国家级"十一五"规划教材5部，学生获国家专利3项。

一流的师资队伍、良好的教学质量、完善的办学条件，诚信的办学声誉，赢得了国家和社会的广泛认可，毕业生就业率在全省同类高校中一直名列前茅，始终保持在95%以上。

多媒体显微互动教学

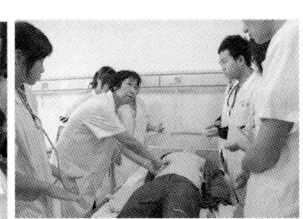
运用Sim Man3G进行教学

口腔实验室

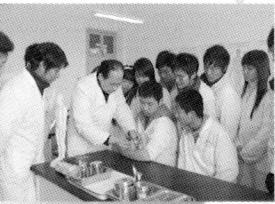
针灸推拿实验室

河北民族师范学院
Hebei Norrmal University For Nationalities

河北民族师范学院坐落在闻名中外的世界历史文化名城——承德市,是河北省唯一一所民族本科高校,其前身是始建于1907年经光绪皇帝御批设立的热河速成法政学堂,隶属学部。期间几经易名,1915年改办为热河公立师范学校,1958年改建为承德师范专科学校,1959年通州师专迁到承德与师专合并,1960年曾升格为承德师范学院,1978年经国务院批准恢复承德师范专科学校,1992年经原国家教委批准改办为承德民族师范高等专科学校。2010年3月,经教育部批准升格更名为河北民族师范学院。

学院占地976.5亩,建筑面积21.53万平方米。现有教学科研仪器设备总值5000多万元,各类实验、实训室134个,多媒体教室60个,语音室13个。图书馆纸质藏书75.8万册,电子图书20万册,中外期刊1200多种,有先进的图书网络自动检索、借阅系统,开通了中国知识资源总库(CNKI)等网络资源。

现有教职工756人,其中专任教师460人,教授51人,副教授166人,高职比47%;博士、硕士213人,高学历比46%。教师队伍中"曾宪梓教师奖"获得者9人,全国教育先进工作者2人,河北省优秀教师6人,河北省教学名师1人。已形成了一支素质优良、结构合理、专兼结合、富有活力的教师队伍。

现有中文、法政、数学与计算机、物理、旅游管理、化学、外语、美术、音乐、体育、初等教育等11个系和信息中心、社科部、公共课部3个教学部(中心)。学院升本以来,紧紧抓住河北省、承德市经济社会发展和高等教育发展的战略机遇,坚持以为地方经济社会发展服务为导向,大力拓展学科领域,优化专业结构。初步形成了以人文学科、理学为主干学科,涵盖社会学科、工学、管理学等多学科交叉渗透、多专业协调发展的学科专业格局。现设本科专业17个,其中教师教育专业10个,非教师教育专业7个;专科专业50个,其中教师教育专业15个,非教师教育专业35个,其中"思想政治教育"专业被确定为河北省教育厅高职高专示范专业。"心理学"、"中国近代史"、"数学分析"、"世界现代史"四门课程被评为省级精品课程。

学院在保持和弘扬传统的师范教育特色的同时,注重彰显地方特色和民族特色,在保护与开发民族特色项目,创作民族文化艺术精品上贡献突出。充分利用世界文化遗产避暑山庄的特殊优势,以避暑山庄研究、纳兰性德研究为重点,组建"避暑山庄、纳兰性德"等专门研究机构,对避暑山庄开展政治、经济、文化、民族、宗教、园林艺术、生物资源、旅游等多方面、全方位的研究,经过多年的建设,产生了一定的社会影响,成为"全国纳兰性德研究"和"避暑山庄研究"中心。作为河北省民族教育基地、河北省少数民族传统体育项目训练基地,组建"少数民族体育和满族音乐舞蹈"等具有民族特色的研究室,挖掘、收集、整理民族体育传统项目近80项,学院满族传统体育项目《二贵摔跤》连续两届代表河北省参加全国民运会,取得优异成绩,获得了第八届全国民运会表演项目金奖和第九届全国民运会表演项目一等奖。作为河北省非物质文化遗产传播基地,由学院音乐系师生和离退休老教师成立的"承德清音会",对清代宫廷音乐研究成果显著,"承德避暑山庄宫廷音乐研究"被列为河北省社科规划科研项目,"清音会"被列入河北省"非物质文化遗产"名录。

学院高度重视科学研究工作,以科研促教学,大力实施"科研兴校"战略,2006年以来共承担国家级课题2项,省、厅级课题51项,出版学术著作131部次,在核心期刊公开发表学术论文218篇,被SCI等三大索引收录52篇次,市级以上科研奖励183项。另有作曲、绘画等全国、省级成果奖80余项。

学院认真贯彻落实国家有关民族政策,坚持为民族地区经济社会服务的办学宗旨,改革教学内容和课程体系,把民族语言、民族历史、民族音乐舞蹈、民族体育纳入教学计划。开设了满语专业和满语、清史、民族学、民族体育、民族音乐、民族舞蹈、民族绘画及民族工艺制作等课程22门。编写出版《民族概论》、《简明满语教程》等民族教材8部,300多万字。

学院注重开展广泛的国际合作与交流,已经先后与美国、加拿大、日本、英国、澳大利亚、吉尔吉斯斯坦、波兰、瑞典等多个国家和地区的大学和科研机构建立了合作与交流关系,开展了一系列重要的交流合作项目。常年聘用外籍教师任教,相继派出100多名教师到美国、英国、日本等国家和国内20多所名牌高校进修访学,促进了学院的建设发展,扩大了学院的影响和国际知名度。

学院高度重视党建与思想政治工作。学院先后荣获了全国优秀青少年维权岗、全国绿化五百家单位、全国群众体育工作先进单位,省级党的建设和思想政治工作先进学校、省级文明单位、河北省民族团结进步模范单位、社会实践先进高校、社会治安综合治理先进单位等50多项(次)国家、省、市级荣誉称号。

薪火相传,弦歌不辍。百余年来,学院形成了"修德砺能、博学之远"的校训精神,形成了优良的办学传统和深厚的文化底蕴,为地方经济建设和基础教育、民族事业输送了一批又一批的合格人才,为地方经济社会发展作出了积极的贡献。现在,全体师院人秉承同心砥砺、持之以恒、自强不息的学院精神,求真务实,开拓创新,为把河北民族师范学院建成一所在河北乃至全国有一定影响的多科型、教学型、民族本科师范院校而努力奋斗!

安康学院
ANKANG UNIVERSITY

安康学院是一所省属多科型全日制普通本科院校。学院的前身是创建于1958年的安康大学，1963年因国家经济困难停办。1978年重新设立"陕西师范大学安康专修科"，1984年经陕西省人民政府批准，更名为"安康师范专科学校"。2004年原安康教育学院、陕西省安康农业学校并入安康师范专科学校，2006年2月经教育部批准升格为本科院校。

学院坐落在秦巴腹地，汉水之滨，被誉为"西安后花园"的西部名城——陕西省安康市。学院现占地900余亩，校舍面积241847平方米，教学、科研仪器设备资产近5000万元。校内教学、实验各项设施齐全，设备先进。现有藏书90.83万册，电子图书2008GB，各种期刊1300余种，拥有清华同方期刊、万方数据库和连接国际互联网的千兆校园网等为全体师生提供了良好的教学、科研和获取信息的先进手段与发展平台。

学院现有12个教学院系，57个本、专科专业。学科涵盖文学、理学、农学、经济学、管理学、工学、法学和教育学8大门类。形成了以汉水文化研究为重点的文学学科方向、以秦巴资源保护与开发为重点的理学学科方向、以特种经济动物饲养为重点的农学学科方向，积极发展管理学、工学、教育学等学科的多学科结构。学院建有1个省级重点学科、4门省级精品课程、国家级特色专业1个，2个省级高职重点专业，2个省级优秀试点专业，1个省级试验教学示范中心，1个省级人才培养模式创新实验区。学院面向全国23个省市招生，全日制在校生9010人，本科在校生人数达到4935人，占在校生总人数的54.77%，以本科教育为主的办学格局已经形成。

学院拥有一支学历层次高、专业基础好、教学与科研能力强、年龄结构合理的教师队伍。现有教职工736人，专任教师529人，具有副高以上职称185人，有博士、硕士268人。国内知名作家1人。拥有省级教学团队2个，省级教学名师5人。60余位教师荣获国务院政府特殊津贴、全国优秀教师奖、全国优秀教育工作者奖、曾宪梓奖、陕西省突出贡献专家、陕西省优秀教学成果奖、优秀教材等国家及省部级奖励。学院还聘有包括院士、国内知名专家、学者、教授在内的80余人为学院名誉教授、客座教授和兼职教授。

学院坚持"以教学带科研，以科研促教学"的指导思想，努力促进教学、科研的共同进步，升本以来，全院教师承担国家社科基金项目、教育部人文社会科学研究项目、陕西省人民政府"13115"重大科技攻关项目等各级、各类科研项目507项。在国内外各类学术刊物上发表论文近2000篇，出版著作及主编或参编教材74部，围绕教学和科学研究，学院建有省级科研平台6个，市、校级科研平台12个。与西南大学、西北农林科技大学、陕西师范大学等高校建立了科技合作关系，与石泉、汉阴、平利、岚皋等县政府签订了全面科技合作协议，与阳晨牧业科技公司等企业签订了校企合作协议，科技服务经济社会发展的功能不断增强。

学院始终坚持以育人为根本，积极弘扬"笃学、尚行、砺志、创新"的校训，以优良的校风和浓厚学风积极引导和激励大学生成长成才。园林专业2007级一班被团中央、教育部评为"国家先进班集体"。学生科技竞赛成绩突出，2006年以来，获得省级以上各类学科竞赛奖200余项，获得了全国"挑战杯"创业大赛铜奖的良好成绩。学院稳步开拓就业市场，积极落实国家大学生就业政策项目，2010年首届本科毕业生就业率达90.4%，专科就业率为87.9%，学生综合就业率88.5%。

学院先后与华中科技大学、中国传媒大学、上海海洋大学、陕西师范大学等知名高校建立了校际对口支援和合作办学友好关系。常年从英国、美国、荷兰等国聘请外教来校任教。与澳大利亚巴拉瑞特大学和新西兰维特利亚理工学院签订了合作办学协议，为教师出国进修、学生留学等提供了良好的平台。

四川美术学院简介

四川美术学院是西南地区唯一的高等美术专业院校，已有七十余年的办学历史。1940年，李有行、沈福文等老一辈艺术家在成都创办了四川省立艺术专科学校，1950年底更名为成都艺术专科学校。1950年，由贺龙元帅任校长的西北军政大学艺术学院的部分骨干南下，在重庆九组建成立西南人民艺术学院。1953年，两校美术学科合并成立西南美术专科学校。1959年，西南美术专科学校更名为四川美术学院，设置为本科院校。1982年，国务院学位委员会批准为首批研究生硕士学位授予单位和美术学、设计艺术学硕士学位授权点，并相继批准为省级重点学科。2006年，国务院学位委员会批准我校为艺术学一级学科硕士学位授权点。

在七十年的办学历程中，学校形成了"贴近生活，服务人民；知能并重，奖掖新人；开放兼容，与时俱进"的办学思想，学校的人才培养与艺术创作均产生了广泛影响。上世纪五十年代的工艺美术教育，六、七十年代的雕塑《收租院》、《毛泽东坐像》、《红军长征纪念碑》、重庆歌乐山烈士陵园纪念碑群雕等；八十年代的油画《父亲》为代表的乡土绘画与伤痕艺术等，九十年代以来在中国当代艺术发展中的贡献，都在中国美术史上拥有重要地位。学校的艺术设计、工业设计、动画、建筑学等专业的师生在企业形象战略策划、品牌塑造、产品开发、城市建设、影视动画创作等方面，为地方经济建设和创意产业发展创造了良好的社会效益和经济效益。

近五年来，学校建成绘画等国家级特色专业建设点5个，重庆市特色专业建设点8个；建成油画等国家级教学团队1个，重庆市优秀教学团队7个；建设重庆市精品课程6门。在教学研究方面，学校近五年荣获全国高等教育优秀成果一等奖一项，教育部高等学校科学研究优秀成果奖1项，重庆市优秀教学成果7项。建成重庆市人文社科重点研究基地、全国高校实验教学示范中心各1个，获得教育部奖励资助和立项项目5项，获得重庆市教委等人文、科技立项研究项目达38项；出版学术著作138部，出版教材86部，教育部规划教材立项8项；发表学术论文715篇。在十一届全国美展中师生作品获金奖1项，铜奖2项，获奖提名7项，入选61项；在全国重要学术展览获奖75项，重庆市政府奖2项，重庆市文艺创作专项奖7项，重庆市人文社科奖2项。

四川美术学院办学规模规划为7000在校生，占地1200亩，校园现分为黄桷坪校区和重庆大学城校区。近几年来学校招生报考人数年均达到了6万人次以上；学校本科毕业生就业率达到96%，研究生就业率达到100%，毕业生为繁荣我国的文化艺术，服务经济社会建设作出了积极贡献。

四川美术学院大学城校区

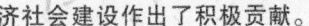

四川美术学院黄桷坪校区图书馆

黑龙江外国语学院
HEILONGJIANG INTERNATIONAL UNIVERSITY

黑龙江外国语学院创建于1993年，时称（中英合作）哈尔滨恒星外国语学院，2003年经黑龙江省人民政府批准与哈尔滨师范大学合作，定名为哈尔滨师范大学恒星学院，2004年经教育部予以确认，2011年，经国家教育部批准，更名为黑龙江外国语学院，是一所独立设置民办本科学校，由黑龙江省负责管理。

学院地处黑龙江省哈尔滨市，占地面积53.3万平方米，校园建筑面积24万平方米；教学科研仪器设备总值2691.6万元，图书87万册。

■ 办学规模
学院在发展中始终坚持规模、结构、质量、效益协调发展，办学规模稳步增长，截至2010年11月，全日制在校生为7,719人，并且从2009年开始实现了在校生全部为本科生的结构转变。

■ 学科与专业
学院在学科专业发展上坚持走"特、优、精"发展之路，坚持"规模不贪大、学科不求全、层次不攀高"的发展原则。学院现有英语、商务英语、俄语、日语、汉语言文学、对外汉语、艺术设计、国际经济与贸易、市场营销、财务管理、人力资源管理、计算机科学与技术、数学与应用数学等13个本科专业，涵盖了文学、经济学、管理学、理学、工学5个学科门类。

■ 师资队伍
学院现有专任教师449人，生师比为17.2：1。专任教师中具有研究生学历的289人，占64.37%；具有副高级专业技术职务以上的227人，占50.56%。按有关要求学院各门公共课、专业基础必修课、专业必修课以及各专业都配有具有副高级专业技术职务以上的教师。

■ 教学与科研
学院制定（修订）了人才培养方案，有完善的教学管理规章制度、工作规范、质量标准。设有专门的教学督导机构、督导队伍和评估制度等教学质量监控体系。学院科研工作稳步推进。成立了学术委员会，实现了学术权力与行政权力的分立；设立"恒星讲坛"，提供了学术交流平台；办有"恒星"、"蓓蕾"等内部学术期刊，成为校内学术阵地；推行"一系（部）一所"体制，实现科研与教学相结合。近年来公开发表学术论文364篇，编写教材（专著）49部，取得各类科研项目获奖成果74项，各级科研立项155项。

■ 党建工作
学院党委组织机构健全，人员齐备，在系里、机关、教研部等共成立了7个党总支和1个直属支部，共15个党支部。现有党员366人，积极分子2000余人，多年来共发展党员300余人。学院党委将坚持不懈的加强学院党建工作，以建设学习型党组织和推进党建工作科学化为重点，充分发挥党员的先进性和基层党组织的战斗堡垒作用。在新的征程上，夯实基础、创新发展、突出特色，为建党90周年献礼。

■ 办学特色
学院自成立以来就以中英合作办学起步，近年来继续与英国南岸大学等多所国外高校开展合作办学，坚持"面向国际化思考、立足本土化实践"，多年办学实践形成了开放式国际化办学特色。

学院多年来坚持更新人才培养观念，创新人才培养模式，深化教育教学改革，形成了外向型、复合型、应用型人才培养特色。学院的特色概括为：

特色一：开放式、国际化办学特色
特色二：外向型、复合型、应用型人才培养特色

■ 社会声誉
学院坚持以质量求生存，以特色谋发展，治学态度严谨，依法规范办学，社会声誉良好，受到政府有关部门和社会组织的好评，先后被评为"全省民办非企业单位自律与诚信建设先进单位"、"全省先进社会组织"、"全省教育系统先进集体"、"黑龙江省民办高校示范单位"、"全国独立学院先进单位"等荣誉称号。2010年，学院又被评为"中国民办高等教育优秀院校"，刘英理事长被评为"中国民办高等教育优秀个人"。自2008年以来，学院一直是省民政和教育部门联合年度检查的免检单位。

目前，学院上下正以"规范办学、加快发展、提高质量、突出特色"为基本思路，以教学为中心，以发展为动力，按照"十二五"规划确定的目标，努力奋斗，为地方经济与社会发展服务，努力把学院建设成为国内知名、省内一流、特色鲜明的高水平应用型本科高校。

联系方式

地　址：黑龙江省哈尔滨市利民经济开发区师大南路1号
邮　编：150025
电　话：0451-88121333　0451-88121000
联系人：张子荣　夏玲玲
传　真：0451-88121333　0451-88121777
网　址：www.starcollege.com.cn

江西财经职业学院
Jiangxi Vocational College of Finance

江西财经职业学院是一所隶属于江西省财政厅的财经类全日制高等专科学校，其前身为1960年创办的江西省财务会计学校；1988年，升格为江西财经学院九江分院；2002年，更名为江西财经职业学院。2009年，学院被批准为首批江西省示范性高等职业院校；2010年，学院被教育部、财政部遴选为首批国家骨干高职院校建设单位。

学院坐落在中国魅力城市江西省九江市中心，校园占地516亩，建筑面积310110平方米，有实训室、实训实习基地392个，馆藏图书和电子图书121万册。

学院设有会计一系，会计二系，财税金融系，商贸旅游系，经济管理系，信息工程系，应用外语系、思政部、基础部和国际教育中心等教学部门。共有49个招生专业，其中省级示范专业和特色专业8个，国家级和省级精品课程9门，工信部授予的高职高专国家示范性ERP教学基地和省教育厅ERP师资培训基地1个，省级人才培养模式创新实验区1个。

学院面向全国31个省、市、自治区招生，现有全日制在校生13600余人，专任教师536人，教授、副教授167人，研究生238人，外籍教师4人，70%以上的专业教师具有双师素质。"全国优秀教师"、"全国财政教育先进工作者"、"江西省百千万人才工程人选"、"江西省高校教学名师"、"江西省高校中青年学科带头人、骨干教师"共20多人，省级教学团队有3个。

近年来，教师在核心期刊上公开发表论文520余篇，被世界三大科技文献检索系统收录15篇，主持完成省级课题研究90项，承担各级政府、企事业单位研究课题95项，其中国家级课题6项，获省级教学成果奖7项。编写教材132部，10部教材被评为省级优秀教材一、二等奖。学院连续5年被评为"江西省财政科研工作先进单位"。

著名的麦可思公司和零点调查公司共同发布的大学生就业报告显示，2007年-2009年，江西财经职业学院毕业生就业能力名列全国财经类高职高专院校和江西省高职高专院校第一位，就业工作获得吴新雄、凌成兴、孙刚、胡幼桃等省领导的高度评价。2009年毕业生就业签约率为96.2%，2010年为97.22%。近3年，学生参加全国、全省职业技能大赛获国家级和省部级特等奖、一等奖53人次。

学院先后被授予"全国财政教育先进单位"、"全国五四红旗团委"、"KAB创业教育基地"（学院成为江西省首个被团中央和国际劳工组织授予该牌的高职院校）、"全国商业服务业校企合作与人才培养优秀院校"、"全国学校规范化管理先进单位"、"建国60周年•中国职业教育百强院校"、"江西省职业技术教育先进单位"、"江西省首届十大人民满意学校"、"恢复高考30周年全省普通高校招生工作先进集体"、"2007-2009年度省毕业生就业工作优秀单位"等30多项荣誉称号。2004年，学院的人才培养工作水平被教育部评为"优秀"，2008年复评维持"优秀"。

学院秉承"明德、精业、体悟、求变"的校训，坚持"以就业为导向，以财经为特色，以质量为核心，以服务社会为宗旨，以培养财经类和现代服务业高素质、技能型人才为目标"的办学理念，以"务实•责任•合力"为切入点，走"内涵式"发展道路，全力创特色、提质量，推动学院各项事业的蓬勃发展，充分发挥"江西财税金融系统黄埔军校"的优势，努力把学院打造成中国一流高职院校发展的典范。

▲院党委书记、院长何苹

▲校园招聘会

人和广场

厦门华天涉外职业技术学院
XIAMEN HUATIAN INTERNATIONAL VOCATION INSTITUTE

学院概况

厦门华天涉外职业技术学院，位于美丽的"海上花园"——厦门。学院隶属北京北科昊月教育集团，是经福建省政府批准，教育部备案，具有独立颁发国家承认学历文凭资格的全日制综合性普通高等院校。学院聘请中国高等教育学术界泰斗、著名高等教育家潘懋元，中科院院士郑兰荪，著名经济学家邓子基，高等教育研究著名学者邬大光等30多位专家教授任学院高级顾问和客座教授，为学院健康可持续发展献计献策。

学院占地面积524亩，教学、科研仪器设备总值3402万元，馆藏纸质图书49.75万册，校内实训中心9个（数控、机械、模具、汽车、光电子实训室87个）；建有职业技能鉴定站和考试点14个，组织进行68个工种的鉴定和考试；建立大学生自主创业示范性孵化基地4个；建有较先进的校园网络和配套齐全的教学与生活设施。学院实施校院两级管理，设有六个二级学院，计划内专业29个全日制在校生6326人。

学院为服务海峡西岸经济区建设，坚持培养面向生产、建设、服务和管理第一线需要的高技能人才，突出服务区域产业发展建设重点专业群；首创闽台"校校企"合作办学，探索"四三五一"人才培养模式；培养职业技术应用能力，改革课程体系；建设校内外实训基地，强化实践教学；积极开展订单式培养，建立产学研结合的长效机制；加强内涵和教学规范化建设，完善教学质量保障体系；注重教师队伍的"双师"结构，加强专兼结合的专业教学团队建设；创新就业工作机制，搭建广阔就业创业平台扎实推进创优争先活动，努力夯实党的建设基础，不断提高学院党建规范化科学化水平。学院的《高职"校校企"联合培养海西模具设计与制造专业人才教学改革综合试验项目》，被评为2009年福建省高职教学改革综合试验项目；《模具设计与制造》、《机械设计与制造》、《数控技术》3个专业被评为福建省闽台高职联合培养人才项目，《广告设计》、《模具制造技术》课程被评为福建省精品课程；学院先后获得"福建省大中专毕业生就业工作先进集体"、"福建省高校毕业生创业培训基地"、"厦门市平安校园"等荣誉称号；荣获全国教育科学"十一五"规划教育部重点课题《职业教育校企合作中工业文化对接的研究与实验》实验学校；2009年底，学院顺利通过教育部人才培养工作评估，2010年获福建省高校毕业生就业工作评估优秀等级，同年6月，顺利通过福建省教育厅人才培养工作整改回访，较好地完成了"十一五"期间教育教学和基本建设任务，为实现"十二五"奋斗目标奠定了良好的基础。

凤凰大道

校训：至诚至善 唯真唯美

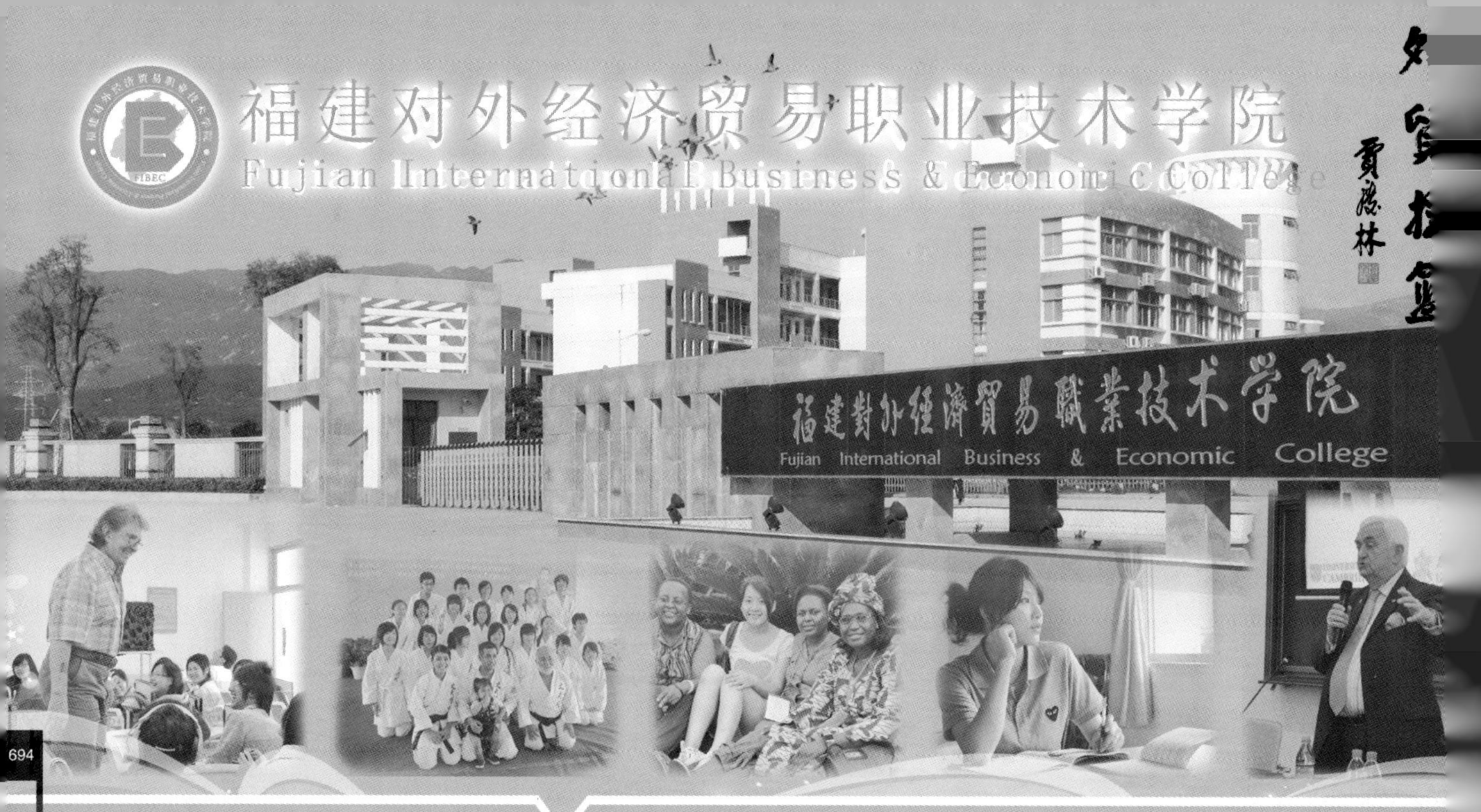
福建对外经济贸易职业技术学院
Fujian International Business & Economic College
FIBEC
福建對外經濟貿易職業技术学院
Fujian International Business & Economic College

福建对外经济贸易职业技术学院创建于1979年，是一所公办全日制高职院校、教育部人才培养工作水平评估优秀院校、福建省示范性高职院校。30余年来，先后培养出了2万多名外经贸人才，为福建省外经贸的发展做出了重要贡献，被贾庆林同志誉为“外贸摇篮”。

学院目前在校生近7000人。教职工400多人，其中博士、高级职称以上教师70多人，“双师素质”教师近200人，同时聘请校外专家学者、企业家40余人为客座教授，常年外籍文教专家12人。

学院突出外、经、贸三大特色，开设经济贸易、财政金融、工商管理、公共管理、市场营销、语言文化、艺术设计等7大类、37个专业，其中近30%的专业为省级示范重点专业和省级精品专业。配合福建省现代服务业发展需要，学院于2010年8月成立了全国首家省级服务外包学院——福建服务外包学院。

学院秉承“国际化、开放式”的办学理念，明确提出“做‘外’字文章，走‘允能’之路”的办学思路，着力培养“脑体结合、手口并重、中西相融、内外兼修”的“国际儒商”。聘请10多名专业和语言类外教，开设了英语、日语、德语、葡萄牙语等语种，并积极引进国外优质教育资源，拓展校企合作，实行“课证深度融合、多种证书在手”、“工学结合、课证融通”的高职特色教育。双证书毕业生达90%以上，为学生多渠道的就业、多方向的提升创造了良好的条件。

学院依托行业优势，构筑国际合作、对台合作、校地合作、校校合作、校企合作“五大平台”，实施特色兴校战略。

国际合作：坚持开放式的办学方向，积极拓展国际视野，先后与德国北黑森应用技术大学、英国桑德兰大学、美国酒店协会教育学院、日本琉球金融管理投资株式会社等十余家欧、美、日高校、企业开展交流与合作，推动师资、课程、基地、校园、证照、就业等方面实现国际化。同时积极创造条件，选派学生赴日等国交流学习，安排学生赴南非、巴巴多斯等国实现国外就业。

对台合作：学院作为闽台职教交流先行者，积极探索“闽台职业院校集团化办学”、闽台中高职人才培养贯通，先后与台湾建国科技大学、淡江大学、育达商业科技大学、亚洲大学等10多所台湾高校开展合作，在此基础上实现了国际商务、物流管理、旅游英语、商务会展4个专业的联合培养。迄今已选派近300位学生和20多位专业教师赴台学习，同时台湾院校多位专业教师来院讲学。

校地合作：学院位于海峡西岸经济区，地处马尾经济开发区、福州国家级保税区，毗邻台湾投资区，面向平潭综合实验区。依托港口优越的地理经济环境，构建了“校港联动”平台，与地方共建“港区文化走廊”，融入区域经济发展，实现学校、政府、企业三方的深度融合，通过专业共建、资源共享、文化共融实现三方共赢。

校企合作：“职业引领全程、课证深度融合、技能递进提升、校企共同培养”。学院共签订校外实训基地171个，实现“课堂进企业”，与大批名企开展订单培养，开办了“用友班”、“盛丰物流班”、“沃尔玛班”、“国寿银保示范班”等多个订单班。

校校合作：学院与对外经济贸易大学、北京外国语大学、福州大学等名校建立紧密型合作关系，实现资源共享，实施“名校师资培养”战略；并与省内外多所高校联合办学，为学生继续深造创造条件。

2011年1月，由我院牵头负责的平潭综合实验区职业院校集团化办学改革，被列为国家教育体制改革试点项目。学院将继续坚持走“国际化、开放式”办学道路，成为立足海西、服务全国、省内一流、国内先进水平的外经贸高素质技能性人才培养基地。

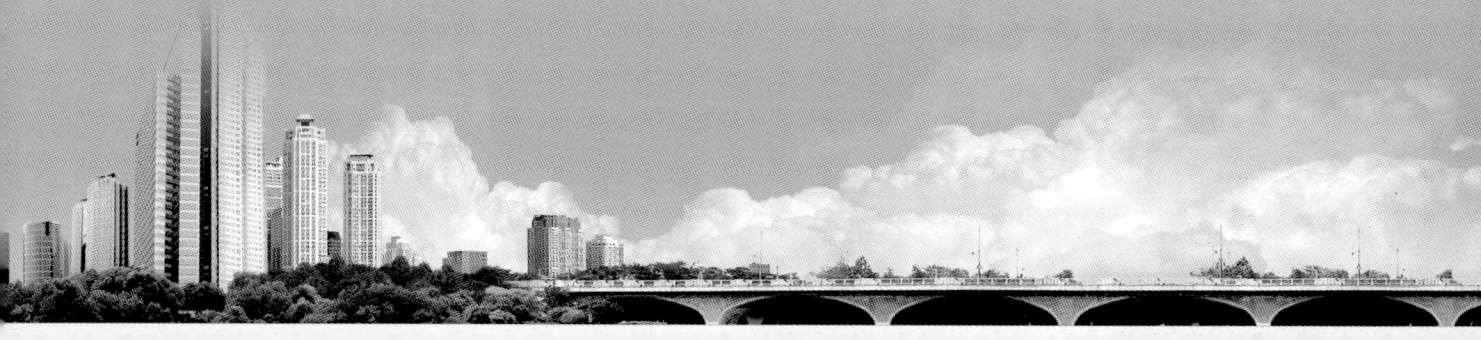

上海交通职业技术学院

上海交通职业技术学院是2001年4月经教育部备案、由上海市人民政府批准建院的全日制普通高等职业院校。学院由原上海交运、海港、民航、轨道交通等四所行业院校共同组建而成，是一所独立设置的、集陆、海、空、轨道交通教育为一体的，培养综合交通类专业人才的高等职业技术学院。学院现设四个校区：东校区位于浦东大道2598号，南校区位于龙华西路1号，西校区位于凯旋路2050号，北校区位于呼兰路883、763号。学院本部设在北校区。

学院是上海从事高等职业教育历史最长的院校之一，前身上海海港职工大学和上海交运（集团）职工大学分别创建于1979年和1980年。上海交运（集团）公司职工大学于1993年在上海率先试办上海交通高等职业技术学校，是上海第一所从事高等职业技术教育探索和实践的院校。学院建院十年来，坚持贯彻落实"以服务为宗旨，以就业为导向"的职业教育办学方针，坚持"立足交通办教育，融入市场求发展"，走出了一条综合大交通联合办学创新之路。

学院成功组建上海交通物流职业教育集团

学院占地面积约27万平方米，校园建筑面积14.48万平方米，目前在校生总数4468人，现有专任教师266人。学院以陆海空交通企业集团为依托，背靠行业，面向市场，设有汽车工程、港口机械、航空运输、轨道交通、物流管理、经济管理、信息技术等10个专业系部，开设了24个具有鲜明行业特色的综合交通类专业，其中《汽车运用技术》与《集装箱运输管理》专业被教育部认定为国家级示范性建设试点专业，《报关与国际货运》专业被上海市教委认定为上海市示范性建设试点专业。

学院具有良好的高等职业教育办学条件，拥有一支以高级职称为骨干的、富有高职教育教学经验的"双师型素质"的专任教师队伍，和以企业专家为主体的具有丰富实践经验的兼职教师队伍。学院拥有完善的教学生活设施和国内一流的实验、实习、实训设施，能充分满足教学、实验、实训需要。学院是"国家技能型紧缺人才汽车运用与维修专业培养基地"，建有上海"汽车运用技术类"职业技能鉴定所和上海市高校学生"物流管理类"职业技能鉴定所。建有汽车运用与维修、现代物流上海市开放实训中心，集装箱运输管理、报关与国际货运上海市高校开放实训中心等四个市级开放实训中心，并在相关企业设有稳定的实习基地。

学院与德国梅赛德斯奔驰汽车技术教育项目开班剪彩仪式

学院走高职教育内涵式发展、集约化办学道路，针对校区教育资源不同归属，以及多种体制并存的实际，开创和实施了"在市教委和行业上级主管部门指导下、学院董事会领导下的院长负责制"的管理模式。学院实施多种体制并存，多层次办学，多校区管理模式，即学院本部与校区两级管理、分级负责制的管理方式，隶属关系、经费渠道、人员编制"三个不变"，管理制度、办学标准"两个统一"，使学院的教育资源配置效率明显提高，综合办学优势不断增强，开设的专业广受社会欢迎。2007年12月，学院作为发起单位之一，成功组建上海交通物流职业教育集团，开上海集团化办学先河。2010年，学院成为上海市首批五年制"中高职贯通"试点院校之一。

学院举办全国高职院校汽车运用与维修专业紧缺人才培养培训班

学院建立了较完善的职后培训、考核和职业资格鉴定体系，每年职后培训约25,000人次。学院与上海通用、上港集团、上海航空、上海轨道交通、国际货运等企业建立了良好的校企合作关系，招生就业始终保持良好态势。历届毕业生深受上海海上、陆上、航空业、轨道交通等综合交通企业的欢迎，毕业生就业率保持在95%左右，在上海市同类院校中名列前茅。

学院接受上海市教委人才培养水平评估

广西机电职业技术学院
GUANGXI TECHNOLOGICAL COLLEGE OF MACHINERY AND ELECTRICITY

广西机电职业技术学院座落在北部湾经济区中心城市南宁市大学东路相思湖畔。截止2010年底，学院教学仪器设备总值7592.84万元，多媒体教室和语音实验室坐位4088个，馆藏图书100万册。学院有教职工707人，其中专任教师541人，具有博士学位教师3人，副高以上136人。设有机械工程系等11个系部，党委办公室（学院办公室）等12个行政机构，职业技能鉴定管理中心等4个教辅机构。拥有49个专科专业，2010年，学校有各类学生13743人，全日制在校专科生12103人，成人教育1640人。校园占地776亩，固定资产2.47亿元。

[国家重点培育院校项目建设取得显著成效，步入国家骨干高职院校立项建设单位行列]

学院全力推进国家重点培育院校项目建设并取得了显著成效，2010年7月"国家示范性高等职业院校建设计划"重点培育院校建设项目顺利通过了省级验收，8月通过了教育部、财政部组织的国家级审核验收，11月被教育部、财政部确定为"国家示范性高等职业院校建设计划"骨干高职院校立项建设单位。获"全国机械行业骨干职业院校"、"全国机械行业校企合作与人才培养优秀职业院校"等称号。

[教育教学改革与专业建设]

重点专业及专业群建设成果显著，教学质量与教学改革取得重大突破。2010年度获1门国家精品课程，3门自治区精品课程，1门教育部教指委精品课程，3个自治区级教学团队，2个自治区级示范性实训基地。焊接技术及自动化、应用电子技术、电气自动化技术等3个专业被认定为"全国机械行业技能人才培养特色专业"。现有国家级教改试点专业2个，自治区级的教改试点专业4个，自治区优质专业14个。

学院遵循职业化人才的成长规律，逐步摸索并形成了"职业化三级递进"人才培养模式，培养了大批适应行业企业需求的职业新人。充分利用行业、企业资源，由任课教师、企业人力资源专家、行业专家组成课程开发团队，将实验、实训、实习以及顶岗实习整个实践教学融入到"职业化三级递进"人才培养模式中，形成基于工作过程的兼具职业性、实践性和开放性的系统化能力本位课程体系。

[实践教学特色鲜明]

在全国、全区、南宁市各类技能大赛中屡获佳绩，367人次在全国性比赛中获奖，123人次在自治区级比赛中获奖。首届广西高职院校技能大赛暨2010年全国职业院校技能大赛高职组项目广西选拔赛取得了"楼宇智能化系统安装与调试"等三个项目的第一名，并代表广西参加在天津举办的2010年全国职业院校技能大赛，模具项目获二等奖，数控项目、楼宇项目获优秀奖。2010北京"嘉克杯"国际焊接技能大赛中夺得二氧化碳气体保护焊组第二名。

[师资队伍建设]

实施"教授工程"、"教职员工教育培训工程"、"优秀团队发展计划"。围绕学院国家骨干高职院校建设，加强师资队伍建设，通过培训、学术交流、下企业锻炼等形式培养双师型师资，全年派出100多名教师参加国内外各种形式的培训，10多人次赴国（境）外研修。全年引进了高学历、高职称人才或具有丰富实践技能的紧缺人才19名。从企业、行业聘请一批既有理论知识又有丰富实践经验和动手能力的技术骨干担任兼职教师，优化师资队伍建设。

[大学生思想政治教育]

高度重视大学生思想政治教育，用社会主义核心价值观、世界观和人生观教书育人。加强大学生思想政治教育队伍建设，构建一支由两课教师、团干、辅导员、班主任组成的强有力的思想政治教育队伍。加强对大学生的职业指导教育、大学生人文素质教育和职业道德教育，注重学生职业道德、技术知识、操作技能和基本职业素质的全面养成。积极组织开展各级各类技能大赛，激发学生的兴趣和潜能，培养学生创新精神。加强学院心理健康教育中心软硬件设施建设。推进校园文化建设，校园文化氛围奋发有为、蓬勃向上。

[各类奖学金评定工作]

认真组织开展各类奖助学金的评定和发放、国家助学贷款等工作。认真组织评选2010-2011学年度国家奖学金、国家励志奖学金、国家助学金、自治区人民政府奖学金，总金额1223.9万元；组织开展学生综合素质评定工作，2010年度有7166人次荣获学院学业综合奖学金、专项奖学金等奖励，奖励金额178.75万元；永凯奖学金、联通奖学金共有50人次荣获奖励，奖励金额3.8万元。

[招生和毕业生就业指导工作]

2010年录取平均分超出广西"三本线"以上，共有4754名新生报到。做好毕业生就业指导和推荐工作，2010毕业生就业率93.5%，获自治区高校"2010年就业工作先进集体"荣誉称号。

[科技创新和社会服务工作]

学院发挥机电类专业优势，组建跨专业科研团队联合攻关，取得了一些较高水平的科研成果，培养和锻炼一批科研创新人才，科研和社会服务能力不断增强。2010年在科研项目立项上取得新的突破，共获得厅级以上立项项目30项，年内有50项上级、院级科研项目顺利结题；各级各类刊物发表的教学、科研论文212篇，其中EI收录2篇，中文核心期刊62篇。出版著作、教材共80本。年内组织开展的培训鉴定量达11480人次，为高、中职院校提供了对口帮扶服务。

广西工学院鹿山学院
Lushan College Of Guangxi University Of Technology

广西工学院鹿山学院创办于2002年,是一所经国家教育部批准的实施本科学历教育的高等学校。2005年,由广西工学院和柳州市政府合作,按照新机制、新模式共同举办。

学院位于广西工业中心柳州市柳东新区,校园占地面积近1000亩。学院是"中国民办高等教育优秀院校",是"中国高新区(现代装备制造与汽车技术)人才指定培养基地";获得广西壮族自治区"卫生优秀学校"和"安全文明校园"、柳州市"优美校园"和"园林式单位"荣誉称号;学生公寓地热系统被列为国家(科技部、建设部、财政部)可再生能源建筑应用示范项目,学生公寓、食堂被评为"广西高等学校示范性标准化学生公寓"和"广西高等学校标准化学生食堂"。

学院设有机械工程系、土木工程系、管理系、财经系、汽车工程系、电子信息与控制工程系、艺术与设计系、计算机工程系、外国语言文学系、生物资源系、思想政治理论教学部、基础教学部、计算机教学部、外语教学部、体育教学部、公共艺术教学部等10个系6个教学部,开设37个专业及专业方向,涵盖工学、管理学、文学三大学科门类,面向全国26个省(市、自治区)招生,在校生8550人。

学院师资力量雄厚,现有专任教师、管理人员730余人,专任教师中具有博士、硕士学位教师占70%以上。学院以教学工作为中心,注重通识教育和专业能力的培养,尤其是与企业合作开展人才培养模式改革,增强了学生就业竞争力,成果显著,历届毕业生平均就业率为93%,两次被评为"广西壮族自治区普通高等学校毕业生就业工作先进集体"。

办学以来,学院始终坚持以育人为本,以学生成长成才为中心,学生在全国大学生艺术展演、全国机器人大赛、全国大学生数学建模比赛、全国大学生机械创新设计大赛等各级各类竞赛中屡创佳绩,获得国家级、省部级奖项200多项。在2010、2011年的中国大学生方程式汽车大赛中,学院LSRacing车队作为广西唯一的高校、全国唯一的独立学院参赛队,分别与20所、33所重点院校同台竞技,分获总分第4名、第6名的优异成绩。

现在全院上下正凝心聚力,抢抓机遇,以培养高素质应用型人才和服务地方经济社会发展为己任,朝着将学院建成广西一流、全国知名、特色鲜明的教学型万人独立学院的目标阔步前进。

许昌职业技术学院
XUCHANG VOCATIONAL TECHNICAL COLLEGE

许昌职业技术学院是2001年4月经河南省人民政府批准、国家教育部备案的一所公办全日制普通高等专科学校。学院占地1326亩，建筑面积35.98万平方米，学院现有教职工949人，各类全日制在校生17254人。设有信息工程系、机电工程系、财贸经济系、人文艺术教育系、外语系、规划建筑工程系、园林园艺系和成人教育部、五年制部、思政部等10个系部和1个省级示范性软件职业技术学院。开设有机电一体化技术、应用电子技术、软件技术、园林技术、汽车检测与维修技术、电子商务、财务管理、食品营养与加工技术等50个专业。十年来，学院准确把握职业教育的定位，坚持以服务为宗旨，以就业为导向，凸现高职特色，坚持产学结合，优化人才培养模式，主动服务区域经济和社会发展，走出了一条独具特色的办学之路。

学院组建以来，始终坚持以邓小平理论和"三个代表"重要思想为指导，认真贯彻落实科学发展观，优化资源配置，改善办学条件，注重打基础、抓根本、求发展，实现了规模、结构、效益的协调发展。从2006年起，学院开始谋划新校区建设，在短短不到三年的时间内，投资4.5亿元，按照许昌市委提出的"规划一流、设计一流、建设一流、管理一流、服务一流"的要求，高标准地建成了布局合理、功能完善、设施先进的现代化新校区，已于2009年秋季正式投入使用。目前，新校区拥有现代化教学楼4幢，实验实训楼2幢，学生公寓楼20幢，能容纳8000人同时就餐的学生餐厅2幢，中央财政支持汽车实训基地1个，园林园艺基地为河南省职业教育示范基地。各类实验实训室164个，标准化运动场1个，篮球场、排球场等运动场地150余个。投资1.2亿元兴建的体育馆，既能承接国际性赛事，又能满足校内体育教学需要。投资4100万元的图书馆馆藏图书80多万册，各种中外期刊、电子期刊6000余种，电子阅览室可供1000多人同时阅览。

在注重外延发展的同时，学院还十分强调铸品牌，创特色，谋长远。依托许昌花卉业和机械制造业，兴办和发展园林园艺、机械制造等优势专业；依托建筑行业对建筑人才的需求，率先开展建筑行业的职业资格培训；依托许昌烟叶王国，组建机电应用工程研发中心，研发烟叶种植机械，部分产品已批量生产并投入使用；依托许昌三国文化和钧瓷文化产业，连接省内外高校，开展三国文化研究和钧瓷文化研究，形成了一批有价值的研究成果；依托校内汽车维修公司、花卉基地、数控加工中心，进行校内生产性教学；依托校企合作单位，开设"北大青鸟班"、"华大精菁班"、"许继电梯班"、"商业银行班"、"众品班"、"富士康SMT班"、"富士康模具班"等，在订单培养、工学交替、校企合作等方面迈出了坚实的步伐。学院"质量工程"项目建设硕果累累，具有国家级精品课程1门，省级精品课程2门，教育部教指委精品课程4门，省级特色专业2个，省级优秀教学团队2个。

学院拥有一支素质优良、结构合理、整体优化的师资队伍。在848名专任教师中，副教授以上高级职称占22%，双师素质教师占49%，具有研究生以上学历占21%。学院还先后聘请行业企业高级专业技术人员和能工巧匠184名到学院兼职任教，为学院发展提供强有力的人才支撑。学院教师科研能力不断提高，近年来，发表论文总数829篇，其中被EI收录5篇，核心期刊208篇，出版论著及教材185本，参加或结项173个教科研项目。

学院的人才培养工作得到了学生、社会和用人单位的广泛认可。近几年学院第一志愿上线率一直保持在200%以上，毕业生就业率连年保持在90%以上。先后被河南省劳动和社会保障厅、河南省高校工委、河南省教育厅认定为河南省高职院校毕业生职业资格培训工程实施基地；"河南省思想政治工作先进单位"；河南省高校德育工作评估优秀单位；"河南省普通大中专毕业生就业工作先进集体"；"河南省中等职业学校教师教育技术能力培训基地"。2008年进入"河南省省级示范性高等职业技术院校建设"行列，同年12月顺利通过教育部人才培养工作评估；2009年2月被河南省教育厅批准试办示范性软件职业技术学院。

目前，学院发展已经站在了新的创业起点上，在新形势、新任务面前，学院党委将进一步深化学习实践科学发展观，认真谋划学院发展，紧紧围绕创建全省示范性院校和富有区域特色一流院校的目标，解放思想，深化改革，实现学院发展的新突破、新跨越。

吉林電子信息職業技術學院
JILIN TECHNOLOGY COLLEGE OF ELECTRONIC INFORMATION

尚德励志 精技强能

　　吉林电子信息职业技术学院是国家教育部备案、吉林省教育厅直属的高职学院，是吉林省示范性高职学院。学院坐落在全国魅力城市—吉林省吉林市。

　　学院始建于1964年，2002年独立升格为高等职业技术学院。学院有三个校区（主校区，东校区，北校区），占地面积510亩，总建筑面积近16万平方米；教职工409人，其中，教授17人，副教授等副高级职称的教师79人，"双师型"教师160人，省级教学名师1人，吉林省职业教育先进个人2人，吉林市拔尖人才1人，吉林市学术带头人2人，"省级教学团队"2个。

　　学院设有材料及资源系、电气工程系、机械系、工商管理系、计算机系、旅游系、外语系及基础部、体育部、社科部共7个系、3个教学部，三年制高职生7827人。

　　学院坚持"以服务为宗旨，以就业为导向"的办学方针，树立了"在服务中提高教师综合素质，在服务中提升办学实力，在服务中扩大社会影响"的全方位服务理念，与磐石市人民政府、吉林化学工业循环经济示范园、中油吉林化建工程股份有限公司、吉林省工业技师学院、中国吉林电信集团吉林分公司、大唐吉林风力发电股份有限公司等签订校政合作、校企合作、校际合作等协议。面向经济建设主战场，提供智力支持和科技服务，在振兴东北老工业基地和区域、行业经济与社会发展中不断提高贡献力量。

　　学院不断努力打造专业特色鲜明、师资实践能力较强、实习实训条件优越、就业有保障、学生有作为的品牌专业。现设有软件技术、计算机网络技术、电气自动化技术、机电一体化技术、数控技术、电厂热能动力装置、金属矿开采技术、冶金技术、电子商务、导游等38个专业。其中，矿业工程类、自动化类、计算机类三个专业门类被确定为吉林省备案类专业；计算机软件技术专业被确定为国家紧缺人才培养试点专业；电气自动化技术专业、机电一体化技术专业被确定为省级示范专业；金属矿开采技术专业被确定为省级特色专业；冶金技术、涉外旅游、计算机网络技术、生产过程自动化技术四个专业为省级改革试点专业。

　　"精神成人、技能成才"，学院坚持把实践性教学贯穿于人才培养的全过程，不断加强学生的操作技能培养。把课堂搬到实验室，把实验室建成教学工厂，先后建成电气智能、过程控制技术和电气技术及工艺、机床电气判故等93个校内实训室、21个校内实训中心，其中电工电子与自动化实训基地、冶金实训基地被确定为国家建设的实训基地。并与吉林通钢集团、长春客车厂、华为集团、大连IT职教实训基地等国内多家大中型企业建立了产学研校企合作关系，建成了73个校外实训基地。

　　我院毕业生就业率连续多年达85%以上，被吉林省政府评为"就业工作先进单位"。

　　几年来，学院学生参加全国大学生电子设计大赛、全国数学建模竞赛、全国"挑战杯"大学生课外学术科技作品竞赛等大赛获多项表彰，并获国家专利两项。

　　近年来，学院获得吉林省教学成果一、二、三等奖各1项，申报立项教科研课题99项，其中省级课题53项，省级重点课题14项，完成著作、论文等180余项，其中进入EI检索论文5篇，CSSCI检索4篇，90余项获省市级以上奖励，国家精品教材1部，规划教材1部。学院被教育部中国教师奖励基金会确定为"科研兴教单位"。

　　学院拥有《电子CAD技术》、《网络操作系统》等6门省级精品课，《爆破工程》、《市场营销》等25门省级优秀课。

　　近年来，学院先后获得"全国高职高专人才培养工作水平评估优秀学校"、"吉林省示范性高职院校"、"吉林省职业教育先进单位"、"吉林省精神文明建设先进单位"、"全国高职院校心理健康教育工作先进集体"、"吉林省就业工作先进单位"、"吉林省教育系统五五普法先进单位"、"吉林省职业技能鉴定先进单位"、"吉林省大学生素质教育示范基地"等荣誉。

广东轻工职业技术学院是1999年经教育部批准成立的全日制高等职业技术学校,前身是创建于1933年的"广东省立第一职业学校"。学校现有全日制普通高职在校学生18312人。2008年,被列为国家示范性院校建设单位,2011年6月通过教育部财政部验收。

学校有广州和南海两个校区,校园总面积1500亩,校舍建筑面积46万平方米,教学仪器设备总值12600万元。现在,全校教职工1153人,专任教师836人,高级职称教师占专任教师总数的36%,"双师"素质教师占专业基础课和专业课专任教师总数的80%。

学校轻工特色明显,立足广东,面向全国,坚持高等职业教育发展方向,坚持"高素质为本,高技能为重,高就业导向,创新促发展"的办学理念,努力实践和创新工学结合人才培养模式。

学校下设艺术设计学院、计算机工程系、轻化工程系、传播工程系、食品与生物工程系、机电工程系、管理工程系、经济系、旅游系、应用外语系、电子通信工程系、汽车系、继续教育学院等13个院系,共有67个专业,106个专业方向。

学校与德国、英国、澳大利亚、印度、香港等国家和地区开展了广泛的交流与合作。建成国家级高职高专教育教学改革试点专业1个,省级示范性专业6个;在我校国家示范性建设项目中,获中央财政重点支持专业4个,省财政重点支持专业6个。有国家级精品课程10门,省级精品课程22门,国家教指委精品课程22门,省级优质课程2门。获得国家级优秀教学成果二等奖2项,省级优秀教学成果一等奖3项,教指委优秀教学成果一等奖2项、二等奖2项。学校现有获得国务院政府特殊津贴专家、中国职业教育杰出校长、国家级教学名师、全国模范教师、全国技术能手等称号的6人;国家级教学团队1个。学校承担国家级、省级科研课题近百项;承担省级以上教改项目20余项。

连续多年,学校是广东省高职院校中录取分数最高和第一志愿上线率最高的高职院校。2008、2009、2010年毕业生总体就业率分别为99.52%、99.35%、99.63%。

学校实行学历证书和职业资格证书相结合的"双证书"制度,"双证书"专业中学生"双证书"获取率达99.5%。

学校积极开展面向中小企业的技术服务工作,与企业共建12个技术研发机构。2008年以来,学校承担教育部留学人员基金项目1项、广东省自然科学基金项目5项;与企业合作共同承担省市各级各类工业攻关、农业攻关、社会发展领域的项目20项;面向企业开展技术研发、新产品开放、技术培训等450项,实现科技服务到款为1560万元;技术成果在企业应用并通过省级鉴定3项;共申请专利156项,授权发明、实用新型、软件版权登记专利34项。2010年上半年申请总量居全省高校第七位。学校教师多个项目成果获得中国轻工联合会科技进步奖、广东省科技进步奖、佛山市科技进步奖、汕头市科技进步奖。

学校重视面向社会的培训工作。2008年以来,在进一步提高已有18个培训机构的培训服务能力和服务水平的基础上,校企合作新建12个培训机构,共完成培训量62868人次,其中为中小企业职工培训30933人次。学校对6个地区的27所职业院校在专业建设、课程建设、教学管理、师资队伍建设等方面开展了对口支援活动。

学校是全国轻工职业教育研究会副理事长单位、中国轻工业联合会理事单位、广东省轻工协会副会长单位、中国高职教育研究会常务理事单位、广东省高职教育研究会副会长单位。

武汉软件工程职业学院
Huhan Vocational College of Software And Engineering

武汉软件工程职业学院是武汉市人民政府主办的综合性高等职业院校。是"国家骨干高职院校立项建设单位"、"全国示范性软件职业技术学院"、高职高专人才培养工作水平评估"优秀"院校；是"国家软件技术实训基地"、教育部等六部委确定的"计算机应用与软件技术"、"汽车运用与维修"技能型紧缺人才培养培训基地、全国高职高专计算机类教育师资培训基地；是中国高职教育研究会授予的"高等职业教育国家职业资格教学改革试点院校"，湖北省职业教育先进单位。

学院地处"国家自主创新示范区"——武汉市东湖高新技术开发区，即"武汉·中国光谷"腹地，环境优美，设施优良。占地面积1200余亩，建筑面积40余万平方米，仪器设备总值8000余万元，计算机5113台，实训（实验）室186间；图书馆藏图书210余万册，其中纸质图书40余万册，电子图书169余万册，学院师生可通过校园网共享清华同方、万方数据等中文数据库。

学院设有计算机与软件学院、机械制造工程系、电子与电气工程系、光电子与通信工程系、汽车运用工程系、经济管理系、艺术设计系、环境与生化工程系、公共课部、体育工作部等院系部。

学院现有教职工741人，其中专任教师495人，高级职称教师205人，双师素质教师244人。现有国务院政府特殊津贴专家1名，教育部高职高专教学指导委员会委员1名，湖北省楚天技能名师3名，武汉市政府津贴专家10名，武汉市学科带头人18名，武汉市优秀青年教师24名，院专业带头人45名。

现开设专业50个（其中国家骨干高职院校重点建设专业4个，省级重点专业1个，省级教学改革试点专业2个，"楚天技能名师"设岗专业3个），面向全国29个省市招生，全日制学生近14000人。

学院始终坚持"谋发展、重质量、出特色、上水平"，坚持走内涵发展、特色强校之路。人才培养质量获得企业广泛认可，可持续发展的综合实力显著增强。新生报到率连续多年居全省高职院校前列，毕业生就业率稳定在90%以上，形成了"规模大、进口旺、出口畅"的良性循环。

学院建有实训（实验）室186间，其中已有或正在建设模具设计与制造、计算机技术、激光加工车间、服装制作车间等生产性实训基地；激光加工技术、计算机应用及软件技术、数控技术、影视动画等实训设备配置前沿、科技含量高；各系均建有仿真实训室，运用仿真虚拟工艺、虚拟实验软件系统等现代信息技术手段，为提高学生专业实践能力提供了反复训练的平台；

学院与"奇瑞汽车股份有限公司"、"海信科龙（广东）空调有限公司"、"富士康捷达世软件"、"楚天激光"、"中百仓储"、"长江动力"、等210家企业签订了合作协议，搭建了在专业建设、实训基地建设、双师素质培养、人才培养、技术研发和科技推广等方面紧密合作的工作平台，实施了"全方位合作式"、"分阶段介入式"、"行业嵌入式"、"结合区域经济全面合作式"等多种校企合作办学形式。建立了120多个稳定的校外实习实训基地，基本保证了学生完成直接获取工作经验及综合能力的生产实习和顶岗实习。与"东风楚凯"、"豪申光电"、"楚天激光"等企业合作，共建模具设计与制造、计算机应用技术、激光加工技术等校内生产性实训基地；与IGA全球合作建立IGA中国零售学院，为中国的零售连锁企业培养符合IGA全球标准的中高级经营管理人才。

◆镌刻厚德尚能的武汉软件

学院不断深化校企合作，重构课程体系、实训体系和保障体系；充分利用现代信息技术手段，构建融"教、学、做"为一体的教学模式，形成"双向基地、双向订单、双向培养"（实习与培训双向基地，人才与项目双向订单，学生与员工双向培养）的人才培养模式。围绕"光谷"核心圈、武汉都市圈和"1+8"城市圈，以市场为牵引，服务武汉高新技术产业、先进制造业和现代服务业，对接产业链、优化专业链，形成人才链。旨在培养立足"光谷"，服务武汉，面向湖北，辐射全国，以人为本，厚德尚能，培养忠诚企业、胜任岗位、计算机应用能力突出的高素质技能型专门人才。

学院将继续坚持以邓小平理论、"三个代表"重要思想和科学发展观为指导，全面贯彻党的教育方针，坚持以服务为宗旨、以市场为牵引、以就业为导向，把我院建设成为国家示范性软件职业技术学院，打造创新型、开放型和就业型高等职业学院。

兰州资源环境职业技术学院
LANZHOU RESOURCES&ENVIRONMENT VOE-TECH COLLEGE

●校园规划图

●树行源教学楼

●水利实训大坝

●煤矿安全仿真矿井

兰州资源环境职业技术学院是一所以气象和煤炭等特色专业为主的资源环境类高职学院，由始建于1951年的原国家重点中专兰州气象学校和始建于1984年的甘肃煤炭职工大学于2004年改建而成。特色专业高空气象探测是学院传统的优势专业，目前该专业全国唯有该院独设，煤矿开采技术专业被教育部评为全国首批高职高专精品专业。学院被确定为甘肃省首批示范性高职院校、国家骨干高职院校，被国防部确定为"国防士官生培养院校"，甘肃省委、省政府命名表彰为省级文明单位。

60年来，学院为气象和煤炭行业培养了40000余名高级应用型技能人才。全国4000多个有人气象台站20%以上的气象技术人员来自该院，其中，120个高空气象台站80%以上的气象探测人员由该院培养。煤炭类专业毕业生以甘肃为主，遍布西部各大型煤炭企业。

学院总占地面地536亩，建筑面积28万平米，教学仪器设备总值4657万元。设有27个二级部门，有气象系、采矿工程系、地质工程系、机电工程系、水利工程系、信息管理系、冶金工程系等7个教学单位。教职工509人，专任教师393人，高级职称128人，其中教授14人。享受国务院特殊津贴专家1人，甘肃省领军人才1人，甘肃省教学名师1人。招生专业50个，以甘肃为主，面向全国19个省招生。在校普通高职生10000余人，成人在校生2000人，各类短期培训、技能鉴定每年7000余人，综合办学规模达万人以上。

●培训中心

建有84个实验实训室，分属气象技术实训中心、煤炭开采与利用实训中心、地质工程实训中心等8个综合校内实训基地。其中，现代化仿真矿井是教育部、财政部、甘肃省共建的局域共享性实训基地，在我国尚属首例，该基地2009年5月被国土资源部评审命名为全国首批科普教育基地；电工电子实训室为教育部、财政部支持建设的职业教育建设项目；气象实训中心为中国气象局支持建设的实训基地；矿山测量、煤化工为甘肃省财政支持建设的实训基地；矿山机械维修装配车间为学校与华亭煤业集团、兰州矿山机械厂校企合作共建的实训基地。依托实训基地，设有甘肃省第八职业技能鉴定所、中国气象局高空探测人才培训中心、甘肃省煤矿安全培训中心3个鉴定培训机构。

●气象观测场

学院依托煤炭、气象、水利和冶金行业，专业布局紧贴甘肃及西部地区经济发展支柱产业，人才培养及教学改革适应行业企业技术改革和发展的需求，毕业生的"出口畅"带动了招生的"进口旺"。招生规模逐年扩大，由2004年的800人增加到2011年的3900人，第一志愿报考上线率、新生报到率居全省高职院校的前列。毕业生一次就业率在全省高职院校中连续五年排名第二，就业单位的主体大部分为大中型国有企业，就业对口率在90%以上，学院毕业生就业流向主体单位为气象企事业单位、国有大中型地矿企业。

经过近年来的快速发展，学院在办学基本条件和内涵特色建设两方面均取得了显著的成绩。形成了以气象、煤炭为主体的专业特色，以服务行业为宗旨的"四强"人才培养特色，凸显高职教育办学特征的校园文化特色。"十二五"时期学院事业发展的主要任务是：实施办学机制体制创新工程、专业建设工程、人才培养质量工程、人才队伍建设工程、实训基地建设工程、教学资源库建设工程、就业质量工程、服务保障体系建设工程、校园文化建设工程和社会服务能力建设工程等10大工程建设。

●校园风景

站在新的历史起点上，学院将借乘国家骨干院校建设的浩荡东风，充分发挥自身优势，为我国的气象事业和西部煤炭、地矿、水利、冶金及其他行业培养出更多高级专业技术人才，作出更大的贡献。

金华职业技术学院

学校(机构)标识码 4133012061	校园(局域)网域名 www.jhc.cn	其中:普通专科 23776
学校办学类型 415:专科院校:高等职业学校	电子信箱 yb@jhc.cn	成人专科 6774
	占地面积(平方米) 1476292	留学生 20
学校性质类别 01 综合大学	校舍建筑面积(平方米) 605365	专任教师(人) 981
学校举办者 821 地级教育部门	图书(万册) 139.96	其中:正高级 71
学校地址 浙江省金华市婺州街1188号	固定资产总值(万元) 89432.12	副高级 280
邮政编码 321017	教学、科研仪器设备资产值(万元) 14118.58	中级 456
办公电话 0579-82265012		初级 129
传真电话 0579-82265004	在校生数(人) 30570	未定职级 45

专科专业 安全技术管理、报关与国际货运、材料工程技术、产品造型设计、初等教育(科学教育)、初等教育(体育教育)、畜牧兽医、传媒策划与管理、道路桥梁工程技术、电气自动化技术、电子商务、动物防疫与检疫、法律事务、服装设计、服装设计(3+2)、高分子材料应用技术、工程造价、工业分析与检验、工业环保与安全技术、工业设计、国际经济与贸易、国际商务、护理、护理(3+2)、化学制药技术、环境监测与治理技术、环境艺术设计、会计、会展策划与管理、机械制造与自动化、计算机辅助设计与制造、计算机网络技术、计算机应用技术、建筑工程技术、建筑设计技术、建筑装饰工程技术、金融保险、经济信息管理、精细化学品生产技术、景区开发与管理、酒店管理、康复治疗技术、临床医学、楼宇智能化工程技术、旅游管理、旅游英语、绿色食品生产与检验、美术教育、模具设计与制造、汽车技术服务与营销、汽车检测与维修技术、汽车制造与装配技术、软件技术、商品花卉、生物技术及应用、生物教育、生物制药技术、市场营销、市政工程技术、数控技术、数学教育、特种动物养殖、体育服务与管理、通信网络与设备、文秘、物理教育、物流管理、学前教育、药学、医学检验技术、医药营销、医用电子仪器与维护、艺术设计、音乐表演、音乐表演(3+2)、印刷图文信息处理、英语教育、影视动画、应用阿拉伯语、应用电子技术、应用英语、语文教育、园林技术、园艺技术、中国古建筑工程技术、中药、助产

院系设置
学校共设有13个下属学院,分别为:信息工程学院、机电工程学院、建筑工程学院、经济管理学院、师范学院、农业与生物工程学院、医学院、旅游与酒店管理学院、艺术设计学院、制药与材料工程学院、国际商务学院、成人教育学院、国际教育学院

定期公开出版的专业刊物 《金华职业技术学院学报》

学校设立奖学金情况
学校设立奖学金4项,奖励总金额652.74万元,奖学金最高额8000元/年/人,最低金额300元/年/人。

主要校办产业
医学院教学基地门诊部、成人教育学院汽车驾驶培训学校、博大电子科技有限公司

学校历史沿革
1994年经省政府批准,在1978年创建的浙医大金华分校和1994年创建的浙江工业大学金华分校的基础上筹建金华理工学院。1998年获教育部批办,成立民办金华职业技术学院。浙江农业机械学校、金华贸易经济学校、金华师范学校(含原义乌师范学校)、金华农业学校、金华卫生学校等6所国家和省部级重点中专先后升格并入。2003年初经教育部批准转为公办院校,称金华职业技术学院。

宁波城市职业技术学院

学校(机构)标识码 4133012645	传真电话 0574-88122212	在校生数(人) 10323
学校办学类型 415:专科院校:高等职业学校	校园(局域)网域名 www.nbcc.cn	其中:普通专科 8128
	电子信箱 yuben@nbcc.cn	成人专科 2195
学校性质类别 01 综合大学	占地面积(平方米) 538467	专任教师(人) 347
学校举办者 821 地级教育部门	校舍建筑面积(平方米) 228137	其中:正高级 10
学校地址 宁波市鄞州高教园区学府路9号	图书(万册) 55.3	副高级 85
	固定资产总值(万元) 28545.92	中级 206
邮政编码 315100	教学、科研仪器设备资产值(万元) 6045.31	初级 30
办公电话 0574-87415012		未定职级 16

专科专业 报关与国际货运、财政金融类、导游、电子商务、动漫设计与制作、多媒体设计与制作、工商企业管理、观光农业、国际经济与贸易、国际商务、环境艺术设计、会计、会展策划与管理、机电一体化技术、计算机网络技术、计算机信息管理、计算机应用技术、建筑工程技术、建筑装饰工程技术、酒店管理、楼宇智能化工程技术、旅游管理、商务管理、社会体育、市场营销、数控技术、投资与理财、文秘、物流管理、艺术设计、应用电子技术、应用法语、应用英语、园林工程技术、园林技术、园艺技术、装饰艺术设计

院系设置

商贸学院、信息学院、艺术学院、旅游学院、外国语学院、景观生态与环境学院、财金学院、成教学院、基础课教学部

学校设立奖学金情况

学校设立奖学金6项,奖励总金额115.9余万元。奖学金最高金额6000元/年,最低金额120元/年。

1. 校特等奖学金:6000元/人,30人
2. 一等奖学金:2000元/人,138人
3. 二等奖学金:1000元/人,240人
4. 三等奖学金:500元/人,338人
5. 素质拓展成就奖学金:463元/人,156人
6. 素质拓展专长奖学金:300元/人,739人

学校历史沿革

宁波城市职业技术学院的前身—宁波大学职业技术教育学院是宁波大学所属的二级学院,创始于1992年,是浙江省最早开展全日制高等职业技术教育教育机构,2003年3月,经浙江省人民政府批准,宁波城市职业技术学院由宁波大学、宁波市教育局共同投资建设的,独立设置。2005年,根据宁波市委、市政府关于高教资源整合、高校布局调整的决定精神[甬高校(2004)3号文件],学院于8月整体从宁波高教园区(北区)搬迁到高教园区(南区)即原宁波服装职业技术学院校区办学。

浙江电力职业技术学院

学校(机构)标识码 4133012646	传真电话 0571-51217114	其中:普通专科 768
学校办学类型 415:专科院校:高等职业学校	电子信箱 hzepetc@zpepc.com	成人专科 914
	占地面积(平方米) 204333	专任教师(人) 175
学校性质类别 02理工院校	校舍建筑面积(平方米) 161978	其中:正高级 5
学校举办者 812省级其他部门	图书(万册) 17.5	副高级 68
学校地址 浙江省杭州市舟山东路91号	固定资产总值(万元) 43741.38	中级 87
	教学、科研仪器设备资产值(万元) 5420.49	初级 12
邮政编码 310015		未定职级 3
办公电话 0571-51217114	在校生数(人) 1682	

专科专业 电厂热能动力装置、电力工程管理、电力系统自动化技术、高压输配电线路施工运行与维护、供用电技术、计算机应用技术、生产过程自动化技术、市场营销

院系设置

电力系、动力系、计算机系、企业管理系

国家级、省部级研究机构设置

实验室:浙江电力金具开发研究所

学校设立奖学金情况

学校设立奖学金1项,奖励总金额48.15万元。奖学金最高金额2400元/年,最低金额1000元/年。

学校历史沿革

20世纪70年代,浙江省电力局先后创办了浙西电力技工学校、湖州电力技工学校、杭州电力学校、浙江省电力职工大学,接收了杭州电力经济管理学校,富春江水电职工大学。1996年4月,中共浙江省电力党校、干部学校在富春江水电职工大学成立。1997年7月,浙西电力技术学校与杭州电力经济管理学校合并,成立浙西电力教育培训中心。1998年7月省电力职工大学与杭州电力学校合并,成立杭州电力教育培训中心。2004年6月,省公司将杭州、浙西培训中心和电力党校合并,成立浙江电力教育培训中心。2008年6月,更名为浙江省电力公司培训中心。浙江电力职业技术学院在2003年由当时的杭州电力教育培训中心筹建,2007年2月正式建院。

浙江同济科技职业学院

学校(机构)标识码 4133012647	学校性质类别 02理工院校	路8号
学校办学类型 415:专科院校:高等职业学校	学校举办者 812省级其他部门	邮政编码 311231
	学校地址 杭州市萧山科教园规划二	办公电话 0571-83863019

传真电话 0571-83863019	固定资产总值(万元) 8537.69	专任教师(人) 163
校园(局域)网域名 www.zjtongji.edu.cn	教学、科研仪器设备资产值(万元) 3516.22	其中:正高级 2
		副高级 48
电子信箱 zjslsd@zjwater.gov.cn	在校生数(人) 4981	中级 96
占地面积(平方米) 294867	其中:普通专科 4749	初级 6
校舍建筑面积(平方米) 139630	成人专科 232	未定职级 11
图书(万册) 25.78		

专科专业 城镇规划、电脑艺术设计、电气自动化技术、发电厂及电力系统、工程测量与监理、工程造价、环境艺术设计、机电一体化技术、建筑工程技术、建筑经济管理、建筑设计技术、汽车制造与装配技术、设施农业技术、数控技术、水利工程、水利水电建筑工程、网络系统管理、装饰艺术设计

院系设置
水利系、建筑系、艺术系、机电系、信息系

学校设立奖学金情况
学校设立奖学金4项,奖励总金额104余万元。奖学金最高金额1000元/年,最低金额150元/年。

学校历史沿革
2003年1月,浙江同济科技职业学院经省政府批准,由浙江建设职业技术学院与同济科技实业股份有限公司合作筹建,2006年4月19日,根据浙江省人民政府办公厅《关于变更浙江同济科技职业学院举办主体复函》(浙政办函[2006]26号)文件精神,确定由浙江省水利厅承办筹建浙江同济科技职业学院,省水利厅在原同济科技职业学院(筹)的基础上整合厅属浙江水利水电学校、浙江水电技工学校的办学资源,利用2005年3月动工新建的浙江水利水电学校位于萧山钱江科教园的新校区,继续筹建浙江同济科技职业学院,2007年2月27日,根据浙江省人民政府《关于建立浙江同济科技职业学院的批复》(浙政函[2007]23号)文件精神,正式建立浙江同济科技职业学院。

浙江工商职业技术学院

学校(机构)标识码 4133012789	传真电话 0574-87422033	在校生数(人) 13101
学校办学类型 415:专科院校:高等职业学校	校园(局域)网域名 www.zjbti.net.cn	其中:普通专科 8787
	电子信箱 xyb@zjbti.net.cn	成人专科 4314
学校性质类别 08 财经院校	占地面积(平方米) 366966	专任教师(人) 389
学校举办者 812 省级其他部门	校舍建筑面积(平方米) 226807	其中:正高级 14
学校地址 浙江省宁波市机场路1988号	图书(万册) 83.51	副高级 113
	固定资产总值(万元) 53779.68	中级 226
邮政编码 315012	教学、科研仪器设备资产值(万元) 11293.34	初级 16
办公电话 0574-87422077		未定职级 20

专科专业 报关与国际货运、产品造型设计、电气自动化技术、电子商务、动漫设计与制作、工程造价、工商企业管理、工业设计、广告设计与制作、国际贸易实务、国际商务、环境艺术设计、会计、机电一体化技术、计算机辅助设计与制造、计算机类、计算机网络技术、计算机信息管理、计算机应用技术、建筑工程技术、建筑设计类、建筑装饰工程技术、金融保险、经济贸易类、楼宇智能化工程技术、旅游管理、模具设计与制造、软件技术、市场营销、数控技术、投资与理财、物流管理、影视动画、应用电子技术、应用日语、应用英语

院系设置
工学院、商学院、建筑与艺术学院、国际交流学院、成教学院、公共课教学部

定期公开出版的专业刊物 《浙江工商职业技术学院学报》

学校设立奖学金情况
学校设立奖学金6项,奖励总金额130余万元。奖学金最高金额5000元/年,最低金额300元/年。

1. 特等奖学金:4人,5000元/人。
2. 一等奖学金:100人,2000元/人。
3. 二等奖学金:263人,1000元/人。
4. 三等奖学金:584人,500元/人。
5. 专项奖学金:858人,300元/人。
6. 特殊贡献奖学金:一等奖学金:人数不定,2000元/人;二等奖学金:人数不定,1000元/人;三等奖学金:人数不定,500元/人;四等奖学金:人数不定,300元/人。

主要校办产业
宁波华英工贸有限公司

学校历史沿革
浙江工商职业技术学院是浙江省人民政府批准成立的一所普通高等职业院校,有着近百年的办学历史,前身为创建于1914年的"宁波公立甲种商业学校"。1975年7月,经省人民政府批

准,学校直属省商业厅(现省商业集团有限公司)领导,成为面向全省招生和分配的中等专业学校,校名为"浙江省宁波商业学校"。1998年,积极筹建"宁波工商职业技术学院",并于同年12月获省人民政府批准。2001年5月,更名为"浙江工商职业技术学院",成为浙江省人民政府首批批准成立的四所高职院校之一。

台州职业技术学院

学校(机构)标识码　4133012790
学校办学类型　415:专科院校:高等职业学校
学校性质类别　01 综合大学
学校举办者　821 地级教育部门
学校地址　浙江台州经济开发区学院路788号
邮政编码　318000
办公电话　0576-88665080
传真电话　0576-88665084
校园(局域)网域名　www.tzvtc.com
电子信箱　ztztc@mail.tzptt.zj.cm
占地面积(平方米)　396932
校舍建筑面积(平方米)　253426
图书(万册)　65.46
固定资产总值(万元)　51734
教学、科研仪器设备资产值(万元)　8595.51
在校生数(人)　13076
其中:普通专科　9588
　　　成人专科　3488
专任教师(人)　454
其中:正高级　5
　　　副高级　107
　　　中级　250
　　　初级　34
　　　未定职级　58

专科专业　报关与国际货运、财务管理、产品造型设计、电气自动化技术、动漫设计与制作、服装机械及其自动化、工程监理、工程造价、工商企业管理、工业分析与检验、国际贸易实务、环境艺术设计、会计、机电一体化技术、计算机网络技术、计算机信息管理、计算机应用技术、建筑电气工程技术、建筑工程技术、建筑装饰工程技术、模具设计与制造、商务英语、社区管理与服务、生化制药技术、生物制药技术、数控技术、数控设备应用与维护、税务、物流管理、药品经营与管理、药物制剂技术、营销与策划、应用电子技术、装潢艺术设计

国家级、省部级研究机构设置
学校目前建有机电工程学院、电子电气工程系、计算机工程系、土木工程系、生物与化工学院、投资理财系、工商管理系、经济贸易系、外语系、公共管理系、体育与艺术部、艺术学院等12个系

学校设立奖学金情况
学校设有奖学金6项,奖励总金额达到249余万元,其中奖学金最高金额为2000元/年,最低金额为200元/年。

学校历史沿革
台州职业技术学院筹建于1999年9月15日,2001年5月15日,摘筹转正,是浙江省首批摘筹转正的四所高职院校之一。当时的办学体制为国有民办,实行董事局领导下的院长负责制。2003年2月10日,办学体制转为政府举办,领导体制也向党委领导下的院长负责制转变。2003年9月和2006年9月,台州工业学校和浙江贸易经济学校成建制并入。2007年9月15日,被教育部确定为全国优秀高职院校。2009年,又被确认为浙江省示范性高职院校建设单位。2011年5月,顺利通过了浙江省示范性高职院校中期验收。

浙江工贸职业技术学院

学校(机构)标识码　4133012791
学校办学类型　415:专科院校:高等职业学校
学校性质类别　01 综合大学
学校举办者　812 省级其他部门
学校地址　浙江省温州市府东路17号
邮政编码　325003
办公电话　0577-88344098
传真电话　0577-88377304
校园(局域)网域名　www.zjitc.net
电子信箱　zjitc@163.net
占地面积(平方米)　400333
校舍建筑面积(平方米)　208735
图书(万册)　62.86
固定资产总值(万元)　28364.44
教学、科研仪器设备资产值(万元)　8595.76
在校生数(人)　10355
其中:普通专科　8560
　　　成人专科　1795
专任教师(人)　407
其中:正高级　5
　　　副高级　96
　　　中级　165
　　　初级　101
　　　未定职级　40

专科专业　电子商务、电子信息工程技术、动漫设计与制作、工业设计、国际经济与贸易、国际质量管理体系认证、会计、机电一体化技术、计算机应用技术、酒店管理、楼宇智能化工程技术、模具设计与制造、汽车技术服务与营销、汽车检测与维修技术、人力资源管理、软件技术、商务英语、市场营销、数控技术、物流管理、鞋类设计与工艺、信用管理、眼视光技术、艺术设计、印刷技术、印刷图文信息处理、应用电子技术、应用法语

院系设置

汽车与机械工程学院、信息传媒学院、经济与贸易学院、管理学院、轻工系、电子系、材料系、人文系、技师学院、成教学院等

国家级、省部级研究机构设置

印刷技术研究中心、先进材料研发中心、现代制造数字化技术研究中心、温州市工贸新视维眼镜技术研究所、温州市眼镜行业技术创新服务中心、轻工产品舒适度研究中心、中国鞋都技术中心、温商研究所、永嘉耕读文化研究所、刘基研究所、传统工艺美术研究所、台湾研究所、创业教育研究所、知识产权研究中心、人力资源管理研究所、机动车司法鉴定所、数控工程技术中心、高职研究所、温州轻工研究院、温州电子信息研究所、温州金融设备行业技术研发中心、现代制造与材料科技中心等

定期公开出版的专业刊物 《浙江工贸职业技术学院学报》

学校设立奖学金情况

学院设立奖学金10项,奖励总金额261万元。奖学金最高额7800元/年,最低额400元/年。

主要校办产业

温州冶金集团公司、温州冶金房地产开发有限公司

学校历史沿革

我院前身是浙江第一高级技工学校(1960-1999),浙江工贸职业技术学院(1999-至今),2003年通过浙江省教育厅教学工作合格评估,2005年学院通过教育部高职高专院校人才培养工作水平优秀评估。2009年学院确定为浙江省示范高职院建设单位。

浙江越秀外国语学院

学校(机构)标识码	4133012792
学校办学类型	412:本科院校:学院
学校性质类别	07 语文院校
学校举办者	999 民办
学校地址	绍兴市会稽路428号
邮政编码	312000
办公电话	0575-88343188
传真电话	0575-88365125
校园(局域)网域名	www.yxc.cn
电子信箱	yx@yxc.cn
占地面积(平方米)	446750
校舍建筑面积(平方米)	211104
图书(万册)	116.2
固定资产总值(万元)	70403.4
教学、科研仪器设备资产值(万元)	5018.86
在校生数(人)	12632
其中:普通本科	8554
普通专科	3823
成人本科	67
成人专科	158
留学生	30
专任教师(人)	561
其中:正高级	66
副高级	103
中级	243
初级	138
未定职级	11

本科专业 阿拉伯语、编辑出版学、朝鲜语、德语、对外汉语、俄语、法语、工商管理、国际经济与贸易、汉语言文学、日语、商务英语、西班牙语、意大利语、英语

专科专业 财务信息管理、电子商务、国际经济与贸易、汉语、计算机信息管理、连锁经营管理、旅游管理、旅游英语、商务管理、市场营销、文秘、物流管理、应用阿拉伯语、应用德语、应用俄语、应用法语、应用韩语、应用日语、应用西班牙语、应用英语

院系设置

浙江越秀外国语学院现下设英语学院、国际商学院、东方语言学院、西方语言学院、国际教育学院、印第安纳波利斯国际学院、网络传播学院、成人教育学院、预科学院等九个二级学院

定期公开出版的专业刊物 外语应用于研究

学校设立奖学金情况

学校设立奖学金18项,奖励总金额198.56万余万元。奖学金最高金额21000元/年,最低金额100元/年。

学校历史沿革

浙江越秀外国语学院是经国家教育部批准建立的全日制普通本科高等院校。学校坐落于中国首批历史名城绍兴,前身系绍兴越秀外国语学校,1981年由"和平老人"邵力子的侄子,绍兴市教育家邵鸿书先生所创办,印度著名诗人泰戈尔在中国的唯一学生魏风江先生任首任校长。学院于1999年筹建高职,经2001年5月经浙江省人民政府正式批准成立。2008年4月,经国家教育部批准升格为全日制本科普通高校。

浙江医药高等专科学校

学校(机构)标识码	4133012860
学校办学类型	414:专科院校:高等专科学校
学校性质类别	05 医药院校
学校举办者	812 省级其他部门
学校地址	浙江省宁波市鄞州区鄞县大道东段888号
邮政编码	315100
办公电话	0574-88222726
传真电话	0574-88222753
校园(局域)网域名	www.zjpc.net.cn
电子信箱	office@mail.zjpc.net
占地面积(平方米)	155589
校舍建筑面积(平方米)	156455
图书(万册)	44
固定资产总值(万元)	49049
教学、科研仪器设备资产值(万元)	4854.39

在校生数(人) 6813	专任教师(人) 285	中级 175
其中:普通专科 6358	其中:正高级 8	初级 11
成人专科 455	副高级 60	未定职级 31

专科专业 国际贸易实务(医药方向)、化工设备维修技术(制药设备方向)、化学制药技术、经济信息管理(医药方向)、生物制药技术、食品加工技术、食品检测及管理、食品药品监督管理(医药方向)、市场开发与营销(医疗器械维护与)、药品质量检测技术、药物制剂技术、药学(药房方向)、医疗器械制造与维护、医药营销、中药、中药制药技术

院系设置
学校设置了药学系、经营管理系、生物与食品系、中药系、医疗器械与制药设备系、基础部、实验训中心、图书信息中心

国家级、省部级研究机构设置
浙江省医疗器械研究所

定期公开出版的专业刊物 《浙江医药高等专科学校学报》

学校设立奖学金情况
学校共设立了四项奖学金项目:第一项:浙江医药高等专科学校奖学金,共分为一等、二等、三等奖学金及单项奖学金;第二项:学习进步奖,共分一等、二等;第三项:社会奖学金,由浙江海正医药股份有限公司提供一等、二等、三等及单项奖学金;第四项:优秀学生奖学金,分为三好学生、校优秀学生干部、系优秀学生干部三种。此四项奖学金奖励总金额达140余万元/年,奖学金最高金额3000元/人,最低金额150元/人。

学校历史沿革
浙江医药高等专科学校的前身为创建于1984年的浙江省医药学校,1999年12月经浙江省人民政府批准筹建浙江医药职业技术学院,2002年2月经国家教育部批准正式建立,成为全国最早独立设置、浙江省唯一一所医药类专科层次高等院校。

浙江机电职业技术学院

学校(机构)标识码 4133012861	传真电话 0571-87773001	在校生数(人) 9885
学校办学类型 415:专科院校:高等职业学校	校园(局域)网域名 www.zime.edu.cn	其中:普通专科 7639
	电子信箱 zime@vip.163.com	成人专科 2246
学校性质类别 02 理工院校	占地面积(平方米) 155133	专任教师(人) 325
学校举办者 812 省级其他部门	校舍建筑面积(平方米) 101833	其中:正高级 16
学校地址 浙江省杭州市滨文路528号	图书(万册) 47.77	副高级 88
	固定资产总值(万元) 32283.51	中级 157
邮政编码 310053	教学、科研仪器设备资产值(万元)	初级 33
办公电话 0571-87773000	11468.75	未定职级 31

专科专业 材料成型与控制技术、材料成型与控制技术、产品造型设计、产品质量控制及生产管理、电气自动化技术、电子商务、动漫设计与制作、工商企业管理、工业设计、国际贸易实务、会计、机电一体化技术、机械制造与自动化、计算机辅助设计与制造、计算机类、计算机网络技术、计算机信息管理、计算机应用技术、楼宇智能化工程技术、模具设计与制造、汽车电子技术、汽车技术服务与营销、生产过程自动化技术、市场营销、数控技术、应用电子技术

院系设置
机械工程学院、电气电子工程学院、计算机工程学院、经贸管理学院、人文社科学院(国际合作交流中心)、设计艺术系

学校设立奖学金情况
学校设立奖学金5项,奖励总金额240余万元。奖学金最高金额5000元/年,最低金额400元/年)。

学校历史沿革
学院前身为浙江机械工业学校,始建于是952年10月,几经变迁,1999年12月在浙江机械工业学校和浙江机电职工大学的基础上,筹建浙江机电职业技术学院,2002年1月经浙江省人民政府批准,正式建立浙江机电职业技术学院。

浙江建设职业技术学院

学校(机构)标识码 4133012862	学校性质类别 02 理工院校	区
学校办学类型 415:专科院校:高等职业学校	学校举办者 812 省级其他部门	邮政编码 311231
	学校地址 浙江省杭州市萧山高教园	办公电话 0571-82866251

传真电话	0571-82606927	固定资产总值(万元)	45454.43	专任教师(人)	415
校园(局域)网域名	www.zjjy.net	教学、科研仪器设备资产值(万元)	5338.68	其中:正高级	14
电子信箱	zjacb@mail.hz.zj.cn			副高级	124
占地面积(平方米)	348041	在校生数(人)	9931	中级	190
校舍建筑面积(平方米)	191824	其中:普通专科	7733	初级	86
图书(万册)	60.67	成人专科	2198	未定职级	1

专科专业 城镇规划、地籍测绘与土地管理信息技术、地下工程与隧道工程技术、房地产经营与估价、房地产经营与估价(职能物业管理)、钢结构建造技术、给排水工程技术、工程监理、环境监测与治理技术、环境艺术设计、会计、计算机应用技术、计算机应用技术(电子商务方向)、计算机应用技术(数字城管方向)、计算机应用技术(网络方向)、建筑电气工程技术、建筑工程管理、建筑工程技术、建筑工程技术(钢结构方向)、建筑经济管理、建筑经济管理(工程造价方向)、建筑经济管理(工程造价方向)、建筑设备工程技术、建筑设计技术、建筑设计技术(动画方向)、建筑装饰工程技术、建筑装饰工程技术(施工管理方向)、建筑装饰工程技术(室内设计方向)、建筑装饰工程技术(展示设计方向)、楼宇智能化工程技术、汽车制造与装配技术、市政工程技术、文秘、园林工程技术、园艺技术

院系设置
建筑工程系、城建系、经管管理系、建筑艺术系、人文系、实训部、继续教育学院

学校设立奖学金情况
学校设立奖学金七项,奖励总额280万元。最高6000元/人,最低150元/人。

主要校办产业
浙江建院建筑设计院

学校历史沿革
浙江建设职业技术学院的前身为浙江省建筑工业学校,创办于1958年。1998年与浙江育才职工大学合并办学。2002年1月,经浙江省人民政府批准设为高等职业技术学院,定名为浙江建设职业技术学院。

浙江艺术职业学院

学校(机构)标识码	4133012863	传真电话	0571-87150180	在校生数(人)	2339
学校办学类型	415:专科院校:高等职业学校	校园(局域)网域名	www.zj-art.com	其中:普通专科	2330
学校性质类别	11 艺术院校	电子信箱	cwc@zj-art.com	成人专科	9
学校举办者	812 省级其他部门	占地面积(平方米)	119700	专任教师(人)	208
学校地址	浙江省杭州市滨江区滨文路518号	校舍建筑面积(平方米)	86014	其中:正高级	17
		图书(万册)	22.11	副高级	49
邮政编码	310053	固定资产总值(万元)	28694.84	中级	86
办公电话	0571-87150161	教学、科研仪器设备资产值(万元)	6902.22	初级	16
				未定职级	40

专科专业 编导、表演艺术、电子声像技术、社区管理与服务(社区文化)、文化市场经营与管理、文化事业管理(非遗保护与管理)、文物鉴定与修复、舞蹈表演、舞蹈表演(中国舞)、舞台艺术设计、戏曲表演、艺术设计(动漫设计与制作)、艺术设计(服装设计)、艺术设计(舞台影视美术技术)、音乐表演、影视表演、影视多媒体技术、影视多媒体技术(声光工程与设计)、影视多媒体技术(声光工程与设计)、装饰艺术设计

院系设置
学院下设6系1部1附中:分别是喜剧系、舞蹈系、音乐系、美术系、影视技术系、文管系、基础部、附中(浙江艺术学校)

定期公开出版的专业刊物 《浙江艺术职业学院》

学校设立奖学金情况
学院设立奖学金13项,奖励总金额108.85万元。奖学金最高7000元/年,最低500元/年。

学校历史沿革
学院由浙江艺术学(1955-1999)、浙江电影学校(1951-1999)、浙江艺术研究所(1980-1999)合并成立,于1999年开始成立浙江艺术职业学院(筹)2002年1月经浙江省人民政府正式批准成立浙江艺术职业学(1999-至今)、2008年浙江艺术研究所独立出去。

浙江经贸职业技术学院

| 学校(机构)标识码 | 4133012864 | 学校办学类型 | 415:专科院校:高等职业学校 |

学校性质类别 08 财经院校	电子信箱 zjetpo@mail.zj.cm	其中：普通专科 8855
学校举办者 812 省级其他部门	占地面积（平方米） 284480	成人专科 3314
学校地址 浙江省杭州市下沙高教园东区学林街280号	校舍建筑面积（平方米） 167941	专任教师（人） 411
	图书（万册） 53.15	其中：正高级 22
邮政编码 310018	固定资产总值（万元） 30801	副高级 71
办公电话 0571-86929811	教学、科研仪器设备资产值（万元） 8042.02	中级 215
传真电话 0571-86929709		初级 85
校园（局域）网域名 www.zjiet.edu.cn	在校生数（人） 12169	未定职级 18

专科专业 电子商务、动漫设计与制作、工商企业管理、国际贸易实务、会计、会展策划与管理、计算机网络技术、计算机应用技术、金融保险、酒店管理、连锁经营管理、汽车技术服务与营销、软件技术、生物技术及应用、生物制药技术、食品营养与检测、市场营销、数控技术、税务、投资与理财、文秘、物流管理、信用管理、应用日语、应用英语

院系设置
财务会计系、国际贸易系、信息技术系、工商管理系、人文旅游系和应用工程系

学校设立奖学金情况
学校设立奖学金3项,奖励总金额882700余万元。奖学金最高金额1500元/年,最低金额500/年。

学校历史沿革
浙江经贸职业技术学院的前身是创办于1979年的浙江供销学校和创办于1984年的浙江省供销社职工学院。

1999年底,省政府批准在原浙江供销学校、浙江省供销社职工学院的基础上筹建浙江经贸职业技术学院。2002年初,省政府批准浙江经贸职业技术学院正式建院。学院的上级主管部门是浙江省供销社,业务主管部门是浙江省教育厅,由浙江省财政厅全额拨款。

浙江商业职业技术学院

学校（机构）标识码 4133012865	传真电话 0571-58108000	在校生数（人） 12497
学校办学类型 415:专科院校:高等职业学校	校园（局域）网域名 www.zjvcc.cn	其中：普通专科 10492
	电子信箱 zjszy@zjvcc.cn	成人专科 2005
学校性质类别 08 财经院校	占地面积（平方米） 300723	专任教师（人） 496
学校举办者 812 省级其他部门	校舍建筑面积（平方米） 172946	其中：正高级 25
学校地址 杭州市滨江区滨文路470号	图书（万册） 81.91	副高级 184
	固定资产总值（万元） 31537	中级 241
邮政编码 310053	教学、科研仪器设备资产值（万元） 7590.28	初级 26
办公电话 0571-58108022		未定职级 20

专科专业 餐饮管理与服务、导游、电子商务、电子商务（网络编辑）、电子商务（移动商务）、电子信息工程技术、动漫设计与制作、多媒体设计与制作、工商管理类、工商企业管理、供热通风与空调工程技术、国际贸易实务、环境艺术设计、会计、会计（税务方向）、计算机控制技术、计算机网络技术、计算机应用技术、计算机应用技术（网站规划与开发）、金融保险、酒店管理、连锁经营管理、楼宇智能化工程技术、旅游英语、烹饪工艺与营养、烹饪工艺与营养（西餐方向）、商务英语、市场营销、视觉传达艺术设计、视觉传达艺术设计（中澳班）、数字媒体技术、投资与理财、投资与理财（财务管理方向）、文秘、物流管理、西餐工艺、移动商务、艺术设计（环境艺术设计）、艺术设计（展示方向）、艺术设计（展示设计）、应用电子技术、游戏软件、游戏软件（手机游戏开发技术）

院系设置
经济贸易学院、财会金融学院、信息技术学院、应用工程学院、艺术设计学院、旅游烹饪学院、成人教育学院

国家级、省部级研究机构设置
研究中心（所）:浙江省商业经济学会和浙江省商业经济研究所

学校设立奖学金情况
学校设立奖学金6项,奖励总金额：144.94万元/年,最低金额200元/年。
特等奖学金:20人/年,2000元/人
一等奖学金:474人/年,1000元/人
二等奖学金:1022人/年,600元/人
三等奖学金:1735人/年,400元/人
单项奖学金:1304人/年,200元/人
2011年新生奖学金：一等奖:8人/年,4000元/人
二等奖:19人/年,2000元/人
三等奖:29人/年,1000元/人

主要校办产业
浙江商业机械厂、浙江省三通商业教材发行站、浙江商苑教

育发展有限公司、杭州会宾制冷设备维修服务部
学校历史沿革
学校前身为创办于1911年的杭州中等商业学堂。1999年12月经省政府批准筹建高等职业学院,2002年1月正式批准建院。

浙江经济职业技术学院

学校(机构)标识码 4133012866	传真电话 0571-86928005	在校生数(人) 10976
学校办学类型 415:专科院校:高等职业学校	校园(局域)网域名 www.zjtie.edu.cn	其中:普通专科 7454
	电子信箱 dyb@zjtie.edu.cn	成人专科 3522
学校性质类别 08 财经院校	占地面积(平方米) 249012	专任教师(人) 385
学校举办者 812 省级其他部门	校舍建筑面积(平方米) 125032	其中:正高级 24
学校地址 杭州经济技术开发区学正街66号	图书(万册) 70.18	副高级 110
	固定资产总值(万元) 39145.23	中级 152
邮政编码 310018	教学、科研仪器设备资产值(万元)	初级 97
办公电话 0571-86928099	9857.45	未定职级 2

专科专业 报关与国际货运、表演艺术、财务信息管理、电子商务、房地产经营与估价、港口物流设备与自动控制、工商行政管理、工商企业管理、国际贸易实务、会计、计算机多媒体技术、计算机控制技术、计算机网络技术、计算机信息管理、计算机应用技术、金融管理与实务、酒店管理、空中乘务、汽车电子技术、汽车技术服务与营销、汽车检测与维修技术、市场营销、投资与理财、文化市场经营与管理、文秘、物流管理、艺术设计、应用英语

院系设置
物流技术学院、汽车技术学院、数字信息技术学院、管理技术学院、财会金融学院、商贸流通学院、文化艺术学院(思想政治理论课教研部)、成人教育学院

学校设立奖学金情况
学校设立奖学金5项,奖励总金额170余万元。奖学金最高金额8000元/年,最低金额100元/年。

主要校办产业
浙江勤盛教育后勤服务有限公司、浙江经职机动车驾驶员培训有限公司、浙江经职汽车服务有限公司

学校历史沿革
前身为浙江省物资学校,创建于1978年,2000年3月经浙江省人民政府批准筹建浙江经济职业技术学院学院,2002年1月正式立校。

浙江旅游职业学院

学校(机构)标识码 4133012867	校园(局域)网域名 www.tczj.net	其中:普通专科 8493
学校办学类型 415:专科院校:高等职业学校	电子信箱 office@tczj.net	成人专科 719
	占地面积(平方米) 337297	留学生 70
学校性质类别 08 财经院校	校舍建筑面积(平方米) 97055	专任教师(人) 361
学校举办者 812 省级其他部门	图书(万册) 72	其中:正高级 21
学校地址 萧山高教园区浙江旅游职业学院	固定资产总值(万元) 27491.87	副高级 71
	教学、科研仪器设备资产值(万元)	中级 216
邮政编码 311231	3894.36	初级 5
办公电话 0571-82838002	在校生数(人) 9282	未定职级 48
传真电话 0571-82838026		

专科专业 表演艺术、餐饮管理与服务、导游、电子商务、国际导游方向、行政管家方向、航空服务、会计、会展策划与管理、计算机信息管理、景区开发与管理、酒店工程维护与管理、酒店管理、空中乘务、旅行社经营管理、旅游工艺品设计与制作、旅游日语、旅游英语、烹饪工艺与营养、人力资源管理、商务英语、西餐、西餐工艺、休闲服务与管理、营销与策划、应用俄语、应用西班牙语、智能化方向、中澳合作、中韩合作

院系设置
酒店管理系、旅行社管理系、旅游规划系、外语系、艺术系、烹饪系、工商管理系、社科部(基础部)、国际教育学院、继续教育学院

定期公开出版的专业刊物 学报。

学校设立奖学金情况

学校设立奖学金5项,奖励总金额181.56万元。奖学金最高金额8000元/年,最低金额300元/年。

主要校办产业

后勤服务公司、旅苑宾馆、杭州旅苑旅行社有限公司、浙江旅游科学研究院

学校历史沿革

浙江旅游职业学院的前身为浙江省旅游学校,创建于1983年。2000年3月经浙江省人民政府批准筹建高职院校,同年招生高职学生。2002年1月经教育部备案正式建立浙江旅游职业学院,2003年5月通过了省教育厅的合格评估。

浙江育英职业技术学院

学校(机构)标识码 4133012868	传真电话 0571-86910710	在校生数(人) 6149
学校办学类型 415:专科院校:高等职业学校	校园(局域)网域名 www.zjyyc.com	其中:普通专科 6149
	电子信箱 zjyyc@zjyyc.com	专任教师(人) 280
学校性质类别 08 财经院校	占地面积(平方米) 115165	其中:正高级 1
学校举办者 999 民办	校舍建筑面积(平方米) 62166	副高级 28
学校地址 杭州经济技术开发区四号大街16号	图书(万册) 39.29	中级 135
	固定资产总值(万元) 16769.37	初级 61
邮政编码 310018	教学、科研仪器设备资产值(万元) 2297.7	未定职级 55
办公电话 0571-86877012		

专科专业 电子商务、广告设计与制作、国际经济与贸易、环境监测与评价、环境艺术设计、会展策划与管理、计算机网络技术、计算机信息管理、计算机应用技术、酒店管理、空中乘务、旅行社经营管理、民航安全技术管理、民航运输、生物技术及应用、食品营养与检测、市场营销、数字媒体技术、文化市场经营与管理、文秘、物流管理、物业管理、移动通信技术、应用日语、应用英语

院系设置

学院现有一个分院、四个系一个部:民航与旅游分院、信息技术与应用系、工商管理系、经济贸易系、艺术设计与人文系、基础部

学校设立奖学金情况

学校设立奖学金8项,奖励总金额230.95余万元,最高金额8000元/年,最低金额300元/年。

学校历史沿革

浙江育英职业技术学院的前身为浙江育英文理专修学院,创建于1998年5月。2000年3月经浙江省人民政府批准筹建浙江育英职业技术学院,2002年1月浙江省人民政府下文正式建立浙江育英职业技术学院。

浙江警官职业学院

学校(机构)标识码 4133012869	传真电话 0571-86918688	6608.6
学校办学类型 415:专科院校:高等职业学校	校园(局域)网域名 www.zjjy.com.cn	在校生数(人) 3313
	电子信箱 wys@zjjy.com.cn	其中:普通专科 3313
学校性质类别 09 政法院校	占地面积(平方米) 349300	专任教师(人) 200
学校举办者 812 省级其他部门	校舍建筑面积(平方米) 131276	其中:正高级 19
学校地址 杭州经济技术开发2号大街	图书(万册) 45.03	副高级 64
	固定资产总值(万元) 34044.9	中级 108
邮政编码 310018	教学、科研仪器设备资产值(万元)	未定职级 9
办公电话 0571-86918742		

专科专业 安全保卫、安全防范技术、安全技术管理、法律事务、法律文秘、行政执行、计算机网络技术、计算机信息管理、监狱管理、监狱信息技术与应用、社区矫正、司法警务、司法信息安全、消防工程技术、刑事执行

院系设置

学院设四系两部一分院:刑事司法系、应用法律系、信息技术与管理系、安全防范系、警体教学研究部、公共基础部及成教分院

学校设立奖学金情况

设立奖学金11项，奖励总额356.7万元，最高8000元/年，最低元150/年。

学校历史沿革

学院成立于1984年5月，前身为浙江省劳改工作学校，1985年更名为浙江省司法警察学校，1992年更名为浙江省第三人民警察学校，2000年6月升格为浙江省司法警官职业学院，2002年新址落成，正式更名为浙江警官职业学院。

浙江金融职业学院

学校(机构)标识码 4133012870	传真电话 0571-86739086	在校生数(人) 7791
学校办学类型 415:专科院校:高等职业学校	校园(局域)网域名 www.zfc.edu.cn	其中:普通专科 7378
	电子信箱 zjfcbgs@163.com	成人专科 413
学校性质类别 08 财经院校	占地面积(平方米) 312823	专任教师(人) 385
学校举办者 811 省级教育部门	校舍建筑面积(平方米) 165578	其中:正高级 34
学校地址 杭州下沙高教园区学源街118号	图书(万册) 67.69	副高级 83
	固定资产总值(万元) 52662.18	中级 197
邮政编码 310018	教学、科研仪器设备资产值(万元) 6404.12	初级 61
办公电话 0571-86739080		未定职级 10

专科专业 保险实务、财务管理、电子商务、房地产经营与估价、工商企业管理、国际金融、国际贸易实务、国际商务、会计、会展策划与管理、计算机多媒体技术、计算机信息管理、金融管理与实务、农村合作金融、商务英语、社区管理与服务、市场营销、投资与理财、文秘、信息安全技术、信息传播与策划、信用管理、医疗保险实务

院系设置

金融系、保险系、会计系、经营管理系、国际商务系、信息技术系、人文艺术系(社科部、体育军事部)

学校设立奖学金情况

学校设立奖学金23项，奖励总金额208.76万元/年，最高金额10000元/年，最低金额100元/年。

学校历史沿革

2000年6月，经浙江省人民政府批准在浙江银行学校基础上筹建。2002年1月，经省人民政府批准、教育部备案，正式建立浙江金融职业学院。

浙江工业职业技术学院

学校(机构)标识码 4133012871	传真电话 0575-88009008	在校生数(人) 9144
学校办学类型 415:专科院校:高等职业学校	校园(局域)网域名 www.zjipc.com	其中:普通专科 8361
	电子信箱 xxgk@zjipc.com	成人专科 783
学校性质类别 01 综合大学	占地面积(平方米) 568003	专任教师(人) 412
学校举办者 812 省级其他部门	校舍建筑面积(平方米) 228801	其中:正高级 12
学校地址 绍兴市镜湖新区曲屯路151号	图书(万册) 55.12	副高级 123
	固定资产总值(万元) 51736.64	中级 215
邮政编码 312000	教学、科研仪器设备资产值(万元) 8633.32	初级 51
办公电话 0575-88009015		未定职级 11

专科专业 道路桥梁工程技术、电气自动化技术、电子商务、电子信息工程技术、纺织品检验与贸易、工程监理、工程造价、工业设计、黄酒酿造、会计、会计与审计、机电一体化技术、机械制造与自动化、计算机辅助设计与制造、计算机信息管理、计算机应用技术、建筑工程技术、建筑装饰工程技术、楼宇智能化工程技术、模具设计与制造、汽车技术服务与营销、汽车检测与维修技术、染整技术、三维动画设计、数控技术、数控设备应用与维护、税务、图形图像制作、现代纺织技术、信息安全技术、资产评估与管理

院系设置

学院现有机电工程分院、数字控制分院、计算机分院、经济管理分院、建筑工程分院、电气工程分院、纺织工程分院、黄酒分院、人文社科部

国家级、省部级研究机构设置

研究所:高职研究所

学校设立奖学金情况

学校设立奖学金 5 项,奖励总金额 121.94 万元。奖学金最高金额 1500 元/年,最低金额 300 元/年。

学校历史沿革

浙江工业职业技术学院前身为浙江工业高级技工学校,创建于 1979 年。2000 年 12 月经浙江省人民政府浙政发(2000) 297 号文批准开始筹建浙江工业职业技术学院,并于 2002 年 1 月经浙政函(2002)17 号文批准正式建院。

杭州职业技术学院

学校(机构)标识码	4133012872
学校办学类型	415:专科院校:高等职业学校
学校性质类别	01 综合大学
学校举办者	821 地级教育部门
学校地址	杭州下沙高教园区学源街 68 号
邮政编码	310018
办公电话	0571-56700055
传真电话	0571-56700015
校园(局域)网域名	www.hzvtc.edu.cn
电子信箱	yb@hzvtc.edu.cn
占地面积(平方米)	449996
校舍建筑面积(平方米)	216133
图书(万册)	51.45
固定资产总值(万元)	48269
教学、科研仪器设备资产值(万元)	8763.94
在校生数(人)	11402
其中:普通专科	8980
成人专科	2422
专任教师(人)	393
其中:正高级	11
副高级	99
中级	239
初级	18
未定职级	26

专科专业 电气自动化技术、电子商务、电子信息工程技术、服装设计、工业设计、环境监测与治理技术、会计、机电一体化技术、机械设计与制造、计算机多媒体技术、计算机通信、计算机网络技术、计算机应用技术、金融保险、精细化学品生产技术、旅游管理、模具设计与制造、汽车技术服务与营销、汽车检测与维修技术、软件技术、生化制药技术、生物技术及应用、食品营养与检测、市场营销、数控技术、文秘、物业管理、药物制剂技术、艺术设计、应用电子技术、应用化工技术、园艺技术、针织技术与针织服装

院系设置

我院设置一系六院一部:友嘉机电学院、金都管理学院、达利女装学院、临江学院、新通国际学院、青年汽车学院、信息电子系、公共教学部

学校设立奖学金情况

学校设立奖学金 10 项,奖励总金额 280 余万元。奖学金最高金额 2000 元/年,最低金额 300 元/年。

学校历史沿革

杭州职业技术学院属杭州市市属高校,由杭州市政府主办,市教育局主管。学院前身是杭州市经委系统的 6 所成人高校和 2 所中专,1996 年 12 月经省、市政府批准,实行合并,更名为杭州职工大学。1998 年 3 月,国家教委批复,同意在杭州职工大学基础上筹建杭州职业技术学院。2002 年 1 月,经浙江省人民政府浙政函【2002】17 号文件批准,杭州职业技术学院正式成立。

嘉兴职业技术学院

学校(机构)标识码	4133012874
学校办学类型	415:专科院校:高等职业学校
学校性质类别	01 综合大学
学校举办者	821 地级教育部门
学校地址	嘉兴市昌盛南路 1123 号
邮政编码	314036
办公电话	0573-89978185
传真电话	0573-82751118
校园(局域)网域名	www.jxvtc.net
占地面积(平方米)	554034
校舍建筑面积(平方米)	230460
图书(万册)	41.75
固定资产总值(万元)	36574.32
教学、科研仪器设备资产值(万元)	6001.11
在校生数(人)	8755
其中:普通专科	7835
成人专科	920
专任教师(人)	343
其中:正高级	9
副高级	77
中级	200
初级	41
未定职级	16

专科专业 报关与国际货运、财务管理、畜牧兽医、电气自动化技术、电子商务、动漫设计与制作、动物防疫与检疫、服装设计、工程造价、工商企业管理、工业设计、国际贸易实务、国际商务、环境监测与治理技术、机电一体化技术、计算机网络技术、计算机应用技术、建筑工程技术、建筑装饰工程技术、酒店管理、旅游管理、汽车应用技术、汽车运用技术、软件技术、商品花卉、社区管理、食品药品监督管理、数控技术、通信技术、文秘、物流管理、现代纺织技术、应用电子技术、应用日语、应用英语、园林

技术

院系设置

设有生物与环境、机电与汽车、信息与管理、外语与贸易、纺织与艺术设计、社科部体军艺部、继续教育分院等7个教学单位

学校设立奖学金情况

学校设立奖学金4项，奖励总金额83.56万元。奖学金最高金额1600元/年，最低金额400元/年。

学校历史沿革

嘉兴职业技术学院是在嘉兴农业学校和嘉兴丝绸工业学校联合办学的基础上筹建。1998年1月，经嘉兴市政府研究决定，浙江省嘉兴农业学校与嘉兴丝绸工业学校联合办学，实行两块牌子，一套班子。1999年9月，嘉兴职业技术学院筹备工作领导小组成立。2002年1月正式建立嘉兴职业技术学院。

湖州职业技术学院

学校(机构)标识码　4133012875	校园(局域)网域名　www.hzvtc.net	其中:普通专科　7928
学校办学类型　415:专科院校:高等职业学校	电子信箱　office@hzvtc.net	成人专科　575
	占地面积(平方米)　409879	专任教师(人)　403
学校性质类别　01 综合大学	校舍建筑面积(平方米)　199077	其中:正高级　29
学校举办者　821 地级教育部门	图书(万册)　56.22	副高级　104
学校地址　湖州市学府路299号	固定资产总值(万元)　28217.33	中级　152
邮政编码　313001	教学、科研仪器设备资产值(万元)　5717	初级　33
办公电话　0572-2364208		未定职级　85
传真电话　0572-2363000	在校生数(人)　8503	

专科专业　报关与国际货运、电子商务、动漫设计与制作、服装设计、国际贸易实务、环境艺术设计、会计、机电一体化技术、计算机网络技术、计算机信息管理、建筑工程管理、建筑工程技术、建筑经济管理、酒店管理、连锁经营管理、旅游管理、汽车技术服务与营销、汽车检测与维修技术、商务英语、涉外旅游、生产过程自动化技术、市场营销、室内设计技术、数字媒体技术、投资与理财、文秘、物流管理、应用电子技术、园艺技术、装潢艺术设计

院系设置

机电工程分院、建筑与艺术分院、工商管理分院、国际贸易与外国语分院、人文与旅游分院、远程教育学院

国家级、省部级研究机构设置

湖州太湖文化研究所、高职教育研究所、电子新技术应用研究所、现代物流研究所、南太湖景观规划研究所、建筑工程研究所、环境艺术研究所、自动化技术研究所、计算机信息技术应用研究所、贸易经济研究所、中小企业研究所、投资理财研究所

学校设立奖学金情况

学校设立奖学金7项，奖励总金额212.3余万元。奖学金最高金额1000元/年，最低金额200元/年。

1. 国家奖学金:12人/年,8000元/人
2. 国家励志奖学金:246人/年,5000元/人
3. 一等奖学金:171人/年,1000元/人
4. 二等奖学金:299人/年,700元/人
5. 三等奖学金:474人/年,500元/人
6. 专业技能奖学金:526人/年,500元/人
7. 技能竞赛奖励:106人/年,500元/人

学校历史沿革

湖州职业技术学院是一所经浙江省人民政府批准成立的公办全日制高职院校，是教育部教育发展研究中心"应用型人才培养实验研究项目学校"。学校先后荣获全国高职高专优秀学校、浙江省"文明单位"和"平安校园"。

绍兴职业技术学院

学校(机构)标识码　4133012876	办公电话　0575-88054010	固定资产总值(万元)　21173
学校办学类型　415:专科院校:高等职业学校	传真电话　0575-88054011	教学、科研仪器设备资产值(万元)　3632
	校园(局域)网域名　www.sxvtc.com	
学校性质类别　02 理工院校	电子信箱　yzbgs@sxvtc.com	在校生数(人)　9138
学校举办者　999 民办	占地面积(平方米)　210890	其中:普通专科　8980
学校地址　绍兴市山阴路526号	校舍建筑面积(平方米)　85957	成人专科　158
邮政编码　312000	图书(万册)　55	专任教师(人)　417

其中：正高级 3	中级 233	未定职级 21
副高级 83	初级 77	

专科专业　电脑艺术设计、电子商务、动漫设计与制作、国际贸易实务、会计电算化、机电一体化技术、计算机辅助设计与制造、计算机通信、计算机网络技术、计算机信息管理、计算机应用技术、建筑工程技术、金融管理与实务、软件技术、商务英语、社区管理与服务、涉外事务管理、应用电子技术。

院系设置
学院设有五系二部，即计算机系、经济管理系、机电工程系、国际商务系、数字艺术系、社会科学部、体艺部。

学校设立奖学金情况
学校设有奖学金5项，2010学年奖励总金额140余万元。奖学金最高金额8000元/年，最低金额400元/年。

学校历史沿革
绍兴职业技术学院1999年筹建，2000年秋季正式招生，2001年新校舍一期竣工并投入使用，2002年去"筹"正式建校，2003年顺利通过浙江省高职高专教育教学工作合格评估，2010年4月经浙江省人民政府同意、教育部备案，更名为绍兴职业技术学院。

衢州职业技术学院

学校(机构)标识码　4133012877	校园(局域)网域名　www.qzct.net	其中：普通专科　5173
学校办学类型　415：专科院校：高等职业学校	电子信箱　bgs@qzct.net	成人专科　1712
	占地面积(平方米)　200100	专任教师(人)　165
学校性质类别　02 理工院校	校舍建筑面积(平方米)　129357	其中：正高级　5
学校举办者　821 地级教育部门	图书(万册)　38.5	副高级　44
学校地址　衢州市西区江源路18号	固定资产总值(万元)　4677.04	中级　94
邮政编码　324000	教学、科研仪器设备资产值(万元)　3522.17	初级　14
办公电话　0570-8068278		未定职级　8
传真电话　0570-8068298	在校生数(人)　6885	

专科专业　电子信息工程技术、动漫设计与制作、供用电技术、光伏应用技术、护理、会计、机电一体化技术、计算机网络技术、计算机系统维护、计算机应用技术、连锁经营管理、汽车技术服务与营销、汽车检测与维修技术、摄影摄像技术、市场开发与营销、数控设备应用与维护、文秘、药品经营与管理、艺术设计、应用电子技术、应用英语、助产。

院系设置
艺术设计学院、医学院、经济管理学院、信息工程学院、机电工程学院、继续教育学院。

学校设立奖学金情况
学校设立奖学金3项(优秀学生奖学金、单项奖学金、优秀毕业生奖学金)，奖励总金额54.05万元/年，奖学金最高金额1500元/年，最低金额200元/年。

学校历史沿革
衢州职业技术学院于2002年1月经浙江省人民政府批准，在原衢州师范学校(创建于1912年)、衢州卫生学校(创建于1986年)、衢州教师进修学校(创建于1978年)、衢州中等专业学校(创建于1987年)四校基础上合并建立。

丽水职业技术学院

学校(机构)标识码　4133012878	邮政编码　323000	图书(万册)　46.6
学校办学类型　415：专科院校：高等职业学校	办公电话　0578-2276010	固定资产总值(万元)　22583.82
	传真电话　0578-2276010	教学、科研仪器设备资产值(万元)　4276.56
学校性质类别　01 综合大学	校园(局域)网域名　www.lszjy.com	
学校举办者　821 地级教育部门	电子信箱　xybgs@lszjy.com	在校生数(人)　7138
学校地址　浙江省丽水市莲都区中山街北段五宅底2号	占地面积(平方米)　313490	其中：普通专科　6915
	校舍建筑面积(平方米)　148213	成人专科　223

| 专任教师(人) | 319 | 副高级 | 102 | 初级 | 43 |
| 其中：正高级 | 17 | 中级 | 152 | 未定职级 | 5 |

专科专业 电子信息工程技术、工程测量与监理、国际经济与贸易、会计、机电一体化技术、计算机网络技术、计算机信息管理、建筑工程技术、建筑装饰工程技术、林业技术、旅行社经营管理、旅游管理、绿色食品生产与检测、模具设计与制造、汽车技术服务与营销、商品花卉、商务英语、社会体育、市场营销、室内设计技术、数控技术、投资与理财、文秘、物流管理、音乐表演、园林工程技术、园林技术、园艺技术、装潢艺术设计

院系设置
环境工程分院、机电信息分院、财贸管理分院、人文艺体分院

国家级、省部级研究机构设置
研究中心(所)：丽水微生物(食用菌)研究所、处州民俗文化研究中心、丽水产业经济研究中心、智能电子研究所、丽水非物质文化遗产研究所

学校设立奖学金情况
学校设立奖学金4项，奖励总金额135余万元，最高金额1400元/年，最低金额200元/年。

主要校办产业
阳林公司

学校历史沿革
丽水职业技术学院的前身为1953年创建的浙江林业学校，1977年建立的浙江省丽水商业学校，2000年12月合并组建升格为高职院，2007年6月通过教育部专家组评估，被确定为"全国优秀高职院校"，2008年8月，通过竞争性申报被省教育厅确定为浙江省示范性高职院校建设单位。

宁波大红鹰学院

学校(机构)标识码	4133013001
学校办学类型	412：本科院校：学院
学校性质类别	02 理工院校
学校举办者	999 民办
学校地址	浙江省宁波市鄞州区学院路
邮政编码	315175
办公电话	0574－88052267
传真电话	0574－88052286

校园(局域)网域名	www.dhyedu.com
占地面积(平方米)	653814
校舍建筑面积(平方米)	423081
图书(万册)	139.5
固定资产总值(万元)	102000
教学、科研仪器设备资产值(万元)	8750
在校生数(人)	17907
其中：普通本科	11206

普通专科	5782
成人本科	23
成人专科	896
专任教师(人)	724
其中：正高级	69
副高级	153
中级	381
初级	80
未定职级	41

本科专业 财务管理、电气工程及其自动化、动画、工商管理、工业设计、广播电视新闻学、广告学、国际经济与贸易、机械设计制造及其自动化、计算机科学与技术、日语、软件工程、市场营销、信息管理与信息系统、英语

专科专业 包装技术与设计、产品造型设计、电子商务、动漫设计与制作、工业设计、会计、机电一体化技术、计算机辅助设计与制造、计算机通信、计算机网络技术、计算机信息管理、计算机应用技术、旅游英语、模具设计与制造、汽车技术服务与营销、汽车检测与维修技术、软件技术、市场营销、数控技术、文化市场经营与管理、文秘、物流管理、艺术设计、应用电子技术、应用英语、园林工程技术

院系设置
学院共设有信息工程学院、机械与电气工程学院、经济与管理学院、外国语学院、艺术与传媒学院、人文学院、基础学院和高职学院八个二级学院

学校设立奖学金情况
本科：学校设立奖学金3项，奖励总金额85余万元。奖学金最高金额5000元/年，最低金额100元/年。

1. 院长奖学金：1个团队(5人)和2人/年，5000元/人或者团队

2. 综合奖学金：(1)一等奖学金：41人/年，1600元/人；(2)二等奖学金：179人/年，1200元/人；(3)三等奖学金：516人/年，1000元/人

3. 专项奖学金：(1)学习特别奖：76人/年，100元/人；(2)科研创新奖：89人/年，300元/人；(3)竞赛成果奖：8人/年，300元/人；(4)优秀课程组：3个/年，1000元/个

专科：学校设立奖学金1项，奖励总金额37余万元。奖学金最高金额1000元/年，最低金额400元/年

综合奖学金：(1)一等奖学金：89人/年，其中二年制1000元/人，三年制800元/人；(2)二等奖学金：223人/年，二、三年制均为600元/人；(3)三等奖学金：581人/年，其中二年制400元/人，三年制500元/人

学校历史沿革
宁波大红鹰学院前身是宁波大红鹰职业技术学院，创建于2001年4月。2008年4月升格为本科院校，更名为宁波大红鹰学院。

浙江东方职业技术学院

学校(机构)标识码	4133013002	
学校办学类型	415:专科院校:高等职业学校	
学校性质类别	01 综合大学	
学校举办者	999 民办	
学校地址	浙江省温州市经济技术开发区甬江路1号	
邮政编码	325011	
办公电话	0577-86533903	
传真电话	0577-86533953	
校园(局域)网域名	www.zjdfc.com	
电子信箱	zjdfxy@163.com	
占地面积(平方米)	109510	
校舍建筑面积(平方米)	109550	
图书(万册)	31.73	
固定资产总值(万元)	25870.28	
教学、科研仪器设备资产值(万元)	2065.99	
在校生数(人)	3589	
其中:普通专科	3470	
成人专科	119	
专任教师(人)	186	
其中:正高级	4	
副高级	30	
中级	134	
初级	17	
未定职级	1	

专科专业 包装技术与设计、财务管理、电气自动化技术、电子商务、工商企业管理、国际经济与贸易、会计、计算机信息管理、计算机应用技术、酒店管理、旅游英语、商务英语、市场开发与营销、文秘、物流管理、物业管理、新闻采编与制作、印刷技术、应用电子技术

院系设置

人文系、工程系、经贸系、经管系、社科部/基础部、成教学院

定期公开出版的专业刊物 《浙江东方职业技术学院报》(内刊、季刊)

学校设立奖学金情况

学校设立奖学金2项,奖励总金额36.645余万元。奖学金最高金额1200元/年,最低金额150元/年。

专业奖学金:一等奖69人/年,1200元/人;二等奖121人/年,800元/人;三等奖259人/年,600元/人。

单项奖学金:学习进步奖152人/年,200元/人;文体科技竞赛奖和社会实践奖7人/年,150元/人。

学校历史沿革

浙江东方职业技术学院是浙江东方集团公司独资创办的全日制民办高等学校,其前身是创办于1999年的浙江东方专修学院。2000年3月经浙江省人民政府批准(浙政发【2000】62号文件)同意学院在浙江东方专修学院的基础上筹建浙江东方职业技术学院;2002年5月浙政函【2002】88号文件批准建立浙江东方职业技术学院;2002年7月30日,教育部同意浙江东方职业技术学院备案。2003年12月学院通过浙江省教育厅进行的高职高专人才培养工作合格评估。

义乌工商职业技术学院

学校(机构)标识码	4133013003	
学校办学类型	415:专科院校:高等职业学校	
学校性质类别	01 综合大学	
学校举办者	831 县级教育部门	
学校地址	浙江省义乌市学院路2号	
邮政编码	322000	
办公电话	0579-83803513	
传真电话	0579-83803518	
校园(局域)网域名	www.ywu.cn	
电子信箱	ywu@ywu.cn	
占地面积(平方米)	439306	
校舍建筑面积(平方米)	246110	
图书(万册)	49.1	
固定资产总值(万元)	34626	
教学、科研仪器设备资产值(万元)	5546.17	
在校生数(人)	8464	
其中:普通专科	7624	
成人专科	601	
留学生	239	
专任教师(人)	359	
其中:正高级	14	
副高级	45	
中级	245	
初级	46	
未定职级	9	

专科专业 产品造型设计、导游、道路桥梁工程技术、电气自动化技术、电子商务、服装设计、工商企业管理、国际经济与贸易、会展策划与管理、机电一体化技术、计算机信息管理、计算机应用技术、建筑工程管理、建筑工程技术、建筑设计技术、金融保险、酒店管理、旅游工艺品设计与制作、旅游管理、社区管理与服务、市场营销、文秘、物流管理、物业管理、印刷技术、应用英语

院系设置

人文旅游、机电信息、经济管理、外语外贸、建筑艺术、创业学院6个分院

定期公开出版的专业刊物 《义乌工商职业技术学院学报》

学校设立奖学金情况

学校设立奖学金13项,奖励总金额137余万元。奖学金最高金额5000元/年,最低金额200元/年。

学校历史沿革

义乌工商职业技术学院前身为杭州大学义乌分校,创办于1993年。1999年7月,经浙江省人民政府批准,开始筹建义乌工商职业技术学院。2002年5月,学院通过浙江省人民政府验收,正式建校。

浙江大学城市学院

学校(机构)标识码	4133013021
学校办学类型	413:本科院校:独立学院
学校性质类别	02 理工院校
学校举办者	999 民办
学校地址	浙江省杭州市拱墅区湖州街51号
邮政编码	310015
办公电话	0571-88018557
传真电话	0571-88018557
校园(局域)网域名	www.zucc.edu.cn
电子信箱	dzbgs@zucc.edu.cn
占地面积(平方米)	544521
校舍建筑面积(平方米)	381458
图书(万册)	80.33
固定资产总值(万元)	160335
教学、科研仪器设备资产值(万元)	10254.73
在校生数(人)	13470
其中:普通本科	13470
专任教师(人)	779
其中:正高级	114
副高级	299
中级	287
初级	17
未定职级	62

本科专业 财务管理、电气信息类、电子科学与技术、电子信息工程、法学、工商管理、工商管理类、工业设计、广播电视新闻学、广告学、国际经济与贸易、汉语言文学、行政管理、护理学、会展经济与管理、机械电子工程、机械类、机械设计制造及其自动化、计算机科学与技术、建筑学、金融学、经济学类、临床医学、旅游管理、日语、生物技术、通信工程、统计学、土木工程、新闻传播学类、新闻学、信息工程、信息管理与信息系统、信息与计算科学、药学、艺术设计、英语、资产评估、自动化

院系设置

设有计算机与计算科学学院、信息与电气工程学院、医学与生命科学学院、工程学院、外国语学院、商学院、传媒与人文学院、法学院、创意与艺术设计学院9个学院

学校设立奖学金情况

设立奖学金22项,奖励总金额606万元/年,奖学金最高金额40000元/年,最低金额300元/年。

主要校办产业

浙江浙大城市学院教育发展公司

学校历史沿革

成立于1999年7月,是国家教育部和浙江省人民政府批准设立,由浙江大学、杭州市人民政府合作办学,并与浙江省电信实业集团共同发起创办的全日制本科普通高校。

浙江大学宁波理工学院

学校(机构)标识码	4133013022
学校办学类型	413:本科院校:独立学院
学校性质类别	02 理工院校
学校举办者	999 民办
学校地址	浙江省宁波市钱湖南路1号
邮政编码	315100
办公电话	0574-88229015
传真电话	0574-88229010
校园(局域)网域名	www.nit.net.cn
电子信箱	nit@nit.net.cn
占地面积(平方米)	668258
校舍建筑面积(平方米)	203307
图书(万册)	75.38
固定资产总值(万元)	37297.76
教学、科研仪器设备资产值(万元)	16643.44
在校生数(人)	11889
其中:普通本科	11590
成人本科	138
成人专科	161
专任教师(人)	525
其中:正高级	61
副高级	142
中级	291
初级	31

本科专业 包装工程、财务管理、电气工程及其自动化、电子商务、电子信息工程、法学、高分子材料与工程、工程管理、工业设计、广告学、国际经济与贸易、化学工程与工艺、机械电子工程、机械设计制造及其自动化、计算机科学与技术、建筑学、金融学、旅游管理、能源与环境系统工程、日语、软件工程、生物工程、生物技术、市场营销、通信工程、土木工程、物流管理、新闻学、信息管理与信息系统、信息与计算科学、艺术设计、英语、制药工程、自动化

院系设置

经济与贸易分院、法律与传媒分院、外国语分院、信息科学与工程分院、生物与化学工程分院、机电与能源工程分院、土木建筑工程分院、管理分院

学校设立奖学金情况
学校设立奖学金 20 项,奖励总金额 500 余万元,奖学金最高金额 10000 元/年,最低金额 500 元/年。

毕业生一次就业率　96.92%
学校历史沿革
学院创建于 2001 年 6 月 25 日

浙江医学高等专科学校

学校(机构)标识码　4133013023
学校办学类型　414:专科院校:高等专科学校
学校性质类别　05 医药院校
学校举办者　812 省级其他部门
学校地址　杭州市滨江区滨文路 481 号
邮政编码　310053
办公电话　0571-87692630
传真电话　0571-87692632
校园(局域)网域名　www.zjmc.net.cn
电子信箱　office@zjmc.net.cn
占地面积(平方米)　111426
校舍建筑面积(平方米)　94002
图书(万册)　37.04
固定资产总值(万元)　23165.79
教学、科研仪器设备资产值(万元)　5386.59
在校生数(人)　5798
其中:普通专科　5408
　　　成人专科　390
专任教师(人)　156
其中:正高级　6
　　　副高级　63
　　　中级　77
　　　初级　8
　　　未定职级　2

专科专业　护理、康复治疗技术、口腔医学技术、临床医学、卫生监督、卫生检验与检疫技术、卫生信息管理、药学、医学检验技术、医学影像技术
院系设置
学校目前设置有 8 个系(部),分别是:基础医学部、人文社会科学部、体育与军事教育部、医学一系、护理系、医学二系、公共卫生系、药学系。
国家级、省部级研究机构设置
研究中心(所):学校省级研究中心(所)目前设置有 2 个,分别是医学教育研究所、农村卫生研究中心。

定期公开出版的专业刊物　《浙江医学教育》
学校设立奖学金情况
目前学校设立奖学金 2 项,奖励总金额 106 余万元。奖学金最高金额 2000 元/年,最低金额 600 元/年。
学校历史沿革
浙江医学高等专科学校前身为浙江省卫生学校,创建于 1925 年。1999 年经浙江省人民政府浙政发【1999】294 号文批准筹建浙江医学职业技术学院(筹)。2004 年经教育部教发函【2004】149 号文《教育部关于同意在浙江卫生学校基础上建立浙江医学高等专科学校的通知》批准正式建校。

浙江纺织服装职业技术学院

学校(机构)标识码　4133013025
学校办学类型　415:专科院校:高等职业学校
学校性质类别　02 理工院校
学校举办者　821 地级教育部门
学校地址　宁波市江北区风华路 495 号
邮政编码　315211
办公电话　0574-86328000
传真电话　0574-86328006
校园(局域)网域名　www.zjff.net
电子信箱　yuanban@zjff.net
占地面积(平方米)　430982
校舍建筑面积(平方米)　232831
图书(万册)　68.41
固定资产总值(万元)　50106.96
教学、科研仪器设备资产值(万元)　7369
在校生数(人)　10336
其中:普通专科　8506
　　　成人专科　1827
　　　留学生　3
专任教师(人)　359
其中:正高级　13
　　　副高级　94
　　　中级　235
　　　初级　10
　　　未定职级　7

专科专业　包装技术与设计、包装艺术与设计、表演艺术(时装表演与营销)、表演艺术(舞蹈方向)、表演艺术(音乐方向)、产品造型设计、纺织品检验与贸易、纺织品装饰艺术设计、纺织品装饰艺术设计(服饰品设计)、服装表演(时装表演与营销)、服装工艺技术、服装设计、服装设计(中外合作)、国际贸易实务、会计电算化、机电一体化技术、机电一体化技术(城轨机电自动化)、计算机网络技术、计算机信息管理、计算机应用技术、计算机应用技术(动漫方向)、建筑装饰工程技术、精细化学品生产技术、连锁经营管理、美术、模具设计与制造、染整技术、人物形象设计、市场营销、市场营销(时装营销与管理)、数控技术、投资与理财、物流管理、现代纺织技术(纺织工艺与贸易)、现代纺织技术(纺织品设计)、现代纺织技术(轻纺产品设计)、新型纺织机电技术、移动通信技术、艺术设计、艺术设计(展示设计方向)、应用电子技术、应用电子技术(城轨通信)、应用日语、应用

英语、针织技术与针织服装

院系设置

学院设有纺织学院、服装学院、艺术与设计学院、商学院、机电与轨道交通学院、信息学院、人文学院、易斯戴学院、国际学院、成教学院、培训学院十一个二级学院。

国家级、省部级研究机构设置

实验室：宁波市先进纺织技术与服装CAD重点实验室

定期公开出版的专业刊物 《浙江纺织服装职业技术学院学报》（季刊）

学校设立奖学金情况

学校设立奖学金20项，奖励总金额76.19万，最高金额20000元/人，最低金额100元/人。

学校历史沿革

浙江纺织服装职业技术学院由原浙江轻纺职业技术学院和宁波服装职业技术学院合并组建，隶属宁波市人民政府。2004年10月浙江人民政府发出浙政函[2004]147号文件，正式批准浙江轻纺职业技术学院和宁波服装职业技术学院合并组建浙江纺织服装职业技术学院。

杭州科技职业技术学院

学校(机构)标识码 4133013026	校园(局域)网域名 www.hzaspt.edu.cn	在校生数(人) 11245
学校办学类型 415：专科院校：高等职业学校	电子信箱 bgs@mail.hzaspt.edu.cn	其中：普通专科 6028 成人专科 5217
学校性质类别 01 综合大学	占地面积(平方米) 566245	专任教师(人) 325
学校举办者 821 地级教育部门	校舍建筑面积(平方米) 365888	其中：正高级 5
学校地址 杭州市文一西路37号	图书(万册) 48.1	副高级 101
邮政编码 310012	固定资产总值(万元) 27196	中级 167
办公电话 0571-28287015	教学、科研仪器设备资产值(万元) 6721.73	初级 38
传真电话 0571-28287020		未定职级 14

专科专业 表演艺术、城镇规划、电气自动化技术、房地产经营与估价、广告设计与制作、国际商务、环境艺术设计、会计、会展策划与管理、计算机网络技术、计算机信息管理、计算机应用技术、建筑工程技术、建筑经济管理、建筑设备工程技术、建筑装饰工程技术、酒店管理、模具设计与制造、汽车检测与维修技术、市政工程技术、应用电子技术、装潢艺术设计、装饰艺术设计

院系设置

工商学院、艺术学院、旅游学院、信息工程学院、城市建设学院、机电学院、严州学院、开放学院

国家级、省部级研究机构设置

国家级实训基地一个：建筑技术实训基地。省级实训基地三个：环境空间设计实训基地、土木工程实训基地、电工电子实训基地

定期公开出版的专业刊物 《杭州科技职业技术学院报》

学校设立奖学金情况

学校设立奖学金4项，奖励总额124300元/年，最低金额300元/年。

学校历史沿革

杭州科技职业技术学院是在杭州成人科技大学的基础上经浙江省人民政府批准于1999年12月筹建，主管单位为杭州市人民政府。2006年经杭州市政府决定，杭州广播电视大学作为主要举办者筹办杭州科技职业技术学院。2009年2月26日，浙江省政府发文，同意正式建设杭州科技职业技术学院，4月教育部正式备案。

浙江长征职业技术学院

学校(机构)标识码 4133013027	传真电话 0571-85076628	在校生数(人) 11746
学校办学类型 415：专科院校：高等职业学校	校园(局域)网域名 www.zjczxy.cn	其中：普通专科 10653 成人专科 1093
学校性质类别 01 综合大学	电子信箱 zld@zjczxy.cn	专任教师(人) 516
学校举办者 999 民办	占地面积(平方米) 579969	其中：正高级 20
学校地址 杭州市西湖区小和山高教园区留和路525号	校舍建筑面积(平方米) 188115	副高级 97
	图书(万册) 96.79	中级 234
邮政编码 310023	固定资产总值(万元) 48516.19	初级 63
办公电话 0571-85076588	教学、科研仪器设备资产值(万元) 5438.14	未定职级 102

专科专业 报关与国际货运、财务管理、电子商务、电子信息工程技术、房地产经营与估价、工程造价、工商企业管理、国际经济与贸易、国际商务、会计、会计电算化、会计与统计核算、计算机网络技术、计算机系统维护、计算机信息管理、计算机应用技术、建筑工程管理、金融与证券、酒店管理、旅游管理、旅游英语、人力资源管理、软件技术、商务英语、市场开发与营销、通信系统运行管理、投资与理财、图形图像制作、文秘、物流管理

院系设置

学院现有7个二级学院：计算机学院、经济学院、信息学院、财务与会计学院、管理学院、人文学院、成教学院

学校设立奖学金情况

学院设有9项奖学金，奖励金额达198余万元。办学30年来为社会培养各类人才达33万多人。

学校历史沿革

浙江长征职业技术学院是经省政府人民政府批准、经教育部备案的高等职业院校。

嘉兴南洋职业技术学院

学校(机构)标识码	4133013028
学校办学类型	415：专科院校：高等职业学校
学校性质类别	01 综合大学
学校举办者	999 民办
学校地址	嘉兴市塘汇路839号
邮政编码	314003
办公电话	0573-82303470
传真电话	0573-82300797
校园(局域)网域名	www.jxnyc.com
电子信箱	sjtu-nyc@vip.163.com
占地面积(平方米)	157299
校舍建筑面积(平方米)	78029
图书(万册)	23.68
固定资产总值(万元)	16233.45
教学、科研仪器设备资产值(万元)	1513.05
在校生数(人)	4360
其中：普通专科	4360
专任教师(人)	199
其中：正高级	2
副高级	20
中级	87
初级	82
未定职级	8

专科专业 报关与国际货运、船舶工程技术、电子信息工程技术、工程造价、工商企业管理、国际贸易实务、机械制造与自动化、计算机应用技术、建筑工程技术、模具设计与制造、商务英语、数控技术

院系设置

学院暂设经济管理、电子信息、船舶与建筑、机电工程四个系。

学校设立奖学金情况

学校设立奖学金10项，奖励总金额136.3余万元。奖学金最高金额8000元/年，最低金额500元/年。

毕业生一次就业率 96.44%

学校历史沿革

嘉兴南洋职业技术学院于2001年7月经浙江省人民政府批准，由上海交通大学和嘉兴市人民政府共建。后改由上海交通大学教育集团和嘉兴教育发展投资有限公司共同筹建。2004年9月10日经浙江省人民政府（浙政函【2004】133号）文批准正式建院。

浙江广厦建设职业技术学院

学校(机构)标识码	4133013029
学校办学类型	415：专科院校：高等职业学校
学校性质类别	02 理工院校
学校举办者	999 民办
学校地址	浙江省东阳市广福东街1号
邮政编码	322100
办公电话	0579-86668872
传真电话	0579-86668877
校园(局域)网域名	www.guangshaxy.com
电子信箱	bgs@mail.guangshaxy.com
占地面积(平方米)	515595
校舍建筑面积(平方米)	284857
图书(万册)	100
固定资产总值(万元)	72165.22
教学、科研仪器设备资产值(万元)	8512.33
在校生数(人)	11156
其中：普通专科	10732
成人专科	424
专任教师(人)	453
其中：正高级	27
副高级	82
中级	163
初级	133
未定职级	48

专科专业 道路桥梁工程技术、电气自动化技术、动漫设计与制作、房地产经营与估价、工程监理、工程造价、国际经济与贸易、机电一体化技术、计算机应用技术、建筑工程管理、建筑工程技术、建筑经济管理、酒店管理、楼宇智能化工程技术、旅游管

理、旅游英语、模具设计与制造、木雕设计与制作、软件技术、商务英语、市政工程技术、数控技术、物流管理、物业管理、应用英语、园林工程技术、装潢艺术设计、资产评估与管理

院系设置
建筑工程学院、管理工程学院、信息与控制工程学院、经贸外国语学院、成教学院

定期公开出版的专业刊物　《浙江广厦建设职业技术学院学报》

学校设立奖学金情况
学院设立奖学金五项，奖励总金额61.3余万元。奖金最高金额2000元/年，最低金额800元/年。

学校历史沿革
浙江广厦建设职业技术学院是2011年6月 经浙江省人民政府批准，由中国广厦控股创业有限公司独家投资，在原金华市城乡建设学校基础上筹建的高职学院，与浙江电大东阳学院实行联合办学。

杭州万向职业技术学院

学校(机构)标识码　4133013030	传真电话　0571-87171806	在校生数(人)　5083
学校办学类型　415：专科院校：高等职业学校	校园(局域)网域名　www.wxpoly.cn	其中：普通专科　4945
	电子信箱　hzwxxy@org.hz.cn	成人专科　138
学校性质类别　01 综合大学	占地面积(平方米)　170421	专任教师(人)　198
学校举办者　999 民办	校舍建筑面积(平方米)　67921	其中：正高级　13
学校地址　杭州市西湖区西溪路896号	图书(万册)　39.63	副高级　53
	固定资产总值(万元)　16915.01	中级　95
邮政编码　310023	教学、科研仪器设备资产值(万元)	初级　23
办公电话　0571-87171806	2931.65	未定职级　14

专科专业　城市轨道交通运营管理、房地产经营与估价、服装工艺技术、工商企业管理、工业设计、观光农业、国际贸易实务、环境监测与评价、会计、机电一体化技术、酒店管理、绿色食品生产与检测、汽车技术服务与营销、汽车检测与维修技术、汽车整形技术、汽车制造与装配技术、商务英语、园艺技术

院系设置
生物技术系、应用工程系、通识教育系、经济贸易系、工商管理系

学校设立奖学金情况
学校设立奖学金4项，奖励总金额88.2余万元。奖学金最高金额1200元/年，最低金额600元/年。

学校历史沿革
杭州万向职业技术学院的前身为建于1950年的杭州农业学校，2000年升格为杭州职业技术学院钱潮分院，2002年更名为杭州万向职业技术学院。

浙江工业大学之江学院

学校(机构)标识码　4133013275	传真电话　0571-87092165	5486.75
学校办学类型　413：本科院校：独立学院	校园(局域)网域名　www.zjc.zjut.edu.cn	在校生数(人)　7943
		其中：普通本科　7943
学校性质类别　01 综合大学	电子信箱　xqb@zjc.zjut.edu.cn	专任教师(人)　421
学校举办者　999 民办	占地面积(平方米)　165655	其中：正高级　56
学校地址　浙江省杭州市之江路182号	校舍建筑面积(平方米)　109069	副高级　105
	图书(万册)　51.73	中级　217
邮政编码　310024	固定资产总值(万元)　37724.92	初级　26
办公电话　0571-87313612	教学、科研仪器设备资产值(万元)	未定职级　17

本科专业　财务管理、测控技术与仪器、城市规划、电子信息工程、动画、对外汉语、法学、工程管理、工商管理、工商管理类、工业工程、工业设计、公共事业管理、广播电视新闻学、广告学、国际经济与贸易、汉语言文学、机械工程及自动化、计算机科学与技术、建筑学、旅游管理、日语、软件工程、市场营销、通信工程、信息管理与信息系统、信息与计算科学、艺术设计、英语、自动化

院系设置
学院设有8个分院1个系1个教学部，即经贸管理分院、信息工程分院、人文科学分院、机电工程分院、外国语分院、建筑分

院、创意设计分院、理学系、中旅学院、体育军训部

国家级、省部级研究机构设置

研究中心(所)：特种装备研究所、旅游规划设计研究所、船舶与海洋工程研究所、文化与文化产业研究所、信息与节能技术研究所、创意设计研究所、之江建筑规划设计所

学校设立奖学金情况

学校设立奖学金14项，奖励总金额22余万元。奖学金最高金额10000元/年，最低金额400元/年。

学校历史沿革

浙江工业大学之江学院的前身杭州船舶工业学校创办于1960年春，最初为高等专科学校。1963年，调整为中等专业学校。

1969年，改为国营四四五厂。

1980年，四四五厂与第七研究院七〇六研究所合并，改为七一五研究所。1984年6月，恢复杭州船舶工业学校。

1999年4月，杭州船校下放到浙江省，7月12日，浙江省人民政府批复，杭州船校正式并入浙江工业大学，同时撤销杭州船校独立建制，原校址定名为浙江工业大学之江校区。8月4日，浙江省人民政府批复成立浙江工业大学之江学院。

2004年11月28日，教育部发文确认为独立学院。

浙江师范大学行知学院

学校(机构)标识码　4133013276	传真电话　0579-82291190	其中：普通本科　9238
学校办学类型　413：本科院校：独立学院	电子信箱　xz@zjnu.cn	专任教师(人)　349
	图书(万册)　85.45	其中：正高级　29
学校性质类别　01 综合大学	固定资产总值(万元)　19420.4	副高级　100
学校举办者　999 民办	教学、科研仪器设备资产值(万元)	中级　164
学校地址　浙江师范大学行知学院	6152.75	初级　50
邮政编码　321004	在校生数(人)　9238	未定职级　6
办公电话　0579-82291187		

本科专业　财务管理、城市规划、电子商务、电子信息工程、对外汉语、法学、法学(复合班)、工商管理、工商管理类、光信息科学与技术、广告学、国际经济与贸易、国际经济与贸易(复合班)、汉语言文学、汉语言文学(复合班)、行政管理、环境科学、会计学、机械设计制造及其自动化、计算机科学与技术、交通运输、教育技术学、金融学、旅游管理、旅游管理(复合班)、日语、社会工作、社会体育、生物技术、市场营销、数学与应用数学、通信工程、物理学、信息与计算科学、艺术设计、艺术设计(舞台影视传媒)、音乐表演、英语、英语(复合班)、应用化学、应用心理学

院系设置

商学分院、法学分院、文学分院、艺体分院、理学分院、工学分院

学校设立奖学金情况

学校设立奖学金14项，奖励总金额243余万元。奖学金最高金额3000元/年，最低金额300元/年。

学校历史沿革

浙江师范大学行知学院，创建于1999年8月。2004年11月被教育部确认为综合性全日制本科独立学院。

宁波大学科学技术学院

学校(机构)标识码　4133013277	传真电话　0574-87608482	5425.65
学校办学类型　413：本科院校：独立学院	校园(局域)网域名　www.ndkjxy.net.cn	在校生数(人)　9674
		其中：普通本科　9674
学校性质类别　01 综合大学	电子信箱　kjxy@nbu.edu.cn	专任教师(人)　381
学校举办者　999 民办	占地面积(平方米)　193011	其中：正高级　19
学校地址　浙江省宁波市镇海区庄市街道毓秀路505号	校舍建筑面积(平方米)　198562	副高级　95
	图书(万册)　50.64	中级　216
邮政编码　315212	固定资产总值(万元)　47276.87	初级　51
办公电话　0574-87600546	教学、科研仪器设备资产值(万元)	

本科专业　城市规划、电气工程及其自动化、电气信息工程、电气信息类、电子信息科学与技术、动画、法学、工程管理、工商管理、工商管理类、工业设计、广告学、国际经济与贸易、汉语言文学、行政管理、环境工程、会计学、机械设计制造及其自动化、计算机科学与技术、建筑学、金融学、经济学类、经济学类新专业、临床医学、旅游管理、日语、软件工程、社会体育、生物工

程、生物工程类、生物技术、通信工程、土木工程、物流管理、信息管理与信息系统、信息与计算科学、艺术类、艺术设计、英语、应用化学、资源环境与城乡规划管理

院系设置

人文学院、理工学院、法商学院、设计艺术学院、生命医学学院

学校设立奖学金情况

学校设立奖学金18项,奖励总金额580余万元。奖学金最高金额10000元/年,最低金额300元/年。

学校历史沿革

1999年4月经浙江省政府批准成立,成立宁波大学科学技术学院,属国有民办二级学院;2004年11月,经国家教育部确认为独立学院。

杭州电子科技大学信息工程学院

学校(机构)标识码 4133013279	办公电话 0571-86915171	在校生数(人) 8899
学校办学类型 413:本科院校:独立学院	传真电话 0571-86919004	其中:普通本科 8899
	校园(局域)网域名 www.hdu.edu.cn	专任教师(人) 377
学校性质类别 02 理工院校	电子信箱 office@hdu.edu.cn	其中:正高级 16
学校举办者 999 民办	图书(万册) 49.28	副高级 98
学校地址 杭州电子科技大学信息工程学院	固定资产总值(万元) 9684.98	中级 231
	教学、科研仪器设备资产值(万元) 6031.64	初级 32
邮政编码 310017		

本科专业 财务管理、电气工程与自动化、电子商务、电子信息工程、电子信息技术及仪器、电子信息科学与技术、工商管理、工业设计、国际经济与贸易、会计学、机械设计制造及其自动化、计算机科学与技术、金融学、人力资源管理、软件工程、市场营销、通信工程、网络工程、物流管理、信息工程、信息管理与信息系统、印刷工程、英语、自动化

学校设立奖学金情况

学校设立奖学金12项,奖励总金额356.12余万元。奖学金最高金额3000元/年,最低金额100元/年。

学校历史沿革

杭州电子科技大学信息工程学院是1999年8月经信息产业部同意、浙江省人民政府批准,由杭州电子科技大学举办的独立设置的全日制本科院校。

浙江理工大学科技与艺术学院

学校(机构)标识码 4133013280	传真电话 0571-85857000	在校生数(人) 6277
学校办学类型 413:本科院校:独立学院	校园(局域)网域名 www.ky.zstu.edu.cn	其中:普通本科 6277
		专任教师(人) 185
学校性质类别 02 理工院校	电子信箱 kyxy@zstu.edu.cn	其中:正高级 6
学校举办者 999 民办	图书(万册) 39	副高级 42
学校地址 浙江省杭州市文一西路960号	固定资产总值(万元) 16350.84	中级 100
	教学、科研仪器设备资产值(万元) 3552.47	初级 31
邮政编码 311121		未定职级 6
办公电话 0571-85857026		

本科专业 传播学、电子商务、电子信息工程、电子信息科学与技术、动画、法学、纺织工程(纺织品贸易方向)、服装设计与工程、工程管理、工商管理、工业设计(工)、工业设计(艺)、公共事业管理、广告学、国际经济与贸易、汉语言文学、会计学、计算机科学与技术、建筑学、经济学、人力资源管理、市场营销、通信工程、土木工程、信息管理与信息系统、艺术设计(ZIFT服设)、艺术设计(产品设计)、艺术设计(服装艺术设计)、艺术设计(环境设计)、艺术设计(染织艺术设计)、艺术设计(人物造型)、艺术设计(视觉传达)、英语、自动化

院系设置

纺织服装系、机电系、经管系、艺术与设计系、人文系、外语系、建筑系、基础部、体育军训部

学校设立奖学金情况
学校设立奖学金14项,奖励总金额2691230元/年,最高金额12000元/年,最低金额200元/年。

学校历史沿革
1999年建立至今。

浙江海洋学院东海科学技术学院

学校(机构)标识码 4133013282	办公电话 0580-2554836	在校生数(人) 5688
学校办学类型 413:本科院校:独立学院	传真电话 0580-2554836	其中:普通本科 5688
	校园(局域)网域名 www.zjou.edu.cn	专任教师(人) 256
学校性质类别 03 农业院校	电子信箱 zjhyxy@zjou.edu.cn	其中:正高级 23
学校举办者 999 民办	图书(万册) 50.83	副高级 85
学校地址 浙江省舟山市定海区文化路105号	固定资产总值(万元) 12975	中级 110
	教学、科研仪器设备资产值(万元) 4291	初级 38
邮政编码 316000		

本科专业 财务管理、船舶与海洋工程、电气工程及其自动化、电子信息工程、汉语言文学、行政管理、护理学、化学工程与工艺、环境科学、环境资源与发展经济学、机械设计制造及其自动化、计算机科学与技术、建筑环境与设备工程、旅游管理、生物技术、生物科学、食品科学与工程、市场营销、土木工程、物流管理、信息与计算科学、药学、英语、油气储运工程

院系设置
船舶与建筑工程系、机电工程系、海洋科学系、管理系、数理与信息系、外语系、中文系、食品药学系、石油化工系、水产与海运系

学校设立奖学金情况
学校设立奖学金7项,奖励总金额111.06余万元。奖学金最高金额3500元/年,最低金额300元/年。

毕业生一次就业率 92.26%

浙江农林大学天目学院

学校(机构)标识码 4133013283	办公电话 0571-63740825	在校生数(人) 6225
学校办学类型 413:本科院校:独立学院	传真电话 0571-63743390	其中:普通本科 6225
	校园(局域)网域名 www.tmxy.zafu.edu.cn	专任教师(人) 349
学校性质类别 04 林业院校		其中:正高级 26
学校举办者 999 民办	图书(万册) 42.02	副高级 92
学校地址 杭州临安锦城镇衣锦街252号	固定资产总值(万元) 20481.33	中级 199
	教学、科研仪器设备资产值(万元) 3749.63	初级 20
邮政编码 311300		未定职级 12

本科专业 财务管理、财务管理(财会类)、城市管理、电子商务、电子信息工程、电子信息科学类、法学、工商管理、工商管理类、公共管理类、公共事业管理、广告学、国际经济与贸易、环境工程、会计学、机械设计制造及其自动化、计算机科学与技术、交通运输(汽车服务工程)、经管创业实验班、旅游管理、木材科学与工程、生物环境类、生物技术、食品科学与工程、市场营销、土木工程、信息管理与信息系统、艺术类、艺术设计、艺术设计(室内与家具设计)、艺术设计(园林艺术设计)、英语、英语(商务英语)、语言类、园林、园林创业实验班、中药学、资源环境与城乡规划管理

院系设置
生物环境系、工程技术系、园林艺术系、经济管理系、人文系、公共基础课教学部

学校设立奖学金情况
学校奖学金11项,奖励金额358余万元。奖学金最高额8000元/年,最低300元/年。

学校历史沿革
2000.1经省人民政府批准组建成立浙江林学院天目学院;2002.7调整天目学院管理体制;2004.11.28被教育部确认独立学院;2005.7重组天目学院班子。

温州医学院仁济学院

学校(机构)标识码 4133013284	办公电话 0577-86699388	在校生数(人) 6943
学校办学类型 413:本科院校:独立学院	传真电话 0577-86699388	其中:普通本科 6943
学校性质类别 05 医药院校	校园(局域)网域名 www.wyrj.net	专任教师(人) 357
学校举办者 999 民办	电子信箱 rjxy@wzmc.edu.cn	其中:正高级 70
学校地址 温州茶山高教园区温州医学院仁济学院	图书(万册) 45.46	副高级 95
邮政编码 325035	固定资产总值(万元) 14755.32	中级 143
	教学、科研仪器设备资产值(万元) 4575.61	初级 49

本科专业 法学、法医学、公共管理类、公共事业管理、护理学、环境科学、康复治疗学、口腔医学、临床医学、麻醉学、日语、生物技术、生物医学工程、市场营销、信息管理与信息系统、眼视光学、药学、药学类、医学检验、英语、应用心理学、中药学、中医学

院系设置
医学一系、医学二系、麻醉系、中医系、法医系、口腔系、影像系、药学系、护理系、心理系、检验系、眼视光系、法学系、外语系、生物系、生物医学工程系、管理系、信息系、康复系、环境科学系、社科部、体育部、基础部

学校设立奖学金情况
学校设立奖学金9项,奖励总金额297余万元。奖学金最高金额8000元/年,最低金额500元/年。

学校历史沿革
学校是1999年8月经浙江省人民政府批准成立,2004年国家教育部确认的独立学院。

浙江中医药大学滨江学院

学校(机构)标识码 4133013285	传真电话 0571-86633077	其中:普通本科 4033
学校办学类型 413:本科院校:独立学院	校园(局域)网域名 zjtam.net	专任教师(人) 203
学校性质类别 05 医药院校	电子信箱 zjtcm@zjtcm.net	其中:正高级 5
学校举办者 999 民办	图书(万册) 21.4	副高级 52
学校地址 杭州市滨江区高教园区	固定资产总值(万元) 15735	中级 108
邮政编码 310053	教学、科研仪器设备资产值(万元) 5600	初级 32
办公电话 0571-86633077	在校生数(人) 4033	未定职级 6

本科专业 公共事业管理、护理学、计算机科学与技术、康复治疗学、口腔医学、临床医学、生物工程、生物技术、市场营销、听力学、药物制剂、药学、药学类、医学检验、英语、针灸推拿学、制药工程、中药学、中医学

学校设立奖学金情况
学校设置奖学金9项,奖励总金额287.85余万元,奖赏金最高8000元/年,最低100元/年

学校历史沿革
2000年成立浙江中医学院滨江学院,2004年独立学院验收,2006年更名为浙江中医药大学滨江学院。

杭州师范大学钱江学院

学校(机构)标识码 4133013286	学校地址 杭州师范大学钱江学院	图书(万册) 63.5
学校办学类型 413:本科院校:独立学院	邮政编码 310036	固定资产总值(万元) 30210
学校性质类别 06 师范院校	办公电话 0571-28865859	教学、科研仪器设备资产值(万元) 5079
学校举办者 999 民办	传真电话 0571-28865857	
	电子信箱 qianjiangxy@hznu.edu.cn	在校生数(人) 8609

其中:普通本科 8609	副高级 156	初级 50
专任教师(人) 424	中级 171	未定职级 9
其中:正高级 38		

本科专业 播音与主持艺术、材料成型及控制工程、电子商务、电子信息工程、动画、法学、高分子材料与工程、工业设计、广播电视编导、汉语言文学、护理学、会计学、机械设计制造及其自动化、计算机科学与技术、经济学、临床医学、旅游管理、社会工作、社会体育、市场营销、数学与应用数学、舞蹈学、信息与计算科学、艺术设计、音乐表演、英语、应用化学

院系设置
经济管理分院、外国语言文化分院、信息与健康管理分院、理学分院、法学分院、医学与生物工程分院、体育与健康管理分院、新闻与传播分院、音乐舞蹈分院、创意设计艺术分院、材料与化学工程分院。另增设现代教育技术中心、艺术教育委员会、基础教学部

学校设立奖学金情况
学校设立奖学金 4 项,奖励总金额 239 余万元。奖学金最高金额 10000 元一年,最低金额 1000 元一年。另设学生单项奖,每学年发放平均约 35 万元,奖金额最高 20000 元一项,最低 100 一项。

学校历史沿革
1999 年成立杭州师范大学钱江学院,2000 年 9 月迁址浙江省杭州市古荡湾 251 号原浙江省公安专科学校校址。2004 年 9 月,杭州师范学院迁址浙江省杭州市文一路 222 号,原杭州师范学院迁址下沙高教园。2007 年随杭州师范学院升格为杭州师范大学,杭州师范学院更名为杭州师范大学钱江学院。

湖州师范学院求真学院

学校(机构)标识码 4133013287	校园(局域)网域名 www.hutc.zj.cn/qzxy	在校生数(人) 7352
学校办学类型 413:本科院校:独立学院	电子信箱 qzxy@hutc.zj.cn	其中:普通本科 7352
学校性质类别 06 师范院校	占地面积(平方米) 491453	专任教师(人) 329
学校举办者 999 民办	校舍建筑面积(平方米) 221195	其中:正高级 34
学校地址 浙江省湖州市学士路 1 号	图书(万册) 44.12	副高级 67
邮政编码 313000	固定资产总值(万元) 35814.78	中级 138
办公电话 0572-2321063	教学、科研仪器设备资产值(万元) 4327.2	初级 40
传真电话 0572-2321059		未定职级 50

本科专业 材料化学、电子科学与技术、电子商务、电子信息工程、广告学、国际经济与贸易、汉语言文学、行政管理、护理学、机械设计制造及其自动化、计算机科学与技术、历史学、美术学、日语、社会体育、生物工程、生物技术、市场营销、物流管理、新闻学、信息管理与信息系统、信息与计算科学、艺术设计、音乐学、英语、应用心理学、制药工程

院系设置
基础部、经管系、社会发展系、教育系、体育系、文学系、艺术系、理学系、信息与工程系、生命科学系、医学系

学校设立奖学金情况
学校设立奖学金情况:学校设立奖学金 3 项,奖励总金额 250 万元。奖学金最高金额 2000 元/年,最低金额 200 元/年。

学校历史沿革
湖州师范学院求真学院是 1999 年 8 月经浙江省人民政府批准建立,并于 2004 年 8 月为教育部确认的全日制本科独立学院。学校现有在校生 7352 人,设有国际经济与贸易、社会体育等 28 个本科专业。

绍兴文理学院元培学院

学校(机构)标识码 4133013288	号	占地面积(平方米) 133991
学校办学类型 413:本科院校:独立学院	邮政编码 312000	图书(万册) 53.02
学校性质类别 06 师范院校	办公电话 0575-88345198	固定资产总值(万元) 14262.92
学校举办者 999 民办	传真电话 0575-88061806	教学、科研仪器设备资产值(万元) 4241.95
学校地址 浙江省绍兴市城南大道 900	校园(局域)网域名 www.ypcol.com	
	电子信箱 ypcol@ypcol.com	在校生数(人) 8366

其中：普通本科 8366	副高级 71	初级 11
专任教师（人） 336	中级 202	未定职级 36
其中：正高级 16		

本科专业 电子信息工程、对外汉语、法学、纺织工程、服装设计与工程、工程管理、工商管理、公共事业管理、国际经济与贸易、汉语言文学、护理学、环境科学、会计学、机械设计制造及其自动化、计算机科学与技术、生物科学、市场营销、体育教育、土木工程、物流管理、信息管理与信息系统、药学、艺术设计、音乐学、英语、园林、自动化

院系设置

人文科学系、经济与管理系、外语系、工程与技术系、信息与电子系、生命科学系、基础课部

学校设立奖学金情况

学校设立奖学金5项，奖励总金额303.96万元。奖学金最高金额10000元/年，最低金额150元/年。

1. 特等奖学金：7人/年，10000元/人
2. 一等奖学金：157人/年，5000元/人
3. 二等奖学金：313人/年，3000元/人
4. 三等奖学金：771人/年，1000元/人
5. 单项奖学金：3164人/年，150元/人

学校历史沿革

绍兴文理学院元培学院创建于2000年1月。

温州大学瓯江学院

学校（机构）标识码 4133013289	办公电话 0577-86680517	5215.75
学校办学类型 413：本科院校：独立学院	传真电话 0577-86680517	在校生数（人） 7683
学校性质类别 06 师范院校	校园（局域）网域名 www.wzu.edu.cn	其中：普通本科 7683
学校举办者 999 民办	电子信箱 ojxy@wzu.edu.cn	专任教师（人） 450
学校地址 温州市茶山高教园区温州大学北校区温州大学瓯江学院	占地面积（平方米） 297573	其中：正高级 42
	校舍建筑面积（平方米） 144150	副高级 127
	图书（万册） 47.69	中级 245
	固定资产总值（万元） 28115.32	初级 33
邮政编码 325035	教学、科研仪器设备资产值（万元）	未定职级 3

本科专业 材料科学与工程、财务管理、电子信息工程、法学、服装设计与工程、工程管理、工商管理、工商管理类、广告学、国际经济与贸易、汉语言文学、化学类、环境科学、机械工程及自动化、计算机科学与技术、建筑学、生物技术、市场营销、数学类、数学与应用数学、通信工程、统计学、土木工程、信息管理与信息系统、艺术设计、音乐表演、音乐学、英语、应用化学、中国语言文学类

院系设置

系级设置为七院一部：商务分院、法学分院（含思政部）、人文与外国语分院、艺术分院、理学分院、信息与电子工程分院、机械与建筑工程分院、公共体育部

国家级、省部级研究机构设置

研究所（中心）：由我院承担建设温州市信息安全研究中心（温州市信息化管理办公室温信办[2009]56号）；温州市人民政府在我院设立温州市文化创意产业园（温州市人民政府温政函[2008]30号）。学院是国家级创业教育人才培养模式创新实验区，浙江省人才培养模式创新实验区，浙江省创业教育研究基地，温州市文化创意产业园，温州市创意设计中心，温州市小企业创业基地等。

学校设立奖学金情况

学校设立奖学金6项（特等奖学金、一等奖学金、二等奖学金、三等奖学金、单项奖学金、谷超豪奖学金），奖励总金额249.71万元。奖学金最高金额5000元/年，最低金额150元/年。

1. 温州大学谷超豪特等奖学金：1人/年，5000元/人，共5000元
2. 瓯江学院特等奖学金：2人/年，5000元/人，共10000元
3. 一等奖学金：750人/年，1000元/人，共750000元
4. 二等奖学金：1526人/年，500元/人，共763000元
5. 三等奖学金：3806人/年，250元/人，共951500元
6. 单项奖学金：117人/年，150元/人，共17550元

毕业生一次就业率 94.3%。

学校历史沿革

温州大学瓯江学院前身为温州师范学院瓯江学院，2000年1月5日经浙江省人民政府批准设立，同年开始招生，是一所具有相对独立办学自主权的综合性独立学院。2004年经国家教育部批准，正式成为独立学院。

浙江工商大学杭州商学院

学校(机构)标识码 4133013290	办公电话 0571-88071024	在校生数(人) 8319
学校办学类型 413:本科院校:独立学院	传真电话 0571-88842479	其中:普通本科 8319
	校园(局域)网域名 hsy.zjsu.edu.cn	专任教师(人) 339
学校性质类别 08 财经院校	电子信箱 hsy@mail.zjsu.edu.cn	其中:正高级 11
学校举办者 999 民办	图书(万册) 54.47	副高级 76
学校地址 浙江省杭州市下沙高教园区学府街508号	固定资产总值(万元) 19590	中级 205
	教学、科研仪器设备资产值(万元) 3425	初级 38
邮政编码 330104		未定职级 9

本科专业 编辑出版学、财务管理、电子商务、法学、工程管理、工商管理、公共事业管理、广告学、国际经济与贸易、行政管理、会计学、金融学、经济学、旅游管理、人力资源管理、日语、市场营销、统计学、土地资源管理、物流管理、新闻学、信息管理与信息系统、艺术设计、英语、资源环境与城乡规划管理

院系设置
工商管理系、经济系、金融系、统计系、财务与会计系、旅游与城市管理系、法学系、信息与电子工程系、计算机与信息工程系、人文系、公共管理系、外语系、日语语言与文化系、艺术设计系

学校设立奖学金情况
学校设立奖学金5项,奖励总金额40000余万元。奖学金最高金额10000元/年,最低金额200元/年。

学校历史沿革
1997年7月,经浙江省人民政府批准,成立杭州商学院国际经贸学院;2004年6月,更名为浙江工商大学国际经贸学院;2004年12月,经教育部批准确认,更名为浙江工商大学杭州商学院。

嘉兴学院南湖学院

学校(机构)标识码 4133013291	办公电话 0573-83640391	在校生数(人) 7980
学校办学类型 413:本科院校:独立学院	传真电话 0573-83641538	其中:普通本科 7980
	校园(局域)网域名 www.zjxu.edu.cn	专任教师(人) 355
学校性质类别 01 综合大学	电子信箱 jxxynhxy2008@126.com	其中:正高级 13
学校举办者 999 民办	图书(万册) 58	副高级 98
学校地址 浙江省嘉兴市南湖区新兴街道王安社区	固定资产总值(万元) 10342.47	中级 193
	教学、科研仪器设备资产值(万元) 5273.9	初级 41
邮政编码 314001		未定职级 10

本科专业 财务管理、测控技术与仪器、电气工程及其自动化、电气信息类、电子信息工程、法学、纺织工程、服装设计与工程、高分子材料与工程、工程管理、工商管理、工商管理类、工业设计、管理科学与工程类、国际经济与贸易、汉语言文学、化工与制药类、化学工程与工艺、环境工程、会计学、机械设计制造及其自动化、计算机科学与技术、建筑环境与设备工程、金融学、经济学、经济学类、临床医学、轻工纺织食品类、轻化工程、人力资源管理、日语、生物工程、市场营销、土建类、土木工程、信息管理与信息系统、英语

院系设置
机电与建筑工程系、化学与纺织工程系、数理与信息工程系、商学系、人文系、医学系、体育与军训部

学校设立奖学金情况
学校设立奖学金4项,奖励总金额241.55余万元。奖学金最高金额5000元/年,最低金额200元/年。

学校历史沿革
嘉兴学院南湖学院是2003年3月经浙江省人民政府(浙政函【2003】46号)批准建立的实行民办机制的独立学院,教育形式为全日制普通高等教育,面向全国招生列为第三批录取院校。

中国计量学院现代科技学院

学校(机构)标识码 4133013292	办公电话 0571-86872416	在校生数(人) 7286
学校办学类型 413:本科院校:独立学院	传真电话 0571-86872417	其中:普通本科 7286
学校性质类别 02 理工院校	校园(局域)网域名 xdkj.cjlu.edu.cn	专任教师(人) 317
学校举办者 999 民办	电子信箱 xdkjxy@cjlu.edu.cn	其中:正高级 22
学校地址 浙江省杭州市下沙高教园区学源街168号	图书(万册) 46.98	副高级 85
邮政编码 310018	固定资产总值(万元) 40834	中级 190
	教学、科研仪器设备资产值(万元) 4203.57	初级 20

本科专业 安全工程、财务管理、测控技术与仪器、产品质量工程、电气工程及其自动化、电子科学与技术、电子信息工程、法学、工商管理、工业工程、工业设计、公共事业管理、广告学、国际经济与贸易、汉语言文学、机械电子工程、机械设计制造及其自动化、计算机科学与技术、生物工程、市场营销、通信工程、英语、自动化

院系设置
机电工程系、信息工程系、管理系、计测工程系、人文与法学系、基础部

学校设立奖学金情况
学校设立奖学金四项,奖励总金额153余万元。奖学金最高金额10000元/年,最低金额100元/年。

1. 特等奖学金:54人/年,10000元/人。
2. 一等奖学金:207人/年,2000元/人。
3. 二等奖学金:505人/年,1000元/人。
4. 三等奖学金:1068人/年,500元/人。
5. 单项奖学金:710人/年,100元/人。

学校历史沿革
中国计量学院现代科技学院(原名为中国计量学院育英学院)是1997年经浙江省教育厅同意,原国家质量技术监督局批准设立的国有民办独立学院,1999年开始招生,2001年4月经浙江省教育厅同意,更名为中国计量学院现代科技学院。2010年4月学院整体搬迁到杭州下沙高教园区学源街168号。

浙江财经学院东方学院

学校(机构)标识码 4133013294	传真电话 0573-87571010	在校生数(人) 8774
学校办学类型 413:本科院校:独立学院	校园(局域)网域名 www.zufedfc.edu.cn	其中:普通本科 8774
学校性质类别 08 财经院校	电子信箱 dfdyb@zufe.edu.cn	专任教师(人) 470
学校举办者 999 民办	占地面积(平方米) 477406	其中:正高级 63
学校地址 浙江省海宁市长安镇仰山路2号	图书(万册) 47.44	副高级 193
邮政编码 314408	固定资产总值(万元) 7374.91	中级 196
办公电话 0573-87571116	教学、科研仪器设备资产值(万元) 2844.37	初级 10
		未定职级 8

本科专业 保险、财务管理、财政学、电子商务、法学、工程管理、工商管理、广告学、国际经济与贸易、汉语言文学、行政管理、会计学、计算机科学与技术、金融学、经济学、劳动与社会保障、人力资源管理、日语、审计学、市场营销、税务、统计学、物流管理、信息管理与信息系统、艺术设计、英语、资产评估

院系设置
浙江财经学院东方学院下设金融经贸分院、财税分院、工商管理分院、会计分院、信息分院、法政分院、人文与艺术分院、外国语分院、体育中心

学校设立奖学金情况
学校设立奖学金8项,奖励总金额300余万元。奖学金最高金额10000元/年,最低金额500元/年。

新生奖学金10人/年,2000元/人;东方学苑奖学金:10人/年,10000元/人。

学校历史沿革
浙江财经学院东方学院创建于1999年(经浙江省人民政府浙政发(1999)192号批文),2004年11月经国家教育部正式确认为独立学院。2007年6月,浙江财经学院与海宁市人民政府签订合作办学协议,2010年8月,浙江财经学院东方学院整体搬迁至海宁市长安镇仰山路2号。

温州大学城市学院

学校(机构)标识码 4133013637	传真电话 0577-86689588	在校生数(人) 7323
学校办学类型 413:本科院校:独立学院	校园(局域)网域名 www.wucc.cn	其中:普通本科 5634
	电子信箱 city@wzu.edu.cn	普通专科 1689
学校性质类别 08 财经院校	占地面积(平方米) 275943	专任教师(人) 330
学校举办者 999 民办	校舍建筑面积(平方米) 39832	其中:正高级 41
学校地址 浙江省温州市茶山高教园区	图书(万册) 36.8	副高级 77
	固定资产总值(万元) 30120.23	中级 172
邮政编码 325035	教学、科研仪器设备资产值(万元) 3438.59	初级 32
办公电话 0577-86689158		未定职级 8

本科专业 财务管理、电气工程及其自动化、电子信息工程、工商管理、工商管理类、广告学、国际经济与贸易、国际经济与贸易(国际金融)、会计学、计算机科学与技术、金融学、经济学、人力资源管理、市场营销、网络工程、物流管理、信息管理与信息系统、艺术设计、英语、英语(商务英语)、英语(西班牙语)

专科专业 电子商务、工商企业管理、国际经济与贸易、会计、计算机网络技术、计算机应用技术、金融与证券、商务英语、市场营销、投资与理财、应用电子技术

院系设置
设立了金融分院、国际贸易分院、管理分院、会计分院、信息工程分院、外国语分院、基础教学部

国家级、省部级研究机构设置
学院现设有浙江省汽摩配技术创新服务中心、温州大学市场调查研究中心、温州大学民营经济研究中心、温州大学网络工程与应用技术研究所、温州大学城市发展研究中心等科研开发机构

学校设立奖学金情况
学校设立奖学金十二项,奖励总金额195余万元。奖学金最高金额6000元/年,最低金额300元/年。

学校历史沿革
温州大学城市学院是经国家教育部批准设立的独立学院,其前身是创办于1999年的原温州大学经济学院、信息科学与工程学院。

浙江邮电职业技术学院

学校(机构)标识码 4133013688	传真电话 0575-88320302	在校生数(人) 2615
学校办学类型 415:专科院校:高等职业学校	校园(局域)网域名 www.zptc.cn	其中:普通专科 2531
	电子信箱 ygx@zptc.cn	成人专科 84
学校性质类别 02 理工院校	占地面积(平方米) 116611	专任教师(人) 132
学校举办者 812 省级其他部门	校舍建筑面积(平方米) 68858	其中:副高级 13
学校地址 浙江省绍兴市山阴路474号	图书(万册) 18.72	中级 75
	固定资产总值(万元) 12681.46	初级 35
邮政编码 312016	教学、科研仪器设备资产值(万元) 3168.67	未定职级 9
办公电话 0575-88312926		

专科专业 电子设备与运行管理、工程监理(通信线路)、工商企业管理(快递方向)、工商企业管理(邮政通信管理)、计算机通信、金融管理与实务(邮政金融)、软件技术(增值业务)、市场营销(通信)、通信技术、通信技术(通信电源技术)、通信技术(通信线路)、通信系统运行管理、图形图像制作、移动通信技术

院系设置
浙江邮电职业技术学院下设两系两部:通信工程系、管理与信息系和基础教学部、社会科学部

学校设立奖学金情况
学校设立奖学金3项,另有国家奖学金、国家励志奖学金、国家助学金。奖励总金额187万万元。奖学金最高金额8000元/年,最低金额400元/年。

学校历史沿革
浙江邮电职业技术学院系公办全日制高等职业技术学院,前身为浙江省邮电学校。2004年5月17日经浙江省人民政府批准筹建高职学院,2007年2月28日正式成立高职学院。是浙江省唯一拥有邮电通信特有工种职业技能鉴定站的高职学院。

宁波天一职业技术学院

学校(机构)标识码 4133013742	传真电话 0574-88126127	在校生数(人) 6280
学校办学类型 415:专科院校:高等职业学校	校园(局域)网域名 www.nchs.net.cn	其中:普通专科 6005
	电子信箱 nbty@nchs.net.cn	成人专科 275
学校性质类别 05 医药院校	占地面积(平方米) 239643	专任教师(人) 197
学校举办者 821 地级教育部门	校舍建筑面积(平方米) 69024	其中:正高级 8
学校地址 宁波市高教园区(南区)学府路51号	图书(万册) 32.87	副高级 43
	固定资产总值(万元) 21323.66	中级 87
邮政编码 315100	教学、科研仪器设备资产值(万元) 3738.39	初级 59
办公电话 0574-88126009		

专科专业 公共卫生管理、护理、康复治疗技术、口腔医学技术、卫生检验与检疫技术、卫生信息管理、医疗美容技术、医学检验技术、医学营养、助产

院系设置

我院现有护理学院、医学技术学院、健康服务与管理学院、继续教育学院、人文社会科学部5个教学单位。

国家级、省部级研究机构设置

其他类型研究机构:公共卫生与全科医学研究所;现代护理技术研究所;医学技术应用研究所;健康服务与技术开发研究所。

定期公开出版的专业刊物 《宁波天一职业技术学院学报》

学校设立奖学金情况

学校设立奖学金10项,奖励总金额100余万元。奖学金最高金额5000元/年,最低金额300元/年。

学校历史沿革

我院前身是创办于1925年的宁波华美高级护士学校,历经宁波卫生学校、宁波医学专科学校、宁波医学院、浙江医科大学宁波分校、宁波大学卫生职业技术学院等发展阶段,于2004年7月15日,正式建立宁波天一职业技术学院。学院由宁波市政府领导和管理。

台州科技职业学院

学校(机构)标识码 4133013746	传真电话 0576-89188888	在校生数(人) 4809
学校办学类型 415:专科院校:高等职业学校	校园(局域)网域名 www.tzvcst.net	其中:普通专科 4492
	电子信箱 dzb@tzvcst.net	成人专科 317
学校性质类别 01 综合大学	占地面积(平方米) 350001	专任教师(人) 185
学校举办者 821 地级教育部门	校舍建筑面积(平方米) 177780	其中:正高级 4
学校地址 浙江省台州市黄岩区东城王西路	图书(万册) 37.5	副高级 58
	固定资产总值(万元) 30667	中级 106
邮政编码 318020	教学、科研仪器设备资产值(万元) 2791.9	初级 13
办公电话 0576-89188000		未定职级 4

专科专业 导游、观光农业、环境监测与治理技术、会计、机械制造与自动化、计算机辅助设计与制造、计算机应用技术、金融保险、酒店管理、旅游管理、模具设计与制造、商品花卉、商务英语、生化制药技术、食品营养与检测、市场开发与营销、数控技术、网络系统管理、文秘、应用电子技术、园林工程技术、园艺技术

院系设置

学院目前设有现代农业系、机电工程系、经贸管理系、人文艺术系

学校设立奖学金情况

学校设立奖学金3项,奖励总金额48.16余万元。奖学金最高金额1000元/年,最低金额200元/年。

毕业生一次性就业率 99.04%。

学校历史沿革

台州科技职业学院是2007年2月由浙江省人民政府批准正式建立、台州市人民政府主办的专科层次的全日制普通高校。台州科技职业学院筹建于2003年6月,前身是台州职业技术学院九峰分院和台州市教师进修学院。

浙江国际海运职业技术学院

学校(机构)标识码 4133013853	传真电话 0580-2095025	在校生数(人) 6817
学校办学类型 415:专科院校:高等职业学校	校园(局域)网域名 www.zimc.cn	其中:普通专科 4495
	电子信箱 yuanban@zimc.cn	成人专科 2322
学校性质类别 01 综合大学	占地面积(平方米) 334327	专任教师(人) 306
学校举办者 821 地级教育部门	校舍建筑面积(平方米) 107333	其中:正高级 4
学校地址 浙江省舟山市临城新区海天大道268号	图书(万册) 36.26	副高级 67
	固定资产总值(万元) 41091.47	中级 160
邮政编码 316021	教学、科研仪器设备资产值(万元) 5235.01	初级 61
办公电话 0580-2095025		未定职级 14

专科专业 报关与国际货运、船舶工程技术、船舶舾装、船机制造与维修、电脑艺术设计、港口业务管理、国际邮轮乘务、航海技术、机电一体化技术、计算机信息管理、轮机工程技术、旅游管理、旅游英语、商务英语、食品工艺与检测、食品贮运与营销、物流管理

院系设置

航海工程学院、船舶工程学院、港口工程学院、海洋旅游学院、成人教育学院

学校设立奖学金情况

学校设立奖学金7项,奖励总金额110万余元,奖学金最高金额8000元/年,最低金额300元/年。

学校历史沿革

浙江国际海运职业技术学院于2004年2月开始筹建,学院以东海学院、舟山航海学校、定海职业中学三校合并重组为基础。学院为独立建制的全额拨款事业单位,由舟山人民政府举办和管理。新学院于2004年9月1日正式开学。2006年2月正式摘筹建校。2011年9月组建了新的舟山航海学校。

浙江体育职业技术学院

学校(机构)标识码 4133013854	传真电话 0571-83871070	在校生数(人) 682
学校办学类型 415:专科院校:高等职业学校	校园(局域)网域名 www.zjcs.net.cn	其中:普通专科 682
	电子信箱 zj_tyxy@zjcs.net.cn	专任教师(人) 100
学校性质类别 10 体育院校	占地面积(平方米) 477073	其中:正高级 13
学校举办者 812 省级其他部门	校舍建筑面积(平方米) 265559	副高级 41
学校地址 浙江省杭州市萧山高教园区	图书(万册) 12.58	中级 37
	固定资产总值(万元) 26880.55	初级 8
邮政编码 311231	教学、科研仪器设备资产值(万元) 7899.94	未定职级 1
办公电话 0571-83871107		

专科专业 竞技体育、社会体育、体育保健、体育服务与管理、运动训练

院系设置

学院共设置9个系,其中,按体育运动项目群分设八个竞技体育系,负责田径、游泳(及跳水)、小球(乒乓球、羽毛球、网球)、体操(及艺术体操、蹦床、技巧)、大球(篮、排、足球)、船艇(赛艇、皮划艇、帆船、帆板)、重竞技(拳击、跆拳道、举重、摔跤、柔道及武术)、射击(及射箭、马术、自行车)等项目的训练竞赛(竞技体育专业术科教学)和管理;同时,设立体育系,负责竞技体育专业的理论课教学和其他各专业的教学与管理,并负责非奥运会项目(航模、围棋、国际象棋、中国象棋等)的训练、竞赛(术科教学)和管理。

国家级、省部级研究机构设置

千岛湖校区有1个国家体育总局于2008年2月在我院设立的"水上运动科学重点实验室"。

学校设立奖学金情况

学校设立奖学金2项,奖励总金额28.29余万元。奖学金最高金额5000元/年,最低金额500元/年。

主要校办产业

浙江五环青少年体育俱乐部

学校历史沿革

2004年3月,省政府同意浙江职工体育职业技术学院与浙江省体育运动学校、浙江省体育局萧山运动训练基地筹建处合并为浙江体育职业技术学院(筹)。2005年3月浙江省体训一大队、浙江省体训二大队、浙江省田径运动管理中心并入浙江体育职业技术学院(筹)。2006年7月4日,省政府同意建立浙江体育职业技术学院,并月2007年8月8日正式建校挂牌。

温州科技职业学院

学校(机构)标识码　4133014088
学校办学类型　415:专科院校:高等职业学校
学校性质类别　01 综合大学
学校举办者　821 地级教育部门
学校地址　温州市六虹桥路1000号
邮政编码　325006
办公电话　0577 - 88414670
传真电话　0577 - 86185777

校园(局域)网域名　www.wzvcst.cn
电子信箱　wzkjxy@ wzvcst.edu.cn
占地面积(平方米)　451400
校舍建筑面积(平方米)　173754
图书(万册)　39.1
固定资产总值(万元)　15065.38
教学、科研仪器设备资产值(万元)　4073.88
在校生数(人)　5283

其中:普通专科　5247
　　　成人专科　36
专任教师(人)　282
其中:正高级　4
　　　副高级　55
　　　中级　146
　　　初级　71
　　　未定职级　6

专科专业　宠物医学、畜牧兽医、畜牧兽医(宠物疾病防治)、低压电器制造及应用、电气自动化技术、电气自动化技术(低压电器)、电子商务、电子信息工程技术、国际商务、会计、计算机网络技术、计算机网络技术(数字媒体技术)、连锁经营管理、绿色食品生产与检测、绿色食品生产与经营、商品花卉、设施农业技术、市场营销、市场营销(工商企业管理)、市场营销(连锁经营管理)、数字媒体技术、园林技术、园艺技术、种子生产与经营

院系设置　农业与生物技术系、园林系、动物科学系、经贸管理系、信息技术系、公共教学部

定期公开出版的专业刊物　《温州科技职业学院学报》、《温州农业科技》

学校设立奖学金情况
学校设立奖学金7项;奖励总金额263.41万元。奖学金最高金额8000元/年,最低金额600元/年。

1. 优秀学生奖学金:2503人/年,600元/人、400元/人、300元/人;
2. 创业奖学金:18人/年,1000元/人;
3. 国家奖学金:3人/年,8000元/人;
4. 国家励志奖学金:100人/年,5000元/人;
5. 国家助学金:480人/年,4000元/人、2500元/人;
6. 移动学子情:33人/年,4000元/人;
7. 院励志奖学金:23人/年,3000元/人、2000元/人、1000元/人。

学校历史沿革
1983年创办温州农校,2000年2月与温州市农业科学研究所、温州市蔬菜科学研究所合并成立温州市农业科学研究院,2006年5月在温州市农业科学研究院的基础上筹建温州科技职业学院,2008年2月正式建校并自主招生。

浙江汽车职业技术学院

学校(机构)标识码　4133014089
学校办学类型　415:专科院校:高等职业学校
学校性质类别　02 理工院校
学校举办者　999 民办
学校地址　浙江省台州临海市曹家路
邮政编码　317000
办公电话　0576 - 85120922
传真电话　0576 - 85120948

校园(局域)网域名　www.geelyedu.com
电子信箱　hf101199@ yahoo.com.cn
占地面积(平方米)　139353
校舍建筑面积(平方米)　64347
图书(万册)　13.84
固定资产总值(万元)　12856.37
教学、科研仪器设备资产值(万元)　1601.57

在校生数(人)　2757
其中:普通专科　2312
　　　成人专科　445
专任教师(人)　102
其中:正高级　4
　　　副高级　19
　　　中级　25
　　　初级　20
　　　未定职级　34

专科专业　电气自动化技术、工商企业管理、机械制造与自动化、计算机辅助设计与制造、模具设计与制造、汽车电子技术、

汽车技术服务与营销、汽车检测与维修技术、汽车运用技术、汽车制造与装配技术、商务英语、数控技术、物流管理

院系设置

汽车工程系、汽车制造与自动化系、汽车经管管理系三个系部

国家级、省部级研究机构设置

我院设有高职教育研究所,主要承担高职教育研究、参谋咨询及情报资料服等功能。

学校设立奖学金情况

学院设立一、二、三等奖学金,分别奖励人民币800元/人、500元/人、300元/人,2010学年共有46人获得院奖学金,奖励金额为21900元。

主要校办产业

学院创办了校办企业—浙江吉利汽车教学设备制造有限公司,主要生产各类教学系列产品,如:发动机实验台、空调实验台、汽车教学设备、汽车实验设备、汽车教学模型等,年产值100万元。

学校历史沿革

浙江汽车职业技术学院于2006年5月经浙江省人民政府批准、吉利集团出资举办,是我省目前唯一的一所汽车类国民教育系列的民办高等职业技术学院。

浙江横店影视职业学院

学校(机构)标识码 4133014090	传真电话 0579－86550142	在校生数(人) 2801
学校办学类型 415:专科院校:高等职业学校	校园(局域)网域名 www.zjhyxy.net	其中:普通专科 2698
	电子信箱 zjhyxy@126.com	成人专科 103
学校性质类别 11 艺术院校	占地面积(平方米) 358875	专任教师(人) 164
学校举办者 999 民办	校舍建筑面积(平方米) 74928	其中:正高级 15
学校地址 浙江省东阳市横店镇都督南街138号	图书(万册) 17.54	副高级 20
	固定资产总值(万元) 31049.58	中级 44
邮政编码 322118	教学、科研仪器设备资产值(万元)	初级 80
办公电话 0579－86013335	1354.53	未定职级 5

专科专业 编导、电视摄像、电子商务、国际经济与贸易、会计、旅游管理、旅游管理类、人物形象设计、商务英语、摄影摄像技术、物流管理、新闻采编与制作、影视表演、主持与播音

院系设置

影视艺术系、影视制作系、旅游系、管理系、基础部、成教中心

学校设立奖学金情况

学校设立奖学金4项,奖励总金额31.49余万元。奖学金最高金额1000元/年,最低金额100元/年。

1. 一等奖奖学金:65人/年,1000元/人
2. 二等奖奖学金:157人/年,800元/人
3. 三等奖奖学金:230人/年,500元/人
4. 学生技能奖:93人/年,100元/人

学校历史沿革

浙江横店影视职业学院自2006年5月经浙江省人民政府(浙政函[2006]54号文)批准筹建,2008年2月经浙江省人民政府(浙政函[2008]29号文)批准建校,同年6月通过教育部备案。

同济大学浙江学院

学校(机构)标识码 4133014206	传真电话 0573－82878003	在校生数(人) 8226
学校办学类型 413:本科院校:独立学院	校园(局域)网域名 www.tjzj.edu.cn	其中:普通本科 8224
	电子信箱 zjxy@tjzj.edu.cn	留学生 2
学校性质类别 01 综合大学	占地面积(平方米) 506031	专任教师(人) 505
学校举办者 999 民办	校舍建筑面积(平方米) 237197	其中:正高级 91
学校地址 浙江省嘉兴市泰宁路168号	图书(万册) 53.31	副高级 168
	固定资产总值(万元) 44564	中级 170
邮政编码 314051	教学、科研仪器设备资产值(万元)	初级 25
办公电话 0573－82878016	4255.7	未定职级 51

本科专业 材料科学与工程、电气工程及其自动化、电气工程及其自动化(计算机科学)、电子信息工程、电子信息工程(通信工程)、给水排水工程、工商管理、工商管理(财务管理)、工商管理(审计学)、工商管理(市场营销)、国际经济与贸易、国际经济与贸易(金融学)、行政管理、环境工程、会计学、机械设计制造及其自动化、机械设计制造及其自动化(汽车)、建筑环境与设备工程、建筑学、交通工程、交通运输、土木工程、英语、自动化

院系设置

土木工程系、机械与电气信息工程系、经济与管理系、基础教学部

学校设立奖学金情况

学校设立奖学金2项,奖励总金额196.69万元。奖学金最高金额6000元/年,最低金额100元/年。

1. 学习奖学金:1564人次,1868500元;
2. 社会活动奖:95人次,47500元;
3. 单科学习奖:334人次,33400元;
4. 单科竞赛奖:35人次,17500元。

学校历史沿革

2008年5月7日,国家教育部正式批准设立同济大学浙江学院。

上海财经大学浙江学院

学校(机构)标识码 4133014207	传真电话 579-821660100	2155.3
学校办学类型 413:本科院校:独立学院	校园(局域)网域名 www.shufe-zj.edu.cn	在校生数(人) 2957
学校性质类别 08 财经院校	电子信箱 shufezj@163.com	其中:普通本科 2957
学校举办者 999 民办	占地面积(平方米) 555278	专任教师(人) 135
学校地址 浙江省金华市环城南路99号	图书(万册) 14.87	其中:正高级 13
邮政编码 321013	固定资产总值(万元) 67332.85	副高级 52
办公电话 579-821661009	教学、科研仪器设备资产值(万元)	中级 37
		初级 33

本科专业 财务管理、工商管理、国际经济与贸易、国际经济与贸易(国际商务)、会计学、会计学(注册会计)、金融学、金融学(银行与国际金融)、人力资源管理、市场营销、物流管理、英语(经贸英语)

院系设置

金融与统计系、会计系、工商管理系、信息管理系、经济系、外语系

学校设立奖学金情况

学校设立奖学金16项,奖励总金额64余万元。奖学金最高额3000元/年,最低金额300元/年。

学校历史沿革

上海财经大学浙江学院于2008年5月经教育部批准成立,由上海财经大学和浙中教育集团合作举办,是一所按新机制和新模式运作的具有独立法人资格、举办全日制本科学历教育的独立学院。

浙江农业商贸职业学院

学校(机构)标识码 4133014269	传真电话 0575-88378009	1358
学校办学类型 415:专科院校:高等职业学校	校园(局域)网域名 www.znszy.com	在校生数(人) 2015
学校性质类别 03 农业院校	电子信箱 zjnysm@163.com	其中:普通专科 2015
学校举办者 812 省级其他部门	占地面积(平方米) 259000	专任教师(人) 140
学校地址 绍兴市袍江经济技术开发区世纪东街770号	校舍建筑面积(平方米) 136748	其中:正高级 1
	图书(万册) 13.3	副高级 43
邮政编码 312088	固定资产总值(万元) 4998	中级 47
办公电话 0575-88052299	教学、科研仪器设备资产值(万元)	初级 49

专科专业 电子商务、国际贸易实务、合作社经营管理、会计、会展策划与管理、计算机应用技术、酒店管理、烹饪工艺与营

养、汽车技术服务与营销、投资与理财、应用英语
院系设置
学院现设有电子信息系、烹饪旅游系、汽车技术系、艺术设计系、经济贸易系、财务会计系以及基础理论学部7个系部
学校设立奖学金情况
学校设立奖学金三项,奖励总金额16余万元。奖学金最高金额1500元/年,最低金额500元/年。

主要校办产业
实验饭店
学校历史沿革
浙江农业商贸职业学院是2009年3月经浙江省人民政府批准成立的一所公办全日制高等职业院校,学院座落于国家历史文化名城,鲁迅的故里绍兴市。

浙江外国语学院

学校(机构)标识码　4133014275
学校办学类型　412:本科院校:学院
学校性质类别　07 语文院校
学校举办者　812 省级其他部门
学校地址　杭州市文三路140号
邮政编码　310012
办公电话　0571-88213009
传真电话　0571-88071126
校园(局域)网域名　www.zisu.edu.cn
电子信箱　yuanban@zisu.edu.cn

占地面积(平方米)　354112
校舍建筑面积(平方米)　186878
图书(万册)　69.88
固定资产总值(万元)　23194.97
教学、科研仪器设备资产值(万元)　7320.92
在校生数(人)　6281
其中:普通本科　2109
　　　普通专科　2029

成人本科　916
成人专科　1220
留学生　7
专任教师(人)　320
其中:正高级　63
　　　副高级　92
　　　中级　131
　　　初级　30
　　　未定职级　4

本科专业　对外汉语、国际经济与贸易、汉语言文学、计算机科学与技术、教育学、旅游管理、美术学、日语、数学与应用数学、音乐学、英语
专科专业　工商企业管理、国际商务、会计、计算机应用技术、理化测试及质检技术、旅游管理、商务日语、商务英语、市场营销、文化事业管理、文秘、音乐表演、应用电子技术、应用英语、装潢艺术设计
院系设置
学校现设有英语语言文化学院,欧亚语言文化学院,国际工商管理学院,教育学院,人文学院,艺术学院,理工学院,信息学院等8个下属学院
定期公开出版的专业刊物　《浙江外国语学院学报》、《教学月刊中学版》、《教学月刊小学版》、《作文新天地》、《小学生世界》
学校设立奖学金情况
学校设立奖学金共2项,其中优秀学生奖学金132.05万元人民币;"陆侯燕英"励志奖学金10万元港币。奖学金最高金额每年6000/人,最低奖学金每年400/人。
(1)优秀学生奖学金:1601人次/年,其中一等奖学金3000/人;二等奖学金2000/人;三等奖学金1500/人;单项奖学金800/人。
(2)"陆侯燕英"励志奖学金:14人/年,6000/人。
主要校办产业
浙江外国语学院资产经营有限公司、浙江外国语学院月刊社
学校历史沿革
学校创建于1955年。1955年初,浙江省(中学)教师进修学校筹备成立;同年8月,省教育厅决定在该校基础上筹建浙江省教师进修学院。1956年7月,省教师进修学院正式成立,原省教育厅中等教育研究室、省扫盲与小学教师进修学校同时并入。1958年,学校改名为浙江文教学院。1960年3月,省委批复同意改浙江文教学院为浙江教育学院。1961年至1978年1月间,由于历史原因,学校几经更名,隶属关系几经变更。1978年恢复重建浙江教育学院。2003年、2004年,学校首次独立招收全日制普通师范本科生。2006年,省政府决定浙江科技学院原隶是应用技术学院终止办学,由我校全面接管。2008年7月,学校与北京外国语大学签署了《校际合作框架协议》。2010年4月和5月,国家教育部和省人民政府先后发文,批准学校改制更名为浙江外国语学院。

宁波诺丁汉大学

学校(机构)标识码　4133016301
学校办学类型　411:本科院校:大学
学校性质类别　01 综合大学
学校举办者　999 民办
学校地址　浙江省宁波泰康东路199号

邮政编码 315100	占地面积(平方米) 569691		其中:普通本科 4718
办公电话 0574-88180000	校舍建筑面积(平方米) 231522		留学生 203
传真电话 0574-88180188	图书(万册) 51.6		专任教师(人) 303
校园(局域)网域名 www.nottingham.edu.cn	固定资产总值(万元) 38649.02		其中:正高级 86
	教学、科研仪器设备资产值(万元) 7011		副高级 97
电子信箱 crystal.huang@nottingham.edu.cn			中级 111
	在校生数(人) 4921		初级 9

本科专业 材料成型及控制工程、财务管理、电气工程及其自动化、国际经济与贸易、国际商务、国际事务、国际文化交流、化学工程与工艺、环境工程、环境科学、计算机科学与技术、建筑环境与设备工程、建筑学、欧洲事务与欧洲关系、土木工程、英语

院系设置
社会科学学院(诺丁汉大学商学院-中国、国际问题研究系、经济系),人文学院(国际传播系、英语研究系),理工学院(工程系、计算机科学系),研究生部

国家级、省部级研究机构设置
研究中心(所):国际金融研究中心、应用语言学研究中心、比较文化研究所、亚太研究所、国际行为商务学研究中心、国际金融研究中心(宁波市政府、社科院合作)、学习科学研究所、可持续能源技术研究中心、Levelhulme全球化与经济政策研究中心、中外合作大学研究所、可持续制造研究中心。

学校设立奖学金情况
学校设立奖学金4项,奖励总金额524.56万元/年,奖学金最高金额25 000元/年,最低金额3 000元/年。

学校历史沿革
2004年4月22日,中华人民共和国教育部复批浙江万里学院与英国诺丁汉大学合作筹备设立宁波诺丁汉大学。2005年5月20日,教育部批准设立宁波诺丁汉大学。

安徽大学

学校(机构)标识码 4134010357	占地面积(平方米) 2159116		成人专科 5399
学校办学类型 411:本科院校:大学	校舍建筑面积(平方米) 1188402		博士研究生 286
学校性质类别 01 综合大学	图书(万册) 318.46		硕士研究生 5066
学校举办者 811 省级教育部门	固定资产总值(万元) 168641.54		留学生 287
学校地址 安徽省合肥市蜀山区九龙路111号	教学、科研仪器设备资产值(万元) 35976.31		专任教师(人) 1533
邮政编码 230601	在校生数(人) 36044		其中:正高级 239
办公电话 0551-5106616	其中:普通本科 20235		副高级 430
传真电话 0551-5107999	普通专科 1103		中级 672
校园(局域)网域名 www.ahu.edu.cn	成人本科 3668		初级 116
电子信箱 xiaoban@ahu.edu.cn			未定职级 76

本科专业 编辑出版学、材料化学、材料物理、财务管理、财政学、测控技术与仪器、档案学、导演、德语、地理信息系统、电气工程及其自动化、电气信息类(电气自动化类)、电气信息类(电子)、电气信息类(计算机类)、电子科学与技术、电子商务、电子信息工程、对外汉语、俄语、法学、法语、高分子材料与工程、工商管理、工商管理类、公共管理类、光信息科学与技术、广播电视新闻学、广告学、国际经济与贸易、汉语言文学、行政管理、化学工程与工艺、化学类、环境科学、会计学、绘画、机械设计制造及其自动化、计算机科学与技术、金融学、经济学、经济学类、考古学、劳动与社会保障、历史学、旅游管理、人力资源管理、日语、软件工程、社会工作、社会学、社会学类、生物工程、生物科学、生物科学类、市场营销、数学类、数学与应用数学、数字媒体艺术、税务、思想政治教育、通信工程、统计学、图书档案学类、图书馆学、网络工程、微电子学、物流管理、西班牙语、新能源材料与器件、新闻传播学类、新闻学、信息管理与信息系统、信息显示与光电技术、信息与计算科学、艺术设计、音乐表演、英语、应用化学、应用物理学、应用心理学、哲学、政治学类、政治学与行政学、自动化

专科专业 会计、金融管理与实务

博士专业 材料物理与化学、电磁场与微波技术、电路与系统、高分子化学与物理、汉语言文字学、基础数学、计算机应用技术、经济法学、历史文献学(含:敦煌学)、古文字学、马克思主义发展史、生态学、微电子学与固体电子学、无机化学、物理电子学、政治经济学、中国哲学

硕士专业 比较文学与世界文学、材料物理与化学、材料学、财政学(含:税收学)、产业经济学、出版、传播学、档案学、电

磁场与微波技术、电路与系统、法律、法律史、法学理论、翻译、分析化学、概率论与数理统计、高等教育学、高分子化学与物理、工程、工商管理、公共管理、光学、国际法学(含:国际公法、国际私法)、国际贸易学、国际商务、汉语国际教育、汉语言文字学、行政管理、化学工程、环境科学、会计、会计学、基础数学、计算机软件与理论、计算机系统结构、计算机应用技术、计算数学、技术经济及管理、检测技术与自动化装置、金融、金融学(含:保险学)、经济法学、经济史、考古学及博物馆学、理论物理、历史地理学、历史文献学(含:敦煌学)、古文字学、伦理学、旅游管理、马克思主义发展史、马克思主义基本原理、马克思主义哲学、美术学、美学、民商法学(含:劳动法学)、社会保障、民俗学(含:中国民间文学)、模式识别与智能系统、凝聚态物理、企业管理(含:财务管理)、市场营销、情报学、区域经济学、人口、资源与环境经济学、人口学、人类学、社会工作、社会学、生态学、生物化学与分子生物学、史学理论及史学史、世界经济、世界史、数量经济学、思想政治教育、诉讼法学、通信与信息系统、图书馆学、图书情报、外国语言学及应用语言学、外国哲学、微电子学与固体电子学、微生物学、文物与博物馆、文艺学、无机化学、物理化学(含:化学物理)、西方经济学、戏剧戏曲学、细胞生物学、宪法学与行政法学、新闻学、新闻与传播、信号与信息处理、刑法学、艺术、英语语言文学、应用化学、应用数学、有机化学、语言学与应用语言学、原子与分子物理、运筹学与控制论、政治经济学、中国古代史、中国古代文学、中国古典文献学、中国近现代史、中国现当代文学、中国哲学、专门史、宗教学

院系设置

数学与计算科学学院、物理与材料科学学院、资源与环境工程学院、化学化工学院、生命科学学院、电子科学与技术学院、计算机科学与技术学院、经济学院、工商管理学院、艺术学院、法学院、中文系、历史系、哲学系、新闻传播学院、外语学院、管理学院、电气工程与自动化学院、社会与政治学院、文典学院、国际商学院

国家级、省部级研究机构设置

1. 教育部重点实验室:计算智能与信号处理教育部重点实验室、光电信息获取与控制教育部重点实验室。2. 教育部工程研究中心:教育部电能质量工程研究中心。3. 教育部人文社科重点研究基地:安徽大学徽学研究中心。4. 安徽省级重点实验室:安徽省绿色高分子材料重点实验室、安徽省中药研究与开发重点实验室(共建)、安徽省现代成像与显示技术重点实验室(共建)、安徽省现代成像与显示技术重点实验室、安徽工业节电与用电安全省级重点实验室(共建)、安徽高性能橡胶材料及制品省级实验室(共建)。5. 省教育厅人文社科重点研究机构:安徽大学中国哲学和安徽思想家研究中心、安徽大学经济法制研究中心、安徽大学农村社会发展研究中心、安徽大学科学发展观研究中心。6. 高校省级重点实验室:生态工程与生物技术安徽省重点实验室(安徽大学)、信息材料与器件安徽省重点实验室(安徽大学)、功能无机材料化学安徽省重点实验室(安徽大学)。7. 高校省级工程技术研究中心:水基高分子材料安徽省工程技术研究中心(安徽大学)、磁性材料安徽省工程技术研究中心(安徽大学)、安徽省光电感测工程技术研究中心、安徽省高节能电机及控制技术工程实验室、物联网频谱感知与测试研究中心。8. 安徽大学科研机构:安徽大学儒学研究中心、安徽大学东方研究中心、安徽大学大学生心理咨询与测试中心、安徽大学淮河流域发展研究中心、安徽大学韩国文化中心、安徽大学旅游文学研究室、安徽大学大洋洲文学研究所、安徽大学社会科学方法论(MSS)研究中心、安徽大学陈独秀研究中心、安徽大学社会发展研究中心、安徽大学传播学研究中心、安徽大学西方哲学与文化研究中心、安徽大学胡适研究中心、安徽大学法学研究所、安徽大学俄罗斯研究所、安徽大学汉语言文字研究所、安徽大学数学研究所、数学物理研究所、中国报刊与社会历史研究所、泛长三角社会发展研究中心、三曹与亳州文化研究中心、安徽大学"当代文学评论中心"、新徽商成长研究中心、安徽大学磁性材料研究开发中心、功能材料研究室、安徽大学新材料与高技术研究中心、高分子材料研究所、安徽大学化工技术开发中心、安徽大学应用化学研究所、安徽大学纳米化学与技术工程研究中心、应用电子技术研究所、安徽大学计算机应用与识别技术研究所、安徽大学人工智能研究所、安徽大学自动化研究所、安徽大学特种电视技术研究中心、安徽大学信息技术研究开发中心、安徽大学通信与电子技术研究所、安徽大学环境科学研究所、资源植物研究中心、安徽大学循环经济技术研究中心、安徽大学中医药研究中心、安徽省魔芋技术研究中心、生化微生物研究所、安徽大学灵长类研究所、安徽省生态经济技术研究中心、安徽大学生物多样性与生物工程研究所、安徽大学新药研究与开发中心、安徽大学信盛化工技术开发中心、国风安大材料科学与工程技术研究所、安徽大学芳草研究院、Mentor Graphics 公司 – 安徽大学电子系统及集成电路实验室、安徽大学 – Synopsys 公司微纳电子器件实验室。9. 博士后流动站:计算机应用技术博士后流动站、电子科学与技术博士后流动站。

博士后科研流动站 计算科学与技术博士后流动站、电子科学与技术博士后流动站、中国语言文学博士后流动站、历史学博士后流动站、化学博士后流动站

定期公开出版的专业刊物 《安徽大学学报》(自然科学版)(社会科学版)、《大学图书情报学刊》、《徽学》、《古籍研究》、《人口研究》、《大洋洲文学研究》、《高教研究》、《高教研究动态》

学校设立奖学金情况

学校设立奖学金30余项,奖励总金额约1839余万元。奖学金最高金额12000元/年,最低金额200元/年。

1. 国家助学金:2000元/人/年 省教育厅分配
2. 国家励志奖学金:5000元/人/年 省教育厅分配
3. 国家奖学金:8000元/人/年 省教育厅分配
4. 张红梅女士奖学金:5000元/人 宝钢教育基金会分配
5. 格林威治大学助学金:12000元/人 4人/年
6. 宝钢教育奖 5000元/人 10人/年
7. 文荃奖学金:1000元/人 12人/年
8. 台中安徽同乡会:1000元/人 16人/年
9. 孝廉奖学金:1000元/人 10人/年
10. 倪氏李氏奖学金:900元/人 6人/年
11. Z奖学金:4000元/人 20人/年
12. 省投助学金:5000元/人 70人/年
13. 鸿润助学金:5000元/人 10人/年

14. 新长城自强助学金：1840 元/人 中国扶贫基金会
15. 天大奖学金：4000 元/人 56 人/年
16. 华民慈善基金会资助：5000 元/人 100 人/年
17. 金晟助学金：1500 元-2000 元/人 4 人/年
18. 奇瑞奖学金：4000 元/人 45 人/年
19. 万朗奖学金：4000 元/人 50 人/年
20. 西部助学：5000 元/人 22 人/年
21. 周思嘉助学金：2500 元/人 20 人/年
22. 唐仲英德育奖学金：4000 元/人 110 人/年
23. 兴皖育才奖学金：2000 元/人 20 人/年
24. 文荃奖学金：1860 元/人 12 人/年
25. 王庆习助学金：4000 元/人 30 人/年
26. 唐仲英德育奖学金：4000 元/人 30 人/年
27. 安科生物奖学金：500 元-1500 元/人 27 人/年
28. 华清奖学金：2000 元/人 10 人/年
29. 轻工杯奖学金：200-1000 元/人 30 人/年
30. 欧远方奖学金：2000 元/人 10 人/年
31. 郑祖麻奖学金：200-2000 元/人 17 人/年
32. 国元证券奖学金：2500 元/人 20 人/年

主要校办产业

合肥安大科技园发展有限公司、安徽大学特种电视研究中心、合肥安大电子检测技术有限公司、合肥安大天辐新材料有限公司、合肥安科精细化工有限公司、上海宝钢安大电能质量有限公司、安徽安大华泰新材料有限公司、黄山永佳三利科技有限公司、合肥国家大学科技园发展有限公司、安徽安大中鼎橡胶技术开发有限公司、合肥安大科技园有限公司

学校历史沿革

安徽大学 1928 年创建于当时的安徽省会安庆市，名为安徽省立大学，1930 年 6 月更名为省立安徽大学。1937 年后一度停办。1946 年复校，定名为国立安徽大学。1956 年起在合肥重建安徽大学，1958 年恢复招生。1958 年 9 月 16 日，毛泽东同志视察安徽时亲笔为学校题写校名。2000 年原安徽银行学校、安徽财政学校并入安徽大学。2002 年 12 月 28 日占地 2060 亩的新校区开工建设，定名磬苑校区。

中国科学技术大学

学校(机构)标识码	4134010358
学校办学类型	411：本科院校：大学
学校性质类别	02 理工院校
学校举办者	491 中国科学院
学校地址	安徽省合肥市金寨路 96 号
邮政编码	230026
办公电话	0551-3602184
传真电话	0551-3631760
校园(局域)网域名	www.ustc.edu.cn
电子信箱	fgy@ustc.edu.cn
占地面积(平方米)	1655427
校舍建筑面积(平方米)	1036168
图书(万册)	197.1
固定资产总值(万元)	294484.8
教学、科研仪器设备资产值(万元)	126912.71
在校生数(人)	18271
其中：普通本科	7078
成人本科	549
博士研究生	2398
硕士研究生	8197
留学生	49
专任教师(人)	1217
其中：正高级	475
副高级	489
中级	253

本科专业 安全工程、材料科学类、传播学、地球化学、地球物理学、地球与空间科学、电子信息工程、电子信息科学类、管理科学与工程类、核工程与核技术、化学类、环境科学、机械设计制造及其自动化、计算机科学与技术、理论与应用力学、力学类、能源动力类、热能与动力工程、生物科学类、数理基础科学、数学类、物理学类

博士专业 安全技术及工程、材料加工工程、材料力学与设计、材料物理与化学、材料学、测试计量技术及仪器、传媒管理、单分子科学、导航、制导与控制、等离子体物理、地球化学、电磁场与微波技术、电路与系统、分析化学、辐射防护及环境保护、概率论与数理统计、高分子化学与物理、工程安全与防护技术、工程力学、工程热物理、固体地球物理学、固体力学、管理科学与工程、光学、核技术及应用、核能科学与工程、核燃料循环与材料、环境工程、环境科学、基础数学、计算机软件与理论、计算机系统结构、计算机应用技术、计算数学、检测技术与自动化装置、结构生物学、金融工程、精密仪器及机械、科学技术史、科学技术哲学、可再生洁净能源、空间物理学、控制理论与控制工程、理论物理、粒子物理与原子核物理、量子信息物理学、流体力学、模式识别与智能系统、纳米化学、凝聚态物理、热能工程、商务智能、神经生物学、生物材料、生物工程力学、生物化学与分子生物学、生物物理学、生物信息学、生物医学工程、数学物理、天体物理、通信与信息系统、同步辐射及应用、网络传播系统与控制、微生物学、无机化学、物理电子学、物理化学(含：化学物理)、系统工程、细胞生物学、信号与信息处理、信息安全、信息获取与控制、遗传学、应用化学、应用数学、有机化学、原子与分子物理、运筹学与控制论、制冷及低温工程

硕士专业 安全技术及工程、材料加工工程、材料力学与设计、材料物理与化学、材料学、测试计量技术及仪器、传播学、传媒管理、大气物理学与大气环境、单分子科学、导航、制导与控制、等离子体物理、地球化学、电磁场与微波技术、电路与系统、法律、分析化学、辐射防护及环境保护、概率论与数理统计、高分子化学与物理、工程、工程力学、工程热物理、工商管理、工商管理硕士、公共管理、固体地球物理学、固体力学、管理科学与工程、光学、国际关系、行政管理、核技术及应用、核能科学与工程、核燃料循环与材料、环境工程、环境科学、机械电子工程、基础数学、计算机软件与理论、计算机系统结构、计算机应用技术、计算

数学、检测技术与自动化装置、教育技术学、结构生物学、金融、金融工程、金融学(含:保险学)、经济法学、精密仪器及机械、考古学及博物馆学、科学技术史、科学技术哲学、可再生洁净能源、空间物理学、控制理论与控制工程、理论物理、粒子物理与原子核物理、量子信息物理学、流体力学、马克思主义基本原理、民商法学(含:劳动法学)、社会保障、模式识别与智能系统、纳米化学、凝聚态物理、企业管理(含:财务管理)、市场营销、热能工程、软件工程硕士、商务智能、神经生物学、生态学、生物材料、生物工程力学、生物化学与分子生物学、生物数学、生物物理学、生物信息学、生物医学工程、数学物理、思想政治教育、天体物理、通信与信息系统、同步辐射及应用、外国语言学及应用语言学、网络传播系统与控制、微电子学与固体电子学、微生物学、文物与博物馆、无机化学、物理电子学、物理化学(含:化学物理)、系统工程、细胞生物学、新闻学、新闻与传播、信号与信息处理、信息安全、信息获取与控制、遗传学、英语笔译、应用化学、应用数学、应用统计、有机化学、原子与分子物理、制冷及低温工程、中国哲学

院系设置

少年班学院:(数学系)、物理学院:(物理系、近代物理系、光学与光学工程系、天文学系)、化学与材料科学学院:(化学物理系、材料科学与工程系、化学系、高分子科学与工程系)、生命科学学院:(分子生物学与细胞生物学系、神经生物学与生物物理学系、系统生物学系、医药生物技术系);工程科学学院:近代力学系、精密机械与精密仪器系、热科学与能源工程系、安全科学与工程系)、信息科学技术学院:(电子工程与信息科学系、自动化系、电子科学与技术系)、计算机科学与技术学院、地球和空间科学学院、核科学技术学院、软件学院、管理学院(工商管理系、管理科学系、统计与金融系)、人文与社会科学学院:(外语系、科技史与科技考古系、科技传播与科技政策系)、公共事务学院

国家级、省部级研究机构设置

1.实验室:国家级:国家同步辐射实验室、合肥微尺度物质科学国家实验室(筹)、火灾科学国家重点实验室、核探测技术与核电子学国家重点实验室、语音及语言信息处理国家工程实验室。省部级:中国科学院量子信息重点实验室、中国科学院壳幔物质与环境重点实验室、中国科学院基础等离子体物理重点实验室、中国科学院材料力学行为和设计重点实验室、中国科学院能量转换材料重点实验室、中国科学院星系宇宙学重点实验室、中国科学院软物质化学重点实验室、中国科学院脑功能与脑疾病重点实验室、中国科学院网络传播系统与控制重点实验室(培育建设)、中国科学院吴文俊数学重点实验室、多媒体计算与通信教育部—微软重点实验室、安徽省高性能计算与应用重点实验室、安徽省分子医学重点实验室、安徽省光电子科学与技术重点实验室、安徽省计算与通讯软件重点实验室、安徽省生物质洁净能源重点实验室、安徽公共安全科学技术省级实验室、安徽细胞动力学与化学生物学省级实验室 安徽省金融信息研究重点实验室、先进功能材料安徽省重点实验室、物理电子学安徽省重点实验室、网络传播系统与控制安徽省重点实验室、无线网络通信安徽省重点实验室、安徽省语音及语言技术工程实验室

2.研究中心(所):国家级:国家高性能计算中心(合肥)、安徽蒙城地球物理国家野外科学观测研究站、稳态强磁场科学中心。省部级:中国科学院国家数学与交叉科学中心—合肥分中心、中国科学院太阳能光热综合利用研究示范中心、中国科学院量子技术与应用研究中心、中国科学院热安全工程技术研究中心、安徽省生物质能源工程技术研究中心、安徽省量子信息工程技术研究中心、安徽省污水处理工程技术研究中心、安徽省高校人文社科重点研究基地—科学传播研究与发展中心、生物技术药物安徽省工程技术研究中心、安徽省热安全工程研究中心

博士后科研流动站 数学、物理、化学、天文学、地球物理学、地质学、生物学、科学技术史、力学、材料科学与工程、动力工程及工程热物理、电子科学与技术、信息与通信工程、控制科学与工程、计算机科学与技术、核科学与技术、管理科学与工程

定期公开出版的专业刊物 《中国科学技术大学学报》、《低温物理学报》、《实验力学》、《中国交叉科学》、《化学物理学报》、《火灾科学》、《中国免疫学杂志》、《研究生教育研究》

学校设立奖学金情况

学校设立奖学金43项,奖励总金额550余万元。奖学金最高金额10000元/年,最低金额500元/年。

主要校办产业

时代出版传媒股份有限公司、安徽科大讯飞信息科技股份有限公司、合肥科大立安安全技术股份有限公司、安徽量子通信技术有限公司、合肥华西科技开发有限公司、合肥中科大爱克科技有限公司、合肥中科大兰德自动化有限公司、芜湖科焱化学材料技术发展有限责任公司、安徽中科大擎天数码科技有限公司、合肥国家大学科技园发展有限公司、深圳市科大科技有限公司、上海科大智能科技股份有限公司、合肥中科大建成科技有限公司、安徽高科技市场拓展有限公司、福建省凯特科技有限公司、合肥中科大奥锐科技有限公司、安徽中科大易元生物技术有限公司、合肥科焱化学材料技术发展有限责任公司、深圳市创新天地通信技术有限公司、合肥中科精化科技有限公司、兰州长城新元膜科技有限责任公司

毕业生一次就业率 90%

学校历史沿革

中国科学技术大学是中国科学院所属的一所以前沿科学和高新技术为主、兼有特色管理和人文学科的综合性全国重点大学。1958年9月创建于北京,首任校长由郭沫若兼任。它的创办被称为"我国教育史和科学史上的一项重大事件"。建校后,中国科学院实施"全院办校,所系结合"的办学方针,学校紧紧围绕国家急需的新兴科技领域设置系科专业,创造性地把理科与工科即前沿科学与高新技术相结合,注重基础课教学,高起点、宽口径培养新兴、边缘、交叉学科的尖端科技人才,汇集了严济慈、华罗庚、钱学森、赵忠尧、郭永怀、赵九章、贝时璋等一批国内最有声望的科学家,建校第二年即被列为全国重点大学。

1970年初,学校迁至安徽省合肥市,开始了第二次创业。1978年以后,学校锐意改革,大胆创新,在全国率先提出并实施了创办少年班、首建研究生院、建设国家大科学工程、面向世界开放办学等一系列具有创新精神和前瞻意识的教育改革措施,得到迅速恢复和发展。"七五"、"八五"期间一直得到国家的重点建设,很快发展成为国家高质量人才培养和高水平科学研究的重要基地。20世纪90年代以来,学校主动适应国内外科技、教育和社会经济发展的要求与挑战,认真贯彻《中国教育改革和

发展纲要》，大力推行教学科研改革和结构性调整，进行第三次创业。学校是国家首批实施"985工程"和"211工程"的大学之一，也是唯一参与国家知识创新工程的大学。

合肥工业大学

学校(机构)标识码	4134010359
学校办学类型	411:本科院校:大学
学校性质类别	02 理工院校
学校举办者	360 教育部
学校地址	安徽省合肥市屯溪路193号
邮政编码	230009
办公电话	0551-2901000
传真电话	0551-2904517
校园(局域)网域名	www.hfut.edu.cn
电子信箱	xbwm@hfut.edu.cn
占地面积(平方米)	1993990
校舍建筑面积(平方米)	1217694
图书(万册)	225.56
固定资产总值(万元)	203577.19
教学、科研仪器设备资产值(万元)	58080.51
在校生数(人)	49209
其中:普通本科	26723
普通专科	99
成人本科	7290
成人专科	7142
博士研究生	979
硕士研究生	6946
留学生	30
专任教师(人)	1830
其中:正高级	318
副高级	668
中级	744
初级	74
未定职级	26

本科专业 材料成型及控制工程、材料物理、财政学、测绘工程、测控技术与仪器、车辆工程、城市规划、地理信息系统、电气工程及其自动化、电子科学与技术、电子商务、电子信息工程、电子信息科学与技术、法学、粉体材料科学与工程、高分子材料与工程、给水排水工程、工程力学、工商管理、工业工程、工业设计、光信息科学与技术、广告学、国际经济与贸易、过程装备与控制工程、化学工程与工艺、环境工程、会计学、机械设计制造及其自动化、计算机科学与技术、建筑环境与设备工程、建筑学、交通工程、交通运输、金属材料工程、经济学、景观学、勘查技术与工程、旅游管理、热能与动力工程、软件工程、生物工程、生物技术、生物医学工程、实验班、食品科学与工程、市场营销、数学与应用数学、水利水电工程、思想政治教育、通信工程、土木工程、微电子学、无机非金属材料工程、物联网工程、物流管理、新能源材料与器件、信息安全、信息管理与信息系统、信息与计算科学、艺术设计、英语、应用化学、应用物理学、制药工程、资源勘查工程、自动化

专科专业 焊接技术及自动化、机电一体化技术

博士专业 材料化学工程、材料加工工程、材料物理与化学、材料学、测试计量技术及仪器、车辆工程、电力电子与电力传动、电气工程、电子商务、复合材料、工程力学、工程与项目管理、工业工程、管理科学与工程、管理信息学、光电信息工程、环保装备及环境监测工程、机械电子工程、机械设计及理论、机械制造及其自动化、计算机应用技术、结构工程、精密仪器及机械、矿物学、岩石学、矿床学、粮食、油脂及植物蛋白工程、农产品加工及贮藏工程、企业管理、企业管理及其信息化、食品科学、信号与信息处理、信息管理与信息系统

硕士专业 材料工程、材料加工工程、材料物理与化学、材料学、测绘工程、测试计量技术及仪器、产业经济学、车辆工程、城市规划与设计(含:风景园林规划)、大地测量学与测量工程、地球化学、地质工程、第四纪地质学、电磁场与微波技术、电工理论与新技术、电机与电器、电力电子与电力传动、电力系统及其自动化、电路与系统、电气工程、电子商务、电子与通信工程、动力工程、动力机械及工程、防灾减灾工程及防护工程、复合材料、高分子化学与物理、工程力学、工程与项目管理、工商管理、工业工程、工业设计、工业设计工程、公共管理、供热、供燃气、通风及空调工程、构造地质学、古生物学与地层学(含:古人类学)、固体力学、管理系统工程、管理信息学、光电信息工程、光学工程、化学工程、化学工艺、环保装备及环境监测工程、环境工程、环境科学、会计学、机械电子工程、机械工程、机械设计及理论、机械制造及其自动化、集成电路工程、计算机技术、计算机软件与理论、计算机系统结构、计算机应用技术、计算数学、技术经济及管理、检测技术与自动化装置、建筑技术科学、建筑设计及其理论、建筑学、建筑与土木工程、交通运输工程、结构工程、精密仪器及机械、科学技术哲学、课程与教学论、控制工程、控制理论与控制工程、矿物学、岩石学、矿床学、粮食、油脂及植物蛋白工程、流体机械及工程、旅游管理、马克思主义基本原理、美术学、农产品加工及贮藏工程、企业管理、企业管理(含:财务管理)、市场营销、企业管理及其信息化、桥梁与隧道工程、区域经济学、软件工程、设计艺术学、生物化工、食品工程、食品科学、市政工程、数量经济学、数字化材料成形、水产品加工及贮藏工程、水工结构工程、水力学及河流动力学、水利工程、水利水电工程、水文学及水资源、思想政治教育、通信与信息系统、外国语言学及应用语言学、微电子学与固体电子学、物理电子学、物流工程、项目管理、信号与信息处理、信息管理与信息系统、岩土工程、仪器仪表工程、艺术设计、英语语言文学、应用化学、应用数学、载运工具运用工程、植物学、制冷及低温工程、制药工程

院系设置

机械与汽车工程学院、电气与自动化工程学院、材料科学与工程学院、计算机与信息学院、土木与水利工程学院、化学工程学院、马克思主义学院、经济学院、外国语学院、管理学院、仪器科学与光电工程学院、建筑与艺术学院、资源与环境工程学院、生物与食品工程学院、数学学院、电子科学与应用物理学院、交

通运输工程学院、软件学院、医学工程学院、工业培训中心、技师学院、体育部、人文与素质教育中心、继续教育学院、高等职业技术学院

国家级、省部级研究机构设置

1. 实验室：过程优化与智能决策教育部重点实验室、特种显示技术教育部重点实验室、安徽省数字化设计与制造重点实验室、机械工业绿色设计与制造重点实验室、安徽低温与制冷技术省级实验室（共建）、安徽省汽车NVH与可靠性重点实验室（共建）、安徽省工业车辆重点实验室（共建）、安徽省高等学校现代测试与制造质量工程重点实验室、安徽新能源利用与节能省级实验室、安徽飞机雷电防护省级实验室（共建）、安徽省可再生能源及工业节能工程实验室、高性能铜合金材料及成形机械工业重点（工程）实验室、安徽省有色金属材料与加工工程实验室、安徽土木工程结构与材料省级实验室、可控化学与材料化工安徽省重点实验室、安徽省现代成像与显示技术重点实验室（共建）

2. 研究中心（所）：教育部光伏系统工程研究中心、农产品生物化工教育部工程研究中心、安全关键工业测控技术教育部工程研究中心、智能决策与信息系统技术教育部工程研究中心、高性能铜合金材料及成行加工教育部工程研究中心、国家特种显示技术工程技术研究中心、省部共建现代显示技术国家重点实验室培育基地、教育部IC设计网上合作研究中心、教育部应用物理网上合作研究中心、安徽省汽车技术与装备工程研究中心、安徽省汽车NVH工程技术研究中心、安徽省锻压数控装备工程（技术）研究中心（共建）、安徽省自动化装备工程研究中心（共建）、工业自动化安徽省工程技术研究中心、安徽省变频电机及控制系统工程技术研究中心（共建）、安徽省粉末冶金工程技术研究中心、安徽省矿产资源与矿山环境工程技术研究中心、安徽省生态工程技术研究中心、分布式控制技术工程技术研究中心（共建）、土木工程防灾减灾安徽省工程技术研究中心、安徽省功能高分子工程研究中心（共建）、安徽省微电子机械系统工程技术研究中心、安徽省农产品精深加工省级实验室、安徽省信息处理技术与信息系统工程研究中心、省普通高校人文社科重点研究基地：知识经济与企业管理创新研究中心、省普通高校人文社科重点研究基地：现代科技发展与马克思主义理论研究中心、安徽省农产品生物化工工程技术研究中心、安徽省食品工程技术研究中心（共建）、安徽省农产品加工中试基地（共建）、安徽徽派建筑工程技术研究中心

博士后科研流动站 机械工程、地质学、仪器科学与技术、电气工程、管理科学与工程、材料科学与工程、生物与食品工程、计算机科学与技术、信息与通信工程、土木工程

定期公开出版的专业刊物 《合肥工业大学学报》（自然科学版）、《合肥工业大学学报》（社会科学版）、《大学数学》、《预测》、《运筹与管理》

学校设立奖学金情况

学校设立奖学金41项，奖励总金额2770.85余万元。奖学金最高金额10000元/年，最低金额100元/年。

1. 国家奖学金：233人/年，8000元/人；
2. 国家励志奖学金：734人/年，5000元/人；
3. 国家助学金：5672人/年，人均3000元/人；
4. 学校奖学金：7524人/年，1500—100元/人；
5. 西部开发助学工程：15人/年，2500—5500元/人；
6. 安粮爱心助学金：15人/年，3000元/人；
7. 国元证券助学金：50人/年，3000元/人；
8. 富士康奖学助学金：50人/年，4000元/人；
9. 五星电器赈灾慈善基金：30人/年，3000–5000元/人；
10. 西藏助学金：4人/年，5100元/人；
11. 新疆少数民族家庭经济困难学生资助：91人/年，2000–4000元/人；
12. ABB助学金：14人/年，2000元/人；
13. "师生情"奖学金：40人/年，400元/人；
14. "晶澳阳光"奖助学金：73人/年，2000–3000元/人；
15. GKN粉末冶金奖助学金：10人/年，3000–5000元/人；
16. 必达希望奖学金：15人/年，2000元/人；
17. 博爱助学金：15人/年，9000元/人；
18. 丰原药业奖学金：10人/年，2000元/人；
19. 合肥工业大学建筑设计院创作奖学金：10人/年，2000元/人；
20. 合肥功率半导体奖学金：20人/年，4000元/人；
21. 合工大—中国联合管理奖学金：12人/年，1500—2000元/人；
22. 建文助学金：10人/年，2000元/人；
23. 达斐奖学金：15人/年，1500—2000元/人；
24. 杰事杰奖学金：10人/年，2000元/人；
25. 九源宏图建筑学子优秀作业奖学金：16人/年，1500元/人；
26. 莱宝奖学金：12人/年，2800—7000元/人；
27. 郎程助学基金：12人/年，2000元/人；
28. 联发科技奖学金：22人/年，2000—3000元/人；
29. 南瑞继保奖学金：14人/年，1000—2000元/人；
30. 山东临工奖学金：25人/年，3000元/人；
31. 思源奖学金：9人/年，2000—4000元/人；
32. 天润化工奖学金：10人/年，2000元/人；
33. 天誉发展希望奖学金：3人/年，2000元/人；
34. 土木英才奖学金：14人/年，1500元/人；
35. 王正虎创业管理奖学金：15人/年，2000元/人；
36. 建筑学子奖学金：1人/年，10000元/人；
37. "Siemens"奖学金：5人/年，10000元/人；
38. 亚旭奖学金：23人/年，2000元/人；
39. 易事特电力电子奖教奖学金：17人/年，1000–2000元/人；
40. 浙真奖学金：12人/年，3000元/人；
41. 苏州工业园区奖学金：40人/年，3500元/人。

主要校办产业

合肥工业大学资产经营有限公司、合肥工业大学建筑设计研究院、合肥工业大学建设监理有限责任公司、合肥工业大学岩土工程勘察设计研究院、合肥工大共达工程检测试验有限公司、合肥工大工达机电有限责任公司、合肥工业大学出版社有限责任公司、安徽巨一自动化装备有限公司、合肥工大高科信息技术有限责任公司、合肥邦立电子有限公司、合肥工业大学锦怡园宾馆、合肥共达印刷厂

学校历史沿革

合肥工业大学是在1945年开办的"安徽省蚌埠高级工业职业学校"的基础上逐步创建发展起来的。1947年秋,创建为"安徽省立工业专科学校",校址从蚌埠黄庄迁至淮南洞山。解放后,人民政府接管和改造了这所专科学校。1951年发展为"合肥矿业学院",1956年校址从淮南洞山迁至合肥市,1958年9月16日经中央批准扩建为"合肥工业大学"。1960年被列为全国重点高等学校之一,直属教育部领导,1963年初划归第一机械工业部,1997年原合肥工业大学和安徽工学院合并,组建新的合肥工业大学。1998年国务院机构改革时,合肥工业大学划归教育部领导。2005年9月,经国家发改委、财政部、教育部批准,学校进入国家"211工程"建设行列。2009年6月被列入教育部国家"985工程"优势学科创新平台建设学校。

安徽工业大学

学校(机构)标识码	4134010360
学校办学类型	411:本科院校:大学
学校性质类别	02 理工院校
学校举办者	811 省级教育部门
学校地址	安徽省马鞍山市湖东路59号
邮政编码	243002
办公电话	0555-2311710
传真电话	0555-2311710
校园(局域)网域名	www.ahut.edu.cn
电子信箱	fgc@ahut.edu.cn
占地面积(平方米)	1644581
校舍建筑面积(平方米)	719236
图书(万册)	143.96
固定资产总值(万元)	116940.96
教学、科研仪器设备资产值(万元)	19092.63
在校生数(人)	24885
其中:普通本科	18722
成人本科	2056
成人专科	2770
硕士研究生	1337
专任教师(人)	1158
其中:正高级	106
副高级	343
中级	556
初级	153

本科专业 安全工程、材料成型及控制工程、材料科学与工程、材料类、财务管理、测控技术与仪器、车辆工程、电气工程及其自动化、电子信息工程、法学、高分子材料与工程、给水排水工程、工程管理、工商管理、工业工程、工业设计、公共事业管理、光信息科学与技术、国际经济与贸易、过程装备与控制工程、行政管理、化学工程与工艺、化学生物学、环境工程、会计学、机械类、机械设计制造及其自动化、计算机科学与技术、建筑环境与设备工程、金融学、经济学、劳动与社会保障、热能与动力工程、人力资源管理、软件工程、审计学、市场营销、数学与应用数学、通信工程、统计学、土木工程、网络工程、无机非金属材料工程、物流工程、信息管理与信息系统、信息与计算科学、冶金工程、艺术设计、英语、应用化学、再生资源科学与技术、自动化

硕士专业 材料工程、材料科学与工程、产业经济学、电力电子与电力传动、电气工程、动力工程、分析化学、工程力学、工商管理、工业工程、供热、供燃气、通风及空调工程、管理科学与工程、化学工程、化学工艺、环境工程、会计硕士、会计学、机械电子工程、机械工程、机械设计及理论、机械制造及其自动化、计算机技术、计算机应用技术、技术经济及管理、检测技术与自动化装置、控制工程、控制理论与控制工程、模式识别与智能系统、企业管理(含:财务管理)、市场营销、热能工程、市政工程、数量经济学、思想政治教育、物流工程、冶金工程、应用化学、应用数学

院系设置
冶金与资源学院、材料科学与工程学院、化学与化工学院、建筑工程学院、机械工程学院、电气信息学院、管理科学与工程学院、计算机学院、管理学院、经济学院、文法学院、外国语学院、数理学院、继续教育学院、研究生学院、军事体育部、思想政治理论课教学科研部

国家级、省部级研究机构设置

1. 实验室:冶金减排与资源综合利用教育部重点实验室、安徽省冶金工程与资源利用重点实验室、安徽省金属材料与加工重点实验室、安徽省电力电子与运动控制重点实验室、安徽省煤洁净转化与综合利用重点实验室

2. 研究中心:金属矿产资源高效循环利用国家工程研究中心(联合)、国家钢铁及制品质量监督检验中心、生物膜法水质净化及利用技术教育部工程研究中心、液压振动与控制教育部工程研究中心、安徽省液压振动技术工程技术研究中心、安徽省冶金废物综合利用工程技术研究中心、安徽省磁性材料工程研究中心(联合)、安徽省高性能建筑用钢工程研究中心(联合)、公司治理与运营研究中心、大学生思想政治教育与管理研究中心、纯净钢研究所、冶金过程仿真技术研究所、冶金环保与新型耐火材料研究所、炼铁新工艺与新技术研究所、中国安徽工业大学/韩国昌原大学工业技术联合研究所、激光应用研究所、成型技术研究所、煤化工联合研究所、水化联合研究所、应用化学研究所、建筑设计研究所、环境工程设计研究所、热能与环境研究所、机械工程研究所、设备故障诊断研究所、工程力学研究所、数控开发与推广研究中心、现代设计研究所、自动化研究所、测控技术研究所、计算机应用研究所、会计管理研究所、财务经济研究所、现代企业经营与管理研究所、经济研究所、中乌经济研究所、现代物流研究所、ERP研究中心、法学研究所

定期公开出版的专业刊物 《安徽工业大学学报》(自然科学版)、《安徽工业大学学报》(社会科学版)

学校设立奖学金情况
学校设立奖学金26项,奖励总金额约800万元/年,最低金额500元/年。

主要校办产业

安工大资产经营公司、安工大华冶自动化工程公司、马鞍山市华冶压延工程有限责任公司、马鞍山市华冶冶金材料科技有限责任公司、安工大印刷厂、安工大冶苑接待服务中心

学校历史沿革

安徽工业大学前身是1978年创建的隶属冶金部的马鞍山钢铁学院,1985年更名为华东冶金学院,隶属原冶金部,1998年实行"中央与地方共建,以省管理"的体制,2000年经教育部和安徽省人民政府批准,华东冶金学院与安徽商业高等专科学校合并成立安徽工业大学。

安徽理工大学

学校(机构)标识码	4134010361
学校办学类型	411:本科院校:大学
学校性质类别	02 理工院校
学校举办者	811 省级教育部门
学校地址	安徽省淮南市舜耕中路168号
邮政编码	232001
办公电话	0554-6668842
传真电话	0554-6668900
校园(局域)网域名	www.aust.edu.cn
电子信箱	xiaoban@aust.edu.cn
占地面积(平方米)	893387
校舍建筑面积(平方米)	724484
图书(万册)	162.52
固定资产总值(万元)	94019.62
教学、科研仪器设备资产值(万元)	18858
在校生数(人)	35976
其中:普通本科	21511
普通专科	250
成人本科	6714
成人专科	5982
博士研究生	90
硕士研究生	1429
专任教师(人)	1131
其中:正高级	120
副高级	276
中级	577
初级	158

本科专业 安全工程、安全工程D、采矿工程、采矿工程D、测绘工程、测绘工程D、测控技术与仪器、车辆工程、城市地下空间工程、弹药工程与爆炸技术、地理信息系统、地质工程、地质工程D、电气工程与自动化、电气信息类、电子商务、电子信息工程、电子信息技术及仪器、复合材料与工程、高分子材料与工程、工程管理、工程结构分析、工程力学、工业设计、过程装备与控制工程、护理学、化学工程与工艺、环境工程、环境资源与发展经济学、机械设计制造及其自动化、计算机科学与技术、建筑环境与设备工程、建筑学、金融学、矿物加工工程、理论与应用力学、临床医学、能源化学工程、人力资源管理、市场营销、数学与应用数学、水文与水资源工程、特种能源工程与烟火技术、通信工程、土木工程、无机非金属材料工程、物联网工程、信息安全、信息管理与信息系统、信息与计算科学、遥感科学与技术、药学、医学检验、英语、应用化学、应用物理学、预防医学、再生资源科学与技术、政治学与行政学、制药工程、资源环境与城乡规划管理、自动化

专科专业 化工设备维修技术、建筑工程技术

博士专业 安全技术及工程、采矿工程、地质工程、环境工程

硕士专业 安全工程、安全技术及工程、病原生物学、采矿工程、测绘工程、大地测量学与测量工程、地球探测与信息技术、地图制图学与地理信息工程、地质工程、电力电子与电力传动、电路与系统、电气工程、防灾减灾工程及防护工程、工程管理、工程力学、工业催化、工业工程、供热、供燃气、通风及空调工程、管理科学与工程、化学工程、化学工艺、环境工程、环境科学、机械电子工程、机械工程、机械设计及理论、机械制造及其自动化、计算机技术、计算机应用技术、建筑与土木工程、结构工程、控制工程、控制理论与控制工程、矿产普查与勘探、矿物加工工程、矿业工程、流体机械及工程、免疫学、桥梁与隧道工程、热能工程、生物医学工程、市政工程、物流工程、岩土工程、应用化学、应用数学

院系设置

地球与环境学院、能源与安全学院、土木建筑学院、机械工程学院、电气与信息工程学院、材料科学与工程学院、化学工程学院、计算机科学与工程学院、理学院、外国语学院、医学院、经济与管理学院、测绘学院、人文与社会科学学院、思想政治理论课教学部、体育部、继续教育学院

国家级、省部级研究机构设置

1. 实验室:安徽省现代矿业工程重点实验室、煤矿安全高效开采省部共建教育部重点实验室、矿山地质灾害防治安徽省重点实验室、矿山建设工程安徽省重点实验室

2. 研究中心(所):矿山地下工程教育部研究中心、安徽省煤炭资源综合利用工程技术研究中心、矿山安全高效开采安徽省工程技术研究中心

博士后科研流动站 矿业工程、环境科学与工程

定期公开出版的专业刊物 《安徽理工大学学报(自然科学版)》、《安徽理工大学学报(社会科学版)》

学校设立奖学金情况

学校设立奖学金13项,奖励总金额920.75余万元。奖学金最高金额8000元/年,最低金额200元/年。

主要校办产业

东风汽车公司淮南技术服务站、安徽理工大学宾馆、安徽理工大学职业中专、商贸文化中心、文化发展中心(图书代办站、印刷厂)

学校历史沿革

安徽理工大学前身为1945年成立的安徽省立蚌埠高级工

业职业学校,1947年学校迁至淮南,改名为安徽省立工业专科学校。1949至1950年,学校先后更名为淮南工业专门学校、淮南煤矿专科学校。1951年5月,学校更名为淮南煤矿工业专科学校。1955年4月,学校更名为合肥矿业学院,1956年学校迁至合肥市。1958年学校更名为合肥工业大学。1971年11月,经国务院批准,合肥工业大学采矿系各专业、地质系煤田地质专业和部分基础课教师以及相应的图书资料、教学仪器设备等成建制地迁往淮南,与淮南煤矿学校合并组建淮南煤炭学院。1981年6月,学校更名为淮南矿业学院。1993年2月,原华东煤炭医学专科学校并入淮南矿业学院。1997年4月,学校更名为淮南工业学院。2000年8月,原淮南化学工程学校并入淮南工业学院。2002年2月,淮南工业学院更名为安徽理工大学。

安徽工程大学

学校办学类型　411:本科院校:大学
学校性质类别　02 理工院校
学校(机构)标识码　4134010363
学校举办者　811 省级教育部门
学校地址　安徽省芜湖市鸠江区北京中路
邮政编码　241000
办公电话　0553-2871221
传真电话　0553-2871091
校园(局域)网域名　www.ahpu.edu.cn
电子信箱　office@ahpu.edu.cn
占地面积(平方米)　998553
校舍建筑面积(平方米)　491970
图书(万册)　140.69
固定资产总值(万元)　55922.18
教学、科研仪器设备资产值(万元)　12652.93
在校生数(人)　18220
其中:普通本科　16434
成人本科　626
成人专科　698
硕士研究生　462
专任教师(人)　872
其中:正高级　113
副高级　319
中级　351
初级　79
未定职级　10

本科专业　表演、材料成型及控制工程、测控技术与仪器、车辆工程、电气工程及其自动化、电子信息工程、电子信息科学与技术、动画、法学、纺织工程、非织造材料与工程、服装设计与工程、高分子材料与工程、给排水科学与工程、工程管理、工商管理、工业工程、工业设计、光电信息工程、广告学、国际经济与贸易、过程装备与控制工程、行政管理、化学工程与工艺、环境工程、机械设计制造及其自动化、计算机科学与技术、金融工程、轻化工程、日语、社会工作、生物工程、生物技术、食品科学与工程、市场营销、数学与应用数学、通信工程、统计学、土木工程、物流工程、物流管理、信息管理与信息系统、信息与计算科学、艺术设计、英语、应用化学、自动化

硕士专业　材料科学与工程、产业经济学、发酵工程、纺织材料与纺织品设计、纺织工程、工程、管理科学与工程、环境工程、机械制造及其自动化、计算机应用技术、检测技术与自动化装置、控制理论与控制工程、马克思主义基本原理、农产品加工及贮藏工程、设计艺术学、思想政治教育、体育人文社会学、微生物学、应用化学、应用数学

院系设置
机械与汽车工程学院、电气工程学院、纺织服装学院、生物与化学工程学院、管理工程学院、艺术学院、计算机与信息学院、数理学院、人文学院、外国语学院、体育学院、建筑工程学院等12个学院

国家级、省部级研究机构设置
1. 实验室:纺织面料安徽省重点实验室、电气传动与控制安徽省重点实验室、先进数控和伺服驱动技术安徽省重点实验室培育基地、安徽检测技术与节能装置省级实验室、安徽高性能有色金属材料省级实验室

2. 研究中心(所):"设计艺术研究中心"省级人文社科重点研究基地、安徽省纺织工程技术研究中心、微生物发酵安徽省工程技术研究中心、安徽省纺织行业科技公共服务平台、安徽省生物制品与食品检测检验及其标准化技术公共服务平台、汽车新技术安徽省工程技术研究中心、安徽工程大学技术转移中心

定期公开出版的专业刊物　《安徽工程大学学报(自然科学版)》

学校设立奖学金情况
学校设立奖学金4项,奖励总金额260余万元。奖学金最高金额2200元/年,最低金额400元/年。

学校历史沿革
学校办学始于1935年由西班牙天主教耶稣会创设的安徽私立内思高级工校,解放后更名为芜湖电机制造学校(简称芜湖电校),隶属于国家第一机械工业部。1972年学校更名为芜湖机械学校,1977年作为合肥工业大学教学点,开始招收全日制本科生。1978年12月经国务院批准升格为全日制普通本科高等学校,定名为安徽机电学院,2001年12月,更名为安徽工程科技学院。2010年3月,更名为安徽工程大学。

安徽农业大学

学校(机构)标识码 4134010364	占地面积(平方米) 1923000	成人专科 3878
学校办学类型 411:本科院校:大学	校舍建筑面积(平方米) 769833	博士研究生 121
学校性质类别 03 农业院校	图书(万册) 146.5	硕士研究生 2071
学校举办者 811 省级教育部门	固定资产总值(万元) 73346.55	留学生 33
学校地址 合肥市长江西路130号	教学、科研仪器设备资产值(万元) 21594.38	专任教师(人) 1123
邮政编码 230036	在校生数(人) 25731	其中:正高级 180
办公电话 0551-5786203	其中:普通本科 17912	副高级 278
传真电话 0551-5786203	普通专科 247	中级 505
校园(局域)网域名 www.ahau.edu.cn/chinese/	成人本科 1469	初级 152
电子信箱 fgc@ahau.edu.cn		未定职级 8

本科专业 包装工程、保险、材料科学与工程、财务管理、蚕学、草业科学、茶学、车辆工程、城市规划、电气工程及其自动化、电气信息类、电子信息工程、动物科学、动物医学、动植物检疫、对外汉语、法学、法语、纺织工程、服装设计与工程、工商管理类、公共事业管理、国际经济与贸易、汉语言文学、环境工程、环境科学、环境科学类、会计学、机械设计制造及其自动化、计算机科学与技术、金融学、经济学、经济学类、林学、旅游管理、木材科学与工程、农林经济管理、农学、农业工程类、农业机械化及其自动化、农业建筑环境与能源工程、农业水利工程、农业资源与环境、轻工纺织食品类、日语、设施农业科学与工程、社会工作、生态学、生物技术、生物科学、生物科学类、食品科学与工程、食品质量与安全、市场营销、水产养殖学、通信工程、统计学、土地资源管理、网络工程、物流工程、信息管理与信息系统、信息与计算科学、烟草、艺术设计、英语、应用化学、应用生物科学、应用心理学、园林、园艺、园艺教育、植物保护、中药资源与开发、种子科学与工程

专科专业 茶艺、畜牧兽医、汽车检测与维修技术

博士专业 茶学、动物遗传育种与繁殖、木材科学与技术、农村区域发展、农业昆虫与害虫防治、森林保护学、森林培育、微生物学、作物安全生产、作物生理技术、作物生理生态、作物生物技术、作物信息学、作物遗传育种、作物栽培学与耕作学

硕士专业 草业科学、茶学、产业经济学、车辆工程、动物学、动物遗传育种与繁殖、动物营养与饲料科学、果树学、环境工程、环境科学、机械设计及理论、基础兽医学、计算机应用技术、技术经济及管理、林木遗传育种、林业、林业经济管理、临床兽医学、马克思主义基本原理、木材科学与技术、农产品加工及贮藏工程、农药学、农业机械化工程、农业经济管理、农业昆虫与害虫防治、农业推广、气象学、森林保护学、森林经理学、森林培育、生理学、生态学、生物化学与分子生物学、生物物理学、食品科学、兽医、蔬菜学、水生生物学、思想政治教育、特种经济动物饲养(含:蚕、蜂等)、土地资源管理、土壤学、微生物学、细胞生物学、遗传学、营养与食品卫生学、预防兽医学、园林植物与观赏园艺、植物病理学、植物学、植物营养学、作物安全生产、作物生理生态、作物生物技术、作物遗传育种、作物栽培学与耕作学

院系设置
现有18个学院

国家级、省部级研究机构设置
现有1个国家重点(培育)学科和16个省部级重点学科,2个博士后科研流动站,5个一级学科博士学位授权点,14个二级学科博士学位授权点,61个硕士学位授权点,68个本科专业;现有1个国家重点实验室培育基地,13个省部级重点实验室和工程技术研究中心,1个省级人文社科研究基地,8个省部级创新团队,6位国家现代农业产业技术体系岗位科学家,2位国家产业技术体系综合试验站站长。

定期公开出版的专业刊物 《安徽农业大学学报》(自然科学版、社会科学版)、《茶业通报》、《高教信息参考》等

学校设立奖学金情况
学校设立奖学金9项,奖励总金额4100余万元。奖学金最高金额8000元/年,最低金额200元/年。

主要校办产业
安徽农业大学实业公司

学校历史沿革
我校为省属重点高校,是一所以农林学科为优势,农、工、理、经、管、文、法、医、教等多学科协调发展的教学研究型大学。学校源于1928年成立的省立安徽大学,1935年成立农学院,1954年独立办学,1995年更名为安徽农业大学。为国家首批硕士学位授权单位,1998年被批准为博士学位授权单位。

安徽医科大学

学校(机构)标识码 4134010366	电子信箱 ahmuxb@anmu.edu.cn	成人专科 6881
学校办学类型 411:本科院校:大学	占地面积(平方米) 700675	博士研究生 195
学校性质类别 05 医药院校	校舍建筑面积(平方米) 477943	硕士研究生 2824
学校举办者 811 省级教育部门	图书(万册) 96.91	留学生 52
学校地址 合肥市蜀山区梅山路 81 号	固定资产总值(万元) 59390.37	专任教师(人) 767
邮政编码 230032	教学、科研仪器设备资产值(万元) 25516.27	其中:正高级 175
办公电话 0551-5161000		副高级 265
传真电话 0551-5161014	在校生数(人) 24630	中级 225
校园(局域)网域名 www.ahmu.edu.cn	其中:普通本科 9379	初级 93
	成人本科 5299	未定职级 9

本科专业 法学(医事法学方向)、公共事业管理(卫生事业管理方向)、公共事业管理(卫生信息技术与管、公共事业管理(医疗保险方向)、护理学、口腔医学、劳动与社会保障(医学保险方向)、临床医学、临床医学(精神卫生方向)、临床医学(康复医学方向)、临床医学(临床病理方向)、临床医学(全科医学)、农村免费定、临床医学(医学美容方向)、临床医学(医学心理学方向)、麻醉学、生物技术、生物医学工程、食品质量与安全、卫生检验、信息管理与信息系统(医学信息方)、药学(临床药理方向)、药学(药品监督与管理方向)、药学(药品营销方向)、医学检验、医学影像学、预防医学、预防医学(妇幼卫生方向)、中药学

博士专业 儿少卫生与妇幼保健学、老年医学、流行病与卫生统计学、免疫学、内科学、皮肤病与性病学、神经病学、药理学

硕士专业 病理学与病理生理学、病原生物学、儿科学、儿少卫生与妇幼保健学、耳鼻咽喉科学、法医学、放射医学、妇产科学、公共卫生、航空、航天与航海医学、护理、护理学、急诊医学、精神病与精神卫生学、康复医学与理疗学、科学技术哲学、口腔临床医学、口腔医学、劳动卫生与环境卫生学、老年医学、临床检验诊断学、临床医学、流行病与卫生统计学、麻醉学、马克思主义中国化研究、免疫学、内科学、皮肤病与性病学、人体解剖与组织胚胎学、社会医学与卫生事业管理、神经病学、神经生物学、生理学、生物化学与分子生物学、生药学、思想政治教育、外科学、微生物学、微生物与生化药学、卫生毒理学、细胞生物学、眼科学、药剂学、药理学、药物分析学、药物化学、药学、遗传学、营养与食品卫生学、影像医学与核医学、应用心理学、运动医学、中药学、肿瘤学

院系设置

研究生学院、基础医学院、生命科学学院(筹)、国际教育学院、公共卫生学院、口腔医学院、卫生管理学院、药学院、护理学院、人文社会科学学院、第一临床学院、临床医学院、成人教育学院、第二临床学院、公共课程部、医学心理系、麻醉系、康复系、医学影像系、医学美容系、皮肤病学系、儿科学系、内科学系、外科学系、妇产科学系

国家级、省部级研究机构设置

研究机构(省级以上) 研究所:皮肤病学教育部重点实验室、抗炎免疫药理学省部共建教育部重点实验室、安徽省分子医学重点实验室(联合)、安徽省中药研究与开发重点实验室(联合)、消化疾病安徽省重点实验室、人畜共患病安徽省重点实验室(联合)、抗炎免疫药物安徽省工程技术研究中心(联合)、安徽天然药物活性研究省级实验室、安徽人口健康与优生省级实验室、安徽病原生物学省级实验室、安徽老年病分子医学省级实验室、安徽口腔疾病研究省级实验室、安徽内分泌代谢省级实验室、安徽人群健康与重大疾病筛查和诊断省级实验室、安徽省生物医学基础与应用科技公共服务平台、安徽省临床检测技术公共服务平台、安徽省新药安全评价中心

博士后流动站 临床医学、药学、公共卫生与预防医学

定期公开出版的专业刊物 《安徽医科大学学报》、《中国药理学通报》、《临床与实验病理学杂志》、《疾病控制杂志》、《肝胆外科杂志》、《临床骨科杂志》、《临床肺科杂志》、《临床眼科杂志》、《临床护理杂志》、《颈腰痛杂志》、《中国基层医药杂志》、《中国农村卫生事业管理》、《立体定向与功能性神经外科杂志》、《临床输血与检验杂志》、《临床心电学杂志》

学校设立奖学金情况

学校设立奖学金 20 项,奖励总金额 334.94 余万元。奖学金最高金额为 8000 元/年,最低金额为 300 元/年。

1. 国家奖学金 23 人/年,8000 元/人,计 18.4 万元;
2. 国家励志奖学金 367 人/年,5000 元/人,计 183.5 万元;
3. 孙大光、张刚奖学金 2 人/年,2000 元/人,计 0.4 万元;
4. "兴皖育才"奖学金 2 人/年,2000 元/人,计 0.4 万元;
5. 张锡祺奖学金 25 人/年,2000 元/人,计 5 万元;
6. 合源奖学金 50 人/年,2000 元/人,计 10 万元;
7. 特等优秀学生奖学金 80 人/年,2000 元/人,计 16 万元;
8. 一等优秀学生奖学金 355 人/年,800 元/人,计 28.4 万元;
9. 二等优秀学生奖学金 559 人/年,500 元/人,计 27.95 万元;
10. 三等优秀学生奖学金 744 人/年,300 元/人,计 22.32 万元;
11. 徐希平奖学金 8 人/年,800 元/人,计 0.64 万元;

12. 金域奖学金 16 人/年,1500 元/人,计 2.4 万元;
13. 一等新生启航奖学金 80 人/年,600 元/人,计 4.8 万元;
14. 二等新生启航奖学金 177 人/年,400 元/人,计 7.08 万元;
15. 三等新生启航奖学金 170 人/年,300 元/人,计 5.1 万元;
16. 天瑞律师奖学金 5 人/年,20000 元/人,计 1 万元;
17. 特等高露洁奖学金 1 人/年,2000 元/人,计 0.2 万元;
18. 一等高露洁奖学金 3 人/年,1000 元/人,计 0.3 万元;
19. 二等高露洁奖学金 5 人/年,800 元/人,计 0.4 万元;
20. 三等高露洁奖学金 13 人/年,500 元/人,计 0.65 万元。

学校历史沿革

安徽医科大学前身为上海东南医学院,创建于 1926 年。1952 年迁至合肥,改名为安徽医学院。1996 年经国家教委批准,更名为安徽医科大学。

蚌埠医学院

学校(机构)标识码 4134010367		cn
学校办学类型 412:本科院校:学院	电子信箱 yuanban@bbmc.edu.cn	
学校性质类别 05 医药院校	占地面积(平方米) 856675	
学校举办者 811 省级教育部门	校舍建筑面积(平方米) 342344	
学校地址 安徽省蚌埠市蚌山区湖滨社区行政事务管理中心大学园区	图书(万册) 79.03	
	固定资产总值(万元) 60837	
	教学、科研仪器设备资产值(万元) 10121	
邮政编码 233030		
办公电话 0552-3175058	在校生数(人) 20662	
传真电话 0552-3171333	其中:普通本科 10477	
校园(局域)网域名 www.bbmc.edu.	普通专科 1098	
成人本科 2587		
成人专科 5779		
硕士研究生 652		
留学生 69		
专任教师(人) 636		
其中:正高级 61		
副高级 160		
中级 278		
初级 90		
未定职级 47		

本科专业 护理学、精神医学、口腔医学、临床医学、临床医学(精神医学方向)、临床医学(麻醉学方向)、临床医学(全科医学方向)、生物科学、信息管理与信息系统、药学、药学(药物分析与检验)、医学检验、医学检验临床医学(临床输血)、医学影像学、营养学、预防医学

专科专业 护理、临床医学

硕士专业 病理学与病理生理学、病原生物学、儿科学、护理学、急诊医学、临床检验诊断学、临床医学、免疫学、内科学、人体解剖与组织胚胎学、外科学、药理学、影像医学与核医学、肿瘤学

院系设置

临床医学一系、临床医学二系、医学检验系、护理学系、医学影像学系、药学系、预防医学系、生物科学系、精神医学系、卫生管理系、研究生部公共课程部、基础医学部、继续教育部、临床教学部、国际教学部、体育艺术部、社会科学部

国家级、省部级研究机构设置

1. 实验室:感染与免疫安徽省重点实验室、组织移植安徽省重点实验室、安徽呼吸病临床基础省级实验室
2. 研究中心(所):安徽省生化药物工程技术研究中心

定期公开出版的专业刊物 《蚌埠医学院学报》、《解剖与临床》、《中华全科医学》

学校设立奖学金情况

学校设立奖学金 3 项,奖励总金额 220.52 余万元。奖学金最高金额 100 元/年,最低金额 100 元/年。

主要校办产业

蚌埠医学院经济技术开发总公司

学校历史沿革

蚌埠医学院创建于 1958 年 7 月,是安徽省省属普通高等医学本科院校和国家首批具有学士和硕士授予权的单位。学院是在接受国家水利部原治淮委员会的房舍基础上建立和发展起来的。学校建校至今,几经搬迁,几易其名。1968 年 8 月经安徽省革委会批准改称蚌埠反修医学院;1970 年 9 月,安徽省革委会决定将安徽四所高等医学院校合并为安徽医学院,蚌埠反修医学院更名为安徽医学院蚌埠分院;1974 年 6 月,经国务院科教组发文通知恢复蚌埠医学院,后于 9 月 24 日正式启用"蚌埠医学院"印章。学院原地址位于安徽省蚌埠市治淮路 801 号,新校区位于蚌埠市龙子湖区东海大道 2600 号,于 2005 年 9 月投入使用。

皖南医学院

学校(机构)标识码 4134010368	学校性质类别 05 医药院校	学校地址 芜湖弋江区文昌西路 22 号皖南医学院新校区
学校办学类型 412:本科院校:学院	学校举办者 811 省级教育部门	

邮政编码　241002	图书(万册)　74.69	成人专科　4879
办公电话　0553-3932592	固定资产总值(万元)　22713.47	硕士研究生　559
传真电话　0553-3932592	教学、科研仪器设备资产值(万元)	专任教师(人)　828
校园(局域)网域名　www.wnmc.edu.com	8369.27	其中:正高级　78
	在校生数(人)　22904	副高级　259
电子信箱　webmaster@wnmc.edu.cn	其中:普通本科　13488	中级　233
占地面积(平方米)　627372	普通专科　2228	初级　156
校舍建筑面积(平方米)　368340	成人本科　1750	未定职级　102

本科专业　法学、法医学、公共事业管理、护理学、口腔医学、临床医学、麻醉学、信息管理与信息系统、药物制剂、药学、医学影像学、预防医学、制药工程

专科专业　护理、药学

硕士专业　病理学与病理生理学、病原生物学、法医学、妇产科学、临床医学、麻醉学、内科学、神经病学、神经生物学、生理学、外科学、药理学、影像医学与核医学、应用心理学、中西医结合基础、肿瘤学

院系设置

医学一系、医学二系、医学三系、护理学系、人文管理系、药学系、预防医学系、基础部、社科部、临床教学部、成教院、研究生部

国家级、省部级研究机构设置

实验室:安徽省多糖药物工程技术中心

定期公开出版的专业刊物　《皖南医学院学报》、《中国临床药理学与治疗学》

学校设立奖学金情况

学校设立奖学金9项,奖励总金额271.04万元/年,最高金额8000元/年,最低金额200元/年

主要校办产业

华卫实业公司、人和后勤服务有限责任公司

学校历史沿革

皖南医学院是安徽省普通高等学校,新校区位于芜湖市弋江区高教园区文昌西路22号,老校区位于芜湖市铁山北麓。校园占地627372平方米。我校前身是芜湖医学专科学校,建于1958年,1971年并入安徽医学院为其皖南分院,1974年经国务院批准独立建院,并使用皖南医学院校名,隶属于安徽省政府领导。

安徽中医学院

学校(机构)标识码　4134010369	电子信箱　ahtcm10369@126.com	成人本科　1057
学校办学类型　412:本科院校:学院	占地面积(平方米)　253068	成人专科　4592
学校性质类别　05 医药院校	校舍建筑面积(平方米)　215791	硕士研究生　764
学校举办者　811 省级教育部门	图书(万册)　70.22	留学生　69
学校地址　合肥市梅山路103号	固定资产总值(万元)　25295	专任教师(人)　660
邮政编码　230038	教学、科研仪器设备资产值(万元)	其中:正高级　104
办公电话　0551-5169009	6627	副高级　195
传真电话　0551-2819950	在校生数(人)　16506	中级　273
校园(局域)网域名　www.ahtcm.edu.cn	其中:普通本科　9235	初级　88
	普通专科　789	

本科专业　对外汉语、公共事业管理、国际经济与贸易、护理学、计算机科学与技术、康复治疗学、人力资源管理、信息管理与信息系统、药物制剂、药学、应用心理学、针灸推拿学、制药工程、中西医临床医学、中药学、中医学

专科专业　护理、药学、医药营销、针灸推拿

硕士专业　方剂学、临床医学、生药学、药剂学、药物化学、针灸推拿学、中西医结合基础、中西医结合临床、中药学、中医儿科学、中医妇科学、中医骨伤科学、中医基础理论、中医临床基础、中医内科学、中医外科学、中医五官科学、中医医史文献、中医诊断学

院系设置

中医临床学院、针灸骨伤临床学院、药学院、中西医结合临床学院、护理学院、医药经济管理学院、医药信息工程学院、人文学院、体育部、国际教育交流学院、研究生部、继续教育学院

国家级、省部级研究机构设置

实验室:国家中医药管理局免疫学三级实验室、国家中医药管理局细胞分子生物学(脑病)三级实验室、国家中医药管理局神经生物学(针灸)三级实验室、国家中医药管理局中药制剂三级实验室、国家中医药管理局数字化影像技术三级实验室、省部共建教育部新安医学重点实验室、安徽省中药研究与开发重点实验室、现代中药安徽省重点实验室、针灸基础与技术安徽省重

点实验室、现代中医内科应用基础与开发研究省级实验室

研究中心(所)：国家中医临床研究基地、国家中医药管理局内科气虚病症重点研究室、安徽省中药临床试验研发服务能力建设科技公共服务平台、现代中药安徽省工程技术研究中心、安徽省中药饮片工程研究中心、安徽省中药提取工程研究中心、安徽省中药制剂工程技术研究中心

定期公开出版的专业刊物 《安徽中医学院学报》

学校设立奖学金情况

学校设立奖学金11项，总金额324.1万元，奖学金最高金额8000元/年，最低金额100元/年。

主要校办产业

安徽中医学院门诊部、安徽中医学院中西医结合医院、安保药业有限公司、劳动服务公司

学校历史沿革

创建于1959年，其前身为安徽中医进修学校和中医进修班，1959年，安徽省政府正式批准成立安徽中医学院。1970年因文革影响，安徽中医学院并入安徽医学院。1975年国家教育部批准恢复安徽中医学院至今。

安徽师范大学

学校(机构)标识码	4134010370
学校办学类型	411：本科院校：大学
学校性质类别	06 师范院校
学校举办者	811 省级教育部门
学校地址	安徽省芜湖市九华南路189号
邮政编码	241002
办公电话	0553-5910027
传真电话	0553-5910027
校园(局域)网域名	ahnu.edu.cn
电子信箱	webmaster@mail.ahnu.edu.cn
占地面积(平方米)	1952538
校舍建筑面积(平方米)	758342
图书(万册)	267.5
固定资产总值(万元)	144841
教学、科研仪器设备资产值(万元)	23266.2
在校生数(人)	32930
其中：普通本科	22375
成人本科	4425
成人专科	2321
博士研究生	157
硕士研究生	3492
留学生	160
专任教师(人)	1363
其中：正高级	239
副高级	440
中级	579
初级	105

本科专业 播音与主持艺术、材料化学、财务管理、地理科学、地理信息系统、电子信息工程、动画、对外汉语、俄语、法学、公共事业管理、光信息科学与技术、广告学、汉语言文学、行政管理、化学、化学工程与工艺、环境工程、环境科学、会计学、绘画、计算机科学与技术、教育技术学、教育学、经济学、历史学、旅游管理、美术学、人力资源管理、日语、软件工程、社会工作、社会体育、社会学、摄影、生态学、生物技术、生物科学、食品科学与工程、食品质量与安全、市场营销、数学与应用数学、思想政治教育、体育教育、通信工程、统计学、土地资源管理、文化产业管理、物理学、物流管理、小学教育、心理学、新闻学、学前教育、艺术设计、音乐表演、音乐学、英语、应用化学、园艺、运动训练、政治学与行政学、自动化、作曲与作曲技术理论

博士专业 马克思主义基本原理、人文地理学、生态学、思想政治教育、有机化学、中国古代史、中国古代文学

硕士专业 比较文学与世界文学、材料物理与化学、材料学、传播学、地图学与地理信息系统、动物学、发展与教育心理学、翻译、分析化学、概率论与数理统计、高等教育学、高分子化学与物理、光学、汉语国际教育、汉语言文字学、环境科学、基础数学、计算机应用技术、计算数学、教育、教育技术学、教育史、教育学原理、经济史、科学社会主义与国际共产主义运动、课程与教学论、理论物理、历史文献学(含：敦煌学、古文字学)、伦理学、旅游管理、马克思主义基本原理、马克思主义哲学、马克思主义中国化研究、美术学、美学、区域经济学、人口、资源与环境经济学、人文地理学、社会保障、社会工作、社会学、神经生物学、生态学、生物化学与分子生物学、史学理论及史学史、世界史、水生生物学、思想政治教育、体育、体育教育训练学、体育人文社会学、土地资源管理、外国哲学、文艺学、无机化学、物理化学(含：化学物理)、细胞生物学、宪法学与行政法学、艺术、艺术学、音乐学、英语语言文学、应用化学、应用数学、应用统计、应用心理学、有机化学、语言学与应用语言学、原子与分子物理、运筹学与控制论、政治学理论、植物学、中共党史(含：党的学说与党的建设)、中国古代史、中国古代文学、中国古典文献学、中国近现代史、中国现当代文学、中国哲学、专门史、自然地理学

院系设置

学校设文学院、政法学院、经济管理学院、音乐学院、美术学院、历史与社会学院、教育科学学院、外国语学院、体育学院、传媒学院、数学计算机科学学院、物理与电子信息学院、化学与材料科学学院、国土资源与旅游学院、生命科学学院、环境科学与工程学院、国际教育学院

国家级、省部级研究机构设置

1. 实验室：功能性分子固体省部共建教育部重点实验室、安徽省重要生物资源保护与利用研究重点实验室、安徽分子基材料省级实验室、安徽自然灾害过程与防控研究省级实验室、安徽省电器设备电磁兼容(EMC)实验室、安徽省粉末涂料实验室

2. 研究中心：安徽师范大学中国诗学研究中心、安徽中医药日化工程技术研究中心

博士后科研流动站 中国语言文学、历史学、生物学、化学

定期公开出版的专业刊物 《安徽师范大学学报》(人文社会科学版、自然科学版)、《高校辅导员学刊》、《学语文》、《安徽师大报》

学校设立奖学金情况

学校设立奖学金 14 项。奖学金最高金额 20000 元/年,最低金额 300 元/年。

1. 国家奖学金:名额由省主管部门确定,8000 元/人
2. 国家励志奖学金:名额由省主管部门确定,5000 元/人
3. 优秀学生奖学金:研究生:学生数的 4%,500 元/人 本科生:一等:学生数的 5%,1200 元/人 二等:学生数的 10%,800 元/人 三等:学生数的 10%,400 元/人
4. 优秀研究生干部奖学金:除校研究生会干部之外的学生干部数的 2%,300 元/人
5. 优秀新生奖学金:特等:符合条件者均可,20000 元/人 一等:符合条件者均可,15000 元/人 二等:符合条件者均可,10000 元/人 三等:符合条件者均可,5000 元/人
6. 朱敬文奖学金:特别奖学金:6 人/年,8000 元/人 奖学金:307 人/年,2000 元/人
7. 华藏奖学金:19 人/年,800 元/人
8. 冯燊均国学奖:3 人/年,1000 元/人
9. 章道衡先生奖学金:名额根据基金利息确定,800 元/人
10. 美国晨光基金会奖助学金:50 人/年,2000 元/人
11. 深蓝奖学金:8 人/年,1000 元/人
12. 庄严奖学金:10 人/年,2000 元/人
13. 王大明奖学金:50 人/年,2000 元/人
14. 安科生物奖学金:一等:8 人/年,3000 元/人 二等:15 人/年,2000 元/人 三等:26 人/年,1000 元/人

主要校办产业

安徽师范大学印刷厂、芜湖师源有限责任公司、安徽师范大学图书代办站、芜湖事达创新科技服务有限公司、安徽师范大学劳动服务公司、安徽师范大学出版社、芜湖科创房地产开发有限公司、芜湖科创服务有限责任公司、经致科技文化传播有限公司

学校历史沿革

安徽师范大学的前身——省立安徽大学,于 1928 年创建于当时的安徽省府安庆市。1946 年,省立安徽大学更名为国立安徽大学。1949 年,国立安徽大学成建制迁至芜湖,并与当时的安徽学院合并成立新的安徽大学。1950 年至 1952 年,学校部分系科先后调整并入到南京大学、复旦大学、浙江大学、华东政法大学等高校,安徽师专于 1952 年并入我校。1954 年安徽大学的师范学院和农学院分别建院,本部改名为安徽师范学院。1958 年,安徽省委决定,将安徽师范学院的部分文科系(科)调整到合肥,建立合肥师范学院;同时将物理系部分师生调入新建的合肥大学(后改名为安徽大学)。1960 年,安徽师范学院更名为皖南大学。1968 年皖南大学更名为安徽工农大学。1970 年,合肥师范学院撤销,大部分系(科)迁回安徽工农大学。1972 年,经国务院批准,学校正式定名为安徽师范大学。2005 年,芜湖师范专科学校整体并入安徽师范大学。

阜阳师范学院

学校(机构)标识码 4134010371	校园(局域)网域名 fync.edu.cn	其中:普通本科 16935
学校办学类型 412:本科院校:学院	电子信箱 webmaster@fync.edu.cn	成人本科 4432
学校性质类别 06 师范院校	占地面积(平方米) 930602	成人专科 1871
学校举办者 811 省级教育部门	校舍建筑面积(平方米) 454368	专任教师(人) 901
学校地址 安徽省阜阳市清河西路 100 号	图书(万册) 184.81	其中:正高级 89
	固定资产总值(万元) 54289.85	副高级 198
邮政编码 236037	教学、科研仪器设备资产值(万元) 10118.72	中级 395
办公电话 0558-2596233		初级 209
传真电话 0558-2593670	在校生数(人) 23238	未定职级 10

本科专业 表演、材料化学、财务管理、地理科学、电子商务、电子信息科学与技术、动物科学、法学、工商管理、公共事业管理、汉语言、汉语言文学、化学、绘画、计算机科学与技术、教育技术学、经济学、科学教育、历史学、美术学、民族传统体育、人力资源管理、人文教育、日语、生物科学、数学与应用数学、思想政治教育、体育教育、统计学、物理学、物流管理、小学教育、新闻学、信息工程、信息管理与信息系统、信息与计算科学、学前教育、艺术设计、音乐表演、音乐学、英语、应用化学、应用物理学、应用心理学、园林、资源环境与城乡规划管理

院系设置

15 个学院 文学院:下设中文系、新闻传播系;外国语学院:下设英语系、日语系;社会发展学院:下设历史系、人力资源管理系;教育科学学院:下设教育学系、心理学系、教育技术学系;数学与计算科学学院:下设数学系、信息与计算科学系;计算机与信息学院:下设计算机系、信息管理系、信息工程系;物理与电子科学学院:下设物理系、电子系;化学化工学院:下设化学系、应用化学系;生命科学学院:下设生物科学系、园林系;体育学院:下设体育系、武术系;美术学院:下设美术教育系、艺术设计系;音乐学院:下设音乐系、音乐表演系;经济与商业学院:下设财务会计系、商务系、经济系;政法学院(思想政治理论教学部):下设思想政治教育系、法律系;成人教育学院

国家级、省部级研究机构设置

省级科研机构 7 个:皖北文化研究中心、抗衰老中草药安徽省工程技术研究中心培育基地、农民工研究中心、安徽省环境污染物降解与监测省级重点实验室、区域物流规划与现代物流工程安徽省重点实验室、胚胎发育与生殖调节安徽省重点实验室、

安徽省人文社科重点研究(培育)基地武术研究中心

定期公开出版的专业刊物 《阜阳师范学院学报》(理科版)、《阜阳师范学院学报》(文科版)

学校设立奖学金情况

学校设立奖学金8项,奖励总金额930.75万元。奖学金最高金额8000元/年,最低金额300元/年。

1. 国家奖学金:30人/年,8000元/人;
2. 国家励志奖学金:523人/年,5000元/人;
3. 国家助学金:3460人/年,2000元/人;
4. 一等专业奖学金:615人/年,600元/人;
5. 二等专业奖学金:1231人/年,300元/人;
6. 校自胜奖学金:243人/年,1000元/人;
7. 校长助学金:204人/年,600元/人;
8. 爱心献血助学金:40人/年,1500元/人。

学校历史沿革

1956年秋—1957年秋,阜阳高师速成班;1957年秋—1958年8月,阜阳中学教师进修学校;1958年9月—1962年春,阜阳专区师范专科学校;1962年春—1974年,阜阳中学教师进修学校;1974年—1978年11月,安徽师范大学阜阳分校;1978年12月至今,阜阳师范学院。2001年学校通过国家教育部本科院校教学合格评估 2009年1月教育部高函【2009】3号文件通知,阜阳师范学院本科教学工作的评估结论为优秀。

安庆师范学院

学校(机构)标识码	4134010372
学校办学类型	412:本科院校:学院
学校性质类别	06 师范院校
学校举办者	811 省级教育部门
学校地址	安徽省安庆市菱湖南路128号
邮政编码	246011
办公电话	0556-5300148
传真电话	0556-5300148
校园(局域)网域名	www.aqtc.edu.cn
电子信箱	yuanb@aqtc.edu.cn
占地面积(平方米)	1901253
校舍建筑面积(平方米)	619580
图书(万册)	171.7
固定资产总值(万元)	82178.93
教学、科研仪器设备资产值(万元)	11963.11
在校生数(人)	26511
其中:普通本科	22434
成人本科	1959
成人专科	1906
硕士研究生	212
专任教师(人)	1060
其中:正高级	82
副高级	257
中级	525
初级	194
未定职级	2

本科专业 表演(黄梅戏表演方向)、表演(体育艺术表演方向)、材料化学、财务管理、地理科学、电子信息科学与技术、动画、对外汉语、法学、法语、广播电视新闻学、国际经济与贸易、汉语言文学、汉语言文学(专升本)、化学、化学(专升本)、化学工程与工艺、环境工程、环境科学、机械设计制造及其自动化、计算机科学与技术、计算机科学与技术(工)、教育技术学、教育学、科学教育、历史学、旅游管理、美术学、农村区域发展、人文教育、社会工作、生物技术、生物科学、市场营销、数学与应用数学、思想政治教育、体育教育、通信工程、微电子学、物理学、物流管理、戏剧学(黄梅戏编导方向)、小学教育、新闻学、信息管理与信息系统、信息与计算科学、学前教育、学前教育(专升本)、艺术教育、艺术设计、音乐学、英语、英语(非师范)、应用心理学、园林、自动化

硕士专业 科学社会主义与国际共产主义运动、无机化学、应用数学、中国古代文学

院系设置

文学院、外国语学院、数学与计算学院、化学化工学院、经济与管理学院、计算机与信息学院、物理与电气工程学院、政法学院、美术学院、音乐学院、黄梅剧艺术学院、教育学院、人文社会学院、资源与环境学院、生命科学学院、体育学院、继续教育学院

国家级、省部级研究机构设置

1. 实验室:"功能配合物"安徽省重点实验室、安徽光电磁功能材料省级实验室

2. 研究中心(所):皖江历史文化研究中心、安徽省"三个代表"重要思想研究中心财政部黄梅戏表演艺术培训基地

定期公开出版的专业刊物 《安庆师范学院》(社会科学版)、《安庆师范学院》(自然科学版)

学校设立奖学金情况

学校设立奖学金9项,奖励总金额742.198余万元。奖学金最高金额8000元/年,最低金额100元/年。

学校历史沿革

安庆师范学院坐落在安徽省高等教育发源地——安庆市。清代光绪23年,当时兴建200多年的省学"敬敷书院"移建于此。1898年光绪皇帝谕令改为求是学堂。1902年改为安徽大学堂。此后这里办学不辍,先后为中国人民解放军海军联合学校、安庆师范学校、安庆师范专科学校、安徽师范大学安庆教学点等。1980年经国务院批准。成立安庆师范学院。

淮北师范大学

学校(机构)标识码 4134010373	校园(局域)网域名 www.chnu.edu.cn	其中:普通本科 16011
学校办学类型 411:本科院校:大学	电子信箱 xxbgs@chnu.edu.cn	成人本科 2188
学校性质类别 06 师范院校	占地面积(平方米) 1107389	成人专科 2892
学校举办者 811 省级教育部门	校舍建筑面积(平方米) 449073	硕士研究生 516
学校地址 安徽省淮北市东山路100号	图书(万册) 161	专任教师(人) 932
邮政编码 235000	固定资产总值(万元) 57322	其中:正高级 82
办公电话 0561-3802206	教学、科研仪器设备资产值(万元) 11446	副高级 345
传真电话 0561-3090518	在校生数(人) 21607	中级 440
		初级 65

本科专业 电气信息类、电子商务、电子信息科学与技术、对外汉语、法学、公共事业管理、广告学、国际经济与贸易、国际政治、汉语言文学、化学工程与工艺、化学类、环境科学、会计学、绘画、计算机科学与技术、教育技术学、经济学、劳动与社会保障、历史学、旅游管理、美术学、日语、社会工作、社会体育、社会学、生物工程、生物科学、市场营销、数学与应用数学、思想政治教育、体育教育、统计学、网络工程、物理学类、物流管理、新闻学、信息安全、信息管理与信息系统、学前教育、艺术设计、音乐表演、音乐学、英语、应用心理学

硕士专业 材料物理与化学、法学理论、分析化学、高等教育学、高分子化学与物理、基础数学、计算机软件与理论、教育、教育经济与管理、马克思主义基本原理、美术学、史学理论及史学史、思想政治教育、体育教育训练学、文艺学、无机化学、物理化学(含:化学物理)、应用化学、应用数学、有机化学、植物学、中国古典文献学

院系设置
文学院、政法学院、历史与社会学院、外国语学院、大学外语教育学院、美术学院、音乐学院、教育学院、经济学院、管理学院、数学科学学院、计算科学与技术学院、物理与电子信息学院、生命科学学院、体育学院、继续教育学院

国家级、省部级研究机构设置
1. 实验室:绿色材料化学实验室、含能材料实验室、资源植物生物学实验室
2. 研究中心(所):安徽文献整理与研究中心

定期公开出版的专业刊物 《淮北师范大学学报(哲学、社会科学版)》、《淮北师范大学学报(自然科学版)》

学校设立奖学金情况
学校设立奖学金6项,奖励总金额358余万元,奖学金最高金额8000元/年,最低金额200元/年

学校历史沿革
学校成立于1947年,前身是安徽师范大学淮北分校。1978年经国务院批准改名为淮北煤炭师范学院,隶属原煤炭工业部。1981年获学士学位授予权。1998年9月实行"中央与安徽省共建,以安徽省管理为主"的管理体制。2000年通过国家教育部教学工作水平和个评估。2003年被国务院学位委员会批准为硕士授权单位。2007年同蒙古国国家教育部本科教学水平评估。2009年被国务院学位委员会批准为教育硕士专业培养单位,并获准为省级立项建设博士学位授予单位和博士后岗位设置单位。2010年3月,教育部批准更名为淮北师范大学。

黄山学院

学校(机构)标识码 4134010375	电子信箱 xxbs@hsu.edu.cn	成人本科 965
学校办学类型 412:本科院校:学院	占地面积(平方米) 1198800	成人专科 914
学校性质类别 01 综合大学	校舍建筑面积(平方米) 381604	留学生 11
学校举办者 811 省级教育部门	图书(万册) 109.51	专任教师(人) 687
学校地址 安徽省黄山市屯溪区西海路39号	固定资产总值(万元) 55001.47	其中:正高级 26
邮政编码 245041	教学、科研仪器设备资产值(万元) 7500.99	副高级 135
办公电话 0559-2546500	在校生数(人) 18240	中级 296
传真电话 0559-2546611	其中:普通本科 15096	初级 206
校园(局域)网域名 www.hsu.edu.cn	普通专科 1254	未定职级 24

本科专业 财务管理、城市规划、电子信息工程、动画、对外汉语、公共事业管理、光信息科学与技术、广播电视编导、国际经济与贸易、汉语言文学、化学、化学工程与工艺、环境科学、机械设计制造及其自动化、计算机科学与技术、建筑学、酒店管理、林学、旅游管理、旅游管理(酒店方向)、美术学、烹饪与营养教育、人力资源管理、日语、社会体育、生物技术、生物科学、食品科学与工程、市场营销、数学与应用数学、思想政治教育、统计学、土木工程、文化产业管理、物理学、小学教育、新闻学、学前教育、学前教育(美术)、艺术设计、音乐学、英语、英语(师范)、应用化学、应用心理学、园林、制药工程、自动化

专科专业 初等教育(美术方向)、初等教育(体育方向)、初等教育(小学数学与科学)、初等教育(小学中文与社会)、初等教育(音乐方向)、会计、计算机教育、旅游管理、学前教育、英语教育、应用电子技术

院系设置

文学院、经济管理学院、旅游学院、生命与环境科学学院、信息工程学院、外语系、社科系、数学

定期公开出版的专业刊物 《黄山学院学报》

学校设立奖学金情况

学校设立奖学金7项奖励总金额128余万元。奖学金最高金额1000元/年,最低金额80元/年。

文明班级25个300元/年/班

优良学风班级34个,200元/年/班;一等奖学金442人,1000元/人/年,二等奖学金634人,600元/人/年,三等奖学金911人,300元/人/年,优秀学生干部590人,100元/人/年。

学校历史沿革

1978年徽州师范专科学校,1997年12月更名为黄山高等专科学校1997年12月更名为黄山高等专科学校2002年2月升格为黄山学院。

皖西学院

学校(机构)标识码 4134010376	电子信箱 wxxy@wxc.edu.cn	普通专科 518
学校办学类型 412:本科院校:学院	占地面积(平方米) 830984	成人本科 1690
学校性质类别 06 师范院校	校舍建筑面积(平方米) 412061	成人专科 2523
学校举办者 811 省级教育部门	图书(万册) 97.2	专任教师(人) 775
学校地址 安徽省六安市裕安区云露桥西	固定资产总值(万元) 35224.44	其中:正高级 32
	教学、科研仪器设备资产值(万元) 7897.74	副高级 205
邮政编码 237012		中级 323
办公电话 0564-3306621	在校生数(人) 22031	初级 181
传真电话 0564-3305010	其中:普通本科 17300	未定职级 34
校园(局域)网域名 www.wxc.edu.cn		

本科专业 材料成型及控制工程、材料科学与工程、财务管理、地理科学、电气工程及其自动化、电子信息工程、电子信息科学与技术、动物科学、动物科学(对口)、法学、给水排水工程、公共事业管理、光信息科学与技术、广告学、国际经济与贸易、汉语言文学、化学、化学工程与工艺、环境科学、机械设计制造及其自动化、计算机科学与技术、建筑学(五年制)、科学教育、旅游管理、美术学、汽车服务工程、生物工程、生物科学、食品质量与安全、市场营销、数学与应用数学、思想政治教育、体育教育、通信工程、土木工程、物理学、物流管理、小学教育、新闻学、信息与计算科学、艺术设计、音乐学、英语、英语(翻译方向)、应用化学、制药工程、资源环境与城乡规划管理

专科专业 会计、计算机网络技术、计算机应用技术、学前教育

院系设置

继续教育学院、材料与化工学院、机械与电子工程学院、建筑与土木工程学院、经济与管理学院、生物与制药工程学院、体育学院、外国语学院、文化与传媒学院、信息工程学院、艺术学院、应用数学学院、政法学院、资源环境与旅游管理学院、应用科技学院

定期公开出版的专业刊物 《皖西学院学报》、《皖西学院报》

学校设立奖学金情况

学校设立奖学金2项,奖励总金额240余万元。奖学金最高金额1000元/年,最低金额300元/年。

学校历史沿革

皖西学院的全身为六安师范专科学校,创建于1958年。2000年3月由六安师范专科学校与六安师范学校、皖西联合大学合并组建皖西学院。

滁州学院

学校(机构)标识码 4134010377
学校办学类型 412:本科院校:学院
学校性质类别 01 综合大学
学校举办者 811 省级教育部门
学校地址 安徽省滁州市丰乐大道1528号
邮政编码 239000
办公电话 0550-3510007
传真电话 0550-3518066
校园(局域)网域名 www.chzu.edu.cn
电子信箱 office@chzu.edu.cn
占地面积(平方米) 1002366
校舍建筑面积(平方米) 347446
图书(万册) 92.77
固定资产总值(万元) 41371.09
教学、科研仪器设备资产值(万元) 10311.07
在校生数(人) 15355
其中:普通本科 11303
普通专科 2882
成人本科 628
成人专科 537
留学生 5
专任教师(人) 632
其中:正高级 28
副高级 125
中级 277
初级 166
未定职级 36

本科专业 财务管理、测绘工程、地理科学、地理科学类、地理信息系统、电气信息类、电子科学与技术、电子信息工程、工商管理、工业设计、公共管理、广告学、国际经济与贸易、汉语言文学、化学工程与工艺、机械设计制造及其自动化、计算机科学与技术、旅游管理、美术学、农产品质量与安全、人文教育、商务英语、生物科学、市场营销、数学与应用数学、体育教育、网络工程、无机非金属材料工程、小学教育、新闻学、信息与计算科学、艺术设计、音乐学、英语、应用化学、应用物理学、园林、自动化

专科专业 初等教育、工商企业管理、机械设计与制造、计算机网络技术、商务英语、涉外旅游、市场营销、数控技术、数学教育、艺术设计、英语教育、应用化工技术、语文教育

院系设置
文学与传媒学院、数学科学学院、计算机与信息工程学院、机械与电子工程学院、地理信息与旅游学院、材料与化学工程学院、生物与食品工程学院、经济与管理学院、教育科学学院、外国语学院、音乐学院、美术与设计学院、体育学院、思想政治课教学研究部、继续教育学院

国家级、省部级研究机构设置
研究中心(所):滁州学院化工技术研究所、滁州学院地理信息技术研究所

定期公开出版的专业刊物 《滁州学院学报》、《滁州学院报》

学校设立奖学金情况
学校设计奖学金6项,奖励总金额403.77余万元。奖学金最高金额8000元/年,最低金额200元/年。

学校历史沿革
1. 滁州学院前身是创建于1950年的滁县师范学校;2. 1977年11月成立"安徽师范大学滁县教学点";3. 1978年更名为"安徽师范大学滁州分校",并招收中文、数学两个专业首批本科生;4. 1981年8月经国务院批准,正式命名为"滁州师范专科学校";5. 2004年5月国家教育部批准升格为"滁州学院"。

安徽财经大学

学校(机构)标识码 4134010378
学校办学类型 411:本科院校:大学
学校性质类别 08 财经院校
学校举办者 811 省级教育部门
学校地址 安徽省蚌埠市曹山路962号
邮政编码 233030
办公电话 0552-3175978
传真电话 0552-3175978
校园(局域)网域名 www.aufe.edu.cn
电子信箱 aufesuntao@163.com
占地面积(平方米) 1014050
校舍建筑面积(平方米) 656682
图书(万册) 199.6
固定资产总值(万元) 52186.89
教学、科研仪器设备资产值(万元) 9626.38
在校生数(人) 31457
其中:普通本科 17163
成人本科 4293
成人专科 8402
硕士研究生 1599
专任教师(人) 980
其中:正高级 108
副高级 304
中级 403
初级 165

本科专业 保险、财务管理、财政学、电子商务、电子信息工程、动画、法学、工程管理、工商管理、公共事业管理、管理科学、广告设计、国际经济与贸易、国际商务、国际政治、国民经济管理、汉语言文学、行政管理、会计学、绘画、计算机科学与技术、金

融工程、金融学、经济学、劳动与社会保障、旅游管理、贸易经济、人力资源管理、日语、社会工作、审计学、市场营销、数学与应用数学、税务、统计学、投资学、土地资源管理、文化产业管理、物流管理、新闻学、信息管理与信息系统、信息与计算科学、艺术设计、英语

硕士专业 保险、财政学（含：税收学）、产业经济学、法律（法学）、法律（非法学）、工商管理、国际法学（含：国际公法）、国际私法、国际贸易学、国际商务、国民经济学、会计、会计学、技术经济及管理、金融、金融学（含：保险学）、经济法学、劳动经济学、旅游管理、马克思主义基本原理、马克思主义中国化研究、美术学、民商法学（含：劳动法学）、社会保障、农业经济管理、企业管理（含：财务管理）、市场营销、情报学、区域经济学、人口、资源与环境经济学、社会保障、世界经济、数量经济学、税务、思想政治教育、统计学、应用统计、政治经济学、专门史、资产评估

院系设置

学院（12个）：经济学院、金融学院、国际经济贸易学院、工商管理学院、管理科学与工程学院、会计学院、财政与公共管理学院、法学院、统计与应用数学学院、文学与艺术传媒学院、外国语学院、商学院 教学部（2个）：思想政治理论课教学研究部、体育教学部

国家级、省部级研究机构设置

1. 实验室（4个）：会计学实验室、信息管理与信息技术实验中心、经济管理实验教学中心、艺术与传媒实验教学中心

2. 研究中心（所）：安徽财经大学经济发展研究中心、安徽省人文社科重点研究基地、中华全国供销合作总社合作经济研究与培训基地、中华全国供销合作总社棉花工程研究与培训基地

定期公开出版的专业刊物 《财贸研究》

学校设立奖学金情况

学校设立奖学金18项，奖励总金额2600余万元。奖学金最高金额8000元/年，最低金额200元/年。

学校历史沿革

1959年5月建校，校址位于安徽合肥，校名为安徽财贸学院；1961年，迁址安徽蚌埠，校址设在交通路；1965年，学校划转中华全国供销合作总社主管，更名为安徽商学院；文革期间，学校先后更名为安徽省财经学校、安徽省供销商业学校；1978年12月，经国务院批准，学校恢复为安徽财贸学院，由中华全国供销合作总社与安徽省共同管理，以中华全国供销合作总社管理为主；1983年，校本部迁至宏业路校区（现龙湖西校区）；1984年，交通路校区经商业部批准改为商业部安徽商业管理干部学院，1987年两院分设；1992年9月，安徽财贸学院、安徽商业管理干部学院重组成新的安徽财贸学院，先后隶属于中华全国供销合作总社、商业部、国内贸易部；2000年2月，国务院决定，安徽财贸学院实行中央与地方共建，以安徽省政府管理为主；2004年5月，经教育部批准，学校更名为安徽财经大学；同年9月，学校迁入龙湖东校区（现校本部）。

宿州学院

学校(机构)标识码 4134010379	cn	普通专科 3645
学校办学类型 412：本科院校：学院	电子信箱 szxybgs@163.com	成人本科 1589
学校性质类别 01 综合大学	占地面积（平方米） 604000	成人专科 1926
学校举办者 811 省级教育部门	校舍建筑面积（平方米） 391029	专任教师（人） 719
学校地址 安徽省宿州市汴河中路71号	图书（万册） 93.47	其中：正高级 35
邮政编码 234000	固定资产总值（万元） 33159.41	副高级 212
办公电话 0557-2871168	教学、科研仪器设备资产值（万元） 7476.87	中级 233
传真电话 0557-2871003	在校生数（人） 19566	初级 205
校园（局域）网域名 www.ahsztc.edu.	其中：普通本科 12406	未定职级 34

本科专业 财务管理、测绘工程、地理科学、地质工程、电气工程及其自动化、电子商务、电子信息工程、服装设计与工程、工程管理、国际经济与贸易、汉语言文学、化学工程与工艺、会计学、机械设计制造及其自动化、计算机科学与技术、旅游管理、美术学、人力资源管理、生物技术、生物科学、市场营销、数学与应用数学、体育教育、统计学、网络工程、文化产业管理、新闻学、信息管理与信息系统、学前教育、艺术设计、音乐学、英语、应用化学、资源环境与城乡规划管理、资源勘查工程、自动化

专科专业 地理教育、房地产经营与估价、工程测量与监理、广告设计与制作、计算机应用技术、酒店管理、软件技术、商务英语、涉外旅游、生化制药技术、数学教育、投资与理财、物流管理、物业管理、学前教育、音乐教育、英语教育、应用电子技术、应用化工技术、语文教育

院系设置

12个二级学院 文学与传媒学院、外国语学院、音乐学院、美术学院、机械与电子工程学院、化学与生命科学学院、信息工程学院、体育学院、经济管理学院、数学与统计学院、地球科学与工程学院、管理工程学院

国家级、省部级研究机构设置

1. 实验室1个：自旋电子与纳米材料安徽省重点实验室培

育基地

2.研究中心2个：安徽省人文社科重点研究基地宿州学院大学文化研究中心、安徽省煤矿勘探工程技术研究中心

定期公开出版的专业刊物 《宿州学院学报》、《宿州学院报》

学校设立奖学金情况

学校设立奖学金5项,分别为：优秀学生奖学金,师范专业奖学金,国家励志奖学金,国家奖学金和国家助学金。奖金总金额1460万元,最高金额8000元/年,最低金额200元/年。

主要校办产业

宿州学院印刷厂

学校历史沿革

宿州学院前身是为皖北宿县区师范学校,创办于1949年12月。1952年春,更名为安徽省宿县师范学校。1980年改名为宿州师范专科学校。2004年5月,经教育部批准升格为本科院校宿州学院。

巢湖学院

学校(机构)标识码 4134010380	电子信箱 bgs@chu.edu.cn	成人本科 469
学校办学类型 412:本科院校:学院	占地面积(平方米) 866830	成人专科 74
学校性质类别 06 师范院校	校舍建筑面积(平方米) 283968	留学生 4
学校举办者 811 省级教育部门	图书(万册) 77	专任教师(人) 603
学校地址 安徽省巢湖市半汤街道办事处温泉居委会	固定资产总值(万元) 22560	其中:正高级 28
	教学、科研仪器设备资产值(万元)	副高级 157
邮政编码 238024	6165	中级 245
办公电话 0565-2361406	在校生数(人) 12810	初级 162
传真电话 0565-2361407	其中:普通本科 12116	未定职级 11
校园(局域)网域名 www.chu.edu.cn	普通专科 147	

本科专业 电气工程及其自动化、电子科学与技术、电子商务、电子信息工程、动画、法学、公共事业管理、广播电视新闻学、广告学、国际经济与贸易、汉语言文学、汉语言文学(师范)、化学工程与工艺、机械设计制造及其自动化、计算机科学与技术、教育技术学、历史学、旅游管理、美术学、社会体育、生物工程、市场营销、数学与应用数学、体育教育、统计学、网络工程、微电子学、无机非金属材料工程、物理学、小学教育、信息管理与信息系统、信息与计算科学、艺术设计、音乐表演、英语、应用化学、应用心理学

专科专业 初等教育

院系设置

文学与传媒系、外语系、艺术学院、历史旅游文化系、体育系、数学系、电子工程与电气自动化学院、化学化工与生命科学学院、教育系、经济管理与法学学院、计算机与信息工程学院

定期公开出版的专业刊物 《巢湖学院学报》、《巢湖学院报》

学校设立奖学金情况

学校设立奖学金5项,奖励总金额188.98余万元。奖学金最高金额2000元/年,奖学金最低金额300元/年。

学校历史沿革

1977年底,经安徽省教育厅批准,成立"安徽师范大学巢湖专科班",同时筹建"巢湖师范专科学校",开始招生。1980年5月,安徽省人民政府决定将"安徽师范大学巢湖专科班"更名为"巢湖师范专科学校"。1983年2月,国务院批准设置"巢湖师范专科学校"。2001年12月,经全国高等学校设置评议委员会研究同意,"巢湖师范专科学校"升格为本科院校。2002年4月,教育部正式批准"巢湖师范专科学校"升格为本科层次的普通高等学校"巢湖学院"。

淮南师范学院

学校(机构)标识码 4134010381	办公电话 0554-6863615	固定资产总值(万元) 41669.81
学校办学类型 412:本科院校:学院	传真电话 0554-6863612	教学、科研仪器设备资产值(万元)
学校性质类别 06 师范院校	校园(局域)网域名 www.hnnu.edu.cn	7727.2
学校举办者 811 省级教育部门	电子信箱 yuanban@hnnu.edu.cn	在校生数(人) 17414
学校地址 安徽省淮南市田家庵区洞山西路	占地面积(平方米) 810658	其中:普通本科 16544
	校舍建筑面积(平方米) 368355	普通专科 637
邮政编码 232038	图书(万册) 96.73	成人本科 117

成人专科 116	副高级 143	初级 207
专任教师(人) 746	中级 296	未定职级 79
其中:正高级 21		

本科专业 材料化学、电气工程及其自动化、电子商务、电子商务(对口)、电子信息工程、电子信息科学与技术、动画、法学、公共事业管理、光信息科学与技术、广告学、国际经济与贸易、汉语言文学、化学、化学工程与工艺、会计学、计算机科学与技术、计算机科学与技术(对口)、教育技术学、美术学、社会工作、社会体育、社会体育(对口)、摄影、生物工程、生物技术、生物科学、市场营销、市场营销(对口)、数学与应用数学、思想政治教育、体育教育、通信工程、物理学、小学教育、新闻学、信息与计算科学、休闲体育、学前教育、艺术设计、音乐表演、音乐学、英语、应用化学、应用心理学、园林、园林(对口)、政治学与行政学、自动化、自动化(对口)

专科专业 国际商务、会计、应用电子技术

院系设置

政法系、中文与传媒系、经济与管理学院、外语系、教育科学系、数学与计算机科学系、物理与电子信息系、化学与化工系、生命科学系、计算机与信息工程系、电气信息工程学院、体育学院、美术系、音乐系、马克思主义学院

国家级、省部级研究机构设置

实验室:低温共烧材料实验室

定期公开出版的专业刊物 《淮南师范学院学报》、《淮南师范学院报》

学校设立奖学金情况

学校设立奖学金8项,奖励总金额1351余万元。奖学金最高金额8000元/年,最低金额100元/年。

学校历史沿革

学院前身为1958年成立的淮南师范专科学校(1962年停办,1977年恢复办学);1999年,经安徽省人民政府批准,淮南教育学院、淮南师范学校并入淮南师范专科学校,组建新的淮南师范专科学校;2000年3月,经教育部批准,在新的淮南师范专科学校的基础上成立淮南师范学院;2000年6月,安徽省人民政府批准淮南师范学院建制,2000年9月,淮南师范学院正式成立。

铜陵学院

学校(机构)标识码 4134010383	校园(局域)网域名 www.tlu.edu.cn	其中:普通本科 14478
学校办学类型 412:本科院校:学院	电子信箱 bgs@tlu.edu.cn	成人本科 657
学校性质类别 08 财经院校	占地面积(平方米) 873630	成人专科 913
学校举办者 811 省级教育部门	校舍建筑面积(平方米) 303832	专任教师(人) 635
学校地址 安徽省铜陵市经济技术开发区翠湖四路1335号	图书(万册) 93.9	其中:正高级 26
邮政编码 244061	固定资产总值(万元) 44397.2	副高级 174
办公电话 0562-5881000	教学、科研仪器设备资产值(万元) 5378	中级 296
传真电话 0562-5881011	在校生数(人) 16048	初级 124
		未定职级 15

本科专业 保险、材料成型及控制工程、财务管理、地理信息系统、电气工程及其自动化、电子商务、电子信息工程、法学、工程管理、工程造价、公共事业管理、广告学、国际经济与贸易、汉语言文学、会计学、机械设计制造及其自动化、计算机科学与技术、建筑学、金融学、金属材料工程、经济学、劳动与社会保障、人力资源管理、社会工作、审计学、市场营销、数学与应用数学、税务、通信工程、统计学、投资学、土木工程、物流管理、信息管理与信息系统、艺术设计、音乐表演、英语、自动化

院系设置

学院设有会计学、工商管理、公共管理、金融学、经济贸易、外语、数学与计算机科学技术、机械工程、电气工程、土木工程、文学与艺术传媒、法政12个系和社科、体育两个教学部以及继续教育学院、现代教育技术中心

国家级、省部级研究机构设置

设有光电子安徽省工程技术研究中心和铜陵学院皖江经济发展研究中心

定期公开出版的专业刊物 《铜陵学院报》

学校设立奖学金情况

学院设立奖学金7项,奖励总金额1291.03万元/年,最高金额8000元/年,最低金额300元/年。

主要校办产业

铜陵学院后勤服务集团公司

学校历史沿革

1977年4月成立安徽劳动大学铜陵市师范专科班(隶属铜陵市,安徽省高教局主管),1979年更名为安徽师范大学铜陵专科学校,1983年5月改建为铜陵财经专科学校(隶属安徽省财政厅),2000年8月安徽省冶金工业学校、安徽省铜陵师范学校、安徽铜陵财经专科学校三校合并组建新的安徽省铜陵财经专科学校(隶属教育厅),2002年3月经教育部批准升格为省属普通本科院校铜陵学院(安徽省教育厅主管)。

安徽职业技术学院

学校(机构)标识码 4134010869	传真电话 0551-4689999	在校生数(人) 15488
学校办学类型 415：专科院校：高等职业学校	校园(局域)网域名 www.avtc.cn	其中：普通专科 14457
	电子信箱 ahzybgs@avtc.cn	成人专科 1031
学校性质类别 02 理工院校	占地面积(平方米) 1065338	专任教师(人) 721
学校举办者 811 省级教育部门	校舍建筑面积(平方米) 505351	其中：正高级 16
学校地址 合肥市新站区职教基地文忠路	图书(万册) 70.4	副高级 197
	固定资产总值(万元) 58276	中级 352
邮政编码 230011	教学、科研仪器设备资产值(万元) 7299	初级 96
办公电话 0551-4689000		未定职级 60

专科专业 材料工程技术、道路桥梁工程技术、电气自动化技术、电子商务、动漫设计与制作、纺织品检验与贸易、纺织品设计、服装表演、服装工艺技术、服装设计、高分子材料加工与应用技术、工程造价、工业分析与检验、广告与会展、国际贸易实务、环境监测与治理技术、环境艺术设计、会计、机电一体化技术、机械制造与自动化、计算机多媒体技术、计算机网络技术、计算机应用技术、建筑工程技术、建筑装饰工程技术、精细化学品生产技术、酒店管理、酒店管理(烹饪方向)、旅游管理、模具设计与制造、汽车技术服务与营销、汽车检测与维修技术、汽车制造与装配技术、染整技术、人物形象设计、软件技术、商务英语、社区管理与服务、涉外事务管理、生物化工工艺、数控技术、通信技术、网络系统管理、文秘、无机非金属材料工程技术、物流管理、现代纺织技术、营销与策划、应用电子技术、应用化工技术、制浆造纸技术、制冷与冷藏技术、装潢艺术设计

院系设置
材料工程系、电气工程系、纺织工程系、管理系、化学工程系、经贸系、机械工程系、信息工程系。

定期公开出版的专业刊物 《安徽职业技术学院学报》

学校设立奖学金情况
学校设立奖学金 4 项，奖励总金额 100 余万元。奖学金最高金额 1000 元/年，最低金额 300 元/年。

学校历史沿革
安徽职业技术学院是直属于安徽省教育厅的全日制普通高等学校。学院占地 1598 亩。现有在校高职生逾万人。学院前身是 1958 年创办的"安徽纺织工业学校"和"安徽省轻工业学校"，曾升格为"安徽纺织工业专科学校"和"安徽纺织工学院"。1999 年，学院举办高职教育，是教育部批准的安徽省首批高职院校之一。2003 年 8 月，经国家教育部、安徽省人民政府批准，原安徽省轻工业学校、安徽材料工程学校和安徽工业经济学校并入安徽纺织职业技术学院并更名为安徽职业技术学院。

安徽建筑工业学院

学校(机构)标识码 4134010878	电子信箱 sungreatwall@aiai.edu.cn	成人本科 2526
学校办学类型 412：本科院校：学院	占地面积(平方米) 838042	成人专科 4449
学校性质类别 02 理工院校	校舍建筑面积(平方米) 481369	硕士研究生 388
学校举办者 811 省级教育部门	图书(万册) 106.26	专任教师(人) 927
学校地址 安徽省合肥市经济技术开发区紫云路 292 号	固定资产总值(万元) 96258	其中：正高级 83
	教学、科研仪器设备资产值(万元) 13658.44	副高级 280
邮政编码 230601		中级 379
办公电话 0551-3828012	在校生数(人) 22881	初级 175
传真电话 0551-3517457	其中：普通本科 15518	未定职级 10
校园(局域)网域名 www.aiai.edu.cn		

本科专业 安全工程、材料类、财务管理、测绘工程、测控技术与仪器、城市规划、道路桥梁与渡河工程、地理信息系统、地质工程、电气工程及其自动化、电气信息类、电子科学与技术、电子信息工程、动画、法学、房地产经营管理、高分子材料与工程、给水排水工程、工程管理、工商管理、工商管理类、工业设计、过程装备与控制工程、化学工程与工艺、环境工程、会计学、机械设计制造及其自动化、计算机科学与技术、建筑电气与智能化、建筑环境与设备工程、建筑学、交通工程、经济学、景观学、勘查技术

与工程、劳动与社会保障、热能与动力工程、人力资源管理、市场营销、通信工程、统计学、土木工程、网络工程、无机非金属材料工程、信息与计算科学、艺术设计、英语、应用化学、应用物理学、资源环境与城乡规划管理、自动化

硕士专业 材料学、城市规划与设计（含：风景园林规划）、工程、工程力学、结构工程、市政工程

院系设置

土木工程学院、建筑与规划学院、环境与能源工程学院、管理学院、电子与信息工程学院、材料与化学工程学院、数理系、外语系、艺术学院、机械与电气工程学院、法律与政治学院、体育部、继续教育学院

国家级、省部级研究机构设置

1. 实验室：安徽省智能建筑重点实验室、先进建筑材料安徽省重点实验室、合肥建筑结构与地下工程省级实验室、安徽省建筑健康监测与灾害预防技术工程实验室

2. 研究中心（所）：建筑节能安徽省工程技术研究中心、建筑能效控制与评估教育部工程研究中心、徽派建筑工程技术研究中心、徽州雕刻工程技术研究中心

定期公开出版的专业刊物 《安徽建筑工学院学报》（自然科学版）

学校设立奖学金情况

学校设立奖学金9项，奖励总金额570余万元。奖学金最高金额8000元/年，最低金额600元/年。

主要校办产业

安徽建筑工业学院建筑设计研究院、安徽建苑城市规划设计研究院、安徽建筑工业学院岩土工程勘察研究院、安徽建元装饰工程有限公司、安徽建苑新材料技术防水工程有限公司、安徽建苑质量检测有限公司、安徽建苑图纸审查有限公司

学校历史沿革

安徽建筑工业学院创建于1958年，1960年，开办本科教育，1961年，因国民经济调整暂停招生。1977年，以合肥工业大学教学点的名义恢复本科招生；1983年，在教学点的基础上成立合肥工业大学建筑分校；1986年，经国务院批准，复办了安徽建筑工业学院；1998年，通过国家教育部本科教育合格评价；2005年，取得硕士学位授予权；2007年，教育部本科教学工作水平评估优秀。

安徽科技学院

学校（机构）标识码 4134010879	cn	普通专科 1166
学校办学类型 412：本科院校：学院	电子信箱 ahstu@126.com	成人本科 1829
学校性质类别 06 师范院校	占地面积（平方米） 767147	成人专科 2695
学校举办者 811 省级教育部门	校舍建筑面积（平方米） 365772	专任教师（人） 735
学校地址 安徽省滁州市凤阳县东华路9号	图书（万册） 88.6	其中：正高级 51
	固定资产总值（万元） 43063	副高级 169
邮政编码 233100	教学、科研仪器设备资产值（万元） 7557	中级 280
办公电话 0550-6732005		初级 201
传真电话 0550-6733165	在校生数（人） 21619	未定职级 34
校园（局域）网域名 www.ahstu.edu.	其中：普通本科 15929	

本科专业 财务管理、财务会计教育、车辆工程、城市规划、地理信息系统、电气工程及其自动化、电子科学与技术、电子信息工程、电子信息工程（坦克学院）、动物科学、动物生物技术、动物医学、动植物检疫、法学、工商管理、工商管理类、公共事业管理、国际经济与贸易、国际经济与贸易（中美合作班）、汉语言文学、环境工程、环境科学、机电技术教育、机械电子工程、机械设计制造及其自动化、机械设计制造及其自动化（坦克学、机械设计制造及其自动化（中韩班）、计算机科学与技术、计算机科学与技术（坦克学院）、经济学、农学、农业资源与环境、农艺教育、烹饪与营养教育、设施农业科学与工程、生物工程、生物技术、生物科学、生物科学类、食品科学与工程、食品质量与安全、市场营销、市场营销教育、网络工程、无机非金属材料工程、物流管理、信息与计算科学、药物制剂、英语、应用化学、应用化学（玻璃材料方向）、园林、园艺、园艺教育、植物保护、中药学、种子科学与工程

专科专业 初等教育（凤师）、会计（科贸）、机电一体化技术（一轻校）、粮食工程（科贸）、模具设计与制造（一轻校）、数控技术（电子学校）、数控技术（科贸）、学前教育（凤师）、英语教育（凤师）

院系设置

动物科学学院、植物科学学院、生命科学学院、财经学院、管理学院、理学院、机电与车辆工程学院、外国语学院、文法学院、城建与环境学院、食品药品学院、继续教育学院、体育教学部、思政理论课教研部

国家级、省部级研究机构设置

建有家禽疫病防控监测安徽省重点实验室、玉米育种安徽省工程技术研究中心、安徽省有机肥工程技术研究中心、安徽省甜叶菊工程技术研究中心、安徽省糯米加工工程技术研究中心、安徽省精准施肥技术公共服务平台、安徽省农业生产力促进中心等7个省级研究机构

定期公开出版的专业刊物 《安徽科技学院学报》

学校设立奖学金情况

学校设立奖学金11项，奖励总金额158万元。奖学金最高金额2000元/年，最低金额100元/年。

主要校办产业

校用设备厂、兽药厂

学校历史沿革

学校前身是创建于1950年的皖北高级农林学校,1960年升格为凤阳农业专科学校,1965年与下迁凤阳的安徽农学院牧医系合并,建立安徽农学院凤阳分院,开始本科办学。1981年与安徽农学院淮北分院合并,独立建制为皖北农学院,1985年更名为安徽农业技术师范学院,2000年更名为安徽技术师范学院,2005年经教育部批准更名为安徽科技学院。

安徽三联学院

学校(机构)标识码	4134010959
学校办学类型	412:本科院校:学院
学校性质类别	02 理工院校
学校举办者	999 民办
学校地址	安徽省合肥市经济技术开发区合安路47号
邮政编码	230601
办公电话	0551-3830766
传真电话	0551-3830755
电子信箱	www.slu.edu.cn
占地面积(平方米)	470920
校舍建筑面积(平方米)	193110
图书(万册)	71.13
固定资产总值(万元)	40939
教学、科研仪器设备资产值(万元)	5599.84
在校生数(人)	11952
其中:普通本科	4115
普通专科	6739
成人专科	1098
专任教师(人)	515
其中:正高级	27
副高级	112
中级	141
初级	178
未定职级	57

本科专业 安全工程、财务管理、电气工程与自动化、电子科学与技术、电子信息工程、动画、服装设计与工程、国际经济与贸易、会计学、机械设计制造及其自动化、计算机科学与技术、交通工程、交通运输、日语、市场营销、通信工程、艺术设计、英语

专科专业 保险实务、电脑艺术设计、电子商务、动漫设计与制作、法律事务、服装设计、工业设计、广告设计与制作、国际经济与贸易、护理、会计电算化、机电一体化技术、计算机网络技术、计算机信息管理、计算机应用技术、交通安全与智能控制、楼宇智能化工程技术、旅游管理、汽车技术服务与营销、汽车运用技术、人力资源管理、软件技术、商务日语、商务英语、市场营销、通信技术、网络系统管理、文秘、物流管理、医药营销、影视动画、应用电子技术、装潢艺术设计

院系设置

7系2部2院:交通工程学院、计算机科学与技术系、信息与通信技术系、英语系、日语系、工商管理系、经济法政系、艺术系、基础教研部、体育部和继续教育学院

学校历史沿革

民办三联学院(筹)(1997-1999),校址位于合肥市长江西路;三联职业技术学院(1999-2008),1999年进行了计划招生;2000年,学院整体搬迁至合肥市经济技术开发区大学城新校区。2008年5月,经教育部、安徽省人民政府分别正式批复,同意在三联职业技术学院基础上建立本科层次的安徽三联学院。

淮北职业技术学院

学校(机构)标识码	4134010963
学校办学类型	415:专科院校:高等职业学校
学校性质类别	02 理工院校
学校举办者	822 地级其他部门
学校地址	淮北市相阳路146号
邮政编码	235000
办公电话	0561-3112251
传真电话	0561-3112193
校园(局域)网域名	www.hbvtc.net
电子信箱	cw@hbtvu.cn
占地面积(平方米)	366600
校舍建筑面积(平方米)	286543
图书(万册)	67
固定资产总值(万元)	23419
教学、科研仪器设备资产值(万元)	5060
在校生数(人)	12237
其中:普通专科	10989
成人专科	1248
专任教师(人)	495
其中:正高级	7
副高级	148
中级	255
初级	81
未定职级	4

专科专业 财务管理、道路桥梁工程技术、电脑艺术设计、电气自动化技术、电子工艺与管理、电子商务、服装设计、工程监理、国际贸易实务、汉语、护理、环境艺术设计、会计电算化、机电一体化技术、机械设计与制造、机械制造与自动化、计算机多媒体技术、计算机网络技术、计算机应用技术、建筑电气工程技术、建筑工程技术、建筑经济管理、建筑装饰工程技术、酒店管理、空中乘务、口腔医学技术、矿山机电、连锁经营管理、旅游管理、模具设计与制造、汽车检测与维修技术、嵌入式系统工程、软件技

术、商务管理、市场营销、数控技术、税务、文秘、物流管理、现代纺织技术、应用电子技术、应用韩语、应用日语、应用英语、助产、装潢艺术设计

院系设置

医学系、机电系、建筑工程系、旅游管理系、财经系、工艺美术系、计算机科学与技术系、电子信息系、基础部

定期公开出版的专业刊物 《淮北职业技术学院学报》

学校设立奖学金情况

学校设立奖学金1项，奖励总金额62余万元，奖学金最高金额800元/年，最低金额定200元/年。

学校历史沿革

淮北职业技术学院由淮北矿务局职工大学、淮北教育学院、安徽广播电视大学淮北分校、淮北财政学校四所学校合并组建而成，是财政部重点支持建设的示范性职业技术学院，目前以举办高等职业教育为主，同时开展成人高等教育、广电远程教育。

合肥学院

学校(机构)标识码 4134011059	电子信箱 hflhdxxb@mail.ah.cn	普通专科 430
学校办学类型 412:本科院校:学院	占地面积(平方米) 869708	成人本科 119
学校性质类别 02 理工院校	校舍建筑面积(平方米) 358800	成人专科 1163
学校举办者 822 地级其他部门	图书(万册) 87.24	留学生 72
学校地址 安徽省合肥市黄山路373号	固定资产总值(万元) 43866.24	专任教师(人) 708
	教学、科研仪器设备资产值(万元) 11568.38	其中:正高级 47
邮政编码 230022		副高级 196
办公电话 0551-2159011	在校生数(人) 15790	中级 355
传真电话 0551-2159011	其中:普通本科 14006	初级 110
校园(局域)网域名 hfuu.edu.cn		

本科专业 材料成型及控制工程(模具方向)、财务管理、朝鲜语(2+2)、德语、德语(2+3)、电气信息类、电子信息工程、电子信息工程(2+3)、动画、对外汉语、对外汉语(中外合作)、粉体材料科学与工程、工程管理、工商管理、工商管理类、工业设计(3+1)、工业设计(工科)、工业设计(艺术)、公共事业管理、国际经济与贸易、汉语言文学、化学工程与工艺、环境工程、会计学、机械设计制造及其自动化、机械设计制造及其自动化(3+1)、机械设计制造及其自动化(中外合作)、计算机科学与技术、计算机科学与技术(中外合作)、建筑学、金融学、经济学、经济学类、旅游管理、旅游管理(专升本)、日语、生物工程、生物技术、食品科学与工程、数学与应用数学(师范)、通信工程、土木工程、土木工程(中外合作)、网络工程、无机非金属材料工程、物流管理、物流管理(中外合作)、小学教育、新闻学、信息管理与信息系统、信息与计算科学、学前教育、学前教育(专升本)、艺术设计、英语、应用心理学、资源环境与城乡规划管理、自动化

专科专业 旅游管理、旅游管理(中外合作)、网络系统管理、网络系统管理(中外合作)

院系设置

建筑工程系、生物与环境工程系、化学与材料工程系、计算机科学与技术系、电子信息与电气工程系、机械工程系、数学与物理系、艺术设计系、中国语言文学系、经济系、教育系、外国语言系、管理系、旅游系、思想政治理论课教学部、公共体育教学部、基础教学与实验中心、继续教育学院、国际教育学院

定期公开出版的专业刊物 《合肥学院学报》、《合肥学院报》

学校设立奖学金情况

1. 优秀学生奖学金：一等:200人/年,800元/人；二等:700人/年,400元/人；三等:1300人/年,200元/人。

2. 单项奖学金:4506人/年,30元/人。

3. 国家奖学金:26人/年,8000元/人。

4. 国家励志奖学金:448人/年,5000元/人。

5. 新生入学奖学金：一等:2人/年,6000元/人；二等:2人/年,4000元/人；三等:8人/年,2000元/人。

6. 特别奖学金：一等:个人:4人/年,1400元/人；团体:18人/年,700元/人；破院体育记录:3人/年,350元/人；团体:8人/年,175元/人。二等:9人/年,500元/人。

7. 师范生专业奖学金：专科:7人/年,1200元/人；本科:5人/年,1600元/人。

8. 罗顿奖学金:7人/年,2000元/人。

9. 西门子奖学金:6人/年,10000元/人。

10. 韩大奖学金:10人/年,2000元/人。

学校历史沿革

合肥学院的前身为合肥联合大学,创建于1980年。2002年7月安徽省人民政府皖政秘[2002]97号文同意合肥联合大学与合肥教育学院合并组建合肥学院。

芜湖职业技术学院

学校(机构)标识码　4134011061
学校办学类型　415:专科院校:高等职业学校
学校性质类别　02 理工院校
学校举办者　822 地级其他部门
学校地址　芜湖市银湖北路 62 号
邮政编码　241007
办公电话　0553-5775880
传真电话　0553-5775900

校园(局域)网域名　www.whptu.ah.cn
电子信箱　wuhuzhiyuan@sina.com
占地面积(平方米)　838507
校舍建筑面积(平方米)　374530
图书(万册)　69
固定资产总值(万元)　36298
教学、科研仪器设备资产值(万元)　8559
在校生数(人)　14783

其中:普通专科　13205
　　　成人专科　1578
专任教师(人)　551
其中:正高级　12
　　　副高级　132
　　　中级　261
　　　初级　131
　　　未定职级　15

专科专业　报关与国际货运、电气自动化技术、电子商务、动漫设计与制作、动物防疫与检疫、动物科学与技术、港口业务管理、高分子材料应用技术、工程造价、工商企业管理、工业分析与检验、广告设计与制作、国际商务、环境艺术设计、会计、机电一体化技术、机械设计与制造、集装箱运输管理、计算机网络技术、计算机应用技术、建筑工程管理、建筑工程技术、金融保险、精细化学品生产技术、模具设计与制造、汽车改装技术、汽车检测与维修技术、嵌入式技术与应用、商务经纪与代理、商务日语、商务英语、涉外旅游、生产过程自动化技术、生物技术及应用、生物制药技术、食品营养与检测、市场营销、数控技术、图形图像制作、文秘、移动通信技术、应用电子技术、应用韩语、应用化工技术、园林工程技术、园林技术、园艺技术、种子生产与经营、装饰艺术设计

院系设置
机械工程系、电气工程系、信息工程系、建筑工程系、应用外语系、国际贸易系、经济管理系、园林园艺系、生物工程系、轻化系

定期公开出版的专业刊物　《芜湖职业技术学院学报学院》
学校设立奖学金情况
设立奖学金 4 项,奖励总金额 100 余万元。最高金额 1200 元、最低 200 元。
学校历史沿革
1983 年 10 月成立,原名芜湖联合大学,1997 年更名为芜湖职业技术学院,2000 年芜湖农业学校并入我院,学院是首批国家示范性高等职业院校。

蚌埠学院

学校(机构)标识码　4134011305
学校办学类型　412:本科院校:学院
学校性质类别　02 理工院校
学校举办者　811 省级教育部门
学校地址　安徽省蚌埠市曹山路 1866 号
邮政编码　233030
办公电话　0552-3177289
传真电话　0552-3177310

校园(局域)网域名　www.bbxy.edu.cn
电子信箱　bgs.bbc@163.com
占地面积(平方米)　844968
校舍建筑面积(平方米)　282026
图书(万册)　71.54
固定资产总值(万元)　36600
教学、科研仪器设备资产值(万元)　5401.45
在校生数(人)　14764

其中:普通本科　7225
　　　普通专科　6046
　　　成人本科　693
　　　成人专科　800
专任教师(人)　610
其中:正高级　12
　　　副高级　139
　　　中级　264
　　　初级　195

本科专业　材料成型及控制工程、电气工程及其自动化、电子信息工程、电子信息科学与技术、工程管理、工业设计、光信息科学与技术、广告学、汉语言文学、化学工程与工艺、环境科学、机械设计制造及其自动化、计算机科学与技术、交通运输、生物工程、食品科学与工程、市场营销、数学与应用数学、土木工程、无机非金属材料工程、学前教育、艺术设计、音乐学、英语、应用化学、制药工程

专科专业　保险实务、初等教育(文科方向)、初等教育(英语方向)、电脑艺术设计、电子工艺与管理、电子商务、服装设计、环境监测与治理技术、环境艺术设计、会计、机电设备维修与管理、计算机教育、计算机网络技术、计算机信息管理、计算机应用技术、建筑工程技术、美术教育、模具设计与制造、生物技术及应用、生物制药技术、食品加工技术、食品营养与检测、市场营销、视觉传达艺术设计、数控技术、数学教育、文秘、无机非金属材料工程技术、物业管理、学前教育、音乐教育、英语教育、应用化工技术、应用英语、装潢艺术设计、装饰艺术设计

院系设置

机电与电子工程系、食品工程系、计算机科学与技术系、应用化学与环境工程系、数学与物理系、经济与管理系、艺术设计系、外语系、文学与教育系、音乐与舞蹈系、基础部、成人教育学院

定期公开出版的专业刊物　《蚌埠学院学报》、《蚌埠学院报》

学校设立奖学金情况

学院设立奖学金三项，奖励总金额77余万元。奖学金最高金额600元/年，最低金额160元/年。

1. 一等奖学金:445人/年 600元/年
2. 二等奖学金:891人/年 400元/年
3. 三等奖学金:891人/年 160元/年

学校历史沿革

1989年9月，蚌埠食品工业专科学校与蚌埠联合大学合并蚌埠高等专科学校。2004年5月，国家教育部批准，在蚌埠高等专科学校、蚌埠教育学院、蚌埠职工大学的基础上筹建蚌埠学院。2007年3月，国家教育部批准，蚌埠学院正式成立。

池州学院

学校(机构)标识码　4134011306	电子信箱　czxyxx@tom.com	普通专科　6234
学校办学类型　412:本科院校:学院	占地面积(平方米)　1285397	成人本科　105
学校性质类别　06 师范院校	校舍建筑面积(平方米)　284736	成人专科　1693
学校举办者　811 省级教育部门	图书(万册)　86.1	专任教师(人)　726
学校地址　安徽省池州市贵池区马衙街道办事处碧山居委会	固定资产总值(万元)　29419	其中:正高级　30
	教学、科研仪器设备资产值(万元)　7107	副高级　157
邮政编码　247000	在校生数(人)　15179	中级　199
办公电话　0566-2748895	其中:普通本科　7147	初级　249
传真电话　0566-2748789		未定职级　91
校园(局域)网域名　www.czu.edu.cn		

本科专业　财务管理、测绘工程、地理科学、地理信息系统、电子科学与技术、电子信息科学与技术、对外汉语、高分子材料与工程、光电子技术科学、广播电视编导、广告学、国际经济与贸易、汉语言文学、机械设计制造及其自动化、计算机科学与技术、历史学、旅游管理、美术学、人力资源管理、社会体育、市场营销、数学与应用数学、统计学、土地资源管理、文化产业管理、学前教育、艺术设计、音乐学、英语、应用化学、资源环境与城乡规划管理

专科专业　电子商务、动漫设计与制作、多媒体设计与制作、法律事务、房地产经营与估价、化学教育、会计电算化、机电一体化技术、机械设计与制造、计算机应用技术、酒店管理、旅游管理、人力资源管理、软件技术、商务英语、社会工作、社会体育、食品营养与检测、市场营销、数学教育、思想政治教育、体育教育、文化市场经营与管理、文秘、物理教育、物流管理、物业管理、现代教育技术、新闻采编与制作、艺术设计、英语教育、应用电子技术、应用法语、应用韩语、应用化工技术、应用心理学、语文教育、资源环境与城市管理、综合文科教育

院系设置

中文系、数学计算机科学系、政法管理系、外语系、历史与社会科学系、资源环境与旅游系、物理与机电工程系、艺术系、化学与食品科学系、经济贸易系、信息传媒系、教育系、体育系

国家级、省部级研究机构设置

研究中心(所):资源环境与旅游发展研究中心、皖南民俗文化研究中心

定期公开出版的专业刊物　《池州学院学报》、《池州学院报》

学校设立奖学金情况

学校设立奖学金6项，奖励总金额843.6余万元。奖学金最高金额8000元/年最低金额100元/年。

主要校办产业

池州学院后勤集团

学校历史沿革

池州学院始建于1977年底，原为安徽省劳动大学池州地区专科班，1980年5月正式定名为池州师范专科学校。1999年8月，原池州工业学院并入;2002年8月，原安徽省经贸学校并入。2004年8月16日，正式签署省市共建池州师范专科学校的协议,池州学院进入筹备期。2007年3月19日，经教育部批准，同意池州师范专科学校升格为池州学院，同时撤销池州师范专科学校建制。2008年9月，因池州市城建改革，学院整体置换搬迁至池州市教育园区。

淮南联合大学

学校(机构)标识码　4134011308　　学校办学类型　415:专科院校:高等职业学校

学校性质类别　01 综合大学	校园(局域)网域名　www.hnuu.edu.cn	在校生数(人)　6159
学校举办者　822 地级其他部门	电子信箱　hnldxqb@126.com	其中:普通专科　6159
学校地址　安徽省淮南市田家庵区龙泉山街道铁三处社区居委会	占地面积(平方米)　510956	专任教师(人)　333
	校舍建筑面积(平方米)　135188	其中:正高级　3
	图书(万册)　32.16	副高级　77
邮政编码　232001	固定资产总值(万元)　17661.5	中级　172
办公电话　0554-6862692	教学、科研仪器设备资产值(万元)	初级　78
传真电话　0554-6862601	1978.42	未定职级　3

专科专业　报关与国际货运、电气自动化技术、电子商务、电子信息工程技术、法律事务、法律文秘、工程造价、工业分析与检验、国际经济与贸易、护理、化学制药技术、会计、机电一体化技术、计算机网络技术、计算机应用技术、建筑工程技术、金融保险、酒店管理、口腔医学技术、模具设计与制造、软件技术、涉外旅游、市场营销、数控技术、图形图像制作、文秘、物流管理、药品经营与管理、药物制剂技术、医疗美容技术、应用电子技术、应用化工技术、应用日语、应用英语

院系设置

机电系、化工系、经济系、政文系、外语系、计算机系、医学系、建工系

学校设立奖学金情况

学校设立奖学金 3 项,奖励总额 30 余万元。奖学金最高金额 400 元/年,最低金额 200 元/年。

学校历史沿革

1984 年 8 月,安徽省政府函字(1984)24 号文:同意成立淮南联合大学,经淮南市政府批准,淮南财会职工中等学校并入淮南联合大学,1997 年 8 月,经安徽省教委、淮南市政府批准:淮南联合与安徽广播电视大学淮南分校合并。

安徽商贸职业技术学院

学校(机构)标识码　4134012072	传真电话　0553-5971000	在校生数(人)　11085
学校办学类型　415:专科院校:高等职业学校	校园(局域)网域名　www.abc.edu.cn	其中:普通专科　10614
	电子信箱　ahszyhyn@163.com	成人专科　471
学校性质类别　08 财经院校	占地面积(平方米)　449200	专任教师(人)　490
学校举办者　811 省级教育部门	校舍建筑面积(平方米)　202141	其中:正高级　2
学校地址　安徽省芜湖市弋江区文昌西路24号	图书(万册)　65.17	副高级　98
	固定资产总值(万元)　26325.15	中级　181
邮政编码　241002	教学、科研仪器设备资产值(万元)	初级　157
办公电话　0553-5971000	3404.4	未定职级　52

专科专业　ERP 技术应用、财务管理、电脑艺术设计、电子商务、电子信息工程技术、动画设计、多媒体设计与制作、法律文秘、房地产经营、国际贸易、环境艺术设计、会计、会计电算化、计算机多媒体技术、计算机网络与技术、计算机信息管理、计算机应用技术、金融管理与实务、经济法律事务、连锁经营管理、旅游管理、软件技术、商务文秘、商务英语、涉外文秘、市场营销、视觉传达艺术设计、视觉传达艺术设计工作室、视觉传达艺术设计平行班、税务、投资与理财、文秘、物流管理、信息系统开发、艺术设计、营销与策划、应用电子技术、资产评估

院系设置

经济贸易系、工商管理系、会计系、电子信息工程系、外语系、基础教学部、政法教学部、艺术系

定期公开出版的专业刊物　《徽商贸职业技术学院学报》

学校设立奖学金情况

学校设立奖学金 1 项,奖励总金额 170 余万元。奖学金最高金额 2000 元/年,最低金额 400 元/年。

学校历史沿革

安徽旅湘公学(1903 年-1904 年);安徽公学(1904 年-1912 年);甲种实业学校·商科(1912 年-1914 年);省立甲种商业学校(1914 年-1919 年);省立第一甲种商业学校(1919 年-1923 年);省立第一商业学校(1923 年-1928 年);省立第二中等职业学校·商部(1928 年-1934 年);省立芜湖高级农业职业学校·商部(1934 年-1937 年);省立立煌高级商业职业学校(1937 年-1946 年);省立芜湖高级商业职业学校(1946 年-1949 年);芜湖市高级职业学校·商科(1949 年-1951 年);皖南区芜湖市中级商业技术学校(1951 年-1952 年);安徽省芜湖商业学校(1952 年-1961 年);安徽商业学校(1961 年-1968 年);安徽省商业学校(1972 年-2000 年);安徽商贸职业技术学院(2000 年 6 月至今)。

安徽水利水电职业技术学院

学校(机构)标识码　4134012073
学校办学类型　415:专科院校:高等职业学校
学校性质类别　02 理工院校
学校举办者　812 省级其他部门
学校地址　安徽省合肥市合马路18号
邮政编码　231603
办公电话　0551-7316830
传真电话　0551-7316678
校园(局域)网域名　ahsl@263.net
电子信箱　ahsl@263.net
占地面积(平方米)　808667
校舍建筑面积(平方米)　365520
图书(万册)　55.73
固定资产总值(万元)　33896
教学、科研仪器设备资产值(万元)　6998
在校生数(人)　12539
其中:普通专科　11857
　　　成人专科　682
专任教师(人)　503
其中:正高级　7
　　　副高级　95
　　　中级　158
　　　初级　193
　　　未定职级　50

专科专业　城市轨道交通工程技术、城市水净化技术、城市水利、道路桥梁工程技术、电气自动化技术、电子商务、动漫设计与制作、房地产经营与估价、港口与航道工程技术、给排水工程技术、工程测量与监理、工程机械运用与维护、工程监理、工程造价、工业分析与检验、供用电技术、机电设备维修与管理、机电一体化技术、机械设计与制造、机械制造与自动化、基础工程技术、计算机多媒体技术、计算机网络技术、计算机应用技术、建筑钢结构工程技术、建筑工程管理、建筑工程技术、建筑设备工程技术、建筑装饰工程技术、经济管理、连锁经营管理、汽车检测与维修技术、人力资源管理、生产过程自动化技术、市政工程技术、输变电工程技术、数控技术、水利工程、水利工程施工技术、水利水电工程管理、水利水电建筑工程、水文与水资源、通信技术、物流管理、物业管理、应用电子技术、应用化工技术

院系设置
水利工程系、资源与环境工程系、建筑工程系、市政工程系、机电工程系、机械工程系、电子信息工程系、管理工程系

定期公开出版的专业刊物　《安徽水利水电职业技术学院学报》

学校设立奖学金情况
学院设立奖学金一项,奖励总金额180余万元。奖学金最高金额2000元/年,最低金额1000元/年。

学校历史沿革
淮河水利学校(1952年-1958年)、安徽水利电力学校(1958年-1961年)、安徽水利电力学校(1961年-2000年)(含水利部治淮委员会文化干部学校、佛子岭学校、淮南电校、淮河水利班干部学校);2000年与安徽水利技工学校(1979年-2000年)、安徽水利职工大学(1984年-2000年)合并组建安徽水利水电职业技术学院。学院2000年与安徽省水利职工中等专业学校(1984年-2000年)安徽省水利干部学校(1991年-2000年)合署办学。

阜阳职业技术学院

学校(机构)标识码　4134012074
学校办学类型　415:专科院校:高等职业学校
学校性质类别　02 理工院校
学校举办者　822 地级其他部门
学校地址　安徽省阜阳市阜南路465号
邮政编码　236031
办公电话　0558-2179012
传真电话　0558-2181580
校园(局域)网域名　www.fyzy.gov.cn
电子信箱　fyzy.@fyzy.gov.cn
占地面积(平方米)　453329
校舍建筑面积(平方米)　258952
图书(万册)　46
固定资产总值(万元)　25030
教学、科研仪器设备资产值(万元)　4999.08
在校生数(人)　8657
其中:普通专科　8657
专任教师(人)　318
其中:正高级　4
　　　副高级　85
　　　中级　105
　　　初级　95
　　　未定职级　29

专科专业　初等教育、动漫设计与制作、工程造价、护理、环境艺术设计、会计电算化、机电一体化技术、机械制造与自动化、计算机网络技术、计算机应用技术、建筑工程管理、建筑工程技术、酒店管理、康复治疗技术、模具设计与制造、汽车技术服务与营销、汽车检测与维修技术、食品营养与检测、市场营销、数控技术、微生物技术及应用、文秘、物流管理、新闻采编与制作、医学检验技术、英语教育、应用电子技术、应用英语、园林工程技术、园艺技术

院系设置
阜阳职业技术学院设二院三系二部,"二院"即工程科技学院、生化工程学院;"三系"即人文科系、经贸系、外语系;"二部"即基础教学部、中专部

学校历史沿革

阜阳职业技术学院前身是阜阳教育学院,1984年2月经国家教育部审查,定名为阜阳教育学院,2001年6月经国家教育部审查,安徽省人民政府命名为阜阳职业技术学院。

安徽新华学院

学校(机构)标识码	4134012216
学校办学类型	412:本科院校:学院
学校性质类别	02 理工院校
学校举办者	999 民办
学校地址	安徽省合肥市国家高新技术开发区望江西路555号
邮政编码	230088
办公电话	0551-5381888
传真电话	0551-5381658
校园(局域)网域名	www.axhu.cn
电子信箱	yb@axhu.cn
占地面积(平方米)	458521
校舍建筑面积(平方米)	166491
图书(万册)	108.1
固定资产总值(万元)	52356
教学、科研仪器设备资产值(万元)	9351.78
在校生数(人)	17390
其中:普通本科	9154
普通专科	8236
专任教师(人)	816
其中:正高级	98
副高级	163
中级	367
初级	147
未定职级	41

本科专业 安全工程、财务管理、测控技术与仪器、电子信息工程、电子信息科学与技术、动画、给水排水工程、工程管理、工业设计、广告学、国际经济与贸易、汉语言文学、环境工程、计算机科学与技术、建筑学、人力资源管理、日语、市场营销、通信工程、土木工程、网络工程、物流管理、新闻学、信息管理与信息系统、信息与计算科学、药物制剂、药学、艺术设计、英语、制药工程、自动化

专科专业 电脑艺术设计、电子商务、动漫设计与制作、国际贸易实务、会计电算化、机电一体化技术、计算机控制技术、计算机网络技术、计算机应用技术、建筑工程管理、建筑工程技术、建筑设备工程技术、建筑设计技术、金融保险、金融管理与实务、汽车检测与维修技术、软件技术、三维动画设计、商务管理、商务日语、商务英语、通信技术、图形图像制作、文秘、物流管理、新闻采编与制作、药品经营与管理、药品质量检测技术、药物制剂技术、艺术设计、应用电子技术、应用英语、园林工程技术

院系设置

电子通信工程学院、土木与环境工程学院、信息工程学院、商学院、外国语学院、动漫学院、文化与新闻传播学院、药学院、继续教育学院、国际教育学院

定期公开出版的专业刊物 《徽新华学院学报》、《高教参考》、《高教研究与信息》

学校设立奖学金情况

学校设立奖学金11项,奖励总金额75余万元。奖学金最高金额8000元/年,最低金额20元/年。

学校历史沿革

安徽新华学院前身为安徽新华职业学院,由安徽新华集团于2000年投资创办,2005年5月,经国家教育部批准升格为普通本科高校,更名为安徽新华学院。同年12月,党委正式成立。2008年12月,顺利通过学士学位授予权评审,获得学士学位授予权。

铜陵职业技术学院

学校(机构)标识码	4134012217
学校办学类型	415:专科院校:高等职业学校
学校性质类别	02 理工院校
学校举办者	822 地级其他部门
学校地址	铜陵市铜都大道2951号
邮政编码	244000
办公电话	0562-5811783
传真电话	0562-5818674
校园(局域)网域名	www.tlpt.net.cn
电子信箱	gaobaplin@163.com
占地面积(平方米)	738369
校舍建筑面积(平方米)	219657
图书(万册)	47.02
固定资产总值(万元)	14524
教学、科研仪器设备资产值(万元)	3630.91
在校生数(人)	7779
其中:普通专科	7779
专任教师(人)	383
其中:副高级	77
中级	167
初级	139

专科专业 电脑艺术设计、电气自动化技术、电子商务、动漫设计与制作、房地产经营与估价、工程造价、广告与会展、国际经济与贸易、护理、会计、机电设备维修与管理、机电一体化技术、计算机网络技术、计算机应用技术、建筑经济管理、酒店管理、连锁经营管理、旅游管理、模具设计与制造、汽车技术服务与营销、汽车检测与维修技术、软件技术、市场营销、数控技术、文秘、物流管理、药学、医学检验技术、医学影像技术、医药营销、应用电子技术、装潢艺术设计

院系设置

铜陵职业技术学院下设管理系、国际经济贸易系、医学系、

护理系、信息工程系、成教院、基础部、机电工程系

定期公开出版的专业刊物 《铜陵职业技术学院学报》

学校设立奖学金情况

学校设立奖学金五项,奖励总金额50余万元。奖学金最高金额2000元/年,最低金额200元/年。

学校历史沿革

铜陵职业技术学院于2000年6月经省政府批准成立。学院分东西两个校区运行和管理,分别隶属市政府和有色公司。东校区由原铜陵市第一高级职业中学、铜陵卫生学校、铜陵市经济管理成人中专学校、铜陵市商业成人中专学校组成;西校区由原铜陵有色职业大学、原铜陵有色成人中专学校组成。2004年6月铜陵职业技术学院西校区由省政府批准成立安徽工业职业技术学院。

民办万博科技职业学院

学校(机构)标识码	4134012218
学校办学类型	415:专科院校:高等职业学校
学校性质类别	01 综合大学
学校举办者	999 民办
学校地址	安徽合肥高新区创业西路1号
邮政编码	230031
办公电话	0551-5310141
传真电话	0551-5311384
校园(局域)网域名	www.ahwbedu.net
电子信箱	ahwbedu@163.com
校舍建筑面积(平方米)	96333
图书(万册)	61
固定资产总值(万元)	18077.4
教学、科研仪器设备资产值(万元)	3226
在校生数(人)	4178
其中:普通专科	4178
专任教师(人)	253
其中:正高级	17
副高级	49
中级	45
初级	108
未定职级	34

专科专业 产品造型设计、动漫设计与制作、多媒体设计与制作、服装设计、工业环保与安全技术、广告设计与制作、国际商务、环境监测与治理技术、计算机网络技术、计算机应用技术、建筑工程管理、旅游管理、汽车技术服务与营销、软件技术、生物技术及应用、市场营销、视觉传达艺术设计、通信技术、文秘、物流管理、新闻采编与制作、音乐表演、影视表演、应用电子技术、应用日语、应用英语

院系设置

学院下设经济学系、计算机科学技术系、电子信息工程系、管理学系、外国语言文学系、生物工程系、艺术系、环境工程和安全工程系、大众传播系

学校设立奖学金情况

学院设立奖学金三项,奖励总金额按人数浮动。奖学金最高金额2000元/年,最低金额500元/年。一等奖学金:2000元/年;二等奖学金:1000元/年;三等奖学金:500元/年。

学校历史沿革

万博科技职业学院是2000年6月经国务院授权、安徽省人民政府批准、国家教育部核准建立的一所具有独立建制和颁发学历证书资格的民办普通高校,实行董事会领导下的院长负责制。

安徽警官职业学院

学校(机构)标识码	4134012219
学校办学类型	415:专科院校:高等职业学校
学校性质类别	09 政法院校
学校举办者	812 省级其他部门
学校地址	合肥市清溪路78号
邮政编码	230031
办公电话	0551-2233688
传真电话	0551-2233311
校园(局域)网域名	www.ghjgxy.com
电子信箱	wgzx@ahjgxy.com
占地面积(平方米)	205986
校舍建筑面积(平方米)	175737
图书(万册)	68.25
固定资产总值(万元)	16023.3
教学、科研仪器设备资产值(万元)	2943.8
在校生数(人)	8370
其中:普通专科	8308
成人专科	62
专任教师(人)	356
其中:正高级	2
副高级	70
中级	183
初级	79
未定职级	22

专科专业 安全技术与文秘、法律实务类、法律事务、法律文秘、公共事务管理、国际贸易实务、行政管理、会计、计算机网络技术、监狱管理、经济法律事务、劳动与社会保障、书记官、司法警务、司法信息技术、司法助理、心理咨询、新闻采编与制作、刑事执行、应用英语

院系设置

共设置5系

定期公开出版的专业刊物 有1种

学校设立奖学金情况
学院设置奖学金 2 项，奖励总金额每年 35 万元，最低金额每年 30 万元。

学校历史沿革
2000 年 6 月，省警察学校、省政法干部学校、省司法学校合并为安徽警官职业学院。

淮南职业技术学院

学校(机构)标识码　4134012220
学校办学类型　415:专科院校:高等职业学校
学校性质类别　02 理工院校
学校举办者　891 地方企业
学校地址　安徽省淮南市田家庵区洞山
邮政编码　232001
办公电话　0554-6656765
传真电话　0554-6644524
校园(局域)网域名　www.hnvtc.ah.edu.cn
电子信箱　hnvtic@ah.edu.cn
占地面积(平方米)　416669
校舍建筑面积(平方米)　194860
图书(万册)　45
固定资产总值(万元)　22180
教学、科研仪器设备资产值(万元)　4700
在校生数(人)　8713
其中:普通专科　8713
专任教师(人)　324
其中:正高级　4
副高级　103
中级　138
初级　73
未定职级　6

专科专业　财务管理、电气自动化技术、电子工艺与管理、电子商务、工程监理、工程造价、护理、会计、机电设备维修与管理、机电一体化技术、计算机控制技术、计算机信息管理、计算机应用技术、建筑工程技术、建筑装饰工程技术、救援技术、矿井建设、矿井通风与安全、矿山安全技术与监察、矿山测量、矿山地质、矿山机电、旅游管理、煤矿开采技术、模具设计与制造、市场营销、数控技术、物流管理、物业管理、药学、应用电子技术

院系设置
信息与电气工程系、采矿工程系、通风与安全系、煤矿机电系、经济管理系、工程管理系、医学系、基础部

国家级、省部级研究机构设置
研究所(中心):教科所

定期公开出版的专业刊物　《淮南职业技术学院学报》

学校设立奖学金情况
学校设立奖学金三项，奖励总金额 84.26 万元。奖学金最高金额 800 元/年，最低金额 400 元/年。

毕业生一次就业率　90.31%

学校历史沿革
淮南职业技术学院的前身为淮南矿务局职工大学，1982 年，淮南矿务局工科大学、医科大学、财经大学合并组建淮南矿务局职工大学。1999 年 6 月，淮南矿务局职工大学与矿务局党校合并改制成立淮南工业学院职业技术学院，2000 年 6 月 18 日，淮南工业学院职业技术学院与淮南矿业集团高级技工学校、淮南煤炭体育运动学校并校组建为淮南职业技术学院。

安徽工业经济职业技术学院

学校(机构)标识码　4134012334
学校办学类型　415:专科院校:高等职业学校
学校性质类别　08 财经院校
学校举办者　812 省级其他部门
学校地址　合肥市包河区梁园路 1 号
邮政编码　230051
办公电话　0551-3641197
传真电话　0551-3641402
校园(局域)网域名　www.ahiec.net
电子信箱　ahzhp@ahiec.net
占地面积(平方米)　354275
校舍建筑面积(平方米)　178243
图书(万册)　58.82
固定资产总值(万元)　16216.7
教学、科研仪器设备资产值(万元)　3471.68
在校生数(人)　10181
其中:普通专科　9956
成人专科　225
专任教师(人)　462
其中:正高级　3
副高级　92
中级　142
初级　219
未定职级　6

专科专业　宝玉石鉴定与加工技术、财务管理、导游、电脑艺术设计、电气自动化技术、电子商务、电子信息工程技术、动漫设计与制作、房地产经营与估价、工程测量技术、工程监理、工程造价、工业设计、广告设计与制作、国际经济与贸易、会计电算化、机电一体化技术、基础工程技术、计算机多媒体技术、计算机辅助设计与制造、计算机网络技术、景区开发与管理、酒店管理、旅游管理、汽车技术服务与营销、区域地质调查及矿产普查、软件技术、三维动画设计、商务英语、涉外旅游、数控技术、文秘、物流管理、物业管理、营销与策划、应用电子技术、珠宝首饰工艺及鉴定、钻探技术

院系设置
旅游管理系、机电工程系、计算机科学技术系、商贸系、电子

信息技术系、现代经济管理系、地质矿产系、艺术系、成人教育学院

定期公开出版的专业刊物 《安徽工业经济职业技术学院学报》

学校设立奖学金情况

学校设立奖学金四项,奖励总金额70余万元。最高金额1200元/年,最低金额200元/年。

主要校办产业

安徽瑞科地矿科技有限公司

学校历史沿革

安徽工业经济职业技术学院前身安徽省工业经济职工大学。1979年,在安徽省地矿局721职工大学基础上筹建职工大学,1983年3月经原国家地质矿产部批准,报原国家教委备案正式设立安徽省地质职工大学,1997年1月,更名为安徽省工业经济职工大学。1999年开始举办普通高等职业教育,2001年6月经安徽省人民政府批准、教育部备案,改制为安徽工业经济职业技术学院,隶属于省教育厅、省国土资源厅、省地矿局直接领导的国有公办全日制专科层次普通高等学校。

合肥通用职业技术学院

学校(机构)标识码 4134012410	校园(局域)网域名 www.hftyxy.com	在校生数(人) 4038
学校办学类型 415:专科院校:高等职业学校	电子信箱 hftyxy@126.com	其中:普通专科 4038
	占地面积(平方米) 323335	专任教师(人) 195
学校性质类别 02 理工院校	校舍建筑面积(平方米) 102325	其中:正高级 20
学校举办者 812 省级其他部门	图书(万册) 30.12	副高级 63
学校地址 合肥市长江西路888号	固定资产总值(万元) 4512	中级 37
邮政编码 230031	教学、科研仪器设备资产值(万元) 1642	初级 52
办公电话 0551-5335685		未定职级 23
传真电话 0551-5313862		

专科专业 安全技术管理、电气自动化技术、电子商务、焊接技术及自动化、机电一体化技术、机械制造与自动化、机械质量管理与检测技术、计算机多媒体技术、计算机应用技术、模具设计与制造、市场营销、数控技术、数控设备应用与维护、物业管理、应用电子技术、制冷与冷藏技术

院系设置

机械工程系、数控与材料工程系、电气与计算机工程系、管理工程系

学校设立奖学金情况

学校设立奖学金五项,奖励总金额34余万元,奖学金最高金额1000元/年,最低金额200元/年。

1. 三好学生奖学金:不超过在校生人数的3%-5%/年,1000元/人;
2. 一等奖学金::在校生人数的3%,800元/人;
3. 二等奖学金::在校生人数的5%,600元/人;
4. 三等奖学金::在校生人数的7%,400元/人;
5. 优秀干部奖学金:学生干部的20%/年,200元/人。

学校历史沿革

2000年由合肥通用机械研究院筹建,2001年经安徽省人民政府批准成立。2006年通过教育部委托安徽省教育厅组织的高等职业院校人才培养工作评估,获得优秀等级。

安徽文达信息工程学院

学校(机构)标识码 4134012810	校园(局域)网域名 www.wendaedu.com.cn	在校生数(人) 7642
学校办学类型 412:本科院校:学院	电子信箱 wendayb@126.com	其中:普通本科 405
学校性质类别 02 理工院校	占地面积(平方米) 469139	普通专科 7237
学校举办者 999 民办	校舍建筑面积(平方米) 199276	专任教师(人) 381
学校地址 安徽省合肥市紫蓬山风景区森林大道3号	图书(万册) 62	其中:正高级 30
	固定资产总值(万元) 39950.27	副高级 111
邮政编码 231201	教学、科研仪器设备资产值(万元) 3374.2	中级 113
办公电话 0551-8582936		初级 73
传真电话 0551-8582777		未定职级 54

本科专业 电子信息工程、动画、工业设计、机械设计制造及其自动化、计算机科学与技术

专科专业 电子工艺与管理、电子商务、动漫设计与制作、会计与审计、机电一体化技术、计算机网络技术、计算机信息管理、计算机应用技术、旅游英语、模具设计与制造、软件技术、商务英语、数控技术、通信技术、图形图像制作、网络系统管理、文秘、物流管理、营销与策划、应用电子技术

院系设置

学院现有计算机工程系、电子信息工程系、机电工程系、外语系、艺术系、经济与管理系、汽车工程系、基础部、思想政治教学部等教学单位

学校设立奖学金情况

学院设立奖学金3项,奖励金额共计71.74万。最高金额为800/年,最低金额为400/年。

学校历史沿革

安徽文达信息工程学院创办于2001年6月,在2008年全国高职院校人才培养工作水平评估中,获得"优秀"等级,2011年5月经教育部批准升格为普通本科院校。

安徽工贸职业技术学院

学校(机构)标识码 4134012811	传真电话 0554-6806278	6310.97
学校办学类型 415:专科院校:高等职业学校	校园(局域)网域名 www.ahgmedu.cn	在校生数(人) 9780
	电子信箱 ahgmyb@163.com	其中:普通专科 9780
学校性质类别 02 理工院校	占地面积(平方米) 620562	专任教师(人) 552
学校举办者 822 地级其他部门	校舍建筑面积(平方米) 266507	其中:副高级 118
学校地址 安徽省淮南市田家庵区国庆西路199号	图书(万册) 63.2	中级 272
	固定资产总值(万元) 27240	初级 130
邮政编码 232007	教学、科研仪器设备资产值(万元)	未定职级 32
办公电话 0554-6807968		

专科专业 产品造型设计、电脑艺术设计、电子商务、电子信息工程技术、动漫设计与制作、工商企业管理、工业分析与检验、国际经济与贸易、国际商务、化工设备维修技术、会计电算化、机电一体化技术、计算机辅助设计与制造、计算机控制技术、计算机网络技术、计算机信息管理、计算机应用技术、精细化品生产技术、汽车技术服务与营销、汽车检测与维修技术、软件技术、商务英语、生产过程自动化技术、市场开发与营销、视觉传达艺术设计、数控技术、投资与理财、图形图像制作、网络系统管理、物流管理、信息安全技术、应用电子技术、应用化工技术、应用英语、装饰艺术设计

院系设置

计算机技术系、电子工程系、机械系、经济贸易系、工商管理系、外语系、动漫学院、化学工程系

学校历史沿革

学院前身为淮南乡镇企业职业学校(1988年-1990年);淮南科技职业学校(1990年-1993年);安徽工贸学校(1993年-2001年);安徽工贸职业技术学院(2001年至今)。

宿州职业技术学院

学校(机构)标识码 4134012812	传真电话 0557-3603504	在校生数(人) 6747
学校办学类型 415:专科院校:高等职业学校	校园(局域)网域名 www.szzy.ah.cn	其中:普通专科 6579
	电子信箱 szzyah@163.com	成人专科 168
学校性质类别 02 理工院校	占地面积(平方米) 385811	专任教师(人) 280
学校举办者 822 地级其他部门	校舍建筑面积(平方米) 185970	其中:副高级 64
学校地址 皖宿州市宿符路206国道西侧	图书(万册) 44.62	中级 115
	固定资产总值(万元) 12362	初级 100
邮政编码 234101	教学、科研仪器设备资产值(万元) 2710	未定职级 1
办公电话 0557-3603503		

专科专业 电子商务、动漫设计与制作、动物防疫与检疫、动物科学与技术、国际贸易实务、会计电算化、机电一体化技术、计算机网络技术、计算机信息管理、计算机应用技术、精细化品生产技术、酒店管理、连锁经营管理、旅游英语、汽车技术服务与营销、汽车检测与维修技术、汽车整形技术、人力资源管理、商务英语、生物技术及应用、食品加工技术、市场营销、数控技术、饲料与动物营养、图形图像制作、微生物技术及应用、文秘、物流管理、影视多媒体技术、应用电子技术、园林技术、园艺技术、种

子生产与经营

院系设置

经济管理系、机电工程信息系、计算机科学系、农艺系、动物科学系、人文社科系、外语系、基础部

定期公开出版的专业刊物 《宿州教育学院学报》

学校设立奖学金情况

学校设立奖学金 5 项,奖励总金额 172930 元/年,奖学金最高金额每人 800 元/年,最低金额每人 80 元/年。

主要校办产业

农场、养殖场、果园场

学校历史沿革

宿州职业技术学院前身为宿州农业学校,创建于 1950 年 2 月。校名为"皖北农林学校",1958 年升格为"安徽省蚌埠专区农业专科学校",1970 年改办"安徽省宿县地区五七大学",1974 年恢复中专建制,校名为"宿县地区农业学校",1999 年 6 月更名为"宿州农业学校",2001 年经安徽省人民政府批准,升格为宿州职业技术学院,2007 年 6 月宿州市人民政府决定,我院与宿州教育学院合并,校名为"宿州职业技术学院"。

六安职业技术学院

学校(机构)标识码 4134012813	校园(局域)网域名 www.lvtc.edu.cn	在校生数(人) 9718
学校办学类型 415:专科院校:高等职业学校	电子信箱 shenwu@ahedu.gov.cn	其中:普通专科 9718
	占地面积(平方米) 768712	专任教师(人) 428
学校性质类别 02 理工院校	校舍建筑面积(平方米) 274348	其中:正高级 1
学校举办者 822 地级其他部门	图书(万册) 37.8	副高级 85
学校地址 安徽省六安市六寿路 18 号	固定资产总值(万元) 23410	中级 152
邮政编码 237158	教学、科研仪器设备资产值(万元) 4039.21	初级 185
办公电话 0564-3711065		未定职级 5
传真电话 0564-3713009		

专科专业 财务管理、电气自动化技术、电子商务、动漫设计与制作、服装设计、工程监理、工程施工技术与管理、工程造价、供用电技术、广告设计与制作、环境艺术设计、会计电算化、机电一体化技术、计算机辅助设计与制造、计算机控制技术、计算机通信、计算机系统维护、计算机应用技术、建筑工程管理、建筑工程技术、建筑装饰工程技术、连锁经营管理、旅游管理、旅游英语、模具设计与制造、汽车技术服务与营销、汽车运用技术、软件技术、商务管理、商务英语、市场营销、数控技术、文秘、物流管理、应用电子技术、园林技术、园艺技术

院系设置

六安职业技术学院院系设置分为机电工程系、建筑工程系、信息工程系、经贸系、人文系和基础部共五系一部

定期公开出版的专业刊物 《六安职业技术学院学报》

学校设立奖学金情况

学校设立奖学金一项,奖励总金额 60 余万元。奖学金最高金额 500 元/年,最低金额 200 元/年。

学校历史沿革

六安职业技术学院是经安徽省人民政府 2001 年 6 月批准成立的专科层次的公办全日制普通高等学校。学院由成立于 1955 年的六安农校、成立于 1976 年的六安农机校和成立于 1995 年的六安市工业学校合并组建而成。2004 年 9 月六安市财税干校并入六安职业技术学院。

安徽电子信息职业技术学院

学校(机构)标识码 4134012814	传真电话 0552-3172887	在校生数(人) 9729
学校办学类型 415:专科院校:高等职业学校	校园(局域)网域名 www.avceit.cn	其中:普通专科 9729
	电子信箱 dzxytao@163.com	专任教师(人) 315
学校性质类别 02 理工院校	占地面积(平方米) 566116	其中:正高级 1
学校举办者 812 省级其他部门	校舍建筑面积(平方米) 212934	副高级 66
学校地址 安徽省蚌埠市大学城曹山路 1000 号	图书(万册) 39	中级 98
	固定资产总值(万元) 24096	初级 146
邮政编码 233030	教学、科研仪器设备资产值(万元) 3031.27	未定职级 4
办公电话 0552-3172886		

专科专业 电脑艺术设计、电气自动化技术、电子工艺与管理、电子商务、电子信息工程技术、国际贸易实务、会计电算化、机电一体化技术、计算机多媒体技术、计算机辅助设计与制造、计算机控制技术、计算机网络技术、计算机系统维护、计算机信息管理、计算机应用技术、检测技术及应用、模具设计与制造、汽车电子技术、嵌入式技术与应用、软件编程与应用、软件测试技术、软件技术、商务管理、商务英语、市场营销、数控技术、通信技术、图形图像制作、网络系统管理、网页设计与制作方向、无线电技术、物流管理、新能源应用技术、信息安全技术、移动通信技术、应用电子技术、制冷与空调技术、资产评估与管理

院系设置 软件学院、机电工程系、电子信息系、经济管理系、计算机科学系

定期公开出版的专业刊物 1种

学校设立奖学金情况
学校设立奖学金4项,奖励总金额99余万元。奖学金最高金额1000元/年,最低金额200元/年。

主要校办产业
安徽电子信息职业技术学院校办工厂

学校历史沿革
安徽电子信息职业技术学院前身为安徽省电子技术学校,创建于1981年7月23日。1986年更名为安徽省电子工业学校。2001年安徽省电子工业学校与蚌埠市工业学校合并组建安徽电子信息职业技术学院。

民办合肥经济技术职业学院

学校(机构)标识码 4134012815
学校办学类型 415:专科院校:高等职业学校
学校性质类别 08 财经院校
学校举办者 999 民办
学校地址 安徽省合肥市环湖东路中段360号
邮政编码 230031
办公电话 0551-5630892
传真电话 0551-5630893
校园(局域)网域名 www.hfet.com
电子信箱 hfjjxy@163.com
占地面积(平方米) 153341
校舍建筑面积(平方米) 111300
图书(万册) 36.5
固定资产总值(万元) 18612.08
教学、科研仪器设备资产值(万元) 1442.08
在校生数(人) 6159
其中:普通专科 6159
专任教师(人) 245
其中:正高级 12
副高级 25
中级 64
初级 64
未定职级 80

专科专业 财务管理、财务信息管理、电脑艺术设计、电子商务、电子信息工程技术、工商企业管理、广告设计与制作、会计电算化、计算机网络技术、计算机应用技术、建筑工程管理、建筑工程技术、建筑装饰工程技术、经济管理、酒店管理、连锁经营管理、旅游管理、旅游英语、商务英语、市场营销、投资与理财、图形图像制作、文秘、物流管理、营销与策划、应用电子技术、装饰艺术设计

院系设置 学院设置六个系,两个教学部:管理系、外语系、经济贸易系、电子信息系、建筑系、艺术系、思想政治课教学部、基础部

学校设立奖学金情况
学校设立奖助学金3项,奖励总额362.2万,最高金额8000元/人,最低金额2000元/人。

学校历史沿革
合肥经济技术职业学院前身合肥经济学校(中专),建立于1993年,1996年开始招生。2001年经教育部备案并授权安徽省人民政府批准升格为普通高等职业院校。

安徽交通职业技术学院

学校(机构)标识码 4134012816
学校办学类型 415:专科院校:高等职业学校
学校性质类别 02 理工院校
学校举办者 812 省级其他部门
学校地址 安徽省合肥市包河区太湖东路
邮政编码 230051
办公电话 0551-3416906
传真电话 0551-3416906
校园(局域)网域名 www.ahctc.com
电子信箱 ahjtxy@ahctc.com
占地面积(平方米) 250664
校舍建筑面积(平方米) 194001
图书(万册) 48.05
固定资产总值(万元) 35831.6
教学、科研仪器设备资产值(万元) 4268.1
在校生数(人) 7405
其中:普通专科 7149
成人专科 256
专任教师(人) 317
其中:正高级 3
副高级 52
中级 168
初级 87
未定职级 7

专科专业 保险实务、城市轨道交通车辆、城市轨道交通控制、城市轨道交通运营管理、道路桥梁工程技术、地下工程与隧道工程技术、电子商务、动漫设计与制作、港口工程技术、高等级公路维护与管理、工程机械运用与维护、工程造价、公路监理、航海技术、会计、机电一体化技术、计算机多媒体技术、计算机网络技术、计算机应用技术、建筑工程技术、交通安全与智能控制、轮机工程技术、旅游管理、汽车电子技术、汽车技术服务与营销、汽车运用与维修、汽车制造与装配技术、商务英语、市政工程技术、铁道工程技术、土木工程检测技术、物流管理

院系设置

学院目前设 7 系 1 部(土木工程系、汽车与机械工程系、管理工程系、城市轨道交通与信息工程系、水运工程系、文理科学系、基础系(中专部)、成教部)

学校设立奖学金情况

学校目前设立奖学金 1 项,奖励总金额 150 余万元。奖学金最高金额 2000 元/年,最低金额 400 元/年。

主要校办产业

标牌锚具厂、经济开发公司、监理公司、公路设计事务所、通达驾驶员培训有限责任公司、通达宾馆有限责任公司

学校历史沿革

学院于 2001 年由原安徽大学交通分校和安徽交通学校合并组建。安徽大学交通分校是 1998 年经教育部批准设置,安徽交通学校系 1956 年建校,1958 年曾升格为安徽交通学院。学院又于 2010 年被国家教育部、财政部确定为"国家示范性高等职业院校建设计划"骨干高职院校立项建设单位。

安徽体育运动职业技术学院

学校(机构)标识码	4134012817
学校办学类型	415:专科院校:高等职业学校
学校性质类别	10 体育院校
学校举办者	812 省级其他部门
学校地址	安徽体育运动职业技术学院
邮政编码	230051
办公电话	0551 - 3686966
传真电话	0551 - 3686966
校园(局域)网域名	www.ahty.net
电子信箱	ahty@ ahty.net
占地面积(平方米)	465981
校舍建筑面积(平方米)	125623
图书(万册)	19.8
固定资产总值(万元)	9744.9
教学、科研仪器设备资产值(万元)	2546.7
在校生数(人)	1706
其中:普通专科	1706
专任教师(人)	183
其中:副高级	49
中级	63
初级	30
未定职级	41

专科专业 安全保卫、表演艺术、康复治疗技术、社会体育、体育教育、武术、休闲服务与管理、运动训练

院系设置

省体校、运动一系、运动二系、运动三系、社会体育系、体育教育管理系

定期公开出版的专业刊物 《安徽体育科技》

学校设立奖学金情况

学校设立奖学金 3 项,奖励总金额 5 余万元。奖学金最高金额 500 元/年,最低金额 200 元/年。

1. 一等奖学金:25 人/年,500 元/人
2. 二等奖学金:45 人/年,300 元/人
3. 三等奖学金:60 人/年,200 元/人

学校历史沿革

合肥体育学校(1954 - 1956);安徽体育学校(1956 - 1959);安徽体育专科学校(1959 - 1960);安徽体育学院(1960 - 1962);撤并至皖南大学体育系及安徽省体育干部学校(1962 - 1965);安徽省中心业余体校(1965 - 1972);安徽体育学校(1972 - 1980);安徽体育运动学校(1980 - 2001);安徽体育运动技术学校(1986 - 2001);安徽省体育科学技术研究所(2001 - 2003);安徽省体育运动职业技术学院(2001 -)。

安徽中医药高等专科学校

学校(机构)标识码	4134012924
学校办学类型	414:专科院校:高等专科学校
学校性质类别	05 医药院校
学校举办者	822 地级其他部门
学校地址	安徽省芜湖市乌霞山西路 18 号
邮政编码	241000
办公电话	0553 - 4836116
传真电话	0553 - 4836107
校园(局域)网域名	www.ahzyygz.com
电子信箱	ahzyygzbgs@ yahoo.com.cn
占地面积(平方米)	664668
校舍建筑面积(平方米)	297051
图书(万册)	75.1
固定资产总值(万元)	29391.21
教学、科研仪器设备资产值(万元)	4612.1
在校生数(人)	9844
其中:普通专科	9844
专任教师(人)	454
其中:正高级	23
副高级	119
中级	116
初级	195
未定职级	1

专科专业 护理、康复治疗技术、旅游管理、涉外旅游、生物制药技术、药品质量检测技术、药物制剂技术、药学、医疗美容技术、医学技术类新专业、医学检验技术、医学影像技术、针灸推拿、中药、中药制药技术、中医骨伤、中医学

院系设置

医疗系、药学系、康复保健系、护理系、基础教学部、思想政治理论课教学研究部

定期公开出版的专业刊物 《现代中药研究与实践》

学校设立奖学金情况

学校设立奖学金1项,奖励总金额47.56余万元。奖学金最高金额800元/年,最低金额200元/年。

学校历史沿革

芜湖中医学校(1960-1999)安徽省中医药学校(1999-2001)皖南职业学院(2001-2002)安徽中医药高等专科学校(2002-至今),2004年6月22日,芜湖市中医医院为学校附属医院。

安徽医学高等专科学校

学校(机构)标识码 4134012925	传真电话 0551-3818254	在校生数(人) 10741
学校办学类型 414:专科院校:高等专科学校	校园(局域)网域名 www.ahyz.cn	其中:普通专科 10741
	电子信箱 bgs@ahyz.cn	专任教师(人) 366
学校性质类别 05 医药院校	占地面积(平方米) 374847	其中:正高级 10
学校举办者 812 省级其他部门	校舍建筑面积(平方米) 175384	副高级 57
学校地址 安徽省合肥市芙蓉路632号	图书(万册) 41.83	中级 135
邮政编码 230601	固定资产总值(万元) 20634	初级 161
办公电话 0551-3818251	教学、科研仪器设备资产值(万元) 3520	未定职级 3

专科专业 护理、康复治疗技术、口腔医学、口腔医学技术、临床医学、生物制药技术、卫生信息管理、眼视光技术、药品经营与管理、药品质量检测技术、药物制剂技术、药学、医疗保险实务、医学检验技术、医学文秘、医学影像技术、医学影像设备管理与维护、医用电子仪器与维护、助产

院系设置

基础学部、临床医学系、口腔医学系、医学技术系、护理学部、公共卫生与卫生管理系、药学系

国家级、省部级研究机构设置

省级研究中心:安徽省优生优育遗传中心

定期公开出版的专业刊物 《安徽卫生职业技术学院报》

学校设立奖学金情况

设立奖学金情况:学校设立奖学金4项,奖励总金额51余万元。奖学金最高金额1000元/年,最低金额400元/年。

学校历史沿革

1955年创办安徽省合肥卫生学校;1974年增名安徽省卫生干部进修学校;1990设立省直职工大学医学部,开设成人医学专科教育;2001年经安徽省人民政府批准,设置安徽卫生职业技术学院;2002年经教育部、安徽省人民政府批准,建立安徽医学高等专科学校。

亳州师范高等专科学校

学校(机构)标识码 4134012926	校园(局域)网域名 www.bznc.net.cn	在校生数(人) 3963
学校办学类型 414:专科院校:高等专科学校	电子信箱 bzsz-xkz@163.com	其中:普通专科 3963
	占地面积(平方米) 670335	专任教师(人) 243
学校性质类别 06 师范院校	校舍建筑面积(平方米) 176628	其中:正高级 1
学校举办者 822 地级其他部门	图书(万册) 23	副高级 37
学校地址 亳州师范高等专科学校	固定资产总值(万元) 33667.71	中级 69
邮政编码 236800	教学、科研仪器设备资产值(万元) 1674.02	初级 105
办公电话 0558-5367116		未定职级 31
传真电话 0558-5367116		

专科专业 初等教育、电子信息工程技术、多媒体设计与制作、广告设计与制作、汉语、环境艺术设计、会计电算化、计算机教育、计算机网络技术、计算机应用技术、精细化学品生产技术、旅游服务与管理、旅游工艺品设计与制作、旅游英语、美术教育、商务日语、商务英语、社会体育、生物技术及应用、数学教育、文秘、物流管理、现代教育技术、学前教育、艺术设计、音乐表演、音

乐教育、英语教育、应用英语、语文教育

院系设置

现设 5 个教学系:中文与传媒系、外语系、理化系、艺术系、基础教学部

国家级、省部级研究机构设置

成立了"亳文化研究中心"。

学校设立奖学金情况

设立奖学金 5 项:国家奖学金、励志奖学金、"古井"奖学金、"济生堂"奖学金、学生个人学习实践奖学金。奖励总金额 20.18 万元/年,最低金额为 1000 元/年。

学校历史沿革

亳州师范高等专科学校前身为 1952 年创办的蒙城师范学校,办学历史追溯到 1909 年蒙城师资讲习所,2002 年 3 月经国家教育部批准,独立升格为公办普通师范高等专科学校。

巢湖职业技术学院

学校(机构)标识码　4134013058	传真电话　0565 - 2364313	在校生数(人)　8081
学校办学类型　415:专科院校:高等职业学校	校园(局域)网域名　www.chzy.org	其中:普通专科　8081
	电子信箱　webmaster@ mail.chzy.org	专任教师(人)　370
学校性质类别　02 理工院校	占地面积(平方米)　593219	其中:正高级　1
学校举办者　822 地级其他部门	校舍建筑面积(平方米)　244541	副高级　82
学校地址　安徽省巢湖市居巢区姥山南路	图书(万册)　34.52	中级　139
	固定资产总值(万元)　13841.84	初级　106
邮政编码　238000	教学、科研仪器设备资产值(万元)　3398.75	未定职级　42
办公电话　0565 - 2364273		

专科专业　电子商务、动漫设计与制作、工程造价、广告设计与制作、护理、环境监测与治理技术、会计、机械设计与制造、计算机网络技术、建筑装饰工程技术、康复治疗技术、旅游管理、模具设计与制造、汽车电子技术、汽车技术服务与营销、汽车检测与维修技术、食品加工技术、药学、医学检验技术、医学影像技术、医药营销、游戏软件、园林技术、助产

院系设置

医学分院、经济贸易系、计算机应用技术系、生物应用技术系、汽车应用技术系、基础课部

国家级、省部级研究机构设置

定期公开出版的专业刊物　《巢湖职业技术学院学报》

学校设立奖学金情况

学校设立奖学金 4 项,奖励总额 41.64 万元。奖学金最高金额 800 元/年,最低金额 200 元/年。

主要校办产业

汽车驾驶员培训学校、汽车修理厂

学校历史沿革

2002 年 7 月经安徽省人民政府批准由原巢湖卫生学校、巢湖农业学校、巢湖财政学校三所省级重点中专学校合并正式成立巢湖职业技术学院。2007 年 7 月安徽省汽车运输技工学校整体并入巢湖职业技术学院。2008 年 2 月巢湖广播电视大学整体并入巢湖职业技术学院。2010 年 7 月巢湖商业干校整体并入巢湖职业技术学院。

滁州职业技术学院

学校(机构)标识码　4134013059	校园(局域)网域名　www.czc.net.cn	其中:普通专科　9947
学校办学类型　415:专科院校:高等职业学校	电子信箱　chzhzw@163.com	成人专科　760
	占地面积(平方米)　724362	专任教师(人)　486
学校性质类别　02 理工院校	校舍建筑面积(平方米)　296311	其中:正高级　3
学校举办者　822 地级其他部门	图书(万册)　47.5	副高级　93
学校地址　滁州市丰乐大道 2188 号	固定资产总值(万元)　24657	中级　276
邮政编码　239000	教学、科研仪器设备资产值(万元)　4665	初级　107
办公电话　0550 - 3854662		未定职级　7
传真电话　0550 - 3854672	在校生数(人)　10707	

专科专业 产品造型设计、道路桥梁工程技术、电气自动化技术、电子商务、高分子材料应用技术、工程监理、工程造价、工业设计、国际经济与贸易、会计、机电一体化技术、机械设计与制造、计算机辅助设计与制造、计算机系统维护、计算机信息管理、计算机应用技术、建筑工程技术、建筑装饰工程技术、金融保险、旅游管理、绿色食品生产与经营、模具设计与制造、汽车技术服务与营销、汽车检测与维修技术、汽车运用技术、软件技术、商务英语、市场营销、室内设计技术、图形图像制作、网络系统管理、文秘、物业管理、艺术设计、影视动画、影视广告、应用电子技术、应用化工技术、园林技术、园艺技术、展示设计、装潢艺术设计

院系设置
信息系、经贸系、机电系、建筑工程系、艺术系、基础部

国家级、省部级研究机构设置
研究所：职业教育研究所。
定期公开出版的专业刊物 《滁州职业技术学院学报》
学校设立奖学金情况
奖学金3项，奖励总金额50余万元。最高金额2200元/年，最低金额500元/年。
学校历史沿革
滁州职业技术学院2000年6月由原建筑学校、技工学校、财贸学校合并筹建，2002年6月正式成立。

池州职业技术学院

学校(机构)标识码 4134013060	校园(局域)网域名 czgz.ahedu.gov.cn	在校生数(人) 7672
学校办学类型 415:专科院校:高等职业学校	电子信箱 czgz@ahedu.gov.cn	其中:普通专科 6911
	占地面积(平方米) 466690	成人专科 761
学校性质类别 02 理工院校	校舍建筑面积(平方米) 157261	专任教师(人) 336
学校举办者 822 地级其他部门	图书(万册) 34.3	其中:正高级 3
学校地址 安徽省池州市贵池区杏村街道清风居委会	固定资产总值(万元) 10580	副高级 74
邮政编码 247000	教学、科研仪器设备资产值(万元) 4360	中级 107
办公电话 0566-2023069		初级 114
传真电话 0566-2092439		未定职级 38

专科专业 报关与国际货运、畜牧兽医类新专业、电子商务、动漫设计与制作、动物防疫与检疫、广告设计与制作、国际经济与贸易、护理、会计电算化、机电一体化技术、机械制造与自动化、计算机多媒体技术、计算机网络技术、计算机应用技术、建筑工程管理、建筑工程技术、建筑装饰工程技术、旅行社经营管理、旅游管理、旅游英语、模具设计与制造、商务英语、涉外旅游、市场开发与营销、数控技术、物流管理、应用电子技术、园林工程技术、园林技术、园艺技术

院系设置
建筑与艺术系、护理系、信息技术系、国际经济贸易系、旅游系、机电系、园林系、生物技术系、基础部
定期公开出版的专业刊物 《池州职业技术学院学报》

学校设立奖学金情况
学校设立奖学金4项，奖励总金额50余万元。奖学金最高金额300元/年，最低金额100元/年。
毕业生一次就业率 98.78%
学校历史沿革
2002年，安徽省人民政府皖政秘〔2002〕101号《关于同意设置池州职业技术学院的批复》下发，我市以池州市职教中心、池州师范学校、池州农业学校和池州旅游学校合并为基础创建的池州职业技术学院获准正式成立。2003年12月池州粮食干部学校并入池州职业技术学院，2008年9月，池州市职教中心从我院划出。

宣城职业技术学院

学校(机构)标识码 4134013061	号	占地面积(平方米) 559440
学校办学类型 415:专科院校:高等职业学校	邮政编码 242000	校舍建筑面积(平方米) 177318
	办公电话 0563-3023305	图书(万册) 36.4
学校性质类别 02 理工院校	传真电话 0563-3023305	固定资产总值(万元) 28200
学校举办者 822 地级其他部门	校园(局域)网域名 www.xcvtc.edu.cn	教学、科研仪器设备资产值(万元) 2977
学校地址 安徽省宣城市薰化路698	电子信箱 xczy3023305@163.com	

在校生数(人) 6236	专任教师(人) 296	初级 114
其中:普通专科 6039	其中:副高级 50	未定职级 66
成人专科 197	中级 66	

专科专业 包装技术与设计、财务管理、导游、电子商务、工程监理、护理、会计电算化、计算机多媒体技术、计算机网络技术、计算机应用技术、建筑工程管理、建筑工程技术、景区开发与管理、酒店管理、空中乘务、旅游管理、汽车电子技术、汽车改装技术、汽车技术服务与营销、汽车检测与维修技术、商务英语、市场营销、数控技术、文秘、物流管理、物业管理、应用电子技术、应用英语、园林技术、装潢艺术设计

院系设置

现设有旅游商贸系、信息工程系、建筑艺术系、汽车工程系、外语系、护理系

学校设立奖学金情况

学院设立奖学金情况:共设置有国家奖学金、国家励志奖学金、国家助学金、市政府助学金、院贫困助学金等,国家奖学金为8000元/生,国家励志奖学金5000元/生,国家助学金1000元/生至3000元/生不等,其他助学金200元/生至800元/生不等,本学年度共发放359万元。

毕业生一次就业率 91.49%

学校历史沿革

学院于2002年经安徽省人民政府批准、国家教育部备案正式成立的公办全日制普通高等专科院校。由原宣城师范学校、宣城市技工学校、中央广播电视大学宣城分校和宣州教育学院组建而成。

安徽广播影视职业技术学院

学校(机构)标识码 4134013062	传真电话 0551-4200225	在校生数(人) 5586
学校办学类型 415:专科院校:高等职业学校	校园(局域)网域名 www.amtc.cn	其中:普通专科 5569
学校性质类别 02 理工院校	电子信箱 aa4200221@163.com	成人专科 17
学校举办者 812 省级其他部门	占地面积(平方米) 202647	专任教师(人) 213
学校地址 安徽省合肥市瑶海区磨店乡瓦庙社区居委会	校舍建筑面积(平方米) 141602	其中:正高级 3
邮政编码 230011	图书(万册) 21.2	副高级 37
办公电话 0551-4200225	固定资产总值(万元) 9537	中级 71
	教学、科研仪器设备资产值(万元) 5028	初级 33
		未定职级 69

专科专业 编导、传媒策划与管理、电脑艺术设计、电视节目制作、电子商务、电子声像技术、电子信息工程技术、广播电视技术、广告与会展、计算机网络技术、计算机信息管理、酒店管理、空中乘务、旅游管理、人物形象设计、软件技术、摄影摄像技术、通信技术、文秘、物业管理、新闻采编与制作、艺术设计、音像技术、影视表演、影视灯光艺术、影视动画、影视广告、应用英语、主持与播音

院系设置

新闻系、影视艺术系、信息工程系、播音主持系、管理系、基础教学部

定期公开出版的专业刊物 《安徽广播影视职业技术学院学报》

学校设立奖学金情况

(一)学校设立奖学金4项,每年奖励总金额52万元。奖学金最高金额800元/年,最低金额200元/年。

1. 三好学生奖学金:500人/年,400元/人。

2. 单科优秀学生奖学金:800人/年,200元/人。

3. 优秀学生干部奖学金:400人/年,200元/人。

4. 优秀团员干部奖学金:400人/年,200元/人。

(二)学校设立助学金1项,每年奖励总金额18万元。

每年共计10个月,每月奖励120人,每人每月150元。以上两项学校奖助学金不包含国家奖学金、国家励志奖学金、国家助学金。

学校历史沿革

学校始建于1960年,当时校名为"安徽省中级广播学校",主要负责安徽省广播电视系统内职工的培训工作,文革期间停办。1974年更名为"安徽省广播学校"。1984年,经安徽省人民政府(84)政函12号文件批准,校名为"安徽广播电视学校",当年开始招收全日制中专生。后经皖字(1991)051号文件批准,增设了一个机构两块牌子的"安徽广播电视干部学校"。2002年7月,经安徽省人民政府(2002)104号文件批准,学校升格为高职专科学院,校名为"安徽广播影视职业技术学院"。

民办合肥滨湖职业技术学院

学校(机构)标识码 4134013064	传真电话 0551-3825399	在校生数(人) 7253
学校办学类型 415:专科院校:高等职业学校	校园(局域)网域名 www.hfbhxy.com	其中:普通专科 7253
	电子信箱 hfbhxy2008@163.com	专任教师(人) 189
学校性质类别 02 理工院校	占地面积(平方米) 407100	其中:正高级 2
学校举办者 999 民办	校舍建筑面积(平方米) 158400	副高级 30
学校地址 合肥经济技术开发区方兴大道559号	图书(万册) 44.2	中级 71
	固定资产总值(万元) 11944	初级 69
邮政编码 230601	教学、科研仪器设备资产值(万元) 2913	未定职级 17
办公电话 0551-3825238		

专科专业 财务管理、导游、电脑艺术设计、电子商务、电子设备与运行管理、动漫设计与制作、多媒体设计与制作、工商企业管理、会计、计算机控制技术、计算机网络技术、计算机应用技术、酒店管理、连锁经营管理、旅游管理、旅游英语、烹饪工艺与营养、软件技术、商务管理、商务日语、商务英语、摄影摄像技术、市场营销、文秘、物流管理、应用电子技术、装饰艺术设计

院系设置
现设有工商管理、计算机与电子工程、人文艺术、旅游管理四个系和思政课、基础课两个教学部

学校历史沿革
合肥滨湖职业技术学院位于滨湖新区紧邻巢湖,是2002年7月经安徽省人民政府批准筹建、教育部批准成立的全日制民办普通高校。

安徽外国语学院

学校(机构)标识码 4134013065	校园(局域)网域名 www.aflu.com.cn	其中:普通本科 445
学校办学类型 412:本科院校:学院	电子信箱 aflu@sina.cn	普通专科 7761
学校性质类别 07 语文院校	占地面积(平方米) 501132	专任教师(人) 466
学校举办者 999 民办	校舍建筑面积(平方米) 145768	其中:正高级 28
学校地址 安徽省合肥市肥西县紫蓬山风景区森林大道2号	图书(万册) 84	副高级 124
	固定资产总值(万元) 25013	中级 151
邮政编码 231201	教学、科研仪器设备资产值(万元) 2640	初级 158
办公电话 0551-8589058		未定职级 5
传真电话 0551-8589555	在校生数(人) 8206	

本科专业 德语、国际经济与贸易、旅游管理、日语、英语

专科专业 报关与国际货运、财务管理、导游(英语)、国际金融(英语)、国际贸易实务、国际商务(英语)、汉语(对外汉语)、会计(英语)、酒店管理(日语)、酒店管理(英语)、旅游管理、旅游日语、旅游英语、商务日语、商务英语、涉外旅游、涉外事务管理、市场营销(英语)、文秘(涉外)、物流管理(英语)、新闻采编与制作(英语)、应用德语、应用俄语、应用法语、应用韩语、应用日语、应用西班牙语、应用英语

院系设置
学院现设有西方语言学院、东方语言学院、国际商学院、国际旅游学院、国际经济学院5个学院

学校设立奖学金情况
学校设立奖学金3项,奖励总金额10余万元。奖学金最高金额500元/年,最低金额100元/年。

学校历史沿革
学院创建于2002年,前身为安徽外国语职业技术学院,2011年4月经教育部批准升格为本科安徽外国语学院。

安徽电气工程职业技术学院

学校(机构)标识码　4134013336
学校办学类型　415：专科院校：高等职业学校
学校性质类别　02 理工院校
学校举办者　891 地方企业
学校地址　安徽省合肥市包河大道56号
邮政编码　230051
办公电话　0551-3705040
传真电话　0551-3630424
校园(局域)网域名　www.aepu.com.cn
占地面积(平方米)　188024
校舍建筑面积(平方米)　117613
图书(万册)　22.5
固定资产总值(万元)　13509.6
教学、科研仪器设备资产值(万元)　3206.43
在校生数(人)　3002
其中：普通专科　2742
　　　成人专科　260
专任教师(人)　231
其中：正高级　4
　　　副高级　84
　　　中级　64
　　　初级　48
　　　未定职级　31

专科专业　城市热能应用技术、电厂热能动力装置、电气自动化技术、发电厂及电力系统、高压输配电线路施工运行与维护、供用电技术、核电站动力装置、会计电算化、火电厂集控运行、计算机网络技术、生产过程自动化技术、市场开发与营销

院系设置
电力工程系、动力工程系、管理工程系、自动化与信息工程系

定期公开出版的专业刊物　《安徽电气工程职业技术学院学报》

学校设立奖学金情况
学校设立奖学金4项，奖励总金额297万元/年，最低300元/年。

主要校办产业
安徽惠阳科贸股份合作公司、合肥同达电力科贸股份合作公司

学校历史沿革
安徽电气工程职业技术学院是经安徽省人民政府批准，国家教育部备案的省属公办全日制高等学校。学校是由安徽电力职工大学、合肥电力学校合并组建而成。合肥电力学校创办于1964年，是首批国家级重点中专学校；安徽电力职工大学始建于1979年，被原国家教委授予全国成人高等教育评估优秀学校。2008年，通过了省教育厅对学院的人才培养工作的全面评估；同时被省教育厅列为"省级示范性高职院校"建设单位。

安徽冶金科技职业学院

学校(机构)标识码　4134013337
学校办学类型　415：专科院校：高等职业学校
学校性质类别　02 理工院校
学校举办者　891 地方企业
学校地址　安徽冶金科技职业学院
邮政编码　243011
办公电话　0555-8325038
传真电话　0555-8325034
校园(局域)网域名　www.ahyky.com
占地面积(平方米)　262967
校舍建筑面积(平方米)　152698
图书(万册)　19.8
固定资产总值(万元)　13056.11
教学、科研仪器设备资产值(万元)　2792.31
在校生数(人)　3471
其中：普通专科　3212
　　　成人专科　259
专任教师(人)　222
其中：副高级　81
　　　中级　74
　　　初级　53
　　　未定职级　14

专科专业　材料成型与控制技术、电气自动化技术、国际经济与贸易、会计电算化、机电一体化技术、机械设计与制造、机械制造与自动化、计算机网络技术、计算机应用技术、建筑工程技术、酒店管理、旅游管理、模具设计与制造、汽车技术服务与营销、汽车检测与维修技术、商务英语、生产过程自动化技术、市场营销、数控技术、文秘、冶金技术、冶金设备应用与维护、应用英语

院系设置
学院设有冶金系、自动控制系、机械工程系、经济管理系、基础学科部等8个系部

定期公开出版的专业刊物　《安徽冶金科技职业学院学报》《马钢党校》

学校设立奖学金情况
学校设立奖学金3项，奖励总金额93.74万，奖学金最高金额8000元/年，最低金额300元/年。

学校历史沿革
安徽冶金科技职业学院是安徽省最大的企业——马钢投资兴办的一所具有二十多年办学历史的高等职业院校。安徽冶金科技职业学院前身是创建于1983年的马钢职工大学。2003年6月经安徽省人民政府正式批准成立"安徽冶金科技职业学院"，同时撤消职工大学建制。同年7月，学院开始独立招生。

安徽城市管理职业学院

学校(机构)标识码 4134013338	传真电话 0551-5294800	2038
学校办学类型 415:专科院校:高等职业学校	校园(局域)网域名 www.cmoc.cn	在校生数(人) 7450
	电子信箱 csglxy@ahedu.gov.cn	其中:普通专科 6789
学校性质类别 08 财经院校	占地面积(平方米) 442002	成人专科 661
学校举办者 812 省级其他部门	校舍建筑面积(平方米) 164113	专任教师(人) 295
学校地址 安徽省合肥市经济技术开发区耕耘路158号	图书(万册) 37	其中:副高级 48
	固定资产总值(万元) 24000	中级 145
邮政编码 230601	教学、科研仪器设备资产值(万元)	初级 102
办公电话 0551-5294800		

专科专业 保险实务、电子商务、服装工艺技术、服装设计、服装营销与管理、广告设计与制作、会计电算化、计算机网络技术、计算机应用技术、经济管理、楼宇智能化工程技术、旅游管理、旅游英语、人力资源管理、商务日语、商务英语、社区管理与服务、市场营销、数字媒体技术、文秘、物流管理、物业管理、应用电子技术、应用英语、园林技术、装潢艺术设计

院系设置

经济系、管理系、外语系、计算机系、艺术系、基础部

学校设立奖学金情况

学校设立奖学金三项,奖励总金额2余万元。奖学金最高金额1000元/年,最低金额200元/年。

学校历史沿革

安徽城市管理职业学院前身是安徽省直职工大学,1984年经原国家教委备案的一所独立设置的成人高校。经过全体教职工的不断努力,目前学校办学的软硬件已基本符合高等职业学院的要求,具备举办高等职业教育的基本条件,于2003年6月18日被安徽省人民政府批准为安徽城市管理职业学院。

安徽机电职业技术学院

学校(机构)标识码 4134013339	传真电话 0553-5975048	在校生数(人) 9346
学校办学类型 415:专科院校:高等职业学校	校园(局域)网域名 www.ahcme.cn	其中:普通专科 9134
	电子信箱 ahjdbgs@126.com	成人专科 212
学校性质类别 02 理工院校	占地面积(平方米) 339193	专任教师(人) 439
学校举办者 811 省级教育部门	校舍建筑面积(平方米) 244546	其中:正高级 4
学校地址 安徽省芜湖市高教园区文昌西路	图书(万册) 51.5	副高级 103
	固定资产总值(万元) 26969.39	中级 145
邮政编码 241002	教学、科研仪器设备资产值(万元) 4814.39	初级 113
办公电话 0553-5975048		未定职级 74

专科专业 材料成型与控制技术、电机与电器、电气自动化技术、电子测量技术与仪器、电子工艺与管理、电子商务、电子信息类、动漫设计与制作、工业设计、焊接技术及自动化、机电一体化技术、机械设计与制造、机械制造与自动化、机械质量管理与检测技术、计算机辅助设计与制造、计算机网络技术、计算机应用技术、连锁经营管理、旅游英语、模具设计与制造、汽车电子技术、汽车技术服务与营销、汽车检测与维修技术、汽车制造与装配技术、软件技术、生产过程自动化技术、市场营销、数控技术、数控设备应用与维护、文秘、物流管理、应用电子技术、应用英语

院系设置

机械工程系、电气工程系、信息工程系、人文工程系、数控工程系、汽车工程系、基础教学部、体育教学部

定期公开出版的专业刊物 《安徽机电职业技术学院学报》(内刊)

学校设立奖学金情况

学校设立奖学金 项,奖励总金额116.94余万元。奖学金最高金额1000元/年,最低金额50元/年。

主要校办产业

安徽机电职业技术学院机电厂

学校历史沿革

安徽机电职业技术学院是2003年6月18日经安徽省政府批准成立的普通高等职业学校,学校始建于1935年9月,原名

为芜湖内思高级工业学校,1949年4月,芜湖解放,更名为皖南区芜湖市私立内思工业职业学校;1952年9月,更名为安徽工业学校;1955年10月更名为芜湖电力学校(简称芜湖电校);1959年3月,更名为芜湖电机制造学校;1962年7月,更名为一机部芜湖电机制造学校;1973年9月,更名为芜湖机械学校;1978年12月,芜湖机械学校改建为安徽机电学院(现更名为安徽工程大学),学院附属设中专教学部;1986年6月,省政府在原址回复芜湖机械学校;2003年芜湖机械学校申办安徽机电职业技术学院得到省政府的批准。2008年被教育部、财政厅确定为国家重点培育高等职业院校。

安徽工商职业学院

学校(机构)标识码　4134013340
学校办学类型　415:专科院校:高等职业学校
学校性质类别　08 财经院校
学校举办者　811 省级教育部门
学校地址　合肥市双凤经济开发区金宁路北16号
邮政编码　231100
办公电话　0551 - 5658115
传真电话　0551 - 5658115
校园(局域)网域名　www.ahbvc.cn
电子信箱　office5658115@126.com
占地面积(平方米)　433335
校舍建筑面积(平方米)　165749
图书(万册)　63.5
固定资产总值(万元)　15996.59
教学、科研仪器设备资产值(万元)　3324.65
在校生数(人)　10338
其中:普通专科　10260
　　　成人专科　78
专任教师(人)　413
其中:正高级　2
　　　副高级　83
　　　中级　172
　　　初级　81
　　　未定职级　75

专科专业　报关与国际货运、财务管理、电脑艺术设计、电子商务、动漫设计与制作、多媒体、工程造价、广告设计与制作、广告与会展、国际贸易实务、会计、会计电算化、机电一体化技术、计算机控制技术、计算机网络技术、金融管理与实务、酒店管理、连锁经营管理、楼宇智能化工程技术、旅游工艺品设计与制作、旅游管理、旅游英语、烹饪工艺与营养、软件技术、商务日语、商务英语、审计实务、市场营销、文秘、物流管理、物流信息技术、应用电子技术、应用韩语、中西面点工艺、装饰艺术设计

院系设置
公共课教学部、思想政治理论课教学部、继续教育教学部、电子信息系、工商管理系、旅游管理系、国际贸易系、会计系、艺术设计系

学校设立奖学金情况
学院设奖学金3项。奖励总金额22.4余万元,奖学金最高金额每学年1200元,最低金额每学年300元。

主要校办产业
合肥凤民工贸有限责任公司

学校历史沿革
1959年9月4日财贸钢厂学校、粮食机械学校、化工学校三校合并。1961年8月28日迁至蚌埠,改名省粮食学校。1964年8月7日批准成立合肥商业职业学校。1969年文革期间停办。1978年12月9日恢复办学。1980年省商业干部学校恢复办学,并入。1991年安徽饮服技工学校更名为省商业技工学校,从巢湖迁入合肥。2003年6月18日经省政府皖政秘[2003]60号文件批准,省合肥商业学校、商业干校、商业技校独立升格,成立安徽工商职业学院,隶属于安徽省教育厅。

安徽中澳科技职业学院

学校(机构)标识码　4134013341
学校办学类型　415:专科院校:高等职业学校
学校性质类别　07 语文院校
学校举办者　812 省级其他部门
学校地址　合肥市庐阳区濉溪路312号
邮政编码　230031
办公电话　0551 - 5145453
传真电话　0551 - 5145453
校园(局域)网域名　www.acac.cn
电子信箱　bangongshi@acac.cn
占地面积(平方米)　149340
校舍建筑面积(平方米)　59250
图书(万册)　16.16
固定资产总值(万元)　3947.47
教学、科研仪器设备资产值(万元)　1059.82
在校生数(人)　3060
其中:普通专科　3060
专任教师(人)　131
其中:正高级　5
　　　副高级　43
　　　中级　51
　　　初级　32

专科专业　电子商务、多媒体设计与制作、广告设计与制作、国际商务、航空服务、会计电算化、计算机多媒体技术、计算机网络技术、旅游管理、软件技术、商务管理、商务日语、商务英语、市场营销、应用英语、装潢艺术设计

院系设置

计算机系、外语系和管理系

国家级、省部级研究机构设置

拥有安徽省计算中心和安徽省软件工程中心两所省级研究中心

学校设立奖学金情况

奖学金设立共分三个等级,总金额 14.78 万元。

1. 一等奖:74 人,每人 500 元;
2. 二等奖:188 人,每人 300 元;
3. 三等奖:544 人,每人 100 元。

学校历史沿革

1998 年 10 月 22 日,经安徽省教委批准举办"安徽中澳继续教育学院",1999 年 12 月,安徽大学和安徽省科技院联合办"安徽大学科技院教学点",在此基础上,2003 年 6 月 18 日,经安徽省人民政府批准设立"安徽中澳科技职业学院"。

阜阳科技职业学院

学校(机构)标识码	4134013342
学校办学类型	415:专科院校:高等职业学校
学校性质类别	02 理工院校
学校举办者	999 民办
学校地址	阜阳市清河西路 99 号
邮政编码	236029
办公电话	0558－2567108
传真电话	0558－2567108
校园(局域)网域名	www.fky.net.cn
电子信箱	admin@fky.net.cn
占地面积(平方米)	200000
校舍建筑面积(平方米)	51500
图书(万册)	37.7
固定资产总值(万元)	2760
教学、科研仪器设备资产值(万元)	1238
在校生数(人)	1883
其中:普通专科	1883
专任教师(人)	114
其中:正高级	5
副高级	37
中级	61
初级	11

专科专业 电子商务、国际商务、会计、会计电算化、机电一体化技术、酒店管理、模具设计与制造、汽车电子技术、汽车技术服务与营销、人力资源管理、市场营销、数控技术、数控设备应用与维护、医学影像设备管理与维护、营销与策划

院系设置

机械工程系、经济管理系、计算机系

学校设立奖学金情况

学校设立奖学金 1 项,奖励总金额 1.7 余万元。奖学金最高金额 400 元/年,最低金额 100 元/年。

毕业生一次就业率 98%

学校历史沿革

阜阳科技职业学院是 2003 年经安徽省人民政府批准、国家教育部备案的一所民办普通高等职业学院,参加国家计划内统一招生。

亳州职业技术学院

学校(机构)标识码	4134013343
学校办学类型	415:专科院校:高等职业学校
学校性质类别	02 理工院校
学校举办者	822 地级其他部门
学校地址	安徽省亳州市药都大道西段
邮政编码	236800
办公电话	0558－5587610
传真电话	0558－5587069
校园(局域)网域名	www.bzvtc.com
占地面积(平方米)	379551
校舍建筑面积(平方米)	223727
图书(万册)	54.97
固定资产总值(万元)	19152.94
教学、科研仪器设备资产值(万元)	3830.2
在校生数(人)	6813
其中:普通专科	6813
专任教师(人)	380
其中:副高级	79
中级	82
初级	117
未定职级	102

专科专业 保健品开发与管理、电气自动化技术、电子商务、电子信息工程技术、动漫设计与制作、房地产经营与估价、护理、环境艺术设计、机电一体化技术、计算机应用技术、建筑工程技术、建筑设备工程技术、建筑装饰工程技术、酒店管理、矿山机电、连锁经营管理(商业方向)、连锁经营管理(医药方向)、旅游管理、软件技术、商务英语、生化制药技术、市场营销、物流管理、信息安全技术、药品经营与管理、药品质量检测技术、药物制剂技术、药学、医用电子仪器与维护、营销与策划、应用电子技术、中草药栽培技术、中药、中药制药技术

院系设置

信息工程系、管理系、建筑系、电子与电气工程系、药学院、基础部

定期公开出版的专业刊物 《亳州职业技术学院学报》、《中华养生报》

学校设立奖学金情况

学校设立奖学金1项,奖励总金额50余万元。奖学金最高金额1000元/年,最低金额100元/年。

优秀学生奖学金 一等奖:人数比例为3%,1000元/人。二等奖:人数比例为7%,700元/人。三等奖:人数比例为12%,500元/人。

毕业生一次就业率 98%。

学校历史沿革

亳州职业技术学院是在原合肥工业大学和安徽教育学院亳州教学点的基础上,由安徽省政府批准成立并通过国家教育部备案的公办高等职业学院。

安徽国防科技职业学院

学校(机构)标识码	4134013344
学校办学类型	415:专科院校:高等职业学校
学校性质类别	02 理工院校
学校举办者	812 省级其他部门
学校地址	安徽省六安市金安区梅山南路
邮政编码	237011
办公电话	0564-3383152
传真电话	0564-3383856
校园(局域)网域名	www.ahgf.com
电子信箱	ahgfkj@163.com
占地面积(平方米)	220274
校舍建筑面积(平方米)	132339
固定资产总值(万元)	17089
教学、科研仪器设备资产值(万元)	2938
在校生数(人)	6678
其中:普通专科	6678
专任教师(人)	299
其中:正高级	1
副高级	60
中级	77
初级	108
未定职级	53

专科专业 电气自动化技术、电子商务、动漫设计与制作、工程造价、国际经济与贸易、焊接技术及自动化、机电一体化技术、机械设计与制造、机械制造与自动化、计算机辅助设计与制造、计算机网络技术、计算机应用技术、建筑工程项目管理、模具设计与制造、汽车技术服务与营销、汽车检测与维修技术、汽车制造与装配技术、软件技术、生产过程自动化技术、市场营销、数控技术、图形图像制作、网站规划与开发技术、文秘、物流管理、应用电子技术

院系设置

安徽国防科技职业学院下设:机械工程系、机电工程系、管理工程系、信息工程系、基础部、思政部、计算机中心、实习实训中心等四系二部两中心

定期公开出版的专业刊物 《安徽国防科技职业学院学报》

学校设立奖学金情况

学校设立奖学金三项,奖励金额21余万元。奖学金最高金额600元/年,最低金额200元/年。

学校历史沿革

安徽省国防科技职业学院是2003年经安徽省人民政府批准成立的一所高等职业院校。学院前身安徽省大江机械工业学校创建于1974年,1982年由舒城县迁至六安市与安徽省广播电视大学、安徽省国防工办分校和安徽省国防科技工业干部学校合并办学。1997年经安徽省人民政府批准更名为安徽国防科技工业学校,1998年被安徽省人民政府批准为省部级重点中专学校。2003年6月独立升格为高等职业院校。

安庆职业技术学院

学校(机构)标识码	4134013345
学校办学类型	415:专科院校:高等职业学校
学校性质类别	02 理工院校
学校举办者	822 地级其他部门
学校地址	安徽省安庆市元山路99号
邮政编码	246003
办公电话	0556-5283028
传真电话	0556-5283028
校园(局域)网域名	www.aqvtc.cn
电子信箱	aqvtc@aqvtc.cn
占地面积(平方米)	562600
校舍建筑面积(平方米)	224587
图书(万册)	42.3
固定资产总值(万元)	34037.32
教学、科研仪器设备资产值(万元)	4317.14
在校生数(人)	8962
其中:普通专科	8856
成人专科	106
专任教师(人)	413
其中:正高级	2
副高级	88
中级	130
初级	139
未定职级	54

专科专业 电脑艺术设计、电子商务、动漫设计与制作、服装设计、工程监理、工程造价、广告设计与制作、国际贸易实务、环境监测与治理技术、会计电算化、机电一体化技术、计算机通信、计算机网络技术、计算机应用技术、建筑工程技术、酒店管理、旅游管理、旅游英语、模具设计与制造、汽车检测与维修技术、汽车制造与装配技术、软件技术、商务日语、商务英语、食品

加工技术、市场营销、室内设计技术、数控技术、投资与理财、物流管理、现代纺织技术、应用电子技术、应用韩语、园林技术、园艺技术、植物保护、主持与播音

院系设置

现设置机电工程系、建筑工程系、园林园艺系、电子信息系、经济贸易系、社会事业系、外语系及公共基础部、成教部等8个系部

学校设立奖学金情况

学校设立奖学金1项，奖励总金额55余万元。奖学金最高金额800元/年，最低金额120元/年。

学校历史沿革

安庆职业技术学院是经安徽省政府批准成立的一所公办高等职业院校，由原安庆师范学院东一区、东二区、安庆农校、安庆财贸学校四所学校合并而成的。

安徽艺术职业学院

学校(机构)标识码	4134013346
学校办学类型	415：专科院校：高等职业学校
学校性质类别	11 艺术院校
学校举办者	812 省级其他部门
学校地址	安徽省合肥市宣城路16号
邮政编码	230001
办公电话	0551-4654338
传真电话	0551-4666300
校园(局域)网域名	www.artah.cn
电子信箱	ahyxqn@sina.com
占地面积(平方米)	113481
校舍建筑面积(平方米)	89030
图书(万册)	12.43
固定资产总值(万元)	9073.61
教学、科研仪器设备资产值(万元)	2022.49
在校生数(人)	2124
其中：普通专科	2049
成人专科	75
专任教师(人)	233
其中：正高级	10
副高级	41
中级	68
初级	79
未定职级	35

专科专业 编导、表演艺术、表演艺术类新专业、多媒体设计与制作、空中乘务、人物形象设计、摄影摄像技术、舞蹈表演、戏曲表演、艺术设计、音乐表演、影视表演、影视动画、主持与播音

院系设置

音乐、戏剧、美术、综艺系及基础教育部

定期公开出版的专业刊物 《艺术探索》

学校设立奖学金情况

设立奖学金四项，奖励总金额51.44万元，奖学金最高金额8000元/年，最低800元/年。

学校历史沿革

安徽艺术职业学院前身是安徽艺术学校，创办于1956年，1958年升格为安徽艺术专科学校，1959年皖南大学艺术系并入后成立安徽艺术学院，1963年为贯彻八字方针，安徽艺术学院调整恢复为安徽艺术学校。1996年安徽艺术学校与安徽大学联合开办安徽大学艺术学院，1998年通过本科论证，开始招收本科生，2003年6月经安徽省人民政府批准，安徽省电影学校并入，升为安徽艺术职业学院。

安徽财经大学商学院

学校(机构)标识码	4134013611
学校办学类型	413：本科院校：独立学院
学校性质类别	08 财经院校
学校举办者	999 民办
学校地址	安徽省蚌埠市宏业路255号
邮政编码	233041
办公电话	0552-3113786
传真电话	0552-3126951
校园(局域)网域名	acsxy.aufe.edu.cn
电子信箱	acsxy@163.com
占地面积(平方米)	267651
校舍建筑面积(平方米)	123746
图书(万册)	41.3
固定资产总值(万元)	9690.2
教学、科研仪器设备资产值(万元)	2457.7
在校生数(人)	6041
其中：普通本科	6041
专任教师(人)	248
其中：正高级	18
副高级	63
中级	87
初级	55
未定职级	25

本科专业 保险、财务管理、工商管理、广告学、国际经济与贸易、国际商务、会计学、金融学、人力资源管理、审计学、市场营销、统计学、物流管理、英语、资产评估

院系设置

会计学系、财务与审计系、工商管理系、经济与金融系、国际商务系、人文与艺术系共六个系

学校设立奖学金情况

学校设立奖学金10项，奖励总金额170余万元，奖学金最高金额800元/年，最低金额300元/年。

学校历史沿革

安徽财经大学商学院是2003年经安徽省教育厅批准和2004年国家教育部《教育部关于对安徽省高等学校举办的独立学院予以确认的通知》(教发[2004]7号)确认的独立学院。

安徽大学江淮学院

学校(机构)标识码	4134013612
学校办学类型	413:本科院校:独立学院
学校性质类别	01 综合大学
学校举办者	999 民办
学校地址	安徽省合肥市蜀山区史河路8号
邮政编码	230031
办公电话	0551-5117070
传真电话	0551-5117575
校园(局域)网域名	www.ahujhc.cn
电子信箱	ahdxjhxy@126.com
占地面积(平方米)	400590
校舍建筑面积(平方米)	94510
图书(万册)	49
固定资产总值(万元)	46234
教学、科研仪器设备资产值(万元)	3470.12
在校生数(人)	6900
其中:普通本科	6900
专任教师(人)	276
其中:正高级	30
副高级	83
中级	80
初级	57
未定职级	26

本科专业 财务管理、电气信息类、电子商务、电子信息工程、动画、法学、工商管理、国际经济与贸易、行政管理、化学工程与工艺、会计学、计算机科学与技术、计算机软件、金融学、生物科学、生物信息技术、市场营销、通信工程、网络工程、物流管理、新闻学、信息管理与信息系统、艺术设计、英语

院系设置 文法系、管理系、经济系、生物与化学系、计算机与电子科学系

学校设立奖学金情况

学校设立奖学金8项,奖励总金额199余万元。奖学金最高金额3000元/年,最低金额200元/年。

学校历史沿革

安徽大学江淮学院是经教育部批准,由安徽大学按新机制、新模式主办,具有独立法人资格、独立承担民事责任并纳入第三批本科批次录取的全日制普通高等教育独立本科学院。其前身为安徽大学国际商学院(2003年7月),后更名为安徽大学江淮学院(2004年7月)。

安徽工程大学机电学院

学校(机构)标识码	4134013613
学校办学类型	413:本科院校:独立学院
学校性质类别	02 理工院校
学校举办者	999 民办
学校地址	安徽省芜湖市北京东路
邮政编码	241000
办公电话	0553-2871480
传真电话	0553-2871480
校园(局域)网域名	www.ahpu.edu.cn/jdxy/
电子信箱	jdy@ahpu.edu.cn
占地面积(平方米)	341688
校舍建筑面积(平方米)	170457
图书(万册)	54.41
固定资产总值(万元)	17860
教学、科研仪器设备资产值(万元)	3649.46
在校生数(人)	6751
其中:普通本科	6751
专任教师(人)	338
其中:正高级	26
副高级	109
中级	154
初级	36
未定职级	13

本科专业 材料成型及控制工程、测控技术与仪器、车辆工程、电气工程与自动化、电子信息工程、动画、纺织工程、服装设计与工程、服装设计与工程(艺)、工程管理、工商管理、工业工程、国际经济与贸易、化学工程与工艺、机械设计制造及其自动化、计算机科学与技术、轻化工程、生物工程、市场营销、通信工程、土木工程、艺术设计、英语、自动化

院系设置 机械与汽车工程系、电气工程系、纺织工程系、管理工程系、计算机科学与工程系、艺术设计系、外语系、生物化工系、基础教学部

学校设立奖学金情况

学校设立奖学金一项,奖金总额103万余元。奖学金最高2200元/年,最低400元/年优秀学生奖学金:特等2200元/年;一等900元/年;二等600元/年;三等400元/年。

学校历史沿革

2003年经安徽省人民政府批准,开始试办并于2003年开始招生。2003年12月经教育部正式批准成立(批准文号:教发文函【2003】541号)。

安徽工业大学工商学院

学校(机构)标识码 4134013614	传真电话 0555-2311995	在校生数(人) 5458
学校办学类型 413:本科院校:独立学院	校园(局域)网域名 icc.ahut.edu.cn	其中:普通本科 5458
	电子信箱 icc@ahut.edu.cn	专任教师(人) 339
学校性质类别 02 理工院校	占地面积(平方米) 183402	其中:正高级 35
学校举办者 999 民办	校舍建筑面积(平方米) 138085	副高级 138
学校地址 安徽省马鞍山市湖东路59号	图书(万册) 29.4	中级 87
	固定资产总值(万元) 10498.12	初级 72
邮政编码 243002	教学、科研仪器设备资产值(万元) 2114.1	未定职级 7
办公电话 0555-2311993		

本科专业 材料成型及控制工程、财务管理、测控技术与仪器、电气工程及其自动化、给水排水工程、工商管理、国际经济与贸易、环境工程、机械设计制造及其自动化、计算机科学与技术、建筑环境与设备工程、金融学、软件工程、市场营销、土木工程、艺术设计、英语、自动化

院系设置
机械工程系、电气信息系、建筑工程系、经济管理系、外语系、数理教研室、思想政治理论课教学科研室

学校设立奖学金情况
学校设立奖学金8项,奖励总金额107万元。奖学金最高金额2000元/年,最低金额50元/年。

1. 优秀学生奖学金:(1)特等奖学金:2000元/人(2)一等奖学金:1500元/人(3)二等奖学金:1000元/人(4)三等奖学金:500元/人。
2. 英语单科优秀奖 100元/人。
3. 科技竞赛优胜奖:50-1000元/人。
4. 文体竞赛优胜奖:100-1000元/人。
5. 学习优秀奖:500元/人。
6. 优秀论文奖:500-1000元/人。
7. 发明创造奖:1000-1500元/人。
8. 国家四级英语统考优胜班级奖。

学校历史沿革
安徽工业大学工商学院是经中华人民共和国教育部《关于对安徽省普通高校举办独立学院予以确认的通知》(教发函【2004】7号)确认,并于2004年秋季招生的独立学院。

安徽建筑工业学院城市建设学院

学校(机构)标识码 4134013615	传真电话 0551-3828191	1961.03
学校办学类型 413:本科院校:独立学院	校园(局域)网域名 www.aiai.edu.cn	在校生数(人) 5232
	电子信箱 zsb@aiai.edu.cn	其中:普通本科 5232
学校性质类别 02 理工院校	占地面积(平方米) 156166	专任教师(人) 251
学校举办者 999 民办	校舍建筑面积(平方米) 96198	其中:正高级 7
学校地址 安徽省合肥市金寨南路856号	图书(万册) 28.05	副高级 73
	固定资产总值(万元) 5338.79	中级 164
邮政编码 230002	教学、科研仪器设备资产值(万元)	初级 7
办公电话 0551-3828190		

本科专业 财务管理、城市规划、电气工程及其自动化、电子信息工程、动画、高分子材料与工程、给水排水工程、工程管理、机械设计制造及其自动化、建筑电气与智能化、建筑环境与设备工程、建筑学、景观学、人力资源管理、市场营销、土木工程、无机非金属材料工程、艺术设计

院系设置
土木工程系、建筑系、艺术系、环境工程系、管理工程系、材化系、计算机与信息工程系、机械与电气工程系、法政系

学校设立奖学金情况
学校设立奖学金3项,奖学金总额20余万元。奖学金最高额1400元/年,最低金额600元/年。

毕业生一次就业率 91%

学校历史沿革

1. 根据《安徽省人民政府关于同意普通高等院校试办二级院校的批复》(皖教秘【2003】28号)和安徽省教育厅和安徽省计委"关于普通高校以新的模式和运行机制试办本科二级学院若

干意见的通知"要求,我院与安徽省徽商集团有限公司积极合作,达成了合作举办本科独立学院的协议,2003年经安徽省政府和发展计划委员会批准,本科独立学院"安徽建筑工业学院城市建设学院"(以下简称独立学院)开始试办,并于2003年开始招生。2. 2003年12月,经教育部正式批准成立(批准文号:教发函【2003】541号)。

安徽农业大学经济技术学院

学校(机构)标识码 4134013616	传真电话 0551-5786516	在校生数(人) 6319
学校办学类型 413:本科院校:独立学院	校园(局域)网域名 jjjs.ahau.edu.cn	其中:普通本科 6319
	电子信箱 jjjsxy@ahau.edu.cn	专任教师(人) 351
学校性质类别 01 综合大学	占地面积(平方米) 207126	其中:正高级 37
学校举办者 999 民办	校舍建筑面积(平方米) 144749	副高级 72
学校地址 安徽省合肥市蜀山区霍山路	图书(万册) 49.5	中级 84
	固定资产总值(万元) 11900	初级 106
邮政编码 230036	教学、科研仪器设备资产值(万元) 3240	未定职级 52
办公电话 0551-5786516		

本科专业 财务管理、车辆工程、城市规划、电气工程及其自动化、电子信息工程、动物医学、动植物检疫、法学、国际经济与贸易、机械设计制造及其自动化、计算机科学与技术、金融学、生物技术、市场营销、通信工程、土地资源管理、网络工程、物流工程、艺术设计、英语、园林

学校设立奖学金情况
学院设有奖学金9项,本学年奖励总金额100余万元。奖学金最高金额2000元/年,最低金额200元/年。

学校历史沿革
安徽农业大学经济技术学院是2003年经安徽省教育厅批准,2004年经国家教育部《教育部关于对安徽省普通高等学校举办的独立院校予以确认的通知》(教发函[2004]7号)文件确认,由安徽农业大学申办,按新机制、新模式举办的本科层次的全日制普通高等学校(独立学院)。学院坐落在安徽省合肥市。

安徽师范大学皖江学院

学校(机构)标识码 4134013617	传真电话 0553-5771550	在校生数(人) 7122
学校办学类型 413:本科院校:独立学院	校园(局域)网域名 wjxy.ahnu.edu.cn	其中:普通本科 7122
	电子信箱 g_zhang550@sina.com	专任教师(人) 400
学校性质类别 06 师范院校	占地面积(平方米) 199678	其中:正高级 24
学校举办者 999 民办	校舍建筑面积(平方米) 130835	副高级 93
学校地址 安徽省芜湖市鸠江区九华北路171号	图书(万册) 72	中级 126
	固定资产总值(万元) 12956	初级 94
邮政编码 241008	教学、科研仪器设备资产值(万元) 3661	未定职级 63
办公电话 0553-5771550		

本科专业 财务管理、电子信息工程、动画、俄语、广播电视新闻学、广告学、汉语言文学、计算机科学与技术、教育技术学、经济学、旅游管理、美术学、日语、摄影、市场营销、数字媒体技术、物流管理、戏剧影视美术设计、新闻学、信息管理与信息系统、艺术设计、音乐学、英语、应用化学

院系设置
中文系、新闻系、外语系、媒体技术系、旅游管理系、经济管理系、电子信息系、美术系、音乐系、化学系

学校设立奖学金情况
学校设立奖学金3项,奖励总金额115万元。奖学金最高金额1200元/年,最低金额400元/年。

学校历史沿革
安徽师范大学皖江学院是2003年经教育部批准成立由安徽师范大学按新机制、新模式举办的独立学院,办学层次为全日制普通本科。学院实行董事会领导下的院长负责制。学院招生属普通高校计划内招生,学院严格执行安徽省物价局核定的收费标准收取各项费用。

安徽医科大学临床医学院

学校(机构)标识码　4134013618
学校办学类型　413：本科院校：独立学院
学校性质类别　05 医药院校
学校举办者　999 民办
学校地址　安徽省合肥市蜀山区莲花社区管委会朝霞园小区居民委员会
邮政编码　230601
办公电话　0551-3869119
传真电话　0551-3869000
校园(局域)网域名　cc.ahmu.edu.cn
电子信箱　ahmucc@126.com
占地面积(平方米)　125291
校舍建筑面积(平方米)　113958
图书(万册)　35.33
固定资产总值(万元)　24763
教学、科研仪器设备资产值(万元)　3098
在校生数(人)　4970
其中：普通本科　4970
专任教师(人)　312
其中：正高级　51
副高级　84
中级　140
初级　37

本科专业　公共事业管理、护理学、临床医学、生物医学工程、药学
院系设置
学校先设有临床医学、护理学、公共事业管理(卫生事业管理)、药学(分为药物分析和临床药理两个专业方向)四个专业，其中临床医学和药学(临床药理方向)为5年制本科，其他为四年制本科。
定期公开出版的专业刊物　《致远》
学校设立奖学金情况
1. 特等奖学金：2000 元/人，占学生数2%；
2. 一等奖学金：800 元/人，占学生数5%；
3. 二等奖学金：500 元/人，占学生数10%；
4. 三等奖学金：300 元/人，占学生数15%。
学校历史沿革
安徽医科大学临床医学院创建于2003年，2010年在江苏无锡举行的全国独立学院峰会上荣获"全国先进独立学院"荣誉称号。

阜阳师范学院信息工程学院

学校(机构)标识码　4134013619
学校办学类型　413：本科院校：独立学院
学校性质类别　06 师范院校
学校举办者　999 民办
学校地址　阜阳市清河东路741号
邮政编码　236041
办公电话　0558-2595990
传真电话　0558-2595990
校园(局域)网域名　cie.fync.edu.cn
电子信箱　wangjun@fync.edu.cn
占地面积(平方米)　370000
校舍建筑面积(平方米)　162364
图书(万册)　78.6
固定资产总值(万元)　18980
教学、科研仪器设备资产值(万元)　4018.5
在校生数(人)　6963
其中：普通本科　6963
专任教师(人)　409
其中：正高级　29
副高级　116
中级　160
初级　104

本科专业　播音与主持艺术、财务管理、动画、工业设计、广播电视新闻学、汉语言文学、计算机科学与技术、经济学、日语、食品科学与工程、市场营销、数学与应用数学、新闻学、信息管理与信息系统、信息与计算科学、艺术设计、英语
院系设置
学院下设有信息科学、新闻传媒、外语、经济管理和设计艺术5个系
毕业生一次就业率　88%。
学校历史沿革
阜阳师范学院信息工程院学院是2003年经安徽省政府批办，2004年经教育部确认的本科层次的独立学院。自成立以来，学院始终努力提高本科教学质量，加快高技能创新型应用人才的步伐，7年来，我院教学质量稳步提高，受到社会的广泛赞誉。2010年7月，学院被授予"全国先进独立学院"的荣誉称号。

淮北师范大学信息学院

学校(机构)标识码　4134013620
学校办学类型　413：本科院校：独立学院

学校性质类别　06 师范院校	电子信箱　xxxy@chnu.edu.cn	在校生数(人)　4439
学校举办者　999 民办	占地面积(平方米)　266800	其中:普通本科　4439
学校地址　淮北市东山路100号	校舍建筑面积(平方米)　98059	专任教师(人)　266
邮政编码　235000	图书(万册)　44.76	其中:正高级　32
办公电话　0561-3805367	固定资产总值(万元)　13834.5	副高级　78
传真电话　0561-3805367	教学、科研仪器设备资产值(万元)　2860.4	中级　116
校园(局域)网域名　www.xxxy.chnu.edu.cn		初级　40

本科专业　电子商务、电子信息工程、电子信息科学与技术、广播电视新闻学、汉语言文学、经济学、人力资源管理、日语、生物工程、市场营销、数学与应用数学、学前教育、艺术设计、英语、应用化学、应用心理学

院系设置
学院现设中文、经济、管理、外语、教育、美术、数学、电子信息、化学和生物等10个系和思想政治理论、大学英语、大学体育和计算机基础等4个教学部

学校设立奖学金情况
学校设立奖学金7项,奖励总额250余万元,最高奖学金8000元/年,最低200元/年。

学校历史沿革
淮北师范大学信息学院原名淮北煤炭师范学院信息学院,是2004年4月经教育部审批确认的独立学院办学条件已达到教育部教发[2003]8号文要求现设有中文、经济等十个系和大学外语等四个教学部。

马鞍山师范高等专科学校

学校(机构)标识码　4134013760	传真电话　0555-8215010	在校生数(人)　6816
学校办学类型　414:专科院校:高等专科学校	校园(局域)网域名　www.massz.cn	其中:普通专科　6778
	电子信箱　bangongshi@massz.cn	成人专科　38
学校性质类别　06 师范院校	占地面积(平方米)　187167	专任教师(人)　337
学校举办者　822 地级其他部门	校舍建筑面积(平方米)　122652	其中:正高级　3
学校地址　马鞍山市雨山区马鞍山经济技术开发区福达社区居委会	图书(万册)　34.82	副高级　50
	固定资产总值(万元)　23403.5	中级　95
	教学、科研仪器设备资产值(万元)　1982.97	初级　184
邮政编码　243001		未定职级　5
办公电话　0555-8215000		

专科专业　初等教育、动漫设计与制作、服装设计、计算机多媒体技术、计算机教育、计算机类、计算机网络技术、酒店管理、科学教育、旅行社经营管理、旅游管理、旅游英语、美术教育、软件技术、商务英语、涉外旅游、食品机械与管理、食品加工技术、食品营养与检测、市场营销、视觉传达艺术设计、数学教育、网络新闻与编辑、文秘、新闻采编与制作、学前教育、艺术设计、艺术设计类、音乐表演、音乐教育、英语教育、应用日语、应用英语、语文教育、装潢艺术设计

院系设置
人文系、理工系、外语系、艺术系4个教学单位

定期公开出版的专业刊物　《马鞍山师专学报》

学校设立奖学金情况
学校设立奖学金3项,分别为综合奖学金、竞赛奖学金和特别奖学金。奖励总额60.7万元。奖学金最高金额1000元/年,最低200元/年。

学校历史沿革
学校前身为马鞍山市师范学校,始建于1958年。2004年5月,经教育部批准,独立升格为马鞍山师范高等专科学校。

安徽财贸职业学院

学校(机构)标识码　4134013845	学校性质类别　08 财经院校	号
学校办学类型　415:专科院校:高等职业学校	学校举办者　812 省级其他部门	邮政编码　230601
	学校地址　安徽省合肥市翡翠路900	办公电话　0551-3865815

传真电话 0551-3865816	固定资产总值(万元) 23248.55	其中:正高级 5
校园(局域)网域名 www.aftvc.com	教学、科研仪器设备资产值(万元) 3263.39	副高级 72
电子信箱 aftvc@163.com		中级 149
占地面积(平方米) 283000	在校生数(人) 9846	初级 104
校舍建筑面积(平方米) 143722	其中:普通专科 9846	未定职级 49
图书(万册) 66.08	专任教师(人) 379	

专科专业　茶艺、电子商务、动漫设计与制作、房地产经营与估价、工商企业管理、广告与会展、国际商务、会计(国际会计方向)、会计电算化、计算机信息管理、计算机应用技术、酒店管理、连锁经营管理、旅游管理、农村合作金融、软件技术、商务经纪与代理、商务英语、审计实务、税务、投资与理财、图文信息技术、物流管理、物业管理、新能源应用技术、营销与策划、应用电子技术、证券与期货、装饰艺术设计

院系设置
大位会计学院、雪岩贸易学院、行知管理学院、财税金融系、旅游管理系、电子信息系、艺术设计系、基础部

定期公开出版的专业刊物　《安徽财贸职业学院学报》

学校设立奖学金情况
学校设立奖学金1项,奖励总金额30余万元。奖学金最高金额2000元/年,最低金额300元/年。

学校历史沿革
学校成立于1964年,原名为"安徽省供销合作商业学校",先后曾易名为"安徽省供销商业学校"、"安徽省合肥供销学校"、"安徽省贸易学校",1993年被评定为省级重点中专学校,2000年被评定为国家级重点中专学校,2002年经省政府批准筹建"安徽财贸学院合肥职业技术学院",2004年经省政府批准正式设立"安徽财贸职业学院"。

安徽国际商务职业学院

学校(机构)标识码 4134013846	传真电话 0551-5664601	在校生数(人) 6700
学校办学类型 415:专科院校:高等职业学校	校园(局域)网域名 www.ahiib.com	其中:普通专科 6700
	电子信箱 yuyan686868@sina.com	专任教师(人) 240
学校性质类别 08 财经院校	占地面积(平方米) 364000	其中:正高级 1
学校举办者 812 省级其他部门	校舍建筑面积(平方米) 130881	副高级 50
学校地址 安徽省合肥市双凤工业园凤麟路与魏武路交叉口	图书(万册) 31.29	中级 64
	固定资产总值(万元) 15869.8	初级 101
邮政编码 231131	教学、科研仪器设备资产值(万元) 1870.5	未定职级 24
办公电话 0551-5664601		

专科专业　报关与国际货运、电子商务、动漫设计与制作、国际经济与贸易、国际贸易实务、国际商务、海关管理、会计、计算机多媒体技术、计算机应用技术、金融管理与实务、酒店管理、连锁经营管理、旅游管理、旅游日语、旅游英语、商务日语、商务英语、涉外旅游、市场营销、投资与理财、文秘、物流管理、应用英语

院系设置
学院现设有四系一部——国际贸易系、商务外语系、商务管理系、信息服务系、基础教学部

学校设立奖学金情况
学校设立奖学金四项,奖励总金额40.37万元/年,最低金额300元/年。
1. 特等教学金:5人/年,3000元/人;
2. 一等奖学金:88/年,1200元/人;
3. 二等奖学金:254/年,600元/人;
4. 三等奖学金:437/年,300元/人。

学校历史沿革
学校前身为"安徽省对外贸易学校",1979年10月经革秘[1979]75号文件批准,外经贸部备案建校,内设"安徽省对外贸易局干部训练班"。1981年9月正式招生。1987年7月分为"安徽省对外经济贸易学校"和"安徽省对外经济贸易职工中专学校"两校。1989年7月"安徽省对外经济贸易职工中专学校"并入"安徽省对外经济贸易学校"。2000年6月被安徽省政府授予省级重点中专学校,同时被批准为首批招收五年制高职生的试点学校,同年9月招收五年制高职学生。2004年6月经皖政秘[2004]75号文批准成立"安徽国际商务职业学院",同年9月首次招收高职学生。

安徽公安职业学院

学校(机构)标识码　4134013847
学校办学类型　415:专科院校:高等职业学校
学校性质类别　09 政法院校
学校举办者　812 省级其他部门
学校地址　安徽省合肥市高新区望江西路559号
邮政编码　230088
办公电话　0551-5382211
传真电话　0551-5381100
校园(局域)网域名　www.ahgaxy.com
电子信箱　ahgaxy@sina.com
占地面积(平方米)　110606
校舍建筑面积(平方米)　62080
图书(万册)　15.7
固定资产总值(万元)　6139.6
教学、科研仪器设备资产值(万元)　1552.8
在校生数(人)　995
其中:普通专科　995
专任教师(人)　91
其中:正高级　1
　　　副高级　28
　　　中级　37
　　　初级　24
　　　未定职级　1

专科专业　交通管理、侦查、治安管理
院系设置
侦查系、治安管理系、公安科学技术系、基础教育部、警体技能训练部
定期公开出版的专业刊物　《公安理论与实践》
学校设立奖学金情况
学校设立人民奖学金奖学金最高金额1000元/年,比例为15%。

主要校办产业
公安学院驾校
学校历史沿革
安徽省公安学校(1958年至1981年)(1978年5月,在省政法干校内增设公安中专班,培养全日制中专生);安徽省人民警察学校(1981年3月至2001年6月)(经省教育厅批准,安徽省公安厅与安徽大学在省人民警察学校的基础上联合组建安徽大学公安学院);安徽公安职业学院(2004年6月至今)。

安徽林业职业技术学院

学校(机构)标识码　4134013848
学校办学类型　415:专科院校:高等职业学校
学校性质类别　04 林业院校
学校举办者　812 省级其他部门
学校地址　安徽省合肥市玉兰大道99号
邮政编码　230031
办公电话　0551-5392984
传真电话　0551-5392984
校园(局域)网域名　ahlyxy.cn
电子信箱　hflx_5314320@163.com
占地面积(平方米)　146360
校舍建筑面积(平方米)　47181
图书(万册)　10.7
固定资产总值(万元)　4100.25
教学、科研仪器设备资产值(万元)　1258.09
在校生数(人)　2793
其中:普通专科　2793
专任教师(人)　95
其中:副高级　28
　　　中级　38
　　　初级　19
　　　未定职级　10

专科专业　动漫设计与制作、工程监理、环境艺术设计、会计与审计、计算机应用技术、林业技术、旅游管理、森林生态旅游、商务英语、市场营销、图形图像制作、文秘、物流管理、园林技术、园艺技术、装潢艺术设计、资产评估与管理
院系设置
学校下设三个系和一个部:资源与环境系、信息与艺术系、经济与管理系、思政教学部
学校设立奖学金情况
学校设立奖学金3项,奖励总金额5.84余万元。奖学金最高金额500元/年,最低金额200/年
学校历史沿革
我院于1952年5月在安徽省肥西县紫蓬山设立,初名为安徽紫蓬山林业学校。1953年迁到合肥市大蜀山东新建校址,定名为安徽省合肥林业学校。1964年奉令迁到凤阳石门山林场办学,1969年停办。1976年省革委会批准复校,校址设在省属管店林业总场。1982年省人民政府批准林校迁回合肥原址,恢复合肥林业学校。2004年6月,省人民政府批准合肥林业学校正式升格为高等职业学校,更名为安徽林业职业技术学院。

安徽审计职业学院

学校(机构)标识码 4134013849	传真电话 0551-3617026	1388
学校办学类型 415:专科院校:高等职业学校	校园(局域)网域名 www.ahsjxy.cn	在校生数(人) 4610
	电子信箱 sjxy@ahsj.gov.cn	其中:普通专科 4610
学校性质类别 08 财经院校	占地面积(平方米) 240120	专任教师(人) 186
学校举办者 812 省级其他部门	校舍建筑面积(平方米) 66733	其中:正高级 1
学校地址 安徽审计职业学院	图书(万册) 96.5	副高级 48
邮政编码 230601	固定资产总值(万元) 12374	中级 79
办公电话 0551-3617016	教学、科研仪器设备资产值(万元)	初级 58

专科专业 财务管理、财务会计、电子商务、工程造价、会计与审计、基建审计、金融管理与实务、内部审计、商务管理、社会审计、市场营销、税务会计、物流管理、物业管理、资产评估与管理

院系设置
审计系、经济管理系、贸易经济系

学校设立奖学金情况
学校设立奖学金三项,奖励总额52.8余万元。奖学金最高金额1600/年生,最低金额400元/年生。

学校历史沿革
安徽审计职业学院前身是安徽审计学校,2006年6月经安徽省人民政府批准成立、国家教育部正式备案的公办全日制普通高等院校,是全国唯一一所公办全日制审计高等职业院校,隶属于安徽省审计厅,业务上接受安徽省教育厅指导。

安徽新闻出版职业技术学院

学校(机构)标识码 4134013850	传真电话 0551-3812459	9405.7
学校办学类型 415:专科院校:高等职业学校	校园(局域)网域名 www.ahcbxy.cn	在校生数(人) 3930
	电子信箱 ahcbxy@126.com	其中:普通专科 3930
学校性质类别 02 理工院校	占地面积(平方米) 115000	专任教师(人) 174
学校举办者 812 省级其他部门	校舍建筑面积(平方米) 117207	其中:副高级 36
学校地址 安徽新闻出版职业技术学院	图书(万册) 17.1	中级 44
邮政编码 230601	固定资产总值(万元) 20296	初级 80
办公电话 0551-3838910	教学、科研仪器设备资产值(万元)	未定职级 14

专科专业 版面编辑与校对、包装技术与设计、出版信息管理、出版与发行、电脑艺术设计、电子出版技术、动漫设计与制作、数字印刷技术、印刷技术、印刷设备及工艺、印刷图文信息处理

院系设置
印刷工程系、传媒出版系、包装工程系

学校设立奖学金情况
学校设立奖学金1项,奖励总金额39余万元。奖学金最高金额1200元/年,最低金额500元/年。

主要校办产业
合肥中德印刷培训中心

毕业生一次就业率 99.39%

学校历史沿革
安徽新闻出版职业技术学院是中德两国政府在职业教育领域中的一个合作项目,也是德国政府在华无偿援助之一,她的国际名称为合肥中德印刷培训中心(简称CDAD),隶属于新闻出版局,目的是将德国"双元制"职业教育模式引入我国职业教育领域,培养出版印刷行业需要的高等技术应用人才。

安徽邮电职业技术学院

学校(机构)标识码 4134013851　　学校办学类型 415:专科院校:高等职业学校

学校性质类别	02 理工院校	占地面积(平方米)	101000	其中:普通专科	1776
学校举办者	891 地方企业	校舍建筑面积(平方米)	49816	成人专科	38
学校地址	合肥市潜山路382号	图书(万册)	13.26	专任教师(人)	77
邮政编码	230031	固定资产总值(万元)	4021.76	其中:副高级	18
办公电话	0551-2231020	教学、科研仪器设备资产值(万元)		中级	24
传真电话	0551-2231024		1279.87	初级	31
校园(局域)网域名	www.ahptc.cn	在校生数(人)	1814	未定职级	4

专科专业 计算机通信、市场营销、通信技术、通信线路、移动通信技术

院系设置

通信工程系、计算机系、经济管理系、公共基础部

定期公开出版的专业刊物 《安徽邮电职业技术学院学报》

学校设立奖学金情况

学校利用学费收入设立奖学金,奖励优秀学生,受奖面控制在30%左右。奖学金分三个等级,最高金额500元/年,最低金额200元/年。

毕业生一次就业率 98.26%

学校历史沿革

1948年4月,成立江淮邮电干部学校;1958年7月,经中共安徽省委批准,成立安徽省邮电学校;1979年,成立安徽省邮电技工学校,与安徽省邮电学校合署办学;1999年,增设安徽电信培训中心;2004年6月,经安徽省人民政府批准,成立安徽邮电职业技术学院。

安徽工业职业技术学院

学校(机构)标识码	4134013852	办公电话	0562-2863339		2593.22
学校办学类型	415:专科院校:高等职业学校	传真电话	0562-2864456	在校生数(人)	6303
		校园(局域)网域名	www.ahip.cn	其中:普通专科	6122
学校性质类别	02 理工院校	占地面积(平方米)	295304	成人专科	181
学校举办者	891 地方企业	校舍建筑面积(平方米)	140079	专任教师(人)	265
学校地址	安徽省铜陵市长江西路274号	图书(万册)	37.39	其中:副高级	57
		固定资产总值(万元)	16827.57	中级	124
邮政编码	244000	教学、科研仪器设备资产值(万元)		初级	84

专科专业 电气自动化技术、动漫设计与制作、工程测量技术、会计、机电设备维修与管理、机电一体化技术、计算机多媒体技术、计算机网络技术、计算机应用技术、建筑工程技术、金属矿开采技术、模具设计与制造、汽车检测与维修技术、软件技术、市场营销、数控技术、物流管理、选矿技术、冶金技术、应用电子技术、应用化工技术、制冷与空调技术

院系设置

(6个)基础部、信息工程系、机械工程系、电气工程系、管理工程系、资源开发系

学校设立奖学金情况

学校设立奖学金3项,奖励总金额51.48万元。奖学金最高金额2000元/年,最低金额200元/年。

1. 学院综合素质奖学金:26.26万元;
2. 学院经济困难奖学金:16.98万元;
3. 经济困难资助:7.35万元。

学校历史沿革

1.1979年,铜陵有色成人中专学校成立(1979年-2000年);2.1984年,铜陵有色职工大学成立(1984年-2000年);3.2000年,铜陵有色有色职工大学、铜陵有色成人中专联合铜陵市属4所中等职业学校组建原铜陵职业技术学院。其中铜陵有色有色职工大学、铜陵有色成人中专称为原学院的西校区,市属4所学校称为原学院的东校区(2000年-2004年);4.2004年原铜陵职业技术学院西校区划出,独立设置安徽工业职业技术学院(2004年至今)。

芜湖信息技术职业学院

学校(机构)标识码	4134014057	学校举办者	822 地级其他部门	传真电话	0553-5977128
学校办学类型	415:专科院校:高等职业学校	学校地址	芜湖市文津西路高教园区	校园(局域)网域名	whjy.ahedu.gov.cn
		邮政编码	241003		
学校性质类别	02 理工院校	办公电话	0553-5977138	电子信箱	whjyrsc2004@sina.com

占地面积(平方米) 260790		3956	其中:正高级 4
校舍建筑面积(平方米) 161766	在校生数(人) 7443		副高级 70
图书(万册) 37.53	其中:普通专科 7420		中级 133
固定资产总值(万元) 13310	成人专科 23		初级 88
教学、科研仪器设备资产值(万元)	专任教师(人) 325		未定职级 30

专科专业 报关与国际货运、初等教育、电气自动化技术、电子商务、电子信息工程技术、动漫设计与制作、国际经济与贸易、机电一体化技术、计算机网络技术、计算机系统维护、计算机信息管理、计算机应用技术、建筑工程管理、经济信息管理、酒店管理、旅游管理、汽车电子技术、软件技术、商务日语、商务英语、社区管理与服务、图形图像制作、网络系统管理、文秘、物业管理、新闻采编与制作、营销与策划、应用电子技术、应用英语

院系设置
电子信息系、管理工程系、经贸系、外语系、文传系、软件工程系、计算机工程系、自动化控制系、教育科学研究所、基础部

定期公开出版的专业刊物 《芜湖信息技术职业学院学报》

学校设立奖学金情况
学校设立奖学金3项,奖励总金额68万元。最高1000元/年,最低300元/年。

学校历史沿革
1978.4-1980.3安师大芜湖市专科班 1980.3-1982.12芜湖教师进修学院 1982.12-2006.4芜湖教育学院 2006.4-至今芜湖信息技术职业学院。建院三十多年来,共为省内外培养了各类大专以上人才2万多人。学院建有语音室、实验室、计算机中心、电教馆及地面卫星接收站。学院积极开展继续教育和非学历教育培训,是安徽省中小学继续教育基地,芜湖市中小学教育管理干部培训基地,国家四六级大学英语考点,省高校计算机考核基地,市计算机应用能力职称培训及考核基地。

民办合肥财经职业学院

学校(机构)标识码 4134014058	办公电话 0551-3690830	教学、科研仪器设备资产值(万元) 1790
学校办学类型 415:专科院校:高等职业学校	传真电话 0551-3690830	在校生数(人) 5815
	校园(局域)网域名 www.hffe.cn	其中:普通专科 5815
学校性质类别 08 财经院校	电子信箱 hffe@hffe.cn	专任教师(人) 242
学校举办者 999 民办	占地面积(平方米) 276936	其中:副高级 52
学校地址 合肥市经济技术开发区大学城	校舍建筑面积(平方米) 184369	中级 79
	图书(万册) 33.76	初级 111
邮政编码 230601	固定资产总值(万元) 8568	

专科专业 保险实务、财务管理、财务信息管理、电子商务、动漫设计与制作、房地产经营与估价、工程监理、工程造价、广告设计与制作、国际经济与贸易、会计电算化、会计与审计、会展策划与管理、机电一体化技术、计算机网络技术、计算机信息管理、建筑工程技术、金融管理与实务、酒店管理、连锁经营管理、旅游管理、商务经纪与代理、商务英语、投资与理财、物流管理、艺术设计、营销与策划

院系设置
学院设置了会计系、商务管理系、工程经济系、旅游系、艺术系、基础教学部等六个教学单位,信息技术中心、图书馆两个教学辅助单位

学校设立奖学金情况
学校设立奖学金1项,奖励总金额12.25余万元。奖学金最高金额1000元/年,最低金额300元/年。

学校历史沿革
2003年,安徽嘉日成集团投资创办了安徽斯坦迪专修学院;2006年,经安徽省人民政府批准,教育部备案,成立了合肥财经职业学院。

安庆医药高等专科学校

学校(机构)标识码 4134014096	学校举办者 822 地级其他部门	办公电话 0556-5306008
学校办学类型 414:专科院校:高等专科学校	学校地址 安徽省安庆市集贤北路1588号	传真电话 0556-5306010
		校园(局域)网域名 www.aqyyz.cn
学校性质类别 05 医药院校	邮政编码 246052	电子信箱 aqyzqxf@163.com

占地面积(平方米) 363330
校舍建筑面积(平方米) 126808
图书(万册) 31.54
固定资产总值(万元) 11201.8
教学、科研仪器设备资产值(万元) 3134.1
在校生数(人) 5156
其中:普通专科 5156
专任教师(人) 266
其中:副高级 59
中级 72
初级 107
未定职级 28

专科专业 公共卫生管理、护理、康复治疗技术、临床医学、生物制药技术、药品经营与管理、药物分析技术、药物制剂技术、药学、中药、助产

院系设置
临床医学系、护理系、药学系、公共基础部

学校设立奖学金情况
学校设立奖学金2项,奖励总金额29余万元。奖学金最高金额8000元/年,最低金额5000元/年。

主要校办产业
附属二级甲等医院一所。毕业生一次就业率 98.7%

学校历史沿革
前身为安庆卫生学校,原名安徽省立立煌高级助产护士学校,1943年8月创建于安徽金寨县,1945年7月改名为安徽省立高级医师职业学校。1952年更名为安徽安庆卫生学校,沿用至2007年4月,其中1958年曾创办安庆医学专科学校,1962年因机构调整划出。2007年4月国家教育部、省政府批准,在原安庆卫生学校基础上独立升格成安庆医药高等专科学校。

合肥师范学院

学校(机构)标识码 4134014098
学校办学类型 412:本科院校:学院
学校性质类别 06 师范院校
学校举办者 811 省级教育部门
学校地址 安徽省合肥市庐阳区光明街道龚大塘居委会
邮政编码 230061
办公电话 0551-3675970
传真电话 0551-3675971
校园(局域)网域名 www.hftc.edu.cn
电子信箱 yb@hftc.edu.cn
占地面积(平方米) 365880
校舍建筑面积(平方米) 317008
图书(万册) 89.8
固定资产总值(万元) 46784.92
教学、科研仪器设备资产值(万元) 5788
在校生数(人) 18984
其中:普通本科 10873
普通专科 5608
成人本科 943
成人专科 1560
专任教师(人) 712
其中:正高级 33
副高级 192
中级 337
初级 91
未定职级 59

本科专业 编辑出版学、电气工程及其自动化、电子信息工程、动画艺术、国际经济与贸易、汉语言文学、汉语言文学(师)、化学、化学(师)、计算机科学与技术、计算机科学与技术(计算机应用)、计算机科学与技术(嵌入式应用技术)、计算机科学与技术(师范)、计算机科学与技术(网络工程)、计算机软件(嵌入式系统)、教育学、经济学、美术学、人力资源管理、生物技术、生物科学(师)、生物科学(应用生物方向)、市场营销、数学与应用数学、数学与应用数学(师)、思想政治教育、思想政治教育(师)、体育教育、通信工程、统计学、物理学、艺术设计、艺术设计(产品设计)、艺术设计(环境艺术设计方向)、艺术设计(平面艺术设计方向)、音乐表演、音乐学、音乐学(师)、英语、英语(师)、英语(师)、应用心理学

专科专业 初等教育、初等教育(计算机教育方向)、初等教育(美术方向)、初等教育(体育教育方向)、初等教育(小学数学与科学方向)、初等教育(小学中文与社会)、初等教育(音乐方向)、初等教育(英语)、初等教育(英语方向)、初等教育(中文与社会)、电子信息工程技术、法律事务、化学教育、计算机网络技术、计算机应用技术、旅游管理、美术教育、涉外旅游、生物技术及应用、生物教育、市场营销、数学教育、特殊教育、物理教育、物业管理、心理咨询、学前教育、学前教育(英语方向)、艺术设计、音乐教育、英语教育、应用电子技术、应用化工技术、语文教育、综合理科教育、综合文科教育

院系设置
中文系、政法与管理系、经济系、外语系、教育系、美术系、音乐系、数学系、物理与电子工程系、计算机科学与技术系、化学化工系、生命科学系、体育科学系

国家级、省部级研究机构设置
现有省级人文社科重点研究基地1个——教师教育研究中心

定期公开出版的专业刊物 《合肥师范学院学报》、《中学数学教学》

学校设立奖学金情况
学院共设立奖学金8项,奖励总金额1374.76万元/年,最低金额400元/年。

主要校办产业
教苑宾馆

学校历史沿革

学院成立于1955年,前身为安徽省中学教师进修学院,1960年更名为安徽教育学院。1969年并入安徽劳动大学,1978年恢复重建。

安徽涉外经济职业学院

学校(机构)标识码 4134014132	传真电话 0551-3858377	3450
学校办学类型 415:专科院校:高等职业学校	校园(局域)网域名 www.ahaec-edu.cn	在校生数(人) 8088
		其中:普通专科 8088
学校性质类别 08 财经院校	电子信箱 anhuishewai@sohu.com	专任教师(人) 433
学校举办者 999 民办	占地面积(平方米) 453235	其中:正高级 14
学校地址 合肥市磨店职教城学府路1号	校舍建筑面积(平方米) 74454	副高级 85
	图书(万册) 66	中级 140
邮政编码 230011	固定资产总值(万元) 31218	初级 156
办公电话 0551-4380100	教学、科研仪器设备资产值(万元)	未定职级 38

专科专业 电子信息工程技术、动漫设计与制作、国际金融、国际经济与贸易、环境艺术设计、会计、会计与审计、机械制造与自动化、计算机多媒体技术、计算机网络技术、计算机信息管理、计算机应用技术、建筑工程技术、金融管理与实务、旅行社经营管理、旅游英语、模具设计与制造、商务管理、商务英语、涉外旅游、视觉传达艺术设计、通信技术、物流管理、营销与策划

院系设置

经济系、管理系、外语系、会计系、工程系、艺术系

学校设立奖学金情况

学校设立奖学金3项,奖励总额50余万,奖学金最高金额1000元/年,最低金额200元/年。

学校历史沿革

1. 安徽涉外经济职业学院前身为安徽农业大学涉外经济职业学院,创建于2001年。2. 2007年2月独立设置为安徽涉外经济职业学院。

安徽绿海商务职业学院

学校(机构)标识码 4134014133	传真电话 0551-8898098	在校生数(人) 4011
学校办学类型 415:专科院校:高等职业学校	校园(局域)网域名 www.lhub.cn	其中:普通专科 4011
	电子信箱 ilvhai@163.com	专任教师(人) 166
学校性质类别 08 财经院校	占地面积(平方米) 145203	其中:正高级 13
学校举办者 999 民办	校舍建筑面积(平方米) 92225	副高级 6
学校地址 安徽省合肥市蜀山区芙蓉社区管理委员会	图书(万册) 29	中级 3
邮政编码 230601	固定资产总值(万元) 13160	初级 42
办公电话 0551-8898098	教学、科研仪器设备资产值(万元) 1220	未定职级 102

专科专业 电子商务、动漫设计与制作、工商企业管理、公共事务管理、广告设计与制作、国际贸易实务、会计电算化、会展策划与管理、计算机多媒体技术、计算机网络技术、计算机网络与安全管理、计算机信息管理、旅游管理、旅游英语、商务经纪与代理、商务英语、市场营销、视觉传达艺术设计、网络系统管理、物流管理、装潢艺术设计

院系设置

经济贸易系、信息技术系、管理系、外语系、艺术系、基础教学部

学校设立奖学金情况

学校设立奖学金1项,奖励总金额14.8余万元。奖学金最高金额400元/年,最低金额200元/年。

学校历史沿革

学校前身为合肥恒缘少林文武学校,于2005年申请筹建"安徽绿海商务职业学院(筹)",2007年3月经安徽省人民政府正式批准,设立"安徽绿海商务职业学院",2007年4月获得教育部备案,并于当年开始参加秋季招生,培养普通专科(高职)人才。

合肥共达职业技术学院

学校(机构)标识码　4134014135
学校办学类型　415:专科院校:高等职业学校
学校性质类别　02 理工院校
学校举办者　999 民办
学校地址　合肥市六安路 269 号
邮政编码　230069
办公电话　0551-2900103
传真电话　0551-2720269
校园(局域)网域名　gdxy.hfut.edu.cn
电子信箱　hfgdxy@hfut.edu.cn
占地面积(平方米)　107741
校舍建筑面积(平方米)　48968
图书(万册)　9.3
固定资产总值(万元)　2658.9
教学、科研仪器设备资产值(万元)　654.5
在校生数(人)　909
其中:普通专科　909
专任教师(人)　61
其中:正高级　3
　　　副高级　34
　　　中级　11
　　　初级　9
　　　未定职级　4

专科专业　电气自动化技术、电子信息工程技术、机电一体化技术、机械制造与自动化、建筑工程管理、建筑工程技术、汽车检测与维修技术、汽车制造与装配技术、数控技术

院系设置
机械工程系、汽车工程系、信息工程系、电气工程系、建筑工程系、化学工程系

学校设立奖学金情况
学校设立奖学金 1 项,奖励总金额 12 万元,奖学金最高金额 800 元/年,最低金额 200 元/年。

学校历史沿革
合肥共达职业技术学院由合肥共达科技投资有限公司投资兴办,2007 年 3 月经安徽省人民政府批准成立,同年 4 月经国家教育部备案,是一所省属普通高等学校。

蚌埠经济技术职业学院

学校(机构)标识码　4134014137
学校办学类型　415:专科院校:高等职业学校
学校性质类别　08 财经院校
学校举办者　999 民办
学校地址　蚌埠经济技术职业学院
邮政编码　233719
办公电话　0552-6610801
传真电话　0552-6610801
电子信箱　bb@ahtangedu.cn
占地面积(平方米)　124108
校舍建筑面积(平方米)　50484
图书(万册)　15
固定资产总值(万元)　3676.69
教学、科研仪器设备资产值(万元)　1009.94
在校生数(人)　3107
其中:普通专科　3107
专任教师(人)　124
其中:正高级　2
　　　副高级　28
　　　中级　20
　　　初级　31
　　　未定职级　43

专科专业　导游、动漫设计与制作、广告设计与制作、国际贸易实务、会计、会计电算化、会计与审计、计算机系统维护、计算机应用技术、金融与证券、酒店管理、旅游管理、旅游英语、市场营销、图形图像制作、营养与配餐、装潢艺术设计

院系设置
学院目前设财经系、旅游系、信息技术与计算机系、传媒艺术系和基础部等五个教学系部

学校设立奖学金情况
学院设置以下奖助学金:国家奖助学金:每年有部分学生可享受 8000 元国家奖学金和 5000 元国家励志奖学金,20% 的学生可享受 2000 元/年的国家助学金。校奖学金:一等奖学金:1000 元(人/学年) 二等奖学金:600 元(人/学年) 单项奖学金:300 元(人/学年) 国家生源地贷款:学生可在家庭所在地申请获得国家生源地助学贷款。本学年度发放校内及国家奖助学金共计 200 余万元。

学校历史沿革
蚌埠经济技术职业学院是 2007 年经安徽省人民政府批准、国家教育部备案,参加国家计划内统一招生,具有学历教育资格的全日制普通高等学校。

民办安徽旅游职业学院

学校(机构)标识码 4134014165	传真电话 0558-4267206	在校生数(人) 1212
学校办学类型 415:专科院校:高等职业学校	校园(局域)网域名 ly@ahtangedu.cn	其中:普通专科 1212
	电子信箱 lyban@ahtangedu.cn	专任教师(人) 63
学校性质类别 07 语文院校	占地面积(平方米) 100000	其中:正高级 5
学校举办者 999 民办	校舍建筑面积(平方米) 26010	副高级 5
学校地址 安徽省颍上县迪沟镇国家AAAA级风景区	图书(万册) 9	中级 4
	固定资产总值(万元) 6224.01	初级 3
邮政编码 236200	教学、科研仪器设备资产值(万元) 1300.65	未定职级 46
办公电话 0558-4267206		

专科专业 导游、酒店管理、旅游工艺品设计与制作、旅游管理、旅游日语、旅游英语、人物形象设计、商务日语、商务英语、涉外旅游、投资与理财、应用英语

院系设置 旅游系、外语系、艺术系、财经系、基础部

学校设立奖学金情况 学院设立奖学金三项,奖励总金额5万余元。奖学金最高金额1000元/年,最低300元/每年。

学校历史沿革 安徽旅游职业学院是经安徽省人民政府《皖政秘(2007)48号》文件批准设立、教育部《教发(2008)12号》文件备案、安徽省唯一一所旅游类全日制普通高等职业学院。首创了"旅游胜地学旅游"的崭新办学模式。

徽商职业学院

学校(机构)标识码 4134014191	传真电话 0551-8580916	1148
学校办学类型 415:专科院校:高等职业学校	校园(局域)网域名 www.huishangedu.cn	在校生数(人) 3471
	电子信箱 huishangedu@163.com	其中:普通专科 3471
学校性质类别 08 财经院校	占地面积(平方米) 154641	专任教师(人) 172
学校举办者 812 省级其他部门	校舍建筑面积(平方米) 107487	其中:副高级 35
学校地址 安徽省合肥市紫蓬山风景区	图书(万册) 17.8	中级 37
	固定资产总值(万元) 3615.2	初级 78
邮政编码 231201	教学、科研仪器设备资产值(万元)	未定职级 22
办公电话 0551-8580906		

专科专业 报关与国际货运、财务管理、财务信息管理、电子商务、会计、会计电算化、集装箱运输管理、计算机信息管理、连锁经营管理、企业资源计划管理、软件技术、商务经纪与代理、生产过程自动化技术、市场营销、投资与理财、网络系统管理、物流管理、营销与策划

院系设置 物流系、会计系、商贸系、电子信息系

学校设立奖学金情况 学校设立奖学金四项,奖励总金额22万元/年,最低金额86300元/年。

学校历史沿革 徽商职业学院前身为安徽省物省资学校,创办于1965年,在"文化大革命"期间,学校被迫停办。1977年11月,经安徽省革命委员会批准恢复安徽省物资学校,并于1978年秋季开始招生,1993年9月被评为"省级重点中专"、1994年11月被评为"内贸部重点中专"、2005年5月被评为"国家级重点中专"。2004年6月经安徽省人民政府批准在"安徽省物资学校"基础上筹建"徽商职业学院"。2007年3月经安徽省人民政府批准在徽商职业学院(筹)的基础上正式设置徽商职业学院,同时撤销安徽省物资学校建制。2008年12月,经省政府批准,学院由徽商集团划归省国资委管理。

马鞍山职业技术学院

学校(机构)标识码　4134014192
学校办学类型　415:专科院校:高等职业学校
学校性质类别　02 理工院校
学校举办者　822 地级其他部门
学校地址　安徽省马鞍山市霍里山中路328号
邮政编码　243031
办公电话　0555-2765011
传真电话　0555-2765002
校园(局域)网域名　www.mastc.edu.cn
电子信箱　bgs@mastc.edu.cn
占地面积(平方米)　208000
校舍建筑面积(平方米)　80894
图书(万册)　22.6
固定资产总值(万元)　13004.69
教学、科研仪器设备资产值(万元)　1932.4
在校生数(人)　3606
其中:普通专科　3606
专任教师(人)　163
其中:副高级　33
　　　中级　50
　　　初级　41
　　　未定职级　39

专科专业　电气自动化技术、电子商务、动漫设计与制作、会计、机电一体化技术、计算机辅助设计与制造、计算机网络技术、计算机应用技术、建筑工程管理、连锁经营管理、旅游英语、软件技术、商务英语、市场营销、数控技术、物业管理

院系设置
计算机系、自动化系、英语系、经管系、基础部

学校设立奖学金情况
学校设立奖学金9项,奖励总金额38余万元。奖学金最高金额2000元/年,最低金额100元/年。

学校历史沿革
马鞍山职业技术学院的前身是马鞍山联合大学,创办于1984年;1993年依托安徽商业高等专科学校办学,更名为安徽商专分部;2000年安徽商专与华东冶金学院合并成立安徽工业大学,学院更名为安徽工业大学职业技术学院。2008年2月份,经安徽省人民政府同意独立设置,并更名为马鞍山职业技术学院。

河海大学文天学院

学校(机构)标识码　4134014203
学校办学类型　413:本科院校:独立学院
学校性质类别　02 理工院校
学校举办者　999 民办
学校地址　安徽省马鞍山市霍里山大道333号
邮政编码　243031
办公电话　0555-5222015
传真电话　0555-5222777
校园(局域)网域名　www.hhuwtian.edu.cn
电子信箱　hhuwt@hhuwtian.edu.cn
占地面积(平方米)　404739
校舍建筑面积(平方米)　116911
图书(万册)　50
固定资产总值(万元)　27995
教学、科研仪器设备资产值(万元)　3247.12
在校生数(人)　8233
其中:普通本科　8233
专任教师(人)　402
其中:正高级　37
　　　副高级　84
　　　中级　137
　　　初级　68
　　　未定职级　76

本科专业　测绘工程、地质工程、电气工程及其自动化、港口航道与海岸工程、给水排水工程、工程管理、国际经济与贸易、会计学、机械工程及自动化、计算机科学与技术、交通工程、人力资源管理、水利水电工程、水文与水资源工程、水务工程、通信工程、土木工程、信息管理与信息系统、自动化

院系设置
水利工程系、土木工程系、电气信息工程系、经济管理系、基础教学部

学校设立奖学金情况
学校设立奖学金7项,奖励总金额40余万元。奖学金最高金额2500元/年,最低金额50元/年。

学校历史沿革
本学院由河海大学和江苏大业投资有限公司、无锡市大业房屋建设开发有限公司共同举办,2008年5月7日经中华人民共和国教育部批准设立(教发函[2008]148号)。

安徽现代信息工程职业学院

学校(机构)标识码 4134014210	传真电话 0564-4226890	在校生数(人) 1692
学校办学类型 415:专科院校:高等职业学校	校园(局域)网域名 www.ahmodern.cn	其中:普通专科 1692
学校性质类别 01 综合大学	电子信箱 ahmiec@163.com	专任教师(人) 96
学校举办者 999 民办	占地面积(平方米) 174627	其中:正高级 1
学校地址 安徽省六安市寿县新城区通泚南路	校舍建筑面积(平方米) 51572	副高级 19
邮政编码 232200	图书(万册) 17.71	中级 19
办公电话 0564-4226890	固定资产总值(万元) 12397.76	初级 38
	教学、科研仪器设备资产值(万元) 1157.3	未定职级 19

专科专业 财务信息管理、动漫设计与制作、工商企业管理、广告设计与制作、环境艺术设计、会展策划与管理、机电一体化技术、计算机多媒体技术、计算机网络技术、酒店管理、模具设计与制造、汽车技术服务与营销、汽车检测与维修技术、数控技术、图文信息技术、信息安全技术、信息技术应用、艺术设计、装潢艺术设计

院系设置
电子信息、艺术传媒、机电工程、经济管理

学校设立奖学金情况
奖励总金额 6 余万元。奖学金最高金额 500 元/年,最低金额 200 元/年。

学校历史沿革
安徽现代信息工程职业学院经省政府批准、教育部备案,于 2008 年 6 月成立,2009 年开始招生,是我省起步较迟、起点较高的一所发展中的民办高校。

安徽矿业职业技术学院

学校(机构)标识码 4134014229	办公电话 0561-4909123	1898.42
学校办学类型 415:专科院校:高等职业学校	传真电话 0561-4909120	在校生数(人) 2668
	校园(局域)网域名 www.ahky.com	其中:普通专科 2668
学校性质类别 02 理工院校	电子信箱 anhuiky@163.com	专任教师(人) 137
学校举办者 999 民办	占地面积(平方米) 208177	其中:正高级 9
学校地址 安徽省淮北市相山区南路办事处筹备组学院社区居委会	校舍建筑面积(平方米) 150028	副高级 50
	图书(万册) 13.35	中级 32
邮政编码 235000	固定资产总值(万元) 9278.98	初级 33
	教学、科研仪器设备资产值(万元)	未定职级 13

专科专业 电气自动化技术、多媒体设计与制作、焊接技术及自动化、机电设备维修与管理、机电一体化技术、机械制造与自动化、矿井建设、矿井通风与安全、矿山机电、煤矿开采技术、模具设计与制造、数控技术、应用电子技术

院系设置
四系一部。机电工程系、能源工程系、自动化与信息工程系、机械工程系、公共课教学部

学校历史沿革
学院 2009 年 2 月 24 日,安徽省人民政府下发了《关于同意设置安徽矿业职业技术学院的批复》(皖教秘【2009】34 号文,教育部教发函【2009】84 号文,正式批准设立安徽矿业职业技术学院。

合肥信息技术职业学院

学校(机构)标识码 4134014230	学校性质类别 02 理工院校	口路交口
学校办学类型 415:专科院校:高等职业学校	学校举办者 999 民办	邮政编码 230601
	学校地址 合肥市大学城九龙路与汤	办公电话 0551-3619002

传真电话 0551-3619008	教学、科研仪器设备资产值(万元)	其中:正高级 7
校园(局域)网域名 hfitu.cn	1247.3	副高级 14
电子信箱 hfitu@hfitu.cn	在校生数(人) 2398	中级 3
占地面积(平方米) 203305	其中:普通专科 2398	初级 4
图书(万册) 14.5	专任教师(人) 114	未定职级 86
固定资产总值(万元) 6764.8		

专科专业 电脑艺术设计、电子商务、电子信息工程技术、动漫设计与制作、广告设计与制作、计算机信息管理、计算机应用技术、建筑设计技术、通信技术、图形图像制作、信息安全技术、营销与策划

院系设置
计算机应用与信息安全系、电子商务与营销系、动漫与艺术系

学校设立奖学金情况
学校设立奖学金3项,奖励总金额6.6余万元。奖学金最高金额1000元/年,最低金额500元/年。

学校历史沿革
合肥信息技术职业学院(2009年至今)

桐城师范高等专科学校

学校(机构)标识码 4134014273	传真电话 0556-6121372	1553.82
学校办学类型 414:专科院校:高等专科学校	校园(局域)网域名 www.tcsfgz.cn	在校生数(人) 1746
学校性质类别 06 师范院校	电子信箱 tcsfbgs@163.com	其中:普通专科 1746
学校举办者 822 地级其他部门	占地面积(平方米) 252321	专任教师(人) 217
学校地址 安徽省桐城市龙眠西路	校舍建筑面积(平方米) 87548	其中:副高级 52
邮政编码 231400	图书(万册) 31.56	中级 37
办公电话 0556-6121372	固定资产总值(万元) 11310.72	初级 94
	教学、科研仪器设备资产值(万元)	未定职级 34

专科专业 初等教育、初等教育(理)、初等教育(文)、计算机教育、美术教育、软件技术、商务日语、图形图像制作、学前教育、艺术设计、音乐教育、英语教育

院系设置
人文系、理工系、艺术系、外语系、教育系

学校设立奖学金情况
学校设立奖学金5项,奖励总金额30余万元。奖学金最高金额3000元/年,最低金额500元/年。

学校历史沿革
桐城师范高等专科学校最早可追溯到1904年创建的桐城中学堂师范班,后于1944年设立桐城简易师范学校,1957年定名为安徽省桐城师范学校,历经100多年的发展,学校于2010年3月经国家教育部批准正式升格为桐城师范高等专科学校。

黄山职业技术学院

学校(机构)标识码 4134014296	邮政编码 245000	固定资产总值(万元) 5281
学校办学类型 415:专科院校:高等职业学校	办公电话 0559-2513250	教学、科研仪器设备资产值(万元)
	传真电话 0559-2513250	1733
学校性质类别 02 理工院校	校园(局域)网域名 www.hszxy.cn	专任教师(人) 124
学校举办者 822 地级其他部门	占地面积(平方米) 421578	其中:副高级 59
学校地址 安徽省黄山市屯溪区黎阳镇高枧街10号	校舍建筑面积(平方米) 46620	中级 33
	图书(万册) 12.4	初级 32

院系设置
医学分院、旅游系、信息系、生物工程系

国家级、省部级研究机构设置
实验室:43

学校历史沿革
学院成立于2010年3月。

滁州城市职业学院

			1455.02
学校(机构)标识码 4134014297	传真电话 0550-6733343	在校生数(人) 951	
学校办学类型 415:专科院校:高等职业学校	校园(局域)网域名 www.czcvc.net	其中:普通专科 951	
	电子信箱 czcszyxy@sina	专任教师(人) 166	
学校性质类别 08 财经院校	占地面积(平方米) 208000	其中:副高级 39	
学校举办者 822 地级其他部门	校舍建筑面积(平方米) 85984	中级 42	
学校地址 安徽省滁州市凤阳县府城镇九华路1号	图书(万册) 21.01	初级 73	
邮政编码 233100	固定资产总值(万元) 6040.5	未定职级 12	
办公电话 0550-6733343	教学、科研仪器设备资产值(万元)		

专科专业 材料工程技术(玻璃工艺方向)、护理、酒店管理、旅游服务与管理、市场营销、学前教育(师)、医学检验技术、应用艺术设计、助产

院系设置
经济贸易系、理工系、旅游管理系、文化传播系和学前教育系

学校历史沿革
滁州城市职业学院前身为凤阳师范学校(创建于1908年)。2010年3月经安徽省人民政府批准升格为滁州城市职业学院,4月教育部备案通过。

安徽汽车职业技术学院

			1552.14
学校(机构)标识码 4134014298	办公电话 0551-2298669	在校生数(人) 1957	
学校办学类型 415:专科院校:高等职业学校	传真电话 0551-2298669	其中:普通专科 1957	
	校园(局域)网域名 www.jacedu.cn	专任教师(人) 116	
学校性质类别 02 理工院校	电子信箱 ahqcxy@163.com	其中:正高级 1	
学校举办者 891 地方企业	占地面积(平方米) 220446	副高级 29	
学校地址 安徽省合肥市经济技术开发区紫云路与方兴大道交口	校舍建筑面积(平方米) 65642	中级 18	
	图书(万册) 12	初级 43	
邮政编码 230601	固定资产总值(万元) 19800	未定职级 25	
	教学、科研仪器设备资产值(万元)		

专科专业 材料成型与控制技术、电子信息工程技术、焊接技术及自动化、机电一体化技术、汽车电子技术、汽车技术服务与营销、汽车检测与维修技术、汽车制造与装配技术

院系设置
学院现设置两系一部:汽车工程系、机电工程系、基础教学部

学校设立奖学金情况
学校设立奖学金2项,奖励总金额18100元,奖学金最高金额2000元/年,最低金额300元/年。

主要校办产业
校办工厂

学校历史沿革
安徽汽车职业技术学院2010年3月经安徽省人民政府批准教育部备案成立。

皖西卫生职业学院

学校(机构)标识码 4134014299	学校举办者 822 地级其他部门	办公电话 0564-3380800
学校办学类型 415:专科院校:高等职业学校	学校地址 安徽省六安市皋城东路9号	传真电话 0564-3380800
		校园(局域)网域名 www.wxwsxy.cn
学校性质类别 05 医药院校	邮政编码 237000	电子信箱 lawxbgs@126.com

占地面积(平方米)　335895
校舍建筑面积(平方米)　104131
图书(万册)　16.6
固定资产总值(万元)　16300
教学、科研仪器设备资产值(万元)　1297.94
在校生数(人)　1567
其中:普通专科　1567
专任教师(人)　197
其中:正高级　1
副高级　57
中级　61
初级　65
未定职级　13

专科专业　护理、康复治疗技术、药品经营与管理、药物分析技术、药学、医学检验技术、助产
院系设置
学院实行院、系两级管理，目前设有护理系、药学系、医学技术系"三系"，公共部、基础部"两部"
学校历史沿革
皖西卫生职业学院其前身为首批国家级重点中专学校——安徽省六安卫生学校。学校创建于1958年，原校区位于皖西西路15号，占地面积73亩。2008年底，原六安卫校为争创升格和发展的需要，迁至新校区，位于六安市区皋城东路9号。在六安市委市政府的关心和支持下，2010年3月安徽省人民政府批准、国家教育部备案在六安卫校的基础上设置皖西卫生职业学院。

合肥幼儿师范高等专科学校

学校(机构)标识码　4134014330
学校办学类型　414:专科院校:高等专科学校
学校性质类别　06 师范院校
学校举办者　822 地级其他部门
学校地址　合肥市磨店职教城学林路与文忠路交口
邮政编码　231635
办公电话　0551-2520122
传真电话　0551-2520123
校园(局域)网域名　www.hfys.com.cn
占地面积(平方米)　270976
校舍建筑面积(平方米)　119892
图书(万册)　19
固定资产总值(万元)　14211.42
教学、科研仪器设备资产值(万元)　1926.77
在校生数(人)　756
其中:普通专科　756
专任教师(人)　111
其中:副高级　51
中级　41
初级　19

专科专业　美术教育、学前教育、音乐教育、英语教育
定期公开出版的专业刊物　《现代幼教》
学校设立奖学金情况
学校设立的奖学金1项，总额15余万元。奖学金最高1000元/年，最低200元/年。
学校历史沿革
合肥幼儿师范学校成立于1980年11月15日(批准文号:皖政[1980]172号)，是安徽省第一所独立设置的幼儿师范学校。2011年4月7日经国家教育部批准同意在合肥幼儿师范学校基础上建立合肥幼儿师范高等专科学校(批准文号:教发函[2011]100号)，系专科层次的普通高校。

安徽长江职业学院

学校(机构)标识码　4134014341
学校办学类型　415:专科院校:高等职业学校
学校性质类别　02 理工院校
学校举办者　999 民办
学校地址　安徽省合肥市巢湖黄麓科教园区
邮政编码　238076
办公电话　0565-8569000
传真电话　0565-8569000
校园(局域)网域名　www.ahcjxy.com
电子信箱　bulanxian@ahcjxy.com
占地面积(平方米)　215797
图书(万册)　9.98
固定资产总值(万元)　11000
教学、科研仪器设备资产值(万元)　1317.3
在校生数(人)　388
其中:普通专科　388
专任教师(人)　71
其中:正高级　9
副高级　17
中级　7
初级　5
未定职级　33

专科专业 工程监理、工程造价、基础工程技术、建筑工程技术、建筑设计技术、市政工程技术

学校历史沿革

安徽省人民政府于2010年3月19日同意筹建安徽长江职业学院,2011年4月2日安徽长江职业学院正式成立,2011年9月首次面向安徽省招生,2011年学院设置三个系六个专业,其中建筑艺术系有建筑设计一个专业、土木工程系有建筑工程、基础工程、市政工程三个专业、工程管理系有工程监理、工程造价两个专业。

安徽扬子职业技术学院

学校(机构)标识码 4134014342	校园(局域)网域名 www.yangzixueyuan.com	在校生数(人) 409
学校办学类型 415:专科院校:高等职业学校	电子信箱 chengguie@163.com	其中:普通专科 409
学校性质类别 02 理工院校	占地面积(平方米) 207553	专任教师(人) 85
学校举办者 999 民办	校舍建筑面积(平方米) 62408	其中:正高级 4
学校地址 安徽扬子职业技术学院	图书(万册) 8.02	副高级 13
邮政编码 24100	固定资产总值(万元) 92500	中级 20
办公电话 0553-3918509	教学、科研仪器设备资产值(万元) 810	初级 30
传真电话 0553-3918928		未定职级 18

专科专业 计算机应用技术、汽车技术服务与营销、汽车制造与装配技术、数控技术、应用电子技术、应用英语

院系设置

电子工程系、机械工程系、信息工程系、汽车系、外语系、基础教学部

学校设立奖学金情况

一等奖学金1000元/学年,按学生总数2%评定;二等奖学金500元/学年,按学生总数3%评定;三等奖学金200元/学年,按按学生总数15%评定。

学校历史沿革

2011年经安徽省人民政府批准,开始试办并于2011年开始招生。2011年4月经教育部正式批准成立(批准文号:【116】号)。

安徽黄梅戏艺术职业学院

学校(机构)标识码 4134014378	传真电话 0556-5514353	在校生数(人) 181
学校办学类型 415:专科院校:高等职业学校	校园(局域)网域名 hmxxy.com	其中:普通专科 181
学校性质类别 11 艺术院校	占地面积(平方米) 232000	专任教师(人) 89
学校举办者 822 地级其他部门	校舍建筑面积(平方米) 87871	其中:正高级 4
学校地址 安庆市北部新城新城大道	图书(万册) 8.8	副高级 14
邮政编码 246052	固定资产总值(万元) 1197	中级 22
办公电话 0556-5512509	教学、科研仪器设备资产值(万元) 680.05	初级 29
		未定职级 20

专科专业 文化事业管理、艺术设计、音乐表演

院系设置

表演系、综艺系、音乐系、舞蹈系、美术系

定期公开出版的专业刊物 《黄梅戏艺术》

学校设立奖学金情况

学校设立奖学金两项,奖励总金额0.718余万元。奖学金最高金额100元/年,最低金额60元/年。

学校历史沿革

安徽黄梅戏艺术职业学院前身是1956年创办的安庆市黄梅戏剧团演员训练班,1958年8月1日成立安庆市艺术学校,1963年改名安徽安庆黄梅戏学校,1969年因文革停办,1976年重办训练班,并于当年在原址复校,1979年正式改名为安徽黄梅戏学校,2011年4月2日,安徽省人民政府正式批准设立安徽黄梅戏艺术职业学院。

厦门大学

学校(机构)标识码　4135010384	电子信箱　xmupo@xmu.edu.cn	成人本科　1509
学校办学类型　411:本科院校:大学	占地面积(平方米)　5734683	博士研究生　2701
学校性质类别　01 综合大学	校舍建筑面积(平方米)　1405562	硕士研究生　10001
学校举办者　360 教育部	图书(万册)　404.32	留学生　1477
学校地址　厦门市思明南路422号	固定资产总值(万元)　372079.95	专任教师(人)　2536
邮政编码　361005	教学、科研仪器设备资产值(万元)	其中:正高级　779
办公电话　0592－2186110	123380.06	副高级　828
传真电话　0592－2086526	在校生数(人)　35727	中级　811
校园(局域)网域名　www.xmu.edu.cn	其中:普通本科　20039	初级　118

本科专业　保险、材料类、财务管理、财政学、城市规划、德语、电气工程及其自动化、电子商务、电子信息工程、电子信息科学类、俄语、法学类、法语、工商管理、管理科学、国际经济与贸易、国际政治、海洋科学类、行政管理、航空航天类、护理学、化工与制药类、化学类、化学生物学、环境科学、会计学、绘画、机械类、集成电路设计与集成系统、计算机科学与技术、建筑学、金融工程、金融学、经济学、考古学、历史学、临床医学、旅游管理、美术学、人类学、人力资源管理、日语、软件工程、社会学类、生态学、生物工程类、生物科学类、市场营销、数学类、数学与应用数学、数字媒体技术、税务、通信工程、统计学、土木工程、外交学、网络经济学、微电子学、物理学、戏剧影视文学、新闻传播学类、信息管理与信息系统、信息与计算科学、药学、仪器仪表类、艺术设计、音乐表演、音乐学、英语、预防医学、哲学类、政治学与行政学、智能科学与技术、中国语言文学类新专业、中医学、自动化

博士专业　材料物理与化学、材料学、财政学(含:税收学)、测试计量技术及仪器、产业经济学、传播学、电路与系统、动物学、发育生物学、法学(知识产权法学)、法学(知识产权法学)、法学理论、分析化学、概率论与数理统计、高等教育学、高分子化学与物理、工商管理(财务学)、工商管理(市场营销学)、工商管理(市场营销学)、工商管理(知识产权管理)、工业催化、管理科学与工程、光学、国际法学(含:国际公法、国际私法)、国际贸易学、国民经济学、海洋地质、海洋化学、海洋科学(海岸带综合管理)、海洋科学(海洋生物技术)、海洋科学(海洋物理)、海洋生物学、汉语言文字学、行政管理、化学(化学生物学)、化学(化学生物学)化学(纳米、化学(纳米材料化学)、化学(能源化学)、化学(应用化学)、环境工程、环境科学、环境科学与工程(环境管理)、会计学、机械电子工程、基础数学、计算数学、技术经济及管理、教育博士、教育博士、教育经济与管理、教育史、金融学(含:保险学)、经济法学、经济思想史、精密仪器及机械、考古学及博物馆学、科学技术哲学、控制理论与控制工程、劳动经济学、理论经济学(法律经济学)、理论物理、历史地理学、历史文献学(含:敦煌学)古文字学、历史学(海洋史学)、伦理学、逻辑学、旅游管理、马克思主义哲学、美学、民商法学(含:劳动法学)、社会保障、民族学、凝聚态物理、企业管理(含:财务管理)、市场营销、区域经济学、人口、资源与环境经济学、人类学、社会保障、社会学、生理学、生态学、生物化学与分子生物学、世界经济、世界史、数量经济学、数学(人工智能基础)、数学(人工智能基础)、水生生物学、诉讼法学、通信与信息系统、统计学、外国哲学、微电子学与固体电子学、微生物学、文艺学、无机化学、无线电物理、物理海洋学、物理化学(含:化学物理)、物理学(光伏工程)、物理学(核科学与工程)、西方经济学、戏剧戏曲学、系统工程、细胞生物学、宪法学与行政法学、刑法学、遗传学、英语语言文学、应用经济学(保险学)、应用经济学(服务贸易学)、应用经济学(公共经济学)、应用经济学(国际金融学)、应用经济学(金融工程)、应用经济学(金融工程)、应用经济学(经济信息管理学)、应用经济学(能源经济学)、应用经济学(投资学)、应用经济学(网络经济学)、应用经济学(网络经济学)、应用经济学(资产评估)、应用经济学(资产评估)应用经、应用数学、有机化学、政治经济学、政治学理论、植物学、中国古代史、中国近现代史、中国哲学、专门史、宗教学

硕士专业　比较教育学、比较文学与世界文学、材料加工工程、材料物理与化学、材料学、财政学(含:税收学)、测试计量技术及仪器、产业经济学、城市规划与设计(含:风景园林规划)、传播学、电磁场与微波技术、电路与系统、动物学、俄语语言文学、发育生物学、发展与教育心理学、法律、法律史、法学理论、法语语言文学、翻译、防灾减灾工程及防护工程、分析化学、概率论与数理统计、高等教育学、高分子化学与物理、工程、工程管理、工程力学、工商管理、工商管理(财务学)、工商管理(市场营销学)、工业催化、公共管理、公共管理(公共政策)、公共管理(女性研究)、公共管理(知识产权与出版管理)、固体力学、管理科学与工程、光学、光学工程、国际法学(含:国际公法、国际私法)、国际关系、国际贸易学、国际商务、国际政治、国民经济学、海洋地质、海洋化学、海洋科学(海岸带综合管理)、海洋科学(海岸带综合管理)、海洋科学(海洋生物技术)、海洋科学(海洋事务)、海洋科学(海洋物理)、海洋生物学、汉语国际教育、汉语言文字学、行政管理、航空宇航制造工程、化学(化学生物学)、化学(能源化学)、化学工程、化学工艺、环境工程、环境科学、环境科学与工程(环境管理)、环境与资源保护法学、会计、会计学、机械电子工程、机械设计及理论、机械制造及其自动化、基础数学、计算机软件与理论、计算机系统结构、计算机应用技术、计算数学、技术经济及管理、检测技术与自动化装置、建筑技术科学、建筑历史与理论、建筑设计及其理论、教育经济与管理、教育史、教育学原

理、结构工程、金融、金融学（含：保险学）、经济法学、经济史、经济思想史、精密仪器及机械、考古学及博物馆学、科学技术哲学、科学社会主义与国际共产主义运动、课程与教学论、控制理论与控制工程、劳动经济学、理论经济学（发展经济学）、理论经济学（法律经济学）、理论经济学（管理经济学）、理论经济学（国际经济学）、理论物理、历史地理学、历史文献学（含：敦煌学）、古文字学、历史学（海洋史学）、伦理学、逻辑学、旅游管理、马克思主义基本原理、马克思主义哲学、美术学、美学、民商法学（含：劳动法学）、社会保障、民族传统体育学、民族学、模式识别与智能系统、内科学、凝聚态物理、企业管理（含：财务管理）、市场营销、桥梁与隧道工程、区域经济学、人口、资源与环境经济学、人口学、人类学、日语语言文学、设计艺术学、社会保障、社会工作、社会学、生理学、生态学、生物化工、生物化学与分子生物学、生物医学工程、生物医学工程新专业、世界经济、世界史、数量经济学、数学（人工智能基础）数学（人、水生生物学、税务、思想政治教育、诉讼法学、体育教育训练学、通信与信息系统、统计学、外国语言学及应用语言学、外国哲学、外科学、微电子学与固体电子学、微生物学、文艺学、无机化学、无线电物理、物理电子学、物理海洋学、物理化学（含：化学物理）、物理学（光伏工程）、物理学（核科学与工程）物理学、西方经济学、戏剧戏曲学、系统工程、细胞生物学、宪法学与行政法学、新闻学、新闻与传播、信号与信息处理、刑法学、岩土工程、药理学、药物化学、遗传学、艺术学、音乐学、英汉笔译、英语语言文学、应用化学、应用经济学（保险学）、应用经济学（服务贸易学）、应用经济学（公共经济学）、应用经济学（国际金融学）、应用经济学（国际商务）、应用经济学（金融工程）、应用经济学（经济信息管理学）、应用经济学（能源经济学）、应用经济学（投资学）、应用经济学（网络经济学）、应用经济学（资产评估）、应用数学、应用统计、有机化学、语言学与应用语言学、政治经济学、政治理论、植物学、中共党史（含：党的学说与党的建设）、中国古代史、中国古代文学、中国古典文献学、中国近现代史、中国少数民族史、中国现当代文学、中国哲学、中外政治制度、肿瘤学、专门史、宗教学

院系设置

学校设有研究生院和 26 个学院、66 个系和 8 个研究院。（详情请访问 http://www.xmu.edu.cn）

国家级、省部级研究机构设置

1. 实验室：固体表面物理化学国家重点实验室、近海海洋环境科学国家重点实验室、应激细胞生物学国家重点实验室、醇醚酯化工清洁生产国家工程实验室、细胞生物学与肿瘤细胞工程教育部重点实验室、水声通信与海洋信息技术教育部重点实验室、亚热带湿地生态系统研究教育部重点实验室、高性能陶瓷纤维教育部重点实验室、计量经济学教育部重点实验室、教育部、福建省海洋环境科学联合重点实验室、福建省化学生物学重点实验室、福建省特种先进材料重点实验室、福建省半导体材料及应用重点实验室、福建省等离子体与磁共振研究重点实验室、福建省癌症生物学重点实验室、福建省防火阻燃材料重点实验室、福建省仿脑智能系统重点实验室、福建省神经退行性疾病和衰老研究重点实验室、福建省眼科与视觉科学重点实验室、福建省理论与计算化学重点实验室、福建省统计科学重点实验室、福建省药物工程实验室、福建省新能源汽车动力电池及储能关键材料工程实验室、福建省高校特种先进陶瓷重点实验室、福建省高校无机化学与功能材料重点实验室、福建省高校化石能源化学与化工重点实验室、福建省高校智能信息技术重点实验室、福建省高校集成电路设计与应用开发重点实验室、福建省高校海洋化学与应用技术重点实验室、福建省高校海洋生物资源开发与保护重点实验室、福建省高校生物医学工程重点实验室、福建省高校微机电重点实验室、福建省高校亚热带湿地生态学重点实验室、福建省高校资源微生物重点实验室。

2. 研究中心（所）：电化学技术教育部工程研究中心、微纳光电子材料与器件教育部工程研究中心、分子诊断教育部工程研究中心、福建省集成电路设计工程技术研究中心、福建省人畜寄生与病毒性疫病防控工程技术研究中心、福建省陶瓷纤维工程技术研究中心、福建省无线通信接入工程技术研究中心、福建省电化学工程技术研究中心、福建省照明工程技术研究中心、福建省滨海湿地保护与生态恢复工程技术研究中心、福建省纳米制备技术工程研究中心、厦门大学高等教育发展研究中心、厦门大学东南亚研究中心、厦门大学台湾研究中心、厦门大学会计发展研究中心、厦门大学宏观经济研究中心、国家语言资源监测与研究中心（教育教材分中心）、厦门大学妇女/性别研究与培训基地、厦门大学哲学与当代社会研究中心、厦门大学中国社会经济史研究中心、厦门大学公共财政研究中心、厦门大学世界经济研究中心、厦门大学国际经济法研究中心、厦门大学企业发展战略研究中心、厦门大学公共政策与政府创新研究中心、厦门大学金融研究中心、厦门大学人类学研究中心

博士后科研流动站 化学、生物学、海洋科学、应用经济学、工商管理、理论经济学、物理学、数学、法学、教育学、历史学、环境科学与工程、公共管理、中国语言文学、哲学等 15 个博士后科研流动站

定期公开出版的专业刊物《厦门大学学报》（自然科学版）、《电化学》、《数学研究》、《厦门大学学报》（哲社版）、《中国经济问题》、《经济资料译丛》、《公共经济研究》、《中国社会经济史研究》、《人文国际》、《道学研究》、《南洋问题研究》、《南洋资料译丛》、《台湾研究集刊》、《国际经济法论丛》、《罗马法与现代民法》、《厦门大学法律评论》、《中国海洋法学评论》、《东南司法评论》、《海外华文教育》、《国际汉语学报》、《中国高等教育评论》、《广告学报》、《当代会计评论》、《海外华文教育动态》、《国际高等教育研究》

学校设立奖学金情况

学校设立奖学金 100 多项，奖励总金额 13100 余万元，其中国家奖学金 236 万元、国家励志奖学金 335 万元、优秀学生奖学金 601 万元、研究生奖学金 1.17 亿元、校级奖学金 230 万元。奖学金最高金额 12500 元/年，最低金额 1500 元/年。

主要校办产业

厦门大学资产经营有限公司、厦门大学国家大学科技园

学校历史沿革

1921 年 4 月 6 日，由著名爱国华侨领袖陈嘉庚先生创办。1937 年 7 月 1 日，从私立改归国立。1938 年，因抗战迁往闽西山城长汀。1946 年，从长汀迁回厦门。1952 年，经全国高校院系调整后，成为文理综合性大学。1958 年 7 月，下放归福建省管理。1963 年 9 月，被确定为全国重点大学。1978 年 2 月，厦门大学恢复为教育部直属全国重点大学。

华侨大学

学校(机构)标识码 4135010385	占地面积(平方米) 2268047	成人专科 3379
学校办学类型 411:本科院校:大学	校舍建筑面积(平方米) 925497	博士研究生 249
学校性质类别 01 综合大学	图书(万册) 185	硕士研究生 2494
学校举办者 435 国务院侨务办公室	固定资产总值(万元) 90348	留学生 207
学校地址 福建省泉州市丰泽区城华北路 269 号	教学、科研仪器设备资产值(万元) 32118.23	专任教师(人) 1329
邮政编码 362021	在校生数(人) 31639	其中:正高级 183
办公电话 0595-22693315	其中:普通本科 22448	副高级 343
传真电话 0595-22693999	普通专科 907	中级 617
校园(局域)网域名 www.hqu.edu.cn	成人本科 1955	初级 118
电子信箱 zhanglp@hqu.edu.cn		未定职级 68

本科专业 材料成型及控制工程、材料科学与工程、财务管理、测控技术与仪器、车辆工程、城市规划、电气工程及其自动化、电气信息类、电子科学与技术、电子科学与技术(光电子技术)、电子商务、电子信息工程、对外汉语、法学、高分子材料与工程、给水排水工程、工程管理、工商管理、工商管理类、工业设计、公共管理类、公共事业管理、功能材料、光电子技术科学、广播电视新闻学、广告学、国际经济与贸易、汉语言、汉语言文学、行政管理、华文教育、化工与制药类、化学工程与工艺、环境工程、环境科学、机械工程及自动化、集成电路设计与集成系统、计算机科学与技术、建筑学、金融学、经济学、酒店管理、旅游管理、美术学、人力资源管理、日语、软件工程、社会学、生物工程、生物技术、市场营销、数学与应用数学、数字媒体技术、体育教育、通信工程、通信工程(微波通信)、土地资源管理、土木工程、网络工程、网络工程(物联网技术)、舞蹈学(海外教育)、物联网工程、物流管理、新闻传播学类、信息工程(微波通信)、信息管理与信息系统、信息与计算科学、艺术设计、艺术设计(建筑与城市环境艺术设计)、音乐学(海外教育)、英语、应用化学、应用物理学、园艺(观赏园艺)、制药工程、资源环境与城乡规划管理、自动化

专科专业 电气自动化技术、汉语言、计算机应用技术、建筑工程技术、旅游管理(高职)、模具设计与制造、商务英语、数控技术、应用电子技术

博士专业 材料学、机械制造及其自动化、结构工程、企业管理、生物化工、数量经济学、结构工程、科学社会主义与国际共产主义运动、旅游管理、马克思主义哲学

硕士专业 材料加工工程、材料物理与化学、材料学、测试计量技术及仪器、车辆工程、电工理论与新技术、电气工程、电子与通信工程、法律硕士、防灾减灾工程及防护工程、分析化学、高分子化学与物理、工程力学、工商管理硕士、工业催化、公共管理硕士、管理科学与工程、光学、国际法学(含:国际公法、国际私法)、国际贸易学、汉语言文字学、行政管理、化学工程、化学工艺、环境工程、环境科学、会计学、机械电子工程、机械工程、机械设计及理论、机械制造及其自动化、基础数学、计算机技术、计算机应用技术、技术经济及管理、检测技术与自动化装置、建筑历史与理论、建筑设计及其理论、建筑学硕士、建筑与土木工程、结构工程、金融硕士、金融学(含:保险学)、经济法学、科学社会主义与国际共产主义运动、伦理学、旅游管理、旅游管理硕士、马克思主义基本原理、马克思主义哲学、民商法学(含:劳动法学)、社会保障、民商法学民商法学(含:劳动法学)、模式识别与智能系统、企业管理(含:财务管理)、市场营销、区域经济学、人文地理学、生物化工、生物化学与分子生物学、数量经济学、思想政治教育、通信与信息系统、微生物学、文艺学、无机化学、物理电子学、物理化学、项目管理、信号与信息处理、刑法学、岩土工程、英语语言文学、应用化学、有机化学、政治学理论、中国古代文学、中国现当代文学、中国哲学、专门史、宗教学

院系设置
信息科学与工程学院、计算机科学与技术学院、材料科学与工程学院、化工学院、机电及自动化学院、土木工程学院、建筑学院、数学科学学院、经济与金融学院、工商管理学院、旅游学院、公共管理学院、法学院、文学院、华文学院、外国语学院、哲学与社会发展学院、美术学院、音乐舞蹈学院、体育学院、工学院、国际交流学院、继续教育学院、厦门工程技术学院

国家级、省部级研究机构设置
1.实验室:(1)功能材料福建省高校重点实验室(2)工业生物技术福建省高校重点实验室(3)高校精密加工及快速制造技术福建省高校重点实验室
2.研究中心(所):(1)脆性材料加工技术教育部工程研究中心(2)分子药物教育部工程研究中心(3)环境友好功能材料教育部工程研究中心

博士后科研流动站 机械工程、土木工程、应用经济学

定期公开出版的专业刊物 《华侨大学学报(自然科学版)》、《华侨大学学报(社会科学版)》、《华侨大学华人高等教育研究》

学校设立奖学金情况
学校设立奖学金52项,奖励总金额1666.758余万元,5万元港币。奖学金最高金额8000元/年,最低400元/年。

(一)校级本专科、研究生奖学金:19044人次/年,总金额:1105.158万元(国家和学校共同支出)

1.国家奖学金:共162.4万元,203人/年,8000元/人

2. 国家励志奖学金:共 312 万元,624 人/年,5000 元/年

3. 校级优秀学生一等奖学金:共 67.2 万元,336 人/年,2000 元/人

4. 校级优秀学生二等奖学金:共 62.1 万元,414 人/年,1500 元/人

5. 研究生普通奖学金:17328 人次/年,总金额:487.658 万元

6. 校级优秀研究生一等奖学金:共 4.9 万元,49 人/年,1000 元/人

7. 校级优秀研究生二等奖学金:共 3.9 万元,65 人/年,600 元/人

8. 洪长存研究生助学金:5 万元,其中社会工作奖金,2000 元/人,10 人;困难助学 1 金 2000 人,15 人 (二) 学院本专科、研究生奖学金:3960 人次/年;总金额 239.22 万元(全部由学校支出)

9. 学院级优秀学生一等奖学金:共 58.8 万元,735 人/年,800 元/年

10. 学院级优秀学生二等奖学金:共 67.2 万元,1120 人/年,600 元/年

11. 学院级优秀学生三等奖学金:共 65.32 万元,1633 人/年,400 元/年

12. 学院级优秀学业奖学金:共 36 万元,300 人/年,1200 元/人

13. 学院级科技创新奖:共 4.32 万元,36 人/年,1200 元/人

14. 学院级优秀研究生奖:共 5.2 万元,130 人/年,400 元/人

15. 学院级其他奖项:42 人/年,2.38 万元

(二)境外生本专科、研究生专项奖学金:总金额:234.85 万元,5 万元港币(不包括香港校友会优学金、台湾研究生奖学金、港澳及华侨研究生奖学金)

16. 台湾学生奖学金:共 12.6 万元,其中一等奖 7 人/年,5000 元/人,二等奖 10 人/年 4000 元/人,三等奖 17 人/年,3000 元/人

17. 侨港澳学生奖学金:共 203.6 万元,其中一等奖 106 人/年,5000 元/人;二等奖 171 人,4000 元/人;三等奖 274 人/年,3000 元/人

18. 林秀华香港学生奖学金:共 5.3 万元,其中一等奖 2000 元/人,共 5 人;二等奖 1500 元/人,共 10 人;单项奖 800 元/人,共 35 人;共 203.6 万

19. 陈明金澳门学生奖学金:共 8.05 万元/年,其中一等奖 2000 元/人,共 5 人;二等奖 1500 元/人,共 17 人;单项奖一等 1500 元/人,共 10 人;单项奖二等 1000 元/人,共 12 人。助学金 12 人,1500 元/年

20. 林伟柬埔寨学生奖学金:共 3000 元/年,二等奖 3000 元/人,共 1 人

21. 香港慈善促进总会香港学生助学金:2500 港币/人,共 20 人,总 5 万港币/年

22. 香港校友会优学金:硕士生 10000 港币/人,博士生 15000 港币/人,具体人数视当年学生考取情况

23. 台湾研究生奖学金:硕士一等奖 7000 元/年;硕士二等奖 5000 元/年,硕士三等奖 4000 元/年;博士一等奖 9000 元/年;博士二等奖 7000 元/年;博士三等奖 5000 元/年,具体人数由国务院侨办划拨

24. 港澳及华侨研究生奖学金:硕士一等奖 7000 元/年;硕士二等奖 5000 元/年,硕士三等奖 4000 元/年;博士一等奖 9000 元/年;博士二等奖 7000 元/年;博士三等奖 5000 元/年,具体人数由国务院侨办划拨

(三)社会捐助奖学金:283 人次,总金额:33.46 万元(所有款项均由外单位或个人捐赠)

25. 贤銮贫苦生奖学金:40 人/年,1000 元/人,共 4 万元/年

26. 中联建奖学金:16 人/年,1000 元/人,共 1.6 万元/年

27. 华钢奖学金:13 人/年,共 1.1 万元/年

28. 施良侨奖学金:14 人/年,1000 元/人,共 1.4 万元/年

29. 陈嘉庚奖学金:9 人/年,共 0.36 万元

30. 丁良辉奖学金:50 人/年,共 9 万元

31. 车辆工程专项奖学金:64 人/年,共五万元

32. 彭瑞安归侨、归侨子女奖学金:共 1.1 万元

33. 匹克优秀学生奖学金:66 人/年,1500 元/人,共 9.9 万元

(四)团体奖学金:192 班级(团支部)/年,总金额:12.87 万元

34. 校级先进班级:共 3.52 万元,44 个班级/年,800 元/个

35. 校级先进团支部:共 4.6 万元,52 个班级/年,800 元/个

36. 学院级先进班级:共 2.18 万元,44 班/年,500 元/班,其中文学院 400 元/班×2

37. 学院级先进团支部:共 2.57 万元,53 个班/年,500 元/班,其中化工学院 400 元/班×8

(五)其他类奖学金,总 41.2 万元

38. 华侨大学高等数学单科成绩优秀学生奖:分为三个等级,一等奖 3000 元/人,二等奖 2500 元/人,三等奖 1700 元/人,总额 10 万元

39. 华侨大学英语单科成绩优秀学生奖:2000 元/人,50 人/学年,总额 10 万元

40. 华侨大学理工科综合成绩优秀学生奖:2000 元/人,53 人/学年,总额 10.6 万元

41. 陈展垣文科成绩优秀学生奖:2000 元/人,53 人/学年,总额 10.6 万元

主要校办产业

华侨大学资产经营有限公司、华侨大学建筑设计院、华侨大学建筑工程施工图审查事务所、福建华大环保工程有限公司、泉州泉港华大环保工程有限公司、泉州洛江华大环保工程有限公司、泉州华大超硬工具科技有限公司、泉州华大数码科技有限公司、福建华侨无线电厂

学校历史沿革

华侨大学创办于 1960 年,隶属国务院侨务办公室,校址福建省泉州市,1970 年 1 月因文革停办,1978 年复办至今。

福州大学

学校(机构)标识码 4135010386	电子信箱 fzdxxb@fzu.edu.cn	成人本科 4300
学校办学类型 411:本科院校:大学	占地面积(平方米) 2785283	博士研究生 488
学校性质类别 02 理工院校	校舍建筑面积(平方米) 1082869	硕士研究生 5148
学校举办者 811 省级教育部门	图书(万册) 223.54	留学生 1
学校地址 福建省福州市福州地区大学城学园路2号	固定资产总值(万元) 216785.7	专任教师(人) 1653
邮政编码 350108	教学、科研仪器设备资产值(万元) 67346.59	其中:正高级 228
办公电话 0591-22865080	在校生数(人) 33874	副高级 492
传真电话 0591-22865080	其中:普通本科 23254	中级 765
校园(局域)网域名 www.fzu.edu.cn	普通专科 683	初级 150
		未定职级 18

本科专业 安全工程、材料成型及控制工程、材料科学与工程、财务管理、财务会计类、财政金融类、财政学、采矿工程、车辆工程、城市规划、德语、电气工程及其自动化、电气工程与自动化、电气工程与自动化类、电子工程类、电子科学与技术、电子商务、电子信息工程、雕塑、法学、给水排水工程、工程管理、工商管理、工商管理(创业与项目管理方向)、工商管理类、工业设计、公共管理类、公共事业管理、管理科学与工程类、光电信息工程、国际经济与贸易、过程装备与控制工程、汉语言文学、行政管理、化工与制药类、化学、化学工程与工艺、化学基地班、环境工程、环境与安全类、会计学、绘画、机械设计制造及其自动化、计算机科学与技术、计算机类、建筑学、交通工程、交通运输类、金融学、经济学、经济学类、勘测与规划类、勘查技术与工程、矿物加工工程、日语、软件工程、社会学、生物工程、生物工程类、生物技术、食品科学与工程、市场营销、数理综合班、数学类、数学与应用数学、数字媒体艺术、水利水电工程、通信工程、统计学、土木工程、网络工程、微电子学、物流管理、信息安全、信息工程类、信息管理与信息系统、信息计算科学与应用数学类、信息与计算科学、艺术设计、音乐学、英语、应用物理学、应用心理学、再生资源科学与技术、制药工程、资源环境与城乡规划管理、资源勘查工程、综合班

专科专业 计算机多媒体技术、软件技术、图形图像制作、网络系统管理

博士专业 材料化学、材料学、电机与电器、电子政务与区域资源管理、防灾减灾工程及防护工程、分析化学、高分子化学与物理、工业催化、管理科学与工程、管理系统工程、化工装备与控制工程、化学工程、化学工艺、环境化工、环境化学、环境与资源保护法学、机械设计及理论、机械制造及其自动化、技术经济及管理、结构工程、金融工程、科技与教育管理、桥梁与隧道工程、生物化工、食品安全与药物化学、市政工程、水工程安全与水灾害防治、通信与信息系统、无机化学、物理电子学、物理化学、物流管理、信息管理与信息系统、岩土工程、药物分析学、应用化学、应用数学、有机化学

硕士专业 MBA(学历学位生)、材料工程、材料化学、材料加工工程、材料物理与化学、材料学、财政学、测绘工程、测试计量技术及仪器、产业经济学、车辆工程、地图学与地理信息系统、地图制图学与地理信息工程、地质工程、电工理论与新技术、电机与电器、电力电子与电力传动、电力系统及其自动化、电路与系统、电气工程、电子与通信工程、发酵工程、法律(法学)、法律(非法学)、法律硕士、法律硕士(法学学历学位生)、法律硕士(学历学位生)、防灾减灾工程及防护工程、分析化学、高分子化学与物理、工程管理硕士、工程力学、工商管理硕士、工业催化、工业工程、工业设计工程、固体力学、管理科学与工程、光学、国际法学、国际贸易学、国际商务硕士、国民经济学、行政管理、化工过程机械、化学工程、化学工艺、环境工程、环境工程(工程硕士)、环境化学、环境科学、环境与资源保护法学、会计硕士、会计学、机械电子工程、机械工程、机械设计及理论、机械制造及其自动化、基础数学、集成电路工程、计算机技术、计算机软件与理论、计算机系统结构、计算机应用技术、计算数学、技术经济及管理、检测技术与自动化装置、建筑与土木工程、结构工程、金融工程、金融硕士、金融学、经济法学、科技与教育管理、科学技术哲学、控制工程、控制理论与控制工程、马克思主义基本原理、美术、美术学、模式识别与智能系统、企业管理、桥梁与隧道工程、情报学、区域经济学、软件工程、设计艺术学、社会工作硕士、社会学、生物工程、生物化工、生物化学与分子生物学、食品安全与药物化学、食品工程、食品科学、市政工程、数量经济学、水工结构工程、思想政治教育、通信与信息系统、统计学、微电子学与固体电子学、无机化学、物理电子学、物理化学、物流工程、物流管理、西方经济学、系统工程、信号与信息处理、信息管理与信息系统、岩土工程、药物分析学、一般力学与力学基础、艺术设计、英语笔译、英语口译、英语语言文学、应用化学、应用数学、应用统计硕士、有机化学、运筹学与控制论、制药工程

院系设置

电气工程与自动化学院、机械工程及自动化学院、数学与计算机科学学院、化学化工学院、土木工程学院、环境与资源学院、管理学院、生物科学与工程学院、外国语学院、物理与信息工程学院、工艺美术学院、材料科学与工程学院、法学院、公共管理学院、人文社会科学学院、建筑学院、紫金矿业学院、八方物流学院、马克思主义学院、应用技术与继续教育学院、海外教育学院(筹)

国家级、省部级研究机构设置

1. 实验室：空间数据挖掘与信息共享省部共建教育部重点实验室、食品安全分析与检测技术省部共建教育部重点实验室、离散数学及其应用省部共建教育部重点实验室、福建省平板显示技术工程实验室、福建省光催化重点实验室、数据采集与信息共享技术重点开放实验室、固体材料化学重点（开放）实验室、福建省微电子集成电路重点实验室、福建省高校工程结构重点实验室、福建省高校离散数学及其应用重点实验室、福建省高校光电子与信息显示技术重点实验室、福建省医疗器械和医药技术重点实验室、福建省科学工程计算重点实验室、福建省食品安全分析与检测技术重点实验室

2. 研究中心（所）：化肥催化剂国家工程研究中心、国家环境光催化工程技术研究中心、福建省光催化重点实验室省部共建国家重点实验室培育基地、场致发射显示技术教育部工程研究中心、福建省空间信息工程研究中心、福建省光催化技术工程研究中心、福建省功能材料工程研究中心、福建省制造业数字化设计工程研究中心、福建省工业自动化工程技术研究中心、福建省数字区域工程技术研究中心、福建省集成电路设计中心、福建省超级计算中心、福建省海峡两岸土木工程防震减灾工程研究中心、福建省产品质量和食品安全检测试剂与仪器工程技术研究中心、福建省数字电视工程研究中心、福建省食品生物技术创新工程技术研究中心、福建省光动力治疗药物与诊疗工程技术研究中心、福建省功能高分子材料工程技术研究中心、福建省闽台科研创新合作基地、福建省电机行业技术开发基地、福建省功能材料技术开发基地、福建省工业自动化技术开发基地、福建省光电信息行业技术开发基地、福建省食品生物技术开发基地、福建省电器行业技术开发基地、福建省物流行业技术开发基地、福建省生物质资源化技术开发基地、福建省软科学研究基地（福州大学）、福建省高校管理科学与公共政策研究基地、福建省全面建设小康社会调研基地、福建省高校决策科学与科教管理研究基地、福建省高校创新、创意、创业研究基地

博士后科研流动站（4个）：化学、化学工程与技术、土木工程、电气工程

定期公开出版的专业刊物《福州大学学报》（自然科学版）、《福州大学学报》（社会科学版）、《微分方程年刊》、《高等教育研究》

学校设立奖学金情况

学校设立奖学金14项，奖励总金额1420余万元。奖学金最高金额8000元/年，最低金额1000元/年。

主要校办产业

福州大学资产经营有限公司、福建省福州大学土木建筑设计研究院、福建省福大土木工程建设监理有限公司、福州大学机械厂、福州大学液压件厂、福州大学电气控制设备厂、福州大学印务中心、福州大学校办工厂产品经营部

学校历史沿革

福州大学创建于1958年。经过53年的改革与发展，现已成为一所列入国家"211工程"建设，以工为主，理、工、经、管、文、法、艺多学科协调发展的省属重点多科性大学，目前学校正在实施第三期"211工程"建设任务，努力建成富有区域特色的创业型东南强校。

福建工程学院

学校(机构)标识码	4135010388
学校办学类型	412：本科院校:学院
学校性质类别	02 理工院校
学校举办者	811 省级教育部门
学校地址	福州地区大学新校区学园路
邮政编码	350108
办公电话	0591-22863020
传真电话	0591-22863018
校园(局域)网域名	www.fjut.edu.cn
电子信箱	yuanban@fjut.edu.cn
占地面积(平方米)	1502469
校舍建筑面积(平方米)	684865
图书(万册)	186.29
固定资产总值(万元)	105191.05
教学、科研仪器设备资产值(万元)	18808.91
在校生数(人)	28853
其中：普通本科	21605
普通专科	3385
成人本科	2860
成人专科	1003
专任教师(人)	1129
其中：正高级	73
副高级	276
中级	497
初级	242
未定职级	41

本科专业 材料成型及控制工程、材料成型及控制工程（闽台合作）、材料科学与工程、车辆工程、城市规划、电气工程及其自动化、电子科学与技术、电子信息工程、电子信息工程（gm）、电子信息类、法学、房地产经营管理、给水排水工程、工程管理、工程造价、工商管理、工商管理类、工业工程、工业设计、公共事业管理、广告学、国际经济与贸易、汉语言文学、汉语言文学（传播与策划方向）、汉语言文学（商务秘书方向）、环境工程、会计学、会计学（gm）、机械设计制造及其自动化、机械设计制造及其自动化（闽台合）、计算机科学与技术、计算机科学与技术（gm）、计算机科学与技术类、建筑环境及设备工程、建筑学、建筑学（闽台合作）、交通工程、交通工程（运营与管理方向）（闽、勘查技术与工程、软件工程、软件工程（gm）、软件工程（rj）、软件工程（物联网工程rj）、市场营销、数字媒体技术（rj）、通信工程、通信工程（gm）、通信工程（闽台合作）、土木工程、土木工程（闽台合作）、网络工程、网络工程（gm）、物流管理、新闻学、新闻学（咨询与传媒方向）（闽台、信息管理与信息系统、信息管理与信息系统（gm）、信息与计算科学、艺术设计（广告艺术设计）、艺术设计（环境艺术设计）、艺术设计（室内设计）、英语、英语（国际商务方向）

专科专业 动漫设计与制作、计算机通信、计算机网络技

术、计算机网络技术(物联网应用技术)、计算机信息管理(财务信息管理方、计算机信息管理(电子商务方向)、模具设计与制造、嵌入式技术与应用(移动应用开发)、软件技术(WEB应用开发方向)、软件技术(可视化程序设计方向)、软件技术(数据库管理方向)、图形图像制作、网络系统管理

院系设置

学校设机电及自动化工程系、电子信息与电气工程系、材料科学与工程系、土木工程系、建筑与规划系、环境与设备工程系、计算机与信息科学系、管理学院、交通运输系、文化传播系、法学系、外语系、数理系、思想政治理论课教研部、体育教研部、继续教育学院、国脉信息学院、软件学院、闽台科技学院

国家级、省部级研究机构设置

1. 实验室：福建省汽车电子与电驱动技术重点实验室、福建省材料制备及成型技术重点实验室

2. 研究中心(所)：福建省生产力促进中心(先进制造技术分中心)、福建省模具技术研究中心、福建省模具技术开发基地、福建省汽车关键零部件试验平台、福建省新能源汽车控制系统技术开发基地、福建省绿色节能环境材料工程研究中心、福建省高校闽台合作土木工程技术研究中心、工业自动化工程研究中心

定期公开出版的专业刊物 《福建工程学院学报》

学校设立奖学金情况

学校设立奖学金11项,奖励总金额800余万元。奖学金最高金额8000元/年,最低金额100元/年。

主要校办产业

福建工程学院资产经营有限公司、福建工大岩土工程研究所有限公司、福州台钻有限公司、福建工大工程咨询监理有限公司、福建工大建筑设计院、福州恒信建筑工程施工图审查事务所、福建工程学院规划设计研究院、福建工大建筑经济技术研究所、福建工大测绘技术中心、福州工大建设工程检测有限公司、福建工大传媒有限公司、福建工大科学技术开发总公司、福建省恒建机电科技有限公司、福建工大建筑工程试验研究中心

学校历史沿革

福建工程学院是福建省人民政府举办的全日制普通本科高校。2002年3月经教育部批准由原福建建筑高等专科学校与原福建职业技术学院合并组建而成,两校前身为解放前享有盛誉的"福建高工",办学历史溯源于1896年清末著名闽绅林纾、末代帝师陈宝琛创办的"苍霞精舍"。

福建农林大学

学校(机构)标识码 4135010389	占地面积(平方米) 1924574	成人专科 3697
学校办学类型 411:本科院校:大学	校舍建筑面积(平方米) 650988	博士研究生 438
学校性质类别 03 农业院校	图书(万册) 184.46	硕士研究生 2576
学校举办者 811 省级教育部门	固定资产总值(万元) 135463	留学生 7
学校地址 福州市仓山区上下店路	教学、科研仪器设备资产值(万元) 31255	专任教师(人) 1542
邮政编码 350002		其中:正高级 241
办公电话 0591-83789306	在校生数(人) 38192	副高级 428
传真电话 0591-83768251	其中:普通本科 22740	中级 628
校园(局域)网域名 www.fafu.edu.cn	普通专科 2786	初级 192
电子信箱 xbfafu@fafu.edu.cn	成人本科 5948	未定职级 53

本科专业 材料科学与工程、茶学、车辆工程、城市规划、电气工程及其自动化、电子科学与技术、电子信息工程、动画、动物科学、动物医学、法学、蜂学、工程管理、工商管理、工业工程、公共事业管理、公共事业管理(技术经纪方向)、公共事业管理(民族班)、公共事业管理(社区管理方向)、广告学、国际经济与贸易、行政管理、化学工程与工艺、环境工程、会计学、机械设计制造及其自动化、机械设计制造及其自动化(机械电机设计制造及其自动化(现代设计计算机科学与技术、交通工程、交通运输、金融学、空间信息与数字技术、劳动与社会保障、林学、旅游管理、木材科学与工程、农村区域发展、农林经济管理、农学、农业资源与环境、农业资源与环境(中加合作班)、轻化工程、人力资源管理、软件工程、森林工程(路桥方向)、森林资源保护与游憩、设施农业科学与工程、设施农业科学与工程(都市农业方向生态学)、生物安全、生物工程、生物技术、生物科学、生物科学(生物学基地班)、生物科学(微生物学方向)、生物信息学、食品科学与工程、食品质量与安全、数学与应用数学、水产养殖学、水土保持与荒漠化防治、统计学、土地资源管理、土木工程、网络工程、文化产业管理、物流管理、信息与计算科学、艺术设计、艺术设计(传媒动画方向)、艺术设计(环境艺术设计方向)、艺术设计(视觉传达设计方向)、艺术设计(室内与家具设计方向)、英语、园林、园林(风景园林方向)、园林(规划设计方向)、园艺、园艺(中加合作班)、植物保护、植物保护(检验检疫方向)、植物保护(有害生物管理方向)、植物保护(有害生物控制方向)、制药工程、中药资源与开发、种子科学与工程、资源环境与城乡规划管理

专科专业 计算机办公应用、计算机网络技术、计算机游戏开发、软件技术、图形图像制作

博士专业 茶学、持续发展与推广学、动物学、果树学、海岸带森林与环境、花卉与景观园艺、经济昆虫、林业经济管理、木材科学与技术、农产品加工及贮藏工程、农药学、农业多功能性产业、农业经济管理、农业昆虫与害虫防治、农业生物技术、企业管理(含:财务管理)、市场营销、森林保护学、森林经理学、森林培育、涉农企业经营与管理、生态安全、生态学、生物防治、生物化

学与分子生物学、生物信息科学与技术、生物学、蔬菜学、水土保持与荒漠化防治、微生物学、野生动植物保护与利用、遗传学、园林植物与观赏园艺、植保经济学、植物病理学、植物检疫、植物学、种子科学与工程、作物遗传育种、作物栽培学与耕作学

硕士专业 草业、茶学、成人教育学、持续发展与推广学、动物遗传育种与繁殖、动物营养与饲料科学、发育生物学、风景园林、工商管理、公共管理、果树学、海岸带森林与环境、花卉与景观园艺、环境科学、机械工程、机械设计及理论、基础兽医学、交通运输工程、交通运输规划与管理、粮食、油脂及植物蛋白工程、林产化学加工工程、林木遗传育种、林业、林业工程、林业经济管理、临床兽医学、旅游管理、马克思主义中国化研究、木材科学与技术、农产品加工及贮藏工程、农村区域发展、农药学、农业电气化与自动化、农业多功能性产业、农业机械化工程、农业经济管理、农业科技组织与服务、农业昆虫与害虫防治、农业生物技术、农业信息化、农业资源利用、企业管理(含:财务管理)、市场营销、轻工技术与工程、区域经济学、人口、资源与环境经济学、森林保护学、森林工程、森林经理学、森林培育、生态安全、生态学、生物防治、生物工程、生物化学与分子生物学、生物信息科学与技术、生药学、食品工程、食品加工与安全、食品科学、兽医、蔬菜学、水产品加工及贮藏工程、水土保持与荒漠化防治、思想政治教育、特种经济动物饲养(含:蚕、蜂等)、统计学、土地资源管理、土壤学、微生物学、细胞生物学、野生动植物保护与利用、遗传学、预防兽医学、园林植物与观赏园艺、园艺、植保经济学、植物保护、植物病理学、植物检疫、植物学、植物营养学、制浆造纸工程、种子科学与工程、自然地理学、作物、作物遗传育种、作物栽培学与耕作学

院系设置

作物科学学院、植物保护学院、园艺学院、林学院、生命科学学院、蜂学院、资源与环境学院、动物科学学院、食品科学学院、交通学科、机电工程学院、材料工程学院、计算机与信息学院、经济与管理学院(旅游学院)、艺术学院园林学院、马克思主义学院(政治学院)、人文社会科学学院、软件工程学院、成人教育学院(网络远程学院)、海外学院

国家级、省部级研究机构设置

1. 实验室:生物农药与化学生物学教育部重点实验室、作物遗传育种与综合利用教育部重点实验室、农业部甘蔗遗传改良重点开放实验室、农业部闽台作物有害生物综合治理重点实验室、福建省昆虫生态学重点公共实验室、福建省植物病毒学重点公共实验室、福建省作物分子与细胞生物学重点实验室、福建省菌草科学实验室、病毒工程与病原生物学福建省高校重点(开放)实验室、作物应用遗传学福建省高校重点(开放)实验室、福建省高校农业生物技术重点实验室、福建省高校生物多样性与农业生态安全重点实验室、福建省高校森林生态系统过程与经营重点实验室、福建省高校作物生态与分子生理学重点实验室、福建省高校植物病原真菌功能基因组学重点实验室、福建省高校林木逆境生理生态及分子生物学重点实验室、福建省高校风景园林重点实验室、福建省高校中西兽医结合与动物保健重点实验室、福建省高校生态与资源统计重点实验室

2. 研究中心(所):联合国(中国)实蝇防控研究中心、农业部海峡两岸农业技术合作中心、台湾农民创业园科技服务中心、国际科技合作基地、海峡两岸科技产业合作基地成员单位、福建省国际科技合作示范基地、蜂产品加工与应用教育部工程研究中心、福建省植物病毒工程研究中心、福建省天然生物毒素工程实验室、福建省菌草生物工程研究中心、福建省动物药物工程实验室、福建省农产品(果蔬)加工工程技术研究中心、福建省生物质材料工程技术研究中心、福建省南方森林资源与环境工程技术研究中心、福建省中药材GAP工程技术研究中心、福建省蜂产品工程技术研究中心、海西工业技术研究院农产品加工与食品安全工程技术中心、福建省特种作物育种与利用工程技术研究中心、福建省杉木工程技术研究中心、福建省甘蔗工程技术研究中心、福建省食用菌工程技术研究中心、福建省菌草工程技术研究中心、福建省油茶工程技术研究中心、国家甘蔗产业技术研发中心、国家糖料作物改良中心福州甘蔗分中心、国家农产品加工技术研发(蔬菜)专业分中心、农业部甘蔗及制品质量监督检验测试中心、国家食用菌品种改良中心福建分中心、福建杉木研究中心、福建省农副产品保鲜技术开发基地、福建省植物资源化学与材料技术开发基地、福建省亚热带果树及特种经济作物种质资源共享平台、福建省特种稻创新平台、福建省农产品安全研究平台、福建省闽台果树种质试管苗库、福建省食用菌种质资源科技共享平台、福建省菌草技术公共服务平台、福建省南方麻类种质资源共享平台、福建省全面建设小康社会调研基地(邵武市)、福建省全面建设小康社会调研基地(上杭县)、福建省软科学研究基地(福建农林大学)、福建省高校农村发展研究中心、福建省高校人文社会科学研究基地——农村区域竞争力研究中心

博士后科研流动站 作物学、植物保护、园艺学、食品科学与工程、林学、农林经济管理、林业工程、生物学

定期公开出版的专业刊物 《福建农林大学学报(自然科学版)》《福建农林大学学报(哲学社会科学版)》《亚热带农业研究》《林业经济问题》《福建林学院学报》《华东昆虫学报》、《武夷科学》

学校设立奖学金情况

学校设立奖学金5项,奖励总金额1238.76万元。奖学金最高金额20000元/年,最低金额500元/年。

主要校办产业

福建农林大学资产管理有限责任公司、福建农林大学科技开发公司、福建农林大学茶厂、福建农林大学印刷厂、福建农林大学添加剂厂、福建农林大学金山修缮队、福建农林大学绿特农业技术开发公司、福建农林大学菌草技术开发公司、福建农林大学科技推广中心、福建农林大学漳州分部科技服务站、福建省南平市福林咨询中心

学校历史沿革

福建农林大学前身为成立于1936年的福建协和大学农科和成立于1940年的福建省立农学院。1952年成立福建农学院。1958年福建农学院林学系分出,成立福建林学院。1972年,福建农学院、福建林学院合并,组建前福建农林大学。1975年,前福建农林大学拆分为福建农学院、福建林学院。1994年福建农学院改名为福建农业大学。2000年10月,福建农业大学、福建林学院合并,组成现在的福建农林大学。

集美大学

学校(机构)标识码 4135010390	电子信箱 jumoffice@jmu.edu.cn	成人本科 4910
学校办学类型 411:本科院校:大学	占地面积(平方米) 1569534	成人专科 2345
学校性质类别 01 综合大学	校舍建筑面积(平方米) 1022820	硕士研究生 729
学校举办者 811 省级教育部门	图书(万册) 222.05	留学生 17
学校地址 厦门市集美区银江路183号	固定资产总值(万元) 125054.25	专任教师(人) 1556
邮政编码 361021	教学、科研仪器设备资产值(万元) 34599.94	其中:正高级 186
办公电话 0592-6181097	在校生数(人) 32926	副高级 558
传真电话 0592-6180120	其中:普通本科 24444	中级 726
校园(局域)网域名 www.jmu.edu.cn	普通专科 481	初级 82
		未定职级 4

本科专业 材料成型及控制工程、财政学、车辆工程、船舶与海洋工程、地理信息系统、电气工程及其自动化、电子科学与技术、电子商务、电子信息工程、动画、动物科学、动植物检疫、对外汉语、法学、工程管理、工商管理、光信息科学与技术、国际经济与贸易、海洋渔业科学与技术、汉语言文学、航海技术、环境工程、会计学、机械电子工程、机械设计制造及其自动化、计算机科学与技术、建筑环境与设备工程、交通运输、教育技术学、金融学、经济学、轮机工程、旅游管理、美术学、民族传统体育、热能与动力工程、日语、软件工程、社会工作、社会体育、生物工程、食品科学与工程、市场营销、数学与应用数学、水产养殖学、体育教育、通信工程、投资学、土木工程、网络工程、物流管理、小学教育、心理学、信息管理与信息系统、信息与计算科学、艺术设计、音乐表演、音乐学、英语、应用物理学、运动训练、资源环境与城乡规划管理、自动化

专科专业 航海技术、会计电算化、机电设备维修与管理、机械制造与自动化、模具设计与制造、物流管理

硕士专业 比较文学与世界文学、财政学(含:税收学)、船舶与海洋结构物设计制造、工程、国民经济学、会计学、机械设计及理论、交通信息工程及控制、轮机工程、马克思主义中国化研究、农产品加工及贮藏工程、农业推广、食品科学、水产养殖、水生生物学、体育教育训练学、体育人文社会学、微生物学、应用数学、渔业资源、中国古代文学

院系设置

学校面向全国31个省、市、自治区招生(不含港、澳、台),设置20个学院,分别是航海学院、轮机学院、水产学院、生物工程学院、体育学院、财经学院、教师教育学院、工商管理学院、音乐学院、美术学院、信息工程学院、计算机工程学院、机械工程学院、理学院、外国语学院、政法学院、文学院、工程技术学院、成人教育学院和海外教育学院

国家级、省部级研究机构设置

学校现有2个部级实验室(中心),分别是:鳗鲡现代产业技术教育部工程研究中心、农业部东海海水健康养殖重点实验室;2个省级实验室(中心),分别是:福建省船舶与海洋工程重点实验室、福建省清洁燃烧与能源高效利用工程技术研究中心

定期公开出版的专业期刊 《集美大学学报(哲学社会科学版)》、《集美大学学报(自然科学版)》、《集美大学学报(教育科学版)》、《体育科学研究》

学校设立奖学金情况

学校设立奖学金11项,奖励总金额1140余万元。奖学金最高金额8000元/年,最低金额400元/年。

主要校办产业

集美大学国际学术交流中心、财税干部培训中心、诚毅船务公司和集美大学资产经营有限公司

学校历史沿革

集美大学是经教育部批准,于1994年由原集美航海学院、厦门水产学院、福建体育学院、集美财经高等专科学校和集美高等师范专科学校等五所高校合并组建而成的一所省属综合性大学。

福建医科大学

学校(机构)标识码 4135010392	邮政编码 350108	校舍建筑面积(平方米) 383299
学校办学类型 411:本科院校:大学	办公电话 0591-22862251	图书(万册) 99.87
学校性质类别 05 医药院校	传真电话 0591-22862273	固定资产总值(万元) 90286
学校举办者 811 省级教育部门	校园(局域)网域名 www.fjmu.edu.cn	教学、科研仪器设备资产值(万元) 12679.7
学校地址 福建省福州市闽侯县上街镇学园路1号	电子信箱 fmughb@mail.fjmu.edu.cn	在校生数(人) 23086
	占地面积(平方米) 870004	

其中：普通本科 12487	硕士研究生 2215	副高级 533
成人本科 4664	留学生 56	中级 247
成人专科 3432	专任教师（人） 1228	初级 109
博士研究生 232	其中：正高级 339	

本科专业 公共事业管理、公共事业管理（卫生管理方向）、公共事业管理（医院管理方向）、护理学、康复治疗学、口腔医学、临床医学、临床医学（急救医学方向）、临床医学（临床病理学方向）、临床医学（眼与视光学方向）、麻醉学、社会工作、药物制剂、药学、药学（临床药学方向）、药学（药物分析方向）、医学检验、医学影像学、英语、应用心理学、预防医学、预防医学（妇幼保健方向）、预防医学（检验检疫方向）

博士专业 病理学与病理生理学、病原生物学、口腔临床医学、老年医学、内科学、神经病学、外科学、药理学

硕士专业 病理学与病理生理学、病原生物学、儿科学、耳鼻咽喉科学、妇产科学、护理学、急诊医学、精神病与精神卫生学、康复医学与理疗学、口腔临床医学、口腔医学硕士、口腔医学专业学位、劳动卫生与环境卫生学、老年医学、临床检验诊断学、临床医学、临床医学专业学位、流行病与卫生统计学、麻醉学、免疫学、内科学、皮肤病与性病学、人体解剖与组织胚胎学、社会医学与卫生事业管理、神经病学、神经生物学、生理学、生物化学与分子生物学、外科学、微生物与生化药学、卫生毒理学、细胞生物学、眼科学、药剂学、药理学、药物分析学、药物化学、药学硕士、遗传学、营养与食品卫生学、影像医学与核医学、中西医结合临床、肿瘤学

院系设置
24 个学院（部），即基础医学院、公共卫生学院、药学院、护理学院、口腔医学院、医学技术与工程学院、人文学院、研究生教育学院、海外教育学院、成人教育学院、职业技术学院、继续教育学院、第一临床医学院、第二临床医学院、协和临床医学院、省立临床医学院、福总临床医学院、思想政治理论课教学研究部、体育教研部、外国语学院、临床技能教学中心、实验动物中心、福建省新药安全性评价中心、福建省肝病科学研究中心

国家级、省部级研究机构设置
1. 实验室：4 个，即消化道恶性肿瘤省部共建教育部重点实验室、药理学与毒理学基础实验室、病理学与病理生理学特色优势学科实验室、福建省血液病学重点实验室

2. 研究中心（所）：21 个，即福建省消化系疾病研究室、福建省血液病研究所、福建省生殖医学工程中心、福建省眼科研究所、福建省分子医学生物工程研究中心、福建省内分泌研究所、福建省神经病学研究所、福建省腹部外科研究所、福建省高血压研究所、福建省耳鼻咽喉研究所、福建省肝胆外科研究所、福建省胸心外科研究所、福建省临床免疫研究所、福建省老年医学研究所、福建省烧伤研究所、福建省骨科研究所、福建省超声医学研究所、福建省冠心病研究所、福建省神经外科研究所、福建省生物医药工程研究中心、福建省药物非临床安全性评价中心

博士后科研流动站 2 个，即临床医学博士后科研流动站、基础医学博士后科研流动站

定期公开出版的专业刊物 《福建医科大学学报》、《福建医科大学学报（社科版）》、《中华高血压杂志》和《心血管康复医学杂志》

学校设立奖学金情况
学校设立奖学金 1 项，奖励总金额 294.75 万元。奖学金最高金额 2200 元/年，最低金额 700 元/年。

主要校办产业
5 个即福建医科大学资产经营有限公司、福建省福怡药械招标有限公司、福建省福医人才智力开发中心、福建医科大学科技开发服务公司、福建医科大学接待中心

学校历史沿革
1937 年 6 月成立"福建省立医学专科学校"；1939 秋更名为"福建省立医学院"；1949 年 9 月更名为"福建医学院"；1969 年 11 月福建医学院与福建中医学院、华侨大学医疗系合并，改名为"福建医科大学"；1982 年 10 月恢复"福建医学院"校名；1996 年 6 月更名为"福建医科大学"。

福建中医药大学

学校（机构）标识码 4135010393	电子信箱 yzbgs@fjtcm.edu.cn	成人专科 1715
学校办学类型 411：本科院校：大学	占地面积（平方米） 675724	博士研究生 71
学校性质类别 05 医药院校	校舍建筑面积（平方米） 271972	硕士研究生 1000
学校举办者 811 省级教育部门	图书（万册） 95.6	留学生 103
学校地址 福建省福州市闽侯上街华佗路 1 号	固定资产总值（万元） 66799.85	专任教师（人） 796
	教学、科研仪器设备资产值（万元） 11528.93	其中：正高级 155
邮政编码 350108		副高级 184
办公电话 0591 - 22861989	在校生数（人） 13381	中级 291
传真电话 0591 - 22861989	其中：普通本科 9249	初级 166
校园（局域）网域名 www.fjtcm.edu.cn	成人本科 1243	

本科专业 公共事业管理(健康保险方向)、公共事业管理(卫生管理方向)、公共事业管理(信息管理方向)、公共事业管理(医事法律方向)、护理学、康复治疗学、临床医学、临床医学(放疗方向)、临床医学(骨伤科学方向)、临床医学(康复医学方向)、临床医学(生物工程方向)、七年制中医学、七年制中医学(修园班)、七年制中医学(针灸推拿学)、七年制中医学(中医骨伤方向)、生物医学工程、食品科学与工程、市场营销(药品营销方向)、信息管理与信息系统、药物制剂、药学、医学影像学、应用心理学(临床心理学方向)、针灸推拿学、针灸推拿学(康复医学方向)、针灸推拿学(中医美容方向)、制药工程、中西医临床医学、中西医临床医学(骨伤科学方向)、中药学、中医学、中医学(临床心理学方向)、中医学(文科)、中医学(英语方向)

博士专业 中西医结合临床、中医骨伤科学

硕士专业 病理学与病理生理学、方剂学、护理学、临床医学专业学位、药物分析学、针灸推拿学、中西医结合基础、中西医结合临床、中药学、中药学专业学位、中医儿科学、中医妇科学、中医骨伤科学、中医基础理论、中医临床基础、中医内科学、中医外科学、中医五官科学、中医医史文献、中医诊断学

院系设置
海外教育学院、成人教育学院、研究生部、中医学院、药学院、中西医结合学院、骨伤学院、针灸学院、护理学院、管理学院、康复医学院、体育部、思想政治理论课教学科研部

国家级、省部级研究机构设置
1. 实验室:中医康复技术实验室、病理生理学实验室、针灸生理实验室、骨重建生物力学实验室、分子生物学实验室、中药药理(细胞结构与功能)实验室、中药生药学实验室、细胞生物学实验室、中药药理毒理实验室、福建省高校中西医结合基础重点实验室、福建省高校中药学重点实验室、福建省中药研究开发工程实验室、福建省运动功能康复重点实验室、舌苔脱落细胞实验室、四诊资料标准化采集实验室、证素辩证与数据挖掘技术实验室、中西医结合基础综合实验室、中药制剂与质量控制实验室、方药分析实验室、影像及功能实验室、显微与病理图像分析实验室、新老血管疾病实验室、脾胃病实验室

2. 研究中心(所):福建中西医结合研究院、福建省中医药研究院、福建中西医结合研究院白内障近视研究所、福建中医药大学中西医结合临床研究所、福建中医药大学中西医结合骨科临床研究所、福建中医药大学中西医结合肿瘤研究所、福建中医药大学微创医学研究所、福建中医药大学针灸研究所、闽台中医药交流合作中心、中药提取分离中心、细胞分子生物学中心、生化与免疫中心、福建中医药大学中药检定中心、中药产业技术开发基地、闽产中药研发科技平台、福建省兔类实验动物技术服务基地、福建省中药临床前研究与质量控制工程技术研究中心、肾小球疾病中医药临床研究室、中西医结合眼科研究室、卒中后功能性障碍康复研究室、脊柱与骨关节运动功能康复研究室、脾胃研究室

定期公开出版的专业刊物 《福建中医药大学学报》、《福建中医药》

学校设立奖学金情况
学校设立奖学金2项,奖励总金额282.25万元。奖学金最高金额3000元/年,最低金额600元/年。

主要校办产业
福建中医药大学资产经营有限公司、福州屏山制药厂、福建省银河科技开发公司、福建省中医药科技开发总公司、福建省四有人才智力开发中心、福建中医药大学劳动服务公司、福建中医药大学国际中医药培训中心

学校历史沿革
福建中医药大学,前身是创建于1953年的福州中医进修学校,1958年,更名为福建中医学院;1969年11月,福建中医学院与福建医学院合并为福建医科大学,牵址泉州;1978年11月,福建中医学院复办,校址位于福州市五四北路282号。2001年开始,学校在福州市闽侯上街征地1080亩建设新校区。2002年与2007年学校接受国家教育部本科教学工作水平评估,评估结论为"优秀";2010年3月经教育部批准更名为福建中医药大学。

福建师范大学

学校(机构)标识码	4135010394
学校办学类型	411:本科院校:大学
学校性质类别	06 师范院校
学校举办者	811 省级教育部门
学校地址	福建省福州市闽侯上街福建师范大学旗山校区
邮政编码	350108
办公电话	0591-22867065
传真电话	0591-22867078
校园(局域)网域名	www.fjnu.edu.cn
电子信箱	xbxzk@fjnu.edu.cn
占地面积(平方米)	1932992
校舍建筑面积(平方米)	1081045
图书(万册)	383.28
固定资产总值(万元)	210375
教学、科研仪器设备资产值(万元)	39804
在校生数(人)	35727
其中:普通本科	20774
普通专科	4370
成人本科	5013
成人专科	590
博士研究生	420
硕士研究生	4188
留学生	372
专任教师(人)	1847
其中:正高级	334
副高级	551
中级	762
初级	181
未定职级	19

本科专业 播音与主持艺术、播音与主持艺术(闽南语方向)、播音与主持艺术(闽台合作)、材料物理、财务管理、档案学、地理科学(国家人才培养基地)、地理科学(师范)、地理科学类、地理信息系统、电子信息工程、电子信息科学与技术、对外汉语、

法学、服装设计与工程、高分子材料与工程、工商管理、工商管理类、公共事业管理、光信息科学与技术、广播电视编导、广播电视编导(闽台合作)、广播电视新闻学、广播电视新闻学(闽台合作)、广告学、国防教育与管理、国防教育与管理(人民指挥方向)、国际经济与贸易、汉语言文学、汉语言文学(高级文秘方向)、汉语言文学(国家人才培养基地)、汉语言文学(师范)、化学(师范)、环境工程、环境科学、计算机科学与技术、计算机科学与技术(非师)、计算机科学与技术(师范)、教育技术学(师范)、教育学(师范)、教育学类(师范)、金融学、经济学、经济学(国家人才培养基地)、酒店管理、劳动与社会保障、历史学、旅游管理、旅游管理(闽台合作)、观光管理方、旅游管理(闽台合作、酒店管理方、旅游管理(闽台合作、休闲游憩方、旅游管理(闽台全作、会展策划方、美术学、美术学(大类招生)、美术学(国家人才培养基地)、日语、软件工程、社会工作、社会体育、生态学、生物工程、生物技术、生物科学(师范)、市场营销、数学与应用数学(师范)、数字媒体技术、思想政治教育(师范)、体育教育(国家人才培养基地)、体育教育(师范)、体育学类(大类招生)、图书馆学、网络工程、舞蹈学、物理学(师范)、心理学(师范)、新能源科学与工程、信息工程、信息管理与信息系统、信息与计算科学、学前教育、学前教育(师范)、艺术设计、艺术设计(大类招生)、音乐表演、音乐学、音乐学(大类招生)、音乐学(国家人才培养基地)、英语、英语(大类招生)、英语(非师)、英语(商务英语方向)、英语(师范)、应用化学、运动训练、政治学与行政学、资源环境与城乡规划管理、资源循环科学与工程

专科专业 计算机多媒体技术、计算机类(计算机游戏开发方向)、计算机应用技术、软件技术(WEB应用开发方向)、软件技术(计算机办公应用)、软件技术(可视化程序设计方向)、软件技术(数据库管理方向)、商务英语、市场营销、图形图像制作、图形图像制作(动漫设计方向)、图形图像制作(平面设计方向)、网络系统管理、网络系统管理(系统集成方向)、文秘、物流管理(物流信息方向)

博士专业 比较文学与世界文学、地图学与地理信息系统、动物学、发展与教育心理学、高分子化学与物理、光学工程、汉语言文字学、基础数学、教育史、经济史、经济思想史、考古学及博物馆学、历史文献学(含:敦煌学)、古文字学、马克思主义基本原理、马克思主义中国化研究、美术学、人口、资源与环境经济学、人文地理学、史学理论及史学史、世界经济、世界史、思想政治教育、体育教育训练学、文学阅读与文学教育、文艺学、西方经济学、音乐学、英语语言文学、语言学与应用语言学、政治经济学、中国古代史、中国古代文学、中国古典文献学、中国近现代史、中国少数民族语言文学、中国少数民族语言文学(分语族)、中国现当代文学、专门史、自然地理学、自然资源

硕士专业 比较教育学、比较文学与世界文学、材料工程、材料加工工程、材料物理与化学、材料学、产业经济学、成人教育学、传播学、档案学、地图学与地理信息系统、电影学、动物学、发酵工程、发育生物学、发展与教育心理学、概率论与数理统计、高等教育学、高分子化学与物理、工商管理硕士、公共管理硕士、光电信息处理与通信网络技术、光学、光学工程、广播电视、广播电视艺术学、国外马克思主义研究、汉语国际教育硕士、汉语言文字学、行政管理、环境地理学、环境工程、环境科学、基础数学、基础心理学、计算机软件与理论、计算机应用技术、计算数学、教育技术学、教育经济与管理、教育史、教育硕士、教育学原理、经济史、经济思想史、考古学及博物馆学、科学与技术教育、课程与教学论、理论物理、历史地理学、历史文献学(含:敦煌学)、古文字学、粒子物理与原子核物理、旅游管理、马克思主义发展史、马克思主义基本原理、马克思主义哲学、马克思主义中国化研究、美术、美术学、民商法学(含:劳动法学)、社会保障、民族传统体育学、凝聚态物理、农业科技组织与报务、区域经济学、区域开发与规划、人口、资源与环境经济学、人类学、人文地理学、日语语言文学、设计艺术学、社会保障、社会工作硕士、社会学、生态地理学、生态学、生物工程、生物光学检测与成像、生物化学与分子生物学、史学理论及史学史、世界经济、世界史、水生生物学、水土保持与荒漠化防治、思想政治教育、体育教学、体育教育训练学、体育人文社会学、通信与信息系统、图书馆学、土地资源管理、外国语言学及应用语言学、微生物学、文化与传播、文学语言学、文学阅读与文学教育、文艺学、无机化学、无线电物理、舞蹈学、物理电子学、物理化学(含:化学物理)、西方经济学、戏剧戏曲学、细胞生物学、现代教育技术、小学教育、信息光学与工程光学技术、学科教学(地理)、学科教学(化学)、学科教学(历史)、学科教学(美术)、学科教学(生物)、学科教学(数学)、学科教学(思政)、学科教学(物理)、学科教学(英语)、学科教学(英语)、学科教学(语文)、学前教育、学前教育学、医学光子技术与仪器、艺术设计、艺术学、音乐、音乐学、英语笔译、英语口译、英语语言文学、应用化学、应用数学、应用统计硕士、有机化学、语言学与应用语言学、运筹学与控制论、运动人体科学、运动训练、政治经济学、政治学理论、植物学、中共党史(含:党的学说与党的建设)、中国古代史、中国古代文学、中国古典文献学、中国近现代史、中国近现代史基本问题研究、中国现当代文学、专门史、自然地理学、自然资源、宗教学

院系设置

教育科学与技术学院(田家炳教育书院)、经济学院、文学院、传播学院、社会历史学院、法学院、公共管理学院、马克思主义学院、外国语学院、音乐学院、美术学院、体育科学学院、数学与计算机科学学院、物理与光电信息科技学院、化学与材料学院、地理科学学院、旅游学院、生命科学学院、软件学院、应用科技学院、人民武装学院、海外教育学院(留学预科学院)、网络教育学院、继续教育学院、信息技术学院

国家级、省部级研究机构设置

1. 国家重点实验室培育基地1个:福建省湿润亚热带山地生态重点实验室。2. 教育部批准独立建制的中心2个:闽台区域研究中心、基础教育课程研究中心。3. 省部级重点实验室7个、工程研究中心4个、技术开发基地1个:"医学光电科学与技术"教育部重点实验室、"湿润亚热带生态——地理过程"教育部重点实验室、与农业部共建"甘蔗生理生态与遗传改良重点开放实验室"、光子技术福建省重点实验室、亚热带资源与环境福建省重点实验室、福建省高分子材料重点实验室、福建省发育与神经生物学重点实验室,"工业微生物"教育部工程研究中心、福建省现代发酵技术工程研究中心、福建省环境友好高分子材料工程技术研究中心、福建省陆地灾害监测评估工程技术研究中心、福建省改性塑料技术开发基地。4. 省高校重点实验室4个:网络安全与密码技术重点实验室、高分子材料重点实验室、发育与神经生物学重点实验室、湿润亚热带生态地理过程重点实验

室。5.省级研究所1个、创新平台3个：地理研究所、省功能材料研究与新技术开发平台、信息光电医学与激光医学技术平台、现代发酵技术公共实验平台

博士后科研流动站 10个：理论经济学博士后科研流动站、中国语言文学博士后科研流动站、历史学博士后科研流动站、地理学博士后科研流动站、马克思主义理论博士后科研流动站、体育学博士后科研流动站、艺术学博士后科研流动站、教育学博士后科研流动站、数学博士后科研流动站、化学博士后科研流动站

定期公开出版的专业刊物 《福建师范大学学报》（分哲学社会科学版和自然科学版）、《亚热带资源与环境学报》、《福建中学数学》、《外国语言文学》、《中外教育》、《语文世界》、《福建师范大学报》、《思想工作探索》

学校设立奖学金情况

学校设立奖助学金25项，奖励总金额2976.78万元。奖学金最高金额10000元/人年，最低金额额200元/人年，奖助19843人次。

主要校办产业

经济开发总公司、新技术开发总公司、华艺装修总公司、比兰德经济信息公司、高分子实验厂、印刷厂、基建工程队、电化铝厂

学校历史沿革

福建师范大学最早前身校为1907年创办的福建优级师范学堂。主要前身校有1908年创办的私立华南女子文理学院、1915年创办的私立福建协和大学、1941年创办的省立福建师范专科学校，另外还有1910年创办的私立福建学院、福建省自然科学研究所等。1950年省立福建师范专科学校改为福建师范学院；1952年华南女子文理学院和协和大学合并为福州大学，并于1953年并入福建师范学院；1954年厦门大学教育系并入福建师范学院；1970年因"文革"福建师范学院停办，1972年6月复办，并改名为福建师范大学。

闽江学院

学校（机构）标识码 4135010395	电子信箱 office@mju.edu.cn	普通专科 4713
学校办学类型 412：本科院校：学院	占地面积（平方米） 1684924	成人本科 1700
学校性质类别 02 理工院校	校舍建筑面积（平方米） 494890	成人专科 1635
学校举办者 821 地级教育部门	图书（万册） 139.38	专任教师（人） 1096
学校地址 福州市闽侯上街文贤路1号	固定资产总值（万元） 107205	其中：正高级 95
邮政编码 350108	教学、科研仪器设备资产值（万元） 13205	副高级 314
办公电话 0591-83761556	在校生数（人） 23370	中级 421
传真电话 0591-83761127	其中：普通本科 15322	初级 235
校园（局域）网域名 www.mju.edu.cn		未定职级 31

本科专业 保险、财务管理、财政学、测绘工程、地理科学、地理信息系统、电子科学与技术、电子商务、电子信息工程、电子信息科学与技术、雕塑、对外汉语、法学、纺织工程、服装设计与工程、高分子材料与工程、工商管理、广告学、国际经济与贸易、汉语言文学、汉语言文学（师）、化学、会计学、绘画、计算机科学与技术、交通工程、金融学、历史学、历史学（师）、旅游管理、日语、软件工程、市场营销、数学与应用数学、通信工程、物理学、信息与计算科学、艺术设计、音乐学、音乐学（师）、英语、英语（师）、应用化学、政治学与行政学、资源环境与城乡规划管理

专科专业 财务会计类、财政金融类、计算机类、经济贸易类、旅游管理、软件技术、商务英语、市场营销类、图形图像制作、网络系统管理、物流管理、应用日语

院系设置

中文、外语、数学、物理学与电子物理信息工程、计算机科学、旅游、管理学、服装与艺术工程、历史学、法律、公共经济学与金融学、音乐学院、交通学院、海峡学院、成人教育学院、新华都商学院、爱恩国际学院、软件工程学院

定期公开出版的专业刊物 《闽江学院学报》

学校设立奖学金情况

学校设立奖学金8项，奖励总金额527.51余万元。奖学金最高金额8000元/年，最低金额300元/年。

学校历史沿革

福州师范高等专科学校1958年，1978年复办；闽江职业大学1984年创办；2002年3月经国家教育部批准，两校合并组建闽江学院。

武夷学院

学校（机构）标识码 4135010397	学校办学类型 412：本科院校：学院	学校性质类别 01 综合大学

学校举办者 821 地级教育部门	占地面积(平方米) 1163320	成人本科 368
学校地址 福建省武夷山市武夷大道16号	校舍建筑面积(平方米) 372714	成人专科 1847
	图书(万册) 93.83	专任教师(人) 575
邮政编码 354300	固定资产总值(万元) 47530	其中:正高级 33
办公电话 0599-5136288	教学、科研仪器设备资产值(万元) 5878.65	副高级 140
传真电话 0599-5136076		中级 238
校园(局域)网域名 www.wuyiu.edu.cn	在校生数(人) 15853	初级 109
	其中:普通本科 7332	未定职级 55
电子信箱 web@wuyiu.edu.cn	普通专科 6306	

本科专业 茶学、电子信息工程、高分子材料与工程、工程造价、广播电视编导、国际经济与贸易、汉语言文学、化学工程与工艺、环境工程、机械设计制造及其自动化、计算机科学与技术、旅游管理、美术学、生物工程、食品质量与安全、数学与应用数学、通信工程、土木工程、微电子学、物流管理、小学教育、信息与计算科学、学前教育、艺术设计、英语

专科专业 表演艺术、财务管理、电气自动化技术、工程造价、国际导游、国际经济与贸易、环境监测与治理技术、环境艺术设计、会计电算化、机电一体化技术、计算机信息管理、计算机应用技术、建筑工程技术、建筑设计技术、金融保险、连锁经营管理、旅游管理、模具设计与制造、商务管理、生物技术及应用、食品加工技术、市场营销、数控技术、通信技术、物流管理、学前教育、艺术设计、应用化工技术、应用日语、应用英语

院系设置
茶与生物系、人文与教师教育学院、商学院、旅游与管理系、艺术系、教育科学系、数学与计算机系、电子工程系、环境与建筑工程系、信息学院、动漫学院、思想政治理论课教学部、继续教育学院

定期公开出版的专业刊物 《武夷学院学报》、《武夷学院报》

学校设立奖学金情况
学校设立奖学金5项,奖励总金额255.86余万元。奖学金最高金额8000元/年,最低金额300元/年。

学校历史沿革
学校创办于1958年称南平师专科学校,1962年福州师专并入我校升格为南平师范学院(本科),1963年迁往漳州组福建第二师范学院,1978年复办称建阳专科学校,1980改名南平师范专科学校,1985年依托学校创办南平职业大学,1991年南平职业大学并入,学校开始成为一所综合性高等学校,1994年改名南平师范高等专科学校,2005年4月教育部批准为武夷学院(筹),2007年3月教育部批准为武夷学院(本科)。

宁德师范学院

学校(机构)标识码 4135010398	电子信箱 ndszxb@126.com	普通专科 4975
学校办学类型 412:本科院校:学院	占地面积(平方米) 840453	成人专科 248
学校性质类别 06 师范院校	校舍建筑面积(平方米) 261432	专任教师(人) 361
学校举办者 821 地级教育部门	图书(万册) 53	其中:正高级 28
学校地址 宁德市东侨区学院路1号	固定资产总值(万元) 47870.44	副高级 83
邮政编码 352100	教学、科研仪器设备资产值(万元) 3336.27	中级 177
办公电话 0593-2954127		初级 38
传真电话 0593-2954127	在校生数(人) 6743	未定职级 35
校园(局域)网域名 www.ndsy.cn	其中:普通本科 1520	

本科专业 电气工程及其自动化、汉语言文学、化学、计算机科学与技术、生物技术、生物科学、数学与应用数学、思想政治教育、体育教育、英语、应用化学

专科专业 初等教育、电机与电器、电子信息工程技术、发电厂及电力系统、法律事务、工商企业管理、公共事务管理、化学教育、环境监测与治理技术、环境艺术设计、会计电算化、计算机教育、计算机应用技术、建筑工程技术、酒店管理、旅游管理、美术教育、人力资源管理、生物技术类、生物教育、食品营养与检测、数学教育、思想政治教育、体育教育、文秘、物理教育、物流管理、新闻采编与制作、学前教育、英语教育、应用化工技术、应用日语、应用英语、语文教育、装潢艺术设计

院系设置
中文系、外语系、经济管理系、数学系、物理与电气工程系、化学与环境科学第、生物工程系、体育系、法律系、教育系、计算机与信息管理系、管理与工程系、成人教育部

学校设立奖学金情况
奖学金4项,奖励总金额229余万元,奖励最高金额8000元/年,最低金额200元/年。

学校历史沿革

学校前身为创建于1958年的福安师范专科学校,1978年复办时定名为宁德师范专科学校,1994年更名为宁德师范高等专科学校,2010年3月18日,经教育部批准,升格为宁德师范学院。

泉州师范学院

学校(机构)标识码 4135010399	电子信箱 nic@qztc.edu.cn	成人本科 1135
学校办学类型 412:本科院校:学院	占地面积(平方米) 790511	成人专科 209
学校性质类别 06 师范院校	校舍建筑面积(平方米) 374289	留学生 5
学校举办者 821 地级教育部门	图书(万册) 124.6	专任教师(人) 893
学校地址 福建省泉州市丰泽区东海街道	固定资产总值(万元) 86659.57	其中:正高级 104
	教学、科研仪器设备资产值(万元) 13187.47	副高级 233
邮政编码 362000	在校生数(人) 19469	中级 343
办公电话 0595-22783038	其中:普通本科 13396	初级 159
传真电话 0595-22796091	普通专科 4724	未定职级 54
校园(局域)网域名 www.qztc.edu.cn		

本科专业 材料化学、地理科学、地理信息系统、电子商务、电子商务(闽台合作)、电子信息科学与技术、动画、动画(闽台合作)、对外汉语、服装设计与工程、公共事业管理、广播电视新闻学、广告学、广告学(闽台合作)、国际经济与贸易、国际经济与贸易(外贸会计方向)、汉语言文学、汉语言文学(高级文员方向)、化学、化学工程与工艺、环境科学(环境工程与管理方向)、环境科学(景观规划设计方向)、计算机科学与技术、教育技术学、教育技术学(数字媒体方向)、经济学、经济学(闽台合作)、历史学、历史学(旅游文化方向)、历史学(文化与博物馆方向)、美术学、美术学(雕塑方向)、美术学(书法教育方向)、嵌入式系统开发方向、软件开发方向、社会体育、生物技术、生物科学、生物科学(食品质量与安全)、市场营销、数学与应用数学、数字媒体方向、思想政治教育、特殊教育、体育教育、体育教育(特殊体育方向)、通信工程、通信工程(闽台合作)、网络技术方向、舞蹈学、物理学、物流管理、小学教育、信息管理与信息系统、信息与计算科学、学前教育、艺术教育、艺术设计、艺术设计(闽台合作)、音乐学、音乐学(南音方向)、音乐学(音乐表演方向)、英语、英语(经贸方向)、英语(英日双语方向)、应用化学(药学方向)、应用心理学、资源环境与城乡规划管理(房地产资源环境与城乡规划管理)旅游开

专科专业 web应用开发、初等教育、初等教育(理科方向)、初等教育(文科方向)、初等教育(英语方向)、电脑艺术设计、动漫设计与制作、国际商务、计算机办公应用、计算机多媒体技术、计算机网络技术、计算机游戏开发、可视化程序设计、旅游管理、美术教育、汽车检测与维修技术、软件技术、商务日语、商务英语、数据库管理与开发、图形图像制作、网络构建、网络系统管理、学前教育、学前教育(英语方向)、学前教育(早教方向)、艺术教育、艺术教育(学前方向)、音乐教育、英语教育、装潢艺术设计(服装设计方向)、装潢艺术设计(广告设计方向)

院系设置

政治与社会发展学院、文学与传播学院、外国语学院、数学与计算机科学学院、物理与信息学院、化学与生命科学学院、资源与环境科学学院、教育科学学院、音乐与舞蹈学院、美术与设计学院、体育学院、陈守仁工商信息学院、应用科技学院、继续教育学院等15个二级学院

国家级、省部级研究机构设置

1. 实验室:1个(福建省高等学校分子生物与药物化学重点实验室)

2. 研究中心(所):1个(福建省高校人文社会科学研究基地泉州师范学院闽南文化生态研究中心)

定期公开出版的专业刊物 《泉州师范学院学报》

学校设立奖学金情况

学校设立奖学金9项,奖励总金额1372.565元。奖学金最高金额8000元/年,最低金额250元/人。

1. 国家奖学金:30人/年,8000元/人
2. 国家励志奖学金 530人/年,5000元/人
3. 贤銮奖学金:50人/年,1000元/人
4. 千墅奖学金:30人/年,2000元/人
5. 成功寒窗奖学金:25人/年,2000元/人
6. 优秀学生奖学金:8152人/年,一等奖学金750元/人;二等奖学金500元/人;三等奖学金300元/人;社会工作奖学金300元/人
7. 师范生助学金:9141人/年,250元/人
8. 春节慰问金:100人/年,500元/人
9. 校友奖教基金会奖学金:35人/年,2000元/人

学校历史沿革

泉州师范学院前身是泉州大学所属的师范学院,1958年9月创办,10月改名为泉州师范专科学校。1960年升格为泉州师范学院,1963年秋并入福建第二师范学院。1978年4月复办,名为晋江地区师范学院大专班,1981年7月21日经国务院批准正式成立泉州师范专科学校。1994年3月24日改为泉州师范高等专科学校。1998年8月20日经福建省人民政府批准泉州师范高等专科学校、泉州教育学院、泉州师范学校三所学校合并,组建新的泉州师范高等专科学校,2000年3月21日经国务院教

育部批准在泉州师范高等专科学校的基础上建立泉州师范学校。2001年12月,福建南安师范学校并入泉州师范学院。2005年4月,泉州师范学院通过国家教育部本科教学水平评估。

漳州师范学院

学校(机构)标识码　4135010402
学校办学类型　412:本科院校:学院
学校性质类别　06 师范院校
学校举办者　811 省级教育部门
学校地址　漳州市芗城区县前直街36号
邮政编码　363000
办公电话　0596-2527105
传真电话　0596-2527105
校园(局域)网域名　www.fjzs.edu.cn
电子信箱　fgc@fjzs.edu.cn
占地面积(平方米)　1154577
校舍建筑面积(平方米)　416021
图书(万册)　181.5
固定资产总值(万元)　61254
教学、科研仪器设备资产值(万元)　11798
在校生数(人)　21661
其中:普通本科　20286
成人本科　660
成人专科　159
硕士研究生　556
专任教师(人)　1050
其中:正高级　114
副高级　290
中级　507
初级　95
未定职级　44

本科专业　编辑出版学、财务管理、电气工程及其自动化、电气信息类、电子信息工程、电子信息科学与技术、对外汉语、法学、法学类、工商管理类、广播电视编导、广播电视新闻学、广告学、国际经济与贸易、汉语言文学、化学、化学类、环境科学、环境科学类、计算机科学与技术、教育技术学、经济学、经济学类、科学教育、劳动与社会保障、历史学、历史学类、旅游管理、美术学、人力资源管理、人文教育、日语、社会工作、社会体育、生物科学、食品科学与工程、市场营销、数学类、数学与应用数学、思想政治教育、体育教育、统计学、外国语言文学类、网络工程、物理学、小学教育、心理学、新闻传播学类、信息管理与信息系统、信息与计算科学、学前教育、音乐学、英语、应用化学、园林、园艺、政治学与行政学、中国语言文学类

硕士专业　分析化学、汉语言文字学、基础数学、计算机应用技术、教育、课程与教学论、马克思主义基本原理、马克思主义中国化研究、思想政治教育、文艺学、应用数学、应用心理学、中国古代文学

院系设置
中国语言文学系、新闻传播系、外国语言文学系、政治法律系、历史与社会学系、管理科学系、数学与信息科学系、物理与电子信息工程系、化学与环境科学系、计算机科学与工程系、教学科学与技术系、体育系、经济学系、生物科学与技术系、艺术系、成人教育学院、海外教育学院

定期公开出版的专业刊物　《漳州师范学院学报》(哲社版)、《漳州师范学院学报》(自然版)、《闽台文化交流》

学校设立奖学金情况
学校设立奖学金四项,奖励总金额918.86余万元。奖学金最高金额1300元/年,最低金额100元/年。

学校历史沿革
漳州师范学院原名福建第二师范学院,是一所省属重点建设的本科院校,创办于1963年,1986年更名为漳州师范学院。

福建交通职业技术学院

学校(机构)标识码　4135010866
学校办学类型　415:专科院校:高等职业学校
学校性质类别　02 理工院校
学校举办者　812 省级其他部门
学校地址　福建省福州市仓山区首山路80号
邮政编码　350007
办公电话　0591-83595436
传真电话　0591-83511277
电子信箱　fjjtxy@fjcpc.edu.cn
占地面积(平方米)　409604
校舍建筑面积(平方米)　237142
图书(万册)　80.67
固定资产总值(万元)　23294.73
教学、科研仪器设备资产值(万元)　9436.06
在校生数(人)　13876
其中:普通专科　11942
成人专科　1934
专任教师(人)　598
其中:正高级　5
副高级　164
中级　219
初级　157
未定职级　53

专科专业　WEB应用程序设计、安全技术管理、报关与国际货运、材料成型与控制技术、采购与供应、城市轨道交通工程技术、船舶制造与维修、船机制造与维修、道路工程项目管理、道路桥梁工程技术、电气自动化技术、电子商务、电子信息工程技术、房地产经营与估价、非金属矿开采技术、港口工程技术、港口物流设备与自动控制、工程机械运用与维护、工程监理、工业分

析与检验、管道工程技术、国际航运业务管理、海事管理、焊接技术及自动化、航海技术、环境监测与治理技术、会计与审计、机电一体化技术、基础工程技术、集装箱运输管理、计算机控制技术、计算机网络技术、计算机应用技术、建筑工程技术、建筑装饰工程技术、矿山地质、矿山机电、连锁经营管理、楼宇智能化工程技术、轮机工程技术、煤矿开采技术、模具设计与制造、汽车电子技术、汽车服务与维修、汽车技术服务与营销、汽车检测与维修技术、汽车整形技术、嵌入式系统工程、市政工程技术、图形图像制作、网络系统管理、物流管理、营销与策划、应用日语、应用英语、制冷与冷藏技术、资产评估与管理

院系设置

安全技术与环境工程系、船政学院、道路工程系、机电工程系、建筑工程系、交通经济系、能源工程系、汽车运用工程系、外语系、信息工程系、管理工程系、公共教学部、继续教育部

定期公开出版的专业刊物 《福建交通科学》

学校设立奖学金情况

学校设立奖学金二项,奖励总金额447余万元。奖学金最高金额2000元/人,最低金额800元/人。

学校历史沿革

福建船政交通职业学院于1999年7月经国家教育部批准,由原福建交通学校(1974年创办)、福建船政学校(1866年创办)、福建交通干部学校(1954年创办)、福建公路工程技术学校(1978年创办)等四校合并成立并组建福建交通职业技术学院,2011年6月更名为福建船政交通职业学院。

厦门理工学院

学校(机构)标识码 4135011062	电子信箱 fzgh@xmut.edu.cn	成人本科 1943
学校办学类型 412:本科院校:学院	占地面积(平方米) 977239	成人专科 2077
学校性质类别 02 理工院校	校舍建筑面积(平方米) 369189	留学生 8
学校举办者 821 地级教育部门	图书(万册) 111.6	专任教师(人) 844
学校地址 福建省厦门市集美区理工路600号	固定资产总值(万元) 120390	其中:正高级 74
	教学、科研仪器设备资产值(万元) 21933	副高级 200
邮政编码 361024	在校生数(人) 22733	中级 353
办公电话 0592-6291708	其中:普通本科 14440	初级 164
传真电话 0592-6291708	普通专科 4265	未定职级 53
校园(局域)网域名 www.xmut.edu.cn		

本科专业 材料成型及控制工程、财务管理、财务管理(理财)、财务管理(投资学)、测绘工程、车辆工程、车辆工程(汽车电子)、电气工程及其自动化、电子封装技术、电子商务、电子信息工程、对外汉语、服装设计与工程、服装设计与工程(表演-小模)、服装设计与工程(模特与空乘)、工程管理、工程管理(预决算)、工程力学(结构与试验)、光信息科学与技术(光电)、光信息科学与技术(平板显示)、国际商务、环境工程、会展经济与管理、机械设计制造及其自动化、机械设计制造及其自动化(光电)、计算机科学与技术、计算机科学与技术(商务智能)、计算机科学与技术(物联网)、建筑学、金属材料工程、空间信息与数字技术、汽车服务工程、汽车服务工程(轨道交通)、日语、软件工程、软件工程(金融服务工程)、软件工程(软件服务工程)、商务策划管理、数学与应用数学(金融方向)、数学与应用数学(统计数学)、通信工程、土木工程、网络工程、文化产业管理、文化产业管理(播音与主持)、文化产业管理(酒店管理)、文化产业管理(媒体创意)、文化产业管理(音乐工程)、物流管理、物流管理(工业工程)、信息管理与信息系统、信息与计算科学、艺术设计、艺术设计(数码动画设计)、艺术设计(数字媒体艺术)、英语、自动化

专科专业 动漫设计与制作、给排水工程技术、国际贸易实务、会计、机电一体化技术、计算机网络技术(网络构建技术)、计算机网络技术(网络系统管理)、酒店管理、空中乘务、楼宇智能化工程技术、汽车技术服务与营销、软件技术(web应用开发)、软件技术(多媒体制作)、软件技术(计算机办公应用)、软件技术(可视化程序设计)、软件技术(数据库管理)、软件技术(移动应用开发)、图形图像制作、网络系统管理、物业管理

院系设置

机械工程系、材料科学与工程系、土木工程与建筑系、电子与电气工程系、计算机科学与技术系、环境工程系、数理系、商学系、管理科学系、外语系、文化传播系、设计艺术系、人文社科系、公共体育部、空间信息科学与工程系、继续教育学院、软件工程学院、国际教育学院(筹)、数字创意学院、软件与服务外包学院

国家级、省部级研究机构设置

研究中心(所):福建省高校现代汽车设计与制造技术工程研究中心、福建省高校光电技术重点实验室、福建省高校人文社会科学研究基地—电子商务研究中心、科技部厦门市创新工程师培训基地暨技术创新公共服务平台

定期公开出版的专业刊物 《厦门理工学院校报》

学校设立奖学金情况

学校设立奖学金7项,奖励总金额500余万元。奖学金最高金额6000元/年,最低金额800元/年。

主要校办产业

厦门理工学院产业总公司

学校历史沿革

厦门理工学院前身为鹭江职业大学,创建于1981年10月,2004年5月经教育部批准成立厦门理工学院。

三明学院

学校(机构)标识码　4135011311
学校办学类型　412:本科院校:学院
学校性质类别　01 综合大学
学校举办者　821 地级教育部门
学校地址　福建省三明市三元区荆东路为 25 号
邮政编码　365004
办公电话　0598-8398096
传真电话　0598-8399861
校园(局域)网域名　www.smc.edu.cn
电子信箱　smc@smc.edu.cn
占地面积(平方米)　674833
校舍建筑面积(平方米)　310552
图书(万册)　76.19
固定资产总值(万元)　42027.79
教学、科研仪器设备资产值(万元)　7454.2
在校生数(人)　13855
其中:普通本科　9760
普通专科　2283
成人本科　881
成人专科　931
专任教师(人)　580
其中:正高级　40
　　　副高级　177
　　　中级　185
　　　初级　118
　　　未定职级　60

本科专业　财务管理、电子科学与技术、电子信息工程、动画、工业设计、汉语言文学、化学、化学工程与工艺、环境工程、机械设计制造及其自动化、计算机科学与技术、计算机软件、教育学、景观建筑设计、旅游管理与服务教育、美术学、生物技术、市场营销、数学与应用数学、思想政治教育、体育教育、土木工程、网络工程、物理学、小学教育、学前教育、艺术设计、音乐学、英语、政治学与行政学、资源环境科学

专科专业　初等教育、电子信息工程技术、法律事务、工商企业管理、会计、机械设计与制造、计算机应用技术、建筑工程技术、建筑装饰工程技术、旅游管理、文秘、鞋类设计与工艺、应用英语

院系设置
中文系、政法系、经管学院、外语系、物机学院、化生学院、数信学院、建工学院、艺术学院、体育系、海峡理工学院、海峡动漫学院

国家级、省部级研究机构设置
福建省固定床洁净煤气化工程技术研究中心

定期公开出版的专业刊物　《三明学院学报》

学校设立奖学金情况
设立 2 项奖学金,奖励总额 147 万元,奖学金最高 8000 元/年,最低 500 元/年。

学校历史沿革
三明学院是 2004 年经国家教育部批准设立的全日制省属公办普通本科高等学校,实行省市共建、以市为主的管理体制。学校的前身是三明高等专科学校[2000 年 10 月由三明师范高等专科学校(1978 年创办)、三明职业大学(1983 年创办)、三明师范学校(1958 年复办)合并组建]。

龙岩学院

学校(机构)标识码　4135011312
学校办学类型　412:本科院校:学院
学校性质类别　01 综合大学
学校举办者　821 地级教育部门
学校地址　福建省龙岩市新罗区东肖北路 1 号
邮政编码　364012
办公电话　0597-2793053
传真电话　0597-2797975
校园(局域)网域名　lyun.edu.cn
电子信箱　xb@lyun.edu.cn
占地面积(平方米)　706220
校舍建筑面积(平方米)　274556
图书(万册)　64.98
固定资产总值(万元)　29686.33
教学、科研仪器设备资产值(万元)　6906.51
在校生数(人)　9681
其中:普通本科　7472
普通专科　1065
成人本科　452
成人专科　692
专任教师(人)　485
其中:正高级　29
　　　副高级　138
　　　中级　179
　　　初级　139

本科专业　材料科学与工程、采矿工程、测绘工程、地质工程、电子信息工程、动物科学、动物医学、对外汉语、公共事业管理、广播电视新闻学、国际经济与贸易、汉语言文学、化学、机械设计制造及其自动化、计算机科学与技术、美术学、日语、软件工程、生物技术、生物科学、市场营销、数学与应用数学、体育教育、物理学、物理学类新专业、心理学、信息与计算科学、学前教育、音乐表演、音乐学、英语、应用化学

专科专业　初等教育、电气自动化技术、机电一体化技术、矿山机电、旅游管理、商务英语、室内设计技术、应用日语、应用英语

院系设置
文学与传媒学院、外国语学院、物理与机电工程学院、数学

与计算机科学学院、经济与管理学院、化学与材料学院、教育科学学院、生命科学学院、资源工程学院、体育系、艺术系

定期公开出版的专业刊物 《龙岩学院学报》

学校设立奖学金情况

学校设立奖学金2项,奖励总金额216.82余万元。奖学金最高金额3000元/年,最低金额500元/年。

学校历史沿革

创办于1958年,1962年经济调整时下马;1975年复办一个数学专业班,1977年正式复办,定名为龙岩范大专班,附设在龙岩师范学校;1980年新迁到龙岩市北门凤凰山麓;1983年12月经福建省人民政府批准,复名为龙岩师范专科学校;1994年5月至2004年4月为龙岩师范高等专科学校;2001年夏,与原福建省资源工业学校合并;2004年5月19日教育部批准正式成为本科院校,更名为龙岩学院,同年9月挂牌;2007年5月,以优异成绩获得学士学位授予权。

福建商业高等专科学校

学校(机构)标识码　4135011313
学校办学类型　414:专科院校:高等专科学校
学校性质类别　08 财经院校
学校举办者　811 省级教育部门
学校地址　福建省福州市鼓楼区黄埔19号
邮政编码　350012
办公电话　0591-87721030
传真电话　0591-83517313
校园(局域)网域名　www.fjcc.edu.cn
电子信箱　szxb@126.com
占地面积(平方米)　689678
校舍建筑面积(平方米)　163005
图书(万册)　59
固定资产总值(万元)　19426
教学、科研仪器设备资产值(万元)　3208
在校生数(人)　10525
其中:普通专科　7993
　　　成人专科　2532
专任教师(人)　344
其中:正高级　7
　　　副高级　87
　　　中级　102
　　　初级　142
　　　未定职级　6

专科专业　电子商务、动漫设计与制作、服装设计、工商企业管理、广告设计与制作、广告与装潢设计、国际贸易实务、国际商务、会计电算化、会计与审计、会展策划与管理、计算机应用技术、金融保险、经济信息管理、酒店管理、连锁经营管理、楼宇智能化工程技术、旅行社经营管理、旅游工艺品设计与制作、旅游管理、嵌入式技术与应用、人力资源管理、商务英语、市场营销、税务、文秘、物流管理、物业管理、新闻采编与制作、应用日语、应用英语、主持与播音

院系设置

会计系、经济贸易系、工商管理系、商业美术系、外语系、新闻传播系、旅游系、信息管理工程系、基础部、思政部

定期公开出版的专业刊物　《福建商业高等专科学校学报》

学校设立奖学金情况

学校设立奖学金8项,奖学金最高金额8000元/年,最低金额300元/年。

学校历史沿革

1906年福建青年会书院,1949年更名为福建省福州商业学校,1960年更名为福建财贸学校,1974年更名为福建省商业学校,1984年经福建省人民政府批准升格为福建商业专科学校,1993年更名为福建商业高等专科学校,2001年福建省人民政府批准福建商业干部学校并入福建商业高等专科学校,校名不变。

漳州职业技术学院

学校(机构)标识码　4135011314
学校办学类型　415:专科院校:高等职业学校
学校性质类别　02 理工院校
学校举办者　821 地级教育部门
学校地址　福建省漳州市马鞍山路一号
邮政编码　363000
办公电话　0596-2660262
传真电话　0596-2594339
校园(局域)网域名　www.fjzzy.org
电子信箱　zzzybgs@126.com
占地面积(平方米)　694504
校舍建筑面积(平方米)　205621
图书(万册)　83.67
固定资产总值(万元)　40369.37
教学、科研仪器设备资产值(万元)　11027
在校生数(人)　13846
其中:普通专科　13572
　　　成人专科　274
专任教师(人)　610
其中:正高级　12
　　　副高级　152
　　　中级　209
　　　初级　229
　　　未定职级　8

专科专业　城市燃气工程技术、城市园林、出版与电脑编辑技术、电气自动化技术、电子商务、电子信息工程技术、房地产经营与估价、高聚物生产技术、给排水工程技术、工程测量技术、工程造价、公共事务管理、广告设计与制作、国际经济与贸易、国际

商务、焊接技术及自动化、航空服务、环境监测与评价、环境监测与治理技术、环境艺术设计、会计电算化、机电设备维修与管理、机电一体化技术、机械设计与制造、计算机多媒体技术、计算机辅助设计与制造、计算机控制技术、计算机网络技术、计算机信息管理、计算机应用技术、建筑工程管理、建筑工程技术、建筑设备工程技术、建筑装饰工程技术、经济管理、经济信息管理、连锁经营管理、楼宇智能化工程技术、旅游管理、模具设计与制造、汽车技术服务与营销、汽车检测与维修技术、汽车运用技术、人力资源管理、软件技术、商检技术、商务英语、涉外旅游、生物技术及应用、食品加工技术、市场营销、市政工程技术、室内设计技术、数控技术、投资与理财、文化市场经营与管理、文秘、物流管理、物业管理、新闻采编与制作、液晶显示与光电技术、艺术设计、影视动画、应用电子技术、应用化工技术、应用日语、应用英语、有机化工生产技术、园林技术、园艺技术

院系设置
电子工程系、建筑工程系、食品与生物工程系、人文社科与艺术系、经济管理系、计算机工程系、机械与自动化工程系、应用外国语系、旅游与酒店管理系

定期公开出版的专业刊物 《漳州职业技术学院学报》
学校设立奖学金情况
学校设立奖学金1项,奖励总金额211余万元。奖学金最高金额800元/年,最低300元/年。
主要校办产业
漳州职业技术学院汽车驾驶员教练所
学校历史沿革
漳州职业技术学院前身为创办于1984年的漳州职业大学,2002年4月经省人民政府批准,漳州职业大学与漳州农业机械学校合并,更名为漳州职业技术学院,2007年10月被教育部、财政部确定为国家示范性高等职业院校建设计划立项单位,2010年6月通过国家级验收。

闽西职业技术学院

学校(机构)标识码 4135011315	传真电话 0597-2778190	在校生数(人) 7230
学校办学类型 415:专科院校:高等职业学校	校园(局域)网域名 www.mxdx.net	其中:普通专科 5906
	电子信箱 mxzybgs@126.com	成人专科 1324
学校性质类别 01 综合大学	占地面积(平方米) 333330	专任教师(人) 486
学校举办者 821 地级教育部门	校舍建筑面积(平方米) 248730	其中:正高级 2
学校地址 福建省龙岩市新罗区曹溪闽大路8号	图书(万册) 59.87	副高级 103
	固定资产总值(万元) 21998.21	中级 183
邮政编码 364021	教学、科研仪器设备资产值(万元) 5299.48	初级 164
办公电话 0597-2751294		未定职级 34

专科专业 材料工程技术、电气自动化技术、电子商务、电子信息工程技术、法律事务、给排水工程技术、工程造价、工商企业管理、广告设计与制作、环境监测与治理技术、环境艺术设计、会计电算化、机电一体化技术、计算机网络技术、计算机应用技术、建筑工程技术、建筑设备工程技术、建筑装饰工程技术、金融保险、酒店管理、旅游管理、模具设计与制造、人力资源管理、商务日语、商务英语、食品营养与检测、市场营销、数控技术、文秘、物流管理、移动通信技术、艺术设计、应用电子技术、应用化工技术、应用英语、园林技术、园艺技术

院系设置
文化传播系、经济系、旅游系、外语系、资源工程系、土木建筑工程系、计算机系、机械工程系、电气工程系、化学工程系

定期公开出版的专业刊物 《闽西职业技术学院学报》
学校设立奖学金情况
学院设立奖学金四项,奖励总金额161.67万元。奖学金最高金额900元/年,最低金额150元/年。
学校历史沿革
闽西职业技术学院是经福建省人民政府批准设置、教育部备案的公办全日制普通高校,是福建省示范性高等职业院校、全国建设行业技能型紧缺人才培养培训院校、国家示范性建设骨干高职院校。学院创办于1983年,前身为闽西职业大学,2004年2月,经福建省人民政府批准,更名为闽西职业技术学院。

黎明职业大学

学校(机构)标识码 4135011317	学校举办者 821 地级教育部门	办公电话 0595-22900160
学校办学类型 415:专科院校:高等职业学校	学校地址 福建省泉州市丰泽区通港西街298号	传真电话 0595-22900726
		校园(局域)网域名 lmu.cn
学校性质类别 01 综合大学	邮政编码 362000	电子信箱 lmu@lmu.cn

占地面积(平方米) 419580		4532.72	其中:正高级 8
校舍建筑面积(平方米) 195094	在校生数(人) 10349	副高级 106
图书(万册) 52.5	其中:普通专科 8849	中级 230
固定资产总值(万元) 25149	成人专科 1500	初级 75
教学、科研仪器设备资产值(万元)	专任教师(人) 425	未定职级 6

专科专业 报关与国际货运、产品造型设计、电子商务、动漫设计与制作、服装设计、高分子材料加工技术、工程监理、工程造价、工商企业管理、工业设计、国际商务、会计电算化、会计与审计、机电一体化技术、机械设计与制造、计算机网络技术、计算机信息管理、计算机应用技术、建筑工程技术、建筑设备工程技术、建筑设计技术、建筑装饰工程技术、金融管理与实务、旅游管理、旅游英语、模具设计与制造、嵌入式技术与应用、人力资源管理、商务经纪与代理、商务日语、商务英语、社区管理与服务、生产过程自动化技术、市场营销、通信技术、文秘、物流管理、鞋类设计与工艺、新闻采编与制作、信息传播与策划、艺术设计、应用电子技术、应用化工技术、应用英语

院系设置
土木建筑工程系、经济贸易系、工商管理系、人文社科系、计算机与信息工程系、外语系、机电工程系、轻纺工程系

定期公开出版的专业刊物 《黎明职业大学学报》

学校设立奖学金情况
学校设立奖学金10项,奖励总金额251余万元。奖学金最高金额8000元/年最低金额100元/年。

学校历史沿革
黎明职业大学(简称黎明大学)是1984年经福建省人民政府批准,并报教育部备案,由海外华侨华人集资创建,泉州市人民政府主管的全日制高等职业院校。1981年,梁披云先生和黎明师友在黎明高中的旧址创办了黎明学园。1984年,创办黎明职业大学。1997年学校开始向新校区迁入,2000年全部迁入新校区。

福建警察学院

学校(机构)标识码 4135011495	校园(局域)网域名 www.fjpsc.edu.cn	普通专科 752
学校办学类型 412:本科院校:学院	占地面积(平方米) 339500	成人本科 351
学校性质类别 09 政法院校	校舍建筑面积(平方米) 154975	成人专科 137
学校举办者 812 省级其他部门	图书(万册) 63.3	专任教师(人) 218
学校地址 福建省福州市仓山区首山路59号	固定资产总值(万元) 34550	其中:正高级 23
	教学、科研仪器设备资产值(万元) 8168	副高级 104
邮政编码 350007		中级 86
办公电话 0591-83411747	在校生数(人) 4053	初级 4
传真电话 0591-83411747	其中:普通本科 2813	未定职级 1

本科专业 法学、行政管理、经济犯罪侦查、刑事科学技术、侦查学、治安学

专科专业 公共事务管理、计算机网络与安全管理、摄影摄像技术、文秘

院系设置
刑事侦查 治安管理、公安管理、刑事科学技术、法学、计算机与信息管理、警察战术、刑事执行

国家级、省部级研究机构设置
犯罪学研究所

定期公开出版的专业刊物 《社会公共安全研究》

学校设立奖学金情况
学校设立奖学金一项、奖励总金额60余万元。奖学金最高金额1000元/年。最低200元/年。

主要校办产业
汽车培训学校

学校历史沿革
1949年8月成立福建警务干部学校,1950年8月更名为福建省公安干部学校,1984年10月创建福建公安专科学校,2004年4月经教育部批准定名为福建公安高等专科学校,2007年5月经教育部批准组建福建警察学院。

莆田学院

学校(机构)标识码 4135011498	学校性质类别 01 综合大学	学校地址 莆田城厢区学园中街1133号
学校办学类型 412:本科院校:学院	学校举办者 821 地级教育部门	

邮政编码 351100	图书(万册) 94.7	成人本科 960
办公电话 0594-2692440	固定资产总值(万元) 59904.67	成人专科 529
传真电话 0594-2692367	教学、科研仪器设备资产值(万元)	专任教师(人) 702
校园(局域)网域名 www.ptu.edu.cn	8854.52	其中:正高级 64
电子信箱 ptumsk@126.com	在校生数(人) 14819	副高级 233
占地面积(平方米) 750003	其中:普通本科 11158	中级 280
校舍建筑面积(平方米) 342851	普通专科 2172	初级 125

本科专业 财务管理、测控技术与仪器、电子信息工程、工程管理、工程造价、公共事业管理、广告学、汉语言文学、护理学、环境工程、会计学、计算机科学与技术、临床医学、旅游管理、美术学、人力资源管理、日语、生物技术、市场营销、数学与应用数学、体育教育、通信工程、土木工程、新闻学、信息与计算科学、药学、艺术设计、音乐学、英语、应用化学、资源环境与城乡规划管理

专科专业 电气自动化技术、护理、机电一体化技术、建筑装饰工程技术、临床医学、信息安全技术、药学、医学影像技术、助产

院系设置
现有管理学院、医学院、汉语言文学系、数学系、外国语言文学系、环境与生命科学系、电子信息工程学系、土木建筑工程学系、体育系、艺术系、海峡学院、社会科学基础部、成人教育学院等13个教学院、系、部

国家级、省部级研究机构设置
1. 实验室:福建省高校应用数学重点实验室、福建省高校生态环境及其信息图谱重点实验室、福建省高校枇杷种质资源创新与利用重点实验室(培育)
2. 研究中心(所):福建省高校CAD/CAM工程研究中心(培育)、福建省高校妈祖文化研究中心、福建省宗教文化理论研究基地

定期公开出版的专业刊物 《莆田学院学报》

学校设立奖学金情况
学校设立奖学金2项,奖励总金额319.97余万元。奖学金最高金额10000元/年,最低金额200元/年。

学校历史沿革
莆田学院是2002年3月经教育部批准,在原莆田高等专科学校和福建医科大学莆田分校合并基础上,吸收利用莆田华侨体育师范学校教育资源建立的全日制普通本科大学,由福建省政府领导和管理,实行省市共建、以市为主的办学体制。

福建华南女子职业学院

学校(机构)标识码 4135011499	校园(局域)网域名 www.hnwomen.com.cn	在校生数(人) 2765
学校办学类型 415:专科院校:高等职业学校		其中:普通专科 2667
	电子信箱 bgs@hnwomen.com.cn	成人专科 98
学校性质类别 08 财经院校	占地面积(平方米) 3878	专任教师(人) 148
学校举办者 999 民办	校舍建筑面积(平方米) 2448	其中:正高级 12
学校地址 福州市闽侯上街大学城学府南路66号	图书(万册) 22.97	副高级 29
	固定资产总值(万元) 14596.01	中级 61
邮政编码 350108	教学、科研仪器设备资产值(万元)	初级 21
办公电话 0591-87429988	830.9	未定职级 25
传真电话 0591-87429985		

专科专业 多媒体设计与制作、服装设计、公共事务管理、国际经济与贸易、会展策划与管理、家政服务、酒店管理、老年服务与管理、商务经纪与代理、商务英语、涉外旅游、食品营养与检测、鞋类设计与工艺、学前教育、艺术设计、应用英语

院系设置
外语外贸系、服饰艺术系、生活科学系、现代管理系

学校设立奖学金情况
学校设立奖学金3项,奖励总金额1.4余万元。奖学金最高金额1000元/年,最低金额1000元/年。

主要校办产业
福州华女家政公司

学校历史沿革
1984年11月福建华南女子职业学院成立,1985年福建华南女子职业学院首次招生。

福州职业技术学院

学校(机构)标识码 4135011502
学校办学类型 415:专科院校:高等职业学校
学校性质类别 01 综合大学
学校举办者 821 地级教育部门
学校地址 福建省福州大学城源阳路
邮政编码 350108
办公电话 0591-83760300
传真电话 0591-83760300
校园(局域)网域名 www.fvti.cn
电子信箱 bgs@fvti.cn
占地面积(平方米) 381938
校舍建筑面积(平方米) 129700
图书(万册) 45.71
固定资产总值(万元) 26596.31
教学、科研仪器设备资产值(万元) 4323.79
在校生数(人) 9022
其中:普通专科 5964
　　　成人专科 3058
专任教师(人) 296
其中:正高级 3
　　　副高级 78
　　　中级 152
　　　初级 53
　　　未定职级 10

专科专业 城市轨道交通车辆、城市轨道交通运营管理、导游、电子商务、房地产经营与估价、广告设计与制作、国际商务、会计电算化、会展策划与管理、机电设备维修与管理、计算机网络技术、计算机系统维护、计算机应用技术、建筑工程管理、金融保险、楼宇智能化工程技术、旅游管理、模具设计与制造、汽车运用技术、软件技术、商务日语、商务英语、市场营销、数控技术、通信技术、投资与理财、文秘、物流管理、新闻采编与制作、信息安全技术、艺术设计、影视动画、应用电子技术

院系设置
技术工程系、计算机系、管理系、人文社科系、经济系、公共基础部、应用外语系、商贸系、继续教育中心 专业:汽车运用技术、城市轨道交通车辆、城市轨道交通运营管理、精细化学品生产技术、楼宇智能化工程技术、建筑工程管理、工程造价、房地产经营与估价、数控技术、模具设计与制造、机电设备维修与管理、计算机应用技术、计算机网络技术、计算机系统维护、网络系统管理、软件技术、应用电子技术、通信技术、金融保险、投资与理财、会计电算化、国际商务、市场营销、电子商务、商务管理、物流管理、旅游管理、导游、公共事务管理、商务英语、商务日语、文秘、艺术设计、广告设计与制作、影视动画、新闻采编与制作、会展策划与管理(闽)

国家级、省部级研究机构设置
研究所(中心):高等职业教育研究所、礼仪研究所、启航软件工作室、星客动漫工作室、自动化研究所、翻译实践工作室

定期公开出版的专业刊物 《高职研究》(季刊、省内刊)、《高职教育资讯》(季刊、信息资料刊物)

学校设立奖学金情况
1. 学校设立奖学金四项,奖励总金额53.37万元。奖学金最高金额1500元/年,最低金额100元/年。
(1)一等奖学金:81人,每人1500元;
(2)二等奖学金:158人,每人800元;
(3)三等奖学金:470人,每人500元;
(4)单项奖学金:470人,奖金100-400元/人。
2. 国家奖学金、励志奖学金,奖励总金额75.7万元。
(1)国家奖学金:4人,每人8000元;
(2)励志奖学金:145人,每人5000元。

毕业生一次就业率 99.3%

学校历史沿革
2002年4月13日,福建省人民政府正式下文同意在合并福州业余大学、福州工人业余大学、整合福建广播电视大学福州分校的基础上,建立福州职业技术学院。2004年1月福州商业学校并入我院。

仰恩大学

学校(机构)标识码 4135011784
学校办学类型 411:本科院校:大学
学校性质类别 08 财经院校
学校举办者 999 民办
学校地址 福建省泉州市洛江区马甲镇
邮政编码 362014
办公电话 0595-22082001
传真电话 0595-22082017
校园(局域)网域名 www.yeu.edu.cn
电子信箱 yeuxb@mail.yeu.cn
占地面积(平方米) 86234
校舍建筑面积(平方米) 36870
图书(万册) 123.8
固定资产总值(万元) 132376
教学、科研仪器设备资产值(万元) 9412.68
在校生数(人) 12839
其中:普通本科 12839
专任教师(人) 662
其中:正高级 60

| 副高级 | 139 | 初级 | 273 | 未定职级 | 20 |
| 中级 | 170 | | | | |

本科专业 保险、财务管理、财政学、电气工程及其自动化、电子信息工程、对外汉语、法学、工商管理、公共事业管理、广播电视新闻学、广告学、国际经济与贸易、汉语言文学、行政管理、会计学、计算机科学与技术、金融学、经济学、人力资源管理、社会工作、审计学、市场营销、数学与应用数学、通信工程、统计学、网络工程、文化产业管理、物流管理、新闻学、信息管理与信息系统、信息与计算科学、英语、哲学

院系设置
计算机与信息学院、经济学院、管理学院、人文学院、外国语学院、政法学院、数学系、体育教研部、文艺教研部

定期公开出版的专业刊物 《学术问题研究》

学校设立奖学金情况
学校设立奖学金2项,奖励总金额30余万元。奖学金最高金额2000元/年,最低金额400元/年。
1. 吴庆星奖学金:25人/年,2000元/人;
2. 仰恩奖学金:475人/年,一等奖学金1000元/人,二等奖学金700元/人,三等奖学金400元/人。

学校历史沿革
仰恩大学前身为华侨大学仰恩学院,创建于1987年;1988年9月至1989年9月华侨大学仰恩学院;1989年9月至1992年3月更名为仰思学院;1992年3月至1994年6月更名为仰恩大学(公立);1994年7月至今改制为仰恩大学(私立)。

福建林业职业技术学院

学校(机构)标识码	4135012625	校园(局域)网域名	www.fjlzy.com	其中:普通专科	4847
学校办学类型	415:专科院校:高等职业学校	电子信箱	fjlzy.@fjlzy.com	成人专科	747
		占地面积(平方米)	339479	专任教师(人)	253
学校性质类别	04 林业院校	校舍建筑面积(平方米)	150726	其中:正高级	2
学校举办者	812 省级其他部门	图书(万册)	30.6	副高级	65
学校地址	福建省林业职业技术学院	固定资产总值(万元)	10694	中级	66
邮政编码	353000	教学、科研仪器设备资产值(万元)	2143	初级	99
办公电话	0599-8823074			未定职级	21
传真电话	0599-8832153	在校生数(人)	5594		

专科专业 财务管理、城镇规划、道路桥梁工程技术、工程监理、工程造价、广告设计与制作、会计电算化、机械制造与自动化、计算机应用技术、建筑工程技术、金融与证券、连锁经营管理、林业技术、楼宇智能化工程技术、旅游管理、木材加工技术、森林生态旅游、森林资源保护、商务管理、商务英语、生物技术及应用、食品营养与检测、市场开发与营销、市政工程技术、室内设计技术、数控设备应用与维护、物流管理、新闻采编与制作、园林工程技术、园林技术、园艺技术

院系设置
资源环境系、工程管理系、经济管理系、自动化与信息工程系、人文社科系

国家级、省部级研究机构设置
1. 实验室:国家生物实训基地
2. 研究中心(所):生物技术研发中心

定期公开出版的专业刊物 《福建林业职业技术学院学报》

学校设立奖学金情况
学校设立奖学金7项,奖励总金额422.8157万元,奖学金最高金额8000元/人、年,最低金额100元/年、人。
1. 国家奖学金:3人,8000元/人、年;
2. 国家励志奖学金:135人,5000元/人、年;
3. 国家助学金:868人,其中特困生215人,4000元/人、年;贫困生653人,2500元/人、年;
4. 勤工助学金:2088人,206元/人·年;
5. 学院帮困助学金:125人,其中特等5000元/人、年,一等4000元/人、年,二等3000元/人、年,三等1000元/人、年;
6. 新生入学奖学金:12人,1000元/人、年;
7. 优秀生学院奖学金:1067人,其中一等1000元/人、年,二等600元/人、年,三等300元/人、年,单项奖学金100元/人、年。

学校历史沿革
福建林业职业技术学院前身是福建林业学校,创建于1953年5月,因文化大革命于1969年停办,1974年5月复办,2003年2月经福建省人民政府批准,升格为福建林业职业技术学院。

福建信息职业技术学院

学校(机构)标识码　4135012626
学校办学类型　415：专科院校：高等职业学校
学校性质类别　02 理工院校
学校举办者　811 省级教育部门
学校地址　福建信息职业技术学院
邮政编码　350003
办公电话　0591-87866082
传真电话　0591-87834434
校园(局域)网域名　www.mitu.cn
占地面积(平方米)　148864
校舍建筑面积(平方米)　148836
图书(万册)　37.78
固定资产总值(万元)　21797.22
教学、科研仪器设备资产值(万元)　8545.95
在校生数(人)　9837
其中：普通专科　6970
　　　成人专科　2867
专任教师(人)　359
其中：正高级　13
　　　副高级　102
　　　中级　164
　　　初级　73
　　　未定职级　7

专科专业　地籍测绘与土地管理信息技术、电气自动化技术、电子商务、电子商务(闽台合作)、电子信息工程技术、电子信息类、多媒体设计与制作(数字媒体)、工程管理类、工程造价、光电子技术、光电子技术(闽台合作)、广告设计与制作、国际贸易实务、会计(涉外方向)、机电一体化技术、机械设计制造类、基础工程技术、计算机辅助设计与制造、计算机控制技术、计算机类、计算机网络技术、计算机网络技术(闽台合作)、计算机网络技术(网络技术与信息)、计算机系统维护、建筑工程技术、连锁经营管理、模具设计与制造、模具设计与制造(闽台合作)、软件技术、软件技术(嵌入方向)、商务英语、涉外旅游、数控技术、通信技术、土建施工类、文秘(涉外与公共关系方向)、文秘(速录方向)、物流管理、新闻采编与制作、艺术设计类、影视动画、影视动画(闽台合作)、应用电子技术(智能电子技术)、自动化类

院系设置
电子工程系、建筑工程系、商贸管理系、应用语言系、传媒艺术系，机电工程系、软件工程系、思想政治理论教研部(基础教学部)

定期公开出版的专业刊物　《福建信息技术教育》
学校设立奖学金情况
学校设立奖学金 4 项：国家奖学金、学院奖学金、国家励志奖学金、国家助学金。奖励总金额 482 余万元。奖学金最高金额 1500 元/年，最低金额 300 元/年。

学校历史沿革
根据闽政文[2003]24 号《福建省人民政府关于同意设立福建信息职业技术学院的批复》，同意合并福建电子工业学校、福建工程学校、福建省商业学校，设立福建信息职业技术学院，并于 2003 年 2 月成立。学院为专科层次的普通高等职业学校，以全日制高等专科为主，同时开展各种形式的非学历教育。

福建水利电力职业技术学院

学校(机构)标识码　4135012627
学校办学类型　415：专科院校：高等职业学校
学校性质类别　02 理工院校
学校举办者　812 省级其他部门
学校地址　福建省永安市东门路 199 号
邮政编码　366000
办公电话　0598-3633821
传真电话　0598-3812761
校园(局域)网域名　www.fjsdxy.com
电子信箱　fjsdxy2009@126.com
占地面积(平方米)　414221
校舍建筑面积(平方米)　110413
图书(万册)　28.5
固定资产总值(万元)　11321.24
教学、科研仪器设备资产值(万元)　2345.71
在校生数(人)　4871
其中：普通专科　4708
　　　成人专科　163
专任教师(人)　215
其中：正高级　1
　　　副高级　53
　　　中级　76
　　　初级　50
　　　未定职级　35

专科专业　道路桥梁工程技术、电力系统继电保护与自动化、电气自动化技术、电子商务、电子信息工程技术、发电厂及电力系统、高压输配电线路施工运行与维护、工程测量技术、工程监理、工程造价、供用电技术、光电子技术、机电一体化技术、计算机应用技术、建筑电气工程技术、建筑工程技术、建筑设备工程技术、楼宇智能化工程技术、模具设计与制造、农村电气化技术、三维动画设计、市政工程技术、水电站动力设备与管理、水利水电工程管理、水利水电建筑工程、水文与水资源、通信技术、图形图像制作、文秘、新能源应用技术

院系设置
水利工程系、电气工程系、信息工程系
定期公开出版的专业刊物　《工程技术与职业教育》

学校设立奖学金情况

学校设立奖学金 7 项，奖励总金额 46 余万元。奖学金最高金额 366600/年，最低金额 3000 元/年。

1. 班级文明百分赛奖学金：9310 人/年，3.7 元/人；
2. 综合积分奖学金：1498 人/年，245 元/人；
3. 各类先进奖学金：365 人/年，51 元/人；
4. 五四表彰奖学金：261 人/年，30 元/人；
5. 文明宿舍奖学金：4350 人/年，2.4 元/人；
6. 班级值周奖学金：1417 人/年，2 元/人；
7. 特别奖学金：10 人/年，2000 元/人。

主要校办产业

福建水利电力职业技术学院科技服务公司、永安市华远计算机有限公司

学校历史沿革

莆田私立东山高级职业学校（1929 年 – 1947 年）；莆田私立东山高级土木科职业学校（1947 年 – 1956 年）；福建水利电力学校（1956 年 – 1958 年），1956 年 4 月由省政府接办，改名为福建水利学校，隶属福建省水利局，同年 7 月，学校迁至永安；福建水利电力专科学校（1958 年 – 1959 年）；福建水利电力学院（1960 年 – 1961 年）；福建水利电力专科学校（1962 年 – 1969 年）；福建水利电力学校（1974 年 – 2003 年），1970 年学校停办，1974 年复办；福建水利电力职业技术学院（2003 年 – ），2003 年 2 月经福建省政府批准，组建为福建水利电力职业技术学院。

福建电力职业技术学院

学校（机构）标识码	4135012628
学校办学类型	415：专科院校：高等职业学校
学校性质类别	02 理工院校
学校举办者	812 省级其他部门
学校地址	福建电力职业技术学院
邮政编码	362000
办公电话	0595 – 28005705
传真电话	0595 – 22787307
校园（局域）网域名	www.fjdy.net
电子信箱	fjdlzyjsxy@163.com
占地面积（平方米）	324776
校舍建筑面积（平方米）	145423
图书（万册）	23.69
固定资产总值（万元）	8419.84
教学、科研仪器设备资产值（万元）	3476.53
在校生数（人）	4081
其中：普通专科	3397
成人专科	684
专任教师（人）	180
其中：正高级	4
副高级	46
中级	38
初级	72
未定职级	20

专科专业 电厂热能动力装置、电力工程管理、电力系统自动化技术、电气自动化技术、电子商务、电子信息工程技术、发电厂及电力系统、高压输配电线路施工运行与维护、供用电技术、火电厂集控运行、机电一体化技术、机械制造与自动化、计算机多媒体技术、计算机网络技术、检测技术及应用、建筑电气工程技术、模具设计与制造、农村电气化技术、市场营销、数控技术、物流管理、应用电子技术

院系设置

电力工程系、机电工程系、信息工程系、自动化工程系、管理工程系

学校设立奖学金情况

学院设立奖学金 3 项，奖励总金额 58 余万元。奖学金最高金额 1200 元/年，最低金额 400 元/年。

学校历史沿革

学院在原国家级重点中专泉州电力学校的办学基础上成立，创建于 1984 年。

厦门海洋职业技术学院

学校（机构）标识码	4135012629
学校办学类型	415：专科院校：高等职业学校
学校性质类别	03 农业院校
学校举办者	812 省级其他部门
学校地址	厦门海洋职业技术学院
邮政编码	361100
办公电话	0592 – 7769308
传真电话	0592 – 7769309
校园（局域）网域名	www.xmoc.cn
电子信箱	xmoc@xmoc.cn
占地面积（平方米）	474745
校舍建筑面积（平方米）	172950
图书（万册）	33.8
固定资产总值（万元）	20726
教学、科研仪器设备资产值（万元）	4680
在校生数（人）	7974
其中：普通专科	7195
成人专科	779
专任教师（人）	360
其中：正高级	1
副高级	78
中级	146
初级	130
未定职级	5

专科专业 报关与国际货运、船舶检验、电子信息工程技术、港口业务管理、工商企业管理、光电子技术、国际航运业务管理、国际金融、国际商务、航海技术、机电一体化技术、计算机辅助设计与制造、计算机信息管理、轮机工程技术、旅游管理、模具设计与制造、商检技术、商务日语、商务英语、食品加工技术、食品营养与检测、数控技术、水产养殖技术、水环境监测与保护、水族科学与技术、通信技术、图形图像制作、物流管理、制冷与冷藏技术

院系设置

航海技术系、生物技术系、信息技术系、工商管理系、机电工程系、基础部

学校设立奖学金情况

学校设立奖学金2项,奖励总金额140余万元/年。奖学金最高金额1000元/年,最低金额200元/年。

学校历史沿革

2003年2月8日,福建省政府闽政文[2003]29号批准在福建省集美水产学校的办学基础上设立厦门海洋职业技术学院。

福建农业职业技术学院

学校(机构)标识码　4135012630
学校办学类型　415:专科院校:高等职业学校
学校性质类别　03 农业院校
学校举办者　812 省级其他部门
学校地址　福建省福州市南郊相思岭
邮政编码　350119
办公电话　0591-22151608
传真电话　0591-22151656
校园(局域)网域名　www.fjny.com
电子信箱　fjny-dzb@126.com
占地面积(平方米)　444269
校舍建筑面积(平方米)　113256
图书(万册)　31.1
固定资产总值(万元)　10187.1
教学、科研仪器设备资产值(万元)　1695
在校生数(人)　5018
其中:普通专科　5013
　　　成人专科　5
专任教师(人)　216
其中:正高级　2
　　　副高级　52
　　　中级　85
　　　初级　62
　　　未定职级　15

专科专业 畜牧兽医、电子商务、动物防疫与检疫、观光农业、环境监测与治理技术、会计电算化、会计与统计核算、计算机通信、计算机网络技术(动态网页编程)、计算机网络技术(网络安全)、计算机网络技术(网络设计与管理)、计算机应用技术(动漫设计制作)、计算机应用技术(软件测试)、计算机应用技术(软件技术)、计算机应用技术(软件开发)、连锁经营管理、生物技术及应用、食品加工技术、食品生物技术(食品加工)、食品生物技术(食品检验)、食品生物技术(食品营养与保健)、食品贮运与营销、兽医(宠物医学与美容)、兽医(动物医学)、投资与理财、文秘(商务文秘)、物流管理、园林技术、园林技术(城市园林规划管理)、园林技术(风景园林)、园艺技术、种子生产与经营

院系设置

生物技术系、动物科学系、园艺园林系、经济管理系、信息技术系、公共教学部、成人教育部

学校设立奖学金情况

学校设立奖学金三项,奖励总金额44.3余万元。奖学金最高金额1200元/年,最低金额600元/年。

学校历史沿革

福建农业职业技术学院系由创办于1902年的福建省福州市农业学校和创办于1979年的福建省农业学校于2003年2月合并组建而成。

厦门医学高等专科学校

学校(机构)标识码　4135012631
学校办学类型　414:专科院校:高等专科学校
学校性质类别　05 医药院校
学校举办者　822 地级其他部门
学校地址　福建省厦门市思明区前埔岩前路8号
邮政编码　361008
办公电话　0592-2103085
传真电话　0592-2070806
校园(局域)网域名　www.xmygz.cn
电子信箱　xmmc@xmygz.cn
占地面积(平方米)　267365
校舍建筑面积(平方米)　123176
图书(万册)　26.68
固定资产总值(万元)　21730.12
教学、科研仪器设备资产值(万元)　6687.24
在校生数(人)　2864
其中:普通专科　2453
　　　成人专科　411
专任教师(人)　207
其中:正高级　6
　　　副高级　59
　　　中级　46
　　　初级　82
　　　未定职级　14

专科专业 护理、化妆品营销与使用技术、口腔医学、口腔医学技术、临床医学、生物制药技术、食品药品监督管理、卫生信息管理、眼视光技术、药物制剂技术、药学、助产

院系设置
护理系、口腔医学系、药学系、药学技术系、临床系

国家级、省部级研究机构设置
配有解剖数码互动和显微数码互动等现代化教学设备,学校建有基础医学实验中心、口腔技能实训中心、临床技能实训中心和现代信息技术中心等五大实验实训中心。

学校设立奖学金情况
学校设立奖学金5项,奖励总金额98余万元。奖学金最高金额4500元/年,最低金额400元/年。

学校历史沿革
厦门医学高等专科学校是以厦门卫生学校为基础组建的一所公办医学类普通高等学校。厦门卫校创建于1953年9月。

福建卫生职业技术学院

学校(机构)标识码	4135012633
学校办学类型	415:专科院校:高等职业学校
学校性质类别	05 医药院校
学校举办者	812 省级其他部门
学校地址	福建省福州市闽侯荆溪关口366号
邮政编码	350101
办公电话	0591-22869917
传真电话	0591-22869917
校园(局域)网域名	www.fjwzy.cn
占地面积(平方米)	358167
校舍建筑面积(平方米)	118940
图书(万册)	30.71
固定资产总值(万元)	29805
教学、科研仪器设备资产值(万元)	3236.9
在校生数(人)	4343
其中:普通专科	4035
成人专科	308
专任教师(人)	270
其中:正高级	15
副高级	83
中级	89
初级	58
未定职级	25

专科专业 护理、护理(涉外护理方向)、康复医学技术、口腔医学、口腔医学技术、临床医学、临床医学(超声诊断方向)、临床医学(影像诊断方向)、涉外护理、生物制药技术、卫生信息管理、药品经营与管理、药学、医学检验技术、医学营养、医学影像技术、医学影像技术(放射治疗方向)、医药营销、中药、助产

院系设置
学院设有护理系、药学系、医学技术系、临床医学系、医学基础部和公共基础部6个系部

学校设立奖学金情况
学校设立奖学金壹项,奖励总金额48.3余万元。奖学金最高金额1600元/年,最低金额500元/年。

主要校办产业
福建卫生职业技术学院附属医院(福建省级机关医院)

学校历史沿革
福建卫生职业技术学院是一所培养护理、药学、医学技术、临床医学、卫生管理类医药卫生人才的高等职业院校,2005年经福建省政府批准,由福建卫生学校和福州卫生学校合并组建,2007年4月教育部备案。学院的前身是创办于1912年的福州马高爱医院佛罗伦萨·南丁格尔护士和助产士学校,该校是中国首批护士学校之一。

泉州医学高等专科学校

学校(机构)标识码	4135012634
学校办学类型	414:专科院校:高等专科学校
学校性质类别	05 医药院校
学校举办者	822 地级其他部门
学校地址	泉州医学高等专科学校
邮政编码	362000
办公电话	0595-22136660
传真电话	0595-22136660
校园(局域)网域名	www.qzygz.com
电子信箱	qzygzbgs@yahoo.cn
占地面积(平方米)	296131
校舍建筑面积(平方米)	142155
图书(万册)	35.58
固定资产总值(万元)	20295.09
教学、科研仪器设备资产值(万元)	4093.63
在校生数(人)	4709
其中:普通专科	4709
专任教师(人)	241
其中:正高级	4
副高级	89
中级	62
初级	66
未定职级	20

专科专业 公共卫生管理、护理、康复治疗技术、口腔医学、临床医学、生物制药技术、卫生检验与检疫技术、药品质量检测技术、药学、医学检验技术、医学影像技术、医药营销、中医学、助产

院系设置
基础医学部、社科公共部、成人教育部、临床医学系、护理

系、药学系、检验预防系、实验中心

学校设立奖学金情况

学校设立奖学金8项,奖励总金额60余万元。奖学金最高金额为1200元/人,最低金额为30元/人。

学校历史沿革

本校前身为惠世高级护校,1934年5月由英国教会驻泉代表贾丽德主持创办,1952年12月晋江医士学校合并组建晋江医士学校。1958年升格为泉州大学医学院,1960年改为群周医学专科学校,1963年改为晋江地区卫生学校,1986年随地改市又更名为泉州卫生学校,2004年5月升格为泉州医学高等专科学校。

福州英华职业学院

学校(机构)标识码	4135012708
学校办学类型	415:专科院校:高等职业学校
学校性质类别	07 语文院校
学校举办者	999 民办
学校地址	福建省福州市仓山区城门镇浚边村
邮政编码	350018
办公电话	0591-83507014
传真电话	0591-83507014
校园(局域)网域名	www.fzacc.com
电子信箱	accnet@pub2.fz.fj.cn
占地面积(平方米)	53480
图书(万册)	19.17
固定资产总值(万元)	3896.39
教学、科研仪器设备资产值(万元)	740.14
在校生数(人)	2053
其中:普通专科	2053
专任教师(人)	95
其中:正高级	7
副高级	6
中级	22
初级	47
未定职级	13

专科专业 电子商务、动漫设计与制作、国际商务、环境艺术设计、会计电算化、计算机网络技术、计算机应用技术、商务英语、室内设计技术、物流管理、应用英语

院系设置

学院设英语系、经济管理系、计算机系、建筑工程系和公共基础部等5个系部

学校设立奖学金情况

学校设立奖学金3项,奖励总金额2余万元。奖学金最高金额1200元/年,最低金额300元/年。

学校历史沿革

福州英华职业学院前身是创立1881年的"英华书院",至今已有130年历史。历改革开放后,经海内外英华校友不懈努力、慷慨捐资,在1986年获准复办福州英华英语学校的基础上,1994年经福建省教育委员会批准创办"福州英华外国语学院",成为我省首批民办高等教育学历文凭考试试点学校;2001年,经省政府批准,正式成为具有学历教育资格专科层次的高等职业教育学校,更名为"福州英华职业学院",纳入国家统一招生计划。

厦门华厦职业学院

学校(机构)标识码	4135012709
学校办学类型	415:专科院校:高等职业学校
学校性质类别	01 综合大学
学校举办者	999 民办
学校地址	厦门市集美文教区天马路288号
邮政编码	361024
办公电话	0592-6276202
传真电话	0592-6276203
校园(局域)网域名	www.hxxy.edu.cn
电子信箱	hxxy@hxxy.edu.cn
占地面积(平方米)	294725
校舍建筑面积(平方米)	23007
图书(万册)	28.66
固定资产总值(万元)	12734.28
教学、科研仪器设备资产值(万元)	2514
在校生数(人)	5145
其中:普通专科	5145
专任教师(人)	218
其中:正高级	12
副高级	32
中级	76
初级	68
未定职级	30

专科专业 保险实务、报关与国际货运、财务管理、电气自动化技术、电子商务、工商企业管理、国际商务、环境监测与评价、会计、会计与统计核算、机电一体化技术、计算机网络技术、计算机应用技术、金融管理与实务、金融与证券、旅游管理、汽车电子技术、汽车检测与维修技术、商务英语、食品分析与检验、食品营养与检测、市场开发与营销、视觉设计、数字媒体技术、通信技术、微电子技术、文化市场经营与管理、文秘、物流管理、药品质量检测技术、应用电子技术

院系设置

财会金融课程教学部、商贸管理课程教学部、电子信息课程教学部、食品药品课程教学部、外语课程教学部、人文科学通识教学部

国家级、省部级研究机构设置

1. 实验室：厦门市食品药品安全重点实验室
2. 研究中心（所）：厦门市环境监测工程技术研究中心

定期公开出版的专业刊物　《华厦学院教学研究通报》、《华厦简讯》、《华厦青年》、《学生工作通讯》、《绿色华厦》

学校设立奖学金情况

学校设立奖学金20项，奖励总金额394.6万元。奖学金最高金额8000元/年，最低金额400元/年。

学校历史沿革

厦门华厦职业学院是原厦门市政协领导和知名人士于1993年倡办的厦门市首家民办全日制普通高等职业学院。2001年经福建省人民政府批准，教育部备案，正式纳入全国统一招生。2007年通过教育部高职高专人才培养工作水平评估，成为厦门市第一家通过评估的民办高职院校。

闽南理工学院

学校（机构）标识码　4135012710	校园（局域）网域名　www.mnust.cn	其中：普通本科　6498
学校办学类型　412：本科院校：学院	占地面积（平方米）　454252	普通专科　4329
学校性质类别　02 理工院校	校舍建筑面积（平方米）　28628	专任教师（人）　485
学校举办者　999 民办	图书（万册）　86.76	其中：正高级　33
学校地址　福建省泉州石狮市学府路	固定资产总值（万元）　62023	副高级　116
邮政编码　362700	教学、科研仪器设备资产值（万元）	中级　99
办公电话　0595-88911680	5501.69	初级　192
传真电话　0595-88911791	在校生数（人）　10827	未定职级　45

本科专业　材料成型及控制工程、财务管理、测控技术与仪器、电气工程及其自动化、电子信息工程、服装设计与工程、工程管理、国际经济与贸易、机械设计制造及其自动化、建筑环境与设备工程、经济学、人力资源管理、通信工程、土木工程、信息管理与信息系统、信息与计算科学

专科专业　电子信息工程技术、港口物流设备与自动控制、港口业务管理、工商行政管理、国际经济与贸易、会计电算化、机电设备维修与管理、机电一体化技术、机械设计与制造、计算机应用技术、模具设计与制造、汽车电子技术、市场营销、通信技术、物流管理、应用电子技术、应用英语

院系设置

学院现设置七系（光电与机电工程系、电子与电气工程系、信息管理系、经济与管理系、英语系、服装与艺术设计系、土木工程系），三部（基础教研部、思想政治理论教研部、军体工作教研部）

学校设立奖学金情况

学校设立奖学金7项，奖励总金额172.19万元。奖学金最高金额8000元/学年，最低金额100元/学年。

1. 国家奖学金：9人/学年，8000元/年；
2. 国家励志奖学金：230人/学年，5000元/人；
3. 学院特等奖学金：4人/学年，1200元/人；
4. 学院一等奖学金：287人/学年，600元/人；
5. 学院二等奖学金：557人/学年，300元/人；
6. 学院三等奖学金：972人/学年，150元/人；
7. 学院单项奖学金：100人/学年，100元/人。

学校历史沿革

1. 1998年5月经福建省教育厅批准，由长春理工大学与石狮华景集团有限公司（原福建石狮兴达集团公司）创办中专学校，校名：民办长兴工业学校；2. 1999年9月创办民办长兴职业技术学院；3. 2001年3月正式建校，校名：泉州光电信息职业学院；4. 2008年4月经教育部批准由高职院校泉州光电信息职业学院升格为本科院校，校名，闽南理工学院。

泉州纺织服装职业学院

学校（机构）标识码　4135012711	邮政编码　362700	校舍建筑面积（平方米）　70269
学校办学类型　415：专科院校：高等职业学校	办公电话　0595-83991616	图书（万册）　18.7
	传真电话　0595-83991515	固定资产总值（万元）　12837.38
学校性质类别　02 理工院校	校园（局域）网域名　www.qzfzfz.com	教学、科研仪器设备资产值（万元）
学校举办者　999 民办	电子信箱　qzfzfzxy8@163.com	1549.69
学校地址　泉州纺织服装职业学院	占地面积（平方米）　56434	在校生数（人）　3069

其中:普通专科　3069	副高级　18	初级　58
专任教师(人)　160	中级　36	未定职级　37
其中:正高级　11		

专科专业　电子商务、动漫设计与制作、纺织品检验与贸易、服装表演、服装工艺与管理、服装设计、服装营销与策划、工商企业管理、广告设计与制作、国际经济与贸易、计算机应用技术、酒店管理、染整技术、人物形象设计、商务英语、市场营销、物流管理、现代纺织技术、鞋类设计与工艺、针织技术与针织服装、装饰艺术设计

院系设置
服装系、经济管理系、外语系、艺术系、纺织系、染化系、计算机系、公共基础部

国家级、省部级研究机构设置
研究所(中心):省级服装工程基础实验中心

学校设立奖学金情况
学校设立奖学金3项,奖励总金额66余万元。奖学金最高金额8000元/年,最低金额100元/年。

学校历史沿革
泉州育青职业技术学院的前身石狮私立育青学校于1994年建立;1998年与华侨大学联办高职高专;1999年与华侨大学正式联办高职高专;2001年独立挂牌成立泉州育青职业技术学院;2005年3月28日正式更名为泉州纺织服装职业学院至今。

泉州华光摄影艺术职业学院

学校(机构)标识码　4135012927	传真电话　0595-87355032	在校生数(人)　5034
学校办学类型　415:专科院校:高等职业学校	校园(局域)网域名　www.hgu.cn	其中:普通专科　5016
	电子信箱　hgu@hgu.cn	成人专科　18
学校性质类别　01 综合大学	占地面积(平方米)　208967	专任教师(人)　210
学校举办者　999 民办	校舍建筑面积(平方米)　64283	其中:正高级　9
学校地址　福建省泉州市台商投资区洛阳桥北	图书(万册)　28.02	副高级　11
	固定资产总值(万元)　12550.42	中级　21
邮政编码　362121	教学、科研仪器设备资产值(万元)　2231.4	初级　87
办公电话　0595-87354002		未定职级　82

专科专业　电视摄像方向、动漫设计与制作方向、服装设计、工程监理、工程造价、广告设计与制作、会计电算化方向、建筑工程技术、景观设计方向、楼宇智能化工程技术、旅游管理方向、人物形象设计、商务日语、商务英语、商业广告摄影方向、商业绘画方向、商业人像摄影方向、市场营销、市政工程方向、室内设计技术、图形图像技术方向、图形图像制作、鞋服运动分析方向、鞋类设计与工艺、新媒体制作技术方向、新闻摄影方向、珠宝设计方向、主持与播音

院系设置
摄影系、鞋服系、设计系、经管系、建工系

定期公开出版的专业刊物　《海峡影艺》

学校设立奖学金情况
学校设计奖学金12项,奖励总金额80余万元。奖学金最高金额8000元/年,最低金额300元/年。

主要校办产业
泉州华光科教仪器有限公司、泉州市中学生国防教育基地、泉州市中小学生社会实践基地、泉州爱情庄园婚纱影楼、泉州华影工艺厂、海峡影艺(福建)有限公司

学校历史沿革
泉州华光摄影艺术职业学院成立于2002年4月,是经福建省人民政府批准组建的。

泉州理工职业学院

学校(机构)标识码　4135012928	学校举办者　999 民办	办公电话　0595-22545888
学校办学类型　415:专科院校:高等职业学校	学校地址　福建省泉州市坪山路255号	传真电话　0595-22548001
		校园(局域)网域名　www.qzit.edu.cn
学校性质类别　02 理工院校	邮政编码　362000	电子信箱　qzlg-rsc@163.com

占地面积(平方米) 9992	在校生数(人) 5395	副高级 44
图书(万册) 25.21	其中:普通专科 5341	中级 53
固定资产总值(万元) 12380.79	成人专科 54	初级 117
教学、科研仪器设备资产值(万元) 2407.83	专任教师(人) 257	未定职级 35
	其中:正高级 8	

专科专业 报关与国际货运、电子商务、电子信息工程技术、电子信息类、动漫设计与制作、工程造价、工商企业管理、广告设计与制作、国际贸易实务、环境艺术设计、会计、机械制造与自动化、计算机多媒体技术、计算机类、计算机网络技术、计算机应用技术、建筑工程技术、建筑设计类、酒店管理、旅游管理、旅游管理类、旅游英语、汽车电子技术、汽车技术服务与营销、汽车检测与维修技术、汽车类、汽车运用技术、人力资源管理、商务英语、市场营销、室内设计技术、通信技术、物流管理、应用英语、语言文化类

院系设置 车辆工程系、信息技术系、财经系、商贸系、建筑设计系、外国语言系

定期公开出版的专业刊物 《泉州理工学院报》、《中营青年报》、《泉州理工职业学院学报》、《泉理工信息》、《拓野文学报》

学校设立奖学金情况
除执行国家、省、市各级政府、教育主管部门设立的各种奖学金、助学金政策外,另设有22项奖学金项目,年奖励总金额150万左右,奖学金最高金额10000元/生,最低金额100元/生。

主要校办产业
机动车及配件的生产和销售、机动车维修、驾驶培训、汽车检测站;建筑设计院、广告公司、商贸公司、计算机技术公司、旅游服务中心、招待所、服装厂、包袋厂等

学校历史沿革
学院前身是创建于1986年8月29日的"晋江摩托维修培训学校",1994年更名为"福建省摩托汽车培训学校",1997年设立"福建省摩托汽车成人中专";2001年3月升格,筹建"中营职业技术学院";2002年4月13日正式建校,校名为"泉州中营职业学院";2007年5月14日更名为"泉州理工职业学院"。

福建师范大学闽南科技学院

学校(机构)标识码 4135012992	传真电话 0595-86654241	3572
学校办学类型 413:本科院校:独立学院	校园(局域)网域名 www.mnkjxy.com	在校生数(人) 7077
	电子信箱 msti@fjnu.edu.cn	其中:普通本科 7077
学校性质类别 01 综合大学	占地面积(平方米) 137328	专任教师(人) 452
学校举办者 999 民办	校舍建筑面积(平方米) 86908	其中:正高级 67
学校地址 福建省南安市康美开发区	图书(万册) 70.8	副高级 108
邮政编码 362332	固定资产总值(万元) 21000	中级 154
办公电话 0595-86654241	教学、科研仪器设备资产值(万元)	初级 123

本科专业 电子信息工程、服装设计与工程、工商管理、光信息科学与技术、广告学、国际经济与贸易、汉语言文学、环境科学、计算机科学与技术、教育技术学、生物工程、生物技术、食品科学与工程、市场营销、数字媒体艺术、通信工程、网络工程、信息工程、信息管理与信息系统、英语、应用化学

院系设置 计算机信息科学系、外语外贸系、管理学系、理工学系、人文艺术系、大学体育部、军事教研室、思想政治教研部

学校设立奖学金情况
学校设立奖学金3项,奖励总金额300余万元。奖学金最高金额3500元/年,最低金额500元/年。

学校历史沿革
福建师范大学闽南科技学院由福建师范大学和东方实业有限公司(菲律宾华侨投资)联合办学,于2001年7月经福建省教育厅批准筹办,2002年4月福建省人民政府批准成立。2003年12月获教育部确认为独立学院。

福建农林大学东方学院

学校(机构)标识码 4135012993	学校举办者 999 民办	办公电话 0591-83608888
学校办学类型 413:本科院校:独立学院	学校地址 福建省福州市马尾区琅岐镇龙鼓度假村1号	传真电话 0591-83606888
		校园(局域)网域名 www.fafuoc.com
学校性质类别 01 综合大学	邮政编码 350017	电子信箱 fafuoc@126.com

占地面积(平方米) 317199	4375	副高级 128
校舍建筑面积(平方米) 147785	在校生数(人) 8747	中级 158
图书(万册) 48.2	其中:普通本科 8747	初级 90
固定资产总值(万元) 20217	专任教师(人) 450	未定职级 30
教学、科研仪器设备资产值(万元)	其中:正高级 44	

本科专业 财务管理、城市规划、电子商务方向、电子信息工程、法学、风景园林方向、工商管理、公共事业管理、广告学、国际会计方向、国际金融方向、国际经济与贸易、国际旅游方向、环境艺术方向、会计学、计算机科学与技术、金融学、人力资源管理、日语、物流管理、英语

院系设置
经济系、管理系、会计系、计算机系、人文艺术系、外语系

学校设立奖学金情况
学校设有专业奖学金一项,奖励总金额140余万元。奖学金最高金额1500元/年,最低金额500元/年。

学校历史沿革
福建农林大学东方学院于2002年4月28日经福建省教育厅批准成立(闽教发〔2002〕76号),2002年9月正式招生。2003年2月2日经福建省人民政府批准成立。按教育部(教发〔2003〕8号)文件要求报教育部确定,2003年底经教育部批准为福建农林大学的独立学院。

华侨大学厦门工学院

学校(机构)标识码 4135013115	传真电话 0592-6363202	在校生数(人) 4713
学校办学类型 413:本科院校:独立学院	校园(局域)网域名 www.xit.edu.cn	其中:普通本科 4713
	电子信箱 xmgxy@xit.edu.cn	专任教师(人) 259
学校性质类别 02 理工院校	占地面积(平方米) 335778	其中:正高级 37
学校举办者 999 民办	校舍建筑面积(平方米) 117262	副高级 45
学校地址 福建省厦门市集美文教区孙坂南路1251号	图书(万册) 39.3	中级 65
	固定资产总值(万元) 97647.48	初级 77
邮政编码 361021	教学、科研仪器设备资产值(万元) 2834.25	未定职级 35
办公电话 0592-6363201		

本科专业 材料科学与工程、财务管理、测控技术与仪器、电气工程及其自动化、电子信息工程、国际经济与贸易、机械工程及自动化、建筑学、软件工程、通信工程、土木工程

院系设置
学院设有7系1部,分别为:机械工程系、电子信息工程系、商学系、土木工程系、计算机科学工程系、材料科学工程系、建筑与城市规划系、基础部

学校设立奖学金情况
学院设立了奖学金4项,奖励总金额50.3万元/年,最低金额5000元/年。

主要校办产业
厦门仁智物业服务有限公司

学校历史沿革
2009年4月29日,华侨大学厦门工学院获得教育部批准正式设立,同年9月,学院迎来首届新生900人。

福州大学阳光学院

学校(机构)标识码 4135013468	邮政编码 350015	图书(万册) 44.94
学校办学类型 413:本科院校:独立学院	办公电话 0591-83969178	固定资产总值(万元) 23275.8
	传真电话 0591-83969074	教学、科研仪器设备资产值(万元) 3894.17
学校性质类别 02 理工院校	校园(局域)网域名 ygxy.fzu.edu.cn	在校生数(人) 7147
学校举办者 999 民办	电子信箱 ygxy@fzu.edu.cn	其中:普通本科 7147
学校地址 福州市经济技术开发区(马尾)卧龙山	占地面积(平方米) 226596	专任教师(人) 386
	校舍建筑面积(平方米) 127182	

其中:正高级	41	中级	134	未定职级	44
副高级	95	初级	72		

本科专业 财务管理、电子商务、电子信息工程、法学、工程管理、工商管理、广告学、国际经济与贸易、行政管理、会计学、计算机科学与技术、金融学、美术学、日语、市场营销、通信工程、土木工程、网络工程、文化产业管理、音乐学、英语、应用心理学

院系设置

计算机科学与技术系、外语系、法学系、工商管理系、商学系、经济系、人文社会科学系、艺术系、电子信息工程系、会计学系、土木工程系

学校设立奖学金情况

学校设立奖学金两项,奖励总金额160余万元。奖学金最高金额1400元/年,最低金额200元/年。

学校历史沿革

2001年7月12日,福州大学阳光学院经福建省教育厅(闽教发【2001】143号文)批准筹建,2002年4月13日,经福建省人民政府(闽政文【2002】96号文)批准正式建立,2003年12月23日,被中华人民共和国教育部(教发函【2003】542号文)确认为福州大学独立学院。

厦门大学嘉庚学院

学校(机构)标识码	4135013469	传真电话 0596—6288214 0596—6288500		9260.83
学校办学类型	413:本科院校:独立学院	校园(局域)网域名 www.jgxy.xmu.edu.cn	在校生数(人)	14343
			其中:普通本科	14343
学校性质类别	01 综合大学		专任教师(人)	767
学校举办者	999 民办	电子信箱 jgxy@xujc.com	其中:正高级	81
学校地址	福建省·招商局漳州开发区厦门大学漳州校区	占地面积(平方米) 1105339	副高级	166
		校舍建筑面积(平方米) 419983	中级	296
邮政编码	363105	图书(万册) 125.38	初级	221
办公电话	0596—6288520 0596—6288506	固定资产总值(万元) 82726.7	未定职级	3
		教学、科研仪器设备资产值(万元)		

本科专业 财务管理、财政学、测控技术与仪器、电气工程及其自动化、电子商务、电子信息工程、动画、法学、工商管理、广播电视新闻学、广告学、国际经济与贸易、国际商务、汉语言文学、行政管理、环境科学与工程、会计学、机械电子工程、机械设计制造及其自动化、计算机科学与技术、建筑学、金融学、景观学、旅游管理、日语、软件工程、市场营销、税务、通信工程、土木工程、网络经济学、微电子学、物流管理、项目管理、新闻学、信息与计算科学、艺术设计、音乐表演、音乐学、英语、自动化

院系设置

学院下设国际商学院、人文与传播学院、信息科学与技术学院、法学院、外文学院等五个分院,并设有涵盖人文社科类、艺术类和理工类的20个系,分别是中文系、新闻传播系、法律系、英语系、日语系、艺术设计系、音乐系、国际经贸系、电子商务系、会计系、管理系、物流管理系、财政金融系、电子工程系、计算科学与技术系、机电工程系、土木工程系、建筑学系、环境科学与工程系、信息与计算科学系。

学校设立奖学金情况

学校设立奖学金10项,奖励总金额454.55万元。最高金额6万 最低金额1000元。

学校历史沿革

厦门大学嘉庚学院创办于2003年,是经国家教育部批准,由教育部直属重点大学厦门大学和厦门嘉庚教育发展有限公司共同举办的,按新机制和新模式运作的本科层次独立学院。2010年7月,学院获评"全国先进独立学院"。2003年10月21日,时任国务委员陈至立、福建省委副书记黄瑞霖为厦门大学嘉庚学院揭牌,掀开了嘉庚学院向优质本科大学奋进的历史。历经8年的跨越式发展,嘉庚学院目前已设有涵盖理、工、文、经、管、法等学科的5个分院、20个系、41个本科专业、70余个专业方向,拥有在校本科生14300余人。嘉庚学院自办学之日起在福建省即在本二批次招生,生源质量逐年提高,近几年全国生源85%以上为本二线上生源。嘉庚学院地处被誉为"第二蛇口"的国家级招商局漳州开发区,占地1658亩。学院依山面海而建,与厦门大学本部隔海相望。校园建筑以嘉庚风格建筑为主,中西合璧,恢弘大气,错落于湖光山色之间,给学子们营造了沐浴书香、畅游学海、静学深思的修读氛围。"以学生为中心"是学院的核心办学理念。学院坚持运用这一理念指导办学实践,实施"宽口径、厚基础、重能力、求个性"的人才培养模式,推行"服务与管理"并重的学生工作模式,全力营造因材施教、因势利导、尊重个性、激发潜能的教育环境。学院为学子成长成才提供了一流的软硬件设施。现代化气息浓郁的图书馆,提供125万册藏书和优雅宁静的学习环境。完善的实验室配套、投资5200万建成的工业实训基地,提供强化动手能力的优越平台。与100多家知名企事业单位合作建立的实习基地,构筑实习预就业的畅通渠道。富有学院特色的转专业制度和教师答疑制度,使学子在

以兴趣为导向的学习环境和亲密的师生关系中快乐成材。学院坚持"以有效教学见长"的办学方针，立足于培养应用型、复合型人才的办学定位。为不断提升教学质量，学院博采众长、大胆创新，既严格遵循教育规律，规范办学，完善教学质量保障体系，又全力加强师资队伍建设，努力推进各项教学改革，积极探索教学组织形式与教学方法的革新。如今，学院已拥有一支由700余名训练有素、教研有长的教师构成的师资队伍，拥有68个省级"教学质量与教学改革工程"项目。人才培养也初显成效，学生在省级以上各级各类赛事中获奖近1100人次。开门办学，强力推进国际合作，是嘉庚学院一直遵循的办学宗旨。在学院的专任教师队伍中，活跃着来自美国、英国、日本、澳大利亚等各国的外籍教师的身影。学院与美国、英国、日本、新加坡、加拿大、新西兰、澳大利亚、法国等国家的多所高校开展了校际交流与合作，并与22所海外高校建立了人才培养合作关系。学院也积极与香港、台湾地区高校展开交流活动，与3所台湾地区大学建立校际合作关系。在校主陈嘉庚先生"自强不息，止于至善"的精神指引下，学院坚持规范与创新并举的发展思路，努力为学生提供优质的本科教育，为社会培养合格适用的人才。学院的愿景是成为国内同类高校中一流的、获得国际广泛认可的、以有效教学见长的一所新型本科大学。

福州大学至诚学院

学校(机构)标识码　4135013470
学校办学类型　413：本科院校：独立学院
学校性质类别　02 理工院校
学校举办者　999 民办
学校地址　福建省福州市鼓楼区杨桥西路50号
邮政编码　350002
办公电话　0591-83769360
传真电话　0591-83769360
校园(局域)网域名　www.fdzcxy.com
电子信箱　zcxy@fzu.edu.cn
占地面积(平方米)　456764
校舍建筑面积(平方米)　307076
图书(万册)　86
固定资产总值(万元)　21894.92
教学、科研仪器设备资产值(万元)　5760
在校生数(人)　10435
其中：普通本科　10435
专任教师(人)　952
其中：正高级　127
副高级　261
中级　412
初级　121
未定职级　31

本科专业　安全工程、材料成型及控制工程、财务管理、电气工程及其自动化、电子科学与技术、电子信息工程、高分子材料加工工程、工程管理、国际经济与贸易、过程装备与控制工程、汉语言文学、行政管理、化学工程与工艺、环境工程、机械设计制造及其自动化、计算机科学与技术、建筑学、日语、软件工程、生物工程、生物技术、食品科学与工程、通信工程、土木工程、网络工程、微电子学、物流管理、信息管理与信息系统、音乐学、英语、应用化学、资源环境与城乡规划管理

院系设置
电气工程系、信息工程系、环境资源工程系、生物工程系、机械工程系、材料工程系、计算机工程系、化学工程系、土木工程系、建筑系、企业管理系、政府管理系、社会事务管理系、物流管理系、外国语系、音乐系、基础教学部(含公共英语、数学、计算机、物理、马列、体育等教研室)

学校设立奖学金情况
学院设立奖学金9项，奖金总金额688余万元，最高金额3000元/每年，最低金额500元/每年。

学校历史沿革
福州大学至诚学院成立于2003年。

集美大学诚毅学院

学校(机构)标识码　4135013471
学校办学类型　413：本科院校：独立学院
学校性质类别　01 综合大学
学校举办者　999 民办
学校地址　厦门市集美区集美大道199号
邮政编码　361021
办公电话　0592-6183185
传真电话　0592-6182998
校园(局域)网域名　chengyi.jmu.edu.cn
电子信箱　chengyi@jmu.edu.cn
占地面积(平方米)　368346
校舍建筑面积(平方米)　339530
图书(万册)　74.4
固定资产总值(万元)　80024.5
教学、科研仪器设备资产值(万元)　6980
在校生数(人)　13943
其中：普通本科　13943
专任教师(人)　812
其中：正高级　61
副高级　221
中级　421
初级　103
未定职级　6

本科专业　财政学(理财与税收筹划)、车辆工程、电子商务、电子信息工程、动植物检疫、法学、法学(海商法)、工程管理、

工商管理、工商管理类(中美合作工商管理)、工商管理类(中美合作会计学)、国际经济与贸易、汉语言文学(商务秘书方向)、汉语言文学(师范类)、航海技术、会计学、机械电子工程、机械工程及自动化、计算机科学与技术、建筑环境与设备工程、交通运输、交通运输(国际航运管理)、教育技术学(师范类)、金融学、金融学(证券投资)、轮机工程、软件工程、社会体育、食品科学与工程、数学与应用数学(师范类)、通信工程、舞蹈学、物流管理、信息与计算科学、艺术设计、艺术设计(工业设计)、音乐学、英语(商务英语)、英语(商务英语方向)、英语(师范类)、自动化(电气工程及其自动化)

院系设置

经济系、人文科学系、体育艺术系、机械工程系、信息工程系、商船系、食品工程系、管理系

学校设立奖学金情况

学校设立奖学金7项,奖励总金额750余万元。奖学金最高金额8000元/人,最低金额300元/人。

(1)特等奖:每专业每年一人,5000元/人。
(2)专业一等奖学金:受奖面3% 1200元/人/学期;专业二等奖学金:受奖面7% 800元/人/学期;专业三等奖学金:受奖面25% 400元/人/学期。
(3)学习进步奖:不定,400元/人/学期。
(4)单项奖学金:不定,300-5000元/人/学期。
(5)国家奖学金:不定,8000元/人/学年。
(6)国家励志奖学金:不定,5000元/人/学年。
(7)嘉庚奖学金:不定,600元/人/学年。

学校历史沿革

福建省人民政府于2003年4月21日发出闽政文【2003】159号《福建省人民政府关于同意建立集美大学诚毅学院的批复》文件。当年秋季,学校正式开始招生。教育部于2004年4月15日发出教发函【2004】52号《教育部关于确认集美大学诚毅学院为独立学院的通知》文件。

福建师范大学协和学院

学校(机构)标识码	4135013472
学校办学类型	413:本科院校:独立学院
学校性质类别	01 综合大学
学校举办者	999 民办
学校地址	福州市闽侯县上街大学城学府南路
邮政编码	350108
办公电话	0591-22868687
传真电话	0591-22868687
校园(局域)网域名	www.fjnu.edu.cn
电子信箱	cuc@fjnu.edu.cn
图书(万册)	56.37
固定资产总值(万元)	21743.59
教学、科研仪器设备资产值(万元)	5216.42
在校生数(人)	11193
其中:普通本科	11193
专任教师(人)	695
其中:正高级	70
副高级	216
中级	306
初级	103

本科专业 财务管理、电子商务、电子信息工程、电子信息科学与技术、动画、法学、工商管理、广告学、国际经济与贸易、国际商务、汉语言文学、计算机科学与技术、金融学、美术学、人力资源管理、日语、市场营销、数字媒体技术、通信工程、网络工程、物流管理、信息管理与信息系统、音乐表演、英语

院系设置

学院下设6个系(文化产业系、外语系、国际商学系、管理学系、经济与法学系、信息技术系)和1个国际教育学院

学校设立奖学金情况

学院设立奖学金五项,奖励总金额共计328.89万元,奖学金最高金额5000元/年,最低金额200元/年。

学校历史沿革

福建师范大学协和学院是由福建师范大学与有关企事业单位联合申办,2003年经福建省人民政府正式批准,2003年底通过教育部首批确认的独立学院。学院实施全日制本科教育,独立颁发国家承认学历的普通高等学校毕业文凭。2005年在教育部对全托独立学院办学条件和教学情况专项检查中,学院获得良好评价,名列全国百所较好独立学院;2010年7月全国独立学院表彰大会暨中国独立学院协作会2010年峰会上,学院获评"全国先进独立学院"。

福建警官职业学院

学校(机构)标识码	4135013733
学校办学类型	415:专科院校:高等职业学校
学校性质类别	09 政法院校
学校举办者	812 省级其他部门
学校地址	福建省福州市晋安区前横路127号
邮政编码	350014
办公电话	0591-83646712
传真电话	0591-83646556
校园(局域)网域名	www.fjjgxy.com
电子信箱	fjjgxy@fjjgxy.com
占地面积(平方米)	110000
校舍建筑面积(平方米)	63000
图书(万册)	16.5
固定资产总值(万元)	9982
教学、科研仪器设备资产值(万元)	692
在校生数(人)	645
其中:普通专科	645
专任教师(人)	110

其中:副高级 26　　　　　　初级 28　　　　　　　　未定职级 6
中级 50

专科专业　安全防范技术、毒品犯罪矫治、法律事务、社会工作、心理咨询、刑事侦查技术、刑事执行
院系设置
刑事执行系、公共事务管理系、法律系
定期公开出版的专业刊物　《监狱工作论坛》
学校设立奖学金情况
学校设立奖学金 3 项,奖励总金额 93.15 万,奖学金最高金额 3000 元/年,最低金额 500 元/年。
学校历史沿革
福建警官职业学院前身是福建省警察学校,创办于 1985 年,2000 年确认为国家级重点中专学校,2004 年 2 月,经福建省人民政府批准组建福建警官职业学院。

福州外语外贸学院

学校(机构)标识码 4135013762	校园(局域)网域名　www.fzfu.com	其中:普通本科　867
学校办学类型　412:本科院校:学院	电子信箱　fzwywm@126.com	普通专科　6123
学校性质类别　08 财经院校	占地面积(平方米)　425126	成人专科　87
学校举办者　999 民办	校舍建筑面积(平方米)　111850	专任教师(人)　355
学校地址　福建省福州市仓山区城门镇三角埕城山 100 号	图书(万册)　69.99	其中:正高级　24
	固定资产总值(万元)　29298.51	副高级　83
邮政编码　350018	教学、科研仪器设备资产值(万元)　2497	中级　124
办公电话　0591-83560839		初级　124
传真电话　0591-83560836	在校生数(人)　7077	

本科专业　财务管理、动画、国际经济与贸易、日语、英语
专科专业　报关与国际货运、财务管理、电子商务、动漫设计与制作、动漫设计与制作(数位媒体设计)、国际商务、会计电算化、计算机应用技术、金融保险、连锁经营管理、旅游管理、旅游管理(观光休闲事业管理)、软件技术、商务英语、市场营销(行销事业管理)、市场营销(涉外方向)、投资与理财、网络系统管理、文秘、物流管理、艺术设计、应用法语、应用日语、应用英语、应用英语(国际旅游英语方向)、运动休闲服务与管理、证券投资与管理
院系设置
学院现设有外语系、财经系、商学系、文化产业系、公共基础部等 4 系 1 部
学校设立奖学金情况
学校设立奖学金 3 项,奖励总金额 107.6 余万元。奖学金最高金额 8000 元/年,最低金额 2000 元/年。
学校历史沿革
福州外语外贸学院是经国家教育部批准设立,具有独立颁发国家承认学历的民办全日制普通本科院校,是一所以外语经贸为特色,涵盖外语、经管、商贸、电子信息技术和动画等专业大类的院校。

福建江夏学院

学校(机构)标识码 4135013763	校园(局域)网域名　www.fjjxxy.cn	其中:普通本科　3013
学校办学类型　412:本科院校:学院	电子信箱　dzb@fsa.gov.cn	普通专科　7482
学校性质类别　08 财经院校	占地面积(平方米)　741217	成人本科　600
学校举办者　811 省级教育部门	校舍建筑面积(平方米)　409469	成人专科　3234
学校地址　福建闽侯上街溪源宫路 2 号	图书(万册)　132.02	专任教师(人)　709
	固定资产总值(万元)　86936.15	其中:正高级　38
邮政编码　350108	教学、科研仪器设备资产值(万元)　4877.51	副高级　171
办公电话　0591-23535026		中级　296
传真电话　0591-23535060	在校生数(人)　14329	初级　204

本科专业 财务管理、电子信息工程、法学、工业工程、公共事业管理、国际经济与贸易、行政管理、金融学、经济学、人力资源管理、信息管理与信息系统

专科专业 报关与国际货运、财务管理、电子商务、动漫设计与制作、法律事务、房地产经营与估价、工商企业管理、公共事务管理、广告设计与制作、国际金融、国际贸易实务、国际商务、行政管理、会计、会计电算化、会计与审计、计算机多媒体技术、计算机网络技术、计算机信息管理、计算机应用技术、金融保险、金融管理与实务、连锁经营管理、人力资源管理、商检技术、商务管理(贸易经济)、商务英语、社会工作、市场营销、税务、投资与理财、文秘、物流管理、物业管理、新闻传播与策划、艺术设计、营销与策划、证券投资与管理

院系设置
会计系、法学系、金融学系、工商管理系、公共管理系、经济贸易系、电子信息科技系、人文系、公共体育部、继续教育部

国家级、省部级研究机构设置
研究中心(所):福建省和谐社会研究所、福建经济管理干部研究会、福建省台湾法研究所、福建省管理教育研究会、福建行政管理学会、福建省国际法学会、福建省行为科学学会、福建省高校海峡经济区公共政策研究基地、海西发展研究院

定期公开出版的专业刊物 《福建江夏学院学报》、《福建金融管理干部学院学报》、《海峡法学》、《福建行政学院学报》

学校设立奖学金情况
学校设立奖学金9项,奖励总金额145余万元。奖学金最高金额1200元/年,最低金额100元/年。

学校历史沿革
2010年3月国家教育部批准建立福建江夏学院,整合福建经济管理干部学院、福建财会管理干部学院、福建政法管理干部学院、福建金融职业技术学院四校教育资源。

闽北职业技术学院

		1223.02
学校(机构)标识码 4135013764	办公电话 0599-6133008	
学校办学类型 415:专科院校:高等职业学校	传真电话 0599-6133009	在校生数(人) 2726
	电子信箱 mbzyjsxy@163.com	其中:普通专科 2726
学校性质类别 01 综合大学	占地面积(平方米) 200100	专任教师(人) 139
学校举办者 821 地级教育部门	校舍建筑面积(平方米) 67673	其中:副高级 35
学校地址 福建省南平市江南新区海瑞路9号	图书(万册) 14.67	中级 31
	固定资产总值(万元) 11403	初级 48
邮政编码 353000	教学、科研仪器设备资产值(万元)	未定职级 25

专科专业 财务管理、服装设计、机械设计与制造、计算机网络技术、计算机应用技术、旅游管理、模具设计与制造、生物技术及应用、食品营养与检测、视觉传达艺术设计、室内设计技术、数控技术、物流管理、新闻采编与制作、应用电子技术、应用英语

院系设置
艺术与传播系、食品与生物工程系、信息与工程系、应用外语系、管理系、基础部

学校设立奖学金情况
学校设立奖学金1项,奖励总金额12余万元。奖学金最高金额1000元/年,最低金额300元/年。

学校历史沿革
福建省闽北职业技术学院是一所全日制专科层次的普通高等职业技术学校,其前身为南平业余大学。南平业余大学创办于1985年2月(闽政[1985]123号),由南平市人民政府领导,采取业余学习形式。2003年2月,福建省教育厅同意建阳师范学校、南平教师进修学院并入南平业余大学(闽教发[2003]27号)。2004年2月,福建省人民政府批准南平业余大学更名为闽北职业技术学院(闽政文[2004年71号],同时撤销南平业余大学建制。闽北职业技术学院由南平市人民政府举办,业务上由福建省教育厅管理。2004年6月,南平市人民政府(南政[2004]综114号撤销南平教师进修学院与南平业余大学和建阳师范学校合署的有关决定,保留南平教师进修学院并独立建制。

福州黎明职业技术学院

学校(机构)标识码 4135013765	学校地址 福建省福州市闽侯县南屿镇双龙村;福州市西二环路218号	传真电话 0591-22818220
学校办学类型 415:专科院校:高等职业学校		校园(局域)网域名 www.fzlmxy.com
		电子信箱 fzlmzyjsxy@163.com
学校性质类别 08 财经院校	邮政编码 350109	占地面积(平方米) 176676
学校举办者 999 民办	办公电话 0591-22818707	校舍建筑面积(平方米) 52906

图书(万册) 20.29	在校生数(人) 3240	副高级 16
固定资产总值(万元) 29433.39	其中:普通专科 3240	中级 14
教学、科研仪器设备资产值(万元)	专任教师(人) 134	初级 68
1418.08	其中:正高级 3	未定职级 33

专科专业 保险实务、电脑艺术设计、电子商务、多媒体设计与制作、房地产经营与估价、工程造价、广告设计与制作、环境艺术设计、会计电算化、金融管理与实务、旅游管理、烹饪工艺与营养、食品营养与检测、物流管理、药物制剂技术、医药营销、应用英语、园林技术

院系设置

经济管理系、旅游系学系、工程管理系、艺术系、语系和公共基础部

定期公开出版的专业刊物 《福州黎明职业学院院报》

学校设立奖学金情况

学校设立奖学金4项,奖励总金额元29余万元。奖学金最高金额2000元/年,最低金额200元/年。

学校历史沿革

福州黎明职业技术学院于2004年由"全国乡镇企业十大百强"、"福建省最佳形象企业"、"福建省标兵企业"—福建省黎明企业集团公司投资兴办,经福建省人民政府和国家教育部批准设立的一所全日制民办普通高等学校,学制2－3年,面向省内外招生,2008年11月通过教育部高职高专院校人才培养工作水平评估,曾荣获福建省"无偿献血先进单位","福州市平安校园",通过了福州市"文明学校"考评。

泉州信息职业技术学院

学校(机构)标识码 4135013766	传真电话 0595－22767537	在校生数(人) 5770
学校办学类型 415:专科院校:高等职业学校	校园(局域)网域名 www.qziedu.cn	其中:普通专科 5770
	电子信箱 qz@qziedu.cn	专任教师(人) 268
学校性质类别 02 理工院校	占地面积(平方米) 152969	其中:正高级 16
学校举办者 999 民办	图书(万册) 38.08	副高级 40
学校地址 泉州信息职业技术学院	固定资产总值(万元) 26130	中级 48
邮政编码 362000	教学、科研仪器设备资产值(万元)	初级 130
办公电话 0595－22767538	4121.84	未定职级 34

专科专业 WEB应用开发、WEB应用开发方向、电气自动化技术、电子商务、电子信息类、动漫设计与制作、工商管理类、国际物流方向、会计电算化、会计与审计、机电设备类、机电设备维修与管理、机械设计与制造、计算机类(1)、计算机类(2)、计算机类(2)、计算机网络技术、计算机应用技术、可视化程序设计方向、模具设计与制造、汽车电子技术、汽车类、市场营销、市场营销类、数控设备应用与维护、数字媒体制作、数字媒体制作方向、通信技术、通信类、外贸英语方向、网络构建技术方向、物流管理、应用电子技术、游戏软件、自动化类

院系设置

计算机科学与技术系、商贸管理系、机电工程系、电子信息工程系、财经管理系

学校设立奖学金情况

学院设立奖学金2项,奖励总金额30余万元。奖学金最高金额6000元/年,最低金额100元/年。

学校历史沿革

2002年6月经省教育厅批准成立泉州信息职业技术学院(筹),2002年7月招收高等学历文凭考试学生,2004年3月经福建省人民政府正式批准成立泉州信息职业技术学院,2004年7月纳入全国统一招生。

厦门演艺职业学院

学校(机构)标识码 4135013767	学校地址 厦门市翔安区春波路7号	电子信箱 xmyanyi@xmyanyi.com
学校办学类型 415:专科院校:高等职业学校	邮政编码 361101	占地面积(平方米) 34345
	办公电话 0592－7768810	校舍建筑面积(平方米) 30278
学校性质类别 11 艺术院校	传真电话 0592－7768809	图书(万册) 5.76
学校举办者 999 民办	校园(局域)网域名 www.xmyanyi.com	固定资产总值(万元) 5478

教学、科研仪器设备资产值（万元） 344.61
在校生数（人） 530
其中：普通专科 530

专任教师（人） 43
其中：正高级 5
副高级 4

中级 11
初级 16
未定职级 7

专科专业 编导、公共事务管理、舞蹈表演、艺术设计、音乐表演、影视表演
院系设置
舞蹈系、音乐系、戏剧影视系、科艺系、编导系、音乐剧系
学校设立奖学金情况
学校设立奖学金3项，奖励总金额2.95万元。奖学金最高金额500元/年，最低金额200元/年。
学校历史沿革
2002年4月29日正式筹建，2004年2月26日正式建院。

厦门华天涉外职业技术学院

学校（机构）标识码 4135013768
学校办学类型 415：专科院校：高等职业学校
学校性质类别 01 综合大学
学校举办者 999 民办
学校地址 厦门市翔安区新店镇洪钟大道5088－5200号
邮政编码 361102
办公电话 0592－7767333
传真电话 0592－7768588
校园（局域）网域名 www.xmht.com
电子信箱 xmht@xmedu.cn
占地面积（平方米） 349543
图书（万册） 49.75
固定资产总值（万元） 34501
教学、科研仪器设备资产值（万元） 3662
在校生数（人） 5111
其中：普通专科 5111
专任教师（人） 257
其中：正高级 16
副高级 29
中级 42
初级 81
未定职级 89

专科专业 电子商务、动漫设计与制作、多媒体设计与制作、光电子技术、国际商务、会计电算化、会计与审计、机电一体化技术、机械设计与制造、计算机网络技术、计算机应用技术、酒店管理、旅游管理、模具设计与制造、汽车电子技术、汽车技术服务与营销、汽车检测与维修技术、汽车制造与装配技术、软件技术、商务英语、市场营销、数控技术、物流管理、影视表演、应用电子技术、主持与播音、装潢艺术设计
院系设置
学院设有六个二级学院：机电与汽车工程学院、人文教育学院、艺术设计与影视学院、财经学院、现代工商管理学院、计算机与电子工程学院
学校设立奖学金情况
学校设立奖学金2项，奖学金最高金额1200元/年，最低金额300元/年。

1. 针对高职学生设立"优秀学生奖学金"和"单项奖学金"，其中优秀学生奖学金分三等，一等1200元/生，二等600元/生，三等300元/生。
2. 针对自考助学班学生设立"统考奖学金"和"学院励志奖学金"，其中统考奖学金分三等，一等300元/生，二等200元/生，三等100元/生；学院励志奖学金，通过的统考课程超过规定课程的三分之二者，每加一门奖励200元/生，不设上限，如期毕业的另外奖励1000元/生。

学校历史沿革
厦门华天涉外职业技术学院经福建省人民政府批准并报送教育部备案的全日制普通高等职业技术学院。学院筹建于2002年，2004年2月经福建省人民政府批准正式建校，纳入全国高考统一招生计划。2006年9月迁入翔安文教园新校区。

福州科技职业技术学院

学校（机构）标识码 4135013769
学校办学类型 415：专科院校：高等职业学校
学校性质类别 02 理工院校
学校举办者 999 民办
学校地址 福建省福州市仓山区上下店路60号
邮政编码 350002
办公电话 0591－83749255
传真电话 0591－83749003
校园（局域）网域名 www.fzstc.com
电子信箱 fzstc@tom.com
占地面积（平方米） 25308
图书（万册） 17
固定资产总值（万元） 9016.3
教学、科研仪器设备资产值（万元） 817.3
在校生数（人） 654

其中:普通专科 654　　　　　副高级 8　　　　　　初级 8
专任教师(人) 55　　　　　　中级 5　　　　　　　未定职级 30
其中:正高级 4

专科专业 电子商务、电子仪器仪表与维修、会计电算化、会计与审计、计算机网络技术、计算机应用技术、酒店管理、楼宇智能化工程技术、旅游管理、市场营销、通信技术、应用电子技术、应用英语
院系设置
工商贸易系、计算机系、电子工程系、外语系、旅游系
定期公开出版的专业刊物 《福州科技学院报》

学校设立奖学金情况
学校设立奖学金2项,奖励总金额9余万元。奖学金最高金额4000元/年,最低金额3000元/年。
学校历史沿革
我院2001年经省教育厅批准筹办,2004年经福建省政府批准正式设立。学院由福州火星电脑技术有限公司投资主办,由厦门大学福州校友会电子协会协办。

泉州经贸职业技术学院

学校(机构)标识码　4135013770
学校办学类型　415:专科院校:高等职业学校
学校性质类别　08 财经院校
学校举办者　821 地级教育部门
学校地址　泉州市鲤城区南环路1129号
邮政编码　362000
办公电话　0595-22467296
传真电话　0595-28059598
校园(局域)网域名　www.qzjmc.cn
电子信箱　qzjmcbgs@sina.com
占地面积(平方米)　303608
校舍建筑面积(平方米)　117691
图书(万册)　42.1
固定资产总值(万元)　18239.16
教学、科研仪器设备资产值(万元)　1681.6
在校生数(人)　4167
其中:普通专科　4167
专任教师(人)　255
其中:正高级　4
副高级　52
中级　112
初级　81
未定职级　6

专科专业 电子商务、服装设计、港口业务管理、国际商务、会计、会计电算化、会计与审计、会计与统计核算、计算机应用技术、经济信息管理、连锁经营管理、商务经纪与代理、商务英语、市场营销、物流管理、印刷技术、应用电子技术
院系设置
会计系、信息技术系、商务系、轻工系、公共基础部、继续教育部、慈山分院
国家级、省部级研究机构设置
研究中心(所):高职教育科研所、泉商研究所
学校设立奖学金情况
学校设立奖学金四项,包括国家奖学金,国家励志奖学金、国家助学金和学院奖学金。奖励总金额100余万元。奖学金最高8000元/年,最低金额300元/年。
学校历史沿革
泉州经贸职业技术学院前身是由原泉州商业学校与原泉州供销学校合并而成的泉州商贸学校。2004年2月,经福建省人民政府〈闽政文[2004]61号〉批准设立。2009年9月湖头慈山财校并入学院。学院是由泉州市人民政府举办,教学业务由省教育厅管理,教育部备案的全日制高等职业技术学院。

福建对外经济贸易职业技术学院

学校(机构)标识码　4135013771
学校办学类型　415:专科院校:高等职业学校
学校性质类别　08 财经院校
学校举办者　812 省级其他部门
学校地址　福建省福州市马尾区亭江镇亭江路8号
邮政编码　350016
办公电话　0591-88020012
传真电话　0591-88020018
校园(局域)网域名　www.fibec.cn
电子信箱　fjwjmxy@163.com
占地面积(平方米)　445669
校舍建筑面积(平方米)　145252
图书(万册)　36.09
固定资产总值(万元)　23375
教学、科研仪器设备资产值(万元)　2905.02
在校生数(人)　6799
其中:普通专科　6591
成人专科　208
专任教师(人)　319
其中:正高级　2
副高级　79
中级　107
初级　82
未定职级　49

专科专业 报关与国际货运、财政金融类、电子商务、动漫设计与制作、工商管理类、工商企业管理、公共管理类、广告设计与制作、国际金融、国际经济与贸易、国际商务、会计、会展策划与管理(会展技术与艺术、计算机信息管理、金融保险、经济贸易类、经济信息管理、连锁经营管理、旅游英语、人力资源管理、软件技术、商务管理(商务会展)、商务经纪与代理、商务日语、商务英语、社区管理与服务、市场开发与营销、市场营销类、文秘、物联网应用技术、物流管理、艺术设计类、语言文化类、证券投资与管理

院系设置
外语系、经济贸易系、信息技术系、工商管理系、人文艺术系、军体部、福建服务外包学院

学校设立奖学金情况
学校设立奖学金1项,奖励总金额93.66余万元。奖学金最高金额1500元/年,最低金额600元/年。

学校历史沿革
1979年—福建对外贸易学校;2004年—福建对外经济贸易职业技术学院。

湄洲湾职业技术学院

学校(机构)标识码　4135013772	传真电话　0594-7692626	在校生数(人)　3426
学校办学类型　415:专科院校:高等职业学校	校园(局域)网域名　www.fjmzw.com	其中:普通专科　3426
学校性质类别　02 理工院校	电子信箱　mzwzsb@163.com	专任教师(人)　198
学校举办者　821 地级教育部门	占地面积(平方米)　306820	其中:正高级　1
学校地址　福建莆田枫亭蔡襄北街1999号	校舍建筑面积(平方米)　114129	副高级　51
邮政编码　351254	图书(万册)　22.25	中级　77
办公电话　0594-7685731	固定资产总值(万元)　13249.9	初级　68
	教学、科研仪器设备资产值(万元)　2975.38	未定职级　1

专科专业 电气自动化技术、电子信息工程技术、雕刻艺术与家具设计、工业分析与检验、光电子技术、国际商务、化工设备维修技术、会计、机电设备维修与管理、机电一体化技术、计算机辅助设计与制造、计算机应用技术、连锁经营方向、楼宇智能化工程技术、模具设计与制造、市场营销、数控技术、物流管理、信息安全技术、艺术设计、营销与策划、应用化工技术、装潢艺术设计

院系设置
机械工程系、化学工程系、电子工程系、工商管理系、工艺美术学院

学校设立奖学金情况
学校设立奖学金4项,奖励总金额190余万元。奖学金最高金额8000元/年,最低金额300元/年。

学校历史沿革
学院的前身是创办于1985年9月的"湄洲湾工业学校"(职业高中)。1986年福建省教育厅批复为"湄洲湾工业职业中专学校"(职业中专),1990年更名为"福建省莆田湄洲湾工业职业中专学校"。1991年被评为省部级重点职业学校,1996年被评为国家级重点职校。1997年4月经福建省教委批准,创办"福建省湄洲湾工业学校"(普通中专)。2004年2月,经福建省人民政府批准,成立"湄洲湾职业技术学院"。至今已有26年的办学历史。2008年获得国家教育人才培养工作水平评估优秀等级。

福州海峡职业技术学院

学校(机构)标识码　4135013773	传真电话　0591-83503667	在校生数(人)　4600
学校办学类型　415:专科院校:高等职业学校	校园(局域)网域名　www.hxcollege.com	其中:普通专科　4582
学校性质类别　01 综合大学	电子信箱　fzhyzy@guomaitech.com	成人专科　18
学校举办者　999 民办	占地面积(平方米)　427037	专任教师(人)　217
学校地址　福州市晋安区鳝溪学园路9号	图书(万册)　34.3	其中:正高级　11
邮政编码　350014	固定资产总值(万元)　5025.73	副高级　34
办公电话　0591-83503667	教学、科研仪器设备资产值(万元)　2511.97	中级　33
		初级　120
		未定职级　19

专科专业 保险实务、电力系统继电保护、电脑艺术设计、电子商务、电子信息工程技术、房地产经营与估价、供用电技术、广告设计与制作、会计与审计、基础工程技术、计算机多媒体技术、计算机通信、计算机网络技术、建筑工程管理、建筑工程技术、建筑经济管理、软件技术、市场营销、市政工程技术、通信网络与设备、通信系统运行管理、物流管理、移动通信技术、应用电子技术、应用英语、证券投资与管理

院系设置

管理工程系、建筑工程系、计算机通信工程系、公共基础部、继续教育学院

学校设立奖学金情况

学校设立奖学金1项,奖励总金额38.88余万元。奖学金最高金额1200元/年,最低金额600元/年。

学校历史沿革

福州海峡职业技术学院(2004年2月至今)。

福建生物工程职业技术学院

学校(机构)标识码 4135013969	传真电话 0591-83742079	在校生数(人) 3819
学校办学类型 415:专科院校:高等职业学校	校园(局域)网域名 www.fjvcb.cn/home/	其中:普通专科 3434
		成人专科 385
学校性质类别 05 医药院校	占地面积(平方米) 231836	专任教师(人) 160
学校举办者 812 省级其他部门	校舍建筑面积(平方米) 22660	其中:正高级 1
学校地址 福建生物工程职业技术学院	图书(万册) 17.53	副高级 32
	固定资产总值(万元) 4918.67	中级 62
邮政编码 350002	教学、科研仪器设备资产值(万元) 1477.65	初级 60
办公电话 0591-83742079		未定职级 5

专科专业 保健品开发与管理、生物食品方向、生物制药技术、食品药品监督管理、药品经营与管理、药物分析技术、药物制剂技术、药妆方向、中药

院系设置

药学系、中药系、生物工程系、保健营养学系、管理系、公共基础部、思想政治理论教研部、成人教育部、实训试验中心、网络中心、图书馆

学校设立奖学金情况

学校设立奖学金4项,奖励总金额36余万元。奖学金最高金额2000元/年,最低金额300元/年。

主要校办产业

福建闽药经济开发公司、福建医药学校耀效商店、福建省医药超市

学校历史沿革

1980年5月经省委省政府批准成立福建医药学校;2005年5月经省政府(闽政文[2005]238号),在福建医药学校的办学基础上成立福建生物工程职业技术学院。

福建艺术职业学院

学校(机构)标识码 4135013970	办公电话 0591-38268333	784
学校办学类型 415:专科院校:高等职业学校	传真电话 0591-38268012	在校生数(人) 1124
	校园(局域)网域名 www.fjyszyxy.com	其中:普通专科 1124
学校性质类别 11 艺术院校	电子信箱 fjysxy@vip.163.com	专任教师(人) 132
学校举办者 812 省级其他部门	占地面积(平方米) 129998	其中:正高级 1
学校地址 福建省福州市闽侯县甘蔗镇福建艺术职业学院新校区	校舍建筑面积(平方米) 67619	副高级 21
	图书(万册) 17.45	中级 41
	固定资产总值(万元) 1949	初级 67
邮政编码 350100	教学、科研仪器设备资产值(万元)	未定职级 2

专科专业 表演艺术、茶文化、文化市场经营与管理、舞蹈表演、戏曲表演、艺术设计、音乐表演

院系设置

学院校本部目前设有音乐系、美术系、舞蹈系、社会文化系等四个专业系,同时,于2010年6月,经福建省人民政府批准,

成立了二级学院——闽台戏剧学院。
定期公开出版的专业刊物 《艺苑》
学校设立奖学金情况
学校设立奖学金1项,奖励总金额7.46万元。奖学金最高金额800元/年,最低金额400元/年。
学校历史沿革
福建艺术职业学院是福建省文化厅主管、福建省惟一一所专门培养从事音乐、美术、舞蹈、戏剧等文化艺术专业人才,具有大中专学历教育的省级公立高等艺术院校,并在全省各地设有十五个分校(班)。福建艺术职业学院前身为福建艺术专科学校,始创于1958年7月,1960年,经福建省人民委员会(福建省人民政府前身)批准,升格为本科学历教育的福建艺术学院;1962年,因全国性暂时困难,先后被调整为福建艺术学校、福建戏曲学校;文革期间停办;1974年复办福建艺术学校;2005年5月31日,经福建省人民政府批准,在福建艺术学校和福建省文化艺术干部学校基础上,正式组建福建艺术职业学院。

厦门城市职业学院

学校(机构)标识码	4135013973
学校办学类型	415:专科院校:高等职业学校
学校性质类别	07 语文院校
学校举办者	821 地级教育部门
学校地址	厦门前埔南路1263号
邮政编码	361008
办公电话	0592-5909025
传真电话	0592-5909001
校园(局域)网域名	www.xmcu.cn
电子信箱	xiaoban@xmcu.cn
占地面积(平方米)	211225
校舍建筑面积(平方米)	119814
图书(万册)	28.31
固定资产总值(万元)	7637
教学、科研仪器设备资产值(万元)	3273
在校生数(人)	6480
其中:普通专科	5043
成人专科	1437
专任教师(人)	252
其中:正高级	6
副高级	62
中级	115
初级	66
未定职级	3

专科专业 电子商务、电子信息工程技术、动漫设计与制作、工业设计、国际贸易实务、航空服务、环境艺术设计、会计电算化、会展策划与管理、计算机网络技术、计算机应用技术、建筑工程技术、金融保险、汽车检测与维修技术、商务日语、商务英语、社会工作、涉外旅游、市场营销、通信技术、文秘、物流管理、学前教育、艺术设计、音像技术
院系设置
工程技术学部、人文应该学部、经济管理学部、思政教研室、体育与军事教研室
定期公开出版的专业刊物 《厦门广播电视大学学报》、《厦门教育学院学报》、《学知报》
学校设立奖学金情况
学院设立奖学金1项,奖励总金额129万元。奖学金最高金额2000元/年,最低金额600元/年。
学校历史沿革
厦门城市职业学院是2006年5月经福建省委、省政府研究同意,在整合厦门教育学院、厦门职工大学等学校教育资源基础上组建的高职高专院校。厦门市人民政府举办,教学业务由省教育厅管理。

德化陶瓷职业技术学院

学校(机构)标识码	4135013975
学校办学类型	415:专科院校:高等职业学校
学校性质类别	11 艺术院校
学校举办者	831 县级教育部门
学校地址	福建省泉州市德化县浔中镇凤凰山100号
邮政编码	362500
办公电话	0595-23522903
传真电话	0595-23511179
校园(局域)网域名	www.dhcc.cc
电子信箱	dhcc0701@126.com
占地面积(平方米)	168008
校舍建筑面积(平方米)	65119
图书(万册)	11.5
固定资产总值(万元)	8000
教学、科研仪器设备资产值(万元)	1620
在校生数(人)	1722
其中:普通专科	1722
专任教师(人)	146
其中:正高级	1
副高级	29
中级	44
初级	42
未定职级	30

专科专业 材料工程技术、雕塑艺术设计、雕塑艺术设计(石雕方向)、工商企业管理、工业设计、商务管理、商务英语、视觉传达艺术设计、物流管理、艺术设计、营销与策划、装潢艺术设计、装饰艺术设计
院系设置
陶瓷艺术系、设计艺术系、陶瓷工程系、工商管理系

定期公开出版的专业刊物 《陶瓷艺术教育》
学校设立奖学金情况

学校设立奖学金5项,奖励总金额16.325余万元。奖学金最高金额8000元/人·年,最低金额200元/人·年。

1. 国家奖学金:8000.00元/人·学年
2. 国家励志奖学金:5000.00元/人·学年
3. 专业学习奖学金:一等奖:1000.00元/人·学年;二等奖:800.00元/人·学年;三等奖:400.00元/人·学年
4. 精神文明和优秀社会工作奖:500.00元/人·学年
5. 优秀毕业生奖励金:300.00元/人

学校历史沿革

1995年,德化县人民政府领导率教育部门有关人员一行6人赴景德镇陶瓷学院、职工大学考察后,提出了筹建德化陶瓷职业技术学院的建议。1999年,中共德化县委九届二次全体会议确定积极创造条件创办德化陶瓷职业技术学院;同年,德化陶瓷职业技术学院筹建领导小组并确定了学院总体规划和实施方案。2001年,"一期工程"竣工交付使用,德化成人中等专业学校、泉州市德化技术学校、德化职业中等专业学校三校合并,与德化县矿物分析中心一并迁入新校园(浔中镇凤凰山),组织筹建德化陶瓷职业技术学院。2002年,福建省教育厅发文(闽教发[2002]194号)函复泉州市人民政府,批准筹建德化陶瓷职业技术学院。2004年,福建省经贸委、科技厅、教育厅、财政厅联合发文(闽经贸技术[2004]300号)决定由德化陶瓷职业技术学院(筹)牵头组建福建省陶瓷产业技术开发基地。2005年,福建省人民政府下文(闽政文[2005]237号)批准正式设立德化陶瓷职业技术学院。当年开设艺术设计(陶瓷方向)、雕塑艺术设计、装潢艺术设计、工业设计等4个专业。2006年,福建省陶瓷产品质量检测中心落户德化陶瓷职业技术学院。2006年,通过国家教育部备案:德化陶瓷职业技术学院为专科层次,由福建省主管的高等职业艺术学校。

三明职业技术学院

学校(机构)标识码	4135013976
学校办学类型	415:专科院校:高等职业学校
学校性质类别	01 综合大学
学校举办者	821 地级教育部门
学校地址	福建省三明市高岩路6号
邮政编码	365000
办公电话	0598-8282672
传真电话	0598-8282382
校园(局域)网域名	www.smvtc.com
电子信箱	zsb13976@126.com
占地面积(平方米)	216668
校舍建筑面积(平方米)	97062
图书(万册)	29.25
固定资产总值(万元)	27820
教学、科研仪器设备资产值(万元)	2202.67
在校生数(人)	3432
其中:普通专科	3306
成人专科	126
专任教师(人)	188
其中:正高级	1
副高级	45
中级	75
初级	45
未定职级	22

专科专业 财务信息管理、服装设计、国际贸易实务、护理、会计电算化、机电一体化技术、机械制造与自动化、连锁经营管理、模具设计与制造、染整技术、染织艺术设计、人力资源管理、市场营销、数控技术、物流管理、现代纺织技术、鞋类设计与工艺、印刷技术、应用英语、助产

院系设置

学院设五个教学系部:机械电子系、轻纺工业系、经济与管理系、护理系和人文社科系。

学校设立奖学金情况

设有国家奖学金8000元/学年、国家励志奖学金5000元/学年、国家助学金2500—4000元/学年和学院奖学金:一等奖2000元/学年,二等奖1200元/学年,三等奖800元/学年奖励总金额80万元。

学校历史沿革

三明职业技术学院原为创办于1984年的三明业余大学,2004年三明市人民政府将原三明市卫生学校(1960年创办)、福建三明财经学校(1980年创办)和三明轻纺工业学校(1981年创办)并入三明业余大学,2005年5月福建省人民政府批准更名为三明职业技术学院并于同年通过教育部备案。

宁德职业技术学院

学校(机构)标识码	4135013977
学校办学类型	415:专科院校:高等职业学校
学校性质类别	01 综合大学
学校举办者	821 地级教育部门
学校地址	福建省福安市福泰路232号
邮政编码	355000
办公电话	0593-6382817
传真电话	0593-6558600
校园(局域)网域名	www.ndgzy.com
电子信箱	fjsndgjy.com
占地面积(平方米)	348720
校舍建筑面积(平方米)	64091
图书(万册)	21.28
固定资产总值(万元)	5173
教学、科研仪器设备资产值(万元)	1883.86
在校生数(人)	1665

其中:普通专科 1665	其中:副高级 41	初级 33
专任教师(人) 142	中级 66	未定职级 2

专科专业 茶叶生产加工技术、电机与电器、机械制造与自动化(模具设计与制、机械制造与自动化(数控技术方向)、计算机网络技术、计算机应用技术、历史文化旅游、商务英语、设施农业技术、市场营销、视觉传达艺术设计、物流管理、园林技术、园艺技术、装潢艺术设计

院系设置
农业科学系、计算机系、财经管理系、人文科学系、机电工程系、公共基础部

学校设立奖学金情况
学校设立奖学金6项,奖励总金额66.98余万元。奖学金最高金额8000元/年,最低金额400元/年。

学校历史沿革
根据闽政【2005】241号批复,于2005年5月31日由宁德市农业学校(创建于1934年)与福安师范(创建于1939年)合并组建宁德职业技术学院。

福州软件职业技术学院

学校(机构)标识码 4135013978	邮政编码 350003	专任教师(人) 213
学校办学类型 415:专科院校:高等职业学校	办公电话 0591-83843291	其中:正高级 3
	传真电话 0591-83843281	副高级 40
学校性质类别 01 综合大学	校园(局域)网域名 www.fzrjxy.com	中级 56
学校举办者 999 民办	电子信箱 fzsvtc@126.com	初级 65
学校地址 福建省福州市鼓楼区铜盘软件大道89-1号	在校生数(人) 4783	未定职级 49
	其中:普通专科 4783	

专科专业 动漫设计与制作、国际贸易实务、会计电算化、会计电算化(工程造价方向)、计算机多媒体技术、计算机应用技术、软件技术、市场营销、室内设计技术、图形图像制作、网络系统管理、物流管理、应用英语

院系设置
计算机系、数字媒体设计系、财经系、公共基础教学部、思想政治理论教研部

学校设立奖学金情况
学校设立奖学金五项,奖励总金额三百余万元。奖学金最高金额8000元/年,最低金额200元/年。

学校历史沿革
2005年成立。

厦门兴才职业技术学院

学校(机构)标识码 4135013979	传真电话 0592-6265262	在校生数(人) 3501
学校办学类型 415:专科院校:高等职业学校	校园(局域)网域名 www.xmxc.com	其中:普通专科 3094
	电子信箱 xcxyzhb@126.com	成人专科 407
学校性质类别 02 理工院校	占地面积(平方米) 33030	专任教师(人) 165
学校举办者 999 民办	校舍建筑面积(平方米) 2188	其中:正高级 8
学校地址 厦门市集美区后溪镇兴溪路879-889号	图书(万册) 28.7	副高级 32
	固定资产总值(万元) 11111.35	中级 32
邮政编码 361024	教学、科研仪器设备资产值(万元) 2090.95	初级 62
办公电话 0592-3153380		未定职级 31

专科专业 电脑艺术设计、电子商务、服装设计、工商企业管理、国际航运业务管理、国际商务、会计电算化、机电一体化技术、计算机多媒体技术、计算机网络技术、计算机应用技术、酒店管理、连锁经营管理、模具设计与制造、商务日语、商务英语、数控技术、物流管理、艺术设计、装潢艺术设计

院系设置
工学院、商学院、艺术学院、文理学院

学校设立奖学金情况
学校设立奖学金3项,奖励总金额15余万。奖学金最高金额3000元/年,最低金额200元/年。

主要校办产业

厦门精佳工贸有限公司、厦门新成宏磨具厂、厦门兴才学院计算机模拟公司

学校历史沿革

1983年创办培训中心;1998年创办厦门兴才中等职业学院;2002年创办厦门兴才职业技术学院(筹);2005年经福建省人民政府批准正式成立:厦门兴才职业技术学院(闽政文[2005]232号、教发函[2006]62号。)

福建农林大学金山学院

学校(机构)标识码	4135014046
学校办学类型	413:本科院校:独立学院
学校性质类别	01 综合大学
学校举办者	999 民办
学校地址	福建省福州市仓山区下安
邮政编码	350002
办公电话	0591-83768357
传真电话	0591-83768357
校园(局域)网域名	www.jsxy.fafu.edu.cn/index.html
电子信箱	jsxy@fjau.edu.cn
图书(万册)	81.93
固定资产总值(万元)	30492.57
教学、科研仪器设备资产值(万元)	3950.6
在校生数(人)	7797
其中:普通本科	7797
专任教师(人)	507
其中:正高级	56
副高级	136
中级	185
初级	130

本科专业 财务管理、电气工程及其自动化、电子科学与技术、电子信息工程、动物医学、工程管理、工商管理、公共事业管理、广告学、国际经济与贸易、行政管理、化学工程与工艺、机械设计制造及其自动化、计算机科学与技术、交通工程、林学、旅游管理、农村区域发展、农学、人力资源管理、食品科学与工程、食品质量与安全、土木工程、艺术设计、英语、园林、园艺、植物保护

院系设置

经济管理系、信息与机电工程系、工程技术系、食品科学系、文学艺术系、资源与环境系

学校设立奖学金情况

学院设立奖学金1项,奖励总金额300万元,最高金额2000元/年,最低金额1000元/年。

学校历史沿革

福建农林大学金山学院创办于2006年,是由福建农林大学与福建省圣农实业有限公司和福建省神蜂科技开发有限公司合作举办并经教育部正式下文批复(教发函[2006]88号"教育部关于同意试办福建农林大学金山学院的批复")的全日制本科层次独立学院,金山学院依托福建农林大学优质的教育资源办学,共享福建农林大学优美的校园环境,共沐福建农林大学75年办学历史积淀的校园文化。

厦门软件职业技术学院

学校(机构)标识码	4135014059
学校办学类型	415:专科院校:高等职业学校
学校性质类别	02 理工院校
学校举办者	999 民办
学校地址	厦门集美孙坂南路1199号
邮政编码	361024
办公电话	0592-6276787
传真电话	0592-6276777
校园(局域)网域名	xmist.edu.cn
电子信箱	xmstc@xmstc.cn
图书(万册)	29.5
固定资产总值(万元)	2812.1
教学、科研仪器设备资产值(万元)	1990.5
在校生数(人)	3675
其中:普通专科	3675
专任教师(人)	172
其中:正高级	5
副高级	28
中级	33
初级	68
未定职级	38

专科专业 电子商务、动漫设计与制作、计算机通信、计算机网络技术、计算机信息管理、计算机应用技术、软件技术、图形图像制作、网络系统管理、微电子技术、应用英语

院系设置

设有软件技术系、数字媒体系、网路技术系、应用外语系、电子系、管理信息系、基础教研部、思政教研部、实验实训中心

学校设立奖学金情况

学院设国家奖学金、国家励志奖学金、优秀学生奖学金(特等、一等、二等、三等)、入学奖学金、单项奖励金等八项,奖励总额约:111万元/年。奖学金最高金额8000元/年,最低金额200元/年。

学校历史沿革

厦门软件职业技术学院前身为厦门信息工程学院,于2004

年 7 月正式筹建,2006 年正式建校,学院为民办高等职业学院。

福建体育职业技术学院

学校(机构)标识码 4135014060	传真电话 0591-87726122	6730.39
学校办学类型 415:专科院校:高等职业学校	校园(局域)网域名 www.fjlpe.cn	在校生数(人) 1262
	电子信箱 fjty2010@sina.cn	其中:普通专科 1262
学校性质类别 10 体育院校	占地面积(平方米) 263465	专任教师(人) 132
学校举办者 812 省级其他部门	校舍建筑面积(平方米) 164560	其中:正高级 4
学校地址 福建省福州市鼓楼区福飞路 151 号	图书(万册) 16.1	副高级 35
	固定资产总值(万元) 28671.06	中级 50
邮政编码 350003	教学、科研仪器设备资产值(万元)	初级 43
办公电话 0591-87726122		

专科专业 竞技体育、社会体育、体育保健、体育服务与管理、运动休闲服务与管理、运动训练

院系设置
运动系、社会体育系、体育管理系、体育保健系、思想政治理论教学部、公共基础课教育部、成人教育部

国家级、省部级研究机构设置
研究所(中心):福建省体育科学研究所

学校设立奖学金情况
学校设立奖学金 4 项,奖励总金额 31 余万元。奖学金最高金额 5000 元/年,最低金额 500 元/年。

学校历史沿革
福建体育职业技术学院经省委、省政府批准由省体育工作大队、省少体校、省第二体育工作大队、省体育科学研究所、省射击射箭中心、省游泳中心、省贵安温泉游泳基地 7 家单位整合而成。自 2005 年挂牌以来便开始逐步整合,目前 7 家单位仍保留独立法人地位。

漳州城市职业学院

学校(机构)标识码 4135014110	传真电话 0596-2525832	在校生数(人) 4530
学校办学类型 415:专科院校:高等职业学校	校园(局域)网域名 www.zcvc.cn	其中:普通专科 4530
	电子信箱 zczybgs@163.com	专任教师(人) 204
学校性质类别 01 综合大学	占地面积(平方米) 182151	其中:正高级 1
学校举办者 821 地级教育部门	校舍建筑面积(平方米) 85614	副高级 47
学校地址 福建省漳州市西洋坪路 10 号	图书(万册) 28.44	中级 66
	固定资产总值(万元) 13855.75	初级 77
邮政编码 363000	教学、科研仪器设备资产值(万元) 2398.06	未定职级 13
办公电话 0596-2525832		

专科专业 财务管理、产品造型设计、初等教育、电脑艺术设计、工商企业管理、广告设计与制作、会计与统计核算、金融保险、美术教育、商务英语、生物技术及应用、食品营养与检测、图书档案管理、文秘、心理咨询、学前教育、艺术设计、音乐教育、应用英语、园林技术、园艺技术、装潢艺术设计

院系设置
外国语言文学系、艺术系、初等教育系、人文与社会科学系、生物与环境工程系、经济管理系。

学校设立奖学金情况
学校设立奖学金 1 项,奖励总金额 42.74 余万元。奖学金最高金额 1500 元/年,最低金额 600 元/年。

主要校办产业
漳州教学仪器厂、校办农场

学校历史沿革
汀漳龙师范传习所(1905-1907 年),省立第二师范学校(1907-1916 年,含汀漳龙师范学堂、汀漳龙师范学校),省立龙溪师范学校(1916-1949 年,含省立龙溪中学、省立龙溪简易师范学校),福建省龙溪师范学校(1949-2003 年),漳州教育学院(2003-2007 年,含龙溪师范学校、云霄师范学校、漳州教育学院),漳州城市职业学院(2007 年至今)。

厦门南洋职业学院

学校(机构)标识码 4135014111	办公电话 0592-5118001	在校生数(人) 4156
学校办学类型 415:专科院校:高等职业学校	传真电话 0592-5333995	其中:普通专科 4156
	电子信箱 xmnanyang@163.com	专任教师(人) 203
学校性质类别 01 综合大学	占地面积(平方米) 261194	其中:正高级 10
学校举办者 999 民办	图书(万册) 35.8	副高级 34
学校地址 厦门翔安区洪钟大道5068号	固定资产总值(万元) 36823.69	中级 76
	教学、科研仪器设备资产值(万元) 1861.79	初级 60
邮政编码 361101		未定职级 23

专科专业 电气自动化技术、电子商务、动漫设计与制作、服装设计、广告设计与制作、国际经济与贸易、环境艺术设计、机电一体化技术、计算机网络技术、计算机应用技术、计算机应用技术(ERP软件实施)、计算机应用技术(手机动漫技术方)、建筑设计技术、旅游管理、模具设计与制造、软件技术、软件技术(WEB软件开发方向)、商务日语、商务英语、商务英语(口岸贸易方向)、物流管理、应用电子技术、应用电子技术(光电显示技术方向

院系设置
信息工程学院、管理学院、经济贸易学院、外国语学院、机电学院、艺术学院、音乐学院

定期公开出版的专业刊物 《南洋报》
学校设立奖学金情况
学校设立奖学金7项,奖励总金额12.5万元。奖学金最高额度5000元/年,最低金额50元/年。

学校历史沿革
厦门南洋专修学院是2000年9月经福建省教育厅批准,由鲁加升、潘恒曦、赵小玲投资并联合15位海内外中青年企业家、学者共同创办的全日制民办大学。厦门南洋职业学院是在厦门南洋专修学院的基础上,经福建省人民政府批准正式成立、国家教育部备案的全日制民办普通高等职业院校。

厦门东海职业技术学院

学校(机构)标识码 4135014112	办公电话 0592-7269200	在校生数(人) 1832
学校办学类型 415:专科院校:高等职业学校	传真电话 0592-7269200	其中:普通专科 1832
	校园(局域)网域名 厦门东海学院	专任教师(人) 95
学校性质类别 01 综合大学	占地面积(平方米) 100000	其中:正高级 4
学校举办者 999 民办	图书(万册) 12.5	副高级 5
学校地址 厦门市同安区五显中路280号	固定资产总值(万元) 16789	中级 23
	教学、科研仪器设备资产值(万元) 1212	初级 32
邮政编码 361100		未定职级 31

专科专业 国际商务、环境监测与评价、会展策划与管理、计算机多媒体技术、计算机控制技术、计算机网络技术、计算机信息管理、酒店管理、旅行社经营管理、旅游英语、商务日语、商务英语、视觉传达艺术设计、投资与理财、物流管理、艺术设计

院系设置
旅游与会展系、计算机系、管理系、艺术系、外语系和公共教学部

学校设立奖学金情况
学校设立奖学金3项,奖励总金额44余万元。奖学金最高金额8000元/年,最低金额2500元/年。

学校历史沿革
厦门东海职业技术学院筹建于2002年8月,2007年3月经福建省人民政府批准正式建校,纳入全国统招计划。2008年8月迁入同安区五显中路280号新址。

漳州天福茶职业技术学院

学校(机构)标识码 4135014113　　学校办学类型 415:专科院校:高等职业学校

学校性质类别 03 农业院校	**占地面积**(平方米) 244289	**留学生** 3
学校举办者 999 民办	**校舍建筑面积**(平方米) 108350	**专任教师**(人) 87
学校地址 漳州天福茶职业技术学院	**图书**(万册) 14.14	**其中:正高级** 13
邮政编码 363202	**固定资产总值**(万元) 25383.11	**副高级** 8
办公电话 0596-3184047	**教学、科研仪器设备资产值**(万元)	**中级** 20
传真电话 0596-3184051	2672.13	**初级** 20
校园(局域)网域名 www.tftc.edu.cn	**在校生数**(人) 1709	**未定职级** 26
电子信箱 tfttc@163.com	**其中:普通专科** 1706	

专科专业 茶文化、茶叶生产加工技术、多媒体设计与制作、国际经济与贸易、旅游管理、食品加工技术、食品营养与检测、市场开发与营销、物流管理、艺术设计(陶瓷与茶具艺术方向)

院系设置
商学院、茶与食品科技学院、文化创意学院、海峡创业学院等四个二级学院

学校设立奖学金情况
学校设立奖学金9项,奖励总金额165余万元人民币。奖学金最高金额5000元/年,最低金额500元/年。

主要校办产业
天福集团

学校历史沿革
2005年1月21日成立天福茶职业技术学院筹备委员会。2005年8月15日,福建省教育厅批准筹建天福茶职业技术学院(文号:闽教发[2005]147号)。2005年11月28日,天福茶职业技术学院奠基。2007年2月25日,福建省人民政府同意我校正式成立(文号:闽政文[2007]44号)。

漳州理工职业学院

学校(机构)标识码 4135014115	**传真电话** 0596-7081706	**在校生数**(人) 1525
学校办学类型 415:专科院校:高等职业学校	**校园(局域)网域名** www.zzlg.org	**其中:普通专科** 1525
	电子信箱 zjypjb@163.com	**专任教师**(人) 102
学校性质类别 02 理工院校	**占地面积**(平方米) 142790	**其中:正高级** 3
学校举办者 999 民办	**校舍建筑面积**(平方米) 44774	**副高级** 24
学校地址 福建省漳州市蓝田工业开发区横三路东段	**图书**(万册) 15.16	**中级** 14
	固定资产总值(万元) 22552.6	**初级** 32
邮政编码 363000	**教学、科研仪器设备资产值**(万元)	**未定职级** 29
办公电话 0596-7081713	1172.8	

专科专业 包装技术与设计、电气自动化技术、多媒体设计与制作、机电一体化技术、市场营销、物流管理、印刷技术、印刷设备及工艺、印刷图文信息处理、应用电子技术、装饰艺术设计

院系设置
学院设有印刷与包装艺术设计系、机械与电子工程系、经济与管理系、基础教学部和实验实训中心、现代教育技术中心、印刷教育研究院3个系1个部2个中心教学单位和2个研究所

学校设立奖学金情况
学校设立奖学金3项,奖励总金额79500余万元。奖励最高金额400元/年,最低金额100元/年。

学校历史沿革
漳州理工职业学院前身是创办于2007年的漳州吉马印刷职业技术学院,是由漳州吉马彩印有限公司独资创办,教育部备案,具有独立颁发国家大专文凭资格的全日制普通高等职业学院;2011年2月,福建省人民政府正式批准更名为漳州理工职业学院;学院地处历史文化名城、闽南开放城市——漳州。

武夷山职业学院

学校(机构)标识码 4135014116	**学校举办者** 999 民办	**办公电话** 0599-5109399
学校办学类型 415:专科院校:高等职业学校	**学校地址** 福建省武夷山市武夷大道36号	**传真电话** 0599-5137195
		校园(局域)网域名 www.wyszyxy.com
学校性质类别 01 综合大学	**邮政编码** 354300	**电子信箱** wyzy516@yahoo.com.cn

占地面积(平方米) 331364	1150.78	其中:正高级 4
校舍建筑面积(平方米) 49626	在校生数(人) 1731	副高级 10
图书(万册) 16.3	其中:普通专科 1731	中级 23
固定资产总值(万元) 11900.29	专任教师(人) 101	初级 64
教学、科研仪器设备资产值(万元)		

专科专业 餐饮管理与服务、茶叶生产加工技术、导游、电子信息工程技术、工程造价、计算机应用技术、建筑工程技术、金融与证券、酒店管理、旅行社经营管理、旅游工艺品设计与制作、旅游英语、烹饪工艺与营养、设施农业技术、食品加工技术、应用电子技术、园林技术、园艺技术

学校设立奖学金情况
设立奖学金8项,奖学金最高8000元/年,最低1500元/年。

学校历史沿革
2007年建校。

漳州卫生职业学院

学校(机构)标识码 4135014117	传真电话 0596-2559597	在校生数(人) 4782
学校办学类型 415:专科院校:高等职业学校	校园(局域)网域名 www.zzwzy.com	其中:普通专科 4281
	电子信箱 zzwzy@zzwzy.com	成人专科 501
学校性质类别 05 医药院校	占地面积(平方米) 266800	专任教师(人) 256
学校举办者 822 地级其他部门	校舍建筑面积(平方米) 140127	其中:正高级 16
学校地址 漳州市芗城区西洋坪高教园区12号	图书(万册) 24.7	副高级 72
	固定资产总值(万元) 23284.31	中级 75
邮政编码 363000	教学、科研仪器设备资产值(万元)	初级 77
办公电话 0596-2559598	2174.85	未定职级 16

专科专业 护理、康复治疗技术、口腔医学技术、临床医学、生物制药技术、卫生检验与检疫技术、卫生信息管理、眼视光技术、药品经营与管理、药学、医学检验技术、医学影像技术、医用电子仪器与维护、中药、助产

院系设置
公共基础部、信息中心、基础医学部、护理系、临床医学技术系、药学系

学校设立奖学金情况
学校设立奖学金1项,奖励总金额26余万元。奖学金最高金额1200元/年,最低金额200元/年。

毕业生一次就业率 93.27%

学校历史沿革
2001年8月 漳州市政府向福建省教育厅请示将漳州卫校升格为漳州护理职业学院;2001年12月 福建省高等学校设置评议委员会投票一致通过设置漳州护理高等专科学校;2002年4月 福建省委、省政府研究同意吸收漳州卫生学校部分教育资源组建漳州医学护理高等专科学校,并致函教育部审批;2003年秋 福建省政府研究同意筹建中的漳州医学护理高等专科学校开始独立招生;2004年12月 福建省政府研究同意成立漳州医学护理职业学院 2007年2月 福建省政府同意将漳州医学护理职业学院更名为漳州卫生职业学院,同年4月通过教育部备案;2009年6月 通过高等职业院校人才培养工作评估。

泉州泰山航海职业学院

学校(机构)标识码 4135014231	传真电话 0595-88983160	在校生数(人) 1149
学校办学类型 415:专科院校:高等职业学校	校园(局域)网域名 www.qztmi.cn	其中:普通专科 1149
	电子信箱 yuanban@qztmi.cn	专任教师(人) 60
学校性质类别 02 理工院校	占地面积(平方米) 460099	其中:正高级 1
学校举办者 999 民办	图书(万册) 8.5	副高级 7
学校地址 泉州泰山航海职业学院	固定资产总值(万元) 31055	中级 10
邮政编码 362700	教学、科研仪器设备资产值(万元)	初级 24
办公电话 0595-88983105	1651	未定职级 18

专科专业 船舶工程技术、电气自动化技术、国际航运业务管理、航海技术、集装箱运输管理、轮机工程技术
院系设置
航海、轮机、船舶、管理
学校设立奖学金情况
学院设立奖学金4项,奖励总金额二十余万元。奖学金最高8000元/年,最低金额300元/年。

学校历史沿革
泉州泰山航海职业学院是经福建省人民政府批准、教育部备案,纳入全国高考统招计划,具有独立颁发国家普通高等学校专科文凭资格的全日制民办高职院校。学院2009年正式开学,面对福建省招生。

泉州轻工职业学院

学校(机构)标识码　4135014232
学校办学类型　415:专科院校:高等职业学校
学校性质类别　02 理工院校
学校举办者　999 民办
学校地址　福建省泉州市晋江市西园街道办事处赖厝社区居委会
邮政编码　362200
办公电话　0595-36207778
传真电话　0595-36207779
校园(局域)网域名　www.qzqgxy.com
电子信箱　qzqg2008@163.com
占地面积(平方米)　141711
校舍建筑面积(平方米)　71042
图书(万册)　11.5
固定资产总值(万元)　17462.74
教学、科研仪器设备资产值(万元)　812.31
在校生数(人)　1921
其中:普通专科　1921
专任教师(人)　119
其中:正高级　4
副高级　21
中级　16
初级　31
未定职级　47

专科专业 报关与国际货运、电气自动化技术、电子商务、动漫设计与制作、服装设计、会计电算化、机电一体化技术、商务英语、数控技术、玩具设计与制造、物流管理、鞋类设计与工艺
学校设立奖学金情况
学校设立奖学金1项,奖励总金额7万余元,最高奖金1000元/年,最低奖金300元/年。

学校历史沿革
泉州轻工职业学院于2006年由福建省教育厅批准开始筹建,2009年2月份由福建省人民政府批准正式设立,国家教育部核准备案,开始进入办学招生的新历程。学院由五大知名企业集团(澳门金龙集团、恒安集团、安踏集团、浔兴集团、艾派集团)共同投资创建。

厦门安防科技职业学院

学校(机构)标识码　4135014257
学校办学类型　415:专科院校:高等职业学校
学校性质类别　02 理工院校
学校举办者　999 民办
学校地址　厦门安防科技职业学院
邮政编码　361102
办公电话　0592-2291666
传真电话　0592-7762779
校园(局域)网域名　www.xmafkj.com
占地面积(平方米)　132718
图书(万册)　6.6
固定资产总值(万元)　1000
教学、科研仪器设备资产值(万元)　419
在校生数(人)　820
其中:普通专科　820
专任教师(人)　52
其中:正高级　8
副高级　10
中级　10
初级　20
未定职级　4

专科专业 安全防范技术、交通安全与智能控制、楼宇智能化工程技术、软件技术、社区管理与服务、武术、消防工程技术、新闻采编与制作、信息安全技术

学校设立奖学金情况
学校设立奖学金2项,奖励总金额7.5余万元。奖学金最高金额3000元/年,最低金额300元/年。

泉州幼儿师范高等专科学校

学校(机构)标识码　4135014331
学校办学类型　414:专科院校:高等专科学校
学校性质类别　06 师范院校
学校举办者　821 地级教育部门
学校地址　福建省泉州市丰泽区嘉祥

路801号	校舍建筑面积(平方米) 90989	留学生 2
邮政编码 362000	图书(万册) 19.25	专任教师(人) 163
办公电话 0595-22382957	固定资产总值(万元) 5585.72	其中:正高级 1
传真电话 0595-22391892	教学、科研仪器设备资产值(万元)	副高级 44
校园(局域)网域名 www.qzygz.net	1473.58	中级 38
电子信箱 bgs@qzys.net	在校生数(人) 795	初级 38
占地面积(平方米) 200010	其中:普通专科 793	未定职级 42

专科专业 美术教育(学前方向)、学前教育、学前教育(特教方向)、学前教育(英语方向)、学前教育(早教方向)、音乐教育(学前方向)、英语教育(学前方向)

院系设置
学前教育系、艺术教育系、英语教育系、初等教育系、公共教学部、继续教育部

定期公开出版的专业刊物 《儿童发展研究》

学校设立奖学金情况
学校设立奖学金3项,奖励总金额25余万元。奖学金最高金额8000元/年,最低金额200元/年。

主要校办产业
劳动服务公司

学校历史沿革
泉州幼儿师范高等专科学校是所百年老校,历史悠久,原泉州培英女校,创办于1890年,1952年、1955年分别改名为泉州女子师范学校、福建省泉州幼儿师范学校,2005年5月转型升格为泉州儿童发展职业学院,2011年4月经教育部批准更名为泉州幼儿师范高等专科学校。

南昌大学

学校(机构)标识码 4136010403	占地面积(平方米) 3838401	成人专科 859
学校办学类型 411:本科院校:大学	校舍建筑面积(平方米) 2537965	博士研究生 439
学校性质类别 01 综合大学	图书(万册) 337.85	硕士研究生 6887
学校举办者 811 省级教育部门	固定资产总值(万元) 350781.48	留学生 83
学校地址 江西省南昌市红谷滩新区 学府大道999号	教学、科研仪器设备资产值(万元) 50049.68	专任教师(人) 3120
邮政编码 330031	在校生数(人) 61049	其中:正高级 490
办公电话 0791-83969036	其中:普通本科 40944	副高级 1056
传真电话 0791-83969069	普通专科 8543	中级 1177
校园(局域)网域名 www.ncu.edu.cn	成人本科 3294	初级 294
电子信箱 xzbgs@ncu.edu.cn		未定职级 103

本科专业 安全工程、表演、材料成型及控制工程、材料科学与工程、材料物理、财务管理、测控技术与仪器、车辆工程、城市规划、档案学、德语、电气工程及其自动化、电气信息类、电子商务、电子信息工程、动画、对外汉语、法学、法语、高分子材料与工程、给水排水工程、工程管理、工商管理、工商管理类、工业工程、工业设计、公共关系学、公共事业管理、管理科学、管理科学与工程类、光信息科学与技术、广播电视新闻学、广告学、国际经济与贸易、过程装备与控制工程、汉语言文学、行政管理、护理学、化学、化学工程与工艺、环境工程、环境科学、会计学、绘画、机械设计制造及其自动化、计算机科学与技术、计算机软件、建筑节能技术与工程、建筑学、教育学、金融学、经济学、经济学类、口腔医学、历史学、历史学类、临床医学、旅游管理、麻醉学、热能与动力工程、日语、软件工程、社会工作、生物工程、生物技术、生物科学、生物医学工程、食品科学与工程、食品质量与安全、市场营销、数学与应用数学、数字媒体技术、水产养殖学、水利水电工程、体育教育、通信工程、土木工程、网络工程、舞蹈学、物理学、物流管理、西班牙语、戏剧影视文学、新能源材料与器件、新闻传播学类、新闻学、信息安全、信息管理与信息系统、信息与计算科学、药学、医学检验、医学影像学、艺术设计、音乐学、英语、应用化学、应用物理学、应用心理学、预防医学、运动训练、哲学、哲学类、制药工程、中国语言文学类、自动化

专科专业 电子商务、动漫设计与制作、护理、会计电算化、计算机网络技术、口腔医学、临床医学、软件技术、网络系统管理、药学

博士专业 材料加工工程、材料物理与化学、材料学、动物学、高分子科学与工程、工业催化、固体力学、管理科学与工程、环境工程、机械电子工程、机械设计及理论、临床医学、内科学、食品科学、食品科学与工程、思想政治教育、外科学、微纳米材料科学与工程、营养与食品卫生学

硕士专业 比较文学与世界文学、病理学与病理生理学、病

原生物学、材料加工工程、材料物理与化学、材料学、测试计量技术及仪器、产业经济学、车辆工程、成人教育学、传播学、档案学、等离子体物理、电机与电器、电力电子与电力传动、电力系统及其自动化、动力机械及工程、动物学、儿科学、耳鼻咽喉科学、发酵工程、法律、法律史、翻译、分析化学、妇产科学、概率论与数理统计、高等教育学、高分子化学与物理、工程、工程管理、工程热物理、工商管理、工业催化、公共管理、公共卫生、管理科学与工程、光学、光学工程、广播电视艺术学、国际法学(含:国际公法、国际私法)、国际关系、国际政治、汉语国际教育、汉语言文字学、行政管理、护理学、化工过程机械、化学工程、化学工艺、环境工程、环境科学、会计学、机械电子工程、机械设计及理论、机械制造及其自动化、基础数学、急诊医学、计算机软件与理论、计算机系统结构、计算机应用技术、计算数学、技术经济及管理、建筑设计及其理论、教育、教育技术学、教育经济与管理、结构工程、经济法学、精密仪器及机械、精神病与精神卫生学、科学技术哲学、科学社会主义与国际共产主义运动、控制理论与控制工程、口腔基础医学、口腔临床医学、口腔医学、理论物理、力学、粮食、油脂及植物蛋白工程、临床检验诊断学、临床医学、流行病与卫生统计学、流体机械及工程、伦理学、旅游管理、麻醉学、马克思主义基本原理、马克思主义哲学、马克思主义中国化研究、美术学、免疫学、民商法学(含:劳动法学)、社会保障、内科学、凝聚态物理、农产品加工及贮藏工程、企业管理(含:财务管理)市场营销、情报学、区域经济学、人口、资源与环境经济学、人体解剖与组织胚胎学、人文地理学、设计艺术学、社会保障、社会医学与卫生事业管理、神经病学、神经生物学、生理学、生态学、生物化工、生物化学与分子生物学、食品科学、世界经济、市政工程、数量经济学、水产养殖、水利水电工程、水生生物学、思想政治教育、诉讼法学、体育人文社会学、天体物理、通信与信息系统、土地资源管理、外国语言学及应用语言学、外国哲学、外科学、微生物学、文艺学、无机化学、无线电物理、物理化学(含:化学物理)、细胞生物学、宪法学与行政法学、新闻学、新闻与传播、信号与信息处理、刑法学、岩土工程、眼科学、药理学、药物分析学、药物化学、遗传学、艺术、英语语言文学、营养与食品卫生学、影像医学与核医学、应用化学、应用数学、应用心理学、有机化学、语言学与应用语言学、园林植物与观赏园艺、运筹学与控制论、政治经济学、政治学理论、植物学、制冷及低温工程、中共党史(含:党的学说与党的建设)、中国古代史、中国古代文学、中国古典文献学、中国现当代文学、中国哲学、中外政治制度、中西医结合临床、肿瘤学、专门史、宗教学

学校设立奖学金情况

学校设立奖学金23项,奖励总金额4048.6余万元。奖学金最高金额10000元/年,最低金额1000元/年。

主要校办产业

江西第三机床厂、江西电子仪器厂、江南电子仪器厂、南昌江南化工厂、南昌客车厂、江西南大实业公司

学校历史沿革

学校办学始于1921年创办的江西公立医学专门学校和1940年创建的国立中正大学。1993年,江西大学与江西工业大学合并组建南昌大学。1997年,学校被列为国家"211工程"重点建设大学。2004年,教育部与江西省人民政府签署共建南昌大学协议。2005年,南昌大学与江西医学院合并组建新南昌大学。

华东交通大学

学校(机构)标识码 4136010404	电子信箱 hdjd@ecjtu.jx.cn	成人本科 1097
学校办学类型 411:本科院校:大学	占地面积(平方米) 1877734	成人专科 242
学校性质类别 02 理工院校	校舍建筑面积(平方米) 691606	硕士研究生 1414
学校举办者 811 省级教育部门	图书(万册) 173.82	专任教师(人) 1202
学校地址 江西省南昌市经济技术开发区双港路东大街808号	固定资产总值(万元) 68662.73	其中:正高级 165
	教学、科研仪器设备资产值(万元) 18709.43	副高级 334
邮政编码 330013		中级 504
办公电话 0791-87046922	在校生数(人) 22935	初级 195
传真电话 0791-87046666	其中:普通本科 18737	未定职级 4
校园(局域)网域名 www.ecjtu.jx.cn	普通专科 1445	

本科专业 表演、材料成型及控制工程、财务管理、测绘工程、测控技术与仪器、车辆工程、电气工程及其自动化、电子商务、电子信息工程、对外汉语、法学、高分子材料与工程、给水排水工程、工程管理、工商管理、工业工程、工业设计、公共事业管理、光信息科学与技术、国际经济与贸易、汉语言文学、环境工程、会计学、会计学(国际会计学)、机械电子工程、机械设计制造及其自动化、计算机科学与技术、建筑电气与智能化、建筑环境与设备工程、建筑学、交通工程、交通设备信息工程、交通运输、金融学、经济学、人力资源管理、软件工程、软件工程(道路与铁道工程)、软件工程(电气工程及其自动化)、软件工程(电子商务)、软件工程(会计学)、软件工程(机械电子工程)、软件工程(交通设备信息工程)、软件工程(交通运输)、软件工程(桥梁工程)、软件工程(信息工程)、市场营销、体育教育、通信工程、统计学、土木工程、物流管理、信息工程、信息管理与信息系统、信息与计算科学、艺术设计、音乐学、英语、应用化学、运动训练、自动化

专科专业 道路桥梁工程技术、电子商务、国际商务、计算机网络技术、模具设计与制造、铁道车辆、铁道工程技术、铁道机车车辆、铁道交通运营管理、铁道通信信号、物流管理、应用电子技术、制冷与冷藏技术

硕士专业 材料加工工程、材料物理与化学、产业经济学、车辆工程、道路与铁道工程、电机与电器、电力电子与电力传动、电力系统及其自动化、电气工程、分析化学、工程力学、工商管理、工业工程、供热、供燃气、通风及空调工程、管理科学与工程、化学工程、环境工程、会计、会计学、机械电子工程、机械工程、机械设计及理论、机械制造及其自动化、计算机技术、计算机软件与理论、计算机应用技术、检测技术与自动化装置、建筑与土木工程、交通信息工程及控制、交通运输工程、交通运输规划与管理、结构工程、精密仪器及机械、科学社会主义与国际共产主义运动、控制工程、控制理论与控制工程、劳动经济学、马克思主义基本原理、民商法学（含：劳动法学）、社会保障、企业管理（含：财务管理）市场营销、桥梁与隧道工程、软件工程、市政工程、思想政治教育、体育教育训练学、通信与信息系统、统计学、物流工程、项目管理、岩土工程、应用化学、应用数学、应用统计、运筹学与控制论、载运工具运用工程、政治经济学、中国古代文学

院系设置

土木学院、机电学院、电气与电子工程学院、信息工程学院、软件学院、体育学院、基础科学学院、外语学院、艺术学院、国防生学院、经管学院、人文学院、国际学院、轨道交通学院、成教学院、高职学院、马克思主义学院

国家级、省部级研究机构设置

1. 铁路环境震动与噪声教育部工程研究中心 2. 载运工具与装备省部共建教育部重点实验室 3. 省级重点实验室（1）江西省道路与铁道工程重点实验室（2）江西省载运工具与装备重点实验室（3）江西省结构工程高校重点实验室 4. 江西省人文社科重点研究基地（1）交通运输与经济研究所（2）女性研究所

博士后科研工作站 华东交通大学铁路环境振动与噪声工程中心

定期公开出版的专业刊物 《华东交通大学学报》

学校设立奖学金情况

学校设立奖学金 8 项，奖励总金额 2000 余万元。奖学金最高金额 8000 元/年，最低金额 500 元/年。

学校历史沿革

华东交通大学坐落于南昌市经济技术开发区。成立于1971年，当年9月22日，国务院、中央军委联合下发《关于六所高等院校的调整和领导关系的通知》。决定将上海交通大学机车车辆和同济大学铁道工程专业并入上海铁道学院迁往江西，改名为华东交通大学，隶属铁道部管理，面向全国招生本科生。

东华理工大学

学校（机构）标识码	4136010405
学校办学类型	411：本科院校：大学
学校性质类别	02 理工院校
学校举办者	811 省级教育部门
学校地址	江西省抚州市学府路56号
邮政编码	344000
办公电话	0794－8258200
传真电话	0794－8258828
校园（局域）网域名	www.ecit.edu.cn
电子信箱	jyxu@ecit.cn
占地面积（平方米）	1371944
校舍建筑面积（平方米）	725784
图书（万册）	166
固定资产总值（万元）	92700
教学、科研仪器设备资产值（万元）	17849.11
在校生数（人）	26739
其中：普通本科	16137
普通专科	5508
成人本科	2175
成人专科	2032
硕士研究生	887
专任教师（人）	1220
其中：正高级	129
副高级	354
中级	455
初级	282

本科专业 材料化学、材料科学与工程、财务管理、测绘工程、测控技术与仪器、地理信息系统、地球化学、地球物理学、电子科学与技术、电子信息工程、法学、辐射防护与环境工程、给水排水工程、广告学、国际经济与贸易、汉语言文学、核工程与核技术、核化工与核燃料工程、核技术、化学、化学工程与工艺、环境工程、会计学、机械工程及自动化、计算机科学与技术、勘查技术与工程、日语、软件工程、生物技术、市场营销、数学与应用数学、数字媒体技术、水文与水资源工程、体育教育、通信工程、统计学、土地资源管理、土木工程、网络工程、物理学、物流管理、信息工程、信息管理与信息系统、信息与计算科学、艺术设计、音乐学、英语、应用化学、资源环境与城乡规划管理、资源勘查工程、自动化

专科专业 初等教育、地球物理勘查技术、电脑艺术设计、电气自动化技术、服装设计、高分子材料应用技术、工程测量与监理、工程造价、公共事务管理、会计电算化、计算机信息管理、计算机应用技术、精细化学品生产技术、旅游管理、区域地质调查及矿产普查、商务英语、生物技术及应用、食品营养与检测、市场营销、数控技术、数学教育、体育服务与管理、现代教育技术、鞋类设计与工艺、新闻采编与制作、学前教育、音乐表演、印刷技术、英语教育、应用电子技术、语文教育

硕士专业 安全工程、材料学、测绘工程、大地测量学与测量工程、地球化学、地球探测与信息技术、地图学与地理信息系统、地图制图学与地理信息工程、地质工程、电路与系统、电子与通信工程、分析化学、辐射防护及环境保护、固体地球物理学、核技术及应用、核能与核技术工程、化学工程、化学工艺、环境工程、环境科学、集成电路工程、计算机技术、计算机软件与理论、计算机应用技术、计算数学、矿产普查与勘探、旅游管理、马克思主义基本原理、马克思主义中国化研究、企业管理（含：财务管

理)、市场营销、摄影测量与遥感、水利工程、水文学及水资源、土地资源管理、文艺学、岩土工程、应用化学、职业技术教育学

院系设置

地球科学学院、测绘工程学院、核工程技术学院、水资源与环境工程学院、建筑工程学院、机械与电子工程学院、信息工程学院、化学生物与材料科学学院、外国语学院、经济与管理学院、文法学院、艺术学院、理学院、软件学院、国防科技学院、海军后备军官学院、体育学院、师范学院、高等职业技术学院、继续教育学院、成人教育学院、研究生部、思想政治理论教学科研部、教育心理学教学部

国家级、省部级研究机构设置

省级实验室：江西省数字国土、核资源与环境、放射性地质与勘探技术国防重点学科实验室、江西省质谱科学与仪器、江西省核资源与环境重点实验室、江西省核辐射探测及应用工程技术研究中心、核技术应用、地质资源经济与管理研究中心、江西戏剧资源研究中心、"地球环境"国际合作基地、"核资源与环境"国际合作基地

定期公开出版的专业刊物　《东华理工大学学报》、《东华理工大学学报(社科版)》

学校设立奖学金情况

学校设立奖学金10项，奖励总金额为270万元，奖学金最高金额2200元/年，最低金额600元/年

主要校办产业

外专公寓、印刷厂、科技产业总共公司

学校历史沿革

1956年6月创立太谷地质学校，这就是东华理工大学的前身。1958年6月，经教育部批准，在太谷地质学校的基础上，建立了太原地质专科学校(本科)，校址由山西省太谷县城迁往省会太原市。1959年9月，二机部(国家第二机械工业部)决定，学校迁至邻近某特大型铀矿区的江西省抚州市，校名改为抚州地质专科学校(本科)。1974年开始筹建复校。其间培养了三届中专生。1978年4月复办大学，校名为抚州地质学院。1982年1月，更名为华东地质学院。2002年1月，江西省国防科技工业学校并入我院。2002年4月，经教育部批准，学院更名为东华理工学院。2003年，抚州师范专科学校并入我院。2007年3月，经教育部批准，学院更名为东华理工大学。

南昌航空大学

学校(机构)标识码	4136010406
学校办学类型	411：本科院校：大学
学校性质类别	02 理工院校
学校举办者	811 省级教育部门
学校地址	江西省南昌市丰和南大道696号
邮政编码	330063
办公电话	0791-83863692
传真电话	0791-83863071
校园(局域)网域名	www.nchu.edu.cn
电子信箱	nchu@nchu.edu.cn
占地面积(平方米)	1481399
校舍建筑面积(平方米)	895060
图书(万册)	182.02
固定资产总值(万元)	140948.11
教学、科研仪器设备资产值(万元)	22366.73
在校生数(人)	26516
其中：普通本科	19131
普通专科	1174
成人本科	1145
成人专科	3417
硕士研究生	1590
留学生	59
专任教师(人)	1329
其中：正高级	176
副高级	342
中级	584
初级	137
未定职级	90

本科专业　表演、播音与主持艺术、材料成型及控制工程、材料化学、测控技术与仪器、德语、电子科学与技术、电子商务、电子信息工程、电子信息科学与技术、动画、法学、法语、飞行器动力工程、飞行器设计与工程、飞行器制造工程、高分子材料与工程、给水排水工程、工程管理、工商管理、工业工程、工业设计、公共事业管理、光电信息工程、焊接技术与工程、环境工程、会计学、机械设计制造及其自动化、计算机科学与技术、交通工程、教育技术学、金属材料工程、经济学、软件工程、社会工作、社会体育、生物医学工程、市场营销、数学与应用数学、体育教育、通信工程、土木工程、网络工程、无机非金属材料工程、新闻学、信息管理与信息系统、信息与计算科学、艺术设计、音乐学、英语、应用化学、自动化

专科专业　电气自动化技术、飞机制造技术、工商企业管理、国际经济与贸易、焊接技术及自动化、会计电算化、机电一体化技术、计算机辅助设计与制造、检测技术及应用、空中乘务、模具设计与制造、数控技术、应用电子技术

硕士专业　材料加工工程、材料科学与工程、材料物理与化学、材料学、测试计量技术及仪器、导航、制导与控制、飞行器设计、工程、工程力学、光学工程、航空宇航推进理论与工程、航空宇航制造工程、环境工程、环境科学、机械电子工程、机械设计及理论、机械制造及其自动化、计算机软件与理论、计算机应用技术、计算数学、检测技术与自动化装置、精密仪器及机械、控制理论与控制工程、马克思主义发展史、马克思主义基本原理、生物医学工程、思想政治教育、通信与信息系统、外国语言学及应用语言学、物理电子学、信号与信息处理、岩土工程、应用化学、应用数学

院系设置

材料科学与工程学院、环境与化学工程学院、航空制造工程学院、信息工程学院、外国语学院、飞行器工程学院、数学与信息科学学院、测试与光电工程学院、经济管理学院、体育学院、土木建筑学院、马克思主义学院、文法学院、海军学院、高等职业技术学院、软件学院、国际教育学院、继续教育学院、艺术与设计学

院、音乐学院、科技学院、研究生学院

国家级、省部级研究机构设置

1. 实验室：教育部"无损检测技术"重点实验室、国防科工委"轻合金加工科学与技术"国防重点学科实验室、中国航空科技"航空检测与评价"重点实验室、中国航空科技"航空材料热加工"重点实验室、江西省高校腐蚀与防护重点实验室、江西省金属材料微结构调控重点实验室、江西省生态诊断修复与污染阻断重点实验室

2. 研究中心（所）：国家体育总局体育文化发展中心（体育文化研究基地）、江西省材料科学与工程研究中心、江西省测试技术与控制工程研究中心、江西省快速成型生产力促进中心、江西省高校思想政治理论课教育教学研究中心、江西省材料科学与工程产学研合作示范培育基地、江西省计算机与信息技术产学研合作示范培育基地

定期公开出版的专业刊物 《南昌航空大学学报（自然科学版）》、《南昌航空大学学报（社会科学版）》、《失效分析与预防》

学校设立奖学金情况

学校设立奖学金3项，奖励总金额288余万元。奖学金最高金额3000元/年，最低金额50元/年。

主要校办产业

江西赣江机械厂、南昌红光机械厂、南昌航院电子工程技术服务部厂、南昌航空工业学院印刷厂

学校历史沿革

汉口航空工业学校（1952年3月－1953年9月）；中南第一工业学校（1953年9月－1955年9月）；南昌工业学校（1955年9月－1956年2月）；南昌航空工业学校（1956年2月－1960年6月）；南昌航空工业专科学（1960年6月－1963年6月）；南昌航空工业学校（1963年6月－1969年6月）；改为工厂（1969年6月－1972年4月）；南昌航空工业学校（1972年4月－1978年4月）；南昌航空工业学院（1978年4月－2007年2月）；南昌航空大学（2007年3月－至今）。

江西理工大学

学校（机构）标识码 4136010407	电子信箱 jxust@mail.jxust.edu.cn	成人本科 3933
学校办学类型 411：本科院校：大学	占地面积（平方米） 955148	成人专科 6039
学校性质类别 02 理工院校	校舍建筑面积（平方米） 620270	硕士研究生 1424
学校举办者 811 省级教育部门	图书（万册） 147.61	专任教师（人） 1275
学校地址 江西省赣州市章贡区红旗大道86号	固定资产总值（万元） 63826.78	其中：正高级 134
	教学、科研仪器设备资产值（万元） 17820.45	副高级 307
邮政编码 341000		中级 670
办公电话 0797－8312129	在校生数（人） 33209	初级 158
传真电话 0797－8312018	其中：普通本科 17866	未定职级 6
校园（局域）网域名 www.jxust/edu.cn	普通专科 3947	

本科专业 安全工程、材料成型及控制工程、材料化学、材料物理、财务管理、采矿工程、测绘工程、测控技术与仪器、城市规划、地理信息系统、地质工程、电气工程及其自动化、电子科学与技术、电子商务、电子信息工程、电子信息科学与技术、对外汉语、法学、给水排水工程、工程管理、工商管理、工业工程、工业设计、光信息科学与技术、广告学、国际经济与贸易、行政管理、化学工程与工艺、环境工程、会计学、机械电子工程、机械工程及自动化、计算机科学与技术、建筑环境与设备工程、建筑学、交通工程、金融学、金属材料工程、矿物加工工程、日语、软件工程、软件工程（工程管理方向）、软件工程（会计学方向）、软件工程（机械电子方向）、软件工程（嵌入式系统方向）、软件工程（软件开发方向）、软件工程（网络通信方向）、软件工程（冶金工程方向）、软件工程（英语方向）、社会体育、生物工程、市场营销、数学与应用数学、数字媒体艺术、通信工程、土木工程、网络工程、无机非金属材料工程、物流管理、稀土工程、信息安全、信息与计算科学、冶金工程、艺术设计、英语、应用化学、政治学与行政学、资源环境与城乡规划管理、自动化

专科专业 材料成型与控制技术、道路桥梁工程技术、电气自动化技术、电子商务、工程造价、工商企业管理、国际经济与贸易、环境监测与治理技术、会计电算化、机电一体化技术、建筑工程技术、建筑装饰工程技术、酒店管理、矿物加工技术、模具设计与制造、汽车检测与维修技术、商务英语、市场营销、数控技术、通信技术、网络系统管理、冶金技术、应用电子技术

硕士专业 安全技术及工程、材料加工工程、材料学、采矿工程、测试计量技术及仪器、车辆工程、大地测量学与测量工程、地图学与地理信息系统、防灾减灾工程及防护工程、钢铁冶金工程、工程管理、工程力学、管理科学与工程、管理科学与工程（工）、化学工艺、环境工程、环境工程（理）、环境与资源保护法学、机械电子工程、机械设计及理论、机械制造及其自动化、计算机应用技术、计算机应用技术（理）、技术经济及管理、控制理论与控制工程、矿物加工工程、流体机械及工程、马克思主义基本原理、凝聚态物理、企业管理（含：财务管理）、市场营销、思想政治教育、通信与信息系统、岩土工程、冶金物理化学、应用化学、有色金属冶金

院系设置

资源与环境学院、建设与测绘工程学院、冶金与化学工程学

院、材料科学与工程学院、电气工程与自动化学院、机电工程学院、信息工程学院、经济管理学院、文法学院、外语外贸学院、理学院、稀土学院、继续教育学院、应用科学学院、南昌校区、软件学院、思政部

国家级、省部级研究机构设置

1. 实验室：江西省矿业工程重点实验室、江西省高等学校智能计算与网络测控技术重点实验

2. 研究中心(所)：国家铜冶炼与加工工程技术研究中心、钨资源高效开发及应用技术教育部工程中心、国家钨与稀土产品质量监督检查中心、江西省有色金属加工工程技术研究中心、江西省矿冶机电工程技术研究中心、江西省铜冶炼与加工工程技术研究中心、江西省高校环境资源法人文社会科学重点研究基地、赣州市有色金属技术创新公共服务平台

定期公开出版的专业刊物 《江西理工大学学报》、《有色金属科学与工程》

学校设立奖学金情况

学校设立综合奖学金、宝钢优秀学生奖、泰豪奖学金、国家奖学金、国家励志奖学金等10余项，奖励总金额达920万元。奖学金最高金额8000元/年最低金额300元/年。

主要校办产业

赣州市企业技术创新促进中心、江西金迈泰克科技发展有限公司、东莞南冶测绘技术有限公司、江西理工大学蓝鲸科技实业公司、江西理工大学蓝鲸科技实业公司印刷厂

学校历史沿革

江西冶金学院(1958年-1988年)；南方冶金学院(1988年-2004年)；江西理工大学(2004年至今)。

景德镇陶瓷学院

学校(机构)标识码 4136010408	占地面积(平方米) 764669	成人本科 900
学校办学类型 412：本科院校：学院	校舍建筑面积(平方米) 426468	成人专科 797
学校性质类别 02 理工院校	图书(万册) 117.9	硕士研究生 848
学校举办者 811 省级教育部门	固定资产总值(万元) 57609	留学生 114
学校地址 江西省景德镇市湘湖镇	教学、科研仪器设备资产值(万元) 9299	专任教师(人) 758
邮政编码 333403		其中：正高级 128
办公电话 0798-8499000	在校生数(人) 14920	副高级 210
传真电话 0798-8491837	其中：普通本科 11913	中级 330
校园(局域)网域名 www.jci.jx.cn	普通专科 348	初级 90
电子信箱 joan_shanghai@163.com		

本科专业 材料成型及控制工程、材料化学、材料物理、财务管理、电子科学与技术、电子商务、电子信息工程、雕塑、动画、法学、粉体材料科学与工程、工商管理、工业设计、公共事业管理、国际经济与贸易、环境工程、会计学、绘画、机械设计制造及其自动化、计算机科学与技术、美术学、热能与动力工程、日语、市场营销、体育教育、无机非金属材料工程、物流管理、信息管理与信息系统、信息与计算科学、艺术设计、英语、应用物理学、自动化

专科专业 材料工程技术、产品造型设计、商务英语、艺术设计

硕士专业 材料工程、材料物理与化学、材料学、产业经济学、概率论与数理统计、工业设计工程、环境工程、会计学、机械电子工程、机械工程、机械设计及理论、考古学及博物馆学、科学技术史、控制理论与控制工程、美术学、美学、企业管理(含:财务管理)、市场营销、热能工程、设计艺术学、思想政治教育、微电子学与固体电子学、文艺学、艺术设计、艺术学、专门史

院系设置

材料科学与工程学院、设计艺术学院、陶瓷美术学院、机械电子工程学院、信息工程学院、工商学院、人文社科学院、思想政治理论课教学科研部、成教学院、高等职业技术学院等十个院(部)

国家级、省部级研究机构设置

研究所(中心)：国家日用及建筑陶瓷工程技术研究中心、江西省陶瓷工程技术研究中心、华夏建陶研发中心、教育部"绿色陶瓷材料工程研究中心"、中国轻工业陶瓷研究所、全国陶瓷标准化中心、中国陶瓷文化研究所、江西省高等学校陶瓷膜重点实验室、国家陶瓷产品质量监督检验中心、中国陶瓷知识产权信息中心、国家技术转移示范机构(国家级)、科技部国际科技合作基地(国家级)、江西省国际合作基地(高技术陶瓷)

博士后流动站 国家日用及建筑陶瓷工程技术研究中心博士后科研工作站

定期公开出版的专业刊物 《中国陶瓷工业》、《中国陶瓷》、《陶瓷学报》、《陶瓷学院报》

学校设立奖学金情况

学校设立奖学金10项，奖励总金额185余万元。奖学金最高金额5000元/年，最低金额62元/年。

1. 新生入学奖 93人/年 1500元/人
2. 新跃助学奖学金 10人/年 5000元/人
3. 晏清奖学金 18人/年 1111元/人
4. 乐陶o千鸿奖学金 24人/年 300元/人

5. 中窑窑业科技创新活动奖学金 161人/年 62元/人
6. 现代陶设奖学金 10人/年 5000元/人
7. 竞赛荣誉奖 90人/年 300元/人
8. 普通奖学金 2076人/年 695元/人
9. 闵农奖学金 35人/年 2857元/人
10. 余登辉奖学金 20人/年 500元/人

主要校办产业

景德镇陶瓷学院科技开发中心、景德镇瑞玉新材责任有限公司，院陶研所属公司：工程科技开发公司、高档瓷厂、科宏公司、科林窑炉中心

毕业生一次就业率 91.06%

学校历史沿革

我校前身为中国陶业学堂(1909年-1912年)；江西省立饶州陶业学校(1912年-1915年)；江西省立甲种工业学校(1915年-1927年)；江西省立陶业学校(1927年-1944年)；江西省立陶瓷职业学校(1944年-1947年)；江西省陶业专科学校(1947年-1953年)；景德镇陶瓷美术技艺学校(1955年-1958年)；江西陶瓷学校(1958年1月-1958年6月)；景德镇陶瓷学院(1958年至今)；原中国轻工总会陶瓷研究所并入学院(1999年)。

江西农业大学

学校(机构)标识码	4136010410
学校办学类型	411：本科院校：大学
学校性质类别	03 农业院校
学校举办者	811 省级教育部门
学校地址	江西省南昌市青山湖区蛟桥镇下罗村
邮政编码	330045
办公电话	0791-83828189
传真电话	0791-83813481
校园(局域)网域名	www.jxau.edu.cn
电子信箱	bgs481@mail.jxau.edu.cn
占地面积(平方米)	2381998
校舍建筑面积(平方米)	655288
图书(万册)	115.23
固定资产总值(万元)	61372
教学、科研仪器设备资产值(万元)	12189.33
在校生数(人)	26237
其中：普通本科	17277
普通专科	754
成人本科	3037
成人专科	3905
博士研究生	83
硕士研究生	1174
留学生	7
专任教师(人)	951
其中：正高级	103
副高级	276
中级	411
初级	124
未定职级	37

本科专业 财务管理、城市规划、畜禽生产教育、地理信息系统、电子商务、电子信息工程、动物科学、动物药学、动物医学、法学、工程管理、工商管理、公共事业管理、管理科学、国际经济与贸易、汉语言文学、环境工程、环境科学、会计学、机械设计制造及其自动化、计算机科学与技术、交通运输、教育技术学、金融学、经济学、劳动与社会保障、林产化工、林学、旅游管理、农林经济管理、农学、农业机械化及其自动化、农业资源与环境、轻化工程、日语、软件工程、生物工程、生物技术、生物科学、食品科学与工程、食品质量与安全、市场营销、水产养殖学、土地资源管理、土木工程、网络工程、文秘教育、新闻学、信息管理与信息系统、信息与计算科学、艺术设计、音乐表演、英语、应用化学、园林、园艺、植物保护、制药工程、中药资源与开发

专科专业 电脑艺术设计、会计电算化、计算机应用技术、旅游管理、模具设计与制造、商务英语、饲料与动物营养、营销与策划、应用电子技术、园林技术

博士专业 动物遗传育种与繁殖、森林经理学、森林培育、作物遗传育种、作物栽培学与耕作学

硕士专业 草业科学、动物学、动物遗传育种与繁殖、动物营养与饲料科学、工程、公共管理、果树学、环境科学、机械设计及理论、基础兽医学、计算机应用技术、教育经济与管理、科学技术哲学、林木遗传育种、林业、林业经济管理、临床兽医学、马克思主义基本原理、农产品加工及贮藏工程、农业电气化与自动化、农业机械化工程、农业经济管理、农业昆虫与害虫防治、农业生物环境与能源工程、农业推广、企业管理(含：财务管理)、市场营销、森林保护学、森林经理学、森林培育、生态学、生物化学与分子生物学、兽医、蔬菜学、水土保持与荒漠化防治、思想政治教育、特种经济动物饲养(含：蚕、蜂等)、土地资源管理、土壤学、微生物学、野生动植物保护与利用、遗传学、预防兽医学、园林植物与观赏园艺、政治经济学、职业技术教育学、植物病理学、植物学、植物营养学、作物遗传育种、作物栽培学与耕作学

院系设置

农学院、园林与艺术学院、动物科学技术学院、工学院、经济贸易学院、国土资源与环境学院、计算机与信息工程学院、理学院、人文与公共管理学院、职业师范(技术)学院、成人教育学院、生物科学与工程学院、食品科学与工程学院、外国语学院、软件学院、马克思主义(政治)学院、南昌商学院

国家级、省部级研究机构设置

1. 实验室：科技部省部共建动物生物技术国家重点实验室培养基地、教育部省部共建作物生理生态与遗传育种重点实验室、农业部动物生物技术重点开放实验室、农业部双季稻生理生态与栽培重点开放实验室、江西省动物生物技术重点实验室、江西省作物生理生态与遗传育种重点实验室、江西省竹子种质资源与利用重点实验室、江西省果蔬保鲜与无损检测重点实验室

2. 研究中心(所)：江西省鄱阳湖流域农业生态工程技术研

究中心、"三农"问题研究中心

博士后科研流动站 畜牧学

定期公开出版的专业刊物 《江西农业大学学报》、《生物灾害与防治》

学校设立奖学金情况

学校现设有奖助学金11项,总金额:1989.18万元。其中奖助金最高金额为8000元/年,最低金额为400元/年。

主要校办产业

江西农业大学化工厂、江西农业大学印刷厂、江西紧固件厂、江西农业大学汽车修理厂、江西江南制药厂、江西食品机械厂、江西农业大学大港塑料厂、江西农业大学大港林场、江西伞厂

学校历史沿革

国立中正大学农学院(1940-1949),国立南昌农学院(1949-1952)(江西农业专科学校并入),江西农学院(1952-1969)(将江西省兽医专科学校,江西南昌农业专科学校,河南湖南广西三省农学院的兽医专业并入),1969年9月,与江西共产主义劳动大学总校(前身为1958年成立的共产主义劳动大学总校)合并为江西共产主义劳动大学总校(1969-1980),1980年5月更名为江西共产主义劳动大学,1980年11月更名为江西农业大学(1980年至今)。

江西中医学院

学校(机构)标识码 4136010412	电子信箱 jzyb@jxtcmi.com	成人本科 1780
学校办学类型 412:本科院校:学院	占地面积(平方米) 1315251	成人专科 3928
学校性质类别 05 医药院校	校舍建筑面积(平方米) 499933	硕士研究生 895
学校举办者 811 省级教育部门	图书(万册) 87.6	留学生 267
学校地址 江西省南昌市湾里区云湾路18号	固定资产总值(万元) 88519.1	专任教师(人) 771
	教学、科研仪器设备资产值(万元) 11446.16	其中:正高级 145
邮政编码 330004		副高级 239
办公电话 0791-87118800	在校生数(人) 18327	中级 278
传真电话 0791-87118800	其中:普通本科 10105	初级 105
校园(局域)网域名 www.jxtcmi.com	普通专科 1352	未定职级 4

本科专业 保险、法学方向、公共事业管理、骨伤方向、国际交流方向、护理学、环境科学、健康保险方向、康复方向、生物工程、生物医学工程、生物制药方向、市场营销、维吾尔药学方向、维吾尔医学方向、卫生管理方向、药物制剂、药学、医疗电子方向、医药软件开发方向、医药信息方向、医药营销方向、音乐治疗方向、英语、应用化学、应用心理学、针灸推拿学、制药工程、中外合作办学、中西医临床医学、中药学、中药制药、中药资源与开发、中医学

专科专业 护理、药物制剂技术、药学、医疗美容技术、医药营销、针灸推拿、中药

硕士专业 方剂学、临床医学、社会医学与卫生事业管理、生药学、药剂学、药理学、药物分析学、药物化学、针灸推拿学、中西医结合基础、中西医结合临床、中药学、中医妇科学、中医骨伤科学、中医基础理论、中医临床基础、中医内科学、中医外科学、中医五官科学、中医医史文献、中医诊断学

院系设置

学校设有临床医学院、药学院、计算机学院等13个院系

国家级、省部级研究机构设置

拥有硕士学位授权一级学科4个、二级学科19个;现有国家工程研究中心、教育部重点实验室等国家级和省部级科研平台15个,拥有省部级重点学科11个。

定期公开出版的专业刊物 《江西中医学院学报》、《江西中医药》

学校设立奖学金情况

学校设立奖学金7项,奖励总金额324余万元/年,最高金额8000元/人,最低金额200元/人。

主要校办产业

拥有江西江中医药包装厂等2个。

学校历史沿革

江西中医学院位于我国历史文化名城、江西省会——南昌市,创办于1959年5月,是一所江西省人民政府直辖的普通高校。江西省于1953年创办江西中医进修学校;1958年更名为江西中医专科学校;1959年5月在江西中医专科学校的基础上创建江西中医学院;1969年5月曾于江西医学院合并为江西医科大学。1973年在江西省药科学校的基础上恢复江西中医学院。

赣南医学院

学校(机构)标识码 4136010413	电子信箱 yuanban2011@163.com	成人本科 2148
学校办学类型 412:本科院校:学院	占地面积(平方米) 918219	成人专科 1700
学校性质类别 05 医药院校	校舍建筑面积(平方米) 288791	留学生 185
学校举办者 811 省级教育部门	图书(万册) 62.46	专任教师(人) 632
学校地址 江西省赣州市章贡区医学院路1号	固定资产总值(万元) 9403.96	其中:正高级 79
	教学、科研仪器设备资产值(万元) 5492.3	副高级 115
邮政编码 341000	在校生数(人) 13684	中级 210
办公电话 0709-8169691	其中:普通本科 8019	初级 151
传真电话 0797-8169600	普通专科 1632	未定职级 77
校园(局域)网域名 www.gmu.cn		

本科专业 法学、法医学、公共事业管理、护理学、康复治疗学、临床医学、麻醉学、生物技术、生物医学工程、药学、医学影像学、英语、应用心理学、预防医学、运动人体科学、中药学

专科专业 公共卫生管理、护理、临床医学、药学、医疗器械制造与维护、医学检验技术、医学影像技术、医药营销、艺术设计、应用英语

院系设置

人文社会科学学院、基础医学院、继续教育学院、国际教育学院、信息工程学院、职业技术学院、护理学院、药学院、康复学院、军事体育教学研究部、思想政治教学研究部、医学技能教学研究部、临床医学系、眼耳鼻喉科学系、麻醉学系、影像医学系、管理科学系、预防医学系、心理学系、外语系、法学系、运动人体科学系、第一临床医学院、第二临床医学院、第三临床医学院、第五临床医学院、第六临床医学院、第七临床医学院、第八临床医学院

国家级、省部级研究机构设置

1. 实验室:江西省脑血管药理重点实验室、江西省高等学校天然药物研究与开发重点实验室;江西省高等学校临床医学重点实验室。

2. 研究中心(所):江西省高校医学形态学教学中心、江西省高校医学机能学实验教学中心、江西省药学实验教学示范中心、江西省高校临床技能实验教学中心

定期公开出版的专业刊物 《赣南医学院学报》、《赣南医学院院报》

学校设立奖学金情况

学校设立奖学金11项,奖励总金额198余万元,奖学金最高金额8000元/年,最低金额300元/年。

学校历史沿革

1941年04月 江西省立赣县高级助产职业学校;1947年09月 江西省立赣县高级医事职业学校;1949年10月 江西省赣州护士助产学校、江西省第四医士学校、江西省第七医士学校;1953年04月 江西省赣州卫生学校;1958年06月 赣南医学专科学校;1959年05月 赣南医学院(未招收本科);1962年08月 赣南医学专科学校;1969年12月 赣州地区六.二六卫生学校;1972年01月 赣州卫生学校;1974年06月 赣南医学专科学校;1988年04月 赣南医学院。

江西师范大学

学校(机构)标识码 4136010414	占地面积(平方米) 1900082	成人专科 5068
学校办学类型 411:本科院校:大学	校舍建筑面积(平方米) 1369974	博士研究生 48
学校性质类别 06 师范院校	图书(万册) 234.5	硕士研究生 3805
学校举办者 811 省级教育部门	固定资产总值(万元) 24186.66	留学生 124
学校地址 江西省南昌市紫阳大道99号	教学、科研仪器设备资产值(万元) 19626.92	专任教师(人) 1890
邮政编码 330022	在校生数(人) 45277	其中:正高级 328
办公电话 0791-88120000	其中:普通本科 28722	副高级 611
传真电话 0791-88120060	普通专科 708	中级 777
校园(局域)网域名 www.jxnu.edu.cn	成人本科 6802	初级 92
电子信箱 jxsdxb@jxnu.edu.cn		未定职级 82

本科专业 表演、播音与主持艺术、博物馆学、材料化学、财务管理、城市规划、传播学、地理科学(师范)、地理信息系统、电子商务、电子信息工程、对外汉语、法学、工程管理、工商管理、公共事业管理、广播电视编导、广播电视新闻学、广告学、国际经济与贸易、汉语言文学(师范)、行政管理、化学、化学(师范)、会计学、计算机科学与技术、计算机科学与技术(师范)、建筑学、教育技术学(师范)、金融学、经济学、劳动与社会保障、历史学(师范)、旅游管理、美术学(师范)、人力资源管理、日语、日语(国际商务)、软件工程、社会工作、社会体育、生物工程、生物技术、生物科学(师范)、市场营销、数学与应用数学(师范)、思想政治教育(师范)、体育教育(师范)、通信工程、统计学、网络工程、文化产业管理、舞蹈学、物理学、物理学(师范)、小学教育、小学教育(数学)、小学教育(英语)、小学教育(英语教育方向)、小学教育(语文)、小学教育(语文教育方向)、小学教育(综合)、心理学(师范)、新闻学、信息管理与信息系统、信息与计算科学、学前教育(师范)、艺术设计、音乐表演、音乐学(师范)、英语、英语(财务管理)、英语(国际传播)、英语(国际工商管理)、英语(国际会计)、英语(国际金融)、英语(国际商务)、英语(跨文化交流)、英语(涉外旅游)、英语(师范)、应用化学、运动训练、哲学

专科专业 财务管理、国际金融、计算机网络技术、美术教育、商务英语、艺术设计、英语教育、语文教育

博士专业 基础心理学、马克思主义基本原理、思想政治教育、文艺学

硕士专业 比较文学与世界文学、材料物理与化学、产业经济学、成人教育学、传播学、法律硕士(法学)、法律硕士(非法学)、法学理论、翻译硕士、分析化学、概率论与数理统计、高等教育学、高分子化学与物理、工商管理硕士、公共管理硕士、管理科学与工程、光学、光学工程、汉语国际教育硕士、汉语言文字学、化学工程、基础数学、计算机技术、计算机科学与技术、计算数学、教育管理、教育技术学、教育经济与管理、教育史、教育学原理、经济史、考古学及博物馆学、科学社会主义与国际共产主义运动、课程与教学论、理论物理、历史地理学、历史文献学、伦理学、旅游管理、马克思主义发展史、马克思主义基本原理、马克思主义哲学、马克思主义中国化研究、美术学、民族传统体育学、凝聚态物理、企业管理、区域经济学、人文地理学、软件工程、设计艺术学、生态学、生物化工、史学理论及史学史、世界史、思想政治教育、体育教学、体育教育训练学、体育人文社会学、土地资源管理、外国哲学、外语语言学及应用语言学、文艺学、无机化学、物理化学、现代教育技术、宪法学与行政法学、心理健康教育、心理学、新闻学、新闻与传播硕士、学科教学(地理)、学科教学(化学)、学科教学(历史)、学科教学(美术)、学科教学(生物)、学科教学(数学)、学科教学(思政)、学科教学(物理)、学科教学(音乐)、学科教学(英语)、学科教学(语文)、音乐、音乐学、英语语言文学、应用化学、应用数学、应用心理硕士、有机化学、语言学及应用语言学、运筹学与控制论、运动人体科学、运动训练、政治经济学、中共党史、中国古代史、中国古代文学、中国古典文献学、中国近现代史、中国近现代史基本问题研究、中国现当代文学、中国哲学、专门史、自然地理学

院系设置

24个:教育学院、心理学院、文学院、历史文化与旅游学院、政法学院、外国语学院、音乐学院、美术学院、商学院、数学与信息科学学院、物理与通信电子技术学院、化学化工学院、生命科学学院、体育学院、计算机信息工程学院、城市建设学院、地理与环境学院、传播学院、国际教育学院、软件学院、财政金融学院、成人教育学院、初等教育学院·高等职业技术学院

国家级、省部级研究机构设置

研究所(中心):教育部重点实验室(2个):鄱阳湖湿地与流域研究教育部重点实验室,功能有机小分子重点实验室;省级重点实验室(6个)江西省高性能计算技术重点实验室,江西省亚热带植物资源保护与利用重点实验室,江西省鄱阳湖综合智力与资源开发重点实验室,江西省绿色化学重点实验室,江西省精细化工重点实验室,江西省光电子与通信重点实验室;省级工程技术研究中心(2个):江西省分布计算工程技术研究中心,江西省无机膜材料工程技术研究中心;江西省高校人文社会科学重点研究基地(5个):江西师范大学教师教育研究中心,江西师范大学当代形态文艺学研究中心,江西省红色资源开发与教育研究中心,江西师范大学区域创新与创业研究中心,江西师范大学传统社会与江西现代化研究中心;江西省产业研合作师范培育基地(3个):江西省计算机与信息技术,江西省化学工程与技术,江西省食品与生物技术;省级大学科技园(1个):江西师范大学科技园;教育工程技术研究中心(1个):江西省高等学校纳米纤维工程技术研究中心;高校软件技术开发中心(1个):江西省高校软件科学技术中心

博士后流动站:马克思主义理论学科 心理学学科

定期公开出版的专业刊物 《江西师范大学学报》、《读写月报》、《中学数学研究》、《心理学探新》、《金融教育研究》

学校设立奖学金情况

学校设立奖学金15项,奖励总金额405万元。奖学金最高金额15000元/年,最低金额65元/年。

1. "学习之星"表彰 200元/人;
2. 毕业班奖学金 一等奖1000元/人、二等奖600元/人、三等奖400元/人;
3. 省级优秀大学生 优秀学生200元/人;
4. 优秀新生奖学金 人均15000元;
5. 福慧奖(助)学金 2308元/人;
6. 专业奖学金 一等奖1000元/人、二等奖600元/人、三等奖400元/人;
7. 优秀学生奖 200元/人;
8. 三好学生奖励 65元/人;
9. 杜玉如师范教育奖学金 2000元/人;
10. 国家奖学金 8000元/人;
11. 熊志明奖学金 1000元/人;
12. 华藏奖学金 800元/人;
13. 优秀贫困大学生奖学金 600元/人;
14. 国家励志奖学金 5000元/人;
15. 中国移动奖学金 2000元/人。

主要校办产业

后勤产业公司、教育产业集团、附中教育集团

毕业生一次就业率 87.98%

学校历史沿革

江西师范大学的前身是国立中正大学,1940年创办于泰和县杏岭。

1949年9月,国立中正大学更名为国立南昌大学。

1953年,全国的高等院校进行院系调整。

1965年9月,江西师范学院在江西靖安成立江西师院靖安分院,1966年7月并入校本部。

1969年元月,江西师范学院被撤销,以师院为主体,加上江西教育学院和江西大学的政教、中文、生物系,成立井冈山大学,校址设在井冈山拿山。

1983年11月,江西师范学院更名为江西师范大学。

上饶师范学院

学校(机构)标识码 4136010416	电子信箱 wlzx@sru.jx.cn	普通专科 2829
学校办学类型 412:本科院校:学院	占地面积(平方米) 655337	成人本科 860
学校性质类别 06 师范院校	校舍建筑面积(平方米) 325850	成人专科 652
学校举办者 821 地级教育部门	图书(万册) 107.25	专任教师(人) 725
学校地址 江西省上饶市信州区志敏大道85号	固定资产总值(万元) 21791	其中:正高级 64
	教学、科研仪器设备资产值(万元) 6563.39	副高级 223
邮政编码 334001		中级 282
办公电话 0793-8150607	在校生数(人) 16881	初级 117
传真电话 0793-8150605	其中:普通本科 12540	未定职级 39
校园(局域)网域名 www.sru.jx.cn		

本科专业 播音与主持艺术、播音与主持艺术(编导)、财务管理、地理科学、电子信息科学与技术、动画、法学、工商管理、公共事业管理、光信息科学与技术、广播电视新闻学、国际经济与贸易、汉语言文学、化学、环境科学、会计学、计算机科学与技术、教育技术学、历史学、历史学(人文教育)、旅游管理、美术学、社会体育、生物技术、生物科学、市场营销、数学与应用数学、思想政治教育、体育教育、统计学、舞蹈学、舞蹈学(体育艺术)、物理学、小学教育、心理学、新闻学、信息管理与信息系统、信息与计算科学、学前教育、学前教育(艺术)、艺术设计、音乐学、英语、应用化学、园林、园艺

专科专业 初等教育、初等教育(小学教育)、地理教育、化学教育、会计电算化、计算机应用技术、旅游管理、生物教育、数学教育、体育教育、物理教育、学前教育、学前教育(艺术)、英语教育、应用电子技术、语文教育

院系设置

学院下设政治与法律学院、文学与新闻传播学院、历史地理与旅游学院、外国语学院、教育科学学院、经济与管理学院、数学与计算机科学学院、物理与电子信息学院、化学化工学院、生命科学学院、体育学院、音乐舞蹈学院、美术与设计学院、继续教育学院等14个分院。

定期公开出版的专业刊物 《上饶师范学院学报》、《朱子学刊》

学校设立奖学金情况

3项,奖励总金额200余万元。奖学金最高金额1500元/年,最低金额400元/年。

学校历史沿革

上饶师范学院前身是1958年6月经江西省人民委员会批准设立的上饶师专。1959年5月,中共江西省委决定,上饶师专与上饶工专合并,组建赣东北大学。1962年5月,赣东北大学停办;8月,复办上饶师专。1964年4月,经国务院批准,上饶师专被撤消。1977年10月,经江西省革命委员会批准,在上饶师范学校基础上组建江西师范学院上饶分院。1978年4月,经国务院批准,以江西师范学院上饶分院为基础复办上饶师范专科学校。1984年4月,经教育部批准,在上饶师范专科学校的基础上筹建上饶师范学院。2000年3月,经教育部批准,在上饶师范专科学校的基础上融入上饶教育学院的教育资源,建立上饶师范学院。

宜春学院

学校(机构)标识码 4136010417	学校地址 江西省宜春市袁州区学府路576号	传真电话 0795-3201115
学校办学类型 412:本科院校:学院		校园(局域)网域名 www.ycu.jx.cn
学校性质类别 01 综合大学	邮政编码 336000	电子信箱 yichunxy@126.com
学校举办者 821 地级教育部门	办公电话 0795-3200996	占地面积(平方米) 1430333

校舍建筑面积(平方米) 572948	其中:普通本科 14133	其中:正高级 85
图书(万册) 159	普通专科 5332	副高级 334
固定资产总值(万元) 61579.46	成人本科 5506	中级 510
教学、科研仪器设备资产值(万元) 12929	成人专科 3101	初级 164
	留学生 177	未定职级 16
在校生数(人) 28249	专任教师(人) 1109	

本科专业 播音与主持艺术、材料物理、财务管理、电子信息工程、电子信息科学与技术、动画、动物科学、动物医学、对外汉语、法学、法语、工程管理、公共事业管理、光信息科学与技术、广播电视编导、广播电视新闻学、广告学、国际经济与贸易、汉语言文学、护理学、化学、化学高分子方向、环境科学、机械设计制造及其自动化、计算机科学与技术、经济学、临床医学、临床医学(美容医学)、临床医学(美容医学)、旅游管理、麻醉学、美术学、农学、全科医学、人力资源管理、人文教育、生物工程、生物技术、生物科学、食品质量与安全、市场营销、数学与应用数学、思想政治教育、体育表演、体育教育、土木工程、网络工程、舞蹈学、物理教育、信息与计算科学、药学、医学美容技术、艺术设计、音乐学、英语、英语翻译、应用化学、应用化学电化方向、预防医学、园林、园艺、运动训练、制药工程、资源环境与城乡规划管理、自动化

专科专业 初等教育、初等教育2、畜牧兽医、地理教育、电脑艺术设计、电脑艺术设计2、法律文秘、广告设计与制作、国际经济与贸易、国际贸易实务2、护理、会计、机电一体化技术、机电一体化技术2、机械设计与制造、计算机网络、计算机应用、计算机应用技术、计算机应用技术2、建筑工程技术、酒店管理、临床医学、旅游管理、美术教育、美术教育2、模具设计与制造、模具设计与制造2、商务英语、涉外旅游、食品营养与检测、市场开发与营销、市场开发与营销2、市场营销、视觉传达艺术设计2、数控技术、数控技术2、数学教育、思想政治教育、体育教育、体育教育2、网络系统管理、网络系统管理2、文秘、物流管理、物流管理2、物业管理、学前教育、学前教育2、药物分析、医疗美容技术、医学检验、音乐教育2、英语教育、英语教育2、应用英语、应用英语2、语文教育、园林工程技术、中药制药技术

院系设置

宜春学院现设有文学与新闻传播学院、物理科学与工程技术学院、化学与生物工程学院、经济与管理学院、政法学院、数学与计算机科学学院、生命科学与资源环境学院、医学院、美容医学院、外国语学院、师范教育学院、体育学院、音乐舞蹈学院、美术与设计学院、职业技术学院、继续教育学院

国家级、省部级研究机构设置

1.研究所(中心):生物工程研究所、医学美容研究所、配位催化研究所、赣西民俗文化研究所、高等教育研究所

2.实验室:天然药物活性有效成分研究重点实验、应用化学与化学生物重点实验室、锂电新能源工程技术研究中心

博士后流动站 天然药物活性有效成分研究实验博士后工作站

定期公开出版的专业刊物 《宜春学院学报》

学校设立奖学金情况

学校设立奖学金3项,奖励总金额151.63余万元。奖学金最高金额1000元/年,最低金额400元/年。

学校历史沿革

宜春学院的前身是宜春大学,创办于1958年。原大学设有宜春师范、宜春医专、宜春农专等,后因国民经济调整,宜春大学停办,直至70年代末,先后恢复了宜春师专、宜春医专、宜春农专。2000年1月25日经教育部批准,宜春师专、宜春医专、宜春农专、宜春市职大四校全并成立了宜春学院。学校现有校本部、北校区、西校区、高安校区和附属医院。

赣南师范学院

学校(机构)标识码 4136010418	占地面积(平方米) 1410477	成人专科 1546
学校办学类型 412:本科院校:学院	校舍建筑面积(平方米) 893764	硕士研究生 576
学校性质类别 06 师范院校	图书(万册) 216.89	留学生 46
学校举办者 811 省级教育部门	固定资产总值(万元) 63797.08	专任教师(人) 1176
学校地址 江西省赣州市赣州开发区	教学、科研仪器设备资产值(万元) 15548.9	其中:正高级 171
邮政编码 341000		副高级 418
办公电话 0797-8393686	在校生数(人) 25367	中级 439
传真电话 0797-8393612	其中:普通本科 16964	初级 147
校园(局域)网域名 www.gnnu.cn	普通专科 3439	未定职级 1
电子信箱 gnnuxb@gnnu.edu.cn	成人本科 2796	

本科专业 表演、播音与主持艺术、材料化学、财务管理、地理科学、电气技术教育、电子科学与技术、电子信息工程、动画、

对外汉语、法学、公共管理、广播电视编导、广告学、国际经济与贸易、汉语言文学、化学、会计学、计算机科学与技术、教育技术学、教育学、科学教育、劳动与社会保障、历史学、旅游管理、美术学、人力资源管理、人文教育、日语、软件工程、社会工作、社会体育、生物科学、市场营销、数学与应用数学、数字媒体技术、思想政治教育、体育教育、网络工程、文秘教育、舞蹈学、物理学、物流管理、小学教育、新闻学、信息管理与信息系统、信息与计算科学、学前教育、艺术设计、音乐表演、音乐学、英语、应用化学、应用心理学、运动训练、资源环境与城乡规划管理

专科专业 财务管理、电子信息工程技术、工业分析与检验、公共事务管理、国际贸易实务、汉语、科学教育、旅游管理、美术教育、商务英语、数学教育、体育教育、物流管理、学前教育、音乐教育、英语教育、营销与策划、语文教育、园艺技术、综合文科教育

硕士专业 发展与教育心理学、光学、基础数学、教育、课程与教学论、马克思主义基本原理、美术学、民俗学（含：中国民间文学）、企业管理（含：财务管理）、市场营销、思想政治教育、体育教育训练学、无机化学、英语语言文学、应用化学、有机化学、中国古代文学、专门史

院系设置
文学院、新闻与传播学院 政治与法律学院、马克思主义学院、历史文化与旅游学院、外国语学院、商学院、教育科学学院、音乐学院、美术学院、数学与计算机科学学院、物理与电子信息学院、化学化工学院、生命与环境科学学院、地理与规划学院、体育学院、继续教育学院、高等职业教育学院、国际教育学院

国家级、省部级研究机构设置
1. 实验室：有机药物化学重点实验室（省科技厅重点实验室）、功能材料化学重点实验室（省教育厅重点实验室）、数值模拟与仿真技术重点实验室（省科技厅重点实验室）。

2. 研究中心（所）：客家研究中心（省高校人文社科重点研究基地）、中央苏区研究中心（省高校人文社科重点研究基地）、镁合金材料工程技术研究中心（省科技厅工程中心）、江西省脐橙工程技术研究中心（省科技厅工程中心）、教育经济研究中心（省高校人文社科重点研究基地）。

定期公开出版的专业刊物 《赣南师范学院学报》、《赣南师院报》

学校设立奖学金情况
学校设立奖学金11项，奖励总金额210余万元。奖学金最高金额10000元/年，最低金额100元/年。

主要校办产业
赣南师院教学仪器厂、赣南师院印刷厂、赣南师院镀膜玻璃厂、赣南师院装饰公司

学校历史沿革
赣南师范学院的前身是赣南师范专科学校，创办于1958年6月。1960年3月，经江西省人民委员会批准，赣南师范专科学校改为赣南师范学院。1964年4月，经国务院批准，恢复为赣南师范专科学校。1969年11月至1971年12月，改名为赣州专区"五·七"教育学校；1972年1月至1974年4月，改名为赣南教育学校；1974年5月，经国务院批准，恢复为赣南师范专科学校。1984年4月，国家教育部批准赣南师范专科学校升格为赣南师范学院，同年6月1日，中共江西省委办公厅、省政府办公厅下达赣办字（84）63号文件，通知学校从1984年6月1日起改为赣南师范学院，由江西省人民政府领导，省教育厅主管。1989年被批准学士学位授予权单位。2003年被批准为硕士学位授予单位。

井冈山大学

学校（机构）标识码 4136010419	电子信箱 bgs@jgsu.edu.cn	成人本科 6156
学校办学类型 411：本科院校：大学	占地面积（平方米） 1629558	成人专科 5763
学校性质类别 01 综合大学	校舍建筑面积（平方米） 539086	留学生 231
学校举办者 811 省级教育部门	图书（万册） 155.37	专任教师（人） 975
学校地址 江西省吉安市青原区学院路28号	固定资产总值（万元） 62828	其中：正高级 122
	教学、科研仪器设备资产值（万元） 12293.66	副高级 309
邮政编码 343009		中级 448
办公电话 0796-8103282	在校生数（人） 30523	初级 73
传真电话 0796-8100455	其中：普通本科 14846	未定职级 23
校园（局域）网域名 www.jgsu.edu.cn	普通专科 3527	

本科专业 表演、材料成型及控制工程、财务管理、电气工程及其自动化、电子信息科学与技术、动画、对外汉语、法学、工程管理、公共事业管理、广播电视新闻学、国际经济与贸易、汉语言文学、护理学、化学、化学工程与工艺、环境科学、会计学、机械设计制造及其自动化、计算机科学与技术、建筑环境与设备工程、建筑学、教育技术学、教育学、经济学、口腔医学、历史学、临床医学、旅游管理、美术学、日语、软件工程、社会工作、社会体育、生物技术、生物科学、生物医学工程、市场营销、数学与应用数学、思想政治教育、体育教育、通信工程、统计学、土木工程、网络工程、舞蹈学、物理学、小学教育、新闻学、信息管理与信息系统、信息与计算科学、学前教育、药学、艺术设计、音乐学、英语、应用化学、应用心理学、园林、运动训练、政治学与行政学、中国

革命史与中国共产党史、中医学

专科专业 初等教育、电子信息工程技术、法律事务、供热通风与空调工程技术、护理、会计电算化、机电一体化技术、计算机应用技术、建筑工程技术、口腔医学、临床医学、旅游管理、美术教育、模具设计与制造、数学教育、体育教育、通信技术、现代教育技术、学前教育、药学、医用电子仪器与维护、音乐教育、英语教育、语文教育

院系设置

有20个院系：政法学院、马克思主义学院、人文学院、外国语学院、商学院、数理学院、机电工程学院、建筑工程学院、化学化工学院、生命科学学院、电子与信息工程学院、教育学院、医学院、临床医学院、护理学院、艺术学院、体育学院、国防生学院、继续教育学院、培训学院

国家级、省部级研究机构设置

实验室：省重点实验室（配位化学实验室、生物多样性与生态工程实验室）

定期公开出版的专业刊物 《井冈山大学学报》（社会科学版）、《井冈山大学学报》（自然科学版）

学校设立奖学金情况

学校设立奖学金10项，奖励总金额1713.16万元。奖学金最高金额10000元/年，最低金额150元/年。

国家奖学金：奖励总金额24.8万元，人均金额8000元，共31人。

国家励志奖学金：奖励总金额279.5万元，人均金额5000元，共559人。

国家助学金：奖励总金额1215.9万元，人均金额3000元，共4053人。

专业奖学金：奖励总金额153万元，人均金额218.7元，共6996人。

杰克奖助学金：奖励总金额10万元，人均金额769.2元，共130人。

顶固奖助学金：奖励总金额10万元，人均金额1111.1元，共90人。

中国移动奖助学金：奖励总金额10.36万元，人均金额1363.2元，共76人。

嘉道赣华奖学金：奖励总金额3万元，人均金额2000元，共15人。

上海"卓越贡献"奖学金：奖励总金额3.6万元，人均金额766元，共47人。

吉安血站爱心助学金：奖励总金额3万元，人均金额300元，共100人。

学校历史沿革

井冈山大学（1958年6月-1963年7月）江西师范学院井冈山分院（1977年10月-1982年4月）吉安师范专科学校（1982年4月-2000年3月）井冈山师范学院（2000年3月21日，经教育部批准，吉安师范专科学校与吉安教育学院合并组建井冈山师范学院）江西医学院吉安分院（1978年8月-1993年4月）井冈山医学高等专科学校（1993年4月-2003年7月）吉安职工大学（1984年-2002年4月）井冈山职业技术学院（2002年4月-2003年7月）井冈山学院（2003年7月9日，经教育部批准，井冈山师范学院、井冈山医学高等专科学校和井冈山职业技术学院合并组建井冈山学院）井冈山大学（2007年8月23日，经教育部批准，井冈山学院更名为井冈山大学）。

江西财经大学

学校（机构）标识码 4136010421
学校办学类型 411：本科院校：大学
学校性质类别 08 财经院校
学校举办者 811 省级教育部门
学校地址 江西省南昌市双港东大街168号
邮政编码 330013
办公电话 0791-83816602
传真电话 0791-83802344
校园（局域）网域名 www.jxufe.edu.cn
电子信箱 xiaoban@jxufe.edu.cn
占地面积（平方米） 1492810
校舍建筑面积（平方米） 777390
图书（万册） 238
固定资产总值（万元） 127318
教学、科研仪器设备资产值（万元） 20130
在校生数（人） 35782
其中：普通本科 19161
普通专科 2837
成人本科 4090
成人专科 6244
博士研究生 203
硕士研究生 3223
留学生 24
专任教师（人） 1438
其中：正高级 254
副高级 461
中级 528
初级 178
未定职级 17

本科专业 保险、财务管理、财政学、城市规划、电子科学与技术、电子商务、电子信息工程、法学、房地产经营管理、工程管理、工商管理、工业设计、公共事业管理、管理科学、广告学、国际经济与贸易、国民经济管理、汉语言文学、行政管理、会计学、计算机科学与技术、金融学、经济学、劳动与社会保障、旅游管理、人力资源管理、日语、软件工程、商务英语、社会工作、社会体育、市场营销、税务、体育产业管理、通信工程、统计学、文化产业管理、物流管理、新闻学、信息管理与信息系统、信息与计算科学、艺术设计、音乐学、英语、园林、资源环境与城乡规划管理

专科专业 财务管理、电子商务、国际经济与贸易、会计、会计电算化、计算机应用技术、酒店管理、商务英语、市场营销、通信技术、微电子技术、物流管理、应用电子技术、园林技术

博士专业 财政学(含:税收学)、产业经济学、电子商务与电子政务、管理理论与企业管理、会计学、经济管理决策与分析、西方经济学、信息管理与信息系统、政治经济学

硕士专业 保险、财政学(含:税收学)、产业经济学、传播学、法律、法学理论、工程、工商管理、公共管理、管理科学与工程、广播电视艺术学、国际贸易学、国际商务、国民经济学、行政管理、会计、会计学、计算机软件与理论、计算机应用技术、技术经济及管理、教育技术学、教育经济与管理、金融、金融学(含:保险学)、经济法学、科学技术哲学、劳动经济学、理论经济学、旅游管理、马克思主义基本原理、马克思主义中国化研究、民商法学(含:劳动法学)、社会保障、农业经济管理、企业管理(含:财务管理)、市场营销、区域经济学、社会保障、社会工作、社会学、世界经济、数量经济学、税务、思想政治教育、诉讼法学、统计学、土地资源管理、西方经济学、宪法学与行政法学、刑法学、音乐学、英语语言文学、应用统计、园林植物与观赏园艺、政治经济学、中共党史(含:党的学说与党的建设)、中国古代文学、中国近现代史、资产评估

院系设置

工商管理学院、会计学院、信息管理学院、国际经贸学院、经济学院、外国语学院、法学院、艺术学院、人文学院、金融与统计学院、体育学院、软件与通信工程学院(软件学院)、职业技术学院、继续教育学院、MBA学院、职业技术学院、国际学院、财税与公共管理学院、旅游与城市管理学院、马克思主义学院

国家级、省部级研究机构设置

研究所(中心):金融发展与风险防范研究中心、生态文明与现代中国研究中心、产业集群与企业发展研究中心、会计发展研究中心、规制与竞争研究中心、数据与知识工程重点实验室、江西省电子商务工程技术研究中心、杂志社、江西经济发展研究院、产业经济研究院、高等教育研究所、创业教育研究指导中心、财税研究中心、资源与环境政策研究中心、现代商务研究中心、新能源技术与应用研究中心、文化产业与传媒研究中心、经济管理与创业模拟实验中心

博士后流动站 应用经济学、管理科学与工程、理论经济学、工商管理

定期公开出版的专业刊物 《当代财经》、《江西财经大学学报》

学校设立奖学金情况

学校设立奖学金18项,奖励总金额245余万元。奖学金最高金额8000元/年,最低金额100元/年。

毕业生一次就业率 97.56%(博) 98.13%(硕) 87.62%(本) 90%(高职)

学校历史沿革

前身为江西省立商业学校,创建于1923年,1958年8月成立江西财贸干校,1978年恢复江西财经学院,1996年与江西财经管理干部学院合并成立江西财经大学,2002年成建制兼并南昌无线电信息工程学校,2003年成建制兼并南昌林校。

江西工业职业技术学院

学校(机构)标识码	4136010839
学校办学类型	415:专科院校:高等职业学校
学校性质类别	02 理工院校
学校举办者	812 省级其他部门
学校地址	江西省南昌市昌东高校园区天祥大道388号
邮政编码	330095
办公电话	0791-88351769
传真电话	0791-88351819
校园(局域)网域名	www.jxgzy.cn
电子信箱	jxgzy001@163.com
占地面积(平方米)	460662
校舍建筑面积(平方米)	244593
图书(万册)	54.2
固定资产总值(万元)	24400
教学、科研仪器设备资产值(万元)	4686
在校生数(人)	9023
其中:普通专科	9000
成人专科	23
专任教师(人)	412
其中:正高级	20
副高级	112
中级	177
初级	93
未定职级	10

专科专业 电脑艺术设计、电气自动化技术、电子商务、电子信息工程技术、纺织品检验与贸易、纺织品装饰艺术设计、服装设计、服装营销与管理、工商企业管理、国际贸易实务、环境艺术设计、会计电算化、机电一体化技术、机械设计与制造、计算机网络技术、计算机系统维护、计算机应用技术、楼宇智能化工程技术、旅游管理、模具设计与制造、汽车检测与维修技术、染整技术、软件技术、商务英语、食品营养与检测、市场营销、视觉传达艺术设计、数控技术、物流管理、现代纺织技术、应用电子技术、装潢艺术设计

院系设置

设置五院一部:轻纺工程分院、机电工程分院、电子与信息工程分院、经济管理分院、艺术设计分院

学校设立奖学金情况

学校设立奖学金四项,奖励总金额32.98万元。奖学金最高金额1500元/年,最低金额300元/年。

学校历史沿革

1978年7月成立江西省纺织工业职工大学1999年7月经教育部批准为独立公办全日制高等职业学校更名为江西工业职业技术学院2005年以省政府批准与江西轻工业职业技术学院合并为江西工业职业技术学院至今。

江西蓝天学院

学校(机构)标识码 4136010846	校园(局域)网域名 www.jxbsu.com	其中:普通本科 10767
学校办学类型 412:本科院校:学院	电子信箱 ltxy@jxbsu.com	普通专科 14253
学校性质类别 01 综合大学	占地面积(平方米) 1180586	成人专科 784
学校举办者 999 民办	校舍建筑面积(平方米) 792236	专任教师(人) 1781
学校地址 江西省南昌市瑶湖高校园区	图书(万册) 213.2	其中:正高级 94
	固定资产总值(万元) 121032.8	副高级 503
邮政编码 330098	教学、科研仪器设备资产值(万元) 23167.33	中级 589
办公电话 0791-88138880		初级 398
传真电话 0791-88138879	在校生数(人) 25804	未定职级 197

本科专业 材料成型及控制工程、材料科学与工程、电子信息工程、动画、服装设计与工程、工程管理、工商管理、国际经济与贸易、护理学、会计学、机械工程及自动化、机械设计制造及其自动化、计算机科学与技术、旅游管理、汽车服务工程、热能与动力工程、人力资源管理、日语、市场营销、通信工程、土木工程、舞蹈学、物流管理、艺术设计、音乐学、英语、自动化

专科专业 电脑艺术设计、电子商务、电子信息工程技术、动漫设计与制作、房地产经营与估价、服装设计、工程造价、工商企业管理、光伏材料加工与应用技术、国际经济与贸易、护理、会计电算化、机电一体化技术、机械设计与制造、机械制造与自动化、计算机网络技术、计算机应用技术、建筑工程技术、酒店管理、空中乘务、旅游管理、模具设计与制造、汽车电子技术、汽车技术服务与营销、汽车检测与维修技术、汽车制造与装配技术、人力资源管理、人物形象设计、软件技术、商务日语、商务英语、市场营销、数控技术、舞蹈表演、物流管理、音乐表演、影视动画、装饰艺术设计

院系设置
汽车工程系、机械工程系、新能源与材料工程系、计算机工程与技术系、电子信息工程系、土木工程系、管理工程系、经济与贸易系、外国语言文学系、艺术设计系、音乐舞蹈系、服装工程系、护理系、公教部、思政部、体育部

国家级、省部级研究机构设置
1. 研究所(中心):机械电子工程研究所、高等教育研究所、计算机信息技术研究所、软件研究所、材料力学研究所、生命动力研究所、汽车研究所、高等教育自学考试研究所、音乐研究所
2. 国家重点实验室:数控实训室

定期公开出版的专业刊物 《江西蓝天学院学报》

学校设立奖学金情况
学校设立奖学金3项,奖励总金额261余万元。奖学金最高金额8000元/年,最低金额500元/年。
1. 国家奖学金18人,共计14.4万元;
2. 国家励志奖学金475人,共计237.5万元;
3. 企业赞助奖学金10万余元。

毕业生一次就业率 本科87.09%,专科90.86%

学校历史沿革
江西蓝天学院前身是蓝天职业技术学院,创办于1994年。1999年7月,被批准为具有颁发国家大专学历的民办普通高校。2005年3月,被批准为普通本科院校,并更名为江西蓝天学院。

景德镇高等专科学校

学校(机构)标识码 4136010894	传真电话 0798-8386194	在校生数(人) 7871
学校办学类型 414:专科院校:高等专科学校	校园(局域)网域名 www.jcc.jx.cn	其中:普通专科 7741
	电子信箱 dwxzjcc@163.com	成人专科 130
学校性质类别 01 综合大学	占地面积(平方米) 672860	专任教师(人) 502
学校举办者 822 地级其他部门	校舍建筑面积(平方米) 285912	其中:正高级 60
学校地址 江西省景德镇市瓷都大道838号	图书(万册) 90.6	副高级 134
	固定资产总值(万元) 23531	中级 175
邮政编码 333000	教学、科研仪器设备资产值(万元) 4868.33	初级 64
办公电话 0798-8384950		未定职级 69

专科专业 材料工程技术、财务会计、城市物业管理、初等教育、电脑绘画、电脑文秘、电子商务、电子信息、动漫制作、法律

事务、工商行政管理、工商企业管理、光伏材料、国际贸易、环境监测与治理技术、环境艺术设计、计算机辅助设计、计算机教育、计算机网络、计算机应用技术、金融管理、经济管理、旅游(酒店)管理、旅游管理、旅游英语、美术教育、汽车检测与维修技术、商务日语、商务英语、社会体育、涉外文秘、生物技术及应用、生物教育、市场营销、数学教育、陶瓷艺术设计、体育教育、通信技术、物理教育、物流管理、现代教育技术、新闻采编与制作、信息管理、学前教育、音乐教育、英语教育、影视多媒体技术、应用电子技术、语文教育、园林工程、园林技术、装潢艺术设计、资源环境与城市管理

院系设置

人文科学系、外语系、数学与信息工程系、机械电子工程系、生物与化学工程系、经济与管理系、艺术设计系、体育系、教育系、继续教育部、现代技术教育中心、国际教育中心、思想政治理论课教学科研部

国家级、省部级研究机构设置

研究中心(所):陶瓷艺术研究所、陶瓷文化研究所

定期公开出版的专业刊物 《景德镇高专学报》(季刊)

学校设立奖学金情况

学校设立奖学金3项,奖励总金额180余万元。奖学金最高金额5000元/年,最低金额200元/年。

主要校办产业

景德镇高专农场

学校历史沿革

景德镇市教师红专学校(1977年);景德镇教育学院(1982—1993);景德镇高等专科学校(1993年至今)。2004年江西省广播电视大学景德镇市分校、景德镇陶瓷职工大学、景德镇师范学校、景德镇教师进修学校并入景德镇高等专科学校。

萍乡高等专科学校

学校(机构)标识码 4136010895	传真电话 0799-6682222	在校生数(人) 7532
学校办学类型 414:专科院校:高等专科学校	校园(局域)网域名 www.pxc.jc.cn	其中:普通专科 7471
	电子信箱 pxcollege@126.com	成人专科 61
学校性质类别 01 综合大学	占地面积(平方米) 671328	专任教师(人) 476
学校举办者 822 地级其他部门	校舍建筑面积(平方米) 303005	其中:正高级 48
学校地址 江西省萍乡市安源新区平安北大道211号萍乡高等专科学校	图书(万册) 96.26	副高级 139
	固定资产总值(万元) 30639.3	中级 165
邮政编码 337055	教学、科研仪器设备资产值(万元) 5231.14	初级 105
办公电话 0799-6684899		未定职级 19

专科专业 报关与国际货运、材料工程技术、初等教育、电子商务、法律文秘、工程造价、光复材料、环境监测、环境艺术设计、会计电算化、机械制造与自动化、计算机信息管理、计算机应用技术、经济管理、酒店管理、旅游管理、美术教育、软件技术、商检技术、商务日语、商务英语、社会体育、视觉传达艺术设计、数学教育、数字媒体技术、体育教育、通信技术、图形图像制作、文秘、小学教育、新闻采编与制作、学前教育、音乐表演、英语教育、营销与策划、应用电子技术、语文教育

院系设置

中文系、外语系、政法系、思想政治理论课教学科研部、艺术系、数学系、机械电子系、化学工程系、计算机系、体育系、初等教育系、现代教育中心、中专部

国家级、省部级研究机构设置

研究所(中心):安源工运研究所、文廷式研究所、应用心理研究所、公关研究会、教育教学研究会、外语学会、数学学会、思想政治工作研究会、地方文化研究所

定期公开出版的专业刊物 《萍乡高专学报》、《萍乡高专报》

学校设立奖学金情况

学校设立奖学金3项,奖励总金额262余万元。奖学金最高金额8000元/年,最低金额1000元/年。

毕业生一次就业率 84.25%

学校历史沿革

萍乡高等专科学校,前身为萍乡教育学院,创建于1978年,1993年4月,改建为萍乡高等专科学校。

江西科技师范学院

学校(机构)标识码 4136011318	学校地址 南昌市经济技术开发区枫林大道605号	传真电话 0791-83820510
学校办学类型 412:本科院校:学院		校园(局域)网域名 www.jxstnu.cn
学校性质类别 06 师范院校	邮政编码 330013	占地面积(平方米) 1441215
学校举办者 821 地级教育部门	办公电话 0791-83820510	校舍建筑面积(平方米) 649580

图书(万册) 225.31
固定资产总值(万元) 71334.84
教学、科研仪器设备资产值(万元) 12911.7
在校生数(人) 26588
其中:普通本科 15174
普通专科 5977
成人本科 1947
成人专科 3162
硕士研究生 328
专任教师(人) 1271
其中:正高级 146
副高级 378
中级 589
初级 109
未定职级 49

本科专业 材料化学、材料物理、财务管理、电子商务、电子信息工程、电子信息科学与技术、对外汉语、法学、翻译、服装设计与工程、高分子材料与工程、光电子技术科学、广播电视新闻学、广告学、国际经济与贸易、汉语言文学、化学、会计学、计算机科学与技术、建筑学、教育技术学、教育学、金属材料工程、历史学、旅游管理、美术学、日语、社会工作、社会体育、社会学、生物工程、生物科学、食品科学与工程、数学与应用数学、思想政治教育、体育教育、土木工程、舞蹈编导、物理学、信息管理与信息系统、信息与计算科学、学前教育、药学、艺术设计、音乐表演、音乐学、英语、应用化学、哲学、制药工程

专科专业 财务管理、导游、电脑艺术设计、电气自动化技术、电子商务、法律事务、法律文秘、工程造价、工商企业管理、国际经济与贸易、环境监测与治理技术、环境艺术设计、会计、机电一体化技术、机械制造与自动化、计算机网络技术、计算机应用技术、建筑工程技术、建筑设备工程技术、精细化学品生产技术、酒店管理、旅游管理、模具设计与制造、人力资源管理、软件技术、商务管理、食品生物技术、市场营销、视觉传达艺术设计、数控技术、饲料与动物营养、体育保健、网络系统管理、文秘、物流管理、新闻采编与制作、音乐表演、英语教育、应用日语、应用英语、园林技术

硕士专业 旅游管理、美术学、体育教育训练学、信号与信息处理、应用化学、职业技术教育学

院系设置
文学院、历史文化学院、外国语学院、旅游学院、经济管理学院、法学院、教育学院、艺术设计学院、音乐学院、体育学院、数学与计算机科学学院、通信与电子学院、化学化工学院、建筑工程学院、生命科学学院、药学院、材料科学与工程学院(省材料表面工程重点实验室)、职业技术学院、国际教育学院、社会科学教研部、研究生部、继续教育学院、省有机功能分子重点实验室、省光电子与通信实验室

国家级、省部级研究机构设置
研究所(中心):江西省有机功能分子重点实验室、江西省光电子与通信重点实验室、江西省材料表面工程重点实验室、江西省普通高校人文社会科学重点研究基地职业教育研究所、江西省高等学校精细化学品工程技术研究中心、江西省高等学校高分子材料工程技术研究中心、南昌市有机化工科研示范基地、南昌市食品安全检测化学重点实验室、南昌市生物活性物质与医药材料重点实验室、南昌市药物化学重点实验室、江西科技师范学院八一精神研究所、江西科技师范学院客家音乐艺术研究中心、江西科技师范学院艺海设计研究所、江西科技师范学院精细化工研究所。

定期公开出版的专业刊物 《职教论坛》、《江西科技师范学院学报》、《南昌高专学报》

学校设立奖学金情况
学校设立奖学金3项,奖励总金额167余万元。奖学金最高金额1000元/年,最低金额300元/年。

毕业生一次就业率 本科:86.65%、专科:88.02%

学校历史沿革
江西科技师范学院前身为江西师范学院南昌分院,创建于1977年。1984年改名为南昌师范专科学院。1987年经原国家教育委员会批准升格为本科院校,更名为南昌职业技术师范学院。为全国首批独立设置的高等职业技术师范学院之一。2002年改名江西科技师范学院。

南昌工程学院

学校(机构)标识码 4136011319
学校办学类型 412:本科院校:学院
学校性质类别 02 理工院校
学校举办者 811 省级教育部门
学校地址 南昌市高新技术开发区天祥大道289号
邮政编码 330099
办公电话 0791-88127313
传真电话 0791-88126683
校园(局域)网域名 www.nit.edu.cn
电子信箱 office@nit.edu.cn
占地面积(平方米) 1349598
校舍建筑面积(平方米) 583248
图书(万册) 101
固定资产总值(万元) 129670
教学、科研仪器设备资产值(万元) 11003
在校生数(人) 24200
其中:普通本科 11960
普通专科 6311
成人本科 2407
成人专科 3522
专任教师(人) 870
其中:正高级 67
副高级 201
中级 351
初级 184
未定职级 67

本科专业 保险、编辑出版学、材料成型及控制工程、财务管理、测绘工程、车辆工程、城市规划、地质工程、电气工程及其自动化、电子信息工程、动画、给水排水工程、工程管理、工业设计、广播电视新闻学、国际经济与贸易、机械电子工程、机械设计制造及其自动化、计算机科学与技术、旅游管理、农业水利工程、热能与动力工程、软件工程、市场营销、水利水电工程、水土保持与荒漠化防治、水文与水资源工程、通信工程、土木工程、物流管理、信息管理与信息系统、信息与计算科学、艺术设计、音乐学、英语、园林、自动化

专科专业 产品造型设计、城镇规划、道路桥梁工程技术、电气自动化技术、电子商务、房地产经营与估价、工程测量技术、工程造价、供用电技术、广告设计与制作、国际经济与贸易、环境艺术设计、会计、会计电算化、机电一体化技术、计算机网络技术、计算机应用技术、建筑工程技术、建筑装饰工程技术、旅游管理、模具设计与制造、汽车检测与维修技术、软件技术、商务英语、市场营销、数控技术、水电站动力设备与管理、水利水电建筑工程、通信技术、文秘、物流管理、新闻采编与制作、影视多媒体技术、应用电子技术、园林技术

院系设置
水利与生态工程学院、土木与建筑工程学院、机械与电气工程学院、信息工程学院、工商管理学院、经济贸易学院、人文与艺术学院、理学系、外国语言文学系、国际教育学院、继续教育学院、思想政治理论教学科研部、军事体育部

国家级、省部级研究机构设置
1.实验室:江西省水文水资源与水环境重点实验室
2.研究中心(所):江西省高校人文社科重点研究基础水文化研究中心

定期公开出版的专业刊物 《南昌工程学院学报》

学校设立奖学金情况
学校设立奖学金6项,奖励总金额650余万元。奖学金最高金额10000元/年,最低金额500元/年。

学校历史沿革
南昌工程学院前身是创建于1958年的江西水利电力学院,1962年一度停办。1978年10月恢复建校,1980年8月定名为江西工学院水利分院,1983年12月定名为江西水利专科学校,1987年调整为水利部直属院校,定名为南昌水利水电专科学校。1993年经国家教委批准定名为南昌水利水电高等专科学校。2004年1月经国务院调整为"地方与中央共建,以地方管理为主"的共建院校。2004年5月经国家教育部批准,6月经江西省人民政府同意,撤销南昌水利水电高等专科学校建制,改建为南昌工程学院。

江西警察学院

学校(机构)标识码	4136011504
学校办学类型	412:本科院校:学院
学校性质类别	09 政法院校
学校举办者	812 省级其他部门
学校地址	江西省南昌市兴湾大道1666号
邮政编码	330100
办公电话	0791-8673013
传真电话	0791-8673017
校园(局域)网域名	www.jxga.com
电子信箱	jxga018@163.com
占地面积(平方米)	1469126
校舍建筑面积(平方米)	180814
图书(万册)	62.3
固定资产总值(万元)	44872.01
教学、科研仪器设备资产值(万元)	4059.94
在校生数(人)	5796
其中:普通本科	1321
普通专科	3962
成人专科	513
专任教师(人)	327
其中:正高级	49
副高级	82
中级	90
初级	57
未定职级	49

本科专业 法学、经济犯罪侦查、信息安全、刑事科学技术、侦查学、治安学

专科专业 安全防范技术、表演艺术、法律事务、法律文秘、公共事务管理、计算机应用技术、交通管理、经济犯罪侦查、人力资源管理、社会体育、摄影摄像技术、司法鉴定技术、信息网络安全监察、刑事技术、应用英语、侦查、治安管理

学校历史沿革
1951年江西省公安学校创立;1958年,省人民委员会决定将江西省公安学校改建为江西政法学院。

九江职业大学

学校(机构)标识码	4136011505
学校办学类型	415:专科院校:高等职业学校
学校性质类别	01 综合大学
学校举办者	821 地级教育部门
学校地址	江西省九江市九瑞大道91号
邮政编码	332000
办公电话	0792-8379969
传真电话	0792-8379969
校园(局域)网域名	www.jjvu.jx.cn
电子信箱	jjzdbgs8368140@163.com

占地面积(平方米) 710662	6360	其中:正高级 14
校舍建筑面积(平方米) 304202	在校生数(人) 7922	副高级 205
图书(万册) 104.68	其中:普通专科 7873	中级 170
固定资产总值(万元) 20493.05	成人专科 49	初级 243
教学、科研仪器设备资产值(万元)	专任教师(人) 680	未定职级 48

专科专业 报关与国际货运、电气自动化技术、电子商务、电子信息工程技术、电子信息工程技术(光伏电子方向)、工程监理、工程造价、工商企业管理、国际贸易实务、国际贸易实务(集装箱运输)、会计、机电一体化技术、机电一体化技术(船舶制造方向)、计算机控制技术、计算机通信(3G移动通信方向)、计算机信息管理、计算机应用技术、建筑工程技术、建筑装饰工程技术、建筑装饰工程技术(乡村建筑设计与酒店管理)、旅游管理、旅游英语、模具设计与制造、软件技术、软件技术(软件外包方向)、商务英语、涉外旅游(韩语方向)、市场营销、数控技术、数学教育、数学教育(信息技术教育方向)、图形图像制作、网络系统管理、文秘、物流管理、现代教育技术、现代教育技术(美术教育方向)、学前教育、艺术设计、音乐教育、英语教育、语文教育、园林工程技术、装潢艺术设计

院系设置
师范学院、学前教育学院、艺术学院、信息工程学院、机电工程学院、建筑工程学院、文化旅游学院、经济管理学院、中专部、继续教育学院

国家级、省部级研究机构设置
研究所(中心):九江职业大学企业文化研究所

定期公开出版的专业刊物 《九江职业大学学报》
学校设立奖学金情况
学校设立奖学金9项,奖励总金额29余万元。奖学金最高金额1000元/年,最低金额80元/年。
1. 特等奖学金:7人/年,1000元/人
2. 一等奖学金:200人/年,500元/人(大专)260人/(中专)
3. 二等奖学金:432人/年,400元/人(大专)200人/(中专)
4. 三等奖学金:732人/年,300元/人(大专)150人/(中专)
5. 单项奖:147人/年,200元/人(大专)120人/(中专)
6. 进步奖:162人/年,100元/人(大专)80人/(中专)
7. 竞赛奖:一等1人/年,300元/人;二等7人/年,200元/人;三等12人/年,100元/人

毕业生一次就业率 89.41%
学校历史沿革
九江职业大学的前身为东方职业大学,创建与1985年。1986年改名为九江职业大学,2006年4月与百年老校九江师范学校合并重组;2009年3月,江西省庐山旅游中专整体并入九江职业大学。

新余学院

学校(机构)标识码 4136011508	电子信箱 xyxybgs@163.com	普通专科 9335
学校办学类型 412:本科院校:学院	占地面积(平方米) 1333419	成人本科 51
学校性质类别 01 综合大学	校舍建筑面积(平方米) 426393	成人专科 554
学校举办者 821 地级教育部门	图书(万册) 133.9	专任教师(人) 676
学校地址 江西省新余市阳光大道2666号	固定资产总值(万元) 83110	其中:正高级 58
	教学、科研仪器设备资产值(万元) 7141	副高级 190
邮政编码 338004	在校生数(人) 11321	中级 217
办公电话 0790-6666099	其中:普通本科 1381	初级 185
传真电话 0790-6666098		未定职级 26
校园(局域)网域名 www.xyc.edu.cn		

本科专业 材料成型及控制工程、材料物理、电气工程及其自动化、电子信息工程、汉语言文学、机械设计制造及其自动化、计算机科学与技术、数学与应用数学、音乐学、英语

专科专业 材料工程技术、电气自动化技术、电子商务、电子信息工程技术、法律事务、工程造价、光伏材料加工与应用技术、光伏发电技术及应用、护理、会计电算化、机电一体化技术、机械制造与自动化、计算机多媒体技术、计算机网络技术、计算机信息管理、计算机应用技术、建筑工程管理、建筑工程技术、酒店管理、康复治疗技术、旅游管理、美术教育、模具设计与制造、软件技术、商务日语、商务英语、社会体育、生物技术及应用、市场营销、数控技术、数学教育、太阳能光热技术及应用、体育教育、文秘、舞蹈表演、新闻采编与制作、医疗美容技术、艺术设计、音乐教育、英语教育、语文教育、资源环境与城市管理

院系设置
新余学院现有新能源科学与工程学院等14个二级学院。
学校设立奖学金情况
学校设立奖学金1项,奖励总金额210余万元。奖学金最高金额1200元/年,最低金额500元/年。

学校历史沿革

新余学院前身是创办于1986年的新余职业大学。1987年新余职业大学与江西广播电视大学新余分校以及江西师范大学新余大专班合并,并于1992年6月更名为新余高等专科学校。2002年2月,经省政府批准,新余师范及其附属小学、新余卫校成建制并入新余高等专科学校,成立新的新余高等专科学校。2010年3月18日,教育部印发《关于同意在新余高等专科学校的基础上建立新余学院的通知》(教发函2010年40号文件),2010年9月16日,江西省人民政府印发《关于同意在新余高等专科学校的基础上建立新余学院的批复》,新余学院正式成立。

九江职业技术学院

学校(机构)标识码　4136011785
学校办学类型　415:专科院校:高等职业学校
学校性质类别　01 综合大学
学校举办者　811 省级教育部门
学校地址　江西省九江市十里大道1188号
邮政编码　332007
办公电话　0792－8252595
传真电话　0792－8252594
校园(局域)网域名　www.jvtc.jx.cn
电子信箱　yb@jvtc.jx.cn
占地面积(平方米)　357351
校舍建筑面积(平方米)　365690
图书(万册)　82.99
固定资产总值(万元)　39660
教学、科研仪器设备资产值(万元)　11133.63
在校生数(人)　14654
其中:普通专科　14642
　　　成人专科　12
专任教师(人)　576
其中:正高级　26
　　　副高级　136
　　　中级　217
　　　初级　197

专科专业　报关与国际货运、船舶工程技术(船舶电气自动化)、船舶工程技术(船舶电气自动化)、船舶工程技术(船舶电子与通信)、船舶工程技术(船舶动力装置)、船舶工程技术(船舶动力装置技术)、船舶工程技术(船舶建造)、船舶工程技术(船舶建造方向)、船舶工程技术(船机修造)、船舶工程技术(焊接技术)、船舶检验、电气自动化技术、电气自动化技术(船舶电气自动化、电子商务、电子信息工程技术、电子信息工程技术(光伏材料加工、动漫设计与制作、工程造价、工业设计、供热通风与空调工程技术、供用电技术、光伏材料加工与应用技术、国际金融、会计、机电一体化技术、计算机多媒体技术、计算机多媒体技术(广告设计与制、计算机辅助设计与制造、计算机网络技术、计算机网络技术(网络工程师)、计算机网络技术(网络集成)、计算机网络技术(网站设计师)、计算机信息管理、计算机信息管理(计算机应用)、检测技术及应用、检测技术及应用(船舶检测)、建筑工程技术、经济信息管理、酒店管理、连锁经营管理、楼宇智能化工程技术、轮机工程技术、旅游英语、模具设计与制造、汽车电子技术、汽车技术服务与营销、汽车检测与维修技术、人力资源管理、软件技术、软件技术(移动应用开发与测试)、软件技术(应用软件开发与测试)、商务英语、商务英语(船舶工程)、商务英语(船舶工贸)、商务英语(国际贸易)、室内设计技术、数控技术、数控设备应用与维护、数控设备应用与维护(故障诊断与数控设备应用与维护(生产与销售、通信技术、通信技术(船舶电子与通信)、通信技术(船舶电子与通信方向)、物流管理、新能源应用技术、信息安全技术、医用电子仪器与维护、艺术设计、艺术设计(动漫设计与制作)、艺术设计(环境艺术设计)、应用电子技术、自动化生产设备应用

院系设置
机械工程学院、电气工程学院、经济管理学院、船舶工程学院、信息工程系、应用外语系

国家级、省部级研究机构设置
1. 实验室:中央与地方共建国家重点实验室14个。
2. 研究中心(所):九江职业技术学院机电研究所。

定期公开出版的专业刊物　《九江职业技术学院学报》

学校设立奖学金情况
学校设立奖学金3项,奖励总金额163余万元,奖学金最高金额1000元/年,最低金额120元/年。

主要校办产业
校办工厂、机电工程公司等

学校历史沿革
学校创建于1960年3月。1963年学校定名为"九江仪表技术学校",1979年更名为"九江机械工业学校",1983年更名为"九江船舶工业学校"。1999年4月学校划归江西省教育厅管辖,同年7月教育部正式批准我校为高等职业技术学院,更名为"九江职业技术学院"。

九江学院

学校(机构)标识码　4136011843
学校办学类型　412:本科院校:学院
学校性质类别　01 综合大学
学校举办者　821 地级教育部门
学校地址　江西省九江市前进东路551号
邮政编码　332005
办公电话　0792－8311009
传真电话　0792－8312966

校园(局域)网域名　www.jju.edu.cn	2009 0.27	专任教师(人)　2135
电子信箱　jjxy@jju.edu.cn	在校生数(人)　46087	其中:正高级　131
占地面积(平方米)　1882685	其中:普通本科　17962	副高级　530
校舍建筑面积(平方米)　871586	普通专科　17679	中级　928
图书(万册)　281.24	成人本科　5713	初级　533
固定资产总值(万元)　195076.07	成人专科　4498	未定职级　13
教学、科研仪器设备资产值(万元)	留学生　235	

本科专业　播音与主持艺术、材料成型及控制工程、材料物理、财务管理、测控技术与仪器、车辆工程、城市规划、电子信息工程、对外汉语、法学、工程造价、工商管理、公共事业管理、广播电视编导、广告学、国际经济与贸易、汉语言文学、护理学、化学工程与工艺、环境工程、会计学、绘画、机械设计制造及其自动化、计算机科学与技术、教育技术学、金融学、金属材料工程、临床医学、旅游管理、美术学、汽车服务工程、人力资源管理、日语、社会体育、生物技术、生物科学、市场营销、数学与应用数学、体育教育、通信工程、土木工程、微电子学、舞蹈学、物流管理、信息管理与信息系统、信息与计算科学、药物制剂、药学、医学检验、艺术设计、音乐学、英语、应用化学、应用物理学、园林、资源环境科学、资源环境与城乡规划管理、自动化

专科专业　报关与国际货运、材料工程技术、财务管理、城镇规划、导游、地理教育、电脑艺术设计、电气自动化技术、电子商务、电子信息工程技术、法律事务、法律文秘、房地产经营与估价、工程监理、工程造价、工业分析与检验、公共事务管理、广告设计与制作、国际金融、国际经济与贸易、焊接技术及自动化、航空服务、护理、化学教育、化学制药技术、环境艺术设计、会计、会计电算化、机电一体化技术、计算机辅助设计与制造、计算机通信、计算机网络技术、计算机信息管理、计算机应用技术、建筑工程管理、建筑工程技术、金融与证券、精细化学品生产技术、酒店管理、口腔医学、历史教育、临床医学、旅游管理、旅游英语、模具设计与制造、汽车制造与装配技术、人力资源管理、软件技术、商务日语、商务英语、社会体育、涉外旅游、生物技术及应用、生物制药技术、市场营销、室内设计技术、数控技术、数学教育、税务、体育教育、图形图像制作、网络系统管理、微电子技术、卫生信息管理、文化市场经营与管理、文秘、心理咨询、新闻采编与制作、药品经营与管理、药学、医学检验技术、医学影像技术、音乐教育、英语教育、营销与策划、影视多媒体技术、应用电子技术、应用化工技术、应用英语、有机化工生产技术、语文教育、园林工程技术、助产、资产评估与管理

院系设置
21个二级学院。

国家级、省部级研究机构设置
学校设有庐山文化研究中心、鄱阳湖生态经济研究中心、沿江产业开发研究中心等28个科研结构

博士后科研流动站　流域管理与生态保护

定期公开出版的专业刊物　《九江学院学报》、《九江医学》

学校设立奖学金情况
学校设立的奖学金2项,奖励总金额254万元/年,最高金额2000元/年,最低金额1200元/年。

主要校办产业
印刷厂、华盾实业有限公司

学校历史沿革
九江学院是2002年经国家教育部批准的一所全日制综合本科普通高等院校,由原九江财经高等专科学校、九江师范专科学校、九江医学专科学校、九江教育学院合并而组建而成。2004年5月,九江学院党政班子正式组建,同年7月,学院整合工作顺利完成。

江西渝州科技职业学院

学校(机构)标识码　4136012766	传真电话　0790-6335088	在校生数(人)　8400
学校办学类型　415:专科院校:高等职业学校	校园(局域)网域名　www.ygxy.com	其中:普通专科　8400
	电子信箱　lyy2382@163.com	专任教师(人)　724
学校性质类别　02 理工院校	占地面积(平方米)　814102	其中:正高级　35
学校举办者　999 民办	校舍建筑面积(平方米)　559152	副高级　128
学校地址　江西省新余市仙来西大道859号	图书(万册)　108.8	中级　236
	固定资产总值(万元)　70416	初级　210
邮政编码　338029	教学、科研仪器设备资产值(万元)	未定职级　115
办公电话　0790-6335088	7936	

专科专业　材料工程技术、道路桥梁工程技术、电脑艺术设计、电子商务、电子信息工程技术、多媒体设计与制作、二手车鉴

定与评估、法律事务、工程造价、工商企业管理、光伏材料加工与应用技术、光伏发电技术及应用、广告设计与制作、环境艺术设计、会计、会计电算化、机电一体化技术、计算机网络技术、计算机信息管理、计算机应用技术、建筑工程技术、建筑装饰工程技术、连锁经营管理、模具设计与制造、汽车电子技术、汽车技术服务与营销、汽车检测与维修技术、软件技术、商务英语、市场营销、视觉传达艺术设计、数控技术、数控设备应用与维修、通信技术、微电子技术、物流管理、影视动画、应用电子技术、装潢艺术设计

院系设置

电子科技学院、电子信息工程学院、自动化学院、模具与汽车工程学院、物联网学院、机电工程学院、新能源工程学院、土木工程学院、工商管理学院、电子商务学院、外语学院、抱石艺术设计学院、财经学院

国家级、省部级研究机构设置

机械设计研究所、智能机器人研究所、应用心理学研究所。

定期公开出版的专业刊物 《江西渝州科技学院》(学报)

学校设立奖学金情况

奖学金8项,奖励总金额300余万元,最高金额6000元/年,最低金额500元/年。

学校历史沿革

江西渝州科技职业学院前身为江西渝州电子专修学院,创建于1983年,1992年经江西省教育委员会批准成立为全日制综合性民办高等院校,1997年列为江西省首批高等教育学历文凭试点院校,2001年经江西省人民政府批准,国家教育部备案列为具有独立颁发统招文凭的国家普通高校,并纳入全国普通高校统一招生,2002年批准举办五年制高职班和成人高等教育(专科)。

南昌理工学院

学校(机构)标识码	4136012795
学校办学类型	412:本科院校:学院
学校性质类别	02 理工院校
学校举办者	999 民办
学校地址	南昌市经济技术开发区英雄大道901号
邮政编码	330044
办公电话	0791-83890666
传真电话	0791-83890118
校园(局域)网域名	www.nclg.com.cn
电子信箱	139709666@163.com
占地面积(平方米)	1689554
校舍建筑面积(平方米)	460757
图书(万册)	258.9
固定资产总值(万元)	180245
教学、科研仪器设备资产值(万元)	15589.5
在校生数(人)	22172
其中:普通本科	9298
普通专科	12858
成人本科	8
成人专科	8
专任教师(人)	1283
其中:正高级	102
副高级	329
中级	507
初级	312
未定职级	33

本科专业 材料成型及控制工程、电气工程及其自动化、电子商务、电子信息工程、飞行器制造工程、服装设计与工程、工商管理、工业设计、光电信息工程、光信息科学与技术、广播电视编导、广播电视新闻学、广告学、环境工程、机械设计制造及其自动化、计算机科学与技术、能源动力类新专业、软件工程、社会体育、社会学、生物工程、市场营销、通信工程、土木工程、网络工程、艺术设计、音乐学、英语、应用化学

专科专业 城镇规划、电脑艺术设计、电气自动化技术、电子商务、电子信息工程技术、动漫设计与制作、法律事务、飞机制造技术、服装设计、工程造价、工商企业管理、光伏材料加工与应用技术、光伏发电技术及应用、广播电视技术、广告设计与制作、国际经济与贸易、环境艺术设计、会计电算化、机电设备维修与管理、机电一体化技术、计算机网络技术、计算机信息管理、计算机应用技术、建筑工程技术、金融与证券、空中乘务、旅游管理、模具设计与制造、汽车制造与装配技术、软件技术、商务英语、涉外旅游、生物技术及应用、市场营销、数控技术、体育服务与管理、文秘、舞蹈表演、物流管理、心理咨询、艺术设计、音乐表演、影视表演、影视广告、应用电子技术、应用化工技术、应用日语、制冷与冷藏技术、中药制药技术

院系设置

太阳能光电工程学院、计算机信息工程学院、机电工程学院、电子与信息学院、经济管理学院、航天航空学院、艺术学院、传媒学院、外国语学院、生物环境工程学院、建筑工程学院、政法学院、人文学院、国际交流学院、体育学院、五年高职部、共青分院、樟树分院

定期公开出版的专业刊物 学报、校报。

学校设立奖学金情况

学校设立奖学金2项,奖励总金额99万元。奖学金最高金额600元/年,最低金额100元/年。

学校历史沿革

1999年5月,正式成立江西航天科技专修学校,1999年秋季首届招生。2001年5月,经江西省人民政府、省教育厅批准,成立江西航天科技职业学院;2002年经省教育厅批准,面向全国31个省(市)招收高职生。2005年3月,经教育部及江西省人民政府批准,升格为本科院校,更名为南昌理工学院。

江西司法警官职业学院

学校(机构)标识码 4136012929	传真电话 0791-83875504	在校生数(人) 5061
学校办学类型 415:专科院校:高等职业学校	校园(局域)网域名 www.jxsfjy.cn	其中:普通专科 4853
	电子信箱 jxsfjy3875504@163.com	成人专科 208
学校性质类别 09 政法院校	占地面积(平方米) 123149	专任教师(人) 277
学校举办者 812 省级其他部门	校舍建筑面积(平方米) 102697	其中:正高级 26
学校地址 江西省南昌市昌北经济技术开发区长青路76号	图书(万册) 41.37	副高级 91
	固定资产总值(万元) 10098.64	中级 82
邮政编码 330013	教学、科研仪器设备资产值(万元) 2746.2	初级 51
办公电话 0791-83875504		未定职级 27

专科专业 法律事务、法律文秘、公共关系、行政管理、计算机应用技术、社会体育、社区管理与服务、书记官、司法警务、司法信息安全、司法助理、网络系统管理、物业管理、新闻采编与制作、刑事侦查技术、刑事执行、治安管理、罪犯心理测量与矫正技术

院系设置
法律系、警察系、刑事司法系、管理系、公共基础部、警体教学部

学校设立奖学金情况
学校设立奖学金三项,奖励总金额69.7万元/年,最低金额5000元/年。

学校历史沿革
2000年3月,经江西省人民政府批准,江西省司法学校与江西省司法警官学校成建制合并为江西司法警官学校;2002年4月,经江西省人民政府批准,江西司法警官学校升格为江西司法警官职业学院。

江西陶瓷工艺美术职业技术学院

学校(机构)标识码 4136012930	传真电话 0798-8441108	在校生数(人) 4346
学校办学类型 415:专科院校:高等职业学校	校园(局域)网域名 www.jxgymy.com	其中:普通专科 4322
	电子信箱 tcgymyyb@163.com	成人专科 24
学校性质类别 01 综合大学	占地面积(平方米) 327996	专任教师(人) 276
学校举办者 812 省级其他部门	校舍建筑面积(平方米) 170002	其中:正高级 17
学校地址 江西陶瓷工艺美术职业技术学院	图书(万册) 44.2	副高级 55
	固定资产总值(万元) 17163	中级 61
邮政编码 333001	教学、科研仪器设备资产值(万元) 2813.32	初级 143
办公电话 0798-8441108		

专科专业 材料工程技术、产品造型设计、电脑艺术设计、电子商务、电子信息工程技术、雕塑艺术设计、动漫设计与制作、服装设计、环境艺术设计、会计电算化、机电一体化技术、计算机网络技术、计算机应用技术、建筑装饰材料及检测、人力资源管理、商务英语、视觉传达艺术设计、陶瓷艺术设计、陶瓷艺术设计(现代陶艺方向)、物流管理、影视动画、装潢艺术设计

院系设置
学院设有艺术设计系、材料工程系、数字艺术系、工商管理系

定期公开出版的专业刊物 学报

学校设立奖学金情况
学院设奖学金5项,奖励总金额101余万元。最高金额1200元/年,最低金额400元/年。

学校历史沿革
学院前身为江西省景德镇陶瓷学校、江西省工艺美术学校,隶属省轻工厅。2002年4月经省政府批准、教育部备案升格为江西陶瓷工艺美术职业技术学院。

江西旅游商贸职业学院

学校(机构)标识码　4136012932
学校办学类型　415:专科院校:高等职业学校
学校性质类别　08 财经院校
学校举办者　812 省级其他部门
学校地址　南昌经济技术开发区丁香路 1 号
邮政编码　330100
办公电话　0791-83771996
传真电话　0791-83771997
校园(局域)网域名　www.jxlsxy.com
电子信箱　83065066@qq.com
占地面积(平方米)　731646
校舍建筑面积(平方米)　365460
图书(万册)　104.12
固定资产总值(万元)　56001.27
教学、科研仪器设备资产值(万元)　7136.52
在校生数(人)　10139
其中:普通专科　10106
　　　成人专科　33
专任教师(人)　742
其中:正高级　34
　　　副高级　126
　　　中级　319
　　　初级　207
　　　未定职级　56

专科专业　保险实务、报关与国际货运、产品造型设计、导游、电脑艺术设计、电气自动化技术、电子商务、房地产经营与估价、服装设计、广告设计与制作、国际贸易实务、环境艺术设计、会计、会计电算化、会展策划与管理、机电一体化技术、计算机多媒体技术、计算机网络技术、计算机信息管理、计算机应用技术、建筑工程技术、金融与证券、酒店管理、空中乘务、连锁经营管理、旅游管理、旅游日语、旅游英语、模具设计与制造、烹饪工艺与营养、汽车检测与维修技术、软件技术、商务管理、商务英语、社会体育、涉外旅游、市场营销、数控技术、数控设备应用与维护、通信技术、投资与理财、文秘、物联网应用技术、物流管理、新闻采编与制作、应用电子技术、应用韩语、主持与播音

院系设置
旅游分院、经济管理分院、会计金融分院、机电信息工程分院、国际教育分院、艺术设计分院、体育分院

定期公开出版的专业刊物　《江西旅游商贸职业学院学报》

学校设立奖学金情况
学校设立奖学金 2 项,奖励总金额 150 万元。奖学金最高金额 3000 元/年,最低金额 800 元/年。其中:1. 学业优胜奖学金:800 元/年,1000 元/年;2. 职业技能优胜奖学金:800 元/年,1000 元/年。

学校历史沿革
江西旅游商贸职业学院前身为江西省商业学校创建于 1962 年 2002 年 4 月与江西省旅游学校/江西省核工业技术学校合并组建成江西旅游商贸职业学院。

江西电力职业技术学院

学校(机构)标识码　4136012933
学校办学类型　415:专科院校:高等职业学校
学校性质类别　02 理工院校
学校举办者　812 省级其他部门
学校地址　江西省南昌市昌北经济开发区海棠南路 268 号
邮政编码　330032
办公电话　0791-3899091
传真电话　0791-3899091
校园(局域)网域名　www.dlzy.jx.sgcc.com.cn
电子信箱　dlzyxzh@126.com
占地面积(平方米)　391350
校舍建筑面积(平方米)　273529
图书(万册)　52.93
固定资产总值(万元)　34531.73
教学、科研仪器设备资产值(万元)　8110
在校生数(人)　7959
其中:普通专科　7265
　　　成人专科　694
专任教师(人)　390
其中:正高级　6
　　　副高级　152
　　　中级　114
　　　初级　118

专科专业　电厂化学、电力工程管理、电力客户服务与管理、电力系统继电保护与自动化、电力系统自动化技术、电气自动化技术、电气自动化技术(中澳)、电网监控技术、电子商务、发电厂及电力系统、高压输配电线路施工运行与维护、工程造价、供用电技术、火电厂集控运行、机电一体化技术、机械设计与制造、计算机网络技术、计算机应用技术、检测技术及应用、建筑工程技术、模具设计与制造、热能动力设备与应用、市场营销、数控技术、水电站动力设备与管理、通信技术、新能源应用技术、艺术设计、应用电子技术

院系设置
设立电力工程系、动力工程系、机电工程系、管理工程系、信息工程系、公共教育系 6 个系部

定期公开出版的专业刊物　《江西电力职业技术学院学报》(季刊)

学校设立奖学金情况

学校设立奖学金6项,奖励总金额144.34余万元。奖学金最高金额1000元/年,最低金额100元/年。

学校历史沿革

江西电力职业技术学院前身为江西省电力学校、江西电力职工大学。1998年两校合并,并保持两校独立建制。2002年4月江西省人民政府批准成立"江西电力职业技术学院",同时撤销江西省电力学校、江西电力职工大学、江西省电力职工中专学校的建制。2010年7月20日江西省电力公司整合教育培训资源,将江西电力职业技术学院与江西电力技师学院整合。

江西环境工程职业学院

学校(机构)标识码	4136012934
学校办学类型	415:专科院校:高等职业学校
学校性质类别	04 林业院校
学校举办者	812 省级其他部门
学校地址	江西省赣州市经济技术开发区湖边镇
邮政编码	341000
办公电话	0797-8305193
传真电话	0797-8306011
校园(局域)网域名	www.jxhjxy.com
电子信箱	jxhjxyjcc888@163.com
占地面积(平方米)	887378
校舍建筑面积(平方米)	271779
图书(万册)	53
固定资产总值(万元)	36771.67
教学、科研仪器设备资产值(万元)	5501.1
在校生数(人)	6474
其中:普通专科	5852
成人专科	622
专任教师(人)	420
其中:正高级	17
副高级	73
中级	163
初级	162
未定职级	5

专科专业 电子商务、雕刻艺术与家具设计、动漫设计与制作、服装设计、工程测量与监理、工程造价、国际贸易实务、环境工程技术、环境监测与评价、环境艺术设计、会计、机电一体化技术、计算机网络技术、计算机信息管理、建筑工程技术、金融与证券、酒店管理、林业技术、旅游管理、模具设计与制造、汽车电子技术、汽车技术服务与营销、汽车运用技术、商务英语、视觉传达艺术设计、室内设计技术、数控技术、文秘、物流管理、营销与策划、应用电子技术、园林技术、资产评估与管理

院系设置

林业与环境学院、园林与建筑学院、工业与设计学院、商学院、通讯与信息学院、机械与电子学院、人文与旅游学院、汽车学院

学校设立奖学金情况

学校设立奖学金3项,奖励总金额22.59余万元。奖学金最高金额1000元/年,最低金额300元/年。

主要校办产业

江西环境工程职业学院家具厂、赣州信达科技产业中心、江西环境工程职业学院脐橙厂、江西北斗星环境工程有限公司、赣州绿环园林工程有限公司

学校历史沿革

江西环境工程职业学院前身为江西省赣州林业学校,创建于1953年。2002年4月经江西省政府批准升格为独立设置高等专科职业院校。

江西艺术职业学院

学校(机构)标识码	4136012936
学校办学类型	415:专科院校:高等职业学校
学校性质类别	11 艺术院校
学校举办者	812 省级其他部门
学校地址	南昌市庐山中大道1201号
邮政编码	330013
办公电话	0791-83805681
传真电话	0791-83803820
电子信箱	jxysedu@163.com
占地面积(平方米)	112897
校舍建筑面积(平方米)	56541
图书(万册)	7.15
固定资产总值(万元)	5190.89
教学、科研仪器设备资产值(万元)	941.6
在校生数(人)	1167
其中:普通专科	1167
专任教师(人)	95
其中:正高级	9
副高级	13
中级	26
初级	47

专科专业 导游、航空服务、空中乘务、文化事业管理、舞蹈表演、艺术设计、音乐表演、影视表演

院系设置

学院现有舞蹈、音乐、戏剧表演、美术、综合艺术、戏曲六个系

学校设立奖学金情况

学院设立学院奖学金2项,奖励总金额19余万元,奖学金最高金额为190000元/年,最低金额8000元/年。

学校历史沿革

江西艺术职业学院是经江西省人民政府批准,在(江西省文艺学校)基础上成立的江西省唯一的一所国办综合性艺术类高等专业院校。学院群楼林立,山水相映,是一个环境幽雅、布局合理的花园式学校。近几年,学院推进教育教学改革,拓宽办学渠道,扩大办学规模,提高教学质量走上了快速发展的道路。学院创办于1951年至今已有半个多世纪具备相当规模,积累了丰富的教育教学和管理经验,有一支既有丰富教学经验又有很强实践能力的教师队伍,教育教学成果非常显著。历年来为社会输送了各类艺术人才逾5000人。

鹰潭职业技术学院

学校(机构)标识码	4136012937	
学校办学类型	415:专科院校:高等职业学校	
学校性质类别	01 综合大学	
学校举办者	821 地级教育部门	
学校地址	江西省鹰潭市月湖区岱宝山路11号	
邮政编码	335000	
办公电话	0701-6463419	
传真电话	0701-6462919	
校园(局域)网域名	www.jxytxy.com.cn	
电子信箱	webmaster_ytxyxcb@126.com	
占地面积(平方米)	346320	
校舍建筑面积(平方米)	123055	
图书(万册)	28.9	
固定资产总值(万元)	7350.7	
教学、科研仪器设备资产值(万元)	1933.42	
在校生数(人)	4794	
其中:普通专科	4794	
专任教师(人)	268	
其中:正高级	21	
副高级	48	
中级	98	
初级	65	
未定职级	36	

专科专业 材料成型与控制技术、财务管理、初等教育、电脑艺术设计、电气自动化技术、电子商务、动漫设计与制作、工商企业管理、国际金融、化学教育、会计电算化、机电一体化技术、计算机辅助设计与制造、计算机网络技术、计算机应用技术、建筑装饰工程技术、酒店管理、旅游管理、美术教育、模具设计与制造、软件技术、商务日语、商务英语、生物教育、市场营销、数控技术、数学教育、体育教育、物理教育、物流管理、现代教育技术、新闻采编与制作、学前教育、眼视光技术、音乐教育、英语教育、应用电子技术、应用韩语、语文教育、园艺技术、装潢艺术设计

院系设置 管理系、应用工程系、艺术系、英语系、教育系、体育系、信息技术系、学前教育系和基础部

学校设立奖学金情况 学校设立奖学金4项,奖励总金额33余万元。奖学金最高金额800元/年,最低金额50元/年。

1. 奖学金:617人,600元/人/年;
2. 三好学生奖:213人,50元/人/年;
3. 优秀学生干部奖:220人,50元/人/年;
4. 单项奖:24人,50元/人/年。

学校历史沿革
历史沿革:鹰潭职业技术学院是由原师范学校和鹰潭教育学院筹建处合并而成。鹰潭师范创办于1960年,前身为上清师范;鹰潭教育学院筹建处成立于1988年,与1987年成立的江西师大鹰潭专科部属二块牌子,一套人马。2001年经省教育厅批准,江西师大同意,两样合并成立江西师大鹰潭学院。2002年6月,经省政府批准,成立鹰潭职业技术学院。

江西城市职业学院

学校(机构)标识码	4136012938	
学校办学类型	415:专科院校:高等职业学校	
学校性质类别	01 综合大学	
学校举办者	999 民办	
学校地址	江西城市职业学院	
邮政编码	330100	
办公电话	0791-83653333	
传真电话	0791-83653333	
校园(局域)网域名	jxcsedu.com	
电子信箱	jxcsoffice@163.com	
占地面积(平方米)	594245	
校舍建筑面积(平方米)	476352	
图书(万册)	71.8	
固定资产总值(万元)	61500	
教学、科研仪器设备资产值(万元)	5405	
在校生数(人)	8952	
其中:普通专科	8952	
专任教师(人)	499	
其中:正高级	36	
副高级	113	
中级	156	
初级	100	
未定职级	94	

专科专业 财务管理、城镇规划、电脑艺术设计、电气自动化技术、电子商务、电子信息工程技术、动漫设计与制作、法律事务、工程监理、工程造价、工商企业管理、广告设计与制作、环境艺术设计、会计电算化、机电一体化技术、机械制造与自动化、计算机网络技术、计算机信息管理、计算机应用技术、建筑工程技术、建筑装饰工程技术、金融管理与实务、酒店管理、连锁经营管理、旅游管理、模具设计与制造、汽车检测与维修技术、人力资源管理、软件技术、商务日语、商务英语、市场营销、数控技术、文秘、舞蹈表演、物流管理、新闻采编与制作、艺术设计、音乐表演、应用电子技术、应用英语、园林工程技术、装潢艺术设计

院系设置 机电工程学院、建筑工程学院、人文信息学院、国际商务学院、现代管理学院、国际交流学院、设计艺术学院、音乐学院

学校设立奖学金情况 学校设立奖学金一项,奖励总金额63000余元。奖学金最高金额1000元/年,最低金额300元/年。

学校历史沿革
1984年 创立青云学校 1992年 更名为江西新亚商务学院 1993年 创立江西兴华工商学院 1998年 更名为江西财经专修学院 1998年8月 江西财经专修学院、江西理工专修学院合并,黄玉林任法人代表,院长 2000年5月 更名为江西财经理工专修学院 2002年4月 成立江西新亚职业技术学院,纳入国家统招计划 2005年4月 更名为江西城市职业学院。

江西信息应用职业技术学院

学校(机构)标识码 4136012939	传真电话 0791-85278180	在校生数(人) 4925
学校办学类型 415:专科院校:高等职业学校	校园(局域)网域名 www.jxcia.com	其中:普通专科 4901
	电子信箱 office@jxcia.com	成人专科 24
学校性质类别 02 理工院校	占地面积(平方米) 476000	专任教师(人) 189
学校举办者 812 省级其他部门	校舍建筑面积(平方米) 107315	其中:正高级 7
学校地址 南昌市青云谱区气象路58号	图书(万册) 30.06	副高级 48
	固定资产总值(万元) 8247.31	中级 46
邮政编码 330043	教学、科研仪器设备资产值(万元)	初级 81
办公电话 0791-85275875	2541.49	未定职级 7

专科专业 大气探测技术、地理信息系统与地图制图技术、电脑艺术设计、电子产品质量检测、电子商务、电子信息工程技术、动漫设计与制作、防雷技术、房地产经营与估价、工程测量技术、计算机控制技术、计算机网络技术、计算机应用技术、旅游管理、软件技术、商务英语、社会体育、通信技术、图形图像制作、文秘、应用电子技术、主持与播音

院系设置 我院有5个系。

国家级、省部级研究机构设置 科学研究处是我院的研究中心

定期公开出版的专业刊物 《江西信息应用职业技术学院学报》

学校设立奖学金情况 我院设立学校奖学金2项,奖励总金额220余万元。奖学金最高金额2000元/年,最低金额500元/年。

学校历史沿革 我院始建于1956年10月,原"江西省干部培训班",文革后复校,由闽、浙、赣三省联合创建"南昌气象学校",1980年初由国家气象局收编为部委直属院校。1994年8月被原国家教委评为首批全国重点中等专业学校。2000年3月因教育体制改革划归江西省人民政府管理。2002年4月经江西省人民政府批准(赣府发【2002】23号文)晋升为专科层次的普通高校,并定名为:江西信息应用职业技术学院。

江西交通职业技术学院

学校(机构)标识码 4136012940	发区	占地面积(平方米) 391330
学校办学类型 415:专科院校:高等职业学校	邮政编码 330013	校舍建筑面积(平方米) 310635
	办公电话 0791-83808820	图书(万册) 50.17
学校性质类别 02 理工院校	传真电话 0791-83800049	固定资产总值(万元) 26358.48
学校举办者 812 省级其他部门	校园(局域)网域名 www.jxjtxy.com	教学、科研仪器设备资产值(万元)
学校地址 江西省南昌市经济技术开	电子信箱 samduan@foxmail.com	5609

在校生数(人) 6838	其中:正高级 26	中级 178
其中:普通专科 6838	副高级 85	初级 75
专任教师(人) 364		

专科专业 报关与国际货运、城市轨道交通工程技术、城市轨道交通控制、船舶检验、道路桥梁工程技术、地下工程与隧道工程技术、电脑艺术设计、港口航道与治河工程、高等级公路维护与管理、公路监理、国际航运业务管理、会计电算化、机动车保险实务、计算机网络技术、建筑工程技术、交通安全与智能控制、连锁经营管理、轮机工程技术、模具设计与制造、汽车电子技术、汽车技术服务与营销、汽车运用技术、汽车整形技术、软件技术、商务管理、商务英语、涉外旅游、市政工程技术、数控技术、物流管理

院系设置
路桥工程系、建筑工程系、汽车工程系、管理工程系、信息工程系、机电工程系、基础部、思政部

定期公开出版的专业刊物 《江西交通职业技术学院学报》

学校设立奖学金情况
学校设立奖学金5项,奖励总金额713.7余万元。奖学金最高金额8000元/年,最低金额100元/年。

学校历史沿革
江西交通职业技术学院是经江西省政府批准的专科层次的普通高等学校,隶属于江西省交通运输厅,前身为江西省交通学校,始建于1956年,1958年升格为江西交通学院,培养了四届本科毕业生。1973年学校复办开始招收中专生。1984年经省政府批准为交通专科学校 2002年升格为高等职业技术学院 2009年被评为首批江西省示范性高等职业院校立项建设院校,2010年被交通运输部评为交通职业教育示范院校,教育部评为国家骨干高等职业院校建设单位。

江西财经职业学院

学校(机构)标识码 4136012941	校园(局域)网域名 www.jxvc.jx.cn	其中:普通专科 14040
学校办学类型 415:专科院校:高等职业学校	电子信箱 jxvc@163.net	成人专科 39
学校性质类别 08 财经院校	占地面积(平方米) 344002	专任教师(人) 714
学校举办者 812 省级其他部门	校舍建筑面积(平方米) 320000	其中:正高级 19
学校地址 江西省九江市青年路96号	图书(万册) 121.1	副高级 146
邮政编码 332000	固定资产总值(万元) 29047	中级 298
办公电话 0792-8183166	教学、科研仪器设备资产值(万元) 5532	初级 232
传真电话 0792-8183196	在校生数(人) 14079	未定职级 19

专科专业 报关与国际货运、财务管理、财政、电子商务、动漫设计与制作、港口物流管理、工程造价、工商企业管理、国际经济与贸易、国际商务文秘、行政助理、会计、会计电算化、会计与审计、计算机网络技术、计算机信息管理、计算机应用技术、建筑工程管理、金融保险、金融与证券、酒店管理、连锁经营管理、旅游管理、人力资源管理、软件技术、商务英语、涉外会计、市场营销、税务、投资与理财、网络工程师、网页设计、物流管理、物业管理、应用英语、资产评估与管理

院系设置
学院设有会计一系、会计二系、财税金融系、经济管理系、旅游商贸系、应用外语系、计算机系以及基础部等7系1部

定期公开出版的专业刊物 《江西财经职业学院学报》

学校设立奖学金情况
除国家下达的奖学金外,学校设立奖学金2项,奖励总金额100余万元。其中:1.优秀学生奖学金最高金额1000元/年,最低金额600元/年。2.优秀特困生奖学金最高金额500元/年,最低金额300元/年。

学校历史沿革
1960年成立江西省财务会计学校;1988年在此基础上成立江西财院九江分院;2006年经江西省人民政府批准更名为江西财经职业学院。

江西应用技术职业学院

| 学校(机构)标识码 4136012942 | 业学校 | 学校举办者 812 省级其他部门 |
| 学校办学类型 415:专科院校:高等职 | 学校性质类别 02 理工院校 | 学校地址 江西省赣州市红旗大道27 |

号	校舍建筑面积(平方米) 334227	其中:普通专科 7001
邮政编码 341000	图书(万册) 64	专任教师(人) 453
办公电话 0797-8327529	固定资产总值(万元) 51430	其中:正高级 25
传真电话 0797-8327888	教学、科研仪器设备资产值(万元)	副高级 122
校园(局域)网域名 www.jxyyxy.com	5640	中级 199
电子信箱 jxyycw@126.com	在校生数(人) 7001	初级 107
占地面积(平方米) 642031		

专科专业 宝玉石鉴定与加工技术、道路桥梁工程技术、地籍测绘与土地管理信息技术、地球物理勘查技术、地下工程与隧道工程技术、电脑艺术设计、电气自动化技术、电子商务、电子信息工程技术、动漫设计与制作、服装设计、工程测量技术、工程造价、工业分析与检验、国土资源调查、化学制药技术、会计电算化、机械制造与自动化、计算机网络技术、计算机应用技术、建筑工程技术、精细化学品生产技术、酒店管理、连锁经营管理、旅游管理、模具设计与制造、汽车技术服务与营销、汽车检测与维修技术、软件技术、商务英语、生物技术及应用、市场营销、室内设计技术、数控技术、水文与工程地质、投资与理财、物流管理、应用化工技术

院系设置

国土资源工程系、机械电子工程系、土木工程系、应用化学系、信息工程系、工商管理系、设计工程系、基础教学部、军事体育课教育部、思政部

学校设立奖学金情况

学校设立奖学金3项,奖励总金额170余万元。奖学金最高金额1800元/年,最低金额500元/年。

主要校办产业

立达科技开发总公司、赣州贵和教育服务有限公司

学校历史沿革

本校建于1958年,原名江西地质学院,1965年停办后于1973年恢复中专办学,校名江西省地质学校,1978年更名为南方工业学校,是国家级重点中专。2004年4月报经江西省人民政府批准,教育部备案升格为全日制普通高等职业学校,即江西应用技术职业学院。

江西现代职业技术学院

学校(机构)标识码 4136012943	传真电话 0791-88123568	在校生数(人) 10168
学校办学类型 415:专科院校:高等职业学校	校园(局域)网域名 www.jxxdxy.com	其中:普通专科 10168
	电子信箱 yb@jxxdxy.com	专任教师(人) 810
学校性质类别 02 理工院校	占地面积(平方米) 442000	其中:正高级 18
学校举办者 812 省级其他部门	校舍建筑面积(平方米) 397136	副高级 194
学校地址 江西省南昌市昌东大学园区紫阳大道338号	图书(万册) 92.07	中级 323
	固定资产总值(万元) 34767	初级 206
邮政编码 330095	教学、科研仪器设备资产值(万元)	未定职级 69
办公电话 0791-88123568	8019.12	

专科专业 报关与国际货运、材料工程技术、导游、道路桥梁工程技术、电气自动化技术、电子商务、电子信息工程技术、动漫设计与制作、房地产经营与估价、给排水工程技术、工程监理、工程造价、工商企业管理、工业分析与检验、工业设计、光伏材料加工与应用技术、广告设计与制作、国际经济与贸易、环境监测与评价、环境艺术设计、会计、机电一体化技术、计算机多媒体技术、计算机网络技术、计算机信息管理、计算机应用技术、建筑工程管理、建筑工程技术、建筑装饰工程技术、精细化学品生产技术、酒店管理、楼宇智能化工程技术、旅游管理、模具设计与制造、汽车技术服务与营销、汽车检测与维修技术、人力资源管理、人物形象设计、软件技术、商务英语、社会体育、室内设计技术、数控技术、数控设备应用与维护、通信技术、文秘、物流管理、移动通信技术、艺术设计、营销与策划、应用电子技术、资产评估与管理

院系设置

商务分院、机械分院、汽车工程系、建筑工程分院、信息工程分院、旅游经贸分院、设计分院、体育分院及中专部9个院系

学校设立奖学金情况

学校共设立了5项奖学金,奖励金额803余万元,奖学金最高金额8000元/年,最低金额200元/年。

学校历史沿革

1978年11月,成立江西省建材技工学校,1984年4月,更名为江西建筑材料工业学校,2002年4月,升格为高职院校,江西现代职业技术学院。

江西工业工程职业技术学院

学校(机构)标识码　4136012944
学校办学类型　415：专科院校：高等职业学校
学校性质类别　02 理工院校
学校举办者　812 省级其他部门
学校地址　江西省萍乡市广场路49号
邮政编码　337055
办公电话　0799-7062016
传真电话　0799-6833357
校园(局域)网域名　www.jxgcxy.net
电子信箱　admin@www.jxgcxy.net
占地面积(平方米)　720937
校舍建筑面积(平方米)　126378
图书(万册)　42.89
固定资产总值(万元)　16185.2
教学、科研仪器设备资产值(万元)　3614.39
在校生数(人)　4564
其中：普通专科　4564
专任教师(人)　340
其中：正高级　33
　　　副高级　84
　　　中级　105
　　　初级　111
　　　未定职级　7

专科专业　电脑艺术设计、电气自动化技术、电子商务、电子信息工程技术、房地产经营与估价、工程测量技术、工程监理、工程造价、光伏发电技术及应用、会计、机电一体化技术、计算机多媒体技术、计算机网络技术、建筑工程管理、建筑工程技术、矿山机电、旅游管理、煤矿开采技术、模具设计与制造、汽车运用技术、软件技术、商务英语、市场营销、数控技术、通信技术、装饰艺术设计

院系设置
五系五部：机电工程系、电子工程系、计算机工程系、采矿与建筑工程系、经济管理系、基础部、思想政治课程教学部、培训部、成教部、中专部

定期公开出版的专业刊物　《教学与研究》

学校设立奖学金情况
学校设立奖学金6项，奖励总金额151余万元。奖学金最高金额1760元/年，最低金额200元/年。

主要校办产业
院办机厂、学院商店、电脑公司、院属经营店面

毕业生一次就业率　83.58%

学校历史沿革
1956年—1958年　萍乡煤矿学校；
1958年—1964年　江西煤矿学校；
1964年—1973年　萍乡煤矿学校；
1973年—1996年　江西省煤炭工业学校；
1996年—2002年4月　江西省第一工业学校；
2002年5月—　江西工业工程职业技术学院。

江西机电职业技术学院

学校(机构)标识码　4136012976
学校办学类型　415：专科院校：高等职业学校
学校性质类别　02 理工院校
学校举办者　812 省级其他部门
学校地址　江西省南昌市昌北经济技术开发区枫林大道东街168号
邮政编码　330013
办公电话　0791-83805911
传真电话　0791-83805987
校园(局域)网域名　www.jxjdxy.com
电子信箱　jdxy@jxjdxy.com
占地面积(平方米)　316397
校舍建筑面积(平方米)　191218
图书(万册)　52.49
固定资产总值(万元)　18603.08
教学、科研仪器设备资产值(万元)　4597.95
在校生数(人)　6350
其中：普通专科　6350
专任教师(人)　317
其中：正高级　24
　　　副高级　145
　　　中级　102
　　　初级　45
　　　未定职级　1

专科专业　动漫设计与制作、工程造价、光伏发电技术及应用、焊接技术及自动化、机电设备类新专业、机电设备维修与管理、机电一体化技术、机械设计与制造、计算机网络技术、计算机应用技术、模具设计与制造、汽车技术服务与营销、汽车制造与装配技术、市场营销、数控技术、数控设备应用与维护、玩具设计与制造、应用电子技术

院系设置
基础课部、机械工程系、材料工程系、电气工程系、信息与管理工程系、中专部

学校设立奖学金情况
学校设立奖学金四项，奖励总金额517余万元。奖学金最高金额8000元/年，最低金额200元/年。

学校历史沿革

江西机电职业技术学院前身为创办于1958年的国家重点中专江西省机械工业学校2000年经江西省人民政府批准原机械工业部重点研究所——南昌矿山机械研究所成建制并入. 2002年4月11日学院经江西人民政府批准成立并由国家教育部备案。

江西服装学院

学校(机构)标识码 4136013418	校园(局域)网域名 www.fuzhuang.com.cn	在校生数(人) 6714
学校办学类型 412:本科院校:学院		其中:普通本科 601
学校性质类别 11 艺术院校	电子信箱 jf2000@fuzhuang.com.cn	普通专科 6113
学校举办者 999 民办	占地面积(平方米) 502844	专任教师(人) 389
学校地址 江西省南昌市向塘经济开发区江西服装学院	校舍建筑面积(平方米) 472309	其中:正高级 35
	图书(万册) 70.1	副高级 86
邮政编码 330201	固定资产总值(万元) 48764.19	中级 93
办公电话 0791-85058936	教学、科研仪器设备资产值(万元) 4643.42	初级 175
传真电话 0791-85055769		

本科专业 表演专业(服装设计与表演)、服装设计与工程、广告学(广告策划与制作方向)、市场营销、艺术设计

专科专业 电脑艺术设计、电子商务、纺织品装饰艺术设计、服装表演、服装设计、服装制版与工艺、广告设计与制作、国际经济与贸易、会计与统计核算、人物形象设计、摄影摄像技术、市场营销、鞋类设计与工艺、艺术设计、装潢艺术设计

院系设置 时装设计学院、服装设计与管理、服装工程、服装商贸、服饰艺术、艺术设计、公共教学部、本科教学部

国家级、省部级研究机构设置 服装与艺术教育实验实训基地;11个实践教学中心:材料基础实验中心、工程技术中心、服装文化中心、创意设计中心、鞋艺设计制作中心、服装CAD中心、服装表演中心、服装技术基础中心、艺术设计实训中心、摄影摄像技术中心、计算机中心

定期公开出版的专业刊物 《服装报》、《服装时尚信息》、《服装指南》

学校设立奖学金情况 学校设立奖学金6项:分别为一、二、三等奖学金,同时设立润华奖、大王学习标兵奖、朝花夕拾创新奖。奖励总金额51余万元。奖学金最高金额5000元/年,最低金额为2000元/年。

学校历史沿革 1.91年7月经江西省原教委赣教成字(1991)027号文件批准成立江西服装学院;2.98年元月经江西省原教委赣教成字(1998)004号文件批复更名为江西服装专修学院;3.03年4月经江西省政府赣府字(2003)31号文件批复,报国家教育部教发函(2003)178号文件审批通过:在江西民办专修学院的基础上设立江西服装职业技术学院;4.11年5月经江西省政府赣府字(2011)37号文件批复,报国家教育部教发函(2011)93号文件审批通过:在江西服装职业技术学院的基础上设立江西服装学院。

江西科技职业学院

学校(机构)标识码 4136013419	办公电话 0791-85160095	7640
学校办学类型 415:专科院校:高等职业学校	传真电话 0791-85160038	在校生数(人) 6419
	校园(局域)网域名 www.jxkeda.com	其中:普通专科 6419
学校性质类别 01 综合大学	电子信箱 jxke@jxkeda.com	专任教师(人) 416
学校举办者 999 民办	占地面积(平方米) 340949	其中:正高级 32
学校地址 江西省南昌市银三角昌南高校园(316国道荆山一号)	校舍建筑面积(平方米) 125681	副高级 73
	图书(万册) 58.5	中级 183
	固定资产总值(万元) 37300	初级 94
邮政编码 330200	教学、科研仪器设备资产值(万元)	未定职级 34

专科专业 产品造型设计、电力系统自动化技术、电脑艺术设计、电子商务、服装设计、工程造价、工商企业管理、广告设计与制作、国际经济与贸易、环境艺术设计、会计、机电一体化技术、机械设计与制造、计算机网络技术、计算机信息管理、计算机

应用技术、建筑工程技术、建筑装饰工程技术、旅游管理、模具设计与制造、汽车检测与维修技术、汽车制造与装配技术、软件技术、商务日语、市场开发与营销、数学教育、通信技术、文秘、物流管理、艺术设计、应用电子技术、中国古建筑工程技术、装潢艺术设计

院系设置
机电系、建筑系、电子系、经管系、外语外贸系、艺术系

定期公开出版的专业刊物 科院校报
学校历史沿革
1993年至1998年江西青年服装学院、1998年至2003年江西科大专修学院、2003年至今江西科技职业学院。

南昌职业学院

学校(机构)标识码	4136013420
学校办学类型	415：专科院校：高等职业学校
学校性质类别	01 综合大学
学校举办者	999 民办
学校地址	江西省南昌市湾里区翠岩路200号
邮政编码	330004
办公电话	0791-83765058
传真电话	0791-83765058
校园(局域)网域名	www.nczyxy.com
电子信箱	nczyxy@nczyxy.com
占地面积(平方米)	828090
校舍建筑面积(平方米)	234576
图书(万册)	87.45
固定资产总值(万元)	37604.5
教学、科研仪器设备资产值(万元)	7125.7
在校生数(人)	7729
其中：普通专科	7729
专任教师(人)	400
其中：正高级	33
副高级	75
中级	37
初级	208
未定职级	47

专科专业 报关与国际货运、表演艺术、电脑艺术设计、电子商务、动漫设计与制作、二手车鉴定与评估、法律文秘、服装设计、工程监理、工商企业管理、广告设计与制作、汉语、环境艺术设计、会计电算化、会展策划与管理、机电一体化技术、机械制造与自动化、计算机网络技术、计算机信息管理、计算机应用技术、建筑工程技术、旅游管理、模具设计与制造、烹饪工艺与营养、汽车运用技术、软件技术、商务管理、商务日语、商务英语、社会体育、涉外旅游、食品营养与检测、市场营销、室内设计技术、数控技术、司法助理、文秘、舞蹈表演、物流管理、物业管理、新闻采编与制作、医药营销、音乐表演、应用电子技术、应用英语、主持与播音

院系设置
计算机系、艺术设计系、经管系、工程系、人文外语系、体育卫生系、音乐舞蹈系、中职部

定期公开出版的专业刊物 《南昌职业学院报》
学校设立奖学金情况
学校设立奖学金三项，奖励总金额500余万元。奖学金最高金额10000元/年，最低金额300元/年。

学校历史沿革
南昌职业学院前身民办江西大宇工商学院，创办于1993年，1997年被批准为国家学历文凭试点单位，更名为江西大宇专修学院，2003年经江西省人民政府批准，报国家教育部备案，升格为普通高等职业院校，更名为江西大宇职业技术学院，2011年经江西省人民政府批准，报国家教育部备案，更名为南昌职业学院。

南昌工学院

学校(机构)标识码	4136013421
学校办学类型	412：本科院校：学院
学校性质类别	02 理工院校
学校举办者	999 民办
学校地址	江西省南昌市长埃工业园创业南路998号
邮政编码	330108
办公电话	0791-83903399
传真电话	0791-83903399
校园(局域)网域名	www.ncgxy.com
电子信箱	ncgxy2011@163.com
占地面积(平方米)	787229
校舍建筑面积(平方米)	347305
图书(万册)	70
固定资产总值(万元)	80503.29
教学、科研仪器设备资产值(万元)	4610.82
在校生数(人)	8113
其中：普通本科	581
普通专科	7532
专任教师(人)	490
其中：正高级	45
副高级	103
中级	193
初级	100
未定职级	49

本科专业 电子信息工程、会计学、机械设计制造及其自动化、土木工程、网络工程、艺术设计

专科专业 电子商务、电子信息工程技术、动漫设计与制作、法律事务、工程监理、工程造价、工商企业管理、工业设计、国际经济与贸易、环境艺术设计、会计、会计电算化、机电一体化技术、计算机网络技术、计算机应用技术、建筑工程技术、金融保险、酒店管理、旅游管理、模具设计与制造、汽车电子技术、汽车检测与维修技术、软件技术、商务英语、市场营销、视觉传达艺术设计、数控技术、文秘、物流管理、应用电子技术、应用英语、园林技术

院系设置
经济管理学院、机械工程学院、电子工程学院、建筑工程学院、信息学院、人文与艺术学院、民族教育学院

学校设立奖学金情况
学校设立奖学金三项,奖励总金额121800余万元。奖学金最高金额800元/年,最低金额200元/年。
— 一等奖学金:17人/年,800元/人;
— 二等奖学金:140人/年,400元/人;
— 三等奖学金:261人/年,200元/人。

学校历史沿革
江西赣江职业技术学院前身为江西赣江大学,创建于1988年7月,1998年4月经江西省教育厅批准,更名为"江西赣江专修学院";2003年4月经江西省人民政府批准,报国家教育部备案,设立"江西赣江职业技术学院";2011年4月经江西省人民政府批准,报国家教育部备案,在"江西赣江职业技术学院"的基础上建立"南昌工学院"。

江西外语外贸职业学院

学校(机构)标识码 4136013422	传真电话 0791-88353587	在校生数(人) 9237
学校办学类型 415:专科院校:高等职业学校	校园(局域)网域名 www.jxcfs.com	其中:普通专科 9237
	占地面积(平方米) 553268	专任教师(人) 554
学校性质类别 08 财经院校	校舍建筑面积(平方米) 252307	其中:正高级 21
学校举办者 812 省级其他部门	图书(万册) 82.45	副高级 189
学校地址 江西外语外贸职业学院	固定资产总值(万元) 56265.08	中级 201
邮政编码 330099	教学、科研仪器设备资产值(万元) 4424.42	初级 138
办公电话 0791-88352678		未定职级 5

专科专业 报关与国际货运、财务管理、电脑艺术设计、电子商务、动漫设计与制作、工程造价、工商企业管理、广告设计与制作、国际经济与贸易、国际贸易实务、国际商务、会计、计算机多媒体技术、计算机速录、计算机网络技术、计算机信息管理、金融与证券、酒店管理、连锁经营管理、旅游管理、旅游英语、人力资源管理、商务日语、商务英语、投资与理财、文秘、物流管理、营销与策划、应用阿拉伯语、应用德语、应用法语、应用韩语、应用西班牙语、应用英语

院系设置
国际商务系、外语系、英语系、旅游系、信息管理系、工商管理系、工程造价系、会计系、艺术设计系、基础教学部

定期公开出版的专业刊物 《江西外语外贸职业学院学报》、《江西外语外贸职业学院院报》

学校设立奖学金情况
学校设立奖学金2项,奖励总金额50余万元。奖学金最高金额5000/年,最低金额100元/年。

学校历史沿革
1964年创办"江西对外贸易学校",文革期间停办;1982年4月,"江西对外贸易学校"恢复办学;2003年6月,学校升格为江西外语外贸职业学院;2009年5月,学院被评为江西省示范性高等职业院校。

江西工业贸易职业技术学院

学校(机构)标识码 4136013423	邮政编码 330038	图书(万册) 49.68
学校办学类型 415:专科院校:高等职业学校	办公电话 0791-83777811	固定资产总值(万元) 28824.73
	传真电话 0791-83777810	教学、科研仪器设备资产值(万元) 4396.76
学校性质类别 01 综合大学	校园(局域)网域名 www.jxgmxy.com	
学校举办者 812 省级其他部门	电子信箱 www.jxgmbgs@126.com	在校生数(人) 4207
学校地址 江西工业贸易职业技术学院	占地面积(平方米) 355283	其中:普通专科 3508
	校舍建筑面积(平方米) 180619	成人专科 699

专任教师(人) 191	副高级 49	初级 35
其中:正高级 19	中级 88	

专科专业 报关与国际货运、茶艺、产品造型设计、电子商务、动漫设计与制作、多媒体设计与制作、房地产经营与估价、工程监理、工程造价、广告设计与制作、国际经济与贸易、会计、机电一体化技术、机械制造与自动化、计算机网络技术、建筑装饰工程技术、酒店管理、粮食工程、旅游管理、模具设计与制造、人力资源管理、软件技术、商务英语、食品营养与检测、市场开发与营销、数控技术、文秘、物流管理、移动通信技术、应用电子技术

院系设置

机电技术系、旅游商务系、信息科学系、经济贸易系、工程技术与艺术设计系、基础部等五系一部

定期公开出版的专业刊物 《江西工业贸易职业技术学院学报》

学校设立奖学金情况

学院设立奖学金 5 项,奖励总金额 21 余万元。奖学金最高金额 1200 元/年,最低金额 400 元/年。

学校历史沿革

江西工业贸易职业技术学院前身为江西省粮食学校,创建于 1964 年,1998 年改名为江西省工业贸易学校,2001 年 3 月与江西省粮食干部学校、江西省粮食中专学校合并,2003 年 6 月学校经江西省人民政府批准,升格为高职学院。

宜春职业技术学院

学校(机构)标识码 4136013424	校园(局域)网域名 www.ycvc.jx.cn	其中:普通专科 5830
学校办学类型 415:专科院校:高等职业学校	电子信箱 yc3204052@163.com	成人专科 953
	占地面积(平方米) 333948	专任教师(人) 558
学校性质类别 01 综合大学	校舍建筑面积(平方米) 299088	其中:正高级 66
学校举办者 821 地级教育部门	图书(万册) 60.73	副高级 126
学校地址 宜春市中山西路 399 号	固定资产总值(万元) 24407.71	中级 164
邮政编码 336000	教学、科研仪器设备资产值(万元) 5287.8	初级 126
办公电话 0795 - 3204052		未定职级 76
传真电话 0795 - 3204052	在校生数(人) 6783	

专科专业 初等教育、电脑艺术设计、电子商务、国际经济与贸易、汉语、护理、会计、会计电算化、机电一体化技术、计算机网络技术、计算机信息管理、旅游管理、美术、模具设计与制造、商务英语、视觉传达艺术设计、数控技术、体育教育、物流管理、新能源应用技术、学前教育、药学、医疗美容技术、医学检验技术、音乐教育、英语教育、助产

院系设置

护理学院、锂电新能源学院、机电系、会计系、教育系、信息工程系、外语系、医学系、艺术系、经济管理系

定期公开出版的专业刊物 《宜春职业技术学院学报》

学校设立奖学金情况

学校设立奖学金 4 项,奖励总金额 10 余万元。奖学金最高金额 1000 元/学期,最低金额 100 元/学期。

主要校办产业

学院印刷厂、学院超市

学校历史沿革

2003 年 6 月,由宜春师范、宜春财校、宜春卫校、宜春市技校合并组建而成。宜春师范:师范传习所(1908 年)—宜春中学高中师范科(1927)—省立宜春乡村师范学校(1933 年)—宜春师范学校(1969 年)。宜春财校:宜春财会职工中专(1984 年)—宜春财会中等专业学校(1994 年)—1998 年宜春商业职工中专、宜春粮食职工中专并入宜春财校。宜春卫校:创办于 1958 年。宜春市技校:创办于 1968 年。

江西应用工程职业学院

学校(机构)标识码 4136013425	学校地址 江西省萍乡市安源区高坑镇周家坊	校园(局域)网域名 www.jxatei.net
学校办学类型 415:专科院校:高等职业学校	邮政编码 337042	电子信箱 jxatei1922@163.com
		占地面积(平方米) 298245
学校性质类别 02 理工院校	办公电话 0799 - 6371013	校舍建筑面积(平方米) 148131
学校举办者 812 省级其他部门	传真电话 0799 - 6371013	图书(万册) 24

固定资产总值(万元) 9576	其中:普通专科 1804	中级 132
教学、科研仪器设备资产值(万元) 2087	成人专科 454	初级 79
	专任教师(人) 269	未定职级 15
在校生数(人) 2258	其中:副高级 43	

专科专业 导游、电脑艺术设计、电气自动化技术、电子商务、电子信息工程技术、工程测量技术、工程造价、环境艺术设计、会计、会计电算化、机电一体化技术、计算机网络技术、计算机信息管理、计算机应用技术、建筑工程技术、酒店管理、煤矿开采技术、模具设计与制造、汽车运用技术、软件技术、商务英语、市场营销、数控技术、通信技术、物流管理、应用电子技术、制冷与冷藏技术

院系设置
机械工程系、电气工程系、能源工程系、经济管理系、计算机信息工程系、基础部

国家级、省部级研究机构设置
研究所(中心):教育科学研究所

定期公开出版的专业刊物 《企业家决策信息》

学校设立奖学金情况
学校设立奖学金10项,奖励总金额20余万元。奖学金最高金额4000元/年,最低金额200元/年。

特等奖学金4人/年,4000元/人;三好学生奖学金25人/年,800元/人;优秀学生干部奖学金30人/年,500元/人;学习积极分子奖学金60人/年,300元/人;文体积极分子奖学金67人/年,200元/人;宣传积极分子奖学金60人/年,200元/人;学生优秀干部奖学金8人/年,500元/人;学生会积极分子奖学金15人/年,300元/人。

主要校办产业
校科技服务部

毕业生一次就业率 90%

学校历史沿革
安源路矿工人补习学校(1922年—1927年),因"马日事变"停办(1927年—1949年),萍乡煤矿职工夜校(1949年—1960年),江西工业劳动大学萍矿分校(1960年—1967年)(含萍矿工学院、江西萍乡煤矿技工学校,实行一套人马、三块牌子的管理格局),因"文化大革命"停办(1967年—1972年),萍乡矿务局工人大学(1972年—1980年)(1972年更名为萍矿七·二一工人大学),萍乡煤矿职工大学(1980年—2003年),江西应用工程职业学院(2003年—至今)。

江西生物科技职业学院

学校(机构)标识码 4136013426	校园(局域)网域名 www.jxswkj.com	在校生数(人) 4398
学校办学类型 415:专科院校:高等职业学校	电子信箱 jxswkjzyx@163.com	其中:普通专科 4398
	占地面积(平方米) 288514	专任教师(人) 251
学校性质类别 03 农业院校	校舍建筑面积(平方米) 146369	其中:正高级 21
学校举办者 812 省级其他部门	图书(万册) 31.57	副高级 82
学校地址 江西生物科技职业学院	固定资产总值(万元) 10360.67	中级 94
邮政编码 330200	教学、科研仪器设备资产值(万元) 2184.2	初级 40
办公电话 0791-85717558		未定职级 14
传真电话 0791-85717558		

专科专业 城镇规划、宠物医疗与保健、畜牧兽医、电脑艺术设计、电子商务、动漫设计与制作、广告设计与制作、国际经济与贸易、会计电算化、机电一体化技术、计算机网络技术、计算机信息管理、计算机应用技术、建筑工程技术、经济管理、模具设计与制造、农业机械应用技术、商务英语、生物技术及应用、食品生物技术、数控技术、水产养殖技术、饲料与动物营养、文秘、物流管理、应用电子技术、园林技术、装潢艺术设计

院系设置
动物科学系、园林系、计算机科学系、机电工程系、经济贸易系

学校设立奖学金情况
学校设立奖学金3项,奖励总金额22.16余万元。奖学金最高金额1200元/年,最低金额400元/年。

主要校办产业
惠民生物科技有限公司,实习牧场、渔场

学校历史沿革
江西生物科技职业学院于2003年6月在原江西省畜牧水产学校基础上组建成立,隶属于江西省农业厅。

江西建设职业技术学院

学校(机构)标识码　4136013427
学校办学类型　415：专科院校：高等职业学校
学校性质类别　02 理工院校
学校举办者　812 省级其他部门
学校地址　江西省南昌市小兰经济开发区汇仁道999号
邮政编码　330200
办公电话　0791－86713616

传真电话　0791－86713600
校园(局域)网域名　www.jxjsxy.com
电子信箱　www.jxjsxy.com
占地面积(平方米)　407354
校舍建筑面积(平方米)　156744
图书(万册)　23.12
固定资产总值(万元)　4831.83
教学、科研仪器设备资产值(万元)　2156.34

在校生数(人)　4641
其中：普通专科　4641
专任教师(人)　204
其中：正高级　12
　　　副高级　55
　　　中级　84
　　　初级　53

专科专业　城镇规划、道路桥梁工程技术、工程监理、工程造价、基础工程技术、计算机网络技术、建筑工程技术、建筑设备工程技术、建筑设计技术、建筑装饰工程技术、经济管理、软件技术、图形图像制作、园林工程技术

院系设置
土木工程系、建筑系、管理工程系、信息工程系、环境工程系、基础教学部

定期公开出版的专业刊物　校刊。

学校设立奖学金情况
学校设立奖学金四项，资历总金额23万余元。奖学金最高金额1500元/年，最低金额180元/元。

1. 特等奖学金，按符合条件实际人数每学年1500元/人。
2. 一等奖学金，按符合条件实际人数每学年600元/人。
3. 二等奖学金，名额为总人数的10%，每学年300元。
4. 三等奖学金，名额为总人数的30%，每学年180元/人。

主要校办产业
江西省现代建筑设计研究院、江西建设职业技术学院工程检测中心

学校历史沿革
学校前身是江西省建筑工程学校，创办于1958年。2003年6月经江西省人民政府赣府字[2003]46号文件批准成立江西建设职业技术学院。

抚州职业技术学院

学校(机构)标识码　4136013428
学校办学类型　415：专科院校：高等职业学校
学校性质类别　01 综合大学
学校举办者　821 地级教育部门
学校地址　江西省抚州市迎宾大道976号
邮政编码　344000
办公电话　0794－7058188

传真电话　0794－7058188
校园(局域)网域名　www.fzjsxy.com
电子信箱　jxfzjsxy@163.com
占地面积(平方米)　3767322
校舍建筑面积(平方米)　174564
图书(万册)　40.4
固定资产总值(万元)　13324
教学、科研仪器设备资产值(万元)　2792

在校生数(人)　2279
其中：普通专科　2279
专任教师(人)　318
其中：正高级　10
　　　副高级　92
　　　中级　125
　　　初级　91

专科专业　导游、电气自动化技术、电子商务、动漫设计与制作、多媒体设计与制作、服装设计、广告设计与制作、会计、机电一体化技术、计算机网络技术、计算机应用技术、建筑设计技术、金融保险、模具设计与制造、汽车技术服务与营销、汽车检测与维修技术、软件技术、食品生物技术、市场营销、数控技术、文秘、物流管理、音乐表演、园艺技术、证券与期货

院系设置
学院设有5部6系

学校设立奖学金情况
学校设立奖学金四项总金额60.1万元．奖学金最高金额0.8万元/年，最低金额500元/年

主要校办产业
抚州职业技术学院资产经营有限公司

学校历史沿革
五所中专学校合并后于2003年6月经省政府批准设立为抚州职业技术学院。

南昌大学科学技术学院

学校(机构)标识码 4136013429	传真电话 0791-88305056	在校生数(人) 13052
学校办学类型 413:本科院校:独立学院	校园(局域)网域名 www.ndkj.com.cn	其中:普通本科 13052
	电子信箱 ndkjxy@sina.com	专任教师(人) 638
学校性质类别 01 综合大学	占地面积(平方米) 380486	其中:正高级 106
学校举办者 999 民办	校舍建筑面积(平方米) 290731	副高级 100
学校地址 江西省南昌市北京东路339号	图书(万册) 95.01	中级 225
	固定资产总值(万元) 8066.04	初级 203
邮政编码 330029	教学、科研仪器设备资产值(万元) 5630.04	未定职级 4
办公电话 0791-88305056		

本科专业 材料成型及控制工程、财务管理、车辆工程、德语、电气工程及其自动化、电子商务、电子信息工程、动画、对外汉语、法学、高分子材料与工程、给水排水工程、工程管理、工商管理、工业设计、国际经济与贸易、过程装备与控制工程、汉语言文学、环境工程、会计学、机械设计制造及其自动化、计算机科学与技术、建筑学、金融学、旅游管理、日语、软件工程、生物工程、生物技术、市场营销、数字媒体艺术、通信工程、土木工程、物流管理、新闻学、艺术设计、音乐学、英语、制药工程、自动化

院系设置
人文学科部、理工学科部、财经学科部、信息学科部、基础学科部

学校设立奖学金情况
学校设立奖学金1项,奖励总金额290余万元。奖学金最高金额10000元/年,最低金额1000元/年。

毕业生一次就业率 84.25%

学校历史沿革
南昌大学科技学院是根据江西省教育厅、江西省发展计划委员会赣教字[2001]137号文件和赣教字[2001]204号文件精神,于2001年8月批准成立的一所综合性独立学院。学院由省部共建、江西省唯一一所"211"国家重点建设大学——南昌大学举办。2003年,在教育部对江西省普通高校举办的独立学院的检查清理和重新报批工作中,我院的办学资格被教育部予以确认(教发[2003]543号)。

南昌大学共青学院

学校(机构)标识码 4136013430	传真电话 0792-4342911	在校生数(人) 4756
学校办学类型 413:本科院校:独立学院	校园(局域)网域名 www.ndgy.cn	其中:普通本科 4756
	电子信箱 18970237699@189.com	专任教师(人) 504
学校性质类别 01 综合大学	占地面积(平方米) 424002	其中:正高级 48
学校举办者 999 民办	校舍建筑面积(平方米) 243129	副高级 103
学校地址 江西省共青城市南湖大道50号	图书(万册) 86.87	中级 214
	固定资产总值(万元) 21527	初级 115
邮政编码 332020	教学、科研仪器设备资产值(万元) 4622	未定职级 24
办公电话 0792-4342911		

本科专业 材料成型及控制工程、电气工程及其自动化、电子信息工程、服装设计与工程、工商管理、工业设计、国际经济与贸易、汉语言文学、会计学、计算机科学与技术、经济学、数字媒体技术、艺术设计、英语

院系设置
学院设有信息工程系、英汉语言文学系、工程技术系、经济贸易系、工商管理系、艺术与设计系6个系和公共课教学部及实验中心2个教学单位

学校设立奖学金情况
学院设立各类奖学金7项,奖励总金额100余万元。奖学金最高金额5000元/年,最低金额300元/年。

学校历史沿革
南昌大学共青学院座落在庐山脚下、鄱湖之滨、风景秀美的国家级生态示范区、中国羽绒服装名城——江西省共青城市。

学院创办于 1985 年 2 月 25 日，原名江西大学共青职业技术学院。1991 年 8 月 5 日，更名为江西大学共青学院。1993 年 5 月 4 日，更名为南昌大学共青学院。2003 年，学院顺利通过江西省教育厅和国家教育部检查评估，批准为独立学院。

华东交通大学理工学院

学校(机构)标识码	4136013431
学校办学类型	413：本科院校：独立学院
学校性质类别	02 理工院校
学校举办者	999 民办
学校地址	江西省南昌经济技术开发区黄家湖东路 111 号
邮政编码	330100
办公电话	0791-82121266
传真电话	0791-82121299
校园(局域)网域名	www.ecjtuit.com.cn
电子信箱	lgxyyb@163.com
占地面积(平方米)	1421463
校舍建筑面积(平方米)	99810
图书(万册)	89.02
固定资产总值(万元)	38050
教学、科研仪器设备资产值(万元)	5618.3
在校生数(人)	11136
其中：普通本科	11125
普通专科	11
专任教师(人)	623
其中：正高级	66
副高级	140
中级	243
初级	113
未定职级	61

本科专业 材料成型及控制工程、道路桥梁与渡河工程、电气工程及其自动化、电子商务、电子信息工程、法学、给水排水工程、工程管理、国际经济与贸易、会计学、机械电子工程、机械设计制造及其自动化、计算机科学与技术、建筑学、交通工程、金融学、汽车服务工程、人力资源管理、市场营销、通信工程、土木工程、物流管理、信息管理与信息系统、信息与计算科学、艺术设计、英语

专科专业 电子商务、计算机网络技术、建筑工程技术、物流管理

院系设置
学院下设土木建筑分院、机电工程分院、电气与信息工程分院、经济管理分院、人文法学分院、基础学科部、思政部、大学生心理健康教育与咨询中心等 8 个教学单位

学校设立奖学金情况
学院设立学院奖学金和胜达奖学金两项，奖励总金额 119.6 万元。奖学金最高金额 5000 元/年，最低金额 500 元/年。

学校历史沿革
华东交通大学理工学院位于"物华天宝，人杰地灵"之美誉的江南历史文化名城——江西省南昌市，坐落在风景秀丽的黄家湖畔，创建于 2001 年，2003 年国家教育部(教发[2003]543 号文)正式批准确认为以普通本科学历教育为主的独立学院。

东华理工大学长江学院

学校(机构)标识码	4136013432
学校办学类型	413：本科院校：独立学院
学校性质类别	02 理工院校
学校举办者	999 民办
学校地址	江西省抚州市羊城路 154 号
邮政编码	344000
办公电话	0794-8258022
传真电话	0794-8258022
校园(局域)网域名	ytc.ecit.edu.cn
占地面积(平方米)	362525
校舍建筑面积(平方米)	167975
图书(万册)	67
固定资产总值(万元)	21104.9
教学、科研仪器设备资产值(万元)	4293.23
在校生数(人)	8281
其中：普通本科	8281
专任教师(人)	437
其中：正高级	17
副高级	122
中级	100
初级	155
未定职级	43

本科专业 材料成型及控制工程、财务管理、测绘工程、电子信息工程、对外汉语、法学、工程管理、工业设计、国际经济与贸易、汉语言文学、会计学、机械电子工程、机械工程及自动化、计算机科学与技术、勘查技术与工程、旅游管理、日语、市场营销、通信工程、统计学、土木工程、物流管理、信息工程、信息管理与信息系统、英语、资源勘查工程、自动化

院系设置
资源勘查工程系、土木工程系、测绘工程系、机械与电子工程系、信息工程系、数学与信息管理系、外语系、中文与法学系、经济管理系、核探测工程系

学校设立奖学金情况
2010 至 2011 学年学校奖学金情况：2282 人获得优秀学生奖

学金、优秀贫困生奖学金和学习进步奖学金,奖励总额184.46万元。另有1760人获得国家奖学金、国家励志奖学金和国家助学金,金额354.5万元。

学校历史沿革

东华理工大学长江学院是东华理工大学与江西东华科技园有限公司共同投资建设的独立学院。

南昌航空大学科技学院

学校(机构)标识码	4136013433
学校办学类型	413:本科院校:独立学院
学校性质类别	02 理工院校
学校举办者	999 民办
学校地址	南昌航空大学科技学院
邮政编码	330034
办公电话	0791-88203332
传真电话	0791-88212372
校园(局域)网域名	www.nchu.edu.cn
电子信箱	nchukjxy@163.com
占地面积(平方米)	466690
校舍建筑面积(平方米)	169078
图书(万册)	47.95
固定资产总值(万元)	9275.57
教学、科研仪器设备资产值(万元)	3482.09
在校生数(人)	6505
其中:普通本科	6505
专任教师(人)	367
其中:正高级	42
副高级	102
中级	174
初级	30
未定职级	19

本科专业 材料成型及控制工程、测控技术与仪器、电子科学与技术、电子商务、电子信息工程、电子信息科学与技术、飞行器制造工程、高分子材料与工程、工程管理、工商管理、焊接技术与工程、会计学、机械设计制造及其自动化、计算机科学与技术、金属材料工程、经济学、市场营销、通信工程、土木工程、网络工程、新闻学、信息管理与信息系统、艺术设计、音乐学、英语、应用化学、自动化

院系设置

航空与机械工程系、信息工程系、经济管理系、人文社科系、材料工程系、建筑工程系、基础课部、思政部

学校设立奖学金情况

学校设立奖学金7项,奖励总金额80余万元,奖学金最高金额3000元/年,最低金额100元/年。

学校历史沿革

南昌航空大学科技学院是经江西省教育厅、省计划发展委员会批准,于2001年8月起开始试办的独立学院,当时定名为"南昌航空工业学院赣航学院"。2002年2月经省教育厅、省计划发展委员会批准更名为"南昌航空工业学院科技学院"。2003年10月根据教育部《关于规范并加强普通高校以新的机制和模式试办独立学院管理的若干意见》(教发[2003]8号文),学校认真进行了办学自查,并按要求重新申办"独立学院",国家教育部于2003年12月核准并予了确认。2004年6月,我院经江西省质量技术监督局、江西省事业单位登记管理局进行事业法人登记(组织机构代码为76335224-X)。2007年3月随举办学校更名为"南昌航空大学科技学院"。

江西理工大学应用科学学院

学校(机构)标识码	4136013434
学校办学类型	413:本科院校:独立学院
学校性质类别	02 理工院校
学校举办者	999 民办
学校地址	江西省赣州市客家大道156号
邮政编码	341000
办公电话	0797-8312898
传真电话	0797-8312691
校园(局域)网域名	www.asc.jx.cn
电子信箱	756462055@qq.com
占地面积(平方米)	533908
校舍建筑面积(平方米)	232203
图书(万册)	66.3
固定资产总值(万元)	43467.6
教学、科研仪器设备资产值(万元)	5775.72
在校生数(人)	9711
其中:普通本科	9711
专任教师(人)	480
其中:正高级	34
副高级	110
中级	194
初级	138
未定职级	4

本科专业 安全工程、采矿工程、测绘工程、测控技术与仪器、电气工程及其自动化、电子商务、电子信息工程、电子信息科学与技术、法学、工程管理、工商管理、工业工程、工业设计、国际经济与贸易、会计学、机械工程及自动化、计算机科学与技术、交通工程、金融学、金属材料工程、矿物加工工程、社会体育、市场营销、通信工程、土木工程、网络工程、信息管理与信息系统、信息与计算科学、冶金工程、艺术设计、英语、资产评估、资源勘查工程、自动化

院系设置

机电工程系、信息工程系、建设工程系、经济管理系、人文科学系

学校设立奖学金情况

学校设立奖学金 5 项,奖励总金额 262 余万元,奖学金最高金额 8000 元/年,最低金额 300 元/年。

学校历史沿革

江西理工大学应用科学学院于 2001 年 8 月经江西省教育厅、江西省发展计划委员会批准设立(赣教计字[2001]198 号),2003 年经国家教育部予以确认(教发函[2003]543 号),最初,学院命名为南方冶金学院西点学院。随后,2002 年 2 月 9 日与 2004 年 5 月 18 日分别更名为南方冶金学院应用科学学院(赣教计字[2002]15 号)和江西理工大学应用科学学院(理工发[2004]6 号)。学院隶属于江西理工大学,是江西理工大学采用新机制与新模式运作,面向全国招生与就业的一所全日制普通本科的独立学院。

景德镇陶瓷学院科技艺术学院

学校(机构)标识码 4136013435	传真电话 0798-8491772	2923
学校办学类型 413:本科院校:独立学院	校园(局域)网域名 www.jci-ky.cn	在校生数(人) 5777
	电子信箱 kjysxy_01@163.com	其中:普通本科 5777
学校性质类别 02 理工院校	占地面积(平方米) 337557	专任教师(人) 234
学校举办者 999 民办	校舍建筑面积(平方米) 150966	其中:正高级 24
学校地址 江西省景德镇市陶阳南路	图书(万册) 48.7	副高级 55
邮政编码 333001	固定资产总值(万元) 13337	中级 78
办公电话 0798-8491772	教学、科研仪器设备资产值(万元)	初级 77

本科专业 财务管理、电子商务、雕塑、动画、法学、工业设计、国际经济与贸易、环境艺术设计、机械设计制造及其自动化、计算机科学与技术、热能与动力工程、日语、市场营销、陶瓷艺术设计、陶艺、体育教育、无机非金属材料工程、英语、装潢艺术设计、自动化

院系设置

美术系、工程系、法商系、外语系

国家级、省部级研究机构设置

研究中心(所):国家日用及建筑陶瓷工程技术研究中心、江西省陶瓷工程技术研究中心

定期公开出版的专业刊物 《中国陶瓷工业》、《中国陶瓷》、《中国陶艺》、《陶瓷学报》

学校设立奖学金情况

学校设立奖学金 5 项,奖励总金额 228.82 余万元。奖学金最高金额 8000 元/年,最低金额 100 元/年。

学校历史沿革

景德镇陶瓷学院科技艺术学院(2001-2011)。

江西农业大学南昌商学院

学校(机构)标识码 4136013436	传真电话 0791-83900069	2507.3
学校办学类型 413:本科院校:独立学院	校园(局域)网域名 www.ncsxy.com	在校生数(人) 6872
	电子信箱 xzb2006@126.com	其中:普通本科 6872
学校性质类别 08 财经院校	占地面积(平方米) 334000	专任教师(人) 361
学校举办者 999 民办	校舍建筑面积(平方米) 127599	其中:正高级 29
学校地址 江西省南昌市庐山中大道 888 号	图书(万册) 48.3	副高级 93
邮政编码 330044	固定资产总值(万元) 14395.5	中级 159
办公电话 0791-83900099	教学、科研仪器设备资产值(万元)	初级 80

本科专业 财务管理、电子商务、电子信息工程、法学、工程管理、工商管理、公共事业管理、广告学、国际经济与贸易、汉语言、会计学、计算机科学与技术、经济学、旅游管理、人力资源管理、日语、市场营销、物流管理、新闻学、信息管理与信息系统、艺术设计、英语、园林

院系设置

学院共设外语系、计算机系、经济系、管理系、财会系及人文与艺术系等六系

学校设立奖学金情况

学校设立奖学金四项,奖励总金额 335 余万元。奖学金最高金额 5000 元/年,最低金额 800 元/年。

学校历史沿革

江西农业大学南昌商学院成立于 2001 年,原名江西农业大学滨江学院、江西农业大学商学院,于 2003 年更名为江西农业大学南昌商学院。我院由江西农业大学申办,引进江西亨通房地产开发有限公司资金,双方合作创建的一所独立学院。学院实行董事会制,按新机制、新模式运行。

江西中医学院科技学院

学校(机构)标识码 4136013437	传真电话 0791-86588520	3351.5
学校办学类型 413:本科院校:独立学院	校园(局域)网域名 www.jxcmstc.com.cn	在校生数(人) 6477
		其中:普通本科 6477
学校性质类别 05 医药院校	电子信箱 jxtcmstc@163.com	专任教师(人) 394
学校举办者 999 民办	占地面积(平方米) 417288	其中:正高级 50
学校地址 江西省南昌市抚生路 666 号	校舍建筑面积(平方米) 152445	副高级 92
	图书(万册) 53.45	中级 153
邮政编码 330025	固定资产总值(万元) 13101.3	初级 83
办公电话 0791-86588520	教学、科研仪器设备资产值(万元)	未定职级 16

本科专业 保险、公共事业管理、护理学、计算机科学与技术、生物工程、生物医学工程、药物制剂、药学、英语、应用心理学、针灸推拿学、制药工程、中西医临床医学、中药学、中医学

院系设置

医学系、药学系、护理系、信息工程系、人文系

学校设立奖学金情况

学校设立奖学金 6 项,奖励总金额 224.5 万元。奖学金最高金额 8000 元/年,最低金额 100 元/年。

学校历史沿革

江西中医学院科技学院前身为江西中医学院抚生学院。2001 年 8 月经江西省教育厅和江西省计委同意试办江西中医学院科技学院(赣教计字{2001}196 号),2002 年 6 月经江西省教育厅和江西省计委批准更名为江西中医学院(赣教计字{2002}148 号),2003 年 12 月由教育部确认为"独立学院"(赣发函{2003}534 号)。

江西师范大学科学技术学院

学校(机构)标识码 4136013438	传真电话 0791-88507645	4518.55
学校办学类型 413:本科院校:独立学院	校园(局域)网域名 kjxy.jxnu.edu.cn	在校生数(人) 6751
	电子信箱 sdkjxy@jxnu.edu.cn	其中:普通本科 6751
学校性质类别 01 综合大学	占地面积(平方米) 692050	专任教师(人) 256
学校举办者 999 民办	校舍建筑面积(平方米) 243900	其中:正高级 48
学校地址 江西省南昌市北京西路 437 号	图书(万册) 72.8	副高级 120
	固定资产总值(万元) 14663	中级 85
邮政编码 330027	教学、科研仪器设备资产值(万元)	初级 3
办公电话 0791-88507645		

本科专业 传播学、地理科学、电子信息工程、动画、对外汉语、法学、服装设计与工程、工商管理、广告学、国际经济与贸易、汉语言文学、会计学、计算机科学与技术、旅游管理、美术学、日语、社会体育、市场营销、数学与应用数学、体育教育、统计学、网络工程、舞蹈学、物理学、艺术设计、音乐学、英语

院系设置

现有 12 个系部

学校设立奖学金情况

学校设立奖学金 9 项,奖励总金额 150 余万元。奖学金最高金额 8000 元/年,最低金额 800 元/年。

学校历史沿革

江西师范大学科学技术学院位于"物华天宝,人杰地灵"之美誉的江南历史文化名城、江西省省会——江西省南昌市。学院创办于 2001 年 5 月,是国家教育部和江西省人民政府批准设

立的全日制普通高校独立学院,是一所融文、法、理、工、商、管、体育和艺术教育于一体的按新机制新模式运行的综合性学院,2005年被教育部列为100所优秀高校独立学院,2008年被评为改革开放三十年中国十大品牌独立学院。

赣南师范学院科技学院

学校(机构)标识码	4136013439
学校办学类型	413:本科院校:独立学院
学校性质类别	06 师范院校
学校举办者	999 民办
学校地址	赣南师范学院科技学院
邮政编码	341000
办公电话	0797-8267629
传真电话	0797-8267629
校园(局域)网域名	gntc.net.cn
电子信箱	kjxyyzxx@126.com
占地面积(平方米)	229865
校舍建筑面积(平方米)	122638
图书(万册)	38.52
固定资产总值(万元)	11878.84
教学、科研仪器设备资产值(万元)	3235.48
在校生数(人)	3817
其中:普通本科	3817
专任教师(人)	215
其中:正高级	31
副高级	45
中级	71
初级	60
未定职级	8

本科专业 电子信息工程、法学、国际经济与贸易、汉语言文学、计算机科学与技术、历史学、美术学、日语、数学与应用数学、体育教育、舞蹈学、艺术设计、音乐学、英语

院系设置
文法系、外语外贸系、音乐系、美术系、体育系、数学与信息科技系

学校设立奖学金情况
学校设立奖学金6项,奖励总金额31.03万元/年,最低金额100元/年。

学校历史沿革
赣南师范学院科技学院是2002年12月19日经江西省人民政府批准成立,并于2003年12月23日经教育部确认,由赣南师范学院科技学院举办的独立学院。科技学院是独立的法人,由独立的机构代码,合作方是赣州新苑科技发展有限责任公司。2003年8月我院首次招生,现有本科专业19个。

江西科技师范学院理工学院

学校(机构)标识码	4136013440
学校办学类型	413:本科院校:独立学院
学校性质类别	02 理工院校
学校举办者	999 民办
学校地址	江西科技师范学院理工学院
邮政编码	330010
办公电话	0791-87600960
传真电话	0791-87600969
校园(局域)网域名	www.jxstnupi.cn
电子信箱	lgxyjob@163.com
占地面积(平方米)	371633
校舍建筑面积(平方米)	88109
图书(万册)	30.06
固定资产总值(万元)	4500.6
教学、科研仪器设备资产值(万元)	1808
在校生数(人)	3386
其中:普通本科	3386
专任教师(人)	190
其中:正高级	24
副高级	47
中级	88
初级	31

本科专业 财务管理、电子信息工程、法学、广播电视新闻学、广告学、国际经济与贸易、汉语言文学、计算机科学与技术、建筑学、旅游管理、日语、社会体育、数学与应用数学、体育教育、土木工程、信息管理与信息系统、艺术设计、音乐学、英语

院系设置
文管学科部、外语学科部、理工学科部、艺体学科部、思政教研部

国家级、省部级研究机构设置
研究中心(所):江西现代漆艺艺术研究中心

学校设立奖学金情况
学校设立奖学金4项,奖励总金额265余万元。奖学金最高金额8000元/年,最低金额50元/年。

学校历史沿革
前身为南昌职业技术师范学院华清学院,创建于2001年8月,2002年9月更名为江西科技师范学院理工学院,国家教育部2003年12月予以确认。

江西财经大学现代经济管理学院

学校(机构)标识码 4136013441	传真电话 0791-83891773	在校生数(人) 6550
学校办学类型 413:本科院校:独立学院	校园(局域)网域名 xjg.jxufe.cn	其中:普通本科 6550
	电子信箱 xlyjxcd_727@sina.com	专任教师(人) 373
学校性质类别 08 财经院校	占地面积(平方米) 329036	其中:正高级 43
学校举办者 999 民办	校舍建筑面积(平方米) 151011	副高级 102
学校地址 江西财经大学现代经济管理学院	图书(万册) 59.61	中级 133
邮政编码 330013	固定资产总值(万元) 15181.63	初级 56
办公电话 0791-83891773	教学、科研仪器设备资产值(万元) 2259.1	未定职级 39

本科专业 财务管理、电子商务、法学、工业设计、国际经济与贸易、会计学、计算机科学与技术、金融学、经济新闻、旅游管理、人力资源管理、商务英语、市场营销、物流管理、信息管理与信息系统、注册会计师专门化

院系设置
会计学系、经济学系、工商管理系、文法系、信息管理系、外语系

学校设立奖学金情况
学院设立奖学金9项,奖励总金额80余万元/年,最高金额5000元/年,最低金额400元/年。

学校历史沿革
2001年8月经江西省教育厅和江西省发展计划委员会批准成立"江西财经大学文山学院",2002年4月经江西省教育厅和江西省发展计划委员会批准,学院更名"江西财经大学现代经济管理学院",并于2003年12月经教育部予以确认的独立学院。

南昌师范高等专科学校

学校(机构)标识码 4136013774	校园(局域)网域名 www.nctc.com.cn	在校生数(人) 4593
学校办学类型 414:专科院校:高等专科学校	电子信箱 ncszxb836@163.com	其中:普通专科 4593
	占地面积(平方米) 453560	专任教师(人) 384
学校性质类别 06 师范院校	校舍建筑面积(平方米) 254377	其中:正高级 16
学校举办者 821 地级教育部门	图书(万册) 60.89	副高级 115
学校地址 南昌市青山湖大道342号	固定资产总值(万元) 25290.28	中级 139
邮政编码 330029	教学、科研仪器设备资产值(万元) 3269.42	初级 106
办公电话 0791-87600517		未定职级 8
传真电话 0791-87600512		

专科专业 导游、会展策划与管理、计算机网络技术、计算机应用技术、科学教育、旅游服务与管理、美术教育、商务英语、社会工作、室内装饰设计、数学教育、特殊教育、体育服务与管理、体育教育、物理教育、现代教育技术、学前教育、艺术设计、音乐表演、音乐教育、英语教育、语文教育

院系设置
人文科学系、自然科学系、信息科学系、外语系、幼特教育与音乐教育系、美术系、体系系、公共教学部、基础部

定期公开出版的专业刊物 《南昌师范高等专科学校学报》

学校设立奖学金情况
学校设立奖学金三项,奖励总金额8万余元。奖学金最高金额8000元/年,最低金额5000元/年。

学校历史沿革
1908年-1912年省立女子师范学堂;1912年-1914年赣省中学师范学堂;1914年-1927年江西省立第一师范学校;1927年-1932年南昌中学师范科;1932年-1938年省立第一师范;1938年-1949年省立武宁师范;1949年-1968年江西省南昌师范学校;1968年-1973年共大新建学校;1973年-2003年江西省南昌师范学校;2004年至今南昌师范高等专科学校。

江西中医药高等专科学校

学校(机构)标识码 4136013775	传真电话 0794-8223280	在校生数(人) 5310
学校办学类型 414:专科院校:高等专科学校	校园(局域)网域名 www.jxtcms.net	其中:普通专科 5073
	电子信箱 jxzyygzbgs@sohu.com	成人专科 237
学校性质类别 05 医药院校	占地面积(平方米) 333467	专任教师(人) 321
学校举办者 822 地级其他部门	校舍建筑面积(平方米) 201335	其中:正高级 33
学校地址 江西省抚州市赣东大道1111号	图书(万册) 32.2	副高级 39
	固定资产总值(万元) 15015.33	中级 59
邮政编码 344000	教学、科研仪器设备资产值(万元) 2329.48	初级 96
办公电话 0794-8210025		未定职级 94

专科专业 护理、康复治疗技术、药物制剂技术、药物制剂技术(药剂设备维护与管、医疗保险实务、医疗美容技术、医药营销、针灸推拿、中药、中药制药技术、中医骨伤、中医学(中西医结合方向)、中医学(中医临床方向)、中医学(中医临床全科医学方向)、助产

院系设置
学校设立三系三部,为中药系、医疗系、护理系、思想政治理论教学部、公共与社会科学部、医学基础部

国家级、省部级研究机构设置
研究所(中心):中药研究所

定期公开出版的专业刊物 《江西中医药高等专科学校学报》

学校设立奖学金情况
学校设立奖学金 一 项,奖励总金额 10 余万元。奖学金最高金额 1000 元/年,最低金额 500 元/年。

主要校办产业
药厂 一个;附属医院 二个

毕业生一次就业率 89.29%

学校历史沿革
抚州卫校(1958-1987);江西抚州中医学校(1987-1997);江西省中医学校(1997-2004);江西中医药高等专科学校(2004年至今)。

江西先锋软件职业技术学院

学校(机构)标识码 4136013776	传真电话 0791-3792966	4374.5
学校办学类型 415:专科院校:高等职业学校	校园(局域)网域名 www.aheadedu.com	在校生数(人) 2847
		其中:普通专科 2847
学校性质类别 02 理工院校	电子信箱 jiangahead@163.com	专任教师(人) 189
学校举办者 999 民办	占地面积(平方米) 591058	其中:正高级 12
学校地址 江西先锋软件职业技术学院	校舍建筑面积(平方米) 164433	副高级 28
	图书(万册) 45	中级 92
邮政编码 330041	固定资产总值(万元) 18150	初级 40
办公电话 0791-3792377	教学、科研仪器设备资产值(万元)	未定职级 17

专科专业 报关与国际货运、电脑艺术设计、电子商务、动漫设计与制作、工商企业管理、会计电算化、计算机辅助设计与制造、计算机网络技术、计算机信息管理、计算机应用技术、楼宇智能化工程技术、软件技术、商务英语、通信技术、物流管理、新闻采编与制作

院系设置
学院设有软件工程分院、商务分院、网络传媒分院、中专部四个院系

定期公开出版的专业刊物 学院每月出版一期先锋报。

学校设立奖学金情况
学院设立奖学金 4 项,奖学金额 15 余万元,最高金额 5000元/人年,最低 600 元/人年。

学校历史沿革
2004 年 2 月经江西省人民政府批准设立江西先锋软件职业技术学院。

江西经济管理职业学院

学校(机构)标识码 4136013866
学校办学类型 415:专科院校:高等职业学校
学校性质类别 08 财经院校
学校举办者 812 省级其他部门
学校地址 江西省南昌市红角洲卧龙路269号
邮政编码 330088
办公电话 0791-83956600
传真电话 0791-83956638
校园(局域)网域名 www.jiea.cn
电子信箱 xydzbgs@sina.com
占地面积(平方米) 429506
校舍建筑面积(平方米) 161457
图书(万册) 35.5
固定资产总值(万元) 24648.01
教学、科研仪器设备资产值(万元) 2395.87
在校生数(人) 6895
其中:普通专科 6895
专任教师(人) 326
其中:正高级 28
副高级 78
中级 67
初级 119
未定职级 34

专科专业 报关与国际货运、法律事务、房地产经营与估价、工程造价、工商企业管理、广告设计与制作、国际贸易实务、会计、会计电算化、计算机网络技术、计算机应用技术、建筑经济管理、金融与证券、经济管理、酒店管理、连锁经营管理、旅游管理、旅游英语、人力资源管理、软件技术、商务管理、商务英语、市场营销、税务、图形图像制作、文秘、物流管理、物业管理、新闻采编与制作

院系设置
学院设有工商管理系、财贸管理系、会计系、旅游系、外语系、政法系、信息工程系、基础课部

学校设立奖学金情况
学院设立奖学金3项,奖励总金额36.6万元。最高奖学金1500元/年/生,最低金额100元年/生。

学校历史沿革
2004年6月,江西省政府批准设立江西经济管理职业学院。

江西制造职业技术学院

学校(机构)标识码 4136013867
学校办学类型 415:专科院校:高等职业学校
学校性质类别 02 理工院校
学校举办者 812 省级其他部门
学校地址 江西省南昌市紫阳大道318号
邮政编码 330095
办公电话 0791-88122998
传真电话 0791-88122889
校园(局域)网域名 www.jxmtc.com
电子信箱 jxzzxy318@163.com
占地面积(平方米) 294132
校舍建筑面积(平方米) 158126
图书(万册) 31.6
固定资产总值(万元) 19360
教学、科研仪器设备资产值(万元) 2385
在校生数(人) 4905
其中:普通专科 4905
专任教师(人) 234
其中:正高级 4
副高级 97
中级 88
初级 44
未定职级 1

专科专业 电脑艺术设计、电子商务、电子信息工程技术、国际经济与贸易、会计电算化、机电设备维修与管理、机电一体化技术、机械制造与自动化、计算机网络技术、计算机应用技术、模具设计与制造、汽车技术服务与营销、汽车运用与维修、商务英语、数控技术、物流管理、应用电子技术

院系设置
机电工程系、机械工程系、信息工程系、经济工程系、基础课系

国家级、省部级研究机构设置
研究所(中心):江西省机械科学研究所

学校设立奖学金情况
学校设立奖学金四项,奖励总金额160余万元。奖学金最高金额2000元/年,最低金额400元/年。

学校历史沿革
江西制造职业技术学院前身为江西省机械职工大学,创建于1980年。2006年6月经省政府批准更名为江西制造职业技术学院,2005年11月经省政府批准江西省机械科研所并入我院。

江西工程职业学院

学校(机构)标识码　4136013868
学校办学类型　415：专科院校：高等职业学校
学校性质类别　01 综合大学
学校举办者　811 省级教育部门
学校地址　江西省南昌市西湖区安石路69号
邮政编码　330025
办公电话　0791-86571682
传真电话　0791-86571682
校园(局域)网域名　www.jxgcxy.com
电子信箱　jxgczyxy@126.com
占地面积(平方米)　108933
校舍建筑面积(平方米)　175094
图书(万册)　37
固定资产总值(万元)　9412.55
教学、科研仪器设备资产值(万元)　2768.35
在校生数(人)　4951
其中：普通专科　4951
专任教师(人)　290
其中：正高级　14
副高级　80
中级　128
初级　68

专科专业　财务管理、电子商务、法律事务、工程监理、工程造价、工商企业管理、广告设计与制作、国际商务、汉语、会计、会计电算化、机电一体化技术、机械设计与制造、计算机网络技术、计算机信息管理、计算机应用技术、建筑工程技术、金融管理与实务、酒店管理、旅游管理、软件技术、商务英语、市场营销、数控技术、文秘、新闻采编与制作、应用电子技术、应用英语、园林工程技术、装潢艺术设计

院系设置　信息工程系、外语系、文法与传媒艺术系、环境与建筑工程系、管理工程系、机电工程系、基础部、思政部、体育部。

国家级、省部级研究机构设置　学校拥有财政部和教育部确定的职业教育计算机实训基地和江西省财政支持的数控技术实训基地

学校设立奖学金情况　学校设置奖学金两项，奖励总金额50余万元。奖学金最高金额4000元/年，最低金额300元/年。

学校历史沿革　江西工程职业学院是2004年经江西省人民政府批准设立、国家教育部备案、省教育厅主管，在江西广播电大学新校区基础上建立的一所培养高级应用型专业人才的省属普通高等职业学校。学校位于江西省会南昌，学校有28年大专办学经验，并拥有一支长期从事高等教育的师资队伍，教学质量优良。

江西青年职业学院

学校(机构)标识码　4136013869
学校办学类型　415：专科院校：高等职业学校
学校性质类别　01 综合大学
学校举办者　812 省级其他部门
学校地址　江西省南昌市青山湖区蛟桥镇(南昌经济技术开发区)赤府村委会
邮政编码　330033
办公电话　0791-83848186
传真电话　0791-83845915
校园(局域)网域名　www.jxqy.com.cn
电子信箱　jxqybgs@126.com
占地面积(平方米)　119321
校舍建筑面积(平方米)　80825
图书(万册)　16.3
固定资产总值(万元)　11800.21
教学、科研仪器设备资产值(万元)　1137.23
在校生数(人)　2113
其中：普通专科　2113
专任教师(人)　138
其中：正高级　7
副高级　37
中级　45
初级　32
未定职级　17

专科专业　产品造型设计、电子商务、焊接技术及自动化、环境艺术设计、会计电算化、会展策划与管理、计算机网络技术、计算机应用技术、酒店管理、空中乘务、旅游管理、模具设计与制造、青少年工作与管理、软件技术、商务英语、市场营销、文秘、物流管理、艺术设计、应用日语

院系设置　社会工作系、工程技术系、经济管理系、旅游商务系和思政政治理论教学部等5个系

定期公开出版的专业刊物　《江西青年职业学院学报》

学校设立奖学金情况　共设立奖学金1项，奖励总金额10.5余万元。最高金额1000元/年，最低金额600元/年。

学校历史沿革　江西省团校创办于1952年，"文革"期间被迫停办。1979年恢复办学。从1984年起，我校先后与江西农业大学、江西行政管理干部学院、江西教育学院联合办学，开设成人大专团干班。1991年，江西省团校开办普通中专班。2004年5月，经江西省人民政府批准，在原省团校基础上组建江西青年职业学院。

上饶职业技术学院

学校(机构)标识码　4136013870
学校办学类型　415：专科院校：高等职业学校
学校性质类别　02 理工院校
学校举办者　821 地级教育部门
学校地址　上饶市上饶县罗桥街道
邮政编码　334109
办公电话　0793-8471019
传真电话　0793-8472398
校园(局域)网域名　www.srzy.cn
电子信箱　lxf268@sohu.com
占地面积(平方米)　311022
校舍建筑面积(平方米)　77650
图书(万册)　16.51
固定资产总值(万元)　6523.17
教学、科研仪器设备资产值(万元)　1097.12
在校生数(人)　1566
其中：普通专科　1423
　　　成人专科　143
专任教师(人)　147
其中：正高级　4
　　　副高级　35
　　　中级　66
　　　初级　37
　　　未定职级　5

专科专业　茶文化、茶叶生产加工技术、电子信息工程技术、服装设计、光伏发电技术及应用、国际经济与贸易、环境监测与治理技术、环境艺术设计、会计电算化、机电一体化技术、机械设计与制造、计算机网络技术、计算机信息管理、计算机应用技术、酒店管理、旅游管理、数控技术、文秘、应用电子技术、园艺技术、装潢艺术设计

院系设置
电子工程系、机械工程系、信息工程系、环境工程系、艺术工程系

学校设立奖学金情况
学校设立奖学金二项，奖励总金额34.1万元。奖学金最高金额8000元/年，最低金额5000元/年。

主要校办产业
上饶市同创科技有限公司、上饶市翰云装饰工程有限公司

学校历史沿革
上饶职业技术学院于2004年6月经江西省政府批准成立，2008年12月通过教育部高职高专院校人才培养工作水平评估，档次：良好。

江西航空职业技术学院

学校(机构)标识码　4136013871
学校办学类型　415：专科院校：高等职业学校
学校性质类别　02 理工院校
学校举办者　812 省级其他部门
学校地址　江西省南昌市青云谱区新溪桥东一路219号
邮政编码　330024
办公电话　0791-88402211
传真电话　0791-88491684
校园(局域)网域名　www.jhxy.com.cn
电子信箱　hyp5962@126.com
占地面积(平方米)　185334
校舍建筑面积(平方米)　95908
图书(万册)　17.15
固定资产总值(万元)　6962.57
教学、科研仪器设备资产值(万元)　1295.51
在校生数(人)　2496
其中：普通专科　2384
　　　成人专科　112
专任教师(人)　139
其中：正高级　3
　　　副高级　57
　　　中级　51
　　　初级　17
　　　未定职级　11

专科专业　报关与国际货运、电子信息工程技术、飞机制造技术、航空电子设备维修、航空机电设备维修、会计电算化、机电一体化技术、机械制造与自动化、计算机应用技术、模具设计与制造、商务英语、市场营销、数控技术、物流管理

院系设置
电子工程系、机械工程系、计算机科学系、经济管理系、外语系、基础部、思政教研室

学校设立奖学金情况
学校设立优秀学生奖学金一项，一等奖名额为班级人数的3%，1000元/人；二等奖名额为班级人数的7%，600元/人，三等奖为班级人数的10%，400元/人。

主要校办产业
航飞机械厂

学校历史沿革
江西航空职业技术学院的前身为创建于1956年10月的洪都404业余工学院。1979年通过第三机械工业部教育司、省教育厅、省国防工办的联合检查验收，并于同年10月批准命名为"洪都工学院"。1990年由于洪都机械厂改名为南昌飞机制造公司，学校随之更名为"南飞工学院"。2004年6月与公司技工学校合并转制为"江西航空职业技术学院"。

江西农业工程职业学院

学校(机构)标识码	4136013872
学校办学类型	415：专科院校：高等职业学校
学校性质类别	03 农业院校
学校举办者	812 省级其他部门
学校地址	江西农业工程职业学院
邮政编码	331200
办公电话	0795－7333392
传真电话	0795－7333392
校园(局域)网域名	www.jxaevc.gov.cn
电子信箱	jxzp002024@jxave.gov.cn
占地面积(平方米)	520959
校舍建筑面积(平方米)	146500
图书(万册)	22.42
固定资产总值(万元)	7733.62
教学、科研仪器设备资产值(万元)	1781.46
在校生数(人)	3250
其中：普通专科	3250
专任教师(人)	188
其中：正高级	20
副高级	57
中级	51
初级	50
未定职级	10

专科专业 畜牧兽医、电脑艺术设计、电子商务、电子信息工程技术、会计电算化、机电一体化技术、计算机网络技术、计算机应用技术、模具设计与制造、农产品质量检测、农畜特产品加工、农村电气化技术、汽车检测与维修技术、商务英语、生物技术及应用、市场营销、数控技术、饲料与动物营养、物流管理、园林工程技术、植物保护、中草药栽培技术

院系设置
学院目前设置了三系一部(生物系、机电工程系、信息管理系、基础部)。

定期公开出版的专业刊物 内部交流期刊《教学与研究》

学校设立奖学金情况
学院设立奖学金3项，奖励总金额300余万元。奖学金最高金额8000元/年，最低金额300元/年。

主要校办产业
腐植酸厂、仁安驾驶学校

学校历史沿革
学院前身为江西樟树农业学校，创办于1940年9月，2004年经江西省人民政府批准升格为江西农业工程职业学院。

赣西科技职业学院

学校(机构)标识码	4136013873
学校办学类型	415：专科院校：高等职业学校
学校性质类别	01 综合大学
学校举办者	999 民办
学校地址	江西省新余市劳动北路919号
邮政编码	338000
办公电话	0790－6736399
传真电话	0790－6736399
校园(局域)网域名	www.ganxidx.com
电子信箱	gxcollege@sina.com
占地面积(平方米)	532800
校舍建筑面积(平方米)	157878
图书(万册)	54.2
固定资产总值(万元)	16000
教学、科研仪器设备资产值(万元)	3420
在校生数(人)	4532
其中：普通专科	4437
成人专科	95
专任教师(人)	356
其中：正高级	23
副高级	53
中级	63
初级	80
未定职级	137

专科专业 电脑艺术设计、电子商务、电子信息工程技术、动漫设计与制作、服装设计、光伏材料加工与应用技术、光伏发电技术及应用、会计电算化、机电一体化技术、计算机网络技术、计算机应用技术、金融管理与实务、酒店管理、模具设计与制造、汽车电子技术、汽车检测与维修技术、商务英语、数控技术、物流管理、应用电子技术

院系设置
机械工程系汽车工程系，计算机科学系，电子工程系，新能源系，经济管理系，艺术系

定期公开出版的专业刊物 《赣西科技职业学院校报》、《心语》

学校设立奖学金情况
学校设立奖学金4项，奖励总金额68万余元。奖学金最高金额8000元/年，最低金额1000元/年。

主要校办产业
服装、机械加工、汽车维修

学校历史沿革
1998年，新余华丽专学校；2002年，赣西专修学院；2004年，赣西科技职业学院。

江西护理职业技术学院

学校(机构)标识码 4136013965
学校办学类型 415:专科院校:高等职业学校
学校性质类别 05 医药院校
学校举办者 812 省级其他部门
学校地址 江西省南昌市顺外路1228号
邮政编码 330029
办公电话 0791-88271918
传真电话 0791-88270301
校园(局域)网域名 www.jxhlxy.com.cn
电子信箱 jxhlxy_yb@163.com
占地面积(平方米) 505329
校舍建筑面积(平方米) 126941
图书(万册) 59.29
固定资产总值(万元) 12507.5
教学、科研仪器设备资产值(万元) 4912.49
在校生数(人) 4408
其中:普通专科 4408
专任教师(人) 549
其中:正高级 19
副高级 159
中级 233
初级 131
未定职级 7

专科专业 护理、口腔医学技术、药学、医疗美容技术、医学检验技术、医学检验技术(定向)、医学影像技术、助产

院系设置
六个系,即护理系、检验系、药学系、医学技术系、临床医学系

国家级、省部级研究机构设置
财政部、教育部支持护理实训基地

定期公开出版的专业刊物 《江西护理职业技术学院学报》

学校设立奖学金情况
学校设立奖学金3项,奖学金总额103.81万元。奖学金最高800元/年,最低金额100元/年。

学校历史沿革
2004年江西省人民政府发文由江西省卫生学校、南昌铁路卫生学校合并组建江西卫生职业技术学院,2005年教育部教函发【2005】71号文同意以"江西护理职业技术学院"名称备案。

江西太阳能科技职业学院

学校(机构)标识码 4136014166
学校办学类型 415:专科院校:高等职业学校
学校性质类别 02 理工院校
学校举办者 999 民办
学校地址 江西省新余市高新开发区渝东大道818号
邮政编码 338004
办公电话 0790-6764639
传真电话 0790-6764668
校园(局域)网域名 www.tynxy.com
电子信箱 solaredu@163.com
占地面积(平方米) 533336
校舍建筑面积(平方米) 171032
图书(万册) 24
固定资产总值(万元) 13462
教学、科研仪器设备资产值(万元) 2749.36
在校生数(人) 3652
其中:普通专科 2947
成人专科 705
专任教师(人) 246
其中:正高级 16
副高级 43
中级 81
初级 91
未定职级 15

专科专业 动漫设计与制作、供热通风与空调工程技术、光伏材料加工与应用技术、光伏发电技术及应用、光伏建筑一体化技术与应用、化学电源技术及应用、会计与统计核算、会展艺术设计、机电设备维修与管理、机电一体化技术、计算机应用技术、酒店管理、模具设计与制造、商务英语、室内设计技术、数控技术、太阳能光热技术及应用、新能源应用技术、应用电子技术

院系设置
电子电气工程系、机电工程系、经济管理系、建筑工程系、新能源应用工程系、公共教学部、实训教学部、成人与继续教育学院

学校设立奖学金情况
学校设立奖学金5项,奖励总金额150余万元。奖学金最高金额4000元/年,最低金额200元/年。

学校历史沿革
1998年新余市教育局批准为新余市电子计算机学校,批准文号:余教字【1998】019号;2001年江西省教育厅批准为江西中山电子计算机专修学院,批准文号:赣教字【2001】24号;2008年江西省教育厅批准为江西中山职业技术学院,批准文号:赣教字【2008】6号;2009年江西省教育厅批准为江西太阳能科技职业学院,批准文号:赣教字【2009】11号。

江西枫林涉外经贸职业学院

学校(机构)标识码　4136014167
学校办学类型　415:专科院校:高等职业学校
学校性质类别　01 综合大学
学校举办者　999 民办
学校地址　江西省九江市永修县艾城镇马湾村
邮政编码　330321
办公电话　0792-3058008
传真电话　0792-3058304
校园(局域)网域名　www.jxedu.gov.cn
电子信箱　international@fenglin.org
占地面积(平方米)　91729
图书(万册)　9.3
固定资产总值(万元)　8292
教学、科研仪器设备资产值(万元)　830
在校生数(人)　935
其中:普通专科　935
专任教师(人)　101
其中:正高级　12
副高级　20
中级　25
初级　40
未定职级　4

专科专业　国际经济与贸易、环境艺术设计、会计电算化、机电一体化技术、计算机应用技术、商务英语、市场营销、物流管理、园林工程技术
院系设置
园林系、经贸系、外语系、信息工程系、会计系
学校设立奖学金情况
学校设立奖学金 2 项,奖励总金额 7 万余元。奖学金最高金额 1000 元/年,最低金额 100 元/年。
主要校办产业
香格里拉公司(江西)

学校历史沿革
我院是经江西省人民政府批准/教育部备案的,具有独立颁发国家高等教育学历资格的全日制普通高等学校。学院开创特色鲜明的国际化办学之路,在办学过程中借鉴国外大学的先进教育理念,积极引进国内外优质教育资源,充分利用与国外大学良好的协作关系,引入国际教育资源及国际认定的职业资格培训。03 年建校,08 年我院正式成为国家统招高职院校。

江西泰豪动漫职业学院

学校(机构)标识码　4136014168
学校办学类型　415:专科院校:高等职业学校
学校性质类别　01 综合大学
学校举办者　999 民办
学校地址　江西泰豪动漫职业学院
邮政编码　330200
办公电话　0791-82078001
传真电话　0791-82078001
电子信箱　yb@tellhow.com
占地面积(平方米)　596633
校舍建筑面积(平方米)　221698
图书(万册)　4.5
固定资产总值(万元)　926.88
教学、科研仪器设备资产值(万元)　598.88
在校生数(人)　1715
其中:普通专科　1715
专任教师(人)　78
其中:正高级　10
副高级　18
中级　19
初级　31

专科专业　动漫设计与制作、机电一体化技术、计算机应用技术、建筑电气工程技术、建筑工程管理、模具设计与制造、市场开发与营销、艺术设计、应用法语、游戏软件
学校设立奖学金情况
学校设立的奖学金有三项,奖励总金额 250400 余万元。奖学金最高金额为 8000 元/年,最低金额 600 元/年。
主要校办产业
泰豪动漫有限公司

学校历史沿革
江西泰豪动漫职业学院是经江西省人民政府批准、教育部备案的全日制普通高校,由江西省人民政府与清华大学"省校合作"的重点单位泰豪集团创办。作为全国唯一一所动漫特色院校,学校以泰豪集团与清华同方的专业人才优势、产业集群优势及工业园区优势为依托,以江西省重点文化产业项目——泰豪国际动漫产业园区为背景,全力打造全国动漫产业人才培养与产业应用"航母"。

江西冶金职业技术学院

学校(机构)标识码 4136014241	校园(局域)网域名 www.jxyjxy.com	在校生数(人) 1423
学校办学类型 415:专科院校:高等职业学校	电子信箱 jxyjdzb@126.com	其中:普通专科 1417
	占地面积(平方米) 561869	成人专科 6
学校性质类别 02 理工院校	校舍建筑面积(平方米) 127427	专任教师(人) 225
学校举办者 812 省级其他部门	图书(万册) 17.8	其中:副高级 59
学校地址 江西冶金职业技术学院	固定资产总值(万元) 10805	中级 52
邮政编码 338015	教学、科研仪器设备资产值(万元) 2895.8	初级 85
办公电话 0790-6857058		未定职级 29
传真电话 0790-6857058		

专科专业 材料工程技术、电气自动化技术、电子商务、会计电算化、机电设备维修与管理、机械制造与自动化、计算机网络技术、金属矿开采技术、数控技术、冶金技术、医学文秘、应用电子技术

院系设置
学院下设有机械工程系、机电工程系、信息工程系、冶金工程系、人文系等5个系,另设有实习厂、数控实训中心、培训处、国家职业技能鉴定所等教辅机构

学校设立奖学金情况
学校设立奖学金5项,奖励总金额12余万元,奖学金最高金额400元/年,最低金额100元/年 我院主要校办产业为工业(精工)。

学校历史沿革
江西冶金职业技术学院学院位于风光旖旎的国家级风景名胜区——新余市仙女湖区,是一所集高职、技校、中职于一体,荟萃文、理、工、商等学科的综合性全日制公办职业教育学院,是江西省唯一一所冶金高职学院。

江西管理职业学院

学校(机构)标识码 4136014249	传真电话 0791-83889611	在校生数(人) 1750
学校办学类型 415:专科院校:高等职业学校	校园(局域)网域名 www.jxglzyxy.com	其中:普通专科 1750
	电子信箱 jxglzyxy@sina.com	专任教师(人) 116
学校性质类别 01 综合大学	占地面积(平方米) 483387	其中:正高级 19
学校举办者 812 省级其他部门	校舍建筑面积(平方米) 143611	副高级 54
学校地址 江西省国家经济技术开发区飞鸿大道99号	图书(万册) 41.73	中级 34
	固定资产总值(万元) 11204.26	初级 6
邮政编码 330033	教学、科研仪器设备资产值(万元) 2479.9	未定职级 3
办公电话 0791-83889611		

专科专业 电子商务、多媒体设计与制作、法律事务、工程造价、行政管理、会计电算化、计算机信息管理、经济管理、酒店管理、旅游管理、人力资源管理、软件技术、商务英语、市场营销、文秘、物流管理

院系设置
财经系、法学系、公共管理系、工商管理系、电子信息管理系、外语系

定期公开出版的专业刊物 《求实》、《江西行政学院学报》、《领导论坛》

学校设立奖学金情况
学校设立奖学金2项,奖励总金额5余万元。奖学金最高金额600元/年,最低金额100元/年。

学校历史沿革
1981年12月经省政府批准(赣政字[1981]202号),在原中共江西省委党校梅岭分校的基础上,设立"江西省行政学院"。当时委全国第一所行政学院。1983年6月经省政府批准(赣府字[1983]113号),国家教育部(原国家教委)备案,江西省行政学院更名委"江西省行政管理干部学院"。1991年7月回复设立"江西行政学院"(赣府厅字[1991]185号),和江西行政管理

干部学院实行两块牌子一套班子的管理体系。2001年8月,江西行政学院与中共江西省委党校合并,并保留江西行政管理干部学院这个牌子。2008年10月15日经省政府批准(赣府字[2008]73号),国家教育部备案,同意在江西行政学院原校址的基础上设立江西管理职业学院。字2009年下半年开始招收普通高职类学生。

江西新闻出版职业技术学院

学校(机构)标识码　4136014250
学校办学类型　415:专科院校:高等职业学校
学校性质类别　01 综合大学
学校举办者　812 省级其他部门
学校地址　江西南昌市南昌县蒋巷西大道266号
邮政编码　330224
办公电话　0791-88264777
传真电话　0791-88264666
校园(局域)网域名　www.jxcb.com
电子信箱　jxxwcbxy2008@126.com
占地面积(平方米)　189772
校舍建筑面积(平方米)　62429
图书(万册)　14.5
固定资产总值(万元)　3658.18
教学、科研仪器设备资产值(万元)　1428.95
在校生数(人)　951
其中:普通专科　951
专任教师(人)　91
其中:副高级　18
中级　16
初级　48
未定职级　9

专科专业　包装技术与设计、出版信息管理、出版与电脑编辑技术、出版与发行、电脑艺术设计、电子出版技术、动漫设计与制作、摄影与摄像艺术、数字印刷技术、文化市场经营与管理、新闻采编与制作、印刷技术、印刷图文信息处理

院系设置
学院目前共设出版与传播、印刷工程、包装工程与设计三个系

学校设立奖学金情况
学院设立奖学金三项,奖励总金额为3余万元。最高为一年2000元,最低为一年200元。

学校历史沿革
学院隶属于江西省新闻出版局。是省内唯一一所面向全国,为出版、印刷、发行行业培养专业技术人才的全日制公办专科院校。学院创办于1985年,原为江西省印刷学校,后改为江西省出版学校、江西省新闻出版学校,2008年升格为江西新闻出版职业技术学院。学院新址在南昌蒋巷西大道266号。

江西工商职业技术学院

学校(机构)标识码　4136014321
学校办学类型　415:专科院校:高等职业学校
学校性质类别　01 综合大学
学校举办者　999 民办
学校地址　江西省南昌市象湖新城金沙二路3199号
邮政编码　330020
办公电话　0791-87171590
传真电话　0791-87606060
电子信箱　jxgsxyu@sina.com
占地面积(平方米)　132019
校舍建筑面积(平方米)　31211
图书(万册)　9
固定资产总值(万元)　720
教学、科研仪器设备资产值(万元)　720
在校生数(人)　343
其中:普通专科　343
专任教师(人)　77
其中:正高级　9
副高级　18
中级　31
初级　19

专科专业　会计与审计、机电一体化技术、汽车检测与维修技术、食品营养与检测、兽药生产与营销、饲料与动物营养、投资与理财、医药营销

院系设置
经济管理系、生物工程系、食品科学系、礼宾礼仪系、机电工程系、汽车工程系、信息工程系

国家级、省部级研究机构设置
高等职业教育科研所

学校设立奖学金情况
学校设立奖学金2项,奖励总金额5余万元,奖学金最高金额8000元/年,最低金额1000元/年。

学校历史沿革
学校从2010年正式设立。

山东大学

学校(机构)标识码 4137010422	占地面积(平方米) 3337563	博士研究生 3799
学校办学类型 411:本科院校:大学	校舍建筑面积(平方米) 2630907	硕士研究生 12987
学校性质类别 01 综合大学	图书(万册) 567.89	留学生 1718
学校举办者 360 教育部	固定资产总值(万元) 595259	专任教师(人) 4001
学校地址 山东济南山大南路27号	教学、科研仪器设备资产值(万元) 177904	其中:正高级 1127
邮政编码 250100		副高级 1345
办公电话 0531-88366797	在校生数(人) 82953	中级 1188
传真电话 0531-88365877	其中:普通本科 41907	初级 146
校园(局域)网域名 www.sdu.edu.cn	成人本科 14528	未定职级 195
电子信箱 fzgh@sdu.edu.cn	成人专科 8014	

本科专业 包装工程、保险、材料成型及控制工程、材料化学、材料科学基地、材料科学类、财政学、测控技术与仪器、朝鲜语、车辆工程、城市地下空间工程、档案学、德语、电力工程与管理、电气工程及其自动化、电气信息类、电子科学与技术、电子商务、电子信息工程、电子信息科学类、电子信息科学与技术、对外汉语、俄语、法学、法学与英语双学位班、法语、翻译、高分子材料与工程、工程管理、工程力学、工商管理、工商管理类、工业工程、工业设计、公共管理类、公共事业管理、管理科学与工程类、光信息科学与技术、国际经济与贸易、国际商务、国际政治、国际政治与英语双学位班、过程装备与控制工程、海洋生物资源与环境、汉语言文学、行政管理、护理学、化学、化学(泰山学堂)、化学工程与工艺、化学基地班、化学类、环境工程、环境科学、环境科学类、会计学、机械设计制造及其自动化、集成电路设计与集成系统、计算机科学与技术、计算机科学与技术(泰山学堂)、建筑学、交通运输、金融工程、金融数学与金融工程、金融学、金属材料工程、经济学、经济学类、考古学、科学社会主义与国际共产主义运动、空间科学与技术、口腔医学、口腔医学(本硕连读)、历史学、历史学类、临床医学、临床医学(本硕博连读)、临床医学(本硕连读)、临床医学(药学方向本硕连读)、旅游管理、美术学、能源与环境系统工程、热能与动力工程、人力资源管理、日语、软件工程、社会工作、社会体育、社会学、社会学类、生命科学基地、生态学、生物(泰山学堂)、生物工程、生物技术、生物科学、生物科学基地、生物科学类、生物医学工程、市场营销、数学(泰山学堂)、数学基地班、数学类、数学与应用数学、数字媒体技术、水利水电工程、通信工程、统计学、土建类、土木工程、微电子学、文化产业管理、文史哲基地班、无机非金属材料工程、舞蹈编导、物理(泰山学堂)、物理基地班、物理学、物理学类、物联网工程、物流工程、物流管理、西班牙语、新闻传播学类、新闻学、信息安全、信息管理与信息系统、信息与计算科学、药学、艺术设计、音乐学、英语、应用化学、应用物理学、预防医学、哲学、哲学类、政治学类、政治学与行政学、制药工程、中文基地班、自动化、宗教学

博士专业 比较文学与世界文学、病理学与病理生理学、病原生物学、材料加工工程、材料科学与工程、材料物理与化学、材料学、财政学(含:税收学)、产业经济学、车辆工程、电工理论与新技术、电机与电器、电力电子与电力传动、电力系统及其自动化、电气工程新专业、动物学、儿科学、耳鼻咽喉科学、发酵工程、发育生物学、法学理论、分析化学、妇产科学、概率论与数理统计、高电压与绝缘技术、高分子化学与物理、工程力学、公共卫生与预防医学新专业、管理科学与工程、管理科学与工程新专业、光学、光学工程、光学工程新专业、国际贸易学、国际政治、国民经济学、国外马克思主义研究、海洋生物学、汉语言文字学、护理学、化学新专业、环境工程、环境科学、机械电子工程、机械工程新专业、机械设计及理论、机械制造及其自动化、基础数学、基础医学新专业、急诊医学、计算机科学与技术新专业、计算机软件与理论、计算机系统结构、计算机应用技术、计算数学、检测技术与自动化装置、金融学(含:保险学)、康复医学与理疗学、考古学及博物馆学、科学技术哲学、科学社会主义与国际共产主义运动、控制科学与工程新专业、控制理论与控制工程、口腔临床医学、老年医学、理论经济学新专业、理论物理、历史地理学、历史文献学(含:敦煌学、古文字学)、历史学新专业、粒子物理与原子核物理、临床检验诊断学、流行病与卫生统计学、伦理学、麻醉学、马克思主义基本原理、马克思主义哲学、马克思主义中国化研究、免疫学、民商法学(含:劳动法学)、社会保障、模式识别与智能系统、内科学、凝聚态物理、皮肤病与性病学、企业管理(含:财务管理、市场营销)、热能工程、人口、资源与环境经济学、人体解剖与组织胚胎学、社会保障、社会医学与卫生事业管理、神经病学、神经生物学、生理学、生态学、生物化学与分子生物学、生物物理学、生物学新专业、生物医学工程、声学、史学理论及史学史、世界经济、世界史、数量经济学、数学新专业、思想政治教育、通信与信息系统、外国哲学、外科学、微电子学与固体电子学、微生物学、微生物与生化药学、卫生毒理学、文艺学、无机化学、无线电物理、物理化学(含:化学物理)、西方经济学、系统工程、系统理论、细胞生物学、宪法学与行政法学、信号与信息处理、信息与通信工程新专业、岩土工程、眼科学、药剂学、药理学、药物分析学、药物化学、药学新专业、遗传学、英语语言文学、营养与食品卫生学、影像医学与核医学、应用经济学新专业、应用数学、有机化学、语言学与应用语言学、原子与分子物理、运筹学与控制论、政治经济学、政治学理论、政治学新专业、中共党史(含:党的学说与党的建设)、中国古代史、中国古代文学、中国古典文献学、中国近现代史、中国现当代文学、中国语言文学新专业、中国

哲学、中外政治制度、中西医结合临床、肿瘤学、专门史、宗教学

硕士专业 保险、保险学、比较文学与世界文学、比较哲学、病理学与病理生理学、病原生物学、材料科学与工程、材料物理与化学、材料学、财政学(含:税收学)、测试计量技术及仪器、产业经济学、车辆工程、城市规划与设计(含:风景园林规划)、出版、传播学、档案学、道路与铁道工程、电磁场与微波技术、电工理论与新技术、电机与电器、电力电子与电力传动、电力系统及其自动化、电路与系统、电子商务与信息技术、动力机械及工程、动物学、对外汉语、俄语语言文学、儿科学、儿少卫生与妇幼保健学、耳鼻咽喉科学、发酵工程、发育生物学、法律、法律(威海法学)、法律(威海法学)、法律(威海非法学)、法律(威海非法学)、法律史、法学理论、翻译、防灾减灾工程及防护工程、分析化学、妇产科学、概率论与数理统计、高等教育学、高电压与绝缘技术、高分子化学与物理、工程、工程管理、工程力学、工程热物理、工商管理、公共管理、公共卫生、公共卫生与预防医学新专业、固体力学、管理科学与工程、光学、光学工程、国际法学(含:国际公法、国际私法)、国际关系、国际贸易学、国际商务、国际政治、国民经济学、国外马克思主义研究、海洋生物学、汉语国际教育、汉语言文字学、行政管理、护理、护理学、化工过程机械、化学工程、化学工艺、化学新专业、环境工程、环境化学、环境科学、环境科学与工程、环境与资源保护法学、会计、会计学、机械电子工程、机械工程新专业、机械设计及理论、机械制造及其自动化、基础数学、基础医学新专业、急诊医学、集成电路设计、计算机科学与技术新专业、计算机软件与理论、计算机系统结构、计算机应用技术、计算数学、技术经济及管理、检测技术与自动化装置、建筑历史与理论、建筑设计及其理论、胶体与界面化学、教育、教育经济与管理、结构工程、金融、金融数学与金融工程、金融学(含:保险学)、经济法学、经济思想史、精神病与精神卫生学、康复医学与理疗学、考古学及博物馆学、科学技术哲学、科学社会主义与国际共产主义运动、控制科学与工程、控制科学与工程新专业、控制理论与控制工程、口腔基础医学、口腔临床医学、口腔医学、劳动经济学、劳动卫生与环境卫生学、老年医学、理论物理、理论与计算化学、历史地理学、历史文献学(含:敦煌学、古文字学)、历史学新专业、粒子物理与原子核物理、临床检验诊断学、临床药学、临床医学、流行病与卫生统计学、流体机械及工程、伦理学、旅游管理、麻醉学、马克思主义发展史、马克思主义基本原理、马克思主义理论新专业、马克思主义哲学、马克思主义中国化研究、美术学、免疫学、免疫药物学、民商法学(含:劳动法学)、社会保障、民俗学(含:中国民间文学)、纳米材料化学、内科学、凝聚态物理、皮肤病与性病学、企业管理(含:财务管理、市场营销)、桥梁与隧道工程、热能工程、人口、资源与环境经济学、人体解剖与组织胚胎学、人文医学、日语语言文学、设计艺术学、社会保障、社会工作、社会学、社会医学与卫生事业管理、神经病学、神经生物学、生理学、生态学、生物化学与分子生物学、生物医学工程、生药学、声学、史学理论及史学史、世界经济、世界史、市政工程、数量经济学、数学新专业、数字媒体技术和艺术、水工结构工程、水文学及水资源、税务、思想政治教育、诉讼法学、体育、体育教育训练学、体育人文社会学、天然药物化学、通信与信息系统、投资经济学、图书馆学、外国语言学及应用语言学、外国哲学、外科学、微电子学与固体电子学、微生物学、微生物与生化药学、卫生毒理学、卫生检验学、文化产业管理、文物与博物馆、文艺学、无机化学、无线电物理、物理电子学、物理化学(含:化学物理)、物流工程、西方经济学、系统分析与集成、系统工程、系统理论、细胞生物学、宪法学与行政法学、新闻学、信号与信息处理、信息安全、信息与通信工程新专业、刑法学、学生事务管理与学生发展指导、亚非语言文学、岩土工程、眼科学、药剂学、药理学、药物分析学、药物化学、药学、药学新专业、医学心理学、遗传学、艺术学、音乐学、英语语言文学、营养与食品卫生学、影像医学与核医学、应用化学、应用经济学新专业、应用数学、应用统计、应用心理学、有机化学、语言学与应用语言学、原子与分子物理、运筹学与控制论、政治经济学、政治学理论、政治学新专业、植物学、制冷及低温工程、制药工程学、制造系统信息工程、中共党史(含:党的学说与党的建设)

院系设置

34个。哲学与社会发展学院、经济学院、政治学与公共管理学院、法学院、文学与新闻传播学院、艺术学院、外国语学院、历史文化学院、数学学院、物理学院、化学与化工学院、信息科学与工程学院、计算机科学与技术学院、生命科学学院、材料科学与工程学院、机械工程学院、控制科学与工程学院、能源与动力工程学院、电气工程学院、土建与水利学院、环境科学与工程学院、公共卫生学院、医学院、口腔医学院、护理学院、药学院、管理学院、体育学院、马克思主义学院、软件学院、国际教育学院、泰山学堂、农学院、医学MBA学院

国家级、省部级研究机构设置

1. 实验室:48个。晶体材料国家重点实验室、微生物技术国家重点实验室、燃煤污染物减排国家工程实验室、胶体与界面化学教育部重点实验室、材料液固演变与加工教育部重点实验室、实验畸形学教育部重点实验室、心血管重构与功能研究教育部重点实验室心血管重构与功能研究卫生部重点实验室、密码技术与信息安全实验室、耳鼻喉科学卫生部重点实验室、卫生经济与相关政策卫生部重点实验室、植物细胞工程与种质创新教育部重点实验室、高效洁净机械制造教育部重点实验室、电网智能化调度教育部重点实验室、生殖内分泌教育部重点实验室、粒子物理与粒子辐照教育部重点实验室、山东省软件工程重点实验室、山东省感染与免疫学重点实验室、山东省精神疾病基础与临床重点实验室、山东省激光技术与应用、山东省水环境污染控制与资源化重点实验室、山东省能源减排技术与资源化利用重点实验室、山东省光学天文与日地空间环境重点实验室、山东省动物细胞与发育生物学重点实验室、山东省口腔生物医学重点实验室、山东省心血管蛋白质组学重点实验室、山东省特高压输变电技术与气体放电重点实验室、风险分析与金融计算、低维材料、宽带无线通讯技术、妇科肿瘤、高分子材料、药物分子设计与创新药物研究、神经肿瘤免疫、地下工程突涌水防治材料及设备、理论与计算化学、环境考古学、腹腔镜技术基础与临床应用、微电子材料与器件、胃肠疾病转化医学、慢性退行性疾病的蛋白质科学、应用海洋生物学、卫生毒理学、肾脏组织工程、临床护理、神经系统变性病转化医学、消化系统肿瘤、妇产科重点实验室、遗传病重点实验室

2. 研究中心(所):35个。国家糖工程技术研究中心、国家胶体材料工程技术研究中心、国家辅助生殖与优生工程技术研究中心、国家电子元器件清洗技术推广中心、国家综合性新药研发技术大平台、环境热工程教育部工程研究中心、大型地下洞室

群教育部工程研究中心、电力电子节能技术与装备教育部工程研究中心、山东省晶体材料与器件工程技术研究中心、山东省激光工程技术研究中心、山东省应用软件工程技术研究中心、山东省CIMS工程技术研究中心、山东省碳纤维工程技术研究中心、山东省半导体光电子工程技术研究中心、山东省CAD工程技术研究中心、山东省岩土与结构工程技术研究中心、山东省物流工程技术研究中心、山东省高性能计算中心、山东省环境科学工程技术研究中心、山东省现代焊接工程技术研究中心、山东省冶金设备与工艺数字化工程技术研究中心、山东省石材工程技术研究中心、山东省中药标准工程技术研究中心、山东省塑性成形仿真与模具工程技术研究中心、山东省燃烧与污染控制工程技术研究中心、山东省胶体材料工程技术研究中心、山东省超硬材料工程技术研究中心、山东省糖工程技术研究中心、山东省生物质能源工程技术研究中心、中瑞合作山东省工业生态工程技术研究中心、山东省磁悬浮轴承工程技术研究中心、山东省磁力分选工程技术研究中心、山东省永磁电机工程技术研究中心、山东省高效切削加工工程技术研究中心、山东省特种设备安全工程技术研究中心

社科基地：11个。易学与中国哲学研究中心、当代社会主义研究所、文艺美学研究中心、犹太教与跨宗教研究中心、产权理论与法经济学研究基地、公司治理研究基地、中华文明起源研究中心、法律方法论研究中心、政治文明与宪政研究基地、中华文化与世界文明对话研究基地、反垄断与规制经济学研究中心

博士后科研流动站 29个。哲学、应用经济学、中国语言文学、历史学、数学、系统科学、物理学、化学、机械工程、材料科学与工程、生物学、计算机科学与技术、公共卫生与预防医学、药学、基础医学、临床医学、环境科学与工程、电气工程、口腔医学、动力工程及工程热物理、信息与通信工程、光学工程、理论经济学、外国语言文学、控制科学与工程、政治学、法学、工商管理、系统科学、马克思主义理论

定期公开出版的专业刊物 18个。《文史哲》《山东大学学报》（哲学社会科学版）、《当代世界社会主义问题》《周易研究》《民俗研究》《山东大学学报》（理学版）《山东大学学报》（医学版）《山东大学学报》（工学版）《山东大学耳鼻喉眼学报》《中国现代普通外科进展》《现代妇产科进展》《中国腹腔镜外科杂志》《黄海学术论坛》《法律方法》《劳动经济评论》《中韩人文社会科学研究》《韩国发展报告》《城乡社会观察》

学校设立奖学金情况

学校设立本专科生奖/助学金37项，奖励总金额为3686余万元。奖学金最高金额为山东大学优秀学生奖学金，980余万元/年；最低金额为莎曼丽莎助学金，10000元/年。

1. 山东大学校长奖学金：30人/年，10000元/人
2. 国家奖学金：396人/年，8000元/人
3. 山东大学优秀学生奖学金：5554人/年，一等3000元/人，二等2000元/人，三等1000元/人
4. 山东大学优秀学生干部奖学金：702人/年，300元/人
5. 山东大学优秀新生奖学金：23人/年 一等1人30000元/人，二等13人10000元/人 三等9人5000元/人
6. 潍柴动力奖学金：300人/年，1000元/人
7. 蒋震菏泽奖学金：40人/年，4000元/人
8. 汇丰银行奖学金：18人/年，8000元/人
9. 董明珠优秀本科生奖学金：90人/年，1000元/人
10. 光华奖学金：96人/年，1000元/人
11. AMD奖学金：20人/年，4000元/人
12. 三星奖学金：15人/年，5000元/人
13. 宝钢优秀学生奖学金：7人/年，5000元/人
14. 青岛丽东化工奖学金：4人/年，5000元/人
15. 侯拱辰优秀特困生奖学金：20人/年，1000元
16. LG电子奖学金：10人/年，2000元/人
17. 松下电器育英基金奖学金：20人/年，1000元/人
18. 小松中日奖学金：60人/年，2000元/人
19. IBM中国优秀学生奖学金：3人/年，4000元/人
20. 中国科学院奖学金：3人/年，5000元/人
21. 绿之韵树人行动奖学金：10人/年，3000元/人
22. 谷歌奖学金：3人/年，5000元/人
23. 国家励志奖学金：939人/年，5000元/人
24. 国家助学金：一等648人，3000元/人；二等1670人，2500元/人；三等3080人，2000元/人
25. 山东大学助学金：4979人/年，800元/人
26. 香港思源奖助学金：60人/年，4000元/人
27. 新长城助学金：10人/年，1840元/人（新生）二年级以上学生额度不定
28. 中海油助学金：30人/年，3000元/人
29. 真维斯助学金：一等13人/年，4000元/人；二等13人/年，2000元/人；三等22人/年，1000元/人
30. 港澳委员助学金：40人/年，1000元/人
31. 新疆少数民族助学金：一等45人/年，1100元/人；二等48人/年，980元/人；三等54人/年，800元/人
32. 朝阳助学金：20人/年，2000元/人
33. 科达世纪助学金：6人/年，8000元/人
34. 莎曼丽莎助学金：10人/年，1000元/人
35. 富士康奖学金：50人/年，4000元/人
36. 亚德客助学金：20人/年，2500元/人

学校设立研究生奖/助学金22项，奖励总金额为287余万元。奖学金最高金额为山东大学研究生优秀奖学金，60万元/年；最低金额为IBM奖学金，8000元/年。

1. 山东大学研究生校长奖学金：博士15人/年，10000元/人；硕士15人/年，10000元/人；
2. 山东大学研究生优秀奖学金：博士100人/年，2000元/人；硕士200人/年，2000元/人；
3. 山东大学研究生科研成果奖学金：博士50人/年，2000元/人；硕士60人/年，2000元/人；
4. 山东大学优秀研究生干部奖学金：参评研究生人数*2%，500元/人；
5. 山东大学研究生创新活动奖学金：根据符合条件人数确定，1000元/人；
6. 山东大学研究生社会实践奖学金：根据符合条件人数确定，1000元/人；
7. 华藏奖学金：博士5人/年，1000元/人；硕士10人/年，1000元/人；
8. 科汇奖学金：博士8人/年，2000元/人；硕士16人/年，2000元/人；

9. 光华奖学金:博士 50 人/年,3000 元/人;硕士 120 人/年,2000 元/人;

10. 浦东发展银行奖学金:博士 10 人/年,10000 元/人;硕士 20 人/年,5000 元/人;

11. 齐鲁证券奖学金:博士 10 人/年,10000 元/人;硕士 20 人/年,5000 元/人;

12. AMD 奖学金:博士 10 人/年,5000 元/人;硕士 14 人/年,5000 元/人;

13. 潍柴动力优秀研究生奖学金:博士 30 人/年,2000 元/人;硕士 70 人/年,2000 元/人;

14. 小松中日奖学金:硕士 10 人/年,4000 元/人;

15. 立青奖学金:博士 5 人/年,10000 元/人;

16. 中国科学院奖学金:博士 2 人/年,10000 元/人;

17. 三星奖学金:硕士 3 人/年,6000 元/人;

18. 宝钢奖学金:博士 2 人/年,5000 元/人;硕士 1 人/年,5000 元/人;

19. IBM 奖学金(已申报):硕士 1 人/年,8000 元/人;

20. 韩国国际交流财团研究生奖学金:人数:外评,金额:外评;

21. 丽东化工奖学金:硕士 6 人/年,5000 元/人;

主要校办产业

山东山大产业集团有限公司、山东大学出版社、山东大学机械厂、山东山大后勤服务公司、山大产业集团子公司;山东山大欧玛软件有限公司、山东山大科技集团公司、济南亿泉水务有限公司、济南山大有色金属铸造有限公司、山东大学学术交流中心有限公司、山东山大华天科技股份有限公司、山东山大环保水业有限公司、山东山大科技园发展有限公司、山大鲁能信息科技有限公司、山东山大吕美熔体技术有限公司、山东山大金属工艺材料有限公司、济南意达医药有限责任公司、山东拓普液压气动有限公司、济南天宇科技有限公司、山东山大科技开发总公司、山东地纬数码科技有限公司、山东地纬计算机软件有限公司、济南矽华科技有限公司、山东实成精细高分子材料有限公司、济南方智管理咨询有限责任公司、山东山大华特科技股份有限公司、山东大学大工科技实业公司、山东大学后勤服务公司托管公司;山东华茂实业发展总公司、济南方兴工贸公司、山东杏林实业发展总公司

学校历史沿革

山东大学堂(1901,济南),山东高等学堂(1904,济南),山东高等学校(1911,济南);山东大学堂停办(1914,济南),部分师生分别转入清末民初陆续成立的法政、工业、农业、商业、矿业、医学六个专门学校(1912,济南),私立青岛大学(1924,青岛),六个专门学校合并改建为省立山东大学(1926,济南);国立青岛大学(1930,青岛),国立山东大学(1932,青岛);国立山东大学校产保管委员会(1938,四川);国立山东大学(1946,青岛);山东大学与华东大学合并为山东大学(1951,青岛),山东大学(1958,济南);1970,理科各系及校部机关留济南原山大校址组建山东科技大学,文科各系迁曲阜和曲阜师范学院合并组建山东大学,生物学系迁泰安并入山东农学院;山东大学(1974,济南);1984年设山东大学威海分校;2000 年 7 月山东大学、山东医科大学、山东工业大学合校,组建新山东大学。

中国海洋大学

学校(机构)标识码	4137010423
学校办学类型	411:本科院校:大学
学校性质类别	01 综合大学
学校举办者	360 教育部
学校地址	山东省青岛市崂山区松岭路 238 号
邮政编码	266100
办公电话	0532-66782730
传真电话	0532-66782799
校园(局域)网域名	www.ouc.edu.cn
电子信箱	president@ouc.edu.cn
占地面积(平方米)	1691237
校舍建筑面积(平方米)	791074
图书(万册)	203.46
固定资产总值(万元)	190546.97
教学、科研仪器设备资产值(万元)	76271.66
在校生数(人)	34920
其中:普通本科	15439
成人本科	7121
成人专科	3417
博士研究生	1558
硕士研究生	6484
留学生	901
专任教师(人)	1467
其中:正高级	398
副高级	356
中级	614
初级	69
未定职级	30

本科专业 编辑出版学、材料化学、财务管理、朝鲜语、船舶与海洋工程、大气科学、大气科学类、德语、地球信息科学与技术、地质学、电子商务、电子信息工程、电子信息科学与技术、法学、法语、港口航道与海岸工程、高分子材料与工程、工程管理、工商管理、工业设计、公共管理类、公共事业管理、光信息科学与技术、国际经济与贸易、海洋技术、海洋经济学、海洋科学、海洋科学类、海洋生物资源与环境、海洋渔业科学与技术、海洋资源开发技术、汉语言文学、行政管理、化学、化学工程与工艺、环境工程、环境科学、会计学、机械设计制造及其自动化、计算机科学与技术、教育技术学、金融学、勘查技术与工程、旅游管理、日语、生态学、生物工程、生物化学与分子生物学、生物技术、生物科学、食品科学与工程、市场营销、数学与应用数学、水产养殖学、通信工程、土木工程、文化产业管理、物理学、物流管理、新闻传播学类、新闻学、信息与计算科学、药学、音乐表演、英语、应用气象学、运动训练、政治学与行政学、自动化

博士专业 捕捞学、大气物理学与大气环境、地图学与地理信息系统、动物学、发育生物学、港口、海岸及近海工程、海洋地球化学、海洋地球物理学、海洋地质、海洋化学、海洋化学工程与技术、海洋生物学、海洋信息探测与处理、海洋资源与权益综合管理、环境工程、环境规划与管理、环境科学、环境与资源保护法

学、会计学、计算机应用技术、农业经济管理、气象学、生态学、生物化学与分子生物学、生药学、食品科学、水产品加工及贮藏工程、水产养殖、水生生物学、微生物学、物理海洋学、细胞生物学、药物化学、遗传学、应用海洋学、渔业经济与管理、渔业资源、增殖养殖工程

硕士专业 保险硕士、捕捞学、材料物理与化学、材料学、财政学(含:税收学)、产业经济学、大气物理学与大气环境、地球化学、地球探测与信息技术、地图学与地理信息系统、地质工程、第四纪地质学、电子与通信工程、动力工程、动物学、发育生物学、法律(法学)、法律(非法学)、法语语言文学、防灾减灾工程及防护工程、分析化学、港口、海岸及近海工程、工程热物理、工商管理硕士、公共管理硕士、构造地质学、古生物学与地层学(含:古人类学)、管理科学与工程、光学、光学工程、国际法学(含:国际公法、国际私法)、国际贸易学、国际商务硕士、国际政治、国民经济学、海洋地球化学、海洋地球物理学、海洋地质、海洋化学、海洋化学工程与技术、海洋生物学、海洋信息探测与处理、海洋资源与权益综合管理、汉语言文字学、行政管理、化学工程、化学工艺、环境工程、环境规划与管理、环境科学、环境与资源保护法学、会计硕士、会计学、机械电子工程、机械工程、基础数学、计算机技术、计算机软件与理论、计算机系统结构、计算机应用技术、计算数学、技术经济及管理、金融硕士、金融学(含:保险学)、经济法学、控制工程、控制理论与控制工程、矿产普查与勘探、矿物学、岩石学、矿床学、劳动经济学、历史地理学、流体力学、旅游管理、旅游管理硕士、马克思主义中国化研究、凝聚态物理、农产品加工及贮藏工程、农村与区域发展、农业经济管理、企业管理(含:财务管理、市场营销)、气象学、区域经济学、日语语言文学、软件工程、社会学、摄影测量与遥感、生态学、生物工程、生物化学与分子生物学、生药学、声学、食品工程、食品加工与安全、食品科学、数量经济学、水产品加工及贮藏工程、水产养殖、水力学及河流动力学、水利工程、水生生物学、水文学及水资源、思想政治教育、体育教育训练学、通信与信息系统、外国语言学及应用语言学、微生物学、微生物与生化药学、无机化学、物理海洋学、物理化学(含:化学物理)、物流工程、西方经济学、细胞生物学、宪法学与行政法学、信号与信息处理、亚非语言文学、药物化学、遗传学、英语笔译、英语语言文学、应用海洋学、应用化学、应用数学、渔业、渔业资源、运筹学与控制论、增殖养殖工程、政治学理论、制药工程、中国古代文学、中国现当代文学

院系设置

海洋环境学院、信息科学与工程学院、化学化工学院、海洋地球科学学院、海洋生命学院、水产学院、食品科学与工程学院、医药学院、工程学院、环境科学与工程学院、管理学院、经济学院、外国语学院、文学与新闻传播学院、法政学院、数学科学学院、基础教学中心、材料科学与工程系、社会科学部、国际教育学院、职业技术师范学院

国家级、省部级研究机构设置

1. 实验室:物理海洋教育部重点实验室、海水养殖教育部重点实验室、海底科学与探测技术教育部重点实验室、海洋生物遗传育种教育部重点实验室、海洋药物教育部重点实验室、海洋环境与生态教育部重点实验室、海洋化学理论与工程技术教育部重点实验室、山东省糖科学与糖工程重点实验室、山东省海洋工程重点实验室、农业部水产动物营养与饲料重点实验室

2. 研究中心(所):国家海洋药物工程技术研究中心、海水养殖教育部工程研究中心、海洋材料与防护技术教育部工程研究中心、海洋油气开发与安全保障教育部工程研究中心、海洋信息技术教育部工程研究中心、农业部青岛扇贝遗传育种中心、海洋发展研究院、国家文化产业研究中心、中国企业营运资金管理研究中心、山东省高等教育研究基地、山东省企业管理研究基地、山东省文化产业品牌研究基地

博士后科研流动站 海洋科学、水产、环境科学与工程、大气科学、食品科学与工程、生物学、水利工程、药学

定期公开出版的专业刊物 《中国海洋大学学报》(自然科学版)、《中国海洋大学学报》(英文版)、《中国海洋大学学报》(社会科学版)

学校设立奖学金情况

学校设立奖学金37项,奖励总金额692余万元。奖学金最高金额8000元/年,最低金额500元/年。

主要校办产业

青岛海大工程勘察设计开发院有限公司、中国海洋大学生物工程开发有限公司、中国海洋大学兰太药业有限公司、青岛海大学术交流中心、青岛国家大学科技园有限公司、青岛海大国际教育交流中心有限公司、青岛海大工程监理咨询有限公司、青岛海大科技开发中心、青岛海大海洋仪器开发有限公司、青岛海大培训中心有限公司、青岛海大科技咨询开发公司、青岛海大建设工程检测鉴定中心

学校历史沿革

私立青岛大学(1924－1930年),国立青岛大学(1930－1932年),国立山东大学(1932－1959年),山东海洋学院(1959－1988年),青岛海洋大学(1988－2002年),中国海洋大学(2002年至今)。

山东科技大学

学校(机构)标识码 4137010424	邮政编码 266590	校舍建筑面积(平方米) 1400632
学校办学类型 411:本科院校:大学	办公电话 0532－86057579	图书(万册) 245.66
学校性质类别 02 理工院校	传真电话 0532－86057001	固定资产总值(万元) 163032
学校举办者 811 省级教育部门	校园(局域)网域名 www.sdust.edu.cn	教学、科研仪器设备资产值(万元) 37356
学校地址 山东省青岛经济技术开发区前湾港路579号	电子信箱 sustxb@sdust.edu.cn	
	占地面积(平方米) 2104678	在校生数(人) 53546

其中:普通本科 29232	博士研究生 338	其中:正高级 277
普通专科 1264	硕士研究生 3665	副高级 568
成人本科 8742	留学生 150	中级 888
成人专科 10155	专任教师(人) 2046	初级 313

本科专业 安全工程、材料成型及控制工程、材料化学、财政学、采矿工程、测绘工程、测控技术与仪器、车辆工程、城市地下空间工程、城市规划、地理信息系统、地球物理学、地质工程、电气工程及其自动化、电气信息类、电子商务、电子信息工程、电子信息科学与技术、法学、高分子材料与工程、工程管理、工程力学、工商管理、工商管理类、工业工程、工业设计、广告学、国际经济与贸易、过程装备与控制工程、汉语言文学、行政管理、化学工程与工艺、环境工程、环境科学、会计学、机械电子工程、机械类、机械设计制造及其自动化、计算机科学与技术、建筑环境与设备工程、建筑学、交通工程、交通运输、教育技术学、金融学、金属材料工程、勘查技术与工程、矿物加工工程、理论与应用力学、热能与动力工程、日语、软件工程、生物工程、生物医学工程、数学类、数学与应用数学、数字媒体技术、水利水电工程、水文与水资源工程、通信工程、统计学、土木工程、网络工程、文秘教育、无机非金属材料工程、物联网工程、物流工程、物流管理、信息管理与信息系统、信息与计算科学、遥感科学与技术、艺术设计、音乐学、英语、应用化学、应用物理学、资源环境与城乡规划管理、资源勘查工程、自动化

专科专业 电气自动化技术、工商企业管理、国际经济与贸易、会计、机电一体化技术、计算机应用技术、市场营销

博士专业 安全技术及工程、采矿工程、测绘仪器与系统、城乡地籍与国土信息、大地测量学与测量工程、地球探测与信息技术、地图制图学与地理信息工程、地质工程、机械电子工程、机械设计及理论、计算机软件与理论、控制理论与控制工程、矿产普查与勘探、矿山环境工程、矿山建筑工程、矿山评价技术及工程、矿山装备与控制理论、矿物加工工程、矿业工程、矿业信息工程、摄影测量与遥感、数字矿山与资源勘探、岩土工程、资源经济与管理、资源与环境保护

硕士专业 安全工程、安全技术及工程、材料工程、材料加工工程、材料物理与化学、材料学、采矿工程、测绘工程、测绘仪器与系统、测试计量技术及仪器、车辆工程、城乡地籍与国土信息、大地测量学与测量工程、导航、制导与控制、地球探测与信息技术、地图学与地理信息系统、地图制图学与地理信息工程、地质工程、电力电子与电力传动、电力系统及其自动化、电路与系统、电气工程、电子与通信工程、动力工程、动力机械及工程、法律硕士(法学)、法律硕士(非法学)、防灾减灾工程及防护工程、概率论与数理统计、工程管理硕士、工程力学、工商管理硕士、工业工程、供热、供燃气、通风及空调工程、古生物学与地层学(含:古人类学)、固体力学、管理科学与工程、化学工程、化学工艺、环境工程、环境与资源保护法学、会计学、机械电子工程、机械工程、机械设计及理论、机械制造及其自动化、基础数学、计算机技术、计算机软件与理论、计算机系统结构、计算机应用技术、计算数学、技术经济及管理、检测技术与自动化装置、建筑与土木工程、交通信息工程及控制、交通运输工程、交通运输规划与管理、结构工程、经济法学、精密仪器及机械、控制工程、控制理论与控制工程、矿产普查与勘探、矿山环境工程、矿山评价技术及工程、矿山装备与控制工程、矿物加工工程、矿业工程、矿业信息工程、流体机械及工程、模式识别与智能系统、企业管理(含:财务管理、市场营销)、桥梁与隧道工程、情报学、热能工程、日语笔译、日语口译、软件工程、摄影测量与遥感、市政工程、数字矿山与资源勘探、水文学及水资源、通信与信息系统、外国语言学及应用语言学、物理电子学、物流工程、系统工程、系统理论、信号与信息处理、岩土工程、仪器仪表工程、英语笔译、英语口译、英语语言文学、应用化学、应用数学、应用统计、运筹学与控制论、资源经济与管理、资源与环境保护

院系设置
资源与环境工程学院、测绘科学与工程学院、地质科学与工程学院、土木建筑学院、机械电子工程学院、信息科学与工程学院、经济管理学院、信息与电气工程学院、化学与环境工程学院、材料科学与工程学院、文法学院、外国语学院、理学院、艺术设计学院、研究生学院、继续教育学院;泰安校区设:资源与土木工程系、机电工程系、信息工程系、经济管理系、文法系、基础课部;济南校区设:财经系、电气信息系、公共课部

国家级、省部级研究机构设置
1.实验室:国家重点实验室(1个):山东省矿山灾害预防控制重点实验室—省部共建国家重点实验室培育基地,省部级实验室(43个):矿山灾害预防控制教育部重点实验室、山东省矿业安全工程与环境保护重点实验室、山东省机器人与智能技术重点实验室等。

2.研究中心(所):原煤炭部直属研究所(4个):矿山压力研究所、特殊开采研究所、工程爆破研究所、工程经济研究所

博士后科研流动站 矿业工程、测绘科学与技术、控制科学与工程、土木工程、地质资源与地质工程、机械工程、计算机科学与技术

定期公开出版的专业刊物 《山东科技大学学报》(自然科学版)、《山东科技大学学报》(社会科学版)、《科技教育研究》

学校设立奖学金情况
学校设立奖学金28项,奖励总金额861.3万元/年,最低金额4000元/年。

主要校办产业
山东科技大学产业总公司

学校历史沿革
山东科技大学是由"两个源头、汇成一条主线"而来。一个源头:1951年,中央人民政府燃料工业部洪山煤矿工业学校。1953年,中央人民政府燃料工业部洪山煤矿工业学校迁至安徽省淮南市,更名为淮南煤矿学校。1958年淮南煤矿学校升格为淮南矿业学院。另一个源头:1956年,成立煤炭工业部济南煤矿学校。1958年济南煤矿学校升格为山东煤炭工业专科学校。1960年,山东煤炭工业专科学校升格为山东煤矿学院。汇成一条主线:1963年,淮南矿业学院成建制迁往济南并入山东煤矿学

院。随后，江西煤矿学院、济南工学院矿山机电专业、山东省煤炭工业管理局干部学校和江苏煤矿专科学校相继并入，建立了新的山东煤矿学院。1971年，泰安煤矿学校并入后，山东煤矿学院更名为山东矿业学院。校部由济南迁至泰安，济南设分院。1980年，山东煤炭教育学院在泰安成立。1999年，经国家教育部和山东省人民政府批准，山东矿业学院与山东煤炭教育学院合并组建山东科技大学。2001年，山东省财政学校并入山东科技大学。

中国石油大学（华东）

学校(机构)标识码 4137010425	电子信箱 xbjyk@upc.edu.cn	成人专科 3497
学校办学类型 411：本科院校：大学	占地面积(平方米) 2936668	博士研究生 685
学校性质类别 02 理工院校	校舍建筑面积(平方米) 1353946	硕士研究生 4269
学校举办者 360 教育部	图书(万册) 252.17	留学生 370
学校地址 山东省东营市北二路271号	固定资产总值(万元) 260933.91	专任教师(人) 1589
邮政编码 257061	教学、科研仪器设备资产值(万元) 62171.34	其中：正高级 282
办公电话 0546-8392238	在校生数(人) 33281	副高级 518
传真电话 0546-8397333	其中：普通本科 19421	中级 739
校园(局域)网域名 www.upc.edu.cn	成人本科 5039	初级 50

本科专业 安全工程、材料成型及控制工程、材料化学、材料科学与工程、材料物理、财务管理、测绘工程、测控技术与仪器、车辆工程、船舶与海洋工程、地理信息系统、地球物理学、地质学、电气工程及其自动化、电子信息工程、俄语、法学、工程管理、工程力学、工商管理、工业设计、光信息科学与技术、国际经济与贸易、过程装备与控制工程、汉语言文学、行政管理、化学工程与工艺、环保设备工程、环境工程、会计学、机械设计制造及其自动化、计算机科学与技术、建筑环境与设备工程、建筑学、经济学、勘查技术与工程、热能与动力工程、软件工程、石油工程、市场营销、数学与应用数学、通信工程、土木工程、信息管理与信息系统、信息与计算科学、音乐学、英语、应用化学、应用物理学、油气储运工程、资源勘查工程、自动化

博士专业 安全技术及工程、材料学、地质学、地质资源与地质工程、工程力学、工业催化、化工材料、化工过程机械、化学工程与技术、环境化工、机械电子工程、机械设计及理论、控制理论与控制工程、矿物学、岩石学、矿床学、马克思主义中国化研究、热能工程、石油工程管理、应用化学、油气储运工程、油气工程力学、油气井工程、油气田开发工程

硕士专业 安全工程、安全技术及工程、材料学、材料加工工程、材料科学与工程、材料学、测绘工程、测试计量技术及仪器、产业经济学、船舶与海洋工程、船舶与海洋结构设计制造、地球化学、地球探测与信息技术、地图制图学与地理信息工程、地质工程、地质学、电力电子与电力传动、电气工程、电子与通信工程、动力工程、动力工程及工程热物理、俄语口译、高等教育学、工程力学、工商管理、工商管理硕士、工业催化、工业工程、供热供燃气、通风及空调工程、构造地质学、古生物学与地层学、固体地球物理学、管理科学与工程、海洋地质、行政管理、化工过程机械、化学、化学工程、化学工程与技术、化学工艺、环境工程、环境科学与工程、会计硕士、会计学、机械电子工程、机械工程、机械设计及理论、计算机技术、计算机科学与技术、计算机应用技术、计算数学、检测技术与自动化装置、建筑与土木工程、结构工程、金融学、经济法学、控制工程、控制科学与工程、控制理论与控制工程、矿产普查与勘探、矿物学、岩石学、矿床学、理论物理、力学、流体力学、马克思主义理论、马克思主义理论与思想政治教育、马克思主义哲学、热能工程、石油与天然气工程、数学、体育教育训练学、物理学、物流工程、项目管理、信号与信息处理、信息与通信工程、岩土工程、英语笔译、英语口译、英语语言文学、应用化学、应用数学、油气储运工程、油气井工程、油气田开发工程、有机化学、政治学、中国古代文学

院系设置
地球物理与信息学院、石油工程学院、化学化工学院、机电工程学院、信息与控制工程学院、储运与建筑工程学院、计算机与通信工程学院、经济管理学院、数学与计算科学学院、物理科学与技术学院、外国语学院、人文社会科学学院、体育教学部、胜利学院、研究生院、后备军官学院、远程与继续教育学院、培训学院、应用技术学院

国家级、省部级研究机构设置
重质油国家重点实验室、油气钻井技术国家工程实验室、油气加工新技术教育部工程研究中心、石油石化新型装备与技术教育部工程研究中心、石油工程教育部重点实验室、石油天然气安全生产工程技术研究中心、材料电子理论研究室和材料界面实验室、油气储层重点实验室－石大(华东)研究室、测井重点实验室－石大(华东)研究室、物探重点实验室－石大(华东)研究室、钻井工程重点实验室－高压水射流钻井研究室、催化重点实验室－石大(华东)研究室、重质油加工重点实验室、海洋工程重点实验室－水下装备工程技术研究室、采油工程软件与信息中心、环境工程研究开发中心、沥青技术开发中心、提高采收率研究中心、重质油利用研究中心、山东省油藏地质重点实验室、山东省无石棉摩擦材料技术研究推广中心、山东省油田化学工程技术研究中心、山东省高压水射流新技术研究推广中心、山东省提高油气采收率工程技术研究中心、山东省海洋石油钻采装备工程技术研究中心、山东省油区环境污染治理工程技术研究中

心、隐蔽油气藏与剩余油高校重点实验室、油气井工程高校重点实验室、油气田开发工程高校重点实验室、石油化学工程高校重点实验室、石油机械工程高校重点实验室、控制理论与控制工程高校重点实验室

博士后流动站 化学工程与技术博士后流动站、地质资源与地质工程博士后流动站、石油与天然气工程博士后流动站、地质学博士后流动站、机械工程博士后流动站、动力工程及工程热物理博士后流动站

定期公开出版的专业刊物 《中国石油大学学报(自然科学版)》、《中国石油大学学报(社会科学版)》

学校设立奖学金情况
学校设立奖学金 8 项,奖励总金额 700 余万元。奖学金最高金额 4000 元/年,最低金额 600 元/年。

主要校办产业
中国石油大学坚持"教学、科研、产业"三位一体的方针,积极推进产、学、研的有机结合,加快科技成果的产业化。目前,学校投资的一级企业已达十八家,其中国家级高新技术企业 1 家,省级高新技术企业 6 家;经营范围包括石油化工、精细化工、电子、机械加工、汽车工程、工程设计、IT、出版印刷等领域。资产总额为 22.31 亿元,净资产 8.19 亿元,其中归属学校净资产 5.43 亿元;年销售收入 67.7 多亿元,利税 13.9 亿元,在全国高校校办企业中排名前十位。其中,学校的重点骨干企业山东石大胜华化工集团股份有限公司,是国家级高新技术企业。

毕业生一次就业率 90.16%

学校历史沿革
中国石油大学是教育部直属全国重点大学,是国家"211工程"重点建设高校,是一所以工为主、多学科协调发展的教学研究型大学。

中国石油大学创建于 1953 年,历经北京石油学院、华东石油学院、石油大学三个重要发展阶段。1953 年院系调整时,集中了清华、北大、天大等名校的石油石化学科专业及专家教授,组建成立北京石油学院,是当时北京著名的八大学院之一,1960 年发展成为全国重点大学 1969 年迁校山东,改为华东石油学院;1988 年更名为石油大学,2005 年更名为中国石油大学。2000 年由中国石油天然气集团公司划转教育部,办学体制由行业院校转制为教育部直属高校。同年经教育部批准,开始试办研究生院,2004 年正式建院。中国石油大学(华东)现有东营、青岛两个校区。

青岛科技大学

学校(机构)标识码 4137010426	占地面积(平方米) 1841003	成人专科 7000
学校办学类型 411:本科院校:大学	校舍建筑面积(平方米) 788713	博士研究生 116
学校性质类别 02 理工院校	图书(万册) 178.61	硕士研究生 2130
学校举办者 811 省级教育部门	固定资产总值(万元) 159719.24	留学生 102
学校地址 青岛市崂山区松岭路 99 号	教学、科研仪器设备资产值(万元) 28758.74	专任教师(人) 1625
邮政编码 266061		其中:正高级 207
办公电话 0532-88959297	在校生数(人) 39131	副高级 425
传真电话 0532-88958377	其中:普通本科 23264	中级 722
校园(局域)网域名 www.qust.edu.cn	普通专科 2520	初级 271
电子信箱 msk@qust.edu.cn	成人本科 3999	

本科专业 安全工程、包装工程、编辑出版学、材料成型及控制工程、材料化学、材料物理、财务管理、财务管理(对口高职)、测控技术与仪器、朝鲜语、城市管理、船舶与海洋工程、德语、电气工程及其自动化、电子信息科学与技术、动画、俄语、法学、服装设计与工程、复合材料与工程、高分子材料与工程、高分子材料与工程(高材)、高分子材料与工程(合成)、高分子材料与工程(塑料)、高分子材料与工程(橡胶)、工商管理、工业工程、工业设计、工业设计(艺术类)、广告学(文史类)、广告学(艺术类)、国际经济与贸易、国际经济与贸易(高密)、过程装备与控制工程、海洋科学、汉语言文学、化工与制药类(生物)、化学、化学工程与工艺、化学工程与工艺(对口高职)、化学工程与工艺(高密)、化学工程与工艺(精细)、环境工程、环境科学、绘画(国画)、绘画(油画)、机械工程及自动化、机械工程及自动化(ALPS)、机械工程及自动化(对口高职)、机械工程及自动化(高密)、机械工程及自动化(高密)、机械工程及自动化(机自)、机械工程及自动化(中德)、机械工程及自动化(自动化)(中德)、机械类、机械设计制造及其自动化、集成电路设计与集成系统、计算机科学与技术、计算机科学与技术(高密)、计算机科学与技术(高职)、金属材料工程、能源工程及自动化、轻化工程、热能与动力工程、日语、软件工程、软件工程(Java)、软件工程(嵌入)、社会工作、生物工程、生物技术、市场营销、市场营销(体育班)、数学与应用数学、通信工程、无机非金属材料工程、物联网工程、物流管理、信息工程、信息与计算科学、药物制剂、艺术设计(服装)、艺术设计(高密)、艺术设计(公艺)、艺术设计(环艺)、艺术设计(视觉传达)、音乐表演、印刷工程、英语、英语(高密)、英语(商务英语)、英语(语言文学)、应用化学、应用化学(中德)、应用物理学、油气储运工程、制药工程、自动化

专科专业 材料类(高密)、财务管理(高密)、财务会计类(高密)、产品造型设计(高密)、高分子材料与工程、工业分析与检验(中美)、国际经济与贸易(高密)、化工技术类(高密)、机械设计与制造(高密)、机械设计制造类(高密)、机械制造与自动化(中韩)、计算机类(高密)、计算机应用技术(高密)、检测技术

及应用(中法)、模具设计与制造(中韩)、商务英语(高密)、生产过程自动化技术(中法)、市场营销(体育班)、市场营销(中加)、市场营销类(高密)、视觉传达艺术设计(高密)、通信技术(中法)、新闻采编与制作、艺术设计(高密)、应用化工技术(高密)、语言文学类(高密)、装潢艺术设计(高密)、自动化类(高密)

博士专业 材料加工工程、材料学、高分子化学与物理、化工过程机械、化学工程、机械设计及理论、应用化学

硕士专业 安全工程、安全技术及工程、材料工程、材料加工工程、材料物理与化学、材料学、车辆工程、动力工程、动力机械及工程、发酵工程、分析化学、高分子化学与物理、工程力学、工程热物理、工商管理、工业催化、国际贸易学、海洋化学、化工过程机械、化学工程、化学工艺、环境工程、环境科学、机械电子工程、机械工程、机械设计及理论、机械制造及其自动化、基础数学、计算机技术、计算机软件与理论、计算机应用技术、技术经济及管理、检测技术与自动化装置、精密仪器及机械、控制工程、控制理论与控制工程、美术学、模式识别与智能系统、企业管理(含:财务管理、市场营销)、情报学、区域经济学、热能工程、软件工程、生物工程、生物化工、数量经济学、思想政治教育、外国语言学及应用语言学、无机化学、物理化学(含:化学物理)、项目管理、药剂学、药物化学、英语笔译、英语口译、应用化学、应用数学、有机化学、制浆造纸工程、制药工程

院系设置
高分子科学与工程学院、化学与分子工程学院、化工学院、材料科学与工程学院、环境与安全工程学院、自动化与电子工程学院、机电工程学院、中德科技学院、信息科学技术学院、数理学院、外国语学院、政法学院、经济与管理学院、艺术学院、传播与动漫学院、国际学院、体育教学部、高等职业技术学院、成人教育学院

国家级、省部级研究机构设置
1. 研究所(中心):国家轮胎工艺与控制工程技术研究中心、高性能聚合物及成型技术教育部工程中心、山东省石油化工行业高分子材料质量检测中心、山东省化工过程工程技术研究中心、山东省纳米材料工程技术研究中心、山东省塑料高性能化工程技术研究中心、山东省天然资源化学利用工程技术研究中心
2. 国家重点实验室:青岛市生态化工重点实验室——省部共建国家重点实验室培育基地

博士后流动站 材料科学与工程博士后流动站、化学工程与技术博士后流动站、化学博士后流动站、机械工程博士后流动站

定期公开出版的专业刊物 《青岛科技大学学报》(自然科学版)、《青岛科技大学学报》(社会科学版)

学校设立奖学金情况
学校设立奖学金14项,奖励总金额748余万元。奖学金最高金额8000元/年,最低金额200元/年。

主要校办产业
青岛科技大学科技开发公司、青岛高校电脑、青岛高等学校技术装备服务总部、青岛科技大学技术专修学院、青岛华鲁化学清洗防腐工程技术公司、青岛科技大学化学实验厂、青岛化院高分子机械研究开发中心、青岛科大捷腾驾驶员培训有限公司、软控股份有限公司、青岛高校信息有限公司、青岛恒晨科技有限公司、青岛科大隆腾科技有限公司、银科恒远化工过程信息技术有限公司

毕业生一次就业率 94.27%

学校历史沿革
青岛科技大学原名青岛化工学院,前身是1950年9月创建的沈阳轻工业技术学校,1956年迁至青岛,改名为青岛橡胶工业学校,1958年9月组建为山东化工学院,1984年9月更名为青岛化工学院,1998年由原国家化工部划归山东省领导,2002年3月经教育部批准更名为青岛科技大学。

济南大学

学校(机构)标识码 4137010427	占地面积(平方米) 1667300	成人专科 11439
学校办学类型 411:本科院校:大学	校舍建筑面积(平方米) 949660	硕士研究生 1357
学校性质类别 01 综合大学	图书(万册) 244.28	留学生 85
学校举办者 811 省级教育部门	固定资产总值(万元) 128114	专任教师(人) 1911
学校地址 济南市济微路106号	教学、科研仪器设备资产值(万元) 24568	其中:正高级 269
邮政编码 250022	在校生数(人) 49082	副高级 606
办公电话 0531-82767672	其中:普通本科 32366	中级 965
传真电话 0531-87964112	普通专科 173	初级 64
校园(局域)网域名 www.ujn.edu.cn	成人本科 3662	未定职级 7
电子信箱 jdxb@ujn.edu.cn		

本科专业 材料化学、材料科学与工程、材料类、材料物理、财务管理、测控技术与仪器、朝鲜语、城市规划、德语、地理科学、电气工程及其自动化、电气信息类、电子商务、电子信息科学类、电子信息科学与技术、对外汉语、法学、法学类、法语、服装设计与工程、复合材料与工程、高分子材料与工程、给水排水工程、工商管理、工商管理类、工业工程、工业设计、公共管理类、公共事业管理、光信息科学与技术、广播电视新闻学、广告学、国际经济与贸易、国际政治、汉语言文学、行政管理、化工与制药类、化学、化学工程与工艺、化学类、环境工程、环境科学、环境科学类、环境与安全类、会计学、机械工程及自动化、机械类、机械设计制造

及其自动化、集成电路设计与集成系统、计算机科学与技术、建筑学、金融学、经济学、经济学类、酒店管理、劳动与社会保障、历史学、旅游管理、美术学、烹饪与营养教育、日语、社会工作、社会体育、摄影、生物技术、生物科学类、市场营销、数学类、数学与应用数学、水文与水资源工程、思想政治教育、体育教育、通信工程、土建类、土木工程、网络工程、物理学、物理学类、信息管理与信息系统、信息显示与光电技术、信息与计算科学、药学、艺术设计、音乐学、英语、应用化学、应用心理学、政治学类、制药工程、中国语言文学类、资源环境与城乡规划管理、自动化

专科专业 国际金融、金融管理与实务、美术教育、英语教育

硕士专业 病理学与病理生理学、病原生物学、材料加工工程、材料科学与工程、材料物理与化学、材料学、发展与教育心理学、防灾减灾工程及防护工程、放射医学、分析化学、高分子化学与物理、工程、工业催化、管理科学与工程、光学、国民经济学、化学工程、化学工程与技术、化学工艺、环境工程、环境科学、机械电子工程、机械设计及理论、机械制造及其自动化、计算机科学与技术、计算机软件与理论、计算机系统结构、计算机应用技术、技术经济及管理、检测技术与自动化装置、结构工程、控制理论与控制工程、劳动卫生与环境卫生学、临床医学、流行病与卫生统计学、马克思主义基本原理、免疫学、模式识别与智能系统、内科学、凝聚态物理、皮肤病与性病学、情报学、社会学、生物化工、市政工程、水文学及水资源、思想政治教育、外国语言学及应用语言学、外科学、微生物与生化药学、文艺学、无机化学、物理化学(含:化学物理)、信号与信息处理、眼科学、药理学、药物化学、影像医学与核医学、应用化学、应用数学、中国古代文学、中西医结合基础、肿瘤学

院系设置

文学院、数学科学学院、物理科学学院、法学院、管理学院、外国语学院、政治与公共管理学院、马克思主义学院、材料科学与工程学院、化学化工学院、机械工程学院、土木建筑学院、自动化与电气工程学院、信息科学与工程学院、经济学院、资源与环境学院、酒店管理学院、体育学院、美术学院、音乐学院、历史与文化产业学院、教育与心理科学学院、医学与生命科学学院、国际教育交流学院、泉城学院

国家级、省部级研究机构设置

先进建筑材料教育部工程研究中心、山东省水泥工程技术研究中心、山东省国产数据库工程技术研究中心、山东省氟材料工程技术研究中心、山东省特种水泥工程技术研究中心、山东省建材工业自动化工程技术研究中心、国际会计研究所、山东省城市发展研究基地、山东省饮食文化产业开发研究基地

定期公开出版的专业刊物 《中国粉体技术》、《济南大学学报》(自然版)、《济南大学学报》(社科版)

学校设立奖学金情况

学校设立奖学金5项,奖励总金额:450余万元。奖学金最高金额:5000元/年,最低金额:1000元/年。

主要校办产业

吉达旅行社、济大印刷厂

学校历史沿革

济南大学前身为山东建材工业学院和济南联合大学。山东建材工业学院创建于1948年,济南联合大学创建于1978年,2000年10月山东建材学院与济南联合大学合并组建济南大学。2007年12月山东省人民政府决定,经国务院学位委员会、教育部批准,山东省医学科学院硕士学位授权学科专业并入济南大学。

青岛理工大学

学校(机构)标识码 4137010429	电子信箱 qtech@qtech.edu.cn	成人专科 4353
学校办学类型 411:本科院校:大学	占地面积(平方米) 1868005	博士研究生 44
学校性质类别 02 理工院校	校舍建筑面积(平方米) 1024482	硕士研究生 1173
学校举办者 811 省级教育部门	图书(万册) 180.97	留学生 19
学校地址 山东省青岛市四方区抚顺路11号	固定资产总值(万元) 159535.69	专任教师(人) 1577
邮政编码 266033	教学、科研仪器设备资产值(万元) 22304.69	其中:正高级 176
办公电话 0532-85071061	在校生数(人) 38973	副高级 510
传真电话 0532-85071061	其中:普通本科 22914	中级 601
校园(局域)网域名 www.qtech.edu.cn	普通专科 6215	初级 270
	成人本科 4255	未定职级 20

本科专业 安全工程、材料成型及控制工程、材料科学与工程、财务管理、测控技术与仪器、朝鲜语、车辆工程、城市规划、电力工程与管理、电气工程及其自动化、电子商务、电子信息工程、电子信息科学与技术、服装设计与工程、给水排水工程、工程管理、工程造价、工业工程、工业设计、广告学、国际经济与贸易、国际商务、汉语言文学、环境工程、环境科学、会计学、绘画、机械设计制造及其自动化、计算机科学与技术、建筑电气与智能化、建筑环境与设备工程、建筑学、交通工程、交通运输、经济学、景观建筑设计、汽车服务工程、热能与动力工程、日语、软件工程、社会工作、市场营销、数学与应用数学、通信工程、统计学、土地资

源管理、土木工程、网络工程、物流管理、信息管理与信息系统、信息与计算科学、艺术设计、音乐表演、英语、应用物理学、资源环境与城乡规划管理、自动化

专科专业 采购与供应管理、道路桥梁工程技术、房地产经营与估价、工程监理、工程造价、会计、机电一体化技术、机械设计与制造、计算机辅助设计与制造、检测技术及应用、建筑工程管理、建筑工程技术、市场营销、数控技术、物流管理、物业管理、艺术设计

博士专业 机械设计及理论、结构工程

硕士专业 安全技术及工程、材料学、车辆工程、地质工程、防灾减灾工程及防护工程、港口、海岸及近海工程、工程力学、工业工程、工业设计工程、供热、供燃气、通风及空调工程、固体力学、管理科学与工程、环境工程、环境科学、会计、会计学、机械电子工程、机械工程、机械设计及理论、机械制造及其自动化、计算机技术、计算机软件与理论、计算机应用技术、建筑历史与理论、建筑设计及其理论、建筑与土木工程、结构工程、控制工程、控制理论与控制工程、矿物加工工程、马克思主义中国化研究、企业管理、桥梁与隧道工程、设计艺术学、市政工程、数量经济学、通信与信息系统、项目管理、岩土工程、应用数学、载运工具运用工程、资产评估

院系设置

土木工程学院、建筑学院、环境与市政工程学院、机械工程学院、通信与电子工程学院、计算机工程学院、理学院、外国语学院、艺术学院、汽车与交通学院、自动化工程学院、管理学院、商学院、经贸学院、人文与社会科学学院、国际学院、体育教学部、高职成教学院、琴岛学院

国家级、省部级研究机构设置

1. 实验室：山东省高校能源与环境装备重点实验室、山东省高校机械设计与制造重点实验室、山东省高校城市规划与景观工程技术重点实验室、山东省高校混凝土重点实验室、山东省高校摩擦学与先进表面工程重点实验室、山东省高校人文社会科学研究基地城市文化与城市竞争力研究基地、山东省余热利用及节能装备技术实验室（建设立项）、教育部工业流体节能与污染控制重点实验室（建设立项）、海洋环境混凝土技术教育部工程研究中心（建设立项）

2. 研究中心（所）：山东省混凝土结构耐久性工程技术研究中心、山东省地质环境与效应工程技术研究中心、山东省城市灾变预防与控制工程技术研究中心、山东省岩体损害防护与地表沉陷控制治理工程技术研究中心、山东省冶金节能减排工程技术研究中心

博士后科研流动站 土木工程、机械工程。

定期公开出版的专业刊物 《青岛理工大学学报》

学校设立奖学金情况

学校设立奖学金9项，奖励总金额251余万元。奖学金最高金额15000元／人／年，最低金额100元／人／年。

主要校办产业

青岛理工大学建筑设计研究院、青岛理工大学建设工程监理公司、青岛理工大学工程质量检测鉴定中心、青岛建筑工程学院工程机械厂、青岛理工大学科教设备器材经营公司、青岛理工大学建设工程咨询事务所、青岛理工大学特种工程公司、青岛学苑宾馆

学校历史沿革

青岛理工大学前身为"山东青岛建设工程学校"，创建于1952年12月。1958年升格为"青岛冶金工业专科学校"。1960年升格为"山东冶金学院"。1985年，经冶金工业部批准，正是改名为"青岛建筑工程学院"。1995年原冶金部"青岛冶金矿山职工大学"成建制合并到青岛建筑工程学院。1998年11月，青岛建筑工程学院管理体制由冶金部直属改为中央与地方共建，以山东省为主，由教育厅主管。2004年5月17日，经教育部批准，正式改名为"青岛理工大学"。2005年被批准为博士授予单位。

山东建筑大学

学校(机构)标识码	4137010430
学校办学类型	411：本科院校：大学
学校性质类别	02 理工院校
学校举办者	811 省级教育部门
学校地址	济南市临港开发区凤鸣路 山东建筑大学
邮政编码	250101
办公电话	0531－86367756
传真电话	0531－86361086
校园(局域)网域名	www.sdjzu.edu.cn
电子信箱	fgch@sdjzu.edu.cn
占地面积(平方米)	1387255
校舍建筑面积(平方米)	617954
图书(万册)	178.95
固定资产总值(万元)	40401.05
教学、科研仪器设备资产值(万元)	18952.1
在校生数(人)	31984
其中：普通本科	21117
普通专科	1440
成人本科	5084
成人专科	3271
硕士研究生	1072
专任教师(人)	1307
其中：正高级	168
副高级	447
中级	677
初级	15

本科专业 材料成型及控制工程、材料科学与工程、财务管理、测绘工程、车辆工程、城市规划、德语、地理信息系统、电气工程与自动化、电子商务、电子信息工程、法学、房地产经营管理、给水排水工程、工程管理、工程造价、工商管理、工业工程、工业设计、工业设计（艺术）、光信息科学与技术、广告学、广告学（广告艺术设计）、环境工程、会计学、机械工程及自动化、计算机科学与技术、建筑电气与智能化、建筑环境与设备工程、建筑设施智能技术、建筑学、交通工程、景观建筑设计、景观学、美术学、能

源工程及自动化、热能与动力工程、软件工程、社会工作、生物工程、市场营销、通信工程、土地资源管理、土木工程、网络工程、信息管理与信息系统、信息与计算科学、艺术设计、英语、应用物理学、园林

专科专业 财务会计类、法律事务、工程造价、国际商务、机械制造与自动化、建筑工程管理、建筑工程技术、楼宇智能化工程技术、市场营销

硕士专业 材料加工工程、材料学、城市规划与设计（含：风景园林规划）、道路与铁道工程、防灾减灾工程及防护工程、风景园林、工程、工程力学、工程热物理、工商管理、供热、供燃气、通风及空调工程、固体力学、管理科学与工程、环境工程、机械电子工程、机械设计及理论、计算机应用技术、技术经济及管理、检测技术与自动化装置、建筑技术科学、建筑历史与理论、建筑设计及其理论、结构工程、控制理论与控制工程、马克思主义基本原理、美术学、凝聚态物理、桥梁与隧道工程、热能工程、设计艺术学、市政工程、岩土工程、艺术、园林植物与观赏园艺、制冷及低温工程

院系设置
土木工程学院、管理工程学院、热能工程学院、市政与环境工程学院、建筑城规学院、艺术学院、机电工程学院、信息与电气工程学院、商学院、材料科学与工程学院、计算机科学与技术学院、理学院、法政学院、外国语学院、体育教学部、继续教育学院

国家级、省部级研究机构设置
1. 实验室：可再生能源建筑利用技术实验室、山东省智能建筑技术实验室、山东省建筑节能技术实验室、山东省建筑结构鉴定加固与改造重点实验室
2. 研究中心：山东省土木结构诊断改造与抗灾工程技术研究中心、山东省数字城市与智能建筑工程技术研究中心、山东省城市污水处理与资源化工程技术研究中心、山东省绿色建筑钢结构工程技术研究中心、山东省城市规划与设计工程技术研究中心

定期公开出版的专业刊物 《山东建筑大学学报》

学校设立奖学金情况
学校设立奖学金16项，奖励总金额544万元。奖学金最高金额8000元/年，最低金额50元/年。

主要校办产业
山东华宇钢结构有限公司、山东建大建筑工程鉴定检测中心、山东建固特种专业工程有限公司、山东建大工程鉴定加固研究所、山东安泰智能工程有限公司、山东建大工程建设监理中心、山东科英水暖空调设备开发中心、山东省建业工程公司、山东建大建筑规划设计研究院、山东建筑大学精诚环境科技工程中心、山东建筑大学环保工程设备中心

学校历史沿革
山东建筑大学前身是创建于1956年的国家城市建设部济南城市建设学校。1958年开始本科办学，1978年更名为山东建筑工程学院，并被批准为国家首批学士学位授权单位，1998年获得硕士学位授予权。经山东省人民政府批准，山东省机械工业学校、山东省建筑工程学校、山东省地质学校相继于1998年和2001年并入山东建筑工程学院。2006年2月，经教育部和山东省人民政府批准，山东建筑工程学院正式更名为山东建筑大学。

山东轻工业学院

学校（机构）标识码	4137010431
学校办学类型	412：本科院校：学院
学校性质类别	02 理工院校
学校举办者	811 省级教育部门
学校地址	山东省济南市西部新城大学科技园大学路
邮政编码	250353
办公电话	0531-89631620
传真电话	0531-89631111
校园（局域）网域名	www.spu.edu.cn
电子信箱	qgxy@spu.edu.cn
占地面积（平方米）	1533334
校舍建筑面积（平方米）	806569
图书（万册）	199.8
固定资产总值（万元）	114121.92
教学、科研仪器设备资产值（万元）	16926
在校生数（人）	30188
其中：普通本科	19441
普通专科	3164
成人本科	1770
成人专科	5023
硕士研究生	790
专任教师（人）	1237
其中：正高级	148
副高级	421
中级	582
初级	69
未定职级	17

本科专业 宝石及材料工艺学、材料成型及控制工程、材料化学、材料物理、财务管理、测控技术与仪器、电气工程及其自动化、电子信息工程、电子信息科学与技术、法学、服装设计与工程、高分子材料与工程、工业设计、公共事业管理、光信息科学与技术、广告学、国际经济与贸易、过程装备与控制工程、行政管理、化学、化学工程与工艺、环境工程、环境科学、会计学、机械设计制造及其自动化、计算机科学与技术、金融学、林产化工、酿酒工程、汽车服务工程、轻化工程、人力资源管理、日语、摄影、生物工程、生物技术、食品科学与工程、食品质量与安全、市场营销、通信工程、统计学、文化产业管理、无机非金属材料工程、信息管理与信息系统、信息与计算科学、药物制剂、艺术设计、音乐表演、印刷工程、英语、应用化学、制药工程、自动化

专科专业 财务管理、法律事务、国际经济与贸易、会计、机械设计与制造、机械制造与自动化、计算机信息管理、计算机应用技术、金融保险、金融管理与实务、生物技术及应用、市场营销、投资与理财、艺术设计、应用化工技术

硕士专业 材料学、发酵工程、高分子化学与物理、工程、化学工艺、机械电子工程、机械设计及理论、计算机应用技术、检测技术与自动化装置、控制理论与控制工程、马克思主义中国化研究、皮革化学与工程、设计艺术学、生物化工、食品科学、艺术、应

用化学、制浆造纸工程、制糖工程

院系设置

机械与汽车工程学院、电气工程与自动化学院、轻化与环境工程学院、商学院、艺术学院、食品与生物工程学院、化学与制药工程学院、材料科学与工程学院、信息学院、文法学院、外国语学院、理学院、财政与金融学院、体育与文化产业学院、继续教育学院

国家级、省部级研究机构设置

1.实验室：制浆造纸科学与技术教育部重点实验室、山东省制浆造纸科学与技术重点实验室、山东省轻工助剂重点实验室、山东省玻璃与功能陶瓷加工与测试技术重点实验室、山东省微生物工程重点实验室、山东省制浆造纸工程实验室、非晶/多晶材料重点实验室、轻工装备先进制造与测控技术实验室、轻工精细化学品重点实验室、清洁生产与工业废弃物资源化重点实验室、区域创新与可持续发展研究基地

2.研究中心(所)：山东省食品发酵工程行业技术中心、粮油加工专业分中心、中德啤酒技术中心

定期公开出版的专业刊物 《山东轻工业学院学报》

学校设立奖学金情况

学校设立奖学金4项，奖励总金额134余万元。奖学金最高金额6000元/年，最低金额50元/年。

学校历史沿革

山东轻工业学院创建于1978年4月，其前身是山东轻工业学校，办学历史可追溯到1948年在山东省烟台解放区创办的胶东工业学校。2001年3月经山东省政府批准，原山东银行学校、山东省轻工业学校并入山东轻工业学院。2006年，学校整体迁入长清新校区。

山东理工大学

学校(机构)标识码	4137010433
学校办学类型	411：本科院校：大学
学校性质类别	02理工院校
学校举办者	811省级教育部门
学校地址	山东省淄博市张店区张周路12号
邮政编码	255049
办公电话	0533-2780510
传真电话	0533-2787116
校园(局域)网域名	www.sdut.edu.cn
电子信箱	xzkxzk@sdut.edu.cn
占地面积(平方米)	2400000
校舍建筑面积(平方米)	1062870
图书(万册)	285.95
固定资产总值(万元)	206341.57
教学、科研仪器设备资产值(万元)	33327.31
在校生数(人)	50366
其中：普通本科	31752
普通专科	1716
成人本科	9175
成人专科	6558
硕士研究生	1000
留学生	165
专任教师(人)	1859
其中：正高级	218
副高级	666
中级	887
初级	88

本科专业 材料成型及控制工程、材料化学、材料科学与工程、采矿工程、测绘工程、测控技术与仪器、朝鲜语、车辆工程、城市规划、电气工程及其自动化、电子信息工程、电子信息科学与技术、法学、纺织工程、服装设计与工程、高分子材料与工程、工程管理、工商管理、工业工程、工业设计、光信息科学与技术、广告学、国际经济与贸易、汉语言文学、化学、化学工程与工艺、环境工程、会计学、机械电子工程、机械类、机械设计制造及其自动化、计算机科学与技术、交通工程、交通运输、教育技术学、金融学、经济学、经济学类、勘查技术与工程、矿物加工工程、矿物资源工程、美术学、农业机械化及其自动化、热能与动力工程、日语、软件工程、社会工作、生物工程、生物技术、生物科学、食品科学与工程、市场营销、数学与应用数学、数字媒体技术、体育教育、通信工程、统计学、土木工程、物理学、信息管理与信息系统、信息与计算科学、冶金工程、艺术设计、音乐表演、音乐学、英语、应用化学、运动训练、政治学与行政学、资源循环科学与工程、自动化

专科专业 国际商务、会计与审计、计算机应用技术、模具设计与制造、软件技术、商务管理、商务英语、数学教育、信息技术应用、艺术设计、英语教育、应用韩语

硕士专业 材料加工工程、材料物理与化学、材料学、测试计量技术及仪器、产业经济学、车辆工程、大地测量学与测量工程、电力电子与电力传动、电力系统及其自动化、动力机械及工程、工程、工程力学、工商管理、固体力学、管理科学与工程、机械电子工程、机械设计及理论、机械制造及其自动化、计算机应用技术、检测技术与自动化装置、交通信息工程及控制、交通运输规划与管理、矿物加工工程、马克思主义基本原理、马克思主义中国化研究、美术学、农产品加工及贮藏工程、农业电气化与自动化、农业机械化工程、农业经济管理、农业生物环境与能源工程、农业水土工程、农业推广、企业管理(含：财务管理、市场营销)、情报学、社会学、生物化学与分子生物学、生物物理学、世界经济、思想政治教育、文艺学、物理化学(含：化学物理)、应用化学、应用数学、有色金属冶金、载运工具运用工程

院系设置

机械工程学院、交通与车辆工程学院、农业工程与食品科学学院、电气与电子工程学院、计算机科学与技术学院、化学工程学院、建筑工程学院、资源与环境工程学院、材料科学与工程学院、生命科学学院、理学院、商学院(MBA教育中心)、文学与新闻传播学院、外国语学院、法学院、马克思主义学院、美术学院、音乐学院、体育学院、国防教育学院、鲁泰纺织服装学院

国家级、省部级研究机构设置

1.实验室：山东省精密制造与特种加工重点实验室、山东省旱作农业机械及信息化重点实验室、山东省高校重点实验室——精密模具实验室 先进复合材料实验室 精密工程测量实验室 结构分析与动力学实验室

2.研究中心(所)：国家工业陶瓷材料工程技术研究中心、山

东工程技术研究院、山东省道路智能控制与安全运输工程技术研究中心、山东省陶瓷基复合材料工程技术研究中心、山东省清洁能源工程技术研究中心、山东省纺织化学品与染整工程技术研究中心、山东省生物信息工程技术研究中心、山东省高压电网暂态保护工程技术研究中心、山东省光纤通信检测工程技术研究中心、山东省矿山尾矿资源化处理工程技术研究中心、山东省车辆工程工程技术研究中心、山东省数字化设计与制造工程技术研究中心、山东省基础地理空间信息工程技术研究中心、山东省现代金属材料成形工程技术研究中心、山东省运动训练器械工程技术研究中心、山东省无机材料结构与成分检测研发公共服务基地、山东省齐文化研究基地、山东省产业经济研究基地、山东省生态文化与循环经济软科学研究基地

定期公开出版的专业刊物 《山东理工大学学报(自然科学版)》、《山东理工大学学报(社会科学版)》、《管子学刊》

学校设立奖学金情况

学校设立奖学金19项,奖励总金额392万元/年,最高金额10000元/年,最低金额400元/年。

1. 优秀学生奖学金:4833人/年,600元/人,总额290万元。

2. 山东理工大学单项奖学金:867人/年,600元/人,总额52万元。

3. 万承珪. 周维金奖学金:50人/年,1200元/人。其中一等10人,2000元/人;二等40人,1000元/人,总额6万元。

4. 姚福生院士优秀特困生奖学金:43人/年,698元/人。其中一等8人,1000元/人;二等15人,800元/人;三等20人,500元/人,总额3万元。

5. 瑞鸿奖学金:35人/年,543元/人。其中一等5人,1000元/人;二等10人,600元/人;三等20人,400元/人,总额1.9万元。

6. 理工之星科技创新奖学金:12人/年,2083元/人。其中一等5000元/人;二等1500元/人,总额2.5万元。

7. 福德科技创新奖学金:30人/年,1667元/人。其中一等奖5人,3000元/人,二等奖10人,2000元/人,三等奖15人,1000元/人,总额5万元。

8. 青岛德固特奖学金:20人/年,5000元/人,总额10万元。

9. 富美科技奖学金:20人/年,1500元/人。其中一等奖10人,2000元/人,二等奖10人,1000元/人,三等奖23人,800元/人,总额3万元。

10. 宇峰优秀学生奖学金:20人/年,1000元/人,总额2万元。

11. 鲁泰纺织服装学院优秀学生奖学金:47人/年,953元/人,其中一等奖12人,1200元/人,二等奖12人,1000元/人,总额4.48万元。

12. 鲁泰纺织服装学院先锋奖学金:10人/年,3000元/人,总额3万元。

13. 鲁泰纺织服装学院单项奖学金:18人/年,800元/人,总额1.44万元。

14. 梁邹矿业奖学金:16人/年,675元/人,其中特别奖1人,2000元/人;一等奖3人,1000元/人;二等奖5人,600元/人;三等奖7人,400元/人。总额1.08万元。

15. 巨明奖学金:20人/年,1000元/人。一等奖4名,奖金1500元;二等奖6名,奖金1000;三等奖10名,奖金800元,总额2万元。

16. 中通奖学金:18人/年,667元/人。一等奖6人,每人1000元,二等奖12人,每人500元。总额1.2万元。

17. 洪筹律师事务所奖学金:2人,4500元/人,总额0.9万元。

18. 山东大地人律师事物所奖学金:12人,1250元/人,总额1.5万元。

19. 淄博科技器材大楼奖学金:10人,1000元/人,总额1万元。

主要校办产业

山东理工大学奥星科技发展有限责任公司、山东理工大学机械厂

学校历史沿革

学校由山东工程学院、淄博学院合并组建而成。山东工程学院前身是山东农业机械化学院,创建于1956年,是"文革"前山东省13所本科高校之一。淄博学院是1998年合并组建的地方普通本科高校。2002年3月,教育部批准设立山东理工大学。

山东农业大学

学校(机构)标识码	4137010434
学校办学类型	411:本科院校:大学
学校性质类别	03 农业院校
学校举办者	811 省级教育部门
学校地址	山东省泰安市岱宗大街61号
邮政编码	271018
办公电话	0538-8242291
传真电话	0538-8226399
校园(局域)网域名	www.sdau.edu.cn
电子信箱	xb201@sdau.edu.cn
占地面积(平方米)	2254562
校舍建筑面积(平方米)	1176316
图书(万册)	227.1
固定资产总值(万元)	126118.84
教学、科研仪器设备资产值(万元)	37240.38
在校生数(人)	45281
其中:普通本科	28448
普通专科	171
成人本科	8099
成人专科	5771
博士研究生	370
硕士研究生	2422
专任教师(人)	1700
其中:正高级	235
副高级	612
中级	606
初级	247

本科专业 材料化学、财务管理、蚕学、草业科学、测绘工程、车辆工程、道路桥梁与渡河工程、地理信息系统、电气工程及

其自动化、电子信息科学与技术、动物科学、动物生物技术、动物医学、动植物检疫、俄语、法学、风景园林、给水排水工程、工商管理、国际经济与贸易、行政管理、环境工程、环境科学、会计学、机械电子工程、计算机科学与技术、建筑环境与设备工程、建筑学、交通运输、金融学、经济学、空间信息与数字技术、林学、木材科学与工程、农村区域发展、农林经济管理、农学、农业机械化及其自动化、农业资源与环境、葡萄与葡萄酒工程、日语、森林资源保护与游憩、设施农业科学与工程、生物工程、生物技术、生物科学、食品科学与工程、食品质量与安全、数学与应用数学、水产养殖学、水利水电工程、水土保持与荒漠化防治、水文与水资源工程、通信工程、土地资源管理、土木工程、网络工程、文秘教育、项目管理、信息与计算科学、烟草、遥感科学与技术、艺术设计、音乐学、英语、应用化学、园林、园艺、植物保护、植物科学与技术、制药工程、中药资源与开发、种子科学与工程、自动化

专科专业 道路桥梁工程技术、经济管理

博士专业 茶学、动物遗传育种与繁殖、发育生物学、果树学、基础兽医学、农药学、农业机械化工程、农业经济管理、农业昆虫与害虫防治、农业资源利用新专业、森林培育、生物化学与分子生物学、食品科学、蔬菜学、土壤学、微生物学、细胞生物学、预防兽医学、园艺学新专业、植物保护新专业、植物病理学、植物学、植物营养学、作物学新专业、作物遗传育种、作物栽培学与耕作学

硕士专业 草业科学、茶学、产业经济学、地图制图学与地理信息工程、动物遗传育种与繁殖、动物营养与饲料科学、发酵工程、发育生物学、分析化学、工程、公共管理、果树学、环境工程、环境科学、会计、会计学、机械设计及理论、基础兽医学、结构工程、林木遗传育种、林业、临床兽医学、马克思主义基本原理、农产品加工及贮藏工程、农药学、农业电气化与自动化、农业机械化工程、农业经济管理、农业昆虫与害虫防治、农业生物环境与能源工程、农业水土工程、农业推广、森林保护学、森林经理学、森林培育、生态学、生物化学与分子生物学、食品科学、兽医、蔬菜学、水利水电工程、水土保持与荒漠化防治、水文学及水资源、特种经济动物饲养（含：蚕、蜂等）、土地资源管理、土壤学、外国语言学及应用语言学、微生物学、细胞生物学、遗传学、应用化学、预防兽医学、园林植物与观赏园艺、植物病理学、植物学、植物营养学、作物遗传育种、作物栽培学与耕作学

院系设置 学校设有农学院、植物保护学院、资源与环境学院、园艺科学与工程学院、林学院、动物科技学院（动物医学院）、机械与电子工程学院、经济管理学院、食品科学与工程学院、信息科学与工程学院、化学与材料科学学院、生命科学学院、文法学院、外国语学院、水利土木工程学院、体育与艺术学院、国际交流学院、马克思主义学院、继续教育学院、农民学院等20个学院

国家级、省部级研究机构设置

1. 实验室：作物生物学国家重点实验室、土肥资源高效利用国家工程实验室、山东泰山森林生态系统定位研究站、农业部作物生理生态与耕作重点实验室、农业部黄淮地区园艺作物生物学与种质创制重点实验室、农业部作物水分生理与抗旱种质改良重点实验室、农业部黄淮海设施农业工程科学观测实验站、农业部动物疫病病原生物学华东科学观测实验站、农业部园艺作物生物学重点开放实验室、农业部作物生理生态与栽培重点开放实验室、山东省作物生物学重点实验室、山东省土壤侵蚀与生态修复重点实验室、山东省农业微生物重点实验室、山东省动物生物工程与疾病控制重点实验室、山东省园艺机械与装备重点实验室、山东省果树生物学高校重点实验室、山东省作物生理生态高校重点实验室、山东省农业环境高校重点实验室、山东省农药毒理与应用技术高校重点实验室、山东省智能化农业机械与装备高校重点实验室、山东省森林培育高校重点实验室、山东省农业生物分析化学高校重点实验室、山东省食品加工技术与质量控制高校重点实验室、山东省新农村建设土地资源空间数据采集与利用实验室

2. 研究中心（所）：国家苹果工程技术研究中心、国家缓控释肥工程技术研究中心、国家谷物品质监督检验测试中心（泰安）、国家小麦改良中心泰安分中心、黄淮海区域玉米技术创新中心、山东省小麦工程技术研究中心、山东省苹果工程技术研究中心、山东省禽疫病防治工程技术研究中心、山东省农业环境污染控制工程技术研究中心、山东省农业生态环境工程技术研究中心、山东省粮食加工技术工程研究中心、山东省数字农业工程技术研究中心、山东省林业有害生物防控工程技术研究中心、山东省食品安全分析与检测工程技术研究中心、山东省城乡风景园林工程技术研究中心、山东省村镇住宅工程技术研究中心、山东省硼铬稀土共渗技术工程技术研究中心、山东省缓控释肥工程技术研究中心、山东省大蒜工程技术研究中心、山东省中日设施园艺合作研究中心、山东省中德动物疫源性人兽共患传染病合作研究中心、山东省烟草病虫害研究中心、山东省农村经济管理研究基地

博士后科研流动站 作物学、园艺学、植物保护、农业资源利用、生物学、兽医学、农林经济管理、畜牧学、林学、农业工程

定期公开出版的专业刊物 《山东农业大学学报》（自然版）、《山东农业大学学报》（社科版）、《山东畜牧兽医》

学校设立奖学金情况

学校设立奖学金5项，奖励总金额770余万元。奖学金最高金额20000元/年，最低金额300元/年。

主要校办产业

山东农业大学勘察设计研究院、北京三元农业公司、泰安市山东农业大学种业有限公司、泰安市山农大肥业有限公司、泰安市山东农业大学劳动服务公司、泰安市农大科技开发有限公司、泰安市山农大药业有限公司、山东达易利科技开发有限公司、山东国润生物农药有限公司

学校历史沿革

山东农业大学坐落在雄伟壮丽的泰山脚下，前身是1906年创办于济南的山东高等农业学堂。后几经变迁，1952年经全国院系调整，成立山东农学院。1958年由济南迁至泰安，1983年更名为山东农业大学。1999年7月，经山东省人民政府批准，将山东农业大学、山东水利专科学校合并，同时将山东省林业学校并入，组建新的山东农业大学。

青岛农业大学

学校(机构)标识码 4137010435	电子信箱 oou@qau.edu.cn	成人本科 4131
学校办学类型 411:本科院校:大学	占地面积(平方米) 2170770	成人专科 5470
学校性质类别 03 农业院校	校舍建筑面积(平方米) 859938	硕士研究生 906
学校举办者 811 省级教育部门	图书(万册) 191.6	专任教师(人) 1369
学校地址 山东省青岛市城阳区长城路700号	固定资产总值(万元) 104841.51	其中:正高级 178
	教学、科研仪器设备资产值(万元) 17187.87	副高级 311
邮政编码 266109		中级 756
办公电话 0532-86080227	在校生数(人) 35810	初级 68
传真电话 0532-86080221	其中:普通本科 22599	未定职级 56
校园(局域)网域名 www.qau.edu.cn	普通专科 2704	

本科专业 材料化学、财务管理、茶学、朝鲜语、传播学、电气工程及其自动化、电子商务、电子信息工程、电子信息科学与技术、动画、动物科学、动物医学、风景园林、工程管理、公共事业管理、广播电视编导、广告学、国际经济与贸易、汉语言文学、化学工程与工艺、环境工程、环境科学、会计学、绘画、机械设计制造及其自动化、计算机科学与技术、建筑环境与设备工程、建筑学、粮食工程、农村区域发展、农林经济管理、农学、农业电气化与自动化、农业机械化及其自动化、农业资源与环境、日语、设施农业科学与工程、社会工作、生态学、生物安全、生物工程、生物功能材料、生物技术、生物科学、生物科学类新专业、食品科学与工程、食品质量与安全、水产养殖学、通信工程、土地资源管理、土木工程、物流管理、信息与计算科学、烟草、药学、艺术设计、英语、应用化学、园林、园艺、植物保护、植物科学与技术、制药工程、种子科学与工程

专科专业 工业分析与检验、国际经济与贸易、建筑装饰工程技术、商务英语、社区管理与服务、生物技术及应用、生物制药技术、食品加工技术、食品营养与检测、市场营销、兽医、水产养殖技术、饲料与动物营养、特种动物养殖、文秘、园艺技术、植物保护、种子生产与经营

硕士专业 草业科学、茶学、动物遗传育种与繁殖、动物营养与饲料科学、工程、果树学、基础兽医学、临床兽医学、农产品加工及贮藏工程、农药学、农业电气化与自动化、农业机械化工程、农业经济管理、农业昆虫与害虫防治、农业推广、生物化学与分子生物学、食品科学、兽医、蔬菜学、水产养殖、特种经济动物饲养(含:蚕、蜂等)、微生物学、遗传学、应用化学、预防兽医学、园林植物与观赏园艺、植物病理学、植物学、植物营养学、作物遗传育种、作物栽培学与耕作学

院系设置
农学与植物保护学院、资源与环境学院、园林与园艺学院、动物科技学院、机电工程学院、建筑工程学院、生命科学学院、食品科学与工程学院、经济与管理学院、人文社科学院、理学与信息科学学院、艺术与传媒学院、外国语学院、化学与药学院、继续教育学院、合作社学院、中加商务学院、体育教学部

国家级、省部级研究机构设置
省级重点实验室:旱作技术实验室、应用真菌实验室、预防兽医学实验室、农业传播学实验室、动物生殖与种质创新实验室、植物病虫害综合防控实验室、植物生物技术实验室、现代农业质量与安全工程实验室(青岛市重点实验室)、青岛市主要农作物种质创新与应用重点实验室(青岛市重点实验室)。省级研究机构:山东省农业传播与农村发展研究中心、山东省黑牛繁育工程技术研究中心、山东省农业仿生应用工程技术研究中心、山东省肉类食品质量控制工程技术研究中心、青岛市动漫创意技术工程研究中心(青岛市)

定期公开出版的专业刊物 《青岛农业大学学报》(自然科学版)、《青岛农业大学学报》(社会科学版)

学校设立奖学金情况
学校设立奖学金18项,奖励总金额737.79万元。奖学金最高金额10000元/年,最低金额100元/年,获奖人次9879人次。

学校历史沿革
青岛农业大学是一所涵盖农学、工学、理学、经济学、管理学、文学、艺术学、法学等学科的多科性大学,是教育部本科教学水平评估优秀学校。学校是由始建于1951年的莱阳农业学校发展起来一所省属普通高等学校,现校址在山东省青岛市城阳区长城路700号。莱阳农业学校(1951年-1958年),莱阳农学院(1958年-1963年),莱阳农业大学(1976年),莱阳农学院(1977年-2007年3月),青岛农业大学(2007年3月-至今)。

潍坊医学院

学校(机构)标识码 4137010438	学校办学类型 412:本科院校:学院	学校性质类别 05 医药院校

学校举办者　812 省级其他部门	校舍建筑面积（平方米）　630325	成人专科　4034
学校地址　山东省潍坊市奎文区胜利东街 288 号	图书（万册）　130.15	硕士研究生　1050
	固定资产总值（万元）　83437.91	专任教师（人）　1068
邮政编码　261042	教学、科研仪器设备资产值（万元）　16706.96	其中：正高级　116
办公电话　0536 - 2602082		副高级　301
传真电话　0536 - 2602083	在校生数（人）　29088	中级　389
校园（局域）网域名　www.wfmc.edu.cn	其中：普通本科　15426	初级　250
电子信箱　bgsh@ wfmc.edu.cn	普通专科　750	未定职级　12
占地面积（平方米）　1203643	成人本科　7828	

本科专业　法学、公共事业管理、护理学、口腔医学、劳动与社会保障、临床医学、麻醉学、生物技术、食品质量与安全、市场营销、统计学、药学、医学检验、医学影像学、英语、应用心理学、预防医学、运动康复与健康

专科专业　护理、临床医学、药学

硕士专业　病理学与病理生理学、病原生物学、儿科学、耳鼻咽喉科学、妇产科学、护理学、急诊医学、口腔临床医学、临床医学、流行病与卫生统计学、麻醉学、免疫学、内科学、人体解剖与组织胚胎学、社会医学与卫生事业管理、神经病学、生理学、生物化学与分子生物学、外科学、眼科学、药理学、影像医学与核医学、应用心理学、中西医结合临床、肿瘤学

院系设置

临床学院、人文社会科学学院、基础医学院、管理学院、护理学院、口腔医学院、公共卫生学院、药学与生物科学学院、继续教育学院、麻醉学系、医学影像学系、外语系、心理学系、医学检验学系

国家级、省部级研究机构设置

省部级重点实验室、研究中心（所）：应用药理学实验室、免疫学实验室、临床检验诊断学实验室

定期公开出版的专业刊物　《潍坊医学院学报》

学校设立奖学金情况

学校设立奖学金 4 项，奖励总金额 140 余万元。奖学金最高金额 5000 元/年，最低金额 300 元/年。

学校历史沿革

山东省昌潍医士学校（1951 年 5 月 - 1955 年 10 月，1952 年原昌潍地区卫生院附设护士学校并入）；山东省潍坊市医士学校（1955 年 10 月 - 1958 年 8 月）；昌潍医学院（1958 年 8 月 - 1959 年底）；昌潍医学专科学校（1959 年底 - 1965 年 4 月）；昌潍医学院（1965 年 4 月 - 1987 年 9 月）；潍坊医学院（1987 年 9 月至今）。

泰山医学院

学校（机构）标识码　4137010439	电子信箱　msk@ tsmc.edu.cn	成人本科　6881
学校办学类型　412：本科院校：学院	占地面积（平方米）　1937206	成人专科　3497
学校性质类别　05 医药院校	校舍建筑面积（平方米）　785592	硕士研究生　615
学校举办者　812 省级其他部门	图书（万册）　143.16	专任教师（人）　1104
学校地址　泰安市岱岳区北集坡街道办事处沙家洪沟村	固定资产总值（万元）　132797.56	其中：正高级　113
	教学、科研仪器设备资产值（万元）　15662.38	副高级　256
邮政编码　271016		中级　542
办公电话　0538 - 6229953	在校生数（人）　31955	初级　189
传真电话　0538 - 6229953	其中：普通本科　18043	未定职级　4
校园（局域）网域名　www.tsmc.edu.cn	普通专科　2919	

本科专业　电子信息科学与技术、俄语、高分子材料与工程、公共事业管理、护理学、化学工程与工艺、环境工程、计算机科学与技术、口腔医学、劳动与社会保障、临床医学、临床医学（计划生育医学方向）、临床医学（中韩合作办学）、临床医学与英语、旅游管理、人力资源管理、社会工作、生物工程、生物技术、生物医学工程、市场营销、卫生检验、信息管理与信息系统、药学、药学（临床药学方向）、医学检验、医学影像学、医学影像学（中韩合作办学）、英语、应用化学、应用物理学、预防医学、运动人体科学、制药工程、中药学

专科专业　服装设计与加工、护理、护理（中英合作办学）、化学制药技术、计算机应用技术、康复治疗技术、临床医学、临床医学（计划生育医学方向）、旅游管理、生物技术及应用、市场营销、特殊教育、药学、药学（中英合作办学）、医学检验技术、医学影像技术、医学影像技术（中英合办学）、应用化工技术、应用艺术设计、应用英语

硕士专业　病理学与病理生理学、病原生物学、妇产科学、护理学、老年医学、临床医学、流行病与卫生统计学、免疫学、内科学、人体解剖与组织胚胎学、神经病学、神经生物学、外科学、

药理学、影像医学与核医学、运动医学、肿瘤学

院系设置　学校现设有基础医学院、药学院、管理学院、化工学院、护理学院、人口与计划生育学院、放射学院、外国语学院、信息工程学院、公共卫生学院、运动人体科学系、生物科学学院、口腔学院、国际教育学院、继续教育学院

定期公开出版的专业刊物　《泰山医学院学报》

学校设立奖学金情况　学校设有奖学金10项,奖励总金额1409.72万元/年,奖学金最高金额8000元/年,最低金额300元/年。

学校历史沿革　泰山医学院前身是山东医学院楼德分院,1974年独立办学。1981年迁至泰安,经国务院批准,定名为"泰山医学院"。

滨州医学院

学校(机构)标识码	4137010440
学校办学类型	412:本科院校:学院
学校性质类别	05 医药院校
学校举办者	812 省级其他部门
学校地址	山东省烟台市莱山区观海路346号
邮政编码	264003
办公电话	0535-6913016
传真电话	0535-6913024
校园(局域)网域名	www.bzmc.edu.cn
电子信箱	bzmc_1@126.com
占地面积(平方米)	1059673
校舍建筑面积(平方米)	596550
图书(万册)	96.77
固定资产总值(万元)	90100.14
教学、科研仪器设备资产值(万元)	18562.3
在校生数(人)	28323
其中:普通本科	13581
普通专科	862
成人本科	8094
成人专科	5530
硕士研究生	242
留学生	14
专任教师(人)	967
其中:正高级	108
副高级	227
中级	419
初级	193
未定职级	20

本科专业　法学、公共事业管理、护理学、康复治疗学、口腔医学、劳动与社会保障、临床医学、麻醉学、生物技术、统计学、信息管理与信息系统、眼视光学、药学、医学检验、医学影像学、英语、应用心理学、预防医学、中医学

专科专业　护理、临床医学

硕士专业　病理学与病理生理学、儿科学、妇产科学、口腔临床医学、口腔医学、临床医学、免疫学、内科学、皮肤病与性病学、人体解剖与组织胚胎学、外科学、眼科学、影像医学与核医学、中西医结合临床

院系设置　基础学院、临床学院、特教学院、口腔学院、护理学院、医学人文学院、药学院、中西医结合学院、卫生管理学院、成人教育学院

国家级、省部级研究机构设置　(4个):省市共建山东省重点实验室培育基地——临床营养与代谢实验室;山东省"十二五"高校重点强化实验室——医学生物技术实验室;山东省"十二五"高校重点实验室——肿瘤分子生物学实验室;山东省"十二五"高校人文社会科学研究基地——医学人文研究中心

定期公开出版的专业刊物　《中国医院统计》、《滨州医学院学报》

学校设立奖学金情况　学校设立奖学金、奖励共5项,奖金总额205.73万元。奖学金最高金额2000元/年,最低金额200元/年。

学校历史沿革　滨州医学院的前身是始建于1946年的原国立山东大学医学院,1956年独立建制为青岛医学院,1970年10月整体搬迁至山东省惠民地区行署驻地北镇办学,1974年11月设立青岛医学院北镇分院(为省属本科高等院校),1981年9月改称北镇医学院,1983年3月随驻地更名为滨州医学院。2002年9月滨州医学院烟台校区投入使用。

山东中医药大学

学校(机构)标识码	4137010441
学校办学类型	411:本科院校:大学
学校性质类别	05 医药院校
学校举办者	811 省级教育部门
学校地址	山东省济南市长清大学科技园
邮政编码	250355
办公电话	0531-89628012
传真电话	0531-89628015
校园(局域)网域名	www.sdutcm.edu.cn
电子信箱	xiaoban@sdutcm.edu.cn
占地面积(平方米)	1219845
校舍建筑面积(平方米)	543572
图书(万册)	108.9
固定资产总值(万元)	86934
教学、科研仪器设备资产值(万元)	15545.5
在校生数(人)	24191
其中:普通本科	14492
普通专科	1263

成人本科 2657	留学生 200	中级 277
成人专科 2882	专任教师(人) 885	初级 206
博士研究生 221	其中:正高级 133	未定职级 25
硕士研究生 2476	副高级 244	

本科专业 法学、公共事业管理、护理学、计算机科学与技术、康复治疗学、社会体育、生物医学工程、市场营销、信息管理与信息系统、眼视光学、药学、英语、营养学、应用心理学、运动人体科学、针灸推拿学、制药工程、中草药栽培与鉴定、中西医临床医学、中药学、中医学

专科专业 护理、市场营销、营养与食品卫生、针灸推拿、中药

博士专业 方剂学、针灸推拿学、中西医结合基础、中西医结合临床、中药学、中医儿科学、中医妇科学、中医骨伤科学、中医基础理论、中医临床基础、中医内科学、中医外科学、中医五官科学、中医医史文献、中医诊断学

硕士专业 方剂学、工程管理、临床医学、马克思主义中国化研究、生物医学工程、生药学、微生物与生化药学、眼科学、药剂学、药理学、药物分析学、药物化学、药学、影像医学与核医学、应用心理学、针灸推拿学、中西医结合基础、中西医结合临床、中药学、中医儿科学、中医妇科学、中医骨伤科学、中医基础理论、中医临床基础、中医内科学、中医外科学、中医五官科学、中医医史文献、中医诊断学

院系设置 学校共有13个二级学院:基础医学院、药学院、针灸推拿学院、护理学院、人文社科学院、理工学院、外国语学院、体育艺术学院、信息管理学院、第一临床学院、第二临床学院、继续教育学院、国际教育学院

国家级、省部级研究机构设置
1.实验室:中医药经典理论实验室、中医药基础研究重点实验室、中药质量分析实验室、微循环实验室、细胞生物学实验室、中药制剂实验室、视觉分析实验室、辅助生殖技术实验室、中西医结合眼病防治技术实验室、中药资源学实验室、中西医结合肿瘤防治实验室、中医心血管病实验室、天然药物实验室、中药制剂实验室

2.研究中心(所):山东省中医经方工程技术研究中心、山东省中药炮制工程技术研究中心、山东省中药材良种选育工程技术研究中心、天然药物研究所、中医文献与文化研究中心

博士后科研流动站 中医学、中药学、中西医结合

定期公开出版的专业刊物 《山东中医药大学学报》、《山东中医杂志》、《中国中西医结合影像学杂志》、《中国肛肠病杂志》

学校设立奖学金情况
学校设立奖学金两项,奖励总金额122.89万元,奖学金最高金额1000元/年,最低200元/年。

主要校办产业
山东中医药大学科技开发实业总公司、山东鲁信药业有限公司、山东中医药大学中鲁医院、山东中医药大学门诊部、产业办山师东路商业楼

学校历史沿革
山东中医药大学前身为山东中医学院,创建于1958年。1971年并入山东医学院,成立中医系。1978年正式与山东医学院分开,恢复山东中医学院建制,同年被列为全国重点建设的中医药院校之一,并开始招收首届研究生,为全国首批招收中医学研究生单位之一。1981年被山东省政府列为省级重点院校,被国务院学位委员会批准为全国高等中医药院校首批学士学位和硕士学位授予权单位。1985年获得博士学位授权单位。1996年经教育部、山东省政府批准更名山东中医药大学。

山东医学高等专科学校

学校(机构)标识码 4137010442	传真电话 0539-8211552	在校生数(人) 15680
学校办学类型 414:专科院校:高等专科学校	校园(局域)网域名 www.sdmc.edu.cn	其中:普通专科 15540
	电子信箱 lyyz@ymc.edu.cn	成人专科 140
学校性质类别 05 医药院校	占地面积(平方米) 1068584	专任教师(人) 877
学校举办者 812 省级其他部门	校舍建筑面积(平方米) 477552	其中:正高级 45
学校地址 山东省临沂市兰山区青年路39号	图书(万册) 96.38	副高级 208
	固定资产总值(万元) 52391.21	中级 308
邮政编码 276002	教学、科研仪器设备资产值(万元) 12179.26	初级 201
办公电话 0539-8225584		未定职级 115

专科专业 病理检验方向、超声诊断方向、放射治疗方向、妇幼保健方向、护理、康复护理方向、康复治疗方向、康复治疗技术、口腔医学、临床医学、麻醉方向、日语护理方向、社区护理方向、社区医学方向、卫生检验与检疫技术、眼视光方向、药品经营与管理、药学、医疗保险实务、医学检验技术、医学影像技术、医用电子仪器与维护、医院信息管理方向、英语护理方向、英语药学方向、影像诊断方向、中药、助产

院系设置

社科部、基础部、临床系、护理系、口腔系、医学检验系、药学系、医学影像系、康复医学系、卫生管理系、外语教学部

定期公开出版的专业刊物 《山东医学高等专科学校学报》

学校设立奖学金情况

学校设立奖学金9项,奖励总金额177.38余万元。奖学金最高金额1000元/年,最低金额200元/年。

学校历史沿革

学校于1966年3月在沂水县城创建,为青岛医学院分院,称沂水半工半读医学专科学校;1972年8月,经国务院批准,命名为沂水医学专科学校;1974年7月,经国务院批准为普通高等专科学校;1981年8月,经山东省人民政府批准,搬迁至临沂市重建;1986年3月,学校更名为临沂医学专科学校;1990年,学校收归山东省卫生厅管理;1992年8月,学校完成全部搬迁;2004年12月,经山东省人民政府报请国家教育部批准,学校更名为山东医学高等专科学校;2005年1月,经山东省人民政府批准,将山东省卫生学校并入山东医学高等专科学校。

济宁医学院

学校(机构)标识码 4137010443	电子信箱 yb@mail.jnmc.edu.cn	普通专科 1173
学校办学类型 412:本科院校:学院	占地面积(平方米) 1244226	成人本科 5137
学校性质类别 05 医药院校	校舍建筑面积(平方米) 674144	成人专科 3310
学校举办者 812 省级其他部门	图书(万册) 113.4	专任教师(人) 810
学校地址 山东省济宁市北湖新区荷花路16号	固定资产总值(万元) 88160.82	其中:正高级 88
	教学、科研仪器设备资产值(万元)	副高级 223
邮政编码 272067	17640.98	中级 350
办公电话 0537-3616020	在校生数(人) 22834	初级 128
传真电话 0537-3616777	其中:普通本科 13214	未定职级 21
校园(局域)网域名 www.jnmc.edu.cn		

本科专业 法医学、公共事业管理、护理学、护理学(急危重症护理方向)、护理学(涉外护理方向)、计算机科学与技术、计算机科学与技术(软件外包方向)、计算机科学与技术(物联网方向)、精神医学、康复治疗学、口腔医学、劳动与社会保障、临床医学、临床医学(中西医临床医学方向)、人力资源管理、生物工程、生物技术、食品质量与安全、市场营销、信息管理与信息系统、药物制剂、药学、医学检验、医学检验(卫生检验方向)、医学影像学、英语、应用心理学、预防医学、中药学

专科专业 护理(中外合作办学)、护理学、计算机应用基础、临床医学、市场营销、药物制剂技术、药学、医学检验技术

院系设置

临床学院、基础医学与法医学院、公共卫生学院、精神卫生学院、护理学院、信息工程学院、药学院、管理学院、医学检验系、口腔医学系、医学影像学系、生物科学系、社会科学部、外语教学部、继续教育学院

国家级、省部级研究机构设置

1.实验室:行为医学重点实验室、神经生物学重点实验室、心脏疾病诊疗重点实验室

2.研究中心(所):行为与健康研究基地

定期公开出版的专业刊物 《中华行为医学与脑科学杂志》《济宁医学院学报》

学校设立奖学金情况

学校设立奖学金1项,奖励总金额171.88余万元。奖学金最高金额1200元/年,最低金额400元/年。

学校历史沿革

1952年2月经华东军政委员会批准成立济宁医士学校;1956年6月经山东省人民委员会批准改为济宁卫生学校;1958年8月经山东省人民委员会批准改为济宁医学院;1959年经山东省人民委员会批准改为济宁卫生干部进修学校;1962年8月经山东省人民委员会批准改为山东省医学专科进修学校;1972年经济宁地委批准改为济宁医学专科学校;1974年7月经国务院教科组批准改为济宁医学专科学校;1987年1月经国家教委批准改为济宁医学院。

菏泽医学专科学校

学校(机构)标识码 4137010444	学校举办者 812 省级其他部门	办公电话 0530-5925702
学校办学类型 414:专科院校:高等专科学校	学校地址 山东省菏泽市大学路1950号	传真电话 0530-5617933
		校园(局域)网域名 www.hzmc.edu.cn
学校性质类别 05 医药院校	邮政编码 274000	电子信箱 hzyzbgs@126.com

占地面积(平方米) 598670	5846.13	其中:正高级 30
校舍建筑面积(平方米) 292821	在校生数(人) 11278	副高级 132
图书(万册) 58.77	其中:普通专科 11267	中级 248
固定资产总值(万元) 16247.59	成人专科 11	初级 106
教学、科研仪器设备资产值(万元)	专任教师(人) 518	未定职级 2

专科专业 护理、护理(ICU方向)、护理(涉外护理方向)、口腔医学、临床医学、临床医学(超声诊断方向)、临床医学(全科医学方向)、临床医学类(麻醉学)、药学、医疗保险实务、医学检验技术、医药营销、助产

院系设置 临床医学系、护理系、药学系、基础部

定期公开出版的专业刊物 《菏泽医学专科学校学报》

学校设立奖学金情况

学校设立奖学金4项,奖励总金额340余万元。奖学金最高金额800元/年,最低金额400元/年。

学校历史沿革

学校前身是创建于1950年的平原省卫生学校,1958年升格为山东省菏泽地区医学专科学校,1978年经国务院批准,正式命名为菏泽医学专科学校。批文为:(78)教计字1427号,《关于同意恢复和增设一批普通高校的通知》

山东师范大学

学校(机构)标识码 4137010445	占地面积(平方米) 2587852	成人专科 8235
学校办学类型 411:本科院校:大学	校舍建筑面积(平方米) 1206600	博士研究生 327
学校性质类别 06 师范院校	图书(万册) 376.6	硕士研究生 4447
学校举办者 811 省级教育部门	固定资产总值(万元) 162012.59	留学生 202
学校地址 山东省济南市历下区文化东路88号	教学、科研仪器设备资产值(万元) 24679.34	专任教师(人) 1845
邮政编码 250014	在校生数(人) 52026	其中:正高级 342
办公电话 0531-86180015	其中:普通本科 27486	副高级 572
传真电话 0531-86180017	普通专科 605	中级 615
校园(局域)网域名 www.sdnu.edu.cn	成人本科 10724	初级 259
电子信箱 xiaoban@sdnu.edu.cn		未定职级 57

本科专业 阿拉伯语、播音与主持艺术、财务管理、朝鲜语、地理科学、地理信息系统、电子科学与技术、电子商务、电子信息工程、电子信息科学与技术、动画艺术方向、对外汉语、俄语、法学、法语、工商管理、公共事业管理、光电信息工程、广播电视编导、广播电视新闻学、国际经济与贸易、汉语言、汉语言文学、行政管理、化学、化学工程与工艺、环境科学、计算机科学与技术、教育技术学、教育学、金融数学、金融学、劳动与社会保障、历史学、旅游管理、美术学、民族传统体育、人力资源管理、日语、软件服务外包、软件工程方向、社会工作、社会体育、摄影、生物技术、生物科学、生物科学类、食品科学与工程、食品质量与安全、世界历史、数学与应用数学、数字媒体艺术、思想政治教育、体育教育、体育舞蹈、通信工程、文化产业管理、舞蹈学、物理学、物流管理、西班牙语、戏剧影视文学、心理学、新闻学、信息管理与信息系统、信息技术方向、信息与计算科学、学前教育、学前教育(美术)、学前教育(音乐)、艺术类、艺术设计、音乐表演、音乐学、英语、影视艺术、应用化学、应用物理学、应用心理学、哲学、政治学与行政学、知识产权方向、制药工程、资源环境与城乡规划管理、作曲与作曲技术理论

专科专业 公共事业管理(文化产业管理方向)、国际经济与贸易、汉语言文学、物流管理、新闻采编与制作、音乐学、英语教育

博士专业 比较文学与世界文学、产业组织与管理控制、动物学、发展与教育心理学、分析化学、管理工程与工业工程、管理决策理论与应用、管理科学与工程、光学、汉语言文字学、教育学原理、课程与教学论、马克思主义基本原理、马克思主义中国化研究、区域文化与中国文学、人口、资源与环境经济学、世界史、思想政治教育、网络与网络资源管理、文学与影视艺术、文艺学、物理化学(含:化学物理)、细胞生物学、信息管理与电子商务、原子与分子物理、植物学、中国古代文学、中国古典文献学、中国现当代文学、自然地理学

硕士专业 比较教育学、比较文学与世界文学、传播学、地图学与地理信息系统、电影学、动物学、对外汉语教学、俄语语言文学、发育生物学、发展与教育心理学、法律史、翻译、分析化学、高等教育学、工程、工商管理、公共管理、管理科学与工程、光学、广播电视艺术学、国际关系、国际商务、国际政治、汉语国际教育、汉语言文字学、行政管理、环境科学、环境与资源保护法学、基础数学、基础心理学、计算机软件与理论、计算机应用技术、计算数学、教育、教育技术学、教育经济与管理、教育史、教育学原

理、科学社会主义与国际共产主义运动、课程与教学论、理论物理、历史文献学(含:敦煌学、古文字学)、伦理学、旅游管理、马克思主义基本原理、马克思主义哲学、马克思主义中国化研究、美术学、美学、民族传统体育学、凝聚态物理、区域经济学、人口、资源与环境经济学、人文地理学、日语语言文学、设计艺术学、生态学、生物化学与分子生物学、食品科学、世界经济、世界史、思想政治教育、体育、体育教育训练学、体育人文社会学、通信与信息系统、土地资源管理、外国语言学及应用语言学、外国哲学、微电子学与固体电子学、微生物学、文艺学、无机化学、舞蹈学、物理化学(含:化学物理)、细胞生物学、新闻学、新闻与传播、信号与信息处理、学前教育学、艺术、艺术学、音乐学、英语语言文学、应用化学、应用数学、应用心理、应用心理学、有机化学、语言学与应用语言学、原子与分子物理、运筹学与控制论、运动人体科学、职业技术教育学、植物学、中共党史(含:党的学说与党的建设)、中国古代史、中国古代文学、中国古典文献学、中国近现代史、中国现当代文学、中国哲学、中外政治制度、专门史、自然地理学

院系设置

23个 政治与国际关系学院(马克思主义学院)、经济学院、法学院、教育学院、体育学院、文学院、国际交流学院、外国语学院、音乐学院、美术学院、传媒学院、历史文化与社会发展学院、数学科学学院、物理与电子科学学院、化学化工与材料科学学院、生命科学学院、人口·资源与环境学院、心理学院、信息科学与工程学院、管理科学与工程学院、商学院、公共管理学院、继续教育学院(教师教育学院)

国家级、省部级研究机构设置

研究所(中心38个):教育部分子与纳米探针实验室、教育部省属高校人文社会科学重点研究基地——齐鲁文化研究中心、教育部山东师范大学基础教育课程研究中心、逆境植物实验室、精细化学品清洁合成实验室、分布式计算机软件新技术实验室、光学与光子器件技术实验室、动物抗性生物学实验室、农药医药中间体清洁生产教育部工程研究中心、山东省可持续发展研究中心、山东省盐生植物工程技术研究中心、山东省光电磁功能材料工程技术研究中心、山东省信息管理工程研究中心、山东省生态环境工程技术研究中心、山东省知识产权研究与培训中心、山东省清洁发展机制技术服务中心、山东省循环经济研究中心、半导体研究所、山东地方史研究所、地理研究所、古籍整理研究所、语言文学研究所、教育科学研究所、现代教育技术研究所、山东省基础教育课程研究中心、全国现代教育技术山东培训中心、山东省地方史研究基地、山东省教育科学研究基地、山东省文化建设研究基地、山东省文化产业人才培养研究基地、山东省文化教育基地、山东高校师德建设研究基地、山东省高校师资培训中心、山东省外语培训中心、山东省人口资源与环境经济学研究基地、马克思主义理论与思想政治教育研究基地、基础教育课程与教学研究中心、中外语言文化研究交流中心

博士后流动站8个 生物学博士后科研流动站、中国语言文学博士后科研流动站、物理学博士后科研流动站、教育学博士后科研流动站、心理学博士后科研流动站、化学博士后科研流动站、马克思主义理论学科博士后科研流动站、地理学博士后科研流动站

定期公开出版的专业刊物 《中国人口·资源与环境》(中、英文版)、《山东师大学报》(社会科学版、自然科学版)、《山东外语教学》

学校设立奖学金情况

学校设立奖学金9项,奖励总金额2530余万元。奖学金最高金额8000元/年,最低金额200元/年。

1. 国家奖学金:61人,8000元/人
2. 国家励志奖学金:897人,5000元/人
3. 国家助学金:4185人,2000-4000元/人
4. 省政府奖学金:20人,6000元/人
5. 校长奖学金:20人,1000元/人
6. 优秀学生奖学金:11457人,1200-200元/人
7. 孝廉奖学金:40人,500元/人
8. 朝阳助学金:15人,2000元/人
9. 英才奖学金:60人,2000元/人

曲阜师范大学

学校(机构)标识码 4137010446	电子信箱 qfnu@qfnu.edu.cn	成人本科 9585
学校办学类型 411:本科院校:大学	占地面积(平方米) 1690000	成人专科 4424
学校性质类别 06 师范院校	校舍建筑面积(平方米) 874312	博士研究生 54
学校举办者 811 省级教育部门	图书(万册) 370.19	硕士研究生 3376
学校地址 山东省济宁市曲阜市鲁城街道办事处静轩西路57号	固定资产总值(万元) 114408.26	留学生 108
	教学、科研仪器设备资产值(万元) 21714.32	专任教师(人) 1848
邮政编码 273165		其中:正高级 286
办公电话 0537-4455669	在校生数(人) 46831	副高级 529
传真电话 0537-4455669	其中:普通本科 28513	中级 803
校园(局域)网域名 www.qfnu.edu.cn	普通专科 771	初级 230

本科专业 包装工程、材料化学、测控技术与仪器、朝鲜语、地理科学、地理科学类、电气工程及其自动化、电气信息类、电子信息工程、电子信息科学与技术、动画、对外汉语、俄语、法学、法语、翻译、工商管理、工商管理类、公共管理类、公共事业管理、光信息科学与技术、广告学、国际政治、汉语言文学、行政管理、化学、化学工程与工艺、化学类、环境科学、绘画、计算机科学与技

术、教育技术学、教育学、经济学、经济学类、历史学、历史学类、旅游管理、贸易经济、美术学、人力资源管理、日语、软件工程、生物工程、生物技术、生物科学、生物科学类、市场营销、书法学、数学类、数学与应用数学、数字媒体艺术、思想政治教育、体育教育、通信工程、统计学、土地资源管理、网络工程、文化产业管理、舞蹈学、物理学、物流管理、戏剧影视文学、心理学、心理学类、新闻传播学类、新闻学、信息管理与信息系统、信息与计算科学、学前教育、艺术设计、音乐表演、音乐学、印刷工程、英语、应用化学、运动训练、哲学、政治学类、政治学与行政学、中国语言文学类、资源环境与城乡规划管理、自动化

专科专业 初等教育、经济管理、旅游管理、商务管理、通信技术、心理咨询、艺术设计类、影视动画、应用化工技术

博士专业 光学、马克思主义中国化研究、体育人文社会学、应用数学、中国古代文学、专门史

硕士专业 比较教育学、比较文学与世界文学、成人教育学、电影、动物学、发展与教育心理学、分析化学、概率论与数理统计、高等教育学、工业设计工程、公共管理硕士、光学、广播电视、国外马克思主义研究、汉语国际教育专业学位、汉语言文字学、基础数学、基础心理学、计算机技术、计算机应用技术、计算数学、教育管理、教育技术学、教育经济与管理、教育史、教育学新专业、教育学原理、考古学及博物馆学、课程与教学论、控制理论与控制工程、理论物理、历史文献学(含：敦煌学、古文字学)、伦理学、马克思主义基本原理、马克思主义哲学、马克思主义中国化研究、美术、美术学、民族传统体育学、凝聚态物理、农业信息化、人文地理学、日语笔译、生物化学与分子生物学、史学理论及史学史、世界史、思想政治教育、体育教育训练学、体育人文社会学、体育专业学位、通信与信息系统、图书馆学、外国语言学及应用语言学、文艺学、无机化学、物理电子学、物理化学(含：化学物理)、系统分析与集成、系统工程、现代教育技术、小学教育、心理健康教育、学科教学(地理)、学科教学(化学)、学科教学(历史)、学科教学(美术)、学科教学(生物)、学科教学(数学)、学科教学(思政)、学科教学(体育)、学科教学(物理)、学科教学(音乐)、学科教学(英语)、学科教学(语文)、野生动植物保护与利用、艺术学、音乐、音乐学、英语笔译、英语语言文学、应用数学、应用统计、应用心理硕士、应用心理学、有机化学、语言学与应用语言学、原子与分子物理、运筹学与控制论、运动人体科学、政治学理论、职业技术教育学、植物学、中共党史(含：党的学说与党的建设)、中国古代史、中国古代文学、中国古典文献学、中国近现代史、中国近现代史基本问题研究、中国现当代文学、中国哲学、专门史

学校历史沿革

曲阜师范大学1955年创建于济南，始称山东师范专科学校。1956年5月，经教育部批准，更名为曲阜师范学院，同年9月迁址曲阜。1970年9月至1974年4月，与山东大学文科合并成为新的山东大学。1974年4月恢复曲阜师范学院建制。1981年，被山东省人民政府确立为重点建设的六所高校之一。1985年11月，学校更名为曲阜师范大学。

聊城大学

学校(机构)标识码 4137010447	占地面积(平方米) 1995356	成人本科 6908
学校办学类型 411：本科院校：大学	校舍建筑面积(平方米) 753154	成人专科 3009
学校性质类别 01 综合大学	图书(万册) 259.9	硕士研究生 1119
学校举办者 811 省级教育部门	固定资产总值(万元) 127956.5	留学生 16
学校地址 聊城市湖南路1号	教学、科研仪器设备资产值(万元) 24184.17	专任教师(人) 1668
邮政编码 252000	在校生数(人) 39718	其中：正高级 196
办公电话 0635-8239996	其中：普通本科 26270	副高级 460
传真电话 0635-8239698	普通专科 2396	中级 692
校园(局域)网域名 www.lcu.edu.cn		初级 320
电子信箱 zcc@lcu.edu.cn		

本科专业 安全工程、材料化学、材料科学与工程、朝鲜语、车辆工程、地理科学、地理信息系统、电子商务、电子信息工程、电子信息科学与技术、动画、动物科学、动物医学、对外汉语、法学、高分子材料与工程、工程管理、工商管理、公共事业管理、广播电视编导、广播电视新闻学、国际经济与贸易、汉语言文学、行政管理、化学、化学工程与工艺、环境科学、会计学、机械设计制造及其自动化、计算机科学与技术、建筑学、交通运输、教育技术学、教育学、经济学、劳动与社会保障、历史学、旅游管理、美术学、美术学(书法)、汽车服务工程、轻工生物技术、人力资源管理、日语、软件工程、社会体育、生物工程、生物科学、食品科学与工程、数学与应用数学、数字媒体艺术、思想政治教育、体育教育、体育装备工程、通信工程、土木工程、网络工程、文秘教育、物理学、物流管理、小学教育、信息管理与信息系统、信息与计算科学、学前教育、艺术设计、音乐表演、音乐学、英语、应用化学、应用心理学、园林、园艺、运动训练、哲学、政治学与行政学、植物保护、种子科学与工程、资源环境与城乡规划管理

专科专业 初等教育、畜牧兽医、地理教育、电视节目制作、动漫设计与制作、工商企业管理、国际经济与贸易、汉语、行政管理、化学、化学教育、化学制药技术、会计、建筑工程技术、酒店管理、旅游管理、绿色食品生产与检测、美术教育、汽车检测与维修技术、汽车运用技术、汽车制造与装配技术、软件技术、生物技术及应用、生物教育、思想政治教育、体育教育、物理教育、学前教

育、影视动画、应用化工技术、应用英语、园艺技术

硕士专业 材料物理与化学、产业经济学、发展与教育心理学、分析化学、高分子化学与物理、工业设计工程、光学、国际政治、国民经济学、国外马克思主义研究、汉语言文字学、基础数学、计算机软件与理论、教育管理、教育技术学、教育学原理、科学社会主义与国际共产主义运动、课程与教学论、劳动经济学、马克思主义基本原理、凝聚态物理、社会体育指导、世界史、思想政治教育、体育教学、体育教育训练学、通信与信息系统、外国语言学及应用语言学、文艺学、无机化学、物理电子学、物理化学、系统理论、细胞生物学、现代教育技术、学科教学（地理）、学科教学（体育）、学科教学（物理）、学科教学（音乐）、学科教学（英语）、学科教学（语文）、艺术硕士、艺术学、音乐学、英语笔译、英语口译、英语语言文学、应用数学、应用心理学、有机化学、园林植物与观赏园艺、运动训练、植物学、中国古代史、中国古代文学、中国古典文献学、中国近现代史、中国现当代文学、专门史、自然地理学

院系设置

外语学院、文学院、体育学院、教育科学学院、美术学院、音乐学院、思政学院、计算机学院、传媒学院、商学院、法学院、理工学院、化学化工学院、环规学院、材料学院、建工学院、汽车学院、国际交流学院、网络教育学院、继续教育学院、职业技术学院、药学院、生命科学学院、教师教育学院、鲁西化工学院、社体部、农学院、后备军官学院、数学科学学院、历史学院、管理学院、大学外语教育学院

国家级、省部级研究机构设置

1. 实验室：光信息传输与处理、清洁化学能源技术、生态学与生物多样性、智能信息处理与网络安全
2. 研究中心：山东省光通信工程技术研究中心

定期公开出版的专业刊物 《聊城大学学报》（自然科学版）、《聊城大学学报》（社会科学版）

学校设立奖学金情况

学校设立奖学金6项，奖励总金额650余万元。奖学金最高金额1000元/年，最低80元/年。

主要校办产业

高新技术产业集团、聊大传媒有限公司

学校历史沿革

山东师范学院聊城分院（1974－1981年）；聊城师范学院（1981－2002年）；聊城大学（2002年至今）

德州学院

学校（机构）标识码 4137010448	电子信箱 dzumsk@dzu.edu.cn	普通专科 3441
学校办学类型 412：本科院校：学院	占地面积（平方米） 1347478	成人本科 5809
学校性质类别 01 综合大学	校舍建筑面积（平方米） 674743	成人专科 3484
学校举办者 821 地级教育部门	图书（万册） 187	专任教师（人） 1180
学校地址 山东省德州市德城区大学西路566号	固定资产总值（万元） 75437	其中：正高级 90
	教学、科研仪器设备资产值（万元） 12009.1	副高级 432
邮政编码 253023		中级 598
办公电话 0534-8985888	在校生数（人） 30200	初级 46
传真电话 0534-2305888	其中：普通本科 17466	未定职级 14
校园（局域）网域名 www.dzu.edu.cn		

本科专业 材料化学、材料化学（含高分子材料方向）、地理科学、电子信息工程、电子信息工程（物联网方向）、电子信息科学与技术、动物科学、对外汉语、法学、纺织工程、服装设计与工程、服装设计与工程（理工）、服装设计与工程（艺术）、工商管理、公共事业管理、国际经济与贸易、汉语言文学、行政管理、护理学、护理学（急重症护理方向）、护理学（麻醉护理方向）、化学、化学（药物合成与分析方向）、化学工程与工艺、化学工程与工艺（含过程装备与控制）、环境工程、环境工程（环境监测与质量评价）、会计学、机械设计制造及其自动化、计算机科学与技术、计算机科学与技术（软件外包方向）、交通运输、交通运输（汽车运用工程方向）、历史学、美术学、热能与动力工程、热能与动力工程（新能源汽车方向）、日语、社会体育、生物技术、生物技术（生物制药方向）、生物科学、生物科学（生物安全方向）、生物系统工程、市场营销、数学与应用数学、思想政治教育、体育教育、统计学、统计学（保险精算方向）、网络工程、物理学、小学教育、新闻学、信息管理与信息系统、信息管理与信息系统（财务会计、信息管理与信息系统（软件外包）、信息与计算科学、信息与计算科学（金融数学方向）、学前教育、学前教育（音乐）、艺术设计、艺术设计（景观设计方向）、音乐表演、音乐表演（舞蹈方向）、音乐学、音乐学（舞蹈方向）、英语、英语（商务英语方向）、应用物理学、应用物理学（生物物理方向）、应用心理学、园艺、园艺（园林规划设计方向）、制造自动化与测控技术、资源环境与城乡规划管理、自动化

专科专业 电子信息工程技术、法律事务、服装设计（艺术）、公共事务管理、国际经济与贸易、国际经济与贸易（中外合作办学）、护理、护理（急重症护理方向）、护理（麻醉护理方向）、护理（中外合作办学）、会计、机械制造与自动化、机械制造与自动化（中外合作办学）、计算机网络技术、计算机应用技术（中外合作办学）、口腔医学技术、旅游管理、美术教育、汽车检测与维修技术、生物技术及应用（中外合作办学）、数学教育、体育教育、现代纺织技术、小学教育、新闻采编与制作、学前教育、艺术设计（中外合作办学）、音乐表演、音乐教育、英语教育、应用电子技

术、有机化工生产技术、语文教育、园艺技术

院系设置

德州学院现设有23个院(系、部):政法系、教育系、中文系、历史系、外语系、美术系、音乐系、体育学院、经济管理系、数学系、物理系、化学系、地理系、生物系、计算机系、机电工程系、汽车工程系、纺织服装工程学院、农学系、医学系、社科部、大学外语教学部、中专部

国家级、省部级研究机构设置

实验室:功能大分子生物物理实验室,山东省重点实验室

定期公开出版的专业刊物 《德州学院学报》

学校设立奖学金情况

学校设立奖学金5项,奖励总金额408.5万元。奖学金最高金额8000元/年,最低金额100元/年。

1. 国家奖学金:35人/年,8000元/人;
2. 省政府奖学金:13人/年,6000元/人;
3. 励志奖学金:577人/年,5000元/人;
4. 优秀大学生奖学金:314人/年,1000元/人;
5. 综合奖学金:一等奖503人/年,500元/人;二等奖755人/年,200元/人;三等奖1259人/年,100元/人。

学校历史沿革

德州学院的前身是始建于1971年的德州师范专科学校,1996年6月中共德州市委、市政府作出了《关于德州师专、德州教育学院、德州市直夜大合并办学的决定》,1998年3月原国家教委同意将以上三校合并,组建德州高等专科学校,3月25日德州高等专科学校正式成立,1999年,原德州第一职业中专和德州纺织工业学校并入德州高等专科学校,2000年3月,经教育部批准,在原德州高等专科学校基础上成立了德州学院。2005年经省教育厅批准,原德州农校、德州卫生学校并入德州学院,2009年原德州体校并入德州学院。

滨州学院

学校(机构)标识码 4137010449	校园(局域)网域名 www.bzu.edu.cn	普通专科 5958
学校办学类型 412:本科院校:学院	电子信箱 bzxybgs@126.com	成人本科 1857
学校性质类别 01 综合大学	占地面积(平方米) 1313490	成人专科 1999
学校举办者 821 地级教育部门	校舍建筑面积(平方米) 547400	专任教师(人) 946
学校地址 山东省滨州市滨城区彭李街道办事处学苑社区居委会	图书(万册) 125.38	其中:正高级 49
	固定资产总值(万元) 120794.3	副高级 163
	教学、科研仪器设备资产值(万元) 9269.04	中级 470
邮政编码 256600		初级 229
办公电话 0543-3190016	在校生数(人) 21259	未定职级 35
传真电话 0543-3190000	其中:普通本科 11445	

本科专业 安全工程、材料化学、财务管理、财务管理(中法合作)、车辆工程、地理科学、地理信息系统、电气工程与自动化、电子信息科学与技术、法语、飞行技术(安全方向)、飞行技术(驾驶方向)、公共事业管理、光信息科学与技术、汉语言文学、汉语言文学(高级文秘)、汉语言文学(师范类)、化学工程与工艺、环境工程、机械设计制造及其自动化、计算机科学与技术、建筑学、交通运输、历史学、美术学、社会工作、生态学、生物技术、生物科学、市场营销、数学与应用数学、数学与应用数学(经济数学)、数学与应用数学(师范类)、思想政治教育、体育教育、通信工程、统计学、土木工程、舞蹈学、舞蹈学(健美操)、舞蹈学(体育舞蹈)、物理学、信息管理与信息系统、学前教育、艺术设计、艺术设计(环境艺术设计)、音乐学、音乐学(声乐、器乐、钢琴)、音乐学(师范类)、英语、英语(翻译)、英语(高职高专类)、英语(商务英语)、英语(师范类)、应用化学

专科专业 初等教育、电气自动化技术、法律事务、工商企业管理、公共事务管理、会计电算化、会计电算化(中法合作)、计算机网络技术、计算机信息管理、旅游管理、旅游管理(中法合作)、美术教育、软件技术、商务英语、社会工作、市场营销、市场营销(中法合作)、体育教育、文秘、小学教育、学前教育、音乐教育、英语教育、应用电子技术、应用化工技术、园艺技术

院系设置

政法系、外语系、历史与社会学系、教育科学系、经济与管理系、数学与信息科学系、自动化系、化学与化工系、计算机科学系、生命科学系、建筑与城乡规划系、城市与环境系、体育系、音乐系、美术系、飞行学院、远程教育学院、初等教育学院、社科基础教学部

国家级、省部级研究机构设置

黄河三角洲生态环境研究中心、黄河三角洲文化研究所、孙子研究院、航空信息技术研发中心、山东安全文化研究中心、化工技术研究中心

定期公开出版的专业刊物 《滨州学院学报》

学校设立奖学金情况

学校设立奖学金11项,奖励总金额1243余万元。奖学金最高金额8000元/年,最低金额100元/年

学校历史沿革

北镇师范专科学校(1958年-1960年),淄博师范专科学校(1960年-1962年),北镇师范学校(1962年-1970年),北镇师范专科学校(1970年-1983年),滨州师范专科学校(1983年-2004年)(2000年初,滨州教育学院、滨州广播电视大学并入滨州师范专科学校),滨州学院(2004年至今)。

鲁东大学

学校(机构)标识码　4137010451
学校办学类型　411:本科院校:大学
学校性质类别　01 综合大学
学校举办者　811 省级教育部门
学校地址　山东省烟台市芝罘区红旗中路186号
邮政编码　264025
办公电话　0535-6681128
传真电话　0535-6014101
校园(局域)网域名　www.ldu.edu.cn

电子信箱　xbjyk@163.com
占地面积(平方米)　1536190
校舍建筑面积(平方米)　820756
图书(万册)　201.1
固定资产总值(万元)　109237
教学、科研仪器设备资产值(万元)　20056
在校生数(人)　36905
其中:普通本科　23927
　　　普通专科　2253

成人本科　5021
成人专科　4648
硕士研究生　798
留学生　258
专任教师(人)　1401
其中:正高级　168
　　　副高级　370
　　　中级　782
　　　初级　79
　　　未定职级　2

本科专业　材料化学、朝鲜语、朝鲜语(专升本)、船舶与海洋工程、地理科学、地理科学类、地理信息系统、电气工程及其自动化、电气信息类、电子信息工程、电子信息科学类、法学、法学类、法语、高分子材料与工程、工程管理、公共管理类、公共事业管理、公共事业管理(专升本)、广播电视编导、广告学、国际经济与贸易、汉语言、汉语言文学、化学、机械设计制造及其自动化、计算机科学与技术、计算机科学与技术(软件外包方向)、计算机科学与技术(专升本)、交通运输、交通运输类、教育学、教育学类、经济学、经济学类、历史学、历史学(专升本)、历史学类、旅游管理、美术学、民族传统体育、人文教育、日语、社会工作、社会体育、生物工程、生物技术、生物科学、生物科学(中外合作办学本科)、生物科学类、食品科学与工程、数学类、数学与应用数学、水产养殖学、思想政治教育、体育教育、体育教育(专升本)、通信工程、统计学、土建类、土木工程、网络工程、物理学、物理学类、物流工程、物流工程(专升本)、小学教育、小学教育(专升本)、心理学、心理学类、信息管理与信息系统、信息与计算科学、艺术设计、音乐表演、音乐学、英语、英语(高职专升本)、英语教育、应用物理学、应用心理学、中国语言文学类、资源环境与城乡规划管理

专科专业　初等教育、国际经济与贸易(中外合作办学专?)、食品加工技术、食品营养与检测、物流管理、艺术设计(中外合作办学专科)、制冷与空调技术、制冷与冷藏技术

硕士专业　材料学、动物学、发展与教育心理学、翻译、高分子化学与物理、汉语国际教育、汉语言文字学、基础心理学、计算机应用技术、教育、教育学原理、课程与教学论、理论物理、历史文献学(含:敦煌学、古文字学)、马克思主义发展史、马克思主义基本原理、马克思主义中国化研究、美术学、日语语言文学、生态学、世界史、思想政治教育、体育、体育教育训练学、外国语言学及应用语言学、文艺学、细胞生物学、英语语言文学、应用数学、应用心理、应用心理学、语言学与应用语言学、原子与分子物理、运筹学与控制论、中国古代文学、中国古典文献学、中国近现代史、专门史、自然地理学

院系设置
文学院、外国语学院、历史文化学院、政治与行政学院(马克思主义学院)、法学院、教育科学学院(教师教育学院)、商学院、数学与信息学院、物理学院、化学与材料科学学院、生命科学学院、地理与规划学院、交通学院、土木工程学院、信息与电气工程学院(软件学院)、食品工程学院、艺术学院、体育学院

国家级、省部级研究机构设置
1. 实验室:山东省语言资源开发与应用重点实验室、烟台市食用菌技术重点实验室
2. 研究中心(所):汉语辞书研究中心、山东省环渤海发展研究基地

定期公开出版的专业刊物　《鲁东大学学报》(哲学社会科学版)、《鲁东大学学报》(自然科学版)

学校设立奖学金情况
学校设立奖学金19项,奖励总金额1676.67余万元。奖学金最高金额8000元/年,最低金额100元/年。
1. 国家奖学金,52人,8000元/人
2. 省政府奖学金,19人,6000元/人
3. 国家励志奖学金,768人,5000元/人
4. 国家助学金,3586人,3000元/人
5. 朝阳助学奖学金,12人,2000元/人
6. 校级三好学生奖学金,614人,200元/人
7. 院级三好学生奖学金,1195人,130元/人
8. 优秀学生奖学金,5%-20%,300-1000元/人
9. 师范生奖学金,2600人,280元/人
10. 单项奖学金,2%-10%,100-300元/人
11. 校长奖学金,视情况而定,总额10万
12. 优秀新生奖学金,一等视成绩确定、二等20人,1000-2000元/人
13. 尚麟美玲奖学金,20人,1500元/人
14. 富士康奖学金,115人,总额56.4万元
15. 树研光学奖学金,20人,1000元/人
16. 烟台市政集团奖学金,15人,1000元/人
17. 福彩爱心助学金,50人,2000元/人
18. 渤海实业奖学金,10人,2000元/人
19. 邢继光助学金,5人,1000元/人

学校历史沿革
鲁东大学始建于1930年,原名山东省立第二乡村师范学

校,随着"七七"事变爆发,学校停办。1938年春,我党决定在黄县中学校址建立"胶东公学",后改建为"胶东师范学校"。1948年1月,因内战学校再次停办。1948年11月,胶东师范学校在莱阳复校,并于1950年12月改名为莱阳师范学校。1958年,省委、省政府在莱阳师范学校的基础上建立了莱阳师范专科学校。1960年,学校易址烟台,随之更名为烟台师范专科学校。1984年1月,改名为烟台师范学院。2003年,原直属山东省交通厅、建校于1978年的山东省交通学校并入。2006年,学校更名为鲁东大学。

临沂大学

学校(机构)标识码	4137010452	校园(局域)网域名	www.lyu.edu.cn	普通专科	9928
学校办学类型	411:本科院校:大学	电子信箱	ghc@lyu.edu.cn	成人本科	4036
学校性质类别	01 综合大学	占地面积(平方米)	4632732	成人专科	3261
学校举办者	821 地级教育部门	校舍建筑面积(平方米)	1553484	留学生	107
学校地址	山东省临沂市双岭路中段(兰山区兰山街道角沂社区居委会)	图书(万册)	422.72	专任教师(人)	1928
		固定资产总值(万元)	189803.22	其中:正高级	151
邮政编码	276005	教学、科研仪器设备资产值(万元)	25282.45	副高级	550
办公电话	0539-8766070	在校生数(人)	41823	中级	889
传真电话	0539-8766999	其中:普通本科	24491	初级	338

本科专业 编辑出版学、播音与主持艺术、播音与主持艺术(2+2)、测绘工程、朝鲜语、车辆工程、车辆工程(2+2)、地理科学、地理科学(2+2)、地理科学(3+2)、电气工程及其自动化、电气工程及其自动化(2+2)、电子信息工程、电子信息工程(2+2)、电子信息科学与技术、动画(动漫设计与制作)、动画(动漫设计与制作)(2+2)、动物医学、动物医学(2+2)、俄语、法学、法学(2+2)、法学(行政管理方向)、法学(行政管理方向)(2+2)、法语、房地产经营管理、房地产经营管理(2+2)、房地产经营管理(物业管理方向)、飞行器制造工程、工商管理、工商管理(2+2)、工商管理(3+2)、工商管理(国际)、公共事业管理、公共事业管理(教育管理方向)、广播电视编导、广播电视编导(2+2)、广告学、广告学(2+2)、国际经济与贸易、国际经济与贸易(2+2)、汉语言文学、汉语言文学(2+2)、汉语言文学(3+2)、化学、化学工程与工艺、化学工程与工艺(2+2)、环境工程、环境工程(2+2)、会计学、会计学(2+2)、会计学(3+2)、机械设计制造及其自动化、机械设计制造及其自动化(2+2)、机械设计制造及其自动化(3+2)、计算机科学与技术、计算机科学与技术(2+2)、计算机科学与技术(3+2)、建筑学、教育技术学、教育技术学(3+2)、科学教育、历史学、历史学(2+2)、历史学(文物鉴赏与修复方向)、旅游管理、旅游管理(2+2)、旅游管理(3+2)、美术学、美术学(2+2)、软件工程、软件工程(2+2)、软件工程(对欧美服务外包方向)、软件工程(对日服务外包方向)、软件工程(软件外包方向)、社会工作、社会工作(2+2)、社会工作(涉外工作管理方向)、社会体育、社会体育(2+2)、生物技术、生物技术(2+2)、生物科学、生物科学(3+2)、食品科学与工程、书法学、数学与应用数学、数学与应用数学(2+2)、数学与应用数学(3+2)、思想政治教育、思想政治教育(2+2)、思想政治教育(3+2)、体育教育、体育教育(2+2)、体育教育(体育场馆管理方向)、通信工程、通信工程(2+2)、通信工程(物联网方向)、土木工程、网络工程、网络工程(2+2)、网络工程(物联网方向)、文化产业管理、文化产业管理(2+2)、舞蹈学、舞蹈学(2+2)、舞蹈学(健美操方向)、舞蹈学(篮球表演方向)、舞蹈学(体育表演方向)、舞蹈学(体育表演与健身方向)、舞蹈学(体育舞蹈方向)、物理学、物流管理、物流管理(2+2)、西班牙语、小学教育、小学教育(3+2)、新闻学、新闻学(2+2)、信息工程、信息工程(商务信息工程方向)、信息与计算科学、信息与计算科学(金融数学方向)、艺术教育(美术方向)、艺术教育(音乐方向)、艺术设计、艺术设计(2+2)、艺术设计(广告策划与设计方向)、音乐学、音乐学(2+2)、音乐学(3+2)、音乐学(流行音乐方向)、英语、英语(2+2)、英语(翻译方向)、英语(经贸英语方向)、应用化学、应用化学(2+2)、应用心理学、应用心理学(心理咨询与治疗方向)、园林、园林(2+2)、园林(园林规划设计方向)、制药工程、制药工程(2+2)、制药工程(医药营销方向)、资源环境与城乡规划管理、自动化

专科专业 初等教育、初等教育(费县分校)、初等教育(沂水分校)、畜牧兽医、地理教育、电气自动化技术、电视节目制作、电子信息工程技术、动漫设计与制作、动漫设计与制作(中韩合作办学)、动物防疫与检疫、动物防疫与检疫(海关检疫检验方向)、法律事务、法律文秘、房地产经营与估价、工商企业管理、工业分析与检验、广告设计与制作、国际经济与贸易、环境监测与治理技术、会计电算化、机电一体化技术、机械制造与自动化、机械制造与自动化(中瑞合作)、计算机网络技术、计算机应用技术、建筑工程技术、空中乘务、旅游管理、美术教育、汽车运用技术、软件技术、商务英语、社会工作、社会工作(涉外工作管理方向)、社会体育、社会体育(高尔夫经营与管理)、社会体育(高尔夫经营与管理方向)、涉外旅游、生化制药技术、生物技术及应用、市场营销、数控技术、数学教育、体育教育、通信技术、文化事业管理、舞蹈表演、物流管理、新闻采编与制作、学前教育(费县分校)、艺术设计(形象设计)(中外合作办学)、艺术设计(中外合作办学)、音乐教育(中韩合作)、音乐学(中韩合作)、英语教

育、应用化工技术、语文教育、园林技术、园林技术(高尔夫草坪管理方向)、园林技术(高尔夫球场草坪管理方向)、主持与播音

院系设置

理学院(公共数学与物理教学部)、文学院(文化产业学院)(普通话培训与测试中心)、机械工程学院、建筑学院、汽车学院(设电动汽车系)、商学院(国际工商学院)、物流学院、法学院、外国语学院(大学外语教学部)、化学化工学院、资源环境研究院、生命科学学院(农学院)(设食品工程系)、信息学院(服务外包学院)(公共计算机教学部)、传媒学院(3D影视学院)、孙子兵法学院、教育学院(教师教育学院)、美术学院(羲之书法学院)、音乐学院(艺术教育中心)、体育学院(高尔夫学院)(公共体育教学部)、马克思主义学院(思想政治理论课教学部)

国家级、省部级研究机构设置

1. 实验室：水土保持与环境保育实验室、资源与环境分析化学实验室、资源营养分析与检测实验室、地质与古生物实验室、木工机械实验室

2. 研究中心(所)：沂蒙文化研究基地、山东省物价系统人文社科重点研究基地、山东省市场与价格研究中心、山东省红色文化产业研发基地、山东省沂蒙文学研究基地、国家大豆改良中心临沂试验站、山东沂蒙红色文化研究中心、山东羲之书法研究中心

定期公开出版的专业刊物 《临沂大学学报》、《区域大学研究》

学校设立奖学金情况

学校设立奖学金26项，奖励总金额2600余万元。奖学金最高金额10000元/年，最低金额300元/年。

学校历史沿革

临沂大学前身为1941年5月在华东革命根据地由当时的抗大一分校和华东局共同创建的滨海建国学院,1958年山东省政府批准成立临沂大学,1959年8月山东省政府通过撤销临沂大学名称,师范系改建临沂师范专科学校;1999年3月,经教育部批准临沂师范专科学校与临沂教育学院合并成立临沂师范学院;2001年,临沂工业学校、临沂农业学校并入我校;2003年,在临沂市人民政府支持下,临沂大学筹建工程开工建设;2007年6月1日沂水师范学校、费县师范学校并入临沂师范学院;2010年11月26日《教育部关于同意临沂师范学院更名为临沂大学的通知》(教发函[2010]189号)和2010年12月2日《山东省人民政府关于临沂师范学院更名为临沂大学的通知》(鲁政字[2010]300号),我校正式更名为临沂大学。

泰山学院

学校(机构)标识码 4137010453	电子信箱 tsu163@163.com	成人本科 1167
学校办学类型 412:本科院校:学院	占地面积(平方米) 948444	成人专科 782
学校性质类别 01 综合大学	校舍建筑面积(平方米) 520330	留学生 8
学校举办者 821 地级教育部门	图书(万册) 165.9	专任教师(人) 801
学校地址 山东省泰安市岱岳区粥店办事处董家庄社区	固定资产总值(万元) 60225	其中:正高级 66
	教学、科研仪器设备资产值(万元) 9655	副高级 222
邮政编码 271021		中级 330
办公电话 0538-6715599	在校生数(人) 18762	初级 154
传真电话 0538-6715521	其中:普通本科 13791	未定职级 29
校园(局域)网域名 www.tsu.edu.cn	普通专科 3014	

本科专业 播音与主持艺术、材料化学、财务管理、地理科学、电子商务、电子信息科学与技术、对外汉语、服装设计与工程、高分子材料与工程、工业设计、公共事业管理、光信息科学与技术、广告学、国际经济与贸易、汉语言、汉语言文学、行政管理、化学、化学工程与工艺、环境科学、机械设计制造及其自动化、计算机科学与技术、教育技术学、历史学、旅游管理、美术学、人力资源管理、日语、软件工程、社会工作、社会体育、生物技术、生物科学、生物资源科学、市场营销、数学与应用数学、思想政治教育、体育教育、通信工程、统计学、土木工程、舞蹈学、物理学、小学教育、信息与计算科学、学前教育、艺术设计、音乐表演、音乐学、英语、应用化学、应用心理学、资源环境与城乡规划管理、自动化

专科专业 初等教育、导游、地理教育、服装设计、国际经济与贸易、化学教育、会计、机电一体化技术、计算机教育、计算机应用技术、建筑工程技术、精细化学品生产技术、历史教育、旅游管理、社会工作、生物教育、市场营销、数学教育、思想政治教育、学前教育、英语教育、应用电子技术、应用化工技术、语文教育

院系设置

汉语言文学院、思想政治教育系、历史与社会发展学院、数学与系统科学学院、信息科学技术学院、物理与电子工程学院、化学与环境科学系、外语系、旅游与资源环境学院、体育科学系、美术系、音乐系、经济管理系、教师教育学院、生物科学与技术系、材料与化学工程系、建筑与机械工程系、服装系、教育技术与传播学院

国家级、省部级研究机构设置

1. 实验室:旅游与资源环境重点实验室

2. 研究中心(所):泰山文化研究院

定期公开出版的专业刊物 《泰山学院学报》

学校设立奖学金情况

学校设立奖学金5项,奖励总金额413.57余万元。奖学金

最高金额8000元/年,最低金额100元/年。
学校历史沿革
泰山学院前身是创建于1958年的泰安师范专科学校,1999年,泰安师范学校并入泰安师范专科学校,2002年,经国家教育部批准,泰安师范专科学校、泰安教育学院、泰山乡镇企业职工大学、泰安广播电视大学合并成立泰山学院。

济宁学院

学校(机构)标识码	4137010454
学校办学类型	412:本科院校:学院
学校性质类别	01 综合大学
学校举办者	821 地级教育部门
学校地址	山东省济宁曲阜市陵城镇杏坛路1号
邮政编码	273155
办公电话	0537-3196146
传真电话	0537-4670000
校园(局域)网域名	jnxy.edu.cn
电子信箱	jnxybgs@163.com
占地面积(平方米)	735337
校舍建筑面积(平方米)	427261
图书(万册)	128.43
固定资产总值(万元)	49078.82
教学、科研仪器设备资产值(万元)	6387.67
在校生数(人)	13658
其中:普通本科	7617
普通专科	5825
成人本科	136
成人专科	80
专任教师(人)	644
其中:正高级	34
副高级	143
中级	258
初级	209

本科专业 汉语言文学、行政管理、化学、化学工程与工艺、机械设计制造及其自动化、计算机科学与技术、经济学、历史学、生物工程、食品科学与工程、数学与应用数学、体育教育、文化产业管理、物理学、小学教育、心理学、艺术设计、音乐学、英语、应用化学

专科专业 初等教育、地理教育、电脑艺术设计、电气自动化技术、电子信息工程技术、行政管理、化学教育、计算机网络技术、计算机应用技术、历史教育、旅游管理、煤炭深加工与利用、美术教育、社会体育、涉外旅游、生物技术及应用、生物教育、数学教育、思想政治教育、体育教育、文秘、物理教育、心理咨询、学前教育、音乐表演、音乐教育、英语教育、应用化工技术、语文教育、装饰艺术设计

院系设置
中文系、外国语系、文化传播系、经济与管理系、教育系、音乐系、美术系、数学系、物理与信息工程系、生命科学与工程系、体育系

国家级、省部级研究机构设置
省级重点实验室:无机化学实验室
学校设有15个研究所,包括应用数学研究所、理论物理研究所、智能电子研究所、应用化学研究所、特种经济植物开发研究所、南四湖湿地生物资源研究所、食用菌研究所、潜优师开发研究所、水浒文化研究所、区域经济研究所体育科学研究所、孔氏家族文化研究所教育科学研究所、心理科学研究所、济宁历史文化名人研究所。

学校设立奖学金情况
学校设立奖学金7项,奖励总金额197.98万元/年。最低金额300元/年。

学校历史沿革
济宁学院于1971年济宁师范学校和曲阜师范学院附中的基础上建立。1978年,经国务院批准成立全日制普通高等专科学校,是山东省成立较早的师范专科学校。2007年经教育部批准隶属山东省人民政府管理的学校。

菏泽学院

学校(机构)标识码	4137010455
学校办学类型	412:本科院校:学院
学校性质类别	01 综合大学
学校举办者	821 地级教育部门
学校地址	山东省菏泽市大学路2269号
邮政编码	274015
办公电话	0530-5525775
传真电话	0530-5529585
校园(局域)网域名	www.hezeu.edu.cn
电子信箱	hzxydzxx@163.com
占地面积(平方米)	967013
校舍建筑面积(平方米)	410535
图书(万册)	138
固定资产总值(万元)	56053.91
教学、科研仪器设备资产值(万元)	7502.85
在校生数(人)	21629
其中:普通本科	10992
普通专科	6532
成人本科	2548
成人专科	1557
专任教师(人)	795
其中:正高级	33
副高级	197
中级	382
初级	183

本科专业 财务管理、电子信息科学与技术、动画、动物生物技术、动物医学、广播电视新闻学、广告学、汉语言文学、化学、

化学工程与工艺、机械电子工程、计算机科学与技术、劳动与社会保障、历史学、美术学、民族传统体育、农学、日语、生物工程、生物科学、食品科学与工程、数学与应用数学、思想政治教育、特殊教育、体育教育、网络工程、物理学、物流管理、小学教育、心理学、信息与计算科学、学前教育、艺术设计、艺术设计（景观设计方向）、音乐表演、音乐学、英语、园林、制药工程、资源环境与城乡规划管理、自动化

专科专业 城镇规划、初等教育、畜牧兽医、电子商务、电子信息工程技术、法律事务、行政管理、环境艺术设计、会计电算化、机电一体化技术、计算机应用技术、经济管理、农产品质量检测、商务英语、生物技术及应用、生物教育、生物制药技术、市场营销、文秘、物流管理、心理咨询、学前教育、艺术设计、应用电子技术、应用化工技术、园艺技术、种子生产与经营

院系设置
社会科学系、中文系、法律系、经济系、外国语系、美术系、音乐系、教育科学系、数学系、计算机与信息工程系、物理系、化学化工系、生命科学系、体育系、资源环境系、园林工程系 制药工程系、蒋震机电工程学院、初等教育系、学前教育系、继续教育学院、远程教育学院、职业技术学院、国际交流学院

国家级、省部级研究机构设置
动物生理生化与应用实验室（省级实验室）

定期公开出版的专业刊物 《菏泽学院学报》、《菏泽学院报》

学校设立奖学金情况
学校设立奖学金1项，奖励总金额200余万元。奖学金最高金额1000元/年，最低金额200元/年。

主要校办产业
菏泽市科教实业有限责任公司彩印纸箱厂

学校历史沿革
学校的前身是1949年成立的冀鲁豫区菏泽师范学校，建国后改称菏泽第一师范学校，1958年经山东省人民委员会批准，改建为菏泽师范专科学校。2002年1月，经山东省政府部门批准，菏泽师专、菏泽教育学院、菏泽广播电视大学合并，同时吸纳菏泽农业学校、菏泽师范学校办学资源，组建新的菏泽师专，并以此为基础筹建菏泽学院。2004年5月，国家教育部门正式批准菏泽学院为普通本科高校。

山东经济学院

学校（机构）标识码 4137010456	电子信箱 xbxxk@sdie.edu.cn	成人本科 5100
学校办学类型 412:本科院校:学院	占地面积（平方米） 1055339	成人专科 1940
学校性质类别 08 财经院校	校舍建筑面积（平方米） 567661	硕士研究生 960
学校举办者 811 省级教育部门	图书（万册） 213.27	专任教师（人） 1119
学校地址 山东省济南市二环东路7366号	固定资产总值（万元） 173026.73	其中:正高级 164
	教学、科研仪器设备资产值（万元） 9448.94	副高级 331
邮政编码 250014		中级 548
办公电话 0531-88596291	在校生数（人） 26937	初级 49
传真电话 0531-88596156	其中:普通本科 17752	未定职级 27
校园（局域）网域名 www.sdie.edu.cn	普通专科 1185	

本科专业 保险、编辑出版学、财务管理、财政学、城市管理、德语、电子商务、电子信息科学与技术、对外汉语、法学、房地产经营管理、工程管理、工商管理、公共事业管理、管理科学、管理科学与工程类新专业、广告学、国际经济与贸易、国际商务、汉语言文学、行政管理、会计学、计算机科学与技术、金融工程、金融学、经济学、经济学类新专业、劳动与社会保障、旅游管理、农村区域发展、人力资源管理、日语、社会工作、社会体育、审计学、市场营销、数学与应用数学、数字媒体技术、数字媒体艺术、税务、统计学、文化产业管理、物流管理、项目管理、信息管理与信息系统、信息与计算科学、音乐学、英语、资产评估

专科专业 工商企业管理、会计、经济管理

硕士专业 财政学（含:税收学）、产业经济学、工程、工商管理、管理科学与工程、国防经济、国际贸易学、国民经济学、会计、会计学、计算机应用技术、技术经济及管理、教育经济与管理、金融、金融学（含:保险学）、劳动经济学、旅游管理、马克思主义中国化研究、民商法学（含:劳动法学）、社会保障、企业管理（含:财务管理、市场营销）、区域经济学、社会保障、数量经济学、统计学、西方经济学、政治经济学

学校历史沿革
山东经济学院，原名山东财经学院，创建于1952年，1970年停办，1978年恢复办学。

山东体育学院

学校（机构）标识码 4137010457	学校办学类型 412:本科院校:学院	学校性质类别 10 体育院校

学校举办者　812 省级其他部门	校舍建筑面积(平方米)　527477	成人本科　89
学校地址　济南市世纪大道10600号	图书(万册)　64.46	成人专科　31
邮政编码　250102	固定资产总值(万元)　59482.31	硕士研究生　243
办公电话　0531－89655015	教学、科研仪器设备资产值(万元)	专任教师(人)　597
传真电话　0531－89655015	5678	其中:正高级　59
校园(局域)网域名　www.sdepi.edu.cn	在校生数(人)　7272	副高级　196
	其中:普通本科　6689	中级　276
电子信箱　zdb@sdpei.edu.cn	普通专科　220	初级　66
占地面积(平方米)　1373196		

本科专业　表演、公共事业管理、计算机科学与技术、教育技术学、民族传统体育、社会体育、特殊教育、体育教育、体育经济、舞蹈学、休闲体育、英语、应用心理学、运动康复与健康、运动人体科学、运动训练

专科专业　运动训练

硕士专业　民族传统体育学、体育、体育教育训练学、体育人文社会学、运动人体科学

院系设置

学院设置运动系、体育系、民族传统体育系、体育艺术系、基础理论系、体育社会科学系、政治理论课部、竞技一系、竞技二系、竞技三系、竞技四系、竞技五系、成人教育部、五专部等14个系部和1所体育运动学校、1个科研所。

国家级、省部级研究机构设置

研究中心(所):科研所下设体育科学训练、体质评价与监测、综合实验室3个实验室。

定期公开出版的专业刊物　《山东体育学院学报》、《山东体育科技》

学校设立奖学金情况

学校设立奖学金3项,奖励总金额30余万元。奖学金最高金额1200元/年,最低金额200元/年。

主要校办产业

学院设实业开发总公司

学校历史沿革

山东体育学院是山东省唯一一所普通高等体育院校。始建于1958年,1962年停办,1978年停办,1978年经教育部批准复建,1979年招收了复建后的第一届本科生,1983年被国务院学位委员会批准为学士授予单位,2000年4月与山东省体育运动技术学院、山东省体育科研中心合并组建为新的山东体育学院。

山东艺术学院

学校(机构)标识码　4137010458	占地面积(平方米)　875493	成人专科　48
学校办学类型　412:本科院校:学院	校舍建筑面积(平方米)　369363	硕士研究生　456
学校性质类别　11 艺术院校	图书(万册)　71.77	留学生　2
学校举办者　811 省级教育部门	固定资产总值(万元)　22090.66	专任教师(人)　720
学校地址　济南市文化东路91号	教学、科研仪器设备资产值(万元)	其中:正高级　62
邮政编码　250014	8958.48	副高级　176
办公电话　0531－86522012	在校生数(人)　8779	中级　348
传真电话　0531－86522015	其中:普通本科　7288	初级　127
校园(局域)网域名　www.sdca.edu.cn	普通专科　730	未定职级　7
电子信箱　dbyb@sdca.edu.cn	成人本科　255	

本科专业　表演、表演(舞蹈)、表演(戏曲表演)、播音与主持艺术、导演、雕塑、动画、工业设计、公共事业管理、公共事业管理(影视学)、广播电视编导、广播电视编导(视频媒体)、广播电视编导(艺术传媒)、广告学、绘画、绘画(版画)、绘画(壁画)、绘画(公共艺术)、绘画(书法)、绘画(新媒体艺术)、绘画(油画)、绘画(中国画)、美术学、美术学(师范类)、摄影、文化产业管理、舞蹈编导、舞蹈学、戏剧影视美术设计、戏剧影视美术设计(化妆美容设计)、戏剧影视文学、戏剧影视文学(戏曲文化传播)、艺术设计、艺术设计(产品造型设计)、艺术设计(工业设计)、艺术设计(环境艺术设计)、艺术设计(视觉传达设计)、艺术设计(陶瓷艺术设计)、艺术设计(展示设计)、艺术设计(中澳班)、艺术设计(中韩班)、艺术设计(装饰艺术设计)、艺术设计学、音乐表演、音乐表演(管弦乐器演奏)、音乐表演(键盘乐器演奏)、音乐表演(流行音乐)、音乐表演(戏曲音乐伴奏)、音乐表演(演唱)、音乐表演(中国乐器演奏)、音乐学(钢琴调律)、音乐学(含音乐传播)、音乐学(师范类)、作曲与作曲技术理论、作曲与作曲技术理论(电子音乐)

专科专业　表演艺术、电脑艺术设计、环境艺术设计(中外合作办学)、美术教育、人物形象设计(化妆美容设计)、文化事业管理(中外合作办学)、舞蹈表演、音乐表演、音乐表演(流行音

乐)、音乐教育、影视动画(中外合作办学项目)、影视多媒体技术(媒体制作)(中、主持与播音、装潢艺术设计、装潢艺术设计(城市景观灯光设计)、装潢艺术设计(美术)、装潢艺术设计(文物鉴赏与修复)、装潢艺术设计(中外合作办学)

硕士专业 电影学、广播电视艺术学、美术学、设计艺术学、舞蹈学、戏剧戏曲学、艺术、艺术学、音乐学

院系设置 音乐学院、美术学院、戏剧影视学院、音乐教育学院、设计学院、艺术文化学院、舞蹈学院、戏曲学院、传媒学院、成人教育学院、职业教育学院、国际艺术交流学院、公共课教学部、现代技术教育部

定期公开出版的专业刊物 《齐鲁艺苑》

学校设立奖学金情况
学校设立奖学金9项,奖励总金额612余万元。奖学金最高金额为8000元/年,最低金额200元/年。

主要校办产业
山东艺术学院招待所、山东汇利通实业总公司、山东环艺雕塑院

学校历史沿革
山东艺术学院前身为山东艺术专科学校,成立于1958年,1964年改为山东省艺术学校,1978年根据教育部(78)号文件批准改为山东艺术学院。2001年根据鲁政发(2001)20号文件和鲁教计字(2001)30号文件,山东戏曲学校并入山东艺术学院,扩大了办学规模。

山东万杰医学院

学校(机构)标识码	4137010825
学校办学类型	412:本科院校:学院
学校性质类别	05 医药院校
学校举办者	999 民办
学校地址	山东省淄博市博山经济开发区
邮政编码	255213
办公电话	0533-4652221
传真电话	0533-4652221
校园(局域)网域名	www.wjmu.net
电子信箱	wxbwmk@163.com
占地面积(平方米)	353624
校舍建筑面积(平方米)	277801
图书(万册)	96.8
固定资产总值(万元)	94270
教学、科研仪器设备资产值(万元)	8230
在校生数(人)	11931
其中:普通本科	2818
普通专科	8986
成人专科	127
专任教师(人)	687
其中:正高级	40
副高级	156
中级	184
初级	178
未定职级	129

本科专业 财务管理、电子信息工程、国际经济与贸易、护理学、建筑环境与设备工程、临床医学、食品科学与工程、市场营销、信息管理与信息系统、药物制剂、药学、医学影像学

专科专业 护理、口腔医学、临床医学、药学、医疗美容技术、医学检验技术、医学营养、医学影像技术、医学影像设备管理与维护、医药营销、针灸推拿

院系设置 护理系、医学系、影像系、口腔医学系、基础医学部、公共教学部、药学系、商学院

国家级、省部级研究机构设置
实验室:"生物医学工程技术"实验室

定期公开出版的专业刊物 《山东万杰医学院院报》(内部交流)

学校设立奖学金情况
学校设立奖学金3项,奖励总金额10.84余万元。奖学金最高金额500元/年,最低金额200元/年。

学校历史沿革
山东万杰医学院始建于1995年,原由万杰集团公司创办,2008年12月资产重组后,现隶属于山东省政府直属的国有大型企业——山东省商业集团有限公司,是经教育部批准成立的民办全日制普通本科高校。学校于1995年由山东省人民政府批准筹建,1999年经教育部批准正式改建为普通专科学校,是山东省最早实施专科学历教育的民办高校之一,2008年4月经教育部批准改建为普通本科院校。学校直属附属医院为万杰医院。

山东商业职业技术学院

学校(机构)标识码	4137010832
学校办学类型	415:专科院校:高等职业学校
学校性质类别	08 财经院校
学校举办者	812 省级其他部门
学校地址	济南市旅游路4516号
邮政编码	250103
办公电话	0531-86335888
传真电话	0531-86335111
校园(局域)网域名	www.sict.edu.cn
电子信箱	szy.bgs@163.com
占地面积(平方米)	1728339
校舍建筑面积(平方米)	358063
图书(万册)	121.41
固定资产总值(万元)	71605
教学、科研仪器设备资产值(万元)	11881
在校生数(人)	18416
其中:普通专科	16048
成人专科	2368
专任教师(人)	770

其中：正高级　17　　　　　　　　　　中级　219　　　　　　　　　　初级　302
　　　副高级　232

专科专业　电气自动化技术、电子工艺与管理、电子商务、动漫设计与制作、防火管理、房地产经营与估价、服装设计、供热通风与空调工程技术、国际商务、环境艺术设计、会计、会计电算化、会计与审计、会展策划与管理、机电一体化技术、计算机网络技术、计算机信息管理、计算机应用技术、建筑工程技术、建筑装饰工程技术、金融管理与实务、空中乘务、连锁经营管理、旅游管理、旅游英语、烹饪工艺与营养、汽车电子技术、汽车技术服务与营销、汽车检测与维修技术、汽车运用技术、嵌入式系统工程、软件技术、软件外包服务、商务管理、商务英语、生物技术及应用、生物制药技术、食品检测及管理、食品生物技术、市场营销、视觉传达艺术设计、数控技术、数控设备应用与维护、通信技术、投资与理财、文化事业管理、物联网应用技术、物流管理、物业管理、西餐工艺、药品质量检测技术、药物制剂技术、医药营销、影视多媒体技术、应用电子技术、应用韩语、应用日语、应用英语、制冷与空调技术、装潢艺术设计

院系设置
学校下设会计学院、工商管理学院、信息技术学院、机电工程学院、生物工程学院、汽车与电子技术学院、外国语学院、旅游管理学院、艺术设计学院、国际交流学院、继续教育学院和基础课教学部，开设生物工程学院、银座商务学院、冰轮工程学院、甲骨文学院、银座汽车学院、消防安保学院等校企合作二级学院

国家级、省部级研究机构设置
1. 实验室：山东省农产品贮运保鲜技术重点实验室
2. 研究中心（所）：国家农产品现代物流工程技术研究中心

定期公开出版的专业刊物　《山东商业职业技术学院学报》

学校设立奖学金情况
学校设立奖学金5项，奖励总金额180余万元。奖学金最高金额2000元/年，最低金额100元/年。

主要校办产业
山东省商苑经贸服务中心

学校历史沿革
山东商业职业技术学院的历史可以追溯到20世纪20年代。1921年建立山东省公立商业专门学校，设本科、预科和甲种专科。新中国成立以后，与济南私立慧鲁商业学校、青岛私立慈济商业学校合并，经历多次更名定为山东省商业学校。1982年经山东省人民政府批准，依托山东省商业学校建立了山东省商业职工大学，1998年3月山东省政府决定将山东省商业职工大学和山东省商业学校合并建立山东商业职业技术学院，1999年3月经教育部批准正式成立。

青岛滨海学院

学校（机构）标识码　4137010868
学校办学类型　412：本科院校：学院
学校性质类别　01 综合大学
学校举办者　999 民办
学校地址　青岛经济技术开发区嘉陵江西路425号
邮政编码　266555
办公电话　0532 - 86728748
传真电话　0532 - 86728000
校园（局域）网域名　www.qdbhu.edu.cn
电子信箱　bhxyjwc@126.com
占地面积（平方米）　429605
校舍建筑面积（平方米）　382857
图书（万册）　146.24
固定资产总值（万元）　79144.15
教学、科研仪器设备资产值（万元）　9242.97
在校生数（人）　16751
其中：普通本科　6082
　　　普通专科　9220
　　　成人专科　1447
　　　留学生　2
专任教师（人）　889
其中：正高级　52
　　　副高级　169
　　　中级　455
　　　初级　213

本科专业　财务管理、朝鲜语、电气工程及其自动化、电子科学与技术、动画、对外汉语、工程管理、工业工程、工业设计、广播电视新闻学、广告学、国际经济与贸易、机械设计制造及其自动化、计算机科学与技术、建筑环境与设备工程、建筑学、交通运输、金属材料工程、经济学、日语、市场营销、土木工程、网络工程、信息管理与信息系统、艺术设计、英语

专科专业　报关与国际货运、电气自动化技术、电子商务、电子声像技术、工程造价、国际贸易实务、国际商务、护理、环境艺术设计、会计、会计电算化、机电一体化技术、计算机网络技术、计算机信息管理、计算机应用技术、金融保险、旅游管理、模具设计与制造、汽车技术服务与营销、人力资源管理、软件技术、市场营销、数控设备应用与维护、图文信息技术、物流管理、学前教育、影视动画、应用德语、应用电子技术、应用俄语、应用法语、应用韩语、应用日语、应用英语、主持与播音、装潢艺术设计

院系设置
目前设有11个院系，即东方语言学院、西方语言学院、商学院、机电工程学院、信息工程学院、艺术学院、国际合作学院、文理基础学院、大专文科基础学院、大专理科基础学院、综合学院

定期公开出版的专业刊物　《青岛滨海学院学报》

学校设立奖学金情况
学校设立奖学金4项，奖励总金额87.24万元/年，最低金额400元/年。

主要校办产业
五岳建筑公司、五岳宾馆

学校历史沿革

青岛滨海学院始建于1992年,当时学校名称为青岛经济技术开发区自立职业中专;1998年经山东省教育厅批准为山东省首批学历文凭试点院校之一,更名为青岛远东职业专修学院;1999年经教育部批准为高等职业院校,更名为民办青岛滨海职业学院;2005年经教育部批准为普通本科院校,更名为青岛滨海学院。

枣庄学院

学校(机构)标识码	4137010904
学校办学类型	412:本科院校:学院
学校性质类别	01 综合大学
学校举办者	821 地级教育部门
学校地址	枣庄市市中区北安路1号
邮政编码	277160
办公电话	0632-3786715
传真电话	0632-3786700
校园(局域)网域名	www.uzz.edu.cn
电子信箱	wmk@uzz.edu.cn
占地面积(平方米)	562741
校舍建筑面积(平方米)	326184
图书(万册)	119.6
固定资产总值(万元)	54653
教学、科研仪器设备资产值(万元)	7847.7
在校生数(人)	15725
其中:普通本科	10080
普通专科	3659
成人本科	1524
成人专科	460
留学生	2
专任教师(人)	701
其中:正高级	45
副高级	161
中级	257
初级	195
未定职级	43

本科专业 财务管理、地理科学、地理信息系统、电子信息工程、动画、对外汉语、工业设计、广播电视编导、过程装备与控制工程、汉语言、汉语言文学、化学、化学工程与工艺、机械设计制造及其自动化、计算机科学与技术、教育技术学、矿物加工工程、历史学、美术学、日语、生物技术、生物科学、食品科学与工程、市场营销、数学与应用数学、思想政治教育、体育教育、统计学、土木工程、网络工程、舞蹈学、物理学、心理学、学前教育、艺术设计、音乐学、英语、应用化学、制药工程

专科专业 房地产经营与估价、会计电算化、机电一体化技术、计算机多媒体技术、计算机网络技术、计算机信息管理、计算机应用技术、精细化学品生产技术、旅游管理、旅游英语、生物技术及应用、食品生物技术、市场营销、文秘、英语教育、应用电子技术、应用化工技术、语文教育

院系设置

文学院、政治与社会发展学院、外国语学院、数学与统计学院、机电工程学院、光电工程学院、化学化工与材料学院、生命科学学院、旅游与资源环境学院、体育学院、音乐与舞蹈学院、美术与艺术设计学院、经济与管理学院、心理与教育科学学院、信息科学与工程学院、传媒学院

国家级、省部级研究机构设置

实验室:计算机实验教学示范中心、煤化工实验室

定期公开出版的专业刊物 《枣庄学院学报》

学校设立奖学金情况

学校设立奖学金8项,奖励总金额80余万元。奖学金最高金额1000元/年,最低金额100元/年。

主要校办产业

枣庄联大科技产业有限公司

学校历史沿革

学校创建于1978年,1984年教育部下发《关于教育学院重新备案的通知》(教育部[84]教师字003号),批准改为山东省枣庄教育学院,1984年6月5日,山东省政府正式批准成立"枣庄师范专科学校",与"枣庄教育学院"合为一个办学实体。1999年3月,枣庄市委、市政府决定将枣庄师范专科学校、枣庄教育学院、枣庄广播电视大学三校合并办学,成立一个办学实体枣庄师范高等专科学校。2004年5月17日教育部下发《教育部关于同意枣庄师范专科学校改建为枣庄学院的通知》,自此学校升格为本科院校。

山东工艺美术学院

学校(机构)标识码	4137010908
学校办学类型	412:本科院校:学院
学校性质类别	11 艺术院校
学校举办者	811 省级教育部门
学校地址	山东省济南市长清区大学路
邮政编码	250300
办公电话	0531-89626622
传真电话	0531-89626622
校园(局域)网域名	www.sdada.edu.cn
电子信箱	webmaster@sdada.edu.cn
占地面积(平方米)	641599
校舍建筑面积(平方米)	250864
图书(万册)	64.76
固定资产总值(万元)	19821.22
教学、科研仪器设备资产值(万元)	6532.09
在校生数(人)	7558
其中:普通本科	6565
普通专科	671

成人本科 172	专任教师（人） 480	中级 247
成人专科 23	其中：正高级 55	初级 60
硕士研究生 127	副高级 90	未定职级 28

本科专业 包装工程、编辑出版学、表演、城市规划、雕塑、动画、服装设计与工程、工业设计、工业设计(展示)、广告学、绘画、建筑学、美术学、摄影、摄影(多媒体)、数字媒体艺术、戏剧影视美术设计、艺术设计(产品)、艺术设计(服装)、艺术设计(工业)、艺术设计(环艺)、艺术设计(应用)、艺术设计(展示)、艺术设计(装潢)、艺术设计(装饰)、艺术设计学

专科专业 艺术设计(环艺)、艺术设计(应用)、艺术设计(妆扮)、影视多媒体技术、装潢艺术设计

硕士专业 美术学、设计艺术学、艺术(美术)、艺术(艺术设计)、艺术学

院系设置
视觉传达设计学院、建筑与景观设计学院、工业设计学院、服装学院、造型艺术学院、现代手工艺学院、数字艺术与传媒学院、人文艺术学院、应用设计学院、继续教育学院、公共课教学部

定期公开出版的专业刊物 《设计艺术》

学校设立奖学金情况
共设置4项，总金额216.23万元/年，最低1200元/年。

学校历史沿革
1973年，由济南市二轻局批准成立山东工艺美术技工学校。1978年，改为山东工艺美术学校，归由二轻厅管理。1982年，由山东省人民政府批准成立山东轻工业学院工艺美术分院(独立建制)，仍归二轻厅管理。1992年，经国家教委批准，成立山东工艺美术学院，后归山东省教育厅管理。

青岛大学

学校(机构)标识码 4137011065	电子信箱 xiaoban@qdu.edu.cn	成人本科 6008
学校办学类型 411：本科院校：大学	占地面积(平方米) 1845188	成人专科 5307
学校性质类别 01 综合大学	校舍建筑面积(平方米) 1185718	博士研究生 152
学校举办者 811 省级教育部门	图书(万册) 364.31	硕士研究生 4552
学校地址 山东省青岛市宁夏路308号	固定资产总值(万元) 181655	留学生 530
邮政编码 266071	教学、科研仪器设备资产值(万元) 31559.87	专任教师(人) 2155
办公电话 0532-85955830	在校生数(人) 50875	其中：正高级 318
传真电话 0532-85953085	其中：普通本科 32309	副高级 737
校园(局域)网域名 www.qdu.edu.cn	普通专科 2017	中级 1033
		初级 67

本科专业 保险、边防管理、材料物理、财务管理、财政学、测控技术与仪器、朝鲜语、朝鲜语(国际学院)、德语、地理科学、电气工程与自动化、电气信息类、电子商务、电子信息工程、电子信息科学与技术、法学、法学类、法语、纺织工程、服装设计与工程、服装设计与工程(应用技术学院)、复合材料与工程、高分子材料与工程、高分子材料与工程(应用技术学院)、工商管理、工业工程、工业设计、公共事业管理、光信息科学与技术、广播电视编导、广告学、国际经济与贸易、国际经济与贸易(国际学院)、国际商务、国际商务(国际学院)、国际政治、汉语言文学、汉语言文学(师范学院)、护理学、化学、化学(师范学院)、化学工程与工艺、环境工程、环境科学、会计学、会计学(国际学院)、绘画、机械工程及自动化、机械工程及自动化(应用技术学院)、计算机科学与技术、教育技术学、金融学、经济学、经济学类、口腔医学、历史学、临床医学(七年)、临床医学(五年)、旅游管理、旅游管理(国际学院)、轻化工程、热能与动力工程、人力资源管理、日语、软件工程、软件工程(国际学院)、社会工作、生物技术、食品科学与工程、市场营销、数学与应用数学、数学与应用数学(师范学院)、数字媒体艺术、思想政治教育、体育教育、通信工程、统计学、网络工程、微电子学、物理学、物理学(师范学院)、物流管理、西班牙语、小学教育、新闻学、信息安全、信息管理与信息系统、信息与计算科学、学前教育、药学、医学检验、医学影像工程、艺术设计、艺术设计(服装表演)、艺术设计(服装设计)、艺术设计(文学院)、音乐表演、音乐学、英语、英语(国际学院)、英语(师范学院)、应用化学、应用物理学、应用心理学、预防医学、哲学、政治学与行政学、智能科学与技术、中国语言文学类、自动化、作曲与作曲技术理论

专科专业 边防指挥、财政、初等教育、电气自动化技术、电子商务、电子信息工程技术、动漫设计与制作、法律事务、高分子材料应用技术、工商企业管理、公共事务管理、广告学、国际商务、汉语言文学、机械制造与自动化、计算机网络技术、计算机信息管理、金融管理与实务、经济管理、旅游管理、软件技术、社会工作、市场营销、物流管理、新闻学、学前教育

博士专业 病原生物学、材料学、儿科学、临床医学、人口资源与环境经济学、神经生物学、生理学、系统理论、眼科学、营养与食品卫生学

硕士专业 保险、比较文学与世界文学、病理学与病理生理学、病原生物学、材料加工工程、材料物理与化学、材料学、车辆工程、德语语言文学、电力系统及其自动化、儿科学、耳鼻咽喉科

学、法律、法律史、法医学、翻译、纺织材料与纺织品设计、纺织工程、纺织化学与染整工程、放射医学、分析化学、服装设计与工程、妇产科学、工程、工程管理、工商管理、公共管理、公共卫生、管理科学与工程、国际关系、国际贸易学、汉语国际教育、汉语言文字学、行政管理、护理、护理学、化学工艺、环境工程、环境科学、会计学、机械电子工程、基础数学、急诊医学、计算机软件与理论、计算机系统结构、计算机应用技术、计算数学、技术经济及管理、教育、教育经济与管理、金融、金融学（含：保险学）、精神病与精神卫生学、康复医学与理疗学、课程与教学论、控制理论与控制工程、口腔基础医学、口腔临床医学、口腔医学、老年医学、理论物理、临床检验诊断学、临床医学、旅游管理、麻醉学、马克思主义中国化研究、美术学、免疫学、内科学、凝聚态物理、皮肤病与性病学、企业管理（含：财务管理、市场营销）、热能工程、人口、资源与环境经济学、人体解剖与组织胚胎学、日语语言文学、设计艺术学、社会医学与卫生事业管理、神经病学、神经生物学、生理学、生物化学与分子生物学、世界经济、思想政治教育、诉讼法学、外国语言学及应用语言学、外科学、微生物学、卫生毒理学、文艺学、西方经济学、系统理论、细胞生物学、信号与信息处理、眼科学、药理学、药物化学、遗传学、艺术、音乐学、英语语言文学、营养与食品卫生学、影像医学与核医学、应用化学、应用数学、运动医学、政治经济学、中国古代文学、中国现当代文学、中外政治制度、中西医结合临床、肿瘤学、专门史

院系设置

学校设有22个学院和3个教学部，分别为文学院、外语学院、音乐学院、美术学院、数学科学学院、物理科学学院、机电工程学院、自动化工程学院、信息工程学院、化学化工与环境学院、纺织服装学院、医学院、师范学院、法学院、经济学院、国际商学院、旅游学院、汉语言学院、成人教育学院、国际学院、应用技术学院、软件技术学院、思想政治理论教学部、体育教学部、公共外语教学部

国家级、省部级研究机构设置

1．实验室：青岛市纤维新材料与现代纺织国家重点实验室培育基地、山东省纤维新材料与现代纺织重点实验室、山东省微复合材料重点实验室、山东省工业控制技术重点实验室、山东省神经相关疾病的机制与防治重点实验室、山东省代谢性疾病重点实验室、山东省医学营养学实验室、山东省分子病毒实验室、山东省天然色素实验室、山东省电力电子工程实验室、山东省计算机应用实验室、材料微复合优化技术实验室（强化）、计算机应用技术实验室、功能纤维及纺织品工程实验室、脑病防治实验室、口腔临床医学实验室、物证技术应用实验室、脑功能及其调控实验室（强化）、光子学材料与技术实验室（强化）、智能信息处理实验室、电能变换与先进控制实验室、动力集成及储能技术实验室、分子免疫病理实验室、海洋药物创新实验室、海洋生物质纤维新材料实验室、眼科临床医学实验室

2．研究中心（所）：山东省世界经济研究基地、山东省功能纤维工程技术研究中心、山东省多相聚合物材料工程技术研究中心、东亚文学与文化研究中心（强化）、蓝色经济区人口、资源与环境可持续发展研究中心

博士后科研流动站 青岛大学生物学博士后科研流动站、青岛大学材料科学与工程博士后科研流动站、青岛大学临床医学博士后科研流动站、青岛大学基础医学博士后科研流动站

定期公开出版的专业刊物 《青岛大学学报（自然科学版）》、《青岛大学学报（工程技术版）》、《东方论坛》、《复杂系统与复杂性科学》、《青岛大学医学院学报》、《齐鲁医学》、《青岛大学师范学院学报》

学校设立奖学金情况

学校设立奖学金21项，奖励总金额2238余万元，奖学金最高金额544000元/年，最低金额15000元/年。

主要校办产业

青岛青大海源集团有限公司、青岛青大海源人才培训中心有限公司、青岛青大科技资产经营有限公司、青岛大学汽车电子诊断技术中心、青岛青大海源汽车销售服务有限公司、青岛大学国际学术交流中心有限公司、山东纺织工学院附属工厂、青岛大学建业发展公司、青岛大学实业发展总公司、青岛大学科技教育开发公司、青岛大学印刷厂、青岛大学维修服务公司、青岛大学绿化工程公司、青岛大学消防工程公司

学校历史沿革

1993年，原青岛大学、青岛医学院、山东纺织工学院、青岛师范专科学校四校合并组建新的青岛大学。1999年4月，山东纺织干部学校并入青岛大学。2001年3月，青医附院护士学校并入青岛大学医学院。2001年7月，外经贸部青岛疗养院调整建制划入青岛大学。2002年3月，青岛高级职业学校划归青岛大学。

烟台大学

学校（机构）标识码 4137011066	校园（局域）网域名 www.ytu.edu.cn	其中：普通本科 25187
学校办学类型 411：本科院校：大学	电子信箱 xzb@ytu.edu.cn	普通专科 566
学校性质类别 01 综合大学	占地面积（平方米） 1353805	成人本科 3448
学校举办者 811 省级教育部门	校舍建筑面积（平方米） 738220	成人专科 1993
学校地址 山东省烟台市莱山区黄海街道烟台大学社区居委会	图书（万册） 173.37	硕士研究生 1161
	固定资产总值（万元） 72922.51	留学生 128
邮政编码 264005	教学、科研仪器设备资产值（万元） 21647.51	专任教师（人） 1148
办公电话 0535-6902105		其中：正高级 145
传真电话 0535-6903201	在校生数（人） 32483	副高级 370

中级 568	初级 35	未定职级 30

本科专业 材料科学与工程、测控技术与仪器、朝鲜语、车辆工程、电子信息工程、电子信息科学与技术、对外汉语、法学、高分子材料与工程、给排水科学与工程、工程管理、工商管理、公共事业管理、国际经济与贸易、海洋渔业科学与技术、汉语言文学、航海技术、核工程与核技术、化工与制药、化学工程与工艺、环境工程、环境科学、会计学、机械设计制造及其自动化、计算机科学与技术、建筑学、金属材料工程、轮机工程、热能与动力工程、日语、软件工程、生物工程、生物技术、生物科学、食品科学与工程、食品质量与安全、市场营销、数学与应用数学、水产养殖学、通信工程、统计学、土木工程、新闻学、信息与计算科学、药学、艺术设计、音乐表演、音乐学、英语、应用化学、应用物理学、运动训练、自动化

专科专业 国际商务、航海技术、轮机工程技术

硕士专业 比较文学与世界文学、材料工程、材料学、朝鲜语笔译、朝鲜语口译、电子与通信工程、法律(法学)、法律(非法学)、法律史、法学理论、防灾减灾工程及防护工程、分析化学、工业催化、光学、国际法学(含：国际公法、国际私法)、国民经济学、海洋生物学、化学工程、环境科学、环境与资源保护法学、机械工程、机械制造及其自动化、基础数学、计算机软件与理论、计算机应用技术、建筑与土木工程、结构工程、经济法学、考古学及博物馆学、理论物理、粒子物理与原子核物理、民商法学(含：劳动法学)、社会保障、凝聚态物理、农产品加工及贮藏工程、农村与区域发展、企业管理(含：财务管理、市场营销)、生物工程、生物化工、食品加工与安全、水生生物学、诉讼法学、外国语言学及应用语言学、无线电物理、物理电子学、物理化学(含：化学物理)、宪法学与行政法学、信号与信息处理、刑法学、亚非语言文学、岩土工程、药理学、药物化学、英语笔译、英语口译、英语语言文学、应用数学、有机化学、运筹学与控制论、制药工程、中国古代文学、中国少数民族史、专门史

院系设置 人文学院、艺术学院、外国语学院、法学院、经济与工商管理学院、化学生物理工学院、光电信息科学技术学院、计算机学院、机电汽车工程学院、海洋学院、环境与材料工程学院、药学院、国际教育与交流学院、职业技术学院、继续教育学院、体育学院、数学与信息科学学院、土木工程学院、建筑学院、文经学院、后备军官学院、生命科学学院

国家级、省部级研究机构设置

1.实验室：山东省化学工程与过程重点实验室,山东省高校化工制造工程重点实验室,山东省高校光信息与光功能材料重点实验室,山东省高校结构工程重点实验室,山东省高校先进制造与控制技术重点实验室,山东省高校海产品质量与安全检测重点实验室,山东省高校分子药理和药物筛选与评价重点实验室,山东省环境保护室内环境科学重点实验室

2.研究中心(所)：国家民委民族问题研究中心烟台大学民族问题研究基地,山东省知识产权研究院,山东省高校人文社科研究基地-应用法学研究中心,山东省知识产权研究中心,山东省功能食品工程技术研究中心,山东省黄金工程技术研究中心,山东省农产品物流工程技术研究中心,山东省空气净化工程技术研究中心,山东省天然药物工程技术研究中心,山东省干细胞工程技术研究中心。

定期公开出版的专业刊物 《烟台大学学报》(自然科学与工程版)、《烟台大学学报》(哲学社会科学版)

学校设立奖学金情况 学校设立奖学金18项,奖励总金额312余万元。奖学金最高金额5000元/年,最低金额200元/年。

主要校办产业 烟台大学建筑设计研究院、烟台大学建设监理公司、烟台大学印刷厂、烟台大学双得实业公司、烟台大学建筑工程有限公司

学校历史沿革 1984年5月,教育部批准,筹建烟台大学；1984年11月,教育部批准,同意烟台大学正式成立并开始招生；2001年3月,经山东省人民政府批准,原山东省水产学校和山东省建筑材料工业学校并入烟台大学。

潍坊学院

学校(机构)标识码 4137011067	电子信箱 licm5803@163.com	成人本科 6344
学校办学类型 412:本科院校:学院	占地面积(平方米) 1398048	成人专科 5187
学校性质类别 01 综合大学	校舍建筑面积(平方米) 798148	留学生 25
学校举办者 821 地级教育部门	图书(万册) 212.17	专任教师(人) 1180
学校地址 山东省潍坊市东风东街5147号	固定资产总值(万元) 144311	其中:正高级 105
	教学、科研仪器设备资产值(万元) 17047.41	副高级 325
邮政编码 261061		中级 656
办公电话 0536-8785356	在校生数(人) 33415	初级 57
传真电话 0536-8785116	其中:普通本科 18763	未定职级 37
校园(局域)网域名 www.wfu.edu.cn	普通专科 3096	

本科专业 播音与主持艺术、测控技术与仪器、朝鲜语、车辆工程、电子科学与技术、电子信息工程、动画、对外汉语、法学、法语、工程管理、工业设计、公共事业管理、光电子技术科学、光信息科学与技术、广播电视新闻学、国际经济与贸易、汉语言文学、行政管理、化学、化学工程与工艺、会计学、机械设计制造及其自动化、计算机科学与技术、建筑学、教育技术学、历史学、旅游管理、美术学、日语、软件工程、设施农业科学与工程、社会体育、生物技术、生物科学、市场营销、数学与应用数学、数字媒体技术、思想政治教育、体育教育、通信工程、统计学、土木工程、网络工程、舞蹈学、物理学、小学教育、信息与计算科学、艺术设计、音乐表演、音乐学、英语、应用化学、应用心理学、园林、种子科学与工程、自动化

专科专业 初等教育、电气自动化技术、电子信息工程技术、工商企业管理、广告设计与制作、国际贸易实务、会计电算化、机械制造与自动化、计算机系统维护、旅游管理、汽车技术服务与营销、商务英语、司法助理、特殊教育、通信技术、文秘、舞蹈表演、学前教育、艺术设计、音乐表演、应用电子技术、应用化工技术

院系设置
学校现设教学机构(21 个)。数学与信息科学学院、物理与光电工程学院、化学化工与环境工程学院、生物与农业工程学院、机电与车辆工程学院、信息与控制工程学院、计算机工程学院、建筑工程学院、文学与新闻传播学院、外国语学院、经济管理学院、法学院、历史文化与旅游学院、教师教育学院、幼教特教师范学院、音乐学院、美术学院、体育学院、思想政治理论教学部、北海国际学院、歌尔科技学院

国家级、省部级研究机构设置
1. 实验室：多光子纠缠与操纵重点实验室(省级)、生物化学与分子生物学重点实验室(省级)
2. 研究中心(所)：民俗文化产业开发研究基地(省级)、海盐文化研究基地(省级)、中罗果蔬栽培技术合作研究中心(省级)

定期公开出版的专业刊物 《潍坊学院学报》
学校设立奖学金情况
学校设立奖学金 8 项，奖励总金额 230 余万元。奖学金最高金额 10000 元/年，最低金额 300 元/年。

学校历史沿革
潍坊学院始建于 1951 年，是山东省省属全日制综合性普通本科院校。学校是 2000 年经教育部批准，由潍坊高等专科学校与昌潍师范专科学校合并，同时并入山东渤海进修学院的教育资源组建的一所公办全日制综合性普通本科院校。

山东警察学院

学校(机构)标识码	4137011324
学校办学类型	412:本科院校:学院
学校性质类别	09 政法院校
学校举办者	812 省级其他部门
学校地址	山东省济南市历下区文化东路 54 号
邮政编码	250014
办公电话	0531-82627166
传真电话	0531-82606089
校园(局域)网域名	sdpc.edu.cn
电子信箱	das@sdpc.edu.cn
占地面积(平方米)	279720
校舍建筑面积(平方米)	185517
图书(万册)	71.13
固定资产总值(万元)	18028
教学、科研仪器设备资产值(万元)	3151
在校生数(人)	3642
其中:普通本科	2361
普通专科	929
成人本科	352
专任教师(人)	283
其中:正高级	25
副高级	99
中级	138
初级	19
未定职级	2

本科专业 刑事科学技术、侦查学、治安学
专科专业 侦查、治安管理
院系设置
侦查系、治安系、刑事科技系、专业基础教研部、公共基础教研部、法律教研部、政治理论教研部、实战技能教研部、干部培训部

定期公开出版的专业刊物 《山东警察学院学报》
学校设立奖学金情况
学校设立奖学金一项，奖励总金额 242600 余万元。奖学金最高金额 500 元/年，最低金额 200 元/年。

学校历史沿革
山东警察学院的前身为山东省警官学校，1946 年 5 月创建于当时中共华东局驻地——山东临沂，隶属中共华东局社会部和山东省公安总局，是我党历史上创办最早的一所警察学校。学校先后更名为山东省公安学校、山东省人民警察学校、山东省公安干部学校(1980 年 6 月-1983 年 11 月)、山东公安专科学校。2004 年 5 月经教育部批准，山东公安专科学校改建为山东警察学院。

山东交通学院

学校(机构)标识码 4137011510	学校办学类型 412:本科院校:学院	学校性质类别 02 理工院校

学校举办者　811 省级教育部门	校舍建筑面积(平方米)　582169	成人专科　3051
学校地址　山东省济南市天桥区交校路 5 号	图书(万册)　153.4	留学生　12
	固定资产总值(万元)　102080.72	专任教师(人)　882
邮政编码　250023	教学、科研仪器设备资产值(万元)　15442.34	其中:正高级　74
办公电话　0531-80687622		副高级　262
传真电话　0531-80687611	在校生数(人)　23050	中级　469
校园(局域)网域名　www.sdjtu.edu.cn	其中:普通本科　15055	初级　73
电子信箱　sdjtu@sdjtu.edu.cn	普通专科　2240	未定职级　4
占地面积(平方米)　1470204	成人本科　2692	

本科专业　安全工程、材料成型及控制工程、材料科学与工程、财务管理、测绘工程、车辆工程、城市地下空间工程、船舶与海洋工程、地理信息系统、电气工程及其自动化、电子商务、电子信息工程、俄语、法学、港口航道与海岸工程、工程管理、工业设计、公共事业管理、行政管理、航海技术、会展经济与管理、机械设计制造及其自动化、计算机科学与技术、交通工程、交通建设与装备、交通设备信息工程、交通运输、金融学、轮机工程、汽车服务工程、热能与动力工程、日语、审计学、市场营销、土木工程、物流工程、信息管理与信息系统、信息与计算科学、艺术设计、英语、应用物理学、自动化

专科专业　道路桥梁工程技术、工程机械运用与维护、航海技术、建筑工程管理、轮机工程技术、旅游管理、汽车运用技术、物流管理

院系设置

学校设有 15 个二级学院,分别是:汽车工程学院、交通与物流工程学院、机械工程学院、土木工程学院、信息科学与电气工程学院、财经学院、管理学院、文法学院、外国语学院、理学院、海运学院、材料科学与工程学院、继续教育学院、职业技术学院、北方国际学院

国家级、省部级研究机构设置

1. 实验室:交通运输部交通行业重点实验室:运输车辆检测、诊断与维修技术实验室;省教育厅重点实验室:汽车运用技术实验室、路面结构与材料实验室、船舶与海洋运输实验室

2. 研究中心(所):省教育厅人文社科基地:国际商务研究中心

定期公开出版的专业刊物　《山东交通学院学报》

学校设立奖学金情况

学校设立奖学金 4 项,奖励总金额 250 余万元。奖学金最高金额 3000 元/年,最低金额 200 元/年。

主要校办产业

检测维修中心、工程机械研究所、驾培中心、机械厂、北方监理公司

学校历史沿革

1956 年交通部创建交通部济南汽车机械学校;1958 年学校划归山东省交通厅领导,山东航运学校并入,改名为山东交通专科学校;1962 年改名为济南交通学校;1970 年学校改名为地方国营济南卫东机械厂;1973 年恢复学校,山东省交通技工学校并入,改名为山东省交通学校;1980 年学校划归交通部领导,改名为交通部济南交通学校;1988 年济南交通职业专科学校并入,改名为济南交通高等专科学校;2002 年经教育部批准,与中国重汽集团职工大学合并组建山东交通学院;2005 年 7 月经山东省政府批准,山东省水运学校并入;2007 年 10 月经交通部和山东省政府批准,交通部和山东省政府共建山东交通学院。

山东工商学院

学校(机构)标识码　4137011688	电子信箱　jyk@sdibt.edu.cn	普通专科　1678
学校办学类型　412:本科院校:学院	占地面积(平方米)　931542	成人本科　2354
学校性质类别　08 财经院校	校舍建筑面积(平方米)　521016	成人专科　3166
学校举办者　811 省级教育部门	图书(万册)　138.3	留学生　27
学校地址　烟台市莱山区滨海中路 191 号	固定资产总值(万元)　60827.5	专任教师(人)　896
	教学、科研仪器设备资产值(万元)　9882.01	其中:正高级　100
邮政编码　264005		副高级　245
办公电话　0535-6904023	在校生数(人)　26022	中级　464
传真电话　0535-6904111	其中:普通本科　18797	初级　87
校园(局域)网域名　www.sdibt.edu.cn		

本科专业　安全工程、保险、编辑出版学、财务管理、财政学、朝鲜语、电气工程及其自动化、电子科学与技术、电子商务、电子信息工程、电子信息科学与技术、法学、工程管理、工商管理、工业工程、管理科学、国际经济与贸易、国际商务、汉语言文

学、行政管理、会计学、计算机科学与技术、金融学、经济学、酒店管理、劳动关系、劳动与社会保障、旅游管理、人力资源管理、日语、商务英语、社会工作、审计学、市场营销、数学与应用数学、数字媒体技术、通信工程、统计学、网络工程、物流管理、物业管理、信息管理与信息系统、信息与计算科学、英语、政治学与行政学、资产评估、自动化

专科专业 工商企业管理、广告设计与制作、国际经济与贸易、会计、会计电算化、计算机应用技术、商务英语、市场营销、文秘

院系设置

学院设有管理科学与工程学院、工商管理学院、会计学院、经济学院、政法学院、数学与信息科学学院、信息与电子工程学院、公共管理学院、统计学院、外国语学院、中加高等应用技术学院、国际商学院、计算机科学与技术学院(服务软件外包学院)等13个二级学院,大学外语教学部、计算机基础教学部、社会科学教学部、体育教学部等4个基础教学部,学院还设有继续教育学院、煤炭经济研究院、半岛经济研究院、东亚社会发展研究院

国家级、省部级研究机构设置

1. 实验室:智能信息处理重点实验室
2. 研究中心:煤炭产业发展与创新研究基地

定期公开出版的专业刊物 《山东工商学院学报》、《煤炭经济情报》、《山东工商学院报》

学校设立奖学金情况

学校设立奖学金5项,奖励总金额550余万元。奖学金最高金额8000元/年,最低金额600元/年。

主要校办产业

烟台泰士塑料制品有限公司、烟台顺泰大酒店、烟台山商印务有限公司、烟台顺泰资产管理中心加油站、建筑事业部

学校历史沿革

山东工商学院(原中国煤炭经济学院)始建于1985年12月,是原国家教委批准建立、原国家煤炭工业部所属唯一的财经类全日制普通本科高等学校,1998年9月改为中共和省共建,以山东省管理为主。2003年2月经教育部批准,更名为山东工商学院。

山东财政学院

学校(机构)标识码	4137011822
学校办学类型	412:本科院校:学院
学校性质类别	08 财经院校
学校举办者	811 省级教育部门
学校地址	山东省济南市舜耕路40号
邮政编码	250014
办公电话	0531-88596291
传真电话	0531-88596156
校园(局域)网域名	www.sdfi.edu.cn
电子信箱	xbxxk@sdie.edu.cn
占地面积(平方米)	816512
校舍建筑面积(平方米)	623914
图书(万册)	175.73
固定资产总值(万元)	66536.87
教学、科研仪器设备资产值(万元)	10324.41
在校生数(人)	24026
其中:普通本科	14601
普通专科	740
成人本科	4571
成人专科	3289
硕士研究生	813
留学生	12
专任教师(人)	790
其中:正高级	123
副高级	283
中级	336
初级	30
未定职级	18

本科专业 保险、财务管理、财政学、电子商务、法学、法语、房地产经营管理、工程管理、工商管理、公共事业管理、国际经济与贸易、国际商务、汉语言文学、行政管理、环境资源与发展经济学、会计学、计算机科学与技术、金融工程、金融学、经济学、劳动与社会保障、旅游管理、贸易经济、美术学、人力资源管理、日语、社会工作、社会体育、审计学、市场营销、数学与应用数学、税务、体育经济、统计学、物流管理、新闻学、信息管理与信息系统、信息与计算科学、信用管理、艺术设计、英语、政治学与行政学

专科专业 国际贸易实务、会计、金融管理与实务

硕士专业 财政学(含:税收学)、产业经济学、翻译、工商管理、公共管理、管理科学与工程、国际贸易学、国际商务、国民经济学、会计、会计学、计算机应用技术、技术经济及管理、金融、金融学(含:保险学)、劳动经济学、旅游管理、马克思主义中国化研究、企业管理(含:财务管理、市场营销)、区域经济学、社会保障、世界经济、数量经济学、税务、统计学、外国语言学及应用语言学、西方经济学、政治经济学

院系设置

经济学院、财税与公共管理学院、金融学院、国际经贸学院、工商管理学院、会计学院、统计与数理学院、计算机信息工程学院、外国语学院、政法学院、人文艺术学院、体育教育学院、继续教育学院、国际交流学院

国家级、省部级研究机构设置

研究所(中心):财政研究所、金融研究所、国际贸易研究所、企业管理研究所、会计研究所、管理科学与工程研究所、理论经济研究所、高等教育研究所、经济发展研究所、现代财务与会计研究所、国际经济研究所、国际商务研究所、上海合作组织研究所、WTO研究所、财税研究所、公共管理研究所、资源经济与战略研究中心、现代管理研究中心、电子商务与电子政务研究中心、企业经营伦理研究中心、证券期货研究中心、资本运作与管理研究所、文化研究所、文学研究所、统计科学研究所、数量经济研究所、保险精算研究所、劳动经济研究所、网络与信息安全研究所、成人高等教育研究所、外国语言研究所、金融外包实验室、金融信息工程实验室、应急联动系统实验室、服务业创新与发展软科学研究基地、山东省公共财政制度与社会保障制度研究基地

定期公开出版的专业刊物 《山东财政学院学报》

学校设立奖学金情况

学校设立奖学金3项,奖励总金额201.08万元。奖学金最高金额6000元/年,最低金额400元/年。

毕业生一次就业率 70%

学校历史沿革

山东财政学院是由财政部和山东省人民政府共同创办的普通高等财经院校,是国务院学位委员会批准的学士学位和硕士学位授予单位,现实行中央与地方共建、以地方管理为主的领导管理体制。

1986年4月,山东财政学院经山东省人民政府批准建校。

山东电力高等专科学校

学校(机构)标识码 4137011827	传真电话 0531-82777337	在校生数(人) 3099
学校办学类型 414:专科院校:高等专科学校	校园(局域)网域名 www.sepc.edu.cn	其中:普通专科 2536
	电子信箱 jwb@sgtc.sgcc.com.cn	成人专科 563
学校性质类别 02 理工院校	占地面积(平方米) 302900	专任教师(人) 147
学校举办者 812 省级其他部门	校舍建筑面积(平方米) 299026	其中:正高级 28
学校地址 山东省济南市二环南路500号	图书(万册) 58.99	副高级 61
	固定资产总值(万元) 46982.6	中级 29
邮政编码 250002	教学、科研仪器设备资产值(万元) 7698	初级 4
办公电话 0531-82999222		未定职级 25

专科专业 城市热能应用技术、电厂化学、电厂热能动力装置、电力工程管理、电力系统继电保护与自动化、电子测量技术与仪器、发电厂及电力系统、供用电技术、焊接技术及自动化、环境监测与治理技术、火电厂集控运行、计算机应用技术、金属材料与热处理技术、生产过程自动化技术、市场营销、网络系统管理

定期公开出版的专业刊物 《山东电力高等专科学校学报》

学校设立奖学金情况

学校设立奖学金1项,奖励总金额61.04万元,奖学金最高金额500元/年,最低金额300元/年。

学校历史沿革

山东电力高等专科学校前身系始建于1958年的青岛动力专科学校,几经变迁,1994年重新升格为山东电力高等专科学校,并于1997年由泰安迁至济南现址。1999年,为使学校更好的发展,学校主管部门山东电力集团公司将山东电力研究院并入山东电专,进行了实质性合并。同时,为强化对电力行业的技术监督服务功能,继续保留了山东电力研究院的牌子。2008年底,国家电网公司成立国家电网技术学院并落户山东电专,作为高素质应用型技术与技能人才培训基地和公司文化传播教育基地。

日照职业技术学院

学校(机构)标识码 4137012062	传真电话 0633-8172345	在校生数(人) 16071
学校办学类型 415:专科院校:高等职业学校	校园(局域)网域名 www.rzpt.cn	其中:普通专科 15542
	电子信箱 rzptmsk@126.com	成人专科 529
学校性质类别 01 综合大学	占地面积(平方米) 828000	专任教师(人) 768
学校举办者 821 地级教育部门	校舍建筑面积(平方米) 293000	其中:正高级 33
学校地址 山东省日照市烟台北路16号	图书(万册) 135	副高级 196
	固定资产总值(万元) 68920.3	中级 327
邮政编码 276826	教学、科研仪器设备资产值(万元) 16583.06	初级 210
办公电话 0633-8172345		未定职级 2

专科专业 道路桥梁工程技术、电子商务、服装设计与加工、工程监理、工程造价、工商企业管理、广告设计与制作、国际商务、环境监测与治理技术、环境艺术设计、会计、会计电算化、机电一体化技术、计算机多媒体技术、计算机网络技术、计算机应用技术、建筑工程技术、建筑设备工程技术、建筑设计技术、建筑装饰工程技术、酒店管理、旅游管理、模具设计与制造、汽车电子技术、汽车技术服务与营销、汽车检测与维修技术、软件技术、商务英语、涉外旅游、生物技术及应用、食品加工技术、食品营养与检测、食品贮运与营销、市场营销、数控设备应用与维护、水产养殖技术、税务、投资与理财、文秘、物流管理、物业管理、冶金技

术、艺术设计、英语教育(师)、影视动画、影视广告、应用电子技术、应用韩语、渔业综合技术、语文教育(师)、园林工程技术

学校历史沿革

学院始建于1988年的日照市第三职业高中,1993年改建为日照经济学校,1998年经教育部批准成为山东省第一所职业高中,2008年,被教育部、财政部确定为国家示范性高等职业院校立项建设单位。

曲阜远东职业技术学院

学校(机构)标识码 4137012070	传真电话 0537-4507952	1436.94
学校办学类型 415:专科院校:高等职业学校	校园(局域)网域名 www.fareast-edu.net	在校生数(人) 917
		其中:普通专科 917
学校性质类别 01 综合大学	电子信箱 fareastedu@263.net	专任教师(人) 100
学校举办者 999 民办	占地面积(平方米) 182076	其中:正高级 1
学校地址 曲阜市北郊石门山国家森林公园	校舍建筑面积(平方米). 65863	副高级 15
	图书(万册) 13.8	中级 22
邮政编码 273115	固定资产总值(万元) 7007.41	初级 35
办公电话 0537-4507988	教学、科研仪器设备资产值(万元)	未定职级 27

专科专业 电脑艺术设计、国际商务、会计电算化、计算机信息管理、计算机应用技术、金融管理与实务、旅游管理、软件技术、市场营销、通信技术、文秘、艺术设计类新专业、应用电子技术、应用韩语、应用日语、应用英语、装饰艺术设计

院系设置

工商管理系、外语系、计算机系、艺术系、电子信息工程系、五年一贯制大专

学校历史沿革

1998年7月,经山东省教委批准,定名为曲阜远东工商外语大学,开办全日制自学考试教育。1999年办学文凭试点教育,并与山东农业大学合作,开办高等职业技术教育专业,列入国家计划招生2000年经教育部批准定名为曲阜远东职业技术学院。

青岛职业技术学院

学校(机构)标识码 4137012324	传真电话 0532-86105219	在校生数(人) 10353
学校办学类型 415:专科院校:高等职业学校	校园(局域)网域名 www.qtc.edu.cn	其中:普通专科 9257
	电子信箱 office@qtc.edu.cn	成人专科 1096
学校性质类别 01 综合大学	占地面积(平方米) 504828	专任教师(人) 387
学校举办者 821 地级教育部门	校舍建筑面积(平方米) 272206	其中:正高级 10
学校地址 青岛市黄岛区钱塘江路369号	图书(万册) 86.83	副高级 106
	固定资产总值(万元) 34846	中级 205
邮政编码 266555	教学、科研仪器设备资产值(万元) 8753	初级 66
办公电话 0532-86105216		

专科专业 报关与国际货运、电气自动化技术、电子商务、服装设计、国际商务、国际商务(中新)、环境艺术设计、会计、机电一体化技术、计算机网络技术、计算机应用技术、酒店管理、旅游管理、旅游管理(中新)、旅游日语、模具设计与制造、人力资源管理、软件技术、商检技术、商务管理、商务管理(家电)、商务日语、生物技术及应用、市场营销、数控技术、物流管理、物流管理(中新)、休闲服务与管理、学前教育、音乐教育、影视动画、应用电子技术、应用韩语、应用化工技术

院系设置

设有海尔学院(机电学院)、软件与服务外包学院(信息学院)、旅游与国际学院、物流学院、生物化工学院、艺术学院、教育学院7个二级学院

国家级、省部级研究机构设置

拥有国家职业教育数控实训基地、国家职业教育电工电子与自动化技术实训基地、青岛市高职教育实训基地、全国物联网技术应用专业人才实训基地和全国农村信息化专业人才实训基地。与海尔集团等216家知名企业合作建立校外实训基地216个。在新加坡、韩国、日本开辟20个海外实训基地

定期公开出版的专业刊物 《青岛职业技术学院学报》(双月刊)

学校设立奖学金情况

学院共设立国家奖学金、学院"德技双馨"综合奖学金、学院单项奖学金等11项、奖助学金总额达74.8万余元,奖学金最高额8000元/年,奖学金最低额200元/年。

学校历史沿革

青岛职业技术学院是一所省市共管、以市管为主的全日制普通高校。学院于2000年10月在原青岛市职工大学的基础上成立 2002年4月与原青岛教育学院合并,组建成新的青岛职业技术学院。原青岛市职工大学成立于1977年;原青岛教育学院成立于1951年,著名生物学家、教育家童第周和国学大师陆侃如曾任学院早期领导人。2009年底顺利通过教育部、财政部验收,成为首批国家示范性高职院校。

威海职业学院

学校(机构)标识码 4137012326	校园(局域)网域名 www.weihai.college.com	在校生数(人) 15611
学校办学类型 415:专科院校:高等职业学校	电子信箱 whvc@weihaicollege.com	其中:普通专科 14477
学校性质类别 01 综合大学	占地面积(平方米) 2033016	成人专科 1134
学校举办者 821 地级教育部门	校舍建筑面积(平方米) 370133	专任教师(人) 805
学校地址 山东省威海市科技新城(初村北海)	图书(万册) 115.2	其中:正高级 18
	固定资产总值(万元) 85807.94	副高级 194
邮政编码 264210	教学、科研仪器设备资产值(万元) 16558.87	中级 298
办公电话 0631-5700499		初级 256
传真电话 0631-5700168		未定职级 39

专科专业 报关与国际货运、餐饮管理与服务、船舶电气工程技术、船舶工程技术、船舶舾装、船机制造与维修、电脑艺术设计、电气自动化技术、电子工艺与管理、电子商务、动漫设计与制作、纺织品装饰艺术设计、服装工艺技术、服装设计、高尔夫服务与管理、高分子材料应用技术、工程造价、工商企业管理、工业分析与检验、工业设计、广告设计与制作、国际经济与贸易、焊接技术及自动化、会计与统计核算、机电设备维修与管理、机电一体化技术、机械设计与制造、计算机应用技术、检测技术及应用、建筑电气工程技术、建筑工程技术、建筑装饰工程技术、轮机工程技术、旅游管理、模具设计与制造、烹饪工艺与营养、汽车电子技术、汽车技术服务与营销、汽车检测与维修技术、软件技术、商务日语、商务英语、生化制药技术、生物技术及应用、食品加工技术、食品营养与检测、市场营销、数控技术、通信技术、图形图像制作、文秘、音乐教育、应用电子技术、应用韩语、应用化工技术、游艇设计与制造、装潢艺术设计

院系设置

学院设置了经济管理系、信息工程系、机电工程系、旅游与酒店管理系、应用外语系、艺术设计系、生物与化学工程系、建筑工程系、工业技术系、船舶工程系、基础教育教学部、成人教育教学部、现代教育中心

学校设立奖学金情况

学校设立奖学金一项,奖励总金额207余万元。奖学金最高金额1500元/年,最低金额500元/年。

优秀学生奖学金:一等奖 500人/年 1500元/人

二等奖 600人/年 1000元/人

三等奖 1440人/年 500元/人

主要校办产业

威海天诺数控有限公司、威海天翔外派劳务服务有限公司、威海天信电子有限公司、威海东方磨具有限公司、威海松海大酒店、威海天赋软件有限公司、威海教育教学服务社

学校历史沿革

威海职业学院是一所全日制普通高等职业学院,是在威海广播电视大学、威海教育学院和威海工业学校基础上合并而成的。2000年10月经山东省人民政府批准、教育部备案、学院正式成立。

山东职业学院

学校(机构)标识码 4137012328	学校地址 济南经十东路23000号	电子信箱 shanzhi1951@163.com
学校办学类型 415:专科院校:高等职业学校	邮政编码 250104	占地面积(平方米) 806448
学校性质类别 02 理工院校	办公电话 0531-66772010	校舍建筑面积(平方米) 351215
	传真电话 0531-86946472	图书(万册) 82.85
学校举办者 811 省级教育部门	校园(局域)网域名 www.sdp.edu.cn	固定资产总值(万元) 74203.57

教学、科研仪器设备资产值(万元) 8026.12	成人专科 127 专任教师(人) 540	副高级 154 中级 247
在校生数(人) 15065	其中:正高级 21	初级 118
其中:普通专科 14938		

专科专业 城市轨道交通车辆、道路桥梁工程技术、电机与电器、电气化铁道技术、电气自动化技术、电子工艺与管理、电子商务、电子信息工程技术、动漫设计与制作、法律事务、房地产经营与估价、高速铁道技术、工程机械控制技术、工程造价、工商企业管理、供热通风与空调工程技术、供用电技术、国际贸易实务、汉语、焊接技术及自动化、会计电算化、会展策划与管理、机电设备维修与管理、机电一体化技术、机械制造与自动化、计算机多媒体技术、计算机辅助设计与制造、计算机网络技术、计算机应用技术、检测技术及应用、建筑工程技术、建筑设备工程技术、建筑装饰工程技术、楼宇智能化工程技术、旅游管理、模具设计与制造、汽车技术服务与营销、软件技术、商务英语、生物技术及应用、生物制药技术、食品生物技术、食品营养与检测、市场开发与营销、数控技术、铁道工程技术、铁道机车车辆、铁道交通运营管理、铁道通信信号、通信网络与设备、文秘、物流管理、新能源应用技术、信息安全技术、影视多媒体技术、应用电子技术

院系设置
学院现设机械工程系、机电装备系、电系工程系、信息工程系、土木工程系、管理系、生物工程系、轨交通系和基础部、思政部两个教学部

学校设立奖学金情况
学校设立奖学金3项,奖励总金额280余万元。奖学金最高金额1400元/年,最低金额460元/年。

学校历史沿革
山东职业学院源于1951年建校的济南铁路机械学校,1958年至1963年曾升格为济南铁道学院,2000年改建为济南铁道职业技术学院,2004年由铁道部划归山东省人民政府管理,2010年11月,经山东省人民政府批准,更名山东职业学院。

山东劳动职业技术学院

学校(机构)标识码 4137012329	传真电话 0531-87968542	在校生数(人) 10379
学校办学类型 415:专科院校:高等职业学校	校园(局域)网域名 www.sdlvtc.cn	其中:普通专科 10162
	电子信箱 dbyb@sdlvtc.cn	成人专科 217
学校性质类别 02 理工院校	占地面积(平方米) 685164	专任教师(人) 462
学校举办者 812 省级其他部门	校舍建筑面积(平方米) 279005	其中:正高级 20
学校地址 山东省济南市经十路23266号	图书(万册) 49.76	副高级 97
	固定资产总值(万元) 27056	中级 189
邮政编码 250022	教学、科研仪器设备资产值(万元) 6070.28	初级 121
办公电话 0531-87957258		未定职级 35

专科专业 材料成型与控制技术、电脑艺术设计、电气自动化技术、电子商务、动漫设计与制作、房地产经营与估价、广告设计与制作、焊接技术及自动化、机电设备维修与管理、机电一体化技术、机械设计与制造、机械制造与自动化、计算机网络技术、计算机应用技术、建筑装饰工程技术、精密机械技术、劳动与社会保障、楼宇智能化工程技术、模具设计与制造、汽车电子技术、汽车技术服务与营销、汽车检测与维修技术、软件技术、生产过程自动化技术、数控技术、数控设备应用与维护、文秘、物流管理、物业管理、应用电子技术

院系设置
设立机械工程系、机制工艺系、电气及自动化系、汽车工程系、经济管理系、信息工程与艺术设计系、基础部共7个系部

学校设立奖学金情况
学校设立奖学金6项,奖励总金额255余万元。奖学金最高金额8000元/年,最低金额200元/年。

主要校办产业
济南市第六机床厂、济南市装备实业公司

学校历史沿革
1955年1月18日建校,1989年12月试办山东省高级技工学校。2000年12月成立山东劳动职业技术学院。2006年9月,长清校区正式启用。

莱芜职业技术学院

学校(机构)标识码 4137012330　　学校办学类型 415:专科院校:高等职业学校

学校性质类别 01 综合大学	占地面积(平方米) 508009	其中:普通专科 6792
学校举办者 821 地级教育部门	校舍建筑面积(平方米) 230809	专任教师(人) 520
学校地址 莱芜市高新区凤凰路北首	图书(万册) 69.74	其中:正高级 26
邮政编码 271100	固定资产总值(万元) 55016.31	副高级 115
办公电话 0634-6267615	教学、科研仪器设备资产值(万元) 5850.8	中级 278
传真电话 0634-6268816		初级 94
校园(局域)网域名 www.lwvc.edu.cn	在校生数(人) 6792	未定职级 7
电子信箱 lzybgs2615@163.com		

专科专业 初等教育、电气自动化技术、电子商务、电子设备与运行管理、电子信息工程技术、动漫设计与制作、法律事务、房地产经营与估价、广告设计与制作、国际经济与贸易、环境艺术设计、会计电算化、机电一体化技术、计算机辅助设计与制造、计算机信息管理、计算机应用技术、建筑工程技术、金属材料与热处理技术、酒店管理、旅游工艺品设计与制作、旅游管理、模具设计与制造、汽车电子技术、汽车检测与维修技术、软件技术、生物制药技术、食品生物技术、市场营销、数控技术、投资与理财、微电子技术、文秘、文物鉴定与修复、物流管理、学前教育、冶金技术、艺术设计、音乐表演、应用电子技术、应用化工技术、应用英语、园林技术

院系设置

机电工程系、机械与汽车工程系、信息工程系、冶金与建筑工程系、经济管理系、商务管理系、师范教育与艺术系、医学技术与护理系(生物电医学技术学院)

国家级、省部级研究机构设置

"山东省粉末冶金先进制造重点实验室"获省科技厅批准,并确定为省市共建重点实验室;与山东现代农业科技示范园共同申报的"山东江河湿地生态研究院"也已获得省科技厅和省民政厅的批准,成为全省第一家湿地研究机构。

学校设立奖学金情况

学校设立奖学金5项,奖励总金额278.6万元。奖学金最高金额8000元/年,最低金额300元/年。

学校历史沿革

莱芜职业技术学院的前身是莱芜市职业技术教育中心(1988—2000年)、莱芜市广播电视大学(1993年成立)、莱芜师范学校(1952—2000年),2000年实质性合并筹建莱芜职业技术学院,2000年10月17日成立莱芜职业技术学院。

山东女子学院

学校(机构)标识码 4137012331	校园(局域)网域名 www.sdwu.edu.cn	其中:普通本科 1668
学校办学类型 412:本科院校:学院	电子信箱 ny6788@126.com	普通专科 6439
学校性质类别 01 综合大学	占地面积(平方米) 700000	成人本科 223
学校举办者 811 省级教育部门	校舍建筑面积(平方米) 243367	成人专科 355
学校地址 山东省济南市长清大学科技园大学路2399号	图书(万册) 85.75	专任教师(人) 476
	固定资产总值(万元) 38990.16	其中:正高级 43
邮政编码 250300	教学、科研仪器设备资产值(万元) 3701.58	副高级 119
办公电话 0531-86526788		中级 226
传真电话 0531-86526786	在校生数(人) 8685	初级 88

本科专业 工商管理、国际经济与贸易、会计学、计算机科学与技术、旅游管理、日语、社会工作、学前教育、艺术设计、英语

专科专业 报关与国际货运、电子商务、动漫设计与制作、法律事务、服装设计、工商企业管理、国际商务、环境艺术设计、会计、会计电算化、计算机多媒体技术、计算机网络技术、计算机应用技术、旅行社经营管理、旅游管理、旅游英语、人力资源管理、人物形象设计、商务日语、商务英语、社会工作、涉外旅游、审计实务、市场开发与营销、网络营销、文化事业管理、舞蹈教育、物流管理、物业管理、新闻采编与制作、学前教育、音乐教育、英语教育、应用俄语、应用韩语、应用西班牙语、装潢艺术设计

院系设置

外国语学院、教育学院、文化艺术学院、经济管理学院、会计学院、旅游学院、社会与法学院、信息技术学院、基础部、齐鲁国际培训学院、继续教育学院

国家级、省部级研究机构设置

研究中心(所):山东省教师教育基地、山东省"十二五"规划"女性人力资源开发与管理"重点研究基地、山东女子学院性别研究中心

定期公开出版的专业刊物 《山东女子学院学报》

学校设立奖学金情况

学校设立奖学金四项,奖励总金额70万元,最高800元/年,最低金额200元/年。

学校历史沿革

学校前身是山东省妇女干部学校,建于1952年6月。1961年停办。1979年11月恢复。1984年开始举办高等教育。1987年更名为中国妇女管理干部学院山东分院。1995年8月更名为中华女子学院山东分院。2010年3月改制为普通本科院校山东女子学院。

烟台南山学院

学校(机构)标识码 4137012332	edu.cn	普通专科 9143
学校办学类型 412:本科院校:学院	电子信箱 dhyb@nanshan.edu.cn	成人本科 108
学校性质类别 01 综合大学	占地面积(平方米) 4239084	成人专科 2773
学校举办者 999 民办	校舍建筑面积(平方米) 1518731	留学生 3
学校地址 山东省龙口市东海经济开发区	图书(万册) 186.9	专任教师(人) 1003
	固定资产总值(万元) 141235.9	其中:正高级 152
邮政编码 265713	教学、科研仪器设备资产值(万元) 22182.9	副高级 231
办公电话 0535-8590703		中级 313
传真电话 0535-8590701	在校生数(人) 20044	初级 253
校园(局域)网域名 www.nanshan.	其中:普通本科 8017	未定职级 54

本科专业 材料成型及控制工程、朝鲜语、电气工程及其自动化、电子信息工程、动画、纺织工程、服装设计与工程、工程管理、工商管理、工业设计、机械设计制造及其自动化、计算机科学与技术、旅游管理、日语、食品科学与工程、市场营销、物流管理、信息管理与信息系统、艺术设计、音乐表演、英语、自动化

专科专业 材料成型与控制技术、财务管理、电厂热能动力装置、电气自动化技术、电子商务、服装设计、工商企业管理、广告设计与制作、国际商务、会计、会计电算化、机电一体化技术、机械制造与自动化、计算机辅助设计与制造、计算机网络技术、计算机信息管理、计算机应用技术、建筑装饰材料及检测、连锁经营管理、旅游管理、模具设计与制造、汽车检测与维修技术、人力资源管理、软件技术、商务日语、商务英语、食品生物技术、市场营销、数控技术、通信技术、物流管理、物业管理、现代纺织技术、艺术设计、应用电子技术、应用韩语、证券投资与管理

院系设置

机械工程学院、计算机与电气自动化学院、材料工程与冶金学院、工商管理学院、管理科学与工程学院、食品与营养保健学院、经济与技术学院、旅游管理学院、国际商学院、航空学院、外国语学院、艺术学院

学校设立奖学金情况

学校设立奖学金 8 项,奖励总金额 976 余万元。奖学金最高金额 8000 元/年,最低金额 500 元/年。

学校历史沿革

山东南山职业培训学院(1996 年-1998 年);山东南山职业专修学校(1998 年-2000 年);山东南山职业技术学院(2000 年-2005 年)烟台南山学院(2005 年至今)。

济宁职业技术学院

学校(机构)标识码 4137012335	校园(局域)网域名 www.jnzjxy.com.cn	在校生数(人) 10240
学校办学类型 415:专科院校:高等职业学校		其中:普通专科 10166
	电子信箱 bgs@jnzjxy.com.cn	成人专科 74
学校性质类别 01 综合大学	占地面积(平方米) 520840	专任教师(人) 532
学校举办者 821 地级教育部门	校舍建筑面积(平方米) 305680	其中:正高级 13
学校地址 济宁市任城区金宇路 3 号	图书(万册) 67.3	副高级 138
邮政编码 272037	固定资产总值(万元) 29863.7	中级 213
办公电话 0537-2226919	教学、科研仪器设备资产值(万元) 5940.12	初级 168
传真电话 0537-2236068		

专科专业 财政、畜牧兽医、电气自动化技术、电子商务、电子信息工程技术、动漫设计与制作、房地产经营与估价、服装设计、工程监理、工程造价、广告设计与制作、航空服务、环境监测与治理技术、会计电算化、机电一体化技术、机动车保险实务、计算机网络技术、计算机应用技术、建筑工程技术、建筑装饰工程技术、金融保险、酒店管理、矿山机电、楼宇智能化工程技术、旅游管理、旅游英语、煤炭深加工与利用、模具设计与制造、汽车电子技术、汽车技术服务与营销、汽车检测与维修技术、汽车制造与装配技术、软件技术、商务英语、社区管理与服务、生物技术及应用、食品营养与检测、数控技术、图形图像制作、文秘、物流管理、学前教育、眼视光技术、营销与策划、应用化工技术、园林技术、园艺技术、植物保护、主持与播音

院系设置

(九系一部)机电工程系、电子信息工程系、经济管理系、外

语系、艺术与设计系、文管系、建筑工程系、汽车工程系、生物与化学工程系、基础部

学校设立奖学金情况

学校设立奖学金1项,奖励总金额110余万元。奖学金最高金额1000元/年,最低金额400元/年。

1. 一等奖340元/年,1000元/人。
2. 二等奖600人/年,600元/人。
3. 三等奖1000人/年,400元/人。

学校历史沿革

2000年10月经山东省人民政府(鲁政字[2000]286号文件)批准将济宁职工大学、济宁广播电视大学合并,建立济宁职业技术学院。

潍坊职业学院

学校(机构)标识码 4137012391	校园(局域)网域名 www.sdwfvc.com	在校生数(人) 10339
学校办学类型 415:专科院校:高等职业学校	电子信箱 yb@mail.sdwfvc.cn	其中:普通专科 10322
	占地面积(平方米) 601753	成人专科 17
学校性质类别 01 综合大学	校舍建筑面积(平方米) 214088	专任教师(人) 470
学校举办者 821 地级教育部门	图书(万册) 84.7	其中:正高级 26
学校地址 潍坊市东风东街243号	固定资产总值(万元) 23390	副高级 91
邮政编码 261031	教学、科研仪器设备资产值(万元) 6541	中级 194
办公电话 0536-8527101		初级 159
传真电话 0536-8527100		

专科专业 报关与国际货运、蚕桑技术、电脑艺术设计、电气自动化技术、电子商务、动漫设计与制作、高分子材料加工技术、工程监理、工业分析与检验、国际贸易实务、化工生产安全技术、环境监测与评价、会计电算化、机电一体化技术、计算机通信、计算机网络技术、计算机信息管理、计算机应用技术、模具设计与制造、农产品质量检测、汽车电子技术、汽车定损与评估、汽车技术服务与营销、汽车检测与维修技术、汽车制造与装配技术、商务英语、涉外旅游、生物技术及应用、食品加工技术、市场营销、数控技术、文秘、物流管理、物业管理、应用电子技术、应用韩语、应用化工技术、园林工程技术、园林技术、园艺技术、种子生产与经营、装饰艺术设计

院系设置

农业工程学院、园林工程学院、机电工程学院、汽车工程学院、信息工程学院、化学工程学院、国际商务学院、经营管理学院、文化创意学院

定期公开出版的专业刊物 《高等职业教育》

学校设立奖学金情况

学校设立奖学金10项,奖励总金额210余万元。奖学金最高金额8000元/年,最低金额100元/年。

主要校办产业

资产经营公司

学校历史沿革

1956年4月,经山东省人民委员会批准成立山东省昌潍农业学校;1958年10月,经山东省人民政府批准改名为昌潍农学院;1959年7月,经山东省人民委员会批准改名为昌潍农业专科学校;1963年8月,经山东省人民委员会批准改名为山东省昌潍农业学校;1971年6月,经中共昌潍地革委批准改名为山东省昌潍农业专科学校;1973年5月,经中共昌潍地革委批准改名为山东省昌潍农业学校;2001年7月,经山东省人民政府批准与原潍坊市职工大学合并,成立潍坊职业学院。

烟台职业学院

学校(机构)标识码 4137012396	传真电话 0535-6927116	在校生数(人) 17196
学校办学类型 415:专科院校:高等职业学校	校园(局域)网域名 www.ytvc.edu.cn	其中:普通专科 15458
	电子信箱 yzybmsk@163.com	成人专科 1738
学校性质类别 01 综合大学	占地面积(平方米) 1030726	专任教师(人) 847
学校举办者 821 地级教育部门	校舍建筑面积(平方米) 493980	其中:正高级 57
学校地址 烟台市高新区滨海中路2018号	图书(万册) 131.12	副高级 318
邮政编码 264670	固定资产总值(万元) 86053	中级 298
办公电话 0535-6927001	教学、科研仪器设备资产值(万元) 10445.14	初级 143
		未定职级 31

专科专业 报关与国际货运、财务会计类、船舶电气工程技术、船舶工程技术、道路桥梁工程技术、电脑艺术设计、电气自动化技术、电子工艺与管理、电子商务、电子信息工程技术、动漫设计与制作、法律事务、服装设计、工程造价、国际商务、焊接技术及自动化、会计、会计电算化、机电一体化技术、机械制造与自动化、计算机网络技术、计算机信息管理、计算机应用技术、建筑工程管理、建筑工程技术、金融保险、经济贸易类、酒店管理、楼宇智能化工程技术、旅游管理、模具设计与制造、农业经济管理、皮革制品设计与工艺、汽车电子技术、汽车技术服务与营销、汽车检测与维修技术、汽车制造与装配技术、人力资源管理、人物形象设计、软件技术、商检技术、商务日语、商务英语、生物技术及应用、食品加工技术、食品检测及管理、市场营销、数控技术、通信技术、图形图像制作、文秘、物流管理、新闻采编与制作、学前教育、艺术设计、音乐表演、应用电子技术、应用韩语、应用英语、园林技术、制冷与空调技术、装潢艺术设计、自动化类

院系设置

机械工程系、电气工程系、会计系、经济管理系、艺术设计系、对外经贸系、建筑工程系、基础教学部、汽车工程系、电子工程系、食品与生化工程系、船舶工程系、德育教学部、公共管理系、信息工程系、韩国语学院

国家级、省部级研究机构设置

研究中心(所):自动化研究所、图像处理与模式识别研究所、食品研究所、德育研究所

定期公开出版的专业刊物 《烟台职业学院报》

学校设立奖学金情况

学校设立奖学金 8 项,奖励总金额 173.595 万元。奖学金最高金额 8000 元/生/年,最低金额 160 元/生/年。国家奖学金 13 人,8000 元/人,省政府奖学金 11 人,6000 元/人,励志奖学金 497 人,5000 元/人。

学校历史沿革

烟台职业学院于 2001 年 7 月 25 日经鲁政字[2001]21 号文件批准,由烟台职工大学、山东省烟台财政学校、山东省轻工经济管理学校合并组建。根据烟编[2002]22 号文件,2002 年 11 月 26 日,山东省对外经济学校并入烟台职业学院。2008 年经鲁政字[2008]8 号文,烟台教育学院、烟台广播电视大学整体并入烟台职业学院。

东营职业学院

学校(机构)标识码 4137012440	校园(局域)网域名 www.dyxy.net	其中:普通专科 12789
学校办学类型 415:专科院校:高等职业学校	电子信箱 zyxy@sohu.com	成人专科 50
	占地面积(平方米) 1780557	专任教师(人) 494
学校性质类别 01 综合大学	校舍建筑面积(平方米) 350892	其中:正高级 26
学校举办者 821 地级教育部门	图书(万册) 108.98	副高级 135
学校地址 东营市黄河路 569 号	固定资产总值(万元) 48480	中级 220
邮政编码 257091	教学、科研仪器设备资产值(万元) 9468.74	初级 69
办公电话 0546 - 8060136		未定职级 44
传真电话 0546 - 8060136	在校生数(人) 12839	

专科专业 报关与国际货运、初等教育、畜牧兽医、道路桥梁工程技术、电气自动化技术、电子商务、法律事务、房地产经营与估价、工程监理、工程造价、工商企业管理、光伏材料加工与应用技术、国际贸易实务、海洋化工生产技术、航海技术、环境艺术设计、会计、会计电算化、机电一体化技术、机械制造与自动化、计算机网络技术、计算机应用技术、建筑工程技术、建筑经济管理、建筑装饰工程技术、轮机工程技术、旅游管理、模具设计与制造、汽车检测与维修技术、软件技术、商务英语、生物技术及应用、石油工程技术、石油化工生产技术、食品营养与检测、市场营销、数控技术、图形图像制作、文秘、物流管理、物业管理、学前教育、艺术设计、音乐表演、英语教育、影视动画、应用电子技术、应用化工技术、应用英语、语文教育、园林技术

院系设置

文法系、计算机系、教育系、工业工程系、经济系、农业工程系、艺体系、中专部

国家级、省部级研究机构设置

东营市农业科学研究所

学校设立奖学金情况

学校设立奖学金 1 项,奖励总金额 120 余万元。奖学金最高金额 800 元/年,最低金额 300 元/年。

毕业生一次就业率 98.22%

学校历史沿革

东营职业学院是 2001 年 7 月经山东省人民政府批准,由原东营广播电视大学、东营师范学校、东营财经学校、东营农业学校和东营市农业科学研究所合并成立的一所高等职业院校。2005 年,学院在山东省教育厅组织的全省高职高专院校人才培养工作水平评估中,获得优秀等级。

聊城职业技术学院

学校(机构)标识码 4137012441	校园(局域)网域名 www.lctvu.sd.cn	在校生数(人) 10192
学校办学类型 415:专科院校:高等职业学校	电子信箱 lczyjsxybgs@163.com	其中:普通专科 10192
	占地面积(平方米) 633634	专任教师(人) 465
学校性质类别 01 综合大学	校舍建筑面积(平方米) 265298	其中:正高级 21
学校举办者 821 地级教育部门	图书(万册) 72.2	副高级 96
学校地址 聊城市花园北路133号	固定资产总值(万元) 29469	中级 175
邮政编码 252000	教学、科研仪器设备资产值(万元) 5949.85	初级 152
办公电话 0635-8334918		未定职级 21
传真电话 0635-8322030		

专科专业 宠物养护与疫病防治、畜牧兽医、电气自动化技术、电子商务、电子信息工程技术、动漫设计与制作、房地产经营与估价、工程监理、工商企业管理、护理、会计电算化、机电一体化技术、计算机网络技术、计算机应用技术、建筑工程技术、建筑设备工程技术、金融保险、酒店管理、康复治疗技术、口腔医学技术、旅游管理、烹饪工艺与营养、汽车技术服务与营销、汽车检测与维修技术、软件技术、商务英语、市场营销、数控技术、物流管理、药学、医学检验技术、医学生物技术、医学影像技术、园林技术、园艺技术、助产

院系设置
基础部、护理学院、医学院、信息学院、工程学院、农牧科技学院、经济管理学院、旅游管理学院、继续教育学院

定期公开出版的专业刊物 《聊城职业技术学院学报》、《聊城职业技术学院报》

学校设立奖学金情况
学校设立奖学金3项,奖励总金额177.4余万元。奖学金最高金额8000元/年,最低金额5000元/年。

学校历史沿革
2000年经山东省人民政府批准,由聊城卫生学校、聊城广播电视大学、聊城市畜牧研究所、聊城旅游学校合并成立的全日制普通高等学校。

滨州职业学院

学校(机构)标识码 4137012818	传真电话 0543-3278107	在校生数(人) 14759
学校办学类型 415:专科院校:高等职业学校	校园(局域)网域名 www.bzpt.edu.cn	其中:普通专科 14687
	电子信箱 bangongshi@bzpt.edu.cn	成人专科 72
学校性质类别 01 综合大学	占地面积(平方米) 2366473	专任教师(人) 884
学校举办者 821 地级教育部门	校舍建筑面积(平方米) 656345	其中:正高级 20
学校地址 山东省滨州市黄河十二路919号	图书(万册) 168.01	副高级 286
	固定资产总值(万元) 67921.45	中级 336
邮政编码 256603	教学、科研仪器设备资产值(万元) 12592.44	初级 195
办公电话 0543-3278000		未定职级 47

专科专业 电气自动化技术、动漫设计与制作、服装设计、工程监理、工程造价、工商企业管理、工业分析与检验、供热通风与空调工程技术、国际经济与贸易、航海技术、护理、会计、会计电算化、机电一体化技术、计算机网络技术、计算机应用技术、建筑工程管理、建筑工程技术、经济管理、康复治疗技术、空中乘务、口腔医学技术、轮机工程技术、旅游管理、模具设计与制造、汽车检测与维修技术、软件技术、涉外护理、生物技术及应用、生物制药技术、食品生物技术、市场营销、室内设计、数控技术、税务会计师、微电子技术、物流管理、现代纺织技术、药学、医学检验技术、医学影像技术、应用电子技术、应用化工技术、园林技术、注册会计师、装潢艺术设计

院系设置
设有继续教育、生物工程、电气工程、机械工程、轻纺化工、护理、医疗、会计、工商管理、信息工程、建筑工程、航海学院及基础课、社会科学两个教学部

国家级、省部级研究机构设置
1. 实验室:大规模集成电路实验室
2. 研究中心(所):科学研究所、滨州市家纺研究中心

定期公开出版的专业刊物 《滨州职业学院学报》

学校设立奖学金情况

学校设立奖学金 6 项，奖励总金额 1278.7 万元。奖学金最高额 8000 元/年，最低金额 200 元/年。

主要校办产业

山东滨州澳纳特乳业有限公司、滨州正旗科贸发展有限责任公司、滨州职业学院附属医院

学校历史沿革

滨州职业学院前身为四校一所即滨州农业学校、滨州卫生学校、滨州工业学校、滨州经济学校和滨州市农业科学研究所，2001 年 7 月经山东省人民政府批准，合并组建滨州职业学院。

山东科技职业学院

学校(机构)标识码	4137012819
学校办学类型	415：专科院校：高等职业学校
学校性质类别	02 理工院校
学校举办者	812 省级其他部门
学校地址	潍坊市潍城区望留镇嵇家村委
邮政编码	261053
办公电话	0536－8187766
传真电话	0536－8285136
校园(局域)网域名	www.sdzy.com.cn
电子信箱	sdzybgs@163.com
占地面积(平方米)	1670500
校舍建筑面积(平方米)	472654
图书(万册)	74.92
固定资产总值(万元)	47200
教学、科研仪器设备资产值(万元)	10611.68
在校生数(人)	10311
其中：普通专科	9957
成人专科	344
留学生	10
专任教师(人)	461
其中：正高级	20
副高级	123
中级	133
初级	181
未定职级	4

专科专业 电脑艺术设计、电气自动化技术、动漫设计与制作、纺织品检验与贸易、纺织品设计、服装设计、服装营销与管理、服装制版与工艺、高分子材料加工技术、工商企业管理、光电子技术、国际经济与贸易、环境监测与治理技术、会计电算化、机电一体化技术、机械制造与自动化、计算机多媒体技术、计算机网络技术、计算机应用技术、建筑工程管理、建筑工程技术、建筑设备工程技术、建筑装饰工程技术、模具设计与制造、汽车检测与维修技术、染整技术、人物形象设计、软件技术、商务管理、商务日语、商务英语、生物技术及应用、市政工程技术、数控技术、水产养殖技术、物流管理、物业管理、现代纺织技术、新型纺织机电技术、眼视光技术、应用电子技术、应用俄语、应用韩语、应用化工技术、针织技术与针织服装

院系设置

纺织学院、外国语学院、经济管理学院、机电工程学院、土木工程学院、电子与信息工程系、生物与化学工程系、服装与艺术设计系、水产系、艺术传媒系、汽车工程系

学校设立奖学金情况

学校设立奖学金 6 项，奖励总金额 40 余万元，奖学金最高额 400 元/年，最低金额 100 元/年。

主要校办产业

宝达服饰有限公司、宝达精密机械有限公司、崇德置业有限公司、汇堡酒业等

学校历史沿革

学校始建于 1978 年，原名昌潍纺织工业学校，1981 年更名为潍坊纺织工业学校，1987 年更名为山东省纺织工业学校，2001 年更名为山东纺织职业学院，2006 年更名山东科技职业学院。

山东服装职业学院

学校(机构)标识码	4137012841
学校办学类型	415：专科院校：高等职业学校
学校性质类别	01 综合大学
学校举办者	822 地级其他部门
学校地址	泰安市天烛峰路 299 号
邮政编码	271000
办公电话	0538－6959626
传真电话	0538－2182668
校园(局域)网域名	www.sdfzxy.com
电子信箱	596150175@qq.com
占地面积(平方米)	400002
校舍建筑面积(平方米)	199608
图书(万册)	70.27
固定资产总值(万元)	16730
教学、科研仪器设备资产值(万元)	3737.15
在校生数(人)	4983
其中：普通专科	4983
专任教师(人)	391
其中：正高级	15
副高级	112
中级	136
初级	100
未定职级	28

专科专业 表演艺术、财务管理、电脑艺术设计、动漫设计与制作、纺织品装饰艺术设计、服装表演、服装工艺技术、服装设

计、服装设计(设计方向)、服装设计(设计与制作)、服装营销与管理、服装制版与工艺、工商企业管理、广告设计与制作、国际经济与贸易、会计电算化、机电设备维修与管理、机电一体化技术、计算机网络技术、计算机应用技术、旅游管理、汽车技术服务与营销、人物形象设计、商务日语、商务英语、涉外旅游、市场营销、数控技术、新闻采编与制作、针织品工艺与贸易、装潢艺术设计

院系设置

学院设有七系一部,服装工程与管理系、服装艺术系、装潢与艺术设计系、国际贸易系、信息工程系、旅游系、机电系、基础部

国家级、省部级研究机构设置

研究中心(所):科研所

学校设立奖学金情况

学校设立奖学金 4 项,奖励总金额 129.3 余万元。奖学金最高金额 8000 元/年,最低金额 1000 元/年。

学校历史沿革

山东服装职业学院是经山东省人民政府批准、国家教育部备案的山东省唯一的一所全日制普通服装高等院校,也是全国第一所国办服装高等职业院校。学院 2000 年 2 月开始筹建,5 月开工建设,10 月建成开学。2001 年 9 月,省政府以鲁政字【2001】290 号文批准建立山东服装职业学院,明确学院为专科层次的国办全日制普通高等学校。

德州科技职业学院

学校(机构)标识码	4137012842
学校办学类型	415:专科院校:高等职业学校
学校性质类别	01 综合大学
学校举办者	999 民办
学校地址	山东禹城市禹王街 566 号
邮政编码	251200
办公电话	0534－7448663
传真电话	0534－7448668
校园(局域)网域名	www.sddzkj.com
电子信箱	dzkjxyt@163.com
占地面积(平方米)	770586
校舍建筑面积(平方米)	272674
图书(万册)	73.32
固定资产总值(万元)	29598
教学、科研仪器设备资产值(万元)	5948
在校生数(人)	8892
其中:普通专科	8824
成人专科	68
专任教师(人)	541
其中:正高级	20
副高级	108
中级	181
初级	192
未定职级	40

专科专业 产品造型设计、电气自动化技术、电子商务、电子信息工程技术、动漫设计与制作、法律事务、房地产经营与估价、工商行政管理、国际经济与贸易、国际商务、焊接技术及自动化、会计电算化、机电一体化技术、机械制造与自动化、计算机多媒体技术、计算机网络技术、计算机应用技术、建筑工程技术、酒店管理、模具设计与制造、汽车技术服务与营销、汽车检测与维修技术、汽车制造与装配技术、软件技术、商务英语、生物技术及应用、食品生物技术、数控技术、数控设备应用与维护、图形图像制作、物流管理、鞋类设计与工艺、新闻采编与制作、艺术设计、应用电子技术、装潢艺术设计

院系设置

我院下设六个系部,机电工程系、信息工程系、汽车工程系、经贸管理系、艺术系、生物工程系

学校设立奖学金情况

学校设立奖学金 3 项,奖励总金额 130.2 余万元。奖学金最高金额 5000 元/年,最低金额 500 元/年。

学校历史沿革

在德州机电职专、德州机电工程学院、山东大禹专修学院三校基础上,2001 年被山东省人民政府鲁政字【2001】291 号文件批复为德州科技职业学院。2002 年被批复为全省 11 所高教自考本科试点学院之一,发展本科教育。2003 年建立青岛校区,招生扩大到 20 个省,05 年扩大到 25 个省市自治区。

潍坊科技学院

学校(机构)标识码	4137012843
学校办学类型	412:本科院校:学院
学校性质类别	02 理工院校
学校举办者	999 民办
学校地址	山东省寿光市金光东街 69 号
邮政编码	262700
办公电话	0536－5101992
传真电话	0536－5196310
校园(局域)网域名	www.wfedu.cn
电子信箱	ghc314@163.com
占地面积(平方米)	1066211
校舍建筑面积(平方米)	472916
图书(万册)	142.8
固定资产总值(万元)	135743.36
教学、科研仪器设备资产值(万元)	10483.5
在校生数(人)	18018
其中:普通本科	3415
普通专科	13307
成人本科	73

成人专科 1217	其中：正高级 48	初级 232
留学生 6	副高级 232	未定职级 48
专任教师（人）883	中级 323	

本科专业 财务管理、朝鲜语、电气工程及其自动化、电子信息科学与技术、动画、工程管理、化学工程与工艺、机械设计制造及其自动化、计算机科学与技术、人力资源管理、日语、生物技术、市场营销、土木工程、英语、应用化学、园艺

专科专业 导游、电脑艺术设计、电气自动化技术、法律事务、房地产经营与估价、工程监理、工程造价、工业分析与检验、广告设计与制作、国际商务、化工设备维修技术、环境监测与评价、会计电算化、机电一体化技术、机械制造与自动化、计算机多媒体技术、计算机辅助设计与制造、计算机网络技术、计算机应用技术、建筑工程管理、建筑工程技术、精细化学品生产技术、酒店管理、模具设计与制造、汽车检测与维修技术、软件技术、商务经纪与代理、商务日语、商务英语、涉外旅游、市场营销、数控技术、文秘、物流管理、物业管理、应用电子技术、应用韩语、应用化工技术、园林技术、园艺技术、植物保护

院系设置

潍坊科技学院现设中印计算机软件学院、建筑工程学院、机电工程学院、机械工程学院、经济管理学院、工商管理学院、化学工程学院、外国语学院、贾思勰农学院、美术系和综合教育学院等11个院系，及基础部、体育部、公共外语教研室、计算机公共基础教研室等4个公共教学部门

学校设立奖学金情况

学校设立奖学金2项，奖励总金额21余万元。奖学金最高金额1000元/年，最低金额500元/年。

主要校办产业

潍坊科技学院现有潍坊科技学院建筑安装公司、潍坊科技学院驾驶员培训学校、山东中印环球软件科技发展有限公司等3家校办企业

学校历史沿革

潍坊科技学院的前身是1996年筹建的齐鲁职业技术培训学院。1998年6月，按山东省教委要求，学院更名山东潍坊齐鲁职业技术进修学院，1998年7月通过山东省教委专家组评估验收，被批准成为山东省首批高等教育学历文凭考试试点学校，更名为山东经济职业技术进修学院。1999年12月，潍坊化工学校、寿光电大等学校并入，筹建民办齐鲁经济学院。2001年9月，经山东省人民政府批准、教育部备案，成立全日制普通高职院校——潍坊科技职业学院。2008年4月，经教育部批准，潍坊科技职业学院改建为全日制普通本科院校——潍坊科技学院。

山东力明科技职业学院

学校（机构）标识码 4137012844	传真电话 0531-88333888	在校生数（人）13259
学校办学类型 415：专科院校：高等职业学校	校园（局域）网域名 www.6789.com.cn	其中：普通专科 13154 成人专科 105
学校性质类别 01 综合大学	电子信箱 800@6789.com.cn	专任教师（人）608
学校举办者 999 民办	占地面积（平方米）48952	其中：正高级 23
学校地址 山东省济南市市中区济微路389号	图书（万册）100.91	副高级 129
	固定资产总值（万元）55804	中级 149
邮政编码 250116	教学、科研仪器设备资产值（万元）	初级 256
办公电话 0531-88333166	7515	未定职级 51

专科专业 电子商务、电子信息工程技术、房地产经营与估价、护理、会计、计算机多媒体技术、计算机网络技术、计算机信息管理、计算机应用技术、康复治疗技术、口腔医学、临床医学、旅游管理、旅游日语、汽车运用技术、商务英语、数控技术、物流管理、药学、医学检验技术、医学影像技术、医药营销、医用电子仪器与维护、艺术设计、针灸推拿、中药、中医学、助产

院系设置

中医药学院、护理学院、口腔医学院、医学院、针推康复学院、理工学院、机械工程系、旅游管理系、艺术设计系、外语系

学校设立奖学金情况

学校设立奖学金1项，奖励总金额500余万元。奖学金最高金额5000元/年，最低金额300元/年。

主要校办产业

山东中西医结合大学医院、山东力明科技开发有限公司、山东南丁格尔护理服务公司、山东力明科技职业学院口腔医院、幸福公社养生院、华夏匾额博物馆等

学校历史沿革

山东力明科技职业学院（原山东中西医结合大学）创建于1986年，是经国务院授权、山东省人民政府批准、教育部备案的实施学历教育的普通专科院校；学院现已建成集文、理、医、艺为一体的综合性民办普通高校。

山东圣翰财贸职业学院

学校(机构)标识码 4137012945	传真电话 0531-87593614	在校生数(人) 9140
学校办学类型 415:专科院校:高等职业学校	校园(局域)网域名 www.suu.com.cn	其中:普通专科 9136
	电子信箱 suu2000@163.com	成人专科 4
学校性质类别 01 综合大学	占地面积(平方米) 663400	专任教师(人) 420
学校举办者 999 民办	校舍建筑面积(平方米) 149490	其中:正高级 35
学校地址 山东省济南市长清经济技术开发区明发路1666号	图书(万册) 79.6	副高级 81
	固定资产总值(万元) 30960	中级 171
邮政编码 250316	教学、科研仪器设备资产值(万元)	初级 109
办公电话 0531-55616853	4090	未定职级 24

专科专业 财务管理、餐饮管理与服务、电气自动化技术、电子商务、动漫设计与制作、法律事务、工程监理、工程造价、工商企业管理、公共卫生管理、广告设计与制作、国际贸易实务、环境艺术设计、会计电算化、机电一体化技术、计算机网络技术、计算机系统维护、计算机应用技术、建筑工程管理、建筑工程技术、金融保险、金融管理与实务、旅游管理、汽车改装技术、汽车技术服务与营销、汽车检测与维修技术、汽车运用技术、人力资源管理、软件技术、商务管理、市场营销、数控技术、投资与理财、物流管理、物业管理、艺术设计、应用电子技术、应用韩语、应用日语、应用英语、装饰艺术设计

院系设置
财贸学院、工商管理学院、信息工程学院、汽车工程学院、建筑工程学院、艺术设计学院、外国语学院

学校设立奖学金情况
学校设立奖学金2项,奖励金额50余万元。奖学金最高金额10000元/年,最低金额300元/年。

学校历史沿革
山东联合大学(1999年至今);山东圣翰财贸职业学院(2001年至今)。

山东水利职业学院

学校(机构)标识码 4137012946	传真电话 0633-8170000	在校生数(人) 11982
学校办学类型 415:专科院校:高等职业学校	校园(局域)网域名 www.sdwrp.com	其中:普通专科 11982
	占地面积(平方米) 947247	专任教师(人) 605
学校性质类别 02 理工院校	校舍建筑面积(平方米) 340764	其中:正高级 22
学校举办者 812 省级其他部门	图书(万册) 75.91	副高级 211
学校地址 山东省日照市学苑路677号	固定资产总值(万元) 29899.77	中级 237
	教学、科研仪器设备资产值(万元)	初级 132
邮政编码 276826	8208.59	未定职级 3
办公电话 0633-8170010		

专科专业 报关与国际货运、城市水利、道路桥梁工程技术、电脑艺术设计、电气自动化技术、电子信息工程技术、动漫设计与制作、房地产经营与估价、港口航道与治河工程、高等级公路维护与管理、给排水工程技术、工程测量技术、工程监理、工程造价、广告设计与制作、环境监测与治理技术、会计电算化、机电一体化技术、机械设计与制造、计算机网络技术、计算机应用技术、建筑工程技术、建筑工程项目管理、建筑装饰工程技术、金融保险、酒店管理、模具设计与制造、汽车运用技术、软件技术、商务英语、生产过程自动化技术、市政工程技术、数控技术、水利工程、水利水电工程管理、水利水电建筑工程、水务管理、通信技术、土木工程检测技术、物流管理、物业管理、应用电子技术、园林工程技术、制冷与空调技术、资产评估与管理

院系设置
学院下设水利工程系、建筑工程系、环境工程系、机电工程系、信息工程系、经济管理系、商务管理系、基础科学部共8个系部

学校设立奖学金情况
学校设立奖学金4项,奖励总金额127.64万元,奖学金最高金额1000元/年,最低金额400元/年。

主要校办产业
山东省水电设备厂、龙源开发公司

学校历史沿革

1958 – 1959 年 山东省兖州水利机械学校；1959 – 1965 年 山东省曲阜水利机械学校；1965 – 1968 年 山东省曲阜半工半读水利学校；1968 – 1972 年 山东省曲阜水利学校；1972 – 1974 年 山东省水利学校；1974 – 1985 年 山东省水利机电学校；1985 – 1999 年 山东省水利学校；1999 – 2002 年 山东水利职工大学、山东省水利学校合署；2002 年至今 山东水利职业学院。

山东畜牧兽医职业学院

学校(机构)标识码 4137012947	传真电话 0536 – 8580787	在校生数(人) 7123
学校办学类型 415：专科院校：高等职业学校	校园(局域)网域名 www.sdmyxy.cn	其中：普通专科 7017
	电子信箱 sdmybgs@126.com	成人专科 106
学校性质类别 03 农业院校	占地面积(平方米) 426667	专任教师(人) 381
学校举办者 812 省级其他部门	校舍建筑面积(平方米) 219999	其中：正高级 16
学校地址 山东省潍坊市胜利东街88号	图书(万册) 41.5	副高级 69
	固定资产总值(万元) 25667.29	中级 142
邮政编码 261061	教学、科研仪器设备资产值(万元)	初级 84
办公电话 0536 – 8586200	5776.84	未定职级 70

专科专业 宠物养护与疫病防治、畜牧兽医、畜牧业经济贸易、动物防疫与检疫、生物制药技术、食品加工技术、食品检测及管理、兽药生产与营销、兽医、兽医医药、饲料与动物营养、养禽与禽病防治、养猪与猪病防治、药品质量检测技术

院系设置

畜牧系、兽医系、食品工程系、动物防检系、兽药系、饲料与营养系、基础部。

定期公开出版的专业刊物 《山东畜牧兽医职业学院学报》

学校设立奖学金情况

学校设立奖学金15项，奖励总金额154.82余万元。奖学金最高金额8000元/年，最低金额500元/年。

1. 国家奖学金4.8万元/年；
2. 国家励志奖学金119万元/年；
3. 省政府奖学金3万元/年；
4. 学院奖学金3万元/年；
5. 派斯德奖学金5万元/年；
6. 大北农奖学金3万元/年；
7. 百德奖学金2万元/年；
8. 六和奖学金1.92万元/年；
9. 金牌奖学金2万元/年；
10. 金铸基奖学金2万元/年；
11. 睿农奖学金2万元/年；
12. 仕必得奖学金1万元/年；
13. 鲁港福友奖学金2.1万元/年；
14. 建邦奖学金2万元/年；
15. 鲁牧工商奖学金2万元/年。

主要校办产业

潍坊天宇畜牧实业有限公司

学校历史沿革

1955年学校成立原名"山东省泰安畜牧兽医技术训练学校"，负责培训全省农村初级畜牧兽医人才；1956年5月，经农业部批准学校更名为"山东省泰安畜牧兽医学校"，成为省属的正式中等专业学校；1958年8月，经山东省委、省人委批准，学校改为高等学校，定名为"泰安畜牧兽医学院"；1958年9月，省人委决定将学校定名为"山东省畜牧兽医学院"，设畜牧、兽医两个系；1958年9月，省人委下达"关于成立山东省农业大学的通知"，决定将学校与其他学校合并成立山东农业大学；1959年7月，从山东农业大学分出，恢复"山东省泰安畜牧兽医学校"；1960年3月，经山东省人委决定，学校迁址潍坊，并更名为"山东省潍坊畜牧兽医学校"；1972年3月，山东省革命委员会农业局下文将学校更名为"山东省畜牧兽医学校"；2002年4月，经山东省人民政府批准将学校改建为"山东畜牧兽医职业学院"，成为专科层次的全日制普通高等学校。

青岛飞洋职业技术学院

学校(机构)标识码 4137013005	学校地址 青岛市城阳区韩海路中段16号	校园(局域)网域名 www.feiyangcollege.com
学校办学类型 415：专科院校：高等职业学校	邮政编码 266111	电子信箱 feiyangcollege@vip.163.com
学校性质类别 01 综合大学	办公电话 0532 – 87806333	占地面积(平方米) 344988
学校举办者 999 民办	传真电话 0532 – 87905572	校舍建筑面积(平方米) 88291

图书(万册) 80.78	其中:普通专科 4673	副高级 38
固定资产总值(万元) 59576.98	成人专科 261	中级 125
教学、科研仪器设备资产值(万元) 4135.6	专任教师(人) 279	初级 60
在校生数(人) 4934	其中:正高级 21	未定职级 35

专科专业 茶叶生产加工技术、船舶工程技术、电气自动化技术、动漫设计与制作、法律事务、服装表演、工程监理、工程造价、国际贸易实务、焊接技术及自动化、环境艺术设计、会计电算化、机电一体化技术、计算机网络技术、计算机信息管理、计算机应用技术、建筑工程管理、建筑工程技术、建筑设计技术、空中乘务、旅游管理、模具设计与制造、汽车电子技术、汽车检测与维修技术、汽车制造与装配技术、嵌入式系统工程、软件技术、商务日语、商务英语、市场营销、数控技术、通信技术、图形图像制作、网络系统管理、物流管理、印刷技术、影视动画、应用电子技术、应用韩语、装潢艺术设计

院系设置
创业管理学院、机电数控学院、建筑工程学院、商学院、信息自动化学院、管理艺术学院、交通学院、外语学院、公共学院

定期公开出版的专业刊物 《桐轩》

学校设立奖学金情况
学校设立奖学金2项,奖励总金额10余万元。奖学金最高金额2000元/年,最低金额500元/年。

主要校办产业
印刷厂

学校历史沿革
青岛飞洋经贸进修学院(1999年—2002年);青岛飞洋职业技术学院(2002年至今)。

山东英才学院

学校(机构)标识码 4137013006	校园(局域)网域名 ycxy.com	普通专科 10041
学校办学类型 412:本科院校:学院	电子信箱 yc3016@126.com	成人专科 475
学校性质类别 01 综合大学	占地面积(平方米) 768394	专任教师(人) 690
学校举办者 999 民办	图书(万册) 127	其中:正高级 92
学校地址 济南市高新技术产业开发区英才路2号	固定资产总值(万元) 84949	副高级 153
邮政编码 250104	教学、科研仪器设备资产值(万元) 6341.92	中级 355
办公电话 0531-88253016	在校生数(人) 12984	初级 78
传真电话 0531-88257501	其中:普通本科 2468	未定职级 12

本科专业 材料成型及控制工程、财务管理、电气工程与自动化、电子信息工程、工商管理、护理学、机械设计制造及其自动化、计算机科学与技术、建筑环境与设备工程、市场营销、土木工程、物流管理、信息管理与信息系统、学前教育、艺术设计、英语

专科专业 报关与国际货运、表演艺术、电气自动化技术、电子商务、电子信息工程技术、动漫设计与制作、法律事务、工程监理、工程造价、工商企业管理、供热通风与空调工程技术、护理、会计电算化、机电设备运行与维护、机械制造与自动化、计算机网络技术、计算机信息管理、计算机应用技术、检测技术及应用、建筑工程技术、口腔医学技术、汽车检测与维修技术、人力资源管理、商务日语、商务英语、市场营销、数控技术、物流管理、新闻采编与制作、学前教育、艺术设计、应用电子技术、应用韩语、应用英语、园林技术、助产、装饰艺术设计、作物生产技术

院系设置
学院下设11个二级学院。

学校设立奖学金情况
学院设立奖学金5项,奖励总金额300余万元,奖学金最高金额1000元/年,最低金额500元/年。

学校历史沿革
学校于1998年创立2002年经山东省人民政府批准,成为高职院校,2008年经教育部批准,升格为普通本科院校。

山东大王职业学院

学校(机构)标识码 4137013007	业学校	学校举办者 999 民办
学校办学类型 415:专科院校:高等职	学校性质类别 01 综合大学	学校地址 东营市大王高新技术开发

区文化路1号	占地面积(平方米) 407708	其中:普通专科 1785
邮政编码 257335	校舍建筑面积(平方米) 80594	专任教师(人) 197
办公电话 0546-6881318	图书(万册) 24.2	其中:正高级 2
传真电话 0546-6881616	固定资产总值(万元) 22786	副高级 18
校园(局域)网域名 www.dwcollege.net	教学、科研仪器设备资产值(万元) 1527	中级 64
		初级 111
电子信箱 dwb1318@163.com	在校生数(人) 1785	未定职级 2

专科专业 财务管理、电气自动化技术、电子商务、电子信息工程技术、发电厂及电力系统、工商企业管理、工业分析与检验、国际经济与贸易、航海技术、会计电算化、机电一体化技术、机械制造与自动化、计算机网络技术、计算机应用技术、炼油技术、轮机工程技术、模具设计与制造、汽车电子技术、商务英语、石油化工生产技术、市场营销、数控技术、物流管理、应用化工技术、园林技术、制浆造纸技术

院系设置

成人教育处、经济贸易系、轻化工程系、机电工程系、思政部

定期公开出版的专业刊物 《山东大王职业学院报》

学校设立奖学金情况

学校设立奖学金5项,奖励总金额10.36余万元。奖学金最高金额1000元/年,最低金额200元/年。

学校历史沿革

山东大王职业学院前身是广饶县成人中等专业学校,始建于1985年。2000年经鲁教成字〔2000〕51号文件批准,开始筹建山东大王专修学院,2002年7月经山东省人民政府批准(鲁政字〔2002〕307号文件),建立了山东大王职业学院。

山东交通职业学院

学校(机构)标识码 4137013008	传真电话 0536-8781803	在校生数(人) 9689
学校办学类型 415:专科院校:高等职业学校	校园(局域)网域名 www.sdjtzyxy.com	其中:普通专科 9674
	电子信箱 sdjtzyxy_yb@126.com	成人专科 15
学校性质类别 02 理工院校	占地面积(平方米) 686825	专任教师(人) 559
学校举办者 812 省级其他部门	校舍建筑面积(平方米) 327506	其中:正高级 8
学校地址 山东省潍坊市潍县中路8号	图书(万册) 66	副高级 119
	固定资产总值(万元) 40237.87	中级 215
邮政编码 261206	教学、科研仪器设备资产值(万元) 7039.23	初级 173
办公电话 0536-8781803		未定职级 44

专科专业 材料成型与控制技术、道路桥梁工程技术、电子商务、动漫设计与制作、工程机械技术服务与营销、工程机械控制技术、工程机械运用与维护、工程造价、公路监理、公路运输与管理、焊接技术及自动化、航海技术、机电一体化技术、机械设计与制造、计算机网络技术、计算机应用技术、建筑工程技术、轮机工程技术、模具设计与制造、汽车电子技术、汽车技术服务与营销、汽车运用技术、汽车整形技术、市场开发与营销、数控技术、土木工程检测技术、物流管理、应用电子技术

院系设置

学校设有科学与人文学院、车辆工程学院、公路与建筑学院、管理与信息学院、机电工程学院、航海学院、继续教育学院、中职学院等八个二级学院

定期公开出版的专业刊物 《山东交通职业学院学报》

学校设立奖学金情况

4项,奖励总金额60余万元。奖学金最高金额800元/年,最低金额100元/年。

主要校办产业

山东交通职业学院公路工程公司、山东交通职业学院服装厂

学校历史沿革

山东交通职业学院隶属于山东省交通运输厅,是一所培养交通运输、交通管理、交通工程类等应用型人才为主的全日制高等职业院校。学院的前身是1973年12月创建于寿光的山东省昌潍地区交通技工学校。1976年迁址潍坊市寒亭区。1981年改名为山东省潍坊交通技工学校;1983年1月改名为山东省公路运输潍坊技工学校;1987年6月经山东省人民政府批准,创建山东省潍坊汽车运输学校;1989年6月更名为山东省潍坊交通学校;2000年5月更名为山东省交通工程学校;2002年7月经山东省人民政府批准升格为山东交通职业学院。

淄博职业学院

学校(机构)标识码 4137013009	传真电话 0533-2828668	在校生数(人) 16937
学校办学类型 415:专科院校:高等职业学校	校园(局域)网域名 www.zbvc.cn	其中:普通专科 16878
	电子信箱 zhang8553@126.com	成人专科 53
学校性质类别 01 综合大学	占地面积(平方米) 1135946	留学生 6
学校举办者 821 地级教育部门	校舍建筑面积(平方米) 528841	专任教师(人) 756
学校地址 山东省淄博市联通路西首淄博职业学院新校区	图书(万册) 86.65	其中:正高级 42
	固定资产总值(万元) 15761.98	副高级 204
邮政编码 255314	教学、科研仪器设备资产值(万元)	中级 265
办公电话 0533-2828668	13286.42	初级 245

专科专业 报关与国际货运、财务信息管理、电力系统自动化技术、电气自动化技术、电子商务、电子信息工程技术、动漫设计与制作、房地产经营与估价、工程监理、工程造价、工业分析与检验、国际商务、化工设备维修技术、化学制药技术、会计、机电一体化技术、机械设计与制造、计算机控制技术、计算机应用技术、建筑工程技术、建筑装饰工程技术、精细化学品生产技术、酒店管理、旅游管理、旅游英语、模具设计与制造、汽车电子技术、汽车技术服务与营销、汽车检测与维修技术、热能动力设备与应用、人力资源管理、人物形象设计、软件技术、商检技术、商务英语、生物技术及应用、生物制药技术、食品药品监督管理、市场营销、数控技术、物流管理、物业管理、艺术设计、音乐表演、应用韩语、应用化工技术、应用英语、园林技术、护理、临床医学

院系设置
机电工程学院、汽车工程系、电子电气工程学院、信息工程系、化学工程系、制药与生物工程系、建筑工程系、会计系、工商管理系、旅游管理系、艺术设计系、文化传媒系、公用事业系、国际学院、动漫艺术系、陶瓷琉璃艺术系

学校设立奖学金情况
学校设立奖学金2项,奖励总金额50.74余万元。奖学金最高金额500元/年;最低100元/年。

主要校办产业
淄博万和实业有限公司、淄博学林驾驶员培训责任公司

学校历史沿革
2002年由原淄博商校、淄博化工学校、淄博公用事业技工学校、淄博工贸中专等四所学校合并而成。

山东外贸职业学院

学校(机构)标识码 4137013010	传真电话 0532-87692968	在校生数(人) 7377
学校办学类型 415:专科院校:高等职业学校	校园(局域)网域名 www.sdwm.cn	其中:普通专科 7377
	电子信箱 sdwm2008@163.com	专任教师(人) 272
学校性质类别 08 财经院校	占地面积(平方米) 332079	其中:正高级 10
学校举办者 812 省级其他部门	校舍建筑面积(平方米) 136341	副高级 45
学校地址 青岛市李沧区中崂路967号	图书(万册) 52.82	中级 191
	固定资产总值(万元) 31031	初级 23
邮政编码 266100	教学、科研仪器设备资产值(万元)	未定职级 3
办公电话 0532-87692918	3026.57	

专科专业 报关与国际货运、电子商务、动漫设计与制作、国际贸易实务、国际商务、会计、会计电算化、计算机信息管理、计算机应用技术、计算机应用技术(服务外包)、金融保险、民航商务、软件技术、软件技术(对日服务外包)、商务日语、商务日语(软件外包)、商务英语(软件外包)、商务英语(外贸英语)、涉外旅游、市场营销、文秘、物流管理、应用韩语

院系设置
国际贸易系、经济管理系、商务外语系、信息管理系、公共外语部、综合基础部

学校设立奖学金情况
学校设立奖学金3项,奖励总金额70余万元。奖学金最高金额1000元/年,最低金额300元/年。

山东省

学校历史沿革

山东外贸职业学院于2002年7月经山东省人民政府(鲁政字(2002)312号文件)批准成立。学院由原山东对外贸易职工大学(建于1984年的一所成人大学)和原山东对外贸易学校(建于1964年的一所全日制中等学校)于2002年合并成立,是一所专科层次的以高等职业技术教育为主的全日制职业学院。学院隶属于山东省商务厅。

青岛酒店管理职业技术学院

		4264.5
学校(机构)标识码 4137013011	传真电话 0532-86051600	在校生数(人) 12737
学校办学类型 415:专科院校:高等职业学校	校园(局域)网域名 www.qchm.edu.cn	其中:普通专科 12666
学校性质类别 08 财经院校	电子信箱 jiubangong@126.com	成人专科 71
学校举办者 812 省级其他部门	占地面积(平方米) 439560	专任教师(人) 575
学校地址 青岛市李沧区九水东599号	校舍建筑面积(平方米) 211653	其中:正高级 19
	图书(万册) 96.9	副高级 128
邮政编码 266100	固定资产总值(万元) 19021	中级 238
办公电话 0532-86051600	教学、科研仪器设备资产值(万元)	初级 190

专科专业 报关与国际货运、财务管理、房地产经营与估价、工程造价、广告设计与制作、国际贸易实务、环境艺术设计、会计与审计、会展策划与管理、计算机多媒体技术、计算机网络技术、计算机应用技术、建筑工程管理、金融管理与实务、酒店工程管理方向、酒店管理、酒店装潢设计方向、连锁经营管理、旅游工艺品设计与制作、旅游管理、烹饪工艺与营养、烹饪管理、软件技术、商务英语、食品营养与检测、通信技术、物流管理、物业管理、西餐工艺、营销与策划、营养与配餐、影像设计方向、应用韩语、应用日语、中西面点方向

院系设置

旅游与酒店管理学院、酒店工程学院、工商管理学院、信息工程技术学院、烹饪学院、艺术学院、基础教学部、思想政治教学部

国家级、省部级研究机构设置

实验室:山东省现代服务业实训基地

定期公开出版的专业刊物 《学报》

学校设立奖学金情况

学校设立奖学金3项,奖励总金额100余万元。奖学金最高金额:1200元/年,最低金额:300元/年。

学校历史沿革

青岛酒店管理专业技术学院前身为山东省青岛商业学校,始建于1945年。2002年7月经山东省人民政府鲁政字提[2002]311号文件批准,将山东省青岛商业学校升为专科全日制普通高校——青岛酒店管理专业技术学院。

山东信息职业技术学院

		4496.37
学校(机构)标识码 4137013012	传真电话 0536-2931600	在校生数(人) 5020
学校办学类型 415:专科院校:高等职业学校	校园(局域)网域名 www.sdcit.cn	其中:普通专科 5020
学校性质类别 02 理工院校	电子信箱 xueyuanxinxiang@163.com	专任教师(人) 399
学校举办者 812 省级其他部门	占地面积(平方米) 590029	其中:正高级 8
学校地址 山东省潍坊市东风东街7494号	校舍建筑面积(平方米) 220669	副高级 82
	图书(万册) 57.73	
邮政编码 261061	固定资产总值(万元) 25061.85	中级 178
办公电话 0536-2931600	教学、科研仪器设备资产值(万元)	初级 131

专科专业 电脑艺术设计、电气自动化技术、电子商务、电子信息工程技术、动漫设计与制作、法律事务、工业设计、会计电算化、机电一体化技术、计算机多媒体技术、计算机辅助设计与制造、计算机辅助设计与制造(建筑装潢)、计算机控制技术、计算机控制技术(工业自动化方向)、计算机控制技术(工业自动化方向)、计算机通信、计算机通信(3G技术方向)、计算机通信(3G技术方向)、计算机网络技术、计算机系统维护、计算机信息管理、计算机信息管理(企事业信息化方向)、计算机应用技术、

计算机硬件与外设、经济信息管理、连锁经营管理、汽车电子技术、嵌入式技术与应用、软件技术、软件技术(游戏设计方向)、商务管理、商务管理(外贸方向)、商务管理(营销方向)、商务经纪与代理、商务日语、商务英语、投资与理财、图形图像制作、微电子技术、文秘(办公自动化方向)、文秘(办公自动化方向)、物流管理、信息安全技术、信息安全技术(网络安全管理方向)、影视动画、应用电子技术、应用电子技术(信息化设备维护方向)、应用韩语

院系设置

计算机工程系、社科艺术系、信息工程系、电子工程系、软件工程系、基础部

学校设立奖学金情况

学校设立奖学金6项,奖励金额145余万元,最低金额300元/年。

学校历史沿革

山东信息职业技术学院前身是山东省信息工程学校。1985年5月12日省政府(85)鲁政函教字9号文件批准建立山东省潍坊市电子工业学校。于1987年10月6日省政府(87)鲁政函字5号文件更名为山东省信息工程学校。2002年7月24日,省政府[2002]310号文件批准改建山东信息职业技术学院,属全日制普通高等学校。

淄博科技职业学院

学校(机构)标识码 4137013013	传真电话 0533-2828668	在校生数(人) 6557
学校办学类型 415:专科院校:高等职业学校	校园(局域)网域名 www.zbkj.com	其中:普通专科 6332
	电子信箱 zhang8553@126.com	成人专科 225
学校性质类别 01 综合大学	占地面积(平方米) 326003	专任教师(人) 337
学校举办者 999 民办	校舍建筑面积(平方米) 75270	其中:正高级 11
学校地址 淄博市张店区兴鲁大道5001号	图书(万册) 46.66	副高级 124
	固定资产总值(万元) 2846.28	中级 143
邮政编码 255314	教学、科研仪器设备资产值(万元) 2697.28	初级 49
办公电话 0533-2828668		未定职级 10

专科专业 电子商务、护理、会计、康复治疗技术、口腔医学技术、临床医学、眼视光技术、药学、医学营养、中药、助产

院系设置

护理系、医学技术系、药学系、经济管理系

学校设立奖学金情况

学校设立奖学金2项,奖励总金额15.73余万元。奖学金最高金额500元/年,最低金额100元/年。

学校历史沿革

2001年8月25日山东省淄博卫生学校与山东淄博稷下专修学院合并,2002年2月建立淄博科技职业学院,2002年8月13日山东省人民政府(鲁政字【2002】333号)批准正式建校。

青岛港湾职业技术学院

学校(机构)标识码 4137013014	传真电话 0532-81735188	在校生数(人) 10064
学校办学类型 415:专科院校:高等职业学校	校园(局域)网域名 www.qdgw.edu.cn	其中:普通专科 10031
	电子信箱 qhvtc@163.com	成人专科 33
学校性质类别 02 理工院校	占地面积(平方米) 696670	专任教师(人) 408
学校举办者 891 地方企业	校舍建筑面积(平方米) 253701	其中:正高级 7
学校地址 山东省青岛市胶南大学一路	图书(万册) 54.9	副高级 123
	固定资产总值(万元) 62497.13	中级 209
邮政编码 266404	教学、科研仪器设备资产值(万元) 7489.39	初级 61
办公电话 0532-81735177		未定职级 8

专科专业 报关与国际货运、城市轨道交通运营管理、船舶电气工程技术、船舶电子电气技术、电气自动化技术、电子商务、电子信息工程技术、房地产经营与估价、港口电气技术、港口工程技术、港口机械应用技术、港口物流设备与自动控制、港口业务管理、国际航运业务管理、国际贸易实务、航海技术、机电一体化技术、机械制造与自动化、集装箱运输管理、计算机网络技术、计算机信息管理、轮机工程技术、模具设计与制造、汽车技术服务与营销、商务英语、数控技术、物流管理、物业管理、应用韩语

院系设置

电气工程系、港口工程系、港口机械系、航海系、机械工程系、计算机科学系、交通运输管理系、轮机工程系、外语系

定期公开出版的专业刊物 《港航论坛》

学校设立奖学金情况

学校设立奖学金 8 项，奖励总金额 441.2 余万元。奖学金最高金额 8000 元/年，最低金额 200 元/年。

学校历史沿革

青岛港湾职业技术学院创建于 1975 年，前身青岛港湾学校，原系国家交通部投资创办，2000 年学校被评为国家级重点中专，2003 年经山东省政府批准改建为青岛港湾职业技术学院，学院 2010 年被评为国家示范性骨干高职院校。

青岛恒星职业技术学院

学校(机构)标识码	4137013015
学校办学类型	415:专科院校:高等职业学校
学校性质类别	01 综合大学
学校举办者	999 民办
学校地址	山东省青岛市李沧区九水东路 588 号
邮政编码	266100
办公电话	0532-87063301
传真电话	0532-87063303
校园(局域)网域名	www.hx.cn
电子信箱	hx@hx.cn
占地面积(平方米)	372478
图书(万册)	80
固定资产总值(万元)	59363
教学、科研仪器设备资产值(万元)	5757.84
在校生数(人)	9876
其中:普通专科	6951
成人专科	2925
专任教师(人)	457
其中:正高级	80
副高级	93
中级	62
初级	206
未定职级	16

专科专业 报关与国际货运、电脑艺术设计、电气自动化技术、电子商务、电子仪器仪表与维修、服装设计、广告设计与制作、国际贸易实务、航空服务、环境艺术设计、会计电算化、机电一体化技术、计算机网络技术、计算机信息管理、计算机应用技术、建筑工程技术、老年服务与管理、连锁经营管理、旅游管理、汽车技术服务与营销、软件技术、商务英语、市场营销、室内设计技术、数控技术、通信技术、物流管理、学前教育、印刷技术、影视表演、影视动画、应用电子技术、应用韩语、应用日语

院系设置

自动化学院、育才学院、动画学院、服装学院、国标学院、国际学院、国贸学院、旅游学院、护理学院、机电学院、建筑学院、教育学院、经济学院、汽车学院、商务学院、物流学院、信息学院、印刷学院十八个二级学院

定期公开出版的专业刊物 《恒星大学报》

主要校办产业

青岛恒星仪表有限公司、青岛恒星汽车旅游运输有限公司、青岛恒星数码科技有限公司、恒星幼儿园、恒星老年公寓、青岛汽车修理厂、青岛恒星国际旅行社等

学校历史沿革

2002 年 6 月 14 日，经山东省教育厅鲁教字[2002]35 号文件"同意筹建青岛恒星职业技术学院复函"批准在青岛恒星科技专修学院的基础上筹建青岛恒星职业技术学院。2003 年 4 月 20 日，经山东省人民政府鲁政字[2003]157 号文件"山东省人民政府关于同意建立青岛恒星职业技术学院的批复"，"同意在青岛恒星科技专修学院的基础上建立青岛恒星职业技术学院"，同意撤销青岛恒星科技专修学院的建制。

山东胜利职业学院

学校(机构)标识码	4137013316
学校办学类型	415:专科院校:高等职业学校
学校性质类别	02 理工院校
学校举办者	891 地方企业
学校地址	山东省东营市东营区北二路 504 号
邮政编码	257097
办公电话	0546-8551610
传真电话	0546-8551610
校园(局域)网域名	www.sdslcv.com
占地面积(平方米)	496544
校舍建筑面积(平方米)	218004
图书(万册)	55.3
固定资产总值(万元)	20083
教学、科研仪器设备资产值(万元)	8806
在校生数(人)	3034
其中:普通专科	3034
专任教师(人)	321
其中:正高级	4
副高级	165
中级	133
初级	15
未定职级	4

专科专业 电气自动化技术、焊接技术及自动化、护理、会计电算化、机电一体化技术、机械制造与自动化、建筑工程技术、汽车技术服务与营销、汽车检测与维修技术、生产过程自动化技术、市场营销、数控技术、药学、应用化工技术、油气储运技术、油

在校生数(人)	11653	专任教师(人)	584	中级	134
其中:普通本科	469	其中:正高级	58	初级	243
普通专科	9151	副高级	119	未定职级	30
成人专科	2033				

本科专业 财务管理、船舶与海洋工程、电子信息工程、机械设计制造及其自动化、土木工程、物流管理

专科专业 报关与国际货运、船舶工程技术、电子商务、电子信息工程技术、动漫设计与制作、港口工程技术、港口业务管理、工程机械运用与维护、工程造价、国际经济与贸易、焊接技术及自动化、会计电算化、机电一体化技术、机械制造与自动化、计算机多媒体技术、计算机网络技术、计算机信息管理、计算机应用技术、建筑工程管理、建筑工程技术、酒店管理、楼宇智能化工程技术、轮机工程技术、旅游管理、旅游英语、模具设计与制造、汽车电子技术、汽车检测与维修技术、汽车制造与装配技术、人力资源管理、软件技术、商务日语、商务英语、数控技术、物流管理、物业管理、艺术设计、应用电子技术、应用韩语、证券与期货

院系设置

学院设有9院2部,分别是机电工程学院、建筑工程学院、交通与船舶工程学院、财经学院、管理学院、电子与信息工程学院、外国语学院、商学院、工程技术学院、基础部和思想政治理论教研部

学校历史沿革

学院创建于1996年,最初开展单位在职职工培训等业务。2000年3月12日,经青岛市教育局青教成函[2000]18号文件批准,成立私立青岛经济技术开发区黄海职业专修学校。2001年,教育局青教成函[2001]2号文件审批成为青岛黄海职业专修学院.同年经山东省教育厅鲁教字[2001]38号文件审批成为我省第四批学历文凭试点院校开展高等教育教学.2003年4月25日山东省人民政府鲁政字[2003]105号文件批准成立青岛黄海职业学院纳入国家统招计划.教育部、省人民政府分别于2011年4月15日和5月16日下发教发函[2011]92号、鲁政字[2011]130号,同意我院改建为青岛黄海学院。

青岛求实职业技术学院

学校(机构)标识码	4137013321	校园(局域)网域名	www.qdqs.com	成人专科	1227
学校办学类型	415:专科院校:高等职业学校	电子信箱	qdqsyb2004@126.com	留学生	86
学校性质类别	01 综合大学	占地面积(平方米)	74294	专任教师(人)	596
学校举办者	999 民办	图书(万册)	85.7	其中:正高级	96
学校地址	青岛市城阳区丰海路51号	固定资产总值(万元)	14316.2	副高级	121
邮政编码	266108	教学、科研仪器设备资产值(万元)	4407.24	中级	181
办公电话	0532-84931266	在校生数(人)	7547	初级	86
传真电话	0532-84937466	其中:普通专科	6234	未定职级	112

专科专业 报关与国际货运、电气自动化技术、电子商务、动漫设计与制作、房地产经营与估价、服装设计、工程监理、工程造价、供热通风与空调工程技术、国际贸易实务、环境艺术设计、会计与审计、机电一体化技术、计算机系统维护、计算机信息管理、计算机应用技术、建筑材料工程技术、建筑工程技术、金融保险、酒店管理、空中乘务、旅游管理、烹饪工艺与营养、汽车技术服务与营销、汽车检测与维修技术、汽车制造与装配技术、人力资源管理、市场营销、数控技术、体育服务与管理、物业管理、学前教育、音乐表演、应用韩语、应用日语、应用英语、园林技术、装潢艺术设计

院系设置

信息工程学院、商学院、基础教育学院、外国语学院、机电工程学院、建筑工程学院、汽车工程学院、航空服务学院、旅游学院、艺术学院、服装学院、青岛学院、城市管理学院、公安学院、国际交流学院、影视表演学院、体育学院、报关学院、酒店管理学院、动漫学院、海洋学院、飞行学院、行政学院、创业学院24个分院

定期公开出版的专业刊物 《青岛求实职业技术学院学报》、《求实学院报》

学校设立奖学金情况

学校设立奖学金5项,奖励总额20余万元。奖学金最高金额1000元/年,最低100元/年。

青岛求实奖学金:一等奖1000元/人,奖励人数占总人数的1%;二等奖500元/人,奖励人数占总人数的2%;三等奖100元/人,奖励人数占总人数的3%。

美高奖学金:500元/人,共奖励50人。

兰雁奖学金:500元/人,共奖励30人。

鑫林绿化奖学金:500元/人,共奖励30人。

利群奖学金:100元/人,共奖励50人。

主要校办产业

青岛鼎诺担保有限公司、青岛求实导游服务有限公司、青岛求实旅行社有限公司、青岛求实旅行社有限公司门市部、青岛求实文化传播有限公司、青岛求实鑫丰源驾驶员培训有限公司、青岛求实物业有限公司、青岛求实绿化有限公司、青岛求实科技集

团有限公司、青岛金钥匙贸易有限公司、青岛求实人力资源有限公司、青岛求实翻译有限公司、青岛求实建设监理有限公司、青岛求实建筑规划有限公司

学校历史沿革

青岛求实职业技术学院经历了三个阶段：始建于1997年，全称为"青岛求实文理进修学院"，经青岛市教育局委员会批准，批准文号为"青教【1997】14号"；2001年3月，经省教委和市教育局批准成立"青岛求实文理专修学院"；2003年4月，经省人民政府批准在"青岛求实文理专修学院"的基础上成立"青岛求实职业技术学院"。

山东现代职业学院

学校（机构）标识码	4137013322
学校办学类型	415：专科院校：高等职业学校
学校性质类别	01 综合大学
学校举办者	999 民办
学校地址	山东省济南市经十东路20288号
邮政编码	250104
办公电话	0531-89701588
传真电话	0531-88260886
校园（局域）网域名	www.uxd.com.cn
电子信箱	uxd_yb@163.com
占地面积（平方米）	361809
图书（万册）	87.6
固定资产总值（万元）	41408
教学、科研仪器设备资产值（万元）	5368
在校生数（人）	10041
其中：普通专科	9531
成人专科	510
专任教师（人）	606
其中：正高级	61
副高级	122
中级	213
初级	210

专科专业 电气设备应用与维护、电子信息工程技术、工程造价、工商企业管理、广告设计与制作、护理、会计电算化、计算机多媒体技术、计算机网络技术、计算机信息管理、计算机应用技术、建筑工程管理、建筑工程技术、康复治疗技术、口腔医学技术、连锁经营管理、临床医学、旅游管理、汽车电子技术、汽车检测与维修技术、人力资源管理、软件技术、商务英语、市场营销、文秘、物流管理、物业管理、艺术设计、应用电子技术、园林工程技术、针灸推拿、中药、助产

院系设置

医学院、护理学院、经济管理学院、电子信息学院、建筑工程学院、汽车技术学院、继续教育学院，共7个学院

学校设立奖学金情况

学校设立奖学金三项，奖励总金额500余万元。奖学金总额5000元/年，最低金额300元/年。每年有1000余人得奖，平均每人3000元。

1. 入学奖学金：50人/年，奖励金额5000元/人。
2. 学期奖学金：600人/年，奖励金额3000元/人。
3. 阶梯进步奖：1000人/年，奖励金额300元/人。

学校历史沿革

山东现代职业学院始创于1993年，其前身为山东民进中西医进修学院和山东现代计算机专修学院，2003年经山东省人民政府批准，国家教育部备案成立山东现代职业学院。

济南职业学院

学校（机构）标识码	4137013323
学校办学类型	415：专科院校：高等职业学校
学校性质类别	01 综合大学
学校举办者	821 地级教育部门
学校地址	济南市历下区舜耕路12号
邮政编码	250014
办公电话	0531-82627603
传真电话	0531-82627523
校园（局域）网域名	www.jnvc.cn
电子信箱	jnvnbgs@163.com
占地面积（平方米）	910779
校舍建筑面积（平方米）	285168
图书（万册）	70.1
固定资产总值（万元）	21485
教学、科研仪器设备资产值（万元）	5054.13
在校生数（人）	10732
其中：普通专科	9769
成人专科	963
专任教师（人）	534
其中：正高级	14
副高级	101
中级	137
初级	188
未定职级	94

专科专业 财务管理、电脑艺术设计、电气自动化技术、电子商务、动漫设计与制作、国际贸易实务、会计、会计电算化、机电一体化技术、机械设计与制造、计算机网络技术、计算机信息管理、计算机应用技术、酒店管理、连锁经营管理、旅游管理、模具设计与制造、汽车检测与维修技术、软件技术、商务英语、市场营销、数控技术、文秘、物流管理、新闻采编与制作、学前教育、艺术设计、应用电子技术

院系设置

基础部、计算机系、外语系、旅游系、电子系、机械系、经贸系、工商管理系、财经系、文化传播与艺术管理系、技术教育部、

国际交流学院、继续教育学院
定期公开出版的专业刊物 《济南职业学院学报》
学校设立奖学金情况
设立奖学金一项,奖励总金额130万元,奖学金最高金额1000元/年,最低金额600元/年。
学校历史沿革
济南职业学院于2004年7月经山东省人民政府批准,由原济南教育学院济南机械职工大学、济南职工科技大学合并组建。

山东协和学院

学校(机构)标识码 4137013324	校园(局域)网域名 www.sdxiehe.edu.cn	在校生数(人) 10925
学校办学类型 412:本科院校:学院		其中:普通本科 459
学校性质类别 01 综合大学	电子信箱 xiehewaishi@126.com	普通专科 10466
学校举办者 999 民办	占地面积(平方米) 678091	专任教师(人) 661
学校地址 山东省济南市历城区济青路6277号	校舍建筑面积(平方米) 106671	其中:正高级 104
	图书(万册) 135.6	副高级 148
邮政编码 250109	固定资产总值(万元) 53769.18	中级 234
办公电话 0531-88795600	教学、科研仪器设备资产值(万元) 7888.4	初级 175
传真电话 0531-88795600		

本科专业 护理学、机械设计制造及其自动化、计算机科学与技术、旅游管理、土木工程、自动化

专科专业 道路桥梁工程技术、电气自动化技术、电子商务、电子信息工程技术、给排水工程技术、工程监理、工程造价、护理、会计电算化、机电一体化技术、机械制造与自动化、计算机多媒体技术、计算机网络技术、计算机信息管理、计算机应用技术、建筑工程管理、建筑工程技术、建筑装饰工程技术、康复治疗技术、口腔医学技术、临床医学、旅游管理、模具设计与制造、软件技术、商务英语、市场营销、数控技术、物联网应用技术、物流管理、物业管理、医疗美容技术、医学检验技术、医学影像技术、应用电子技术、针灸推拿、中药、助产

院系设置
学院下设机电学院、建筑工程学院、计算机学院、护理学院、医学院、经济管理学院、人文教育学院、基础部、思政部等9个二级院部

学校设立奖学金情况
学校设立奖学金3项,奖励总额20余万元。奖学金最高额1500元/年,最低金额800元/年

学校历史沿革
山东协和学院创办于1993年,前身为山东济南协和专修学院,2003年筹建高职,招生纳入山东省统招计划,2004年经山东省人民政府批准、教育部备案正式建立高职院校。2010年4月,经教育部批准升格为普通本科民办高校。

烟台工程职业技术学院

学校(机构)标识码 4137013355	传真电话 0535-6937278	在校生数(人) 3528
学校办学类型 415:专科院校:高等职业学校	校园(局域)网域名 www.ytetc.edu.cn	其中:普通专科 3528
	电子信箱 jsxybgs@163.com	专任教师(人) 318
学校性质类别 02 理工院校	占地面积(平方米) 494160	其中:正高级 1
学校举办者 821 地级教育部门	校舍建筑面积(平方米) 242757	副高级 105
学校地址 烟台经济技术开发区珠江路92号	图书(万册) 25.3	中级 79
	固定资产总值(万元) 36997.06	初级 100
邮政编码 264006	教学、科研仪器设备资产值(万元) 4143.42	未定职级 33
办公电话 0535-6937290		

专科专业 电气自动化技术、电子信息工程技术、高分子材料加工技术、工程机械运用与维护、焊接技术及自动化、机电设备维修与管理、机电一体化技术、机械设计与制造、机械制造与自动化、计算机辅助设计与制造、计算机应用技术、模具设计与制造、汽车电子技术、汽车检测与维修技术、汽车运用技术、食品营养与检测、数控技术、数控设备应用与维护、物流管理、营销与策划、应用电子技术

院系设置

机电工程系、机械工程系、管理工程系、数控技术系、汽车工程系

学校设立奖学金情况

学校设立奖学金1项,奖励总金额10余万元。奖学金最高金额1000元/年,最低金额200元/年。

主要校办产业

烟台捷林达通用齿轮箱制造有限公司

学校历史沿革

烟台工程职业技术学院是以烟台市技术学院为基础创建的,其前身是始建于1957年的烟台技工学校。1989年,经国家劳动部、山东省人民政府批准,成为全国首批试办的两所高级技工学校之一,名为烟台市高级技工学校。2002年,经山东省人民政府批准,更名为烟台市技术学院。2005年5月,经山东省高校设置评议委员会通过,省教育厅研究决定并报省政府同意,列入国家普通高等学校招生计划,并于当年开始招生。2006年2月,山东省人民政府以鲁政字47号文件,批准在烟台市技术学院的基础上,建立烟台工程职业技术学院。

山东凯文科技职业学院

学校(机构)标识码	4137013356
学校办学类型	415:专科院校:高等职业学校
学校性质类别	02 理工院校
学校举办者	999 民办
学校地址	济南市经十东路6196号
邮政编码	250200
办公电话	0531-86385222
传真电话	0531-86385333
校园(局域)网域名	www.sdkevin.cn
电子信箱	sdkevin@sdkevin.cn
占地面积(平方米)	368841
校舍建筑面积(平方米)	80029
图书(万册)	57.6
固定资产总值(万元)	39881
教学、科研仪器设备资产值(万元)	4567.4
在校生数(人)	7196
其中:普通专科	6696
成人专科	500
专任教师(人)	410
其中:正高级	63
副高级	71
中级	42
初级	234

专科专业

道路桥梁工程技术、电子商务、电子声像技术、电子信息工程技术、动漫设计与制作、工程造价、工业设计、焊接技术及自动化、环境艺术设计、会计电算化、机电一体化技术、机械制造与自动化、计算机多媒体技术、计算机网络技术、计算机信息管理、计算机应用技术、建筑工程管理、建筑工程技术、模具设计与制造、汽车电子技术、汽车检测与维修技术、汽车运用技术、软件技术、商务经纪与代理、市场营销、数控技术、通信技术、微电子技术、物流管理、物业设施管理、应用韩语、应用英语

院系设置

机械学院、信息学院、工商管理学院、建筑工程学院、汽车工程学院、外国语学院、艺术学院、基础课教学部、实践教学部

学校设立奖学金情况

学校设立奖学金共10项,奖励总金额482万元。奖学金最高金额8000元/年,最低金额300元/年。

学校历史沿革

山东凯文科技职业技术学院是经山东省人民政府批准,教育厅备案的全日制普通高等学校。学院由1990年创办的山东大学电子维修培训学校发展览而来,1999年经山东省委批准成立山东工大科技专修学院。2000年7月22日原山东大学,山东医科大学、山东工业大学合并组建新山东大学后,学院更名为山东山大科技专修学院。2003年10月,山东大学科技集团签署了《合作共建山东山大科技专修学院协议书》。2005年8月10日,学院被山东省人民政府批准为独立设置的全日制普通高校,定名为"山东凯文科技职业学院",具有独立颁发学历文凭的资格,纳入国家统招计划。

烟台大学文经学院

学校(机构)标识码	4137013359
学校办学类型	413:本科院校:独立学院
学校性质类别	01 综合大学
学校举办者	999 民办
学校地址	山东省烟台市莱山区港城东大街100号
邮政编码	264005
办公电话	0535-6901889
传真电话	0535-6915078
校园(局域)网域名	www.wenjing.ytu.edu.cn
电子信箱	wjxybgs@163.com
占地面积(平方米)	419533
校舍建筑面积(平方米)	178579
图书(万册)	83.8
固定资产总值(万元)	44212
教学、科研仪器设备资产值(万元)	5983.74
在校生数(人)	11950
其中:普通本科	8667
普通专科	3283
专任教师(人)	671
其中:正高级	107

副高级 181　　　　　　初级 57　　　　　　未定职级 24
中级 302

本科专业 朝鲜语、车辆工程、电子信息科学与技术、法学、工程管理、工商管理、公共事业管理、国际经济与贸易、汉语言文学、会计学、机械设计制造及其自动化、计算机科学与技术、金属材料工程、日语、生物工程、食品科学与工程、市场营销、通信工程、新闻学、艺术设计、英语、自动化

专科专业 电子信息工程技术、房地产经营与估价、工商企业管理、国际经济与贸易、汉语、会计、机电一体化技术、计算机应用技术、建筑工程管理、商务英语、市场营销、通信技术

院系设置
中文与法律系、外国语言文学系、经济系、管理系、会计系、电子信息与计算机科学系、机电工程系、建筑工程系、食品与生物工程系

定期公开出版的专业刊物 《烟台大学文经学院学报》

学校设立奖学金情况
学校设立奖学金11项,奖励总金额147.47余万元。奖学金最高金额2000元/年,最低金额200元/年。

学校历史沿革
2003年1月24日,烟台大学与烟台鑫泰园艺发展有限公司签订联合办学合同,同年4月2日,山东省教育厅批复同意筹建烟台大学文经学院。2003年9月,烟台大学文经学院第一次面向全国招生。2004年1月18日,学院被国家教育部首批确认为独立学院。

聊城大学东昌学院

学校(机构)标识码　4137013373
学校办学类型　413:本科院校:独立学院
学校性质类别　01 综合大学
学校举办者　999 民办
学校地址　聊城开发区黄河路105号
邮政编码　252000
办公电话　0635-8520040
传真电话　0635-8520012
校园(局域)网域名　www.lcudc.cn
电子信箱　lcudc123@126.com
占地面积(平方米)　347333
校舍建筑面积(平方米)　109096
图书(万册)　26.89
固定资产总值(万元)　28500
教学、科研仪器设备资产值(万元)　4930.93
在校生数(人)　5376
其中:普通本科　4584
　　　普通专科　792
专任教师(人)　233
其中:正高级　57
　　　副高级　62
　　　中级　52
　　　初级　45
　　　未定职级　17

本科专业 安全工程、朝鲜语、电子信息工程、电子信息科学与技术、动画、广播电视编导、汉语言文学、化学、会计学、机械设计制造及其自动化、计算机科学与技术、家政学、经济学、轻化工程、生物工程、数学与应用数学、信息与计算科学、艺术设计、音乐表演、英语、应用化学

专科专业 汉语、会计电算化、机电一体化技术、计算机应用技术、商务英语、数学教育、文秘、音乐表演、影视动画、应用韩语、应用英语

院系设置
我院下设12系1部,中文系、经法系、电子系、英语系、韩语系、教育系、数学系、物理系、化生系、机电系、美术系、音乐系及基础部

定期公开出版的专业刊物 《聊城大学东昌学院报》

学校设立奖学金情况
我院共设立奖学金6项,总金额70余万元,奖学金最高金额1100元/年,最低金额200元/年。

学校历史沿革
聊城大学东昌学院于2002年4月经山东省教育厅批准成立,2005年6月国家教育部重新确认为独立学院。

青岛理工大学琴岛学院

学校(机构)标识码　4137013378
学校办学类型　413:本科院校:独立学院
学校性质类别　02 理工院校
学校举办者　999 民办
学校地址　青岛市城阳区铁骑山路79号
邮政编码　266106
办公电话　0532-86666588
传真电话　0532-86666886
校园(局域)网域名　www.qdc.cn
电子信箱　qdzb13378@163.com
占地面积(平方米)　706069
校舍建筑面积(平方米)　380947
图书(万册)　95
固定资产总值(万元)　78000
教学、科研仪器设备资产值(万元)　13000
在校生数(人)　15253
其中:普通本科　9233
　　　普通专科　5944

留学生 76	副高级 212	初级 187
专任教师(人) 843	中级 366	未定职级 12
其中:正高级 66		

本科专业 材料成型及控制工程、财务管理、城市规划、德语、电气工程及其自动化、电子信息工程、电子信息科学与技术、动画、工程管理、国际经济与贸易、会计学、机械设计制造及其自动化、计算机科学与技术、建筑学、交通工程、市场营销、土木工程、信息管理与信息系统、艺术设计、英语

专科专业 财务会计类、道路桥梁工程技术、电气自动化技术、电子商务、房地产经营与估价、工程造价、国际经济与贸易、焊接技术及自动化、环境艺术设计、会计、机电一体化技术、计算机网络技术、计算机应用技术、建筑工程管理、建筑工程技术、建筑设计技术、嵌入式技术与应用、商务英语、市场营销、物业管理

学校设立奖学金情况

学校设立奖学金2项,奖金总金额100多万元,最高金额1000元/年,最低金额300元/年。

毕业生一次就业率 95%

山东师范大学历山学院

			1230
学校(机构)标识码 4137013379	传真电话 0531-86181600	在校生数(人) 3118	
学校办学类型 413:本科院校:独立学院	校园(局域)网域名 www.lsxy.sdnu.edu.cn	其中:普通本科 2940	
学校性质类别 01 综合大学	电子信箱 lsxy@sdnu.edu.cn	普通专科 178	
学校举办者 999 民办	占地面积(平方米) 142000	专任教师(人) 181	
学校地址 山东省济南市天桥区清河北路中段	校舍建筑面积(平方米) 61626	其中:正高级 23	
	图书(万册) 23	副高级 64	
邮政编码 250033	固定资产总值(万元) 14955	中级 66	
办公电话 0531-86181600	教学、科研仪器设备资产值(万元)	初级 28	

本科专业 电子信息工程、动画、广播电视编导、国际经济与贸易、韩国语、汉语言文学、化学工程与工艺、计算机科学与技术、旅游管理、美术学、生物技术、生物科学、数学与应用数学、信息管理与信息系统、艺术设计、英语

专科专业 计算机教育、旅游管理、英语教育

院系设置

历山学院下设十个系,分别为:中文系、心理学系、外语系、艺术系、数学与信息科学系、电子工程系、现代传媒系、生命科学系、经济与管理系、化工系

学校设立奖学金情况

学校设立奖学金7项,奖励总金额210余万元。奖学金最高金额8000元/年,最低金额200元/年。

学校历史沿革

历山学院是2005年经教育部和山东省人民政府批准,有山东师范大学举办的独立学院。学院面向山东省经济与社会发展需要,紧紧依托山东师范大学的整体办学优势和优质教育资源,根据"创新品质,基础扎实,实践能力强"的培养目标要求及专业面向,加强基础、注重素质、突出能力,努力把学生培养成为富有理想与责任,富有创新品质,知识结构合理,专业基础扎实,应用实践能力强,综合素质高,适应社会发展需要的应用型、复合型专业人才。

山东经济学院燕山学院

			1852
学校(机构)标识码 4137013383	传真电话 0531-89707265	在校生数(人) 6169	
学校办学类型 413:本科院校:独立学院	校园(局域)网域名 www.yanshan.side.edu.cn	其中:普通本科 5766	
学校性质类别 08 财经院校	电子信箱 ysh_xz@sina.com	普通专科 403	
学校举办者 999 民办	占地面积(平方米) 138853	专任教师(人) 345	
学校地址 山东经济学院燕山学院	图书(万册) 30.05	其中:正高级 40	
邮政编码 250202	固定资产总值(万元) 11674.3	副高级 114	
办公电话 0531-89707265	教学、科研仪器设备资产值(万元)	中级 191	

本科专业 财务管理、工商管理、国际经济与贸易、国际商务、会计学、计算机科学与技术、金融学、旅游管理、人力资源管理、审计学、市场营销、信息管理与信息系统

专科专业 工商企业管理、会计、金融管理与实务

院系设置

参照山东经济学院教学院部设置,本着精简高效实用,便于管理的原则,按学科分类,将相近的专业组成一个系。学院现设置六个系:会计系(设会计学、财务管理学、审计学专业)、工商管理系(设工商企业管理、人力资源管理、市场营销、旅游管理专业)、金融系(设金融学、金融管理与实务专业)、国际经济与贸易系(设国际经济与贸易、国际商务专业)、信息管理系(设信息管理与信息系统专业)和计算机科学与技术系(设计算机科学与技术专业)

学校设立奖学金情况

学校设立奖学金 1 项,奖励总金额 41.42 万元/年,最低金额 200 元/年。

学校历史沿革

山东经济学院燕山学院是山东经济学院与山东黄金集团有限公司合作创办,经教育部批准设立的独立学院。2004 年 9 月双方签订合作办学协议,2005 年 6 月教育部(教发函(2005)78 号)批准并于当年开始招生。

中国石油大学胜利学院

学校(机构)标识码 4137013386	校园(局域)网域名 www.pusc.cn	其中:普通本科 7318
学校办学类型 413:本科院校:独立学院	电子信箱 dlj1975@163.com	普通专科 2587
	占地面积(平方米) 248345	专任教师(人) 324
学校性质类别 02 理工院校	校舍建筑面积(平方米) 50503	其中:正高级 18
学校举办者 999 民办	图书(万册) 50.77	副高级 116
学校地址 山东省东营市济南路 1 号	固定资产总值(万元) 16121.06	中级 115
邮政编码 257000	教学、科研仪器设备资产值(万元) 4713.47	初级 18
办公电话 0546－7396016		未定职级 57
传真电话 0546－7396000	在校生数(人) 9905	

本科专业 材料成型及控制工程、电气工程及其自动化、对外汉语、法学、法学类、汉语言文学、护理学、化学工程与工艺、机械设计制造及其自动化、计算机科学与技术、石油工程、市场营销、信息与计算科学、学前教育、艺术设计、音乐学、英语、应用化学、油气储运工程、资源勘查工程、自动化

专科专业 材料成型与控制技术、电气自动化技术、护理、会计、机械制造与自动化、计算机应用技术、数控技术、文秘、学前教育、药学、应用化工技术、油气储运技术、油气地质与勘查技术、油气开采技术

院系设置

中文、政法、外语、化学化工、信息与计算机科学、电气信息工程、艺术、美术、体育、教育、医学、石油工程、机电工程、储运与建筑工程、油气勘探与信息工程系等 15 个系

定期公开出版的专业刊物 《中国石油大学胜利学院学报》

学校设立奖学金情况

学校设立奖学金 5 项,奖励总金额 300 余万元。奖学金最高金额 8000 元/年,最低金额 300 元/年。

毕业生一次就业率 84.84%

学校历史沿革

中国石油大学胜利学院是由中国石油大学和胜利石油管理局在整合胜利油田师范专科学校办学资源的基础上举办的、具有独立法人资格的全日制本科普通高等学校。1976 年 6 月经山东省革命委员会批准成立胜利油田师范学校。1981 年 4 月,在胜利油田师范学校的基础上,成立胜利油田教师进修学校。1983 年 5 月,胜利油田教师进修学校更名为胜利油田教育学院。1985 年 8 月,经国家教育部备案,石油工程部批准,成立胜利油田师范专科学校。1988 年 7 月,胜利油田师范专科学校、胜利油田教育学院、胜利油田师范学校联合办学。2000 年 2 月根据国家有关文件要求,胜利油田师范专科学校停止招生。2003 年 3 月,经国家教育部批准,成立石油大学胜利学院。2005 年 3 月更名为中国石油大学胜利学院。

山东外国语职业学院

学校(机构)标识码 4137013387	学校举办者 999 民办	传真电话 0633－8109002
学校办学类型 415:专科院校:高等职业学校	学校地址 山东省日照市山海路 99 号	校园(局域)网域名 www.sdflc.com
	邮政编码 276826	电子信箱 sdflc@163.com
学校性质类别 07 语文院校	办公电话 0633－8109001	占地面积(平方米) 390173

校舍建筑面积（平方米） 72231	在校生数（人） 4922	副高级 57
图书（万册） 54.5	其中：普通专科 4919	中级 83
固定资产总值（万元） 20233.06	成人专科 3	初级 151
教学、科研仪器设备资产值（万元） 2375.5	专任教师（人） 340	未定职级 29
	其中：正高级 20	

专科专业 包装技术与设计、报关与国际货运、电子商务、动漫设计与制作、工商企业管理、国际经济与贸易、国际商务、会计电算化、计算机网络技术、计算机信息管理、金融保险、酒店管理、软件技术、软件外包服务、商务日语、涉外旅游、市场营销、网站规划与开发技术、文秘、物流管理、艺术设计、音乐表演、应用阿拉伯语、应用德语、应用俄语、应用法语、应用韩语、应用日语、应用西班牙语、应用英语、游戏软件、装饰艺术设计

院系设置
外语学院、经济管理学院、国际商学院、信息工程学院、继续教育学院5个二级学院

学校设立奖学金情况
学院设立奖学金6项，总金额70余万元。奖学金最高金额3000元/年，最低金额300元/年。

学校历史沿革
山东外国语职业学院与2005年8月10日经山东省人民政府批准成立，是一所国家教育部备案的高等职业院校。

潍坊工商职业学院

学校（机构）标识码 4137013388	传真电话 0536-6055158	在校生数（人） 6188
学校办学类型 415：专科院校：高等职业学校	校园（局域）网域名 www.vgsxy.cn	其中：普通专科 6132
	电子信箱 6062036@163.com	成人专科 56
学校性质类别 01 综合大学	占地面积（平方米） 55963	专任教师（人） 349
学校举办者 999 民办	校舍建筑面积（平方米） 128000	其中：正高级 4
学校地址 山东省诸城市密州街道凤凰路6号	图书（万册） 50	副高级 97
	固定资产总值（万元） 33826.2	中级 146
邮政编码 262200	教学、科研仪器设备资产值（万元） 2793.4	初级 92
办公电话 0536-6062036		未定职级 10

专科专业 报关与国际货运、畜牧兽医、电气自动化技术、电子商务、电子信息工程技术、服装设计、服装制版与工艺、工程监理、工程造价、会计电算化、机电一体化技术、计算机信息管理、计算机应用技术、建筑工程技术、建筑装饰工程技术、经济管理、酒店管理、模具设计与制造、汽车检测与维修技术、汽车制造与装配技术、商务英语、涉外旅游、食品加工技术、食品营养与检测、市场营销、数控技术、数控设备应用与维护、现代纺织技术、应用电子技术、园林工程技术

院系设置
经济管理系、机电工程系、电气与自动化系、信息工程系、建筑工程系、服纺工程系、人文与生物工程系、公共教学部

学校设立奖学金情况
学校设立奖学金3项，奖励总金额19.5余万元。奖学金最高额600元/年，最低金额200元/年。

学校历史沿革
潍坊工商职业学院前身为新郎科技教育培训学校，创建于2003年，2005年5月经山东省政府批准建立潍坊工商职业学院。

德州职业技术学院

学校（机构）标识码 4137013389	号	占地面积（平方米） 793471
学校办学类型 415：专科院校：高等职业学校	邮政编码 253034	校舍建筑面积（平方米） 162794
	办公电话 0534-2557159	图书（万册） 55.36
学校性质类别 01 综合大学	传真电话 0534-2557157	固定资产总值（万元） 31717.35
学校举办者 821 地级教育部门	校园（局域）网域名 www.dzvtc.cn	教学、科研仪器设备资产值（万元） 4682.24
学校地址 德州市开发区大学东路689	电子信箱 msk2557157@163.com	

在校生数(人) 4173	其中:正高级 2	初级 151
其中:普通专科 4173	副高级 137	未定职级 9
专任教师(人) 448	中级 149	

专科专业 餐饮管理与服务、电气自动化技术、服装设计、工程造价、工业网络技术、焊接技术及自动化、会计电算化、机电设备维修与管理、机电一体化技术、机械设计与制造、计算机应用技术、计算机应用技术(计算机网络方向)、计算机应用技术(计算机网络方向)、计算机应用技术(图像处理方向)、计算机应用技术(图形图像处理方向)、建筑工程技术、酒店管理、粮食工程、楼宇智能化工程技术、模具设计与制造、汽车电子技术、汽车定损与评估、汽车技术服务与营销、汽车运用技术、汽车整形技术、食品贮运与营销、市场开发与营销、数控技术、投资与理财、网络系统管理、物流管理、应用电子技术、应用电子技术(太阳能光电技术方向)、应用化工技术、应用化工技术(化学电源生产与制)、园林工程技术

院系设置
机械工程系、电气工程系、计算机信息技术工程系、经济管理系、化学轻工系、汽车工程系、建筑园林工程系、电子与新能源技术工程系、旅游酒店管理系、粮油食品工程系

定期公开出版的专业刊物 《德州职业技术学院报》、《德州职业技术学院院刊》、《德州职业技术学院学报》

学校设立奖学金情况
学校设立奖学金4项,奖励总金额51.53余万元。奖学金最高金额8000元/年,最低金额100元/年。

主要校办产业
机械制修厂、双达人力资源有限公司、双元机动车驾驶员培训有限公司、双高汽车技术服务有限公司、双佳幼儿园、德州双和置业有限公司

学校历史沿革
德州职业技术学院是2005年11月1日经山东省人民政府批准成立、教育部备案、由德州市人民政府举办的全市唯一国办普通高职院校。学院以始建于1958年的德州市技术学院为基础,与1977年后陆续建立的德州广播电视大学、德州财贸经济学校、德州粮食学校、德州经济学校整合组建而成。

枣庄科技职业学院

学校(机构)标识码 4137013390	传真电话 0632-5650518	在校生数(人) 5740
学校办学类型 415:专科院校:高等职业学校	校园(局域)网域名 www.zzkjxy.com	其中:普通专科 5740
学校性质类别 02 理工院校	电子信箱 zzkjxy@126.com	专任教师(人) 472
学校举办者 999 民办	占地面积(平方米) 273211	其中:正高级 14
学校地址 山东省滕州市学院东路888号	校舍建筑面积(平方米) 189384	副高级 83
	图书(万册) 42.67	中级 182
邮政编码 277500	固定资产总值(万元) 25212	初级 118
办公电话 0632-5650565	教学、科研仪器设备资产值(万元) 3936.59	未定职级 75

专科专业 电机与电器、电气自动化技术、电子信息工程技术、工程测量与监理、工程造价、供热通风与空调工程技术、焊接技术及自动化、护理、会计电算化、机电一体化技术、机械设计与制造、计算机应用技术、建筑工程管理、建筑工程技术、康复治疗技术、口腔医学技术、矿井通风与安全、矿山机电、煤矿开采技术、煤炭深加工与利用、模具设计与制造、汽车检测与维修技术、数控技术、图形图像制作、网站规划与开发技术、眼视光技术、药学、艺术设计、助产

院系设置
学院共设五个系,分别为机械工程系、电气工程系、信息工程系、建筑工程系、医学技术系

学校设立奖学金情况
学校设立奖学金一项,奖励总金额46.99余万元。奖学金最高金额600元/年,最低金额200元/年。

学校历史沿革
枣庄科技职业学院2005年8月由山东省人民政府批准成立。

山东科技大学泰山科技学院

学校(机构)标识码 4137013624	学校办学类型 413:本科院校:独立学院	学校性质类别 01 综合大学

学校举办者　999 民办		其中：普通本科　7094
学校地址　山东省泰安市岱岳区粥店街道办事处粥店社区	电子信箱　tskjxydz@163.com edu.cn	普通专科　2772
	图书（万册）　99.6	专任教师（人）　497
邮政编码　271021	固定资产总值（万元）　11612	其中：正高级　19
办公电话　0538-6226235	教学、科研仪器设备资产值（万元）　4993	副高级　147
传真电话　0538-6227415		中级　213
校园（局域）网域名　www.tskjxy.sdust.	在校生数（人）　9866	初级　118

本科专业　财政学、采矿工程、测绘工程、地质工程、电气工程及其自动化、电子商务、法学、工商管理、国际经济与贸易、行政管理、会计学、机械电子工程、机械设计制造及其自动化、计算机科学与技术、金融学、土木工程、网络工程、文秘教育、信息管理与信息系统、自动化

专科专业　电气自动化技术、法律事务、工程测量技术、国际经济与贸易、会计、机电一体化技术、机械制造与自动化、计算机网络技术、计算机应用技术、建筑工程技术、煤矿开采技术、市场营销

院系设置

目前，学院共设有6个教学系部，即：资源与土木工程系、机电工程系、信息工程系、经济管理系、文法系和基础课部

学校设立奖学金情况

学院设立奖学金3项，奖励总金额240余万元。奖学金最高金额2000元/年·人，最低金额100元/年·人。奖学金如下：

1. 优秀学生奖学金：2300人/年，400-1000元；
2. 定向奖学金：590人/年，1600-2000元；
3. 单项奖学金：900人/年，100元。

学校历史沿革

2004年1月，临沂飞龙企业集团有限公司与山东科技大学签订《关于联合开办山东科技大学泰山科技学院协议书》，2月6日，山东省教育厅印发《关于重新报批山东科技大学泰山科技学院的请示》（鲁教计字（2004）3号），呈报教育部。同年3月18日，教育部下发教发函（2004）40号文件，确认山东科技大学泰山科技学院为独立学院。同年5月24日，泰山科技学院在山东省民政厅办理了民办非企业单位法人登记。

淄博师范高等专科学校

学校（机构）标识码　4137013777	传真电话　0533-3821000	在校生数（人）　7060
学校办学类型　414：专科院校：高等专科学校	校园（局域）网域名　www.zbnc.edu.cn	其中：普通专科　7060
	占地面积（平方米）　458200	专任教师（人）　420
学校性质类别　06 师范院校	校舍建筑面积（平方米）　194086	其中：正高级　19
学校举办者　821 地级教育部门	图书（万册）　58	副高级　97
学校地址　淄博市淄川经济开发区唐骏鸥铃路99号	固定资产总值（万元）　28134.46	中级　153
	教学、科研仪器设备资产值（万元）　3601.68	初级　126
邮政编码　255130		未定职级　25
办公电话　0533-3821067		

专科专业　初等教育、地理教育、电脑艺术设计、动漫设计与制作、美术教育、社区管理与服务、审计实务、数学教育、网络系统管理、物理教育、现代教育技术、学前教育、音乐教育、英语教育、应用英语、语文教育

学校设立奖学金情况

现设有一项奖学金，奖励总金额80余万元，奖学金最高金额600元/年，最低金额400元/年。

学校历史沿革

学校前身是淄博师范学校，始建于1951年，2005年5月份，经教育部批准，我校升格为淄博师范高等专科学校，成为山东省专科层次小学、幼儿教师培训为主的新型高等师范学校。

山东中医药高等专科学校

学校（机构）标识码　4137013778	学校性质类别　05 医药院校	邮政编码　264100
学校办学类型　414：专科院校：高等专科学校	学校举办者　812 省级其他部门	办公电话　0535-2765096
	学校地址　山东中医药高等专科学校	传真电话　0535-2765196

校园(局域)网域名 www.stcmchina.com	固定资产总值(万元) 18600	专任教师(人) 377
电子信箱 sdzyygz@163169.net	教学、科研仪器设备资产值(万元) 4544	其中:正高级 17
占地面积(平方米) 552000	在校生数(人) 8432	副高级 113
校舍建筑面积(平方米) 228018	其中:普通专科 8283	中级 125
图书(万册) 40.6	成人专科 149	初级 102
		未定职级 20

专科专业 护理、护理类、家政服务、康复治疗技术、连锁经营管理、药品经营与管理、药物制剂技术、药学、医疗美容技术、医学营养、医药营销、针灸推拿、中药、中药制药技术、中医学

院系设置

设有中医系、中药系、护理系、针灸康复与保健系、公共基础部、西医教学部

学校设立奖学金情况

学校设立奖学金2项,奖励总金额360余万元。奖学金最高金额1000元/年,最低金额200元/年。

主要校办产业

实习药厂

毕业生一次就业率 90.6%

学校历史沿革

2004年,由山东省机构编制委员会批准成立(文号 鲁编[2004]15号),主管部门为山东省卫生厅;

1958年10月11日,原在莱阳专区中医进修班的基础上建校。原名莱阳专区中医学校,同年12月改为烟台专区中医学校;

1960年2月学校改名烟台中医学校;

1962年8月学校更名为山东省中医药学校隶属山东卫生厅领导;

1972年3月28日山东省卫生厅决定将学校改名为山东省中医药学校;

1994年8月22日国家教委公布我校为国家级重点中等专业学校;

2004年7月我校根据山东省人民政府《关于将山东省中医药学校改建为山东中医药高等专科学校的通知》(鲁政字[2004]384号)升格为高等专科学校。

济南工程职业技术学院

学校(机构)标识码 4137013855	校园(局域)网域名 www.jngcxy.com	在校生数(人) 8975
学校办学类型 415:专科院校:高等职业学校	电子信箱 jinangczyjsxy@163.com	其中:普通专科 8975
学校性质类别 02 理工院校	占地面积(平方米) 498834	专任教师(人) 404
学校举办者 821 地级教育部门	校舍建筑面积(平方米) 189326	其中:正高级 11
学校地址 济南市经十东路6088号	图书(万册) 63.14	副高级 84
邮政编码 250200	固定资产总值(万元) 24892.3	中级 118
办公电话 0531-86385075	教学、科研仪器设备资产值(万元) 5708.24	初级 113
传真电话 0531-86385055		未定职级 78

专科专业 道路桥梁工程技术、电子商务、动漫设计与制作、纺织品检验与贸易、纺织品设计、服装表演、服装设计、服装制版与工艺、高分子材料加工技术、工程测量技术、工程监理、工程造价、会计电算化、会计与审计、会展策划与管理、机电一体化技术、基础工程技术、建筑电气工程技术、建筑工程技术、建筑设备工程技术、建筑装饰工程技术、汽车电子技术、汽车检测与维修技术、染整技术、数控技术、物流管理、物业设施管理、现代纺织技术、消防工程技术、园林工程技术

院系设置

设有建筑工程系、纺织服装系、机电工程系、管理工程系、经济管理系、艺术设计系;基础教学部、思想政治理论课教学部、现代教育技术中心

学校设立奖学金情况

学校设立奖学金14项,奖励总金额33余万元。奖学金最高金额1000元/年,最低金额50元/年。

主要校办产业

济南通达装饰安装公司、济南建中建筑安装公司

学校历史沿革

济南工程职业技术学院是一所国办全日制普通高校。学校前身为济南纺织工业学校和济南市建筑工程学校,两校于2003年合并,2004年经省政府批准设立济南工程职业技术学院。根据办学需要学院在2005年又相继合并了济南公用事业技工学校和济南市财经学校。

山东电子职业技术学院

学校(机构)标识码　4137013856
学校办学类型　415:专科院校:高等职业学校
学校性质类别　02 理工院校
学校举办者　812 省级其他部门
学校地址　济南市章丘大学城文化路678号
邮政编码　250200
办公电话　0531-83118333
传真电话　0531-83118611
校园(局域)网域名　www.sdcet.cn
电子信箱　bgs@sdcet.cn
占地面积(平方米)　695964
校舍建筑面积(平方米)　235447
图书(万册)　55.47
固定资产总值(万元)　26199.9
教学、科研仪器设备资产值(万元)　4030.9
在校生数(人)　7442
其中:普通专科　7442
专任教师(人)　379
其中:正高级　3
　　　副高级　128
　　　中级　150
　　　初级　98

专科专业　电脑艺术设计、电气自动化技术、电子测量技术与仪器、电子商务、电子设备与运行管理、电子信息工程技术、动漫设计与制作、广告设计与制作、会计电算化、会计与统计核算、会展策划与管理、机电一体化技术、计算机多媒体技术、计算机网络技术、计算机网络与安全管理、计算机系统维护、计算机信息管理、连锁经营管理、楼宇智能化工程技术、汽车电子技术、汽车技术服务与营销、汽车检测与维修技术、嵌入式系统工程、软件技术、数控技术、通信技术、网络系统管理、微电子技术、物流管理、物业管理、医用电子仪器与维护、应用电子技术、应用韩语、应用日语

院系设置
开设电子工程系、计算机科学与技术系、自动化工程系、管理与应用外语系、基础部

定期公开出版的专业刊物　《山东电子职业技术学院报》

学校设立奖学金情况
学校设立奖学金 1 项,奖励总金额 51 余万元。奖学金最高金额 8000 元/年,最低金额 200 元/年。

毕业生一次就业率　98%

学校历史沿革
山东电子职业技术学院前身是 1978 年组建的山东省电子工业学校,2004 年 7 月 13 日经山东省人民政府批准,组建为高等职业技术学院,由省教育厅、省经济和信息化委员会共同管理。

山东华宇职业技术学院

学校(机构)标识码　4137013857
学校办学类型　415:专科院校:高等职业学校
学校性质类别　02 理工院校
学校举办者　999 民办
学校地址　山东省德州市大学东路968号
邮政编码　253034
办公电话　0534-2551620
传真电话　0534-2551851
校园(局域)网域名　www.sdhyxy.com
电子信箱　yb@sdhyxy.com
占地面积(平方米)　832699
校舍建筑面积(平方米)　335412
图书(万册)　72.52
固定资产总值(万元)　50822.7
教学、科研仪器设备资产值(万元)　6058.66
在校生数(人)　5799
其中:普通专科　5790
　　　成人专科　9
专任教师(人)　360
其中:正高级　34
　　　副高级　92
　　　中级　87
　　　初级　100
　　　未定职级　47

专科专业　电气自动化技术、电子商务、焊接技术及自动化、会计电算化、机电一体化技术、机械制造与自动化、计算机网络技术、建筑工程管理、建筑工程技术、连锁经营管理、模具设计与制造、汽车电子技术、汽车检测与维修技术、汽车制造与装配技术、热能动力设备与应用、人力资源管理、软件技术、商务英语、市场营销、数控技术、物流管理、应用电子技术、制冷与冷藏技术、装潢艺术设计

院系设置
机械工程系、电气工程系、建筑工程系、汽车工程系、经济管理系、计算机系、基础部、实训中心

学校设立奖学金情况
学校设立奖学金 4 项,奖励总金额 431.1 余万元。奖金最高 8000 元/年,最低 2000 元/年。

学校历史沿革
山东华宇职业技术学院的前身为德州华宇学校,学校于 2003 年 2 月动工建设,当年 8 月底第一批学生入学。学校于 2004 年 7 月正式成为被山东省人民政府批准、国家教育部备案的普通高等院校——山东华宇职业技术学院。

山东旅游职业学院

学校(机构)标识码　4137013858
学校办学类型　415:专科院校:高等职业学校
学校性质类别　08 财经院校
学校举办者　812 省级其他部门
学校地址　山东省济南市经十东路3556号
邮政编码　250200
办公电话　0531-81920321
传真电话　0531-81920000
校园(局域)网域名　www.sdts.net.cn
电子信箱　sdts1991@126.com
占地面积(平方米)　670000
校舍建筑面积(平方米)　146735
图书(万册)　36.4
固定资产总值(万元)　23353.7
教学、科研仪器设备资产值(万元)　2528.37
在校生数(人)　5626
其中:普通专科　5497
　　　成人专科　126
　　　留学生　3
专任教师(人)　362
其中:正高级　7
　　　副高级　79
　　　中级　125
　　　初级　104
　　　未定职级　47

专科专业　表演艺术、导游、航空服务、航空服务(安检方向)、会展策划与管理、计算机多媒体技术、计算机信息管理、景区开发与管理、酒店管理、旅行社经营管理、旅游日语、旅游英语、民航安全技术管理、烹饪工艺与营养、烹饪工艺与营养(公共营养)、市场开发与营销、西餐工艺、休闲服务与管理、休闲服务与管理(高尔夫)、应用法语、应用韩语、中西面点工艺、装饰艺术设计

院系设置
旅游外语系、饭店管理学、旅行社管理系、休闲产业管理系、营养与烹饪系、计算机网络中心、基础部

国家级、省部级研究机构设置
研究所(中心):山东省旅游发展研究中心

定期公开出版的专业刊物　《旅游世界》、《驴友》、《旅游发展研究》

学校历史沿革
山东旅游职业学院前身为山东省旅游学校,创建于1991年,2004年6月升格为山东旅游职业学院,2005年9月全部搬迁到山东省济南市经十东路3556号新校区(章丘大学城)。

山东铝业职业学院

学校(机构)标识码　4137013859
学校办学类型　415:专科院校:高等职业学校
学校性质类别　02 理工院校
学校举办者　891 地方企业
学校地址　山东省淄博市张店南定山铝花园路8号
邮政编码　255065
办公电话　0533-2945309
传真电话　0533-2989771
校园(局域)网域名　www.shlzhj.net
电子信箱　shlzhj@263.net
占地面积(平方米)　505831
校舍建筑面积(平方米)　248637
图书(万册)　35.78
固定资产总值(万元)　13504.86
教学、科研仪器设备资产值(万元)　3938.07
在校生数(人)　4321
其中:普通专科　4321
专任教师(人)　275
其中:副高级　124
　　　中级　120
　　　初级　29
　　　未定职级　2

专科专业　电气自动化技术、电子商务、工业分析与检验、工业网络技术、会计电算化、机电一体化技术、机械制造与自动化、计算机网络技术、计算机信息管理、计算机应用技术、模具设计与制造、汽车检测与维修技术、市场营销、数控技术、物流管理、冶金技术、应用电子技术、应用化工技术

院系设置
计算机系、机械工程系、电气工程系、经济管理系、冶金化工系、基础部、实训中心

学校设立奖学金情况
学校设立奖学金5项,奖励总金额16余万元。奖学金最高金额1200元/年,最低金额50元/年。

主要校办产业
淄博科源实业总公司

学校历史沿革
山东铝业职业学院的前身为山东铝业公司职工大学,创建于1958年。原名501厂业余工学院(1958-1971),山东铝厂工人大学(1971-1980),山东铝厂工业大学(1980-1982),山东铝厂职工大学(1988-1995),山东铝业公司职工大学(1995-2004)。1995年,山东铝业公司职工中专并入职工大学。2000年,山东铝业公司党校、技工学校与职工大学合并。2004年7月,经山东省人民政府批准,正式建立山东铝业职业学院。

山东杏林科技职业学院

学校(机构)标识码　4137013860
学校办学类型　415：专科院校：高等职业学校
学校性质类别　01 综合大学
学校举办者　999 民办
学校地址　山东杏林科技职业学院
邮政编码　250200
办公电话　0531-85592588
传真电话　0531-85592668
校园(局域)网域名　www.sdxlxy.com
电子信箱　xlxybgs@126.com
占地面积(平方米)　388755
校舍建筑面积(平方米)　116200
图书(万册)　78.56
固定资产总值(万元)　62200
教学、科研仪器设备资产值(万元)

在校生数(人)　7875
其中：普通专科　7875
专任教师(人)　462
其中：正高级　52
副高级　112
中级　186
初级　112

7022.11

专科专业　报关与国际货运、电气自动化技术、电子商务、电子信息工程技术、动漫设计与制作、工程监理、工程造价、广告设计与制作、护理、会计电算化、机电一体化技术、计算机网络技术、计算机应用技术、建筑工程技术、建筑装饰工程技术、酒店管理、康复治疗技术、口腔医学技术、临床医学、汽车技术服务与营销、汽车检测与维修技术、软件技术、市场营销、数控技术、投资与理财、物流管理、物业管理、药学、医疗美容技术、医学检验技术、应用电子技术、应用韩语、应用日语、应用英语、针灸推拿、助产

院系设置　8 个

国家级、省部级研究机构设置　42 个

学校设立奖学金情况
学院设立奖学金 10 项，奖励总金额 872 余万元。奖学金最高金额 8000 元/年，最低金额 600 元/年。

学校历史沿革
山东杏林科技职业学院创建于 1992 年，系教育主管部门批准、以医学专业为主的非学历民办高校；2001 年被省教育厅批准为高等学历文凭考试试点院校；2004 年 7 月 6 日经山东省人民政府(鲁政字【2004】389 号)批准、教育部备案，成为全日制普通高等职业院校。

泰山职业技术学院

学校(机构)标识码　4137013861
学校办学类型　415：专科院校：高等职业学校
学校性质类别　01 综合大学
学校举办者　821 地级教育部门
学校地址　泰安职业技术学院 泰安市泰明路 9 号
邮政编码　271000
办公电话　0538-8628144
传真电话　0538-8628114
校园(局域)网域名　www.mtotc.com.cn
电子信箱　jihuacaiwuchu@sohu.com
占地面积(平方米)　654669
校舍建筑面积(平方米)　230716
图书(万册)　42.67
固定资产总值(万元)　36097
教学、科研仪器设备资产值(万元)

在校生数(人)　5973
其中：普通专科　5973
专任教师(人)　376
其中：正高级　13
副高级　111
中级　151
初级　73
未定职级　28

4095

专科专业　畜牧兽医、电气自动化技术、电子商务、服装设计、工程造价、焊接技术及自动化、会计电算化、机电一体化技术、计算机多媒体技术、计算机辅助设计与制造、计算机网络技术、计算机应用技术、建筑工程技术、金融与证券、楼宇智能化工程技术、旅游管理、汽车电子技术、软件开发与项目管理、商务英语、食品加工技术、数控技术、物流管理、应用电子技术、园林技术、园艺技术、装饰艺术设计、资产评估与管理

学校设立奖学金情况
学校设立奖学金 4 项，奖励总金额 7 余万元。奖学金最高金额 300 元/年，最低金额 50 元/年。

学校历史沿革
2002 年原泰安农业学校与泰安市机械电子工程学校合并成立泰山职业技术学院，2004 年 7 月通过山东省备案。2004 年 12 月原泰安贸易学校并入泰山职业技术学院。泰山职业技术学院共设 8 个系 33 个专业。

山东外事翻译职业学院

学校(机构)标识码 4137013874	传真电话 0631-6771788	在校生数(人) 7761
学校办学类型 415:专科院校:高等职业学校	校园(局域)网域名 www.wsfy.cn	其中:普通专科 7484
	电子信箱 wsfywh@163.com	成人专科 277
学校性质类别 01 综合大学	占地面积(平方米) 431265	专任教师(人) 438
学校举办者 999 民办	校舍建筑面积(平方米) 244074	其中:正高级 90
学校地址 山东省乳山市银滩旅游度假区长江路东首	图书(万册) 75.78	副高级 48
	固定资产总值(万元) 36000	中级 128
邮政编码 264504	教学、科研仪器设备资产值(万元) 2586.18	初级 150
办公电话 0631-6771788		未定职级 22

专科专业 报关与国际货运、电子商务、动漫设计与制作、法律事务、房地产经营与估价、港口与航运管理、高尔夫球场服务与管理、国际贸易实务、会计电算化、会展策划与管理、计算机信息管理、计算机应用技术、景区开发与管理、旅游管理、旅游日语、旅游英语、软件外包服务、商务日语、商务英语、涉外事务管理、投资与理财、文秘、物流管理、营销与策划、应用阿拉伯语、应用德语、应用俄语、应用法语、应用韩语、应用葡萄牙语、应用西班牙语、应用意大利语

院系设置
学院现设有5个二级学院和一个教学部,分别是外国语学院、国际商学院、经管学院、旅游学院、继续教育学院和基础教学部

定期公开出版的专业刊物 《华夏职教研究》

学校设立奖学金情况
学院共设立奖学金5项,每年奖励总金额300多万元,奖学金最高额为8000元/年,最低金额300元/年。

学校历史沿革
我院于1999年创建,办学之初以社会助学为主。2003年省政府批准筹建山东外事翻译职业学院,2007年7月,省政府正式批准建立山东外事翻译职业学院。

山东药品食品职业学院

学校(机构)标识码 4137013966	传真电话 0631-5712998	在校生数(人) 5830
学校办学类型 415:专科院校:高等职业学校	校园(局域)网域名 www.sddfvc.com	其中:普通专科 5830
	电子信箱 yaopinxueyuan@sina.com	专任教师(人) 316
学校性质类别 05 医药院校	占地面积(平方米) 605205	其中:正高级 5
学校举办者 812 省级其他部门	校舍建筑面积(平方米) 120042	副高级 73
学校地址 山东省威海市环翠区初村镇北山村	图书(万册) 33.36	中级 89
	固定资产总值(万元) 12239	初级 134
邮政编码 264210	教学、科研仪器设备资产值(万元) 3255.6	未定职级 15
办公电话 0631-5712996		

专科专业 化工设备维修技术、化学制药技术、生物制药技术、食品加工技术、食品生物技术、食品营养与检测、食品贮运与营销、药剂设备制造与维护、药品经营与管理、药物分析技术、药物制剂技术、药学、医用电子仪器与维护、中药、中药制药技术

学校设立奖学金情况
学校设立奖学金5项。奖励金额278.13万元,奖学金最高金额8000元/年,最低金额200元/年。

学校历史沿革
1958年建校,为山东新华医疗器械厂技工学校,1981年更名为山东省医疗器械技工学校,1984年更名为山东省医药工业学校,1999年更名为山东省医药学校,2005年升格为山东药品食品职业学院。

青岛工学院

学校(机构)标识码 4137013995	学校办学类型 412:本科院校:学院	学校性质类别 01 综合大学

学校举办者 999 民办	电子信箱 qdgxy5555@163.com	其中：普通本科 8607
学校地址 山东青岛胶州市福州南路236号	占地面积（平方米） 553460	普通专科 609
邮政编码 266300	校舍建筑面积（平方米） 281003	专任教师（人） 492
办公电话 0532-82285555	图书（万册） 74	其中：正高级 83
传真电话 0532-82285221	固定资产总值（万元） 34939.45	副高级 82
校园（局域）网域名 www.oucqdc.edu.cn	教学、科研仪器设备资产值（万元） 6354.79	中级 42
	在校生数（人） 9216	初级 189
		未定职级 96

本科专业 朝鲜语、电子商务、电子信息工程、工程管理、工商管理、工业设计、国际商务、机械设计制造及其自动化、计算机科学与技术、日语、软件工程、食品科学与工程、食品营养与检验教育、市场营销、枢机设计制造及其自动化、数字媒体技术、通信工程、土木工程、物流管理、项目管理、英语、自动化

专科专业 动漫设计与制作、国际商务、会计电算化、计算机应用技术、网络系统管理、物流管理、应用韩语、应用英语、证券投资与管理

院系设置
信息与机电工程学院、外语学院、土木工程系、食品工程系、商务系、管理系、基础教学中心

学校设立奖学金情况
学校设立奖学金6项，奖励总金额175.05余万元。奖学金最高金额1500元/年，最低金额500元/年。

学校历史沿革
2005年6月2日至2011年4月6日，国家教育部批准成立中国海洋大学青岛学院，学院是由中国海洋大学申办、青岛伊力特德泰科教投资管理有限公司投资合作举办的独立学院。
2011年4月7日至今，国家教育部批准原中国海洋大学青岛学院转设为独立设置的民办普通本科高校，更名为青岛工学院，仍由青岛伊力特德泰科教投资管理有限公司投资。

青岛农业大学海都学院

学校（机构）标识码 4137013997	传真电话 0535-2922076	其中：普通本科 8018
学校办学类型 413：本科院校：独立学院	校园（局域）网域名 www.qau.edu.cn	普通专科 1182
学校性质类别 01 综合大学	电子信箱 haidu@qau.edu.cn	专任教师（人） 503
学校举办者 999 民办	图书（万册） 92.08	其中：正高级 72
学校地址 山东省莱阳市文化路65号	固定资产总值（万元） 3915.05	副高级 106
邮政编码 265200	教学、科研仪器设备资产值（万元） 3852.5	中级 148
办公电话 0535-2922076	在校生数（人） 9200	初级 134
		未定职级 43

本科专业 材料化学、财务管理、朝鲜语、电气工程及其自动化、电子信息工程、电子信息科学与、动物科学、动物医学、公共事业管理、广告学、国际经济与贸易、机械设计制造及其自动化、计算机科学与技术、建筑环境与设备工程、生物工程、生物技术、食品科学与工程、食品质量与安全、土木工程、物流管理、艺术设计、英语、应用化学、园林、园艺

专科专业 财务管理、畜牧兽医、动物防疫与检疫、公共关系、广告设计与制作、国际经济与贸易、环境艺术设计、商务英语、食品营养与检测

院系设置
工程系、食品系、生物科技系、人文艺术系、经济与管理系

学校设立奖学金情况
1. 国家奖学金：13人/年，8000元/人
2. 省政府奖学金：5人/年，6000元/人
3. 国家励志奖学金：198人/年，5000元/人
4. 国家助学金：924人/年，2000元/人
5. 优秀班集体奖学金：34个/年，400元/班
6. 三好学生奖学金：1146人/年，300元/人
7. 优秀学生干部奖学金：216人/年，300元/人
8. 优秀学生一等奖学金：304人/年，1000元/人
9. 优秀学生二等奖学金：733人/年，400元/人
10. 优秀学生三等奖学金：1136人/年，200元/人
11. 单项奖学金：196人/年，200元/人
12. 自强奖学金：20人/年，1000元/人
13. 安邦保险奖学金：10人/年，1000元/人
14. 电信奖学金：30人/年，1000元/人
15. 联通奖学金：10人/年，1000元/人
学校设立奖学金十五项，奖励总金额432.78万元。奖学金最高金额8000元/年，最低金额200元/年。

毕业生一次就业率 93.6%

学校历史沿革
2005年6月经教育部批准由莱阳农学院举办莱阳农学院海都学院。2007年4月经教育部批准莱阳农学院海都学院更名为青岛农业大学海都学院。

曲阜师范大学杏坛学院

学校(机构)标识码 4137013998	校园(局域)网域名 www.xtxy.cn	其中:普通本科 6117
学校办学类型 413:本科院校:独立学院	电子信箱 qfnuxtxy@126.com	普通专科 102
	占地面积(平方米) 147641	专任教师(人) 355
学校性质类别 01 综合大学	图书(万册) 62.8	其中:正高级 35
学校举办者 999 民办	固定资产总值(万元) 25797.4	副高级 92
学校地址 曲阜市有朋路 105 号	教学、科研仪器设备资产值(万元) 3213	中级 134
邮政编码 273100		初级 54
办公电话 0537-4435010	在校生数(人) 6219	未定职级 40
传真电话 0537-4435001		

本科专业 包装工程、朝鲜语、电子信息工程、对外汉语、汉语言文学、化学工程与工艺、环境科学、计算机科学与技术、旅游管理、贸易经济、日语、生物工程、书法学、数学与应用数学、通信工程、新闻学、信息与计算科学、艺术设计、艺术设计(包装)、艺术设计(电脑)、艺术设计(装潢)、印刷工程、英语、应用化学、政治学与行政学、自动化

专科专业 应用韩语、应用日语

院系设置
现设有三院一部:人文学院、理工学院、外国语学院、基础教研部。

学校设立奖学金情况
学校设立奖学金 12 项,奖励总金额 22 余万元。奖学金最高金额 4000 元/年,最低金额 50 元/年。

山东财政学院东方学院

学校(机构)标识码 4137013999	传真电话 0538-8369503	其中:普通本科 5018
学校办学类型 413:本科院校:独立学院	校园(局域)网域名 www.sdor.cn	普通专科 948
	电子信箱 caizhengdongfang@163.com	专任教师(人) 332
学校性质类别 08 财经院校	图书(万册) 30.4	其中:正高级 39
学校举办者 999 民办	固定资产总值(万元) 18700	副高级 65
学校地址 山东省泰安市高新区文化区	教学、科研仪器设备资产值(万元) 2072.87	中级 105
邮政编码 271000		初级 95
办公电话 0538-8369503	在校生数(人) 5966	未定职级 28

本科专业 财务管理、财政学、电子商务、工商管理、国际经济与贸易、会计学、金融学、劳动与社会保障、人力资源管理、日语、审计学、市场营销、物流管理、新闻学、信息管理与信息系统、艺术设计、英语

专科专业 会计、金融管理与实务

院系设置
财政金融系、会计学系、国际商务系、工商管理系、信息管理系、人文艺术系、基础教学部、素质拓展中心

学校设立奖学金情况
学校设立奖学金 2 项,其中入学奖学金 1 项,奖励总金额 1.2 万元,最高金额 3000 元/年,最低金额 1000 元/年;校级奖学金 1 项,奖励总金额 35 余万元。奖学金最高金额 500 元/年,最低金额 200 元/年。

学校历史沿革
2005 年 6 月,教育部批准建立山东财政学院东方学院。

济南大学泉城学院

学校(机构)标识码 4137014002	院	学校举办者 999 民办
学校办学类型 413:本科院校:独立学	学校性质类别 01 综合大学	学校地址 山东省济南市舜耕路 13 号

邮政编码　250002	校舍建筑面积(平方米)　100268	其中:正高级　22
办公电话　0531-89736894	图书(万册)　4	副高级　94
传真电话　0531-82767767	固定资产总值(万元)　28554.14	中级　198
校园(局域)网域名　www.ujn.edu.cn	在校生数(人)　5178	初级　5
电子信箱　sae_xiey@ujn.edu.cn	其中:普通本科　5178	未定职级　18
占地面积(平方米)　217553	专任教师(人)　337	

本科专业　朝鲜语、城市规划、电气工程及其自动化、对外汉语、公共事业管理、广告学、国际经济与贸易、汉语言文学、机械设计制造及其自动化、经济学、生物技术、市场营销、土木工程、网络工程、信息与计算科学、英语、应用心理学

学校设立奖学金情况
学校设立奖学金1项,奖励总金额69余万元。奖学金最高金额1000元/年,最低金额500元/年。

山东商务职业学院

学校(机构)标识码　4137014078	传真电话　0535-6925000	在校生数(人)　10147
学校办学类型　415:专科院校:高等职业学校	校园(局域)网域名　www.sdbi.com.cn	其中:普通专科　10147
	占地面积(平方米)　931380	专任教师(人)　460
学校性质类别　01 综合大学	校舍建筑面积(平方米)　320590	其中:正高级　12
学校举办者　812 省级其他部门	图书(万册)　88	副高级　78
学校地址　山东省烟台市莱山区金海路1001号	固定资产总值(万元)　45448	中级　157
	教学、科研仪器设备资产值(万元)　5010	初级　139
邮政编码　264670		未定职级　74
办公电话　0535-6925000		

专科专业　电子商务、动漫设计与制作、港口业务管理、广告设计与制作、国际经济与贸易、国际商务、会计、会计电算化、机电一体化技术、机械制造与自动化、计算机网络技术、计算机应用技术、连锁经营管理、粮食工程、粮油储藏与检测技术、旅游管理、软件开发与项目管理、商务经纪与代理、商务日语、审计实务、食品生物技术、食品营养与检测、数控技术、投资与理财、物流管理、应用韩语、应用英语、装潢艺术设计

院系设置
学院设立会计系、经济管理系、信息工程与艺术设计系、食品工程系、机械工程系、建筑工程系等7个系,及一个基础教学部。

学校设立奖学金情况
学院设立奖学金11项,奖励总额600多万元,奖金最高金额8000元/年,最低金额150元/年。

学校历史沿革
山东商务职业学院始建于1975年,原名山东省烟台粮食学校。2003年1月,更名为山东省商务科技学校。2006年2月经省政府批准,教育部备案,在山东省商务科技学校的基础上,正式建立山东商务职业学院。

山东丝绸纺织职业学院

学校(机构)标识码　4137014079	校园(局域)网域名　www.silkedu.com	其中:普通专科　4327
学校办学类型　415:专科院校:高等职业学校	电子信箱　ssdzedu@sina.com	成人专科　120
	占地面积(平方米)　335776	专任教师(人)　263
学校性质类别　02 理工院校	校舍建筑面积(平方米)　137364	其中:正高级　3
学校举办者　821 地级教育部门	图书(万册)　35.8	副高级　61
学校地址　山东丝绸纺织职业学院	固定资产总值(万元)　14451	中级　92
邮政编码　255300	教学、科研仪器设备资产值(万元)　2420.63	初级　90
办公电话　0533-6811918		未定职级　17
传真电话　0533-6811918	在校生数(人)　4447	

专科专业 电气自动化技术、电子信息工程技术、动漫设计与制作、纺织品检验与贸易、纺织品设计、纺织品装饰艺术设计、服装设计、服装营销与管理、服装制版与工艺、国际商务、机电设备维修与管理、计算机辅助设计与制造、计算机应用技术、染整技术、通信技术、物流管理、物业管理、现代纺织技术、鞋类设计与工艺、新型纺织机电技术、艺术设计、应用化工技术、针织技术与针织服装

院系设置

学院共设立七个系：纺织工程系、机电工程系、服装工程系、信息工程系、艺术设计系、工商管理系

学校设立奖学金情况

学校设立奖学金 4 项，奖励总金额 15.31 余万元。奖学金最高金额 1000 元/年，最低金额 200 元/年。

主要校办产业

淄博瀚康工贸有限公司

学校历史沿革

山东丝绸纺织职业学院是国办全日制普通高等职业学院。其前身是山东省丝绸工业学校，始建于 1960 年，1980 年恢复重建，学院先后隶属于省纺织厅、省丝绸总公司，2001 年划归淄博市政府管理。山东丝绸是 2006 年 3 月 2 日经省政府审批、6 月 4 日教育部备案的国办全日制普通高等职业学院。

山东城市建设职业学院

学校(机构)标识码　4137014080
学校办学类型　415：专科院校：高等职业学校
学校性质类别　02 理工院校
学校举办者　812 省级其他部门
学校地址　山东省济南市旅游路 4657 号
邮政编码　250103
办公电话　0531-89709999
传真电话　0531-89709766
校园(局域)网域名　www.sdcjxy.com
电子信箱　bgs2999@163.com
占地面积(平方米)　775337
校舍建筑面积(平方米)　269101
图书(万册)　57.81
固定资产总值(万元)　46527.12
教学、科研仪器设备资产值(万元)　4356.45
在校生数(人)　8682
　其中：普通专科　8596
　　　　成人专科　86
专任教师(人)　379
　其中：正高级　8
　　　　副高级　102
　　　　中级　118
　　　　初级　151

专科专业 城市管理与监察、城市燃气工程技术、城镇规划、房地产经营与估价、给排水工程技术、工程测量技术、工程监理、工程造价、供热通风与空调工程技术、环境艺术设计、建筑电气工程技术、建筑动画设计与制作、建筑钢结构工程技术、建筑工程管理、建筑工程技术、建筑经济管理、建筑设计技术、建筑新能源工程技术、建筑装饰工程技术、楼宇智能化工程技术、市政工程技术、物业管理、园林工程技术、中国古建筑工程技术

院系设置

建筑工程系、建筑与城市规划系、市政与环境工程系、工程管理系、基础教学部、成人教育培训部

定期公开出版的专业刊物　《城建学报》(内部准印)

学校设立奖学金情况

学校设立奖学金 八 项，奖励总金额 231.57 余万元。奖学金最高金额 8000 元/年，最低金额 15.7 元/年。

主要校办产业

山东省城镇规划设计院、学校印刷厂

学校历史沿革

学校前身为山东省城市建设学校，1980 年建校，是一所全日制普通中专。1980 至 1996 年，招收高中毕业生，学制 2 年。1986 年至 1999 年，招收初中毕业生，学制 4 年。2000 年至 2005 年，中专学制改为 3 年。2001 年增加三二连读大专专业。2004 年经山东省人民政府批准，在山东省城市建设学校基础上筹建山东城市建设职业学院。2006 年 4 月 8 日，山东省人民政府批准(鲁政字【2006】98 号)行文批准，国家教育部备案，同意正式建立山东城市建设职业学院，同时撤销山东省城市建设学校的建制。自 2006 年开始参加山东省高考专科二批招生。

烟台汽车工程职业学院

学校(机构)标识码　4137014081
学校办学类型　415：专科院校：高等职业学校
学校性质类别　02 理工院校
学校举办者　821 地级教育部门
学校地址　烟台市福山区聚贤路 1 号
邮政编码　265507
办公电话　0535-6339000
传真电话　0535-6476978
校园(局域)网域名　www.ytqcvc.cn
电子信箱　ytqcxy@163.com
占地面积(平方米)　667000
校舍建筑面积(平方米)　261018
图书(万册)　48.8
固定资产总值(万元)　71000
教学、科研仪器设备资产值(万元)　3250
在校生数(人)　4487

其中：普通专科 4359　　　　其中：副高级 68　　　　　　初级 81
　　　成人专科 128　　　　　　　中级 71　　　　　　　　未定职级 93
专任教师（人） 313

专科专业　报关与国际货运、电气自动化技术、电子信息工程技术、机械制造与自动化、计算机辅助设计与制造、计算机控制技术、计算机网络技术、模具设计与制造、汽车电子技术、汽车定损与评估、汽车技术服务与营销、汽车检测与维修技术、汽车整形技术、汽车制造与装配技术、生产过程自动化技术、数控技术、通信技术、应用韩语

院系设置
汽车工程系、电子工程系、机电工程系、信息与控制工程系、经济管理系

学校设立奖学金情况
学校设立奖学金 2 项，奖励总金额 10 余万元。奖学金最高金额 1500 元/年，最低金额 400 元/年。

学校历史沿革
1985－1989 年，烟台第五职业中学；1989－1996 年，福山职业中专；1996－2006 年，烟台汽车工业学校；2006－至今，烟台汽车工程职业学院。

山东司法警官职业学院

学校（机构）标识码　4137014082
学校办学类型　415：专科院校：高等职业学校
学校性质类别　09 政法院校
学校举办者　812 省级其他部门
学校地址　济南市二环东路 6997 号
邮政编码　250014
办公电话　0531－58755709
传真电话　0531－88936916
校园（局域）网域名　www.sdsfjy.com
电子信箱　sfjybgs@163.com
占地面积（平方米）　366669
校舍建筑面积（平方米）　76970
图书（万册）　26.98
固定资产总值（万元）　4922
教学、科研仪器设备资产值（万元）　1064
在校生数（人）　3508
其中：普通专科　3508
专任教师（人）　134
其中：正高级　2
　　　副高级　31
　　　中级　43
　　　初级　56
　　　未定职级　2

专科专业　法律事务、法律事务（房地产法务）、法律事务（公司法务）、法律事务（基层法律服务）、法律事务（基层司法行政服务）、法律事务（信用管理）、法律文秘、法律文秘（速录）、计算机系统维护、监狱管理、劳教管理、劳教管理（戒毒）、社区管理与服务、社区矫正、司法警务、司法信息技术、司法助理、刑事执行（社区矫正）

院系设置
学院下设五室三系两部：办公室、政治部、教务处、学生工作处、总务处、法律实务系、警务与安保系、公共管理与技能系、基础课教学部、继续教育部

学校设立奖学金情况
学校设立奖学金 3 项，奖励总金额 11 余万元。奖学金最高金额 800 元/年，最低金额 300 元/年。

学校历史沿革
1982 年 12 月 29 日，经山东省政府批准成立建校。2006 年 4 月 26 日，经山东省政府同意学校升格为山东司法警官职业学院。

山东政法学院

学校（机构）标识码　4137014100
学校办学类型　412：本科院校：学院
学校性质类别　09 政法院校
学校举办者　811 省级教育部门
学校地址　山东省济南市历下区姚家街道办事处姚家村委会
邮政编码　250014
办公电话　0531－88599797
传真电话　0531－88599980
校园（局域）网域名　www.sdupsl.edu.cn
电子信箱　sunlj116@sina.com
占地面积（平方米）　569118
校舍建筑面积（平方米）　240392
图书（万册）　93
固定资产总值（万元）　42328.07
教学、科研仪器设备资产值（万元）　4095.78
在校生数（人）　11627
其中：普通本科　8127
　　　普通专科　3090
　　　成人本科　322
　　　成人专科　75
　　　留学生　13
专任教师（人）　511
其中：正高级　46
　　　副高级　128
　　　中级　288
　　　初级　49

本科专业 编辑出版学、财务管理、法学、国际经济与贸易、行政管理、监狱学、经济学、日语、新闻学、信息工程、信息管理与信息系统、英语

专科专业 法律事务、法律事务(对外经济贸易)、法律事务(经济)、法律文秘、国际商务、行政管理、计算机信息管理、新闻采编与制作、应用英语(法律)

院系设置
1. 七个二级学院:法学院、刑事司法学院、民商法学院、经济贸易法学院、警官学院、商学院、继续教育学院
2. 三个系:信息科学技术系、外语系、新闻传播系
3. 两个部:马列主义教学部、体育教学

国家级、省部级研究机构设置
1. 实验室:证据鉴识实验室
2. 研究中心:山东省思想政治工作研究基地、山东省社会稳定研究中心、民商法律与民生研究中心

定期公开出版的专业刊物 《政法论丛》

学校设立奖学金情况
学校设立奖学金2项,奖励总金额34.18元。奖学金最高金额1500元/年,最低金额200元/年。

主要校办产业
餐饮、书店

学校历史沿革
山东政法学院是由山东省人民政府领导、省教育厅主管的一所全日制普通高等学校。学院位于山东省济南市。1955年7月,经山东省人民委员会批准成立山东省政法干部学校。1959年2月,经中共山东省委批准成立山东政法学院。1961年8月,中共山东省委决定撤销山东政法学院。1979年12月,中共山东省委决定恢复重建山东省政法干部学校。1983年10月更名为山东省司法管理干部学院。1987年10月更名为山东省政法管理干部学院。2007年3月经教育部批准,在山东省政法管理干部学院基础上建立山东政法学院。

菏泽家政职业学院

学校(机构)标识码	4137014118
学校办学类型	415:专科院校:高等职业学校
学校性质类别	01 综合大学
学校举办者	821 地级教育部门
学校地址	山东省菏泽市单县南关居委会
邮政编码	274300
办公电话	0530-4682009
传真电话	0530-4682009
校园(局域)网域名	www.hzjzxy.com
电子信箱	hzjzxybgs@126.com
占地面积(平方米)	496248
校舍建筑面积(平方米)	103983
图书(万册)	21
固定资产总值(万元)	12076.33
教学、科研仪器设备资产值(万元)	2259.4
在校生数(人)	3147
其中:普通专科	3147
专任教师(人)	212
其中:正高级	10
副高级	61
中级	15
初级	126

专科专业 广告设计与制作、护理、家政服务、家政管理、酒店管理、康复治疗技术、口腔医学技术、老年服务与管理、汽车运用技术、社区康复、生物制药技术、药学、医学检验技术、助产、装潢艺术设计

院系设置
目前学院设家政管理系、护理系、医学康复系、成人教育部、基础教学部、中专部

国家级、省部级研究机构设置
研究中心(所):家政研究中心

学校设立奖学金情况
学校设立奖学金4项,奖励总金额57.7余万元。奖学金最高金额8000元/年,最低金额120元/年。

学校历史沿革
菏泽家政职业学院的前身为菏泽市家政师培训中心,创建于2001年。2007年经山东省人民政府批准,教育部备案,建立菏泽家政职业学院。建院初期,开设护理、助产、社区康复、家政服务、老年服务与管理、口腔工艺技术、康复治疗技术、酒店管理、广告设计与制作、汽车运用技术;2008年增设空中乘务、装潢艺术设计、医学检验技术;2009年增设药学、生物制药技术;2010年增设家政管理专业

山东传媒职业学院

学校(机构)标识码	4137014193
学校办学类型	415:专科院校:高等职业学校
学校性质类别	01 综合大学
学校举办者	812 省级其他部门
学校地址	山东省济南市经市东路8678号
邮政编码	250200
办公电话	0531-61326666
传真电话	0531-61326612
校园(局域)网域名	www.sdcmc.net
电子信箱	sdcmc2008@163.com

占地面积（平方米） 235442		其中：正高级 5
校舍建筑面积（平方米）151609	在校生数（人） 2431	副高级 40
图书（万册） 21	其中：普通专科 2431	中级 83
固定资产总值（万元） 16957.5	专任教师（人） 231	初级 103
教学、科研仪器设备资产值（万元） 3511.5		

专科专业 编导、电视节目制作、电子声像技术、广播电视技术、广播电视网络技术、广播影视类、计算机多媒体技术、人物形象设计、摄影摄像技术、视觉传达艺术设计、文化事业管理、新闻采编与制作、移动通信技术、影视动画、影视多媒体技术、影视广告、有线电视工程技术、主持与播音

院系设置
播音主持系、影视艺术系、新闻传播系、信息工程系、动画系

国家级、省部级研究机构设置
实验室：电路、低频实验室，电视发射实验室，单片机实验室，高频、通信实验室，有电实验室，电视、数字视听实训室，有线电视实训室，计算机网络实训室，电视发送与卫星发送实训室，摄像机实训机房，苹果机房，非线性编辑机房，传统动画机房，无纸动画机房，综合机房等。

学校设立奖学金情况
学校设立奖学金3项，奖励总金额30余万元。奖学金最高金额1200元/年，最低金额600元/年。

学校历史沿革
1960年山东广播学校成立，1982年更名为山东省广播电视学校，2008年2月经山东省人民政府批准建立山东传媒职业学院。

临沂职业学院

学校（机构）标识码 4137014195	传真电话 0539-2872000	在校生数（人） 1745
学校办学类型 415：专科院校：高等职业学校	校园（局域）网域名 www.lyzyxy.com	其中：普通专科 1745
	电子信箱 lyzyxy@139.com	专任教师（人） 280
学校性质类别 01 综合大学	占地面积（平方米） 341972	其中：副高级 46
学校举办者 821 地级教育部门	校舍建筑面积（平方米） 121005	中级 86
学校地址 山东省临沂市罗庄区湖东路63号	图书（万册） 28	初级 121
	固定资产总值（万元） 17858.17	未定职级 27
邮政编码 276017	教学、科研仪器设备资产值（万元）	
办公电话 0539-2872000		

专科专业 电脑艺术设计、服装设计与加工、工程造价、广告设计与制作、国际商务、会计电算化、机械制造与自动化、计算机网络技术、计算机应用技术、建筑工程技术、建筑装饰工程技术、连锁经营管理、旅游管理、市场营销、数控技术、物流管理

院系设置
建筑工程系、工程系、经贸系、艺术传媒系、基础部、中专部

学校设立奖学金情况
学校设立奖学金3项，奖励总金额64.4余万元。奖学金最高金额5000元/年，最低金额500元/年。

1. 国家励志奖学金：44人/年，5000元/人
2. 国家助学金：207人/年，2000元/人
3. 特困生求职补贴：21人/年，500元/人

学校历史沿革
临沂职业学院是2008年3月经山东省人民政府批准，4月国家教育部备案的全日制高等专科院校。由原临沂广播电视大学、临沂商业学校、临沂市职业中等专业学校、临沂供销学校合并组建。

枣庄职业学院

学校（机构）标识码 4137014196	区）祁连山路中段	占地面积（平方米） 347000
学校办学类型 415：专科院校：高等职业学校	邮政编码 277800	校舍建筑面积（平方米） 133000
	办公电话 0632-8628191	图书（万册） 26.7
学校性质类别 01 综合大学	传真电话 0632-8698466	固定资产总值（万元） 36079
学校举办者 821 地级教育部门	校园（局域）网域名 www.sdzzvc.cn	教学、科研仪器设备资产值（万元） 3540
学校地址 山东省枣庄市高新区（薛城	电子信箱 gzjwc8696218@163.com	

在校生数(人) 2461	其中:正高级 3	初级 63
其中:普通专科 2461	副高级 57	未定职级 16
专任教师(人) 235	中级 96	

专科专业 畜牧兽医、动漫设计与制作、工业分析与检验、护理、会计与审计、机电一体化技术、机械制造与自动化、计算机应用技术、建筑电气工程技术、口腔医学、口腔医学技术、旅游管理、模具设计与制造、汽车技术服务与营销、汽车检测与维修技术、涉外旅游、数控技术、物流管理、应用化工技术

院系设置
现设有机制工程系、数控工程系、电气工程系、汽车工程系、计算机信息工程系、化工系、旅游管理系、工商管理系、医学系、农学系、基础教学部等11个教学系部

学校设立奖学金情况
学院设立奖学金4项,奖励总金额40余万元,最高金额8000元/年,最低金额2000元/年。

学校历史沿革
枣庄职业学院于2008年3月28日经山东省人民政府批准设立,4月8日国家教育部正式予以备案。学院系专科层次公办全日制普通高等学校,实行省市两级管理,以枣庄市为主的管理体制。

山东理工职业学院

学校(机构)标识码 4137014242	传真电话 0537-3617000	在校生数(人) 6513
学校办学类型 415:专科院校:高等职业学校	校园(局域)网域名 www.sdlgzy.com	其中:普通专科 6193
	电子信箱 sdlg3617778@163.com	成人专科 320
学校性质类别 01 综合大学	占地面积(平方米) 668300	专任教师(人) 374
学校举办者 821 地级教育部门	校舍建筑面积(平方米) 250258	其中:正高级 11
学校地址 山东省济宁北湖新区荷花路6号	图书(万册) 52.3	副高级 136
	固定资产总值(万元) 60103.42	中级 97
邮政编码 272067	教学、科研仪器设备资产值(万元)	初级 104
办公电话 0537-3617778	11512.27	未定职级 26

专科专业 报关与国际货运、财务管理、电气自动化技术、电子商务、国际贸易实务、会计电算化、会展策划与管理、机电一体化技术、机械制造与自动化、计算机网络技术、计算机应用技术、酒店管理、矿山机电、楼宇智能化工程技术、旅游管理、煤炭深加工与利用、汽车电子技术、汽车技术服务与营销、汽车检测与维修技术、软件技术、商务英语、市场营销、数控技术、投资与理财、物流管理、信息安全技术、应用电子技术、装潢艺术设计

院系设置
学院设有机电工程、光电工程、汽车工程、金融会计、工商管理、信息工程、建筑工程、文化旅游、化工新材料工程等9个教学院系,1个基础教学部,1个继续教育学院和1个国际交流学院

学校设立奖学金情况
学校设立奖学金1项,奖励总金额40余万元。奖学金最高金额600元/年,最低金额200元/年。

主要校办产业
实习工厂、汽车驾驶学校、昊明新能源公司、大运河文化公司、科英机电公司、济宁理工思源商务服务有限公司

学校历史沿革
滕县专区合作干部培训班(1951-1953年);济宁合作干校(1954-1964年);山东省济宁供销学校(1964-1993年);山东省济宁贸易学校(1994年至今)。山东省供销职工大学(1981-1993年;山东省贸易职工大学(1994-2009年)。2006年7月30日济宁市机构编制委员会(济编【2006】14号)文件《关于组建山东省贸易职工大学的批复》,将山东省贸易职工大学(济宁贸易学校)、山东省机电学校、济宁商业学校整合组建新的山东省贸易职工大学。2009年3月,经山东省人民政府鲁政字【2009】31号、教育部教发函【2009】84号文件批准,将山东省贸易职工大学改建为山东理工职业学院。

山东文化产业职业学院

| 学校(机构)标识码 4137014261 | 业学校 | 学校举办者 999 民办 |
| 学校办学类型 415:专科院校:高等职 | 学校性质类别 01 综合大学 | 学校地址 山东文化产业职业学院 |

邮政编码 265600	固定资产总值(万元) 1959.3	其中:正高级 10
办公电话 0535-5770088	教学、科研仪器设备资产值(万元)	副高级 23
传真电话 0535-5770088	1315.72	中级 20
校园(局域)网域名 www.sdcivc.com	在校生数(人) 1211	初级 11
电子信箱 sdcivc@163.com	其中:普通专科 1211	未定职级 27
图书(万册) 15	专任教师(人) 91	

专科专业 出版与发行、动漫设计与制作、广告设计与制作、环境艺术设计、酒店管理、旅游管理、文化事业管理、新闻采编与制作、印刷图文信息处理、营销与策划

院系设置

传媒学院、文化商学院、艺术设计学院、动漫学院、旅游管理学院

学校设立奖学金情况

学校设计奖学金 7 项,简历总金额 78 余万元。奖学金最高金额 8000 元/年,最低金额 300 元/年。

学校历史沿革

学院 2009 年 2 月 26 日成功获得山东省人民政府正式建校批准,2009 年 9 月 8 日学院各专业学生正式开课,新建传媒学院、艺术设计学院、旅游管理学院三个二级学院。

齐鲁师范学院

学校(机构)标识码 4137014276	电子信箱 qlsyyb@163.com	普通专科 5637
学校办学类型 412:本科院校:学院	占地面积(平方米) 849758	成人本科 3847
学校性质类别 06 师范院校	校舍建筑面积(平方米) 199060	成人专科 745
学校举办者 811 省级教育部门	图书(万册) 81.5	专任教师(人) 432
学校地址 山东省济南市历下区历山路 36 号	固定资产总值(万元) 27552.86	其中:正高级 48
邮政编码 250013	教学、科研仪器设备资产值(万元) 4320.78	副高级 96
办公电话 0531-86401273	在校生数(人) 12628	中级 188
传真电话 0531-86401269	其中:普通本科 2399	初级 46
校园(局域)网域名 www.qlnu.edu.cn		未定职级 54

本科专业 汉语言文学、化学、计算机科学与技术、美术学、生物科学、市场营销、数学与应用数学、思想政治教育、体育教育、物理学、小学教育、音乐学、英语

专科专业 电子信息工程技术、化学制药技术、环境监测与评价、会计电算化、会计与统计核算、计算机网络技术、计算机应用技术、旅游管理、美术教育、人力资源管理、商务英语、社会体育、生物技术及应用、食品营养与检测、市场营销、视觉传达艺术设计、体育服务与管理、文秘、新闻采编与制作、学前教育、音乐表演、音乐教育、应用电子技术、应用化工技术、装潢艺术设计

院系设置

公共基础教学部、政治系、教育系、中文系、外语系、经济与管理系、数学系、物理系、化学系、生物系、计算机系、音乐系、体育系、美术系

定期公开出版的专业刊物 《山东教育学院学报》、《齐鲁师范学院报》

学校设立奖学金情况

学校设立奖学金 3 项,奖励总金额 5.96 余万元。奖学金最高金额 280 元/年,最低金额 100 元/年。

毕业生一次就业率 91.96%

学校历史沿革

齐鲁师范学院坐落于泉城济南,为全日制普通本科高校,其前身为山东省教育学院。1948 年 9 月,为适应解放区迅速扩大的需要,中共中央华东局、山东省教育厅决定在益都(今山东青州)创办华东大学教育学院,随后定名为"山东教育学院",1949 年迁至济南,是我党创为最早的省级教育学院。学院先后易名:"山东教育行政学校"(1948-1949)、"山东省中等学校教员训练班"(1950-1953)、"山东省中学教师进修学校"(1953-1956)、"山东速成师范专科学校"(01956-1958)、"山东省教育干部学校"(1958-1960)、"山东省教师进修学校"(1961-1966)、"山东省教育干部学校"(1966-1969),1970 年(文革期间)停办,1978 年 6 月经山东省人民政府批准、教育部备案复办。2010 年 4 月经国家教育部和山东省人民政府批准,改建为全日制普通本科高校。

山东青年政治学院

学校(机构)标识码　4137014277
学校办学类型　412:本科院校:学院
学校性质类别　01 综合大学
学校举办者　811 省级教育部门
学校地址　山东省济南市经十东路31699号
邮政编码　250103
办公电话　0531 - 58997000
传真电话　0531 - 58997313
校园(局域)网域名　www.sdyu.edu.cn
电子信箱　bgs@ sdyu.edu.cn
占地面积(平方米)　693306
校舍建筑面积(平方米)　275364
图书(万册)　109.33
固定资产总值(万元)　71772
教学、科研仪器设备资产值(万元)　5013.8
在校生数(人)　9846
其中:普通本科　1525
普通专科　7599
成人本科　331
成人专科　391
专任教师(人)　533
其中:正高级　51
副高级　151
中级　219
初级　81
未定职级　31

本科专业　播音与主持艺术、财务管理、广播电视新闻学、国际经济与贸易、人力资源管理、社会工作、市场营销、舞蹈编导、西班牙语、信息管理与信息系统

专科专业　报关与国际货运、法律事务、服装设计、国际经济与贸易、国际商务(国际物流方向)、国际商务(中英合作)、会计、计算机信息管理、计算机应用技术、金融保险、旅游管理、青少年工作与管理、商务日语、商务英语、社会工作、市场营销、文秘、舞蹈表演、物业管理、新闻采编与制作、艺术设计、艺术设计(多媒体设计方向)、艺术设计(形象设计方向)、应用阿拉伯语、应用德语、应用法语、应用韩语、应用西班牙语、应用艺术设计、主持与播音

院系设置
政治与社会发展学院、青少年工作学院、公共管理学院、工商管理学院、信息工程学院、经济学院、文化传播学院、国际商学院、外国语学院、旅游学院、舞蹈学院、设计艺术学院、体育部

国家级、省部级研究机构设置
山东省青少年研究所、信息安全与智能控制实验室

学校历史沿革
山东青年政治学院前身系山东省青年管理干部学院和山东省团校,省团校创建于 1949 年,迄今已有 60 多年的办学历史。1987 年经国家教委、山东省人民政府批准建立山东省青年管理干部学院,是一所正厅级建制的全日制成人高等院校。1998 年,经山东省人民政府批准并报国家教委备案,开始进行普通高等专科(高职)教育。2010 年 3 月 18 日教育部同意在山东省青年管理学院的基础上建立山东青年政治学院,2010 年 5 月 19 日山东省人民政府批准将山东省青年管理干部学院改建为山东青年政治学院。

青岛远洋船员职业学院

学校(机构)标识码　4137014320
学校办学类型　415:专科院校:高等职业学校
学校性质类别　02 理工院校
学校举办者　891 地方企业
学校地址　山东省青岛市市南区江西路84号
邮政编码　266071
办公电话　0532 - 85752188
传真电话　0532 - 85752555
校园(局域)网域名　www.coscoqmc.com.cn
电子信箱　yuanban@ coscoqmc.com.cn
占地面积(平方米)　452251
校舍建筑面积(平方米)　108845
图书(万册)　25.5
固定资产总值(万元)　16029.63
教学、科研仪器设备资产值(万元)　5701.24
在校生数(人)　5435
其中:普通专科　4352
成人本科　107
成人专科　976
专任教师(人)　261
其中:正高级　17
副高级　83
中级　128
初级　32
未定职级　1

专科专业　安全技术管理、船舶电子电气技术、船舶工程技术、港口业务管理、国际航运业务管理、航海技术、会计、轮机工程技术、物流管理

院系设置
院系共设为航海系、机电系、船舶与海洋工程系、管理系、外语部

国家级、省部级研究机构设置

有一所研究中心：中远（集团）总公司技术中心青岛船院分中心

定期公开出版的专业刊物　《青岛远洋船员学院学报》

学校设立奖学金情况

学院设立奖学金8项，奖励总金额为168.17万元。奖学金最高为10000元/年，最低为100元/年。另，学院还设有3项助学金，总金额为44.9万元，最高为4000元/年，最低为1000元/年。

主要校办产业

育远劳务公司

北京电影学院现代创意媒体学院

学校(机构)标识码	4137014327
学校办学类型	413：本科院校：独立学院
学校性质类别	11 艺术院校
学校举办者	999 民办
学校地址	山东省青岛经济技术开发区金沙滩路689号
邮政编码	266520
办公电话	0532-86703256
传真电话	0532-86703766
校园(局域)网域名	www.bfamcmc.edu.cn
电子信箱	bfamcmc@163.com
占地面积(平方米)	339622
校舍建筑面积(平方米)	88464
图书(万册)	6.38
固定资产总值(万元)	13516
教学、科研仪器设备资产值(万元)	13118
在校生数(人)	270
其中：普通本科	270
专任教师(人)	43
其中：正高级	14
副高级	8
中级	8
初级	1
未定职级	12

本科专业　表演、导演、动画、公共事业管理、录音艺术、摄影、戏剧影视美术设计、戏剧影视文学

院系设置

文学系、导演系、表演系、摄影艺术与技术系、视觉艺术系、录音艺术与技术系、动漫艺术系、传媒管理系

主要校办产业

凤凰岛影视动漫创意城项目

学校历史沿革

2004年12月28日，北京电影学院青岛创意媒体学院在青岛开发区凤凰岛旅游度假区金沙滩举行了奠基庆典。2010年10月19日，教育部以教发函〔2010〕176号文批复同意设立北京电影学院青岛创意媒体学院为本科独立学院，正式定名为"北京电影学院现代创意媒体学院"。

济南幼儿师范高等专科学校

学校(机构)标识码	4137014332
学校办学类型	414：专科院校：高等专科学校
学校性质类别	06 师范院校
学校举办者	821 地级教育部门
学校地址	济南市长清大学科技园丹桂路2011号
邮政编码	250307
办公电话	0531-87207750
传真电话	0531-87207730
校园(局域)网域名	www.jnsf.sd.cn www.sdjnys.com
占地面积(平方米)	469900
校舍建筑面积(平方米)	68056
图书(万册)	35.42
固定资产总值(万元)	9278.37
教学、科研仪器设备资产值(万元)	1200.85
在校生数(人)	281
其中：普通专科	281
专任教师(人)	255
其中：副高级	90
中级	105
初级	60

专科专业　学前教育、初等教育、音乐教育、美术教育

学校设立奖学金情况

学校设立奖学金15项，奖励总金额38余万元。奖学金最

高金额1200元/年,最低金额120元/年。
学校历史沿革
济南幼儿师范高等专科学校的前身为山东省济南幼儿师范学校和山东省济南师范学校。山东省幼儿师范学校创建于1952年,是山东省第一所独立设置的幼儿师范学校,也是新中国建校最早的五所幼师之一,山东省首批中国——联合国儿童基金会合作项目学校。山东省济南师范学校是齐鲁大地上最早出现的师范学府,始建于1902年10月。主要经历了山东大学堂、师范馆、山东全省师范学堂、山东省优级师范学堂、国立山东高等师范学校、山东省立第一师范学校、山东省立济南师范学校和山东省济南师范学校等历史阶段。2011年两所学校合并升格。

济南护理职业学院

学校(机构)标识码 4137014343	传真电话 0531-87192201	1460
学校办学类型 415:专科院校:高等职业学校	校园(局域)网域名 www.sdjnwx.com	在校生数(人) 831
	电子信箱 jnwxlihaiying@163.com	其中:普通专科 831
学校性质类别 05 医药院校	占地面积(平方米) 366818	专任教师(人) 193
学校举办者 822 地级其他部门	校舍建筑面积(平方米) 97633	其中:副高级 58
学校地址 山东省济南市历城区港西路3636号	图书(万册) 15.85	中级 69
	固定资产总值(万元) 12830.52	初级 59
邮政编码 250102	教学、科研仪器设备资产值(万元)	未定职级 7
办公电话 0531-62333101		

专科专业 护理、康复治疗技术、口腔医学技术、药学、中药、助产
毕业生一次就业率 95%以上
学校历史沿革
济南护理职业学院前身为山东省济南卫生学校,始建于1953年,2011年3月由山东省人民政府批准,教育部备案,升格为公办全日制普通高等学校。

泰山护理职业学院

学校(机构)标识码 4137014345	传真电话 0538-8082140	1840.8
学校办学类型 415:专科院校:高等职业学校	校园(局域)网域名 www.tshlzyxy.com	在校生数(人) 1966
	电子信箱 tshlzyxy@163.com	其中:普通专科 1966
学校性质类别 05 医药院校	占地面积(平方米) 352535	专任教师(人) 205
学校举办者 822 地级其他部门	校舍建筑面积(平方米) 99886	其中:副高级 58
学校地址 山东省泰安市迎胜东路8号	图书(万册) 20.4	中级 74
	固定资产总值(万元) 13809.66	初级 50
邮政编码 271000	教学、科研仪器设备资产值(万元)	未定职级 23
办公电话 0538-8082013		

专科专业 护理、康复治疗技术、助产
定期公开出版的专业刊物 《社区医学杂志》、《泰山卫生》
学校历史沿革
我校于2011年3月经山东省政府批准升格为泰山护理职业学院,建校基础为山东省泰安卫生学校,始建于1956年,曾先后更名为山东省泰安助产学校、济南医学专科学校、山东省泰安卫生学校。1980年并入泰山医学院,1984年恢复建校。1992年,泰安市医学科研情报所并入泰安卫校,并成立泰山卫生进修学院。2004年学校跨入国家级重点中职学校行列,并与澳大利亚合作成立"中澳现代护理学校"。2011年3月升格为泰山护理职业学院。

山东海事职业学院

学校(机构)标识码　4137014346
学校办学类型　415:专科院校:高等职业学校
学校性质类别　02 理工院校
学校举办者　999 民办
学校地址　山东省潍坊市潍城区西环路99号
邮政编码　261053
办公电话　0536－2928005
传真电话　0536－2928003
校园(局域)网域名　www.sdm.net.com
电子信箱　sdhsbgs@163.com
图书(万册)　12
固定资产总值(万元)　61
教学、科研仪器设备资产值(万元)　61
在校生数(人)　214
其中:普通专科　214
专任教师(人)　189
其中:正高级　36
　　　副高级　25
　　　中级　37
　　　初级　39
　　　未定职级　52

专科专业　船舶检验、港口与航运管理、航海技术、轮机工程技术
院系设置
航海技术系、机电与信息工程系、港航管理系、基础部
学校历史沿革
山东海事职业学院是山东省人民政府批准并经国家教育部备案由潍坊市人民政府整合优势海事教育资源组建的全日制普通高职(专科)院校。学院是 2011 年在山东华洋航海专修学院和潍坊海运专修学院两所民办学院的办学基础上升格为山东海事职业学院。

潍坊护理职业学院

学校(机构)标识码　4137014347
学校办学类型　415:专科院校:高等职业学校
学校性质类别　05 医药院校
学校举办者　822 地级其他部门
学校地址　山东省青州市文化产业园云门山南路南首
邮政编码　262500
办公电话　0536－3277666
传真电话　0536－3276861
校园(局域)网域名　www.sdydwx.com
电子信箱　webok@sdydwx.com
占地面积(平方米)　549385
校舍建筑面积(平方米)　104540
图书(万册)　42.3
固定资产总值(万元)　21276.1
教学、科研仪器设备资产值(万元)　2886.91
在校生数(人)　1451
其中:普通专科　1451
专任教师(人)　254
其中:正高级　2
　　　副高级　68
　　　中级　79
　　　初级　77
　　　未定职级　28

专科专业　护理、口腔医学、口腔医学技术、临床医学、药学、助产
院系设置
护理系、口腔医学技术系、康复治疗技术系、药学系、助产系
主要校办产业
潍坊牙科医院、潍坊口腔医院、潍坊常青园老年护理院、山东省益都卫生学校附属医院等
学校历史沿革
2011 年 3 月 11 日省政府批准山东省益都卫生学校与山东省潍坊卫生学校合并晋升为潍坊护理职业学院。

潍坊工程职业学院

学校(机构)标识码　4137014379
学校办学类型　415:专科院校:高等职业学校
学校性质类别　02 理工院校
学校举办者　821 地级教育部门
学校地址　山东省青州市云门山南路 8979 号
邮政编码　262500
办公电话　0536－3276525
传真电话　0536－3277087
校园(局域)网域名　www.wfec.cn
电子信箱　wfce2008@163.com

占地面积(平方米) 800704		4056	其中:正高级 22	
校舍建筑面积(平方米) 174301	在校生数(人) 8552		副高级 96	
图书(万册) 68.5	其中:普通专科 5971		中级 113	
固定资产总值(万元) 29017	成人专科 2581		初级 120	
教学、科研仪器设备资产值(万元)	专任教师(人) 366		未定职级 15	

专科专业 报关与国际货运、初等教育、电气自动化技术、电子商务、房地产经营与估价、工程机械运用与维护、焊接技术及自动化、会计电算化、机电一体化技术、计算机多媒体技术、计算机信息管理、计算机应用技术、建筑设计技术、建筑装饰工程技术、旅游管理、汽车检测与维修技术、商检技术、生化制药技术、生物技术及应用、食品营养与检测、市场营销、数控技术、特殊教育、网络营销、文秘、舞蹈表演、物流管理、学前教育、艺术设计、音乐表演、英语教育、应用韩语、应用化工技术、应用日语、应用英语

院系设置
学院现设有学前教育学院、山工机电工程学院、会计与统计学院、应用化学与生物工程学院、花卉学院、经济管理系、应用外语系、信息工程系、艺术设计系、人文系、汽车工程系、建筑工程系、基础教学部、思想政治理论课教学部14个教学院系。

定期公开出版的专业刊物 《潍坊教育学院学报》，刊号：CN37－1338/G4

学校设立奖学金情况
学校设立奖学金5项,奖励总金额53.85万元,奖学金最高金额5000元/年,最低金额300元/年。

学校历史沿革
潍坊工程职业学院前身为山东省益都师范1978年3月经山东省昌潍行署批准改建为昌潍教师进修学院1981年4月经省政府批准改名为山东省潍坊教师进修学院1983年5月经省政府批准改名为潍坊教育学院,并报教育部备案2010年3月经省政府批准改制为潍坊工程职业学院2011年5月报教育部备案。

华北水利水电学院

学校(机构)标识码 4141010078	占地面积(平方米) 1557042		成人本科 4024	
学校办学类型 412:本科院校:学院	校舍建筑面积(平方米) 807767		成人专科 2866	
学校性质类别 02 理工院校	图书(万册) 144.48		硕士研究生 1075	
学校举办者 811 省级教育部门	固定资产总值(万元) 114568.92		专任教师(人) 1248	
学校地址 河南省郑州市北环路36号	教学、科研仪器设备资产值(万元)		其中:正高级 172	
邮政编码 450011	14915.66		副高级 391	
办公电话 0371－65790037	在校生数(人) 28309		中级 556	
传真电话 0371－65729645	其中:普通本科 18762		初级 113	
校园(局域)网域名 www.ncwu.edu.cn	普通专科 1582		未定职级 16	
电子信箱 yb@ncwu.edu.cn				

本科专业 材料成型及控制工程、测绘工程、测控技术与仪器、城市规划、地理信息系统、地质工程、电气工程及其自动化、电子科学与技术、电子信息工程、电子信息科学与技术、对外汉语、俄语、法学、港口航道与海岸工程、给水排水工程、工程管理、工程力学、工业工程、国际经济与贸易、行政管理、核工程与核技术、环境工程、会计学、机械设计制造及其自动化、计算机科学与技术、建筑环境与设备工程、建筑节能技术与工程、建筑学、交通工程、交通运输、经济学、劳动与社会保障、农业水利工程、热能与动力工程、市场营销、数学与应用数学、水利水电工程、水文与水资源工程、通信工程、统计学、土木工程、无机非金属材料工程、物流管理、消防工程、信息管理与信息系统、信息与计算科学、艺术设计、英语、应用化学、再生资源科学与技术、资源环境与城乡规划管理、自动化

专科专业 工程监理、会计电算化、计算机多媒体技术、计算机信息管理、计算机应用技术、建筑工程技术、软件技术、水利工程、水利水电建筑工程、图形图像制作

硕士专业 车辆工程、地球探测与信息技术、地质工程、防灾减灾工程及防护工程、港口、海岸及近海工程、工程、工程力学、工商管理、管理科学与工程、环境工程、机械设计及理论、计算机应用技术、技术经济及管理、结构工程、矿产普查与勘探、流体机械及工程、马克思主义基本原理、模式识别与智能系统、农业水土工程、农业推广、桥梁与隧道工程、人口、资源与环境经济学、市政工程、水工结构工程、水力学及河流动力学、水利水电工程、水土保持与荒漠化防治、水文学及水资源、思想政治教育、岩土工程、应用数学

院系设置

20个直属学院。

国家级、省部级研究机构设置

水工结构实验室、工程结构与材料实验室、岩土力学与结构工程实验室

定期公开出版的专业刊物 《华北水利水电学院学报(自然版)》、《华北水利水电学院学报(社科版)》

学校设立奖学金情况

学校设立奖学金9项,奖励总金额1264.3余万元。奖学金最高金额8000元/年,最低金额600元/年。

主要校办产业

华北水利水电学院工程监理中心、河南华北水利水电勘测设计有限公司、河南北方水电实业总公司、河南华水机械施工基础处理公司、江河宾馆(华北水利水电学院培训中心)、河南科华工程咨询公司

学校历史沿革

华北水利水电学院创建于1951年,1990年迁至河南郑州市办学。2000年起,实行水利部与河南省共建,以河南省管理为主的管理体制,是一所普通本科(工科)高等学校。

郑州大学

学校(机构)标识码 4141010459	占地面积(平方米) 6184052	成人专科 6330
学校办学类型 411:本科院校:大学	校舍建筑面积(平方米) 3049644	博士研究生 794
学校性质类别 01 综合大学	图书(万册) 702.37	硕士研究生 10398
学校举办者 811 省级教育部门	固定资产总值(万元) 427696.78	留学生 1264
学校地址 河南省郑州市高新技术产业开发区科学大道100号	教学、科研仪器设备资产值(万元) 97705.11	专任教师(人) 5376
邮政编码 450001	在校生数(人) 122816	其中:正高级 774
办公电话 0371-67783111	其中:普通本科 80214	副高级 1457
传真电话 0371-67783222	普通专科 15130	中级 2111
校园(局域)网域名 www.zzu.edu.cn	成人本科 8686	初级 779
电子信箱 zhk@zzu.edu.cn		未定职级 255

本科专业 安全工程(工程力学)、安全工程(化学工程)、包装工程、材料化学、材料科学与工程(本硕)、材料科学与工程(材料成型与控制)、材料科学与工程(高分子材料)、材料科学与工程(高分子模具)、材料科学与工程(金属材料)、材料科学与工程(陶瓷复合材料)、材料科学与工程(无机非金属材料)、材料科学与工程类、财务管理、测控技术与仪器、城市规划、档案学、道路桥梁与渡河工程、德语、地理信息系统、电气工程及其自动化、电子科学与技术、电子商务、电子信息工程、电子信息工程(电子设计自动化方向)、电子信息工程(嵌入式系统方向)、电子信息科学与技术、雕塑、对外汉语、俄语、法学、法学(本硕)、法学(国际商法方向)、给水排水工程、工程管理、工程力学、工商管理、工商管理(电子商务方向)、工商管理(房地产开发与管理方向)、工商管理(国际企业管理方向)、工商管理(人力资源管理方向)、工业工程、工业设计、公共事业管理、广播电视新闻学、广播电视新闻学(编导)、广播电视新闻学(播音与主持艺术)、广告学、国际经济与贸易、过程装备与控制工程、汉语言文学、行政管理、护理学、护理学(涉外护理方向)、化学、化学(本硕)、化学工程与工艺、环境工程、环境科学、会计学、会计学(财务管理方向)、会计学(电算化方向)、会计学(审计学方向)、绘画、绘画(艺术学院)、机械工程及自动化、计算机科学与技术、计算机科学与技术(程序设计与编程)、计算机科学与技术(电子商务技术)、计算机科学与技术(电子与通信工程)、计算机科学与技术(会计电算化)、计算机科学与技术(计算机辅助设计)、计算机科学与技术(计算机通信方向)、计算机科学与技术(嵌入式系统)、计算机科学与技术(软件测试)、计算机科学与技术(软件工程)、计算机科学与技术(软件开发)、计算机科学与技术(软件开发.Net)、计算机科学与技术(软件开发Java)、计算机科学与技术(生物信息处理)、计算机科学与技术(数字媒体技术)、计算机科学与技术(网络安全方向)、计算机科学与技术(网络工程)、计算机科学与技术(网络工程方向)、计算机科学与技术(网络信息技术)、计算机科学与技术(信息安全)、计算机科学与技术(信息工程)、计算机科学与技术(信息管理与信息)、建筑环境与设备工程、建筑学、交通工程、教育学、金融学、金融学(保险学方向)、经济学、考古学、口腔医学、历史学、历史学(人文学科实验班)、临床医学(基础医学院)、临床医学(临床医学系)、旅游管理、旅游管理(空乘方向)、麻醉学(临床医学系)、民族传统体育、热能与动力工程、人力资源管理、人文学科实验班(国学方向本硕)、人文学科实验班(汉语言文学)、人文学科实验班(历史学)、人文学科实验班(哲学)、日语、日语(翻译方向)、日语(商务方向)、软件工程、软件工程(软件开发方向)、社会工作、社会体育、生物工程、生物技术、生物信息学、生物医学工程、市场营销、市场营销(商务策划管理方向)、数学类、数学与应用数学、数学与应用数学(本硕)、数学与应用数学(金融数学方向)、水利水电工程、水文与水资源工程、思想政治教育、体育教育、体育教育(民族传统体育方向)、体育教育(武术方向)、通信工程、通信工程(无线移动通信方向)、统计学、图书馆学、土木

工程、物理学、物理学(本硕)、物理学类、物流管理、物流管理(国际物流方向)、新闻学、信息管理与信息系统、信息与计算科学、药物制剂、药学、医学检验(基础医学院)、医学检验(医学检验系)、医学影像学(基础医学院)、医学影像学(临床医学系)、艺术设计、艺术设计(产品设计方向)、艺术设计(动画方向)、艺术设计(环境艺术方向)、艺术设计(环境艺术设计方向)、艺术设计(景观设计方向)、艺术设计(平面设计方向)、艺术设计(视觉传达设计方向)、艺术设计(数码艺术设计方向)、艺术设计(艺术学院)、音乐表演、音乐表演(合唱与指挥方向)、音乐表演(空乘方向)、音乐表演(器乐方向)、音乐表演(器乐方向)、音乐表演(声乐、器乐、舞蹈方向)、音乐表演(声乐方向)、音乐表演(声乐方向)、音乐表演(舞蹈方向)、音乐表演(音乐剧、歌剧方向)、音乐学、英语、英语(翻译方向)、英语(教育方向)、英语(商务英语方向)、应用物理学、应用心理学、预防医学、运动训练、哲学、制药工程、自动化

专科专业 安全技术管理、材料工程技术、电气自动化技术、电子商务、动漫设计与制作、房地产经营与估价、工程测量技术、工商企业管理、广告设计与制作、国际经济与贸易、护理、会计电算化、会计与审计、计算机多媒体技术、计算机网络技术、计算机信息管理、计算机应用技术、计算机应用技术(动漫设计方向)、建筑工程技术、建筑经济管理、建筑设计技术、金融管理与实务、旅游管理、模具设计与制造、汽车制造与装配技术、人力资源管理、软件技术、商务管理、商务英语、生物技术及应用、市场营销、数控技术、体育服务与管理、网络系统管理、文化事业管理、文秘、文秘(涉外秘书方向)、物流管理、新闻采编与制作(新闻学方向)、药学、医学检验技术、医学生物技术、医学影像技术、艺术设计、音乐表演(音乐剧、歌剧方向)、应用电子技术、应用韩语

博士专业 病理学与病理生理学、病原生物学、材料加工工程、材料物理与化学、材料学、儿科学、耳鼻咽喉科学、法医学、防灾减灾工程及防护工程、分析化学、妇产科学、高分子化学与物理、工业催化、光学、化工过程机械、化学工程、化学工程与技术新专业、化学工艺、基础数学、基础医学新专业、计算机软件与理论、结构工程、考古学及博物馆学、控制理论与控制工程、劳动卫生与环境卫生学、历史文献学(含:敦煌学、古文字学)、粒子物理与原子核物理、临床检验诊断学、临床医学新专业、流行病与卫生统计学、免疫学、内科学、凝聚态物理、人体解剖与组织胚胎学、神经病学、神经生物学、生物化工、生物物理学、世界史、水工结构工程、水利工程新专业、水利水电工程、水文学及水资源、思想政治教育、通信与信息系统、外科学、无机化学、物理化学(含:化学物理)、宪法学与行政法学、眼科学、药物化学、影像医学与核医学、应用化学、有机化学、中国古代史、中国古典文献学、中国近现代史、中西医结合、肿瘤学、专门史

硕士专业 安全技术及工程、保险、比较文学与世界文学、病理学与病理生理学、病原生物学、材料加工工程、材料物理与化学、材料学、财政学(含:税收学)、测试计量技术及仪器、产业经济学、车辆工程、城市规划与设计(含:风景园林规划)、传播学、档案学、导航、制导与控制、道路与铁道工程、电磁场与微波技术、电工理论与新技术、电机与电器、电力电子与电力传动、电力系统及其自动化、电路与系统、动力机械及工程、动物学、儿科学、儿少卫生与妇幼保健学、耳鼻咽喉科学、发酵工程、法律、法律史、法学、法学理论、法医学、翻译、防灾减灾工程及防护工程、放射医学、分析化学、妇产科学、概率论与数理统计、高电压与绝缘技术、高分子化学与物理、工程、工程力学、工商管理、工业催化、公共管理、公共卫生、供热、供燃气、通风及空调工程、固体力学、管理科学与工程、光学、光学工程、国际法学(含:国际公法、国际私法)、国际关系、国际贸易学、国际政治、国民经济学、国外马克思主义研究、汉语国际教育、汉语言文字学、行政管理、核技术及应用、护理学、化工过程机械、化学工程、化学工程与技术新专业、化学工艺、环境工程、环境科学、环境与资源保护法学、机械电子工程、机械设计及理论、机械制造及其自动化、基础数学、基础心理学、急诊医学、计算机软件与理论、计算机系统结构、计算机应用技术、计算数学、技术经济及管理、检测技术与自动化装置、建筑设计及其理论、教育经济与管理、结构工程、金融、金融学(含:保险学)、经济法学、经济史、精神病与精神卫生学、康复医学与理疗学、考古学及博物馆学、科学技术史、科学技术哲学、科学社会主义与国际共产主义运动、控制理论与控制工程、口腔临床医学、口腔医学、劳动经济学、劳动卫生与环境卫生学、老年医学、理论物理、历史地理学、历史文献学(含:敦煌学、古文字学)、粒子物理与原子核物理、临床检验诊断学、临床医学、临床医学新专业、流行病与卫生统计学、流体力学、伦理学、旅游管理、麻醉学、马克思主义发展史、马克思主义基本原理、马克思主义哲学、马克思主义中国化研究、美术学、美学、免疫学、民商法学(含:劳动法学)、社会保障、民族传统体育学、模式识别与智能系统、内科学、凝聚态物理、农业推广、皮肤病与性病学、皮革化学与工程、企业管理(含:财务管理、市场营销)、桥梁与隧道工程、情报学、区域经济学、热能工程、人体解剖与组织胚胎学、社会保障、社会工作、社会学、社会医学与卫生事业管理、神经病学、神经生物学、生理学、生态学、生物化工、生物化学与分子生物学、生物物理学、生药学、世界史、市政工程、数量经济学、水工结构工程、水力学及河流动力学、水利工程新专业、水利水电工程、水文学及水资源、思想政治教育、诉讼法学、特种经济动物饲养(含:蚕、蜂等)、体育、体育教育训练学、体育人文社会学、通信与信息系统、统计学、图书馆学、土地资源管理、外国语言学及应用语言学、外科学、微电子学与固体电子学、微生物学、微生物与生化药学、卫生毒理学、文物与博物馆、文艺学、无机化学、无线电物理、物理电子学、物理化学(含:化学物理)、西方经济学、系统工程、细胞生物学、宪法学与行政法学、新闻学、新闻与传播、信号与信息处理、刑法学、岩土工程、眼科学、药剂学、药理学、药物分析学、药物化学、药学、一般力学与力学基础、遗传学、艺术学、英语语言文学、营养与食品卫生学、影像医学与核医学、应用化学、应用数学、应用心理学、有机化学、语言学与应用语言学、运筹学与控制论、政治学理论、植物学、制冷及低温工程、中共党史(含:党的学说与党的建设)、中国古代史、中国古代文学、中国古典文献学、中国近现代史、中国现当代文学、中国哲学、中外政治制度、中西医结合临床、肿瘤学、专门史、作物遗传育种

院系设置

郑州大学校本部:商学院、旅游管理学院、公共管理学院、法学院、文学院、新闻与传播学院、外语学院、教育系、马克思主义学院、历史学院、信息管理系、体育系、音乐系、美术学院、数学

系、化学系、生物工程系、物理工程学院、信息工程学院、电气工程学院、材料科学与工程学院、机械工程学院、土木工程学院、水利与环境学院、化学工程学院、建筑学院、管理工程系、工程力学系、基础医学院、公共卫生学院、护理学院、药学院、临床医学系、医学检验系、应用科技学院、远程教育学院、成人教育学院、软件技术学院、国际教育学院、佛罗里达国际学院、嵩阳书院、第一临床学院、第二临床学院、第三临床学院、口腔医学院；郑州大学西亚斯国际学院：商学院、外语学院、电子信息工程学院、国际教育学院、音乐学院、美术学院、体育学院、护理学院、建筑学院、法学院、汉学院、基础教学部、新闻与传播学院、环境与社会责任学院；郑州大学体育学院：登封校区、体育系、运动系、社会体育系、民族传统体育系、体育旅游与外语系、体育新闻与管理系、艺术系

国家级、省部级研究机构设置

国家橡塑模具工程研究中心、国家钙镁磷复合肥技术研究推广中心、国家药物安全性评价研究中心、郑州大学国家药品临床研究基地、材料物理教育部重点实验室、材料成型过程及模具教育部重点实验室、教育部纤维复合建筑材料与结构工程研究中心、药物关键制备技术教育部重点实验室、河南省道路检测工程技术研究中心、河南省电磁检测工程技术研究中心、河南省激光与光电信息技术重点实验室、河南省肿瘤病理重点实验室、河南省高温功能材料重点实验室、河南省材料物理重点实验室、河南省化学生物与有机化学重点实验室、河南省离子束生物工程重点实验室、河南省工程材料与水工结构重点实验室、河南省肝病药理重点实验室、河南省过程传热与节能重点实验室、河南省橡塑微成型技术重点实验室、河南省化学药物工程研究中心、河南省基础设施安全检测与维护工程研究中心、河南省产学研合作中心、郑州大学公民教育研究中心、中国文选学研究会、国家体育总局体育文化发展中心体育文化研究基地、河南省中原文化研究中心、河南省中原(河洛)文化研究院

博士后流动站 数学博士后科研流动站、物理学博士后科研流动站、化学博士后科研流动站、基础医学博士后科研流动站、临床医学博士后科研流动站、公共卫生与预防医学博士后科研流动站、药学博士后科研流动站、材料科学与工程博士后科研流动站、化学工程与技术博士后科研流动站、水利工程博士后科研流动站、土木工程博士后科研流动站、动力工程及工程热物理博士后科研流动站、信息与通信工程博士后科研流动站、电气工程学院博士后科研流动站、计算机科学与技术博士后科研流动站、历史学博士后科研流动站、中国语言文学博士后科研流动站

定期公开出版的专业刊物 《郑州大学学报》（理学版）、《郑州大学学报》（哲学社会科学版）、《郑州大学学报》（工学版）、《郑州大学学报》（医学版）、《郑州大学学报》（海外版）、《语文时代》、《美与时代》、《磷肥与复肥》、《偏微分方程》、《眼外伤职业病杂志》、《河南肿瘤学杂志》、《河南外科学杂志》、《胃肠病学和肝病学杂志》、《河南实用神经疾病杂志》等

学校设立奖学金情况

郑州大学校本部：学校设立奖学金12项，奖励总金额4837余万元。奖学金最高金额12000元/年，最低金额680元/年。

1. 国家奖学金：120人/年，8000元/人
2. 国家励志奖学金：2009人/年，5000元/人
3. 优秀学生奖学金：9956人/年，1000元/人
4. 博士研究生"助研奖学金"，12000元/人
5. 硕士研究生"助研奖学金"：一等5000元/人，二等3000元/人，三等1000元/人
6. 研究生"三助奖学金"：4000元/人
7. 宝钢教育奖学金：9人/年，5000元/人
8. 新飞助学金：10人/年，10000元/人
9. 中海油助学金：40人/年，3000元/人
10. 丰田助学金：40人/年，3000元/人
11. 恒大助学金：100人/年，3000元/人
12. 超越助学金：250人/年，6000元/人

郑州大学西亚斯国际学院：学校设立奖学金27项，奖励总金额103.513万元（不含第一项至第四项及第二十七项：因第一项至第四项申请者没有符合条件；第二十七项，因每个获奖者出国留学的学费和住宿费现在无法统计）。奖学金最高金额30000元/年，最低金额200元/年。

1. 学院入学特等奖学金：0人/年，11000元/人
2. 学院入学一等奖学金：0人/年，6000元/人
3. 学院入学二等奖学金：0人/年，3000元/人
4. 学院入学三等奖学金：0人/年，2000元/人
5. 学院在校特等奖学金：3人/年，3000元/人
6. 学院在校一等奖学金：4人/年，2000元/人
7. 学院在校二等奖学金：99人/年，1200元/人
8. 学院在校三等奖学金：710人/年，800元/人
9. 西亚斯基金会奖学金：8人/年，250美元/人
10. 西亚斯基金会助学奖学金：20人/年，200美元/人
11. 西亚斯基金会优秀学生干部奖学金：15人/年，200美元/人
12. 西亚斯基金会陈肖纯大学生创业奖学金：15人/年，200美元/人
13. 西亚斯校友会奖学金：1人/年，30000元/人
14. Bertha Smith奖学金：8人/年，500美元/人
15. 凤凰城女性创业领导奖学金：1人/年，1000美元/人
16. 玛西.卡西奖学金：4人/年，300美元/人
17. 预防中心奖学金：4人/年，500美元/人
18. 环保奖学金：3人/年，100美元/人
19. 音乐奖学金：1人/年，100美元/人
20. 艺术奖学金：1人/年，200美元/人
21. Brian Toman奖学金：1人/年，2000美元/人
22. 校友会奖学金：5人/年，600元/人
23. 毕业生专业成绩第一名奖学金：55人/年，500元/人
24. 毕业生专业成绩第二名奖学金：55人/年，350元/人
25. 毕业生专业成绩第三名奖学金：54人/年，200元/人
26. 研究生奖学金：240人/年，400元/人
27. 出国留学奖学金：4人/年，学费和住宿费由学校出

郑州大学体育学院：学校设立奖学金3项，奖励总金额30.4余万元。奖学金最高金额5000元/年，最低金额100元/年。

主要校办产业

郑州五洲科技交流中心、郑州大学综合设计研究院、郑州三峰设备制造有限公司、河南郑工橡塑模具国家工程研究中心有

限公司、郑州郑大房屋租赁有限公司、郑州郑大宾馆有限公司、河南建达工程建设监理公司、郑州大学城市规划设计研究院等

学校历史沿革

郑州大学校本部：新郑州大学由原郑州大学、郑州工业大学、河南医科大学于2000年7月10日合并组建而成，是一所涵盖理学、工学、医学、文学、历史学、哲学、法学、经济学、管理学、教育学、农学等11大学科门类的综合性大学，是河南省唯一的国家"211工程"重点建设高校，是河南省人民政府与国家教育部共建高校。

河南理工大学

学校(机构)标识码	4141010460
学校办学类型	411：本科院校：大学
学校性质类别	02 理工院校
学校举办者	811 省级教育部门
学校地址	河南省焦作市高新区世纪大道2001号
邮政编码	454003
办公电话	0391-3987001
传真电话	0391-3987001
校园(局域)网域名	www.hpu.edu.cn
电子信箱	xiaoban@hpu.edu.cn
占地面积(平方米)	2198525
校舍建筑面积(平方米)	1146991
图书(万册)	223.1
固定资产总值(万元)	137862.01
教学、科研仪器设备资产值(万元)	30588.35
在校生数(人)	48172
其中：普通本科	27088
普通专科	3555
成人本科	9299
成人专科	6290
博士研究生	94
硕士研究生	1810
留学生	36
专任教师(人)	1953
其中：正高级	197
副高级	488
中级	952
初级	316

本科专业 安全工程、材料化学、材料类、财务管理、采矿工程、测绘工程、城市规划、地理信息系统、地球信息科学与技术、地质工程、电气工程及其自动化、电气信息类、法学、工程力学、工商管理、工业工程、工业设计、公共安全管理、公共事业管理、广告学、国际经济与贸易、汉语言文学、化学工程与工艺、环境工程、会计学、机械类、机械设计制造及其自动化、计算机科学与技术、建筑学、交通工程、金融学、理论与应用力学、旅游管理、煤及煤层气工程、民族传统体育、人力资源管理、日语、软件工程、社会体育、生物技术、市场营销、数学类、水文与水资源工程、通信工程、土地资源管理、土建类、土木工程、网络工程、消防工程、信息管理与信息系统、遥感科学与技术、艺术设计、音乐表演、英语、应用化学、应用物理学、资源环境与城乡规划管理、资源勘查工程

专科专业 工程测量技术、环境监测与治理技术、机电一体化技术、计算机多媒体技术、计算机通信、计算机网络技术、计算机信息管理、计算机应用技术、建筑工程管理、建筑工程技术、矿井通风与安全、矿山机电、煤矿开采技术、软件技术、商务英语、图形图像制作、物流管理

博士专业 大地测量学与测量工程、机械制造及其自动化、矿产普查与勘探、矿业工程

硕士专业 材料加工工程、材料物理与化学、材料学、测绘科学与技术、测试计量技术及仪器、地球探测与信息技术、地图学与地理信息系统、地质工程、电机与电器、电力电子与电力传动、电力系统及其自动化、防灾减灾工程及防护工程、工程、工程力学、工商管理、供热、供燃气、通风及空调工程、古生物学与地层学(含：古人类学)、管理科学与工程、环境工程、会计学、机械工程、计算机软件与理论、计算机应用技术、技术经济及管理、检测技术与自动化装置、结构工程、控制理论与控制工程、矿产普查与勘探、矿业工程、流体机械及工程、马克思主义基本原理、企业管理(含：财务管理、市场营销)、桥梁与隧道工程、水文学及水资源、思想政治教育、通信与信息系统、土地资源管理、系统工程、岩土工程、应用化学、应用数学

院系设置

学校设有安全科学与工程学院、能源科学与工程学院、资源环境学院、机械与动力工程学院、测绘与国土信息工程学院、材料科学与工程学院、土木工程学院、电气工程与自动化学院、计算机科学与技术学院、经济管理学院、数学与信息科学学院、马克思主义学院、物理化学学院、外国语学院、建筑与艺术设计学院、体育学院、音乐学院、应急管理学院、文法学院、软件职业技术学院、应用技术学院、高等职业学院、成人教育学院、太极拳学院、安全技术培训学院等25个学院和万方科技学院(独立学院)

国家级、省部级研究机构设置

1.实验室：河南省瓦斯地质与瓦斯治理重点实验室—省部共建国家重点实验室培育基地、河南省高等学校安全工程重点学科开放实验室、河南省煤矿瓦斯与火灾防治重点实验室、煤矿灾害防治省部共建教育部重点实验室、煤矿瓦斯地质与瓦斯灾害防治国家安全监管总局安全生产重点实验室、河南省高校瓦斯地质与瓦斯治理国家重点实验室培育基地、河南省生物遗迹与成矿过程重点实验室、矿山空间信息技术国家测绘局重点实验室、河南省高等学校控制工程重点学科开放实验室、深井瓦斯抽采与围岩控制河南省工程实验室、河南省高等学校矿产资源安全高效开采重点学科开放实验室、河南省高校矿山环境保护与生态修复省级重点实验室培育基地、河南省高等学校精密制造技术与工程重点学科开放实验室、河南省高等学校深部矿井建设重点学科开放实验室、河南省高等学校矿山信息化重点学科开放实验室、河南省高等学校矿业工程材料重点学科开放实验室、河南省应急管理技术研究与培训基地

2.研究中心：国家煤矿安全监察局煤矿安全工程技术研究

中心、煤矿灾害预防与抢险救灾教育部工程研究中心、河南省高校煤与煤层气安全高效开采工程技术研究中心、河南省高校矿物加工与矿用材料工程技术研究中心、河南省高校矿山信息化工程技术研究中心、河南省中国特色社会主义理论体系研究中心

博士后科研流动站 共2个,分别为矿业工程博士后科研流动站、测绘科学与技术博士后科研流动站

定期公开出版的专业刊物 《河南理工大学学报》(自然科学版)、《河南理工大学学报》(社会科学版)

学校设立奖学金情况

学校设立普通本专科奖学金13余项,2010-2011年度发放奖学金总额达2762.5万元,奖学金最高金额8000元/年,最低金额200元/年;

设立研究生奖学金5项,2010-2011年度发放奖学金总额达295万元,奖学金最高金额2200元/年,最低金额500元/年。

主要校办产业

机械厂、学苑宾馆、劳动服务公司、爆破公司、教学模型设备厂、工矿技术开发公司、安全技术工程研究所、高科技开发公司、校办产业总公司、矿山开发设计研究所、建设工程监理所

学校历史沿革

具有百年办学历史的河南理工大学,是具有博士学位授予权和河南省重点建设的骨干高校。其前身是1909年由英国福公司兴办的焦作路矿学堂,是我国历史上第一所矿业高等学府和河南省建立最早的高等学校,历经河南福中矿务学校、福中矿务专门学校、福中矿务大学、私立焦作工学院、西北工学院、国立焦作工学院、焦作矿业学院等重要历史时期,1995年恢复焦作工学院校名,2004年更名为河南理工大学。

郑州轻工业学院

学校(机构)标识码	4141010462
学校办学类型	412:本科院校:学院
学校性质类别	02 理工院校
学校举办者	811 省级教育部门
学校地址	郑州市金水区东风路5号
邮政编码	450002
办公电话	0371-63556001
传真电话	0371-63932669
校园(局域)网域名	www.zzuli.edu.cn
电子信箱	yuanban@zzuli.edu.cn
占地面积(平方米)	1461280
校舍建筑面积(平方米)	968577
图书(万册)	151.78
固定资产总值(万元)	86113.76
教学、科研仪器设备资产值(万元)	22417.51
在校生数(人)	40456
其中:普通本科	23530
普通专科	12249
成人本科	1273
成人专科	2829
硕士研究生	575
专任教师(人)	1866
其中:正高级	152
副高级	578
中级	760
初级	327
未定职级	49

本科专业 IEC 经济学(国际商务)、IEC 电子商务、IEC 工业设计、IEC 计算机科学与技术、材料物理、财务管理、测控技术与仪器、朝鲜语、电气工程及其自动化、电子科学与技术、电子信息工程、电子信息科学与技术、雕塑、雕塑(易)、动画、对外汉语、法学、服装设计与工程、高分子材料与工程、工商管理、工业设计、工业设计(易)、公共事业管理、国际经济与贸易、过程装备与控制工程、化学、化学工程与工艺、环境工程、会计学、绘画、绘画(易)、机械设计制造及其自动化、计算机科学与技术、建筑电气与智能化、建筑环境与设备工程、经济学、劳动与社会保障、热能与动力工程、软件工程、软件工程(软件外包JAVA方向)、社会工作、社会体育、生物工程、生物技术、食品科学与工程、食品质量与安全、市场营销、数学与应用数学、通信工程、网络工程、物联网工程、物流管理、信息安全、信息工程、信息管理与信息系统、信息与计算科学、艺术设计(IEC 传媒艺术设计)、艺术设计(IEC 环境艺术设计)、艺术设计(传媒艺术设计)、艺术设计(服装表演与形象设计)、艺术设计(服装艺术设计)、艺术设计(环境艺术设计)、艺术设计(时尚设计与管理)、艺术设计(陶瓷与玻璃工艺)、艺术设计(易)、艺术设计(装潢艺术设计)、英语、应用化学、自动化

专科专业 电脑艺术设计(职)、电气自动化技术(民)、电子工艺与管理(职)、电子信息工程技术(职)、雕刻艺术与家具设计(职)、多媒体设计与制作(职)、高分子材料加工技术(职)、工业分析与检验(职)、广告设计与制作(职)、环境艺术设计(易)、环境艺术设计(职)、会计(职)、会计电算化(民)、会计电算化(职)、机电一体化技术(民)、计算机网络技术、计算机网络技术(职)、计算机信息管理(职)、计算机应用技术(NET)、计算机应用技术(民)、计算机应用技术(职)、建筑装饰工程技术(职)、旅游管理、旅游英语(职)、模具设计与制造(职)、人力资源管理(职)、软件技术(JAVA)、软件技术(测试)、软件技术(民)、商务管理、商务英语(民)、食品生物技术(职)、市场营销、市场营销(民)、市场营销与策划(职)、视觉传达艺术设计(民)、视觉传达艺术设计(职)、室内设计技术(职)、室内艺术设计(职)、投资与理财(民)、网络系统管理、文秘(民)、信息安全技术(职)、艺术设计(职)、营销与策划(职)、应用电子技术(职)、装潢艺术设计(易)、装潢艺术设计(职)、装饰艺术设计(职)、自动化生产设备应用(职)

硕士专业 材料工程、材料物理与化学、材料学、测试计量技术及仪器、电工理论与新技术、电机与电器、电气工程、发酵工程、工商管理、工业设计工程、管理科学与工程、化学工程、化学工艺、机械电子工程、机械设计及理论、机械制造及其自动化、计

算机技术、计算机软件与理论、计算机应用技术、检测技术与自动化装置、控制理论与控制工程、粮食、油脂及植物蛋白工程、农产品加工及贮藏工程、企业管理、设计艺术学、生物化工、食品工程、食品科学、思想政治教育、信号与信息处理、艺术设计、应用化学、制冷及低温工程

院系设置

艺术设计学院、材料与化工学院、机电工程学院、经济与管理学院、电气信息工程学院、计算机与通信学院、食品和生物工程学院、国际教育学院、易斯顿美术学院、继续教育学院、政法学院、软件学院、数学与信息科学系、技术物理系、思政部、外语系、体育系等

国家级、省部级研究机构设置

1. 实验室：河南省信息化电气重点实验室、河南省表界面科学重点实验室、应急平台信息技术河南工程实验室

2. 研究中心(所)：河南省高校人文社科重点研究基地、河南省非物质文化遗产研究基地

定期公开出版的专业刊物 《郑州轻工业学院学报(自然科学版)》、《郑州轻工业学院学报(社会科学版)》

学校设立奖学金情况

学校设立奖学金6项，奖励总金额600余万元。奖学金最高金额8000元/年，最低金额200元/年。

学校历史沿革

郑州轻工业学院1977年6月经国务院批准创建，先后隶属于国家轻工业部、轻工总会、国家经贸委，1998年8月转为中央与地方共建、以地方管理为主。1979年招收本科生，1998年开始招收研究生。

河南工业大学

学校(机构)标识码 4141010463	电子信箱 xb@haut.edu.cn	成人本科 1732
学校办学类型 411：本科院校：大学	占地面积(平方米) 1938335	成人专科 4654
学校性质类别 02 理工院校	校舍建筑面积(平方米) 783322	硕士研究生 1083
学校举办者 811 省级教育部门	图书(万册) 191.5	留学生 63
学校地址 郑州市中原区嵩山南路140号	固定资产总值(万元) 21371.41	专任教师(人) 1509
邮政编码 450001	教学、科研仪器设备资产值(万元) 12905.41	其中：正高级 177
办公电话 0371-67756888	在校生数(人) 35326	副高级 504
传真电话 0371-67756667	其中：普通本科 22501	中级 747
校园(局域)网域名 haut.edu.cn	普通专科 5293	初级 81

本科专业 包装工程、播音与主持艺术、材料成型及控制工程、材料科学与工程、材料类、财政学、测控技术与仪器、车辆工程、电气工程及其自动化、电气信息类、电子商务、电子信息工程、电子信息科学与技术、动画、动物科学、法学、高分子材料与工程、工程管理、工商管理、工商管理类、工业设计、广播电视新闻学、广告学、国际经济与贸易、过程装备与控制工程、化学、化学工程与工艺、化学类、环境工程、会计学、机械类、机械设计制造及其自动化、计算机科学与技术、建筑环境与设备工程、建筑学、金融学、经济学、经济学类、粮食工程、旅游管理、人力资源管理、软件工程、生物工程、生物工程类、生物技术、食品科学与工程、食品质量与安全、市场营销、数学类、数学与应用数学、土木工程、无机非金属材料工程、物流管理、新闻传播学类、信息与计算科学、艺术设计、英语、应用化学、应用物理学、自动化

专科专业 材料工程技术、电子商务、电子信息工程技术、动漫设计与制作、工业分析与检验、工业分析与检验、化工设备维修技术、化纤生产技术、会计电算化、机电一体化技术、机电一体化技术、计算机网络技术、计算机信息管理、计算机应用技术、计算机应用技术、精细化学品生产技术、模具设计与制造、磨料磨具制造、软件技术、商务英语、生产过程自动化技术、市场营销、数控技术、图形图像制作、网络系统管理、物流管理、物业管理、应用化工技术、应用化工技术

硕士专业 材料学、产业经济学、地图制图学与地理信息工程、动物营养与饲料科学、发酵工程、防灾减灾工程及防护工程、分析化学、高分子化学与物理、工程、工程力学、工商管理、管理科学与工程、国际贸易学、环境工程、机械电子工程、机械工程、机械设计及理论、机械制造及其自动化、计算机软件与理论、计算机应用技术、技术经济及管理、结构工程、控制理论与控制工程、粮食、油脂及植物蛋白工程、马克思主义基本原理、模式识别与智能系统、凝聚态物理、农产品加工及贮藏工程、农业机械化工程、农业经济管理、农业昆虫与害虫防治、企业管理(含：财务管理、市场营销)、桥梁与隧道工程、生物化工、食品科学、食品科学与工程、思想政治教育、外国语言学及应用语言学、微生物学、微生物与生化药学、信号与信息处理、岩土工程、应用化学、应用数学、有机化学、植物保护新专业

院系设置
20个学院

国家级、省部级研究机构
47个

定期公开出版的专业刊物 《河南工业大学学报》

学校设立奖学金情况

学校设立奖学金16项，奖励总金额130万元，奖学金最高金额500元/年，最低金额300元/年。

主要校办产业

河南工业大学大学科技园、河南大公置业有限公司、郑州第二机床厂、郑州粮油机械工程公司

学校历史沿革

河南工业大学是2004年5月由郑州工程学院与郑州工业高等专科学校合并组建而成。郑州工程学院原名郑州粮食学院2000年更名为郑州工程学院。郑州工业高等专科学校原名郑州机械专科学校1993年更名为郑州工业高等专科学校。两校均创建于1956年。

河南科技大学

学校(机构)标识码 4141010464	电子信箱 xxk@mail.haust.edu.cn	成人本科 5656
学校办学类型 411:本科院校:大学	占地面积(平方米) 3256650	成人专科 5491
学校性质类别 02 理工院校	校舍建筑面积(平方米) 1555735	硕士研究生 1576
学校举办者 811 省级教育部门	图书(万册) 326.71	留学生 15
学校地址 河南省洛阳市涧西区西苑路48号	固定资产总值(万元) 93761.06	专任教师(人) 2169
	教学、科研仪器设备资产值(万元) 24770.69	其中:正高级 281
邮政编码 471003		副高级 694
办公电话 0379-64222856	在校生数(人) 48349	中级 883
传真电话 0379-64231128	其中:普通本科 33256	初级 234
校园(局域)网域名 www.haust.edu.cn	普通专科 2355	未定职级 77

本科专业 包装工程、材料成型及控制工程、材料化学、材料物理、测控技术与仪器、车辆工程、城市规划、电气工程及其自动化、电子商务、电子信息工程、电子信息科学与技术、动物科学、动物药学、动物医学、动植物检疫、对外汉语、法学、法医学、工程管理、工程力学、工商管理、工业工程、工业设计、国际经济与贸易、汉语言文学、护理学、化学工程与工艺、环境工程、会计学、机械电子工程、机械设计制造及其自动化、计算机科学与技术、建筑环境与设备工程、建筑学、交通运输、金融学、金属材料工程、经济学、历史学、林学、临床医学、旅游管理、美术学、农学、农业电气化与自动化、农业机械化及其自动化、热能与动力工程、日语、乳品工程、社会工作、生物工程、生物技术、生物科学、生物医学工程、食品科学与工程、食品质量与安全、市场营销、数学与应用数学、体育教育、统计学、土木工程、无机非金属材料工程、物联网工程、信息工程、信息管理与信息系统、信息与计算科学、药学、冶金工程、医疗器械工程、医学检验、艺术设计、英语、应用物理学、园林、园艺、植物保护、制药工程、种子科学与工程、资源环境科学、自动化

专科专业 城镇规划(林校)、电脑艺术设计、电脑艺术设计(林校)、电子商务、电子商务(林校)、动漫设计与制作、动漫设计与制作(林校)、环境监测与治理技术(林校)、计算机多媒体技术、计算机网络技术、计算机网络技术(林校)、计算机系统维护、计算机信息管理、计算机应用技术、林业技术、林业技术(林校)、旅游英语(林校)、软件技术、森林生态旅游、森林生态旅游(林校)、商务英语(林校)、生物技术及应用(林校)、市场营销(林校)、数控技术、数控技术(林校)、园林工程技术(林校)、园林技术、园林技术(林校)、园艺技术、园艺技术(林校

硕士专业 病理学与病理生理学、材料工程、材料加工工程、材料物理与化学、材料学、测试计量技术及仪器、车辆工程、电力电子与电力传动、动力工程、动力机械及工程、动物遗传育种与繁殖、法医学、翻译、高分子化学与物理、工程力学、工程热物理、工商管理、工业工程、管理科学与工程、果树学、化学工程、化学工艺、机械电子工程、机械工程、机械设计及理论、机械制造及其自动化、基础兽医学、计算机技术、计算机软件与理论、计算机应用技术、技术经济及管理、检测技术与自动化装置、结构工程、精密仪器及机械、控制工程、控制理论与控制工程、粮食、油脂及植物蛋白工程、林业、旅游管理、马克思主义基本原理、模式识别与智能系统、内科学、凝聚态物理、农产品加工及贮藏工程、农村与区域发展、农业工程、农业机械化、农业机械化工程、农业信息化、农业资源利用、企业管理(含:财务管理、市场营销)、区域经济学、人体解剖与组织胚胎学、神经病学、生态学、生物化学与分子生物学、食品加工与安全、食品科学、兽医、水产品加工及贮藏工程、思想政治教育、图书馆学、外国语言学及应用语言学、外科学、物流工程、眼科学、养殖、药理学、冶金工程、冶金物理化学、仪器仪表工程、英语语言文学、影像医学与核医学、应用化学、应用数学、有机化学、有色金属冶金、园艺、载运工具运用工程、植物保护、植物病理学、植物学、植物营养学、肿瘤学、专门史、作物、作物栽培学与耕作学

院系设置

机电工程学院、材料科学与工程学院、车辆与动力工程学院、电子信息工程学院、规划与建筑工程学院、化工与制药学院、食品与生物工程学院、艺术与设计学院、数学与统计学院、物理与工程学院、人文学院、法学院、马克思主义学院、外国语学院、经济学院、管理学院、医学院、医学技术与工程学院、法医学院、农学院、动物科技学院、林学院、体育学院、国际教育学院、继续教育学院、临床医学院

国家级、省部级研究机构设置

1. 实验室:重型矿山装备企业国家重点实验室、河南省机械

设计及传动系统重点实验室、河南省有色金属材料科学与加工技术重点实验室、河南省汽车节能与新能源重点实验室、河南省高等学校先进制造技术重点学科开放实验室、河南省高等学校材料损伤与摩擦学实验室重点学科开放实验室、河南省高等学校车辆工程与装备重点学科开放实验室、河南省高等学校智能技术与系统重点学科开放实验室、河南省高等学校大型铸锻件成型制造技术重点学科开放实验室、河南省高等学校环境与畜产品安全重点学科开放实验室、河南省高等学校农产品深加工技术重点学科开放实验室

2.研究中心(所):教育部摩擦学与材料防护工程研究中心、河南省耐磨材料工程技术研究中心、河南省拖拉机与农机装备工程技术研究中心、河南省轴承工程技术研究中心

博士后科研工作站 河南科技大学第一附属医院博士后科研工作站

定期公开出版的专业刊物 《河南科技大学学报(自然科学版)》、《河南科技大学学报(社会科学版)》、《河南科技大学学报(医学版)》

学校设立奖学金情况

学校设立奖学金6项,奖励总金额839.79万元/年。奖学金最高金额10000元/年,最低金额100元/年。

主要校办产业

洛阳高新河大育科技发展中心、洛阳市科大机动车驾驶员培训学校、河南科技大学司法鉴定中心、河科大印刷厂、洛阳德园房屋租赁有限公司

学校历史沿革

河南科技大学1952年始建于北京。1956年为配合国家重工业基地建设迁至洛阳,更名为洛阳工学院。1998年由机械工业部划转河南省。2002年,河南省委、省政府为了优化省内高等教育结构布局,组建了以工为主的综合型大学——河南科技大学。

中原工学院

学校(机构)标识码 4141010465	电子信箱 president@zzti.edu.cn	成人本科 2925
学校办学类型 412:本科院校:学院	占地面积(平方米) 1073339	成人专科 4887
学校性质类别 02 理工院校	校舍建筑面积(平方米) 652114	硕士研究生 356
学校举办者 811 省级教育部门	图书(万册) 167.13	专任教师(人) 1178
学校地址 河南省郑州市中原区中原西路41号	固定资产总值(万元) 56943.69	其中:正高级 132
	教学、科研仪器设备资产值(万元) 14294.38	副高级 320
邮政编码 450007	在校生数(人) 27563	中级 489
办公电话 0371-62506888	其中:普通本科 17663	初级 212
传真电话 0371-62506095	普通专科 1732	未定职级 25
校园(局域)网域名 www.zzti.edu.cn		

本科专业 艺术设计(装潢、环视)、安全工程、播音与主持艺术、材料成型及控制工程、材料科学与工程、测控技术与仪器、车辆工程、电气信息类、动画、对外汉语、法学、纺织工程、服装表演、服装工程、服装设计、高分子材料科学、高分子材料与工程、给水排水工程、工程管理、工商管理、工业工程、工业设计、公共事业管理、广播电视编导、广播电视新闻学、国际经济与贸易、环境工程、环境艺术设计、会计、会计学、会展、机械电子工程、机械制造及其自动化、计算机科学与技术、建筑环境与设备工程、建筑学、金融学、轻化工程、热能与动力工程、日语、软件工程、社会工作、摄影、市场营销、视觉传达、数学类、数学与应用数学、土木工程、网络工程、信息管理与信息系统、信息与计算科学、形象设计、英语、应用化学、应用物理、装潢艺术设计

专科专业 计算机信息管理、计算机应用技术、建筑工程管理、汽车制造与装配技术、软件技术、摄影摄像技术、网络系统管理

硕士专业 材料加工工程、材料学、纺织材料与纺织品设计、纺织工程、纺织化学与染整工程、服装设计与工程、工程、工商管理、供热、供燃气、通风及空调工程、会计学、机械电子工程、机械设计及理论、机械制造及其自动化、计算机应用技术、科学技术哲学、控制理论与控制工程、凝聚态物理、企业管理(含:财务管理、市场营销)、设计艺术学、信号与信息处理、专门史

学校历史沿革

榆次纺织机械工业学校(1955年);郑州纺织机械制造学校(1957年-1958年);河南纺织机械学院(1958年-1959年);郑州纺织机电学校(1959年-1960年);郑州纺织机械学院(1960年-1961年);郑州纺织机械配件厂(1970年-1978年);郑州纺织机电学校(1978年-1980年);郑州纺织机电专科学校(1980年-1987年);郑州纺织工学院(1987年-2000年);中原工学院(2000年至今)。

河南农业大学

学校(机构)标识码 4141010466	电子信箱 ghb@henau.edu.cn	成人本科 1758
学校办学类型 411:本科院校:大学	占地面积(平方米) 3343113	成人专科 2770
学校性质类别 03 农业院校	校舍建筑面积(平方米) 825091	博士研究生 110
学校举办者 811 省级教育部门	图书(万册) 210.09	硕士研究生 1628
学校地址 郑州市金水区农业路63号文化路街道办事处农大社区居民委员会	固定资产总值(万元) 62552.64	留学生 44
	教学、科研仪器设备资产值(万元) 20766.44	专任教师(人) 1303
邮政编码 450002	在校生数(人) 28844	其中:正高级 147
办公电话 0371-63558861	其中:普通本科 20537	副高级 355
传真电话 0371-63558861	普通专科 1997	中级 507
校园(局域)网域名 www.henau.edu.cn		初级 272
		未定职级 22

本科专业 表演、草业科学、茶学、城市规划、地理信息系统、电子信息工程、电子信息科学与技术、动物科学、动物医学、动植物检疫、法学、工商管理、管理科学、国际经济与贸易、行政管理、环境工程、环境科学、机械设计制造及其自动化、计算机科学与技术、交通运输、经济学、林学、旅游管理、农林经济管理、农学、农业机械化及其自动化、农业建筑环境与能源工程、农业资源与环境、汽车服务工程、热能与动力工程、日语、设施农业科学与工程、社会工作、社会体育、生物工程、生物技术、生物科学、食品科学与工程、食品营养与检验教育、食品质量与安全、市场营销、水产养殖学、土地资源管理、信息管理与信息系统、信息与计算科学、烟草、烟草工程、药物制剂、艺术设计、英语、应用化学、园林、园艺、植物保护、植物科学与技术、制药工程、中药学、资源环境与城乡规划管理

专科专业 畜牧兽医、工业分析与检验、环境工程技术、会计、计算机多媒体技术、计算机应用技术、金融保险、金融管理与实务、酒店管理、汽车运用技术、人力资源管理、商务英语、生物技术及应用、食品营养与检测、应用化工技术、园林技术、园艺技术、种子生产与经营

博士专业 动物营养与饲料科学、农业经济管理、农业生物环境与能源工程、农业生物技术、农业信息化技术、森林培育、设施栽培学、烟草学、预防兽医学、植物资源学、作物安全生产、作物生理学、作物遗传育种、作物栽培学与耕作学

硕士专业 草业科学、茶学、城市规划与设计(含:风景园林规划)、动物学、动物遗传育种与繁殖、动物营养与饲料科学、发酵工程、风景园林、工程管理、工商管理、公共管理、管理科学与工程、果树学、基础兽医学、技术经济及管理、科学社会主义与国际共产主义运动、林木遗传育种、林业、临床兽医学、马克思主义基本原理、马克思主义中国化研究、农产品加工及贮藏工程、农村与区域发展、农药学、农业电气化与自动化、农业工程、农业机械化、农业机械化工程、农业经济管理、农业科技组织服务、农业科技组织与服务、农业昆虫与害虫防治、农业生物环境与能源工程、农业生物技术、农业水土工程、农业信息化、农业信息化技术、农业资源利用、企业管理(含:财务管理、市场营销)、森林经理学、森林培育、设施栽培学、生态学、生物工程、生物化学与分子生物学、食品工程、食品加工与安全、食品科学、兽医、蔬菜学、思想政治教育、特种经济动物饲养(含:蚕、蜂等)、土地资源管理、土壤学、微生物学、物流工程、细胞生物学、烟草学、养殖、野生动植物保护与利用、遗传学、预防兽医学、园林植物与观赏园艺、园艺、植物保护、植物病理学、植物学、植物营养学、植物资源学、作物、作物安全生产、作物生理学、作物遗传育种、作物营养生理、作物栽培学与耕作学

院系设置

设置农学院、林学院、牧医工程学院、机电工程学院、经济与管理学院、植物保护学院等21个学院

国家级、省部级研究机构设置

1.实验室:省部共建粮食作物生理生态与遗传改良国家重点实验室培育基地、国家烟草(行业)栽培生理生化重点实验室等18个

2.研究中心(所):国家小麦工程技术研究中心、国家玉米改良(郑州)分中心等10个

博士后科研流动站 作物学、农业工程、兽医学、畜牧学、林学、农林经济管理

定期公开出版的专业刊物 《河南农业大学学报》

学校设立奖学金情况

学校设立奖学金13项,奖励总金额1000余万元。奖学金最高金额6000元/年,最低金额3000元/年。

主要校办产业

河南农业大学实业开发总公司、后勤发展公司、泛亚农大饲料股份有限公司、河南农大种业集团、迅速测试技术有限公司等

学校历史沿革

河南公立农业专门学校(1912-1927年),河南省立中山大学农科(1927-1930年),河南大学农学院(1930-1952年),河南农学院(1953-1984年),河南农业大学(1984年至今)。

河南科技学院

学校(机构)标识码 4141010467	电子信箱 fzgh@hist.edu.cn	成人本科 2454
学校办学类型 412:本科院校:学院	占地面积(平方米) 1082200	成人专科 3184
学校性质类别 06 师范院校	校舍建筑面积(平方米) 598172	硕士研究生 86
学校举办者 811 省级教育部门	图书(万册) 179.84	专任教师(人) 1045
学校地址 河南省新乡市华兰大道东段	固定资产总值(万元) 75673.03	其中:正高级 95
	教学、科研仪器设备资产值(万元) 13742.19	副高级 294
邮政编码 453003		中级 419
办公电话 0373-3693240	在校生数(人) 25678	初级 212
传真电话 0373-3693240	其中:普通本科 17516	未定职级 25
校园(局域)网域名 www.hist.edu.cn	普通专科 2438	

本科专业 城市规划、电气工程及其自动化、动物科学、动物医学、动植物检疫、对外汉语、法学、服装设计与工程、服装设计与工艺教育、公共管理类新专业、国际经济与贸易、汉语言文学、化工与制药类、化学工程与工艺、环境科学、会计学、机电技术教育、机械设计制造及其自动化、计算机科学与技术、教育技术学、教育学、旅游管理、美术学、农学、农业资源与环境、烹饪与营养教育、人力资源管理、商务英语、社会体育、生物工程、生物技术、食品科学与工程、食品质量与安全、市场营销、数学与应用数学、体育教育、通信工程、信息工程、信息管理与信息系统、信息与计算科学、艺术设计、音乐学、英语、应用电子技术教育、应用化学、园林、园艺、植物保护、制药工程、种子科学与工程、装潢设计与工艺教育

专科专业 城市园林、畜牧兽医、电气自动化技术、公共关系、会计电算化、计算机多媒体技术、计算机类新专业、计算机网络技术、计算机应用技术、旅游管理、商务英语、生物技术及应用、市场营销、特种动物养殖、文秘、应用电子技术、园林技术、种子生产与经营、装潢艺术设计

硕士专业 农产品加工及贮藏工程、农业昆虫与害虫防治、蔬菜学、预防兽医学、作物遗传育种

院系设置
现有 12 个二级学院和 4 个直属系(部)。

定期公开出版的专业刊物 《河南科技学院学报》

学校设立奖学金情况
学校设立奖学金 3 项,奖励总金额 1844 余万元/年,最高金额 80000 元/年,最低金额 2000 元/年。

主要校办产业
河南科技学院实业开发总公司

学校历史沿革
平原省立农业学校(1949.10-1951.07);平原农学院(1951.07-1953.01);百泉农业专科学校(1953.01-1987.02);河南职业技术师范学院(1987.02-2004.05);河南科技学院(2004.05-至今)。

郑州牧业工程高等专科学校

学校(机构)标识码 4141010469	传真电话 0371-65765555	6147.6
学校办学类型 414:专科院校:高等专科学校	校园(局域)网域名 www.zzcah.edu.cn	在校生数(人) 13348
		其中:普通专科 12006
学校性质类别 03 农业院校	电子信箱 wangyan._don@sina.com	成人专科 1342
学校举办者 811 省级教育部门	占地面积(平方米) 977672	专任教师(人) 559
学校地址 郑州市金水区北林路 16 号北林路办事处	校舍建筑面积(平方米) 386000	其中:正高级 34
	图书(万册) 73.09	副高级 177
邮政编码 450011	固定资产总值(万元) 21675.9	中级 270
办公电话 0371-65765017	教学、科研仪器设备资产值(万元)	初级 78

专科专业 NET 方向、办公自动化方向、包装技术与设计、城镇园林规划设计、宠物养护与疫病防治、畜牧、畜牧(草食动物生产与疫病防治)、畜牧(对外合作办学)、畜牧(乳业工程方向)、畜牧兽医、畜牧兽医(养禽与禽病防治)、畜牧兽医养禽与禽

病防治)、动漫设计与制作、动物防疫与检疫、工商企业管理、会计电算化、会展策划与管理、计算机网络技术、计算机信息管理、计算机信息管理(办公自动化方向)、计算机应用技术、酒店管理、连锁经营方向、旅游管理、酿酒工艺方向、酿酒技术、农产品质量检测、农畜特产品加工、农业环境保护技术、人物形象设计、商务英语、生物技术及应用、生物技术及应用(中草药开发与利用)、生物技术及应用(中兽药开发与利用)、生物制药技术、食品机械与管理、食品加工技术、食品检测及管理、市场营销、兽药生产与营销(中兽药方向)、兽医、兽医(宠物医学方向)、兽医(中兽医方向)、兽医(中兽医医药方向)、兽医医药、水产养殖技术、饲料与动物营养、图形图像制作、微生物技术及应用、文秘、物流管理、新能源应用技术、养禽与禽病防治、印刷技术、应用英语、园林工程技术、知识产权管理、制冷与冷藏技术、中央空调方向、中药制药技术、猪生产与疾病防制、装潢艺术设计

学校历史沿革

郑州牧业工程高等专科学校前身为郑州畜牧专科学校;创建于1957年。1958年9月升格为河南农业专科学校;1959年11月更名为郑州畜牧兽医专科学校,1962年降格中专,恢复原名;十年文革期间,学校停办;1978年5月复校同年12月升格为专科;1985年被确定为全国家农林专科教育发展改革试点校;1992年定为河南普通高校综合改革试点单位;同年3月更名郑州牧业工程高等专科学校;1997年4月选定为河南省发展高等职业试点学校。

河南中医学院

学校(机构)标识码 4141010471	电子信箱 dyb@hactcm.edu.cn	成人本科 2096
学校办学类型 412:本科院校:学院	占地面积(平方米) 1053178	成人专科 1592
学校性质类别 05 医药院校	校舍建筑面积(平方米) 427088	硕士研究生 1168
学校举办者 811 省级教育部门	图书(万册) 106.57	留学生 70
学校地址 郑州市金水区金水路1号	固定资产总值(万元) 23891.59	专任教师(人) 839
邮政编码 450008	教学、科研仪器设备资产值(万元) 7927.15	其中:正高级 95
办公电话 0371-65945879		副高级 244
传真电话 0371-65944307	在校生数(人) 21944	中级 315
校园(局域)网域名 www.hactcm.edu.cn	其中:普通本科 14750	初级 175
	普通专科 2268	未定职级 10

本科专业 公共事业管理(健康保险)、公共事业管理(卫生事业管理)、公共事业管理(医药编辑出版)、护理学(护理日语)、护理学(护理英语)、护理学(民族传统体育与保健日语)、护理学(民族传统体育与保健英语)、护理学(中西医结合)、计算机科学与技术、市场营销(医药贸易)、市场营销(医药文化产业管理)、文化产业管理(中医药文化产业方向)、信息管理与信息系统、药物制剂、药学、英语(医学英语)、应用心理学、预防医学(营养与食品卫生)、针灸推拿学、针灸推拿学(英语方向)、针灸推拿学(中国功夫)、制药工程、制药工程(中药制药)、中西医临床医学、中西医临床医学(定向农村全科医师)、中西医临床医学(康复治疗学)、中西医临床医学(农村全科医师)、中西医临床医学(五官科学)、中西医临床医学(医学心理学)、中药学、中药学(中药学英语)、中药制药、中医学、中医学(定向)、中医学(中医骨伤科学)

专科专业 计算机网络技术、计算机信息管理、计算机应用技术、康复治疗技术(洛阳针灸推拿学院)、软件技术、图形图像制作、药物制剂技术(河南省医药学校)、针灸推拿、针灸推拿(洛阳针灸推拿学院)、中药制药技术(河南省医药学校)

硕士专业 病理学与病理生理学、方剂学、康复医学与理疗学、临床医学、生药学、思想政治教育、药剂学、药理学、药物分析学、药物化学、药学、针灸推拿学、中西医结合基础、中西医结合临床、中药学、中医儿科学、中医妇科学、中医骨伤科学、中医基础理论、中医临床基础、中医内科学、中医外科学、中医五官科学、中医医史文献、中医诊断学

院系设置

基础医学院、药学院、针灸推拿学院、第一临床医学院、护理学院、第二临床医学院、骨伤学院、人文学院、外语学院、信息技术学院、软件职业技术学院、海外教育学院、成人教育学院

国家级、省部级研究机构设置

1.实验室:中医防治艾滋病研究室;中医心血管病研究室(二附院);中药药理实验室;中药质量分析三级实验室;中药药理(呼吸)三级实验室;中药制剂实验室三级实验室;艾滋病(检测)三级实验室;肾病病理(儿科)三级实验室;河南省中医药防治感染性疾病重点实验室;河南省中药资源与中药化学重点实验室

2.研究中心(所):河南省中药材开发工程技术研究中心;河南省中药质量控制与评价工程技术研究中心

博士后科研流动站 河南中医学院第一附属医院博士后科研工作站

定期公开出版的专业刊物 《中医学报》、《河南中医》

学校设立奖学金情况

学校设立奖学金9项,奖励总金额289.04万元/年,最高金

额 3000 元/年,最低金额 100 元/年。
主要校办产业
河南中医学院校产公司

学校历史沿革
河南中医学院前身是 1953 年在开封创办的河南省中医进修学校,1958 年迁入郑州,同年更名为河南中医学院。

新乡医学院

学校(机构)标识码 4141010472	cn	普通专科 108
学校办学类型 412:本科院校:学院	电子信箱 president@xxmu.edu.cn	成人本科 9309
学校性质类别 05 医药院校	占地面积(平方米) 767014	成人专科 5011
学校举办者 811 省级教育部门	校舍建筑面积(平方米) 446043	硕士研究生 462
学校地址 河南省新乡市红旗区洪门镇大学源社区	图书(万册) 86.62	专任教师(人) 816
	固定资产总值(万元) 68554.14	其中:正高级 109
邮政编码 453003	教学、科研仪器设备资产值(万元)	副高级 170
办公电话 0373 - 3029008	14215.38	中级 423
传真电话 0373 - 3041119	在校生数(人) 24793	初级 114
校园(局域)网域名 www.xxmu.edu.	其中:普通本科 9903	

本科专业 法医学、公共事业管理、护理学、口腔医学、临床医学、临床医学与医学技术类、麻醉学、免费定向、生物工程、生物技术、生物医学工程、信息管理与信息系统、药物制剂、药学、医学检验、医学影像学、英语、应用心理学、预防医学

专科专业 护理、医学生物技术

硕士专业 病理学与病理生理学、儿科学、护理学、精神病与精神卫生学、老年医学、临床检验诊断学、临床医学、马克思主义中国化研究、免疫学、内科学、情报学、人体解剖与组织胚胎学、神经病学、生理学、外科学、细胞生物学、眼科学、药理学、药物化学、应用心理学、中西医结合临床

院系设置
基础医学院、药学院、护理学院、管理学院、医学检验系、公共卫生学系、心理学系、生命科学技术系、外国语言学系、社会科学部、体育教学部、第一临床学院、第二临床学院、第三临床学院

国家级、省部级研究机构设置
研究所:河南省神经科学研究所博士后科研工作站

定期公开出版的专业刊物 《实用儿科临床杂志》、《眼科新进展》、《新乡医学院学报》、《临床心身疾病杂志》

学校设立奖学金情况
学校设立奖学金 2 项。奖励总金额:56.6 万元;奖学金最高金额 1500 元/年;最低金额 200 元/年。

1. 本科生设立奖学金一项,奖学金最高金额 600 元/年。最低金额 200 元/年。

2. 研究生奖学金 1 项,奖励总金额 6.6 万元。最高金额 1500 元/年,最低金额 500 元/年。

学校历史沿革
惠民医院护士学校(1922)、冀鲁豫行署卫生学校(1947.9)、平原省医科学校(1950.5)、华北第二医士学校(1952.11)、河南省汲县医士学校(1956.7)、河南省汲县卫生学校(1956.7)、新乡专区医学院(1958.3)、汲县医学专科学校(1959.9)、豫北医学专科学校(1962.9)、新乡医学院(1982.11)。

河南大学

学校(机构)标识码 4141010475	占地面积(平方米) 2193962	成人专科 8390
学校办学类型 411:本科院校:大学	校舍建筑面积(平方米) 1308012	博士研究生 183
学校性质类别 01 综合大学	图书(万册) 459.95	硕士研究生 5569
学校举办者 811 省级教育部门	固定资产总值(万元) 204630	留学生 92
学校地址 河南省开封市明伦街 85 号	教学、科研仪器设备资产值(万元)	专任教师(人) 2694
邮政编码 475001	34407.59	其中:正高级 384
办公电话 0378 - 2866063	在校生数(人) 60368	副高级 943
传真电话 0378 - 2868822	其中:普通本科 34398	中级 1142
校园(局域)网域名 www.henu.edu.cn	普通专科 2909	初级 225
电子信箱 president@henu.edu.cn	成人本科 8827	

本科专业 编辑出版学、表演、播音与主持艺术、博物馆学、材料化学、财务管理、财政学、测控技术与仪器、德语、地理科学、地理科学类、地理信息系统、电子商务、电子信息科学与技术、动画、对外汉语、俄语、法学、翻译、工商管理、工商管理类、公共管理类、公共事业管理、广播电视编导、广播电视新闻学、广告学、国际经济与贸易、汉语言文学、行政管理、护理学、化学、化学工程与工艺、环境科学、会计学、绘画、计算机科学与技术、建筑学、教育技术学、教育学、金融学、经济学、口腔医学、劳动与社会保障、历史学、临床医学、旅游管理、美术学、民族传统体育、人力资源管理、日语、软件工程、摄影、生物工程、生物技术、生物科学、生物科学类、世界历史、市场营销、数学与应用数学、思想政治教育、体育教育、通信工程、土木工程、网络工程、文化产业管理、舞蹈编导、物理学、戏剧影视文学、新闻传播学类、新闻学、信息管理与信息系统、信息与计算科学、学前教育、药物制剂、药学、药学类、艺术设计、音乐表演、音乐学、英语、应用化学、应用心理学、运动训练、哲学、中药学、资源环境与城乡规划管理、自动化、作曲与作曲技术理论

专科专业 行政管理、护理、计算机多媒体技术、计算机应用技术、建筑工程技术、金融与证券、旅游管理、商务英语、网络系统管理、学前教育、药学、艺术设计、音乐表演、主持与播音

博士专业 地理学新专业、地图学与地理信息系统、高分子化学与物理、国民经济学、教育学原理、马克思主义基本原理、凝聚态物理、区域经济学、人文地理学、体育教育训练学、英语语言文学、政治经济学、植物学、中国古代史、中国古典文献学、中国现当代文学、自然地理学

硕士专业 比较教育学、比较文学与世界文学、病理学与病理生理学、材料加工工程、材料物理与化学、材料学、财政学(含:税收学)、产业经济学、成人教育学、出版、传播学、地理学新专业、地图学与地理信息系统、地图制图学与地理信息工程、动物学、俄语语言文学、发育生物学、发展与教育心理学、法律、法律史、法学理论、翻译、分析化学、高等教育学、高分子化学与物理、工程、工商管理、公共管理、管理科学与工程、光学、光学工程、国防经济、国际关系、国际贸易学、国际政治、国民经济学、国外马克思主义研究、汉语国际教育、汉语言文字学、行政管理、护理学、化学工程、环境科学、会计、会计学、基础数学、基础心理学、计算机应用技术、计算数学、技术经济及管理、检测技术与自动化装置、教育、教育技术学、教育经济与管理、教育史、教育学原理、结构工程、金融、金融学(含:保险学)、经济法学、经济史、经济思想史、考古学及博物馆学、科学技术哲学、科学社会主义与国际共产主义运动、课程与教学论、控制理论与控制工程、劳动经济学、理论物理、历史文献学(含:敦煌学、古文字学)、伦理学、逻辑学、旅游管理、马克思主义发展史、马克思主义基本原理、马克思主义民族理论与政策、马克思主义哲学、马克思主义中国化研究、美术学、免疫学、民商法学(含:劳动法学)、社会保障、民俗学(含:中国民间文学)、民族传统体育学、模式识别与智能系统、内科学、凝聚态物理、农业经济管理、企业管理(含:财务管理、市场营销)、区域经济学、人口、资源与环境经济学、人体解剖与组织胚胎学、人文地理学、日语语言文学、设计艺术学、社会保障、社会医学与卫生事业管理、神经病学、神经生物学、生理学、生态学、生物化学与分子生物学、生物物理学、生药学、史学理论及史学史、世界经济、世界史、数量经济学、思想政治教育、诉讼法学、体育、体育教育训练学、体育人文社会学、统计学、土地资源管理、外国语言学及应用语言学、外国哲学、外科学、微电子学与固体电子学、微生物学、微生物与生化药学、文艺学、无机化学、物理化学(含:化学物理)、物理学新专业、西方经济学、细胞生物学、宪法学与行政法学、新闻学、新闻与传播、刑法学、学前教育学、眼科学、药剂学、药理学、药物分析学、药物化学、遗传学、艺术、艺术学、音乐学、英语语言文学、应用数学、应用心理、应用心理学、有机化学、语言学与应用语言学、原子与分子物理、运筹学与控制论、运动人体科学、政治经济学、政治学理论、职业技术教育学、植物学、中共党史(含:党的学说与党的建设)、中国古代史、中国古代文学、中国古典文献学、中国近现代史、中国近现代史基本问题研究、中国现当代文学、中国哲学、中外政治制度、中药学、肿瘤学、专门史、资产评估、自然地理学、宗教学、作物遗传育种

院系设置
文学院、历史文化学院、教育科学学院、哲学与公共管理学院、法学院、经济学院、工商管理学院、新闻与传播学院、数学与信息科学学院、物理与电子学院、化学化工学院、计算机与信息工程学院、环境规划学院、生命科学学院、土木建筑学院、外语学院、艺术学院、体育学院、医学院、药学院、护理学院、东京临床学院、淮河临床学院、国际教育学院、欧亚国际学院、国际汉学院、远程与继续教育学院、软件学院、人民武装学院、马克思主义学院、大学外语教研部、公共体育教研部、公共计算机教研部、基础实验教学中心、军事理论教研部

国家级、省部级研究机构设置
1.实验室(7个):棉花生物学国家重点实验室;特种功能材料教育部重点实验室;植物逆境生物学教育部重点实验室;河南省特种功能材料重点实验室;河南省植物逆境生物学重点实验室;河南省天然药物与免疫工程重点实验室;河南省光伏材料重点实验室

2.研究中心(所)(17个):黄河文明与可持续发展研究中心;体育改革与发展中心;体育文化研究中心;河南省区域经济研究中心;河南省高等学校人文重点学科开放研究中心;中国现当代文学研究中心;英语语言文学研究中心;中国古代史研究中心;文艺学研究中心;区域发展与规划研究中心;教育改革与发展研究中心;民族研究所;中原发展研究院、河南省豫台关系研究中心;河南省非物质文化遗产研究基地;节能减租添加剂教育部工程研究中心;河南省纳米材料工程技术研究中心

博士后科研流动站 (10个):中国语言文学博士后科研流动站、历史学博士后科研流动站、外国语言文学博士后科研流动站、地理学博士后科研流动站、应用经济学博士后科研流动站、物理学博士后科研流动站、化学博士后科研流动站、生物学博士后科研流动站、教育学博士后科研流动站、理论经济学博士后科研流动站

定期公开出版的专业刊物 《河南大学学报(社会科学版)》、《河南大学学报(自然科学版)》、《河南大学学报(医学版)》、《史学月刊》、《化学研究》、《数学季刊》、《心理研究》、《汉语言文学研究》、《中学英语园地》、《中学政史地》

学校设立奖学金情况

学校设立奖学金 13 项,奖励总金额 799.4 万元。奖学金最高金额 10000 元/年,最低金额 300 元/年。

1. 河南大学奖学金:3600 人/年 2000 元/人;
2. 河南大学单项奖学金:389 人/年 300 - 1000 元/人;
3. 王鸣岐奖学金:10 人/年 1000 元/人;
4. 冰熊奖学金:28 人/年 1000 元/人;
5. 华藏奖学金:30 人/年 450 元/人;
6. 新生入学奖学金:44 人/年,3400 - 4500 元/人;
7. 万宝奖学金:50 人/年 1000 元/人;
8. 新春都药学人才奖学金:10 人/年 1000 元/人;
9. 郭小庄艺术奖学金:6 人/年 1000 元/人;
10. 政治系八二级校友奖学金:10 人/年 1000 元/人;
11. 河南柯达旅游奖助学金:30 人/年 1000 元/人;
12. 杨明翠奖学金:4 人/年 4200 元/人;
13. 肯同奖学金:20 人/年 10000 元/人。

主要校办产业

河南河大资产经营有限公司、河南大学实业总公司、河南大学劳动服务公司、河南大学科技开发中心、河南河大信息工程有限公司、河南大学出版社、河南大学接待服务中心

学校历史沿革

河南留学欧美预备学校(1912 - 1923);中州大学(1923 - 1927,设文理两科);河南中山大学(1927 - 1930);省立河南大学(1930 - 1942);国立河南大学(1942 - 1949,拥有文、理、工、法、农、医 6 大学院的国立综合大学);河南大学(1949 - 1953);河南师范学院(1953 - 1956);开封师范学院(1956 - 1979);河南师范大学(1979 - 1984);河南大学(1984 - 至今,2000 年 7 月,原河南大学、开封医学高等专科学校、开封师范高等专科学校三校合并,组成今天新的河南大学)。

河南师范大学

学校(机构)标识码	4141010476
学校办学类型	411:本科院校:大学
学校性质类别	06 师范院校
学校举办者	811 省级教育部门
学校地址	河南省新乡市牧野区建设东路 46 号
邮政编码	453007
办公电话	0373 - 3325865
传真电话	0373 - 3326507
校园(局域)网域名	www.htu.cn
电子信箱	hnsdfgc@htu.cn
占地面积(平方米)	1485927
校舍建筑面积(平方米)	1033715
图书(万册)	295
固定资产总值(万元)	152835.08
教学、科研仪器设备资产值(万元)	19650
在校生数(人)	36203
其中:普通本科	25680
普通专科	624
成人本科	4428
成人专科	2852
博士研究生	55
硕士研究生	2544
留学生	20
专任教师(人)	1525
其中:正高级	168
副高级	434
中级	783
初级	140

本科专业 电气工程及其自动化、电子信息工程、电子信息工程(机电专科)、对外汉语、法学、法学(民商法方向)、法学(刑法学方向)、翻译、工商管理类、公共管理类、公共事业管理、光电材料与器件、广播电视新闻学、国际政治、汉语言文学、汉语言文学(河南教育学院)、汉语言文学(焦作师专)、汉语言文学(郑州师专)、化工与制药、化学、化学(河南教育学院)、化学工程与工艺、环境工程、环境科学、绘画、计算机科学与技术、计算机科学与技术(软件开发)、计算机科学与技术(软件开发.net)、计算机科学与技术(网络工程)、教育技术学、教育技术学(数字媒体设计方向)、教育学、经济学类、劳动与社会保障、历史学、旅游管理(旅游文化与信息管理)、旅游管理(师范)、旅游管理(双语文化与旅管)、美术学、美术学(河南教育学院)、人力资源管理、日语、商务英语、社会工作、社会学、生物技术、生物科学、生物科学(河南教育学院)、世界历史、数学与应用数学、数学与应用数学(河南教育学院)、数学与应用数学(焦作师专)、水产养殖学、思想政治教育、体育教育、通信工程、外交学、网络工程、舞蹈编导、物理学、物理学(河南教育学院)、戏剧影视文学、小学教育(郑州师专)、心理学、心理学(河南教育学院)、信息管理与信息系统、信息与计算科学、学前教育、艺术设计、音乐表演、音乐学、英语、英语(河南教育学院)、运动人体科学、运动训练、政治学与行政学

专科专业 动漫设计与制作、计算机多媒体技术、计算机网络技术、酒店管理、软件技术、涉外旅游

博士专业 动物学、环境科学、理论物理、物理化学(含:化学物理)

硕士专业 材料物理与化学、材料学、产业经济学、成人教育学、电路与系统、动物学、发育生物学、翻译、分析化学、概率论与数理统计、高分子化学与物理、工程、光学、国民经济学、汉语国际教育、汉语言文字学、环境工程、环境科学、基础数学、计算机软件与理论、计算机应用技术、计算数学、教育、教育技术学、教育经济与管理、教育学原理、经济法学、科学技术哲学、课程与教学论、理论物理、历史文献学(含:敦煌学、古文字学)、粒子物理与原子核物理、伦理学、马克思主义基本原理、马克思主义哲学、马克思主义中国化研究、美术学、民族传统体育学、凝聚态物理、农业推广、企业管理(含:财务管理、市场营销)、生理学、生态学、生物化学与分子生物学、史学理论及史学史、世界史、水产养殖、水生生物学、思想政治教育、体育、体育教育训练学、体育人文社会学、外国语言学及应用语言学、微生物学、无机化学、物理电子学、物理化学(含:化学物理)、细胞生物学、药物化学、遗传

学、音乐学、英语语言文学、应用化学、应用数学、应用统计、有机化学、语言学与应用语言学、原子与分子物理、运筹学与控制论、运动人体科学、政治经济学、政治学理论、植物学、中共党史(含：党的学说与党的建设)、中国古代文学、中国现当代文学、专门史

院系设置

数学与信息科学学院、物理与信息工程学院、化学与环境科学学院、生命科学学院、外国语学院、体育学院、政治与管理科学学院、经济与管理学院、文学院、教育科学学院、计算机与信息技术学院(软件职业技术学院)、社会发展学院、美术学院、音乐学院、法学院、公共事务学院、外语部、国防教育研究室、继续教育学院、国际交流与教育学院

国家级、省部级研究机构设置

细胞分化调控省部共建国家重点实验室培育基地、黄淮水环境与污染防治省部共建教育部重点实验室、绿色化学介质与反应省部共建教育部重点实验室、河南省生物工程重点实验室、河南省环境污染控制重点实验室、河南省光伏材料重点实验室、河南省生物工程研究应用中心、河南省动力电源及关键材料工程技术研究中心、河南省中国特色社会主义理论体系研究中心、科技与社会研究所、青少年问题研究中心

博士后科研流动站 物理学、化学、环境科学与工程、生物学

定期公开出版的专业刊物 《河南师范大学学报》(哲学社会科学版)、《河南师范大学学报》(自然科学版)、《教育科学文摘》

学校设立奖学金情况

学校设立奖学金4项,奖励总金额470余万元。奖学金最高金额8000元/年,最低金额200元/年。

1. 国家奖学金:67人/年,8000元/人；
2. 国家励志奖学金:800人/年,5000元/人；
3. 优秀学生单项奖学金:约400人/年,共约15万元；
4. 忠信德育奖:60人/年,共2万元。

学校历史沿革

前身是始建于1923年的中州大学和创建于1951年的平原师范学院；先后更名为河南师范学院二院、河南第二师范学院、新乡师范学院；1985年始称河南师范大学。

信阳师范学院

学校(机构)标识码	4141010477
学校办学类型	412:本科院校:学院
学校性质类别	06 师范院校
学校举办者	811 省级教育部门
学校地址	河南省信阳市浉河区长安路237号
邮政编码	464000
办公电话	0376-6391079
传真电话	0376-6392259
校园(局域)网域名	www.xytc.edu.cn
电子信箱	yuanban@xytc.edu.cn
占地面积(平方米)	1039186
校舍建筑面积(平方米)	640010
图书(万册)	187
固定资产总值(万元)	55761
教学、科研仪器设备资产值(万元)	13759
在校生数(人)	29888
其中:普通本科	20693
普通专科	1309
成人本科	4664
成人专科	2809
硕士研究生	413
专任教师(人)	1250
其中:正高级	133
副高级	398
中级	524
初级	145
未定职级	50

本科专业 播音与主持艺术、茶学、地理科学、地理信息系统、电子科学技术、电子信息工程、动画、对外汉语、法学、工程管理、工商管理、广播电视编导、国际经济与贸易、汉语言、汉语言文学、化学、化学工程与工艺、环境艺术设计、会计学、会展策划与管理、计算机科学与技术、教育技术学、教育学、经济学、历史学、旅游管理、美术学、平面艺术设计、日语、商务英语方向、社会工作、社会体育、生物工程、生物技术、生物科学、市场营销、数学与应用数学、水产养殖学、思想政治教育、体育教育、统计学、土木工程、网络工程、微生物方向、文化产业管理、文秘教育、舞蹈学、物理学、戏曲影视文学、小学教育、心理学、信息管理与信息系统、信息与计算科学、学前教育、艺术设计、音乐表演、音乐学、英语、应用化学、应用物理学、应用心理学、资源环境与城乡规划管理

专科专业 工商行政管理、环境艺术设计、计算机多媒体技术、计算机网络技术、计算机应用技术、建筑工程技术、旅游管理、平面艺术设计、软件技术

硕士专业 发展与教育心理学、翻译硕士(笔译)、翻译硕士(口译)、分析化学、汉语言文字学、化学工程、基础数学、科学社会主义与国际共产主义运动、课程与教学论、劳动经济学、理论物理、马克思主义理论、硕师计划(数学)、硕师计划(英语)、硕师计划(语文)、思想政治教育、文艺学、系统理论、学科教学(数学)、学科教学(英语)、学科教学(语文)、英语语言文学、应用化学、应用数学、政治经济学、植物学、中国古代文学

院系设置

政法学院、文学院、数学与信息科学学院、物理电子工程学院、生命科学学院、教育科学学院、化学化工学院、经济与管理科学学院、外国语学院、城市与环境科学学院、土木工程学院、体育学院、历史文化学院、国际交流学院、音乐学院、美术学院、播音与主持学院、成人教育管理学院、马列部、大学外语部、公共体育部、网络信息与计算中心

国家级、省部级研究机构设置

研究所(中心):当代马克思主义研究中心、河南省基础教育

中心、课程与教学改革研究所、数学研究所、中国古代文学研究所、淮河流域研究所、珍珠岩研究所

定期公开出版的专业刊物　《信阳师范学院学报(哲学社会科学版)》、《信阳师范学院学报(自然科学版)》

学校设立奖学金情况

学校设立奖学金2项,奖励总金额248余万元。奖学金最高金额2000元/年,最低金额100元/年。

1. 一等优秀学生奖学金412人/年,2000元/人。
2. 二等优秀学生奖学金816人/年,1000元/人。
3. 三等优秀学生奖学金1633人/年,500元/人。

毕业生一次就业率　85%

学校历史沿革

1975年7月开封师范学院信阳分院,1978年12经国务院批准,成立信阳师范学院。

周口师范学院

学校(机构)标识码　4141010478	校园(局域)网域名　www.zknu.edu.cn	其中:普通本科　17199
学校办学类型　412:本科院校:学院	电子信箱　yuanban@zknu.edu.cn	普通专科　3924
学校性质类别　06 师范院校	占地面积(平方米)　1017175	成人本科　3486
学校举办者　811 省级教育部门	校舍建筑面积(平方米)　515403	成人专科　2008
学校地址　河南省周口市川汇区文昌大道东段	图书(万册)　128.96	专任教师(人)　1012
	固定资产总值(万元)　45896.6	其中:正高级　67
邮政编码　466001	教学、科研仪器设备资产值(万元)　10941	副高级　247
办公电话　0394-8178098		中级　442
传真电话　0394-8178099	在校生数(人)　26617	初级　256

本科专业　播音与主持艺术、材料化学、电子信息工程、电子信息工程(师范)、动画、对外汉语、法学、光电子技术科学、广播影视编导、国际经济与贸易、汉语言文学、化学、化学工程与工艺、绘画、计算机科学与技术、教育技术学、历史学、美术学、人力资源管理、文化产业管理、日语、软件工程、软件工程(动漫方向)、社会体育、生物工程、生物技术、生物科学、市场营销、数学与应用数学、思想政治教育、体育教育、统计学、网络工程、舞蹈编导、物理学、戏剧影视文学、小学教育、心理学、新闻学、信息与计算科学、学前教育(美术方向)、学前教育(音乐方向)、艺术设计、音乐表演、音乐表演(地方戏曲)、音乐学、英语、应用化学、自动化、自动化(师范)

专科专业　计算机多媒体技术、计算机网络技术、计算机信息管理、美术教育、软件技术、数学教育、学前教育、音乐教育、英语教育、语文教育、装潢艺术设计

院系设置

汉语言文学系、外语系、政法系、数学与信息科学系、物理与电子工程系、化学系、生命科学系、计算机科学系、教育科学系、体育学院、美术系、音乐系、经济管理系、公共理论教学部、公共艺术教研部、继续教育学院

定期公开出版的专业刊物　《周口师范学院学报》

学校历史沿革

周口师范学校(1973年-1982年);周口师范专科学校(1982年4月8日-1992年4月1日)(郑州师范专科学校迁入合并);周口师范高等专科学校(1992年4月1日-2002年3月21日);周口师范学院(2002年3月21日至今)。

安阳师范学院

学校(机构)标识码　4141010479	电子信箱　yb@aynu.edu.cn	普通专科　1335
学校办学类型　412:本科院校:学院	占地面积(平方米)　1140437	成人本科　4113
学校性质类别　06 师范院校	校舍建筑面积(平方米)　525744	成人专科　2545
学校举办者　811 省级教育部门	图书(万册)　168.89	专任教师(人)　986
学校地址　河南省安阳市弦歌大道	固定资产总值(万元)　95400	其中:正高级　86
邮政编码　455002	教学、科研仪器设备资产值(万元)　10655.61	副高级　274
办公电话　0372-2900261		中级　470
传真电话　0372-2984560	在校生数(人)　26244	初级　151
校园(局域)网域名　www.aynu.edu.cn	其中:普通本科　18251	未定职级　5

本科专业 播音与主持艺术、材料化学、财务管理、地理科学、地理科学(城市管理方向)、电气工程及其自动化、电气工程与自动化、电子信息工程、动画、对外汉语、法学、工程管理、公共事业管理、公共事业管理(教育管理方向)、广播电视编导、国际经济与贸易、汉语言文学、汉语言文学(文秘方向)、行政管理、化工与制药、化学、会计学、绘画、计算机科学与技术、计算机科学与技术(嵌入式方向)、计算机科学与技术(网络方向)、建筑学、教育技术学、教育技术学(电视编导与制作)、教育技术学(教育软件方向)、教育学、金融学、历史学、旅游管理、旅游管理(风景区规划与管理)、旅游管理(酒店管理)、美术学、美术学(书法方向)、人力资源管理、日语、软件工程、软件工程(.NET方向)、软件工程(Java方向)、软件工程(嵌入式方向)、社会工作、社会体育、社会学、摄影、市场营销、数学与应用数学、思想政治教育、体育教育、统计学、土木工程、舞蹈学、物理学、物流管理、小学教育、信息管理与信息系统、信息管理与信息系统(电子商务)、信息管理与信息系统(信息技术)、信息与计算科学、学前教育、学前教育(本科对口)、艺术设计、艺术设计(环境艺术方向)、音乐表演、音乐表演(本科对口)、音乐表演(钢琴方向)、音乐学、英语、应用心理学

专科专业 动漫设计与制作、动漫设计与制作(五年一贯制)、工商企业管理(销售经理)(中外合作)计算机网络技术、计算机网络技术(五年一贯制)、计算机信息管理、计算机应用技术、计算机应用技术(中外合作)、旅游管理(中外合作)、嵌入式技术与应用、软件技术、社会体育(运动休闲管理)(中外合作)、学前教育(中外合作)、艺术设计、英语教育(五年一贯制)、综合文科教育(五年一贯制)

学校设立奖学金情况
学校设立国家奖学金、国家励志奖学金、国家助学金、安阳师范学院奖学金等4项,奖励总金额1400余万元。奖学金最高金额8000元/年,最低金额1500元/年。

学校历史沿革
学校前身为1906年创办的彰德师范讲习所;1949年10月被命名为平原省立师范学校;1958年12月改名为河南省安阳师范专科学校;1978年称安阳师范高等专科学校;2000年4月安阳师范高等专科学校和安阳教育学院合并升格为安阳师范学院。

许昌学院

学校(机构)标识码 4141010480	电子信箱 xcxy@xcu.edu.cn	成人本科 3086
学校办学类型 412:本科院校:学院	占地面积(平方米) 820044	成人专科 1981
学校性质类别 06 师范院校	校舍建筑面积(平方米) 582824	留学生 1
学校举办者 811 省级教育部门	图书(万册) 144.95	专任教师(人) 842
学校地址 河南省许昌市魏都区八一路88号	固定资产总值(万元) 66484.5	其中:正高级 58
	教学、科研仪器设备资产值(万元) 12116.21	副高级 196
邮政编码 461000		中级 338
办公电话 0374-2968866	在校生数(人) 23307	初级 249
传真电话 0374-2968808	其中:普通本科 16416	未定职级 1
校园(局域)网域名 www.xcu.edu.cn	普通专科 1823	

本科专业 播音与主持艺术、材料科学与工程、测绘工程、地理科学、地理信息系统、电气工程及其自动化、电气信息类、电子商务、电子信息工程、法学、工商管理、工商管理(会计方向)、汉语言文学、行政管理、化学、化学工程与工艺、绘画、机械设计制造及其自动化、计算机科学与技术、经济学、历史学、旅游管理、旅游管理(酒店管理方向)、旅游管理(涉外旅游方向)、美术学、日语、日语(商务日语方向)、社会体育、食品科学与工程、市场营销、数学与应用数学、数字媒体技术、思想政治教育、体育教育、通信工程、统计学、土木工程、网络工程、舞蹈学、物理学、戏剧影视文学、小学教育、学前教育、学前教育(美术方向)、学前教育(音乐方向)、艺术设计、音乐学、英语、英语(翻译方向)、英语(国际贸易方向)、应用化学、应用心理学、应用心理学(师范)、政治学与行政学

专科专业 电气工程技术、动漫设计与制作、计算机教育、计算机类(中外合作)、计算机网络技术、计算机应用技术、旅游管理、软件技术、市场营销(中加合作)、网络系统管理、艺术设计、艺术设计(中美合作)、音乐教育、音乐教育(中美合作)、英语教育、综合文科教育

院系设置
文学院、历史文化与旅游学院、法政学院、外国语学院、经济与管理学院、教育科学学院、数学与统计学院、电气信息工程学院、化学化工学院、城市与环境学院、计算机科学与技术学院、体育学院、美术学院、音乐学院、国际教育学院、软件职业技术学院、继续教育学院、五年制专科部

国家级、省部级研究机构设置
研究所(中心):高等教育研究所、表面微纳米材料研究所、魏晋文化研究所、应用数学研究所

定期公开出版的专业刊物 《许昌学院学报》

学校设立奖学金情况
学校设立奖学金7项,奖励总金额1439.8余万元。奖学金最高金额8000元/年,最低金额500元/年。

毕业生一次就业率 81.01%

学校历史沿革

许昌学院前身为许昌师范高等专科学校。1958被国务院批准为许昌师范专科学校,1963年因国家困难调整为中师,1978年经国务院批准恢复为许昌师范专科学校,1992年更名为许昌师范高等专科学校,2002年经国家教育部批准,升格为多科性的普通本科院校。

南阳师范学院

学校(机构)标识码 4141010481	电子信箱 yuanban@nynu.edu.cn	普通专科 1997
学校办学类型 412:本科院校:学院	占地面积(平方米) 1237999	成人本科 4227
学校性质类别 06 师范院校	校舍建筑面积(平方米) 705453	成人专科 1353
学校举办者 811 省级教育部门	图书(万册) 162.5	专任教师(人) 1085
学校地址 南阳市卧龙路1368号	固定资产总值(万元) 81872	其中:正高级 103
邮政编码 473061	教学、科研仪器设备资产值(万元) 13692	副高级 336
办公电话 0377-63513732		中级 476
传真电话 0377-63512517	在校生数(人) 27304	初级 170
校园(局域)网域名 www.nynu.edu.cn	其中:普通本科 19727	

本科专业 播音与主持艺术、财务管理、测绘工程、地理科学、地理信息系统、电子信息工程、电子信息科学与技术、雕塑、动画、对外汉语、法学、服装设计与工程、工程管理、工商管理、公共事业管理、广播电视编导、广播电视新闻学、国际经济与贸易、汉语言文学、行政管理、化学、计算机科学与技术、建筑学、教育技术学、教育学、历史学、旅游管理、美术学、日语、软件工程、软件工程(动漫设计方向)、生物工程、生物科学、数学与应用数学、思想政治教育、体育教育、通信工程、土木工程、舞蹈编导、物理学、物流管理、戏剧影视文学、信息与计算科学、学前教育(美术方向)、学前教育(音乐方向)、艺术设计、音乐表演、音乐学、英语、英语(商务)、应用化学、应用心理学、园林、运动训练、制药工程、自动化

专科专业 动漫设计与制作、服装设计、计算机多媒体技术、计算机网络技术、计算机应用技术、旅游管理、美术教育、软件技术、艺术设计、音乐表演、音乐教育、英语教育、语文教育

院系设置

文学院、新闻传播学院、政治与公共管理学院、历史文化学院、法学院、外国语学院、数学与统计学院、物理与电子工程学院、化学与制药工程学院、生命科学与技术学院、环境科学与旅游学院、计算机与信息技术学院、体育学院、美术与艺术设计学院、音乐学院、经济与管理学院、教育科学学院、土木建筑工程学院、软件学院、国际交流学院、德育教研室、公共艺术教研室、现代网络教育中心、技能部、五年制管理中心、成人教育学院

国家级、省部级研究机构设置

河南省伏牛山昆虫生物学实验室是河南省省级重点实验室;设有河南省南水北调源头区域环境保护实验室、汉代文化研究所、南阳可持续发展研究所、环境艺术设计中心、范蠡与中国商业文化研究所、冯友兰学术研究所、南阳作家群研究所

定期公开出版的专业刊物 《南都学坛》、《南阳师范学院报》

学校设立奖学金情况

学校设立奖学金3项,奖励总金额538余万元,奖学金最高金额8000元/年,最低1000元/年。

1. 国家奖学金:53人/年,8000元/人,计42.4万元
2. 励志奖学金:759人/年,5000元/人,计379.5万元
3. 学校优秀学生奖学金:1556人/年,1000元/人,计155.6万元

学校历史沿革

南阳师范学院始于1907年南阳县师范传习所,几经变迁。新中国成立后于1951年创建南阳师范学校。1958年升格为南阳师范专科学校。1962年降格为南阳师范学校。1978年恢复为南阳师范专科学校。1992年改为南阳师范高等专科学校。2000年经教育部批准,与南阳教育学院合并升格位南阳师范学院。

洛阳师范学院

学校(机构)标识码 4141010482	邮政编码 471022	占地面积(平方米) 1110295
学校办学类型 412:本科院校:学院	办公电话 0379-65515009	校舍建筑面积(平方米) 622088
学校性质类别 06 师范院校	传真电话 0379-65526116	图书(万册) 187.08
学校举办者 811 省级教育部门	校园(局域)网域名 www.lynu.cn	固定资产总值(万元) 79556.28
学校地址 河南省洛阳市龙门路71号	电子信箱 xzb@lynu.edu.cn	教学、科研仪器设备资产值(万元)

	12211	成人本科 2544	副高级 286
在校生数(人) 26238	成人专科 1402	中级 592
其中:普通本科 20181	专任教师(人) 1145	初级 173
普通专科 2111	其中:正高级 94	

本科专业 播音与主持艺术、电气工程及其自动化、电气工程及其自动化(过程控制方)、电子科学与技术、电子商务、电子信息科学与技术、动画、对外汉语、法学、工商管理、公共事业管理、广播电视编导、国际经济与贸易、汉语言文学、汉语言文学(高级文秘方向)、行政管理、化学、化学工程与工艺、会计学、绘画(油画方向)、绘画(中国画方向)、计算机科学与技术、教育技术学、历史学、旅游管理、旅游管理(酒店管理方向)、美术学、美术学(书法方向)、民族传统体育、日语、软件工程、社会工作、社会体育、生物技术、生物科学、市场营销、数学与应用数学、思想政治教育、体育教育、统计学、统计学(金融数学方向)、网络工程、网络工程(物联网方向)、文化产业管理、舞蹈学、舞蹈学(体育舞蹈方向)、物理学、物理学(光伏科学与技术方向)、戏剧影视文学、新闻学、信息与计算科学、学前教育、艺术设计、艺术设计(环艺设计方向)、艺术设计(视觉艺术策划与管理方向)、艺术设计(数码设计方向)、艺术设计(装潢设计方向)、音乐表演、音乐表演(演艺策划与管理方向)、音乐学、英语、英语(翻译方向)、英语(经贸方向)、应用化学、应用心理学、运动训练

专科专业 动漫设计与制作、计算机网络技术、计算机信息管理、计算机信息管理(金融服务外包)、计算机应用技术、酒店管理(旅游管理)、软件技术、数学教育、英语教育、应用电子技术、语文教育

院系设置
学校设有文学与传媒学院、政法学院、历史文化学院、体育学院等18个院系。

国家级、省部级研究机构设置
研究中心(所):河洛文化国际研究中心

定期公开出版的专业刊物 《洛阳师范学院学报》

学校设立奖学金情况
学校设立奖学金6项,奖励总金额2480余万元。奖学金最高金额8000元/年,最低金额500元/年。

学校历史沿革
洛阳师范学院前身为1916年8月创立的河洛道师范学校。1958年升格为师范学校。1978年经国务院批准恢复洛阳师范学院,1992年改称洛阳师范高等专科学校,期间于1988年被国家教委首批表彰为优秀师专。2000年3月与洛阳教育学院合并升格为洛阳师范学院。

商丘师范学院

学校(机构)标识码 4141010483	校园(局域)网域名 www.sqnc.edu.cn	其中:普通本科 18938
学校办学类型 412:本科院校:学院	电子信箱 sqsy476000@126.com	普通专科 3076
学校性质类别 06 师范院校	占地面积(平方米) 1174753	成人本科 4458
学校举办者 811 省级教育部门	校舍建筑面积(平方米) 559725	成人专科 1964
学校地址 河南省商丘市平原中路55号	图书(万册) 168.91	专任教师(人) 1120
	固定资产总值(万元) 49861	其中:正高级 90
邮政编码 476000	教学、科研仪器设备资产值(万元) 12028	副高级 249
办公电话 0370-2586878		中级 456
传真电话 0370-2587900	在校生数(人) 28436	初级 325

本科专业 表演、播音与主持艺术、测绘工程、城市规划、地理科学、地理科学(旅游资源开发方向)、电气工程及其自动化、电子信息工程、雕塑、动画、动物科学、对外汉语、法学、公共事业管理、广播电视编导(编导制作方向)、广播电视编导(播音主持方向)、广播电视新闻学、广播电视新闻学(网络传播方向)、广播影视编导、国际经济与贸易、汉语方文学(对外汉语方向)、汉语方文学(高级文秘方向)、汉语言文学、行政管理、化学、化学工程与工艺、绘画、计算机科学与技术、计算机科学与技术(软件测试方向)、计算机科学与技术(软件工程.NET)、计算机科学与技术(网络工程方向)、计算机科学与技术(网络与信息安全)、计算机科学与技术(游戏动漫软件)、建筑学、教育技术学、教育学、经济学、历史学、历史学(文化产业管理方向)、美术学、美术学(书法教育方向)、民族传统体育、日语、社会工作、社会体育、摄影、生物工程、生物技术、生物科学、市场营销、数学与应用数学、思想政治教育、体育教育、通信工程、土木工程、舞蹈编导、物理学、小学教育、小学教育(艺术方向)、信息管理与信息系统、信息与计算科学、艺术设计、音乐表演、音乐学、英语、应用化学、应用物理学、应用心理学、园林

专科专业 计算机多媒体技术、计算机网络技术、计算机信息管理、计算机应用计术(WEB应用技术方向)、计算机应用技术、精细化学品生产技术、美术教育、美术教育(中外合作)、软件技术、软件技术(软件服务外包)、商务英语、商务英语(中外合作)、生物技术及应用、数学教育、体育教育、音乐教育、英语教育、应用电子技术、应用电子技术(中外合作)、语文教育

院系设置

文学院、新闻传播学院、历史与社会学院、法学院、经济与管理学院、数学与信息科学学院、物理与电气信息学院、化学化工学院、外语学院、体育学院、生命科学学院、音乐学院、计算机与信息技术学院、美术学院、现代艺术学院、教育科学学院、环境与规划学院、建筑与土木工程学院、五年制教学部、成人教育学院、思想政治理论教学部、公共体育教学部、国际教育学院

定期公开出版的专业刊物 《商丘师范学院学报》

学校设立奖学金情况

学校设立奖学金4项,奖励总额608.48万元。奖学金最高额8000元/年,最低额700元/年。

学校历史沿革

商丘师范大学班(1977－1981),商丘师范专科学校(1981－1991),商丘师范高等专科学校(1991－2000),商丘师范学院(2000年至今)。

河南财经政法大学

学校(机构)标识码 4141010484	占地面积(平方米) 1286016	成人本科 1191
学校办学类型 411:本科院校:大学	校舍建筑面积(平方米) 586461	成人专科 1398
学校性质类别 08 财经院校	图书(万册) 210	硕士研究生 732
学校举办者 811 省级教育部门	固定资产总值(万元) 53547.33	留学生 13
学校地址 郑州市文化路80号	教学、科研仪器设备资产值(万元) 10640	专任教师(人) 1163
邮政编码 450002		其中:正高级 156
办公电话 0371－63518889	在校生数(人) 24902	副高级 362
传真电话 0371－63518890	其中:普通本科 17835	中级 470
校园(局域)网域名 www.huel.edu.cn	普通专科 3733	初级 175
电子信箱 hncjzfdx@126.com		

本科专业 财务管理、财政学、地理信息系统、电子商务、法学、房地产经营管理、工程管理、工程造价、工商管理、公共事业管理、管理科学、广播电视新闻学、广告学、国际经济与贸易、国际商务、汉语言文学、行政管理、会计学、会展经济与管理、绘画、计算机科学与技术、金融学、经济学、劳动与社会保障、旅游管理、农村区域发展、农林经济管理、人力资源管理、软件工程、社会工作、审计学、市场营销、数学与应用数学、税务、统计学、投资学、物流管理、物业管理、信息管理与信息系统、信息与计算科学、艺术设计、英语、资产评估、资源环境与城乡规划管理

专科专业 法律事务、法律文秘、工商企业管理、国际金融、会计、计算机多媒体技术、计算机网络技术、计算机信息管理、软件技术、商务英语、书记官、司法警务、司法信息技术、刑事侦查技术、艺术设计

硕士专业 财政学(含:税收学)、产业经济学、工商管理、管理科学与工程、国际贸易学、国际商务、国民经济学、会计、会计学、计算机应用技术、技术经济及管理、金融、金融学(含:保险学)、经济法学、经济史、经济思想史、劳动经济学、伦理学、旅游管理、马克思主义基本原理、马克思主义哲学、民商法学(含:劳动法学)、社会保障、农业经济管理、企业管理(含:财务管理、市场营销)、区域经济学、人口、资源与环境经济学、人文地理学、世界经济、数量经济学、思想政治教育、统计学、西方经济学、刑法学、应用统计、政治经济学

院系设置

国贸学院、工商学院、会计学院、外语系、金融学院、法学院等25个院系

国家级、省部级研究机构设置

河南经济研究中心、河南诉讼法研究中心等4个省级科研机构

定期公开出版的专业刊物 《经济经纬》、《政法纵横》

学校设立奖学金情况

设奖学金3项、奖金总额245万元,最高1600元/年,最低400元/年。

学校历史沿革

2010年3月,河南财经政法大学在原河南财院与原政法干部学院合并基础上成立。原河南财经学院成立于1983年,原河南政法管理干部学院成立于1948年。

郑州航空工业管理学院

学校(机构)标识码 4141010485	学校举办者 811 省级教育部门	办公电话 0371－60632000
学校办学类型 412:本科院校:学院	学校地址 河南省郑州市大学中路2号	传真电话 0371－60632600
学校性质类别 08 财经院校	邮政编码 450015	校园(局域)网域名 www.zzia.edu.cn

电子信箱 zzia@zzia.edu.cn		8413.28	专任教师(人) 1026
占地面积(平方米) 1266562	在校生数(人) 28294		其中:正高级 79
校舍建筑面积(平方米) 971852	其中:普通本科 22781		副高级 234
图书(万册) 155	普通专科 3621		中级 536
固定资产总值(万元) 53769.31	成人本科 998		初级 173
教学、科研仪器设备资产值(万元)	成人专科 894		未定职级 4

本科专业 保险、材料成型及控制工程、财务管理、城市规划、档案学、档案学(建筑工程档案管理)、电气工程及其自动化、电子信息工程、动画、法学、法学(刑事司法方向)、法语、飞行器动力工程、工程管理、工程造价、工商管理、工业工程、工业设计、工业设计(产品造型设计方向)、工业设计(艺术类)、公共事业管理、广告学、广告学(广告设计)、国际经济与贸易、汉语言文学、行政管理、环境工程、会计学、会计学(ACCA方向实验班)、会计学(CIMA方向实验班)、会计学(金融会计方向)、机械设计制造及其自动化、计算机科学与技术、金融学、金融学(金融工程方向)、经济学、旅游管理、旅游管理(空乘方向男生)、旅游管理(空乘方向女生)、贸易经济、人力资源管理、审计学、市场营销、数学与应用数学、通信工程、统计学、图书馆学、土木工程(道路桥梁方向)、网络工程、物流工程、物流管理、信息管理与信息系统、艺术设计、艺术设计(环境艺术设计)、艺术设计(空乘男)、艺术设计(空乘女)、艺术设计(视觉传达设计)、英语、质量与可靠性工程、自动化

专科专业 动漫设计与制作、工程造价、工商企业管理、公共关系(模特方向)、环境监测与治理技术、会计与统计核算、机械制造与自动化、计算机信息管理、计算机应用技术、计算机应用技术(电子商务方向)、计算机应用技术(网络方向)、建筑工程技术、酒店管理、空中乘务(男)、空中乘务(女)、旅游管理、农业环境保护技术、软件技术、市场开发与营销、图形图像制作、网络系统管理、装潢艺术设计

院系设置

会计学院、工商管理学院、经贸学院、信息科学学院、管理科学与工程学院、机电工程学院、外语系、法律系、土木建筑工程学院、计算机科学与应用系、数理系、人文社会科学系、电子通信工程系、艺术设计系、航空工程系、国际学院、软件职业技术学院、继续教育学院

定期公开出版的专业刊物 《郑州航空工业管理学院学报》、《郑州航空工业管理学院学报》(社科版)、《管理工程师》

学校设立奖学金情况

学校设立奖学金4项,奖励总金额170余万元。奖学金最高金额106万元/年,最低金额14.4万元/年。

主要校办产业

教学实习工厂

学校历史沿革

郑州航空工业管理学院的前身为平原省立财经学校,创建于1949年10月。1964年在与全国16所航空学校专业调整合并的基础上建址郑州,更名为郑州航空工业学校。1978年经原教育部批准,升格为郑州航空工业管理专科学校,1984年进一步升格为郑州航空工业管理学院。1999年郑州航空工业管理学院由中国航空工业部(总公司)主管划转为实行中央与地方共建、省管为主的办学体制。

河南职业技术学院

学校(机构)标识码 4141010824	传真电话 0371-65893093	在校生数(人) 18097
学校办学类型 415:专科院校:高等职业学校	校园(局域)网域名 www.hnzj.ha.cn	其中:普通专科 16976
	电子信箱 hzgg66@163.com	成人专科 1121
学校性质类别 02 理工院校	占地面积(平方米) 826013	专任教师(人) 849
学校举办者 812 省级其他部门	校舍建筑面积(平方米) 531857	其中:正高级 17
学校地址 河南省郑州市郑东新区龙子湖高效园区祭城路	图书(万册) 109.02	副高级 176
	固定资产总值(万元) 49044.18	中级 261
邮政编码 450046	教学、科研仪器设备资产值(万元)	初级 272
办公电话 0371-69307368	10617.4	未定职级 123

专科专业 产品造型设计、导游、电气自动化技术、电子商务、电子信息工程技术、动漫设计与制作、工程造价、工商企业管理、广告设计与制作、焊接技术及自动化、会计电算化、机电一体化技术、计算机多媒体技术、计算机辅助设计与制造、计算机网络技术、计算机应用技术、建筑电气工程技术、酒店管理、旅游管理、旅游英语、模具设计与制造、烹饪工艺与营养、汽车电子技术、汽车技术服务与营销、汽车检测与维修技术、汽车整形技术、软件技术、商务管理、商务英语、食品加工技术、市场营销、室内设计技术、数控技术、数控设备应用与维护、图形图像制作、网络系统管理、文秘、舞蹈表演、物流管理、物业设施管理、移动通信

技术、音乐表演、影视动画、园林工程技术

院系设置

学院设有：机械电子工程系、旅游烹饪系、信息工程系、工商管理系、环境艺术工程系、汽车工程系、音乐学院、继续教育学院、基础社科部等9个系(部)

学校设立奖学金情况

学校设立奖学金1项，奖励总金额65.52余万元。奖学金最高金额1200元/年，最低金额400元/年。

学校历史沿革

河南职业技术学院的前身是河南省第一技工学校，创建于1954年，先后经历了河南省劳动学院、河南省工业技术师范学院、河南技工师范学院和河南职业技术教育学院等几个发展阶段。1999年3月，经国家教育部批准改制为河南职业技术学院。

漯河职业技术学院

学校(机构)标识码　4141010835
学校办学类型　415：专科院校：高等职业学校
学校性质类别　02 理工院校
学校举办者　821 地级教育部门
学校地址　漯河市大学路123号
邮政编码　462002
办公电话　0395-2152652
传真电话　0395-2127800

校园(局域)网域名　www.lhvtc.net.cn
电子信箱　lhzyjsxy@126.com
占地面积(平方米)　386860
校舍建筑面积(平方米)　409671
图书(万册)　124.6
固定资产总值(万元)　336166.63
教学、科研仪器设备资产值(万元)　7667.67
在校生数(人)　13934

其中：普通专科　13670
　　　成人专科　264
专任教师(人)　708
其中：正高级　18
　　　副高级　196
　　　中级　299
　　　初级　169
　　　未定职级　26

专科专业　财务信息管理、电气自动化技术、电子商务、电子信息工程技术、雕塑艺术设计、多媒体设计与制作、纺织品检验与贸易、服装设计、工程监理、国际贸易实务、环境艺术设计、会计电算化、会展策划与管理、机电一体化技术、计算机多媒体技术、计算机控制技术、计算机网络技术、计算机应用技术、建筑工程技术、建筑装饰工程技术、酒店管理、连锁经营管理、旅游管理、模具设计与制造、汽车运用技术、人物形象设计、商务管理、商务英语、涉外旅游、摄影摄像技术、生物技术及应用、食品加工技术、食品生物技术、食品营养与检测、市场营销、数控技术、文秘、舞蹈表演、物流管理、学前教育、音乐表演、英语教育、应用化工技术、应用英语、园艺技术、制冷与冷藏技术、装潢艺术设计

院系设置

机电工程系、外语系、旅游与酒店管理系、食品工程系、轻工系、计算机工程系、经济管理与贸易系、社会管理系、美术系、建筑工程系、音乐系、成人教育部、基础部

定期公开出版的专业刊物　《漯河职业技术学院院报》、《漯职院报》

学校设立奖学金情况

学校设立奖学金3项，奖励总金额101余万元。奖学金最高金额1000元/年，最低金额400元/年。

学校历史沿革

漯河职业技术学院前身为1993年经市人民政府批准建立的地方性大学——漯河大学，1998年学校与漯河市职工大学合并。1999年经教育部批准成立一所专科层次的职业技术学院，名称为"漯河职业技术学院"。2000年11月，河南省乡镇企业中专并入本校，2002年5月，河南省漯河艺术师范并入本校。

三门峡职业技术学院

学校(机构)标识码　4141010842
学校办学类型　415：专科院校：高等职业学校
学校性质类别　02 理工院校
学校举办者　821 地级教育部门
学校地址　三门峡市崤山西路42号
邮政编码　472000
办公电话　0398-2183609
传真电话　0398-2183533

校园(局域)网域名　www.smxpt.cn
占地面积(平方米)　930760
校舍建筑面积(平方米)　400336
图书(万册)　99.22
固定资产总值(万元)　32045.21
教学、科研仪器设备资产值(万元)　7282.57
在校生数(人)　15906

其中：普通专科　15164
　　　成人专科　742
专任教师(人)　865
其中：正高级　6
　　　副高级　260
　　　中级　377
　　　初级　174
　　　未定职级　48

专科专业 城市园林、初等教育、初等教育(美术教育方向)、初等教育(双语幼师方向)、电气自动化技术、电子商务、电子信息工程技术、动漫设计与制作、房地产经营与估价、工程造价、供热通风与空调工程技术、供用电技术、焊接技术及自动化、会计电算化、机电一体化(焊接工艺)、机电一体化技术、计算机网络技术、计算机应用技术、计算机应用技术(嵌入式系统)、计算机应用技术(通信技术)、计算机应用技术(网络方向)、建筑工程管理、建筑工程管理(测量与监理)、建筑工程管理(工程造价)、建筑工程管理(施工监理)、建筑工程技术、建筑工程技术(建筑设备安装)、精细化学品生产技术、酒店管理、旅游管理、模具设计与制造、汽车服务与管理、汽车检测与维修技术、汽车检测与维修技术(装饰方向)、软件技术、商务日语、商务英语、生物技术及应用、生物制药技术、食品加工技术、市场营销、室内设计技术、室内设计技术(装饰设计)、数控技术、数控技术(测量控制方向)、数控技术(设备维护)、体育教育、文秘(旅游英语)、文秘(商务方向)、舞蹈表演、物流管理、冶金技术、艺术设计、音乐表演、英语教育、应用电子技术、应用化工技术、应用英语、语文教育

院系设置

学院设立机电工程系,电气工程系,经济管理系,语言艺术系,信息工程系,建筑工程系,生化工程系,公共教学部,成人教育部,国际合作学院10个系部

定期公开出版的专业刊物 《三门峡职业技术学院学报》

学校设立奖学金情况

学院设立奖助学金6项,总金额300余万元,奖学金最高5000元/年,最低2000元/年。

学校历史沿革

学院是1999年经教育部批准,在原豫西师范学校和三门峡广播电视大学资源合并的基础上成立的。

郑州铁路职业技术学院

学校(机构)标识码	4141010843
学校办学类型	415:专科院校:高等职业学校
学校性质类别	02 理工院校
学校举办者	811 省级教育部门
学校地址	郑州市二七区幸福路2号
邮政编码	450052
办公电话	0371-68324019
传真电话	0371-66901211
校园(局域)网域名	www.zzrvtc.edu.cn
电子信箱	xhp12002@sohu.com
占地面积(平方米)	783389
校舍建筑面积(平方米)	334741
图书(万册)	85.63
固定资产总值(万元)	21095
教学、科研仪器设备资产值(万元)	8545
在校生数(人)	14291
其中:普通专科	13782
成人专科	509
专任教师(人)	592
其中:正高级	21
副高级	145
中级	272
初级	150
未定职级	4

专科专业 城市轨道交通车辆、城市轨道交通控制、城市轨道交通运营管理、电机与电器、电气化铁道技术、电气自动化技术、电子信息工程技术、多媒体设计与制作、高速铁道技术、工程机械控制技术、供热通风与空调工程技术、供用电技术、呼吸治疗技术、护理、护理(英语方向)、会计电算化、机电设备维修与管理、机电一体化技术、计算机多媒体技术、计算机网络技术、计算机应用技术、建筑工程管理、建筑工程技术、酒店管理、康复治疗技术、旅游英语、软件技术、商务英语、市场营销、数控技术、铁道车辆、铁道工程技术、铁道机车车辆、铁道交通运营管理、铁道通信信号、铁路工程机械、文秘、物流管理、眼视光技术、药品经营与管理、药学、医疗美容技术、医疗仪器维修技术、医学检验技术、医药营销、音乐表演、中药、助产、装潢艺术设计

院系设置

车辆工程学院、护理学院、电气工程系、机电工程系、电子工程系、运输管理系、建筑工程系、旅游商贸系、医学技术系、药学系(基础医学部)、艺术系(公共艺术教学部)、软件学院(信息工程系)、国际教育学院、欧亚交通学院、公共教学部、社科体育部、继续教育学院

国家级、省部级研究机构设置

研究所(中心):医药科学工程技术中心

定期公开出版的专业刊物 《郑州铁路职业技术学院学报》

学校设立奖学金情况

学校设立奖学金6项,奖励总金额1409余万元。奖学金最高金额8000元/年,最低金额500元/年。

毕业生一次就业率 92.08%

学校历史沿革

郑州铁路职业技术学院始建于1951年,1999年经教育部批准由郑州铁路机械学校、郑州铁路卫生学校、郑州铁路师范学校、郑州铁路教育学院组建成立。

黄淮学院

学校(机构)标识码 4141010918	edu.cn	普通专科 4612
学校办学类型 412:本科院校:学院	电子信箱 nic@huanghuai.edu.cn	成人本科 4742
学校性质类别 01 综合大学	占地面积(平方米) 1430715	成人专科 5612
学校举办者 821 地级教育部门	校舍建筑面积(平方米) 546277	专任教师(人) 917
学校地址 河南省驻马店市开源路6号	图书(万册) 173.58	其中:正高级 65
	固定资产总值(万元) 38872.02	副高级 270
邮政编码 463000	教学、科研仪器设备资产值(万元) 8187.51	中级 384
办公电话 0396-2853503		初级 195
传真电话 0396-2853115	在校生数(人) 27388	未定职级 3
校园(局域)网域名 www.huanghuai.	其中:普通本科 12422	

本科专业 播音与主持艺术、城市规划、电子科学与技术、电子商务、电子信息工程、动画、动物科学、对外汉语、工程管理、公共事业管理、广播电视编导、广播电视新闻学、国际经济与贸易、汉语言文学、化学、会计学、计算机科学与技术、建筑学、教育技术学、景观建筑设计、劳动与社会保障、旅游管理、美术学、汽车服务工程、软件工程、商务英语、社会体育、市场营销、数学与应用数学、思想政治教育、体育教育、通信工程、土木工程、物理学、小学教育、信息与计算科学、艺术设计、音乐表演、音乐学、英语、应用化学、园林、园艺

专科专业 电子商务、动漫设计与制作、法律文秘、护理、会计电算化、计算机多媒体技术、计算机网络技术、计算机信息管理、计算机应用技术、汽车检测与维修技术、软件技术、软件外包服务、市场营销类、网络营销、物流信息技术、艺术设计、英语教育

院系设置
文化传媒学院、建筑工程学院、艺术设计学院、信息工程学院、外国语言文学系、社会管理系、经济管理系、数学科学系、电子科学与工程系、化学化工系、体育系、音乐表演系、生物工程系、护理学系、国际学院、软件学院、动画学院、继续教育学院

国家级、省部级研究机构设置
研究中心(所):黄淮学院建筑材料检测中心、林业科学研究所

定期公开出版的专业刊物 《天中学刊》、《黄淮学院报》

学校设立奖学金情况
学校设立奖学金9项,奖励总金额1146.75余万元。奖学金最高金额8000元/年,最低金额200元/年。
1. 优秀学生奖学金:4200人/年,571元/人
2. 国家奖助学金:3692人/年,2356元/人
3. 联通奖学金:40人/年,500元/人
4. 移动奖学金:400人/年,500元/人
5. 喜盈门奖学金:20人/年,1200元/人
6. 军分区奖学金:35人/年,1500元/人
7. 忠信德育奖学金:60人/年,333元/人
8. 老基酒奖学金:40人/年,1000元/人
9. 红十字会奖学金:11人/年,1000元/人

学校历史沿革
黄淮学院是经国家教育部批准,于2004年5月由原驻马店师范高等专科学校与原中原职业技术学院、驻马店林业科学研究所合并组建的一所一所公办、本科、全日制、多科性本科高校,已有38年的办学历史。

平顶山学院

学校(机构)标识码 4141010919	电子信箱 pdsxy@pdsu.edu.cn	普通专科 2951
学校办学类型 412:本科院校:学院	占地面积(平方米) 1313773	成人本科 3504
学校性质类别 06 师范院校	校舍建筑面积(平方米) 471785	成人专科 2996
学校举办者 821 地级教育部门	图书(万册) 155	专任教师(人) 797
学校地址 平顶山市新城区未来路南段	固定资产总值(万元) 51715.55	其中:正高级 40
邮政编码 467000	教学、科研仪器设备资产值(万元) 7090.45	副高级 216
办公电话 0375-2657618		中级 257
传真电话 0375-2657619	在校生数(人) 23215	初级 243
校园(局域)网域名 www.pdsu.edu.cn	其中:普通本科 13764	未定职级 41

本科专业 播音与主持艺术、测控技术与仪器、地理科学、电气工程及其自动化、电子信息工程、对外汉语、法学、工商管理、广播电视编导、广播电视新闻学、广告学、国际经济与贸易、汉语言文学、行政管理、化学、化学工程与工艺、会计学、计算机科学与技术、历史学类、旅游管理、美术学、软件工程、社会体育、生态学、市场营销、数学与应用数学、体育教育、统计学、物理学、戏剧影视文学、小学教育、学前教育、艺术设计、音乐表演、音乐学、英语、应用心理学、资源环境与城乡规划管理

专科专业 护理学、计算机网络技术、计算机网络技术(联合办学)、计算机应用技术、旅游管理、软件技术、商务管理(联合办学)、市场营销(联合办学)、艺术设计(联合办学)、艺术设计(陶瓷方向)、英语教育、影视动画、综合文科教育

院系设置

文学院、新闻与传播学院、外国语学院、数学与信息科学学院、经济与管理学院、化学化工学院、电气信息工程学院、计算机科学与技术学院、软件学院、师范教育学院、政法学院、国际教育交流学院、艺术设计学院、护理学院、环境与地理科学系、体育系、音乐系、继续教育学院等18个教学院(系)

国家级、省部级研究机构设置

低山丘陵区生态修复实验室被批准为省林业厅重点实验室,成立了伏牛山文化圈研究中心、陶瓷研究所、"三苏"文化研究所、教育科学研究所

定期公开出版的专业刊物 《平顶山学院学报》、《平顶山学院报》

学校设立奖学金情况

学校设立奖学金5项,奖励总金额489.75万元。奖学金最高金额8000元/年,最低金额1000元/年。

学校历史沿革

平顶山师范大专班(1977-1984);平顶山师范专科学校(1984-1992);平顶山师范高等专科学校(1992-2004);平顶山学院(2004-至今)。

中州大学

学校(机构)标识码	4141011068
学校办学类型	415:专科院校:高等职业学校
学校性质类别	02 理工院校
学校举办者	821 地级教育部门
学校地址	郑州市惠济区英才街6号
邮政编码	450044
办公电话	0371-68229808
传真电话	0371-68229973
校园(局域)网域名	www.zhzhu.edu.cn
占地面积(平方米)	832637
校舍建筑面积(平方米)	336661
图书(万册)	120.86
固定资产总值(万元)	40200
教学、科研仪器设备资产值(万元)	10408.72
在校生数(人)	14635
其中:普通专科	14022
成人专科	613
专任教师(人)	708
其中:正高级	56
副高级	193
中级	302
初级	98
未定职级	59

专科专业 道路桥梁工程技术、电气自动化技术、电视节目制作、电子商务、电子信息工程技术、动漫设计与制作、动漫设计与制作(软件)、动漫设计与制作(特教)、法律事务、广告设计与制作、国际经济与贸易、国际经济与贸易(联办)、环境监测与评价、会计电算化、会计与统计核算、会展策划与管理、机电一体化技术、机械制造与自动化、计算机多媒体技术、计算机网络技术、计算机网络技术(联办)、计算机信息管理、计算机应用技术、计算机应用技术(软件)、计算机应用技术(特教)、建筑工程技术、精细化学品生产技术、景区开发与管理、酒店管理、连锁经营管理、旅游管理、旅游管理(联办)、旅游英语、煤炭深加工与利用、汽车检测与维修技术、嵌入式技术与应用、人力资源管理、软件技术、软件技术(软件)、商务日语、商务英语、社会体育、摄影摄像技术、摄影摄像技术(特教)、生物化工工艺、食品加工技术、食品营养与检测、食品贮运与营销、市场营销、视觉传达艺术设计、手语翻译、特殊教育(手语翻译)、体育教育、投资与理财、文秘、舞蹈表演、物流管理、物业管理、信息安全技术、冶金技术、艺术设计(古建筑绘画)、音乐表演、音乐表演(钢琴)、音乐表演(声乐)、影视广告、影视广告(广告策划文案)、应用电子技术、应用化工技术、应用英语、主持与播音、装潢艺术设计、装潢艺术设计(特教)、装饰艺术设计

院系设置

工程技术学院、化工食品学院、信息工程学院、管理学院、经济贸易学院、文化与传播学院、艺术教育中心、艺术学院、特殊教育学院、音乐舞蹈学院、体育学院、外国语学院、国际教育学院、继续教育学院、德育教学部共15个教学机构

定期公开出版的专业刊物 《中州大学学报》

学校设立奖学金情况

学校设立奖学金12项,奖励总金额163万元。奖学金最高金额2000元/年,最低金额100元/年。

学校历史沿革

郑州大学、河南医学院分校(1980年-1981年8月);郑州市走读大学(1981年8月-1985年4月);中州大学(1985年4月-至今)。

开封大学

学校(机构)标识码 4141011069	传真电话 0378-3857112	在校生数(人) 13567
学校办学类型 415:专科院校:高等职业学校	校园(局域)网域名 www.kfu.edu.cn	其中:普通专科 12191
	电子信箱 bgs@kfu.edu.cn	成人专科 1376
学校性质类别 02 理工院校	占地面积(平方米) 717329	专任教师(人) 573
学校举办者 821 地级教育部门	校舍建筑面积(平方米) 280914	其中:正高级 14
学校地址 河南省开封市金明区大梁路	图书(万册) 77.87	副高级 144
	固定资产总值(万元) 36209.52	中级 218
邮政编码 475004	教学、科研仪器设备资产值(万元) 7134.48	初级 136
办公电话 0378-3810013		未定职级 61

专科专业 道路桥梁工程技术、电脑艺术设计、电气自动化技术、电子商务、电子信息工程技术、房地产经营与估价、服装设计、工商企业管理、国际金融、国际经济与贸易、汉语、护理、化工设备与机械、环境艺术设计、会计电算化、机电一体化技术、机械制造与自动化、计算机网络技术、计算机应用技术、建筑工程管理、建筑工程技术、金融保险、经济管理、酒店管理、口腔医学技术、旅游工艺品设计与制作、旅游管理、模具设计与制造、汽车检测与维修技术、汽车制造与装配技术、软件技术、商务英语、生物化工工艺、市场开发与营销、图形图像制作、网络系统管理、文秘、物流管理、新闻采编与制作、药学、医学影像技术、应用电子技术、应用化工技术、应用日语、应用英语、有机化工生产技术、装潢艺术设计

院系设置
软件职业技术学院、机电工程学院、土木建筑工程学院、财政经济学院、管理科学学院、外国语学院、人文学院、化学工程学院、工艺美术学院、国际教育学院、成人教育学院、五年制专科部、医学部

国家级、省部级研究机构设置
研究所:开封大学功能材料中心、开封大学土地研究所、开封大学开封市朱仙镇年画研究所、开封市宋代文化研究所

学校设立奖学金情况
学校设立奖学金9项。奖励总金额893万余元。奖励最高金额8000元/年,最低金额300元/年。
1. 国家奖学金:10人/年,8000元/人;
2. 国家励志奖学金:330人/年,5000元/人;
3. 国家助学金:2260人,3000元/人;
4. 开封大学一等奖学金66人/年,800元/人;
5. 开封大学二等奖学金:253人/年;
6. 开封大学三等奖学金:526人/年,500元/人;
7. 开封大学金松一等奖学金:13人/年,800元/人;
8. 开封大学金松二等奖学金:78人/年,500元/人;
9. 开封大学三等奖学金:124人,300元/人。

学校历史沿革
开封大学前身为河南师范大学(现河南大学分校),创建于1980年。1981年,经开封市人民政府批准,更名为开封市走读大学,1984年更名为开封大学。

洛阳理工学院

学校(机构)标识码 4141011070	电子信箱 yuanban@lit.edu.cn	普通专科 12452
学校办学类型 412:本科院校:学院	占地面积(平方米) 1463573	成人本科 265
学校性质类别 02 理工院校	校舍建筑面积(平方米) 868030	成人专科 699
学校举办者 811 省级教育部门	图书(万册) 173.27	专任教师(人) 1258
学校地址 河南省洛阳市洛龙区王城大道90号	固定资产总值(万元) 146569	其中:正高级 77
	教学、科研仪器设备资产值(万元) 14985	副高级 345
邮政编码 471023		中级 547
办公电话 0379-65928000	在校生数(人) 25547	初级 287
传真电话 0379-65928888	其中:普通本科 12131	未定职级 2
校园(局域)网域名 lit.edu.cn		

本科专业 材料成型及控制工程、材料物理、财务管理、车辆工程、电气工程及其自动化、高分子材料与工程、工程管理、工商管理、国际经济与贸易、过程装备与控制工程、汉语言文学、环境工程、机械设计制造及其自动化、计算机科学与技术、建筑环境与设备工程、生物科学与生物技术、通信工程、土木工程、无机非金属材料工程、新闻学、艺术设计、英语、应用化学、自动化

专科专业 材料工程技术、财务管理、初等教育、道路桥梁工程技术、电力系统自动化技术、电气自动化技术、电子商务、法律事务、房地产经营与估价、复合材料加工与应用技术、高分子材料应用技术、给排水工程技术、工程监理、工程造价、工业分析与检验、工业设计、国际贸易实务、焊接技术及自动化、环境监测与治理技术、环境艺术设计、会计、会计电算化、机电设备维修与管理、机电一体化技术、机械设计与制造、计算机控制技术、计算机网络技术、计算机信息管理、计算机应用技术、建筑工程技术、经济信息管理、理化测试及质检技术、旅游管理、旅游英语、美术教育、模具设计与制造、汽车检测与维修技术、软件技术、商务英语、社区管理与服务、生物技术及应用、市场营销、数控技术、文秘、舞蹈表演、心理咨询、新闻采编与制作、音乐表演、英语教育、影视广告、应用电子技术、应用日语、装潢艺术设计、装饰艺术设计、综合文科教育

院系设置

材料科学与工程系、机械工程系、机电工程系、电气工程与自动化系、计算机与信息工程系、土木工程系、环境工程与化学系、工程管理系、经济与工商管理系、会计学系、艺术设计系、外语系、中文系、社会科学系、师范部、数理部、体育部、国际教育学院、软件职业技术学院、继续教育学院

定期公开出版的专业刊物 《洛阳理工学院学报》（自然科学版）、《洛阳理工学院学报》（社会科学版）

学校设立奖学金情况

学校设立奖学金7项，奖励总金额655.7余万元。奖学金最高金额8000元/年，最低金额1000元/年。

主要校办产业

洛阳建材机械厂

学校历史沿革

洛阳理工学院前身为洛阳工业高等专科学校（创建于1956年）和洛阳大学（创建于1980年），2007年3月，两校合并组建洛阳理工学院。

新乡学院

学校(机构)标识码	4141011071
学校办学类型	412:本科院校:学院
学校性质类别	06 师范院校
学校举办者	821 地级教育部门
学校地址	新乡学院金穗大道东段
邮政编码	453000
办公电话	0373-3683015
传真电话	0373-3683344
校园(局域)网域名	www.xxu.edu.cn
电子信箱	yuanban@xxu.edu.cn
占地面积（平方米）	1270730
校舍建筑面积（平方米）	789533
图书（万册）	160
固定资产总值（万元）	77564.94
教学、科研仪器设备资产值（万元）	11592.72
在校生数（人）	25225
其中:普通本科	8916
普通专科	14130
成人本科	792
成人专科	1387
专任教师（人）	1117
其中:正高级	62
副高级	288
中级	446
初级	286
未定职级	35

本科专业 材料成型及控制工程、对外汉语、广播电视编导、国际经济与贸易、汉语言文学、化学、化学工程与工艺、会计学、机械设计制造及其自动化、计算机科学与技术、历史学、人力资源管理、生物技术、数学与应用数学、体育教育、土木工程、物理学、心理学、信息与计算科学、学前教育、艺术设计、音乐学、英语、制药工程

专科专业 初等教育、电脑艺术设计、电子商务、电子信息工程技术、法律事务、法律文秘、工程造价、国际经济与贸易、化学教育、环境艺术设计、会计电算化、机电一体化技术、机械制造与自动化、计算机网络技术、计算机信息管理、计算机应用技术、建筑工程技术、建筑设计技术、旅游管理、汽车检测与维修技术、人力资源管理、软件技术、生物制药技术、食品营养与检测、市场营销、数控技术、数学教育、思想政治教育、体育教育、文化事业管理、文秘、舞蹈教育、物流管理、物业管理、心理咨询、新闻采编与制作、学前教育、艺术设计、音乐表演、英语教育、应用电子技术、应用化工技术、应用日语、应用心理学、应用英语、语文教育、园林技术、主持与播音、装潢艺术设计、综合文科教育

院系设置

商学院、文学院、外国语学院、化学与化工学院、机电工程学院、计算机与信息工程学院、管理学院、政法系、教育科学系、体育系、新闻与传媒系、音乐表演系、艺术设计系、历史系、数学系、物理系、生命科学与技术系、建筑工程系

国家级、省部级研究机构设置

研究所（中心）:高等教育研究所、民营经济研究所、应用数学研究所、公共政策研究所、中国古代文明研究所、能源与燃料研究所

定期公开出版的专业刊物 《新乡学院学报（社会科学版）》、《新乡学院学报（自然科学版）》、《管理学刊》

学校设立奖学金情况

学校设立奖学金5项，奖励总金额359.2余万元。奖学金最高金额8000元/年，最低金额400元/年。

毕业生一次就业率 92.78%

学校历史沿革

新乡学院是国家教育部于 2007 年 3 月批准设立的一所公办全日制普通本科院校。在原新乡师范高等专科学校、平原大学、新乡市教育学院三校合并的基础上设置。

新乡师范高等专科学校的前身是 1949 年 7 月成立的太行公立新乡师范学校,1949 年 10 月更名为平原省新乡师范学校,1958 年升格为新乡师范专科学校,1992 年经国家教育部批准更名为新乡师范高等专科学校。

平原大学前身为新乡师范学院分院,创建于 1980 年 9 月,1984 年 12 月更名为平原大学。

新乡市教育学院成立于 1980 年,原名为新乡地区教育学院,1986 年地市合并更名为新乡市教育学院。

信阳农业高等专科学校

学校(机构)标识码 4141011326	校园(局域)网域名 www.xyac.edu.cn	在校生数(人) 12668
学校办学类型 414:专科院校:高等专科学校	电子信箱 xynzxiaoban@163.com	其中:普通专科 10875
	占地面积(平方米) 955526	成人专科 1793
学校性质类别 03 农业院校	校舍建筑面积(平方米) 356028	专任教师(人) 569
学校举办者 821 地级教育部门	图书(万册) 88.88	其中:正高级 22
学校地址 河南省信阳市农专路 1 号	固定资产总值(万元) 37987.43	副高级 165
邮政编码 464000	教学、科研仪器设备资产值(万元) 5962	中级 228
办公电话 0376-6695109		初级 154
传真电话 0376-6695109		

专科专业 财务管理、茶文化、茶叶生产加工技术、城镇规划、宠物养护与疫病防治、畜牧兽医、畜牧兽医(合作)、动物防疫与检疫、动物医学、公共事务管理(文秘)、观光农业、观光农业(森林生态旅游)、广告与会展、环境艺术设计、环境艺术设计(展示设计)、会计电算化、会计电算化(中外合作)、计算机网络技术、计算机网络技术(合作)、计算机应用技术、计算机应用技术(合作)、经济管理(林业经济信息管理)、经济管理(市场营销)、经济管理(网络营销)、酒店管理、林业技术、林业技术(森林资源保护)、旅游管理、旅游管理(酒店管理)、旅游英语、旅游英语(合作)、旅游英语(涉外酒店管理)、旅游英语(涉外旅游管理)、旅游英语(涉外旅游酒店管理)、农业经济管理(林业经济信息管理)、烹饪工艺与营养、烹饪工艺与营养(餐饮服务与管理)、烹饪工艺与营养(餐饮管理与服务)、烹饪工艺与营养(旅游酒店管理)、商务英语、设施农业技术、生物技术及应用、生物制药技术、食品加工技术、食品营养与检测、市场营销、兽药生产与营销、水产养殖技术、水产养殖技术(城市渔业)、水产养殖技术(名特水产养殖)、水生动植物保护、水生动植物保护(水产动物病害防)、饲料与动物营养、图形图像制作、网络营销、微生物技术及应用、物流管理、物业管理、应用电子技术、应用英语、渔业综合技术、园林技术、园艺技术、园艺技术(园林艺术设计)、园艺技术(园林艺术设计)(合作)、植物保护、植物保护(农药)、植物保护(农药技术)、中草药栽培技术、中药、中药制药技术、种子生产与经营、作物生产技术

院系设置

农业科学系、园艺系、动物科学系、水产科学系、计算机科学系、外语系、规划与设计系、财经系、管理科学系、生物技术系、食品科学系、林学系、旅游管理系、茶学系、国际合作教学部、人文社会科学教学部、体育教学部、继续教育学院

定期公开出版的专业刊物 《信阳农业高等专科学校学报》、《信阳农专报》

学校设立奖学金情况

学校设立奖学金 2 项,奖励总金额 117 万元/年,最高金额 2000 元/年,最低金额 140 元/年。

学校历史沿革

学校创建于 1910 年,始名为汝宁府中等实业学堂。1951 年校名为汝南农林中等技术学校。学校先后易名为信阳农业专科学校(1958 年),信阳农业学校(1962 年)。1978 年校名为信阳农业学校大专班。1984 年校名为豫南农业专科学校,1992 年经国家教委调整校名为信阳农业高等专科学校,并一直沿用至今。

河南机电高等专科学校

学校(机构)标识码 4141011329	学校举办者 811 省级教育部门	办公电话 0373-3691000
学校办学类型 414:专科院校:高等专科学校	学校地址 河南省新乡市平原路(东段)699 号	传真电话 0373-3691001
学校性质类别 02 理工院校	邮政编码 453003	校园(局域)网域名 www.hneeu.edu.cn

电子信箱 hnjzxb@126.com	7148.82	其中:正高级 31
占地面积(平方米) 1009384	在校生数(人) 14824	副高级 167
校舍建筑面积(平方米) 412945	其中:普通专科 13466	中级 214
图书(万册) 82.4	成人专科 1358	初级 181
固定资产总值(万元) 50532.2	专任教师(人) 679	未定职级 86
教学、科研仪器设备资产值(万元)		

专科专业 材料成型与控制技术、产品造型设计、电机与电器、电力系统自动化技术、电气自动化技术、电气自动化技术(机电院联办)、电线电缆制造技术、电子商务、工商企业管理、供用电技术、广告设计与制作、国际贸易实务、焊接技术及自动化、环境监测与治理技术、环境艺术设计、会计电算化、会计电算化(合作办学)、机电一体化技术、机电一体化技术(机电院联办)、机械制造与自动化、计算机多媒体技术、计算机多媒体技术(软件学院)、计算机辅助设计与制造、计算机控制技术、计算机网络技术、计算机网络技术(软件学院)、计算机信息管理、计算机信息管理(软件学院)、计算机应用技术、计算机应用技术(机电院联办)、酒店管理、旅游管理、模具设计与制造、起重运输机械设计与制造、汽车电子技术、汽车检测与维修技术、汽车检测与维修技术(机电院联办、汽车制造与装配技术、软件技术、软件技术(软件学院)、商务英语、生产过程自动化技术、市场营销、数控技术、数控技术(机电院联办)、数控设备应用与维护、通信技术、通信网络与设备、通信网络与设备(合作办学)、文秘、物流管理、医用电子仪器与维护、印刷设备及工艺、应用电子技术、应用化工技术、应用英语、制冷与冷藏技术

院系设置
机械工程系、机电工程系、电子通信工程系、电气工程系、计算机科学与技术系、管理工程系、经济贸易系、材料工程系、自动控制系、艺术设计系、外语系、汽车工程

定期公开出版的专业刊物 《河南机电高等专科学报》

学校设立奖学金情况
学校设立奖学金8项,奖励总金额960余万元。奖学金最高8000元/年,最低600元/年。

学校历史沿革
1975年7月—1984年8月25 新乡市"721"工人大学,新乡市重工局职工大学 1984年8月—1992年4月河南机电专科学校 1992年4月—至今河南机电高等专科学校。

安阳工学院

学校(机构)标识码 4141011330	电子信箱 www.aygxyyb@163.com	普通专科 3249
学校办学类型 412:本科院校:学院	占地面积(平方米) 828203	成人本科 1094
学校性质类别 02 理工院校	校舍建筑面积(平方米) 554544	成人专科 2012
学校举办者 821 地级教育部门	图书(万册) 109.6	专任教师(人) 883
学校地址 河南省安阳市黄河大道	固定资产总值(万元) 35498	其中:正高级 67
邮政编码 455000	教学、科研仪器设备资产值(万元)	副高级 202
办公电话 0372-2909969	8749.96	中级 305
传真电话 0372-2909969	在校生数(人) 20785	初级 129
校园(局域)网域名 www.ayit.edu.cn	其中:普通本科 14430	未定职级 180

本科专业 材料成型及控制工程、财务管理、城市规划、电气工程及其自动化、电子信息工程、动画、动物医学、高分子材料与工程、工程管理、工商管理、工业设计、广播电视编导、国际经济与贸易、化学工程与工艺、环境工程、会计学、绘画、机械电子工程、机械设计制造及其自动化、计算机科学与技术、汽车服务工程、软件工程、社会工作、生物工程、生物技术、食品科学与工程、食品质量与安全、市场营销、通信工程、土木工程、网络工程、信息管理与信息系统、信息与计算科学、艺术设计、英语、应用化学、应用物理学、自动化

专科专业 畜牧兽医、电气自动化技术、电子商务、动漫设计与制作、广告设计与制作、国际经济与贸易、会计电算化、机电一体化技术、机械设计与制造、计算机网络技术、计算机信息管理、计算机应用技术、建筑工程技术、软件技术、生物技术及应用、市场营销、新闻采编与制作、应用电子技术、应用英语、有机化工生产技术、装潢艺术设计、装饰艺术设计

院系设置
学院设置有机械工程学院、电子信息与电气工程学院等16个院系

定期公开出版的专业刊物 《安阳工学院学报》、《安阳工学院报》

学校历史沿革
1983年建"安阳市职业大学",1985年更名"安阳大学",2004年升为本科院校,更名为"安阳工学院"。

河南工程学院

学校(机构)标识码　4141011517
学校办学类型　412:本科院校:学院
学校性质类别　02 理工院校
学校举办者　811 省级教育部门
学校地址　河南省新郑市龙湖镇中山北路1号
邮政编码　451191
办公电话　0371-62508001
传真电话　0371-62508801
校园(局域)网域名　www.haue.edu.cn
电子信箱　yuanban8001@gmail.com
占地面积(平方米)　1036112
校舍建筑面积(平方米)　466885
图书(万册)　154.19
固定资产总值(万元)　104786.69
教学、科研仪器设备资产值(万元)　9576.49
在校生数(人)　23722
其中:普通本科　9524
普通专科　12764
成人本科　233
成人专科　1201
专任教师(人)　1040
其中:正高级　76
副高级　263
中级　484
初级　213
未定职级　4

本科专业　安全工程、材料成型及控制工程、财务管理、采矿工程、测绘工程、电气工程与自动化、电子科学与技术、纺织工程、服装设计与工程、高分子材料与工程、工业工程、国际经济与贸易、化学工程与工艺、环境工程、会计学、会计学(注册会计师方向)、机械设计制造及其自动化、计算机科学与技术、建筑环境与设备工程、轻化工程、人力资源管理、市场营销、数学与应用数学、土木工程、土木工程(轨道交通)、信息与计算科学、艺术设计(服装设计与表演)、艺术设计(服装艺术设计)、艺术设计(环境艺术设计)、艺术设计(染织艺术设计)、艺术设计(装潢艺术设计)、艺术设计(装饰艺术设计)、资源环境科学、资源勘查工程

专科专业　包装技术与设计、材料成型与控制技术、电脑艺术设计、电气自动化技术、电子商务、电子信息工程技术、法律事务、法律文秘、纺织品检验与贸易、服装表演、服装工艺技术、服装设计、高分子材料加工技术、工程地质勘查、工程监理、工程造价、工商企业管理、供热通风与空调工程技术、国际经济与贸易、行政管理、环境监测与治理技术、环境艺术设计、会计、会计电算化、机电一体化技术、计算机多媒体技术、计算机辅助设计与制造、计算机网络技术、计算机信息管理、计算机应用技术、建筑工程技术、金融与证券、经济信息管理、酒店管理、矿井通风与安全、煤矿开采技术、汽车检测与维修技术、染整技术、染织艺术设计、人力资源管理、人物形象设计、软件技术、商务英语、社区管理与服务、审计实务、数控技术、通信技术、文秘、物流管理、现代纺织技术、新型纺织机电技术、印刷技术、影视动画、应用电子技术、针织技术与针织服装、装潢艺术设计、装饰艺术设计、资源环境与城市管理

院系设置
二十个教学院系
定期公开出版的专业刊物　《河南工程学院学报》(自然版、社科版,季刊)
学校设立奖学金情况
学校设立奖学金7项,奖励总金额660.16余万元。奖学金最高金额8000元/年,最低金额500元/年。
主要校办产业
豫阳公司
学校历史沿革
1956年3月,煤炭工业部基本建设总局郑州技工学校成立。2002年6月,郑州煤田职工地质学院并入。2007年6月,河南纺织高等专科学校并入并更名河南工程学院。

焦作大学

学校(机构)标识码　4141011522
学校办学类型　415:专科院校:高等职业学校
学校性质类别　01 综合大学
学校举办者　821 地级教育部门
学校地址　河南省焦作市人民路东段
邮政编码　454003
办公电话　0391-2989167
传真电话　0391-2989508
校园(局域)网域名　www.jzu.cn
电子信箱　jzdx@jzu.cn
占地面积(平方米)　760159
校舍建筑面积(平方米)　429237
图书(万册)　111.52
固定资产总值(万元)　35968
教学、科研仪器设备资产值(万元)　6556.31
在校生数(人)　13699
其中:普通专科　13574
成人专科　122
留学生　3
专任教师(人)　680
其中:正高级　44
副高级　177
中级　268
初级　150
未定职级　41

专科专业 编导、播音主持方向、材料工程技术、电脑艺术设计、电气自动化技术、电子商务、法律事务、法律文秘、工业分析与检验、工业设计、公共事务管理、国际经济与贸易、汉语、行政管理、环境监测与治理技术、会计电算化、机械制造与自动化、计算机辅助设计与制造、计算机网络技术、计算机信息管理、计算机应用技术、建筑工程管理、建筑工程技术、建筑装饰工程技术、经济管理、酒店管理、旅游管理、旅游英语、模具设计与制造、汽车技术服务与营销、人力资源管理、软件技术、商检技术、商务英语、商业美术方向、社会体育、涉外旅游、生物化工工艺、声乐方向、市场营销、室内设计技术、数控技术、太极拳、通信技术、文秘、武术、舞蹈表演、物流管理、物业管理、新闻采编与制作、音乐编辑与制作、影视多媒体技术、应用电子技术、应用化工技术、应用英语、主持与播音、装潢艺术设计

院系设置

机电工程学院、信息工程学院、土木与建筑工程学院、化工与环境工程学院、经济管理学院、人文学院、艺术学院、外国语学院、法律与政治学院、太极武术学院等14个学院。

国家级、省部级研究机构设置

下设两个研究所:化工研究所、怀药工程研究中心

定期公开出版的专业刊物 《焦作大学学报》

学校设立奖学金情况

学校设立三项奖学金,奖励总额为50余万元,奖学金最高金额500元/生,最低金额300元/生。

学校历史沿革

焦作大学前身为焦作市职工大学,创建于1981年,1985年焦作市职业大学成立,1986年更名为焦作大学。1992年通过国家教委验收,1993年省编委批准为副市级规格。

河南商业高等专科学校

学校(机构)标识码 4141011651	传真电话 0371-63515868	在校生数(人) 12052
学校办学类型 414:专科院校:高等专科学校	校园(局域)网域名 www.habc.edu.cn	其中:普通专科 11126
	电子信箱 xb5868@126.com	成人专科 926
学校性质类别 08 财经院校	占地面积(平方米) 701133	专任教师(人) 627
学校举办者 811 省级教育部门	校舍建筑面积(平方米) 382583	其中:正高级 28
学校地址 河南省郑州市惠济区英才街2号	图书(万册) 122	副高级 216
邮政编码 450044	固定资产总值(万元) 20580	中级 227
办公电话 0371-63515868	教学、科研仪器设备资产值(万元) 5335	初级 156

专科专业 保险实务、财务管理、电子商务、动漫设计与制作、法律事务、服装设计、工商企业管理、广告设计与制作、国际贸易实务、会计、会计电算化、会展策划与管理、计算机多媒体技术、计算机网络技术、计算机信息管理、计算机应用技术、金融与证券、酒店管理、连锁经营管理、旅游管理、旅游英语、烹饪工艺与营养、软件技术、商务英语、审计实务、食品贮运与营销、市场营销、市场营销类新专业、投资与理财、文秘、物流管理、物业管理、医药营销

院系设置

设有会计、营销、工商管理等15个教学系、3个教学部、1个示范性软件职业技术学院、1个继续教育学院和1个国际教育学院

定期公开出版的专业刊物 《河南商业高等专科学校学报》

学校设立奖学金情况

学校设立奖学金4项,奖励总额380余万元。奖学金最高额8000元/年,最低额1000元/年。

学校历史沿革

学校成立于1960年,前身为河南省商业中专,1984年升格为大专,1992年定名为河南商业高等专科学校。

河南财政税务高等专科学校

学校(机构)标识码 4141011652	学校地址 河南省郑州市金水区农业路23号	校园(局域)网域名 www.hacz.edu.cn
学校办学类型 414:专科院校:高等专科学校	邮政编码 450002	电子信箱 lb@hacz.edu.cn
		占地面积(平方米) 578088
学校性质类别 08 财经院校	办公电话 0371-85305556	校舍建筑面积(平方米) 243275
学校举办者 812 省级其他部门	传真电话 0371-85305555	图书(万册) 87.52

固定资产总值(万元) 14017.46	其中:普通专科 8030	副高级 124
教学、科研仪器设备资产值(万元) 5178.07	成人专科 2287	中级 179
	专任教师(人) 429	初级 92
在校生数(人) 10317	其中:正高级 23	未定职级 11

专科专业 财务管理、财政、城镇规划、电子商务、法律事务(房地产法律实务方向)、法律事务(国际经济法方向)、法律事务(国际经济贸易法律实务、法律事务(金融法律实务方向)、法律事务(经济法方向)、房地产经营与估价、工程造价、广告设计与制作、广告设计与制作(中俄合作办学)、国际贸易实务、国际贸易实务(中澳合作办学)、国际商务、会计、会计(国际会计方向)、会计(中澳合作办学)、会计(中美合作办学)、会计(注册会计师方向)、会计电算化、会计与审计、计算机网络技术、建筑工程管理、建筑设计技术、金融保险、经济信息管理、酒店管理、旅游英语、软件技术、商务英语、社会工作、社会工作(社区法律服务方向)、市场营销、市场营销(会展经济与管理方向)、税务、税务(税收筹划方向)、投资与理财、文秘(涉外文秘方向)、物流管理、物流管理(中德合作办学)、物业管理、证券投资与管理、装潢艺术设计、装潢艺术设计(中俄合作办学)、资产评估与管理

院系设置

财政税务系、会计系、对外经济贸易系、金融系、工商管理系、信息工程系、工程经济系、法律系、文化传播系、外语系、韦伯国际学院、社科部、体育部、继续教育学院

学校历史沿革

1963—1985,河南省会计学校;

1985—1992,河南省财政税务专科学校;

1992—至今,河南财政税务高等专科学校。

南阳理工学院

学校(机构)标识码 4141011653	电子信箱 ybmsk126@126.com	成人本科 2340
学校办学类型 412:本科院校:学院	占地面积(平方米) 955632	成人专科 1854
学校性质类别 02 理工院校	校舍建筑面积(平方米) 477786	留学生 55
学校举办者 821 地级教育部门	图书(万册) 156.2	专任教师(人) 983
学校地址 河南省南阳市宛城区长江路80号	固定资产总值(万元) 49963.3	其中:正高级 67
	教学、科研仪器设备资产值(万元) 10233.31	副高级 332
邮政编码 473004		中级 320
办公电话 0377-62232807	在校生数(人) 21693	初级 160
传真电话 0377-63121404	其中:普通本科 15880	未定职级 104
校园(局域)网域名 www.nyist.net	普通专科 1564	

本科专业 播音与主持艺术、财务管理、测控技术与仪器、城市规划、道路桥梁与渡河工程、电气工程及其自动化、电子科学与技术、电子信息工程、动画、法学、给水排水工程、工程管理、工商管理、广播电视编导、国际经济与贸易、汉语言文学、护理学、化学工程与工艺、机械设计制造及其自动化、计算机科学与技术、建筑学、汽车服务工程、日语、软件工程、生物工程、食品科学与工程、市场营销、数学与应用数学、通信工程、土木工程、网络工程、学前教育、艺术设计、音乐表演、音乐学、英语、应用化学、中药学、中医学、自动化

专科专业 初等教育、电脑艺术设计、动漫设计与制作、护理、计算机网络技术、计算机信息管理、计算机应用技术、软件技术、音乐表演、中药、中医学

院系设置

截至目前,学校设有10个系——机电工程系、计算机科学与技术系、电子与电气工程系、土木工程系、艺术设计系、建筑系、商学系、外语系、应用数学系、音乐系;7个院——生物与化学工程学院、文法学院、张仲景国医学院、软件学院、国际教育学院、教育学院、成人教育学院;2个部——体育教学部、政治理论教学部

定期公开出版的专业刊物 《南阳理工学院学报》

学校设立奖学金情况

学校设立奖学金3项,奖励总金额258.04万元。奖学金最高金额5000元/年,最低金额800元/年。

学校历史沿革

南阳理工学院前身是1987年创办的南阳大学;1993年由国家教委正式批准建校,定名为南阳理工学院;2004年经教育部批准,升格为本科院校。

河南城建学院

学校(机构)标识码 4141011765	校园(局域)网域名 www.hncj.edu.cn	其中:普通本科 16402
学校办学类型 412:本科院校:学院	电子信箱 yuanban@hncj.edu.cn	普通专科 1927
学校性质类别 '02 理工院校	占地面积(平方米) 1153322	成人本科 1809
学校举办者 812 省级其他部门	校舍建筑面积(平方米) 632322	成人专科 1403
学校地址 河南省平顶山市新城区明月路	图书(万册) 133.55	专任教师(人) 942
	固定资产总值(万元) 85560	其中:正高级 71
邮政编码 467036	教学、科研仪器设备资产值(万元) 11604.5	副高级 251
办公电话 0375-2089060		中级 439
传真电话 0375-2089061	在校生数(人) 21541	初级 181

本科专业 安全工程、财务管理、测绘工程、城市地下空间工程、城市规划、道路桥梁与渡河工程、地理信息系统、电气工程及其自动化、电子信息工程、动画、法学、房地产经营管理、高分子材料与工程、给水排水工程、工程管理、工程造价、化学工程与工艺、环境工程、环境科学、计算机科学与技术、建筑环境与设备工程、建筑学、交通工程、勘查技术与工程、劳动与社会保障、旅游管理、热能与动力工程、生物工程、生物技术、市场营销、数学与应用数学、数字媒体技术、水文与水资源工程、土地资源管理、土木工程、无机非金属材料工程、信息管理与信息系统、艺术设计、英语、应用物理学、园林、自动化

专科专业 城市燃气工程技术、道路桥梁工程技术、动漫设计与制作、房地产经营与估价、工程测量技术、工程造价、计算机网络技术、计算机信息管理、建筑工程管理、建筑工程技术、建筑设计技术、建筑装饰工程技术、煤炭深加工与利用、软件技术、装潢艺术设计

院系设置

土木与材料工程系、环境与市政工程系、城市规划与建筑系、建筑环境与热能工程系、建筑工程管理系、测绘与城市空间信息系、交通工程系、计算机科学与工程系、电气与电子工程系、化学与化学工程系、生物工程系、工商管理系、数理系、外国语系、法律系、艺术系、思想政治教育教学部、体育教学部、软件学院、国际教育学院、继续教育学院

定期公开出版的专业刊物 《河南城建学院学报》

学校设立奖学金情况

学校设立奖学金4项,奖励总金额1198.44万元/年,最高金额8000元/年,最低金额100元/年。

学校历史沿革

1983年11月成立河南平顶山城建环保学校;1985年7月成立武汉城建学院河南分院;1993年3月武汉城建学院河南分院更名为河南城建高等专科学校;2000年4月原河南平顶山城建环保学校并入河南城建高等专科学校;2002年3月升格为本科院校——平顶山工学院;2008年11月经教育部批准更名为河南城建学院。

濮阳职业技术学院

学校(机构)标识码 4141011787	传真电话 0393-4677111	在校生数(人) 12182
学校办学类型 415:专科院校:高等职业学校	校园(局域)网域名 www.pyvtc.cn	其中:普通专科 12140
学校性质类别 02 理工院校	电子信箱 pzydzb@163.com	成人专科 42
学校举办者 821 地级教育部门	占地面积(平方米) 774667	专任教师(人) 677
学校地址 河南省濮阳市黄河路西段濮阳职业技术学院	校舍建筑面积(平方米) 325009	其中:正高级 29
	图书(万册) 93.41	副高级 188
邮政编码 457000	固定资产总值(万元) 43677.48	中级 179
办公电话 0393-4677111	教学、科研仪器设备资产值(万元) 6700.73	初级 236
		未定职级 45

专科专业 CAD/CAM方向、城郊经济与观赏方向、城郊经济与观赏园艺方向、城镇规划设计与绿化方向、城镇规划与设计方向、电脑艺术设计、电气自动化技术、电子信息工程技术、多媒体技术方向、法律事务、防腐方向、工程监理、工程造价、公共事务管理、光电技术、国际贸易方向、汉语、环境监测与治理技术、会计电算化、会计师方向、机电一体化技术、计算机辅助设计方向、计算机辅助设计与制造方向、计算机网络技术、计算机信息管理、计算机应用技术、建筑工程技术、建筑装饰工程技术、旅游

策划师方向、美术教育、汽车检测与维修技术、人力资源管理、软件应用与开发方向、商务英语、设施园艺方向、社会体育、涉外旅游与饭店管理方向、审计师方向、生物发酵方向、石油工程技术、食品安全管理方向、食品安全与管理方向、市场开发方向、数控技术方向、数学方向、数学教育、思想政治教育、体育教育、通信技术、文秘、物流管理、新农村村官培养方向、学前教育、艺术设计、音乐表演、音乐教育、英语教育、营销与策划、应用电子技术、应用化工技术、应用生物技术、语文方向、语文教育、园林绿化与管理方向、职业经理方向、智能控制、注册资产评估师方向

院系设置
人文科学系、政史与法律系、外语系、体育系、数学与信息工程系、艺术与装饰系、石油化工与环境工程系、物理与机电工程系、生物工程与农业经济系、工商管理系、建筑工程系

定期公开出版的专业刊物 《濮阳职业技术学院 学报》

学校设立奖学金情况
学校设立奖学金2项,奖励 总金额170.5余万元。奖学金最高金额8000元/年,最低金额5000元/年。

学校历史沿革
濮阳职业技术学院的前身是成立于1984年的濮阳市教育学院,1994年更名为濮阳教育学院,2001年由濮阳教育学院、濮阳广播电视大学、濮阳师范学校、濮阳工业学校四所学校合并成立濮阳职业技术学院。

河南警察学院

学校(机构)标识码 4141011788		其中:普通本科 1689
学校办学类型 412:本科院校:学院	电子信箱 bgs@hngazk.edu.cn	普通专科 4046
学校性质类别 09 政法院校	占地面积(平方米) 942211	成人专科 398
学校举办者 812 省级其他部门	校舍建筑面积(平方米) 292446	专任教师(人) 332
学校地址 郑州郑东新区龙子湖一号	图书(万册) 66.4	其中:正高级 24
邮政编码 450046	固定资产总值(万元) 25485.36	副高级 83
办公电话 0371-86118021	教学、科研仪器设备资产值(万元) 5882.88	中级 176
传真电话 0371-86118022		初级 49
校园(局域)网域名 www.hngazk.edu.cn	在校生数(人) 6133	

本科专业 法学、公安技术类新专业、行政管理、交通管理工程、经济犯罪侦查、信息管理与信息系统、刑事科学技术、侦查学、治安学

专科专业 安全防范技术、法律事务、法律文秘、公共安全管理、经济犯罪侦查、软件技术、司法鉴定技术、信息网络安全监察

院系设置
侦查系、治安系、法律系、刑事技术系、信息安全系、交通管理系、警察管理系、警察指挥战术系

定期公开出版的专业刊物 《河南警察学院学报》

学校设立奖学金情况
共三项:共计61.68万元。

学校历史沿革
中共豫西党委社会保卫干部培训班(1949年2月-3月);中共河南省委社会保卫干部培训班(1949年3月-5月);河南省公安干校(1949年5月-1980年11月)(1959年2月,与河南省政法干校合并);河南省人民警察学校(1980年10月-1991年2月);河南公安高等专科学校(1991年2月-2010年1月)(2003年9月,郑州市人民警察学校并入河南公安高等专科学校);河南警察学院(2010年1月至今)。

郑州电力高等专科学校

学校(机构)标识码 4141011828	校园(局域)网域名 www.zepc.edu.cn	其中:普通专科 4101
学校办学类型 414:专科院校:高等专科学校	电子信箱 zepc_zhaofeng@ha.sgcc.cn	成人专科 774
学校性质类别 02 理工院校	占地面积(平方米) 103662	专任教师(人) 229
学校举办者 812 省级其他部门	校舍建筑面积(平方米) 85377	其中:正高级 21
学校地址 河南省郑州市商城路2号	图书(万册) 37.65	副高级 71
邮政编码 450004	固定资产总值(万元) 15563.87	中级 72
办公电话 0371-66322622	教学、科研仪器设备资产值(万元) 3659.38	初级 24
传真电话 0371-66322770	在校生数(人) 4875	未定职级 41

专科专业 电厂热能动力装置、电力系统继电保护与自动化、电力系统自动化技术、电气自动化技术、电子商务、电子信息工程技术、发电厂及电力系统、高压输配电线路施工运行与维护、供热通风与空调工程技术、供用电技术、会计、火电厂集控运行、机电一体化技术、计算机网络技术、计算机应用技术、模具设计与制造、生产过程自动化技术、市场营销、数控技术、物流管理、应用电子技术

院系设置
学校共有：电力工程系、动力工程系、经济贸易系、机电工程系、电子信息系和国际教育部共计六个系部

学校设立奖学金情况
学校设立奖学金1项，奖励总金额80余万元。奖学金最高金额1000元/年，最低金额600元/年。

主要校办企业
郑州电力高等专科学校招待所

学校历史沿革
学校前身河南省立郑县工业职业学校，是河南省最早建立的现代高等教育院校之一。1933年，依托城隍庙产"改庙堂为学堂"而创建。1953年，国家院系调整，组建郑州电力工业学校。1958年，"大跃进"升格为河南电力学院。1959年，更名郑州电力学院。1962年，困难时期恢复郑州电力学校。1969年，"文化大革命"学校被撤销。1978年，拨乱反正后复办郑州电力学校。1994年，建立郑州电力高等专科学校。

黄河科技学院

学校(机构)标识码 4141011834
学校办学类型 412：本科院校：学院
学校性质类别 02 理工院校
学校举办者 999 民办
学校地址 郑州市航海中路94号
邮政编码 450006
办公电话 0371-68786098
传真电话 0371-68784554
校园(局域)网域名 www.hhstu.edu.cn
电子信箱 cwc@hhstu.edu.cn
占地面积(平方米) 1425360
校舍建筑面积(平方米) 581848
图书(万册) 236.5
固定资产总值(万元) 90400
教学、科研仪器设备资产值(万元) 14271.59
在校生数(人) 26671
其中：普通本科 18657
普通专科 6289
成人本科 1213
成人专科 512
专任教师(人) 1188
其中：正高级 146
副高级 268
中级 598
初级 141
未定职级 35

本科专业 表演、播音与主持艺术、材料成型及控制工程、财务管理、测控技术与仪器、车辆工程、城市规划、电气工程及其自动化、电气信息类、电子信息工程、动画、法学、服装设计与工程、工程管理、工商管理、工商管理类、光电信息工程、广播电视编导、广播电视新闻学、国际经济与贸易、护理学、机械设计制造及其自动化、计算机科学与技术、建筑学、金融学、经济学、临床医学、民族传统体育、人力资源管理、日语、软件工程、社会工作、摄影、市场营销、体育教育、通信工程、土木工程、网络工程、舞蹈编导、物流管理、信息与计算科学、药物制剂、药学、医学检验、艺术设计、音乐表演、音乐学、英语、运动训练

专科专业 表演艺术类、财务会计类、财政金融类、城市轨道交通运营管理、电子商务、电子信息工程技术、法律事务、房地产经营与估价、广播影视类、国际商务、护理、护理类、会计与审计、机械设计与制造、机械设计制造类、计算机类、计算机网络技术、计算机应用技术、建筑工程技术、康复治疗技术、临床医学、临床医学类、汽车技术服务与营销、汽车检测与维修技术、汽车制造与装配技术、商务英语、社会体育、摄影摄像技术、市场营销类、数控技术、体育保健、投资与理财、土建施工类、舞蹈表演、新闻采编与制作、艺术设计类、音乐表演、装潢艺术设计

院系设置
信息工程学院、工学院、商贸学院、外语学院、医学院、体育学院、艺术设计学院、音乐学院、新闻学院、民族学院、国际学院、交通学院

国家级、省部级研究机构设置
数控技术综合训练中心

定期公开出版的专业刊物 《黄河科技学院学报》、《黄河科技学院校报》

学校设立奖学金情况
学校设立奖学金4项，奖励总金额500余万元。奖学金最高金额5000元/年，最低金额300元/年。

学校历史沿革
1984.10月建立郑州市高等教育辅导班，1985.5由郑州市高等教育辅导班更名为黄河科技高等专科学校，1989.8由黄河科技高等专科学校更名黄河科技大学，1994.2由黄河科技大学更名为民办黄河科技学院，2000.3由民办黄河科技学院更名为黄河科技学院。

黄河水利职业技术学院

学校(机构)标识码 4141012058	传真电话 0378-3658016	在校生数(人) 15870
学校办学类型 415:专科院校:高等职业学校	校园(局域)网域名 www.yrcti.edu.cn	其中:普通专科 15422
	电子信箱 hhsydzb@126.com	成人专科 448
学校性质类别 02 理工院校	占地面积(平方米) 947380	专任教师(人) 627
学校举办者 811 省级教育部门	校舍建筑面积(平方米) 480772	其中:正高级 30
学校地址 河南省开封市东京大道西段	图书(万册) 67.84	副高级 131
	固定资产总值(万元) 55129	中级 265
邮政编码 475003	教学、科研仪器设备资产值(万元) 14704	初级 192
办公电话 0378-3658013		未定职级 9

专科专业 安全技术管理、保险实务、餐饮管理与服务、城市水利、道路桥梁工程技术、道路桥梁工程技术(铁道工程方向)、地理信息系统与地图制图技术、电厂化学、电气自动化技术、电子产品质量检测、电子商务、电子商务(商务网站建设方向)、电子信息工程技术、发电厂及电力系统、高等级公路维护与管理、给排水工程技术、工程测量技术、工程测量技术(地籍测量与土地管理)、工程机械运用与维护、工程监理、工程监理(建筑工程方向)、工程造价、工业环保与安全、公路工程检测技术、环境监测与治理技术、环境艺术设计、会计(注册会计师方向)、会计电算化、机电一体化技术、机械设计与制造、基础工程技术、计算机多媒体技术、计算机多媒体技术(游戏设计与影视)、计算机网络技术、计算机应用技术、计算机应用技术(动态网站管理方向)、计算机应用技术(嵌入式技术方向)、建筑电气工程技术、建筑工程技术、酒店管理、旅游管理、旅游管理(涉外导游方向)、旅游英语、模具设计与制造、汽车检测与维修技术、软件技术、商务英语、摄影测量与遥感技术、生产过程自动化技术、生物技术及应用、食品加工技术、市场营销、市场营销(营销与策划方向)、视觉传达艺术设计、数控技术、水电站动力设备与管理、水利工程施工技术、水利工程实验与检测技术、水利水电工程造价管理、水利水电建筑工程、水利水电建筑工程(工程信息管理)、水利水电建筑工程(国际工程方向)、水利水电建筑工程(岩土工程与隧道)、水文与工程地质、水文与水资源、水务管理、投资与理财、文秘、文秘(公关秘书方向)、文秘(会展策划与管理方向)、物流管理、物流管理(企业物流方向)、岩土工程技术、营销与策划、应用电子技术、应用化工技术、应用英语

院系设置
水利系、水资源工程系、环境与化学工程系、交通工程系、土木工程系、测绘工程系、财经系、管理系、信息工程系、机电工程系、自动化工程系、外语系、旅游系、艺术系、基础部、思想政治理论教学部、体育部、成人教育学院。

定期公开出版的专业刊物 《黄河水利职业技术学院学报》
学校设立奖学金情况
学校设立奖学金2项,奖励总金额30.24余万元。奖学金最高金额3000元/年,最低金额600元/年。

学校历史沿革
1929年3月成立黄河流域水利工程专科学校,1951年成立黄河水利专科学校,1958年成立黄河水利学院,1962年改为黄河水利学校,1980年在此基础上成立黄河职工大学,1998年3月在黄河水利学校、黄河职工大学的基础上成立了黄河水利职业技术学院。

许昌职业技术学院

学校(机构)标识码 4141012067	校园(局域)网域名 www.xcitc.edu.cn	在校生数(人) 16443
学校办学类型 415:专科院校:高等职业学校	电子信箱 xuzhiyuanbangongshi@126.com	其中:普通专科 15287
		成人专科 1156
学校性质类别 02 理工院校	占地面积(平方米) 1024378	专任教师(人) 849
学校举办者 821 地级教育部门	校舍建筑面积(平方米) 484766	其中:正高级 18
学校地址 河南省许昌市新兴路208号	图书(万册) 106.56	副高级 174
	固定资产总值(万元) 15428	中级 324
邮政编码 461000	教学、科研仪器设备资产值(万元) 8238.62	初级 243
办公电话 0374-2276999		未定职级 90
传真电话 0374-2270896		

专科专业 财务管理、道路桥梁工程技术、电气自动化技术、电子商务、动漫设计与制作、房地产经营与估价、供用电技术、汉语、会计电算化、机电一体化技术、计算机多媒体技术、计算机网络技术、计算机应用技术、建筑工程技术、建筑装饰工程技术、金融保险、经济管理、楼宇智能化工程技术、旅游服务与管理、旅游英语、模具设计与制造、汽车电子技术、汽车技术服务与营销、汽车检测与维修技术、汽车制造与装配技术、软件技术、商务英语、社会体育、生物技术及应用、食品加工技术、食品营养与检测、市场营销、视觉传达艺术设计、数控技术、陶瓷艺术设计、通信技术、文秘、物流管理、现代教育技术、信息安全技术、学前教育、音乐表演、印刷技术、英语教育、影视动画、应用电子技术、应用英语、语文教育、园林技术、园艺技术、装潢艺术设计、装饰艺术设计

院系设置

学院现有信息工程系、机电工程汽车系、人文系、艺术系、财贸经济系、外语系、建筑工程系、园林园艺系、软件学院、五年制部和成人教育部 11 个院系

学校设立奖学金情况

学院设立奖学金 2 项,奖励总金额 33.95 余万元。奖学金最高金额为 1000 元/年,最低金额 50 元/年。

学校历史沿革

许昌职业技术学院是经河南省人民政府(豫政文[2001]45号)批准,国家教育部备案的一所公办全日制普通高等专科学校,是在原许昌教育学院、许昌财税学校、许昌机电工程学校、许昌师范学校的基础上,于 2001 年 4 月合并组建的。2005 年经许昌市委、市政府决策,学院在许昌市东城区征地 1000 亩建设新校区。

铁道警官高等专科学校

学校(机构)标识码 4141012735	校园(局域)网域名 www.tdjg.com.cn	在校生数(人) 3846
学校办学类型 414:专科院校:高等专科学校	电子信箱 www.tdjg@tdjg.com.cn	其中:普通专科 3806
	占地面积(平方米) 288000	成人专科 40
学校性质类别 09 政法院校	校舍建筑面积(平方米) 116667	专任教师(人) 256
学校举办者 312 公安部	图书(万册) 40.09	其中:正高级 21
学校地址 铁道警官高等专科学校	固定资产总值(万元) 12642.96	副高级 63
邮政编码 450053	教学、科研仪器设备资产值(万元) 3227.9	中级 108
办公电话 0371-60666027		初级 64
传真电话 0371-60666013		

专科专业 经济犯罪侦查、警察管理、信息网络安全监察、刑事技术、侦查、治安管理

院系设置

侦查系、公安技术系、治安系、公安管理系、法律系、警察体育与战术训练教研部、铁路与公安基础教研部、公共基础教研部、政治理论教研部

国家级、省部级研究机构设置

研究所(中心):全国铁路刑事犯罪信息中心、心理测试技术培训中心(中国科学院自动化研究所心理测试工程中心培训基地)、刑事科学技术实验室、科研处、实验与网络中心、铁路警务研究所、警察职业教育研究所

定期公开出版的专业刊物 《铁道警官高等专科学校学报》

学校设立奖学金的情况

学校设立奖学金 6 项,奖励总金额 25 万余万元。奖学金最高金额 1000 元/年,最低金额 200 元/年。

1. 一等奖学金:98 人/年,1000 元/年
2. 二等奖学金:143 人/年,600 元/年
3. 三等奖学金:227 人/年,200 元/年
4. 三好学生:58 人/年,200 元/年
5. 优秀学生干部:59 人/年,200 元/年
6. 学习标兵:30 人/年,200 元/年

学校历史沿革

铁道警官高等专科学校的前身是 1950 年 2 月 28 日经原中央人民政务院批准成立的"铁路公安学校"。1953 年与东北铁路公安学校合并更名为"铁道公安干部学校"迁至沈阳。1957 年并入原中央公安学院上海分院,迁至上海。1963 年在西安重建为"铁路公安干部学校"后改为"铁道人民警察学校"。1972 年铁道部、交通部合并,学校迁往河北唐山,更名为"交通部公安院校"。1974 年两部分离,改为"铁道部唐山公安学校"。1976 年毁于唐山大地震。党的十一届三中全会以后,为适应改革开放和铁路现代化建设的需要,铁道部决定于 1980 年 1 月迁建河南郑州,先后更名为"铁道部郑州人民警察干部学校"和"铁道部郑州人民警察学校"。1984 年成立"铁道部郑州公安干部学院",1985 年更名为"铁道部郑州公安管理干部学院",与"铁道部郑州人民警察学校" 2000 年经国务院批准划归公安部管理,并分别更名为"公安部郑州铁路公安管理干部学院"和"公安部郑州铁路人民警察学校"。为适应铁路公安队伍现代化建设需要,2001 年 5 月经教育部批准改建为"铁道警官高等专科学校"。

商丘职业技术学院

学校(机构)标识码 4141012745	传真电话 0370-3182121	在校生数(人) 17038
学校办学类型 415:专科院校:高等职业学校	校园(局域)网域名 www.sqzy.edu.cn	其中:普通专科 16647
	电子信箱 sqzyxin@126.com	成人专科 391
学校性质类别 08 财经院校	占地面积(平方米) 1161872	专任教师(人) 850
学校举办者 821 地级教育部门	校舍建筑面积(平方米) 654149	其中:正高级 30
学校地址 商丘市神火大道南段566号	图书(万册) 143	副高级 206
	固定资产总值(万元) 66700	中级 401
邮政编码 476100	教学、科研仪器设备资产值(万元) 12837.26	初级 213
办公电话 0370-3182005		

专科专业 畜牧兽医(2个方向)、电气自动化技术、电子商务、电子信息工程技术、动漫设计与制作、动物防疫与检疫、法律文秘、工程测量与监理、广告设计与制作、国际经济与贸易、会计电算化、机电一体化技术、机械制造与自动化、计算机多媒体技术、计算机网络技术、计算机信息管理、计算机应用技术、建筑工程技术、金融保险、旅游管理、旅游英语、农学、汽车技术服务与营销(2个方向)、汽车检测与维修技术、软件技术、商务英语、社会体育、生物技术及应用(2个方向)、食品加工技术、食品检测及管理(2个方向)、食品贮运与营销、市场营销、数控技术、饲料与动物营养、特种动物养殖、体育保健、投资与理财、图形图像制作、文秘(2个方向)、物流工程技术、物流管理(2个方向)、物业管理、现代教育技术(2个方向)、新闻采编与制作、信息安全技术、艺术设计、音乐表演(2个方向)、印刷图文信息处理、应用电子技术、园林技术、园艺技术(2个方向)、植物保护(2个方向)、中草药栽培技术、种子生产与经营、作物生产技术(2个方向)

院系设置
计算机系、经贸系、机电系、体育艺术系、农学系、园林食品加工系、畜牧兽医系、语言文学系、汽车建筑工程系、软件学院、五专部

定期公开出版的专业刊物 《商丘职业技术学院学报》
学校设立奖学金情况
学校设立奖学金3项,奖金总金额100余万元。奖学金最高金额1000元/年,最低金额200元/年。
主要校办产业
商丘职教电脑印刷总公司
学校历史沿革
2001年5月由商丘市财经学校与商丘广播电视大学合并,联合商丘农业学校,经河南省人民政府批准、国家教育部备案,成立商丘职业技术学院;2003年11月,商丘市人民政府将商丘工业学校、商业学校、财税学校、文化艺术学校、体育运动学校并入商丘职业技术学院。2006年12月在高职高专人才培养工作水平评估中,被评为优秀院校;2007年8月被教育部、财政部批准为国家示范性高等职业院校建设单位,2010年6月,通过教育部、财政部验收并确定为优秀格次。

郑州科技学院

学校(机构)标识码 4141012746	电子信箱 888sgh@163.com	普通专科 5789
学校办学类型 412:本科院校:学院	占地面积(平方米) 492722	成人本科 47
学校性质类别 02 理工院校	校舍建筑面积(平方米) 365512	成人专科 2247
学校举办者 999 民办	图书(万册) 121	专任教师(人) 756
学校地址 郑州市二七区学院路1号	固定资产总值(万元) 40606.45	其中:正高级 39
邮政编码 450064	教学、科研仪器设备资产值(万元) 8071	副高级 189
办公电话 0371-67860229		中级 367
传真电话 0371-67860229	在校生数(人) 12956	初级 120
校园(局域)网域名 www.zzist.net	其中:普通本科 4873	未定职级 41

本科专业 材料成型及控制工程、财务管理、电气工程及其自动化、电子科学与技术、动画、国际经济与贸易、机械设计制造及其自动化、计算机科学与技术、建筑环境与设备工程、交通运输、经济学、旅游管理、食品科学与工程、市场营销、通信工程、艺术设计、自动化

专科专业 表演艺术、电脑艺术设计、电气自动化技术、电子商务、工商企业管理、国际商务、会计电算化、机电一体化技术、机械设计与制造、机械制造与自动化、计算机网络技术、计算

机信息管理、计算机应用技术、建筑工程技术、建筑装饰工程技术、旅游管理、汽车检测与维修技术、汽车制造与装配技术、人力资源管理、软件技术、商务英语、食品加工技术、食品营养与检测、市场营销、数控技术、通信技术、物流管理、艺术设计、应用电子技术、装潢艺术设计

院系设置

信息科学系、电气工程系、机械工程系、工商管理系、经济贸易系、艺术系、土建系、成教院

学校历史沿革

1988年经河南省教委批准成立郑州中原职业大学;1997年更名为郑州科技专修学院;2001年经河南省政府批准设置郑州科技职业学院;2008年经教育部批准在郑州科技职业学院基础上设置郑州科技学院,实施本科教育。

郑州华信学院

学校(机构)标识码	4141012747
学校办学类型	412:本科院校:学院
学校性质类别	02 理工院校
学校举办者	999 民办
学校地址	郑州新郑高新技术开发区
邮政编码	451100
办公电话	0371-62632776
传真电话	0371-62622336
校园(局域)网域名	www.zzhxxy.com
电子信箱	hxxybgs@126.com
占地面积(平方米)	1319425
校舍建筑面积(平方米)	575441
图书(万册)	173
固定资产总值(万元)	45300.46
教学、科研仪器设备资产值(万元)	9736
在校生数(人)	19253
其中:普通本科	6290
普通专科	12126
成人本科	13
成人专科	824
专任教师(人)	847
其中:正高级	71
副高级	202
中级	130
初级	298
未定职级	146

本科专业 财务管理、电气工程及其自动化、工业设计、护理学、机械设计制造及其自动化、计算机科学与技术、建筑学、交通运输、旅游管理、人力资源管理、市场营销、通信工程、土木工程、药物制剂、艺术设计、音乐表演、英语

专科专业 保险实务、电气自动化技术、动漫设计与制作、高等级公路维护与管理、工程监理、工程造价、工商企业管理、广告设计与制作、护理、会计电算化、机电一体化技术、计算机网络技术、计算机信息管理、计算机应用技术、建筑工程技术、建筑装饰工程技术、酒店管理、康复治疗技术、旅游管理、旅游英语、汽车运用技术、软件技术、商务管理、商务英语、摄影摄像技术、市场营销、数控设备应用与维护、文秘、物流管理、物业管理、药品经营与管理、药物制剂技术、艺术设计、应用电子技术、应用化工技术、应用英语

院系设置

机电工程学院、建筑工程学院、艺术学院、管理学院、医学院、信息工程系、经济贸易系、外语系、综合教学部、基础教学部、公共体育教学部

定期公开出版的专业刊物 《华信学苑》

学校设立奖学金情况

学校设立奖学金3项,奖励总金额208余万元。奖学金最高金额1000元/年,最低金额600元/年。

1. 一等奖学金:160人/年,1000元/人
2. 二等奖学金:270人/年,800元/人
3. 三等奖学金:430人/年,600元/人

学校历史沿革

1997年建校,1998年4月被批准为"郑州华信专修学院",同年开始首次招生,1999年被原河南省教委批准为高等教育学历文凭考试试点院校。2001年4月被河南省人民政府批准为具有独立颁发学历文凭的普通高等专科学校,校名为:郑州华信职业技术学院,2008年4月被国脚教育部批准为普通本科院校,更名为:郑州华信学院。

平顶山工业职业技术学院

学校(机构)标识码	4141012748
学校办学类型	415:专科院校:高等职业学校
学校性质类别	02 理工院校
学校举办者	891 地方企业
学校地址	河南省平顶山市湛河区水库路北3号院
邮政编码	467001
办公电话	0375-2066473
传真电话	0375-2066473
校园(局域)网域名	www.pzxy.edu.cn
电子信箱	pzxyoffice@126.com
占地面积(平方米)	969300
校舍建筑面积(平方米)	412745
图书(万册)	97.2
固定资产总值(万元)	39877.9
教学、科研仪器设备资产值(万元)	14287.21
在校生数(人)	17296
其中:普通专科	15665
成人专科	1631
专任教师(人)	672
其中:正高级	20
副高级	149

中级 293	初级 181	未定职级 29

专科专业 PLC技术方向、表演艺术、电厂设备运行与维护、电气控制方向、电气自动化方向、电气自动化技术、电器维修技术方向、电子商务、电子设备与运行管理、电子线路设计与应用方向、动漫设计与制作、服装设计、工商企业管理、工业设计、焊接技术及自动化、化工生产安全技术、环境监测与治理技术、环境艺术设计、会计电算化、机电技术方向、机电一体化技术、机械设计与制造、计算机多媒体技术、计算机网络技术、计算机应用技术、技术方向、建筑工程技术、矿井建设、矿井建设方向、矿井通风与安全、矿山测量、矿山机电、楼宇智能化工程技术、旅游管理、旅游英语、煤矿开采技术、煤炭深加工与利用、模具设计与制造、平面设计方向、汽车服务与管理、汽车运用技术、软件方向、软件技术、商务英语、涉外英语方向、食品加工技术、市场营销、数控技术、数控技术方向、瓦斯防治方向、网络管理与安全、网络系统管理、文秘、新闻采编与制作、艺术设计、音乐表演、应用电子技术、应用化工技术、应用英语、中外合作办学、自动化生产设备应用、综合机械化采煤方向

院系设置

学院教学设:机电工程学院(机械工程系、电力工程系)、软件学院、计算机系、资源开发系、自动化与信息工程系、化工系、经济管理系、艺术系、外语系、文化教育部、思想政治教学部、成人教育学院

学校设立奖学金情况

学校设立奖学金3项,奖励总金额24.3万元,奖学金最高金额3000元/年,最低金额50元/年。

主要校办产业

平顶山市金吉科贸公司

学校历史沿革

平顶山工业职业技术学院由原平顶山煤矿职工大学和平顶山煤炭高级技校于2001年5月合并组建而成。平顶山煤矿职工大学(1975年-2001年)(含平顶山矿务局技训班、平顶山矿工大学)。平顶山煤炭高级技校(1978年-2001年)(含平顶山煤矿技工学校)。

周口职业技术学院

学校(机构)标识码 4141012750	传真电话 0394-8693286	在校生数(人) 12021
学校办学类型 415:专科院校:高等职业学校	校园(局域)网域名 www.zkvct.edu.cn	其中:普通专科 10720
	电子信箱 zkzyjsxy@126.com	成人专科 1301
学校性质类别 02 理工院校	占地面积(平方米) 883775	专任教师(人) 595
学校举办者 821 地级教育部门	校舍建筑面积(平方米) 420026	其中:正高级 9
学校地址 河南省周口市川汇区淮河路西1号	图书(万册) 75	副高级 132
	固定资产总值(万元) 46562	中级 195
邮政编码 466001	教学、科研仪器设备资产值(万元) 6449	初级 234
办公电话 0394-8693029		未定职级 25

专科专业 财务管理、财务管理(理财方向)、财务会计类(中外合作办学)、畜牧兽医、道路桥梁工程技术、电气自动化技术、动物防疫与检疫、房地产经营与估价、汉语、会计、机电一体化技术、机电一体化技术(模具制造方向)、计算机类(中外合作办学)、计算机网络技术、计算机系统维护、计算机应用技术、计算机应用技术(软件开发与项目)、建筑工程技术、建筑设计技术、建筑装饰工程技术、酒店管理、旅游管理、汽车技术服务与营销、汽车检测与维修技术、商务英语、设施农业技术、市场营销、市场营销类(中外合作办学)、饲料与动物营养、文秘、物业管理、药用植物栽培加工、音乐表演、应用电子技术、应用英语、园林工程技术、园艺技术、园艺技术(园林花卉方向)、装潢艺术设计

院系设置

生物工程系、动物科学系、财经系、信息工程系、机电工程系、外语系、艺术系、人文科学系、成人教育培训部、五年制大中专部

国家级、省部级研究机构设置

研究所(中心):食用菌工程技术研究中心、动物疫病防控工程技术中心

定期公开出版的专业刊物 《周口职业技术学院学报》

学校设立奖学金情况

学校设立奖学金3项,奖励总金额249余万元。奖学金最高金额8000元/年,最低金额150元/年。

1. 国家奖学金:8人/年,8000元/人
2. 国家励志奖学金:300人/5000元/人
3. 学院优秀奖学金:一等奖,700元/年,3%学生比例;二等奖学金,300元/年,7%学生比例;三等奖学金,150元/年,10%学生比例。

主要校办产业

学院农场、养殖场、汽车驾驶训练场等

毕业生一次就业率 95%

学校历史沿革

周口职业技术学院与2001年经河南省人民政府批准,国家教育部备案,5月30日正式成立。由原周口广播电视大学、沈丘师范学校、周口农业学校、周口艺术中专合并组成。2005年6月原西华师范学校并入周口职业技术学院。

济源职业技术学院

学校(机构)标识码　4141012768
学校办学类型　415:专科院校:高等职业学校
学校性质类别　02 理工院校
学校举办者　821 地级教育部门
学校地址　河南省济源市学苑大街2号
邮政编码　459000
办公电话　0391-6621000
传真电话　0391-6621014
校园(局域)网域名　www.jyvtc.edu.cn
电子信箱　jyzyjsxy@jiyuan.gov.cn
占地面积(平方米)　808109
校舍建筑面积(平方米)　316546
图书(万册)　50.76
固定资产总值(万元)　29531.34
教学、科研仪器设备资产值(万元)　6576.25
在校生数(人)　11632
其中:普通专科　11380
　　　成人专科　252
专任教师(人)　610
其中:正高级　7
　　　副高级　136
　　　中级　246
　　　初级　165
　　　未定职级　56

专科专业　材料工程技术、电气自动化技术、电子商务、电子仪器仪表与维修、动漫设计与制作、工业分析与检验、国际护理、国际会计、国际经济与贸易、国际商务、护理、会计电算化、机电一体化技术、机械设计与制造、计算机多媒体技术、计算机网络技术、计算机信息管理、计算机应用技术、建筑装饰工程技术、楼宇智能化工程技术、旅游管理、模具设计与制造、软件技术、涉外旅游、市场营销、数控技术、文秘、舞蹈表演、冶金技术、音乐表演、应用电子技术、应用化工技术、装潢艺术设计

院系设置
机电工程系、电气工程系、信息工程系、经济管理系、冶金化工系、表演艺术系、建筑工程系、艺术设计系、人文管理系、护理系、成教中心、国际教育学院、基础部、社科部、体育部、中专部

定期公开出版的专业刊物　《济源职业技术学院学报》

学校设立奖学金情况
学校设立奖学金7项,奖励金额839余万元,奖学金最高金额8000元/年,最低金额100元/年。

学校历史沿革
济源中等工业学校(1993年6月-2001年4月)济源职业技术学院(2001年4月-至今)。

河南司法警官职业学院

学校(机构)标识码　4141012781
学校办学类型　415:专科院校:高等职业学校
学校性质类别　09 政法院校
学校举办者　812 省级其他部门
学校地址　郑州市文劳路3号
邮政编码　450011
办公电话　0371-63975713
传真电话　0371-63739348
校园(局域)网域名　www.hnsfjy.net
电子信箱　zhaoyiang@163.com
占地面积(平方米)　404002
校舍建筑面积(平方米)　132253
图书(万册)　46
固定资产总值(万元)　16890
教学、科研仪器设备资产值(万元)　3550
在校生数(人)　5461
其中:普通专科　5273
　　　成人专科　188
专任教师(人)　268
其中:正高级　11
　　　副高级　49
　　　中级　80
　　　初级　95
　　　未定职级　33

专科专业　安全保卫、法律事务、法律文秘、会计、计算机应用技术、警察管理、社会工作、社区矫正、司法鉴定技术、司法警务、司法助理、心理咨询、刑事执行

院系设置
警察学系、法律系、监所系、信息技术应用系、司法行政管理系

学校设立奖学金情况
学校设立奖学金1项,奖励总金额100余万元。奖学金最高金额1000元/年,最低金额500元/年。

学校历史沿革
学校于1984年7月建立,定名为"河南省劳改劳教学校"。1986年12月,经省人民政府批准,更名为"河南省劳改警察学校"。1987年9月,开始面向社会招生。1995年10月,更名为"河南省司法警官学校"。2001年4月23日,升格为"河南司法警官职业学院"。

鹤壁职业技术学院

学校(机构)标识码 4141012793	校园(局域)网域名 www.hbzy.edu.com	在校生数(人) 10509
学校办学类型 415:专科院校:高等职业学校	电子信箱 wwwhbzy@163.com	其中:普通专科 9758
		成人专科 751
学校性质类别 02 理工院校	占地面积(平方米) 800000	专任教师(人) 511
学校举办者 821 地级教育部门	校舍建筑面积(平方米) 301444	其中:正高级 36
学校地址 鹤壁市淇滨区华山路南段	图书(万册) 81.01	副高级 147
邮政编码 458030	固定资产总值(万元) 53000	中级 215
办公电话 0392-3329041	教学、科研仪器设备资产值(万元) 6205.59	初级 46
传真电话 0392-3330101		未定职级 67

专科专业 材料成型与控制技术、材料工程技术、初等教育、电气自动化技术、电子信息工程技术、动漫设计与制作、多媒体设计与制作、服装设计、汉语、护理、会计电算化、机电一体化技术、机械制造与自动化、计算机网络技术、计算机信息管理、建筑工程技术、建筑装饰工程技术、康复治疗技术、旅游管理、模具设计与制造、农畜特产品加工、农村行政管理、汽车检测与维修技术、软件技术、商务英语、食品加工技术、数控技术、通讯工程设计与管理、投资与理财、文秘、药学、冶金技术、医学检验技术、医学影像技术、音乐表演、音乐教育、英语教育、营销与策划、应用电子技术、应用化工技术、应用英语、语文教育、主持与播音、助产、装潢艺术设计

院系设置
医学院、护理学院、机电工程学院、电子信息工程系(软件学院)、建筑与艺术系、经济管理系、外语系、教育与文化传播系、材料工程系、农村工程与技术系、思想政治教研部、公共体育教学部、成人教育学院、远程教育学院

国家级、省部级研究机构设置
研究所(中心):信通特种车工程研究中心、服装设计与开发中心、计算机技术开发研究中心、工艺美术研究中心

定期公开出版的专业刊物 《鹤壁职业技术学院学报》

学校设立奖学金情况
学校设立奖学金4项,奖励总金额15余万元。奖学金最高金额500元/年,最低金额100元/年。

毕业生一次就业率 93.12%

学校历史沿革
鹤壁职业技术学院是经河南省人民政府批准,国家教育部备案的一所地方高职院校。学院由1959年建校的鹤壁中专(鹤壁卫校)、1974年建校的鹤壁师范学校、1980年建校的鹤壁教育学院和1992年建校的鹤壁电大四校合并组成而成。学院隶属于鹤壁人民政府,省教育厅负责学院的教育教学管理工作,主要面向地方培养适应生产、建设、管理、服务第一线的高等技术应用性人才。

河南工业职业技术学院

学校(机构)标识码 4141012794	传真电话 0377-63270216	其中:普通专科 12135
学校办学类型 415:专科院校:高等职业学校	校园(局域)网域名 www.hnpi.cn	成人专科 843
	占地面积(平方米) 438220	专任教师(人) 640
学校性质类别 02 理工院校	校舍建筑面积(平方米) 378771	其中:正高级 12
学校举办者 812 省级其他部门	图书(万册) 88.16	副高级 170
学校地址 河南省南阳市工农路291号	固定资产总值(万元) 43387.87	中级 153
邮政编码 473009	教学、科研仪器设备资产值(万元) 7351.21	初级 285
办公电话 0377-63270196	在校生数(人) 12978	未定职级 20

专科专业 安全技术管理、城市水净化技术、电力系统自动化技术、电气自动化技术、电子商务、电子信息工程技术、动漫设计与制作、工程测量技术、工程监理、工程造价、光电制造技术、广告设计与制作、会计电算化、机电设备维修与管理、机电一体化技术、机械设计与制造、计算机辅助设计与制造、计算机控制技术、计算机网络技术、计算机应用技术、建筑工程技术、建筑设备工程技术、建筑设计技术、建筑装饰工程技术、精密机械技术、楼宇智能化工程技术、旅游管理、模具设计与制造、汽车电子技术、汽车技术服务与营销、汽车检测与维修技术、软件技术、商务英语、生产过程自动化技术、市场营销、数控技术、数控设备应用

与维护、物流管理、应用电子技术、应用化工技术、应用英语
院系设置
机械工程系、机电工程系、汽车工程系、柔性制造工程技术研究中心、建筑工程系、建筑环境设备工程系、电气工程系、电子工程系、计算机工程系、经济管理系、化学工程系、光电工程系、外语系、社会科学教学部、基础科学教学部、体育教学部、继续教育学院
学校设立奖学金情况
学校设立奖学金1项，奖励总金额80余万元。奖学金最高金额1000元/年，最低金额1000元/年。
学校历史沿革
河南工业职业技术学院的前身是中原机械工业学校，创建于1973年，名为"五三一机械工业学校"，1978年3月，改名为"中原机械工业学校"。2001年4月，中原机械工业学校和洛阳兵器工业职工大学合并组建河南工业职业技术学院。

郑州澍青医学高等专科学校

学校(机构)标识码　4141012948	传真电话　0371-67592757	在校生数(人)　6482
学校办学类型　414:专科院校:高等专科学校	校园(局域)网域名　www.shuqing.org	其中:普通专科　6482
学校性质类别　05 医药院校	电子信箱　office@shuqing.org	专任教师(人)　421
学校举办者　999 民办	占地面积(平方米)　29189	其中:正高级　56
学校地址　郑州市二七区马寨镇东方路23号	校舍建筑面积(平方米)　224192	副高级　75
邮政编码　450064	图书(万册)　78	中级　33
办公电话　0371-67592757	固定资产总值(万元)　25600	初级　241
	教学、科研仪器设备资产值(万元)　5092.4	未定职级　16

专科专业　护理、康复治疗技术、口腔医学技术、临床医学、药学、医疗美容技术、医学检验技术、中医学
院系设置
就业指导部、信息部、体育艺术部、基础医学部、临床医学系、护理系、相关医学系、药学系
学校设立奖学金情况
校长奖学金1项，奖励总金额35余万元。奖学金最高金额300元/年，最低金额100元/年。
学校历史沿革
1984年-1986年，郑州医学进修学校；1986年-1994年，郑州医学专科学校；1994年-1996年，郑州树青医学院；1996年-1997年，郑州医学专修学院；1997年-2002年，郑州树青医学院；1997年经河南省教育厅批准为首批高等学历文凭考试考点学校；2002年至今，郑州澍青医学高等专科学校；2001年9月经国家教育部实地考察及评审，2002年3月批准我校为普通高等专科学校，实施医学高等专科学校学历教育，纳入全国统招计划。

郑州师范学院

学校(机构)标识码　4141012949	校园(局域)网域名　www.zztc.com.cn	普通专科　7192
学校办学类型　412:本科院校:学院	占地面积(平方米)　752571	成人专科　989
学校性质类别　06 师范院校	校舍建筑面积(平方米)　380855	专任教师(人)　626
学校举办者　821 地级教育部门	图书(万册)　108	其中:正高级　76
学校地址　河南省郑州市惠济区英才街6号	固定资产总值(万元)　33583.83	副高级　222
邮政编码　450044	教学、科研仪器设备资产值(万元)　6724.23	中级　251
办公电话　0371-65501002	在校生数(人)　10322	初级　76
传真电话　0371-65501555	其中:普通本科　2141	未定职级　1

本科专业　地理科学、汉语言文学、化学、美术学、生物科学、数学与应用数学、物理学、小学教育、学前教育、音乐学、英语
专科专业　出版与发行、初等教育、初等教育(数学方向)、初等教育(英语方向)、初等教育(中文方向)、地理教育、电子信

息工程技术、动漫设计与制作(软件学院)、儿童康复、工业分析与检验、汉语、化学教育、计算机多媒体技术(软件学院)、计算机网络技术、计算机信息管理(软件学院)、计算机应用技术、科学教育、历史教育、旅游管理、美术教育、青少年工作与管理、人力资源管理、软件技术(软件学院)、商务英语、社会工作、社区康复、生物技术及应用、生物教育、数学教育、数学教育(计算机方向)、思想政治教育、特殊教育、体育教育、统计实务、投资与理财、文化市场经营与管理、舞蹈表演、舞蹈表演(聋人方向)、物理教育、物业管理、现代教育技术、新闻采编与制作、学前教育、艺术设计、音乐(含舞蹈方向)、音乐表演、音乐教育、英语教育、应用俄语、应用心理学、语文教育、园艺技术、装潢艺术设计、综合理科教育、综合文科教育

院系设置

学院共设置17个系(部),分别是中国语言文学系、数学系、外语系、教育系、物理系、化学系、生命科学系、地理与环境系、初等教育部、信息技术系、政治系、历史系、特殊教育系、体育系、音乐系、美术系、继续教育部

定期公开出版的专业刊物 《郑州师范教育》

学校历史沿革

郑州师范学院最早创建于1952年,全国高校院系调整时撤销,1978年恢复,1982年撤销,部分土地、师资、教学设备、图书等并入郑州教育学院,2002年3月根据国家教育部教发函【2002】53号文件精神,在郑州教育学院和郑州师范学校合并基础上,郑州师范高等专科学校再次恢复建立。2010年3月22日,根据国家教育部【2010】33号文件精神,在郑州师范高等专科学校基础上建立郑州师范学院。

焦作师范高等专科学校

学校(机构)标识码 4141012950	传真电话 0391-2986969	在校生数(人) 8476
学校办学类型 414:专科院校:高等专科学校	校园(局域)网域名 www.jzsz.cn	其中:普通专科 8476
	电子信箱 bgsjzsz@163.com	专任教师(人) 485
学校性质类别 06 师范院校	占地面积(平方米) 840957	其中:正高级 43
学校举办者 821 地级教育部门	校舍建筑面积(平方米) 296832	副高级 190
学校地址 河南省焦作市山阳区山阳路998号	图书(万册) 114.29	中级 205
	固定资产总值(万元) 45514.68	初级 15
邮政编码 454002	教学、科研仪器设备资产值(万元) 4939.54	未定职级 32
办公电话 0391-3586667		

专科专业 初等教育、动漫设计与制作、化学教育、计算机教育、计算机网络技术、计算机信息管理、计算机应用技术、历史教育、旅游管理、旅游英语、美术教育、软件技术、商务英语、社会体育、社区管理与服务、生物教育、数学教育、思想政治教育、体育教育、文秘、物理教育、物业管理、现代教育技术、心理咨询、新闻采编与制作、学前教育、艺术设计、音乐表演、音乐教育、英语教育、应用电子技术、应用化工技术、语文教育、园艺技术、综合理科教育、综合文科教育

院系设置

文学院、数学学院、外国语学院、计算机与信息工程学院、软件职业技术学院、教育科学学院、生物与化学工程学院、物理与电子工程学院、体育学院(太极文化学院)、音乐学院、美术学院、初等教育学院、学前教育学院、继续教育学院、国际教育学院、管理学院、政治与社会发展学院

国家级、省部级研究机构设置

研究中心(所):心理研究所、教育科学研究所、覃怀文化研究、体育研究所、植物研究所

定期公开出版的专业刊物 《焦作师范高等专科学校学报》

学校设立奖学金情况

学校设立奖学金2项,奖励总金额130余万元。奖学金最高金额1500元/年,最低金额400元/年。

学校历史沿革

焦作师范高等专科学校是一所以教师教育为主的全日制普通高等专科学校,前身为1907年(清光绪三十三年)创办的"怀庆府师范学堂",至今已有百余年办学历史。学校历史三次更名:焦作市进修学校(1978-1986);焦作教育学院(1986-2002);2002年经国家教育部批准,焦作教育学院、焦作师范学校和沁阳师范学校合并组建成立焦作师范高等专科学校。

郑州经贸职业学院

学校(机构)标识码 4141013497　　学校办学类型 415:专科院校:高等职业学校

学校性质类别　08 财经院校	电子信箱　zzjmyb@163.com	其中：普通专科　7203
学校举办者　999 民办	占地面积（平方米）　534433	专任教师（人）　417
学校地址　河南省郑州市郑州经贸职业学院	校舍建筑面积（平方米）　319906	其中：正高级　18
	图书（万册）　78.36	副高级　115
邮政编码　450044	固定资产总值（万元）　13757.16	中级　74
办公电话　0371-86650098	教学、科研仪器设备资产值（万元）　　4389	初级　174
传真电话　0371-86650098		未定职级　36
校园（局域）网域名　www.zzjm.edu.cn	在校生数（人）　7203	

专科专业　财务信息管理、道路桥梁工程技术、电脑艺术设计、电气自动化技术、电子商务、动漫设计与制作、工程监理、工程造价、广告设计与制作、国际经济与贸易、环境艺术设计、会计（注册会计师方向）、会计电算化、会计与审计、机电一体化技术、计算机网络技术、计算机信息管理、计算机应用技术、建筑工程技术、建筑装饰工程技术、经济信息管理、连锁经营管理、旅游管理、旅游英语、模具设计与制造、汽车技术服务与营销、人力资源管理、软件技术、商务英语、市场营销、室内设计技术、投资与理财、文秘、物流管理、物业管理、新闻采编与制作、艺术设计（平面设计方向）

院系设置
建筑工程系、文化与传播系、经济系、会计系、管理系、计算机系、机电系、艺术设计系、社科部、体育教学部、艺术教学部

学院设立奖学金情况
学院设立奖学金 3 项，奖励总金额 100 余万元。奖学金最高金额 1200 元/年·生；最低金额 300 元/年·生。

定期公开出版的专业刊物　《郑州经贸职业学院报》、《郑州经贸职业学院学报》

学校历史沿革
我院是 2003 年 4 月 25 日经河南省人民政府批准国家教育部备案的民办性质专科层次的高等职业院校。学院经过几年的发展积累了一定的教育教学资源取得了跨越式的进步规模不断扩大。学院还不断加大投资力度改善办学条件深化教学改革加强科学管理使教育教学质量明显提高社会信誉越来越好。2008 年学院在人才培养水平评估工作中被省教育厅评为优秀等级。

郑州交通职业学院

学校（机构）标识码　4141013498	传真电话　0371-68187111	在校生数（人）　11008
学校办学类型　415：专科院校：高等职业学校	校园（局域）网域名　www.zjtu.edu.cn	其中：普通专科　10778
	电子信箱　zzjtxybgs@163.com	成人专科　230
学校性质类别　02 理工院校	占地面积（平方米）　484909	专任教师（人）　537
学校举办者　999 民办	校舍建筑面积（平方米）　369072	其中：正高级　48
学校地址　郑州市二七区嵩山南路南段	图书（万册）　77.02	副高级　108
	固定资产总值（万元）　24747	中级　192
邮政编码　450062	教学、科研仪器设备资产值（万元）　　6800.57	初级　143
办公电话　0371-68837676		未定职级　46

专科专业　保险实务、城市轨道交通工程技术、城市轨道交通运营管理、城市交通运输、道路桥梁工程技术、电子信息工程技术、高等级公路维护与管理、高分子材料应用技术、工程机械运用与维护、工程造价、公路监理、焊接技术及自动化、会计、机电一体化技术、机械制造与自动化、计算机多媒体技术、计算机网络技术、计算机应用技术、建筑工程技术、建筑装饰工程技术、酒店管理、连锁经营管理、模具设计与制造、汽车电子技术、汽车改装技术、汽车技术服务与营销、汽车检测与维修、汽车运用技术、汽车整形技术、汽车制造与装配技术、商务英语、数控技术、投资与理财、物流管理、新闻采编与制作

院系设置
学院共设 7 系 2 部 3 个中心。

学校设立奖学金情况
学院设立奖学金 2 项，奖励总金额 70 余万元。奖学金最高金额 2000 元/年，最低金额 500 元/年。

学校历史沿革
郑州汽车中专（1995 年-2003 年）；2003 年 4 月经河南省人民政府批准、国家教育部备案，升格并命名为郑州交通职业学院。

河南检察职业学院

学校(机构)标识码 4141013499
学校办学类型 415：专科院校：高等职业学校
学校性质类别 09 政法院校
学校举办者 812 省级其他部门
学校地址 河南省郑州市新郑龙湖大学园区双湖大道1号
邮政编码 451191
办公电话 0371-69970059 传真电话 0371-69970058
校园(局域)网域名 www.hnjc.edu.cn
电子信箱 hnjczyxy@163.com
占地面积(平方米) 247600
校舍建筑面积(平方米) 115660
图书(万册) 41.4
固定资产总值(万元) 6714
教学、科研仪器设备资产值(万元) 2300
在校生数(人) 4963
其中：普通专科 4963
专任教师(人) 243
其中：正高级 6
副高级 48
中级 117
初级 63
未定职级 9

专科专业 法律事务、法律文秘、工商企业管理、检查事务、旅游管理、书记官、司法鉴定技术、司法警务、职务犯罪预防与控制

院系设置
法律系、检察系、司法管理系、侦查系、基础部、警体部、培训处

国家级、省部级研究机构设置
研究所(中心)：科研中心

定期公开出版的专业刊物《河南检察职业学院学报》

学校设立奖学金情况
学校设立奖学金4项，奖励总金额40余万元。奖学金最高金额2600元/年，最低金额200元/年。

毕业生一次就业率 85%

学校历史沿革
河南省检察干部学校(1984年)，中国高级检察官培训中心河南分部(1985年)，河南省检察学校(1988年)，国家检察官学院河南分院(2000年)，河南检察官学院(2001年)，河南检察职业学院(2003年)。

商丘工学院

学校(机构)标识码 4141013500
学校办学类型 412：本科院校：学院
学校性质类别 02 理工院校
学校举办者 999 民办
学校地址 河南省商丘市睢阳大道中段235号
邮政编码 476000
办公电话 0370-5072107
传真电话 0370-5072168
校园(局域)网域名 www.sstvc.com
电子信箱 zhaoban@sstvc.com
占地面积(平方米) 576535
校舍建筑面积(平方米) 271040
图书(万册) 85.2
固定资产总值(万元) 30330.1
教学、科研仪器设备资产值(万元) 5333.92
在校生数(人) 8832
其中：普通本科 572
普通专科 8260
专任教师(人) 501
其中：正高级 39
副高级 116
中级 191
初级 95
未定职级 60

本科专业 电子信息工程、会计学、机械设计制造及其自动化、计算机科学与技术、土木工程

专科专业 道路桥梁工程技术、电气自动化技术、电子商务、电子信息工程技术、动漫设计与制作、工程监理、国际经济与贸易、会计电算化、机电一体化技术、计算机多媒体技术、计算机网络技术、计算机应用技术、建筑工程技术、建筑设备工程技术、建筑装饰工程技术、旅游管理、旅游英语、模具设计与制造、汽车电子技术、汽车技术服务与营销、汽车检测与维修技术、软件技术、商务英语、市场营销、数控技术、图形图像制作、文秘、物流管理、物业管理、新闻采编与制作、艺术设计、应用电子技术、应用日语、园林工程技术

院系设置
计算机科学系、文化传播系、管理系、机电工程系、建筑工程系、基础教学部和继续教育学院

学校设立奖学金情况
学校设立奖学金2项，奖励总金额20余万元。奖学金最高金额3000元/年，最低金额300元/年。

毕业生一次就业率 93.41%

学校历史沿革
商丘科技职业学院前身是商丘科技专修学院，2002年经河南省人民政府批准、国家教育部备案，在商丘科技专修学院基础上组建一所普通民办高职院校。

河南大学民生学院

学校(机构)标识码　4141013501
学校办学类型　413:本科院校:独立学院
学校性质类别　08 财经院校
学校举办者　999 民办
学校地址　河南省开封市金明区金明大道北段
邮政编码　475004
办公电话　0378-3887388
传真电话　0378-3887388

校园(局域)网域名　minsheng.henu.edu.cn
电子信箱　minsheng@henu.edu.cn
占地面积(平方米)　645500
校舍建筑面积(平方米)　234182
图书(万册)　101.6
固定资产总值(万元)　23363.06
教学、科研仪器设备资产值(万元)　3461.38

在校生数(人)　10060
其中:普通本科　10018
　　　普通专科　42
专任教师(人)　502
其中:正高级　46
　　　副高级　140
　　　中级　174
　　　初级　136
　　　未定职级　6

本科专业　播音与主持艺术、电子信息科学与技术、法学、工商管理、广播电视编导、广告学、国际经济与贸易、汉语言文学、行政管理、护理学、环境科学、会计学、计算机科学与技术、金融学、经济学、劳动与社会保障、临床医学、旅游管理、美术学、日语、社会工作、生物技术、通信工程、土木工程、戏剧影视文学、信息管理与信息系统、信息与计算科学、学前教育、药物制剂、药学、艺术设计、音乐表演、英语、应用化学、应用心理学、资源环境与城乡规划管理、自动化

专科专业　酒店管理
院系设置
学院下设 8 个系和 1 个公共教学部,分别是:经济学系、外语系、医药告系、管理科学系、人文与社会科学系、艺术与传媒系、信息工程系、工程技术系
国家级、省部级研究机构设置
黄河文明与可持续发展中心(与母体学校共享)、炎黄文化研究所(与母体学校共享)、独立学院发展研究所。
学校设立奖学金情况
学校设立奖学金 6 项,奖励总额 583.7 万元。奖学金最高金额 8000 元/年,最低金额 200 元/年。
国家奖学金:2 人/年,8000 元/人,计 1.6 万元;
国家励志奖学金:159 人/年,5000 元/人,计 79.5 万元;
优秀新生奖学金:15 人/年,5000 元/人,计 7.5 万元;
优秀学生奖学金:648 人/年,2000 元/人,计 129.6 万元;
优秀学生干部奖学金:425 人/年,200 元/人,计 8.5 万元;
国家助学金:1190 人/年,3000 元/人,计 357 万元。
学校历史沿革
河南大学民生学院于 2003 年 4 月 25 日成立至今。

河南师范大学新联学院

学校(机构)标识码　4141013502
学校办学类型　413:本科院校:独立学院
学校性质类别　06 师范院校
学校举办者　999 民办
学校地址　郑州新区职业教育园区
邮政编码　451464
办公电话　0371-85302222
传真电话　0371-85302222

校园(局域)网域名　www.xlxy.edu.cn
电子信箱　xlxyhtu@163.com
占地面积(平方米)　641185
校舍建筑面积(平方米)　141670
图书(万册)　107.7
固定资产总值(万元)　34775
教学、科研仪器设备资产值(万元)　5734
在校生数(人)　10453

其中:普通本科　9348
　　　普通专科　1105
专任教师(人)　161
其中:正高级　25
　　　副高级　28
　　　中级　26
　　　初级　41
　　　未定职级　41

本科专业　材料成型及控制工程、电子信息工程、对外汉语、法学、工商管理、工业设计、国际经济与贸易、汉语言文学、行政管理、化学、机械设计制造及其自动化、计算机科学与技术、旅游管理、美术学、人力资源管理、日语、生物技术、市场营销、数学与应用数学、物理学、小学教育、心理学、学前教育、音乐学、英语

专科专业　工业设计、焊接技术及自动化、机械制造与自动化、金融与证券、商务英语、数控技术、学前教育、语文教育
院系设置
现设有文管系和机械材料系

学校设立奖学金情况

学校设立奖学金 3 项,奖励总金额 245 余万元。奖学金最高金额 8000 元/年,最低金额 100 元/年。

毕业生一次就业率 79.8%

学校历史沿革

河南师范大学新联学院成立于 2003 年。

信阳师范学院华锐学院

学校(机构)标识码	4141013503
学校办学类型	413:本科院校:独立学院
学校性质类别	06 师范院校
学校举办者	999 民办
学校地址	信阳师范学院华锐学院
邮政编码	464000
办公电话	-860376
传真电话	-860376
校园(局域)网域名	www.hrxy.edu.cn
电子信箱	hrxycwb@163.com
占地面积(平方米)	217175
校舍建筑面积(平方米)	135657
图书(万册)	84.41
固定资产总值(万元)	27012.58
教学、科研仪器设备资产值(万元)	5195.3
在校生数(人)	8659
其中:普通本科	8036
普通专科	623
专任教师(人)	512
其中:正高级	32
副高级	127
中级	25
初级	328

本科专业 宾馆与酒店管理方向、地理科学、电子信息工程、对外汉语、法学、房地产经营管理、广播电视新闻学、国际营销方向、汉语言文学、化学、环境艺术设计方向、经济学、景区规划与管理方向、历史学、美术学、平面设计方向、日语、软件开发方向、生物技术、数学与应用数学、土木工程、网络工程方向、文秘教育、物理学、小学教育方向、心理健康教育方向、心理学、信息管理与信息系统、学前教育、音乐学、英语、营销策划方向

专科专业 工程造价、会计、计算机应用技术、学前教育、英语教育、装潢艺术设计

院系设置

学院下设中文系、外语系、社会科学系、数学与计算机科学系、理工系、艺术系、土木工程系

国家级、省部级研究机构设置

学院下设一个民办教育研究所。

学校设立奖学金的情况

学院设立奖学金四项,奖励总金额 262 余万元。奖学金最高金额 2000 元/年,最低金额 100 元/年。

学校历史沿革

信阳师范学院华锐学院,创建于 2003 年,属独立学院。

安阳师范学院人文管理学院

学校(机构)标识码	4141013504
学校办学类型	413:本科院校:独立学院
学校性质类别	06 师范院校
学校举办者	999 民办
学校地址	河南省安阳市中华路南段
邮政编码	455000
办公电话	0372-2171006
传真电话	0372-2171618
校园(局域)网域名	shm.aynu.edu.cn
电子信箱	renwenyb@126.com
占地面积(平方米)	648233
校舍建筑面积(平方米)	299836
图书(万册)	102.29
固定资产总值(万元)	86000
教学、科研仪器设备资产值(万元)	4994.87
在校生数(人)	9959
其中:普通本科	9018
普通专科	941
专任教师(人)	576
其中:正高级	46
副高级	166
中级	295
初级	69

本科专业 财务管理、城市规划、对外汉语、法学、工程管理、广播电视编导、国际经济与贸易、汉语言文学、行政管理、会计学、计算机科学与技术、金融学、旅游管理、美术学、人力资源管理、日语、市场营销、数学与应用数学、物流管理、信息管理与信息系统、艺术设计、音乐表演、音乐学、英语

专科专业 国际经济与贸易、会计、计算机应用技术、旅游管理、音乐表演、装潢艺术设计

院系设置

文学与法学系、经济与管理学系、外国语言文学系、数学与信息工程系、艺术系

学校设立奖学金情况

学校设立奖学金 5 项,奖励总金额 360 余万元。奖学金最高金额 8000 元/年,最低金额 140 元/年。

1. 国家奖学金:2 人/年,8000 元/人;

2. 国家励志奖学金:140 人/年,5000 元/人;
3. 国家助学金:1180 人/年,2000 元/人;
4. 学院奖学金:275 人/年,2000 元/人;
5. 优秀奖学金:439 人/年,140 元/人。

毕业生一次就业率 96.8%
学校历史沿革
学院于 2003 年 5 月正式挂牌成立,2009 年 1 月建立新校区。

新乡医学院三全学院

学校(机构)标识码　4141013505
学校办学类型　413:本科院校:独立学院
学校性质类别　05 医药院校
学校举办者　999 民办
学校地址　河南省新乡市向阳路东段
邮政编码　453003
办公电话　0373－3029973
传真电话　0373－3029973
校园(局域)网域名　www.sqmc.edu.cn
电子信箱　sanquan@xxmu.edu.cn
占地面积(平方米)　746454
校舍建筑面积(平方米)　306617
图书(万册)　96.58
固定资产总值(万元)　12384
教学、科研仪器设备资产值(万元)　6023
在校生数(人)　12038
其中:普通本科　10905
　　　普通专科　1133
专任教师(人)　710
其中:正高级　116
　　　副高级　106
　　　中级　102
　　　初级　240
　　　未定职级　146

本科专业　公共事业管理、护理学、劳动与社会保障、临床医学、生物工程、生物技术、生物医学工程、药物制剂、药学、医学检验、医学影像学、英语

专科专业　护理、口腔医学技术、眼视光技术、医疗美容技术、医学检验技术、助产

院系设置
社科部、基础医学院、药学院、护理学院、管理学院、生命科学技术学院、医学检验系、心理学系、外国语言学系、体育部

学校设立奖学金情况
学校设立奖学金 1 项,奖励总金额 120 余万元。奖学金最高金额 1500 元/年,最低金额 600 元/年。

学校历史沿革
新乡医学院三全学院成立于 2003 年,河南省教育厅发文批准举办,2004 年教育部确认学院为独立学院,学院是河南省 10 个独立学院之一,也是河南省目前唯一的医学类独立学院。2009 年 2 月按照教育部二十六号令文件精神,新乡医学院与中美集团签订合作办学协议,掀开学院发展新的一页。

河南科技学院新科学院

学校(机构)标识码　4141013506
学校办学类型　413:本科院校:独立学院
学校性质类别　08 财经院校
学校举办者　999 民办
学校地址　河南省新乡市红旗区华兰大道东段 681 号
邮政编码　453003
办公电话　0373－3040670
传真电话　0373－3693170
校园(局域)网域名　xink.hist.edu.cn
电子信箱　xkyb@hist.edu.cn
图书(万册)　92.4
固定资产总值(万元)　5952.4
教学、科研仪器设备资产值(万元)　2800.3
在校生数(人)　9212
其中:普通本科　9212
专任教师(人)　512
其中:正高级　51
　　　副高级　111
　　　中级　238
　　　初级　110
　　　未定职级　2

本科专业　城市规划、电气工程及其自动化、电子信息工程、法学、国际经济与贸易、汉语言文学、化学工程与工艺、环境科学、机械设计制造及其自动化、计算机科学与技术、旅游管理、人力资源管理、生物工程、生物技术、食品科学与工程、食品质量与安全、市场营销、信息工程、信息管理与信息系统、艺术设计、英语、制药工程、装潢设计与工艺教育

院系设置
学院设立经济与管理系、信息工程系、人文系等 9 个系

学校设立奖学金情况
学校设立奖学金三项,奖励总金额 170 余万元。奖学金最高金额 8000 元/年,最低金额 200 元/年。

学校历史沿革
2003 年 4 月－2004 年 5 月,河南职业技术师范学院新科学院;2004 年 5 月至今,河南科技学院新科学院。

河南理工大学万方科技学院

学校(机构)标识码 4141013507	传真电话 0391-3981687	在校生数(人) 18723
学校办学类型 413:本科院校:独立学院	校园(局域)网域名 www.wfxy.edu.cn	其中:普通本科 14228
	电子信箱 wfkjxy@hpu.edu.cn	普通专科 4495
学校性质类别 02 理工院校	占地面积(平方米) 1173920	专任教师(人) 1054
学校举办者 999 民办	校舍建筑面积(平方米) 493127	其中:正高级 130
学校地址 河南省焦作市解放中路142号	图书(万册) 110.2	副高级 269
	固定资产总值(万元) 47115	中级 470
邮政编码 454000	教学、科研仪器设备资产值(万元) 8133	初级 120
办公电话 0391-3981688		未定职级 65

本科专业 安全工程、材料科学与工程、财务管理、采矿工程、测绘工程、测控技术与仪器、地理信息系统、地质工程、电气工程及其自动化、电子信息工程、法学、工商管理、工业设计、广告学、国际经济与贸易、会计学、机械设计制造及其自动化、计算机科学与技术、旅游管理、热能与动力工程、人力资源管理、市场营销、通信工程、土木工程、网络工程、艺术设计、音乐表演、英语、资源环境与城乡规划管理

专科专业 宝玉石鉴定与加工技术、保险实务、财务管理、电子商务、工程测量与监理、会计、计算机网络技术、建筑工程技术、景区开发与管理、矿井通风与安全、旅游管理、旅游英语、煤矿开采技术、社会体育、市场营销、舞蹈表演、物流管理、艺术设计、主持与播音

院系设置
学院现有焦作、郑州两个校区,并有部分专业与防空兵指挥学院联合办学。学院现设有电气与自动化工程系、机械与动力工程系、能源与材料工程系、建筑与测绘工程系、信息科学与工程系、经济与管理科学系、文法系、艺术系、体育系和公共基础课教学部、思想政治理论教学部等九系两部

定期公开出版的专业刊物 《万方科技学院报》
学校设立奖学金情况
学校设立奖学金12项,奖学金最高金额8000元/年,最低金额50元/年。

学校历史沿革
河南理工大学万方科技学院创建于2002年,是经教育部批准设立的河南省第一所本科层次独立学院。

中原工学院信息商务学院

学校(机构)标识码 4141013508	传真电话 0371-62576888	在校生数(人) 12946
学校办学类型 413:本科院校:独立学院	校园(局域)网域名 www.zcib.edu.cn	其中:普通本科 11467
	电子信箱 xxswxy@163.com	普通专科 1479
学校性质类别 08 财经院校	占地面积(平方米) 209343	专任教师(人) 573
学校举办者 999 民办	校舍建筑面积(平方米) 99042	其中:正高级 72
学校地址 河南省郑州市新郑龙湖科技教育产业园区双湖大道2号	图书(万册) 134.31	副高级 123
	固定资产总值(万元) 37378	中级 211
邮政编码 451191	教学、科研仪器设备资产值(万元) 4007.05	初级 140
办公电话 0371-62499997		未定职级 27

本科专业 财务管理、测控技术与仪器、电气工程及其自动化、法学、服装设计与工程、工商管理、工业工程、工业设计、广播电视编导、广播电视新闻学、广告学、国际经济与贸易、会计学、机械设计制造及其自动化、计算机科学与技术、建筑环境与设备工程、建筑学、日语、市场营销、网络工程、信息管理与信息系统、艺术设计、英语、自动化

专科专业 会计、机械设计与制造、计算机应用技术、旅游英语、艺术设计、影视多媒体技术

院系设置
计算机科学系、政法与传媒系、外语系、经济管理系、艺术设计系、机械工程系、信息工程系、基础学科部

学校设立奖学金情况

学校设立奖学金6项奖励总金额780余万元。奖学金最高金额8000元/年,最低金额300元/年。

学校历史沿革

中原工学院信息商务学院成立于2003年4月,由中原工学院与郑州纺织机械股份有限公司、宏达投资有限公司、全国纺织教育学会合作举办,是教育部首批确认和批准的具有全日制普通本科学历教育招生资格的独立学院。学院实行董事会领导下的院长负责制,具有独立法人资格,独立财务核算,独立招生,实施相对独立的教学组织和管理。2006年,学院与嘉宏控股集团有限公司签订合作办学协议,重组信息商务学院。重组后的信息商务学院在郑州市新郑市龙湖科技教育产业园区投资6亿元兴建新校区,并已于2007年正式投入使用。

河南质量工程职业学院

学校(机构)标识码　4141013564
学校办学类型　415;专科院校:高等职业学校
学校性质类别　02 理工院校
学校举办者　821 地级教育部门
学校地址　平顶山市姚电大道中段
邮政编码　467000
办公电话　0375-3397006
传真电话　0375-3397002
校园(局域)网域名　www.zlxy.cn
电子信箱　xlxyxx@126.com
占地面积(平方米)　625000
校舍建筑面积(平方米)　314130
图书(万册)　73.2
固定资产总值(万元)　41000
教学、科研仪器设备资产值(万元)　7951
在校生数(人)　9697
其中:普通专科　9644
　　　成人专科　53
专任教师(人)　575
其中:正高级　5
　　　副高级　150
　　　中级　280
　　　初级　110
　　　未定职级　30

专科专业　电子测量技术与仪器、电子商务、法律事务、纺织品检验与贸易、工程监理、工商企业管理、工业分析与检验、公共事务管理、广告媒体开发、会计、机电一体化技术、计算机网络技术、计算机应用技术、检测技术及应用、建筑工程技术、建筑装饰材料及检测、农产品质量检测、人力资源管理、商检技术、商务英语、食品加工技术、食品营养与检测、市场营销、物流管理、物业管理、应用化工技术

院系设置

食品化工系、经济管理系、法政系、信息工程系、建筑工程系、机电工程系、五年制大专部

国家级、省部级研究机构设置

研究中心(所):国家食品安全检测科研中心(建设中)

定期公开出版的专业刊物　《河南质量工程职业学院学报》

学校设立奖学金情况

学校设立奖学金7项,奖励总金额360余万元。奖学金最高金额8000元/年,最低金额600元/年。

主要校办产业

平顶山市城市生活垃圾无害化处理厂、平顶山市恒亦鑫机电设备制造有限公司

学校历史沿革

1984年成立河南广播电视大学平顶山分校,1993更名为平顶山广播电视大学,1996年以平顶山广播电视大学为依托、建立河南质量工程学校,2003年平顶山广播电视大学和河南质量工程学校合并组建成立河南质量工程职业学院。

郑州信息科技职业学院

学校(机构)标识码　4141013565
学校办学类型　415;专科院校:高等职业学校
学校性质类别　02 理工院校
学校举办者　811 省级教育部门
学校地址　郑州信息科技职业学院
邮政编码　450046
校园(局域)网域名　www.techcoollege.cn
电子信箱　kren411@sohu.com
占地面积(平方米)　336666
校舍建筑面积(平方米)　270194
图书(万册)　37.1
固定资产总值(万元)　16551
教学、科研仪器设备资产值(万元)　5276
在校生数(人)　8291
其中:普通专科　8291
专任教师(人)　323
其中:正高级　13
　　　副高级　60
　　　中级　72
　　　初级　130
　　　未定职级　48

专科专业　宝玉石鉴定与加工技术、电力系统继电保护与自动化、电脑艺术设计、电子商务、电子信息工程技术、工商企业管理、国土资源管理、会计电算化、机械设计与制造、计算机多媒体技术、计算机网络技术、计算机应用技术、建筑工程技术、商务英语、市场营销、视觉传达艺术设计、通信技术、投资与理财、文秘、新闻采编与制作、音乐表演、应用电子技术、应用英语、装潢

艺术设计

院系设置

郑州信息科技职业学院目前设置五个系,分别为:艺术系、财经文法系、计算机科学与技术系、机械电子工程系、环境工程系

学校设立奖学金情况

1. 国家励志奖学金:230 人/年,5000 元/人;
2. 国家奖学金:每年 5 人,8000 元/人;
3. 学院奖学金:

(1)一等奖:44 人/年,2000 元/人;

(2)二等奖:87 人/年,1200 元/人;

(3)三等奖:306 人/年,800 元/人。

毕业生一次就业率 88%

学校历史沿革

郑州信息科技职业学院是 2003 年经河南省政府批准并经教育部备案成立的一所专科层次高等职业院校(部标代码 13565,录取代码 6270)。为充分利用现有教育资源,经省政府同意,从 2006 年起与河南广播电视大学合作办学,以郑州信息科技职业学院名义安排招生计划,利用河南广播电视大学教育资源培养学生。

漯河医学高等专科学校

学校(机构)标识码 4141013780	传真电话 0395-2127842	在校生数(人) 12522
学校办学类型 414:专科院校:高等专科学校	校园(局域)网域名 www.lhmc.edu.cn	其中:普通专科 11351
	电子信箱 lhyzxzb@163.com	成人专科 1171
学校性质类别 05 医药院校	占地面积(平方米) 793010	专任教师(人) 796
学校举办者 821 地级教育部门	校舍建筑面积(平方米) 442449	其中:正高级 54
学校地址 河南省漯河市大学路 148 号	图书(万册) 81.6	副高级 151
	固定资产总值(万元) 59274	中级 275
邮政编码 462002	教学、科研仪器设备资产值(万元)	初级 204
办公电话 0395-2924215	5315	未定职级 112

专科专业 护理、护理类、康复治疗技术、口腔医学、临床医学、食品加工技术、食品营养与检测、药学、医疗美容技术、医学检验技术、医学影像技术

院系设置

医疗系、护理系、口腔系、要学习、食品系

学校设立奖学金情况

学校设立奖学金 5 项,奖励总金额 1000 余万元。奖学金最高金额 8000 元/年,最低金额 400 元/年。

毕业生一次就业率 86.86%

学校历史沿革

漯河医学高等专科学校的前身是漯河市卫生学校,创建于 1957 年,2004 年 5 月,学校经教育部批准升格为普通专科学校。

南阳医学高等专科学校

学校(机构)标识码 4141013781	传真电话 0377-63526288	在校生数(人) 14165
学校办学类型 414:专科院校:高等专科学校	校园(局域)网域名 www.nymc.cn	其中:普通专科 14165
	电子信箱 bgs6369@126.com	专任教师(人) 986
学校性质类别 05 医药院校	占地面积(平方米) 1000498	其中:正高级 48
学校举办者 821 地级教育部门	校舍建筑面积(平方米) 584905	副高级 233
学校地址 河南省南阳市卧龙路 1439 号	图书(万册) 68.11	中级 380
	固定资产总值(万元) 78300	初级 233
邮政编码 473003	教学、科研仪器设备资产值(万元)	未定职级 92
办公电话 0377-63526369	5987.97	

专科专业 护理、口腔医学、临床医学、卫生信息管理、眼视光技术、药品经营与管理、药学、医学检验技术、医学影像技术、医学影像设备管理与维护、英语护理、针灸推拿、中药、中医骨伤、中医学、助产

院系设置

共设有 7 个系(临床医学系、中医系、护理系、药学系、医技系、针灸骨伤系、卫生管理系)、4 个部(基础医学部、公教部、政教部、体教部)、国际教育学院和成人教育学院

定期公开出版的专业刊物 《国医论坛》
学校设立奖学金情况
学校设立奖学金 2 项,奖励总金额 117 余万元。
学校历史沿革
南阳医学高等专科学校前身是南阳卫生学校,南阳卫生学校创建于 1951 年,1970 年与郑州卫校、南阳县中医学校合并为南阳卫生学校。2004 年 5 月升格为南阳医学高等专科学校。

商丘医学高等专科学校

学校(机构)标识码　4141013782	传真电话　0370-3251880	在校生数(人)　9823
学校办学类型　414:专科院校:高等专科学校	校园(局域)网域名　www.sqyz.edu.cn	其中:普通专科　9823
	电子信箱　sqyz04@126.com	专任教师(人)　601
学校性质类别　05 医药院校	占地面积(平方米)　477285	其中:正高级　26
学校举办者　821 地级教育部门	校舍建筑面积(平方米)　302485	副高级　130
学校地址　河南省商丘市睢阳区北海路 486 号	图书(万册)　68.69	中级　240
	固定资产总值(万元)　21503.2	初级　192
邮政编码　476100	教学、科研仪器设备资产值(万元)　5217.5	未定职级　13
办公电话　0370-3251880		

专科专业　护理、康复治疗技术、口腔医学、口腔医学技术、临床医学、卫生检验与检疫技术、医学检验技术、医学影像技术、英语护理、助产

院系设置
公共学科部、基础医学部、社会科学部、护理系、临床医学系、口腔医学系、医学技术系

学校设立奖学金情况
学校设立奖学金 5 项,奖励总金额 810 余万元,奖学金最高金额 8000 元/年,最低金额 400 元/年。

学校历史沿革
学校始建于 1921 年,历经圣保罗护士学校、河南省第五护士学校,商丘地区护士学校诸阶段,1998 年商丘撤地建市时更名为商丘市卫生学校,2004 年学校在商丘市卫生学校的基础上,经教育部批准,整体升格为专科学校——商丘医学高等专科学校。

郑州电子信息职业技术学院

学校(机构)标识码　4141013783	传真电话　0371-62179526	3477
学校办学类型　415:专科院校:高等职业学校	校园(局域)网域名　www.zyfb.com	在校生数(人)　6091
	电子信箱　zqjie1000@126.com	其中:普通专科　6091
学校性质类别　02 理工院校	占地面积(平方米)　407141	专任教师(人)　297
学校举办者　999 民办	校舍建筑面积(平方米)　154177	其中:正高级　5
学校地址　河南省中牟县大学路一号	图书(万册)　45	副高级　57
邮政编码　451450	固定资产总值(万元)　14640	中级　207
办公电话　0371-62179660	教学、科研仪器设备资产值(万元)	初级　28

专科专业　电气自动化技术、电子商务、电子声像技术、电子信息工程技术、动漫设计与制作、多媒体设计与制作、供热通风与空调工程技术、供用电技术、广告设计与制作、焊接技术及自动化、会计电算化、机电一体化技术、计算机网络技术、计算机应用技术、建筑电气工程技术、楼宇智能化工程技术、模具设计与制造、汽车电子技术、汽车改装技术、汽车技术服务与营销、汽车检测与维修技术、商务英语、市场营销、数控设备应用与维护、通信技术、文秘、物流管理、物业管理、应用电子技术、制冷与冷藏技术、装潢艺术设计

院系设置
学院设五系二部

国家级、省部级研究机构设置
设立华中电器化研究所

学校设立奖学金情况
学绞设立奖学金 3 项,总金额 130 余万元。最高金额为 5000 元/年,最低金额 1000 元/年。

学校历史沿革

1986年设立河南电器化学校 2000年河南电器化中等专业学校 2004年郑州电子信息职业技术学院。

信阳职业技术学院

学校(机构)标识码 4141013784	校园(局域)网域名 222.140.134.8	其中:普通专科 13007
学校办学类型 415:专科院校:高等职业学校	电子信箱 6280939@163.com	成人专科 653
	占地面积(平方米) 1350293	专任教师(人) 694
学校性质类别 06 师范院校	校舍建筑面积(平方米) 415871	其中:正高级 16
学校举办者 821 地级教育部门	图书(万册) 103.24	副高级 176
学校地址 河南省信阳市大庆路中段	固定资产总值(万元) 64259	中级 227
邮政编码 464000	教学、科研仪器设备资产值(万元)	初级 142
办公电话 0376-6280939	6060	未定职级 133
传真电话 0376-6280946	在校生数(人) 13660	

专科专业 电脑艺术设计、电子商务、工程造价、航空服务、护理、护理(日语强化)、护理(英语强化)、环境监测与治理技术、会计、会计电算化、计算机多媒体技术、计算机教育、计算机网络技术、计算机应用技术、计算机应用技术(数字动画)、计算机应用技术(数字设计)、计算机应用技术(网络管理)、计算机应用技术(营销)、建筑工程技术、精细化学品生产技术、酒店管理、临床医学、临床医学(麻醉)、旅游管理、旅游管理(红色旅游)、美术教育、民航商务、汽车电子技术、汽车技术服务与营销、汽车检测与维修技术、软件技术、商务英语、生化制药技术、生物制药技术、数学教育、体育教育、文秘、新闻采编与制作、学前教育、药物制剂技术、药学、冶金技术、医学检验技术、医学影像技术、医学影像技术(诊断)、音乐教育、英语教育、应用化工技术(工程工艺)、语文教育、主持与播音、助产、装潢艺术设计、资产评估与管理、综合理科教育、综合文科教育

院系设置 语言与传媒学院、数学与计算机科学学院、护理学院、医学院、药学院、检验技术学院、前教育学院、会计学院、汽车与机电工程学院、建筑工程学院、应用化学与环境工程学院、应用外国语学院、经济管理学院、艺术设计学院、国际教育学院、成人教育学院、思政教学部、体育系、中专教学部

定期公开出版的专业刊物 《大别山学刊》

学校设立奖学金情况

学校设立奖学金12项,奖励总金额1256余万元。奖学金最高金额8000元年,最低金额360元年。

主要校办产业

信阳市开源物资公司、河南信阳高正实业公司

学校历史沿革

豫南道立师范学堂(1903-1911),豫南师范学校(1911-1916),河南省立第三师范学校(1916-1935),河南省立信阳师范学校(1935-1949),河南省信阳师范学校(1949-2003),2003年9月20日,经河南省教育厅请河南省政府同意,并入信阳教育学院。信阳教育学院前身为信阳地区教师进修学校,1980年12月30日,经省人民政府批准建立"信阳地区教师进修学院",1984年2月22日,经国家教育部审批备案。1985年12月3日,经信阳地区行署批准,更名为"河南省信阳教育学院",2003年9月20日,两校合并为新的信阳教育学院。信阳卫生学校其前身分别为河南省护士学校第三分校(1950-1953)、信阳护士学校(1953-1958)、信阳医学专科学校(1958-1961)、信阳卫生学校(1961-2004)。2004年5月,信阳卫生学校与信阳教育学院合并,更名为信阳职业技术学院。2009年7月,信阳商业学校并入信阳职业技术学院。

嵩山少林武术职业学院

学校(机构)标识码 4141013785	办公电话 0371-62809603	731.2
学校办学类型 415:专科院校:高等职业学校	传真电话 0371-62809603	在校生数(人) 1571
	电子信箱 yuanban603@163.com	其中:普通专科 1467
学校性质类别 10 体育院校	占地面积(平方米) 666000	成人专科 104
学校举办者 999 民办	图书(万册) 31.6	专任教师(人) 140
学校地址 郑州市登封市大禹路西段	固定资产总值(万元) 6497.32	其中:正高级 3
邮政编码 452470	教学、科研仪器设备资产值(万元)	副高级 12

| 中级 4 | 初级 65 | 未定职级 56 |

专科专业 安全保卫、动漫设计与制作、汉语、行政管理、会计电算化、酒店管理、旅游管理、软件技术、商务英语、市场营销、体育保健、体育教育、文秘、文秘速录、武术、武术艺术表演、物流管理、应用英语、装饰艺术设计

院系设置

武术文化学院、经济管理系、文化传播系、传媒技术系、五年制专科部

学校设立奖学金情况

学校设立奖学金3项,奖励总金额8余万元。奖学金最高金额1200元/年,最低金额300/年。

学校历史沿革

2000年7月在少林寺塔沟武术学校的基础上创建少林寺武术专修学院,2004年5月,升格为嵩山少林武术职业学院。

郑州工业安全职业学院

学校(机构)标识码　4141013786
学校办学类型　415:专科院校:高等职业学校
学校性质类别　02 理工院校
学校举办者　891 地方企业
学校地址　河南省郑州市新郑市郭店镇铜佛赵村
邮政编码　451192
办公电话　0371-62519780
传真电话　0371-62519800
校园(局域)网域名　www.zazy.cn
电子信箱　zazybgs@163.com
占地面积(平方米)　469501
校舍建筑面积(平方米)　103622
图书(万册)　26.21
固定资产总值(万元)　10842.37
教学、科研仪器设备资产值(万元)　2257.48
在校生数(人)　4395
其中:普通专科　4395
专任教师(人)　187
其中:副高级　48
中级　72
初级　42
未定职级　25

专科专业 安全技术管理、电气自动化技术、电子信息工程技术、工程测量技术、工程地质勘查、会计电算化、机电设备维修与管理、机电一体化技术、机械制造与自动化、计算机应用技术、矿井通风与安全、矿山机电、煤矿开采技术、数控技术、应用电子技术

院系设置

机电工程系、信息工程系、安全工程系、资源环境工程系、基础部

毕业生一次就业率　86%

永城职业学院

学校(机构)标识码　4141013787
学校办学类型　415:专科院校:高等职业学校
学校性质类别　02 理工院校
学校举办者　891 地方企业
学校地址　河南省永城市演集镇菊花居委会
邮政编码　476600
办公电话　0370-5172856
传真电话　0370-5175668
校园(局域)网域名　www.yczyxy.com
电子信箱　bangongshi2856@sina.com
占地面积(平方米)　1413252
校舍建筑面积(平方米)　283077
图书(万册)　53.8
固定资产总值(万元)　22952.12
教学、科研仪器设备资产值(万元)　4009.68
在校生数(人)　7836
其中:普通专科　7836
专任教师(人)　455
其中:正高级　3
副高级　118
中级　137
初级　187
未定职级　10

专科专业 电子商务、电子信息工程技术、供用电技术、广告设计与制作、机电一体化技术、计算机网络技术、计算机应用技术、建筑工程管理、建筑工程技术、建筑设备工程技术、酒店管理、矿井通风与安全、矿山机电、旅游管理、煤矿开采技术、模具设计与制造、商务英语、食品加工技术、食品营养与检测、市场营销、数控技术、通信技术、文秘、物流管理、物业管理、冶金技术、应用电子技术、装潢艺术设计

院系设置

机电工程系、建筑工程系、食品化工系、电子信息工程系、经济贸易系、语言文化系、矿业工程系、基础部、思政部、培训部

学校设立奖学金情况

学院设立奖学金3项,奖励总金额737.59万元。奖学金最高奖金8000元/年,最低奖金440元/年。

主要校办产业

永师实业总公司

学校历史沿革

永城职业学院前身永城师范学校创建于1956年,1975年"学朝农"时期,改建为商丘师范学院。1978年撤销商丘师范学院,在此基础上恢复了永城师范学校建制。2001年在师范教育结构调整中,有商丘市人民政府更名为商丘教育学院。2004年5月经河南省人民政府批准创办高等职业院校,更名为永城职业学院。

河南经贸职业学院

学校(机构)标识码	4141013788
学校办学类型	415:专科院校:高等职业学校
学校性质类别	08 财经院校
学校举办者	811 省级教育部门
学校地址	郑州市郑东新区龙子湖高校园区
邮政编码	450000
办公电话	0371-86661211
传真电话	0371-86661211
校园(局域)网域名	www.hnjmxy.cn
电子信箱	office@hnsx.com
占地面积(平方米)	495336
校舍建筑面积(平方米)	448213
图书(万册)	96.4
固定资产总值(万元)	41893.4
教学、科研仪器设备资产值(万元)	7321
在校生数(人)	17834
其中:普通专科	17834
专任教师(人)	796
其中:正高级	18
副高级	143
中级	290
初级	298
未定职级	47

专科专业 财务管理、导游(英语导游)、电脑艺术设计、电子商务、动漫设计与制作、工商企业管理、国际经济与贸易、国际商务、环境艺术设计、会计(涉外会计)、会计(注册会计师)、会计电算化、计算机多媒体技术、计算机网络技术、计算机系统维护、计算机信息管理、计算机应用技术、经济信息管理、连锁经营管理、旅游管理、人力资源管理、软件技术、商务英语(经贸英语)、审计实务、市场营销、数字媒体技术、税务(注册税务师)、投资与理财、网络系统管理、文秘、物流管理、新闻采编与制作、影视广告、应用电子技术、装潢艺术设计、装饰艺术设计、资产评估与管理

院系设置

财经金融系、会计系、经贸系、工商系、电子工程系、信息系、技术科学系、工艺美术系、外语旅游系、社科部、体育部

学校设立奖学金情况

学校设立奖学金3项,奖励总金额108.12万元。奖学金最高金额2000元/年,最低金额500元/年。

学校历史沿革

河南省商业厅技术学校(1960年-1964年);河南省商业职业学校(1964年-1977年);河南省商业学校(1978年-2004年);河南经贸职业学院(2004年至今)。

河南交通职业技术学院

学校(机构)标识码	4141013789
学校办学类型	415:专科院校:高等职业学校
学校性质类别	02 理工院校
学校举办者	812 省级其他部门
学校地址	河南省郑州市航海中路165号
邮政编码	450005
办公电话	0371-68858000
传真电话	0371-68858036
校园(局域)网域名	www.hncc.edu.cn
电子信箱	henanjtzyjsxy@163.com
占地面积(平方米)	653883
校舍建筑面积(平方米)	302072
图书(万册)	50.4
固定资产总值(万元)	21916.72
教学、科研仪器设备资产值(万元)	5985.22
在校生数(人)	10288
其中:普通专科	10263
成人专科	25
专任教师(人)	537
其中:正高级	6
副高级	86
中级	319
初级	126

专科专业 财务管理、城市轨道交通工程技术、城市轨道交通运营管理、城市交通运输、城市燃气工程技术、道路桥梁工程技术、电子信息工程技术、高等级公路维护与管理、工程机械运用与维护、工程造价、公路监理、环境监测与评价、会计电算化、计算机多媒体技术、计算机网络技术、计算机应用技术、建筑工程管理、建筑工程技术、交通安全与智能控制、酒店管理、连锁经营管理、路政管理、旅游管理、汽车电子技术、汽车技术服务与营销、汽车运用技术、汽车整形技术、软件技术、市场开发与营销、文秘、物流管理、物业管理、信息安全技术

院系设置

道桥工程系、建筑工程系、汽车工程系、机电工程系、交通运输管理系、交通信息工程系、商务旅游系、公共基础教学部、思想

政治教育部、成人教育学院
　　学校设立奖学金情况
　　学校设立奖学金 4 项,奖励总金额 43.68 万元。奖学金最高金额 8000 元/年,最低金额 100 元/年。
　　1. 国家奖学金:5 人/年,8000 元/人
　　2. 国家励志奖学金:195 人/年,5000 元/人
　　3. 国家助学金:1310 人/年,2000 元/人
　　4. 学院学生奖学金:7326 人/年,100 元/人

　　毕业生一次就业率　92.09％
　　学校历史沿革
　　河南交通职业技术学院创建于 1953 年,始名河南省交通厅干部训练班,经河南省交通运输干部学校、郑州交通专科学校、河南省交通学校、河南交通职业技术学院诸阶段,期间历经两次停办,1979 年恢复建校。2004 年经河南省人民政府批准、教育部备案,升为河南交通职业技术学院。

河南农业职业学院

学校(机构)标识码　4141013790
学校办学类型　415:专科院校:高等职业学校
学校性质类别　03 农业院校
学校举办者　812 省级其他部门
学校地址　河南省郑州市中牟县青年西路 38 号
邮政编码　451450
办公电话　0371－67290666
传真电话　0371－62172758
校园(局域)网域名　www.hnca.edu.cn
电子信箱　hncaoffice@qq.com
占地面积(平方米)　812000
校舍建筑面积(平方米)　406581
图书(万册)　83.1
固定资产总值(万元)　39554
教学、科研仪器设备资产值(万元)　7574
在校生数(人)　12174
其中:普通专科　11937
　　　成人专科　237
专任教师(人)　710
其中:正高级　19
　　　副高级　132
　　　中级　206
　　　初级　204
　　　未定职级　149

　　专科专业　财务信息管理、宠物养护与疫病防治、畜牧兽医、电脑艺术设计、电气自动化技术、电子商务、电子信息工程技术、动漫设计与制作、供用电技术、机械制造与自动化、计算机网络技术、计算机应用技术、酒店管理、连锁经营管理、旅游管理、旅游英语、模具设计与制造、农村行政管理、烹饪工艺与营养、汽车检测与维修技术、商务英语、生物技术及应用、食品加工技术、食品营养与检测、兽医、兽医医药、数控技术、饲料与动物营养、图形图像制作、文秘、物流管理、应用电子技术、应用英语、园林技术、园艺技术、植物保护、种子生产与经营
　　院系设置
　　现代农业工程系、园林园艺系、动物科学系、食品工程系、经济贸易系、机电工程系、旅游管理系、人文社科系

　　定期公开出版的专业刊物　《河南农业》(教育版)
　　学校设立奖学金情况
　　学校设立奖学金 2 项,奖励总金额 200 余万元。奖学金最高金额 2000 元/年,最低金额 500 元/年。
　　主要校办产业
　　河南省农业高新科技园
　　学校历史沿革
　　河南农业职业学院前身为河南省农业学校,创建于 1952 年。经省教育厅批准,2001 年与河南农业大学联合举办河南农业大学农业职业学院。2004 年 5 月,经省政府批准,独立升格为河南农业职业学院。

郑州旅游职业学院

学校(机构)标识码　4141013791
学校办学类型　415:专科院校:高等职业学校
学校性质类别　08 财经院校
学校举办者　821 地级教育部门
学校地址　郑州市航海东路豫英路 1 号
邮政编码　450009
办公电话　0371－68271907
传真电话　0371－68271908
校园(局域)网域名　www.zztrc.edu.cn
电子信箱　dangzhengbgs@zztrc.edu.cn
占地面积(平方米)　144522
校舍建筑面积(平方米)　144773
图书(万册)　43.3
固定资产总值(万元)　16223.66
教学、科研仪器设备资产值(万元)　6622.66
在校生数(人)　8242
其中:普通专科　8242
专任教师(人)　504
其中:副高级　56
　　　中级　114
　　　初级　274
　　　未定职级　60

　　专科专业　航空服务、环境艺术设计、机械制造与自动化、计算机网络技术、景区开发与管理、酒店管理、旅行社经营管理、

旅游管理、旅游管理(办公文案方向)、旅游管理(会展策划与管理)、旅游管理(会展策划与管理方向)、旅游管理(旅游企划与营销方向)、旅游管理(休闲旅游方向)、旅游日语、旅游日语(酒店管理方向)、旅游日语(旅游管理方向)、旅游英语、旅游英语(酒店管理方向)、旅游英语(旅游管理方向)、民航商务、烹饪工艺与营养、商务英语(国际贸易方向)、数控设备应用与维护、应用德语(旅行社经营方向)、应用俄语、应用韩语

院系设置

现设有:旅游管理系、酒店管理系、旅游外语系、旅游商贸系、机电系、艺术体育部、基础部

主要校办产业

郑州旅苑小汽车服务有限公司

学校历史沿革

郑州旅游职业学院是在郑州旅游学校的基础上发展而来的。郑州旅游学校于1985年建校,2004年5月经国家教育部备案、河南省教育厅批准升格为高职院校。

郑州职业技术学院

学校(机构)标识码 4141013792	传真电话 0371-64960088	在校生数(人) 9972
学校办学类型 415:专科院校:高等职业学校	校园(局域)网域名 www.zzyedu.cn	其中:普通专科 9972
	电子信箱 yb64960088@163.com	专任教师(人) 560
学校性质类别 02 理工院校	占地面积(平方米) 566900	其中:正高级 6
学校举办者 821 地级教育部门	校舍建筑面积(平方米) 250980	副高级 119
学校地址 郑州市郑上路81号(豫龙镇)	图书(万册) 71.4	中级 310
	固定资产总值(万元) 28361.58	初级 106
邮政编码 450121	教学、科研仪器设备资产值(万元)	未定职级 19
办公电话 0371-64960088	5034.27	

专科专业 材料成型与控制技术、电机与电器、电子商务、电子设备与运行管理、动漫设计与制作、供用电技术、广告设计与制作、焊接技术及自动化、环境监测与治理技术、机电一体化技术、计算机网络技术、模具设计与制造、汽车电子技术、汽车检测与维修技术、汽车运用技术、人物形象设计、软件技术、摄影摄像技术、生物技术及应用、生物制药技术、数控技术、物流管理、新闻采编与制作、药物制剂技术、印刷设备及工艺、印刷图文信息处理、营销与策划、应用电子技术、制冷与冷藏技术

院系设置

(10个)机械工程系、电气电子工程系、现代管理系、生物工程系、大众传媒系、汽车工程系、材料工程系、软件工程系、基础教育处、成人教育处

学校设立奖学金情况

学校设立奖学金4项,奖励总金额27.1余万元。奖学金金额最高1000元/年,最低金额100元/年。

学校历史沿革

郑州职业技术学院前身是郑州市机电学校。创建于1976年,时名郑州荥阳机电化工学校,1991年改名为郑州市机电学校(普通中专),隶属于郑州市教育局;2004年6月,经河南省人民政府批准,国家教育部备案,升格为高等职业技术学院(高职高专)。

河南工业贸易职业学院

学校(机构)标识码 4141013936	传真电话 0371-60987888	在校生数(人) 8811
学校办学类型 415:专科院校:高等职业学校	校园(局域)网域名 www.hngm.cn	其中:普通专科 8811
	占地面积(平方米) 342475	专任教师(人) 554
学校性质类别 08 财经院校	校舍建筑面积(平方米) 133960	其中:正高级 2
学校举办者 812 省级其他部门	图书(万册) 54.96	副高级 109
学校地址 新郑市龙湖镇建设路	固定资产总值(万元) 20009.29	中级 194
邮政编码 451191	教学、科研仪器设备资产值(万元)	初级 238
办公电话 0371-60987888	3920.73	未定职级 11

专科专业 财务管理、电子商务、电子信息工程技术、动漫设计与制作、工商企业管理、广告设计与制作、会计(注册会计师方向)、会计电算化、会计与审计、机电一体化技术、计算机网络技术、计算机应用技术、酒店管理、粮食工程、旅游英语、汽车技

术服务与营销、汽车检测与维修技术、人力资源管理、商务英语、食品加工技术、食品生物技术、食品营养与检测、市场营销、室内设计技术、数控技术、通信技术、物流管理、应用英语

院系设置

学院现设有粮食与生物工程系、机电工程系、计算机科学与技术系、会计系、经济贸易系、艺术设计系、商务外语系、基础部、继续教育学院等9个教学部门

国家级、省部级研究机构设置

省级实训中心。学院设有4个省级示范性实训基地：数控、汽车、电工电子、粮油食品

学校设立奖学金情况

学院设立奖学金3项，奖励总金额621.9万元。奖学金最高金额8000元/年，最低金额3000元/年。

学校历史沿革

河南工业贸易职业学院始建于1950年。当时全称是"河南省财政厅粮食干部训练班"，隶属于省财政厅。稍后，训练班更名为"河南省粮食干部学校"，隶属于省粮食厅。1965年，经省政府批准，成立"河南省粮食学校"。1997年，学校易名为"河南省经济贸易学校"。2004年经省政府批准，2005年经国家教育部备案，在河南省经济贸易学校的基础上，成立"河南工业贸易职业学院"。

商丘学院

学校(机构)标识码　4141014003	校园(局域)网域名　www.hnhyedu.net	其中：普通本科　8665
学校办学类型　412：本科院校：学院	电子信箱　hnhycollege@163.com	普通专科　3903
学校性质类别　03 农业院校	占地面积(平方米)　1344673	专任教师(人)　754
学校举办者　999 民办	校舍建筑面积(平方米)　390133	其中：正高级　107
学校地址　河南省商丘市北海东路66号	图书(万册)　136	副高级　146
邮政编码　476000	固定资产总值(万元)　78012.3	中级　344
办公电话　0370-3167600	教学、科研仪器设备资产值(万元)　6905.07	初级　135
传真电话　0370-3555566	在校生数(人)　12568	未定职级　22

本科专业　播音与主持艺术、城市规划、电气工程及其自动化、电子科学与技术、电子信息科学与技术、对外汉语、广播电视编导、广告学、国际经济与贸易、汉语言文学、绘画、机械设计制造及其自动化、计算机科学与技术、经济学、美术学、人力资源管理、日语、社会体育、市场营销、数学与应用数学、通信工程、物流管理、信息管理与信息系统、信息与计算科学、艺术设计、英语、园林、园艺

专科专业　电子商务、国际经济与贸易、会计、机械制造与自动化、计算机多媒体技术、计算机应用技术、旅游管理、人力资源管理、商务英语、市场营销、文秘、物流管理、艺术设计、应用电子技术、园艺技术

院系设置

学院下设九院一部，分别是商学院、工商管理学院、传媒与艺术学院、外国语学院、风景园林学院、文学院、电子信息工程学院、计算机

国家级、省部级研究机构设置

科学与技术学院、体育学院和一个思想政治理论教学部。

我院计算机网络实验教学中心是河南省实验教学示范中心建设单位

学校设立奖学金情况

学院设立奖学金3项，奖学金最高金额5000元/年，最低金额100元/年。

学校历史沿革

商丘学院(原河南农业大学华豫学院)是经国家教育部批准的全日制民办普通本科院校。

河南财经政法大学成功学院

学校(机构)标识码　4141014040	号	占地面积(平方米)　925009
学校办学类型　413：本科院校：独立学院	邮政编码　451200	校舍建筑面积(平方米)　280821
学校性质类别　08 财经院校	办公电话　0371-64561271	图书(万册)　92.5
学校举办者　999 民办	传真电话　0371-64561271	固定资产总值(万元)　47444.09
学校地址　河南省巩义市紫荆路136	校园(局域)网域名　www.chenggong.edu.cn	教学、科研仪器设备资产值(万元)　4847.67

在校生数(人)	9195	专任教师(人)	522	中级	250
其中:普通本科	7872	其中:正高级	59	初级	107
普通专科	1323	副高级	106		

本科专业 财务管理、电子信息工程、动画、对外汉语、工程管理、工商管理、广告学、国际经济与贸易、汉语言文学、会计学、计算机科学与技术、日语、市场营销、新闻学、艺术设计、英语

专科专业 动漫设计与制作、法律文秘、房地产经营与估价、会计、会计电算化、计算机网络技术、商务英语、数控技术、文秘、物流管理、艺术设计、应用电子技术、装潢艺术设计

院系设置
管理学系、商学系、外国语言文学系、信息工程系、艺术设计系、文法系、体育部

学校设立奖学金情况
学校设立奖学金3项,奖励总金额218.06余万元。奖学金最高金额20000元/年,最低金额100元/年。
1. 新生入学奖:0人/年,20000元/人;
2. 成绩优秀奖:4708人/年,800元/人,500元/人,300元/人;
3. 学业进步奖:869人/年,200元/人,150元/人,100元/人。

毕业生一次就业率 87.5%

学校历史沿革
河南财经学院巩义校区(申报中的河南财经学院成功学院)——河南财经学院成功学院——河南财经政法大学成功学院。

郑州电力职业技术学院

学校(机构)标识码	4141014062	传真电话	0371-62111111	在校生数(人)	5154
学校办学类型	415:专科院校:高等职业学校	校园(局域)网域名	www.zzdl.com	其中:普通专科	5154
		电子信箱	zzdlxy@126.com	专任教师(人)	323
学校性质类别	02理工院校	占地面积(平方米)	351474	其中:正高级	32
学校举办者	999民办	校舍建筑面积(平方米)	167167	副高级	37
学校地址	郑州市中牟新城区商都大街	图书(万册)	37.5	中级	37
邮政编码	451450	固定资产总值(万元)	15908	初级	86
办公电话	0371-62111112	教学、科研仪器设备资产值(万元) 2813		未定职级	131

专科专业 电机与电器、电力系统继电保护与自动化、电脑艺术设计、电气自动化技术、电子商务、发电厂及电力系统、供用电技术、航空服务、环境艺术设计、会计电算化、机电一体化技术、计算机网络技术、计算机应用技术、建筑电气工程技术、模具设计与制造、汽车电子技术、商务英语、市场营销、数控技术、通信技术、物流管理、艺术设计、应用电子技术

院系设置
目前学院设有五个教学单位,即电力工程系、机电工程系、信息工程系、经济管理系和基础教学部

国家级、省部级研究机构设置
四个教辅单位,即图书馆、实验中心、微机中心、网络中心。

学校设立奖学金情况
学校设立奖学金4项,奖励总金额293万。奖学金最高金额8000元,最低金额2000元。

学校历史沿革
学院始建于1996年,先后历经郑州电力中等专业学校、郑州电力专修学院等办学历程,2006年经河南人民政府批准、教育部备案升格为"郑州电力职业技术学院"。

周口科技职业学院

学校(机构)标识码	4141014169	邮政编码	466000	图书(万册)	58
学校办学类型	415:专科院校:高等职业学校	办公电话	0394-8313111	固定资产总值(万元)	30485.87
		传真电话	0394-8385111	教学、科研仪器设备资产值(万元)	
学校性质类别	02理工院校	校园(局域)网域名	www.zkkjxy.net		3640.07
学校举办者	999民办	电子信箱	zkybgs@126.com	在校生数(人)	6468
学校地址	河南省周口市太昊路东段6号	占地面积(平方米)	590501	其中:普通专科	6385
		校舍建筑面积(平方米)	305571	成人专科	83

| 专任教师(人) 452 | 副高级 82 | 初级 157 |
| 其中:正高级 23 | 中级 98 | 未定职级 92 |

专科专业 财务管理、动漫设计与制作、服装设计、供热通风与空调工程技术、会计电算化、机电一体化技术、计算机网络技术、计算机应用技术、旅游管理、美术教育、模具设计与制造、汽车技术服务与营销、汽车检测与维修技术、商务英语、市场营销、数控设备应用与维护、物流管理、学前教育、应用电子技术、装饰艺术设计

院系设置
机械工程系、信息工程系、经济管理系、财经系、电子工程系、艺术系、外语系、汽车工程系

学校设立奖学金情况
学校设立奖学金3项,奖励总金额147余万元。奖学金最高金额8000元/年,最低金额800元/年。

毕业生一次就业率 82.1%

学校历史沿革
周口科技职业学院前身是周口海燕职专,属于国家级重点职专,2008年晋升为高职高专。

河南建筑职业技术学院

学校(机构)标识码 4141014181	校园(局域)网域名 www.hnjs.com	其中:普通专科 10123
学校办学类型 415:专科院校:高等职业学校	电子信箱 xb@hnjs.com.cn	成人专科 670
	占地面积(平方米) 419288	专任教师(人) 514
学校性质类别 02 理工院校	校舍建筑面积(平方米) 297580	其中:正高级 20
学校举办者 812 省级其他部门	图书(万册) 49.18	副高级 83
学校地址 河南建筑职业技术学院	固定资产总值(万元) 7978.13	中级 86
邮政编码 450064	教学、科研仪器设备资产值(万元) 3461.3	初级 291
办公电话 0371-67875006		未定职级 34
传真电话 0371-67875007	在校生数(人) 10793	

专科专业 安全技术管理、城镇规划、地下工程与隧道工程技术、房地产经营与估价、钢结构方向、给排水工程技术、工程测量技术、工程监理、工程造价、广告与会展、基础工程技术、计算机控制技术、计算机应用技术、建筑电气工程技术、建筑工程管理、建筑工程技术、建筑经济管理、建筑设备工程技术、建筑设计技术、建筑装饰工程技术、楼宇智能化工程技术、软件技术、石材方向、市政工程技术、图形图像制作、物业设施管理、消防工程技术、园林工程技术、装饰艺术设计

院系设置
土木工程系、建筑系、工程管理系、设备工程系、信息工程系、基础部

定期公开出版的专业刊物 《建筑教育研究》

学校设立奖学金情况
设立奖学金一项,奖金总金额80余万元,奖金最高1500元/年,奖金最低800元/年。

学校历史沿革
河南建筑职业技术学院前身为河南省建筑职工大学,创建于1956年,1998年与河南省建筑工程学校合署办学至今,2008年3月经河南省人民政府批准成为普通高等职业院校。

漯河食品职业学院

学校(机构)标识码 4141014233	校园(局域)网域名 www.lsgx.com.cn	其中:普通专科 3267
学校办学类型 415:专科院校:高等职业学校	电子信箱 xx@lsgx.com.cn	成人专科 885
	占地面积(平方米) 267149	专任教师(人) 264
学校性质类别 02 理工院校	校舍建筑面积(平方米) 103695	其中:正高级 10
学校举办者 999 民办	图书(万册) 29.66	副高级 47
学校地址 漯河市郾城区牡丹江路	固定资产总值(万元) 6220	中级 78
邮政编码 462300	教学、科研仪器设备资产值(万元) 2016	初级 112
办公电话 0395-5831199		未定职级 17
传真电话 0395-5831319	在校生数(人) 4152	

专科专业 包装技术与设计、电子商务、广告设计与制作、机电一体化技术、计算机网络技术、酒店管理、软件技术、食品机械与管理、食品加工技术、食品药品监督管理、食品营养与检测、食品贮运与营销、市场营销、应用化工技术、制冷与冷藏技术、装潢艺术设计

院系设置

食品工程系、食品质量检测系、计算机艺术系、经济管理系、机电工程系

国家级、省部级研究机构设置

研究中心(所):漯河市食品研发中心

学校设立奖学金情况

学校设立奖学金1项,奖励总金额30余万元。奖学金最高金额3000元/年,最低金额1000元/年。

优秀生奖学金:87人/年,2000元/人。

主要校办产业

漯河食品职业学院实习工厂

学校历史沿革

学院前身是漯河市食品工业学校,成立于1997年。2009年2月升格为高职高专。

郑州城市职业学院

学校(机构)标识码	4141014235
学校办学类型	415:专科院校:高等职业学校
学校性质类别	02 理工院校
学校举办者	999 民办
学校地址	河南省郑州市新密市西大街办事处金凤路居委会
邮政编码	452370
办公电话	0371-69213333
传真电话	0371-69210066
校园(局域)网域名	www.zcu.com
电子信箱	zzcsxy@126.com
占地面积(平方米)	247991
校舍建筑面积(平方米)	130640
图书(万册)	15.9
固定资产总值(万元)	19497.48
教学、科研仪器设备资产值(万元)	1069.57
在校生数(人)	2619
其中:普通专科	2619
专任教师(人)	135
其中:正高级	7
副高级	22
中级	20
初级	48
未定职级	38

专科专业 城市交通运输、工程造价、国际经济与贸易、会计电算化、机电一体化技术、计算机多媒体技术、计算机多媒体技术(广告策划方向)、建筑工程技术、建筑设计技术、金融管理与实务、模具设计与制造、汽车检测与维修技术、商务日语、市政工程技术、投资与理财、信息安全技术、移动通信技术、移动通信技术(通信网络与管理方向)、艺术设计、音乐表演、应用电子技术、应用英语

院系设置

现设有建筑工程系、经济管理系、机电工程系、汽车工程系、电子工程系、计算机系、外语系、体育与音乐系、社会科学部等9个系部

学校设立奖学金情况

学院设有奖学金2项,奖励总金额3.2余万元。奖学金最高金额5000元/年,最低金额400元/年。

学校历史沿革

郑州城市职业学院成立于2009年2月,原名郑州布瑞达理工职业学院,2011年5月更为现名,是经河南省人民政府批准,教育部备案的民办普通高等职业学院,实施全日制专科层次学历教育,学制三年。

安阳职业技术学院

学校(机构)标识码	4141014243
学校办学类型	415:专科院校:高等职业学校
学校性质类别	02 理工院校
学校举办者	821 地级教育部门
学校地址	安阳市中华路南端西侧
邮政编码	455008
办公电话	0372-2102209
传真电话	0372-2102210
校园(局域)网域名	jsxy.anyangedu.com
电子信箱	ayzyjsxy@163.com
占地面积(平方米)	519902
校舍建筑面积(平方米)	165191
图书(万册)	49.27
固定资产总值(万元)	12193.9
教学、科研仪器设备资产值(万元)	4641
在校生数(人)	4059
其中:普通专科	3915
成人专科	144
专任教师(人)	416
其中:副高级	90
中级	167
初级	60
未定职级	99

专科专业 动漫设计与制作、工程造价、航空机电设备维修、护理、会计电算化、机电一体化技术、机械设计与制造、建筑工程技术、金属材料与热处理技术、酒店管理、康复治疗技术、口腔医学技术、旅游管理、汽车技术服务与营销、汽车检测与维修技术、商务英语、冶金技术、医学影像技术、音乐表演、中药、装潢艺术设计

院系设置
医药卫生学院、公共教学部、机电工程系、汽车学院、建筑工程系、冶金工程系、经济管理系、文化艺术系、航空学院、机械工程系

学校历史沿革
安阳职业技术学院是经省政府批准、教育部备案,由安阳市人民政府举办的全日制普通高等专科学校。学院前身"安钢集团公司职工大学"已有30多年的办学历史。学院坐落在安阳市高新技术产业开发区,总规划占地面积1000亩(一期占地500亩),总建筑面积22.5万平方米(一期13.8万平方米),总投资7亿余元(一期4亿余元)。

新乡职业技术学院

学校(机构)标识码	4141014245
学校办学类型	415:专科院校:高等职业学校
学校性质类别	02 理工院校
学校举办者	821 地级教育部门
学校地址	河南省新乡市工业园区经三路6号
邮政编码	453006
办公电话	0373－3720000
传真电话	0373－3721111
校园(局域)网域名	www.xxvtc.com
电子信箱	zongheban08@163.com
占地面积(平方米)	882058
校舍建筑面积(平方米)	417207
图书(万册)	41.3
固定资产总值(万元)	46780.32
教学、科研仪器设备资产值(万元)	6188.3
在校生数(人)	4421
其中:普通专科	3968
成人专科	453
专任教师(人)	439
其中:正高级	2
副高级	112
中级	107
初级	185
未定职级	33

专科专业 材料成型与控制技术、电气自动化技术、焊接技术及自动化、会计电算化、机电一体化技术、机械设计与制造、计算机网络技术、检测技术及应用、建筑工程管理、酒店管理、模具设计与制造、汽车技术服务与营销、汽车制造与装配技术、数控技术、通信技术、应用电子技术、装潢艺术设计

院系设置
我院共设置4系,分别是机电工程系、工程技术系、机械制造系、信息技术与管理系

学校设立奖学金情况
学校设立奖学金3项,奖励总金额21万元。奖学金最高金额500元/年,最低金额100元/年。

学校历史沿革
新乡职业技术学院是经河南省人民政府批准并在教育部备案的全日制普通高等专科学校,前身为新乡市纺织职工大学,创办于1975年。

驻马店职业技术学院

学校(机构)标识码	4141014251
学校办学类型	415:专科院校:高等职业学校
学校性质类别	02 理工院校
学校举办者	821 地级教育部门
学校地址	驻马店市置地大道西段
邮政编码	463000
办公电话	0396－2869991
传真电话	0396－2869000
校园(局域)网域名	www.zmdvtc.cn
电子信箱	zmdzyjsxybgs@163.com
占地面积(平方米)	426880
校舍建筑面积(平方米)	175311
图书(万册)	16.6
固定资产总值(万元)	6595.04
教学、科研仪器设备资产值(万元)	1447
在校生数(人)	2488
其中:普通专科	2488
专任教师(人)	335
其中:正高级	3
副高级	76
中级	163
初级	69
未定职级	24

专科专业 会计电算化、机电一体化技术、计算机多媒体技术、计算机教育、计算机应用技术、建筑工程管理、建筑工程技术、美术教育、汽车检测与维修技术、商务英语、市场开发与营销、体育教育、文秘、物流管理、音乐表演、英语教育、应用电子技术、语文教育、装潢艺术设计

院系设置
人文科学系、信息工程系、电子工程系、外语系、音乐表演系、财经系、工艺美术系

定期公开出版的专业刊物 《驻马店职业技术学院学报》
学校设立奖学金情况
学校设立奖学金4项,奖励总金额3万余元。奖学金最高金额1600元/年,最低金额800元/年。
学校历史沿革
学院成立于2009年2月28日。

焦作工贸职业学院

学校(机构)标识码 4141014300	校园(局域)网域名 www.jzgmxy.com	在校生数(人) 522
学校办学类型 415:专科院校:高等职业学校	电子信箱 jzgmxybgs@126.com	其中:普通专科 522
	占地面积(平方米) 225814	专任教师(人) 81
学校性质类别 02 理工院校	校舍建筑面积(平方米) 63835	其中:正高级 5
学校举办者 999 民办	图书(万册) 8.36	副高级 18
学校地址 河南省沁阳市香港街1号	固定资产总值(万元) 7029.8	中级 6
邮政编码 454550	教学、科研仪器设备资产值(万元)	初级 35
办公电话 0391-5653082	480	未定职级 17
传真电话 0391-5282032		

专科专业 电脑艺术设计、机械制造与自动化、计算机多媒体技术、建筑装饰工程技术、旅游管理、汽车技术服务与营销、汽车检测与维修技术

院系设置
机电工程系、化学工程系、建筑艺术系经济管理系、汽车工程系、基础部

学校设立奖学金情况
学校设立奖学金10项,奖励总金额15余万元。奖学金最高金额8000元/年,最低金额150元/年。
校内奖学金:特等奖学金:4名,2500元/人学年;
一等奖学金:19名,500元/人学年;
二等奖学金:49名,300元/人学年;
三等奖学金:61名,150元/人学年;
学院优秀新生奖学金:一等奖:2名,5000元/人学年;二等奖:9名,2000元/人学年;三等奖:9名,1000元/人学年;
政府助学金:20名,1500元/人学年;
双汇助学金:5名,5000/人学年;
郑州民政部门为该地生源地贫困生资助:2名,8000/人学年。

学校历史沿革
焦作工贸学院于2010年3月25日经河南省人民政府批准成立,文件号:豫政文〔2010〕58号文件。

许昌陶瓷职业学院

学校(机构)标识码 4141014301	传真电话 0374-2539333	在校生数(人) 425
学校办学类型 415:专科院校:高等职业学校	校园(局域)网域名 www.xccvc.com	其中:普通专科 425
	电子信箱 xctcxy@163.com	专任教师(人) 50
学校性质类别 02 理工院校	占地面积(平方米) 293548	其中:正高级 2
学校举办者 999 民办	校舍建筑面积(平方米) 97428	副高级 9
学校地址 河南省禹州市颍北新区画圣路北段东侧	图书(万册) 8.2	中级 3
	固定资产总值(万元) 10728	初级 3
邮政编码 461670	教学、科研仪器设备资产值(万元)	未定职级 33
办公电话 0374-2539333	249.3	

专科专业 财务管理、雕塑艺术设计、房地产经营与估价、机电一体化技术、旅游管理、汽车检测与维修技术、艺术设计、音乐表演

院系设置
陶瓷系、经管系、园林艺术系、机电工程系

学校设立奖学金情况
学校设立奖学金一项,奖励总金额0.88余万元。奖学金最高金额500元/年,最低金额100元/年。
1. 一等奖学金:4人/年,500元/人;
2. 二等奖学金:12人/年,300元/人;
3. 三等奖学金:32人/年,100元/人。

学校历史沿革
2006年筹建,2010年3月经河南省人民政府批准,国家教育部备案成立许昌陶瓷职业学院。

郑州理工职业学院

学校(机构)标识码 4141014302	传真电话 0371-62623178	在校生数(人) 1711
学校办学类型 415:专科院校:高等职业学校	电子信箱 zzlgxy@sina.com	其中:普通专科 1711
	占地面积(平方米) 113563	专任教师(人) 90
学校性质类别 02 理工院校	校舍建筑面积(平方米) 23667	其中:正高级 4
学校举办者 999 民办	图书(万册) 15.69	副高级 26
学校地址 郑州市新郑新村镇吴庄	固定资产总值(万元) 1714.01	中级 18
邮政编码 451150	教学、科研仪器设备资产值(万元) 888.85	初级 11
办公电话 0371-62629072		未定职级 31

专科专业 电脑艺术设计、电子商务、动漫设计与制作、工程造价、计算机网络技术、建筑工程技术、模具设计与制造、汽车检测与维修技术、数控技术

院系设置
学院现有经贸管理系、艺术传媒系、机电工程系、建筑工程系、信息工程系五个系

学校设立奖学金情况
学院设立奖学金 3 项,奖励总金额 1 余万元。奖学金最高金额 800 元/年,最低金额 200 元/年。

学校历史沿革
郑州理工职业学院前身为河南金马电脑专修学院,创建于 1995 年,2010 年 3 月 25 日升格为郑州理工职业学院。

郑州信息工程职业学院

学校(机构)标识码 4141014303	传真电话 0371-64966607	在校生数(人) 896
学校办学类型 415:专科院校:高等职业学校	校园(局域)网域名 www.dfxx.com.cn	其中:普通专科 896
	电子信箱 zxxb08@126.com	专任教师(人) 99
学校性质类别 02 理工院校	占地面积(平方米) 104385	其中:正高级 7
学校举办者 999 民办	校舍建筑面积(平方米) 18533	副高级 15
学校地址 河南省郑州市中原西路桃贾路 19 号	图书(万册) 11.43	中级 17
	固定资产总值(万元) 4441.38	初级 32
邮政编码 450121	教学、科研仪器设备资产值(万元) 858	未定职级 28
办公电话 0371-64966629		

专科专业 电子商务、广告设计与制作、环境艺术设计、会计、计算机应用技术、汽车检测与维修技术、商务管理、数控技术

院系设置
计算机系、经管系、艺术系、机电系、会计系

学校设立奖学金情况
学校设立奖学金 3 项,奖励总金额 1 余万元。奖学金最高金额 1000 元/年,最低金额 500 元/年。

学校历史沿革
郑州信息工程职业学院是经河南省人民政府批准成立,国家教育部备案的一所以信息技术为主的全日制普通高等职业院校,前身是创办于 1989 年的郑州信息工程学校。

长垣烹饪职业技术学院

学校(机构)标识码 4141014305	段科教园区	占地面积(平方米) 345707
学校办学类型 415:专科院校:高等职业学校	邮政编码 453400	校舍建筑面积(平方米) 107170
	办公电话 0373-8885773	图书(万册) 15.33
学校性质类别 02 理工院校	传真电话 0373-8885773	固定资产总值(万元) 18200
学校举办者 999 民办	校园(局域)网域名 www.cyprxy.com	教学、科研仪器设备资产值(万元) 1492.46
学校地址 河南省长垣县宏力大道南	电子信箱 cyprxybgs@163.com	

在校生数(人) 429	其中:正高级 1	初级 51
其中:普通专科 429	副高级 30	未定职级 10
专任教师(人) 143	中级 51	

专科专业 餐饮管理与服务、会计电算化、酒店管理、旅游管理、旅游管理类、烹饪工艺与营养、食品机械与管理、食品加工技术、市场营销、物流管理、西餐方向、中餐方向

院系设置
烹饪技术系、工商管理系、旅游管理系、食品工程系、基础部

学校设立奖学金情况
学校设立奖学金3项,奖励总金额32余万元。奖学金最高金额2000元/年,最低金额100元/年。

主要校办产业
好世界大酒店、庖丁堂酒店、中西面点加工中心、烹饪原料加工中心

学校历史沿革
1965年成立长垣厨师培训学校;2006年成立长垣博大烹饪学校,长垣厨师培训学校并入长垣博大烹饪学校;2010年长垣博大烹饪学校升格为长垣烹饪职业技术学院。

开封文化艺术职业学院

学校(机构)标识码 4141014306	校园(局域)网域名 www.kfvcca.com	在校生数(人) 1227
学校办学类型 415:专科院校:高等职业学校	电子信箱 kfwyxy100@163.com	其中:普通专科 1028
	占地面积(平方米) 212000	成人专科 199
学校性质类别 11 艺术院校	校舍建筑面积(平方米) 107800	专任教师(人) 124
学校举办者 821 地级教育部门	图书(万册) 18.8	其中:正高级 2
学校地址 开封文化艺术职业学院	固定资产总值(万元) 8578	副高级 38
邮政编码 475004	教学、科研仪器设备资产值(万元)	中级 70
办公电话 0378-3893006	980	初级 14
传真电话 0378-2115671		

专科专业 表演艺术、动漫设计与制作、汉语、酒店管理、旅游工艺品设计与制作、旅游英语、社会体育、文化市场经营与管理、文秘、心理咨询、主持与播音、装潢艺术设计

院系设置
汉语言文学系、师范教育系、外语系、文化传媒系、信息电子系、工艺美术系、管理系、音乐系、教育科学系、体育系、基础部、幼儿教育系

学校设立奖学金情况
学校设立奖学金2项,奖项总金额13余万。奖学金最低金额600/年,奖学金最低金额400/年。

学校历史沿革
开封文化艺术职业学院创建于2011年3月,是在开封市职工大学基础上,由开封市人民政府举办,河南省人民政府批准、国家教育部备案成立的一所普通高等职业院校。

河南化工职业学院

学校(机构)标识码 4141014307	传真电话 0371-86638366	2385.92
学校办学类型 415:专科院校:高等职业学校	校园(局域)网域名 www.havct.edu.cn	在校生数(人) 4216
		其中:普通专科 3460
学校性质类别 02 理工院校	电子信箱 yuanban@havct.edu	成人专科 756
学校举办者 811 省级教育部门	占地面积(平方米) 204914	专任教师(人) 236
学校地址 河南化工职业学院郑上路548号	校舍建筑面积(平方米) 123500	其中:副高级 67
	图书(万册) 21.27	中级 116
邮政编码 450042	固定资产总值(万元) 14379.8	初级 20
办公电话 0371-86638366	教学、科研仪器设备资产值(万元)	未定职级 33

专科专业 电子商务、动漫设计与制作、高分子材料应用技术、工业分析与检验、焊接技术及自动化、化工设备维修技术、会计电算化、机电一体化技术、计算机网络技术、计算机信息管理、计算机应用技术、精细化学品生产技术、旅游管理类、煤炭深加

工与利用、商务英语、生产过程自动化技术、生物化工工艺、市场营销、物流管理、应用化工技术

学校历史沿革

河南化工职业学院是经河南省人民政府批准,国家教育部备案,隶属于河南省的一所全日制公办普通高等学院。

河南艺术职业学院

学校(机构)标识码　4141014308
学校办学类型　415:专科院校:高等职业学校
学校性质类别　11 艺术院校
学校举办者　812 省级其他部门
学校地址　河南省郑州市惠济区西山路二号
邮政编码　450043
办公电话　0371-63667866
传真电话　0371-63667919
校园(局域)网域名　www.hnarti.com
电子信箱　hnyszyxy2010@163.com
占地面积(平方米)　24104
校舍建筑面积(平方米)　74107
图书(万册)　20
固定资产总值(万元)　2985.58
教学、科研仪器设备资产值(万元)　739.83
在校生数(人)　2424
其中:普通专科　2424
专任教师(人)　187
其中:正高级　3
　　　副高级　54
　　　中级　61
　　　初级　69

专科专业　编导、电视节目制作、器乐方向、人物形象设计、摄影摄像技术、声乐方向、数字媒体方向、舞蹈表演、戏曲表演方向、艺术设计、音乐剧方向、影视表演、影视表演方向、影视动画、影视多媒体技术、影视广告、主持与播音、装潢艺术设计、作曲方向

院系设置

学院高等教育:美术系、传媒系、音乐系、戏剧系、舞蹈系、信息系、新闻系、动画系、电视系;中职教育:戏曲系、舞蹈系

学校历史沿革

河南艺术职业学院,成立于2010年3月25日。批准成立单位河南省人民政府,为全日制专科层次的普通高等职业学校。由河南省艺术学校、河南省电影电视学校、河南省文化干部学校三校合并成立。

郑州升达经贸管理学院

学校(机构)标识码　4141014333
学校办学类型　412:本科院校:学院
学校性质类别　02 理工院校
学校举办者　999 民办
学校地址　河南省郑州市新郑龙湖镇中山南路1号
邮政编码　451191
办公电话　0371-62436211
传真电话　0371-62577766
校园(局域)网域名　www.shengda.edu.cn
电子信箱　mishushi@shengda.edu.cn
占地面积(平方米)　330183
校舍建筑面积(平方米)　215851
图书(万册)　52.41
固定资产总值(万元)　53420.33
教学、科研仪器设备资产值(万元)　1692.16
在校生数(人)　5241
其中:普通本科　4482
　　　普通专科　759
专任教师(人)　269
其中:正高级　19
　　　副高级　64
　　　中级　138
　　　初级　45
　　　未定职级　3

本科专业　财务管理、电子商务、电子信息工程、法学、工商管理、广告学、国际经济与贸易、汉语言文学、会计学、计算机科学与技术、金融学、经济学、旅游管理、人力资源管理、日语、软件工程、市场营销、物流管理、信息管理与信息系统、艺术设计、音乐表演、英语

专科专业　电子商务、国际经济与贸易、会计电算化、计算机网络技术、市场营销、物流管理

院系设置

学院现设有国际贸易系、市场营销系、企业管理系、会计学系、资讯管理系、外国语言文学系、文学法律系、艺术系等八个系和体育部、公共外语部、共同学科部等三个教学部。

定期公开出版的专业刊物　《郑州升达经贸管理学院学报》(国内统一连续出版物刊号:[豫直]0311号)

学校设立奖学金情况

学校设立奖学金5项,奖励总金额76.59余万元。奖学金最高金额20000元/年。最低金额200元/年。

学校历史沿革

郑州升达经贸管理学院,始建于1993年,前身为郑州大学升达经贸管理学院,是由台湾教育家王广亚博士为董事长的台北广兴文教基金会与郑州大学合作兴办的一所本科院校。2011年4月,经国家教育部批准,转设为独立设置的全日制民办普通本科高校——郑州升达经贸管理学院。

河南机电职业学院

学校(机构)标识码 4141014348	传真电话 0371-85901035	在校生数(人) 841
学校办学类型 415:专科院校:高等职业学校	校园(局域)网域名 www.hnjd.edu.cn	其中:普通专科 841
	占地面积(平方米) 521359	专任教师(人) 206
学校性质类别 02 理工院校	校舍建筑面积(平方米) 137238	其中:正高级 4
学校举办者 811 省级教育部门	图书(万册) 22.5	副高级 66
学校地址 郑州市新郑龙湖大学城商业路东段	固定资产总值(万元) 6803.24	中级 36
	教学、科研仪器设备资产值(万元) 3239.16	初级 92
邮政编码 451191		未定职级 8
办公电话 0371-85901035		

专科专业 产品造型设计、电气自动化技术、机电一体化技术、计算机应用技术、汽车检测与维修技术、数控技术、物流管理

院系设置
学院设有机械工程系、机电工程系、电子工程系、信息工程系、汽车工程系、管理信息系、艺术设计系、测量工程系等八个系

学校设立奖学金情况
学校设立奖学金2项,奖学金最高金额1500元/年,最低金额50元/年。

学校历史沿革
河南机电职业学院是省政府批准、教育部备案的具有专科层次高等学历教育招生资格的公办高等职业院校。

河南护理职业学院

学校(机构)标识码 4141014349	传真电话 0372-2924084	1591
学校办学类型 415:专科院校:高等职业学校	校园(局域)网域名 www.hnswx.com	在校生数(人) 566
	电子信箱 2924084@163.com	其中:普通专科 566
学校性质类别 05 医药院校	占地面积(平方米) 275188	专任教师(人) 149
学校举办者 812 省级其他部门	校舍建筑面积(平方米) 71560	其中:正高级 5
学校地址 河南省安阳市北关区盘庚街67号	图书(万册) 18.17	副高级 43
	固定资产总值(万元) 4077	中级 32
邮政编码 455001	教学、科研仪器设备资产值(万元)	初级 69
办公电话 0372-3696800		

专科专业 护理、口腔医学技术、药学、医学检验技术、助产

院系设置
护理系、口腔医学技术系、医学检验技术系、药学系、康复治疗技术系

定期公开出版的专业刊物 1部

学校设立奖学金情况
学院创办于1951年,原名平原省安阳卫生学校;1958年随着新乡、安阳两地合并,成为新乡地区卫生干部进修学校;1961年,新乡、安阳分治,学校回迁安阳,改名为安阳地区卫生学校;1974年,在滑县复校,后迁回安阳;1983年,撤销安阳地区设立濮阳市,随之更名为濮阳市卫生学校;1986年隶属省卫生厅,易名为河南省安阳卫生学校;2004年11月更名为河南省卫生学校,2011年4月1日升格为河南护理职业学院。

许昌电气职业学院

学校(机构)标识码 4141014350	业学校	学校举办者 821 地级教育部门
学校办学类型 415:专科院校:高等职业学校	学校性质类别 02 理工院校	学校地址 许昌市魏文路与北环路交

	叉口	校舍建筑面积（平方米）　121500	专任教师（人）　180
邮政编码　461000	图书（万册）　20.6	其中：正高级　1
办公电话　0374 – 3267945	固定资产总值（万元）　16992	副高级　25
传真电话　0374 – 3267945	教学、科研仪器设备资产值（万元）	中级　63
校园（局域）网域名　www.xcevc.cn	758	初级　60
电子信箱　bgs7945@163.com	在校生数（人）　140	未定职级　31
占地面积（平方米）　184000	其中：普通专科　140	

专科专业　电气自动化技术、供用电技术、机电一体化技术、经济管理、数控技术
院系设置
电气技术系、自动化技术系等

学校历史沿革
2011年经河南省人民政府（豫政文【2011】51号）批准成立。

信阳涉外职业技术学院

学校（机构）标识码　4141014351	传真电话　0376 – 2989810	1729.18
学校办学类型　415：专科院校：高等职业学校	校园（局域）网域名　www.xyswxy.com	在校生数（人）　101
	电子信箱　xysw9988@163.com	其中：普通专科　101
学校性质类别　02 理工院校	占地面积（平方米）　299018	专任教师（人）　81
学校举办者　999 民办	校舍建筑面积（平方米）　32583	其中：正高级　5
学校地址　河南信阳市新县叶林大道	图书（万册）　10.88	副高级　36
邮政编码　465550	固定资产总值（万元）　2049.18	中级　12
办公电话　0376 – 2795318	教学、科研仪器设备资产值（万元）	初级　28

专科专业　服装工艺技术、焊接技术及自动化、建筑工程管理、商务管理、设施农业技术
学校设立奖学金情况
　　学校设有奖学金6项，总金额20余万元，最高奖学金金额2000元/人，最低奖学金金额1000元/人。

学校历史沿革
　　信阳涉外职业技术学院是在新县外派劳务培训中心的基础上经省人民政府批准设立的，是全省首所涉外高等职业院校。主要面向日本、韩国、新加坡等发达国家和外资企业培养高等应用型技术人才。

鹤壁汽车工程职业学院

学校（机构）标识码　4141014352	传真电话　0392 – 3221012	在校生数（人）　328
学校办学类型　415：专科院校：高等职业学校	电子信箱　hbqcxybgs@126.com	其中：普通专科　328
	占地面积（平方米）　212970	专任教师（人）　87
学校性质类别　02 理工院校	校舍建筑面积（平方米）　61084	其中：正高级　6
学校举办者　999 民办	图书（万册）　15.28	副高级　25
学校地址　河南省鹤壁市淇滨区钜桥镇鹤壁市职业教育园区	固定资产总值（万元）　12000	中级　25
	教学、科研仪器设备资产值（万元）	初级　8
邮政编码　458030	2560.46	未定职级　23
办公电话　0392 – 3221012		

专科专业　机械制造与自动化、模具设计与制造、汽车电子技术、汽车电子技术（线束设计方向）、汽车技术服务与营销、汽车检测与维修技术、汽车检测与维修技术（电动汽车方向）、物流管理

院系设置
汽车工程系、电子工程系、机电工程系、经济管理系
学校历史沿革
学院为2011年新批院校。

南阳职业学院

学校(机构)标识码　4141014353
学校办学类型　415:专科院校:高等职业学校
学校性质类别　02 理工院校
学校举办者　999 民办
学校地址　南阳市西峡县白羽北路 52 号
邮政编码　474500
办公电话　0377-69690803

传真电话　0377-69690803
校园(局域)网域名　www.nykcss.net
电子信箱　nyzyxybgs@126.com
占地面积(平方米)　579665
校舍建筑面积(平方米)　46714
图书(万册)　9.06
固定资产总值(万元)　12000
教学、科研仪器设备资产值(万元)　800

在校生数(人)　40
其中:普通专科　40
专任教师(人)　76
其中:正高级　8
　　　副高级　26
　　　中级　18
　　　初级　1
　　　未定职级　23

专科专业　旅游管理、软件技术、数控技术、艺术设计、应用化工技术

学校设立奖学金情况
学校设立奖学金一项,奖励总金额每年 10 万元。

郑州商贸旅游职业学院

学校(机构)标识码　4141014380
学校办学类型　415:专科院校:高等职业学校
学校性质类别　08 财经院校
学校举办者　999 民办
邮政编码　450042
办公电话　0371-67789995
传真电话　0371-67789995

校园(局域)网域名　www.zzvcct.edu.cn
电子信箱　hnlyxy.cn@163.com
占地面积(平方米)　113740
校舍建筑面积(平方米)　64214
图书(万册)　12.53
固定资产总值(万元)　105
教学、科研仪器设备资产值(万元)　90

在校生数(人)　241
其中:普通专科　241
专任教师(人)　48
其中:副高级　2
　　　中级　3
　　　初级　11
　　　未定职级　32

专科专业　电子商务、家政服务、酒店管理、旅游管理、市场营销、装潢艺术设计
院系设置
旅游管理系、经济管理系、公共教学部

学校历史沿革
　　我院成立于 1996 年,是在省旅游局的倡导和支持下,由省旅游协会创办,经省教育委员会批准成立,2011 年经河南省人民政府批准,教育部备案的一所民办高等教育学校。

河南推拿职业学院

学校(机构)标识码　4141014382
学校办学类型　415:专科院校:高等职业学校
学校性质类别　05 医药院校
学校举办者　812 省级其他部门
学校地址　洛阳市洛龙区学府街 10 号
邮政编码　471023
办公电话　0379-65232088
传真电话　0379-65232088

校园(局域)网域名　www.hnzjschool.com
电子信箱　hnzjschool@126.com
占地面积(平方米)　250965
校舍建筑面积(平方米)　77660
图书(万册)　8.5
固定资产总值(万元)　11836.48
教学、科研仪器设备资产值(万元)　562.95

在校生数(人)　577
其中:普通专科　577
专任教师(人)　141
其中:正高级　1
　　　副高级　29
　　　中级　33
　　　初级　51
　　　未定职级　27

专科专业　护理、康复治疗技术、社区康复、针灸推拿

学校设立奖学金情况

学校设有奖学金6项,总金额20余万元,最高奖学金金额2000元/人,最低奖学金金额1000元/人。

学校历史沿革

河南推拿职业学院是一所普通高等职业院校,前身是1959年3月成立的"河南省盲聋哑学校",1980年更名为"河南省盲人按摩专科学校",1984年规范为"河南省盲人按摩学校",1997年更名为"河南省针灸推拿学校",2001年与河南中医学院联合成立"河南中医学院针灸推拿职业学院"。2011年5月经省政府批准、教育部备案,升格为独立设置的高等职业学院。

洛阳职业技术学院

学校(机构)标识码 4141014383	传真电话 0379-64913225	在校生数(人) 1167
学校办学类型 415:专科院校:高等职业学校	校园(局域)网域名 www.lyvtc.net	其中:普通专科 701
学校性质类别 02 理工院校	电子信箱 lyzyjsxy@126.com	成人专科 466
学校举办者 821 地级教育部门	占地面积(平方米) 430840	专任教师(人) 259
学校地址 河南省洛阳市西苑路副24号	校舍建筑面积(平方米) 217955	其中:正高级 2
	图书(万册) 27	副高级 83
邮政编码 471003	固定资产总值(万元) 24098.78	中级 67
办公电话 0379-64913225	教学、科研仪器设备资产值(万元) 2007.65	初级 93
		未定职级 14

专科专业 护理、机电一体化技术、机械设计与制造、汽车检测与维修技术、医学检验技术、助产

学校历史沿革

洛阳职业技术学院前身为洛阳市职工科学技术学院,2011年5月与洛阳市卫生学校合并组建升格为洛阳职业技术学院。

武汉大学

学校(机构)标识码 4142010486	电子信箱 ifmt@whu.edu.cn	成人本科 6280
学校办学类型 411:本科院校:大学	占地面积(平方米) 3444421	成人专科 7205
学校性质类别 01 综合大学	校舍建筑面积(平方米) 2554154	博士研究生 7477
学校举办者 360 教育部	图书(万册) 699.4	硕士研究生 13759
学校地址 湖北省武汉市武昌区八一路299号	固定资产总值(万元) 441829.36	留学生 1422
	教学、科研仪器设备资产值(万元) 173514.6	专任教师(人) 3642
邮政编码 430072		其中:正高级 1180
办公电话 027-68756258	在校生数(人) 70493	副高级 1318
传真电话 027-68756661	其中:普通本科 32848	中级 1071
校园(局域)网域名 www.whu.edu.cn	普通专科 1502	初级 73

本科专业 包装工程、保险、编辑出版学、表演、播音与主持艺术、材料成型及控制工程、材料类、材料物理、财务管理、财政学、测绘工程、测控技术与仪器、城市规划、档案学、德语、地理科学、地理信息系统、地球物理学、电气工程与自动化、电气信息类新专业、电子科学与技术、电子商务、电子信息工程、电子信息科学类、电子信息科学与技术、对外汉语、俄语、法学、法语、翻译、港口海岸及治河工程、给排水科学与工程、工程管理、工程力学、工商管理、工商管理类、工业设计、公共管理类、公共事业管理、管理科学与工程类、光信息科学与技术、广播电视新闻学、广告学、国际经济与贸易、汉语言文学、行政管理、核工程与核技术、护理学、化工与制药类新专业、化学、化学类、环境工程、环境科学、会计学、机械设计制造及其自动化、计算机科学与技术、建筑学、金融工程、金融学、金属材料工程、经济学、经济学类、考古学、空间信息与数字技术、口腔医学、劳动与社会保障、历史学、临床医学、能源动力系统及自动化、农业水利工程、人力资源管理、人文科学试验班、日语、软件工程、社会工作、社会学、社会学类、生物技术、生物科学、世界历史、市场营销、数学类、数学与应用数学、水利类、水利水电工程、水文与水资源工程、水质科学与技术、思想政治教育、通信工程、统计学、图书馆学、土地资源管理、土木工程、外交学、物理学、物理学类、物流管理、物业管理、戏剧影视文学、心理学、新闻传播学类、新闻学、信息安全、信息管理与信息系统、信息与计算科学、遥感科学与技术、药学、医学检验、艺术设计、印刷工程、英语、应用化学、预防医学、哲学、政治学类、政治学与行政学、资源环境与城乡规划管理、自动化、宗

教学

专科专业 护理、康复治疗技术、口腔医学技术

博士专业 ★空间探测与信息处理技术、保险学、比较文学与世界文学、病理学与病理生理学、病原生物学、材料物理与化学、材料学、财政学、产业经济学、城市系统工程、出版发行学、传播学、大地测量学与测量工程、档案学、地图学与地理信息系统、地图制图学与地理信息工程、电工理论与新技术、电力电子与电力传动、电力系统及其自动化、电子商务、动物学、耳鼻咽喉科学、发育生物学、法学理论、法语语言文学、防灾减灾工程及防护工程、分析化学、概率论与数理统计、港口、海岸及近海工程、高电压与绝缘技术、高分子化学与物理、公共经济管理、固体地球物理学、管理科学与工程、光学、国际法学、国际关系、国际关系与中外关系史、国际贸易学、国学、汉语言文字学、行政管理、化学生物学、环境工程、环境科学、环境科学与工程、环境与资源保护法学、会计学、机械设计及理论、基础数学、计算机软件与理论、计算机系统结构、计算机应用技术、计算数学、技术经济及管理、教育经济与管理、结构工程、金融工程、金融学、经济法学、经济史、经济思想史、考古学及博物馆学、科学技术哲学、科学社会主义与国际共产主义运动、空间物理学、口腔基础医学、口腔临床医学、口腔修复学、口腔医学、跨文化传播学、劳动卫生与环境卫生学、理论物理、历史地理学、历史文献学、粒子物理与原子核物理、临床检验诊断学、临床医学、流体机械及工程、流体力学、伦理学、逻辑学、马克思主义发展史、马克思主义基本原理、马克思主义理论与思想政治教育、马克思主义哲学、马克思主义中国化研究、脉冲功率与等离子技术、媒介经营与管理、美学、免疫学、民商法学、纳米科学与技术、内科学、凝聚态物理、企业管理、情报学、区域经济学、人口、资源与环境经济学、人体解剖与组织胚胎学、人文地理学、软件工程、社会保障、社会学、社会医学与卫生事业管理、摄影测量与遥感、生理学、生态学、生物化学与分子生物学、生物物理学、生物医药工程、史学理论及史学史、世界经济、世界史、市场营销管理、市政工程、数量经济学、水工结构工程、水力学及河流动力学、水利水电工程、水利水电工程施工与管理、水文学及水资源、思想政治教育、诉讼法学、体育法学、通信与信息系统、图书馆学、图像传播工程、土地资源管理、外国哲学、外科学、微电子学与固体电子学、微生物学、文艺学、无机化学、无线电物理、物理化学、西方经济学、戏剧影视文学、系统工程、细胞生物学、宪法学与行政法学、新闻学、信号与信息处理、信息资源管理、刑法学、岩土工程、遗传学、应用化学、应用数学、有机化学、语言学与应用语言学、政治经济学、政治学理论、植物学、中共党史、中国古代史、中国古代文学、中国古典文献学、中国近现代史、中国近现代史基本问题研究、中国文化史、中国现当代文学、中国哲学、中外政治制度、肿瘤学、专门史、宗教学

硕士专业 ★空间探测与信息处理技术、★数字媒介、包装与环境工程、保险、比较文学与世界文学、病理学与病理生理学、病原生物学、材料工程、材料加工工程、材料物理与化学、材料学、财政学、测绘工程、测试计量技术及仪器、产业经济学、城市规划与设计、城市空间信息工程、出版、出版发行学、传播学、大地测量学与测量工程、档案学、导航、制导与控制、道路与铁道工程、德语语言文学、地图学与地理信息系统、地图制图学与地理信息工程、电磁场与微波技术、电工理论与新技术、电力电子与电力传动、电力系统及其自动化、电路与系统、电气工程、电影学、电子商务、电子与通信技术、动力工程、动力机械及工程、动物学、对外汉语教学、俄语语言文学、儿科学、耳鼻咽喉科学、发育生物学、发展与教育心理学、法律、法律（政法干警）、法律史、法学理论、法语语言文学、翻译、防灾减灾工程及防护工程、分析化学、妇产科学、概率论与数理统计、港口、海岸及近海工程、高等教育学、高电压与绝缘技术、高分子化学与物理、工程管理、工程力学、工商管理、工业工程、公共管理、公共经济管理、公共卫生、固体地球物理学、管理科学与工程、光学、国际法学、国际关系、国际贸易学、国际商务、国际政治、国民经济学、国外马克思主义研究、国学、汉语国际教育、汉语言文字学、行政管理、护理、护理学、化学工程、化学工艺、化学生物学、环境工程、环境科学、环境与资源保护法学、会计、会计学、机械电子工程、机械工程、机械设计及理论、机械制造及其自动化、基础数学、基础心理学、急诊医学、集成电路工程、计算机技术、计算机软件与理论、计算机系统结构、计算机应用技术、计算数学、技术经济及管理、检测技术与自动化装置、建筑技术科学、建筑历史与理论、建筑设计及其理论、建筑学、建筑与土木工程、教育、教育经济与管理、教育学原理、结构工程、金融、金融工程、金融学、经济法学、经济史、经济思想史、精密仪器及机械、精神病与精神卫生学、康复医学与理疗学、考古学及博物馆学、科学技术史、科学技术哲学、科学社会主义与国际共产主义运动、课程与教学论、空间物理学、控制工程、控制理论与控制工程、口腔基础医学、口腔临床医学、口腔医学、劳动经济学、劳动卫生与环境卫生学、老年医学、理论物理、历史地理学、历史文献学、粒子物理与原子核物理、临床检验诊断学、临床医学、流行病与卫生统计学、流体机械及工程、伦理学、逻辑学、旅游管理、麻醉学、马克思主义发展史、马克思主义基本原理、马克思主义哲学、马克思主义中国化研究、美术学、美学、免疫学、民商法学、民商法学（含：劳动法学）、社会保障、民俗学、模式识别与智能系统、纳米科学与技术、内科学、凝聚态物理、皮肤病与性病学、企业管理、桥梁与隧道工程、轻工技术与工程、情报学、区域经济学、热能工程、人口、资源与环境经济学、人类学、人力资源管理、人体解剖与组织胚胎学、人文地理学、日语语言文学、软件工程、设计艺术学、社会保障、社会工作、社会学、社会医学与卫生事业管理、摄影测量与遥感、神经病学、生理学、生态学、生物工程、生物化学与分子生物学、生物物理学、生物医学工程、史学理论及史学史、世界经济、世界贸易组织法、世界史、市政工程、数量经济学、数字媒介、水工结构工程、水力学及河流动力学、水利工程、水利水电工程、水利水电工程施工与管理、水文学及水资源、税务、思想政治教育、诉讼法学、通信与信息系统、图书馆学、图书情报、土地资源管理、外国语言学及应用语言学、外国哲学、外科学、微电子学与固体电子学、微生物学、微生物与生化药学、卫生毒理学、文物与博物馆、文艺学、无机化学、无线电物理、物理电子学、物理化学、物流工程、西方经济学、戏剧戏曲学、系统工程、细胞生物学、宪法学与行政法学、项目管理、新闻学、新闻与传播、信号与信息处理、信息资源管理、刑法学、虚拟现实与仿真工程、学科教学（英语）、学科教学（语文）、岩土工程、眼科学、药剂学、药理学、药物分析学、药物化学、医学物理、仪器仪表工程、遗传学、艺术、艺术学、英语语言文学、营养与食品卫生学、影像医学与核医学、应用化学

院系设置

文学院、历史学院、哲学学院、艺术学系、外国语言文学学院、新闻与传播学院、信息管理学院、经济与管理学院、法学院、社会学系、马克思主义学院、政治与公共管理学院、教育科学学院、WTO学院、数学与统计学院、物理科学与技术学院、化学与分子科学学院、生命科学学院、资源与环境科学学院、水利水电学院、电气工程学院、动力与机械学院、城市设计学院、土木建筑工程学院、计算机学院、电子信息学院、遥感信息工程学院、测绘学院、印刷与包装系、国际软件学院、基础医学院、第一临床学院、第二临床学院、口腔医学院、药学院、公共卫生学院、HOPE护理学院

国家级、省部级研究机构设置

国家级研究机构(9个)：软件工程国家重点实验室、测绘遥感信息工程国家重点实验室、水资源与水电工程科学国家重点实验室、病毒学国家重点实验室(联合)、杂交水稻国家重点实验室(共建)、国家多媒体软件工程技术研究中心、国家卫星定位系统工程技术研究中心、湖北梁子湖湖泊生态系统国家野外科学观测研究站、武汉大气遥感国家野外科学观测研究站 教育部研究机构(自然科学17个)：地球空间环境与大地测量教育部重点实验室、植物发育生物学教育部重点实验室、水沙科学教育部重点实验室(联合)、口腔生物医学教育部重点实验室、生物医用高分子材料教育部重点实验室、病毒学教育部重点实验室、地理信息系统教育部重点实验室、人工微结构教育部重点实验室、水力机械过渡过程教育部重点实验室、生物医学分析化学教育部重点实验室、水工岩石力学教育部重点实验室、组合生物合成与新药发现教育部重点实验室、有机硅化合物及材料教育部工程研究中心、建筑物检测与加固教育部工程研究中心、植物生物技术与遗传资源利用教育部工程研究中心、雷电防护与接地技术教育部工程研究中心、时空数据智能获取技术与应用教育部工程研究中心 教育部研究机构(人文社科7个)：环境法研究所、国际法研究所、社会保障研究中心、信息资源研究中心、经济发展研究中心、中国传统文化研究中心、媒体发展研究中心 其他省部级研究机构(41个)：数学研究所、中国典型培养物保藏中心、中国南极测绘研究中心、地球物理大地测量国家测绘局重点实验室、测试计量技术与通信国家测绘局重点实验室、极地测绘科学国家测绘局重点实验室(联合)、数字制图与国土信息应用工程国家测绘局重点实验室(联合)、精密工程与工业测量国家测绘局重点实验室、导航与位置服务国家测绘局重点实验室、中国冶金地质总局地球空间信息工程重点实验室、地理空间信息与数字技术国家测绘局工程研究中心(联合)、武汉大学中国边界与海洋研究院、武汉大学中国中部发展研究院、武汉大学国家文化创新研究中心、国家文化财政政策研究基地、核固体物理湖北省重点实验室、多媒体网络通信工程湖北省重点实验室、过敏及免疫相关疾病湖北省重点实验室、化学电源材料与技术湖北省重点实验室、雷达与无线通讯技术湖北省重点实验室、有机高分子光电功能材料湖北省重点实验室、心血管病湖北省重点实验室、生物质资源化学与环境生物技术湖北省重点实验室、流体机械与动力工程装备技术湖北省重点实验室、岩土与结构工程安全湖北省重点实验室、肿瘤生物学行为湖北省重点实验室、消化系统疾病湖北省重点实验室、肠病湖北省重点实验室、湖北省氨基酸工程技术研究中心、湖北省病毒疾病工程技术研究中心(联合)、湖北省光谱与成像仪器工程技术研究中心(联合)、湖北省莲藕工程技术研究中心(联合)、湖北省水体生态工程技术研究中心(联合)、刑事侦察视频图像特征比对分析技术创新基地、大型岩土与结构工程安全控制研究技术创新基地、武汉大学发展研究院、武汉大学质量发展战略研究院(共建)、武汉大学人口、资源、环境经济研究中心、武汉大学简帛研究中心、武汉大学科学评价研究中心、武汉大学科技考古研究中心

博士后科研流动站 哲学、理论经济学、应用经济学、法学、政治学、马克思主义理论、中国语言文学、外国语言文学、新闻传播学、历史学、数学、物理学、化学、地理学、地球物理学、生物学、材料科学与工程、动力工程及工程热物理、电气工程、信息与通信工程、计算机科学与技术、土木工程、水利工程、测绘科学与技术、环境科学与工程、基础医学、临床医学、口腔医学、管理科学与工程、工商管理、公共管理、图书.情报与档案管

定期公开出版的专业刊物 《武汉大学学报(人文科学版)》、《武汉大学学报(哲学社会科学版)》、《武汉大学学报(理学版)》、《武汉大学自然科学学报(英文版)》、《武汉大学学报(工学版)》、《武汉大学学报(信息科学版)》、《武汉大学学报(医学版)》、《地球空间信息科学学报(英文版)》、《测绘信息与工程》、《中外妇儿健康》、《写作》、《长江学术》、《法国研究》、《图书情报知识》、《经济评论》、《法学评论》、《数学杂志》、《数理医药学杂志》、《分析科学学报》、《氨基酸和生物资源》、《中国农村水利水电》、《节水灌溉》、《中国心脏起搏与心电生理杂志》、《听力学及言语疾病杂志》、《微循环学杂志》、《卒中与神经疾病》、《医学新知杂志》、《口腔医学研究》、《社会保障研究》

学校设立奖学金情况

学校设立奖学金73项，奖励总金额2680.53万元。奖学金最高金额15000元/人·年，最低金额700元/人·年。

主要校办产业

武汉大学资产经营投资管理有限责任公司、武汉大学出版社有限责任公司、中工武大设计有限公司、武汉武大教育发展有限责任公司、武汉大学北京研究院、广东海地测绘工程有限公司、武汉武大凡科科技发展有限公司、武汉帅尔光电子粉体新材料有限公司、深圳市武大万德福基因工程有限公司

学校历史沿革

武汉大学的前身为自强学堂,创建于1893年。1902年更名为方言学堂;1913年更名为国立武昌高等师范学校;1923年更名为国立武昌师范大学;1924年更名为国立武昌大学。1926年10月武汉国民政府将国立武昌大学、国立武昌商科大学、省立法科大学、省立文科大学、省立医科大学、私立中华大学等校合并为国立武昌中山大学,1928年7月国民政府改组武昌中山大学,定名为国立武汉大学。1946年学校已形成文、法、理、工、农、医6大学院的办学格局,1949年改名为武汉大学。2000年8月武汉大学与武汉水利电力大学、武汉测绘科技大学、湖北医科大学合并,发展成为学科门类齐全、师资力量雄厚、育人环境优美、在国内外有广泛影响的高等学府。

华中科技大学

学校(机构)标识码 4142010487	占地面积(平方米) 3944685	成人专科 5052
学校办学类型 411：本科院校：大学	校舍建筑面积(平方米) 2279736	博士研究生 6334
学校性质类别 02 理工院校	图书(万册) 498.01	硕士研究生 16579
学校举办者 360 教育部	固定资产总值(万元) 462244.61	留学生 1448
学校地址 湖北省武汉市珞瑜路1037号	教学、科研仪器设备资产值(万元)	专任教师(人) 3221
邮政编码 430074	163641.36	其中：正高级 921
办公电话 027-87542191	在校生数(人) 68177	副高级 1233
传真电话 027-87545438	其中：普通本科 33390	中级 946
校园(局域)网域名 hust.edu.cn	普通专科 1156	初级 16
电子信箱 xbmsk@mail.hust.edu.cn	成人本科 4218	未定职级 105

本科专业 播音与主持艺术、材料成型及控制工程、材料成型及控制工程(国教)、材料科学与工程、财务管理、财务管理(国教)、财政学、测控技术与仪器、城市规划、城市规划(国教)、传播学、船舶与海洋工程、道路桥梁与渡河工程、德语、电气工程及其自动化、电子封装技术、电子科学与技术、电子科学与技术(国教)、电子信息工程、电子信息工程(国教)、对外汉语、法学、法学(国教)、法医学、法医学(国教)、翻译、给排水科学与工程、工程管理、工程力学、工商管理、工商管理(国教)、工业工程、工业设计、工业设计(国教)、公共事业管理、公共事业管理(国教)、功能材料、光电信息工程、光电子材料与器件、光信息科学与技术、光信息科学与技术(国教)、广播电视新闻学、广告学、国际经济与贸易、国际经济与贸易(国教)、国际商务、汉语言文学、核工程与核技术、护理学、化学工程与工艺、环境工程、会计学、会计学(国教)、机械设计制造及其自动化、机械设计制造及其自动化(国教)、集成电路设计与集成系统、计算机科学与技术、计算机科学与技术(国教)、建筑环境与设备工程、建筑学、建筑学(国教)、交通工程、交通运输、金融工程、金融工程(国教)、金融学、金融学(国教)、经济学、景观学、口腔医学、口腔医学(国教)、临床医学(八年)、临床医学(国教)、临床医学(六年)、临床医学(五年)、轮机工程、热能与动力工程、日语、软件工程、社会工作、社会学、生物技术、生物技术(国教)、生物科学、生物科学(国教)、生物信息技术、生物信息技术(生命科学与技术)、生物药学(生命科学与技术基地班)、生物医学工程、生物制药、市场营销、市场营销(国教)、数学与应用数学、数字媒体技术、数字媒体技术(国教)、水利水电工程、通信工程、统计学、土木工程、土木工程(国教)、物理学、物联网工程、物流管理、新能源科学与工程、新闻学、新闻学(国教)、信息安全、信息安全(国教)、信息管理与信息系统、信息与计算科学、药学、药学(国教)、医学检验、医学检验(国教)、医学影像学、医学影像学(国教)、艺术设计、艺术设计(国教)、英语、应用化学、应用化学(国教)、应用物理学、预防医学、哲学、政治学与行政学、中西医临床医学、中药学、中医学、自动化、自动化(国教)

专科专业 工程造价、国际商务、护理、计算机应用技术、模具设计与制造、商务英语、数控技术、药学

博士专业 病理学与病理生理学、病原生物学、材料加工工程、材料科学与工程、材料物理与化学、材料学、测试计量技术及仪器、车辆工程、城市规划与设计(含：风景园林规划)、传播学、船舶与海洋工程、船舶与海洋结构物设计制造、等离子体物理、电磁场与微波技术、电工理论与新技术、电机与电器、电力电子与电力传动、电力系统及其自动化、电路与系统、电气工程、电子科学与技术、动力工程及工程热物理、动力机械及工程、儿科学、儿少卫生与妇幼保健学、耳鼻咽喉科学、法医学、防灾减灾工程及防护工程、妇产科学、概率论与数理统计、高等教育学、高电压与绝缘技术、高分子化学与物理、工程力学、工程热物理、工商管理、公共管理、公共卫生与预防医学、供热、供燃气、通风及空调工程、固体力学、管理科学与工程、光学、光学工程、行政管理、化工过程机械、环境工程、环境科学、机械电子工程、机械工程、机械设计及理论、机械制造及其自动化、基础医学、急诊医学、计算机科学与技术、计算机软件与理论、计算机系统结构、计算机应用技术、计算数学、技术经济及管理、检测技术与自动化装置、建筑设计及其理论、教育、教育经济与管理、结构工程、康复医学与理疗学、科学技术哲学、控制科学与工程、控制理论与控制工程、劳动卫生与环境卫生学、老年医学、理论物理、力学、临床检验诊断学、临床医学、流行病与卫生统计学、流体机械及工程、流体力学、轮机工程、麻醉学、马克思主义基本原理、马克思主义哲学、免疫学、模式识别与智能系统、内科学、凝聚态物理、皮肤病与性病学、企业管理(含：财务管理、市场营销)、桥梁与隧道工程、热能工程、人体解剖与组织胚胎学、社会保障、社会学、社会医学与卫生事业管理、神经病学、神经生物学、生理学、生态学、生物化工、生物化学与分子生物学、生物物理学、生物医学工程、市政工程、数量经济学、水利水电工程、通信与信息系统、土地资源管理、土木工程、外科学、微电子学与固体电子学、微生物学、无机化学、无线电物理、物理电子学、物理学、西方经济学、系统分析与集成、系统工程、新闻传播学、新闻学、信号与信息处理、信息与通信工程、岩土工程、眼科学、药理学、冶金工程、遗传学、营养与食品卫生学、影像医学与核医学、语言学与应用语言学、制冷及低温工程、中国语言文学、中西医结合、中西医结合基础、中西医结合临床、肿瘤学

硕士专业 ★广告与公关、★知识产权管理、半导体芯片系统与工艺、比较文学与世界文学、病理学与病理生理学、病原生

物学、材料工程、材料加工工程、材料物理与化学、材料学、财政学(含:税收学)、测试计量技术及仪器、产业经济学、车辆工程、城市规划与设计(含:风景园林规划)、出版、出版硕士、传播学、船舶与海洋工程、船舶与海洋结构物设计制造、道路与铁道工程、等离子体物理、电磁场与微波技术、电工理论与新技术、电机与电器、电力电子与电力传动、电力系统及其自动化、电路与系统、电气工程、电气信息检测技术、电子科学与技术、电子与通信工程、电子政务、动力工程、动力工程及其自动化、动力机械及工程、儿科学、儿少卫生与妇幼保健学、耳鼻咽喉科学、发展与教育心理学、法律硕士、法律硕士(法学)、法律硕士(非法学)、法学理论、法医学、翻译、防灾减灾工程及防护工程、分析化学、风景园林、风景园林硕士、妇产科学、概率论与数理统计、高等教育学、高电压与绝缘技术、高分子化学与物理、工程管理、工程计算仿真与软件技术、工程景观学、工程力学、工程热物理、工商管理、工商管理硕士、工业催化、工业工程、工业设计工程、公共安全预警与应急管理、公共管理、公共管理硕士、公共卫生、公共卫生硕士、供热、供燃气、通风及空调工程、固体力学、管理科学与工程、光电信息工程、光学、光学工程、广播电视传播学、国际贸易学、国际商务、国外马克思主义研究、汉语国际教育、汉语国际教育硕士、汉语言文字学、行政管理、护理、护理学、化工过程机械、化学工程、化学工艺、环境工程、环境科学、环境与资源保护法学、会计、会计学、机械电子工程、机械工程、机械设计及理论、机械制造及其自动化、基础数学、急诊医学、集成电路工程、计算机技术、计算机软件与理论、计算机系统结构、计算机应用技术、计算数学、技术经济及管理、检测技术与自动化装置、建筑技术科学、建筑历史与理论、建筑设计及其理论、建筑学、建筑与土木工程、交通运输工程、交通运输规划与管理、教育技术学、教育经济与管理、教育学原理、结构工程、金融、金融学(含:保险学)、经济法学、精密测量物理、精密仪器及机械、精微制造工程、军事历史、康复医学与理学疗、康复医学与理疗医学、科学技术哲学、课程与教学论、空间信息科学与技术、控制工程、控制科学与工程、控制理论与控制工程、口腔临床医学、口腔医学、劳动卫生与环境卫生学、老年医学、理论物理、临床检验诊断学、临床免疫学、临床医学硕士、流行病与卫生统计学、流体机械及工程、流体力学、伦理学、轮机工程、麻醉学、马克思主义发展史、马克思主义基本原理、马克思主义哲学、马克思主义中国化研究、脉冲功率与等离子体、免疫学、民商法学(含:劳动法学)、社会保障、模式识别与智能系统、纳米科学与技术、内科学、凝聚态物理、皮肤病与性病学、企业管理(含:财务管理、市场营销)、桥梁与隧道工程、情报学、区域经济学、热能工程、人类学、人体解剖与组织胚胎学、日语语言文学、软件工程、设计艺术学、社会保障、社会工作、社会工作硕士、社会学、社会医学与卫生事业管理、神经病学、神经生物学、生理学、生态学、生物材料与组织工程、生物工程、生物化工、生物化学与分子生物学、生物物理学、生物信息技术、生物医学工程、生物制药工程、生药学、食品、药品安全与管理学、世界经济、市政工程、数量经济学、数字化材料成形、水利工程、水利水电工程、水文学及水资源、水下工程、思想政治教育、体育教育训练学、通信与信息系统、土地资源管理、外国语言学及应用语言学、外国哲学、外科学、微电子学与固体电子学、微生物学、卫生毒理学、卫生检验与检疫、文艺学、无机化学、无线电物理、物理电子学、物理化学(含:化学物理)、物流工程、西方

经济学、系统分析与集成、系统工程、细胞生物学、项目管理、新闻学、新闻与传播、信号与信息处理、信息安全、学科教学(英语)、岩土工程、眼科学、药剂学、药理学、药物分析学、药物化学、医学影像学与核医学、遗传学、艺术学、英语语言文学、营养与食品卫生学、影像医学与核医学、应用化学、应用数学、应用统计、应用心理学、有机化学、语言学与应用语言学、运筹学与控制论、政治经济学、植物学、制冷及低温工程、制药工程、中国古代文学、中国现当代文学、中国哲学、中西医结合基础、中西医结合临床、中西医结合药理学

院系设置

机械科学与工程学院、材料科学与技术学院、船舶与海洋工程学院、计算机科学与技术学院、生命科学与技术学院、电气与电子工程学院、能源与动力工程学院、水电与数字化工程学院、建筑与城市规划学院、土木工程与力学学院、环境科学与工程学院、管理学院、经济学院、人文学院(下设中文系、哲学系、历史研究所、国学研究院)、法学院、公共管理学院、新闻与信息传播学院、马克思主义学院、电子与信息工程系、电子科学与技术系、控制科学与工程系、光电子科学与工程学院、数学与统计学院、物理学院、化学与化工学院、社会学系、外国语学院、软件学院、基础医学院、公共卫生学院、药学院、医药卫生管理学院、法医学系、护理学系、第一临床学院、第二临床学院、第三临床学院、教育科学研究院(招收研究生)、图象识别与人工智能研究所(招收研究生)另有:研究生院、国际教育学院、远程与继续教育学院

国家级、省部级研究机构设置

1. 实验室:53个 1)武汉光电国家实验室(筹) 2)激光技术国家重点实验室 3)煤燃烧国家重点实验室 4)材料成形与模具技术国家重点实验室 5)数字制造装备与技术国家重点实验室 6)强电磁工程与新技术国家重点实验室 7)多谱信息处理技术国防科技重点实验室 8)下一代互联网接入系统国家工程实验室 9)新型电机国家专业实验室 10)外存储系统国家专业实验室 11)湖北省环境卫生学重点实验室—省部共建国家重点实验室培育基地 12)图像信息处理与智能控制教育部重点实验室 13)智能制造技术教育部重点实验室 14)信息存储系统教育部重点实验室 15)生物医学光子学教育部重点实验室 16)基本物理量测量教育部重点实验室 17)器官移植教育部重点实验室 18)环境与健康教育部重点实验室 19)聚变与电磁新技术教育部重点实验室 20)服务计算技术与系统教育部重点实验室 21)分子生物物理教育部重点实验室 22)神经系统重大疾病教育部重点实验室 23)生物靶向治疗教育部重点实验室 24)肿瘤侵袭转移教育部重点实验室 25)电子信息功能材料教育部重点实验室 26)重力导航教育部重点实验室 27)舰船电力电子与能量管理教育部重点实验室 28)脉冲功率技术教育部重点实验室 29)给排水建设部重点实验室 30)卫生部器官移植重点实验室 31)卫生部呼吸系统疾病重点实验室 32)国家环境保护环境与健康重点实验室(武汉) 33)病理生理中医药科研国家三级实验室 34)骨代谢中医药科研国家三级实验室 35)针灸神经生物学中医药科研国家三级实验室 36)中药药理中医药科研国家三级实验室 37)引力与量子物理湖北省重点实验室 38)集群与网格计算湖北省重点实验室 39)智能互联网技术湖北省重点实验室 40)数字流域科学与技术湖北省重点实验室 41)肿瘤侵袭转移湖北省重点实验室 42)电力安全与高效湖北省重点实验室 43)

生物信息与分子成像湖北省重点实验室 44）神经系统重大疾病湖北省重点实验室 45）生物靶向治疗研究湖北省重点实验室 46）生物无机化学与药物湖北省重点实验室 47）材料化学与服役失效湖北省重点实验室 48）分子影像湖北省重点实验室 49）控制结构湖北省重点实验室 50）天然药物化学与资源评价湖北省重点实验室 51）船舶和海洋水动力学湖北省重点实验室 52）工程结构分析与安全评定湖北省重点实验室 53）避孕节育湖北省工程实验室

2.研究中心（所）：39 个 1）激光加工国家工程研究中心 2）制造装备数字化国家工程研究中心 3）国家企业信息化（CAD）应用支撑软件工程技术研究中心（武汉）4）国家数控系统工程技术研究中心 5）国家防伪工程技术研究中心 6）国家纳米药物工程技术研究中心 7）武汉综合性新药研究开发技术大平台 8）国家能源煤炭清洁低碳发电技术研发（实验）中心 9）武汉引力与固体潮国家野外科学观测研究站 10）新型大功率激光器国家级国际联合研究中心 11）武汉国家生物产业基地生物医药技术服务平台 12）敏感陶瓷教育部工程研究中心 13）数据存储系统与技术教育部工程研究中心 14）电力安全与高效利用教育部工程研究中心 15）新型电机与特种电磁装备教育部工程研究中心 16）能源动力装置节能减排教育部工程研究中心 17）教育部制造技术国际标准研究中心 18）磁约束核聚变教育部研究中心 19）机械设计与制造教育部网上合作研究中心 20）生物医学光子学教育部网上合作研究中心 21）煤燃烧教育部网上合作研究中心 22）中国教育科研计算机网华中地区网络中心 23）计划生育研究所 24）新型电机湖北省工程研究中心 25）湖北省纳米药物工程技术研究中心 26）湖北省先进成形技术与装备工程研究中心 27）湖北省数据库工程技术研究中心 28）湖北省电子制造装备工程技术研究中心 29）湖北省光电测试技术服务中心 30）电子信息产业智能网络信息融合技术创新基地 31）生物医药产业中药新药关键技术创新基地 32）现代经济学研究中心 33）院校发展研究中心 34）现代信息管理研究中心 35）媒介技术与传播发展研究中心 36）区域高等教育发展研究中心 37）非传统安全研究中心 38）创新发展研究中心 39）脉冲强磁场实验装置

博士后科研流动站（32 个）材料科学与工程、船舶与海洋工程、电气工程、电子科学与技术、动力工程及工程热物理、管理科学与工程、机械工程、计算机科学与技术、控制科学与工程、理论经济学、力学、生物学、生物医学工程、数学、水利工程、物理学、信息与通信工程、基础医学、临床医学、公共卫生与预防医学、药学、中西医结合、哲学、教育学、新闻传播学、光学工程、土木工程、环境科学与工程、工商管理、建筑学、公共管理、中国语言文学（项目）

定期公开出版的专业刊物（37 个）《华中科技大学学报》（自然科学版）、《华中科技大学学报》（社会科学版）、《华中科技大学学报》（医学版）、《华中科技大学学报》（医学英德文版）、《土木工程与管理学报》、《管理学报》、《语言研究》、《高等教育研究》、《高等工程教育研究》、《应用数学》、《水电能源科学》、《固体力学报》（中文版、英文版）、《新建筑》、《新闻与信息传播研究》、《医学分子生物学杂志》、《医学与社会》、《中国社会医学杂志》、《现代泌尿生殖肿瘤杂志》、《中西医结合研究》、《护理学杂志》、《中国康复》、《放射学实践》、《内科急危重症杂志》、《中德临床肿瘤学杂志》、《神经损伤与功能重建》、《中华物理医学与康复》、《医药导报》、《临床口腔医学杂志》、《临床消化病杂志》、《中国中西医结合消化》、《临床急诊杂志》、《临床血液学杂志》、《临床心血管病杂志》、《临床泌尿外科杂志》、《临床耳鼻咽喉头颅外科杂志》、《Froutiers of Medicine in China》、《中国组织化学与细胞化学》

学校设立奖学金情况

学校设立奖学金 80 项，奖励总金额 13972.2 万元。奖学金最高金额 20000 元/年，最低金额 100 元/年。

本科生奖学金：设立奖学金 52 项，奖励总金额 2358.2 万元，奖学金最高金额 20000 元/年，最低金额 400 元/年。

1. 国家奖学金：443 人/年，8000 元/人；
2. 国家励志奖学金：1114 人/年，5000 元/人；
3. 学校学习优秀奖学金：本科生人数 10% 人/年，1200 元/人；
4. 学校学习进步奖学金：本科生人数 5% 人/年，600 元/人；
5. 学校自强奖学金：本科生人数 10% 人/年，800 元/人；
6. 学校优秀干部奖学金：本科生人数 5% 人/年，800 元/人；
7. 学校文体活动奖学金：本科生人数 6% 人/年，600 元/人；
8. 学校三好学生标兵奖学金：20 人/年，2000 元/人；
9. 学校科研创新奖学金：200 人/年，1000 元/人；
10. 江门南洋助学金：43 人/年，2000 元/人；
11. 光华奖学金：169 人/年，1000 元/人；
12. 中国平安励志奖学金：45 人/年，10000、5000、1000 元/人；
13. 香港道德会助学金：333 人/年，3000 元/人；
14. 三星奖学金：15 人/年，7000、5000 元/人；
15. 中国科学院奖学金：5 人/年，10000、5000 元/人；
16. 云天化奖学金：10 人/年，5000 元/人；
17. 宝钢奖学金：21 人/年，5000 元/人；
18. 中国石化英才奖学金：10 人/年，5000 元/人；
19. 腾讯优秀奖学金：10 人/年，10000 元/人；
20. 腾讯卓越奖学金：3 人/年，20000 元/人；
21. 航天科工奖学金：11 人/年，10000、8000、3000 元/人；
22. 航天科技奖学金：21 人/年，10000、5000、3000 元/人；
23. 山推股份奖学金：102 人/年，3000、2000 元/人；
24. 默克雪兰诺精英奖学金：5 人/年，10000 元/人；
25. 默克雪兰诺长城助学金：10 人/年，3000 元/人；
26. 复兴医药奖学金：10 人/年，2000 元/人；
27. 千金医药奖学金：10 人/年，5000 元/人；
28. 太平洋精锻奖学金：10 人/年，2000 元/人；
29. 微软小学者：3 人/年，5000 元/人；
30. 鼎利奖学金：10 人/年，5000 元/人；
31. 刘大中奖学金：4 人/年，1000 元/人；
32. 嘉兴日报奖学金：10 人/年，5000 元/人；
33. 阳光喔助学金：20 人/年，2500 元/人；
34. 陕飞奋进奖学金：7 人/年，4000、2000 元/人；
35. 汉钟精机奖助学金：12 人/年，2000、1500 元/人；
36. 日本艾迪奖学金：5 人/年，20000 元/人；
37. 江苏软件：人数不确定，8000、4000 元/人；
38. 生益奖学金：16 人/年，3000 元/人；
39. 长兴奖学金：3 人/年，3000 元/人；

40. 勤奋奖学金:10 人/年,2500 元/人;
41. 国信证券奖学金:5 人/年,10000 元/人;
42. 一诺天使奖学金:5 人/年,5000、3000 元/人;
43. 华博助学金:5 人/年,4000 元/人;
44. 汉光助学金:6 人/年,5000 元/人;
45. 物流助学金:5 人/年,3000 元/人;
46. 三一重工奖助学金:40 人/年,5000 元/人;
47. 惠州标顶助学金:10 人/年,4000 元/人;
48. 英国劳氏奖学金:10 人/年,8000 元/人;
49. 中海工业奖学金:14 人/年,2000、1000 元/人;
50. 壮林奖学金:14 人/年,4000、3000 元/人;
51. 美国船级社奖学金:5 人/年,6000、3000 元/人;
52. 上海佳豪奖学金:6 人/年,5000、4000、3000 元/人。

研究生奖学金:设立奖学金 16 项,奖励总金额 11604.8 万元,奖学金最高金额 15000 元/年,最低金额 1000 元/年。

1. 南瑞继保电气:15 人/年,3000 元/人;
2. 长飞:3 人/年,10000、20000 元/人;
3. 蒋震奖学金:20 人/年,10000 元/人;
4. 光华奖学金:119 人/年,1000 元/人;
5. 非医学专业硕士全额学业奖学金:6760 人/年,8000 元/人;
6. 医学专业硕士全额学业奖学金:1432 人/年,10000 元/人;
7. 医学专业博士全额学业奖学金:940 人/年,15000 元/人;
8. 非医学专业博士全额学业奖学金:3038 人/年,10000 元/人;
9. 校三好研究生标兵:20 人/年,2000 元/人;
10. 校科技十佳:10 人/年,2000 元/人;
11. 校科技十佳候选人:10 人/年,1000 元/人;
12. 校文科学术十杰:10 人/年,2000 元/人;
13. 校文科学术十杰候选人:10 人/年,1000 元/人;
14. 校才艺十佳:10 人/年,1000 元/人;
15. 单项奖学金:2611 人/年,1000 元/人;
16. 华为奖学金:6 人/年,8000 元/人。

远程与继续教育奖学金:设立奖学金 12 项,奖励总金额 9.2 万元,奖学金最高金额 600 元/年,最低金额 100 元/年。

1. 校优秀学生干部:43 人/年,400 元/人;
2. 校优秀毕业生:110 人/年,100 元/人;
3. 院三好学生:85 人/年,100 元/人;
4. 院优秀学生干部:93 人/年,100 元/人;
5. 校优秀团员:9 人/年,100 元/人;
6. 校优秀团干:54 人/年,100 元/人;
7. 校优秀支部:2 人/年,100 元/人;
8. 院优秀团员:14 人/年,100 元/人;
9. 院优秀团干:73 人/年,100 元/人;
10. 院优秀团支部:3 人/年,200 元/人;
11. 院学习优秀学生:49 人/年,600 元/人;
12. 校优良学风班:2 人/年,400 元/人。

主要校办产业

(27 个)武汉华中大技术转移有限公司、华中科技大学出版社有限公司、武汉华工建设发展有限公司、武汉华宏资产经营管理有限公司、武汉华中科大建筑设计研究院、华中理工大学印刷厂、武汉华大机械工程有限公司、武汉华科教育科技有限公司、武汉华科机电工程技术有限公司、武汉鸿象信息技术有限公司、武汉华科信息中心有限公司、华工科技产业股份有限公司、武汉华中数控股份有限公司、武汉天喻信息产业股份有限公司、武汉华工大学科技园发展有限公司、武汉华工创业投资有限公司、武汉华工科技企业孵化器有限公司、武汉同济科技集团有限公司、武汉开目信息技术有限责任公司、武汉神阳饮品有限公司、武汉华工创能科技有限责任公司、武汉华中科大风景园林有限公司、上海登奇机电技术有限公司、武汉华科大生命科技有限公司、武汉华胜工程建设科技有限公司、武汉集成电路设计工程技术有限公司、温州华中科技发展有限公司

学校历史沿革

2000 年由原华中理工大学、同济医科大学、武汉城市建设学院合并,科技部干部管理学院并入组建而成,是涵盖理、工、医、文、管等多学科的综合性大学,是首批列入国家"211 工程"重点建设的大学和"985 工程"建设的大学。

武汉科技大学

学校(机构)标识码 4142010488	占地面积(平方米) 1803875	成人专科 3188
学校办学类型 411:本科院校:大学	校舍建筑面积(平方米) 1065379	博士研究生 122
学校性质类别 02 理工院校	图书(万册) 193.94	硕士研究生 2599
学校举办者 811 省级教育部门	固定资产总值(万元) 86799.94	留学生 4
学校地址 湖北省武汉市青山区和平大道 947 号	教学、科研仪器设备资产值(万元) 24466.83	专任教师(人) 1844
邮政编码 430081	在校生数(人) 36320	其中:正高级 263
办公电话 027-68862470	其中:普通本科 22866	副高级 616
传真电话 027-68862860	普通专科 4492	中级 785
校园(局域)网域名 www.wust.edu.cn	成人本科 3049	初级 171
电子信箱 xbs@wust.edu.cn		未定职级 9

本科专业 安全工程、材料成型及控制工程、材料物理、财务管理、采矿工程、车辆工程、德语、电子商务、电子信息工程、法学、给水排水工程、工程管理、工程力学、工商管理、工业工程、工业设计、国际经济与贸易、行政管理、护理学、化学工程与工艺、环境工程、会计学、绘画、机械电子工程、机械工程及自动化、计算机科学与技术、建筑环境与设备工程、建筑学、交通工程、交通运输、金属材料工程、矿物加工工程、劳动与社会保障、临床医学、汽车服务工程、热能与动力工程、人力资源管理、软件工程、生物工程、市场营销、土木工程、网络工程、无机非金属材料工程、信息管理与信息系统、信息与计算科学、药学、冶金工程、艺术设计、英语、预防医学、政治学与行政学、资源环境与城乡规划管理、自动化

专科专业 电脑艺术设计、电气自动化技术、电子商务、工程造价、广告设计与制作、国际经济与贸易、护理、会计电算化、机电一体化技术、计算机信息管理、计算机应用技术、建筑工程技术、建筑装饰工程技术、汽车运用技术、市场营销、物流管理、冶金技术、应用化工技术、装饰艺术设计

博士专业 材料学、钢铁冶金、化学工艺、机械电子工程、机械设计及理论、控制理论与控制工程

硕士专业 安全技术及工程、材料加工工程、材料物理与化学、材料学、采矿工程、车辆工程、等离子体物理、电路与系统、概率论与数理统计、钢铁冶金、工程、工程力学、工商管理、工业催化、公共管理、管理科学与工程、行政管理、化学工程、化学工艺、环境工程、会计学、机械电子工程、机械设计及理论、机械制造及其自动化、计算机软件与理论、计算机系统结构、计算机应用技术、技术经济及管理、检测技术与自动化装置、结构工程、科学技术哲学、控制理论与控制工程、矿物加工工程、劳动卫生与环境卫生学、流行病与卫生统计学、流体机械及工程、旅游管理、马克思主义基本原理、马克思主义中国化研究、模式识别与智能系统、企业管理（含：财务管理、市场营销）、社会保障、社会工作、生理学、生物化工、市政工程、思想政治教育、外国语言学及应用语言学、岩土工程、冶金物理化学、应用化学、应用数学、有色金属冶金、政治经济学

院系设置
材料与冶金学院、城市建设学院、管理学院、国际学院、化学工程与技术学院、机械自动化学院、计算机科学与技术学院、理学院、临床学院、外国语学院、文法与经济学院、信息科学与工程学院、艺术与设计学院、医学院、资源与环境工程学院、继续教育学院、电子技术学院、体育课部

国家级、省部级研究机构设置
研究所（中心）：冶金自动化与检测技术教育部工程研究中心、湖北省中小企业研究中心、湖北产业政策与管理研究中心等

博士后流动站 机械工程、材料科学与工程、冶金工程、控制科学与工程、化学工程与技术

定期公开出版的专业刊物 《武汉科技大学学报》、《武汉科技大学学报（社会科学版）》

学校设立奖学金情况
学校设立各类奖学金11项，奖励总金额577.88万元。奖学金最高金额10500元/年/人，最低金额500元/年/人。
1. 优秀学生奖学金：4183人/年，3000/1500/1000/800元/人；
2. 优秀毕业生奖学金：885人/年，1000元/人；
3. 涟钢定向奖学金：30人/年，10500/9500元/人；
4. 首安创新奖：30人/年，4000/3000/2000元/人；
5. 宝钢奖学金：2人/年，5000元/人；
6. 奇胜奖学金：10人/年，4000元/人；
7. 如星奖学金：22人/年，1000/600元/人；
8. 济宁碳素奖学金：18人/年，2000元/人；
9. 三强机械工贸有限公司奖学金：5人/年，1000元/人；
10. 武钢民建奖学金：40人/年，4000/2000/1000/500元/人；
11. 市政奖学金：20人/年，500元/人。

主要校办产业
武汉科技大学科技开发公司、武汉科技大学电控设备厂、武汉科技大学自动控制有限责任公司、武汉科技大学设计院、印刷厂等

毕业生一次就业率 93.79%

学校历史沿革
武汉科技大学位于"九省通衢"湖北省武汉市，是一所中央与地方共建的湖北省属重点大学。学校办学历史溯源于1898年清末湖广总督张之洞奏请清朝政府批准成立的工艺学堂，后历经湖北中等工业学堂、湖北甲等工业学校、汉阳高级工业职业学校、武昌高级工业学校、中南钢铁工业学校、武昌钢铁工业学校的传承与发展，1958年组建为武汉钢铁学院，开办本科教育。1995年，隶属于原冶金部的武汉钢铁学院、武汉建筑高等专科学校、武汉冶金医学高等专科学校合并组建为武汉冶金科技大学。1998年，根据国家高等教育管理体制改革需要，学校成为第一批实行"中央与地方共建，以湖北省人民政府管理为主"的划转院校。1999年更名为武汉科技大学。

长江大学

学校（机构）标识码 4142010489
学校办学类型 411：本科院校：大学
学校性质类别 01 综合大学
学校举办者 811 省级教育部门
学校地址 湖北省荆州市南环路一号
邮政编码 434023
办公电话 0716－8060087
传真电话 0716－8060575
校园（局域）网域名 www.yangtzeu.edu.cn
电子信箱 xb@yangtzeu.edu.cn
占地面积（平方米） 2512129
校舍建筑面积（平方米） 1420149
图书（万册） 300.93
固定资产总值（万元） 183206

教学、科研仪器设备资产值(万元) 43665	成人专科 13495	其中:正高级 276
在校生数(人) 57472	博士研究生 72	副高级 763
其中:普通本科 31326	硕士研究生 2071	中级 869
普通专科 1467	留学生 143	初级 160
成人本科 8898	专任教师(人) 2083	未定职级 15

本科专业 材料成型及控制工程、测控技术与仪器、茶学、城市规划、地理信息系统、地球化学、地球物理学、地质学、电气工程及其自动化、电子信息工程、动物科学、动物医学、法学、高分子材料与工程、给水排水工程、工程管理、工商管理、工业设计、公共事业管理、广播电视新闻学、国际经济与贸易、过程装备与控制工程、汉语言文学、护理学、化学、化学工程与工艺、环境工程、会计学、机械设计制造及其自动化、计算机科学与技术、建筑学、教育技术学、教育学、金融学、经济学、勘查技术与工程、历史学、临床医学、美术学、农村区域发展、农林经济管理、农学、农业资源与环境、人力资源管理、日语、软件工程、森林资源保护与游憩、社会工作、社会体育、生物工程、生物技术、石油工程、食品科学与工程、市场营销、数学与应用数学、水产养殖学、水文与水资源工程、思想政治教育、体育教育、体育学类、通信工程、土木工程、网络工程、舞蹈学、物理学、物流管理、信息管理与信息系统、信息与计算科学、学前教育、医学影像学、艺术设计、音乐表演、音乐学、英语、应用化学、应用物理学、应用心理学、油气储运工程、园林、园艺、植物保护、中西医临床医学、资源勘查工程、自动化

专科专业 法律事务、国际经济与贸易、护理、会计电算化、计算机应用技术、建筑工程技术、金融管理与实务、农业技术类、食品营养与检测、医学影像技术、音乐教育、应用电子技术、油气开采技术、语文教育、园林技术、针灸推拿、中医骨伤

博士专业 地球探测与信息技术、矿产普查与勘探、油气田开发工程

硕士专业 产业经济学、地球化学、地球探测与信息技术、地图学与地理信息系统、地质工程、第四纪地质学、防灾减灾工程及防护工程、高等教育学、工程、工商管理、构造地质学、古生物学与地层学(含:古人类学)、固体地球物理学、光学、化学工艺、环境工程、会计学、机械设计及理论、计算机系统结构、计算机应用技术、检测技术与自动化装置、结构工程、空间物理学、矿产普查与勘探、矿物学、岩石学、矿床学、流体机械及工程、马克思主义基本原理、内科学、农业经济管理、农业昆虫与害虫防治、农业推广、企业管理(含:财务管理、市场营销)、水产养殖、思想政治教育、体育、体育教育训练学、通信与信息系统、外国语言学及应用语言学、外科学、信号与信息处理、遗传学、应用化学、应用数学、油气储运工程、油气井工程、油气田开发工程、园林植物与观赏园艺、专门史、作物遗传育种、作物栽培学与耕作学

院系设置
经济学院、政法学院、体育学院、文学院、外国语学院、艺术学院、信息与数学学院、物理科学与技术学院、化学与环境工程学院、生命科学学院、石油工程学院、地球物理与石油资源学院、地球科学学院、机械工程学院、电子信息学院、计算机科学学院、城市建设学院、农学院、园林园艺学院、动物科学学院、医学院、管理学院、国际学院、教育科学系、地球化学系、一年级工作部

定期公开出版的专业刊物 《长江大学学报》

学校设立奖学金情况
1. "两创"人才奖学金:一等,6000元/人,二等,4000元/人;
2. 孙越崎科学教育基金优秀学生奖学金:一等,2000元/人,二等,1000元/人;
3. 中国石油奖学金:一等,5000元/人,二等,3000元/人;
4. 祥志奖学金:一等,1000元/人。
另外还有"中海油贫困大学生助学基金"等三十余种奖学金。

主要校办产业
后勤服务集团

毕业生一次就业率 90%以上

学校历史沿革
长江大学是2003年4月经国家教育部批准,由原江汉石油学院、湖北农学院、荆州师范学院、湖北省卫生职工医学院合并组成而成。

武汉工程大学

学校(机构)标识码 4142010490	校园(局域)网域名 www.wit.edu.cn	其中:普通本科 17900
学校办学类型 411:本科院校:大学	电子信箱 yuanban@wit.edu.cn	普通专科 1832
学校性质类别 02 理工院校	占地面积(平方米) 1104666	成人本科 1358
学校举办者 811 省级教育部门	校舍建筑面积(平方米) 791468	成人专科 2571
学校地址 武汉市洪山区号卓刀泉路366	图书(万册) 114.71	硕士研究生 1235
邮政编码 430073	固定资产总值(万元) 106000	留学生 26
办公电话 027-87195623	教学、科研仪器设备资产值(万元) 18666.62	专任教师(人) 1128
传真电话 027-87195310	在校生数(人) 24922	其中:正高级 198
		副高级 357

中级 472	初级 27	未定职级 74

本科专业 安全工程、材料成型及控制工程、材料化学、材料物理、采矿工程、测控技术与仪器、城市规划、道路桥梁与渡河工程、电子商务、电子信息工程、动画、对外汉语、法学、高分子材料与工程、工程管理、工商管理、工业设计、公共事业管理、光信息科学与技术、广告学、国际经济与贸易、过程装备与控制工程、行政管理、化学工程与工艺、环境工程、环境监察、会计学、机械设计制造及其自动化、计算机科学与技术、矿物加工工程、理论与应用力学、热能与动力工程、软件工程、生物工程、生物技术、食品科学与工程、市场营销、通信工程、土木工程、网络工程、无机非金属材料工程、信息管理与信息系统、信息与计算科学、药物制剂、艺术设计、英语、应用化学、制药工程、智能科学与技术、自动化

专科专业 电子商务、电子信息工程技术、高分子材料应用技术、化工设备维修技术、环境监测与治理技术、会计电算化、计算机网络技术、计算机应用技术、商务英语、市场营销、艺术设计、艺术设计类新专业

硕士专业 材料工程领域、材料加工工程、材料物理与化学、材料学、动力工程领域、防灾减灾工程及防护工程、高等教育学、高分子化学与物理、工商管理(MBA)、工业催化、化工过程机械、化学工程、化学工程领域、化学工艺、环境工程、环境工程(理)、环境工程领域、机械电子工程、机械工程领域、机械设计及理论、计算机技术领域、计算机应用技术、计算机应用技术(理)、技术经济及管理、检测技术与自动化装置、建筑与土木工程领域、控制工程领域、矿物加工工程、矿业工程领域、马克思主义基本原理、模式识别与智能系统、企业管理(含:财务管理、市场营销)、生物工程领域、生物化工、思想政治教育、无机化学、应用化学

院系设置 化工与制药学院、机电工程学院、环境与城市建设学院、电气信息学院、材料科学与工程学院、计算机科学与工程学院、理学院、外语学院、艺术设计学院、经济管理学院、政治与法律学院、继续教育学院、体育部、国际学院

国家级、省部级研究机构设置
1. 实验室:绿色化工过程教育部重点实验室、智能机器人湖北省重点实验室、新型反应器与绿色化学工艺湖北省重点实验室、等离子体化学与新材料湖北省重点实验室
2. 研究中心(所):国家磷资源开发利用工程技术研究中心、磷资源开发利用教育部工程研究中心、湖北省化工中小企业技术创新服务平台、区域高等教育发展研究中心、湖北企业竞争力研究中心、资源化工产品清洁技术的开发技术创新基地、湖北省道路材料工程技术研究中心、湖北省化工节能监测评价中心、湖北省催化剂及其它化工产品校企共建研发中心、武汉市化工工程技术研究中心、湖北省化工材料助剂工程技术研究中心、湖北省微波等离子体应用技术研究工程中心、湖北省精细化工中试基地、湖北化工行业技术中心、湖北化学工业生产力促进中心、湖北省化工科技情报查新中心、湖北省中小企业共性技术化学工程与工艺研发推广中心、湖北省中小企业共性技术化工产品检测研发推广中心、湖北省中小企业共性技术专用化学品研发推广中心、湖北省石油产品暨化学试剂质量监督检验站、湖北省石油化工信息中心、湖北省化工清洁生产中心、武汉市压力容器压力管道安全工程研究中心程、武汉市绿色化工生产力促进中心

博士后科研流动站 博士后科研工作站

定期公开出版的专业刊物 《武汉工程大学学报》、《化学与生物工程》

学校设立奖学金情况 学校设立奖学金19项,奖励总金额319万元/年。奖学金最高金额8000元/年,最低金额300元/年。

主要校办产业 武汉市化院科技开发实业总公司、武汉工程大学研究设计院

学校历史沿革 1972年6月组建湖北化工石学院油,1980年更名为武汉化工学院,2006年2月更名为武汉工程大学。

中国地质大学

学校(机构)标识码 4142010491	电子信箱 cugxb@cug.edu.cn	成人专科 1826
学校办学类型 411:本科院校:大学	占地面积(平方米) 1102003	博士研究生 1323
学校性质类别 02 理工院校	校舍建筑面积(平方米) 778700	硕士研究生 4644
学校举办者 360 教育部	图书(万册) 163.87	留学生 422
学校地址 武汉市洪山区鲁磨路388号	固定资产总值(万元) 128501	专任教师(人) 1734
	教学、科研仪器设备资产值(万元) 56885.69	其中:正高级 418
邮政编码 430074		副高级 493
办公电话 027 - 87481030	在校生数(人) 28105	中级 663
传真电话 027 - 87481030	其中:普通本科 17962	初级 160
校园(局域)网域名 www.cug.edu.cn	成人本科 1928	

本科专业 安全工程、宝石及材料工艺学、材料化学、材料科学与工程、财务管理、测绘工程、测控技术与仪器、地理科学、地理信息系统、地球化学、地球物理学、地球信息科学与技术、地下水科学与工程、地质工程、地质学、电子信息工程、法学、工程管理、工商管理、工商管理类、工业设计、公共事业管理、管理科学与工程类、广播电视新闻学、国际经济与贸易、海洋科学、行政管理、环境工程、会计学、机械设计制造及其自动化、计算机科学与技术、经济学、经济学类、勘查技术与工程、旅游管理、煤及煤层气工程、软件工程、社会体育、生物科学、石油工程、市场营销、数学与应用数学、水文与水资源工程、思想政治教育、通信工程、统计学、土地资源管理、土木工程、网络工程、物理学、信息安全、信息工程、信息管理与信息系统、信息与计算科学、遥感科学与技术、艺术设计、音乐学、英语、应用化学、资源环境与城乡规划管理、资源勘查工程、自动化

博士专业 安全工程、安全技术及工程、宝石学、地球化学、地球探测与信息技术、地球物理工程、地球物理学、地图制图学与地理信息工程、地下建筑工程、地下水科学与工程、地学信息工程、地质工程、地质学、地质学史、第四纪地质学、构造地质学、古生物学与地层学（含：古人类学）、固体地球物理学、管理科学与工程、海洋地质、行星地质与化学、环境工程、环境科学与工程、环境与工程地球物理、矿产普查与勘探、矿物学、岩石学、矿床学、能源地质工程、生态地质学、水文学及水资源、思想政治教育、土地资源管理、岩石矿物材料学、岩土工程、油气田开发工程、资源产业经济、资源管理工程、资源与环境遥感、钻井工程

硕士专业 安全工程、安全技术及工程、宝石学、材料工程、材料科学与工程、测绘工程、传播学、大地测量学与测量工程、大气物理学与大气环境、地理学、地球化学、地球探测与信息技术、地球物理工程、地球物理学、地图制图学与地理信息工程、地下建筑工程、地下水科学与工程、地学信息工程、地质工程、地质学、地质资源与地质工程新专业、第四纪地质学、电子与通信工程、法律、翻译、防灾减灾工程及防护工程、非传统矿产资源开发、高等教育学、工商管理、工业设计工程、公共管理、构造地质学、古生物学与地层学（含：古人类学）、管理科学与工程、光学、海洋地质、海洋化学、行政管理、化学、化学工程、环境工程、环境科学与工程、环境与工程地球物理、环境与资源保护法学、会计硕士、会计学、机械电子工程、机械工程、计算机技术、计算机科学与技术、计算机软件与理论、计算机应用技术、计算数学、检测技术与自动化装置、建筑与土木工程、教育经济与管理、科学技术史、科学技术哲学、科学社会主义与国际共产主义运动、控制工程、控制理论与控制工程、矿产普查与勘探、矿物学、岩石学、矿床学、理论经济学、旅游管理、马克思主义理论、能源地质工程、企业管理（含：财务管理、市场营销）、软件工程、设计艺术学、摄影测量与遥感、生态地质学、生物化学与分子生物学、石油与天然气工程、水利工程、水文学及水资源、思想政治教育、体育教育训练学、土地资源管理、土木工程、外国语言学及应用语言学、宪法学与行政法学、信息与通信工程、岩石矿物材料学、岩土工程、艺术设计、英语语言文学、应用化学、应用经济学、应用数学、应用心理学、油气井工程、油气田开发工程、资产评估、资源产业经济、资源管理工程、资源与环境遥感、自然地理学、钻井工程

院系设置
地球科学学院、资源学院、材料与化学学院、环境学院、工程学院、地球物理与空间信息学院、机械与电子信息学院、经济管理学院、外国语学院、信息工程学院、数学与物理学院、珠宝学院、政法学院、计算机学院、艺术与传媒学院、体育部、马克思主义学院、国际教育学院、远程与继续教育学院

国家级、省部级研究机构设置

1. 实验室：地质过程与矿产资源国家重点实验室、生物地质与环境地质国家重点实验室、矿产资源定量评价及信息系统国土资源部重点研究实验室、构造与油气资源教育部重点实验室、地球表层系统开放实验室、废物地质处置与环境保护重点实验室、湖北省油气勘探开发理论与技术重点实验室、湖北省地球物质与区域资源和环境重点实验室、湖北省湖泊湿地与生态恢复重点实验室

2. 研究中心（所）：教育部地理信息系统软件及其应用工程研究中心、国家遥感中心地壳运动与深空探测部、岩土钻掘与防护教育部工程研究中心、纳米矿物材料及应用教育部工程研究中心、教育部长江三峡库区地质灾害研究中心（筹）、资源环境经济研究中心、湖北省黄姜皂素循环经济工程技术研究中心、湖北省光谱与成像仪器工程技术研究中心、湖北省高校艺术创作中心

博士后科研流动站 地质学、地质资源与地质工程、环境科学与工程、海洋科学、地球物理学、石油与天然气工程、土木工程、测绘科学与技术、管理科学与工程

定期公开出版的专业刊物 《地球科学——中国地质大学学报》（自然科学版）、《Journal of Earth Science》、《地质科技情报》、《安全与环境工程》、《宝石和宝石学杂志》、《工程地球物理学报》、《中国地质大学学报（社科版）》

学校设立奖学金情况

1. "地大英才"奖学金（16项）最高5000元/人、最低1000元/人，共129万元。

2. "地大英才"资助工程，校级项目100万元、院级项目800万元（地大助学金200万元、英才工程资助计划600万元），共900万元。

3. 中石油、中石化等21项奖学金共80万元。

4. 国家奖学金、国家励志奖学金、国家助学金三项共1703万元。

5. "五四"评优先进班集体、先进个人奖，共6万元。

6. 科研立项、"挑战杯"竞赛、创新人才奖励、社会实践奖励共33万元。

主要校办产业
武汉中地大资产经营有限公司、武汉丰达地质工程有限公司、武汉地大长江钻头有限公司、武汉中地信息工程有限公司、武汉中地数码科技有限公司、武汉中地数控工程有限公司、武汉地大石油技术有限公司、武汉市华地科技有限责任公司、武汉地大坤迪科技有限责任公司、湖北地大金石地质工具有限公司、武汉地大华睿地学技术有限公司、武汉地大环保科技有限公司、深圳市中大地质技术有限公司、武汉地大海卓钻采技术有限公司

学校历史沿革
中国地质大学的前身是创建于1952年的北京地质学院，由当时的北京大学、清华大学、天津大学、唐山铁道学院等院校的地质系合并组成。1970年迁出北京，1975年定址武汉，更名为"武汉地质学院"。1986年成立研究生院，1987年经国家教委批

准更名为"中国地质大学"。2000年学校由国土资源部划归教育部管理。2006年10月,教育部、国土资源部签署共建中国地质大学协议。

武汉纺织大学

学校(机构)标识码	4142010495
学校办学类型	411:本科院校:大学
学校性质类别	02 理工院校
学校举办者	811 省级教育部门
学校地址	湖北省武汉市洪山区纺织路1号
邮政编码	430073
办公电话	027-59367511
传真电话	027-59367519
校园(局域)网域名	www.wtu.edu.cn
电子信箱	xxb@wtu.edu.cn
占地面积(平方米)	1478358
校舍建筑面积(平方米)	874218
图书(万册)	184.41
固定资产总值(万元)	143385.38
教学、科研仪器设备资产值(万元)	19337
在校生数(人)	30242
其中:普通本科	16243
普通专科	7723
成人本科	2092
成人专科	3491
硕士研究生	693
专任教师(人)	1090
其中:正高级	128
副高级	332
中级	532
初级	66
未定职级	32

本科专业 财务管理、测控技术与仪器、电气工程及其自动化、电气信息类、电子商务、电子信息科学类、动画、法学、纺织工程、非织造材料与工程、服装设计与工程、高分子材料与工程、给水排水工程、工程造价、工商管理、工商管理类、工业工程、工业设计、管理科学与工程类、国际经济与贸易、行政管理、化学工程与工艺、环境工程、会计学、会展经济与管理、机械类、机械设计制造及其自动化、计算机科学与技术、建筑环境与设备工程、金融学、经济学类、轻化工程、人力资源管理、软件工程、生物工程、市场营销、数学类、数学与应用数学、投资学、土建类、网络工程、物流管理、新闻传播学类、信息管理与信息系统、信息与计算科学、艺术设计、英语、应用化学、再生资源科学与技术、自动化

专科专业 财务管理、财政、电子商务、服装设计、工商企业管理、国际经济与贸易、国际贸易实务、环境艺术设计、会计、会计电算化、机电一体化技术、建筑设计类、金融管理与实务、经济贸易类、商务英语、审计实务、市场营销、数控技术、税务、投资与理财、物业管理、鞋类设计与工艺、艺术设计、应用电子技术、证券投资与管理、装潢艺术设计、自动化类

硕士专业 纺织材料与纺织品设计、纺织工程、纺织化学与染整工程、服装设计与工程、工商管理、工业设计工程、管理科学与工程、环境工程、机械电子工程、机械工程、机械设计及理论、计算机应用技术、马克思主义基本原理、美术、美学、企业管理(含:财务管理、市场营销)、设计艺术学、思想政治教育、物理电子学、物理化学(含:化学物理)、艺术设计

院系设置

纺织科学与工程学院、机械工程与自动化学院、化学与化工学院、环境工程学院、电子与电气工程学院、数学与计算机学院、材料科学与工程学院、艺术与设计学院、服装学院、传媒学院、管理学院、会计学院、经济学院、外国语学院、马克思主义学院、体育课部、国际教育学院、高等职业技术学院、继续教育学院

国家级、省部级研究机构设置

1. 实验室:新型纺织材料绿色加工及其功能化省部共建教育部重点实验室、湖北省纺织新材料及其应用重点实验室、湖北省数字化纺织装备重点实验室、湖北省纺织新材料与先进加工技术重点实验室

2. 研究中心(所):纺织印染清洁生产教育部工程中心、湖北省现代纺织工程技术研究中心、湖北省服饰文化与艺术研究中心、湖北省中小企业共性技术纺织与服装研发推广中心、湖北省水污染控制工程技术研发中心、湖北省服装技术研究开发中心、湖北省纺织机电研究开发中心、湖北省纺织制度及政策研究中心、武汉纺织服装数字化工程技术研究中心、武汉纺织大学生产力促进中心、湖北省光伏工程技术研究中心、纺织服装数字中心、纺织品检测中心、化学分析测试中心、环境科学研究所、纺织研究所、非线性科学研究中心、哲学与文化研究所、新闻与传播研究所、孙菊香服装设计研究所、武汉纺织大学再生资源研究所、武汉纺织大学时尚与美学研究中心、武汉纺织大学技术物理研究所、纺织新材料技术创新基地

定期公开出版的专业刊物 《武汉纺织大学学报》、《湖北财经高等专科学校学报》

学校设立奖学金情况

学校设立奖学金13项,奖励总金额2626余万元。奖学金最高金额8000元/年,最低金额400元/年。

1. 国家奖学金:63人/年,8000元/人;
2. 国家励志奖学金:866人/年,5000元/人;
3. 国家助学金:6214人/年,2000-4000元/人;
4. 湖北省政府奖学金:75人/年,2000元/人;
5. 纺织之光奖学金:15人/年,4000元/人;
6. 学校奖学金:1484人/年,400-1000元/人;
7. 福田奖学金:20人/年,2500元/人;
8. 天然奖助学金:8人/年,1000-5000元/人;
9. 润禾奖学金:16人/年,1000-2000元/人;
10. 嘉宏助学金:2人/年,2500元/人;
11. 真维斯奖助学金:13人/年,1000-4000元/人;
12. 诚达奖学金:10人/年,2000元/人;
13. 华大浩宏奖学金:10人/年,1000元/人。

主要校办产业

武汉方元环境公司

学校历史沿革

学校前身为湖北省轻工业学院、武汉纺织工学院(1978 - 1999)、武汉科技学院(1999 - 2010),2010年3月更名为武汉纺织大学。

武汉工业学院

学校(机构)标识码	4142010496
学校办学类型	412:本科院校:学院
学校性质类别	02 理工院校
学校举办者	811 省级教育部门
学校地址	武汉市东西湖区常青花园学府南路68号
邮政编码	430023
办公电话	027-83955620
传真电话	027-83911672
校园(局域)网域名	www.whpu.edu.cn
电子信箱	xb309@whpu.edu.cn
占地面积(平方米)	911512
校舍建筑面积(平方米)	452098
图书(万册)	116.53
固定资产总值(万元)	92091.69
教学、科研仪器设备资产值(万元)	11438.73
在校生数(人)	17893
其中:普通本科	11550
普通专科	491
成人本科	1837
成人专科	3234
硕士研究生	781
专任教师(人)	860
其中:正高级	112
副高级	309
中级	306
初级	133

本科专业 包装工程、材料成型及控制工程、材料化学、电气工程及其自动化、电气类英才计划、电气信息类、电子信息工程、电子信息科学类、电子信息科学与技术、动画、动物科学、动物生物技术、给水排水工程、工程管理、工商管理、工商管理类、工业设计、广告学、国际经济与贸易、过程装备与控制工程、汉语言文学、行政管理、护理学、化学工程与工艺、环境工程、环境科学、会计学、机械类、机械设计制造及其自动化、计算机科学与技术、计算机类、建筑学、交通工程、金融学、康复治疗学、粮食工程、旅游管理、软件工程、生物工程、生物技术、生物科学、生物科学类、食品科学与工程、食品类、食品质量与安全、市场营销、水产养殖学、通信工程、土建类、土木工程、网络工程、文化产业管理、物流管理、信息管理与信息系统、信息与计算科学、药物制剂、艺术类、艺术设计、英语、应用化学、制药工程、制药工程(生物制药)、自动化

专科专业 国际经济与贸易、护理、建筑工程管理、涉外旅游

硕士专业 动物营养与饲料科学、工程、机械电子工程、机械设计及理论、粮食、油脂及植物蛋白工程、马克思主义中国化研究、农产品加工及贮藏工程、农业推广、企业管理(含:财务管理、市场营销)、生物化工、食品科学、水产品加工及贮藏工程、微生物与生化药学、岩土工程、应用化学

院系设置

学校现设13个学院、2个公共课部:食品科学与工程学院、生物与制药工程学院、化学与环境工程学院、机械工程学院、动物科学与营养工程学院、电气与电子工程学院、数学与计算机学院、土木工程与建筑学院、经济与管理学院、艺术与传媒学院、医学技术与护理学院、外国语学院、国际教育学院、思想政治理论课教学科研部、体育课教学科研部

国家级、省部级研究机构设置

1. 教育部大宗粮油精深加工省部共建重点实验室 教育部 2009.12 2. 教育部农副产品蛋白质饲料资源工程研究中心 教育部 2007.1 3. 国家粮食局粮油资源综合开发工程技术研究中心 国家粮食局 2004.09 4. 农业部饲料科学与加工科学观测实验站 农业部 2010.12 5. 湖北省农产品加工与转化重点实验室 湖北省教育厅、科技厅 2001.12 6. 湖北省动物营养与饲料科学重点实验室 湖北省教育厅、科技厅 2005.07 7. 湖北县域经济发展研究中心(湖北省高校人文社会科学重点研究基地) 湖北省教育厅 2005.06 8. 湖北省非传统安全研究中心(高校人文社会科学重点研究基地) 湖北省教育厅 2009.12 9. 湖北省饲料工程技术研究中心 湖北省教育厅、科技厅 2005.04 10. 湖北省稻谷加工工程技术研究中心 湖北省科技厅 2006.1 11. 湖北省粮油机械工程技术研究中心 湖北省科技厅 2007.11 12. 湖北省山区特色果蔬工程技术研究中心 湖北省科技厅 2007.11 13. 武汉市特色农副产品加工工程技术研究中心 武汉市科技局 2005.07 14. 湖北省中小企业共性技术农副产品加工研发推广中心 湖北省经济委员会 2005.03 15. 湖北省中小企业共性技术粮机设备及工艺研发推广中心 湖北省经济委员会 2006.06 16. 武汉市畜禽饲料工程技术研究中心 武汉市科技局 2009.04 17. 武汉市畜禽食品质量安全控制技术开发工程中心 武汉市科技局 2010.4 18. 武汉市农副资源循环利用与新产品开发工程技术研究中心 武汉市科技局 2011.4 19. 武汉市食药兼用资源开发与利用工程技术研究中心 武汉市科技局 2011.4

定期公开出版的专业刊物 《武汉工业学院学报》

学校设立奖学金情况

学校设立奖学金23项,奖励总金额1500余万元/年,最低金额500元/年。

学校历史沿革

1951年9月,武汉市会计中等技术学校;1953年5月,武汉市财政学校;1954年8月,粮食部武汉粮食学校;1956年12月,武汉粮食工业学校;1980年5月,武汉粮食工业学院;1993年5月,武汉食品工业学院;1999年5月,武汉工业学院;2000年8月,武汉交通卫生学校整体并入;2003年11月,湖北省通用技术工程学校整体并入。

武汉理工大学

学校(机构)标识码 4142010497	电子信箱 xxtj@whut.edu.cn	成人专科 9627
学校办学类型 411:本科院校:大学	占地面积(平方米) 2655754	博士研究生 1230
学校性质类别 02 理工院校	校舍建筑面积(平方米) 1561612	硕士研究生 10639
学校举办者 360 教育部	图书(万册) 377.83	留学生 405
学校地址 武汉市洪山区珞狮路122号	固定资产总值(万元) 255945.96	专任教师(人) 2957
	教学、科研仪器设备资产值(万元) 87864.81	其中:正高级 667
邮政编码 430070		副高级 1242
办公电话 027-87651442	在校生数(人) 65107	中级 892
传真电话 02-87880790	其中:普通本科 36558	初级 59
校园(局域)网域名 www.whut.edu.cn	成人本科 6648	未定职级 97

本科专业 包装工程、编辑出版学、材料成型及控制工程、材料化学、材料科学与工程、材料物理、财务管理、采矿工程、测控技术与仪器、车辆工程、船舶与海洋工程、道路桥梁与渡河工程、地理信息系统、电气工程及其自动化、电子科学与技术、电子商务、电子信息工程、电子信息科学与技术、动画、对外汉语、法学、法语、复合材料与工程、高分子材料与工程、给水排水工程、工程管理、工程结构分析、工程力学、工商管理、工商管理类、工业工程、工业设计、光信息科学与技术、广告学、国际经济与贸易、过程装备与控制工程、海事管理、航海技术、化学工程与工艺、环境工程、环境科学、会计学、机械工程及自动化、机械类、机械设计制造及其自动化、计算机科学与技术、建筑节能技术与工程、建筑学、交通工程、交通运输、交通运输类、教育技术学、金融学、经济学、经济学类、矿物加工工程、矿物资源工程、劳动与社会保障、轮机工程、能源动力系统及自动化、汽车服务工程、热能与动力工程、人力资源管理、日语、软件工程、社会工作、生物技术、市场营销、思想政治教育、通信工程、统计学、土木工程、无机非金属材料工程、物联网工程、物流工程、物流管理、信息工程、信息管理与信息系统、信息与计算科学、艺术设计、艺术设计学、英语、应用化学、油气储运工程、制药工程、资源环境与城乡规划管理、自动化

博士专业 安全技术及工程、材料加工工程、材料物理与化学、材料学、采矿工程、产业经济学、车辆工程、船舶与海洋环境保护、船舶与海洋结构物设计制造、道路与铁道工程、动力机械及工程、复合材料学、工程力学、工业工程、公路桥梁与渡河工程、固体力学、管理科学与工程、光电子及信息材料、海洋工程结构、环境工程、机械电子工程、机械工程、机械设计及理论、机械制造及其自动化、计算机应用技术、技术经济及管理、建筑材料与工程、舰船动力推进及自动化技术、交通信息工程及控制、交通运输规划与管理、结构工程、金融工程与管理、矿物加工工程、历史城市与建筑修复工程、流体力学、轮机工程、马克思主义基本原理、企业管理(含:财务管理、市场营销)、汽车运用工程、桥梁与隧道工程、设计艺术学、生物材料学、市政工程、水上运动装备工程、水声工程、思想政治教育、通信与信息系统、土木工程、物流管理、物流技术与装备、新能源材料、信息管理及信息系统、信息与通信工程、岩土工程、一般力学与力学基础、载运工具运用工程、智能交通工程

硕士专业 安全工程、安全技术及工程、材料工程、材料加工工程、材料物理与化学、材料学、采矿工程、测试计量技术及仪器、产业经济学、车辆工程、城市规划与设计(含:风景园林规划)、传播学、船舶与海洋工程、船舶与海洋环境保护、船舶与海洋结构物设计制造、道路与铁道工程、电工理论与新技术、电机与电器、电力电子与电力传动、电路与系统、电气工程、电子与通讯工程、动力工程、动力机械及工程、法律硕士(法学)、法律硕士(非法学)、法律专业学位、防灾减灾工程及防护工程、复合材料学、高等教育学、工程管理硕士、工程力学、工商管理、工商管理硕士、工业工程、工业设计工程、公共管理硕士、公共管理专业学位、公路桥梁与渡河工程、供热、供燃气、通风及空调工程、固体力学、管理科学与工程、光电子及信息材料、光学、国际贸易学、国际商务硕士、国外马克思主义研究、海洋工程结构、化学工程、化学工艺、环境工程、环境科学、会计硕士、会计学、机械电子工程、机械工程、机械设计及理论、机械制造及其自动化、计算机技术、计算机科学与技术、计算机软件与理论、计算机系统结构、计算机应用技术、计算数学、技术经济及管理、建筑材料与工程、建筑历史与理论、建筑设计及其理论、建筑与土木工程、舰船电力推进及自动化技术、舰船电力推进与自动化技术、舰船动力推进及自动化技术、交通信息工程及控制、交通运输工程、交通运输规划与管理、教育经济与管理、结构工程、金融硕士、金融学(含:保险学)、经济法学、科学技术哲学、控制工程、控制科学与工程、矿物加工工程、矿业工程、劳动经济学、理论物理、力学、流体力学、伦理学、轮机工程、马克思主义基本原理、马克思主义理论与思想政治教育、马克思主义哲学、马克思主义中国化研究、美术、美术学、民商法学(含:劳动法学)、社会保障、凝聚态物理、企业管理(含:财务管理、市场营销)、汽车电子工程、汽车运用工程、桥梁与隧道工程、区域经济学、软件工程、设计艺术学、生物材料学、生物医学工程、市政工程、数量经济学、水声工程、思想政治教育、体育教育训练学、通信与信息系统、统计学、土木工程建造与管理、外国语言学及应用语言学、危机与灾害应急管理、无机化学、无线电物理、物理电子学、物理化学(含:化学物理)、物理学、物流工程、物流管理、物流技术与装备、西方经济学、系统工程、项目管理、新能源材料、信号与信息处理、信息管理及信息系

统、岩土工程、药学、药学硕士、一般力学与力学基础、艺术设计、艺术硕士、艺术学、英语笔译、英语口译、英语语言文学、应用化学、应用数学、载运工具运用工程、政治学理论、智能交通工程、中共党史(含:党的学说与党的建设)、中国近现代史、资产评估硕士

院系设置

材料科学与工程学院、交通学院、管理学院、机电工程学院、能源与动力工程学院、土木工程与建筑学院、汽车工程学院、资源与环境工程学院、信息工程学院、计算机科学与技术学院、自动化学院、航运学院、文法学院、理学院、经济学院、艺术与设计学院、外国语学院、物流工程学院、政治与行政学院、化学工程学院、体育部、思想政治理论课教学研究部、国际教育学院、网络教育学院、继续教育学院、职业技术学院

国家级、省部级研究机构设置

1. 实验室:材料复合新技术国家重点实验室、硅酸盐建筑材料国家重点实验室、光纤传感技术国家工程实验室

2. 研究所(中心):光纤传感技术与信息处理教育部重点实验室、高速船舶工程教育部重点实验室、特种功能材料技术教育部重点实验室、高性能舰船技术教育部重点实验室、港口装卸技术交通行业重点实验室、船舶动力工程技术交通行业重点实验室、湖北省数字制造重点实验室、湖北省道路桥梁与结构工程重点实验室、湖北省燃料电池重点实验室、湖北省矿物资源加工与环境重点实验室、宽带无线电通信通信与传感器湖北省重点实验室、现代汽车零部件技术湖北省重点实验室、港口物流技术与装备教育部工程研究中心、绿色建筑材料及制造教育部工程研究中心、水路公路交通安全控制与装备教育部工程研究中心、湖北生物材料工程技术研究中心、湖北省光纤传感工程技术研究中心、湖北省中药制剂工程技术研究中心、湖北省工业窑炉工程技术研究中心、湖北省电动机软起动工程技术研究中心、湖北省产品创新管理研究中心(人文)、湖北省危机与灾害应急管理研究中心(人文)、湖北省科技创新与经济发展研究中心(人文)

博士后科研流动站 材料科学与工程、船舶与海洋工程、力学、管理科学与工程、机械工程、土木工程、交通运输工程、矿业工程、信息与通信工程、艺术学、马克思主义理论、环境科学与工程、工商管理

定期公开出版的专业刊物 《武汉理工大学学报》、《武汉理工大学学报(材料科学版)》(英文)、《武汉理工大学学报》(社会科学版)、《武汉理工大学学报》(交通科学与工程版)、《武汉理工大学学报》(信息与管理工程版)、《建材世界》、《港口装卸》、《船海工程》、《交通科技》、《交通企业管理》、《爆破》、《数字制造科学》、《交通信息与安全》、《高教发展与评估》、《设计艺术研究》

学校设立奖学金情况

学校设立奖学金55项,奖励总额1850余万元(含国家奖学金、国家励志奖学金)。奖学金最高金额20000元/年,最低金额200元/年。

1. 学校奖学金:6141人/年,200－3000元/人
2. 先进班集体奖励金:420班/年,1000－2000元/班
3. 新生奖学金:44人/年,2000－5000元/人
4. 国家奖学金:333人/年,8000元/人
5. 国家励志奖学金:1027人/年,5000元/人
6. 利德立德奖学金:10人/年,10000元/人
7. 华为奖学金:6人/年,4000－8000元/人
8. 87届驾驶航政校友奖学金:20人/年,1000元/人
9. SGMW奖学金:12人/年,1500－2500元/人
10. TPI奖学金:30人/年,1000－3000元/人
11. 八八硅工校友奖学金:4人/年,1000元/人
12. 宝供物流奖学金:2人/年,3000元/人
13. 贝格奖学金:5人/年,4000元/人
14. 长飞奖学金:9人/年,5000－20000元/人
15. 常石奖学金:6人/年,3000－4000元/人
16. 晨宝奖学金:30人/年,1500－2000元/人
17. 道达重工奖学金:7人/年,3000元/人
18. 东风精铸奖学金:12人/年,1000－3000元/人
19. 东鹏励志奖学金:8人/年,5000元/人
20. 都兴奖学金:20人/年,1000元/人
21. 法士特齿轮奖学金:109人/年,1000－8000元/人
22. 佛吉亚奖学金:8人/年 1500元/人
23. 港迪奖学金:20人/年 500－2000元/人
24. 冠捷奖学金:25人/年 5000元/人
25. 海印奖学金:29人/年 2000－6000元/人
26. 河北远洋奖学金:23人/年 2000－4000元/人
27. 辉虹奖学金:40人/年 1000－2000元/人
28. 家兴奖学金:9人/年 1000元/人
29. 晶泰奖学金:28人/年 1500－2500元/人
30. 凯盛奖学金:63人/年 1000－4000元/人
31. 康立泰奖学金:20人/年 1500－2500元/人
32. 科尼奖学金:35人/年 500－4000元/人
33. 朗坤奖学金:25人/年 4000元/人
34. 梁胜亮奖学金:10人/年,1500元/人
35. 路畅导航奖学金:20人/年 5000元/人
36. 美国船级社奖学金:3人/年 4000－6000元/人
37. 名师奖学金:10人/年 1000元/人
38. 南华高速奖学金:10人/年 2000元/人
39. 蓉人奖学金:5人/年 2000元/人
40. 上纬奖学金:28人/年 1000－1500元/人
41. 思源奖学金:38人/年 1000－3000元/人
42. 卫华奖学金:55人/年 500－2000元/人
43. 新东方奖学金:13人/年 500－2000元/人
44. 鑫利奖学金:70人/年 1000－6000元/人
45. 亚唯奖学金:167人/年 1000－4000元/人
46. 迎新奖学金:20人/年 1000元/人
47. 宇通奖学金:12人/年 2000－5000元/人
48. 袁润章奖学金:2人/年 10000－15000元/人
49. 章学海奖学金:27人/年 2000－5000元/人
50. 赵师梅奖学金:2人/年,2000元/人
51. 振兴汽车工业深圳校友奖学金:10人/年 1000元/人
52. 振兴中华奖学金:9人/年 1500元/人
53. 中海工业奖学金:30人/年,800－1500元/人
54. 中远奖学金:166人/年 1000－3000元/人
55. 资源开发奖学金:12人/年 1500－2000元/人

主要校办产业

武汉理工大学出版社有限责任公司、武汉理工大科技园股份有限公司、武汉南华高速船舶工程股份有限公司、武汉港迪电气有限公司、武汉同力机电有限公司、武汉理工新能源有限公司、武汉航运科技开发有限公司、武汉交科工程咨询有限公司、武汉理工光科股份有限公司、武汉华威生物材料工程有限公司、武汉工大加固工程有限公司、武汉马房山理工工程结构检测有限公司、武汉华中高校大学生就业市场发展有限公司、武汉亿胜科技有限公司、武汉理工通宇新源动力有限公司

学校历史沿革

2000年5月27日，武汉工业大学(1948年)、武汉交通科技大学(1946年)、武汉汽车工业大学(1958年)三校合并组建武汉理工大学，直属教育部领导。

湖北工业大学

学校(机构)标识码 4142010500	电子信箱 yb@mail.hbut.edu.cn	成人本科 6086
学校办学类型 411:本科院校:大学	占地面积(平方米) 1116678	成人专科 9744
学校性质类别 02 理工院校	校舍建筑面积(平方米) 791212	硕士研究生 1353
学校举办者 811 省级教育部门	图书(万册) 140.89	专任教师(人) 1089
学校地址 湖北省武汉市武昌南湖李家墩特1号	固定资产总值(万元) 73972.07	其中:正高级 153
	教学、科研仪器设备资产值(万元) 19689.87	副高级 320
邮政编码 430068		中级 403
办公电话 027-88034600	在校生数(人) 35413	初级 137
传真电话 027-88034600	其中:普通本科 17205	未定职级 76
校园(局域)网域名 www.hbut.edu.cn	普通专科 1025	

本科专业 包装工程、保险、材料成型及控制工程、材料科学与工程、财务管理、测控技术与仪器、电气工程及其自动化、电气信息类、电子科学与技术、电子商务、电子信息工程、电子信息科学与技术、动画、对外汉语、高分子材料与工程、工程管理、工业工程、工业设计、工业设计(机械类)、工业设计(艺术类)、光信息科学与技术、广告学、国际经济与贸易、行政管理、化学工程与工艺、环境工程、会计学、机械类、机械设计制造及其自动化、计算机科学与技术、建筑学、交通工程、金融学、景观建筑设计、轻化工程、人力资源管理、软件工程、生物工程、生物技术、生物科学、食品科学与工程、市场营销、数字媒体技术、通信工程、统计学、土木工程、网络工程、信息管理与信息系统、信息与计算科学、艺术设计、英语、制药工程、自动化

专科专业 会计电算化、会计(中外合作)、机电一体化技术、模具设计与制造、商务管理(中外合作)、生化制药技术、市场营销(中外合作)

硕士专业 材料工程、材料加工工程、材料物理与化学、材料学、测试计量技术及仪器、产业经济学、电机与电器、电力电子与电力传动、电气工程、发酵工程、防灾减灾工程及防护工程、工程力学、工业设计工程、化学工程、化学工艺、会计学、机械电子工程、机械工程、机械设计及理论、机械制造及其自动化、计算机技术、计算机应用技术、建筑与土木工程、结构工程、精密仪器及机械、控制工程、控制理论与控制工程、马克思主义中国化研究、企业管理(含:财务管理、市场营销)、桥梁与隧道工程、轻工技术与工程、设计艺术学、生物工程、生物化工、食品科学、市政工程、思想政治教育、外国语言学及应用语言学、现代教育技术、岩土工程、仪器仪表工程、艺术设计、政治学理论、职业技术教育学、制浆造纸工程

院系设置

机械工程学院、电气与电子工程学院、计算机学院、化学与环境工程学院、生物工程学院、土木工程与建筑学院、理学院、艺术设计学院、管理学院、经济与政法学院、外国语学院及继续教育学院、体育部

国家级、省部级研究机构设置

发酵工程省部共建教育部重点实验室、现代制造质量工程湖北省重点实验室、工业微生物湖北省重点实验室、湖北省食品发酵工程技术研究中心、湖北省汽车结构振动与噪声控制工程技术研究中心、湖北省桥梁安全监控技术与装备工程技术研究中心、湖北省机电产品质量工程技术创新基地、湖北省轻工清洁生产中心、工业微生物技术及应用湖北省高等学校自主创新重点基地、武汉市精密模具工程技术研究中心、湖北省机电研究设计院、湖北省农业机械工程研究设计院、湖北省农业机械鉴定站

定期公开出版的专业刊物 《中国机械工程》、《湖北工业大学学报》、《湖北农机化》

学校设立奖学金情况

学校设立奖学金8项，奖励总金额720余万元。奖学金最高金额8000元/年，最低金额500元/年。

主要校办产业

湖北工业大学机械总厂

学校历史沿革

1984年由湖北轻工业学院、湖北农业机械专科学校合并组建湖北工学院；
2003年湖北省机电研究设计院并入湖北工学院；
2004年湖北工学院更名为湖北工业大学。

华中农业大学

学校(机构)标识码 4142010504	电子信箱 hzauo@mail.hzau.edu.cn	成人专科 8917
学校办学类型 411:本科院校:大学	占地面积(平方米) 4950000	博士研究生 1143
学校性质类别 03 农业院校	校舍建筑面积(平方米) 1005470	硕士研究生 4986
学校举办者 360 教育部	图书(万册) 145.11	留学生 116
学校地址 湖北省武汉市洪山区狮子山街1号	固定资产总值(万元) 192273.85	专任教师(人) 1443
	教学、科研仪器设备资产值(万元) 54703.3	其中:正高级 317
邮政编码 430070		副高级 386
办公电话 027-87280243	在校生数(人) 36703	中级 618
传真电话 027-87384670	其中:普通本科 18303	初级 122
校园(局域)网域名 www.hzau.edu.cn	成人本科 3238	

本科专业 茶学、地理信息系统、动物科学、动物医学、动植物检疫、法学、风景园林、工程管理、工商管理、广告学、国际经济与贸易、环境工程、环境科学、会计学、机械电子工程、机械设计制造及其自动化、计算机科学与技术、经济学、林学、农林经济管理、农学、农业机械化及其自动化、农业资源与环境、人力资源管理、商务英语、设施农业科学与工程、社会工作、社会学、生物工程、生物技术、生物科学、生物信息学、食品科学与工程、食品质量与安全、市场营销、水产养殖学、水族科学与技术、土地资源管理、信息管理与信息系统、信息与计算科学、艺术设计、英语、应用化学、园林、园艺、植物保护、植物科学与技术、自动化

博士专业 茶学、动物学、动物遗传育种与繁殖、动物营养与饲料科学、发育生物学、国际贸易学、果树学、环境科学、基础兽医学、基因组学、临床兽医学、农产品加工及贮藏工程、农村中小企业管理、农药学、农业电气化与自动化、农业机械化工程、农业经济管理、农业昆虫与害虫防治、农业贸易与农村金融管理、企业管理(含:财务管理、市场营销)、设施园艺学、生理学、生态学、生物化学与分子生物学、湿地资源与环境、食品科学、蔬菜学、水产品加工及贮藏工程、水产养殖、水生生物学、特种经济动物饲养(含:蚕、蜂等)、特种植物育种与栽培、土地经济管理、土地资源管理、土壤学、微生物学、细胞生物学、遗传学、应用化学、渔业资源、预防兽医学、园林植物与观赏园艺、园艺学、植物病理学、植物学、植物营养学、资源环境信息工程、作物生物技术、作物遗传育种、作物栽培学与耕作学

硕士专业 茶学、产业经济学、传播学、动物遗传育种与繁殖、动物营养与饲料科学、发酵工程、发育生物学、风景园林、工程、工商管理、公共管理、国际贸易学、果树学、行政管理、环境工程、环境科学、基础兽医学、基因组学、教育经济与管理、经济法学、粮食、油脂及植物蛋白工程、林学、林业、临床兽医学、马克思主义中国化研究、农产品加工及贮藏工程、农药学、农业电气化与自动化、农业机械化工程、农业经济管理、农业昆虫与害虫防治、农业生物环境与能源工程、农业推广、企业管理(含:财务管理、市场营销)、气象学、人口、资源与环境经济学、设施园艺学、社会保障、社会工作、社会学、生理学、生态学、生物化学与分子生物学、湿地资源与环境、食品科学、食品生物技术、食品营养与安全、兽医、蔬菜学、水产品加工及贮藏工程、水产养殖、水生生物学、水土保持与荒漠化防治、思想政治教育、特种经济动物饲养(含:蚕、蜂等)、特种植物育种与栽培、土地资源管理、土壤学、微生物学、细胞生物学、遗传学、应用化学、渔业资源、预防兽医学、园林植物与观赏园艺、园艺学、植物病理学、植物学、植物营养学、资源环境信息工程、资源与环境信息工程、作物生物技术、作物遗传育种、作物栽培学与耕作学

院系设置
植物科学技术学院、动物科学技术学院、动物医学院、资源与环境学院、生命科学技术学院、园艺林学学院、水产学院、工程技术学院、经济管理学院、土地管理学院、食品科学技术学院、理学院、文法学院、外国语学院、国际学院、体育课部

国家级、省部级研究机构设置

1. 实验室:作物遗传改良国家重点实验室、农业微生物学国家重点实验室、园艺植物生物学教育部重点实验室、农业动物遗传育种与繁殖教育部重点实验室、农业部猪遗传育种重点开放实验室、农业部亚热带农业资源与环境重点开放实验室、农业部食品安全评价重点开放实验室、农业部华中作物生理生态与栽培重点开放实验室、农业部动物疫病与人畜共患传染病重点开放实验室、农业部淡水生物多样性保护与利用重点开放实验室(共建)、预防兽医学湖北省重点实验室、作物病害监测和安全控制湖北省重点实验室(共建)、昆虫资源利用与害虫可持续治理湖北省重点实验室、国家兽药残留基准实验室、国家兽药安全评价实验室、动物疫病防控湖北省工程实验室(共建)。

2. 研究中心(所):国家家畜工程技术研究中心、国家油菜工程技术研究中心、微生物农药国家工程研究中心、国家植物基因研究中心(武汉)、武汉国家生物产业基地实验动物中心、油菜教育部工程研究中心、动物生物药物教育部工程研究中心、国家油菜武汉改良分中心、国家农作物分子技术育种中心、国家果树脱毒种质资源室内保存中心、国家柑橘育种中心、国家蔬菜改良中心华中分中心、国家蛋品加工技术研发分中心、国家大宗淡水鱼加工技术研发分中心(武汉)、湖北水稻研究中心、湖北省马铃薯工程技术研究中心、湖北省柑橘工程技术研究中心、湖北省动物疫苗工程技术研究中心、湖北省淡水水产品加工工程技术研究中心(共建)、湖北省蛋品工程技术研究中心(共建)、湖北省绿色超级稻工程技术研究中心、湖北省食用菌工程技术研究中

心、湖北农药制剂研究中心、蛋品加工湖北省工程研究中心(共建)、药用植物湖北省工程研究中心(共建)、湖北省大宗农产品加工技术创新基地、湖北农村发展研究中心(共建)、湖北省饲料质量监督检验站、农业部种猪质量监督检验测试中心(武汉)、农业部微生物产品质量监督检验测试中心(武汉)、农业部种猪质量安全监督检验中心

博士后流动站 作物学、植物保护、生物学、食品科学与工程、园艺学、农业资源与利用、农林经济管理、畜牧学、兽医学、水产

定期公开出版的专业刊物 《华中农业大学学报》(社会科学版)、《华中农业大学学报》(自然科学版)、《养殖与饲料》

学校设立奖学金情况
学校设立奖学金5项,奖励总金额371.8余万元,奖学金最高金额6000元/年,最低金额500元/年。1.特等奖学金:13人/年,6000元/人;2.甲等奖学金:1300人/年,1500元/人;3.乙等奖学金:1300人/年,1000元/人;4.丙等奖学金:780人/年,500元/人。

主要校办产业
华中农业大学资产经营公司

学校历史沿革
华中农业大学是一所以农科为优势,生命科学为特色,农、理、工、文、法、经、管相协调的全国重点大学,直属教育部领导。学校迄今已有113年的办学历史,其前身是清朝光绪年间湖广总督张之洞1898年创办的湖北农务学堂,是我国高等农业教育的重要起点之一。学校几经演变,1952年由武汉大学农学院和湖北农学院的全部系科以及中山大学等6所综合性大学农学院的部分系科组建成立华中农学院。1979年经国务院批准列为全国重点大学,直属农业部。1981年经国务院学位委员会批准,成为首批具有博士学位和硕士学位授予权的学校。1985年更名为华中农业大学。2000年由农业部划转教育部直属领导。

湖北中医药大学

学校(机构)标识码 4142010507	电子信箱 hbtcm@163.com	成人本科 2796
学校办学类型 411:本科院校:大学	占地面积(平方米) 1074789	成人专科 1169
学校性质类别 05 医药院校	校舍建筑面积(平方米) 452985	博士研究生 157
学校举办者 811 省级教育部门	图书(万册) 106.8	硕士研究生 981
学校地址 武汉市洪山区黄家湖西路一号	固定资产总值(万元) 82352	留学生 298
	教学、科研仪器设备资产值(万元) 12992.98	专任教师(人) 805
邮政编码 430065		其中:正高级 103
办公电话 027-68890088	在校生数(人) 21854	副高级 203
传真电话 027-68890017	其中:普通本科 13904	中级 274
校园(局域)网域名 www.hbtcm.edu.cn	普通专科 2549	初级 225

本科专业 公共事业管理、公共事业管理(医疗保险方向)、公共事业管理(医事法学方向)、护理学、护理学(涉外方向)、生物技术、市场营销、市场营销(物流方向)、卫生检验、信息管理与信息系统、药物制剂、药学、医学检验、医学信息工程、英语、应用心理学、针灸推拿学、针灸推拿学(涉外方向)、针灸推拿学(针刀医学方向)、制药工程、中西医临床医学、中西医临床医学(全科医学方向)、中药学、中药资源与开发、中医学、中医学(美容康复方向)、中医学(针灸推拿方向)、中医学(中西医结合方向)、中医学(中医骨伤方向)

专科专业 护理、食品营养与检测、卫生检验与检疫技术、药学、医疗美容技术、医学检验技术、医药营销、针灸推拿、中药制药技术

博士专业 方剂学、针灸推拿学、中医妇科学、中医骨伤科学、中医基础理论、中医临床基础、中医内科学、中医五官科学

硕士专业 方剂学、临床检验诊断学、临床医学、生药学、药剂学、药理学、药物分析学、药物化学、针灸推拿学、中西医结合基础、中西医结合临床、中药学、中医儿科学、中医妇科学、中医骨伤科学、中医基础理论、中医临床基础、中医内科学、中医学

院系设置
中医临床学院、国医堂、临床医学院、药学院、基础医学院、检验学院、护理学院、管理学院、外语系、体育部、职业技术学院、继续教育学院、针灸骨伤学院、检验学院、人文学院、信息工程学院

国家级、省部级研究机构设置
省部共建教育部中药资源与中药复方重点实验室、国家中药药理科研Ⅲ级实验室、湖北省中药资源与中药药化学重点实验室、湖北省中药标准化工程技术研究中心、老年性痴呆(醒脑益智)重点研究室、国家中药化学科研Ⅲ级实验室、湖北省产业技术创新基地:道地药材与创新中药新产品研发技术创新基地、国家中医药管理局中医药标准化技术培训与研究中心

博士后科研流动站:中医学博士后科研流动站

定期公开出版的专业刊物 《湖北中医杂志》、《湖北中医药大学学报》、《中西医结合肝病杂志》

学校设立奖学金情况
学校设立奖学金3项,奖励总金额231.99万元。奖学金最高金额1200元/年,最低金额600元/年。

学校历史沿革

2003年6月23日,经国家教育部同意,湖北省人民政府决定将湖北中医学院、湖北药检高等专科学校合并,成立了新的湖北中医学院。2010年3月18日,国家教育部同意我校更名为湖北中医药大学。

华中师范大学

学校(机构)标识码　4142010511	占地面积(平方米)　1266148	成人专科　4837
学校办学类型　411:本科院校:大学	校舍建筑面积(平方米)　881749	博士研究生　1010
学校性质类别　06 师范院校	图书(万册)　288.62	硕士研究生　8486
学校举办者　360 教育部	固定资产总值(万元)　135475.22	留学生　1003
学校地址　湖北省武汉市洪山区珞瑜路 152 号	教学、科研仪器设备资产值(万元)　37644.85	专任教师(人)　1677
邮政编码　430079	在校生数(人)　36894	其中:正高级　418
办公电话　027 - 67868030	其中:普通本科　17189	副高级　546
传真电话　027 - 67868672	普通专科　197	中级　605
校园(局域)网域名　www.ccnu.edu.cn	成人本科　4172	初级　104
电子信箱　xxb@mail.ccnu.edu.cn		未定职级　4

本科专业　财务会计教育、朝鲜语、地理科学、电子商务、电子信息工程、电子信息科学与技术、动画、对外汉语、俄语、法学、法语、翻译、房地产经营管理、工商管理、广播电视新闻学、国际经济与贸易、国际政治、汉语言、汉语言文学、化学、计算机科学与技术、教育技术学、教育学、经济学、历史学、旅游管理、美术学、人力资源管理、日语、社会工作、社会学、社会学类、生物技术、生物科学、数学与应用数学、数字媒体技术、思想政治教育、特殊教育、体育教育、通信工程、物理学、心理学、心理学类新专业、新闻传播学类、新闻学、信息管理与信息系统、学前教育、艺术设计、音乐表演、音乐学、英语、应用化学、应用心理学、运动训练、中国语言文学类新专业、资源环境与城乡规划管理

专科专业　电子商务、装潢艺术设计

博士专业　比较文学与世界文学、地方政府学、动物学、对外汉语教学、发展与教育心理学、高等教育学、光学、国际关系、国际关系史、国际政治、国家治理与考选制度、国外马克思主义研究、汉语言文字学、行政管理、基础数学、基础心理学、教育、教育技术学、教育经济学、教育史、教育信息科学与技术、教育学新专业、教育学原理、经济社会史、科学社会主义与国际共产主义运动、课程与教学论、理论物理、历史地理学、历史文献学(含:敦煌学、古文字学)、历史学新专业、粒子物理与原子核物理、马克思主义发展史、马克思主义基本原理、马克思主义哲学、马克思主义中国化研究、凝聚态物理、农药学、情报学、区域文化史、人口学、人文地理学、社会学、世界史、思想政治教育、特殊教育学、体育教育训练学、文化遗产与文化产业、文艺学、无线电物理、物理学新专业、宪政与法治、英语言文学、应用数学、应用心理学、有机化学、语言学与应用语言学、原子与分子物理、政府经济学、政治社会学、政治学理论、政治学新专业、植物学、中共党史(含:党的学说与党的建设)、中国古代史、中国古代文学、中国古典文献学、中国近现代史、中国民间文学、中国现当代文学、中外语言比较、中外政治制度、中文信息处理、专门史

硕士专业　比较教育学、比较文学与世界文学、材料物理与化学、产业经济学、传播学、地方政府学、地图学与地理信息系统、电磁场与微波技术、电路与系统、动物学、对外汉语教学、俄语语言文学、发展与教育心理学、法律、法语语言文学、翻译、分析化学、概率论与数理统计、高等教育学、高分子化学与物理、工程、工程管理、工商管理、公共管理、管理科学与工程、光学、国际关系、国际关系史、国际政治、国家治理与考选制度、国外马克思主义研究、汉语国际教育、汉语言文字学、行政管理、环境科学、基础数学、基础心理学、计算机软件与理论、计算机系统结构、计算机应用技术、教育、教育技术学、教育经济与管理、教育史、教育学原理、经济法学、经济社会史、经济思想史、科学技术哲学、科学社会主义与国际共产主义运动、课程与教学论、理论物理、历史地理学、历史文献学(含:敦煌学、古文字学)、粒子物理与原子核物理、伦理学、逻辑学、旅游管理、马克思主义基本原理、马克思主义哲学、马克思主义中国化研究、美术学、民商法学(含:劳动法学)、社会保障、民族传统体育学、凝聚态物理、农药学、农业昆虫与害虫防治、农业推广、企业管理(含:财务管理、市场营销)、情报学、区域经济学、区域文化史、人口、资源与环境经济学、人文地理学、日语语言文学、设计艺术学、社会保障、社会工作、社会学、社会医学与卫生事业管理、生物化学与分子生物学、史学理论及史学史、世界经济、世界史、数量经济学、水生生物学、思想政治教育、诉讼法学、特殊教育学、体育、体育教学、体育教育训练学、体育人文社会学、天体物理、通信与信息系统、图书馆学、土地资源管理、外国语言学及应用语言学、外国哲学、外交学、微电子学与固体电子学、微生物学、文艺学、无机化学、无线电物理、物理电子学、物理化学(含:化学物理)、西方经济学、宪法学与行政法学、宪政与法治、新闻学、新闻与传播、学前教育学、遗传学、艺术、音乐学、英语语言文学、影视文学、应用化学、应用数学、应用统计、应用心理、应用心理学、有机化学、语言学与应用语言学、原子与分子物理、运筹学与控制论、运动人体科学、政府经济学、政治经济学、政治社会学、政治学理论、植物学、中共党史(含:党的学说与党的建设)、中国古代史、中国古代文

学、中国古典文献学、中国近现代史、中国民间文学、中国现当代文学、中外政治制度、专门史、自然地理学

院系设置

教育学院、心理学院、政法学院、政治学研究院、文学院、历史文化学院、经济学院、外国语学院、数学与统计学学院、物理科学与技术学院、化学学院、生命科学学院、城市与环境科学学院、音乐学院、美术学院、管理学院、教师教育学院、信息技术系、信息管理系、计算机科学系、社会学院、体育学院、国际文化交流学院、职业与继续教育学院

国家级、省部级研究机构设置

1. 实验室 教育部：农药与化学生物学教育部重点实验室、夸克与轻子物理教育部重点实验室、青少年网络心理与行为教育部重点实验室 湖北省：数学物理湖北省重点实验室、人的发展与心理健康湖北省实验室、遗传调控与整合生物学湖北省重点实验室、湖北省教育信息化研究中心（立项建设）、城市水环境生态学湖北省重点实验室（立项建设）、湖北省高能核物理实验室

2. 研究中心（所）：国家数字化学习工程技术研究中心、教育部教育信息技术工程研究中心、湖北省农药工程技术研究中心、湖北省教育部数字化技术工程研究中心、国家语言资源监测与研究中心、农村政策研究中心、中国文化产业研究中心、国家体育文化产业研究中心、国际移民与海外华人研究中心、中国旅游研究院武汉分院、中国农村林业改革发展研究基地、湖北省城市社区研究中心、汉语国际推广研究中心、湖北省基础教育研究中心、湖北省电子商务研究中心、社会政策与社会发展研究中心、道家道教研究中心、湖北省文学理论与批评研究中心、武汉城市圈"两型社会"建设研究院

博士后科研流动站 政治学、教育学、中国语言文学、历史学、物理学、马克思主义理论、心理学、数学、社会学、公共管理

定期公开出版的专业刊物 《华中师范大学学报》（自然科学版）、《华中师范大学学报》（人文社会科学版）、《高等函授学报》（自然科学版）、《高等函授学报》（哲学社会科学版）、《数学通讯》、《教育财会研究》、《语文教学与研究》、《外国文学研究》、《教育研究与实验》、《教育与经济》、《中学生英语》（高中）、《中学生英语》（初中）、《社会主义研究》、《中学俄语》、《汉语学报》

学校设立奖学金情况

学校设立奖学金30项，奖励总金额4400余万元。奖学金最高金额10000元/年，最低金额100元/年。

优胜团队和个人奖学金 设立者：华中师范大学 奖励对象：在省级以上重大比赛（活动）中为学校赢得荣誉的集体或个人 奖励比例：无比例限制 奖励额度：共分为四等：1000－10000元

新生奖学金 设立者：华中师范大学 奖励范围：高考成绩优秀且第一志愿报考的新生 奖励比例：无比例限制 奖励额度：特等10000元/人 一等5000元/人 二等2000元/人 三等800元/人

毕业生服务西部和基层奖学金 设立者：华中师范大学 奖励范围：响应号召，志愿到西部、农村和国家级贫困山区工作的应届毕业生 奖励比例：无比例限制 奖励额度：一等3000元/人 二等2000元/人 三等1000元/人

国家奖学金 设立者：教育部、财政部 奖励对象：品学兼优的学生 奖励比例：以教育部分配名额为准 奖励额度：8000元/人

"国家励志"奖学金 设立者：教育部、财政部 奖励对象：家境贫寒、品学兼优的学生 奖励比例：以教育部分配名额为准 奖励额度：5000元/人

集体奖学金 设立者：华中师范大学 奖励对象：上一学年被评为校级以上先进班集体和文明寝室的班级或寝室 奖励比例：无固定比例 奖励额度：150－600元不等

博雅奖学金 设立者：华中师范大学 奖励对象：上一学年被评为三好学生的学生 奖励比例：无固定比例 奖励额度：博雅金桂2600元/人 博雅银桂2200元/人 博雅丹桂1800元/人

树人奖学金 设立者：华中师范大学 奖励对象：单项表现突出，在上一学年评比中获得单项积极分子和优秀团员、优秀团干荣誉的学生 奖励比例：无固定比例 奖励额度：树人金桂700元/人 树人银桂600元/人 树人丹桂400元/人

"李玲瑶"奖学金 设立者：爱国知名人士李玲瑶女士 奖励对象：家境贫寒、品学兼优的女生 奖励比例：全校10人/年 奖励额度：2000元/人

"宋瑞临"奖学金 设立者：台湾知名人士宋瑞临先生 奖励对象：家境贫寒、品学兼优的学生 奖励比例：全校10人/年 奖励额度：2000元/人

"曙光"奖学金 设立者：百胜（中国）投资有限公司和中国青少年发展基金会 奖励对象：品学兼优、家庭经济困难的新生 奖励比例：全校5人/年 奖励额度：5000元/人（每人可享受4学年）

"桂苑书香"奖学金 设立者：华中师范大学出版社 奖励对象：家境贫寒、品学兼优的学生 奖励比例：全校20人/年 奖励额度：1000元/人

"桂苑之歌"奖学金 设立者："华师团委桂苑之歌"基金 奖励对象：家境贫寒、品学兼优的学生 奖励比例：40人/年 奖励额度：1000元/人

"鼎利通信"奖学金 设立者：深圳华为公司 奖励对象：大三物理、计科、信技、外语四个院系优秀本科生 奖励比例：全校30人/年 奖励额度：2000元/人

朱友军爱心助学金 设立者：校友朱友军等人 奖励对象：政法学院家庭困难、成绩优良、遵纪守法的全日制在读本科生 奖励比例：以当年设定名额为准 奖励额度：200－1000元不等

博文助学奖学金 设立者：文学院 奖励对象：文学院未获奖的品学兼优本科生 奖励比例：以当年设定名额为准 奖励额度：100－800元不等

心苑腾飞奖学金 设立者：心理学院校友 奖励对象：心理学院品学兼优贫困生 奖励比例：以当年设定名额为准 奖励额度：500－1000元不等

韩晓利奖学金 设立者：城环学院校友 奖励对象：城环学院学生品学兼优者 奖励比例：一等5人，二等10人 奖励额度：一等2000元/人，二等1000元/人

华外奖学金 设立者：外国语学院校友 奖励对象：外语学院本科生 奖励比例：以当年设定名额为准 奖励额度：200－1000元不等

良师益友奖学金 设立者：数统学院校友 奖励对象：数统学院优秀大学生 奖励比例：20人 奖励额度：1000/人

港澳学生奖学金 设立者：教育部港澳台办 奖励对象：港澳学生中品学兼优者 奖励比例：一等2人，二等3人 奖励额度：一等4000元/人，二等3000元/人

弘毅奖学金 设立者:城环学院校友 奖励对象:城环学院学生品学兼优者,适当兼顾贫困生 奖励比例:以当年设定名额为准 奖励额度:一等 400 元/人,二等 1000 元/人

创达奖学金 设立者:数统学院校友 奖励对象:数统学院家境贫寒的优秀大学生 奖励比例:10 人/年 奖励额度:1000 元/人

华夏千秋励志奖学金 设立者:慈善家刘会兴先生 奖励对象:品学兼优、家境贫寒的立志支援西部的大学生 奖励比例:5 人/年 奖励额度:2000 元/人

化苑奖学金 设立者:化学学院校友 奖励对象:化学学院品学兼优学生 奖励比例:3 人/年 奖励额度:2000 元/人

诺基亚助学奖学金 设立者:中国青少年发展基金会 奖励对象:品学兼优学生 奖励比例:8 人/年(全省遴选) 奖励额度:7000 元/人

师范专业助学金 设立者:教育部、财政部 奖励对象:教育部直属师范大学免费师范生 奖励比例:所有免费师范生 奖励额度:4000 元/人

国家助学金 设立者:教育部、财政部 奖励对象:家庭经济困难本专科学生 奖励比例:以当年规定为准 奖励额度:平均 3000 元/人

逸华励志助学金 设立者:逸华教育基金会 奖励对象:生命科学学院大一大二贫困大学生 奖励比例:60 人/年 奖励额度:2000 元/人

博时助学金 设立者:博时基金会 奖励对象:品学兼优的贫困大学生 奖励比例:5 人/年 奖励额度:5000 元/人

主要校办产业
资产经营管理有限公司

学校历史沿革
华中师范大学:文华书院大学部(1903 年–1909 年);文华大学(1909 年–1924 年);华中大学(1924 年–1951 年)(含文华大学、博学书院、博文书院、湖滨书院、长沙中国雅礼大学);公立华中大学(1951 年–1952 年)(含中华大学、华中大学、中原大学教育书院);华中高等师范学校(1952 年–1953 年);华中师范学院(1953 年–1985 年);华中师范大学(1985 年至今)。

湖北大学

学校(机构)标识码	4142010512	
学校办学类型	411:本科院校:大学	
学校性质类别	01 综合大学	
学校举办者	811 省级教育部门	
学校地址	武汉市武昌区友谊大道 368 号	
邮政编码	430062	
办公电话	027-88664102	
传真电话	027-88662960	
校园(局域)网域名	www.hubu.edu.cn	
电子信箱	xiaoban@hubu.edu.cn	
占地面积(平方米)	1160948	
校舍建筑面积(平方米)	875309	
图书(万册)	228	
固定资产总值(万元)	119917	
教学、科研仪器设备资产值(万元)	22087	
在校生数(人)	29130	
其中:普通本科	15509	
普通专科	3032	
成人本科	1939	
成人专科	5760	
博士研究生	124	
硕士研究生	2687	
留学生	79	
专任教师(人)	1272	
其中:正高级	181	
副高级	385	
中级	516	
初级	104	
未定职级	86	

本科专业 播音与主持艺术、材料化学、材料科学与工程、材料物理、楚才计划理科班、楚才计划文科班、档案学、地理科学、地理信息系统、电子科学与技术、电子信息工程、对外汉语、法学、法语、翻译、高分子材料与工程、工程管理、工商管理、工商管理试验班、公共事业管理、广播电视新闻学、广告学、国际经济与贸易、国际文化交流、国贸+英语双学位、汉语言文学、行政管理、化学、化学工程与工艺、化学生物学、环境工程、会计学、计算机科学与技术、教育技术学、金融学、经济学、历史学、旅游管理、美术学、人力资源管理、日语、软件工程、社会体育、生物工程、生物技术、生物科学、生物科学类、生物科学类试验班、市场营销、数学与应用数学、思想政治教育、体育教育、通信工程、微电子学、无机非金属材料工程、物理学、心理学、新闻传播学类、新闻学、信息管理与信息系统、信息与计算科学、艺术设计、英语、英语+国贸双学位、应用化学、运动人体科学、哲学、中国语言文学(国家基地班)、资源环境与城乡规划管理

专科专业 传媒策划与管理、导游、电子信息工程技术、广告设计与制作、会计、计算机应用技术、景区开发与管理、酒店管理、旅游日语、旅游英语、人民武装、市场营销、文秘、物流管理、新闻采编与制作、艺术设计

博士专业 材料学、基础数学、伦理学、马克思主义基本原理、生物化学与分子生物学、世界经济、思想政治教育、中国古代文学、专门史

硕士专业 材料加工工程、材料物理与化学、材料学、传播学、档案学、等离子体物理、地图学与地理信息系统、动物学、发展与教育心理学、翻译、分析化学、概率论与数理统计、高等教育学、高分子化学与物理、工程、工商管理、公共管理、光学、国际关系、国际贸易学、汉语国际教育、汉语言文字学、行政管理、会计学、基础数学、计算机科学与技术、计算机应用技术、计算数学、教育、教育经济与管理、教育学原理、金融、金融学(含:保险学)、科学技术哲学、科学社会主义与国际共产主义运动、课程与教学论、理论物理、历史文献学(含:敦煌学、古文字学)、粒子物理与原子核物理、伦理学、逻辑学、旅游管理、马克思主义基本原理、马克思主义哲学、马克思主义中国化研究、美学、凝聚态物理、农业推广、企业管理(含:财务管理、市场营销)、人文地理学、生态

学、生物化学与分子生物学、世界经济、世界史、思想政治教育、体育、体育教育训练学、土地资源管理、外国语言学及应用语言学、外国哲学、微电子学与固体电子学、微生物学、微生物与生化药学、文艺学、无机化学、无线电物理、物理化学(含:化学物理)、西方经济学、系统分析与集成、细胞生物学、宪法学与行政法学、新闻学、遗传学、英语语言文学、应用化学、应用数学、有机化学、语言学与应用语言学、运筹学与控制论、运动人体科学、政治经济学、政治学理论、植物学、中共党史(含:党的学说与党的建设)、中国古代史、中国古代文学、中国古典文献学、中国近现代史、中国现当代文学、中国哲学、中外政治制度、专门史、自然地理学

院系设置

商学院、政法与公共管理学院、文学院、历史文化学院、教育学院、外国语学院、体育学院、艺术学院、数学与计算机科学学院、生命科学学院、化学化工学院、材料科学与工程学院、物理学与电子技术学院、资源环境学院、哲学学院

国家级、省部级研究机构设置

1. 实验室:功能材料绿色制备与应用教育部重点实验室、有机功能分子合成与应用教育部重点实验室、高分子材料湖北省重点实验室、中药生物技术湖北省重点实验室、铁电压电材料与器件湖北省重点实验室、工业生物技术湖北省重点实验室、应用数学湖北省重点实验室、高分子合金材料湖北省产业创新基地、湖北省中小企业共性技术有机高分子研发推广中心、湖北省中小企业共性技术电子功能材料研发推广中心、高分子材料武汉市生产力促进中心、农业部遥感中心武汉分公司、武汉市环保型肥料工程研究中心、武汉市抗乙肝病毒与抗骨质疏松药物筛选工程技术研究中心、湖北省高分子材料中试基地、药物高通量筛选湖北省工程实验室、湖北省农业资源与区域规划研究所

2. 研究中心:旅游开发与管理研究中心、开放经济研究中心、湖北当代文化研究中心、湖北省道德与文明研究中心

博士后科研流动站 材料科学与工程、数学、哲学

定期公开出版的专业刊物 《湖北大学报》、《湖北大学学报》、《中学语文》、《中学数学》、《蛛形学报》、《胶体与聚合物》、《湖北大学成人教育学院院报》、《异步教学研究》

学校设立奖学金情况

学校设立奖学金21项,奖励总金额800余万元。奖学金最高金额11550元/年最低金额300元/年。

主要校办产业

湖北湖大资产经营有限公司、湖北奥升新材料科技有限公司、湖北奥升印务有限公司、武汉市楚云国际旅行社有限责任公司

学校历史沿革

湖北省立教育学院(1931－1944),国立湖北师范学院(1944－1949),湖北省教育学院(1949－1952)、湖北省教师进修学院(1952－1957),武汉师范专科学校(1957－1958),武汉师范学院(1958－1984),湖北大学(1984至今)。

湖北师范学院

学校(机构)标识码 4142010513	占地面积(平方米) 1334673	成人本科 2311
学校办学类型 412:本科院校:学院	校舍建筑面积(平方米) 585683	成人专科 1344
学校性质类别 06 师范院校	图书(万册) 185.22	硕士研究生 232
学校举办者 811 省级教育部门	固定资产总值(万元) 108940.12	留学生 21
学校地址 湖北省黄石市磁湖路11号	教学、科研仪器设备资产值(万元)	专任教师(人) 918
邮政编码 435002	10770.97	其中:正高级 132
办公电话 0714－6572179	在校生数(人) 19867	副高级 303
传真电话 0714－6573971	其中:普通本科 14363	中级 249
校园(局域)网域名 www.hbnu.edu.cn	普通专科 1596	初级 234
电子信箱 hbnudz@163.com		

本科专业 财务管理、地理科学、电气工程及其自动化、电子信息工程、电子信息科学与技术、对外汉语、法学、工业设计、广播电视新闻学、广告学、国际经济与贸易、汉语言文学、化学、化学工程与工艺、环境工程、计算机科学与技术、教育技术学、教育学、经济学、历史学、美术学、日语、商务英语、社会工作、社会体育、生物技术、生物科学、食品科学与工程、数学与应用数学、数字媒体技术、思想政治教育、体育教育、通信工程、统计学、舞蹈学、物理学、物联网工程、小学教育、信息工程、信息与计算科学、学前教育、艺术设计、音乐学、英语、应用化学、应用心理学、资源环境与城乡规划管理、自动化

专科专业 财务会计类新专业、导游、电气自动化技术、电子信息类、行政管理、会计、计算机网络技术、计算机应用技术、精细化学品生产技术、社会体育、食品生物技术、市场营销、英语教育、应用电子技术、应用化工技术、语文教育、自动化类新专业

硕士专业 分析化学、汉语言文字学、文艺学、应用数学

院系设置

现有院系为20个

国家级、省部级研究机构设置

研究机构有生物学国家级实验教学示范中心、污染物分析与资源化技术湖北省重点实验室、语言学研究中心、长江中游矿冶文化与经济社会发展研究中心、资源枯竭城市转型与发展研究中心

定期公开出版的专业刊物 《湖北师范学院学报》(哲学社会科学版)、《湖北师范学院学报》(自然科学版)

学校设立奖学金情况

学校设立奖学金 9 项,奖励总金额 100 余万元。奖学金最高金额 8000 元/年,最低金额 200 元/年。

学校历史沿革

1973 年 4 月 8 日,经原湖北省革命委员会批准,成立华中师范学院(现名华中师范大学)黄石分院,实行省、市双重领导,以黄石市领导为主。设语文、数学两个专业,办学规模暂定为 240 人。1978 年 12 月 28 日,经国务院批准,成立黄石师范学院,属湖北省领导。设政治、中文、数学、物理、化学、英语等专业,规模为 1200 人。1985 年 2 月 6 日,湖北省人民政府决定,学校更改为湖北师范学院,发展规模为 3000 人。

黄冈师范学院

学校(机构)标识码	4142010514
学校办学类型	412:本科院校:学院
学校性质类别	06 师范院校
学校举办者	811 省级教育部门
学校地址	湖北省黄冈市黄州开发区新港二路 146 号
邮政编码	438000
办公电话	0713-8621616
传真电话	0713-8621601
校园(局域)网域名	www.hgnu.edu.cn
电子信箱	office@hgnu.edu.cn
占地面积(平方米)	855709
校舍建筑面积(平方米)	451342
图书(万册)	172.66
固定资产总值(万元)	39679.39
教学、科研仪器设备资产值(万元)	12677.71
在校生数(人)	20107
其中:普通本科	14011
普通专科	1820
成人本科	2107
成人专科	2169
专任教师(人)	905
其中:正高级	100
副高级	212
中级	436
初级	157

本科专业 地理科学、电子科学与技术、电子信息工程、电子信息科学与技术、动画、对外汉语、法学、翻译、工商管理、广播电视编导、广播电视新闻学、广告学、国际经济与贸易、汉语言文学、化学、化学工程与工艺、计算机科学与技术、教育技术学、科学教育、旅游管理、美术学、日语、软件工程、社会体育、生物工程、生物科学、食品科学与工程、市场营销、数学与应用数学、数字媒体技术、思想政治教育、体育教育、网络工程、文化产业管理、物理学、信息与计算科学、学前教育、艺术设计、音乐表演、音乐学、英语、应用化学、政治学与行政学、制药工程

专科专业 动漫设计与制作(中外合作办学)、国际经济与贸易、国际经济与贸易(中外合作办学)、会计、计算机多媒体技术、计算机应用技术、计算机应用技术(中外合作办学)、美术教育、数学教育、音乐教育、英语教育、应用电子技术、应用日语、语文教育

院系设置

黄冈师范学院现设有文学院、政法学院、外国语学院、商学院、美术学院、音乐学院、数学与计算机科学学院、物理科学与技术学院、化学与生命科学学院、化工学院、体育学院、教育科学与技术学院、新闻与传播学院、继续教育学院、国际教育学院等 15 个教学院系

国家级、省部级研究机构设置

1. 实验室:经济林木种质改良与资源综合利用湖北省重点实验室

2. 研究中心(所):鄂东教育与文化研究中心、大别山红色文化研究中心、黄梅戏艺术研究中心

定期公开出版的专业刊物 《黄冈师范学院学报》(双月刊)

学校设立奖学金情况

学校设立奖学金五项,奖励总金额 163 余万元。奖学金最高金额 1000 元/年,最低金额 100 元/年。

主要校办产业

黄冈师范学院印刷厂、天马建筑公司、智达公司等,隶属于黄冈师范学院后勤产业集团管理

学校历史沿革

黄冈师范学院是 1999 年 3 月 25 日经国家教育部批准,由原来的师范专科学校升格为一所全日制省属普通本科师范院校。自 1905 年成立"黄州府师范学堂",黄冈师范学院至今已经走过了百年办学历程。

湖北民族学院

学校(机构)标识码	4142010517
学校办学类型	412:本科院校:学院
学校性质类别	12 民族院校
学校举办者	811 省级教育部门
学校地址	湖北省恩施市学院路 39 号
邮政编码	445000
办公电话	0718-8437035
传真电话	0718-8437035
校园(局域)网域名	www.hbmy.edu.cn
电子信箱	hbmygs@hbmy.edu.cn
占地面积(平方米)	967605
校舍建筑面积(平方米)	609167
图书(万册)	133.63
固定资产总值(万元)	53472
教学、科研仪器设备资产值(万元)	9959
在校生数(人)	19700

其中：普通本科 14837	硕士研究生 197	中级 484
普通专科 73	专任教师（人） 988	初级 116
成人本科 2641	其中：正高级 128	未定职级 6
成人专科 1952	副高级 254	

本科专业 编辑出版学、财务管理、城市规划、电气工程及其自动化、电子信息科学与技术、法学、公共事业管理、广播电视编导、广播电视新闻学、国际经济与贸易、汉语言文学、护理学、化工与制药、化学、化学工程与工艺、环境科学、会计学、机械电子工程、计算机科学与技术、林学、临床医学、旅游管理、美术学、日语、社会工作、社会体育、社会学、生物工程、生物科学、食品科学与工程、市场营销、数学与应用数学、数字媒体技术、思想政治教育、体育教育、舞蹈学、物理学、信息与计算科学、医学影像学、艺术设计、音乐学、英语、应用化学、园林、园艺、政治学与行政学、中药学、中医学、资源环境与城乡规划管理

专科专业 计算机应用技术、旅游管理、市场营销、英语教育

硕士专业 基础数学、民族学、文艺学、野生动植物保护与利用、应用化学、中医基础理论

院系设置
文学与传媒院、理学院、信息工程学院、化学环境工程学院、生物科学与技术学院、经济管理学院、马克思主义学院、外国语学院、医学院、法学院、职业技术与继续教育学院、艺术学院、体育学院、预科教育学院、发展规划处

国家级、省部级研究机构设置
南方少数民族研究中心、药用植物资源开发利用技术创新基地、国家民委武陵山区少数民族经济社会发展研究基地、湖北省中小企业共性技术特色生物资源开发利用推广中心、湖北省生物资源保护与利用重点实验室

定期公开出版的专业刊物 《湖北民族学院学报》（自然科学版）、《湖经民族学院学报》（医学版）、《湖北民族学院学报》（社会科学版）

学校设立奖学金情况
学校设立奖学金3项，奖励总金额303余万元。奖学金最高金额5000元/年，最低金额300元/年。

主要校办产业
印刷厂、纯净水厂

学校历史沿革
湖北民族学院的前身为湖北省立联合中等学校乡村师范分校，1938年成立，1941年改名为恩施师范学校，1958年成立恩施师范专科学校，1977年改名为华中师范学院恩施分院，1984年在恩施师范专科校的基础上成立了鄂西大学，1989年经国家教委检查验收，正式命名为湖北民院学院。1988年与创办于1958年恩施医学专科学校合并，成立了新的湖北民族学院。

郧阳师范高等专科学校

学校（机构）标识码 4142010518	传真电话 0719-8800198	在校生数（人） 12348
学校办学类型 414：专科院校：高等专科学校	校园（局域）网域名 www.yytc.net.cn	其中：普通专科 11673
	电子信箱 yytc2009@yeah.net	成人专科 675
学校性质类别 06 师范院校	占地面积（平方米） 717692	专任教师（人） 590
学校举办者 811 省级教育部门	校舍建筑面积（平方米） 390124	其中：正高级 30
学校地址 湖北省十堰市北京南路18号	图书（万册） 100.36	副高级 149
	固定资产总值（万元） 13095.59	中级 275
邮政编码 422000	教学、科研仪器设备资产值（万元）	初级 91
办公电话 0719-8800198	5697.84	未定职级 45

专科专业 初等教育、电子商务、电子信息工程技术、动漫设计与制作、法律事务、光电子技术、化学教育、环境监测与治理技术、会计、机电一体化技术、计算机网络技术、计算机应用技术、计算机硬件与外设、建筑设计技术、酒店管理、科学教育、历史教育、旅游管理、美术教育、汽车电子技术、商务英语、社会体育、生物技术及应用、生物教育、市场营销、数学教育、体育教育、通信技术、统计实务、投资与理财、图形图像制作、文秘、物理教育、物流管理、现代教育技术、心理咨询、新闻采编与制作、学前教育、音乐表演、音乐教育、英语教育、应用电子技术、应用化工技术、应用日语、语文教育、主持与播音、装潢艺术设计

院系设置
现设有中文、数学与财经、政法与旅游、外语、计算机科学、物理与电子工程、生物化学与环境工程、体育、艺术、教育等10个系

国家级、省部级研究机构设置
学校现在设有全国高职高专学报研究会、湖北省武当文化研究会、湖北省社科院十堰分院武当文化研究所、郧阳师专古籍整理研究所、郧阳师专伍家沟民间文化研究所、郧阳师专武当文化研究中心、郧阳师专应用电子技术研究所、郧阳师专杨献珍哲

学研究所

定期公开出版的专业刊物 《郧阳师范高等专科学校学报》、《郧阳师专报》

学校设立奖学金情况

学校先设立奖学金4项,奖励总金额414万元。奖学金最高金额8000元/年,最低金额400元/年。

主要校办产业

后勤集团印刷厂

学校历史沿革

郧阳师范高等专科学校是湖北省省属高等学校,位于湖北省十堰市,其前身是创立于1954年的郧阳师范学校,1975年开设大专班,1977年为华中师范大学郧阳分院。1978年经国务院批准成立郧阳师范专科学校,1993年经国家教委批准更名为郧阳师范高等专科学校。

襄樊学院

学校(机构)标识码 4142010519	校园(局域)网域名 www.xfu.edu.cn	其中:普通本科 14107
学校办学类型 412:本科院校:学院	电子信箱 xfu@xfu.edu.cn	普通专科 1999
学校性质类别 01 综合大学	占地面积(平方米) 897062	成人本科 1627
学校举办者 811 省级教育部门	校舍建筑面积(平方米) 509008	成人专科 4497
学校地址 湖北省襄阳市隆中路296号	图书(万册) 182.59	专任教师(人) 877
邮政编码 441053	固定资产总值(万元) 91740	其中:正高级 108
办公电话 0710-3591639	教学、科研仪器设备资产值(万元) 9946.52	副高级 259
传真电话 0710-3591876	在校生数(人) 22230	中级 393
		初级 117

本科专业 车辆工程、地理科学、电子信息工程、电子信息科学与技术、动画、对外汉语、法学、工程管理、工业工程、公共事业管理、广播电视新闻学、国际经济与贸易、汉语言文学、化学、化学工程与工艺、机械设计制造及其自动化、计算机科学与技术、建筑学、教育技术学、临床医学、旅游管理、美术学、汽车服务工程、日语、软件工程、社会工作、社会体育、生物科学、食品科学与工程、市场营销、数学与应用数学、思想政治教育、体育教育、土木工程、物理学、物流管理、信息与计算科学、学前教育、艺术设计、音乐表演、音乐学、英语、自动化

专科专业 工商企业管理、机电一体化技术、机械设计与制造、计算机应用技术、建筑工程技术、酒店管理、旅游管理、旅游管理类、汽车检测与维修技术、汽车类、艺术设计类、应用电子技术、应用化工技术、应用英语

院系设置

学校设15个二级学院:经济与政法学院、教育学院、文学院、外国语学院、音乐学院、美术学院、数学与计算机科学学院、物理与电子工程学院、机械与汽车工程学院、建筑工程学院、化学工程与食品科学学院、医学院、管理学院、继续教育学院、国际教育学院

国家级、省部级研究机构设置

1. 实验室:国家级实验室:国家动力电池质量监督检测中心

2. 研究中心(所):国家人文社会科学研究基地:中国三国文化研究基地;湖北省高校人文社会科学重点研究基地:鄂北区域发展研究中心 省级实验教学示范中心:物理实验教学示范中心;电工电子实验教学示范中心;综合工程实训中心;数字媒体实验教学示范中心;英语语言学习中心

定期公开出版的专业刊物 《襄樊学院学报》

学校设立奖学金情况

学校设立奖学金2项,奖励总金额2594800元。奖学金最高金额2000元/年,最低金额200元/年。

(一)毕业年级:奖学金发放金额为567800元。其中:优秀学生奖学金:一等奖47名,奖励金额为47×1000元(毕业生奖学金发放50%)=47000元;二等奖195名,奖励金额为195×500元=97500元;三等奖424名,奖励金额为424×250元=106000元;(一、二、三等奖学金根据学院人数,分别按照不超过参评学生总人数的1%(同一年级同一专业不足1人的按1人计算)、6%、13%下发指标)单项奖学金:甲等单项奖388人,奖励金额为298300元,(按照《襄樊学院优秀学生奖学金评选办法》中关于甲等单项奖学金的评选条件评选,没有名额限制)乙等单项奖95名,奖励金额为95×200元=19000元(按照3%下发指标)

(二)非毕业年级:奖学金发放金额为2027000元。其中:

(1)普通本专科:一等奖142名,2000元×142名=284000元;二等奖582名,1000元×582名=582000元;三等奖1270名,500元×1270名=635000元;(一、二、三等奖学金根据学院人数,分别按照不超过参评学生总人数的1%(同一年级同一专业不足1人的按1人计算)、6%、13%下发指标)甲等单项奖781名,奖励金额为371300元,(按照《襄樊学院优秀学生奖学金评选办法》中关于甲等单项奖学金的评选条件评选,没有名额限制)乙等单项奖307名,200元×307名=61400元;(按照3%下发指标)三好学生标兵16名;300元×16名=4800元;合计发放奖学金总额为1938500元。

(2)本科助学班:一等奖5名,1500元×5名=7500元;二等奖37名,1000元×37名=37000元;三等奖88名,500元×88名=44000元;(一、二、三等奖学金按照不超过符合评选条件

学生总人数的1%、6%、13%下发指标）合计发放奖学金总额为88500元。另有社会、企业及个人在学校设立奖学金11项，分别为：王元山法学奖学金、卧龙奖学金、周文生考研奖学金、大力奖学金、阳光慈善班、中铁十佳之星奖学金、天舜定向培养与就业奖学金、新中昌定向培养与就业奖学金、万洲定向培养与就业奖学金、华岩奖学金、东风奖学金。奖励总额合计为298000元。其中：王元山法学奖学金：优秀学业奖2000元/人，共有3人获奖；社会实践奖500元/人，共有18人获奖。合计金额为15000元。卧龙奖学金：奖励金额2000元/人，共有10人获奖，合计金额为20000元。周文生考研奖学金：奖励金额为500元/人，共有9人获奖，合计金额为4500元。大力奖学金：奖励金额为1000元/人，共有30人获奖，合计金额为30000元。阳光慈善班：奖励金额为1000元/人，共有50人获奖，合金金额为50000元。中铁十佳之星奖学金：奖励金额为1000元/人，共有10人获奖，合计金额为10000元。天舜定向培养与就业奖学金：一等奖4600元/人，二等奖4400元/人，各有2人获奖，合计金额为18000元。新中昌定向培养与就业奖学金：奖励金额为4000元/人，共有3人获奖，合计金额为12000元。万洲定向培养与就业奖学金：第一期分三个等次，一等奖4900元/人，共有2人获奖，二等奖4600元/人，共有3人获奖，三等奖4400元/人，共有6人获奖；第二期未分等次，奖励金额为4500元/人，共有9人获奖；合计金额为90500元。华岩奖学金：奖励金额为1000元/人，共有20人获奖，合计金额为20000元。东风奖学金：一等奖5000元/人，共有2人获奖；二等奖2000元/人，共有4人获奖；三等奖1000元/人，共有10人获奖，合计金额为28000元。

学校历史沿革

襄樊学院是一所综合性省属普通本科院校。襄樊学院的前身为襄阳师范高等专科学校（始建于1958年）、襄樊职业大学（始建于1983年）、襄樊教育学院（始建于1981年），三所学校于1998年3月经原国家教委批准合并组建襄樊学院。2000年，原湖北工艺美术学校并入襄樊学院。

中南财经政法大学

学校（机构）标识码　4142010520
学校办学类型　411：本科院校：大学
学校性质类别　08 财经院校
学校举办者　360 教育部
学校地址　武汉市洪山区南湖南路1号
邮政编码　430073
办公电话　027-88387850
传真电话　027-88387850
校园（局域）网域名　www.znufe.edu.cn
电子信箱　xxk@znufe.edu.cn
占地面积（平方米）　1924112
校舍建筑面积（平方米）　1142759
图书（万册）　313.02
固定资产总值（万元）　172041.32
教学、科研仪器设备资产值（万元）　17648.46
在校生数（人）　33584
其中：普通本科　20456
成人本科　2142
成人专科　2783
博士研究生　838
硕士研究生　7114
留学生　251
专任教师（人）　1569
其中：正高级　238
副高级　545
中级　613
初级　81
未定职级　92

本科专业　安全工程、保险、边防管理、财务管理、财政学、城市管理、电子商务、法学、法语、房地产经营管理、工程管理、工商管理、公共事业管理、管理科学、国际经济与贸易、国际商务、国际政治、汉语言文学、行政管理、环境工程、会计学、计算机科学与技术、金融工程、金融学、经济学、劳动关系、劳动与社会保障、旅游管理、贸易经济、农林经济管理、人力资源管理、日语、市场营销、税务、统计学、投资学、物流管理、新闻学、信息管理与信息系统、信息与计算科学、艺术设计、英语、哲学、侦查学、治安学

博士专业　财政学（含：税收学）、产业经济学、法律史、法学理论、法学新专业、工商管理新专业、国际法学（含：国际公法、国际私法）、国际贸易学、国民经济学、行政管理、环境与资源保护法学、会计学、金融学（含：保险学）、经济法学、经济史、经济思想史、劳动经济学、理论经济学新专业、旅游管理、马克思主义哲学、民商法学（含：劳动法学）、社会保障、企业管理（含：财务管理、市场营销）、区域经济学、人口、资源与环境经济学、社会保障、世界经济、数量经济学、诉讼法学、统计学、西方经济学、宪法学与行政法学、刑法学、应用经济学新专业、政治经济学

硕士专业　保险、财政学（含：税收学）、产业经济学、法律、法律史、法学理论、法学新专业、翻译、工程管理、工商管理、工商管理新专业、公共管理、管理科学与工程、国际法学（含：国际公法、国际私法）、国际关系、国际贸易学、国际商务、国际政治、国民经济学、国外马克思主义研究、行政管理、环境与资源保护法学、会计、会计学、计算机应用技术、技术经济及管理、教育经济与管理、金融、金融学（含：保险学）、经济法学、经济史、经济思想史、科学社会主义与国际共产主义运动、劳动经济学、理论经济学新专业、林业经济管理、伦理学、逻辑学、旅游管理、马克思主义基本原理、马克思主义哲学、马克思主义中国化研究、民商法学（含：劳动法学）、社会保障、农业经济管理、农业推广、企业管理（含：财务管理、市场营销）、区域经济学、人口、资源与环境经济学、社会保障、社会学、社会医学与卫生事业管理、世界经济、数量经济学、税务、思想政治教育、诉讼法学、统计学、土地资源管理、外国语言学及应用语言学、外国哲学、西方经济学、宪法学与行政法学、新闻学、刑法学、应用经济学新专业、应用统计、哲学新专业、政治经济学、政治学理论、中共党史（含：党的学说与党的建设）、中国近现代史、中外政治制度、专门史、资产评估

院系设置

学校下设马克思主义学院、哲学院、经济学院、财政税务学院、金融学院、法学院、刑事司法学院、外国语学院、新闻与文化传播学院、工商管理学院、会计学院（MPAcc 中心）、公共管理学院（MPA 中心）、统计与数学学院、信息与安全工程学院、知识产权学院、MBA 学院、继续教育学院（网络教育学院）、国际教育学院等 18 个学院

国家级、省部级研究机构设置

研究中心（所）：知识产权研究中心、WTO 与湖北发展研究中心、湖北就业与再就业研究中心、湖北财政与发展研究中心、湖北金融研究中心

定期公开出版的专业刊物　《中南财经政法大学学报》、《法商研究》

学校设立奖学金情况

学校设立奖学金 16 项，奖励总金额 1615.5 余万元。奖学金最高金额 80000 元/年，最低金额 300 元/年。

主要校办产业

我校目前拥有校办企业七家，其中全资企业五家（武汉中南大资产经营有限责任公司、湖北中大工程监理有限责任公司、武汉财达商贸公司、武汉财法商贸公司、武汉市财经书店），控股企业一家（武汉中南财经政法大学科技园有限责任公司），参股企业一家（湖北南财文化发展有限公司）

学校历史沿革

学校前身是 1948 年中共中央中原局创建的中原大学。1953 年在全国高等院校调整中，以中原大学财经学院、政法学院为基础，荟萃中南地区六省多所高等学校的财经、政法系科，分别成立了中南财经学院和中南政法学院。1958 年，中南财经学院和中南政法学院及中南政法干校、武汉大学法律系合并成为湖北大学。1971 年湖北大学改名为湖北财经专科学校。1978 年 1 月，湖北省批准学校更名为湖北财经学院。1979 年 1 月，经国务院批准，湖北财经学院由财政部及湖北省双重领导，以财政部为主。1984 年 12 月，以湖北财经学院法律系为基础，恢复重建中南政法学院，归司法部领导。1985 年 9 月，湖北财经学院更名为中南财经大学，邓小平亲笔题写了校名。2000 年 2 月，国务院批准教育部的方案，中南财经大学和中南政法学院合并，并于 2000 年 5 月 26 日组建成新的中南财经政法大学。

武汉体育学院

学校（机构）标识码	4142010522
学校办学类型	412：本科院校：学院
学校性质类别	10 体育院校
学校举办者	812 省级其他部门
学校地址	武汉市洪山区珞喻路 461 号
邮政编码	430079
办公电话	027 - 87191823
传真电话	027 - 87191730
校园（局域）网域名	www.wipe.edu.cn
占地面积（平方米）	932047
校舍建筑面积（平方米）	650998
图书（万册）	84
固定资产总值（万元）	52631
教学、科研仪器设备资产值（万元）	11260
在校生数（人）	13859
其中：普通本科	10470
成人本科	1326
成人专科	1028
博士研究生	29
硕士研究生	987
留学生	19
专任教师（人）	707
其中：正高级	122
副高级	284
中级	222
初级	75
未定职级	4

本科专业　表演、播音与主持艺术、公共事业管理、广告学、教育技术学、经济学、民族传统体育、社会体育、体育教育、体育装备工程、舞蹈学、新闻学、休闲体育、英语、应用心理学、运动康复与健康、运动人体科学、运动训练

博士专业　体育教育训练学

硕士专业　产业经济学、民族传统体育学、体育、体育教育训练学、体育人文社会学、舞蹈学、应用心理学、运动人体科学、运动医学

院系设置

体育教育学院、运动训练学院、武术学院、体育艺术学院、竞技体育学院、体育经济学院、健康科学学院、体育工程与信息技术系、体育新闻与外语系、研究生部、继续教育学院

国家级、省部级研究机构设置

1. 实验室：国家体育工程实验室、运动训练监控实验室

2. 研究中心（所）：湖北省产业研究中心、国家体育总局体育社会科学重点研究基地

定期公开出版的专业刊物　《武汉体育学院学报》、《体育成人教育学刊》

学校设立奖学金情况

学校设立奖学金 1 项，奖励总金额 100 余万元。奖学金最高金额 1000 元/年，最低金额 100 元/年。

主要校办产业

湖北银湖体育产业发展有限公司

学校历史沿革

武汉体育学院原名中南体育学院，1953 年全国高校院系调整时成立于江西南昌，由当时南昌大学专修科和华中师范学院体育系合并而成，1955 年迁至武汉市卓刀泉，1956 年改名为武汉体育学院。

湖北美术学院

学校(机构)标识码 4142010523	电子信箱 hmyuanban@hifa.edu.cn	成人本科 16
学校办学类型 412:本科院校:学院	占地面积(平方米) 478215	硕士研究生 493
学校性质类别 11 艺术院校	校舍建筑面积(平方米) 261219	留学生 1
学校举办者 811 省级教育部门	图书(万册) 31.59	专任教师(人) 374
学校地址 湖北省武汉市藏龙岛科技园栗庙路6号	固定资产总值(万元) 22541.64	其中:正高级 40
	教学、科研仪器设备资产值(万元) 4463.05	副高级 73
邮政编码 430205		中级 123
办公电话 027-81317000	在校生数(人) 6943	初级 96
传真电话 027-81317011	其中:普通本科 6297	未定职级 42
校园(局域)网域名 www.hifa.edu.cn	普通专科 136	

本科专业 版画、壁画、雕塑、动画、服装设计、工业设计、环境艺术设计、美术学、视觉传达设计、水彩画、油画、中国画

专科专业 动画、服装设计、工业设计、环境艺术设计、设计学

硕士专业 美术、美术学、设计艺术学、艺术设计、艺术学

院系设置
中国画系、油画系、版画系、壁画与综合材料系、雕塑系、动画学院、设计系、工业设计系、环境艺术设计系、服装设计系、美术学系、水彩系、视觉基础课部、研究生部、成教部、中专部

国家级、省部级研究机构设置
研究所(中心):环境艺术研究所、雕塑研究所、陶艺研究所、水彩艺术研究所、长江流域文化遗产研究所、湖北民间美术研究所、楚美术暨中国南方先秦美术研究中心

定期公开出版的专业刊物 《华中美术》

学校设立奖学金情况
学校设立奖学金 8 项,奖励总金额 80.38 余万元。奖学金最高金额 10000 元/年,最低金额 800 元/年。

毕业生一次就业率 93.44%

学校历史沿革
1920 年创办武昌美术学校;
1923 年易名武昌美术专门学校;
1930 年改称私立武昌艺术专科学校;
1937 年至 1945 年抗战期间,学校迁至宜昌、后转达宜都,最后到四川江津德感坝;
1946 年学校返回武汉;校址暂设于汉口府东五路-宁波同乡会馆;
1949 年 5 月武汉解放,6 月学校并入中原大学;9 月并入湖北教育学院;
1952 年并入华中师范学院;
1956 年并入武汉艺术师范学院(华师代管);
1958 年并入湖北艺术学院,1966 年学院撤销;
1971 年恢复湖北艺术专科学校,为美术分部;
1978 年恢复湖北艺术学院,为美术分部;
1985 年单独成立湖北美术学院,为全国八所美术学院之一。

中南民族大学

学校(机构)标识码 4142010524	电子信箱 president@scuec.edu.cn	成人专科 3226
学校办学类型 411:本科院校:大学	占地面积(平方米) 964048	博士研究生 46
学校性质类别 12 民族院校	校舍建筑面积(平方米) 722305	硕士研究生 2233
学校举办者 308 国家民族事务委员会	图书(万册) 208	留学生 27
学校地址 湖北省武汉市洪山区民族大道708号	固定资产总值(万元) 118689.78	专任教师(人) 1255
	教学、科研仪器设备资产值(万元) 16969.5	其中:正高级 149
邮政编码 430074		副高级 433
办公电话 027-67841009	在校生数(人) 28112	中级 409
传真电话 027-87532233	其中:普通本科 21601	初级 168
校园(局域)网域名 www.scuec.edu.cn	成人本科 979	未定职级 96

本科专业 保险、材料化学、财务管理、电气信息类、电子商务、电子信息工程、动画、对外汉语、法学、高分子材料与工程、工

商管理、工商管理类、公共管理类、公共事业管理、光信息科学与技术、广播电视新闻学、广告学、国际经济与贸易、汉语言文学、行政管理、化学工程与工艺、化学类、化学生物学、环境工程、环境科学、环境科学类、会计学、计算机科学与技术、教育学、金融工程、金融学、经济学、经济学类、劳动与社会保障、历史学、旅游管理、美术学、民族学、人力资源管理、日语、软件工程、社会工作、社会体育、社会学、社会学类、生物工程、生物技术、生物医学工程、食品质量与安全、市场营销、数学类、数学与应用数学、水文与水资源工程、思想政治教育、通信工程、统计学、网络工程、新闻传播学类、新闻学、信息管理与信息系统、信息与计算科学、药物制剂、药学、医疗器械工程、艺术设计、英语、应用化学、应用心理学、政治学与行政学、资源科学与工程、自动化

博士专业 民族学

硕士专业 传播学、等离子体物理、法律、法学理论、翻译、分析化学、高分子化学与物理、工程、工商管理、公共管理、汉语言文字学、行政管理、计算机应用技术、教育、教育经济与管理、教育学原理、经济法学、历史文献学(含:敦煌学、古文字学)、旅游管理、马克思主义基本原理、马克思主义民族理论与政策、民俗学(含:中国民间文学)、民族学、企业管理(含:财务管理、市场营销)、区域经济学、设计艺术学、社会工作、社会学、生物化学与分子生物学、生物医学工程、思想政治教育、通信与信息系统、外国语言学及应用语言学、文艺学、无机化学、物理化学(含:化学物理)、西方经济学、宪法学与行政法学、药物化学、应用数学、有机化学、中国古代史、中国古代文学、中国少数民族经济、中国少数民族史、中国少数民族艺术、中国少数民族语言文学(分语族)、中国哲学、专门史、宗教学

院系设置

法学院、文学与新闻传播学院、美术学院、民族学与社会学院、外语学院、经济学院、管理学院、公共管理学院、计算机科学学院、数学与统计学学院、电子信息工程学院、生物医学工程学院、化学与材料科学学院、生命科学学院、药学院、继续教育学院、预科教育学院、马克思主义学院、国际教育学院、体育学院、音乐舞蹈学院

国家级、省部级研究机构设置

1. 实验室:生物技术实验室、分析化学综合实验室、通信工程综合实验室、电子信息工程综合实验室、催化材料科学国家民委—教育部重点实验室、农业信息技术研究与开发联合实验室、民族药学实验室(三级)

2. 研究中心(所):湖北省中小企业共性技术工业废水处理及回用研发推广中心、南方少数民族研究中心、中南少数民族审美文化研究中心、新材料产业能源环境催化材料技术创新基地、少数民族教育发展研究基地、高校风险预警防控研究中心、武汉市民族药物现代化工程中心

定期公开出版的专业刊物 《中南民族大学学报》(人文社会科学版)、《中南民族大学学报》(自然科学版)

学校设立奖学金情况

学校设立奖学金11项,奖励总金额2426.84万元,奖学金最高金额8000元/年,最低100元/年。

学校历史沿革

1951年1月,中南军政委员会遵照国家政务院颁发的《培养少数民族干部试行方案》的规定,委托中原大学(华中师范大学前身)筹办中央民族学院中南分院,同年12月确定校址在武昌洪山南麓(现湖北省军区大院内)。1951年11月29日,中央民族学院中南分院正式成立。1952年12月27日,经中南军政委员会批准,将中央民族学院中南分院改名为中南民族学院。文革中,学校于1966年秋季停止招生,1970年撤销。1980年中南民族学院恢复重建,2002年3月更名为中南民族大学,是一所直属国家民族事务委员会的综合型普通高等学校。

湖北汽车工业学院

学校(机构)标识码	4142010525
学校办学类型	412:本科院校:学院
学校性质类别	02 理工院校
学校举办者	811 省级教育部门
学校地址	湖北省十堰市车城西路167号
邮政编码	442002
办公电话	0719-8238177
传真电话	0719-8260748
校园(局域)网域名	www.huat.edu.cn
电子信箱	qybgs@huat.edu.cn
占地面积(平方米)	552257
校舍建筑面积(平方米)	260823
图书(万册)	60.2
固定资产总值(万元)	41667.7
教学、科研仪器设备资产值(万元)	8571.6
在校生数(人)	13597
其中:普通本科	7840
普通专科	318
成人本科	1626
成人专科	3813
专任教师(人)	478
其中:正高级	41
副高级	116
中级	182
初级	122
未定职级	17

本科专业 材料成型及控制工程、材料成型及控制工程(模具设计与、材料成型及控制工程(汽车产业)、材料科学与工程(材料表面技术)、材料科学与工程(高分子材料)、材料科学与工程(金属材料)、财务管理、车辆工程、车辆工程(汽车发动机)、车辆工程(汽车工程)、车辆工程(新能源汽车产业)、电气工程及其自动化、电子信息工程、电子信息工程(汽车电子信息工程)、电子信息科学与技术、电子信息科学与技术(车联网工程)、电子信息科学与技术(汽车信息工程)、法学(商法)、工商管理(电子商务)、工商管理(汽车营销)、工商管理(物流管理)、工业工程、工业设计、工业设计(产品设计)、工业设计(环境艺术设计)、工业设计(汽车造型设计)、光信息科学与技术、光信息科学与技术(光电技术)、光信息科学与技术(光机电一体化)、国

际经济与贸易、机械设计制造及其自动化(机电工程)、机械设计制造及其自动化(试点班)、机械设计制造及其自动化(数字化)、计算机科学与技术、旅游管理、汽车服务工程、热能与动力工程(汽车发动机)、软件工程、软件工程(汽车工业信息化)、市场营销(汽车营销)、物流管理、信息管理与信息系统、英语(汽车贸易)、自动化、自动化(电动车辆工程)、自动化(汽车工业电气自动化)

专科专业 机械制造与自动化、旅游管理(酒店管理)、汽车运用技术、应用电子技术

院系设置

机械工程系、电气与信息工程学院、材料工程系、汽车工程系、经济管理学院、人文社科系、外语系、理学系、高职院等

国家级、省部级研究机构设置

研究所(中心):国家级汽车产业实验实训教学示范中心、省级拥有汽车工程、电工电子、机械、计算机等4省级教学示范中心

定期公开出版的专业刊物 《湖北汽车工业学院学报》、《湖北汽院报》

学校设立奖学金情况

学校设立奖学金 九项,奖励总金额1000余万元。奖学金最高金额8000元/年,最低金额600元/年。

1. 人民奖学金:1200元/人,800元/人,600元/人
2. 新生奖学金:8000元/人,5000元/人,2000元/人
3. 东风奖学金:2000元/人,1000元/人,500元/人

学校历史沿革

湖北汽车工业学院是当时中国第二汽车制造厂为解决工厂建设汽车人才紧缺问题而建立的一所职工大学。经过十余年的发展,于1983年由国务院批准在二汽职工大学的基础上成立湖北汽车工业学院。2006年,在湖北省人民政府及十堰市人民政府和东风汽车公司等多方协商的基础上,决定将湖北汽车工业学院由东风汽车公司管理完全划转归湖北省人民政府管理,实行省市共建,以省政府领导为主的管理体制。2007年11月15日,湖北省机构编制委员会发文(鄂编发【2007】180号)正式明确学校为湖北省政府主办的本科层次的普通高等学校,归口省教育厅管理。

孝感学院

学校(机构)标识码 4142010528	电子信箱 President@xgu.cn	普通专科 1666
学校办学类型 412:本科院校:学院	占地面积(平方米) 886777	成人本科 399
学校性质类别 01 综合大学	校舍建筑面积(平方米) 460682	成人专科 715
学校举办者 811 省级教育部门	图书(万册) 107.14	专任教师(人) 775
学校地址 湖北省孝感市孝南区广场街办事处一宫社区居委会	固定资产总值(万元) 48212.51	其中:正高级 68
	教学、科研仪器设备资产值(万元) 7956.11	副高级 177
邮政编码 432100		中级 362
办公电话 0712-2345678	在校生数(人) 15210	初级 109
传真电话 0712-2345265	其中:普通本科 12430	未定职级 59
校园(局域)网域名 www.xgu.cn		

本科专业 播音与主持艺术、材料化学、城市规划、电子商务、电子信息工程、电子信息科学与技术、对外汉语、法学、法语、高分子材料与工程、给水排水工程、工程造价、工业设计、光信息科学与技术、广播电视新闻学、广告学、汉语言文学、化学、环境科学、机械设计制造及其自动化、计算机科学与技术、建筑学、教育技术学、经济学、美术学、农学、农业资源与环境、社会工作、生物工程、生物科学、食品科学与工程、市场营销、数学与应用数学、思想政治教育、体育教育、统计学、土木工程、舞蹈学、物理学、小学教育、艺术设计、音乐学、英语、应用心理学、园林、园艺、自动化

专科专业 工程造价、公共事务管理、国际贸易实务、计算机应用技术、建筑工程技术、建筑设计技术、生物技术及应用、数学教育、英语教育、应用电子技术、应用化工技术

院系设置

文学与新闻传播学院、外国语学院、政治与法律学院、美术与设计学院、音乐学院、经济与管理学院、数学与统计学院、物理与电子信息工程学院、化学与材料科学学院、生命科学技术学院、计算机与信息科学学院、城市建设学院、教育与心理学院、体育学院、国际教育学院

国家级、省部级研究机构设置

1. 实验室:作物病害监测和安全控制湖北省重点实验室、生物质资源化学与环境生物技术湖北省重点实验室
2. 研究中心(所):湖北小城镇发展研究中心、中华孝文化研究中心、孝感市农村区域科技成果转化中心、孝感市道路交通新型复合材料研发中心、孝感市集成光电子器件研发中心、孝感市新科建筑设计院、中国传统文化与古代小说戏曲研究所、新时期文学研究中心、现代广告传播研究所、应用数学研究所、光电信息研究所、应用化学研究所、高分子材料研究所、比较政治文化研究所、计算机应用研究所、绿色果品研究所、作物品质研究所、植物资源开发研究所、县域经济与中小企业研究所建筑工程技术研究所、建筑环境研究所、艺术设计与创作研究所、艺术噪音研究所、动漫研究中心、城市规划与设计研究院

定期公开出版的专业刊物 《孝感学院报》

学校设立奖学金情况

学校设立奖学金6项,奖励总金额418.54余万元。奖学金最高金额8000元/年,最低金额200元/年。

主要校办产业

孝感市新科建筑工程总公司

学校历史沿革

湖北省立第三师范学校(1943年－1947年),湖北省立安陆师范学校(1948年－1950年),孝感师范学院(1950年－1960年),孝感大学(1958年－1959年)(其师范专设在孝感师范学校),孝感师范专科学校(1959年－1960年)(孝感大学停办,保留下来的师范专科改名为孝感专科学校,黄陂大学中文科随之并入),武汉师范专科学校(1960年－1961年)(孝感师范学校与孝感师范专科学校合并),孝感师范学校(1961年－1970年),孝感地区师范学院(1970年－1978年)(1970年孝感高中撤销,其中大部分教师调入),武汉师范院校孝感学院分院(1978年－1983年)(1979年其高农班分出,组建成华中农学院分院),孝感师范专科学校(1983年－1993年)(1986年由华中农学院孝感分院改为的湖北职业技术师范专科学校并入),孝感师范高等专科学校(1993年－2000年)(1999年8月南方城乡建设学校暨孝感建筑工程学校并入),孝感学院(2000年3月至今)。

武汉职业技术学院

学校(机构)标识码 4142010834	传真电话 027-87766775	在校生数(人) 20759
学校办学类型 415:专科院校:高等职业学校	校园(局域)网域名 www.wtc.edu.cn	其中:普通专科 17995
	电子信箱 wtc@wtc.edu.com	成人专科 2764
学校性质类别 02 理工院校	占地面积(平方米) 964355	专任教师(人) 820
学校举办者 811 省级教育部门	校舍建筑面积(平方米) 592861	其中:正高级 22
学校地址 武汉市洪山区关山大道463号	图书(万册) 106.8	副高级 252
	固定资产总值(万元) 63771.8	中级 283
邮政编码 430074	教学、科研仪器设备资产值(万元) 12516.73	初级 149
办公电话 027-87766773		未定职级 114

专科专业 包装技术与设计、产品造型设计、电光源技术、电脑艺术设计、电气自动化技术、电子测量技术与仪器、电子商务、电子信息工程技术、电子政务、电子组装技术与设备、动漫设计与制作、纺织品装饰艺术设计、服装表演、服装设计、高分子材料加工技术、工程监理、工程造价、工商企业管理、公共关系、光电子技术、国际经济与贸易、国际质量管理体系认证、环境艺术设计、会计、会展策划与管理、机电一体化技术、机械制造与自动化、计算机网络技术、计算机信息管理、计算机应用技术、建筑工程技术、建筑装饰工程技术、节能工程技术(电子节能)、节能工程技术(建筑节能)、酒店管理、酒店管理(国际酒店日语)、酒店管理(国际酒店英语)、空中乘务、连锁经营管理、楼宇智能化工程技术、旅游管理、旅游管理(酒店管理)、旅游管理(涉外导游)、旅游管理(休闲旅游)、模具设计与制造、汽车检测与维修技术、染整技术、软件技术、商务英语、摄影摄像技术、生物制药技术、食品生物技术、市场营销、数控技术、通信技术、投资与理财、微生物技术及应用、文秘、物流管理、物业管理、现代纺织技术、消防工程技术、药品经营与管理、药物制剂技术、艺术设计、印刷技术、应用法语、应用日语、应用英语、游戏软件、主持与播音

院系设置

电子信息工程学院、机电工程学院、计算机技术与软件工程学院、建筑工程学院、商学院、艺术设计学院、外语学院、人文学院(思想政治教育课部)、旅游与航空服务学院、生物工程学院、纺织服装工程学院、轻工学院、国际学院、继续育学院

国家级、省部级研究机构设置

研究所:职业与职业教育研究所、武汉文化研究所、华泰机电技术应用研究所、电子信息技术应用于开发研究所、国际惯例体系标准应用研究所、计算机应用技术研究所、应用外语研究所、轻工纺织技术研究所、服装研究所、设计艺术研究所、旅游发展研究所、应用生物技术研究所

定期公开出版的专业刊物 《武汉职业技术学院学报》

学校设立奖学金情况

学校设立奖学金9项,奖励金额为93.18万元。奖学金最高金额500元/学期,最低金额200元/学期。全年共发放突出贡献奖42名,笃学进步奖2173名,厚德风尚奖386名,青春励志奖257名,求是创新奖147名,社会工作奖594名,社团活动奖319名,实践成才奖323名,文体活动奖360名。

主要校办产业

武汉职业技术学院纺织厂

学校历史沿革

武汉职业技术学院是1993年3月经教育部批准设置的全日制普通高等学校,其前身是国家级重点中专武汉无线电工业学校和湖北省国防科技工业职工大学。学院成立后,又将原湖北省电子工业学校和湖北省纺织服装工业学校整体并入。

黄石理工学院

学校(机构)标识码 4142010920	电子信箱 hslgxyyb@126.com	普通专科 5542
学校办学类型 412:本科院校:学院	占地面积(平方米) 1459333	成人本科 1214
学校性质类别 02 理工院校	校舍建筑面积(平方米) 502081	成人专科 5643
学校举办者 822 地级其他部门	图书(万册) 100.4	专任教师(人) 956
学校地址 湖北省黄石市桂林北路16号	固定资产总值(万元) 76507.47	其中:正高级 63
	教学、科研仪器设备资产值(万元) 10200.82	副高级 309
邮政编码 435003		中级 357
办公电话 0714-6353390	在校生数(人) 22381	初级 136
传真电话 0714-6356808	其中:普通本科 9982	未定职级 91
校园(局域)网域名 www.hsit.edu.cn		

本科专业 安全工程、财务管理、电气工程及其自动化、电子信息工程、服装设计与工程、给水排水工程、工程管理、工商管理、国际经济与贸易、汉语言文学、护理学、化学工程与工艺、环境工程、环境科学、机械电子工程、机械设计制造及其自动化、计算机科学与技术、交通运输、生物工程、市场营销、土木工程、网络工程、无机非金属材料工程、小学教育、信息与计算科学、学前教育、药学、艺术设计、音乐学、英语、应用化学、应用物理学、自动化

专科专业 材料工程技术、初等教育、道路桥梁工程技术、电气自动化技术、电子商务、电子信息工程技术、服装表演、服装设计、给排水工程技术、工程监理、工商企业管理、国际贸易实务、国际商务、汉语、护理、环境监测与评价、环境监测与治理技术、会计、机械设计与制造、机械制造与自动化、计算机网络技术、计算机信息管理、计算机应用技术、建筑工程技术、建筑装饰工程技术、康复治疗技术、临床医学、美术教育、模具设计与制造、汽车运用技术、商务英语、生物化工工艺、市场营销、数控技术、数学教育、物流管理、物业管理、药学、医学检验技术、医学影像技术、医用电子仪器与维护、音乐教育、英语教育、营销与策划、应用电子技术、应用化工技术、应用英语

院系设置
现院系有18个
国家级、省部级研究机构设置
国家级、省部级研究机构有矿区环境污染控制与修复湖北省重点实验室、长江中游矿冶文化与经济社会发展研究中心。
定期公开出版的专业刊物 《黄石理工学院学报》、《黄石理工学院学报(人文社会科学版)》
学校设立奖学金情况
学校设立奖学金4项,奖励总金额94万元/年,最高金额1200元/年,最低金额200元/年。
学校历史沿革
黄石理工学院是一所经教育部批准成立的"省市共建、以市为主"的省属普通本科院校,至今已有35年的办学历程。其沿革为:1975年创办黄石市工业学校;1978年成立湖北省高等院校黄石高工班;1981年成立武汉工学院(现武汉理工大学)黄石分院;1991年武汉工学院黄石分院和黄石职业大学合并组建为黄石高等专科学校;2004年6月经教育部批准由黄石高等专科学校和黄石教育学院合并组建为黄石理工学院。

咸宁学院

学校(机构)标识码 4142010927	电子信箱 yb@xnc.edu.cn	普通专科 1681
学校办学类型 412:本科院校:学院	占地面积(平方米) 1175617	成人本科 3773
学校性质类别 01 综合大学	校舍建筑面积(平方米) 649875	成人专科 3162
学校举办者 811 省级教育部门	图书(万册) 121.76	留学生 9
学校地址 湖北省咸宁市咸宁大道88号	固定资产总值(万元) 55069	专任教师(人) 966
	教学、科研仪器设备资产值(万元) 12415.41	其中:正高级 84
邮政编码 437100		副高级 217
办公电话 0715-8151686		中级 438
传真电话 0715-8256221	在校生数(人) 23334	初级 218
校园(局域)网域名 www.enxnc.com.	其中:普通本科 14709	未定职级 9

本科专业 财务管理、地理科学、电气工程及其自动化、电气信息类新专业、电子信息科学与技术、对外汉语、工程管理、工商管理、公共事业管理、汉语言文学、核工程与核技术、护理学、化学、化学类新专业、计算机科学与技术、经济学、口腔医学、历史学、临床药学、临床医学、临床医学与医学技术类新专业、美术学、能源动力类新专业、社会体育、生物科学、生物医学工程、数学类新专业、数学与应用数学、体育教育、统计学、土地资源管理、网络工程、物理学、小学教育、眼视光学、药物制剂、药学、医学影像学、艺术设计、音乐学、英语、应用化学、应用心理学、预防医学

专科专业 地理教育、电子信息工程技术、护理、计算机类新专业、计算机应用技术、口腔医学、口腔医学技术、旅游管理、市场营销、文秘、医用电子仪器与维护、英语教育、应用化工技术

院系设置
现有19个教学院部
国家级、省部级研究机构设置
拥有省级重点实验室1个,省级研究中心1个。
定期公开出版的专业刊物 《咸宁学院学报》(综合版和医学版)
学校设立奖学金情况
学校设立奖学金1项,总金额200余万元。奖学金最高奖励每年800元,最低每年300元。
学校历史沿革
咸宁学院由原咸宁医学院和咸宁师范高等专科学校于2002年经教育部批准合并组建而成。

湖北医药学院

学校(机构)标识码　4142010929
学校办学类型　412:本科院校:学院
学校性质类别　05 医药院校
学校举办者　811 省级教育部门
学校地址　湖北省十堰市人民南路30号
邮政编码　442000
办公电话　0719-8891088
传真电话　0719-8891080
校园(局域)网域名　www.hbmu.edu.cn
电子信箱　hbmubgs@hbmu.edu.cn
占地面积(平方米)　375980
校舍建筑面积(平方米)　223910
图书(万册)　83.84
固定资产总值(万元)　50124.38
教学、科研仪器设备资产值(万元)　10964.2
在校生数(人)　14465
其中:普通本科　6569
　　　普通专科　487
　　　成人本科　3311
　　　成人专科　4098
专任教师(人)　541
其中:正高级　59
　　　副高级　149
　　　中级　173
　　　初级　122
　　　未定职级　38

本科专业 公共事业管理、护理学、康复治疗学、口腔医学、临床医学、麻醉学、生物科学与生物技术、信息管理与信息系统、药学、医学检验、医学影像学

专科专业 护理、康复治疗技术

院系设置
基础医学院、公共管理学院、第一临床学院、第二临床学院、第三临床学院、第四临床学院、护理学院、药学院、生物医学工程学院、口腔学院、继续教育学院、思想政治理论课部

国家级、省部级研究机构设置
实验动物中心、胚胎干细胞重点研实验室、中药药理实验室、卫生管理与卫生事业发展研究中心

定期公开出版的专业刊物 《湖北医药学院学报》

学校设立奖学金情况
奖学金5项,奖励总金额110万元/年,最高金额1500元/年,最低金额200元/年。

学校历史沿革
1965年建校定名为武汉医学院郧阳分院;1986年更名为同济医科大学郧阳医学院;1994年更名为郧阳医学院;2010年更名为湖北医药学院。

黄冈职业技术学院

学校(机构)标识码　4142010955
学校办学类型　415:专科院校:高等职业学校
学校性质类别　02 理工院校
学校举办者　822 地级其他部门
学校地址　湖北省黄冈市南湖桃园街109号
邮政编码　438002
办公电话　0713-8346388
传真电话　0713-8345265
校园(局域)网域名　www.hgpu.edu.cn
电子信箱　zybgs@hgpu.edu.cn
占地面积(平方米)　851485
校舍建筑面积(平方米)　346248
图书(万册)　83
固定资产总值(万元)　33489
教学、科研仪器设备资产值(万元)　9895
在校生数(人)　15514
其中:普通专科　14266
　　　成人专科　1248

| 专任教师(人) 735 | 副高级 193 | 初级 140 |
| 其中:正高级 22 | 中级 288 | 未定职级 92 |

专科专业 表演艺术、财政、畜牧兽医、道路桥梁工程技术、电脑艺术设计、电子商务、动漫设计与制作、发电厂及电力系统、房地产经营与估价、钢结构建造技术、工程监理、工程造价、工商企业管理、供用电技术、国际贸易实务、护理、环境监测与治理技术、环境艺术设计、会计电算化、会展策划与管理、机电设备维修与管理、机电一体化技术、计算机网络技术、计算机应用技术、建筑工程技术、建筑装饰工程技术、金融保险、经济管理、酒店管理、旅游管理、模具设计与制造、烹饪工艺与营养、汽车技术服务与营销、汽车检测与维修技术、汽车整形技术、软件外包服务、商务英语、社区管理与服务、生物技术及应用、生物制药技术、市场营销、数控技术、税务、文秘、物流管理、信息安全技术、药品经营与管理、药学、医学检验技术、应用电子技术、应用化工技术、园林技术、制冷与冷藏技术、作物生产技术

院系设置

设置了生物化工学院、电子信息学院、机电学院、商学院、交通学院、建筑学院、医学院、成教学院、国际交流学院、公共课部10个院(部)

定期公开出版的专业刊物 《黄冈职业技术学院学报》

学校设立奖学金情况

学校设立1项奖学金,奖励金额55余万元,奖学金最高800元/年,最低金额800元/年。

主要校办产业

黄冈润尔商务宾馆

学校历史沿革

黄冈职院是由原黄冈农校、黄冈财校、黄冈机校于1999年7月经教育部批准合并组建的,2010年4月经湖北省政府批准黄冈卫校、黄冈中心医院附属护士学校正式并入。

长江职业学院

学校(机构)标识码 4142010956	传真电话 027-87174584	在校生数(人) 11057
学校办学类型 415:专科院校:高等职业学校	校园(局域)网域名 www.cjxy.edu.cn	其中:普通专科 11041
	电子信箱 changzhimail@163.com	成人专科 16
学校性质类别 02 理工院校	占地面积(平方米) 500025	专任教师(人) 415
学校举办者 999 民办	校舍建筑面积(平方米) 225710	其中:正高级 97
学校地址 湖北省武汉市洪山区雄楚大街918号	图书(万册) 47.2	副高级 144
	固定资产总值(万元) 20746	中级 82
邮政编码 430074	教学、科研仪器设备资产值(万元) 4345.77	初级 61
办公电话 027-87174580		未定职级 31

专科专业 表演艺术、电脑艺术设计、电子商务、电子信息工程技术、动漫设计与制作、工商企业管理、广告设计与制作、国际贸易实务、环境艺术设计、会计、机电一体化技术、计算机多媒体技术、计算机网络技术、计算机应用技术、建筑装饰工程技术、金融保险、旅游管理、模具设计与制造、汽车电子技术、汽车技术服务与营销、软件技术、商务英语、涉外旅游、摄影摄像技术、市场营销、通信技术、文秘、物流管理、物业管理、新闻采编与制作、艺术设计、应用电子技术、应用日语、装潢艺术设计

院系设置

设有"7院、1部、1中心",即艺术学院、旅游学院、外语外贸学院、经济管理学院、工学院、国际学院、继续教育学院、中专部及现代教育技术中心

国家级、省部级研究机构设置

学校拥有动漫设计与制作、计算机应用两个中央财政支持的职业教育实训基地

学校历史沿革

学校的前身湖北经济管理大学创办于1984年,上世纪九十年代就已发展成为一所拥有文、理、艺、工、商、法等门类齐全的综合性高校。改革开放初期,经济学专家伍新木等一批武汉的专家、学者云集学校,使湖北经济管理大学得以汲取名校名家之文化滋养,为学校的发展奠定了坚实的基础。1999年,国家教育部批准在湖北经济管理大学基础上建立长江职业学院,成为湖北首批举办高职的院校。

江汉大学

| 学校(机构)标识码 4142011072 | 学校办学类型 411:本科院校:大学 | 学校性质类别 01 综合大学 |

学校举办者　812 省级其他部门	校舍建筑面积(平方米)　536321	成人专科　4804
学校地址　武汉经济技术开发区三角湖路	图书(万册)　196.32	硕士研究生　97
	固定资产总值(万元)　114582.64	留学生　8
邮政编码　430056	教学、科研仪器设备资产值(万元)　18128.91	专任教师(人)　1060
办公电话　027-84225508		其中:正高级　84
传真电话　027-84225507	在校生数(人)　23304	副高级　454
校园(局域)网域名　www.jhun.edu.cn	其中:普通本科　15144	中级　434
电子信箱　cwc@jhun.edu.cn	普通专科　1565	初级　23
占地面积(平方米)　1409709	成人本科　1686	未定职级　65

本科专业　材料成型及控制工程、财务管理、测控技术与仪器、城市规划、电子信息工程、法学、法语、高分子材料与工程、工商管理、工业设计、公共事业管理、光信息科学与技术、广告学、国际经济与贸易、过程装备与控制工程、汉语言文学、行政管理、护理学、化学、化学工程与工艺、环境工程、会计学、绘画、绘画(油画)、机械设计制造及其自动化、计算机科学与技术、教育技术学、教育学、金融学、历史学、临床医学、旅游管理、美术学(绘画)、美术学(美术教育)、美术学(综合美术)、汽车服务工程、日语、社会工作、社会体育、生物技术、市场营销、数学与应用数学、思想政治教育、体育教育、通信工程、网络工程、物理学、物流管理、信息管理与信息系统、艺术设计(动画设计)、艺术设计(服装表演与形象设计)、艺术设计(服装设计)、艺术设计(服装设计与营销)、艺术设计(工业产品造型设计)、艺术设计(环境艺术设计)、艺术设计(平面设计)、艺术设计(视觉传达设计)、音乐表演、音乐学、音乐学(音乐教育)、音乐学(音乐舞蹈表演)、英语、应用心理学、园艺、运动训练、针灸推拿学、自动化

专科专业　电子商务、电子信息工程技术(城市轨道交通)、护理(涉外)、护理(涉外)、会计电算化、机电一体化技术(城市轨道交通供)、机电一体化技术(城市轨道交通机)、计算机应用技术、计算机应用技术(轨道交通自动售)、康复治疗技术、口腔医学、汽车技术服务与营销、社会体育(高尔夫运动)、生物技术及应用(运动马匹饲养)、市场营销(高尔夫产业经营与管理)、文秘(商务秘书)、医学影像技术、园林技术(高尔夫场地管理)、助产

硕士专业　高分子化学与物理、工程、工业催化、应用化学

院系设置

商学院、政法学院、教育学院、体育学院、人文学院、艺术学院、现代艺术学院、外国语学院、机电与建筑工程学院、物理与信息工程学院、数学与计算机科学学院、化学与环境工程学院、医学院、生命科学学院、高等职业技术学院、高尔夫学院、继续教育学院、卫生职业技术学院

国家级、省部级研究机构设置

湖北省化学研究院、湖北省中小企业化学与环境工程共性技术研发中心、江汉大学高等教育研究所、江汉大学发展研究院、江汉大学城市研究所、武汉制造业战略与发展研究所、江汉大学语言文学研究所、大气污染控制工程研究基地、江汉大学病理检验中心、武汉延安精神研究院、武汉豆类植物研究中心、材料成型与改性研究基地

定期公开出版的专业刊物　《江汉大学学报(人文科学版)》、《江汉大学学报(自然科学版)》、《江汉大学学报(社会科学版)》、《学语文报》

学校设立奖学金情况

学校设立奖学金 10 项,奖励总金额 500 余万元。奖学金最高金额 10000 元/年,最低金额 100 元/年。

1. 校长奖学金:10 人/年,10000 元/人;
2. 校优秀学生标兵奖学金:20 人/年,5000 元/人;
3. 校优秀学生干部奖学金:在校学生人数的 2%/年,2000 元/人;
4. 校优秀学生奖学金:在校学生人数的 30%/年,1500 元/人;
5. 校优秀毕业生奖学金:应届毕业生人数的 10%/年,1000 元/人;
6. 道德风尚奖学金:100-10000 元/人/年;
7. 学生学术成果奖学金:100-10000 元/人/年;
8. 学生社会工作积极分子奖学金:每班 1 人/年,200 元/人;
9. 新生奖学金:1000 元/人/年;
10. 专业奖学金:420 元/人/年。

主要校办产业

武汉第四机床厂

毕业生一次就业率　89.09%

学校历史沿革

江汉大学是经教育部 2001 年 10 月 17 日批准,由原江汉大学(创建于 1980 年)、华中理工大学汉口分校(创建于 1981 年)、武汉教育学院(创建于 1952 年)、武汉市职工医学院(创建于 1958 年)合并组建而成的一所多科性普通高等学校。

荆州理工职业学院

学校(机构)标识码　4142011074	学校性质类别　02 理工院校	邮政编码　434000
学校办学类型　415:专科院校:高等职业学校	学校举办者　822 地级其他部门	办公电话　0716-8253805
	学校地址　湖北省荆州市工农路 22 号	传真电话　0716-8253806

校园(局域)网域名 www.jzlg.cn	教学、科研仪器设备资产值(万元) 3639.08	其中:正高级 7
电子信箱 jzlg666@163.com		副高级 94
占地面积(平方米) 461019	在校生数(人) 5842	中级 142
校舍建筑面积(平方米) 232927	其中:普通专科 5539	初级 77
图书(万册) 54.67	成人专科 303	未定职级 6
固定资产总值(万元) 19915.91	专任教师(人) 326	

专科专业 电光源技术、电气自动化技术、电子商务、动漫设计与制作、工程监理、工商企业管理、化学制药技术、会计、会计电算化、机电一体化技术、机械设计与制造、计算机网络技术、计算机信息管理、计算机应用技术、建筑电气工程技术、建筑工程管理、建筑工程技术、金融保险、精细化学品生产技术、酒店管理、模具设计与制造、人物形象设计、市场营销、文秘、艺术设计、应用电子技术、应用化工技术、应用英语、装潢艺术设计

院系设置
信息工程系、经济管理系、机械工程系、化学工程系、建筑工程系、人文与社会科学系、基础课部

定期公开出版的专业刊物 《荆州理工职业学院学报》、《荆州理工论坛》

学校设立奖学金情况
学院设立奖学金4项,奖学金最高金额5000元/年,最低金额500元/年。

主要校办产业
实习工厂、后勤服务中心

学校历史沿革
荆州理工职业学院(原沙市职业大学)创办于1983年,是经湖北省人民政府批准,原国家教委备案的普通高等专科学校。学院于1983年开始举办普通专科教育,1999年开始举办普通专科教育和高职教育。2010年12月沙市职业大学由湖北省人民政府批准,教育部备案更名为荆州理工职业学院。

三峡大学

学校(机构)标识码 4142011075	占地面积(平方米) 1742954	成人专科 9338
学校办学类型 411:本科院校:大学	校舍建筑面积(平方米) 1293442	硕士研究生 1789
学校性质类别 01 综合大学	图书(万册) 242.3	留学生 1424
学校举办者 811 省级教育部门	固定资产总值(万元) 150412.7	专任教师(人) 1940
学校地址 湖北省宜昌市大学路8号	教学、科研仪器设备资产值(万元) 31119.71	其中:正高级 331
邮政编码 443002		副高级 574
办公电话 0717-6392620	在校生数(人) 43621	中级 697
传真电话 0717-6395410	其中:普通本科 21049	初级 252
校园(局域)网域名 www.ctgu.edu.cn	普通专科 938	未定职级 86
电子信箱 xbc@ctgu.edu.cn	成人本科 9083	

本科专业 材料成型及控制工程、财务管理、城市规划、电气工程及其自动化、电子信息工程、电子信息科学与技术、对外汉语、法学、法语、工程管理、工商管理、工业工程、公共事业管理、光信息科学与技术、广播电视新闻学、国际经济与贸易、汉语言文学、行政管理、护理学、化学、化学工程与工艺、化学生物学、环境工程、机械类(输电)、机械设计制造及其自动化、机械设计制造及其自动化(输电线)、计算机科学与技术、建筑学、教育技术学、金融学、金属材料工程、临床医学、旅游管理、美术学、能源动力系统及自动化、农业水利工程、人力资源管理、日语、社会体育、生态学、生物工程、生物科学、市场营销、数学与应用数学、水利水电工程、水文与水资源工程、体育教育、通信工程、土木工程、舞蹈学、物理学、物流管理、信息管理与信息系统、信息与计算科学、药学、医学影像学、艺术设计、音乐表演、音乐学、英语、中医学、自动化

专科专业 电力技术类、发电厂及电力系统、国际贸易实务、护理、护理类、酒店管理、口腔医学技术、旅游管理类、旅游英语、药学、医学检验技术、助产

硕士专业 地质工程、电力系统及其自动化、电气工程、防灾减灾工程及防护工程、妇产科学、高等教育学、工程力学、工商管理、工业工程、管理科学与工程(工学)、管理科学与工程(工学)、管理科学与工程(管理)、管理科学与工程(管理学)、汉语言文字学、机械工程、机械设计及理论、机械制造及其自动化、计算机技术、计算机应用技术、计算机应用技术(工学)、计算机应用技术(理学)、技术经济及管理、建筑与土木工程、结构工程、控制工程、控制理论与控制工程、马克思主义基本原理、马克思主义中国化研究、免疫学、凝聚态物理、生态学、生物化学与分子生物学、水工结构工程、水利工程、水利水电工程、思想政治教育、外科学、文艺学、物流工程、项目管理、岩土工程、药理学、药理学(工学)、药理学(理学)、英语笔译、英语口译、英语语言文学、应用数学、有机化学、中共党史、中国现当代文学

院系设置
水利与环境学院、土木与建筑学院、机械与材料学院、电气

与新能源学院、计算机与信息学院、经济与管理学院、医学院、文学与传媒学院、法学院、马克思主义学院、理学院、化学与生命科学学院、艺术学院、体育学院、外国语学院、田家炳教育学院、科技学院、成教学院、国际文化交流学院、职业技术学院、第一临床医学院、第二临床医学院、第三临床医学院、中医临床医学院、三峡大学人民医院、疾控中心

国家级、省部级研究机构设置

研究所(中心):水电工程施工与管理湖北省重点实验室、三峡大学水利水电科学研究院 三峡库区生态环境教育部工程研究中心、三峡大学生态环境工程技术研究中心 湖北长江三峡滑坡国家野外科学观测研究站、三峡库区地质灾害省部共建教育部重点实验室、岩土工程研究中心、防灾减灾湖北省重点实验室、湖北省地质灾害防治工程技术研究中心、三峡大学地质灾害防治研究院、三峡大学工程结构研究院、水电机械设备设计与维护湖北省重点实验室、三峡大学矿产资源开发与材料研究所、水电站仿真实验室、三峡大学水电站仿真技术研究所、三峡大学先进技术研究院、三峡大学新能源技术研究所、三峡大学软件工程研究中心、三峡大学智能视觉与图像信息研究所、三峡大学现代企业管理研究中心、三峡大学旅游规划与发展研究中心、中药药理(肿瘤)国家中医药管理局科研三级实验室、三峡大学分子生物学研究所、三峡大学肝病研究所、三峡大学肿瘤研究所、三峡大学病理学研究所、三峡大学近代物理研究所、三峡大学应用数学研究所、天然产物研究与利用湖北省重点实验室、三峡大学生物技术研究中心、三峡大学再生能源研究所、三峡大学文艺美学研究中心、三峡大学水文化研究所、三峡大学教育科学研究院、三峡大学应急管理研究所、三峡大学应用社会学研究所、三峡大学书法文化研究中心、湖北长江三峡滑坡国家野外科学观测研究站、三峡大学新能源研究院

定期公开出版的专业刊物 《三峡大学学报(自然科学版)》、《三峡大学学报(人文社会科学版)》、《三峡论坛》

学校设立奖学金情况

学校设立奖学金 14 项,奖励总金额346.10余万元。奖学金最高金额10000.00元/年,最低金额100.00元/年。

1. 特等奖学金:12 人/10 年度,2500 元/人;
2. 一等奖学金:722 人/10 年度,1500 元/人;
3. 二等奖学金:1013 人/10 年度,1000 元/人;
4. 三等奖学金:1732 人/10 年度,500 元/人;
5. 单项奖学金:1280 人/10 年度,100 元/人;
6. 优秀干部奖学金:409 人/10 年度,150 元/人;
7. 优良学风班:21 个/10 年度,300 元/人;
8. 三支一扶:100 人/10 年度,300 元/人;
9. 西部计划:0 人/10 年度,300 元/人;
10. 考研:467 人/10 年度,300-500 元/人;
11. 考公务员:2 人/10 年度,500 元/人;
12. 新生一等奖学金:1 人/10 年度,10000 元/人;
13. 新生二等奖学金:1/10 年度,5000 元/人;
14. 新生三等奖学金:3 人/10 年度,2000 元/人。

主要校办产业

三峡大学建筑设计研究院、三峡大学高科技开发公司、宜昌三大工程建设监理公司、宜昌绿野环保工程有限责任公司

毕业生一次就业率 95.16%

学校历史沿革

经教育部教发【2000】66 号文批准,湖北省人民政发【2000】29 号发文,三峡大学由原武汉水利电力大学(宜昌校区)和原湖北三峡学院合并成为一所综合性大学。实行中央与地方共建,以省为主的管理体制。2000 年 6 月 29 日,三峡大学在湖北宜昌正式挂牌成立。

湖北警官学院

学校(机构)标识码 4142011332	传真电话 027-83421357	在校生数(人) 1815
学校办学类型 412:本科院校:学院	校园(局域)网域名 www.hbpa.edu.cn	其中:普通本科 1815
学校性质类别 09 政法院校	电子信箱 8018@hbpa.edu.cn	专任教师(人) 300
学校举办者 812 省级其他部门	占地面积(平方米) 750037	其中:正高级 28
学校地址 湖北省武汉市解放大道86号	校舍建筑面积(平方米) 338048	副高级 92
邮政编码 430034	图书(万册) 69.22	中级 84
办公电话 027-83421015	固定资产总值(万元) 33942.54	初级 96
	教学、科研仪器设备资产值(万元) 7091.82	

本科专业 法学、公共事业管理、计算机科学与技术、警务指挥与战术、信息安全、刑事科学技术、侦查学、治安学

定期公开出版的专业刊物 《湖北警官学院学报》(双月刊)、《警史钩沉》

学校历史沿革

湖北警官学院历经了在职民警培训、中专、大专、本科学历教育等发展阶段。1980 年,成立湖北省人民警察学校。1984 年 4 月,经湖北省人民政府批准,成立湖北省公安专科学校。2002 年 3 月,经教育部批准建立湖北警官学院,开展公安本科学历教育。经过多年的发展,学院形成了以法学(公安学)为主体,理、工、管相互支撑、相互渗透的学科体系。学院重视警学理论研究和学术交流。

十堰职业技术学院

学校(机构)标识码 4142011334	传真电话 0719-8126022	在校生数(人) 7667
学校办学类型 415:专科院校:高等职业学校	校园(局域)网域名 www.syzy.com.cn	其中:普通专科 7382
	电子信箱 sydx@public.sy.hb.cn	成人专科 285
学校性质类别 02 理工院校	占地面积(平方米) 653333	专任教师(人) 267
学校举办者 822 地级其他部门	校舍建筑面积(平方米) 230099	其中:正高级 5
学校地址 湖北省十堰市北京中路38号	图书(万册) 33.88	副高级 69
	固定资产总值(万元) 59266	中级 115
邮政编码 442000	教学、科研仪器设备资产值(万元) 5951.9	初级 45
办公电话 0719-8126088		未定职级 33

专科专业 电气自动化技术、电子商务、电子信息工程技术、工程造价、环境监测与治理技术、环境艺术设计、会计、机械设计与制造、机械制造与自动化、计算机网络技术、计算机信息管理、计算机应用技术、建筑工程技术、酒店管理、旅游管理、旅游英语、模具设计与制造、汽车电子技术、汽车检测与维修技术、汽车运用技术、汽车制造与装配技术、嵌入式技术与应用、商务英语、生物化工工艺、市场营销、数控技术、通信技术、图形图像制作、物流管理、艺术设计、应用电子技术、应用化工技术、装饰艺术设计

院系设置 十堰职业技术学院下设九系一部一中心。九系即经济贸易系、信息与智能工程系、生化与环境工程系、旅游与涉外事务系、机电工程系、艺术设计系、电子工程系、汽车工程系、建筑工程系等;一部即公共课部;一中心即素质拓展教育中心

定期公开出版的专业刊物 《十堰职业技术学院学报》、《十堰职业技术学院院报》

学校设立奖学金情况 设立优秀学生标兵、优秀学生、学习进步奖三个奖项,奖励总金额15.48万元,奖学金最高金额1000元/年、最低金额200元/年。

主要校办产业 十堰职业技术学院劳动服务公司

学校历史沿革 十堰职业技术学院的前身是1976年经省革委会批准(鄂革[1976]58号文)在十堰市师范学校增设的十堰高等师范专科班,1983年12月经省政府(鄂政函[1983]81号文)批准设立十堰职业大学。1998年3月经原国家教育委员会批准(教计[1998]25号文),将十堰职业大学更名为十堰职业技术学院。2008年8月,十堰职业技术学院整体搬迁至新校区。2008年8月,被省教育厅、省财政厅确定为湖北省示范性高等职业院校立项建设单位。2010年9月,被确定为第二批国家骨干高职院校立项建设单位。

鄂州职业大学

学校(机构)标识码 4142011335	校园(局域)网域名 www.ezu.net.cn	其中:普通专科 10651
学校办学类型 415:专科院校:高等职业学校	电子信箱 xiaoban1225@163.com	成人专科 954
	占地面积(平方米) 1065962	专任教师(人) 629
学校性质类别 02 理工院校	校舍建筑面积(平方米) 438210	其中:正高级 12
学校举办者 822 地级其他部门	图书(万册) 98.91	副高级 239
学校地址 湖北省鄂州市凤凰路53#	固定资产总值(万元) 68472.36	中级 238
邮政编码 436000	教学、科研仪器设备资产值(万元) 6962.02	初级 121
办公电话 0711-3862548		未定职级 19
传真电话 0711-3855288	在校生数(人) 11605	

专科专业 材料工程技术、城镇规划、初等教育、道路桥梁工程技术、电光源技术、电气自动化技术、电子商务、电子信息工程技术、动漫设计与制作、房地产经营与估价、服装设计、工程测量技术、工商企业管理、光电子技术、国际经济与贸易、汉语、行政管理、护理、环境艺术设计、机电一体化技术、机械设计与制造、计算机应用技术、建筑工程技术、建筑设计技术、康复治疗技术、旅游服务与管理、旅游管理、旅游英语、模具设计与制造、农业经济管理、商务英语、市场营销、室内设计技术、数控技术、体育服务与管理、体育教育、物流管理、物业管理、现代教育技术、新闻采编与制作、药学、医药营销、艺术设计、音乐教育、英语教

育、应用电子技术

院系设置

建筑工程学院、医学院、经济与管理学院、继续教育学院、机械系、社科部、传媒系、外语系、电子系、计算机系、体育系、艺术系

国家级、省部级研究机构设置

研究中心(所):湿地资源经济研究所、非线性经济资源研究所、非线性研究所、红学研究所、吴楚文化研究中心

定期公开出版的专业刊物 《鄂州大学学报》

学校设立奖学金情况

学校设立奖学金四项,奖励总金额:9.21余万元。奖学金最高金额300元/年,最低金额100元/年。

1. 三好学生奖学:82人/年,300元/人;
2. 三好学生奖学金:172人/年,200元/人;
3. 三好学生奖学金331元/人,100元/人。

主要校办产业

鄂州职业大学科技开发公司(印刷厂)

学校历史沿革

鄂州职业大学创建于1984年,1991年后,鄂州广播电视大学、鄂州师范学校、鄂州卫生学校、鄂州工业学校、相继整体并入。

荆楚理工学院

学校(机构)标识码	4142011336
学校办学类型	412:本科院校:学院
学校性质类别	02 理工院校
学校举办者	812 省级其他部门
学校地址	湖北省荆门市象山大道33号
邮政编码	448000
办公电话	0724-2356590
传真电话	0724-2355639
校园(局域)网域名	www.jcut.edu.cn
电子信箱	xyyb@jcut.edu.cn
占地面积(平方米)	1131314
校舍建筑面积(平方米)	475604
图书(万册)	94.17
固定资产总值(万元)	88896
教学、科研仪器设备资产值(万元)	9380.64
在校生数(人)	19921
其中:普通本科	6158
普通专科	11554
成人专科	2209
专任教师(人)	1013
其中:正高级	51
副高级	271
中级	598
初级	77
未定职级	16

本科专业 材料成型及控制工程、财务管理、电气工程及其自动化、工业设计、过程装备与控制工程、汉语言文学、护理学、化学工程与工艺、机械设计制造及其自动化、计算机科学与技术、食品科学与工程、市场营销、数学与应用数学、小学教育、学前教育、艺术设计、音乐表演、印刷工程、英语、应用物理学

专科专业 初等教育、电气自动化技术、电子商务、电子信息工程技术、电子政务、动漫设计与制作、法律事务、工业分析与检验、焊接技术及自动化、护理、环境监测与治理技术、环境艺术设计、会计、计算机网络技术、计算机应用技术、景区开发与管理、口腔医学、临床医学、美术教育、模具设计与制造、软件技术、森林生态旅游、商务英语、生产过程自动化技术、生物技术及应用、生物制药技术、石油化工生产技术、食品生物技术、视觉传达艺术设计、数控技术、数学教育、体育教育、文秘、物理教育、物流管理、心理咨询、心理咨询与心理健康教育、新闻采编与制作、学前教育、药物分析技术、药物制剂技术、音乐教育、印刷图文信息处理、英语教育、影视动画、应用电子技术、应用英语、语文教育、园林技术、装潢艺术设计

院系设置

学校设有12个普通教育教学学院、2个教学部,并设有成人教育学院和国际教育学院

国家级、省部级研究机构设置

建有数控技术、电工电子、计算机网络、印刷工程、基础物理、基础化学、以及临床病理检验、口腔工艺技术等各类实训中心和实验室100余个,校外实习实训基地90多个

定期公开出版的专业刊物 2种

学校设立奖学金情况

学校设立奖学金3项,奖金总金额50余万元。奖学金最高金额1000元/年,最低金额500元/年。

学校历史沿革

荆楚理工学院是一所经教育部批准成立的省属普通本科院校,其前身是荆门职业技术学院和沙洋高等师范专科学校。

武汉音乐学院

学校(机构)标识码	4142011524
学校办学类型	412:本科院校:学院
学校性质类别	11 艺术院校
学校举办者	811 省级教育部门
学校地址	湖北省武汉市武昌区解放路255号
邮政编码	430060
办公电话	027-88066354
传真电话	027-88069436
校园(局域)网域名	www.whcm.edu.cn
电子信箱	whcm@whcm.edu.cn

占地面积(平方米) 119593
校舍建筑面积(平方米) 205986
图书(万册) 27.41
固定资产总值(万元) 46794
教学、科研仪器设备资产值(万元) 4049
在校生数(人) 4957
其中:普通本科 4350
成人本科 226
成人专科 42
硕士研究生 339
专任教师(人) 295
其中:正高级 26
副高级 90
中级 100
初级 67
未定职级 12

本科专业 表演、录音艺术、音乐表演、音乐学、作曲与作曲技术理论
硕士专业 思想政治教育、艺术、音乐学
院系设置
音乐教育学院、演艺学院、继续教育学院、作曲系、民乐系、管弦系、音乐学系、声乐系、钢琴系、舞蹈系、研究生部
国家级、省部级研究机构设置
研究中心(所):音乐表演实验教学示范中心(国家级)、长江流域传统音乐文化研究中心(省级)、计算机音乐基础实验教学示范中心(省级)、音乐表演研究生艺术实践示范中心(省级)。
定期公开出版的专业刊物 《黄钟》
学校设立奖学金情况
学院设立各项奖学金共5项,奖励总金额约112万余元。

奖学金最高金额每人2000元/年,最低金额每人300元/年。
1. 优秀学生奖学金:一等奖学金128人/年,2000元/人;二等奖学金259人/年,1500元/人;三等奖学金324人/年,1000元/人。
2. 单项奖学金20人/年,500元/人。
3. 三好学生奖学金324人/年,300元/人。
4. 优秀学生干部130人/年,300元/人。
5. 先进班集体16个/年,300元/班。

学校历史沿革
武汉音乐学院的前身可上溯到武昌私立艺术专科学校于1928年开办的音乐科。新中国成立后几经调整和易名,于1985年正式定名为武汉音乐学院。

湖北经济学院

学校(机构)标识码 4142011600
学校办学类型 412:本科院校:学院
学校性质类别 08 财经院校
学校举办者 811 省级教育部门
学校地址 武汉市江夏区藏龙岛开发区杨桥湖大道8号
邮政编码 420205
办公电话 027-81973784
传真电话 027-81973784
校园(局域)网域名 www.hbue.edu.cn
电子信箱 fgc@hbue.edu.cn
占地面积(平方米) 1127906
校舍建筑面积(平方米) 609441
图书(万册) 170
固定资产总值(万元) 175722
教学、科研仪器设备资产值(万元) 9849.26
在校生数(人) 20971
其中:普通本科 13025
普通专科 3174
成人本科 1437
成人专科 3335
专任教师(人) 791
其中:正高级 77
副高级 247
中级 376
初级 73
未定职级 18

本科专业 保险、财务管理、财政学、电气信息类、电子商务、电子信息工程、动画、法学、工程管理、工商管理、工商管理类、公共管理类、公共事业管理、管理科学、广告学、国际经济与贸易、行政管理、会计学、会展经济与管理、计算机科学与技术、金融工程、金融学、经济学、酒店管理、旅游管理、农村区域发展、烹饪与营养教育、人力资源管理、软件工程、社会工作、审计学、市场营销、税务、体育经济、统计学、投资学、网络工程、物流管理、新闻学、信息管理与信息系统、艺术设计、英语、资产评估
专科专业 电子商务、工商企业管理、广告设计与制作、国际金融、国际贸易实务、会计、会计电算化、计算机应用技术、金融管理与实务、旅游管理、烹饪工艺与营养、商务英语、市场营销、应用电子技术
院系设置
学校现设经济学系、国际贸易学院、金融学院、财政与公共管理学院、工商管理学院、会计学院、旅游与酒店管理学院、信息管理学院、法学系、社会科学系、艺术学院、新闻传播学系、外国语学院、统计与应用数学系、物流管理学院、电子工程系、体育系、管理技术学院共18教学机构。
国家级、省部级研究机构设置
研究中心:湖北金融发展与金融安全研究中心、湖北物流发展研究中心、湖北水事研究中心、大学生思想政治教育评价中心、湖北省教育经济研究所
定期公开出版的专业刊物 湖北经济学院学报、湖北经济学院学报(人文社会科学版)、湖北经济学院学报(哲学社会科学版)
学校设立奖学金情况
1. 优秀学生奖学金 特等奖学金3000元/人;一等奖学金1500元/人;二等奖学金1000元/人;三等奖学金600元/人。

2. 单项奖学金 被上级单位评为先进个人者：被评为全国三好学生或优秀学生干部奖励1000元／人；被评为省级三好学生或优秀学生干部奖励800元／人。被评为先进个人者：被评为学校三好学生标兵奖励500元／人；被评为学校三好学生奖励200元／人；被评为院系三好学生奖励100元／人；被评为学校优秀学生干部奖励200元／人；被评为院系优秀学生干部奖励100元／人；被评为学校优秀毕业生奖励500元／人；被评为院系优秀毕业生奖励100元／人。毕业时考取研究生者：毕业时考取国家重点大学或国家重点科研院所的研究生者，奖励800元／人；考取一般大学或一般科研院所的研究生者，奖励500元／人。科研成果奖励：（以湖北经济学院学术论文发表期刊分类分级目录为准）在A类期刊上每发表1篇奖励10000元；在B类期刊上每发表一篇奖励5000元；在C类期刊上每发表一篇奖励3000元；在D类期刊上每发表一篇奖励2000元；在E类期刊上每发表一篇奖励1000元；在F类期刊上每发表一篇奖励500元；在一般期刊上每发表一篇奖励300元。在省级及以上重大单项竞赛中获奖者，视社会影响程度或贡献，奖励100—1000元。

学校历史沿革

湖北经济学院是2002年3月经国家教育部批准，由原湖北商业高等专科学校、武汉金融高等专科学校、湖北省计划管理干部学院合并组建的一所全日制省属普通本科院校。追溯历史，湖北经济学院由创办于晚清时期的湖北商业中学堂及其后的另外两所学校发展而来，至今已有近百年办学历史。

武汉商业服务学院

学校（机构）标识码	4142011654
学校办学类型	415：专科院校：高等职业学校
学校性质类别	08 财经院校
学校举办者	821 地级教育部门
学校地址	武汉市武汉经济技术开发区东风大道816号
邮政编码	430056
办公电话	027－84791393
传真电话	027－84791393
校园（局域）网域名	www.whcsc.edu.com
电子信箱	whsybys@sohu.com
占地面积（平方米）	537695
校舍建筑面积（平方米）	201273
图书（万册）	70.53
固定资产总值（万元）	23906.62
教学、科研仪器设备资产值（万元）	4567.45
在校生数（人）	10757
其中：普通专科	10290
成人专科	467
专任教师（人）	427
其中：正高级	11
副高级	110
中级	145
初级	138
未定职级	23

专科专业 电子商务、动漫设计与制作、国际贸易实务、航空服务、环境艺术设计、会计、计算机多媒体技术、计算机信息管理、计算机应用技术、酒店管理、连锁经营管理、旅游管理、旅游日语、旅游英语、烹饪工艺与营养、汽车技术服务与营销、汽车检测与维修技术、人物形象设计、商务管理、商务英语、社会体育、摄影摄像技术、食品加工技术、投资与理财、文秘、物流管理、物业管理、西餐工艺、休闲服务与管理、艺术设计、营销与策划、应用电子技术、制冷与空调技术、中西面点工艺

院系设置

目前学院设有十个教学院（系），分别是商贸学院、烹饪与食品工程、旅游系、机电工程、应用艺术系、信息工程系、应用外语系、体育系、基础课部、思想政治理论课部

学校设立奖学金情况

学校设立奖学金2项，奖励总金额817860元／年，最低金额600元／年。

学校历史沿革

1963年设立武汉市服务学校，1972年改设为武汉市商业学校，1973年改为武汉第二商业学校，1985年升格设立武汉商业服务学院。2004年6月3日湖北省人民政府正式下文，批复同意将经济干部管理学院、武汉职工财经学院、武汉市职工大学并入武汉商业服务，组成新的武汉商业服务学院。新的武汉商业服务学院属普通高等专科学校，由湖北省人民政府主办，业务上接受湖北省教育厅指导。

武汉城市职业学院

学校（机构）标识码	4142011796
学校办学类型	415：专科院校：高等职业学校
学校性质类别	06 师范院校
学校举办者	812 省级其他部门
学校地址	武汉市洪山区丁字桥南路马湖村甲一号
邮政编码	430064
办公电话	027－87758013
传真电话	027－87758017
校园（局域）网域名	www.whcvc.cn
电子信箱	whcvc@163.com
占地面积（平方米）	231000
校舍建筑面积（平方米）	118374
图书（万册）	39.3
固定资产总值（万元）	6662.17
教学、科研仪器设备资产值（万元）	2370

在校生数(人) 5159	其中:副高级 113	初级 42
其中:普通专科 5159	中级 87	未定职级 7
专任教师(人) 249		

专科专业 电子信息工程技术、动漫设计与制作、广告设计与制作、汉语、环境艺术设计、会计电算化、计算机多媒体技术、计算机教育、计算机网络技术、金融保险、金融与证券、酒店管理、科学教育、旅行社经营管理、旅游英语、美术教育、汽车技术服务与营销、汽车检测与维修技术、人物形象设计、商务英语、社区管理与服务、视觉传达艺术设计、数学教育、体育教育、文秘、心理咨询、新闻采编与制作、学前教育、移动通信技术、音乐表演、音乐教育、印刷图文信息处理、英语教育、语文教育、主持与播音、装饰艺术设计

院系设置

我院设有9个系部

国家级、省部级研究机构设置

研究中心(所):科研所、高等教育研究所职业

定期公开出版的专业刊物 5个

学校设立奖学金情况

学校设立奖学金15项,奖励总金额426500余万元。奖学金最高金额1500元/年,最低金额100元/年。

学校历史沿革

2002年11月经湖北省教育厅批准由武汉二师与幼师合并为"江汉大学实验师范学院"。2007年由湖北省政府批准"江汉大学实验师范学院"更名为"武汉城市职业学院"。

武汉东湖学院

学校(机构)标识码 4142011798	校园(局域)网域名 www.wdu.edu.cn	其中:普通本科 8448
学校办学类型 412:本科院校:学院	电子信箱 whdhxyxb@163.com	普通专科 4798
学校性质类别 02 理工院校	占地面积(平方米) 746104	专任教师(人) 717
学校举办者 999 民办	校舍建筑面积(平方米) 351760	其中:正高级 94
学校地址 湖北省武汉市江夏区纸坊街文化路特1号	图书(万册) 125	副高级 147
	固定资产总值(万元) 58389.06	中级 175
邮政编码 430212	教学、科研仪器设备资产值(万元) 6842.04	初级 221
办公电话 027－81931333		未定职级 80
传真电话 027－81931555	在校生数(人) 13246	

本科专业 播音与主持艺术、电气工程及其自动化、电子科学与技术、电子商务、电子信息工程、法学、房地产经营管理、广告学、国际经济与贸易、机械设计制造及其自动化、计算机科学与技术、金融学、旅游管理、人力资源管理、软件工程、生物技术、通信工程、物流管理、新闻学、艺术设计、英语、应用化学、自动化

专科专业 电子信息工程技术、广告设计与制作、国际贸易实务、会计与审计、机电一体化技术、机械制造与自动化、计算机网络技术、计算机应用技术、金融管理与实务、酒店管理、市场营销、数控技术、通信技术、新闻采编与制作、应用电子技术、应用英语

院系设置

外国语言文学学院、传媒与艺术设计学院、政法学院、经济学院、管理学院、计算机科学学院、电子信息工程学院、生命科学与化学学院、工学院、继续教育学院

学校设立奖学金情况

学校设立奖学金3项,奖励总金额81.95万元/年最低金额300元/年。

学校历史沿革

1998年,武汉大学职业技术学院;2000年8月28日,教育部正式批准设立武汉大学东湖分校;2003年7月,按照教育部的要求,学校进行了改制,引入田野集团股份有限公司、武汉弘博集团有限责任公司与武汉大学共同举办武汉大学东湖分校;2004年8月,学校整体迁入新校区办学;2010年9月,武汉大学向湖北省教育厅递交了《关于同意武汉大学东湖分校转设为民办普通高校的报告》,学校正式启动了有关转设工作。2011年4月7日,《教育部关于同意武汉大学东湖分校转设为武汉东湖学院的通知》(教发函[2011]73号)和2011年5月17日《省人民政府关于同意武汉大学东湖分校转设为武汉东湖学院的批复》(鄂政函[2011]86号),同意武汉大学东湖分校转设为武汉东湖学院,同时撤销武汉大学东湖分校建制。武汉东湖学院是独立设置的民办普通本科学校,不再是独立学院,成为湖北省38所普通高校之一。

汉口学院

学校(机构)标识码 4142011800	校园(局域)网域名 www.bsccnu.net.cn	在校生数(人) 11820
学校办学类型 412:本科院校:学院		其中:普通本科 7706
学校性质类别 02 理工院校	电子信箱 hkxyoffice@163.com	普通专科 4114
学校举办者 999 民办	占地面积(平方米) 468085	专任教师(人) 651
学校地址 湖北省武汉市江夏区文化大道299号	校舍建筑面积(平方米) 204409	其中:正高级 67
	图书(万册) 118.36	副高级 188
邮政编码 430212	固定资产总值(万元) 102500	中级 287
办公电话 027-59410203	教学、科研仪器设备资产值(万元) 6970.96	初级 109
传真电话 027-59410203		

本科专业 播音与主持艺术、财务会计教育、电气工程及其自动化、电子商务、电子信息工程、法学、工商管理、工业设计、国际经济与贸易、汉语言文学、计算机科学与技术、旅游管理、人力资源管理、通信工程、艺术设计、音乐学、英语、装潢设计与工艺教育

专科专业 电子商务、电子信息工程技术、法律事务、工商企业管理、国际经济与贸易、汉语、会计、计算机应用技术、旅游管理、人力资源管理、通信技术、艺术设计、应用英语

院系设置
学院建有管理学院、外国语学院、文学院、信息科学与技术学院、电子信息与通讯工程学院、经济学院、艺术设计学院、法学院、音乐学院、电气工程与自动化学院、旅游学院,继续教育学院、国际学院、思政课部、数学课部、体育课部等十三院三部。

学院《大学计算机基础》被评为湖北省精品课程,"电子信息工程专业"被列为省级重点培育本科专业。

学校设立奖学金情况
学校设立奖学金6项、奖金总额100万余元。奖学金最高金额1000元/年,最低金额100元/年。

学校历史沿革
汉口学院创办于2000年,始称华中师范大学汉口分校,是全国最早成立的四所独立学院之一。2011年经湖北省人民政府申报,国家教育部批准更名为汉口学院,也是全国首批独立学院转设为普通本科高校的17所学校之一。

湖北职业技术学院

学校(机构)标识码 4142012051	校园(局域)网域名 www.hbvtc.edu.cn	在校生数(人) 13967
学校办学类型 415:专科院校:高等职业学校		其中:普通专科 13383
	电子信箱 wanyxxg@163.com	成人专科 584
学校性质类别 02 理工院校	占地面积(平方米) 1049997	专任教师(人) 772
学校举办者 822 地级其他部门	校舍建筑面积(平方米) 548292	其中:正高级 33
学校地址 湖北省孝感市玉泉路17号	图书(万册) 98.8	副高级 203
邮政编码 432000	固定资产总值(万元) 46554.46	中级 346
办公电话 0712-2868621	教学、科研仪器设备资产值(万元) 10158.5	初级 146
传真电话 0712-2868622		未定职级 44

专科专业 电气自动化技术、电子商务、电子信息工程技术、工程监理、工程造价、工商企业管理、广告设计与制作、护理、会计、机电一体化技术、机械制造与自动化、计算机网络技术、计算机应用技术、建筑工程管理、建筑工程技术、建筑装饰工程技术、酒店管理、康复治疗技术、口腔医学、口腔医学技术、临床医学、旅游管理、模具设计与制造、汽车检测与维修技术、软件技术、商务英语、数控技术、数字媒体技术、通信技术、投资与理财、图形图像制作、卫生检验与检疫技术、物流管理、物业管理、新闻采编与制作、药学、医疗美容技术、医学影像技术、印刷技术、印刷图文信息处理、应用英语、助产

院系设置
艺术与传媒学院、财经学院、医学院、护理学院、机电工程学院、信息技术学院、外语学院(国际教育学院)、旅游与酒店管理学院、建筑技术学院

定期公开出版的专业刊物 《湖北职业技术学院学报》

学校设立奖学金情况
学校设立奖学金1项,奖励总金额57.5余万元。奖学金最高金额200元/年,最低金额50元/年。

主要校办产业

湖北九洲数控机床有限责任公司、湖北职院附属惠济医院、孝感市亚光医用电子技术有限公司、金卫康水厂、恒益印刷厂、鄂职四方模具有限公司、鄂职汽车检测与维修中心、富通广告传媒工程有限公司、金纳米股份有限公司、孝感旭升计算机有限公司、惠济康复中心、安琪尔美容实训中心、孝感市科隆实业总公司湖北九洲数控机床有限责任公司、湖北职院附属惠济医院、孝感市亚光医用电子技术有限公司、金卫康水厂、恒益印刷厂、鄂职四方模具有限公司、鄂职汽车检测与维修中心、富通广告传媒工程有限公司、金纳米股份有限公司、孝感旭升计算机有限公司、惠济康复中心、安琪尔美容实训中心、孝感市科隆实业总公司

学校历史沿革

湖北职业技术学院的前身是孝感职业技术学院，1998年3月经国家教育部批准，由孝感教育学院、孝感市财贸学校、孝感市卫生学校、孝感市机电工程学校四所学校合并组建。2008年8月，学校被国家教育部、财政部确定为"国家示范性高等职业院校建设单位"。

武汉船舶职业技术学院

学校(机构)标识码	4142012052
学校办学类型	415：专科院校：高等职业学校
学校性质类别	02 理工院校
学校举办者	811 省级教育部门
学校地址	武汉市汉阳区月湖街铁桥南村2号
邮政编码	430050
办公电话	027-84803752
传真电话	027-84804571
校园(局域)网域名	www.wscp.edu.cn
电子信箱	84804551@163.com
占地面积(平方米)	325496
校舍建筑面积(平方米)	282835
图书(万册)	79.58
固定资产总值(万元)	30933
教学、科研仪器设备资产值(万元)	9468.17
在校生数(人)	14530
其中：普通专科	12858
成人专科	1672
专任教师(人)	541
其中：正高级	12
副高级	131
中级	236
初级	162

专科专业 产品造型设计、船舶工程技术、船舶舾装、电气自动化技术(船舶方向)、电气自动化技术(港口方向)、钢结构建造技术、供热通风与空调工程技术、焊接技术及自动化、会计、机电一体化技术、机械设计与制造、激光加工技术、计算机网络技术、建筑工程技术、酒店管理、轮机工程技术(舰船动力方向)、轮机工程技术(轮机管理方向)、轮机工程技术(内燃机方向)、旅游管理、模具设计与制造、汽车服务与营销、汽车技术服务与营销、汽车检测与维修技术、软件技术(数据库方向)、商务管理、商务英语、市场营销、数控技术、微电子技术、物流管理、应用电子技术、游艇设计与制造

院系设置

现设有机械工程系、动力工程系、船舶工程系、电子电气工程系、经济管理系、公共课部和实训中心、工程训练中心、职业技能鉴定中心、高等职业教育研究所，并设有继续教育学院、国际文化交流学院

学校历史沿革

武汉船舶职业技术学院是1998年经国家教育部批准正式建立的普通高等学校，其前身为原中央中南局1950年创办的中南兵工学校。学院原隶属于中国船舶工业总公司，1999年划转为湖北省人民政府管理，实行中央与地方共建。

华中科技大学武昌分校

学校(机构)标识码	4142012309
学校办学类型	413：本科院校：独立学院
学校性质类别	02 理工院校
学校举办者	999 民办
学校地址	华中科技大学武昌分校
邮政编码	430064
办公电话	027-88426013
传真电话	027-88426111
校园(局域)网域名	www.hustwb.edu.cn
电子信箱	xiaozhang@hustwb.edu.cn
占地面积(平方米)	571749
校舍建筑面积(平方米)	170497
图书(万册)	83.6
固定资产总值(万元)	118748
教学、科研仪器设备资产值(万元)	6895.82
在校生数(人)	13154
其中：普通本科	10828
普通专科	2326
专任教师(人)	618
其中：正高级	84
副高级	107
中级	286
初级	86
未定职级	55

本科专业 财务管理、电气工程及其自动化、电子科学与技术、电子信息工程、动画、法学、给水排水工程、工程管理、工业设计、光信息科学与技术、广播电视新闻学、国际经济与贸易、汉语言文学、环境工程、会计学、机械电子工程、计算机科学与技术、

金融学、旅游管理、软件工程、生物工程、市场营销、通信工程、土木工程、新闻学、艺术设计、英语、自动化

专科专业 财务管理、电气自动化技术、机电一体化技术、机械制造与自动化、计算机应用技术、建筑工程技术、市场营销、通信技术、文秘、艺术设计

院系设置

共设10个教学单位，分别为计算机与电子系、信息科学与技术系、机电与自动化学院、城市建设学院、外语系、经济管理学院、新闻与法学学院、艺术设计学院、基础科学部、电工电子教学基地。

学校设立奖学金情况

学校设立奖学金7项，奖学金最高金额3000元/年，最低金额800元/年。

学校历史沿革

2000年–2001年，华中科技大学军威学院；2001年至今，华中科技大学武昌分校。

武昌理工学院

学校(机构)标识码　4142012310
学校办学类型　412:本科院校:学院
学校性质类别　02 理工院校
学校举办者　999 民办
学校地址　湖北省武汉市江夏区江夏大道16号
邮政编码　430223
办公电话　027–81652000
传真电话　027–81652011

校园(局域)网域名　www.wut.edu.cn
电子信箱　wuchanglgxzxx@163.com
占地面积(平方米)　542702
校舍建筑面积(平方米)　151347
图书(万册)　142.8
固定资产总值(万元)　44129
教学、科研仪器设备资产值(万元)　6656.04
在校生数(人)　12874

其中:普通本科　9266
　　　普通专科　3608
专任教师(人)　630
其中:正高级　74
　　　副高级　138
　　　中级　312
　　　初级　72
　　　未定职级　34

本科专业 电子信息工程、动画、法学、给水排水工程、工程管理、工程造价、工商管理、公共事业管理、国际经济与贸易、汉语言文学、行政管理、护理学、环境工程、会计学、计算机科学与技术、建筑学、旅游管理、人力资源管理、日语、软件工程、生物工程、市场营销、通信工程、土木工程、网络工程、物流管理、艺术设计、音乐表演、音乐学、英语、园林、制药工程、自动化

专科专业 电脑艺术设计、多媒体设计与制作、工程测量技术、广告设计与制作、护理、机电一体化技术、计算机网络技术、计算机应用技术、建筑工程技术、建筑装饰工程技术、酒店管理、文秘、应用英语、园林技术、证券与期货

院系设置

学校现设有商学院、文法学院、外语学院、艺术学院、信息工程学院、城市建设学院、生命科学学院、国际教育学院、非专业素质教育学院、继续教育学院等10个学院，设置34个系。

学校设立奖学金情况

学校设立奖学金7项，奖励总金额63余万元。奖学金最高金额10000元/年，最低金额500元/年。

学校历史沿革

1997年9月–1999年5月，湖北工贸专修学院1999年6月–2002年2月，武汉科技大学职业技术学院(工贸校区)2002年3月–2011年4月，武汉科技大学中南分校2011年5月–，武昌理工学院。

恩施职业技术学院

学校(机构)标识码　4142012347
学校办学类型　415:专科院校:高等职业学校
学校性质类别　02 理工院校
学校举办者　822 地级其他部门
学校地址　湖北省恩施市学院路122号
邮政编码　445000
办公电话　0718–8431187

传真电话　0718–8431187
校园(局域)网域名　www.eszy.edu.cn
电子信箱　eszyzx@163.com
占地面积(平方米)　394639
校舍建筑面积(平方米)　199742
图书(万册)　52.9
固定资产总值(万元)　18755.16
教学、科研仪器设备资产值(万元)　3693.44

在校生数(人)　4412
其中:普通专科　3130
　　　成人专科　1282
专任教师(人)　354
其中:副高级　126
　　　中级　156
　　　初级　63
　　　未定职级　9

专科专业 茶叶生产加工技术、城镇规划、畜牧兽医、道路桥梁工程技术、电脑艺术设计、电气自动化技术、电子商务、动漫

设计与制作、广告设计与制作、汉语、航空服务、会计、机电一体化技术、计算机网络技术、计算机应用技术、建筑工程技术、建筑装饰工程技术、旅游管理、模具设计与制造、汽车运用技术、商务英语、生物技术及应用、生物制药技术、市场营销、数控技术、文秘、烟草栽培技术、英语教育、应用电子技术、园林技术、作物生产技术

院系设置

经管系、电气与机电工程系、生物工程系、建筑工程系、基础课部、外语系、旅游系、体育系、政法教研室和中职部

学校历史沿革

学院于2000年经湖北省人民政府批准，由原恩施教育学院、恩施财校、恩施工校、恩施农校、恩施林校和恩施供销学校合并组建而成。其办学历史最早可追溯到1937年西迁恩施的湖北省农业专科学校附设的高级农业职业学校即原恩施农校的前身，迄今已有七十四年的办学历史。2005年8月，原恩施州机电工程学校整体并入学院，2009年9月，原恩施州民族体育运动学校整体合入学院。

襄樊职业技术学院

学校(机构)标识码	4142012354
学校办学类型	415:专科院校:高等职业学校
学校性质类别	02 理工院校
学校举办者	822 地级其他部门
学校地址	湖北省襄阳市襄城区隆中路18号
邮政编码	441050
办公电话	0710-3564925
传真电话	0710-3565731
校园(局域)网域名	www.hbxftc.com
电子信箱	bgs3564925@126.com
占地面积(平方米)	697470
校舍建筑面积(平方米)	399268
图书(万册)	80.32
固定资产总值(万元)	60378.9
教学、科研仪器设备资产值(万元)	8451.13
在校生数(人)	11066
其中:普通专科	9662
成人专科	1404
专任教师(人)	716
其中:正高级	35
副高级	219
中级	259
初级	168
未定职级	35

专科专业 畜牧兽医、导游、电脑艺术设计、电子商务、动漫设计与制作、服装设计、工程造价、国际贸易实务、护理、环境监测与治理技术、环境艺术设计、会计、机电一体化技术、机械设计与制造、计算机网络技术、计算机应用技术、建筑装饰工程技术、精细化学品生产技术、酒店管理、康复治疗技术、口腔医学技术、临床医学、旅游管理、模具设计与制造、农业技术与管理、汽车检测与维修技术、汽车制造与装配技术、商务日语、商务英语、生物技术及应用、生物制药技术、市场营销、数控技术、特殊教育、文秘、物流管理、学前教育、眼视光技术、药学、医学检验技术、医学影像技术、英语教育、应用电子技术、应用英语、语文教育、园林工程技术、助产

院系设置

学院设有医学院、经济管理学院、旅游服务学院、汽车工程学院、电子信息工程学院、人文艺术学院、生物工程学院、外国语学院、公共课部、思政部等10个院系

定期公开出版的专业刊物 《襄樊职业技术学院学报》

学校设立奖学金情况

学校设立奖学金27项，奖励总金额81.73余万元。奖学金最高金额5000元/年，最低金额200元/年。

主要校办产业

东方通力科技有限公司、襄樊凯瑞特科技有限公司、襄樊亿久动物科技有限公司

学校历史沿革

襄樊职业技术学院的前身是四所国家重点中专或国家级示范学校，即原襄樊市师范学校(1905年-2000年)、襄阳农业学校(1935年-2000年)、襄樊市卫生学校(1924年-2000年)和襄樊市财税贸易学校(1950年-2000年)。2000年8月由省政府以鄂政发[2000]48号文批准设立为多科性全日制普通高等职业学院(2000年至今)。

武汉生物工程学院

学校(机构)标识码	4142012362
学校办学类型	412:本科院校:学院
学校性质类别	02 理工院校
学校举办者	999 民办
学校地址	武汉市阳逻经济开发区汉施路1号
邮政编码	430415
办公电话	027-89649868
传真电话	027-89649833
校园(局域)网域名	www.whsw.net
电子信箱	wsydzb@sina.com
占地面积(平方米)	805672
校舍建筑面积(平方米)	350863
图书(万册)	104.26
固定资产总值(万元)	55800.93
教学、科研仪器设备资产值(万元)	7810.95
在校生数(人)	19153
其中:普通本科	9434
普通专科	9686
成人本科	28

成人专科 5	副高级 77	初级 217
专任教师(人) 789	中级 334	未定职级 79
其中:正高级 82		

本科专业 材料化学、财务管理、电子商务、公共事业管理、化学工程与工艺、环境工程、机械设计制造及其自动化、计算机科学与技术、社会体育、生物工程、生物技术、食品科学与工程、市场营销、土木工程、信息管理与信息系统、艺术设计、英语、应用化学、园林、园艺、制药工程、中药学

专科专业 财务管理、电子商务、高分子材料应用技术、工程监理、工程造价、环境监测与治理技术、机电设备维修与管理、机电一体化技术、计算机网络技术、计算机应用技术、建筑工程技术、精细化学品生产技术、旅游管理、软件技术、商务英语、社会体育、生物技术及应用、生物制药技术、食品营养与检测、市场营销、微生物技术及应用、物业管理、药品经营与管理、艺术设计、园林工程技术、园林技术、园艺技术

院系设置
生物工程系、生物技术系、制药工程系、园林系、化学与环境工程系、计算机与信息工程系、管理工程系、外语系、艺术系、体育系、机电工程系、建筑系

国家级、省部级研究机构设置
生物学实验教学示范中心

定期公开出版的专业刊物 《武汉生物工程学院学报》

学校设立奖学金情况
学校设立奖学金六项奖励总金额200余万元。奖学金最高金额10000元/年最低金额500元/年。

主要校办产业
武汉风华园林绿化有限公司、武汉生院晨光图书发行有限公司、湖北新广厦建筑有限公司

学校历史沿革
武汉生物工程学校(1993年11月—2000年8月)、武汉生物工程职业技术学院(2000年8月—2005年3月)、武汉生物工程学院(2005年至今)。

武汉工贸职业学院

学校(机构)标识码 4142012369	传真电话 027-87513916	在校生数(人) 3802
学校办学类型 415:专科院校:高等职业学校	校园(局域)网域名 www.whgmxy.com.cn	其中:普通专科 3802
		专任教师(人) 171
学校性质类别 02 理工院校	电子信箱 whgmxy@126.com	其中:正高级 20
学校举办者 999 民办	图书(万册) 26.85	副高级 31
学校地址 武汉市洪山区鲁磨路568号	固定资产总值(万元) 2227.3	中级 49
	教学、科研仪器设备资产值(万元) 1781.3	初级 33
邮政编码 430074		未定职级 38
办公电话 027-50528933		

专科专业 电子商务、国际经济与贸易、环境艺术设计、会计电算化、机电一体化技术、计算机应用技术、建筑工程技术、建筑装饰工程技术、旅游管理、商务英语、室内设计技术、物流管理、应用电子技术、园林技术、装潢艺术设计

院系设置
机电工程与建筑系、管理与艺术系、经济系

学校设立奖学金情况
学校设立奖学金4项,奖励金额200余万元。奖学金最高金额8000元/年,最低金额2000元/年。

学校历史沿革
1988年至2004年,时代大学;2004年至2006年,武汉时代职业学院;2006年至今,武汉工贸职业学院。

荆州职业技术学院

学校(机构)标识码 4142012737	邮政编码 434020	校舍建筑面积(平方米) 339844
学校办学类型 415:专科院校:高等职业学校	办公电话 0716-8022256	图书(万册) 94.3
	传真电话 0716-8022255	固定资产总值(万元) 21813
学校性质类别 02 理工院校	校园(局域)网域名 www.jzit.net.cn	教学、科研仪器设备资产值(万元) 5498
学校举办者 822 地级其他部门	电子信箱 bgs8022255@163.com	
学校地址 荆州市荆州区学苑路21号	占地面积(平方米) 808070	在校生数(人) 12059

其中：普通专科 10633	其中：正高级 10	初级 148
成人专科 1426	副高级 192	未定职级 15
专任教师（人） 618	中级 253	

专科专业 畜牧兽医、电子商务、动漫设计与制作、法律文秘、纺织品装饰艺术设计、服装设计、广告设计与制作、国际贸易实务、护理、会计、机电一体化技术、计算机通信、计算机网络技术、计算机应用技术、酒店管理、旅游管理、模具设计与制造、汽车检测与维修技术、染整技术、软件技术、商务英语、生物技术及应用、市场营销、视觉传达艺术设计、数控技术、投资与理财、物流管理、现代纺织技术、医疗美容技术、医药营销、应用电子技术、园林技术、装饰艺术设计

院系设置
机电工程学院、经济管理学院、医药学院、汽车工程学院、国际信息学院、信息技术系、纺织服装与艺术设计系、生物工程系、公共基础科部、中专部、继续教育学院

主要校办产业
工业中心、后勤集团

学校历史沿革
2001年4月18日经湖北省人民政府批准，教育部备案，由荆州财政会计学校、湖北省财税会计学校、荆州市机电工程学校、荆州农业学校组建荆州职业技术学院，2004年8月26日，经湖北省人民政府批准荆沙纺织职工大学并入我院。2001年8月6日-2007年6月25日院长冯泽峰；2007年6月25日至今院长陈秋中。

武汉工程职业技术学院

学校（机构）标识码 4142012738	传真电话 027-86807165	在校生数（人） 10166
学校办学类型 415：专科院校：高等职业学校	校园（局域）网域名 www.wgxy.net	其中：普通专科 10126
	电子信箱 bgs@wgxy.net	成人专科 40
学校性质类别 02 理工院校	占地面积（平方米） 781392	专任教师（人） 544
学校举办者 554 武汉钢铁（集团）公司	校舍建筑面积（平方米） 315205	其中：正高级 2
	图书（万册） 65.01	副高级 157
学校地址 武汉市青山区和平大道1085号	固定资产总值（万元） 22430.8	中级 224
	教学、科研仪器设备资产值（万元） 4979.11	初级 129
邮政编码 430080		未定职级 32
办公电话 027-86804864		

专科专业 材料成型与控制技术、电气自动化技术、电子商务、电子信息工程技术、动漫设计与制作、给排水工程技术、供热通风与空调工程技术、焊接技术及自动化、环境艺术设计、会计电算化、机电安装工程、机电一体化技术、机械制造与自动化、计算机辅助设计与制造、计算机网络技术、计算机应用技术、建筑工程技术、金属材料与热处理技术、精密机械技术、矿物加工技术、模具设计与制造、汽车技术服务与营销、汽车检测与维修技术、商务英语、市场营销、数控技术、数控设备应用与维护、物流管理、冶金技术、应用电子技术、装潢艺术设计

院系设置
冶金工程系、土木工程系、汽车工程系、外语系、信息工程系、经贸系、机电工程系

定期公开出版的专业刊物 《武汉工程职业技术学院学报》

学校设立奖学金情况
学校设立奖学金2项，奖励总金额86400元。奖学金最高金额1000元/年，最低金额400元/年。

学校历史沿革
武汉工程职业技术学院于2001年4月由原武钢职工大学和武汉冶金自动化高级技校重组成立，2007年湖北黄石机电职业技术学院并入。原武钢职工大学成立于1956年，原武汉冶金自动化高级技校成立于1979年，原湖北黄石机电职业技术学院成立于1979年。

仙桃职业学院

学校（机构）标识码 4142012740	学校举办者 822 地级其他部门	办公电话 0728-3331999
学校办学类型 415：专科院校：高等职业学校	学校地址 湖北省仙桃市工业园区清水湾村	传真电话 0728-3331999
		校园（局域）网域名 www.hbxtzy.com
学校性质类别 02 理工院校	邮政编码 433000	电子信箱 xtzb@hbxtzy.com

占地面积(平方米) 556336		4249	其中:正高级 3
校舍建筑面积(平方米) 277944	在校生数(人) 7484	副高级 84
图书(万册) 78.3	其中:普通专科 7310	中级 210
固定资产总值(万元) 41659	成人专科 174	初级 93
教学、科研仪器设备资产值(万元)	专任教师(人) 397	未定职级 7

专科专业 初等教育(英语教育)、法律事务、服装设计、观光农业、汉语、护理、护理(国际护理)、会计电算化、机电一体化技术、计算机辅助设计与制造、计算机网络技术、计算机应用技术、酒店管理、康复治疗技术、临床医学、美术教育、模具设计与制造、软件开发与项目管理、商务英语、社会体育、食品加工技术、视觉传达艺术设计、数控技术、文秘、新闻采编与制作、学前教育、医药营销、音乐表演、音乐教育、应用电子技术、应用英语、园林技术、园艺技术、主持与播音、装潢艺术设计

院系设置
医学院、计算机科学技术学院、机械电子工程学院、艺术与传媒学院、经济与管理学院、继续教育学院

定期公开出版的专业刊物 《仙桃职业学院学报》

学校设立奖学金情况
学校设立奖学金3项,奖励总金额133余万元。奖学金最高金额8000元/年,最低金额800元/年。

主要校办产业
海天纯净水厂

学校历史沿革
仙桃职业学院是由原仙桃师范学校和原仙桃卫生学校合并组建,于2001年经湖北省人民政府批准成立的一所培养高级实用型人才的全日制高等职业学校。仙桃师范学校前身是创办于1939年的湖北省第一师范学校,曾先后被评为"湖北省重点师范学校"、"全国先进师范学校",1993年经省教委批准,学校开设了小教大专班。2000年,设立了华中师范大学仙桃学院教学基地。

湖北轻工职业技术学院

学校(机构)标识码 4142012744	传真电话 027-87156391	在校生数(人) 5889
学校办学类型 415:专科院校:高等职业学校	校园(局域)网域名 www.hbliti.com	其中:普通专科 5795
	电子信箱 hbliti@sina.com	成人专科 94
学校性质类别 02 理工院校	占地面积(平方米) 106780	专任教师(人) 270
学校举办者 811 省级教育部门	校舍建筑面积(平方米) 162601	其中:正高级 2
学校地址 湖北省武汉市洪山区石牌岭东二路5号	图书(万册) 30.6	副高级 70
	固定资产总值(万元) 14582	中级 100
邮政编码 430070	教学、科研仪器设备资产值(万元)	初级 78
办公电话 027-87156391	3478	未定职级 20

专科专业 电子测量技术与仪器、电子信息工程技术、工程监理、工业分析与检验、广告设计与制作、环境监测与治理技术、会计电算化、机电一体化技术、计算机辅助设计与制造、计算机网络技术、计算机信息管理、建筑电气工程技术、建筑装饰工程技术、酿酒技术、生物技术及应用、食品营养与检测、市场营销、数控技术、液压与气动技术、制浆造纸技术

定期公开出版的专业刊物 《湖北轻工职业技术学院学报》

学校设立奖学金情况
学院设立奖学金7项,奖励总金额240余万元。奖学金最高额4000元/年,最低金额400元/年。

学校历史沿革
学院前身始建于1956年,隶属于原国家食品工业部,定名"武汉食品工业会计学校",位于武昌南望山;1957年更名为"武汉食品工业管理学校";1958年更名为"武汉食品工业学校",同年,由原食品工业部下放到湖北省人民政府;1961年,湖北省调整专业学校设置,更名为"湖北省工业技术学校",1972年更名为"湖北省轻工业学校",从武昌南望山迁至武昌马房山;1977年筹建"湖北轻工业学院",下设中专部,隶属于湖北省一轻工业局;1982年院校调整,湖北轻工业学校独立建校;1987年由原轻工部定点,以湖北省轻工业学校为依托,建立"湖北啤酒学校",1994年5月,经湖北省政府批准试办"武汉高等啤酒技术专科学校";1996年经教育部批准试办五年制高职;2001年4月经湖北省人民政府批准,由原湖北省轻工业学校、湖北啤酒学校、湖北信息技术学校合并组建"湖北轻工职业技术学院",隶属湖北省轻工行业管理办公室;2004年划转到湖北省教育厅直属管理。

湖北交通职业技术学院

学校(机构)标识码 4142012752	校园(局域)网域名 www.hbctc.edu.cn	在校生数(人) 10813
学校办学类型 415:专科院校:高等职业学校	电子信箱 hbjtzy@163.com	其中:普通专科 10248
		成人专科 565
学校性质类别 02 理工院校	占地面积(平方米) 403887	专任教师(人) 439
学校举办者 812 省级其他部门	校舍建筑面积(平方米) 292718	其中:正高级 3
学校地址 湖北省武汉市洪山区雄楚大街455号	图书(万册) 58.46	副高级 156
	固定资产总值(万元) 32307.84	中级 162
邮政编码 430079	教学、科研仪器设备资产值(万元) 7024.29	初级 104
办公电话 027-87803811		未定职级 14
传真电话 027-87803012		

专科专业 城市轨道交通工程技术、道路桥梁工程技术、地下工程与隧道工程技术、电气自动化技术、电子商务、电子信息工程技术、动漫设计与制作、高等级公路维护与管理、工程机械运用与维护、工程监理、工程造价、工业设计、公路运输与管理、广告设计与制作、国际航运业务管理、航海技术、环境艺术设计、会计、计算机控制技术、计算机网络技术、计算机信息管理、计算机应用技术、建筑工程技术、交通安全与智能控制、楼宇智能化工程技术、轮机工程技术、旅游管理、汽车运用技术、汽车整形技术、商务英语、市场营销、土木工程检测技术、物流管理、消防工程技术、艺术设计、应用电子技术

院系设置
道路与桥梁工程系、机电工程系、计算机与信息工程系、管理工程系、港口与航运系、设计艺术系、公共课部

学校设立奖学金情况
学校设立奖学金9项,奖励总金额31.108余万元。奖学金最高金额3000元/年,最低金额50元/年。

主要校办产业
湖北顺达公路工程咨询监理有限公司、湖北楚雄公路勘测设计有限公司、湖北交职成人培训中心、湖北汽车学校驾培中心。

学校历史沿革
1953年,省交通厅成立汽车驾驶员训练班和公路训练班。1964年8月,省交通厅成立"湖北省交通厅职业学校"。1965年6月省交通厅分别组建厅半工半读学校公路分校、汽车分校、航运分校。1969年前后,三校受文革冲击相继中断招生。1971年,省批准成立"湖北公路工程学校","湖北航运学校","湖北汽车学校",隶属于省交通局。1984年6月,湖北公路工程学校更名为"湖北交通学校"。2001年4月经省政府批准"湖北交通学校"、"湖北航运学校"、"湖北汽车学校"合并组建为"湖北交通职业技术学院"。

湖北中医药高等专科学校

学校(机构)标识码 4142012951	校园(局域)网域名 www.hbzyy.org	其中:普通专科 7951
学校办学类型 414:专科院校:高等专科学校	电子信箱 xiaoban-1@126.com	成人专科 17
	占地面积(平方米) 628038	专任教师(人) 470
学校性质类别 05 医药院校	校舍建筑面积(平方米) 185567	其中:正高级 32
学校举办者 822 地级其他部门	图书(万册) 37	副高级 164
学校地址 湖北省荆州市学苑路87号	固定资产总值(万元) 17310	中级 213
邮政编码 434020	教学、科研仪器设备资产值(万元) 3663	初级 14
办公电话 0716-8023502		未定职级 47
传真电话 0716-8023504	在校生数(人) 7968	

专科专业 护理、康复治疗技术、口腔医学、临床医学、药品经营与管理、医疗美容技术、医用电子仪器与维护、针灸推拿、中药、中药制药技术、中医骨伤、中医学、助产

院系设置
湖北中医药高等专科学校下设公共基础部、医基部、中医药系、医疗系、护理系、继续教育部六个系部

定期公开出版的专业刊物 《湖北中医药高等专科学校学报》

学校设立奖学金情况
学校设立奖学金一项,奖励总金额30余万元。奖学金最高

金额 1200 元/年，最低金额 150 元/年。
学校历史沿革
湖北中医药高等专科学校是 2002 年 3 月由国家教育部批准的全日制普通高等专科学校，学校实行国家中医药管理局、湖北省卫生厅、荆州市人民政府三方共建，以荆州市人民政府为主的办学体制。

武汉航海职业技术学院

学校（机构）标识码　4142012952
学校办学类型　415：专科院校：高等职业学校
学校性质类别　02 理工院校
学校举办者　812 省级其他部门
学校地址　武汉航海职业技术学院
邮政编码　430062
办公电话　027 - 86811446
传真电话　027 - 86811446
校园（局域）网域名　www.whhhxy.com
占地面积（平方米）　92000
校舍建筑面积（平方米）　98882
图书（万册）　32.6
固定资产总值（万元）　5029.6
教学、科研仪器设备资产值（万元）　2460.6
在校生数（人）　5046
其中：普通专科　4931
　　　成人专科　115
专任教师（人）　239
其中：正高级　2
　　　副高级　47
　　　中级　83
　　　初级　62
　　　未定职级　45

专科专业　报关与国际货运、船舶工程技术、国际航运业务管理、航海技术、计算机网络技术、酒店管理、轮机工程技术、旅游管理、汽车技术服务与营销、汽车检测与维修技术、软件技术、商务英语、物流管理
院系设置
航海系、轮机工程系、船舶工程系、航运物流系、旅游系、汽车工程系、计算机系
学校设立奖学金情况
学校设立奖学金 3 项，奖励总金额 11 余万元。奖学金最高金额 1000 元/年，最低金额 100 元/年。
主要校办产业
船模公司、外经公司、劳动服务公司、驾校
毕业生一次就业率　96.34%
学校历史沿革
1998 年随着企业更名，学校更名为"中国长江航运集团职工大学"。1999 年，经省政府批准，学校成为首批开展高等职业教育的学校，取得普通高校招生资格。2002 年，经湖北人民政府批准，学校更名为"武汉航海职业技术学院"。

武汉铁路职业技术学院

学校（机构）标识码　4142012977
学校办学类型　415：专科院校：高等职业学校
学校性质类别　02 理工院校
学校举办者　811 省级教育部门
学校地址　湖北省武汉市江夏区藏龙岛科技园藏龙大道 1 号
邮政编码　430205
办公电话　027 - 51168500
传真电话　027 - 51168500
校园（局域）网域名　www.wru.com.cn
电子信箱　whtlxy@126.com
占地面积（平方米）　728694
校舍建筑面积（平方米）　339340
图书（万册）　54.23
固定资产总值（万元）　47419
教学、科研仪器设备资产值（万元）　10944
在校生数（人）　8936
其中：普通专科　8805
　　　成人专科　131
专任教师（人）　319
其中：正高级　3
　　　副高级　82
　　　中级　143
　　　初级　71
　　　未定职级　20

专科专业　保险实务、城市轨道交通控制、城市轨道交通运营管理、电气化铁道技术、电气自动化技术、电子工艺与管理、电子商务、电子信息工程技术、高速动车组驾驶、高速动车组检修技术、高速铁路工程及维护技术、供用电技术、护理、机电设备维修与管理、旅游管理、旅游英语、铁道车辆、铁道工程技术、铁道机车车辆、铁道交通运营管理、铁道通信信号、通信技术、物流管理、应用电子技术、助产
院系设置
运输与管理工程系、机车车辆工程系、铁道信号与工程系、电子电气工程系、护理学院、国际文化交流学院、继续教育学院、公共课部
学校历史沿革
武汉铁路职业技术学院始建于 1956 年，历经武汉铁路运输学校、武汉铁道学院、武汉铁路运输学校的传承演变，1994 年被评为国家级重点中专学校。2000 年 10 月，武汉铁路成人中等专业学校撤销建制，整体并入。2005 年 8 月，武汉铁路卫生学校移交学院管理。学院是湖北省较早举办高职教育的院校之一，1085 年开始与湖北大学联办高等职业教育，1999 年与武汉交通

科技大学联办高职教育。2001年4月经湖北省人民政府批准组建武汉铁路职业技术学院。2004年11月学院由铁道部移交湖北人民政府管理,是湖北省唯一的轨道交通类高等职业院校。

武汉软件工程职业学院

学校(机构)标识码 4142012978
学校办学类型 415:专科院校:高等职业学校
学校性质类别 02 理工院校
学校举办者 822 地级其他部门
学校地址 武汉东湖新技术开发区光谷大道117号
邮政编码 430205
办公电话 027-81655878
传真电话 027-81655883
校园(局域)网域名 www.whvse.com
占地面积(平方米) 818717
校舍建筑面积(平方米) 349839
图书(万册) 64
固定资产总值(万元) 51669
教学、科研仪器设备资产值(万元) 7677.53
在校生数(人) 14549
其中:普通专科 14186
成人专科 363
专任教师(人) 609
其中:正高级 13
副高级 176
中级 214
初级 194
未定职级 12

专科专业 报关与国际货运、产品造型设计、电气自动化技术、电子商务、电子信息工程技术、服装设计、工程机械运用与维护、工商企业管理、工业分析与检验、光电子技术、光机电应用技术、化工工艺、环境艺术设计、会计、机电一体化技术、机械制造与自动化、激光加工技术、计算机辅助设计与制造、计算机控制技术、计算机网络技术、计算机信息管理、计算机应用技术、金融管理与实务、连锁经营管理、旅游管理、模具设计与制造、汽车电子技术、汽车技术服务与营销、汽车检测与维修技术、汽车制造与装配技术、嵌入式系统工程、软件测试技术、软件技术、商务英语、生化制药技术、食品生物技术、数控技术、通信技术、图文信息技术、图形图像制作、物流管理、信息安全技术、艺术设计、影视动画、应用电子技术、应用化工技术、应用英语、园林技术

院系设置 计算机与软件学院、机械制造工程系、经济管理系、电子与电气工程系、汽车运用工程系、光电子与通信工程系、艺术设计系、环境与生化工程系、公共课部、体育工作部、IGA中国零售学院、开放教育学院(电大教学处)、继续教育学院

学校设立奖学金情况
学校设立奖学金5项,奖励总金额70万元/年,最低金额150元/年。

学校历史沿革
2001年由武汉成人教育学院与1951年创建的武汉市第一师范学校和1973年创建的武汉经贸科技学校合并组建汉口职业技术学院。2002年5月与1959年创建的武汉市交通学校、1974创建的武汉市纺织学校和1978年创建的武汉化工学校合并组建武汉工交职业学院。2003年7月汉口职业技术学院与武汉市广播电视大学合并组建武汉软件职业学院(武汉市广播电视大学),一套班子、两块牌子办学。2003年底,经教育部评审确定为全国示范性软件职业技术学院建设单位。20066年8月武汉工交职业学院与武汉软件职业学院(武汉市广播电视大学)合并组建武汉软件工程职业学院(武汉市广播电视大学),两块教育优势互补、资源共享。

湖北三峡职业技术学院

学校(机构)标识码 4142012979
学校办学类型 415:专科院校:高等职业学校
学校性质类别 02 理工院校
学校举办者 822 地级其他部门
学校地址 湖北省宜昌市体育场路31号
邮政编码 443000
办公电话 0717-8853371
传真电话 0717-8853333
校园(局域)网域名 www.tgc.edu.cn
电子信箱 bgs@yczy.hb.cn
占地面积(平方米) 1080537
校舍建筑面积(平方米) 283164
图书(万册) 56.55
固定资产总值(万元) 38681.31
教学、科研仪器设备资产值(万元) 6766.48
在校生数(人) 11939
其中:普通专科 10541
成人专科 1398
专任教师(人) 647
其中:正高级 16
副高级 227
中级 206
初级 170
未定职级 28

专科专业 表演艺术、茶文化、宠物医学、畜牧兽医、道路桥梁工程技术、电气自动化技术、电子商务、电子信息工程技术、钢琴调律、国际商务、护理、会计电算化、机电设备维修与管理、机电一体化技术、机械制造与自动化、计算机网络技术、计算机应用技术、金融保险、经济管理、康复治疗技术、连锁经营管理、旅游管理、旅游英语、模具设计与制造、汽车检测与维修技术、生物

技术及应用、食品加工技术、市场营销、数控技术、文化市场经营与管理、物流管理、物业管理、药学、印刷图文信息处理、应用电子技术、应用化工技术、应用英语、园林技术、园艺技术

院系设置

学院现设有生物化工学院、交通工程学院、机电工程学院、电子信息学院、经济管理学院、医学院、旅游管理学院、继续教育学院、思政课部、中专部等10个院、部(二级教学单位)。

学校历史沿革

宜昌市农业学校(1952－2002);宜昌市电子工业学校(1978－2002);宜昌市工业学校(1975－2002);宜昌市财经学校(1949－2002)。1999年,宜昌市财经学校与宜昌市粮食学校、宜昌市经贸学校、宜昌市商业职工中专四校合并。2002年4月,湖北省人民政府发文组建宜昌职业技术学院,由原宜昌市农业学校、宜昌市电子工业学校、宜昌市工业学校、宜昌市财经学校四所重点中专合并成立,同年7月正式挂牌。2004年6月,经省人民政府批准,国家教育部备案,宜昌职业技术学院更名为湖北三峡职业技术学院。2006年,宜昌市交通学校、宜昌市职教中心职教部并入学院。2010年7月,经宜昌市人民政府决定,省教育厅批复,宜昌市卫生学校整体并入湖北三峡职业技术学院。学院是宜昌市人民政府主办的培养高素质、高技能人才的高等职业院校。

随州职业技术学院

学校(机构)标识码 4142012980	传真电话 0722-3809998	在校生数(人) 6290
学校办学类型 415:专科院校:高等职业学校	校园(局域)网域名 www.szvtc.cn	其中:普通专科 6155
	电子信箱 303692378@qq.com	成人专科 135
学校性质类别 02 理工院校	占地面积(平方米) 880710	专任教师(人) 355
学校举办者 822 地级其他部门	校舍建筑面积(平方米) 223010	其中:副高级 81
学校地址 随州市城南新区迎宾大道38号	图书(万册) 43.31	中级 85
	固定资产总值(万元) 34500	初级 171
邮政编码 441300	教学、科研仪器设备资产值(万元) 3908	未定职级 18
办公电话 0722-3809999		

专科专业 导游、道路桥梁工程技术、电子信息工程技术、动漫设计与制作、服装设计、服装制版与工艺、广告设计与制作、焊接技术及自动化、护理、会计与统计核算、机电一体化技术、计算机应用技术、建筑工程技术、建筑装饰工程技术、酒店管理、康复治疗技术、口腔医学技术、旅游管理、旅游管理类、绿色食品生产与检测、模具设计与制造、汽车电子技术、汽车检测与维修技术、汽车制造与装配技术、商务英语、市场营销、数控技术、卫生检验与检疫技术、物流管理、医疗美容技术、影视广告、应用电子技术、园林技术、装潢艺术设计

院系设置

汽车与机电工程学院、医护学院、旅游与经济管理学院、服装与艺术设计系、土木建筑工程系、公共课部、思想政治理论课教学部

学校设立奖学金情况

学校设立奖学金四项,奖励总金额15万元。奖学金最高金额2000元/年,最低300元/年。

学校历史沿革

1958年7月,合并组建学校之一的随州师范学校成立,1986年2月更名为随州中等师范学校,1990年2月更名为湖北随州师范学校;1958年5月合并组建学校之一的随州卫校的前身随县卫生学校成立,1998年更名为襄樊市随州卫生学校;1994年8月合并组建之一的随州工业学校成立;1998年7月合并学校之一的随州市职业中等专业学校成立。2002年4月,在湖北省随州师范学校、随州职业中等专业学校、随州工业学校、随州卫生学校合并的基础上成立随州职业技术学院。

武汉电力职业技术学院

学校(机构)标识码 4142012981	邮政编码 430079	图书(万册) 41.2
学校办学类型 415:专科院校:高等职业学校	办公电话 027-87861556	固定资产总值(万元) 22297
	传真电话 027-87861556	教学、科研仪器设备资产值(万元) 4635.04
学校性质类别 02 理工院校	校园(局域)网域名 www.whetc.com	
学校举办者 812 省级其他部门	电子信箱 master@whetc.com	在校生数(人) 4584
学校地址 武汉市洪山区珞瑜路189号	占地面积(平方米) 383225	其中:普通专科 4357
	校舍建筑面积(平方米) 182819	成人专科 227

专任教师(人) 277	副高级 116	初级 54
其中:正高级 4	中级 100	未定职级 3

专科专业 电厂热能动力装置、电力系统继电保护与自动化、电子商务、发电厂及电力系统、高压输配电线路施工运行与维护、工程测量与监理、工程造价、工商企业管理、供用电技术、会计、火电厂集控运行、机电设备运行与维护、机电一体化技术、计算机网络技术、检测技术及应用、模具设计与制造、软件技术、生产过程自动化技术、市场营销、数控技术、通信技术、图形图像制作、物流管理、新能源发电技术、应用电子技术

院系设置

学院设有电力工程系、动力工程系、信息工程系、经济管理系、建设工程系、机电工程系、基础部、思想政治教育部八个系部

国家级、省部级研究机构设置

1. 国家电网公司电力营销实训基地。2. 国家电网公司继电保护实训基地。3. 国家电网公司电网运行实训基地。

学校设立奖学金情况

学校设立奖学金8项，奖励总金额530.735余万元。最低金额50元/年。

主要校办产业

欣方达公司

学校历史沿革

1. 1953年3月，成立"中南水力发电工程学校，隶属中南军政委员会工业部水力发电勘测处。2. 1958年10月，学校升格为"武汉电力专科学校"，隶属湖北电力工业局。3. 1962年4月，学校更名为"武汉电力学校"。4. 1970—1972年，停办。5. 1972年，学校恢复为"湖北水利电力学校"。6. 1977年9月，学校更名为"湖北省电力学校"。7. 1985年，学校更名为"武汉电力学校"。8. 2002年4月，学校升格为"武汉电力职业技术学院"。

湖北水利水电职业技术学院

学校(机构)标识码 4142012982	传真电话 027-87378362	在校生数(人) 8622
学校办学类型 415:专科院校:高等职业学校	校园(局域)网域名 www.hbsy.cn	其中:普通专科 8067
	电子信箱 hbsy306@sohu.com	成人专科 555
学校性质类别 02 理工院校	占地面积(平方米) 428669	专任教师(人) 318
学校举办者 812 省级其他部门	校舍建筑面积(平方米) 213797	其中:正高级 6
学校地址 湖北水利水电职业技术学院	图书(万册) 53.93	副高级 83
	固定资产总值(万元) 23138.75	中级 101
邮政编码 430070	教学、科研仪器设备资产值(万元)	初级 102
办公电话 027-87378362	5201.2	未定职级 26

专科专业 道路桥梁工程技术、电脑艺术设计、电气自动化技术、电子商务、发电厂及电力系统、工程测量技术、工程机械运用与维护、工程监理、工程造价、焊接技术及自动化、环境艺术设计、会计电算化、机电一体化技术、基础工程技术、计算机应用技术、计算机硬件与外设、建筑工程技术、建筑装饰工程技术、酒店管理、楼宇智能化工程技术、旅游管理、汽车运用技术、商务英语、市场营销、数控技术、水利工程、水利水电建筑工程、文秘、物流管理、小型水电站及电力网、应用电子技术

院系设置

水利工程系、建筑工程系、机电工程系、电力电子工程系、商贸管理系、基础课部

定期公开出版的专业刊物 《湖北水利水电职业技术学院学报》

学校设立奖学金情况

学院设立奖学金4项，奖励总金额27万余元。奖学金额1000元/年，最低金额100元/年。

主要校办产业

志宏水利水电设计院、禹成电脑公司、通衢旅行社、利兴科技公司

学校历史沿革

湖北水利水电职业技术学院是2002年经湖北省人民政府批准组建，国家教育部备案的公办普通高等学校，是湖北水利行业唯一的一所高等职业技术学院。其前身为原湖北水利水电学校。始建于1953年，六十年代曾升格为湖北省水利电力专科学校，开办专科学历教育12年。建校近六十年来，已为国家培养各类专业技术人才2万余人，许多毕业生都已成为水利行业建设的栋梁和骨干。

湖北城市建设职业技术学院

学校(机构)标识码 4142012983	校园(局域)网域名 www.ucvc.net	在校生数(人) 8912
学校办学类型 415:专科院校:高等职业学校	电子信箱 8780157117510878@163.com	其中:普通专科 8073
		成人专科 839
学校性质类别 02 理工院校	占地面积(平方米) 455425	专任教师(人) 352
学校举办者 812 省级其他部门	校舍建筑面积(平方米) 256410	其中:正高级 5
学校地址 湖北省武汉市关山路483号	图书(万册) 48.58	副高级 98
	固定资产总值(万元) 32358.19	中级 125
邮政编码 430074	教学、科研仪器设备资产值(万元) 3864	初级 74
办公电话 027-81326997		未定职级 50
传真电话 027-81326998		

专科专业 安全技术管理、城市管理与监察、城市燃气工程技术、城镇规划、道路桥梁工程技术、地下工程与隧道工程技术、电脑艺术设计、电子商务、动漫设计与制作、房地产经营与估价、钢结构建造技术、给排水工程技术、工程测量技术、工程机械运用与维护、工程监理、工程造价、供热通风与空调工程技术、广告设计与制作、环境监测与评价、环境艺术设计、计算机应用技术、建筑电气工程技术、建筑工程管理、建筑工程技术、建筑设计技术、建筑装饰工程技术、连锁经营管理、楼宇智能化工程技术、市政工程技术、文秘、物流管理、物业管理、园林工程技术

武汉警官职业学院

学校(机构)标识码 4142012984	传真电话 027-83215141	在校生数(人) 3790
学校办学类型 415:专科院校:高等职业学校	校园(局域)网域名 www.whpa.cn	其中:普通专科 3790
	电子信箱 netcenter@whpa.net.cn	专任教师(人) 282
学校性质类别 09 政法院校	占地面积(平方米) 272001	其中:正高级 2
学校举办者 812 省级其他部门	校舍建筑面积(平方米) 193325	副高级 82
学校地址 武汉市东西湖区吴家山街杏花路特1号	图书(万册) 22.58	中级 112
	固定资产总值(万元) 18138.36	初级 84
邮政编码 430040	教学、科研仪器设备资产值(万元) 1859.28	未定职级 2
办公电话 027-83225396		

专科专业 安全防范技术、法律事务、法律文秘、计算机网络技术、计算机应用技术、旅游管理、摄影摄像技术、司法鉴定技术、司法警务、刑事侦查技术、刑事执行、罪犯心理测量与矫正技术

院系设置
警察管理系、信息工程系、司法侦查系、公共管理系、司法管理系

国家级、省部级研究机构设置
研究所(中心):预防犯罪研究所、司法实务研究所、教育科学研究所、湖北东湖司法鉴定所

定期公开出版的专业刊物 《警官教育》、《警官论坛》
学校设立奖学金情况
学校设立奖学金3项,奖励总金额7余万元。奖学金最高金额1200元/年,最低金额400元/年。
毕业生一次就业率 75%
学校历史沿革
2002年经湖北省人民政府同意,在原"湖北省警官学校"的基础上建立了"武汉警官职业学院",系专科层次的高等职业学校,2003年5月经省教育厅、省计委、省财政厅同意,湖北省司法学校整体并入武汉警官职业学院。

湖北生物科技职业学院

学校(机构)标识码 4142012985	传真电话 027-59814556	2508.1
学校办学类型 415:专科院校:高等职业学校	校园(局域)网域名 www.hbswkj.com	在校生数(人) 6867
	电子信箱 hbswkj@163.com	其中:普通专科 6867
学校性质类别 02 理工院校	占地面积(平方米) 234003	专任教师(人) 291
学校举办者 812 省级其他部门	校舍建筑面积(平方米) 195296	其中:正高级 4
学校地址 武汉市洪山区狮子山野芷湖1号	图书(万册) 39.97	副高级 96
	固定资产总值(万元) 11212.84	中级 155
邮政编码 430070	教学、科研仪器设备资产值(万元)	初级 36
办公电话 027-59729208		

专科专业 畜牧兽医、电子商务、动漫设计与制作、会计与审计、计算机网络技术、计算机应用技术、商务英语、生物技术及应用、生物实验技术、生物制药技术、食品加工技术、食品生物技术、食品营养与检测、市场营销、室内设计技术、兽医、水产养殖技术、养殖、药学、园林技术、园艺技术、种植、种子生产与经营

院系设置
生物工程系、园艺系、管理科学系、计算机系、动物科学系、基础课部、思政课部

学校设立奖学金情况
学校设立奖学金7项,2011年奖励总金额757.8万元。奖学金最高金额8000元/年,最低金额200元/年。

学校历史沿革
湖北生物科技职业学院由湖北省科技生物学校和湖北省农业干部学校组建而成,两所学校分别创建于1958年和1957年。湖北省生物科技学校前身是湖北省水产学校,2001年2月,由省教育厅鄂教发函[2001]7号文批准更名为湖北省科技生物学校。2002年7月,经省人民政府鄂政函[2002]95号文批准,湖北省科技生物学校、省农业干部学校与省林业学校合并为湖北生物生态职业技术学院。2004年4月,经省人民政府鄂政函[2004]72号文批准,湖北省科技生物学校与省农业干部学校单独设立为湖北生物科技职业学院,是一所全日制普通高等学校。

湖北开放职业学院

学校(机构)标识码 4142012986	传真电话 027-87402220	在校生数(人) 3491
学校办学类型 415:专科院校:高等职业学校	校园(局域)网域名 www.hbou.cn	其中:普通专科 3249
	电子信箱 xiaoban1984@126.com	成人专科 242
学校性质类别 02 理工院校	占地面积(平方米) 266400	专任教师(人) 94
学校举办者 999 民办	校舍建筑面积(平方米) 65421	其中:正高级 3
学校地址 湖北省武汉市洪山区民院路15号	图书(万册) 16.26	副高级 11
	固定资产总值(万元) 17613	中级 28
邮政编码 430074	教学、科研仪器设备资产值(万元)	初级 30
办公电话 027-87402220	2679.12	未定职级 22

专科专业 电脑艺术设计(平面广告设计)、电脑艺术设计(室内设计技术)、电脑艺术设计(游戏美术设计)、电子商务、动漫设计与制作、服装设计、工程造价、工商企业管理、广告与会展、环境艺术设计、会计、激光加工技术、计算机应用技术、酒店管理、连锁经营管理、旅游管理、模具设计与制造、模具设计与制造(数控设备应用与? 人力资源管理、软件技术、商务英语、市场营销、数控技术、通信技术(光纤通信)、物流管理、新闻采编与制作、应用电子技术、应用日语

院系设置
人文学院、财经学院、现代管理学院、光电信息学院、机电学院、艺术学院、工业学院、软件外包学院、继续教育学院

定期公开出版的专业刊物 《湖北函授大学学报》

学校设立奖学金情况
学校设立奖学金7项,奖励总金额58.45万元/年,最高金额8000元/年,最低金额100元/年。

主要校办产业
武汉天歌电子有限公司、开院服务商城、武汉天歌生态农业有限责任公司(产学研农科教基地)、科技开发部

学校历史沿革
湖北开放职业学院是2002年5月经湖北省人民政府鄂政

函[2002]59号文批准由湖北函授大学更名改制成的一所民办普通高等学校,其前身湖北函授大学于1984年11月9号湖北农村函授教育科技咨询中心的基础上,经省委、省人民政府同意,湖北省教育厅(鄂教工农(1984)016号)文批准成立,1986年报请(国家教委)(86)教计45号)文批准备案。

武汉科技职业学院

学校(机构)标识码 4142012987	传真电话 027-88028783	在校生数(人) 1026
学校办学类型 415:专科院校:高等职业学校	校园(局域)网域名 www.whkjzy.cn	其中:普通专科 1026
	电子信箱 wkzy2006@hotmail.com	专任教师(人) 79
学校性质类别 02 理工院校	占地面积(平方米) 43547	其中:正高级 4
学校举办者 999 民办	校舍建筑面积(平方米) 27688	副高级 16
学校地址 武汉市洪山区铁机村特2号	图书(万册) 12.9	中级 16
	固定资产总值(万元) 2214.87	初级 20
邮政编码 430063	教学、科研仪器设备资产值(万元) 895.8	未定职级 23
办公电话 027-88025717		

专科专业 电子商务、电子信息工程技术、工商企业管理、国际贸易实务、会计、会展策划与管理、计算机多媒体技术、计算机应用技术、金融保险、商务英语、物流管理、应用英语

院系设置
电子信息系、工商管理系、语言媒体系、经济贸易系、基础课部

定期公开出版的专业刊物 《教学通讯》、《院报》、《团讯》、《教学督导简报》

学校设立奖学金情况
学校设立奖学金9项,奖励总金额84.5余万元。奖学金最高金额1000元/年,最低金额50元/年。
1. 院三好学生标兵;1000*6人/年,6000元
2. 院优秀三好学生;300*7人/年,2100元
3. 院优秀学生干部;300*7人/年,2100元
4. 院三好学生;200*27人/年,5400元
5. 系三好学生;100*44人/年,4400元
6. 奉献奖学金;50*140人/年,7000元
7. 励志奖学金;38人/年,19万元/年
8. 国家助学金;310人/年,62万/年
9. 国家奖学金;1人/年,8000元/年

毕业生一次就业率 89.5%

学校历史沿革
武汉科技职业学院的前身为武汉科技工程学校。武汉科技工程学校(院武汉经济管理学校)于一九九七年经湖北省教育厅、湖北省 计委【1997】044号文件批准正式成立为普通中等专业学校。二〇〇一年与民办东湖大学合并,依托湖北省科协提升为普通高等职业学院。二〇〇二年经湖北省人民政府鄂政函【2002】54号文件正式批准成立武汉科技职业学院。

武汉外语外事职业学院

学校(机构)标识码 4142012988	办公电话 027-86490785	4066
学校办学类型 415:专科院校:高等职业学校	传真电话 027-86460228	在校生数(人) 6216
	校园(局域)网域名 www.whflfa.com	其中:普通专科 6216
学校性质类别 02 理工院校	电子信箱 csxy2002@126.com	专任教师(人) 310
学校举办者 999 民办	占地面积(平方米) 39020	其中:正高级 43
学校地址 武汉市东湖生态旅游风景管理区黄家大湾一号	图书(万册) 38.1	副高级 54
	固定资产总值(万元) 15400	中级 170
邮政编码 430083	教学、科研仪器设备资产值(万元)	初级 43

专科专业 报关与国际货运、电气自动化技术、电子商务、房地产经营与估价、国际经济与贸易、国际商务、会计、会计电算化、会计与审计、机电一体化技术、计算机多媒体技术、计算机应用技术、旅游英语、汽车技术服务与营销、人力资源管理、商务日语、商务英语、涉外事务管理、市场营销、投资与理财、医药营销、应用法语、应用韩语、应用西班牙语、应用英语、证券与期货

院系设置
学院设有五个学部,分别是涉外语言学部、涉外经济学部、涉外管理学部、信息技术学部、机电技术学部

学校设立奖学金情况

奖学金学校设立奖学金3项，分别是综合素质标兵、专业素质奖学金和德育素质奖学金。奖学金最高金额为56.89万元。最高金额为5000元，最低金额为500元。

学校历史沿革

武汉外语外事职业学院于2002年经湖北省人民政府批准成立，并经国家教育部备案，是中部地区第一所专门培养外语外经外贸外服人才的高等职业学院，属专科层次全日制普通高校。

武汉信息传播职业技术学院

学校(机构)标识码	4142012989
学校办学类型	415:专科院校:高等职业学校
学校性质类别	02 理工院校
学校举办者	999 民办
学校地址	武汉信息传播职业技术学院
邮政编码	430223
办公电话	027-81801042
传真电话	027-81801018
校园(局域)网域名	www.whinfo.com.cn
电子信箱	whxxcb@zhiyin.com.cn
占地面积(平方米)	210209
图书(万册)	50
固定资产总值(万元)	15982.16
教学、科研仪器设备资产值(万元)	2862.16
在校生数(人)	6764
其中:普通专科	6764
专任教师(人)	315
其中:正高级	6
副高级	55
中级	75
初级	86
未定职级	93

专科专业 版面编辑与校对、包装技术与设计、出版与发行、传媒策划与管理、导游、电视节目制作、电子信息工程技术、动漫设计与制作、会计、会展策划与管理、计算机网络技术、酒店管理、连锁经营管理、旅游管理、旅游英语、人物形象设计、商务英语、摄影摄像技术、图形图像制作、文秘、文秘速录、物流管理、新闻采编与制作、艺术设计、印刷技术、印刷设备及工艺、印刷图文信息处理、营销与策划、应用英语

院系设置

新闻系、印刷工程系、工商管理系、信息工程系、旅游系、英语系、公关文秘系、艺术系、公共课部

定期公开出版的专业刊物 《武汉信息传播职业技术学院学报》

学校设立奖学金情况

学院设立奖学金5项，奖金总金额329.6万元，最低金额200元/年。

学校历史沿革

2000年，湖北省妇女联合会决定并经湖北省教育厅同意，由知音传媒集团出资筹办知音职业技术学院。2002年4月，经湖北省政府批准，在知音职业技术学院的基础上建立武汉信息传播职业技术学院。

武汉语言文化职业学院

学校(机构)标识码	4142012990
学校办学类型	415:专科院校:高等职业学校
学校性质类别	02 理工院校
学校举办者	999 民办
学校地址	湖北省武汉市江夏区五里界中洲大道特1号
邮政编码	420202
办公电话	027-81334977
传真电话	027-81335020
校园(局域)网域名	www.wlci.com.cn
电子信箱	yb@wlci.com.cn
图书(万册)	84.74
固定资产总值(万元)	13586.14
教学、科研仪器设备资产值(万元)	4800
在校生数(人)	12936
其中:普通专科	12936
专任教师(人)	522
其中:正高级	37
副高级	74
中级	124
初级	172
未定职级	115

专科专业 表演艺术、传媒策划与管理、电子商务、电子信息工程技术、动漫设计与制作、多媒体设计与制作、房地产经营与估价、广告设计与制作、国际商务、会计电算化、机电一体化技术、计算机网络技术、计算机系统维护、计算机信息管理、金融保险、酒店管理、旅游英语、软件技术、商务日语、商务英语、市场营销、数字媒体技术、文秘、物流管理、物业管理、应用英语、装饰艺术设计

院系设置

学院共有9个系:经济管理系、工商管理系、计算机科学与工程系、外语系、艺术系、机电系、会计系、人文系、汽车工程系。

学校设立奖学金情况

学院奖学金达263.6万元，其中国家奖学金8000元/生，2人/年;国家励志奖学金5000元/生，120人/年;国家助学金2000元/生,1010人/年。

毕业生一次就业率 90.78%

学校历史沿革

2002年经湖北省人民政府鄂政函[2002]68号文件批准成立武汉光华信息技术职业学院，由上海光华教育投资管理有限公司出资举办，属专科层次的普通高等院校；2003年6月，由湖北教育学院书刊发行公司接管举办；2005年2月，湖北省人民政府鄂政函[2005]13号文件批准更名为武汉语言文化职业学院，举办者由上海光华教育投资有限公司变更为湖北教育学院书刊发行公司；2011年2月，湖北省人民政府鄂政函[2011]17号文件批准举办者由湖北教育学院书刊发行公司变更为湖北春天科教集团有限公司。

武汉商贸职业学院

学校(机构)标识码	4142012991
学校办学类型	415：专科院校：高等职业学校
学校性质类别	08 财经院校
学校举办者	999 民办
学校地址	湖北省武汉市东湖新技术开发区光谷二路225号
邮政编码	430205
办公电话	027-87901948
传真电话	027-87901901
校园(局域)网域名	www.whicu.com
电子信箱	xiaoban1901@163.com
占地面积(平方米)	336667
校舍建筑面积(平方米)	246766
图书(万册)	89.84
固定资产总值(万元)	50508.1
教学、科研仪器设备资产值(万元)	3620.05
在校生数(人)	10261
其中：普通专科	9993
成人专科	268
专任教师(人)	561
其中：正高级	64
副高级	95
中级	171
初级	203
未定职级	28

专科专业 表演艺术、电脑艺术设计、电子商务、雕塑艺术设计、动画设计、服装设计、工商企业管理、国际商务、航空服务、会计、会计电算化、计算机网络技术、金融保险、景观设计、酒店管理、旅游英语、人力资源管理、软件技术、商务英语、涉外事务管理、市场营销、体育服务与管理、通信技术、文秘、物流管理、物业管理、新闻采编与制作、艺术设计、音乐表演、应用电子技术、主持与播音、装潢艺术设计

院系设置
11个

定期公开出版的专业刊物 《武商院报》

学校设立奖学金情况

学校设立奖学金五项，奖励总金额189.94万元。奖学金最高金额8000元/年，最低金额400元/年。

学校历史沿革

武汉商贸职业学院于2002年4月经湖北省人民政府批准成立。

武汉大学珞珈学院

学校(机构)标识码	4142013188
学校办学类型	413：本科院校：独立学院
学校性质类别	02 理工院校
学校举办者	999 民办
学校地址	武汉市洪山区洪山街道办事处南李路83号
邮政编码	420064
办公电话	027-81701778
传真电话	027-81701763
校园(局域)网域名	www.luojia-whu.com
电子信箱	whu-luojia@163.com
图书(万册)	28.8
固定资产总值(万元)	14458.01
教学、科研仪器设备资产值(万元)	4533
在校生数(人)	7076
其中：普通本科	5728
普通专科	1348
专任教师(人)	411
其中：正高级	51
副高级	58
中级	122
初级	180

本科专业 播音与主持艺术、财务管理、电气工程及其自动化、电子商务、电子信息工程、国际经济与贸易、会计学、计算机科学与技术、软件工程、市场营销、通信工程、物流管理、新闻学、信息管理与信息系统、英语

专科专业 电子商务、电子信息工程技术、计算机网络技术、计算机应用技术、商务英语

院系设置

学院现设有13个系(教研室)，分别为经济与管理学系、计算机科学系、电子信息科学系、信息管理系、电气工程与自动化系、新闻系、英语系、大学英语教研室、高等数学教研室、思想政治基础课教研室、计算机基础课教研室、普通物理教研室、体育教研室。

学校设立奖学金情况

学校设立奖学金、助学金 4 项,奖励总金额 85 多万元。奖学金最高金额 5000 元/人·年,最低金额 1000 元/人·年。

学校历史沿革

武汉大学珞珈学院是 2006 年 4 月 12 日经教育部教发函 【2006】93 号文(《教育部关于同意试办武汉大学珞珈学院的批复》)批准设立的独立学院,由武汉大学、武汉当代科技产业集团股份有限公司、北京巨天汇投资有限公司联合举办。

湖北大学知行学院

学校(机构)标识码 4142013234	传真电话 027-82328107	在校生数(人) 8916
学校办学类型 413:本科院校:独立学院	校园(局域)网域名 www.hudazx.cn	其中:普通本科 6748
	电子信箱 hudazx@sina.cn	普通专科 2168
学校性质类别 02 理工院校	占地面积(平方米) 571284	专任教师(人) 430
学校举办者 999 民办	校舍建筑面积(平方米) 128798	其中:正高级 65
学校地址 武汉市江岸区谌家矶兴谌大道特 1 号	图书(万册) 64	副高级 110
	固定资产总值(万元) 30783	中级 152
邮政编码 430011	教学、科研仪器设备资产值(万元) 3278	初级 96
办公电话 027-82300375		未定职级 7

本科专业 电子科学与技术、电子信息工程、法学、工商管理、公共事业管理、国际经济与贸易、汉语言文学、化学工程与工艺、会计学、计算机科学与技术、金融学、旅游管理、美术学、生物工程、食品科学与工程、市场营销、新闻学、艺术设计、英语

专科专业 电子商务、电子信息工程技术、广告设计与制作、会计、会计电算化、计算机应用技术、景区开发与管理、生物技术及应用、食品加工技术、食品营养与检测、市场营销、文秘、新闻采编与制作

院系设置

人文与社会科学系、经济管理系、生物工程系、计算机科学系、外国语系、艺术系

国家级、省部级研究机构设置

设有应用文科研究中心

学校设立奖学金情况

学校设立奖学金 2 项。奖励总金额 674800 元。最高金额 1200 元/年,最低 400 元/年。

学校历史沿革

学院 2000 年成立。

武汉科技大学城市学院

学校(机构)标识码 4142013235	传真电话 027-86460228	在校生数(人) 13355
学校办学类型 413:本科院校:独立学院	校园(局域)网域名 www.city.wust.edu.cn	其中:普通本科 9874
		普通专科 3481
学校性质类别 02 理工院校	电子信箱 csxy2002@126.com	专任教师(人) 742
学校举办者 999 民办	图书(万册) 78.1	其中:正高级 90
学校地址 武汉市东湖生态旅游风景区黄家大湾一号	固定资产总值(万元) 41500	副高级 133
	教学、科研仪器设备资产值(万元) 8260.9	中级 320
邮政编码 430083		初级 199
办公电话 027-86490785		

本科专业 财务管理、城市规划、电气工程及其自动化、电子商务、动画、法学、给水排水工程、工程管理、工商管理、国际经济与贸易、护理学、环境工程、会计学、机械设计制造及其自动化、计算机科学与技术、建筑学、人力资源管理、日语、市场营销、土木工程、物流管理、信息管理与信息系统、信息与计算科学、艺术设计、英语、应用化学、自动化

专科专业 电子商务、工程测量技术、工程造价、广告设计与制作、护理、环境艺术设计、会计电算化、机电一体化技术、计算机网络技术、计算机应用技术、建筑工程技术、汽车技术服务与营销、市场营销、物流管理、园林工程技术、证券投资与管理

院系设置

武汉科技大学城市学院共设 8 个学部,分别为经济与管理

学部、城建学部、医学部、人文学部、信息工程学部、机电工程学部、公共课部、艺术学部

学校设立奖学金情况

学校设立奖学金3项,分别是综合素质标兵、专业素质奖学金和德育素质奖学金。奖学金最高金额为136.33万元。最高金额为5000元,最低金额为500元。

学校历史沿革

武汉科技大学城市学院于2002年经湖北省人民政府批准成立,2004年经国家教育部核准备案。属本科层次的独立学院,具有独立法人资格。

三峡大学科技学院

学校(机构)标识码 4142013236	校园(局域)网域名 210.42.35.198/	其中:普通本科 8161
学校办学类型 413:本科院校:独立学院	电子信箱 kjxy@ctgu.edu.cn	普通专科 2608
	占地面积(平方米) 550235	专任教师(人) 477
学校性质类别 02 理工院校	校舍建筑面积(平方米) 207145	其中:正高级 19
学校举办者 999 民办	图书(万册) 87.45	副高级 141
学校地址 湖北省宜昌市大学路18号	固定资产总值(万元) 25553.3	中级 111
邮政编码 443002	教学、科研仪器设备资产值(万元) 5716.85	初级 185
办公电话 0717-6393042		未定职级 21
传真电话 0717-6392972	在校生数(人) 10769	

本科专业 财务管理、电气工程及其自动化、法学、工程管理、广播电视新闻学、国际经济与贸易、机械设计制造及其自动化、计算机科学与技术、金融学、临床医学、旅游管理、人力资源管理、生物工程、市场营销、水利水电工程、土木工程、物流管理、医学影像学、艺术设计、音乐学、英语、自动化

专科专业 道路桥梁工程技术、发电厂及电力系统、高压输配电线路施工运行与维护、工程造价、国际经济与贸易、护理、会计、旅游英语、市场营销、数控技术、水利水电建筑工程、药学、艺术设计

院系设置

学院现设有土木水电学部、机械电气学部、经济管理学部、文法学部等4个学部和思想政治理论课部及数理课部等2个课部

定期公开出版的专业刊物 《科苑》、《科苑报》

学校设立奖学金情况

学校设立奖学金9项,奖励总金额4401450元/年。包括:国家奖学金5名,每人8000元,合计40000元;国家励志奖学金188名,每人5000元,合计940000元;国家助学金1100名,每人1500元,合计1650000元;学院特等奖学金6人,每人2500元,合计15000元;学院一等奖学金263人,每人1500元,合计394500元;学院二等奖学金662人,每人1000元,合计662000元;学院三等奖学金1259人,每人500元,合计629500元;单项奖学金448人,每人100元,合计44800元;优干171人,每人150元,合计25650元。

学校历史沿革

三峡大学科技学院的前身是三峡大学宜昌分校。三峡大学宜昌分校是2000年9月经国家教育部备案,湖北省教育厅批准,由三峡大学与湖北省宜昌市人民政府合作试办的,全省首批批准的5所分校之一。2002年8月经省教育厅批准,更名为三峡大学科技学院。三峡大学科技学院是三峡大学与湖北省宜昌市人民政府、宜昌市教育实业开发总公司按新机制、新模式合作举办的本科层次二级学院。2004年2月,经国家教育部批准重新确认成为实施高等学历教育的高校独立学院。

江汉大学文理学院

学校(机构)标识码 4142013237	传真电话 027-84227230	其中:普通本科 8509
学校办学类型 413:本科院校:独立学院	校园(局域)网域名 www.jdwlxy.cn	普通专科 2259
学校性质类别 08 财经院校	电子信箱 84227230@jdwlxy.cn	专任教师(人) 678
学校举办者 999 民办	图书(万册) 71.1	其中:正高级 73
学校地址 武汉经济技术开发区博学路9号	固定资产总值(万元) 19808.7	副高级 253
邮政编码 430056	教学、科研仪器设备资产值(万元) 6602.6	中级 157
办公电话 027-84227230		初级 145
	在校生数(人) 10768	未定职级 50

本科专业 材料成型及控制工程、财务管理、测控技术与仪器、电子信息工程、法学、法语、公共事业管理、广告学、国际经济与贸易、国际经济与贸易(传媒经济)、行政管理、环境工程、机械设计制造及其自动化、计算机科学与技术、金融学、旅游管理、社会体育、生物技术、市场营销、信息管理与信息系统、艺术设计、英语、应用心理学、园艺、自动化

专科专业 电子商务、电子信息工程技术、汉语、汉语(文秘与信息处理)、会计电算化、计算机网络技术、计算机信息管理、计算机应用技术、计算机应用技术(动漫设计)、建筑工程技术、旅游管理、旅游英语、模具设计与制造、汽车检测与维修技术、商务英语、生物技术及应用、市场营销、新闻采编与制作、影视广告

院系设置
商学部、人文学部、政法学部、外语学部、信息技术学部、机电与建筑工程学部、生物与环境工程学部、基础课部、体美学部

学校设立奖学金情况
学校设立奖学金 10 项,奖励总金额 130 余万元。奖学金最高 5000 元/年,最低金额 200/年。

学校历史沿革
江汉大学文理学院前身是江汉大学融智工商学院,于 2002 年设立,2003 年更名为江汉大学文理学院。

湖北工业大学工程技术学院

学校(机构)标识码	4142013238
学校办学类型	413:本科院校:独立学院
学校性质类别	02 理工院校
学校举办者	999 民办
学校地址	湖北省武汉市洪山区李家墩一村特一号
邮政编码	430068
办公电话	027-88413679
传真电话	027-88413679
校园(局域)网域名	www.hbut.gcxy.edu.cn
电子信箱	gcxy@mail.hbut.edu.cn
占地面积(平方米)	506253
校舍建筑面积(平方米)	177959
图书(万册)	55
固定资产总值(万元)	28554.52
教学、科研仪器设备资产值(万元)	3204.95
在校生数(人)	10169
其中:普通本科	7568
普通专科	2601
专任教师(人)	312
其中:正高级	27
副高级	67
中级	102
初级	86
未定职级	30

本科专业 财务管理、测控技术与仪器、产品造型设计、电气工程及其自动化、电子商务、电子信息工程、动画、高分子材料与工程、工业工程、广告学、国际经济与贸易、环境工程、环境艺术设计、会展艺术与技术、机械设计制造及其自动化、计算机科学与技术、金融学、平面设计、轻化工程、软件工程、生物工程、市场营销、通信工程、土木工程、物联网工程、物流管理、信息管理与信息系统、英语、自动化

专科专业 财务管理、电力系统自动化技术、电子信息工程技术、国际经济与贸易、环境艺术设计、机电一体化技术、建筑工程管理、模具设计与制造、平面设计、商务英语、数控技术

院系设置
机械工程系、电气信息系、土木工程系、生化工程系、经济系、管理系、艺术设计系、外国语系

定期公开出版的专业刊物 《湖北工业大学工程技术学院院报》

学校设立奖学金情况
学校设立特别奖学金、励志奖学金、素质奖学金、考研奖学金等多项奖励,奖励总金额 650 余万元。奖学金最高金额 10000 元/年,最低金额 600 元/年。

学校历史沿革
湖北工业大学工程技术学院(原湖北工学院工程技术学院),2002 年 8 月经湖北省政府批准成立;2004 年 2 月经国家教育部确认(教发函【2004】12 号);2004 年 6 月经国家教育部批准更名为湖北工业大学工程技术学院(教发函【2004】161 号)。

武汉工程大学邮电与信息工程学院

学校(机构)标识码	4142013239
学校办学类型	413:本科院校:独立学院
学校性质类别	02 理工院校
学校举办者	999 民办
学校地址	武汉市洪山区虎泉街 366 号
邮政编码	430073
办公电话	027-87194539
传真电话	027-87194539
校园(局域)网域名	www.witpt.edu.cn
电子信箱	ydy@mail.wit.edu.cn
占地面积(平方米)	45529
校舍建筑面积(平方米)	239975
图书(万册)	48.61
固定资产总值(万元)	17290
教学、科研仪器设备资产值(万元)	4947
在校生数(人)	10549
其中:普通本科	8254
普通专科	2295
专任教师(人)	464
其中:正高级	69
副高级	192
中级	126
初级	77

本科专业 材料成型及控制工程、材料物理、测控技术与仪器、电子信息工程、动画、法学、高分子材料与工程、工程管理、工商管理、工业设计、光信息科学与技术、国际经济与贸易、过程装备与控制工程、化学工程与工艺、会计学、机械设计制造及其自动化、计算机科学与技术、软件工程、市场营销、通信工程、土木工程、网络工程、信息管理与信息系统、药物制剂、艺术设计、英语、制药工程、自动化

专科专业 电气自动化技术、光纤通信、会计电算化、计算机应用技术、建筑工程技术、汽车检测与维修技术、商务英语、市场营销、移动通信技术、应用化工技术

院系设置

机电学部、化工与材料学部、文管学部、建筑与艺术学部、公共学部

学校设立奖学金情况

学校设立奖学金3项,奖励总金额105余万元。奖学金最高金额2500元/年,最低金额100元/年。

1. 优秀学生奖学金综合奖:
(1)特等奖学金:64人/年,2500元/人;
(2)甲等奖学金:207人/年,1200元/人;
(3)乙等奖学金:417人/年,800元/人;
(4)丙等奖学金:696人/年,400元/人;
2. 优秀学生奖学金单项奖:
(1)甲等奖学金:200元/人;
(2)乙等奖学金:100元/人。
3. 烽火奖学金:5人/年,3000元/人。

学校历史沿革

武汉工程大学邮电与信息工程学院试办于2002年8月,名为武汉化工学院信息工程学院,2003年11月经湖北省教育厅批准更名为武汉化工学院邮电与信息工程学院,2006年3月武汉化工学院更名为武汉工程大学,武汉化工学院邮电与信息工程学院同时更名为武汉工程大学邮电与信息工程学院。

武汉纺织大学外经贸学院

学校(机构)标识码	4142013240
学校办学类型	413:本科院校:独立学院
学校性质类别	08 财经院校
学校举办者	999 民办
学校地址	武汉市武昌区东湖梨园渔光村特1号
邮政编码	430077
办公电话	027-59367022
传真电话	027-59367022
校园(局域)网域名	www.cibewuse.org
电子信箱	wjm@wtu.edu.cn
图书(万册)	49.54
固定资产总值(万元)	4631.4
教学、科研仪器设备资产值(万元)	2588.94
在校生数(人)	8679
其中:普通本科	5810
普通专科	2869
专任教师(人)	427
其中:正高级	20
副高级	111
中级	168
初级	104
未定职级	24

本科专业 电气信息类(自动化、电气工程及、电子商务、电子信息工程、电子信息工程(电气工程及其自动、电子信息科学类(电子信息工程、纺织工程、纺织工程(产业用纺织品)、纺织工程(纺织品检验与贸易)、高分子材料与工程、高分子材料与工程(应用化学)、给水排水工程、工商管理、工商管理(人力资源管理)、工业设计(艺术)、广告学、国际经济与贸易、国际经济与贸易(服务贸易方向)、环境工程、会计学、机械设计制造及其自动化、计算机科学与技术、建筑环境与设备工程、生物工程、市场营销、物流管理、新闻传播学类(广告方向)、信息管理与信息系统、艺术设计(动画)、艺术设计(服装艺术设计)、艺术设计(环境艺术设计)、艺术设计(视觉传达艺术设计)、艺术设计(装潢艺术设计)、英语、自动化

专科专业 报关与国际货运、国际经济与贸易、会计、商务英语、市场营销、物流管理

院系设置

服装学院、经济管理学院、艺术与设计学院、电子信息工程学院、计算机科学学院、人文社科学院、机电工程学院、化学工程学院、环境与城建学院、外语系、体育课部

定期公开出版的专业刊物 《对外经贸实务》

学校设立奖学金情况

学校设立奖学金10项,奖励总金额60余万元。奖学金最高金额55万元/年,最低金额2000元/年。

毕业生一次就业率 86.55%

学校历史沿革

武汉纺织大学外经贸学院前身为湖北省对外贸易学校,2002年8月与武汉科技学院(现武汉纺织大学)合并为武汉纺织大学外经贸学院。

武汉工业学院工商学院

学校(机构)标识码	4142013241
学校办学类型	413:本科院校:独立学院
学校性质类别	02 理工院校
学校举办者	999 民办
学校地址	武汉市洪山区张家湾街19

号	校舍建筑面积(平方米) 124647	普通专科 3460
邮政编码 430065	图书(万册) 89.33	专任教师(人) 589
办公电话 027-88151770	固定资产总值(万元) 55731.19	其中:正高级 42
传真电话 027-88151770	教学、科研仪器设备资产值(万元)	副高级 139
校园(局域)网域名 www.wpuic.net.cn	5234.5	中级 167
	在校生数(人) 10449	初级 185
占地面积(平方米) 396847	其中:普通本科 6989	未定职级 56

本科专业 材料成型及控制工程、电气工程及其自动化、电子信息工程、工程管理、工商管理、工业设计、广告学、国际经济与贸易、行政管理、化学工程与工艺、环境工程、会计学、机械设计制造及其自动化、计算机科学与技术、人力资源管理、食品科学与工程、食品质量与安全、市场营销、通信工程、土木工程、信息管理与信息系统、艺术设计、英语

专科专业 电脑艺术设计、电气自动化技术、电子商务、电子信息工程技术、工程造价、工商企业管理、会计、会计电算化、会展策划与管理、机电一体化技术、计算机网络技术、计算机应用技术、建筑工程技术、金融管理与实务、经济管理、酒店管理、软件技术、商务英语、市场营销、通信技术、投资与理财、文秘

院系设置
现设10个教学系(部):信息工程系、经济与管理系、食品科学与工程系、会计学系、机械工程系、艺术与设计系、土木工程系、语言文学系和1个基础教学部、思想政治理论课教学部

学校设立奖学金情况
学校设立奖学金5项,奖励金额100余万元,奖学金最高金额4000元/年,最低金额100元/年。

学校历史沿革
武汉工业学院工商学院是2002年7月经湖北省政府批准设立的省属第一家二级学院,2004年2月经教育部确立为首批独立学院之一,是由武汉工业学院举办的独立学院,属多科性全日制普通高等学校。

武汉长江工商学院

学校(机构)标识码 4142013242	校园(局域)网域名 www.wybu.cn	其中:普通本科 9088
学校办学类型 412:本科院校:学院	电子信箱 gsxy@vip.163.com	普通专科 3390
学校性质类别 08 财经院校	占地面积(平方米) 401904	专任教师(人) 682
学校举办者 999 民办	图书(万册) 128.33	其中:正高级 59
学校地址 湖北省武汉市洪山区黄家湖西路8号	固定资产总值(万元) 69066	副高级 156
	教学、科研仪器设备资产值(万元)	中级 251
邮政编码 430065	5556.57	初级 188
办公电话 027-88147166	在校生数(人) 12478	未定职级 28
传真电话 027-88147110		

本科专业 电气信息类、电子商务、电子信息工程、法学、工商管理、工商管理类、管理科学与工程类、广告学、国际经济与贸易、环境工程、会计学、绘画、计算机科学与技术、金融学、经济学类、旅游管理、人力资源管理、生物工程、市场营销、通信工程、物流管理、新闻传播学类、新闻学、信息管理与信息系统、艺术设计、英语

专科专业 报关与国际货运、电子商务、电子信息工程技术、广告设计与制作、国际金融、国际经济与贸易、环境监测与治理技术、会计、计算机信息管理、计算机应用技术、旅游管理、生物制药技术、市场营销、通信技术、投资与理财、新闻采编与制作、艺术设计、应用英语

院系设置
武汉长江工商学院下属经济与商务外语学院、管理学院、电子商务学院、工学院、传播与设计学院、政治与法学学院六大学院。其中经济与商务外语学院下设金融与保险系、国际经济贸易系、商贸外语系和大学英语部。管理学院下设会计系、工商管理系、旅游管理系和人力资源管理系。电子商务学院下设电子商务系、市场营销系、信息管理系和物流管理系。传播与设计学院下设新闻学系、广告学系、艺术设计系、绘画系和文学素养课部。工学院下设生物工程系、环境工程系、电子信息工程系、通信工程系、计算机技术系、和工学基础课部。政治与法学学院下设思想政治教育部、公共基础课部、法学系和预科部。三 专业设置21个本科专业分别是:国际经济与贸易、金融学、法学、新闻学、英语、广告学、绘画、艺术设计、电子信息工程、通信工程、计算机科学与技术、环境工程、生物工程、信息管理与信息系统、会计学、工商管理、市场营销、旅游管理、人力资源管理、电子商务、物流管理

国家级、省部级研究机构设置
研究所(中心):科亮生物工程研究院

定期公开出版的专业刊物 《武汉长江工商学院院报》、《武

汉长江工商学院学报》

学校设立奖学金情况

学院设立奖学金2项,奖励总金额250余万元。奖学金最高金额300万元/年,最低金额250万元/年。

1. 专业奖学金　专业奖学金依据学生成绩评比,共设立三等,其中一等奖学金每年名额为学生总人数的3%,奖金额为1600元/人;二等奖学金每年名额为学生总人数的7%,奖金额为1200元/人;三等奖学金每年名额为学生总人数的10%,奖金额为800元/人。

2. 优秀单项奖学金　优秀单项奖学金的名额不定,奖励获得各类荣誉的优秀个人,奖金为500元/人至6000元/人。

学校历史沿革

武汉长江工商学院创建于2002年,于2002年9月第一次在省内正式招生。武汉长江工商学院原名为中南民族大学弘博学院,2003年3月,根据教育部相关要求更名为中南民族大学国际工商学院。2004年初,根据教育部门相关规定,学院再次更名为中南民族大学工商学院。2011年4月,经国家教育部批准,正式更名为武汉长江工商学院。

长江大学工程技术学院

学校(机构)标识码　4142013245	传真电话　0716-8067555	在校生数(人)　8411
学校办学类型　413:本科院校:独立学院	校园(局域)网域名　gcxy.yangtzeu.edu.cn	其中:普通本科　6034　　　普通专科　2377
学校性质类别　02理工院校	占地面积(平方米)　299646	专任教师(人)　383
学校举办者　999民办	校舍建筑面积(平方米)　137979	其中:正高级　42
学校地址　湖北省荆州市南环路199号	图书(万册)　38.3	副高级　80
邮政编码　434020	固定资产总值(万元)　26574.3	中级　53
办公电话　0716-8067580	教学、科研仪器设备资产值(万元)　3933.56	初级　184
		未定职级　24

本科专业　材料成型及控制工程、测控技术与仪器、城市规划、电子信息工程、工程管理、工商管理、过程装备与控制工程、化学工程与工艺、机械设计制造及其自动化、计算机科学与技术、建筑环境与设备工程、勘查技术与工程、石油工程、市场营销、通信工程、土木工程、英语、应用化学、资源勘查工程、自动化

专科专业　工商企业管理、会计电算化、机电一体化技术、计算机网络技术、计算机信息管理、计算机应用技术、建筑工程技术、模具设计与制造、市场营销、应用化工技术、油气开采技术

院系设置

石油资源系、机械系、信息系、化学工程学、城市建设系、管理系、外语系、基础教学部、体育教学部、思想政治理论课部

学校设立奖学金情况

学校设立奖学金10项,奖励总金额147.81万元。奖学金最高金额5000元/年,最低金额100元/年。

1. 环亚奖学金:20人/年,5000元/人·年;
2. 新华奖学金:10人/年,3000元/人·年;
3. 方正奖学金:10人/年,2000元/人·年;
4. 一等奖学金:班级前3%,1500元/人·年;
5. 二等奖学金:班级前6%,1000元/人·年;
6. 三等奖学金:班级前9%,600元/人·年;
7. 赤子奖学金:总人数的5%,400元/人·年;
8. 优秀学生干部奖学金:在学生工作方面取得优秀的学生干部,100元/人·年;
9. 优秀毕业生奖学金:在校期间表现突出的学生,200元/人·年;
10. 考研奖:1000/2000元/人。

学校历史沿革

2004年3月,国家教育部批准成立长江大学工程技术学院。

长江大学文理学院

学校(机构)标识码　4142013246	传真电话　0716-8068629	教学、科研仪器设备资产值(万元)　4794
学校办学类型　413:本科院校:独立学院	校园(局域)网域名　wlxy.yangtzeu.edu.cn	在校生数(人)　7399
学校性质类别　02理工院校	电子信箱　wlxyb@yangtzeu.edu.cn	其中:普通本科　5909
学校举办者　999民办	占地面积(平方米)　492902	普通专科　1490
学校地址　湖北省荆州市郢都路27号	校舍建筑面积(平方米)　199624	专任教师(人)　413
邮政编码　434020	图书(万册)　62.28	其中:正高级　28
办公电话　0716-8068629	固定资产总值(万元)　22670	副高级　90

| 中级 146 | 初级 130 | 未定职级 19 |

本科专业 播音与主持、电子信息工程、动漫设计与制作、对外汉语、法学、工商管理、广播电视新闻学、国际经济与贸易、汉语言文学、护理学、会计学、机械设计制造及其自动化、计算机科学与技术、建筑学、景观设计、旅游管理、嵌入式系统、人力资源管理、商务经纪与代理、市场开发与策划、市场营销、通信网络与设备、网络工程、文案策划、物流管理、信息处理、信息管理与信息系统、艺术设计、英韩双语、英日双日、英语、应用心理学、园林、装潢设计和广告设计

专科专业 工商企业管理、广播电视技术、护理、会计电算化、机电一体化技术、计算机应用技术、商务英语、市场营销、数字媒体技术、文秘办公自动化

院系设置
学院现设有人文学部、外语学部、经贸学部、理工学部、管理学部和基础学部6个教学单位。

学校设立奖学金情况
学院设立奖学金10项,奖励总金额185余万元,奖学金最高金额8000元/年,最低金额150元/年。

学校历史沿革
长江大学文理学院2004年4月,经湖北省教育厅同意、国家教育部批准成立。

湖北工业大学商贸学院

学校(机构)标识码	4142013247
学校办学类型	413:本科院校:独立学院
学校性质类别	08 财经院校
学校举办者	999 民办
学校地址	湖北工业大学商贸学院
邮政编码	430079
办公电话	027-87786830
传真电话	027-87618366
校园(局域)网域名	www.hugsmxy.com
占地面积(平方米)	251794
图书(万册)	113
固定资产总值(万元)	59854.5
教学、科研仪器设备资产值(万元)	5650.01
在校生数(人)	11289
其中:普通本科	6681
普通专科	4608
专任教师(人)	628
其中:正高级	45
副高级	172
中级	283
初级	116
未定职级	12

本科专业 材料成型及控制工程、财务管理、电气工程与自动化、电子科学与技术、电子信息工程、动画、工程管理、工业造型设计、广告艺术设计、国际经济与贸易、行政管理、环境艺术设计、机械设计制造及其自动化、计算机科学与技术、金融学、平面艺术设计、市场营销、通信工程、土木工程、物流管理、英语

专科专业 电子商务、工程造价、工商企业管理、国际经济与贸易、环境艺术设计、机电设备维修与管理、机电一体化技术、计算机网络技术、计算机应用技术、建筑工程技术、酒店管理、旅游管理、旅游英语、模具设计与制造、市场营销、投资与理财、应用电子技术、应用英语、装潢艺术设计

院系设置
学院共设有二级教学单位七院一部一中心。

学校设立奖学金情况
学校设立奖学金一大项,奖励总金额73万余元,奖学金最高额3000元/年,最低金额1000元/年。

学校历史沿革
湖北工业大学商贸学院的前身为武汉涉外服务学校,这是一所经原湖北省教育委员会、原湖北省计划委员会批准于1995年成立的民办普通中等专业学校。2000年,该校经湖北省教育厅批准(鄂教发[2000]039号成为湖北工学院职业技术学院卓刀泉校区。2003年,由原湖北工学院和武汉市激扬教育投资有限公司联合申请,经湖北省教育厅批准(鄂教发[2003]42号)举办湖北工学院商贸学院。2004年,学校经国家教育部发文(教发[2004]42)确认为按新机制运行的普通高校独立学院。2004年5月,湖北工学院经教育部批准升格为湖北工业大学,学校随之经教育部批准更名为湖北工业大学商贸学院。

湖北汽车工业学院科技学院

学校(机构)标识码	4142013248
学校办学类型	413:本科院校:独立学院
学校性质类别	02 理工院校
学校举办者	999 民办
学校地址	湖北省十堰市张湾区车城西路133号
邮政编码	442002
办公电话	0719-8262441
传真电话	0719-8207954
校园(局域)网域名	kjxy.qcxy.hb.cn
电子信箱	kjxy@huat.edu.cn
占地面积(平方米)	200100
校舍建筑面积(平方米)	117396
图书(万册)	46.5

固定资产总值(万元) 7352.95	其中:普通本科 4132	副高级 74
教学、科研仪器设备资产值(万元) 3137.25	普通专科 1297	中级 153
	专任教师(人) 290	初级 48
在校生数(人) 5429	其中:正高级 15	

本科专业 材料成型及控制工程、材料科学与工程、财务管理、车辆工程、电子信息工程、电子信息科学与技术、工商管理、工业设计、国际经济与贸易、机械设计制造及其自动化、计算机科学与技术、旅游管理、软件工程、信息管理与信息系统、英语、自动化

专科专业 电子商务、光电子技术、国际贸易实务、会计、汽车运用技术、市场营销、数控技术、应用电子技术

院系设置
机械工程系、电子信息系、材料工程系、汽车工程系、经济管理系、人文外语系、高职部

学校设立奖学金情况
学校设立奖学金5项,奖励总金额55.26万元。奖学金最高金额8000元/年,最低金额300元/年。

奖项如下:(一)人民奖学金:本年度1144人。一等奖600元每人;二等奖400元每人;三等奖300元每人;
(二)优秀新生奖学金:一等奖8000元每人;二等奖5000元每人;三等奖2000元每人;
(三)风华奖:本年度15人。5000元每人;
(四)东风奖:本年度8项14人。一等奖3000元每人;二等奖1500元每人;三等奖1000元每人;
(五)星光奖。

学校历史沿革
湖北汽车工业学院科技学院是由东风汽车公司与湖北汽车工业学院按新机制、新模式联合举办的本科层次的二级学院,于2003年3月经湖北省教育主管部门批准成立,2004年2月根据国家教育部发[2004]12号文件予以确认批准的独立学院。学院主校区位于湖北省十堰市车城西路133号。

湖北医药学院药护学院

学校(机构)标识码 4142013249	传真电话 0719-8891116	在校生数(人) 5727
学校办学类型 413:本科院校:独立学院	校园(局域)网域名 yhgj.hbmu.edu.cn	其中:普通本科 4152
	电子信箱 yhxyxzswb@163.com	普通专科 1575
学校性质类别 05 医药院校	占地面积(平方米) 190150	专任教师(人) 310
学校举办者 999 民办	校舍建筑面积(平方米) 98068	其中:正高级 22
学校地址 湖北省十堰市人民南路30号	图书(万册) 25.39	副高级 83
	固定资产总值(万元) 17466.32	中级 75
邮政编码 442000	教学、科研仪器设备资产值(万元) 2969.36	初级 125
办公电话 0719-8891116		未定职级 5

本科专业 公共事业管理、护理学、临床医学、麻醉学、药学、医学检验、医学影像学

专科专业 护理、康复治疗技术、药学、医学检验技术

学校设立奖学金情况
学校设立奖学金5项,奖励总金额109余万元。奖学金最高金额1800元/年,最低金额100元/年。

学校历史沿革
湖北医药学院药护学院于2003年经湖北省教育厅批准、国家教育部备案成立(教学函[2003]12号),是湖北省唯一独立设置的西医本科院校——湖北医药学院举办的独立学院。湖北医药学院前身为郧阳医学院,2010年5月经国家教育部与湖北省人民政府批准更名为湖北医药学院,郧阳医学院药护学院随之更名为湖北医药学院药护学院。

湖北民族学院科技学院

学校(机构)标识码 4142013250	学校举办者 999 民办	传真电话 0718-8438518
学校办学类型 413:本科院校:独立学院	学校地址 湖北省恩施市学院路39号	校园(局域)网域名 www.hbmykjxy.com
	邮政编码 445000	
学校性质类别 02 理工院校	办公电话 0718-8438518	电子信箱 kjxybgsh@126.com

占地面积（平方米） 447083	5586.12	其中：正高级 16
校舍建筑面积（平方米） 276358	在校生数（人） 10340	副高级 81
图书（万册） 86.84	其中：普通本科 7624	中级 77
固定资产总值（万元） 29359.35	普通专科 2716	初级 123
教学、科研仪器设备资产值（万元）	专任教师（人） 310	未定职级 13

本科专业 编辑出版学、财务管理、电气工程及其自动化、电子信息科学与技术、法学、广播电视编导、广播电视新闻学、汉语言文学、护理学、化工与制药、环境科学、计算机科学与技术、临床医学、旅游管理、美术学、社会体育、社会学、生物工程、市场营销、舞蹈学、信息与计算科学、艺术设计、音乐学、英语、园林、中西医临床医学、中药学、资源环境与城乡规划管理

专科专业 财务管理、城镇规划、电气自动化技术、工程测量技术、公共事务管理、国际经济与贸易、护理、计算机应用技术、建筑工程技术、旅游服务与管理、食品检测及管理、市场营销、新闻采编与制作、医学检验技术、艺术设计、应用英语

院系设置
文学与传媒系、经济与管理系、生物科学与技术系、信息工程系、理学系、化学与环境工程系、外语系、艺术系、医学系、体育系、法学系、预科部

国家级、省部级研究机构设置
研究中心（所）：民族研究所、生物科学技术研究所、中医药研究所、道地药材研究所、林业应用技术研究所、特产资源研究开发及技术推广中心、教育发展中心

学校设立奖学金情况
学校设立奖学金5项，奖励总金额80余万元。奖学金最高金额5000元/年，最低金额300元/年。

主要校办产业
饮食服务中心、绿化中心、物业管理中心、印刷厂、纯净水厂、旅行社、教育超市

学校历史沿革
2003年，由湖北省教育厅批准设立，试办湖北民族学院科技学院。2004年，经省教育厅鄂发【2004】8号文件和教育部发函【2004】12号文件正式批准设立湖北民族学院科技学院，正式开办湖北民族学院科技学院。

湖北经济学院法商学院

学校（机构）标识码 4142013251	传真电话 027-81972865	在校生数（人） 10636
学校办学类型 413：本科院校：独立学院	校园（局域）网域名 fsxy.hbue.edu.cn	其中：普通本科 6502
	电子信箱 fsxy@hbue.edu.cn	普通专科 4134
学校性质类别 08 财经院校	占地面积（平方米） 333335	专任教师（人） 423
学校举办者 999 民办	校舍建筑面积（平方米） 106103	其中：正高级 23
学校地址 湖北省武汉市江夏藏龙岛开发区杨桥湖大道8号	图书（万册） 53.8	副高级 123
	固定资产总值（万元） 23299.44	中级 155
邮政编码 430205	教学、科研仪器设备资产值（万元）	初级 106
办公电话 027-81973701	3190.98	未定职级 16

本科专业 财务管理、电子商务、动画、法学、工程管理、工商管理、国际经济与贸易、会计学、计算机科学与技术、金融学、烹饪与营养教育、市场营销、投资学、物流管理、艺术设计、英语

专科专业 导游、电子商务、工商企业管理、广告设计与制作、国际金融、国际贸易实务、会计、会计电算化、计算机网络技术、计算机应用技术、金融管理与实务、酒店管理、烹饪工艺与营养、商务英语、市场营销、应用电子技术

院系设置
法商学院现设有经济学系、国际经济与贸易系、金融系、财政与公共管理系、工商管理系、物流与工程管理系、会计系、旅游与酒店管理系、信息管理系、法学系、思想政治理论课部、艺术系、新闻传播学系、外语系、统计与应用数学系、电子工程系、体育系等17个系。

学校设立奖学金情况
学校设立奖学金9项，奖励总金额110万元。奖学金最高金额3000元/年，最低金额100元/年。

1. 特等奖学金：4人/年，3000元/人；
2. 一等奖学金：①本科：137人/年，1500元/人；②专科：88人/年，1200元/人；
3. 二等奖学金：①本科：278人/年，800元/人；②专科：170人/年，600元/人；
4. 三等奖学金：①本科：491人/年，400元/人；②专科：288人/年，300元/人；
5. 单项奖学金：54人/年，500元/人至1000元/人不等；
6. 先进班集体：16个/年，1000元/班；
7. 三好学生标兵：38人/年，500元/人；
8. 三好学生：721人/年，100元/人；

9. 优秀学生干部:363 人/年,100 元/人。
学校历史沿革
湖北经济学院法商学院由湖北经济学院举办,按新机制组建的一所全日志普通高等学校(独立学院),学院于 2003 年 3 月经湖北省教育厅批准成立,2004 年 2 月教育部正式发文予以确认。学院借助新机制的活力,适应市场需求,努力探索办学特色,为经济建设和社会发展培养复合型、应用型人才。

武汉体育学院体育科技学院

学校(机构)标识码 4142013253	传真电话 027-81300039	在校生数(人) 5149
学校办学类型 413:本科院校:独立学院	校园(局域)网域名 www.wipe.edu.cn	其中:普通本科 4136
	电子信箱 yb@wipe.edu.cn	普通专科 1013
学校性质类别 10 体育院校	占地面积(平方米) 428813	专任教师(人) 418
学校举办者 999 民办	校舍建筑面积(平方米) 166974	其中:正高级 9
学校地址 武汉市江夏区藏龙岛环岛路 1 号	图书(万册) 36	副高级 117
	固定资产总值(万元) 12590	中级 111
邮政编码 430205	教学、科研仪器设备资产值(万元) 2086	初级 137
办公电话 027-81300003		未定职级 44

本科专业 表演、经济学、体育教育、新闻学、英语
专科专业 表演艺术、计算机信息管理、体育服务与管理、体育教育
院系设置
体育教育、体育艺术、体育经济和新闻三个系
学校设立奖学金情况
全校设立奖学金 6 项最高奖学金 1500/年最低 300/年全年共计颁发奖学金九十余万元。
学校历史沿革
武汉体育学院体育科技学院批准创办于 2003 年,是由武汉体育学院申请,经湖北省教育厅批准、国家教育部审核的全日制本科体育类独立学院。

湖北师范学院文理学院

学校(机构)标识码 4142013256	校园(局域)网域名 www.wlxy.hbnu.edu.cn	在校生数(人) 6515
学校办学类型 413:本科院校:独立学院		其中:普通本科 3995
	电子信箱 hbnuwlxy@tom.com	普通专科 2520
学校性质类别 02 理工院校	占地面积(平方米) 335688	专任教师(人) 152
学校举办者 999 民办	校舍建筑面积(平方米) 168371	其中:正高级 13
学校地址 湖北省黄石市团城山桂林南路	图书(万册) 52.12	副高级 34
	固定资产总值(万元) 35123.68	中级 52
邮政编码 435003	教学、科研仪器设备资产值(万元) 3250.88	初级 16
办公电话 0714-6351300		未定职级 37
传真电话 0714-6350826		

本科专业 电子信息工程、电子信息科学与技术、法学、广播电视新闻学、汉语言文学、环境工程、计算机科学与技术、经济学、历史学、美术学、生物技术、数学与应用数学、统计学、信息与计算科学、英语、应用化学、应用心理学
专科专业 导游、电子商务、行政管理、会计、计算机网络技术、计算机应用技术、社会体育、食品生物技术、市场营销、音乐教育、英语教育、应用电子技术、应用化工技术、语文教育、装潢艺术设计
学校设立奖学金情况
学校设立奖学金 4 项,奖励总金额 70 余万元。奖学金最高金额 8000 元/年,最低金额 200 元/年。
学校历史沿革
湖北师范学院文理学院是 2003 年 4 月经省教育厅、省发展与改革委员会批准,由湖北师范学院和湖北师范学院劳动服务公司按教育部要求,在原湖北省化学工业学校校址设置的独立学院,2005 年 2 月通过了教育部评估检查。

襄樊学院理工学院

学校(机构)标识码　4142013257
学校办学类型　413:本科院校:独立学院
学校性质类别　02 理工院校
学校举办者　999 民办
学校地址　湖北省襄阳市中原路48号
邮政编码　441003
办公电话　0710-3807819
传真电话　0710-3806333
校园(局域)网域名　www.xfstu.net.cn
电子信箱　xflgbgs@126.com
占地面积(平方米)　106378
校舍建筑面积(平方米)　66569
图书(万册)　35.85
固定资产总值(万元)　7746
教学、科研仪器设备资产值(万元)　2721.01
在校生数(人)　5396
其中:普通本科　3622
　　　普通专科　1774
专任教师(人)　306
其中:正高级　12
　　　副高级　93
　　　中级　170
　　　初级　31

本科专业　电子信息工程、电子信息科学与技术、法学、广播电视新闻学、国际经济与贸易、汉语言文学、机械设计制造及其自动化、计算机科学与技术、旅游管理、人力资源管理、通信工程、土木工程、艺术设计、英语、自动化

专科专业　电气自动化技术、工商企业管理、机电一体化技术、计算机应用技术、建筑工程技术、汽车检测与维修技术、食品加工技术、应用电子技术、应用日语、应用英语

院系设置
设置了六系一部,即:电子科学与信息工程系、人文艺术系、外语系、机械与汽车工程系、建筑工程系、经济与管理学系、公共课部

学校设立奖学金情况
学校设立奖学金3项,奖励总金额49余万元,奖学金最高金额8000元/年,最低金额300元/年。

学校历史沿革
我院由襄樊学院和襄樊三和服务公司共同出资举办,2003年3月10日由湖北省教育厅鄂教发[2003]25号《教育厅关于同意成立襄樊学院理工学院的批复》批准,2004年2月4日经教育部《教育部关于对湖北省普通高校举办的独立学院予以确认的通知》文件批准组建成立。

孝感学院新技术学院

学校(机构)标识码　4142013258
学校办学类型　413:本科院校:独立学院
学校性质类别　02 理工院校
学校举办者　999 民办
学校地址　湖北省孝感市学院路158号
邮政编码　432000
办公电话　0712-2345612
传真电话　0712-2345990
校园(局域)网域名　www.xgutc.cn
电子信箱　xgxyxjs@xgu.cn
占地面积(平方米)　113871
校舍建筑面积(平方米)　91932
图书(万册)　46.4
固定资产总值(万元)　14017.6
教学、科研仪器设备资产值(万元)　3002
在校生数(人)　5980
其中:普通本科　4043
　　　普通专科　1937
专任教师(人)　285
其中:正高级　28
　　　副高级　67
　　　中级　124
　　　初级　59
　　　未定职级　7

本科专业　电子信息工程、电子信息科学与技术、法学、高分子材料与工程、光信息科学与技术、广告学、汉语言文学、环境科学、计算机科学与技术、建筑学、经济学、生物工程、市场营销、土木工程、艺术设计、英语、应用化学

专科专业　道路桥梁工程技术、电子商务、工程监理、工程造价、国际贸易实务、会计电算化、机电一体化技术、计算机应用技术、建筑工程技术、建筑设计技术、模具设计与制造、商务英语、市场营销、数控技术、文秘、物流管理、英语教育、应用电子技术

院系设置
语言文学系、财经政法系、信息工程系、城市建设系、生物化学系、机电工程系

学校设立奖学金情况
学校设立奖学金两项,奖励总金额220.98万元。奖学金最高金额2000元/年,最低金额300元/年。

学校历史沿革
孝感学院新技术学院2003年2月由湖北省教育厅批准试办,2004年2月5日由教育部正式批准至今。

华中科技大学文华学院

学校(机构)标识码　4142013262
学校办学类型　413：本科院校：独立学院
学校性质类别　02 理工院校
学校举办者　999 民办
学校地址　湖北省武汉市洪山区文园路58号
邮政编码　430079
办公电话　027 - 87599065
传真电话　027 - 87599540
校园(局域)网域名　www.hustwenhua.net
电子信箱　whxyyuanzhang@163.com
占地面积(平方米)　464028
校舍建筑面积(平方米)　187556
图书(万册)　76.51
固定资产总值(万元)　100503.02
教学、科研仪器设备资产值(万元)　7760.7
在校生数(人)　14842
其中：普通本科　11913
　　　普通专科　2929
专任教师(人)　443
其中：正高级　49
　　　副高级　86
　　　中级　183
　　　初级　78
　　　未定职级　47

本科专业　材料成型及控制工程、城市规划、船舶与海洋工程、电气工程及其自动化、电子科学与技术、电子商务、电子信息工程、对外汉语、法学、给水排水工程、工程管理、工商管理、公共事业管理、光电信息工程、广告学、国际经济与贸易、汉语言文学、环境工程、会计学、机械设计制造及其自动化、计算机科学与技术、建筑环境与设备工程、建筑学、金融学、热能与动力工程、日语、软件工程、通信工程、土木工程、新闻学、艺术设计、英语、自动化

专科专业　财务管理、房地产经营与估价、机械设计与制造、计算机应用技术、建筑工程技术、市场营销、文秘、物业管理、应用电子技术、应用英语

学校设立奖学金情况

学院设立5项奖学金，奖励总金额160万元，奖学金最高金额为3000元/年，最低金额为50元/年。

学校历史沿革

华中科技大学文华学院是由国家教育部直属的华中科技大学与中港合资武汉美联地产有限公司联合举办的一所以开展全日制本科教育为主的独立学院。2003年5月26日，国家教育部正式批准试办华中科技大学文华学院。同年7月21日，文华学院在湖北省民政厅登记注册，取得民办非企业单位法人资格。

湖北艺术职业学院

学校(机构)标识码　4142013263
学校办学类型　415：专科院校：高等职业学校
学校性质类别　11 艺术院校
学校举办者　812 省级其他部门
学校地址　武汉市洪山区卓刀泉126号
邮政编码　430079
办公电话　027 - 87564788
传真电话　027 - 87564788
校园(局域)网域名　www.artschool.com.cn
电子信箱　79454811@qq.com
占地面积(平方米)　28368
校舍建筑面积(平方米)　53386
图书(万册)　11.53
固定资产总值(万元)　6588.59
教学、科研仪器设备资产值(万元)　1370.51
在校生数(人)　1864
其中：普通专科　1864
专任教师(人)　139
其中：正高级　7
　　　副高级　32
　　　中级　65
　　　初级　34
　　　未定职级　1

专科专业　公共关系、广播电视技术、旅游管理、文化艺术管理、文物鉴定与修复、舞蹈表演、艺术设计、音乐表演、音像技术、影视表演、主持与播音

院系设置

学院设有音乐系、舞蹈系、艺术设计系、戏剧影视表演系、音像技术系、文化事业管理系6个专业系和公共课教学部

学校设立奖学金情况

学校设立奖学金3项，奖励总金额180余万元，奖学金最高金额8000元/年，最低300元/年。

主要校办产业

校办产业有社会艺术培训、实验艺术团等，年收入100余万元。

学校历史沿革

湖北艺术职业学院创建于1958年9月23日，原为湖北省戏曲学校。1966年因"文革"停课，1970年停办。1977年11月9日恢复重建。1988年1月湖北省戏曲学校更名为湖北省艺术学校。1992年7月与湖北省文化艺术干部学校合并。1993年被湖北省人民政府和文化部确认为"省部级重点中专"。2000年与湖北省电影学校合并，组建成新的"湖北省艺术学校"。2001年

被国家教育部确认为"国家级重点中等职业学校"。1999年湖北省艺术学校与华中师范大学合作办学,成立华中师范大学艺术职业学院。2003年经湖北省人民政府批准成立为独立的湖北艺术职业学院。

武汉交通职业学院

学校(机构)标识码	4142013264
学校办学类型	415:专科院校:高等职业学校
学校性质类别	02 理工院校
学校举办者	811 省级教育部门
学校地址	武汉市洪山区白沙洲大道6号
邮政编码	430065
办公电话	027-88756000
传真电话	027-88756014
校园(局域)网域名	www.whtcc.edu.cn
电子信箱	wjzyyb@163.com
占地面积(平方米)	729936
校舍建筑面积(平方米)	328987
图书(万册)	75.26
固定资产总值(万元)	82943.43
教学、科研仪器设备资产值(万元)	5423.76
在校生数(人)	12305
其中:普通专科	11074
成人专科	1231
专任教师(人)	631
其中:正高级	8
副高级	156
中级	244
初级	175
未定职级	48

专科专业 产品造型设计、船舶工程技术、船舶检验、道路桥梁工程技术、电气自动化技术、港口业务管理、工程测量技术、工程机械运用与维护、工程监理、工程造价、公路监理、光电子技术、国际航运业务管理、焊接技术及自动化、航海技术、航空服务、会计、会展策划与管理、机电一体化技术、机械设计与制造、计算机网络技术、计算机应用技术、建筑经济管理、交通安全与智能控制、金融保险、轮机工程技术、轮机工程技术(船舶动力方向)、轮机工程技术(船舶动力方向)、旅游管理、旅游英语、模具设计与制造、汽车电子技术、汽车技术服务与营销、汽车检测与维修技术、汽车运用技术、商务英语、市场营销、数控技术、投资与理财、图形图像制作、物流管理、液压与气动技术、应用电子技术、装饰艺术设计

院系设置
学院设有船舶与轮机工程系、航海技术系、汽车工程系、机电工程系、电子信息工程系、交通工程系、物流与运输系等13个教学单位

定期公开出版的专业刊物 《武汉交通职业学院学报》(季刊)、《高职教育研究》(季刊)

学校设立奖学金情况
学校设立奖学金20项,奖励总金额76.3余万元。奖学金最高金额8000元/年,最低金额50元/年。

学校历史沿革
学院于2003年4月由原交通部所属武汉交通管理干部学院和国家级重点中专武汉水运工业学校合并组建而成,直属湖北省教育厅管理。

咸宁职业技术学院

学校(机构)标识码	4142013265
学校办学类型	415:专科院校:高等职业学校
学校性质类别	02 理工院校
学校举办者	822 地级其他部门
学校地址	咸宁市咸宁大道118号
邮政编码	437100
办公电话	0715-8217088
传真电话	0715-8217099
校园(局域)网域名	www.xnec.cn
电子信箱	xjzb-9788@vip.163.com
占地面积(平方米)	724003
校舍建筑面积(平方米)	375173
图书(万册)	83.37
固定资产总值(万元)	50829.83
教学、科研仪器设备资产值(万元)	7112.86
在校生数(人)	11589
其中:普通专科	10805
成人专科	784
专任教师(人)	634
其中:正高级	3
副高级	157
中级	183
初级	237
未定职级	54

专科专业 财务信息管理、初等教育、电子商务、电子信息工程技术、法律事务、工程造价、国际贸易实务、会计、会计电算化、机电设备维修与管理、机电一体化技术、计算机网络技术、计算机信息管理、计算机应用技术、建筑工程技术、精密机械技术、景区开发与管理、酒店管理、林业技术、旅游管理、旅游英语、模具设计与制造、软件技术、生物教育、生物制药技术、食品加工技术、市场营销、数控技术、体育教育、文化市场经营与管理、物流管理、物业管理、艺术设计、英语教育、应用电子技术、应用英语、

语文教育、园林技术、园艺技术、装潢艺术设计

院系设置

经济管理系、土木工程系、信息与软件工程系、人文旅游系、机械工程系、外语系、生物系、艺术系、体育部

定期公开出版的专业刊物 《咸宁职业技术学院学报》

学校设立奖学金情况

学校设立奖学金四项,奖励总金额为1045.8万元,奖学金最高金额8000元/年,最低金额2000元/年。

学校历史沿革

咸宁职业技术学院由咸宁教育学院、咸宁应用科技学校、咸宁财贸工商管理学校和咸宁财税会计学校于2003年4月合并组建,学院有40多年办学历史,共前身为华中农学院咸宁分院,一直从事专科教育,1985年被湖北人民政府确定为全省职业中学师资培训基地,1999年被确定为全省首批试点高职院校。

长江工程职业技术学院

学校(机构)标识码 4142013266	校园(局域)网域名 www.cj-edu.com.cn	在校生数(人) 7530
学校办学类型 415:专科院校:高等职业学校	电子信箱 admin@cj-edu.com	其中:普通专科 7490
学校性质类别 02 理工院校	占地面积(平方米) 449467	成人专科 40
学校举办者 811 省级教育部门	校舍建筑面积(平方米) 181919	专任教师(人) 280
学校地址 湖北省武汉市江夏区文化路9号	图书(万册) 31.48	其中:正高级 1
邮政编码 430212	固定资产总值(万元) 34401.55	副高级 68
办公电话 027-87933355	教学、科研仪器设备资产值(万元) 2795.97	中级 109
传真电话 027-87933366		初级 92
		未定职级 10

专科专业 道路桥梁工程技术、电气自动化技术、电子信息工程技术、发电厂及电力系统、工程测量技术、工程测量与监理、工程地质勘查、工程监理、工程造价、供用电技术、会计电算化、机电一体化技术、计算机网络技术、计算机应用技术、建筑电气工程技术、建筑工程技术、旅游服务与管理、模具设计与制造、汽车电子技术、汽车检测与维修技术、软件技术、生产过程自动化技术、水利工程施工技术、水利水电建筑工程、水文与水资源、营销与策划、应用电子技术

院系设置

水利工程系、电力工程系、信息工程系、勘测工程系、机械工程系、管理系、基础部、思想政治理论课部、继续教育部(培训部)

定期公开出版的专业刊物 《学报》

学校历史沿革

长江工程职业技术学院是湖北省人民政府批准,教育部备案的全日制普通高等学校。

原隶属于水利部长江水利委员会(以下简称长江委),其发展历史可以追溯至1959年长江流域规划办公室(现称长江水利委员会,以下简称长办)直接领导创办的长江工程大学(本科教育)。1972年长江工程大学因文化大革命等原因被迫停办。长办经请示水利电力部批准,于1973年10月开始筹备,1974年11月,学校从武汉市搬迁到湖北赤壁市,利用施工期间使用的简易平房为教学用房恢复建校,并将原长江工程大学更名为长江水利水电学校。

1982年3月,为了有计划地提高职工的科技水平,建立正规的职工教育制度,成立了长江职工大学。

2001年,与华中科技大学合作,成立了华中科技大学现代远程教育长江职工大学学习中心;

2002年武汉大学土木工程学院在我校设立本科教学点;

2002年,经湖北省教育厅批准,学校开始招收普通高职生。

2003年5月,经湖北省人民政府批准教育部备案,将长江职工大学(长江水利水电学校)改制更名为长江工程职业技术学院,学院主要承担高等职业技术教育,同时,继续举办中专职业教育和成人教育,并根据需要积极承担水利行业职工培训任务。

中南财经政法大学武汉学院

学校(机构)标识码 4142013634	号	占地面积(平方米) 86009
学校办学类型 413:本科院校:独立学院	邮政编码 430079	校舍建筑面积(平方米) 192760
学校性质类别 08 财经院校	办公电话 027-87181820	图书(万册) 67.5
学校举办者 999 民办	传真电话 027-87181711	固定资产总值(万元) 29208
学校地址 武汉市洪山区雄楚大道666	校园(局域)网域名 www.whxy.net	教学、科研仪器设备资产值(万元) 3628.68
	电子信箱 whxyQYT@163.com	

在校生数(人) 9947	专任教师(人) 331	中级 77
其中:普通本科 6171	其中:正高级 36	初级 113
普通专科 3776	副高级 80	未定职级 25

本科专业 保险、财务管理、财政学、电子商务、法学、工商管理、国际经济与贸易、会计学、金融学、市场营销、投资学、物流管理、新闻学、信息管理与信息系统、信息与计算科学、艺术设计、英语

专科专业 电脑艺术设计、法律事务、工商企业管理、国际经济与贸易、会计、计算机信息管理、金融管理与实务、旅游管理、商务英语

院系设置
设有财会系、法律系、经济系、工商管理系、金融系、信息系、外语系、新闻系、艺术系共九个系

定期公开出版的专业刊物 《中南财经政法大学武汉学院学报》

学校设立奖学金情况
我院设立奖学金七项,奖励总金额142.46万元。奖学金最高金额20000元/年,最低金额500元/年

学校历史沿革
中南财经政法大学武汉学院2003年经教育部批准成立的一所独立学院,实施全日制普通本、专科学历教育,教函[2003]584号文。

中国地质大学江城学院

学校(机构)标识码 4142013664	传真电话 027-81820303	在校生数(人) 13311
学校办学类型 413:本科院校:独立学院	校园(局域)网域名 www.jccug.com	其中:普通本科 9734
	电子信箱 lili926488@163.com	普通专科 3577
学校性质类别 02 理工院校	占地面积(平方米) 424792	专任教师(人) 510
学校举办者 999 民办	校舍建筑面积(平方米) 309432	其中:正高级 59
学校地址 湖北省武汉市江夏区纸坊熊廷弼路特8号	图书(万册) 69.74	副高级 96
	固定资产总值(万元) 51114.1	中级 174
邮政编码 430200	教学、科研仪器设备资产值(万元) 4853	初级 108
办公电话 027-81820303		未定职级 73

本科专业 测绘工程、测控技术与仪器、地理信息系统、地质学、电子信息工程、工商管理、公共事业管理、广播电视新闻学、国际经济与贸易、会计学、机械设计制造及其自动化、计算机科学与技术、勘查技术与工程、旅游管理、市场营销、通信工程、土地资源管理、土木工程、艺术设计、英语、资源勘查工程

专科专业 电子信息工程技术、国际经济与贸易、会计电算化、计算机网络技术、建筑工程技术、商务英语、移动通信技术、艺术设计、营销与策划、珠宝首饰工艺及鉴定

院系设置
地质科学与工程学部、机械与电子信息学部、经济管理学部、外国语学部、艺术与传媒学部

学校设立奖学金情况
学院共设置4项奖学金,奖励总金额694900元/年,最高金额1200元/年,最低金额500元/年。

学校历史沿革
中国地质大学江城学院于2004年2月16日经教育部批准成立,经过7年的发展,中国地质大学江城学院依托本部学科专业优势,逐渐形成了自己的办学特色。已成为社会知名度较高的独立学院。

武汉理工大学华夏学院

学校(机构)标识码 4142013666	邮政编码 430223	图书(万册) 75.9
学校办学类型 413:本科院校:独立学院	办公电话 027-81695501	固定资产总值(万元) 22152
	传真电话 027-81695555	教学、科研仪器设备资产值(万元) 4942.07
学校性质类别 02 理工院校	校园(局域)网域名 www.1957.cn	
学校举办者 999 民办	电子信箱 hxyb@1957.cn	在校生数(人) 12760
学校地址 武汉东湖新技术开发区关山大道589号	占地面积(平方米) 233169	其中:普通本科 9493
	校舍建筑面积(平方米) 233045	普通专科 3267

专任教师(人) 731	副高级 208	初级 63
其中:正高级 56	中级 226	未定职级 178

本科专业 编辑出版学、材料成型及控制工程、财务管理、测控技术与仪器、车辆工程、城市规划、电子商务、电子信息工程、工程管理、工商管理、工业设计、广告学、国际经济与贸易、化学工程与工艺、会计学、机械设计制造及其自动化、计算机科学与技术、汽车服务工程、软件工程、市场营销、通信工程、土木工程、物流管理、艺术设计、英语、制药工程、自动化

专科专业 国际经济与贸易、会计、机械设计与制造、计算机应用技术、建筑工程技术、经济信息管理、汽车电子技术、汽车检测与维修、软件技术、市场营销、药物制剂技术、应用英语

院系设置

8个系:机电工程系、汽车工程系、土木与建筑工程系、信息工程系、化学与制药工程系、经济与管理系、人文与艺术系、外语系

定期公开出版的专业刊物 《华夏教育论坛》

学校设立奖学金情况

学校设立奖学金6项,奖学金最高金额8000元/人,最低金额100元/人。

1. 国家奖学金8000元/人,评选比例根据上级当年划拨指标确定。

2. 国家励志奖学金5000元/人,评选比例根据上级当年划拨指标确定。

3. 优秀学生奖学金一等奖2500元/人、二等奖1500元/人、三等奖500元/人。一等、二等、三等奖比例分别为参评学生的1%、3%、8%。

4. 单项奖学金。在精神文明、社会工作、文体活动、学习进步等四项中某一项表现突出的学生。每项占学生人数的3%,奖金额为100元/人。

5. 毕业生奖学金。设立了考研奖、专升本奖、优秀毕业生奖、就业奖、英语国家等级考试奖,最高1000元/人,最低100元/人。

6. 社会奖学金。是由社会出资方在我院设立的奖学金,最高5000元/人。

毕业生一次就业率 95.44%

学校历史沿革

武汉理工大学华夏学院是经国家教育部批准、由教育部直属"211工程"重点建设高校武汉理工大学与武汉人福医药集团股份有限公司合作举办、具有独立法人资格的普通高等学校。

华中师范大学武汉传媒学院

学校(机构)标识码 4142013686	校园(局域)网域名 www.whmc.edu.cn	在校生数(人) 11114
学校办学类型 413:本科院校:独立学院		其中:普通本科 6495
学校性质类别 11 艺术院校	电子信箱 college@whmc.edu.cn	普通专科 4619
学校举办者 999 民办	占地面积(平方米) 167150	专任教师(人) 538
学校地址 武汉市江夏区藏龙岛凤凰大道特一号	校舍建筑面积(平方米) 139433	其中:正高级 28
	图书(万册) 59	副高级 40
邮政编码 430205	固定资产总值(万元) 38168	中级 119
办公电话 027-81979005	教学、科研仪器设备资产值(万元) 4936	初级 159
传真电话 027-81979005		未定职级 192

本科专业 表演(演艺主持方向)、表演(影视表演方向)、播音与主持艺术、传播学、电子商务、电子信息工程、动画、公共事业管理、公共事业管理(文化产业管理方向)、广播电视编导、广播电视工程、广播电视新闻学、广告学、汉语言文学、计算机科学与技术、摄影、数字媒体艺术、文化产业管理、戏剧影视美术设计、信息管理与信息系统、艺术设计、音乐表演、英语、影视艺术技术

专科专业 表演艺术、电脑艺术设计、电子商务、电子信息工程技术、公共事务管理、广告设计与制作、广告与会展、计算机应用技术、数字媒体技术、舞蹈表演、新闻采编与制作、艺术设计、艺术设计(影视美术)、音乐表演、影视表演、影视动画、影视多媒体技术、主持与播音

院系设置

新闻传播学院、动画学院、艺术设计系、表演系、传媒工程系、管理系、英语系、体育课部、思政课部

学校设立奖学金情况

学校设立奖学金5项,奖励总金额50余万元。奖学金最高金额102000元/年,最低金额22500元/年。

学校历史沿革

华中师范大学武汉传媒学院前身为华中师范大学武汉影视工程学院,2004年6月由教育部行文"同意华中师范大学与湖北黄鹤影视科技股份有限公司合作试办华中师范大学武汉影视工程学院"。2007年3月经教育部行文批准"同意华中师范大学武汉影视工程学院合作者由湖北黄鹤影视科技股份有限公司变更为深圳天有投资有限公司。同时,更名为华中师范大学武汉传媒学院。

江汉艺术职业学院

学校(机构)标识码　4142013793
学校办学类型　415:专科院校:高等职业学校
学校性质类别　11 艺术院校
学校举办者　822 地级其他部门
学校地址　湖北省潜江市师范路16号
邮政编码　433100
办公电话　0728-6247241
传真电话　0728-6247241
校园(局域)网域名　www.hbjhart.com
电子信箱　hbjhart@263.net
占地面积(平方米)　275800
校舍建筑面积(平方米)　137587
图书(万册)　25.71
固定资产总值(万元)　12539.21
教学、科研仪器设备资产值(万元)　2628.58
在校生数(人)　3902
其中:普通专科　3568
　　　成人专科　334
专任教师(人)　318
其中:副高级　66
　　　中级　114
　　　初级　138

专科专业　编导、初等教育、初等教育(舞蹈方向)、初等教育(音乐方向)、初等教育(英语)、初等教育(英语方向)、初等教育(语文)、动漫设计与制作、服装设计、广告设计与制作、计算机多媒体技术、计算机应用技术、酒店管理、旅游管理、旅游英语、软件技术、商务英语、社区管理与服务、市场营销、数据库技术应用、数字媒体技术、网络系统管理、网络营销与服务、文秘、舞蹈表演、物业管理、学前教育、艺术设计(电脑辅助设计)、艺术设计(商业美术设计)、艺术设计(室内外装修设计)、音乐表演、音乐表演(流行音乐演艺方向)、音乐表演(器乐方向)、音乐表演(声乐方向)、主持与播音
院系设置
5个
学校设立奖学金情况
学校设立奖学金3项,奖励总金额141750元/年,最低金额300元/年。
主要校办产业
2个
学校历史沿革
学院创建于1959年8月,为普通中等师范学校,1989年经省人民政府批准为湖北省幼儿师范学校,1997年10月经省教委批准更名为湖北省潜江艺术师范学校,2004年经湖北省人民政府批准升格为江汉艺术职业学院,并于2004年6月在教育部备案。

武汉工业职业技术学院

学校(机构)标识码　4142013795
学校办学类型　415:专科院校:高等职业学校
学校性质类别　02 理工院校
学校举办者　812 省级其他部门
学校地址　武汉市洪山区新路村一号
邮政编码　430064
办公电话　027-81805050
传真电话　027-81805077
校园(局域)网域名　wgy.edu.cn
电子信箱　yb@wgy.cn
占地面积(平方米)　653337
校舍建筑面积(平方米)　477230
图书(万册)　62
固定资产总值(万元)　56449
教学、科研仪器设备资产值(万元)　4338
在校生数(人)　9783
其中:普通专科　9741
　　　成人专科　42
专任教师(人)　430
其中:正高级　12
　　　副高级　74
　　　中级　139
　　　初级　135
　　　未定职级　70

专科专业　安全技术管理、产品造型设计、电气自动化技术、电子商务、钢结构建造技术、工程测量技术、工程机械运用与维护、工程监理、工程造价、供热通风与空调工程技术、广告设计与制作、国际贸易实务、焊接技术及自动化、会计、机电一体化技术、机械制造与自动化、计算机网络技术、计算机应用技术、建筑工程技术、建筑装饰工程技术、酒店管理、空中乘务、楼宇智能化工程技术、模具设计与制造、汽车检测与维修技术、商务英语、市场营销、数控技术、文秘、物流管理、应用电子技术、制浆造纸技术
院系设置
机械工程系、建筑工程系、电子与电气工程、经济与管理系、航空服务于艺术系、国际教育学院
定期公开出版的专业刊物　《武汉工业职业技术学院学报》
学校设立奖学金情况
学校设立奖学金4项,奖励总金额38余万元。奖学金最高金额1000元/年,最低金额100元/年
学校历史沿革
武汉工业职业技术学院前身是第一冶金建设公司职工大学,第一冶金建设公司职工大学始建于1975年,1980年被湖北

省人民政府批准为大学专科体制,隶属原冶金部,1998年冶金部撤销,划归湖北省管理,教学业务归口省教育厅,2000年经湖北省教育厅批准招收普通高职生,2004年经专家考察评审,正式更名为武汉工业职业技术学院,2005年学院由青山迁入位于汤逊湖湖畔的新校区。

武汉民政职业学院

学校(机构)标识码 4142013796	传真电话 027-87402810	1813.74
学校办学类型 415:专科院校:高等职业学校	校园(局域)网域名 www.whmzxy.cn	在校生数(人) 3666
	电子信箱 mzyb307@163.com	其中:普通专科 3666
学校性质类别 09 政法院校	占地面积(平方米) 210902	专任教师(人) 164
学校举办者 812 省级其他部门	校舍建筑面积(平方米) 118552	其中:副高级 35
学校地址 武汉市洪山区卓刀泉路257号	图书(万册) 36.71	中级 40
	固定资产总值(万元) 10483.85	初级 75
邮政编码 430079	教学、科研仪器设备资产值(万元)	未定职级 14
办公电话 027-87402810		

专科专业 导游、电脑艺术设计、电子政务、雕刻艺术与家具设计、服装设计、广告设计与制作、环境艺术设计、酒店管理、康复治疗技术、旅游管理、民政管理、社会工作、社区康复、涉外旅游、文秘、现代殡仪技术与管理、园林技术、装潢艺术设计

院系设置
民政管理系、旅游管理系、康复医疗系、艺术设计系

学校设立奖学金情况
学校设立奖学金1项,奖励总金额200余万元,金额3000元/年。

学校历史沿革
中南荣誉军人学校(1951年-1980年);湖北省民政干校(1980年-1986年);湖北省民政学校(1986年-2002年);武汉涉外旅游学校(2002年-2004年);武汉民政职业学院(2004年至今)。

鄂东职业技术学院

学校(机构)标识码 4142013797	传真电话 0713-8835358	其中:普通专科 7877
学校办学类型 415:专科院校:高等职业学校	校园(局域)网域名 www.edzy.cn	成人专科 1615
	占地面积(平方米) 392000	专任教师(人) 478
学校性质类别 02 理工院校	校舍建筑面积(平方米) 217509	其中:正高级 4
学校举办者 822 地级其他部门	图书(万册) 33.1	副高级 98
学校地址 湖北省黄冈市新港二路43号	固定资产总值(万元) 22939.73	中级 234
	教学、科研仪器设备资产值(万元) 3222.87	初级 102
邮政编码 438000		未定职级 40
办公电话 0713-8835358	在校生数(人) 9492	

专科专业 电脑艺术设计、电气自动化技术、电子商务、动漫设计与制作、钢结构建造技术、工程监理、工程造价、环境艺术设计、会计电算化、机电一体化技术、机械设计与制造、计算机网络技术、计算机应用技术、建筑工程技术、建筑设计技术、金融与证券、模具设计与制造、汽车检测与维修技术、软件技术、商务英语、市场营销、数控技术、物流管理、应用电子技术

院系设置
院系设置7个,分别是:机械工程系、机电工程系、计算机科学系、建筑工程系、经济贸易系、公共基础课部、成人教育部

定期公开出版的专业刊物 《鄂东职业技术学院学报》

学校设立奖学金情况
学校设立奖学金3项,奖励总额300余万元。奖学金最高金额2000元/年,最低金额200元/年。

学校历史沿革
鄂东职业技术学院2004年4月经湖北省人民政府批准,在原湖北省黄冈工业学校(中专)的基础上升格为高职高专学院,隶属于黄冈市人民政府。原湖北省黄冈工业学校始建于1976年。

湖北财税职业学院

学校(机构)标识码 4142013798	传真电话 027-88116795	1522.3
学校办学类型 415:专科院校:高等职业学校	校园(局域)网域名 www.hbftc.org.cn	在校生数(人) 4895
	电子信箱 www@hbftc.org.cn	其中:普通专科 4895
学校性质类别 08 财经院校	占地面积(平方米) 232254	专任教师(人) 173
学校举办者 812 省级其他部门	校舍建筑面积(平方米) 98422	其中:副高级 45
学校地址 湖北省武汉市武昌区陆家街301号	图书(万册) 24.48	中级 36
	固定资产总值(万元) 10800	初级 75
邮政编码 430064	教学、科研仪器设备资产值(万元)	未定职级 17
办公电话 027-88117553		

专科专业 保险实务、电脑艺术设计、电子商务、动漫设计与制作、房地产经营与估价、会计、计算机网络技术、计算机应用技术、酒店管理、商务英语、市场营销、税务、物流管理、资产评估与管理

院系设置
会计系、财税系、工商管理系、涉外经济系、信息工程系、公共课部、思政课部

学校设立奖学金情况
学校设立奖学金1项,奖励总金额26余万元,奖学金最高金额1300元/年,最低金额400元/年。

学校历史沿革
1987年经湖北省教委、省计委批准建立湖北省税务学校;2004年经湖北省人民政府批准升格为湖北财税职业学院(普通专科)。

黄冈科技职业学院

学校(机构)标识码 4142013799	传真电话 0713-8611003	在校生数(人) 3522
学校办学类型 415:专科院校:高等职业学校	校园(局域)网域名 www.hbhgkj.com	其中:普通专科 3522
	电子信箱 ctoy@vip.sina.com	专任教师(人) 212
学校性质类别 02 理工院校	占地面积(平方米) 213470	其中:正高级 2
学校举办者 999 民办	校舍建筑面积(平方米) 98196	副高级 42
学校地址 湖北省黄冈市东坡大道62号	图书(万册) 20.59	中级 60
	固定资产总值(万元) 17884.07	初级 81
邮政编码 438000	教学、科研仪器设备资产值(万元) 1479.86	未定职级 27
办公电话 0713-8672106		

专科专业 报关与国际货运、电脑艺术设计、电子商务、动漫设计与制作、广告设计与制作、会计电算化、机电一体化技术、计算机网络技术、计算机信息管理、计算机应用技术、旅游管理、模具设计与制造、汽车技术服务与营销、汽车检测与维修技术、商务日语、商务英语、数控技术、物流管理、营销与策划、应用电子技术

学校历史沿革
黄冈科技职业学院是2004年5月经湖北省人民政府鄂政函【2004】73号文件批准成立、教育部备案的一所全日制高等普通院校,原名楚天欧亚职业学院,2006年3月经湖北省人民政府鄂政函【2006】37号文件批准更名为现名。隶属教育厅主管。

湖北国土资源职业学院

学校(机构)标识码 4142013800	学校举办者 812 省级其他部门	办公电话 027-84730210
学校办学类型 415:专科院校:高等职业学校	学校地址 湖北省武汉市汉南区纱帽镇协子河1号	传真电话 027-84730210
		校园(局域)网域名 hbdt.com.cn
学校性质类别 02 理工院校	邮政编码 430090	电子信箱 g110@hbdk.gov.cn

占地面积(平方米) 423961		2758.59	其中:正高级 3
校舍建筑面积(平方米) 267553	在校生数(人) 6718		副高级 101
图书(万册) 32.53	其中:普通专科 6182		中级 142
固定资产总值(万元) 12223.08	成人专科 536		初级 71
教学、科研仪器设备资产值(万元)	专任教师(人) 351		未定职级 34

专科专业 宝玉石鉴定与加工技术、财务信息管理、地籍测绘与土地管理信息技术、地理信息系统与地图制图技术、地下工程与隧道工程技术、电脑艺术设计、电气自动化技术、电子商务、电子信息工程技术、工程测量技术、工程地质勘查、工程监理、国土资源调查、机电一体化技术、基础工程技术、计算机网络技术、计算机信息管理、酒店管理、旅行社经营管理、旅游管理、软件技术、数控技术、水文与工程地质、应用电子技术、钻探技术

院系设置

有资源工程系、地质工程系、测绘工程系、信息工程系、机电工程系、工商管理学、公共课部、继续教育部、中职部

学校设立奖学金情况

学校设立奖学金四项,奖励金额18万余元。奖励金额最高额1000元/年、最低金额为400元/年。

学校历史沿革

湖北国土资源职业学院前身为湖北地质职工大学、湖北地质学校,创建于1978年2月。2004年4月在湖北地质职工大学、湖北国土资源工程学校组建湖北国土资源职业学院。

湖北生态工程职业技术学院

学校(机构)标识码 4142013801	传真电话 027-59728538	2617
学校办学类型 415:专科院校:高等职业学校	校园(局域)网域名 www.hb-green.com	在校生数(人) 6358
		其中:普通专科 6358
学校性质类别 04 林业院校	电子信箱 office308@126.com	专任教师(人) 299
学校举办者 812 省级其他部门	占地面积(平方米) 486024	其中:正高级 2
学校地址 武汉市江夏区纸坊大街110号	校舍建筑面积(平方米) 155040	副高级 38
	图书(万册) 34.33	中级 53
邮政编码 430200	固定资产总值(万元) 10146.02	初级 136
办公电话 027-59728500	教学、科研仪器设备资产值(万元)	未定职级 70

专科专业 城镇规划、电子商务、环境监测与治理技术、会计电算化、机电一体化技术、计算机网络技术、计算机应用技术、林业技术、林业信息工程与管理、木材加工、森林生态旅游、商务英语、生物技术及应用、市场营销、室内设计技术、物流管理、新闻与传播、艺术设计、园林技术、园艺技术、装饰艺术设计

院系设置

园林工程系、生态工程系、管理工程系、信息工程系、环境艺术系、生物工程系、人文社科系、公共课部

定期公开出版的专业刊物 《湖北生态工程职业技术学院学报》

学校设立奖学金情况

学校设立奖学金6项,奖励总金额80.4万元。奖学金最高金额8000元/年,最低金额100元/年。

主要校办产业

崇阳雷竹基地。

学校历史沿革

学院始建于1952年,原名为"湖北林业学校",由湖北省林业厅直管。1958年升格为"湖北林业高等专业学校";1964年重办中专,恢复为"湖北林业学校";1976年迁至武汉市江夏区;2002年与湖北省水产学校、湖北省农业干部学校联合组建"湖北生物生态职业技术学院";2004年由教育部批准单设为"湖北生态工程职业技术学院"。

华中农业大学楚天学院

学校(机构)标识码 4142014035	学校举办者 999 民办	办公电话 027-81730682
学校办学类型 413:本科院校:独立学院	学校地址 武汉市江夏区藏龙岛开发区杨桥湖大道1号	传真电话 027-81730682
		校园(局域)网域名 ctxy.hzau.edu.cn
学校性质类别 02 理工院校	邮政编码 430205	电子信箱 ctxyoffice@mail.hzau.edu.cn

占地面积(平方米) 215366		3622.08	其中:正高级 25
校舍建筑面积(平方米) 104440	在校生数(人) 8749	副高级 28
图书(万册) 35.8	其中:普通本科 7374	中级 100
固定资产总值(万元) 37244.83	普通专科 1375	初级 154
教学、科研仪器设备资产值(万元)	专任教师(人) 329	未定职级 22

本科专业 动画、风景园林、工业设计、广告学、国际经济与贸易、计算机科学与技术、生物工程、食品科学与工程、食品质量与安全、市场营销、艺术设计、英语、园林

专科专业 工业设计、物流管理、艺术设计、影视动画

院系设置 食品与生物科技学院、信息工程学院、商学院、动画学院、艺术设计与传播学院、环境设计学院、公共课部

学校设立奖学金情况 学校设立奖学金3项,奖励总金额132余万元。奖学金最高金额8000元/年,最低金额500元/年。

学校历史沿革 2006年4月12日,教育部发文批准试办华中农业大学楚天学院,现设置本科专业13个。2007年6月,华中农业大学楚天学院与冈部投资有限公司签定合作举办华中农业大学楚天学院的协议,华中农业大学楚天学院迁入江夏区藏龙岛开发区。

三峡电力职业学院

学校(机构)标识码 4142014061	传真电话 0717-6461255	在校生数(人) 7041
学校办学类型 415:专科院校:高等职业学校	校园(局域)网域名 www.tgcep.cn	其中:普通专科 6075
	占地面积(平方米) 286514	成人专科 966
学校性质类别 02 理工院校	校舍建筑面积(平方米) 164600	专任教师(人) 239
学校举办者 812 省级其他部门	图书(万册) 38.21	其中:副高级 107
学校地址 湖北省宜昌市绿萝路36号	固定资产总值(万元) 18326.36	中级 43
邮政编码 443000	教学、科研仪器设备资产值(万元)	初级 57
办公电话 0717-6445447	2935.48	未定职级 32

专科专业 电厂热能动力装置、电力系统继电保护与自动化、电子商务、发电厂及电力系统、高压输配电线路施工运行与维护、工程测量技术、工程机械运用与维护、工艺美术设计、供用电技术、国际贸易、机电安装工程、机电一体化技术、建筑工程技术、旅游英语、数控技术、水电站动力设备与管理、水利水电建筑工程、新能源应用技术、应用电子技术、应用化工技术

院系设置 机电工程学院、建筑工程学院、新能源工程学院、动力工程学院、电力工程学院、经济与管理学院、继续教育学院、职工培训处

定期公开出版的专业刊物 《水电教育》《三峡电院报》

学校设立奖学金情况 学校设立奖学金6项,奖励总金额19余万元。奖学金最高金额1200元/年,最低金额300元/年。

学校历史沿革 1975年8月,由原湖北省革命委员会、原国家水电部批准成立,名称"三三〇工人大学";1982年在国家教育部备案,名称变更为"长江葛洲坝工程局职工大学";1992年葛洲坝职工大学与葛洲坝水利水电学校、葛洲坝高级技工学校实行"一体化"办学;1993年经国家电力部批准,开始举办高职班;1996年更名为"中国葛洲坝水利水电职工大学";1998年经湖北省教育厅批准,考试举办新高职;2000年经湖北省教育厅批准,与三峡大学合作举办"三峡大学职业技术学院";2006年4月经湖北省人民政府批准改制更名为"三峡电力职业学院";2006年5月在国家教育部备案。

湖北第二师范学院

学校(机构)标识码 4142014099	开发区光谷二路2号	电子信箱 yb@hubce.edu.cn
学校办学类型 412:本科院校:学院	邮政编码 430205	占地面积(平方米) 848127
学校性质类别 06 师范院校	办公电话 027-87943556	校舍建筑面积(平方米) 457136
学校举办者 811 省级教育部门	传真电话 027-87943500	图书(万册) 104
学校地址 湖北省武汉市东湖新技术	校园(局域)网域名 www.hue.edu.cn	固定资产总值(万元) 84940.88

教学、科研仪器设备资产值(万元) 7715.28	成人本科 1359	副高级 142
在校生数(人) 21934	成人专科 5104	中级 235
其中:普通本科 8289	专任教师(人) 780	初级 276
普通专科 7182	其中:正高级 27	未定职级 100

本科专业 编辑出版学、财务管理、电子信息科学与技术、对外汉语、工程管理、公共事业管理、广告学、国际经济与贸易、汉语言文学、化学、机电技术教育、计算机科学与技术、教育技术学、教育学、科学教育、美术学、日语、生物科学、市场营销、数学与应用数学、思想政治教育、体育教育、统计学、物理学、物流管理、小学教育、新闻学、信息管理与信息系统、信息与计算科学、艺术设计、音乐表演、音乐学、英语、应用电子技术教育、应用物理学、应用心理学

专科专业 材料工程技术、出版与发行、导游(英文)、电气自动化技术、电子商务、电子信息工程技术、多媒体设计与制作、法律事务、工程造价、工业分析与检验、环境监测与评价、会计、会计电算化、机电一体化技术、机械设计与制造、计算机多媒体技术、计算机网络技术、计算机应用技术、建筑材料工程技术、建筑工程技术、金融保险、酒店管理、旅游管理、商务英语、审计实务、生物技术及应用、体育教育、新闻采编与制作、音乐教育、英语教育、应用电子技术、应用日语、证券投资与管理、装饰艺术设计

院系设置
学校现设9个学院,4个系。9个学院即教育科学学院(包括教育与心理科学性、教师素质训练中心、教育干部培训中心、省中小学教师继教中心、省教育教学研究室5个部门)、文学院、外国语学院、计算机学院、经济与管理学院、艺术学院、数学与数量经济学院、物理与电子信息学院、化学与生命科学学院;4个系即政治与法律系、体育系、建筑与材料工程系、机械与电气工程系

定期公开出版的专业刊物 《湖北第二师范学院校报》、《班主任之友》、《语数外学习》初中版、《语数外学习》高中版。

学校设立奖学金情况
学校设立奖学金6项,奖励总金额57余万元。奖学金最高金额1000元/年,最低金额300元/年。

学校历史沿革
湖北省立教育学院 1931.11-1936.7 湖北省立教育学院 1936.7-1941.7(停办) 湖北省立教育学院 1941.7-1944.春(恩施复办) 国立湖北师范学院 1944.春-1949.5 湖北省教育学院 1949.5-1952.10 湖北省教育进修学院 1952.10-1954.4 湖北师范专科学校 1954.4-1956.春 湖北省函授师范学院 1956.春-1962.秋 湖北省教师进修学院 1962.秋-1979.5 湖北省教育学院 1979.5-1990.4 湖北省教育学院 1990.4-2007.3 举办权转让给湖北教育学院书刊发行公司。2003年夏,迁于武汉市东湖新技术开发区南环路1号新校区办学。现有三个校区,即流芳校区和阅马场校区及白沙洲校区)湖北第二师范学院 2007.3-至今。

湖北科技职业学院

学校(机构)标识码 4142014119	传真电话 027-87588771	3787
学校办学类型 415:专科院校:高等职业学校	校园(局域)网域名 www.hubstc.com.cn	在校生数(人) 9359
		其中:普通专科 9359
学校性质类别 02 理工院校	电子信箱 office8752@163.com	专任教师(人) 398
学校举办者 999 民办	占地面积(平方米) 253302	其中:正高级 6
学校地址 湖北省武汉市东湖高新技术开发区光谷软件园路2号	校舍建筑面积(平方米) 184328	副高级 93
	图书(万册) 41.83	中级 113
邮政编码 430074	固定资产总值(万元) 28118.51	初级 150
办公电话 027-87588771	教学、科研仪器设备资产值(万元)	未定职级 36

专科专业 材料成型与控制技术、财务管理、电气自动化技术、电子商务、电子信息工程技术、房地产经营与估价、国际经济与贸易、会计电算化、机电一体化技术、机械设计与制造、计算机网络与安全管理、计算机应用技术、酒店管理、连锁经营管理、旅游服务与管理、模具设计与制造、汽车检测与维修技术、人力资源管理、人物形象设计、软件测试技术、商务英语、石油与天然气地质勘探技术、市场营销、室内设计技术、数控技术、数字印刷技术、通信技术、投资与理财、物流管理、物业管理、选矿技术、艺术设计、影视动画、影视广告、油气开采技术、装潢艺术设计、钻井技术

院系设置
机电工程系、电信工程系、石油工程系、工商管理系经济贸易系、传媒艺术系

学校设立奖学金情况
学校设立奖学金1项,奖励总金额33.62余万元。奖学金最高金额600元/年,最低金额200元/年。

学校历史沿革

湖北科技职业学院是湖北省人民政府批准、教育部备案,具有独立颁发文凭资格的省属全日制普通高等学校,成立于2007年。

湖北青年职业学院

学校(机构)标识码 4142014120	传真电话 027-87448455	782.14
学校办学类型 415:专科院校:高等职业学校	校园(局域)网域名 www.hbqnxy.com	在校生数(人) 1932
	电子信箱 HBtuanxiao@126.com	其中:普通专科 1932
学校性质类别 09 政法院校	占地面积(平方米) 129293	专任教师(人) 82
学校举办者 812 省级其他部门	校舍建筑面积(平方米) 68717	其中:副高级 17
学校地址 湖北省武汉市洪山区雄楚大街415号	图书(万册) 9.23	中级 14
	固定资产总值(万元) 2274	初级 28
邮政编码 430079	教学、科研仪器设备资产值(万元)	未定职级 23
办公电话 027-87457929		

专科专业 动漫设计与制作、广告与会展、计算机网络技术、酒店管理、旅游管理、旅游英语、青少年工作与管理、商务英语、市场营销、信息安全技术、艺术设计

院系设置

信息工程系,管理系,商贸系,艺术设计系

学校设立奖学金情况

学校设立奖学金5项,奖励总金额39余万元,奖学金最高金额8000元/年,最低金额400元/年。

学校历史沿革

湖北青年职业学院的前身是湖北省团校,创建于1951年,是建国后我省最早创建的一批干部培训学校之一,文革中曾停办,自1978年恢复重建以来,学校大致经历了四个历史发展阶段:第一阶段为1978—1989年,是团干培训为主的阶段。期间,学校在举办团干培训班的同时与武汉大学联合开办大专学历教育;第二阶段为1990—2002年,是以中等职业教育为主的阶段。期间,经省政府批准成立湖北省青年政治学校,开始举办中专学历教育;第三阶段为2003—2005年,是高等职业教育的探索阶段。2003年在省委省政府的关怀下,以武汉职业技术学院南湖校区的形式开始了高等职业教育的探索之路,团校正规化教育迈上新台阶;第四阶段为2006年至今,是我校独立举办正规高等职业教育的阶段。2006年9月20日,省政府批准我校成立湖北青年职业学院,我校正式跨入高等教育序列,几代团校人举办正规高等教育的梦想终于得以实现。

黄石职业技术学院

学校(机构)标识码 4142014197	传真电话 0714-6352686	2046
学校办学类型 415:专科院校:高等职业学校	校园(局域)网域名 www.hspt.net.cn	在校生数(人) 2771
	电子信箱 bsptyb@163.com	其中:普通专科 2771
学校性质类别 02 理工院校	占地面积(平方米) 336457	专任教师(人) 181
学校举办者 811 省级教育部门	校舍建筑面积(平方米) 127100	其中:副高级 39
学校地址 湖北省黄石市团城山经济开发区广州路9号	图书(万册) 20.16	中级 48
	固定资产总值(万元) 15678.5	初级 73
邮政编码 435003	教学、科研仪器设备资产值(万元)	未定职级 21
办公电话 0714-6367635		

专科专业 电气自动化技术、电子信息工程技术、电子信息工程技术(3G移动工程)、焊接技术及自动化、机电一体化技术、机械设计与制造、机械制造与自动化、计算机辅助设计与制造、计算机网络技术、计算机网络技术(3G移动通信工程、计算机网络技术(3G移动通信工程、计算机应用技术、计算机应用技术(3G移动商务)、计算机应用技术(3G移动商务)、建筑工程技术、建筑工程技术(工程造价)、建筑工程技术(工程造价)、模具设计与制造、汽车电子技术、汽车运用技术、数控技术、数控设备应用与维护、冶金技术、液压与气动技术、应用电子技术、应用电子技术(电子表装技术)

院系设置

学院设23个机构,其中管理机构14个,即:学院办公室、纪

检监察审计处、工会、人事处、教务处、督导室、科研处、实训中心、招就办、学工处、发展建设处、计财处、总务处、西校办;教学机构8个:机械工程系、建筑工程系、电子信息工程系、通信工程系、机电工程系、数控技术系、公共课部、思想政治理论教学部;教学辅助机构1个:图文网络中心。

国家级、省部级研究机构设置

学院建有实验、实习、实训场所27个,国家级数控培训基地1个。

定期公开出版的专业刊物 《黄石职院学报》

学校设立奖学金情况

学校设立奖学金三项,奖励总金额49余万元。奖学金最高金额8000元/年,最低金额300元/年。

主要校办产业

学院设立实习工厂,除满足学生实习、实训外还与企业联合批量生产加工零部件。

学校历史沿革

2007年6月经湖北省人民政府批准同意建立黄石职业技术学院(鄂政函【2007】92号文)。新建的黄石职业技术学院地址在湖北省黄石市团城山经济开发区广州路9号,由黄石市政府主办和管理,教育教学业务接受省教育厅行政部门管理和指导。

三峡旅游职业技术学院

学校(机构)标识码 4142014258	传真电话 0717-7854461	在校生数(人) 2389
学校办学类型 415:专科院校:高等职业学校	校园(局域)网域名 www.sxlyzy.com	其中:普通专科 2153
	电子信箱 sxlyzy9@163.com	成人专科 236
学校性质类别 06 师范院校	占地面积(平方米) 178756	专任教师(人) 146
学校举办者 822 地级其他部门	校舍建筑面积(平方米) 69796	其中:正高级 2
学校地址 宜昌市夷陵区夷兴大道8号	图书(万册) 18.4	副高级 61
	固定资产总值(万元) 3121.06	中级 54
邮政编码 443100	教学、科研仪器设备资产值(万元) 1040.06	初级 17
办公电话 0717-6053058		未定职级 12

专科专业 导游、会计电算化、计算机应用技术、酒店管理、旅行社经营管理、旅游管理、旅游英语、森林生态旅游、文秘、休闲服务与管理、学前教育、音乐教育、英语教育、语文教育、园林技术

院系设置

设有管理与商贸系、人文与艺术系、工程与信息系、基础课部和中专部

国家级、省部级研究机构设置

有宜昌市天麻研究所、宜昌市干果研究所、三峡旅游研究所、宜昌市基础教育干部培训中心、宜昌市中小学教师继续教育中心、宜昌市普通话培训测试中心、宜昌市未成年人心理辅导中心。

定期公开出版的专业刊物 《三峡旅游学刊》

学校历史沿革

学院前身是宜昌教育学院,1978年7月创建,原名宜昌地区教师进修学院,1987年6月更名为宜昌教育学院,2005年5与湖北三峡科技学校合并,2008年2月以宜昌教育学院为基础组建三峡旅游职业技术学院(鄂政函[2008]42号),2009年4月国家教育部同意备案(教发函[2009]84号),学校代码为14258。

天门职业学院

学校(机构)标识码 4142014355	办公电话 0728-5224466	教学、科研仪器设备资产值(万元) 2800
学校办学类型 415:专科院校:高等职业学校	传真电话 0728-3902519	
	校园(局域)网域名 www.tmzyxy.cn	在校生数(人) 57
学校性质类别 02 理工院校	电子信箱 tmzyxy@126.com	其中:普通专科 57
学校举办者 999 民办	占地面积(平方米) 222544	专任教师(人) 86
学校地址 湖北省天门市学院路特1号	校舍建筑面积(平方米) 72216	其中:副高级 20
	图书(万册) 10	中级 32
邮政编码 431700	固定资产总值(万元) 28000	初级 34

专科专业 茶文化、护理、酒店管理、康复治疗技术、数控技术、应用电子技术、自动化生产设备应用

院系设置

院务办公室、招生就业办公室、教务处、学生工作处、计划财务处、后勤处、陆羽国际茶学院、医护学院、机械电子工程学院、国际护理学院、继续教育学院

学校历史沿革

天门职业学院是经湖北省人民政府2010年4月4日以鄂政函[2010]73号批准建立,2011年经教育部备案(教发函[2011]116号)的全日制普通高等职业学院。国标代码14355,湖北招生代码9751。2011年开始招生。

湖北体育职业学院

学校(机构)标识码 4142014356	办公电话 027-87785089	3000
学校办学类型 415:专科院校:高等职业学校	传真电话 027-87780730	专任教师(人) 91
	电子信箱 hbtyzy@163.com	其中:正高级 10
学校性质类别 10 体育院校	占地面积(平方米) 1030666	副高级 36
学校举办者 812 省级其他部门	校舍建筑面积(平方米) 331889	中级 30
学校地址 武汉市洪山区关山街新安钱附1号	图书(万册) 3	初级 10
	固定资产总值(万元) 3000	未定职级 5
邮政编码 430074	教学、科研仪器设备资产值(万元)	

院系设置

运动系、体育管理系、社会体育系、运动人体科学系

学校历史沿革

湖北体育职业学院2010年由湖北省人民政府批准,2011年5月教育部审批备案,2011年7月启动筹建工作。

襄阳汽车职业技术学院

学校(机构)标识码 4142014357	校园(局域)网域名 www.xyqczy.com	其中:普通专科 541
学校办学类型 415:专科院校:高等职业学校	占地面积(平方米) 467078	专任教师(人) 417
学校性质类别 02 理工院校	校舍建筑面积(平方米) 108173	其中:正高级 2
	图书(万册) 15.7	副高级 104
学校举办者 822 地级其他部门	固定资产总值(万元) 8907.8	中级 189
邮政编码 441021	教学、科研仪器设备资产值(万元) 1498.08	初级 106
办公电话 0710-3513755		未定职级 16
传真电话 0710-3513755	在校生数(人) 541	

专科专业 机电一体化技术、模具设计与制造、汽车技术服务与营销、汽车检测与维修技术、汽车制造与装配技术

学校历史沿革

襄阳汽车职业技术学院是经省政府2010年4月批准成立,教育部备案的公办全日制高等职业学校。由原襄阳广播电视大学、襄阳机电工程学校、襄阳工业学校整合而成。

湘潭大学

学校(机构)标识码 4143010530	塘街道	电子信箱 office@xtu.edu.cn
学校办学类型 411:本科院校:大学	邮政编码 411105	占地面积(平方米) 1537544
学校性质类别 01 综合大学	办公电话 0731-58292188	校舍建筑面积(平方米) 783548
学校举办者 811 省级教育部门	传真电话 0731-58292351	图书(万册) 280.5
学校地址 湖南省湘潭市雨湖区羊牯	校园(局域)网域名 www.xtu.edu.cn	固定资产总值(万元) 95304.12

教学、科研仪器设备资产值(万元) 30909.21	成人专科 3618	其中:正高级 283
在校生数(人) 35911	博士研究生 328	副高级 441
其中:普通本科 20078	硕士研究生 5015	中级 589
普通专科 1726	留学生 94	初级 23
成人本科 5052	专任教师(人) 1395	未定职级 59

本科专业 安全工程、编辑出版学、材料成型及控制工程、材料化学、材料科学与工程、材料物理、财务管理、采矿工程、测绘工程、测控技术与仪器、档案学、德语、电子商务、电子信息工程、电子信息科学与技术、动画、对外汉语、法学、法语、翻译、高分子材料与工程、工程力学、工商管理、工业设计、公共事业管理、广播电视新闻学、广告学、国际经济与贸易、国际政治、过程装备与控制工程、汉语言文学、行政管理、化学、化学工程与工艺、环保设备工程、环境工程、环境科学、会计学、机械设计制造及其自动化、计算机科学与技术、建筑环境与设备工程、建筑设施智能技术、金融学、金属材料工程、经济学、历史学、旅游管理、热能与动力工程、人力资源管理、日语、软件工程、社会学、审计学、生物工程、食品科学与工程、市场营销、数学与应用数学、通信工程、统计学、图书馆学、土木工程、网络工程、微电子学、文化产业管理、物理学、新能源材料与器件、新闻学、信息管理与信息系统、信息与计算科学、药学、艺术设计、英语、应用化学、哲学、政治学与行政学、制药工程、中国革命史与中国共产党党史、自动化

专科专业 导游、会计电算化、机电一体化技术、计算机网络技术、计算机应用技术、建筑工程技术、矿井通风与安全、矿山机电、煤矿测量与地质、煤矿开采技术、商务英语、文秘、应用电子技术

博士专业 比较文学与世界文学、材料物理与化学、材料学、法律史、高分子化学与物理、行政管理、化学工程、计算数学、马克思主义中国化研究、凝聚态物理、诉讼法学、一般力学与力学基础、应用数学、有机化学、政治经济学、中共党史(含:党的学说与党的建设)、中国哲学

硕士专业 材料科学与工程、传播学、档案学、电力电子与电力传动、法律、法学、翻译、工程、工程管理、工商管理、公共管理、固体力学、管理科学与工程、国际关系、国际商务、化工过程机械、化学、化学工程与技术、环境工程、环境科学、会计、机械工程、计算机科学与技术、结构工程、控制理论与控制工程、理论经济学、旅游管理、马克思主义理论、情报学、日语语言文学、世界史、数学、图书馆学、外国语言学及应用语言学、微电子学与固体电子学、物理电子学、物理学、新闻学、信号与信息处理、一般力学与力学基础、英语语言文学、应用经济学、哲学、中共党史(含:党的学说与党的建设)、中国古代史、中国近现代史、中国语言文学、专门史、资产评估

院系设置

哲学与历史文化学院、商学院、公共管理学院、旅游管理学院、法学院、知识产权学院、文学与新闻学院、外国语学院、艺术学院、数学与计算科学学院、材料与光电物理学院、化学学院、化工学院、机械工程学院、信息工程学院、土木工程与力学学院、继续教育学院、国际交流学院、兴湘学院、能源工程学院、职业技术学院。三专业设置:汉语言文学、新闻学、广播电视新闻学、广告学、艺术设计、动画、历史学、中国革命史与中国共产党党史、文化产业管理、哲学、社会学、国际政治、思想政治教育、人力资源管理、旅游管理、编辑出版学、行政管理、公共事业管理、信息管理与信息系统、档案学、图书馆学、政治学与行政学、法学、经济学、国际经济与贸易、金融学、工商管理、市场营销、会计学、财务管理、电子商务、审计学、英语、德语、法语、日语、对外汉语、翻译、数学与应用数学、信息与计算科学、统计学、物理学、微电子学、材料物理、测控技术与仪器、材料科学与工程、新能源材料与器件、化学、应用化学、材料化学、药学、高分子材料与工程、环境科学、环境工程、化学工程与工艺、制药工程、食品科学与工程、生物工程、环保设备工程、金属材料工程、机械设计制造及其自动化、材料成型及控制工程、工业设计、过程装备与控制工程、热能与动力工程、自动化、电子信息工程、通信工程、计算机科学与技术、网络工程、软件工程、建筑设施智能技术、土木工程、建筑环境与设备工程、工程力学、采矿工程、电子信息科学与技术、测绘工程、安全工程

国家级、省部级研究机构设置

教育部高校人文社会科学重点研究基地湘潭大学毛泽东思想研究中心、湖南省普通高等学校哲学社会科学重点研究基地湘潭大学社会主义经济理论研究中心、湖南省普通高等学校哲学社会科学重点研究基地诉讼法学研究中心、湖南省普通高等学校哲学社会科学重点研究基地政府绩效评估与管理创新研究基地、湖南省法学研究基地、湖南省中外文学与文化研究基地、湖南省红色旅游研究基地、湖南省经济安全研究基地、湖南省湘学研究基地、湖南省中国特色社会主义理论体系研究中心湘潭大学基地、湖南政府绩效评估研究中心、化工过程模拟与优化教育部工程研究中心、低维材料及其应用技术教育部重点实验室、复杂轨迹加工工艺与装备教育部工程研究中心、环境友好化学与应用教育部重点实验室、智能计算与信息处理教育部重点实验室、教育部教育管理信息中心校园卡标准化研究所、科学工程计算与数值仿真湖南省重点实验室、材料设计及制备技术湖南省重点实验室、高分子材料应用技术湖南省重点实验室(共建)、环境友好化工过程集成技术湖南省重点实验室、新型化学电源及其储能材料湖南省国际科技合作基地、化工过程模拟与优化工程研究中心、特种功能薄膜材料湖南省工程实验室、绿色化工过程湖南省工程实验室、智能制造湖南省普通高等学校重点实验室、量子工程与微纳能源技术湖南省普通高等学校重点实验室、先进功能高分子材料湖南省普通高等学校重点实验室、绿色催化与反应工程湖南省普通高等学校重点实验室、重金属污染控制湖南省普通高等学校重点实验室、绿色化工湖南省高校产学研合作示范基地、薄膜材料产业化湖南省高校产学研合作示范基地、锂离子动力电池湖南省高校产学研合作示范基地

博士后科研流动站 化学、力学、材料科学与工程、数学、法学、理论经济学、公共管理、物理学、化学工程与技术

定期公开出版的专业刊物 《湘潭大学学报(社科版)》、《湘潭大学学报(自科版)》、《消费经济》、《毛泽东研究》、《中国韵文学刊》、《湘江法律评论》、《曾国藩研究》、《湘学》

学校设立奖学金情况

学校设立奖学金56项,奖励总金额3000余万元。奖学金最高金额20000元/年,最低金额100元/年。

主要校办产业

高科技公司、科技开发公司、机械厂、学生实习工厂、印刷厂

学校历史沿革

湘潭大学创办于1958年,1974年国务院批准湘潭大学为文、理、工综合性大学,1978年国务院批准湘潭大学为全国重点大学,2005年教育部、湖南省政府签署共同重点建设湘潭大学协议。

吉首大学

学校(机构)标识码 4143010531	占地面积(平方米) 1743888	成人专科 4316
学校办学类型 411:本科院校:大学	校舍建筑面积(平方米) 475807	硕士研究生 686
学校性质类别 01 综合大学	图书(万册) 170.54	留学生 10
学校举办者 811 省级教育部门	固定资产总值(万元) 81416.03	专任教师(人) 1095
学校地址 吉首市人民南路120号	教学、科研仪器设备资产值(万元) 16455.55	其中:正高级 133
邮政编码 416000		副高级 386
办公电话 0743－8564200	在校生数(人) 27647	中级 439
传真电话 0743－8564301	其中:普通本科 15969	初级 118
校园(局域)网域名 www.jsu.edu.cn	普通专科 3022	未定职级 19
电子信箱 office@jsu.edu.cn	成人本科 3644	

本科专业 表演、城市规划、电子商务、电子信息工程、电子信息科学与技术、法学、工商管理、公共事业管理、广告学、国际经济与贸易、汉语言文学、护理学、化学、化学工程与工艺、环境工程、环境科学、会计学、计算机科学与技术、教育技术学、经济学、历史学、临床医学、旅游管理、美术学、民族传统体育、人力资源管理、日语、软件工程、商务英语、生物工程、生物科学、食品科学与工程、食品质量与安全、市场营销、数学与应用数学、数字媒体艺术、思想政治教育、体育教育、通信工程、统计学、土木工程、网络工程、文化产业管理、舞蹈学、物理学、小学教育、新闻学、信息管理与信息系统、信息与计算科学、学前教育、艺术设计、音乐学、英语、应用化学、应用物理学、园林、针灸推拿学、植物科学与技术、资源环境与城乡规划管理

专科专业 初等教育、护理、计算机教育、旅游管理、美术教育、数学教育、体育教育、学前教育、音乐教育、英语教育、语文教育、针灸推拿

硕士专业 产业经济学、法学理论、分析化学、汉语言文字学、林产化学加工工程、伦理学、马克思主义基本原理、马克思主义哲学、民族传统体育学、民族学、凝聚态物理、企业管理(含:财务管理、市场营销)、生态学、思想政治教育、体育、体育人文社会学、文艺学、应用化学、中国少数民族经济、专门史

院系设置

文学与新闻传播学院、法学与公共管理学院、历史与文化学院、外国语学院、体育科学学院、音乐与舞蹈学院、美术学院、商学院、旅游与管理工程学院、数学与统计学院、信息科学与工程学院、软件服务外包学院、生物资源与环境科学学院、化学化工学院医学院、城乡资源与规划学院、国际交流与公共外语教育学院、马克思主义学院、民族预科教育学院、继续教育学院、研究生处

国家级、省部级研究机构设置

1. 实验室:湖南省林产化工工程重点实验室、湖南省高校"植物资源保护与利用"重点实验室湖南省生态旅游应用技术重点实验室、国家级化学示范中心

2. 研究中心:差异与和谐社会研究中心、民族学研究基地、西部经济发展研究中心、国家民族体育重点研究基地、湖南省高校科技创新团队"区域旅游发展与管理"、"湖南省自然与文化遗产研究基地"省高校哲学社会科学重点研究基地、"植物资源开发与利用"省产学研合作示范基地、湖南省产学研合作示范基地"湖南中药与天然药物"、"林产资源与林化产品开发"省级科技创新团队、"湖南省人口发展战略研究基地"省社科重点研究基地、"差异与中国特色社会主义理论研究基地"省社科重点研究基地、"湖南省非物质文化遗产保护与人才培养研究基地"、湖南省湘西民族语言研究基地、"林化产品开发"省级产学研合作示范基地

定期公开出版的专业刊物 《吉首大学学报》社会科学版(北大中文核心期刊)、《吉首大学学报》自然科学版

学校设立奖学金情况

学校共设立奖学金10项,奖励总金额910.82万元。奖学金最高金额5000元/年,最低金额50元/年。

1. 优秀学生奖学金:4351人/年,500－1500元/年;(一、二、三等);

2. 农林师专业奖学金:2710人/年,300－800元/人(一、二、三等);

3. 三好学生:147人/年,100元/人;

4. 优秀学生干部:420人/年,100元/人;

5. 文体积极分子:157 人/年,50 元/年;
6. 湖南宋祖英基金助学金:60 人/年,2000 元/人;
7. 南勋感恩奖学金:20 人/年,5000 元/人;
8. 香港精进基金助学金:103 人/年,5000 元/人;
9. 新长城-澳美乐助学金:40 人/年,2000 元/年;
10. 中国建设银行成才计划助学金:100 人/年,3000 元/人。

主要校办产业

吉首大学国有资产管理有限公司、湖南老爹农业开发有限责任公司(参股)

学校历史沿革

吉首大学创办于1958年。1953年、1960年全国高校先后两次调整,吉首大学改为专科,保留校名。1978年8月国务院批准吉首大学恢复为省属综合性大学,2000年8月原吉首卫校并入吉首大学,组建吉首大学医学院。2002年10月原武陵高等专科学校并入吉首大学。2006年6月湘西州人民医院并入吉首大学,组建吉首大学第一附属医院。

湖南大学

学校(机构)标识码	4143010532
学校办学类型	411:本科院校:大学
学校性质类别	01 综合大学
学校举办者	360 教育部
学校地址	湖南省长沙市岳麓区麓山南路
邮政编码	410082
办公电话	0731-88822745
传真电话	0731-88824525
校园(局域)网域名	www.hnu.edu.cn
电子信箱	xiaoban@hnu.edu.cn
占地面积(平方米)	1392419
校舍建筑面积(平方米)	814319
图书(万册)	289.82
固定资产总值(万元)	209066.92
教学、科研仪器设备资产值(万元)	70636.78
在校生数(人)	39095
其中:普通本科	20632
成人本科	3072
成人专科	1186
博士研究生	2384
硕士研究生	11410
留学生	411
专任教师(人)	2054
其中:正高级	525
副高级	744
中级	699
初级	51
未定职级	35

本科专业 保险、表演、播音与主持艺术、材料成型及控制工程、材料科学与工程、财务管理、财政学、测控技术与仪器、车辆工程、城市规划、电气工程及其自动化、电气信息类、电子科学与技术、电子商务、电子信息工程、法学、给排水科学与工程、给水排水工程、工程管理、工程力学、工商管理、工业工程、工业设计、广播电视编导、广告学、国际经济与贸易、汉语言文学、行政管理、化学、化学工程与工艺、环境工程、环境科学、会计学、机械设计制造及其自动化、计算机科学与技术、建筑环境与设备工程、建筑节能技术与工程、建筑学、金融学、经济学、景观学、历史学、热能与动力工程、日语、软件工程、社会体育、生物技术、市场营销、数学与应用数学、数字媒体技术、通信工程、统计学、土木工程、物联网工程、新闻传播学类、新闻学、信息安全、信息管理与信息系统、信息与计算科学、艺术设计、英语、应用化学、应用物理学、运动训练、政治学与行政学、智能科学与技术、自动化

博士专业 材料科学与工程、车辆工程、道路与铁道工程、电工理论与新技术、电路与系统、电气工程、电子科学与技术、法学、分析化学、工商管理、固体力学、管理科学与工程、国际贸易学、化学、化学工程与技术、化学工艺、环境工程、环境科学与工程、会计学、机械工程、机械制造及其自动化、计算机科学与技术、计算机应用技术、计算数学、建筑设计及其理论、金融学(含:保险学)、经济法学、控制科学与工程、控制理论与控制工程、力学、历史学、马克思主义基本原理、模式识别与智能系统、凝聚态物理、企业管理(含:财务管理、市场营销)、设计艺术学、思想政治教育、土木工程、外国语言文学、微电子学与固体电子学、应用化学、应用经济学、应用数学、政治经济学、中国古代史、中国哲学、专门史

硕士专业 保险、材料科学与工程、财政学(含:税收学)、测试计量技术及仪器、产业经济学、车辆工程、传播学、电机与电器、电力系统及其自动化、电路与系统、电气工程、电子科学与技术、动力工程及工程热物理、动力机械及工程、法律、法学、翻译、分析化学、概率论与数理统计、高等教育学、工程、工程力学、工商管理、工业催化、公共管理、供热、供燃气、通风及空调工程、固体力学、管理科学与工程、国际贸易学、国际商务、汉语国际教育、行政管理、化学、化学工程与技术、化学工艺、环境工程、环境科学、环境科学与工程、会计、会计学、机械电子工程、机械工程、机械设计及理论、机械制造及其自动化、基础数学、计算机科学与技术、计算机软件与理论、计算机应用技术、计算数学、技术经济及管理、建筑技术科学、建筑设计及其理论、建筑学、交通运输工程、教育、教育学、结构工程、金融、金融学(含:保险学)、经济法学、控制科学与工程、控制理论与控制工程、理论经济学、理论物理、力学、历史学、旅游管理、马克思主义基本原理、民商法学(含:劳动法学)、社会保障、凝聚态物理、企业管理(含:财务管理、市场营销)、桥梁与隧道工程、热能工程、人口、资源与环境经济学、日语语言文学、设计艺术学、生物化学与分子生物学、生物学、生物学新专业、生物医学工程、世界经济、市政工程、数学、税务、思想政治教育、体育、体育教育训练学、体育人文社会学、体育学、通信与信息系统、土木工程、外国语言文学、外国语言学及应用语言学、微电子学与固体电子学、文物与博物馆、物理化学(含:化学物理)、物理学、西方经济学、宪法学与行政法学、新闻传播学、新闻学、新闻与传播、信号与信息处理、信息与通信工程、岩土工程、药物化学、一般力学与力学基础、仪器科学与技术、艺术、艺术学、应用化学、应用经济学、应用数学、应用统计、有机化学、运筹学与控制论、哲学、政治经济学、政治学、中国古代史、中国语言文学、专门史、资产评估

院系设置

机械与运载工程学院、化学化工学院、生物学院、电气与信息工程学院、土木工程学院、建筑学院、材料科学与工程学院、信息科学与工程学院（软件学院）、设计艺术学院、环境科学与工程学院、数学与计量经济学院、物理与微电子科学学院、金融与统计学院、经济与贸易学院、法学院、外国语与国际教育学院、工商管理学院、新闻传播与影视艺术学院、中国语言文学学院、体育学院、教育科学研究院、马克思主义学院、岳麓书院

国家级、省部级研究机构设置

1. 实验室：化学生物传感与计量学国家重点实验室、汽车车身先进设计制造国家重点实验室、国家高效磨削工程技术中心、环境生物与控制教育部重点实验室、微纳光电器件及应用教育部重点实验室、建筑安全与节能教育部重点实验室、电力推进与伺服传动技术教育部重点实验室（B类）、特种装备先进设计技术与仿真教育部重点实验室（B类）、电力驱动与伺服技术国防重点学科实验室、工程结构损伤诊断湖南省重点实验室、喷射沉积技术及应用湖南省重点实验室、物流信息与仿真技术湖南省重点实验室、风工程与桥梁工程湖南省重点实验室、企业管理与决策支持技术湖南省重点实验室、电气科学及其应用湖南省重点实验室（联合共建）、生物纳米与分子工程湖南省重点实验室、智能信息处理与应用数学湖南省重点实验室、网络信息安全湖南省重点实验室、网络与可信计算湖南省重点实验室、微纳结构物理与应用技术湖南省重点实验室、生物医学工程与生命分析化学国际合作基地、湖南省物理科普基地、先进通信技术湖南省高校重点实验室、环境生物和环境控制湖南省高校重点实验室、桥梁抗风及新技术湖南省高校重点实验室、工业与应用数学湖南省高校重点实验室、机械工业轻量化结构先进成型制造重点实验室、机械工业特种精密磨削技术重点实验室、机械工业配电网电气节能重点实验室、机械工业先进制造视觉检测与控制技术重点实验室、湖南省先进材料制备技术国防科技重点实验室、湖南省先进电力电子与电机技术应用国防科技重点实验室

2. 研究中心（所）：输变电新技术教育部工程中心、先进催化教育部工程中心、汽车电子与控制教育部工程中心、视觉控制技术及应用教育部工程中心、教育部深空探测联合研究中心、湖南省汽车模具工程技术研究中心、湖湘文化研究基地、湖南省国际贸易研究基地、湖南省文化产业研究基地、湖南省信用研究基地、湖南省廉政研究基地、中国文化软实力基地、湖南省"两型社会"研究基地、湖南省语言与认知研究基地、中国特色社会主义理论体系研究基地、湖南经济与社会发展法律研究中心、湖南风险导向审计研究基地、湖南省统战理论研究基地、湖南省思想政治工作研究基地、湖南省教育评价研究中心、湖南大学社会经济统计研究中心

博士后科研流动站

土木工程、数学、管理科学与工程、工商管理、控制科学与工程、电气工程、材料科学与工程、化学工程与技术、化学、环境科学与工程、机械工程、力学、应用经济学院、物理学、计算机科学与技术、历史学、法学

定期公开出版的专业刊物 《湖南大学学报》（自然科学版）、《湖南大学学报》（社会科学版）、《财经理论与实践》、《计算技术与自动化》、《经济数学》、《动力学与控制学报》、《大学教育科学》、《创业邦》、《高校图书馆工作》

学校设立奖学金情况

学校设立奖学金24项，奖励总金额1042万元。奖学金最高金额10000元/年，最低金额500元/年。

主要校办产业

湖南德智教育投资有限公司、长沙高科技创业者杂志社有限公司、湖南湖大后勤服务有限公司、长沙卓越互联网信息服务有限公司、湖南大学科技园有限公司、湖南湖大投资置业发展有限责任公司、湖大海捷工程技术研究有限公司、湖南大学设计研究院有限公司、长沙湖大印务有限公司、湖大海捷制造技术有限公司等

学校历史沿革

湖南大学前身是976年的岳麓书院——1903年改制为湖南高等学堂——1926年定名湖南大学——1937年升为国立湖南大学——1953年更名为中南土木建筑学院——1959年恢复为湖南大学——1963年隶属于原机械工业部——1978年成为全国重点大学——1998年隶属于国家教育部——2000年湖南大学与湖南财经学院合并为新的湖南大学——2002年湖南计算机高等专科学校并入湖南大学。

中南大学

学校（机构）标识码　4143010533	占地面积（平方米）　3348387	成人专科　5354
学校办学类型　411：本科院校：大学	校舍建筑面积（平方米）　1949404	博士研究生　5143
学校性质类别　01 综合大学	图书（万册）　454.24	硕士研究生　14085
学校举办者　360 教育部	固定资产总值（万元）　431161.73	留学生　895
学校地址　湖南省长沙市麓山南路932号	教学、科研仪器设备资产值（万元）　104570.11	专任教师（人）　3116
邮政编码　410083		其中：正高级　762
办公电话　0731-88879201	在校生数（人）　66138	副高级　1036
传真电话　0731-88710883	其中：普通本科　33259	中级　1041
校园（局域）网域名　www.csu.edu.cn	普通专科　202	初级　106
电子信箱　o-info@csu.edu.cn	成人本科　7200	未定职级　171

本科专业 安全工程、材料工程试验班、材料化学、材料科学与工程、材料类、材料中澳、财务管理、采矿工程、测绘工程、测控技术与仪器、车辆工程、城市地下空间工程、城市规划、地理信息系统、地球科学类、地球信息科学与技术、地质工程、电气工程及其自动化、电气信息类、电子商务、电子信息工程、电子信息科学与技术、法学、法学类、法语、粉体材料科学与工程、粉冶工程试验班、复合材料、高级工程人才试验班（材料）、高级工程人才试验班（采矿）、高级工程人才试验班（测绘）、高级工程人才试验班（地学）、高级工程人才试验班（粉冶）、高级工程人才试验班（化学）、高级工程人才试验班（机电）、高级工程人才试验班（交通）、高级工程人才试验班（能源）、高级工程人才试验班（软件）、高级工程人才试验班（土木）、高级工程人才试验班（信息）、高级工程人才试验班（冶金）、高级工程人才试验班（资生）、工程管理、工程力学、工商管理、工业设计、公共管理类、广播电视新闻学、国际经济与贸易、汉语言文学、行政管理、护理学、护理学类、化工与制药类、化学工程与工艺、化学升华、化学中澳、环境工程、环境与安全类、会计学、机电工程试验班、机械类、机械设计制造及其自动化、计算机科学与技术、建筑环境与设备工程、建筑学、交通工程试验班、交通设备信息工程、交通运输、交通运输类、金融学、经济与管理类、精神医学、口腔医学（七年）、口腔医学（五年）、口腔医学类（七年制）、口腔医学类（五年制）、矿物加工工程、矿物与材料类、临床医学（五年）、临床医学（八年）、临床医学与医学技术类、麻醉学、美术类、能源动力类、热能与动力工程、日语、软件工程、社会学、生物工程、生物工程类、生物技术、生物科学、生物科学类、生物医学工程、数学类、数学与应用数学、思想政治教育、探测制导与控制技术、通信工程、统计学、土建类、土木工程、土木工程（天佑班）、土木工程试验班、土木中澳、微电子制造工程、无机非金属材料工程、物理升华、物理与电子科学类、物联网工程、物流工程、西班牙语、消防工程、新能源材料与器件、新能源科学与工程、信息安全、信息管理与信息系统、信息物理工程类、信息与计算科学、药学、药学类、冶金工程、冶金工程试验班、冶金与新能源类、医学检验、医学信息学、艺术设计、音乐表演、英语、应用化学、应用物理学、预防医学、预防医学类、政治学类、制药工程、智能科学与技术、中国语言文学类、资源工程试验班、自动化

专科专业 电子信息工程技术、计算机应用技术、文秘

博士专业 安全技术及工程、病理学与病理生理学、病原生物学、材料加工工程、材料科学与工程、材料科学与工程新专业、材料物理与化学、材料学、采矿工程、大地测量学与测量工程、道路与铁道工程、地球探测与信息技术、地图制图学与地理信息工程、地质工程、地质资源与地质工程新专业、动力工程及工程热物理、儿科学、耳鼻咽喉科学、防灾减灾工程及防护工程、分析化学、妇产科学、概率论与数理统计、钢铁冶金、工程力学、工程热物理、工商管理、供热、供燃气、通风及空调工程、管理科学与工程、管理科学与工程新专业、护理学、化学、化学工程与技术、化学工程与技术新专业、化学工艺、机械电子工程、机械工程、机械设计及理论、机械制造及其自动化、基础医学新专业、计算机科学与技术、计算机软件与理论、计算机应用技术、技术经济及管理、交通信息工程及控制、交通运输工程、交通运输工程新专业、交通运输规划与管理、结构工程、精神病与精神卫生学、控制科学与工程、控制理论与控制工程、矿产普查与勘探、矿物加工工程、矿物学、岩石学、矿床学、矿业工程、矿业工程新专业、劳动卫生与环境卫生学、老年医学、力学、临床检验诊断学、临床医学、临床医学新专业、流行病与卫生统计学、伦理学、麻醉学、马克思主义基本原理、免疫学、模式识别与智能系统、内科学、凝聚态物理、皮肤病与性病学、桥梁与隧道工程、热能工程、人口、资源与环境经济学、人体解剖与组织胚胎学、社会医学与卫生事业管理、摄影测量与遥感、神经病学、神经生物学、生理学、生态学、生物化工、生物化学与分子生物学、生物学、生物学新专业、生物医学工程、市政工程、数学、思想政治教育、土木工程、土木工程新专业、外科学、微生物学、物理学、细胞生物学、岩土工程、眼科学、药理学、药学、冶金工程新专业、冶金物理化学、遗传学、英语语言文学、影像医学与核医学、应用化学、应用数学、应用心理学、有色金属冶金、运筹学与控制论、运动医学、载运工具运用工程、植物学、中西医结合、中西医结合临床、肿瘤学

硕士专业 安全工程、安全管理工程、安全技术及工程、保险、比较文学与世界文学、病理学与病理生理学、病原生物学、材料工程、材料加工工程、材料科学与工程新专业、材料摩擦学、材料物理与化学、材料学、材料冶金、财政学（含：税收学）、采矿工程、测绘工程、产业经济学、车辆工程、城市规划与设计（含：风景园林规划）、城市轨道交通工程、传播学、大地测量学与测量工程、道路与铁道工程、地球探测与信息技术、地图学与地理信息系统、地图制图学与地理信息工程、地下空间资源科学与工程、地质工程、地质资源与地质工程新专业、电工理论与新技术、电化学工程、电力电子与电力传动、电力系统及其自动化、电路与系统、电气工程、电子科学与技术、电子与通讯工程、动力工程、动力工程及工程热物理、动力机械及工程、儿科学、儿少卫生与妇幼保健学、耳鼻咽喉科学、发育生物学、发展与教育心理学、法律、法医学、法语语言文学、翻译、防灾减灾工程及防护工程、分析化学、粉体材料科学与工程、妇产科学、概率论与数理统计、干细胞工程学、钢铁冶金、高等教育学、高分子化学与物理、工程管理、工程力学、工程热物理、工商管理、工业催化、公共管理、公共卫生、供热、供燃气、通风及空调工程、构造地质学、固体力学、管理科学与工程、管理科学与工程新专业、光学、国际法学（含：国际公法、国际私法）、国际关系、国际贸易学、国际商务、国土资源信息工程、汉语国际教育、汉语言文字学、行政管理、护理、护理学、化学工程、化学工程与技术新专业、化学工艺、环境工程、会计、会计学、机械电子工程、机械工程、机械工程新专业、机械制造及其自动化、基础数学、基础医学、基础医学新专业、急诊医学、集成电路工程、计算机技术、计算机科学与技术、计算机科学与技术新专业、计算机软件与理论、计算机系统结构、计算机应用技术、计算数学、技术经济及管理、检测技术与自动化装置、建筑设计及其理论、建筑学、建筑与土木工程、交通设备与信息工程、交通信息工程及控制、交通运输、交通运输工程新专业、交通运输规划与管理、教育技术学、教育经济与管理、教育史、教育学原理、结构工程、金融、金融学（含：保险学）、经济法学、精神病与精神卫生学、康复医学与理疗学、考古学及博物馆学、科学技术哲学、科学社会主义与国际共产主义运动、课程与教学论、控制工程、控制科学与工程、口腔基础医学、口腔临床医学、口腔医学、矿产普查与勘探、矿物材料学、矿物加工工程、矿物学、岩石学、矿床学、矿业工程、矿业工程新专业、劳动经济学、劳动卫生与环境卫生学、老年医学、理论物理、粮食、油脂及植物蛋白工

程、临床检验诊断学、临床心理学、临床医学、临床医学新专业、流行病与卫生统计学、伦理学、旅游管理、麻醉学、马克思主义基本原理、马克思主义哲学、马克思主义中国化研究、美术学、美学、免疫学、民商法学(含:劳动法学)、社会保障、模式识别与智能系统、内科学、凝聚态物理、农产品加工及贮藏工程、皮肤病与性病学、企业管理(含:财务管理、市场营销)、桥梁与隧道工程、情报学、区域经济学、热能工程、人口、资源与环境经济学、人口学、人类学、人体解剖与组织胚胎学、日语语言文学、软件工程、设计艺术学、社会保障、社会工作、社会学、社会医学与卫生事业管理、摄影测量与遥感、神经病学、神经生物学、生理学、生态学、生物工程、生物化工、生物化学与分子生物学、生物学新专业、生物医学工程、生药学、生殖工程、世界史、市政工程、蔬菜学、数量经济学、思想政治教育、诉讼法学、体育教育训练学、通信与信息系统、统计学、图书馆学、土地资源管理、土木工程、土木工程规划与管理、土木工程新专业、外国语言学及应用语言学、外国哲学、外科学、微生物学、卫生毒理学、文艺学、无机化学、物理电子学、物理化学(含:化学物理)、物理学、物流工程、西方经济学、系统分析与集成、细胞生物学、现代教育技术、宪法学与行政法学、消防工程、信号与信息处理、信息与通信工程、刑法学、学科教学(数学)、学科教育(数学)、岩土工程、药剂学、药理学、药物分析学、药物化学、冶金工程、冶金工程新专业、冶金物理化学、遗传学、艺术设计、英语语言文学、营养与食品卫生学、影像医学与核医学、应用化学、应用数学、应用统计、应用心理学、有机化学、有色金属冶金、语言学与应用语言学、运筹学与控制论、运动医学、载运工具运用工程、政治学理论、政治学新专业

院系设置

二级学院:文学院、外国语学院、艺术与建筑学院、商学院、法学院、政治学院、公共管理学院、数学科学与计算技术学院、物理科学与技术学院、化学化工学院、机电工程学院、能源科学与工程学院、材料科学与工程学院、粉末冶金研究院、交通运输工程学院、土木工程学院、冶金科学与工程学院、信息物理工程学院、地学与环境工程学院、资源加工与生物工程学院、资源与安全工程学院、信息科学与工程学院、软件学院、航空航天学院、基础医学院、公共卫生学院、护理学院、口腔医学院、药学院、生物科学与技术学院、体育教研部 附属医院:湘雅医院(第一临床学院)、湘雅二医院(第二临床学院)、湘雅三医院(第三临床学院)

国家级、省部级研究机构设置

1.实验室 国家级重点实验室、工程实验室:粉末冶金国家重点实验室、医学遗传学国家重点实验室、高性能复杂制造国家重点实验室、高速铁路建造技术国家工程实验室、×××国防科技重点实验室、高速铁路建造技术国家工程实验室、难冶有色金属资源高效利用国家工程实验室。省部级重点实验室、基地、平台:有色金属材料与工程教育部重点实验室、癌变与侵袭原理教育部重点实验室、生物冶金教育部重点实验室、轨道交通安全教育部重点实验室、现代复杂装备设计与极端制造教育部重点实验室、有色金属资源化学教育部重点实验室、有色金属成矿预测教育部重点实验室、糖尿病免疫学教育部重点实验室、重载铁路工程结构教育部重点实验室、中国人类遗传相关疾病资源库及共享信息平台、粉末冶金科学与技术创新引智基地、生物冶金科学与技术创新引智基地、化学生物学与创新药物创新引智基地、癌变与侵袭原理创新引智基地、有色金属材料与工程湖南重点实验室、心血管研究湖南省重点实验室、有色资源与地质灾害探查湖南省重点实验室、深部资源开发与灾害控制湖南省重点实验室、遗传药理学湖南省重点实验室、肾脏疾病与血液净化学湖南省重点实验室、稀有金属冶金及材料制备湖南省重点实验室、血吸虫病防治研究湖南省重点实验室(参加)、耳鼻咽喉重大疾病研究湖南省重点实验室、医学表观基因组学湖南省重点实验室、湖南区域医疗信息共享与协同服务平台、湖南省高校遗传药理学重点实验室、湖南省高校土木工程科学安全重点实验室、湖南省高校重大呼吸疾病基础与临床研究重点实验室、湖南省精密工程测量与形变灾害监测重点实验室、卫生部癌变原理重点实验室、卫生部肿瘤蛋白质组学重点实验室、卫生部纳米生物技术重点实验室、卫生部人类干细胞与生殖工程重点实验室。

2.研究所(中心) 国家级工程(技术)研究中心:粉末冶金国家工程研究中心、人类干细胞国家工程研究中心、新材料国际科技合作研究中心、先进储能材料国家工程研究中心。省部级工程(技术)研究中心:卫生部肝胆肠外科研究中心、卫生部移植医学工程技术研究中心、铝合金强流变技术与装备教育部工程研究中心、药物基因组应用教育部技术工程研究中心、有色冶金自动化教育部工程研究中心、先进电池材料教育部工程研究中心、矿产资源高效利用湖南省国际科技合作中心、湖南省矿冶生物工程研究中心、湖南省移植医学工程技术研究中心、湖南金融识别与自助服务平台工作技术中心、湖南省地理空间信息技术研究中心、湖南省重金属污染综合治理工程技术研究中心、湖南省纳米材料工程技术联合研究中心、湖南省干细胞工程技术研究中心、湖南省肝硬化门脉高压症治疗研究中心、湖南省亚健康诊断与干预工程技术研究中心、湖南省先进建材与结构工程技术研究中心、湖南省铋工程技术研究中心、湖南省软钎焊料工程技术研究中心、湖南省炭纤维复合材料工程技术研究中心、湖南省高血压研究中心、湖南乳腺癌临床医疗技术研究中心、湖南省马王堆古尸与文物研究保护中心、湖南省干细胞工程研究中心、湖南节能评价技术研究中心、中国有色金属信息物理工程研究中心、国家金属矿安全科学技术研究中心、国家环境保护有色金属冶金污染控制工程技术中心

博士后科研流动站 地质资源与地质工程、基础医学、冶金工程、材料科学与工程、机械工程、矿业工程、临床医学、生物学、管理科学与工程、控制科学与工程、计算机科学与技术、土木工程、测绘科学与工程、化学工程与技术、交通运输工程、中西医结合、药学、哲学、工商管理、化学、动力工程与工程热物理、工商管理、力学、马克主义理论

定期公开出版的专业刊物 《中南大学学报》(自然科学版)、《中南工业大学学报》(英文版)、《中南大学学报》(社会科学版)、《中南大学学报》(医学版)、《中国有色金属学报》(中文版)、《中国有色金属学报》(英文版)、《粉末冶金材料科学与工程》、《湖南医科大学学报》(社会科学版)、《国际病理科学与临床杂志》、《有色金属文摘》、《国外医学精神病学分册》、《铁道科学与工程学报》、《中国耳鼻喉颅底外科杂志》、《中国当代儿科杂志》、《中国感染控制杂志》、《中国现代手术学杂志》、《中国普通外科杂志》、《中国现代医学杂志》、《中国内镜杂志》、《中国医学工程》、《现代大学教育》、《事业财会》、《粉末冶金材料科学与工程》、《长沙铁道学院学报》(社科版)、《外语与翻译》

学校设立奖学金情况

学校设立校级奖励金33项，奖金总金额3667.3万元，奖励金最高金额元10000元/年，最低金额1000元/年。

主要校办产业

中南大学粉末冶金工程研究中心有限公司、湖南湘雅集团有限公司、湖南中大设计院有限公司、迎宾楼·欧亚酒店、长沙中大建设监理有限公司、湖南通泰实业有限公司

学校历史沿革

1952年，成立中南矿冶学院；1985年改名中南工业大学；1998年长沙工业高等专科学校并入中南工业大学；1914年，创建湘雅专门学校，先后易名湘雅医科大学、私立湘雅医学院、国立湘雅医学院；1953年，更名为湖南医学院，1987年更名为湖南医科大学；1953年，成立中南土木建筑学院，1960年，更名为长沙铁道学院；2000年4月29日，湖南医科大学、长沙铁道学院与中南工业大学合并组建中南大学。2004年列为中管高校，是国家首批进入"211工程"重点建设高校，也是国家"985工程"部省重点共建的高水平大学。

湖南科技大学

学校(机构)标识码	4143010534	
学校办学类型	411：本科院校：大学	
学校性质类别	01 综合大学	
学校举办者	811 省级教育部门	
学校地址	湖南省湘潭市雨湖区桃园路	
邮政编码	411201	
办公电话	0731-58290011	
传真电话	0731-58290509	
校园(局域)网域名	www.hnust.edu.cn	
电子信箱	office@hnust.edu.cn	
占地面积(平方米)	2071333	
校舍建筑面积(平方米)	873654	
图书(万册)	217.79	
固定资产总值(万元)	115476	
教学、科研仪器设备资产值(万元)	27501.63	
在校生数(人)	32224	
其中：普通本科	23022	
成人本科	2823	
成人专科	4727	
硕士研究生	1652	
专任教师(人)	1489	
其中：正高级	236	
副高级	424	
中级	735	
初级	45	
未定职级	49	

本科专业 安全工程、材料成型及控制工程、材料化学、财务管理、采矿工程、测绘工程、测控技术与仪器、城市规划、地理科学、地理信息系统、电气工程及其自动化、电子商务、电子信息工程、电子信息科学与技术、雕塑、对外汉语、法学、给水排水工程、工程力学、工商管理、工业工程、工业设计、公共事业管理、光信息科学与技术、广告学、国际经济与贸易、汉语言、汉语言文学、化学、化学工程与工艺、环境工程、会计学、机械设计制造及其自动化、计算机科学与技术、建筑环境与设备工程、建筑学、教育技术学、教育学、金属材料工程、经济学、勘查技术与工程、历史学、旅游管理、美术学、人力资源管理、日语、社会体育、生物工程、生物技术、生物科学、市场营销、数学与应用数学、思想政治教育、体育教育、通信工程、土木工程、网络工程、无机非金属材料工程、物理学、物流管理、小学教育、新闻学、信息安全、信息与计算科学、艺术设计、音乐学、英语、应用电子技术教育、应用化学、应用心理学、园林、哲学、制药工程、资源环境与城乡规划管理、资源勘查工程、自动化

硕士专业 安全技术及工程、材料学、采矿工程、产业经济学、地图学与地理信息系统、翻译、工程、工程力学、供热、供燃气、通风及空调工程、国民经济学、汉语言文字学、化学工艺、机械电子工程、机械设计及理论、机械制造及其自动化、计算机软件与理论、计算机应用技术、技术经济及管理、教育、教育学原理、结构工程、课程与教学论、控制理论与控制工程、矿产普查与勘探、理论物理、马克思主义基本原理、马克思主义哲学、马克思主义中国化研究、美术学、农业经济管理、桥梁与隧道工程、世界史、思想政治教育、体育教育训练学、外国语言学及应用语言学、文艺学、物理化学(含：化学物理)、岩土工程、英语语言文学、应用化学、应用数学、有机化学、中共党史(含：党的学说与党的建设)、中国古代文学、中国近现代史、中国现当代文学、专门史

院系设置

能源与安全工程学院、土木工程学院、机电工程学院、信息与电气工程学院、计算机科学与工程学院、化学化工学院、数学与计算科学学院、物理学院、生命科学学院、建筑与城乡规划学院、人文学院、外国语学院、马克思主义学院、教育学院、商学院、艺术学院、体育学院、管理学院、法学院、继续教育学院

国家级、省部级研究机构设置

1. 实验室：电子与电气技术实验教学中心、理论化学与分子模拟省部共建教育部门重点实验室、湖南省机械设备健康维护重点实验室、煤矿安全开采技术湖南省重点实验室、湖南省普通高等学校分子构效关系重点实验室、湖南省普通高等学校知识处理与网络化制造重点实验室、湖南省普通高等学校土木工程施工过程与质量安全控制重点实验室、高浸耐磨材料及制备技术湖南省国防科技重点实验室、煤炭资源清洁利用与矿山环境保护湖南省重点实验室

2. 研究中心(所)：先进矿山装备教育部工程研究中心、湖南省中小型机电产品工业设计中心、湖南省矿山通风与除尘装备工程技术研究中心、湖南省高校"南方煤矿安全绿色开采"产学研合作示范基地、湖南省高校"矿山装备"产学研合作示范基地、湖南省高校"土木工程施工技术创新"产学研合作示范基地、湖南省战略性新兴产业研究基地、湖南省新型工业化研究基地、湖南省党建理论研究基地、湖南省普通高校中国古代文学与社会文化重点研究基地、湖南省普通高校农村教育改革与发展重点研究基地、湖南省中国特色社会主义理论体系研究中心湖南科

技大学基地、湖南省思想政治工作研究基地、湖南方言与民俗文化研究基地

定期公开出版的专业刊物 《湖南科技大学学报(自然科学版)》、《湖南科技大学学报(社会科学版)》、《矿山工程研究》、《当代教育理论与实践》

学校设立奖学金情况

学校设立奖学金29项,奖励总金额59.53万元。奖学金最高额4000元/年,最低金额100元/年。

学校历史沿革

湖南科技大学前身是湘北建设学院,创建于1949年8月,经教育部和湖南省人民政府批准,湘潭工学院与湘潭师范学院合并组建湖南科技大学。

长沙理工大学

学校(机构)标识码 4143010536	占地面积(平方米) 1671675	成人专科 4765
学校办学类型 411:本科院校:大学	校舍建筑面积(平方米) 809537	博士研究生 129
学校性质类别 02 理工院校	图书(万册) 228.34	硕士研究生 2994
学校举办者 811 省级教育部门	固定资产总值(万元) 164044.33	留学生 115
学校地址 长沙市天心区赤岭路45号	教学、科研仪器设备资产值(万元) 29566	专任教师(人) 1492
邮政编码 410076		其中:正高级 236
办公电话 0731-85258040	在校生数(人) 31669	副高级 488
传真电话 0731-85258001	其中:普通本科 18919	中级 587
校园(局域)网域名 www.csust.edu.cn	普通专科 1527	初级 173
电子信箱 cslg@csust.edu.cn	成人本科 3220	未定职级 8

本科专业 材料成型及控制工程、财务管理、测绘工程、测控技术与仪器、车辆工程、城市规划、电气工程及其自动化、电子信息工程、电子信息科学与技术、法学、风能与动力工程、服装设计与工程、港口航道与海岸工程、给水排水工程、工程管理、工程力学、工商管理、工业设计、光信息科学与技术、国际经济与贸易、汉语言文学、化学工程与工艺、环境工程、会计学、机械设计制造及其自动化、计算机科学与技术、建筑环境与设备工程、建筑学、交通工程、交通运输、金融学、汽车服务工程、轻化工程、热能与动力工程、软件工程、生物工程、食品科学与工程、市场营销、数学与应用数学、数字媒体艺术、水利类、水利水电工程、水文与水资源工程、通信工程、土木工程、网络工程、无机非金属材料工程、物理学、物流工程、新闻学、信息管理与信息系统、信息与计算科学、艺术设计、英语、应用化学、资源环境与城乡规划管理、自动化

专科专业 道路桥梁工程技术、公路运输与管理、会计与审计、计算机应用技术、物流管理

博士专业 道路与铁道工程、港口、海岸及近海工程、交通信息工程及控制、交通运输规划与管理、桥梁与隧道工程、载运工具运用工程

硕士专业 材料学、产业经济学、车辆工程、大地测量学与测量工程、道路与铁道工程、电力系统及其自动化、电路与系统、电气工程、动力工程、动力机械及工程、防灾减灾工程及防护工程、概率论与数理统计、港口、海岸及近海工程、高电压与绝缘技术、工程管理、工程管理硕士、工程力学、工程热物理、工商管理、供热、供燃气、通风及空调工程、管理科学与工程、管理科学与工程新专业、国民经济学、化学工程、会计、会计学、机械电子工程、机械工程、机械设计及理论、基础数学、计算机技术、计算机软件与理论、计算机应用技术、计算数学、技术经济及管理、建筑与土木工程、交通信息工程及控制、交通运输工程、交通运输规划与管理、教育经济与管理、结构工程、金融学(含:保险学)、科学技术哲学、科学社会主义与国际共产主义运动、控制工程、控制理论与控制工程、伦理学、马克思主义基本原理、凝聚态物理、企业管理(含:财务管理、市场营销)、桥梁与隧道工程、热能工程、软件工程、食品工程、食品科学、市政工程、水利工程、水利水电工程、水文学及水资源、思想政治教育、通信与信息系统、统计学、外国语言学及应用语言学、物理化学(含:化学物理)、物流工程、项目管理、岩土工程、英语笔译、英语语言文学、应用化学、应用数学、应用统计、有机化学、载运工具运用工程、中国古代文学

院系设置

交通运输工程学院土木与建筑学院、汽车与机械工程学院、水利工程学院、电气与信息工程学院、能源与动力工程学院、经济与管理学院、计算机与通信工程学院、化学与生物工程学院、数学与计算科学学院、物理与电子科学学院、文法学院、马克思主义学院、外国语学院、设计艺术学院、继续教育学院、体育教学部

国家级、省部级研究机构设置

1.实验室:道路结构与材料交通行业重点实验室、桥梁工程实验室、公路工程实验室、道路灾变防治及交通安全工程研究实验室、水沙科学与水灾害防治实验室、电力系统安全运行与控制实验室、电力与交通材料保护实验室、能源高效清洁利用实验室、可再生能源电力技术实验室、特殊环境道路工程实验室、桥梁工程安全控制实验室

2.研究中心(所):电力与交通安全监控及节能技术工程研究中心、湖南省桥梁安全控制与装备工程技术研究中心、湖南省中国特色社会主义理论体系研究中心长沙理工大学研究基地、现代企业管理研究中心、湖南省绿色经济研究基地、湖南省企业

战略管理与投资决策研究基地、湖南服务发展研究中心、金融工程与金融管理研究中心、湖南省现代服务企业研究基地

博士后科研流动站 交通运输工程

定期公开出版的专业刊物 《长沙理工大学学报(自然科学版)》、《长沙理工大学学报(社会科学版)》、《长沙交通学院学报》、《长沙电力学院学报(自然科学版)》、《中外公路》、《食品与机械》、《公路与汽运》、《实验教学与仪器》

学校设立奖学金情况

学校设立奖学金 3 项,奖励总金额 850 余万元。奖学金最高金额 5000 元/年,最低金额 100 元/年。本专科设立奖学金:1.优秀新生奖学金:人数不定,5000 元/人;2.优秀学生奖学金:特等奖(本科),2000 元/年·人;一等奖(本科),1000 元/年·人;二等奖(本科),800 元/年·人;三等奖(本科),400 元/年·人;特等奖(专科)1500 元/年·人;二等奖(专科)500 元/年·人;三等奖(专科)300 元/年·人。3.单项奖学金:金额 100 - 2500 元/年·人 研究生设立奖学金:1.兰亭高科奖学金:3000 - 1000 元/人;2.三助奖学金:750 元/人;3.育才布朗奖学金:2000 - 1000 元/人。

主要校办产业

育才布朗交通咨询监理有限公司、湖南华罡交通规划设计研究院、长沙华南交通工程咨询监理公司、湖南华达交通工程有限公司、长沙华科工程系统信息技术公司、湖南华瑞交通科技发展有限公司

学校历史沿革

长沙理工大学是 2003 年 4 月经教育部批准,由长沙交通学院与长沙电力学院合并组建。

湖南农业大学

学校(机构)标识码	4143010537
学校办学类型	411:本科院校:大学
学校性质类别	03 农业院校
学校举办者	811 省级教育部门
学校地址	湖南省长沙市芙蓉区农大路 1 号
邮政编码	410128
办公电话	0731 - 84618001
传真电话	0731 - 84611473
校园(局域)网域名	www.hunau.net
电子信箱	netcenter@hunau.net
占地面积(平方米)	1917854
校舍建筑面积(平方米)	898158
图书(万册)	180.01
固定资产总值(万元)	144488
教学、科研仪器设备资产值(万元)	22420
在校生数(人)	25397
其中:普通本科	15240
普通专科	463
成人本科	2571
成人专科	4412
博士研究生	536
硕士研究生	2158
留学生	17
专任教师(人)	1200
其中:正高级	265
副高级	363
中级	481
初级	54
未定职级	37

本科专业 安全工程、表演、材料化学、草业科学、茶学、车辆工程、电子商务、动物科学、动物药学、动物医学、动植物检疫、法学、工程管理、工商管理、公共事业管理、国际经济与贸易、环境工程、环境科学、会计学、机械电子工程、机械设计制造及其自动化、计算机科学与技术、教育技术学、金融学、经济学、劳动与社会保障、农村区域发展、农林经济管理、农学、农业机械化及其自动化、农业资源与环境、汽车服务工程、日语、社会工作、社会体育、生态学、生物安全、生物工程、生物技术、生物科学、生物信息学、食品科学与工程、食品质量与安全、市场营销、水产养殖学、水利水电工程、水族科学与技术、投资学、土地资源管理、土木工程、信息工程、信息与计算科学、烟草、艺术设计、英语、应用化学、应用心理学、园林、园艺、植物保护、植物科学与技术、植物资源工程、中药资源与开发、种子科学与工程、资源环境与城乡规划管理

专科专业 工商行政管理、会计、金融保险

博士专业 草业工程学、茶学、动物遗传育种与繁殖、观赏园艺、果树学、临床兽医学、农药学、农业环境科学与工程、农业经济管理、农业科技服务与管理、农业昆虫与害虫防治、农业微生物学、农业遥感与资源利用、生理学、生态学、生物安全与检疫、生物化学与分子生物学、生物学、蔬菜学、水生生物学、饲料作物生产与应用、土地资源利用与信息技术、土壤学、微生物学、烟草科学与工程技术、药用植物资源工程、遗传学、园艺产品采后科学与工程、园艺产品采后科学与技术、园艺学、植物保护、植物病理学、植物生物化学与分子生物学、植物学、植物遗传工程、植物营养学、种子科学与工程、作物信息科学、作物学、作物遗传育种、作物栽培学与耕作学

硕士专业 草业、草业科学、茶学、城市规划与设计(含:风景园林规划)、动物遗传育种与繁殖、动物营养与饲料科学、发育生物学、高等教育学、工商管理硕士、公共管理硕士、观赏园艺、果树学、化学工程、环境工程、环境科学、基础兽医学、粮食、油脂及植物蛋白工程、临床兽医学、马克思主义中国化研究、农产品加工及贮藏工程、农村与区域发展、农药学、农业电气化与自动化、农业工程、农业机械化、农业机械化工程、农业经济管理、农业科技服务与管理、农业科技组织与服务、农业昆虫与害虫防治、农业水土工程、农业信息化、农业信息化技术、农业资源利用、企业管理(含:财务管理、市场营销)、生理学、生态学、生物安全与检疫、生物工程、生物工程与技术、生物化学与分子生物学、生物能源、生物数学、生物物理学、生物信息科学、生物信息学、生物学、食品工程、食品加工与安全、食品科学、兽医硕士、蔬菜学、水产品加工及贮藏工程、水产养殖、水生生物学、思想政治教育、特种经济动物饲养(含:蚕、蜂等)、土地资源管理、土地资源利用与信息技术、土壤学、外国语言学及应用语言学、微生物学、

细胞生物学、烟草科学与工程技术、药用植物资源工程、遗传学、营养与食品卫生学、应用化学、渔业、渔业资源、预防兽医学、园艺、园艺学、职业技术教育学、植物保护、植物病理学、植物学、植物营养学、种子科学与工程、作物、作物信息科学、作物遗传育种、作物栽培学与耕作学

院系设置

农学院，园艺园林学院，生物安全科学技术学院，动物科学技术学院，动物医学院，食品科学技术学院，工学院，资源环境学院，理学院，经济学院，商学院，人文社会科学学院，信息科学技术学院，科学技术师范学院，国际学院，生物科学技术学院，体育艺术学院，继续教育学院，思想政治理论课教育部

国家级、省部级研究机构设置

1. 研究所(中心)：国家植物功能成分利用工程技术研究中心，科技部药用植物资源国际合作研发中心，湖南省天然产物工程技术研究中心，国家油料改良中心湖南分中心，国家柑橘改良中心长沙分中心，国家蔬菜加工技术研发专业分中心，国家中药材生产(湖南)技术中心，中国烟草中南农业试验站，中国烟草中南农业试验站－烟草科学与健康实验室，国家中医药局亚健康干预技术实验室，农业部多熟制作物栽培与耕作重点实验室(南方作物栽培与耕作研究中心)，作物生理与分子生物学教育部重点实验室，茶学教育部重点实验室(国家茶叶加工技术研发专业分中心)，饲料安全与高效利用教育部工程研究中心，作物基因工程湖南省重点实验室，植物激素与生长发育湖南省重点实验室，畜禽遗传改良湖南省重点实验室，食品科学与生物技术湖南省重点实验室，农田污染控制与农业资源利用湖南省重点实验室，湖南省马铃薯工程技术研究中心，湖南省兽药工程技术研究中心，湖南省发酵食品工程技术研究中心，湖南省农业生物工程研究所，生物质醇类燃料湖南工程实验室，植物病虫害生物学与防控湖南省重点实验室湖南农业大学苎麻研究所，湖南农业大学旱地作物研究所，湖南省高技术产业研究所，现代食品工程技术与装备创新中心，湖南省新农村建设基地(湖南省社会科学研究基地)，湖南省"三农"问题研究基地，国家星火计划农村区域科技成果转化中心－湖南省农村科技成果转化中心，湖南农业大学分析测试中心

2. 国家重点实验室：作物种质创新与资源利用国家重点实验室培育基地

博士后科研流动站 湖南农业大学农学博士后科研流动站，湖南农业大学作物博士后科研流动站，湖南农业大学园艺学博士后科研流动站，湖南农业大学生物学博士后科研流动站，湖南农业大学植物保护博士后科研流动站，湖南农业大学农业资源利用博士后科研流动站，湖南农业大学农林经济管理流动站

定期公开出版的专业刊物 《湖南农业大学学报(自然科学版)》、《湖南农业大学学报(社会科学版)》、《作物研究》

学校设立奖学金情况

学校设立奖学金8项，奖励总金额460余万元。奖学金最高金额8000元/年，最低金额1000元/年。

1. 国家奖学金：30人/年，8000元/年
2. 国家励志奖学金：458人/年，5000元/年
3. 北美校友奖学金：4人/年，600美元/年
4. 校优秀学生奖学金：262人/年 一等奖学金：2000元/年 1281人/年 二等奖学金：1000元/年
5. 金岸奖学金：一等奖学金：10人/年，4000元/年 二等奖学金：30人/年，2000元/年
6. 园丁奖学金：40人/年，1500元/年
7. 先正达奖学金：20人/年，2000元/年
8. 关工委奖学金：41人/年，1000元/年

主要校办产业

湖南金农生物资源股份公司，湖南农大动物药业有限公司，湖南派派食品有限公司，湖南农大追求饲料科技有限公司，长沙坛坛香调料食品有限公司，湖南红日信息技术发展有限公司，长沙市东方驾驶员培训有限公司，湖南生安赛特控害有限公司，湖南农杰科技发展有限公司，长沙湘农资环工程规划有限公司，长沙和润茶业科技有限公司，湖南农大园林发展中心，湖南省春云农业科技股份有限公司，长沙东湖建筑工程公司，湖南湘御生物科技有限公司，湖南湘牛污泥深度处理有限公司，湖南省农业高新技术开发总公司贸易分公司

学校历史沿革

学校于1951年3月9日，由湖南省立修农林专科学校和湖南大学农学院合并组建，时名"湖南农学院"，同时11月毛泽东主席亲笔题写校名。其前身可追溯到创办于1903年的修业学堂，1994年2月，经原国家教育委员会批准更名为湖南农业大学。

中南林业科技大学

学校(机构)标识码 4143010538	占地面积(平方米) 1307246	成人专科 4461
学校办学类型 411：本科院校：大学	校舍建筑面积(平方米) 824405	博士研究生 222
学校性质类别 04 林业院校	图书(万册) 179.7	硕士研究生 1586
学校举办者 811 省级教育部门	固定资产总值(万元) 98800	留学生 42
学校地址 长沙市韶山南路498号	教学、科研仪器设备资产值(万元) 19598	专任教师(人) 1492
邮政编码 410004		其中：正高级 195
办公电话 0731-5623085	在校生数(人) 33952	副高级 481
传真电话 0731-5623038	其中：普通本科 21028	中级 733
校园(局域)网域名 www.csuft.com	普通专科 2473	初级 83
电子信箱 csfuoffice@sohucom	成人本科 4140	

本科专业 保险、材料成型及控制工程、材料化学、测绘工程、朝鲜语、城市规划、地理信息系统、电子科学与技术、电子信息工程、俄语、法学、法语、高分子材料与工程、工程管理、工程力学、工业设计、广告学、国际经济与贸易、国际商务、汉语言、行政管理、化学工程与工艺、环境工程、环境科学、会计学、机械设计制造及其自动化、计算机科学与技术、建筑学、交通运输、金融学、林产化工、林学、旅游管理、木材科学与工程、农林经济管理、汽车服务工程、热能与动力工程、人力资源管理、日语、软件工程、森林工程、森林资源保护与游憩、社会体育、生态学、生物工程、生物技术、食品科学与工程、食品质量与安全、市场营销、通信工程、土地资源管理、土木工程、物流工程、物流管理、信息与计算科学、艺术设计、音乐表演、英语、应用物理学、园林、园艺、资源环境与城乡规划管理、自动化

专科专业 电子商务、国际商务、会计电算化、酒店管理、旅游管理、商品花卉、艺术设计

博士专业 家具与室内设计、经济林、林产化学加工工程、林木遗传育种、木材科学与技术、森林保护学、森林工程、森林经理学、森林培育、森林食品加工与利用、森林游憩与公园管理、生态学、水土保持与荒漠化防治、野生动植物保护与利用、园林植物与观赏园艺、植物学

硕士专业 动物学、发酵工程、风景园林、工程、果树学、环境工程、环境科学、环境与资源保护法学、机械设计及理论、机械制造及其自动化、计算机应用技术、家具与室内设计工程、结构工程、经济林、林产化学加工工程、林木遗传育种、林业、林业工程、林业工程新专业、林业经济管理、旅游管理、木材科学与技术、农产品加工及贮藏工程、农业机械化、农业推广、农业信息化、农业与区域发展、农业资源利用、农业资源利用新专业、企业管理（含：财务管理、市场营销）、森林保护学、森林经理学、森林培育、森林食品加工利用、森林游憩与公园管理、设计艺术学、生理学、生态学、生物工程、生物化学与分子生物学、食品科学、水生生物学、水土保持与荒漠化防治、微生物学、细胞生物学、野生动植物保护与利用、遗传学、应用化学、园林植物与观赏园艺、园艺、植物学

院系设置
有 22 个教学机构（19 院 2 系 1 部）：林学院、生命科学与技术学院、理学院、机电工程学院、材料科学与工程学院、物流学院、土木工程与力学学院、计算机与信息工程学院、食品科学与工程学院、风景园林学院、商学院、经济学院、政法学院、外国语学院、旅游学院（华天旅游酒店管理学院）、家具与艺术设计学院、体育系、音乐系、思想政治理论课教学部、国际学院、继续教育学院、涉外学院（独立法人）。

国家级、省部级研究机构设置
（1）实验室 学校拥有 1 个国家重点野外科学观测实验站，1 个南方林业生态应用技术国家工程实验室，1 个稻谷及副产物深加工国家工程实验室，1 个国家林业局重点开放性实验室
（2）研究中心（所）1 个国家林业局生物乙醇研究中心，1 个国家级实验教学示范中心，1 个湖南省家具家饰工业设计中心，1 个竹业湖南省工程研究中心，4 个省级重点实验室，2 个省级实践教学示范中心。设有湖南省农业机械研究所、流变力学与材料工程研究所、林业遥感信息工程研究中心、语言与教育技术研究所、生物环境技术研究所、生物技术开放性中心实验室

博士后科研流动站 3 个博士后科研流动站（林学、生物学、林业工程）

定期公开出版的专业刊物 《中南林业科技大学学报》、《经济林研究》、《家具与室内装饰》、《中南林业科技大学学报》（自科版）

学校设立奖学金情况
学校设立奖学金 15 项，奖励总金额 2713 万元。奖学金最高金额 10000 元/年，奖学金最低金额 300 元/年。

主要校办产业
中南林业科技大学华厦模板公司、中南林业科技大学家具厂

学校历史沿革
中南林业科技大学（原中南林学院）是由老一辈无产阶级革命家陶铸同志亲自倡导创办的。中南林业科技大学的前身之一湖南林学院成立于 1958 年，1963 年湖南林学院与华南农学院林学系合并成立中南林学院，校址设在广州白云山。1970 年，中南林学院与华南农学院合并，更名为广东农林学院。1974 年，恢复湖南林学院校名，学校从广州搬迁到湖南溆浦县大江口。1978 年，恢复中南林学院校名，学校相继迁往湖南株洲。2000 年 11 月，经湖南省人民政府批准，原湖南林业学校和湖南林业技工学校并入中南林学院，实现了学校的历史性回归。2003 年 6 月，湖南省农业机械研究所并入中南林学院。2004 年，学校在教育部的本科教学水平评估工作中获得"优秀"。2005 年 12 月，经国家教育部批准，中南林学院正式更名为中南林业科技大学。2006 年 4 月，中南林业科技大学与湖南经济管理干部学院合并。

湖南中医药大学

学校（机构）标识码　4143010541
学校办学类型　411：本科院校：大学
学校性质类别　05 医药院校
学校举办者　811 省级教育部门
学校地址　湖南省长沙市含浦科教产业园区学士路 300 号
邮政编码　410208
办公电话　0731 - 88458000
传真电话　0731 - 88458111
校园（局域）网域名　www.hnctcm.edu.cn
电子信箱　hnutcm@163.com
占地面积（平方米）　843935
校舍建筑面积（平方米）　358244
图书（万册）　108.2
固定资产总值（万元）　71500
教学、科研仪器设备资产值（万元）　9064
在校生数（人）　20484
其中：普通本科　10438
　　　普通专科　656
　　　成人本科　3901
　　　成人专科　3953
　　　博士研究生　167

硕士研究生 1192	其中：正高级 162	初级 111
留学生 177	副高级 180	未定职级 1
专任教师（人） 664	中级 210	

本科专业 公共事业管理、护理学、计算机科学与技术、康复治疗学、口腔医学、临床医学、生物工程、食品科学与工程、市场营销、药物制剂、药学、医学检验、医学影像学、英语、应用心理学、针灸推拿学、制药工程、中西医临床医学、中药学、中药资源与开发、中医学、中医学（本硕连读）

专科专业 护理、针灸推拿、中药

博士专业 方剂学、针灸推拿学、中西医结合临床、中医儿科学、中医妇科学、中医骨伤科学、中医基础理论、中医内科学、中医外科学、中医医史文献、中医诊断学

硕士专业 方剂学、马克思主义中国化研究、药物化学、针灸推拿学、中西医结合基础、中西医结合临床、中药学、中医儿科学、中医妇科学、中医骨伤科学、中医临床、中医临床基础、中医内科学、中医外科学、中医五官科学、中医学（医学英语）、中医医史文献、中医诊断学

院系设置

14个学院：中医学院、人文信息管理学院、药学院、中西医结合学院、针灸推拿学院、医学院、护理学院、第一中医临床学院、第二中医临床学院、临床医学院、国际教育学院、研究生教育学院、成人教育学院、湘杏学院。2个部：社会科学部、体育艺术部

国家级、省部级研究机构设置

1. 实验室：国家级2个：1个国家中医临床研究基地：国家肝病临床研究基地；1个国家重点实验室培育基地：湖南省中药粉体与创新药物重点实验室。省部级26个：1个教育部工程研究中心：医药粉体技术教育部工程研究中心；2个国家中医药管理局重点研究室：超微中药临床应用重点研究室、经脉-脏腑相关重点研究室；1个教育部重点实验室——中医内科学重点实验室；11个国家中医药管理局三级科研实验室：血管生物学实验室、病理生理学实验室、中药制剂实验室、中药药理实验室、针灸生物信息分析实验室、分子病理与药理实验室、中药药性与药效实验室、中药质量与资源实验室、肝脏病理与细胞免疫实验室、中药药理与药效组分筛选（心血管病）实验室、皮肤免疫病理学实验室；6个国家中医药管理局二级科研实验室：显微形态学实验室、分子生物学实验室、病原微生物实验室、骨伤治疗技术实验室、中药化学实验室、干细胞中药调控与应用实验室；4个湖南省重点实验室：中药新药研究与开发实验室、病毒性肝炎中医证治实验室、动脉粥样硬化中医药防治实验室、中医诊断学实验室；1个湖南省工程技术中心：中药超微技术湖南省工程技术中心；厅级7个：4个湖南省高校重点实验室：中医病症室、中药现代化研究实验室、中医内科学实验室、针灸生物信息分析实验室；3个中医药重点研究室：重型肝炎证治研究室、中医皮肤性病特色疗法研究室、肿瘤研究室

2. 研究中心（所）：8个研究所：中医诊断研究所、针灸经络研究所、中西医结合研究所、中药开发研究所、医史文献研究所、中医内科疾病研究所、中医外科疾病研究所、中医五官科病研究所。8个中心：医药粉体技术教育部工程研究中心、国家肝病中医医疗中心、国家眼底病中医医疗中心、国家皮肤疮疡病中医医疗中心、国家肛肠病中医医疗中心、湖南省中医药科技信息中心、湖南国际针灸培训中心、现代教育技术中心

博士后科研流动站 中医学博士后流动站、中西医结合博士后流动站

定期公开出版的专业刊物 《湖南中医药大学学报》、《湖南中医杂志》、《东方食疗杂志》

学校设立奖学金情况

学校设立奖学金10项，奖励总金额4374600余万元。奖学金最高金额8000元/年，最低金额500元/年。

1. 国家奖学金：30人×8000元=240000
2. 国家励志奖学金：473人×5000元=2365000
3. 千金药业奖学金：10人×5000元=50000
4. 天龙槐花药业奖学金：10人×3000元=30000
5. 唐自健奖学金：10人×3000元=30000
6. 颐而康杰出学子奖学金：10人×3000元=30000
7. 学校一等奖学金：32人×2000元=64000
8. 学校二等奖学金：632人×1000元=632000
9. 学校三等奖学金：1117人×800元=893600
10. 学校单项奖学金：80人×500元=40000

主要校办产业

中医药科技开发公司、湘杏房地产开发公司

学校历史沿革

湖南中医药大学的前身为1934年创办的湖南国医专科学校，1960年改办为本科高等学校，经国家教育部批准更名为湖南中医学院，1990年原湖南科技大学成建制并入湖南中医学院，2002年学校与湖南省中医药研究院合并，2006年学校经国家教育部批准更名为湖南中医药大学。

湖南师范大学

学校（机构）标识码 4143010542	路36号	电子信箱 xiaoban@hunnu.edu.cn
学校办学类型 411：本科院校：大学	邮政编码 410081	占地面积（平方米） 1549900
学校性质类别 01综合大学	办公电话 0731-88872201	校舍建筑面积（平方米） 940283
学校举办者 811省级教育部门	传真电话 0731-88851226	图书（万册） 362.9
学校地址 湖南省长沙市岳麓区麓山	校园（局域）网域名 hunnu.edu.cn	固定资产总值（万元） 53183.12

教学、科研仪器设备资产值(万元) 30488.72	成人专科 5910	其中:正高级 389
	博士研究生 729	副高级 527
在校生数(人) 36638	硕士研究生 6127	中级 653
其中:普通本科 20875	留学生 195	初级 17
成人本科 2802	专任教师(人) 1680	未定职级 94

本科专业 编辑出版学、播音与主持艺术、朝鲜语、地理科学、地理信息系统、电子商务、电子信息工程、电子信息科学与技术、对外汉语、俄语、法学、法语、服装设计与工艺教育、工商管理、公共事业管理、广播电视编导、广播电视新闻学、广告学、国际经济与贸易、汉语言文学、行政管理、护理学、化学、化学工程与工艺、绘画、机械设计制造及其自动化、机械制造工艺教育、计算机科学与技术、教育技术学、教育学、金融学、经济学、酒店管理、历史学、临床医学、旅游管理、美术学、人力资源管理、日语、软件工程、社会体育、社会学、生物技术、生物科学、市场营销、数学与应用数学、思想政治教育、体育教育、通信工程、统计学、土地资源管理、文化产业管理、舞蹈学、物理学、心理学、新闻学、信息与计算科学、学前教育、药学、医学检验、艺术设计学、音乐表演、音乐学、英语、应用电子技术教育、应用化学、应用心理学、预防医学、运动人体科学、运动训练、哲学、政治学与行政学、制药工程、装潢设计与工艺教育、资源环境与城乡规划管理、资源循环科学与工程

博士专业 比较文学与世界文学、动物学、发育生物学、分析化学、概率论与数理统计、高等教育学、光学、国际法学(含:国际公法、国际私法)、汉语言文字学、基础数学、基础心理学、计算数学、科学社会主义与国际共产主义运动、课程与教学论、理论物理、伦理学、马克思主义基本原理、马克思主义哲学、凝聚态物理、生物化学与分子生物学、思想政治教育、体育人文社会学、外国哲学、微生物学、文艺学、细胞生物学、遗传学、英语语言文学、应用数学、有机化学、原子与分子物理、植物学、中共党史(含:党的学说与党的建设)、中国古代文学、中国近现代史、中国现当代文学、中国哲学、自然地理学

硕士专业 比较教育学、比较文学与世界文学、病原生物学、产业经济学、出版、传播学、电路与系统、动物学、对外汉语、俄语语言文学、发酵工程、发育生物学、发展与教育心理学、法律、法学理论、翻译、分析化学、概率论与数理统计、高等教育学、高分子化学与物理、工程、工商管理、工业催化、公共管理、光学、国际法学(含:国际公法、国际私法)、国际政治、汉语国际教育、汉语言文字学、行政管理、环境与资源保护法学、基础数学、基础心理学、计算机软件与理论、计算机应用技术、计算数学、教育、教育技术学、教育经济与管理、教育史、教育学原理、经济法学、科学技术哲学、科学社会主义与国际共产主义运动、课程与教学论、理论物理、历史文献学(含:敦煌学、古文字学)、流行病与卫生统计学、伦理学、旅游管理、马克思主义基本原理、马克思主义哲学、马克思主义中国化研究、美术学、美学、民商法学(含:劳动法学)、社会保障、民族传统体育学、内科学、凝聚态物理、欧洲语言文学、企业管理(含:财务管理、市场营销)、区域经济学、人口、资源与环境经济学、人口学、人文地理学、日语语言文学、设计艺术学、社会保障、社会学、生理学、生态学、生物化学与分子生物学、生药学、史学理论及史学史、世界史、水土保持与荒漠化防治、水文学及水资源、思想政治教育、体育、体育教育训练学、体育人文社会学、天体物理、统计学、土地资源管理、外国语言学及应用语言学、外国哲学、微生物学、文艺学、无机化学、物理电子学、物理化学(含:化学物理)、西方经济学、细胞生物学、宪法学与行政法学、写作学、新闻学、新闻与传播、刑法学、学前教育学、亚非语言文学、药物分析学、遗传学、艺术、艺术学、音乐学、英语语言文学、影视戏剧文学、应用化学、应用数学、应用统计、应用心理、应用心理学、有机化学、语言学与应用语言学、原子与分子物理、运筹学与控制论、运动人体科学、政治经济学、政治学理论、职业技术教育学、植物学、中共党史(含:党的学说与党的建设)、中国古代史、中国古代文学、中国古典文献学、中国近现代史、中国现当代文学、中国哲学、中外政治制度、专门史、自然地理学、宗教学

院系设置
法学院、公共管理学院(马克思主义学院)、国际汉语文化学院、化学化工学院、继续教育学院、教育科学学院、历史文化学院、旅游学院、美术学院、人民武装学院、商学院、生命科学学院、数学与计算机科学学院、体育学院、外国语学院、文学院、物理与信息科学学院、新闻与传播学院、医学院、音乐学院、工学院(职业技术学院)、资源与环境科学学院、大学计算机教学部、大学体育教学部、大学英语教学部

国家级、省部级研究机构设置
研究所(中心):蛋白质组学与发育生物学省部共建国家重点实验室培育基地、蛋白质化学与鱼类发育生物学教育部重点实验室、化学生物学及中药分析教育部重点实验室、低维量子结构与调控教育部重点实验室、蛋白质组学与发育生物学湖南省重点实验室、微生物分子生物学湖南省重点实验室、多倍体鱼育种与繁殖技术教育部工程研究中心、微生物学与生物技术湖南省高校重点实验室、计算与随机数学及其应用湖南省高校重点实验室、洞庭湖流域资源利用与环境变化湖南省高校重点实验室、资源精细化与先进材料湖南省高校重点实验室、湖南省高校"鱼类遗传育种"产学研合作示范基地、湖南省高校"农用精细化学品"产学研合作示范基地、湖南省高校"微生物基因工程药物"产学研合作示范基地、湖南省生物研究所、湖南师范大学道德文化研究中心、湖南师范大学体育社会科学重点研究中心、公民道德建设研究基地、湖湘文化研究基地、中外文化传播研究基地、课程与教学改革研究基地、旅游与休闲研究基地、县域发展研究基地、中国现代文学研究中心、WTO法律研究中心、中国传播与现代化研究中心、湖南省传媒发展研究基地

博士后流动站 哲学、中国语言文学、数学、物理学、生物学、政治学、教育学、英语语言文学、历史学、化学、马克思主义伦理、心理学、地理学

定期公开出版的专业刊物 《社会科学学报》、《自然科学学

报》《教育科学学报》《科学启蒙》《中学物理》《生命科学研究》《激光生物学报》《消费经济》《伦理学研究》《中国文化研究》《中国文学研究》《古汉语研究》《湖南师范大学学报》（医学版）、《时代法学》

学校设立奖学金情况

学校设立奖学金20项，奖励总金额521.747余万元。奖学金最高额4000元/人/年，最低100元/人/年。

毕业生一次就业率 84.67%

学校历史沿革

学校前身为1938年创立的国立师范学院，是我国独立设置的师范学院。新中国成立之初，国立师范学院并入湖南大学。1953年全国院系调整，以原国立师范学院为基础，吸纳了湖南大学、南昌大学、河南平原师范学院部分系科，单独组建成立湖南师范学院，成为当时全国专业设置较多的师范院校之一。1957年至1961年，长沙师范专科学校、湖南体育学院、湖南艺术学院相继并入。1984年，更名为湖南师范大学。1996年成为湖南省唯一一所进入国家"211工程"重点建设的省属高校。2000年以来，先后与湖南教育学院等三所高校合并，组建新的湖南师范大学。2006年11月学校通过教育部本科教学工作水平评估，获得优秀等级。

湖南理工学院

学校（机构）标识码　4143010543
学校办学类型　412：本科院校：学院
学校性质类别　02 理工院校
学校举办者　811 省级教育部门
学校地址　湖南省岳阳市学院路439号
邮政编码　414000
办公电话　0730-8640001
传真电话　0730-8640000
校园（局域）网域名　www.hnist.cn
电子信箱　yb@hnist.cn
占地面积（平方米）　1432411
校舍建筑面积（平方米）　531424
图书（万册）　119.58
固定资产总值（万元）　88674.02
教学、科研仪器设备资产值（万元）　10781.26
在校生数（人）　21484
其中：普通本科　13392
成人本科　2609
成人专科　5481
留学生　2
专任教师（人）　737
其中：正高级　109
副高级　228
中级　299
初级　58
未定职级　43

本科专业　材料成型及控制工程、朝鲜语、城市规划、电子科学与技术、电子商务、电子信息工程、法学、工程管理、工商管理、公共事业管理、光电子技术科学、广告学、国际经济与贸易、汉语言文学、化学、化学工程与工艺、会计学、机械电子工程、机械设计制造及其自动化、计算机科学与技术、建筑学、旅游管理、美术学、汽车服务工程、人力资源管理、社会体育、生物工程、数学与应用数学、思想政治教育、体育教育、通信工程、土木工程、舞蹈学、物理学、新闻学、信息工程、信息与计算科学、艺术设计、音乐学、英语、应用化学、制药工程、自动化

院系设置

（18个）政治与法学学院、体育学院、中国语言文学院、外国语言文学院、新闻传播学院、音乐学院、美术学院、数学学院、物理与电子学院、化学化工学院、机械工程学院、信息与通信工程学院、计算机学院、土木建筑工程学院、经济与管理学院、公共体育艺术教学部、公共社科教学部、公共英语教学部

国家级、省部级研究机构设置

中国文学批评学研究中心　湖南省社科研究基地——湖南省公共艺术教育研究基地　湖南省高校石油化工催化技术产学研合作示范基地　湖南省高校钢铁产业链物流与自动化信息技术产学研合作示范基地　湖南省社科研究基地——中国当代学术史研究基地　湖南省石油化工催化工程技术研究中心　湖南省普通高等学校重点实验室——石油化工催化技术实验室　湖南省高校分离与催化新技术科技创新团队

定期公开出版的专业刊物　《云梦学刊》、《湖南理工学院学报》、《湖南理工学院报》

学校设立奖学金情况

学校共设立奖学金6项，奖励总金额37万元。奖学金最高金额3000元/年，最低金额300元/年。

主要校办产业

岳阳岳泰集团有限公司

学校历史沿革

湖南理工学院前身为岳阳地区师范学校，创建于1969年。1975年9月9日改为湖南岳阳师范学院岳阳分院。1978年12月份改为岳阳师范高等专科学校，1999年3月15日与岳阳大学、岳阳教育学院合并建立岳阳师范学院。2003年2月更名为湖南理工学院。

湘南学院

学校（机构）标识码　4143010545
学校办学类型　412：本科院校：学院
学校性质类别　01 综合大学
学校举办者　811 省级教育部门
学校地址　湖南省郴州市苏仙区王仙岭公园东麓

邮政编码　423043	图书(万册)　130	成人本科　2327
办公电话　0735-2653499	固定资产总值(万元)　52844.08	成人专科　2513
传真电话　0735-2653013	教学、科研仪器设备资产值(万元)	专任教师(人)　871
校园(局域)网域名　xnu.edu.cn	6966.1	其中:正高级　113
电子信箱　xnuch@163.com	在校生数(人)　21634	副高级　249
占地面积(平方米)　788530	其中:普通本科　16236	中级　393
校舍建筑面积(平方米)　604377	普通专科　558	初级　116

本科专业　电气工程及其自动化、电子信息科学与技术、法学、国际经济与贸易、汉语言文学、护理学、计算机科学与技术、康复治疗学、临床医学、旅游管理、美术学、人力资源管理、社会工作、社会体育、生物技术、数学与应用数学、体育教育、通信工程、网络工程、新闻学、信息管理与信息系统、信息与计算科学、药学、医学检验、医学影像学、艺术设计、音乐表演、音乐学、英语、应用化学、应用物理学、预防医学

专科专业　护理、商务英语、语文教育

院系设置
　　中文系、数学系、外语系、体育系、音乐系、化生系、物理系、美术系、艺术设计系、计算机系、公共课部、医学影像系、社科系、护理系、临床系、基础课部、公共事业管理系、大学英语课部、医学检验系、成教院

国家级、省部级研究机构设置
　　湘南稀贵金属配合物及其医药研究实验室、心脑血管天然药物研究重点实验室

定期公开出版的专业刊物　《湘南学院院报》、《湘南学院学报》

学校设立奖学金情况
　　奖学金三项,金额1936000元/年,最低金额200元人/年。

主要校办产业
　　湘南学院后勤服务公司、湘南学院印刷厂

学校历史沿革
　　湘南学院创建于2003年4月,由郴州师范高等专科学校、郴州医学高等专科学校、郴州教师进修学院和郴州师范学校合并组建。

衡阳师范学院

学校(机构)标识码　4143010546	校园(局域)网域名　www.hynu.cn	其中:普通本科　12123
学校办学类型　412:本科院校:学院	电子信箱　hysydzbgs@163.com	成人本科　2652
学校性质类别　06 师范院校	占地面积(平方米)　1443980	成人专科　1870
学校举办者　811 省级教育部门	校舍建筑面积(平方米)　477390	专任教师(人)　709
学校地址　h 衡阳市雁峰区黄白路165号	图书(万册)　145.29	其中:正高级　83
	固定资产总值(万元)　67877.3	副高级　193
邮政编码　421008	教学、科研仪器设备资产值(万元)	中级　336
办公电话　0734-3456789	9845.46	初级　84
传真电话　0734-3456789	在校生数(人)　16645	未定职级　13

本科专业　编辑出版学、地理科学、地理信息系统、电子商务、电子信息工程、电子信息科学与技术、动画、法学、高分子材料与工程、广播电视新闻学、广告学、国际经济与贸易、汉语言文学、化学、化学生物学、绘画、计算机科学与技术、教育技术学、经济学、历史学、旅游管理、美术学、商务英语、生物科学、食品科学与工程、数学与应用数学、思想政治教育、体育教育、物理学、物流管理、新闻学、信息管理与信息系统、信息与计算科学、学前教育、艺术设计、音乐表演、音乐学、英语、应用化学、应用心理学、运动训练、资源环境与城乡规划管理

院系设置
　　我院省级科研机构有6个,分别为湖南省人居环境学研究基地、湖南省船山学研究基地、湖南省环境教育与可持续发展研究中心、湖南省高校科技创新团队(资源环境管理与区域可持续发展)、湖南省高校重点实验室(功能金属有机材料)、湖南省高校产学研合作师范基地(迁锌冶化与新材料基地)。

定期公开出版的专业刊物　《衡阳师范学院学报》

学校设立奖学金情况
　　学校设立奖学金10项,奖励总金额2022万元。奖学金最高金额8000元/年,最低300元/年。

主要校办产业
　　学生超市、综合商店、招待所

学校历史沿革
　　衡阳师范学院前身是1904年成立的湖南官立南路师范学堂;1958年从湖南省第三师范学校分离成立衡阳师范高等专科学校;1962年更名为衡阳地区教师进修学校;1963年更名衡阳师范专修学校;1969年更名为湖南三师高师部;1973年更名为衡阳师范专科学校;1996年更名为衡阳师范高等专科学校;1999年经教育部批准,与衡阳教育学院合并升格为衡阳师范学院。2001年2月,湖南省第三师范学校并入我院。

邵阳学院

学校(机构)标识码　4143010547
学校办学类型　412:本科院校:学院
学校性质类别　01 综合大学
学校举办者　811 省级教育部门
学校地址　湖南省邵阳市大祥区七里坪
邮政编码　422000
办公电话　0739 - 5305169
传真电话　0739 - 5432250
校园(局域)网域名　www.hnsyu.net
电子信箱　hnsyudzb@163.com
占地面积(平方米)　1135539
校舍建筑面积(平方米)　471389
图书(万册)　146.91
固定资产总值(万元)　57423
教学、科研仪器设备资产值(万元)　8137.55
在校生数(人)　19296
其中:普通本科　17025
成人本科　1183
成人专科　1088
专任教师(人)　776
其中:正高级　83
副高级　251
中级　269
初级　142
未定职级　31

本科专业　材料成型及控制工程、测控技术与仪器、车辆工程、城市规划、地理科学、电气工程及其自动化、电气工程及其自动化(国际教育项目)、电气信息类(电气类)、电气信息类(信息类)、电子科学与技术、电子信息工程、对外汉语、法学、管理科学、管理科学(国际教育项目)、国际经济与贸易、汉语言文学、化工与制药类、化学、化学工程与工艺、会计学、机械类、机械设计制造及其自动化、机械设计制造及其自动化(国际教、计算机科学与技术、历史学、旅游管理、美术学、热能与动力工程、人力资源管理、社会体育、生物工程、食品科学与工程、食品质量与安全、数学与应用数学、数字媒体艺术、思想政治教育、体育教育、体育学类、通信工程、土木工程、网络工程、舞蹈学、物理学、新闻学、信息与计算科学、艺术设计、音乐表演、音乐学、英语、园林、自动化

院系设置
经济与管理系、政法系、体育系、中文系、外语系、音乐系、艺术设计系、理学与信息科学系、生物与化学工程系、城市建设系、机械与能源工程系、电气工程系、信息工程系、魏源国际学院

国家级、省部级研究机构设置
1. 实验室:省级:小型内燃机及先进制造技术重点实验室
2. 研究中心(所):省级:民营经济研究基地、魏源及湘西南文史研究基地、区域经济研究中心、湖南省全民健身服务体系建设研究基地、"柑橘加工关键技术与副产物综合利用"产学研合作示范基地　校级:激光技术研究所、民营经济研究所、机械与材料研究所、数学与计算科学研究所、电气自动化研究所、社会哲学与人本工程研究所、魏源研究所、英语语言文学研究所、城市园林研究所、湘西南民间美术研究所、龙狮文化研究所、湘西南民族民间音乐研究所、生物与化工应用技术研究所

定期公开出版的专业刊物　《邵阳学院学报(社会科学版)》、《邵阳学院学报(自然科学版)》

学校设立奖学金情况
学校设立奖学金5项,奖励总金额125.19余万元。奖学金最高金额3000元/年,最低金额300元/年。

学校历史沿革
邵阳学院于2002年3月6日经国家教育部批准,由邵阳师范高等专科学校与邵阳高等专科学校合并组建而成的一所省属全日制普通高等本科学校(教发函[2002]33号。其中,邵阳师范高等专科学校创建于1958年。邵阳高等专科学校始建于1975年(邵阳高等专科学校的前身是湖南大学邵阳分校,先后并入了冷水江基础大学、湖南农学院邵阳分校、邵阳工业专科学校,1993年,被原国家教委正式定名为邵阳高等专科学校)。

怀化学院

学校(机构)标识码　4143010548
学校办学类型　412:本科院校:学院
学校性质类别　01 综合大学
学校举办者　811 省级教育部门
学校地址　怀化市迎风东路612号
邮政编码　418008
办公电话　0745 - 2851001
传真电话　0745 - 2851305
校园(局域)网域名　www.hhtc.cn
占地面积(平方米)　782148
校舍建筑面积(平方米)　392805
图书(万册)　107
固定资产总值(万元)　61109.56
教学、科研仪器设备资产值(万元)　10947.96
在校生数(人)　20600
其中:普通本科　14892
成人本科　894
成人专科　4812
留学生　2
专任教师(人)　691
其中:正高级　68
副高级　154
中级　313
初级　133
未定职级　23

本科专业　材料化学、电子信息科学与技术、法学、工业设计、公共事业管理、光信息科学与技术、广播电视工程、广播电视

新闻学、国际经济与贸易、汉语言文学、化学、计算机科学与技术、景观学、科学教育、旅游管理、美术学、人文教育、社会工作、社会体育、生物工程、生物科学、食品科学与工程、数学与应用数学、思想政治教育、体育教育、通信工程、投资学、网络工程、舞蹈学、物理学、物流管理、小学教育、信息与计算科学、学前教育、艺术设计、音乐表演、音乐学、英语、园林、制药工程

院系设置

政法系,工商管理系,经济学系,教育系,人文教育系,中国语言文学系,思想政治理论课教学研究部,外国语言文学系,计算机科学与技术系,数学与应用数学系,艺术设计系,美术系,音乐系,体育系,物理与电子信息科学系,化学与化学工程系,生命科学系,预科部,大学体育教学部,大学英语教学部

国家级、省部级研究机构设置

研究所(中心):数学研究所、中华传统研究系、民族研究所、信息科学研究所、应用化学新技术研究所、生物技术研究所、旅游研究所、民族民间音乐研究所、湘西经济发展研究所、人文教育研究所、新药开发与应用研究所、民族传统体育研究所

定期公开出版的专业刊物 《怀化学院报》、《怀化学院教育研究》

学校设立奖学金情况

学校设立奖学金6项:特等奖学金115人1000元/人、甲等奖学金565人600元/人、乙等奖学金1470人400元/人、优秀学生干部204人300元/人、自我教育进步奖100人300元/人、先进班集体40人500元/人

学校历史沿革

怀化学院的前身为怀化师范高等专科学校,创建于1958年,原名为黔阳师范专科学校,1983年更名为怀化师范专科学校,1994年更名为怀化师范高等专科学校,2002年3月经国家教育部评审升格为怀化学院。

湖南文理学院

学校(机构)标识码　4143010549
学校办学类型　412:本科院校:学院
学校性质类别　01 综合大学
学校举办者　811 省级教育部门
学校地址　湖南省常德市武陵区洞庭大道西段170号
邮政编码　415000
办公电话　0736-7186016
传真电话　0736-7283046
校园(局域)网域名　www.huas.cn
电子信箱　huasbgs@163.com
占地面积(平方米)　907812
校舍建筑面积(平方米)　428476
图书(万册)　102.55
固定资产总值(万元)　55345.32
教学、科研仪器设备资产值(万元)　9302.48
在校生数(人)　18796
其中:普通本科　13068
普通专科　191
成人本科　1609
成人专科　3923
留学生　5
专任教师(人)　728
其中:正高级　82
副高级　237
中级　328
初级　61
未定职级　20

本科专业 材料科学与工程、城市规划、地理科学、电子信息科学与技术、动画、动物科学、法学、国际经济与贸易、汉语言文学、化学、会计学、机械电子工程、机械设计制造及其自动化、计算机科学与技术、建筑电气与智能化、教育技术学、历史学、旅游管理、美术学、农学、日语、社会体育、生物科学、食品科学与工程、市场营销、数学与应用数学、思想政治教育、体育教育、通信工程、土木工程、网络工程、舞蹈编导、物理学、新闻学、信息管理与信息系统、信息与计算科学、艺术设计、音乐学、英语、应用化学、自动化

专科专业 服装设计、音乐表演、应用电子技术

院系设置

学院设有16个教学学院

国家级、省部级研究机构设置

现有省、部级设置的研究(院、所、中心)、实验室 8 个

定期公开出版的专业刊物 2 个

学校设立奖学金情况

学校设立奖学金10项,奖金总额1306万元,最高奖金金额8000元/年,最低奖金金额500元/年。

学校历史沿革

湖南文理学院办学可溯源至创建于1958年的常德师范专科学校,1999年与常德高等专科学校合并组建成为常德师范学院。此后,先后有常德教育学院、常德艺术学校等多所学校并入,于2003年2月更名为湖南文理学院。

湖南科技学院

学校(机构)标识码　4143010551
学校办学类型　412:本科院校:学院
学校性质类别　02 理工院校
学校举办者　811 省级教育部门
学校地址　湖南省永州市零陵区杨梓塘路130号
邮政编码　425100
办公电话　0746-6381425
传真电话　0746-6381287

校园(局域)网域名 www.huse.cn	教学、科研仪器设备资产值(万元) 10775.42	专任教师(人) 722
电子信箱 jinguang0891@163.com		其中:正高级 72
占地面积(平方米) 763304	在校生数(人) 17666	副高级 152
校舍建筑面积(平方米) 445156	其中:普通本科 13049	中级 322
图书(万册) 85.01	成人本科 1878	初级 123
固定资产总值(万元) 50901.2	成人专科 2739	未定职级 53

本科专业 电子科学与技术、电子信息工程、法学、工程管理、广播电视新闻学、广告学、国际经济与贸易、汉语言文学、化学、计算机科学与技术、教育技术学、旅游管理、美术学、日语、软件工程、生物工程、生物技术、食品质量与安全、市场营销、数学与应用数学、数字媒体技术、思想政治教育、体育教育、通信工程、土木工程、舞蹈学、物理学、信息与计算科学、艺术设计、音乐学、英语、制药工程

院系设置
现有16个教学系部,1个成人继续教育学院。其中包括:中国语言文学系、新闻传播系、外国语言文学系、法律系、经济贸易与管理系、数学与计算科学系、电子工程系、生命科学与化学工程系、计算机与信息科学系、信息技术与教育系、美术系、体育系、音乐系、土木工程与建设管理系、大学英语教学部、思想政治理论课教学科研部、继续教育学院

定期公开出版的专业刊物 《湖南科技学院学报》、《湖南科技学院报》

学校设立奖学金情况
学校设立奖学金7项,奖励总金额114.01万元。奖学金最高金额800元/年,最低金额100元/年。

主要校办产业
永大高科集团公司

学校历史沿革
湖南科技学院始建于1941年,前身为湖南省立第七师范学校,1954年春省立七师校址从道县搬至零陵区杨梓塘,1971年创办零陵地区师资培训班,1976年成立湖南师范学院零陵分院,1981年定名为零陵师范专科学校,2002年升格为全日制普通本科院校零陵学院,2004年更名为湖南科技学院。

湖南人文科技学院

学校(机构)标识码 4143010553	cn	普通专科 672
学校办学类型 412:本科院校:学院	电子信箱 hnrku832570095@yahoo.cn	成人本科 1119
学校性质类别 01 综合大学	占地面积(平方米) 693680	成人专科 4576
学校举办者 811 省级教育部门	校舍建筑面积(平方米) 363085	专任教师(人) 714
学校地址 湖南省娄底市娄星区氐星路	图书(万册) 103.2	其中:正高级 73
	固定资产总值(万元) 50875.91	副高级 171
邮政编码 41700	教学、科研仪器设备资产值(万元) 7560.82	中级 288
办公电话 0738-8372887		初级 115
传真电话 0738-8372887	在校生数(人) 19379	未定职级 67
校园(局域)网域名 www.hnrku.net.	其中:普通本科 13012	

本科专业 材料化学、财务管理、电子商务、电子信息工程、电子信息科学与技术、法学、公共事业管理、汉语言文学、化学、机械设计制造及其自动化、计算机科学与技术、旅游管理、美术学、农学、热能与动力工程、人力资源管理、人文教育、软件工程、社会体育、生物技术、食品科学与工程、市场营销、数学与应用数学、思想政治教育、体育教育、通信工程、网络工程、文秘教育、舞蹈学、物理学、信息与计算科学、艺术设计、音乐学、英语、应用心理学、自动化

专科专业 计算机应用技术、商务英语、书法教育、英语教育、语文教育

院系设置
全校设置了十四个专业系:1. 政法与法律系;2. 中文系;3. 外语系;4. 经济与管理科学系;5. 教育科学系;6. 音乐系;7. 美术系;8. 数学与应用数学系;9. 物理与信息工程系;10. 通信与控制工程系;11. 化学与材料科学系;12. 计算机科学系;13 体育科学系;14. 生命科学系

国家级、省部级研究机构设置
研究所(中心):曾国藩研究基地;湖南省高校"道地药材湘玉竹GAP生产与加工"产学研合作示范基地

定期公开出版的专业刊物 《湖南人文科技学院学报》、《湖南人文科技学院报》

学校设立奖学金情况
学校设立奖学金12项,奖励总金额975.3余万元。奖学金最高金额8000元/年,最低金额600元/年。

主要校办产业
娄底市振农科技有限公司

学校历史沿革
前身为创建于1978年的湖南师范学院涟源分院,1983年经

国家教育部批准定名为娄底师范专科学校,1993 年更名为娄底师范高等专科学校,2000 年娄底师范学校并入,2004 年经国家教育部批准升格为本科院校并更名为湖南人文科技学院。2006 年整合涟邵集团涟邵技校和娄底市农业科学研究所。

湖南商学院

学校(机构)标识码 4143010554	电子信箱 dzb@hnuc.edu.cn	成人本科 1294
学校办学类型 412:本科院校:学院	占地面积(平方米) 514299	成人专科 5615
学校性质类别 08 财经院校	校舍建筑面积(平方米) 272357	留学生 65
学校举办者 811 省级教育部门	图书(万册) 131.01	专任教师(人) 705
学校地址 湖南省长沙市岳麓区岳麓大道569号	固定资产总值(万元) 58267.8	其中:正高级 125
	教学、科研仪器设备资产值(万元) 7044.93	副高级 236
邮政编码 410205	在校生数(人) 17696	中级 274
办公电话 0731-88689016	其中:普通本科 10105	初级 21
传真电话 0731-88882487	普通专科 617	未定职级 49
校园(局域)网域名 www.hnuc.edu.cn		

本科专业 保险、编辑出版学、财务管理、财政学、电子商务、电子信息工程、动画、法学、工程管理、工商管理、公共事业管理、广告学、国际经济与贸易、汉语言文学、行政管理、会计学、会展经济与管理、计算机科学与技术、金融学、经济学、酒店管理、旅游管理、贸易经济、人力资源管理、软件工程、社会工作、审计学、市场营销、统计学、文化产业管理、物流管理、信息管理与信息系统、信息与计算科学、艺术设计、英语

专科专业 会计、市场营销
院系设置
经济与贸易学院、财政金融学院、工商管理学院、会计学院、旅游管理学院、公共管理学院等

国家级、省部级研究机构设置
研究中心(所):省部级研究机构7个。
定期公开出版的专业刊物 《湖南商学院学报》
学校设立奖学金情况
学校设立奖学金23项,奖励总金额52万元。最高金额2000元/年,最低金额100元/年。
学校历史沿革
1994年2月,经国家教委批准,湖南省商业管理干部学院与湖南商业高等专科学校合并成立湖南商学院。2008年12月,成为湖南省新增硕士学位授予权立项建设单位。

南华大学

学校(机构)标识码 4143010555	电子信箱 nhdzb@.edu.cn	成人专科 6968
学校办学类型 411:本科院校:大学	占地面积(平方米) 1056458	博士研究生 97
学校性质类别 01 综合大学	校舍建筑面积(平方米) 847437	硕士研究生 2306
学校举办者 811 省级教育部门	图书(万册) 232.84	留学生 6
学校地址 衡阳市蒸湘区常胜西路28号	固定资产总值(万元) 85441.89	专任教师(人) 1431
	教学、科研仪器设备资产值(万元) 22804.96	其中:正高级 222
邮政编码 421001	在校生数(人) 42777	副高级 516
办公电话 0734-8281309	其中:普通本科 24885	中级 524
传真电话 0734-8280135	成人本科 8515	初级 65
校园(局域)网域名 www.usc.edu		未定职级 104

本科专业 安全工程、材料成型及控制工程、测控技术与仪器、城市地下空间工程、城市规划、电气工程及其自动化、电气信息类、电子信息工程、法学、辐射防护与环境工程、高分子材料与工程、给水排水工程、工商管理、工业设计、国际经济与贸易、过程装备与控制工程、汉语言文学、核安全工程、核反应堆工程、核工程与核技术、核化工与核燃料工程、核技术、核物理、护理学、化学工程与工艺、环境工程、会计学、机械类、机械设计制造及其自动化、计算机科学与技术、建筑环境与设备工程、建筑学、口腔医学、矿物加工工程、矿物资源工程、临床医学、麻醉学、热能与动力工程、软件工程、生物技术、生物科学类、生物医学工程、市场营销、数字媒体技术、通信工程、土木工程、网络工程、卫生检验、无机非金属材料工程、物流工程、信息管理与信息系统、信息

与计算科学、药物制剂、药学、医学检验、医学影像学、艺术设计、英语、预防医学、制药工程、资源勘查工程、自动化

博士专业 病理学与病理生理学、病原生物学、采矿工程、核技术及应用

硕士专业 病理学与病理生理学、病原生物学、采矿工程、产业经济学、儿科学、耳鼻咽喉科学、法医学、分析化学、辐射防护及环境保护、妇产科学、工程、工程管理、工商管理、供热、供燃气、通风及空调工程、管理科学与工程、核技术及应用、护理学、会计学、机械电子工程、机械设计及理论、机械制造及其自动化、计算机应用技术、检测技术与自动化装置、结构工程、劳动卫生与环境卫生学、理论物理、临床医学、伦理学、马克思主义基本原理、免疫学、内科学、企业管理(含:财务管理、市场营销)、人体解剖与组织胚胎学、社会医学与卫生事业管理、生理学、生物化学与分子生物学、市政工程、思想政治教育、外国语言学及应用语言学、外科学、卫生毒理学、物理电子学、眼科学、药理学、应用化学、应用数学、肿瘤学

院系设置

机械工程学院、计算机科学与技术学院、城市建设学院、核科学技术学院、核资源与核燃料工程学院、数理学院、化学化工学院、电气工程学院、设计与艺术学院、环境保护与安全工程学院、医学院、药学与生命科学学院、公共卫生学院、护理学院、经济管理学院、马克思主义教学研究部(政治与行政管理学院)、文法学院、外国语学院、体育教学研究部、继续教育学院(职业技术学院)、第一临床学院(附属第一医院)、第二临床学院(附属第二医院)、第三临床学院(附属南华医院)

定期公开出版的专业刊物 中国动脉硬化杂志》、《中南医学科学杂志》、《南华大学学报》(社会科学版)、《南华大学学报》(自然科学版)

国家级、省部级研究机构设置

1. 实验室:1)氡湖南省重点实验室;2)动脉硬化学湖南省重点实验室;3)铀矿冶生物技术国防重点学科重点实验室。4)药物蛋白质组学湖南省高校重点实验室;5)肿瘤细胞与分子病理学湖南省高校重点实验室;6)污染控制与资源化技术湖南省高校重点实验室

2. 研究中心(所):7)湖南省铀矿冶工程技术研究中心。8)核工业第六研究所。9)核能经济管理研究中心;10)湖南省企业自主创新研究中心

博士后科研流动站 核科学与技术;基础医学;矿业工程

定期公开出版的专业刊物 《中国动脉硬化杂志》、《中南医学科学杂志》、《南华大学学报》(社会科学版)、《南华大学学报》(自然科学版)

学校设立奖学金情况

学校设立奖学金8项,奖励总金额2813万元,最高金额8000元,最低金额400元。

主要校办产业

三力高科技开发公司、瑞尔康高科技有限公司、核技术开发中心、司法鉴定中心、设计研究院、工程监理中心、湖南省铀矿冶工程技术研究中心、核工业第六研究所、核能经济管理研究中心

学校历史沿革

衡阳矿冶学院(1959年-1969年);衡阳工学院(1979年-1993年);中南工学院(1993年-2000年)。衡阳医学院(1958年-1962年);衡阳医学专科学校(1962年-1977年);衡阳医学院(1977年-2000年)。2000年2月,由原中南工学院和原衡阳医学院合并组建南华大学,2002年核工业第六研究所并入南华大学。

长沙医学院

学校(机构)标识码	4143010823	
学校办学类型	412:本科院校:学院	
学校性质类别	05 医药院校	
学校举办者	999 民办	
学校地址	湖南省长沙市岳麓区雷锋大道九公里处	
邮政编码	410219	
办公电话	0731-88498866	
传真电话	0731-88498866	
校园(局域)网域名	www.csmu.edu.cn	
电子信箱	csyxy888@163.com	
占地面积(平方米)	645070	
校舍建筑面积(平方米)	373990	
图书(万册)	139.71	
固定资产总值(万元)	88791.9	
教学、科研仪器设备资产值(万元)	9897.8	
在校生数(人)	16630	
其中:普通本科	14811	
普通专科	1306	
成人本科	482	
留学生	31	
专任教师(人)	1326	
其中:正高级	193	
副高级	463	
中级	433	
初级	237	

本科专业 工商管理、护理学、计算机科学与技术、口腔医学、临床医学、生物技术、市场营销、药物制剂、药学、医学检验、医学影像学、英语、预防医学、针灸推拿学、中医学

专科专业 护理、临床医学、药学、医学检验技术、医学影像技术、中医学

院系设置

设有第一临床学院、护理学院、基础医学系、医学检验系、药学系、公共卫生系、中医系、医学影像系、口腔医学系、计算机系、外语系、管理系、思想政治教研部、体育教研部、国际教育学院等15个院系(部)

国家级、省部级研究机构设置

目前学校有人体解剖与组织胚胎学省级重点建设学科1个,《断层解剖学》、《药物分析》和《医学生物化学》省级精品课程3门。机能学实验室被评为省级示范实验室,医学形态学实验室、病原生物学实验室、生物化学与分子生物学实验室、化学实验室被评为省级合格基础课实验室。初步建成了一支适应学

科建设需要,结构日趋优化、富有生机与活力的专任教师队伍和科研队伍,在基础研究、教学研究等方面都取得了初步成果;实验室、实习基地的建设取得了较大的突破

定期公开出版的专业刊物 《长沙医学院学报》

学校设立奖学金情况

学校设立奖学金 5 项,奖励总金额 1100 余万元。奖学金最高金额 8000 元/年,最低金额 1000 元/年。

学校历史沿革

长沙医学院的前身是衡阳湘南卫生职业技术学校,创办于 1989 年,1993 年在衡阳市西郊成功征地 210 亩,正式创建了湘南卫生中等专业学校,这也是当时湖南省唯一拥有自己校舍的民办学校。1996 年湖南省人民政府以湘政办[1996]125 号文件批准设置"湖南省湘南卫生中等专业学校",纳入湖南省普通中专计划内招生,成为湖南省第一所民办普通中专学校和全国第一所民办医学普通中专学校。1999 年学校升格为湘南医学高等专科学校,成为湖南省第一所医学类民办普通高校。为促进学校的更快发展,2001 年学校主校区从衡阳搬迁至长沙。2002 年顺利通过省教育厅组织的专科教学水平合格评估。2004 年经教育部专家组进行实地考核与全国高校设置评议委员会评议,2005 年 3 月获奖升格为本科院校,正式更名为长沙医学院,成为全国第一所医学类民办本科院校。

长沙民政职业技术学院

学校(机构)标识码	4143010827
学校办学类型	415:专科院校:高等职业学校
学校性质类别	07 语文院校
学校举办者	811 省级教育部门
学校地址	湖南省长沙市雨花区香樟路 22 号
邮政编码	410004
办公电话	0731-82804000
传真电话	0731-82804325
校园(局域)网域名	www.csmzxy.com
电子信箱	csmzxy@163.com
占地面积(平方米)	810226
校舍建筑面积(平方米)	440426
图书(万册)	95.69
固定资产总值(万元)	78808.75
教学、科研仪器设备资产值(万元)	9129.59
在校生数(人)	18275
其中:普通专科	18179
成人专科	96
专任教师(人)	839
其中:正高级	42
副高级	239
中级	363
初级	186
未定职级	9

专科专业 电脑艺术设计、电气自动化技术、电子商务、雕塑艺术设计、法律事务、国际经济与贸易、护理、环境艺术设计、会计、婚庆服务与管理、机电一体化技术、计算机网络技术、戒毒康复、康复治疗技术、劳动与社会保障、老年服务与管理、陵园设计与管理(园林工程技术)、民政管理、人力资源管理、软件技术(计算机信息管理方向)、软件技术(计算机应用方向)、软件技术(软件开发与项目管理)、商务英语、社会工作、社会救助、社区管理与服务、涉外旅游、涉外旅游(韩语方向)、涉外旅游(空乘方向)、涉外事务管理、涉外事务管理(应用日语方向)、市场营销、视觉传达艺术设计、文秘、物流管理、物业管理、现代殡仪技术与管理、心理咨询、信息传播与策划、艺术设计、艺术设计(服装设计与表演方向)、艺术设计(数码影像艺术方向)、应用电子技术、应用日语、证券投资与管理、制冷与空调技术

院系设置

文化传播学院、电子信息工程学院、商学院、社会管理学院、社会工作学院、殡仪学院、外语学院、艺术学院、软件学院、医学院、体育艺术部、思想政治理论教学部、心理健康教育教学部

定期公开出版的专业刊物 《长沙民政职业技术学院学报》

学校设立奖学金情况

学校设立奖学金(25)项,奖励总金额(322.19)万元,奖学金最高金额(8000)元/年,最低金额(100)元/年。

学校历史沿革

长沙民政职业技术学院的前身为民政部长沙民政学校,创建于 1986 年,1999 年升格为长沙民政职业技术学院。

湖南工业职业技术学院

学校(机构)标识码	4143010830
学校办学类型	415:专科院校:高等职业学校
学校性质类别	02 理工院校
学校举办者	811 省级教育部门
学校地址	长沙市岳麓区含浦科教园
邮政编码	410208
办公电话	0731-82946101
传真电话	0731-82946100
校园(局域)网域名	www.hunangy.com
电子信箱	dzhbgsh@163.com
占地面积(平方米)	687336
校舍建筑面积(平方米)	404711
图书(万册)	85.5
固定资产总值(万元)	65600
教学、科研仪器设备资产值(万元)	9969.24
在校生数(人)	14966
其中:普通专科	14399
成人专科	567
专任教师(人)	722
其中:正高级	11
副高级	174
中级	241

初级 267　　未定职级 29

专科专业　包装技术与设计、电气自动化技术、电子商务、电子信息工程技术、动漫设计与制作、工程机械运用与维修、广告设计与制作、焊接技术及自动化、会计电算化、机电设备维修与管理、机电一体化技术、机械制造与自动化、计算机多媒体技术、计算机辅助设计与制造、计算机网络技术、计算机信息管理、计算机应用技术、检测技术及应用、建筑工程技术、金融与证券、酒店管理、旅游管理、模具设计与制造、汽车电子技术、汽车运用技术、汽车制造与装配技术、软件技术、商务英语、室内设计技术、数控技术、数控设备应用与维护、物流管理、信息安全技术、营销与策划

院系设置

设有机械工程系、汽车工程学院、电气工程系、信息工程系、经济管理系、商贸旅游系、现代艺术设计系、继续教育学院等七个院系

定期公开出版的专业刊物　《湖南工业职业技术学院学报》

学校设立奖学金情况

设立奖学金七项，奖励总金额282.5万元，奖学金最高金额8000元/年，最低金额200元/年

主要校办产业

湖南工业职业技术学院实习工厂

学校历史沿革

湖南工业职业技术学院是1955年由湖南机械工业学校和湖南省机械厅职工大学合并组建而成的一所全日制高职院校。

株洲师范高等专科学校

学校(机构)标识码　4143010836
学校办学类型　414:专科院校:高等专科学校
学校性质类别　06 师范院校
学校举办者　811 省级教育部门
学校地址　湖南省株洲市天元区泰山路88号
邮政编码　412008
办公电话　0731-22183936
传真电话　0731-22183936

湖南信息职业技术学院

学校(机构)标识码　4143010865
学校办学类型　415:专科院校:高等职业学校
学校性质类别　02 理工院校
学校举办者　812 省级其他部门
学校地址　湖南信息职业技术学院
邮政编码　410200
办公电话　0731-82782888
传真电话　0731-82782009
校园(局域)网域名　www.hniu.cn
电子信箱　dzb@mail.hniu.cn
占地面积(平方米)　140000
校舍建筑面积(平方米)　359682
图书(万册)　59.2
固定资产总值(万元)　8693.12
教学、科研仪器设备资产值(万元)　5631.07
在校生数(人)　8111
其中:普通专科　7602
成人专科　509
专任教师(人)　410
其中:正高级　5
副高级　128
中级　172
初级　92
未定职级　13

专科专业　电气自动化技术、电子商务、电子设备与运行管理、电子信息工程技术、动漫设计与制作、环境艺术设计、会计电算化、计算机辅助设计与制造、计算机控制技术、计算机网络技术、计算机应用技术、经济信息管理、模具设计与制造、汽车运用技术、嵌入式系统工程、软件技术、商务英语、数控技术、通信技术、图形图像制作、玩具设计与制造、文秘、物业管理、信息安全技术、应用电子技术、应用日语、游戏软件

院系设置

湖南信息职业技术学院下设五个系:信息工程系、机电工程系、计算机工程系、经济管理系、成招部

学校设立奖学金情况

学校设立奖学金4项，奖励总金额270余万元。奖学金最高金额8000元/年，最低金额500元/年。

学校历史沿革

1.1975-1999年 湖南电子职工大学 2.1978-1985年 怀化无线电技工学校 3.1985-1992年 湖南省电子技工学校 4.1992-1999年 湖南省电子工业学校 5.1999年3月 湖南省电子工业学院与湖南电子职工大学合并组建湖南信息职业技术学院 6.1999-2001年 湖南信息职业技术学院 7.2001-2003年 湖南信息职业技术学院与托普集团联合组建湖南托普信息职业技术学院 8.2003年至今 湖南信息职业技术学院

长沙学院

学校(机构)标识码 4143011077	电子信箱 csxybgs@163.com	成人本科 516
学校办学类型 412:本科院校:学院	占地面积(平方米) 1325517	成人专科 4036
学校性质类别 02 理工院校	校舍建筑面积(平方米) 297376	留学生 3
学校举办者 821 地级教育部门	图书(万册) 115.88	专任教师(人) 623
学校地址 湖南省长沙市开福区洪山路98号	固定资产总值(万元) 101838	其中:正高级 89
	教学、科研仪器设备资产值(万元) 8073.2	副高级 183
邮政编码 410003		中级 263
办公电话 0731-84261202	在校生数(人) 18031	初级 34
传真电话 0731-84250583	其中:普通本科 13460	未定职级 54
校园(局域)网域名 www.ccsu.cn	普通专科 16	

本科专业 播音与主持艺术、材料成型及控制工程、财务管理、电气工程及其自动化、电子信息工程、动画、法学、工程管理、公共事业管理、光电信息工程、广播电视编导、汉语言文学、环境工程、机械设计制造及其自动化、计算机科学与技术、旅游管理、日语、软件工程、生物工程、市场营销、数学与应用数学、通信工程、土木工程、物流管理、物业管理、新闻学、信息与计算科学、艺术设计、音乐学、英语、应用化学、应用物理学

专科专业 电脑艺术设计、公共事务管理、会计电算化、酒店管理、模具设计与制造、生物技术及应用、应用日语

院系设置
土木工程系、机电工程系、计算机科学与技术系、信息与计算科学系、电子与通信工程系、生物工程与环境科学系、法学与公共管理系、中文与新闻传播系、外语系、工商管理系、旅游管理系、艺术设计系、继续教育学院、基础学院 三、省、部级重点学科(二级):高等教育学

国家级、省部级研究机构设置
实验室 湖南省社科研究基地——学习型社会建设研究基地、湖南省普通高等学校基础课示范实验室:电工电子基础实验室;湖南省普通高等学校省级实践教学示范中心:艺术实践教学中心

定期公开出版的专业刊物 《长沙大学学报》
学校设立奖学金情况
1. 学校设立奖学金3项,奖励总金额1884000元,奖学金最高金额1500元/年,最低金额500元/年。甲等奖学金:343人/年,1500元/人。乙等奖学金:686人/年,1000元/人。丙等奖学金:1367人/年,500元/人。
2. 师范生生活补贴:/元:/人/年,/元/人。
3. 优秀学生干部161700元:539人/年,300元/人。

学校历史沿革
新长沙大学是由原长沙市湘江师范学校、原长沙市职业技术师范专科学校(前身为湘江师范大专班和长沙基础大学)、原长沙大学先后合并组建而成的一所综合性全日制普通高等学校。1996年3月,职业技术师专成建制地并入长沙大学,新的长沙大学成立。2004年5月19日,经国家教育部教发[2004]145号文件批准,长沙大学由专科学校升格为本科学校,并正式更名为长沙学院。

湖南工程学院

学校(机构)标识码 4143011342	电子信箱 office@hnie.edu.cn	普通专科 334
学校办学类型 412:本科院校:学院	占地面积(平方米) 1079339	成人本科 1542
学校性质类别 02 理工院校	校舍建筑面积(平方米) 466844	成人专科 3567
学校举办者 811 省级教育部门	图书(万册) 120.37	专任教师(人) 750
学校地址 湖南省湘潭市岳塘区福星东路88号	固定资产总值(万元) 46300.17	其中:正高级 73
	教学、科研仪器设备资产值(万元) 11818.06	副高级 218
邮政编码 411104		中级 364
办公电话 0731-58683518	在校生数(人) 18632	初级 47
传真电话 0731-58688109	其中:普通本科 13189	未定职级 48
校园(局域)网域名 www.hnie.edu.cn		

本科专业 材料成型及控制工程、材料化学、测控技术与仪器、电气工程及其自动化、电子科学与技术、电子信息工程、纺织

工程、服装设计与工程、服装设计与工程(表演方向)、高分子材料与工程、工程管理、工商管理、工业工程、工业设计、广告学、国际经济与贸易、化学工程与工艺、会计学、机械电子工程、机械设计制造及其自动化、计算机科学与技术、建筑环境与设备工程、建筑学、经济学、旅游管理、汽车服务工程、轻化工程、人力资源管理、生物工程、市场营销、通信工程、统计学、土木工程、网络工程、物流管理、信息管理与信息系统、信息与计算科学、艺术设计、英语、应用化学、应用物理学、自动化

专科专业 会计、商务英语

院系设置

电气信息学院、机械工程学院、纺织服装学院、计算机与通信学院、化学化工学院、经济管理学院、理学院、外国语学院、人文学院、建筑工程学院、设计艺术学院、体育教学部、工程训练中心、国际教育学院、成教育学院

定期公开出版的专业刊物 《湖南工程学院学报(自科版)》《湖南工程学院学报(社科版)》

学校设立奖学金情况

学校设立奖学金5项,奖励总金额450余万元。奖学金最高金额2000元/年,最低金额100元/年。

学校历史沿革

2000年6月,湘潭机电高等专科学校和湖南纺织高等专科学校合并改办为湖南工程学院。2000年6月12日,教育部以教发[2000]133号文同意两校合并改办为湖南工程学院。

湖南城市学院

学校(机构)标识码 4143011527	电子信箱 hncubgs@163.com	成人本科 2739
学校办学类型 412:本科院校:学院	占地面积(平方米) 1245380	成人专科 4251
学校性质类别 01 综合大学	校舍建筑面积(平方米) 492395	留学生 2
学校举办者 811 省级教育部门	图书(万册) 143.9	专任教师(人) 803
学校地址 湖南省益阳市迎宾东路518号	固定资产总值(万元) 41188.98	其中:正高级 69
邮政编码 413000	教学、科研仪器设备资产值(万元) 8424.23	副高级 251
办公电话 0737-6111001	在校生数(人) 22477	中级 376
传真电话 0737-6353308	其中:普通本科 14504	初级 88
校园(局域)网域名 www.hncu.net	普通专科 981	未定职级 19

本科专业 测绘工程、城市管理、城市规划、地理信息系统、电子科学与技术、电子信息工程、对外汉语、房地产经营管理、风景园林、高分子材料与工程、给水排水工程、工程管理、工商管理、汉语言文学、化学工程与工艺、环境工程、计算机科学与技术、建筑环境与设备工程、建筑学、交通工程、旅游管理、美术学、人力资源管理、社会体育、生物工程、数学与应用数学、体育教育、通信工程、土木工程、网络工程、物理学、信息管理与信息系统、信息与计算科学、艺术设计、音乐表演、音乐学、英语、园林

专科专业 道路桥梁工程技术、工程造价、建筑工程技术、装饰艺术设计

院系设置

目前学校下设15个二级学院,分别是:建筑与城市规划学院、土木工程学院、城市管理学院、市政与测绘工程学院、外国语学院、商学院、文学院、通信与电子工程学院、化学与环境工程学院、体育学院、音乐学院、美术与艺术设计学院、数学与计算科学学院、信息科学与工程学院、马克思主义学院

定期公开出版的专业刊物 《湖南城市学院学报》

学校设立奖学金情况

学校设立奖学金3项,奖励总金额300余万元。奖学金最高金额2000元/年,最低金额100元/年。

主要校办产业

规划建筑设计研究院、监理公司、土木工程检测中心

学校历史沿革

湖南城市学院是由原"湖南城建高等专科学校"和"益阳师范高等专科学校"合并组建,于2002年3月经教育部批准成立的一所全日制本科院校。

湖南工学院

学校(机构)标识码 4143011528	路18号	电子信箱 dzb@hnpu.edu.cn
学校办学类型 412:本科院校:学院	邮政编码 421002	占地面积(平方米) 871638
学校性质类别 02 理工院校	办公电话 0734-3452222	校舍建筑面积(平方米) 391345
学校举办者 811 省级教育部门	传真电话 0734-3452008	图书(万册) 94.72
学校地址 湖南省衡阳市珠晖区衡花	校园(局域)网域名 www.hnpu.edu.cn	固定资产总值(万元) 45260.84

教学、科研仪器设备资产值(万元) 8900.62	成人本科 2680	副高级 195
在校生数(人) 29614	成人专科 9620	中级 251
其中:普通本科 12245	专任教师(人) 753	初级 197
普通专科 5069	其中:正高级 47	未定职级 63

本科专业 安全工程、材料成型及控制工程、电气工程及其自动化、电子信息工程、高分子材料与工程、工程管理、工商管理、工业工程、工业设计、国际经济与贸易、化学工程与工艺、环境工程、会计学、机械设计制造及其自动化、计算机科学与技术、建筑学、金属材料工程、通信工程、土木工程、网络工程、无机非金属材料工程、信息与计算科学、英语、自动化

专科专业 安全技术管理、材料工程技术、电气自动化技术、电子商务、电子信息工程技术、动漫设计与制作、工程造价、环境监测与治理技术、会计、机械制造与自动化、计算机网络技术、计算机信息管理、建筑装饰工程技术、旅游管理、模具设计与制造、软件技术、商务英语、应用化工技术

院系设置
安全与环境工程系、材料与化学工程系、电气与信息工程系、机械工程系、计算机与信息科学系、建筑工程系、经济与管理系、基础课教学部(外语系)、思想政治理论课教学科研部

学校设立奖学金情况
学校设立奖学金1项,奖励总金额170万元/年,最低金额300元/年。

学校历史沿革
本学院由湖南省建材高等专科学校(1978年成立)与湖南大学衡阳分校(1975年成立)筹建合并。2007年3月经教育部批准正式升格为湖南工学院。

湖南财政经济学院

学校(机构)标识码 4143011532	电子信箱 hnczjjxy@sohu.com	普通专科 6595
学校办学类型 412:本科院校:学院	占地面积(平方米) 506905	成人本科 24
学校性质类别 08 财经院校	校舍建筑面积(平方米) 254875	成人专科 3046
学校举办者 811 省级教育部门	图书(万册) 119.5	专任教师(人) 470
学校地址 湖南省长沙市枫林二路139号	固定资产总值(万元) 74637.7	其中:正高级 65
邮政编码 410205	教学、科研仪器设备资产值(万元) 4322.02	副高级 142
办公电话 0731-88811003	在校生数(人) 12707	中级 225
传真电话 0731-88811003	其中:普通本科 3042	初级 36
校园(局域)网域名 www.hncz.edu.cn		未定职级 2

本科专业 财务管理、财务管理(公司理财)、财务管理(资产评估)、财务会计职高、财政学、国际经济与贸易、会计学、会计学(ACCA)、会计学(财务会计方向)、会计学(国际会计方向)、会计学(会计与信息技术方向)、会计学(注册会计)、计算机科学与技术、金融学、人力资源管理、商务英语、市场营销、信息管理与信息系统、英语

专科专业 财务管理、财务会计、财政、电子商务、法律事务(法务会计)、法律事务(会计法)、法律事务(经济法)、房地产经营与估价、工程造价、国际金融、国际经济与贸易、国际商务、行政管理、会计(国际会计)、会计(注册会计师)、会计电算化、计算机网络技术、计算机信息管理、计算机应用技术、金融管理与实务、经济信息管理、酒店管理、旅游管理、旅游英语、人力资源管理、商务英语、市场营销、投资与理财、文秘、物流管理、物业管理、项目管理、应用英语、证券投资与管理

院系设置
学院现有10个教学系部,即会计系、财政金融系、工商管理系、信息管理系、工程管理系、外语系、法学与公共管理系、政治理论课部、基础课部、体育课部

定期公开出版的专业刊物 《湖南财政经济学院学报》

学校设立奖学金情况
学校设立奖学金情况:学校设立奖学金1项,奖励总金额1073800余万元。奖金最高金额1200元/年,最低金额400元/年。

学校历史沿革
学院前身是1933年创办的"厚生会计讲习所",历经合并、调整、更名,相继改为湖南厚生会计学校、湖南省财会学校、湖南财经专科学校、湖南财经高等专科学校。2010年3月经教育部批准,学校升格为普通本科院校。

湖南警察学院

学校(机构)标识码 4143011534	电子信箱 hxs69@163.com	普通专科 2567
学校办学类型 412:本科院校:学院	占地面积(平方米) 483694	成人本科 42
学校性质类别 09 政法院校	校舍建筑面积(平方米) 213740	成人专科 6
学校举办者 812 省级其他部门	图书(万册) 69.3	专任教师(人) 337
学校地址 湖南省长沙市远大三路9号	固定资产总值(万元) 49556.6	其中:正高级 46
邮政编码 410138	教学、科研仪器设备资产值(万元) 3710.76	副高级 145
办公电话 0731-82791621	在校生数(人) 4210	中级 99
传真电话 0731-82791621	其中:普通本科 1595	初级 39
校园(局域)网域名 www.hnpolice.com		未定职级 8

本科专业 法学、禁毒学、信息安全、刑事科学技术、刑事科学技术(电子取证方向)、侦查学、治安学、治安学(交通管理方向)

专科专业 法律事务、公共事务管理、计算机网络技术、交通管理、禁毒、经济犯罪侦查、摄影摄像技术、文秘、信息安全技术、信息网络安全监察、刑事技术、侦查、治安管理、治安管理(特警方向)

院系设置
警体教学部、基础课部、思想政治理论教学部、侦查系、治安系、刑事科学技术系、交通管理系、法律系、管理系、信息技术(网监)系、继续教育处、教学评估处、科研管理处、现代教育技术中心、实验中心、图书馆、学报编辑部、培训部

国家级、省部级研究机构设置
1. 实验室:省级基础课示范实验室
2. 研究中心(所):湖南省公安理论与公共安全研究基地

定期公开出版的专业刊物 《湖南警察学院报》
学校设立奖学金情况
学校设立奖学金6项,奖励总金额5246500元,8000元/年,最低金额500元/年。

学校历史沿革
1949年9月至11月创建湖南省公安厅公安学校,1949年至1985年湖南省公安干部学校,1959年至1966年湖南省政法干部学校,1973年至1978年湖南省公安干部学校,1978年4月湖南省公安干部学校开设中专班,(1980年9月中专部更名组建湖南省人民警察学校,并于1984年另择校址办学。)1984年10月在湖南省公安干部学校基础上成立湖南公安专科学校,1993年6月湖南公安专科学校更名为湖南公安高等专科学校,1999年2月14日湖南省人民警察学校并入,2010年3月18日经教育部批准成立湖南警察学院(本科)。

湖南工业大学

学校(机构)标识码 4143011535	cn	普通专科 3728
学校办学类型 411:本科院校:大学	电子信箱 hnfzghc@163.com	成人本科 2472
学校性质类别 02 理工院校	占地面积(平方米) 2364154	成人专科 3032
学校举办者 811 省级教育部门	校舍建筑面积(平方米) 720795	硕士研究生 937
学校地址 湖南省株洲市天元区泰山路街道新塘管理处社区	图书(万册) 228.58	专任教师(人) 1766
邮政编码 412007	固定资产总值(万元) 132250	其中:正高级 272
办公电话 0731-22183525	教学、科研仪器设备资产值(万元) 15370.67	副高级 612
传真电话 0731-22183936	在校生数(人) 32945	中级 735
校园(局域)网域名 www.zhuzit.edu.	其中:普通本科 22776	初级 66
		未定职级 81

本科专业 包装工程、材料成型及控制工程、财务管理、测控技术与仪器、城市规划、电气工程与自动化、电气信息类、电子信息工程、电子信息科学与技术、动画、法学、法学类、翻译、高分子材料与工程、给水排水工程、工商管理、工商管理大类、工业设计(理工)、工业设计(艺术)、公共事业管理、广告学、国际经济与贸易、过程装备与控制工程、汉语言文学、化学工程与工艺、会计学、机械大类、机械工程及自动化、机械设计制造及其自动化、计算机科学与技术、建筑环境与设备工程、建筑学、金属材料工

程、人力资源管理、日语、软件工程、商务策划管理、社会体育、生物技术、市场营销、数学与应用数学、数字媒体艺术、体育教育、通信工程、土木工程、网络工程、新闻学、信息工程、信息管理与信息系统、信息与计算科学、冶金工程、艺术设计、艺术设计学、音乐学、印刷工程、英语、应用化学、应用物理学、自动化

专科专业 财务会计类、电气自动化技术、电子商务、工程造价、机电一体化技术、机械设计与制造、计算机网络技术、计算机应用技术、建筑工程技术、金属材料与热处理技术、酒店管理、旅游管理、商务英语、市场营销类、物业管理、冶金技术、艺术设计、营销与策划、应用电子技术、应用化工技术

硕士专业 材料工程、材料加工工程、材料学、电机与电器、电力电子与电力传动、电气工程、工商管理、工业工程、供热、供燃气、通风及空调工程、管理科学与工程、会计学、机械工程、机械设计及理论、机械制造及其自动化、计算机技术、计算机软件与理论、计算机应用技术、控制理论与控制工程、伦理学、马克思主义中国化研究、美术学、企业管理(含:财务管理、市场营销)、设计艺术学、生物医学工程、外国语言学及应用语言学、物流工程、项目管理、岩土工程、艺术设计

院系设置

包装设计艺术学院、包装与材料工程学院、机械工程学院、土木工程学院、电气与信息工程学院、计算机与通信学院、冶金工程学院、理学院、商学院、财经学院、法学院、文学与新闻传播学院、外国语学院、体育学院、音乐学院、思想政治理论课教学科研部、建筑与城乡规划学院、国际学院

国家级、省部级研究机构设置

1. 实验室:湖南省"绿色包装与纳米生物技术应用"重点实验室、"先进包装材料与技术"湖南省高校重点实验室、中国包装总公司包装设计专业中心、中国包装总公司包装新材料与技术重点实验室

2. 研究中心(所):湖南省高校"新材料研发"产学研合作示范基地、湖南省"轨道交通自动化"产学研合作示范基地、全球低碳城市联合研究中心(与中国社科院联手创办)、湖南省产品包装创新工业设计中心、湖南省包装设计艺术研究基地、湖南省包装经济研究基地、湖南省体育文化研究基地、湖南省现代包装设计理论与应用研究基地、湖南省职教学科研究基地

定期公开出版的专业刊物 《湖南工业大学学报》、《湖南工业大学学报》(社会科学版)、《包装学报》

学校设立奖学金情况

学校设立奖学金11项,奖励总金额426余万元;奖学金最高金额3000元/年,最低100元/年。

学校历史沿革

学校始建于1979年3月,定名为株洲基础大学,1987年开始筹建中国包装工程学院,1989年经国家教委批准,定名为株洲工学院。2004年8月经国家教育部批准,在株洲工学院的基础上筹建湖南工业大学。建校初期由株洲市管理,1987年成为中国包装总公司唯一的直属高校,"全国普通高校包装工程专业教学指导分委员会"、"中国包装技术协会教育委员会"、"中国包装技术研究所"、"中国包装技术专业中心"、"湖南省包装经济研究基地"、"湖南省现代包装设计理论及应用研究基地"均设在这里。2000年开始,经教育部批准实行以湖南省人民政府为主管,中国包装总公司和中国包装联合会共建的新体制。2005年12月升格并更名为湖南工业大学。

湖南女子学院

学校(机构)标识码 4143011538
学校办学类型 412:本科院校:学院
学校性质类别 07 语文院校
学校举办者 811 省级教育部门
学校地址 湖南省长沙市中意一路160号
邮政编码 410004
办公电话 0731-82825012
传真电话 0731-85686411
电子信箱 hunannvzidaxue@163.com
占地面积(平方米) 337335
校舍建筑面积(平方米) 151413
图书(万册) 68.8
固定资产总值(万元) 27817.6
教学、科研仪器设备资产值(万元) 2625.96
在校生数(人) 8072
其中:普通本科 2871
普通专科 5201
专任教师(人) 382
其中:正高级 43
副高级 103
中级 192
初级 30
未定职级 14

本科专业 国际经济与贸易、汉语言文学、会计学、计算机科学与技术、旅游管理、人力资源管理、社会工作、市场营销、舞蹈编导、艺术设计、音乐表演、英语

专科专业 电脑艺术设计、电子商务、纺织品装饰艺术设计、服装设计、国际经济与贸易、会计、计算机信息管理、酒店管理、空中乘务、旅游管理、人力资源管理、人物形象设计、社会工作、社会体育、涉外旅游、市场营销、文秘、舞蹈表演、物流管理、学前教育、音乐表演、音乐教育、英语教育、影视动画、应用日语、应用英语、主持与播音

院系设置

经济管理系、旅游管理系、艺术设计系、艺术表演系、公共管理系、外语系、体育教学部、思想政治理论课教学部和成教部

国家级、省部级研究机构设置

1. 研究所(中心):国家级:全国妇女/性别研究与培训基地

省 级:湖南省公民礼仪素质研究基地、湖南省湖湘女性文化研究基地、湖南省高等教育学科女性教育研究基地

校 级:女性人类学研究所、女性经济研究所、生活科学教育与管理研究所、女性教育研究中心、女性政治与人才学研究所

定期公开出版的专业刊物 《湖南女子职业大学学报》

学校设立奖学金情况

学校设立奖学金 12 项，奖励总金额 26 余万元。奖学金最高金额 1000 元/年，最低金额 200 元/年。

毕业生一次就业率 91.5%

学校历史沿革

湖南女子职业大学创建于 1985 年 2 月，属普通专科层次。1992－1999 年招收了部分中专生；2001－2004 年招收了 3 个专本沟通专业的学生；2010 年 3 月 18 日被教育部正式批准为本科院校，由湖南女子职业大学更名为湖南女子学院。

湖南税务高等专科学校

学校（机构）标识码 4143011601	学校举办者 812 省级其他部门	办公电话 0731－5310966
学校办学类型 414：专科院校：高等专科学校	学校地址 湖南省长沙市中意路 324 号	传真电话 0731－5310966
学校性质类别 08 财经院校	邮政编码 410116	电子信箱 huszoffice@163.com

湖南冶金职业技术学院

学校（机构）标识码 4143011604	学校举办者 811 省级教育部门	邮政编码 412000
学校办学类型 415：专科院校：高等职业学校	学校地址 湖南省株洲市大坪路 218 号	办公电话 0731－22183936
学校性质类别 02 理工院校		传真电话 0731－22183936

湖南第一师范学院

学校（机构）标识码 4143012034	校园（局域）网域名 www.hnfnc.edu.cn	其中：普通本科 8685
学校办学类型 412：本科院校：学院	电子信箱 hndysf@126.com	普通专科 5679
学校性质类别 06 师范院校	占地面积（平方米） 897333	成人专科 458
学校举办者 811 省级教育部门	校舍建筑面积（平方米） 420557	专任教师（人） 804
学校地址 湖南省长沙市枫林三路 1015 号	图书（万册） 144.6	其中：正高级 80
	固定资产总值（万元） 93529	副高级 222
邮政编码 410205	教学、科研仪器设备资产值（万元） 7693.6	中级 276
办公电话 0731－88228210		初级 173
传真电话 0731－88228212	在校生数（人） 14822	未定职级 53

本科专业 电子科学与技术、对外汉语、公共事业管理、国际经济与贸易、汉语言文学、会计学、计算机科学与技术、教育技术学、科学教育、旅游管理、美术学、数学与应用数学、思想政治教育、体育教育、舞蹈学、小学教育、心理学、信息与计算科学、学前教育、艺术设计学、音乐学、英语

专科专业 初等教育、房地产经营与估价、会计与统计核算、计算机网络技术、计算机应用技术、科学教育、旅游管理、美术教育、商务管理、商务英语、涉外旅游、数学教育、体育教育、通信技术、舞蹈表演、心理咨询、新闻采编与制作、学前教育、艺术设计、音乐教育、英语教育、应用电子技术、应用英语、语文教育

院系设置

学院现有文史系、数理系、外语系、美术系、音乐系、教育科学系、信息科学与工程系、经济管理系、体育系、思想政治理论教学部、公共外语教学部 11 个系部

国家级、省部级研究机构设置

省级教学团队 2 个，省级实践教学示范中心 2 个，是湖南省青年毛泽东研究基地，湖南省基地教育科学、教育信息技术学科、德育学科研究基地，全国爱国主义教育基地、国家级小学骨干教师培养基地。

学校设立奖学金情况

学校设立奖学金 8 项，奖励总金额 1962.91 万元，奖学金最

高金额 8000 元/年最低金额 600 元/年。
学校历史沿革
湖南第一师范学院,其前身为南宋时期张栻创办的长沙城南书院,1903 年始立为湖南师范馆,1912 年和 1914 年相继改为湖南公立第一师范学校和湖南省立第一师范学校解放后更名为湖南省第一师范学校。2008 年升格为本科院校并更为现名。

长沙航空职业技术学院

学校(机构)标识码　4143012055
学校办学类型　415：专科院校：高等职业学校
学校性质类别　01 综合大学
学校举办者　302 国防部
学校地址　湖南省长沙县田心桥村
邮政编码　410124
办公电话　0731-85473600
传真电话　0731-85473601
校园(局域)网域名　www.cavtc.cn
电子信箱　ywc@cavtc.cn
占地面积(平方米)　514924
校舍建筑面积(平方米)　244295
图书(万册)　54.48
固定资产总值(万元)　27407.02
教学、科研仪器设备资产值(万元)　5412.65
在校生数(人)　8889
　其中：普通专科　8789
　　　成人专科　100
专任教师(人)　426
　其中：正高级　25
　　　副高级　150
　　　中级　230
　　　初级　21

专科专业　导弹维修、电气自动化技术、电子商务、电子声像技术、飞机控制设备与仪表、飞机维修、国际经济与贸易、焊接技术及自动化、航空服务、机电一体化技术、计算机多媒体技术、计算机网络技术、计算机应用技术、检测技术及应用、精细化品生产技术、酒店管理、旅游管理、模具设计与制造、软件技术、商务英语、生产过程自动化技术、数控技术、数控设备应用与维护、物流管理、应用电子技术、应用化工技术
学校历史沿革
长沙航空职业技术学院创建于 1973 年,原名"中国人民解放军空军航空工程部第二航空工程学校",1994 年 9 月改名为"中国人民解放军空军长沙航空工程学校";空军第二职工大学创建于 1983 年 2 月,原名"空军航空修理第二职工大学",1986 年从成都迁入长沙空军第二航空工程学校内,1994 年 9 月改名为"空军第二职工大学",与空军航空工程学校共处同一校园,共享教育资源,实行统一领导、区别管理的模式。1998 年 3 月 19 日,经原国家教育委员会批准,两校合并改建为高等职业技术学院,校名为"长沙航空职业技术学院",中国人民解放军总后勤部批准军队校名为"空军航空维修技术学院",学院隶属于空军装备部。2002 年 7 月,经湖南省政府和空军装备部批准,将"长沙工业学校"并入"长沙航空职业技术学院"。

怀化医学高等专科学校

学校(机构)标识码　4143012214
学校办学类型　414：专科院校：高等专科学校
学校性质类别　05 医药院校
学校举办者　822 地级其他部门
学校地址　湖南省怀化市锦溪南路 148 号
邮政编码　418000
办公电话　0745-2382082
传真电话　0745-2385075
校园(局域)网域名　www.yizhuan.com
电子信箱　hnhhyz@126.com
占地面积(平方米)　343333
校舍建筑面积(平方米)　255001
图书(万册)　42.4
固定资产总值(万元)　24488.9
教学、科研仪器设备资产值(万元)　3885.6
在校生数(人)　8696
　其中：普通专科　8251
　　　成人专科　445
专任教师(人)　395
　其中：正高级　50
　　　副高级　95
　　　中级　131
　　　初级　56
　　　未定职级　63

专科专业　妇幼保健方向、护理、口腔医学、临床医学、社区护理方向、涉外护理方向、卫生检验与检疫技术、药学、医疗美容技术、医学检验技术、医学影像技术、医药营销、针灸推拿、助产
院系设置
临床医学系、护理系、药学系、医学检验系、针灸推拿美容系、基础医学部、公共课部
国家级、省部级研究机构设置
研究中心(所)：中医药现代化研究中心
学校设立奖学金情况
学校设立奖学金 7 项,奖励总金额 60 万元,最高 1500 元/年,最低 200 元/年。
学校历史沿革
2000 年经国家教育部批准,在原怀化卫生学校基础上建立并升格为怀化医学高等专科学校。

湖南大众传媒职业技术学院

学校(机构)标识码 4143012300	传真电话 0731-84018502	在校生数(人) 9386
学校办学类型 415:专科院校:高等职业学校	校园(局域)网域名 www.hnmmc.cn	其中:普通专科 9135
	电子信箱 dzcm2000@sina.cn	成人专科 251
学校性质类别 01 综合大学	占地面积(平方米) 511878	专任教师(人) 420
学校举办者 811 省级教育部门	校舍建筑面积(平方米) 226466	其中:正高级 30
学校地址 湖南省长沙市星沙经济开发区特立路5号	图书(万册) 56.87	副高级 105
	固定资产总值(万元) 40934.82	中级 195
邮政编码 410100	教学、科研仪器设备资产值(万元) 5650.68	初级 78
办公电话 0731-84028501		未定职级 12

专科专业 编导、表演艺术、出版与发行、传媒策划与管理、灯光音响方向、电视编辑方向、电视节目制作、电子商务、动漫设计与制作、对外汉语传播、广播电视技术、环境艺术设计、会计、计算机多媒体技术、计算机网络技术、金融管理与实务、礼仪主持、媒体创意方向、人物形象设计、软件技术、商务英语、涉外旅游、摄影摄像技术、市场营销、投资与理财、文化经纪方向、文秘、舞蹈表演、新媒体方向、新闻采编与制作、艺术设计、音乐表演、影视表演、影视动画、影视广告、游戏软件、主持与播音

院系设置
主持与播音系、影视艺术系、动漫与艺术设计系、电广传媒系、网络传媒系、国际传播系、传媒管理系、思政课部

定期公开出版的专业刊物 《湖南大众传媒职业技术学院学报》

学校设立奖学金情况
学校设立奖学金4项,奖励总金额68.36万元。奖学金最高金额2000元/年,最低金额400元/年。

主要校办产业
湖南大众传媒后勤服务有限责任公司

学校历史沿革
2000年7月湖南银行学校与湖南教育电视台按照"前台后院"模式组建湖南大众传媒职业技术学院。2004年12月经湖南省人民政府批准,湖南省广播电视学校整体并入湖南大众传媒职业技术学院,学院由湖南省教育厅与省广播电视局、省广播影视集团共建,湖南省教育厅主管。

永州职业技术学院

学校(机构)标识码 4143012301	传真电话 0746-6367699	在校生数(人) 11614
学校办学类型 415:专科院校:高等职业学校	校园(局域)网域名 www.hnyzzy.com	其中:普通专科 10754
	电子信箱 yzzybgs@163.com	成人专科 860
学校性质类别 01 综合大学	占地面积(平方米) 2241644	专任教师(人) 780
学校举办者 821 地级教育部门	校舍建筑面积(平方米) 556708	其中:正高级 43
学校地址 湖南省永州市零陵区南津北路338号	图书(万册) 121.28	副高级 269
	固定资产总值(万元) 112471.24	中级 316
邮政编码 425100	教学、科研仪器设备资产值(万元) 16493.84	初级 97
办公电话 0746-6367092		未定职级 55

专科专业 财务管理、宠物养护与疫病防治、畜牧兽医、动物防疫与检疫、护理、环境艺术设计、会计电算化、机电一体化技术、机械制造与自动化、计算机网络技术、计算机应用技术、建筑工程技术、金融管理与实务、经济管理、口腔医学、临床医学、旅游服务与管理、旅游英语、模具设计与制造、农产品质量检测、汽车技术服务与营销、汽车检测与维修技术、软件技术、商务日语、商务英语、市场营销、数控技术、图形图像制作、网络系统管理、文秘、物流管理、物业管理、眼视光技术、药学、医学检验技术、医学影像技术、艺术设计、音乐表演、影视动画、应用电子技术、应用韩语、应用英语、园林技术、种子生产与经营、助产

院系设置
16个教学系部

学校设立奖学金情况
学院设立奖学金1项,奖励总金额160余万元。奖学金最高金额400元/年,最低金额400元/年。

主要校办产业
附属医院、实习农场、驾驶人培训学校

学校历史沿革

2000年7月,经湖南省人民政府批准,报教育部备案,原零陵卫校、零陵农校合并组建成永州职业技术学院。2003年6月,原零陵商校、零陵工校、零陵师范成建制并入。

湖南铁道职业技术学院

学校(机构)标识码 4143012302	校园(局域)网域名 www.hnrpc.com	其中:普通专科 9663
学校办学类型 415:专科院校:高等职业学校	电子信箱 hnrpc@0733.com	成人专科 176
学校性质类别 01 综合大学	占地面积(平方米) 251459	专任教师(人) 389
学校举办者 811 省级教育部门	校舍建筑面积(平方米) 230973	其中:正高级 3
学校地址 湖南铁道职业技术学院	图书(万册) 59	副高级 90
邮政编码 412001	固定资产总值(万元) 18863.24	中级 171
办公电话 0731-22783802	教学、科研仪器设备资产值(万元) 7086.58	初级 115
传真电话 0731-28441889	在校生数(人) 9839	未定职级 10

专科专业 城市轨道交通控制、电机与电器、电气化铁道技术、电气自动化技术、电子商务、电子信息工程技术、房地产经营与估价、焊接技术及自动化、环境艺术设计、会计电算化、机械制造与自动化、计算机多媒体技术、计算机网络技术、计算机信息管理、计算机硬件与外设、旅游管理、模具设计与制造、软件技术、商务英语、市场营销、数控技术、文秘、物流管理、物业管理、应用电子技术、制冷与空调技术

院系设置
轨道交通系、电气工程系、机电工程系、信息工程系、经贸管理系、人文社科系

学校设立奖学金情况
学校设立奖学金1项奖励总金额20余万元。奖学金最高金额800元/年,最低金额400元/年。

主要校办产业
天一实业有限公司

学校历史沿革
湖南铁道职业技术学院位于株洲市田心大道18号,学校创建于1951年6月,当时决定成立株洲铁路工厂技工学校;1979年根据铁道部文改名为铁道部田心铁路技术学院,1983年铁道部决定将学校改名为株洲铁路电机学校。1997年将铁道部工业职工大学总校与株洲铁路电机学校实质合并;1999年株洲电力机车厂职业学校并入株洲铁路电机学校。2000年7月根据湖南省人民政府批准在株洲铁路电机学校和铁道部工业职工大学的基础上成立湖南铁道职业技术学院,2009年11月中国南车将学院一性、成建制移交湖南省人民政府管理,由湖南省教育厅直接管理,列为湖南省教育厅直属单位,列入湖南省普通高等院校事业机构编制序列。

湖南涉外经济学院

学校(机构)标识码 4143012303	电子信箱 rainbowlf@sina.com	普通专科 5249
学校办学类型 412:本科院校:学院	占地面积(平方米) 839209	成人本科 5
学校性质类别 01 综合大学	校舍建筑面积(平方米) 124903	成人专科 333
学校举办者 999 民办	图书(万册) 132.38	专任教师(人) 985
学校地址 湖南省长沙市岳麓区东方红镇	固定资产总值(万元) 80634.08	其中:正高级 89
邮政编码 410205	教学、科研仪器设备资产值(万元) 10710.85	副高级 220
办公电话 0731-88101451	在校生数(人) 23042	中级 519
传真电话 0731-88101999	其中:普通本科 17455	初级 68
校园(局域)网域名 www.hunaneu.com		未定职级 89

本科专业 表演(体育表演)、材料成型及控制工程、朝鲜语、电子科学与技术、电子信息工程、动画设计、法学、服装设计、工商管理、工商管理高尔夫、工业设计、国际经济与贸易、汉语言文学、会计学、机械设计制造及其自动化、计算机科学与技术、金融学、旅游管理、汽车服务工程、热能与动力工程、人力资源管理、日语、软件工程、社会工作、社会体育、社会体育高尔夫、市场

营销、视觉传达、数学与应用数学、通信工程、文化产业管理、舞蹈学、物流管理、艺术设计、音乐学、音乐学高尔夫、英语、自动化

专科专业 电子商务、法律事务、服装设计、工商企业管理、公共事务管理、国际经济与贸易、汉语、航空服务、会计、计算机多媒体技术、计算机软件、计算机网络技术、计算机应用技术、金融、旅游与酒店管理、模具设计与制造、汽车检测与维修技术、商务日语、商务英语、市场营销、视觉传达艺术设计、体育服务与管理、通信技术、文秘、物流管理、艺术设计、音乐表演、音乐教育、应用电子技术、应用英语、证券投资

院系设置

学校设有12个院系

国家级、省部级研究机构设置

学校现有各类实验室86个,省级实验室1个(电工电子技术实践教学中心),省级研究中心中心1个(省工程车辆底盘制造工程技术研究中心)

学校设立奖学金情况

学校设立奖学金3项,奖学金最高金额10000元/年,最低金额150元/年。

学校历史沿革

湖南涉外经济学院坐落于长沙市国家高新技术产业开发区麓谷园,是湖南猎鹰实业有限公司投资兴建的一所民办普通本科院校。学校创建于1997年5月,原名"湘南文理专修学院",校址在湖南省郴州市;1998年,迁址长沙国家高新技术产业开发区,更名为"湖南涉外经济学院";2000年被湖南省人民政府批准为民办普通高等专科学校,纳入国家计划招生;2005年,经国家教育部和湖南省人民政府批准,升格为本科院校。

湖南科技职业学院

学校(机构)标识码	4143012304	传真电话	0731-85586639	其中:普通专科	10443
学校办学类型	415:专科院校:高等职业学校	电子信箱	tjj555888@sina.com	成人专科	885
		占地面积(平方米)	231577	专任教师(人)	458
学校性质类别	01 综合大学	校舍建筑面积(平方米)	234798	其中:正高级	17
学校举办者	811 省级教育部门	图书(万册)	62.5	副高级	127
学校地址	长沙市雨花区井湾路784号	固定资产总值(万元)	25406.7	中级	191
		教学、科研仪器设备资产值(万元)	6388.69	初级	116
邮政编码	410004			未定职级	7
办公电话	0731-82861000	在校生数(人)	11328		

专科专业 产品造型设计、电脑艺术设计、电子商务、动漫设计与制作、服装设计、高分子材料加工技术、高分子材料应用技术、工程机械运用与维护、工程造价、广告设计与制作、国际经济与贸易、环境艺术设计、会计、机电一体化技术、计算机网络技术、计算机应用技术、建筑设计技术、旅游管理、模具设计与制造、软件技术、商务管理、商务英语、生化制药技术、食品工艺技术、市场营销、室内设计技术、数控技术、玩具设计与制造、舞蹈表演、物流管理、医药营销、艺术设计、音乐表演、影视动画、应用电子技术、应用英语、游戏软件、装潢艺术设计

院系设置

艺术设计学院、软件学院、轻化工程学院、经贸商务系、机电工程与技术系、电子信息工程与技术系、音乐系

学校设立奖学金情况

学校设立奖学金5项,奖励总金额700余万元。奖学金最高金额8000元/年,最低金额200元/年。

学校历史沿革

湖南科技职业学院是2001年8月27日经湖南省人民政府批准成立,国家教育部备案的公办全日制普通高等院校,首批"国家示范性高等职业院校建设计划"骨干高职院校立项建设单位。学院位于我国历史文化名城、湖南省会——长沙,学院分为雨花、暮云两个校区,雨花校区的前身是创建于1958年的湖南省轻工业学校、创建于1980年的湖南工业美术学校和创建于1982年的湖南省轻工业职工大学;暮云校区的前身是创建于1963年的湖南省第二轻工业学校和创建于1983年的湖南工业科技职工大学。

湖南生物机电职业技术学院

学校(机构)标识码	4143012343	学校举办者	812 省级其他部门	办公电话	0731-84637001
学校办学类型	415:专科院校:高等职业学校	学校地址	湖南省长沙市芙蓉区东岸乡滨湖社区	传真电话	0731-84637001
				校园(局域)网域名	www.bnbemc.com
学校性质类别	03 农业院校	邮政编码	410127	电子信箱	bgs7001@126.com

占地面积(平方米) 1380000		5801.7	其中:正高级 22
校舍建筑面积(平方米) 768110	在校生数(人) 10776	副高级 138
图书(万册) 65.93	其中:普通专科 8913	中级 209
固定资产总值(万元) 21448.46	成人专科 1863	初级 72
教学、科研仪器设备资产值(万元)	专任教师(人) 526	未定职级 85

专科专业 畜牧兽医、电子商务、电子信息工程技术、动漫设计与制作、动物防疫与检疫、房地产经营与估价、国际经济与贸易、环境艺术设计、会计与审计、机电设备维修与管理、机电一体化技术、机械制造与自动化、计算机网络技术、计算机应用技术、旅游管理、模具设计与制造、农业机械应用技术、汽车技术服务与营销、汽车检测与维修技术、软件技术、商务英语、生物技术及应用、食品加工技术、食品检测及管理、兽医、数控技术、水产养殖技术、饲料与动物营养、物流管理、应用电子技术、园林技术、园艺技术、种子生产与经营、作物生产技术

院系设置
学院设有植物科技系、动物科技系、食品科技系、现代管理系、信息技术系、机械及自动化系、电子电气工程系、车辆工程系、人文科技系、思想政治理论课部、体育与艺术教学部

学校设立奖学金情况
学院设立奖学金主要有综合奖学金、单项奖学金二项。奖励总金额 34 万余元。奖学金最高金额 3000 元/年,最低金额 200 元/年。

1. 综合奖学金 特等奖学金 5 人/年,3000 元/年;甲等奖学金 4 人/年,1500 元/年;乙等奖学金 203 人/年,800 元/年;丙等奖学金 271 人/年,500 元/年。
2. 单项奖学金:145 人/年,平均 200 元/人。学习标兵奖、科技创新奖、文体之星奖、技能竞赛奖、见义勇为奖、突出贡献奖。

主要校办产业
湖南生机物业管理有限公司、机电驾校培训学校、广天农用机电高新技术股份有限公司、长沙艺园环境景观工程有限公司、湖南生物机电职业技术学院产学研示范场、湖南长沙种猪场

学校历史沿革
学院于 2001 年 5 月由湖南省长沙农业学校和湖南省机电工程学校两所国家级重点中专合并升格而成,2003 年 2 月 22 日更名为湖南生物机电职业技术学院。湖南省长沙农业学校前身是成立于 1903 年的湖南修业学堂,至今已有 108 年的办学历史;湖南省机电工程学校(原湖南省农业机械化学校)成立于 1958 年。

湖南交通职业技术学院

学校(机构)标识码 4143012397	校园(局域)网域名 www.hnjtzy.com.cn	在校生数(人) 13572
学校办学类型 415:专科院校:高等职业学校		其中:普通专科 12605
	电子信箱 hnjtzy13@126.com	成人专科 967
学校性质类别 02 理工院校	占地面积(平方米) 706370	专任教师(人) 587
学校举办者 812 省级其他部门	校舍建筑面积(平方米) 654824	其中:正高级 16
学校地址 湖南交通职业技术学院	图书(万册) 74.5	副高级 159
邮政编码 410132	固定资产总值(万元) 110592.82	中级 302
办公电话 0731-82082003	教学、科研仪器设备资产值(万元)	初级 96
传真电话 0731-82082000	7959.73	未定职级 14

专科专业 保险实务、城市轨道交通工程技术、道路桥梁工程技术、电子商务、高等级公路维护与管理、工程机械技术服务与营销、工程机械控制技术、工程机械运用与维护、工程监理、工程造价、会计、计算机应用技术、建筑工程技术、建筑经济管理、建筑装饰工程技术、交通安全与智能控制、旅游管理、模具设计与制造、汽车电子技术、汽车技术服务与营销、汽车运用技术、汽车整形技术、汽车制造与装配技术、软件技术、商务英语、数控技术、文秘、物流管理

院系设置
路桥工程学院、建筑工程学院、汽车工程学院、机电工程学院、物流管理学院、交通信息学院、工程经济学院、商贸旅游学院、公共教学部、体育艺术部

国家级、省部级研究机构设置
研究所(中心):高职教育研究所

定期公开出版的专业刊物 《湖南交通职业技术学院》

学校设立奖学金情况
学校设立奖学金 五项,奖励总金额 107.5 余万元。奖学金最高金额 4000 元/年,最低金额 200 元/年。

1. 特等奖学金:10 人/年,4000 元/人
2. 德育奖学金:10 人/年,1500 元/人
3. 一等奖学金:210 人/年,1200 元/人
4. 二等奖学金:810 人/年,600 元/人
5. 三等奖学金:1410 人/年,200 元/人

主要校办产业
湖南省交通高级技工学校驾驶培训中心、湖南交通职业技

术学院交职驾驶员培训学校、湖南金顺公路工程建立咨询有限公司、湖南众智工程咨询有限公司、湖南新中皇交院汽车维修有限公司、湖南华顺试验检测咨询有限责任公司、交通运输部湖南培训中心、后勤总公司

毕业生一次就业率 93%

学校历史沿革

湖南交通职业技术学院创建于1956年,其前身为湖南省交通学校。1999年1月,与湖南省交通干部学校合并组建新的湖南省交通学校,2000年5月学校被教育部评定为国家级重点中专。2001年8月,经湖南省人民政府批准,升格为高等职业技术学院。2004年3月,兼并了原湖南省公路技术学校,2005年11月,办学水平评估被教育部确定为优秀等级。2006年8月25日将湖南交通高级技工学校并入,2007年8月,成为国家示范性高职院校立项建设单位。

湖南商务职业技术学院

学校(机构)标识码 4143012401	传真电话 0731-88116467	在校生数(人) 8331
学校办学类型 415:专科院校:高等职业学校	校园(局域)网域名 www.hnsuxy.com	其中:普通专科 7887
	电子信箱 hus_swxx@163.net	成人专科 444
学校性质类别 08 财经院校	占地面积(平方米) 352176	专任教师(人) 345
学校举办者 812 省级其他部门	校舍建筑面积(平方米) 62123	其中:正高级 6
学校地址 湖南长沙岳麓区青山镇雷锋大道335号	图书(万册) 38.2	副高级 79
	固定资产总值(万元) 19834	中级 143
邮政编码 410205	教学、科研仪器设备资产值(万元) 3057.75	初级 57
办公电话 0731-88116241		未定职级 60

专科专业 财务管理、电气自动化技术、电子商务、电子信息工程技术、国际贸易实务、会计、会计与统计核算、计算机控制技术、计算机网络技术、计算机应用技术、酒店管理、连锁经营管理、旅游服务与管理、软件技术、商务经纪与代理、商务英语、市场营销、数字媒体技术、投资与理财、文秘、物流管理、艺术设计、应用电子技术

院系设置

设经济贸易、人文旅游、会计管理、电子信息工程技术四系和思政、体育两部

学校设立奖学金情况

学校设立奖学金3项,奖励总金额80余万元。奖学金最高800元/年,最低金额300元/年。

学校历史沿革

1950年9月,建校为湖南省合作干部培训班,1953年3月,省合作干部训练班与省进业高级商业学校合并,更名为湖南省合作学校,1954年9月,学校更名为湖南省合作干部学校,1955年7月,湖南省合作干部学校更名为湖南省供销合作社干部学校,1958年学校与湖南省商业干校、湖南省服务干校合并为湖南省商业干部学校,1959年秋,商业干部学校与省财会、统计、银行、税务、粮食等干校大合并,升格为湖南财贸学院,1963—1969年,省供销社为了满足供销社系统干部培训的需要,恢复了省供销合作社干部学校,1977年11月学校更名为湖南省供销学校,2000年1月,学校经湖南省教委、省计委批准,更名为湖南省商务学校,2001年,学校在省供销社的支持下,经省政府批准,学校升格为高职学院,并更名为湖南商务职业技术学院。

湖南体育职业学院

学校(机构)标识码 4143012423	传真电话 0731-85072903	在校生数(人) 2063
学校办学类型 415:专科院校:高等职业学校	校园(局域)网域名 tyxy.12edu.cn	其中:普通专科 1974
	电子信箱 peppy@126.com	成人专科 89
学校性质类别 10 体育院校	占地面积(平方米) 311398	专任教师(人) 157
学校举办者 812 省级其他部门	校舍建筑面积(平方米) 106877	其中:正高级 6
学校地址 湖南省长沙市雨花区体院路71号	图书(万册) 15	副高级 30
	固定资产总值(万元) 4809	中级 73
邮政编码 410014	教学、科研仪器设备资产值(万元) 1448.21	初级 35
办公电话 0731-85072901		未定职级 13

专科专业 表演艺术、社会体育、体育保健、体育服务与管理、体育教育、武术、运动训练

院系设置

体育系,社体系,继续教育部,公共课部,省体育运动学校

定期公开出版的专业刊物 《湖南体育职业学院院报》

学校设立奖学金情况

学校设立奖学金3项,奖励总金额18.4余万元。奖学金最高金额2000元/年,最低金额600元/年。

毕业生一次就业率 87%

学校历史沿革

1985年9月经省人民政府和国家体育总局批准,报国家教育部备案成立湖南职工体育运动技术学院,2002年5月23日经省人民政府批准,在湖南职工体育运动技术学院和湖南省体育运动学校实质性合并的基础上成立湖南体育职业学院。

湖南工程职业技术学院

学校(机构)标识码	4143012425
学校办学类型	415:专科院校:高等职业学校
学校性质类别	02 理工院校
学校举办者	812 省级其他部门
学校地址	长沙市长沙县湘龙街道潇湘社区居委会
邮政编码	410151
办公电话	0731-84095302
传真电话	0731-84095300
校园(局域)网域名	www.hngczy.cn
电子信箱	xiehngczy@163.com
占地面积(平方米)	288362
校舍建筑面积(平方米)	242945
图书(万册)	51.76
固定资产总值(万元)	20215
教学、科研仪器设备资产值(万元)	3596
在校生数(人)	8569
其中:普通专科	8278
成人专科	291
专任教师(人)	414
其中:正高级	3
副高级	81
中级	177
初级	134
未定职级	19

专科专业 道路桥梁工程技术、电子信息工程技术、动漫设计与制作、房地产经营与估价、工程测量技术、工程造价、国际经济与贸易、国土资源调查、环境地质工程技术、环境艺术设计、会计电算化、计算机网络技术、计算机信息管理、计算机应用技术、建筑工程技术、建筑装饰工程技术、酒店管理、旅游管理、区域地质调查及矿产普查、软件技术、市场开发与营销、文秘、物流管理、岩土工程技术、应用英语、钻探技术

院系设置

资源工程系、土木工程系、信息工程系、管理工程系

学校设立奖学金情况

学校设立奖学金5项,奖励总金额637.6万元/年,最低金额2000元/年。

学校历史沿革

湖南地质学校(1958-1995年);湖南地质矿产局职工大学(1981-1988年);长沙工程学校(1995-2002年);湖南工程职工大学(1998-2002年);湖南工程职业技术学院(2002年至今)。

保险职业学院

学校(机构)标识码	4143012596
学校办学类型	415:专科院校:高等职业学校
学校性质类别	08 财经院校
学校举办者	812 省级其他部门
学校地址	长沙市天心区中豹塘路196号
邮政编码	410114
办公电话	0731-82816919
传真电话	0731-82816919
校园(局域)网域名	www.bxxy.com
电子信箱	yzb@bxxy.com
占地面积(平方米)	400020
校舍建筑面积(平方米)	91034
图书(万册)	42.5
固定资产总值(万元)	14385
教学、科研仪器设备资产值(万元)	2232.1
在校生数(人)	4641
其中:普通专科	4480
成人本科	113
成人专科	48
专任教师(人)	220
其中:正高级	5
副高级	40
中级	114
初级	50
未定职级	11

专科专业 保险实务、电子商务、法律事务、工商企业管理、国际商务、会计电算化、金融保险、金融管理与实务、投资与理财、医疗保险实务、营销与策划、应用英语

院系设置

保险职业学院下设三系三院一部。三系是保险系、金融系、管理与信息系。三院是国际保险学院、培训学院、继续教育学院。一部是公共课部。

定期公开出版的专业刊物 《保险职业学院学报》
学校设立奖学金情况
　　学校设立奖学金三项,奖励总金额 80.86 余万元。奖学金最高金额 800 元/年,最低金额 400 元/年。
学校历史沿革
　　保险职业学院是全国唯一一所从事保险职业教育的全日制公办普通高校,隶属于中国人寿保险(集团)公司,教育业务由湖南省教育厅管理,面向全国招生。1985 年 1 月,保险职业学院前身湖南保险职工大学创立。1986 年 3 月湖南保险职工大学改建成"中国保险管理干部学院",学制两年,隶属于中国人民保险公司。2003 年 1 月 29 日,经国家教育部和湖南省人民政府批准,"中国保险管理干部学院"改制为"保险职业学院",此项变革标志着学院由成人高校转制为普通高校。

湖南外贸职业学院

学校(机构)标识码	4143012597
学校办学类型	415:专科院校:高等职业学校
学校性质类别	08 财经院校
学校举办者	812 省级其他部门
学校地址	湖南省长沙市天心区中意一路 1156 号
邮政编码	410114
办公电话	0731-85479227
传真电话	0731-85479227
校园(局域)网域名	www.hnwmxy.com
电子信箱	hnwmzy@126.com
占地面积(平方米)	465848
校舍建筑面积(平方米)	111350
图书(万册)	40.45
固定资产总值(万元)	8062.71
教学、科研仪器设备资产值(万元)	2474.27
在校生数(人)	6384
其中:普通专科	6012
成人专科	372
专任教师(人)	259
其中:正高级	10
副高级	81
中级	109
初级	39
未定职级	20

　　专科专业 财务管理、电脑艺术设计、电子商务、动漫设计与制作、国际经济与贸易、国际商务、会计电算化、计算机网络技术、酒店管理、旅游管理、软件外包服务、商检技术、商务管理、商务英语、市场开发与营销、市场营销、室内装饰设计、物流管理、信息技术应用、应用韩语、应用日语
　　院系设置
　　现有国际贸易系、商务外语系、会计系、工商管理系、服务外包学院、国际学院、动漫艺术学院、继续教育学院
　　国家级、省部级研究机构设置
　　湖南服务贸易研究中心、湖南国际职业教育研究所落户于我院。
　　学校设立奖学金情况
　　学院设有奖学金 2 项,奖励总金额 81.5 余万元。奖学金最高为 8000 元/年,最低 5000 为元/年。
　　学校历史沿革
　　学院前身为 1954 年创建的湖南省粮食学校(1998 年更名为湖南省经济贸易学校)和 1979 年创建的湖南省对外经济贸易学校,2003 年 7 月合并升格为湖南对外经济贸易职业学院,由湖南省商务厅主管。2010 年 10 月经湖南省人名政府批准更名为湖南外贸职业学院。

湖南网络工程职业学院

学校(机构)标识码	4143012598
学校办学类型	415:专科院校:高等职业学校
学校性质类别	01 综合大学
学校举办者	811 省级教育部门
学校地址	长沙市青园路 168 号
邮政编码	410004
办公电话	0731-82821
传真电话	073182821
校园(局域)网域名	www.hnevc.com
电子信箱	hnddxzxx@163.com
占地面积(平方米)	133466
校舍建筑面积(平方米)	102446
图书(万册)	36.42
固定资产总值(万元)	21008.4
教学、科研仪器设备资产值(万元)	4056.91
在校生数(人)	5958
其中:普通专科	5958
专任教师(人)	266
其中:正高级	20
副高级	66
中级	126
初级	33
未定职级	21

　　专科专业 表演艺术、道路桥梁工程技术、电气自动化技术、电子商务、工商企业管理、会计、计算机网络技术、计算机信息管理、计算机应用技术、金融管理与实务、酒店管理、旅游管理、旅游英语、模具设计与制造、商务英语、市场营销、数控技术、数字媒体技术、文化市场经营与管理、文秘、物流管理、药学、艺术设计、应用英语
　　院系设置
　　学院下设信息工程系、机电工程系、传媒艺术系、商贸旅游

系、经济管理系、公共课部等六个教学单位。

学校设立奖学金情况

学校设立奖学金2项,奖励总金额48.02余万元。奖学金最高金额1500元/年,最低金额1000元/年。

学校历史沿革

湖南网络工程职业学院于2003年7月经湖南省人民政府批准成立,由湖南省教育厅主办主管,与湖南广播电视大学实行两块牌子、一套人马,并依托湖南广播电视大学教育教学资源办学的全日制普通高等学校。

湘潭大学兴湘学院

学校(机构)标识码 4143012599	办公电话 0731-58292059	教学、科研仪器设备资产值(万元) 2743.8
学校办学类型 413:本科院校:独立学院	传真电话 0731-58292059	在校生数(人) 8069
学校性质类别 01 综合大学	校园(局域)网域名 xxx.xtu.edu.cn	其中:普通本科 8069
学校举办者 999 民办	电子信箱 xxxy@xtu.edu.cn	专任教师(人) 331
学校地址 湖南省湘潭市雨湖区羊牯塘街道羊牯塘社区	占地面积(平方米) 180828	其中:正高级 107
	校舍建筑面积(平方米) 55453	副高级 116
邮政编码 411105	图书(万册) 45.9	中级 108
	固定资产总值(万元) 9208	

本科专业 材料成型及控制工程、财务管理、德语、电子商务、电子信息工程、动画、法学、法语、高分子材料与工程、工商管理、广播电视新闻学、广告学、国际经济与贸易、过程装备与控制工程、汉语言文学、行政管理、化学工程与工艺、环境工程、会计学、机械设计制造及其自动化、计算机科学与技术、建筑环境与设备工程、金融学、经济学、旅游管理、人力资源管理、日语、市场营销、通信工程、土木工程、网络工程、微电子学、新闻学、艺术设计、英语、制药工程、自动化

院系设置

学院设置了董事会、党委、办公室、财务部、综合档案室、教务办公室、学生工作办公室、招生与就业指导办公室、教学评估办公室、直属工会小组、团委等机构。学院设立4个系。

学校设立奖学金情况

学院设立10项奖学金,最高奖励2500元/人,最低700元/人,奖励总额达到100余万元。

学校历史沿革

湘潭大学兴湘学院成立于2001年8月,是经教育部和湖南省人民政府批准设立,由湘潭大学举办的一所独立学院,是湖南省首家由综合性全国重点大学举办的独立学院,坐落在毛泽东同志的故乡——湖南省湘潭市。学院在中国科学研究评价中心发布的2007中国独立学院排行榜中名列全国第35位,居湖南省独立学院首位。

邵阳职业技术学院

学校(机构)标识码 4143012600	传真电话 0739-5302313	在校生数(人) 5012
学校办学类型 415:专科院校:高等职业学校	校园(局域)网域名 syzyedu.com	其中:普通专科 4522
	占地面积(平方米) 453100	成人专科 490
学校性质类别 01 综合大学	校舍建筑面积(平方米) 127385	专任教师(人) 258
学校举办者 822 地级其他部门	图书(万册) 27.2	其中:正高级 2
学校地址 湖南省邵阳市大祥区城南乡梅子井村	固定资产总值(万元) 9129.55	副高级 45
邮政编码 422004	教学、科研仪器设备资产值(万元) 1770.01	中级 185
办公电话 0739-5302313		初级 26

专科专业 畜牧兽医、电子商务、电子信息工程技术、服装设计、工程造价、广告设计与制作、国际贸易实务、环境艺术设计、会计电算化、机电一体化技术、机械设计与制造、计算机网络技术、计算机应用技术、建筑工程技术、旅游管理、模具设计与制造、汽车检测与维修技术、商务英语、生物制药技术、食品药品监督管理、市场营销、数控技术、投资与理财、文秘、物流管理

院系设置

我院设有机电工程系、财经贸易系、工商管理系、信息与传媒艺术系、生物工程系及建筑工程系等6个系及中专部、继续教育部及国家职业技能鉴定所。

学校历史沿革

邵阳职业技术学院是经湖南省人民政府批准，由邵阳市经济贸易学校、邵阳市机电工程学校、邵阳市农业学校合并、国家教育部备案的全日制普通高等职业学院。

湖南司法警官职业学院

学校(机构)标识码	4143012601
学校办学类型	415:专科院校:高等职业学校
学校性质类别	09 政法院校
学校举办者	812 省级其他部门
学校地址	湖南司法警官职业学院
邮政编码	410131
办公电话	0731-82693015
传真电话	0731-82693073
校园(局域)网域名	www.hnsfjy.cn
电子信箱	sfjyb2009@126.com
占地面积(平方米)	242338
校舍建筑面积(平方米)	82166
图书(万册)	23.66
固定资产总值(万元)	11426.5
教学、科研仪器设备资产值(万元)	745.8
在校生数(人)	4695
其中:普通专科	4570
成人专科	125
专任教师(人)	223
其中:正高级	4
副高级	49
中级	84
初级	76
未定职级	10

专科专业 安全防范技术、电子政务、法律事务、法律文秘、戒毒康复、经济管理、社区管理与服务、司法鉴定技术、司法警务、司法信息安全、刑事侦查技术、刑事执行、罪犯心理测量与矫正技术

学校设立奖学金情况

学校设立奖学金5项，奖励总金额17余万元。奖学金最高金额800元/年，最低金额50元/年。

毕业生一次就业率 76%

学校历史沿革

1.1986年至1996年湖南省劳教干部学校 2.1996年至2003年6月为湖南省司法警官学校 3.2003年7月成立湖南司法警官职业学院 4.2008年10月教育部高职高专人才培养工作水平评估优秀等次。

长沙商贸旅游职业技术学院

学校(机构)标识码	4143012603
学校办学类型	415:专科院校:高等职业学校
学校性质类别	08 财经院校
学校举办者	821 地级教育部门
学校地址	长沙市雨花区圭白路16号(新校区)，长沙韶山南路578号(韶山南路校区)
邮政编码	410004
办公电话	0731-89768409
传真电话	0731-89768409
校园(局域)网域名	www.hncpu.com
电子信箱	cctcbgs@yahoo.com.cn
占地面积(平方米)	405747
校舍建筑面积(平方米)	180987
图书(万册)	39.65
固定资产总值(万元)	9529.69
教学、科研仪器设备资产值(万元)	3001.2
在校生数(人)	6181
其中:普通专科	5854
成人专科	327
专任教师(人)	325
其中:正高级	6
副高级	83
中级	100
初级	80
未定职级	56

专科专业 保险实务、财务管理、餐饮管理与服务、电子商务、动漫设计与制作、广告设计与制作、国际贸易实务、会计、会计与审计、会展策划与管理、计算机网络技术、计算机应用技术、金融管理与实务、酒店管理、空中乘务、旅游管理、烹饪工艺与营养、人力资源管理、软件技术、商务英语、涉外旅游、市场营销、投资与理财、文秘、物流管理、艺术设计、印刷图文信息处理、证券投资与管理

院系设置

学院设会计系、旅游管理系、经济贸易系、人文艺术系、信息技术系、基础课部、成教部五系二部。

国家级、省部级研究机构设置

研究中心(所):高职教育研究所

学校设立奖学金情况

学校设立奖学金6项，奖学金最高金额8000元/年，最低金额200元/年。

学校历史沿革

1960年建校，校址为长沙市北郊新河马厂，校名为"长沙财贸中学"。1961年改名为"长沙财贸学校"。1964年迁至长沙市河西窑岭坡。改名"长沙商业学校"。"文革"期间停办。1974年复校。2002年4月24日与长沙市商业职业中专、长沙市商业技工学校一起成立"长沙商贸旅游职业教育集团"。2003年7

月1日与长沙市商业职业中专一起申办成立"长沙商贸旅游职业技术学院"。2008年10月在国家教育部高职高专院校人才培养工作水平评估中获"优秀"等级。2011年被湖南省教育厅正式立项为湖南省十二五省级重点建设项目——湖南省示范性（骨干）高等职业院校。

湖南工业大学科技学院

学校（机构）标识码	4143012604
学校办学类型	413：本科院校：独立学院
学校性质类别	02 理工院校
学校举办者	999 民办
学校地址	湖南省株洲市荷塘区文化路
邮政编码	412008
办公电话	0731-22623778
传真电话	0731-22622496
校园（局域）网域名	www.hnut-d.com
电子信箱	jcc@zhuzit.edu.cn
占地面积（平方米）	33350
图书（万册）	51.38
固定资产总值（万元）	7913
教学、科研仪器设备资产值（万元）	4013
在校生数（人）	7919
其中：普通本科	7919
专任教师（人）	89
其中：正高级	7
副高级	26
中级	37
初级	19

本科专业 包装工程、财务管理、电气工程及其自动化、电子信息工程、动画、法学、工商管理、工业设计、广告学、国际经济与贸易、会计学、机械设计制造及其自动化、计算机科学与技术、市场营销、体育教育、土木工程、新闻学、艺术设计、印刷工程、英语

院系设置
公共课教学部、机电教学部、包装与土木工程教学部、经管文法教学部、艺术教学部

学校设立奖学金情况
学校设立奖学金7项，奖励总金额160余万元。奖学金最高金额8000元/年，最低金额300元/年。

学校历史沿革
经株洲市人民政府2003年7月16日市长办公会议决定，湖南城市建设学校整体并入株洲工学院（现湖南工业大学）。株洲工学院已将相关人员及资产全部移交株洲工学院科技学院（现湖南工业大学科技学院）。经湖南省人民政府湘政函〔20040189号文件批复，湖南省财会学校并入株洲工学院（现湖南工业大学），株洲工学院已将相关人员及资产全部移交株洲工学院科技学院（现湖南工业大学科技学院）。2010年5月湖南工业大学搬迁到新校区，同年7月湖南工业大学科技学院搬迁到湖南工业大学老校区。

湖南科技大学潇湘学院

学校（机构）标识码	4143012649
学校办学类型	413：本科院校：独立学院
学校性质类别	01 综合大学
学校举办者	999 民办
学校地址	湖南省湘潭市雨湖区桃源路石码头附2号
邮政编码	411201
办公电话	0732-58290584
传真电话	0732-58290509
校舍建筑面积（平方米）	186837
图书（万册）	62.5
固定资产总值（万元）	11700.87
教学、科研仪器设备资产值（万元）	4492.13
在校生数（人）	9152
其中：普通本科	9152
专任教师（人）	397
其中：正高级	36
副高级	130
中级	143
初级	55
未定职级	33

本科专业 财务管理、电气工程及其自动化、电子信息工程、对外汉语、法学、工商管理、国际经济与贸易、汉语言文学、会计学、机械设计制造及其自动化、计算机科学与技术、建筑学、旅游管理、美术学、人力资源管理、社会体育、体育教育、通信工程、土木工程、网络工程、新闻学、艺术设计、英语

学校设立奖学金情况
学校设立奖学金25项，奖励总金额291.69万元。奖学金最高金额4000元/年，最低金额100元/年。

毕业生一次就业率 72.55%

学校历史沿革
教育部2004年批准成立。

南华大学船山学院

学校(机构)标识码 4143012650	传真电话 0734-8160541	在校生数(人) 7446
学校办学类型 413:本科院校:独立学院	校园(局域)网域名 csxy.usc.edu.cn	其中:普通本科 7446
	电子信箱 cs@usc.edu.cn	专任教师(人) 307
学校性质类别 02 理工院校	占地面积(平方米) 333473	其中:正高级 33
学校举办者 999 民办	校舍建筑面积(平方米) 52115	副高级 116
学校地址 衡阳市蒸湘区雨母山乡二塘村	图书(万册) 38.9	中级 121
邮政编码 421101	固定资产总值(万元) 13832	初级 37
办公电话 0734-8160763	教学、科研仪器设备资产值(万元)	

本科专业 安全工程、道路桥梁与渡河工程、电气工程及其自动化、电子信息工程、工商管理、工业设计、国际经济与贸易、汉语言文学、核工程与核技术、护理学、环境工程、会计学、机械设计制造及其自动化、计算机科学与技术、建筑环境与设备工程、建筑学、矿物资源工程、临床医学、麻醉学、软件工程、市场营销、通信工程、土木工程、药学、医学检验、医学影像学、艺术设计、英语、预防医学、制药工程、自动化

院系设置
五系一部一中心。即医学系、机电与信息工程系、土木与环境工程系、核科技与化学工程系、经济管理与文法系、基础课部、实验中心。

学校设立奖学金情况
学校设立奖学金4项,奖励总金额87余万元。奖学金最高金额1500元/年,最低金额400元/年。

学校历史沿革
南华大学船山学院是经湖南省人民政府和湖南省教育厅于2001年8月批准设立的民办二级学院,国家教育部【2003】8号文件规范为独立学院。至2011年7月已输送合格毕业生4767人,目前在校生7400余人。

湖南商学院北津学院

学校(机构)标识码 4143012651	传真电话 0731-88765666	在校生数(人) 8646
学校办学类型 413:本科院校:独立学院	校园(局域)网域名 www.bjxy.net.cn	其中:普通本科 8646
	电子信箱 bj@hnbc.com.cn	专任教师(人) 367
学校性质类别 08 财经院校	占地面积(平方米) 313296	其中:正高级 39
学校举办者 999 民办	校舍建筑面积(平方米) 105961	副高级 122
学校地址 湖南省长沙市望城区星城镇东马社区	图书(万册) 84.72	中级 168
邮政编码 410219	固定资产总值(万元) 32500	初级 32
办公电话 0731-88765555	教学、科研仪器设备资产值(万元) 2910	未定职级 6

本科专业 财务管理、电子商务、电子信息工程、动画、法学、工商管理、公共事业管理、广告学、国际经济与贸易、汉语言文学(编辑出版学)、汉语言文学(中文秘书方向)、行政管理、会计学、会展经济与管理、计算机科学与技术、金融学、经济学、旅游管理、人力资源管理、市场营销、统计学、物流管理、信息管理与信息系统、信息与计算科学、艺术设计学、英语

院系设置
经济贸易系、工商管理系、会计系、法学系、旅游管理系、外语系、信息系、中文系、公共管理系、财政金融系、艺术系、机电系

学校设立奖学金情况
学校设立奖学金44项,奖励总金额754余万元。奖学金最高金额8000元/年,最低金额50元/年。

学校历史沿革
湖南省商业厅干部学校(1950年-1973年);湖南省商业学校(1973年-1980年);湖南商业专科学校(1980年-1994年);湖南商学院北院(1994年-2001年);湖南商学院北津学院(2001年至今);2004年,国家教育部确认北津学院具有独立办学资格。

湖南师范大学树达学院

学校(机构)标识码　4143012652
学校办学类型　413:本科院校:独立学院
学校性质类别　06 师范院校
学校举办者　999 民办
学校地址　湖南省长沙市岳麓区麓山南路桃花坪1号
邮政编码　410012
办公电话　0731-88636499
传真电话　0731-88636499
校园(局域)网域名　sdw.hunnu.edu.cn
电子信箱　sdxyyb@hunnu.edu.cn
图书(万册)　68.84
固定资产总值(万元)　17460.74
教学、科研仪器设备资产值(万元)　2710
在校生数(人)　6434
其中:普通本科　6434
专任教师(人)　311
其中:正高级　52
　　　副高级　78
　　　中级　181

本科专业　播音与主持艺术、电子商务、电子信息科学与技术、对外汉语、法学、服装设计与工艺教育、工商管理、公共事业管理、广告学、国际经济与贸易、汉语言文学、行政管理、护理学、化学工程与工艺、机械设计制造及其自动化、计算机科学与技术、教育技术学、金融学、经济学、酒店管理、历史学、临床医学、旅游管理、日语、社会体育、生物技术、通信工程、土地资源管理、文化产业管理、新闻学、学前教育、药学、艺术设计、艺术设计学、音乐表演、英语、应用心理学、制药工程、装潢设计与工艺教育、资源环境与城乡规划管理

院系设置
六系一部、文法系、经管系、理工系、艺体系、外语系、医学系、公共课部

学校设立奖学金情况
学校设立奖学金4项,奖励总金额117.9万元/年,最低金额500元/年。特等6人,金额3000元/人;一等175人,金额1500元/人;二等357人,金额1000元/人;三等1083人,金额500元/人。

学校历史沿革
湖南师范大学树达学院是2001年8月经省政府批准成立,2004年1月获国家教育部审核确认,实行新的办学机制,旨在培养适应国家和湖南省经济社会发展需要的本科应用型人才的独立学院。学院的中长期发展目标是将学院建设成为院风严谨、机制灵活、特色鲜明的省内一流、全国知名的综合性独立学院。

湖南农业大学东方科技学院

学校(机构)标识码　4143012653
学校办学类型　413:本科院校:独立学院
学校性质类别　03 农业院校
学校举办者　999 民办
学校地址　长沙市芙蓉区东岸乡农大路
邮政编码　410128
办公电话　0731-84635182
传真电话　0731-84673815
校园(局域)网域名　www.hnaues.com
电子信箱　hnaues@hunau.net
图书(万册)　58.13
固定资产总值(万元)　21030
教学、科研仪器设备资产值(万元)　5463.8
在校生数(人)　9842
其中:普通本科　9842
专任教师(人)　183
其中:正高级　9
　　　副高级　30
　　　中级　70
　　　初级　66
　　　未定职级　8

本科专业　电子商务、动物医学、动植物检疫、法学、工程管理、工商管理、国际经济与贸易、环境工程、会计学、机械设计制造及其自动化、计算机科学与技术、金融学、经济学、汽车服务工程、日语、社会体育、生物工程、生物技术、食品科学与工程、市场营销、水利水电工程、土地资源管理、土木工程、信息工程、信息与计算科学、烟草、艺术设计、英语、应用化学、应用心理学、园林、园艺、资源环境与城乡规划管理

院系设置
学院下设15个系:人文社会科学系、经济系、商学系、外国语系、信息科学系、生物科学与技术系、理学系、生物安全系、园艺园林系、动物医学系、食品科学技术系、资源环境系、工程技术系、农学系、体育艺术系。学院成立10个教研室:大学英语教研室、体育教研室、思想政治理论课教研室、军事理论教研室、计算机教研室、安全教育教研室、数学教研室、心里学教研室、大学生职业发展与就业指导教研室、综合教研室

学校设立奖学金情况
学院设立奖学金情况:学院设立奖学金9项,奖励总金额800余万元。奖学金最高金额8000元/年,最低金额350元/年。

学校历史沿革
学院成立于2002年5月,2004年被教育部确认为首批独立学院。2004年12月被中国教育联合会授予"中国一流高等独立学院"称号;2006年11月被中国名校战略学会授予"全国教育教

学管理示范院校";2006年12月被中国校园安全行动办公室授予"全国创建'平安校园'示范学校";2008年5月,当选为湖南省独立学院联席会主席单位,中国独立学院协作会副理事长单位;2010年7月被中国独立学院协作会授予"全国先进独立学院"。

中南林业科技大学涉外学院

学校(机构)标识码　4143012656	传真电话　0731-85623346	4931.79
学校办学类型　413:本科院校:独立学院	校园(局域)网域名　new.zswxy.cn	在校生数(人)　10330
	电子信箱　swxy-zhongnanlin@163.com	其中:普通本科　10330
学校性质类别　01 综合大学		专任教师(人)　496
学校举办者　999 民办	占地面积(平方米)　1673448	其中:正高级　34
学校地址　湖南省长沙市望城区丁字镇	校舍建筑面积(平方米)　104849	副高级　118
	图书(万册)　85.4	中级　147
邮政编码　410211	固定资产总值(万元)　59131.33	初级　197
办公电话　0731-89814001	教学、科研仪器设备资产值(万元)	

本科专业　电子信息工程、法学、工程管理、工业设计、国际经济与贸易、会计学、计算机科学与技术、金融学、旅游管理、人力资源管理、日语、食品科学与工程、市场营销、土木工程、物流工程、艺术设计、英语、园林

院系设置
外语、经管、理工、艺术四个系部

学校设立奖学金情况
学校设立奖学金4项,奖励总金额100余万元。奖学金最高金额3000元/年,最低金额500元/年。

学校历史沿革
中南林业科技大学涉外学院成立于2002年6月,是经湖南省人民政府批准、获国家教育部确认通过的独立学院。在中南林业科技大学成功更名的基础上,教育部办公厅于2006年4月6日发文正式批准我院更名为中南林业科技大学涉外学院。2010年10月,学院整体搬迁至长沙市望城区丁字镇新校区。涉外学院2008年9月份成立了外语、经管、理工、艺术四个系部。

湖南文理学院芙蓉学院

学校(机构)标识码　4143012657	校园(局域)网域名　www.hnuf.cn	在校生数(人)　7990
学校办学类型　413:本科院校:独立学院	电子信箱　hnuf@163.com	其中:普通本科　7990
	占地面积(平方米)　269673	专任教师(人)　203
学校性质类别　01 综合大学	校舍建筑面积(平方米)　114854	其中:正高级　7
学校举办者　999 民办	图书(万册)　40	副高级　50
学校地址　湖南省常德市青年东路	固定资产总值(万元)　12234.35	中级　96
邮政编码　415000	教学、科研仪器设备资产值(万元)　3162.52	初级　38
办公电话　0736-7189800		未定职级　12
传真电话　0736-7189810		

本科专业　材料科学与工程、城市规划、电子信息科学与技术、法学、国际经济与贸易、汉语言文学、机械电子工程、机械设计制造及其自动化、计算机科学与技术、旅游管理、生物科学、食品科学与工程、市场营销、数学与应用数学、体育教育、通信工程、土木工程、舞蹈编导、信息与计算科学、艺术设计、音乐学、英语、应用化学、自动化

院系设置
我院现有五系一部,分别是文学与社会科学系、理学系、工程与技术系、经济与管理系、艺术与体育系及公共与基础课部

学校设立奖学金情况
学校自行设立奖学金1项,奖励总金额94.7余万元。其奖学金最高金额2000元/年,最低金额500元/年。

毕业生一次就业率　72%

湖南理工学院南湖学院

学校(机构)标识码 4143012658	传真电话 0730-8648882	2582.3
学校办学类型 413:本科院校:独立学院	校园(局域)网域名 61.187.92.238:7442/nh/	在校生数(人) 8330
		其中:普通本科 8330
学校性质类别 02 理工院校	电子信箱 hnistnhc8882@163.com	专任教师(人) 360
学校举办者 999 民办	占地面积(平方米) 337335	其中:正高级 48
学校地址 湖南省岳阳市学院路439号	校舍建筑面积(平方米) 156579	副高级 130
	图书(万册) 36.65	中级 123
邮政编码 414006	固定资产总值(万元) 12245.82	初级 39
办公电话 0730-8648881	教学、科研仪器设备资产值(万元)	未定职级 20

本科专业 电子信息工程、法学、工程管理、广告学、国际经济与贸易、汉语言文学、会计学、机械电子工程、机械设计制造及其自动化、计算机科学与技术、建筑学、人力资源管理、社会体育、体育教育、土木工程、舞蹈学、艺术设计、音乐学、英语、制药工程

院系设置

文学与法学系、外国语言文学系、经济与管理系、机械与电子工程系、建筑与化学工程系、音乐系、体育系、美术系

学校设立奖学金情况

1. 国家奖学金:15人,8000元/年/人;
2. 励志奖学金:222人,5000元/年/人;
3. 助学金一等奖:556人,4000元/年/人;
4. 助学金二等奖:556人,3000元/年/人;
5. 助学金三等奖:556人,2000元/年/人;
6. 院长奖学金:2000元。

学校历史沿革

2002年,经教育部审批设立岳阳师范学院南湖学院并招收首批学生。2003年,经教育部审批改名为湖南理工学院南湖学院。

衡阳师范学院南岳学院

学校(机构)标识码 4143012659	传真电话 0734-8484226	在校生数(人) 6257
学校办学类型 413:本科院校:独立学院	校园(局域)网域名 nyxy.hynu.cn	其中:普通本科 6257
	电子信箱 nyxy@freemail.hynu.cn	专任教师(人) 300
学校性质类别 06 师范院校	占地面积(平方米) 321451	其中:正高级 27
学校举办者 999 民办	图书(万册) 51.3	副高级 123
学校地址 湖南省衡阳市黄白路179号	固定资产总值(万元) 17864.33	中级 109
	教学、科研仪器设备资产值(万元) 2848.78	初级 39
邮政编码 421008		未定职级 2
办公电话 0734-8484223		

本科专业 地理科学、电子信息工程、电子信息科学与技术、动画、法学、高分子材料与工程、广告学、国际经济与贸易、汉语言文学、计算机科学与技术、经济学、历史学、旅游管理、美术学、数学与应用数学、思想政治教育、体育教育、物理学、艺术设计、音乐表演、音乐学、英语、应用化学、应用心理学、资源环境与城乡规划管理

院系设置

现有14个教学系(部)。

学校设立奖学金情况

学校设立奖学金4项,奖励总金额280余万元,奖学金最高金额8000元/年,最低金额300元/年。

学校历史沿革

衡阳师范学院南岳学院成立于2002年6月。

湖南工程学院应用技术学院

学校(机构)标识码 4143012660	办公电话 0731-58688322	在校生数(人) 6180
学校办学类型 413:本科院校:独立学院	传真电话 0731-58688322	其中:普通本科 6180
	校园(局域)网域名 www.hnieyy.cn	专任教师(人) 297
学校性质类别 02 理工院校	图书(万册) 38.79	其中:正高级 10
学校举办者 999 民办	固定资产总值(万元) 8117.19	副高级 93
学校地址 湖南省湘潭岳塘区市书院路17号	教学、科研仪器设备资产值(万元) 2820.55	中级 114
邮政编码 411101		初级 80

本科专业 材料成型及控制工程、测控技术与仪器、电气工程及其自动化、电子科学与技术、电子信息工程、服装设计与工程、工程管理、工商管理、工业设计、广告学、国际经济与贸易、会计学、机械设计制造及其自动化、计算机科学与技术、建筑环境与设备工程、经济学、旅游管理、人力资源管理、生物工程、市场营销、通信工程、土木工程、物流管理、艺术设计、英语、应用化学、自动化

学校历史沿革

湖南工程学院应用技术学院成立于2002年6月,经湖南省人民政府(湘政函[2002]124号)批准设立并经国家教育部(教发函[2004]43号)确认的独立学院,由湖南工程学院举办,合作单位为湘电集团有限公司。

湖南中医药大学湘杏学院

学校(机构)标识码 4143012661	办公电话 0731-85381079	2473.03
学校办学类型 413:本科院校:独立学院	传真电话 0731-85381079	在校生数(人) 5975
	校园(局域)网域名 xxxy.hnctcm.edu.cn	其中:普通本科 5975
学校性质类别 05 医药院校		专任教师(人) 226
学校举办者 999 民办	电子信箱 hnzyxx@163.com	其中:正高级 48
学校地址 湖南省长沙市韶山中路113号	图书(万册) 35.85	副高级 80
	固定资产总值(万元) 4033.91	中级 81
邮政编码 410007	教学、科研仪器设备资产值(万元)	初级 17

本科专业 护理学、生物工程、市场营销、药物制剂、药学、医学影像学、应用心理学、针灸推拿学、制药工程、中西医临床医学、中药学、中医学

学校设立奖学金情况

学校设立奖学金4项,奖励总金额30余万元。奖学金最高金额2000元/年,最低金额500元/年。

1. 一等奖学金:2人,2000元/年
2. 二等奖学金:105人,1000元/年
3. 三等奖学金:234人,800元/年
4. 单项奖学金:49人,500元/年

毕业生一次就业率 77%

学校历史沿革

湖南中医药大学湘杏学院于2002年批准成立,并招收第一届学生,是一所独立学院,属于湖南中医药大学。占地面积300余亩,现有本科专业12个。

吉首大学张家界学院

学校(机构)标识码 4143012662	学校地址 湖南省张家界市永定区	占地面积(平方米) 1422183
学校办学类型 413:本科院校:独立学院	邮政编码 427000	图书(万册) 48.6
	办公电话 0744-2200500	固定资产总值(万元) 7451
学校性质类别 01 综合大学	传真电话 0744-2200501	教学、科研仪器设备资产值(万元)
学校举办者 999 民办	校园(局域)网域名 zjj.jsu.edu.cn	2795

在校生数(人) 7463	其中:正高级 28	初级 68
其中:普通本科 7463	副高级 116	未定职级 56
专任教师(人) 414	中级 146	

本科专业 电子商务、电子信息工程、电子信息科学与技术、动画、法学、工商管理、公共事业管理、广告学、国际经济与贸易、汉语言文学、护理学、化学工程与工艺、环境工程、会计学、计算机科学与技术、经济学、旅游管理、人力资源管理、日语、生物工程、市场营销、体育教育、通信工程、舞蹈学、新闻学、信息管理与信息系统、艺术设计、音乐学、英语、园林、资源环境与城乡规划管理

学校历史沿革

吉首大学张家界学院是2002年经国家教育部和湖南省人民政府批准,湖南省属综合性大学吉首大学举办的一所独立学院。

湖南环境生物职业技术学院

学校(机构)标识码 4143012739	校园(局域)网域名 www.hnebp.edu.cn	在校生数(人) 9416
学校办学类型 415:专科院校:高等职业学校	电子信箱 hnhjswzyjsxy@yeah.net	其中:普通专科 9101
		成人专科 315
学校性质类别 04 林业院校	占地面积(平方米) 805736	专任教师(人) 736
学校举办者 812 省级其他部门	校舍建筑面积(平方米) 378903	其中:正高级 31
学校地址 湖南省衡阳市石鼓区望城路165号	图书(万册) 86.81	副高级 206
	固定资产总值(万元) 38009.44	中级 370
邮政编码 421005	教学、科研仪器设备资产值(万元) 6547.91	初级 125
办公电话 0734-8591377		未定职级 4
传真电话 0734-8591335		

专科专业 包装技术与设计、畜牧兽医、电子商务、广告设计与制作、护理、环境监测与治理技术、环境艺术设计、会计电算化、计算机网络技术、计算机应用技术、经济管理、酒店管理、林业技术、软件技术、森林生态旅游、商务英语、涉外旅游、生物技术及应用、生物制药技术、市场营销、室内设计技术、水产养殖技术、文秘、物流管理、新闻采编与制作、药学、医学检验技术、应用电子技术、园林工程技术、园林技术、中药、助产

院系设置

学院设有1院8系4部。分别为护理学院、园林系、生物工程系、旅游与环境工程系、环境艺术设计系、医药系、工商管理系、信息技术系、人文与外语系,公共基础课部、体育课部、思想政治理论课教研部和中职部

定期公开出版的专业刊物 《湖南环境生物职业技术学院学报》

学校设立奖学金情况

学院设立奖学金4项,奖励总金额32余万元。奖学金最高金额5000元/年,最低金额200元/年。

学校历史沿革

湖南环境生物职业技术学院创办于1975年,前身为湖南农学院衡阳分院;1987年经湖南省人民政府批准更名为湖南林业高等专科学校;1999年经教育部批准更名为衡阳职业技术学院;2001年3月经湖南省人民政府批准、国家教育部备案更为现名。2004年经湖南省人民政府批准,具有50多年办学历史的国家级重点普通中专——衡阳市卫生学校整体并入湖南环境生物职业技术学院,并挂牌为湖南环境生物职业技术学院中职部,现学院中职部继续举办规模适度的中等医学教育。学院隶属于湖南省林业厅、湖南省教育厅双重领导。

长沙通信职业技术学院

学校(机构)标识码 4143012845	邮政编码 410015	校舍建筑面积(平方米) 99725
学校办学类型 415:专科院校:高等职业学校	办公电话 0731-85202048	图书(万册) 24.77
	传真电话 0731-85201744	固定资产总值(万元) 13822.45
学校性质类别 02 理工院校	校园(局域)网域名 www.csctc.net	教学、科研仪器设备资产值(万元) 4348.16
学校举办者 812 省级其他部门	电子信箱 csctc@csctc.net	
学校地址 长沙通信职业技术学院	占地面积(平方米) 120700	在校生数(人) 3728

其中：普通专科　3586　　　　其中：正高级　3　　　　　　初级　36
　　　成人专科　142　　　　　　　副高级　43　　　　　　未定职级　2
专任教师（人）　151　　　　　　　中级　67

专科专业　电子商务、工商企业管理、光纤通信、计算机通信、计算机网络技术、计算机信息管理、市场营销、通信技术、通信技术（宽带通信）、通讯工程设计与管理、移动通信技术、移动通信技术（通信电源）、移动通信技术（网络优化）

院系设置
通信工程系、移动通信系、计算机信息工程系、通信管理系

定期公开出版的专业刊物　《长沙通信职业技术学院学报》

学校设立奖学金情况
学校设立奖学金7项，奖励总金额52.62万元/年，最高金额8000元/年，最低金额600元/年。

学校历史沿革
1.1958年7月1日成立湖南省邮电学校；2.2001年8月27日经湖南省人民政府批准，在湖南省邮电学校的基础上成立长沙通信职业技术学院至今。

湘潭职业技术学院

学校（机构）标识码　4143012846
学校办学类型　415：专科院校：高等职业学校
学校性质类别　01 综合大学
学校举办者　821 地级教育部门
学校地址　湘潭市岳塘区双拥中路
邮政编码　411102
办公电话　0731-58519000
传真电话　0731-58519000

校园（局域）网域名　www.xtzy.com
电子信箱　helinhai88@126.com
占地面积（平方米）　221344
校舍建筑面积（平方米）　134282
图书（万册）　39.2
固定资产总值（万元）　27153
教学、科研仪器设备资产值（万元）　2795.32
在校生数（人）　8001

其中：普通专科　6851
　　　成人专科　1150
专任教师（人）　340
其中：正高级　7
　　　副高级　106
　　　中级　140
　　　初级　64
　　未定职级　23

专科专业　工商企业管理、广告设计与制作、护理、会计电算化、机电一体化技术、机械设计与制造、计算机应用技术、康复治疗技术、口腔医学技术、旅游管理、模具设计与制造、软件技术、商务英语、数控技术、物流管理、药学、医学检验技术、艺术设计、营销与策划、应用电子技术、助产

院系设置
学院设五院一部：工学院、商学院、护理学院、医学技术学院、继续教育学院、公共课部（思政课部）。

学校设立奖学金情况
学校设立奖学金5项，奖励总金额50.1余万元。奖学金最高金额1000元/年，最低金额400元/年。

主要校办产业
学校有校办产业两个：湘潭市液压机械厂和湘潭职业技术学院附属医院。

学校历史沿革
湘潭职业技术学院成立于2001年8月，由原湘潭市职工大学与原湘潭机电工业中专合并而成。2005年1月，原湘潭卫生学校整体并入湘潭职业技术学院。

郴州职业技术学院

学校（机构）标识码　4143012847
学校办学类型　415：专科院校：高等职业学校
学校性质类别　01 综合大学
学校举办者　822 地级其他部门
学校地址　湖南省郴州市王仙岭郴州大道8号
邮政编码　423000
办公电话　0735-2322548
传真电话　0735-2322508

校园（局域）网域名　www.czzy-edu.com
电子信箱　czzybgs@126.com
占地面积（平方米）　352176
校舍建筑面积（平方米）　164210
图书（万册）　40.3
固定资产总值（万元）　35154
教学、科研仪器设备资产值（万元）　2626.94

在校生数（人）　3905
其中：普通专科　3811
　　　成人专科　94
专任教师（人）　260
其中：正高级　6
　　　副高级　113
　　　中级　86
　　　初级　36
　　未定职级　19

专科专业 电子商务、电子信息工程技术、动漫设计与制作、国际贸易实务、会计、会计电算化、机电一体化技术、计算机网络技术、计算机应用技术、建筑工程技术、建筑装饰工程技术、金融保险、酒店管理、矿山机电、楼宇智能化工程技术、旅游管理、煤矿开采技术、模具设计与制造、汽车技术服务与营销、汽车运用技术、商务英语、市场营销、数控技术、图形图像制作、文秘、物流管理、物业管理

院系设置
财会金融系、工业自动化系、机械与汽车工程系、工商管理系、建筑工程系、旅游管理系、计算机与信息管理系

学校设立奖学金情况
共设7项,总金额423万元,最高金额8000元/年,最低1000元/年。

主要校办产业
印刷厂

学校历史沿革
郴州职业技术学院2001由湖南省人民政府批准由郴州商校和郴州机械电力工程学校合并升格组建,2005年8月11日通过ISO管理认证,2005年12月教育部人才培养水平评估获得良好等级。2008年新校区正式动工兴建,2009年8月18日新校区办公楼落成典礼,新校区正式搬迁,实现两校合一,原东、北两院老校区除家属区外,北院整体移交郴州师范,东院整体移交郴州四完小。2010年通过教育部第二轮人才培养工作水平评估获得合格等级。2011年9月郴州市建筑学校整体实质性并入我院。

娄底职业技术学院

学校(机构)标识码　4143012848
学校办学类型　415:专科院校:高等职业学校
学校性质类别　01 综合大学
学校举办者　821 地级教育部门
学校地址　湖南省娄底市娄星区月塘街
邮政编码　417000
办公电话　0738-8231671
传真电话　0738-8361671
校园(局域)网域名　www.ldzy.com
电子信箱　ldzybgsdjy@163.com
占地面积(平方米)　638698
校舍建筑面积(平方米)　257613
图书(万册)　75.8
固定资产总值(万元)　30411.31
教学、科研仪器设备资产值(万元)　4416.16
在校生数(人)　8847
其中:普通专科　8756
　　　成人专科　91
专任教师(人)　550
其中:正高级　8
　　　副高级　196
　　　中级　230
　　　初级　70
　　　未定职级　46

专科专业 安全技术管理、表演艺术、财务管理、畜牧兽医、电气自动化技术、电子工艺与管理、电子商务、动漫设计与制作、工程造价、工商企业管理、国际贸易实务、焊接技术及自动化、环境艺术设计、会计、机电一体化技术、机械质量管理与检测技术、计算机网络技术、计算机应用技术、建筑工程技术、金融管理与实务、酒店管理、矿山机电、连锁经营管理、旅游管理、旅游英语、煤矿开采技术、模具设计与制造、汽车技术服务与营销、软件技术、商务英语、市场营销、数控技术、通信技术、文秘、新闻采编与制作、艺术设计、应用电子技术、应用英语、园林技术

院系设置
电子信息工程系、机电工程系、财经贸易系、建筑与艺术设计系、农林工程系、外语系、公共事务管理系、体育艺术系、思想政治理论教学部、继续教育部、中专部

学校设立奖学金情况
学校设立奖学金5项,奖励总金额125200万元。奖学金最高金额　元/年,最低金额1200元/年。

学校历史沿革
娄底职业技术学院历史:1.2001年8月,湖南省人民政府批准娄底经济贸易学校、娄底工业学校合并,组建娄底职业技术学院。娄底经济贸易学校创办于1979年,原名娄底地区供销学校,1994年被评为省部级重点中专。娄底工业学校创办于1985年,1990年娄底地区建筑学校并入娄底工业学校。2001年3月,两校联合申报娄底职业技术学院。2001年7月,省评估组专家来校考察。同年8月27日,湖南省人民政府湘政函[2001]143号文件批准建立娄底职业技术学院。

张家界航空工业职业技术学院

学校(机构)标识码　4143012849
学校办学类型　415:专科院校:高等职业学校
学校性质类别　02 理工院校
学校举办者　821 地级教育部门
学校地址　湖南省张家界市永定区解放路
邮政编码　427000
办公电话　0744-8251418
传真电话　0744-8250300
校园(局域)网域名　www.zjjhy.net
占地面积(平方米)　130259
校舍建筑面积(平方米)　127207
图书(万册)　28.62
固定资产总值(万元)　12021.6
教学、科研仪器设备资产值(万元)　3309.72
在校生数(人)　5339
其中:普通专科　5330
　　　成人专科　9
专任教师(人)　295

其中:正高级 1　　　　　　　中级 86　　　　　　　未定职级 6
　　副高级 65　　　　　　　初级 137

专科专业　电气自动化技术、电子信息工程技术、动漫设计与制作、飞机制造技术、国际商务、焊接技术及自动化、航空发动机装配与试车、航空服务、航空机电设备维修、会计、会计电算化、机电设备维修与管理、机电一体化技术、机械设计与制造、计算机网络技术、计算机应用技术、酒店管理、旅游管理、模具设计与制造、软件技术、涉外旅游、涉外事务管理、市场营销、数控技术、数控设备应用与维护、通信技术、应用电子技术

院系设置
航空制造系、航空维修系、电气工程系、信息工程系、经济管理系、旅游管理系

学校设立奖学金情况
学校设立奖学金 4 项,奖励总金额 36.74 余万元。奖学金最高金额 3000 元/年,最低金额 200 元/年。

学校历史沿革
1979 年成立 0一三技校;1983 年改名为大庸航空工业学校;1998 年更名为张家界航空工业学校;2001 年为张家界航空工业职业技术学院。

长沙环境保护职业技术学院

学校(机构)标识码　4143013031
学校办学类型　415:专科院校:高等职业学校
学校性质类别　02 理工院校
学校举办者　812 省级其他部门
学校地址　湖南省长沙市井圭路 10 号
邮政编码　410004
办公电话　0731-85622726
传真电话　0731-85622701
校园(局域)网域名　www.hbcollege.com.cn
电子信箱　691430817@qq.com
占地面积(平方米)　370018
校舍建筑面积(平方米)　164841
图书(万册)　40.3
固定资产总值(万元)　11985
教学、科研仪器设备资产值(万元)　4850
在校生数(人)　7104
　其中:普通专科　7104
专任教师(人)　361
　其中:正高级　12
　　　副高级　81
　　　中级　192
　　　初级　76

专科专业　城市水净化技术、电子商务、工业分析与检验、工业环保与安全技术、核辐射检测与防护技术、环境规划与管理、环境监测与评价、环境监测与治理技术、环境信息技术、环境艺术设计、计算机网络技术、计算机网络与安全管理、计算机应用技术、酒店管理、农产品质量检测、商务英语、涉外旅游、生物化工工艺、生物技术及应用、食品营养与检测、视觉传达艺术设计、图形图像制作、文秘、物流管理、物业管理、园林工程技术、资源环境与城市管理

院系设置
学院共设有 6 个系,28 个专业。

学校设立奖学金情况
学院共有国家奖学金、国家励志奖学金、学院奖学金、爱普生环保奖学金、华西生态奖学金、仁和环助学金等奖学金,总额 500 多万元,奖学金最高 8000 元/年,最低 800 元/年。

学校历史沿革
1979 年,经湖南省人民政府批准成立湖南环境保护技术学校;1982 年移交城乡建设环境保护部,更名为湖南环境保护学校;1989 年移交国家环保总局,更名为国家环保总局长沙环境保护学校;2002 年 1 经湖南省人民政府批准成立长沙长沙环境保护职业技术学院。

湖南艺术职业学院

学校(机构)标识码　4143013032
学校办学类型　415:专科院校:高等职业学校
学校性质类别　11 艺术院校
学校举办者　812 省级其他部门
学校地址　湖南省长沙市岳麓区麓山南路 153 号
邮政编码　410012
办公电话　0731-88882276
传真电话　0731-88886049
校园(局域)网域名　www.arthn.com
电子信箱　hn88882276@126.com
占地面积(平方米)　78370
校舍建筑面积(平方米)　65535
图书(万册)　20.28
固定资产总值(万元)　5631.96
教学、科研仪器设备资产值(万元)　2405.7
在校生数(人)　2293
　其中:普通专科　2265
　　　成人专科　28
专任教师(人)　188
　其中:正高级　11
　　　副高级　39
　　　中级　61
　　　初级　58
　　　未定职级　19

专科专业 编导(广播电视方向)、编导(戏曲方向)、产品造型设计、导游、电视节目制作、服装表演、广告设计与制作、环境艺术设计、计算机音乐制作、酒店管理、人物形象设计、摄影摄像技术、文化事业管理、舞蹈表演、舞台艺术设计、戏曲表演、新闻采编与制作、音乐表演、音乐剧表演、影视表演、影视动画、主持与播音

院系设置

戏剧系、舞蹈系、美术系、影视系、社文系

国家级、省部级研究机构设置

研究中心(所):湖南艺术职业学院艺术教育研究所

定期公开出版的专业刊物 《艺海》

学校设立奖学金情况

学校设立国家奖学金、国家励志奖学金、田汉和"一代"奖学金,奖励总金额87余万元。奖学金最高金额8000元/年,最低金额400元/年。学校设立助学金,助学总金额155余万元。助学金最高金额4000元/年,最低金额2000元/年。

主要校办产业

湖南星河演出有限公司、一代星网传媒公司

学校历史沿革

湖南艺术职业学院创建于1951年,前身为湖南省戏曲学校、湖南省艺术学校,2002年5月与湖南省电影学校合并升格为湖南艺术职业学院,隶属湖南省文化厅。2007年教育部人才培养工作水平评估为"优秀"等级。2009年被省教育厅确立为示范高职学院,2010年开始建设。

湖南机电职业技术学院

学校(机构)标识码 4143013033	传真电话 0731-84099015	在校生数(人) 11619
学校办学类型 415:专科院校:高等职业学校	校园(局域)网域名 www.hnjdzy.net	其中:普通专科 9983
	电子信箱 webmaster@hnjdzy.net	成人专科 1636
学校性质类别 02 理工院校	占地面积(平方米) 491400	专任教师(人) 532
学校举办者 812 省级其他部门	校舍建筑面积(平方米) 331331	其中:正高级 6
学校地址 湖南省长沙市洪山路600号	图书(万册) 54.51	副高级 125
	固定资产总值(万元) 40404.62	中级 186
邮政编码 410151	教学、科研仪器设备资产值(万元) 5228.35	初级 177
办公电话 0731-84033328		未定职级 38

专科专业 电机与电器、电气自动化技术、电子商务、工业分析与检验、国际贸易实务、焊接技术及自动化、会计电算化、机电一体化技术、机械制造与自动化、计算机多媒体技术、计算机网络技术、计算机信息管理、检测技术及应用、酒店管理、楼宇智能化工程技术、模具设计与制造、汽车电子技术、汽车技术服务与营销、汽车检测与维修技术、人力资源管理、软件技术、商务英语、生物化工工艺、市场营销、数控技术、文秘、应用电子技术

院系设置

机械工程系、电气工程系、人文科学系、计算机系、经管生化系、汽车工程系

定期公开出版的专业刊物 《湖南机电职业技术学院学报》

学校设立奖学金情况

学校设立奖学金4项,奖励总金额187万元。奖学金最高金额4000元/年,最低金额1000元/年。

学校历史沿革

1.1974年,由湖南拖拉机厂成立办技校。2.1975年3月1日,经省机械工业局行文批准,正式成立湖南拖拉机技工学校,2月开始招生。3.1978年12月8日,经省机械工业局下发"湘革财劳字第122号文"收归局直管单位,更为湖南机械厂工业局津市技工学校。4.1984年7月6日,湘政办[1984]286号文,更名为湖南机电学校,中专。5.1990年2月6日,湘政办函[1990]26号文,更名为湖南机电学校,中专。6.2002年5月22日,湘政办函[2002]109号文,建立湖南湖南机电职业技术学院,高校专科层次。7.2009年8月3日,湘教通[2009]371号文,湖南省示范性高等职业学院。

长沙职业技术学院

学校(机构)标识码 4143013036	学校地址 湖南省长沙市岳麓区正兴路157号	校园(局域)网域名 www.cszyedu.com
学校办学类型 415:专科院校:高等职业学校		电子信箱 cszybgs@163.com
	邮政编码 410217	占地面积(平方米) 299296
学校性质类别 01 综合大学	办公电话 0731-88105152	校舍建筑面积(平方米) 153042
学校举办者 821 地级教育部门	传真电话 0731-88105152	图书(万册) 44.2

固定资产总值(万元) 9584.51	其中:普通专科 4705	副高级 68
教学、科研仪器设备资产值(万元) 2498.1	成人专科 31	中级 142
	专任教师(人) 328	初级 117
在校生数(人) 4736	其中:正高级 1	

专科专业 工程机械运用与维护、广告设计与制作、花炮生产与管理方向、环境艺术设计、会计电算化、机电一体化技术、机械制造与自动化、计算机网络技术、计算机应用技术、建筑工程技术、酒店管理、连锁经营管理、旅游管理、汽车电子技术、汽车技术服务与营销、汽车运用技术、汽车运用与维修、商务日语、商务英语、市场营销、数控技术、特殊教育、文秘、物流管理、影视动画、应用电子技术、园林技术、装潢艺术设计

院系设置
长沙职业技术学院、汽车工程系、机械工程系、公共管理系、人文科学系、信息技术系、花炮艺术系

学校设立奖学金情况
学校设立奖学金3项,奖励总金额23.6余万元。奖学金最高金额1000元/年,最低金额200元/年。

学校历史沿革
1. 浏阳官立师范学堂(又名浏阳县驻省师范)(1902年–9848年) 2. 湖南省浏阳师范学校(1984年–2000年) 3. 长沙特殊教育职业学院(2001年–2006年) 4. 长沙职业技术学院(2006年至今)。

怀化职业技术学院

学校(机构)标识码 4143013037	校园(局域)网域名 www.hhptc.com.cn	在校生数(人) 4805
学校办学类型 415:专科院校:高等职业学校	电子信箱 hhzytj@126.com	其中:普通专科 4669
		成人专科 136
学校性质类别 01 综合大学	占地面积(平方米) 622578	专任教师(人) 254
学校举办者 821 地级教育部门	校舍建筑面积(平方米) 118274	其中:正高级 1
学校地址 湖南省怀化市河西新区	图书(万册) 30.26	副高级 82
邮政编码 418000	固定资产总值(万元) 11152.2	中级 107
办公电话 0745–2775605	教学、科研仪器设备资产值(万元) 1962.97	初级 60
传真电话 0745–2775209		未定职级 4

专科专业 宠物养护与疫病防治、畜牧兽医、电气自动化技术、电子商务、动漫设计与制作、动物防疫与检疫、服装设计、工程造价、环境艺术设计、会计电算化、机电一体化技术、机械制造与自动化、计算机网络技术、计算机应用技术、建筑工程技术、旅游管理、模具设计与制造、农村行政管理、汽车技术服务与营销、软件技术、商务英语、生物技术及应用、市场营销、数控技术、图形图像制作、文秘、物流管理、应用电子技术、园林工程技术、种子生产与经营

院系设置
我院设置有机械与汽车工程系、电子与电气工程系、环境与生物科技系、动物科技系、计算机与信息工程系、商贸管理系、建筑工程系、基础课部、政治理论课部、五年制大专部

国家级、省部级研究机构设置
我院设有省部级杂交水稻研究所

学校设立奖学金情况
我院设立奖学金3项,奖励总金额10余万元。奖学金最高金额4000元/年,最低金额600元/年。

学校历史沿革
我院由湖南省安江农业学校和怀化机电工程学校于2003年4月合并组建。

岳阳职业技术学院

学校(机构)标识码 4143013038	办公电话 0730–8677388	固定资产总值(万元) 37256
学校办学类型 415:专科院校:高等职业学校	传真电话 0730–8677387	教学、科研仪器设备资产值(万元) 8321.07
	校园(局域)网域名 www.yvtc.edu.cn	
学校性质类别 01 综合大学	电子信箱 yyzhiyuan@163.com	在校生数(人) 9737
学校举办者 821 地级教育部门	占地面积(平方米) 980568	其中:普通专科 9129
学校地址 岳阳市岳阳楼区学院路	校舍建筑面积(平方米) 281763	成人专科 608
邮政编码 414000	图书(万册) 61	专任教师(人) 560

其中:正高级	16	中级	213	未定职级	64
副高级	142	初级	125		

专科专业 城市园林、畜牧兽医、电气自动化技术、电信商务、电子信息工程技术、护理、环境艺术设计、会计、机电一体化技术、计算机网络技术、计算机应用技术、口腔医学、临床医学、旅游服务与管理、模具设计与制造、汽车检测与维修技术、软件技术、商务英语、市场营销、数控设备应用与维护、文秘、物流管理、药学、医疗美容技术、医学检验技术、影视动画、应用电子技术、园林技术、助产

院系设置
学院设有现代农业科技系、机电工程系、国际信息工程学院、生物医药系、护理学院、临床医学系、商贸物流系等7系(院)2部

定期公开出版的专业刊物 《学报》

学校设立奖学金情况
学院设立奖学金1项,奖励总金额60余万元,奖学金最高金额1000元/年,最低300元/年。

主要校办产业
湖南鑫和精密机械股份有限公司

学校历史沿革
岳阳职业技术学院正处在岳阳市区,是2003年4月由原岳阳卫校、岳阳农校、岳阳机电学校和岳阳职工高专四校合并组建的一所综合性高等职业学院。

常德职业技术学院

学校(机构)标识码	4143013039	传真电话	0736-7280509		7277.58
学校办学类型	415:专科院校:高等职业学校	校园(局域)网域名	cdzy.cn	在校生数(人)	8596
		电子信箱	cdzy@cdzy.cn	其中:普通专科	8596
学校性质类别	01 综合大学	占地面积(平方米)	713773	专任教师(人)	540
学校举办者	821 地级教育部门	校舍建筑面积(平方米)	243764	其中:正高级	32
学校地址	湖南省常德市武陵区人民路4253号	图书(万册)	73.4	副高级	126
		固定资产总值(万元)	36399.81	中级	261
邮政编码	415000	教学、科研仪器设备资产值(万元)		初级	121
办公电话	0736-7270343				

专科专业 电子商务、工商企业管理、广告设计与制作、护理、会计、机电一体化技术、计算机网络技术、建筑工程技术、建筑经济管理、酒店管理、临床医学、模具设计与制造、汽车检测与维修技术、软件技术、生物技术及应用、生物制药技术、数控技术、药学、医疗美容技术、园艺技术

院系设置
我院设有7个系一个教育学院和公共课部

学校设立奖学金情况
我院设立奖助学7项686.9万,最高奖金5000元/年,最低奖金1000元/年。

学校历史沿革
常德职业技术学院是于2003年由常德农业学校、常德卫生学校、常德机电工程学校三所国有公办普通中专学校合并组建的由常德市人民政府主办、省教育厅业务主管的一所全日制公办普通高等学校。

长沙南方职业学院

学校(机构)标识码	4143013041	传真电话	0731-88120056	其中:普通专科	2605
学校办学类型	415:专科院校:高等职业学校	占地面积(平方米)	119806	专任教师(人)	192
		校舍建筑面积(平方米)	47989	其中:正高级	2
学校性质类别	01 综合大学	图书(万册)	47.5	副高级	39
学校举办者	999 民办	固定资产总值(万元)	38813.06	中级	88
学校地址	长沙市岳麓区含浦科教园	教学、科研仪器设备资产值(万元)	3393.03	初级	52
邮政编码	410208			未定职级	11
办公电话	0731-88120057	在校生数(人)	2605		

专科专业 财务管理、电脑艺术设计、电子商务、电子信息工程技术、动漫设计与制作、工商企业管理、航空服务、机械制造与自动化、计算机网络技术、计算机信息管理、计算机应用技术、建筑工程管理、建筑工程技术、金融管理与实务、酒店管理、旅游管理、模具设计与制造、汽车技术服务与营销、汽车检测与维修技术、人力资源管理、软件技术、商务日语、商务英语、市场营销、数控技术、文秘、物流管理、医药营销、应用电子技术

院系设置

现有10个系部

学校历史沿革

长沙南方职业学院是2003年4月被正式批准的全日制高职院校。

潇湘职业学院

学校(机构)标识码 4143013042	校园(局域)网域名 www.hnxxc.com	在校生数(人) 3491
学校办学类型 415：专科院校：高等职业学校	电子信箱 373933459@qq.com	其中：普通专科 3305
	占地面积(平方米) 133400	成人专科 186
学校性质类别 01 综合大学	校舍建筑面积(平方米) 101766	专任教师(人) 182
学校举办者 999 民办	图书(万册) 34.04	其中：副高级 50
学校地址 湖南省娄底市经济开发区	固定资产总值(万元) 14805.2	中级 55
邮政编码 417009	教学、科研仪器设备资产值(万元) 3260.38	初级 64
办公电话 0738-8656829		未定职级 13
传真电话 0738-8656829		

专科专业 电气自动化技术、电子商务、动漫设计与制作、广告设计与制作、会计电算化、机电一体化技术、计算机网络技术、计算机应用技术、建筑工程技术、酒店管理、旅游服务与管理、旅游管理、模具设计与制造、汽车技术服务与营销、汽车检测与维修技术、汽车制造与装配技术、软件技术、商务英语、市场营销、数控技术、文秘、物流管理、物业管理、冶金技术、移动通信技术、应用电子技术、运动训练

院系设置

2010年学院根据教学需要对原有的三个教学系进行整合更名，设置：城建学院、商学院、机电工程学院、汽车工程学院、公共基础部

定期公开出版的专业刊物 《潇湘职业学院校刊》

学校设立奖学金情况

学校设立奖学金3项，奖励奖学金16万余元。奖学金最高金额5000元/年，最低金额1000元/年。

主要校办产业

2008年，创办了潇湘模具厂

毕业生一次就业率 86%

学校历史沿革

2002年3月，经湖南省教育厅批准，原"娄底潇湘职业学院"更名为"潇湘职业学院"，获准开办高职专科学历教育。

湖南化工职业技术学院

学校(机构)标识码 4143013043	校园(局域)网域名 www.hnhyzy.com	其中：普通专科 7435
学校办学类型 415：专科院校：高等职业学校	电子信箱 hnhybgs@163.com	成人专科 78
	占地面积(平方米) 679186	专任教师(人) 463
学校性质类别 02 理工院校	校舍建筑面积(平方米) 262967	其中：正高级 11
学校举办者 812 省级其他部门	图书(万册) 61.8	副高级 163
学校地址 湖南化工职业技术学院	固定资产总值(万元) 5612.48	中级 173
邮政编码 412000	教学、科研仪器设备资产值(万元) 4597.58	初级 92
办公电话 0731-22537672	在校生数(人) 7513	未定职级 24
传真电话 0731-22537619		

专科专业 电气自动化技术、电子商务、电子信息工程技术、高聚物生产技术、工业分析与检验、国际经济与贸易、化工装备技术、化学制药技术、会计、机电一体化技术、计算机网络技术、计算机信息管理、精细化学品生产技术、连锁经营管理、模具设计与制造、软件技术、商务英语、生产过程自动化技术、生物化工工艺、市场营销、数控技术、物流管理、冶金技术、应用化工技术、有机化工生产技术

院系设置

化学工程系、应用化学系、机械工程系、自动化系、信息工程系、经济管理系、基础科学部、思想政治课部、技工部

学校设立奖学金情况

学校设立三好标兵、甲、乙、丙共四等奖学金,奖励总金额为28万元。奖学金最高金额2000元/年,最低奖学金额200元/年。

主要校办产业

校办工厂一个

学校历史沿革

湖南化工职业技术学院创建于1958年,位于全国交通枢纽和南方工业重镇——湖南省株洲市。学院前身为湖南省化学工业学校。1998年8月,湖南省化学工业学校与湖南省资江化学工业学校合并。2003年4月,经湖南省人民政府批准,学校升格为专科层次的高等职业技术学院—湖南化工职业技术学院。2007年,通过湖南党建工作评估,2008年通过教育部人才培养工作水平优秀评估。2009年湖南化工职业技术学院与湖南化工机械学校(湖南工业高级技工学校)合并。

湖南城建职业技术学院

学校(机构)标识码 4143013044	传真电话 0731-58662801	在校生数(人) 12814
学校办学类型 415:专科院校:高等职业学校	校园(局域)网域名 www.hnucc.com	其中:普通专科 10746
	电子信箱 58662601@163.com	成人专科 2068
学校性质类别 02 理工院校	占地面积(平方米) 404626	专任教师(人) 523
学校举办者 812 省级其他部门	校舍建筑面积(平方米) 229130	其中:正高级 5
学校地址 湖南省湘潭市岳塘区书院路42号	图书(万册) 47	副高级 173
	固定资产总值(万元) 19522.6	中级 178
邮政编码 411101	教学、科研仪器设备资产值(万元)	初级 109
办公电话 0731-58662801	3852.2	未定职级 58

专科专业 材料工程技术、城镇规划、道路桥梁工程技术、电气自动化技术、房地产经营与估价、给排水工程技术、工程机械运用与维护、工程造价、工商企业管理、工业设备安装工程技术、供热通风与空调工程技术、焊接技术及自动化、环境监测与治理技术、环境艺术设计、机电设备维修与管理、计算机多媒体技术、计算机网络技术、计算机应用技术、建筑工程管理、建筑工程技术、建筑设备工程技术、建筑设计技术、建筑装饰材料及检测、建筑装饰工程技术、楼宇智能化工程技术、模具设计与制造、商务日语、商务英语、视觉传达艺术设计、室内设计技术、数控技术、数字城市技术、物业管理、应用英语

院系设置

学院设有土木工程系、建筑系、管理工程系、设备工程系、机电工程系、材料工程系、信息工程系、公共基础课部、思政课部9个系部

定期公开出版的专业刊物 《湖南城建职业技术学院院报》

学校设立奖学金情况

学校设立奖学金4项,奖励总金额52.6万元。奖学金最高金额15000元/年,最低金额300元/年。

主要校办产业

直属工程三局、直属工程九局、规划设计院

学校历史沿革

湖南城建职业技术学院是一所国有公办的全日制普通高校,2003年4月经湖南省人民政府批准、教育部备案,由原湖南省建筑学校、原湖南省建材工业学校合并组建,2008年1月经省政府批准,原长沙职工大学(湖南建筑高级技工学校)并入。学校办学历史最早可追溯至建于1958年6月的湖南省土木建筑学校(1972年复校后更名为湖南省建筑学校),至今已有52年的办学历史。

湖南石油化工职业技术学院

学校(机构)标识码 4143013045	传真电话 0730-8451186	在校生数(人) 2926
学校办学类型 415:专科院校:高等职业学校	校园(局域)网域名 www.hnshzy.cn	其中:普通专科 2926
	占地面积(平方米) 216450	专任教师(人) 141
学校性质类别 02 理工院校	校舍建筑面积(平方米) 76601	其中:副高级 31
学校举办者 812 省级其他部门	图书(万册) 15.07	中级 60
学校地址 湖南省岳阳市云溪区	固定资产总值(万元) 9231.57	初级 44
邮政编码 414012	教学、科研仪器设备资产值(万元)	未定职级 6
办公电话 0730-8451186	2163.7	

专科专业 电气自动化技术、工业分析与检验、焊接技术及自动化、化工设备维修技术、计算机应用技术、炼油技术、生产过

程自动化技术、石油化工生产技术、市场开发与营销、网络系统管理、物流管理、应用电子技术、应用化工技术

院系设置

本院共设三系一部。分别是石化技术工程系、石化装备工程系、石化管理工程系和基础课部

学校设立奖学金情况

学校设立奖学金共五项，奖励总额约为285万元。奖学金最高金额为8000元/年，最低金额为300元/年。

主要校办产业

2011年学院成立了长和机电公司，主要开展长岭地区范围内的机加工业务。

学校历史沿革

湖南石油化工职业技术学院是由湖南省石化职大长炼分校、长炼党校、湖南省石油学校、长炼技校合并的一所全日制高等职业技术学院。是由湖南省教育厅和中国石化集团长岭炼化公司共同主管，集高、中等职业技术教育和职工培训为一体的高等职业院校。

长沙理工大学城南学院

学校(机构)标识码　4143013635	办公电话　0731-82309816	专任教师(人)　517
学校办学类型　413:本科院校:独立学院	传真电话　0731-82309801	其中:正高级　40
学校性质类别　02 理工院校	校园(局域)网域名　wwwdx.csust.edu.cn/pub/cnxy/	副高级　162
学校举办者　999 民办	电子信箱　chengnanxy@126.com	中级　228
学校地址　长沙理工大学城南学院	在校生数(人)　11315	初级　80
邮政编码　410076	其中:普通本科　11315	未定职级　7

本科专业　财务管理、电气工程及其自动化、电子信息工程、法学、港口航道与海岸工程、工程管理、国际经济与贸易、会计学、机械设计制造及其自动化、计算机科学与技术、金融学、汽车服务工程、热能与动力工程、市场营销、水利类、水利水电工程、通信工程、土木工程、物流工程、新闻学、艺术设计、英语、自动化

学校历史沿革

长沙理工大学城南学院是经教育部批准由长沙理工大学按新机制、新模式与社会力量合作举办的本科层次的独立学院。学院坐落在长沙理工大学美丽的金盆岭校区，具有得天独厚的资源优势和一流的办学条件。这里功能完整、设施齐全、环境优雅，文化底蕴深厚，交通十分方便，是一个读书学习的好地方。学院实行董事会领导下的院长负责制。

湖南中医药高等专科学校

学校(机构)标识码　4143013802	传真电话　0731-28516999	在校生数(人)　5846
学校办学类型　414:专科院校:高等专科学校	校园(局域)网域名　www.hntcmc.net	其中:普通专科　5779
学校性质类别　05 医药院校	电子信箱　ciwei1027@163.com	成人专科　67
学校举办者　811 省级教育部门	占地面积(平方米)　192096	专任教师(人)　292
学校地址　湖南省株洲市芦淞区芦淞路136号	校舍建筑面积(平方米)　141065	其中:正高级　13
	图书(万册)　34.71	副高级　92
邮政编码　412012	固定资产总值(万元)　16688.13	中级　132
办公电话　0731-28519118	教学、科研仪器设备资产值(万元)　2802.05	初级　55

专科专业　护理、康复治疗技术、药品经营与管理、药品质量检测技术、医疗美容技术、针灸推拿、中药、中药制药技术、中医骨伤、中医学、助产

院系设置

学校现设有临床医学系、护理系、药学系、康复保健系、基础医学部、思想政治理论课部、公共课部、继续教育部八个教学系部

国家级、省部级研究机构设置

学校设有针灸推拿研究所

定期公开出版的专业刊物　《湖南中医药高等专科学校学报》

学校设立奖学金情况

现设立有奖学金 16 项,奖励总金额 358.716 万元,奖学金最高金 8000 元/年,最低金额 50 元/年。

学校历史沿革

学校始建于 1959 年,原为株洲市卫生学校,1987 改建为株洲中医学校,隶属省卫生厅,1989 年更名为湖南省中医药学校,2004 年升格为湖南中医药高等专科学校。

邵阳医学高等专科学校

学校(机构)标识码	4143013803
学校办学类型	414:专科院校:高等专科学校
学校性质类别	05 医药院校
学校举办者	822 地级其他部门
学校地址	湖南省邵阳市宝庆西路 18 号
邮政编码	422000
办公电话	0739-5308799
传真电话	0739-5308729
校园(局域)网域名	www.hnsyyz.cn
电子信箱	hnsyyz2010@126.com
占地面积(平方米)	182313
校舍建筑面积(平方米)	199831
图书(万册)	38.1
固定资产总值(万元)	21000
教学、科研仪器设备资产值(万元)	2892.74
在校生数(人)	6155
其中:普通专科	6029
成人专科	126
专任教师(人)	403
其中:正高级	31
副高级	86
中级	104
初级	152
未定职级	30

专科专业 护理、口腔医学、临床医学、临床医学(妇幼卫生方向)、药学、医学检验技术、医学影像技术、针灸推拿、助产

院系设置

护理系、药学系、临床系、检验系

学校设立奖学金情况

学校设立奖学金 2 项,奖励总金额 9 万元。奖学金最高金额 800 元/年,最低金额 300 元/年。

学校历史沿革

邵阳医学高等专科学校是在原邵阳市卫生学校的基础上建立的普通高等专科学校。学校具有 50 多年的发展历史。1950 年 7 月,筹办"湖南省卫生技术学校邵阳助产士部",1951 年 3 月,开办"湖南省卫生技术学校邵阳医士部"。1951 年 8 月,邵阳医士部与助产士部合并,改称为"湖南省邵阳卫生技术学校"。1958 年 8 月,学校升格,改名为"邵阳医学院"。1959 年 9 月,省卫生厅根据教育部的指示精神,将邵阳医学院该为邵阳医学专科学校。1986 年 3 月,更名为"邵阳市卫生学校"。2004 年 4 月,经全国高等学校设置评议委员会专家组考察评议、教育部审批,学校正式升格为"邵阳医学高等专科学校"。

湖南民族职业学院

学校(机构)标识码	4143013804
学校办学类型	415:专科院校:高等职业学校
学校性质类别	12 民族院校
学校举办者	821 地级教育部门
学校地址	湖南省岳阳市学院路湖南民族职业学院
邮政编码	414000
办公电话	0730-8887288
传真电话	0730-8887685
校园(局域)网域名	www.hnvc.net.cn
电子信箱	hnvcoffice@126.com
占地面积(平方米)	534042
校舍建筑面积(平方米)	126605
图书(万册)	28.37
固定资产总值(万元)	29916.56
教学、科研仪器设备资产值(万元)	3508.28
在校生数(人)	3886
其中:普通专科	3886
专任教师(人)	252
其中:正高级	1
副高级	49
中级	76
初级	120
未定职级	6

专科专业 表演艺术、初等教育、会计电算化、计算机应用技术、旅游管理、美术教育、汽车技术服务与营销、汽车检测与维修技术、商务英语、市场开发与营销、文秘、物流管理、心理咨询、学前教育、艺术设计、音乐教育

院系设置

经济管理系、信息技术系、外语系、艺术系、学前教育系、初等教育系

定期公开出版的专业刊物 《湖南民族职业学院学报》

学校设立奖学金情况

学校设立奖学金 4 项,奖励总金额 300 余万元。奖学金最高金额 8000 元/年,最低金额 1000 元/年。

学校历史沿革

湖南民族职业学院于 2003 年由原岳阳师范学院(中专)升格为湖南民族职业学院(大专)。

湘西民族职业技术学院

学校(机构)标识码　4143013805
学校办学类型　415:专科院校:高等职业学校
学校性质类别　12 民族院校
学校举办者　821 地级教育部门
学校地址　湖南省吉首市湘西经济开发区
邮政编码　416007
办公电话　0743－8535328
传真电话　0743－8535327
电子信箱　xxmzyjjc@sina.com
占地面积(平方米)　586667
校舍建筑面积(平方米)　144936
图书(万册)　28.63
固定资产总值(万元)　5503.04
教学、科研仪器设备资产值(万元)　2230.68
在校生数(人)　2171
其中:普通专科　2171
专任教师(人)　265
其中:正高级　2
　　　副高级　63
　　　中级　82
　　　初级　97
　　　未定职级　21

专科专业　畜牧兽医、电力系统自动化技术、电子商务、动漫设计与制作、动物防疫与检疫、服装设计、广告设计与制作、会计电算化、机械设计与制造、计算机应用技术、建筑工程技术、旅游管理、模具设计与制造、汽车检测与维修技术、数控技术、物流管理、应用电子技术、应用英语、园林技术

院系设置
设有生物工程系、计算机系、机电工程系、民族艺术系、旅游管理系等10个院系。

定期公开出版的专业刊物　《湘西学术研究》

学校设立奖学金情况
设立奖学金一项,奖励总金额11.5万余元,奖学金最高金额1000元/年,最低金额600元/年。

学校历史沿革
湘西民族职业技术学院是经湖南省人民政府批准,根据湘政(2004)107号(《关于建立湘西民族职业技术学院的批复》)于2004年5月21日正式成立,是由原湘西自治州农业学校与吉首经济贸易学校合并建立起来的。2006年4月,根据州编办发(2006)51号文,将原湘西民族水利电力工业学校相继并入,属于专科层次的高等学校序列,由湘西自治州人民政府主办主管,教育业务由湖南省教育厅管理。

长沙师范学校

学校(机构)标识码　4143013806
学校办学类型　414:专科院校:高等专科学校
学校性质类别　06 师范院校
学校举办者　811 省级教育部门
学校地址　长沙星沙开发区特立路9号
邮政编码　410100
办公电话　0731－84036018
传真电话　0731－84036888
校园(局域)网域名　www.cssf.cn
电子信箱　cssfjwc@163.com
占地面积(平方米)　393029
校舍建筑面积(平方米)　153094
图书(万册)　59.64
固定资产总值(万元)　17682.8
教学、科研仪器设备资产值(万元)　3965.1
在校生数(人)　6200
其中:普通专科　5957
　　　成人专科　243
专任教师(人)　336
其中:正高级　10
　　　副高级　72
　　　中级　145
　　　初级　94
　　　未定职级　15

专科专业　产品造型设计、出版印刷美术设计、初等教育、电子商务、电子信息工程技术、动漫设计与制作、多媒体设计与制作、环境艺术设计、计算机控制技术、计算机应用技术、酒店管理、美术教育、汽车电子技术、嵌入式系统工程、商务英语、涉外旅游、玩具设计与制造、舞蹈表演、学前教育、艺术教育、艺术设计、音乐教育、印刷技术、英语教育、应用英语

院系设置
学校现有学前教育、初等教育、音乐舞蹈、外语、美术动画、电子信息工程、数字出版印刷、艺术设计、经济管理9个系。

国家级、省部级研究机构设置
1. 实验室:玩具设计与制造实验中心、动画设计与制作实验中心
2. 研究中心:徐特立研究会、湖南省学前教育研究中心

定期公开出版的专业刊物　《学前教育研究》、《徐特立研究》

学校设立奖学金情况
学校设立奖学金5项,奖励总金额718.52余万元。奖学金最高金额8000元/年,最低金额1000元/年。

主要校办产业
书刊发行部、印刷厂。

学校历史沿革
长沙师范学校是毛主席的老师,共和国教育事业奠基人、杰

出的教育家徐特立1912年创办的百年名校,是全国第一所、湖南省唯一一所独立设置的学前师范高等专科学校,湖南省教育厅直属高校。

衡阳财经工业职业技术学院

学校(机构)标识码	4143013807
学校办学类型	415:专科院校:高等职业学校
学校性质类别	01 综合大学
学校举办者	822 地级其他部门
学校地址	衡阳市珠晖区狮山路20号
邮政编码	421002
办公电话	0734-3174219
传真电话	0734-8377177
校园(局域)网域名	www.hycgy.com
电子信箱	www.hycgybgs@126.com
占地面积(平方米)	356845
校舍建筑面积(平方米)	235043
图书(万册)	46.84
固定资产总值(万元)	19021
教学、科研仪器设备资产值(万元)	3202.15
在校生数(人)	6605
其中:普通专科	5734
成人专科	871
专任教师(人)	397
其中:正高级	3
副高级	113
中级	128
初级	130
未定职级	23

专科专业 材料成型与控制技术、财务管理、电气自动化技术、电子商务、工商企业管理、会计、会计(注册会计师方向)、会计电算化、会计电算化(注册会计师方向)、机械设计与制造、计算机网络技术、计算机应用技术、矿山机电、楼宇智能化工程技术、旅游管理、模具设计与制造、汽车检测与维修技术、市场营销、数控技术、网络系统管理、应用化工技术

院系设置
学院设有会计系、经济贸易系、信息管理系、机械工程系、电气工程系、材料工程系。

学校设立奖学金情况
学校设立奖学金1项,奖励总金额31余万元。奖学金最高金额400元/年,最低金额100元/年。

学校历史沿革
学院是由衡阳市财政会计学校和衡阳技术学院于2004年5月合并组建。

益阳职业技术学院

学校(机构)标识码	4143013808
学校办学类型	415:专科院校:高等职业学校
学校性质类别	01 综合大学
学校举办者	821 地级教育部门
学校地址	益阳市资阳区迎风桥镇新塘村
邮政编码	413049
办公电话	0737-4625808
传真电话	0737-4625808
校园(局域)网域名	www.yyvtc.com
电子信箱	yyvtcoffice@126.com
占地面积(平方米)	386019
校舍建筑面积(平方米)	140638
图书(万册)	29.68
固定资产总值(万元)	3487.39
教学、科研仪器设备资产值(万元)	2981.39
在校生数(人)	3298
其中:普通专科	3214
成人专科	84
专任教师(人)	214
其中:正高级	1
副高级	51
中级	91
初级	63
未定职级	8

专科专业 畜牧兽医、电子电路设计与工艺、电子商务、动漫设计与制作、环境艺术设计、会计电算化、机电一体化技术、机械设计与制造、计算机网络技术、计算机应用技术、计算机硬件与外设、模具设计与制造、汽车电子技术、汽车检测与维修技术、汽车类新专业、汽车整形技术、汽车制造与装配技术、软件技术、商务信息管理、商务英语、数控技术、应用电子技术、园林技术

院系设置
经济管理系、机电工程系、汽车工程系、生物与信息工程系、基础课部、继续教育部

定期公开出版的专业刊物 《益阳职业技术学院学报》

学校设立奖学金情况
学校设立奖学金5项,奖励总金额20余万元。奖学金最高金额2000元/年,最低金额200元/年。

主要校办产业
益阳职院蓝天驾校

学校历史沿革
我院是由湖南省人民政府批准,教育部备案的全日制普通高校。2004年5月,由国家级重点中专益阳农校和省部级重点中专益阳工贸学校合并组建而成。学院在2007年11月通过了教育部人才培养工作水平评估,被评为"优秀学校"。2009年3月,益阳市人民政府与湖南大学签订了《共建益阳职业技术学院协议》,为进一步促进学院的发展提供了有力保障。

湖南同德职业学院

学校(机构)标识码 4143013809	传真电话 0736-7388883	在校生数(人) 7331
学校办学类型 415:专科院校:高等职业学校	校园(局域)网域名 www.tongde.com	其中:普通专科 7225
	电子信箱 tongde@tongde.com	成人专科 106
学校性质类别 01 综合大学	占地面积(平方米) 616806	专任教师(人) 374
学校举办者 999 民办	校舍建筑面积(平方米) 223337	其中:正高级 21
学校地址 湖南省常德市善卷路1027号	图书(万册) 68.45	副高级 57
	固定资产总值(万元) 19218.36	中级 142
邮政编码 415100	教学、科研仪器设备资产值(万元)	初级 115
办公电话 0736-7388388	4842.92	未定职级 39

专科专业 财务管理、电脑艺术设计、法律事务、行政管理、机电设备维修与管理、计算机辅助设计与制造、计算机网络技术、计算机信息管理、计算机应用技术、建筑设计技术、酒店管理、汽车检测与维修技术、软件技术、商务英语、市场营销、水产养殖技术、文秘、物流管理、影视多媒体技术、园林技术

院系设置
计算机系、经济管理系、社会科学系、艺术设计系、农林牧渔系、技术工程系、外国语系

学校设立奖学金情况
学校设立奖学金三项,奖励总金额35余万元。奖学金最高金额5000元/年,最低金额1000元/年。

主要校办产业
苗埔基地、水产养殖基地、电子产品装配厂、汽车维修厂。

学校历史沿革
湖南同德职业学院前身是常德电脑学校,创办于1992年,2004年经教育部和湖南人民政府和教育部批准升为普通高等专科学校。

湖南信息科学职业学院

学校(机构)标识码 4143013836	传真电话 0731-84098777	在校生数(人) 10225
学校办学类型 415:专科院校:高等职业学校	校园(局域)网域名 www.hnisc.com	其中:普通专科 9892
	电子信箱 webmaster@hnisc.com	成人专科 333
学校性质类别 01 综合大学	占地面积(平方米) 519021	专任教师(人) 528
学校举办者 999 民办	校舍建筑面积(平方米) 233045	其中:正高级 24
学校地址 长沙(星沙)经济技术开发区毛塘工业园	图书(万册) 79.64	副高级 97
	固定资产总值(万元) 29540	中级 119
邮政编码 410151	教学、科研仪器设备资产值(万元)	初级 129
办公电话 0731-84098023	4748.83	未定职级 159

专科专业 财务管理、电气自动化技术、电子商务、电子信息工程技术、动漫设计与制作、工商企业管理、国际经济与贸易、会计电算化、会展策划与管理、计算机控制技术、计算机网络技术、计算机硬件与外设、经济信息管理、酒店管理、空中乘务、楼宇智能化工程技术、旅游管理、嵌入式系统工程、人力资源管理、软件技术、商务经纪与代理、商务日语、商务英语、市场营销、文秘、舞蹈表演、物流管理、物业管理、信息安全技术、艺术设计、音乐表演、应用电子技术、应用韩语、游戏软件、主持与播音

院系设置
四院一部(电子信息学院、商学院、管理学院、人文艺术学院、公共课部)

学校设立奖学金情况
学校设立奖学金三项,奖励总金额约50余万元。奖学金最高金额7500元/年,最低金额1500元/年。

学校历史沿革
湖南信息科学职业学院的前身是湖南信息专修学院,创建于1997年12月。1999年5月取得国家学历文凭考试试点院(校)资格。2004年5月批准筹建高职院校并更名为湖南信息科学职业学院从长沙市马坡岭迁至长沙(星沙)经济技术开发区。2005年3月经省政府批准湖南信息科学职业学院正式建校并在教育部备案。

湖南工艺美术职业学院

学校(机构)标识码 4143013921	校园(局域)网域名 www.hnmeida.com.cn	在校生数(人) 5180
学校办学类型 415:专科院校:高等职业学校		其中:普通专科 5164
	电子信箱 hngymydzb@126.com	成人专科 16
学校性质类别 11 艺术院校	占地面积(平方米) 239252	专任教师(人) 343
学校举办者 812 省级其他部门	校舍建筑面积(平方米) 152407	其中:正高级 7
学校地址 湖南省益阳市栖霞路135号	图书(万册) 25.91	副高级 75
邮政编码 413000	固定资产总值(万元) 26177.61	中级 115
办公电话 0737-4200777	教学、科研仪器设备资产值(万元) 3096.85	初级 87
传真电话 0737-4202777		未定职级 59

专科专业 电脑美术设计、电脑艺术设计、雕塑艺术设计、动漫设计与制作、多媒体设计与制作、服装设计(工艺方向)、服装设计(营销方向)、服装艺术设计、工业设计、工艺品设计与营销方向、广告与策划、国际商业广告设计、环境艺术设计、家用纺织品设计、皮革制品设计与工艺、商业广告与数码技术方向、室内设计、室内设计技术、陶瓷艺术设计、湘绣设计与工艺、展览展示艺术设计、装潢艺术设计

院系设置
学院设四系一院一部一中心:视觉传达系、环境艺术系、服装艺术设计系、湘绣学院、基础教学部、培训中心。

学校设立奖学金情况
学校设立奖学金7项,奖励总金额50余万元。奖学金最高金额1000元/年,最低金额50元/年。

学校历史沿革
湖南工艺美术职业学院由原湖南工艺美术职工大学升格而成,创建于1975年。1978年省政府正式下文批转挂牌,1981年获省教育厅备案,1983年学校成立中专部,取名服装工业学校。1997年中专部改名为湖南工艺美术设计学校,2003年7月经省教育厅批准在湖南工艺美术职工大学和湖南省工艺美术设计学校的基础上筹办湖南工艺美术职业学院。2005年经湖南是人民政府批准转正,纳入普通高等学校序列。

湖南九嶷职业技术学院

学校(机构)标识码 4143013922	校园(局域)网域名 www.hnxxysxy.com	在校生数(人) 1373
学校办学类型 415:专科院校:高等职业学校		其中:普通专科 1317
	电子信箱 yz8372298@126.com	成人专科 56
学校性质类别 01 综合大学	占地面积(平方米) 266053	专任教师(人) 100
学校举办者 999 民办	校舍建筑面积(平方米) 81519	其中:正高级 6
学校地址 湖南省永州市冷水滩区零陵大道2号	图书(万册) 13.22	副高级 18
	固定资产总值(万元) 6126.59	中级 36
邮政编码 425000	教学、科研仪器设备资产值(万元) 2923.39	初级 30
办公电话 0746-8322038		未定职级 10
传真电话 0746-8322038		

专科专业 电脑艺术设计、动漫设计与制作、服装设计、会计电算化、机电一体化技术、计算机信息管理、计算机应用技术、建筑电气工程技术、酒店管理、模具设计与制造、汽车检测与维修技术、商务英语、涉外旅游、室内设计技术、数控技术、医药营销

院系设置
学院设"四系两部":机电工程系、汽车工程系、服装艺术系、管理系、思政部和公共课部

学校设立奖学金情况
学校设立奖学金奖励总金额25余万元。奖学金最高金额8000元/年,最低金额1500元/年。

学校历史沿革
湖南九嶷职业技术学院是在原"九嶷山学院"的基础上发展起来的。1980年,乐天宇教授自筹资金回到家乡创办"九嶷山学院",1999年"九嶷山学院"更名为"零陵九嶷山专修学院",2005年3月,经省人民政府批准,正式设立"湖南九嶷职业技术学院",属专科层次的在全国范围内计划招生的普通全日制高等职业院校。2010年5月13日湖南九嶷职业技术学院由民办改为公办,并与潇湘技师学院联合办学,实行两块牌子一套人马。

湖南理工职业技术学院

学校(机构)标识码　4143013923
学校办学类型　415:专科院校:高等职业学校
学校性质类别　01 综合大学
学校举办者　812 省级其他部门
学校地址　湘潭市河东大道10号
邮政编码　411104
办公电话　0731-52518776
传真电话　0731-52554202
校园(局域)网域名　www.hnlgzy.net
电子信箱　hngyzgdx_zzc@126.com
占地面积(平方米)　174954
校舍建筑面积(平方米)　126026
图书(万册)　34
固定资产总值(万元)　12986
教学、科研仪器设备资产值(万元)　2918.07
在校生数(人)　4275
其中:普通专科　4037
　　　成人专科　238
专任教师(人)　240
其中:副高级　42
　　　中级　119
　　　初级　78
　　　未定职级　1

专科专业　电脑艺术设计、电气自动化技术、电子信息工程技术、工程测量技术、工程造价、工商企业管理、光伏发电技术及应用、环境艺术设计、会计电算化、机电设备维修与管理、机电一体化技术、机械设计与制造、计算机网络技术、酒店管理、矿山机电、煤矿开采技术、模具设计与制造、商务英语、市场开发与营销、数控技术

院系设置
资源工程系、经贸社科系、信息工程系、基础课部、继续教育部

学校设立奖学金情况
学校设立奖学金四项，奖励总金额 23.215 万元。奖学金最高金额 1200 元/人，最低金额 200 元/人。

1. 一等奖学金:11 人 1200/人
2. 二等奖学金:69 人 800/人
3. 三等奖学金:225 人 600/人
4. 单项奖学金:44 人 200/人
5. 勤工助学金:160 人 150/人

学校历史沿革
湖南省煤炭干部中等专业学校于 1978 年创建。1990 年由涟邵矿务局职工大学和资兴矿务局职工大学合并成立湖南煤炭职工大学，迁址湘潭市湖南省煤炭干部中等专业学校内办学。1994 年 8 月 30 日经省政府批准更名为湖南工业职工大学。2004 年 5 月 21 日经省政府批准筹建湖南资源科技职业学院。2005 年 3 月 27 日经省政府批准改建为湖南理工职业技术学院。

湖南科技经贸职业学院

学校(机构)标识码　4143013924
学校办学类型　415:专科院校:高等职业学校
学校性质类别　02 理工院校
学校举办者　999 民办
学校地址　湖南省衡阳市蒸湘区呆鹰岭
邮政编码　421009
办公电话　0734-8815833
传真电话　0734-8815999
校园(局域)网域名　www.hnkjjm.com
电子信箱　864164732@qq.com
占地面积(平方米)　334600
校舍建筑面积(平方米)　329300
图书(万册)　62.55
固定资产总值(万元)　17800
教学、科研仪器设备资产值(万元)　5250
在校生数(人)　7922
其中:普通专科　7922
专任教师(人)　375
其中:正高级　21
　　　副高级　54
　　　中级　188
　　　初级　92
　　　未定职级　20

专科专业　电气自动化技术、电子商务、电子信息工程技术、动漫设计与制作、工商企业管理、国际经济与贸易、会计电算化、机电一体化技术、机械设计与制造、计算机多媒体技术、计算机网络技术、计算机信息管理、计算机应用技术、建筑工程技术、酒店管理、楼宇智能化工程技术、旅游管理、模具设计与制造、汽车电子技术、汽车检测与维修技术、软件技术、商务英语、市场营销、数控技术、通信技术、文秘、物流管理、物业管理、应用电子技术、应用英语、装饰艺术设计

院系设置
经济管理学院、机电工程学院、电子信息工程学院、计算机科学技术学院、外语系。

国家级、省部级研究机构设置
设有中央财政支助的电工电子及自动化技术、汽车检测与维修两个国家级实训基地。

学校设立奖学金情况
学校设立奖学金 5 项，奖励总金额 110 余万元。奖学金最高金额 3000 元/年，最低金额 300 元/年。

主要校办产业
中南驾校

学校历史沿革

学校创办于1990年,当时校名为中南技校,以汽车修理工、电工培训为主。1996年正式更名为中南科技财经管理学院,在老校区从事中等学历教育和职业技能培训至今。目前,在校学生共9000余名。2000年学校命名为中南科技财经管理专修学院,从事学历文凭大专教育。2005年3月经湖南省人民政府批准,在原中南科技财经管理专修学院的基础上,在靠近南华大学附近选址建立新校区,累计投资2.3亿元,升格为一所经湖南省人民政府批准,教育部备案的全日制普通民办职业院校。学院分新、老校区,统一在董事会的领导下,在新校区从事高等职业教育。

湖南软件职业学院

学校(机构)标识码 4143013925	传真电话 0731-52317568	在校生数(人) 4486
学校办学类型 415:专科院校:高等职业学校	校园(局域)网域名 www.hnsoftedu.com	其中:普通专科 4486
学校性质类别 02 理工院校	电子信箱 hnsoftedu2005@suhu.com	专任教师(人) 276
学校举办者 999 民办	占地面积(平方米) 347202	其中:正高级 4
学校地址 湖南省湘潭市九华示范区宝马西路	校舍建筑面积(平方米) 79273	副高级 57
	图书(万册) 23.35	中级 43
邮政编码 411100	固定资产总值(万元) 30600	初级 62
办公电话 0731-52317569	教学、科研仪器设备资产值(万元)	未定职级 110

专科专业 电子商务、电子信息工程技术、动漫设计与制作、工程测量技术、工程测量与监理、公路工程管理、广告设计与制作、国际经济与贸易、环境艺术设计、会计、计算机多媒体技术、计算机网络技术、计算机系统维护、计算机信息管理、计算机应用技术、建筑工程管理、酒店管理、旅游管理、模具设计与制造、软件测试技术、软件技术、软件开发与项目管理、软件外包服务、商务英语、室内设计技术、数控技术、图形图像制作、文秘、物流管理、信息安全技术、信息技术应用、艺术设计、应用英语

院系设置

学院现设建筑工程系、软件工程系、数字艺术系、信息工程系、经济管理系、基础教育系六个系。

国家级、省部级研究机构设置

拥有校内实训基地35个,是国家财政部、教育部批准的中央财政支持的计算机应用与软件技术实训基地,国家人口计生委人口文化发展中心动漫基地,湖南省服务外包人才培训基地,信息产业部技能鉴定中心

学校设立奖学金情况

现设立奖助学金9项,奖励总额达4978500万元,其中最高奖学金额8000元/人,最低金额200元/人。

学校历史沿革

湖南软件职业学院创建于2001年,前身为湖南托普信息职业技术学院,2005年3月经湖南省教育厅批准,报教育部备案,正式改名为湖南软件职业学院。

株洲职业技术学院

学校(机构)标识码 4143013937	传真电话 0731-28431879	在校生数(人) 7059
学校办学类型 415:专科院校:高等职业学校	校园(局域)网域名 www.zzptc.com	其中:普通专科 6645
	电子信箱 lpg5987@163.com	成人专科 414
学校性质类别 02 理工院校	占地面积(平方米) 400708	专任教师(人) 387
学校举办者 821 地级教育部门	校舍建筑面积(平方米) 178343	其中:正高级 4
学校地址 湖南省株洲市石峰区红旗北路476号	图书(万册) 37.18	副高级 119
	固定资产总值(万元) 23514	中级 169
邮政编码 412001	教学、科研仪器设备资产值(万元)	初级 82
办公电话 0731-22625978	4404.48	未定职级 13

专科专业 导游、电脑艺术设计、电气自动化技术、电子产品质量检测、电子商务、动漫设计与制作、国际经济与贸易、会计电算化、机电一体化技术、计算机网络技术、计算机应用技术、计算机硬件与外设、模具设计与制造、汽车电子技术、汽车技术服务与营销、汽车运用技术、汽车制造与装配技术、人力资源管理、软件技术、商务英语、市场营销、视觉传达艺术设计、数控技术、

文秘、移动通信技术、应用电子技术

院系设置

现设有汽车工程系、电子信息工程系、机电工程系、会计系、工业设计系、经济贸易系、基础课部和中专部等8个系部,设有继续教育培训中心、汽车驾驶员培训中心和华大菁英教育有限公司

国家级、省部级研究机构设置

1. 国家重点实验室:1个 汽车运用与维修专业是全国紧缺人才培训基地
2. 研究中心(所):株洲职业技术学院高等职业教育科学研究所。学院先后被确认为国家技能型紧缺人才示范性培养培训基地、中央财政支持的职业教育实训基地、湖南省教育科学研究院职业教育研究基地、湖南汽车制造业高技能人才培养培训基地、湖南省汽车运用技术专业教学技术水平认证培训基地、湖南省服务外包与电子商务人才培养基地、上海通用汽车ASEP项目(湖南)教学中心、北汽集团株洲公司人才培训基地、深圳华强科技集团人才培训基地、湖南省旅游教育培训示范基地、湖南省首批教育科学学科研究基地、湖南省中等职业学校专业教师省本级(汽车类、计算机类培训项目)培训基地、株洲市高技能人才培训基地、株洲市职业院校重点实习实训基地

定期公开出版的专业刊物 《株洲职业技术学院学报》、《株洲职业技术学院校报》

学校设立奖学金情况

学校设立奖学金2项,奖励总金额539400元。奖学金最高金额1000元/年,最低金额500元/年。

1. 综合奖学金:一等奖学金106人,1000元/人,二等奖学金432人,800元/人;
2. 单项奖学金:一等奖学金16人,800元/人,二等奖学金150人,500元/人。

毕业生一次就业率 90.78%

学校历史沿革

曙光中学(1975年—1970年),株洲市第九中学(1971年—1986年),株洲市财会职业学校(1987年—1989年),株洲市环保职业中专学校(1990年—1994年),株洲市第一职业中等专业学校(1995年—2004年)(1996年加"株洲机械电子工业学校"校牌,一校两制,同时执行职业中专及普通中专教育),株洲科技职业技术学院(筹)(2003年6月—2005年2月),株洲职业技术学院(2005年3月至今)。其中参与合并的学校:中国重型汽车集团职工大学株洲分校(2002年5月),株洲市交通技工学校(2004年2月)。

长沙电力职业技术学院

学校(机构)标识码 4143013938	校园(局域)网域名 www.cseptc.hn.sgcc.com.cn	在校生数(人) 4028
学校办学类型 415:专科院校:高等职业学校	电子信箱 csdlxxzb@163.com	其中:普通专科 3991 成人专科 37
学校性质类别 02 理工院校	占地面积(平方米) 306050	专任教师(人) 226
学校举办者 891 地方企业	校舍建筑面积(平方米) 106846	其中:副高级 66
学校地址 长沙电力职业技术学院	图书(万册) 24.29	中级 63
邮政编码 410131	固定资产总值(万元) 6070.24	初级 96
办公电话 0731-84074152	教学、科研仪器设备资产值(万元) 2317.71	未定职级 1
传真电话 0731-84074156		

专科专业 电气自动化技术、电子商务、发电厂及电力系统、高压输配电线路施工运行与维护、供用电技术、会计电算化、火电厂集控运行、计算机多媒体技术、计算机通信、能源类、热能动力设备与应用、市场营销

院系设置

电力工程系、动力工程系、信息工程系、经济管理系

学校设立奖学金情况

学校设立奖学金1项,奖励总金额为8.9万余元;奖学金最高金额每年3000元,最低金额每年800元。

毕业生一次就业率 我院2010届毕业生的就业率为95.39%。

学校历史沿革

2005年3月,经湖南省人民政府批准,在长沙电力学校的基础上正式成立长沙电力职业技术学院。

湖南水利水电职业技术学院

学校(机构)标识码 4143013939	学校举办者 812 省级其他部门	办公电话 0731-84073148
学校办学类型 415:专科院校:高等职业学校	学校地址 长沙市远大二路1575-7号	传真电话 0731-84612968
学校性质类别 02 理工院校	邮政编码 410131	校园(局域)网域名 www.hnslsdxy.com

电子信箱	hnsdxy@126.com		2746.06	其中:正高级	1
占地面积(平方米)	124109	在校生数(人)	6059	副高级	64
校舍建筑面积(平方米)	113475	其中:普通专科	5763	中级	91
图书(万册)	25.59	成人专科	296	初级	87
固定资产总值(万元)	17881.71	专任教师(人)	279	未定职级	36
教学、科研仪器设备资产值(万元)					

专科专业 城市水利、道路桥梁工程技术、电力系统自动化技术、电子商务、电子信息工程技术、发电厂及电力系统、给排水工程技术、工程监理、工程造价、供用电技术、会计、机电设备维修与管理、机电一体化技术、计算机网络技术、建筑工程管理、建筑装饰工程技术、楼宇智能化工程技术、农村电气化技术、水利工程、水利工程施工技术、水利水电建筑工程、投资与理财、小型水电站及电力网、资产评估与管理

院系设置
水利工程系、水利建筑工程系、电力工程系、经济管理系、成教部

学校设立奖学金情况
学校设立奖学金三项,奖励总金额110余万元。奖学金最高金额8000元/年,最低金额200元/年。

学校历史沿革
湖南水利水电职业技术学院始于1980年由湖南水利厅创办的湖南省水利技工学校。1988年更名为湖南水利水电学校泉塘分校,开始招收中专生。1998年9月更名为湖南水利水电工程学校。2004年5月在湖南水利水电工程学校的基础上筹建湖南水利水电职业技术学院。2005年4月1日,湖南水利水电职业技术学院在教育部备案。

湖南现代物流职业技术学院

学校(机构)标识码	4143013940	传真电话	0731-84073059	在校生数(人)	5395
学校办学类型	415:专科院校:高等职业学校	校园(局域)网域名	www.56edu.com	其中:普通专科	5205
		电子信箱	hncgttc@vip.sina.com	成人专科	190
学校性质类别	01 综合大学	占地面积(平方米)	179820	专任教师(人)	314
学校举办者	891 地方企业	校舍建筑面积(平方米)	175271	其中:正高级	3
学校地址	湖南省长沙市远大二路泉塘湖南现代物流职业技术学院	图书(万册)	51.75	副高级	78
		固定资产总值(万元)	12738	中级	121
		教学、科研仪器设备资产值(万元)	2826.4	初级	102
邮政编码	410131			未定职级	10
办公电话	0731-84073065				

专科专业 电子商务、电子信息工程技术、会计、计算机网络技术、计算机应用技术、酒店管理、连锁经营管理、旅游管理、汽车技术服务与营销、商务英语、审计实务、市场营销、文秘、物联网应用技术、物流工程技术、物流管理、物流信息技术、物流园区金融管理

院系设置
物流管理系、物流经贸系、物流信息系、物流工程系、公共管理系。

学校设立奖学金情况
学校设立奖学金一项,奖励总金额20余万元。奖学金最高金额1000元/年,最低金额50元/年。

学校历史沿革
湖南现代物流职业技术学院前身为湖南省物资学校,创建于1965年,2005年3月与湖南省石油化工职工大学合并组建湖南现代物流职业技术学院。

湖南高速铁路职业技术学院

学校(机构)标识码	4143013941		号	占地面积(平方米)	572706
学校办学类型	415:专科院校:高等职业学校	邮政编码	421001	校舍建筑面积(平方米)	253327
		办公电话	0734-8221915	图书(万册)	59.58
学校性质类别	01 综合大学	传真电话	0734-8221915	固定资产总值(万元)	17333.71
学校举办者	822 地级其他部门	校园(局域)网域名	htcrh.com	教学、科研仪器设备资产值(万元)	
学校地址	湖南省衡阳市一环东路南9	电子信箱	494639468@qq.com		4045.75

在校生数(人)	7135	专任教师(人)	438	中级	149
其中:普通专科	6580	其中:正高级	3	初级	161
成人专科	555	副高级	93	未定职级	32

专科专业 城市轨道交通工程技术、道路桥梁工程技术、电子商务、给排水工程技术、工程造价、计算机多媒体技术、计算机网络技术、计算机应用技术、建筑工程技术、建筑设计技术、建筑装饰工程技术、涉外旅游、铁道工程技术、铁道机车车辆、铁道交通运营管理、铁道通信信号、通信技术、文秘、应用英语

院系设置
学院共设有五个系,分别为交通工程系、铁道运输系、建筑工程系、计算机系、基础与社会科学系

定期公开出版的专业刊物 《湖南高速铁路职业技术学院学报》

学校设立奖学金情况
学校设立奖学金三项:奖励总金额22余万元。奖学金最高金额1000元/年,最低金额300元/年。

主要校办产业
华南铁路监理公司衡阳分公司、建筑工程质量司法鉴定所、衡阳恒德工程质量检测有限公司、衡阳雅佳斯涂料有限公司、衡阳铁路勘测设计院、小康纯净水厂

学校历史沿革
学院系国有公办全日制高等院校,1951年由铁道部创办,命名为衡阳铁路中级技术学校,1953年更名为衡阳铁路工程学校,首任校长是后来担任了铁道部部长、铁道兵司令的郭维城将军;1958年、1960年两度升格为本科院校,分别名为衡阳铁道工程学院、衡阳铁道学院;1962年恢复原有建制,仍称衡阳铁路工程学校;2000年衡阳铁路运输高级技工学校并入;2004年分离出铁路;2005年经教育部批准升格为湖南交通工程职业技术学院;2006年衡阳市职工大学并入;2011年随着学院发展的需要,更名为湖南高速铁路职业技术学院。

湖南铁路科技职业技术学院

学校(机构)标识码	4143013942	传真电话	0731-28223346	在校生数(人)	7044
学校办学类型	415:专科院校:高等职业学校	校园(局域)网域名	www.hntky.com	其中:普通专科	6834
学校性质类别	02 理工院校	电子信箱	dzb@hntky.com	成人专科	210
学校举办者	821 地级教育部门	占地面积(平方米)	331203	专任教师(人)	338
学校地址	湖南省株洲市芦淞区建设中路171号	校舍建筑面积(平方米)	162241	其中:正高级	7
邮政编码	412000	图书(万册)	33.68	副高级	99
办公电话	0731-22777009	固定资产总值(万元)	14302.15	中级	131
		教学、科研仪器设备资产值(万元)	3788.8	初级	49
				未定职级	52

专科专业 电气化铁道技术、电气自动化技术、动漫设计与制作、机电设备维修与管理、机电一体化技术、机械设计与制造、计算机网络技术、计算机信息管理、酒店管理、连锁经营管理、模具设计与制造、软件技术、商务英语、市场营销、数控技术、铁道机车车辆、铁道交通运营管理、铁道通信信号、物流管理、应用电子技术

学校设立奖学金情况
学校设立奖学金8项,奖励总金额141.86万元。奖学金最高金额8000元/年,最低金额300元/年。

学校历史沿革
湖南铁路科技职业技术学院的前身为株洲铁路机械学校。我院创建于1956年,由铁道部筹办,原名为株洲铁路运输学校,1956年9月招收第一届新生;1958年举办株洲铁道学院,设本科班、大专班、中专班。1962年全国院系调整,更名为株洲铁路机械学校,由铁道部主办、广州铁路(集团)公司主管。

2004年学院成建制移交株洲市政府管理。2005年3月,经湖南省人民政府批准、教育部备案,在原株洲铁路机械学校的基础上建立湖南铁路科技职业技术学院。

湖南安全技术职业学院

学校(机构)标识码	4143014025	学校举办者	812 省级其他部门	办公电话	0731-84396585
学校办学类型	415:专科院校:高等职业学校	学校地址	长沙市万家丽北路水渡河土桥304号	传真电话	0731-84396585
学校性质类别	01 综合大学	邮政编码	410151	校园(局域)网域名	www.hnvist.cn
				电子信箱	hnvistbgsh@tom.com

占地面积(平方米) 257688	2159.68	其中:正高级 10
校舍建筑面积(平方米) 128749	在校生数(人) 4790	副高级 42
图书(万册) 37.34	其中:普通专科 4640	中级 123
固定资产总值(万元) 7876.99	成人专科 150	初级 34
教学、科研仪器设备资产值(万元)	专任教师(人) 219	未定职级 10

专科专业 安全技术管理、测绘与地质工程技术、电子商务、电子信息工程技术、动漫设计与制作、工商行政管理、花炮生产与管理方向、化工生产安全技术、会计、计算机网络技术、计算机信息管理、计算机应用技术、酒店管理、矿山安全技术与监察、矿山机电、旅游英语、煤矿开采技术、商务英语、市场营销、图文信息技术、文秘、信息安全技术、烟花爆竹安全与质量技术、应用电子技术、应用英语

院系设置
学院设有六个系:安全技术系、烟花爆竹工程系、电子信息工程系、计算机科学与技术系、应用外语系、经济贸易系;两个部:基础课部与继续教育部

国家级、省部级研究机构设置
实验室:2个

学校设立奖学金情况
学校设立奖学金7项,奖励总金额9.24余万元。奖学金最高金额1000元/年,最低金额200元/年。

主要校办产业
2个

学校历史沿革
学院前身是长沙煤矿安全技术培训中心,创建于1984年。2000年,在中心基础上开始筹建湖南科技职业学院。2001年与湖南轻工业学校联合正式成立湖南科技职业学院后,成为该院的北院。2005年独立为湖南安全技术职业学院。

湖南电气职业技术学院

学校(机构)标识码 4143014071	传真电话 0731-58595339	在校生数(人) 4030
学校办学类型 415:专科院校:高等职业学校	校园(局域)网域名 www.hnjd.net.cn	其中:普通专科 3344
	电子信箱 hndqzy@sina.com	成人专科 686
学校性质类别 02 理工院校	占地面积(平方米) 130998	专任教师(人) 159
学校举办者 891 地方企业	校舍建筑面积(平方米) 90473	其中:副高级 15
学校地址 湖南省湘潭市下摄司街2号	图书(万册) 17.27	中级 58
	固定资产总值(万元) 10549.77	初级 33
邮政编码 411101	教学、科研仪器设备资产值(万元)	未定职级 53
办公电话 0731-58595339	2176.17	

专科专业 电机与电器、电气自动化技术、电子商务、电子信息工程技术、风力发电设备制造与安装、会计电算化、机电设备维修与管理、机电一体化技术、机械设计与制造、计算机网络技术、计算机应用技术、酒店管理、旅游管理、模具设计与制造、汽车运用技术、商务英语、数控技术、物流管理、应用电子技术

院系设置
本学院设:机械工程系、电气与信息工程系、经济管理系、汽车工程系、公共课部、实训中心、校企合作办、团委、党政办、组织人事处、教务处、学生工作处、财务与资产管理处、招生就业处、后勤处、培训部、图文信息中心

学校设立奖学金情况
学校设立奖学金一项,奖励总金额:28万元/年,最低金额:400元/年。

主要校办产业
生产与湘潭电机集团公司配套的电机配件、机车配件、风电风能配件等产品

学校历史沿革
1964年—1981年湘潭电机厂"721"大学;1981年-1997年湘潭电机厂职工大学;1997年-2006年3月湖南机电职工大学;2006年4月至今湖南电气职业技术学院。

湖南外国语职业学院

学校(机构)标识码 4143014072	学校性质类别 07 语文院校	路
学校办学类型 415:专科院校:高等职业学校	学校举办者 999 民办	邮政编码 410116
	学校地址 湖南省长沙市天心区中意	办公电话 0731-82646393

传真电话　0731-82646580	固定资产总值(万元)　6428.49	专任教师(人)　299
校园(局域)网域名　www.hnflc.cn	教学、科研仪器设备资产值(万元)　709.19	其中:正高级　5
电子信箱　guoxian.liu@hnflc.cn		副高级　29
占地面积(平方米)　65778	在校生数(人)　4625	中级　65
校舍建筑面积(平方米)　126651	其中:普通专科　4405	初级　170
图书(万册)　37.2	成人专科　220	未定职级　30

专科专业　国际经济与贸易、会计、计算机信息管理、计算机应用技术、酒店管理、旅游英语、商务英语、市场营销、文秘、物流管理、应用阿拉伯语、应用德语、应用俄语、应用法语、应用韩语、应用日语、应用外国语、应用西班牙语

院系设置
东方语言学院、西方语言学院、涉外经济信息学院

学校设立奖学金情况
学校设立奖学金9项,奖励总金额170余万元。奖学金最高金额8000元/年,最低金额500元/年。

毕业生一次就业率　91%

学校历史沿革
湖南外国语职业学院创建于1993年,前身为浏阳外国语专修学院。2005年5月,经湖南省人民政府批准、教育部备案升格为全日制普通高职学院。

益阳医学高等专科学校

学校(机构)标识码　4143014097	传真电话　0737-4224748	在校生数(人)　5395
学校办学类型　414:专科院校:高等专科学校	校园(局域)网域名　www.hnyyyz.com	其中:普通专科　5357
	电子信箱　yyyzbgs@163.com	成人专科　38
学校性质类别　05 医药院校	占地面积(平方米)　428694	专任教师(人)　364
学校举办者　822 地级其他部门	校舍建筑面积(平方米)　153235	其中:正高级　13
学校地址　湖南省益阳市迎宾东路516号	图书(万册)　35.8	副高级　91
	固定资产总值(万元)　22392.35	中级　124
邮政编码　413000	教学、科研仪器设备资产值(万元)　2994.6	初级　101
办公电话　0737-4224748		未定职级　35

专科专业　护理、口腔医学、临床医学、药学、医学检验技术、医学文秘、助产

院系设置
1个附属医院,五个教学医院,三部四系,:既公共课部、基础医学部、成教部、护理系、药学系、口腔医学系、临床医学系

学校设立奖学金情况
学校设立奖学金四项,奖励总金额8余万元。奖学金最高金额2000元/年,最低金额400元/年。

学校历史沿革
益阳医学高等专科学校的前身是创办于1950年的益阳卫生学校,2007年3月经教育部和省人民政府批准升格为普通高等专科学校。

湖南都市职业学院

学校(机构)标识码　4143014121	传真电话　0731-86399113	在校生数(人)　5561
学校办学类型　415:专科院校:高等职业学校	校园(局域)网域名　www.hnupc.com	其中:普通专科　5322
	电子信箱　office@hnupc.com	成人专科　239
学校性质类别　01 综合大学	占地面积(平方米)　117429	专任教师(人)　282
学校举办者　999 民办	校舍建筑面积(平方米)　119331	其中:正高级　3
学校地址　长沙市远大三路黄花国际空港工业园	图书(万册)　33.45	副高级　67
	固定资产总值(万元)　21468.8	中级　99
邮政编码　410137	教学、科研仪器设备资产值(万元)　2292.75	初级　40
办公电话　0731-86399128		未定职级　73

专科专业 包装技术与设计、电子商务、工程监理、工程造价、国际经济与贸易、航空服务、会计电算化、计算机多媒体技术、计算机网络技术、计算机应用技术、建筑工程技术、民航商务、模具设计与制造、软件技术、商务英语、市政工程技术、数控技术、物业管理、印刷技术、印刷设备及工艺、印刷图文信息处理、应用电子技术

学校历史沿革

湖南都市职业学院创建于1980年，前身为湖南信息管理专修学院，2007年经湖南省人民政府批准，国家教育部备案的全日制的普通高等学校，学校创办人为吴芳教授。

湖南电子科技职业学院

学校(机构)标识码	4143014122
学校办学类型	415:专科院校:高等职业学校
学校性质类别	01 综合大学
学校举办者	999 民办
学校地址	湖南电子科技职业学院
邮政编码	410217
办公电话	0731-88379001
传真电话	0731-88379001
校园(局域)网域名	www.8379888.com
电子信箱	hndzkj@126.com
占地面积(平方米)	411814
校舍建筑面积(平方米)	140969
图书(万册)	42.51
固定资产总值(万元)	26000
教学、科研仪器设备资产值(万元)	2169
在校生数(人)	5298
其中:普通专科	5298
专任教师(人)	238
其中:正高级	11
副高级	32
中级	125
初级	38
未定职级	32

专科专业 电子信息工程技术、动漫设计与制作、服装设计、国际航运业务管理、会计、机电一体化技术、计算机网络技术、建筑工程技术、金融与证券、旅游管理、模具设计与制造、汽车电子技术、软件技术、商务英语、艺术设计、营销与策划、应用电子技术、装饰艺术设计

院系设置

学院现设有四系一部，分别为机电工程系、电子信息工程系、经济管理与人文科学系、设计艺术系和基础课部。

学校历史沿革

湖南电子科技职业学院是在原湖南职业专修学院的基础上，于2007年2月经湖南省人民政府批准、教育部备案的具有独立颁发高等教育学历文凭资格的全日制普通高等院校。

湖南科技工业职业技术学院

学校(机构)标识码	4143014182
学校办学类型	415:专科院校:高等职业学校
学校性质类别	02 理工院校
学校举办者	812 省级其他部门
学校地址	湖南省湘潭市雨湖区楠竹山学院路1号
邮政编码	411207
办公电话	0731-58300502
传真电话	0731-58300239
校园(局域)网域名	www.hnkgzy.com
电子信箱	hnkgzy@126.com
占地面积(平方米)	164161
校舍建筑面积(平方米)	106470
图书(万册)	21.08
固定资产总值(万元)	7317
教学、科研仪器设备资产值(万元)	2116
在校生数(人)	3539
其中:普通专科	3214
成人专科	325
专任教师(人)	170
其中:正高级	2
副高级	32
中级	33
初级	51
未定职级	52

专科专业 电气自动化技术、电子商务、火工工艺技术、机电一体化技术、计算机多媒体技术、计算机辅助设计与制造、计算机网络技术、建筑工程技术、模具设计与制造、汽车技术服务与营销、汽车检测与维修技术、汽车制造与装配技术、商务英语、市场开发与营销、数控技术、数控设备应用与维护、武器制造技术、应用电子技术

院系设置

目前有电气信息工程系、机电工程系、基础科学系、特种工程系、汽车工程系、建筑工程系六个系部

定期公开出版的专业刊物 部科研杂志《军工职教研究》以及校报。

学校设立奖学金情况

学院设计奖学金4项，奖励总金额6.4余万元，奖学金最高金额500元/年，最低金额50元/年。

学校历史沿革

湖南科技工业职业技术学院在原"湖南兵器工业职工大学"改办，于2008年1月18日经省人民政府批准成立，4月经国家教育部正式批准备案。

湖南高尔夫旅游职业学院

学校(机构)标识码 4143014309	办公电话 0736-2998182	在校生数(人) 743
学校办学类型 415:专科院校:高等职业学校	传真电话 0736-2998288	其中:普通专科 646
	校园(局域)网域名 www.2823333.com	成人专科 97
学校性质类别 01 综合大学	占地面积(平方米) 101384	专任教师(人) 69
学校举办者 999 民办	图书(万册) 10	其中:正高级 1
学校地址 湖南常德市汉寿县太子庙工业园	固定资产总值(万元) 1325.19	中级 26
	教学、科研仪器设备资产值(万元) 765.19	初级 22
邮政编码 419000		未定职级 20

专科专业 高尔夫球场建造与维护、高尔夫运动技术与管理、工商企业管理、机电一体化技术、酒店管理、旅游管理、涉外旅游、应用日语、应用英语、园林工程技术、运动训练

院系设置
运动系、管理系、机电系、外语系、中职部

学校设立奖学金情况
学院设立奖学金6项,总金额45000元,最高金额1500元/年,最低金额200元/年。

学校历史沿革
学院原为湖南涉外经济学院清水湖校区,于2010年独立成为湖南高尔夫旅游职业学院。

湖南工商职业学院

学校(机构)标识码 4143014310	传真电话 0734-8593325	3314.5
学校办学类型 415:专科院校:高等职业学校	校园(局域)网域名 www.hngsxy.com	在校生数(人) 714
	电子信箱 hngsxy@sina.com	其中:普通专科 714
学校性质类别 02 理工院校	占地面积(平方米) 154500	专任教师(人) 52
学校举办者 999 民办	校舍建筑面积(平方米) 39210	其中:正高级 2
学校地址 湖南衡阳石鼓区松木塘	图书(万册) 11.5	副高级 13
邮政编码 421005	固定资产总值(万元) 16942	中级 37
办公电话 0734-8593387	教学、科研仪器设备资产值(万元)	

专科专业 工商企业管理、会计、机电一体化技术、建筑工程技术、模具设计与制造、汽车运用技术、人力资源管理、软件开发与项目管理、应用电子技术

院系设置
工学院、商学院

学校设立奖学金情况
学校设立奖学金两项,奖励总金额20余万元,奖学金最高金额5000元/年,最低金额500元/年。

学校历史沿革
湖南工商职业学院创办于1989年,原名"亚太经济管理学校"经历了培训班、中专、大专助学的发展过程。1999年经省教育厅批准为大专层次助学单位,改名为"亚太科技学院"。2000年明确为高等教育全日制助学单位,更名为"湖南理工专修学院"。2002年经省高校评估团考核评估,被批准为高等教育学历文凭考试试点院校。2008年6月,省教育厅发出湘教函[2008]103号文件,同意我院以湖南理工专修学院为基础,筹建湖南工商职业学院。2010年3月3日,省政府以湘政函[2010]65号文,正式批准我院建立湖南工商职业学院。

湖南三一工业职业技术学院

学校(机构)标识码 4143014322	学校性质类别 02 理工院校	三一工学院
学校办学类型 415:专科院校:高等职业学校	学校举办者 999 民办	邮政编码 410129
	学校地址 湖南省长沙县榔梨工业园	办公电话 0731-85251012

传真电话　0731-85251453	教学、科研仪器设备资产值(万元)	其中:正高级　2
校园(局域)网域名　www.sanyedu.com	2610.4	副高级　10
占地面积(平方米)　246597	在校生数(人)　1618	中级　11
校舍建筑面积(平方米)　146269	其中:普通专科　1618	初级　8
图书(万册)　8.09	专任教师(人)　83	未定职级　52
固定资产总值(万元)　3369.7		

专科专业　工程机械运用与维护、焊接技术及自动化、机电设备维修与管理、机电一体化技术、数控技术、物流管理

学校设立奖学金情况

学院设立奖学金1项,奖励总金额3.57余万元。奖学金最高金额1000元/年,最低金额200元/年。

学校历史沿革

湖南三一工业职业技术学院是经湖南省人民政府批准、由三一集团投资创办的全日制普通高等职业院校。学院按照现代大型制造企业的用人要求,着力为三一集团及工程机械行业培养优秀的高技能人才。学院自2006年创办以来,发展迅猛,规模不断扩大,硬件设施日趋完善。

长沙卫生职业学院

学校(机构)标识码　4143014358	传真电话　0731-84015902	在校生数(人)　896
学校办学类型　415:专科院校:高等职业学校	校园(局域)网域名　www.hncswx.com	其中:普通专科　896
	电子信箱　cswszyxybgs@sina.com	专任教师(人)　136
学校性质类别　05医药院校	占地面积(平方米)　163528	其中:正高级　9
学校举办者　822地级其他部门	校舍建筑面积(平方米)　76175	副高级　38
学校地址　湖南省长沙市星沙经济技术开发区灰埠路87号	图书(万册)　20	中级　55
	固定资产总值(万元)　14561	初级　22
邮政编码　410100	教学、科研仪器设备资产值(万元)	未定职级　12
办公电话　0731-84015902	1936	

专科专业　护理、康复治疗技术、口腔医学技术、眼视光技术、药学、助产

学校设立奖学金情况

学校设立奖学金7项,奖励总金额25万余元。奖学金最高金额2000元/年,最低金额500元/年。

学校历史沿革

1958年10月,长沙市卫生学校正式成立;1960年至1964年更名为"长沙医学专科学校",并招收医疗专业大专生;1964年,仍更名为"长沙市卫生学校"并加挂"长沙市卫生干部进修学校"牌子;2011年3月,经湖南省人民政府同意在原"长沙市卫生学校"的基础上设置"长沙卫生职业学院",并报国家教育部备案。

湖南食品药品职业学院

学校(机构)标识码　4143014359	传真电话　0731-85647508	在校生数(人)　222
学校办学类型　415:专科院校:高等职业学校	校园(局域)网域名　www.hnyyxx.net	其中:普通专科　222
	电子信箱　hnyzybgs@sina.cn	专任教师(人)　65
学校性质类别　05医药院校	占地面积(平方米)　264001	其中:正高级　1
学校举办者　812省级其他部门	校舍建筑面积(平方米)　62121	副高级　22
学校地址　湖南省长沙市雨花区体院北路510号	图书(万册)　42	中级　30
	固定资产总值(万元)　5573	初级　10
邮政编码　410014	教学、科研仪器设备资产值(万元)	未定职级　2
办公电话　0731-85647508	400	

专科专业 生物制药技术、食品药品监督管理、药品经营与管理、药物分析技术、药物制剂技术、制药技术类、中药制药技术

院系设置
药学、中药、食品三个系

学校设立奖学金情况
学校设立奖学金5项,最高金额1000元/年,最低金额50元/年。

学校设立奖学金情况
一九七九年湖南省医药技工学校成立,在望城县雷锋公社办学。一九八七年湖南省医药职工中专更名为湖南省医药中等专业学校。二〇一一年3月经湖南省人民政府批准设立湖南食品药品职业学院,由湖南省食品药品监督管理局主管,教育业务由湖南省教育厅管理。

湖南有色金属职业技术学院

学校(机构)标识码	4143014360
学校办学类型	415:专科院校:高等职业学校
学校性质类别	02 理工院校
学校举办者	812 省级其他部门
学校地址	湖南省株洲市石峰区职教大学城盘龙88号
邮政编码	412006
办公电话	0731-28419975
传真电话	0731-28419975
校园(局域)网域名	www.hnyszy.com.cn
占地面积(平方米)	202001
校舍建筑面积(平方米)	161191
图书(万册)	12
固定资产总值(万元)	7107.35
教学、科研仪器设备资产值(万元)	1035
在校生数(人)	1143
其中:普通专科	582
成人专科	561
专任教师(人)	70
其中:正高级	1
副高级	20
中级	44
初级	5

专科专业 工程测量技术、工程造价、工商企业管理、工业分析与检验、会计电算化、机电一体化技术、建筑工程技术、金属材料与热处理技术、金属矿开采技术、矿山地质、数控技术、选矿技术、冶金技术

院系设置
资源开发、材料冶金、机电工程、建筑工程、环境与安全工程、经济管理、基础课部等6系1部。

学校历史沿革
湖南有色金属职业技术学院位于湖南省株洲市石峰区株洲职教大学城盘龙路88号。是全国一所为有色行业高技能人才培养中心的工科高校。湖南有色金属职工大学创建于1986年3月,时称"湖南有色金属职工大学"。其前身由有色金属建筑第一职工高等专科学校和株洲冶炼厂职工大学、株洲硬质合金厂职工大学合并而成的部属学校[国家教委(86)教计字037号文批复],于当年9月1日正式开学上课。

中山大学

学校(机构)标识码	4144010558
学校办学类型	411:本科院校:大学
学校性质类别	01 综合大学
学校举办者	360 教育部
学校地址	广州市海珠区新港西路135号
邮政编码	510275
办公电话	020-84112828
传真电话	020-84111587
校园(局域)网域名	www.sysu.edu.cn
占地面积(平方米)	6171760
校舍建筑面积(平方米)	1937269
图书(万册)	466.13
固定资产总值(万元)	533086.09
教学、科研仪器设备资产值(万元)	143860.23
在校生数(人)	64933
其中:普通本科	32295
成人本科	10178
成人专科	4358
博士研究生	4696
硕士研究生	11838
留学生	1568
专任教师(人)	3169
其中:正高级	980
副高级	1024
中级	924
初级	184
未定职级	57

本科专业 阿拉伯语、保险、博雅学院、材料化学、材料物理、财务管理、财政学、朝鲜语、城市规划、大气科学、大气科学类(含大气科学)、应用气、档案学、德语、地理科学、地理科学类(含资源环境与城乡规、地理信息系统、地理信息系统(测绘工程)、地球信息科学与技术、地球信息科学与技术(含地质学、地质学、电子商务、电子信息科学类(含微电子学)、电子信息科学与技术、电子信息科学与技术(2+2)、电子信息科学与技术(含电子信息、俄语、法学、法医学、法语、高分子材料与工程、工商管理、

工商管理(会计学)、市场营销、工商管理(企业人力资源管理)、工商管理类(含工商管理)、人力资、公共关系学、公共管理类(含行政管理)、政治学、公共事业管理(体育事业管理)、公共政策学、光信息科学与技术、国际经济与贸易、国际政治、海洋科学、海洋生物资源与环境、汉语言文学、行政管理、行政管理(国防生)、核工程与核技术、核工程与核技术(中法合作办学)、护理学、化学、化学(2+2)、化学工程与工艺、化学类(含化学)、化学工程与工艺、环境工程、环境科学、环境科学(环境管理与规划)、环境科学(环境规划与评价)、环境科学(环境生态)、环境科学类(含环境科学)、环境工、会计学、会展经济与管理、会展经济与管理(2+2)、计算机科学与技术、计算机科学与技术(2+2)、计算机科学与技术(含计算机科学)、交通工程、交通工程(城市建设交通)、交通工程(智能交通)、金融学、经济学、经济学(金融学)、国际经济与贸易、经济学类(含经济学)、国际经济与、康复治疗学、考古学、口腔医学、口腔医学(七年制)、理论与应用力学、理论与应用力学(土木工程)、历史学、临床医学、临床医学(八年制)、临床医学(眼科视光学)、逻辑学、旅游管理、旅游管理(2+2)、旅游管理(国际旅游)、旅游管理(含旅游管理)、酒店管理、旅游管理(酒店管理)、麻醉学、热能与动力工程、人类学、人类学(含人类学、考古学专业)、人力资源管理、日语、软件工程、软件工程(电子政务)、软件工程(计算机应用软件)、软件工程(嵌入式软件与系统)、软件工程(数字媒体)、软件工程(通信软件)、软件工程(通信软件、国防生)、社会工作、社会学、社会学(含社会学)、社会工作专业、生态学、生物技术、生物技术及应用、生物科学、生物科学类(含生物科学)、生物技、生物医学工程、市场营销、数学类(含数学与应用数学)、统计、数学与应用数学、数字媒体艺术、水文与水资源工程、通信工程、统计学、图书档案学类(含图书馆学)、档案、图书馆学、土木工程(2+2)、网络工程、微电子学、微电子学(2+2)、物理学、物理学(核工程与核技术)、物流管理、西班牙语、新闻传播学类(含新闻学)、公共关、新闻学、信息安全、信息安全(国防生)、信息管理与信息系统、信息管理与信息系统(保密学方向)、信息与计算科学、药学、医学检验、医学影像学、艺术设计学、逸仙班(化)、逸仙班(理)、逸仙班(岭)、逸仙班(生)、英语、英语(对外汉语)、英语(翻译)、英语(商务英语)、应用化学、应用化学(化学生物学)、应用化学(理化检验技术)、应用气象学、应用心理学、预防医学、预防医学(妇幼卫生)、预防医学(卫生事业管理)、哲学、政治学与行政学、资源环境与城乡规划管理、自动化、自动化(含自动化)、智能科学与技术

博士专业 比较文学与世界文学、病理学与病理生理学、病原生物学、材料物理与化学、财务与投资管理、财政学(含:税收学)、产业组织与管理、地图学与地理信息系统、动物学、儿科学、儿少卫生与妇幼保健学、耳鼻咽喉科学、发育生物学、法律与行政、法学理论、法医学、非物质文化遗产学、分析化学、分子医学、妇产科学、概率论与数理统计、干细胞与组织工程、高分子化学与物理、工程力学、管理科学与工程、光学、光学工程、国外马克思主义研究、海洋海岸地理学、海洋生物学、汉语言文字学、行政管理、护理学、化学生物学、环境工程、环境科学、会计学、基础数学、基础心理学、急诊医学、计算机软件与理论、计算机应用技术、计算数学、技术经济及管理、教育经济与管理、金融学(含:保险学)、康复医学与理疗学、考古学及博物馆学、科学技术哲学、口腔临床医学、口腔医学、矿物学、岩石学、矿床学、理论物理、历史人类学、历史文献学(含:敦煌学、古文字学)、粒子物理与原子核物理、临床检验诊断学、临床医学、流行病与卫生统计学、流体力学、伦理学、逻辑学、旅游管理、麻醉学、马克思主义发展史、马克思主义基本原理、马克思主义哲学、马克思主义中国化研究、美学、免疫学、民俗学(含:中国民间文学)、民族学、内科学、凝聚态物理、农业昆虫与害虫防治、皮肤病与性病学、企业管理(含:财务管理、市场营销)、气象学、热物理与能源利用技术、人口学、人类学、人体解剖与组织胚胎学、人文地理学、社会保障、社会学、社会医学与卫生事业管理、神经病学、神经生物学、生理学、生态学、生物化学与分子生物学、生物技术、生物信息学、生物医学工程、生药学、食品安全生物学、史学理论及史学史、世界经济、世界史、水生生物学、思想政治教育、通信与信息系统、图书馆学、土地资源管理、外国语言学及应用语言学、外国哲学、外科学、微电子学与固体电子学、微生物学、微生物与生化药学、卫生毒理学、文化与认知、文艺学、无机化学、无线电物理、物理化学(含:化学物理)、西方经济学、细胞生物学、信息计算科学、眼科学、药剂学、药理学、药物分析学、药物化学、移植医学、遗传学、英语语言文学、营养与食品卫生学、影像医学与核医学、应用数学、有机化学、语言学与应用语言学、运筹学与控制论、政治学理论、植物学、中国古代史、中国古代文学、中国古典文献学、中国近现代史、中国现当代文学、中国哲学、中外法律史、中西医结合基础、肿瘤学、重症医学、专门史、自然地理学、宗教学

硕士专业 城市与区域规划、卫生检验与检疫、营销学、比较文学与世界文学、病理学与病理生理学、病原生物学、材料物理与化学、财务与投资管理、财政学(含:税收学)、草业科学、产业组织与管理、大气物理学与大气环境、档案学、道路与铁道工程、德语语言文学、地图学与地理信息系统、第四纪地质学、电力电子与电力传动、电路与系统、动物学、儿科学、儿少卫生与妇幼保健学、耳鼻咽喉科学、发育生物学、法律、法律史、法学理论、法医学、法语语言文学、翻译、非物质文化遗产学、分析化学、分子医学、妇产科学、概率论与数理统计、干细胞与组织工程、港口、海岸及近海工程、高等教育学、高分子化学与物理、工程、工程力学、工程热物理、工商管理、公共传媒管理、公共关系、公共管理、公共卫生、构造地质学、固体力学、管理科学与工程、光伏技术与应用、光学、光学工程、国际法学(含:国际公法、国际私法)、国际关系、国际贸易学、国际政治、国外马克思主义研究、海洋海岸地理学、海洋生物学、汉语国际教育、汉语言文字学、行政管理、护理、护理学、化学工艺、化学生物学、环境工程、环境科学、环境与资源保护法学、会计、会计学、基础数学、基础心理学、急诊医学、计算机软件与理论、计算机系统结构、计算机应用技术、计算数学、技术经济及管理、检测技术与自动化装置、交通信息工程及控制、交通运输规划与管理、教育、教育技术学、教育经济与管理、教育学原理、金融、金融学(含:保险学)、经济法学、康复医学与理疗学、考古学及博物馆学、科学技术哲学、口腔基础医学、口腔临床医学、口腔医学、矿物学、岩石学、矿床学、劳动卫生与环境卫生学、理论物理、历史地理学、历史学、粒子物理与原子核物理、临床检验诊断学、临床医学、流行病与卫生统计学、流体力学、伦理学、逻辑学、旅游管理、麻醉学、马克思主义发展史、马克思主义基本原理、马克思主义哲学、马克思主义中国化研究、美学、免疫学、民商法学(含:劳动法学)、社会保障、民俗学(含:中

国民间文学)、民族学、模式识别与智能系统、内科学、凝聚态物理、农业昆虫与害虫防治、皮肤病与性病学、企业管理(含：财务管理、市场营销)、气象学、情报学、区域经济学、热物理与能源利用技术、人口、资源与环境经济学、人口学、人类学、人体解剖与组织胚胎学、人文地理学、日语语言文学、设计艺术学、社会保障、社会工作、社会工作专业学位、社会学、社会医学与卫生事业管理、神经病学、神经生物学、生理学、生态学、生物化学与分子生物学、生物技术、生物物理学、生物信息学、生物医学工程、生药学、食品安全生物学、世界经济、世界史、数量经济学、水生生物学、水文学及水资源、思想政治教育、诉讼法学、体育教育训练学、通信与信息系统、图书馆学、图书情报、土地资源管理、外国语言学及应用语言学、外国哲学、外科学、微电子学与固体电子学、微生物学、微生物与生化药学、卫生毒理学、文化遗产、文物与博物馆、文艺学、无机化学、无线电物理、物理海洋学、物理化学(含：化学物理)、西方经济学、细胞生物学、宪法学与行政法学、信号与信息处理、信息计算科学、刑法学、岩土工程、眼科学、药剂学、药理学、药物分析学、药物化学、药学、移植医学、遗传学、英语语言文学、营养与食品卫生学、影像医学与核医学、应用经济学、应用数学、应用统计、应用心理学、有机化学、语言学与应用语言学、运筹学与控制论、载运工具运用工程、哲学、政治经济学、政治学理论、植物学、制药工程、中共党史(含：党的学说与党的建设)、中国古代史、中国古代文学、中国古典文献学、中国近现代史、中国近现代史基本问题研究、中国现当代文学、中国语言文学、中国哲学、中西医结合基础、中西医结合临床、肿瘤学、重症医学、专门史、资产评估、自然地理学、宗教学

院系设置

人文科学学院、中国语言文学系、历史学系、哲学系、心理学系、社会学与人类学学院、人文高等研究院(博雅学院、通识教育部)、岭南学院、国际商学院、外国语学院、国际汉语学院、翻译学院、旅游学院、法学院、知识产权学院、政治与公共事务管理学院、亚太研究院、管理学院、创业学院、教育学院、社会科学教育学院、传播与设计学院、资讯管理学院、国家保密学院、数学与计算科学学院、物理科学与工程技术学院、中法核工程与技术学院、化学与化学工程学院、地理科学与规划学院、地球科学系、环境科学与工程学院、生命科学学院、海洋学院、信息科学与技术学院、软件学院、工学院、中山医学院、公共卫生学院、光华口腔医学院、护理学院、药学院

国家级、省部级研究机构设置

国家级重点实验室4个，包括有害生物控制与资源利用国家重点实验室、光电材料与技术国家重点实验室、华南肿瘤学国家重点实验室、眼科学国家重点实验室。国家工程研究中心与技术研究中心各一个，省部级研究所、实验室共73个。

博士后科研流动站 理论经济学、马克思主义理论、社会学、外国语言文学、中国语言文学、历史学、工商管理、公共管理、哲学、地理学、海洋科学、化学、生物学、数学、物理学、环境科学与工程、计算机科学与技术、力学、公共卫生与预防医学、基础医学、口腔医学、临床医学、药学、应用经济学、政治学、心理学、大气科学、光学工程、材料科学与工程、信息与通信工程

定期公开出版的专业刊物 《中山大学学报》、《影像诊断与介入放射学》、《现代临床护理》、《新医学》、《中华神经精神疾病杂志》、《癌症》、《眼科学报》、《器官移植》、《中华肠胃外科杂志》、《南方人口》、《文化遗产》、《南方经济》、《逻辑学研究》、《现代计算机》、《中华显微外科杂志》、《公共行政评论》、《现代哲学》、《中华肾脏病杂志》、《岭南现代临床外科》、《岭南急诊医学杂志》、《热带医学杂志》、《解剖学研究》等24种

学校设立奖学金情况

学校设立奖学金69项，奖励总金额2384余万元。奖学金最高金额2389余万元。奖学金最高金额5175000元/年，最低金额3000元/年。

主要校办产业

中山大学后勤集团、中山大学科技园管理有限公司、广州中大控股有限公司、中山大学出版社

学校历史沿革

中山大学是由孙中山先生亲手创立，有着一百多年办学传统的综合性重点大学。今日的中山大学，由1952年院系调整后分设的中山大学和中山医科大学合并组建而成。2001年10月，原中山大学和中山医科大学合并组建成新的中山大学，进一步拓展了学科机构，成为一所包括人文科学、社会科学、自然科学、技术科学、工学、医学、药学、经济学和管理学等在内的综合性大学。

暨南大学

学校(机构)标识码 4144010559	电子信箱 officex@jnu.edu.cn	成人专科 3146
学校办学类型 411：本科院校：大学	占地面积(平方米) 1695243	博士研究生 1175
学校性质类别 01 综合大学	校舍建筑面积(平方米) 1003625	硕士研究生 7809
学校举办者 435 国务院侨务办公室	图书(万册) 303.04	留学生 1083
学校地址 广东省广州市黄埔大道西601号	固定资产总值(万元) 281756.61	专任教师(人) 1830
邮政编码 510632	教学、科研仪器设备资产值(万元) 62945.2	其中：正高级 466
办公电话 020-85220010	在校生数(人) 38237	副高级 640
传真电话 020-85221417	其中：普通本科 18282	中级 594
校园(局域)网域名 www.jnu.edu.cn	成人本科 6742	初级 85
		未定职级 45

本科专业 包装工程、播音与主持艺术、材料科学与工程、财务管理、财政学、导演、电气工程及其自动化、电子科学与技术、电子商务、电子信息工程、电子信息科学与技术、动画、对外汉语、法学、翻译、高分子材料与工程、工程力学、工商管理、光电信息工程、广播电视新闻学、广告学、国际经济与贸易、国际政治、汉语言、汉语言文学、行政管理、护理学、华文教育、化学工程与工艺、环境工程、环境科学、会计学、计算机科学与技术、建筑学、金融学、经济学、口腔医学、历史学、临床医学、旅游管理、美术学、人力资源管理、日语、软件工程、生态学、生物技术、生物科学、生物医学工程、食品科学与工程、食品质量与安全、市场营销、数学与应用数学、体育教育、通信工程、统计学、土木工程、网络工程、物流管理、戏剧影视文学、新闻学、信息安全、信息工程、信息管理与信息系统、信息与计算科学、药学、音乐学、英语、应急管理、应用化学、应用物理学、针灸推拿学、知识产权、中药学、中医学、自动化

博士专业 病理学与病理生理学、财政学(含:税收学)、产业经济学、妇产科学、工程力学、工商管理新专业、管理科学与工程、管理科学与工程新专业、国际关系、国际贸易学、国民经济学、汉语言文字学、会计学、技术经济及管理、金融学(含:保险学)、劳动经济学、历史地理学、临床医学、旅游管理、内科学、企业管理(含:财务管理、市场营销)、区域经济学、生物化学与分子生物学、生物医学工程新专业、数量经济学、水生生物学、统计学、文艺学、新闻学、眼科学、应用经济学新专业、政治经济学、中国古代史、中国古代文学、中国近现代史、中西医结合基础、中西医结合临床、专门史

硕士专业 比较文学与世界文学、病理学与病理生理学、病原生物学、材料学、财政学(含:税收学)、产业经济学、传播学、动物学、儿科学、耳鼻咽喉科学、发育生物学、法律、翻译、分析化学、妇产科学、概率论与数理统计、高分子化学与物理、工程、工程管理、工程力学、工商管理、工商管理新专业、公共管理、固体力学、管理科学与工程、光学、光学工程、国际法学(含:国际公法、国际私法)、国际关系、国际贸易学、国际商务、国际政治、国民经济学、汉语国际教育、汉语言文字学、行政管理、护理学、环境工程、环境科学、会计、会计学、基础数学、急诊医学、计算机软件与理论、计算机系统结构、计算机应用技术、教育经济与管理、结构工程、金融、金融学(含:保险学)、经济法学、经济思想史、精神病与精神卫生学、康复医学与理疗学、考古学及博物馆学、口腔临床医学、口腔医学、劳动经济学、历史地理学、历史文献学(含:敦煌学、古文字学)、粮食、油脂及植物蛋白工程、临床检验诊断学、临床医学、流行病与卫生统计学、旅游管理、麻醉学、马克思主义中国化研究、美学、免疫学、民商法学(含:劳动法学)、社会保障、内科学、凝聚态物理、皮肤病与性病学、企业管理(含:财务管理、市场营销)、区域经济学、人口、资源与环境经济学、人体解剖与组织胚胎学、社会保障、神经病学、神经生物学、生理学、生态学、生物化学与分子生物学、生物物理学、生物医学工程、食品科学、世界经济、世界史、数量经济学、水生生物学、税务、思想政治教育、通信与信息系统、统计学、外国语言学及应用语言学、外科学、微生物学、微生物与生化药学、文艺学、无机化学、物理电子学、物理化学(含:化学物理)、西方经济学、细胞生物学、宪法学与行政法学、新闻学、新闻与传播、信号与信息处理、眼科学、药理学、药物化学、一般力学与力学基础、遗传学、英

语语言文学、影像医学与核医学、应用化学、应用数学、应用统计、应用心理学、有机化学、语言学与应用语言学、政治经济学、中国古代史、中国古代文学、中国古典文献学、中国近现代史、中国少数民族语言文学(分语族)、中国现当代文学、中外政治制度、中西医结合基础、中西医结合临床、中药学、中医内科学、肿瘤学、专门史、资产评估

院系设置

四海书院、国际学院、文学院、外国语学院、新闻与传播学院、艺术学院、经济学院、管理学院、法学院/知识产权学院、国际关系学院/华侨华人研究院、理工学院、信息科学技术学院、生命科学技术学院、医学院、第一临床医学院、第二临床医学院、药学院、华文学院、人文学院、翻译学院、国际商学院、电气信息学院、深圳旅游学院、教育学院、生命与健康工程研究院、产业经济研究院、光子技术研究所、体育部

国家级、省部级研究机构设置

1. 重点实验室:部级:国家中医药管理局病理生理实验室(三级)、重大工程灾害与控制教育部重点实验室、再生医学教育部重点实验室(暨南大学-香港中文大学);省级:生物材料广东省教育厅重点实验室、生物材料广东省教育厅重点实验室、工程结构故障诊断广东普通高校重点实验室、水体富养化与赤潮防治广东普通高校重点实验室、中药药效物质基础及创新药物研究广东普通高校重点实验室、光电信息与传感技术广东普通高校重点实验室、水土环境毒害性污染物防治与生物修复广东普通高校重点实验室、产品包装与物流广东普通高校重点实验室

2. 工程中心:国家级:基因工程药物国家工程研究中心;部级:基因组药物教育部工程研究中心、人工器官及材料教育部工程研究中心、热带亚热带水生态工程教育部工程研究中心;省级:广东高校耐磨及功能材料广东高校工程研究中心、广东省耐磨及特种功能材料工程技术研究开发中心、广州市食品添加剂行业工程研究中心

3. 联合实验室:再生医学联合实验室(暨南大学-香港中文大学)、神经科学和创新药物研究联合实验室(暨南大学-香港科技大学)、脑功能与健康联合实验室(暨南大学-香港大学)、天体测量、动力学与空间科学研究联合实验室(暨南大学-法国天体力学与历表计算研究所)、信息技术和分形信号处理联合实验室(暨南大学—俄罗斯喀山联邦大学)、光纤光子学联合实验室(暨南大学-香港理工大学)

4. 研究所:中国语言文学研究所、现代文学研究所、中国文化史籍研究所(古籍研究所)、外国语言文学研究所、金融研究所、财税研究所、特区港澳经济研究所、特区港澳经济研究所、台湾经济研究所、国际经济研究所、人力资源管理研究所、产业经济研究所、财务与会计研究所、旅游研究所、公共管理研究所、教育经济与管理研究所、社会保障与管理研究所、东南亚研究所、光电工程研究所、电力电子研究所、环境工程研究所、应用力学研究所、计算机研究所、电子与通讯工程研究所、软件工具研究所、生物医学工程研究所、生物工程研究所、生殖免疫研究所、生物矿化与结石病研究所、血液病研究所、创伤外科研究所、中药及天然药物研究所、基因组药物研究所、脑科学研究所、华文教育研究所、计算机工程研究所、管理科学与工程研究所、临床医学研究所、包装工程研究所、信息技术研究所、电气自动化研究所、企业发展研究所、香山文化研究所、华人留学文化研究所、系

统工程研究所、哲学研究所、社会学研究所、中印比较研究所、侨务研究所、国际移民研究所、中外关系研究所、应用语言学与外语教学研究所、分子生物研究所、社会保障与保险研究所、临床医学研究所(第二临床医学院)、新药研究所、光子技术研究所、马万祺研究所、太阳能应用技术研究所、金融工程研究所、骨科疾病研究所、微创外科研究所、真菌病研究所、翻译研究所

5. 研究中心：广东省公共网络安全风险评价与预警应急技术研究中心、研究咨询中心、品牌战略与传播中心、投资咨询(研究)中心、经济发展研究中心、日本经济研究中心、企业资源规划中心、旅游研究开发中心、美国研究中心、赤潮与水环境研究中心、水生生物研究中心、组织移植与免疫实验中心、伤害预防与控制中心、现代流通研究中心、暨南大学/华盛顿大学爱滋病基因与疫苗研究开发中心、临床医学研究中心、医药生物技术研究开发中心、化学合成药物研究中心、科恒生物医用材料研究中心、知识产权与法治研究中心、海外华语研究中心、海外华文文学与汉语传媒研究中心、邓小平理论研究中心、高等教育研究中心、汉语方言研究中心、广州(暨南)现代文学研究中心、战略管理研究中心、海外华人社区语言资源监测与研究中心、历史地理研究中心、抗体工程研究中心、领导行为研究中心、产业技术经济与管理研究中心、广东产业发展与粤港澳区域合作研究中心、中国基督教史研究中心、城市与区域经济研究中心、欧盟研究中心、快递业研究中心、赤潮与水环境研究中心、公安安全研究中心、田家炳医学实验研究中心、港澳台侨青年学生研究中心、学位与研究生教育研究中心、暨南大学高级秘书和公务人员培训与研究中心、非洲研究中心、应急管理研究中心、房地产研究中心、文化产业研究与发展中心、中国海洋发展研究中心·南海战略研究基地、中国区域规划与管理研究中心、港珠澳服务业发展研究中心、翻译中心、管理人才评测中心

博士后科研流动站 暨南大学博士后科研流动站、生物学博士后流动站、中国语言文学博士后流动站、临床医学博士后流动站、应用经济学博士后流动站、新闻传播学流动站、工商管理博士后流动站、历史学流动站、生物医学工程流动站、中西医结合流动站、政治学流动站

定期公开出版的专业刊物　《暨南大学学报》(自然科学与医学版)、《暨南学报》(人文社会科学版)、《中国病理生理杂志》、《生态科学》、《东南亚研究所》、《经济前沿》、《暨南高教研究》、《华文教学与研究》、《广州华苑》

学校设立奖学金情况

学校设立奖学金23项，奖励总金额1000余万元。奖学金最高金额40000元/年，最低金额500元/年。

1. 国家奖学金：8000元/人
2. 励志奖学金：5000元/人
3. 国家台湾、港澳及华侨奖学金：(1)一等奖：4000元/人(2)二等奖：3000元/人(3)三等奖：2000元/人
4. 国家华侨、华人学生奖学金：(1)华侨学生一等奖：10000元/人(2)华侨学生二等奖：6000元/人(3)华侨学生三等奖：3000元/人(4)华人学生奖学金：14000元/人(5)华人学生奖学金：10000元/人(6)华人学生三等奖：5000元/人
5. 优秀学生奖学金(1)一等奖：1500元/人(2)二等奖：1000元/人(3)三等奖：800元/人
6. DR医学(奖)助学金：25000元/人
7. 黄乾亨基金奖学金：2000元/人
8. 住友商事奖学金：200美元/人
9. 三井银行基金会奖学金：3500元/人
10. 炬力奖学金：2000元/人
11. 祈福(彭磷基)奖学金：2000元/人
12. 陈寿明张驷祥奖学金：1600元/人
13. 瑞安归侨子女奖学金：一等2500元/人，二等1800元/人，三等1200元/人
14. 梁奇达暨南教育奖：3000元/人
15. 林敬化学奖学金：6250元/人
16. 注册会计师奖学金：1500元/人
17. 南方都市报新闻奖学金：特等奖10000元/人，优秀奖5000元/人
18. 78中文校友奖学金：2000元/人
19. 青叶浩勤奖学金：一等8000元/人，二等3000元/人，三等2000元/人
20. 青叶顾问奖学金：一等8000元/人，二等3000元/人，三等2000元/人
21. 新生奖学金：减免学费，奖励等，人数视具体情况而定，共计30000元/年
22. 文艺体育科技专项奖学金：人数视具体情况而定，共计766100元/年
23. 本科生科研论文奖：500-3000元/人，人数视具体情况而定，共计10500元/年

主要校办产业

广州暨南大学资产经营有限公司、广州暨南大学医药生物技术研究开发中心、暨南大学生物医药工程研究所中试基地、暨南大学建筑设计院、暨南大学科学技术服务公司、暨南大学出版社、暨南大学印刷厂、暨南大学招待所、暨大劳动服务公司、外国专家楼、广州暨大基因港研发基地有限公司、广州暨华医械有限公司、暨南基因组药物科技有限公司、广州暨大花采生物科技有限公司、广州暨南生物医药研究开发基地有限公司、广州基因工程药物科技开发公司、广州中明电子实业公司、广州暨大美塑生物科技有限公司、科仁生物工程有限公司、广州暨南大学科技园管理有限公司、广州暨达物业管理有限公司、广州暨拓开源生物材料科技开发有限公司

学校历史沿革

暨南大学是中国第一所由国家创办的华侨学府，学校的前身是1906年清政府创立于南京的暨南学堂。后迁至上海，1927年更名为国立暨南大学。抗日战争期间，迁址福建阳。1946年迁回上海。1949年8月合并于复旦、交通等大学。1958年在广州重建，是目前全国境外生最多的大学，是国家"211工程"重点综合性大学。

汕头大学

学校(机构)标识码　4144010560
学校办学类型　411：本科院校：大学
学校性质类别　01 综合大学
学校举办者　811 省级教育部门
学校地址　广东省汕头市大学路243号
邮政编码　515063
办公电话　0754-82902305
传真电话　0754-82510505
校园(局域)网域名　www.stu.edu.cn

电子信箱　o_jdk@stu.edu.cn
占地面积(平方米)　1404075
校舍建筑面积(平方米)　448478
图书(万册)　147.9
固定资产总值(万元)　53753.96
教学、科研仪器设备资产值(万元)　33121.63
在校生数(人)　23992
其中：普通本科　7275
成人本科　4845

成人专科　9764
博士研究生　112
硕士研究生　1985
留学生　11
专任教师(人)　701
其中：正高级　189
副高级　274
中级　183
初级　44
未定职级　11

本科专业　编辑出版学、电子信息工程、对外汉语、法学、工商管理、工商管理类、公共管理类、公共事业管理、广播电视新闻学、国际经济与贸易、汉语言文学、行政管理、护理学、会计学、机械设计制造及其自动化、计算机科学与技术、经济学类、临床医学、临床医学(本硕连读)、美术学、生物技术、市场营销、数学与应用数学、数字媒体艺术、通信工程、土木工程、新闻传播学类、新闻学、艺术类、艺术设计、艺术设计学、英语、应用化学、应用物理学

博士专业　病理学与病理生理学、海洋生物学、基础数学、结构工程、免疫学、生物化学与分子生物学、药理学

硕士专业　病理学与病理生理学、病原生物学、材料物理与化学、产业经济学、儿科学、法医学、防灾减灾工程及防护工程、妇产科学、高等教育学、工程、工程力学、工商管理、工业催化、公共管理、公共卫生、海洋生物学、汉语言文字学、行政管理、护理学、环境科学、会计学、机械电子工程、机械设计及理论、基础数学、计算机软件与理论、计算机应用技术、结构工程、精神病与精神卫生学、临床检验诊断学、临床医学、临床医学(七年制研究生阶段)、流行病与卫生统计学、马克思主义基本原理、美术学、免疫学、内科学、皮肤病与性病学、企业管理(含：财务管理、市场营销)、人体解剖与组织胚胎学、设计艺术学、神经病学、生理学、生物化学与分子生物学、通信与信息系统、外科学、文艺学、无机化学、新闻学、信号与信息处理、眼科学、药理学、药物化学、遗传学、艺术、英语语言文学、影像医学与核医学、应用化学、应用数学、中国古代文学、中国现当代文学、肿瘤学

院系设置
学校下设的学院有：文学院、法学院、理学院、工学院、医学院、长江艺术与设计学院、长江新闻与传播学院、研究生院、继续教育学院，学校设立的学系有：中国语言文学、外国语言文学、新闻信息传播、法学、平面设计、美术学、艺术设计系、公共管理、经济管理、国际商务、电子商务、数学、物理学、化学、生物学、计算机、电子工程、土木工程、机械电子工程、临床医学、护理学；本科专业：编辑出版学、电子商务、电子信息工程、对外汉语、法学、工商管理、公共事业管理、广播电视新闻学、国际经济与贸易、国际政治、汉语言文学、护理学、会计学、机械设计制造及其自动化、计算机科学与技术、金融学、口腔医学、历史学、临床医学、临床医学(七年制)、美术学、生物技术、市场营销、数学与应用数学、数字媒体艺术、通信工程、土木工程、新闻学、行政管理、艺术设计、艺术设计学、应用化学、应用物理学、英语、广告学、工业设计；教育部人才培养模式创新实验区 2 个：EIP-CDIO 工程教育模式创新实验区(工学院)；汕头大学医学院临床技能中心(医学院)；教育部"第一类特色专业建设点"建设项目 7 个：工商管理、艺术设计、法学、临床医学、机械设计制造及其自动化、土木工程、广播电视新闻学；国家实验教学示范中心 1 个：临床技能实验教学示范中心；广东等学校实验教学示范中心建设项目 6 个：现代电工电子实验教学示范中心、新闻传播实验教学示范中心、艺术与设计实验教学示范中心、基础医学实验教学示范中心、CDIO 实验教学示范中心、临床技能培训中心；广东省名牌专业 4 个：电子信息工程、计算机科学与技术、临床医学、工商管理

国家级、省部级研究机构设置
1. 研究所(中心、室)：能源与环境科学研究所、水生生物技术与环境资源保护研究所、海外华文文学研究中心、台湾研究所、潮汕文化研究中心、汕头大学地方政府发展研究所、汕头大学新闻研究所、新国学研究中心、中心实验室、多学科研究中心、结构与风洞实验室
2. 重点实验室："智能制造技术实验室"教育部重点实验室、广东省数字信号与图像处理技术重点实验室、广东省海洋生物重点实验室、广东省医学分子影像重点实验室

博士后流动站　基础医学、药学

定期公开出版的专业刊物　《汕头大学医学院学报》、《癌变·畸变·突变》、《汕头大学学报人文》(社会科学版)、《汕头大学学报》(自然科学版)、《华文文学》、《地方政府发展研究》

学校设立奖学金情况
(一)新生奖励
1. 优秀新生奖学金分一等奖和二等奖两个等级。一等新生奖学金每年评选 5 名，奖励 20000 元/人；二等新生奖学金，每年评选 25 名，奖励 5000 元/人。
2. 优秀外省女生奖励计划，不需要学生申请，根据当年招生情况、企业及个人捐助奖学金使用计划及评选原则评选出 25 名，奖励 5000 元/人。

(二)在校生奖学助学金(部分)

1. 优秀学生奖学金(医学类另定)(600－3000 元/生/年) 根据优秀学生奖学金条件,每年评定一次。各类单项优秀奖学金每年评定一次。

2. 国家奖学金(8000 元/生/年) 用于奖励高校全日制本科(含第二学士学位)学生中特别优秀的学生。

3. 国家励志奖学金(5000 元/生/年) 用于奖励资助高校全日制本科(含第二学士学位)学生中品学兼优的家庭经济困难学生。

4. 国家助学金(1000－3000 元/生/年) 用于资助高校全日制本科(含第二学士学位)在校生中的家庭经济困难学生,平均资助标准为每人每年 2000 元,具体标准在每人每年 1000－3000 元范围内确定,可以分为 2－3 档。

5. 港澳及华侨学生奖学金 用于奖励在内地普通高校和科研院所就读的港澳及华侨优秀学生。

6. 贫困学生奖学金(1000－5000 元/生/年) 由企事业单位、社会团体、个人捐资设立的"贫困学生奖学金",标准每生每年 1000－5000 元。

7. 校友奖学金(2000 元/生/年) 由我校校友捐资设立的校友奖学金,用于奖励品学兼优的贫困学生。

8. "海上学府"奖学金 在李嘉诚基金会和董氏航海基金会的大力支持下,学校从 2003 至 2012 年连续十年每年从二年级学生中选派 2 名优秀本科生参加由美国维吉尼亚大学组织的前往世界十多个国家作为期 3－4 个月的"海上学府"学习。

9. 企业及个人捐助奖学金(5000 元/生/年) 我校自 2003 年开始设立由知名企业或个人捐助的奖学金,截至目前,已有 56 家知名企业或个人捐款在我校设立奖学金 61 项,设奖总金额约 500 万元。

10. 潘毓刚奖学金(2500/生/年) 为鼓励更多优秀的学生报考汕头大学理学院,奖励在校的理学院学生勤奋学习、积极进取,汕头大学名誉教授、美国波士顿学院终身教授潘毓刚先生捐出人民币六万元,在汕头大学设立"潘毓刚奖学金"。

11. 张志寰奖学金(2000 元/生/年) 为鼓励广东丰顺籍优秀学生报考汕头大学,奖励在校理、工科学生积极进取,勤奋学习,美国国家自然科学基金委员会材料力学学科主任张建平先生在我校设立张志寰先生奖学金。

12. 森德利化工奖学金(2500 元/生/年) 由肇庆市森德利化工实业有限公司董事长和董事总经理、汕头大学优秀毕业生陈肇汉和邱丽玲夫妇捐资设立,用于奖励勤奋学习、积极进取的在校理学院学生。

(三)毕业生奖励

1. 优秀毕业生奖学金(1000 元/生/年)

2. 汕头大学奖章(10000 元/生/年) 由李嘉诚基金会设立,用于表彰汕头大学最优秀的毕业生。"汕头大学奖章"获得者可获奖金人民币 10000 元,并在毕业典礼上由李嘉诚先生及知名校董亲自授奖。获"提名奖"的同学将被授予荣誉证书及奖金 2000 元。

3. 汕头大学体育精神奖章(8000 元/生/年) 由李嘉诚基金会设立,用于表彰具备高尚的体育精神和体育道德风尚,对汕头大学体育事业做出杰出贡献、全面发展的优秀毕业生,于每年毕业典礼期间颁奖。奖章获得者可获奖金 8000 元,提名奖获得者可获奖金 1000 元。

4. 汕头大学境外进修资助计划(30000－80000 元/生/年) 由李嘉诚基金会资助,旨在支持学术表现优异,对国家和学校的革新发展有承担和潜能的汕头大学本科学生到中国大陆境外的优秀学府修读硕士学位,培养具有国际经验和视野的人才。每年度奖励人数最多 36 名,奖励分 A、B、C 三个等次,奖励金额分别为 8 万、5 万、3 万元/人。

(四)贷学金

家庭经济困难学生可申请国家助学贷款,贷款最高额每年不超过 6000 元,还贷款期限最长可至毕业后 6 年。学生在校就读期间的贷款利息由国家和省政府给予全额贴息,学生毕业后的贷款利息由学生个人承担。中国银行汕头市分行已于 2002 年 4 月在我校开展此项业务。

(五)经济困难学生的资助措施

1. 对特困新生,学校开通"绿色通道",优先安排勤工助学岗位和提供一定的生活补助金,并依据其家庭困难程度向银行推荐办理助学贷款,保证新生顺利入学。

2. 对品学兼优的家庭经济特别困难学生,学校将酌情予以减、免其学费。

3. 困难补助:学校每学年将定期向家庭经济困难学生发放困难补助,学生如遇到临时特殊困难,还可申请特困补助。

4. 勤工助学:学校采取建立勤工助学基地,广辟勤工助学渠道等措施,尽可能地为经济困难的学生提供勤工助学岗位,现校内在岗学生人数近 750 个,并有专门机构负责组织学生参加勤工助学活动,保证家庭经济困难的在校生不因生活困难而辍学。

毕业生一次性就业率 96.84%

学校历史沿革

汕头大学是 1981 年国务院批准成立的广东省属"211 工程"重点建设综合大学。学校现有校本部和医学院两个校区。校本部座落在风景秀丽的海滨城市汕头的北区大学路;医学院校区位于汕头市新陵路。

华南理工大学

学校(机构)标识码 4144010561
学校办学类型 411:本科院校:大学
学校性质类别 02 理工院校
学校举办者 360 教育部
学校地址 广东省广州市天河区五山路 381 号
邮政编码 510640
办公电话 020－22236036
传真电话 020－87114343
校园(局域)网域名 www.scut.edu.cn
电子信箱 admic@scut.edu.cn
占地面积(平方米) 2949231
校舍建筑面积(平方米) 1896417
图书(万册) 322.35
固定资产总值(万元) 512160.32
教学、科研仪器设备资产值(万元) 135907.64
在校生数(人) 52800

其中：普通本科 25129	硕士研究生 10250	副高级 884
成人本科 6986	留学生 847	中级 1021
成人专科 7146	专任教师（人） 2512	初级 36
博士研究生 2442	其中：正高级 564	未定职级 7

本科专业 安全工程、编辑出版学、材料成型及控制工程、材料科学与工程、材料类、财务管理、车辆工程、城市规划、传播学、船舶与海洋工程、电气工程及其自动化、电气信息工程、电子科学与技术、电子商务、电子信息科学类、法学、高分子材料与工程、给水排水工程、工程管理、工程力学、工商管理、工商管理类、工业工程、工业设计、光信息科学与技术、广告学、国际经济与贸易、过程装备与控制工程、行政管理、核工程与核技术、化学工程与工艺、化学类、环境工程、环境科学、会计学、会展经济与管理、机械电子工程、机械工程及自动化、机械类、集成电路设计与集成系统、计算机科学与技术、计算机软件、建筑学、交通工程、交通运输、金融学、经济学、景观建筑设计、旅游管理、能源工程及自动化、轻化工程、热能与动力工程、人力资源管理、日语、软件工程、生物工程、生物技术、生物医学工程、食品科学与工程、食品质量与安全、市场营销、数学类、数学与应用数学、水利水电工程、土木工程、网络工程、舞蹈学、物流工程、信息安全、信息工程、信息管理与信息系统、信息显示与光电技术、信息与计算科学、艺术设计、音乐表演、音乐学、英语、应用化学、应用物理学、运动训练、知识产权、制药工程、资源科学与工程、自动化

博士专业 材料加工工程、材料物理与化学、材料学、车辆工程、城市规划与设计（含：风景园林规划）、船舶与海洋结构物设计制造、电磁场与微波技术、电工理论与新技术、电机与电器、电力电子与电力传动、电力系统及其自动化、电路与系统、电站系统及其控制、淀粉资源科学与工程、发酵工程、防灾减灾工程及防护工程、高电压与绝缘技术、高分子化学与物理、工业催化、工业工程与管理工程、固体力学、管理决策与系统理论、管理科学与工程、化工过程机械、化学工程、化学工艺、环境工程、环境科学、环境科学与工程、机械电子工程、机械设计及理论、机械制造及其自动化、计算机应用技术、检测技术与自动化装置、建筑技术科学、建筑历史与理论、建筑设计及其理论、交通信息工程及控制、结构工程、金融工程与经济发展、控制理论与控制工程、粮食、油脂及植物蛋白工程、马克思主义中国化研究、模式识别与智能系统、能源环境材料及技术、农产品加工及贮藏工程、企业管理（含：财务管理、市场营销）、桥梁与隧道工程、生物化工、生物医学工程、食品科学、食品质量与安全、通信电磁学、通信与信息系统、微电子学与固体电子学、微生物学、物理电子学、物流工程与管理、物流与供应链管理、系统工程、信号与信息处理、信息安全、信息与通信工程、岩土工程、应用化学、应用数学、制浆造纸工程、制糖工程、制药工程、制造工程智能化检测及仪器

硕士专业 安全技术及工程、材料加工工程、材料物理与化学、材料学、测试计量技术及仪器、产业经济学、车辆工程、城市规划与设计（含：风景园林规划）、传播学、船舶与海洋结构物设计制造、道路与铁道工程、电磁场与微波技术、电工理论与新技术、电机与电器、电力电子与电力传动、电力系统及其自动化、电路与系统、电子商务工程与应用、淀粉资源科学与工程、动力机械及工程、发酵工程、法律、法律史、法律硕士、法学理论、翻译、防灾减灾工程及防护工程、分析化学、风景园林、概率论与数理统计、高等教育学、高电压与绝缘技术、高分子化学与物理、工程、工程管理、工程力学、工程热物理、工商管理、工业催化、工业工程与管理工程、工业设计、公共管理、供热、供燃气、通风及空调工程、固体力学、管理决策与系统理论、光学、国民经济学、行政管理、化工过程机械、化学工程、化学工艺、环境工程、环境科学、会计、会计学、机械电子工程、机械设计及理论、机械制造及其自动化、基础数学、计算机软件与理论、计算机系统结构、计算机应用技术、计算数学、技术经济及管理、检测技术与自动化装置、建筑技术科学、建筑历史与理论、建筑设计及其理论、建筑学、交通信息工程及控制、交通运输规划与管理、教育技术学、教育经济与管理、结构工程、金融、金融工程与经济发展、金融学（含：保险学）、经济法学、景观建筑学、科学技术哲学、控制理论与控制工程、粮食、油脂及植物蛋白工程、流体机械及工程、流体力学、轮机工程、旅游管理、马克思主义基本原理、马克思主义理论与思想政治教育、马克思主义哲学、马克思主义中国化研究、美学、民商法学（含：劳动法学）、社会保障、模式识别与智能系统、能源环境材料与技术、凝聚态物理、农产品加工及贮藏工程、企业管理（含：财务管理、市场营销）、桥梁与隧道工程、区域经济学、设计艺术学、生物化工、生物化学与分子生物学、生物医学工程、生物制药、声学、食品科学、食品质量与安全、市政工程、数量经济学、水力学及河流动力学、水文学及水资源、思想政治教育、诉讼法学、通信与信息系统、土地资源管理、外国语言学及应用语言学、微电子学与固体电子学、微生物学、无机化学、无线电物理、物理电子学、物理化学（含：化学物理）、物流工程与管理、物流与供应链管理、系统分析与集成、系统工程、信号与信息处理、刑法学、岩土工程、音乐学、英语语言文学、应用化学、应用数学、油气储运工程、有机化学、运筹学与控制论、制浆造纸工程、制糖工程、制药工程、中国近现代史基本问题研究、中国哲学

院系设置

（25个）机械与汽车工程学院、建筑学院、土木与交通学院、电子与信息学院、材料科学与工程学院、化学与化工学院、轻工与食品学院、理学院、经济与贸易学院、自动化科学与工程学院、计算机科学与工程学院、电力学院、生物科学与工程学院、环境科学与工程学院、软件学院、工商管理学院、公共管理学院、思想政治学院、外国语学院、法学院、新闻与传播学院、艺术学院、体育学院、国际教育学院、设计学院

国家级、省部级研究机构设置

1. 实验室：国家级（3个）：制浆造纸工程国家重点实验室、亚热带建筑科学国家重点实验室、发光物理与化学国家重点实验室 省部级（30个）：聚合物成型加工工程教育部重点实验室、传热强化与过程节能教育部重点实验室、特种功能材料教育部重点实验室、亚热带建筑教育部重点实验室、工业聚集区污染控制与生态修复教育部重点实验室、教育部B类重点实验室、自主系统与网络控制教育部重点实验室、广东省汽车工程重点实验

室、广东省高性能与功能高分子材料重点实验室、广东省计算机网络重点实验室、广东省金属新材料制备与成形重点实验室、广东省绿色化学产品技术重点实验室、广东省发酵与酶工程重点实验室、广东省绿色能源技术重点实验室、广东省生物医学工程重点实验室、广东省天然产物绿色加工与产品安全重点实验室、广东省短距离无线探测与通信重点实验室、广东省燃料电池技术重点实验室、高分子材料广东省高校重点实验室、计算机网络广东省高校重点实验室、工业生物技术广东省高校重点实验室、农产品资源绿色加工广东省高校重点实验室、精密制造技术与装备广东省高校重点实验室、污染控制与生态修复广东省高校重点实验室、无线通信网络与终端广东省高校重点实验室、新能源技术广东省高校重点实验室、表面功能结构先进制造广东省高校重点实验室、能源高效清洁利用广东省教育厅重点实验室、广东省印刷OLED材料及显示技术工程实验室、广东省电动汽车整车技术工程实验室

2.研究中心(所):国家级(9个):造纸与污染控制国家工程研究中心、聚合物新型成型装备国家工程研究中心、国家金属材料近净成型工程技术研究中心、国家人体组织功能重建工程技术研究中心、乐百氏－华工大植物蛋白工程研究中心、塑料改性与加工国家工程实验室(校企共建)、TFT-LCD工艺技术国家工程实验室(校企共建)、植入医疗器械国家工程实验室(校企共建)、小麦和玉米深加工国家工程实验室(共建) 省部级(27个):金属材料成形与制备教育部工程研究中心、淀粉与植物蛋白深加工教育部工程研究中心、精密电子制造装备教育部工程研究中心、近距离无线通信与网络教育部工程研究中心、广东省电力工程技术研究开发中心、广东省功能材料工程技术研究开发中心、广东省绿色精细化学产品工程技术研究开发中心、广东省人体组织功能重建工程技术研究开发中心、广东省船舶与海洋工程技术研究开发中心、广东省金属材料近净成型工程技术研究开发中心、广东省城市空调节能与控制工程技术研究开发中心、半导体照明广东高校工程技术研究中心、现代道路工程广东高校工程技术研究中心、大气污染控制广东高校工程技术研究中心、现代交通广东高校工程技术研究中心、音视频图文智能信息处理广东高校工程技术研究中心、广州市有色金属铸造行业技术研究中心、广州纳米生物材料与技术工程研究中心、广州市平板显示行业工程技术研究中心、新型工业化发展研究所、建筑历史文化研究中心、金融工程研究中心、广东地方法制研究中心、政府决策与绩效评价研究所、广东省中小企业研究咨询中心、广东省技术创新评估中心、广东省体育产业发展研究基地

博士后科研流动站 (19个) 信息与通信工程、轻工技术与工程、化学工程与技术、食品科学与工程、材料科学与工程、机械工程、控制科学与工程、计算机科学与技术、管理科学与工程、建筑学、土木工程、电子科学与技术、电气工程、环境科学与工程、力学、生物医学工程、数学、化学、动力工程及热物理

定期公开出版的专业刊物 《华南理工大学学报(自然科学版)》、《华南理工大学学报(社会科学版)》、《控制理论与应用》、《Journal of Control Theory and Applications》、《现代食品科技》、《南方建筑》、《热带建筑》、《体育学刊》

学校设立奖学金情况

(一)学校设立本科生奖学金24项,奖励总金额:1212.69万元。奖学金最高金额:10000元/年,最低金额:1000元/年。(二)学校设立研究生奖学金43项,奖励总金额9758.88万元。奖学金最高金额20000元/年,最低金额1000元/年。

主要校办产业

广州华南理工大学资产经营有限公司、广东华南理工大学造纸与污染控制国家工程研究中心、广州华图信息中心、广东华欧焊接工程研究中心

学校历史沿革

华南理工大学原名华南工学院,组建于1952年全国高等学校院系调整时期。从1952年至1956年,共17所院校,组建而成华南工学院。1962年8月,华南工学院和华南化工学院合并为华南工学院。1970年10月30日学校被易名为广东工学院,其中的化工类专业划出成立广东化工学院。1977年10月,广东工学院先期恢复"华南工学院"校名。1978年5月30日,华南工学院与广东化工学院合并为华南工学院,同年7月22日两校正式合并。1988年1月28日,经原国家教委批准,学校更名为华南理工大学。

华南农业大学

学校(机构)标识码 4144010564	电子信箱 office@scau.edu.cn	成人专科 5191
学校办学类型 411:本科院校:大学	占地面积(平方米) 5501756	博士研究生 873
学校性质类别 03 农业院校	校舍建筑面积(平方米) 1250476	硕士研究生 2994
学校举办者 811 省级教育部门	图书(万册) 222.65	留学生 61
学校地址 广东省广州市天河区五山路483号	固定资产总值(万元) 292724.27	专任教师(人) 2196
	教学、科研仪器设备资产值(万元) 66457	其中:正高级 333
邮政编码 510642		副高级 599
办公电话 020-85280019	在校生数(人) 49688	中级 1100
传真电话 020-85282693	其中:普通本科 37339	初级 136
校园(局域)网域名 www.scau.edu.cn	成人本科 3230	未定职级 28

本科专业 包装工程、材料化学、材料科学与工程、蚕学、草业科学、测绘工程、茶学、车辆工程、城市规划、地理信息系统、电

气工程及其自动化、电气信息类、电子科学与技术、电子商务、电子信息工程、电子信息科学与技术、动画、动物科学、动物生物技术、动物药学、动物医学、动物医学类新专业、法学、服装设计与工程、工商管理、工业工程、工业设计、公共管理类、公共事业管理、光信息科学与技术、广播电视编导、国际经济与贸易、汉语言文学、行政管理、环境工程、环境科学、会计学、机械类、机械设计制造及其自动化、计算机科学与技术、建筑学、交通运输、教育技术学、金融学、经济学、经济学类、经济学类新专业、劳动与社会保障、历史学、林学、旅游管理、木材科学与工程、能源与环境系统工程、农林经济管理、农学、农业机械化及其自动化、人力资源管理、软件工程、森林资源保护与游憩、设施农业科学与工程、社会工作、社会学、生态学、生物工程、生物化学与分子生物学、生物技术、生物科学、食品科学与工程、食品质量与安全、市场营销、数学与应用数学、水产养殖学、水利水电工程、通信工程、统计学、土地资源管理、土木工程、网络工程、物流管理、信息管理与信息系统、信息与计算科学、艺术设计、音乐学、英语、应用化学、园林、园艺、哲学、植物保护、植物生产类新专业、制药工程、资源环境科学、自动化

博士专业 草业科学、动物学、动物遗传育种与繁殖、动物营养与饲料科学、肥料学、观赏园艺学、果树学、基础兽医学、林业经济管理、临床兽医学、农产品加工及贮藏工程、农村产业经济与制度经济、农药学、农业电气化与自动化、农业环境科学、农业机械化工程、农业技术经济与项目管理、农业经济管理、农业昆虫与害虫防治、农业贸易与农村金融、农业生物环境与能源工程、农业水土工程、生理学、生态学、生物化学与分子生物学、生物数学、生物学新专业、食品科学、兽医药学、蔬菜学、水生生物学、土壤学、微生物学、现代农业装备与设施、遗传学、预防兽医学、园艺产品采后科学、植物病理学、植物学、植物营养学、作物学史、作物遗传育种、作物栽培学与耕作学

硕士专业 草业科学、茶学、产业经济学、车辆工程、地图学与地理信息系统、动物学、动物遗传育种与繁殖、动物营养与饲料科学、肥料学、风景园林、工程、公共管理、观赏园艺学、管理科学与工程、国际贸易学、果树学、化学生物学、环境工程、环境科学、机械电子工程、机械设计及理论、基础兽医学、计算机应用技术、科学技术史、粮食、油脂及植物蛋白工程、林业、林业经济管理、临床兽医学、马克思主义中国化研究、模式识别与智能系统、木材科学与技术、农产品加工及贮藏工程、农药学、农业电气化与自动化、农业环境科学、农业机械化工程、农业经济管理、农业昆虫与害虫防治、农业生物环境与能源工程、农业水土工程、农业推广、企业管理(含:财务管理、市场营销)、森林保护学、森林经理学、森林培育、生理学、生态学、生物化学与分子生物学、生物数学、食品科学、兽医硕士、兽医药学、蔬菜学、水产品加工及贮藏工程、水产养殖、水生生物学、特种经济动物饲养(含:蚕、蜂等)、土地资源管理、土壤学、微生物学、细胞生物学、现代农业装备与设施、遗传学、应用化学、预防兽医学、园林植物与观赏园艺、园艺产品采后科学、植物病理学、植物学、植物营养学、作物学史、作物遗传育种、作物栽培学与耕作学

院系设置

农学院、资源环境学院、园艺学院、兽医学院、动物科学学院、生命科学学院、工程学院、林学院、食品学院、水利与土木工程学院、经济管理学院(乡镇企业管理学院)、理学院、信息学院、软件学院、公共管理学院、人文与法学学院、艺术学院、外国语学院、继续教育学院(高等职业技术教育学院)、国际教育学院、思想政治理论课教学部、体育教学研究部、珠江学院(独立学院)

国家级、省部级研究机构设置

1. 实验室：(1)亚热带农业生物资源保护与利用国家重点实验室(2)天然农药与化学生物学教育部重点实验室(3)南方农业机械与装备关键技术教育部重点实验室(4)水稻育性发育与抗逆省部共建教育部重点实验室(5)国家兽药残留基准实验室(6)国家兽药安全评价(环境)实验室(7)农业部兽用疫苗创制重点实验室(8)农业部水田农业装备技术重点实验室(9)农业部华南作物有害生物综合治理重点实验室(10)农业部鸡遗传育种与繁殖重点实验室(11)农业部热带农业环境重点实验室(12)农业部华南耕地保育重点实验室(13)农业部能源植物资源与利用重点实验室(14)农业部华南地区园艺作物生物学与种质创制重点实验室(15)广东省兽药研制与安全评价重点实验室(16)广东省(广州市)果蔬保鲜重点实验室(17)广东省植物分子育种重点实验室(18)广东省动物源性人兽共患病预防与控制重点实验室(19)广东省食品质量安全重点实验室(20)广东省农业动物基因组学与分子育种重点实验室(21)广东省森林植物种质创新与利用重点实验室(22)广东省土地利用与整治重点实验室(23)广东省人兽共患病防控制剂工程实验室(24)广东省教育厅昆虫生态毒理重点实验室(25)广东省普通高校植物功能基因组与生物技术重点实验室(26)广东省普通高校人兽共患病预防与控制重点实验室(27)广东省普通高校植物营养与养分资源重点实验室(28)广东省普通高校南方农业机械与装备关键技术重点实验室(29)广东省普通高校农业生态与农村环境重点实验室(30)广东省普通高校生物质能源重点实验室(31)广东省普通高校土壤环境与农业资源综合利用重点实验室(32)水利信息化实验室

2. 研究中心(所)：(1)国家植物航天育种工程技术研究中心(2)生物防治教育部工程研究中心(3)植物航天育种教育部工程研究中心(4)南方园艺产品保鲜教育部工程研究中心(5)农业部畜禽产品质量监督检验测试中心(6)农业部植物新品种测试中心(广州)分中心(7)国家农产品加工技术研发专业分中心(热带亚热带水果保鲜加工研发分中心)(8)国家大豆改良中心广东分中心(9)农业部转基因植物及植物用微生物环境安全监督检验测试中心(广州)(10)广东省农村政策研究中心(11)广东省辐照技术开发中心(12)广东省温氏食品工程技术研究开发中心(13)广东省普通高校兽药创制工程研究中心(14)广东省普通高校环境友好型肥料工程研究中心(15)广东农业企业发展研究中心(16)广东省自然保护区研究中心(17)华南农业大学广东农村经济研究中心(18)热带亚热带生态研究所(19)动物生产科学研究所

3. 其他科研机构：(1)农业部动物生化与营养科学观测实验站(2)农业部华南水稻病虫科学观测实验站(3)农业部华南地区作物栽培科学观测实验站(4)国家重要人兽共患病诊断技术平台(5)国家优质稻新品种原原种扩繁基地(6)农药登记室内活性验证试验单位(7)农业部农药检定所定点检测单位(8)广东省天敌昆虫种质资源库建设(9)广东省大学科技园(10)广东省普通高校规模化养殖产学研结合示范基地(11)广东省普通高校蔬菜安全生产产学研结合示范基地(12)广东省普通

高校油茶生产产学研结合示范基地（13）广东省普通高校生物农药产学研结合示范基地（14）广东省普通高校水果保鲜产学研结合示范基地（15）广东省普通高校食品安全产学研结合示范基地（16）广东省普通高校水稻机械化生产产学研结合示范基地（17）广东省普通高校水稻航天育种产学研结合示范基地（18）广东省质量监督木材及木制品检验站

博士后科研流动站 （1）生物学（2）园艺学（3）植物保护（4）作物学（5）农业工程（6）畜牧（7）兽医学（8）农林经济管理（9）农业资源利用

定期公开出版的专业刊物 《华南农业大学学报》（自然科学版）、《华南农业大学学报》（社会科学版）、《养禽与禽病防治》、《华南农业大学校报》、《广东农业科学》（与广东省农科院联合出版）

学校设立奖学金情况

学校设立奖学金2项，奖励总金额580万元/年，奖学金最高金额3000元/年，最低金额100元/年。

主要校办产业

（1）广东华农大资产经营有限公司（2）广州华南农业大学科技实业发展有限公司（3）广州华农大实验兽药有限公司（4）广州市华天动物医药有限公司（5）广州华农正大禽业有限公司（6）广州华农大食品科技有限公司（7）广州惠华动物保健品有限公司（8）广州华农大生物技术开发有限公司（9）广州华农大生物技术开发有限公司（10）广州市华农大园林建设有限公司（11）广州华农大工程技术开发有限公司（12）华南农业大学园艺开发公司（13）广州华大生物科技有限公司（14）华南农业大学建筑与景观设计研究所（15）广州华农大沃田生态科技有限公司（16）广州华孚油泵油嘴服务中心（17）广州新富农生物科技有限公司（18）广州市奇康饮品有限公司

学校历史沿革

华南农业大学原名华南农学院，其悠久的办学历史可追溯到始创于1909年的广东全省农事实验场暨附设农业讲习所。1952年，在全国高校院系调整时，由原中山大学农学院、岭南大学农学院和广西大学农学院畜牧兽医系及病虫害系的一部分合并而成。华南农学院校名由毛泽东主席于1952年亲笔题写。1984年7月，经教育部批准，更名为华南农业大学。

广东海洋大学

学校（机构）标识码 4144010566	占地面积（平方米） 3273940	成人专科 4934
学校办学类型 411：本科院校：大学	校舍建筑面积（平方米） 604381	硕士研究生 505
学校性质类别 03 农业院校	图书（万册） 167.13	留学生 2
学校举办者 811 省级教育部门	固定资产总值（万元） 148612.61	专任教师（人） 1169
学校地址 广东省湛江市湖光岩东	教学、科研仪器设备资产值（万元）	其中：正高级 139
邮政编码 524088	25885.22	副高级 338
办公电话 0759-2383266	在校生数（人） 34940	中级 510
传真电话 0759-2383001	其中：普通本科 23058	初级 57
校园（局域）网域名 www.gdou.edu.cn	普通专科 3332	未定职级 125
电子信箱 xzb@gdou.edu.cn	成人本科 3109	

本科专业 编辑出版学、表演、财务管理、船舶与海洋工程、大气科学、电气工程及其自动化、电子科学与技术、电子信息工程、动物科学、动物医学、对外汉语、法学、港口航道与海岸工程、工程管理、工商管理、工业工程、工业设计、公共事业管理、国际经济与贸易、海洋技术、海洋科学、海洋渔业科学与技术、汉语言文学、行政管理、航海技术、环境科学、会计学、机械设计制造及其自动化、计算机科学与技术、建筑环境与设备工程、交通运输、经济学、轮机工程、旅游管理、美术学、农学、农业资源与环境、热能与动力工程、日语、软件工程、森林资源保护与游憩、社会体育、社会学、生物工程、生物技术、食品科学与工程、食品质量与安全、水产养殖学、通信工程、土地资源管理、舞蹈编导、新闻学、信息管理与信息系统、信息与计算科学、艺术设计、音乐学、英语、园林、园艺、政治学与行政学、植物保护、制药工程、自动化

专科专业 材料工程技术、畜牧兽医、电子商务、防雷技术、供热通风与空调工程技术、航海技术、环境监测与评价、会计电算化、计算机网络技术、计算机应用技术、旅游管理、模具设计与制造、商务英语、社会体育、数控技术、通信技术、文秘、应用电子技术、制冷与冷藏技术

硕士专业 动物遗传育种与繁殖、动物营养与饲料科学、海洋生物学、行政管理、机械制造及其自动化、马克思主义中国化研究、农产品加工及贮藏工程、农村与区域发展、农业经济管理、食品工程、食品加工与安全、食品科学、水产品加工及贮藏工程、水产养殖、渔业资源、植物病理学、作物遗传育种

院系设置

学校设有水产学院、食品科技学院、海洋与气象学院、农学院、工程学院、经济管理学院、航海学院、信息学院、软件学院、理学院、文学院、法学院、外国语学院、政治与行政学院、体育与休闲学院、中歌艺术学院、职业技术学院、继续教育学院等18个二级学院，1个教学部——思想政治理论课教学部以及1个独立学院——广东海洋大学寸金学院

国家级、省部级研究机构设置

学校有各类教学科研实验室66个，其中经国家资质认定的计量认证机构1个，省（厅）级重点实验室、工程研究中心及部属实验室11个，省级实验教学示范中心3个。拥有包括水生生物

博物馆在内的一批校内外教学科研基地。水生生物博物馆陈列标本近3000种,为全国高校中水生生物标本最多的博物馆。

(一)现设有19个省部(厅)中心(重点实验室、基地):广东省水产经济动物病原生物学及流行病学重点实验室、南方对虾质量安全控制实验室、水产经济动物病害控制重点实验室、南海水产经济动物增养殖重点实验室、水产品深加工重点实验室、陆架及深远海气候、资源与环境重点实验室、计算机网络技术重点实验室、计算机控制与通信重点实验室、广东南美白对虾遗传育种中心、海产经济无脊椎动物健康养殖工程技术研究中心、海洋经济与管理研究中心、广东海洋大学廉政研究中心、广东省雷州文化研究基地、广东省海洋开发研究中心、分析测试中心、海洋资源与环境监测中心、广东海洋大学航海技能训练中心、海洋食品学实验教学中心、广东海洋大学工程训练中心。(二)设有14个校级研究机构:湛江海洋高新科技园、珍珠研究所、海洋资源与环境监测中心、南海海洋环境研究所、海洋生物研究所、海洋食品研究所、农业生物技术研究所、机电工程研究所、应用化学研究所、信息技术研究所、海洋文化研究所、文学与粤西文化研究所、法学研究所、外国语言与外语教学研究所。五、办学质量 学校现有教学科研人员近1200人,其中,有高级职称者500余人,有博士学位者216人。有双聘院士2人,广东省高等学校珠江学者特聘教授2人,列入广东省"千百十"人才工程培养对象98人,享受政府特殊津贴8人。现有全日制本专科生、研究生、留学生近2.7万人;独立学院1.2万余人;成人高等教育学生近1万人。学校坚持"人才强校、质量立校、学术兴校、特色扬校"的办学理念和"规模扩大与质量提高相结合,以质量提高为主;外延拓展与内涵充实相结合,以内涵充实为主;综合发展与强化特色相结合,以强化特色为主"的办学思路,通过优化学科结构,加强专业建设,实施素质教育,教学质量稳步提高。学校面向全国25个省、自治区、直辖市招生,教学水平和人才培养质量得到社会的广泛认可和充分肯定,近五年学校毕业生就业率均超过98%,居广东省高校前列。学校被评为"2010年广东省高校毕业生就业工作先进集体"。近五年学生在"挑战杯"等各类课外科技文化、艺术体育竞赛中,获得国际性奖励5人次,国家级奖励546人次,省部级奖励1938人次。2006年、2007年、2009年我校学生分别应邀参加上海合作组织成立五周年和香港、澳门回归十周年文艺演出,受到了文化部和解放军总政治部的高度赞扬。六、科学研究 学校科学研究取得重大进展,服务社会能力显著增强。近五年,学校承担包括国家自然科学基金、国家社会科学基金、国家973计划、国家863计划、国家科技支撑计划等在内的科研项目共1288项,其中国家级项目111项,省部级378项;获得科研经费1.93亿元;获得各级各类科技奖励105项,其中国家级二等奖1项,省部级一等奖3项,省部级二、三等奖26项。"大宗低值蛋白资源生产富含呈味肽的呈味基料及调味品共性关键技术"项目获2009年度国家科学技术进步奖二等奖,"华南地区对虾产业高效技术"项目获2007年度广东省科学技术奖一等奖和中华全国工商业联合会科技进步一等奖,"日本囊对虾和斑节对虾地膜覆沙池健康养殖技术研究及示范推广"项目获2009年度海南省科学技术奖一等奖,"墨西哥湾扇贝养殖技术研究及推广"、"马氏珠母贝标准化养殖与示范推广"项目分别获2006、2008年度国家海洋科技创新成果奖二等奖。对虾种苗繁育及养殖、海水名贵鱼类的种苗繁育及养殖、海水鱼类病害防治、珍珠贝的养殖及育珠技术、水产品加工与贮藏技术、海洋药物开发、杂交水稻育种等技术达到了国际先进水平。科技成果的广泛推广应用有力地推动了我国南方海洋水产业的蓬勃发展,取得了巨大的经济效益和社会效益。在我校技术的有力支持下,目前仅湛江地区的海水珍珠产量就占全国的三分之二,对虾产量占全国的六分之一。

定期公开出版的专业刊物 学校主办的《广东海洋大学学报》为中国科技核心期刊。对外合作:学校广泛开展对外学术交流与合作,先后与日本、英国、澳大利亚等国家以及香港、台湾等地区30所高校、研究机构建立了良好的学术交流和合作关系,与中国海洋大学和台湾海洋大学签订了联合办学协议,聘请了一批国内外著名学者为名誉教授、兼职教授和客座教授。

学校设立奖学金情况

现共设立奖学金共7项,今年奖励总金额634.23万元。单项奖学金最高金额450万元/年,单项奖学金最低金额0.9万元/年。

主要校办产业

广东海洋大学资产经营有限公司、湛江海洋大学船舶服务公司、湛江海洋大学珍珠有限公司、湛江海洋大学网厂

毕业生一次就业率 2010届毕业生一次就业率为:研究生87.32%,本科生90.52%,专科生90.08%

学校历史沿革

湛江水产学院正式成立于1979年,其前身是广东省立汕头高级水产职业学校(1935年成立)。湛江农业专科学校正式成立于1980年,其前身是华南农学院湛江分院(1958年成立)。1956年湛江气象学校成立。湛江海洋大学于1997年1月10日,经国家教育部批准,由原湛江水产学院和湛江农业专科学校经实质性合并成立,并被列为广东省重点建设大学。学校1998年取得硕士学位授予权和留学生培养资格,1999年通过教育部本科教学工作合格评价。2001年9月,湛江气象学校并入湛江海洋大学。2005年6月15日,经教育部批准,广东省人民政府将湛江海洋大学更名为广东海洋大学。

广州医学院

学校(机构)标识码 4144010570	学校地址 广州市东风西路195号	校园(局域)网域名 www.gzhmc.edu.cn
学校办学类型 412:本科院校:学院	邮政编码 510182	
学校性质类别 05 医药院校	办公电话 020-81340484	电子信箱 gybgs@gzhmc.edu.cn
学校举办者 821 地级教育部门	传真电话 020-81340442	占地面积(平方米) 739519

校舍建筑面积（平方米） 450801
图书（万册） 139.86
固定资产总值（万元） 63683.17
教学、科研仪器设备资产值（万元） 19740.17
在校生数（人） 32826
其中：普通本科 6627
普通专科 4134
成人本科 12597
成人专科 7935
博士研究生 112
硕士研究生 1401
留学生 20
专任教师（人） 1935
其中：正高级 336
副高级 711
中级 583
初级 201
未定职级 104

本科专业 法学、公共事业管理、护理学、康复治疗学、口腔医学、临床医学、麻醉学、生物技术、生物医学工程、市场营销、统计学、信息管理与信息系统、药学、医学检验、医学影像学、应用心理学、预防医学、中西医临床医学

专科专业 护理、康复治疗技术、口腔医学、临床医学、药学、医学检验技术、医学影像技术、针灸推拿、助产

博士专业 内科学

硕士专业 病理学与病理生理学、儿科学、耳鼻咽喉科学、妇产科学、护理学、急诊医学、精神病与精神卫生学、临床检验诊断学、临床医学、流行病与卫生统计学、麻醉学、免疫学、内科学、皮肤病与性病学、人体解剖与组织胚胎学、社会医学与卫生事业管理、神经病学、生物化学与分子生物学、外科学、卫生毒理学、眼科学、药理学、影像医学与核医学、中西医结合临床、肿瘤学

院系设置
学校设有7个二级学院：基础学院、人文社会科学学院、公共卫生与全科医学学院、护理学院、第一临床学院、第二临床学院、第三临床学院

国家级、省部级研究机构设置
1. 实验室：呼吸疾病国家重点实验室
2. 研究中心（所）：9个研究所：呼吸疾病研究所、蛇毒研究所、神经科学研究所、化学致癌研究所、肿瘤研究所、人文社会科学研究所、妇产科学研究所、心血管疾病研究所、骨科研究所。设有广东省伦理学研究中心、广东省窥镜外科研究开发中心、广东省呼吸医学工程技术研究开发中心

博士后科研流动站 临床医学博士后流动站

定期公开出版的专业刊物 《广州医学院学报》、《中华生物医学工程杂志》、《中华关节外科杂志》、《血栓与止血学杂志》、《CHEST》（中文版）、《J Thoracic Disease》

学校设立奖学金情况
学校设立奖学金3项，奖励总金额200余万元。奖学金最高金额5280元/年，最低金额250元/年。

主要校办产业
劳动服务公司、发展公司、科技开发公司、继续教育培训中心

学校历史沿革
广州医学院创办于1958年，是一所全日制高等医科院校。1970年12月，更名为广州市医科学校。1972年10月，恢复广州医学院原名和高等学校体制。

广东医学院

学校（机构）标识码 4144010571
学校办学类型 412：本科院校：学院
学校性质类别 05 医药院校
学校举办者 811 省级教育部门
学校地址 广东省湛江市霞山区文明东路2号
邮政编码 523808
办公电话 0759-2388505
传真电话 0759-2284104
校园（局域）网域名 www.gdmc.edu.cn
电子信箱 gdmcmsk@gdmc.edu.cn
占地面积（平方米） 936134
校舍建筑面积（平方米） 623705
图书（万册） 120.95
固定资产总值（万元） 101255.6
教学、科研仪器设备资产值（万元） 18948.88
在校生数（人） 40980
其中：普通本科 19876
成人本科 10938
成人专科 9375
硕士研究生 791
专任教师（人） 1307
其中：正高级 152
副高级 383
中级 352
初级 365
未定职级 55

本科专业 法医学、公共事业管理、国境卫生检疫、护理学、环境与职业卫生、康复医学、口腔医学、临床药学、临床医学、麻醉学、皮肤病与性病学、生物统计学、生物统计与生物信息学、生物医学工程、生殖医学、疼痛医学、卫生法规与行政管理、卫生检验、卫生事业管理、心理医学、眼耳鼻喉科学、眼视光学、药物分析、药学、医疗保险、医学检验、医学信息、医学信息管理、医学影像学、医药贸易、英语、营养与食品卫生学、应用心理学、预防医学、整形美容学、中药学、重症监护

硕士专业 病理学与病理生理学、病原生物学、儿科学、耳鼻咽喉科学、妇产科学、临床检验诊断学、内科学、皮肤病与性病学、神经病学、生理学、生物化学与分子生物学、外科学、药理学

院系设置
学校设有研究生学院、基础医学院、第一临床医学院、第二临床医学院、医学检验学院、护理学院、药学院、公共卫生学院、

人文与管理学院、信息工程学院、继续教育学院、社会科学部、体育教学部、外语教学部

国家级、省部级研究机构设置

实验室:2个省级重点实验室(广东天然药物研究与开发重点实验室,广东省医学分子诊断重点实验室)

博士后科研流动站 1个

定期公开出版的专业刊物 《广东医学院学报》

学校设立奖学金情况

学校设立奖学金9项,奖励总金额231余万元。奖学金最高金额2000元/年,最低金额800元/年。

学校历史沿革

广东医学院的前身是中山医学院湛江分院,创建于1958年,1964年升格为五年制医学本科院校并更名为湛江医学院,1992年易名为广东医学院。

广州中医药大学

学校(机构)标识码 4144010572	cn	成人专科 5671
学校办学类型 411:本科院校:大学	占地面积(平方米) 902562	博士研究生 786
学校性质类别 05 医药院校	校舍建筑面积(平方米) 704624	硕士研究生 3071
学校举办者 811 省级教育部门	图书(万册) 140.99	留学生 311
学校地址 广州市番禺区广州大学城外环东路232号广州中医药大学大学城校区	固定资产总值(万元) 75150	专任教师(人) 1154
	教学、科研仪器设备资产值(万元) 36200.52	其中:正高级 309
		副高级 400
邮政编码 510006	在校生数(人) 27022	中级 291
办公电话 020-39357666	其中:普通本科 12687	初级 131
传真电话 020-39359999	普通专科 1549	未定职级 23
校园(局域)网域名 www.gzhtcm.edu.	成人本科 2947	

本科专业 公共事业管理、国际经济与贸易、护理学、护理学(国际交流方向)、计算机科学与技术、康复治疗学、体育教育(保健体育与健康教育)、药物制剂、药学、英语(医药方向)、应用心理学、针灸推拿学、制药工程(中药)、中西医临床医学、中药学、中药学(营销)、中药制药、中药资源与开发、中医学、中医学(针灸方向)、中医学(中西医结合方向)

专科专业 护理、医疗美容技术、针灸推拿、中药

博士专业 方剂学、针灸推拿学、中西医结合基础、中西医结合临床、中药学、中医儿科学、中医妇科学、中医骨伤科学、中医基础理论、中医临床基础、中医内科学、中医外科学、中医五官科学、中医心理学、中医学、中医养生学、中医医史文献、中医诊断学

硕士专业 方剂学、科学技术哲学、临床检验诊断学、麻醉学、社会医学与卫生事业管理、生药学、思想政治教育、药剂学、药物分析学、影像医学与核医学、针灸推拿学、中西临床基础、中西医结合基础、中西医结合临床、中药学、中医儿科学、中医妇科学、中医骨伤科学、中医基础理论、中医临床基础、中医内科学、中医外科学、中医五官科学、中医学、中医养生学

院系设置

第一临床医学院、第二临床医学院、第三临床医学院、基础医学院、针灸推拿医学院、中药学院、国际学院、经济与管理学院、人文社科学院、信息技术学院、护理学院、职业技术学院(继续教育学院)、体育健康学院

国家级、省部级研究机构设置

1. 国家工程技术中心:由国家发展计划委员会立项,国家中药现代化工程技术研究中心(合作)

2. 重点实验室:国家级重点实验室:3个。国家新药(中药)临床安全评价(GLP)重点实验室、国家新药(中药)临床试验(GCP)研究中心、国家中药材种植栽培示范化研究示范基地(GAP)。省部级设置的研究实验室:26个。现代中成药工程技术中心、中药资源科学重点实验室、中药药理实验室(三级)、中药药理(消化)实验室(三级实验室)、原虫与病毒实验室(三级)、中药制剂实验室(三级)、分子生物学实验室(三级)、细胞生物学实验室(三级)、免疫实验室(三级)、中药化学实验室(三级实验室)、中药药理(药效评价)实验室(三级实验室)、中药药代动力学实验室(三级实验室)、核医学实验室(二级)、广东省中医证候临床研究重点实验室、新药非临床安全评价中心、新药临床实验研究中心、广东省中医急症研究重点实验室、广东省海洋药物重点实验室(合作)、广东省新药筛选重点实验室(合作)、遗传工程小鼠资源库技术平台(合作)、中药新药研发重点实验室、中医疑难病证重点实验室、中药资源科学、中药有效性与安全性研究重点实验室、中医病机与治法研究重点实验室、中医女性生殖调节与安全性研究

3. 博士后流动站:3个。中医学,中药学,中西医结合

定期公开出版的专业刊物 《广州中医药大学学报》、《新中医》、《中药新药与临床药理》

学校设立奖学金情况

(一)2009-2010学年学校设立本专科奖(助)学金33项,奖助总金额全年达1304.5万元,奖(助)学金最高金额8000元/年,最低金额21元/年。

1. 国家奖学金:25人/年,8000元/人。

2. 国家励志奖学金:450人/年,5000元/人。

3. 国家助学金:2156人/年,2000元/人。

4. 特困生伙食补助金:1707人/年,200元/人。

5. 西部开发工程助学金：1人/年，5000元/人。

6. 学年综合奖学金：一等奖：2%，2500元/人；二等奖：10%，1500元/人；三等奖：12%，1000元/人；各类单项奖各2%，500元/人。

7. 优秀毕业生奖学金：80人/年，300、500元/人。

8. 优秀实习生：20%，500、1000元/人。

9. 社会保险特困生医疗保险补助：58人/年，80元/人。

10. 学校临时特困补助：150人/年，200－1000元/人。

11. 学校汶川地震受灾专项：51人/年，300－1500元/人。

12. 春节特困补助：149人/年，100－200元/人。

13. 邓铁涛奖学金：25人/年，1000元/人。

14. 何恩惠助学金：20人/年，1000元/人。

15. 罗元恺、郑德基中医药教育奖学金：20人/年，1000元/人。

16. 戴源杯先生奖助学金：28人/年，500－1500元/人。

17. 香港戴源杯助学金：80人/年，1000元/人。

18. 郭春园助学金：9人/年，2000元/人。

19. 周密助学金：50人/年，2000元/人。

20. 同兴奖学金：50人/年，2000元/人。

21. 新南方教学奖励基金：50人/年，500、3000元/人。

22. 君元奖学金：10人/年，1000元/人。

23. 王老吉奖学金：10人/年，1000元/人。

24. 王老吉助学金：3－5人/年，4760元/人。

25. 万名学子教材捐助活动：当年出版社出版的教材60人/年。

26. 关心下一代助学金：30人/年，1000元/人。

27. 易方达助学金：100人/年，3000元/人。

28. 慈济助学金：150人/年，2000元/人。

29. 广东省福利彩票发行中心助学金：28人/年，5000元/人。

30. 新长城自强助学金：30人/年，3000元/人。

31. 广东省体育彩票发行中心助学金：20人/年，5000元/人。

32. 新疆少数民族助学金：4人/年，1380元/人。

33. 撒可富教育基金助学金：2人/年，2000元/人。

（二）境外学生获得奖学金情况：2009－2010学年，我校境外学生获得奖学金共4项，总金额达779500元，奖学金最高金额为9000元/人，最低金额为300元/人。

1. 外国留学生学习优胜奖：一等奖8人，1000元/人，二等奖16人，600元/人，三等奖23人，300元/人。

2. 教育部港澳侨学生奖学金：本科生一等奖8人，5000元/人，二等奖14人，4000元/人，三等奖30人，3000元/人；硕士研究生一等奖4人，7000元/人，二等奖9人，5000元/人，三等奖9人，4000元/人；博士研究生一等奖2人，9000元/人，二等奖3人，7000元/人，三等奖5人，5000元/人。

3. 教育部台湾学生奖学金：本科生一等奖6人，5000元/人，二等奖8人，4000元/人，三等奖11人，3000元/人；硕士研究生一等奖3人，7000元/人，二等奖5人，5000元/人，三等奖11人，4000元/人；博士研究生一等奖1人，9000元/人，二等奖1人，7000元/人，三等奖2人，5000元/人。

4. 宋庆龄基金会祈福（彭磷基）奖励基金，面向全日制本科生和硕士研究生，奖学金为5000元，其中2000元为现金奖励，3000元作为学生活动经费。09－10年我校共有30名台湾同学获奖，其中本科生16人，硕士研究生14人。

5. 2009/2010学年国家留学基金管理委员会优秀自费来华留学生奖学金，面向优秀外国留学生，奖学金为7000元/人，共5人获奖。

（三）研究生奖学金情况：2009－2010学年学校设立研究生奖（助）学金22项，奖助总金额达71.8万元，奖（助）学金最高金额10000元/年。最低金额500元/年。

1. 南粤优秀研究生奖学金11000元/年，22人/年，500元/人。

2. 优秀毕业研究生奖学金40000元/年，80人/年，500元/人。

3. 新南方研究生奖学金15000元/年，5人/年，3000元/人。

4. 一方优秀研究生奖学金50000元/年，20人/年，特等奖10000元/人，一等奖5000元/人，二等奖3000元/人，三等奖，2000元/人。

5. 邓铁涛非医攻博研究生专项奖学金2000元/年，1人/年，2000元/人。

6. 同兴奖学金20000元/年，10人/年，2000元/人。

7. 仲景研究生奖学金50000元/年，10人/年，5000元/人。

8. 仲景研究生助学金30000元/年，10人/年，3000元/人。

9. 宝洁研究生奖学金24000元/年，13人/年，一等奖3000元/人，二等奖1500元/人。

10. 周岱翰优秀博士学位论文奖50000元/年，5人/年，10000元/人。

11. 荔博园研究生奖学金153000元/年，17人/年，9000元/人。

12. 荔博园优秀博士论文培育奖45000元/年，5人/年，9000元/人。

13. 尖峰优秀研究生奖学金10000元/年，6人/年，一等奖3000元/人，二等奖2000元/人，三等奖1000元/人。

14. 台湾校友励志研究生助学金40000元/年，20人/年，2000元/人。

15. 周密研究生助学金20000元/年，10人/年，2000元/人。

16. 关心下一代助学金3000元/年，3人/年，1000元/人。

17. 以纯研究生励志助学金20000元/年，10人/年，2000元/人。

18. 以纯研究生奖学金30000元/年，15人/年，2000元/人。

19. 香港校友励志研究生助学金20000元/年，10人/年，2000元/人。

20. 靳三针优秀研究生论文培育奖10000元/年，5人/年，2000元/人。

21. 昆禾研究生助学金5000元/年，5人/年，1000元/人。

22. 杏林研究生创新奖学金50000元/年，10人/年，5000元/人。

毕业生一次就业率 本专科80.6%，博士95.2%，硕士92.6%

学校历史沿革

1953年7月广东省中医进修学校与广东省中医药专科学校合并。广东中医药专科学校创办于1924年，学制五年，负责人罗元恺,1933 年建立广东省中医院。

1956 年 8 月 6 日,国务院发出[1956]国二办周字第 19 号文,批准成立广州中医学院。

1963 年 11 月 2 日,广东省计委发出(粤计设王(63)326 号)文,同意建筑广州中医学院附属医院。

1970 年 10 月 30 日,广东省革委会发出粤革发出[1970]117 号文,同意广州中医学院更名为广东中医学院。

1977 年 10 月 7 日,我校党委以中党[1977]11 号文向广东省委请示,要求恢复"广州中医学院"校名。

1980 年 3 月 3 日,省文教办发出[1980]0)11 号文,同意广州中医学院留学办、外事处合并成立外事处。

1985 年 6 月 10 日,省卫生厅发出(粤卫[1985]196 号)文,关于批复同意成立广州中医学院附属骨伤科医院。

1989 年 11 月 13 日,国家中医药管理局发出(国医教字[89]83 号)文,护士学校更名为附属中医学院的批复。

1992 年 10 月 10,国家中医药管理局发出(国中医药科[1992]12 号)文,同意我院在不增加人员编制和经费的情况下,成立广州中医药研究院,实行学院与研究院统一领导的管理体制。

1995 年 2 月 15 日,国家教委发出(教计[1995]11 号)文,同意广州中医学院更名为广州中医药大学。

广东药学院

学校(机构)标识码	4144010573
学校办学类型	412:本科院校:学院
学校性质类别	05 医药院校
学校举办者	811 省级教育部门
学校地址	广州大学城广东药学院
邮政编码	510006
办公电话	020-39352087
传真电话	020-39352086
校园(局域)网域名	www.gdpu.edu.cn
电子信箱	yuanban@gdpu.edu.cn
占地面积(平方米)	1909792
校舍建筑面积(平方米)	749244
图书(万册)	194.89
固定资产总值(万元)	186307.99
教学、科研仪器设备资产值(万元)	19806.99
在校生数(人)	36040
其中:普通本科	21008
普通专科	1155
成人本科	5560
成人专科	7872
硕士研究生	442
留学生	3
专任教师(人)	1487
其中:正高级	147
副高级	429
中级	819
初级	92

本科专业 电子信息工程、动漫程序设计、高分子材料与工程、公共事业管理、国际医药贸易、国际医药物流管理、护理学、化学工程与工艺、化妆品方向、计划生育医学与妇幼保健、健康保险、精细化工、精细化工方向、临床药学、临床医学、临床中药学、能源与环境生物技术、全科医学、商务信息、生物技术、生物技术安全评估、生物科学、生物医学电子仪器方向、生物医学工程、生物制药、食品科学与工程、食品质量与安全、天然药物制剂、卫生监督、卫生检验、卫生信息管理、药品电子商务、药事管理、药物分析、药物化学、药物制剂、药学、药用高分子材料、医学影像技术方向、医学应用、医学智能信息处理、医药电子商务、医药国际贸易、医药贸易、医药情报、医药人力资源管理、医药软件工程、医药事业管理、医药物流管理、医药物流信息、医药信息、医药英语、医药营销、医院药学、预防医学、职业病防治、制药工程、中草药栽培与鉴定、中西医临床、中药保健产品、中药分析鉴定方向、中药国际贸易、中药现代化技术、中药学、中药制药、中药资源与开发

专科专业 药学、医药营销、中药学

硕士专业 病原生物学、流行病与卫生统计学、内科学、人体解剖与组织胚胎学、药剂学、药物分析学、药物化学、中药学

院系设置

药科学院、公共卫生学院、临床医学院、中药学院、医药商学院、医药经济学院、医药信息工程学院、生命科学与生物制药学院、基础学院、继续教育学院、护理学院、食品科学学院、医药化工学院、国际教育学院、人文社科部、外语部、体育部、培训中心

国家级、省部级研究机构设置

实验室:国家中医药管理局高脂血症调肝降脂重点研究室、国家中医药管理局脂代谢实验室、国家中医药管理局中药制剂实验室、广东省药物新剂型重点实验室、广东省生物活性药物研究重点实验室、广东省分子流行病学重点实验室

定期公开出版的专业刊物 《广东药学院学报》

学校设立奖学金情况

学校设立奖学金 8 项,奖励总金额 750 余万元。奖学金最高金额 8000 元/年,最低金额 400 元/年。主要有:

1. 一等奖学金:1500 元/人,占在校生数的 2%;
2. 二等奖学金:1000 元/人,占在校生数的 10%;
3. 三等奖学金:500 元/人,占在校生数的 18%;
4. 国家奖学金:8000 元/人,占在校生数的 0.07%;
5. 优秀毕业生奖学金:1500 元/人,占在校生数的 2%。

主要校办产业

广东药学院资产经营有限公司

学校历史沿革

1958 年 6 月 成立广东省卫生干部进修学院 1970 年 8 月 广东省卫生干部学院、广东省广州医士学校、广东省广州卫生学校合并为广东省卫生学校,到 1981 年停办 1973 年 6 月 恢复广东省卫生干部进修学院 1978 年 12 月 成立广东医药学院 1994 年 2 月 更名为广东药学院。

华南师范大学

学校(机构)标识码 4144010574	校舍建筑面积(平方米) 1184626	博士研究生 600
学校办学类型 411:本科院校:大学	图书(万册) 351	硕士研究生 6435
学校性质类别 06 师范院校	固定资产总值(万元) 129346.16	留学生 246
学校举办者 811 省级教育部门	教学、科研仪器设备资产值(万元) 54465.05	专任教师(人) 2018
学校地址 华南师范大学		其中:正高级 485
邮政编码 510631	在校生数(人) 54371	副高级 567
办公电话 020-85211011	其中:普通本科 25950	中级 813
传真电话 020-85213411	普通专科 3167	初级 138
校园(局域)网域名 www.scnu.edu.cn	成人本科 10572	未定职级 15
占地面积(平方米) 1853185	成人专科 7401	

本科专业 编辑出版学、材料化学、材料物理、财务管理、传播学、地理科学、地理科学类、地理信息系统、电子商务、电子信息工程、电子信息科学与技术、电子信息科学与技术(非师)、俄语、法学、法学(国际经济法)、法语、公共事业管理(教育管理)、公共事业类、管理科学、管理学类、光电信息类、光电子学勤勤创新班、光信息科学与技术、国际经济与贸易、国学勤勤创新班、汉语言、汉语言文学、汉语言文学(非师)、汉语言文学(中英文秘书)、行政管理、化学、环境工程、环境科学、环境与材料类、会计学、会展经济与管理、会展经济与旅游管理类、计算机科学与技术、计算机科学与技术(非师)、计算机类、教育技术学(多媒体网络)、教育技术学(信息技术教育)、教育学、教育学(数学教育)、教育学(语文教育)、教育学勤勤创新班、金融学、经济学、经济学类、科学教育、历史学、历史学(历史与社会)、旅游管理(城市休闲与娱乐管理)、旅游管理(国际酒店管理)、旅游管理(国际旅游管理)、旅游管理(会展旅游管理)、美术学、人力资源管理、日语、软件工程、软件工程(软件开发技术)、软件工程(数字媒体艺术)、社会工作、社会体育、摄影、生命科学勤勤创新班、生物工程、生物技术、生物技术与工程类、生物科学、数学勤勤创新班、数学与统计学类、数学与应用数学、数学与应用数学(金融数学)、数字媒体艺术、思想政治教育、体育教育、体育教育(二沙尖)、通信工程、通信与电子类、统计学、网络工程、舞蹈学、物理学、物理学勤勤创新班、物流管理、小学教育(数学教育)、心理学(心理咨询和辅导)、心理学基地班、新能源材料与器件、新能源材料与器件勤勤创新班、新闻传播类、新闻学、信息工程、信息管理与信息系统、信息与计算科学、学前教育、艺术设计、音乐表演、音乐学、英语、英语(国际商务)、英语(外事翻译)、应用心理学(人力资源管理与人才)、运动训练、政治学与行政学、资源环境与城乡规划管理、综合理科1班、综合理科2班、综合文科1班、综合文科2班

专科专业 电子商务、法律事务、国际贸易实务、行政管理、会计电算化、计算机网络技术、计算机应用技术、金融与证券、酒店管理、客户服务管理、旅游管理、数字媒体设计与制作、图形图像制作、文秘、应用英语

博士专业 比较教育学、动物学、高等教育学、光学、国外马克思主义研究、汉语言文字学、基础教育学、基础数学、教育技术学、教育经济与管理、教育领导科学、教育领导与管理、教育史、教育学原理、科学技术哲学、科学社会主义与国际共产主义运动、课程与教学论、劳动经济学、逻辑学、马克思主义发展史、马克思主义基本原理、马克思主义中国化研究、民族传统体育学、神经生物学、生理学、生态学、生物化学与分子生物学、生物物理学、水生生物学、思想政治教育、体育教育训练学、体育人文社会学、微电子学与固体电子学、物理化学(含:化学物理)、细胞生物学、心理学、学前教育学、学校课程与教学、遗传学、运动人体科学、政治经济学、植物学、中国古代史、中国古代文学、中国现当代文学、自然地理学

硕士专业 比较教育学、比较文学与世界文学、材料物理与化学、产业经济学、成人教育学、传播学、地理、地图学与地理信息系统、电磁场与微波技术、电路与系统、电子与通信工程、动物学、发展与教育心理学、法律史、法律硕士(法学)、法律硕士(非法学)、分析化学、概率论与数理统计、高等教育学、高分子化学与物理、工商管理、工商管理硕士、公共管理、光学、光学工程、国际法学(含:国际公法、国际私法)、国民经济学、国外马克思主义研究、汉语国际教育、汉语言文字学、行政管理、化学、环境科学、基础教育学、基础数学、基础心理学、计量心理学、计算机软件与理论、计算机应用技术、计算数学、教育管理、教育技术学、教育经济与管理、教育领导科学、教育史、教育硕士、教育学、教育学原理、金融学(含:保险学)、经济史、经济思想史、科学技术史、科学技术哲学、科学社会主义与国际共产主义运动、课程与教学论、劳动经济学、理论物理、历史、历史文献学(含:敦煌学、古文字学)、伦理学、逻辑学、马克思主义基本原理、马克思主义哲学、马克思主义中国化研究、美术、美术学、美学、民商法学(含:劳动法学)、社会保障、民族传统体育学、凝聚态物理、企业管理(含:财务管理、市场营销)、情报学、人口、资源与环境经济学、人文地理学、软件工程、神经生物学、生理学、生态学、生物、生物化学与分子生物学、生物物理学、史学理论及史学史、世界经济、世界史、水产养殖、水生生物学、思想政治教育、体育、体育教育训练学、体育人文社会学、图书馆学、外国语言学及应用语言学、外国哲学、微电子学与固体电子学、微生物与生化药学、文艺学、无机化学、物理、物理化学(含:化学物理)、西方经济学、细胞生物学、现代教育技术、小学教育、心理健康教育、学前教育学、遗传学、

音乐、音乐学、英语、英语笔译、英语语言文学、应用化学、应用数学、应用心理、应用心理学、有机化学、语文、语言学与应用语言学、园林植物与观赏园艺、运筹学与控制论、运动人体科学、政治经济学、政治学理论、职业技术教育学、植物学、中共党史(含:党的学说与党的建设)、中国古代史、中国古代文学、中国古典文献学、中国近现代史、中国近现代史基本问题研究、中国现当代文学、中国哲学、中外政治制度、专门史、自然地理学

院系设置

学校现有文学院、历史文化学院、政治与行政学院、法学院、教育科学学院、外国语言文化学院、经济与管理学院、体育科学学院、生命科学学院、信息光电子学院、教育信息技术学院、国际文化学院、物理与电信工程学院、继续教育学院、网络教育学院、公共管理学院、数学科学学院、化学与环境学院、地理科学学院、计算机学院、美术学院、音乐学院、南海学院、增城康大学院(独立学院),旅游管理系一个直属学系

国家级、省部级研究机构设置

1. 实验室:教育部重点实验室(激光生命科学实验室)、卫生部重点实验室(中医药与光子技术实验室)、4个广东省重点实验室等

2. 研究中心(所):教育部人文社会科学重点研究基地(部省共建)(心理应用研究中心)、教育部工程研究中心(电化学储能材料与技术工程研究中心)、国家体育总局重点研究基地(体育社会科学研究基地)、广东省服务计算工程技术研究开发中心、广东省突发事件心理援助应急技术研究中心等

博士后科研流动站 汉语言文学、教育学、理论经济学、生物学、体育学、心理学、马克思主义理论、物理学、数学、哲学、地理学、历史学

定期公开出版的专业刊物 学校主办有《华南师范大学学报(社会科学版)》、《华南师范大学学报(自然科学版)》、《小学德育》、《现代教育论丛》、《语文月刊》等全国中文核心期刊、《东南亚数学学报》国际期刊和《中学历史教学》、《中学数学研究》等一批省级刊物。其中,《华南师范大学学报(社会科学版)》被列为全国期刊方阵双效期刊、全国中文核心期刊、中国人文社会科学核心期刊、全国百强社会科学学报、中国人文社科学报核心期刊、中文社会科学引文索引来源期刊以及广东省优秀期刊

学校设立奖学金情况

学校设立奖学金十几项,奖励总金额1200余万元。奖学金最高金额12000元/年,最低金额300元/年。

主要校办产业

广东华师大科教服务中心、广东省高教建筑规划设计院、广东省高诚环境工程有限公司、广东省高宏建设监理有限公司、广东华南师大科技开发总公司、广东华师大绿谷生物技术开发中心、广东华南师大教育发展有限公司、广东华师粤海酒店有限公司、广东华南师大资产经营管理有限公司

学校历史沿革

华南师范大学创建于1933年,其前身是广东省立勷勤大学师范学院,经过70多年的建设和发展,现在是一所具有哲学、经济学、法学、教育学、文学、历史学、理学、工学、管理学等学科门类较齐全的综合性教学研究型大学。

韶关学院

学校(机构)标识码　4144010576
学校办学类型　412:本科院校:学院
学校性质类别　01 综合大学
学校举办者　821 地级教育部门
学校地址　韶关学院
邮政编码　512005
办公电话　0751-8121611
传真电话　0751-8120025
校园(局域)网域名　www.sgu.edu.cn
电子信箱　xxk@sgu.edu.cn

占地面积(平方米)　1796106
校舍建筑面积(平方米)　731536
图书(万册)　197.94
固定资产总值(万元)　110391.68
教学、科研仪器设备资产值(万元)　14976.11
在校生数(人)　34764
其中:普通本科　18938
普通专科　6353
成人本科　2119
成人专科　7320
留学生　34
专任教师(人)　1380
其中:正高级　91
副高级　430
中级　555
初级　114
未定职级　190

本科专业 地理科学、电子信息科学与技术、动物科学、法学、工商管理、公共事业管理、国际经济与贸易、汉语言文学、行政管理、护理学、化学、环境工程、会计学、机械设计制造及其自动化、计算机科学与技术、交通运输、教育技术学、教育学、历史学、临床医学、旅游管理、美术学、人力资源管理、社会体育、生物技术、生物科学、食品科学与工程、食品质量与安全、数学与应用数学、思想政治教育、体育教育、通信工程、统计学、土地资源管理、物理学、小学教育、心理学、新闻学、信息管理与信息系统、信息与计算科学、医学检验、艺术设计、音乐表演、音乐学、英语、应用化学、园林、园艺、自动化

专科专业 地理教育、电气自动化技术、工业分析与检验、国际商务、行政管理、护理、会计、计算机多媒体技术、计算机应用技术、口腔医学、临床医学、旅游管理、美术教育、汽车电子技术、生物技术及应用、数学教育、体育教育、文秘、学前教育、药学、医学检验技术、艺术设计、音乐表演、音乐教育、英语教育、应用日语、语文教育、园林技术、中医骨伤、中医

院系设置

学校现设有物理与英东生命科学学院、英东农业科学与工程学院、英东食品科学与工程学院、物理与机电工程学院、计算机科学学院、文学院、外语学院、化学与环境工程学院、体育学

院、经济管理学院、政治与公共事务管理学院、法学院、数学与信息科学学院、教育学院、美术学院、音乐学院、旅游与地理学院17个二级学院,以及思想政治理论课教学部1个教学部(中心),另有韶州师范分院、医学院2个校外独立法人二级学院

国家级、省部级研究机构设置

1. 学校现有科研机构35个,分别是:岭南历史文化研究所、珠玑文化研究中心、张九龄研究中心、禅宗文化研究中心、广东韶关文化研究基地、粤北社会发展研究所、客家学研究中心、池田大作研究所、粤北文化研究中心、粤北经济研究室、英汉语言文化对比研究室、教育科学与心理科学研究室、现代设计制作中心、绘画艺术研究所、宗教研究室、体育科学研究所、旅游文化研究所、教育技术研究所、政治学与行政学研究所、粤北音乐研究室、体育教育科学研究所、动物疫病研究所、生物地球化学营养研究所、粤北生物研究室、名车维修研究所、食品研究所、蔬菜研究所、分析测试中心、化学与环境工程研究所、机械CAD/CAM中心、生物技术研究所、数学研究所、计算机研究所、物理研究所、自动化研究所

2. 重点实验室:学校拥有省级教学提高型重点实验室3个,分别是:信息科学与技术实验室、现代设计与制造实验室、电工电子实验室。拥有省级实验教学示范中心3个,分别是:应用化学实验教学中心、教师教育综合技能训练中心、工程训练示范中心

定期公开出版的专业刊物 《韶关学院学报》、《师资培训与管理》、《教育研究》

学校设立奖学金情况

学校设立奖学金有14项,奖励总金额60余万,最低金额100元/年。奖项如下:

(一)综合奖(3项)

1. "三好学生标兵",500元/年,2010年奖励157人;
2. "三好学生",300元/年,2010年奖励719人;
3. "优秀学生干部",100元/年,2010年奖励1302人。

(二)单项奖(11项)

设立考研优秀奖、学习优秀、科研创新等奖项,其中考研优秀奖奖励200元/人次,2009-2010学年奖励115人,其他单项奖2009-2010学年共奖励4799人次。

(三)社会资助奖学

香港黎灿助学金、香港信善助学金、仲明助学金、镇泰奖助学金等9项社会资助奖学金,2010年奖励、资助271人次,共计72.5万元。

毕业生一次就业率 96%

学校历史沿革

学校的前身是创办于1958年的韶关师范专科学校。1970年改名为韶关地区师范学校,1978年复办韶关师范专科学校。1989年韶关师范专科学校与市属韶关大学合并为新的韶关大学。2000年3月经国家教育部批准,韶关大学与韶关教育学院合并成立本科层次的韶关学院(2001年12月,韶关师范专科学校并入韶关学院,2002年11月,韶关卫生学校并入韶关学院)。2004年,批准为学士学位授予单位。2006年,通过教育部本科办学水平评估。

惠州学院

学校(机构)标识码 4144010577	电子信箱 webmaster@hzu.edu.cn	普通专科 1244
学校办学类型 412:本科院校:学院	占地面积(平方米) 1606564	成人本科 2750
学校性质类别 01 综合大学	校舍建筑面积(平方米) 386402	成人专科 4441
学校举办者 821 地级教育部门	图书(万册) 123.16	专任教师(人) 748
学校地址 广东省惠州市惠城区演达大道46号	固定资产总值(万元) 63530.51	其中:正高级 84
	教学、科研仪器设备资产值(万元) 9488.4	副高级 174
邮政编码 516007		中级 404
办公电话 0752-2529283	在校生数(人) 23335	初级 58
传真电话 0752-2529489	其中:普通本科 14900	未定职级 28
校园(局域)网域名 www.hzu.edu.cn		

本科专业 财务管理、地理科学、电气工程及其自动化、电气信息工程、电子信息工程、电子信息科学与技术、对外汉语、法学、服装设计与工程、工程管理、广播电视新闻学、国际经济与贸易、汉语言文学、行政管理、化学、化学工程与工艺、计算机科学与技术、建筑学、历史学、旅游管理、美术学、日语、软件工程、社会体育、审计学、生物技术、生物科学、市场营销、数学与应用数学、思想政治教育、体育教育、土木工程、网络工程、物理学、物流管理、信息管理与信息系统、艺术设计、音乐表演、音乐学、英语、应用化学、园林

专科专业 计算机教育、美术教育、体育教育、学前教育、音乐教育、英语教育

院系设置

电子科学系、服装系、化学工程系等16个系部

国家级、省部级研究机构设置

1. 实验室:省级实验教学示范中心实验2个,省级重点实验室2个

2. 研究机构:高教研究室、成人教育学院、建筑与规划设计院、东江文化研究院

定期公开出版的专业刊物 《惠州学院学报》
学校设立奖学金情况
学校设立奖学金4项,奖励总金额1470.435万元/年,最低金额36.28万元/年。
学校历史沿革
1978年12月,经国务院批准,在师范学校基础上升格更名为"惠阳师范专科学校";1989年4月与惠州教育学院、西北纺织学院惠州分院联合办学;1992年7月经广东省人民政府批准在三校联合办学基础上筹备"惠州大学";1993年9月,经广东省人民政府批准在三校联合办学基础上成立"惠州大学";2000年3月,经国家教育部批准,升格为本科院校,更名为"惠州学院"。

韩山师范学院

学校(机构)标识码	4144010578
学校办学类型	412:本科院校:学院
学校性质类别	06 师范院校
学校举办者	811 省级教育部门
学校地址	广东省潮州市湘桥区桥东街道桥东社区居民委员会
邮政编码	521041
办公电话	0768-2525005
传真电话	0768-2525194
校园(局域)网域名	www.hstc.edu.cn
电子信箱	hs_xyb@hstc.edu.cn
占地面积(平方米)	755398
校舍建筑面积(平方米)	387376
图书(万册)	146.28
固定资产总值(万元)	45933.97
教学、科研仪器设备资产值(万元)	11299.57
在校生数(人)	22281
其中:普通本科	12488
普通专科	5217
成人本科	3857
成人专科	708
留学生	11
专任教师(人)	817
其中:正高级	48
副高级	240
中级	377
初级	117
未定职级	35

本科专业 地理科学、电气工程及其自动化、电气技术教育、电子信息工程、电子信息科学与技术、电子信息科学与技术(网络工程)、对外汉语、法学、广播电视新闻学、广播电视新闻学(播音与主持艺术)、汉语言文学、汉语言文学(中英文秘书)、化学、环境科学、计算机科学与技术、教育技术学、历史学、旅游管理、旅游管理与服务教育、美术学、美术学(书法教育)、烹饪与营养教育、日语、软件工程、社会体育、社会体育(健身与健美)、生物技术、生物科学、食品科学与工程、数学与应用数学、思想政治教育、体育教育、物理学、小学教育(语文教育)、心理学、信息管理与信息系统、信息与计算科学、艺术设计、艺术设计(环境艺术设计)、艺术设计(商业摄影)、艺术设计(陶瓷艺术设计)、艺术设计(装潢设计)、音乐表演、音乐学、英语、英语(商贸英语)、应用化学、应用心理学

专科专业 初等教育、电脑艺术设计、雕塑艺术设计(陶瓷雕塑艺术)、服装设计、计算机应用技术(互联网信息软件?、计算机应用技术(数据处理软件)、旅游管理、美术教育、烹饪工艺与营养、商务英语、数学教育、文秘(中英文秘书)、现代教育技术、学前教育、艺术设计(动漫画设计与制作)、艺术设计(环境艺术设计)、艺术设计(陶瓷艺术设计)、音乐教育、英语教育、语文教育、装潢艺术设计

院系设置
学院校本部设有数学与信息技术、物理与电子工程、化学、生物、中文、政法、外语、教育、旅游管理、体育、音乐、美术共12个系和思想政治理论课教学部

定期公开出版的专业刊物 《韩山师范学院学报》

学校设立奖学金情况
学校设立奖学金5项,奖励总金额180余万元。奖学金最低金额150元/年。

学校历史沿革
韩山师范学院前身可追溯到宋元祐五年(公元1090年)建立的"韩山书院"。清光绪廿九年(1903年)改韩山书院为"惠潮嘉师范学堂"。1912年更名为广东省立惠潮梅师范学校,1921年更名为广东省立第二师范学校,1935年更名为广东省立韩山师范学校,1949年更名为韩山师范学校,1958年由中等师范学校升格为高等师范专科学校,1993年由韩山师范专科学校升格为本科师范学院。

湛江师范学院

学校(机构)标识码	4144010579
学校办学类型	412:本科院校:学院
学校性质类别	06 师范院校
学校举办者	811 省级教育部门
学校地址	广东省湛江市赤坎区寸金路29号
邮政编码	524048
办公电话	0759-3183075
传真电话	0759-3341440
校园(局域)网域名	www.zhjnc.edu.cn
电子信箱	xbmsk226@126.com
占地面积(平方米)	791658
校舍建筑面积(平方米)	550983
图书(万册)	229.02
固定资产总值(万元)	105279.19
教学、科研仪器设备资产值(万元)	12933.12
在校生数(人)	40196
其中:普通本科	20581
普通专科	6165

成人本科 8314	专任教师（人） 1188	中级 581
成人专科 5132	其中：正高级 119	初级 134
留学生 4	副高级 289	未定职级 65

本科专业 财务会计教育、城市园林与规划、地理科学、电气工程及其自动化、电子商务、对外汉语、法学、工商管理、工业设计、公共事业管理、广播电视新闻学、国际经济与贸易、汉语言文学、化学、机电技术教育、计算机科学与技术、教育技术学、教育学、酒店管理、历史学、美术学、烹饪与营养教育、汽车技术、人力资源管理、日语、软件工程、商务英语、社会工作、社会体育、涉外翻译、生物技术、生物科学、食品营养与加工、食品质量与安全、市场营销、书法、数控技术、数学教育、数学与应用数学、思想政治教育、体育教育、通信工程、统计学、网络工程、舞蹈学、物理学、物流管理、心理学、信息管理与信息系统、信息与计算科学、学前教育、艺术设计、音乐表演、音乐学、英语、英语教育、应用电子技术教育、应用化学、应用科学与技术、语文教育、运动人体科学、制药工程、自然科学

专科专业 化学教育、计算机应用技术、历史教育、美术教育、烹饪工艺与营养、商务英语、社会工作、生物教育、数学教育、思想政治教育、体育教育、物理教育、物流管理、现代教育技术、学前教育、音乐教育、英语教育、英语教育（师）、语文教育、园艺技术

院系设置

人文学院、法政学院、外国语学院、教育科学学院、美术学院、音乐学院、商学院、数学与计算科学学院、物理科学与技术学院、信息科学与技术学院、化学科学与技术学院、生命科学与技术学院、体育科学学院、基础教育学院、继续教育学院

国家级、省部级研究机构设置

研究所（中心）：广东高校新材料工程技术开发中心、比较教育研究所、高等教育研究所、教育科学研究中心、雷阳文化研究所、美国过程研究中心湛江师范学院过程教育研究分部

定期公开出版的专业刊物 《湛江师范学院学报》

学校设立奖学金情况

学校设立奖学金包括优秀学生奖学金、单项奖学金两大类共7项。每年奖励金额550余万元，奖学金最高金额2000元/年，最低金额50-500元/年。

1. 优秀学生奖学金

（1）优秀学生奖学金一等奖：获奖比例为学生总人数的5%，约995人/年，2000元/人。

（2）优秀学生奖学金二等奖：获奖比例为学生总人数的10%，约1991人/年，1000元/人。

（3）优秀学生奖学金三等奖：获奖比例为学生总人数的15%，约2986人/年，500元/人。

2. 单项奖学金

（1）优秀新生奖学金：对总分进入本科第一批录取线，且以第一志愿第一院校报考我校并进入所在二级学院前三名的新生，本校给予一次性奖励3000元，2010年共奖励6人。

（2）创新奖学金：一等奖800元/人；二等奖500元/人；三等奖200元/人。

（3）学习优秀奖学金：智育素质测评总分在本专业本年级中排名前5%者（获优秀学生奖学金者除外），200元/人。

（4）体育奖学金：在省级及省级以上体育比赛中获个人前八名、团体前三名或校级体育比赛中破记录者，50-500元/人。

（5）艺术奖学金：在省级及省级以上艺术竞赛中获三等奖及以上的个人或集体奖项者，50-500元/人。

（6）考研奖学金：被正式录取为硕士研究生的应届毕业生，500元/人。

主要校办产业

纯净水厂、印刷厂、学术交流中心

毕业生一次就业率 本科：93.28%；专科：90.53%

学校历史沿革

湛江师范学院是广东省属本科师范院校，坐落在美丽的南国海滨城市湛江。学院前身最早可追溯到明崇祯九年（1636年）建于雷州府海康城的雷阳书院。1935年改为省立雷州师范学校。1978年12月经国务院批准，在湛江地区雷州师范学校的基础上成立雷州师范专科学校。1991年12月经原国家教委批准，由雷州师范专科学校升格为湛江师范学院。

肇庆学院

学校（机构）标识码 4144010580	占地面积（平方米） 797248	成人本科 2541
学校办学类型 412：本科院校：学院	校舍建筑面积（平方米） 440010	成人专科 5200
学校性质类别 01 综合大学	图书（万册） 136.31	留学生 7
学校举办者 821 地级教育部门	固定资产总值（万元） 66334.78	专任教师（人） 881
学校地址 广东省肇庆市端州区东岗	教学、科研仪器设备资产值（万元） 10710.42	其中：正高级 85
邮政编码 526061		副高级 289
办公电话 0758-2716233	在校生数（人） 27559	中级 390
传真电话 0758-2716586	其中：普通本科 18063	初级 94
校园（局域）网域名 zqu.edu.cn	普通专科 1748	未定职级 23
电子信箱 yb@zqu.edu.cn		

本科专业 电气工程及其自动化、电子信息科学与技术、动画、对外汉语、法学、工业设计、广播电视新闻学、国际经济与贸易、汉语言文学、行政管理、化学、环境工程、会计学、机械设计制造及其自动化、计算机科学与技术、教育技术学、历史学、旅游管理、美术学、人力资源管理、日语、软件工程、社会体育、生物技术、生物科学、食品科学与工程、市场营销、数学与应用数学、思想政治教育、体育教育、通信工程、网络工程、物理学、小学教育、信息与计算科学、学前教育、艺术教育、艺术设计、音乐表演、音乐学、英语、应用心理学、园林、政治学与行政学、制药工程

专科专业 初等教育、计算机应用技术、旅游管理、生物教育、数学教育、学前教育、英语教育、语文教育

院系设置
经济与管理学院、政法学院、教育学院、体育与健康学院、文学院、外国语学院、音乐学院、美术学院、数学与信息科学学院、化学化工学院、生命科学学院、电子工程与机电工程学院、计算机学院与软件学院、旅游学院、思政部

国家级、省部级研究机构设置
砚文化基地、粤西林产化工中心、广东西江流域柑橘产业技术应用与创新研究中心、光电信息技术教学重点实验室、计算机基础课教学实验示范中心

定期公开出版的专业刊物 《肇庆学院学报》、《珠江教育论坛》

学校设立奖学金情况
学校设立奖学金14项,奖励总金额3514240元/年,最低金额3514240元/年。

学校历史沿革
肇庆学院是在原西江大学和原肇庆教育学院的基础上发展而来的。原西江大学的前身是肇庆地区师范学校,由广东教育行政学院于1970年下放到肇庆地区新兴县办学而得名。1977年,经国务院批准改名为肇庆师范专科学校,1979年,迁至现址办学。1985年,广东省人民政府提请国家教委备案,在肇庆师专的基础上成立西江大学。原肇庆教育学院的前身是成立于1977年的肇庆地区师范学校,1980年更名为肇庆地区教师进修学院,1983年更名成为肇庆教育学院。2000年3月,经教育部批准两校合并成立本科层次的肇庆学院。

嘉应学院

学校(机构)标识码　4144010582
学校办学类型　412:本科院校:学院
学校性质类别　01 综合大学
学校举办者　821 地级教育部门
学校地址　广东省梅州市东郊梅子岗
邮政编码　514015
办公电话　0753-2186693
传真电话　0753-2354276
校园(局域)网域名　www.jyu.edu.cn

电子信箱　dzb@jyu.edu.cn
占地面积(平方米)　1085478
校舍建筑面积(平方米)　517155
图书(万册)　200.21
固定资产总值(万元)　57774.27
教学、科研仪器设备资产值(万元)　12651.23
在校生数(人)　29539
其中:普通本科　15346

普通专科　6556
成人本科　2599
成人专科　5038
专任教师(人)　1136
其中:正高级　104
副高级　281
中级　535
初级　207
未定职级　9

本科专业 财务管理、地理科学、地理信息系统、电子信息工程、法学、工程管理、工商管理、公共事业管理、光信息科学与技术、国际经济与贸易、汉语言、汉语言文学、护理学、化学、环境工程、环境科学、计算机科学与技术、教育技术学、历史学、旅游管理、美术学、日语、软件工程、生物工程、生物科学、市场营销、数学与应用数学、思想政治教育、体育教育、通信工程、土木工程、网络工程、舞蹈学、物理学、小学教育、心理学、新闻学、信息与计算科学、药学、艺术设计、音乐学、英语、应用化学、园林、自动化

专科专业 初等教育、电气自动化技术、法律事务、公共卫生管理、护理、环境监测与治理技术、会计电算化、计算机应用技术、建筑工程技术、口腔医学技术、临床医学、美术教育、商务英语、生物技术及应用、生物教育、数学教育、体育教育、物理教育、物业管理、现代教育技术、学前教育、药学、医学检验技术、医学影像技术、音乐教育、英语教育、语文教育、园林技术、助产

院系设置
数学学院、物理与光信息科技学院、化学与环境学院、文学院、外国语学院、生命科学学院、政法学院、地理科学与旅游学院、经济与管理学院、电子信息工程学院、计算机学院、美术学院、体育学院、音乐学院、教育科学学院、土木工程学院、梅州师范分院、医学院。

定期公开出版的专业刊物 《嘉应学院学报》、《嘉应教育论坛》、《客家研究辑刊》

学校设立奖学金情况
学校设立教学金9项,奖励总额180余万元。奖学金最高金额8000元/年,最低金额600元/年。

学校历史沿革
1913年成立梅县县立女子师范学校,1936年更名为省立梅州女子师范学校。1949年与1937年创立的省立梅州师范学校合并办学,更名为广东梅州师范学校,1970年更名为梅县地区师范学校。1978年开班师范大专班,1982年成立嘉应师范专科学校。1988年嘉应师范专科学校与嘉应大学(1924年创办、1927年停办、1985年复办)合并,仍称嘉应大学。2000年与1980年创办的嘉应教育学院合并,升格为普通本科院校,更名为嘉应学院。

广州体育学院

学校(机构)标识码 4144010585
学校办学类型 412:本科院校:学院
学校性质类别 10 体育院校
学校举办者 811 省级教育部门
学校地址 广东省广州市广州大道中1268号
邮政编码 510500
办公电话 020-87551717
传真电话 020-87551717
校园(局域)网域名 www.gipe.edu.com
电子信箱 gzty1268@126.com
占地面积(平方米) 295068
校舍建筑面积(平方米) 244278
图书(万册) 47.26
固定资产总值(万元) 16232
教学、科研仪器设备资产值(万元) 4437
在校生数(人) 7755
其中:普通本科 6520
成人本科 382
成人专科 178
硕士研究生 575
留学生 100
专任教师(人) 395
其中:正高级 59
副高级 105
中级 174
初级 35
未定职级 22

本科专业 播音与主持艺术、公共事业管理、民族传统体育、社会体育、特殊教育、体育教育、体育经济、舞蹈学、新闻传播学类新专业、休闲体育、运动康复与健康、运动人体科学、运动训练

硕士专业 民族传统体育学、体育、体育教育训练学、体育人文社会学、运动人体科学、运动医学

院系设置
运动训练系、体育教育系、武术系、运动与健康系、休闲体育与管理系、体育艺术系、体育新闻与传播系

国家级、省部级研究机构设置
1. 实验室:国家体育总局运动技战术诊断与机能评定实验室、广东省高校运动与健康促进科研型重点实验室。
2. 研究中心(所):国家体育总局体育社会科学重点研究基地、广东省高校人文学科重点研究基地。

定期公开出版的专业刊物 《广州体育学院学报》、《体育师友》、《游泳季刊》

学校设立奖学金情况
学校设立奖学金11项,奖励总金额45余万元。奖学金最高金额4000元/年,最低金额50元/年。

学校历史沿革
广州体育学院创建于1956年7月,1958年广东体育学院成立,1960年两校合并定名为广州体育学院,归广东省人民政府领导。学院1969年合并到广东师范学院,1975年7月复办,恢复广州体育学院校名至今。广州体育学院是华南地区唯一一所涵盖本科、研究生教育,以体育教育为主的全日制高等体育大学,2008年在教育部组织的普通高等学校本科教学工作水平评估中被评为优秀。

广州美术学院

学校(机构)标识码 4144010586
学校办学类型 412:本科院校:学院
学校性质类别 11 艺术院校
学校举办者 811 省级教育部门
学校地址 广东省广州市番禺区广州大学城外环西路168号
邮政编码 510006
办公电话 020-39362162
传真电话 020-39362035
校园(局域)网域名 www.gzarts.edu.cn
电子信箱 yb@gzarts.edu.cn
占地面积(平方米) 378556
校舍建筑面积(平方米) 396795
图书(万册) 39.68
固定资产总值(万元) 80729
教学、科研仪器设备资产值(万元) 6585
在校生数(人) 7560
其中:普通本科 5110
成人本科 1398
成人专科 562
硕士研究生 462
留学生 28
专任教师(人) 429
其中:正高级 54
副高级 106
中级 184
初级 71
未定职级 14

本科专业 雕塑、动画、服装设计与工程、工业设计、绘画、建筑学、美术学、美术学(师)、摄影、艺术设计、艺术设计学

硕士专业 美术学、设计艺术学、艺术、艺术学

院系设置
学校现有中国画学院、造型艺术学院、建筑与环境艺术设计学院、工业设计学院、视觉与动漫设计学院、美术教育学院、艺术与人文学院、继续教育学院等8个学院和1个思想政治理论课教学部。

国家级、省部级研究机构设置
学校是"广东省高校美术与设计教育专业委员会"历届会长

单位、"广东省高等学校工业设计教学指导委员会"主任单位、广东省学校艺术教育活动（美术）培训基地、广东省美术与设计教育培训中心、第16届亚运会整体视觉设计研究中心和广东省创意产业研发中心。我校注重学生创意能力和实践能力的培养。学校现有校外实践基地38个，实验教学中心3个（含29个专业实验室），其中省级产学研示范基地1个，省级实验教学示范中心2个。形成了以省级产学研示范基地、省级实验教学示范中心、校企合作创意中心、校外实习基地、专业实验室和专业工作室为特色的实训基地群

学校设立奖学金情况

学校设立奖学金13项，奖励总金额356余万元，奖学金最高金额15000元/年，最低金额500元/年。

定期公开出版的专业刊物 《美术学报》
主要校办产业
广东省集美设计工程公司
学校历史沿革

广州美术学院是华南地区唯一一所高等美术学府，为广东省省属高校。其前身是中南美术专科学校，1953年创建于湖北武昌，其学术渊源可追溯到广东华南文艺学院、湖北中南文艺学院和广西艺术专科学校。1958年，中南美术专科学校迁校广州，更名为广州美术学院并开始招收本科生。1981年获得硕士学位授予权，是全国首批取得硕士学位授予权的单位之一，1987年开始招收外国及港澳台地区学生，2005年被国务院学位委员会批准为艺术硕士（MFA）培养试点单位。

星海音乐学院

学校（机构）标识码 4144010587	校园（局域）网域名 www.xhcom.edu.cn	成人本科 593
学校办学类型 412:本科院校:学院	占地面积（平方米） 224961	成人专科 159
学校性质类别 11 艺术院校	校舍建筑面积（平方米） 140459	硕士研究生 146
学校举办者 811 省级教育部门	图书（万册） 39.69	留学生 1
学校地址 广东省广州市天河区先烈东横路48号	固定资产总值（万元） 59625.05	专任教师（人） 342
	教学、科研仪器设备资产值（万元） 4440.58	其中：正高级 43
邮政编码 510500		副高级 94
办公电话 020-39363322	在校生数（人） 4694	中级 155
传真电话 020-39363333	其中：普通本科 3795	初级 50

本科专业 录音艺术、舞蹈学、音乐表演、音乐学、音乐学（乐器工艺）、音乐学（艺术管理）、音乐学（音乐教育）、作曲与作曲技术理论
硕士专业 音乐学
院系设置
音乐学系、作曲系、钢琴系、管弦系、民乐系、声乐系、音乐教育系、现代音乐系、艺术管理系、流行音乐系、舞蹈系、民族声乐教研室、音乐基础部、研究生部、继续教育学院、附属中等音乐学校。

学校历史沿革

学校始创建于1957年10月的广州音乐学校，1958年10月升格为广州音乐专科学校，1965年初与广东舞蹈学校合并为广东艺术专科学校，1969年又与广州美术学院合并为广东人民艺术学院，1978年经国务院批准升格为广州音乐学院，1985年10月为纪念广东籍人民音乐家冼星海而更名为星海音乐学院。

广东技术师范学院

学校（机构）标识码 4144010588	电子信箱 yzxx@gdin.edu.cn	成人本科 2493
学校办学类型 412:本科院校:学院	占地面积（平方米） 1035598	成人专科 8440
学校性质类别 06 师范院校	校舍建筑面积（平方米） 211421	硕士研究生 196
学校举办者 811 省级教育部门	图书（万册） 182.78	留学生 158
学校地址 广东技术师范学院 中山大道293号	固定资产总值（万元） 42378	专任教师（人） 872
	教学、科研仪器设备资产值（万元） 11504	其中：正高级 128
邮政编码 510665		副高级 259
办公电话 020-38256603	在校生数（人） 25109	中级 421
传真电话 020-38257901	其中：普通本科 13077	初级 42
校园（局域）网域名 www.gdin.edu.cn	普通专科 745	未定职级 22

本科专业 财务管理、财务会计教育、测控技术与仪器、车辆工程、电气工程及其自动化、电子商务、电子信息工程、动画、法学、服装设计与工程、工商管理、工业设计、公共事业管理、光信息科学与技术、广播电视编导、国际经济与贸易、国际商务、汉语言文学、行政管理、会计学、机械电子工程、机械设计制造及其自动化、计算机科学与技术、建筑电气与智能化、教育技术学、金融学、劳动与社会保障、旅游管理与服务教育、美术学、民族学、汽车服务工程、人力资源管理、日语、软件工程、市场营销、数学与应用数学、税务、通信工程、网络工程、物流管理、信息管理与信息系统、信息与计算科学、学前教育、艺术设计、音乐学、英语、应用电子技术教育、装潢设计与工艺教育、自动化

专科专业 法律事务、工商企业管理、会计电算化、计算机应用技术、金融与证券、人力资源管理、市场营销、物流管理

硕士专业 民族学、系统理论、职业技术教育学、中国现当代文学

院系设置

学院下设15个二级学院:计算机科学学院、电子与信息学院、自动化学院、机电学院、管理学院、政法学院、会计学院、经济与贸易学院、教育技术与传播学院、文学院、外国语学院、美术学院、民族学院(民族研究所)、继续教育学院、音乐学院;三个公共教学部:社会科学部、大学英语教学部、体育部;四个中心:广东工业实训中心、师培中心、计算机与网络中心、电教中心。

国家级、省部级研究机构设置

研究中心(所):学院设有7个研究机构:民族研究所、高教职教研究所、人力资源管理研究所、领导科学研究所、投资理财咨询中心、南方民族文化研究中心、国际信用管理中心、广东省中等职业学校德育研究与指导中心。

定期公开出版的专业刊物 《广东技术师范学院报》

学校设立奖学金情况

学校设立奖学金9项,奖金总额226万余元。奖学金最高金额:1500元/人 最低金额:100元/人

1. 优秀三好学生奖学金:30人/年 1500元/人
2. 三好学生奖学金:809人/年 1000元/人
3. 优秀学生干部奖学金:805人/年 400元/人
4. 综合测评单项积极分子:1314人/年 250元/人
5. 工作积极分子奖学金:409人/年 100元/人
6. 优秀考生奖学金:总计:22000元
7. 先进班集体:21班/年 400元/班 总计:8400元
8. 考研奖学金:43人/年,500元/人
9. 其他专项奖学金,参加地级市以上级别的各类比赛活动,一共:68122元/年

学校历史沿革

1957年10月,国务院批准筹办广东民族学院。1958年7月,学校在广州开始招生。1961年,根据中共广东省委的决定,学校迁至海南黎族苗族自治州首府通什。1977年恢复高考后学校开始招收本科生。1981年,学校迁回广州。1982年3月,学校被教育部批准为学士学位授予单位。1994年,为适应国家职业教育发展的需要和广东教育结构的调整,学校开始设置职业技术类师范专业。1998年,学校更名为"广东职业技术师范学院"。2002年9月,广东省机械学校并入广东职业技术师范学院。2002年10月,学校更名为"广东技术师范学院"。2005年1月,广东省经济管理干部学院、广东省财贸管理干部学院并入广东技术师范学院。

深圳大学

学校(机构)标识码	4144010590
学校办学类型	411:本科院校:大学
学校性质类别	01 综合大学
学校举办者	821 地级教育部门
学校地址	广东省深圳市南山区南海大道3688号
邮政编码	518060
办公电话	0755-26534647
传真电话	0755-26534462
校园(局域)网域名	www.szu.edu.cn
电子信箱	szu.@szu.edu.cn
占地面积(平方米)	1440000
校舍建筑面积(平方米)	807135
图书(万册)	322.1
固定资产总值(万元)	181615
教学、科研仪器设备资产值(万元)	75263.93
在校生数(人)	44511
其中:普通本科	26128
成人本科	7412
成人专科	6840
博士研究生	90
硕士研究生	3888
留学生	153
专任教师(人)	1537
其中:正高级	378
副高级	596
中级	463
初级	14
未定职级	86

本科专业 表演、材料科学与工程、材料学院、测控技术与仪器、城市规划、传播学、传播学院、电子科学与技术、电子科学与技术学院、电子商务、电子信息工程、动画、法学、服装设计与工程、高分子材料与工程、工程管理、工商管理、工商管理(高尔夫管理)、工业设计、管理学院、光电工程学院、光电信息工程、光电子技术科学、光信息科学与技术、广告学、国际经济与贸易、汉语言文学、行政管理、化学、化学与化工学院、环境工程、会计学、机电与控制工程学院、机械设计制造及其自动化、计算机科学与技术、计算机与软件学院、建筑学、建筑与城市规划学院、交通工程、交通运输、教育技术学、金融学、经济学、经济学院、临床医学、美术学、汽车服务工程、人力资源管理、日语、软件工程、社会工作、生命科学学院、生物技术、生物科学、生物医学工程、食品科学与工程、市场营销、数学与计算科学学院、数学与应用数学、体育教育、通信工程、土木工程、土木工程学院、微电子学、文学院、物理科学与技术学院、物理学、物流管理、新闻学、信息工程学院、信息管理与信息系统、信息与计算科学、医学院、艺术设

计、艺术设计学院、英语、英语（英法双语）、应用化学、应用物理学、应用心理学、运动训练、哲学、自动化

博士专业 光学工程、信号与信息处理、政治经济学

硕士专业 比较文学与世界文学、材料工程、材料物理与化学、材料学、城市规划与设计（含：风景园林规划）、传播学、电路与系统、电子与通信工程、发展与教育心理学、法律硕士、防灾减灾工程及防护工程、高等教育学、高分子化学与物理、工商管理硕士、公共管理硕士、管理科学与工程、光学、光学工程、国际法学（含：国际公法、国际私法）、国际贸易学、汉语言文字学、行政管理、化学工程、会计硕士、会计学、机械电子工程、机械工程、机械制造及其自动化、基础数学、集成电路工程、计算机技术、计算机软件与理论、计算机应用技术、技术经济及管理、建筑技术科学、建筑历史与理论、建筑设计及其理论、教育技术学、教育硕士、结构工程、金融、金融硕士、经济法学、科学社会主义与国际共产主义运动、课程与教学论、控制工程、控制理论与控制工程、理论物理、马克思主义基本原理、马克思主义中国化研究、美术学、模式识别与智能系统、企业管理（含：财务管理、市场营销）、区域经济学、软件工程、设计艺术学、生物化学与分子生物学、生物医学工程、思想政治教育、体育人文社会学、通信与信息系统、统计学、外国语言学及应用语言学、文艺学、物理电子学、物流工程、细胞生物学、宪法学与行政法学、信号与信息处理、刑法学、英语语言文学、应用化学、应用数学、应用心理学、政治经济学、植物学、中国古代文学、中国现当代文学、中国哲学、中外政治制度

院系设置

师范学院、文学院、外国语学院、传播学院、经济学院、管理学院、法学院、艺术与设计学院、数学与计算科学学院、物理科学与技术学院、化学与化工学院、材料学院、信息工程学院、软件学院、建筑与城市规划学院、土木工程学院、电子科学与技术学院、机电与控制工程学院、生命科学学院、光电工程学院、医学院、国际交流学院、高尔夫学院、成人教育学院、轨道交通学院

国家级、省部级研究机构设置

1. 实验室：光电子器件与系统教育部重点实验室、ATR 国防科技重点实验室智能信息处理研究室、国家生化工程技术研究中心、先进光学精密制造技术广东普通高校重点实验室、广东省滨海土木工程耐久性重点实验室、广东省生物医学信息检测与超声成像重点实验室

2. 研究中心：中国经济特区研究中心、港澳基本法研究中心

3. 博士后流动站：光学工程

定期公开出版的专业刊物 《深圳大学学报》（人文社会科学版）、《深圳大学学报》（理工版）、《世界建筑导报》

学校设立奖学金情况

学校设立本科奖学金 11 项，奖总金额 1069.694 万元/年，最低金额 800 元/年/人。

主要校办产业

深圳大学建筑设计研究院、深圳大学反光材料厂、深圳经济特区实验外贸公司、深圳大学文化科技有限公司、深圳大学通信技术研究所、深圳市深大软件有限公司

学校历史沿革

深圳大学 1983 年 5 月经国务院批准成立，同年正式招生。1995 年首批通过了原国家教委组织的本科教学合格评价。同年，师范专科学院撤销并入深圳大学，组建深圳大学师范学院，开展本科师范教育。1996 年被国务院学位委员会批准成为硕士学位授权单位，2006 年 1 月经国务院学位委员会批准为博士授予单位，深圳大学现有 25 个学院，3 个学位博士点，141 个硕士学位点，72 个本科专业。特区大学、实验大学、窗口大学三位一体的综合性教学研究型大学。

广东商学院

学校（机构）标识码 4144010592	占地面积（平方米） 1585418	成人专科 5973
学校办学类型 412：本科院校：学院	校舍建筑面积（平方米） 461160	硕士研究生 997
学校性质类别 08 财经院校	图书（万册） 194.66	留学生 1
学校举办者 811 省级教育部门	固定资产总值（万元） 52813.81	专任教师（人） 1029
学校地址 广东省广州市海珠区仓头路 21 号	教学、科研仪器设备资产值（万元） 9732.38	其中：正高级 196
邮政编码 510320	在校生数（人） 33859	副高级 304
办公电话 020-84096122	其中：普通本科 23427	中级 460
传真电话 020-84096101	成人本科 3461	初级 32
校园（局域）网域名 gdcc.edu.cn		未定职级 37

本科专业 保险、播音与主持艺术、财务管理、财政学、电子商务、动画、对外汉语、法学、房地产经营管理、工商管理、公共事业管理、广播电视编导、广告学、国际经济与贸易、国际商务、汉语言文学、行政管理、会计学、会展经济与管理、计算机科学与技术、金融工程、金融学、经济学、酒店管理、劳动与社会保障、旅游管理、人力资源管理、日语、软件工程、社会工作、社会学、审计学、市场营销、数学与应用数学、税务、统计学、投资学、土地资源管理、文化产业管理、物流管理、新闻学、信息管理与信息系统、信息与计算科学、艺术设计、英语、应用心理学、治安学、资产评估、资源环境与城乡规划管理

硕士专业 保险、财政学（含：税收学）、产业经济学、法律、法学理论、工商管理、国际贸易学、国民经济学、会计学、金融、金

融学(含:保险学)、旅游管理、马克思主义基本原理、民商法学(含:劳动法学)、社会保障、企业管理(含:财务管理、市场营销)、思想政治教育、诉讼法学、统计学、宪法学与行政法学、英语语言文学

院系设置

工商管理学院、法学院、会计学院、经济贸易与统计学院、信息学院、金融学院、财税学院、公共管理学院、旅游学院、资源与环境学院、外国语学院、人文与传播学院、艺术学院、数学与计算科学学院、思想政治理论教学部、体育教学部、国际学院

国家级、省部级研究机构设置

1. 研究所(中心):广东省电子商务市场应用技术重点实验室、广东省普通高校人文社会科学重点研究基地法治与经济发展研究所、国民经济研究中心、民营经济研究所、流通经济研究所、县域经济研究所、旅游管理与规划研究所

2. 国际重点实验室:国家级经济管理类实验教学示范中心

定期公开出版的专业刊物 《广东商学院学院学报》

学校设立奖学金情况

学校设立奖学金4项,奖励总金额276.915万元。奖学金最高金额3000年/年,最低金额300元/年。

1. 一等奖学金:145人/年,3000元/人
2. 二等奖学金:687人/年,1500元/人
3. 三等奖学金:1431人/年,750元/人
4. 其他单项奖:768人/年,300元/人

毕业生一次就业率 99.04%

学校历史沿革

广东商学院创建于1983年,原名广东财经学院,1985年改名为现名。2000年,创建广东商学院三水校区,目前,广东商学院已成为一所拥有硕士学位、学士学位、法学专业第二学位授予权,以经济学、管理学、法学为主体,经、管、法、文、理工多学科协调发展的省属重点建设院校。

广东白云学院

学校(机构)标识码 4144010822	电子信箱 bvtc2006@163.com	普通专科 4082
学校办学类型 412:本科院校:学院	占地面积(平方米) 237797	成人本科 148
学校性质类别 02 理工院校	校舍建筑面积(平方米) 293215	成人专科 6241
学校举办者 999 民办	图书(万册) 110	专任教师(人) 681
学校地址 广东省广州市白云区江高镇学苑路1号	固定资产总值(万元) 57864	其中:正高级 68
	教学、科研仪器设备资产值(万元) 10493	副高级 124
邮政编码 510450		中级 284
办公电话 36093468-36093468	在校生数(人) 19799	初级 88
传真电话 36093892-36093892	其中:普通本科 9328	未定职级 117
校园(局域)网域名 www.bvtc.edu.cn		

本科专业 财务管理、朝鲜语、车辆工程、电子信息工程、动画、服装设计与工程、工程造价、工商管理、工业工程、工业设计、国际经济与贸易、会计学、机械设计制造及其自动化、计算机科学与技术、建筑学、金融学、汽车服务工程、日语、社会工作、审计学、市场营销、通信工程、统计学、土木工程、物流管理、艺术设计、英语、自动化

专科专业 产品造型设计、电气自动化技术、电子商务、电子信息工程技术、服装设计、工程造价、工商企业管理、广告设计与制作、国际经济与贸易、会计、机电一体化技术、计算机辅助设计与制造、计算机网络技术、计算机应用技术、建筑工程技术、金融管理与实务、酒店管理、汽车技术服务与营销、汽车检测与维修技术、软件技术、商务日语、商务英语、市场营销、室内设计技术、数控技术、通信网络与设备、物流管理、鞋类与皮具设计、营销与策划

院系设置

学校下设有机电工程学院、艺术与建筑学院、财经学院、管理学院、电气与信息工程学院、外国语学院、国际学院、继续教育学院共八个二级学院。

定期公开出版的专业刊物 《广东白云学院学报》、《白云院报》

学校设立奖学金情况

学校设立奖学金最高金额4项,奖励总金额57万元/年,最低金额500元/年。

学校历史沿革

广东白云学院前身是1989年由董事长谢可滔创办的广州白云应用技术学校。期间,几经变革、更名和扩大办学。1994年9月经广州市成人教育局批准为广州白云职业培训学院;1996年8月,经广东省高等教育厅批准成立广州白云专修学院;1999年3月,经国家教育部批准成立民办白云职业技术学院;2001年12月,经广东省教育厅同意,民办白云职业技术学院更名为广东白云职业技术学院;2002年11月,广东省教育厅同意注销广州白云专修学院,原专修学院所有办学资源全部并入广东白云学院职业技术学院。2005年3月9日,经国家教育部批准,在广东白云职业技术学院基础上组建广东白云学院,同时撤销广东白云职业技术学院建制。

顺德职业技术学院

学校(机构)标识码　4144010831
学校办学类型　415:专科院校:高等职业学校
学校性质类别　01 综合大学
学校举办者　821 地级教育部门
学校地址　广东顺德大良德胜东路
邮政编码　528333
办公电话　0757-22329985
传真电话　0757-22329985
校园(局域)网域名　sdpt.com.cn
电子信箱　yb9920@163.com
占地面积(平方米)　1200132
校舍建筑面积(平方米)　466622
图书(万册)　86.45
固定资产总值(万元)　103803.33
教学、科研仪器设备资产值(万元)　11935.69
在校生数(人)　16177
其中:普通专科　12632
　　　成人专科　3545
专任教师(人)　586
其中:正高级　17
　　　副高级　109
　　　中级　227
　　　初级　62
　　　未定职级　171

专科专业　财务管理、电气自动化技术、电子商务、电子信息工程技术、雕刻艺术与家具设计、工商企业管理、工业分析与检验、工业设计、国际经济与贸易、护理、环境艺术设计、会计、会展策划与管理、机电一体化技术、计算机网络技术、计算机应用技术、酒店管理、康复治疗技术、旅游管理、模具设计与制造、烹饪工艺与营养、汽车检测与维修技术、软件技术、社会工作、市场营销、数控技术、通信技术、文秘、物流管理、药学、应用电子技术、应用化工技术、应用日语、应用英语、园林技术、制冷与空调技术、装潢艺术设计

院系设置　机电工程系、电子与信息工程系、设计学院、医学系、应用化工技术系、经管学院、酒店及旅游管理系、外语系、人文教育系、思想政治理论课教学部

国家级、省部级研究机构设置
研究中心:广东高校热泵工程技术开发中心
定期公开出版的专业刊物　《顺德职业技术学院学报》
学校设立奖学金情况
4 项,奖励总金额:46.85 万元。奖学金最高金额 5500 元/年,最低金额 300 元/年。
学校历史沿革
顺德职院的前身为顺德永强成人学院,创建于 1994 年。1997 年经广东省人民政府同意筹建顺德职院(由顺德永强成人学院、顺德工业中专、顺德卫生成人中专、顺德进修学院四校合并)。1999 年 3 月教育部批准同意建立顺德职业技术学院。

广东轻工职业技术学院

学校(机构)标识码　4144010833
学校办学类型　415:专科院校:高等职业学校
学校性质类别　02 理工院校
学校举办者　811 省级教育部门
学校地址　广东省广州市海珠区新港西路 152 号
邮政编码　510300
办公电话　020-34301392
传真电话　020-61230000
校园(局域)网域名　www.gdqy.edu.cn
电子信箱　293@gdqy.edu.cn
占地面积(平方米)　1163942
校舍建筑面积(平方米)　443486
图书(万册)　115.54
固定资产总值(万元)　79406.87
教学、科研仪器设备资产值(万元)　14577.98
在校生数(人)　19772
其中:普通专科　18151
　　　成人专科　1621
专任教师(人)　855
其中:正高级　60
　　　副高级　249
　　　中级　416
　　　初级　104
　　　未定职级　26

专科专业　包装技术与设计、财务管理、产品造型设计、出版与发行、电气自动化技术、电子商务、电子声像技术、多媒体设计与制作、房地产经营与估价、服装设计、高分子材料加工技术、工业分析与检验、供热通风与空调工程技术、广告设计与制作、国际经济与贸易、化妆品营销与使用技术、环境监测与治理技术、环境艺术设计、会计电算化、会展策划与管理、机电一体化技术、机械制造与自动化、计算机多媒体技术、计算机网络技术、计算机信息管理、计算机应用技术、建筑装饰材料及检测、经济信息管理、精细化学品生产技术、酒店管理、楼宇智能化工程技术、旅游管理、模具设计与制造、汽车技术服务与营销、汽车运用技术、汽车制造与装配技术、软件技术、商务日语、商务英语、涉外旅游、生物化工工艺、生物技术及应用、生物制药技术、食品加工技术、食品生物技术、食品营养与检测、市场营销、数控技术、通信工程监理、通信技术、文秘、物流管理、药品经营与管理、移动通信技术、艺术设计、印刷设备及工艺、印刷图文信息处理、影视动画、应用德语、应用电子技术、应用英语、园林工程技术、证券与期货、制浆造纸技术、装潢艺术设计、装饰艺术设计

院系设置

14个,分别是机电工程系、食品与生物工程系、轻化工程系、管理工程系、艺术设计学院、计算机工程系、应用外语系、电子通信工程系、经济系、旅游系、传播工程系、汽车系、思想政治理论课教学部、体育工作部

国家级、省部级研究机构设置

研究中心(所):广东高校高分子材料加工工程技术开发中心

定期公开出版的专业刊物 《广东轻工职业技术学院学报》

学校设立奖学金情况

学校设立奖学金2项,奖励总金额312余万元。奖学金最高金额3000元/年,最低金额100元/年。

1. 新生奖学金:一等奖学金10人/年,3000元/人;二等奖学金20人/年,2000元/人。

2. 年度评优评先奖学金:特等奖学金45人/年,3000元/人;一等奖学金801人/年,1500元/人;二等奖学金2178人/年,750元/人;单项奖学金819人/年,100元/人。

主要校办产业

广东轻工职业技术学院校办工厂

学校历史沿革

1933年广东省立第一职业学校;1942年广东省立广州工业职业学校;1946年广东省立广州高级工业职业学校;1950年广东省立广州高级工业技术学校;1952年广东省立广州高级工业技术学校、兴宁高级工业技术学校、湛江工业学校、广州私立天佑高级工业职业学校合并为省广州高级工业技术学校;1953年广州化学工业学校;1954年中央人民政府轻工业部广州化学工业学校;1955年轻工业部广州糖酒工业学校;1956年食品工业部广州糖酒工业学校;1958年食品工业部广州糖酒工业学校、轻工业部属广州造纸学校、轻工业部南宁造纸工业学校合并为广东省轻工业学校;1959年广东轻工业学院;1963年1月轻工业部广州轻工业学校、广东轻工业学院;1973年广东轻工业学校;1975年广东工艺美术学校、广东轻工业学校;1980年轻工业部广州轻工业学校;1995年2月广州轻工业学校;1999年3月至今,广东轻工职业技术学院。

广东交通职业技术学院

学校(机构)标识码 4144010861	传真电话 020-87024651	在校生数(人) 16011
学校办学类型 415:专科院校:高等职业学校	校园(局域)网域名 www.gdcp.cn	其中:普通专科 15386
	电子信箱 bgs@gdcp.cn	成人专科 625
学校性质类别 02 理工院校	占地面积(平方米) 815591	专任教师(人) 603
学校举办者 811 省级教育部门	校舍建筑面积(平方米) 246867	其中:正高级 23
学校地址 广州市天河区天源路789号	图书(万册) 79.91	副高级 124
	固定资产总值(万元) 43354	中级 348
邮政编码 510650	教学、科研仪器设备资产值(万元)	初级 100
办公电话 020-87024621	9151.89	未定职级 8

专科专业 报关与国际货运、城市轨道交通车辆、城市轨道交通工程技术、城市轨道交通运营管理、城市交通运输、船舶电气工程技术、道路桥梁工程技术、电气自动化技术、电子商务、电子信息工程技术、房地产经营与估价、港口物流管理、港口物流设备与自动控制、港口业务管理、港口与航运管理、高等级公路维护与管理、高速铁道技术、工程测量技术、工程机械运用与维护、工程造价、工业设计、工业网络技术、公路运输与管理、广告设计与制作、国际航运业务管理、国际贸易实务、国际商务、航海技术、会计、会计电算化、会展策划与管理、机电设备维修与管理、机电一体化技术、计算机多媒体技术、计算机网络技术、计算机信息管理、计算机应用技术、建筑工程管理、建筑工程技术、交通安全与智能控制、连锁经营管理、楼宇智能化工程技术、路政管理、轮机工程技术、汽车电子技术、汽车技术服务与营销、汽车检测与维修技术、汽车运用技术、汽车制造与装配技术、人力资源管理、软件技术、商务英语、市政工程技术、水运管理、投资与理财、图形图像制作、玩具设计与制造、网络系统管理、文秘、物流管理、物业管理、新闻采编与制作、营销与策划、应用电子技术、制冷与冷藏技术

院系设置

汽车学院、公路学院、物流与运输学院、计算机工程学院、轨道交通工程学院、海事与港航学院、交通信息学院、口岸商贸学院、继续教育学院

定期公开出版的专业刊物 《广东交通职业技术学院学报》

学校设立奖学金情况

学校设立奖学金9项,奖励总金额1631余万元。奖学金最高金额8000元/年,最低金额200元/年。

学校历史沿革

广东交通职业技术学院前身为广东交通学校及广东省航运学校,分别创建于1959年和1960年,1999年7月经教育部批准两校合并升格而成。

广东水利电力职业技术学院

学校(机构)标识码 4144010862	校园(局域)网域名 www.gdsdxy.edu.cn	在校生数(人) 11300
学校办学类型 415:专科院校:高等职业学校	电子信箱 112@gdsdxy.cn	其中:普通专科 10938
		成人专科 362
学校性质类别 02 理工院校	占地面积(平方米) 609992	专任教师(人) 408
学校举办者 812 省级其他部门	校舍建筑面积(平方米) 224027	其中:正高级 12
学校地址 广东水利电力职业技术学院	图书(万册) 63	副高级 115
邮政编码 510635	固定资产总值(万元) 20020.1	中级 205
办公电话 020-38490913	教学、科研仪器设备资产值(万元) 7227.4	初级 65
传真电话 020-38492114		未定职级 11

专科专业 安装与电力工程、财务管理(工程财务方向)、财务管理(金融理财方向)、道路桥梁工程技术、电厂设备运行与维护(高压输配电)、电厂设备运行与维护(火电热能动)、电厂设备运行与维护(继电)、电厂设备运行与维护(水电)、电气自动化技术、电子信息工程技术、房地产经营与估价、港口航道与治河工程、给排水工程技术、工程管理方向、工程监理、工程造价、工业设计、供用电技术、行政管理、行政管理(人力资源管理方向)、行政管理(商务文秘方向)、环境地质工程技术、会计与审计(内部审计)、会计与审计(企业会计班)、机电一体化技术、机械制造与自动化、基础工程技术、计算机测绘技术方向、计算机多媒体技术、计算机网络技术、计算机信息管理、计算机应用技术、检测技术及应用、建筑电气工程技术、建筑工程技术、建筑设计、建筑水电设计及施工管理方向、酒店与会展英语、连锁经营管理、模具设计与制造、软件技术、商务英语、涉外文秘方向、施工监理方向、市场营销、市场营销(汽车营销)、市场营销(网店经营管理)、室内设计方向、数控设备应用与维护、水利市政方向、水利水电工程方向、水利水电建筑工程、水政水资源管理、土木工程方向、物业管理、制冷与空调设计及施工管理方向

院系设置
九系三部:水利工程系、土木工程系、电力工程系、机械工程系、计算机信息工程系、自动化工程系、经济管理系、市政工程系、外语系、思政部、数学部、体育部

定期公开出版的专业刊物 《广东水利电力职业技术学院学报》

学校设立奖学金情况
学校设立奖学金3项,奖励总金额133余万元。奖学金最高金额1200元/年,最低金额300元/年。

学校历史沿革
广东水利电力职业技术学院始建于1952年10月,经历广州土木工程学校(1952年10月-1953年4月);珠江水利学校(1953年5月-1953年12月);武汉水利学校(1954年1月-1956年3月);广州水利学校(1956年4月-1958年7月);广东水利学院1958年8月成立,9月兼并广东省电力学校,改名为广东省水利电力学院,1962年9月并入广东工学院至1965年7月;广东省水利电力厅干部学校(1965年8月-1968年11月停办);广东省水利电力技术学校(1973年5月-1979年3月);广东省水利电力学校(1979年4月-1999年6月);广东水利电力职业技术学院(1999年7月至今)。

潮汕职业技术学院

学校(机构)标识码 4144010965	校园(局域)网域名 www.chaoshan.cn	其中:普通专科 2131
学校办学类型 415:专科院校:高等职业学校	电子信箱 cs10965@126.com	成人专科 292
	占地面积(平方米) 129514	专任教师(人) 138
学校性质类别 01 综合大学	校舍建筑面积(平方米) 76013	其中:正高级 1
学校举办者 999 民办	图书(万册) 36.5	副高级 28
学校地址 广东省普宁市大学路1号	固定资产总值(万元) 17828	中级 48
邮政编码 515343	教学、科研仪器设备资产值(万元) 2266.8	初级 43
办公电话 0663-2290556		未定职级 18
传真电话 0663-2290557	在校生数(人) 2423	

专科专业　电脑艺术设计、电子商务、房地产经营与估价、工商企业管理、工业设计、国际经济与贸易、会计电算化、计算机网络技术、计算机应用技术、建筑工程管理、金融与证券、旅游管理、模具设计与制造、人力资源管理、商务英语、市场营销、投资与理财、物流管理、应用电子技术

院系设置

计算机信息工程系、经济管理系、数字设计工程系、外语外贸系、财会金融系

学校设立奖学金情况

学校设立奖学金4项，奖励总金额220余万。奖学金最高金额8000元/年最低金额1000元/年。

1. 国家奖学金:8000元/年;
2. 国家励志奖学金:5000元/年;
3. 国家助学金:3000元/年;
4. 广东海外潮人奖学金:1000元/元。

学校历史沿革

学院由广东省潮籍教育界知名人士、侨务界人士和热心教育事业的"广东超人科技有限公司"共同发起创办。1996年2月经广东省高等教育局批准，成立私立潮汕学院筹建处;199年8月经教育部批准(教育部批准文号【1996】128号)成立民办潮汕职业技术学院;2001年12月经广东省教育厅批准，更名为潮汕职业技术学院。

广州大学

学校(机构)标识码　4144011078	占地面积(平方米)　1557774	成人专科　7602
学校办学类型　411:本科院校:大学	校舍建筑面积(平方米)　987002	博士研究生　45
学校性质类别　01 综合大学	图书(万册)　310.17	硕士研究生　2020
学校举办者　821 地级教育部门	固定资产总值(万元)　353688.9	留学生　19
学校地址　广州大学城外环西路230号	教学、科研仪器设备资产值(万元)　53283	专任教师(人)　1737
邮政编码　510006	在校生数(人)　50852	其中:正高级　269
办公电话　020-39366166	其中:普通本科　20948	副高级　637
传真电话　020-39366168	普通专科　10119	中级　522
校园(局域)网域名　gzhu.edu.cn	成人本科　10099	初级　106
		未定职级　203

本科专业　播音与主持艺术、城市规划、地理科学、地理信息系统、电气工程及其自动化、电子科学与技术、电子商务、电子信息工程、动画、对外汉语、法学、给水排水工程、工程管理、工商管理、工业设计、公共事业管理、光信息科学与技术、广播电视新闻学、广告学、国际经济与贸易、汉语言文学、行政管理、化学、化学工程与工艺、环境工程、环境科学、会计学、会展经济与管理、绘画、机械设计制造及其自动化、计算机科学与技术、建筑环境与设备工程、建筑学、交通工程、教育技术学、教育学、金融学、历史学、旅游管理、美术学、人力资源管理、日语、软件工程、社会工作、社会体育、生物工程、生物技术、生物科学、食品科学与工程、市场营销、数学与应用数学、思想政治教育、体育教育、土木工程、网络工程、舞蹈编导、物理学、物流管理、心理学、信息安全、信息工程、信息与计算科学、艺术设计、艺术设计学、音乐学、英语、应用心理学、资源环境与城乡规划管理

专科专业　道路桥梁工程技术、法律文秘、纺织品检验与贸易、服装设计、给排水工程技术、工程测量与监理、工程监理、工程造价、国际贸易实务、环境工程技术、环境监测与治理技、环境艺术设计、会计、会计(会计与资产评估)、机电一体化技术、计算机网络技术、计算机应用技术、计算机应用技术(网络技术)、建筑工程管理、建筑工程技术、建筑经济管理、建筑设备工程技术(电气工程造价)、楼宇智能化工程技术、染整技术、商务英语、商务英语(涉外商务管理)、社会工作、市场营销、市政工程技术(工程检测技术)、视觉传达艺术设计、物流管理(电子商务与现代物流)、现代纺织技术、艺术设计、应用电子技术、应用英语、装潢艺术设计、装饰艺术设计

博士专业　防灾减灾工程及防护工程、应用数学

硕士专业　电子与通信工程、发展与教育心理学、法学理论、防灾减灾工程及防护工程、概率论与数理统计、工程力学、工业设计工程、供热、供燃气、通风及空调工程、汉语国际教育、行政管理、化学工艺、环境科学、机械工程、机械设计及理论、基础数学、技术经济及管理、建筑设计及其理论、建筑与土木工程、教育管理、教育学原理、结构工程、课程与教学论、理论物理、旅游管理、马克思主义发展史、马克思主义基本原理、马克思主义哲学、美术、美术学、凝聚态物理、桥梁与隧道工程、人文地理学、社会体育指导、市政工程、思想政治教育、体育教学、体育教育训练学、天体物理、土地资源管理、舞蹈、物理电子学、新闻学、学科教学(地理)、学科教学(美术)、学科教学(生物)、学科教学(数学)、学科教学(思政)、学科教学(英语)、学科教学(语文)、岩土工程、艺术设计、音乐、英语语言文学、应用数学、应用心理学、有机化学、语言学与应用语言学、运动训练、中国古代文学、中国古典文献学、专门史、自然地理学

院系设置

商学院、法学院、公共管理学院、教育学院(师范学院)、人文学院、新闻与传播学院、外国语学院、音乐舞蹈学院、美术与设计学院、数学与信息科学学院、物理与电子工程学院、地理科学学院、计算机科学与教育软件学院、机械与电气工程学院、生命科学学院、化学化工学院、环境科学与工程学院、土木工程学院、建筑与设计规划学院、旅游学院(中法旅游学院)、体育学院、继续

教育学院、社科部、基础学院纺织服装学院等25个学院(部)。

国家级、省部级研究机构设置

1. 实验室：减震控制与结构安全省部共建国家重点实验室培育基地、珠江三角洲水质安全与保护实验室、建筑节能与应用技术实验室、信息安全技术实验室

2. 研究中心(所)：人权研究与教育中心(国家级)、广州发展研究院、人权研究中心、民俗文化研究中心

定期公开出版的专业刊物 《广州大学学报》(自然版)、《广州大学学报》(社科版)

学校设立奖学金情况

学校设立奖学金6项，奖励总金额451.81万元；奖学金最高金额5000元/年，最低金额500元/年。

主要校办产业

广州穗兴学术交流有限公司、广州大学建筑设计研究院、广州广大工程项目管理有限公司、广州广大工程检测咨询有限公司、广州大学劳动服务有限公司、广州大学教材印刷厂、广州市教苑服务有限公司、广州景中教育软件有限公司、广州市惠康达饮品有限公司等企业

学校历史沿革

广州大学是经教育部批准，于2000年由广州师范学院、华南建设学院(西院)、广州教育学院、原广州大学和广州高等师范专科学校等高校合并组建而成的综合性大学。学校于1958年开始招收普通本科生，1983年获硕士学位授予权，2006年获博士学位授予权。

广州航海高等专科学校

学校(机构)标识码 4144011106
学校办学类型 414：专科院校：高等专科学校
学校性质类别 02 理工院校
学校举办者 811 省级教育部门
学校地址 广州市黄埔区红山三路101号
邮政编码 510725
办公电话 020-32083010
传真电话 020-32083000

校园(局域)网域名 www.gzhmt.edu.cn
电子信箱 32083010@163.com
占地面积(平方米) 428543
校舍建筑面积(平方米) 193052
图书(万册) 71.44
固定资产总值(万元) 27233.21
教学、科研仪器设备资产值(万元) 6723

在校生数(人) 9437
其中：普通专科 7412
　　　成人专科 2025
专任教师(人) 407
其中：正高级 27
　　　副高级 125
　　　中级 235
　　　初级 8
　　　未定职级 12

专科专业 报关与国际货运、船舶电气工程技术、船舶电气工程技术(船舶电子电气)、船舶工程技术、船机制造与维修、道路桥梁工程技术、电脑艺术设计(数码平面设计)、电气自动化技术、电子商务、电子信息工程技术、动漫设计与制作、房地产经营与估价、港口航道与治河工程、港口物流设备与自动控制、港口业务管理、工程监理、工程造价、国际航运业务管理、国际经济与贸易、国际商务、海事管理、行政管理、航海技术、会计、会计电算化、机电设备维修与管理、计算机网络技术、计算机应用技术、建筑工程技术、交通安全与智能控制、金融保险、连锁经营管理、楼宇智能化工程技术、轮机工程技术、人力资源管理、软件技术、商务英语、商务英语(航运英语)、商务英语(旅游与酒店英语)、室内设计技术、数控技术、税务、通信技术、通信网络与设备、网络系统管理、物流管理、物业管理、营销与策划、应用电子技术、制冷与冷藏技术、装饰艺术设计、装饰艺术设计(动漫设计与制作)、装饰艺术设计(室内设计技术)、装饰艺术设计(数码绘画设计)、装饰艺术设计(数码平面设计)、装饰艺术设计(游艇装饰与设计)、资产评估与管理

院系设置

航海学院、港口与航运管理学院、船舶工程学院、航务工程学院、信息与通信工程学院、航运经贸学院、艺术设计学院、外语系、基础部、思想政治理论课教学部(人文社会科学教学部)、继续教育学院

定期公开出版的专业刊物 《广州航海高等专科学校学报》

学校设立奖学金情况

学校设立奖学金3项，奖励总金额73.3余万元。奖学金最高金额10000元/年，最低金额400元/年。

1. 校内水上专业奖学金：一等奖：8人/年，2000元/年；二等奖：21人/年，1000元/年；三等奖：133人/年，400元/年；

2. 校内航海奖学金：一等奖：10人/年，10000元/年；

3. 校内陆上专业奖学金：一等奖：33人/年，2000元/年；二等奖：82人/年，1000元/年；三等奖：987人/年，400元/年。

学校历史沿革

广州航海高等专科学校前身为广州海运学校，1964年成立。1981年10月广州海运学校与原广州水运工业学校、文冲船厂技校、文冲船舶技术学校合并为交通部广州海运学校，隶属交通部直接领导。1990年4月，设武汉水运工程学院广州航海分部。1992年6月，原交通部广州海运学校和武汉水运工程学院广州航海分部组建成广州航海高等专科学校。1998年4月，学校由交通部划转广东省管理。2002年8月，原广州航务工程学校并入广州航海高等专科学校。

广东警官学院

学校(机构)标识码　4144011110
学校办学类型　412:本科院校:学院
学校性质类别　09 政法院校
学校举办者　812 省级其他部门
学校地址　广州市滨江东路 500 号
邮政编码　510230
办公电话　020-36244856
传真电话　020-36194870
校园(局域)网域名　www.gdppla.edu.cn
电子信箱　bgd@gdppla.edu.cn
占地面积(平方米)　373796
校舍建筑面积(平方米)　229204
图书(万册)　69.22
固定资产总值(万元)　39524.89
教学、科研仪器设备资产值(万元)　3673.02
在校生数(人)　7143
其中:普通本科　5678
普通专科　606
成人本科　599
成人专科　260
专任教师(人)　287
其中:正高级　42
副高级　108
中级　107
初级　7
未定职级　23

本科专业　法学、行政管理、计算机科学与技术、禁毒学、经济犯罪侦查、刑事科学技术、侦查学、侦查学(预审方向)、治安学、治安学(交通管理方向)

专科专业　法律文秘、侦查、治安管理

院系设置
侦查系、治安保卫系、刑事技术系、法律系、计算机系、公共管理系、思想政治理论课教学部、公共课教研部、警体部、警务战术指挥教研部

定期公开出版的专业刊物　《政法学刊》

学校设立奖学金情况
学校设立奖学金 1 项,奖励总金额 69.75 余万元。奖学金最高金额 1500 元/年,最低金额 500 元/年。

学校历史沿革
广东省公安干部学校(1949-1958)、广东省政法干部学校(1958-1983)、广东省政法管理干部学校(1983-1988)、广东省公安司法管理干部学院(1988-)、广东公安高等专科学校(1993-2004)、广东警官学院(2004-)。

深圳职业技术学院

学校(机构)标识码　4144011113
学校办学类型　415:专科院校:高等职业学校
学校性质类别　01 综合大学
学校举办者　821 地级教育部门
学校地址　广东省深圳市南山区西丽街道留仙大道西
邮政编码　518055
办公电话　0755-26731136
传真电话　0755-26731712
校园(局域)网域名　www.szpt.edu.cn
电子信箱　dusen@szpt.edu.cn
占地面积(平方米)　1681235
校舍建筑面积(平方米)　516082
图书(万册)　171
固定资产总值(万元)　122123
教学、科研仪器设备资产值(万元)　50109.23
在校生数(人)　28225
其中:普通专科　22398
成人专科　5714
留学生　113
专任教师(人)　1066
其中:正高级　109
副高级　427
中级　429
初级　56
未定职级　45

专科专业　包装技术与设计、城市轨道交通控制、城市园林、出版与发行、电气自动化技术、电子出版技术、电子工艺与管理、电子商务、电子信息工程技术、雕刻艺术与家具设计、多媒体设计与制作、法律事务、房地产经营与估价、服装设计、港口与航运管理、高分子材料应用技术、给排水工程技术、工程造价、工商企业管理、工商企业管理(企业经营管理)、工商企业管理(商品流通管理)、工业分析与检验、工业设计、供热通风与空调工程技术、光纤通信、广告设计与制作、国际商务、国际商务(外)、行政管理、行政管理(文秘)、护理、环境监测与治理技术、环境艺术设计、会计电算化、机电一体化技术、计算机多媒体技术、计算机辅助设计与制造、计算机控制技术、计算机网络技术、计算机网络技术 2. 计算机信息管理、计算机应用技术、检测技术与应用、建筑电气工程技术、建筑工程管理、建筑设计技术、交通安全与智能控制、金融与证券、精细化学品生产技术、酒店管理、康复治疗技术、口腔医学技术、楼宇智能化工程技术、旅游管理、模具设计与制造、汽车电子技术、汽车技术服务与营销、汽车运用技术、人物形象设计、软件技术、商务日语、商务英语、社区管理与服务、涉外旅游、食品经营与管理、食品生物技术、食品营养与检测、市场营销、视觉传达艺术设计、数控技术、通信技术、图形图像制作、微电子技术、文化事业管理、物流管理、物业管理、眼视光技

术、药品经营与管理、药学、医疗电子工程、移动通信技术、印刷技术、印刷图文信息处理、影视动画、应用德语、应用电子技术、应用法语、应用日语、游戏设计与制作、园艺技术、中国文化(港澳台)、钟表设计、珠宝首饰工艺及鉴定、装饰艺术设计、自动化生产设备应用

院系设置

电子与通信工程学院、计算机与软件工程学院、机电工程学院、经济学院、管理学院、媒体与传播学院、艺术与设计学院、应用外国语学院、应用化学与生物技术学院、建筑与环境工程学院、动画学院、汽车与交通学院、医学技术与护理学院、继教与培训学院、人文学院、国际教育部. 华侨城五专生教学部

国家级、省部级研究机构设置

公共技术平台:(省部级)国家荔枝现代农业产业技术体系深圳综合试验站

定期公开出版的专业刊物 《深圳职业技术学院学报》

学校设立奖学金情况

学院设立奖学金5项,奖励总金额585.98万元,奖学金最高金额8000元/年,最低金额150元/年。

1. 校级奖学金:(每学期评选一次)一等奖8000元/学期282人;二等奖1250元/学期1535人;三等奖750元/学期3742人。
2. 新生奖学金:90人,18万元。
3. 国家奖学金:19人,8000元/人。
4. 国家励志奖学金:660人,5000元/人。
5. 社会奖学金:36人,500-2000元/人不等。

主要校办产业

深圳市普泰科技有限公司、深圳市汇博投资发展有限公司、深圳市慧谷实业有限公司、深圳市新包毫斯艺术设计有限公司

学校历史沿革

深圳职业技术学院是由深圳市政府举办,于1992年筹备1993年创建的一所高职院校。学校建立之初校名为"深圳高等职业技术学院",1997年更名为"深圳职业技术学院",成为全国第一批正式命名的"职业技术学院"之一。2000年深圳职业技术学院并入我校,2003年深圳市卫生学校并入我校。

民办南华工商学院

学校(机构)标识码 4144011114	传真电话 020-87204199	其中:普通专科 10743
学校办学类型 414:专科院校:高等专科学校	校园(局域)网域名 www.nhic.edu.cn	成人专科 275
	电子信箱 nhbgs@nhic.edu.cn	专任教师(人) 432
学校性质类别 08 财经院校	占地面积(平方米) 435519	其中:正高级 15
学校举办者 999 民办	图书(万册) 51.85	副高级 85
学校地址 广东省广州市天河区天平架沙太南路113号	固定资产总值(万元) 9834.54	中级 195
	教学、科研仪器设备资产值(万元) 2989.18	初级 116
邮政编码 510517		未定职级 21
办公电话 020-87204361	在校生数(人) 11018	

专科专业 报关与国际货运、法律事务、法律文秘、房地产经营与估价、工程监理、工程造价、工商企业管理、公共事务管理、国际经济与贸易、国际商务、行政管理、环境艺术设计、会计、会计电算化、计算机多媒体技术、计算机网络技术、计算机信息管理、建筑装饰工程技术、金融管理与实务、酒店管理、劳动与社会保障、旅游管理、烹饪工艺与营养、人力资源管理、商务日语、商务英语、社区管理与服务、市场营销、税务、投资与理财、文秘、物流管理、物业管理、艺术设计、应用韩语、应用英语、资产评估与管理

院系设置

金融系、国际经济与贸易系、管理系、旅游管理系、环境艺术系、计算机系、外语系、法律系、劳动关系系、体育艺术教学部、思政部共11个教学系(部)。

定期公开出版的专业刊物 《南华工商学院学报》(粤内登字0第11162号)

学校设立奖学金情况

学院设立新生奖学金与学院奖学金两项

1. 新生奖学金:

(1)第一志愿报读我院各专业并且录取分数在广东省第三批A线以上文理科前6名的新生,由学院发放奖学金分别为10000元/人。

(2)第一志愿报读我院各专业并且录取分数在全校前第7名至第10名的新生,由学院发放奖学金为5000元/人。

(3)第一志愿报读我院各专业并且录取分数在全校前11名至20名的新生,由学院发放奖学金为3000元/人。

(4)第一志愿报读我院各专业并且录取分数在全校前第21名至100名的新生,由学院发放奖学金为2000元/人。

2. 学院奖学金:一等奖16人/年,奖金1000元/人;二等奖61人/年,奖金800元/人;三等奖82人/年,奖金500元/人。

毕业生一次就业率 91.41%

学校历史沿革

民办南华工商学院是1993年经广东省人民政府批准,原国家教委备案,由广东省总工会在广东省总工会干部学校的基础上创办的以文科为主、兼含工科的全日制普通高等专科院校。学院现有天河校区、黄埔校区、清远校区三个校区。

私立华联学院

学校(机构)标识码	4144011121
学校办学类型	414：专科院校：高等专科学校
学校性质类别	01 综合大学
学校举办者	999 民办
学校地址	广州市天河区东圃小新塘合景路99号
邮政编码	510663
办公电话	020-82356537
传真电话	020-82373703
校园(局域)网域名	www.hlu.edu.cn
电子信箱	hldatj@163.com
占地面积(平方米)	165435
图书(万册)	48.8
固定资产总值(万元)	29116.41
教学、科研仪器设备资产值(万元)	2600.03
在校生数(人)	7408
其中：普通专科	6726
成人专科	682
专任教师(人)	359
其中：正高级	19
副高级	70
中级	98
初级	64
未定职级	108

专科专业 编导、财政、导游、电子信息工程技术、动漫设计与制作、法律事务、法律文秘、服装设计、工商企业管理、国际经济与贸易、会计、计算机控制技术、计算机网络技术、计算机信息管理、计算机应用技术、金融管理与实务、酒店管理、模具设计与制造、汽车技术服务与营销、汽车检测与维修技术、人力资源管理、人物形象设计、软件技术、商务管理、商务日语、商务英语、生产过程自动化技术、市场营销、视觉传达艺术设计、体育服务与管理、通信技术、物流管理、音乐表演、应用俄语、应用法语、应用韩语、应用英语、园林技术、装饰艺术设计

院系设置
系：工商管理系、会计系、东语系、西语系、机电工程系、计算机科学系、美术设计系、音乐表演系、休闲服务管理系、法律系

学校设立奖学金情况
学校设立奖学金11项，奖励总金额22万元。奖学金最高金额元600元/年，最低金额50元/年。

学校历史沿革
1. 1990年4月，华联实用外语科技职业学校正式成立
2. 1992年10月19日，私立广州华联学院开始开始正式筹建
3. 1993年12月3日，私立华联学院正式诞生 4. 1999年4月，在清远飞霞山风景区成立广东华清专修学院。

仲恺农业工程学院

学校(机构)标识码	4144011347
学校办学类型	412：本科院校：学院
学校性质类别	03 农业院校
学校举办者	811 省级教育部门
学校地址	广州市海珠区仲恺路501号
邮政编码	510225
办公电话	020-89003261
传真电话	020-89003954
校园(局域)网域名	www.zhku.edu.cn
电子信箱	zhku@zhku.edu.cn
占地面积(平方米)	781218
校舍建筑面积(平方米)	323717
图书(万册)	83.48
固定资产总值(万元)	32776
教学、科研仪器设备资产值(万元)	6997.27
在校生数(人)	19732
其中：普通本科	13590
成人本科	2147
成人专科	3864
硕士研究生	131
专任教师(人)	721
其中：正高级	99
副高级	171
中级	349
初级	102

本科专业 包装工程、财务管理、草业科学、城市规划、电子信息工程、动物科学、高分子材料与工程、给水排水工程、工商管理、工业设计、国际经济与贸易、行政管理、化学、化学类新专业、环境工程、环境科学、会计学、机械电子工程、机械设计制造及其自动化、计算机科学与技术、农林经济管理、农学、热能与动力工程、人力资源管理、日语、生物工程、生物技术、生物科学、食品科学与工程、食品质量与安全、市场营销、通信工程、统计学、投资学、土木工程、网络工程、信息管理与信息系统、信息与计算科学、艺术设计、英语、应用化学、园林、园艺、植物保护、自动化

硕士专业 农产品加工及贮藏工程、农业推广、生物化工、园林植物与观赏园艺、植物病理学

院系设置
农学院、园艺园林学院、生命科学学院、经贸学院、管理学院、计算机科学与工程学院、信息学院、轻工食品学院、机电工程学院、化学化工学院、环境科学与工程学院、艺术设计学院、外语学院、城市建设学院、计算机科学学院、人文社会科学系、体育部

国家级、省部级研究机构设置
研究所(中心)：生物技术研究所、植物病理研究所、农产品加工及保鲜研究所、产业经济研究所、高等教育研究所、仲恺文化研究所、花卉研究中心、绿色化工研究部所

博士后流动站 绿色工程研究院博士后流动站
定期公开出版的专业刊物 《仲恺农业工程学院学报》
学校设立奖学金情况
学校设立奖学金9项,奖励总金额213.43余万元。奖学金最高金额3000元/年,最低金额500元/年。
1. 刘宇新奖学金:金额为500—1000元/人。
2. 棕榈奖学金:金额为1000元/人。
3. 普邦园林精英奖学金:1500元/人。
4. 皇家空调助学金:1000—3000元/人。
5. 综合测评奖学金:500—2000元/人。
6. 优秀毕业生奖学金:500—2000元/人。
7. 专业奖学金(农科):300元/人。
8. 仲明助学金:3000元/人。
9. 香港信善助学金:1000—2000元/人。

主要校办产业
国际交流培训中心、校企公司、劳动服务公司
毕业生一次就业率 95%
学校历史沿革
仲恺农业工程学院 仲恺农工学校(1927年-1950年);广东省仲恺农业技术学校(1950年-1954年);广东省仲恺农业学校(1954年-1984年);仲恺农业技术学院(1984年-2008年);仲恺农业工程学院(2008年至今)。

五邑大学

学校(机构)标识码	4144011349
学校办学类型	411:本科院校:大学
学校性质类别	01 综合大学
学校举办者	811 省级教育部门
学校地址	广东省江门市东成村22号
邮政编码	529020
办公电话	0750-3296212
传真电话	0750-3334312
校园(局域)网域名	www.wyu.edu.cn
电子信箱	op@wyu.edu.cn
占地面积(平方米)	666844
校舍建筑面积(平方米)	370771
图书(万册)	128.78
固定资产总值(万元)	56190.08
教学、科研仪器设备资产值(万元)	9993
在校生数(人)	19175
其中:普通本科	12762
成人本科	2138
成人专科	3859
硕士研究生	383
留学生	33
专任教师(人)	606
其中:正高级	76
副高级	174
中级	295
初级	17
未定职级	44

本科专业 电气工程及其自动化、电子商务、电子信息工程、电子信息工程(光电工程)、电子信息工程(信息安全)、电子信息工程(职教师资)、对外汉语、法学、纺织工程、纺织工程(纺织服装贸易)、纺织工程(纺织化学与清洁生产)、纺织工程(纺织机电一体化)、服装设计与工程、工程管理、工商管理、工业设计、国际经济与贸易、汉语言文学、汉语言文学(师范)、行政管理、化学工程与工艺、环境工程、会计学、会计学(精算)、会计学(审计)、会计学(注册造价师)、机械工程及自动化、机械工程及自动化(职教师资)、计算机科学与技术、建筑学、交通工程、交通工程(道路与桥梁)、交通工程(轨道交通车辆工程)、交通工程(轨道交通电气化)、交通工程(轨道交通运营管理)、交通工程(轨道交通自动化)、交通工程(交通控制与管理)、交通工程(路桥工程)、交通工程(物流管理)、金融学、金融学(金融工程)、日语、日语(国际商务)、日语(商务日语)、软件工程、市场营销、数学与应用数学(师范)、通信工程、通信工程(计算机通信网络)、通信工程(物联网工程)、土木工程、网络工程、信息管理与信息系统、信息与计算科学、艺术设计、艺术设计(环境艺术设计)、艺术设计(平面设计)、艺术设计(平面设计、环艺设计)、英语、英语(翻译)、英语(商务英语)、英语(师范)、应用物理学、应用物理学(LED绿色光源)、应用物理学(光电子信息与技术)、自动化、自动化(职教师资)

硕士专业 纺织工程、管理科学与工程、机械设计及理论、机械制造及其自动化、计算机应用技术、交通信息工程及控制、模式识别与智能系统、企业管理(含:财务管理、市场营销)、通信与信息系统、系统工程、信号与信息处理、应用化学、应用数学

院系设置
学校设有经济管理学院、政法学院、文学院、外国语学院、数学与计算科学学院、应用物理与材料学院、信息工程学院、计算机学院、机电工程学院、土木建筑学院、化学与环境工程学院、纺织服装学院、艺术设计系、体育部、思想政治理论教学部等15个院系部。另有继续教育学院和职业教育与技术师范学院。

国家级、省部级研究机构设置
研究中心(所):广东省侨乡文化研究中心,广东高校摩托车先进设计与制造工程技术研究中心

定期公开出版的专业刊物 《五邑大学学报》(社会科学版)、《五邑大学学报》(自然科学版)、《五邑大学报》

学校设立奖学金情况
学校设立奖学金19项,奖学金总金额1159.39余万元。奖学金最高金额10000元/年,最低金额200元/年。

主要校办产业
江门市邑大产业有限责任公司,江门市五邑大学驾驶实习基地,江门市五邑大学建筑设计所

学校历史沿革
五邑大学是国家教委和国家计委1985年10月7日批准成立的全日制以本科为主的综合大学,是广东省和江门市双重领导的大学。1990年广东省高教局批准为学士授予单位,1993年3月19日,国家教委批准为接收外国留学生单位;1996年12月30日,经国家教委评估,成为本科教学合格单位;1998年6月23

日,国务院学位委员会批准为硕士学位授;2008年,学校本科教学工作水平被教育部评为优秀。

广东金融学院

学校(机构)标识码 4144011540	校园(局域)网域名 www.gduf.edu.cn	其中:普通本科 20056
学校办学类型 412:本科院校:学院	电子信箱 gdjrxy2004@sina.com	成人本科 3431
学校性质类别 08 财经院校	占地面积(平方米) 610814	成人专科 5936
学校举办者 811 省级教育部门	校舍建筑面积(平方米) 315593	专任教师(人) 865
学校地址 广州市天河区龙洞迎福路527号	图书(万册) 135	其中:正高级 80
	固定资产总值(万元) 84000	副高级 209
邮政编码 510521	教学、科研仪器设备资产值(万元) 9468	中级 462
办公电话 020-37216000		初级 106
传真电话 020-37216666	在校生数(人) 29423	未定职级 8

本科专业 保险、保险(风险管理与精算)、财务管理、财政学(税务管理)、法学(经济法)、法学(知识产权)、工商管理、公共事业管理、国际经济与贸易、国际经济与贸易(国际商务)、汉语言文学(财经传媒)、汉语言文学(经济秘书)、汉语言文学(中文)、行政管理、会计学、会计学(审计)、计算机科学与技术、计算机科学与技术(金融计算机应用)、金融学、金融学(国际金融)、金融学(金融理财)、经济学、经济学(宏观经济分析)、经济学(信用管理)、劳动与社会保障、劳动与社会保障(劳动关系)、人力资源管理、市场营销、市场营销(金融营销)、市场营销(物流管理)、数学与应用数学(金融数学)、数学与应用数学(金融数学与金融)、统计学、信息管理与信息系统、信息管理与信息系统(金融信息管理)、信息与计算科学、信息与计算科学(金融信息与计算)、信用管理(金融后台服务)、英语(商务翻译)、英语(商务管理)、应用心理学、应用心理学(管理心理)、应用心理学(金融心理)

院系设置
金融系、会计系、保险系、经济贸易系、工商管理系、计算机科学与技术系、法律系、外语系、劳动经济与人力资源管理系、公共管理系、应用数学系、财经传媒系、继续教育学院

定期公开出版的专业刊物 《广东金融学院学报》

学校设立奖学金情况
学校设立奖学金 6 项,奖励总金额 782 余万元。奖学金最高金额 5000 元/年,最低金额 500 元/年。

学校历史沿革
广东金融学院是一所公办全日制普通高等院校,其前身是创建于1950年的中国人民银行华南分区行银行学校,文革停办,1973年复办。校名为广东省银行学校。1980年更名为广东银行学校。1985年由广东银行学校升格为广州金融专科学校,1992年更名为广州金融高等专科学校。2004年5月,经国家教育部批准,在广州金融高等专科学校的基础上建立广东金融学院。

电子科技大学中山学院

学校(机构)标识码 4144011545	传真电话 0760-88324369	其中:普通本科 13080
学校办学类型 413:本科院校:独立学院	校园(局域)网域名 www.zsc.edu.cn	成人本科 1402
	电子信箱 zsc@zsc.edu.cn	成人专科 3723
学校性质类别 01 综合大学	占地面积(平方米) 312649	专任教师(人) 652
学校举办者 999 民办	图书(万册) 115.28	其中:正高级 110
学校地址 广东省中山市石岐区学院路1号	固定资产总值(万元) 65474.45	副高级 123
	教学、科研仪器设备资产值(万元) 7655.41	中级 340
邮政编码 528402		初级 60
办公电话 0760-88328103	在校生数(人) 18205	未定职级 19

本科专业 材料化学、财务管理、电子科学与技术、电子商务、电子信息工程、动画、法学、工商管理、工业设计、公共事业管理、国际经济与贸易、行政管理、环境工程、会展经济与管理、机械设计制造及其自动化、计算机科学与技术、金融学、人力资源管理、日语、软件工程、生物工程、生物技术、通信工程、网络工程、物流管理、新闻学、艺术设计、英语、应用化学、自动化

院系设置

电子信息学院、计算机学院、机电工程学院、化学与生物工程学院、经济与管理学院、人文社会科学学院、外国语学院、艺术设计学院、体育部

学校设立奖学金情况

学校设立奖学金8项,奖励总金额245.67余万元。奖学金最高金额3000元/年,最低金额100元/年。

1. 香港利丰冯汉柱奖学金:2010年合计发放,12万元
2. 扬程助学金:2010年合计发放,3万元
3. 综合测评奖学金:2010年合计发放,136.57万元
4. 吴桂显奖学金:20人,0.6万元
5. 海峡助学金:5人,0.25万元
6. 爱兰基金助学金:100人,30万元
7. 学科竞赛奖:613人,15.25万元
8. 隆成集团助学金:24人,48万

学校历史沿革

电子科技大学中山学院始于1983年12月成立的孙文大学筹备委员会,1986年10月由中山市人民政府与中山大学联合创办中山大学孙文学院,采用一套班子,两个牌子的方式办学;1995年经国家教委批准,原中山大学孙文学院独立设置,并更名为中山学院;1996年6月中山市农业技术学校合并入中山学院;2002年5月,中山市人民政府与电子科技大学签订关于建立"电子科技大学中山学院"联合办学协议,同年11月经教育部批准成立"电子科技大学中山学院",学校具有独立法人资格,实行公有新机制,同时撤销原中山学院建制;2002年11月,中山市农业技术学院与我校分离;2003年1月,中山电大与我校分离;2004年4月21日,中国教育报公布了"教育部直属高校试办独立学院名单",我校名列其中。

广东石油化工学院

学校(机构)标识码 4144011656		普通专科 7237
学校办学类型 412:本科院校:学院	电子信箱 u005@mmc.edu.cn	成人本科 1741
学校性质类别 01 综合大学	占地面积(平方米) 561793	成人专科 5061
学校举办者 811 省级教育部门	校舍建筑面积(平方米) 437994	专任教师(人) 991
学校地址 广东省茂名市官渡二路139号大院	图书(万册) 142.29	其中:正高级 62
	固定资产总值(万元) 67665	副高级 214
邮政编码 525000	教学、科研仪器设备资产值(万元) 11856.9	中级 518
办公电话 0668-2923716		初级 175
传真电话 0668-2873904	在校生数(人) 30049	未定职级 22
校园(局域)网域名 www.gdupt.edu.cn	其中:普通本科 16010	

本科专业 材料成型及控制工程(模具设计及、测控技术与仪器、地理科学、地理科学(师范)、电气工程及其自动化、电子信息工程、电子信息科学与技术、法学、高分子材料与工程、给水排水工程、工业工程(IE)、工业设计、国际经济与贸易、过程装备与控制工程(化工过程机、汉语言文学、汉语言文学(师范)、化学工程与工艺(石油化工工艺)、化学工程与工艺(石油化工与工艺、环境工程、会计学、会计学(会计电算化)、会计学(注册会计师)、机械设计制造及其自动化、计算机科学与技术、建筑学、教育技术学(教育软件工程)、历史学(旅游文化)、历史学(师范)、热能与动力工程(制冷与空调)、热能与动力工程(制冷与空调)、生物工程、生物技术、食品科学与工程、市场营销(本科)、市场营销(本科)、市场营销(物流管理)、数学与应用数学、数学与应用数学(师范)、数学与应用数学(统计与运筹)、思想政治教育(公共事业管理)、思想政治教育(师范)、体育教育(社会体育)、体育教育(师范)、土木工程(工程管理)、土木工程(建筑工程)、网络工程、物理学、物理学(光电)、物理学(师范)、信息与计算科学、信息与计算科学(空间信息处理)、信息与计算科学(企业事业信息化)、信息与计算科学(企业信息化)、艺术设计(环境艺术设计)、音乐表演、音乐学(师范)、英语(经贸)、英语(旅游)、英语(涉外文秘)、英语(师范)、应用化学、油气储运工程、自动化

专科专业 地理教育(师)、电气自动化技术、高分子材料应用技术、工业分析与检验、化工设备与机械、环境监测与治理技术、会计、机械设计与制造、计算机网络技术、计算机应用技术、计算机应用技术(师)、建筑工程技术、精细化学品生产技术、历史教育(师)、美术教育、美术教育(师)、商务英语、生物技术及应用、石油化工生产技术、食品加工技术、市场营销、数学教育(师)、体育教育(师)、文秘、现代教育技术(师)、学前教育(师)、音乐教育、音乐教育(师)、英语教育、语文教育(师)

院系设置

学校现设有化工与环境工程学院、化学与生命科学学院、机电工程学院、计算机与电子信息学院、文法学院、理学院、外国语学院、经济管理学院、建筑工程学院、成人教育学院等10个二级学院和体育系、艺术系、实验教学部、思想政治理论课教学部等4个直属系(部)。

国家级、省部级研究机构设置

研究中心(所):广东高校石油化工污染控制与清洁生产工程技术开发中心、广东高校石油化工过程装备故障诊断与信息化控制工程技术开发中心、广东省冼夫人文化研究基地(冼夫人文化研究中心)

定期公开出版的专业刊物 《广东石油化工学院报》、《高等教育研究》

学校设立奖学金情况

学校设立奖学金 11 项,奖励总金额 1600 余万元。奖学金最高金额 8000 元/年,最低金额 50 元/年。

学校历史沿革

广东石油化工学院于 2010 年 5 月由茂名学院更名而来,为广东省属本科院校。2000 年 3 月,茂名学院由原广东石油化工高等专科学校和茂名教育学院合并组建。学校 1954 年创建于广州,经历了华南工学院附设工农速成中学(1954 年)、石油工业部广州石油学校(1956 年)、华南石油学院(1960 年)、中南石油学院(1961 年,1965 年由广州迁至茂名)、广东石油化工学校(1975 年)、广东石油学校(1979 年,国家级重点中专)、广东石油化工高等专科学校(1985 年)等几个发展阶段。1998 年 1 月,学校由中国石化总公司所属划转为广东省所属。

东莞理工学院

学校(机构)标识码	4144011819
学校办学类型	412:本科院校:学院
学校性质类别	02 理工院校
学校举办者	821 地级教育部门
学校地址	广东省东莞市松山湖大学路 1 号
邮政编码	523808
办公电话	0769-22861199
传真电话	0769-22861680
校园(局域)网域名	www.dgut.edu.cn
电子信箱	yb@dgut.edu.cn
占地面积(平方米)	1037165
校舍建筑面积(平方米)	406565
图书(万册)	110.02
固定资产总值(万元)	61375
教学、科研仪器设备资产值(万元)	12327.53
在校生数(人)	22193
其中:普通本科	11650
普通专科	561
成人本科	4568
成人专科	5414
专任教师(人)	634
其中:正高级	87
副高级	219
中级	260
初级	25
未定职级	43

本科专业 电气工程及其自动化、电子信息工程、电子信息工程(机器人)、电子信息工程(卓越计划班)、法学、高分子材料与工程、工程管理、工程管理(工程项目管理)、工商管理、工商管理(体尖)、工业工程、工业设计、光信息科学与技术、广播电视新闻学、国际经济与贸易、汉语言文学、汉语言文学(师范)、行政管理、环境工程、会计学、机械设计制造及其自动化、机械设计制造及其自动化(卓越计划班)、计算机科学与技术、计算机科学与技术(技术信息与计、热能与动力工程、人力资源管理、日语、软件工程、软件工程(卓越计划班)、社会体育、通信工程、土木工程、小学教育(理科)、小学教育(师范)、小学教育(文科)、信息与计算科学、音乐学(表演)、音乐学(群众文艺)、音乐学(社会音乐)、音乐学(音乐表演)、音乐学(音乐教育)、英语(商务英语)、英语(师范)、应用化学、应用化学(材料科学与工程)、应用化学(化学工程与工艺)、应用化学(化学工程与工艺卓越计划班)

专科专业 国际商务、会计、计算机辅助设计与制造、计算机应用技术

院系设置

计算机学院、电子工程学院、化学与环境工程学院、机械工程学院、工商管理学院、文学院、政法学院、师范学院、建筑工程系、经济贸易系、外语系、体育系、思想政治理论教学部、成人教育学院

国家级、省部级研究机构设置

1. 实验室:广东省分布式能源系统重点实验室
2. 研究中心(所):广东省高校化工清洁生产与绿色化学品工程技术开发中心

定期公开出版的专业刊物 《东莞理工学院学报》

学校设立奖学金情况

学校设立奖学金 5 项,奖励总金额 190.59 万元,奖学金最高金额 8000 元/年,最低金额 300 元/年。(以下分项说明)

1. 学年综合奖学金一等奖:205 人/年,2000 元/人
2. 学年综合奖学金二等奖:617 人/年,1000 元/人
3. 学年综合奖学金三等奖:821 人/年,600 元/人
4. 单项优秀奖学金:821 人/年,300 元/人
5. 杨振宁奖学金:分个人奖、集体奖两类,每年合计奖励 5 名个人(或集体),其中个人奖:8000 元/人,集体奖:20000 元/队 企业奖学金:设立奖学金 10 项,奖励总金额 42 万元,奖学金最高 5000 元/年,最低 1000 元/年。(以下分项说明)

1. 光大奖学金:16 人/年,5000 元/人
2. 康华奖学金:16 人/年,5000 元/人
3. 新世纪奖学金:16 人/年,5000 元/人
4. 新维思奖学金:12 人/年,2500 元/人
5. 东穗奖学金:4 人/年,2500 元/人
6. 外商协会奖学金:15 人/年,2000 元/人
7. 得利钟表奖学金:15 人/年,2000 元/人
8. 国基奖学金:15 人/年,2000 元/人
9. 驰鹏奖学金 20 人/年,1500 元/人
10. 高铁科技奖学金:20 人/年,1000 元/人

主要校办产业

科技产业公司、教育培训中心

学校历史沿革

东莞理工学院 1988 年与部分高校联合办学,1990 年经广东省人民政府批准筹办,1991 年经国家教委批准先行招生,1992 年经国家教委正式批准为全日制普通高等专科院校。2002 年经全国高校设置评议委员会评审从专科升格为本科。2002 年 3 月经国家教育部批准变更为本科院校。

广东工业大学

学校(机构)标识码 4144011845	占地面积(平方米) 2230276	成人专科 5817
学校办学类型 411：本科院校：大学	校舍建筑面积(平方米) 1428562	博士研究生 270
学校性质类别 02 理工院校	图书(万册) 331.05	硕士研究生 2909
学校举办者 811 省级教育部门	固定资产总值(万元) 469655	留学生 102
学校地址 广州市番禺区广州大学城外环西路100号	教学、科研仪器设备资产值(万元) 48395.65	专任教师(人) 2561 其中：正高级 372
邮政编码 510006	在校生数(人) 60153	副高级 767
办公电话 020-39322635	其中：普通本科 42526	中级 1233
传真电话 020-39322638	普通专科 1668	初级 123
校园(局域)网域名 www.gdut.edu.cn	成人本科 6861	未定职级 66
电子信箱 xzb@gdut.edu.cn		

本科专业 包装工程、材料成型及控制工程、财务管理、测绘工程、测控技术与仪器、车辆工程、城市规划、电气工程及其自动化、电气信息类新专业、电子科学与技术、电子商务、电子信息科学与技术、动画、法学、服装设计与工程、高分子材料与工程、给水排水工程、工程管理、工商管理、工业工程、工业设计、公共事业管理、管理科学、光信息科学与技术、国际经济与贸易、化学工程与工艺、化学类新专业、环境工程、环境科学、会计学、会展经济与管理、机械类新专业、机械设计制造及其自动化、计算机科学与技术、建筑环境与设备工程、建筑学、交通运输、金属材料工程、经济学、旅游管理、美术学、热能与动力工程、人力资源管理、日语、软件工程、社会工作、生物工程、食品科学与工程、市场营销、数字媒体技术、数字媒体艺术、通信工程、统计学、投资学、土地资源管理、土木工程、网络工程、微电子学、物流管理、信息工程、信息管理与信息系统、信息与计算科学、艺术设计、英语、应用化学、制药工程、自动化

专科专业 电子商务、工商企业管理、国际经济与贸易、会计、商务英语、市场营销

博士专业 材料加工工程、材料学、车辆工程、工业工程、管理科学与工程、机械电子工程、机械工程、机械设计及理论、机械制造及其自动化、控制理论与控制工程、应用化学

硕士专业 材料工程、材料加工工程、材料科学与工程、材料物理与化学、材料学、测试计量技术及仪器、车辆工程、电工理论与新技术、电机与电器、电力电子与电力传动、电力系统及其自动化、电路与系统、电气工程、电子与通信工程、动力工程、高分子化学与物理、工程力学、工商管理、工业催化、工业工程、工业设计工程、管理科学与工程、化学工程、化学工艺、环境工程、环境科学、环境科学与工程、会计学、机械电子工程、机械工程、机械设计及理论、机械制造及其自动化、集成电路工程、计算机技术、计算机软件与理论、计算机系统结构、计算机应用技术、技术经济及管理、检测技术与自动化装置、建筑与土木工程、结构工程、精密仪器及机械、控制工程、控制理论与控制工程、模式识别与智能系统、企业管理(含：财务管理、市场营销)、桥梁与隧道工程、热能工程、软件工程、设计艺术学、生物化工、食品科学、市政工程、通信与信息系统、土地资源管理、微电子学与固体电子学、物理电子学、物流工程、系统工程、信号与信息处理、岩土工程、仪器仪表工程、应用化学、应用数学

院系设置
机电工程学院、自动化学院、轻工化工学院、信息工程学院、土木与交通工程学院、管理学院、计算机学院、材料与能源学院、环境科学与工程学院、外国语学院、应用数学学院、物理与光电工程学院、艺术设计学院、政法学院、建筑与城市规划学院、经济与贸易学院、商学院、继续教育学院、体育部、实验教学部、通识教育中心

国家级、省部级研究机构设置
实验室：机械装备制造及控制技术教育部重点实验室、计算机集成制造广东省重点实验室、电动汽车驱动装置广东省重点实验室

博士后科研流动站 机械工程博士后流动站、材料科学与工程博士后流动站、控制科学与工程博士后流动站、化学工程与技术博士后流动站

定期公开出版的专业刊物 《广东工业大学学报》、《广东工业大学学报》(社科版)、《工业工程》

学校设立奖学金情况
学校共设立奖学金27项，奖励总金额4566余万元。奖学金最高金额8000元/年，最低金额100元/年。

1. 学校本专科生奖学金：20158人/年，最高5000元/人、最低200元/人；
2. 国家奖学金：99人/年，8000元/人；
3. 国家励志奖学金：1800人/年，5000元/人；
4. 国家助学金：7500人/年，3000元/人；
5. 港澳台及华侨奖学金：11人/年，最高4000元/人、最低300元/人；
6. 研究生优秀硕士学位论文奖金：4人/年，15000元/人；
7. 研究生普通奖学金：2250人/年，最高420元/人、最低290元/人；
8. 优秀研究生奖学金：194人/年，最高1000元/人、最低300元/人；
9. 优秀研究生干部奖学金：63人/年，300元/人；

10. 南粤优秀研究生奖学金：16 人/年，1000 元/人；
11. 研究生学术奖：35 人/年，100 元/人；
12. 研究生文体积极分子奖：25 人/年，100 元/人；
13. 研究生社会实践奖：1 人/年，100 元/人；
14. 研究生"三助"助学金：467 人/年，750 元/人；
15. 北野财团奖学金：15 人/年，5000 元/人；
16. 仲明助学金：20 人/年，3000 元/人；
17. 真维斯助学金：48 人/年，最高 4000 元/人、最低 1000 元/人；
18. 杨达开奖助学金：129 人/年，最高 1200 元/人、最低 100 元/人；
19. 锚牌奖学金：15 人/年，1200 元/人；
20. 万通集团助学金：10 人/年，最高 2000 元/人、最低 1000 元/人；
21. 广锻奖学金：16 人/年，最高 1000 元/人、最低 500 元/人；
22. 恒星奖学金：24 人/年，最高 2000 元/人、最低 1000 元/人；
23. 运豪奖学金：124 人/年，最高 600 元/人、最低 200 元/人；
24. Fulltime 奖学金：15 人/年，最高 2000 元/人、最低 1000 元/人；
25. 椰氏奖学金：15 人/年，最高 2000 元/人、最低 1000 元/人；
26. 利桦世纪奖学金：25 人/年，2000 元/人；
27. 开思测绘奖学金：7 人/年，最高 2000 元/人、最低 1000 元/人。

主要校办产业

广东工大资产经营有限公司

学校历史沿革

广东工业大学，是经国家教委、广东省人民政府批准，于 1995 年 6 月由原广东工学院、广东机械学院、华南建设学院（东院）合并级建的一所以工科为主，工、理、经管、文、法多科性协调发展的省展的省属重点大学。

广东外语外贸大学

学校（机构）标识码	4144011846	
学校办学类型	411：本科院校：大学	
学校性质类别	07 语文院校	
学校举办者	811 省级教育部门	
学校地址	广东省广州市白云大道北 2 号	
邮政编码	510420	
办公电话	020－36207878	
传真电话	020－36207367	
校园（局域）网域名	www.gdufs.edu.cn	
电子信箱	liangban@mail.gdufs.edu.cn	
占地面积（平方米）	1528294	
校舍建筑面积（平方米）	885419	
图书（万册）	233.77	
固定资产总值（万元）	89915	
教学、科研仪器设备资产值（万元）	18866	
在校生数（人）	29598	
其中：普通本科	20454	
成人本科	2834	
成人专科	3967	
博士研究生	174	
硕士研究生	1809	
留学生	360	
专任教师（人）	1225	
其中：正高级	183	
副高级	350	
中级	534	
初级	60	
未定职级	98	

本科专业 阿拉伯语、保险、播音与主持艺术、财务管理、财政学、朝鲜语、德语、电子商务、对外汉语、俄语、法学、法语、翻译、工商管理、公共事业管理、广告学、国际经济与贸易、国际商务、国际政治、汉语言、汉语言文学、行政管理、会计学、计算机科学与技术、教育学、金融工程、金融学、经济学、葡萄牙语、人力资源管理、日语、软件工程、商务英语、社会工作、审计学、市场营销、数学与应用数学、税务、泰语、统计学、外交学、网络工程、舞蹈学、物流管理、西班牙语、新闻学、信息管理与信息系统、艺术设计、意大利语、音乐表演、音乐学、印度尼西亚语、英语、应用心理学、越南语

博士专业 俄语语言文学、法语语言文学、日语语言文学、外国语言文学新专业、外国语言学及应用语言学、英语语言文学

硕士专业 比较文化研究、比较文学与世界文学、德语语言文学、俄语语言文学、法律（法学）、法律（非法学）、法律硕士（非法学）、法语语言文学、翻译、翻译学、工商管理、国际法学（含：国际公法、国际私法）、国际关系、国际贸易学、国际商务、汉语国际教育、会计学、民商法学（含：劳动法学）、社会保障、欧洲学、企业管理（含：财务管理、市场营销）、区域经济学、日语语言文学、商务英语研究、世界经济、思想政治教育、外国语言学及应用语言学、外语教学技术与评估、文艺学、西班牙语语言文学、亚非语言文学、英语语言文学

院系设置

学校设有 21 个学院（部）：英语语言文化学院、国际经济贸易学院、国际商务英语学院、国际工商管理学院、财经学院、西方语言文化学院、东方语言文化学院、中国语言文化学院、法学院、英语教育学院、思科信息学院、政治与公共管理学院、思想政治理论学院、高级翻译学院、新闻与传播学院、艺术学院、MBA 教育中心、体育部、继续教育（公开）学院、国际学院（出国培训部）、留学生教育学院

国家级、省部级研究机构设置

研究中心（所）：教育部人文社科重点研究基地（1 个）：外国语言学及应用语言学研究中心。省级研究中心（5 个）：外国文学文化研究中心、国际经济贸易研究中心、翻译学研究中心、粤商研究中心、广东国际战略研究院

博士后科研流动站 外国语言文学

定期公开出版的专业刊物 《现代外语》、《国际经贸探索》、《广东外语外贸大学学报》、《战略决策研究》

学校设立奖学金情况

学校设立奖学金3项,奖励总金额247.7万元/年,最高金额4000元/年,最低金额300元/年。

主要校办产业

广州外语人才市场咨询服务公司、广州外语音像出版社

学校历史沿革

广东外语外贸大学的前身是广州外国语学院和广州对外贸易学院。广州外国语学院成立于1965年,是原国家教委(现教育部)直属院校。广州对外贸易学院成立于1980年,是原国家外经贸部(现商务部)直属院校。1995年6月,广州外国语学院和广州对外贸易学院合并组建广东外语外贸大学。2008年10月,广东财经职业学院划转广东外语外贸大学管理。

佛山科学技术学院

学校(机构)标识码	4144011847
学校办学类型	412:本科院校:学院
学校性质类别	01 综合大学
学校举办者	821 地级教育部门
学校地址	广东省佛山市禅城区江湾路一路18号
邮政编码	528000
办公电话	0757-83960625
传真电话	0757-82272233
校园(局域)网域名	www.fosu.edu.cn
电子信箱	yuanban@fosu.edu.cn
占地面积(平方米)	1473812
校舍建筑面积(平方米)	348559
图书(万册)	158.7
固定资产总值(万元)	84678
教学、科研仪器设备资产值(万元)	14168
在校生数(人)	21030
其中:普通本科	13817
普通专科	731
成人本科	2935
成人专科	3547
专任教师(人)	784
其中:正高级	115
副高级	298
中级	318
初级	18
未定职级	35

本科专业 材料化学、地理信息系统、电气工程与自动化、电子信息工程、动物科学、动物医学、法学、工商管理、工业设计、公共事业管理、光信息科学与技术、光源与照明、国际经济与贸易、汉语言文学、护理学、化学、化学(化学应用)、化学工程与工艺、环境工程、会计学、机械设计制造及其自动化、计算机科学与技术、建筑学、教育技术学、金融学、口腔医学、旅游管理、人力资源管理、社会体育、生物技术、食品科学与工程、市场营销、数学与应用数学、思想政治教育、土木工程、网络工程、物理学、小学教育、信息与计算科学、药学、医学检验、艺术设计、英语、应用心理学、园林、园艺、资源环境与城乡规划管理

专科专业 护理、口腔医学、临床医学、兽医、饲料与动物营养、药学、医学检验技术

院系设置

文学院、政法学院、思想政治理论课部、理学院、机械与电气工程学院、电子与信息工程学院、陶瓷(珠宝)艺术设计学院、环境与土木建筑学院、生命科学学院、经济管理学院、医学院、教育科学学院和体育学院

国家级、省部级研究机构设置

1. 实验室:2006年广东省高等学院科研型重点实验室(第五批)-预防兽医学重点实验室;
2. 研究中心(所):国家家禽工程中心肉鸭研发中心(农业部)、广东省广府文化研究基地(省级)、佛山科学技术学院—海南龙泉集团龙泉文昌鸡研发中心(校企共建)、中国科学院南海海洋所、佛山科学技术学院海洋化妆品(佛山)产业化示范基地(校企共建);佛山科学技术学院高等教育研究所(校级,下同)、佛山科学技术学院陶瓷技术研究中心、佛山科学技术学院生物技术研究中心、佛山科学技术学院企业发展研究中心、佛山科学技术学院文化研究中心、佛山市青少年发展研究中心、佛山科学技术学院动漫研究中心、佛山科学技术学院酒文化研究中心。

定期公开出版的专业刊物 《佛山科学技术学院》(自然科学版)、《佛山科学技术学院报》(社会科学版)

学校设立奖学金情况

学校设立奖学金8项合计共87.14万元;奖学金最高金额42.28万元/年,奖学金最低金额1万元/年。

1. 优秀新生奖:20人/每年、3000元/人,共6万元;
2. 学业优胜奖:200元/人;2011年共2114人,共42.28万元;
3. 优秀三好学生奖:300元/人;2011年共43人,共1.29万元;
4. 优秀毕业生奖:1000元/人;2011年共125人,共12.5万元;
5. 继续深造鼓励奖:2000元/人;2011年共73人,共14.6万元;
6. 困境成才奖:40人/年、2000元/人,共8万元;
7. 凯思特助学奖:10人/年、1000元/人,共1万元;
8. 科技学术创新奖:设立国家级一、二、三等奖,分别给予奖励2000元/项、1500元/项、1000元/项;省级一、二、三等奖,分别给予奖励1000元/项、600元/项、300元/项;2011年共26项,1.47万元。

主要校办产业

畜牧场

学校历史沿革

佛山科学技术学院的前身是佛山师范专科学校(简称:佛山师专)、华南农学院佛山分院(简称:华农佛山分院)均创建于

1958年秋。1958年10月、12月新会农校、华南惠阳分院先后并入华南佛山分院;1959年2、8、9月东江师专、佛山艺专和东莞师专先后并入佛山师专,同年9月番禺农学院并入华南佛山分院;1963年佛山师专停办,华南佛山分院更名为佛山兽医专科学院;1970年佛山地区师范学院开办,1982年4月佛山师专复办;1986年2月在佛山师专基础上筹办佛山大学(实行两块牌子,一套人马)1990年佛山师专并入佛山大学;1992年10月佛山兽医专科学院更名为佛山农牧高等专科学院;1995年3月佛山大学、佛山农牧高等专科学院合并,组建佛山科学技术学院;2005年7月佛山职工医学院、佛山教育学院并入佛山科学技术学院。

广东财经职业学院

学校(机构)标识码　4144012005
学校办学类型　415:专科院校:高等职业学校
学校性质类别　08 财经院校
学校举办者　811 省级教育部门
学校地址　广东省广州市白云大道北从云路50号
邮政编码　510420
办公电话　020-39328957
传真电话　020-39328957

院系设置
广东财经职业学院下设:财政税务系、会计系、资产投资管理系、经济贸易系、信息管理系、文化应用与传播系6个系。

定期公开出版的专业刊物　《广东财经职业学院学报》

学校设立奖学金情况
学校设立奖学金8项,奖励总金额45余万元。奖学金最高金额2000元/年,最低金额50元/年。

(一)综合奖
1. 三好学生:500元。
2. 优秀学生干部:300元。
3. 优秀团员:200元。
4. 优秀毕业生:200元。

(二)单项奖
1. 学习优秀奖:一等奖2000元,二等奖1000元,三等奖600元。

2. 专业创新奖:一等奖300元,二等奖200元,三等奖100元。
3. 文体优秀奖:一等奖300元,二等奖200元,三等奖100元。

(三)专项奖
1. 社会活动积极分子:50元

毕业生一次就业率　85.42%

学校历史沿革
广东财经职业学院的前身是创办于1980年4月的广州财经会计专科夜校。1982年1月,广州财经会计专科夜校与广州业余财经学院、广州业余会计专科学校3校合并,成立广东业余财经学院,1993年更名为广东成人财经学院。1996年4月,广东财税高等专科学校成立,广东成人财经学院撤销建制并入广东财税高等专科学校。2001年7月,广东财税高等专科学校更名为广东财经职业学院。

广州民航职业技术学院

学校(机构)标识码　4144012040
学校办学类型　415:专科院校:高等职业学校
学校性质类别　02 理工院校
学校举办者　417 中国民用航空总局
学校地址　广州市白云区机场路向云西街10号
邮政编码　510403
办公电话　020-86120574
传真电话　020-86122687
校园(局域)网域名　www.caac.net
电子信箱　office@caac.net
占地面积(平方米)　753151
校舍建筑面积(平方米)　257447
图书(万册)　52.87
固定资产总值(万元)　52078
教学、科研仪器设备资产值(万元)　16176
在校生数(人)　10262
其中:普通专科　10262
专任教师(人)　468
其中:正高级　10
副高级　69
中级　197
初级　97
未定职级　95

专科专业　电子信息工程技术、飞机机电设备维修、飞机结构修理、航空电子设备维修、航空服务、航空港安全检查、航空物流、会计、计算机信息管理、计算机应用技术、空中乘务、民航商务、民航运输、应用电子技术

院系设置
广州民航职业技术学院、飞机维修工程学院、航空港管理学院、民航经营管理学院、人文社科学院、继续教育学院

学校设立奖学金情况
学校设立奖学金5项,奖励总金额约247.25万元。奖学金最高金额2000元/年,最低金额600元/年。

1. 学院一等奖学金:890人/年,1000元/人/学期,约79万元。

2. 学院二等奖学金：1420 人/年，500 元/人/学期，约 63.1 万元。

3. 学院三等奖学金：1770 人/年，300 元/人/学期，约 47.2 万元。

4. 总局关爱基金：总金额 20 万元。

5. 减免学杂费：总金额 37.95 万元。

学校历史沿革

广州民航职业技术学院 1999 年 3 月经教育部批准成立。学院 1980 年建校，历经了技校、普通中专、全国重点中专、高职学院四个办学阶段，学院升格为高职院校以来成绩显著。2000 年被教育部确定为首批 15 所全国重点建设示范性职业技术学院建设单位之一。

广州番禺职业技术学院

学校(机构)标识码	4144012046
学校办学类型	415：专科院校：高等职业学校
学校性质类别	01 综合大学
学校举办者	821 地级教育部门
学校地址	广州市番禺区沙湾镇市良路 1342 号
邮政编码	511483
办公电话	020-84736666
传真电话	020-84736785
校园(局域)网域名	www.gzpyp.edu.cn
电子信箱	pypyb@gzpyp.edu.cn
占地面积(平方米)	1374701
校舍建筑面积(平方米)	288265
图书(万册)	94.43
固定资产总值(万元)	60082.89
教学、科研仪器设备资产值(万元)	12089.39
在校生数(人)	13813
其中：普通专科	10766
成人专科	3047
专任教师(人)	548
其中：正高级	20
副高级	137
中级	205
初级	159
未定职级	27

专科专业 产品造型设计、电气自动化技术、电子商务、房地产经营与估价、工程造价、工商企业管理、国际金融、国际商务、环境艺术设计、会计电算化、计算机网络技术、计算机应用技术、建筑工程技术、金融管理与实务、酒店管理、连锁经营管理、旅游管理、模具设计与制造、皮具设计、汽车技术服务与营销、汽车检测与维修技术、嵌入式技术与应用、人力资源管理、软件技术、商务日语、商务英语、社会工作、涉外旅游、市场营销、首饰设计、数控技术、投资与理财、玩具设计与制造、玩具质量检验与管理、文秘、物流管理、信息安全技术、艺术设计、影视动画、应用电子技术、应用英语、珠宝鉴定与营销、珠宝首饰工艺及鉴定、装潢艺术设计

学校历史沿革

广州番禺职业技术学院(原名番禺理工学院、番禺职业技术学院)1993 年筹建，1997 年 9 月教育部正式批准备案，是全国首批、广州市属第一所公办全日制普通高等职业院校。2003 年被广州市政府确定为市属高等职业教育龙头院校。2005 年 4 月以"优秀"成绩通过教育部人才培养工作水平评估。2009 年 12 月成为教育部、财政部首批国家示范性高职院校。2010 年 11 月被广东省人民政府授予"广东省职业技术教育工作先进集体"称号。

广东培正学院

学校(机构)标识码	4144012059
学校办学类型	412：本科院校：学院
学校性质类别	08 财经院校
学校举办者	999 民办
学校地址	广州市花都区赤坭镇培正大道 53 号
邮政编码	510830
办公电话	02086710904
传真电话	020-86710905
校园(局域)网域名	www.peizheng.net.cn
电子信箱	bangongshi@peizheng.net.cn
占地面积(平方米)	367636
校舍建筑面积(平方米)	236816
图书(万册)	139.84
固定资产总值(万元)	66842.08
教学、科研仪器设备资产值(万元)	4305.46
在校生数(人)	13411
其中：普通本科	9839
普通专科	3561
成人本科	2
成人专科	9
专任教师(人)	587
其中：正高级	33
副高级	66
中级	239
初级	39
未定职级	210

本科专业 财务管理、法学、工商管理、广告学、国际经济与贸易、行政管理、会计学、绘画、计算机科学与技术、经济学、人力资源管理、日语、审计学、市场营销、物流管理、艺术设计、英语、应用心理学

专科专业 财务管理、电子商务、多媒体设计与制作、法律事务、法律文秘、服装设计、工商管理(CNA)、工商企业管理、国

际金融、国际贸易实务、环境艺术设计、会计、计算机信息管理、酒店管理、连锁经营管理、人力资源管理、商务日语、商务英语、审计实务、市场营销、图形图像制作、网络系统管理、物流管理、物业管理、应用英语、证券投资与管理、资产评估与管理

院系设置

行政处室：董事会办公室、院长室、两办办公室、科研处、国际交流与合作处、教务处、学生处、财务处、总务处、人事处、招生就业指导中心、工会办公室、采购中心、保卫处、高教研究与评估中心、信息化建设工作办公室、继续教育中心。教学系部：外语系、法学系、工商管理学系、公共管理学系、市场学系、经济学系、会计学系、人文学科与基础教学部、体育教学部、计算机科学与工程系、英语教育中心、CNA、艺术设计系、思想政治理论课教学部。教学辅助部门：实验（实践）教学服务中心、图书馆

定期公开出版的专业刊物 《广东培正学院学报》

学校设立奖学金情况

学校设立奖学金5项、个人荣誉8项、集体荣誉7项，奖励总金额90余万元。奖学金最高金额1500元/年，最低金额200元/年。

一、奖学金：
1. 一等史带奖学金　1500元/人
2. 二等史带奖学金　800元/人
3. 三等史带奖学金　400元/人
4. 院长基金奖　1000或1500元/人
5. 蔡少凤、卢遂业统计学奖学金　500元/人

二、个人荣誉：
1. 十佳大学生 2. 三号学生 3. 优秀学生干部 4. 培正之星 5. 优秀团员 6. 优秀团干 7. 五四红旗青年 8. 荣誉毕业生

三、集体荣誉：
1. 文明宿舍　200元/间
2. 先进班集体　800元/个
3. 优秀学生组织　1000元/个
4. 优秀社团　800元/个
5. 优秀团支部　800元/个
6. 五四红旗分团委　1000元/个
7. 优秀二级心理辅导站　1000元/个

学校历史沿革

广东培正学院，原名民办培正商学院。1993年3月，经广州市教育委员会批准同意，私立培正商学院开始筹建，并从这年开始挂靠广州大学招收国家任务大专生。2002年12月经广东省教育专家组评估办学条件合格。2004年8月广东省人民政府给教育部行文请求批准我院升格为本科院校，教育部于2004年12月组织专家组对我院进行考察评估合格，并于2005年3月9日发文同意我院组建广东培正学院。我院正式升格为本院院校，更名为广东培正学院。2005年9月开始招收本科学生。

广东松山职业技术学院

学校（机构）标识码	4144012060
学校办学类型	415：专科院校：高等职业学校
学校性质类别	02 理工院校
学校举办者	812 省级其他部门
学校地址	广东省韶关市曲江区南华
邮政编码	512126
办公电话	0751－6502208
传真电话	0751－6501658
校园（局域）网域名	www.gdsspt.net
电子信箱	yb@gdsspt.net
占地面积（平方米）	436941
校舍建筑面积（平方米）	194468
图书（万册）	49.89
固定资产总值（万元）	16986.35
教学、科研仪器设备资产值（万元）	3732.77
在校生数（人）	7614
其中：普通专科	7602
成人专科	12
专任教师（人）	412
其中：正高级	9
副高级	81
中级	257
初级	60
未定职级	5

专科专业 电气自动化技术、电子工艺与管理、电子商务、电子信息工程技术、会计电算化、机电设备维修与管理、机电一体化技术、机械设计与制造、计算机控制技术、计算机网络技术、计算机应用技术、检测技术及应用、楼宇智能化工程技术、旅游英语、模具设计与制造、软件技术、商务英语、数控技术、图形图像制作、文秘、文秘（人力资源管理）、文秘（涉外文秘）、物流管理、营销与策划、应用电子技术

院系设置

机械工程系、电气工程系、计算机系、外语系、经济管理系

学校设立奖学金情况

学校设立奖学金8项，奖励总金额60余万元，奖学金最高金额2000元/年，最低金额600元/年。

学校历史沿革

广东松山职业技术学院前身韶钢职工大学创办于1976年3月，2000年6月经广东省人民政府批准为普通高等职业技术学院。2001年1月，教育部以教发[2001]1号文予以备案。

南方医科大学

学校(机构)标识码　4144012121
学校办学类型　411：本科院校：大学
学校性质类别　05 医药院校
学校举办者　811 省级教育部门
学校地址　广东省广州市沙太南路1023-1063号
邮政编码　510515
办公电话　020-61648011
　　　　　020-61648732
传真电话　020-61648004

校园(局域)网域名　www.fimmu.com
电子信箱　xiaoban@fimmu.com
占地面积(平方米)　1766780
校舍建筑面积(平方米)　846664
图书(万册)　200.81
固定资产总值(万元)　146406.23
教学、科研仪器设备资产值(万元)　34922.49
在校生数(人)　32931
其中：普通本科　13677
　　　普通专科　944

成人本科　5587
成人专科　8498
博士研究生　952
硕士研究生　2613
留学生　660
专任教师(人)　1319
其中：正高级　225
　　　副高级　403
　　　中级　485
　　　初级　198
　　　未定职级　8

本科专业　电子信息工程、法学、法学(卫生监督与管理)、公共事业管理(医院管理)、护理学、基础医学、计算机科学与技术、计算机科学与技术(动漫设计与制)、经济学(卫生经济)、经济学(医药贸易与管理)、康复治疗学、口腔医学、临床医学(八年制)、临床医学(妇幼保健)、临床医学(临床病理)、临床医学(临床心理)、临床医学(全科医学)、临床医学(输血医学)、临床医学(卓越创新班)、临床医学二、临床医学一、生物技术、生物技术(生物制药)、生物信息学、生物医学工程(信息工程)、生物医学工程(医学物理师)、生物医学工程(医学仪器检测)、生物医学工程(影像工程)、市场营销(医药市场营销)、统计学(生物统计)、药物制剂、药学、药学(临床药学)、医学检验(临床检验)、医学检验(医学实验技术)、医学影像学、英语、应用心理学(医学心理)、预防医学、预防医学(食品安全)、预防医学(卫生检验检疫)、中西医临床医学、中药学、中药学(中药制剂)、中医学、中医学(针灸推拿)

专科专业　护理(专科)、医学检验(专科)

博士专业　病理学与病理生理学、病原生物学、儿科学、耳鼻咽喉科学、法医学、妇产科学、护理学、军事预防医学、劳动卫生与环境卫生学、临床检验诊断学、临床医学、流行病与卫生统计学、麻醉学、免疫学、内科学、皮肤病与性病学、人体解剖与组织胚胎学、神经病学、神经生物学、生物化学与分子生物学、生物医学工程、外科学、细胞生物学、眼科学、药理学、营养与食品卫生学、影像医学与核医学、针灸推拿学、中西医结合临床、中药学、中医骨伤科学、肿瘤学

硕士专业　病理学与病理生理学、病原生物学、动物学、儿科学、儿少卫生与妇幼保健学、耳鼻咽喉科学、法医学、放射医学、妇产科学、公共卫生与预防医学、护理学、急诊医学、计算机应用技术、精神病与精神卫生学、军事预防医学、康复医学与理疗学、口腔临床医学、口腔医学、劳动卫生与环境卫生学、临床检验诊断学、临床医学、流行病与卫生统计学、麻醉学、马克思主义中国化研究、免疫学、内科学、皮肤病与性病学、人体解剖与组织胚胎学、社会医学与卫生事业管理、神经病学、神经生物学、生理学、生物化学与分子生物学、生物医学工程、外科学、卫生毒理学、细胞生物学、眼科学、药剂学、药理学、药物化学、遗传学、营养与食品卫生学、影像医学与核医学、应用心理学、针灸推拿学、中西医结合基础、中西医结合临床、中药学、肿瘤学

院系设置

学校设立 16 个学院、基因工程研究所、体育部、6 个教辅机构，6 所直属医院。基础医学院、中医药学院、生物医学工程学院、药学院、护理学院、公共卫生与热带医学学院、生物技术学院、人文与管理学院、外国语学院、医学职业技术学院、马克思主义学院、第一临床医学院(南方医院)、第二临床医学院(珠江医院)、研究生学院、继续教育学院、国际教育学院，基因工程研究所，体育部，网络中心、教育技术中心、学报编辑部、图书馆、实验与动物中心、教育研究与督导评估中心，南方医院、珠江医院、第三附属医院、江都医院、中西医结合医院、北窖医院

国家级、省部级研究机构设置

1. 实验室：2 个省部共建重点实验室(重大疾病的转录组与蛋白质组学重点实验室、器官衰竭重点实验室) 13 个广东省重点实验室(广东省医学生物力学重点实验室、广东省医学休克微循环重点实验室、广东省医学图像处理重点实验室、广东省热带病研究重点实验室、广东省病毒肝炎研究重点实验室、广东省分子肿瘤病理重点实验室、广东省新药筛选重点实验室、广东省肾功能衰竭研究重点实验室、广东省中药制剂重点实验室、广东省组织构建与检测重点实验室、广东省生物芯片重点实验室、广东省蛋白质组学重点实验室、广东省胃肠疾病重点实验室)；6 个广东省教育厅重点实验室。(重大疾病的转录组与蛋白质组学重点实验室、抗体工程重点实验室、脑功能修复与再生重点实验室、骨与软骨再生重点实验室、神经可塑性重点实验室、新发传染病重点实验室。) 2 个国家级实验教学示范中心：(医学基础实验教学中心、预防医学实验教学中心)；7 个省级实验教学示范中心：(医学基础实验教学中心、生物医学工程实验教学中心、药学化学实验中心、中药学实验教学中心、中医学实验教学中心、预防医学实验教学中心、医学影像数字仿真教学示范中心、临床技能实验教学中心、生物化学实验教学中心

2. 研究中心(所) 2 个教育部工程研究中心：数字化诊断治疗设备教育部工程研究中心、应对核化生恐怖医学防护教育部工程研究中心建设项目

博士后科研流动站 基础医学、临床医学、生物医学工程、公共卫生与预防医学、生物学、中西医结合和药学

定期公开出版的专业刊物 《南方医科大学学报》、《护理学报》、《分子影像学》、《中国医学物理学杂志》、《中国临床解剖学》、《中华创伤骨科杂志》、《中华神经医学杂志》

学校设立奖学金情况

学校设立奖学金6项，奖励总金额700余万元。奖学金最高金额10万元/年。

1. 新生奖学金：状元奖学金10万元/人、优秀新生奖学金3000元/人（广东省省外每省1人，广东省3人）、专业奖学金2000元/人（每专业1人，文理分别奖励）。

2. 国家奖学金：国家奖学金8000元/人/年（25人）、国家励志奖学金5000元/人/年（460人）。

3. 优秀贫困生助学金：特困生助学金3000元/人/年（700人）、贫困生助学金1000元/人/年（1600人）。

4. 学校优秀学生奖学金：一等奖2000元/人/年（138人），二等奖1200元/人/年（285人），三等奖800元/人/年（419人）；单科课程成绩优秀奖：200元/人次/年（1440人次）。

5. 学校院士奖学金：校优博10000元/人/年（10人），校优硕5000元/人/年（10人）。

6. 省级优秀学生奖学金：省优博20000元/人/年（按省里评审），省优硕10000元/人/年（按省里评审）。

主要校办产业

广东南方医资产经营有限公司、东方药林药业有限公司、南方洁灵科技实业有限公司、广东南方医大科技开发有限公司、广州宜诚数字医疗系统有限公司、盈信南方生物技术有限公司、南医吉洛美生物科技有限公司、南方仁脉商贸有限公司、大学科技园有限公司、广州南方宜信信息公司、东莞松山湖科技园公司、南方医大物业管理公司、南方医大实验动物公司、南方医大设备检测公司、南方美迦商贸有限公司、一大国隆日用品公司

学校历史沿革

南方医科大学前身为中国人民解放军第一军医大学，1951年10月创建于东北齐齐哈尔市东北军区军医学院，1958年7月学校移交地方改为齐齐哈尔医学院；1962年1月学校重归部队建制；1970年迁至广州，1975年7月更名为中国人民解放军第一军医大学，1979年被确定为全国重点大学。2004年8月，根据国务院、中央军委决定，整体移交广东省，更名为南方医科大学。

广东农工商职业技术学院

学校（机构）标识码 4144012322	校园（局域）网域名 www.gdaib.edu.cn	在校生数（人） 19449
学校办学类型 415：专科院校：高等职业学校	电子信箱 aib@gdaib.edu.cn	其中：普通专科 17964
学校性质类别 01 综合大学	占地面积（平方米） 1427061	成人专科 1485
学校举办者 812 省级其他部门	校舍建筑面积（平方米） 429029	专任教师（人） 804
学校地址 广州市天河区粤垦路198号	图书（万册） 116.94	其中：正高级 15
邮政编码 510507	固定资产总值（万元） 50734.29	副高级 190
办公电话 020-85233583	教学、科研仪器设备资产值（万元） 8063.12	中级 458
传真电话 020-85230563		初级 59
		未定职级 82

专科专业 财务管理、财务管理（资产评估方向）、产品造型设计、电脑艺术设计、电气自动化技术、电子商务、电子信息工程技术、电子信息工程技术（电子产品营销）、动漫设计与制作、多媒体设计与制作、法律文秘、房地产经营与估价、工商企业管理、广告设计与制作、国际金融、国际商务、会计、会计电算化、会计与审计、计算机多媒体技术、计算机网络技术、计算机信息管理、计算机信息管理（财务方向）、计算机应用技术、计算机应用技术（BTEC商务信息技术）、计算机应用技术（BTEC商务信息技术）、酒店管理、连锁经营管理、连锁经营管理（采购方向）、旅游管理、旅游英语、农产品质量检测、汽车电子技术、汽车技术服务与营销、汽车检测与维修技术、软件技术、软件技术（现代办公应用方向）、软件技术（游戏开发方向）、商务英语、商务英语（会展方向）、食品加工技术（绿色食品方向）、食品生物技术、食品营养与检测、市场营销、市场营销（BTEC财务方向）、市场营销（BTEC工商管理方向）、市场营销（BTEC会计方向）、市场营销（BTEC酒店管理方向）、市场营销（BTEC人力资源管理方向）、市场营销（BTEC商业方向）、市场营销（会展方向）、通信技术、通信技术（3G移动方向）、通信技术（3G移动方向）、通信技术（电信营销）、通信技术（电信营销方向）、投资与理财、文化事业管理、文秘、物流管理、物流管理（运输方向）、物业管理、艺术设计、应用电子技术、应用英语（外事方向）、园林技术、园艺技术、证券与期货、资产评估与管理、作物生产技术

院系设置

广东农工商职业技术学院位于广州市天河区粤垦路198号，东校区位于广州市天河区大观中路95号，北校区位于增城市中新镇风光路393号。下设商务系、热作系、管理系、财经系、艺术系、外语系、计算机系、机电系、国际交流学院

国家级、省部级研究机构设置

设有科研处、职业技术教育研究所、亚热带作物研究所、思想政治教育研究所、计算机应用技术研究所、通信技术研究所。

定期公开出版的专业刊物 《广东农工商职业技术学院学报》

学校设立奖学金情况

学校设立奖学金5项，奖励总金额200余万元。奖学金最

高金额 3000 元/年,最低金额 300 元/年。
学校历史沿革
广东农工商职业技术学院前身是广东农垦干部学校,成立于 1952 年,1984 年成立广东农垦管理干部学院,1993 年易名为广东农工商管理干部学院,2000 年改制为广东农工商职业技术学院。

广东新安职业技术学院

学校(机构)标识码 4144012325	传真电话 0755-26567016	在校生数(人) 1648
学校办学类型 415:专科院校:高等职业学校	校园(局域)网域名 www.gdxa.cn	其中:普通专科 1360
	电子信箱 Xinanzongwuchu@gmail.com	成人专科 288
学校性质类别 01 综合大学	占地面积(平方米) 71200	专任教师(人) 77
学校举办者 999 民办	校舍建筑面积(平方米) 41193	其中:正高级 5
学校地址 广东省深圳市南山区南头街 86 号	图书(万册) 11.57	副高级 17
	固定资产总值(万元) 1133.92	中级 35
邮政编码 518052	教学、科研仪器设备资产值(万元) 668.63	初级 14
办公电话 0755-26520001		未定职级 6

专科专业 电子商务、工商企业管理、广告设计与制作、会计、计算机网络技术、计算机应用技术、汽车检测与维修技术、人力资源管理、商务英语、生物技术及应用、室内设计技术、通信技术、物业管理、艺术设计、应用电子技术

院系设置
我院共有教育国际交流部、生物技术系、电子通信系、计算机系、建筑系、外语系、物业管理系、管理学系、电子商务系九个系。

学校设立奖学金情况
学校设立奖学金五项,奖励总金额 20 余万元。奖学金最高金额 1000.0 元/年。最低金额 200.0 元/年。

毕业生一次就业率 95.86%

学校历史沿革
广东新安职业技术学院由国务院授权广东省人民政府于 2000 年 6 月批准正式成立,并于同年参加全国高校统一招生。在此之前,曾于 1999 年以私立华联学院深圳南山分教点名义招生。

佛山职业技术学院

学校(机构)标识码 4144012327	传真电话 0757-87263100	在校生数(人) 7344
学校办学类型 415:专科院校:高等职业学校	校园(局域)网域名 www.fspt.net	其中:普通专科 7344
	电子信箱 fsgybgs@sohu.com	专任教师(人) 242
学校性质类别 01 综合大学	占地面积(平方米) 591325	其中:正高级 2
学校举办者 821 地级教育部门	校舍建筑面积(平方米) 235036	副高级 36
学校地址 广东省佛山市三水区乐平镇学院路 1 号	图书(万册) 33.67	中级 114
	固定资产总值(万元) 24115	初级 13
邮政编码 528137	教学、科研仪器设备资产值(万元) 4639	未定职级 77
办公电话 0757-87263103		

专科专业 财务管理(会计)、财务管理(金融)、电气自动化技术、电子商务、电子信息工程技术、电子信息工程技术(智能电子产品)、工商企业管理、工业设计、光伏应用技术、国际贸易实务、会计、机电设备维修与管理、机械制造与自动化、计算机辅助设计与制造、计算机辅助设计与制造(模具)、计算机应用技术(多媒体)、计算机应用技术(网络)、计算机应用技术(网络技术)、计算机应用技术(信息安全技术)、酒店管理、旅游管理、旅游管理(酒店管理)、旅游管理(涉外旅游)、旅游管理(休闲旅游)、模具设计与制造、汽车检测与维修技术、汽车检测与维修技术(技术服务与、汽车检测与维修技术(检测与维修、汽车检测与维修技术(汽车制造与、商务管理、食品营养与检测、市场营销、数控技术、通信技术、物流管理、艺术设计

院系设置
财经管理系(思想政治理论课教学部)、机电工程系、电子信息系、工商管理系

学校设立奖学金情况

学校设立奖学金12项,奖励总金额76余万元,奖学金最高金额8000元/年、最低金额30元/年。

学校历史沿革

佛山职业技术学院于2000年6月正式成立。当时由佛山职工大学(佛山电视大学)、佛山煤田职工地质学院、佛山机电学校三校合并而成。2005年7月经佛山市政府批准,根据佛府办函【2005】411号文,佛山职业技术学院与佛山职工大学(佛山电视大学)分开办学。

广东科学技术职业学院

学校(机构)标识码 4144012572	传真电话 0756-7796282	在校生数(人) 28494
学校办学类型 415:专科院校:高等职业学校	校园(局域)网域名 www.gdit.edu.cn	其中:普通专科 21481
	电子信箱 kgxb0756@126.com	成人专科 7013
学校性质类别 01 综合大学	占地面积(平方米) 1341142	专任教师(人) 923
学校举办者 811 省级教育部门	校舍建筑面积(平方米) 431913	其中:正高级 39
学校地址 珠海市金湾区珠海大道南侧广东科学技术职业学院	图书(万册) 119	副高级 240
	固定资产总值(万元) 110272	中级 304
邮政编码 519090	教学、科研仪器设备资产值(万元) 8630	初级 235
办公电话 0756-7796237		未定职级 105

专科专业 财务管理、产品造型设计、电子商务、电子信息工程技术、法律事务、房地产经营与估价、工程造价、工商企业管理、工业设计、国际经济与贸易、国际经济与贸易(二年制)、国际商务、行政管理、环境艺术设计、会计电算化、机电一体化技术、计算机多媒体技术、计算机辅助设计与制造、计算机网络技术、计算机信息管理、计算机应用技术、建筑工程技术、建筑设计技术、建筑装饰工程技术、经济管理、旅游管理、旅游英语、汽车技术服务与营销、汽车整形技术、人力资源管理、软件技术、软件技术(二年制)、商务日语、商务英语、数控技术、数字媒体设计与制作、体育服务与管理、通信技术、投资与理财、文秘、物流管理、物业管理、应用电子技术、应用电子技术(二年制)、应用英语(外事)

院系设置

计算机工程技术学院(软件学院)、经济管理学院、外国语学院、人文社会科学学院、机械与电子工程学院、建筑工程与艺术设计学院、广州学院、继续教育学院

国家级、省部级研究机构设置

研究中心(所):广东省人才研究所、电子与信息技术研究所、高等职业教育研究所

定期公开出版的专业刊物 《广东科学技术职业学院学报》

学校设立奖学金情况

学校设立奖学金10项奖励总金额336000元/年最低金额100元/年。

一、单项奖学金

1. 学习优秀奖:645人/年,100元/人,共64500元
2. 创作成果奖:281人/年,100元/人,共28100元
3. 文体活动奖:52人/年,100元/人,共5200元
4. 考级考证优秀奖:129人/年,100元/人,共12900元
5. 精神文明奖:877人/年,100元/人,共87700元
6. 学习进步奖:815人/年,100元/人,共81500元
7. 学生活动优秀组织奖:1人/年,100元/人,共100元

二、综合奖学金

1. 优秀学生标兵:1人/年,1000元/人,共1000元
2. 优秀学生:50人/年,500元/人,共25000元
3. 优秀学生干部:60人/年,500元/人,共30000元

毕业生一次就业率 94.97%

学校历史沿革

广东科学技术职业学院前身为广东省科技干部进修学院,成立于1985年9月18日,1989年改名为广东省科技干部学院,1993年国家教委备案校名为广东省科技管理干部学院,2003年4月改制为普通高校,启用现校名。现有广州、珠海两校区。

广东食品药品职业学院

学校(机构)标识码 4144012573	学校举办者 812 省级其他部门	办公电话 020-28854800
学校办学类型 415:专科院校:高等职业学校	学校地址 广东省广州市天河区龙洞北路321号	传真电话 020-37216531
		校园(局域)网域名 www.gdyzy.edu.cn
学校性质类别 02 理工院校	邮政编码 510520	电子信箱 bgs@gdyzyz.edu.cn

占地面积（平方米） 795223		其中：正高级 19
校舍建筑面积（平方米） 86520	6575.48	副高级 76
图书（万册） 38.89	在校生数（人） 14783	中级 168
固定资产总值（万元） 19292	其中：普通专科 10475	初级 125
教学、科研仪器设备资产值（万元）	成人专科 4308	未定职级 57
	专任教师（人） 445	

专科专业 安全技术管理、电子商务、服务外包、功能性食品生产技术、化工设备维修技术（制药设备）、化学制药技术、化妆品技术与管理、化妆品应用与管理、连锁经营管理、人物形象设计（美容）、生物制药技术、生物制药技术（中澳合作办学）、食品药品监督管理（食品质量安全）、食品营养与检测、市场营销、物流管理、养生与保健、药品经营与管理、药品经营与管理（中澳合作办学）、药物分析技术、药物制剂技术、药学、药学英语、医疗器械营销、医疗器械质量管理与检测、医学影像设备管理与维护、医药营销（药品方向）、医用电子仪器维护、医用电子仪器与维护、中药、中药制药技术

院系设置
设有中药和生物系、制药系、药学系、食品科学系、管理系、医疗器械系、化妆品科学系、国际学院、基础部、思想政治理论课教学部及成人教育学院等11个教学单位。

国家级、省部级研究机构设置
研究中心（所）：广东省中药研究所、广东省南药资源保护与利用工程技术开发中心

学校设立奖学金情况
学校设立奖学金情况：学校设立奖学金8项，奖励总金234.24余万元。奖学金最高金额8000元/年，最低金额50元/年。

主要校办产业
广东省岭南制药厂、广东怡康药厂

学校历史沿革
广东食品药品职业学院创建于1965年，2002年经广东省人民政府批准，同意由在原广东省医药学校基础上升格为高等职业院校；2003年5月经教育部备案，正式升格为广东化工制药职业技术学院；2007年5月经教育部备案更名为广东食品药品职业学院。

南海东软信息技术职业学院

学校（机构）标识码 4144012574	校园（局域）网域名 www.naihai.neusoft.edu.cn	在校生数（人） 7350
学校办学类型 415：专科院校：高等职业学校		其中：普通专科 7303
	电子信箱 nhyzbgs@neusoft.com	成人专科 47
学校性质类别 02 理工院校	占地面积（平方米） 493072	专任教师（人） 361
学校举办者 999 民办	校舍建筑面积（平方米） 202103	其中：正高级 27
学校地址 广东省佛山市南海软件科技园	图书（万册） 49.32	副高级 82
	固定资产总值（万元） 28835.6	中级 92
邮政编码 528225	教学、科研仪器设备资产值（万元）	初级 121
办公电话 0757 - 86684618	4395.6	未定职级 39
传真电话 9757 - 86684612		

专科专业 财务信息管理、电脑艺术设计、电子商务、动漫设计与制作、工商企业管理、环境艺术设计、计算机多媒体技术、计算机网络技术、计算机网络与安全管理、计算机信息管理、计算机应用技术、企业资源计划管理、嵌入式技术与应用、人力资源管理、软件测试技术、软件技术、商务日语、商务英语、市场营销、视觉传达艺术设计、数据库管理与开发、网站规划与开发技术、物流管理、游戏软件

院系设置
学院设立五个系、二个部（计算机科学与技术系、信息技术与商务管理系、数字艺术系、英语系、日语系、国际合作部、基础教学部）一个科研部，一个数字化中与实验中心，一个大学生创业中心，一个教学质量管理与保障部。

国家级、省部级研究机构设置
研究中心（所）：学院设立科研部

学校设立奖学金情况
学校设立奖学金三项，奖励总金额29.00万元。奖学金最高金额20000.00元/年，最低金额1000元/年。

学校历史沿革
南海东软信息技术职业学院是2003年2月经广东省人民政府批准成立、由东软集团和大连软件园投资创办、教育部备案的一所专门培养实用性IT人才的民办普通高校。学院的教育层次为三年制普通专科。

广州康大职业技术学院

学校(机构)标识码 4144012575	传真电话 020-82872188	在校生数(人) 6897
学校办学类型 415:专科院校:高等职业学校	校园(局域)网域名 www.kdvtc-edu.cn	其中:普通专科 6897
学校性质类别 01 综合大学	电子信箱 kdzyjsxy@126.com	专任教师(人) 293
学校举办者 999 民办	占地面积(平方米) 93007	其中:正高级 10
学校地址 广东省广州市萝岗区九龙镇华师康大教育园	校舍建筑面积(平方米) 58045	副高级 49
	图书(万册) 42.65	中级 145
邮政编码 511363	固定资产总值(万元) 18569.87	初级 43
办公电话 020-82872188	教学、科研仪器设备资产值(万元) 2760.2	未定职级 46

专科专业 安全技术管理、表演艺术、电气自动化技术、电子商务、动漫设计与制作、工商企业管理、国际贸易实务、会计、计算机多媒体技术、计算机网络技术、计算机应用技术、旅游管理、汽车检测与维修技术、软件技术、商务英语、市场营销、物流管理、艺术设计、应用电子技术

院系设置
学院设有经济系、汽车工程系、自动化系、计算机系、应用外语系、会计系、管理系、艺术系、安全技术管理系和公共课教学部,共十个教学系部

学校设立奖学金情况
学院设立奖学金三项,奖励总金额25万余元。奖学金最高金额1000元/年,最低金额300元/年。

学校历史沿革
学院创立于2004年,是一所具有独立颁发学历证书资格的全日制省属普通高等民办职业院校。

珠海艺术职业学院

学校(机构)标识码 4144012576	传真电话 0756-3982300	其中:普通专科 1483
学校办学类型 415:专科院校:高等职业学校	校园(局域)网域名 www.zhac.net	成人专科 32
学校性质类别 11 艺术院校	占地面积(平方米) 102553	专任教师(人) 90
学校举办者 999 民办	校舍建筑面积(平方米) 15000	其中:正高级 3
学校地址 广东省珠海市金湾区广安路2号	图书(万册) 8.64	副高级 7
	固定资产总值(万元) 4760.94	中级 12
邮政编码 519090	教学、科研仪器设备资产值(万元) 614.67	初级 32
办公电话 0756-3982301	在校生数(人) 1515	未定职级 36

专科专业 动漫设计与制作、工商企业管理、环境艺术设计、旅游管理、商务英语、视觉传达艺术设计、文化事业管理、舞蹈表演、艺术设计、音乐表演、主持与播音

院系设置
音乐系、舞蹈系、艺术设计系、文化事业管理系、工商管理系、旅游系

学校设立奖学金情况
学院设立奖学金5项,奖励总金额3万元。奖学金最高金额5000元/年,最低金额500元/年。

学校历史沿革
珠海艺术职业学院是经广东省人民政府粤府函[2003]55号文批准成立。

广东行政职业学院

学校(机构)标识码 4144012577　　学校办学类型 415:专科院校:高等职业学校

学校性质类别	01 综合大学	校舍建筑面积(平方米)	121457	成人专科	216
学校举办者	812 省级其他部门	图书(万册)	34.5	专任教师(人)	301
学校地址	广东省广州市花都区迎宾大道西	固定资产总值(万元)	19876.69	其中:正高级	62
		教学、科研仪器设备资产值(万元)	1814.71	副高级	112
邮政编码	510800			中级	79
办公电话	020-86867103	在校生数(人)	6739	初级	35
传真电话	020-86867117	其中:普通专科	6523	未定职级	13
占地面积(平方米)	263465				

专科专业 电子商务、法律事务、国际经济与贸易、行政管理、会计电算化、计算机网络技术、计算机应用技术、金融保险、酒店管理、人力资源管理、商务管理、商务英语、市场营销、书记官、投资与理财、文秘、物业管理

院系设置
我院目前设置有七系一部

学校设立奖学金情况
学校设立奖学金7项,奖励总金额9余万元。奖学金最高金额1000元/年,最低金额100元/年。

学校历史沿革
广东行政职业学院是由中共广东省委党校(广东行政学院)创办,经广东省人民政府批准、国家教育部备案的一所公办省属全日制普通高等学校。学院前身是有20多年办学历史的广东省行政管理干部学院(原广东行政学院)和建校10多年的南方成人经贸学院,2003年两校合并改制升格为普通高等学校。

广东体育职业技术学院

学校(机构)标识码	4144012578	传真电话	020-82168231		670.03
学校办学类型	415:专科院校:高等职业学校	校园(局域)网域名	www.gdvcp.net	在校生数(人)	2041
		电子信箱	61034003@163.com	其中:普通专科	2041
学校性质类别	10 体育院校	占地面积(平方米)	306433	专任教师(人)	116
学校举办者	812 省级其他部门	校舍建筑面积(平方米)	71555	其中:正高级	5
学校地址	广州市天河区奥体路52号	图书(万册)	12.66	副高级	25
邮政编码	510663	固定资产总值(万元)	7175.05	中级	39
办公电话	020-61034003	教学、科研仪器设备资产值(万元)		初级	47

专科专业 竞技体育、社会体育、体育保健、体育服务与管理、体育教育

学校历史沿革
广东体育职业技术学院前身是广东省体育运动学校。广东省体育运动学校创建于1956年。2003年,经省人民政府批准,广东省体育运动学校升格为广东体育职业技术学院,并于2004年招收了第一批大专学生。

华南理工大学广州学院

学校(机构)标识码	4144012617	办公电话	020-36903011		7264.35
学校办学类型	413:本科院校:独立学院	传真电话	020-36903012	在校生数(人)	14466
		校园(局域)网域名	www.gcu.edu.cn	其中:普通本科	14466
学校性质类别	02 理工院校	电子信箱	gzauto@scut.edu.cn	专任教师(人)	728
学校举办者	999 民办	占地面积(平方米)	545423	其中:正高级	90
学校地址	广州市花都区新华街学府路1号	图书(万册)	66	副高级	215
		固定资产总值(万元)	82262.35	中级	240
邮政编码	510800	教学、科研仪器设备资产值(万元)		初级	183

本科专业 宝石及材料工艺学、财务管理、车辆工程、电力工程与管理、电气工程及其自动化、电子商务、电子信息工程、工商管理、工业设计、国际经济与贸易、会计学、机械电子工程、机械工程及自动化、计算机科学与技术、建筑学、交通工程、汽车服

务工程、日语、软件工程、市场营销、网络工程、物流工程、信息与计算科学、艺术设计、英语、自动化

院系设置

12个。汽车工程系、机电工程系、电子信息工程系、电气工程系、计算机工程系、经贸与管理工程系、外语系、珠宝系、建筑系、土木与交通工程系、中兴通讯3G学院和国际商学院

学校设立奖学金情况

学校设立奖学金8项，奖励总金额272余万元。奖学金最高金额5000元/年，最低金额500元/年。

1. 学习标兵奖：4人/年 5000元/人；
2. 优秀三好学生奖：70人/年 3000元/人；
3. 优秀干部奖：80人/年 2000元/人；
4. 二等奖学金：395人/年 2000元/人；
5. 三等奖学金：1539人/年 1200元/人；
6. 学年综合奖：376人/年 800元/人；
7. 社会贡献奖：245人/年 500元/人；
8. 学习进步奖：153人/年 500元/人。

学校历史沿革

华南理工大学广州汽车学院成立于2006年4月12日，是由华南理工大学和广州云峰企业集团合办，教育部批准设立的一所以工科为主，经、管、文协调发展的多科性本科院校。2011年4月19日教育部批准学院正式更名为华南理工大学广州学院。

广州大学华软软件学院

学校(机构)标识码 4144012618	传真电话 020-87818020	在校生数(人) 11343
学校办学类型 413：本科院校：独立学院	校园(局域)网域名 www.scse.com.cn	其中：普通本科 9476
	电子信箱 office@sise.com.cn	普通专科 1867
学校性质类别 02 理工院校	占地面积(平方米) 335609	专任教师(人) 529
学校举办者 999 民办	校舍建筑面积(平方米) 144709	其中：正高级 39
学校地址 广州从化经济技术开发区广从大道13号	图书(万册) 66.5	副高级 102
	固定资产总值(万元) 35157.8	中级 221
邮政编码 510990	教学、科研仪器设备资产值(万元) 4591.4	初级 119
办公电话 020-87818004		未定职级 48

本科专业 财务管理、电子商务、电子信息工程、动画、工商管理、国际经济与贸易、行政管理、计算机科学与技术、计算机软件、软件工程、数字媒体艺术、网络工程、物流管理、信息工程、信息管理与信息系统、艺术设计、英语、自动化

专科专业 电子商务、动漫设计与制作、多媒体设计与制作、国际经济与贸易、会计电算化、计算机网络技术、计算机应用技术、人力资源管理、软件技术、市场营销、物流管理、移动通信技术、艺术设计、影视动画、应用电子技术、应用英语

院系设置

软件工程系、网络技术系、数码媒体系、游戏系、电子系、管理系、国际贸易系、外语系、计算机系、基础部

学校设立奖学金情况

1. 华软奖学金：华软奖学金金额为当年的学生全年学费金额，按评选条件评选，获奖人数不设上限；
2. 学院奖学金：学院奖学金分三等，包括个人奖学金、单项奖励金；
3. 企业奖学金：现有海尔奖学金、七喜奖学金、天意奖学金等。

毕业生一次就业率 89%

学校历史沿革

广州大学华软软件学院原由广州大学与广州世纪华软科技有限公司合作，广州市教育局于2002年4月27日批准举办的广州大学二级学院。2006年4月经国家教育部批准（教发函【2006】90号）成立独立学院。

中山大学南方学院

学校(机构)标识码 4144012619	邮政编码 510970	固定资产总值(万元) 52115.4
学校办学类型 413：本科院校：独立学院	办公电话 020-61787368	教学、科研仪器设备资产值(万元) 5065.42
	传真电话 020-61787368	
学校性质类别 01 综合大学	校园(局域)网域名 nfsysu.cn	在校生数(人) 15862
学校举办者 999 民办	占地面积(平方米) 667105	其中：普通本科 15862
学校地址 广东省广州市从化温泉镇中山大学南方学院	校舍建筑面积(平方米) 127036	专任教师(人) 754
	图书(万册) 82.5	其中：正高级 107

| 副高级 | 202 | 中级 | 261 | 初级 | 184 |

本科专业 财务管理、电子信息科学与技术、对外汉语、工商管理、公共关系学、国际经济与贸易、汉语言文学、行政管理、会计学、计算机科学与技术、经济学、旅游管理、人力资源管理、市场营销、通信工程、物流管理、新闻学、艺术设计学、英语

院系设置
学校目前共有文学系、工商管理系、物流管理系、会计学系、外国语言文学系、电子通信与软件工程系、艺术设计与创意产业系、经济学与商务管理系、公共管理学系等9个系。

学校设立奖学金情况
学院设立奖学金9项，奖励总金额约939万元。奖学金最高金额10000元/年，最低金额500元/年。

学校历史沿革
中山大学南方学院是由中山大学和广东珠江投资有限公司共同举办的全日制本科院校，2006年经教育部、广东省教育厅批准设立，院校代码12619。

广东外语外贸大学南国商学院

学校(机构)标识码 4144012620	办公电话 020-22245817	在校生数(人) 8298
学校办学类型 413:本科院校:独立学院	传真电话 020-37402151	其中:普通本科 8298
	校园(局域)网域名 www.gwng.edu.cn	专任教师(人) 457
学校性质类别 07 语文院校	电子信箱 ngyb2006@163.com	其中:正高级 81
学校举办者 999 民办	图书(万册) 71.24	副高级 107
学校地址 广州市白云区良田中路181号	固定资产总值(万元) 22817	中级 162
	教学、科研仪器设备资产值(万元)	初级 90
邮政编码 510545	3278.03	未定职级 17

本科专业 阿拉伯语、朝鲜语、德语、电子商务、对外汉语、法语、国际经济与贸易、国际商务、汉语言文学、会计学、计算机科学与技术、金融学、旅游管理、日语、市场营销、物流管理、西班牙语、英语

院系设置
学院目前设有英语语言文化系、西方语言文化系、东方语言文化系、国际经济贸易系、国际工商管理系、信息科学技术系、中国语言文学系、英语教育系、公共课教学部、思想政治理论课教学部等10个系(部)

定期公开出版的专业刊物 《南国商学院学刊》

学校设立奖学金情况
学校设立奖学金3项，奖励总金额20余万元。奖学金最高金额1200元/年，最低金额300元/年。
1. 新生奖学金 一等奖:5000元，高中阶段获省级以上优秀共产党员、优秀学生干部、优秀团干、三好学生称号者；高中阶段参加《全国中学生英语能力竞赛》、《国际中学生英语能力测试》中获得一等奖者。二等奖:3000元，高中阶段获地市级优秀共产党员、三好学生称号者；高中阶段参加《全国中学生英语能力竞赛》、《国际中学生英语能力测试》中获得二等奖者。
2. 优秀学生奖学金 一等奖:1000元/人，占学生总数的2%；二等奖:500元/人，占学生总数的3%；三等奖:300元/人，占学生总数的10%；单项奖学金:200元/人，占学生总数的8%。
3. 优秀毕业生奖学金:600元/人。获奖条件:(1)本科生累计三年以上，专科生累计两年以上获"三好学生称号"；(2)在全国性学术竞赛中获三等奖以上奖励；(3)获省级以上"三好学生"或"优秀学生干部"称号。

学校历史沿革
广东外语外贸大学南国商学院是一所由广东外语外贸大学举办、国家教育部批准成立的本科层次的独立学院。广东外语外贸大学南国商学院成立于2006年4月29日，由广州市众致企业有限公司投资举办。学院的前身是广州工商专修学院，2001年4月经省教育厅批准成立，是所多学科、多层次的综合性民办高等学校。

广东商学院华商学院

学校(机构)标识码 4144012621	学校地址 广州市增城荔城街华商路一号	校园(局域)网域名 gdhsc.edu.cn
学校办学类型 413:本科院校:独立学院		电子信箱 gdhsczsb@126.com
	邮政编码 511300	图书(万册) 115.02
学校性质类别 08 财经院校	办公电话 020-82666266	固定资产总值(万元) 46959.36
学校举办者 999 民办	传真电话 020-82666999	教学、科研仪器设备资产值(万元)

			4783.87	专任教师(人)	774
在校生数(人)		15828		其中:正高级	71
其中:普通本科		11956		副高级	133
普通专科		3872			
中级	182				
初级	209				
未定职级	179				

本科专业 财务管理、动画、对外汉语、公共事业管理、广告学、国际经济与贸易、国际商务、汉语言文学、行政管理、会计学、计算机科学与技术、旅游管理、人力资源管理、日语、市场营销、统计学、物流管理、新闻学、信息管理与信息系统、艺术设计、英语

专科专业 法律事务、会计、酒店管理、连锁经营管理、旅游管理、旅游英语、软件技术、市场营销、文秘、物流管理、艺术设计

院系设置
会计系、工商管理系、经济系、旅游管理系、文学系、外语系、艺术系、信息工程系、行政管理系、体育教学部、思想政治理论教学部

定期公开出版的专业刊物 《华商学刊》

学校设立奖学金情况
学校设立奖学金6项,奖励总金额36.35余万元。奖学金最高1500元/年,最低金额100元/年。

1. 院一等奖学金:(根据人数比例核定)1500元/人;
2. 院二等奖学金:(根据人数比例核定)500元/人;
3. 院三等奖学金:(根据人数比例核定)100元/人;
4. 院优秀班集体荣誉称号:(根据人数比例核定)500元/班;
5. 院优秀学生干部荣誉称号:(根据人数比例核定)100元/人;
6. 院优秀毕业生荣誉称号:(根据人数比例核定)300元/人。

学校历史沿革
广东商学院华商学院于2004年5月开始筹建,2006年4月被教育部正式批准建立,同年在招生,2007年起面向全国招生。2009年9月经广东省人事厅、广东省教育厅批准授予中级职称评审权,2010年11月获得广东省专插本招生资格。现有本科专业21个,专科专业11个。学校名称:广东商学院华商学院,代码:12621。

广东海洋大学寸金学院

学校(机构)标识码	4144012622	传真电话	0759-3871313	在校生数(人)	12017
学校办学类型	413:本科院校:独立学院	校园(局域)网域名	www.gdcjxy.com	其中:普通本科	9959
学校性质类别	08 财经院校	电子信箱	cjyb199@126.com	普通专科	2058
学校举办者	999 民办	占地面积(平方米)	336299	专任教师(人)	535
学校地址	广东省湛江市麻章区学智路2号	校舍建筑面积(平方米)	247737	其中:正高级	27
		图书(万册)	76.8	副高级	127
邮政编码	524094	固定资产总值(万元)	34095.38	中级	249
办公电话	0759-3871318	教学、科研仪器设备资产值(万元)	4026.73	初级	90
				未定职级	42

本科专业 财务管理、电气工程及其自动化、电子信息工程、动画、工商管理、工业设计、公共事业管理、国际经济与贸易、会计学、计算机科学与技术、旅游管理、日语、市场营销、舞蹈编导、信息管理与信息系统、艺术设计、英语、园林

专科专业 财务管理、电子商务、法律文秘、公共事务管理、广告设计与制作、国际经济与贸易、会计电算化、计算机网络技术、计算机应用技术、旅游管理、商务英语、市场开发与营销、文秘、物流管理、应用英语、装潢艺术设计

院系设置
会计系、经济管理系、信息技术系、外语系、艺术系和基础课部

学校设立奖学金情况
学校设立奖学金7项,奖励总金额347.45余万元,奖学金最高金额5000元/年,最低金额100元/年。

学校历史沿革
1999年经高教厅批准成立为广东海洋大学(原湛江海洋大学)二级学院,于2006年4月经国家教育部批准试办独立学院。

华南农业大学珠江学院

学校(机构)标识码 4144012623	传真电话 020-87979913	在校生数(人) 9364
学校办学类型 413:本科院校:独立学院	校园(局域)网域名 www.scauzj.cn	其中:普通本科 8997
	电子信箱 87983268@163.com	普通专科 367
学校性质类别 01 综合大学	占地面积(平方米) 187425	专任教师(人) 436
学校举办者 999 民办	校舍建筑面积(平方米) 47461	其中:正高级 42
学校地址 广州市从化市广从北路72号	图书(万册) 50.02	副高级 51
	固定资产总值(万元) 16001	中级 258
邮政编码 510900	教学、科研仪器设备资产值(万元) 3465	初级 31
办公电话 020-87983268		未定职级 54

本科专业 电气工程及其自动化、电子信息工程、动画、服装设计与工程、国际经济与贸易、汉语言文学、会计学、计算机科学与技术、市场营销、网络工程、信息管理与信息系统、艺术设计、英语、自动化

专科专业 工商企业管理、会计、商务英语、物流管理

院系设置

学院设置外国语系、经济管理系、财政会计系、艺术与人文系、信息工程系、公共基础课教学部,共五系一部

定期公开出版的专业刊物 《珠江文苑》

学校设立奖学金情况

学校设立奖学金 3 项,奖励总金额 61.33 余万元。奖学金最高金额 2500 元/年,最低金额 800 元/年。

毕业生一次就业率 92.34%

学校历史沿革

华南农业大学珠江学院成立于 2006 年 4 月 12 日,是经教育部批准设立,实施本科层次学历教育的独立学院。前身是广东技术师范学院翻译学院,于 2003 年 4 月经广东省教育厅批准设立。现有在校生 8700 余人。

广东技术师范学院天河学院

学校(机构)标识码 4144012668	传真电话 020-87478489	其中:普通本科 9497
学校办学类型 413:本科院校:独立学院	校园(局域)网域名 www.thxy.cn	普通专科 3050
学校性质类别 01 综合大学	电子信箱 thxydbyb@126.com	专任教师(人) 621
学校举办者 999 民办	图书(万册) 96	其中:正高级 55
学校地址 广州市白云区太和镇兴太三路638号	固定资产总值(万元) 17143.86	副高级 134
	教学、科研仪器设备资产值(万元) 6273.8	中级 186
邮政编码 510540		初级 50
办公电话 020-87478489	在校生数(人) 12547	未定职级 196

本科专业 材料成型及控制工程、财务管理、车辆工程、电气工程及其自动化、电子信息工程、动画、工程管理、工业设计、国际经济与贸易、机械设计制造及其自动化、计算机科学与技术、建筑环境与设备工程、经济学、人力资源管理、日语、市场营销、数字媒体艺术、土木工程、物流管理、艺术设计、英语、自动化

专科专业 财务管理、电气自动化技术、电子商务、工程造价、广告设计与制作、国际金融、国际贸易实务、环境艺术设计、会计电算化、机电一体化技术、机械制造与自动化、计算机多媒体技术、计算机应用技术、建筑工程技术、模具设计与制造、汽车电子技术、汽车运用技术、人力资源管理、商务英语、市场营销、室内设计技术、文秘、物流管理、音乐表演、应用电子技术

院系设置

电气工程系、机电工程系、计算机科学与技术系、建筑工程系、管理系、财经系、外语系、艺术设计系、基础课部

学校设立奖学金情况

学校设立奖学金 4 项,奖励总金额 30 余万元。奖学金最高金额 2500 元/年,最低金额 300 元/年。

学校历史沿革

广东技术师范学院天河学院前身是民办天河职业技术学院。2001 年 5 月,广东省教育厅批准创建民办天河职业技术学院,作为广东职业技术师范学院的二级学院。2002 年,教育部同意广东职业技术师范学院更名为广东技术师范学院。2006 年 4 月 11 日,经国家教育部批准广东技术师范学院天河学院为独立本科院校,从 2006 年 9 月开始招收第一届本科生。

广东纺织职业技术学院

学校(机构)标识码　4144012736
学校办学类型　415:专科院校:高等职业学校
学校性质类别　02 理工院校
学校举办者　811 省级教育部门
学校地址　广东省佛山市禅城区石湾澜石二路20号
邮政编码　528041
办公电话　0757-83314962
传真电话　0757-83313535
校园(局域)网域名　www.gditt.edu.cn
电子信箱　gdfzxy@gdfzxy.com
占地面积(平方米)　731555
校舍建筑面积(平方米)　179531
图书(万册)　32.4
固定资产总值(万元)　9979.3
教学、科研仪器设备资产值(万元)　3358
在校生数(人)　8306
其中:普通专科　7922
　　　成人专科　384
专任教师(人)　322
其中:正高级　10
　　　副高级　88
　　　中级　145
　　　初级　43
　　　未定职级　36

专科专业　产品造型设计、电脑艺术设计、电子商务、纺织品检验与贸易、纺织品装饰艺术设计、服装设计、高分子材料加工技术、工商企业管理、工业设计、广告设计与制作、国际贸易实务、环境艺术设计、会计电算化、计算机网络技术、计算机应用技术、连锁经营、染整技术、人物形象设计、软件技术、商务英语、市场营销、数控技术、水环境监测与保护、物流管理、现代纺织技术、新型纺织机电技术、艺术设计、应用电子技术、应用化工技术、针织技术与针织服装

院系设置
纺织系、轻化工程系、服装系、艺术设计系、机电工程系、信息工程系、经济管理系和应用外语系

学校设立奖学金情况
学院设立奖学金5项:奖学金总额50万元。奖学金最高金额3000元,最低金额100元。

主要校办产业
后勤服务中心

学校历史沿革
广东纺织职业技术学院坐落于佛山市禅城区澜石二路20号,其前身为广东省纺织工业学校,筹建于1984年8月,是国家重点中专学校。2001年5月升格为职业技术学院,进入高等教育行列,办学规模10000人。

广东建设职业技术学院

学校(机构)标识码　4144012741
学校办学类型　415:专科院校:高等职业学校
学校性质类别　02 理工院校
学校举办者　811 省级教育部门
学校地址　广州市白云区广花二路638号
邮政编码　510440
办公电话　020-36409689
传真电话　020-36409506
校园(局域)网域名　www.gdcvi.net
电子信箱　gdjsxy@sohu.com
占地面积(平方米)　50548
校舍建筑面积(平方米)　64792
图书(万册)　34.78
固定资产总值(万元)　11610.16
教学、科研仪器设备资产值(万元)　2800
在校生数(人)　7335
其中:普通专科　6044
　　　成人专科　1291
专任教师(人)　243
其中:正高级　1
　　　副高级　47
　　　中级　113
　　　初级　82

专科专业　产品造型设计、道路桥梁工程技术、雕刻艺术与家具设计、房地产经营与估价、工程监理、工程造价、环境监测与治理技术、会计、计算机多媒体技术、计算机网络技术、计算机应用技术、建筑电气工程技术、建筑工程技术、建筑设备工程技术、楼宇智能化工程技术、软件技术、商务英语、室内设计技术、物流管理、物业管理、应用电子技术、园林工程技术、园艺技术、装潢艺术设计

院系设置
5个,土木工程系、机电工程系、建筑与艺术系、经济管理系、计算机系

学校设立奖学金情况
学校设立奖学金4项,奖励总金额70余万元。奖学金最高金额2000元/年,最低金额300元/年。

主要校办产业
广东建业技术工程公司

学校历史沿革
我校的前身是广东省建筑工程技工学校,于1979年经广东省人民政府批准成立。1986年经广东省人民政府批准成立广东省建筑工学校。

广东女子职业技术学院

学校(机构)标识码　4144012742
学校办学类型　415:专科院校:高等职业学校
学校性质类别　01 综合大学
学校举办者　812 省级其他部门
学校地址　广州市番禺区市莲路南浦村段2号
邮政编码　511450
办公电话　020－34557002
传真电话　020－34556870
校园(局域)网域名　www.gdfs.edu.cn
电子信箱　office@gdfs.edu.cn
占地面积(平方米)　143939
校舍建筑面积(平方米)　151292
图书(万册)　44
固定资产总值(万元)　37749.58
教学、科研仪器设备资产值(万元)　3575.15
在校生数(人)　6378
其中:普通专科　5970
　　　成人专科　408
专任教师(人)　238
其中:正高级　12
　　　副高级　57
　　　中级　136
　　　初级　18
　　　未定职级　15

专科专业　表演艺术、表演艺术(音乐方向)、电脑艺术设计(国际商业美术设计)、电子商务、动漫设计与制作、多媒体设计与制作(网页艺术设计)、服装设计、服装设计(服装品牌设计)、服装设计(服装品牌设计方向)、服装设计(服装设计与形象设计)、国际贸易实务、会计电算化、计算机应用技术、经济信息管理、酒店管理、旅游管理、旅游管理(酒店方向)、旅游日语(2年制)、旅游日语(3年制)、旅游英语、青少年工作与管理、青少年工作与管理(学前方向)、人力资源管理、软件技术(软件测试)、软件技术(软件测试)、商务日语、商务英语、社区管理与服务、市场营销(房地产营销与策划)、文秘(商务秘书)、文秘(中英文秘书)、物流管理、影视多媒体技术、应用英语

院系设置
管理系、经贸系、应用外语系、应用设计系和文化艺术系。
定期公开出版的专业刊物　《广东女子职业技术学院学刊》
学校设立奖学金情况
学校设立奖学金共8项,奖励总金额138余万元,奖学金最高金额8000元/年,最低金额300元/年。
学校历史沿革
1.广东省妇女干部学校(1981年－2004年5月);2.广东女子中专学校(1992年－2005年6月);3.广东女子职业技术学院(2001年至今)。

广东机电职业技术学院

学校(机构)标识码　4144012743
学校办学类型　415:专科院校:高等职业学校
学校性质类别　02 理工院校
学校举办者　811 省级教育部门
学校地址　广州市白云区同和蟾蜍石东路2号
邮政编码　510515
办公电话　020－61362166
传真电话　020－61362167
校园(局域)网域名　www.gdmec.cn
电子信箱　gdjd@gdmec.cn
占地面积(平方米)　509669
校舍建筑面积(平方米)　234187
图书(万册)　47.07
固定资产总值(万元)　39150.09
教学、科研仪器设备资产值(万元)　5088.16
在校生数(人)　13477
其中:普通专科　12736
　　　成人专科　741
专任教师(人)　560
其中:正高级　5
　　　副高级　121
　　　中级　237
　　　初级　187
　　　未定职级　10

专科专业　安全技术管理、报关与国际货运、财务管理、电气自动化技术、电子信息工程技术、多媒体设计与制作、工程机械运用与维护、工商企业管理、工业设计、供热通风与空调工程技术、国际贸易实务、会计电算化、机电一体化技术、机动车保险实务、计算机辅助设计与制造、计算机控制技术、计算机网络技术、计算机应用技术、建筑电气工程技术、金融管理与实务、楼宇智能化工程技术、旅游管理、旅游英语、模具设计与制造、汽车电子技术、汽车技术服务与营销、汽车检测与维修技术、汽车制造与装配技术、软件技术、商务英语、数控技术、数控设备应用与维护、物流管理、物业管理、移动通信技术、应用电子技术、应用英语

院系设置
学校下设机械工程学院、电气工程学院、汽车学院、信息工程学院、经济与管理学院、外语商务学院、继续教育学院等七个(二级)学院;基础部、思想政治理论课教学部、网络与信息技术中心等3个(部、中心)。
国家级、省部级研究机构设置
研究所(中心):科技处(原名:高职研究所)
定期公开出版的专业刊物　《广东机电职业技术学院学报》

学校设立奖学金情况

学校设立奖学金3项，奖励总金额77.112余万元，最低金额400元/年。

学校历史沿革

广东机电职业技术学院是2001年5月经广东省人民政府批准，国家教育部备案，在原广东省机电学校的基础上升格成立的一所隶属于广东省教育厅以工科为主的高等职业技术学院。前身是创建于1963年的"广东省农业机械技术学校"，先后经历"广东省农业机电学校"、"广东省机电学校"发展阶段，至今有48年的职教办学历史。是第一所通过教育部高等职业院校人才培养工作新方案试点评估院校。

广东岭南职业技术学院

学校(机构)标识码 4144012749	传真电话 020-32052177	其中：普通专科 15423
学校办学类型 415：专科院校：高等职业学校	校园(局域)网域名 www.lnc.edu.cn	成人专科 3594
	电子信箱 lnyb2011@163.com	专任教师(人) 696
学校性质类别 01 综合大学	图书(万册) 84.5	其中：正高级 14
学校举办者 999 民办	固定资产总值(万元) 11321.49	副高级 126
学校地址 广州市天河区东圃大观中路492号	教学、科研仪器设备资产值(万元) 7631.78	中级 193
邮政编码 510663	在校生数(人) 19017	初级 110
办公电话 020-22305733		未定职级 253

专科专业 电子商务、电子信息工程技术、动漫设计与制作、服装设计、工程造价、工商企业管理、工业设计、广告设计与制作、国际商务、会计电算化、机电一体化技术、计算机多媒体技术、计算机网络技术、计算机应用技术、金融保险、酒店管理、旅游管理、模具设计与制造、人力资源管理、软件技术、商务日语、商务英语、生物制药技术、市场营销、数控技术、数控设备应用与维护、通信技术、文秘、物流管理、药学、医学营养、艺术设计、音乐表演、应用英语、运动休闲服务与管理、中药、装饰艺术设计

院系设置

行政系统：校务部(含行政服务中心、人力资源中心、财务室)、教务部(含教学运行管理中心、科研与教学资源管理中心)、学务部(学生事务中心、团委)、招生就业中心、安全保卫中心

教学系统：电子信息工程学院、外语外贸学院、商学院、管理学院、艺术与传媒学院、医药健康学院、现代制造学院、博雅教育学院、思想政治理论课教学科研部

教学支持系统：督导室、高职研究室、图文信息资源中心(图书馆)、博雅教育研究所

国家级、省部级研究机构设置

高职研究室、博雅教育研究所

定期公开出版的专业刊物 《广东岭南职业技术学院学报》(内部刊物)

学校设立奖学金情况

国家奖学金奖励标准12人/年,8000元/人；
国家励志奖学金奖励标准230人/年,5000元/人；
国家助学金资助标准1102人/年,2000元/人。

同时，学院每年划拨100万元作为励志奖学金，成立励志班，资助优秀困难学生。

毕业生一次就业率 99.43%

学校历史沿革

广东岭南职业技术学院位于广州市天河区东圃大观中路492号，成立于2001年5月，是经广东省人民政府批准，国家教育部备案，面向广东省内外招收高等学历教育国家任务生、具有学历证书颁发权的全日制综合性省属民办普通高等院校。其前身是1993年3月成立的广州岭南文化技术学校，1998年9月成立广州市岭南工商专修学院，2001年5月成立广东岭南职业技术学院。

汕尾职业技术学院

学校(机构)标识码 4144012765	邮政编码 516600	校舍建筑面积(平方米) 78154
学校办学类型 415：专科院校：高等职业学校	办公电话 0669-3362144	图书(万册) 32.5
	传真电话 0660-3371567	固定资产总值(万元) 10846
学校性质类别 01 综合大学	校园(局域)网域名 www.swvtc.cn	教学、科研仪器设备资产值(万元) 2057
学校举办者 821 地级教育部门	电子信箱 swzybgs@163.com	
学校地址 广东省汕尾市城区文德路	占地面积(平方米) 194005	在校生数(人) 4584

其中:普通专科 4412	其中:副高级 48	初级 64
成人专科 172	中级 99	未定职级 33
专任教师(人) 244		

专科专业 初等教育(综合理科)、初等教育(综合文科)、电脑艺术设计、电气自动化技术、电子商务、电子设备与运行管理、电子信息工程技术、工商企业管理、计算机信息管理、计算机应用技术、历史教育、旅游管理、美术教育、商务管理、商务英语、市场营销、数学教育、思想政治教育、体育教育、微电子技术、文秘、现代教育技术、学前教育、音乐教育、英语教育、应用电子技术、语文教育

院系设置
学院设有经济管理系、外语系、艺体系、中文系、数学系、电子系、思政部、公共课教学部等8个系部

学校设立奖学金情况
学院设立比较完善的奖助学金制度,奖学金最高金额4000元/年,最低金额800元/年。

学校历史沿革
汕尾职业技术学院座落在风光旖旎的粤东滨海城市——广东省汕尾市城区,是一所由汕尾市人民政府创办,广东省人民政府批准,国家教育部备案的专科层次公办普通高等院校。

罗定职业技术学院

学校(机构)标识码 4144012770	校园(局域)网域名 www.ldpoly.com	其中:普通专科 7212
学校办学类型 415:专科院校:高等职业学校	电子信箱 msk3782736@163.com	成人专科 797
	占地面积(平方米) 265067	专任教师(人) 395
学校性质类别 01 综合大学	校舍建筑面积(平方米) 154228	其中:正高级 2
学校举办者 821 地级教育部门	图书(万册) 47.47	副高级 26
学校地址 广东省罗定市西门岗5号	固定资产总值(万元) 17814.91	中级 242
邮政编码 527200	教学、科研仪器设备资产值(万元)	初级 20
办公电话 0766-3782736	2842.02	未定职级 105
传真电话 0766-3722601	在校生数(人) 8009	

专科专业 电子商务、电子信息工程技术、电子信息工程技术(通信技术)、电子信息工程技术(无线电技术)、雕塑艺术设计(景观艺术设计)、雕塑艺术设计(石材艺术设计)、工商企业管理、工商企业管理(企业人力资源)、行政管理、会计、机电一体化技术、机电一体化技术(数控设备管理)、计算机信息管理、计算机应用技术、计算机应用技术(网络工程与管理)、计算机应用技术(网络设计)、计算机应用技术(网络设计与管理)、计算机应用技术(游戏编程)、连锁经营管理、旅游管理、旅游管理(导游)、旅游管理(酒店管理)、美术教育、模具设计与制造、模具设计与制造(CAD/CAM)、汽车技术服务与营销、汽车检测与维修技术、商务英语、市场营销、数控技术、数学教育、思想政治教育、体育服务与管理、体育教育、文秘、文秘(文秘及办公自动化)、物理教育、物流管理、现代教育技术、现代教育技术(多媒体)、学前教育、艺术设计(动画设计)、艺术设计(装潢设计)、音乐表演(钢琴)、音乐表演(声乐)、音乐教育、英语教育、应用电子技术、应用电子技术(电气自动化)、应用电子技术(通信技术)、应用英语(经贸英语)、应用英语(外贸英语)、语文教育

院系设置
设有电子信息系、机电工程系、教育系、外语系、艺术体育系、经济管理等系和中职部等教学单位。

定期公开出版的专业刊物 《罗定职业技术学院学报》

学校设立奖学金情况
学校设有奖学金一项,奖励总金额17.7万元。奖学金最高金额1000元/年,最低金额1000元/年。

学校历史沿革
罗定职业技术学院是经广东省人民政府批准、国家教育部备案、由云浮市人民政府主办的全日制普通高等院校,其前身是创建于1928年的罗定师范学校,2001年5月升格为专科层次的综合院校。

阳江职业技术学院

学校(机构)标识码 4144012771	学校性质类别 01 综合大学	路
学校办学类型 415:专科院校:高等职业学校	学校举办者 821 地级教育部门	邮政编码 529566
	学校地址 广东省阳江市江城区东山	办公电话 0662-3316729

传真电话　0662-3316729	固定资产总值(万元)　30026.8	专任教师(人)　277
校园(局域)网域名　www.yjcollege.net	教学、科研仪器设备资产值(万元)　3779.1	其中:副高级　53
电子信箱　yjcollengoffice@tom.com	在校生数(人)　6415	中级　165
占地面积(平方米)　365364	其中:普通专科　6167	初级　50
校舍建筑面积(平方米)　109232	成人专科　248	未定职级　9
图书(万册)　34.79		

专科专业　财务管理、产品造型设计、电气自动化技术、电子商务、动漫设计与制作、广告设计与制作、环境监测与治理技术、会计电算化、机电一体化技术、计算机网络技术、计算机应用技术、旅游管理、美术教育、模具设计与制造、汽车检测与维修技术、商务英语、食品营养与检测、市场营销、数控技术、数学教育、水产养殖技术、体育教育、文秘、现代教育技术、新闻采编与制作、学前教育、音乐表演、音乐教育、英语教育、语文教育、园林技术

院系设置　中文系、外语系、艺术与设计系、计算机科学系、机电系、财经系、生命科学与技术系、思想政治理论课教学部、成教部、体育部

学校设立奖学金情况

学校设立奖学金1项,奖励总金额21万余元。奖学金最高金额500元/年,最低金额150元/年。

学校历史沿革

阳江职业技术学院的前身为阳江师范学校,创建于1916年。2001年5月阳江师范学校、阳江中专学校、阳江成人中专学校合并组建阳江职业技术学院,校址设在原阳江师范学校。

河源职业技术学院

学校(机构)标识码　4144012772	校园(局域)网域名　www.hycollege.net	其中:普通专科　11875
学校办学类型　415:专科院校:高等职业学校	电子信箱　hzy3800001@126.com	成人专科　3338
	占地面积(平方米)　1000500	专任教师(人)　512
学校性质类别　01 综合大学	校舍建筑面积(平方米)　256381	其中:正高级　9
学校举办者　821 地级教育部门	图书(万册)　60.1	副高级　95
学校地址　河源市东环路大学城	固定资产总值(万元)　37406	中级　197
邮政编码　517000	教学、科研仪器设备资产值(万元)　5818	初级　134
办公电话　0762-3800001		未定职级　77
传真电话　0762-3800002	在校生数(人)　15213	

专科专业　电子信息工程技术、法律事务、服装设计、高分子材料加工技术、工商企业管理、工业环保与安全技术、工业设计、会计电算化、计算机多媒体技术、计算机网络技术、计算机应用技术、酒店管理、楼宇智能化工程技术、旅游管理、美术教育、模具设计与制造、烹饪工艺与营养、汽车运用技术、软件技术、商务英语、涉外旅游、市场营销、数控技术、数学教育、体育教育、文秘、物流管理、物业管理、现代教育技术、新闻采编与制作、学前教育、移动通信技术、艺术设计、音乐表演、音乐教育、英语教育、应用电子技术、应用英语、语文教育、园林技术

院系设置

学院下设人文学院、机电工程学院、工商管理学院、电子与信息工程学院、艺术与设计学院共5个二级学院,思想政治教育部及信息中心、图书馆、高等职业教育研究所等3个教辅机构

学校设立奖学金情况

设立奖学金3项,国家奖学金、优秀学生奖学金及以第一志愿报考我院并且成绩在全院录取学生当中排名前20名的学生奖学金。年奖励金额达40多万元。

(一)国家奖学金,每生8000元/人,奖励名额由国家有关部门下发。

(二)优秀学生奖学金,分三个层次分别奖励,奖励面为在校学生总人数的20%。

1. 优秀学生一等奖学金:占获奖人数的2%,600/人。
2. 优秀学生二等奖学金:占获奖人数的5%,400/人。
3. 优秀学生三等奖学金:占获奖人数的10%,300/人。

(三)对以第一志愿报读我院且录取成绩排前20名的学生奖励标准如下:一等奖1名,6000元/人;二等奖2名,3000元/人;三等奖17名,1000元/人。

学校历史沿革

河源职业技术学院前身是老隆师范学校,创建于1930年,校址设在龙川县通衢。1935年3月经广东省教育厅同意,学校易名为"广东省立老隆师范学校"。1937年,学校从通衢迁至老隆上课。2001年5月经广东省人民政府批准,老隆师范学校升格为河源职业技术学院。属国家教育部注册、地方政府投资的一所公办全日制高等职业院校。2004年3月学院新校区动工兴建,校址设在河源市区东环路东江河畔。2005年9月,学院迁至新校区办学。

广东邮电职业技术学院

学校(机构)标识码	4144012953
学校办学类型	415:专科院校:高等职业学校
学校性质类别	02 理工院校
学校举办者	812 省级其他部门
学校地址	广州市天河区中山大道西191号
邮政编码	510630
办公电话	020-83969100
传真电话	020-38252839
校园(局域)网域名	www.gupt.net
电子信箱	yyzhb3399@yahoo.com
占地面积(平方米)	104201
校舍建筑面积(平方米)	76264
图书(万册)	17.17
固定资产总值(万元)	21833.89
教学、科研仪器设备资产值(万元)	2223.53
在校生数(人)	2244
其中:普通专科	2150
成人专科	94
专任教师(人)	101
其中:副高级	28
中级	59
初级	7
未定职级	7

专科专业 工商企业管理、计算机应用技术、金融管理与实务、软件技术、商务英语、市场营销、通信技术、移动通信技术

院系设置
通信工程系、计算机系、经济管理系

学校设立奖学金情况
设立奖学金5项,奖学金总额16.48余万元。奖学金最高金额2500元/年,最低金额400元/年。

学校历史沿革
我院前身为广东省邮电学校,该校于1949年11月22日创办,1999年招最后一届中专生。2002年4月2日,经广东省人民政府批准,在广东省邮电学校的基础上设立广东邮电职业技术学院。2002年9月月16日,广东邮电职业技术学院第一届普通专科新生入学。2004年2月9日,第一届函授专科新生入学。

汕头职业技术学院

学校(机构)标识码	4144012954
学校办学类型	415:专科院校:高等职业学校
学校性质类别	01 综合大学
学校举办者	821 地级教育部门
学校地址	广东省汕头市濠江区东湖,汕头职业技术学院
邮政编码	515078
办公电话	0754-83582511
传真电话	0754-83582500
校园(局域)网域名	www.stzy.stedu.net
电子信箱	szyjq@126.com
占地面积(平方米)	725373
校舍建筑面积(平方米)	201531
图书(万册)	50
固定资产总值(万元)	36234
教学、科研仪器设备资产值(万元)	3957
在校生数(人)	11322
其中:普通专科	10458
成人专科	864
专任教师(人)	437
其中:正高级	3
副高级	77
中级	240
初级	58
未定职级	59

专科专业 产品造型设计、初等教育(数学)、初等教育(数学与科学)、初等教育(英语)、初等教育(中文)、初等教育(中文与社会)、地理教育、电子商务、服装设计与加工、供用电技术、国际贸易实务、化学教育、环境监测与治理技术、环境艺术设计、会计电算化、机电一体化技术、计算机多媒体技术、计算机辅助设计与制造(数控)、计算机教育、计算机应用技术、计算机应用技术(师)、计算机应用技术(网络方向)、建筑工程管理(工程造价)、建筑工程管理(建造师)、金融与证券、历史教育、旅游管理(酒店方向)、旅游管理(旅行社方向)、旅游管理(旅行社会方向)、美术教育、汽车技术服务与营销、汽车检测与维修技术、软件技术、商务英语、社会体育(健身与舞蹈)、生物教育、市场营销、数学教育、思想政治教育、体育教育、文秘(行政管理)、物理教育、物流管理、学前教育、音乐表演、音乐教育、英语教育、应用电子技术(电子信息技术)、语文教育、装饰艺术设计

院系设置
计算机系、机电工程系、经济管理系、自然科学系、人文社科系、外语系、艺术体育系、学前教育系

定期公开出版的专业刊物 《南方职业教育学刊》(双月刊)、《汕头职业技术教育论坛》(季刊)

学校设立奖学金情况
学校设立奖学金3项,奖励总金额564.8万元/年,最低金额3000元/年。

学校历史沿革
汕头职业技术学院是经广东省人民政府批准,汕头市人民政府主办、主管,在原汕头教育学院(含汕头幼儿师范学校)、汕头商业供销学校、汕头机电学校和汕头市教师进修学校等院校合并的基础上设立的的公立全日制普通高等学校。

揭阳职业技术学院

学校(机构)标识码 4144012956	校园(局域)网域名 www.jyc.edu.cn	其中:普通专科 6649
学校办学类型 415:专科院校:高等职业学校	电子信箱 jycbgs@126.com	成人专科 655
	占地面积(平方米) 333483	专任教师(人) 331
学校性质类别 01 综合大学	校舍建筑面积(平方米) 115274	其中:正高级 5
学校举办者 821 地级教育部门	图书(万册) 36.51	副高级 75
学校地址 广东省揭阳市榕城区仙桥	固定资产总值(万元) 17115.65	中级 140
邮政编码 522031	教学、科研仪器设备资产值(万元) 2054.29	初级 80
办公电话 0663-8859885		未定职级 31
传真电话 0663-8859000	在校生数(人) 7304	

专科专业 宝玉石鉴定与加工技术、宝玉石鉴定与加工技术(宝玉石鉴定)、宝玉石鉴定与加工技术(首饰设计)、初等教育(理科)、初等教育(文科)、初等教育(学前教育)、地理教育、电气自动化技术、电子商务、电子信息工程技术、工商企业管理(企业管理)、工商企业管理(物流管理)、化学教育、会计电算化、机电一体化技术、计算机多媒体技术、计算机多媒体技术(广告设计)、计算机多媒体技术(室内装饰)、计算机应用技术(网络技术)、计算机应用技术(信息管理)、精细化学品生产技术、精细化学品生产技术(日用化学品)、历史教育、旅游英语、美术教育、模具设计与制造、商务英语、生物技术及应用、生物技术及应用(生物制药)、生物教育、食品营养与检测、数学教育、思想政治教育、体育教育、文秘、文秘(媒体传播)、文秘(企业文员)、文秘(现代化办公)、物理教育、现代教育技术、药学、音乐教育、英语教育、应用化工技术、应用化工技术(化工分析与检测)、应用化工技术(石化产品营销)、语文教育、园林工程技术、园林工程技术(景观设计)、园林工程技术(施工与监理)、园艺技术、园艺技术(观赏植物与旅游景观)

院系设置 设置思想政治理论课教学部、中文系、外语系、数学与计算机科学系、应用生物工程系、机电与电子工程系、公共课教学部、化学与应用化工系

定期公开出版的专业刊物 《揭阳职业技术教育研究》

学校设立奖学金情况 学校设立奖学金5项,奖励总金额57万元,最高金额1500元/年最低金额150元/年。

学校历史沿革 学院于1999年7月经广东省人民政府批准筹建揭阳高等专科学校,2000年和2001年作为汕头大学的揭阳分教处,由汕头大学代招大专层次高校生。2002年3月经广东省政府批准正式成立揭阳职业技术学院,并于该年开始独立招收普通和成人专科高校学生。

深圳信息职业技术学院

学校(机构)标识码 4144012957	传真电话 0755-25859133	在校生数(人) 9289
学校办学类型 415:专科院校:高等职业学校	校园(局域)网域名 www.sziit.com.cn	其中:普通专科 8338
	电子信箱 yuanban@sziit.com.cn	成人专科 951
学校性质类别 02 理工院校	占地面积(平方米) 1055232	专任教师(人) 402
学校举办者 821 地级教育部门	校舍建筑面积(平方米) 569034	其中:正高级 25
学校地址 深圳市龙岗区龙翔大道2188号	图书(万册) 41.4	副高级 178
	固定资产总值(万元) 24866	中级 180
邮政编码 518127	教学、科研仪器设备资产值(万元) 12684.82	初级 2
办公电话 0755-25859486		未定职级 17

专科专业 报关与国际货运、城市轨道交通运营管理、电脑艺术设计、电视节目制作、电子测量技术与仪器、电子商务、电子信息工程技术、动漫设计与制作、工商企业管理、会计电算化、计算机多媒体技术、计算机辅助设计与制造、计算机控制技术、计算机网络技术、计算机信息管理、计算机应用技术、建筑工程管理、金融管理与实务、旅游英语、汽车电子技术、嵌入式技术与应用、软件测试技术、软件技术、商务英语、室内检测与控制技术、通信技术、投资与理财、玩具设计与制造、网络系统管理、微电子技术、文化市场经营与管理、文秘、物流管理、信息安全技术、移动通信技术、应用电子技术、游戏软件

院系设置

共有十院二部,具体为软件学院(兼易思博学院)、电子与通信学院(兼中兴联通学院)、计算机学院(兼神州红旗学院)、数字媒体学院、机电工程学院、交通与环境学院、商务管理学院(兼电子商务学院)、财经学院、应用外语学院、继续教育学院、思想政治理论课教学部、公共课教学部

定期公开出版的专业刊物 《深圳信息职业技术学院学报》

学校设立奖学金情况

学院设立奖学金6项,奖励总金额191余万元。奖学金最高金额5000元/人,最低金额100元/人。

(1)学业奖学金:一等奖:82人/年,3000元/人;二等奖:358人/年,1500元/人;三等奖:672人/年,800元/人。

(2)单科成绩优秀奖学金:506人/年,200元/人。

(3)社会工作先进个人奖:44人/年,200元/人。

(4)特长及特殊贡献类奖学金:名额无限制,最高1500元/人,最低100元/人。

(5)考证奖学金:名额无限制,最高500元/人,最低200元/人。

(6)新生奖学金:28.6万元/年,最高5000元/人,最低1000元/人。

学校历史沿革

深圳信息职业技术学院是深圳市人民政府主办,在深圳市工业学校、深圳市财经学校、深圳教育学院的基础上,于2002年4月合并组建的一所具有专科层次招生资格的普通高等学校。2003年经教育部批准成为试办国家示范性软件职业技术学院。2004年,广东省教育厅确定学院为省级示范性软件职业技术学院。

清远职业技术学院

学校(机构)标识码 4144012958	传真电话 0763-3936229	在校生数(人) 8946
学校办学类型 415:专科院校:高等职业学校	校园(局域)网域名 www.qypt.com.cn	其中:普通专科 8792
学校性质类别 01 综合大学	电子信箱 qyptmsk@126.com	成人专科 154
学校举办者 821 地级教育部门	占地面积(平方米) 1519269	专任教师(人) 425
学校地址 广东省清远市清城区东城街蟠龙园	校舍建筑面积(平方米) 205712	其中:正高级 8
	图书(万册) 50.72	副高级 94
邮政编码 511510	固定资产总值(万元) 30967	中级 219
办公电话 0763-3936229	教学、科研仪器设备资产值(万元) 3880	初级 60
		未定职级 44

专科专业 材料工程技术、电子信息工程技术、动漫设计与制作、国际经济与贸易、护理、会计、机电一体化技术、计算机网络技术、计算机应用技术(游戏方向)、家政服务(高级管家)、康复治疗技术、旅游管理(酒店管理)、旅游管理(旅行社与景区管理)、模具设计与制造、汽车技术服务与营销、汽车检测与维修技术、商务英语、生物制药技术、食品生物技术、图形图像制作(计算机技术方向)、文秘、物流管理、药品经营与管理、药品质量检测技术、药物制剂技术、医疗美容技术、音乐表演、音乐教育、英语教育、营销与策划、应用英语、助产、装潢艺术设计(平面设计)、装潢艺术设计(室内设计)

院系设置

下设5个二级学院、4个系、3个部:二级学院:护理学院、机电工程学院、外语与经贸学院、华汽汽车学院、继续教育学院;系:信息科技系、旅游与家政管理系、食品药品系、艺术系;部:思想政治理论课教学部、中专部、公共课教学部

定期公开出版的专业刊物 《清远职业技术学院学报》

学校设立奖学金情况

学校设立奖学金9项,奖励总金额685.12万元。奖学金最高金额8000元/年,最低金额500元/年。

1.国家奖学金:16人/年,8000元/年。

2.国家励志奖学金:300人/年,5000元/人。

3.国家助学金:1286人/年,3000元/人。

4.学院奖学金:120人/年,1000元/人;二等奖170人/年,600元/人;三等奖248人/年,400元/人。

5.香港建滔集团清远籍奖助学金:优秀新生奖学金10人/年,4000元/人;助学金159人/年,1000元/人。

6.陈戈平教育基金:150人/年,3000元/人。

7.香港信善助学金:100人/年,1500元/人;150人/年,1000元/人。

8.清城区政府奖助学金:清城区籍新生奖学金120人/年,500元/人;大专助学金18人/年,1000元/人。

9.汶川地震灾区补助:8人/年,44000元/人。

学校历史沿革

2002年4月,经广东省人民政府批准,报教育部备案,由清远师范学校和清远市卫生学校合并升格成立清远职业技术学院;2002年11月,清远市广播电视大学、清远市教师进修学校并入;2004年11月,清远市交通学校并入,成为五校合并的综合性高等职业院校。

广东工贸职业技术学院

学校(机构)标识码 4144012959	传真电话 020-87647600	在校生数(人) 8032
学校办学类型 415:专科院校:高等职业学校	校园(局域)网域名 www.gdgm.cn	其中:普通专科 7514
	电子信箱 CHL600@vip.163.com	成人专科 518
学校性质类别 02 理工院校	占地面积(平方米) 691982	专任教师(人) 315
学校举办者 811 省级教育部门	校舍建筑面积(平方米) 171494	其中:正高级 12
学校地址 广州市天河区广州大道北963号	图书(万册) 34.59	副高级 71
	固定资产总值(万元) 12050.09	中级 145
邮政编码 510510	教学、科研仪器设备资产值(万元) 4326.35	初级 18
办公电话 020-87706176		未定职级 69

专科专业 材料工程技术、地籍测绘与土地管理信息技术、电脑艺术设计、电气自动化技术、电子商务、电子信息工程技术、房地产经营与估价、工程测量技术、工程监理、工业设计、国际经济与贸易、会计、机电一体化技术、计算机多媒体技术、计算机辅助设计与制造、计算机网络技术、计算机信息管理、计算机应用技术、旅游英语、模具设计与制造、汽车电子技术、汽车技术服务与营销、软件技术、商务管理、商务日语、商务英语、市场营销、数控技术、文秘、物流管理、新能源汽车维修技术

院系设置
机械工程系、电气自动化工程系、计算机工程系、测绘遥感信息工程系、工商管理系、经济贸易系、应用外语系、思想政治理论课教学部

学校设立奖学金情况
学校设立奖学金九项,奖励总金额40余万元。奖学金最高金额3000元/生。
1. 优秀三好学生奖学金:占在校生数4%,奖金3000元/人;
2. 三好学生奖学金:
(1)院级三好学生:占在校生6%,奖金1500元/人;
(2)系级三好学生:占在校生8%,奖金800元/人;
3. 优秀学生干部奖学金:占在校生2%,奖金1500元/人;
4. 学生工作积极分子奖学金:不设比例,符合条件者均可获奖,奖金100元/人;
5. 优秀毕业生:不设比例,符合条件者均可获奖,奖金300元/人;
6. 专才奖学金:奖金500元/人—5000元/人(不设比例,视获奖情况而定);
7. 特长奖学金:奖金50元/人—400元/人(不设比例,视获奖情况而定);
8. 优秀团员、团干奖学金:
(1)优秀团员:占团员人数的5%,奖金50元/人;
(2)优秀团干:占团员人数的5%,奖金20元/人。
9. 学习进步奖:不设比例,符合条件者均可获奖,奖金100元/人。

学校历史沿革
学校创办于1957年,原归属原冶金工业部主管,后划原广东省冶金工业厅主管,校名为:"广东省冶金工业学校"。1984年划转原中国有色金属工业总公司主管,校名为"广州有色金属工业学校"。1993年被评为省(部)级大中专学校,1997年被评为广东省普通中专一级学校。1999年,省教育主管部门批准,我校与民办南华工商学院合并办学,更名为"南华工商学院西院",承办高等职业教育。2002年5月,成立广东工贸职业技术学院,主管部门为广东省教育厅。2008年1月,通过了教育部组织的人才培养工作水平试点评估。

广东司法警官职业学院

学校(机构)标识码 4144012960	传真电话 020-87083371	1806.91
学校办学类型 415:专科院校:高等职业学校	校园(局域)网域名 www.gdsfjy.com	在校生数(人) 4461
	电子信箱 sfjx@21cn.com	其中:普通专科 4461
学校性质类别 09 政法院校	占地面积(平方米) 139182	专任教师(人) 174
学校举办者 812 省级其他部门	校舍建筑面积(平方米) 106447	其中:正高级 6
学校地址 广东省广州市天河区龙洞龙腾路	图书(万册) 26.94	副高级 64
	固定资产总值(万元) 16665.46	中级 83
邮政编码 510520	教学、科研仪器设备资产值(万元)	初级 21
办公电话 020-87082676		

专科专业 安全防范技术、法律事务、行政执行、司法鉴定技术、司法警务、司法信息技术、司法助理、刑事执行
院系设置
基础技能部、警察系、法律系、司法鉴定系、安全保卫系、信息管理系共六个系部
学校设立奖学金情况
学校设立奖学金3项,奖励总金额29余万元。奖学金最高额1000元/年,最低金额500元/年。
学校历史沿革
广东省司法警察学校创建于1982年,广东司法学校创建于1984年,2002年4月19日经广东省人民政府批准合并升格为广东司法警官职业学院。

广东亚视演艺职业学院

学校(机构)标识码 4144012961	传真电话 0769-87884000	其中:普通专科 1226
学校办学类型 415:专科院校:高等职业学校	校园(局域)网域名 www.atvcn.com	成人专科 11
	电子信箱 atvcn@vip.sina.com	专任教师(人) 106
学校性质类别 11 艺术院校	图书(万册) 9.2	其中:正高级 15
学校举办者 999 民办	固定资产总值(万元) 4956.3	副高级 22
学校地址 广东省东莞市塘厦镇138区湖景路1号	教学、科研仪器设备资产值(万元) 994.31	中级 32
		初级 19
邮政编码 523710	在校生数(人) 1237	未定职级 18
办公电话 0769-87728928		

专科专业 编导、电视节目制作、会计、人力资源管理、人物形象设计、社区管理与服务、摄影摄像技术、舞蹈表演、音乐表演、影视表演、影视动画、主持与播音、装潢艺术设计
院系设置
5个系——电视演艺系、电视制作系、艺术设置系、音乐系、管理系
定期公开出版的专业刊物 《演艺学报》
学校设立奖学金情况
学校设立奖学金1项(优秀学生奖学金),奖励总金额5余万元。奖学金最高金额2000元/年·人,最低金额500元/年·人,每年评奖46人。
学校历史沿革
2000年1月31日,经省高等教育厅批准,成立广东亚视演艺专修学院。2002年1月31日,经省人民政府批准,成立广东亚视演艺职业学院。

广东省外语艺术职业学院

学校(机构)标识码 4144012962	校园(局域)网域名 www.gtcfla.net	其中:普通专科 6245
学校办学类型 415:专科院校:高等职业学校	电子信箱 wy_yb@gtcfla.net	成人专科 1013
	占地面积(平方米) 183809	专任教师(人) 362
学校性质类别 01 综合大学	校舍建筑面积(平方米) 168213	其中:正高级 16
学校举办者 811 省级教育部门	图书(万册) 49.29	副高级 99
学校地址 广东省外语艺术职业学院	固定资产总值(万元) 32061.42	中级 196
邮政编码 510640	教学、科研仪器设备资产值(万元) 5370.23	初级 43
办公电话 020-38458844		未定职级 8
传真电话 020-38457353	在校生数(人) 7258	

专科专业 表演艺术、产品造型设计、初等教育、电子商务、国际经济与贸易、国际贸易实务、国际商务、计算机多媒体技术、计算机网络技术、酒店管理、旅游英语、美术教育、人力资源管理、商务日语、商务英语、文化事业管理、文秘、文秘速录、舞蹈表演、现代教育技术、小学教育、学前教育、艺术设计、音乐表演、音乐教育、英语教育、影视动画、应用英语
院系设置
10
学校设立奖学金情况
学校设立奖学金8项,奖励总金额100.37余万元。奖学金

最高金额50000元/年,最低金额500元/年。
学校历史沿革
1. 1979年12月18日广东省教育厅决定创办广东外国语师范学校。2. 1983年6月3日,省政府批复教育厅,同意开办广东艺术师范学校。{粤办函[1983]1248号文}3. 2001年12月30日,撤销广东艺术师范学校中师建制,并入广东省外语职业学院,合并后改名为广东省外语艺术职业学院。粤府函(2001)682号。

北京师范大学珠海分校

学校(机构)标识码	4144013177
学校办学类型	413:本科院校:独立学院
学校性质类别	01 综合大学
学校举办者	999 民办
学校地址	广东省珠海市唐家湾金凤路18号
邮政编码	519087
办公电话	0756-6126857
传真电话	0756-6126066
校园(局域)网域名	www.bnuep.edu.cn
电子信箱	dangzhengban@bnuep.com
占地面积(平方米)	3069618
图书(万册)	114.37
固定资产总值(万元)	129893.13
教学、科研仪器设备资产值(万元)	8016.55
在校生数(人)	21304
其中:普通本科	21283
留学生	21
专任教师(人)	915
其中:正高级	163
副高级	178
中级	453
初级	110
未定职级	11

本科专业 编辑出版学、表演、财务管理、测控技术与仪器、城市规划、传播学、电气工程及其自动化、电子商务、电子信息科学与技术、对外汉语、法学、房地产经营管理、工商管理、工业设计、公共事业管理、广告学、国际经济与贸易、汉语言文学、行政管理、计算机科学与技术、家政学、教育技术学、教育学、金融学、劳动与社会保障、人力资源管理、日语、软件工程、社会工作、生物技术、市场营销、数学与应用数学、数字媒体技术、特许经营管理、统计学、土地资源管理、文化产业管理、舞蹈学、物流工程、物流管理、信息管理与信息系统、信息与计算科学、学前教育、艺术设计、英语、影视学、应用心理学、资源环境与城乡规划管理

院系设置
设有14所学院(部):文学院、外国语学院、艺术与传播学院、设计学院、教育学院、法律与行政学院、国际商学部、管理学院、特许经营学院、物流学院、不动产学院、信息技术学院、工程技术学院、应用数学学院。

学校设立奖学金情况
学校设立奖学金8项,奖励总金额500余万元/年,奖学金最高金额248万元/年,最低金额2万元/年。

主要校办产业
珠海北京师范大学珠海校区资产经营有限公司

学校历史沿革
2000年10月,北京师范大学与珠海市人民政府签订了合作创建"北京师范大学珠海教育园区"的协议;2011年12月16日,校园奠基;2002年3月,教育部正式批复同意设立北京师范大学珠海教育园区,同年招收首届学生;2003年,更名为北京师范大学珠海分校。

广东工业大学华立学院

学校(机构)标识码	4144013656
学校办学类型	413:本科院校:独立学院
学校性质类别	02 理工院校
学校举办者	999 民办
学校地址	广州增城广汕公路华立科技园华立路11号
邮政编码	511325
办公电话	020-82901370
传真电话	020-82901370
校园(局域)网域名	www.hualixy.com
校舍建筑面积(平方米)	18561
图书(万册)	107.77
固定资产总值(万元)	18548.53
教学、科研仪器设备资产值(万元)	7696.55
在校生数(人)	15292
其中:普通本科	15292
专任教师(人)	692
其中:正高级	62
副高级	154
中级	287
初级	99
未定职级	90

本科专业 材料成型及控制工程、财务管理、电气工程及其自动化、动画、给水排水工程、工程管理、工商管理、国际经济与贸易、会计学、机械设计制造及其自动化、计算机科学与技术、建筑学、经济学、人力资源管理、市场营销、土地资源管理、土木工程、网络工程、物流管理、新闻学、信息工程、信息管理与信息系统、艺术设计、英语、自动化

院系设置
学院共设七个学部和一个教学部,分别是外语外贸学部、计算机与传媒艺术学部、建设学部、机电工程学部、经济学部、会计学部、管理学部和思想政治理论课教学部

定期公开出版的专业刊物 《广东工业大学华立学院学刊》

学校设立奖学金情况

学校设立奖学金分优秀学生奖学金、单项教学金二大类。优秀学生奖学金设特等奖学金(800元/人)、一等奖学金(300元/人)、二等奖学金(200元/人)、三等奖学金(100元/人)并设立华立奖学金(1000元);单项奖学金,包括英语等级考试奖、创新奖学金(200/项)、竞赛讲学金(100元/人)。

学校历史沿革

2001年4月12日,与广东工业大学签订联合办学协议;2001年4月17日,广东工业大学向广东教育厅申请创办广东工业大学华立学院;2001年4月24日,广东省教育厅批准创建广东工业大学华立学院;2001年6月1日,广东工业大学华立学院正式挂牌(定为建校日期)。

广州大学松田学院

学校(机构)标识码	4144013657
学校办学类型	413:本科院校:独立学院
学校性质类别	01 综合大学
学校举办者	999 民办
学校地址	广州市增城朱村街南岗村
邮政编码	511370
办公电话	020-82850018
传真电话	020-82850069
校园(局域)网域名	www.sontan.net
电子信箱	mayunzhen@sontan.net
图书(万册)	64
固定资产总值(万元)	32777.51
教学、科研仪器设备资产值(万元)	2917
在校生数(人)	8101
其中:普通本科	8101
专任教师(人)	398
其中:正高级	40
副高级	82
中级	149
初级	23
未定职级	104

本科专业 财务管理、电气工程及其自动化、电子信息工程、动画、法学、工业设计、国际经济与贸易、行政管理、会计学、计算机科学与技术、金融学、美术学、汽车服务工程、人力资源管理、日语、软件工程、社会体育、市场营销、网络工程、艺术设计、英语

院系设置

广州大学松田学院是于2004年4月经国家教育部批准试办的独立学院,下设八系三部,分别是经济学系、管理学系、计算机科学与技术系数、电气与汽车工程系、社会体育系、外语系、法学系、艺术系、社会科学部、通识教学部、大学英语教学部等。

定期公开出版的专业刊物 《松田学院学报》、《松田学院报》

学校设立奖学金情况

学校设立奖学金4项,奖励总金额30余万元。奖学金最高金额5000元/人,最低金额200元/人。

1. "松田学子"奖学金,奖金额5000元/人。
2. 品学兼优奖学金:一等奖学金1000元/人名额为学生总数的2% 二等奖学金600元/人名额为学生总数的3% 三等奖学金300元/人名额为学生总数的6%。
3. 成绩优异奖学金:奖金金额300元/人,名额为学生总数的3%。
4. 单项奖学金:奖励名额和金额视具体情况而定,最低奖励金额为200元/人。

学校历史沿革

1999年,原广州大学与增城市松田实业有限公司经过友好协商,达成合作办学协议,成立了广州大学增城教学点。2000年,新的广州大学组建成立,正式把"广州大学增城教学点"办成二级学院,同时更名为"广州大学松田学院"。2004年4月有,经国家教育部批准,广州大学松田学院正式成为试办的独立学院。

华南师范大学增城学院

学校(机构)标识码	4144013667
学校办学类型	413:本科院校:独立学院
学校性质类别	08 财经院校
学校举办者	999 民办
学校地址	广州市萝岗区九龙镇康大教育园
邮政编码	511363
办公电话	020-82876130
传真电话	020-82876130
校园(局域)网域名	www.scnuzc.cn
电子信箱	hszcxy@163.con
占地面积(平方米)	209004
校舍建筑面积(平方米)	74659
图书(万册)	103.97
固定资产总值(万元)	26993.72
教学、科研仪器设备资产值(万元)	3270.88
在校生数(人)	9915
其中:普通本科	9915
专任教师(人)	497
其中:正高级	60
副高级	111
中级	192
初级	65
未定职级	69

本科专业 德语、电子商务、电子信息科学与技术、法学、国际经济与贸易、会计学、计算机科学与技术、金融学、旅游管理、日语、物流管理、信息管理与信息系统、艺术设计、英语

院系设置

法律系、外语系、经济系、会计系、计算机系、旅游管理系、艺术设计系和公共课教学部

国家级、省部级研究机构设置

研究所(中心):华南师范大学增城学院企业发展研究中心

定期公开出版的专业刊物 《教育信息汇编》、《教学通讯》、《工作简报》、《华师增城学院报》、《学风》

学校设立奖学金情况

学院按国家规定从事业收入中提取专项经费用于奖励、资助品学兼优、家庭困难学生,项目包括:1.奖学金;2.勤工助学金;3.困难补助金。

毕业生一次就业率 85.90%

学校历史沿革

华南师范大学增城学院是由华南师范大学申请,广州康大工业科技产业有限公司投资于1998年创办的一所华南师范大学的二级独立学院。学院于1998年批准成立,1999年开始招收专科学生,2002年开始招收本科学生。2004年初,学院经广东省教育厅审定,教育部确认为华南师范大学的二级独立学院。

北京理工大学珠海学院

学校(机构)标识码 4144013675	办公电话 0756-3622709	在校生数(人) 20354
学校办学类型 413:本科院校:独立学院	传真电话 0756-3622705	其中:普通本科 20354
学校性质类别 01 综合大学	校园(局域)网域名 www.zhbit.com	专任教师(人) 920
学校举办者 999 民办	电子信箱 zhbitxb@126.com	其中:正高级 92
学校地址 广东省珠海市香洲区唐家湾金凤路6号	图书(万册) 102	副高级 211
	固定资产总值(万元) 82410	中级 366
邮政编码 519085	教学、科研仪器设备资产值(万元) 10547	初级 248
		未定职级 3

本科专业 安全工程、材料科学与工程、财务管理、测控技术与仪器、车辆工程、电子科学与技术、对外汉语、法学、飞行器制造工程、服装设计与工程、工程管理、工业设计、公共事业管理、国际经济与贸易、化学工程与工艺、环境工程、会计学、机械电子工程、机械工程及自动化、计算机科学与技术、交通工程、热能与动力工程、日语、软件工程、生物工程、市场营销、数字媒体技术、统计学、信息工程、信息管理与信息系统、艺术设计、英语、应用化学、自动化

院系设置

学校设有信息学院、计算机学院、机械与车辆学院、航空学院、化工与材料学院、商学院、文法学院、外国语学院、设计与艺术学院、数理学院、国际学院(继续教育学院)等11个学院。

学校设立奖学金情况

学校设立奖学金2项,奖励总金额364.36万元。奖学金最高金额10000元/年,最低金额400元/年。

学校历史沿革

北京理工大学和珠海市人民政府2000年7月签订协议,由珠海市人民政府无偿划拨5000亩土地,北京理工大学在珠海市建立珠海校区,于2002年3月10日正式动工建设。经原国防科工委、广东省政府和教育部正式批准,北京理工大学珠海学院于2004年5月8日正式成立并开始招生。

吉林大学珠海学院

学校(机构)标识码 4144013684	传真电话 0756-7626292	在校生数(人) 24708
学校办学类型 413:本科院校:独立学院	校园(局域)网域名 www.jluzh.com	其中:普通本科 24708
学校性质类别 01 综合大学	电子信箱 xzb@mail.jluzh.com	专任教师(人) 1245
学校举办者 999 民办	占地面积(平方米) 1613779	其中:正高级 267
学校地址 广东省 珠海市 金湾区	图书(万册) 231.42	副高级 244
邮政编码 519041	固定资产总值(万元) 183738.68	中级 401
办公电话 0756-7626292	教学、科研仪器设备资产值(万元) 9008.91	初级 254
		未定职级 79

本科专业 测控技术与仪器、朝鲜语、车辆工程、电子商务、电子信息科学与技术、动画、对外汉语、工商管理、广告学、国际经济与贸易、汉语言文学、行政管理、化学工程与工艺、会计学、机械设计制造及其自动化、计算机科学与技术、建筑学、金融学、劳动与社会保障、旅游管理、汽车服务工程、人力资源管理、日语、软件工程、社会工作、市场营销、通信工程、网络工程、微电子学、舞蹈编导、物流管理、信息管理与信息系统、药物制剂、艺术设计、音乐表演、英语、应用化学、制药工程、中药学、自动化

院系设置

学院共设有14个院系。分别是：艺术系、音乐系、中国语言文学系、行政管理系、工商管理系、国际贸易与金融系、物流与信息管理系、旅游管理系、外语系、机电工程系、电子信息系、计算机科学与技术系、化学与药学系、建筑系。

国家级、省部级研究机构设置

研究中心(所)：吉林大学珠海学院生物医药公共服务平台为广东省中小企业公共(技术)服务示范平台。

学校设立奖学金情况

学校设立奖学金8项。奖励总金额532余万元。奖学金最高金额2万元/年，最低金额300元/年。

学校历史沿革

吉林大学珠海学院创建于2004年。

广东文艺职业学院

学校(机构)标识码 4144013707	传真电话 020-34811800	在校生数(人) 4046
学校办学类型 415：专科院校：高等职业学校	校园(局域)网域名 www.gdla.edu.cn	其中：普通专科 3978
	电子信箱 tglau@163.com	成人专科 68
学校性质类别 11 艺术院校	占地面积(平方米) 72484	专任教师(人) 210
学校举办者 812 省级其他部门	校舍建筑面积(平方米) 83334	其中：正高级 9
学校地址 广东省广州市番禺区市广路242号	图书(万册) 21.58	副高级 32
	固定资产总值(万元) 11125	中级 61
邮政编码 511400	教学、科研仪器设备资产值(万元) 1255.03	初级 45
办公电话 020-34811800		未定职级 63

专科专业 编导（影视传媒与编导）、表演艺术（公关礼仪与时尚表演）、环境艺术设计（城市园林与景观设计）、环境艺术设计（软装设计）、环境艺术设计（室内装饰艺术设计）、文化市场经营与管理（会展艺术）、文化事业管理（传媒与管理）、舞蹈表演、艺术设计（动漫画设计与制作）、艺术设计（动漫画设计与制作）、艺术设计（工艺与绘画）、艺术设计（环境艺术设计）、艺术设计（计算机综合美术）、艺术设计（景观设计）、艺术设计（美术创作）、艺术设计（时尚品设计）、艺术设计（数码摄影与影像后期制作）、艺术设计（数码摄影与制作）、艺术设计（数码摄影与制作）、艺术设计（形象与服饰展示设计）、艺术设计（形象与服饰展示设计）、艺术设计（园林与景观设计）、音乐表演、音乐表演（钢琴修造与调律）、音乐表演（流行音乐）、音乐表演（器乐演奏）、音乐表演（声乐演唱）、音乐表演（声乐演奏）、音乐表演（音乐传播）、影视动画、主持与播音（演艺主持与表演）、装潢艺术设计、装潢艺术设计（包装设计）、装潢艺术设计（视觉传媒设计）、装饰艺术设计、装饰艺术设计（工艺与绘画）、装饰艺术设计（计算机综合美术）、装饰艺术设计（装饰工艺）

院系设置

艺术设计系、音乐系、舞蹈系、影视戏剧系、美术系

定期公开出版的专业刊物 《广东文艺研究》

学校设立奖学金情况

学校设立奖学金13项，奖励总金额17余万元。奖学金最高金额1500元/年，最低金额150元/年。

学校历史沿革

广东文艺职业学院是一所有着光荣历史传统和深厚文化积淀的艺术类高等职业院校。由毛泽东主席亲笔题名，叶剑英元帅一手创办，始建于解放初期的"华南人民文学艺术学院"是我院的最初校名。1985年改称为"华南文艺业余大学"。1995年，更名为"华南文艺成人学院"。2004年4月转制为"广东文艺职业学院"，从而实现了由成人办学模式向普通高校办学模式的跨越。

广州体育职业技术学院

学校(机构)标识码 4144013708	学校举办者 821 地级教育部门	办公电话 020-85603239
学校办学类型 415：专科院校：高等职业学校	学校地址 广州市天河区长兴路338号	传真电话 020-85603239
		校园(局域)网域名 www.gztzy.net
学校性质类别 10 体育院校	邮政编码 510650	电子信箱 tyzyjsxy_168@126.com

占地面积(平方米) 179078		1247.21	副高级 30
校舍建筑面积(平方米) 130183	在校生数(人) 1677	中级 43
图书(万册) 13.96	其中:普通专科 1677	初级 45
固定资产总值(万元) 34029.14	专任教师(人) 134	未定职级 12
教学、科研仪器设备资产值(万元)	其中:正高级 4	

专科专业 酒店管理、社会体育、市场营销、体育保健、体育服务与管理、运动训练

院系设置

体育产业系,运动训练系,体育保健系

学校设立奖学金情况

学校设立奖学金 3 项,奖励总金额 15 余万元。奖学金最高金额 8000 元/年,最低金额 200 元/年。

毕业生一次就业率 95%

学校历史沿革

广州体育职业技术学院前身是广州市伟伦体育运动学校和广州市体工队。2004 年 3 月,经广东省人民政府批准、教育部备案,升格为广州市政府举办的全日制高等职业院校。

广州工程技术职业学院

学校(机构)标识码 4144013709	传真电话 020-87754742	其中:普通专科 8071
学校办学类型 415:专科院校:高等职业学校	校园(局域)网域名 www.gzvtc.cn	成人专科 3725
	占地面积(平方米) 237735	专任教师(人) 376
学校性质类别 01 综合大学	校舍建筑面积(平方米) 151707	其中:正高级 1
学校举办者 821 地级教育部门	图书(万册) 51.95	副高级 89
学校地址 广东省广州市越秀区环市东路 465 号	固定资产总值(万元) 20672.57	中级 169
	教学、科研仪器设备资产值(万元) 4627.7	初级 77
邮政编码 510075		未定职级 40
办公电话 020-87663584	在校生数(人) 11796	

专科专业 餐饮管理与服务(餐饮经理)、餐饮管理与服务(酒店行政总厨)、产品造型设计、电子信息工程技术(网络安全)、动漫设计与制作、服装设计、服装设计(服装与形象设计)、工商企业管理、工商企业管理(ERP 应用师)、工商企业管理(酒店行政总厨)、工商企业管理(连锁经营管理师)、工商企业管理(旅游服务与酒店管理)、工商企业管理(职业经理人)、广告设计与制作、广告设计与制作(展示设计)、国际金融、国际经济与贸易、环境艺术设计、会计(注册会计师)、会计(注册税务师)、会计电算化、机电一体化技术、机电一体化技术(电子技术)、计算机网络技术、计算机网络技术(Cisco 认证)、计算机应用技术、计算机应用技术(企业信息管理师)、计算机应用技术(网络游戏开发)、模具设计与制造、汽车检测与维修技术、人力资源管理(人力资源管理师)、人力资源管理(职业经理人)、商务英语、商务英语(商务翻译)、石油化工生产技术、市场营销(电子商务)、数控技术、图形图像制作(计算机仿真技术)、物流管理、物流管理(国际物流)、艺术设计(餐饮艺术设计)、艺术设计(产品造型设计)、艺术设计(动漫设计与制作)、艺术设计(动漫与数码设计)、艺术设计(多媒体设计与制作)、艺术设计(影视人物形象设计)、应用电子技术、应用化工技术(化工电气自动化)、应用化工技术(化工设备维修技术)、应用化工技术(油气储运技术)

院系设置

机电工程系、财经与管理系、信息工程系、石化工程系、外语与商贸系、艺术与设计学院、餐饮与旅游管理学院、成人教育部

学校设立奖学金情况

学校设立奖学金 1 项,奖励总金额 20 余万元。奖学金最高金额 10000 元/年,最低金额 2000 元/年。

院系设置

机电工程系、财经与管理系、信息工程系、石化工程系、外语与商贸系、艺术与设计学院、餐饮与旅游管理学院、成人教育部

学校设立奖学金情况

学校设立奖学金 1 项,奖励总金额 20 余万元。奖学金最高金额 10000 元/年,最低金额 2000 元/年。

学校历史沿革

广州工程技术职业学院前身为广州市业余科技学院,创办于 1964 年,由当时的市委书记、副市长钟明同志兼院长,当时专职教师为 19 人,工作人员 14 人,教工总数为 38 人。文革期间停办,1973 年复办,改名为广州市业余科技学院,1981 年经广东省批准,国家教育部备案,获取了成人高校专科教育的办学资格。1983 年广州市总工会干部学校并入,实行二块牌子一套班子的统一管理。于 1995 年 7 月月更名为广州市职工大学。2004 年 4 月经广东省人民政府批准,国家教育部备案,转为高职院校。

中山火炬职业技术学院

学校(机构)标识码　4144013710
学校办学类型　415:专科院校:高等职业学校
学校性质类别　02 理工院校
学校举办者　821 地级教育部门
学校地址　广东省中山市火炬开发区中山港大道60号
邮政编码　528436
办公电话　0760-88291182
传真电话　0760-88291182
校园(局域)网域名　www.zstp.cn
电子信箱　wzhuyong@126.com
占地面积(平方米)　27755
校舍建筑面积(平方米)　16525
图书(万册)　34.81
固定资产总值(万元)　7701.17
教学、科研仪器设备资产值(万元)　4795.14
在校生数(人)　9145
其中:普通专科　7166
　　　成人专科　1979
专任教师(人)　340
其中:正高级　9
　　　副高级　68
　　　中级　178
　　　初级　70
　　　未定职级　15

专科专业　包装技术与设计、产品造型设计、电气自动化技术、电子商务、电子信息工程技术、复合材料加工与应用技术、广告设计与制作、国际经济与贸易、焊接技术及自动化、会计、机电设备维修与管理、机电一体化技术、机械制造与自动化、计算机多媒体技术、计算机网络技术、计算机应用技术、精细化学品生产技术、模具设计与制造、人物形象设计、商务英语、生物制药技术、食品生物技术、食品药品监督管理、市场营销、通信技术、投资与理财、物流管理、印刷技术、印刷图文信息处理、应用电子技术、灾害救援与管理

院系设置
学院设包装印刷系、现代服务与管理系、装备制造系、光电工程系、信息工程系、电子工程系、生物医药系等7个系。

学校设立奖学金情况
学校设立奖学金3项,奖励总金额60余万。奖学金最高金额2000元/年,最低金额500元/年。

主要校办产业
广东省国防交通战略器材保障基地培训中心、光学检测中心、资产管理公司

学校历史沿革
2004年3月经广东省人民政府批准设立中山火炬职业技术学院,2004年4月28日学院正式挂牌成立。

江门职业技术学院

学校(机构)标识码　4144013711
学校办学类型　415:专科院校:高等职业学校
学校性质类别　01 综合大学
学校举办者　821 地级教育部门
学校地址　广东省江门市潮连大道6号
邮政编码　529090
办公电话　0750-3725555
传真电话　0750-3725237
校园(局域)网域名　www.jmpt.edu.cn
电子信箱　ybmsk3725010@126.com
占地面积(平方米)　761264
校舍建筑面积(平方米)　247206
图书(万册)　55.4
固定资产总值(万元)　37563.44
教学、科研仪器设备资产值(万元)　4079.45
在校生数(人)　13400
其中:普通专科　11447
　　　成人专科　1953
专任教师(人)　506
其中:正高级　10
　　　副高级　96
　　　中级　228
　　　初级　96
　　　未定职级　76

专科专业　初等教育、电脑艺术设计、电子工艺与管理、复合材料加工与应用技术、工程造价、工商企业管理、国际商务、会计电算化、机电一体化技术、机械设计与制造、计算机辅助设计与制造、计算机网络技术、计算机信息管理、计算机应用技术、金融管理与实务、旅游管理、美术教育、模具设计与制造、汽车检测与维修技术、染整技术、文秘、物流管理、艺术设计、英语教育、应用电子技术、应用化工技术、应用英语、语文教育、智能产品开发、珠宝首饰工艺及鉴定

院系设置
现设有机电技术系、电子与信息技术系、经济管理系、教育与教育技术系、外语系、艺术设计系和材料技术系等7个系。

定期公开出版的专业刊物　学院每年分四期出版《江门职业技术学院学报》

学校设立奖学金情况
学校设立奖学金13项,奖励总金额256.49万元。奖学金最高金额8000元/人·年,最低金额200元/人·年。2010-2011学年度优秀学生获奖人数达1750人。另有社会设立的各类助学金额361.5万元,受助人数达1949人次。

学校历史沿革
江门职业技术学院是2004年3月经广东省人民政府(粤府

函[2004]91号)批准、教育部正式备案的公办全日制普通高等学校。学院由原江门教育学院(创建于1984年)、原江门财贸学校(创建于1984年)和原江门市工业中等专业学校(创建于1991年)合并组建。2004年7月江门职业技术学院正式挂牌。2006年9月,新校区建设投入使用。

茂名职业技术学院

学校(机构)标识码 4144013712	校园(局域)网域名 www.mmvtc.cn	在校生数(人) 6579
学校办学类型 415:专科院校:高等职业学校	电子信箱 mmzyb@126.com	其中:普通专科 5993
	占地面积(平方米) 737986	成人专科 586
学校性质类别 01 综合大学	校舍建筑面积(平方米) 97065	专任教师(人) 288
学校举办者 821 地级教育部门	图书(万册) 42.78	其中:副高级 60
学校地址 茂名市文明北路232号	固定资产总值(万元) 14265	中级 110
邮政编码 525000	教学、科研仪器设备资产值(万元) 1885.3	初级 51
办公电话 0668-2920026		未定职级 67
传真电话 0668-2920626		

专科专业 电气自动化技术、电子商务、供热通风与空调工程技术、国际贸易实务、化工设备维修技术、会计电算化、机械制造与自动化、计算机辅助设计与制造、计算机通信、计算机应用技术、建筑工程管理、建筑工程技术、建筑设计技术、精细化学品生产技术、旅游管理、模具设计与制造、汽车检测与维修技术、商务英语、石油化工生产技术、食品营养与检测、市场营销、数控技术、应用化工技术

院系设置 土木工程系、机电信息系、化学工程系、经济管理系、计算机工程系、成人教育部

定期公开出版的专业刊物 《茂名职业技术学院学报》

学校设立奖学金情况
学校设立奖学金1项,奖励总金额19余万元。奖学金最高金额800元/年,最低金额300元/年。

学校历史沿革
茂名职业技术学院是一所公办的全日制普通高等学校。学校位于广东省茂名市市区,在1986年成立的原国家重点中专茂名市建设中等专业学校的基础上创办。2004年3月,经广东省人民政府批准、国家教育部备案正式成立,隶属于茂名市人民政府。学院以工科为主,涵盖经、管、文等多个学科,立足茂名、面向全国招生。

珠海城市职业技术学院

学校(机构)标识码 4144013713	传真电话 0756-7253311	在校生数(人) 6752
学校办学类型 415:专科院校:高等职业学校	校园(局域)网域名 www.zhcpt.net	其中:普通专科 5202
	电子信箱 zhcptbgs@163.com	成人专科 1550
学校性质类别 01 综合大学	占地面积(平方米) 361400	专任教师(人) 236
学校举办者 821 地级教育部门	校舍建筑面积(平方米) 106283	其中:正高级 10
学校地址 珠海市金湾区西湖城区金二路	图书(万册) 26.4	副高级 29
	固定资产总值(万元) 25248.9	中级 87
邮政编码 519090	教学、科研仪器设备资产值(万元) 2872.66	初级 39
办公电话 0756-7253010		未定职级 71

专科专业 报关与国际货运、电气自动化技术、电子商务、电子信息工程技术、工商企业管理、环境艺术设计、会计电算化、会展策划与管理、机电一体化技术、计算机网络技术、计算机应用技术、酒店管理、旅游管理、模具设计与制造、商务日语、商务英语、社会工作、市场营销、数控技术、通信网络与设备、文秘、物流管理、新闻采编与制作、学前教育、艺术设计、游艇装饰设计与工艺

院系设置
经济管理学院、国际合作与交流学院、工程与信息学院、人文社科系、旅游系、艺术设计系

定期公开出版的专业刊物 《珠海城市职业技术学院学报》(季报)

学校设立奖学金情况
学校设立奖学金3项,奖励总金额20余万元。奖学金最高

金额1200/年,最低金额150/年。
主要校办产业
后勤服务中心
学校历史沿革
珠海城市职业技术学院是由珠海市人民政府主办的全日制普通高等院校,2004年4月经省人民政府批准成立,并报国家教育部备案。前身是原珠海教育学院、珠海广播电视大学、珠海市工业技工学校和珠海市财贸学校。

广州工商职业技术学院

学校(机构)标识码	4144013714
学校办学类型	415:专科院校:高等职业学校
学校性质类别	08 财经院校
学校举办者	999 民办
学校地址	广州市花都区狮岭镇海布光明路5号
邮政编码	510850
办公电话	020-86929679
传真电话	020-86929679
校园(局域)网域名	www.gzgs.org.cn
电子信箱	gzgsdongshizhang@yahoo.com.cn
占地面积(平方米)	340132
校舍建筑面积(平方米)	88960
图书(万册)	64.91
固定资产总值(万元)	29594.64
教学、科研仪器设备资产值(万元)	3945.82
在校生数(人)	11745
其中:普通专科	11266
成人专科	479
专任教师(人)	564
其中:正高级	38
副高级	135
中级	158
初级	29
未定职级	204

专科专业 保险实务(投资与理财)、表演艺术、表演艺术(学前艺术)、表演艺术(艺术管理)、电子商务、公共事务管理、公共事务管理(法律事务)、公共事务管理(企业环境管理)、公共事务管理(人力资源管理)、公共事务管理(食品安全与健康管理)、国际贸易实务、会计、会计(涉外会计)、会计电算化、计算机多媒体技术、计算机多媒体技术(动漫设计与制作)、计算机多媒体技术(广告设计)、计算机网络技术、计算机网络技术(网站建设与运营)、计算机应用技术、金融管理与实务、经济管理、经济管理(工商管理)、经济管理(质量管理)、经济管理(中小企业创业与管理)、连锁经营管理、旅游英语(旅游与酒店管理)、汽车电子技术、汽车电子技术(汽车技术服务与营、软件技术、软件技术(计算机应用技术)、商务管理、商务管理(电子商务)、商务管理(商务策划与管理)、商务管理(涉外商务管理)、商务日语、商务英语、商务英语(会展策划与管理)、市场营销、市场营销(连锁经营管理)、市场营销(品牌营销与管理)、通信技术(移动通信技术)、物流管理、物流管理(冷链物流管理)、物业管理、物业管理(房地产经营与评估)、物业管理(房地产营销与物业管理、艺术设计、艺术设计(动漫艺术设计)、艺术设计(环境艺术设计)、艺术设计(皮具艺术设计)、应用电子技术、应用电子技术(电子信息工程技术)

院系设置
计算机科学与工程系、电子与电气工程系、外语系、艺术系、财金信息管理系、工商管理系、商贸信息管理系、物流与公共事务管理系

学校设立奖学金情况
学校设立奖学金4项,奖励总金额97.21万元。奖学金最高金额4000元/年,最低金额50元/年。

学校历史沿革
学院前身为广州环洋专修学院和广东商学院花都学院。2004年3月更名为广州工商职业技术学院,2010年9月,学院在佛山市三水区范湖开发区,完成征地510.19亩,建立三水校区。学院现有广州和三水两个校区,校园面积共1445.6亩。2005年至今,连续被省情调研中心和省社科院评为广东省民办高校十强单位。

广州涉外经济职业技术学院

学校(机构)标识码	4144013715
学校办学类型	415:专科院校:高等职业学校
学校性质类别	08 财经院校
学校举办者	999 民办
学校地址	广州沙太中路大源金龙路32号
邮政编码	510540
办公电话	020-36783780
传真电话	020-36783780
校园(局域)网域名	www.gziec.net
电子信箱	sw13715@126.com
校舍建筑面积(平方米)	849
图书(万册)	77.78
固定资产总值(万元)	21608.51
教学、科研仪器设备资产值(万元)	2904.05
在校生数(人)	8113
其中:普通专科	7809
成人专科	304
专任教师(人)	398
其中:正高级	9
副高级	74
中级	94

初级　62　　　　　　　　未定职级　159

专科专业　财务管理、电子商务、动漫设计与制作、法律事务、工商企业管理、国际金融、国际经济与贸易、国际商务、国际商务(报关)、国际商务(会展经济与策划)、会计、会计(国际会计)、会计(涉外会计)、会计(注册会计师)、会计(注册税务师)、会计电算化、计算机多媒体技术(动漫设计)、计算机网络技术、计算机应用技术、酒店管理、汽车检测与维修技术、汽车检测与维修技术(汽车电子)、汽车检测与维修技术(汽车营销)、商务日语、商务英语、商务英语(翻译)、涉外旅游、涉外旅游(导游与管理)、涉外旅游(高尔夫服务与管理)、市场营销、市场营销(连锁经营管理)、文秘、物流管理、艺术设计、应用电子技术、应用法语、应用韩语

院系设置
学校设有9个二级学院:外语学院、会计学院、管理学院、外贸学院、信息学院、汽电学院、艺术学院、社科学院、国际教育学院
定期公开出版的专业刊物　《涉外风采》、《涉外学报》
学校设立奖学金情况
学校设立奖学金2项,奖励总金额30余万元。奖学金最高金额800元/年,最低金额300元/年。
学校历史沿革
1994年广州维城职业培训学院;1999年广州维城科技专修学院;2004年广州涉外经济 职业技术学院。

广州南洋理工职业学院

学校(机构)标识码　4144013716	**传真电话**　020-37987835	**在校生数(人)**　6396
学校办学类型　415:专科院校:高等职业学校	**校园(局域)网域名**　www.nyjy.cn	其中:普通专科　6396
学校性质类别　01 综合大学	**电子信箱**　1459295536@qq.com	**专任教师(人)**　284
学校举办者　999 民办	**占地面积(平方米)**　114668	其中:正高级　7
学校地址　广州南洋理工职业学院	**图书(万册)**　49.66	副高级　48
邮政编码　510925	**固定资产总值(万元)**　5343.38	中级　76
办公电话　020-37987237	**教学、科研仪器设备资产值(万元)**　2374.74	初级　49
		未定职级　104

专科专业　电子商务、动漫设计与制作、服装设计、服装设计与工程、工程造价、工商企业管理、广告设计与制作、国际商务、环境艺术设计、会计、机电一体化技术、计算机应用技术、建筑工程管理、建筑工程设计、金融与证券、连锁经营管理、旅游管理、模具设计与制造、汽车电子技术、汽车技术服务与营销、汽车检测与维修技术、人力资源管理、商务英语、市场营销、数控技术、物流管理、应用英语
院系设置
财经系、管理系、外语系、建筑与艺术系、电子信息工程系、汽车工程系、机械与电子系、服装系、工业设计系、基础部、思想政治理论课教学部
国家级、省部级研究机构设置
研究中心(所):职业教育研究所。

定期公开出版的专业刊物　《南洋学院报》、《广州南洋理工职业学院学报》
学校设立奖学金情况
学校设立奖学金6项,奖励总金额255余万元。奖学金最高金额87500元/年,最低金额877500/年。
主要校办产业
1. 广州朵朵骄儿服饰有限公司;2. 广州华天地通讯有限服务公司。
学校历史沿革
广州南洋理工职业学院前身为"广州南洋科技专修学院",是国家首批学历文凭考试试点院校,经2004年广东省人民政府,经国家教育部备案设立的省属普通院校,校名为"广州南洋理工职业学院"。

广州科技职业技术学院

学校(机构)标识码　4144013717	**邮政编码**　510550	**图书(万册)**　54.26
学校办学类型　415:专科院校:高等职业学校	**办公电话**　020-87410788	**固定资产总值(万元)**　7555.02
学校性质类别　01 综合大学	**传真电话**　020-87410788	**教学、科研仪器设备资产值(万元)**　3192.4
学校举办者　999 民办	**校园(局域)网域名**　www.gzkjxy.net	**在校生数(人)**　9981
学校地址　广州科技职业技术学院	**电子信箱**　xybgs@gzkjxy.com	其中:普通专科　9966
	占地面积(平方米)　629701	

成人专科 15	副高级 49	初级 125
专任教师(人) 468	中级 71	未定职级 217
其中：正高级 6		

专科专业 包装技术与设计、报关与国际货运、工程造价、国际贸易实务、会计、机电设备维修与管理、计算机应用技术、建筑工程技术、酒店管理、旅游管理、模具设计与制造、汽车电子技术、汽车检测与维修技术、商务英语、物业管理、信息安全技术、医药营销、艺术设计、印刷技术

院系设置 机械工程系、建筑工程系、汽车工程系、电子信息系、外语系、经济贸易系、媒体传播系、管理系、艺术系

定期公开出版的专业刊物 《广州科技职业技术学院学报》

学校设立奖学金情况
学校设立奖学金 5 项，奖励总金额 42.21 余万元。奖学金最高金额 800 元/年，最低金额 100 元/年。

学校历史沿革
学院前身为广东南大专修学院，创立于 1999 年，2001 年被省教育厅评为"优秀（一类）"学院。2002 年成为广州医学院的二级学院"广州医学院南大学院"，首次承担招收国家任务生计划，培养的大批医护人员受广大医院好评。2004 年经广东省人民政府批准，教育部备案成为一所综合性高等职业技术学院。学院地处广州市钟落潭高校园区，在校生近万人。

惠州经济职业技术学院

学校（机构）标识码 4144013718	校园（局域）网域名 www.hzcollege.com	在校生数（人） 6016
学校办学类型 415:专科院校:高等职业学校	电子信箱 hjzy@hzcollege.com	其中：普通专科 5904
		成人专科 112
学校性质类别 08 财经院校	占地面积（平方米） 368000	专任教师(人) 301
学校举办者 999 民办	校舍建筑面积（平方米） 192106	其中：正高级 12
学校地址 惠州市惠城区马安镇新乐路	图书（万册） 33.26	副高级 61
	固定资产总值（万元） 18820	中级 88
邮政编码 516057	教学、科研仪器设备资产值（万元） 3144	初级 70
办公电话 0752 - 3256666		未定职级 70
传真电话 0752 - 3619431		

专科专业 电子商务、动漫设计与制作、服装设计、广告设计与制作、国际贸易实务、会计电算化、计算机应用技术、旅游管理、汽车技术服务与营销、汽车检测与维修技术、商务英语、市场营销、数控技术、投资与理财、文秘、物流管理、物业管理、应用电子技术

院系设置 共 9 个系(部)：财经系、工商管理系、外语系、计算机系、机电工程系、汽车工程系、安东尼服装与艺术系、思政部、公共课部

学校设立奖学金情况
学校设立奖学金 3 项，奖励总金额 52.5 余万元。奖学金最高金额 1500 元/年，最低金额 500 元/年。

学校历史沿革
惠州经济职业技术学院，创办于 2004 年 3 月，同年 9 月开始招生，现有 3 届在校生共 5904 人。本学院是经广东省人民政府批准、国家教育部备案，具有独立颁发国家承认大专学历文凭资格的全日制普通高等院校。

广东科技学院

学校（机构）标识码 4144013719	办公电话 0769 - 86211800	固定资产总值（万元） 50072
学校办学类型 412:本科院校:学院	传真电话 0769 - 86211800	教学、科研仪器设备资产值（万元） 9617.99
学校性质类别 01 综合大学	校园（局域）网域名 www.gdst.cc	
学校举办者 999 民办	电子信箱 nanboyb@126.com	在校生数（人） 13242
学校地址 广东省东莞市南城区西湖路 99 号	占地面积（平方米） 597178	其中：普通本科 1207
	校舍建筑面积（平方米） 356842	普通专科 9811
邮政编码 523083	图书（万册） 105.72	成人专科 2224

专任教师(人) 585	副高级 127	初级 164
其中:正高级 53	中级 148	未定职级 93

本科专业 材料成型及控制工程、汽车服务工程、软件工程、市场营销、英语

专科专业 表演艺术、财务管理、电气自动化技术、服装设计、工商企业管理、国际贸易实务、会计电算化、机电一体化技术、计算机网络技术、计算机信息管理、计算机应用技术、计算机硬件与外设、金融保险、酒店管理、旅游管理、模具设计与制造、汽车技术服务与营销、汽车检测与维修技术、软件技术、商务英语、市场营销、数控技术、文秘、舞蹈表演、物流管理、物业管理、针织技术与针织服装

院系设置
学院共设有六"系"二"部"一"二级学院",分别是机电工程系、管理系、财经系、计算机系、应用英语系、艺术系、基础部、思政部、继续教育学院

国家级、省部级研究机构设置
实验室:我院汽车检测与维修实训基地已于2009年4月被评为省级实训基地

定期公开出版的专业刊物 共有三种,分别是《简报》、《学报》、《校报》

学校设立奖学金情况
学校设立奖学金四项,奖励总金额二十余万元。奖学金最高金额1000元/年,最低金额200元/年。

学校历史沿革
学院座落于东莞市南城区西湖路,前身为东莞南博职业技术学院。东莞南博职业技术学院是2004年3月经广东省人民政府批准设立、教育部备案的一所全日制民办普通高职院校。2011年4月经教育部批准,我院升格为全日制普通本科学校,并更名为广东科技学院。

肇庆科技职业技术学院

学校(机构)标识码 4144013720	校园(局域)网域名 www.zqkjxy.com	其中:普通专科 9593
学校办学类型 415:专科院校:高等职业学校	电子信箱 zq13720@163.com	成人专科 2532
	占地面积(平方米) 600037	专任教师(人) 436
学校性质类别 01 综合大学	校舍建筑面积(平方米) 171638	其中:正高级 34
学校举办者 999 民办	图书(万册) 89.13	副高级 53
学校地址 肇庆市高要城区祈福大道	固定资产总值(万元) 8816.13	中级 133
邮政编码 526114	教学、科研仪器设备资产值(万元) 5730.33	初级 118
办公电话 0758-8387822		未定职级 98
传真电话 0758-8387899	在校生数(人) 12125	

专科专业 产品造型设计、电气自动化技术、电子商务、动漫设计与制作、服装设计、工程造价、工商行政管理、广告设计与制作、国际贸易实务、会计电算化、会计与统计核算、机电设备维修与管理、机电一体化技术、机械设计与制造、计算机辅助设计与制造、计算机信息管理、计算机应用技术、建筑工程技术、模具设计与制造、汽车电子技术、汽车技术服务与营销、汽车检测与维修技术、人力资源管理、软件技术、商务日语、商务英语、室内设计技术、数控技术、数控设备应用与维护、文秘、舞蹈表演、物流管理、音乐表演、营销与策划

院系设置
我院设立了十个系(工业自动化系、电气工程系、汽车工程系、信息工程系、建筑工程系、管理工程系、经济系、会计系、外语系、艺术系),同时设立教学部二个(思想政治课教学部、基础课教学研究部)。

国家级、省部级研究机构设置
研究所(中心):科研处、高教处

学校设立奖学金情况
学校设立奖学金4项,奖励总金额159.余万元。奖学金最高金额8000元/年,最低金额300元/年。

毕业生一次就业率 91.38%

学校历史沿革
1995年7月,学校创办,时名肇庆科技培训学校,校址在肇庆市体育中心(租用),在校学生320人。

2001年7月,学校新校区建成(自有),同年12月,取得中专办学资格,校名为肇庆科技学校,校址矾东路。

2004年3月,学校升格为学院,校名为肇庆科技职业技术学院,同时保留中职部。2005年,中职部同时挂牌为肇庆市科技中等职业学校,中职校址为矾东路北校区。

肇庆工商职业技术学院

学校(机构)标识码 4144013721	校园(局域)网域名 www.zqtbu.com	其中:普通专科 9723
学校办学类型 415:专科院校:高等职业学校	电子信箱 zqgszyjsxy@163.com	成人专科 1107
	占地面积(平方米) 336931	专任教师(人) 408
学校性质类别 08 财经院校	校舍建筑面积(平方米) 197280	其中:正高级 15
学校举办者 999 民办	图书(万册) 79.39	副高级 60
学校地址 肇庆工商职业技术学院	固定资产总值(万元) 33330.28	中级 110
邮政编码 526020	教学、科研仪器设备资产值(万元) 3119.2	初级 55
办公电话 0758-6179117		未定职级 168
传真电话 0758-6179083	在校生数(人) 10830	

专科专业 产品造型设计、电脑艺术设计、电子商务、动漫设计与制作、多媒体设计与制作、法律事务、工程机械运用与维护、工商企业管理、国际金融、国际贸易实务、行政管理、会计电算化、计算机多媒体技术、计算机信息管理、计算机应用技术、建筑工程管理、建筑装饰工程技术、连锁经营管理、旅游英语、模具设计与制造、汽车运用技术、人力资源管理、软件技术、商务管理、商务日语、商务英语、数控技术、投资与理财、文秘、物流管理、营销与策划、应用电子技术、应用英语、装饰艺术设计

院系设置
学院有高职高专和成人教育两大教育特色,高职高专共设六系二部:工程技术系、工商管理系、计算机应用技术系、经济系、应用外语系、艺术设计系、公共教学部、思政教学部。

国家级、省部级研究机构设置
研究所(中心):高等职业教育研究所

定期公开出版的专业刊物 《肇庆工商职业技术学院学报》、《肇庆工商职业技术学院院报》、《星湖文学》、《英语时报》、《经济青年》

学校设立奖学金情况
学校设立奖学金2项,奖励总金额35余万元。奖学金最高金额3000元/年,最低金额500元/年。

毕业生一次就业率 92.17%

学校历史沿革
1996年创办东方人才学校,1997年更名为肇庆工商职业学校,1999年成立肇庆工商专修学院,2007年成立肇庆工商职业技术学院。

肇庆医学高等专科学校

学校(机构)标识码 4144013810	传真电话 0758-2833484	在校生数(人) 8168
学校办学类型 414:专科院校:高等专科学校	校园(局域)网域名 www.zqmc.net	其中:普通专科 6368
	电子信箱 zqyzb@163.com	成人专科 1800
学校性质类别 05 医药院校	占地面积(平方米) 237037	专任教师(人) 292
学校举办者 822 地级其他部门	校舍建筑面积(平方米) 155887	其中:正高级 8
学校地址 广东省肇庆市西江南路6号	图书(万册) 25.92	副高级 45
	固定资产总值(万元) 20514.2	中级 111
邮政编码 526020	教学、科研仪器设备资产值(万元) 3738.19	初级 100
办公电话 0758-2857135		未定职级 28

专科专业 护理、康复治疗技术、口腔医学、临床医学、卫生检验与检疫技术、药学、医学检验技术、医学影像技术、医药营销、中医学、助产

院系设置
学校设立三系二部:即临床系、医技药学系、护理系、思想政治课教学部和基础部

定期公开出版的专业刊物 一年一期,名为《肇庆医学教育》

学校设立奖学金情况
学校设立奖学金4项,奖励总金额10余万。奖学金最高额1500元/年,最低金额600元/年。

学校历史沿革
肇庆医学高等专科学校创建于1958年,当年由为了支援粤西地区的卫生医疗事业,加快粤西地区卫生医疗事业的建设与

发展,由广州医士学校、广州国民助产学校、广东省卫生学校三所学校共同出资筹建。时称广东省高要卫生学校。同年,中山医学院高要分院挂靠在我校办学。其后,学校数易其名,1973年定名为广东省肇庆卫生学校。1994、2000 分别被评为国家级重点中专。2004 年升格为医学高等专科学校。同年正式招收全日制普通专科生。

东莞理工学院城市学院

学校(机构)标识码 4144013844	办公电话 0769-22621532	其中:普通本科 6540
学校办学类型 413:本科院校:独立学院	传真电话 0769-22621532	普通专科 4122
学校性质类别 02 理工院校	电子信箱 city@dgut.edu.cn	专任教师(人) 608
学校举办者 999 民办	图书(万册) 71	其中:正高级 68
学校地址 广东省东莞市莞城区学院路251号	固定资产总值(万元) 106012	副高级 119
	教学、科研仪器设备资产值(万元) 5964	中级 267
邮政编码 523106	在校生数(人) 10662	初级 38
		未定职级 116

本科专业 安全工程、保险、表演、电子信息工程、法学、法学(社会工作)、工商管理、国际经济与贸易、汉语言文学(高级文秘)、汉语言文学(高级文秘)、汉语言文学(新闻传播)、汉语言文学(新闻传播)、行政管理、行政管理(社会工作)、行政管理(社会工作)、会计学、会计学(财务管理)、会计学(国际会计)、会计学(国际会计)、机械设计制造及其自动化、计算机科学与技术、金融学、人力资源管理、软件工程、社会工作、数字媒体艺术、物流管理、印刷工程、英语、资源环境与城乡规划管理

专科专业 安全技术管理、保险实务、国际商务、行政管理、会计、会计电算化、计算机辅助设计与制造、计算机应用技术、建筑工程管理、金融管理与实务、模具设计与制造、人力资源管理、商务英语、社区管理与服务、通信技术、文秘、文秘(法律事务)、物流管理、艺术设计(服装设计)、艺术设计(平面设计)、音乐表演、印刷技术、资源环境与城市管理

院系设置
机电工程系、计算机与信息科学系、管理系、财经系、政法系、文学与传媒系、艺术系、城市与环境科学系、金融与贸易系、高等职业技术教学部、体育教学部、思政教学部

定期公开出版的专业刊物 《东莞理工学院城市学院学报》

学校设立奖学金情况
四项,奖励总金额:145 万元,奖学金最高金额:5000 元/年,最低金额:300 元/年。

学校历史沿革
东莞理工学院城市学院于 2003 年 3 月 10 经广东省教育厅批准成立,2003 年 7 月 16 日经东莞市人民政府复函同意为国有民办二级学院,2004 年 6 月 30 日经国家教育部批准为独立学院。

中山大学新华学院

学校(机构)标识码 4144013902	办公电话 020-87065915	在校生数(人) 8013
学校办学类型 413:本科院校:独立学院	传真电话 020-87065626	其中:普通本科 8013
学校性质类别 01 综合大学	校园(局域)网域名 xh.sysu.edu.cn	专任教师(人) 343
学校举办者 999 民办	电子信箱 xhadmin@mail.sysu.edu.cn	其中:正高级 74
学校地址 广东省广州市天河区龙洞华美路19号	图书(万册) 41.47	副高级 94
	固定资产总值(万元) 14785.79	中级 58
	教学、科研仪器设备资产值(万元) 4010	初级 107
邮政编码 510520		未定职级 10

本科专业 财务管理、电子商务、电子信息科学与技术、法学、工商管理、国际经济与贸易、汉语言文学、行政管理、护理学、会计学、计算机科学与技术、经济学、旅游管理、生物医学工程、市场营销、税务、统计学、物流管理、药学、艺术设计学、英语

院系设置
学院目前设置了经济与贸易系(含高等数学教研室)、法律学系、中国语言文学系(含大学语文教研室)、外国语言文学系(含大学英语教研室)、艺术设计学系、信息科学系(含计算机基础教研室)、医学系、药学系、生物医学工程系、管理学系、财务与会计系和行政管理系共12个系。

定期公开出版的专业刊物 《中山大学新华学院院报》

学校设立奖学金情况

学校设立奖学金 9 项,奖励总金额 96 余万元。奖学金最高金额 8000 元/年,最低金额 300 元/年。

学校历史沿革

学院性质 中山大学新华学院(院校代码:13902)是中山大学依据教育部教发〔2003〕8 号文的精神,与广东东宝集团公司按新机制新模式申办、经教育部批准设立的涵盖文、理、医、工、经、管、法等学科的多科性独立学院(教发函〔2005〕68 号)。

广州现代信息工程职业技术学院

学校(机构)标识码	4144013912
学校办学类型	415:专科院校:高等职业学校
学校性质类别	01 综合大学
学校举办者	999 民办
学校地址	广州市天河区珠吉街吉山橄榄公园东面 1 号
邮政编码	510663
办公电话	020-22325928
传真电话	020-22325989
校园(局域)网域名	www.gzmodern.cn
电子信箱	gdxd@163.com
图书(万册)	23.66
固定资产总值(万元)	13886.09
教学、科研仪器设备资产值(万元)	1504.85
在校生数(人)	3815
其中:普通专科	3206
成人专科	609
专任教师(人)	161
其中:正高级	5
副高级	28
中级	48
初级	31
未定职级	49

专科专业 电子商务、电子商务(电子商务实务)、电子商务(商务信息管理)、电子商务(现代物流技术)、国际贸易实务(国际会计)、国际贸易实务(国际会计结算)、国际贸易实务(国际贸易方向)、国际贸易实务(国际贸易与金融)、国际贸易实务(会展管理)、会展策划与管理(会展策划与管理)、会展策划与管理(展示设计)、机电一体化技术(工业产品造型设计)、机电一体化技术(工业电气技术)、机电一体化技术(模具设计与制造)、机电一体化技术(数控技术)、计算机网络技术、计算机网络技术(计算机网络通信)、计算机网络技术(计算机网络维护)、计算机网络技术(计算机信息管理)、计算机应用技术(电子信息工程技术)、计算机应用技术(多媒体技术)、计算机应用技术(软件测试技术)、计算机应用技术(信息安全技术)、计算机应用技术(资讯工程)、汽车技术服务与营销、汽车技术服务与营销(汽车保险与、汽车运用技术)、汽车运用技术(汽车电子技术)、汽车运用技术(汽车检测与维修)、商务英语、商务英语(会展与旅游英语)、商务英语(金融英语)、商务英语(中英文秘)、艺术设计(动漫设计与制作)、艺术设计(服装与服饰设计与制作)、艺术设计(广告装潢设计)、艺术设计(环境艺术设计)、艺术设计(数码与动漫设计)、艺术设计(展示设计)、艺术设计(装饰艺术设计)

院系设置

工商管理系、经济贸易系、机电工程系、汽车工程系、建筑工程系、信息工程系、商务英语系、艺术设计系、基础部、思政部

定期公开出版的专业刊物 《现代信息报》

学校历史沿革

创办于 2005 年,其前身为创办于 2002 年的广州市华成商贸专修学院。

广东理工职业学院

学校(机构)标识码	4144013919
学校办学类型	415:专科院校:高等职业学校
学校性质类别	02 理工院校
学校举办者	811 省级教育部门
学校地址	广东省广州市下塘西路三号
邮政编码	510091
办公电话	020-83502785
传真电话	020-83594914
校园(局域)网域名	www.gdpi.edu.cn
电子信箱	xb@gdrtvu.edu.cn
占地面积(平方米)	667600
校舍建筑面积(平方米)	243762
图书(万册)	45.69
固定资产总值(万元)	9456.35
教学、科研仪器设备资产值(万元)	4550.56
在校生数(人)	10303
其中:普通专科	10303
专任教师(人)	450
其中:正高级	15
副高级	86
中级	174
初级	51
未定职级	124

专科专业 财务管理、财务管理(公司理财)、产品造型设计、电子商务、电子声像技术、电子信息工程技术、动漫设计与制作、法律事务、法律事务(企业法律服务)、法律事务(文秘)、工程造价、工商企业管理(商务管理)、国际经济与贸易、行政管理、

会计电算化、会展策划与管理、机电设备维修与管理、机电设备维修与管理(机电设备营)、机电设备维修与管理(数控加工)、机电设备维修与管理(制冷设备)、机电一体化技术(医疗器械)、计算机多媒体技术、计算机网络技术、计算机信息管理、计算机应用技术、建筑工程技术、金融保险(保险经营)、金融保险(理财规划)、金融管理与实务、金融与证券(证券投资)、酒店管理、酒店管理(经营与服务)、连锁经营管理、模具设计与制造、模具设计与制造(模具制造)、汽车技术服务与营销、汽车检测与维修技术、汽车制造与装配技术、软件测试技术、软件技术、商务英语、社会工作、社会工作(社区服务)、社区管理与服务、市场营销、市场营销(连锁经营)、书记官、书记官(速录技术)、通信技术、通信技术(物联网工程)、投资与理财、图书档案管理、文化事业管理、文化事业管理(景区策划与管理)、文秘、物流工程技术、物流管理、物业管理、物业管理(白金管家)、影视多媒体技术、影视广告、应用电子技术、应用英语(国际酒店集团)、应用英语(旅游服务)、游戏设计与制作

院系设置
工程技术系、计算机技术系、经济管理系、文法系、外语系、数码设计与制作系、机械与自动化系、管理工程系、思想政治理论课教学部、基础教学部、工商学部、汽车工程系

学校设立奖学金情况
学校设立奖学金10项,奖励总金额55余万元。奖学金最高金额1000元/年,最低金额300元/年。

学校历史沿革
广东理工职业学院成立于2005年,是经广东省人民政府批准、教育部备案的公办普通高等院校。学院隶属于广东省教育厅。

广州华南商贸职业学院

学校(机构)标识码 4144013927	办公电话 020-87025019	在校生数(人) 4280
学校办学类型 415:专科院校:高等职业学校	传真电话 020-87025017	其中:普通专科 4280
	校园(局域)网域名 www.hnsmxy.com	专任教师(人) 228
学校性质类别 08 财经院校	电子信箱 lijingsong0615@163.com	其中:正高级 4
学校举办者 999 民办	图书(万册) 25.5	副高级 43
学校地址 广东省广州市天河区天源路740号	固定资产总值(万元) 10153.6	中级 74
	教学、科研仪器设备资产值(万元) 1629.5	初级 36
邮政编码 510650		未定职级 71

专科专业 电子商务、工商企业管理、国际贸易实务、会计电算化、计算机应用技术、金融保险、旅游管理、人力资源管理、软件技术、商务英语、市场营销、文秘(法律)、文秘(商务)、物流管理

院系设置
商务管理系、商务英语系、贸易经济系、信息工程系、基础部

定期公开出版的专业刊物 《广州华南商贸职业学院院报》

学校设立奖学金情况
学校设立奖学金4项,奖励总金额:20余万元。奖学金最高金额:1000元/年,最低金额:100元/年。

学校历史沿革
广州华南商贸职业学院是2005年2月经广东省人民政府批准,国家教育部备案的一所全日制普通高等学校。

广州华立科技职业学院

学校(机构)标识码 4144013928	传真电话 020-82907070	其中:普通专科 9200
学校办学类型 415:专科院校:高等职业学校	校园(局域)网域名 www.hlxy.net	成人专科 4441
	电子信箱 hlzyyb@163.com	专任教师(人) 455
学校性质类别 01 综合大学	校舍建筑面积(平方米) 21093	其中:正高级 19
学校举办者 999 民办	图书(万册) 85.43	副高级 78
学校地址 广州增城广汕公路华立园华立路7号	固定资产总值(万元) 13581.83	中级 208
	教学、科研仪器设备资产值(万元) 4797.16	初级 86
邮政编码 511325		未定职级 64
办公电话 020-82902208	在校生数(人) 13641	

专科专业 财务管理、电力系统自动化技术、电脑艺术设计、电子商务、动漫设计与制作、房地产经营与估价、服装设计、

工程监理、工程造价、工商企业管理、国际经济与贸易、环境艺术设计、会计、会计电算化、计算机网络技术、计算机信息管理、建筑经济管理、建筑设计技术、金融管理与实务、模具设计与制造、汽车技术服务与营销、汽车检测与维修技术、软件技术、商务英语、市场营销、视觉传达艺术设计、数控技术、物流管理、新闻采编与制作

院系设置

学院设有机电与自动化、传媒与艺术设计、管理与信息、国际经济与外语、会计、建筑与房地产、思想政治理论课教学等七个学部共23个系。

学校设立奖学金情况

学校设立奖学金5项，奖励总金额99100余万元。奖学金最高金额1000元/年，最低金额100元/年。

学校历史沿革

广州华立科技职业学院由广州华立投资有限公司出资兴建，其前身为1999年6月成立的广州华立科技专修学院。2005年3月，经广东省人民政府批准、教育部备案，成立广州华立科技职业学院。

广州城市职业学院

学校(机构)标识码　4144013929	传真电话　020-86358013	在校生数(人)　12932
学校办学类型　415:专科院校:高等职业学校	校园(局域)网域名　www.gcp.edu.cn	其中:普通专科　8156
	电子信箱　lzw@gcp.edu.cn	成人专科　4776
学校性质类别　01 综合大学	占地面积(平方米)　202392	专任教师(人)　402
学校举办者　821 地级教育部门	校舍建筑面积(平方米)　194103	其中:正高级　12
学校地址　广东省广州市广园中路248号	图书(万册)　66.5	副高级　104
	固定资产总值(万元)　33630.92	中级　204
邮政编码　510405	教学、科研仪器设备资产值(万元)　8056.37	初级　79
办公电话　020-86374492		未定职级　3

专科专业　财务管理、电子商务、房地产经营与估价、工商企业管理(人力资源管理)、广告设计与制作、国际贸易实务、行政管理(文秘)、会计、机电一体化技术、计算机辅助设计与制造、计算机网络技术、计算机网络技术(网络工程与维护)、计算机网络技术(物联网应用)、计算机应用技术、计算机应用技术(IT运维服务)、建筑工程技术、金融保险、酒店管理、旅游管理、旅游管理(会展策划与管理)、旅游管理(酒店管理)、汽车检测与维修技术、人力资源管理、软件技术、软件技术(软件外包服务)、商务英语、社区管理与服务、食品生物技术、食品营养与检测、食品营养与检测(公共营养与保健)、食品营养与检测(食品安全)、市场营销、市政工程技术、视觉传达艺术设计、视觉传达艺术设计(动画设计制作)、视觉传达艺术设计(广告设计与制作)、视觉传达艺术设计(影视设计与制作)、视觉传达艺术设计(影视与动画制作)、文秘(商务)、文秘(涉外文秘)、文秘(新闻采编与制作)、物流管理、物业管理、应用电子技术、园艺技术、园艺技术(城市园艺)、装潢艺术设计

院系设置

信息与汽车工程学院、商学院、旅游与公共管理学院、艺术设计学院、建筑环境与食品工程学院、人文学院、培训学院、基础课部、社科部

定期公开出版的专业刊物　《广州城市职业学院学报》

学校设立奖学金情况

设立奖学金2项，奖励总金额110万元/年，最低金额500元/年。

学校历史沿革

广州城市职业学院是2005年3月经广东省人民政府批准、国家教育部备案，由广州市人民政府主办的全日制普通高校。由原广州业余大学、广州市经济管理干部学院、广州市财贸管理干部学院和广州市乡镇企业管理干部学院合并组建。原四校都是由广东省人民政府批准而独立设置的成人高等院校。

广东工程职业技术学院

学校(机构)标识码　4144013930	办公电话　020-37395091	固定资产总值(万元)　9866.77
学校办学类型　415:专科院校:高等职业学校	传真电话　020-87218458	教学、科研仪器设备资产值(万元)　3625.56
	校园(局域)网域名　www.gpc.net.cn	
学校性质类别　02 理工院校	电子信箱　crkd-bgs@163.com	在校生数(人)　10119
学校举办者　812 省级其他部门	占地面积(平方米)　115778	其中:普通专科　8982
学校地址　广州市天河区渔兴路18号	校舍建筑面积(平方米)　88885	成人专科　1137
邮政编码　510520	图书(万册)　46.13	专任教师(人)　375

其中：正高级	3	中级	179	未定职级	61
副高级	70	初级	62		

专科专业　产品造型设计、电梯工程技术、电子商务、电子信息工程技术、动漫设计与制作、工程造价、环境艺术设计、会计电算化、机电一体化技术、计算机多媒体技术、计算机网络技术、计算机应用技术、建筑工程技术、建筑设备工程技术、建筑设计技术、经济管理、旅游英语、模具设计与制造、汽车运用技术、软件技术、商务管理、商务英语、视觉传达艺术设计、室内设计技术、数控技术、通信技术、文秘、物流管理、应用电子技术

院系设置

学院设有教学二级学院2个：电梯技术学院、建筑工程学院；教学系部9个：机电工程系、计算机信息系、设计与艺术系、管理工程系、财经系、外语系、人文社科系、思想政治理论课教学部、体育部

学校设立奖学金情况

学校设立奖学金6项，奖励总金额177.1万元/年，最低金额300元/年。

学校历史沿革

1958年初，首办大学专科先修班（业余）。1958年10月，广东省科学技术协会（前科联）创办广东省业余科技大学，校址设在广东科学馆，设有分校四所。

1964年9月4日省高教局发文批准我校备（[64]高业字第3号）。

1966至1978年，"文革"期间停办。

1978年8月19日，省人民政府恢复广东省业余科技大学（粤编[1978]119号）。

1982年6月3日，省人民政府批准在广东省业余科技大学的基础上设置"广东业余大学"。

1984年10月26日，省人民政府同意"广东业余大学"恢复校名"广东省业余大学"。

1989年2月1日，省高教局批准我校改名为"广东省成人科技大学"；1993年3月11日省人民政府确定我校为副厅级建制。

1997年1月，省高教厅授予我校"广东省成人高等教育先进学校"称号。2000年9月，我校开始招收第一届普高大专生。2005年3月24日省人民政府同意我校改办成"广东工程职业技术学院"。

广州铁路职业技术学院

学校（机构）标识码	4144013943	传真电话	020-61332783	在校生数（人）	7949
学校办学类型	415：专科院校：高等职业学校	校园（局域）网域名	www.gtxy.cn	其中：普通专科	6926
学校性质类别	02 理工院校	电子信箱	gtxy302@.163.com	成人专科	1023
学校举办者	821 地级教育部门	占地面积（平方米）	105155	专任教师（人）	320
学校地址	广州市白云区石井街庆隆中路100号	校舍建筑面积（平方米）	106620	其中：正高级	7
		图书（万册）	40.24	副高级	68
邮政编码	510430	固定资产总值（万元）	22460.15	中级	154
办公电话	020-86020034	教学、科研仪器设备资产值（万元）	9304.84	初级	85
				未定职级	6

专科专业　报关与国际货运、城市轨道交通车辆、城市轨道交通控制、城市轨道交通运营管理、电气化铁道技术、电气自动化技术、动漫设计与制作、高速动车组驾驶与维修、供热通风与空调工程技术、会计电算化、机电设备维修与管理、机电一体化技术、机械制造与自动化、集装箱运输管理、计算机多媒体技术、计算机网络技术、计算机应用技术、模具设计与制造、汽车技术服务与营销、汽车检测与维修技术、商务英语、涉外旅游、市场营销、数控技术、铁道工程技术、铁道机车车辆、文秘、物流管理、应用电子技术、应用日语

院系设置

设有轨道交通系、机械与电子学院、电气工程系、经济管理系、信息工程系、应用外语系、物流管理系等10个教学系部

定期公开出版的专业刊物　《南方职业教育学刊》

学校设立奖学金情况

设立奖学金4项，奖励总金额140余万元。最高金额8000元/年，最低金额250元/年。

学校历史沿革

学院由2000年6月由广州铁路机械学校、广州铁路运输职工大学、广州铁路成人中专三校改制组建而成。

广东科贸职业学院

学校(机构)标识码　4144014063
学校办学类型　415:专科院校:高等职业学校
学校性质类别　01 综合大学
学校举办者　811 省级教育部门
学校地址　广州市白云区石井街石庆路388号
邮政编码　510430
办公电话　020－22014998
传真电话　020－22014686
校园(局域)网域名　www.gdkm.edu.cn
占地面积(平方米)　142925
校舍建筑面积(平方米)　128939
图书(万册)　38.13
固定资产总值(万元)　16619.37
教学、科研仪器设备资产值(万元)　4386.68
在校生数(人)　8241
其中:普通专科　6568
　　　成人专科　1673
专任教师(人)　316
其中:正高级　6
　　　副高级　68
　　　中级　130
　　　初级　58
　　　未定职级　54

专科专业　畜牧兽医、畜牧兽医(宠物医学)、电子商务、动漫设计与制作、工商企业管理、工商企业管理(行政管理)、工商企业管理(连锁经营)、国际商务、环境艺术设计、环境艺术设计(建筑与环境设计)、环境艺术设计(室内装饰设计)、会计电算化、计算机多媒体技术、计算机多媒体技术(平面设计)、计算机网络技术、计算机应用技术、计算机应用技术(嵌入式技术)、计算机应用技术(嵌入式技术)、软件技术、商检技术(食品质量与安全检验)、商务英语、商务英语(会展英语)、商务英语(旅游英语)、生物技术及应用、生物技术及应用(食品生物技术)、食品加工技术、食品加工技术(食品加工与营销)、市场营销、投资与理财、文秘(商务秘书)、物流管理、物业管理、园林工程技术、园林工程技术(园林规划设计)、园艺技术(茶艺与贸易)、园艺技术(都市园艺)

院系设置
财经系、管理系、生物技术系、环境艺术系、信息工程系、商贸系、外语系、思政部

国家级、省部级研究机构设置
研究中心(所):广东省家禽科学研究所。

定期公开出版的专业刊物　《南方农村》

学校设立奖学金情况
学校设立奖学金4项,奖励总金额20余万元。奖学金最高金额3000元/年,最低金额200元/年。

学校历史沿革
1985年9月广东省人民政府同意在原广东农业经营干部学校和广东省科技干部进修班的基础上成立广东省农业管理干部学院;2006年广东省人民政府批准在广东省农业管理干部学院的基础上成立广东科贸职业学院。

广州科技贸易职业学院

学校(机构)标识码　4144014065
学校办学类型　415:专科院校:高等职业学校
学校性质类别　01 综合大学
学校举办者　821 地级教育部门
学校地址　广州市番禺区南村镇兴业大道
邮政编码　511442
办公电话　020－84567195
传真电话　020－94567636
校园(局域)网域名　www.gzkum.com
电子信箱　kmbgs203@126.com
占地面积(平方米)　129550
校舍建筑面积(平方米)　97120
图书(万册)　42.89
固定资产总值(万元)　18043.62
教学、科研仪器设备资产值(万元)　2636.46
在校生数(人)　6711
其中:普通专科　5934
　　　成人专科　777
专任教师(人)　291
其中:正高级　8
　　　副高级　60
　　　中级　138
　　　初级　23
　　　未定职级　62

专科专业　财务管理、城市轨道交通运营管理、电气自动化技术、电子商务、电子信息工程技术、动漫设计与制作、服装设计、公共事务管理、国际经济与贸易、环境艺术设计、会展策划与管理、机电一体化技术、计算机应用技术、旅游英语、汽车技术服务与营销、汽车检测与维修技术、商务经纪与代理、社会工作、物流管理、鞋类与皮具设计、艺术设计、音乐表演、应用英语、资源环境与城市管理

院系设置
我院共设置8系(部):机电系、计算机系、艺术设计系、管理系、经济贸易系、应用英语系、服装系、基础部

国家级、省部级研究机构设置
研究中心(所):信息技术及系统工程研究所1个

学校设立奖学金情况

学校设立奖学金3项,奖励总金额41余万元。奖学金最高金额1200元/年,最低金额300元/年。

学校历史沿革

学院由广州科学技术协会创办,至今已有25年的办学历史。1984年3月市政府批准成立"广州市科级干部进修学院"。(主要开展培训等短期业余教育)1988年6月经教育部批准,更名为"广州大学科技干部大学"。(开展成人学历教育)2001年5月经市政府批准,更名为"广州科技贸易技术学院"。(开展普通高等教育)2006年4月经省政府批准、教育部备案,改名为独立设置的"广州科技贸易职业学院"。

中山职业技术学院

学校(机构)标识码	4144014066
学校办学类型	415:专科院校:高等职业学校
学校性质类别	01 综合大学
学校举办者	821 地级教育部门
学校地址	广东省中山市东区博爱七路25号
邮政编码	528404
办公电话	0760-88223723
传真电话	0760-88223722
校园(局域)网域名	www.zspt.cn
电子信箱	zszybgs@163.com
占地面积(平方米)	383333
校舍建筑面积(平方米)	189569
图书(万册)	43.53
固定资产总值(万元)	45939
教学、科研仪器设备资产值(万元)	8294.15
在校生数(人)	9163
其中:普通专科	6523
成人专科	2640
专任教师(人)	352
其中:正高级	9
副高级	62
中级	171
初级	16
未定职级	94

专科专业 财务信息管理、产品造型设计、灯具设计与工艺、电气自动化技术、电梯维护与管理、电子商务、电子信息工程技术、雕刻艺术与家具设计、动漫设计与制作、服装设计、工商企业管理、工业分析与检验、焊接技术及自动化、会计、机电一体化技术、计算机控制技术、金融管理与实务、精细化学品生产技术、旅游管理、模具设计与制造、汽车运用技术、软件技术、商务管理、社会工作、社会体育、视觉传达艺术设计、数控技术、数字媒体设计与制作、网络系统管理、物流管理、营销与策划、应用英语

院系设置 学院共设置经济管理系、计算机工程系、机械工程系、艺术设计系、电子信息工程系共5个系和1个基础部教学部

定期公开出版的专业刊物 《中山职业技术学院学报》

学校设立奖学金情况

学校设立奖学金2项,奖励总金额106.124万元。奖学金最高金额2000元/年,最低金额100元/年。

毕业生一次就业率 99%

学校历史沿革

中山职业技术学院是2005年由中山市人民政府投资兴办,属于全日制普通高等职业院校,是经广东省人民政府批准并经教育部备案的,全票通过了广东省高校设置评议委员会的正式开办评估。

2006年4月,广东省人民政府批准正式成立中山职业技术学院。2006年6月正式揭牌。

广州珠江职业技术学院

学校(机构)标识码	4144014123
学校办学类型	415:专科院校:高等职业学校
学校性质类别	01 综合大学
学校举办者	999 民办
学校地址	广东省增城市增江街塔山大道2号
邮政编码	511300
办公电话	020-82719999
传真电话	020-82712222
校园(局域)网域名	www.gzzjedu.cn
电子信箱	gzzjedu@163.com
图书(万册)	16.5
固定资产总值(万元)	5548
教学、科研仪器设备资产值(万元)	1003
在校生数(人)	2006
其中:普通专科	1949
成人专科	57
专任教师(人)	112
其中:正高级	11
副高级	12
中级	23
初级	35
未定职级	31

专科专业 电子商务、法律事务、工程造价、工商企业管理、国际经济与贸易、行政管理、会计电算化、计算机应用技术、建筑工程管理、模具设计与制造、汽车电子技术、汽车技术服务与营销、人力资源管理、商务日语、商务英语、市场营销、数控设备应用与维护、物流管理、珠宝首饰工艺及鉴定、装潢艺术设计

广东省

院系设置

经济管理工程系、计算机系、机电工程系、基础部、外语系、建筑与艺术系

定期公开出版的专业刊物 《增城日报:珠江职院专刊》

学校设立奖学金情况

学校设立奖学金2项,包括优秀奖学金及贫困学生助学金,奖励总金额30余万元。奖学金最高金额1000元/年,最低金额300元/年。

主要校办产业

成立广州铭珠电控设备科技有限公司

学校历史沿革

2000年7月至2006年9月为广州华粤科技专修学院,主要培养中等技术人才。2006年9月经广东省教育厅批准正式升级为广州珠江职业技术学院。于2007年9月正式招生。

广州松田职业学院

学校(机构)标识码 4144014125	办公电话 020-82856000	在校生数(人) 5039
学校办学类型 415:专科院校:高等职业学校	传真电话 020-82856222	其中:普通专科 5039
	校园(局域)网域名 www.sontanedu.cn	专任教师(人) 229
学校性质类别 01 综合大学	电子信箱 sontanzy@126.com	其中:正高级 5
学校举办者 999 民办	图书(万册) 22.72	副高级 40
学校地址 广州市增城朱村街(广汕公路旁)	固定资产总值(万元) 12912.64	中级 63
	教学、科研仪器设备资产值(万元) 1262	初级 48
邮政编码 511370		未定职级 73

专科专业 安全技术管理、电子商务、电子信息工程技术、动漫设计与制作、法律事务、工商企业管理、广告设计与制作、国际经济与贸易、会计电算化、计算机网络技术、计算机信息管理、计算机应用技术、金融与证券、旅游管理、汽车技术服务与营销、汽车检测与维修技术、市场营销、室内设计技术、物流管理、音乐表演、应用日语、应用英语

院系设置

学院现设有党政办公室、教务处、学生处、财务处、人事处、教学督导办公室、科研处、评建工作办公室八个行政职能部门及财经系、管理系、外语系、艺术系、机电与信息工程系、基础课部、思想政治理论课教学部七个教学系(部)

学校设立奖学金情况

学校设立奖学金7项,奖励总金额20余万元。奖学金最高金额8000元/年,最低金额300元/年。

毕业生一次就业率 91.14%

学校历史沿革

广州松田职业学院是经广东省人民政府批准设立,并报国家教育部备案的全日制普通高等职业学院。学院座落于"挂绿"荔枝之乡——广州增城,目前校园占地面积189亩。

学院前身为广州大学松田学院专科部。2006年8月,为贯彻落实国务院、广东省关于大力推进职业教育改革与发展的决定和要求,为进一步满足区域经济建设社会发展对技术应用型人才的需求,依托与广州大学松田学院专科部六年来积累的丰富办学经验和优质教育资源,申办了广州松田职业学院。

湛江现代科技职业学院

学校(机构)标识码 4144014126	传真电话 0759-6632200	在校生数(人) 3542
学校办学类型 415:专科院校:高等职业学校	电子信箱 xcz078@163.com	其中:普通专科 3542
	占地面积(平方米) 460889	专任教师(人) 207
学校性质类别 01 综合大学	校舍建筑面积(平方米) 198180	其中:正高级 10
学校举办者 999 民办	图书(万册) 34.94	副高级 43
学校地址 广东省廉江市经济技术开发区九洲江大道78号	固定资产总值(万元) 43205.47	中级 69
	教学、科研仪器设备资产值(万元) 1824.17	初级 40
邮政编码 524400		未定职级 45
办公电话 0759-6632200		

专科专业 报关与国际货运、表演艺术、电气自动化技术、电子信息工程技术、动漫设计与制作、法律事务、工商企业管理、国际经济与贸易、会计、计算机网络技术、建筑工程管理、金融管理与实务、酒店管理、汽车电子技术、汽车检测与维修技术、软件

技术、商务英语、社会体育、市场开发与营销、文秘、物流管理、艺术设计、印刷技术、应用英语

院系设置

共5个。信息工程系、外语系、管理系、财金系、人文艺术系

学校设立奖学金情况

学校设立奖学金6项，奖励总金额15.6余万元。奖学金最高金额2000元/年，最低金额300元/年。

主要校办产业

服务中心

学校历史沿革

廉江市锦华学校(1995－2000年)；广东司法警官学院廉江分教处(2000年－2006年)；湛江师范学院教学点(2006年)；湛江现代科技职业学院(2006年至今)。

广州城建职业学院

学校(机构)标识码	4144014136
学校办学类型	415:专科院校:高等职业学校
学校性质类别	*02 理工院校
学校举办者	999 民办
学校地址	广东省广州市从化市环市东路166号
邮政编码	510925
办公电话	020－87985186
传真电话	020－87985190
校园(局域)网域名	www.gzccc.edu.cn
电子信箱	gzcccyb@163.com
占地面积(平方米)	181599
图书(万册)	77.85
固定资产总值(万元)	27028.44
教学、科研仪器设备资产值(万元)	6016.47
在校生数(人)	15398
其中:普通专科	15207
成人专科	191
专任教师(人)	657
其中:正高级	29
副高级	122
中级	209
初级	82
未定职级	215

专科专业 LED与嵌入式技术应用、报关与国际货运、采购与供应链管理、产品设计、电子商务、电子商务与网络营销、电子商务与信息管理、动漫设计、房地产经营管理、服装设计、工程监理、工程造价、工商企业管理、广告设计、国际经济与贸易、国际旅游与会展管理、国际旅游与酒店管理、环境艺术设计、会计电算化、会展管理、机电一体化技术、计算机辅助设计与制造、计算机网络技术、建筑工程技术、建筑数码设计、建筑装饰工程技术、金融与证券、景观设计、酒店与会展管理、连锁经营管理、楼宇智能化工程技术、旅游管理、模具设计与制造、汽车电子、汽车技术服务与营销、汽车检测与维修技术、嵌入式技术与应用、人力资源管理、软件技术、商务英语、涉外会计、涉外文秘、市场开发与营销、市场营销、市政工程技术、室内设计、数控技术、投资与理财、网站开发与管理、物流管理、物业管理、信息安全与IT运营管理、信息管理、移动通讯、移动通讯技术、艺术设计、营销与策划、应用电子技术、园林工程技术、中小企业创业管理、注册会计师

院系设置

建筑工程技术系、建筑工程管理系、机电工程系、管理工程系、信息工程系、艺术设计系、经济贸易系、会计系、外语系

学校设立奖学金情况

学校设立奖学金2项，奖励总金额112余万元。奖学金最高金额3000元/年，最低金额300元/年。

学校历史沿革

学院前身是1960年由广州市建设工程局设立的"广州业余建筑工程学院"，1980年为"广州市建筑总公司职工大学"，2000年7月国家教育部批准并入了新的广州大学，成为广州大学的二级学院。2003年12月，由广州天马集团有限公司下属广州精通教育投资有限公司改制为独资建设的民办二级学院——"广州大学城建学院"；2007年4月，经省政府批准，并报教育部备案，正式成为独立设置的普通高校——"广州城建职业学院"。

东莞职业技术学院

学校(机构)标识码	4144014263
学校办学类型	415:专科院校:高等职业学校
学校性质类别	02 理工院校
学校举办者	821 地级教育部门
学校地址	广东省东莞市松山湖科技产业园区大学路3号
邮政编码	523808
办公电话	0769－23306078
传真电话	0769－23306111
校园(局域)网域名	www.dgpt.edu.cn
电子信箱	yb@dgpt.edu.cn
占地面积(平方米)	553609
校舍建筑面积(平方米)	279829
图书(万册)	54.6
固定资产总值(万元)	94560.32
教学、科研仪器设备资产值(万元)	5197.54
在校生数(人)	9037
其中:普通专科	9037
专任教师(人)	447
其中:正高级	17
副高级	40
中级	113
初级	79
未定职级	198

专科专业 电气自动化技术、电子信息工程技术、雕刻艺术与家具设计、动漫设计与制作、服装设计、工商企业管理、工业设计、会计、机械制造与自动化、计算机应用技术、酒店管理、汽车检测与维修技术、社区管理与服务、物流管理、印刷技术、园林技术

院系设置
财经系、管理科学系、计算机工程系、电子工程系、机电工程系、艺术设计系、印刷工程系、物流工程系、思想政治理论课教学部、公共教学部、应用外语系、体育系

定期公开出版的专业刊物 《东莞职业技术学院院报》、《东莞职业技术学院学术论坛》

学校设立奖学金情况
学校设立奖学金4项,奖励总金额87.96余万元。奖学金最高金额4000元/年,最低金额600元/年。

学校历史沿革
东莞职业技术学院于2006年筹建,2009年4月经广东省人民政府批准,国家教育部备案,由东莞市人民政府投资11亿元人民币兴建而成的全日制普通高等职业院校。

广东江门艺华旅游职业学院

学校(机构)标识码	4144014265
学校办学类型	415:专科院校:高等职业学校
学校性质类别	01 综合大学
学校举办者	999 民办
学校地址	广东省江门市五邑路683号
邮政编码	529040
办公电话	0750-3073881
传真电话	0750-3073890
校园(局域)网域名	www.jmyhu.com
电子信箱	yhzyxy@126.com
占地面积(平方米)	138695
校舍建筑面积(平方米)	61354
图书(万册)	16.53
固定资产总值(万元)	22179.94
教学、科研仪器设备资产值(万元)	1432.91
在校生数(人)	2032
其中:普通专科	2032
专任教师(人)	111
其中:正高级	22
副高级	10
中级	10
初级	17
未定职级	52

专科专业 电力工程管理、电子商务、工商企业管理、广告媒体与开发、会计、计算机应用技术、建筑工程管理、酒店管理、旅游管理、烹饪工艺与营养、软件技术、商务日语、商务英语、通信工程管理、物流管理、营销与策划

院系设置
旅游系、工商管理系、外语系、计算机系、工程系、公共教学部

定期公开出版的专业刊物 《艺华学院报》、《沁轩》

学校设立奖学金情况
学校设立奖学金6项,奖励总金额54余万元。奖学金最高金额8000元/年,最低金额100元/年。

1. 国家奖学金:1人/年,8000元/人。
2. 国家励志奖学金:30人/年,5000元/人。
3. 国家助学金 100人/年,3000元/人。
4. 优秀学生奖学金:一等奖:6人/年,1800元/人;二等奖:22人/年,800元/人;三等奖34人/年,500元/人。
5. 优秀学生干部奖学金:76人/年,100元/人。
6. 贫困生奖学金:30人/年,1000元/人。

学校历史沿革
广东江门艺华旅游职业学院是广东省人民政府2009年3月19日批准成立,教育部备案的全日制专科层次学历教育的综合大学。

广州华商职业学院

学校(机构)标识码	4144014266
学校办学类型	415:专科院校:高等职业学校
学校性质类别	08 财经院校
学校举办者	999 民办
学校地址	广州市增城荔城街华商路一号
邮政编码	511300
办公电话	020-32880088
传真电话	020-32880099
校园(局域)网域名	www.gzhsvc.com
电子信箱	gzhsvc@163.com
占地面积(平方米)	105594
图书(万册)	45.42
固定资产总值(万元)	28400
教学、科研仪器设备资产值(万元)	1745.82
在校生数(人)	4404
其中:普通专科	4404
专任教师(人)	245
其中:正高级	2
副高级	21
中级	24
初级	20
未定职级	178

专科专业 工程造价、会计、计算机网络技术、建筑工程管理、金融管理与实务、旅游管理、汽车电子技术、汽车技术服务与

营销、文秘、物流管理、应用电子技术

院系设置

广州华商职业学院设立了电气工程系、国际经济与贸易系、工商管理系、建筑工程系、会计系、汽车工程系、信息工程系、公共基础/思想政治教学部等7个教学系和1个公共课程教学部，已形成了以经济、管理类专业和工科专业并进发展的态势，全面适应社会发展的人才需求，积极为国家培养人才。

学校设立奖学金情况

学校设立奖学金4项，奖励总金额3.95余万元。奖学金最高金额800元/年，最低金额200元/年。

学校历史沿革

广州华商职业学院是经广东省人民政府批准成立、国家教育部备案、由著名的广州太阳城发展有限公司投资创办，面向省内外招收普通高等学历教育国家任务生，具有大学专科学历证书颁发权的全日制高等专科院校。广州华商职业学院位于广州市增城荔城街华商路一号，环境优美，交通便利。学院拥有一流的办学条件和丰实的教学资源。

广州华夏职业学院

学校(机构)标识码 4144014268	传真电话 020-87868989	在校生数(人) 3904
学校办学类型 415:专科院校:高等职业学校	校园(局域)网域名 gzhxtc.cn	其中:普通专科 3904
	电子信箱 zsb@gzhxtc.cn	专任教师(人) 166
学校性质类别 01 综合大学	占地面积(平方米) 116464	其中:正高级 3
学校举办者 999 民办	图书(万册) 32.01	副高级 20
学校地址 广东省广州市从化城鳌大道东772号	固定资产总值(万元) 25266.5	中级 27
	教学、科研仪器设备资产值(万元) 1690.42	初级 31
邮政编码 510935		未定职级 85
办公电话 020-87868991		

专科专业 工程造价、工商企业管理、广告设计与制作、国际经济与贸易、会计、计算机多媒体技术、金融与证券、酒店管理、汽车技术服务与营销、商务英语、涉外旅游、市场营销、投资与理财、物流管理、新闻采编与制作

院系设置

艺术与传媒系、财经管理系、经济贸易系、车辆与工程系、思政部、公共基础教学部

定期公开出版的专业刊物 《华夏之关》

学校设立奖学金情况

学校设立奖学金一、二、三等奖，奖励总金额14000余万元。奖学金最高金额1500元/年，最低金额500元/年。

学校历史沿革

广州华夏职业学院是一所由广州乐欣投资有公司在积累了二十三年民办教育实践经验的基础上投资兴办的，2009年3月25日经广东省人民政府批准(粤府函[2009]46号)成立的民办高等职业学校。学校坐落在有"广州后花园"之称的从化市明珠工业园内。

广东第二师范学院

学校(机构)标识码 4144014278	电子信箱 xyb@gdei.edu.cn	普通专科 4340
学校办学类型 412:本科院校:学院	占地面积(平方米) 357523	成人本科 6574
学校性质类别 06 师范院校	校舍建筑面积(平方米) 269215	成人专科 3374
学校举办者 811 省级教育部门	图书(万册) 95	专任教师(人) 436
学校地址 广州市新港中路351号	固定资产总值(万元) 32446.1	其中:正高级 52
邮政编码 510303	教学、科研仪器设备资产值(万元) 5056	副高级 125
办公电话 020-34113736		中级 167
传真电话 020-34113262	在校生数(人) 17560	初级 58
校园(局域)网域名 www.gdei.edu.cn	其中:普通本科 3272	未定职级 34

本科专业 公共事业管理(教育管理)、汉语言文学、美术学、美术学(产品设计)、美术学(动漫设计)、美术学(环境艺术设计)、美术学(装潢艺术设计)、生物科学、生物科学(科学教育)、数学与应用数学、思想政治教育、体育教育、物理学、英语、

应用化学、应用心理学、应用心理学(学前教育)

专科专业 电子信息工程技术(BTEC教育)、法律事务、公共事务管理、汉语、行政管理、化学教育、环境艺术设计、会计、计算机应用技术(BTEC电子信息工程)、计算机应用技术(BTEC计算机软件)、计算机应用技术(BTEC旅游信息管理)、计算机应用技术(BTEC嵌入式软件)、计算机应用技术(BTEC商检信息技术)、计算机应用技术(BTEC信息生物技术)、精细化学品生产技术、旅游管理、旅游管理(BTEC教育)、美术教育、美术教育(综合绘画)、商检技术(BTEC教育)、商务英语、生物技术及应用(BTEC教育)、生物技术及应用(城市园林)、生物技术及应用(生物药学)、生物教育(小学科学教育)、数学教育、体育教育、物理教育、学前教育、艺术设计(电脑动画技术)、艺术设计(动漫设计与制作)、艺术设计(装潢艺术设计)、音乐教育、英语教育、英语教育(小学教育)、语文教育、园艺技术

院系设置

现有教育系、政法系、中文系、外语系、数学系、物理系、化学系、生物系、体育系、美术系、计算机科学系和音乐系等12个学系

国家级、省部级研究机构设置

现有教师信息技术研究中心、科学教育研究所、邓小平理论研究中心、海外华文文学研究所、中华民族凝聚力研究所、民办教育研究中心、应用数学研究所、基础教育研究中心、学校管理研究中心、德育研究中心、学校心理研究与指导中心、语文教育研究所等12个科研所(中心)

定期公开出版的专业刊物 《广东第二师范学院学报》、《基础教育研究》、《中学生报》

学校设立奖学金情况

学院设有一项奖学金,奖励总金额60余万元。奖学金最高金额为1200元/年,最低金额为500元/年。

学校历史沿革

广东第二师范学院(原广东教育学院),1955年创办于广州石牌岗顶,原名广东教育行政学院;1960年广东省工农师范学校并入,更名为广东教育学院;1962年8月,迁至广州河南客村。文革期间,学院被撤销,下放至肇庆新兴,开办肇庆地区师范学校,并先后改名为肇庆五七学院、肇庆地区师范专科学校。学院于1978年复办,2010年3月改制为普通高等学校—广东第二师范学院。

广东环境保护工程职业学院

学校(机构)标识码 4144014311	传真电话 0757-88393199	1700.7
学校办学类型 415:专科院校:高等职业学校	校园(局域)网域名 www.gdepb.gov.cn/gdepc/	在校生数(人) 3894
		其中:普通专科 3894
学校性质类别 02 理工院校	电子信箱 xxbgs309@163.com	专任教师(人) 178
学校举办者 812 省级其他部门	占地面积(平方米) 300148	其中:副高级 24
学校地址 广东环境保护工程职业学院	校舍建筑面积(平方米) 102888	中级 49
邮政编码 528216	图书(万册) 21.3	初级 59
办公电话 0757-88393199	固定资产总值(万元) 25201.7	未定职级 46
	教学、科研仪器设备资产值(万元)	

专科专业 城市水净化技术、给排水工程技术、工程测量与监理、工业环保与安全技术、环境监测与评价、环境监测与治理技术、机电设备维修与管理、模具设计与制造、食品营养与检测、室内检测与控制技术、资源环境与城市管理

院系设置

环境监测系、环境工程与土木工程系、环境科学系、循环经济与低碳经济系、生态环境系、环境艺术与服务系、机电工程系、办公室、财务装备部、后勤保障部、学生工作部、教务管理部、基础部、体育部、培训部

学校设立奖学金情况

富勤环保基金会在学院设立"富勤"奖学金,奖励总金额62000,最高金额5000元/年,最低1000元/年。

学校历史沿革

广东环境保护工程职业学院隶属于广东省环境保护厅。于2010年2月26日经广东省人民政府同意设立(粤府函〔2010〕36号),于2010年4月21日经中华人民共和国教育部同意备案并正式招生(教发函〔2010〕71号),2010年10月15日经广东省机构编制委员会同意设立(粤机编办〔2010〕178号)。

广东青年职业学院

学校(机构)标识码 4144014361	业学校	学校举办者 812 省级其他部门
学校办学类型 415:专科院校:高等职	学校性质类别 01 综合大学	学校地址 广州市天河区沙太南路66

号	校舍建筑面积(平方米) 79623	成人专科 2626
邮政编码 510507	图书(万册) 23.8	专任教师(人) 120
办公电话 020-37251053	固定资产总值(万元) 6656.02	其中:正高级 1
传真电话 020-37251059	教学、科研仪器设备资产值(万元)	副高级 19
校园(局域)网域名 www.gdylc.cn	1138.63	中级 51
电子信箱 gdqg2008@yahoo.cn	在校生数(人) 4564	初级 25
占地面积(平方米) 363668	其中:普通专科 1938	未定职级 24

专科专业 国际经济与贸易、会计电算化、计算机网络技术、商务管理、商务英语、社会工作

院系设置
设有管理系、财经系、外语系、社会工作系、计算机工程系、艺术设计系、青年继续教育与培训学院、思想政治理论课教学部、体育教学部共9个系部

国家级、省部级研究机构设置
广东省青年工作理论创新中心、广东青年研究所

定期公开出版的专业刊物 《广东青年职业学院学报》

学校设立奖学金情况
学校设立奖学金3项,奖励总金额8万元/年,最低金额100元/年。

学校历史沿革
广东青年职业学院(广东青年管理干部学院)前身是成立于1950年的广东省团校,是一所经广东省人民政府批准成立,国家教育部备案,有60多年办学历史的公办普通高等学校,隶属于共青团广东省委。

广州东华职业学院

学校(机构)标识码 4144014362	办公电话 020-87475139	教学、科研仪器设备资产值(万元)
学校办学类型 415:专科院校:高等职业学校	传真电话 020-87475139	1000
	校园(局域)网域名 www.gzdhxy.com	在校生数(人) 424
学校性质类别 01 综合大学	电子信箱 dhzyxy@163.com	其中:普通专科 424
学校举办者 999 民办	占地面积(平方米) 133146	专任教师(人) 71
学校地址 广州市白云区太和镇穗丰水均田路363号	校舍建筑面积(平方米) 89320	其中:中级 3
	图书(万册) 10.3	未定职级 68
邮政编码 510540	固定资产总值(万元) 15000	

专科专业 工商企业管理、会计电算化、计算机控制技术、模具设计与制造、汽车检测与维修技术、人力资源管理

学校历史沿革
广州东华职业学院是一所由广东省教育厅主管,经省人民政府正式批准设立,国家教育部备案成立的一所全日制普通高等专科院校。学院坐落于风景优美的白云区帽峰山风景区,距广州市中心约20公里,校内空气清新,环境优雅,安静舒适,是莘莘学子求学的理想之地。

广东创新科技职业学院

学校(机构)标识码 4144014363	传真电话 0769-83076800	在校生数(人) 927
学校办学类型 415:专科院校:高等职业学校	校园(局域)网域名 gdcxxy.net	其中:普通专科 927
	电子信箱 gdcxdg@163.com	专任教师(人) 55
学校性质类别 01 综合大学	占地面积(平方米) 315533	其中:正高级 9
学校举办者 999 民办	校舍建筑面积(平方米) 75862	副高级 12
学校地址 广东省东莞市厚街镇生态文化教育园	图书(万册) 12.6	中级 17
	固定资产总值(万元) 31500	初级 1
邮政编码 523946	教学、科研仪器设备资产值(万元)	未定职级 16
办公电话 0769-83076800	1008	

专科专业 服装设计、工商企业管理、会计、计算机辅助设计与制造、计算机应用技术、酒店管理、商务英语

广西壮族自治区　　　　　　　　　　　　　　　　　　　　　　　　　　　　　　中国高等学校大全——普通高等学校

院系设置
设有4个系,分别是计算机与通信系、设计与制造系、工商管理系、外语系

学校历史沿革
学院于2011年建立。

北京师范大学－香港浸会大学联合国际学院

学校(机构)标识码　4144016401	传真电话　0756－3620888	其中:普通本科　3837
学校办学类型　412:本科院校:学院	校园(局域)网域名　uic.edu.hk	专任教师(人)　298
学校性质类别　01 综合大学	图书(万册)　12	其中:正高级　24
学校举办者　999 民办	固定资产总值(万元)　2276.8	副高级　34
学校地址　广东省珠海市唐家湾金凤路28号	教学、科研仪器设备资产值(万元)　1541.23	中级　129
邮政编码　519085	在校生数(人)　3837	初级　34
办公电话　0756－3620000		未定职级　77

本科专业　工商管理(财务学)、工商管理(文化产业管理)、工商管理(文化创意与管理)、工商管理(应用经济学)、国际政治(政治与国际关系学)、环境科学、会计学、计算机科学与技术、人力资源管理、社会学(社会工作与社会行政学)、食品科学与工程(营养学)、数学与应用数学(金融数学)、统计学、心理学(应用心理学)、新闻学(公共关系与广告学)、新闻学(国际新闻学)、英语(翻译学)、英语(现当代英语语言文学)、英语(英语作为第二语言教学)、影视学

院系设置
工商及管理学部、人文与社会科学学部、理工科技学部

定期公开出版的专业刊物　《四维首印》、《四维家长通讯》

学校设立奖学金情况
学校设立奖学金6项,奖励总金额85余万元。奖学金最高金额60000元/年,最低金额2000元/年。

学校历史沿革
北京师范大学－香港浸会大学联合国际学院(简称UIC)由北京师范大学和香港浸会大学于广东省珠海市携手创立,是首家中国内地与香港高等教育界合作创办的大学,获得国家教育部特批。学院获国家教育部、广东省教育厅、珠海市政府及各界大力支持,全体师生在前全国人大常委会副委员长暨校董会主席许嘉璐教授的领导下,秉承博雅教育理念,创新性地推行全人教育、四维教育及国际化办学模式。

广西大学

学校(机构)标识码　4145010593	电子信箱　pg@gxu.edu.cn	成人专科　14398
学校办学类型　411:本科院校:大学	占地面积(平方米)　3073387	博士研究生　412
学校性质类别　01 综合大学	校舍建筑面积(平方米)　1281294	硕士研究生　6135
学校举办者　811 省级教育部门	图书(万册)　330.57	留学生　621
学校地址　广西南宁市西乡塘区大学东路100号	固定资产总值(万元)　182916.02	专任教师(人)　2145
邮政编码　530004	教学、科研仪器设备资产值(万元)　58113.4	其中:正高级　433
办公电话　0771－3233920	在校生数(人)　57186	副高级　742
传真电话　0771－3272089	其中:普通本科　23345	中级　820
校园(局域)网域名　www.gxu.edu.cn	成人本科　12275	初级　52
		未定职级　98

本科专业　安全工程、包装工程、材料成型及控制工程、材料科学与工程、材料科学与工程类、财务管理、财政学、车辆与动力工程类、城市规划、电力工程与管理、电气工程及其自动化、电气自动化类、电子科学与技术、电子商务、电子信息工程、电子信息与通信工程类、动物科学、动物医学、对外汉语、法学、工商管理、工商管理类、工业设计、公共事业管理、管理科学、广播电视新闻学、广告学、国际经济与贸易、过程装备与控制工程、汉语言文学、化学、化学工程与工艺、化学类、环境工程、会计学、机械工程及自动化、机械工程及自动化类、计算机科学与技术、计算机－网络－信息安全类、建筑规划类、建筑学、交通运输、教育技术学、金融学、金属材料工程、经济学、经济学类、矿物资源工程、林产化工、林学、旅游管理、美术学、木材科学与工程、木材科学与工程(木材工业)、木材科学与工程(室内与家具设计)、能源化工与制药类、农林经济管理、农学、农业电气化与自动化、农业机

·1318·

械化及其自动化、农业科学与技术类、农业资源与环境、轻工与食品工程类、轻化工程、热能与动力工程、日语、社会工作、社会体育、生命科学类、生态学、生物工程、生物技术、食品科学与工程、食品科学与工程(制糖工程)、食品质量与安全、市场营销、数理、数理试点、数学与计算科学类、数学与应用数学、水产养殖学、水利水电工程、泰语、通信工程、土木工程、网络工程、无机非金属材料工程、舞蹈学、物理学、物流工程、戏剧影视文学、新闻传播学类、新闻学、信息安全、信息管理类、信息管理与信息系统、信息与计算科学、冶金工程、艺术设计、音乐学、英语、英语(中外合作办学)、应用化学、应用心理学、园林、园艺、越南语、哲学、植物保护、制药工程、资源与安全工程类、自动化

博士专业 电力系统及其自动化、动物遗传育种与繁殖、化学工艺、结构工程、微生物学、预防兽医学、植物病理学、制糖工程、作物遗传育种、作物栽培学与耕作学

硕士专业 保险硕士、材料工程、材料加工工程、材料物理与化学、材料学、财政学、采矿工程、产业经济学、车辆工程、传播学、电工理论与新技术、电机与电器、电力电子与电力传动、电力系统及其自动化、电气工程、动力工程、动力机械及工程、动物学、动物遗传育种与繁殖、动物营养与饲料科学、发酵工程、法律(法学)、法律硕士(法学)、法律硕士(非法学)、法学理论、防灾减灾工程及防护工程、分析化学、概率论与数理统计、高电压与绝缘技术、工程管理硕士、工程热物理、工商管理硕士、工业催化、工业工程、公共管理硕士、固体力学、管理科学与工程、光学、国际法学、国际贸易学、国际商务硕士、国民经济学、果树学、汉语国际教育硕士、汉语言文字学、行政管理、化工过程机械、化学工程、化学工艺、环境工程、环境与资源保护法学、会计学、机械电子工程、机械工程、机械设计及理论、机械制造及其自动化、基础兽医学、基础数学、计算机技术、计算机软件与理论、计算机系统结构、计算机应用技术、计算数学、技术经济及管理、检测技术与自动化装置、建筑与土木工程、教育经济与管理、结构工程、金融硕士、金融学、经济法学、科学技术哲学、控制工程、控制理论与控制工程、矿物加工工程、矿业工程、理论物理、粒子物理与原子核物理、林产化学加工工程、林木遗传育种、林业、林业工程、临床兽医学、旅游管理、旅游管理硕士、马克思主义发展史、马克思主义基本原理、马克思主义哲学、马克思主义中国化研究、民商法学、木材科学与技术、凝聚态物理、农产品加工及贮藏工程、农村与区域发展、农药学、农业电气化与自动化、农业机械化、农业机械化工程、农业经济管理、农业科技组织与服务、农业昆虫与害虫防治、农业信息化、农业资源利用、企业管理、桥梁与隧道工程、轻工技术与工程、区域经济学、日语语言文学、软件工程、森林培育、社会学、生态学、生物工程、生物化工、生物化学与分子生物学、食品加工与安全、食品科学、兽医硕士、蔬菜学、水产养殖、水工结构工程、水利工程、思想政治教育、诉讼法学、土壤学、外国语言学及应用语言学、外国哲学、微生物学、文艺学、无线电物理、物理化学、物流工程、细胞生物学、宪法学与行政法学、新闻学、新闻与传播硕士、刑法学、岩土工程、养殖学、英语笔译、英语口译、英语语言文学、应用化学、应用数学、有机化学、渔业、语言学与应用语言学、预防兽医学、园林植物与观赏园艺、园艺、运筹学与控制论、政治经济学、植物保护、植物病理学、植物学、植物营养学、制浆造纸工程、制糖工程、中国古代文学、中国古典文献学、作物、作物遗传育种、作物栽培学与耕作学

院系设置

1.材料科学与工程学院;2.电气工程学院;3.动物科学技术学院;4.法学院;5.公共管理学院;6.国防教育学院、武装部;7.国际交流处、国际教育学院、东盟学院;8.化学化工学院;9.环境学院;10.机械工程学院;11.计算机与电子信息学院;12.教育学院、高教研究所;13.林学院;14.农学院;15.轻工与食品工程学院;16.商学院;17.生命科学与技术学院;18.数学与信息科学学院;19.体育学院;20.土木建筑工程学院;21.外国语学院;22.文学院;23.物理科学与工程技术学院;24.新闻传播学院;25.艺术学院;26.政治学院、马克思主义研究院;27.中加国际学院;28.资源与冶金学院

国家级、省部级研究机构设置

实验室:亚热带农业生物资源保护与利用国家重点实验室、广西壮族自治区有色金属及特色材料加工省部共建国家重点实验室培育基地、微生物及植物遗传工程教育部重点实验室、工程防灾与结构安全教育部重点实验室、有色金属及材料加工新技术教育部重点实验室、中南速生材繁育国家林业局重点实验室、广西亚热带生物资源保护利用自治区重点实验室、广西有色金属及特色材料加工自治区重点实验室、广西制造系统与先进制造技术自治区重点实验室、广西防灾减灾与工程安全自治区重点实验室、广西生物炼制自治区重点实验室、广西电力系统最优化与节能技术自治区重点实验室、广西石化资源加工及过程强化技术自治区重点实验室、广西大学亚热带生物资源保护利用实验室(自治区金源单位)、广西大学新材料及其制备新技术实验室(自治区金源单位)。研究中心(所):糖业及综合利用教育部工程研究中心、广西大学马克思主义经济学研究中心、理工科学实验中心

博士后科研流动站 生物学、畜牧学、土木工程、作物学、电气工程、化学工程与技术、轻工技术与工程

定期公开出版的专业刊物 《广西大学学报(自然科学版)》、《广西大学学报(哲学社会科学版)》、《基因组学与应用生物学》

学校设立奖学金情况

学校设立奖学金3项,奖励总金额228.75余万元左右。奖学金最高金额5000元/年,最低金额550元/年。

主要校办产业

广西大学资产经营有限公司、广西大学教育科技开发公司、广西大学设计研究院、广西大学农大食品厂、广西大学农药化工厂、广西大学方园房地产建设开发公司、广西西大贸易公司、广西希达教育开发有限公司、广西华鼎网架工程有限责任公司、广西西大房地产开发有限公司、广西园兴建筑工程有限公司、广西南宁西大方园物业管理有限公司、广西南宁高图设计咨询有限公司、广西北斗星动物保健品有限公司、广西农大生化科技有限责任公司

学校历史沿革

1928年,广西大学诞生于广西梧州市蝴蝶山,首开广西高等教育之先河,首任校长是我国著名教育家、科学家马君武博士。广西大学建校初设理、工、农三个学院,1936年增设文学院和医学院(1937年独立建制,成立广西军医学校),1939年被确认为国立大学。1952年,毛泽东主席亲笔题写了校名,同年,农学院独立建制,成立广西农学院。1953年,广西大学在全国高校院系

调整中被停办,师资、设备和图书资料分别被调整到中南和华南的19所大学。1958年,国务院批准广西大学恢复重建,学校进入了新的发展时期。1997年,为适应高等教育体制改革与发展的需要,原广西大学与原广西农学院合并,组建新的广西大学。1999年,广西大学成为国家"211工程"项目建设学校;2004年,广西大学被批准为国家教育部和广西壮族自治区共建高校。

广西工学院

学校(机构)标识码　4145010594
学校办学类型　412:本科院校:学院
学校性质类别　02 理工院校
学校举办者　811 省级教育部门
学校地址　广西壮族自治区柳州市城中区东环大道268号
邮政编码　545006
办公电话　0772-2685979
传真电话　0772-2687698
校园(局域)网域名　www.gxut.edu.cn

电子信箱　gxut@gxut.edu.cn
占地面积(平方米)　691796
校舍建筑面积(平方米)　433326
图书(万册)　153.72
固定资产总值(万元)　42725.3
教学、科研仪器设备资产值(万元)　12585.1
在校生数(人)　30467
其中:普通本科　15520
成人本科　4710

成人专科　9689
硕士研究生　536
留学生　12
专任教师(人)　947
其中:正高级　101
副高级　235
中级　481
初级　106
未定职级　24

本科专业　材料成型及控制工程、财务管理、测控技术与仪器、车辆工程、电气工程与自动化、电子信息工程、电子信息工程(职师班)、电子信息科学与技术、对外汉语、纺织工程、服装设计与工程、工程管理、工程力学、工商管理、工业工程、工业设计、公共事业管理、国际经济与贸易、国际商务、化学工程与工艺、机械电子工程、机械工程及自动化、机械工程及自动化(模具设计与制造)、机械工程及自动化(模具设计与制造)、机械工程及自动化(数控技术方向)、机械工程及自动化(数控技术方向)、计算机科学与技术(软件工程方向)、建筑学、交通运输、交通运输(汽车电子技术与检测方向)、教育技术学、金融学、经济学、汽车服务工程、人力资源管理、社会工作、社会体育、生物工程、食品科学与工程、数学与应用数学、数字媒体技术、通信工程、统计学、土木工程、物流管理、信息管理与信息系统、信息与计算科学、艺术设计、艺术设计(职师)、音乐学、英语、制药工程、自动化

硕士专业　机械设计及理论、结构工程、控制理论与控制工程、企业管理(含:财务管理、市场营销)、生物化工

院系设置
学校现设置机械工程系、汽车工程系、计算机工程系、电子信息与控制工程系、土木建筑工程系、生物与化学工程系、管理系、财政经济系、外国语言文学系、社会科学系、艺术与设计系、信息与计算科学系、体育系、职业技术教育学院、继续教育学院、鹿山学院、社会科学部、文学艺术教学部、体育教学部等13个系、2个二级学院、1个独立学院和3个教学部

国家级、省部级研究机构设置
1. 实验室:广西车辆零部件先进设计制造重点实验室培育基地
2. 研究所(中心):学校设有重型车辆零部件先进设计制造教育部工程研究中心、广西钢锑锡工程技术研究中心、广西汽车车身电子工程技术研究中心、广西商用车驾驶室工程技术研究中心、广西工程机械工程技术研究中心、广西预应力机具工程技术研究中心等6个省部级研究中心

定期公开出版的专业刊物　《广西工学院学报》
学校设立奖学金情况
学校设立奖学金6项,奖励总金额144万余元。奖学金最高金额5000元/年,最低金额500元/年。

主要校办产业
学校现有校办产业4个:1.广西工学院音像电子出版社有限责任公司;2.柳州市广工汽车驾驶员培训中心;3.柳州市学苑建筑设计研究院;4.柳州市广工学术交流中心。

学校历史沿革
广西工学院筹建于1958年6月,1960年正式招生,1961年8月根据自治区党委高校会议精神,广西工学院停止招生。1962年7月,广西工学院停办。1982年6月,经自治区党委和自治区人民政府决定,广西工学院、广西机械学院、广西石油化工学院合并重建广西工学院。1984年3月,自治区党委决定,广西工学院并入广西大学,保留广西工学院的牌子,并逐步移到柳州市。在广西工学院牌子移到柳州以前,1983年6月,柳州市人民政府经自治区人民政府批准,与广西大学、桂林电子工业学院联合举办了广西大学柳州分校和桂林电子工学院柳州走读部(后改成分院)。广西大学分校和桂林电子工学院分院柳州分院为后来广西工学院在柳州建院创造了良好的基础。1985年7月,根据自治区党委的决定,广西工学院牌子移到柳州市,在广西大学分校和桂电柳州分院校址建立广西工学院。

桂林电子科技大学

学校(机构)标识码 4145010595	校舍建筑面积(平方米) 853327	成人专科 228
学校办学类型 411:本科院校:大学	图书(万册) 231.8	硕士研究生 1985
学校性质类别 02 理工院校	固定资产总值(万元) 109682.42	留学生 181
学校举办者 811 省级教育部门	教学、科研仪器设备资产值(万元) 23493.81	专任教师(人) 1432
学校地址 桂林市七星区金鸡路1号		其中:正高级 176
邮政编码 541004	在校生数(人) 28043	副高级 398
办公电话 0773-2291350	其中:普通本科 17791	中级 709
传真电话 0773-2290083	普通专科 7543	初级 122
电子信箱 xxk@guet.edu.cn	成人本科 315	未定职级 27
占地面积(平方米) 2073535		

本科专业 材料成型及控制工程、材料科学与工程、财务管理、测控技术与仪器、电气工程及其自动化、电子科学与技术、电子商务、电子信息工程、电子信息科学与技术、动画、对外汉语、法学、工商管理、工业工程、工业设计、公共事业管理、光电信息工程、光信息科学与技术、国际经济与贸易、行政管理、环境工程、会计学、机械电子工程、机械设计制造及其自动化、计算机科学与技术、建筑环境与设备工程、交通工程、教育技术学、人力资源管理、日语、软件工程、生物工程、生物医学工程、市场营销、数学与应用数学、数字媒体技术、通信工程、统计学、土木工程、网络工程、微电子学、微电子制造工程、物流管理、信息安全、信息对抗技术、信息管理与信息系统、信息与计算科学、艺术设计、英语、应用物理学、智能科学与技术、自动化

专科专业 报关与国际货运、电脑艺术设计、电气自动化技术、电子商务、电子信息工程技术、法律事务、港口物流设备与自动控制、工业设计、广告设计与制作、会计、机械制造与自动化、计算机多媒体技术、计算机通信、计算机信息管理、计算机应用技术、旅游管理、模具设计与制造、汽车技术服务与营销、汽车检测与维修技术、软件技术、社会体育、市场营销、数控技术、通信技术、微电子技术、影视动画、应用英语、制冷与冷藏技术、装潢艺术设计

硕士专业 材料加工工程、材料物理与化学、材料学、测试计量技术及仪器、产业经济学、车辆工程、导航、制导与控制、电磁场与微波技术、电路与系统、电子科学与技术、工程、工商管理、管理科学与工程、机械电子工程、机械设计及理论、机械制造及其自动化、基础数学、计算机软件与理论、计算机应用技术、计算数学、检测技术与自动化装置、精密仪器及机械、控制理论与控制工程、模式识别与智能系统、企业管理(含:财务管理、市场营销)、思想政治教育、通信与信息系统、微电子学与固体电子学、物理电子学、系统工程、信号与信息处理、仪器科学与技术、应用数学、运筹学与控制论

院系设置

机电工程学院、信息与通信学院、计算机科学与工程学院、艺术与设计学院、商学院、外国语学院、数学与计算科学学院、法学院、材料科学与工程学院、生命与环境科学学院、建筑与交通工程学院、公共事务学院、建筑与交通工程学院、国际学院、国防生学院、研究生学院、职业技术学院、成人教育学院

国家级、省部级研究机构设置

1.实验室:认知无线电与信息处理实验室、通信与信息系统实验室、智能综合自动化实验室、机械CAD/CAM实验室、无线宽带通信与信号处理重点实验室、信息材料重点实验室、先进制造与先进系统重点实验室(与广西大学合办)、广西可信软件重点实验室、广西自动检测技术与仪器重点实验室培育基地

2.研究中心(所):电子信息与通信技术研究中心、广西数控铣床及加工中心工程技术研究中心(与桂林机床股份有限公司共建)、广西数字化医疗器械工程技术研究中心(与桂林优利特医疗电子有限公司共建)

定期公开出版的专业刊物 《桂林电子科技大学学报》

学校设立奖学金情况

学校设立奖学金9项,奖励总金额450余万元。奖学金最高金额5000元/年,最低金额400元/年。

主要校办产业

桂林电子科技大学电子仪器厂、桂林电子科技大学印刷厂

学校历史沿革

桂林机械专科学校(1960年-1962年)、桂林机械工业学校(1962年-1972年)、桂林无线电学校(1972年-1980年)、桂林电子工业学院(1980年-2006年2月)、桂林电子科技大学(2006年2月至今)。2000年管理体制转为中央与地方共建,以地方管理为主,是广西重点建设的5所高校之一。2006年2月,教育部同意由桂林电子工业学院更名为桂林电子科技大学。2008年3月,桂林电子科技大学成为原信息产业部(现工业和信息化部)与广西壮族自治区人民政府共建高校。

桂林理工大学

学校(机构)标识码 4145010596
学校办学类型 411:本科院校:大学
学校性质类别 02 理工院校
学校举办者 811 省级教育部门
学校地址 广西壮族自治区桂林市建干路12号
邮政编码 541004
办公电话 0773-5896079
传真电话 0773-5892796
校园(局域)网域名 www.glut.edu.cn
电子信箱 bgsh@glite.edu.cn
占地面积(平方米) 1466347
校舍建筑面积(平方米) 876525
图书(万册) 153.17
固定资产总值(万元) 80569.3
教学、科研仪器设备资产值(万元) 19678.54
在校生数(人) 30792
其中:普通本科 16534
普通专科 4952
成人本科 3075
成人专科 4288
硕士研究生 1752
留学生 191
专任教师(人) 1130
其中:正高级 140
副高级 352
中级 476
初级 37
未定职级 125

本科专业 宝石及材料工艺学、材料化学、测绘工程、城市规划、地理信息系统、地球物理学、地质学、电子商务、电子信息工程、电子信息科学与技术、动画、房地产经营管理、高分子材料与工程、给水排水工程、工程管理、工商管理、工业设计、广告学、国际经济与贸易、行政管理、化学工程与工艺、环境工程、环境科学、会计学、机械设计制造及其自动化、计算机科学与技术、建筑学、交通工程、金属材料工程、景观学、酒店管理、勘查技术与工程、旅游管理、人力资源管理、日语、森林资源保护与游憩、社会工作、生物工程、生物技术、市场营销、水文与水资源工程、通信工程、统计学、土木工程、网络工程、无机非金属材料工程、物流管理、信息与计算科学、艺术设计、英语、应用化学、应用物理学、资源环境与城乡规划管理、资源勘查工程、自动化

专科专业 材料成型与控制技术、地理信息系统与地图制图技术、电脑艺术设计、电气自动化技术、电子信息工程技术、工程测量技术、工程造价、工业分析与检验、国际经济与贸易、环境监测与治理技术、会计、机电一体化技术、机械设计与制造、计算机辅助设计与制造、计算机控制技术、计算机网络技术、计算机信息管理、计算机应用技术、建筑工程技术、金属矿产地质与勘查技术、酒店管理、楼宇智能化工程技术、旅游管理、模具设计与制造、商务英语、市场营销、数控技术、通信技术、选矿技术、冶金技术、应用电子技术、应用化工技术、证券投资与管理

硕士专业 材料科学与工程、产业经济学、城市规划与设计(含:风景园林规划)、大地测量学与测量工程、地球化学、地球探测与信息技术、地图制图学与地理信息工程、地质工程、防灾减灾工程及防护工程、分析化学、高分子化学与物理、工程、工商管理、构造地质学、化学工艺、环境工程、环境科学、计算机应用技术、检测技术与自动化装置、结构工程、矿产普查与勘探、矿物、岩石学、矿床学、旅游管理、马克思主义基本原理、企业管理(含:财务管理、市场营销)、市政工程、水文学及水资源、思想政治教育、统计学、外国语言学及应用语言学、岩土工程、应用化学、中国少数民族经济

院系设置
地球科学学院、环境科学与工程学院、化学与生物工程学院、材料科学与工程学院、土木与建筑工程学院、机械与控制工程学院、信息科学与工程学院、管理学院、旅游学院、艺术学院、马克思主义学院、人文社会科学学院、外国语学院、理学院、应用技术学院、高等职业技术学院、继续教育学院(成人教育学院)、国际教育学院

国家级、省部级研究机构设置
1. 实验室:有色金属与特色材料加工重点实验室、有色金属及材料加工新技术重点实验室、新材料及其制备新技术重点实验室、广西区域性岩土工程重点实验室、广西隐伏金属矿产勘查重点实验室、广西环境污染控制理论与技术重点实验室、广西空间信息与测绘重点实验室、广西建筑节能重点实验室

2. 研究中心(所):有色及贵金属隐伏矿床勘查教育部工程研究中心

定期公开出版的专业刊物 《桂林理工大学学报》

学校设立奖学金情况
学校设立奖学金3项,奖励总金额2849440元/年。最低金额200元/年。

主要校办产业
1. 桂林理工大学勘查设计研究院 2. 桂林南方建设监理有限责任公司

学校历史沿革
桂林理工大学创建于1956年,最早可追溯到1956年的桂林地质学校(中专),隶属于国家重工业部;1958年桂林有色金属工业学校并入学校,更名为广西冶金专科学校(专科),隶属于广西区;1960年,学校升格为广西冶金学院,为本科院校,隶属于广西区;1961年,上级撤消广西地质专科学校、广西田阳煤炭石油工业学校、西湾有色工业学校,三校学生和部分教职工并入学校,并将学校更名为广西矿业专科学校,停办本科,以招收专科和中专为主,隶属于广西区;1963年,学校更名为桂林冶金地质学校,主要招收中专生,隶属于冶金工业部;1970年,冶金部桂林地质研究所下放来桂与学校合并,更名为桂林冶金地质研究所,隶属于冶金工业部;1973年,上级决定校所分设,冶金地质研究所迁出学校,学校重新以桂林冶金地质学校命名,学校隶属于广西区;1978年,经国务院批准,学校升格为桂林冶金地质学院,为本科院校,隶属于冶金工业部;1983年,学校划归国家有色金属总公司领导;1993年,学校更名为桂林工学院,隶属于有色金属总公司;1998年,学校改制为中央与地方共建,日常管理以广西

区为主;2001年,南宁有色金属工业学校并入学校。2004年,桂林民族师范学校并入学校。2009年,学校更名为桂林理工大学。

广西医科大学

学校(机构)标识码　4145010598
学校办学类型　411:本科院校:大学
学校性质类别　05 医药院校
学校举办者　811 省级教育部门
学校地址　广西南宁市双拥路22号
邮政编码　530021
办公电话　0771-5352512
传真电话　0771-5352775
校园(局域)网域名　www.gxmu.edu.cn

电子信箱　gxmu@gxmu.net.cn
占地面积(平方米)　713046
校舍建筑面积(平方米)　459983
图书(万册)　116.72
固定资产总值(万元)　91486.63
教学、科研仪器设备资产值(万元)　37017.11
在校生数(人)　26633
其中:普通本科　6577
普通专科　3584

成人本科　4067
成人专科　9241
博士研究生　227
硕士研究生　2308
留学生　629
专任教师(人)　1044
其中:正高级　279
副高级　308
中级　185
初级　272

本科专业　公共事业管理(社会医疗保障)、公共事业管理(卫生事业管理)、护理学、护理学类、口腔医学、临床药学、临床医学、临床医学(病理检验)、临床医学(七年制)、麻醉学、社会工作、生物医学工程、信息管理与信息系统、药学、医学检验、医学影像学、英语、预防医学

专科专业　护理、计算机信息管理、康复治疗技术、口腔医学技术、体育保健、心理咨询、药学、医疗美容技术、医学检验技术、医学营养

博士专业　病理学与病理生理学、儿科学、耳鼻咽喉科学、临床医学、流行病与卫生统计学、内科学、人体解剖与组织胚胎学、外科学、药理学、肿瘤学

硕士专业　病理学与病理生理学、病原生物学、儿科学、儿少卫生与妇幼保健学、耳鼻咽喉科学、妇产科学、公共卫生、护理学、急诊医学、精神病与精神卫生学、口腔临床医学、口腔医学、劳动卫生与环境卫生学、临床检验诊断学、临床医学、流行病与卫生统计学、麻醉学、免疫学、内科学、皮肤病与性病学、人体解剖与组织胚胎学、社会医学与卫生事业管理、神经病学、生理学、生物化学与分子生物学、生物医学工程、外科学、微生物学、卫生毒理学、眼科学、药理学、药物化学、营养与食品卫生学、影像医学与核医学、中西医结合临床、肿瘤学

院系设置
基础医学院、公共卫生学院、成人教育学院、高等职业技术学院、继续教育学院、研究生学院、国际教育学院、外国语学院、药学院、护理学院、肿瘤医学院、口腔医学院、人文管理学院、全科医学院、第一临床医学院、第三临床医学院、第四临床医学院、第五临床医学院、第六临床医学院、第七临床医学院、第八临床医学院、第九临床医学院、附属南宁市第一人民医院、第十临床医学院

国家级、省部级研究机构设置
实验室(4个):区域性高发肿瘤早期防治研究省部共建教育部重点实验室、区域性高发肿瘤早期防治研究重点实验室、广西地中海贫血防治重点实验室、广西艾滋病防治研究重点实验室(培育)

博士后流动站　临床医学博士后流动站、基础医学博士后流动站、药学博士后流动站、公共卫生与预防医学博士后流动站

定期公开出版的专业刊物　《广西医科大学学报》、《中国癌症防治杂志》、《结直肠肛门病外科杂志》

学校设立奖学金情况
2010-2011年度学校设立奖(助)学金18项,获奖总人数4458人,奖励总金额1090.1058万元。奖学金最高金额8000元/年,最低金额300元/年。

1. 国家奖学金:15人/年,8000元/人(共120000元)
2. 国家励志奖学金:281人/年,5000元/人(共1405000元)
3. 国家助学金:一等,1297人/年,3500元/人(共4539500元)二等,1303人/年,2500元/人(共3257500元)
4. 学校奖学金:特等,13人/年,2000元/人(共26000元)一等,65人/年,1000元/人(共65000元)二等,262人/年,800元/人(共209600元)三等,459人/年,300元/人(共137700元)
5. 西部助学工程助学金:24人/年,5000元/人(共120000元)
6. 稻盛京瓷西部开发奖学金:25人/年,1000元/人(共25000元)
7. 邓洁彬奖学金:8人/年,2000元/人(共16000元)
8. 广西"真龙"奖学金:18人/年,5000元/人(共90000元)
9. 中国建设银行少数民族贫困大学生成才计划奖(助)学金40人/年,3000元/人(共120000元)
10. 自治区人民政府奖学金34人/年,5000元/人(共170000元)
11. 荣和教育奖学金12人/年,5000元/人(共60000元)
12. 杏湖助学金200人/年,1000元/人(共200000元)
13. 民族预科生奖学金193人/年,500元/人(共96500元)
14. 联邦医学教育奖学金120人/年,1000元/人(共120000元)
15. 优利特优秀学生干部奖学金20人/年,500元/人(共10000元)
16. 太极青年励志奖学金(团委)10人/年,2000元/人(共20000元)

17. 科良奖(助)学金(公共卫生学院) 20 人/年,1000 元/人(共 20000 元)

18. 杜靖奖学金(口腔医学院) 特等,1 人/年,5000 元/人(共 5000 元) 一等,5 人/年,3000 元/人(共 15000 元) 二等,16 人/年,2000 元/人(共 32000 元) 三等,16 人/年,1000 元/人(共 16000 元) 专项,1 人/年,800 元/人(共 800 元)

主要校办产业

广西医科大学制药厂。

学校历史沿革

广西医科大学创建于 1934 年 11 月,原系广西省立医学院,同年设立附属医院并于 12 月 10 日开诊。1953 年,学校更名为广西医学院。1954 年,院址从桂林迁建于南宁津头村原广西革命大学旧址。1956 年,附属医院相继迁至南宁津头村新址。1978 年,学校开始招收硕士研究生和外国留学生。1979 年 2 月,叶馥苏任广西医学院院长。1984 年 5 月,龙祖彭任院长。1991 年 7 月,马朝桂任院长。1992 年 10 月,经广西自治区人民政府批准,同意提前使用"广西医科大学"名称,马朝桂任校长。1996 年 6 月,经教育部批准,正式更名为广西医科大学,马朝桂任校长。1998 年 5 月,高枫任校长。2000 年 6 月,唐步坚任校长。2005 年 12 月,黄光武任校长至今。

右江民族医学院

学校(机构)标识码	4145010599
学校办学类型	412:本科院校:学院
学校性质类别	05 医药院校
学校举办者	811 省级教育部门
学校地址	广西壮族自治区百色市城乡路 98 号
邮政编码	533000
办公电话	0776 - 2825469
传真电话	0776 - 2846565
校园(局域)网域名	www.ymcn.gx.cn
电子信箱	ymcn533000@126.com
占地面积(平方米)	486671
校舍建筑面积(平方米)	232262
图书(万册)	56.5
固定资产总值(万元)	17839.99
教学、科研仪器设备资产值(万元)	6174.95
在校生数(人)	13116
其中:普通本科	5952
普通专科	2664
成人本科	1855
成人专科	2645
专任教师(人)	561
其中:正高级	58
副高级	156
中级	220
初级	90
未定职级	37

本科专业 公共事业管理(医疗保险方向)、公共事业管理(医学与信息管理方、护理学、护理学(英语方向)、口腔医学、临床医学、临床医学(急救医学方向)、临床医学(全科医学方向)、临床医学(医学心理学方向)、药学、医学检验、医学检验(检验技术方向)、医学影像学、英语、预防医学

专科专业 护理、体育保健、药学、医学检验技术、医学影像技术、助产

院系设置

基础医学院、临床学院、护理学院、医学检验学院、成人教育学院、国际教育学院、医学影像系、口腔医学系、药学系、预防医学系、管理系、人文社会科学部、外语系、体育部

国家级、省部级研究机构设置

实验室:中药药理(肿瘤)实验室、重金属与氟砷毒物研究室、肿瘤分子生物研究室。

定期公开出版的专业刊物 《右江民族医学院学报》(月刊)、《右江医学》(双月刊)

学校设立奖学金情况

各项奖学金和助学金共 10 项,总金额 722.3 万元;学校设立奖学金 1 项,奖学金总额 32.88 万元,最高金额 1000 元/年,最低金额 400 元/年。

主要校办产业

右江民族医学院劳动服务公司、印刷厂、食品饮料厂

学校历史沿革

右江民族医学院位于广西百色市,前身为广西百色医学专科学校,创建筹备工作于 1958 年 6 月开始,于同年 9 月正式成立,1978 年 8 月经国家教育部批准升格为本科院校,并更名为右江民族医学院。1982 年获学士学位授予权。1997 年通过国家教育委员会医学本科院校教学工作合格评估。2000 年获招生外国留学生资格。2008 年通过教育部本科教学水平工作评估,获得优秀。2009 年确定成为硕士学位立项单位。

广西中医学院

学校(机构)标识码	4145010600
学校办学类型	412:本科院校:学院
学校性质类别	05 医药院校
学校举办者	811 省级教育部门
学校地址	广西壮族自治区南宁市西乡塘区明秀东路 179 号
邮政编码	530001
办公电话	0771 - 3137577
传真电话	0771 - 3137517
校园(局域)网域名	www.gxtcmu.edu.cn
电子信箱	gxyuanban@163.com
占地面积(平方米)	749147
校舍建筑面积(平方米)	668234
图书(万册)	116.78

固定资产总值(万元) 26010.24	普通专科 2906	专任教师(人) 842
教学、科研仪器设备资产值(万元)	成人本科 1394	其中:正高级 121
12911.09	成人专科 3728	副高级 394
在校生数(人) 14742	硕士研究生 1012	中级 252
其中:普通本科 5570	留学生 132	初级 75

本科专业 公共事业管理(卫生方向)、公共事业管理(卫生方向)、护理学、护理学(英语方向)、康复治疗学、口腔医学、临床医学、生物医学工程、食品科学与工程、市场营销(医药营销方向)、信息管理与信息系统、药物制剂、药学、应用心理学(医学心理学)、针灸推拿学、制药工程、中西医临床医学、中药学、中药资源与开发、中医学、中医学(传统中医方向)、中医学(定向)、中医学(对外中医方向)、中医学(骨伤科学方向)、中医学(含中医学方向、骨伤科学、中医学(运动医学方向)、中医学(壮医学方向)、壮医学

专科专业 护理、护理(口腔护理方向)、口腔医学、药学、医疗美容技术、医药营销、针灸推拿、中药

硕士专业 方剂学、临床医学、民族医学(含:藏医学、蒙医学等)、内科学、外科学、药剂学、药理学、药物分析学、药物化学、针灸推拿学、中西医结合基础、中西医结合临床、中药学、中医儿科学、中医妇科学、中医骨伤科学、中医基础理论、中医临床基础、中医内科学、中医外科学、中医五官科学、中医医史文献、中医诊断学

院系设置

学校设置有14个二级学院及3个教学部,分别为:基础医学院、药学院、研究生学院、护理学院、高等职业技术学院、第一临床医学院、瑞康临床医学院、成人教育学院、人文社会科学院、国际教育学院、壮医药学院、针灸推拿学院、骨伤学院、瑶医药学院;3个教学部:体育部、外语部、网络计算机教育部

国家级、省部级研究机构设置

(1)国家中医药管理局中医药科研三级实验室 中(壮)药化学与质量分析实验室、中药药理实验室、医学分子生物学实验室、医学分子生物学实验室 (2)自治区金源单位 广西中医学院中药药效筛选研究中心 (3)自治区(省)级重点实验室 中药药效研究重点实验室、中医基础研究实验室 (4)广西高校重点实验室 药学中心实验室、中药药理学实验室、中医临床研究实验室 (5)国家中医药管理局中医药科研二级实验室 神经行为学实验室、分子生物学实验室、中药药效筛选研究实验室、中药药理学实验室、中药提取纯化与质量分析实验室、中药生药学实验室、分子生物医学实验室、肝病分子生物学实验室、脑病免疫生化实验室、细胞分子生物医学实验室、消化内镜与病理实验室、骨伤生物力学实验室

博士后科研流动站 有博士后科研流动站培养基地1个。

定期公开出版的专业刊物 《广西中医学院学报》、《广西中医药》、《广西中医学院报》

学校设立奖学金情况

学校设立奖学金共9项,奖励总金额约120万元。最高金额8000元/年,最低150元/人。

1. 学校奖学金:632人/年,共154200元。其中,一等奖15人,600元/人;二等奖109人,400元/人;三等奖508人,200元/人。

2. 三好学生奖:326人,200元/人。

3. 优秀学生干部奖:216人,200元/人。

4. 科技发明奖:国家级8000元/团体(个人);省级5000元/团体(个人);获专利者1000-2000元。其中获科技发明奖1人奖励2000元。

5. 科技论文奖:在核心期刊以第一作者发表论文者,一次性奖励800元;在非核心期刊上以第一作者或第二作者发表论文者,一次性奖励200元。

6. 先进集体奖:8个/年,10元/人。

7. 优秀毕业生奖:校级:44人/年,300元/人,区级:21人/年,500元/人。

8. 见义勇为奖:300元/人。

9. 勤工助学奖:630人/年,1640元/人。

10. 年度优秀研究生奖学金:200元/人,每年按在校硕士研究生总人数的10%比例评选(桂中研〔2009〕30号文件)。

11. 年度研究生优秀学生干部奖学金:200元/人,按照在校硕士研究生学生干部总人数的10%比例评选(桂中研〔2009〕31号文件)。

12. 年度优秀毕业研究生:200元/人,按当年毕业研究生总人数5%的比例评选(桂中研〔2011〕11号文件,2011年共13位同学受表彰)。

13. 优秀硕士学位论文奖:100元/人,按照不超过当年参加硕士学位论文答辩的所有全日制研究生总数10%的比例奖励(桂中研〔2011〕16号文件2011年共评选出15篇优秀硕士学位论文)。

14. 在校统招研究生奖学金:全体非定向研究生,220元/人/月;全体自筹经费研究生100-120元/人/月(桂中研〔2011〕1号文件)。

15. 学校设立(研究生)奖学金5项,奖励总金额约213万元。奖学金最高金额200元/年,最低金额100元/年。

主要校办产业

广西中医学院制药厂、广西中医学院护理学院重阳城、广西元之源健康产业有限责任公司

学校历史沿革

我校的前身源于上世纪三十年代广西省立国医研究院,1956年成立广西中医学校,1956年改为广西中医专科学校,1964年8月经批准成立本科建制的广西中医学院,1970年11月南宁医学专科学校并入,组建为新的广西中医学院。1976年开始招收留学生,1978年开始招收硕士研究生,1996年起先后与广州中医药大学等7所高校联合培养博士研究生。2010年起与广州中医药大学联合培养博士后研究人员。

桂林医学院

学校(机构)标识码 4145010601	电子信箱 bgs@glmc.edu.cn	成人本科 4879
学校办学类型 412:本科院校:学院	占地面积(平方米) 705324	成人专科 2439
学校性质类别 05 医药院校	校舍建筑面积(平方米) 264687	硕士研究生 411
学校举办者 811 省级教育部门	图书(万册) 62.7	留学生 23
学校地址 广西桂林市环城北二路109号	固定资产总值(万元) 29338.84	专任教师(人) 417
邮政编码 541004	教学、科研仪器设备资产值(万元) 9376.16	其中:正高级 75
办公电话 0773-5895881	在校生数(人) 16154	副高级 115
传真电话 0773-5895881	其中:普通本科 5820	中级 201
校园(局域)网域名 www.glmc.edu.cn	普通专科 2582	初级 16
		未定职级 10

本科专业 公共事业管理、护理学、护理学(国际交流方向)、护理学(助产护理方向)、口腔医学、临床医学、临床医学(麻醉方向)、临床医学(全科医学方向)、生物技术、市场营销、市场营销(医药方向)、药物制剂、药学、药学(临床药学方向)、医学检验、预防医学

专科专业 护理、药学、药学(社会药房方向)、医学检验技术、医学生物技术、医药营销

硕士专业 病理学与病理生理学、内科学、外科学

院系设置
学校共设基础医学院、临床医学院、南溪山临床医学院、第二临床医学院、第三临床医学院、药学院、生物技术学院、护理学院、继续教育学院、国际教育学院、公共卫生学院、研究生学院、医学检验系、口腔医学系、思想政治理论教学部、大学外语部、体育部等17个二级学院(系、部)

国家级、省部级研究机构设置
省部级设置的实验室1个(广西肝脏损伤与修复分子医学重点实验室培育基地)

定期公开出版的专业刊物 《华夏医学》

学校设立奖学金情况
学校设立奖学金共18项,奖励总金额838.62余万元,最高金额8000元/年,最低金额120元/年。

学校历史沿革
桂林医学院是广西壮族自治区直属普通高等学校,其前身为创建于1935年的广西省立桂林高级助产护士学校,1958年更名为桂林高等医学专科学校,1987年经原国家教委批准成立本科建制的桂林医学院。2006年初,获得硕士学位授予权。2007年5月荣获全国普通高等学校本科教学工作水平评估优秀高校。

广西师范大学

学校(机构)标识码 4145010602	edu.cn	成人专科 3293
学校办学类型 411:本科院校:大学	占地面积(平方米) 2772613	博士研究生 91
学校性质类别 06 师范院校	校舍建筑面积(平方米) 695856	硕士研究生 4459
学校举办者 811 省级教育部门	图书(万册) 272.64	留学生 539
学校地址 广西桂林市育才路15号	固定资产总值(万元) 78026	专任教师(人) 1377
邮政编码 541004	教学、科研仪器设备资产值(万元) 24513	其中:正高级 290
办公电话 0773-5846342	在校生数(人) 31999	副高级 441
传真电话 0773-5812383	其中:普通本科 18064	中级 447
校园(局域)网域名 www.gxnu.edu.cn	成人本科 5553	初级 36
电子信箱 gxnuoffice@mailbox.gxnu.		未定职级 163

本科专业 编辑出版学、朝鲜语、地理科学、电子信息工程、电子信息工程(应用电子技术)、电子信息工程(职教师资班)、动画、动画(职教师资班)、对外汉语、法学、法学(司法与法律实务)、法学(中法合作办学)、工商管理、公共事业管理(教育管理)、汉语言文学、行政管理、化工与制药、化学、环境工程、环境科学、会计学、会计学(职教师资班)、绘画、绘画(商业插画)、机械设计制造及其自动化、机械设计制造及其自动化(机电一、机械设计制造及其自动化(数控技术)、机械设计制造及其自动化(职教师)、计算机科学与技术、计算机科学与技术(计算机软件)、计算机科学与技术(计算机网络)、计算机科学与技术(职

教师资班)、教育技术学、经济学、经济学(经济管理)、经济学(中法合作办学)、科学教育、历史学、旅游管理、旅游管理(职教师资班)、旅游管理(中法合作办学)、美术学、民族传统体育、汽车维修工程教育(职教师资班)、人力资源管理、日语、社会工作、社会体育、社会学、生态学、生物技术、生物科学、数学与应用数学、思想政治教育、体育教育、通信工程、文化产业管理、文秘教育、文秘教育(职教师资班)、舞蹈学、物理学、物流管理(职教师资班)、信息安全、信息管理与信息系统、信息与计算科学、学前教育、艺术设计、艺术设计(服装设计与表演)、艺术设计(广告设计)、艺术设计(环境设计)、艺术设计(环境艺术设计)、艺术设计(职教师资班)、艺术设计(中英合作办学)、音乐表演、音乐学、印度尼西亚语、英语(商务英语)、英语(英语翻译)、英语(中加合作办学)、英语(中美合作办学)、英语(中英合作办学)、应用化学、应用心理学、运动训练

博士专业 马克思主义基本原理、思想政治教育、中国古代文学

硕士专业 比较教育学、比较文学与世界文学、电路与系统、动物学、发展与教育心理学、法律、法学理论、翻译、分析化学、概率论与数理统计、高等教育学、工程、工商管理、公共管理、国际法学(含:国际公法、国际私法)、国际关系、国民经济学、国外马克思主义研究、汉语国际教育、汉语言文字学、行政管理、化学工艺、环境科学、基础数学、计算机软件与理论、计算机应用技术、教育、教育技术学、教育经济与管理、教育学原理、经济史、考古学及博物馆学、科学技术哲学、科学社会主义与国际共产主义运动、课程与教学论、理论物理、历史文献学(含:敦煌学、古文字学)、伦理学、旅游管理、马克思主义发展史、马克思主义基本原理、马克思主义哲学、马克思主义中国化研究、美术学、美学、民俗学(含:中国民间文学)、民族学、模式识别与智能系统、企业管理(含:财务管理、市场营销)、区域经济学、人口、资源与环境经济学、人类学、社会保障、社会工作、社会学、生态学、生物化学与分子生物学、史学理论及史学史、世界史、思想政治教育、体育、体育教育训练学、体育人文社会学、外国语言学及应用语言学、外国哲学、文艺学、无机化学、物理化学(含:化学物理)、系统分析与集成、系统理论、宪法学与行政法学、野生动植物保护与利用、英语语言文学、应用化学、应用数学、应用统计、有机化学、语言学与应用语言学、原子与分子物理、政治经济学、政治学理论、植物学、中共党史(含:党的学说与党的建设)、中国古代史、中国古代文学、中国古典文献学、中国近现代史、中国近现代史基本问题研究、中国少数民族史、中国少数民族语言文学(分语族)、中国现当代文学、专门史

院系设置

文学院、历史文化与旅游学院、政治与行政学院、法学院、经济管理学院、教育科学学院、外国语学院、美术学院、音乐学院、数学科学学院、物理科学与技术学院、化学化工学院、生命科学学院、环境与资源学院、计算机科学与信息工程学院、体育学院、电子工程学院、职业技术师范学院、设计学院、马克思主义学院、研究生学院、成人教育学院、职业与继续教育学院、教师教育学院、国际文化教育学院、应用科学学院、漓江学院(独立学院)

国家级、省部级研究机构设置

1. 实验室:省部共建国家级重点实验室培育基地1个,教育部重点实验室1个,省部共建教育部重点实验室1个,自治区重点实验室2个,自治区高校重点实验室7个。

2. 研究所(中心):(1)省(部)研究机构(基地):国家文科基础学科人才培养和科学研究基地、中小学骨干教师国家级培训基地、教育部广西师范大学基础教育课程研究中心、教育厅广西师范大学西南城市与区域发展研究中心、广西人文社会科学发展研究中心、广西廉政建设研究中心。(2)校管研究所:中国语言文学研究所、旅游研究所、壮学研究所、中国诗学研究中心、理论物理研究所、电子技术研究所、应用化学研究所、应用生物研究所、外国语言文学研究所、马克思主义者研究所、经济研究所、应用数学研究所、珍稀濒危动植物研究所、计算机应用研究所、体育与保健科学研究所、材料科学与工程研究所、环境艺术设计研究所、广西地方民族史研究所、科学教育研究所、客家文化研究所、产业经济与人才发展战略研究所、环境科学与工程研究所、成人教育研究所、女性研究所。

博士后流动站 马克思主义理论博士后科研流动站

定期公开出版的专业刊物 《广西师范大学学报》、《东方丛刊》、《唐代文学研究》、《唐代文学研究年鉴》、《马克思主义者美学研究》、《广西物理》

学校设立奖学金情况

学校设立奖、助学金19项,奖励总金额4279200元/年,最低金额100元/年。

主要校办产业

广西师范大学出版社集团、广西师范大学杂志社、广西师范大学印刷厂、广西师范大学出版社大学书店、桂林王城旅游开发有限公司、广西师范大学王府红楼宾馆、桂林贝贝特电子出版社、北京贝贝特出版顾问有限公司、南京贝贝特出版顾问有限公司、上海贝贝特文化传播有限公司、广州贝贝特文化传播有限公司、桂林金山印务有限公司、桂林金山文化发展有限公司

学校历史沿革

广西师范大学创办于1932年,原名广西省立师范专科学校,曾六次更名,八次迁址,四度调整。1936年与广西大学合并;1941年,重建广西师范专科学校,1942年更名为省立桂林师范学院,1943年升格为国立桂林师范学院,开始独立举办本科教育,1946年迁址南宁并改名为国立南宁师范学院;1950年迁回桂林,再次与广西大学合并;1953年全国院系调整,广西大学奉命撤销,在原广西大学文教学院、理学院的基础上组建广西师范学院;1983年更名为广西师范大学。

广西师范学院

学校(机构)标识码 4145010603
学校办学类型 412;本科院校:学院
学校性质类别 06 师范院校
学校举办者 811 省级教育部门
学校地址 广西南宁明秀东路175号
邮政编码 530031

办公电话 0771-3802662	教学、科研仪器设备资产值(万元) 8891.53	留学生 448
传真电话 0771-3802662		专任教师(人) 774
校园(局域)网域名 www.gxtc.edu.cn	在校生数(人) 22959	其中:正高级 112
电子信箱 gxtcyb@gxtc.edu.cn	其中:普通本科 11477	副高级 242
占地面积(平方米) 325574	普通专科 423	中级 317
校舍建筑面积(平方米) 363000	成人本科 6336	初级 39
图书(万册) 139.39	成人专科 3241	未定职级 64
固定资产总值(万元) 30634.3	硕士研究生 1034	

本科专业 播音与主持艺术、地理科学、地理信息系统、电子信息工程、电子信息工程(师)、对外汉语、法学、高分子材料加工工程、公共事业管理、公共事业管理(师)、广播电视新闻学、广告学、广告学(师)、广告学(师范类)、国际经济与贸易、国际经济与贸易(东南亚贸易)、汉语言文学、汉语言文学(高级涉外文秘)、汉语言文学(师)、汉语言文学(师范类)、化学、化学(师)、环境科学、计算机科学与技术、计算机科学与技术(师)、计算机科学与技术(师)、教育技术学、教育学、历史学、旅游管理、旅游管理(师)、旅游管理(师)、美术学、美术学(书法教育)、人力资源管理、日语、软件工程、商务英语、商务英语(师)、社会工作、生物科学、市场营销、数学与应用数学、思想政治教育、泰语、体育教育、通信工程、土地资源管理、文化产业管理、舞蹈学、物理学、物流管理、物流管理(师)、物流管理(师)、小学教育、新闻学、信息管理与信息系统、信息与计算科学、学前教育、艺术设计、艺术设计(师)、音乐学、音乐学(师)、英语、英语(翻译方向)、英语(师)、应用电子技术教育、应用心理学、越南语、资源环境与城乡规划管理、自动化、自动化(师)

专科专业 英语教育、综合理科教育、综合文科教育

硕士专业 比较文学与世界文学、地图学与地理信息系统、高等教育学、公共管理、行政管理、基础数学、计算机科学与技术、教育、教育管理、教育经济与管理、科学技术史新专业、课程与教学论、旅游管理、马克思主义基本原理、马克思主义哲学、民俗学(含:中国民间文学)、区域经济学、人文地理学、社会工作、思想政治教育、体育人文社会学、土地资源管理、文艺学、新闻学、学科教学(数学)、学科教学(英语)、学科教育(英语)、英语语言文学、应用化学、应用数学、有机化学、语言学与应用语言学、政治学理论、中国古代文学、中国古典文献学、中国现当代文学、自然地理学、宗教学

院系设置
文学院、政法学院(马克思主义学院)、资源与环境科学学院、经济管理学院、初等教育学院、新闻传播学院、外国语学院、数学科学学院、物理与电子工程学院、化学与生命科学学院、计算机与信息工程学院、教育科学学院、体育学院、艺术学院、继续教育学院、国际文化与教育学院

国家级、省部级研究机构设置
1. 实验室:北部湾环境演变与资源利用实验室
2. 研究中心(所):广西马克思主义理论研究和建设工程研究基地

定期公开出版的专业刊物 《广西师范学院学报(哲学社会科学版)》、《广西师范学院学报(自然科学版)》

学校设立奖学金情况
学校设立奖学金情况:学校设立奖学金7项,总金额643.85余万元。奖学金最高金额8000元/年,最低金额400元/年。

学校历史沿革
广西师范学院创办于1953年,1978年12月经国务院批准,成为一所普通本科师范院校。1998年被国务院学位委员会批准为硕士学位授权单位。2002年通过了教育部本科教学工作水平合格评估。2003年1月,创办于1905年、具有百年师范教育办学历史的前广西南宁民族师范学校并入我校,进一步突显了师范教育优势。2004年学校获得同等学历人员申请硕士学位授权资格。2008年,学校在教育部本科教学工作水平评估中获得优秀等级。2010年,学校在南宁市仙葫开发区五合大道建设新校区。

广西民族师范学院

学校(机构)标识码 4145010604	电子信箱 msyyb7870769@126.com	成人本科 171
学校办学类型 412:本科院校:学院	占地面积(平方米) 865965	成人专科 374
学校性质类别 06 师范院校	校舍建筑面积(平方米) 291166	留学生 2
学校举办者 811 省级教育部门	图书(万册) 71.77	专任教师(人) 445
学校地址 广西崇左市城南区丽川路1号	固定资产总值(万元) 28579.7	其中:正高级 14
邮政编码 532200	教学、科研仪器设备资产值(万元) 4878.44	副高级 113
办公电话 0771-7870769	在校生数(人) 9655	中级 155
传真电话 0771-7870799	其中:普通本科 3730	初级 98
校园(局域)网域名 www.gxnun.net	普通专科 5378	未定职级 65

本科专业 汉语言文学、行政管理、化学、化学工程与工艺、计算机科学与技术、旅游管理、美术学、数学与应用数学、思想政治教育、通信工程、物理学、信息与计算科学、音乐学、英语、制药工程

专科专业 电脑艺术设计、电子商务、法律事务、工业分析与检验、国际经济与贸易、汉语、化学教育、会计电算化、计算机多媒体技术、计算机网络技术、计算机信息管理、计算机应用技术、连锁经营管理、旅游管理、美术教育、人力资源管理、软件技术、商务英语、生物化工工艺、食品生物技术、市场营销、数学教育、体育教育、通信技术、文秘、物理教育、物流管理、新闻采编与制作、药品经营与管理、音乐表演、音乐教育、英语教育、应用电子技术、应用化工技术、应用泰国语、应用英语、应用越南语、语文教育、主持与播音、综合理科教育、综合文科教育

院系设置

中文系、外语系、经济与管理系、政治与公共管理系、艺术系、数学与计算机科学系、物理与信息技术系、化学与生物工程系、体育与健康教育系

定期公开出版的专业刊物 《广西民族师范学院学报》

学校设立奖学金情况

学校设立奖学金1528项,奖励总金额97余万元。奖学金最高金额1400元/年,最低金额300元/年。

学校历史沿革

广西民族师范学院前身是创办于1939年的广西省立龙州师范学校,1950年隆安简易师范学校、广西省立养利简易师范学校并入,1958年更名为广西壮族自治区南宁专区龙州师范学校,1972年更名为南宁地区第二师范学校,1978年更名为南宁师范专科学校,1994年更名为南宁师范高等专科学校,2009年升格为本科院校,更名为广西民族师范学院。

河池学院

学校(机构)标识码 4145010605	电子信箱 gxhcxy@vip.163.com	普通专科 852
学校办学类型 412:本科院校:学院	占地面积(平方米) 385353	成人本科 604
学校性质类别 01 综合大学	校舍建筑面积(平方米) 186877	成人专科 272
学校举办者 822 地级其他部门	图书(万册) 67.26	专任教师(人) 412
学校地址 广西宜州市龙江路42号	固定资产总值(万元) 29407	其中:正高级 12
邮政编码 546300	教学、科研仪器设备资产值(万元) 4886.03	副高级 108
办公电话 0778-3141174		中级 212
传真电话 0778-3144791	在校生数(人) 9592	初级 35
校园(局域)网域名 www.hcnu.edu.cn	其中:普通本科 7864	未定职级 45

本科专业 表演、电子信息工程、对外汉语、汉语言文学、汉语言文学(文秘方向)、行政管理、化学、机械设计制造及其自动化、计算机科学与技术、历史学、生物技术、生物科学、生物科学(生物教育方向)、市场营销、数学与应用数学、思想政治教育、体育教育、统计学、网络工程、物理学、小学教育(数学教育方向)、小学教育(语文教育方向)、新闻学、信息与计算科学、学前教育、艺术设计、音乐表演、音乐学、英语、英语(应用英语方向)、应用化学、应用物理学、制药工程

专科专业 会计与统计核算、酒店管理、旅游管理、汽车检测与维修技术、商务英语、生物技术及应用、学前教育、音乐教育、应用电子技术、应用化工技术、语文教育

院系设置

中国语言文学系、政治与法律系、外国语言文学系、数学系、物理与电子工程系、化学与生命科学系、计算机与信息科学系、体育系、艺术系、继续教育学院、教师教育学院、社会科学教学部

定期公开出版的专业刊物 《河池学院学报》

学校设立奖学金情况

学校设立奖学金1项,奖励总金额20000元/年,奖学金最高金额1000元/年,最低金额1000元/年。1.真如奖学金:20人/年,1000元/人。

学校历史沿革

河池学院的前身为河池师范高等专科学校,创建于1978年12月。2003年4月16日经教育部、广西壮族自治区人民政府批准同意在河池师范高等专科学校和宜州民族师范学校合并的基础上建立河池学院。

玉林师范学院

学校(机构)标识码 4145010606	学校举办者 811 省级教育部门	邮政编码 537000
学校办学类型 412:本科院校:学院	学校地址 广西壮族自治区玉林市教育中路299号	办公电话 0775-2698978
学校性质类别 06 师范院校		传真电话 0775-2666698

校园(局域)网域名 www.ylu.edu.cn	在校生数(人) 25692	专任教师(人) 823
占地面积(平方米) 1202176	其中:普通本科 13127	其中:正高级 69
校舍建筑面积(平方米) 352966	普通专科 1929	副高级 187
图书(万册) 125.26	成人本科 4559	中级 388
固定资产总值(万元) 64679	成人专科 6072	初级 131
教学、科研仪器设备资产值(万元) 9100.68	留学生 5	未定职级 48

本科专业 材料化学、电子信息科学与技术、对外汉语、法学、广播电视新闻学、广告学、汉语言文学、汉语言文学(现代文秘方向)、行政管理、化学、计算机科学与技术、教育技术学、教育学、经济学、历史学、历史学(历史文化旅游方向)、美术学、日语(应用日语方向)、生物技术、生物科学、市场营销、数学与应用数学、思想政治教育、体育教育、通信工程、舞蹈学、物理学、小学教育、信息管理与信息系统、信息与计算科学、学前教育、艺术设计、音乐学、英语、英语(应用英语方向)、应用化学、应用物理学、应用心理学、园林、运动康复与健康、制药工程(生物制药)、制药工程(生物制药方向)

专科专业 畜牧兽医、电子商务、电子信息工程技术、服装设计、广告设计与制作(计算机辅助设计)、会计电算化、会计与审计、计算机网络技术、计算机应用技术、酒店管理、旅游管理、烹饪工艺与营养、烹饪工艺与营养(餐饮营养方向)、商务英语、市场开发与营销、市场营销、文秘(涉外文秘)、文秘(文秘与办公自动化)、物流管理、影视动画、应用电子技术、园林技术、园林技术(景观设计工程方向)

院系设置

学校设有法商学院、政史学院、教育科学学院、体育学院、文学与传媒学院、外国语学院、音乐舞蹈学院、美术与设计学院、数学与信息科学学院、物理科学与工程技术学院、化学与材料学院、生命科学与技术学院、电子与通信工程学院、计算机科学与工程学院、职业技术学院、国际教育学院、继续教育学院等17个二级学院

国家级、省部级研究机构设置

1. 实验室:广西高校重点实验室:桂东南特色资源与材料研发中心

2. 研究中心(所):广西高校重点研究基地:桂东南社会文化发展研究中心

定期公开出版的专业刊物 《玉林师范学院学报》

学校设立奖学金情况

学校设立奖学金7项,奖励总金额18454797元/年,最低金额360元/年。

学校历史沿革

学校创办于1945年,原名广西省鬱林师范学校,1952年春改名为玉林师范学校,1958年升格为广西玉林专区师范专科学校,开始招收高等教育层次的专科生。1962年后几经改制。1978年12月28日经国务院批准恢复玉林师范专科学校。1994年3月更名为玉林师范高等专科学校。2000年3月,经教育部批准,玉林师范专科学校、玉林市教育学院、玉林市高等职业技术学院、广西广播电视大学玉林分校,合并升格为玉林师范学院。之后广西玉林商业技工学校并入学校。

广西艺术学院

学校(机构)标识码 4145010607	占地面积(平方米) 336949	成人专科 77
学校办学类型 412:本科院校:学院	校舍建筑面积(平方米) 271736	硕士研究生 928
学校性质类别 11 艺术院校	图书(万册) 79.83	留学生 31
学校举办者 811 省级教育部门	固定资产总值(万元) 22940.52	专任教师(人) 954
学校地址 广西南宁市教育路7号	教学、科研仪器设备资产值(万元) 5593.3	其中:正高级 109
邮政编码 530022		副高级 165
办公电话 0771-5333099	在校生数(人) 11110	中级 280
传真电话 0771-5312637	其中:普通本科 9166	初级 191
校园(局域)网域名 www.gxai.edu.cn	普通专科 605	未定职级 209
电子信箱 guangyiyuanban@163.com	成人本科 303	

本科专业 表演、播音与主持艺术、雕塑、动画、广播电视编导、广告学、会展艺术与技术、绘画、景观建筑设计、录音艺术、美术学、文化产业管理、舞蹈编导、舞蹈学、戏剧影视美术设计、艺术设计、音乐表演、音乐学、作曲与作曲技术理论

专科专业 电脑艺术设计、动漫设计与制作、广告设计与制作、室内设计技术、舞蹈表演、艺术设计、音乐表演

硕士专业 美术学、设计艺术学、艺术、音乐学

院系设置

目前学院有美术学院、设计学院、桂林中国画学院、音乐学院、舞蹈学院、人文学院、影视与传媒学院、民族艺术系、东盟艺

术系、继续教育学院、思想政治理论课教学研究部等十二个教学单位。

定期公开出版的专业刊物 《艺术探索》

学校设立奖学金情况

学校设立奖学金5项,奖励总金额163余万元/年。奖学金最高金额每人4500元/年,最低金额每人200元/年。

学校历史沿革

广西艺术学院的前身是1938年在桂林创办的广西省立艺术师资班。几经历史变迁,于1958年成立广西艺术专科学校,1960年从广西艺专升格为广西艺术学院。

广西民族大学

学校(机构)标识码 4145010608	电子信箱 gxunyzb@gxun.cn	成人本科 4881
学校办学类型 411:本科院校:大学	占地面积(平方米) 1322585	成人专科 2746
学校性质类别 12 民族院校	校舍建筑面积(平方米) 589866	硕士研究生 1277
学校举办者 811 省级教育部门	图书(万册) 145.46	留学生 631
学校地址 广西南宁市大学东路188号	固定资产总值(万元) 88821.85	专任教师(人) 867
	教学、科研仪器设备资产值(万元) 12801.24	其中:正高级 166
邮政编码 530006		副高级 246
办公电话 0771-3260212	在校生数(人) 24864	中级 332
传真电话 0771-3262241	其中:普通本科 13959	初级 40
校园(局域)网域名 www.gxun.edu.cn	普通专科 1370	未定职级 83

本科专业 编辑出版学、播音与主持艺术、档案学、电气信息类、电子商务、电子信息工程、对外汉语、法学、法语、高分子材料与工程、工商管理、公共管理类、公共事业管理、公共政策学、广播电视编导、国防教育与管理、国际经济与贸易、汉语言文学、行政管理、化学、化学工程与工艺、环境工程、会计学、计算机科学与技术、柬埔寨语(国家基地班)、金融学、金属材料工程、老挝语(国家基地班)、历史学、旅游管理、马来语(国家基地班)、美术学、缅甸语(国家基地班)、民族学、人力资源管理、软件工程、社会工作、社会体育、社会学、生物技术、市场营销、数学与应用数学、泰语(国家基地班)、体育教育、通信工程、网络工程、舞蹈学、物理学、物流管理、信息管理与信息系统、信息与计算科学、艺术设计、音乐表演、印度尼西亚语(国家基地班)、英语、应用化学、应用心理学、越南语(国家基地班)、政治学与行政学、制药工程、中国少数民族语言文学(壮语)、中国语言文学类、自动化

专科专业 法律事务、国际商务、应用法语、应用泰国语、应用印尼语、应用越南语

硕士专业 比较文学与世界文学、档案学、法律(法学)、法律(非法学)、公共管理、国外马克思主义研究、汉语国际教育、汉语言文字学、行政管理、基础数学、计算机应用技术、计算数学、科学技术史、伦理学、马克思主义发展史、马克思主义基本原理、马克思主义民族理论与政策、马克思主义中国化研究、美学、民族传统体育学、民族学、社会保障、社会学、生物化学与分子生物学、思想政治教育、诉讼法学、体育教育训练学、图书馆学、外国语言学及应用语言学、文艺学、刑法学、亚非语言文学、英语笔译、英语口译、应用化学、应用数学、语言学与应用语言学、政治学理论、中共党史(含:党的学说与党的建设)、中国古代文学、中国少数民族经济、中国少数民族史、中国少数民族艺术、中国少数民族语言文学(分语族)、中国现当代文学、专门史

院系设置

政治学与国际关系学院、法学院、文学院、管理学院、商学院、民族学与社会学学院、外国语学院、物理与电子工程学院、数学与计算机科学学院、软件学院、化学与生态工程学院、体育与健康科学学院、艺术学院、教育科学学院、东盟学院、国际教育学院、预科教育学院、继续教育学院、人民武装学院

国家级、省部级研究机构设置

中国南方与东南亚跨境民族研究基地、广西林产化学品开发与应用重点实验室、广西混杂计算与集成电路设计分析重点实验室、壮学研究中心、瑶学研究中心、中国-东盟政治法律文化研究中心、生态审美与民族文艺学研究基地、马克思主义理论研究基地

定期公开出版的专业刊物 《广西民族大学报》、《广西民族大学学报》(哲学与社会科学版)、《广西民族大学学报》(自然科学版)

学校设立奖学金情况

学校设立奖学金30项,奖励总额2186.18万元。奖学金最高金额8000元/年,最低金额500元/年。

1. 国家奖学金:31人/年,8000元/人
2. 国家励志奖学金:533人/年,5000元/人
3. 国家一等助学金:2210人/年,3500元/人 国家二等助学金:2942人/年,2500元/人
4. 自治区人民政府奖学金:118人/年,3000元/人
5. 专业奖学金:2667人/年,500-700元/人
6. 优秀学生奖学金:985人/年,565元/人
7. 西部大开发助学工程助学金:25人/年,5000元/人
8. 松夏电器育英奖学金:10人/年,1000元/人
9. 校友基金会奖学金:24人/年,1000元/人
10. 宋庆龄贫困大学生助学金:20人/年,3000元/人
11. 晨光基金会奖助学金:50人/年,2000元/人
12. 香港房角石协会助学金:41人/年,2500元/人
13. 香港中业教育机构助学金:100人/年,2000元/人

14. 香港区剑雄爱心会助学金:10 人/年,5000 元/人
15. 香港轩辕教育助学金:20 人/年,2000 元/人
16. 蔡志昇黄桂兰特困大学生助学金:80 人/年,1250 元/人
17. 新长城国家开发银行项目助学金:50 人/年,1840 元/人
18. 新长城方树福堂助学金:6 人/年,3680 元/人
19. 新长城自强助学金:19 人/年,1840 元/人
20. 新长城→国家体育彩票助学金:50 人/年,1840 元/人
21. 广西浙江商会夏克成助学金:6 人/年,3500 元/人
22. 广西浙江商会郑福成助学金:2 人/年,3500 元/人
23. 建行广西少数民族大学生成才计划奖学金:100 人/年,3000 元/年
24. 一周厨品助学金:20 人/年,1000 元/人
25. 李启鸿绿色建筑奖学金:18 人/年,5000 元/人
26. 华尚律师黄华奖学金:20 人/年,1000 元/人
27. 华美励志奖学金:10 人/年,1500 元/人
28. 马泰臣助学奖励基金:18 人/年
29. 帝恒助学金:30 人/年,2000 元/人
30. 86 级校友捐资:6 人/年,2000 元/人

主要校办产业
广西民族大学经济技术开发公司

学校历史沿革
广西民族大学创办于1952年3月19日,原为中央民族学院(今中央民族大学)广西分院,1953年改称广西省民族学院,1958年改名为广西民族学院。1960年经批准创办大学系科,并将南宁师范学院并入学校,开始设立本科。1966年停止招生,1971年恢复招生。1998年通过教育部本科教学工作合格评估,同年被国务院学位办批准为硕士学位授予单位。2002年成立了具有独立法人地位的相思湖学院。2003年通过教育部本科教学工作水平评估,获"良好"等级。2005年3月国家民委与广西壮族自治区人民政府签订共建广西民族学院协议。2006年2月,教育部批准广西民族学院更名为广西民族大学。

百色学院

学校(机构)标识码 4145010609	电子信箱 yzbgs@bsuc.cn	成人本科 1595
学校办学类型 412:本科院校:学院	占地面积(平方米) 1276730	成人专科 865
学校性质类别 01 综合大学	校舍建筑面积(平方米) 195071	留学生 8
学校举办者 822 地级其他部门	图书(万册) 71.05	专任教师(人) 423
学校地址 广西百色市右江区中山二路21号	固定资产总值(万元) 12271.71	其中:正高级 18
邮政编码 533000	教学、科研仪器设备资产值(万元) 3399.15	副高级 85
办公电话 0776-2848088	在校生数(人) 11145	中级 152
传真电话 0776-2825195	其中:普通本科 6376	初级 116
校园(局域)网域名 www.bsuc.cn	普通专科 2301	未定职级 52

本科专业 材料化学、财务管理、电气工程及其自动化、电子信息工程、对外汉语、工程管理、国际经济与贸易、汉语言文学、化学、化学工程与工艺、计算机科学与技术、金属材料工程、旅游管理、社会体育、生物技术、市场营销、数学与应用数学、思想政治教育、泰语、体育教育、通信工程、物理学、小学教育、学前教育、艺术设计、音乐表演、英语

专科专业 材料工程技术、采购供应管理、电子信息工程技术、法律文秘、工业分析与检验、国际商务、汉语、会计电算化、机电一体化技术、计算机应用技术、家政管理、建筑工程管理、金融保险、酒店管理、旅游管理、模具设计与制造、食品营养与检测、体育教育、通信技术、文秘、物业管理、新闻采编与制作、学前教育、英语教育、应用化工技术、应用英语、应用越南语、综合文科教育

院系设置
百色学院现设有中文系、政治与法律系、外语系、经济与旅游管理系、数学与计算机信息工程系、物理与电信工程系、化学与生命科学系、体育系、艺术系、教育科学系、社科部等11个教学系(部)。

定期公开出版的专业刊物 《百色学院学报》

学校设立奖学金情况
目前,学校设立奖学金3项,奖励总金额171.1万元/年,最高金额8000元/人/年最低金额3000元/人/年。

学校历史沿革
田西师范(1938-1941)(含天保师范1939-1950、田阳简师1946-1950);百色师范(1941-1971)(含百南联师1945-1945、百色师专1958-1962);百色地区师范(1971-1983)(含百色地区师范大专班1976-1983);右江民族师专(1983-2006)(含百色民族师范1973-2003、百色民族中等专业学校1975-2003);百色学院(2006-今)。

广西机电职业技术学院

学校(机构)标识码　4145010867
学校办学类型　415:专科院校:高等职业学校
学校性质类别　02 理工院校
学校举办者　811 省级教育部门
学校地址　广西南宁市大学东路 101 号
邮政编码　530007
办公电话　0771-3249900
传真电话　0771-3247697
校园(局域)网域名　www.gxcme.edu.cn
电子信箱　jd3249900@163.com
占地面积(平方米)　510000
校舍建筑面积(平方米)　216518
图书(万册)　54.75
固定资产总值(万元)　26023.46
教学、科研仪器设备资产值(万元)　8611.64
在校生数(人)　12323
　其中:普通专科　11574
　　　　成人专科　749
专任教师(人)　548
　其中:正高级　10
　　　　副高级　130
　　　　中级　307
　　　　初级　76
　　　　未定职级　25

专科专业　电气自动化技术、电气自动化技术(单招)、电子商务、电子声像技术、电子信息工程技术、雕刻艺术与家具设计、动漫设计与制作、工程安装、工程造价、工商企业管理、工业设计、供热通风与空调工程技术、国际商务、焊接技术及自动化、会计与统计核算、机电设备维修与管理、机电设备维修与管理(工程机械维修)、机电一体化技术、机械设计与制造、计算机辅助设计与制造、计算机控制技术、计算机通信、计算机网络技术、计算机信息管理、计算机应用技术、建筑工程技术、建筑设备工程技术、楼宇智能化工程技术、旅游英语、模具设计与制造、汽车电子技术、汽车技术服务与营销、汽车检测与维修技术、汽车检测与维修技术(单招)、汽车整形技术、汽车制造与装配技术、软件技术、商务经纪与代理(房地产经纪方向)、室内设计技术、数控技术、数控设备应用与维护、图文信息技术、网络系统管理、微电子技术、文秘、物流管理、物流管理(单招)、物业管理、项目管理、移动通信技术、印刷图文信息处理、营销与策划、应用电子技术、应用电子技术(单招)、应用英语、自动化仪器仪表

院系设置
机械工程系、电气工程系、计算机与信息工程系、工商管理系、汽车工程系、建筑工程系、艺术设计系、人文科学系、社科部、继续教育培训中心、基础技能实训中心

学校设立奖学金情况
学校设立奖学金 2 项,奖励总金额 181 余万元。奖学金最高金额 2000 元/年,最低金额 400 元/年。

学校历史沿革
广西机电职业技术学院是在广西机械工业学校和广西机电职工大学的基础上经教育部和广西壮族自治区人民政府批准成立的。广西机械工业学校 1958 年建立,1978 年经国务院批准改制为广西机械工业学院,1982 年院校调整为广西机械工业学校,1994 年接办广西机电职工大学。

广西体育高等专科学校

学校(机构)标识码　4145011350
学校办学类型　414:专科院校:高等专科学校
学校性质类别　10 体育院校
学校举办者　812 省级其他部门
学校地址　广西体育高等专科学校
邮政编码　530012
办公电话　0771-2810790
传真电话　0771-2631424
校园(局域)网域名　www.gxtznn.com
电子信箱　gxtzbgs@sina.cn
占地面积(平方米)　87977
校舍建筑面积(平方米)　58302
图书(万册)　10.35
固定资产总值(万元)　3804
教学、科研仪器设备资产值(万元)　688
在校生数(人)　1754
　其中:普通专科　1732
　　　　成人专科　22
专任教师(人)　94
　其中:正高级　1
　　　　副高级　20
　　　　中级　42
　　　　初级　21
　　　　未定职级　10

专科专业　高尔夫运动技术与管理、户外运动与旅游、社会体育、体育保健、体育服务与管理、体育教育、心理咨询、新闻采编与制作、营养与食品卫生、运动休闲服务与管理、运动训练

院系设置
现设有体育系、运动系、运动人体科学系、体育人文科系、高尔夫与休闲旅游系和教育技术部、公共教学部等 7 个系部

国家级、省部级研究机构设置
体育行业国家职业资格培训基地、广西国民体质监测中心、广西教练员岗位培训中心、广西体育传统项目学校体育教师资格培训基地、广西社会体育指导员培训基地、广西体育特有行业

职业鉴定站、中国—东盟体育人才培训基地、中国—东盟体育信息中心、广西救生员培训基地

定期公开出版的专业刊物 《运动》杂志广西工作站

学校设立奖学金情况

学校设立奖学金15项，执行10项，奖励总金额86.66万余元，奖学金最高金额1000元/年，最低金额200元/年。

学校历史沿革

广西体育高等专科学校成立于1956年6月，是自治区人民政府主办，自治区体育局和教育厅共同管理的普通高等学校。学校前身为广西体育干部学校1959年更名为广西体育专科学校1960年2月升格为广西体育学院，1962年广西体育学院停办；1984年恢复广西体育专科学校，1993年3月国家教委批准更名为广西体育高等专科学校。

梧州学院

学校(机构)标识码 4145011354	电子信箱 wzxybgs@163.com	成人本科 1239
学校办学类型 412：本科院校：学院	占地面积(平方米) 659823	成人专科 2200
学校性质类别 01 综合大学	校舍建筑面积(平方米) 254326	留学生 98
学校举办者 822 地级其他部门	图书(万册) 83.4	专任教师(人) 608
学校地址 广西梧州市富民三路82号	固定资产总值(万元) 49535	其中：正高级 27
邮政编码 543002	教学、科研仪器设备资产值(万元) 5050.5	副高级 124
办公电话 0774-5827755		中级 259
传真电话 0774-5827755	在校生数(人) 15104	初级 105
校园(局域)网域名 www.gxuwz.edu.cn	其中：普通本科 9140	未定职级 93
	普通专科 2427	

本科专业 电子科学与技术、电子商务、电子信息工程、动画、法学、工商管理、工业设计、公共事业管理、国际经济与贸易、汉语言文学、行政管理、机械设计制造及其自动化、计算机科学与技术、林产化工、旅游管理、软件工程、数学与应用数学、小学教育、信息与计算科学、艺术设计、音乐学、英语、应用物理学、制药工程

专科专业 财务管理、产品造型设计、电子商务、动漫设计与制作、法律事务、会计电算化、机电一体化技术、计算机应用技术、金融保险、酒店管理、模具设计与制造、嵌入式技术与应用、商务英语、市场营销、数控技术、物流管理、学前教育、应用电子技术、应用日语

院系设置

学院现设置有经济系、工商管理系、计算机科学系、电子信息工程系、外语系、中文系、艺术系、数理系、法律与公共管理系、教师教育系。

定期公开出版的专业刊物 《梧州学院学报》，每季度出版一期。

学校设立奖学金情况

学校设立奖学金6项，奖励总金额1271.1万元。奖学金最高金额8000元/年，最低金额300元/年。

主要校办产业

举办有梧州市百盈达租赁服务部、梧州市飞迅商贸服务部、梧州市隆荣装饰工程部等校办企业。

学校历史沿革

梧州学院的前身是广西大学梧州分校，创立于1985年。2003年10月，原广西大学梧州分校与原梧州教育学院、原梧州师范学校合并，并以广西大学梧州分校的名义正式提出申请设立梧州学院。2006年2月，经教育部批准，广西壮族自治区人民政府在原广西大学梧州分校的基础上建立了梧州学院。

南宁职业技术学院

学校(机构)标识码 4145011355	邮政编码 530008	校舍建筑面积(平方米) 442838
学校办学类型 415：专科院校：高等职业学校	办公电话 0771-2029337	图书(万册) 80.7
	传真电话 0771-2029336	固定资产总值(万元) 97268
学校性质类别 01 综合大学	校园(局域)网域名 www.ncvt.net：8010	教学、科研仪器设备资产值(万元) 12458.37
学校举办者 822 地级其他部门	电子信箱 ncvt2008@163.com	在校生数(人) 17877
学校地址 广西壮族自治区南宁市大学西169号	占地面积(平方米) 1345907	其中：普通专科 16550

成人专科 1327	副高级 174	初级 167
专任教师(人) 807	中级 406	未定职级 44
其中：正高级 16		

专科专业 报关与国际货运、餐饮管理与服务、传媒策划与管理、电脑艺术设计、电子商务、动漫设计与制作、法律事务、房地产经营与估价、服装设计、工程造价、工商企业管理、国际航运业务管理、国际经济与贸易、国际商务、环境艺术设计、会计、机电一体化技术、机械设计与制造、计算机网络技术、计算机应用技术、建筑工程管理、建筑工程技术、建筑设计技术、建筑装饰工程技术、酒店管理、旅游管理、模具设计与制造、烹饪工艺与营养、汽车技术服务与营销、汽车检测与维修技术、人物形象设计、软件技术、商务管理、商务文秘、商务英语、涉外旅游、市场营销、室内设计技术、数控技术、双语文秘、体育服务与管理、投资与理财、物流管理、物业管理、新能源应用技术、新闻采编与制作、移动通信技术、音乐表演、营销与策划、影视动画、应用电子技术、应用泰国语、应用文秘、应用英语、应用越南语、证券投资与管理、装潢艺术设计

院系设置
南宁职业技术学院设置了10个二级学院：商学院、机电工程学院、艺术工程学院、外国语学院、旅游学院、信息工程学院、建筑工程学院、公共管理学院、开放教育学院、职业技能培训学院

定期公开出版的专业刊物 《南宁职业技术学院学报》

学校设立奖学金情况
学校设立奖学金三项，奖励总金额208000万元。奖学金最高金额300元/年，最低金额100元/年。

学校历史沿革
南宁职业技术学院前身为创建于1984年的南宁职业大学，是由南宁市人民政府举办、区市共建的一所全日制综合性高等职业院校。1999年由南宁职业大学、南宁市广播电视大学、南宁市教育学院与南宁建设技工学校合并组建南宁职业技术学院。2009年12月学校通过教育部、财政部示范建设验收，成为全国首批28所、广西首家国家示范性高等职业院校。

柳州师范高等专科学校

学校(机构)标识码 4145011546	校园(局域)网域名 www.gxlztc.net	其中：普通专科 5676
学校办学类型 414：专科院校：高等专科学校	电子信箱 lzszkyc@qq.com	成人专科 18
	占地面积(平方米) 865784	留学生 12
学校性质类别 06 师范院校	校舍建筑面积(平方米) 211008	专任教师(人) 339
学校举办者 821 地级教育部门	图书(万册) 62.71	其中：正高级 16
学校地址 广西柳州市柳北区君武路170号	固定资产总值(万元) 14026.3	副高级 104
	教学、科研仪器设备资产值(万元) 3673	中级 180
邮政编码 545004		初级 19
办公电话 0772-2725131	在校生数(人) 5706	未定职级 20
传真电话 0772-2726998		

专科专业 工商企业管理、工业分析与检验、公共事务管理、汉语、化学教育、会计电算化、会计与审计、计算机多媒体技术、计算机网络技术、金融保险、经济信息管理、旅游管理、美术教育、模具设计与制造、软件技术、商务英语、社会体育、生物技术及应用、视觉传达艺术设计、数控技术、数学教育、思想政治教育、体育保健、体育教育、文秘、物理教育、物流管理、心理咨询、学前教育、艺术设计、音乐表演、音乐教育、英语教育、营销与策划、应用电子技术、应用英语、应用越南语、语文教育、运动训练

院系设置
中国语言文学系、外国语言文学系、公共管理系、数学与计算机科学系、教育学与心理科学系、物理与信息科学系、化学与生命科学系、体育与保健科学系、财经系、艺术系、社科部

定期公开出版的专业刊物 《柳州师专学报》

学校设立奖学金情况
学校设立奖学金7项，奖励总金额4140400元。奖学金最高金额8000元/年，最低金额200元/年。

学校历史沿革
柳州师范高等专科学校，前身为柳州专区宜山师范专科学校，创建于1958年；1959年宜山师范专科学校与成立于1958年的柳州市师范专科学校合并；1960年宜山师范专科学校改名为柳州师范专科学校；1962年，高校调整，学校奉命停办；1964年初，学校恢复办学，开办广西柳州民族农业技术学校；1966年，因受"文化大革命"冲击，学校被迫停办；1970年秋，学校恢复办学，改为柳州地区师范学校，同时设立柳州地区教师进修学院；1984年，学校更名为柳州师范专科学校；1994年，升格为柳州师范高等专科学校；2005年，原柳州财经学校并入柳州师范高等专科学校。

广西财经学院

学校(机构)标识码 4145011548	电子信箱 gxcjxydyb@163.com	成人本科 2932
学校办学类型 412:本科院校:学院	占地面积(平方米) 938665	成人专科 3780
学校性质类别 08 财经院校	校舍建筑面积(平方米) 362140	留学生 1
学校举办者 811 省级教育部门	图书(万册) 131.23	专任教师(人) 788
学校地址 广西南宁市明秀西路100号	固定资产总值(万元) 41798.06	其中:正高级 59
邮政编码 530003	教学、科研仪器设备资产值(万元) 6144.05	副高级 191
办公电话 0771-3822678	在校生数(人) 24408	中级 425
传真电话 0771-3825464	其中:普通本科 12477	初级 32
校园(局域)网域名 www.gxufe.cn	普通专科 5218	未定职级 81

本科专业 保险、财务管理、财政学、电子商务、东南亚贸易方向、法学、房地产经营管理、工程管理、工商管理类、公共关系学、广告策划方向、广告设计方向、国际会计方向、国际经济与贸易、国际商务、会计学、会展经济与管理、计算机科学与技术、金融学、经济学、劳动与社会保障、旅游管理、农村区域发展、农林经济管理、人力资源管理、审计学、市场营销、税务、统计学、文秘教育、物流管理、信息管理与信息系统、英语、资产评估、资源环境与城乡规划

专科专业 财政、电子商务、法律事务、房地产经营与估价、工商企业管理、公共事务管理、国际会计方向、国际商务、会计、会计电算化、会计与审计、计算机多媒体技术、计算机网络技术、计算机应用技术、金融保险、金融与会计方向、经济信息管理、旅游管理、商务英语、市场营销、文秘、物流管理、证券投资与管理、资产评估与管理

院系设置

经济与贸易学院、财政与公共管理学院、金融与保险学院、外国语学院、信息与统计学院、工商管理学院、管理科学与工程学院、会计与审计学院、文化传播学院、法学院、职业技术学院、国际教育学院、思想政治理论课教学部、体育课教学部等14个院(部)

国家级、省部级研究机构设置

1. 实验室:财经科学实验中心、ERP 实验中心、广西资产评估研究中心、广西高新技术产业投融资研究中心
2. 研究中心(所):广西金融研究中心

定期公开出版的专业刊物 《广西财经学院学报》

学校设立奖学金情况

学校设立奖学金11项,奖励总金额90余万元。奖学金最高金额5000/年,最低金额80元/年。

学校历史沿革

根据国家教育部2004年5月19日印发的《关于同意广西财政高等专科学校与广西商业高等专科学校合并组建广西财经学院的通知》(教发〔2004〕144号)和广西壮族自治区人民政府2004年7月8日印发的《关于组建广西财经学院的通知》(桂政发〔2004〕39号)文件,广西财政高等专科学校与广西商业高等专科学校合并成立广西财经学院,填补了广西没有独立设置的财经类本科院校的空白,被列为自治区重点支持建设的10所本科院校之一。

邕江大学

学校(机构)标识码 4145011549	办公电话 0771-5900990	在校生数(人) 8918
学校办学类型 415:专科院校:高等职业学校	传真电话 0771-5900988	其中:普通专科 8918
学校性质类别 02 理工院校	校园(局域)网域名 www.yjdx.net	专任教师(人) 495
学校举办者 999 民办	占地面积(平方米) 530072	其中:正高级 30
学校地址 广西南宁市邕宁区龙亭路8号	图书(万册) 72.45	副高级 120
	固定资产总值(万元) 73034	中级 80
邮政编码 530200	教学、科研仪器设备资产值(万元) 4356.5	初级 113
		未定职级 152

专科专业 城市轨道交通控制、城市轨道交通运营管理、畜牧兽医、电气自动化技术、电子商务、电子信息工程技术、动漫设计与制作、法律事务、服装设计、工程造价、工商企业管理、工商企业管理(企业信息化管理方向)、工业设计、广告设计与制作、

广告设计与制作(广告策划方向)、会计电算化、计算机网络技术、计算机网络技术(网络安全方向)、计算机系统维护、计算机信息管理、计算机应用技术、建筑工程技术、连锁经营管理、汽车技术服务与营销、汽车运用技术、软件技术、商务英语、食品营养与检测、市场营销、室内设计技术、饲料与动物营养、图形图像制作、文秘、文秘(涉外文秘方向)、物流管理、物业管理、营销与策划、应用电子技术、应用英语

院系设置

工学院、交通学院、信息工程学院、人文学院、管理学院、开放(继续)教育学院

学校设立奖学金情况

学校设立奖学金 6 项,奖励总金额 337.4 万元。奖学金最高金额 8000 元/年,最低 250 元/年。

1. 校长奖学金一等奖 600 元/年
2. 校长奖学金二等奖 400 元/年
3. 校长奖学金三等奖 200 元/年
4. 国家奖学金 8 人/年 8000 元/人
5. 国家励志奖学金 176 人/年 5000 元/人
6. 自治区人民政府奖学金 28 人/年 5000 元/人
7. 国家助学金一等 1082 人/年 3500 元/人
8. 国家助学金二等 1081 人/年 2500 元/人

学校历史沿革

邕江大学创办 1985 年,是一所经教育部批准的具有高等历教育招生资格的全日制普通高等学校,原由民革广西区委主办,现由南宁威宁资产经营有限责任公司与名额广西区委合办,广西教育厅管理,是办学经费自筹自支的以民办机制运作的全民所有制事业单位。

钦州学院

学校(机构)标识码 4145011607	占地面积(平方米) 499216	成人本科 979
学校办学类型 412:本科院校:学院	校舍建筑面积(平方米) 274178	成人专科 843
学校性质类别 01 综合大学	图书(万册) 72.3	留学生 31
学校举办者 822 地级其他部门	固定资产总值(万元) 22531.3	专任教师(人) 580
学校地址 广西壮族自治区自治区钦州市西环南路 89 号	教学、科研仪器设备资产值(万元) 5666.72	其中:正高级 28
邮政编码 535000	在校生数(人) 12654	副高级 118
传真电话 0777-2808633	其中:普通本科 7464	中级 204
校园(局域)网域名 www.qzu.net.cn	普通专科 3337	初级 110
电子信箱 qzxy06@163.com		未定职级 120

本科专业 地理科学、电子信息工程、对外汉语、国际经济与贸易、海洋科学、汉语言文学、航海技术、化学工程与工艺、机械工程及自动化、计算机科学与技术、教育学、轮机工程、旅游管理、美术学、食品科学与工程、市场营销、数学与应用数学、水产养殖学、思想政治教育、体育教育、物理学、物流管理、艺术设计、音乐学、英语、应用心理学、油气储运工程、自动化

专科专业 初等教育、传媒策划与管理、地理信息系统与地图制图技术、电子仪器仪表与维修、动漫设计与制作、法律文秘、房地产经营与估价、工程测量与监理、工业分析与检验、汉语、航海技术、化学教育、会计电算化、计算机控制技术、计算机网络技术、计算机应用技术、精细化学品生产技术、轮机工程技术、旅游管理、食品加工技术、水产养殖技术、体育保健、体育教育、物流管理、物业管理、心理咨询、学前教育、音乐教育、营销与策划、应用电子技术、应用泰国语、应用英语、应用越南语、主持与播音

院系设置

中文与传媒学院、商学院、物理与材料科学学院、数学与计算机科学学院、外国语学院、资源与环境学院、化学化工学院、海洋学院、美术创意学院、体育学院、音乐学院、教育学院

国家级、省部级研究机构设置

研究所(中心):高等教育研究所、城市与环境研究所、环钦州湾经济与社会发展研究所、基础教育外语教学研究所、邓小平理论研究所、应用电子技术研究所、广西沿海湿地研究所、微机应用研究所、广西沿海地区少数民族工艺研究所、北部湾海洋与海岸信息中心、北部湾海洋开发与利用研究所、钦州坭兴陶艺术研究所、北部湾历史文化研究所、北部湾区域经济研究所、北部湾方言与文学研究所、北部湾政治与社会研究所、北部湾海洋地理实验室、北部湾海洋环境湿地与保护研究所、北部湾海洋生态保护及资源开发利用研究所

定期公开出版的专业刊物 《钦州学院学报》、《钦州学院报》

学校设立奖学金情况

学校设立奖学金 1 项,奖励总金额 71 万元。奖学金金额 500 元/年。

毕业生一次就业率 91.2%

学校历史沿革

钦州学院的前身是钦州地区师范学校,创办于 1973 年,1977 年开始招收大专班。1982 年起先后改名为钦州地区教师进修学院、广西师院钦州分校、钦州地区教育学院。1991 年经国家教委批准,在钦州地区教育学院的基础上建立钦州师范专科学校(保留钦州地区教育学院的牌子),1994 年根据国家教委教计【1994】72 号文件通知,钦州师范专科学校更名为钦州师范高等专科学校,同年钦州地区撤地设市,钦州地区教育学院更名为

钦州市教育学院。1999年10月,钦州教育学院撤销,其培养、培训任务由钦州师范高等专科学校承担。2006年2月经国家教育部批准(教发【2006】35号),钦州师范高等专科学校升格为钦州学院,2006年开始招收本科生。

广西水利电力职业技术学院

学校(机构)标识码	4145011608
学校办学类型	415:专科院校:高等职业学校
学校性质类别	02 理工院校
学校举办者	812 省级其他部门
学校地址	广西南宁市兴宁区长岗路99号
邮政编码	530023
办公电话	0771-2085105
传真电话	0771-2085505
电子信箱	Yb@gxsdxy.cn
占地面积(平方米)	733420
校舍建筑面积(平方米)	344544
图书(万册)	32.2
固定资产总值(万元)	67019.08
教学、科研仪器设备资产值(万元)	7489.28
在校生数(人)	10902
其中:普通专科	9699
成人专科	1203
专任教师(人)	396
其中:正高级	10
副高级	74
中级	203
初级	43
未定职级	66

专科专业 道路桥梁工程技术、电力系统继电保护与自动化、电力系统自动化技术、电气自动化技术、电子商务、电子信息工程技术、发电厂及电力系统、房地产经营与估价、高压输配电线路施工运行与维护、给排水工程技术、工程测量技术、工程造价、工业设计、工业网络技术、供用电技术、会计电算化、火电厂集控运行、机电设备运行与维护、机电一体化技术、机械制造与自动化、计算机多媒体技术、计算机辅助设计与制造、计算机网络技术、计算机应用技术、建筑工程管理、建筑工程技术、建筑装饰工程技术、酒店管理、楼宇智能化工程技术、模具设计与制造、汽车电子技术、汽车技术服务与营销、汽车检测与维修技术、商务英语、生产过程自动化技术、市场营销、数控技术、水利工程、水利水电建筑工程、水文与水资源、通信工程设计与施工、文秘、项目管理、应用电子技术

院系设置
水利与建筑工程系、电力工程系、机电工程系、计算机与信息工程系、经济管理系、电子工程系、汽车工程系、公共课教学部(社会科学教学部)

国家级、省部级研究机构设置
研究所(中心):设计所、水工实验所

学校设立奖学金情况
学校设立奖学金7项,奖励总金额50万元。奖学金最高金额2000元/年,最低金额50元/年。

毕业生一次就业率 91.75%

学校历史沿革
广西水利电力职业技术学院前身为南宁水利学校,创建于1956年6月。1970年初学校更名为广西水电学校。1980年学校被教育部确定为全国重点中等学校,1993年被国家教委确定为国家级重点中专。2002年8月升格为广西水利电力职业技术学院,隶属于广西壮族自治区水利厅。2003年8月,广西水电技工学校并入学院。2005年学院顺利通过教育部高职高专人才培养工作水平评估,获"优秀"等级。2007年被评为"广西高等职业教育示范性院校建设单位"。2008年被评为"全国水利高等职业教育示范性院校建设单位"。2010年被确定为第三批自治区示范性高等职业院校。

桂林师范高等专科学校

学校(机构)标识码	4145011671
学校办学类型	414:专科院校:高等专科学校
学校性质类别	06 师范院校
学校举办者	821 地级教育部门
学校地址	桂林市秀峰区信义路21号,文采路7、9号
邮政编码	541001
办公电话	0773-2580286
传真电话	0770-2582386
校园(局域)网域名	www.glnc.edu.cn
电子信箱	xiaoban@mail.glnc.edu.cn
占地面积(平方米)	286638
校舍建筑面积(平方米)	178661
图书(万册)	54.7
固定资产总值(万元)	13820
教学、科研仪器设备资产值(万元)	4069.85
在校生数(人)	5868
其中:普通专科	5868
专任教师(人)	363
其中:正高级	27
副高级	99
中级	185
初级	29
未定职级	23

专科专业 财务信息管理、初等教育(理)、初等教育(文)、电脑艺术设计、电子信息工程技术、法律事务、工业分析与检验、汉语、化学教育、会计电算化、计算机多媒体技术、计算机系统维护、计算机应用技术、美术教育、民政管理、人力资源管理、社区

管理与服务、生化制药技术、市场营销、书法教育、数学教育、思想政治教育、网络系统管理、文化事业管理、物理教育、物流管理、物业管理、现代教育技术、心理咨询、学前教育、艺术设计、音乐表演、音乐教育、英语教育、应用英语、应用越南语

院系设置

政治与社会学系、中文系、外语系、数学与计算机科学系、物理与信息技术系、化学与工程技术系、音乐系、美术系、教育与管理系等9个系；公共基础部、大学生计算机、大学生外语3个教学部

定期公开出版的专业刊物 《桂林师范高等专科学校学报》

学校设立奖学金情况

学校设立奖学金8项，奖励总金额1032.9万元。奖学金最高金额：8000元/年，最低金额30元/年。

学校历史沿革

桂林师范高等专科学校的前身是广西省立师范学校，创建于1938年。1983年4月桂林师范学校、桂林市教师进修学校分别更名为桂林地区教师进修学院和桂林市教师进修学院。1984年7月桂林市教师进修学院更名为原桂林市教育学院。1988年3月，桂林地区教师进修学院更名为桂林地区教育学院。1988年12月桂林地区教育学院与原桂林市教育学院合并组建新的桂林市教育学院。2000年9月，桂林市师范学校并入桂林市教育学院组建桂林师范高等专科学校。

广西职业技术学院

学校(机构)标识码　4145011773
学校办学类型　415：专科院校：高等职业学校
学校性质类别　03 农业院校
学校举办者　812 省级其他部门
学校地址　广西南宁市明阳工业区
邮政编码　530226
办公电话　0771 - 4212633
传真电话　0771 - 4213295
校园(局域)网域名　www. gxzjy. com
电子信箱　yzpost@ gxzjy. com
占地面积(平方米)　753710
校舍建筑面积(平方米)　333473
图书(万册)　59.55
固定资产总值(万元)　21338.78
教学、科研仪器设备资产值(万元)　6858.4
在校生数(人)　12460
其中：普通专科　11723
　　　成人专科　737
专任教师(人)　474
其中：正高级　11
　　　副高级　125
　　　中级　210
　　　初级　108
　　　未定职级　20

专科专业 包装技术与设计、茶艺、产品造型设计、畜牧兽医、电脑艺术设计、电气自动化技术、电子商务、电子信息工程技术、动漫设计与制作、供热通风与空调工程技术、广告设计与制作、国际商务、环境艺术设计、会计电算化、机电一体化技术、机械制造与自动化、计算机网络技术、计算机应用技术、计算机应用技术(IT营销与服务方向)、建筑装饰工程技术、经济信息管理、连锁经营管理、旅游英语、模具设计与制造、汽车电子技术、汽车技术服务与营销、汽车检测与维修技术、人力资源管理、软件技术、商务英语、生产过程自动化技术、生物技术及应用、食品加工技术、食品检测及管理、食品营养与检测、市场营销、室内设计技术、数控技术、数字传媒艺术、水产养殖技术、通信技术、投资与理财、网站规划与开发技术、文秘、物流管理、物流管理(国际物流方向)、物流信息技术、新闻采编与制作、印刷图文信息处理、营销与策划、影视广告、应用电子技术、应用越南语、园林工程技术、园艺技术、主持与播音、装饰艺术设计、作物生产技术

定期公开出版的专业刊物 《广西职业技术学院学报》

学校设立奖学金情况

学校设立奖学金一项，奖励金额84.125余万。奖学金最高金额1000元/年/人，最低金额200元/年/人。

学校历史沿革

广西职业技术学院隶属广西壮族自治区农垦局，最早前身为创建于1965年的广西劳动大学，先后更名、改制为广西农学院热带作物分院(1977)、广西农垦职工大学(1982)、广西农工商职业大学(1996)，1998年3月改制为现名至今。

桂林航天工业高等专科学校

学校(机构)标识码　4145011825
学校办学类型　414：专科院校：高等专科学校
学校性质类别　02 理工院校
学校举办者　811 省级教育部门
学校地址　广西壮族自治区桂林市七星区金鸡路2号
邮政编码　541004
办公电话　0773 - 5863280
传真电话　0773 - 5863286
校园(局域)网域名　www. glcat. edu. cn
电子信箱　office@ glcat. edu. cn
占地面积(平方米)　771220
校舍建筑面积(平方米)　341350
图书(万册)　94
固定资产总值(万元)　22123.97
教学、科研仪器设备资产值(万元)　7987.96
在校生数(人)　12715
其中：普通专科　11009
　　　成人专科　1706

专任教师(人) 630	副高级 167	初级 151
其中:正高级 31	中级 249	未定职级 32

专科专业 报关与国际货运、城市热能应用技术、电脑艺术设计、电子测量技术与仪器(航天电子方向)、电子信息工程技术、动漫设计与制作、工程造价、工商企业管理(生产运作与质量管理)、供热通风与空调工程技术、广告设计与制作、国际贸易实务、焊接技术及自动化、航空服务、会计、会计(税务筹划)、机电一体化技术、机械设计与制造、机械制造与自动化、机械制造与自动化(飞行器加工工、计算机网络技术、计算机信息管理、计算机应用技术、计算机应用技术(嵌入式系统方向)、酒店管理、连锁经营管理、旅游管理、模具设计与制造、汽车电子技术、汽车改装技术、汽车技术服务与营销、汽车检测与维修技术、人力资源管理、软件技术、软件技术(IT服务外包)、商务英语、涉外旅游、涉外旅游(旅游策划)、市场营销、室内设计技术、数控技术、通信技术、通信技术(光纤方向)、通信网络与设备、文秘、文秘(商务与行政助理)、物流管理、营销与策划(广告)、影视多媒体技术、应用电子技术、应用电子技术(光伏方向)、制冷与冷藏技术、装潢艺术设计

院系设置

工商管理系、计算机系、机械工程系、电子工程系、汽车工程系、外语系、人文与社会科学系、经济与贸易系、继续教育中心

国家级、省部级研究机构设置

研究所(中心):高等教育研究室、数控技术研究中心、机器人应用技术研究中心、北部湾经济区工业化研究中心、人力资源研究室、计算机应用技术研究室、电子应用技术研究室、制冷应用技术研究室、汽车应用技术研究室

定期公开出版的专业刊物 《桂林航天工业高等专科学校学报》

学校设立奖学金情况

学校设立奖学金6项,奖励总金额840.34余万元。奖学金最高金额8000元/年,最低金额50元/年。

1. 国家奖学金:10人,8000元/人,共8万元
2. 国家励志奖学金:290人,5000元/人,共145万元。
3. 国家助学金:共2694人,538.8万元

其中:(1)一等助学金:1347人,2500元/人,共336.75万元;

(2)二等助学金:1347人,1500元/人,共202.05万元。

4. 广西区人民政府奖学金:69人,3000元/人,共20.7万元。
5. 学校优秀学生助学金:共1792人,102.84万元

其中:(1)一等奖学金:180人,1500元/人,共27万元;

(2)二等奖学金:284人,800元/人,共22.72万元;

(3)三等奖学金:1328人,400元/人,共53.12万元。

6. 特殊困难补助:156人,共20万元。
7. 三好学生、优秀学生干部、文艺积极分子、体育积极分子等单项奖学金共5余万元。

毕业生一次就业率 96.91%

学校历史沿革

学校成立于1979年,前身为桂林经济管理学校,是原国家航天工业部直辖的三所高等院校之一。1994年2月由桂林航天工业管理学校升格为桂林航天工业高等专科学校。

桂林旅游高等专科学校

学校(机构)标识码 4145011837	校园(局域)网域名 www.glit.edu.cn	其中:普通专科 9196
学校办学类型 414:专科院校:高等专科学校	电子信箱 xb@glit.cn	成人专科 189
	占地面积(平方米) 1256760	留学生 2
学校性质类别 08 财经院校	校舍建筑面积(平方米) 254818	专任教师(人) 508
学校举办者 812 省级其他部门	图书(万册) 92.19	其中:正高级 22
学校地址 桂林市雁山区良丰路26号	固定资产总值(万元) 79586.31	副高级 138
邮政编码 541006	教学、科研仪器设备资产值(万元) 3245.31	中级 150
办公电话 0773-3691009		初级 165
传真电话 0773-3690008	在校生数(人) 9387	未定职级 33

专科专业 餐饮管理与服务、城市公共艺术设计、出境领队、导游、电子商务、动画艺术设计、多媒体设计与制作、翻译英语、非物质文化遗产、高尔夫经营管理与服务、高尔夫运营管理与服务、高速铁路动车乘务、工艺美术设计、公共艺术设计、国际旅游商务管理、国际商务、国际邮轮乘务、户外导游、环境艺术设计、会计、会所运营管理、会展策划与管理、金融与证券、景观艺术设计、景区开发与管理、酒店工程管理、酒店管理、酒店旅游运营管理、空中乘务、旅行社经营管理、旅游策划、旅游工艺品设计、旅游管理、旅游日语、旅游艺术表演与策划、旅游英语、商务日语、商务英语、涉外文秘、市场营销、室内设计、首饰设计、文化市场经营与管理、舞蹈表演、物业管理、音响工程、应用法语、应用韩语、应用泰国语、装潢艺术设计、装饰艺术设计

院系设置

学校设旅游外语系、酒店管理系、旅游与休闲管理系、导游

系、视觉艺术系、商务系、艺术表演系、旅游交通与运营管理系、国际教育交流学院、继续教育学院等8系2学院。

国家级、省部级研究机构设置

1. 国家级实训室8个：西餐实训室、烹饪示范室1、烹饪示范室2、中餐烹饪实训室、烹饪原料加工实训室、面点烘焙实训室、酒吧实训室、装饰艺术实训基地

2. 省级实验室8个：会展实训室、前厅客房实训室、中餐实训室、模拟导游实验室、茶艺酒吧实训室、心理实验室、景区实验室、高尔夫室内实训室

定期公开出版的专业刊物 《旅游论坛》

学校设立奖学金情况

学校设立奖学金4项，奖励总金额821050元/年，最低金额286800元/年。

主要校办产业

桂旅旅游规划设计研究院、天地人旅游商品研究所、青葱岁月旅行社

学校历史沿革

桂林旅游高等专科学校成立于1985年，其前身为桂林旅游专科学校，1994年经国家教育部确认为桂林旅游高等专科学校。2005年12月，经联合国世界旅游组织和国家旅游局批准，成为联合国世界旅游组织教育委员会附属会员。

贺州学院

学校(机构)标识码 4145011838	电子信箱 hezhouxueyuan@126.com	成人本科 641
学校办学类型 412:本科院校:学院	占地面积(平方米) 520721	成人专科 622
学校性质类别 01 综合大学	校舍建筑面积(平方米) 219426	留学生 21
学校举办者 822 地级其他部门	图书(万册) 78.7	专任教师(人) 562
学校地址 广西贺州学院芳林路147号	固定资产总值(万元) 21976	其中:正高级 13
	教学、科研仪器设备资产值(万元) 3809	副高级 124
邮政编码 542899	在校生数(人) 11494	中级 258
办公电话 0774-5228600	其中:普通本科 7587	初级 82
传真电话 0774-5228605	普通专科 2623	未定职级 85
校园(局域)网域名 www.hzu.gx.cn		

本科专业 电气工程及其自动化、电子信息工程、对外汉语、工程管理、公共事业管理、广播电视编导、国际经济与贸易、汉语言文学、化学、计算机科学与技术、旅游管理、美术学、社会体育、生物工程、食品科学与工程、数学与应用数学、思想政治教育、体育教育、通信工程、舞蹈学、物理学、小学教育、学前教育、艺术设计、音乐学、英语、应用心理学

专科专业 表演艺术、初等教育、传媒策划与管理、电子商务、服装设计、工程造价、化学制药技术、环境艺术设计、会计电算化、机电一体化技术、计算机网络技术、计算机应用技术、建筑工程技术、建筑装饰工程技术、历史教育、连锁经营管理、旅游管理、旅游英语、模具设计与制造、软件技术、商务管理、社会工作、生物技术及应用、市场营销、体育保健、体育服务与管理、体育教育、通信技术、学前教育、艺术设计、音乐教育、英语教育、应用电子技术、园林技术

院系设置

中文系、外语系、数学系、人文与管理系、物理与电子信息工程、化学与生物工程系、计算机科学与工程系、思想政治理论教学部、艺术系、体育系、教育科学系

学校历史沿革

1994.2-2006.2是梧州师范高等专科学校，2006年3月正式改名为贺州学院，成为桂东地区唯一一所综合性本科院校。

柳州医学高等专科学校

学校(机构)标识码 4145012069	办公电话 0772-2056008	固定资产总值(万元) 6449.18
学校办学类型 414:专科院校:高等专科学校	传真电话 0772-2056009	教学、科研仪器设备资产值(万元) 3949.01
学校性质类别 05 医药院校	校园(局域)网域名 www.lzyz.cn	在校生数(人) 9672
	电子信箱 lzyz@vip.163.com	其中:普通专科 7836
学校举办者 812 省级其他部门	占地面积(平方米) 439560	成人专科 1836
学校地址 广西柳州市柳石路257号	校舍建筑面积(平方米) 159821	专任教师(人) 386
邮政编码 545005	图书(万册) 31.98	

其中：正高级　27　　　　　　　　　中级　116　　　　　　　　　初级　141
　　　副高级　102

专科专业　护理、康复治疗技术、口腔医学技术、临床医学、药学、医学检验技术、医学营养、医学影像技术、助产
院系设置
临床医学系、护理系、公共卫生药学系、影像口腔系、基础部、政治思想理论教学部（人文社科部）
学校设立奖学金情况
学校设立奖学金 1 项，奖励总额 9 万多元。奖学金最高金额 1000 元/年，最低金额 500 元/年。
学校历史沿革
广西省第四医士学校（1951-1953）；广西省柳州医士学校（1953-1958）；柳州医学专科学校（1958-1962）；广西柳州卫生学校（1962-2003）；柳州医学高等专科学校（2003 年至今）。

柳州职业技术学院

学校（机构）标识码　4145012104
学校办学类型　415：专科院校：高等职业学校
学校性质类别　01 综合大学
学校举办者　822 地级其他部门
学校地址　广西柳州市社湾路 28 号柳州职业技术学院
邮政编码　545006
办公电话　0772-3156001
传真电话　0772-3123736
校园（局域）网域名　www.lzzy.net
电子信箱　lzzy@lzzy.net
占地面积（平方米）　753334
校舍建筑面积（平方米）　226974
图书（万册）　62.1
固定资产总值（万元）　34749.93
教学、科研仪器设备资产值（万元）　11056.6
在校生数（人）　13217
其中：普通专科　9880
　　　成人专科　3337
专任教师（人）　462
其中：正高级　10
　　　副高级　150
　　　中级　244
　　　初级　41
　　　未定职级　17

专科专业　电脑艺术设计、电气自动化技术、电子商务、电子信息工程技术、电子信息工程技术（物联网技术）、服装设计、服装设计（服装工程与 CAD）、服装设计（服装技术与品牌营销）、工业分析与检验、供用电技术、广告设计与制作、国际经济与贸易、环境监测与治理技术、会计电算化、会计电算化（涉外会计）、机电设备维修与管理、机电一体化技术、机电一体化技术（自动生产线维护）、机械设计与制造、机械质量管理与检测技术、计算机多媒体技术、计算机多媒体技术（动漫制作）、计算机辅助设计与制造、计算机控制技术、计算机网络技术、计算机信息管理、计算机信息管理（企业 IT 技术）、计算机应用技术、计算机应用技术（嵌入式软件）、建筑装饰工程技术、酒店管理、连锁经营管理、楼宇智能化工程技术、旅游管理、模具设计与制造、汽车电子技术、汽车技术服务与营销、汽车检测与维修技术、汽车运用技术、人物形象设计、软件技术、商务英语（外贸进出口）、食品检测及管理（质量安全）、市场营销、市场营销（房地产营销）、数控技术、数控设备应用与维护、通信技术、文秘（双语文秘）、舞蹈表演、物流管理、物流管理（国际物流）、音乐表演、影视动画、影视广告、应用电子技术、应用英语、应用越南语、制冷与空调技术、制冷与冷藏技术、装潢艺术设计
院系设置
机电工程系、汽车与环境工程系、电子电气工程系、信息工程系、经济管理系、艺术设计系、音乐系、公共基础部
定期公开出版的专业刊物　《柳州职业技术学院学报》，双月刊
学校设立奖学金情况
学校设立奖学金 3 项，奖励总金额 56700 余元/年，奖学金最高金额 1000 元/年，奖学金最低金额 300 元/年。
主要校办产业
柳州职业技术学院机械厂
学校历史沿革
柳州职业技术学院于 1998 年 3 月经国家教委同意，由五所成人高校合并改制成立。五校分别是：柳州市教育学院（前身为成立于 1980 年的柳州市教师进修学校，1984 年改为现名），广西冶金工业大学（前身为成立于 1981 年的柳州钢铁厂职工大学，1984 年改为现名），柳州机电职工大学（前身为成立于 1981 年的柳州开关厂职工大学，1983 年改为现名），柳州职工大学（成立于 1986 年），柳州市工业职工大学（成立于 1990 年）。2001 年 8 月经柳州市人民政府批准，三所中职、技校并入柳州职业技术学院。三校分别是：柳州市工业学校（前身为成立于 1980 年的柳州市纺织工业中等专业学校，1997 年改为现名），柳州机械工业学校（成立于 1983 年），柳州市机械工业学校（前身为成立于 1978 年的柳州重工业技校，1984 年改为现名）。

广西生态工程职业技术学院

学校(机构)标识码 4145012344	传真电话 0772-2725117	在校生数(人) 5850
学校办学类型 415:专科院校:高等职业学校	校园(局域)网域名 www.gxstzy.cn	其中:普通专科 5831
	电子信箱 stxy1010@163.com	成人专科 19
学校性质类别 04 林业院校	占地面积(平方米) 603111	专任教师(人) 257
学校举办者 812 省级其他部门	校舍建筑面积(平方米) 178932	其中:正高级 5
学校地址 广西柳州市柳北区君武路168号	图书(万册) 32.13	副高级 63
	固定资产总值(万元) 15065.56	中级 119
邮政编码 545004	教学、科研仪器设备资产值(万元) 3426.94	初级 36
办公电话 0772-2725498		未定职级 34

专科专业 产品造型设计、城镇规划、电子商务、电子商务(电子商务物流管理)、房地产经营与估价、房地产经营与估价(房地产策划)、工程造价、广告设计与制作、环境监测与治理技、环境监测与治理、环境艺术设计(景观设计)、会计、计算机多媒体技术、计算机系统维护、家具设计与制造、建筑工程技术、建筑装饰工程技术、酒店管理、连锁经营管理、林业技术、林业技术(林政资源管理)、林业技术(生态工程项目与管理)、林业信息工程与管理、旅游管理、木材加工技术、人造板自动化生产技术、软件技术、商务英语、生物技术及应用、市场开发与营销、室内设计技术、网络系统管理、物流管理、物业管理、野生植物资源开发与利用、营销与策划、园林工程技术、园林工程技术(园林花卉)

学校设立奖学金情况

学校设立奖学金 6 项,奖励总金额 20 余万元。奖学金最高金额 1500 元/年,最低金额 200 元/年。

主要校办产业

砖厂,林场,组培中心,木地板厂

毕业生一次就业率 97.1%

学校历史沿革

广西生态工程职业技术学院前身广西林业学校(1956 年-1958 年),林学院中技部(1958 年-1962 年),广西柳州林业学校(1962 年-1964 年),广西壮族自治区柳州林业工读学校(1964 年-1971 年),广西壮族自治区林业学校(1971 年-2002 年),广西生态工程职业技术学院(2002 年 8 月至今)。

广西交通职业技术学院

学校(机构)标识码 4145012356	校园(局域)网域名 www.gxjzy.com	其中:普通专科 10443
学校办学类型 415:专科院校:高等职业学校	电子信箱 gxjzybgs@163.com	成人专科 454
	占地面积(平方米) 803233	专任教师(人) 469
学校性质类别 02 理工院校	校舍建筑面积(平方米) 266556	其中:正高级 8
学校举办者 812 省级其他部门	图书(万册) 37.99	副高级 128
学校地址 广西南宁市园湖北路 12 号	固定资产总值(万元) 28867.03	中级 222
邮政编码 530023	教学、科研仪器设备资产值(万元) 5256.68	初级 71
办公电话 0771-5666383		未定职级 40
传真电话 0771-5624699	在校生数(人) 10897	

专科专业 安全技术管理、报关与国际货运、城市轨道交通工程技术、城镇规划、道路桥梁工程技术、电子信息工程技术、动漫设计与制作、港口工程技术、高等级公路维护与管理、工程造价、公路监理、公路运输与管理、环境监测与治理技术、环境监测与治理技术(公路环境检、会计、机电一体化技术、集装箱运输管理、计算机多媒体技术、计算机网络技术、计算机应用技术、建筑工程技术、旅游英语、汽车电子技术、汽车技术服务与营销、汽车检测与维修技术、汽车运用技术(汽车保险与理赔方向)、汽车整形技术、人力资源管理、商务英语、市场营销、市政工程技术、铁道工程技术、图形图像制作、图形图像制作(平面设计方向)、物流管理、应用越南语、园林工程技术

院系设置

路桥工程系、汽车工程系、管理工程系、信息工程系、外语系

学校设立奖学金情况

学院设立奖学金 1 项,奖励总金额 140 余万元。奖学金最高金额 2000 元/年,最低金额 600 元/年。另有国家奖学金、励志

奖学金、区政府奖学金、广西新港湾公司等企业奖学金共计168万元及国家助学金778.5万元。

学校历史沿革

广西交通职业技术学院前身是广西交通学校,创建于1958年10月。2002年8月,经广西壮族自治区政府批准提升为广西交通职业技术学院。

广西工业职业技术学院

学校(机构)标识码	4145012364
学校办学类型	415:专科院校:高等职业学校
学校性质类别	02 理工院校
学校举办者	812 省级其他部门
学校地址	广西南宁市西乡塘区秀灵路37号
邮政编码	530001
办公电话	0771-3832808
传真电话	0771-3832808
校园(局域)网域名	www.gxic.net
电子信箱	gxvtii@yahoo.cn
占地面积(平方米)	155153
校舍建筑面积(平方米)	206437
图书(万册)	37.36
固定资产总值(万元)	18591
教学、科研仪器设备资产值(万元)	3594
在校生数(人)	9955
其中:普通专科	9588
成人专科	367
专任教师(人)	406
其中:正高级	10
副高级	121
中级	172
初级	95
未定职级	8

专科专业 安全技术管理、材料工程技术、财务管理、产品造型设计、电力系统自动化技术、电气自动化技术、动漫设计与制作、高分子材料加工技术、高分子材料应用技术、工程造价、工业分析与检验、供热通风与空调工程技术、环境艺术设计、机电一体化技术、机械设计与制造、机械制造与自动化、计算机多媒体技术、计算机辅助设计与制造、计算机控制技术、计算机网络技术、计算机系统维护、建筑工程技术、精细化学品生产技术、模具设计与制造、汽车电子技术、汽车技术服务与营销、汽车检测与维修技术、软件技术、商务管理、生产过程自动化技术、生物制药技术、石油化工生产技术、食品生物技术、食品药品监督管理、视觉传达艺术设计、数控技术、通信技术、通信网络与设备、文秘、物流管理、药品经营与管理、药品质量检测技术、冶金技术、营销与策划、应用电子技术、应用化工技术、制浆造纸技术、制糖生产技术与管理

院系设置

学院设有石油与化学工程系、食品与生物工程系、机械工程系、电子与电气工程系、汽车工程系、计算机与信息工程系、管理科学系、基础教学部和社会科学部等9个教学系(部)

学校设立奖学金情况

学院设立奖学金1项,奖励总金额48.22万元。奖学金最高金额每人1000元/年,最低金额每人300元/年。

学校历史沿革

广西工业职业技术学院的前身是1956年7月成立的食品工业部南宁食品学校和1958年7月成立的化工部广西南宁化学工业学校。1978年12月,经国家教育部批准,广西化工学校恢复普通高等教育办学,校名为广西石油化工学院。1982年6月,广西石油化工学院普通高等教育部分迁出,中专部分成立广西石油化工学校。1984年,广西石油化工学校更名为广西南宁化工学校。2003年5月,经自治区经济贸易委员会批准,广西轻工业学校、广西南宁化工学校合并组建广西工业学校。2003年8月,经自治区人民政府批准,教育部备案,学校升格为高等职业院校(大专学历),定校名为广西工业职业技术学院。

广西国际商务职业技术学院

学校(机构)标识码	4145012379
学校办学类型	415:专科院校:高等职业学校
学校性质类别	08 财经院校
学校举办者	811 省级教育部门
学校地址	广西南宁市大学东路168号
邮政编码	530007
办公电话	0771-3279176
传真电话	0771-3279176
校园(局域)网域名	www.gxibvc.net
电子信箱	office@gxibvc.net
占地面积(平方米)	620003
校舍建筑面积(平方米)	122745
图书(万册)	58.14
固定资产总值(万元)	9423.3
教学、科研仪器设备资产值(万元)	2183.93
在校生数(人)	7245
其中:普通专科	7172
成人专科	73
专任教师(人)	340
其中:正高级	5
副高级	69
中级	95
初级	93
未定职级	78

专科专业 报关与国际货运、报关与国际货运(国际货运代理方向)、财务信息管理、电子商务、电子商务(网络营销方向)、

动漫设计与制作、国际经济与贸易、国际商务、会计(法务会计方向)、会计(涉外会计方向)、会计与审计、会展策划与管理、计算机网络技术、金融保险、酒店管理、连锁经营管理、旅游管理、旅游管理(休闲管理方向)、软件技术、商务管理、商务英语、涉外旅游、涉外旅游(出境管理方向)、市场营销、投资与理财、文秘(涉外秘书方向)、物流管理、营销与策划、应用泰国语、应用外国语(马来语)、应用英语(国际商务交际方向)、应用英语(涉外事务管理方向)、应用越南语、证券投资与管理

院系设置

广西国际商务职业技术学院院级行政机关设党委(学院)办公室、党委宣传部、党委统战部、武装部、纪检监察室、组织人事处、教务处、学生工作处、招生就业处、后勤管理处、财务处、国际交流处、科研处、工会、团委、教学督导办公室、继续教育中心,学院党、团、群、工各种组织健全;教学单位设国际贸易系、应用外语系、财会金融系、市场流通系、旅游管理系、信息工程系、公共基础教学部和社会科学教学部等六系两部

国家级、省部级研究机构设置

研究所(中心):高等职业教育研究所

学校设立奖学金情况

学校设立奖学金13项,奖励总金额70余万元。奖学金最高金额500元/年,最低金额20元/年。

主要校办产业

广西经贸对外服务公司

学校历史沿革

广西国际商务职业技术学院前身是地处梧州市的广西外贸中专学校,创办于1965年(隶属广西外贸局),1986年由于"文革"停办,1978年4月27日在南宁恢复建校,命名为"广西对外贸易学校",1984年更名为"广西对外经济贸易学校",1994年被确认为省部级重点中专,2000年被确认为国家级重点中专并开始试办高等职业教育,2002年经广西壮族自治区人民政府批准,教育部备案升格为高等职业学院。

广西农业职业技术学院

学校(机构)标识码	4145012382
学校办学类型	415:专科院校:高等职业学校
学校性质类别	03 农业院校
学校举办者	811 省级教育部门
学校地址	广西南宁市大学东路176号
邮政编码	530007
办公电话	0771-3249899
传真电话	0771-3246591
校园(局域)网域名	www.gxnyxy.com.cn
电子信箱	gxnzybgs@163.com
占地面积(平方米)	657900
校舍建筑面积(平方米)	202841
图书(万册)	31.09
固定资产总值(万元)	17275.2
教学、科研仪器设备资产值(万元)	5041.97
在校生数(人)	8299
其中:普通专科	7451
成人专科	848
专任教师(人)	352
其中:正高级	8
副高级	71
中级	141
初级	128
未定职级	4

专科专业 蚕桑技术、城市园林、畜牧兽医、电气自动化技术、电子商务、电子信息工程技术、动物医学、动物医学(宠物养护与疾病防治方向)、工商企业管理、国际经济与贸易、环境艺术设计、会计、机电设备维修与管理、机电一体化技术、计算机网络技术、计算机信息管理、农产品质量检测、商务日语、商务英语、设施农业技术(设施园艺方向)、生物技术及应用、食品加工技术、食品加工技术(食品机械应用方向)、食品加工技术(食品生产管理与营销)、食品生物技术、食品营养与检测、市场营销、数字媒体技术、饲料与动物营养(饲料加工与营销、物流管理、应用电子技术、应用泰国语、应用越南语、园艺技术、园艺技术(都市园艺方向)、植物保护、中草药栽培技术、中草药栽培技术(加工与营销方向)、种子生产与经营、作物生产技术(生态农业方向)、作物生产技术(现代农艺方向)

院系设置

生物技术系、园艺工程系、动物科学技术系、商贸管理系、食品工程系、电子信息工程系、外语系、机电工程系

学校设立奖学金情况

学院每学期均设奖学金(特等、一、二、三等四个档次),每年总金额约100万元,获奖学生每年最高1000元,最低500元。

主要校办产业

目前学院校办有限责任型公司四个(广西绿丰种业、绿兴种猪、绿悦食品、绿信会计有限责任公司

学校历史沿革

学院创办于1942年,前身广西农业学校,2002年升格为高职院校,是广西示范性高等职业院校。

柳州铁道职业技术学院

学校(机构)标识码	4145012392
学校办学类型	415:专科院校:高等职业学校
学校性质类别	02 理工院校
学校举办者	822 地级其他部门
学校地址	柳州铁道职业技术学院

邮政编码 545007	图书(万册) 35.78	专任教师(人) 388
办公电话 0772-3698666	固定资产总值(万元) 5657.84	其中:正高级 3
传真电话 0772-3690666	教学、科研仪器设备资产值(万元) 5336.12	副高级 71
校园(局域)网域名 www.lztdzy.com		中级 153
电子信箱 yszy3000@163.com	在校生数(人) 6895	初级 112
占地面积(平方米) 220189	其中:普通专科 6895	未定职级 49
校舍建筑面积(平方米) 130022		

专科专业 城市轨道交通车辆、城市轨道交通工程技术、城市轨道交通控制、城市轨道交通运营管理、道路桥梁工程技术、电脑艺术设计、电气化铁道技术、电气自动化技术、电子商务、电子信息工程技术、动漫设计与制作(游戏美术设计方向)、供用电技术、会计电算化、机械制造与自动化、计算机通信、建筑工程技术、旅游管理、模具设计与制造、汽车电子技术、汽车检测与维修技术、汽车运用技术、软件技术、数控技术、铁道车辆、铁道工程技术、铁道机车车辆、铁道交通运营管理、铁道通信信号、通信技术、文秘、物流管理、信息安全技术、移动通信技术、营销与策划(电信营销方向)、影视多媒体技术、应用电子技术

院系设置

共设6个系:运输与经济管理系、信息工程系、电子工程系、机电工程系、建筑工程系、汽车工程系;1个二级学院:成人教育分院;2个教学部:公共教学部、社会科学部

学校设立奖学金情况

学校设立奖学金5项,奖励总金额69余万元,奖学金最高金额450元/年,最低金额100元/年。

主要校办产业

柳州铁路火车头技术经济公司

学校历史沿革

1955年4月,由铁道部筹建,筹建柳州铁路运输学校;1956年5月4日,柳州铁路运输学校成立;1958年6月,改制为广西铁道专科学校;1960年,升格为柳州铁道学院;1962年,由柳州铁道学院改回柳州铁路运输学校;1969年,柳州铁路运输学校撤销,成立柳州铁路局技术学校,后又改为柳州铁路中等专业学校;1974年,柳州铁路中等专业学校撤销,恢复柳州铁路运输学校;1997年5月,广西电大柳州铁路局分校、柳州铁路局教师进修学校与柳州铁路运输学校合并,实行一套人马三块牌子的管理机制;2002年5月,柳州铁路司机学校并入柳州铁路运输学校,组建新柳州铁路运输学校;2003年8月,经广西壮族自治区人民政府批准,在柳州铁路运输学校基础上组建柳州运输职业技术学院;2004年10月,学院隶属关系由柳州铁路局移交柳州市人民政府;2007年10月,柳州工程职业技术学校并入柳州运输职业技术学院;2009年3月26日,广西自治区人民政府批准柳州运输职业技术学院更名为柳州铁道职业技术学院(桂政函[2009]70号)。

广西建设职业技术学院

学校(机构)标识码 4145013138	校园(局域)网域名 www.gxjsxy.cn	其中:普通专科 8260
学校办学类型 415:专科院校:高等职业学校	电子信箱 gxjybgs1958@163.com	成人专科 1063
	占地面积(平方米) 463500	专任教师(人) 397
学校性质类别 02 理工院校	校舍建筑面积(平方米) 257974	其中:正高级 5
学校举办者 812 省级其他部门	图书(万册) 35.39	副高级 107
学校地址 广西建设职业技术学院	固定资产总值(万元) 12643.9	中级 179
邮政编码 530003	教学、科研仪器设备资产值(万元) 4280.45	初级 71
办公电话 0771-3834563		未定职级 35
传真电话 0771-3855174	在校生数(人) 9323	

专科专业 宝玉石鉴定与加工技术、城镇规划、道路桥梁工程技术、雕刻艺术与家具设计、动漫设计与制作、多媒体设计与制作、房地产经营与估价、房地产类、给排水工程技术、工程测量技术、工程监理、工程造价、公路运输类、环境艺术设计、基础工程技术、计算机网络技术、建筑电气工程技术、建筑工程管理、建筑工程技术、建筑设备工程技术、建筑设计技术、建筑装饰工程技术、楼宇智能化工程技术、市政工程技术、室内设计技术、铁道工程技术、物业管理、消防工程技术、艺术设计、营销与策划、园林工程技术

院系设置

设有土木工程系、规划与建筑系、设计艺术系、管理工程系、城市建设与交通工程系、设备工程系、计算机与信息技术系、工商管理系以及公共基础部(社科部)等9个教学系部

国家级、省部级研究机构设置

研究中心(所):广西绿色建筑节能中心、广西建筑科学研究设计院技术中心

学校设立奖学金情况

学校设立奖学金2项，奖励总金额60余万元。奖学金最高金额1000元/年，最低金额300元/年。

主要校办产业

广西建筑科学研究设计院、广西建设职业技术学院建筑勘察设计院

学校历史沿革

广西建设职业技术学院是广西唯一一所建筑类公办普通高等学校，隶属广西壮族自治区住房和城乡建设厅。学院前身是成立于1958年的全国重点中专广西建筑工程学校与创立于1985年的广西建筑职工大学，2000年开始举办高职教育，2002年8月，经自治区人民政府批准，合并改制为广西建设职业技术学院。2005年12月，自治区机构编制委员会同意核定学院为相当于副厅级事业单位。2010年8月，学院被自治区教育厅确认为自治区示范性高职院校。

广西警官高等专科学校

学校(机构)标识码 4145013520	传真电话 0771-5612376	在校生数(人) 2832
学校办学类型 414:专科院校:高等专科学校	校园(局域)网域名 192.168.0.8	其中:普通专科 2825
	电子信箱 gxjz000@126.com	成人专科 7
学校性质类别 09 政法院校	占地面积(平方米) 430831	专任教师(人) 282
学校举办者 812 省级其他部门	校舍建筑面积(平方米) 221627	其中:正高级 17
学校地址 广西壮族自治区南宁市青秀区长湖路6号	图书(万册) 51.52	副高级 73
	固定资产总值(万元) 13979.31	中级 90
邮政编码 530023	教学、科研仪器设备资产值(万元) 2630.7	初级 28
办公电话 0771-5616000		未定职级 74

专科专业 安全保卫、法律事务、法律文秘、计算机应用技术、禁毒、警察管理、警察指挥与战术、信息网络安全监察、刑事技术、侦查、治安管理

院系设置

(4个)侦查系、治安系、信息与技术系、法律系

定期公开出版的专业刊物 1种

学校设立奖学金情况

学校设立奖学金12项，奖励总金额10.17余万元。奖学金最高金额500元/年，最低金额50元/年。

学校历史沿革

广西警官高等专科学校位于南宁市长湖路6号，学校已有60年历史:1951年创建广西公安干部学校，专职培训;1980年成立广西人民警察学校，培养全日制中专生;1984年成立广西公安管理干部学院，培养全日制成人专科生;1997年经国家教委批准，开设普通专科班;2003年4月经国家教育部批准，设置广西警官高等专科学校。

贵港职业学院

学校(机构)标识码 4145013521	传真电话 0772-2933377	775.28
学校办学类型 415:专科院校:高等职业学校	校园(局域)网域名 www.ggzy.net	在校生数(人) 2422
	电子信箱 gzyb3861@163.com	其中:普通专科 2422
学校性质类别 01 综合大学	占地面积(平方米) 208407	专任教师(人) 102
学校举办者 811 省级教育部门	校舍建筑面积(平方米) 106310	其中:副高级 20
学校地址 贵港市城北新区桂林路	图书(万册) 16.34	中级 53
邮政编码 537100	固定资产总值(万元) 15383.2	初级 29
办公电话 0775-2933861	教学、科研仪器设备资产值(万元)	

专科专业 采购供应管理、电脑艺术设计、电子商务、服装设计、汉语、行政管理、环境艺术设计、计算机应用技术、连锁经营管理、旅游管理、汽车技术服务与营销、汽车检测与维修技术、商务英语、社区管理与服务、市场营销、文秘、物流管理、音乐表演、应用电子技术、应用越南语、装潢艺术设计、装饰艺术设计

院系设置

有电子机械系、经济管理系、艺术工程系、物流工程系，社科部共五个系部

学校历史沿革

贵港职业学院是2003年经自治区人民政府批准成立并经国家教育部备案的一所专科层次全日制普通高等院校。

广西现代职业技术学院

学校(机构)标识码 4145013522	办公电话 0778-2102260	1472.97
学校办学类型 415:专科院校:高等职业学校	传真电话 0778-2102260	在校生数(人) 3422
	校园(局域)网域名 www.gxxd.net.cn	其中:普通专科 3422
学校性质类别 01 综合大学	占地面积(平方米) 172404	专任教师(人) 172
学校举办者 811 省级教育部门	校舍建筑面积(平方米) 93488	其中:副高级 40
学校地址 广西壮族自治区河池市新建西路2号	图书(万册) 25.8	中级 80
	固定资产总值(万元) 9979.42	初级 40
邮政编码 547000	教学、科研仪器设备资产值(万元)	未定职级 12

专科专业 财务管理、电气自动化技术、电子信息工程技术、动漫设计与制作、高压输配电线路施工运行与维护、工业分析与检验、供用电技术、广告设计与制作、机电设备维修与管理、机电一体化技术、机械制造与自动化、计算机网络技术、计算机应用技术、建筑装饰工程技术、精细化学品生产技术、酒店管理、矿物加工技术、模具设计与制造、汽车电子技术、汽车检测与维修技术、商务英语、市场营销、数控技术、文秘、物流管理、冶金技术、应用电子技术、应用化工技术、应用日语、应用英语、应用越南语

院系设置
现设6个系,33个专业;有机械、电子电力、矿物冶金、艺术设计/广告制作、现代物流、现代旅游实训基地等六个现代化的实训基地和化工、财务、语言、计算机基础实验室等四个设备先进的实验室

学校设立奖学金情况
学校设立奖学金1项,奖励总金额35万元,奖学金最高金额每年600元/人,最低每年200元/人。

毕业生一次就业率 92%

学校历史沿革
广西现代职业技术学院是一所公办普通高等学校,创建于1978年2月,由河池地区教育学院、广西电大河池民族分校、河池民族工业中等专业学校合并而成。

北海职业学院

学校(机构)标识码 4145013523	校园(局域)网域名 www.bhzyxy.net	在校生数(人) 5541
学校办学类型 415:专科院校:高等职业学校	电子信箱 bhzy137@163.com	其中:普通专科 5541
	占地面积(平方米) 272251	专任教师(人) 270
学校性质类别 01 综合大学	校舍建筑面积(平方米) 87360	其中:正高级 1
学校举办者 821 地级教育部门	图书(万册) 28.28	副高级 54
学校地址 广西北海市西藏南路48号	固定资产总值(万元) 12882.28	中级 108
邮政编码 536000	教学、科研仪器设备资产值(万元) 1834.98	初级 97
办公电话 0779-3930378		未定职级 10
传真电话 0779-3920137		

专科专业 报关与国际货运、电气自动化技术、电子商务、电子信息工程技术、房地产经营与估价、港口物流设备与自动控制、工商企业管理、会计电算化、会展策划与管理、计算机应用技术、酒店管理、轮机工程技术、旅游管理、汽车技术服务与营销、汽车检测与维修技术、人物形象设计、商务经纪与代理、商务英语、食品营养与检测、市场开发与营销、数字媒体技术、投资与理财、文秘、物流管理、物业管理、艺术设计、营销与策划、应用电子技术、制冷与冷藏技术、装潢艺术设计

院系设置
机电工程系、电子信息工程系、旅游商贸系、经济管理系、文化与传媒系、基础学科部、社会科学部

学校设立奖学金情况
学校设立奖学金5项,奖励总金额116.7万元。奖学金最高金额为8000元/年,最低金额200元/年。

学校历史沿革
1984年以前为北海市教师进修学校;1984年10月经自治区教育厅批准,成立北海市师范学校,是自治区定点中专;2003年8月8日经自治区人民政府批准升格为北海职业学院;2004年4月经北海市人民政府同意整合原北海市技工学校教育资源,建立北海职业学院湖海校区。

北海艺术设计职业学院

学校(机构)标识码　4145013524
学校办学类型　415:专科院校:高等职业学校
学校性质类别　11 艺术院校
学校举办者　999 民办
学校地址　北海艺术设计职业学院
邮政编码　536000
办公电话　0779－6801220
传真电话　0779－6801212
校园(局域)网域名　www.sszss.com
电子信箱　sszss@sszss.com
占地面积(平方米)　229911
校舍建筑面积(平方米)　8782
图书(万册)　25
固定资产总值(万元)　29970
教学、科研仪器设备资产值(万元)　1230
在校生数(人)　2516
其中:普通专科　2516
专任教师(人)　197
其中:正高级　18
　　　副高级　22
　　　中级　65
　　　初级　68
　　　未定职级　24

专科专业　产品造型设计、电脑艺术设计、雕塑艺术设计、动漫设计与制作、多媒体设计与制作、服装设计、环境艺术设计、视觉传达艺术设计

院系设置
学院设有7个教学系部

学校设立奖学金情况
学校设立奖学金4项,奖励总金额23.82余万元。奖学金最高金额3000元/年,最低金额400元/年。
1. 特等奖学金:1人/年,3000元/人
2. 一等奖学金:21人/年,1200元/人
3. 二等奖学金:126人/年,800元/人
4. 三等奖学金:273人/年,400元/人

学校历史沿革
北海艺术设计职业学院是一所经教育部备案、面向全国27个省市招生、颁发国家承认学历的艺术设计类高等专科院校。学院座落于广西最南端的风景秀丽、气候宜人的亚热带滨海旅游开放城市—北海市,临近全国闻名的"天下第一滩"——银滩。

桂林山水职业学院

学校(机构)标识码　4145013526
学校办学类型　415:专科院校:高等职业学校
学校性质类别　01 综合大学
学校举办者　999 民办
学校地址　桂林市西城经济开发区人民路289号
邮政编码　541100
办公电话　0773－3661086
传真电话　0773－3661086
校园(局域)网域名　www.guolianweb.com
电子信箱　guolian@yeah.net
占地面积(平方米)　66858
图书(万册)　17.25
固定资产总值(万元)　4850
教学、科研仪器设备资产值(万元)　1011
在校生数(人)　1928
其中:普通专科　1928
专任教师(人)　120
其中:正高级　5
　　　副高级　23
　　　中级　28
　　　初级　36
　　　未定职级　28

专科专业　导游、电子商务、动漫设计与制作、工商企业管理、广告设计与制作、国际贸易实务、会计、机电一体化技术、计算机多媒体技术、计算机网络技术、计算机系统维护、计算机信息管理、计算机应用技术、酒店管理、连锁经营管理、旅行社经营管理、旅游英语、汽车运用技术、人力资源管理、人物形象设计、商务英语、市场营销、文秘、物流管理、物业管理、艺术设计、资产评估与管理

院系设置
学院现有六系一部:经贸系、管理系、计算机系、外语系、艺术系、机电系和社科部

毕业生一次就业率　85.5%

学校历史沿革
桂林山水职业学院是2003年8月经广西壮族自治区人民政府批准,同年11月经国家教育部备案的一所全日制民办普通高等学校,获得国民教育系列高等学历教育招生资格。学院实行全日制普通高等学历教育,学制三年,纳入国家招生计划,毕业合格颁发经国家教育部电子注册的大专学历文凭。

广西大学行健文理学院

学校(机构)标识码 4145013638	传真电话 0771-3223315	在校生数(人) 9602
学校办学类型 413:本科院校:独立学院	校园(局域)网域名 xingjian.gxu.edu.com	其中:普通本科 9602
学校性质类别 01 综合大学	电子信箱 xdxjyz@163.com	专任教师(人) 546
学校举办者 999 民办	图书(万册) 60.79	其中:正高级 31
学校地址 广西南宁市秀灵路75号	固定资产总值(万元) 45272.16	副高级 146
邮政编码 530005	教学、科研仪器设备资产值(万元) 4999.99	中级 219
办公电话 0771-3223315		初级 41
		未定职级 109

本科专业 财务管理、电气工程与自动化、电子科学与技术、电子商务、对外汉语、法学、工商管理、工业设计、公共事业管理、管理科学、广播电视新闻学、广告学、国际经济与贸易、汉语言文学、会计学、计算机科学与技术、交通运输、旅游管理、美术学、日语、社会工作、生物工程、市场营销、数字媒体技术、通信工程、土木工程、网络工程、物业管理、新闻学、信息管理与信息系统、艺术设计、英语、应用心理学、园林、自动化

院系设置
(1)职能部门:学院党群办公室、学院行政办公室、人力资源部、教学科研部、学生管理中心、财务部、后勤管理中心(2)教辅机构:图书信息中心(3)教学机构:国际学院、人文学部、法商学部、财会学部、理工学部、管理学部、思政学部

学校设立奖学金情况
学院设立奖学金6项,奖励总额50余万元。奖学金最高金额300元/年,最低金额100元/年。

学校历史沿革
广西大学行健文理学院是经国家教育部批准,由广西大学希达教育开发有限公司合作办学的全日制本科普通高校。学院于2002年首届招生,纳入统一招生计划,2005年以优质的办学设施、设备和师资等通过教育部对独立学院办学条件的专项检查。

广西工学院鹿山学院

学校(机构)标识码 4145013639	传真电话 0772-3517051	在校生数(人) 8488
学校办学类型 413:本科院校:独立学院	校园(局域)网域名 www.lzls.gxut.edu.cn	其中:普通本科 8488
学校性质类别 02 理工院校	电子信箱 lz_lushan@yahoo.com.cn	专任教师(人) 561
学校举办者 999 民办	图书(万册) 68.66	其中:正高级 40
学校地址 广西柳州市柳东新区柳东大道广西工学院鹿山学院	固定资产总值(万元) 33550.2	副高级 155
邮政编码 545616	教学、科研仪器设备资产值(万元) 4345	中级 238
办公电话 0772-3517068		初级 59
		未定职级 69

本科专业 财务管理、车辆工程、电气工程及其自动化、电子信息工程、服装设计与工程、工程管理、工商管理、工业工程、工业设计、公共事业管理、化学工程与工艺、机械工程及自动化、机械设计制造及其自动化、计算机科学与技术、建筑学、交通运输、汽车服务工程、食品科学与工程、土木工程、艺术设计、英语、自动化

院系设置
计算机工程系、外国语言文学系、管理系、机械工程系、艺术与设计系、土木工程系、汽车工程系、电子信息与控制工程系、生物资源系、财经系

学校设计奖学金情况
学校设立奖学金4项,奖励总金额68.218余万元。奖学金最高金额5000元/年,最低金额150元/年。

学校历史沿革
广西工学院鹿山学院于2002年4月30日经广西壮族自治区教育厅批准为由广西工学院创办的广西首批国有民办二级学院,同年9月开始招生,招生纳入国家统一计划。2003年,按照教育部《关于规范并加强普通高校以新的机制和模式试办独立学院管理的若干意见》(教发2003[8]号)文件精神,广西工学院对鹿山学院的定位进行调整,同年停止招生,首批鹿山学院学生划分至广西工学院相关系部。2004年1月18日,经教育部确认(教发函2004[6]号文),广西工学院鹿山学院获得独立学院办学资格。

广西民族大学相思湖学院

学校(机构)标识码 4145013640	传真电话 0771-3292001	在校生数(人) 7510
学校办学类型 413:本科院校:独立学院	校园(局域)网域名 www.xshxy.gxun.edu.cn	其中:普通本科 7510
学校性质类别 01 综合大学	电子信箱 xshxybgs@163.com	专任教师(人) 421
学校举办者 999 民办	图书(万册) 39.56	其中:正高级 52
学校地址 广西南宁市鹏飞路北段1号	固定资产总值(万元) 4507.42	副高级 107
邮政编码 530008	教学、科研仪器设备资产值(万元) 2504.67	中级 90
办公电话 0771-3292001		初级 167
		未定职级 5

本科专业 安全工程、编辑出版学、播音与主持艺术、动画、法学、广播电视编导、国际经济与贸易、汉语言文学、化学工程与工艺、计算机科学与技术、老挝语、旅游管理、缅甸语、烹饪与营养教育、社会体育、市场营销、泰语、物流管理、信息管理与信息系统、艺术设计、印度尼西亚语、英语、越南语

院系设置
管理系、国际贸易系、计算机科学与工程系、人文社会科学系、外国语言文学系、艺术系

学校设立奖学金情况
学校设立奖学金9项,历年奖励总金额434.49万元。奖学金最高金额8000元/年,最低金额500元/年。

学校历史沿革
根据广西壮族自治区教育厅批准(桂教规划【2002】366号)广西民族学院相思湖学院作为广西民族学院试办的国有民办二届学院,于2002年7月正式成立,并开始招收国民教育系列本科学生。2004年2月,经国家教育部(教发函【2006】20号)同意更名为广西民族大学相思湖学院。

广西师范大学漓江学院

学校(机构)标识码 4145013641	传真电话 0773-3696266	在校生数(人) 9758
学校办学类型 413:本科院校:独立学院	校园(局域)网域名 www.gxljcollege.cn	其中:普通本科 9758
学校性质类别 01 综合大学	电子信箱 bangongshi0773@163.com	专任教师(人) 410
学校举办者 999 民办	占地面积(平方米) 236293	其中:正高级 85
学校地址 广西桂林市雁山区雁山镇雁中路3号	图书(万册) 68.15	副高级 87
邮政编码 541006	固定资产总值(万元) 38615.12	中级 107
办公电话 0773-3696868	教学、科研仪器设备资产值(万元) 4333.61	初级 91
		未定职级 40

本科专业 播音与主持艺术、财务管理、电子信息工程、对外汉语、法学、工商管理、国际经济与贸易、汉语言文学、化工与制药、环境科学、计算机科学与技术、计算机科学与技术(网络方向)、金融学、经济学、酒店管理、旅游管理、商务英语、社会工作、社会体育、生物技术、市场营销、数学与应用数学、泰语、体育教育、舞蹈学、新闻学、学前教育、艺术设计、音乐学、英语、应用化学、越南语

院系设置
中文系、外语系、经管系、艺术设计系、政法系、音乐系、理学系、体育系

国家级、省部级研究机构设置
研究所(中心):社会科学教研部

学校设立奖学金情况
学校设立奖学金6项,奖励总金额126.78万元。奖学金最高金额3000元/年,最低金额500元/年。

毕业生一次就业率 85.12%

学校历史沿革
广西师范大学漓江学院成立于2001年7月,是按照普通本科高等学校的设置标准,实施本科学历教育的一所综合性全日制普通高等院校,是国家教育部首批确认的独立学院。

广西师范学院师园学院

学校(机构)标识码　4145013642
学校办学类型　413:本科院校:独立学院
学校性质类别　01 综合大学
学校举办者　999 民办
学校地址　广西南宁市明阳工业区明阳大道 15 号
邮政编码　530226
办公电话　0771 - 5663192
传真电话　0771 - 5663192
校园(局域)网域名　www.gxsyu.com
电子信箱　sydz@ gxtc.edu.cn
图书(万册)　32.25
固定资产总值(万元)　12132.64
教学、科研仪器设备资产值(万元)　2279.64
在校生数(人)　5299
其中:普通本科　5299
专任教师(人)　260
其中:正高级　13
副高级　53
中级　88
初级　35
未定职级　71

本科专业　地理科学、电子信息工程、广告学、国际经济与贸易、汉语言文学、汉语言文学(涉外文秘)、化学、计算机科学与技术、美术学、日语、社会体育、市场营销、数学与应用数学、体育教育、舞蹈学、新闻学、信息管理与信息系统、艺术设计、音乐学、英语、应用心理学

院系设置
中文系、外国语言文学系、经济管理系、艺术系、体育系、理工系

学校设立奖学金情况
学校设立奖学金四项,奖励总金额 13.2 万元。奖学金最高金额 5000 元/年,最低金额 600 元/年。

学校历史沿革
广西师范学院师园学院是 2002 年 4 月经广西壮族自治区教育厅批准、2004 年 2 月国家教育部重新确认,由广西师范学院与高州市港兴实业有限公司合作按新机制、新模式兴办的一所新型综合性普通全日制本科独立学院,是广西壮族自治区卫生学校单位,安全文明学校表彰单位。具有独立法人资格、独立进行招生、独立颁发学历证书、独立进行财务核算,实施相对独立的教学组织与管理。

广西中医学院赛恩斯新医药学院

学校(机构)标识码　4145013643
学校办学类型　413:本科院校:独立学院
学校性质类别　05 医药院校
学校举办者　999 民办
学校地址　广西南宁市青秀区五合大道 13 号
邮政编码　530222
办公电话　0771 - 4736466
传真电话　0771 - 4736099
电子信箱　science@ gxtcmu.edu.cn
图书(万册)　44.35
固定资产总值(万元)　7595
教学、科研仪器设备资产值(万元)　2771.5
在校生数(人)　5521
其中:普通本科　5521
专任教师(人)　354
其中:正高级　46
副高级　93
中级　161
初级　35
未定职级　19

本科专业　对外中医方向、骨伤科学方向、护理学、护理学英语方向、外科学方向、药物制剂、药学、医学心理学方向、针灸推拿学、中西医结合临床医学方向、中药学、中医学
学院自 2002 年开始试办,2004 年获得国家教育部确认办学资格,2005 年正式招生。

院系设置
设置有医学系、药学系、公共管理系等 3 个院系,开设有中医学、中医学(中西医结合临床医学方向)、中医学(骨伤科学方向)、中医学(外科学方向)、中医学(对外中医方向)、中医学(医学心理学方向)、针灸推拿学、护理学、护理学(英语方向)、药学、中药学、药物制剂等 12 个专业(方向)。

学校设立奖学金情况
学院设立奖学金 8 项,奖励总金额 15 万元,最高金额 1500 元/年,最低金额 300 元/年。

学校历史沿革
广西中医学院赛恩斯新医药学院坐落在广西南宁市青秀区五合大学城内,是经国家教育部批准成立的、广西唯一的一所医药类本科全日制的独立学院,由广西中医学院按新机制新模式办学。

桂林电子科技大学信息科技学院

学校(机构)标识码 4145013644	传真电话 0773-2290550	在校生数(人) 6680
学校办学类型 413:本科院校:独立学院	校园(局域)网域名 i.guet.edu.cn	其中:普通本科 6680
学校性质类别 02 理工院校	电子信箱 xkyb@guet.edu.cn	专任教师(人) 386
学校举办者 999 民办	占地面积(平方米) 259878	其中:正高级 13
学校地址 广西壮族自治区桂林市七星区六合路123号	图书(万册) 35.91	副高级 114
	固定资产总值(万元) 16153.8	中级 165
邮政编码 541004	教学、科研仪器设备资产值(万元) 3230.76	初级 72
办公电话 0773-2290550		未定职级 22

本科专业 材料成型及控制工程、财务管理、测控技术与仪器、电气工程及其自动化、电子商务、电子信息工程、电子信息科学与技术、动画、工业工程、工业设计、机械电子工程、机械设计制造及其自动化、计算机科学与技术、人力资源管理、市场营销、通信工程、艺术设计、英语、自动化

院系设置
现有信息工程系、电子工程系、机电工程系、管理系、设计系、外语系、思想政治理论课程教学部、公共课程教学部等8个教学单位

学校设立奖学金情况
学校设立奖学金12项,奖励总金额200余万元。奖学金最高奖励金额10000元/年,最低金额50元/年。

学校历史沿革
桂林电子科技大学信息科技学院于2004年由桂林电子科技大学申办、经教育部批准设立的独立学院。学院坐落在"风景甲天下"的桂林,依托桂林电子科技大学的学科、专业优势以及优质的教育教学和管理资源,已逐步发展成为以工为主,信息学科优势突出,工、管、文等学科协调发展,有一定特色的普通本科院校。

桂林理工大学博文管理学院

学校(机构)标识码 4145013645	办公电话 0773-2295235	在校生数(人) 3318
学校办学类型 413:本科院校:独立学院	传真电话 0773-5898839	其中:普通本科 3318
学校性质类别 02 理工院校	校园(局域)网域名 bwgl.glite.edu.cn	专任教师(人) 192
学校举办者 999 民办	电子信箱 bw@glite.edu.cn	其中:正高级 9
学校地址 广西壮族自治区桂林市雁山区雁山街319号	图书(万册) 26.83	副高级 56
	固定资产总值(万元) 2486.4	中级 65
邮政编码 541006	教学、科研仪器设备资产值(万元) 2033.86	初级 46
		未定职级 16

本科专业 测绘工程、电子信息工程、动画、工程管理、工商管理、广告学、国际经济与贸易、计算机科学与技术、建筑学、勘查技术与工程、旅游管理、生物工程、市场营销、通信工程、土木工程、艺术设计、英语、自动化

院系设置
学院现有建筑工程系、经济与管理系、信息科学系、设计系、外语系、基础部和实验实训中心等五系一部一中心,开设有十九个本科专业,已形成工管并重,经、文等多学科协调发展的学科专业体系。目前,学院有近百个产学合作基地,多项区级高等教育教学改革工程项目及科研项目。

学校设立奖学金情况
学院设立奖学金3项,奖励总金额达55万元。奖学金最高金额2500元/年,最低金额300元/年。

学校历史沿革
桂林理工大学博文管理学院成立于2002年7月,是教育部批准设立的独立学院,是桂林理工大学利用高校优质办学资源与社会力量合作创办、独立设置的全日制本科普通高校。现有在校生3318人,专任教师及外聘教师近400人。

广西经贸职业技术学院

学校(机构)标识码　4145013827
学校办学类型　415:专科院校:高等职业学校
学校性质类别　08 财经院校
学校举办者　812 省级其他部门
学校地址　广西南宁市青山路14号
邮政编码　530021
办公电话　0771-5302168
传真电话　0771-5316763
校园(局域)网域名　www.gxjmxy.com
电子信箱　bgs@gxjmxy.com
占地面积(平方米)　378122
校舍建筑面积(平方米)　93692
图书(万册)　30.92
固定资产总值(万元)　7380.13
教学、科研仪器设备资产值(万元)　2134.52
在校生数(人)　5257
其中:普通专科　5113
　　　成人专科　144
专任教师(人)　228
其中:正高级　1
　　　副高级　39
　　　中级　99
　　　初级　70
　　　未定职级　19

专科专业　财务管理、餐饮管理与服务、电子商务、动漫设计与制作、房地产经营与估价、服装设计、工商企业管理、广告设计与制作、国际贸易实务、会计(国际会计专门化方向)、会计电算化、计算机网络技术、计算机信息管理、建筑电气工程技术、酒店管理、酒店管理(星级酒店管理)、连锁经营管理、楼宇智能化工程技术、旅游管理、烹饪工艺与营养、人物形象设计、软件技术、商务英语、涉外旅游、投资与理财、图形图像制作、文秘(速录师方向)、物流管理、物业管理、信用管理、营销与策划、应用泰国语、应用越南语(商贸越南语方向)

院系设置
经贸系、财政金融系、计算机信息工程系、旅游系、文化与传媒系、社会科学基础部

国家级、省部级研究机构设置
研究中心:农村现代流通研究所、会计研究所、信用管理研究所、数学与信息科学研究所。

学校设立奖学金情况
学校设立奖学金3项,奖励总金额20余万元。奖学金最高金额600元/年,最低金额300元/年。

学校历史沿革
广西经贸职业技术学院是2004年经自治区人民政府批准,国家教育部备案,由广西区直机关干部业余大学和广西供销学校合并改制成立的一所国办公立全日制高等职业院校。

广西工商职业技术学院

学校(机构)标识码　4145013828
学校办学类型　415:专科院校:高等职业学校
学校性质类别　08 财经院校
学校举办者　812 省级其他部门
学校地址　南宁市西乡塘区中尧路15号
邮政编码　530003
办公电话　0771-3153630
传真电话　0771-3172317
校园(局域)网域名　www.gxgsxy.com
电子信箱　Gsxy3153630@126.com
占地面积(平方米)　220941
校舍建筑面积(平方米)　88382
图书(万册)　25.56
固定资产总值(万元)　8438.75
教学、科研仪器设备资产值(万元)　2046.07
在校生数(人)　4730
其中:普通专科　4701
　　　成人专科　29
专任教师(人)　200
其中:正高级　5
　　　副高级　46
　　　中级　104
　　　初级　37
　　　未定职级　8

专科专业　报关与国际货运、财务管理、电子商务、电子信息工程技术、动漫设计与制作、工商企业管理、广告设计与制作、国际经济与贸易、国际贸易实务(东南亚贸易)、会计(房地产会计)、会计(税务会计)、会计(物流会计)、会计电算化、计算机网络技术(网络通信)、计算机应用技术、金融保险、经济信息管理、酒店管理、连锁经营管理、商检技术(进出口商品报检)、商务管理、食品营养与检测、市场营销、市场营销(商务策划与营销)、市场营销(营销职业经理人)、投资与理财、文秘(商务文秘)、物流管理、物流管理(报关方向)、物流管理(港口物流管理)、物流管理(配送技术与运输管理)、物流管理(物流营销方向)

院系设置
目前学院设有财会系、经贸系、工业经济系、管理系、信息与设计系、社科部和公共基础部等7个教学系部

学校设立奖学金情况
学校设立奖学金8项,奖励总金额144600元/年,最低金额200元/年。

学校历史沿革
广西工商职业技术学院是经自治区人民政府批准成立、国家教育部备案的国家公办全日制普通高等学校,学院创办于1953年,至今已有56年的办学历史,学院主管部门为广西壮族

自治区粮食局,学院前身为广西粮食干部训练班、广西粮食干部学校、广西粮食学校、广西贸易经济学校以及1978年成立的广西粮食技工学校、广西经济贸易经济技工学校。2004年4月经广西壮族自治区人民政府批准,在广西经济贸易技工学校并入广西贸易经济学校的基础上升格为广西工贸职业技术学院,2006年3月经自治区人民政府批准,学院正式更名为广西工商职业技术学院。

广西演艺职业学院

学校(机构)标识码　4145013829
学校办学类型　415:专科院校:高等职业学校
学校性质类别　11 艺术院校
学校举办者　999 民办
学校地址　广西南宁市江南区明阳工业区明阳四路
邮政编码　530226
办公电话　0771－4892829
传真电话　0771－4892829
校园(局域)网域名　www.gxart.cn
电子信箱　yyzyxy@126.com
图书(万册)　19.12
固定资产总值(万元)　9710
教学、科研仪器设备资产值(万元)　2412
在校生数(人)　706
其中:普通专科　706
专任教师(人)　52
其中:副高级　3
　　　中级　2
　　　初级　14
　　　未定职级　33

专科专业　报关与国际货运、表演艺术、动漫设计与制作、服装设计、广告设计与制作、国际经济与贸易、环境艺术设计、会展策划与管理、计算机应用技术、酒店管理、旅游管理、市场营销、舞蹈表演、舞台艺术设计、主持与播音

院系设置
学院设有表演艺术系、艺术工程系、经济管理系和公共教学部

毕业生一次就业率　90%以上
学校历史沿革
广西演艺职业学院于2004年6月经广西壮族自治区人民政府批准设立,当年秋季学期开始招生。学院曾租赁租赁原武警指挥学院南宁分院210亩校区最为过渡性办学场所,2010年8月初搬到广西农垦明阳工业区明阳四路新校区,校区占地面积21万平方米。

广西外国语学院

学校(机构)标识码　4145013830
学校办学类型　412:本科院校:学院
学校性质类别　07 语文院校
学校举办者　999 民办
学校地址　南宁市青秀区五合大道19号
邮政编码　530222
办公电话　0771－4797128
传真电话　0771－4797128
校园(局域)网域名　www.cndffc.com
电子信箱　gxdffc@163.com
占地面积(平方米)　355017
校舍建筑面积(平方米)　145035
图书(万册)　90
固定资产总值(万元)　33500
教学、科研仪器设备资产值(万元)　2850
在校生数(人)　9497
其中:普通本科　657
　　　普通专科　8840
专任教师(人)　486
其中:正高级　41
　　　副高级　118
　　　中级　104
　　　初级　124
　　　未定职级　99

本科专业　对外汉语、国际经济与贸易、泰语、英语、越南语
专科专业　报关与国际货运、财务管理、电子商务、动漫设计与制作、对外汉语、房地产经营与估价、工商企业管理、工商企业管理(涉外经理人方向)、工商企业管理(泰国语方向)、广告设计与制作、国际金融、国际经济与贸易、国际经济与贸易(东南亚贸易方向)、国际商务、国际商务(东盟商务方向)、环境艺术设计、会计、会计(税务筹划与代理方向)、会计电算化、会展策划与管理、计算机多媒体技术、计算机应用技术、经济信息管理、酒店管理、酒店管理(涉外酒店管理方向)、旅游管理、旅游英语、人力资源管理、商务日语、涉外旅游、涉外旅游(东盟方向)、市场营销、市场营销(涉外营销经理人)、投资与理财、文秘、文秘(涉外秘书与办公自动化方向)、物流管理、物流管理(国际物流方向)、物流管理(航空国际物流方向)、物业管理、新闻采编与制作、音乐表演、营销与策划、营销与策划(房地产营销与筹划方向)、应用法语、应用柬埔寨语、应用柬埔寨语(柬英双语方向)、应用泰国语、应用泰国语(商务方向)、应用西班牙语、应用英语、应用英语(国际商务交际英语方向)、应用英语(航空服务方向)、应用英语(青少儿英语学习方法)、应用英语(英语教育方向)、应用越南语、应用越南语(商务方向)、证券投资与管理、主持与播音(中英双语传播方向)、装潢艺术设计、资产评估与管理

院系设置
二级学院(七个),分别是:1. 东南亚语言文化学院;2. 欧美

语言文化学院;3. 国际经济与贸易学院;4. 国际工商管理学院;5. 国际会计学院;6. 信息工程学院;7. 人文艺术学院。

学校设立奖学金情况

学院设立奖学金5项,奖励总金额4万多元,奖学金最高金额5000元/年,最低金额为500元/年。

学校历史沿革

学院于2002年7月29日经广西壮族自治区人民政府批准筹建(桂教规划[2002]401号),2004年6月12日经广西壮族自治区人民政府批准正式成立(桂政函[2004]93号),原校名为"广西东方外语职业学院",经国家教育部备案,具有独立颁发学历资格证书,高职高专层次,属全日制民办普通高校,校园面积为1015亩,座落于南宁市五合大学城,2004年9月首次招生开学,目前在校生为9315人;学院经过七年的发展建设,各项设施不断完善,办学条件不断提高,教学质量稳步提升,为学院实现了跨越的发展,2010年6月,学院正式地向广西壮族自治区人民政府提出申请升格为本科院校,并报请国家教育部审批,经国家教育部派出的专家组进校进行视察、审核和评比升格为本科,,学院于2011年1月被国家教育部正式批准,从此学院更名为"广西外国语学院"。

广西电力职业技术学院

学校(机构)标识码 4145013831	校园(局域)网域名 www.gxdlxy.com	其中:普通专科 6584
学校办学类型 415:专科院校:高等职业学校	电子信箱 gxdlxy@126.com	成人专科 377
	占地面积(平方米) 125435	专任教师(人) 304
学校性质类别 02 理工院校	校舍建筑面积(平方米) 113697	其中:正高级 3
学校举办者 811 省级教育部门	图书(万册) 41	副高级 54
学校地址 南宁市科园大道39号	固定资产总值(万元) 14264.72	中级 143
邮政编码 530007	教学、科研仪器设备资产值(万元) 3197.31	初级 76
办公电话 0771-3212687		未定职级 28
传真电话 0771-3219751	在校生数(人) 6961	

专科专业 安全技术管理、电力系统继电保护与自动化、电力系统自动化技术、电气自动化技术、动漫设计与制作、发电厂及电力系统、高压输配电线路施工运行与维护、工程造价、供热通风与空调工程技术、供用电技术、会计电算化、火电厂集控运行、机电设备运行与维护、机电一体化技术、计算机控制技术、计算机应用技术、检测技术及应用、建筑电气工程技术、楼宇智能化工程技术、汽车电子技术、汽车技术服务与营销、汽车检测与维修技术、热能动力设备与应用、人力资源管理、生产过程自动化技术、市场营销、室内设计技术、水电站动力设备与管理、网络系统管理、物流管理、新能源发电技术、应用电子技术

院系设置

有15个管理机构和电力工程系、动力工程系、电子与信息工程系、管理工程系、基础教学部、继续教育培训部等6个教学机构。

学校设立奖学金情况

学校设立奖学金4项,奖励总金额3.5万余元/年,最高金额2000元/年,最低金额200元/年。

学校历史沿革

广西电力职业技术学院是一所直属广西教育厅的国家公办、面向全国招生的全日制普通高等学校,其前身为广西电力技工学校和南宁电力学校,始建于1979年。2004年,经广西壮族自治区人民政府批准升格为高等职业技术学院。

北京航空航天大学北海学院

学校(机构)标识码 4145013890	办公电话 0779-3968016	其中:普通本科 10313
学校办学类型 413:本科院校:独立学院	传真电话 0779-3968999	专任教师(人) 469
	校园(局域)网域名 www.bhbhxy.com	其中:正高级 56
学校性质类别 01 综合大学	图书(万册) 52.2	副高级 70
学校举办者 999 民办	固定资产总值(万元) 4934.48	中级 72
学校地址 北京航空航天大学北海学院	教学、科研仪器设备资产值(万元) 3269	初级 115
邮政编码 536000	在校生数(人) 10313	未定职级 156

本科专业 播音与主持艺术、财务管理、城市规划、对外汉语、工商管理、广播电视新闻学、国际经济与贸易、会计学、绘画、计算机科学与技术、建筑学、金融学、酒店管理、旅游管理、人力资源管理、日语、软件工程、社会体育、生态学、市场营销、数字媒体技术、特许经营管理、艺术设计、英语、园林

学校设立奖学金情况

学校设立奖学金8项,奖励总金额125万余元,奖学金最高金额7000元/年,最低100元/年。

学校历史沿革

北京航空航天大学北海学院创办于2005年是经教育部批准按照独立学院的模式和机制建立的本科层次教育的普通高等院校。

广西城市职业学院

学校(机构)标识码 4145013920	办公电话 0771-7515030	在校生数(人) 8628
学校办学类型 415:专科院校:高等职业学校	传真电话 0771-7515099	其中:普通专科 8628
	校园(局域)网域名 www.gxccedu.com	专任教师(人) 466
学校性质类别 01 综合大学	电子信箱 gxccbgs@126.com	其中:正高级 45
学校举办者 999 民办	图书(万册) 57.8	副高级 52
学校地址 广西扶绥县扶绥大道339号	固定资产总值(万元) 13349.42	中级 121
	教学、科研仪器设备资产值(万元) 4783.39	初级 216
邮政编码 532100		未定职级 32

专科专业 表演艺术、茶艺、产品造型设计、电脑艺术设计、电气自动化技术、电子商务、动漫设计与制作、房地产经营与估价、服装设计、工程测量技术、工程监理、工商企业管理、广告设计与制作、航空服务、会计电算化、计算机网络技术、计算机应用技术、建筑工程管理、酒店管理、连锁经营管理、旅游管理、汽车电子技术、汽车技术服务与营销、汽车检测与维修技术、人力资源管理、软件技术、商务英语、涉外旅游、摄影摄像技术、市场营销、投资与理财、文秘、物流管理、物业管理、新闻采编与制作、应用电子技术、应用日语、应用泰国语、应用越南语、园林技术、园艺技术、珠宝首饰工艺及鉴定、主持与播音、装潢艺术设计

院系设置

学院现设有经济技术分院、机电工程分院、外国语分院、人文科学分院、管理科学分院5个分院。

学校设立奖学金情况

学校设立奖学金13项,奖励总金额23.7万元/年,最低金额3500元/年。

学校历史沿革

广西城市职业学院是一所经国家教育部备案,具有独立颁发国家承认学历文凭资格的综合性全日制普通高校。学院建立了一支结构合理、师德高尚、掌握现代教育教学方法、以"双师型"教师为学科带头人的师资队伍。

广西英华国际职业学院

学校(机构)标识码 4145014026	传真电话 0777-2808991	1546.54
学校办学类型 415:专科院校:高等职业学校	校园(局域)网域名 www.tic-gx.com.cn	在校生数(人) 3739
		其中:普通专科 3739
学校性质类别 01 综合大学	电子信箱 yinghua@tic-gx.com.cn	专任教师(人) 168
学校举办者 999 民办	占地面积(平方米) 166666	其中:正高级 5
学校地址 广西钦州市南珠西大街188号	校舍建筑面积(平方米) 99981	副高级 30
	图书(万册) 32.29	中级 25
邮政编码 535000	固定资产总值(万元) 16039.81	初级 45
办公电话 0777-2808789	教学、科研仪器设备资产值(万元)	未定职级 63

专科专业 报关与国际货运、电子商务、动漫设计与制作、房地产经营与估价、服装设计、工程造价、国际航运业务管理、国际经济与贸易、国际商务、海事管理、环境艺术设计、会计与审计、计算机多媒体技术、计算机网络技术、建筑工程技术、金融保险、酒店管理、空中乘务、连锁经营管理、模具设计与制造、模特与礼仪、汽车检测与维修技术、软件技术、商务英语、涉外旅游、

数控技术、文秘、物流管理、艺术设计、应用泰国语、应用英语、园林技术、制浆造纸技术

院系设置

学院设有：旅游管理学院、商学院、信息学院、外语学院、艺术工程学院、建筑工程学院、机电化工学院及财经学院共八个二级学院。

定期公开出版的专业刊物 《英华学苑》

学校设立奖学金情况

学院设立奖学金3项，奖励总金额45万元。奖学金最高金额3000元/年，最低金额1000元/年。

学校历史沿革

广西英华国际职业学院于2005年12月经广西壮族自治区人民政府(桂政函[2005]312号)批准成立。

柳州城市职业学院

学校(机构)标识码	4145014067
学校办学类型	415:专科院校:高等职业学校
学校性质类别	01 综合大学
学校举办者	821 地级教育部门
学校地址	柳州城市职业学院
邮政编码	545002
办公电话	0772-2090001
传真电话	0772-2752729
校园(局域)网域名	www.lcvc.cn
电子信箱	lzczy2006@l63.com
占地面积(平方米)	663505
校舍建筑面积(平方米)	168171
图书(万册)	34.26
固定资产总值(万元)	13332.08
教学、科研仪器设备资产值(万元)	3173.05
在校生数(人)	5342
其中:普通专科	5300
留学生	42
专任教师(人)	275
其中:正高级	2
副高级	63
中级	124
初级	65
未定职级	21

专科专业 报关与国际货运、采购供应管理、茶艺、传媒策划与管理、电气自动化技术、电视节目制作、电子信息工程技术、动漫设计与制作、房地产经营与估价、工程造价、工业设计、公共事务管理(行政管理方向)、公共事务管理(幼儿园管理)、国际贸易实务、环境艺术设计、会计电算化、会展策划与管理、机电设备维修与管理、计算机网络技术、计算机网络技术(BENet方向)、建筑工程技术、建筑设计技术、建筑装饰工程技术、酒店管理、连锁经营管理、楼宇智能化工程技术、旅游管理、模具设计与制造、汽车电子技术、汽车服务与管理、汽车服务与管理(机动车鉴定与估?汽车服务与管理(汽车营销与售后)、汽车检测与维修技术、人物形象设计、软件技术、软件技术(ACCP方向)、商务英语、商务英语(外贸英语方向)、涉外旅游、市场营销、市场营销(网络营销方向)、体育服务与管理、投资与理财、文秘、物流管理、物流信息技术、物业管理、艺术设计、艺术设计(影视广告制作方向)、音乐表演、应用泰国语、制冷与冷藏技术

院系设置

经济贸易系、外语与旅游系、信息工程系、艺术与传媒系、机电工程系、公共管理系

定期公开出版的专业刊物 《高职教育与实践》、《柳州城市职业学院院报》

学校设立奖学金情况

学院设立奖学金1项，奖励总金额48.6万元,奖励人数609人，奖学金最高金额3000元/年，最低金额500元/年。

毕业生一次就业率 87.69%

学校历史沿革

柳州城市职业学院是经教育部备案,由自治区人民政府批准成立的一所国家公办普通高等院校。目前学院全日制在校生5409人,其中高职生5300人,中职生67人,外国留学生42人,函授、远程教育在校生3000多人,在职教职工543人,其中专任教师275人,高级职称教师108人,"双师型"教师133人。

百色职业学院

学校(机构)标识码	4145014068
学校办学类型	415:专科院校:高等职业学校
学校性质类别	02 理工院校
学校举办者	822 地级其他部门
学校地址	广西壮族自治区百色市右江区城东路群来坡巷161号
邮政编码	533000
办公电话	0776-2886678
传真电话	0776-2895043
校园(局域)网域名	www.bszyxy.com
电子信箱	bzbangongshi@126.com
占地面积(平方米)	142000
校舍建筑面积(平方米)	88110
图书(万册)	18.2
固定资产总值(万元)	9112.95
教学、科研仪器设备资产值(万元)	1795.17
在校生数(人)	1880
其中:普通专科	1880
专任教师(人)	117
其中:副高级	4
中级	28
初级	72
未定职级	13

专科专业 材料工程技术、餐饮管理与服务、道路桥梁工程技术、电气自动化技术、电子仪器仪表与维修、工程机械运用与维护、供用电技术、广告设计与制作、会计与统计核算、机电一体化技术、机械制造与自动化、计算机网络技术、计算机应用技术、建筑工程技术、金属材料与热处理技术、金属矿开采技术、模具设计与制造、汽车检测与维修技术、商务经纪与代理、数控技术、应用电子技术、应用化工技术

院系设置

学院共设五系：机械工程系、材料工程系、计算机工程系、经济管理系、电气工程系

学校历史沿革

原百色地委、行署于2001年开始提出筹备创建百色职业学院。2003年，市委、市政府正式启动创建百色职业学院的申报工作。2006年2月21日至22日，自治区专家组到百色职业学院评估，2006年3月24日，区人民政府行文批准同意设立百色职业学院。

广西工程职业学院

学校(机构)标识码	4145014127
学校办学类型	415:专科院校:高等职业学校
学校性质类别	02 理工院校
学校举办者	999 民办
学校地址	广西百色市平果县城东大学城大学路1号
邮政编码	531400
办公电话	0776-2635668
传真电话	0776-2635088
校园(局域)网域名	www.gxgcedu.com
电子信箱	gxgcedu@163.com
占地面积(平方米)	333333
校舍建筑面积(平方米)	110014
图书(万册)	28
固定资产总值(万元)	4408.95
教学、科研仪器设备资产值(万元)	1763.58
在校生数(人)	4395
其中:普通专科	4386
成人专科	9
专任教师(人)	195
其中:正高级	5
副高级	34
中级	16
初级	63
未定职级	77

专科专业 安全技术管理、城市管理与监察、城镇规划、道路桥梁工程技术、电脑艺术设计、电气自动化技术、电子信息工程技术、房地产经营与估价、工程测量与监理、工程造价、国际经济与贸易、焊接技术及自动化、航空服务、会计与统计核算、建筑工程管理、建筑经济管理、金属材料与热处理技术、模具设计与制造、汽车电子技术、汽车技术服务与营销、热能动力设备与应用、商务英语、食品生物技术、市场营销、市政工程技术、室内设计技术、数控技术、物业管理、应用电子技术、珠宝首饰工艺及鉴定

院系设置

学院共分四个二级学院，建筑工程学院、机电工程学院、经管与信息学院、航空与艺术学院。

学校历史沿革

广西工程职业学院于2007年成立，坐落于广西平果县城东大学城。学院是由广西壮族自治区人民政府批准，国家教育部备案，是一所具有普通高等学历教育招生资格的综合性全日制普通高等学院，具有独立颁发国家承认学历并在教育部电子注册文凭资格。

广西理工职业技术学院

学校(机构)标识码	4145014170
学校办学类型	415:专科院校:高等职业学校
学校性质类别	02 理工院校
学校举办者	999 民办
学校地址	广西理工职业技术学院 崇左市壶兴路339-1号
邮政编码	532200
办公电话	0771-7847258
传真电话	0771-7847258
校园(局域)网域名	www.gxlgxy.com
电子信箱	gxlgxyyb1@163.com
占地面积(平方米)	400000
校舍建筑面积(平方米)	11000
图书(万册)	23.21
固定资产总值(万元)	7846.91
教学、科研仪器设备资产值(万元)	1729.91
在校生数(人)	3834
其中:普通专科	3834
专任教师(人)	213
其中:正高级	1
副高级	42
中级	30
初级	69
未定职级	71

专科专业 材料工程技术、道路桥梁工程技术、电气自动化技术、电子商务、动漫设计与制作、工程测量与监理、工程造价、工商企业管理、广告设计与制作、会计、机电设备维修与管理、机电一体化技术、计算机网络技术、计算机应用技术、建筑工程管理、建筑工程技术、酒店管理、模具设计与制造、汽车技术服务与营销、汽车检测与维修技术、数控技术、物流管理

学校设立奖学金情况

学校设立奖学金 5 项,奖励总金额达 30 多万元,奖学金最高金额 8000 元/人,最低金额 300 元/人。

学校历史沿革

广西理工职业技术学院于 2008 年 3 月份通过教育部备案成立,主管部门为广西教育厅。学院现有五个大系共 24 个专业,面向全国招生。

梧州职业学院

学校(机构)标识码	4145014171
学校办学类型	415:专科院校:高等职业学校
学校性质类别	01 综合大学
学校举办者	999 民办
学校地址	广西梧州市长洲区三龙大道 88 号
邮政编码	543002
办公电话	0774-6015921
传真电话	0774-6015974
校园(局域)网域名	www.wzzyedu.com
电子信箱	wzzyxy@vip.163.com
占地面积(平方米)	149894
图书(万册)	9.6
固定资产总值(万元)	27083
教学、科研仪器设备资产值(万元)	721
在校生数(人)	1349
其中:普通专科	1349
专任教师(人)	78
其中:正高级	3
副高级	9
中级	11
初级	40
未定职级	15

专科专业 宝玉石鉴定与加工技术、房地产经营与估价、给排水工程技术、工程造价、会计与审计、机电一体化技术、建筑工程技术、酒店管理、汽车电子技术、汽车检测与维修技术、汽车营销与服务、商务英语、数控技术、网络系统管理、物流管理、艺术设计、应用电子技术、制冷与空调技术

院系设置

学院现开设机电工程、汽车工程、建筑工程、商务贸易、艺术设计、管理工程等 6 个系部

学校历史沿革

梧州职业学院是经广西壮族自治区人民政府批准的国家公办全日制普通高等学校,是梧州市委、市政府重点打造的高等职业院校。学院创办于 2008 年,前身为民办梧州职业学院。2010 年获广西壮族自治区人民政府批准正式转为国家公办全日制普通高等学校。

广西经济职业学院

学校(机构)标识码	4145014211
学校办学类型	415:专科院校:高等职业学校
学校性质类别	08 财经院校
学校举办者	999 民办
学校地址	南宁市东盟经济开发区教育路 2 号
邮政编码	530105
办公电话	0771-6301430
传真电话	0771-6301345
校园(局域)网域名	www.gxevc.com
电子信箱	gxecvoffice@126.com
图书(万册)	17.2
固定资产总值(万元)	4771
教学、科研仪器设备资产值(万元)	1782
在校生数(人)	3707
其中:普通专科	3707
专任教师(人)	214
其中:正高级	5
副高级	33
中级	35
初级	57
未定职级	84

专科专业 房地产经营与估价、服装设计、给排水工程技术、工程监理、工商企业管理、国际商务、会计、计算机应用技术、建筑工程管理、建筑工程技术、金融与证券、经济管理、酒店管理、烹饪工艺与营养、汽车电子技术、商务英语、市场营销、物流管理、艺术设计、应用电子技术、装饰艺术设计

院系设置

经济贸易系、子信息工程系、国际商务系、艺术设计系、旅游休闲系、建筑工程系

国家级、省部级研究机构设置

研究所(中心):现在电子技术教育中心

学校设立奖学金情况

学校设立奖学金 4 项,奖励总金额 69 余万元。奖学金最高金额 8000 元/年,最低金额 2000 元/年。

学校历史沿革

2006 年,广西凯宁置业投资有限公司决定在南宁市嘉宁华侨中等职业学校的基础上开始筹办广西经济职业学院。2007 年 4 月,经广西壮族自治区人民政府批准设立广西济职业学院,2008 年 6 月经国家教育部备案,于是由广西凯宁置业投资有限公司投资创办的广西经济职业学院于 2008 年 7 月份开始招生,当年招生计划 100 人,实际招生报到入学 921 人。

广西幼儿师范高等专科学校

学校(机构)标识码 4145014220	校园(局域)网域名 www.gxyesf.com	在校生数(人) 4046
学校办学类型 414:专科院校:高等专科学校	电子信箱 gxysbgs@163.com	其中:普通专科 4046
	占地面积(平方米) 356282	专任教师(人) 154
学校性质类别 06 师范院校	校舍建筑面积(平方米) 164802	其中:正高级 2
学校举办者 811 省级教育部门	图书(万册) 18.5	副高级 35
学校地址 广西南宁市民族大道77号	固定资产总值(万元) 4480	中级 35
邮政编码 530022	教学、科研仪器设备资产值(万元) 1670	初级 5
办公电话 0771-5851718		未定职级 77
传真电话 0771-5851718		

专科专业 动漫设计与制作、服装设计、环境艺术设计、美术教育、特殊教育、体育教育、文秘、舞蹈表演、学前教育、艺术设计、音乐表演、音乐教育、英语教育、影视表演、应用英语、语文教育、综合理科教育

院系设置
教育系,艺术系,语言文学系,公共基础部

学校设立奖学金情况
学校设立奖学金5项,奖励 总金额13.69余万元。奖学金最高金额800元/年,最低金额元300/年。还有国家奖学金、国家励志奖学金、国家助学金、自治区人民政府奖学金、特蕾新奖学金等总金额为34.5万

学校历史沿革
广西幼儿师范高等专科学校前身为广西幼儿师范学校,创建于1951年。1985年,经自治区人民政府批准,成立广西幼儿教师培训中心,与广西幼儿师范学校合署办公。2009年3月,经教育部批准,同意在广西幼儿师范学校基础上建立广西幼儿师范高等专科学校。

广西科技职业学院

学校(机构)标识码 4145014312	办公电话 0771-7519012	403.32
学校办学类型 415:专科院校:高等职业学校	传真电话 0771-7519012	在校生数(人) 356
	校园(局域)网域名 www.gxkjzy.com	其中:普通专科 356
学校性质类别 02 理工院校	电子信箱 gxkjzyxy@163.com	专任教师(人) 25
学校举办者 999 民办	占地面积(平方米) 103747	其中:副高级 2
学校地址 广西扶绥县扶绥大道336号	图书(万册) 2.5	中级 2
	固定资产总值(万元) 853.16	初级 6
邮政编码 532100	教学、科研仪器设备资产值(万元)	未定职级 15

专科专业 会计与审计、机电一体化技术、计算机网络技术、建筑工程管理、汽车运用技术、物流管理

院系设置
设有机电工程系、建筑工程系、经济管理系、资源管理系四个系。

学校历史沿革
广西科技职业学院于2007年7月6日立项筹建,经过三年的筹建,2010年4月21日教育部批复备案,于2010年秋季学期正式招生。

广西卫生职业技术学院

学校(机构)标识码 4145014313	学校举办者 812 省级其他部门	传真电话 0771-2807087
学校办学类型 415:专科院校:高等职业学校	学校地址 广西南宁市桃源路37号	校园(局域)网域名 www.gxwgy.com.cn
	邮政编码 530021	
学校性质类别 05 医药院校	办公电话 0771-2809005	电子信箱 wgyzbgs@163.com

占地面积(平方米) 241089		4087.54	其中:正高级 10
校舍建筑面积(平方米) 159411	在校生数(人) 7734	副高级 76
图书(万册) 41.5	其中:普通专科 5688	中级 125
固定资产总值(万元) 12416.45	成人专科 2046	初级 86
教学、科研仪器设备资产值(万元)	专任教师(人) 300	未定职级 3

专科专业 护理、康复治疗技术、口腔医学技术、食品营养与检测、卫生管理类新专业、眼视光技术、药物制剂技术、药学、医学检验技术、医学影像技术、医药营销、中药、助产

院系设置
管理系、医学系、药学系、医药商贸系、检验系、护理系、基础部、社科部

学校设立奖学金情况
学校设立奖学金1项,奖励总金额20余万元。奖学金最高金额1000元/年,最低金额600元/年。

主要校办产业
广西盈康药业有限责任公司

学校历史沿革
广西卫生职业技术学院是一所集普通高等教育、成人高等教育于一体的国家公办的专科层次普通高等医药院校,隶属自治区卫生厅直接领导,是国家卫生部定点的中南六省(区)卫生干部培训基地,学院的前身是广西卫生管理干部学院、广西药科学校、广西妇幼保健附属卫生学校,2010年3月,经自治区人民政府同意,于同年4月由国家教育部备案批准,三校合并组建为广西卫生职业技术学院,并于同年8月开始招生。

海南大学

学校(机构)标识码 4146010589	电子信箱 xiaoban@hainu.edu.cn	成人专科 1353
学校办学类型 411:本科院校:大学	占地面积(平方米) 3366606	博士研究生 145
学校性质类别 01 综合大学	校舍建筑面积(平方米) 1125046	硕士研究生 2736
学校举办者 811 省级教育部门	图书(万册) 212.54	留学生 204
学校地址 海南省海口市人民路58号	固定资产总值(万元) 153994	专任教师(人) 1596
邮政编码 570228	教学、科研仪器设备资产值(万元) 35189.52	其中:正高级 229
办公电话 0898-66279025		副高级 469
传真电话 0898-66258029	在校生数(人) 35430	中级 637
校园(局域)网域名 www.hainu.edu.cn	其中:普通本科 29622	初级 250
	成人本科 1370	未定职级 11

本科专业 材料科学与工程、材料科学与工程(理科实验班)、财务管理、财务管理(企业理财方向)、草业科学、车辆工程、电气工程及其自动化、电子科学与技术、电子信息工程、电子信息工程(理科实验班)、动物科学、动物医学、对外汉语、俄语、俄语(商务俄语方向)、法学、法学(文科实验班)、风景园林、风景园林(园林工程技术方向)、高分子材料与工程、工程管理、工商管理、公共关系学、公共关系学(公关礼仪方向)、广告学(网络传播方向)、国际经济与贸易、海洋科学、汉语言文学、行政管理、行政管理(行政文秘方向)、行政管理(中英文秘书方向)、化学工程与工艺、环境科学、会计学、会计学(涉外会计方向)、会计学(注册会计师方向)、会计学(注册会计师方向)(专科起?会展经济与管理、绘画、机械电子工程、机械设计制造及其自动化、计算机科学与技术、建筑学、交通运输、交通运输(汽车服务工程方向)、交通运输(汽车运用工程方向)、金融学、金融学(文科实验班)、酒店管理、旅游管理、旅游管理(高尔夫管理方向)、旅游管理(国际酒店管理方向)、旅游管理(旅游规划与景区管理方向)、旅游管理(旅游企业管理方向)、旅游管理(旅游信息管理方向)、旅游管理(文科试验班)、旅游管理(应用日语)、旅游管理(应用型)、旅游管理(应用英语)、旅游管理(专科起点)、农产品质量与安全、农林经济管理、农学、农学(观光农业方向)、农业机械化及其自动化、农业资源与环境、人力资源管理、人力资源管理(旅游人力资源管理)、日语、商务英语、设施农业科学与工程、生物工程、生物技术、生物科学、食品科学与工程、食品质量与安全、市场营销、市场营销(电子商务方向)、市场营销(旅游市场营销方向)、数学与应用数学、水产养殖学、思想政治教育、通信工程、统计学、土地资源管理、土木工程、网络工程、网络工程(物联网方向)、舞蹈编导、物流工程、物流管理、戏剧影视文学(编导方向)、戏剧影视文学(影视编导方向)、信息安全、信息管理与信息系统、信息与计算科学、艺术设计、音乐表演、英语、英语(经贸方向)、英语(旅游英语方向)、英语(商务英语方向)、应用化学、园林、园艺、园艺(草坪科学与工程方向)、园艺(花卉与景观设计方向)、植物保护、植物保护(农药方向)、植物保护(农药与农产品安全方向)、制药工程、资源环境与城乡规划管理

博士专业 分子植物病理学、南药学、能源植物、农业生物

技术、橡胶学、植物分子遗传学、植物学、种质资源学、作物害虫学、作物遗传育种、作物栽培学与耕作学

硕士专业 比较文学与世界文学、材料工程、材料物理与化学、材料学、草业科学、电子与通信工程、发育生物学、法律史、法律硕士(法学)、法律硕士(非法学)、法学理论、分子植物病理学、工商管理、公共管理、国际法学(含:国际公法、国际私法)、国际商务、果树学、海洋生物学、化学工程、化学工艺、环境工程、环境与资源保护法学、计算机应用技术、金融学(含:保险学)、经济法学、林木遗传育种、旅游管理、马克思主义基本原理、马克思主义理论与思想政治教育、马克思主义中国化研究、美术学、民商法学(含:劳动法学)、社会保障、南药学、能源植物、农产品加工及贮藏工程、农药学、农业机械化工程、农业经济管理、农业昆虫与害虫防治、农业生物技术、企业管理(含:财务管理、市场营销)、森林保护学、森林培育、生态学、生物化工、生物化学与分子生物学、食品工程、食品科学、世界经济、水产养殖、思想政治教育、诉讼法学、通信与信息系统、土壤学、外国语言学及应用语言学、外国哲学、微生物学、文艺学、宪法学与行政法学、橡胶学、信号与信息处理、刑法学、岩土工程、野生动植物保护与利用、英语笔译、英语口译、英语语言文学、应用化学、应用数学、园林植物与观赏园艺、政治经济学、政治学理论、植物病理学、植物分子遗传学、植物学、植物营养学、中共党史(含:党的学说与党的建设)、中国哲学、种质资源学、作物害虫学、作物遗传育种、作物栽培学与耕作学

学校历史沿革
海南大学由创建于1958年的华南热带农业大学和创建于1983年的原海南大学于2007年合并组建而成。2008年12月,学校被列入国家"211工程"建设高校。

琼州学院

学校(机构)标识码 4146011100	占地面积(平方米) 986067	成人本科 1481
学校办学类型 412:本科院校:学院	校舍建筑面积(平方米) 454625	成人专科 1032
学校性质类别 06 师范院校	图书(万册) 99.98	留学生 7
学校举办者 811 省级教育部门	固定资产总值(万元) 29105.31	专任教师(人) 573
学校地址 海南省三亚市育才路1号	教学、科研仪器设备资产值(万元) 8079.17	其中:正高级 46
邮政编码 572022		副高级 133
办公电话 0898-88651861	在校生数(人) 15725	中级 246
传真电话 0898-88651866	其中:普通本科 9604	初级 97
校园(局域)网域名 www.qzu.edu.cn	普通专科 3601	未定职级 51
电子信箱 qzxyxiaoban@126.com		

本科专业 电子信息科学与技术、对外汉语、俄语、汉语言文学、化学、环境工程、计算机科学与技术、历史学、旅游管理、软件工程、社会工作、生态学、生物科学、食品科学与工程、市场营销、数学与应用数学、数字媒体技术、思想政治教育、体育教育、通信工程、网络工程、舞蹈编导、物理学、物流管理、小学教育、新闻学、艺术设计、音乐学、英语、应用心理学、园艺

专科专业 电子商务、会计电算化、计算机网络技术、计算机应用技术、历史教育、商务英语、社会体育、生物技术及应用、生物教育、食品工艺与检测、数学教育、体育教育、物业管理、新闻采编与制作、学前教育、音乐教育、英语教育、应用电子技术、应用化工技术、语文教育

学校历史沿革
琼州学院前身为通什师范专科学校和通什教育学院。通什师范专科学校创办于1977年,原称海南黎族苗族自治州大专班,1983年10月经广东省教委批准,原教育部备案,更名为海南黎族苗族自治州师范专科学校,1988年5月海南建省后又更名为通什师范专科学校。通什教育学院创办于1981年7月,原称海南黎族苗族自治州进修学院,1983年4月经广东省教委批准,原教育部备案,更名为通什教育学院。1993年7月经原国家教委批准,同意在通什师专与通什教育学院的基础上合并筹建琼州大学,1994年4月13日正式成立。2002年4月10日,教育部同意在琼州大学基础上筹建三亚学院。2006年2月14日,教育部批准在琼州大学基础上正式设立琼州学院,琼州学院为多科性的本科学校。2006年4月12日,经海南省人民政府批准,又将海南民族师范学校并入琼州学院。

海南师范大学

学校(机构)标识码 4146011658	学校举办者 811 省级教育部门	邮政编码 571158
学校办学类型 411:本科院校:大学	学校地址 海南省海口市龙昆南路99号	办公电话 0898-65884843
学校性质类别 06 师范院校		传真电话 0898-65883035

校园(局域)网域名 www.hainnu.edu.cn	教学、科研仪器设备资产值(万元) 11032.18	留学生 141
电子信箱 yb@hainnu.edu.cn	在校生数(人) 24112	专任教师(人) 851
占地面积(平方米) 1501480	其中:普通本科 15383	其中:正高级 126
校舍建筑面积(平方米) 338610	成人本科 5586	副高级 339
图书(万册) 152	成人专科 2525	中级 309
固定资产总值(万元) 68033.18	硕士研究生 477	初级 77

本科专业 地理科学、电子商务、电子信息科学与技术、对外汉语、法学、公共事业管理、汉语言文学、化学、会计学、绘画、计算机科学与技术、教育技术学、教育学、金融学、经济学、历史学、旅游管理、美术学、民族传统体育、人力资源管理、日语、软件工程、社会体育、生物技术、生物科学、数学与应用数学、思想政治教育、体育教育、统计学、舞蹈学、物理学、小学教育、新闻学、信息与计算科学、学前教育、艺术设计、音乐学、英语、应用化学、应用心理学、园林、运动训练、制药工程、资源环境与城乡规划管理、自动化

硕士专业 比较文学与世界文学、动物学、基础数学、教育管理、教育学原理、课程与教学论、马克思主义基本原理、马克思主义中国化研究、美术学、生态学、硕师计划(数学)、硕师计划(语文)、思想政治教育、体育人文社会学、文艺学、学科教育(数学)、学科教育(语文)、应用数学、有机化学、中国现当代文学、专门史、自然地理学

院系设置

教育科学学院、初等教育学院、文学院、政法学院、经济与管理学院、外国语学院、音乐学院、美术学院、数学与统计学院、信息科学技术学院、物理与电子工程学院、化学与化工学院、生命科学学院、体育学院、地理与旅游学院、国际文化交流学院、继续教育学院

国家级、省部级研究机构设置

1.实验室:海南省热带药用植物化学省部共建重点实验室、海南省热带动植物生态学重点实验室

2.研究基地:海南省基础教育课程与教学研究基地、海南省中国特色社会主义理论体系研究中心、海南省南海区域文化研究基地

学校历史沿革

海南师范大学是海南省办学历史最悠久的高等学府,其前身是"国立海南师范学院",1949年秋创建于拥有三百年历史的海南琼台书院内。1952年,全国高校院系调整,海南师范学院更名为海南师范专科学校。1962年,全国高校院系再次调整,将海南教师进修学校、海南黎族苗族自治区师范专科学校、海南工业专科学校先后并入海南师范专科学校,是当时广东省保留下来的唯一的一所师范专科学校。1983年,学校开办本科教育。1986年,学校恢复海南师范学院校名。1999年,海南师范学院与海南教育学院合并,组建成新的海南师范学院。2003年,国务院学位委员会批准学校增列为硕士学位授予单位。2007年,教育部批准学校更名为海南师范大学。

海南医学院

学校(机构)标识码 4146011810	cn	成人本科 2854
学校办学类型 412:本科院校:学院	占地面积(平方米) 420564	成人专科 2798
学校性质类别 05 医药院校	校舍建筑面积(平方米) 302773	留学生 102
学校举办者 811 省级教育部门	图书(万册) 48.27	专任教师(人) 501
学校地址 海南省海口市龙华区学院路	固定资产总值(万元) 68678.94	其中:正高级 74
邮政编码 571101	教学、科研仪器设备资产值(万元) 7241	副高级 102
办公电话 0898-66893398	在校生数(人) 14629	中级 243
传真电话 0898-66893760	其中:普通本科 5920	初级 71
校园(局域)网域名 www.hainmc.edu.	普通专科 2955	未定职级 11

本科专业 公共事业管理(健康管理方向)、公共事业管理(卫生管理方向)、护理学、环境科学、康复治疗学、口腔医学、劳动与社会保障(医疗保险方向)、临床医学、临床医学(急诊医学方向)、临床医学(临床心理学方向)、生物技术(医药方向)、生物科学(健康教育方向)、市场营销(医药营销方向)、统计学(生物统计方向)、信息管理与信息系统(医学信息管、药学、医学检验、医学影像学、应用心理学(医学心理学方向)、预防医学、预防医学(旅行医学方向)、针灸推拿学、针灸推拿学(康复治疗学方向)、中西医临床医学、中药学、中医学、中医学(养生保健)

专科专业 护理、计算机网络技术、口腔医学技术、临床医学(社区医学方向)、临床医学(预防医学方向)、眼视光技术、药学、医学检验技术、医学营养、医学影像技术、医药营销、针灸推

拿、助产

院系设置

临床学院、高等职业教育学院、国际教育学院、中医学院、管理学院、理学院(基础医学部)、公共卫生学院、国际护理学院、药学院、口腔医学院、热带医学与检验医学院、人文社会科学部(心理学系)、外语部、信息技术部、体育部

国家级、省部级研究机构设置

1. 研究中心(所):海南省干细胞研究所、海南省医学信息研究所、海南岛养生科学与旅游医学研究所、海南省药物安全性评价研究中心

2. 实验室:海南省热带药用植物研究开发重点实验室、海南省热带病重点实验室

定期公开出版的专业刊物 《海南医学院学报》、《亚太热带医药杂志》

学校设立奖学金情况

学校设立奖学金8项,奖励总金额70余万元。奖学金最高金额5000元/年,最低金额150元/年。

主要校办产业

海南省药物安全性评价研究中心、海南医学院资产经营公司

学校历史沿革

学校前身是由1947年创建的私立海强医事技术学校与私立海南大学医学院于1951年合并成立的海南医学专门学校及建国后续办的海南医学专科学校、海南大学医学部。1988年独立筹建海南医学院,1993年获国家教委批准成立海南医学院。

海南职业技术学院

学校(机构)标识码 4146011999	传真电话 0898-66815788	在校生数(人) 8832
学校办学类型 415:专科院校:高等职业学校	校园(局域)网域名 www.hcvt.cn	其中:普通专科 8231
	电子信箱 hzy31930709@163.com	成人专科 601
学校性质类别 02 理工院校	占地面积(平方米) 688034	专任教师(人) 261
学校举办者 811 省级教育部门	校舍建筑面积(平方米) 282902	其中:正高级 14
学校地址 海南省海口市南海大道95号	图书(万册) 77.11	副高级 57
	固定资产总值(万元) 23742.43	中级 87
邮政编码 570216	教学、科研仪器设备资产值(万元) 10032.77	初级 51
办公电话 0898-31930710		未定职级 52

专科专业 报关与国际货运、城市交通运输、畜牧、畜牧兽医、导游、道路桥梁工程技术、电子商务、动漫设计与制作、服装设计、工程监理、工程造价、工商企业管理、国际航运业务管理、国际贸易实务、国际商务、环境艺术设计、会计、会计电算化、计算机网络技术、计算机信息管理、计算机应用技术、金融管理与实务、景区开发与管理、酒店管理、连锁经营管理、旅游管理、旅游英语、汽车电子技术、汽车技术服务与营销、汽车运用技术、汽车整形技术、商务管理、商务日语、商务英语、涉外旅游、生化制药技术、生物技术及应用、食品营养与检测、市场营销、水环境监测与保护、体育服务与管理、物流管理、休闲服务与管理、移动通信技术、艺术设计、营销与策划、应用电子技术、园林技术、园艺技术、珠宝首饰工艺及鉴定

学校设立奖学金情况

学校设立奖学金11项,奖励总金额198.14余万元。奖学金最高金额8000元/年,最低金额200元/年。

学校历史沿革

海南职业技术学院创建于2000年1月,是海南省第一所独立设置的多科性高等职业技术院校,隶属于海南省人民政府。2011年9月通过了教育部、财政部验收,成为我省高职院校唯一的国家示范校。

海口经济学院

学校(机构)标识码 4146012308	传真电话 0898-65376910	7902
学校办学类型 412:本科院校:学院	校园(局域)网域名 www.hkc.edu.cn	在校生数(人) 18680
学校性质类别 08 财经院校	电子信箱 xybgs@hkc.edu.cn	其中:普通本科 9182
学校举办者 999 民办	占地面积(平方米) 1400846	普通专科 9309
学校地址 海口市国兴大道文坛路2号	校舍建筑面积(平方米) 25131	成人本科 68
	图书(万册) 114.5	成人专科 121
邮政编码 570203	固定资产总值(万元) 75000	专任教师(人) 863
办公电话 0898-65314930	教学、科研仪器设备资产值(万元)	其中:正高级 92

副高级 166　　　　　中级 182　　　　　初级 423

本科专业　播音与主持艺术、财务管理、城市规划、电子信息工程、工程管理、国际经济与贸易、计算机科学与技术、交通运输(空中乘务方向)、交通运输(民航运输业务管理方向)、经济学、旅游管理、人力资源管理、日语、社会体育、市场营销、通信工程、土木工程、新闻学、新闻学(播音与主持方向)、艺术设计、音乐表演、音乐表演(舞蹈表演方向)、英语

专科专业　报关与国际货运、财务管理、电脑艺术设计、电气自动化技术、电子商务、动漫设计与制作、房地产经营与估价、工程造价、国际航运业务管理、国际经济与贸易、环境艺术设计、会计、计算机网络技术、金融管理与实务、酒店管理、空中乘务、旅游管理、旅游英语、汽车检测与维修技术、人力资源管理、人物形象设计、商务日语、商务英语、市场营销、舞蹈表演、物流管理、药物制剂技术、移动通信技术、影视动画

院系设置

学院下设经济贸易、工商管理学院、公共管理、旅游、艺术、信息工程、工程技术、继续教育、外国语学院等9个二级学院,基础课、体育课、思想政治理论课、公共外语课等4个教学部

学校历史沿革

海口经济学院是一所以经济(公共)管理专业为主的全日制普通本科院校,其前身是1974年下半年创办的海口市业大学;1989年1月更名为海口职业学院;2001年3月教育部规范更名为海口经济职业技术学院;2008年3月,教育部下文批准升格为本科院校,并更名为海口经济学院。

三亚城市职业学院

学校(机构)标识码　4146012717	传真电话　0898-38861616	在校生数(人)　909
学校办学类型　415:专科院校:高等职业学校	校园(局域)网域名　www.sycsxy.cn	其中:普通专科　904
	电子信箱　yb38295999@163.com	成人专科　5
学校性质类别　08 财经院校	占地面积(平方米)　147414	专任教师(人)　60
学校举办者　999 民办	校舍建筑面积(平方米)　96648	其中:正高级　5
学校地址　海南省三亚市荔枝沟大学园区	图书(万册)　11.75	副高级　6
	固定资产总值(万元)　20217.48	中级　4
邮政编码　572000	教学、科研仪器设备资产值(万元)　1088.68	初级　23
办公电话　0898-38283760		未定职级　22

专科专业　电子商务、广告设计与制作、会计电算化、计算机应用技术、景区开发与管理、酒店管理、旅游管理、旅游英语、人力资源管理、市场营销、文秘

学校历史沿革

三亚城市职业学院创办于2001年3月,是经海南省政府批准、国家教育部备案的全日制普通高等学校,是三亚第一所高等院校,也是海南省第一所私人投资的民办大专院校。学院原名为三亚卓达旅游职业学院,2006年3月改制更名。座落于我国唯一热带滨海旅游城市——三亚。

海南软件职业技术学院

学校(机构)标识码　4146013575	传真电话　0898-62932272	在校生数(人)　5412
学校办学类型　415:专科院校:高等职业学校	校园(局域)网域名　www.hnspi.net	其中:普通专科　5412
	电子信箱　hncs1923@126.com	专任教师(人)　268
学校性质类别　02 理工院校	占地面积(平方米)　217349	其中:正高级　6
学校举办者　811 省级教育部门	校舍建筑面积(平方米)　144447	副高级　45
学校地址　海南省琼海市富海路128号	图书(万册)　25.75	中级　84
	固定资产总值(万元)　16613.99	初级　104
邮政编码　571400	教学、科研仪器设备资产值(万元)　3820.12	未定职级　29
办公电话　0898-62932272		

专科专业　电视节目制作、电子商务、电子信息工程技术、动漫设计与制作、广告设计与制作、会计电算化、计算机网络技术、计算机系统维护、计算机应用技术、酒店管理、旅游管理、旅游英语、嵌入式技术与应用、软件测试技术、软件技术、商务英

语、市场营销、网络系统管理、信息安全技术、移动通信技术、音乐表演、应用电子技术、游戏软件制作、装潢艺术设计

院系设置

软件工程系、网络工程系、信息管理系、数码设计系、电子工程系、艺术传媒系、外语与旅游系、基础教育部、社会科学部

国家级、省部级研究机构设置

研究所(中心)：高等职业教育研究所

学校设立奖学金情况

学校设立奖学金2项，奖励总金额32.6余万元。奖学金最高金额1000元/年，最低金额200元/年。

毕业生一次就业率　90.1%

学校历史沿革

海南软件职业技术学院的前身为创办于1923年的海南琼海师范学校，2003年3月经海南省人民政府批准设立，教育部备案，升格为培养信息、软件行业的高素质技能型专门人才的公办全日制高等职业院校。学院坐落在红色娘子军的故乡、博鳌亚洲论坛永久会址所在地——海南省琼海市。

海南政法职业学院

学校(机构)标识码　4146013576
学校办学类型　415：专科院校：高等职业学校
学校性质类别　09 政法院校
学校举办者　812 省级其他部门
学校地址　海南省海口市琼山区新大洲大道280号
邮政编码　571100
办公电话　0898-65875767
传真电话　0898-65853078
校园(局域)网域名　www.hnplc.com
电子信箱　hnplc01@yahoo.com.cn
占地面积(平方米)　144460
校舍建筑面积(平方米)　84555
图书(万册)　44.9
固定资产总值(万元)　7900.4
教学、科研仪器设备资产值(万元)　1478.7
在校生数(人)　4152
其中：普通专科　4152
专任教师(人)　137
其中：正高级　1
　　　副高级　27
　　　中级　42
　　　初级　53
　　　未定职级　14

专科专业　安全保卫、安全防范技术、法律事务、法律文秘、行政执行、计算机通信、交通管理、书记官、司法会计、司法警务、信息安全技术、刑事执行、治安管理

海南外国语职业学院

学校(机构)标识码　4146013577
学校办学类型　415：专科院校：高等职业学校
学校性质类别　07 语文院校
学校举办者　811 省级教育部门
学校地址　海南省文昌市教育路178号
邮政编码　571321
办公电话　0898-63298693
传真电话　0898-63298396
校园(局域)网域名　www.hnflvc.com
占地面积(平方米)　200727
校舍建筑面积(平方米)　122481
图书(万册)　30.15
固定资产总值(万元)　15055.54
教学、科研仪器设备资产值(万元)　1946.65
在校生数(人)　4516
其中：普通专科　4502
　　　留学生　14
专任教师(人)　248
其中：正高级　1
　　　副高级　35
　　　中级　91
　　　初级　77
　　　未定职级　44

专科专业　国际贸易实务、计算机应用技术、酒店管理、旅游管理、旅游日语、旅游英语、商务日语、商务英语、涉外旅游、体育服务与管理、文秘(涉外)、英语教育、应用德语、应用俄语、应用法语、应用韩语、应用日语、应用英语

院系设置

应用英语系、商务英语系、东语系、西语系、旅游系

定期公开出版的专业刊物　《海南外国语职业学院学报》(内部交流)

学校设立奖学金情况

学校设立奖学金1项，奖励总金额3余万元。奖学金最高金额300元/年，最低金额100元/年。

学校历史沿革

1947年子文简易师范学校；1950年文昌师范学校；1957年广东文昌师范学校；1968年"文革"期间停办；1970年广东文昌师范学校；1988年海南文昌师范学校；1993年海南外国语师范学校；2003年海南外国语职业学院。

琼台师范高等专科学校

学校(机构)标识码 4146013811	传真电话 0898-65731008	在校生数(人) 7672
学校办学类型 414:专科院校:高等专科学校	校园(局域)网域名 www.qttc.edu.cn	其中:普通专科 7672
学校性质类别 06 师范院校	电子信箱 qiongtai@sina.com	专任教师(人) 475
学校举办者 811 省级教育部门	占地面积(平方米) 617234	其中:正高级 8
学校地址 海南省琼台师范高等专科学校	校舍建筑面积(平方米) 172255	副高级 85
邮政编码 571127	图书(万册) 50	中级 190
办公电话 0898-65735055	固定资产总值(万元) 23259.28	初级 137
	教学、科研仪器设备资产值(万元) 4335.58	未定职级 55

专科专业 财务管理、初等教育、电脑艺术设计、电子商务、动漫设计与制作、公共事务管理、会计电算化、计算机网络技术、计算机应用技术、酒店管理、旅游工艺品设计与制作、旅游管理类、旅游英语、美术教育、软件技术、涉外旅游、数学教育、体育服务与管理、体育教育、文化事业管理、文秘、现代教育技术、新闻采编与制作、学前教育、音乐表演、音乐教育、英语教育、应用俄语、语文教育、园林技术、装潢艺术设计

学校设立奖学金情况
学校设立奖学金1项,奖励总金额14.87余万元,奖学金最高金额500元/年,最低100元/年。

学校历史沿革
琼台师范高等专科学校,是经国家教育部批准成立的公办全日制普通高等学校。其前身琼台书院始建于1705年,经代代传承办学,迄今已有三百余年历史。2009年,学校通过人才培养工作评估,2010年被海南省人民政府确定为省级骨干高职建设院校。

海南经贸职业技术学院

学校(机构)标识码 4146013875	传真电话 0898-65915003	在校生数(人) 7210
学校办学类型 415:专科院校:高等职业学校	校园(局域)网域名 www.hnjmc.com	其中:普通专科 7210
学校性质类别 08 财经院校	电子信箱 hnjm@hnjmc.com	专任教师(人) 345
学校举办者 811 省级教育部门	占地面积(平方米) 688000	其中:正高级 8
学校地址 海南省海口市桂林洋高校区	校舍建筑面积(平方米) 81358	副高级 61
邮政编码 571127	图书(万册) 44.8	中级 104
办公电话 0898-65910880	固定资产总值(万元) 28516.27	初级 170
	教学、科研仪器设备资产值(万元) 2649.6	未定职级 2

专科专业 报关与国际货运、电子商务、服装设计、国际金融、国际经济与贸易、国际商务、环境艺术设计、会计、会计电算化、会计与统计核算、机电一体化技术、计算机多媒体技术、计算机网络技术、计算机信息管理、金融保险、景区开发与管理、酒店管理、连锁经营管理、旅游工艺品设计与制作、旅游管理、旅游日语、旅游英语、汽车检测与维修技术、软件技术、商务英语、涉外旅游、审计实务、税务、体育服务与管理、文秘、物流管理、艺术设计、营销与策划、应用俄语、应用韩语、证券投资与管理

院系设置
国际贸易系、工商管理系、财务管理系、旅游管理系、应用外语系、信息技术系、艺术设计系、机电工程系、公共教学部

定期公开出版的专业刊物 《教学管理与教学改革研究》

学校设立奖学金情况
学院设立奖学金二项,总金额26余万元,最高金额3000元/年,最低金额300元/年。

学校历史沿革
1986年6月经广东省人民政府同意成立"海南对外经贸职工中等专业学校";1988年8月经海南省教育厅同意改名为"海南省对外贸易学校";2004年7月经海南省人民政府同意成立"海南经贸职业技术学院";2010年9月被海南省教育厅评为海南省骨干高职院校,并经推荐批准为国家骨干高职院校。

海南工商职业学院

学校(机构)标识码 4146013876	传真电话 0898-65238961	在校生数(人) 2462
学校办学类型 415:专科院校:高等职业学校	校园(局域)网域名 www.hntbc.net	其中:普通专科 2462
	电子信箱 hntbc@hntbc.edu.cn	专任教师(人) 152
学校性质类别 08 财经院校	占地面积(平方米) 114531	其中:正高级 8
学校举办者 999 民办	校舍建筑面积(平方米) 45005	副高级 9
学校地址 海南省海口市国兴大道兴丹路3号	图书(万册) 37	中级 20
	固定资产总值(万元) 30657	初级 77
邮政编码 570203	教学、科研仪器设备资产值(万元) 3810.38	未定职级 38
办公电话 0898-65238970		

专科专业 电脑艺术设计、电气自动化技术、电视节目制作、电子信息工程技术、动漫设计与制作、房地产经营与估价、服装表演、服装设计、工程监理、工程造价、国际经济与贸易、环境艺术设计、会计、计算机应用技术、建筑设计技术、建筑装饰工程技术、酒店管理、空中乘务、楼宇智能化工程技术、旅游管理、软件技术、物流管理、移动通信技术、影视动画

学校历史沿革
海南工商职业学院成立于2004年5月,前身为海南万和信息职业技术学院,是教育部备案的全日制普通高等职业院校。海南工商职业学院和海口经济学院是同属海南赛伯乐教育集团有限公司旗下的两所民办高校。

海南大学三亚学院

学校(机构)标识码 4146013892	传真电话 0898-88386105	在校生数(人) 18216
学校办学类型 413:本科院校:独立学院	校园(局域)网域名 www.syxyhn.com	其中:普通本科 18216
	电子信箱 syxyyb@163.com	专任教师(人) 1037
学校性质类别 08 财经院校	占地面积(平方米) 1999979	其中:正高级 91
学校举办者 999 民办	校舍建筑面积(平方米) 239828	副高级 232
学校地址 海南省三亚市迎宾大道学院路	图书(万册) 182.2	中级 290
	固定资产总值(万元) 102314.98	初级 64
邮政编码 572022	教学、科研仪器设备资产值(万元) 9503.26	未定职级 360
办公电话 0898-88386000		

本科专业 播音与主持艺术、不动产管理、财务管理、测控技术与仪器、产品造型设计、城市规划、城市景观规划与设计、电子信息工程、雕塑、动画、法学、服装设计与表演、工程管理、工商管理、公关与文秘、公司金融、广告学、国际金融、国际经济与贸易、国际旅游管理、海商法、海洋通信、汉语言文学、行政管理、环境艺术设计、环境艺术与雕塑、会计学、会展经济与管理、计算机科学与技术、金融会计、景区与高尔夫管理、酒店管理、旅行社管理、旅业商务俄语、旅业商务日语、旅业商务英语、皮具设计、平面设计、亲水运动管理、人力资源管理、软件工程、社会工作、社会学、声乐、市场营销、体育竞猜管理、通信工程、土木工程、网络工程、舞蹈、物流管理、信息管理与信息系统、形象设计、应用心理学、油轮管理与服务、注册会计

院系设置
学院下设14个分院:法学分院、社会发展分院、外语分院、人文与传播分院、艺术分院、财经分院、管理分院、理工分院、旅业管理分院、国际旅游分院、音乐分院、公共基础分院、体育分院和国际教育分院。

国家级、省部级研究机构设置
1. 实验室:电子技术实验教学中心、经济管理实验教学中心、计算机基础应用实验教学中心
2. 研究所(中心):社会发展研究所、落笔洞文化研究所、经济管理后发展研究所、应用语言研究中心、中国现代经济理论研究所、跨文化研究中心、海洋研究所、岛屿社会研究中心、中国人学研究中心和知识产权研究所。

定期公开出版的专业刊物 《海南大学三亚学院学报》
学校设立奖学金情况
学校设立奖学金14项,奖励总金额766余万元。奖学金最高金额13000元/年,最低金额200元/年。

学校历史沿革
海南大学三亚学院是按照国家教育部《关于规范加强普通

高校以新的机制和模式试办独立学院管理的若干意见》(教发【2003】8号)的规定,由海南大学与中国吉利集团合作创建的海南省唯一一所独立学院。学院于2004年6月11日经海南省人民政府(琼府函【200433号】)批准筹建,2005年4月11日经国家教育部(叫法函【2005】55号)批准设立的一所的一所全日制本科院校。学院地址位于海南省三亚市迎宾大道学院路(落笔洞风景区)。

三亚航空旅游职业学院

学校(机构)标识码　4146013931
学校办学类型　415:专科院校:高等职业学校
学校性质类别　02 理工院校
学校举办者　999 民办
学校地址　三亚市凤凰路218号
邮政编码　572000
办公电话　0898-88348001
传真电话　0898-88348000
校园(局域)网域名　www.hnasatc.com
电子信箱　yan_peng@hnair.com
占地面积(平方米)　132118
校舍建筑面积(平方米)　9833
图书(万册)　19.21
固定资产总值(万元)　47621.83
教学、科研仪器设备资产值(万元)　8301.21
在校生数(人)　4960
其中:普通专科　4930
留学生　30
专任教师(人)　218
其中:正高级　19
副高级　7
中级　28
初级　137
未定职级　27

专科专业　航海技术、航空电子设备维修、航空服务、航空机电设备维修、酒店管理、空中乘务、轮机工程技术、旅游管理、民航安全技术管理、民航运输、烹饪工艺与营养、市场营销、体育服务与管理、网络系统管理、物流管理、物业管理、应用俄语、应用英语

院系设置
民航运输系、机电工程系、旅游与酒店管理系、外国语言系、基础教学部、海运工程系,共6个系部

学校设立奖学金情况
学校设立奖学金6项,奖励总金额352.9余万元。奖学金最高金额8000元/年,最低金额1000元/年。

毕业生一次就业率　92.03%

海南科技职业学院

学校(机构)标识码　4146014172
学校办学类型　415:专科院校:高等职业学校
学校性质类别　02 理工院校
学校举办者　999 民办
学校地址　海南省海口市美兰区琼山大道18号
邮政编码　571126
办公电话　0898-65969889
传真电话　0898-65969616
校园(局域)网域名　www.hnkjedu.cn
电子信箱　admin@hnkjedu.cn
占地面积(平方米)　353938
校舍建筑面积(平方米)　161634
图书(万册)　48.2
固定资产总值(万元)　30383.06
教学、科研仪器设备资产值(万元)　5916.91
在校生数(人)　5069
其中:普通专科　5069
专任教师(人)　321
其中:正高级　40
副高级　67
中级　86
初级　110
未定职级　18

专科专业　报关与国际货运、电子商务、动漫设计与制作、工程造价、工商企业管理、观光农业、广告设计与制作、航海技术、化工设备维修技术、会计、机电一体化技术、机械设计与制造、计算机网络技术、精细化学品生产技术、旅游工艺品设计与制作、旅游管理、模具设计与制造、汽车检测与维修技术、软件技术、商务英语、生物制药技术、石油化工生产技术、市场营销、数控技术、太阳能光电应用技术、物流管理、移动通信技术、艺术设计、应用电子技术

学校历史沿革
学院是2008年4月经海南省人民政府批准、国家教育部备案成立的普通高等院校。学院目前开设29个统招专业。

三亚理工职业学院

学校(机构)标识码 4146014236	传真电话 0898-88352811	其中：普通专科 2364
学校办学类型 415：专科院校：高等职业学校	校园(局域)网域名 www.ucsanya.com	成人专科 3
	电子信箱 ucsanya@126.com	专任教师(人) 121
学校性质类别 02 理工院校	占地面积(平方米) 334484	其中：正高级 14
学校举办者 999 民办	图书(万册) 11.18	副高级 22
学校地址 海南省三亚市迎宾大道学院路	固定资产总值(万元) 9186.19	中级 6
	教学、科研仪器设备资产值(万元) 592	初级 10
邮政编码 572022		未定职级 69
办公电话 0898-88352811	在校生数(人) 2367	

专科专业 产品造型设计、房地产经营与估价、高尔夫管理、工程造价、国际经济与贸易、会计电算化、机电一体化技术、计算机信息管理、酒店管理、旅行社经营管理、烹饪工艺与营养、平面设计、汽车技术服务与营销、汽车营销、市场营销、投资与理财、音乐表演、游艇服务与管理

院系设置
学院下设5个系部：旅游与国际酒店管理系、经济管理系、房地产与建筑工程系、计算机与网络工程系、艺术与设计系。

学校历史沿革
三亚理工职业学院是适应海南"大企业进入，大项目带动"和"国际旅游岛"发展战略需要，经海南省人民政府批准和国家教育部备案同意成立的一所普通高等职业技术学院。

重庆大学

学校(机构)标识码 4150010611	电子信箱 office@cqu.edu.cn	成人专科 5002
学校办学类型 411：本科院校：大学	占地面积(平方米) 3811903	博士研究生 2977
学校性质类别 01 综合大学	校舍建筑面积(平方米) 1660511	硕士研究生 11319
学校举办者 360 教育部	图书(万册) 366.89	留学生 623
学校地址 重庆市沙坪坝区正街174号	固定资产总值(万元) 285258.14	专任教师(人) 2956
	教学、科研仪器设备资产值(万元) 78048.5	其中：正高级 583
邮政编码 400044		副高级 1042
办公电话 023-65102222	在校生数(人) 56786	中级 1204
传真电话 023-65104905	其中：普通本科 29971	初级 80
校园(局域)网域名 www.cqu.edu.cn	成人本科 6894	未定职级 47

本科专业 安全工程、表演、播音与主持艺术、材料成型及控制工程、材料化学、材料科学与工程、财务管理、采矿工程、测绘工程、测控技术与仪器、车辆工程、城市规划、导演、德语、电气工程与自动化、电子科学与技术、电子商务、电子信息工程、电子信息科学与技术、动画、法学、房地产经营管理、给排水科学与工程、工程管理、工程力学、工程造价、工商管理、工业工程、工业设计、公共事业管理、光电信息工程、广播电视编导、广播电视新闻学、国际经济与贸易、汉语言文学、行政管理、核工程与核技术、化学工程与工艺、环境工程、环境科学、会计学、绘画、机械电子工程、机械设计制造及其自动化、集成电路设计与集成系统、计算机科学与技术、建筑环境与设备工程、建筑节能技术与工程、建筑学、金融学、经济学、景观建筑设计、勘查技术与工程、热能与动力工程、人力资源管理、日语、软件工程、摄影、生物工程、生物科学、生物医学工程、市场营销、数学与应用数学、体育教育、通信工程、统计学、土木工程、网络工程、舞蹈学、物理学、物联网工程、物流工程、物流管理、戏剧影视美术设计、戏剧影视文学、新能源科学与工程、新闻学、信息安全、信息管理与信息系统、信息与计算科学、药学、冶金工程、艺术设计、音乐表演、英语、应用化学、应用物理学、应用心理学、制药工程、自动化

博士专业 安全技术及工程、材料加工工程、材料科学与工程、采矿工程、车辆工程、城市规划与设计、电路与系统、电气工程、动力工程及工程热物理、防灾减灾工程及防护工程、工程力学、工商管理、供热、供燃气、通风及空调工程、固体力学、管理科学与工程、管理科学与工程(工程与项目管理)、光学工程、化学工程与技术、环境工程、环境科学、环境科学与工程、环境与资源保护法学、会计学、机械电子工程、机械工程、机械设计及理论、

机械制造及其自动化、计算机科学与技术、计算机软件与理论、计算机系统结构、计算机系统结构（理学）、计算机应用技术、计算数学、技术经济及管理、建筑技术科学、建筑历史与理论、建筑设计及其理论、建筑学、结构工程、控制理论与控制工程、矿物加工工程、矿业工程、力学、流体力学、旅游管理、凝聚态物理、企业管理、桥梁与隧道工程、生物医学工程、市政工程、数量经济学、通信与信息系统、土木工程、岩土工程、冶金工程、仪器科学与技术、植物学

硕士专业 安全技术及工程、材料加工工程、材料科学与工程、材料物理与化学、材料学、采矿工程、测绘科学与技术、测试计量技术及仪器、产业经济学、车辆工程、城市规划与设计（含：风景园林规划）、传播学、导航、制导与控制、地质资源与地质工程、电路与系统、电气工程、电影学、动力工程及工程热物理、动力机械及工程、法律、法律史、法学理论、翻译、风景园林、概率论与数理统计、高等教育学、工程、工程力学、工商管理、工商管理硕士、公共管理、公共管理硕士、供热、供燃气、通风及空调工程、管理科学与工程、管理科学与工程（工程与项目管理）、光学、光学工程、广播电视艺术学、国际法学、国际贸易学、汉语国际教育、行政管理、化学、化学工程与技术、环境工程、环境科学、环境科学与工程、环境与资源保护法学、会计、会计学、机械电子工程、机械工程、机械设计及理论、机械制造及其自动化、基础数学、计算机软件与理论、计算机系统结构、计算机系统结构（理学）、计算机应用技术、计算数学、技术经济及管理、建筑技术科学、建筑历史与理论、建筑设计及其理论、建筑学、交通信息工程及控制、交通运输工程、教育经济与管理、结构工程、金融学、经济法学、精密仪器及机械、科学技术哲学、课程与教学论、控制科学与工程、控制理论与控制工程、理论物理、力学、流体力学、马克思主义哲学、美术学、民商法学、模式识别与智能系统、凝聚态物理、企业管理、区域经济学、人口、资源与环境经济学、日语语言文学、设计艺术学、社会保障、审计、生物学、生物医学工程、食品科学、市政工程、数量经济学、诉讼法学、体育、体育教育训练学、体育人文社会学、通信与信息系统、图书馆、情报与档案管理、土地资源管理、土木工程、外国语言学及应用语言学、微电子学与固体电子学、文艺学、舞蹈学、宪法学与行政法学、新闻学、新闻与传播、信号与信息处理、刑法学、药物化学、药学、冶金工程、仪器科学与技术、艺术学、音乐学、英语语言文学、应用经济学、应用数学、应用心理、原子与分子物理、运筹学与控制论、运动人体科学、植物学、中国古代文学

院系设置

机械工程学院、电气工程学院、动力工程学院、资源及环境科学学院、材料科学与工程学院、土木工程学院、建筑规划学院、建设管理与房地产学院、城市建设与环境工程学院、光电工程学院、通信工程学院、自动化学院、计算机学院、软件工程学院、化学化工学院、生物工程学院、法学院、数学与统计学院、物理学院、经济与工商管理学院、外国语学院、文学与新闻传媒学院、贸易与行政学院、艺术学院、美视电影学院、体育学院、农学与生命科学学院、弘深学院。另设有：研究生院、继续教育学院、网络教育学院、城市科技学院、集成电路与信息工程学院。

国家级、省部级研究机构设置

1. 实验室：机械传动国家重点实验室、输配电装备及系统安全与新技术国家重点实验室、煤矿灾害动力学与控制国家重点实验室、新型微纳器件与系统技术国防重点学科实验室、国家镁合金材料工程技术研究中心、微纳系统及新材料技术国际研发中心、国家生物产业基地公共实验中心、复杂煤气层瓦斯抽采国家地方联合工程实验室、光电技术及系统教育部重点实验室、西南资源开发及环境灾害控制工程教育部重点实验室、三峡库区生态环境教育部重点实验室、山地城镇建设与新技术教育部重点实验室、生物流变科学与技术教育部重点实验室、飞行器通信与测控教育部重点实验室、低品位能源技术及系统教育部重点实验室、冶金工程重庆市高校重点实验室、重庆市三峡库区自然生态结构与系统模拟重点实验室、重庆市三峡库区生态环境遥测遥感监控实验室、建筑技术重庆市高校重点实验室、市政与环境工程重庆市高校重点实验室、污染防治与废物资源化重庆市高校重点实验室、运载器测控及遥感技术信息传输重庆市高校重点实验室、新型建筑材料与工程重庆市高校重点实验室、能矿资源开发及三峡库区环境损伤与工程灾害重庆市高校重点实验室、材料物理重庆市高校重点实验室、岩土工程重庆市高校重点实验室、热工重庆市高校重点实验室、自动化工程重庆市高校重点实验室、结构与防灾工程重庆市高校重点实验室、电工新技术重庆市高校重点实验室、生物医学工程重庆市高校重点实验室、制造系统工程重庆市高校重点实验室、输变电安全科学与电工新技术重庆市重点实验室、三峡库区水环境安全与生态环境重庆市市级重点实验室、轻金属科学与技术重庆市市级重点实验室、功能基因及调控技术重庆市高校重点实验室、高电压技术与系统信息监测重庆市高校重点实验室、重庆市血管植入物工程实验室、软件工程重庆市高校重点实验室、现代物流重庆市市级重点实验室

2. 研究中心（所）：农业部转基因生物产品成分监督检验测试中心、工业CT无损检测教育部工程研究中心、区域经济与科教战略研究中心、重庆市纳米材料与技术工程中心、重庆光电工程研究中心、重庆市网络测试工程技术中心、重庆市环保工程研究中心、重庆市清洁生产工程研究中心、重庆市现代物流生产力促进中心、重庆市虚拟仪器工程技术研究中心、重庆市医疗电子工程技术研究中心、重庆市高校宽带无线接入工程研究中心、重庆市企业信息化技术支持中心、重庆市网络化制造工程技术中心、重庆市制造业信息化生产力促进中心、重庆微光机电工程技术研究中心、重庆市信息安全技术中心、重庆市杀虫真菌农药工程技术研究中心、重庆市材料表面精密加工及成套装备工程研究中心、重庆市特种摩擦副与传动系统工程研究中心、重庆市人口资源环境经济与管理研究中心、重庆市工商管理与经济社会发展研究中心、重庆市西部环境资源法制建设研究中心、重庆市摩托车工程技术研究中心、重庆市轻合金材料工程技术研究中心、建筑环境与设备工程实验研究中心、复杂煤层瓦斯抽采技术与装备工程实验室、控制与智能系统新技术工程实验室、化工过程强化及反应工程实验室、重庆大学公共实验中心、语言认知及语言应用研究基地

博士后科研流动站 机械工程、电气工程、仪器科学与技术、工商管理、生物医学工程、矿业工程、土木工程、建筑学、材料科学与工程、控制科学与工程、计算机科学与技术、动力工程及工程热物理、光学工程、力学、冶金工程、环境科学与工程、管理科学与工程、信息与通信工程、法学、电子科学与工程

定期公开出版的专业刊物《重庆大学学报》、《重庆大学学

报(社会科学版)》《重庆大学学报(英文版)》《土木建筑与环境工程》《高等建筑教育》《地下空间与工程学报》《室内设计》《灯与照明》

学校设立奖学金情况

学校设立奖学金84项,奖励总金额2461余万元。奖学金最高金额50000元/年,最低金额500元/年。

主要校办产业

重庆大学科技企业(集团)有限公司、重庆大学科技实业总公司、重庆大学房地产开发有限公司、重庆学苑房地产开发有限公司、重庆林鸥监理咨询有限公司、重庆学府建筑工程有限公司、重庆大学科苑大酒店、重庆学林宾馆有限责任公司、武隆县重大培训管理有限责任公司、重庆重大艾迪亚科技发展有限公司、重庆学林建达印务有限公司、重庆大学资产经营管理有限公司、重庆大学高新技术研究院、重庆真测科技股份有限公司

学校历史沿革

重庆大学创建于1929年。1935年成为省立大学。1942年改为国立大学。1949年成为国内外知名的综合性大学。1960年被国家确定为全国首批重点大学。1996年进入"211工程"重点建设院校。2000年原重庆大学、重庆建筑大学、重庆建筑高等专科学校合并为新的重庆大学。2001年成为"985工程"重点建设学校,2004年被确定为中央直管高校。

重庆邮电大学

学校(机构)标识码 4150010617	电子信箱 bangongshi@cqupt.edu.cn	成人本科 1402
学校办学类型 411:本科院校:大学	占地面积(平方米) 2552960	成人专科 1875
学校性质类别 02 理工院校	校舍建筑面积(平方米) 632977	硕士研究生 2686
学校举办者 811 省级教育部门	图书(万册) 143.5	留学生 75
学校地址 重庆市南岸区崇文路2号	固定资产总值(万元) 159260.26	专任教师(人) 1240
邮政编码 400065	教学、科研仪器设备资产值(万元) 20365.99	其中:正高级 181
办公电话 023-62461003	在校生数(人) 25644	副高级 339
传真电话 023-62461881	其中:普通本科 19603	中级 586
校园(局域)网域名 www.cqupt.edu.cn	普通专科 3	初级 89
		未定职级 45

本科专业 测控技术与仪器、地理信息系统、电气工程与自动化、电子工程大类、电子科学与技术、电子商务、电子信息工程、电子信息工程(通信技术方向)、电子信息科学与技术、动画、法学、工程管理、工商管理、工商管理类、光信息科学与技术、广播电视编导、广播电视工程、会计学、机械设计制造及其自动化、集成电路工程类、计算机科学与技术、计算机科学与技术(计算机网络技、计算机科学与技术(网络技术方向)、计算机与智能科学类、经济学、旅游管理(酒店与旅游企业管理)、软件工程、社会体育、生物技术、生物技术与制药类、生物信息学、生物医学工程、市场营销、市场营销(企业营销与管理)、市场营销(企业营销与管理方向)、数理科学与信息技术类、数学与应用数学、通信工程、通信与信息类、网络工程、微电子学、信息安全、信息工程、信息管理与信息系统、信息管理与信息系统(网络与数据)、信息与计算科学、艺术设计、英语、应用物理学、制药工程、智能科学与技术、中药学、自动化、自动化与电气工程类

专科专业 电子商务(营销与管理)、计算机网络技术、通信技术

硕士专业 测试计量技术及仪器、电磁场与微波技术、电工理论与新技术、电路与系统、电子与通信工程、工业工程、管理科学与工程、机械电子工程、集成电路工程、计算机技术、计算机软件与理论、计算机系统结构、计算机应用技术、检测技术与自动化装置、控制工程、控制理论与控制工程、理论物理、马克思主义基本原理、软件工程、思想政治教育、诉讼法学、通信与信息系统、微电子学与固体电子学、物理电子学、物流工程、系统工程、项目管理、信号与信息处理

院系设置

通信与信息工程学院、计算机科学与技术学院、自动化学院、光电工程学院、经济管理学院、外国语学院、生物信息学院、法学院、数理学院、传媒艺术学院、软件工程学院、体育学院、应用技术学院、成人与继续教育学院、应用技术二分院、应用技术三分院、人文社会科学学院、国际学院、思想政治教育学院

国家级、省部级研究机构设置

1. 研究所(中心):国家"3G军民结合终端设备动员中心"、移动通信教育部工程研究中心、移动通信技术信息产业部重点实验室、移动通信技术重庆高校市级重点实验室、移动通信技术重庆市市级重点实验室、通信网测试技术重庆高校工程研究中心、信号与信息处理重庆市市级重点实验室、光纤通信技术信产部重点实验室、光纤通信技术重庆高校市级重点实验室、计算机网络与通信技术信产部重点实验室、计算机网络与通信技术重庆市高校重点实验室、重庆市地理空间信息工程技术研究中心、邮政自动化控制技术信产部重点实验室、网络化控制与智能仪器仪表教育部重点实验室、重庆市智能仪表与控制装备工程技术研究中心、重庆市工业通信技术研发中心、汽车电子与嵌入式系统重庆工程研究中心、工业自动化技术市级工程实验室、微电子工程重庆高校市级重点实验室、电子商务与现代物流重庆高校市级重点实验室、智能手术技术工程研究中心、血液净化医疗工程研究中心、重庆市人文社会科学重点研究基地/网络社会发展问题研究中心、重庆邮电大学智能通信技术研究所、光电子材

料与显示技术实验室、重庆邮电大学电磁理论与技术研究所、重庆邮电大学电磁兼容研究所、重庆邮电大学电子新技术研究所、重庆邮电大学专用电路与非线性系统研究所、重庆邮电大学模式识别与人工智能实验室、重庆邮电大学医学图像与信息系统研究中心、重庆邮电大学网络与软件理论研究所、重庆邮电大学网络与计算研究中心、重庆邮电大学通信软件工程研究中心、重庆邮电大学网络化测控及其信息安全研究所、重庆邮电大学智能仪器仪表研究所、重庆邮电大学智能系统及机器人研究所、能源电子研究所、重庆邮电大学物联网工程研究院、重庆邮电大学系统科学研究中心、重庆邮电大学数学与系统科学研究所、重庆邮电大学企业管理研究中心、重庆邮电大学企业信息化研究所、重庆邮电大学生物医学工程研究中心、重庆邮电大学分子生物学实验室、重庆邮电大学生物信息学研究所、重庆邮电大学前沿物理科学及技术研究中心

2. 部省级重点实验室：国家"3G军民结合终端设备动员中心"、移动通信教育部工程研究中心、移动通信技术信息产业部重点实验室、移动通信技术重庆高校市级重点实验室、移动通信技术重庆市市级重点实验室、通信网测试技术重庆高校工程研究中心、信号与信息处理重庆市市级重点实验室、光纤通信技术信产部重点实验室、光纤通信技术重庆高校市级重点实验室、计算机网络与通信技术信产部重点实验室、计算机网络与通信技术重庆市高校重点实验室、重庆市地理空间信息工程技术研究中心、邮政自动化控制技术信产部重点实验室、网络化控制与智能仪器仪表教育部重点实验室、重庆市智能仪表与控制装备工程技术研究中心、重庆市工业通信技术研发中心、汽车电子与嵌入式系统重庆工程研究中心、工业自动化技术市级工程实验室、微电子工程重庆高校市级重点实验室、电子商务与现代物流重庆高校市级重点实验室、智能手术技术工程研究中心、血液净化医疗工程研究中心、重庆市人文社会科学重点研究基地/网络社会发展问题研究中心

定期公开出版的专业刊物 《重庆邮电大学学报》(自然科学版)、《重庆邮电大学学报》(社会科学版)、《数字通信》

学校设立奖学金情况

学校设立奖学金21项,奖励总金额1800余万元。奖学金最高金额10000元/年,最低金额100元/年。

主要校办产业

重邮信科公司

毕业生一次就业率 研究生100%,本科生95%以上。

学校设立奖学金情况

学校设立奖学金21项,奖励总金额1800余万元。奖学金最高金额10000元/年,最低金额100元/年。

学校历史沿革

东川邮政管理局邮政人员培训班(1950年3月－1951年1月);西南邮电分校(1951年1月－1953年6月);重庆邮电学校(1953年6月－1955年5月);重庆电信学校(1955年5月－1959年3月);重庆邮电学院(1959年3月－1970年4月);电信总局529厂(1970年4月－1973年7月);邮电部第九研究所(1973年7月－1979年7月);重庆邮电学院(1979年7月－2006年2月);重庆邮电大学(2006年2月－)。

重庆交通大学

学校(机构)标识码　4150010618
学校办学类型　411；本科院校：大学
学校性质类别　02 理工院校
学校举办者　811 省级教育部门
学校地址　重庆市南岸区学府大道66号
邮政编码　400074
办公电话　023 - 62652333
传真电话　023 - 62650561
校园(局域)网域名　www.cqjtu.edu.cn
电子信箱　jdb@cqjtu.edu.cn
占地面积(平方米)　1659416
校舍建筑面积(平方米)　698288
图书(万册)　161.3
固定资产总值(万元)　261170.34
教学、科研仪器设备资产值(万元)　19770.41
在校生数(人)　35144
其中：普通本科　18503
普通专科　1364
成人本科　5296
成人专科　7637
博士研究生　100
硕士研究生　2119
留学生　125
专任教师(人)　1300
其中：正高级　152
副高级　358
中级　660
初级　130

本科专业 材料科学与工程、材料物理、测绘工程、车辆工程、船舶与海洋工程、地理信息系统、地质工程、电气工程与自动化、电子信息工程、港口航道与海岸工程、给水排水工程、工程管理、工程力学、工商管理、工业设计、广播电视新闻学、广告学、国际经济与贸易、航海技术、航运管理、环境科学、会计学、机械电子工程、机械设计制造及其自动化、计算机科学与技术、建筑学、交通工程、交通建设与装备、交通运输、经济学、理论与应用力学、轮机工程、旅游管理、汽车服务工程、热能与动力工程、市场营销、数学与应用数学、水利水电工程、通信工程、土木工程、物流管理、信息管理与信息系统、信息与计算科学、艺术设计、英语、应用化学、资源环境与城乡规划管理

专科专业 产品造型设计、城市轨道交通工程技术、船舶工程技术、道路桥梁工程技术、电子信息工程技术、工程测量与监理、工程机械运用与维护、工程造价、航海技术、环境艺术设计、集装箱运输管理、轮机工程技术、旅游管理、通信技术、艺术设计

博士专业 道路与铁道工程、港口、海岸及近海工程、桥梁与隧道工程

硕士专业 材料工程、材料学、车辆工程、大地测量学与测量工程、道路与铁道工程、防灾减灾工程及防护工程、港口、海岸及近海工程、工程力学、工业工程、供热、供燃气、通风及空调工

程、管理科学与工程、机械工程、机械设计及理论、计算机应用技术、技术经济及管理、建筑与土木工程、交通信息工程及控制、交通运输工程、交通运输规划与管理、结构工程、马克思主义基本原理、桥梁与隧道工程、市政工程、水工结构工程、水力学及河流动力学、水利工程、水利水电工程、水文学及水资源、思想政治教育、物流工程、系统工程、项目管理、岩土工程、载运工具运用工程、自然地理学

院系设置

土木建筑学院、河海学院、管理学院、交通运输学院、机电与汽车工程学院、信息科学与工程学院、财经学院、外国语学院、人文学院、理学院、航海学院、应用技术学院、继续教育学院、国际学院、研究生部、思想政治理论课教学科研部、体育部

国家级、省部级研究机构设置

1. 实验室：重庆市山区桥梁与隧道工程实验室、桥梁结构工程交通行业重点实验室、内河航道整治技术交通行业重点实验室、省部共建水利水运工程教育部重点实验室、重庆市山区道路结构与材料重点实验室、重庆市山区道路建设与维护技术重点实验室、重庆市结构工程重点实验室、重庆市水利水运工程重点实验室、重庆市交通运输工程重点实验室、交通土建工程材料工程实验室

2. 研究中心(所)：国家内河航道整治工程技术研究中心、山区桥梁结构与材料教育部工程研究中心、山区道路建设与维护技术教育部工程研究中心、重庆市航运工程技术研究中心、重庆市特种船舶数字化设计与制造工程技术研究中心、重庆市城轨交通工程技术研究中心、西部交通与经济社会发展研究中心、重庆高校水工建筑物健康诊断技术与设备工程研究中心、重庆市汽车摩托车零部件产业发展研究中心

博士后流动站 土木工程博士后科研流动站

定期公开出版的专业刊物 《应用数学与力学》、《重庆交通大学学报(自然科学版)》、《重庆交通大学学报(社会科学版)》

学校设立奖学金情况

学校设立奖学金32项，奖励总金额1510余万元。奖学金最高金额8000元/年，最低500元/年。

学校历史沿革

重庆交通大学创办于1951年，其前身是"西南交通专科学校"，原隶属于交通部。1960年8月，发展建成重庆交通学院。1961年，重庆交通学院面向全国招收本科生。1961～1963年，成都工学院土木系、四川冶金学院冶金系、武汉水运工程学院水工系先后并入。1972年，重庆交通学院与重庆建筑工程学院合并。1979年，经国务院批准恢复重庆交通学院，隶属交通部管理。1979年5月，重庆航务工程学校并入重庆交通学院。1985年开始招收硕士研究生。1986年，西南水运工程科学研究所并入重庆交通学院。1999年12月，重庆交通学校划归重庆交通学院管理。2000年3月，重庆交通学院由交通部划转重庆市，实行中央与地方共建、以重庆市管理为主的管理体制。2000年12月，重庆市交通技工学校划归重庆交通学院管理。2006年1月，重庆交通学院增列为博士学位授予单位。2006年2月，重庆交通学院更名为"重庆交通大学"。

重庆医科大学

学校(机构)标识码 4150010631	电子信箱 xiaoban@cqmu.edu.cn	成人专科 602
学校办学类型 411:本科院校:大学	占地面积(平方米) 1874210	博士研究生 465
学校性质类别 05 医药院校	校舍建筑面积(平方米) 652456	硕士研究生 3743
学校举办者 811 省级教育部门	图书(万册) 127.03	留学生 571
学校地址 重庆市渝中区医学院路1号	固定资产总值(万元) 164937.6	专任教师(人) 978
	教学、科研仪器设备资产值(万元) 31000.81	其中:正高级 235
邮政编码 400016		副高级 303
办公电话 023-68485000	在校生数(人) 27960	中级 375
传真电话 023-68485111	其中:普通本科 17337	初级 36
校园(局域)网域名 www.cqmu.edu.cn	普通专科 2386	未定职级 29
	成人本科 2856	

本科专业 儿科医学、法医学、妇幼保健医学、工业制药、护理学、护理学(应本)、基础医学、救援医学、康复治疗学、口腔医学、老年医学、临床药学、临床医学、临床医学(本硕)、临床医学儿科医学(本硕)、临床医学全科医学应本、临床医学物理医学(本硕)、临床医学医学检验(本硕)、麻醉学、全科医学、涉外护理、生物技术、生物医学工程、生殖医学、卫生检验、卫生经济与管理、卫生事业管理、物理医学、心理卫生医学、信息管理与信息系统、药物分析、药物制剂、药学、医事法律、医学检验、医学英语、医学影像学、营养学、营养与食品卫生、应用心理学、预防医学、针灸推拿学、中西医结合、中药学、中药制药、中医骨伤、中医学

专科专业 儿科医学、护理、临床医学、涉外护理、眼视光技术、医学影像技术、针灸推拿、中药、中医骨伤

博士专业 病原生物学、超声医学、儿科学、耳鼻咽喉科学、妇产科学、护理学、康复医学与理疗学、老年医学、临床检验诊断学、麻醉学、内科学、神经病学、生物医学信息技术、生物制药与生物医用材料工程、外科学、物理医学、眼科学、药理学、影像医学与核医学、肿瘤学、组织工程与细胞工程

硕士专业 病理学与病理生理学、病原生物学、动物学、儿科学、耳鼻咽喉科、耳鼻咽喉科学、法医学、放射医学、妇产科学、

公共管理、公共卫生、护理、护理学、急诊医学、精神病与精神卫生学、康复医学与理疗学、口腔基础医学、口腔临床医学、口腔医学、劳动卫生与环境卫生学、老年医学、临床检验诊断学、临床医学、流行病与卫生统计学、麻醉学、免疫学、内科学、皮肤病与性病学、全科医学、人体解剖与组织胚胎学、社会医学与卫生事业管理、神经病学、生理学、生物化学与分子生物学、生物医学工程（工学）、生物医学工程（理学）、生物医学工程（医学）、生药学、思想政治教育、外科学、微生物与生化药学、细胞生物学、眼科学、药剂学、药理学、药物分析学、药物化学、药学、遗传学、营养与食品卫生学、影像医学与核医学、针灸推拿学、中西医结合基础、中西医结合临床、中医临床基础、肿瘤学

院系设置
学校现有17个院系，1所卫生学校：基础医学院、公共卫生与管理学院、药学院、思想政治教育学院、中医药学院、检验医学院、外国语学院、生物医学工程学院、第一临床学院、第二临床学院、儿科学院、口腔医学院、第五临床学院、护理学院、信息管理系、麻醉系、影像系、卫生学校。

国家级、省部级研究机构设置
1．实验室：感染性疾病分子生物学教育部重点实验室、临床检验诊断学教育部重点实验室、重庆市超声医学工程重点实验室——省部共建国家重点实验室培育基地、儿童发育疾病研究省部共建教育部重点实验室、超声医学工程重庆市市级重点实验室、临床检验诊断学重庆市市级重点实验室、感染病研究重庆市市级重点实验室、眼科学重庆市市级重点实验室、儿科学重庆市市级重点实验室

2．研究中心（所）：超声医学国家工程研究中心

博士后科研流动站 药学、生物医学工程、临床医学博士后流动站，及太极集团、重庆海扶技术有限公司博士后科研工作站

定期公开出版的专业刊物 《重庆医科大学学报》、《中华肝脏病杂志》、《临床超声医学杂志》、《儿科药学杂志》、《中华医学教育探索杂志》、《中华内分泌外科杂志》、《实用中医药杂志》、《肝博士》

学校设立奖学金情况
学校设立奖学金8项，奖励总金额1828余万元。奖学金最高金额8000元/年，最低金额600元/年。

主要校办产业
重庆海扶技术有限公司（学校有一定股份），重庆融海超声医学工程研究中心有限公司

学校历史沿革
重庆医科大学原名重庆医学院，1956年由上海第一医学院（现复旦大学上海医学院）分迁来渝组建而成。1985年更为现名。学校先后隶属于卫生部、四川省人民政府，现隶属于重庆市人民政府。历经五十多年的发展，重庆医科大学已成为一所具有"学士－硕士－博士－博士后"完整人才培养体系的地方重点大学。

西南大学

学校（机构）标识码	4150010635	占地面积（平方米）	5532669	成人专科	4905
学校办学类型	411：本科院校：大学	校舍建筑面积（平方米）	1666103	博士研究生	1374
学校性质类别	01 综合大学	图书（万册）	515.1	硕士研究生	9310
学校举办者	360 教育部	固定资产总值（万元）	233524.7	留学生	401
学校地址	重庆市北碚区天生路1号	教学、科研仪器设备资产值（万元）	66999.81	专任教师（人）	2648
邮政编码	400715			其中：正高级	430
办公电话	023－68251234	在校生数（人）	57252	副高级	947
传真电话	023－68864993	其中：普通本科	37638	中级	1142
校园（局域）网域名	www.swu.edu.cn	成人本科	3624	初级	129
电子信箱	fzghc@swu.edu.cn				

本科专业 包装工程、播音与主持艺术、材料化学、材料物理、蚕学、草业科学、茶学、车辆工程、城市规划、地理科学、地理科学类、地理信息系统、电气信息类、电子科学与技术、电子商务、电子信息工程、雕塑、动物科学、动物药学、动物医学、对外汉语、俄语、法学、纺织工程、服装设计与工程、工商管理、工商管理类、公共管理类、公共事业管理、广播电视编导、国际经济与贸易、汉语言文学、行政管理、化学、化学工程与工艺、化学类、环境工程、环境科学、环境生态类、会计学、绘画、机械类、机械设计制造及其自动化、计算机科学与技术、教育技术学、教育学、教育学类、金融学、金属材料工程、经济学、经济学类、科学教育、历史学、历史学类、林学、旅游管理、美术学、民族学、农村区域发展、农林经济管理、农学、农业机械化及其自动化、农业经济管理类、农业资源与环境、轻化工程、人力资源管理、日语、软件工程、社会工作、生物安全、生物工程、生物技术、生物科学、食品科学与工程、食品质量与安全、市场营销、数学与应用数学、水产养殖学、水土保持与荒漠化防治、水文与水资源工程、水族科学与技术、思想政治教育、体育教育、通信工程、统计学、土地资源管理、土建类、土木工程、网络工程、文化产业管理、舞蹈学、物理学、物理学类、物流管理、戏剧影视文学、心理学、新闻学、信息管理与信息系统、药学、药学类、艺术设计、音乐表演、音乐学、英语、应用化学、应用心理学、园林、园艺、运动训练、哲学、政治学与行政学、植物保护、制药工程、资源环境与城乡规划管理、自动化

博士专业 比较教育学、茶学、成人教育学、动物学、发育生物学、发展与教育心理学、分析化学、高等教育学、果树学、汉语

言文字学、基础数学、基础心理学、教育、教育技术学、教育史、教育学新专业、教育学原理、课程与教学论、历史地理学、林业经济管理、逻辑学、马克思主义基本原理、美学、农产品加工及贮藏工程、农林经济管理新专业、农药学、农业经济管理、农业昆虫与害虫防治、农业资源利用新专业、生理学、生态学、生物化学与分子生物学、食品科学、蔬菜学、水产养殖、水生生物学、思想政治教育、特种经济动物饲养(含:蚕、蜂等)、土壤学、微生物学、细胞生物学、学前教育学、遗传学、英语语言文学、应用心理学、园艺学新专业、职业技术教育学、植物保护新专业、植物病理学、植物学、植物营养学、自然地理学、作物学新专业、作物遗传育种、作物栽培学与耕作学

硕士专业 比较教育学、比较文学与世界文学、材料物理与化学、材料学、草业科学、茶学、成人教育学、传播学、地图学与地理信息系统、第四纪地质学、电影学、动物学、动物遗传育种与繁殖、动物营养与饲料科学、发育生物学、发展与教育心理学、翻译、分析化学、概率论与数理统计、高等教育学、高分子化学与物理、工程、工商管理、公共管理、光学、果树学、汉语国际教育、汉语言文字学、环境工程、环境科学、会计、会计学、基础兽医学、基础数学、基础心理学、计算机软件与理论、计算机系统结构、计算机应用技术、计算数学、教育、教育技术学、教育经济与管理、教育史、教育学新专业、教育学原理、金融、金融学(含:保险学)、考古学及博物馆学、科学技术哲学、科学社会主义与国际共产主义运动、课程与教学论、理论物理、历史地理学、历史文献学(含:敦煌学、古文字学)、粮食、油脂及植物蛋白工程、林业、临床兽医学、伦理学、逻辑学、旅游管理、马克思主义基本原理、马克思主义哲学、马克思主义中国化研究、美术学、美学、民商法学(含:劳动法学)、社会保障、民族学、凝聚态物理、农产品加工及贮藏工程、农药学、农业电气化与自动化、农业机械化工程、农业经济管理、农业昆虫与害虫防治、农业生物环境与能源工程、农业水土工程、农业推广、农业资源利用新专业、企业管理(含:财务管理、市场营销)、情报学、区域经济学、人文地理学、森林培育、社会工作、社会学、生理学、生态学、生物化学与分子生物学、食品科学、史学理论及史学史、世界史、兽医、蔬菜学、水产养殖、水生生物学、水土保持与荒漠化防治、思想政治教育、特殊教育学、特种经济动物饲养(含:蚕、蜂等)、体育、体育教育训练学、体育人文社会学、图书馆学、土地资源管理、土壤学、外国语言学及应用语言学、外国哲学、微生物学、微生物与生化药学、文艺学、无机化学、物理化学(含:化学物理)、细胞生物学、信号与信息处理、学前教育学、药物分析学、遗传学、艺术、音乐学、英语语言文学、应用化学、应用数学、应用心理、应用心理学、有机化学、语言学与应用语言学、预防兽医学、园林植物与观赏园艺、园艺学新专业、运筹学与控制论、政治经济学、职业技术教育学、植物保护新专业、植物病理学、植物学、植物营养学、中国古代史、中国古代文学、中国古典文献学、中国近现代史、中国近现代史基本问题研究、中国少数民族史、中国少数民族语言文学(分语族)、中国现当代文学、中国哲学、专门史、自然地理学、宗教学、作物学新专业、作物遗传育种、作物栽培学与耕作学

学校历史沿革

西南大学,是 2005 年 7 月,经教育部批准,由原西南师范大学、原西南农业大学合并组建的教育部直属综合性重点大学。原西南师范大学是教育部直属的重点综合性师范大学,原名西南师范学院,1950 年由国立女子师范学院和原四川省立教育学院合并组建而成,1985 年更名为西南师范大学。原西南农业大学成立于1950 年,原名西南农学院,由原四川省立教育学院、华西大学和相辉学院项关系科合并而成,1970 年经国务院批准成为全国重点大学,1985 年更名为西南农业大学。2001 年,西南农业大学与原四川畜牧兽医学院、中国农业科学院柑桔研究所合并成为新的西南农业大学。合并前的原西南师范大学、原西南农业大学仅一墙之隔,历史渊源悠久,其前身均为1906 年的川东师范学堂。

重庆师范大学

学校(机构)标识码　4150010637
学校办学类型　411:本科院校:大学
学校性质类别　06 师范院校
学校举办者　811 省级教育部门
学校地址　重庆市沙坪坝区大学城中路37 号
邮政编码　401331
办公电话　023 - 65362555
传真电话　023 - 65363333
校园(局域)网域名　www.cqnu.edu.cn

电子信箱　msk@ cqnu. edu. cn
占地面积(平方米)　1792193
校舍建筑面积(平方米)　1239347
图书(万册)　226.07
固定资产总值(万元)　170001.46
教学、科研仪器设备资产值(万元)　14129.3
在校生数(人)　29715
其中:普通本科　23636
　　　普通专科　1284

成人本科　689
成人专科　2014
硕士研究生　1829
留学生　263
专任教师(人)　1509
其中:正高级　191
　　　副高级　445
　　　中级　679
　　　初级　194

本科专业 博物馆学、材料化学、财务管理、城市规划、地理科学、地理信息系统、电子商务、电子信息科学与技术、对外汉语、服装设计与工程、工商管理、工业设计、公共事业管理、广播电视编导、汉语言文学、化学、绘画、计算机科学与技术、教育技术学、教育学、经济学、景观学、科学教育、历史学、旅游管理、人力资源管理、日语、软件工程、社会工作、摄影、生物技术、生物科学、市场营销、数学与应用数学、数字媒体技术、思想政治教育、特殊教育、体育教育、统计学、物理学、戏剧影视文学、小学教育、新闻学、信息管理与信息系统、信息与计算科学、学前教育、艺术教育、艺术设计、音乐表演、音乐学、英语、应用心理学

专科专业 导游、服装设计、广告设计与制作、计算机应用技术、美术教育、数学教育、舞蹈表演、学前教育、音乐表演、音乐教育、英语教育、语文教育

硕士专业 比较文学与世界文学、动物学、发展与教育心理学、工商管理硕士、管理科学与工程、光学工程、国外马克思主义研究、汉语国际教育硕士、汉语言文字学、基础数学、计算机软件与理论、教育管理、教育学原理、考古学及博物馆学、课程与教学论、理论物理、伦理学、旅游管理、马克思主义发展史、马克思主义基本原理、马克思主义中国化研究、美术学、凝聚态物理、区域经济学、人文地理学、生物化学与分子生物学、世界史、数量经济学、水生生物学、思想政治教育、特殊教育学、外国语言学及应用语言学、文物与博物馆硕士、文艺学、系统分析与集成、系统理论、小学教育、学科教学(地理)、学科教学(历史)、学科教学(生物)、学科教学(数学)、学科教学(思政)、学科教学(物理)、学科教学(英语)、学科教学(语文)、英语笔译、英语语言文学、应用数学、语言学与应用语言学、运筹学与控制论、政治经济学、中国古代史、中国古代文学、中国古典文献学、中国近现代史、中国少数民族语言文学(分语族)、中国现当代文学、专门史、自然地理学

院系设置

政治学院(马克思主义学院)、历史与社会学院、教育科学学院(教育学院、学前学院、特教学院)、体育学院、外国语学院、音乐学院、美术与服装学院(美术学院、服装学院)、传媒学院、数学学院、物理与电子工程学院、化学学院、生命科学学院、地理与旅游学院(地理学院、旅游学院)、经济与管理学院、计算机与信息科学学院、北碚校区(初等教育学院)

国家级、省部级研究机构设置

1. 实验室:最优化与控制省部共建教育部重点实验室、运筹学与系统工程重庆市重点实验室、动物生物学重庆市重点实验室、重庆高校运筹学与控制论实验室、重庆高校动物生物学重点实验室、重庆高校特殊儿童心理诊断与教育技术实验室、重庆高校地理信息系统应用研究实验室、重庆高校光学工程实验室

2. 研究中心(所):活性物质生物技术教育部工程研究中心、重庆市三峡文化与社会发展研究院、重庆高校生物活性物质工程中心、重庆市儿童发展与教师教育研究中心、重庆市课程与教学研究基地、重庆市抗战文史研究基地

定期公开出版的专业刊物 《重庆师范大学学报》(自然科学版)、《重庆师范大学学报哲学与》(社会科学版)、《地理教育》、《当代幼教》、《成人教育》

学校设立奖学金情况

学校设立奖学金4项,奖励总金额6647977元/年,奖学金最高金额10000元/年,最低金额50元/年。

主要校办产业

重庆师范大学科技开发中心、重庆师范大学生物保鲜开发公司、重庆师范大学印刷厂、重庆师范大学思进房地产开发公司、重庆师范大学培训中心

学校历史沿革

1954年建校,校名为"重庆师范专科学校"。1960年,四川省委将学校升为"重庆师范学院"。1962年,四川省对高等教育进行调整,又将学校更名为"重庆师范专科学校"。同时将成都师范专科学校并入重庆师范专科学校。1978年,经四川省革命委员会批准,学校恢复为"重庆师范学院"。2001年5月17日经(渝府[2001]80号)文批准重庆幼儿师范学院,重庆纺织职工大学并入我校,2003年9月16日,经(渝府[2003]206号)批准重庆市第一师范学校并入我校。2003年4月16日,经教育部(教发函[2003]99号)文批准,学校更名为重庆师范大学。

重庆文理学院

学校(机构)标识码 4150010642	电子信箱 bgs@cqwu.net	成人本科 1552
学校办学类型 412:本科院校:学院	占地面积(平方米) 1312651	成人专科 4308
学校性质类别 01 综合大学	校舍建筑面积(平方米) 502188	留学生 25
学校举办者 811 省级教育部门	图书(万册) 152.44	专任教师(人) 926
学校地址 重庆市永川区红河大道319号	固定资产总值(万元) 116371	其中:正高级 91
邮政编码 402160	教学、科研仪器设备资产值(万元) 10995	副高级 203
办公电话 023-49891910	在校生数(人) 23998	中级 432
传真电话 023-49891917	其中:普通本科 16537	初级 131
校园(局域)网域名 www.cqwu.edu.cn	普通专科 1576	未定职级 69

本科专业 财务管理、电气工程与自动化、电子信息科学与技术、电子信息科学与技术(微电子制造)、动画、动画(数字动漫艺术)、法学、高分子材料与工程、工程管理、工程管理(产品质量工程)、工程管理(工程造价方向)、工商管理、工商管理(财务管理国际班)、工商管理(酒店管理)、工商管理(旅游管理)、工商管理(旅游景区管理)、工商管理(品牌管理方向)、工商管理(市场营销)、工商管理(物流管理方向)、工商与信息科学管理、广播电视编导、广播电视新闻学、汉语言文学、汉语言文学(现代文秘方向)、行政管理、化学、化学(化工与制药)、化学(化工与制药方向)、化学工程与工艺、化学工程与工艺(化工与制药)、环境科学、环境科学(环境治理工程)、会展经济与管理、机械工程及自动化、计算机科学与技术、计算机科学与技术(动漫设计方向)、计算机科学与技术(软件工程方向)、计算机科学与技术(数字媒体技术)、计算机科学与技术(网络工程方向)、教育技术学、教育

技术学(影视媒体方向)、教育技术学(影视媒体技术)、金属材料工程、劳动与社会保障、美术学、社会体育、社会体育(保健康复方向)、生物技术、生物技术(检验检疫)、生物科学、食品科学与工程、数学与应用数学、数学与应用数学(金融方向)、思想政治教育、体育教育、统计学、网络工程、网络工程(物联网技术)、舞蹈学、物理学、物理学(金融材料工程)、小学教育、信息工程、信息与计算科学、信息与计算科学(金融软件)、学前教育、艺术设计、艺术设计(服装设计)、艺术设计(形象设计与展示)、音乐学、音乐学(音乐表演方向)、英语、英语(国际商务)、英语(商务方向)、应用心理学、园林、园林(景观设计方向)

专科专业 初等教育、电子信息工程技术、动漫设计与制作、国际质量管理体系认证、环境监测与评价、会展策划与管理、机电一体化技术、机械制造与自动化、计算机应用技术、金融保险、旅游管理、商务管理、食品药品监督管理、体育教育、学前教育、艺术设计、音乐教育、英语教育、园林工程技术

院系设置

文学与传媒学院、政法学院、教育科学学院、经济与管理学院、外国语学院、美术学院、数学与统计学院、计算机学院、电子电气工程学院、技术师范学院、旅游学院、音乐学院、体育学院、化学与环境工程学院、生命科学与技术学院、国际学院、材料学院、服务外包学院

国家级、省部级研究机构设置

1. 实验室:重庆市高校微纳米材料工程与技术重点实验室
2. 研究中心(所):重庆市特色植物种苗工程技术研究中心(重庆高校园林工程研究中心)、重庆市非物质文化遗产教育传承实验教学示范中心

定期公开出版的专业刊物 《重庆文理学院学报》(社会科学版)双月刊,《重庆文理学院学报》(自然科学版)双月刊

学校设立奖学金情况

学校设立奖学金3项,奖励总金额225.47余万元。奖学金最高金额2000元/年,最低金额300元/年。

学校历史沿革

重庆文理学院是重庆市人民政府主办的全日制普通本科高等学校。其前身重庆师范高等专科学校和渝州教育学院分别创办于1976年和1972年;2001年5月两校合并组建为渝西学院;2005年4月,学校更名为重庆文理学院。

重庆三峡学院

学校(机构)标识码 4150010643	cn	普通专科 1373
学校办学类型 412:本科院校:学院	电子信箱 sxxymsk@163.com	成人本科 2159
学校性质类别 01 综合大学	占地面积(平方米) 1322066	成人专科 1952
学校举办者 811 省级教育部门	校舍建筑面积(平方米) 360580	留学生 5
学校地址 重庆市万州区沙龙路二段780号	图书(万册) 122.23	专任教师(人) 879
	固定资产总值(万元) 54688.75	其中:正高级 99
邮政编码 404100	教学、科研仪器设备资产值(万元) 8625.67	副高级 288
办公电话 023-58102539		中级 278
传真电话 023-58106710	在校生数(人) 19168	初级 79
校园(局域)网域名 www.sanxiau.edu.	其中:普通本科 13679	未定职级 135

本科专业 安全工程、电子信息工程、电子信息工程(职教师范本科)、电子信息技术及仪器、动画、法学、给排水科学与工程、工商管理、广播电视新闻学、国际经济与贸易、汉语言文学、化学、化学工程与工艺、化学工程与工艺(应本)、环境科学、会计学、机械电子工程、机械设计制造及其自动化、机械设计制造及其自动化(应本)、计算机科学与技术、教育技术学、经济学、酒店管理、劳动与社会保障、旅游管理、旅游管理(应本)、美术学、民族学、日语、软件工程、生物技术、生物科学、食品科学与工程、市场营销、市场营销(应本)、数学与应用数学、思想政治教育、体育教育、土木工程、文化产业管理、物理学、信息管理与信息系统、信息与计算科学、艺术设计、英语、园艺

专科专业 电脑艺术设计、电子商务、工程监理、会计电算化、机电一体化技术、计算机应用技术、建筑工程技术、经济管理、旅游管理(酒店)、美术教育、生物化工工艺、市场营销、体育教育、英语教育、英语教育(3+2转段)、应用电子技术、应用电子技术(应电)、应用化工技术、语文教育、语文教育(3+2转段)

院系设置

学校现设有文学与新闻学院、外国语学院、美术学院、政治与法律学院、土木工程学院、化学与环境工程学院、计算机科学与工程学院、电子与信息工程学院、生命科学与工程学院、机械工程学院、体育与健康学院、数学与统计学院、民族学与公共管理学院、经济与管理学院、应用技术学院、成人(继续)教育学院等16个教学学院和网络信息与教育技术中心等教学辅助单位

定期公开出版的专业刊物 《重庆三峡学院学报》

学校设立奖学金情况

学校设立奖学金3项,奖励总金额377余万元,奖学金最高金额8000元/年,最低金额300元/年。

学校历史沿革

1956年,创立万县初中师资训练班;1958年,设立万县大学;1959年,更名为万县专科学校;1962年到1978年,学校停办;1978年12月,学校恢复办学。1958年7月,成立万县专区教育行政干部学校;1979年,更名为万县地区进修学校;1984年,改名为万县教育学院;1993年1月,万县师范专科学校与万县教育

学院合并筹建三峡大学;1994年,成立四川三峡学院;2000年,更名为重庆三峡学院;2003年,重庆三峡经济学校并入。

长江师范学院

学校(机构)标识码　4150010647
学校办学类型　412:本科院校:学院
学校性质类别　06 师范院校
学校举办者　811 省级教育部门
学校地址　重庆市涪陵区李渡聚龙大道98号
邮政编码　408100
办公电话　023-72790066
传真电话　023-72791818
校园(局域)网域名　www.yznu.edu.cn

电子信箱　flsyfzb@163.com
占地面积(平方米)　1296741
校舍建筑面积(平方米)　613911
图书(万册)　137.71
固定资产总值(万元)　192546.7
教学、科研仪器设备资产值(万元)　10103.05
在校生数(人)　18430
其中:普通本科　14155

普通专科　1615
成人本科　489
成人专科　2171
专任教师(人)　838
其中:正高级　71
副高级　223
中级　368
初级　145
未定职级　31

本科专业　播音与主持艺术、材料成型及控制工程、材料化学、财务管理、财务管理(会计)、财务管理(金融与投资)、测控技术与仪器、电子信息科学与技术、电子信息科学与技术(电子声像)、电子信息科学与技术(汽车电子)、服装设计与工程、公共事业管理、广播电视新闻学、国际经济与贸易、汉语言文学、汉语言文学(秘书)、化学、化学工程与工艺、环境科学、机械设计制造及其自动化、计算机科学与技术、计算机科学与技术(服务外包)、计算机科学与技术(软件)、计算机科学与技术(网络工程)、教育学(心理健康教育)、历史学、旅游管理、美术学、日语、生物工程、生物科学、食品科学与工程(食品质量与安全)、市场营销、市场营销(商务策划)、数学与应用数学、思想政治教育、体育教育、统计学、舞蹈学、物理学、小学教育(艺体)、艺术设计、艺术设计(工业产品造型设计)、艺术设计(环境艺术设计)、艺术设计(数码媒体设计)、艺术设计(数码媒体设计)、音乐表演、音乐学、英语、英语(商贸英语)、英语(英日双语)、应用心理学、园艺、政治学与行政学

专科专业　初等教育(英语)、初等教育(语文)、电子商务、法律事务、机电一体化技术、经济信息管理(会计电算化)、历史教育、数学教育、学前教育(艺体)、艺术设计、音乐教育、应用英语、语文教育

院系设置
大学外语教学部、文学与新闻学院、政治与公共管理学院、经济与工商管理学院、历史文化与民族学院、外国语学院、数学与计算机学院、物理及电子工程学院、化学化工学院、环境与城乡规划学院、生命科学与技术学院、教育科学学院、美术学院、音乐学院、体育与健康科学学院、应用技术学院、机械工程学院、勾深书院、继续教育学院

国家级、省部级研究机构设置
研究中心(所):乌江流域社会经济文化研究中心

定期公开出版的专业刊物　《长江师范学院学报》、《长江师范学院报》

学校设立奖学金情况
学校设立奖学金5项,奖励总金额455.69万元/年,最低金额200元/年。

学校历史沿革
长江师范学院的前身是1931年创办的涪陵县立乡村师范学校和1962年成立的涪陵地区教师进修学校,后经历了涪陵师范高等专科学校和涪陵教育学院的办学阶段,2001年由涪陵师范高等专科学校和涪陵教育学院合并建立了"涪陵师范学院",2006年更名为"长江师范学院"。

四川外语学院

学校(机构)标识码　4150010650
学校办学类型　412:本科院校:学院
学校性质类别　07 语文院校
学校举办者　811 省级教育部门
学校地址　重庆市沙坪坝区烈士墓壮志路33号
邮政编码　400031
办公电话　023-65382273
传真电话　023-65381165

校园(局域)网域名　www.sisu.edu.cn
电子信箱　cwfgc@sisu.edu.cn
占地面积(平方米)　718461
校舍建筑面积(平方米)　449054
图书(万册)　111.04
固定资产总值(万元)　108088.99
教学、科研仪器设备资产值(万元)　8981.7
在校生数(人)　13658

其中:普通本科　11695
普通专科　78
成人本科　361
成人专科　148
硕士研究生　1288
留学生　88
专任教师(人)　771
其中:正高级　118
副高级　294

中级 241　　初级 93　　未定职级 25

本科专业　阿拉伯语、播音与主持艺术、财务管理、朝鲜语、德语、对外汉语、俄语、法学、法语、翻译、广播电视新闻学、广告学、国际经济与贸易、国际政治、汉语言文学、行政管理、金融学、旅游管理、人力资源管理、日语、商务英语、社会学、外交学、西班牙语、新闻学、意大利语、英语、越南语

专科专业　旅游英语、商务英语、应用德语、应用法语、应用日语、应用英语

硕士专业　比较文学与世界文学、德语语言文学、俄语语言文学、法语语言文学、翻译、汉语言文字学、课程与教学论、日语语言文学、外国语言学及应用语言学、外国哲学、文艺学、亚非语言文学、英语语言文学、中国现当代文学

院系设置
留学生部、研究生部、高级翻译学院、英语学院、翻译学院、德语系、国际商学院、出国培训部、国际关系学院、俄语系、西班牙语系、法语系、新闻传播学院、中文系、东方语学院、体育部、应用外语学院、社会科学部、继续教育学院、大外部、国际教育学院

国家级、省部级研究机构设置
1. 实验室：外语学习认知神经实验室、国别经济与国际关系实验室
2. 研究中心（所）：中外文化比较研究中心、外国语文研究中心、国别经济与国际关系研究基地

定期公开出版的专业刊物　《外国语文》、《世界儿童》

学校设立奖学金情况
学校设立奖学金6项，奖励总金额300余万元。奖学金最高金额8000元/年，最低金额200元/年。

学校历史沿革
西南军政大学俄文训练团（1950.5－1951）；第二高级步兵学校俄文大队（1951－1952）；西南人民革命大学俄文系（1952－1953）；西南俄文专科学校（1953－1959）；四川外语学院（1959至今）。

西南政法大学

学校（机构）标识码　4150010652	电子信箱　headmaster@swupl.edu.cn	成人专科　442
学校办学类型　411：本科院校：大学	占地面积（平方米）　1754258	博士研究生　329
学校性质类别　09 政法院校	校舍建筑面积（平方米）　666716	硕士研究生　5045
学校举办者　811 省级教育部门	图书（万册）　179.76	留学生　28
学校地址　重庆市沙坪坝区童家桥政法二村一号	固定资产总值（万元）　108577.24	专任教师（人）　1137
邮政编码　400031	教学、科研仪器设备资产值（万元）　9788.08	其中：正高级　178
办公电话　023－67258207	在校生数（人）　24584	副高级　389
传真电话　023－67258660	其中：普通本科　17969	中级　358
校园（局域）网域名　www.swupl.edu.cn	普通专科　55	初级　115
	成人本科　716	未定职级　97

本科专业　传播学、法学、工商管理、公共事业管理、广播电视新闻学、国际经济与贸易、行政管理、会计学、金融学、经济犯罪侦查、审计学、市场营销、思想政治教育、新闻学、刑事科学技术、英语、哲学、侦查学、政治学与行政学、治安学

专科专业　法律文秘、刑事执行

博士专业　法律史、法学理论、国际法学（含：国际公法、国际私法）、环境与资源保护法学、经济法学、民商法学（含：劳动法学）、社会保障、司法制度、诉讼法学、宪法学与行政法学、刑法学、知识产权法学

硕士专业　传播学、法律逻辑、法律逻辑学、法律史、法律硕士（法学）、法律硕士（非法学）、法学理论、公共管理硕士、国际法学（含：国际公法、国际私法）、国民经济学、行政管理、环境与资源保护法学、经济法学、警察科学、伦理学、马克思主义理论、马克思主义哲学、民商法学（含：劳动法学）、社会保障、企业管理（含：财务管理、市场营销）、司法制度、诉讼法学、外国语言学及应用语言学、宪法学与行政法学、新闻学、新闻与传播、刑法学、英语笔译、侦查学、侦察学、政治学理论、知识产权法学、中国哲学

院系设置
学校设有民商法学院、经济法学院、法学院、行政法学院、国际法学院、法律硕士学院、刑事侦查学院、政治与公共事务学院、管理学院、经济学院、新闻传播学院、外语学院、应用法学院等13个学院，18个职能处（部）、室，5个教学辅助单位

国家级、省部级研究机构设置
1. 实验室：司法鉴定机构（国家级）
2. 研究中心（所）：证据技术实验教学示范中心（国家级）、重庆高校物证技术工程研究中心（省部级）

博士后科研流动站　学校拥有法学博士后科研流动站

定期公开出版的专业刊物　《现代法学》、《西南政法大学学报》

学校设立奖学金情况
学校设立奖学金5项，奖励总金额1537.375余万元。奖学金最高金额6042元/年，最低金额100元/年。

学校历史沿革

西南政法大学原名西南政法学院，其前身是1950年成立的由刘伯承元帅担任校长的西南人民革命大学，1953年，以西南人民革命大学为基础，合并重庆大学、四川大学、贵州大学、云南大学、重庆财经学院的法律院（系）正式挂牌成立。1958年，中央公安学院重庆分院又并入我校。学校先后经历了由西南大区、司法部、四川省、最高人民法院、司法部、重庆市管理等多次隶属关系变更。"文革"期间曾一度被迫停办，1977年学校经中央批准恢复招生。1978年经国务院批准为全国重点大学，是司法部部属政法院校中唯一的重点大学。1995年，学校更名为西南政法大学。2000年，由司法部直属划转重庆市人民政府管理，实行中央与地方共建，以地方为主的管理模式。

四川美术学院

学校（机构）标识码	4150010655
学校办学类型	412：本科院校：学院
学校性质类别	11 艺术院校
学校举办者	811 省级教育部门
学校地址	重庆市沙坪坝区大学城四川美术学院
邮政编码	401331
办公电话	023-65921111
传真电话	023-65922222
校园（局域）网域名	www.scfai.edu.cn
电子信箱	yuanban@scfai.edu.cn
占地面积（平方米）	736752
校舍建筑面积（平方米）	483580
图书（万册）	45.88
固定资产总值（万元）	63063.35
教学、科研仪器设备资产值（万元）	12620
在校生数（人）	7496
其中：普通本科	6354
普通专科	284
成人本科	324
成人专科	28
硕士研究生	483
留学生	23
专任教师（人）	349
其中：正高级	48
副高级	98
中级	176
初级	27

本科专业 版画、版画与印刷设计、雕塑艺术、动漫产品设计、风景园林设计、服装艺术设计、工业设计、工艺设计、广播电视编导、广告学、互动媒体设计、环境艺术设计、会展艺术设计、绘画、建筑设计、教育技术与媒体设计、景观雕塑、景观建筑、景观建筑设计、美术教育、美术史论、漆画艺术、商业插画设计、设计策划与管理、设计史论、视觉传达设计、室内设计（应本）、室内外空间拓展设计、数码媒体设计、水彩画、图片摄影、戏剧影视美术设计、新媒体艺术、艺术策划与管理、艺术设计、影视动画艺术、影视摄影、油画、游戏艺术设计、中国画、装潢艺术设计、装潢艺术设计（应本）、装饰艺术设计、综合艺术

专科专业 雕刻艺术与家具设计、雕塑艺术设计、服装设计、室内设计技术、装潢艺术设计

硕士专业 广播电视艺术学、美术学、设计艺术学、艺术

院系设置

现有中国画系、油画系、版画系、雕塑系、美术教育系、美术学系、建筑艺术系、商业美术系、新媒体艺术系、设计艺术学院、影视动画学院、应用美术学院和继续教育学院、公共课、思想政治理论课教学研究部、附中15个教学单位。

国家级、省部级研究机构设置

国家级实验室：四川美术学院实验教学中心

省部级研究中心（所）：四川美术学院当代视觉艺术研究中心、重庆高校艺术创新工程研究中心

定期公开出版的专业刊物 《当代美术家》双月刊

学校设立奖学金情况

设奖学金7项，奖励总金额530余万元。奖学金最高金额为10000元，最低金额100元。

1. 优秀奖学金：2020人/年，3950元/人；
2. 贫困奖学金：95人/年，575元/人；
3. 单项奖学金：90人/年，100元/人；
4. 新生奖学金：22人/年，3000元/人；
5. 罗中立奖学金：25人/年（其中获奖者5人，全部25人由学校承担画展画册费用）10000元/人；
6. 柯罗默奖学金：25人/年（其中获奖者5人，全部25人由学校承担画展画册费用）10000元/人；
7. 张晓刚奖学金：5人/年，2000元/人。

主要校办产业

1. 重庆西艺装饰设计有限公司；2. 四川美术学院城市雕塑设计院

学校历史沿革

四川美术学院是我国西南地区唯一的高等美术学校，已有71年的办学历史，有着光荣的革命传统和深厚的艺术积淀。1940年，由留学欧美、日本的艺术家李有行、沈福文教授等在成都创办了四川省立艺术专科学校，1950年底更名为成都艺术专科学校。1950年，由贺龙元帅任校长的西北军政大学艺术学院的部分骨干南下，在重庆九龙坡黄桷坪组建成立西南人民艺术学院。1953年，西南人民艺术学院、成都艺术专科学校的美术学科合并成立西南美术专科学校。1959年，西南美术专科学校更名为四川美术学院。

重庆航天职业技术学院

学校(机构)标识码 4150010870	传真电话 023-67613015	在校生数(人) 8682
学校办学类型 415:专科院校:高等职业学校	校园(局域)网域名 www.cqepc.cn	其中:普通专科 7358
	电子信箱 yb@cqepc.cn	成人专科 1324
学校性质类别 02 理工院校	占地面积(平方米) 268001	专任教师(人) 310
学校举办者 812 省级其他部门	校舍建筑面积(平方米) 160662	其中:副高级 78
学校地址 重庆市江北区红石路 255 号	图书(万册) 40.56	中级 96
	固定资产总值(万元) 11253.72	初级 136
邮政编码 400021	教学、科研仪器设备资产值(万元) 3296.25	
办公电话 023-67607126		

专科专业 电子商务、电子声像技术、电子信息工程技术、飞行器制造工艺、服装设计、广告设计与制作、环境艺术设计、会计电算化、机电一体化技术、计算机控制技术、计算机网络技术、计算机系统维护、计算机信息管理、计算机应用技术、家具设计与制造、金融与证券、酒店管理、旅游管理、模具设计与制造、汽车电子技术、汽车技术服务与营销、软件技术、涉外事务管理、视觉传达艺术设计、数控技术、通信技术、图形图像制作、物业管理、营销与策划、影视动画、影视多媒体技术、应用电子技术、园林工程技术

院系设置 计算机系、电子系、管理系、机电系、艺术系、社科系、基础学院、继续教育学院

学校设立奖学金情况 学校设立奖学金三项,奖励总金额 113 余万元。奖学金最高金额 8000 元/年,最低金额 500 元/年。

1. 国家奖学金:6 人/年,8000 元/人
2. 国家励志奖:178 人/年,5000 元/人
3. 学院奖:一等奖 24 人/年,1200 元/人;二等奖 84 人/年,800 元/人;三等奖 182 人/年,500 元/人

学校历史沿革

重庆航天职业技术学院前身是航天部西南职工大学,成立于 1983 年。1989 年更名为西南航天职工大学。1999 年西南航天职工大学与重庆电子工业学校合并成为重庆电子职业技术学院,2003 年两校分离办学,原西南航天职工大学继续沿用重庆电子职业技术学院的校名。2004 年受重庆市教委委托管理原重庆社会大学,2006 年正式接收了原重庆社会大学的所有资产和人员。2006 年收购了原重庆江津师范学校,进一步完善了办学条件,增强了办学实力。2008 年重庆电子职业技术学院经市政府批准更名为重庆航天职业技术学院。

重庆科技学院

学校(机构)标识码 4150011551	电子信箱 cqustxb@163.com	成人本科 832
学校办学类型 412:本科院校:学院	占地面积(平方米) 1256410	成人专科 2651
学校性质类别 02 理工院校	校舍建筑面积(平方米) 479659	留学生 3
学校举办者 811 省级教育部门	图书(万册) 118	专任教师(人) 1088
学校地址 重庆市沙坪坝区大学城东路 20 号	固定资产总值(万元) 157102.85	其中:正高级 92
	教学、科研仪器设备资产值(万元) 17720.35	副高级 319
邮政编码 401331		中级 485
办公电话 023-65022222	在校生数(人) 24304	初级 99
传真电话 023-68573944	其中:普通本科 18081	未定职级 93
校园(局域)网域名 www.cqust.cn	普通专科 2737	

本科专业 安全工程、材料成型及控制工程、测控技术与仪器、地质学、电气工程及其自动化、工程管理、国际经济与贸易、汉语言文学、化工与制药、化学、化学工程与工艺、会计学、机械电子工程、机械设计制造及其自动化、计算机科学与技术、建筑环境与设备工程、金属材料工程、酒店管理、理论与应用力学、热能与动力工程、人力资源管理、社会工作、石油工程、市场营销、数学与应用数学、土木工程、无机非金属材料工程、物流管理、消防工程、冶金工程、艺术设计、英语、应用化学、油气储运工程、资源勘查工程、自动化

专科专业 材料成型与控制技术、材料工程技术、财务会计

类、电气自动化技术、工程造价、工业分析与检验、焊接技术及自动化、机电设备维修与管理、机电一体化技术、建筑工程技术、精细化学品生产技术、旅游管理、石油与天然气地质勘探技术、室内设计技术、数控技术、投资与理财、文秘、冶金技术、液压与气动技术、应用化工技术、油气开采技术、油田化学应用技术、钻井技术

院系设置

学校设有石油与天然气工程学院、冶金与材料工程学院、机械与动力工程学院、电气与信息工程学院、化学化工学院、建筑工程学院、安全工程学院、工商管理学院、法政与经贸学院、数理学院、外国语学院、人文艺术学院、体育部13个直属院系。

国家级、省部级研究机构设置

1. 实验室：重庆市非矿山安全与重大危险源监控实验室、重庆市职业危害检测与鉴定实验室

2. 研究中心（所）：重庆市生活垃圾资源化处理工程技术研究中心、重庆高校垃圾焚烧发电技术工程研究中心、重庆高校石油天然气工程研究中心

定期公开出版的专业刊物 《重庆科技学院学报（自然科学版）》、《重庆科技学院学报（社会科学版）》

学校设立奖学金情况

学校设立奖学金7项，奖励总金额312.21余万元。奖学金最高金8000元/年，最低金额500元/年。

1. 国家奖学金：约70人/年，8000元/人；
2. 国家励志奖学金：约600人/年，5000元/人；
3. 学校优秀学生综合奖学金：约1000人/年2000元/人；
4. 学校创新奖学金：约100人/年，约1000元/人；
5. 学校新生奖学金：约42人/年，约2000元/人；
6. 学校青年英才奖学金：约100人/年，约500元/人；
7. 学校社会奖学金：约210人/年，约800元/人。

主要校办产业

重庆渝油科技开发有限公司

学校历史沿革

2004年5月，重庆科技学院（由重庆工业高等专科学校与重庆石油高等专科学校合并组建）；1951－1985，重庆钢铁工业学校；1985－1992，重庆钢铁专科学校；1992－1999，重庆钢铁高等专科学校；1999－2004，重庆工业高等专科学校；1951－1953，西南石油工业专科学校；1953－1978，重庆石油工业学校；1978－1994，重庆石油学校；1994－2004，重庆石油高等专科学校。

重庆理工大学

学校（机构）标识码　4150011660	电子信箱　msk@cqut.edu.cn	成人本科　710
学校办学类型　411：本科院校：大学	占地面积（平方米）　1525718	成人专科　2254
学校性质类别　02 理工院校	校舍建筑面积（平方米）　871437	硕士研究生　1008
学校举办者　811 省级教育部门	图书（万册）　210.52	留学生　80
学校地址　重庆市巴南区红光大道69号	固定资产总值（万元）　228762.28	专任教师（人）　1182
	教学、科研仪器设备资产值（万元）　18169.47	其中：正高级　145
邮政编码　400054		副高级　396
办公电话　023-62563024	在校生数（人）　24838	中级　542
传真电话　023-62563838	其中：普通本科　18746	初级　86
校园（局域）网域名　www.cqut.edu.cn	普通专科　2040	未定职级　13

本科专业 材料成型及控制工程、材料科学与工程、财务管理、测控技术与仪器、车辆工程、地面武器机动工程、电气工程及其自动化、电子信息工程、电子信息科学与技术、高分子材料与工程、工商管理、工业工程、工业设计、国际经济与贸易、过程装备与控制工程、焊接技术与工程、行政管理、化学工程与工艺、会计学、机械设计制造及其自动化、计算机科学与技术、金融学、经济学、劳动与社会保障、理论与应用力学、旅游管理、汽车服务工程、热能与动力工程、人力资源管理、软件工程、社会工作、审计学、生物工程、生物医学工程、市场营销、数学与应用数学、统计学、土地资源管理、网络工程、物流管理、信息管理与信息系统、信息与计算科学、英语、应用化学、应用物理学、知识产权、制药工程、自动化

专科专业 财务管理、电子商务、工商企业管理、会计电算化、计算机应用技术、酒店管理、旅游管理、人力资源管理、商务英语、市场营销、物流管理

硕士专业 材料加工工程、材料学、测试计量技术及仪器、车辆工程、工商管理、会计、会计学、机械电子工程、机械设计及理论、机械制造及其自动化、计算机应用技术、劳动经济学、马克思主义中国化研究、企业管理（含：财务管理、市场营销）、生物医学工程、微生物与生化药学、信号与信息处理、应用数学

院系设置

学校现有重庆汽车学院、材料科学与工程学院、电子信息与自动化化学院、计算机科学与工程学院、药学与生物学院、化学化工学院、数学与统计学院、光电信息学院、会计学、工商管理学院、经济与贸易学院、人文社会科学学院、重庆知识产权学院、外国语学院、应用技术学院、商贸信息学院、成人教育学院等17个院系。

国家级、省部级研究机构设置

学校拥有科技部激光快速原形及模具制造生产力促进中心、机械检测技术与装备教育部工程研究中心、汽车零部件制造及检测技术省部共建教育部重点实验室、重庆高校模具技术重点实验室、重庆高校汽车零部件及检测技术重点实验室、重庆市

现代中药工程技术研究中心(联合)、重庆工学院科技成果转化中心、西部国情研究中心、第四批全国企事业单位知识产权试点单位、机械检测技术与装备重庆市高校工程中心、重庆高校科技发展研究中心、重庆市财会研究与开发中心、重庆市车辆模拟与实验工程技术研究中心、重庆市模具工程技术研究中心、重庆市汽车动力系统及控制工程技术研究中心、重庆市轻合金工程技术研究中心、重庆市金融衍生品创新与应用中心、检测与控制工程中心、劳动经济与人力资源研究中心、企业管理研究中心、汽车设计工程研究院、汽车研究所、应用技术研究所、应用数学研究所、现代人员测评研究所、现代创新与风险管理研究所、网络与数据库技术研究所 计算机软件技术及应用研究所、人工智能系统研究所、CIMS研究所、测试技术研究所、复合材料研究所、智能控制技术研究所、远程测试与控制技术研究所、车辆电子技术研究所、新视野管理咨询与企业诊断研究中心、电子材料及表面工程研究所、医学工程研究院、信息安全技术研究所、天然药物研究所、生物制药研究所、环境与生态技术研究所、英语测试研究所、社区建设与发展研究所、网络应用技术研究所、亚洲经济研究所、创新实践研究室、CVT开发中心、CAD/CAE工程中心、C3P中心、企业管理研究所、中韩合作拓普汽车研发中心

定期公开出版的专业刊物 学校公开出版《重庆理工大学学报(自然科学)》、《重庆理工大学学报(社会科学)》、《劳动经济》、《四川兵工学报》等学术刊物

学校设立奖学金情况

学校设立诸多奖项:普通本科:

1. 奖学金类:1)综合奖学金:甲等1200元、乙等800元、丙等400元;2)国家奖学金:8000元;3)国家励志奖学金:5000元;4)新生特别奖学金:特等奖5000元、一等奖2000元、二等奖1000元、三等奖500元;5)哈尔滨量具刃具集团公司优秀学生奖学金:2000元;6)曙光优秀学生奖学金:2000元;7)"潼南奋进"奖学金:2000元。

2. 贷学金类:国家助学贷款:每人每年最高不超过6000元。

3. 助学金类:1)学校困难补助:每人每年最高不超过400元;2)国家助学金:甲等4000元、乙等3000元、丙等2000元;3)吉祥助学金:1000元。

应用技术本科:

1. 综合奖学金:甲等1200元、乙等800元、丙等400元;

2. 自立自强学生专项奖学金:甲等奖500元、乙等奖300元;

3. 国家奖学金:8000元;

4. 国家励志奖学金:5000元;

5. "潼南奋进"奖学金:2000元;

6. 国家助学金:甲等4000元、乙等3000元、丙等2000元;

7. 吉祥助学金:1000元;

8. 国家助学贷款:每人每年最高不超过6000元。

普通专科及中外合作办学双文凭专科:

1. 奖学金类:1)国家奖学金:8000元;2)国家励志奖学金:5000元;3)新生特别奖学金:甲等奖1000元、乙等奖800元、丙等奖600元;4)综合奖学金:甲等奖1500元、乙等奖1000元、丙等奖600元;5)"潼南奋进"奖学金:2000元;6)单项优秀奖学金:30元至600元。

2. 贷学金类:国家助学贷款:每人每年最高不超过6000元。

3. 助学金类:1)国家助学金:甲等4000元、乙等3000元、丙等2000元;2)吉祥助学金:1000元。

研究生:

1. 针对报考科学学位硕士研究生和除工商管理硕士之外专业学位硕士研究生的考生:所有被录取的硕士研究生均可参评,奖项分为A、B、C、D四类,获奖金额分别为A类3000元/人、B类2000元/人、C类1000元/人、D类300元/人。其中985、211工程院校的国家计划内本科毕业生(不含独立学院)一志愿报考我校,一经录取即可获得A类新生奖学金。

2. 针对报考工商管理硕士(MBA)专业学位研究生的考生:一等奖为20000元/生,二等奖为10000元/生,三等奖为5000元/生。

3. 为保证研究生在校学习期间的基本生活,鼓励研究生勤奋学习,学校为所有录取的全日制科学学位在校硕士研究生及除工商管理硕士之外的专业学位硕士研究生提供260元/人·月(高于国家有关标准)的普通奖学金(委托培养协议中有特殊规定的除外)。入学后,还可凭课程成绩、平时综合表现、科研工作等情况申报近10种奖项,获奖面高达60%,单项奖金金额最高为1000元/项。

主要校办产业

学校现有重庆理工大学七一仪表厂、重庆理工大学星照汽车学院、重庆达康建筑工程公司、重庆金瓯房地产开发有限责任公司等产业。

学校历史沿革

重庆理工大学诞生于1940年,时为兵工署第二十一兵工厂技工学校;1950年,学校改名为西南军政委员会工业部工业学校;1960年,更名为重庆工业专科学校,隶属兵器工业部;1966年,升格为重庆工学院,开始招收本科生;1967年,改为第二机械工业部国营5077厂;1985年,经国家教委批准恢复办校并定名重庆工业管理学院;1999年,学院由中国兵器工业总公司划转重庆市管理并更名重庆工学院;2002年,重庆市经济管理干部学院并入我校;2009年,学校正式更名为重庆理工大学。

重庆工商大学

学校(机构)标识码 4150011799
学校办学类型 411:本科院校:大学
学校性质类别 08 财经院校
学校举办者 811 省级教育部门
学校地址 重庆市南岸区学府大道19号
邮政编码 400067
办公电话 023-62769515
传真电话 023-62769515
校园(局域)网域名 www.ctbu.edu.cn
电子信箱 poffice@ctbu.edu.cn
占地面积(平方米) 1822276

校舍建筑面积(平方米) 945342	其中:普通本科 26753	专任教师(人) 1534
图书(万册) 205.88	普通专科 1012	其中:正高级 178
固定资产总值(万元) 277088.03	成人本科 1647	副高级 432
教学、科研仪器设备资产值(万元) 17086.07	成人专科 3651	中级 698
	硕士研究生 1077	初级 143
在校生数(人) 34191	留学生 51	未定职级 83

本科专业 包装工程、保险、材料科学与工程、财务管理、财政学、测控技术与仪器、电子商务、电子信息工程、动画、法学、法语、工程管理、工商管理、工业设计、公共事业管理、广播电视编导、广播电视新闻学、广告学、国际经济与贸易、汉语言文学、化学工程与工艺、环境工程、会计学、会展经济与管理、机械电子工程、机械设计制造及其自动化、计算机科学与技术、金融学、经济学、劳动与社会保障、旅游管理、贸易经济、汽车服务工程、人力资源管理、商务策划管理、社会工作、社会学、摄影、生物工程、食品科学与工程、市场营销、数学与应用数学、体育教育、统计学、投资学、土地资源管理、物流管理、新闻学、信息管理与信息系统、信息与计算科学、艺术设计、英语、应用化学、应用物理学、制药工程、资源环境与城乡规划管理、自动化

专科专业 会计电算化、会展策划与管理、机电一体化技术、酒店管理、连锁经营管理、艺术设计、营销与策划、影视动画

硕士专业 产业经济学、传播学、工商管理、环境工程、会计学、企业管理(含:财务管理、市场营销)、区域经济学、思想政治教育、统计学、中国古代文学

院系设置

经济贸易学院、财政金融学院、管理学院、商务策划学院、会计学院、旅游与国土资源学院、文学与新闻学院、法学院、社会与公共管理学院、思想政治理论学院、计算机科学与信息工程学院、机械工程学院、环境与生物工程学院、数学与统计学院、设计艺术学院、外语学院、体育学院、应用技术学院、国际商学院、现代国际设计艺术学院、建筑装饰艺术学院、影视动画学院、长江传媒学院、通识学院、MBA教育中心

国家级、省部级研究机构设置

1. 实验室:国家级-经济管理实验教学中心、重庆市级-电子信息与控制技术实验教学中心、重庆市级-化学技术实验教学中心、重庆市级-计算机基础实验教学中心

2. 研究中心(所):教育部确定为普通高校人文社科研究基地-长江上游经济发展研究中心、教育部工程中心-重庆高校工业废油资源化技术与装备工程研究中心、重庆市级人文社科重点研究基地-重庆工商大学区域经济研究院、重庆市级人文社科重点研究基地-重庆市发展信息管理工程技术研究中心、重庆市级人文社科重点研究基地-重庆工商大学企业管理研究中心、重庆市级人文社科重点研究基地-重庆工商大学产业经济研究院、重庆市级应用技术研究平台-重庆市发展信息管理工程技术研究中心、重庆市高校重点建设的实验室-重庆工商大学药物化学与化学生物学研究中心、重庆市高等学校实验教学中心-重庆工商大学经济管理实验教学中心、电子商务及供应链系统重庆市重点实验室、重庆市检测控制集成系统重点实验室

博士后科研流动站 博士后流动站1个-西南财经大学博士后流动站重庆工商大学分站;博士后工作站2个-重庆工商大学实业开发总公司博士后科研工作站、重庆工商大学科技开发总公司博士后科研工作站

定期公开出版的专业刊物 《西部论坛》、《重庆工商大学学报(社会科学)》、《重庆工商大学学报(自然科学)》

学校设立奖学金情况

学校设立奖学金11项,奖励总金额2678.735万元。奖学金最高金额8000元/人·年,最低金额100元/人·年。

1. 优秀学生综合奖学金(共计230.70万元)一等奖学金:1000元/人·年,3%;二等奖学金:800元/人·年,5%;三等奖学金:500元/人·年,10%。

2. 师范奖学金(共计9.7万元)一等奖学金:1000元/人·年,3%;二等奖学金:800元/人·年,5%;三等奖学金:500元/人·年,10%。

3. 师范专业奖学金:600元/人·年,100%。专项奖学金(共计13万元)萧丽玉奖学金 一等奖:3000元/人·年 二等奖:2000元/人·年 三等奖:1000元/人·年 川仪奖学金 2000元/人·年(30人) Panasonic育英基金奖学金 一等奖:1500元/人·年 二等奖:1000元/人·年 三等奖:200元/人·年。

4. 单项奖学金(共计57.535万元)定期申报:27.23万元 适时给奖:30.305万元。

5. 新生奖学金(共计2.3万元)一等奖:3000元/人·年 二等奖:2000元/人·年 三等奖:1000元/人·年。

6. 国家奖助学金共2365.5万元。

主要校办产业

重庆工商大学科技开发总公司、重庆工商大学实业开发总公司、重庆顺之物业管理有限公司、重庆工商大学驾校培训有限公司、重庆古道茶楼有限公司、重庆文苑物业管理有限公司

学校历史沿革

重庆工商大学是经国家教育部批准(教发函[2002]2号),由原渝州大学和原重庆商学院合并成立的一所以经济学、管理学、文学学科为主,法学、理学、工学等多学科渗透的、具有硕士授予权的多科性大学。原渝州大学创建于1978年10月,1985年获学士学位授予权,隶属于重庆市政府。原重庆商学院在原重庆财贸学校的基础上创建于1985年5月,1991年获学士学位授予权,隶属于原商业部。重庆工商大学现由中央和地方共建,以重庆市政府管理为主。

重庆电力高等专科学校

学校(机构)标识码 4150011848	传真电话 023-68505795	在校生数(人) 8197
学校办学类型 414:专科院校:高等专科学校	校园(局域)网域名 www.cqepc.com.cn	其中:普通专科 6387
	电子信箱 cqepcoffice@163.com	成人专科 1810
学校性质类别 02 理工院校	占地面积(平方米) 142631	专任教师(人) 291
学校举办者 812 省级其他部门	校舍建筑面积(平方米) 144883	其中:正高级 3
学校地址 重庆市九龙坡区五龙庙电力四村9号	图书(万册) 34.49	副高级 96
	固定资产总值(万元) 14318	中级 157
邮政编码 400053	教学、科研仪器设备资产值(万元) 3833	初级 20
办公电话 023-68501490		未定职级 15

专科专业 电厂化学、电厂热能动力装置、电厂设备运行与维护、电力系统继电保护与自动化、电力系统自动化技术、电子测量技术与仪器、电子商务、电子信息工程技术、发电厂及电力系统、高压输配电线路施工运行与维护、工程监理、工业热工控制技术、供用电技术、火电厂集控运行、计算机网络技术、金融保险、酒店管理、旅游管理、软件技术、市场营销、水电站动力设备与管理、图形图像制作、物流管理

院系设置
电力工程系、动力工程系、计算机科学系、经济管理系、素质教学部、思想政治理论研究部、实训教学部、体育工作部

定期公开出版的专业刊物 《重庆电力高等专科学校学报》

学校设立奖学金情况
学校设立奖学金2项,奖励总金额91.82万元。奖学金最高金额1500元/年,最低金额400元/年。

主要校办产业
能创公司

学校历史沿革
重庆电机工业学校(1952年12月-1953年5月4日)、重庆电气工业学校(1953年5月4日-1953年5月12日)、重庆电力工业学校(1953年5月12日-1953年12月)、重庆动力工业学校(1953年12月-1958年8月)、重庆电力学校(1958年8月-1995年6月)、重庆电力高等专科学校(1995年6月至今)。

重庆工业职业技术学院

学校(机构)标识码 4150012215	校园(局域)网域名 www.cqipc.net	其中:普通专科 9048
学校办学类型 415:专科院校:高等职业学校	电子信箱 gzyyb@126.com	成人专科 1097
	占地面积(平方米) 612964	留学生 2
学校性质类别 02 理工院校	校舍建筑面积(平方米) 275509	专任教师(人) 405
学校举办者 811 省级教育部门	图书(万册) 56.6	其中:正高级 14
学校地址 重庆市渝北区(空港)桃源大道1000号	固定资产总值(万元) 74112.61	副高级 113
	教学、科研仪器设备资产值(万元) 7312.3	中级 162
邮政编码 401120	在校生数(人) 10147	初级 92
办公电话 023-61879228		未定职级 24
传真电话 023-68822827		

专科专业 报关与国际货运、材料成型与控制技术、电脑艺术设计、电气自动化技术、工程机械运用与维护、工程造价、工业分析与检验、工业设计、广告设计与制作、焊接技术及自动化、航空服务、会计电算化、机电设备维修与管理、机电一体化技术、机械设计与制造、计算机辅助设计与制造、计算机控制技术、计算机通信、计算机网络技术、计算机应用技术、建筑工程技术、酒店管理、旅游管理、模具设计与制造、汽车电子技术、汽车技术服务与营销、汽车检测与维修技术、汽车整形技术、软件技术、商务经纪与代理、数控技术、数控设备应用与维护、图形图像制作、文秘、物流管理、信息安全技术、营销与策划、影视动画、应用电子技术、应用化工技术

院系设置
机械工程学院、工商贸易学院、自动化系、汽车工程系、计算机系、流通管理系、建筑工程系、艺术设计系、化学工程系、基础教学部、体育工作部、思想政治理论课教学部

定期公开出版的专业刊物 《重庆工业职业技术学院学报》

学校设立奖学金情况
学校设立奖学金4项,经历总金额450余万元。奖学金最

高金额 8000 元/年,最低金额 200 元/年。

主要校办产业

重庆市第三机床厂

学校历史沿革

学院前身是 1956 年由国家机械工业部创建的重庆机制制造学校。2000 年与重庆机械职工大学合并,经过重庆市人民政府和教育部批准成立为独立设置的工科类高等职业技术学院。

重庆三峡职业学院

学校(机构)标识码 4150012605	校园(局域)网域名 www.cqsxedu.com	其中:普通专科 6148
学校办学类型 415:专科院校:高等职业学校	电子信箱 office@cqsxedu.com	成人专科 267
	占地面积(平方米) 368375	专任教师(人) 351
学校性质类别 01 综合大学	校舍建筑面积(平方米) 166475	其中:正高级 25
学校举办者 811 省级教育部门	图书(万册) 40.5	副高级 178
学校地址 重庆市万州区科龙路 8 号	固定资产总值(万元) 30534.72	中级 75
邮政编码 404155	教学、科研仪器设备资产值(万元) 2888.13	初级 51
办公电话 023－58800267		未定职级 22
传真电话 023－58800558	在校生数(人) 6415	

专科专业 宠物养护与疫病防治、畜牧兽医、电脑艺术设计、电子信息工程技术、动漫设计与制作、动物防疫与检疫、工程机械运用与维护、会计电算化、机电一体化技术、机械设计与制造、计算机控制技术、计算机应用技术、经济管理、酒店管理、旅游英语、模具设计与制造、农业机械应用技术、汽车技术服务与营销、汽车检测与维修技术、生物技术及应用、食品加工技术、数控技术、水产养殖技术、文秘、物流管理、应用电子技术、园林技术、园艺技术、植物保护

院系设置

现有 7 系 1 部 1 院(机械与电子工程系、农业机械与汽辆工程系、农林科技系、动物科技系、信息科技系、经济贸易系、基础教学部、继续教育学院),八处二室一部(党政办公室、组织统战部、监察室、人事处、招生就业处、学生处、教务处、科研处、计划财务处、基建后勤处、校企合作处),工会,团委。

学校设立奖学金情况

1. 学校设立奖学金一项,奖励总金额 20 余万元,最高金额 300 元/年·生,最低金额 50 元/年·生;

2. 九三奖学金,奖励金额 4 万元,有 40 名学生享受,最高 1000 元/生·年;

3. 海南正业奖学金,奖励总金额 2 万元,有 20 名学生享受,最高 1500 元/生·年,最低 800 元/生·年;

4. 大北农奖学金,奖励总金额 1 万元,有 20 名学生享受,500 元/生·年;

5. 杨翔奖学金,奖励总金额 1 万元,有 20 名学生享受,500 元/生·年;

6. 嘉陵本田奖学金,奖励金额 2100 元,有 10 名学生享受,一等奖 400 元/生·年,二等奖 300 元/生·年,三等奖 200 元/生·年。

学校历史沿革

重庆三峡职业学院是经重庆市人民政府批准、教育部备案的一所全日制高等职业院校,于 2003 年 4 月由国家级重点中专重庆万县农业学校与省(部)级重点中专重庆万州工业学校合并组建而成。

重庆工贸职业技术学院

学校(机构)标识码 4150012606	传真电话 023－72806399	在校生数(人) 6293
学校办学类型 415:专科院校:高等职业学校	校园(局域)网域名 www.cqgmy.cn	其中:普通专科 6032
	电子信箱 cqgmydzb@163.com	成人专科 261
学校性质类别 01 综合大学	占地面积(平方米) 330001	专任教师(人) 245
学校举办者 811 省级教育部门	校舍建筑面积(平方米) 214334	其中:正高级 2
学校地址 重庆市涪陵区涪南路 108 号	图书(万册) 50.3	副高级 113
	固定资产总值(万元) 40808.08	中级 48
邮政编码 408000	教学、科研仪器设备资产值(万元) 3214.55	初级 73
办公电话 023－72806333		未定职级 9

专科专业 道路桥梁工程技术、发电厂及电力系统、服装设计、供用电技术、会计电算化、机电一体化技术、计算机应用技术、建筑工程技术、建筑装饰工程技术、精细化学品生产技术、旅游管理、模具设计与制造、生物化工工艺、生物制药技术、食品工艺与检测、市场营销、数控技术、水利水电建筑工程、投资与理财、网络系统管理、物业管理、鞋类设计与工艺、印刷技术、应用电子技术、应用化工技术、园林技术、制冷与空调技术

院系设置

重庆工贸职业技术学院现设:建筑工程系、财经贸易系、生物化学工程系、机电工程系、信息工程系、轻工系、继续教育部

定期公开出版的专业刊物 《重庆工贸职业技术学院学报》

学校设立奖学金情况

学校设立奖学金6项,奖励总金额135.87余万元。奖学金最高金额8000元/年,最低金额500元/年。

主要校办产业

建材(预制厂)、花卉基地、电子产品组装、制药厂

学校历史沿革

2003年1月重庆市人民政府以"渝府【2003】18号"批准,原重庆市第三水利电力学校(创建于1964年)、重庆市第三财贸学校(创建于1965年)、重庆市涪陵区农业学校(创建于1936年)合并组建成涪陵职业技术学院。2006年3月1日,重庆市人民政府以"渝府发【2006】54号"文同意学院更名为重庆工贸职业技术学院。

重庆机电职业技术学院

学校(机构)标识码 4150012607	传真电话 023-68671937	在校生数(人) 8054
学校办学类型 415:专科院校:高等职业学校	校园(局域)网域名 www.cqevi.net.cn	其中:普通专科 7254
	电子信箱 chongjidian@yahoo.com.cn	成人专科 800
学校性质类别 02 理工院校	占地面积(平方米) 910625	专任教师(人) 387
学校举办者 812 省级其他部门	校舍建筑面积(平方米) 232934	其中:正高级 7
学校地址 重庆市璧山县璧青北路1001号	图书(万册) 42.08	副高级 80
	固定资产总值(万元) 24612.82	中级 198
邮政编码 400050	教学、科研仪器设备资产值(万元)	初级 67
办公电话 023-68671920	3285.54	未定职级 35

专科专业 安全技术管理、电气自动化技术、工程监理、工程造价、工程造价(建筑工程方向BBP)、焊接技术及自动化、会计与审计、会计与审计(财务管理方向)、会计与审计(会计电算化方向)、会计与审计(会计与统计核算方向)、机电设备维修与管理、机电一体化技术、机械设计与制造、机械设计与制造(PMP)、机械设计与制造(机械制造工艺与?机械设计与制造(检测技术方向)、机械设计与制造(制造自动化方向)、机械设计与制造(制造自动化方向)、计算机信息管理、计算机应用技术、计算机应用技术(软件工程方向)、家政服务、家政服务(健康管理方向)、家政服务(婴幼儿早教方向)、家政服务(婴幼儿早教方向DDP)、建筑电气工程技术、建筑工程管理、建筑工程技术、模具设计与制造、汽车电子技术、汽车改装技术、汽车技术服务与营销、汽车技术服务与营销(合作)、汽车检测与维修技术、汽车检测与维修技术(DDP)、汽车检测与维修技术(合作方向)、汽车整形技术、汽车制造与装配技术、汽车制造与装配技术(PMP)、数控技术、网络系统管理、网络系统管理(网站建设与维护方向)、物流管理、物流管理(多式联运与报关方向)、艺术设计、营销与策划、营销与策划(连锁经营方向)、营销与策划(旅游酒店管理方向BBP)、营销与策划(市场开发与营销方向)、制冷与空调技术

院系设置

基础教学系、机电工程系、车辆工程系、建筑工程系、经济管理系、艺术系

学校设立奖学金情况

学校设立奖学金4项,奖励总金额13余万元。奖学金最高金额3000元/年,最低金额200元/年。

主要校办产业

机械加工、汽车零部件生产

学校历史沿革

重庆机电职业技术学院前身是四川八大兵工厂联合举办的重庆兵器工业职工大学。1990年经四川省教委、兵器工业总公司同意,国家教委以教计[1990]185号文批准,在八所厂办职大基础上正式成立重庆兵器工业职工大学,校本部设在长安厂。2003年4月16日,经重庆市教委专家组评审,重庆市人民政府[2003]104号文批准,同意在重庆兵器工业职工大学基础上,设立重庆机电职业技术学院。2003年5月9日,国家教育部教发函[2003]145号文予以备案。

重庆正大软件职业技术学院

学校(机构)标识码　4150012608
学校办学类型　415:专科院校:高等职业学校
学校性质类别　02 理工院校
学校举办者　999 民办
学校地址　重庆市巴南区南泉街道办事处白鹤林16号
邮政编码　400056
办公电话　023-62849919
传真电话　023-62847733
校园(局域)网域名　www.zdsoft.com.cn
电子信箱　zdcollege@zdsoft.cn
占地面积(平方米)　225177
校舍建筑面积(平方米)　104629
图书(万册)　38.94
固定资产总值(万元)　17059.98
教学、科研仪器设备资产值(万元)　2806.24
在校生数(人)　6259
其中:普通专科　5949
　　　成人专科　310
专任教师(人)　346
其中:正高级　16
　　　副高级　48
　　　中级　40
　　　初级　83
　　　未定职级　159

专科专业　电脑艺术设计、电子商务、电子信息工程技术、动漫设计与制作、多媒体设计与制作、环境艺术设计、计算机多媒体技术、计算机网络技术、计算机系统维护、计算机信息管理、计算机应用技术、连锁经营管理、软件技术、商务管理、商务英语、市场开发与营销、网络系统管理、信息安全技术、应用电子技术

院系设置
学校设软件技术系、网络技术系、艺术设计系、管理工程系、电子信息工程系、影视动画系、游戏学院、服务外包学院、外语系、基础部

国家级、省部级研究机构设置
国家实验室 2 个

学校设立奖学金情况
学校设立奖学金5项,奖励总金额45.2余万元。奖学金最高金额6000元/年,最低金额200元/年。

学校历史沿革
重庆正大软件职业技术学院前身为重庆正大软件专修学院,建校时间为2001年8月。2003年4月16日经重庆市人民政府批准,报教育部备案设立重庆正大软件职业技术学院(教育部代码12608),2003年11月经教育部批准试办全国示范性软件职业技术学院。

重庆电子工程职业学院

学校(机构)标识码　4150012609
学校办学类型　415:专科院校:高等职业学校
学校性质类别　02 理工院校
学校举办者　811 省级教育部门
学校地址　重庆市沙坪坝区大学城
邮政编码　401331
办公电话　023-65926593
传真电话　023-65927000
校园(局域)网域名　www.cqcet.com
电子信箱　cdzyyb@126.com
占地面积(平方米)　905187
校舍建筑面积(平方米)　469787
图书(万册)　90.89
固定资产总值(万元)　69538.22
教学、科研仪器设备资产值(万元)　13861.54
在校生数(人)　22006
其中:普通专科　18048
　　　成人专科　3958
专任教师(人)　768
其中:正高级　22
　　　副高级　145
　　　中级　352
　　　初级　226
　　　未定职级　23

专科专业　编导、材料工程技术、电气自动化技术、电子商务、电子声像技术、电子信息工程技术、动漫设计与制作、工程造价、光电制造技术、广告设计与制作、国际金融、国际经济与贸易、环境艺术设计、会计、会计电算化、机电设备维修与管理、机电一体化技术、机械设计与制造、计算机多媒体技术、计算机控制技术、计算机通信、计算机网络技术、计算机信息管理、计算机应用技术、计算机硬件与外设、金融保险、金融与证券、酒店管理、楼宇智能化工程技术、旅游管理、汽车电子技术、汽车技术服务与营销、汽车检测与维修技术、汽车制造与装配技术、嵌入式技术与应用、软件技术、商务英语、数控技术、通信技术、图形图像制作、微电子技术、物流管理、信息安全技术、营销与策划、影视动画、影视广告、应用电子技术、资产评估与管理

院系设置
电子信息系、通信工程系、软件工程系、计算机应用系、汽车工程系、机电工程系、工商管理系、会计与金融系、建筑与材料工程系、传媒艺术系、人文素质部、培训与继续教育学院、技师学院

定期公开出版的专业刊物 《重庆电子工程职业学院学报》
学校设立奖学金情况
学校设立奖学金 3 项,奖励总金额 100 余万元。奖学金最高金额 1000 元/年,最低金额 300 元/年。
主要校办产业
实习工厂、重庆华达科技开发公司
学校历史沿革
学院于 2007 年 2 月由原重庆电子科技职业学院和重庆职业技术学院合并组建而成。重庆职业技术学院创建于 1965 年 1 月,原名"川南工业管理学校",1985 年更名为"西南工业管理学校",2001 年 3 月升格为"重庆职业技术学院";重庆电子科技职业学院创建于 1977 年,原名"重庆电子工业学校",1999 年升格为重庆电子职业技术学院(东院),2003 年 4 月更名为重庆电子科技职业学院。

重庆大学城市科技学院

学校(机构)标识码	4150012616
学校办学类型	413:本科院校:独立学院
学校性质类别	01 综合大学
学校举办者	999 民办
学校地址	重庆市永川区光彩大道 368 号
邮政编码	402167
办公电话	023-49481068
传真电话	023-49890001
校园(局域)网域名	www.cqucc.com.cn
电子信箱	cskjxy@cqucc.com.cn
占地面积(平方米)	893732
校舍建筑面积(平方米)	303978
图书(万册)	121.76
固定资产总值(万元)	40042
教学、科研仪器设备资产值(万元)	8515
在校生数(人)	16524
其中:普通本科	13299
普通专科	3225
专任教师(人)	685
其中:正高级	63
副高级	158
中级	189
初级	239
未定职级	36

本科专业 电气工程及其自动化、电子信息工程、法学、房地产经营管理、给排水科学与工程、工程管理、工程造价、工商管理、国际经济与贸易、会计学、机械电子工程、计算机科学与技术、建筑环境与设备工程、建筑学、景观建筑设计、人力资源管理、软件工程、市场营销、土木工程、艺术设计、英语
专科专业 电子商务、工程造价、会计、计算机网络技术、计算机信息管理、建筑工程技术、建筑装饰工程技术、商务英语、市场营销、艺术设计、应用电子技术
院系设置
电气信息学院、土木工程学院、建筑管理学院、人文学院、经济管理学院、艺术设计学院
学校设立奖学金情况
学校设立奖学金 6 项,奖励总金额 70 余万元。奖学金最高金额 8000 元/年,最低金额 500 元/年。
学校历史沿革
重庆大学西渝学院 2005 年 9 月由教育部批准成立,学院为了突出专业特色和教学优势,在学科建设上走高起点、高质量、高品牌的路线,经学院领导研究决定将原重庆大学西渝学院更改为重庆大学城市科技学院。2006 年 2 月 27 日教育部正式批准重庆大学西渝学院更名为重庆大学城市科技学院。

重庆海联职业技术学院

学校(机构)标识码	4150012754
学校办学类型	415:专科院校:高等职业学校
学校性质类别	01 综合大学
学校举办者	999 民办
学校地址	重庆市渝北区兴科二路 1 号
邮政编码	401120
办公电话	023-67199699
传真电话	023-67459959
校园(局域)网域名	www.cqhl.net.cn
电子信箱	cqhlzyxy@126.com
占地面积(平方米)	230466
校舍建筑面积(平方米)	79270
图书(万册)	23.74
固定资产总值(万元)	20525
教学、科研仪器设备资产值(万元)	4429.42
在校生数(人)	2646
其中:普通专科	2553
成人专科	93
专任教师(人)	141
其中:正高级	11
副高级	22
中级	19
初级	8
未定职级	81

专科专业 报关与国际货运、电子商务、电子信息工程技术、工程造价(土木工程造价管理)、工商企业管理(房地产经营策划)、工商企业管理(文化市场经营与管理)、航空服务、航空港管理(机场场道管理与维护)、环境艺术设计、计算机信息管理、金融与证券、旅游管理(旅游与酒店管理)、旅游英语(涉外导游英语)、汽车电子技术、软件技术、软件技术(软件工程)、司法助

理、通信网络与设备(网络通信技术)、文秘、舞蹈表演、音乐表演(声乐表演)、影视表演、影视多媒体技术、影视多媒体技术(动漫设计与制作)、影视多媒体技术(动漫设计与制作、应用电子技术、应用英语(实用商务英语)、运动训练、装潢艺术设计(广告与装潢)、装潢艺术设计(广告与装潢)

院系设置

学院下设5系2部:航空管理系、航港商务系、航空电子信息系、工程管理系、人文艺术系、思想政治理论教育教研部,体育部

定期公开出版的专业刊物 校报《今日海联》

学校设立奖学金情况

学校设立奖学金1项,奖励总金额27余万元。奖学金最高金额2000/年,最低金额500/年。

学校历史沿革

重庆海联职业技术学院组建于1999年,其前身为重庆海联专修学院,于2001年经重庆市人民政府和国家教育部审批改为重庆海联职业技术学院。2009年11月,由西南政法大学接管,现为西南政法大学独立投资举办。

重庆信息技术职业学院

学校(机构)标识码 4150012755	传真电话 023-58466222	在校生数(人) 6270
学校办学类型 415:专科院校:高等职业学校	校园(局域)网域名 www.cqeec.com	其中:普通专科 5945
	电子信箱 giant@cqeec.com	成人专科 325
学校性质类别 02 理工院校	占地面积(平方米) 416626	专任教师(人) 337
学校举办者 999 民办	校舍建筑面积(平方米) 231814	其中:正高级 29
学校地址 重庆市万州区金龙平湖路88号	图书(万册) 59.7	副高级 88
	固定资产总值(万元) 14682.8	中级 161
邮政编码 404000	教学、科研仪器设备资产值(万元)	初级 59
办公电话 023-58193588	2911.21	

专科专业 电脑艺术设计、电子商务、电子信息工程技术、动漫设计与制作、广告设计与制作、国际商务、计算机辅助设计与制造、计算机控制技术、计算机通信、计算机网络技术、计算机系统维护、计算机信息管理、金融保险、经济信息管理、软件技术、软件外包服务、商务管理、商务英语、舞蹈表演、移动通信技术、音乐表演、营销与策划、装潢艺术设计

院系设置

软件学院、电子工程学院、经贸学院、表演艺术学院

国家级、省部级研究机构设置

研究中心(所):软件研究所、高职教育研究所

定期公开出版的专业刊物 《重庆信息技术职业学院学报》

学校设立奖学金情况

学校设立奖学金 叁 项,奖励总金额125余万元。奖学金最高金额8000元/年,最低金额1000元/年。

学校历史沿革

重庆信息技术职业学院其前身为1988年成立的重庆电子工程专修学院,1998年东迁万州,2001年4月经重庆市人民政府批准、教育部备案,正式更名为重庆信息技术职业学院,是重庆市教委主管的全日制普通高等院校。

重庆传媒职业学院

学校(机构)标识码 4150012756	传真电话 023-45615799	在校生数(人) 1962
学校办学类型 415:专科院校:高等职业学校	校园(局域)网域名 www.cqcmxy.com	其中:普通专科 1851
	电子信箱 cqcmxy@hotmail.com	成人专科 111
学校性质类别 01 综合大学	占地面积(平方米) 321462	专任教师(人) 148
学校举办者 999 民办	校舍建筑面积(平方米) 70806	其中:正高级 10
学校地址 重庆市铜梁县学府大道302号	图书(万册) 18.71	副高级 21
	固定资产总值(万元) 11944.56	中级 41
邮政编码 402560	教学、科研仪器设备资产值(万元)	初级 20
办公电话 023-45615833	2594.24	未定职级 56

专科专业 报关与国际货运、财务管理、出版与发行、传媒策划与管理、电视节目制作、动漫设计与制作、广告设计与制作、计算机多媒体技术、人物形象设计、摄影摄像技术、文秘、物流管理、新闻采编与制作、艺术设计、影视广告、主持与播音

院系设置

我院现设有新闻出版系、艺术设计系、经济管理系、影视艺术系四个教学院系和一个基础教学部

学校历史沿革

1997年重庆百年光彩经济技术学院创建；2001年重庆百年光彩经济技术学校升格为重庆光彩职业技术学院；2008年重庆光彩职业技术学院更名为重庆传媒职业学院。

重庆警官职业学院

学校(机构)标识码	4150012757
学校办学类型	415：专科院校：高等职业学校
学校性质类别	09 政法院校
学校举办者	812 省级其他部门
学校地址	专科院校：高等职业学校
邮政编码	401331
办公电话	023-63964680
传真电话	023-53964610
校园(局域)网域名	www.cqjy.com.cn
电子信箱	changganglian@yahoo.com
占地面积(平方米)	240885
校舍建筑面积(平方米)	182237
图书(万册)	54.71
固定资产总值(万元)	8818.33
教学、科研仪器设备资产值(万元)	4046.67
在校生数(人)	1303
其中：普通专科	1303
专任教师(人)	286
其中：正高级	20
副高级	68
中级	139
初级	9
未定职级	50

专科专业 交通管理、交通管理(交巡警方向)、警察管理(公安文秘方向)、警察指挥与战术、警察指挥与战术(反恐防暴方向)、刑事技术、侦查、治安管理、治安管理(社区街区警务方向)

院系设置

侦查系、治安管理系、法学系、警察战术系、基础教学部

学校设立奖学金情况

学校设立奖学金5项，奖励总金额158余万元，奖学金最高金额8000元/年，最低金额200元/年。

1. 学生成绩优秀奖：300人/年，200/人；
2. 奖学金：733人/年，480元/人；
3. 国家奖学金：1人/年，8000元/人；
4. 国家励志奖学金：36人/年，5000元/人；
5. 国家助学金：332人/年，一等奖4000元/人，二等奖3000元/人，三等奖2000元/人。

主要校办产业

重庆渝警教育服务中心：公安内部培训、图书发行、销售体育生活用品等。

学校历史沿革

重庆警官职业学院是一所由重庆市人民政府主办，受重庆市公安局管理和重庆市教委指导的全日制公安类普通高等职业学院。学院前身是原重庆市公安学校和重庆市人民警察学校。1950年1月9日，经重庆市人民政府批准成立重庆市公安学校，主要任务是对在职警察进行培训。1982年10月，组建了重庆市人民警察学校，开始进行国民教育系列中的警察职业教育，培养具有中专学历的警务人员。2001年3月，重庆市公安学校和重庆市人民警察学校合并组建了重庆警官职业学院，同时举办高职高专学历教育和在职民警培训。

重庆城市管理职业学院

学校(机构)标识码	4150012758
学校办学类型	415：专科院校：高等职业学校
学校性质类别	01 综合大学
学校举办者	811 省级教育部门
学校地址	重庆市沙坪坝区虎溪大学城南二路
邮政编码	401331
办公电话	023-65656161
传真电话	023-65626023
校园(局域)网域名	www.cswu.cn
电子信箱	cqcmc2009@126.com
占地面积(平方米)	292688
校舍建筑面积(平方米)	228254
图书(万册)	50.5
固定资产总值(万元)	45926.31
教学、科研仪器设备资产值(万元)	5144.12
在校生数(人)	10900
其中：普通专科	10382
成人专科	517
留学生	1
专任教师(人)	418
其中：正高级	14
副高级	87
中级	214
初级	70
未定职级	33

专科专业 安全技术管理、报关与国际货运、财务管理、城市管理与监察、电子信息工程技术、房地产经营与估价、服装设

计、国际贸易实务、环境艺术设计、会计电算化、会展策划与管理、计算机控制技术、计算机网络技术、计算机信息管理、家政服务、康复治疗技术、劳动与社会保障、老年服务与管理、连锁经营管理、楼宇智能化工程技术、旅游管理、民政管理、农村合作金融、人物形象设计、软件技术、商务管理、商务英语、社会福利事业管理、社会工作、社会体育、社区管理、社区康复、摄影摄像技术、通信技术、微电子技术、文化市场经营与管理、文秘、物联网应用技术、物流管理、物业管理、现代殡仪技术与管理、营销与策划、园林技术、装潢艺术设计

院系设置　学院现有社会工作学院、信息工程学院、工商管理学院、文化产业管理学院、工程管理系、会计与贸易系、健康管理系、旅游系、基础教学部、思想政治理论课教研部、继续教育学院11个二级院系(教学部)。

定期公开出版的专业刊物　《重庆城市管理职业学院学报》

学校设立奖学金情况
学校设立奖学金4项，奖励总金额177.99余万元。奖学金最高金额8000元/年，最低金额200元/年。
1. 国家奖学金:9人/年,8000元/人;
2. 国家励志奖学金:242人/年,5000元/人;
3. 富侨奖学金:16人/年,625元/人;
4. 学院奖学金:一等奖,291人/年,500元/人;二等奖,580人/年,300元/人;三等奖,842人/年,200元/人。

学校历史沿革
重庆城市管理职业学院的前身为民政部重庆民政学校,创建于1984年。2000年3月由国家民政部划转给重庆市人民政府主办;2001年3月升格为重庆社会工作职业学院。2002年4月,学院实现重庆市人民政府与国家民政部共建。2006年3月更名为重庆城市管理职业学院。

重庆工程职业技术学院

学校(机构)标识码	4150012759	传真电话	023-65202927	在校生数(人)	10813
学校办学类型	415:专科院校:高等职业学校	校园(局域)网域名	www.cqvie.com	其中:普通专科	9304
		电子信箱	yb@cqvie.com	成人专科	1509
学校性质类别	02 理工院校	占地面积(平方米)	261031	专任教师(人)	407
学校举办者	811 省级教育部门	校舍建筑面积(平方米)	181522	其中:正高级	10
学校地址	重庆市沙坪坝上桥一村86号	图书(万册)	46.66	副高级	94
		固定资产总值(万元)	24171.09	中级	156
邮政编码	400037	教学、科研仪器设备资产值(万元)	7720.54	初级	115
办公电话	023-65210516			未定职级	32

专科专业　安全技术管理、产品造型设计、道路桥梁工程技术、地籍测绘与土地管理信息技术、地下工程与隧道工程技术、地质灾害与防治技术、电气自动化技术、电子信息工程技术、工程测量技术、工程地质勘查、工程造价、环境监测与治理技术、会计、会计电算化、机电一体化技术、机械设计与制造、计算机控制技术、计算机网络技术、计算机系统维护、计算机应用技术、建筑工程技术、建筑工程质量与安全技术管理、建筑装饰工程技术、酒店管理、矿井通风与安全、矿山地质、矿山机电、矿物加工技术、楼宇智能化工程技术、旅游管理、煤层气抽采技术、煤化工生产技术、煤矿开采技术、汽车检测与维修技术、人物形象设计、数控技术、水文与工程地质、物流管理、信息安全技术、移动通信技术、营销与策划、应用电子技术、装潢艺术设计、装饰艺术设计

院系设置
矿业与环境工程学院、地质与测绘工程学院、机械工程学院等

学校设立奖学金情况
学校设立奖学金2项,奖励总金额138.89余万元。奖学金最高金额6000元/年,最低金额200元/年。

主要校办产业
重庆智博实业总公司

学校历史沿革
2001年学院由重庆工程技术学院升格为重庆工程职业技术学院,2010年学院成为国家级高职示范院校。

重庆房地产职业学院

学校(机构)标识码	4150012820	学校举办者	999 民办	办公电话	023-65635690
学校办学类型	415:专科院校:高等职业学校	学校地址	重庆市沙坪坝区陈家桥镇(重庆大学城)明德路3号	传真电话	023-65635569
				校园(局域)网域名	www.cqfdcxy.com
学校性质类别	01 综合大学	邮政编码	401331	电子信箱	cqby@vip.163.com

占地面积(平方米) 103202		1582.03	其中:正高级 14
校舍建筑面积(平方米) 64040	在校生数(人) 5517	副高级 38
图书(万册) 28.98	其中:普通专科 5503	中级 57
固定资产总值(万元) 17906.29	成人专科 14	初级 93
教学、科研仪器设备资产值(万元)	专任教师(人) 230	未定职级 28

专科专业 房地产经营与估价、给排水工程技术、工程监理、工程造价、工商企业管理、环境艺术设计、建筑电气工程技术、建筑工程管理、建筑工程技术、建筑经济管理、建筑设备工程技术、建筑设计技术、建筑装饰工程技术、酒店管理、楼宇智能化工程技术、商务英语、室内设计技术、文秘、物业管理、营销与策划、应用电子技术、装饰艺术设计、资产评估与管理

院系设置
学院现设有房地产金融系、房地产研发与建设系、房地产成本控制系、房地产营销系、房地产设备工程系、房地产管理系、环境艺术系、基础教育系等八个教学系。

学校设立奖学金情况
学校设立奖学金1项,奖励总金额23.66余万元。600元/年,最低金额200元/年。

学校历史沿革
重庆房地产职业学院是重庆市人民政府批准,教育部备案的专科层次的高职院校。学院前身系重庆科技进修大学,成立于1984年,是重庆第一批民办高校之一;2001年5月成为独立设置的高等职业院校,改名为重庆巴渝职业技术学院;2005年6月,由重庆新鸥鹏实业有限公司全额独资举办;2007年9月,学院整体搬入重庆大学城,成为重庆大学城13所高校中唯一一所民办高校;2008年经重庆市人民政府批复,并经教育部备案,更名为重庆房地产职业学院。

西南大学育才学院

学校(机构)标识码 4150013548	校园(局域)网域名 www.swuyc.edu.cn	在校生数(人) 16922
学校办学类型 413:本科院校:独立学院		其中:普通本科 14071
	电子信箱 xnsdyc@swnu.end.cn	普通专科 2851
学校性质类别 08 财经院校	占地面积(平方米) 201892	专任教师(人) 848
学校举办者 999 民办	校舍建筑面积(平方米) 399237	其中:正高级 74
学校地址 重庆市合川区草街镇学院街256号	图书(万册) 115.3	副高级 191
	固定资产总值(万元) 44138.12	中级 329
邮政编码 401572	教学、科研仪器设备资产值(万元)	初级 231
办公电话 023-42461119	7539.91	未定职级 23
传真电话 023-42463505		

本科专业 表演、播音与主持艺术、电子信息工程、对外汉语、法学、公共事业管理、广播电视编导、汉语言文学、会计学、绘画、机械设计制造及其自动化、计算机科学与技术、教育技术学、经济学、旅游管理、美术学、汽车服务工程、人力资源管理、社会工作、数学与应用数学、思想政治教育、舞蹈学、戏剧影视美术设计、新闻学、艺术设计、音乐表演、音乐学、英语、园林

专科专业 多媒体设计与制作、法律事务、法律文秘、广告设计与制作、国际贸易实务、汉语、航空服务、会计、机械制造与自动化、计算机应用技术、建筑设计技术、汽车技术服务与营销、商务管理、涉外事务管理、室内设计技术、投资与理财、文秘、新闻采编与制作、艺术设计、音乐表演、音乐教育、英语教育、营销与策划、影视表演、应用电子技术、语文教育、主持与播音

院系设置
文学与新闻传播学院、法学院、工商学院、外国语学院、管理学院、理工学院、美术学院、音乐学院、天籁影视学院、基础教学部

国家级、省部级研究机构设置
研究中心(所):民办高等教育研究所、朱德研究所、西部传记文学创作研究中心、美术文化研究所

学校设立奖学金情况
学校设立奖学金2项,奖励总金额60余万元。奖学金最高金额1000元/年,最低金额500元/年。

学校历史沿革
西南大学育才学院前身为西南师范大学行知学院,后改为西南师范大学行知育才学院,是由西南师范大学与重庆利昂实业有限公司于2000年5月联合创办的一所民办公助二级学院。2003年3月经教育部正式批准为独立学院(全日制普通高校),同时改名为西南师范大学育才学院。2006年11月13日,经国家教育部批准,我院正式更名为西南大学育才学院。

四川外语学院重庆南方翻译学院

学校(机构)标识码　4150013588
学校办学类型　413：本科院校：独立学院
学校性质类别　07 语文院校
学校举办者　999 民办
学校地址　重庆市渝北区回兴街道
邮政编码　401120
办公电话　023-67138005
传真电话　023-67138388
校园(局域)网域名　www.tcsisu.com
电子信箱　po@ tcsisu.com
占地面积(平方米)　310155
校舍建筑面积(平方米)　143865
图书(万册)　117
固定资产总值(万元)　35058.06
教学、科研仪器设备资产值(万元)　3487.1
在校生数(人)　11579
其中：普通本科　9214
普通专科　2365
专任教师(人)　649
其中：正高级　29
副高级　166
中级　253
初级　89
未定职级　112

本科专业　朝鲜语、德语、对外汉语、法语、工程管理、广告学、国际经济与贸易、美术学、日语、新闻学、艺术设计、音乐表演、英语

专科专业　餐饮管理与服务、房地产经营与估价、建筑装饰工程技术、旅游英语、人力资源管理、商务英语、市场营销、物流管理、音乐表演、应用英语

院系设置
学院现设英语语言学院、国际商学院、国际文化交流学院、管理学院、亚欧语言学院、艺术学院等6个二级学院。

学校设立奖学金情况
学校设立奖学金1项，奖励总金额25万余元。奖学金最高金额1000元/年，最低金额400元/年。

学校历史沿革
2001年11月，经重庆市教委批准成立，由四川外语学院，重庆南方集团有限公司联合举办"四川外语学院重庆南方翻译学院"[渝教高(2001)49号文件] 2002年5月，经重庆市教委批准，同意学院招生 2002年5月，重庆市教委批准给学院颁发"中华人民共和国社会力量办学许可证[xx00140027]，社教证字0202号" 2002年10月，首批来自重庆的731名全日制大学本科、专科学生到校学习 2003年12月，教育部确认学院为全国首批"独立学院" 2004年12月，被中华人民共和国民政部授予"全国先进民间组织"光荣称号 2006年9月，学院学生总数超过万名。

重庆师范大学涉外商贸学院

学校(机构)标识码　4150013589
学校办学类型　413：本科院校：独立学院
学校性质类别　08 财经院校
学校举办者　999 民办
学校地址　重庆市合川区学府路9号
邮政编码　401520
办公电话　023-64289208
传真电话　023-64289208
电子信箱　swsmdzb@163.com
占地面积(平方米)　539932
校舍建筑面积(平方米)　265879
图书(万册)　78
固定资产总值(万元)　46000
教学、科研仪器设备资产值(万元)　4277.28
在校生数(人)　14246
其中：普通本科　11757
普通专科　2489
专任教师(人)　641
其中：正高级　60
副高级　178
中级　285
初级　72
未定职级　46

本科专业　表演(播音与主持艺术)、表演(舞蹈表演)、表演(戏剧影视表演)、表演(音乐表演)、财务管理、电子科学与技术、对外汉语、国际经济与贸易、国际经济与贸易(国际结算)、国际经济与贸易(国际金融)、汉语言文学(秘书学)、汉语言文学(师范)、汉语言文学(文化传播)、计算机科学与技术、经济学、经济学(金融学)、经济学(注册会计师)、旅游管理、旅游管理(国际酒店管理)、旅游管理(国际旅行社管理)、人力资源管理、市场营销、市场营销(连锁经营管理)、市场营销(营销策划)、数学与应用数学(师范)、物流管理、物业管理、新闻学、信息管理与信息系统、信息管理与信息系统(多媒体与电、艺术设计(动漫设计与制作)、艺术设计(环境艺术设计)、艺术设计(戏曲影视美术设计)、艺术设计学(工业产品美术设计)、艺术设计学(广告设计与制作)、艺术设计学(装潢艺术设计)、英语(翻译)、英语(国际经贸)、英语(涉外旅游酒店管理)、英语(师范)

专科专业　财务管理、导游、国际经济与贸易、汉语(汉语言文学)、环境艺术设计、会计电算化、计算机应用技术(软件开发与网络)、计算机应用技术(图形图像制作与、计算机应用技术(网络技术)、酒店管理、人力资源管理、市场开发与营销、文秘、应用

英语、应用英语(国际经贸)、应用英语(涉外旅游酒店)、应用英语(涉外文秘)、证券投资与管理、主持与播音

学校设立奖学金情况

(一)国家奖助学金

1. 国家奖学金:8000元每生/年,共18人
2. 励志奖学金:5000元每生/年,共338人
3. 国家助学金:一等3000元每生/年、二等2000元每生/年、三等1000元每生/年,共约2500人。

(二)学校设立的奖学金:

1. 特等全优奖:一次性奖励一万元
2. 体竞赛优胜赛(市级以上)

(1)团体:全国竞赛:一等1200元、二等800元、三等600元、四等500元、五等400元、六等300元、七等200元、八等100元 市级竞赛:一等600元、二等500元、三等400元、四等300元、五等200元、六等150元、七等100元、八等50元

(2)个人:全国竞赛:一等800元、二等700元、三等600元、四等500元、五等400元、六等300元、七等200元、八等100元 市级竞赛:一等200元、二等150元、三等120元、四等100元、五等80元、六等60元、七等40元、八等20元

3. 学术科研奖 在国家公开发行的刊物上发表学术论文者,根据实际情况一次性发给奖金50—500元;参加市、全国竞赛获奖者,按其获奖等级分别发给奖金团体:全国竞赛 一等3000元、二等2000元、三等1000元 市级竞赛 一等800元、二等600元、三等400元 个人:全国竞赛 一等2000元、二等1000元、三等500元 市级竞赛 一等500元、二等300元、三等200元。

4. 精神文明奖 用于奖励在自强不息、见义勇为、尊老爱幼、拾金不昧、等方面为学校和社会做出贡献的先进集体和个人。根据实际情况,张榜表扬,并给予100元以上的奖金。

学校历史沿革

重庆师范大学涉外商贸学院(原名重庆师范大学海莱学院)是经国家教育部批准,由重庆师范大学和重庆海莱科教发展有限公司联合举办的本科层次的独立学院。2002年5月重庆市教育委员会(渝教高〔2002〕31号)批准建立,同年9月开始招生。2003年12月教育部(教发函〔2003〕541号)批准更名为重庆师范大学涉外商贸学院。

重庆工商大学融智学院

学校(机构)标识码 4150013590	传真电话 023-65172603	在校生数(人) 5922
学校办学类型 413:本科院校:独立学院	校园(局域)网域名 www.cqrzedu.cn	其中:普通本科 5922
	电子信箱 rzdzb@yahoo.cn	专任教师(人) 293
学校性质类别 08 财经院校	占地面积(平方米) 166854	其中:正高级 51
学校举办者 999 民办	校舍建筑面积(平方米) 30912	副高级 65
学校地址 重庆市沙坪坝区井口工业园区	图书(万册) 42.12	中级 148
	固定资产总值(万元) 19533.19	初级 25
邮政编码 400033	教学、科研仪器设备资产值(万元) 1522.96	未定职级 4
办公电话 023-65172608		

本科专业 保险、财务管理、房地产经营管理、国际经济与贸易、国际商务、会计学、会展经济与管理、金融学、经济学、贸易经济、土地资源管理、物流管理、信息管理与信息系统、信用管理、资产评估

院系设置

重庆工商大学融智学院现设有经济系、金融系、管理系、会计系、基础课教学部、思想政治理论课教学科研部

定期公开出版的专业刊物 《融智》

学校设立奖学金情况

学校设立奖学金10项,奖励总金额131余万元,奖学金最高金额8000元/年,最低金额100元/年。

学校历史沿革

重庆工商大学融智学院是由重庆工商大学按新机制、新模式联合组建的独立学院,成立于2001年6月,同年9月开始招生。2003年12月经教育部确认为首批独立学院(教发函【2003】541号)。于2005年9月自重庆市南岸区重庆工商大学本部搬迁至沙坪坝区井口工业园区,校园占地面积250余亩(已经确定约500亩新征地)。

重庆工商大学派斯学院

学校(机构)标识码 4150013591	学校性质类别 08 财经院校	号
学校办学类型 413:本科院校:独立学院	学校举办者 999 民办	邮政编码 401520
	学校地址 重庆市合川区交通街593	办公电话 023-42882620

传真电话 023-42880885	固定资产总值(万元) 9451.49	专任教师(人) 366
校园(局域)网域名 paisi.ctbu.edu.cn	教学、科研仪器设备资产值(万元) 2119.64	其中:正高级 33
电子信箱 paisixueyuan@yahoo.com.cn		副高级 100
占地面积(平方米) 200171	在校生数(人) 6867	中级 124
校舍建筑面积(平方米) 132345	其中:普通本科 5771	初级 66
图书(万册) 37.23	普通专科 1096	未定职级 43

本科专业 财务管理、工商管理、广播电视新闻学、广告学、汉语言文学、会计学、计算机科学与技术、金融学、连锁经营管理、旅游管理、市场营销、英语

专科专业 公共关系、会计、计算机应用技术、金融与证券、旅游管理、市场营销、应用英语

院系设置
会计学系、管理学系、经济学系、计算机系、文学与新闻学系、外语系

学校设立奖学金情况
学校设立奖学金4项(新生入学奖学金、优秀学生综合奖学金、专项奖学金和单科奖学金),奖励总金额115.794万元。奖学金最高金额5000元/年,最低金额10元/科。

学校历史沿革
重庆工商大学派斯学院是原渝州大学与欧洲派斯集团根据有关法律、法规,经重庆市教委渝教办[1999]4号文件批准成立的二级学院,系全日制普通高等院校,创建于1999年5月,当时校名为"渝州大学派斯学院国际经济管理学院"。2002年6月,根据教育部和重庆市人民政府的决定,原渝州大学与重庆商学院合并组成"重庆工商大学",学院更名为"重庆工商大学派斯国际经济管理学院"。2003年12月,我院被教育部确认为独立学院(教发函[2003]541号),同时,更名为"重庆工商大学派斯学院"。

重庆邮电大学移通学院

学校(机构)标识码 4150013627	传真电话 023-42871381	在校生数(人) 12274
学校办学类型 413:本科院校:独立学院	校园(局域)网域名 www.cqyti.com	其中:普通本科 10841
	电子信箱 ytzhb@cqupt.edu.cn	普通专科 1433
学校性质类别 02 理工院校	占地面积(平方米) 508669	专任教师(人) 669
学校举办者 999 民办	校舍建筑面积(平方米) 251505	其中:正高级 33
学校地址 重庆市合川区假日大道1号	图书(万册) 102	副高级 188
	固定资产总值(万元) 63449.21	中级 215
邮政编码 401520	教学、科研仪器设备资产值(万元) 5032.34	初级 233
办公电话 023-42871381		

本科专业 德语、电气工程及其自动化、电气工程与自动化、电子信息工程、电子信息科学与技术、动画、工程管理、工商管理、广播电视工程、机械设计制造及其自动化、计算机科学与技术、软件工程、市场营销、数字媒体技术、通信工程、网络工程、信息管理与信息系统、英语、自动化

专科专业 电气自动化技术、动漫设计与制作、工商企业管理、计算机网络技术、计算机应用技术、通信技术、应用电子技术

院系设置
学院现有电子信息工程系、计算机科学系、自动化系、经济管理系、外国语言文学系五个系,以及艺术传媒学院、中德应用技术学院、创业学院、继续教育与培训学院四个二级学院。

学校设立奖学金情况
学院设立奖学金7项,奖励总金额9568400余万元,奖励最高金额8000元/年,最低金额1000元/年。

学校历史沿革
重庆邮电大学移通学院(原重庆邮电学院移通学院)成立于2000年,是经重庆市教委渝教高[2000]39号文件批准成立并经教育部教发函[2004]41号文件确认,从事普通高等教育的一所信息技术学院属于重庆邮电大学举办的独立学院;2006年,重庆邮电学院移通学院更名为重庆邮电大学移通学院;2007年3月,学院引进新的投资方重庆建鸿创嘉房地产开发有限公司,由重庆邮电大学和重庆建鸿创嘉房地产开发有限公司合作在重庆市合川区举办重庆邮电大学移通学院。

重庆城市职业学院

学校(机构)标识码 4150013734	校园(局域)网域名 www.cqcvc.com.cn	在校生数(人) 11400
学校办学类型 415:专科院校:高等职业学校	电子信箱 fuchuan66@163.com	其中:普通专科 4915
学校性质类别 01 综合大学	占地面积(平方米) 420000	成人专科 6485
学校举办者 812 省级其他部门	校舍建筑面积(平方米) 171298	专任教师(人) 317
学校地址 重庆市永川区兴龙大道5号	图书(万册) 42.74	其中:正高级 6
邮政编码 402160	固定资产总值(万元) 11451.29	副高级 44
办公电话 023-49578003	教学、科研仪器设备资产值(万元) 2373.92	中级 74
传真电话 023-49578001		初级 151
		未定职级 42

专科专业 电脑艺术设计、电子电路设计与工艺、焊接技术及自动化、环境艺术设计、会展策划与管理、机械制造与自动化、计算机应用技术、建筑工程管理、金融保险、酒店管理、劳动与社会保障、连锁经营管理、旅游管理、人物形象设计、商务经纪与代理、社区管理与服务、市场开发与营销、文秘、物业管理、装饰艺术设计

院系设置
8个二级系(经济贸易系、艺术设计系、旅游管理系、工商管理系、建筑工程系、机电工程系、信息工程系),1个基础部

学校设立奖学金情况
学校设立奖学金1项,奖励总金额15余万元。奖学金最高金额1000元/年,最低金额500元/年。

学校历史沿革
重庆城市职业学院是由重庆市人民政府(渝府【2004】92号)批准,国家教育部(教发函【2004】76号)备案,在原重庆市职工大学、重庆市工会干部学校的基础上,新成立的一所普通高等职业学院。

重庆水利电力职业技术学院

学校(机构)标识码 4150013735	传真电话 023-49838181	在校生数(人) 5243
学校办学类型 415:专科院校:高等职业学校	校园(局域)网域名 www.cqdszy.com	其中:普通专科 5143
学校性质类别 02 理工院校	电子信箱 cqszyyb@sina.com	成人专科 100
学校举办者 812 省级其他部门	占地面积(平方米) 624029	专任教师(人) 249
学校地址 重庆市永川区昌州大道西段18号	校舍建筑面积(平方米) 198244	其中:正高级 1
	图书(万册) 27.5	副高级 29
邮政编码 402160	固定资产总值(万元) 19851	中级 108
办公电话 023-49838181	教学、科研仪器设备资产值(万元) 2433.66	初级 111

专科专业 城市水利、道路桥梁工程技术、电厂设备运行与维护、电力系统继电保护与自动化、电子组装技术与设备、发电厂及电力系统、钢结构建造技术、港口与航运管理、高等级公路维护与管理、高压输配电线路施工运行与维护、工程测量与监理、供用电技术、灌溉与排水技术、机电设备运行与维护、机械制造与自动化、计算机应用技术、建筑电气工程技术、建筑工程管理、建筑工程技术、建筑设备工程技术、建筑装饰工程技术、市政工程技术、水环境监测与分析、水利工程施工技术、水利水电工程管理、水利水电建筑工程、水务管理、小型水电站及电力网、应用电子技术、园林工程技术

院系设置
水利工程系、电气工程系、建筑工程系、机电工程系、电子信息工程系

学校设立奖学金情况
学校设立奖学金3项,奖励总金额20.7万元,奖学金最高金额1000元/年,最低金额400元/年。

学校历史沿革
1964年建校于璧山县牛角沱,1981年迁至永川现址,2001年被评为市(省)级重点中专,2004年升格为高等职业技术学院。

重庆工商职业学院

学校(机构)标识码　4150013967
学校办学类型　415:专科院校:高等职业学校
学校性质类别　08 财经院校
学校举办者　811 省级教育部门
学校地址　重庆市九龙坡区九龙园区华龙大道一号
邮政编码　400052
办公电话　023-68613575
传真电话　023-68613575
校园(局域)网域名　www.cqtbi.edu.cn
电子信箱　msk@cqdd.cq.cn
占地面积(平方米)　893733
校舍建筑面积(平方米)　288079
图书(万册)　52.82
固定资产总值(万元)　63949.77
教学、科研仪器设备资产值(万元)　4575.69
在校生数(人)　8630
其中:普通专科　8630
专任教师(人)　336
其中:正高级　17
副高级　68
中级　187
初级　64

专科专业　产品造型设计、电气自动化技术、电视节目制作、电子商务、法律事务、房地产经营与估价、服装设计、工程造价、工商企业管理、国际商务、环境艺术设计、会计电算化、会展策划与管理、机电一体化技术、计算机应用技术、计算机硬件与外设、检测技术及应用、建筑工程管理、建筑工程技术、建筑装饰工程技术、金融与证券、酒店管理、连锁经营管理、旅游管理、汽车技术服务与营销、汽车检测与维修技术、汽车制造与装配技术、软件技术、商务英语、市场营销、视觉传达艺术设计、室内设计技术、通信技术、微电子技术、文化市场经营与管理、文秘、物流管理、影视动画、应用电子技术、装潢艺术设计

院系设置
人文社科系、财经管理系、机电系、汽车工程系、建筑工程系、计算机与电子工程系、传媒艺术系

国家级、省部级研究机构设置
研究中心(所):重庆工商职业学院高职教育研究所

定期公开出版的专业刊物　1 种

学校设立奖学金情况
学校设立奖学金 4 项,奖励总金额 34.32 余万元。奖学金最高金额 255200 元/年,最低金额 88000 元/年。

学校历史沿革
重庆工商职业学院是在重庆广播电视大学开展普通专科教育 20 年的基础上,由重庆市人民政府举办,经教育部批准设立的公办全日制普通高等学校,于 2005 年成立。

重庆民生职业技术学院

学校(机构)标识码　4150013968
学校办学类型　415:专科院校:高等职业学校
学校性质类别　08 财经院校
学校举办者　999 民办
学校地址　重庆市合川区大学园区思源路60号
邮政编码　401520
办公电话　023-42463556
传真电话　023-42460696
校园(局域)网域名　www.cqms.edu.cn
电子信箱　cqms6868@126.com
占地面积(平方米)　112002
校舍建筑面积(平方米)　61333
图书(万册)　15.45
固定资产总值(万元)　8015.46
教学、科研仪器设备资产值(万元)　853.92
在校生数(人)　1820
其中:普通专科　1754
成人专科　66
专任教师(人)　88
其中:正高级　8
副高级　12
中级　24
初级　44

专科专业　产品造型设计、服装设计、工程监理、工程造价、环境艺术设计、计算机网络技术、建筑设计类、酒店管理、旅游管理、汽车电子技术、视觉传达艺术设计、图形图像制作、物业管理、信息安全技术、应用德语、应用法语、应用西班牙语、应用英语

院系设置
建筑工程系、工商管理系、艺术设计系、电子电气系、应用外语系

定期公开出版的专业刊物　《重庆民生职业技术学院院刊》

学校设立奖学金情况
学校设立奖学金 3 项,奖励总金额 50000 余万元。奖学金最高金额 3000 元/年,最低金额 300 元/年。

学校历史沿革
重庆民生职业技术学院前身(1946-1947)是由教育家陶行知创办的重庆社会大学,1985 年复校后,于 2004 年 12 月由重庆利昂实业有限公司投资办学,经市教委批准,教育部备案,于 2005 年 5 月改名为重庆民生职业技术学院。

重庆三峡医药高等专科学校

学校(机构)标识码　4150014008	传真电话　023-58567306	在校生数(人)　10360
学校办学类型　414:专科院校:高等专科学校	校园(局域)网域名　www.sxyyc.net	其中:普通专科　8463
	电子信箱　sxyycbgs@sina.com	成人专科　1897
学校性质类别　05 医药院校	占地面积(平方米)　458200	专任教师(人)　583
学校举办者　811 省级教育部门	校舍建筑面积(平方米)　415131	其中:正高级　12
学校地址　重庆市万州区百安坝天星路 366 号	图书(万册)　47.14	副高级　131
	固定资产总值(万元)　61806.98	中级　261
邮政编码　404120	教学、科研仪器设备资产值(万元)	初级　146
办公电话　023-58556880	4909.2	未定职级　33

专科专业　护理、康复治疗技术、口腔医学、口腔医学技术、临床医学、卫生信息管理、眼视光技术、药品质量检测技术、药物制剂技术、药学、医学检验技术、医学影像技术、医药营销、针灸推拿、中药、中医骨伤、中医学、助产

院系设置
设有护理系、中医系、医学技术系、药学系、医学基础部、公共基础部、临床医学部、思想政治教学部等 8 个系部

学校设立奖学金情况
学校设立奖学金总金额 20 余万元。奖学金最高金额 5000元/年,最低金额 1000/年。

学校历史沿革
重庆三峡医药高等专科学校是在原万州卫生学校和万县中医药学校合并基础上,于 2006 年 2 月经教育部、重庆市政府批准组建的全日制普通高等专科学校。2006 年正式招生。

重庆医药高等专科学校

学校(机构)标识码　4150014009	传真电话　023-65644118	在校生数(人)　8380
学校办学类型　414:专科院校:高等专科学校	校园(局域)网域名　www.cqyygz.com	其中:普通专科　7686
	电子信箱　ygzbgs2008@163.com	成人专科　694
学校性质类别　05 医药院校	占地面积(平方米)　364178	专任教师(人)　386
学校举办者　812 省级其他部门	校舍建筑面积(平方米)　328507	其中:正高级　8
学校地址　重庆市沙坪坝区大学城中路 82 号	图书(万册)　39.1	副高级　141
	固定资产总值(万元)　10469	中级　131
邮政编码　401331	教学、科研仪器设备资产值(万元)	初级　106
办公电话　023-65644037	2611	

专科专业　护理、护理(国际护理方向)、护理(社区护理方向)、康复治疗技术、临床医学、临床医学(妇幼保健方向)、临床医学(全科医学方向)、生物制药技术、食品营养与检测、卫生检验与检疫技术、药剂设备制造与维护、药品经营与管理、药品质量检测技术、药物制剂技术、药学、医疗美容技术、医学检验技术、医用电子仪器与维护、中药制药技术、助产

院系设置
药学系、护理系、临床系、医学技术系、基础部

学校设立奖学金情况
学校设立奖学金三项,奖励总金额 11 余万元。奖学金最高金额 1000 元/年,最低金额 500 元/年。

主要校办产业
重庆明泰医疗器械有限公司、重庆渝生制药厂

学校历史沿革
重庆医药高等专科学校是 2006 年 2 月经教育部批准(教发函【2006】52 号)设立的全日制普通高等专科学校,由原重庆卫生学校、重庆市第二卫生学校、重庆市药剂学校合并组建而成。

重庆青年职业技术学院

学校(机构)标识码　4150014069
学校办学类型　415:专科院校:高等职业学校
学校性质类别　01 综合大学
学校举办者　812 省级其他部门
学校地址　重庆青年职业技术学院
邮政编码　400712
办公电话　023-68315831
传真电话　023-68243888
校园(局域)网域名　www.cqqzy.cn
电子信箱　huangjie@cqut.edu.cn
占地面积(平方米)　400582
校舍建筑面积(平方米)　75801
图书(万册)　16.62
固定资产总值(万元)　12767.76
教学、科研仪器设备资产值(万元)　1152
在校生数(人)　2338
其中:普通专科　1951
　　　成人专科　387
专任教师(人)　69
其中:正高级　1
　　　副高级　12
　　　中级　30
　　　初级　20
　　　未定职级　6

专科专业　保险实务、餐饮管理与服务、电子测量技术与仪器、动漫设计与制作、公共事务管理、会计与统计核算、机电一体化技术、计算机多媒体技术、计算机信息管理、计算机硬件与外设、酒店管理、空中乘务、人力资源管理、人物形象设计、商务管理、社会工作、社区管理与服务、数控技术、通信技术、移动通信技术、应用电子技术

院系设置
目前已设有公共管理系、财经管理系、计算机科学系、机电工程系、基础教育部、继续教育部、培训部等7个教学系部

学校设立奖学金情况
学校设立奖学金5项,奖励总金额373.2万元,最高金额8000元/年,最低金额600元/年。

学校历史沿革
学院办学追溯到1954年的重庆团校,1987年1月在重庆市团校的基础上建立重庆青年管理干部学院,2006年,学院转制为普通高等职业院校,并更为现名。

重庆财经职业学院

学校(机构)标识码　4150014128
学校办学类型　415:专科院校:高等职业学校
学校性质类别　08 财经院校
学校举办者　812 省级其他部门
学校地址　重庆市永川区昌州大道西段2号
邮政编码　402160
办公电话　023-49834496
传真电话　023-49834496
校园(局域)网域名　www.cqcfe.com
电子信箱　cqcjzy@yahoo.cn
占地面积(平方米)　134134
校舍建筑面积(平方米)　137998
图书(万册)　26.16
固定资产总值(万元)　8505.52
教学、科研仪器设备资产值(万元)　1457.28
在校生数(人)　5966
其中:普通专科　4548
　　　成人专科　1418
专任教师(人)　255
其中:正高级　6
　　　副高级　66
　　　中级　81
　　　初级　72
　　　未定职级　30

专科专业　财务信息管理、服装设计、会计、会展策划与管理、计算机应用技术、金融与证券、连锁经营管理、商务经纪与代理、涉外旅游、市场营销、税务、投资与理财、文秘、物流管理、资产评估与管理

院系设置
学院现设置有会计系、工商管理系、电子与信息技术系、基础教学部、思想政治部等5个教学系部

学校设立奖学金情况
学院根据国家教育政策要求,实施了国家和学院两级奖学金。奖学金总额达到741800.00元,其中最高奖学金为8000元/年,最低奖学金为200元/年。

学校历史沿革
重庆财经职业学院是重庆市人民政府主办、重庆市商业委员会主管、重庆市财政局全额拨款的全日制普通高等院校。学院前身为重庆第二财贸学校,创办于1956年,原为干部学校,后调整为中专教育。2007年2月,重庆市人民政府批准由成人高等教育转办高等职业教育。

重庆科创职业学院

学校(机构)标识码 4150014173	传真电话 023-49890168	在校生数(人) 5121
学校办学类型 415:专科院校:高等职业学校	校园(局域)网域名 www.cqie.cn	其中:普通专科 3939
	电子信箱 cqxgyb@sina.com	成人专科 1182
学校性质类别 01 综合大学	占地面积(平方米) 557336	专任教师(人) 391
学校举办者 999 民办	校舍建筑面积(平方米) 216236	其中:正高级 24
学校地址 重庆永川昌州大道西段28号	图书(万册) 39.8	副高级 60
	固定资产总值(万元) 33339	中级 245
邮政编码 402160	教学、科研仪器设备资产值(万元) 4481.26	初级 37
办公电话 023-49838839		未定职级 25

专科专业 采购供应管理、电气自动化技术、电子信息工程技术、动漫设计与制造、工商企业管理、国际经济与贸易、机械制造与自动化、计算机网络与安全管理、计算机应用技术、建筑工程技术、金融保险、模具设计与制造、汽车营销与维修、软件外包服务、数控技术、艺术设计、应用电子技术、游戏软件、自动化生产设备应用

院系设置
信息工程系、机电工程系、艺术设计系、工商管理系、建筑工程系、汽车工程系六大系

学校设立奖学金情况
学校设立奖学金1项,奖励总金额8余万元。奖学金最高金额1500元/年,最低金额600元/年。

主要校办产业
重庆仁济机械厂

学校历史沿革
学校创办于1993年9月,1999年由重庆市教委批准为"重庆电子信息工程学校"(成人中专),2003年初重庆市教委批准为"重庆大华信息工程专修学院",2005年初重庆市教委批准为"重庆信息工程专修学院",2008年4月教育部批准为"重庆科创职业学院"。

重庆建筑工程职业学院

学校(机构)标识码 4150014183	传真电话 023-68610880	在校生数(人) 5011
学校办学类型 415:专科院校:高等职业学校	校园(局域)网域名 www.cctc.cq.cn	其中:普通专科 2888
	电子信箱 cjxbgs@126.com	成人专科 2123
学校性质类别 02 理工院校	占地面积(平方米) 209853	专任教师(人) 184
学校举办者 812 省级其他部门	校舍建筑面积(平方米) 91338	其中:正高级 1
学校地址 重庆市九龙坡区石桥铺白马凼8号	图书(万册) 21.57	副高级 62
	固定资产总值(万元) 5047.64	中级 75
邮政编码 400039	教学、科研仪器设备资产值(万元) 1489.14	初级 36
办公电话 023-68796800		未定职级 10

专科专业 城市轨道交通车辆、城市轨道交通工程技术、城市轨道交通运营管理、道路桥梁工程技术、房地产经营与估价、工程测量技术、工程监理、工程造价、建筑电气工程技术、建筑工程管理、建筑工程技术、建筑装饰工程技术、土木工程检测技术、园林工程技术、中国古建筑工程技术

院系设置
建筑工程系、工程管理系、建筑经济系、装饰工程系、城市轨道交通系、公共课基础教育部

学校设立奖学金情况
学校设立奖学金4项,奖励总金额13.2余万元/年。奖学金最高金额4000元/年,最低金额1000元/年。

学校历史沿革
学院前身源自于1956年的重庆市城市建设工程学校,2000年与创立于1978年的重庆城建职工学院合并,组建重庆城建职工学院、重庆城市建设工程学校,两块牌子,一套班子。2007年9月,经渝教函【2007】104号文件批准,重庆城市建设工程学校并入重庆城建职工学院。2007年12月,经渝府【2007】217号文件批准,重庆城建职工学院改制为重庆建筑工程职业学院。

重庆电讯职业学院

学校（机构）标识码　4150014237
学校办学类型　415：专科院校：高等职业学校
学校性质类别　02 理工院校
学校举办者　999 民办
学校地址　重庆市江津区双福新区学院大道5号
邮政编码　402247
办公电话　023-85552322
传真电话　023-85552322
校园（局域）网域名　www.cqdxxy.com
电子信箱　cqdxxy@126.com
占地面积（平方米）　414357
校舍建筑面积（平方米）　83094
图书（万册）　12.5
固定资产总值（万元）　11750
教学、科研仪器设备资产值（万元）　2778
在校生数（人）　2600
其中：普通专科　2537
　　　成人专科　63
专任教师（人）　255
其中：正高级　21
　　　副高级　73
　　　中级　116
　　　初级　45

专科专业　程控交换技术、电视节目制作、电信商务、广播电视网络技术、计算机多媒体技术、计算机通信、建筑经济管理、汽车电子技术、汽车检测与维修技术、汽车制造与装配技术、软件技术、摄影摄像技术、通信网络与设备、通信系统运行管理、信息安全技术、移动通信技术

院系设置
通信技术系、计算机与传媒系、汽车技术系、工程管理系、电子工程系、网络技术系

学校设立奖学金情况
学院设立奖学金5项，奖励总金额8余万元。奖学金最高金额30000元/年，最低金额500元/年。

学校历史沿革
重庆电讯职业学院建于2009年，2010年3月经重庆市人民政府批准、国家教育部备案由重庆江津职业学院更名为重庆电讯职业学院。

重庆能源职业学院

学校（机构）标识码　4150014238
学校办学类型　415：专科院校：高等职业学校
学校性质类别　02 理工院校
学校举办者　999 民办
学校地址　重庆市江津区双福新区
邮政编码　400041
办公电话　023-68590151
传真电话　023-68599722
校园（局域）网域名　www.cqny.net
电子信箱　cqnyxy@126.com
占地面积（平方米）　441000
校舍建筑面积（平方米）　157275
图书（万册）　35
固定资产总值（万元）　38997
教学、科研仪器设备资产值（万元）　6475
在校生数（人）　5337
其中：普通专科　5337
专任教师（人）　411
其中：正高级　26
　　　副高级　90
　　　中级　166
　　　初级　129

专科专业　安装与运行管理、道路桥梁工程技术、地下工程与隧道工程技术、电力器材营销与管理、电气安装与管理、电梯工程方向、电子产品营销与管理、电子工艺与管理、房地产营销与管理、工程造价、工业分析与检验、供用电技术、机电产品营销与管理、机电设备维修与管理、建材管理与贸易、建筑工程管理、建筑工程技术、建筑设备工程技术、汽车技术服务与营销、设备营销与管理、石化产品营销与管理、石油化工生产技术、消防产品营销与管理、新能源应用技术、医药营销与管理、应用化工技术、油气储运技术、园林工程技术、制冷与冷藏技术、装饰艺术设计

院系设置
基础系、能源工程系、机电工程系、土木工程系等

学校设立奖学金情况
学校设立奖学金4项，奖励金额30余万元。奖学金最高金额3000元/年。学校设立助学金4项，助学金最高金额2000元/年，最低金额500/年。

学校历史沿革
1. 2009年2月重庆市政府同意设立重庆能源职业学院（渝府【2009】28号）2. 2009年4月教育部对重庆能源职业学院的成立予以备案（教发函【2009】84号）。

重庆商务职业学院

学校(机构)标识码 4150014246	传真电话 023-65500933	在校生数(人) 2432
学校办学类型 415:专科院校:高等职业学校	校园(局域)网域名 www.cqswxy.cn	其中:普通专科 2035
	电子信箱 cqswzyxy@163.com	成人专科 397
学校性质类别 08 财经院校	占地面积(平方米) 266800	专任教师(人) 160
学校举办者 812 省级其他部门	校舍建筑面积(平方米) 120443	其中:副高级 37
学校地址 重庆市沙坪坝区歌乐山镇矿山坡150号	图书(万册) 17	中级 70
	固定资产总值(万元) 4768.4	初级 21
邮政编码 400036	教学、科研仪器设备资产值(万元) 1050	未定职级 32
办公电话 023-65507150		

专科专业 包装技术与设计、餐饮管理与服务、会计、会计与统计核算、景区开发与管理、连锁经营管理、烹饪工艺与营养、商务经纪与代理、审计实务、食品贮运与营销、市场开发与营销、统计实务、印刷技术、印刷图文信息处理

院系设置
会计系、食品工艺系、商贸管理系、印刷包装系、电子商务、基础教学部

定期公开出版的专业刊物 《重庆商务职业学院学报》

学校设立奖学金情况
学校设立奖学金3项,奖励总金额12余万元。奖学金最高金额1000元/年,最低金额500元/年。

学校历史沿革
2004年4月,重庆市沙坪坝区人民政府就重庆商务职业学院征地有关问题召开协调会议,并初步同意在学校周边征地300亩。

2007年12月,重庆市商务委员会与渝中区协商,变更重庆交电职工大学主管部门为重庆市商业委员会。

2009年2月25日,重庆市人民政府同意重庆交电职工大学改制为重庆商务职业学院。

2009年4月21日,经国家教育部备案,重庆商务职业学院正式招生。

重庆交通职业学院

学校(机构)标识码 4150014267	传真电话 023-85530003	在校生数(人) 3111
学校办学类型 415:专科院校:高等职业学校	校园(局域)网域名 www.cqjky.com	其中:普通专科 3111
	电子信箱 cqjzyok@126.com	专任教师(人) 195
学校性质类别 02 理工院校	占地面积(平方米) 575176	其中:正高级 11
学校举办者 999 民办	校舍建筑面积(平方米) 114960	副高级 33
学校地址 重庆市江津区双福街道学院大道7号	图书(万册) 27	中级 66
	固定资产总值(万元) 20324.7	初级 44
邮政编码 402247	教学、科研仪器设备资产值(万元) 1799.9	未定职级 41
办公电话 023-85530001		

专科专业 保险实务、报关与国际货运、城市轨道交通控制、城市交通运输、道路桥梁工程技术、高等级公路维护与管理、机械设计与制造、计算机硬件与外设、建筑工程管理、交通安全与智能控制、汽车电子技术、汽车技术服务与营销、汽车检测与维修技术、物流管理、物业设施管理

院系设置
管理系、汽车工程系、交通运输系、道桥工程系、交通信息系

定期公开出版的专业刊物 《重庆交通职业学院》

学校设立奖学金情况
学校设立奖学金8项,奖励总金额154.8480余万元。奖学金最高金额5000元/年,最低金额400元/年。

学校历史沿革
重庆交通职业学院是一所经重庆市人民政府批准,并报教育部备案的全日制普通高校。于2009年开始面向重庆招生,目前在校人数3150人,教职员工人。

重庆化工职业学院

学校(机构)标识码 4150014315	传真电话 023-67850164	1601.67
学校办学类型 415:专科院校:高等职业学校	校园(局域)网域名 www.cqhgzy.com	在校生数(人) 3846
	电子信箱 hgzdbgs@163.com	其中:普通专科 1361
学校性质类别 02 理工院校	占地面积(平方米) 208492	成人专科 2485
学校举办者 811 省级教育部门	校舍建筑面积(平方米) 83123	专任教师(人) 163
学校地址 重庆市江北区嘉陵四村100号	图书(万册) 21.32	其中:副高级 54
邮政编码 400020	固定资产总值(万元) 4774	中级 41
办公电话 023-67850164	教学、科研仪器设备资产值(万元)	初级 68

专科专业 工业分析与检验、化工设备维修技术、环境监测与治理技术、精细化学品生产技术、连锁经营管理、生产过程自动化技术、石油化工生产技术、物流管理、应用化工技术

院系设置 经济管理系、应用化学系、化学工程系、机械工程系、自动化工程系

学校设立奖学金情况
学校设立奖学金4项,奖励总金额6余万元。奖学金最高金额2000元/年,最低金额200元/年。

学校历史沿革
重庆市化学工业管理局五.七干校(1973.9-1979.6);重庆市化工局职工大学(1979.6-1982.4);重庆市化学工业总公司职工大学(1982.4-1990.7);重庆化工职工大学(1990.7-2010.4.20);重庆化工职业学院(2010.4.21-至今)。

重庆旅游职业学院

学校(机构)标识码 4150014316	传真电话 023-85086555	920
学校办学类型 415:专科院校:高等职业学校	校园(局域)网域名 hgc50070.chinaw3.com	在校生数(人) 934
	电子信箱 cqvitdzb@163.com	其中:普通专科 934
学校性质类别 01 综合大学	占地面积(平方米) 338789	专任教师(人) 116
学校举办者 812 省级其他部门	校舍建筑面积(平方米) 147724	其中:正高级 1
学校地址 重庆市黔江区舟白街道学府1路1号	图书(万册) 8	副高级 18
		中级 8
邮政编码 409000	固定资产总值(万元) 40000	初级 45
办公电话 023-85086555	教学、科研仪器设备资产值(万元)	未定职级 44

专科专业 城市园林、导游、景区开发与管理、酒店管理、旅行社经营管理、旅游管理、烹饪工艺与营养、汽车检测与维修技术、数控技术、舞蹈表演、应用电子技术

院系设置 旅游管理系、旅游装备系、旅游规划系、旅游艺术系、酒店管理系、导游服务系、旅游商务系、生态旅游系、公共基础部

学院设立奖学金情况
学院设立奖学金两项,奖励总金额31200余万元,奖金最高金额31200元/年,奖金最低金额31200元/年。

学校历史沿革
2010年1月15日重庆市高校设置评审委员会经评审同意设立重庆旅游职业学院。

重庆安全技术职业学院

学校(机构)标识码 4150014365	学校举办者 812 省级其他部门	办公电话 023-58567778
学校办学类型 415:专科院校:高等职业学校	学校地址 重庆市万州区百安坝安庆路583号	传真电话 023-58567750
		校园(局域)网域名 www.cqvist.net
学校性质类别 02 理工院校	邮政编码 404020	电子信箱 cqvist@cqvist.net

占地面积（平方米） 115269	1800	其中：副高级 27
校舍建筑面积（平方米） 81619	在校生数（人） 347	中级 62
图书（万册） 5.2	其中：普通专科 347	初级 20
固定资产总值（万元） 7891	专任教师（人） 116	未定职级 7
教学、科研仪器设备资产值（万元）		

专科专业 安全技术管理、机电一体化技术、计算机网络技术、建筑工程技术、应用化工技术

院系设置
学院现设安全工程系、信息工程系、机电工程系等系

学校历史沿革
重庆安全技术职业学院于2011年创建设立，是国家安监总局全国示范学院，由重庆市人民政府举办、重庆市安全生产监督管理局主管的安全类高职院校，是西南地区唯一一所以培养安全类高素质技能型人才为主的公办全日制普通高等学校。

重庆公共运输职业学院

学校（机构）标识码 4150014366	传真电话 023-47268007	在校生数（人） 541
学校办学类型 415：专科院校：高等职业学校	电子信箱 cqggysxy@163.com	其中：普通专科 541
	占地面积（平方米） 185393	专任教师（人） 17
学校性质类别 02 理工院校	校舍建筑面积（平方米） 26233	其中：正高级 4
学校举办者 999 民办	图书（万册） 3	副高级 2
学校地址 重庆市江津区双福街道学院大道8号	固定资产总值（万元） 12491	中级 3
	教学、科研仪器设备资产值（万元）	初级 3
邮政编码 402247	2012	未定职级 5
办公电话 023-47268007		

专科专业 城市轨道交通车辆、城市交通运输、焊接技术及自动化、汽车电子技术、汽车检测与维修技术、汽车制造与装配技术

院系设置
现设有交通运输系、轨道交通系、车辆工程系3个系

学校设立奖学金情况
学院设立奖学金10余项，奖励总金额2.7余万元。奖学金最高金额1000元/年，最低金额400元/年。

学校历史沿革
重庆公共运输职业学院于2010年3月4日获得重庆市人民政府批准成立（渝府〔2010〕17号），2011年5月9日获得国家教育部备案批文（教发函〔2011〕116号），具备招生资格，并于2011年实现首届招生。

重庆艺术工程职业学院

学校（机构）标识码 4150014367	传真电话 023-86909852	680
学校办学类型 415：专科院校：高等职业学校	校园（局域）网域名 www.cqysxy.com	在校生数（人） 375
	电子信箱 cqysxy@126.com	其中：普通专科 375
学校性质类别 11 艺术院校	占地面积（平方米） 134667	专任教师（人） 55
学校举办者 999 民办	校舍建筑面积（平方米） 18589	其中：正高级 11
学校地址 重庆市南岸区茶园新区江峡路2号	图书（万册） 6	副高级 5
	固定资产总值（万元） 4165	中级 21
邮政编码 401336	教学、科研仪器设备资产值（万元）	初级 18
办公电话 023-86909852		

专科专业 雕塑艺术设计、多媒体设计与制作、工程造价、建筑设计技术、艺术设计

院系设置
学院现设有艺术设计系、雕塑艺术系、建筑工程系

学校设立奖学金情况

在校学生可据自身情况申请国家奖学金、国家励志奖学金、以及重庆艺术工程职业学院优秀学生综合奖学金、重庆艺术工程职业学院优秀新生奖学金、重庆艺术工程职业学院专项奖学金、重庆艺术工程职业学院单项奖学金等多项奖学金。

学校历史沿革

重庆艺术工程职业学院于2011年5月13日教育部备案批准(教发函[2011]116号)成立的一所民办普通高职院校。

重庆轻工职业学院

学校(机构)标识码	4150014368
学校办学类型	415:专科院校:高等职业学校
学校性质类别	02 理工院校
学校举办者	999 民办
学校地址	重庆市九龙坡区含谷镇宝洪村
邮政编码	401329
办公电话	023-86972266
传真电话	023-86972699
校园(局域)网域名	www.cqivc.com
电子信箱	cqivc_edu@163.com
占地面积(平方米)	127934
校舍建筑面积(平方米)	54435
图书(万册)	8
固定资产总值(万元)	15025.2
教学、科研仪器设备资产值(万元)	789.6
在校生数(人)	141
其中:普通专科	141
专任教师(人)	72
其中:正高级	11
副高级	13
中级	22
初级	16
未定职级	10

专科专业 酒店管理、食品加工技术、食品贮运与营销、印刷技术、印刷图文信息处理

学校历史沿革

重庆轻工职业学院是教育批准的全日制专科学院。学院坐落于重庆市九龙坡区含谷镇。学校首批开设食品加工技术、食品贮运与营销、印刷技术、印刷图文信息处理、酒店管理(国际酒店方向)三大类五个专业。学校本着求精、求真、求实、求效的办学宗旨,把发展目标定位于办名副其实的、规模适当的、品质不凡的优质高校经过不断改革创新的过程积累使学校的品质和特色的优势更加鲜明。

重庆电信职业学院

学校(机构)标识码	4150014369
学校办学类型	415:专科院校:高等职业学校
学校性质类别	02 理工院校
学校举办者	999 民办
学校地址	重庆市永川区卫星湖街道
邮政编码	402168
办公电话	023-49685038
传真电话	023-49685038
校园(局域)网域名	www.cqtcedu.com
电子信箱	cqdxzyxy@163.com
占地面积(平方米)	173527
校舍建筑面积(平方米)	61680
图书(万册)	8.53
固定资产总值(万元)	11839.89
教学、科研仪器设备资产值(万元)	815.89
在校生数(人)	491
其中:普通专科	491
专任教师(人)	71
其中:正高级	4
副高级	15
中级	25
初级	17
未定职级	10

专科专业 电信商务、电子信息工程技术、金融与证券、软件技术、物流管理、艺术设计

院系设置

首期设有电子信息工程系、软件工程与服务外包系、艺术工程系和管理工程系

学校设立奖学金情况

学院设有奖学金4项,分别为国家奖学金、国家励志奖学金、国家助学金及综合奖学金。其中国家奖学金的奖励标准为每人每年8000元,国家励志奖学金的奖励标准为每人每年5000元,综合奖学金评奖的比例和标准则根据学院当年办学规模、教学质量和办学效益作适当调整。

学校历史沿革

重庆电信职业学院是经重庆市人民政府批准、教育部备案、面向全国招生的全日制普通高等院校(教育部代码:14369)。学院成立于2011年5月,2011年9月正式招生。

重庆经贸职业学院

学校(机构)标识码 4150014370
学校办学类型 415:专科院校:高等职业学校
学校性质类别 08 财经院校
学校举办者 999 民办
学校地址 重庆市黔江区舟白街道正阳大道北段 4888 号
邮政编码 409000
办公电话 023-79850969
传真电话 023-79850929
校园(局域)网域名 www.cqvcet.com
电子信箱 cqvcet2011@sinna.com
占地面积(平方米) 372960
校舍建筑面积(平方米) 49187
图书(万册) 8
固定资产总值(万元) 12460
教学、科研仪器设备资产值(万元) 604
在校生数(人) 347
其中:普通专科 347
专任教师(人) 65
其中:正高级 1
副高级 10
中级 19
初级 15
未定职级 20

专科专业 电子信息工程技术、国际贸易实务、会计、机电一体化技术、建筑工程技术、市场营销

院系设置
学院目前设置有国际商务、经济贸易、建筑工程、机电工程、电子与信息工程五个系

学校设立奖学金情况
学校设立奖学金 5 项,奖励总金额 4 余万元。奖学金最高金额 1000 元/年,最低金额 200 元/年。

学校历史沿革
重庆经贸职业学院是经重庆市人民政府批准,国家教育部备案,重庆市教委主管,面向全国招生的全日制普通高等院校。学院位于黔江新城职教园区,占地约 650 亩。

四川大学

学校(机构)标识码 4151010610
学校办学类型 411:本科院校:大学
学校性质类别 01 综合大学
学校举办者 360 教育部
学校地址 四川省成都市一环路南一段 24 号
邮政编码 610065
办公电话 028-85403002
传真电话 028-85401825
校园(局域)网域名 www.scu.edu.cn
电子信箱 president@scu.edu.cn
占地面积(平方米) 4700024
校舍建筑面积(平方米) 2461558
图书(万册) 748.29
固定资产总值(万元) 474436
教学、科研仪器设备资产值(万元) 119622.99
在校生数(人) 83752
其中:普通本科 41896
成人本科 8547
成人专科 9913
博士研究生 4643
硕士研究生 17716
留学生 1037
专任教师(人) 3996
其中:正高级 992
副高级 1462
中级 1258
初级 211
未定职级 73

本科专业 安全工程、编辑出版学、表演、博物馆学、材料成型及控制工程、材料化学、材料物理、财务管理、财政学、测控技术与仪器、城市规划、档案学、电气工程及其自动化、电气信息类、电子科学与技术、电子商务、电子信息工程、电子信息科学类、电子信息科学与技术、动画、对外汉语、俄语、法学、法医学、法语、纺织工程、服装设计与工程、高分子材料加工工程、高分子材料与工程、给水排水工程、工程管理、工程力学、工商管理、工商管理类、工业工程、工业设计、公共管理类、公共事业管理、管理科学、光信息科学与技术、广播电视编导、广播电视新闻学、广告学、国际经济与贸易、国际政治、国民经济管理、过程装备与控制工程、汉语言文学、行政管理、核工程与核技术、核物理、护理学、化学、化学工程与工艺、化学类、环境工程、环境科学、会计学、绘画、机械设计制造及其自动化、基础医学、计算机科学与技术、建筑学、金融工程、金融学、金属材料工程、经济学、景观建筑设计、康复治疗学、考古学、口腔医学、劳动与社会保障、历史学、临床医学、旅游管理、美术学、农业水利工程、轻工生物技术、轻化工程、热能与动力工程、人力资源管理、日语、软件工程、生态学、生物工程、生物技术、生物科学、生物医学工程、食品科学与工程、市场营销、数学类、数学与应用数学、水利水电工程、水文与水资源工程、通信工程、统计学、土地资源管理、土建类、土木工程、网络工程、微电子学、卫生检验、无机非金属材料工程、舞蹈学、物理学、物理学类、西班牙语、新闻学、信息安全、信息管理与信息系统、信息与计算科学、信息资源管理、药学、冶金工程、医学技术、医学检验、医学信息工程、艺术设计、音乐学、英语、应用化学、应用物理学、预防医学、园林、哲学、制药工程、自动化

博士专业 靶向药物设计学、比较文学与世界文学、病理学

与病理生理学、病原生物学、不确定性处理的数学、材料加工工程、材料物理与化学、材料学、藏族历史经济与社会发展、测试计量技术及仪器、车辆工程、城市水利与水安全、等离子体物理、电力系统及其自动化、动物学、儿科学、耳鼻咽喉科学、发酵工程、法经济学、法医学、分析化学、佛教语言文学、妇产科学、复合材料、概率论与数理统计、港口、海岸及近海工程、高分子化学与物理、高分子科学与工程、高压科学与技术、工程力学、工业催化、公共卫生检验学、公司金融、固体力学、管理科学与工程、光学、光学工程、广播影视文艺学、国民经济学、汉语言文字学、核技术及应用、核燃料循环与材料、宏观经济学、护理学、化工安全工程与技术、化工过程机械、化学工程、化学工艺、化学生物学、环境工程、环境科学、会计学、机械电子工程、机械设计及理论、机械制造及其自动化、基础数学、急诊医学、计算机科学与技术、计算机软件与理论、计算机应用技术、计算数学、技术经济及管理、健康与社会行为学、结构工程、金融经济学、金融数学与计量经济学、经济史、经济思想史、精神病与精神卫生学、康复医学与理疗学、考古学及博物馆学、口腔基础医学、口腔临床医学、口腔医学博士、劳动卫生与环境卫生学、老年医学、理论物理、历史文献学、粒子物理与原子核物理、临床检验诊断学、临床药物与器械评价科学、临床药学、临床遗传学、流行病与卫生统计学、流体力学、旅游管理、绿色化学、麻醉学、马克思主义中国化研究、免疫学、母婴医学、纳米材料与纳米技术、内科学、凝聚态物理、农药学、皮肤病与性病学、皮革化学与工程、企业管理、人居环境、人口、资源与环境经济学、人类重大疾病生物治疗、人体解剖与组织胚胎学、社会医学与卫生事业管理、神经病学、生理学、生态学、生物安全、生物化工、生物化学与分子生物学、生物信息学、生物医学工程、生物医学物理、生物质化学与工程、生药学、史学理论及史学史、世界经济、世界史、水电建设工程管理、水工结构工程、水力学及河流动力学、水利水电工程、水利水电枢纽工程、水文学及水资源、诉讼法学、天然药物化学、通信与信息系统、外科学、微生物学、微生物与生化药学、文化批评、文化遗产与旅游开发、文物学与艺术史、文学人类学、文艺学、文艺与传媒、无机化学、无线电物理、物理化学、西方经济学、细胞生物学、新闻学、信号与信息处理、信息安全、信息系统安全、循证医学、岩土工程、眼科学、眼视光学、药剂学、药理学、药事管理学、药物分析学、药物化学、医学神经生物学、医学生理学与时间生物学、医学生物化学及细胞生物学、医学信息学、医院管理与卫生政策、移植科学与工程学、遗传学、英语语言文学、营养与食品卫生学、影像医学与核医学、应用化学、应用数学、有机化学、语言学与应用语言学、原子与分子物理、运筹学与控制论、运动医学、政治经济学、植物学、制药工程、中国古代史、中国古代文学、中国古典文献学、中国近现代史、中国儒学、中国少数民族语言文学、中国现当代文学、中西医结合临床、肿瘤学、专门史、资源环境、宗教学、组织经济学

硕士专业 安全工程、保险硕士、比较文学与世界文学、病理学与病理生理学、病原生物学、不确定性处理的数学、材料工程、材料加工工程、材料物理与化学、材料学、财政学、测试计量技术及仪器、产业经济学、车辆工程、城市规划与设计、城市水利与水安全、出版硕士、传播学、档案学、等离子体物理、电磁场与微波技术、电工理论与新技术、电机与电器、电力电子与电力传动、电力系统及其自动化、电路与系统、电气工程、电子与通信工程、动力工程、动物学、俄语语言文学、儿科学、儿少卫生与妇幼保健学、耳鼻咽喉科学、发酵工程、法律史、法律硕士、法律硕士（法学）、法律硕士（非法学）、法学理论、法医学、法语语言文学、纺织材料与纺织品设计、纺织工程、纺织化学与染整工程、分析化学、风景园林硕士、佛教语言文学、服装设计与工程、妇产科学、复合材料、概率论与数理统计、钢铁冶金、港口、海岸及近海工程、高等教育学、高电压与绝缘技术、高分子化学与物理、高分子科学与工程、高压科学与技术、工程管理硕士、工程力学、工商管理硕士、工业催化、工业工程、工业设计、工业设计工程、公共管理硕士、公共卫生检验学、公共卫生硕士、公司金融、供热、供燃气、通风及空调工程、固体力学、管理科学与工程、光学、光学工程、广播影视文艺学、国际法学、国际关系、国际贸易学、国际商务硕士、国际政治、国民经济学、汉语国际教育硕士、汉语言文字学、行政管理、核技术及应用、核能与核技术工程、核燃料循环与材料、护理硕士、护理学、化工安全工程与技术、化工过程机械、化学工程、化学工艺、化学生物学、环境工程、环境科学、环境与资源保护法学、会计硕士、会计学、机械电子工程、机械工程、机械设计及理论、机械制造及其自动化、基础数学、急诊医学、计算机技术、计算机科学与技术、计算机软件与理论、计算机系统结构、计算机应用技术、计算数学、技术经济及管理、检测技术与自动化装置、建筑技术科学、建筑设计及其理论、建筑与土木工程、健康与社会行为学、教育管理、教育经济与管理、结构工程、金融经济学、金融硕士、金融学、经济法学、经济史、经济思想史、精密仪器及机械、精神病与精神卫生学、康复医学与理疗学、考古学及博物馆学、控制工程、控制理论与控制工程、口腔基础医学、口腔临床医学、口腔医学硕士、劳动经济学、劳动卫生与环境卫生学、老年医学、理论物理、历史地理学、历史文献学、粒子物理与原子核物理、临床检验诊断学、临床药物与器械评价科学、临床药学、临床遗传学、流行病与卫生统计学、流体力学、伦理学、旅游管理、旅游管理硕士、绿色化学、麻醉学、马克思主义基本原理、马克思主义理论、马克思主义理论与思想政治教育、马克思主义哲学、马克思主义中国化研究、美术、美术学、美学、免疫学、民商法学、民族传统体育学、民族学、模式识别与智能系统、母婴医学、纳米材料与纳米技术、内科学、凝聚态物理、农产品加工及贮藏工程、农药学、农业水土工程、皮肤病与性病学、皮革化学与工程、企业管理、轻工技术与工程、情报学、区域经济学、人机与环境工程、人口、资源与环境经济学、人口学、人类学、人类重大疾病生物治疗、人体解剖与组织胚胎学、日语语言文学、软件工程、设计艺术学、社会保障、社会工作硕士、社会学、社会医学与卫生事业管理、神经病学、生理学、生态学、生物安全、生物工程、生物化工、生物化学与分子生物学、生物信息学、生物医学工程、生物医学物理、生物质化学与工程、生药学、食品工程、食品科学、史学理论及史学史、世界经济、世界史、市政工程、数量经济学、水产品加工及贮藏工程、水电建设工程管理、水工结构工程、水力学及河流动力学、水利工程、水利水电工程、水土保持与荒漠化防治、水文学及水资源、税务硕士、思想政治教育、诉讼法学、体育教学、体育教育训练学、体育人文社会学、体育硕士、天然药物化学、通信与信息系统、统计学、图书馆学、土地资源管理、外国语言学及应用语言学、外国哲学、外科学、微电子学与固体电子学、微生物学、微生物与生化药学、卫生毒理学、文化批评、文物与博物馆硕士、文学人类学、文艺学、文艺与传媒、无

机化学、无线电物理、舞蹈学、物理电子学、物理化学、物流工程、西方经济学、戏剧戏曲学、细胞生物学

院系设置

文学与新闻学院、数学学院、化学学院、物理科学与技术学院、生命科学学院、高分子科学与工程学院、华西临床医学院（华西医院）、华西第二医院、华西口腔医学院（华西口腔医院）、经济学院、法学院、历史文化学院（旅游学院）、公共管理学院、工商管理学院、电子信息学院、材料科学与工程学院、制造科学与工程学院、计算机学院（软件学院）、建筑与环境学院、水利水电学院、化学工程学院、电气信息学院、轻纺与食品学院、华西基础医学与法医学院、华西公共卫生学院（华西第四医院）、华西药学院、外国语学院、艺术学院、马克思主义学院（政治学院）、体育学院

国家级、省部级研究机构设置

1. 实验室：水力学与山区河流开发保护国家重点实验室、高分子材料工程国家重点实验室、生物治疗国家重点实验室、口腔疾病研究国家重点实验室、制革清洁技术国家工程实验室、环保型高分子材料国家地方联合工程实验室、视觉合成图形图像技术国防重点学科实验室、皮革化学与工程教育部重点实验室、辐射物理与技术教育部重点实验室、人类疾病生物治疗教育部重点实验室、口腔生物医学工程教育部重点实验室、生物资源与生态环境教育部重点实验室、绿色化学与技术教育部重点实验室、靶向药物教育部重点实验室、先进特种材料及制备加工新技术教育部重点实验室（B类）、高能量密度物理及技术育部重点实验室（B类）、妇儿疾病与出生缺陷教育部重点实验室、口腔生物医学卫生部重点实验室、移植工程与移植免疫卫生部重点实验室、时间生物学卫生部重点实验室、原子分子工程与高温高压合成省重点实验室、分子生物学及生物技术省重点实验室、生物力学工程省重点实验室、过滤与分离省重点实验室、核医学省重点实验室、感染性疾病分子生物学省重点实验室、多相流传质与化学反应工程省重点实验室、功能材料物理化学与工程省重点实验室、岩土工程省重点实验室、光学省重点实验室、先进制造技术省重点实验室、智能系统省重点实验室、资源生物学及生物制药工程省重点实验室、靶向药物与新型给药系统省重点实验室、疾病基因组学与法医学省重点实验室、肿瘤学省重点实验室、医学分子生物学开放实验室、妇科肿瘤与小儿血液肿瘤省重点实验室、移植工程与移植免疫省重点实验室、电能质量与电磁环境学省重点实验室、微电子技术省重点实验室、人机系统及仿生工程省重点实验室、信息安全省重点实验室、信息与自动化技术省重点实验室、信息数学技术省重点实验室、知识工程及网络智能省重点实验室、绿色化学与技术省重点实验室、资源微生物学及微生物生物技术省重点实验室、分子毒理学省重点实验室、生物精神病学省重点实验室、病理研究室、口腔医学技术省重点实验室、天然药物学省重点实验室、干细胞应用研究中心、四川省濒危野生动物保护生物学省重点实验室、新型聚合物加工技术及其装备省重点实验室、食品科学与技术实验室省重点实验室、制药工程与技术省重点实验室、磷化学与工程省重点实验室、先进材料成型及模具技术省重点实验室、围产与生殖医学省重点实验室、环境工程省重点实验室、水文学及水资源省重点实验室、降解与阻燃高分子材料省重点实验室、四川省牙病防治重点实验室、出生缺陷研究实验室、口腔生物医学四川省重点实验室、人类疾病生物治疗四川省重点实验室、康复医学四川省重点实验室、科技金融与数理金融四川省重点实验室、创新方法与创新设计四川省重点实验室、微生物与代谢工程四川省重点实验室、动物疫病防控与食品安全重点实验室、智能电网四川省重点实验室、发育与妇儿疾病四川省重点实验室

2. 研究中心（所）：国家生物医学材料工程技术研究中心、国家烟气脱硫工程技术研究中心、四川省濒危野生动物保护生物学重点实验室—省部共建国家重点实验室培育基地、生物医用材料国际科技合作基地、能源储备与 CCUS 国际科技合作基地、四川大学国家技术转移中心、国家（成都）中药安全性评价中心、现代交通管理系统教育部工程研究中心、磷资源综合利用与清洁加工教育部工程研究中心、后续能源材料与器件教育部工程研究中心、环境友好高分子材料教育部工程研究中心、核科学与核技术教育部网上合作研究中心、西部资源环境教育部网上合作研究中心、循证医学教育部网上合作研究中心、中国循证医学中心、中国出生缺陷监测中心/全国妇幼卫生监测办公室、四川省产前诊断中心、四川省皮革工程研究中心、四川省 CIMS 工程中心、四川省稀土材料及应用工程研究中心、四川省纳米科技应用工程技术研究中心、四川省鞋业工程技术研究中心、数学研究所、原子核科学技术研究所、西南资源生物学研究所、激光物理与激光化学研究所、高分子研究所、皮革研究所、水利水电科学研究所、钩端螺旋体病防治研究室/感染免疫研究室、免疫研究室、组织学研究室、生物医学工程实验室、尘肺研究室、毒理研究室、四川大学华西医院国家药物临床试验机构、四川大学华西第二医院国家药物临床试验机构、四川大学道教与宗教文化研究所、四川大学中国俗文化研究所、四川大学南亚研究所、四川大学中国藏学研究所、四川大学人口研究所、四川大学古籍整理研究所、四川大学欧洲问题研究中心、社会发展与社会风险控制中心、四川省系统科学与企业发展研究中心、四川大学国际儒学研究院

博士后科研流动站 四川大学哲学博士后科研流动站、四川大学理论经济学博士后科研流动站、四川大学中国语言文学博士后科研流动站、四川大学历史学博士后科研流动站、四川大学数学博士后科研流动站、四川大学物理学博士后科研流动站、四川大学化学博士后科研流动站、四川大学生物学博士后科研流动站、四川大学机械工程博士后科研流动站、四川大学材料科学与工程博士后科研流动站、四川大学计算机科学与技术博士后科研流动站、四川大学土木工程博士后科研流动站、四川大学水利工程博士后科研流动站、四川大学化学工程与技术博士后科研流动站、四川大学轻工技术与工程博士后科研流动站、四川大学生物医学工程博士后科研流动站、四川大学基础医学博士后科研流动站、四川大学临床医学博士后科研流动站、四川大学口腔医学博士后科研流动站、四川大学公共卫生与预防医学博士后科研流动站、四川大学药学博士后科研流动站、四川大学力学博士后科研流动站、四川大学光学工程博士后科研流动站、四川大学信息与通信工程博士后科研流动站、四川大学环境科学与工程博士后科研流动站、四川大学管理科学与工程博士后科研流动站、四川大学法学博士后科研流动站、四川大学工商管理博士后科研流动站

定期公开出版的专业刊物 《四川大学学报（哲学社会科学版）》、《四川大学学报（自然科学版）》、《四川大学学报（工程科学版）》、《四川大学学报（医学版）》、《四川大学报》、《南亚研究

季刊》、《宗教学研究》、《中外文化与文论》、《汉语史研究集刊》、《新国学》、《比较文学：东方与西方》、《中国俗文化研究》、《现代中国文化与文学》、《中国金融学》、《藏学学刊》、《宋代文化研究》、《儒藏论坛》、《Frontiers of History in China（中国历史学前沿）》、《符号与传媒》、《望江法学》、《民商法争鸣》、《原子与分子物理学报》、《化学研究与应用》、《光散射学报》、《高分子材料科学与工程》、《皮革科学与工程》、《油田化学》、《中华医学遗传学杂志》、《华西医学》、《生物医学工程学杂志》、《四川生理科学杂志》、《四川解剖学杂志》、《中国普外基础与临床杂志》、《中国胸心血管外科临床杂志》、《中国修复重建外科杂志》、《中国呼吸与危重监护杂志》、《中华眼底病杂志》、《中国循证医学杂志》、《中华妇幼临床医学杂志（电子版）》、《国际输血及血液学杂志》、《国际口腔医学杂志》、《华西口腔医学杂志》、《中国口腔种植学杂志》、《现代预防医学》、《华西药学杂志》、《大学人文教育》、《Journal of Evidence – Based Medicine》、《International Journal of Oral Science（IJOS）》

学校设立奖学金情况

学校现设立奖助学金 153 项。奖励总金额 5500 余万元。奖学金最高金额 6645000 元/年，最低金额 1000 元/年。

主要校办产业

四川川大科技产业集团有限公司、四川大学工程设计研究院、华西医科大学卫生部口腔种植科技中心、成都川大精细化工研究所、成都科技大学环保科技研究所、成都川大科技实业公司、四川川大华龙科技企业总公司、四川大学印刷厂、四川大学生物材料工程研究中心、四川川大科技产业发展中心、华西医科大学药物研究所、四川川大齐鲁石化开发站、成都川大实习工厂、四川大学信德科技公司、成都川大华西视听技术工程中心、成都科技大学电脑网络设备公司、成都川大机电仪器技术开发部、成都川大新星应用技术研究所、四川省稀土材料及应用工程研究中心、四川大学出版社有限责任公司、华西医科大学制药厂、成都智达教育投资有限公司、成都锐教实验技术有限公司、成都迪健华西口腔科技有限公司、四川盛德文化发展有限公司、四川川大科技园发展有限公司、绵阳川大科技园有限公司、四川川大经济技术发展有限公司、成都心意诚科技产业服务有限公司、成都历新纤维科技有限公司、成都智索华西医药科技有限公司、四川川大华西药业股份有限公司、成都川大华西苑会议服务有限公司、四川川大华西医药有限公司、成都川大技术转移中心有限公司、成都川大华西苑宾馆、成都川大商贸服务公司、成都科华学府汽车修理厂、成都市川华达科学仪器厂、华西医科大学印刷厂、成都川亚工程技术总承包公司、四川金帆工程建设监理有限责任公司

学校历史沿革

原四川大学肇始于 1896 年创办的四川中西学堂；原成都科技大学由 1954 年全国院系调整时建立的成都工学院发展而来；原华西医科大学的前身是 1910 年美国、英国、加拿大的 5 个基督教会组织在成都创办的华西协合大学。1994 年 4 月 18 日，原教育部直属重点大学四川大学与原成都科技大学合并组成四川联合大学（1998 年 12 月更名为四川大学）；2000 年 9 月 29 日，四川大学与原卫生部直属重点大学华西医科大学合并，组建成新的四川大学。新四川大学的校庆日是 9 月 29 日。

西南交通大学

学校（机构）标识码	4151010613
学校办学类型	411：本科院校：大学
学校性质类别	02 理工院校
学校举办者	360 教育部
学校地址	四川省成都市二环路北一段 111 号
邮政编码	610031
办公电话	028 – 87600219
传真电话	028 – 87609007
校园（局域）网域名	www.swjtu.edu.cn
电子信箱	xb@swjtu.edu.cn
占地面积（平方米）	3280339
校舍建筑面积（平方米）	1651424
图书（万册）	318.47
固定资产总值（万元）	327995.18
教学、科研仪器设备资产值（万元）	86790.83
在校生数（人）	55253
其中：普通本科	30671
成人本科	5289
成人专科	7090
博士研究生	2383
硕士研究生	9478
留学生	342
专任教师（人）	2543
其中：正高级	483
副高级	787
中级	1065
初级	206
未定职级	2

本科专业 安全工程、材料成型及控制工程、材料科学与工程、测绘工程、测控技术与仪器、车辆工程、城市规划、传播学、德语、地理信息系统、地质工程、电气工程及其自动化、电子科学与技术、电子商务、电子信息工程、电子信息科学与技术、对外汉语、法学、法语、翻译、工程管理、工程结构分析、工程力学、工商管理、工业工程、工业设计、公共管理、广告学、国际经济与贸易、汉语言文学、环境工程、会计学、绘画、机械设计制造及其自动化、计算机科学与技术、计算机软件、建筑环境与设备工程、建筑学、交通工程、交通设备信息工程、交通运输、金融学、经济学、景观建筑设计、旅游管理、热能与动力工程、日语、软件工程、生物工程、生物信息学、生物医学工程、数学与应用数学、思想政治教育、通信工程、统计学、土木工程、网络工程、物联网工程、物流工程、物流管理、消防工程、信息安全、信息管理与信息系统、信息与计算科学、遥感科学与技术、艺术设计、音乐表演、英语、应用物理学、应用心理学、政治学与行政学、制药工程、制造工程、中药学、自动化

博士专业 材料学、车辆工程、城市轨道交通技术与装备、大地测量学与测量工程、道路与铁道工程、地球探测与信息技术、地图制图学与地理信息工程、地质工程、电磁场与微波技术、电磁悬浮与超导工程、电工理论与新技术、电机与电器、电力电

子与电力传动、电力系统及其自动化、电气系统控制与信息技术、防灾减灾工程及防护工程、高电压与绝缘技术、工程环境控制、工程力学、工业设计、公共工程组织与管理、供热、供燃气、通风及空调工程、固体力学、管理科学与工程、轨道交通电气化与自动化、机械电子工程、机械设计及理论、机械制造及其自动化、计算机应用技术、交通工程、交通信息工程及控制、交通运输安全工程、交通运输规划与管理、结构工程、景观工程、决策科学、流体力学、马克思主义基本原理、企业管理(含:财务管理、市场营销)、桥梁与隧道工程、驱动技术与智能系统、摄影测量与遥感、市政工程、思想政治教育、通信与信息系统、物流工程、系统工程、项目管理、信号与信息处理、信息安全、信息化制造工程、岩土工程、一般力学与力学基础、载运工具运用工程、资源优化管理、综合运输

硕士专业 安全工程、安全技术及工程、比较文学与世界文学、材料工程、材料加工工程、材料科学与工程、材料学、测绘工程、测试计量技术及仪器、产业经济学、车辆工程、城市规划与设计(含:风景园林规划)、城市轨道交通技术与装备、传播学、大地测量学与测量工程、道路与铁道工程、地球探测与信息技术、地图学与地理信息系统、地图制图学与地理信息工程、地质工程、点磁悬浮与超导工程、电磁场与微波工程、电磁悬浮与超导工程、电工理论与新技术、电机与电器、电力电子与电力传动、电力系统及其自动化、电路与系统、电气工程、电气系统控制与信息技术、电子与通信工程、动力机械及工程、法律硕士(法学)、法律硕士(非法学)、法学理论、翻译硕士、防灾减灾工程及防护工程、风景园林、概率论与数理统计、高电压与绝缘技术、工程环境控制、工程力学、工商管理、工业工程、工业设计、工业设计工程、公共工程组织与管理、公共管理、供热、供燃气、通风及空调工程、固体力学、管理科学与工程、光学工程、轨道交通电气化与自动化、汉语言文字学、行政管理、环境工程、环境科学、会计学、机械电子工程、机械工程、机械设计及理论、机械制造及其自动化、基础数学、集成电路工程、计算机技术、计算机软件与理论、计算机系统结构、计算机应用技术、技术经济及管理、检测技术与自动化装置、建筑技术科学、建筑历史与理论、建筑设计及其理论、建筑与土木工程、交通工程、交通信息工程及控制、交通运输安全工程、交通运输工程、交通运输规划与管理、教育技术学、教育经济与管理、结构工程、金融学(含:保险学)、经济法学、精密仪器及机械、景观工程、决策科学、科学技术哲学、控制工程、控制理论与控制工程、矿产普查与勘探、理论物理、流体力学、伦理学、旅游管理、马克思主义理论、马克思主义理论与思想政治教育、美术学、密码学、模式识别与智能系统、凝聚态物理、企业管理(含:财务管理、市场营销)、桥梁与隧道工程、区域经济学、驱动技术与智能系统、日语语言文学、软件工程、设计艺术学、社会保障、摄影测量与遥感、生物工程、生物化工、生物化学与分子生物学、生物医学工程、生物医药工程、生药学、世界经济、市政工程、数量经济学、体育教育训练学、通信工程、通信与信息系统、外国语言学及应用语言学、微电子学与固体电子学、微生物与生化药学、文艺学、物理电子学、物流工程、系统工程、项目管理、消防工程、信号与信息处理、信息安全、信息化制造工程、岩土工程、一般力学与力学基础、仪器仪表工程、艺术设计、艺术学、应用数学、语言学及应用语言学、园林植物与观赏园艺、载运工具运用工程、制药工程、中国古代文学、中国古典文献学、中国现当代文学、中外政治制度、中药学、专门史、资源优化管理、综合运输

院系设置

土木工程学院、材料科学与工程学院、机械工程学院、经济管理学院、电气工程学院、人文社会科学学院、艺术与传播学院、信息科学与技术学院、外国语学院、交通运输与物流学院、地球科学与环境工程学院、生命科学与工程学院、建筑学院、公共管理学院、数学学院、物理科学与技术学院、政治学院、力学与工程学院、医学院、体育工作部、深圳西南交通大学研究院、常州轨道交通研究院、西南交通大学唐山研究院(研究生分院)、西南交通大学信息化研究院、现代工业技术培训中心、CAD工程中心、超导研究开发中心、心理研究与咨询中心、智能控制与仿真工程中心、轨道交通电气化与自动化工程技术研究中心

国家级、省部级研究机构设置

1. 国家级 轨道交通国家实验室(筹)、牵引动力国家重点实验室、陆地交通地质灾害防治技术国家工程实验室、国家轨道交通电气化与自动化工程技术研究中心

2. 省、部级 材料先进制备技术实验室、磁浮技术与磁浮列车实验室、高速铁路线路结构理论与技术实验室、先进驱动节能技术教育部工程研究中心、信息编码与传输实验室、综合运输实验室、制造业产业链协同与信息化支撑技术实验室、抗震工程技术实验室、道路工程实验室、四川省现代服务科技工程技术研究中心、四川省轨道交通电气化与自动化工程技术研究中心、四川省先进焊接及表面工程技术研究中心、综合交通运输智能化四川省工程实验室、强度与振动实验室、物料搬运机械实验室、表面工程与磨擦学实验室、磁浮列车与磁力应用工程实验室、交通安全工程技术实验室、数字化城市交通综合实验室、交通信息与控制实验室、电磁场与微波实验室、信息安全与国家计算网格实验室、人工器官表面工程实验室、地理信息工程中心、移动通信重点实验室、信号与信息处理实验室、网络通信技术实验室、新型驱动技术实验室、环境污染与工程环境控制实验室、现代焊接技术实验室、高压科学与技术实验室、风工程实验室、车辆热能动力机械实验室、云计算与智能技术实验室、信息协同与物联网工程实验室、铁道电气化与自动化实验室、桥梁、隧道及地下工程实验室、道路及铁道工程实验室、交通信息工程实验室、智能控制与仿真工程研究中心

学校设立奖学金情况

学校设立奖学金74项,奖励总金额1330余万元。奖学金最高金额8000元/年,最低金额500元/年。

(一)综合奖学金:每年约奖励16680人次,金额小计573.65万元

1. 特等奖学金:每学期按学生人数1%评定,奖学金1000元/学期·人

2. 一等奖学金:每学期按学生人数5%评定,奖学金600元/学期·人

3. 二等奖学金:每学期按学生人数10%评定,奖学金400元/学期·人

4. 三等奖学金:每学期按学生人数20%评定,奖学金250元/学期·人

5. 进步奖学金:每学期评定一次;学分绩点提高1.0以上,奖励100元/学期·人;1.5以上者,奖励150元/学期·人;2.0以上者,奖励200元/学期·人。

(二)国家奖学金 奖励名额以国家财政部、教育部下达的名额为准(2011年成都校区评定227人),奖励标准为8000元/年·人,金额小计181.6万元。

(三)国家励志奖学金 奖励名额以国家财政部、教育部下达的名额为准(2011年成都校区评定661人),奖励标准为5000元/年·人,金额小计330.5万元。

(四)专项奖(助)学金:共70项,共奖励860余人,金额小计约245万元。

1 安凯特专项奖学金 70人/年 200000元/年
2 北京恒旭助困奖学金 10人/年 100000元/年
3 出版数学奖学金 16人/年 30000元/年
4 材料学院党员教职工爱心助学奖学金 10人/年 10000元/年
5 材料学院院长新生助学奖学金 10人/年 8000-10000元/年
6 重庆起重奖学金 14人/年 20000元/年
7 常新奖学金 2人/年 100000元/年
8 大成奖学金 2人/年 2000元/年
9 地78级校友专项奖学金 5人/年 5000元/年
10 "电算七九"助学奖学金 5人/年 5000元/年
11 董事会奖学金 20人/年 24000元/年
12 党委组织部党支部助学奖学金 1人/年 2520元/年
13 高分子奖学金 5人/年 10000元/年
14 郭可詹—黄盛清数学奖学金 3人/年 15000元/年
15 高渠清教授奖学金 2人/年 2000元/年
16 宏图助贫奖学金 10人/年 50000元/年
17 华为奖学金 10人/年 48000元/年
18 焊研威达奖学金 11人/年 30000元/年
19 IBSE奋进奖学金 2人/年 2000元/年
20 交大后勤奖学金 20人/年 20000元/年
21 计算机自控八五校友奖学金 10人/年 12000元/年
22 计算机科学与工程系八九级校友励志奖学金 6人/年 50000元/年
23 吉熙安专项奖学金 18人/年 50000元/年
24 科尼起重奖(助)学金 31人/年 111000元/年
25 李土秀数学优秀学生专项奖(助)学金 9人/年 20000元/年
26 罗忠忱教授奖学金 3人/年 6000元/年
27 茅以升科技教育基金工程教育奖学金 1人/年 3000元/年
28 茅以升铁道教育希望之星 3人/年 9000元/年
29 毛子洞基金奖学金 10人/年 39000元/年
30 南澳大学奖学金 5人/年 10000元/年
31 南车眉山厂奖学金 20人/年 50000元/年
32 暖通95助学金 4人/年 10000元/年
33 奥思特助困奖学金 15人/年 45000元/年
34 桥八〇级校友助困奖学金 10人/年 10000元/年
35 青岛威奥奖学金 13人/年 30000元/年
36 热喷涂优秀论文奖学金 9人/年 15000元/年
37 四川消防所奖学金 14人/年 10000元/年
38 四川齐盛消防设备制造有限公司奖学金 12人/年 10000元/年
39 隧道奖学金 2人/年 1000元/年
40 顺丰物流奖学金 20人/年 100000元/年
41 神钢助学奖学金 20人/年 20000元/年
42 穗港泰奖学金 6人/年 3600元/年
43 "三民"助学奖学金 6人/年 54000-60000元/年
44 生物永进伟方专项奖学金 8人/年 10000元/年
45 孙训方奖学金 6人/年 12000元/年
46 卫华起重奖学金 26人/年 30000元/年
47 物理科学与技术学院院长奖学金 16人/年 20000元/年
48 威立雅水务助困奖学金 3人/年 4500元/年
49 新鸿基地产郭氏基金西南交通大学奖学金 40人/年 200000元/年
50 新国线奖学金 16人/年 40000元/年
51 西联物流奖学金 3人/年 18000元/年
52 西门子奖学金 31人/年 144000元/年
53 新筑奖(助)学金 12人/年 30000元/年
54 运八一校友助困奖学金 9人/年 59000元/年
55 远成物流奖学金 5人/年 16000元/年
56 扬华地质校友奖学金 10人/年 10000元/年
57 易事特电力电子奖教奖学金 11人/年 30000元/年
58 艺扬奖学金 5人/年 10000元/年
59 中安经管基金奖学金 21人/年 35000元/年
60 中国宋庆龄基金会丰田助学金 10人/年 30000元/年
61 中国宋庆龄基金会华泰汽车四川灾后重建基金助学金 15人/年 75000元/年
62 中国港湾助学金 10人/年 47000元/年
63 中华制漆奖学金 32人/年 46000元/年
64 中交二航局奖学金 20人/年 40000元/年
65 中力奖(助)学金 16人/年 30000元/年
66 中铁电气化局集团奖学金 30人/年 100000元/年
67 中铁二局电气化奖学金 10人/年 20000元/年
68 中铁二局电气化助学奖学金 1-2人/年 5000-10000元/年
69 中铁机械院奖学金 5人/年 5000元/年
70 中铁七局奖学金 20人/年 30000元/年

主要校办产业

西南交大科技产业发展有限责任公司、西南交通大学现代管理研修学院、北京西南交大工程技术研究院有限公司、成都西南交大府河苑培训中心有限公司、四川省交大创新投资有限公司、成都西南交大高铁轨道设备有限公司、成都交大鸿森园林有限公司、成都西南交大投资管理有限公司、西南交通大学电子音像出版社、西南交通大学出版社、成都西南交大旅行社有限公司、成都西南交大加成科技有限公司、成都交大光芒实业有限公司、成都艾格机电设备有限公司、成都运达创新科技有限公司、成都西南交大科技园管理有限责任公司、成都西南交大工程检测有限公司、西南交通大学建筑勘察设计研究院、四川西南交大兴建置业有限公司、成都交大房产投资管理有限公司、成都交大晶宇科技有限公司、四川西南交大土木工程设计有限公司、四川西南交大土木工程设计有限公司、成都西南交大科技产业发展有限责任公司、四川西南交大铁路发展有限公司、深圳市永达电子有限公司、成都西南交大万维高科技有限公司、成都交大许继电气有限责任公司、西南交通大学印刷厂、成都交大工程技术建设开发有限公司、成都西南交大科技发展有限公司、成都西南交大通联科技产业有限公司、成都西南交大工程建设咨询监理有限责任公司

学校历史沿革

西南交通大学肇建于1896年，曾先后定名为"山海关北洋铁路官学堂"、"唐山交通大学"、"唐山铁道学院"等，是中国近代建校最早的高等学府之一，素有"中国铁路工程师的摇篮"和"东方康奈尔"之称。今天，西南交通大学已经发展成为一所以工科为主，工、理、管、经、文、法等多学科协调发展的多科性大学。是进入国家"211工程"、"特色985工程"建设和设有研究生院的全国重点高校。

电子科技大学

学校(机构)标识码	4151010614
学校办学类型	411:本科院校:大学
学校性质类别	02 理工院校
学校举办者	360 教育部
学校地址	四川省成都市建设北路二段四号
邮政编码	610054
办公电话	028-61831228
传真电话	028-61830161
校园(局域)网域名	www.uestc.edu.cn
电子信箱	xinxike@uestc.edu.cn
占地面积(平方米)	2719941
校舍建筑面积(平方米)	1237433
图书(万册)	243.52
固定资产总值(万元)	358865
教学、科研仪器设备资产值(万元)	71117.4
在校生数(人)	37875
其中:普通本科	19440
成人本科	1744
成人专科	4478
博士研究生	1752
硕士研究生	10306
留学生	155
专任教师(人)	2091
其中:正高级	360
副高级	602
中级	857
初级	86
未定职级	186

本科专业 测控技术与仪器、电波传播与天线、电磁场与无线技术、电力系统自动化、电气工程及其自动化、电子科学与技术、电子商务、电子信息工程、电子信息科学类、电子信息科学与技术、法学、工商管理、工商管理类(管理-电子工程复合)、工业工程、光信息科学与技术、行政管理、环境工程、机械设计制造及其自动化、集成电路设计与集成系统、计算机科学与技术、金融学、日语、软件工程、生物技术、生物医学工程、数学与应用数学、通信工程、网络工程、微电子学、新能源材料与器件、信息安全、信息对抗技术、信息工程、信息管理与信息系统、信息显示与光电技术、信息与计算科学、英语、应用化学、应用物理学、真空电子技术、自动化

博士专业 材料科学与工程、材料物理与化学、材料学、测试计量技术及仪器、等离子体物理、电磁场与微波技术、电路与系统、电子科学与技术、电子信息材料与元器件、管理科学与工程、光学、光学工程、机械电子工程、计算机软件与理论、计算机系统结构、计算机应用技术、检测技术与自动化装置、金融工程、马克思主义基本原理、凝聚态物理、企业管理、生物医学工程、思想政治教育、通信与信息系统、微电子学与固体电子学、无线电物理、物理电子学、新兴技术管理、信号与信息处理、信息安全、信息管理与电子商务、信息获取与探测技术、信息与通信工程、应用数学

硕士专业 工商管理、材料工程、材料科学与工程、测试计量技术及仪器、传播学、等离子体物理、地图制图学与地理信息工程、电磁场与微波技术、电力电子与电力传动、电路与系统、电子科学与技术、电子与通信工程、翻译硕士、工程管理、工商管理、工商管理硕士、工业工程、公共管理、管理科学与工程、光学、光学工程、国际政治、行政管理、机械电子工程、机械工程、机械设计及理论、机械制造及其自动化、集成电路工程、计算机技术、计算机软件与理论、计算机系统结构、计算机应用技术、计算数学、技术经济及管理、检测技术与自动化装置、金融学(含:保险学)、精密仪器及机械、控制工程、控制理论与控制工程、马克思主义基本原理、密码学、模式识别与智能系统、凝聚态物理、企业管理、区域经济学、软件工程、生物化学与分子生物学、生物物理学、生物医学工程、数量经济学、思想政治教育、通信与信息系统、外国语言学及应用语言学、微电子学与固体电子学、无线电物理、物理电子学、物流工程、宪法学与行政法学、项目管理、新闻与传播、新闻与传播硕士、信号与信息处理、信息与通信工程、仪器仪表工程、英语语言文学、应用化学、应用数学、应用心理学、运筹学与控制论

院系设置

通信与信息工程学院、电子工程学院、微电子与固体电子学院、物理电子学院、光电信息学院、计算机科学与工程学院、自动化工程学院、机械电子工程学院、生命科学与技术学院、数学科学学院、经济与管理学院、政治与公共管理学院、外国语学院、信息与软件工程学院(示范性软件学院)、马克思主义教育学院、能源科学与工程学院

国家级、省部级研究机构设置

实验室:极高频复杂系统国防重点学科实验室、光纤传感与通信教育部重点试验室、新型传感器重点实验室、神经信息教育部重点实验室、多频谱吸波材料与结构教育部重点实验室(B类)、综合电子系统技术教育部重点实验室(B类)、光电探测与传感集成技术教育部重点实验室(B类)、生物物理/生物电子学重点实验室、微波等离子体及应用重点实验室、功率器件与智能功率集成电路重点实验室、大规模集成电路重点实验室、光电信息工程重点实验室、移动通信与个人通信重点实验室、雷达探测与成像重点实验室、电子信息功能材料重点实验室、现代远程教

育重点实验室、电子工程软件评测重点实验室、微波毫米波工程重点实验室、管理科学与工程重点实验室、生物医学信息检测与智能信息处理重点实验室、虚拟现实技术重点实验室、实时计算机系统及应用重点实验室、光电传感与信息处理重点实验室、智能机械及系统工程重点实验室、可擦写光盘及应用重点实验室、微波毫米波系统及测试重点实验室、电力系统广域测量与控制四川省重点实验室、网络与数据安全四川省重点实验室、显示科学与技术四川省重点实验室、太赫兹科学技术四川省重点实验室、数字媒体技术四川省重点实验室

研究中心：电磁防护材料教育部工程研究中心、电子测试技术与仪器教育部工程研究中心、新型微波探测技术教育部工程研究中心、四川省电信增值业务工程技术研究中心、四川省对地观测工程技术研究中心、四川省微波毫米波工程技术研究中心、四川省高密度集成器件（SIP）工程技术研究中心、四川省数据通信与灾备工程技术研究中心

博士后科研流动站 信息与通工程、电子科学与技术、光学工程、物理学、计算机科学与技术、仪器科学与技术、材料科学与技术、生物医学工程、管理科学与工程、机械工程

定期公开出版的专业刊物 《电子科技大学学报》、《电子科技大学学报（社科版）》、《电子科技学刊（journal of Electronic Science and Technology）》、《光子传感器（Photonic Sensors）》

学校设立奖学金情况
学校设立普通本科生奖学金8项，奖励总金额958.56万元。奖学金最高金额10000元/年，最低金额500元/年。

主要校办产业
电子科技大学出版社、成都成电大学科技园有限公司

学校历史沿革
电子科技大学的前身是成都电讯工程学院，建立于1956年，由上海交通大学、南京工学院和华南工学院三所院校的电子类学科合并创建；1988年5月，经国家教委批准，将"成都电讯工程学院"更名为"电子科技大学"；1997年10月，学校成为由中央经费投入首批启动的"211工程"重点建设大学；2000年2月22日，被列为教育部直属高校，划归为国家教育部领导；2001年9月，教育部、四川省人民政府签署共建电子科技大学协议，学校进入国家"985工程"重点建设的大学行列。

西南石油大学

学校(机构)标识码 4151010615	占地面积(平方米) 1662516	成人专科 7288
学校办学类型 411:本科院校:大学	校舍建筑面积(平方米) 922006	博士研究生 565
学校性质类别 02 理工院校	图书(万册) 193.98	硕士研究生 3120
学校举办者 811 省级教育部门	固定资产总值(万元) 125829	留学生 8
学校地址 四川省成都市新都区新都大道8号	教学、科研仪器设备资产值(万元) 30914	专任教师(人) 1419
		其中:正高级 197
邮政编码 610500	在校生数(人) 38018	副高级 401
办公电话 028-83032139	其中:普通本科 20811	中级 674
传真电话 028-83034264	普通专科 3087	初级 142
校园(局域)网域名 www.swpu.edu.cn	成人本科 3139	未定职级 5
电子信箱 zxq@swpu.edu.cn		

本科专业 安全工程、表演、播音与主持艺术、材料成型及控制工程、材料腐蚀与防护、材料科学与工程、测绘工程、测控技术与仪器、城市地下空间工程、地理信息系统、电气工程及其自动化、电子商务、电子信息工程、电子信息科学与技术、俄语、法学、高分子材料与工程、工程管理、工商管理、工业设计、公共管理、广播电视编导、国际经济与贸易、过程装备与控制工程、海洋油气工程、焊接与检测技术、化学、化学工程与工艺、环境工程、会计学、机械工程及自动化、计算机科学与技术、建筑环境与设备工程、金属材料工程、经济学、勘查技术与工程、软件工程、社会工作、石油工程、市场营销、数学与应用数学、体育教育、通信工程、土木工程、网络工程、无机非金属材料、无机非金属材料工程、新能源材料与器件、信息管理与信息系统、信息与计算科学、英语、应用化学、应用生物科学、油气储运工程、资源环境与城乡规划管理、资源勘查工程、自动化

专科专业 城市燃气工程技术、工程测量与监理、焊接技术及自动化、会计与审计、机电一体化技术、计算机应用技术、酒店管理、石油化工生产技术、石油与天然气地质勘探技术、数控技术、物流管理、应用电子技术、油气开采技术、油田化学应用技术、钻井技术

博士专业 地球探测与信息技术、地质工程、海洋油气工程、机械设计及理论、开发地质学、矿产普查与勘探、石油工程测井、石油工程管理、石油工程计算技术、石油矿场机械、应用化学、油气安全工程、油气测控工程、油气储运工程、油气井工程、油气田材料与应用、油气田开发工程

硕士专业 材料工程、材料加工工程、材料物理与化学、材料学、测试计量技术及仪器、产业经济学、车辆工程、地球化学、地球探测与信息技术、地质工程、动力工程、防灾减灾工程及防护工程、工程管理、工程力学、工业催化、工业工程、供热、供燃气、通风及空调工程、构造地质学、古生物学与地层学(含:古人类学)、管理科学与工程、海洋油气工程、化工过程机械、化学工程、化学工艺、环境工程、机械电子工程、机械工程、机械设计及理论、机械制造及其自动化、计算机技术、计算机软件与理论、计

算机应用技术、技术经济及管理、建筑与土木工程、结构工程、精密仪器及机械、开发地质学、控制工程、矿产普查与勘探、矿物学、岩石学、矿床学、流体机械及工程、流体力学、马克思主义中国化研究、模式识别与智能系统、软件工程、石油工程测井、石油工程管理、石油工程计算技术、石油矿场机械、石油与天然气工程、思想政治教育、外国语言学及应用语言学、物流工程、岩土工程、仪器仪表工程、英语笔译、应用化学、应用数学、油气安全工程、油气测控工程、油气储运工程、油气井工程、油气田材料与应用、油气田开发工程

院系设置

1. 石油工程学院 2. 资源与环境学院 3. 机电工程学院 4. 化学化工学院 5. 材料科学与工程学院 6. 计算机科学学院（含软件学院）7. 电气信息学院 8. 土木工程与建筑学院（含设计研究院）9. 理学院 10. 经济管理学院（含 MBA 教育中心）11. 文法学院 12. 政治学院 13. 外国语学院 14. 体育学院 15. 传媒学院 16. 继续教育与网络学院 17. 应用技术学院 18. 工程训练中心

国家级、省部级研究机构设置

1. 油气藏地质及开发工程国家重点实验室 2. 低渗透油气田勘探开发国家工程实验室 3. 中美联合数据工程与数据分析室 4. 石油天然气装备教育部重点实验室 5. 天然气开发教育部工程研究中心 6. 油田化学教育部工程研究中心 7. 四川省天然气开发与开采研究实验基地 8. 四川石油天然气发展研究中心 9. 钻井研究室 10. 开发研究室 11. 泥浆研究室 12. 钻头研究室 13. 碳酸盐岩研究室 14. 四川省高校岩石破碎学与钻头研究实验室 15. 四川省高校天然气开采重点实验室 16. 四川省高校测控技术与自动化研究室 17. 四川省高校天然气地质实验室 18. 四川省高校油气田化学品合成及应用开发实验室 19. 四川省高校石油工程测井实验室 20. 四川省高校油气田化学工作液实验研究中心 21. 四川省高校石油工程计算机模拟技术重点实验室 22. 四川省高校石油与天然气加工重点实验室（自筹）23. 四川省高校油气田材料重点实验室 24. 四川省高校结构工程重点实验室 25. 中国石油石油管力学和环境行为重点研究室 26. 中国石油钻井液重点研究室 27. 中国石油欠平衡钻井研究室 28. 中国石油特殊气藏开发重点研究室 29. 完井油井技术中心（联合国援建）30. 中国海洋石油提高采收率重点实验室 31. 中国石油高含硫气藏开采先导试验基地 32. 中国石油油气藏改造重点实验室 33. 中国石油油气储运重点实验室 34. 中国石油 HSE 重点实验室

博士后科研流动站 石油与天然气工程、地质资源与地质工程、机械工程

定期公开出版的专业刊物 《西南石油大学学报》（自然科学版）、《西南石油大学学报》（社会科学版）

学校设立奖学金情况

学校设立奖学金 19 项，奖励总金额 746 余万元。奖学金最高金额 10000 元/年，最低金额 300 元/年。

主要校办产业

1. 四川西南石大金牛石油科技有限公司 2. 西南石油大学建筑科技有限公司 3. 西南石油学院设计研究院 4. 西南石油学院劲康机电高新技术有限责任公司 5. 西南石油大学印刷厂 6. 西南石油大学科技园发展有限公司 7. 成都市新都石油缘宾馆有限责任公司 8. 西南石油学院驻成都办事处招待所 9. 四川光亚科技股份有限公司及四川光亚聚合物化工有限公司 10. 四川西南石大石油工程技术有限公司 11. 成都盛特石油装备模拟技术开发有限公司

学校历史沿革

西南石油大学创建于 1958 年，前身为四川石油学院，1970 年更名为西南石油学院，2005 年 11 月更名为西南石油大学，先后隶属于石油工业部，中国石油天然气集团公司。2000 年划转为中国石油天然气集团公司与四川省共建，以四川省管理为主的高校。

成都理工大学

学校（机构）标识码 4151010616	电子信箱 xzxx@cdut.edu.cn	成人本科 3130
学校办学类型 411：本科院校：大学	占地面积（平方米） 1925128	成人专科 8042
学校性质类别 02 理工院校	校舍建筑面积（平方米） 799365	博士研究生 668
学校举办者 811 省级教育部门	图书（万册） 196.5	硕士研究生 3322
学校地址 成都市成华区二仙桥东三路一号	固定资产总值（万元） 148390	专任教师（人） 1658
	教学、科研仪器设备资产值（万元） 39482.6	其中：正高级 211
邮政编码 610059		副高级 411
办公电话 028-84078890	在校生数（人） 43352	中级 745
传真电话 028-84077163	其中：普通本科 25763	初级 229
校园（局域）网域名 www.cdut.edu.cn	普通专科 2427	未定职级 62

本科专业 表演、播音与主持艺术、材料科学与工程、财务管理、测绘工程、测控技术与仪器、地理信息系统、地球化学、地球物理学、地下水科学与工程、地质学、电气工程及其自动化、电子商务、电子信息科学与技术、动画、法学、辐射防护与环境工程、工程管理、工程结构分析、工商管理、工业工程、工业设计、公共事业管理、广播电视编导、广播电视新闻学、广告学、国际经济与贸易、核工程与核技术、核技术、化工与制药、化学、环境工程、会计学、机械工程及自动化、计算机科学与技术、建筑学、经济学、勘查技术与工程、空间信息与数字技术、旅游管理、人力资源管理、日语、软件工程、社会体育、社会学、生物工程、石油工程、

市场营销、数学与应用数学、数字媒体技术、思想政治教育、土地资源管理、土木工程、物联网工程、物流管理、戏剧影视文学、新能源材料与器件、信息工程、信息管理与信息系统、信息与计算科学、遥感科学与技术、艺术设计、音乐表演、英语、应用化学、应用物理学、园林、政治学与行政学、资源环境与城乡规划管理、资源勘查工程

专科专业 电子商务、广告设计与制作、会计电算化、机电一体化技术、计算机网络技术、建筑装饰工程技术、旅游管理、汽车技术服务与营销、商务管理、数控技术、装潢艺术设计

博士专业 沉积学、地球化学、地球探测与信息技术、地质工程、第四纪地质学、构造地质学、古生物学与地层学(含:古人类学)、固体地球物理学、核技术及应用、核资源与核勘查工程、核资源与勘查工程、环境地质、金属矿产与金属材料、矿产普查与勘探、矿产资源化学、矿物材料学、矿物学、岩石学、矿床学、岩土工程、应用地球物理、油气田开发地质、油气田开发工程

硕士专业 安全工程、材料工程、材料加工工程、材料物理与化学、材料学、测绘工程、测试计量技术及仪器、沉积学、传播学、地球化学、地球探测与信息技术、地图学与地理信息系统、地图制图学与地理信息工程、地质工程、第四纪地质学、电路与系统、电子通信与工程、防灾减灾工程及防护工程、分析化学、辐射防护及环境保护、工商管理、工业工程、构造地质学、古生物学与地层学(含:古人类学)、固体地球物理学、管理科学与工程、核技术及应用、核能与核技术工程、核资源与核勘查工程、化学工程、化学工艺、环境地质、环境工程、环境科学、机械工程、计算机技术、计算机软件与理论、计算机应用技术、计算数学、建筑与土木工程、金属矿产与金属材料、科学技术哲学、矿产普查与勘探、矿产资源化学、矿物材料学、矿物学、岩石学、矿床学、旅游管理、马克思主义基本原理、农业信息化、企业管理(含:财务管理、市场营销)、摄影测量与遥感、生物工程、石油天然气工程、思想政治教育、通信与信息系统、外国语言学及应用语言学、物流工程、项目管理、信号与信息处理、岩土工程、仪器仪表工程、英语笔译、英语口译、应用地球物理、应用地球物理学、应用化学、应用数学、油气田开发地质、油气田开发工程、自然地理学

院系设置

地球科学学院、能源学院、环境与土木工程学院、信息工程学院、应用核技术与自动化工程学院、材料与化学化工学院、信息管理学院、文法学院、外国语学院、商学院、中澳旅游与酒店管理学院、传播科学与艺术学院、网络教育学院、体育教学部、继续教育学院、应用技术学院、沉积地质研究院

国家级、省部级研究机构设置

1.研究所(中心):数字国土与生态科学研究所、旅游与城镇规划研究所、国土资源新技术研究所、资源开发与评价研究所、遥感与地理信息系统研究所、复杂油气藏地球物理研究所、财务经济与金融工程研究所、数学地质研究所、系统科学与工程研究所、电子商务研究所、工程地质研究所、测控技术工程研究所、同位数地质研究所、现代艺术设计研究所、材料科学技术研究所、企业资源管理研究所、旅游市场与管理研究所、恐龙研究与开发中心、现代远程教育研究室、体育科学研究室、深部地球物理研究所、矿产资源综合评价与开发利用研究所、成都理工大学数字化研究院、地质灾害防治工程研究所、中信国安—成都理工大学盐湖综合利用工程研究中心、应用社会学研究所、成都理工大学地热资源勘查研究所、成都理工大学建设工程质量检测中心、信息处理与通信技术研究室、理工信息三大科技软件开发中心、地质信息中心、沉积地质研究所、金刚石薄膜实验室、成都理工大学地质调查研究院、成都理工大学电视科教纪录片研究所、成都理工大学智能信息处理研究所、成都理工大学日本语言文化研究室、成都理工大学英美语言文化研究室、成都理工大学生态环境地质研究所、成都理工大学应用社会学研究所、成都理工大学法学研究所、成都理工大学心理学研究所、成都理工大学城市环境地质研究中心、成都理工大学廉政与社会发展研究所、成都理工大学攀西研究中心、成都理工大学广告文化研究所、成都理工大学职业经理研究所

2.国家重点实验室:油气藏地质及开发工程国家重点实验室、地质灾害防治与地质环境保护国家重点实验室

博士后流动站 地质学、地质资源与地质工程

定期公开出版的专业刊物 《成都理工大学学报》(社会科学版)、《成都理工大学学报》(自然科学版)、《矿物岩石》、《国土资源科技管理》、《物化探计算技术》、《地质灾害与环境保护》

学校设立奖学金情况

学校设立奖学金17项,奖励总金额378余万元。奖学金最高金额8000元/年,最低金额400元/年。

1. 优秀学生奖学金:640人/年,1500元/人
2. 优秀学生干部奖学金:386人/年,1500元/人
3. 单项奖奖学金:392人/年,800元/人
4. 十佳大学生奖学金:10人/年,3000元/人
5. 体育优秀奖奖学金:10人/年,800元/人
6. 学院奖学金:1700人/年,800元/人
7. 世界日报奖学金:3人/年,1500元/人
8. 道达尔奖学金:10人/年,2000元/人
9. 材化院校友奖学金:6人/年,1000元/人
10. 东方地球物理奖学金:50人/年,2000元/人
11. 地球化学人才奖:10人/年,1000元/人
12. 金景福奖学金:10人/年,1000元/人
13. 刘光鼎奖学金:8人/年,8000元/人
14. 劳雷奖学金:8人/年,5000元/人
15. 研究生一等奖学金:54人/年,1500元/人
16. 研究生二等奖学金:106人/年,800元/人
17. 研究生三等奖学金:281人/年,400元/人

主要校办产业

1.成都理工大学科技咨询部 2.成都理工岩土工程公司 3.成都理工东方岩土工程勘察公司 4.成都理工大学印刷厂 5.成都理工招待所 6.成都理工机械工程队 7.成都理工大新源节能防腐工程公司 8.成都理工资产经营有限公司 9.成都西部石油所理工加油站

毕业生一次就业率 90.1%

学校历史沿革

1956年,为了适应我国社会主义建设的发展,在全国院系调整过程中,以重庆大学地质系为基础,调集北京大学地质勘探学院和南京地质学校等到10多所院校部分教师和相关管理人员,经国务院批准组建成都地质勘探学院,院长朱国平。为了适应改革开放后对人才培养的新要求,1993年经原国家教委和地质矿产部批准改名为成都理工学院,院长贺振华。2001年5月,经

国家教育部批准,成都理工学院与四川省商业高等专科学校、成都有色地质职工大学合并组建成都理工大学。

西南科技大学

学校(机构)标识码	4151010619
学校办学类型	411:本科院校:大学
学校性质类别	02 理工院校
学校举办者	811 省级教育部门
学校地址	西南科技大学
邮政编码	621010
办公电话	0816-6089029
传真电话	0816-6089030
校园(局域)网域名	www.swust.edu.cn
电子信箱	sec@swust.edu.cn
占地面积(平方米)	2726696
校舍建筑面积(平方米)	1035392
图书(万册)	238.41
固定资产总值(万元)	157896.82
教学、科研仪器设备资产值(万元)	34503.53
在校生数(人)	40335
其中:普通本科	26141
普通专科	1512
成人本科	1099
成人专科	9476
硕士研究生	2096
留学生	11
专任教师(人)	1701
其中:正高级	202
副高级	460
中级	863
初级	128
未定职级	48

本科专业 安全工程、材料成型及控制工程、材料科学与工程、材料物理、采矿工程、测绘工程、城市规划、地理信息系统、地质工程、电子商务、电子信息工程、动物科学、对外汉语、法学、辐射防护与环境工程、工程管理、工程力学、工商管理、工业工程、工业设计、公共事业管理、光信息科学与技术、广播电视新闻学、国际经济与贸易、过程装备与控制工程、汉语言文学、核工程与核技术、环境工程、会计学、机械设计制造及其自动化、计算机科学与技术、建筑环境与设备工程、建筑学、交通工程、经济学、农学、日语、软件工程、商务英语、社会体育、生物工程、生物技术、生物医学工程、食品科学与工程、市场营销、数学与应用数学、特种能源工程与烟火技术、通信工程、土木工程、物流管理、西班牙语、信息安全、信息对抗技术、信息管理与信息系统、信息与计算科学、艺术设计、音乐表演、音乐学、英语、应用化学、应用物理学、应用心理学、园艺、政治学与行政学、制药工程、自动化

专科专业 法律事务、会计、机械制造与自动化、计算机应用技术、建筑工程技术、市场营销、应用电子技术、园林工程技术

硕士专业 安全技术及工程、材料加工工程、材料物理与化学、材料学、城市规划与设计(含:风景园林规划)、地质工程、电路与系统、法律、翻译、分析化学、工程、工商管理、供热、供燃气、通风及空调工程、汉语言文字学、环境工程、机械电子工程、机械制造及其自动化、计算机应用技术、检测技术与自动化装置、教育技术学、结构工程、经济法学、控制理论与控制工程、矿产普查与勘探、马克思主义基本原理、马克思主义中国化研究、模式识别与智能系统、凝聚态物理、企业管理(含:财务管理、市场营销)、情报学、思想政治教育、通信与信息系统、无机化学、刑法学、英语语言文学、应用化学、植物学

学校历史沿革

西南科技大学简介(精简版)蜀山峻秀,涪水含章。西南科技大学位于大禹之乡、李白故里、人杰地灵的中国科技城——四川省绵阳市。学校实行国家部委与省市共建,以四川省管理为主的管理体制,是国家国防科工局与四川省人民政府共建高校。

成都信息工程学院

学校(机构)标识码	4151010621
学校办学类型	412:本科院校:学院
学校性质类别	02 理工院校
学校举办者	811 省级教育部门
学校地址	四川省成都市双流航空港经济开发区学府路一段24号
邮政编码	610225
办公电话	028-85966464
传真电话	028-85966503
校园(局域)网域名	www.cuit.edu.cn
电子信箱	msk@cuit.edu.cn
占地面积(平方米)	1137996
校舍建筑面积(平方米)	566206
图书(万册)	145.59
固定资产总值(万元)	136073.07
教学、科研仪器设备资产值(万元)	17186.31
在校生数(人)	28310
其中:普通本科	18362
普通专科	425
成人本科	1853
成人专科	6876
硕士研究生	794
专任教师(人)	1113
其中:正高级	109
副高级	313
中级	584
初级	86
未定职级	21

本科专业 材料物理、财务管理、测绘工程、测控技术与仪器、大气科学、地理信息系统、电气工程及其自动化、电子科学与技术、电子商务、电子信息工程、电子信息科学与技术、对外汉语、工程管理、公共管理、公共事业管理、光信息科学与技术、国

际经济与贸易、汉语言文学、行政管理、环境工程、环境科学、会计学、计算机科学与技术、金融工程、劳动与社会保障、雷电防护科学与技术、旅游管理、人力资源管理、软件工程、社会工作、生物医学工程、市场营销、数学与应用数学、数字媒体技术、通信工程、统计学、网络工程、微电子学、物联网工程、物流工程、物流管理、信息安全、信息对抗技术、信息管理与信息系统、信息与计算科学、遥感科学与技术、艺术设计、英语、应用气象学、应用物理学、自动化

专科专业 电脑艺术设计、会计、计算机应用技术、金融保险、软件技术、市场营销

硕士专业 大气科学、电子与通信工程、环境工程、环境科学、基础数学、计算机技术、计算机应用技术、农业信息化、农业资源利用、统计学、信号与信息处理、应用数学

院系设置

电子工程学院、通信工程学院、控制工程学院、光电技术学院、大气科学学院、资源环境学院、数学学院、商学院、统计学院、管理学院、计算机学院、网络工程学院、软件工程学院、文化艺术学院、外国语学院、政治学院、电子实验中心、计算中心、体育部

国家级、省部级研究机构设置

实验室：高原大气与环境四川省重点实验室、中国气象局大气探测重点开放实验室、国家统计局统计信息技术与数据挖掘重点开放实验室、气象信息与信号处理四川省高校重点实验室、气象信息共享与数据挖掘四川省高校重点实验室、大气环境模拟与污染控制四川省高校重点实验室、物理场生物效应与仪器四川省高校重点实验室、四川网络文化研究中心四川省教育厅人文社会科学重点研究基地

定期公开出版的专业刊物 《成都信息工程学院学报》、《统计教育》

学校设立奖学金情况

学校设立奖学金6项，奖励总金额416.65余万元。奖学金最高金额2000元/年，最低金额500元/年。

主要校办产业

气象宾馆、成都远望科技有限公司、成都新气象印务公司、四川成信资产经营有限公司、成信锐迪软件有限公司、成都拓展物业管理有限公司、成都信息工程学院培训中

学校历史沿革

1951年为适应新中国空军对气象人才的需要，学校前身——西南空军气象干部训练大队在成都创建。1956年，为适应中国气象事业发展的需要，学校改制为成都气象学校，着力培养气象预报和大气探测人才，为百业待兴的新中国气象事业发展提供了急需的人才。1978年，为适应中国气象事业现代化的需要，学校升格为本科院校——成都气象学院，成为我国两所主要培养气象人才的高等院校之一。2000年，学校由部属院校划转为四川省属院校，更名为成都信息工程学院，并整体合并原直属国家统计局的四川统计学校。

四川理工学院

学校(机构)标识码 4151010622	电子信箱 ybzhk@suse.edu.cn	成人本科 6573
学校办学类型 412:本科院校:学院	占地面积(平方米) 1498500	成人专科 9195
学校性质类别 02 理工院校	校舍建筑面积(平方米) 702875	硕士研究生 251
学校举办者 811 省级教育部门	图书(万册) 214.87	留学生 7
学校地址 四川省自贡市自流井区汇东学苑街180号	固定资产总值(万元) 72840.67	专任教师(人) 1408
	教学、科研仪器设备资产值(万元) 16573	其中:正高级 134
邮政编码 643000		副高级 401
办公电话 0813-5505811	在校生数(人) 45661	中级 633
传真电话 0813-5505800	其中:普通本科 25495	初级 235
校园(局域)网域名 www.suse.edu.cn	普通专科 4140	未定职级 5

本科专业 安全工程、材料成型及控制工程、材料化学、材料科学与工程、测控技术与仪器、电气工程及其自动化、电子商务、电子信息工程、电子信息科学与技术、法学、服装设计与工程、高分子材料与工程、给水排水工程、工程管理、工商管理、工业工程、工业设计、广播电视新闻学、国际经济与贸易、过程装备与控制工程、汉语言文学、行政管理、化学、化学工程与工艺、环境工程、会计学、机械设计制造及其自动化、计算机科学与技术、劳动与社会保障、历史学、旅游管理、美术学、酿酒工程、农村区域发展、轻化工程、人力资源管理、日语、软件工程、社会工作、生物工程、生物技术、生物医学工程、食品科学与工程、食品质量与安全、市场营销、数学与应用数学、思想政治教育、体育教育、通信工程、统计学、土木工程、网络工程、无机非金属材料工程、物理学、信息管理与信息系统、信息与计算科学、音乐表演、音乐学、英语、应用化学、应用物理学、应用心理学、制药工程、自动化

专科专业 电子商务、工程造价、工业分析与检验、国际经济与贸易、环境艺术设计、会计电算化、计算机网络技术、建筑工程技术、金融与证券、精细化学品生产技术、旅游管理、旅游英语、软件技术、商务英语、生物技术及应用、市场营销、体育教育、艺术设计、应用化工技术、语文教育、制浆造纸技术、装潢艺术设计

硕士专业 发酵工程、工程、化学工艺、机械设计及理论、模式识别与智能系统、应用化学

院系设置

材料与化学工程学院、生物工程学院、外语学院、经济与管

理学院、自动化与电子信息学院、机械工程学院、计算机学院、理学院、人文学院、建筑学院、艺术学院、政治学院、法学院、化学与制药工程学院、体育部、基础教学部

国家级、省部级研究机构设置

1. 实验室：酿酒生物技术及应用四川省重点实验室、人工智能四川省重点实验室、材料腐蚀与防护四川省重点实验室、过程装备与控制工程四川省高校重点实验室、绿色催化四川省高校重点实验室

2. 研究中心：国家固态酿造工程技术研究中心、国家城市污水处理及资源化工程技术研究中心川南分中心、中国盐文化研究中心、川酒发展研究中心、四川省白酒生物工程技术研究中心、四川省制盐工程技术研究中心

定期公开出版的专业刊物 《四川理工学院学报》自然科学版、《四川理工学院学报》社会科学报、《生态经济研究》英文版、《盐文化研究论丛》

学校设立奖学金情况

学校设立奖学金12项，奖学金总金额约749余万元。奖学金最高金额8000元/年，最低金额200元/年。

1. 学生奖学金：一等奖学金:567人/年,1000元/人；二等奖学金:1135人/年,600元/人；三等奖学金:2272人/年,300元/人

2. 国家奖学金：63人/年,8000元/人

3. 国家励志奖学金：1000人/年,5000元/人
4. 云天化奖学金：10人/年,2000元/人
5. 拓利教育奖学金：10人/年,3000元/人
6. 乐山菲尼克斯奖学金：15人/年,1000元/年
7. 硕士生优秀奖学金：二等奖学金:9人/年,2000元/人；三等奖学金:16人/年,500元/人
8. 研究生英语单项奖：3人/年,200-500元/人
9. 研究生优秀学生干部：4人/年,200元/
10. 优秀大学毕业生：19人/年,500-800元/
11. 优秀硕士论文：2人/年,500元
12. 研究生新生奖学金：19人/年,500-1000元

主要校办产业

1. 四川理工学院附属工厂 2. 四川理工学院后勤产业管理中心

学校历史沿革

四川理工学院创建于1965年，其前身为华东化工学院（现华东理工大学）西南分院，1979年经教育部批准，在原华东化工学院西南分院的基础上组建四川化工学院。1983年经原国家教委批准更名为四川轻化工学院。2003年4月，经教育部批准，四川轻化工学院与自贡师范高等专科学校、自贡高等专科学校和自贡教育学院合并组建为四川理工学院。

西华大学

学校（机构）标识码 4151010623	电子信箱 xiaoban@mail.xhu.edu.cn	成人本科 4330
学校办学类型 411:本科院校:大学	占地面积（平方米） 1859452	成人专科 4844
学校性质类别 01 综合大学	校舍建筑面积（平方米） 967748	硕士研究生 1262
学校举办者 811 省级教育部门	图书（万册） 238.7	专任教师（人） 1780
学校地址 成都市金牛区金周路999号	固定资产总值（万元） 79792.6	其中:正高级 212
邮政编码 610039	教学、科研仪器设备资产值（万元） 18273.71	副高级 570
办公电话 028-87720898	在校生数（人） 46525	中级 835
传真电话 028-87720200	其中：普通本科 28862	初级 128
校园（局域）网域名 www.xhu.edu.cn	普通专科 7227	未定职级 35

本科专业 包装工程、保险、表演、材料成型及控制工程、材料科学与工程、财务管理、测控技术与仪器、产品质量工程、车辆工程、城市规划、电气工程与自动化、电子商务、动画、法学、房地产经营管理、给水排水工程、工程管理、工程造价、工商管理、工业工程、工业设计、国际经济与贸易、汉语言文学、化学、环境工程、会计学、机械电子工程、机械设计制造及其自动化、计算机科学与技术、建筑环境与设备工程、建筑学、交通工程、交通运输、经济学、历史学、美术学、汽车服务工程、热能与动力工程、人力资源管理、日语、软件工程、审计学、生物工程、食品科学与工程、食品质量与安全、市场营销、数学与应用数学、水利水电工程、思想政治教育、体育教育、土木工程、舞蹈学、物理学、物流管理、信息工程、信息与计算科学、学前教育、艺术设计、音乐学、英语、应用物理学、制药工程、自动化

专科专业 财务管理、产品造型设计、电气自动化技术、电子商务、工程造价、工商企业管理、供用电技术、会计、机电一体化技术、计算机信息管理、检测技术及应用、建筑工程技术、金融与证券、理化测试及质检技术、旅游管理、模具设计与制造、汽车检测与维修技术、汽车运用技术、汽车制造与装配技术、商检技术、商务英语、市场营销、视觉传达艺术设计、水利水电建筑工程、税务、铁道工程技术、铁道机车车辆、铁道交通运营管理、铁道通信信号、通信技术、影视动画、园林工程技术

硕士专业 材料工程、材料加工工程、材料物理与化学、材料学、测试计量技术及仪器、车辆工程、电力电子与电力传动、电力系统及其自动化、电气工程、动力工程、动力机械及工程、翻译、供热、供燃气、通风及空调工程、机械电子工程、机械工程、机械设计及理论、机械制造及其自动化、计算机技术、计算机软件与理论、计算机应用技术、建筑与土木工程、结构工程、控制工程、控制理论与控制工程、流体机械及工程、马克思主义中国化

研究、企业管理(含:财务管理、市场营销)、软件工程、食品工程、食品科学、水利工程、水利水电工程、外国语言学及应用语言学、信号与信息处理、岩土工程、应用数学

院系设置

机械工程与自动化学院、材料科学与工程学院、交通与汽车工程学院、能源与环境学院、生物工程学院、建筑与土木工程学院、管理学院、电气信息学院、数学与计算机学院、外国语学院、艺术学院、经济与贸易学院、体育学院、人文学院、物理与化学学院、政治学院、西华学院、后备军官学院、应用技术学院、凤凰学院、人南校区、国际动画艺术学院

国家级、省部级研究机构设置

1. 实验室:流体及动力机械省部共建教育部重点实验室、汽车测控与安全四川省重点实验室、汽车工程四川省高等学校重点实验室、流体机械四川省高等学校重点实验室、制造与自动化四川省高等学校重点实验室、特种材料及制备技术四川省高等学校重点实验室、信号与信息处理四川省高等学校重点实验室、食品生物技术四川省高等学校重点实验室、网络智能信息处理四川省高等学校重点实验室、绿色建筑与建筑节能四川省高等学校重点实验室、高性能科学计算四川省高等学校重点实验室

2. 研究中心(所):地方文化资源保护与开发研究中心

定期公开出版的专业刊物 《西华大学学报(社科版)》、《西华大学学报(自科版)》、《西部经济管理论坛》

学校设立奖学金情况

学校设立奖学金5项,奖励总金额260余万元。奖学金最高金额600元/年,最低金额300元/年。

主要校办产业

四川西华机动车司法鉴定所、西华大学驾校、四川南方天然气汽车检测中心

学校历史沿革

西华大学前身为四川工业学院[四川农机学院(1960-1975),成都农业机械学院(1975-1983),四川工业学院(1983-2003)],创建于1960年。2003年4月四川工业学院与成都师范高等专科学校经教育部批准合并组建西华大学,2008年9月经四川省人民政府(川府函[2008]279号)批准"四川经济管理学院"并入西华大学。

中国民用航空飞行学院

学校(机构)标识码 4151010624	cn	普通专科 2109
学校办学类型 412:本科院校:学院	电子信箱 jhjjc@cafuc.edu.cn	成人专科 857
学校性质类别 02 理工院校	占地面积(平方米) 10499765	硕士研究生 147
学校举办者 417 中国民用航空总局	校舍建筑面积(平方米) 832757	专任教师(人) 860
学校地址 四川省广汉市三水镇高店村中国民用航空飞行学院	图书(万册) 90.56	其中:正高级 52
	固定资产总值(万元) 251252.68	副高级 144
邮政编码 608307	教学、科研仪器设备资产值(万元) 135989.77	中级 340
办公电话 0838-5183475		初级 282
传真电话 0838-5190866	在校生数(人) 13672	未定职级 42
校园(局域)网域名 www.cafuc.edu.	其中:普通本科 10559	

本科专业 安全工程、电气工程及其自动化、电子信息工程、飞行技术、飞行器制造工程、工商管理、计算机科学与技术、交通工程、交通运输、热能与动力工程、市场营销、物流管理、信息与计算科学、英语

专科专业 航空机电设备维修、空中乘务、民航安全技术管理、民航空中安全保卫、民航商务

硕士专业 交通运输规划与管理、载运工具运用工程

院系设置

(一)飞行训练系统:新津分院、广汉分际、洛阳分院、绵阳分院、遂宁航站、模拟机训练中心、飞机修理厂

(二)理论教育系统:飞行技术学院、航空工程学院、空中交通管理学院、计算机学院、外国语学院、航空运输管理学院、空中乘务学院、体育部、现代技术教学中心、继续教育学院

国家级、省部级研究机构设置

研究所(中心):民航飞行技术与飞行安全科研基地、航空安全研究所、空中交通管理研究所、民航语言研究所、航空管理研究所、民航信息技术研究所、航空体育研究所

定期公开出版的专业刊物 《中国民航飞行学院学报》

学校设立奖学金情况

学校设立奖学金8项,奖励总金额356余万元。奖学金最高金额8000元/年,最低金额2000元/年。

1. 国家奖学金:82人/年,8000元/人;
2. 国家励志奖学金:298人/年,5000元/人;
3. 学校奖学金:1000人/年,1000元/人;
4. 星耀奖学金:70人/年,2000元/人;
5. 德事隆奖学金:20人/年,2500元/人;
6. 雏鹰奖学金:25人/年,5000元/人;
7. 民航报杯奖学金:15人/年,2000元/人;
8. 波音奖学金:10人/年,6800元/人。

主要校办产业

四川三星通用航空有限责任公司、中国民航广汉长空橡胶密封件厂、洛阳航站、洛阳民航实业公司、中国民航飞行学院洛阳分院服务公司、中国民航飞行学院长征加油站、民航飞行学院汽车修理厂、北京长城万里货运中心、中国东方航空股份有限公

司宣武售票处

毕业生一次就业率 88%

学校历史沿革

1956年5月26日经国务院批准成立,定名为中国民用航空局航空学校;1956年9月22日经国防部同意,更名为中国人民解放军第十四航空学校;1963年10月25日空军、民航局联合决定,更名为中国民用航空高级航空学校;1971年5月19日空军决定将该校再次更名为中国人民解放军第十四航空学校;1980年10月11日教育部根据国务院、中央军委有关决定精神,将该校更名为中国民用航空专科学校,列入全国大专行列;1987年12月15日经国家教委批准,升格为本科院校,更名为中国民用航空飞行学院。

四川农业大学

学校(机构)标识码	4151010626
学校办学类型	411:本科院校:大学
学校性质类别	03 农业院校
学校举办者	811 省级教育部门
学校地址	四川省雅安市雨城区新康路46号
邮政编码	625014
办公电话	0835-2882220
传真电话	0835-2883153
校园(局域)网域名	www.sicau.edu.cn
电子信箱	scnydxdzb@163.com
占地面积(平方米)	2943484
校舍建筑面积(平方米)	827009
图书(万册)	182.92
固定资产总值(万元)	96160.13
教学、科研仪器设备资产值(万元)	34184.19
在校生数(人)	37308
其中:普通本科	30943
普通专科	1163
成人本科	407
成人专科	1404
博士研究生	489
硕士研究生	2900
留学生	2
专任教师(人)	1790
其中:正高级	205
副高级	377
中级	614
初级	320
未定职级	274

本科专业 包装工程、财务管理、财务管理教育、草业科学、茶学、城市规划、地理信息系统、电子商务、动物科学、动物医学、动植物检疫、法学、工程管理、工商管理、广告学、国际经济与贸易、汉语言文学、化学生物学、环境工程、环境工程教育、环境科学、计算机科学与技术、计算机科学与技术教育、教育技术学、教育技术学教育、金融学、经济学、林学、林学教育、旅游管理、旅游管理教育、木材科学与工程、农村区域发展、农林经济管理、农学、农业电气化与自动化、农业机械化及其自动化、农业机械化及其自动化教育、农业建筑环境与能源工程、农业建筑环境与能源工程教育、农业水利工程、农业资源与环境、人力资源管理、森林资源保护与游憩、设施农业科学与工程、社会工作、社会工作教育、社会体育、生态学、生物工程、生物技术、生物科学、食品科学与工程、食品科学与工程教育、食品质量与安全、市场营销、市场营销教育、水产养殖学、水产养殖学教育、水利水电工程、水土保持与荒漠化防治、体育教育、土地资源管理、土木工程、土木工程教育、信息与计算科学、烟草、药物制剂、药学、野生动物与自然保护区管理、艺术设计、英语、应用化学、应用生物科学、应用物理学、园林、园艺、园艺教育、政治学与行政学、植物保护、植物科学与技术、中草药栽培与鉴定、种子科学与工程、资源环境与城乡规划管理

专科专业 财务管理、建筑工程技术、酒店管理、商务英语、室内设计技术、应用电子技术、应用化工技术、园林技术

博士专业 草业科学、畜牧生物工程、动物遗传育种与繁殖、动物营养与食品工程、动物营养与饲料科学、动物与人的比较营养、果树学、基础兽医学、临床兽医学、农业经济管理、森林培育、生态农业、生物化学与分子生物学、特种经济动物饲养(含:蚕、蜂等)、药用植物学、预防兽医学、植物病理学、植物资源的保护与利用、作物保护、作物遗传育种、作物栽培学与耕作学

硕士专业 草业科学、茶学、产业经济学、畜牧生物工程、动物生产与环境控制、动物学、动物遗传育种与繁殖、动物遗传资源保护学、动物营养与免疫调控、动物营养与食品工程、动物营养与饲料科学、动物与人的比较营养、风景园林、工程、公共管理、果树学、环境工程、环境科学、基础兽医学、技术经济及管理、林木遗传育种、林业、临床兽医学、马克思主义中国化研究、农产品加工及贮藏工程、农村区域发展、农业经济管理、农业昆虫与害虫防治、农业信息化、农业资源利用、森林保护学、森林经理学、森林培育、生理学、生态农业、生态学、生物化学与分子生物学、生物物理学、食品加工与安全、食品科学、兽医、兽医学新专业、蔬菜学、水产养殖、水土保持与荒漠化防治、思想政治教育、土地资源管理、土壤学、微生物学、细胞生物学、养殖、药用植物学、野生动植物保护与利用、遗传学、预防兽医学、园林植物与观赏园艺、园艺、植物保护、植物病理学、植物学、植物营养学、植物资源的保护与利用、种子科学与技术、自然地理学、作物、作物学新专业、作物遗传育种、作物栽培学与耕作学

院系设置

农学院、动物科技学院、动物医学院、林学院、园艺学院、资源环境学院、经济管理学院、信息与工程技术学院、食品学院、政治学院、文法学院、艺术与体育学院、生命科学与理学院、远程与继续教育学院、风景园林学院、水稻研究所、小麦研究所、玉米研究所、动物营养研究所、动物遗传育种研究所、预防兽医研究所、生态林业研究所、果蔬研究所、城乡建设学院、旅游学院、商学院

国家级、省部级研究机构设置

1.实验室:西南作物基因资源与遗传改良实验室、动物抗病营养实验室、西南作物基因资源创新利用重点开放实验室、动物抗病营养与饲料重点实验室、西南作物生理生态与耕作重点实验室、西南玉米生物学与遗传育种重点实验室、动物疫病与人类

健康四川省重点实验室、长江上游林业生态工程四川省重点实验室、动物抗病营养四川省重点实验室

2. 研究中心（所）：西南作物育种工程研究中心、动物抗病营养生物技术工程研究中心、四川省农业生物技术工程研究中心、西南玉米技术创新中心、动物生物技术中心、四川省农村发展研究中心

博士后科研流动站 作物学、畜牧学、兽医学、林学

定期公开出版的专业刊物 《四川农业大学学报》

学校设立奖学金情况

学校设立奖学金19项，奖励总金额763.4余万元。奖学金最高金额8000元/年，最低金额1000元/年。

主要校办产业

四川川安电器有限责任公司、正红种业有限责任公司、英特伦饲料有限责任公司、金色天府水禽育种有限责任公司、四川农业大学成都招待所

学校历史沿革

四川通省农业学堂(1906–1911)、四川高等农业学校(1912–1913)、四川公立农业专门学校(1914–1926)、公立四川大学农科学院(1927–1931)、四川省立农学院(1932–1935)、国立四川大学农学院(1935–1949)、四川大学农学院(1950–1956)、四川农学院(1956–1985)、四川农业大学(1985至今)。

西昌学院

学校（机构）标识码	4151010628
学校办学类型	412：本科院校：学院
学校性质类别	01 综合大学
学校举办者	811 省级教育部门
学校地址	四川省凉山州西昌市马坪坝学府路24号西昌学院
邮政编码	615013
办公电话	0834–2580001
传真电话	0834–2580001
校园（局域）网域名	www.xcc.sc.cn
	www.xcc.edu.cn
电子信箱	xichang–college@163.com
占地面积（平方米）	1234046
校舍建筑面积（平方米）	367648
图书（万册）	164.98
固定资产总值（万元）	48421
教学、科研仪器设备资产值（万元）	10829.17
在校生数（人）	22494
其中：普通本科	11631
普通专科	2604
成人本科	3221
成人专科	5027
留学生	11
专任教师（人）	709
其中：正高级	57
副高级	241
中级	354
初级	57

本科专业 播音与主持艺术、材料科学与工程、财务管理、城市规划、电气工程及其自动化、电子科学与技术、电子商务、电子信息工程、动物科学、动物医学、工程管理、工商管理、广播电视新闻学、广告学、汉语言文学、行政管理、行政管理（彝汉）、化学、化学（师）、化学（应用化学工程）、计算机科学与技术、计算机科学与技术（信息安全）、旅游管理、旅游管理（旅游与酒店管理）、美术学、美术学（广告设计）、美术学（国画）、美术学（油画）、农村区域发展、农学、农学（烟草）、汽车服务工程、社会体育、生物科学、生物科学（生物制药）、食品科学与工程、食品科学与工程（营养与烹饪）、食品质量与安全、市场营销、市场营销（营销策划）、数学与应用数学、数学与应用数学（彝汉）、数学与应用数学（应用数学）、水产养殖学、水利水电工程、水利水电工程（彝汉）、思想政治教育、体育教育、土地资源管理、土木工程、物理学、物理学（应用物理）、小学教育、烟草、野生动物与自然保护区管理、音乐学、音乐学（舞蹈）、英语、英语（国际商务管理）、英语（经贸旅游）、英语（经贸旅游方向）、应用心理学、园艺、中国少数民族语言文学、资源环境与城乡规划管理

专科专业 保险实务、初等教育、畜牧兽医、道路桥梁工程技术、电脑艺术设计、法律事务、环境监测与治理技术、计算机网络技术、经济信息管理、汽车电子技术、人力资源管理、商务英语、社会体育、食品药品监督管理、体育管理、物业管理、烟草栽培技术、英语教育、应用电子技术、应用化工技术、语文教育、园林技术、中国少数民族语言文化（化学）、中国少数民族语言文化（生物）、中国少数民族语言文化（数学）、中国少数民族语言文化（英语）、中国少数民族语言文化（语文）

院系设置

学校设有农业科学学院、经济与管理学院、汽车与电子工程学院、轻化工程学院、文化传媒与教育科学学院、工程技术学院、动物科学学院、彝语言文化学院、艺术学院、体育学院、外国语学院、少数民族预科教育学院、继续教育学院、思想政治理论课教学部共14个学院（教学部）

国家级、省部级研究机构设置

研究所（中心）：学校设有西昌学院高原及亚热带作物研究所、凉山彝族文化研究所、动物科学研究所、民族经济研究所、民族教育研究所。西昌学院高原及亚热带作物实验室为四川省教育厅重点实验室，凉山彝族文化研究中心为四川省教育厅人文社会科学重点研究基地。基础生物实验教学示范中心、土木工程基础实验教学示范中心为省级实验教学示范中心

定期公开出版的专业刊物 《西昌学院学报》（社会科学版）、《西昌学院学报》（自然科学版）

学校设立奖学金情况

学校设立奖学金6项，奖学金最高金额1200元/年，最低金额300元/年，共455.9万元。

1. 农科、师范类奖学金2545人次/年，最高900/人年，最低450/人年，共127万元。

2. 综合优秀奖学金2610人次/年，最高1200元/人年，最低300元/人年，共65万元。

3. 国家奖学金28人次，每人8000元，共22.4万元。

4. 国家励志奖学金 438 人次,每人 5000 元,共 219 万元。

5. 德国汉斯.赛德尔奖学金 10 人,每人 2500 元,共 2.5 万元。

6. 加拿大福慧教育基金会励志奖学金 100 人次,每人 2000 元,共 20 万元。

学校设立助学金共 6 项,总金额 1208.156 万元。助学金最高金额 1200 元/年,最低金额 300 元/年。

1. 国家助学金 3937 人次,每人 3000 元,共 1181.1 万元。
2. 希望助学金 17 人次,每人 2000 元,共 3.4 万元。
3. 广州助学金 60 人次,每人 2000 元,共 12 万元。
4. "刘雯"助学金 25 人次,每人 4000 元,共 10 万元。
5. "新长城"助学金 9 人次,每人 1840 元,共 1.656 万元。

勤工助学 2500 人次/年,共 50 万元。

国家助学贷款实行生源地贷款政策。

毕业生一次就业率 94.6%

学校历史沿革

西昌学院前身为 1939 年北洋工学院内迁创建的国立西康技艺专科学校,至今已有 70 余年的办学历史。2003 年经教育部批准,由原西昌农业高等专科学校、西昌师范高等专科学校、凉山大学和凉山教育学院合并组建成西昌学院,是省属全日制普通本科院校。

泸州医学院

学校(机构)标识码 4151010632	占地面积(平方米) 984195	成人专科 7590
学校办学类型 412:本科院校:学院	校舍建筑面积(平方米) 439091	硕士研究生 1034
学校性质类别 05 医药院校	图书(万册) 99.19	留学生 236
学校举办者 811 省级教育部门	固定资产总值(万元) 44661.49	专任教师(人) 956
学校地址 四川省泸州市忠山路 319 号	教学、科研仪器设备资产值(万元) 9800.58	其中:正高级 131
邮政编码 646000	在校生数(人) 27761	副高级 289
办公电话 0830-3162152	其中:普通本科 12966	中级 333
传真电话 0830-3161222	普通专科 2924	初级 168
校园(局域)网域名 www.lzmc.edu.cn	成人本科 3011	未定职级 35

本科专业 定向、儿科学方向、耳鼻喉学方向、法学类、公共事业管理、骨伤方向、护理学、护理英语方向、检验学、康复治疗学、口腔医学、临床医学、麻醉学、皮肤性病学方向、社会体育、神经病学方向、生物医学工程、市场营销、心血管方向、眼耳鼻喉学方向、药学、医学检验、医学美容方向、医学心理学、医学影像学、英语、影像学、应用心理学、预防医学、诊断病理方向、中西医临床医学、中药学、中医学

专科专业 护理、康复治疗技术、口腔医学、临床医学、药学

硕士专业 病理学与病理生理学、儿科学、耳鼻咽喉科学、康复医学与理疗学、口腔临床医学、口腔医学、临床医学、麻醉学、免疫学、内科学、皮肤病与性病学、人体解剖与组织胚胎学、神经病学、生理学、外科学、眼科学、药理学、影像医学与核医学、针灸推拿学、中西医结合临床、中药学、中医内科学、肿瘤学

院系设置

我校共设置 16 个院系:临床医学院、中西医结合学院、口腔医学院、基础医学院、护理学院、人文社科学院、外国语学院、药学院、继续教育学院、生物医学工程系、体育系、公共卫生系、法学系、麻醉系、医学检验系、医学影像系

国家级、省部级研究机构设置

研究所(中心):医学电生理省部共建、教育部重点实验室,四川省科技条件平台:膜通道功能、结构与胞内信号转导同步研究基地

定期公开出版的专业刊物 《泸州医学院学报》、《医学与法学期刊》

学校设立奖学金情况

学校设立奖学金项,奖励总金额 400 余万元。奖学金最高金额 8000 元/年,最低金额 240 元/年。

毕业生一次就业率 96.7%

学校历史沿革

学院始建于 1951 年,其前身为西南区川南医士学校,1951 年升格为泸州医学专科学校,1978 年升格为本科院校并更名为泸州医学院。1982 年获得学士学位授予权,1998 年、2006 年顺利通过教育部本科教学工作合格评估,并评为优秀。2003 年获准成为临床医学专业学位硕士研究生培养单位。

成都中医药大学

学校(机构)标识码 4151010633	学校性质类别 05 医药院校	学校地址 四川省成都市温江区柳台大道 1166 号
学校办学类型 411:本科院校:大学	学校举办者 811 省级教育部门	

邮政编码 611137	固定资产总值(万元) 91424.47	硕士研究生 1770
办公电话 028-61800029	教学、科研仪器设备资产值(万元)	留学生 23
传真电话 028-61800013	19311	专任教师(人) 1109
校园(局域)网域名 www.cdutcm.edu.cn	在校生数(人) 29915	其中:正高级 132
	其中:普通本科 14602	副高级 346
电子信箱 xb@cdutcm.edu.cn	普通专科 4930	中级 307
占地面积(平方米) 1479070	成人本科 2680	初级 288
校舍建筑面积(平方米) 545847	成人专科 5650	未定职级 36
图书(万册) 136.93	博士研究生 260	

本科专业 藏药学、藏医学、对外汉语、工商管理、公共事业管理、护理学、康复治疗学、临床医学、社会体育、生物技术、生物科学、食品质量与安全、市场营销、体育教育、卫生检验、药物制剂、药学、医学检验、英语、应用心理学、预防医学、运动人体科学、针灸推拿学、植物保护、制药工程、中西医临床医学、中药学、中药资源与开发、中医学

专科专业 护理、康复治疗技术、临床医学、旅游管理、社会体育、食品营养与检测、卫生监督、卫生检验与检疫技术、卫生信息管理、药物制剂技术、药学、医学检验技术、医学生物技术、医学营养、医药营销、应用日语、应用英语、针灸推拿、中药、中药制药技术、中医学

博士专业 方剂学、针灸推拿学、中西医结合基础、中西医结合临床、中药学、中医儿科学、中医妇科学、中医骨伤科学、中医基础理论、中医临床基础、中医内科学、中医外科学、中医五官科学、中医医史文献、中医诊断学

硕士专业 方剂学、护理学、康复医学与理疗学、马克思主义中国化研究、免疫学、民族医学(含:藏医学、蒙医学等)、人体解剖与组织胚胎学、社会医学与卫生事业管理、生药学、药剂学、药理学、药物分析学、药物化学、针灸推拿学、中西医结合基础、中西医结合临床、中药学、中医儿科学、中医妇科学、中医骨伤科学、中医基础理论、中医临床基础、中医内科学、中医外科学、中医五官科学、中医学、中医医史文献、中医诊断学

院系设置
基础医学院、临床医学院、药学院、针灸推拿学院、民族医药学院、第二临床医学院、护理学院、医学技术学院、公共卫生学院、管理学院、体育学院、外语学院、马克思主义学院(人文社科学院)、成人教育学院(高等职业技术学院)、国际教育学院

定期公开出版的专业刊物 成都中医药大学学报、成都中医药大学学报(教育科学版)、中药与临床、中医眼耳鼻喉杂志、中国卫生事业管理杂志

学校设立奖学金情况
学校设立奖学金17项,奖励总金额253.746万元。奖学金最高金额3000元/年,最低金额100元/年

学校历史沿革
成都中医药大学(原名成都中医学院)创建于1956年,1995年经国家教委批准更名为成都中医药大学,2006年6月原四川省卫生管理干部学院、原四川生殖卫生学院并入成都中医药大学。

川北医学院

学校(机构)标识码 4151010634	电子信箱 xybgs@nsmc.edu.cn	成人本科 5213
学校办学类型 412:本科院校:学院	占地面积(平方米) 823693	成人专科 8190
学校性质类别 05 医药院校	校舍建筑面积(平方米) 391305	硕士研究生 350
学校举办者 811 省级教育部门	图书(万册) 84.3	留学生 65
学校地址 四川省南充市顺庆区中城街道医学街社区居委会涪江路234号	固定资产总值(万元) 50906.48	专任教师(人) 896
	教学、科研仪器设备资产值(万元) 13196.89	其中:正高级 84
邮政编码 637000	在校生数(人) 29405	副高级 202
办公电话 0817-3352666	其中:普通本科 13448	中级 477
传真电话 0817-3352000	普通专科 2139	初级 99
校园(局域)网域名 www.nsmc.edu.cn		未定职级 34

本科专业 法医学、公共事业管理、护理学、口腔医学、临床医学、麻醉学、生物医学工程、眼视光学、药学、医学检验、医学影像学、英语、预防医学、中西医临床医学

专科专业 护理、临床专业、药学、医学检验技术、医学影像技术、中西医结合

硕士专业 内科学、人体解剖与组织胚胎学、药理学、影像医学与核医学

院系设置

基础医学院、临床医学院、第二临床学院、人文社科学院、医学影像学系、医学检验系、护理学院、麻醉学系、眼视光学系、口腔医学系、中西医临床医学系、法医学系、药学院、外国语言文化系、国际教育交流学院、继续教育学院、高等职业技术学院

国家级、省部级研究机构设置

实验室：川北医学院医学影像实验室

定期公开出版的专业刊物 《川北医学院学报》、《西部医学》

学校设立奖学金情况

学校设立奖学金3项，奖励总金额120万元/年，最低金额200元/年。

学校历史沿革

川北医学院隶属于四川省人民政府，前身是成立于1951年的西南区川北医士学校。1952年1月更名为川北区卫生学校。1953年3月更名为四川省南充市卫生学校。1965年11月改制升格为专科，定名南充医学专科学校。1985年5月改制升格为本科，定名川北医学院。

四川师范大学

学校(机构)标识码 4151010636	占地面积(平方米) 2050673	成人专科 14597
学校办学类型 411：本科院校：大学	校舍建筑面积(平方米) 953828	博士研究生 50
学校性质类别 06 师范院校	图书(万册) 314.91	硕士研究生 2913
学校举办者 811 省级教育部门	固定资产总值(万元) 112966.19	留学生 83
学校地址 四川省成都市锦江区静安路5号	教学、科研仪器设备资产值(万元) 22422.06	专任教师(人) 2390
邮政编码 610066	在校生数(人) 69828	其中：正高级 253
办公电话 028-84761016	其中：普通本科 36419	副高级 497
传真电话 028-84760929	普通专科 4555	中级 1340
校园(局域)网域名 sicnu.edu.cn	成人本科 11211	初级 236
电子信箱 vickyzhangying@163.com		未定职级 64

本科专业 安全工程、表演、播音与主持艺术、材料化学、财务管理、采矿工程、导演、地理科学、地理信息系统、电气工程及其自动化、电子商务、电子信息工程、动画、对外汉语、俄语、法学、法语、服装设计与工程、工程造价、工商管理、工业工程、工业设计、公共事业管理、广播电视编导、广播电视新闻学、广告学、国际经济与贸易、汉语言文学、化学、环境工程、会计学、绘画、计算机科学与技术、教育技术学、教育学、经济学、科学教育、历史学、旅游管理、美术学、软件工程、社会体育、生物技术、生物科学、市场营销、数学与应用数学、数字媒体技术、数字媒体艺术、思想政治教育、体育教育、通信工程、统计学、网络工程、舞蹈学、物理学、戏剧影视美术设计、戏剧影视文学、小学教育、心理学、信息管理与信息系统、信息与计算科学、学前教育、艺术设计、音乐表演、音乐学、英语、园艺、资源环境与城乡规划管理

专科专业 编导、表演艺术、初等教育、法律事务、服装设计、工程造价、国际商务、汉语、会计电算化、机电一体化技术、计算机信息管理、经济信息管理、旅游英语、学前教育、影视动画、应用英语、主持与播音

博士专业 基础数学、中国古代文学

硕士专业 比较教育学、比较文学与世界文学、材料学、成人教育学、地图学与地理信息系统、发展与教育心理学、高等教育学、工商管理、光学、汉语国际教育、汉语言文字学、环境工程、环境科学、基础数学、计算机技术、计算机软件与理论、计算机应用技术、计算数学、教育管理、教育技术学、教育史、教育学原理、课程与教学论、理论物理、粒子物理与原子核物理、旅游管理、马克思主义基本原理、马克思主义哲学、美术学、美学、凝聚态物理、农村教育硕士、企业管理(含：财务管理、市场营销)、人文地理学、生物化学与分子生物学、世界史、思想政治教育、特殊教育学、体育教学、体育教育训练学、外国哲学、文艺学、细胞生物学、现代教育技术、宪法学与行政法学、学科教学(地理)、学科教学(化学)、学科教学(历史)、学科教学(美术)、学科教学(生物)、学科教学(数学)、学科教学(思政)、学科教学(体育)、学科教学(音乐)、学科教学(英语)、学科教学(语文)、学前教育、学前教育学、音乐、音乐学、英语笔译、英语语言文学、应用数学、有机化学、语言学与应用语言学、原子与分子物理、运筹学与控制论、运动训练、政治经济学、职业技术教育学、中国古代史、中国古代文学、中国古典文献学、中国近现代史、中国少数民族语言文学(分语族)、中国现当代文学、中国哲学、专门史、自然地理学

院系设置

文学院、法学院、历史文化与旅游学院、外国语学院、教育科学学院、数学与软件科学学院、物理与电子工程学院、化学与材料科学学院、生命科学学院、地理与资源科学学院、计算机科学学院、经济与管理学院、体育学院、政治教育学院、工学院、商学院、国际交流学院、新闻与传播学院、数字媒体系、美术学院、音乐学院、舞蹈学院、电影电视学院、服装学院、信息技术学院、航空港校区、设计艺术学院

国家级、省部级研究机构设置

1. 实验室：西南土地资源评价与监测教育部重点实验室、可视化计算与虚拟现实四川省重点实验室

2. 研究中心(所)：省部共建人文社会科学重点研究基地巴蜀文化研究中心、四川省哲学社会科学重点研究基地四川省教

师教育研究中心、四川省哲学社会科学重点研究基地多元文化研究中心

定期公开出版的专业刊物　《四川师范大学学报》(自然科学版)、《四川师范大学学报(社会科学版)》

学校设立奖学金情况

学校设立奖学金22项,奖励总金额5000余万元。奖学金最高金额8000元/年,最低金额50元/年。

主要校办产业

1. 四川师范大学投资管理有限公司 2. 四川师范大学电子出版社 3. 四川师大置业发展有限公司

学校历史沿革

四川师范大学创建于1946年,其诞生与东北大学有直接的历史渊源。抗战初期,东北大学内迁到四川省三台县办学。抗战胜利后,东北大学迁回沈阳,留川师生在东北大学三台校址上创建了川北农工学院,1950年合并川北文学院,更名为川北大学,并迁到四川省南充市。1952年,以川北大学为主体,合并川东教育学院(原乡村建设学院)、四川大学和华西大学的部分专业,组建四川师范学院,1956年迁到成都现址。1964年,原成都大学(现西南财经大学)数理化三系并入我校。1999年,原煤炭部成都煤炭干部管理学院并入我校。1985年,经国家教育委员会批准,更名为四川师范大学。

西华师范大学

学校(机构)标识码　4151010638	校舍建筑面积(平方米)　970122	成人专科　6830
学校办学类型　411:本科院校:大学	图书(万册)　248.5	硕士研究生　2137
学校性质类别　06 师范院校	固定资产总值(万元)　123505.48	留学生　25
学校举办者　811 省级教育部门	教学、科研仪器设备资产值(万元)　15267.67	专任教师(人)　1625
学校地址　四川省南充市师大路1号	在校生数(人)　40900	其中:正高级　176
邮政编码　637009	其中:普通本科　23327	副高级　433
办公电话　0817 - 2568016	普通专科　5836	中级　550
传真电话　0817 - 2568611	成人本科　2745	初级　401
电子信箱　dbxb@ cwnu. edu. dn		未定职级　65
占地面积(平方米)　1809904		

本科专业　播音与主持艺术、地理科学、地理信息系统、电子信息工程、电子信息科学与技术、对外汉语、法学、工商管理、公共事业管理、国际经济与贸易、汉语言文学、行政管理、化学、环境工程、环境科学、会计学、绘画、计算机科学与技术、教育技术学、教育学、经济学、科学教育、历史学、旅游管理、美术学、人力资源管理、日语、软件工程、社会工作、社会体育、生物技术、生物科学、市场营销、数学与应用数学、思想政治教育、体育教育、通信工程、舞蹈学、物理学、小学教育、心理学、新闻学、信息管理与信息系统、信息与计算科学、学前教育、野生动物与自然保护区管理、艺术设计、音乐学、英语、应用电子技术教育、应用化学、园林、运动训练、政治学与行政学、资源环境与城乡规划管理

专科专业　初等教育、电子商务、房地产经营与估价、服装设计、工程测量技术、工业分析与检验、广告设计与制作、汉语、会计电算化、会计与审计、计算机应用技术、金融保险、精细化学品生产技术、酒店管理、旅游英语、汽车电子技术、商务日语、商务英语、社区管理与服务、市场营销、文秘、物业管理、新闻采编与制作、学前教育、音乐表演、音乐教育、英语教育、应用电子技术、语文教育、园林技术、主持与播音、装饰艺术设计

硕士专业　动物学、高等教育学、公共管理、国外马克思主义研究、汉语言文字学、环境科学、计算机应用技术、教育、教育技术学、教育经济与管理、教育史、教育学原理、科学社会主义与国际共产主义运动、课程与教学论、理论物理、历史文献学(含:敦煌学、古文字学)、马克思主义发展史、马克思主义基本原理、马克思主义中国化研究、区域经济学、人口、资源与环境经济学、生态学、世界史、思想政治教育、体育、体育教育训练学、物理化学(含:化学物理)、野生动植物保护与利用、遗传学、应用数学、有机化学、政治学理论、中国古代文学、中国古典文献学、中国近现代史、中国近现代史基本问题研究、中国现当代文学、专门史

院系设置

教育学院、文学院、新闻与传播学院、历史文化学院、外国语学院、政治与行政学院、法学院、商学院、马克思主义学院、物理与电子信息学院、国土资源学院、数学与信息学院、化学化工学院、生命科学学院、计算机学院、管理学院、音乐学院、美术学院、体育学院、高等职业技术学院、继续教育学院、国际教育学院、教师教育学院

国家级、省部级研究机构设置

实验室:化学合成与污染控制实验室、西南野生动植物资源保护实验室

博士后科研流动站　西南野生动植物资源保护重点实验室

定期公开出版的专业刊物　《西华师范大学学报》(哲学社会科学版)、《西华师范大学学报》(自然科学版)

学校设立奖学金情况

1. 专业奖学金:奖励金额448万 师范专业100—1000元/人/年 非师范专业30—1000元/人/年

2. 国家奖助学金 金额:3019.9万元 最低:2000元/人 最高:8000元/人

3. 服兵役学费代偿 金额:47.16万元 共31人
4. 各类资助金
(1) 峨眉山助学金 39人 1000元/人 共3.9万元
(2) 广州助学金 50人 2000元/人 共10万元
(3) 福慧助学金 56人 1500-2000元/人 共10万元
(4) 新长城助学金 14人 1840元/人 共2.576万元
(5) 四川省体育彩票助学金 39人 2000元/人 共7.8万元
(6) 巨辐助学金 100人 1800元/人/年 共18万元
(7) 栋梁工程助学金 2人 2000元/人 共0.4万元
(8) 中国教育发展基金 4人 3000元/人 共1.2万元
(9) 北美世界日报助学金 32人 3000元/人 共9.6万元
(10) 李嘉诚助学金 137人 2000元/人 共27.4万元
(11) 临时补助 8255人 200元/人/年 共165.1万元

主要校办产业
西华师范大学印刷厂、西华师范大学宾馆、西华师范大学商务中心

学校历史沿革
1. 私立川北农工学院(1946-1949) 2. 私立川北大学(1949-1950) 3. 公立川北大学、川北大学(1950-1952) 4. 四川师范学院(1952-1956) 5. 南充师范专科学校(1956-1958) 6. 南充师范学院(1958-1989) 7. 四川师范学院(1989-2003) 8. 西华师范大学(2003-)

绵阳师范学院

学校(机构)标识码 4151010639	电子信箱 mysfxy@163.com	普通专科 3843
学校办学类型 412:本科院校:学院	占地面积(平方米) 1040306	成人本科 2669
学校性质类别 06 师范院校	校舍建筑面积(平方米) 338452	成人专科 7377
学校举办者 811 省级教育部门	图书(万册) 135	专任教师(人) 981
学校地址 四川省绵阳市游仙区仙人路一段30号	固定资产总值(万元) 46516.17	其中:正高级 65
	教学、科研仪器设备资产值(万元) 10861.91	副高级 242
邮政编码 621000		中级 497
办公电话 0816-2200018	在校生数(人) 26752	初级 102
传真电话 0816-2200018	其中:普通本科 12863	未定职级 75
校园(局域)网域名 www.mnu.cn		

本科专业 播音与主持艺术、德语、地理科学、电气工程及其自动化、电子信息科学与技术、对外汉语、广播电视新闻学、汉语言文学、汉语言文学(现代文秘方向)、化学、机电技术教育、计算机科学与技术、历史学、旅游管理、美术学、农村区域发展、人文教育、社会工作、社会体育、生物技术、生物科学、数学与应用数学、数字媒体艺术、思想政治教育、体育教育、物理学、物流管理、小学教育、信息管理与信息系统、信息与计算科学、学前教育、艺术教育、艺术设计、音乐表演、音乐学、英语、英语(商务英语方向)、应用化学、应用心理学、园林、资源环境科学、资源环境与城乡规划管理

专科专业 测绘与地理信息技术、初等教育、电子信息工程技术、房地产经营与估价、服装设计、工商企业管理、国际经济与贸易、环境监测与治理技术、会计、计算机应用技术、酒店管理、旅行社经营管理、旅游管理、美术教育、汽车技术服务与营销、社会体育、社区管理与服务、生物教育、市场营销、数学教育、体育教育、现代教育技术、学前教育、艺术设计、音乐教育、英语教育、语文教育、园林技术、园艺技术

院系设置
学校现设有商学院、法学与社会学院、教育科学学院、体育与健康教育院、文学与对外汉语学院、新闻与传媒学院、外国语学院、音乐与表演艺术学院、美术与艺术设计学院、历史文化与旅游管理学院、数学与计算机科学学院、物理与电子工程学院、化学与化学工程学院、生命科学与技术学院、资源环境工程学院、城乡建设与规划学院、交通运输与管理学院、创新学院等二级学院

国家级、省部级研究机构设置
四川省重点实验室1个:生态安全与保护;省级研究中心2个:李白文化研究中心、民间文化研究中心。

定期公开出版的专业刊物 《绵阳师范学院报》《绵阳师范学院校报》两种刊物

学校设立奖学金情况
学校设立奖学金3项,奖金总金额626余万元。奖学金最高金额8000元/年,最低金额150元/年。

学校历史沿革
绵阳师范学院的历史最早可以追溯到60多年前的四川省立绵阳师范学校。该校是民国29年(1940年),经原四川省政府批准在原四川省第十三行政督察区联立女子中学基础上建立的。1950年,绵阳军管会派军代表接管学校,定名为川西区立绵阳师范学校。1953年,改名四川省绵阳师范学校。2000年3月,绵阳市人民政府批示,将绵阳师范学校整体并入绵阳教育学院,成立四川省绵阳教育学院小教大专部主要承担培养具有大专学历的小学师资任务。2002年,绵阳教育学院并入绵阳师范学院。

内江师范学院

学校(机构)标识码 4151010640	电子信箱 yzxx@njtc.edu.cn	普通专科 3032
学校办学类型 412:本科院校:学院	占地面积(平方米) 670033	成人本科 1314
学校性质类别 06 师范院校	校舍建筑面积(平方米) 345190	成人专科 635
学校举办者 811 省级教育部门	图书(万册) 130.38	专任教师(人) 874
学校地址 四川省内江市东兴区东桐路 705 号	固定资产总值(万元) 44529.73	其中:正高级 84
	教学、科研仪器设备资产值(万元) 8758.5	副高级 239
邮政编码 641112	在校生数(人) 18031	中级 395
办公电话 0832-2342171	其中:普通本科 13050	初级 69
传真电话 0832-2341206		未定职级 87
校园(局域)网域名 www.njtc.edu.cn		

本科专业 表演、播音与主持艺术、地理科学、电子信息工程、动画、法学、工商管理、广播电视新闻学、汉语言文学、行政管理、化学、环境科学、计算机科学与技术、教育技术学、教育学、经济学、历史学、美术学、软件工程、社会体育、生物技术、生物科学、市场营销、数学与应用数学、思想政治教育、体育教育、通信工程、物理学、小学教育、信息管理与信息系统、信息与计算科学、学前教育、艺术设计、音乐表演、音乐学、英语、应用化学、应用心理学、再生资源科学与技术、资源环境与城乡规划管理

专科专业 初等教育、地理教育、电子商务、法律事务、工程测量技术、工程造价、化学制药技术、计算机应用技术、建筑工程技术、金融与证券、旅游管理、生物技术及应用、数学教育、思想政治教育、体育教育、网络系统管理、物理教育、物业管理、学前教育、艺术设计、音乐教育、英语教育、应用电子技术、应用化工技术、语文教育

院系设置
外国语学院、张大千美术学院、音乐学院、体育学院、工程技术学院、计算机科学学院、数学与信息科学学院、教育科学学院、经济与管理学院、政法与历史学院、化学化工学院、生命科学学院、文学与新闻传播学院、地理与自然科学学院、思想政治理论教学部

国家级、省部级研究机构设置
1. 实验室:四川省高校果类废弃物资源化重点实验室;四川省高校数值仿真重点实验室;四川省高校特色农业资源研究与利用重点实验室
2. 研究中心:四川张大千研究中心

定期公开出版的专业刊物 《内江师范学院学报》

学校设立奖学金情况
学校设立奖学金 11 项奖励总金额 1705000 元/年,最低金额 100 元/年。

学校历史沿革
内江师范学院是 2000 年 3 月经国家教育部批准、四川省人民政府同意,在内江师范高等专科学校和内江教育学院、内江艺体师范学校的基础上合并建立的一所本科师范院校。内江师范高等专科学校的前身是 1956 年由教育部核准创办的四川省初中师资训练班,1958 年更名为内江师范专科学校。1962 年国民经济调整停办,部分师资和设施并入内江地区教育进修学校与地区行政班干部学校,两块牌子一套班子。1977 年,全国恢复高考制度后,经省人民政府批准,在地区教师进修校和教育行政班干部学校的基础上举办高师班,面向社会招收学生。1978 年,经国务院批准重建内江师专。内江教育学院的前身是 1958 年建立的内江地区教育行政班干部学校和地区教师进修学校。1984 年经原国家教育部批准更名为内江教育学院。1998 年,内江艺体师范学校并入内江教育学院。

宜宾学院

学校(机构)标识码 4151010641	传真电话 0831-3552141	7223.28
学校办学类型 412:本科院校:学院	校园(局域)网域名 www.yibinu.cn	在校生数(人) 17351
学校性质类别 01 综合大学	电子信箱 yibinuniversity@163.com	其中:普通本科 12259
学校举办者 811 省级教育部门	占地面积(平方米) 695971	普通专科 1508
学校地址 四川省宜宾市翠屏区五粮液大道酒圣路 8 号	校舍建筑面积(平方米) 360164	成人本科 1988
	图书(万册) 115.28	成人专科 1595
邮政编码 644000	固定资产总值(万元) 51222.77	留学生 1
办公电话 0831-3545086	教学、科研仪器设备资产值(万元)	专任教师(人) 716

其中：正高级 64	中级 335	未定职级 33
副高级 212	初级 72	

本科专业 财务管理、采矿工程、电子信息工程、电子信息科学与技术、对外汉语、法学、工程管理、工商管理、公共事业管理、广播电视新闻学、国际经济与贸易、汉语言文学、行政管理、化学、计算机科学与技术、教育技术学、劳动与社会保障、旅游管理、美术学、农学、人文教育、日语、社会工作、生态学、生物工程、生物科学、食品科学与工程、数学与应用数学、数字媒体技术、思想政治教育、体育教育、舞蹈学、物理学、物流管理、小学教育、信息与计算科学、学前教育、艺术设计、音乐表演、音乐学、英语、应用化学、应用心理学、制药工程、资源环境与城乡规划管理

专科专业 初等教育、电子信息工程技术、计算机应用技术、旅游管理、煤矿开采技术、美术教育、数学教育、体育教育、通信技术、图形图像制作、文秘、学前教育、英语教育、应用电子技术、应用化工技术、语文教育

院系设置
经济与管理学院、文学与新闻传媒学院、物理与电子工程学院、生命科学与食品工程学院、教师教育学院、马克思主义学院、音乐与表演艺术学院、法学院、政府管理学院、外国语学院、数学学院、计算机与信息工程学院、化学与化工学院、体育学院、美术与艺术设计学院、矿业与安全工程学院

国家级、省部级研究机构设置
1. 实验室：计算物理四川省高校重点实验室、发酵资源与应用四川省高校重点实验室
2. 研究中心（所）：四川思想家研究中心

定期公开出版的专业刊物 《宜宾学院报》、《宜宾学院学报》

学校设立奖学金情况
学校设立奖学金3项，奖励总金额410.78万元/年，最低金额200元/年。

主要校办产业
宜宾学院校办企业公司、宜宾科兴实业有限公司、宜宾东明教育投资有限公司

学校历史沿革
宜宾学院的前身为宜宾师范高等专科学校和宜宾教育学院。宜宾师范高等专科学校创建于1978年12月28日。宜宾教育学院1984年3月28日更名为四川教育学院分院，2001年5月11日，经国家教育部批准由原宜宾师范高等专科学校和四川教育学院宜宾分院合并组建宜宾学院。

四川文理学院

学校（机构）标识码 4151010644	com	普通专科 3011
学校办学类型 412：本科院校：学院	电子信箱 scwlxy1976@126.com	成人本科 2046
学校性质类别 01 综合大学	占地面积（平方米） 507069	成人专科 1329
学校举办者 811 省级教育部门	校舍建筑面积（平方米） 279917	专任教师（人） 550
学校地址 四川省达州市达县南坝路400号	图书（万册） 118.9	其中：正高级 28
	固定资产总值（万元） 38117.9	副高级 137
邮政编码 635000	教学、科研仪器设备资产值（万元）	中级 173
办公电话 0818-2790790	7019.64	初级 166
传真电话 0818-2790790	在校生数（人） 14009	未定职级 46
校园（局域）网域名 www.dxte.edu.	其中：普通本科 7623	

本科专业 财务管理、电子科学与技术、广播电视编导、汉语言文学、汉语言文学（对外汉语方向）、汉语言文学（对外汉语方向）、汉语言文学（现代文秘方向）、行政管理、化学、化学工程与工艺、机械工程及自动化、计算机科学与技术（软件方向）、计算机科学与技术（软件工程方向）、计算机科学与技术（网络方向）、计算机科学与技术（网络工程方向）、计算机科学与技术（物联网应用技术）、历史学、美术学、人力资源管理、社会体育、数学与应用数学、数字媒体技术、数字媒体技术（动漫方向）、思想政治教育、特殊教育、体育教育、文化产业管理、物理学、物业管理、小学教育、学前教育、学前教育美术方向、艺术设计、音乐学、音乐学（播音与主持艺术）、音乐学（社会舞蹈）、音乐学（舞台综艺）、音乐学（音乐表演）、音乐学（音乐舞蹈）、音乐学（音乐制作）、英语、英语翻译方向、英语商务方向、影视艺术与技术、应用化学、应用心理学、制药工程、中小学艺术教育

专科专业 初等教育、电子商务、电子信息工程技术、法律事务、工程造价、工商企业管理、广告设计与制作、化学教育、会计、计算机网络技术、计算机信息管理（软件方向）、计算机信息管理（软件工程方向）、老年服务与管理、旅游管理、美术教育、人力资源管理、社会体育、市场营销、视觉传达艺术设计、数学教育、体育教育、文秘、物理教育、物业管理、现代教育技术、心理咨询、学前教育、音乐教育、音乐教育（音乐舞蹈）、英语教育、影视多媒体技术、应用电子技术、语文教育

院系设置
中文系、社会科学系、外语系、数学与财经系、物理与工程技术系、化学与化学工程系、初等教育系、计算机科学系、音乐系、

美术系、体育系、教育科学与技术系、管理系、文化与传媒系

国家级、省部级研究机构设置

1. 实验室：四川省高等学校重点实验室：《特色植物开发研究》实验室
2. 研究中心（所）：四川革命老区发展研究中心

定期公开出版的专业刊物 《四川文理学院学报》、《四川文理学院院报》

学校设立奖学金情况

学校设立奖学金4项，奖励总金额233.8余万元。奖学金最高金额8000元/年，最低金额300元/年。

学校历史沿革

学院办学历史最早可追溯至创建于1906年的龙山书院，1976年开始举办高等教育，时称达县师范学院，是当时四川省较早的师范高等专科学校之一，1978年经国务院批准，正式纳入国家全日制普通高等学校的行列，定名为达县师范专科学校，1993年更名为达县师范高等专科学校，2006年2月经教育部批准，更名为四川文理学院，是目前川东地区惟一的全日制普通本科院校。

阿坝师范高等专科学校

学校（机构）标识码	4151010646
学校办学类型	414：专科院校：高等专科学校
学校性质类别	06 师范院校
学校举办者	811 省级教育部门
学校地址	四川省阿坝州汶川县水磨镇
邮政编码	623002
办公电话	028－62332000
传真电话	028－62332221
校园（局域）网域名	www.abtc.edu.cn
电子信箱	abtc_xb@yahoo.com.cn
占地面积（平方米）	682667
校舍建筑面积（平方米）	229668
图书（万册）	80.61
固定资产总值（万元）	87405.45
教学、科研仪器设备资产值（万元）	4800.03
在校生数（人）	7096
其中：普通专科	7096
专任教师（人）	409
其中：正高级	25
副高级	98
中级	143
初级	127
未定职级	16

专科专业 保险实务、初等教育、地理教育、电子信息工程技术、工商企业管理、化学教育、会计电算化、计算机控制技术、计算机应用技术、历史教育、楼宇智能化工程技术、旅游管理、旅游英语、美术教育、嵌入式系统工程、软件技术、社会体育、生物教育、数学教育、思想政治教育、体育保健、体育教育、网络系统管理、文秘、舞蹈表演、物理教育、现代教育技术、学前教育、艺术设计、音乐表演、音乐教育、英语教育、语文教育

院系设置

中文系、数学系、计算机科学系、基础教育系、人文社会科学系、管理系、外语系、美术系、音乐舞蹈系、体育系、电子信息工程系、化学化工与生命科学系、少数民族预科部、双语教育系、思想政治理论课教研室

定期公开出版的专业刊物 《阿坝师范高等专科学校学报》

学校设立奖学金情况

学校设立奖学金2项，奖励总金额50万元。奖学金最高金额800元/年，最低金额300元/年。

1. 一等奖学金：150人/年，800元/人；
2. 二等奖学金：380人/年，500元/人；
3. 三等奖学金：633人/年，300元/人。

学校历史沿革

阿坝师范专科学校创办于1978年12月28日，学校前身是威州师范学校。1993年10月更名为阿坝师范高等专科学校。

乐山师范学院

学校（机构）标识码	4151010649
学校办学类型	412：本科院校：学院
学校性质类别	06 师范院校
学校举办者	811 省级教育部门
学校地址	四川省乐山市市中区滨河路778号
邮政编码	614000
办公电话	0833－2276399
传真电话	0833－2276022
校园（局域）网域名	www.lstc.edu.cn
电子信箱	yuanban@lsnu.edu.cn
占地面积（平方米）	663475
校舍建筑面积（平方米）	384326
图书（万册）	101.01
固定资产总值（万元）	39365
教学、科研仪器设备资产值（万元）	7491
在校生数（人）	18952
其中：普通本科	12681
普通专科	2191
成人本科	2061
成人专科	2002
留学生	17
专任教师（人）	869
其中：正高级	64
副高级	215
中级	467
初级	109
未定职级	14

本科专业 播音与主持艺术、材料科学与工程、材料科学与工程（光伏材料与应用）、电子信息工程、电子信息工程（对口）、对外汉语、法学、国际经济与贸易、汉语言文学、行政管理、化学、环境科学、会计学、会计学（对口）、计算机科学与技术、计算机科学与技术（对口）、计算机科学与技术（软件）、计算机科学与技术（软件工程）、计算机科学与技术（网络）、计算机科学与技术（物联网工程）、教育学、科学教育、劳动与社会保障、旅游管理、旅游管理（对口）、美术学、日语、社会工作、社会体育、生物技术、生物科学、市场营销、数学与应用数学、思想政治教育、特殊教育、体育教育、物理学、小学教育、心理学、新闻学、信息与计算科学、学前教育、艺术设计、音乐表演、音乐学、音乐学（音乐舞蹈教育）、英语、应用化学

专科专业 初等教育、服装设计、计算机应用技术、旅游管理、数学教育、数字媒体技术、特殊教育、体育教育、投资与理财、网络系统管理、舞蹈教育、学前教育、艺术设计、音乐教育、英语教育、应用电子技术、应用化工技术、语文教育、园林工程技术

院系设置
文学与新闻学院、政法学院、外国语学院、数学与信息科学学院、物理与电子工程学院、化学与生命科学学院、旅游与经济管理学院、计算机科学学院、体育学院、美术学院、音乐学院、教育科学学院

国家级、省部级研究机构设置
研究中心（所）：郭沫若研究中心、旅游发展研究中心

定期公开出版的专业刊物 《乐山师范学院学报》、《郭沫若学刊》

学校设立奖学金情况
学校设立奖学金 8 项，奖励总金额 300 余万元。奖学金最高金额 6000 元/年，最低金额 100 元/年。

学校历史沿革
学校创建于 1978 年，前身是乐山师范高等专科学校，2000 年与乐山教育学院合并成立乐山师范学院。

西南财经大学

学校（机构）标识码 4151010651	电子信箱 msk@swufe.edu.cn	成人专科 3441
学校办学类型 411：本科院校：大学	占地面积（平方米） 1507161	博士研究生 1103
学校性质类别 08 财经院校	校舍建筑面积（平方米） 642541	硕士研究生 5993
学校举办者 360 教育部	图书（万册） 240.28	留学生 363
学校地址 四川省成都市青羊区光华村街 55 号	固定资产总值（万元） 119552.64	专任教师（人） 1355
邮政编码 610074	教学、科研仪器设备资产值（万元） 14911.42	其中：正高级 268
办公电话 028-87092564	在校生数（人） 32811	副高级 425
传真电话 028-87092000	其中：普通本科 16492	中级 561
校园（局域）网域名 www.swufe.edu.cn	成人本科 5419	初级 38
		未定职级 63

本科专业 保险、财务管理、财政学、电子商务、法学、工商管理、管理科学、国际经济与贸易、国际商务、汉语言文学、行政管理、会计学、计算机科学与技术、金融工程、金融学、经济学、劳动与社会保障、旅游管理、人力资源管理、商务英语、社会工作、审计学、市场营销、数学与应用数学、税务、统计学、投资学、物流管理、新闻学、信息管理与信息系统、英语

博士专业 财政学（含：税收学）、产业经济学、法律经济学、公共经济制度与政策、国防经济、国际贸易学、国际商务、国民经济学、会计学、技术经济及管理、金融学（含：保险学）、经济史、经济信息技术及管理、劳动经济学、流通经济学、旅游管理、农业经济学、企业管理（含：财务管理、市场营销）、区域经济学、人口、资源与环境经济学、人口学、社会保障与经济保障、审计学、世界经济、数量经济学、思想政治教育、统计学、西方经济学、消费经济学、政治经济学

硕士专业 保险、财政学（含：税收学）、产业经济学、法律、法律经济学、法学理论、工商管理、公共管理、公共经济制度与政策、管理科学与工程、国际法学（含：国际公法、国际私法）、国际贸易学、国际商务、国民经济学、行政管理、会计、会计学、计算机应用技术、技术经济及管理、金融、金融工程、金融贸易电子商务、金融学（含：保险学）、经济法学、经济思想史、劳动经济学、流通经济学、旅游管理、马克思主义基本原理、马克思主义理论与思想政治教育、马克思主义中国化研究、媒体经营管理、民商法学（含：劳动法学）、社会保障、农业经济管理、农业推广、企业管理（含：财务管理、市场营销）、区域经济学、人口、资源与环境经济学、人口学、商务智能、社会保障、社会工作、社会经济学、审计学、世界经济、数理金融学、数量经济学、税务、思想政治教育、诉讼法学、体育经济与管理、统计学、外国语言学及应用语言学、物流管理、西方经济学、项目管理、消费经济学、信用管理、刑法学、英语笔译、英语口译、应用统计、运筹学与企业管理决策、政治经济学、中国近现代史基本问题研究、资产评估

院系设置
中国金融研究中心、中国西部经济研究中心、金融学院、经济学院、工商管理学院、会计学院、保险学院、财税学院、统计学院、经济信息工程学院、法学院、国际商学院、经贸外语学院、公共管理学院、马克思主义学院、经济数学学院、人文学院、证券与期货学院、通识教育学院、经济与管理研究院、高级工商管理教

育中心、社会工作发展研究中心、成人(网络)教育学院、国际教育学院、出国留学预备学院、体育教育研究部

国家级、省部级研究机构设置

实验室:金融智能与金融工程实验室

博士后科研流动站 理论经济学科研流动站、应用经济学科研流动站、工商管理学科研流动站

定期公开出版的专业刊物 《经济学家》、《财经科学》、《海内外高校发展动向》

学校设立奖学金情况

学校设立奖学金8项,奖励总金额800.78余万元。奖学金最高金额1000元/年,最低金额500元/年。

主要校办产业

一级企业:四川西南财大资产经营有限公司;二级企业:成都西南财大出版社有限责任公司、成都西财金管教育咨询公司、成都西财物业管理有限责任公司

学校历史沿革

西南财经大学是我国办学历史悠久的综合性财经大学之一,其办学历史可追溯到1905年由孙中山先生创办的中国公学。西南财经大学前身院校上海光华大学创办于1925年,抗战爆发后,1938年内迁成都,兴办光华大学成都分部成华大学。在1952年和1953年两次全国高等院校院系调整中,当时西南地区17所财经院校、综合大学的部分系科合并组建成四川财经学院。四川财经学院,是建国之初全国高等院校分区布局中的四所财经学院之一,由国家高教部主管,荟萃了我国著名经济学家陈豹隐、李孝同、彭迪先等一批著名教授。1958年改由四川省政府主管,1980年划归中国人民银行主管,并确定为中国人民银行直属重点院校,1985年11月更名为西南财经大学。1995年通过国家"211工程"建设预审,成为国家"211工程"重点建设高校。2000年学校以独立建制划转教育部直接管理,同年四川银行学校并入西南财经大学。

成都体育学院

学校(机构)标识码　4151010653
学校办学类型　412:本科院校:学院
学校性质类别　10 体育院校
学校举办者　811 省级教育部门
学校地址　成都市武侯区体院路2号
邮政编码　610041
办公电话　028-85092752
传真电话　028-85092752
校园(局域)网域名　www.cdsu.edu.cn

电子信箱　cdtyyb@cdsu.edu.cn
占地面积(平方米)　253334
校舍建筑面积(平方米)　310129
图书(万册)　69.29
固定资产总值(万元)　36547
教学、科研仪器设备资产值(万元)　9052
在校生数(人)　12524
其中:普通本科　8597

成人本科　1316
成人专科　1724
硕士研究生　887
专任教师(人)　600
其中:正高级　68
副高级　163
中级　253
初级　111
未定职级　5

本科专业 公共事业管理、广播电视编导、经济学、旅游管理、民族传统体育、社会体育、体育教育、舞蹈学、新闻学、英语、运动康复与健康、运动人体科学、运动训练、中医学

硕士专业 民族传统体育学、体育、体育教育训练学、体育人文社会学、新闻学、运动人体科学、运动医学

院系设置

学院现设有体育系、运动医学系、运动系、武术系、经济管理系、新闻系、外语系、艺术系等8系。

国家级、省部级研究机构设置

1. 实验室:国家体育总局运动医学重点实验室、运动医学四川省重点实验室、运动人体科学四川省高校重点实验室

2. 研究所(中心):国家体育总局体育人文社科重点研究地、四川省体育人文社科研究中心、四川省非物质文化遗产研究基地

定期公开出版的专业刊物 《成都体育学院学报》、《体育教育研究》

学校设立奖学金情况

学校设立奖学金6项,奖励总金额190.06余万元。奖学金最高金额2000元/年,最低金额100元/年。

学校历史沿革

成都体育学院前身系建于1942年的四川省立体育专科学校,1950年更名为成都体育专科学校。1953年经国务院批准建立西南体育学院,1956年改名为成都体育学院,1961年重庆体育学院并入。成都体育学院原属于国家体育总局与四川省人民政府共建,以四川省管理为主。

四川音乐学院

学校(机构)标识码　4151010654
学校办学类型　412:本科院校:学院
学校性质类别　11 艺术院校

学校举办者　811 省级教育部门
学校地址　成都市武侯区新生路6号
邮政编码　610021

办公电话　028-85430202
传真电话　028-85430722
校园(局域)网域名　www.sccm.cn

电子信箱 sccmadmin@163.com	在校生数（人） 13852	专任教师（人） 1150
占地面积（平方米） 739658	其中：普通本科 11845	其中：正高级 75
校舍建筑面积（平方米） 446197	普通专科 1544	副高级 211
图书（万册） 111.7	成人本科 67	中级 371
固定资产总值（万元） 87667.3	成人专科 14	初级 422
教学、科研仪器设备资产值（万元） 7040.05	硕士研究生 379	未定职级 71
	留学生 3	

本科专业 表演、播音与主持艺术、雕塑、动画、工业设计、公共事业管理、广播电视编导、绘画、录音艺术、舞蹈学、戏剧影视美术设计、戏剧影视文学、艺术设计、音乐表演、音乐学、作曲与作曲技术理论

专科专业 编导、舞蹈表演、艺术设计、音乐表演、影视表演、影视动画、主持与播音

硕士专业 美术学、音乐学

院系设置 钢琴系、作曲系、管弦系、电子琴与手风琴系、声乐一系、声乐二系、歌剧与合唱系、民乐系、音乐学系、音乐教育系、现代器乐系、舞蹈系、歌剧与艺术管理系、戏剧系、戏文系、传播艺术系、数字艺术系、国际演艺学院、通俗音乐学院、成都美术学院、专科部

定期公开出版的专业刊物 《音乐探索》

学校设立奖学金情况
学校设立奖学金2项，奖励学生共计749人，奖励总金额74.15万元。奖学金最高金额2000元/年，最低金额800元/年。

优秀学生奖学金：一等奖学金2000元/人，共41人 二等奖学金1500元/人，共133人 三等奖学金800元/人，共241人 优秀学生干部奖学金：800元/人，共334人。

主要校办产业
川音爱乐酒店、川音尚美文化传播有限公司、川音房产开发有限责任公司

学校历史沿革
我校的前身为1939年的"四川省立戏剧教育实验学校"，后相继更名为"四川省立戏剧音乐实验学校"、"四川省立艺术专科学校"、"成都艺术专科学校"、"西南音乐专科学校"。创建初期，我校即是一所拥有音乐、戏剧、美术、建筑等多学科的院校。1959年经院系调整，教育部批准，升格为"四川音乐学院"，成为我国西南地区唯一的一所本科音乐艺术院校。

西南民族大学

学校（机构）标识码 4151010656	占地面积（平方米） 1831656	成人专科 2025
学校办学类型 411：本科院校：大学	校舍建筑面积（平方米） 823717	博士研究生 74
学校性质类别 12 民族院校	图书（万册） 233.3	硕士研究生 2113
学校举办者 308 国家民族事务委员会	固定资产总值（万元） 239567.26	留学生 2
学校地址 四川省成都市一环路南四段16号	教学、科研仪器设备资产值（万元） 29144.83	专任教师（人） 1375
邮政编码 610041	在校生数（人） 28623	其中：正高级 175
办公电话 028-85708624	其中：普通本科 22792	副高级 398
传真电话 028-85708688	普通专科 158	中级 653
校园（局域）网域名 www.swun.cn	成人本科 1459	初级 132
电子信箱 xxb@swun.cn		未定职级 17

本科专业 保险、博物馆学、财务管理、财政学、藏汉双语行政管理、藏学、藏语言文学、朝鲜语、城市规划、电气工程及其自动化、电子信息工程、雕塑、动画、动物科学、动物医学、对外汉语、法学、法语、工商管理、公共事业管理、广播电视新闻学、国际经济与贸易、汉语言文学、行政管理、化学、化学工程与工艺、环境科学、环境艺术设计、会计学、绘画、计算机科学与技术、建筑学、教育技术学、金融学、经济学、景观建筑设计、历史学、旅游管理、民族学（藏学）、民族学（文化人类学）、平面设计、人力资源管理、日语、软件工程、社会工作、社会体育、摄影、生物技术、食品科学与工程、食品质量与安全、市场营销、数学与应用数学、通信工程、网络工程、文化产业管理、舞蹈编导、舞蹈表演、物理学、新闻学、信息管理与信息系统、信息与计算科学、药物制剂、药学、彝汉翻译、彝汉双语、彝日双语、彝英双语、彝语言文学、艺术设计、音乐表演、音乐学、英语、英语（旅游英语）、影视表演、应用化学、应用物理学、应用心理学、政法干警（专升本）、制药工程、中药学（民族药物）、自动化

专科专业 旅游管理、旅游英语、舞蹈表演、应用英语、政法干警

博士专业 民族学、中国少数民族经济

硕士专业 保险硕士、比较文学与世界文学、材料物理与化学、动物遗传育种与繁殖、法律硕士(法学)、法律硕士(非法学)、法硕、法硕(法学)、法硕(非法学)、法学理论、工商管理硕士(MBA)、工商管理专业学位、公共管理硕士、管理科学与工程、汉语言文字学、行政管理、基础兽医学、教育经济与管理、金融硕士、金融学、金融学(含:保险学)、考古学及博物馆学、历史文献学、临床兽医学、伦理学、逻辑学、马克思主义基本原理、马克思主义民族理论与政策、美术、美术学、民俗学、民俗学(含:中国民间文学)、民族学、企业管理、区域经济学、生态学、兽医硕士、思想政治教育、诉讼法学、外国语言学及应用语言学、文艺学、养殖、遗传学、有机化学、预防兽医学、政治经济学、中国古代文学、中国古典文献学、中国少数民族经济、中国少数民族史、中国少数民族艺术、中国少数民族语言文学、中国少数民族语言文学(分语族)、中国现当代文学、中国哲学、专门史、宗教学

院系设置

彝学学院、藏学学院、法学院、管理学院、经济学院、旅游与历史文化学院、外国语学院、文学与新闻传播学院、艺术学院、政治学院、社会学与心理学学院、国际教育学院、城市规划与建筑学院、电气信息工程学院、化学与环境保护工程学院、计算机科学与技术学院、生命科学与技术学院、体育部(系)、预科教育学院、西南民族研究院、成人教育学院、网络教育学院、职业技术教育学院

国家级、省部级研究机构设置

(1)实验室:动物遗传育种学实验室、计算机系统实验室、电子信息工程实验室、化学基础实验室、动物科学实验室、现代生物技术实验室、现代教育技术实验室、青藏高原动物遗传资源保护与利用实验室、高原动物遗传育种与繁殖实验室、民族语言文字信息处理实验室、信息材料实验室、动物医学实验室

(2)研究机构:少数民族古籍文献研究中心、民族语言文字信息技术研发中心、少数民族文化博览中心、少数民族研究中心、民族艺术研究创新及影视制作中心

博士后科研流动站 民族学

定期公开出版的专业刊物 《西南民族大学学报》、《民族学刊》

学校设立奖学金情况

学校设立奖学金11项,奖励总金额963余万元。奖学金最高金额12000元/年,最低金额100元/年。博士生:一等奖12000元,8人 二等奖10000元,11人 三等奖6000元,11人 硕士:一等奖10000元,164人 二等奖8000元,333人 三等奖3000元,533人 本专科:新生奖学金200元/人,69人 优秀学生奖学金:特等奖2000元/人,89人 一等奖学金1000元/人,637人 二等奖学金800元/人,1641人 三等奖学金600元/人,2114人 民族农林专业奖学金:1000人 民族专业奖学金:600元/人,599人 农林专业奖学金:400元/人,401人 社会工作奖学金:500元/人,10人 精神文明奖学金:500元/人,8人 自强奖学金:500元/人,10人 先进班集体:1000元/班,27个 优秀大学毕业生奖:449人,100元/人 学生单项奖学金:26,500元/人 三好学生标兵:135人,100元/人 三好学生:714人,100元/人 优秀学生:1420人,100元/人。

学校历史沿革

学校于1951年6月1日在成都成立,命名为西南民族学院,任命王维舟为第一任院长,由西南民族事务委员会领导,1954年8月,改由四川省委、省人民政府领导。1979年2月,学校由四川省领导改为国家民委、四川省双重领导,以国家民族事务委员会领导为主。1982年,正式被确定为首批学士学位授予单位。2003年6月经教育部批准同意更名为"西南民族大学"。

成都学院

学校(机构)标识码 4151011079	电子信箱 cddx@cdu.edu.cn	普通专科 5952
学校办学类型 412:本科院校:学院	占地面积(平方米) 1627422	成人本科 1065
学校性质类别 01 综合大学	校舍建筑面积(平方米) 582103	成人专科 6245
学校举办者 822 地级其他部门	图书(万册) 165.24	留学生 46
学校地址 成都市成洛大道十陵上街1号	固定资产总值(万元) 94020.41	专任教师(人) 1145
	教学、科研仪器设备资产值(万元)	其中:正高级 114
邮政编码 610106	13608.98	副高级 411
办公电话 028-84616056	在校生数(人) 28533	中级 471
传真电话 028-84616299	其中:普通本科 15225	初级 149
校园(局域)网域名 www.cdu.edu.cn		

本科专业 材料成型及控制工程、财务管理、测绘工程、测控技术与仪器、车辆工程、电气工程及其自动化、电子信息工程、动画、对外汉语、法学、工程管理、工商管理、广播电视编导、广播电视新闻学、国际经济与贸易、汉语言文学、护理学、环境工程、会计学、绘画、机械设计制造及其自动化、计算机科学与技术、旅游管理、软件工程、森林资源保护与游憩、社会体育、生物工程、食品科学与工程、食品质量与安全、数字媒体技术、泰语、特殊教育、通信工程、土木工程、网络工程、小学教育、小学教育(免费师范生)、信息与计算科学、学前教育、药学、艺术设计、艺术设计(中外合作办学)、音乐表演、英语、应用心理学、园林、制药工程、自动化

专科专业 电气自动化技术、电子商务、法律事务、工程造

价、工商企业管理、公共事务管理、护理、会计、机械设计与制造、计算机应用技术、建筑工程技术、建筑装饰工程技术、金融管理与实务、经济信息管理、酒店管理、口腔医学技术、旅游管理、旅游英语、美术教育、商检技术、商务英语、社区管理与服务、生物技术及应用、市场营销、数学教育、特殊教育、体育教育、舞蹈表演、现代教育技术、新闻采编与制作、学前教育、药学、艺术设计、艺术设计(中外合作)、音乐教育、英语教育、影视表演、应用英语、语文教育、中药、主持与播音、主持与播音(中外合作)

院系设置

学校设有工业制造学院、城乡建设学院、信息科学与技术学院(软件产业学院)、电子信息工程学院、生物产业学院、政治学院、旅游文化产业学院、经济管理学院、文学与新闻传播学院、外国语学院、美术学院、艺术学院、医护学院、师范学院、学前教育学院、体育学院和华夏职业教育中心。此外,学校还设有国际教育学院、继续教育学院、教师教育培训学院。

国家级、省部级研究机构设置

实验室:肉类加工四川省重点实验室、模式识别与智能信息处理四川省高校重点实验室、食品加工技术研究与应用四川省高校重是实验室、药用微生物资源四川省高校重点实验室

研究中心(所):国家农业部农产品加工中心、四川动漫发展研究中心、四川性社会学与性教育研究中心

定期公开出版的专业刊物 《成都大学学报(自然科学版)》、《成都大学学报(社会科学版)》、《教育与教学研究》、《文科爱好者》、《理科爱好者》

学校设立奖学金情况

学校设立奖学金16项,奖励总额2230.86余万元。奖学金最高金额8000元/年,最低金额50元/年。

主要校办产业

成都成大资产经营有限责任公司

学校历史沿革

成都大学成立于1978年,由成都市人民政府主办,实行"省市共建、以市为主"的办学体制。建校之初是本科建制。1983年因接受世界银行贷款停办本科。1992年原都江教育学院并入成都大学。2003年经教育部批准恢复为本科院校,暂定名为"成都学院"。2006年,经四川省人民政府批准,成都教育学院整建制并入,组建新的成都学院。2010年6月,成都市人民政府将三级甲等医院成都铁路中心医院成建制划转成都学院作为附属医院,并更名为成都大学附属医院。

成都电子机械高等专科学校

学校(机构)标识码	4151011116
学校办学类型	414:专科院校:高等专科学校
学校性质类别	02 理工院校
学校举办者	811 省级教育部门
学校地址	四川省成都市郫县中信大道二段1号
邮政编码	611730
办公电话	028-87992252
传真电话	028-87992000
校园(局域)网域名	www.cec.edu.cn
电子信箱	cecxb@cec.edu.cn
占地面积(平方米)	763817
校舍建筑面积(平方米)	435083
图书(万册)	85.5
固定资产总值(万元)	64672.38
教学、科研仪器设备资产值(万元)	7864.9
在校生数(人)	16063
其中:普通专科	9913
成人专科	6150
专任教师(人)	534
其中:正高级	54
副高级	155
中级	231
初级	67
未定职级	27

专科专业 电气自动化技术、电子测量技术与仪器、电子信息工程技术、工商企业管理、工业设计、供用电技术、国际商务、焊接技术及自动化、环境监测与治理技术、会计电算化、机电一体化技术、机械制造与自动化、计算机通信、计算机网络技术、计算机信息管理、计算机应用技术、建筑电气工程技术、建筑工程技术、金融保险、酒店管理、连锁经营管理、旅游英语、模具设计与制造、汽车检测与维修技术、人力资源管理、人物形象设计、软件技术、商务日语、商务英语、市场营销、数控技术、通信技术、统计实务、图形图像制作、微电子技术、文秘、无线电技术、物流管理、物业管理、印刷技术、影视动画、应用电子技术、运动休闲服务与管理

院系设置

学校现设有机械工程、机电工程、电气与电子工程、通信工程、计算机工程、工商管理、信息与计算科学、人文社科、外语、体育教学部、思政教学部等11个教学系部

国家级、省部级研究机构设置

学校建有3个中央财政支持的国家级实训基地(机械电子、数控、汽车)。建有省高校重点实验室2个(电加工技术、模具技术)、省哲社重点研究基地1个(性社会学与性教育)。

定期公开出版的专业刊物 《成都电子机械高等专科学校学报》

学校设立奖学金情况

学校设立奖学金6项,奖励总金额112余万元。奖学金最高金额3000元/年,最低金额400元/年。

主要校办产业

成都无线电专用设备厂

学校历史沿革

我校创办于1913年,是辛亥革命后我省最早设立的工科学校之一,曾使用过"四川省立第一甲种工业学校"、"成都工业学校"、"成都无线电机械学校"(成都无机校)等多个校名,1993年经原国家教委批准,改办专科,使用现校名,现为四川省人民政府举办、省教育厅直接管理。我校是陈毅元帅的母校,1997年,我校被原国家教委遴选为全国示范性高等工程专科重点建设学校。

攀枝花学院

学校(机构)标识码	4151011360
学校办学类型	412:本科院校:学院
学校性质类别	01 综合大学
学校举办者	822 地级其他部门
学校地址	四川省攀枝花市东区机场路10号
邮政编码	617000
办公电话	0812-3371009
传真电话	0812-3371000
校园(局域)网域名	www.pzhu.edu.cn
电子信箱	bgs@mail.pzhu.edu.cn
占地面积(平方米)	840000
校舍建筑面积(平方米)	491742
图书(万册)	111.65
固定资产总值(万元)	58811.86
教学、科研仪器设备资产值(万元)	10590.62
在校生数(人)	18242
其中:普通本科	12395
普通专科	2437
成人本科	1249
成人专科	2161
专任教师(人)	797
其中:正高级	41
副高级	218
中级	350
初级	162
未定职级	26

本科专业 材料成型及控制工程、材料科学与工程、财务管理、采矿工程、测控技术与仪器、电气工程及自动化、电子信息工程、法学、工程管理、工商管理、工业工程、工业设计、国际经济与贸易、汉语言文学、行政管理、护理学、化学工程与工艺、环境工程、会计学、机械设计制造及其自动化、计算机科学与技术、建筑学、矿物加工工程、临床医学、旅游管理、软件工程、生物工程、市场营销、土木工程、网络工程、物流管理、信息与计算科学、冶金工程、艺术设计、英语、应用化学、自动化

专科专业 供热通风与空调工程技术、护理、环境艺术设计、会计电算化、机电一体化技术、计算机信息管理、建筑工程技术、建筑经济管理、临床医学、旅游管理、民航商务、模具设计与制造、汽车运用技术、汽车制造与装配技术、生产过程自动化技术、市场营销、信息安全技术、眼视光技术、医学检验技术、应用电子技术、应用化工技术、应用英语、语文教育、助产

院系设置 电气信息工程学院、机电工程学院、土木工程学院、计算机学院、人文社科学院、外国语学院、经济与管理学院、艺术学院、材料工程学院、生物与化学工程学院、工程技术学院、医学院、体育部、思想政治教育教学部、继续教育学院

国家级、省部级研究机构设置 四川省钒钛材料工程技术研究中心、钒钛资源综合利用四川省重点实验室

定期公开出版的专业刊物 《攀枝花学院学报》、《攀枝花学院院报》

学校设立奖学金情况

学校设立奖学金9项,奖励总金额1578余万元。奖学金最高金额8000元/年,最低金额1000元/年。

1. 国家奖学金:31人/年,8000元/年
2. 国家励志奖学金:491人/年,5000元/年
3. 国家助学金:4154人/年,3000元/年
4. 李嘉诚助学金:158人/年,2000元/年
5. 众一奖学金:25人/年,4000元/年
6. 立宇人生奖学金:20人/年,4000元/年
7. 东泰奖学金:25人/年,2000元/年
8. 广州助学金:25人/年,2000元/年
9. 攀大宏基奖学金:20人/年,1000元/年

主要校办产业 攀枝花金沙学府商贸有限责任公司、攀枝花市金沙学府汽车装饰服务有限责任公司、攀枝花市灵动动漫设计有限责任公司、攀枝花市学府智业咨询有限责任公司、攀枝花市攀大安信物业有限责任公司

学校历史沿革 攀枝花学院前身为攀枝花大学,始建于1983年11月。1994年攀枝花教育学院与攀枝花大学合并,1998年8月攀枝花卫校并入攀枝花大学。2001年5月,经教育部批准,升格为普通本科院校,并更名为攀枝花学院。

四川烹饪高等专科学校

学校(机构)标识码	4151011552
学校办学类型	414:专科院校:高等专科学校
学校性质类别	02 理工院校
学校举办者	811 省级教育部门
学校地址	四川省成都市龙泉驿区红岭路459号
邮政编码	610100
办公电话	84825988-84825988
传真电话	84825888-84825888
校园(局域)网域名	www.shic.edu.cn
电子信箱	xiaoban321@sina.com
占地面积(平方米)	435836
校舍建筑面积(平方米)	226625
图书(万册)	72.31
固定资产总值(万元)	14414.23
教学、科研仪器设备资产值(万元)	4305.51
在校生数(人)	7396
其中:普通专科	7132
成人专科	260

留学生 4	副高级 87	初级 99
专任教师（人） 389	中级 158	未定职级 8
其中：正高级 37		

专科专业 财务信息管理、餐饮管理与服务类、餐饮食品安全、厨政管理、导游、电脑艺术设计、电子商务、房地产经营与估价、工商企业管理、会展策划与管理、计算机多媒体技术、计算机信息管理、酒吧经营于调酒技术、酒店管理、快餐技术与管理、连锁经营管理、楼宇智能化工程技术、旅游管理、旅游英语、面点工艺、烹饪工艺、烹饪工艺与营养、人力资源管理、人物形象设计、商务日语、商务英语、涉外旅游、食品营养与检测、市场营销、网络系统管理、文化市场经营与管理、物流管理、西餐工艺、西点工艺、应用法语、应用英语、运动休闲服务与管理、装潢艺术设计

院系设置
学校设有10个教学系（部）：烹饪系、食品科学系、旅游系、酒店管理系、外语系、工商系、信息技术系、艺术系、运动与休闲系，思想政治理论教学部

国家级、省部级研究机构设置
1. 实验室：四川省高校烹饪学科重点实验室
2. 研究中心（所）：川菜发展研究中心（省级哲学社会科学）

定期公开出版的专业刊物 《四川烹饪高等专科学校学报》

学校设立奖学金情况
学校设立奖学金3项，奖励总金额62.5万余元。奖学金最高金额2400元/年，最低金额200元/年。

学校历史沿革
学校于1985年建校，当时校名为四川烹饪专科学校，隶属于国内贸易部，1998年高校体制改革后划归四川省人民政府主管，校名为四川烹饪高等专科学校。

成都纺织高等专科学校

学校（机构）标识码 4151011553	传真电话 028-87846638	在校生数（人） 9586
学校办学类型 414：专科院校：高等专科学校	校园（局域）网域名 www.cdtc.edu.cn	其中：普通专科 9020
	电子信箱 cdfzxiaoban@163.com	成人专科 566
学校性质类别 02 理工院校	占地面积（平方米） 416602	专任教师（人） 469
学校举办者 811 省级教育部门	校舍建筑面积（平方米） 182570	其中：正高级 29
学校地址 成都市犀浦泰山南街186号	图书（万册） 56	副高级 135
	固定资产总值（万元） 33524.29	中级 198
邮政编码 611731	教学、科研仪器设备资产值（万元） 3436.42	初级 85
办公电话 028-87846638		未定职级 22

专科专业 报关与国际货运、产品造型设计、电脑艺术设计、电气自动化技术、电子商务、法律文秘、房地产经营与估价、纺织品检验与贸易、纺织品装饰艺术设计、服用材料设计与应用、服装表演与设计、服装设计、服装艺术设计、高分子材料加工技术、工程造价、工业分析与检验、工业设计、供热通风与空调工程技术、广告设计、广告设计与制作、国际经济与贸易、环境监测与治理技术、环境艺术设计、会计、机电一体化技术、机械设计与制造、计算机多媒体技术、计算机网络技术、计算机应用技术、建筑工程技术、建筑设备工程技术、建筑装饰工程技术、精细化学品生产技术、酒店管理、连锁经营管理、旅游管理、旅游日语、旅游英语、模具设计与制造、汽车电子技术、汽车检测与维修技术、染整技术、软件测试方向、商务英语、生物技术及应用、食品加工技术、数控技术、网络系统管理、文秘、物流管理、现代纺织技术、鞋类设计与工艺、艺术设计、应用电子技术、针织技术与针织服装、装潢设计、装潢艺术设计、装饰艺术设计

院系设置
服装艺术与工程系、纺织工程与材料系、染化与环境工程系、电子信息与电气工程系、机械工程与自动化系、经贸与管理系、外语系、外语系、艺术系、建筑工程系、基础教学部、思想政治理论教学部

学校设立奖学金情况
学校设立奖学金5项，奖励总金额150余万元。其中包含：一等奖学金1000元/人·年；二等奖学金600元/人·年；三等奖学金300元/人·年；单科奖学金50元/人·年；单项奖学金5000-50元/人·年。奖学金最高金额5000元/年，最低金额50元/年。

学校历史沿革
成都纺织高等专科学校的前身为"国立中央技艺专科学校"，创办于1939年；1984年12月经四川省人民政府批准成立了"成都纺织工业专科学校"，保留"成都纺织工业学校"；1993年10月按国家教委规范高校校名统一要求，"成都纺织工业专科学校"更名为"成都纺织高等专科学校"。

四川民族学院

学校(机构)标识码 4151011661	电子信箱 scun@scun.edu.cn	普通专科 4163
学校办学类型 412:本科院校:学院	占地面积(平方米) 415532	成人本科 32
学校性质类别 12 民族院校	校舍建筑面积(平方米) 191224	成人专科 26
学校举办者 811 省级教育部门	图书(万册) 75.03	专任教师(人) 383
学校地址 四川省甘孜藏族自治州康定县姑咱镇文化路4号	固定资产总值(万元) 32987	其中:正高级 15
	教学、科研仪器设备资产值(万元) 4218.22	副高级 103
邮政编码 626001		中级 172
办公电话 0836-2856998	在校生数(人) 6930	初级 37
传真电话 0836-2856196	其中:普通本科 2709	未定职级 56
校园(局域)网域名 scun.edu.cn		

本科专业 财务管理、藏汉翻译、藏语言文学、动物医学、法学、法学(藏汉双语)、汉语言文学、行政管理、计算机科学与技术、旅游管理、美术学、数学与应用数学、思想政治教育、体育教育、学前教育、音乐学、英语、园艺

专科专业 藏汉翻译、藏语言文学教育、初等教育、畜牧兽医、导游、电子商务、法律事务、服装设计、公共事务管理、广告设计与制作、行政管理、会计、计算机网络技术、计算机应用技术、经济信息管理、旅游管理、美术教育、人力资源管理、社会工作、社会体育、数学教育、司法助理、思想政治教育、饲料与动物营养、体育教育、文秘、物理教育、信息传播与策划(网络报刊方向)、学前教育、艺术设计、音乐教育、音乐教育(音乐舞蹈)、英语教育、应用电子技术、应用心理学、应用英语、语文教育、园艺技术、资源环境与城市管理

院系设置
计算机科学系、数学系、英语系、美术系、音乐舞蹈系、藏语言文学系、汉语言文学系、经济系、管理系、政法系、旅游系、环境与生命科学系、教育系、体育系、职业技术教育系、思想政治工作部、预科部

定期公开出版的专业刊物 《四川民族学院学报》

学校历史沿革
四川民族学院前身为康定民族师范高等专科学校,创建于1985年。2009年5月升格为四川民族学院。

民办四川天一学院

学校(机构)标识码 4151011841	传真电话 028-84870632	在校生数(人) 7494
学校办学类型 414:专科院校:高等专科学校	校园(局域)网域名 www.tianyi.edu.cn	其中:普通专科 7157
	电子信箱 sc-tianyi@tianyi.edu.cn	成人专科 337
学校性质类别 08 财经院校	占地面积(平方米) 299200	专任教师(人) 381
学校举办者 999 民办	校舍建筑面积(平方米) 33377	其中:正高级 65
学校地址 四川省成都市龙泉驿区文景路116号	图书(万册) 56.2	副高级 31
	固定资产总值(万元) 8524.8	中级 128
邮政编码 610100	教学、科研仪器设备资产值(万元) 2886.49	初级 145
办公电话 028-84870632		未定职级 12

专科专业 餐饮管理与服务、电脑艺术设计、电子信息工程技术、动漫设计与制作、房地产经营与估价、工程造价、工商企业管理、国际金融、国际贸易实务、国际商务、环境艺术设计、会计电算化、计算机应用技术、经济信息管理、旅游管理、软件技术、商务英语、涉外旅游、市场营销、通信技术、图形图像制作、文秘、物流管理、物业管理、艺术设计、应用英语

院系设置
经济系、工商管理系、房地产系、信息工程系、英语系、旅游系、艺术设计系等

学校设立奖学金情况
学校设立奖学金6项,奖励总金额701.82万元。奖学金最高金额2000元/年,最低金额300元/年。

1. 优秀学生奖学金。特等奖学金:0人/年,2000元/人;一等奖学金:26人/年,1000元/人;二等奖学金:43人/年,600元/人;三等奖学金:68人/年,300元/人。

2. 新生入学奖。第一志愿填报我院,且高考成绩高出我院在本省(直辖市、自治区)最低录取线150分以上,1000元/人;高出200分以上,2000元/人。2011年:1000元/人,3人。

3. 国家助学金。一般困难生:494 人/年,2000 元/人;困难生:1002 人/年,3000 元/人;特困生:494 人/年,4000 元/人。

4. 国家励志奖学金。183 人/年,5000 元/人。

5. 国家奖学金。4 人/年,8000 元/人。

6. 广州助学金。13 人/年,2000 元/人。

学校历史沿革

学院成立于 1991 年 12 月,1994 年经教育部(原国家教委)批准,成为我国首批具有颁发普通高等专科层次学历文凭资格的全日制民办普通高校。2001 年,经教育部批准,我院与澳大利亚霍姆斯格兰学院联合举办 TEFE 合作项目,实施"双文凭"教育,毕业生可同时获得我院及澳大利亚两个专科文凭。

成都航空职业技术学院

学校(机构)标识码	4151012064
学校办学类型	415:专科院校:高等职业学校
学校性质类别	02 理工院校
学校举办者	811 省级教育部门
学校地址	四川省成都市龙泉驿区车城东七路 699 号
邮政编码	610100
办公电话	028-88459369
传真电话	028-88459300
校园(局域)网域名	www.cdavtc.edu.cn
电子信箱	cdavtcyb@126.com
占地面积(平方米)	672670
校舍建筑面积(平方米)	272531
图书(万册)	38.27
固定资产总值(万元)	43457
教学、科研仪器设备资产值(万元)	8506.62
在校生数(人)	7991
其中:普通专科	7986
成人专科	5
专任教师(人)	416
其中:正高级	13
副高级	128
中级	174
初级	72
未定职级	29

专科专业 材料成型与控制技术、电气自动化技术、电子测量技术与仪器、电子工艺与管理、电子信息工程技术、飞机制造技术、工程造价、航空电子设备维修、航空服务、航空机电设备维修、会计、机电一体化技术、计算机辅助设计与制造、计算机控制技术、计算机网络技术、计算机应用技术、建筑工程技术、建筑设备工程技术、建筑装饰工程技术、楼宇智能化工程技术、模具设计与制造、汽车检测与维修技术、汽车制造与装配技术、软件技术、市场营销、数控技术、数控设备应用与维护、通信技术、图形图像制作、物流管理、物业管理、影视表演、应用电子技术、主持与播音

院系设置

航空制造工程系、航空电子工程系、建筑工程系、管理工程系、汽车工程系、计算机工程系、航空维修工程系、民用航空服务系、艺术分院

定期公开出版的专业刊物 《成都航空职业技术学院学报》

学校设立奖学金情况

学校设立奖学金 4 项,奖励总金额 60 余万元。奖学金最高金额 2000 元/年,最低金额 500 元/年。

主要校办产业

成航机械厂

学校历史沿革

成都航空职业技术学院是经教育部批准独立设置的、培养大学专科层次应用性专门人才的普通高等学校。成都航空职业技术学院的前身是成都航空工业学校,创建于 1965 年,直属航空工业部(后为中国航空工业总公司)。学校于 1980 年被确定为全国重点中专,1994 年经过原国家教委评估被命名为国家级重点中专。1994 年经原国家教委批准,学校开始举办五年制高等职业教育。1998 年 3 月,教育部批准学校改办为成都航空职业技术学院,直属于中国航空工业总公司。

四川电力职业技术学院

学校(机构)标识码	4151012065
学校办学类型	415:专科院校:高等职业学校
学校性质类别	02 理工院校
学校举办者	812 省级其他部门
学校地址	四川省成都市青华路 8 号
邮政编码	610072
办公电话	028-87329402
传真电话	028-87310636
校园(局域)网域名	www.xy.sc.sgcc.com.cn
电子信箱	cdybgs@126.com
占地面积(平方米)	319308
校舍建筑面积(平方米)	188471
图书(万册)	26.5
固定资产总值(万元)	31452.2
教学、科研仪器设备资产值(万元)	5436.75
在校生数(人)	4369
其中:普通专科	3141
成人专科	1228
专任教师(人)	297
其中:正高级	3
副高级	108

中级 118　　　初级 48　　　未定职级 20

专科专业　电厂热能动力装置、电力系统继电保护与自动化、电气自动化技术、发电厂及电力系统、高压输配电线路施工运行与维护、工程造价、供用电技术、会计电算化、机电一体化技术、计算机网络技术、建筑工程技术、建筑装饰工程技术、软件技术、水电站动力设备与管理、水利水电建筑工程

院系设置

电气工程一系、电气工程二系、动力工程系、水利水电与建筑工程系、信息工程系、经济管理系、国际合作教学部、基础部

定期公开出版的专业刊物　《教育实践》

学校设立奖学金情况

学校设奖学金4项，奖励总金额70余万元，奖学金最高金额3600元/年，最低金额400元/年。

学校历史沿革

1917年学校成立，定名为"川东联合县立甲种工业学校"，校址在重庆大溪沟原巴县劝学所基地，任命四川大学工科教授冉献璞为第一任校长。1935年，改组成立"四川省立重庆高级工业职业学校"，直属省教育厅领导。2001年9月招收了"涉外商务管理护专业学生"，毕业生发双大专文凭。2001年4月16日，四川省人民政府下达了《关于建立四川电力职业技术学院的批复》（川府函[2001]99号）。我院为四川省首批8所高职学院之一。2006年9月4日，四川省电力公司将学院与省公司培训中心合并（川电人资[2006]84号文件）。合并后，同时挂四川电力职业技术学院、四川省电力公司培训中心、成都电力职工大学三块牌子。2008年9月，学院被教育部、财政部确定为"国家示范性高等职业院校建设计划"立项建设院校。2010年8月，四川省电力公司将四川电力职业技术学院（培训中心）更名为四川省电力公司技术技能培训中心（川电人资【2010】129号）。学院同时挂四川电力职业技术学院、四川省电力公司技术技能培训中心、成都电力职工大学三块牌子。2011年6月，学院被教育部、财政部确定为"国家示范性高等职业院校"。

四川警察学院

学校（机构）标识码　4151012212
学校办学类型　412：本科院校：学院
学校性质类别　09 政法院校
学校举办者　811 省级教育部门
学校地址　四川省泸州市江阳区江阳西路34号
邮政编码　646000
办公电话　0830－3109954
传真电话　0830－3109954
校园（局域）网域名　www.scpolicec.edu.cn
电子信箱　scjybgs@163.com
占地面积（平方米）　310798
校舍建筑面积（平方米）　202257
图书（万册）　75.96
固定资产总值（万元）　30308.8
教学、科研仪器设备资产值（万元）　8591.4
在校生数（人）　8331
其中：普通本科　6614
　　　普通专科　1542
　　　成人本科　175
专任教师（人）　360
其中：正高级　35
　　　副高级　91
　　　中级　136
　　　初级　45
　　　未定职级　53

本科专业　法学、法学（体改）、行政管理、行政管理（体改）、计算机科学与技术、计算机科学与技术（体改）、交通管理工程、交通管理工程（体改）、社会学、刑事科学技术、刑事科学技术（体改）、应用心理学、应用心理学（体改）、侦查学、侦查学（体改）、侦查学（体改）、治安学、治安学（体改）、治安学（体改）

专科专业　法律文秘、交通管理（体改）、侦查、侦查（体改）、治安管理、治安管理（体改）

院系设置

侦查系、治安系、刑事技术系、基础教学部、警察体育训练部、成人教育部、法学系、道路交通管理系、计算机科学与技术系、警察管理系、思想政治理论教学部、实验实训中心

定期公开出版的专业刊物　《四川警察学院学报》

学校设立奖学金情况

学校设立奖学金3项，奖励总金额33余万元。奖学金最高金额600元/年，最低金额300元/年。

毕业生一次就业率　98%

学校历史沿革

四川警察学院始建于1950年的川西人民行政公署公安厅公安学校，1956年建立四川省公安学校学校。1980年分校先后建立四川省人民警察学校和四川省公安管理干部学院，1999年两校合并筹建物次年经教育部批准正式建立四川警官高等专科学校，2006年经教育部批准正式建立四川警察学院。

成都职业技术学院

学校（机构）标识码　4151012635
学校办学类型　415：专科院校：高等职业学校
学校性质类别　01 综合大学
学校举办者　822 地级其他部门
学校地址　成都市高新区益州大道北

段15号
邮政编码 610041
办公电话 028-85319345
传真电话 028-85319345
校园(局域)网域名 www.cdvtc.com
电子信箱 xhbgs2010@163.com
占地面积(平方米) 352329
校舍建筑面积(平方米) 236890
图书(万册) 56.48
固定资产总值(万元) 34610.8
教学、科研仪器设备资产值(万元) 5391.22
在校生数(人) 10996
其中:普通专科 9426
成人专科 1570
专任教师(人) 499
其中:正高级 8
副高级 106
中级 289
初级 96

专科专业 导游、电子商务、动漫设计与制作、房地产经营与估价、工程监理、工程造价、工商企业管理、光电子技术、航空服务、护理、会计电算化、会计与审计、会展策划与管理、计算机网络技术、计算机应用技术、建筑工程技术、金融与证券、经济信息管理、景区开发与管理、酒店管理、空中乘务、连锁经营管理、楼宇智能化工程技术、旅游管理、旅游英语、汽车检测与维修技术、人物形象设计、软件技术、商务经纪与代理、商务英语、涉外旅游、市场营销、投资与理财、物流管理、物业管理、休闲服务与管理、眼视光技术、艺术设计、应用电子技术

院系设置
学院下属5个学院,分别是财经学院、工商管理与房地产学院、软件学院、旅游学院、继续教育学院,共下属7个系,分别是财经系、工商管理系、计算机系、电子系、数字艺术系、旅游系、房地产系;另外单独成立了外语与国际交流部、基础部、思政部3个部

国家级、省部级研究机构设置
研究中心(所):高教研究所、信息科学技术研究所
定期公开出版的专业刊物 《成都职教》、《成都职业技术学院学报》
学校设立奖学金情况
学校设立奖学金7项,奖励总金额27余万元。奖学金最高金额1000元/年,最低金额50元/年。
学校历史沿革
2003年4月25日四川省政府同意在成都新华职业中专学校和成都旅游职业学校的基础上建立成都职业技术学院,以实施专科层次的高等职业技术教育为主,同时保留一定的中等职业教育的培养功能。2006年5月15日,根据成机编办[2006]95号文件,成都市房地产中专学校并入成都职业技术学院。

成都东软学院

学校(机构)标识码 4151012636
学校办学类型 412:本科院校:学院
学校性质类别 02 理工院校
学校举办者 999 民办
学校地址 成都市都江堰青城山镇青景村东软大道1号
邮政编码 611844
办公电话 028-82878000
传真电话 028-82878008
校园(局域)网域名 www.ccniit.com
电子信箱 gaoap@neusoft.com
占地面积(平方米) 382756
校舍建筑面积(平方米) 156065
图书(万册) 41
固定资产总值(万元) 48200
教学、科研仪器设备资产值(万元) 3101
在校生数(人) 6450
其中:普通本科 889
普通专科 5489
成人专科 72
专任教师(人) 329
其中:正高级 13
副高级 88
中级 129
初级 68
未定职级 31

本科专业 电子商务、动画、动画(影视制作)、计算机科学与技术、计算机科学与技术(嵌入式软件开发)、软件工程、软件工程(移动互联网应用开发)、网络工程

专科专业 财务信息管理(ERP方向)、产品造型设计、电子商务、动漫设计与制作、计算机多媒体技术、计算机网络技术、计算机信息管理、计算机信息管理(客户关系管理)、计算机应用技术、软件技术、软件技术(对日外包)、软件技术(可视化程序设计)、软件技术(欧美外包)、软件技术(嵌入式应用)、软件技术(日语强化)、软件技术(软件测试)、软件技术(英语强化)、软件技术(游戏程序设计)、物流管理、信息安全技术、营销与策划、影视动画、应用日语、应用英语

院系设置
计算机科学与技术系、信息技术与商务管理系、数字艺术系

学校设立奖学金情况
学校设立奖学金5项;奖励总金额78余万元。奖学金最高金额10000元/年,最低金额1000元/年。
国家奖学金:2人8000元/人;
国家励志奖学金:114人5000元/人;
华天奖学金:2人10000元/人;
东软企业奖学金:99人170000元;
新生奖学金:一等奖 二等奖
困难学生补助:1人9500元/人
学校历史沿革
1. 2002年8月,成都东软信息技术职业学院奠基;2. 2003年4月,成都东软信息技术职业学院正式批准成立;3. 2003年9月,学院落成并招收计划内普通高考生,第一届新生入学;4. 2004年3月,学院取得接收外国留学生及港澳台学生资格;

5. 2005年4月,学院成为"国家火炬计划成都数字娱乐产业人才培养基地",这也是全国第二个国家火炬计划数字娱乐技术产业人才培训基地;6. 2005年9月,学院成为"国家数字媒体技术产业化人才培训基地";7. 2008年5月,学院经历了汶川特大地震灾害,并积极开展抗震自救和灾后重建工作;8. 2009年11月,学院接受并顺利通过教育部高职高专院校人才培养工作评估;9. 2010年6月,学院成为"中国软件名城(成都)首批人才培养基地;10. 2011年5月,成都东软信息技术职业学院成功升格为普通本科院校—成都东软学院。

四川化工职业技术学院

学校(机构)标识码	4151012637
学校办学类型	415:专科院校:高等职业学校
学校性质类别	02 理工院校
学校举办者	812 省级其他部门
学校地址	四川省泸州市江阳区瓦窑坝62号
邮政编码	646005
办公电话	0830 - 3150415
传真电话	0830 - 3151332
校园(局域)网域名	www.sccvtc.cn
电子信箱	bgs@sccvtc.cn
占地面积(平方米)	387527
校舍建筑面积(平方米)	155224
图书(万册)	33.83
固定资产总值(万元)	13840
教学、科研仪器设备资产值(万元)	2860
在校生数(人)	6363
其中:普通专科	6137
成人专科	226
专任教师(人)	323
其中:正高级	3
副高级	66
中级	142
初级	99
未定职级	13

专科专业 电气自动化技术、电子商务、高分子材料应用技术、工业分析与检验、焊接技术及自动化、化工设备维修技术、环境监测与治理技术、会计、机电一体化技术、计算机多媒体技术、计算机网络技术、计算机应用技术、精细化学品生产技术、酒店管理、模具设计与制造、汽车检测与维修技术、软件技术、生产过程自动化技术、生化制药技术、石油化工生产技术、食品生物技术、市场营销、物流管理、药物分析技术、应用电子技术、应用化工技术、应用化工技术(煤化工方向)

院系设置
化学工程系、机械工程系、自动化工程系、制药与环境工程系、经济管理系、信息工程系、基础教育部

定期公开出版的专业刊物 《教学与研究》(内部刊物)
学校设立奖学金情况
学校设计奖学金6项,奖励总金额426余万元。奖学金最高金额8000元/年,最低金额200元/年。
学校历史沿革
四川化工职业技术学院是一所以化工、机电、信息、经济管理等为主要专业的、以培养为满足现代大化工生产需求的高等技术应用型人才为主的全日制普通高等专科学校,隶属四川省经济与信息化委员会,于2003年4月由四川省人民政府批准设立,2008年被授予高职高专教学水平评估优秀级学校。

四川水利职业技术学院

学校(机构)标识码	4151012638
学校办学类型	415:专科院校:高等职业学校
学校性质类别	02 理工院校
学校举办者	812 省级其他部门
学校地址	四川省崇州市羊马镇永和大道6号
邮政编码	611231
办公电话	028 - 68611666
传真电话	028 - 68611900
校园(局域)网域名	www.swcvc.net.cn
电子信箱	bangs@swcvc.net.cn
占地面积(平方米)	568965
校舍建筑面积(平方米)	242339
图书(万册)	45.9
固定资产总值(万元)	45693
教学、科研仪器设备资产值(万元)	5468
在校生数(人)	7775
其中:普通专科	7417
成人专科	358
专任教师(人)	351
其中:正高级	2
副高级	69
中级	129
初级	117
未定职级	34

专科专业 城市水利、畜牧兽医、地籍测绘与土地管理信息技术、电力系统自动化技术、动物防疫与检疫、高压输配电线路施工运行与维护、工程测量技术、工程监理、工程造价、供用电技术、环境工程技术、环境监测与评价、机电设备运行与维护、计算机应用技术、建筑工程技术、酒店管理、食品加工技术、市场营销、水产养殖技术、水电站设备与管理、水利工程、水利工程施工技术、水利水电建筑工程、水土保持、水文与工程地质、水政水资源管理、饲料与动物营养、图形图像制作、微生物技术及应用、物

流管理、物业管理、渔业综合技术
院系设置
机电工程系、水利工程系、信息工程系、测绘工程系、建筑工程系、资源环境工程系、管理工程系和基础教学部、实训鉴定中心、成人教育培训中心
定期公开出版的专业刊物 《水电职教》
学校设立奖学金情况
奖学金2项,奖励总额140万元,奖学金最高金额2500元/年,最低金额200元/年。
主要校办产业
四川兴蜀水利电力教育投资经营有限责任公司
学校历史沿革
四川水利职业技术学院前身是创建于1956年的四川省水利电力学校,2003年4月,经省政府【2003】90号文批准,升格为高等职业技术学院。

南充职业技术学院

学校(机构)标识码 4151012639	**校园(局域)网域名** www.mczy.com	**其中:普通专科** 7934
学校办学类型 415:专科院校:高等职业学校	**电子信箱** zjsyun@163.com	**成人专科** 88
	占地面积(平方米) 935601	**专任教师(人)** 395
学校性质类别 01 综合大学	**校舍建筑面积(平方米)** 230131	**其中:正高级** 4
学校举办者 822 地级其他部门	**图书(万册)** 52.31	**副高级** 90
学校地址 南充市小西街100号	**固定资产总值(万元)** 21258.69	**中级** 139
邮政编码 637000	**教学、科研仪器设备资产值(万元)** 3937.91	**初级** 125
办公电话 0817-2702380		**未定职级** 37
传真电话 0817-2703888	**在校生数(人)** 8022	

专科专业 包装技术与设计、初等教育、畜牧兽医、道路桥梁工程技术、电气自动化技术、房地产经营与估价、工程造价、工商企业管理、供用电技术、广告设计与制作、会计电算化、机电一体化技术、机械设计与制造、计算机多媒体技术、计算机信息管理、计算机应用技术、建筑工程技术、建筑设备工程技术、旅游管理(含饭店管理)、模具设计与制造、汽车技术服务与营销、汽车检测与维修技术、商务英语、生物技术及应用、食品加工技术、食品营养与检测、市场开发与营销、数控技术、饲料与动物营养、通信技术、投资与理财、图形图像制作、文秘(涉外文秘方向)、物流管理、休闲服务与管理、学前教育、移动通信运营与服务、音乐教育、印刷技术、英语教育、影视动画、应用电子技术、语文教育、园林技术
院系设置
外语系、信息与管理工程系、农业科学与技术系机电工程系、经济管理系、人文艺术系、印刷与包装技术系、土木工程系等
国家级、省部级研究机构设置
有高等职业教育研究所1个
定期公开出版的专业刊物 《南充职业技术学院学报》、《南充职业技术学院院报》
学校设立奖学金情况
学院设立奖学金5项,奖励总额104.2余万元。奖学金最高金额8000元/年,最低金额200元/年。
主要校办产业
种畜场、印刷厂、园艺场、汽修厂
学校历史沿革
南充职业技术学院是2003年经四川省人民政府批准、国家教育部备案一、建立的普通高等专科学校。由原南充教育学院、南充农校、四川水利经济管理学校、南充工业校及南充种畜场合并组建。原南充教育学院建立于1984年(前身南充师范学校建立于1927年)、原南充农校建立于1913年、四川水利经济管理学校建立于1864年、原南充工业校建立于1977年。

内江职业技术学院

学校(机构)标识码 4151012640	**邮政编码** 641100	**图书(万册)** 43.2
学校办学类型 415:专科院校:高等职业学校	**办公电话** 0832-2267177	**固定资产总值(万元)** 11320
	传真电话 0832-2261249	**教学、科研仪器设备资产值(万元)** 4907
学校性质类别 01 综合大学	**校园(局域)网域名** www.njvtc.cn	
学校举办者 822 地级其他部门	**电子信箱** zjb@njzjyjsxy.com	**在校生数(人)** 5902
学校地址 四川省内江市东兴区东桐路42号	**占地面积(平方米)** 495199	**其中:普通专科** 5008
	校舍建筑面积(平方米) 157250	**成人专科** 894

专任教师(人) 407	副高级 84	初级 140
其中:正高级 4	中级 175	未定职级 4

专科专业 材料成型与控制技术、畜牧兽医、道路桥梁工程技术、电气自动化技术、电子工艺与管理、电子商务、焊接技术及自动化、会计、机电一体化技术、机械设计与制造、计算机网络技术、计算机应用技术、建筑电气工程技术、建筑工程管理、建筑工程技术、旅游管理、模具设计与制造、农业经济管理、汽车制造与装配技术、软件技术、食品加工技术、市场营销、数控技术、水利水电建筑工程、通信技术、物流管理、冶金技术、艺术设计、应用电子技术、园林技术、作物生产技术

院系设置
"七系两部"即基础部、思政部、经济管理系、艺术系、信息电子工程系、机械工程系、建筑工程系、电气工程系、生物工程系

国家级、省部级研究机构设置
研究中心(所):夏布画研究所
学校设立奖学金情况
学校设立奖学金3项,奖励总金额80000元/年,最低金额200元/年。
学校历史沿革
内江职业技术学院于2003年4月由内江经济技术学校(原内江财贸学校和内江工业学校合并)、内江农业学校、内江水电校合并升格而成。学院为专科层次的普通高等专科学校。08年10月内江职业培训学院并入我院。

四川航天职业技术学院

学校(机构)标识码 4151012641	传真电话 028-84809678	在校生数(人) 9676
学校办学类型 415:专科院校:高等职业学校	校园(局域)网域名 www.sacvt.com	其中:普通专科 9443
	电子信箱 sacvtbgs@yahoo.com.cn	成人专科 233
学校性质类别 02 理工院校	占地面积(平方米) 419616	专任教师(人) 587
学校举办者 812 省级其他部门	校舍建筑面积(平方米) 233529	其中:正高级 3
学校地址 成都市龙泉驿区天生路155号	图书(万册) 54	副高级 138
	固定资产总值(万元) 26750	中级 235
邮政编码 610100	教学、科研仪器设备资产值(万元)	初级 181
办公电话 028-84809678	5515	未定职级 30

专科专业 材料成型与控制技术、产品造型设计、电脑艺术设计、电气自动化技术、电子测量技术与仪器、电子商务、电子信息工程技术、动漫设计与制作、飞行器电子装配技术、飞行器制造工艺、供用电技术、焊接技术及自动化、机电一体化技术、机械设计与制造、计算机多媒体技术、计算机辅助设计与制造、计算机网络技术、计算机应用技术、旅游管理、模具设计与制造、汽车电子技术、汽车检测与维修技术、汽车运用技术、汽车制造与装配技术、市场开发与营销、视觉传达艺术设计、数控技术、图形图像制作、无线电技术、物流管理、物业管理、应用电子技术、展览展示艺术设计、资产评估与管理

院系设置
学院现有飞行器制造系、汽车工程系、管理工程系、电子工程系、计算机科学系、数码艺术系6个院系

定期公开出版的专业刊物 1本
学校设立奖学金情况
学校设立奖学金6项,奖励总额200余万元。奖学金最高金额2000元/年,最低金额500元/年。
学校历史沿革
四川航天职业技术学院隶属于中国航天科技集团公司第七研究院,学院前身为国家级重点中专四川航天工业学校。四川航天工业学校由原四川航天工业学校和原四川航天高级技工学校(前身为川北技校,创建于1974年,1996年国家劳动部和计委批准改建为四川航天高级技工学校)于2000年8月经四川航天管理局批准合并而成。2003年4月,四川省人民政府批准在四川航天工业学校基础上建立四川航天职业技术学院。

四川邮电职业技术学院

学校(机构)标识码 4151012642	学校举办者 891 地方企业	办公电话 028-84798309
学校办学类型 415:专科院校:高等职业学校	学校地址 四川省成都市锦江区静康路536号	传真电话 028-84791295
		校园(局域)网域名 www.sptc.cn
学校性质类别 02 理工院校	邮政编码 610067	电子信箱 sptc@sptc.cn

占地面积(平方米) 137334		4095.71	其中:正高级 1
校舍建筑面积(平方米) 108345	在校生数(人) 4101		副高级 47
图书(万册) 21.59	其中:普通专科 3978		中级 63
固定资产总值(万元) 23397.54	成人专科 123		初级 56
教学、科研仪器设备资产值(万元)	专任教师(人) 178		未定职级 11

专科专业 电子信息工程技术、光纤通信、会计、计算机多媒体技术、计算机通信、金融保险、软件技术、市场营销、通信技术、通信网络与设备、通信系统运行管理、图文信息技术、图形图像制作、网络系统管理、物流管理、移动通信技术

院系设置
移动通信系、通信工程系、计算机科学系、经济管理系、基础部

学校设立奖学金情况
学校设立奖学金13项,奖励总金额919500元/年,最低金额300元/年。

学校历史沿革
四川邮电职业技术学院的前身为四川省邮电学校,创建于1956年.2003年经四川省人民政府批准成立四川邮电职业技术学院.2006年接受教育部教学水平评估,获得"优秀"级;2010年被四川省财政厅 四川省教育厅确定为首批四川省示范高职学院建设单位;2010年12月被财政部 教育部确定为国家骨干示范性高职学院建设单位。

四川机电职业技术学院

学校(机构)标识码 4151012751	传真电话 0812-6250057	在校生数(人) 6718	
学校办学类型 415:专科院校:高等职业学校	校园(局域)网域名 www.scemi.com	其中:普通专科 6292	
	电子信箱 xxzzjj@263.net	成人专科 426	
学校性质类别 02 理工院校	占地面积(平方米) 629140	专任教师(人) 338	
学校举办者 891 地方企业	校舍建筑面积(平方米) 225898	其中:正高级 2	
学校地址 四川省攀枝花市东区马家田路65号	图书(万册) 46.79	副高级 124	
	固定资产总值(万元) 18769	中级 149	
邮政编码 617000	教学、科研仪器设备资产值(万元)	初级 34	
办公电话 0812-6251367	5086	未定职级 29	

专科专业 材料成型与控制技术、财务信息管理、电机与电器、电气自动化技术、电子信息工程技术、工业分析与检验、机电一体化技术、机电一体化技术(自动控制方向)、机械制造与自动化、计算机多媒体技术、计算机控制技术、计算机网络技术、金属矿开采技术、经济信息管理、矿物加工技术、矿物资源技术、旅游管理、模具设计与制造、汽车检测与维修技术、商务英语、生产过程自动化技术、市场营销、数控技术、数控设备应用与维护、物流管理、项目管理、冶金技术、艺术设计

院系设置
机械工程系、材料工程系、电子电气工程系、信息工程系、管理工程系、政治理论教学部、实训实验部、基础部等8个系部

学校设立奖学金情况
学校设立奖学金五项,奖励总金额90余万元。奖学金最高金额5000元/年,最低金额600元/年。

主要校办产业
快捷公司、汽车驾驶学校

学校历史沿革
四川机电职业技术学院的前身为攀钢冶金工业学校,创建于1973年。1988年9月攀钢冶金工业学校、攀枝花钢铁公司技工学校、攀枝花钢铁公司职工大学合并,组建攀钢职业技术教育中心。1994年4月,对攀枝花冶金矿山公司职工大学、攀枝花冶金矿山学校、攀枝花冶金矿山公司技工学校和职业中学进行统管。2001年4月四川机电职业技术学院成立。2010年7月学院被确认为四川省省级示范性高职建设院校。2010年11月成为国家骨干建设单位。

绵阳职业技术学院

学校(机构)标识码 4151012753	学校性质类别 01 综合大学	邮政编码 621000
学校办学类型 415:专科院校:高等职业学校	学校举办者 822 地级其他部门	办公电话 0816-2202006
	学校地址 绵阳市仙人路1段32号	传真电话 0816-2202114

校园(局域)网域名 www.myvtc.edu.cn	固定资产总值(万元) 26476	专任教师(人) 450
电子信箱 myvtc.006@sina.con	教学、科研仪器设备资产值(万元) 8504.13	其中:正高级 9
占地面积(平方米) 491748	在校生数(人) 8915	副高级 147
校舍建筑面积(平方米) 208962	其中:普通专科 8043	中级 197
图书(万册) 55.1	成人专科 872	初级 92
		未定职级 5

专科专业 材料工程技术、财务管理、产品造型设计、导游、道路桥梁工程技术、电气自动化技术、电子商务、电子信息工程技术、动漫设计与制作、服装设计、复合材料加工与应用技术、高分子材料应用技术、工程监理、工业分析与检验、广告设计与制作、会计与统计核算、机电设备维修与管理、机电一体化技术、机械设计与制造、计算机网络技术、计算机信息管理、计算机应用技术、建筑工程管理、建筑工程技术、建筑装饰工程技术、酒店管理、楼宇智能化工程技术、旅游管理、模具设计与制造、人力资源管理、软件技术、市场营销、数控技术、通信技术、图形图像制作、文秘、物流管理、印刷技术、应用英语、装饰艺术设计

学校历史沿革

1933年创立,定名为江津窑业学校。1952年迁址重庆,定名为重庆第一土木建筑学校。

四川交通职业技术学院

学校(机构)标识码 4151012761	传真电话 028-82680843	在校生数(人) 13866
学校办学类型 415:专科院校:高等职业学校	校园(局域)网域名 www.svtcc.net	其中:普通专科 11991
学校性质类别 02理工院校	电子信箱 scjzyxingban@163.com	成人专科 1875
学校举办者 812省级其他部门	占地面积(平方米) 661061	专任教师(人) 686
学校地址 四川省成都市温江区柳台大道东段208号	校舍建筑面积(平方米) 376077	其中:正高级 10
	图书(万册) 82.92	副高级 130
邮政编码 611130	固定资产总值(万元) 64231.96	中级 208
办公电话 028-82680064	教学、科研仪器设备资产值(万元) 15860.79	初级 313
		未定职级 25

专科专业 保险实务、产品造型设计、城市轨道交通控制、道路桥梁工程技术、地下工程与隧道工程技术、电气自动化技术、电子信息工程技术、动漫设计与制作、房地产经营与估价、高等级公路维护与管理、工程机械运用与维护、工程造价、公路工程管理、公路工程检测技术、公路监理、公路运输与管理、航海技术、环境艺术设计、会计、机械制造与自动化、计算机多媒体技术、计算机网络技术、计算机应用技术、建筑工程技术、建筑装饰工程技术、交通安全与智能控制、楼宇智能化工程技术、轮机工程技术、旅游管理、模具设计与制造、汽车定损与评估、汽车技术服务与营销、汽车运用技术、汽车整形技术、汽车制造与装配技术、软件技术、商务管理、市场营销、市政工程技术、数控技术、图形图像制作、网络系统管理、文秘、物流管理、艺术设计

院系设置

设立8个教学系,41个专业。

国家级、省部级研究机构设置

国家重点实验室:四川省成都市检测中心

学校历史沿革

四川交通职业技术学院前身为四川省交通学校,创建于1952年,2001年经四川省人民批准独立升格为四川交通职业技术学院。2004年学院成为我省第一所通过"教育部高职高专人才培养水平评估"并获优秀级的高职高专院校,2010年7月,通过审核验收,成为国家示范高等职业院校。

四川工商职业技术学院

学校(机构)标识码 4151012762	聚青路口	占地面积(平方米) 333330
学校办学类型 415:专科院校:高等职业学校	邮政编码 611837	校舍建筑面积(平方米) 135198
学校性质类别 02理工院校	办公电话 028-87282243	图书(万册) 28.8
学校举办者 812省级其他部门	传真电话 028-87282095	固定资产总值(万元) 7407.72
学校地址 四川省都江堰市天府大道	校园(局域)网域名 www.sctbc.net	教学、科研仪器设备资产值(万元) 3427.93
	电子信箱 sctbc@sctbc.net	

在校生数(人) 6535	专任教师(人) 363	中级 163
其中:普通专科 6483	其中:正高级 4	初级 88
成人专科 52	副高级 91	未定职级 17

专科专业 JV、WEB应用程序开发、包装技术与设计、材料工程技术、财务管理、产品造型设计、电气自动化技术、电子商务、电子信息工程技术、动漫设计与制作、工商企业管理、工业分析与检验、环境监测与治理技术、环境艺术设计、会计电算化、机电设备运行与维护、机电一体化技术、计算机网络技术、计算机信息管理、计算机应用技术、连锁经营管理、旅游管理、模具设计与制造、汽车检测与维修技术、软件开发与应用方向、食品生物技术、食品营养与检测、市场营销、视觉传达艺术设计、文秘、物流管理、艺术设计、印刷技术、影视动画、制浆造纸技术

院系设置
轻化工程系、机电工程系、管理系、财经系、信息工程系、设计艺术系、基础部、思想政治理论教学部

定期公开出版的专业刊物 《四川工商职业技术学院学报》

学校设立奖学金情况
学校设立奖学金七项,奖励总金额655.97万元。奖学金最高金额8000元/年,最低金额200元/年。

主要校办产业
陶瓷材料厂、印刷厂

学校历史沿革
1959年11月16日,四川省人民委员会批准成立四川省轻工业学校,隶属于四川省轻工业厅。1960年秋开始招收初中毕业生,学制4年,武亨亮同志任副校长兼党支部书记。最早开办有:制糖、造纸、硅酸盐、食品发酵、工业电气化、皮革7个专业。1979年举办电子技术专业电大班。1984年9月举办职工中专班。1985年统招初中毕业生,恢复学制4年。1993年成为省部级重点中专。1994年8月评为"国家级重点中专"。2001年4月16日独立升格为"四川工商职业技术学院"。现有校园面积为500亩,专业37个,在校大专生近7000人,主要招收三年制高职专科。

四川工程职业技术学院

学校(机构)标识码 4151012763	传真电话 0838-2651119	在校生数(人) 11946
学校办学类型 415:专科院校:高等职业学校	校园(局域)网域名 www.scetc.edu.cn	其中:普通专科 11709
	电子信箱 yb@scetc.net	成人专科 237
学校性质类别 02 理工院校	占地面积(平方米) 722257	专任教师(人) 618
学校举办者 812 省级其他部门	校舍建筑面积(平方米) 253391	其中:正高级 12
学校地址 四川省德阳市泰山南路二段801号	图书(万册) 65.8	副高级 167
	固定资产总值(万元) 46751	中级 221
邮政编码 618000	教学、科研仪器设备资产值(万元)	初级 135
办公电话 0838-2651110	8290.58	未定职级 83

专科专业 材料成型与控制技术、电气自动化技术、电子商务、电子信息工程技术、工程造价、焊接技术及自动化、机电一体化技术、机械制造与自动化、计算机辅助设计与制造、计算机网络技术、计算机应用技术、建筑工程技术、建筑装饰工程技术、金属材料与热处理技术、经济信息管理、理化测试及质检技术、旅游管理、旅游英语、模具设计与制造、汽车技术服务与营销、汽车检测与维修技术、软件技术、商务英语、市场营销、数控技术、数控设备应用与维护、通信技术、物流管理、学前教育、艺术设计、应用英语、园林工程技术

院系设置
机电工程系、电气工程系、建筑工程系、计算机科学技术系、经济管理系、材料工程系、外语系、艺术系、旅游管理系、基础教学部、体育工作部、思想政治理论课教学部

定期公开出版的专业刊物 《四川工程职业技术学院学报》

学校设立奖学金情况
学校设立奖学金三项,奖学金总额105余万元。奖学金最高金额4000元/年,最低金额100元/年。

主要校办产业
德阳市重型机械备件厂

学校历史沿革
学院始建于1959年,原名为第一机械工业部德阳机器制造学校。1960年至1962年曾改办为本科,定名为西南重型机电学院。1983年5月更名为四川省机械工业学校。1999年6月增挂四川省工程技术学校校牌。2001年与四川省机械职工大学联合升格为高职学院,定名为四川工程职业技术学院。2006年4月经四川省人民政府批准,德阳教育学院整体并入,组成新的四川工程职业技术学院。

四川建筑职业技术学院

学校(机构)标识码 4151012764	传真电话 0838-2651997	在校生数(人) 19035
学校办学类型 415;专科院校:高等职业学校	校园(局域)网域名 www.scatc.net	其中:普通专科 13888
	电子信箱 scjy@scat.net	成人专科 5147
学校性质类别 02 理工院校	占地面积(平方米) 1521166	专任教师(人) 760
学校举办者 812 省级其他部门	校舍建筑面积(平方米) 441588	其中:正高级 18
学校地址 四川省德阳市旌阳区嘉陵江西路4号	图书(万册) 83.1	副高级 157
	固定资产总值(万元) 45088	中级 335
邮政编码 618000	教学、科研仪器设备资产值(万元) 10207	初级 236
办公电话 0838-2657852		未定职级 14

专科专业 材料工程技术、测绘与地理信息技术、城市管理与监察、城市轨道交通工程技术、城镇规划、道路桥梁工程技术、地下工程与隧道工程技术、电气自动化技术、电子商务、电子信息工程技术、盾构施工技术、房地产经营与估价、钢结构建造技术、高速铁道技术、给排水工程技术、工程测量技术、工程机械运用与维护、工程监理、工程造价、工业设备安装工程技术、供热通风与空调工程技术、焊接技术及自动化、会计与审计、机械制造与自动化、基础工程技术、计算机网络技术、计算机应用技术、建筑材料供应与管理、建筑电气工程技术、建筑工程管理、建筑工程技术、建筑工程质量与安全技术管理、建筑经济管理、建筑设备工程技术、建筑设计技术、建筑装饰工程技术、经济信息管理、景区开发与管理、楼宇智能化工程技术、模具设计与制造、汽车检测与维修技术、软件技术、社区管理与服务、市政工程技术、室内设计技术、数控技术、数控设备应用与维护、铁道工程技术、图形图像制作、无机非金属材料工程技术、物流管理、物业管理、应用电子技术、应用英语、园林工程技术

院系设置
土木工程系、工程管理系、经济管理系、建筑与艺术系、交通与市政工程系、机电工程系、计算机工程系、人文社会科学系、设备工程系、材料系、思想政治教学部、体育教学部、国际技术教育学院共十系、二部、一学院,在成都设有成都校区。

国家级、省部级研究机构设置
研究所(中心):高等教育研究所、结构研究所、建材研究所、经济研究所、测量研究所、智能研究所

定期公开出版的专业刊物 《四川建筑职业技术学院学报》

学校设立奖学金情况
学校设立奖学金4项,奖励总金额95.5余万元。奖学金最高金额8000元/年,最低金额300元/年。

主要校办产业
四川建筑职业技术学院企业总公司、四川建大正信工程建设监理有限公司、四川省建筑工程学校建筑设计所、四川省建筑工程学校印刷厂、四川省德阳市华夏建筑发展有限公司、四川建大房地产开发有限公司

学校历史沿革
四川建筑职业技术学院是一所全日制普通高等学校,于2001年4月经四川省人民政府批准成立,隶属于四川省建设厅。四川建筑职业技术学院由四川省建筑工程学校、四川省城市建设学校、四川省建筑职工大学合并组建。2003年原中国第二重型机械公司职工大学并入我院。

达州职业技术学院

学校(机构)标识码 4151012767	传真电话 0818-2309354	其中:普通专科 8208
学校办学类型 415;专科院校:高等职业学校	校园(局域)网域名 www.dzvtc.com	成人专科 1685
	占地面积(平方米) 330668	专任教师(人) 509
学校性质类别 01 综合大学	校舍建筑面积(平方米) 228608	其中:正高级 5
学校举办者 822 地级其他部门	图书(万册) 67.03	副高级 99
学校地址 四川省达州市通川区北外镇徐家坝路448号	固定资产总值(万元) 12574	中级 248
	教学、科研仪器设备资产值(万元) 3906	初级 105
邮政编码 635001		未定职级 52
办公电话 0818-2309268	在校生数(人) 9893	

专科专业 初等教育(小学教育方向)、初等教育(小学教育方向)、畜牧兽医、工程造价、护理、环境艺术设计、会计电算化、

机电一体化技术、机械制造与自动化、计算机信息管理、建筑工程管理、建筑工程技术、酒店管理、临床医学、旅游管理、煤矿开采技术、美术教育、模具设计与制造、农业技术与管理、汽车运用与维修、汽车制造与装配技术、软件技术、商务英语、数控技术、卫生信息管理、物流管理、学前教育、药学、医学检验技术、医学影像技术、艺术设计、英语教育、应用化工技术、语文教育、中医学

院系设置
医学系、护理系、经济管理系、机械电子与信息工程、师范系、成人教育部、艺术系、医中专部

定期公开出版的专业刊物 《学报》、《学院报》
学校设立奖学金情况
学校设立奖学金2项,奖励总净额93余万元。奖学金最高金额8000元/年,最低金额5000元/年。
学校历史沿革
达州职业技术学院于二OO一年四月由达县教育学院、达州农业学校、达州卫生学校、达州农业机械化学校四校合并建立,前任院长朱占峰同志任期已满,现暂由学院党委书记潘道兰同志兼任院长。

四川托普信息技术职业学院

学校(机构)标识码 4151012963	办公电话 028-84628161	在校生数(人) 8837
学校办学类型 415:专科院校:高等职业学校	传真电话 028-84628462	其中:普通专科 8657
	校园(局域)网域名 www.scetop.com	成人专科 180
学校性质类别 02 理工院校	电子信箱 scoffice@scetop.com	专任教师(人) 406
学校举办者 999 民办	图书(万册) 40.8	其中:正高级 13
学校地址 四川托普信息技术职业学院	固定资产总值(万元) 24411.96	副高级 92
	教学、科研仪器设备资产值(万元)	中级 151
邮政编码 611743	3343.88	初级 150

专科专业 电子商务、电子信息工程技术、动漫设计与制作、多媒体设计与制作、广告设计与制作、环境艺术设计、会计电算化、计算机多媒体技术、计算机通信、计算机网络技术、计算机信息管理、计算机应用技术、金融与证券、经济信息管理、软件技术、商务英语、市场营销、数控技术、物流管理、影视动画、装潢艺术设计

院系设置
学院现设立有:计算机系、电子与通信系、英语系、电子商务与经济系、数字艺术系、思政部、基础部

定期公开出版的专业刊物 《四川托普信息技术职业学院学报》、《四川托普学院院报》
学校设立奖学金情况
学校设立奖学金7项,奖励总金额99.5万元。奖学金最高金额2000元/年,最低金额400元/年。
1. 学院特等奖学金:100人/年,2000元/人。20万
2. 学院一等奖学金:150人/年,1500元/人。22.5万
3. 学院二等奖学金:200人/年,1000元/人。20万
4. 学院三等奖学金:400人/年,600元/人。24万
5. 学院新生特等奖学金:50人/年,1000元/人。5万
6. 学院新生一等奖学金:60人/年,800元/人。4.8万
7. 学院新生二等奖学金:80人/年,400元/人。3.2万

学校历史沿革
四川托普信息技术职业学院成立于2000年3月,2004年经四川省人民政府批准,成为具有独立颁发国家承认学历资格的全日制普通高等民办学校。

四川国际标榜职业学院

学校(机构)标识码 4151012964	校园(局域)网域名 www.pivotpoint.edu.cn	在校生数(人) 5629
学校办学类型 415:专科院校:高等职业学校	电子信箱 office@pivotpoint.edu.cn	其中:普通专科 5141
	占地面积(平方米) 76178	成人专科 488
学校性质类别 11 艺术院校	校舍建筑面积(平方米) 79038	专任教师(人) 276
学校举办者 999 民办	图书(万册) 28.74	其中:正高级 8
学校地址 四川国际标榜职业学院	固定资产总值(万元) 12494.72	副高级 48
邮政编码 610103	教学、科研仪器设备资产值(万元)	中级 95
办公电话 028-84836850	2292.81	初级 91
传真电话 028-84835163		未定职级 34

专科专业 财务管理、服装设计、工商企业管理、国际贸易实务、环境艺术设计、会展策划与管理、家具设计与制造、人物形象设计、商务英语、社会体育、市场开发与营销、视觉传达艺术设计、医疗美容技术、营销与策划、影视动画、游戏软件

院系设置

我院共设七系一部一院，分别是：人物形象设计系、健康美容系、服装设计系、环境艺术系、管理系、外语系、数字艺术系、公共基础教育部、继续教育学院

学校设立奖学金情况

学校设立奖学金3项，奖励总金额8.16余万元。奖学金最高金额3000元/年，最低金额100元/年。国家奖学金2人，奖励总金额1.6万元，国家励志奖学金94人，总金额47万元，国家助学金1381人，资助总金额307.2万元。

主要校办产业

利百处（四川）实业有限公司、四川国际标榜形象设计科教文化股份公司、四川雅致生活环境艺术设计有限公司、成都标榜古今发艺博物馆、成都标榜民间传统养生技艺博物馆、成都标榜女红工艺博物馆、成都标榜当代土陶艺术博物馆、成都标榜川西古典家具博物馆

学校历史沿革

1. 我院自1993年开办"职业技能培训中心"，进行美容美发短期培训；

2. 1994年更名为"四川创美学院"；

3. 1998年更名为"四川国际标榜发型美容专修学院"，1999年开始招收两年制大专学历文凭考试学生；

4. 2002年，经四川省人民政府批准，教育部备案，更名为"四川国际标榜职业学院"，纳入国家招生计划，开始招收三年制和五年制高职学生。

成都农业科技职业学院

学校(机构)标识码	4151012965
学校办学类型	415：专科院校：高等职业学校
学校性质类别	03 农业院校
学校举办者	822 地级其他部门
学校地址	四川省成都市温江区德通桥路392号
邮政编码	611130
办公电话	028-82732072
传真电话	028-82731147
校园(局域)网域名	www.cdnkxy.com
电子信箱	cdnydzb@126.com
占地面积(平方米)	309684
校舍建筑面积(平方米)	179503
图书(万册)	47.16
固定资产总值(万元)	23803.96
教学、科研仪器设备资产值(万元)	4196.5
在校生数(人)	10309
其中：普通专科	9320
成人专科	989
专任教师(人)	392
其中：正高级	6
副高级	79
中级	166
初级	125
未定职级	16

专科专业 畜牧兽医、电气自动化技术、动物防疫与检疫、工商企业管理、国际经济与贸易、环境艺术设计、会计与审计、机电一体化技术、机械制造与自动化、计算机应用技术、建筑工程技术、建筑装饰工程技术、旅游管理、农畜特产品加工、汽车技术服务与营销、汽车检测与维修技术、软件技术、市场开发与营销、市场营销、数控技术、水产养殖技术、饲料与动物营养、图形图像制作、物流管理、物业管理、应用电子技术、园林工程技术、园林技术、园艺技术、植物保护、作物生产技术

学校设立奖学金情况

学校设立奖学金4项，奖励总金额204余万元。奖学金最高金额8000元/年，最低金额200元/年。

毕业生一次就业率 92.3%

学校历史沿革

我院于1958年，四川省人民政府批准，成立温江专区农业学校。

学院1961年底63年初，原温江地委和行署决定温江农校迁址，新校址在温江区城西西禅寺。

1965年春学校陆续迁入新校址。1966年因"文化大革命"开始后，学校党政机构瘫痪，1969年学校撤销。

1974年2月，经温江地委决定恢复温江农校，11月四川省革命委员会（川革函[1974]91号）通知，正式批准恢复温江农业学校，校名为四川省温江农业学校（学校前身）。1975年初正式恢复温江农校建制，当年10月开始招生。

2002年4月经四川省人民政府（川府[2002]96号）文批准建立"成都农业科技职业学院"。我院为专科层次的普通高等学校，实施全日制高等职业教育，2004年7月经成都市人民政府批准正式被四川省成都畜牧兽医学校和成都机电工程学校并入我校。

宜宾职业技术学院

学校(机构)标识码	4151012966
学校办学类型	415：专科院校：高等职业学校
学校性质类别	01 综合大学
学校举办者	822 地级其他部门
学校地址	四川省宜宾市翠屏区西郊

新村	图书(万册) 66.13	专任教师(人) 572
邮政编码 644003	固定资产总值(万元) 18610.4	其中:正高级 6
办公电话 0831-8273394	教学、科研仪器设备资产值(万元)	副高级 115
传真电话 0831-8276470	5024.9	中级 161
电子信箱 ybxyouxd@163.com	在校生数(人) 9397	初级 242
占地面积(平方米) 543834	其中:普通专科 8516	未定职级 48
校舍建筑面积(平方米) 259482	成人专科 881	

专科专业 材料工程技术、财务管理、茶叶生产加工技术、畜牧兽医、电脑艺术设计、电气自动化技术、电子商务、电子信息工程技术、发电厂及电力系统、公共关系、机电一体化技术、机械制造与自动化、计算机网络技术、建筑设备工程技术、建筑设计技术、建筑装饰工程技术、旅游管理、模具设计与制造、酿酒技术、汽车运用技术、人力资源管理、商务英语、生物技术及应用、市场营销、数控技术、通信技术、投资与理财、物流管理、新能源汽车技术、应用化工技术、园林工程技术、作物生产技术

院系设置
现代制造系、自动控制系、信息工程系、建筑工程系、生物化工系、经管系、人文社科系
学校设立奖学金情况
最高金额8000元/年,最低金额150元/年。
学校历史沿革
宜宾职业技术学院是2002年4月22日由原来的宜宾农校、宜宾农机校、宜宾成人中专合并成立。

泸州职业技术学院

学校(机构)标识码 4151012967	校园(局域)网域名 www.lzy.edu.cn	在校生数(人) 7697
学校办学类型 415:专科院校:高等职业学校	电子信箱 865823879@qq.com	其中:普通专科 6917
	占地面积(平方米) 436776	成人专科 780
学校性质类别 01 综合大学	校舍建筑面积(平方米) 153265	专任教师(人) 382
学校举办者 822 地级其他部门	图书(万册) 42	其中:正高级 6
学校地址 泸州市瓦窑坝35号	固定资产总值(万元) 13323	副高级 80
邮政编码 646005	教学、科研仪器设备资产值(万元)	中级 138
办公电话 0830-3151997	3458	初级 158
传真电话 0830-3152280		

专科专业 电力系统自动化技术、电子商务、电子信息工程技术、动漫设计与制作、工程造价、会计电算化、机电设备维修与管理、机电一体化技术、机械制造与自动化、计算机应用技术、建筑工程技术、建筑装饰工程技术、旅游管理、模具设计与制造、汽车检测与维修技术、软件技术、市场营销、图形图像制作、微电子技术、文秘、信息安全技术、学前教育、艺术设计、英语教育、营销与策划、应用电子技术、应用英语、语文教育

院系设置
现有系部10个。分别是:人文系、建筑系、机械系、外语系、商学院、电子系、信息系、艺术系、基础部思政部
定期公开出版的专业刊物 1种
学校历史沿革
学院于2002年经四川省政府批准成立,由原泸州师范学校,泸州教育学院,四川水利机电学校合并组建而成。学院面向全国招生,学生大部份来自农村,2011年成功申报四川省示范高职院校

眉山职业技术学院

学校(机构)标识码 4151012968	号	校舍建筑面积(平方米) 86390
学校办学类型 415:专科院校:高等职业学校	邮政编码 620036	图书(万册) 29.97
	办公电话 028-38201430	固定资产总值(万元) 3706.89
学校性质类别 01 综合大学	传真电话 028-38201430	教学、科研仪器设备资产值(万元)
学校举办者 822 地级其他部门	校园(局域)网域名 www.msvtc.net	1967.05
学校地址 眉山市眉州大道东延段5	占地面积(平方米) 266365	在校生数(人) 5150

| 四川省 | | 中国高等学校大全——普通高等学校 |

其中:普通专科 5105	其中:副高级 66	初级 160
成人专科 45	中级 42	未定职级 16
专任教师(人) 284		

专科专业 财务管理、初等教育、畜牧兽医、多媒体设计与制作、广告设计与制作、汉语、机电一体化技术、计算机网络技术、计算机应用技术、建筑装饰工程技术、酒店管理、旅游管理、模具设计与制造、汽车技术服务与营销、生物技术及应用、食品工艺与检测、市场营销、数控技术、饲料与动物营养、文秘、物流管理、学前教育、英语教育、应用电子技术、园林技术

院系设置
师范教育系、农业技术系、机电工程系、商贸旅游系、中专部
定期公开出版的专业刊物 1 种

学校设立奖学金情况
学校设立奖学金一项,奖励总金额92800余万元。奖学金最高金额600元/年,最低200元/年。

学校历史沿革
眉山职业技术学院是2002年4月经四川省人民政府批准组建的一所全日制高等职业技术学院。学院前身是原眉山师范学校和眉山农校。原眉山师范学校始建于1927年,原眉山农校始建于1958年。

成都艺术职业学院

学校(机构)标识码 4151012969	传真电话 028-82481391	在校生数(人) 5154
学校办学类型 415:专科院校:高等职业学校	校园(局域)网域名 www.cdartpro.cn	其中:普通专科 5154
	电子信箱 cdartpro@163.com	专任教师(人) 289
学校性质类别 11 艺术院校	占地面积(平方米) 144072	其中:正高级 28
学校举办者 999 民办	校舍建筑面积(平方米) 72100	副高级 37
学校地址 四川省成都市新津县花源镇白云大道115号	图书(万册) 20.27	中级 96
	固定资产总值(万元) 16480	初级 100
邮政编码 611433	教学、科研仪器设备资产值(万元)	未定职级 28
办公电话 028-82480787	1457.88	

专科专业 包装技术与设计、包装技术与设计(印刷技术)、动漫设计与制作、服装设计、工程造价、广告设计与制作、环境艺术设计、环境艺术设计(景观设计)、计算机多媒体技术(网页设计)、建筑设计技术、酒店管理、连锁经营管理、旅游工艺品设计与制作、旅游英语、商务英语、社会体育、社会体育(高尔夫运动与管理)、室内设计技术、室内设计技术(家具设计与制作)、舞蹈表演、新闻采编与制作、新闻采编与制作(摄影摄像与图文、艺术设计(陈列展示设计与制作)、艺术设计(城市园林设计)、艺术设计(软装饰设计)、艺术设计(鞋类设计)、音乐表演、音乐表演(声乐)、音乐表演(音乐舞蹈)、音乐教育、音乐教育(音乐舞蹈)、印刷技术、影视表演、影视动画、影视动画(广告传媒动画制作)、影视动画(建筑动画制作)、游戏软件、游戏软件(游戏美术设计)

院系设置
学院下设3个二级学院:环境艺术设计学院、视觉传达学院和建筑工程学院(管理系);设立4个系:数字媒体系、英语系、音乐舞蹈表演系和体育系;设立1个公共教学部

学校设立奖学金情况
学校设立奖学金6项,奖励总金额54万余元。奖学金最高金额5000元/年,最低金额300元/年。

学校历史沿革
学院是2002年经四川省人民政府批准建立的、国家教育部备案,省教育厅直属的一所以艺术设计为特色的全日制普通高等职业院校。其前身为四川开元艺术学院,创办时与四川师范大学、四川美术学院分别联办了四川师范大学设计艺术学院、四川美术学院成都分院。其中,四川美术学院成都分院于2002年撤出,自2008年起四川师范大学设计艺术学院不再招生。

四川职业技术学院

学校(机构)标识码 4151012970	学校性质类别 01 综合大学	号
学校办学类型 415:专科院校:高等职业学校	学校举办者 811 省级教育部门	邮政编码 629000
	学校地址 四川省遂宁市学府北路1	办公电话 0825-2914000

传真电话　0825-2290087	固定资产总值(万元)　53701	专任教师(人)　550
校园(局域)网域名　sczyxy.cn	教学、科研仪器设备资产值(万元)	其中:正高级　13
电子信箱　xxzx@sczyxy.cn	7839	副高级　144
占地面积(平方米)　701650	在校生数(人)　11850	中级　147
校舍建筑面积(平方米)　286782	其中:普通专科　10602	初级　200
图书(万册)　64.72	成人专科　1248	未定职级　46

专科专业　初等教育、电脑艺术设计、电气自动化技术、电子商务、电子信息工程技术、工程造价、广告媒体开发、环境监测与治理技术、机电一体化技术、机械设计与制造、计算机网络技术、计算机应用技术、建筑工程技术、金融保险、经济信息管理、旅游管理、旅游英语、美术教育、模具设计与制造、农业机械应用技术、汽车技术服务与营销、汽车运用技术、汽车制造与装配技术、软件技术、软件技术(软件工程师)、软件技术(中澳双证)、三维动画设计、商务英语、社会体育(警安)、社会体育(警安)、生物化工工艺、数控技术、数学教育、投资与理财、文秘、物流管理、现代教育技术、消防工程技术、心理咨询、新闻采编与制作、音乐教育、英语教育、营销与策划、应用电子技术、语文教育、园林工程技术

院系设置
文化传播系、应用数学与经济系、外语系、电子电气系、计算机科学系、管理科学系、汽车工程系、机械工程系、艺体系、思政部、网电部

定期公开出版的专业刊物　《四川职业技术学院学报》

学校设立奖学金情况
学校设立奖学金1项,奖励总金额60余万元。奖学金最高金额300元学期 最低金额50元学期

主要校办产业
招待所、实习工厂、纯净水厂、餐饮服务

学校历史沿革
川北教育学院 1.1956-1958年 四川绵阳初中师资训练班 2.1958-1959年 绵阳大学 3.1959-1962年 绵阳专科学校 4.1962-1979年 绵阳专区中学教师进修学院 5.1979-1984年 绵阳地区教师进修学院 6.1984-1985年 绵阳教育学院 7.1985-1986年 四川省教育学院遂宁分院 8.1986-2002年 川北教育学院 四川机电工程学校 1.1917年 重庆巴县甲种农业学校 2.1934年 重庆巴县三里职业学校 3.1943年 重庆巴县县立高级农业职业学校 4.1946年 重庆市市立思克农业学校 5.1950年 重庆市第一高级农业学校 6.1953年 重庆市农业学校 7.1964年 四川省重庆农业机械化学校 8.1965年 四川省遂宁市农业机械化学校 9.1969年 四川省农业机械化学校 10.1995年 四川省机电工程学校 2002年两校合并组建四川职业技术学院

乐山职业技术学院

学校(机构)标识码　4151013048	校园(局域)网域名　www.lszyxy.com	其中:普通专科　7522
学校办学类型　415:专科院校:高等职业学校	电子信箱　lszybgs@sina.cn	成人专科　13
学校性质类别　01 综合大学	占地面积(平方米)　256694	留学生　8
学校举办者　822 地级其他部门	校舍建筑面积(平方米)　230902	专任教师(人)　446
学校地址　四川省乐山市市中区肖坝路108号	图书(万册)　51.8	其中:正高级　2
邮政编码　614000	固定资产总值(万元)　17845.87	副高级　86
办公电话　0833-2273213	教学、科研仪器设备资产值(万元)　5961.19	中级　239
传真电话　0833-2272364	在校生数(人)　7543	初级　90
		未定职级　29

专科专业　餐饮管理与服务、导游、电子商务、电子商务(物联网营销方向)、工商企业管理、光伏材料加工与应用技术、光伏发电技术及应用、广告设计与制作、广告设计与制作(动画设计方向)、广告设计与制作(动漫设计)、广告设计与制作(装饰设计)、硅材料技术、硅材料技术(多晶硅生产方向)、硅材料技术(光伏技术方向)、国际金融、护理、护理(涉外护理)、护理(助产护理)、护理(助产护理方向)、会计电算化、机械设计与制造、计算机网络技术(物联网应用技术)、连锁经营管理、旅游管理、旅游英语、汽车检测与维修技术、数控技术、物流管理、药学、药学(药品营销与管理方向)、移动通信技术、应用电子技术、应用电子技术(3G技术及基站工程)、应用电子技术(电气仪表方向)、运动休闲服务与管理

院系设置
新能源工程系、机电工程系、财经管理系、旅游系、艺术设计系、电子信息工程系、护理系、药学系、体育系和基础公共课程部

四川省

学校设立奖学金情况

学校设立奖学金 7 项,奖励总金额 87 余万元,奖学金最高金额 8000 元/年,最低奖学金 50 元/年。

学校历史沿革

乐山职业技术学院成立于 2002 年(由原乐山卫校、乐山工业学校、乐山财贸学校合并组建)。原乐山卫校创建于 1951 年(属国家重点中专)、原乐山工业学校创建于 1984 年(属国家重点中专)、原乐山财贸学校创建于 1978 年(属国家重点中专)。

雅安职业技术学院

学校(机构)标识码	4151013049
学校办学类型	415:专科院校:高等职业学校
学校性质类别	01 综合大学
学校举办者	822 地级其他部门
学校地址	四川省雅安市雨城区育才路 130 号
邮政编码	625000
办公电话	0835－2230770
传真电话	0835－2230770
校园(局域)网域名	www.yazjy.com
电子信箱	yazyjsxy@163.com
占地面积(平方米)	266800
校舍建筑面积(平方米)	175293
图书(万册)	56.43
固定资产总值(万元)	16849
教学、科研仪器设备资产值(万元)	4258
在校生数(人)	8118
其中:普通专科	7223
成人专科	895
专任教师(人)	435
其中:正高级	1
副高级	85
中级	136
初级	182
未定职级	31

专科专业 财务管理、护理、会计电算化、机电一体化技术、计算机应用技术、康复治疗技术、临床医学、旅游管理、模具设计与制造、汽车服务与管理、汽车检测与维修技术、食品营养与检测、数学教育、卫生检验与检疫技术、卫生信息管理、新闻采编与制作、学前教育、眼视光技术、药学、医学检验技术、医学影像技术、医学影像设备管理与维护、英语教育、语文教育、针灸推拿、中药、中医骨伤、中医学、助产

院系设置

机电系、旅游经济管理系、教育系、护理系、药学检验系、医学系、基础医学部

定期公开出版的专业刊物 2 本

学校设立奖学金情况

学校设立奖学金 1 项,奖励总金额 20 余万元。奖学金最高金额 1500 元/年。

学校历史沿革

雅安职业技术学院是经四川省人民政府批准成立的普通高等学院,由原雅安教育学院和雅安卫校合并组建。原雅安教育学院始建于 1984 年,是一所成人高校。原雅安卫校始建于 1951 年,是国家级省级重点中专,附设二级乙等医院一所。

电子科技大学成都学院

学校(机构)标识码	4151013665
学校办学类型	413:本科院校:独立学院
学校性质类别	02 理工院校
学校举办者	999 民办
学校地址	电子科技大学成都学院
邮政编码	611731
办公电话	028－87825011
传真电话	028－87825012
校园(局域)网域名	www.cduestc.cn
电子信箱	uestc-cd@uestc.edu.cn
图书(万册)	77
固定资产总值(万元)	65357
教学、科研仪器设备资产值(万元)	10340
在校生数(人)	16698
其中:普通本科	12437
普通专科	4261
专任教师(人)	931
其中:正高级	71
副高级	214
中级	438
初级	187
未定职级	21

本科专业 财务管理、电磁场与无线技术、电气工程及其自动化、电子科学与技术、电子科学与技术(微电子)、电子商务、电子信息工程、电子信息工程(数字广播电视技术)、电子信息工程(数字音视频技术)、动画、国际经济与贸易、机械设计制造及其自动化、集成电路设计与集成系统、集成电路设计与集成系统(嵌入式)、计算机科学与技术、计算机科学与技术(软件测试)、计算机科学与技术(软件工程)、计算机科学与技术(软件外包)、计算机科学与技术(数字动画)、计算机科学与技术(数字媒体)、计算机科学与技术(网络安全)、计算机科学与技术(网络游戏)、通信工程、通信工程(3G 移动通信)、通信工程(微波通信工程)、通信工程(移动通信)、文化产业管理、信息管理与信息系统、信息显示与光电技术、信息与计算科学、英语

专科专业 电子商务、电子商务(会计)、航空服务、航空机电设备维修、会计、计算机应用技术、计算机应用技术(可视化程

序设计、计算机应用技术(数字媒体)、计算机应用技术(网络管理)、计算机应用技术(信息管理)、旅游管理、嵌入式系统工程、通信技术、通信技术(显示技术)、液晶显示与光电技术、影视动画

院系设置

电子新科技大学成都学院现有8个院系,分别是:计算机系、微电子技术系、电子信息工程系、经济与管理工程系、图形艺术系、文理系、航空分院和行知学院

学校设立奖学金情况

学校设立奖学金三项,奖励总金额170余万元。奖学金最高金额5000元/年,最低金额50元/年。

学校历史沿革

2001年7月16日,电子科技大学国腾软件学院成立。2001年9月13日,电子科技大学国腾软件学院正式开学。2002年5月电子科技大学国腾微电子学院成立。2003年7月14日,电子科技大学国腾软件学院与电子科技大学国腾微电子学院合并,成立"电子科技大学国腾学院"。2004年2月23日,电子科技大学国腾学院更名为电子科技大学成都学院,并被教育部确认为独立学院。

成都理工大学工程技术学院

学校(机构)标识码 4151013668	传真电话 0833-7820277	在校生数(人) 16909
学校办学类型 413:本科院校:独立学院	校园(局域)网域名 cdutetc.cn	其中:普通本科 11638
	电子信箱 xybgs@cdutetc.cn	普通专科 5271
学校性质类别 02 理工院校	占地面积(平方米) 720709	专任教师(人) 835
学校举办者 999 民办	校舍建筑面积(平方米) 234913	其中:正高级 88
学校地址 四川省乐山市市中区肖坝路222号(核工业西南物理研究院)	图书(万册) 102.26	副高级 228
	固定资产总值(万元) 47182.9	中级 390
	教学、科研仪器设备资产值(万元) 11859.01	初级 89
邮政编码 614000		未定职级 40
办公电话 0833-7820634		

本科专业 材料成型及控制工程、财务管理、测控技术与仪器、地理信息系统、电气工程及其自动化、电子科学与技术、电子商务、电子信息工程、电子信息科学与技术、给水排水工程、工程管理、工商管理、工业设计、国际经济与贸易、核工程与核技术、环境工程、会计学、机械工程及自动化、计算机科学与技术、旅游管理、热能与动力工程、软件工程、审计学、通信工程、土木工程、物流管理、信息工程、信息管理与信息系统、艺术设计、英语、应用物理学、自动化

专科专业 电子测量技术与仪器、电子商务、工商企业管理、广告设计与制作、国际经济与贸易、焊接技术及自动化、会计电算化、会计与审计、机械设计与制造、计算机通信、计算机应用技术、建筑经济管理、金融保险、经济信息管理、楼宇智能化工程技术、旅游管理、热能动力设备与应用、商务管理、商务日语、文秘、应用电子技术、应用英语

院系设置

成都理工大学工程技术学院下设"八系两部一中心"教学机构:核工程与新能源技术系、自动化工程系、电子信息与计算机工程系、土木工程系、经济系、管理系、外语系、艺术系、基础教学部、体育部、工程训练中心

学校设立奖学金情况

学校设立奖学金5项,奖励总金额191余万元。奖学金最高金额8000元/年,最低金额700元/年。

学校历史沿革

成都理工大学工程技术学院是由核工业西南物理研究院与成都理工大学在"产、学、研"全面合作的基础上强强联合、共同创办的。2000年经四川省教育厅批准为全日制普通高等学校(二级学院),2004年2月经国家教育部以教发函[2004]21号文确认为独立学院(公办、全国有),属事业法人单位。成都理工大学工程技术学院前身为成都理工学院乐山分院,2001年成都理工学院升格为成都理工大学,故我院于2003年4月更名为现用名。

成都理工大学广播影视学院

学校(机构)标识码 4151013669	学校举办者 999 民办	办公电话 028-87953003
学校办学类型 413:本科院校:独立学院	学校地址 成都市郫县团结镇学院街67号	传真电话 028-87953003
		校园(局域)网域名 www.cdysxy.com
学校性质类别 01 综合大学	邮政编码 611745	电子信箱 zhaoban@126.com

占地面积（平方米） 703186		12290	其中：正高级 95
校舍建筑面积（平方米） 295151	在校生数（人） 19157	副高级 242
图书（万册） 153.4	其中：普通本科 14265	中级 352
固定资产总值（万元） 50000	普通专科 4892	初级 332
教学、科研仪器设备资产值（万元）	专任教师（人） 1073	未定职级 52

本科专业 编辑出版学、表演、播音与主持艺术、传播学、导演、电子商务、动画、公共事业管理、广播电视编导、广播电视工程、广播电视新闻学、广播影视编导、广告学、国际经济与贸易、计算机科学与技术、录音艺术、摄影、市场营销、数字媒体艺术、网络工程、舞蹈编导、戏剧影视美术设计、戏剧影视文学、艺术设计、音乐表演

专科专业 编导、表演艺术、传媒策划与管理、电视制片管理、电子商务、服装表演、广告经营与管理、计算机网络技术、计算机应用技术、酒店管理、人物形象设计、摄影摄像技术、市场营销、舞蹈表演、新闻采编与制作、新闻与传播、艺术设计、音乐表演、影视动画、主持与播音

院系设置

学院共设有艺术设计动画系、播音与主持艺术系、新闻系、编导系等11个系

学校设立奖学金情况

学院为鼓励学分及帮助贫困学生，共设立奖学金8项，奖励总金额300余万元，奖学金最高金额8000元/年，最低金额400元/年。

学校历史沿革

成都理工大学广播影视学院是由成都理工大学申办，2003年经国家教育部批准的在四川地区唯一的一所艺术类独立学院。学院依托广播电视系统强大的行业背景，坚持"以人为本，一切为了学生，为了学生的一切"和"办一流教育，育广电英才"的办学理念，着力培养宽口径、厚基础、应用性、复合型、一专多能的人才。

成都信息工程学院银杏酒店管理学院

学校（机构）标识码 4151013670	传真电话 028-87979122	其中：普通本科 4714
学校办学类型 413：本科院校：独立学院	校园（局域）网域名 www.yihms.con	普通专科 2460
	电子信箱 yxxy@cuit.edu.cn	专任教师（人） 398
学校性质类别 08 财经院校	图书（万册） 37.16	其中：正高级 36
学校举办者 999 民办	固定资产总值（万元） 4371.89	副高级 105
学校地址 四川省成都市郫县红光镇广场路北二段60号	教学、科研仪器设备资产值（万元） 1779.49	中级 155
邮政编码 611743	在校生数（人） 7174	初级 68
办公电话 028-87979222		未定职级 34

本科专业 财务管理、会计学、酒店管理、旅游管理、人力资源管理、市场营销、物业管理、信息管理与信息系统、艺术设计、英语

专科专业 餐饮管理与服务、电子商务、会展策划与管理、经济信息管理、酒店管理、连锁经营管理、旅游管理、烹饪工艺与营养、社会体育、涉外旅游、网络系统管理、物流管理、艺术设计、营销与策划、应用英语

院系设置

1.酒店管理系 2.旅游管理系 3.外语系 4.工商管理系 5.电子商务与信息管理系 6.艺术设计系 7.休闲运动管理系 8.财务管理系

国家级、省部级研究机构设置

实验室：旅游与酒店管理专业实验教学示范中心

学校设立奖学金情况

学校设立奖学金4项，奖励总金额99.06余万元。奖学金最高金额3000元/年，最低金额500元/年。另设：银杏奖学金一等奖：减免全年学费；二等奖：减免2/3学费；三等奖：减免1/3学费。学习进步奖：300元/人/学年；三好学生奖：500元/人/学年；精神文明奖：50-200元/人/学年、优秀学生干部奖：100元/人/学年、优秀考勤员奖：100元/人/学年、优秀学生干事奖：50元/人/学年、宣传积极分子奖：50元/人/学年、优秀纪检员奖：50元/人/学年。

主要校办产业

学院文印室

学校历史沿革

2002年4月，经四川省教育厅批准建立："成都信息工程学院银杏国际饭店管理学院"（川教计函[2002]17号）；2004年经教育部确认本科层次独立学院，并更名为"成都信息工程学院银杏酒店管理学院"（教发函[2004]21号）；2006年8月，为支持成都市统一规划，因郫县新校区正在建设中，全校由人民南路三段3号搬迁至成都市成洛路一段一号；2008年6月，新校区一期工程竣工并投入使用，全校整体搬入新校区郫县红光广场路1116号。2009年学校地址变更为"四川省成都市郫县红光镇广场路北二段60号"。

四川师范大学文理学院

学校(机构)标识码 4151013671	传真电话 028-84680910	在校生数(人) 15576
学校办学类型 413:本科院校:独立学院	校园(局域)网域名 www.scnucas.com	其中:普通本科 11451
	电子信箱 webmaster scnucas.com	普通专科 4125
学校性质类别 06 师范院校	占地面积(平方米) 206808	专任教师(人) 895
学校举办者 999 民办	校舍建筑面积(平方米) 23675	其中:正高级 125
学校地址 四川成都龙泉驿区洪河大道351号	图书(万册) 160	副高级 227
	固定资产总值(万元) 97000	中级 469
邮政编码 610101	教学、科研仪器设备资产值(万元) 8500	初级 41
办公电话 028-82854600		未定职级 33

本科专业 表演、电子商务、法学、工商管理、广播电视编导、广播电视新闻学、国际经济与贸易、国际商务、汉语言文学、会计学、绘画、计算机科学与技术、经济学类、旅游管理、市场营销、体育舞蹈表演、艺术设计、音乐舞蹈表演、英语、应用心理学

专科专业 电子商务、法律实务、广告设计与制作、国际经济与贸易、汉语、会计电算化、计算机多媒体技术、金融保险、经济信息管理、酒店管理、商务经纪与代理、商务英语、通信技术、文秘、物业管理、信息安全技术、主持与播音

院系设置
学校设12个学院,2个系,一个教研室。

定期公开出版的专业刊物 《文理学院报》、《文理青年》、《文理先锋》

学校设立奖学金情况
学校设奖学金13项,奖励金额500万,金额最高5000元/年,最低200元/年。

学校历史沿革
四川师范大学文理学院是2004年2月教育部发函正式批准成立的独立本科层次的独立学院,经过几年的发展,学校二个校区共,占地832亩,学生15576人。组建了一批德才兼备的老师队伍。

四川师范大学成都学院

学校(机构)标识码 4151013672	校园(局域)网域名 www.cdxy.edu.cn	其中:普通本科 9295
学校办学类型 413:本科院校:独立学院	电子信箱 cscdxyrsc@126.com	普通专科 3846
	占地面积(平方米) 64887	专任教师(人) 654
学校性质类别 02 理工院校	图书(万册) 73.8	其中:正高级 42
学校举办者 999 民办	固定资产总值(万元) 61000	副高级 145
学校地址 四川省成都市郫县团结镇	教学、科研仪器设备资产值(万元) 6572	中级 205
邮政编码 611745	在校生数(人) 13141	初级 239
办公电话 028-87953099		未定职级 23
传真电话 028-87953096		

本科专业 财务管理、电子商务、电子信息工程、广告学、计算机科学与技术、日语、社会工作、市场营销、通信工程、舞蹈学、信息管理与信息系统、艺术设计、音乐学、英语、自动化

专科专业 电子商务、计算机多媒体技术、计算机通信、计算机应用技术、汽车电子技术、商务英语、市场营销、视觉传达艺术设计、文秘、应用电子技术、装潢艺术设计、装饰艺术设计

院系设置
学院共设8个系,分别是计算机科学与技术系、通信工程系、电子工程系、经济与管理系、艺术系、外语系、人文社科系及舞蹈系

学校设立奖学金情况
4项,奖励总金额52余万元,最高金额8000元,最低金额400元。

学校历史沿革
学院初创于2001年4月,2001年9月开始招生,原名四川师范大学电子信息工程学院,系四川师范大学同四川锦虹科技教育开发有限公司联办的非内设二级学院,在此基础上,于2004年2月被教育部确认为本科层次的新机制、新模式的独立学院,并更名为四川师范大学成都学院。

四川外语学院成都学院

学校(机构)标识码 4151013673	校园(局域)网域名 www.cisisu.edu.cn	在校生数(人) 12642
学校办学类型 413:本科院校:独立学院	电子信箱 www.cisisu_yb@163.com	其中:普通本科 10685
学校性质类别 07 语文院校	占地面积(平方米) 278863	普通专科 1957
学校举办者 999 民办	校舍建筑面积(平方米) 92783	专任教师(人) 704
学校地址 成都市高新西区银河东路	图书(万册) 62.95	其中:正高级 5
邮政编码 611731	固定资产总值(万元) 48528.77	副高级 157
办公电话 028-87820669	教学、科研仪器设备资产值(万元) 4969.65	中级 341
传真电话 028-87820669		初级 108
		未定职级 93

本科专业 阿拉伯语、朝鲜语、德语、俄语、法语、日语、泰语、西班牙语、意大利语、英语、越南语

专科专业 应用德语、应用法语、应用韩语、应用日语、应用西班牙语、应用英语

院系设置

共10个系,分别是英语经贸系、英语翻译系、英语旅游系、英语师范系、英语外事管理系、日语系、法语意大利语系、德语系、东方语系、俄语西班牙语系

学校设立奖学金情况

学校设立奖学金6项,奖励总金额241余万元。奖金最高金额12000元/年,最低金额400元/年。

学校历史沿革

四川外语学院前身系创建于2000年的四川外语学院成都分院,2004年经教育部确认为独立学院。

成都医学院

学校(机构)标识码 4151013705	校园(局域)网域名 www.cmc.edu.cn	其中:普通本科 5906
学校办学类型 412:本科院校:学院	电子信箱 yzxx@cmc.edu.cn	普通专科 910
学校性质类别 05 医药院校	占地面积(平方米) 725597	专任教师(人) 421
学校举办者 811 省级教育部门	校舍建筑面积(平方米) 307277	其中:正高级 48
学校地址 四川省成都市金牛区蓉都大道天回路601号	图书(万册) 45.8	副高级 97
邮政编码 610083	固定资产总值(万元) 18355.79	中级 212
办公电话 028-68289000	教学、科研仪器设备资产值(万元) 5830.89	初级 56
传真电话 028-68289014	在校生数(人) 6816	未定职级 8

本科专业 公共事业管理、护理学、康复治疗学、临床医学、麻醉学、生物技术、信息管理与信息系统、药物制剂、药学、医学检验、医学影像学、应用心理学、预防医学

专科专业 护理、药学、医学检验技术

院系设置

成都医学院共设基础医学院、人文信息管理学院、药学院、检验医学院、护理学院、临床医学院、医学影像系、生物医学系、公卫生系、心理学系、思想政治理论教学部共十一个院(系、部)

国家级、省部级研究机构设置

学校有研究所(中心)共计5个,其中省级研究中心2个:四川省应用心理研究中心、四川高校发育与再生重点实验室;国家中医药管理局二级实验室3个:体温调节实验室、中药药剂学实验室、微生物与免疫实验室

定期公开出版的专业刊物 《成都医学院学报》

学校设立奖学金情况

学校设立奖学金3项,奖励总金额145余万元。奖学金最高金额8000元/年,最低金额500元/年。

1. 国家奖学金:8000元/年;
2. 国家励志奖学金:5000元/年;
3. 优秀学生奖学金:特等:3000元/人;一等:2000元/人;二等:800元/人;三等:500元/人。

学校历史沿革

学校前身是1947年创办的豫皖苏军区卫生学校,后随刘邓大军转战西南。1999年学校由成都军区划归总后勤部领导,更名为第三军医大学成都军医学院。2004年8月,学校整体移交四川省办学,更名为成都医学院,主要培养本科层次人才,国务院核定办学规模10000人。

四川商务职业学院

学校(机构)标识码 4151013812	传真电话 028-61935121	在校生数(人) 7017
学校办学类型 415:专科院校:高等职业学校	校园(局域)网域名 www.scsw.net.cn	其中:普通专科 7017
	电子信箱 scsy_yq@163.com	专任教师(人) 273
学校性质类别 08 财经院校	占地面积(平方米) 25229	其中:正高级 4
学校举办者 812 省级其他部门	校舍建筑面积(平方米) 146574	副高级 70
学校地址 成都市青羊区文家场正街227号	图书(万册) 33.5	中级 138
	固定资产总值(万元) 7070.5	初级 54
邮政编码 610091	教学、科研仪器设备资产值(万元) 2524.19	未定职级 7
办公电话 028-61935666		

专科专业 电子商务、国际货贷、国际货贷方向、国际贸易实务、国际商务、环境艺术设计、会计、计算机信息管理、酒店管理、连锁经营管理、旅游管理、烹饪工艺与营养、软件技术、软件外包服务、商务策划、商务英语、涉外商务秘书、市场营销、视觉传达艺术设计、外贸会计、网络系统管理、物流管理、影视动画、应用电子技术、展示设计、中英合作项目

院系设置
学院共设有国际商务系、商务管理系、现代商务应用技术系、酒旅系、艺术系、基础部、国际部等 7 个系部

定期公开出版的专业刊物 学院以推崇学术民主、突出商科高职特色为宗旨创办了《四川商务教育》,每年出版两期(半年刊)。

学校设立奖学金情况
学校设立奖学金 9 项,奖励总金额 684.6 余万元。奖学金最高金额 8000 元/年,最低金额 4000 元/年。

学校历史沿革
四川商务职业学院于 2004 年 4 月 29 日经四川省人民政府批准(川府函【2004】94 号),由四川省商业学校和四川省对外经济贸易学校合并组建而成,隶属四川省商务厅,是我省集内外贸于一体的商科类高等职业学院。我院是一所拥有悠久职业教育历史的学院。

四川司法警官职业学院

学校(机构)标识码 4151013813	传真电话 0838-2509041	1317.56
学校办学类型 415:专科院校:高等职业学校	校园(局域)网域名 www.sjpopc.net	在校生数(人) 3448
	电子信箱 scjyzhaoban@163.com	其中:普通专科 3448
学校性质类别 09 政法院校	占地面积(平方米) 195334	专任教师(人) 137
学校举办者 812 省级其他部门	校舍建筑面积(平方米) 97454	其中:副高级 29
学校地址 四川省德阳市凯江路二段32号	图书(万册) 25.64	中级 59
	固定资产总值(万元) 11803.6	初级 45
邮政编码 618000	教学、科研仪器设备资产值(万元)	未定职级 4
办公电话 0838-2502461		

专科专业 安全防范技术、法律事务、行政执行、监狱管理、司法警务、司法信息安全、司法信息技术、心理咨询、刑事侦查技术、刑事执行

院系设置
法学系、刑事司法系、侦查系、司法信息管理系

学校设立奖学金情况
学校设立奖学金 1 项,奖励总金额 82600 元。奖学金最高金额 1500 元/年,最低金额 600 元/年。

学校历史沿革
四川司法警官职业学院始建于 1982 年,学校成立时的校名为"四川省劳改工作学校"地址在四川省德阳(县)黄许镇,主要进行干部培训。1986 年更名为"四川省司法厅劳改警察学校",行政管理体制由四川省公安厅劳改局主管改为由四川司法厅、省监狱局主管。1989 年,学校迁入德阳市河东开发区凯江路110 号(现为凯江路二段 32 号)。1991 年更名为"四川省劳改工作警察学校"。1996 年更名为"四川省警官学校"。2004 年经省政府批准成立"四川司法警官职业学院",升格为高职高专院校。

广安职业技术学院

学校(机构)标识码 4151013814	传真电话 0826-2256369	在校生数(人) 5641
学校办学类型 415:专科院校:高等职业学校	校园(局域)网域名 www.gavtc.cn	其中:普通专科 5630
	占地面积(平方米) 312016	成人专科 11
学校性质类别 01 综合大学	校舍建筑面积(平方米) 136961	专任教师(人) 290
学校举办者 822 地级其他部门	图书(万册) 28.6	其中:副高级 59
学校地址 广安市广安区江宁大道1段1号	固定资产总值(万元) 13088	中级 115
	教学、科研仪器设备资产值(万元) 2060.97	初级 107
邮政编码 638000		未定职级 9
办公电话 0826-2256288		

专科专业 城镇规划、初等教育、工程造价、广告设计与制作、会计电算化、机电一体化技术、计算机网络技术、计算机应用技术、建筑工程技术、建筑装饰工程技术、矿山机电、旅游管理、美术教育、汽车运用技术、软件技术、商务英语、视觉传达艺术设计、数学教育、物业管理、学前教育、音乐教育、英语教育、语文教育、园林技术、装潢艺术设计

院系设置

新的广安职业技术学院下设教学机构七个:建筑与城市规划系、计算机信息与工程系、经济管理系、教育一系、教育二系、艺术设计系、思政教研室

学校设立奖学金情况

学校设立奖学金9项,奖励总金额15余万元。

学校历史沿革

广安职业技术学院是经四川省人民政府批准,国家教育部备案,广安市人民政府主办的全日制普通高等学校,是四川省第一所省市共建高职院校。学院前身是四川省岳池师范学校,有着百余年的办学历史。

四川信息职业技术学院

学校(机构)标识码 4151013815	传真电话 0839-3350565	在校生数(人) 4139
学校办学类型 415:专科院校:高等职业学校	校园(局域)网域名 www.scitc.com.cn	其中:普通专科 4025
	电子信箱 mzx_108@163.com	成人专科 114
学校性质类别 02 理工院校	占地面积(平方米) 294033	专任教师(人) 245
学校举办者 812 省级其他部门	校舍建筑面积(平方米) 162846	其中:正高级 2
学校地址 四川省广元市利州区泰山路	图书(万册) 24.86	副高级 60
	固定资产总值(万元) 8995	中级 93
邮政编码 628000	教学、科研仪器设备资产值(万元) 3624	初级 77
办公电话 0839-3350106		未定职级 13

专科专业 电气自动化技术、电子信息工程技术、动漫设计与制作、焊接技术及自动化、机械设计与制造、计算机多媒体技术、计算机网络技术、建筑电气工程技术、楼宇智能化工程技术、旅游管理、模具设计与制造、农村行政管理、汽车电子技术、软件技术、市场开发与营销、数控技术、数控设备应用与维护、通信技术、微电子技术、物流管理、应用电子技术

院系设置

机电工程系、电子工程系、电气工程系、计算机工程系、经济与管理系、基础教育部

学校设立奖学金情况

学校设立奖学金11项,奖励总金额499余万元。奖学金最高金额8000元/年,最低金额200元/年。

主要校办产业

四川鹏锦科技有限责任公司

学校历史沿革

四川信息职业技术学院的前身为四川省电子工业学校,创建于1976年,2004年升格为四川信息职业技术学院。

四川警安职业学院

学校(机构)标识码 4151013816	校园(局域)网域名 www.scjavc.cn	其中:普通专科 6389
学校办学类型 415:专科院校:高等职业学校	电子信箱 sccjy-111@163.com	成人专科 108
	占地面积(平方米) 594060	专任教师(人) 334
学校性质类别 01 综合大学	校舍建筑面积(平方米) 115128	其中:正高级 9
学校举办者 999 民办	图书(万册) 41.39	副高级 49
学校地址 四川省罗江县大学路59号	固定资产总值(万元) 20087.87	中级 28
邮政编码 618500	教学、科研仪器设备资产值(万元) 2664.85	初级 70
办公电话 0838-3202115		未定职级 178
传真电话 0838-3202115	在校生数(人) 6497	

专科专业 安全技术管理、电子商务、法律文秘、房地产经营与估价、航空服务、会计电算化、计算机网络技术、计算机信息管理、计算机应用技术、交通安全与智能控制、酒店管理、空中乘务、旅游管理、旅游英语、欧美软件外包、汽车技术服务与营销、汽车检测与维修技术、汽车运用技术、汽车整形技术、汽车制造与装配技术、商务英语、社会体育、物流管理、物业管理

院系设置
1.经济管理系 2.汽车工程系 3.电子与信息工程系 4.旅游与管理系 5.安全与警体系 6.政治理论教学部 7.基础教学部

学校设立奖学金情况
学校设立奖学金6项,奖励总金额70余万元。奖学金最高金额5000.00元/年,最低金额400.00元/年。

学校历史沿革
1.1995年6月28日绵竹市教育局批准成立绵竹剑南武术馆 2.1997年4月4日绵竹市教育局批准成立绵竹剑南武术学校 3.2001年2月27日四川省教育厅批准成立四川剑南学校 4.2004年4月29日四川省政府批准成立四川警安职业学院。

四川大学锦城学院

学校(机构)标识码 4151013903	传真电话 028-87580069	8619.27
学校办学类型 413:本科院校:独立学院	校园(局域)网域名 www.scujcc.com.cn	在校生数(人) 16539
		其中:普通本科 16539
学校性质类别 01 综合大学	电子信箱 jcxueyuan@gmail.com	专任教师(人) 879
学校举办者 999 民办	占地面积(平方米) 828841	其中:正高级 170
学校地址 四川省成都市高新西区西源大道1号	校舍建筑面积(平方米) 394848	副高级 257
	图书(万册) 115.7	中级 310
邮政编码 611731	固定资产总值(万元) 78768.13	初级 98
办公电话 028-87580068	教学、科研仪器设备资产值(万元)	未定职级 44

本科专业 保险、表演、播音与主持艺术、材料成型及控制工程、财务管理、城市规划、电子商务、电子信息工程、电子信息科学与技术、对外汉语、法语、工程管理、工程造价、工业工程、广播电视编导、广告学、国际经济与贸易、汉语言文学、行政管理、会计学、机械电子工程、机械设计制造及其自动化、计算机科学与技术、建筑学、金融学、旅游管理、人力资源管理、日语、软件工程、审计学、市场营销、通信工程、土木工程、网络工程、微电子学、物流管理、新闻学、信息管理与信息系统、艺术设计、英语

院系设置
学院设有10个系,分别是文学与传媒系、电子信息工程系、计算机科学与软件工程系、机械工程系、工商管理系、财务会计系、金融系、外国语系、艺术系、土木与建筑工程系。

定期公开出版的专业刊物 2种

学校设立奖学金情况
学校设立奖学金9项,奖励总金额210余万元。奖学金最高金额8000元/年,最低金额500元/年。

毕业生一次就业率 99.8%

学校历史沿革
锦城学院是经教育部批准成立的独立学院。由教育部直属重点大学四川大学申办,中外16家企业投资的全日制普通本科高校,学院于2004年开始筹建,2005年开始招生,发展至今已有教职员工千余人,学生上万人的规模。

四川文化传媒职业学院

学校(机构)标识码 4151014004	办公电话 028-82386270	在校生数(人) 2572
学校办学类型 415:专科院校:高等职业学校	传真电话 028-82386278	其中:普通专科 2572
	校园(局域)网域名 www.svccc.net	专任教师(人) 121
学校性质类别 01 综合大学	电子信箱 Whcmxy5188@163.com	其中:正高级 5
学校举办者 999 民办	图书(万册) 13.72	副高级 18
学校地址 成都崇州市崇阳镇三和东街28号	固定资产总值(万元) 1400	中级 45
	教学、科研仪器设备资产值(万元) 880	初级 53
邮政编码 611230		

专科专业 表演艺术、茶文化、产品造型设计、电子测量技术与仪器、电子工艺与管理、电子商务、动漫设计与制作、广告设计与制作、计算机系统维护、计算机应用技术、酒店管理、旅游管理、人物形象设计、涉外旅游、文化市场经营与管理、文化事业管理、新闻采编与制作、音乐表演、影视动画、影视多媒体技术

院系设置

管理系、电子信息系、传媒系、艺术系

学校设立奖学金情况

学校设立奖学金 3 项,奖励总金额 19.6 余万元。奖学金最高金额 8000 元/年,最低金额 500 元/年。

毕业生一次就业率 90%

学校历史沿革

四川文化传媒职业学院于 2003 年经四川省人民政府批准成立,国家教育部备案的全日制普通高等职业院校。于 2005 年创立并于当年开始招生。

四川华新现代职业学院

学校(机构)标识码 4151014005	传真电话 028-84811711	2269.73
学校办学类型 415:专科院校:高等职业学校	校园(局域)网域名 www.schxmvc.com.cn	在校生数(人) 4899
		其中:普通专科 4899
学校性质类别 01 综合大学	电子信箱 schxmvc@163.com	专任教师(人) 243
学校举办者 999 民办	占地面积(平方米) 133492	其中:正高级 8
学校地址 四川省成都市龙泉驿区西河镇	校舍建筑面积(平方米) 68944	副高级 46
	图书(万册) 39.68	中级 76
邮政编码 610107	固定资产总值(万元) 18105.96	初级 83
办公电话 028-84811711	教学、科研仪器设备资产值(万元)	未定职级 30

专科专业 电子商务、动漫设计与制作、房地产经营与估价、服装设计、广告设计与制作、环境艺术设计、会计、计算机多媒体技术、计算机应用技术、建筑工程管理、酒店管理、旅游工艺品设计与制作、旅游管理、汽车检测与维修技术、商务英语、市场营销、物流管理、物业管理、现代教育技术、应用电子技术、装饰艺术设计

院系设置

目前有六个系:经济管理系、旅游系、艺术系、应用技术系、计算机信息工程系和工程管理系。

学校设立奖学金情况

学院设立奖学金 6 项,奖励总金额 272.89 万元。奖学金最高金额 8000 元/年,最低金额 200 元/年。

学校历史沿革

四川华新现代职业学院是经四川省人民政府批准、四川省教育厅主管、国家教育部备案、由国有资产公司举办的全日制民办普通高等专科职业学院。学院于 2005 年成立,并于 2008 年 7 月由成都市双流县牧马山搬迁至成都市龙泉驿区西河镇。

四川管理职业学院

学校(机构)标识码　4151014006
学校办学类型　415:专科院校:高等职业学校
学校性质类别　08 财经院校
学校举办者　812 省级其他部门
学校地址　成都市光华村街56号
邮政编码　610072
办公电话　028 - 87386856

传真电话　028 - 87386215
校园(局域)网域名　www.scmpi.cn
占地面积(平方米)　182124
校舍建筑面积(平方米)　213874
图书(万册)　58
固定资产总值(万元)　23238.29
教学、科研仪器设备资产值(万元)　3583

在校生数(人)　4538
其中:普通专科　4361
　　　成人专科　177
专任教师(人)　231
其中:正高级　39
　　　副高级　98
　　　中级　87
　　　初级　7

专科专业　财务信息管理、电子商务、房地产经营与估价、国际贸易实务、会计电算化、计算机网络技术、计算机信息管理、计算机应用技术、金融保险、金融与证券、经济信息管理、连锁经营管理、旅游管理、旅游英语、社区管理与服务、审计实务、投资与理财、图形图像制作、物流管理、物业管理、营销与策划、资产评估与管理

院系设置
城镇经营系、工商旅游系、会计金融系、计算机科学与工程系、基础部

定期公开出版的专业刊物　《理论与改革》、《中共四川省委党校学报》、《四川行政学院学报》、《四川党校报》

学校设立奖学金情况
学校设立奖学金一项,奖励总金额30余万元。奖学金最高金额3000元/年,最低金额1000元/年。

学校历史沿革
1983年,经教育部批准,成立四川财贸职业管理干部学院。1984年3月增挂四川行政管理干部学院的牌子。1986年1月,调整为四川行政财贸管理干部学院。1997年5,省政府决定在四川行政财贸管理干部学院的基础上组建四川行政学院,为省政府直属事业单位,同时保留四川行政财贸干部学院的牌子。2001年6月,中共四川省委党校、四川行政学院合并,为省委、省政府的特殊事业单位,同时保留四川行政财贸管理干部学院的牌子。2005年,经省政府批准,四川行政财贸管理干部学院改制更名为四川管理职业学院,承担普通高等职业技术教育。

四川艺术职业学院

学校(机构)标识码　4151014007
学校办学类型　415:专科院校:高等职业学校
学校性质类别　11 艺术院校
学校举办者　812 省级其他部门
学校地址　四川成都温江合盛镇柳金路
邮政编码　611131
办公电话　028 - 61718155

传真电话　028 - 61718222
校园(局域)网域名　www.scapc.cn
电子信箱　www.scapc.cn
占地面积(平方米)　193140
校舍建筑面积(平方米)　103974
图书(万册)　15.7
固定资产总值(万元)　6751.56
教学、科研仪器设备资产值(万元)　1154

在校生数(人)　2833
其中:普通专科　2833
专任教师(人)　341
其中:正高级　12
　　　副高级　56
　　　中级　72
　　　初级　126
　　　未定职级　75

专科专业　编导、动漫设计与制作、图书档案管理、文化市场经营与管理、文化事业管理、文物鉴定与修复、舞蹈表演、戏曲表演、艺术设计、音乐表演、音乐教育

院系设置
系部:设计系、音乐系、舞蹈系、动漫系、戏剧系、文管系

学校历史沿革
2005年学院由四川省舞蹈学校和四川省川剧学校合并成立。

四川中医药高等专科学校

学校(机构)标识码 4151014010	传真电话 0816-2380654	在校生数(人) 5187
学校办学类型 414:专科院校:高等专科学校	校园(局域)网域名 www.scctcm.cn	其中:普通专科 4983
	电子信箱 scctcm@sina.com	成人专科 204
学校性质类别 05 医药院校	占地面积(平方米) 613117	专任教师(人) 416
学校举办者 822 地级其他部门	校舍建筑面积(平方米) 160860	其中:正高级 6
学校地址 绵阳市长虹大道南段 178 号	图书(万册) 36.8	副高级 110
	固定资产总值(万元) 16748.06	中级 140
邮政编码 621000	教学、科研仪器设备资产值(万元) 2810.31	初级 101
办公电话 0816-2380123		未定职级 59

专科专业 公共卫生管理、护理、康复治疗技术、口腔医学技术、临床医学、医疗美容技术、医学检验技术、针灸推拿、中草药栽培技术、中药、中药制药技术、中医骨伤、中医学、助产

毕业生一次就业率 95.4%

学校历史沿革

学校由原四川省绵阳医科学校于 2006 年 2 月经教育部批准升格而成。原四川省绵阳医科学校由原绵阳卫生学校(创建于 1958 年 9 月)和原绵阳中医校(创建于 1960 年 9 月)于 2000 年 10 月合并而成。

西南财经大学天府学院

学校(机构)标识码 4151014037	校园(局域)网域名 www.tf-swufe.net	在校生数(人) 15877
学校办学类型 413:本科院校:独立学院		其中:普通本科 11607
	电子信箱 tf@tf-swufe.net	普通专科 4270
学校性质类别 01 综合大学	占地面积(平方米) 505093	专任教师(人) 982
学校举办者 999 民办	校舍建筑面积(平方米) 160195	其中:正高级 20
学校地址 四川省绵阳市科教创业园区九洲大道中段	图书(万册) 126.21	副高级 72
	固定资产总值(万元) 59353.5	中级 571
邮政编码 621000	教学、科研仪器设备资产值(万元) 8550.43	初级 209
办公电话 0816-6354888		未定职级 110
传真电话 0816-6354210		

本科专业 财务管理、工程管理、工程造价、工业设计、国际经济与贸易、会计学、计算机科学与技术、金融学、旅游管理、农业经济管理类、审计学、市场营销、物流管理、信息管理与信息系统、艺术设计、英语

专科专业 保险实务、财务管理、多媒体设计与制作、会计电算化、计算机信息管理、连锁经营管理、涉外旅游、市场开发与营销、税务、网络系统管理、营销与策划、游戏软件、证券与期货

学校设立奖学金情况

学院设立 5 项奖学金,奖励总金额 600 余万元。奖学金最高金额为 8000 元/年,最低金额为 500 元/年。

学校历史沿革

西南财经大学天府学院是经教育部(教发函[2006]81 号)批准将西南财经大学三大校区(光华校区、柳林校区、涪江校区)之一的涪江校区整体置换而设立的独立学院。学院完全继承了原西南财经大学电子商务学院的全部校园建筑、师资队伍、管理队伍、教学仪器设备、图书资料、学生生活设施以及整体办学理念。

四川大学锦江学院

学校(机构)标识码 4151014039	传真电话 028-37600000	在校生数(人) 13218
学校办学类型 413:本科院校:独立学院	校园(局域)网域名 www.scujjedu.cn	其中:普通本科 13218
学校性质类别 01 综合大学	电子信箱 jjxyyz@163.com	专任教师(人) 766
学校举办者 999 民办	占地面积(平方米) 178090	其中:正高级 132
学校地址 四川省眉山市彭山县锦江大道1号	校舍建筑面积(平方米) 106894	副高级 229
邮政编码 620860	图书(万册) 113.65	中级 234
办公电话 028-37608888	固定资产总值(万元) 39200	初级 113
	教学、科研仪器设备资产值(万元) 7406	未定职级 58

本科专业 财务管理、德语、电子科学与技术、电子信息工程、电子信息科学与技术、对外汉语、工业设计、广播电视编导、国际经济与贸易、汉语言文学、会计学、机械设计制造及其自动化、计算机科学与技术、经济学、旅游管理、酿酒工程、人力资源管理、日语、软件工程、市场营销、通信工程、土木工程、舞蹈学、新闻学、信息与计算科学、艺术设计、英语、自动化

院系设置

学校现设经济系、文学与传媒系、外语系、管理系、计算机科学与工程系、电子信息工程系、建筑与土木工程系、统计系、机械工程系、会计系、酿酒工程系、应用化学系、艺术学院、影视动漫学院等14个系、院。

学校设立奖学金情况

学校设立奖学金7项,奖励总金额80余万元。奖学金最高金额10000元/年,最低金额100元/年。

学校历史沿革

2003年12月31日由教育部发展规划司批准筹办,2006年4月12日经教育部教发函[2006]78号文批准试办四川大学锦江学院。

四川音乐学院绵阳艺术学院

学校(机构)标识码 4151014043	传真电话 0816-6357889	其中:普通本科 6258
学校办学类型 413:本科院校:独立学院	电子信箱 cymyadc@163.com	普通专科 1254
学校性质类别 11 艺术院校	占地面积(平方米) 313604	专任教师(人) 607
学校举办者 999 民办	校舍建筑面积(平方米) 17322	其中:正高级 62
学校地址 四川音乐学院绵阳艺术学院	图书(万册) 63.66	副高级 94
邮政编码 621000	固定资产总值(万元) 106879	中级 286
办公电话 0816-6357787	教学、科研仪器设备资产值(万元) 4052	初级 92
	在校生数(人) 7512	未定职级 73

本科专业 表演、播音与主持艺术、雕塑、动画、公共事业管理、广播电视编导、绘画、舞蹈学、戏剧影视美术设计、戏剧影视文学、艺术设计、艺术设计学、音乐表演、音乐学、英语

专科专业 艺术设计、音乐表演、影视表演、影视动画、主持与播音

院系设置

学院设有音乐舞蹈系、造型与设计艺术系、广播影视系、公共管理系4个系。

国家级、省部级研究机构设置

设有中国非物质文化遗产研究院。

定期公开出版的专业刊物 《川音绵艺学院院报》、《学报》、《学生作品选》、《教师作品选》

学校设立奖学金情况

学院设立奖学金5项,奖励总金额425万元。奖学金最高金额8000元/年,最低金额100元/年。

学校历史沿革

川音绵阳艺术学院创建于2001年。2006年4月12日,中华人民共和国教育部教发函[2006]91号批准为大学本科层次的独立学院。从2007年面向全国独立招生,目前在校生7512人。

西南科技大学城市学院

学校(机构)标识码　4151014045
学校办学类型　413:本科院校:独立学院
学校性质类别　02 理工院校
学校举办者　999 民办
学校地址　四川省绵阳市游仙区三星路11号
邮政编码　621000
办公电话　0816-6285109
传真电话　0816-6285123
校园(局域)网域名　www.ccswust.com.cn
电子信箱　city-college@163.com
校舍建筑面积(平方米)　37000
图书(万册)　39.6
固定资产总值(万元)　14781.75
教学、科研仪器设备资产值(万元)　2832.34
在校生数(人)　4937
其中:普通本科　3749
　　　普通专科　1188
专任教师(人)　221
其中:正高级　29
　　　副高级　38
　　　中级　42
　　　初级　68
　　　未定职级　44

本科专业　测绘工程、电子信息工程、工程管理、工商管理、工业工程、工业设计、过程装备与控制工程、机械设计制造及其自动化、计算机科学与技术、建筑环境与设备工程、市场营销、土木工程、英语、自动化

专科专业　城镇规划、会计、建筑工程技术、物流管理

院系设置
学院现有四个系:基础科学系、土木建筑工程系、机电工程系和经济管理系。

定期公开出版的专业刊物　《团学博览》、《青鸟飞音》、《西南科技大学城市学院报》

学校设立奖学金情况
学校设立奖学金9项,奖励总金额20.3万余元,最低金额200元/年。

学校历史沿革
西南科技大学城市学院是经中华人民共和国教育部(教发函[2006]73号)批准建立的独立学院,是采用新模式新机制办学的以本科层次为主的、面向全国统一招生的普通高等学校。西南科技大学是其办学主体,合肥万博社会事业发展有限公司作为合作者投资并提供办学设施。

四川科技职业学院

学校(机构)标识码　4151014070
学校办学类型　415:专科院校:高等职业学校
学校性质类别　01 综合大学
学校举办者　999 民办
学校地址　成都市高新西区团结学院路96号
邮政编码　611745
办公电话　028-66345335
传真电话　028-66842697
校园(局域)网域名　www.scstc.cn
电子信箱　cy_198@126.com
占地面积(平方米)　22001
校舍建筑面积(平方米)　47732
图书(万册)　70.7
固定资产总值(万元)　32383
教学、科研仪器设备资产值(万元)　5198
在校生数(人)　9921
其中:普通专科　8357
　　　成人专科　1564
专任教师(人)　442
其中:正高级　38
　　　副高级　69
　　　中级　153
　　　初级　109
　　　未定职级　73

专科专业　电子信息工程技术、动漫设计与制作、工程造价、工商企业管理、工业设计、光伏材料加工与应用技术、光伏发电技术及应用、环境艺术设计、会展策划与管理、机械制造与自动化、计算机网络技术、建筑工程管理、楼宇智能化工程技术、模具设计与制造、汽车电子技术、汽车技术服务与营销、汽车运用技术、软件技术、商务英语、视觉传达艺术设计、数控技术、通信技术、物流管理、应用英语

院系设置
下设机电工程学院、新能源工程学院、汽车交通学院、建筑工程学院、信息技术工程学院、经济管理学院、国际商务学院、艺术设计学院、基础部、继续教育学院等十个院(部)。

学校设立奖学金情况
学校设立奖学金14项,奖励总金额900余万元,奖学金最高金额8000元/年,最低金额200元/年。

学校历史沿革
四川科技职业学院是经国家教育部备案,由四川省人民政府、四川省教育厅主管,由成都深蓝卓越管理有限公司主办的普通高等院校。

四川文化产业职业学院

学校(机构)标识码 4151014086	传真电话 028-85766792	在校生数(人) 7828
学校办学类型 415:专科院校:高等职业学校	校园(局域)网域名 www.scvcci.cn	其中:普通专科 5838
	电子信箱 scwcyy@163.com	成人专科 1990
学校性质类别 01 综合大学	占地面积(平方米) 381631	专任教师(人) 298
学校举办者 812 省级其他部门	校舍建筑面积(平方米) 172564	其中:正高级 13
学校地址 四川省成都市双流县华阳镇锦江路四段399号	图书(万册) 48.3	副高级 56
	固定资产总值(万元) 9910.91	中级 104
邮政编码 610213	教学、科研仪器设备资产值(万元) 3211	初级 92
办公电话 028-85769763		未定职级 33

专科专业 包装技术与设计、编导、产品造型设计、出版与发行、电视节目制作、电视制片管理、动漫设计与制作、多媒体设计与制作、服装设计、广播电视技术、广播电视网络技术、广告设计与制作、汉语、环境艺术设计、会计与审计、酒店管理、旅游管理、商务经纪与代理、涉外旅游、摄影摄像技术、文化市场经营与管理、文化事业管理、文物鉴定与修复、舞蹈表演、新闻采编与制作、音乐表演、印刷图文信息处理、营销与策划、珠宝首饰工艺及鉴定、主持与播音

院系设置 文经学院、影视传媒学院、数码艺术学院、文博艺术系、表演艺术系、卡通艺术系、文化旅游系、服装艺术系

学校设立奖学金情况 学校设立奖学金4项,奖励总金额398.7万元。奖学金最高金额8000元/年,最低金额200元/年。

学校历史沿革 2006年,经四川省人民政府川府函[2006]39号文批准,以四川省干部函授学院和四川省广播电视学校为建校基础,成立四川文化产业职业学院,同时保留四川省干部函授学院的牌子和建制。四川文化产业职业学院是国家教育部备案,中共四川省委宣传部主管的公办全日制普通高等专科学校,是全国第一所独立设置的为宣传文化系统和文化产业发展培养高素质应用型、技能型人才的高等院校,是四川省文化产业专门人才培养的重要基地。

四川财经职业学院

学校(机构)标识码 4151014091	传真电话 028-84642011	在校生数(人) 5580
学校办学类型 415:专科院校:高等职业学校	校园(局域)网域名 www.scpcfe.cn	其中:普通专科 5533
	电子信箱 sccx640912@163.com	成人专科 47
学校性质类别 08 财经院校	占地面积(平方米) 254929	专任教师(人) 238
学校举办者 812 省级其他部门	校舍建筑面积(平方米) 123311	其中:正高级 1
学校地址 成都市龙泉驿区驿都西路4111号	图书(万册) 34.4	副高级 50
	固定资产总值(万元) 30708.23	中级 75
邮政编码 610101	教学、科研仪器设备资产值(万元) 2772.1	初级 98
办公电话 028-84642011		未定职级 14

专科专业 财务管理、法律事务、工商企业管理、会计、会计电算化、计算机信息管理、金融管理与实务、审计实务、市场营销、税务、应用英语

院系设置 共设七个系部:财税与金融系、会计系、电子商务系、工商管理系、财务与审计系、基础部、艺术与体育部

定期公开出版的专业刊物 《川财职院》

学校设立奖学金情况 学校设有奖学金3项,总额为159200元,最高为300元/年,最低为100元/年。

学校历史沿革 我院2006年3月由四川省政府以"四川省财政学校"为基础设置"四川财经职业学院",2007年4月教育部予以备案。

四川城市职业学院

学校(机构)标识码 4151014175	办公电话 028-84683099	在校生数(人) 8909
学校办学类型 415:专科院校:高等职业学校	传真电话 028-84683099	其中:普通专科 8909
	校园(局域)网域名 www.scuvc.com	专任教师(人) 584
学校性质类别 01 综合大学	电子信箱 sczsyxy@163.com	其中:正高级 120
学校举办者 999 民办	图书(万册) 88.52	副高级 177
学校地址 四川省成都市龙泉驿区洪河大道中路351号	固定资产总值(万元) 29133.89	中级 211
	教学、科研仪器设备资产值(万元) 6340.45	初级 66
邮政编码 610101		未定职级 10

专科专业 餐饮管理与服务、电子商务、动漫设计与制作、房地产经营与估价、服装设计、工程造价、广告设计与制作、国际商务、会计电算化、机电一体化技术、计算机多媒体技术、计算机网络与安全管理、计算机信息管理、计算机应用技术、家政服务、建筑工程技术、建筑装饰工程技术、经济信息管理、连锁经营管理、旅游管理、旅游英语、汽车技术服务与营销、嵌入式技术与应用、软件技术、软件开发与项目管理、商务英语、市场开发与营销、文秘、舞蹈表演、物流管理、物业管理、艺术设计、应用韩语、应用英语、证券投资与管理

院系设置
四川城市职业学院共设有7个系,分别为:应用外语系、信息工程系、经济管理系、公共服务系、艺术设计系、机电与工程系和舞蹈表演系。

学校设立奖学金情况
学校设立奖学金11项,奖励总金额106余万元。奖学金最高金额272000元/年,最低金额8700元/年。

学校历史沿革
四川城市职业学院创建于2008年,2008年4月在原四川师范大学信息技术学院与四川师范大学外事学院的基础上组建而成。

四川现代职业学院

学校(机构)标识码 4151014176	传真电话 028-85877998	在校生数(人) 5658
学校办学类型 415:专科院校:高等职业学校	校园(局域)网域名 www.scmvc.cn	其中:普通专科 5383
	电子信箱 yuanban_scmvc@163.com	成人专科 275
学校性质类别 08 财经院校	占地面积(平方米) 341206	专任教师(人) 196
学校举办者 999 民办	校舍建筑面积(平方米) 107880	其中:正高级 8
学校地址 四川省双流县西航港九龙湖村	图书(万册) 44.09	副高级 35
	固定资产总值(万元) 20726.6	中级 53
邮政编码 610207	教学、科研仪器设备资产值(万元) 1702.6	初级 67
办公电话 028-85877666		未定职级 33

专科专业 餐饮管理与服务、电子工艺与管理、电子商务、法律事务、法律文秘、房地产经营与估价、光电子技术、国际经济与贸易、会计电算化、计算机多媒体技术、计算机信息管理、家具设计与制造、旅游管理、旅游英语、商务英语、市场开发与营销、数控设备应用与维护、网络系统管理、物业管理、应用电子技术、证券投资与管理、证券与期货

院系设置
学院设有制造技术系、电子信息技术系、房地产系、法律系、金融系、会计系、旅游系、商务系、外语系、思想政治教育课教研室、体育教研室。

学校设立奖学金情况
学校设立奖学金3项,总金额27.58万元,奖学金最高金额800元/年,最低金额200元/年。

学校历史沿革
四川现代职业学院的前身为四川创业学院,创建于1993年。2008年4月,经教育部审批并同意创建为四川现代职业学院。

四川幼儿师范高等专科学校

学校(机构)标识码 4151014221	传真电话 0816-3662845	在校生数(人) 4324
学校办学类型 414:专科院校:高等专科学校	校园(局域)网域名 www.scyesz.edu.cn	其中:普通专科 4301
		成人专科 23
学校性质类别 06 师范院校	占地面积(平方米) 689123	专任教师(人) 274
学校举办者 822 地级其他部门	校舍建筑面积(平方米) 98700	其中:正高级 2
学校地址 四川省江油市建设北路317号	图书(万册) 29.6	副高级 50
	固定资产总值(万元) 10552.3	中级 82
邮政编码 621709	教学、科研仪器设备资产值(万元) 2947.5	初级 24
办公电话 0816-3662845		未定职级 116

专科专业 初等教育、服装设计、美术教育、舞蹈表演、学前教育、音乐表演、音乐教育、英语教育、幼教保育、语文教育

院系设置
学前教育系、语文文学系、艺术系、初等教育系、基础部和综合部六个系部

学校设立奖学金情况
学校设立奖学金2项,奖励总金额160余万元/年,最低金额400元/年。

学校历史沿革
四川幼儿师范高等专科学校是2009年3月经教育部批准,在四川省江油师范学校基础上建立的一所公办全日制普通高等专科学校,是四川唯一一所以培养幼教、小教师资为主的普通高等学校。

西南交通大学希望学院

学校(机构)标识码 4151014262	传真电话 0817-3884666	在校生数(人) 4836
学校办学类型 413:本科院校:独立学院	校园(局域)网域名 www.swjtuhc.cn	其中:普通本科 4383
	电子信箱 swjtuhp@163.com	普通专科 453
学校性质类别 02 理工院校	占地面积(平方米) 361571	专任教师(人) 276
学校举办者 999 民办	校舍建筑面积(平方米) 91692	其中:正高级 10
学校地址 四川省南充市嘉陵区于陛路168号	图书(万册) 35	副高级 75
	固定资产总值(万元) 22514.16	中级 43
邮政编码 637900	教学、科研仪器设备资产值(万元) 2331.76	初级 53
办公电话 0817-3884008		未定职级 95

本科专业 工程管理、会计学、机械设计制造及其自动化、交通运输、市场营销、土木工程、物流工程、英语、应用心理学

专科专业 道路桥梁工程技术、建筑工程管理

院系设置
现设有土木工程系、交通运输系、经济管理系、外语系、基础课部等系部。

学校设立奖学金情况
学校设立奖学金三项,奖励总额432900元/年,最低金额200元/年。

学校历史沿革
西南交通大学希望学院于2009年4月经教育部批准成立,2009年9月开始招生。

四川长江职业学院

学校(机构)标识码 4151014323	学校举办者 999 民办	办公电话 028-84686927
学校办学类型 415:专科院校:高等职业学校	学校地址 四川省成都市成洛路828号	传真电话 028-84686007
		校园(局域)网域名 www.sccvc.com
学校性质类别 01 综合大学	邮政编码 610106	电子信箱 yuanzhang@sccvc.com

占地面积(平方米) 130967	991.75	副高级 22
校舍建筑面积(平方米) 95244	在校生数(人) 2847	中级 59
图书(万册) 13.98	其中:普通专科 2847	初级 47
固定资产总值(万元) 11328.8	专任教师(人) 137	未定职级 1
教学、科研仪器设备资产值(万元)	其中:正高级 8	

专科专业 产品造型设计、电子商务、工程造价、广告设计与制作、航空服务、会计电算化、计算机网络技术、金融保险、酒店管理、商务英语、通信技术、投资与理财、物流管理

院系设置
学校现有4个院系

学校设立奖学金情况
校设立奖学金6项,奖励总金额40余万。奖学金最高金额6000元/年,最低金额300元/年。

贵州大学

学校(机构)标识码 4152010657	占地面积(平方米) 3563878	成人专科 3306
学校办学类型 411:本科院校:大学	校舍建筑面积(平方米) 1044321	博士研究生 238
学校性质类别 01 综合大学	图书(万册) 370	硕士研究生 5623
学校举办者 811 省级教育部门	固定资产总值(万元) 119965.32	留学生 291
学校地址 贵州省贵阳市花溪区贵州大学	教学、科研仪器设备资产值(万元) 40007.18	专任教师(人) 2530
邮政编码 550025	在校生数(人) 44879	其中:正高级 383
办公电话 0851-8292178	其中:普通本科 27910	副高级 854
传真电话 0851-3621956	普通专科 1402	中级 1146
校园(局域)网域名 www.gzu.edu.cn	成人本科 6109	初级 124
电子信箱 po@gzu.edu.cn		未定职级 23

本科专业 安全工程、表演、播音与主持艺术、材料成型及控制工程、材料化学、材料科学与工程、材料类、材料物理、财务管理、财政学、采矿工程、草业科学、测绘工程、测控技术与仪器、城市规划、导演、地理信息系统、电力工程与管理、电气工程及其自动化、电气信息类、电子科学与技术、电子商务、电子信息工程、电子信息科学类、电子信息科学与技术、雕塑、动画、动物科学、动物生产类、动物医学、法学、高分子材料与工程、给水排水工程、工程管理、工商管理、工商管理类、工业工程、工业设计、公共管理类、公共事业管理、管理科学与工程类、光信息科学与技术、国防教育与管理、国际经济与贸易、过程装备与控制工程、汉语言文学、行政管理、化学、化学工程与工艺、化学类、环境工程、环境科学、会计学、绘画、机械设计制造及其自动化、计算机科学与技术、建筑环境与设备工程、建筑学、交通运输、金融学、经济学、经济学类、勘查技术与工程、矿物加工工程、矿物资源工程、劳动与社会保障、历史学、林学、旅游管理、农产品质量与安全、农林经济管理、农学、农业机械化及其自动化、农业资源与环境、轻工纺织食品类、热能与动力工程、人力资源管理、日语、软件工程、森林资源保护与游憩、森林资源类、社会工作、社会学类、摄影、生态学、生物工程、生物科学、生物科学类、食品科学与工程、食品质量与安全、市场营销、数学类、数学与应用数学、数字媒体技术、水产养殖学、水利水电工程、水土保持与荒漠化防治、水文与水资源工程、思想政治教育、体育教育、通信工程、统计学、土地资源管理、土建类、土木工程、网络工程、文化产业管理、无机非金属材料工程、舞蹈学、物理学、物流管理、新闻学、信息安全、信息管理与信息系统、信息与计算科学、药物制剂、冶金工程、艺术设计、音乐表演、音乐学、英语、应用化学、园林、园艺、哲学、政治学与行政学、植物保护、植物生产类、制药工程、中草药栽培与鉴定、中国语言文学类、资源勘查工程、自动化、作曲与作曲技术理论

专科专业 电子信息工程技术、工程监理、会计电算化、机电一体化技术、计算机网络技术、计算机系统维护、建筑工程技术、建筑装饰工程技术、金融保险、矿井通风与安全、矿山机电、煤矿开采技术、汽车技术服务与营销、文秘、印刷技术、应用电子技术

博士专业 动物学、机械工程、机械制造及其自动化、计算机软件与理论、矿物学、岩石学、矿床学、农药学、农业昆虫与害虫防治、森林培育、微电子学与固体电子学、植物保护新专业、植物病理学

硕士专业 安全技术及工程、材料加工工程、材料物理与化学、材料学、采矿工程、草业科学、车辆工程、地球化学、地质工程、第四纪地质学、电力电子与电力传动、电力系统及其自动化、电路与系统、动物学、动物遗传育种与繁殖、动物营养与饲料科学、发酵工程、发育生物学、法律、法学理论、翻译、分析化学、概率论与数理统计、工程、工商管理、公共管理、构造地质学、古生

物学与地层学(含:古人类学)、固体力学、管理科学与工程、光学、国际法学(含:国际公法、国际私法)、国际贸易学、果树学、汉语言文字学、行政管理、化学工程、化学工艺、环境工程、环境科学、机械电子工程、机械设计及理论、机械制造及其自动化、基础兽医学、基础数学、计算机软件与理论、计算机应用技术、计算数学、检测技术与自动化装置、结构工程、经济法学、经济思想史、控制理论与控制工程、矿产普查与勘探、矿物加工工程、矿物学、岩石学、矿床学、理论物理、林业经济管理、伦理学、逻辑学、旅游管理、马克思主义基本原理、马克思主义中国化研究、美术学、美学、民商法学(含:劳动法学)、社会保障、民族学、凝聚态物理、农药学、农业经济管理、农业昆虫与害虫防治、农业推广、企业管理(含:财务管理、市场营销)、区域经济学、人口、资源与环境经济学、人口学、森林培育、社会保障、社会工作、社会学、生理学、生态学、生物化学与分子生物学、生物物理学、食品科学、世界经济、兽医、水产养殖、水工结构工程、水土保持与荒漠化防治、思想政治教育、诉讼法学、通信与信息系统、土地资源管理、土壤学、外国语言学及应用语言学、外国哲学、微电子学与固体电子学、微生物学、微生物与生化药学、无机化学、物理化学(含:化学物理)、西方经济学、细胞生物学、宪法学与行政法学、新闻学、信号与信息处理、刑法学、岩土工程、药物化学、冶金物理化学、野生动植物保护与利用、遗传学、艺术、音乐学、英语语言文学、应用化学、应用数学、有机化学、有色金属冶金、预防兽医学、运筹学与控制论、政治经济学、政治学理论、植物病理学、植物学、植物营养学、中国古代史、中国古代文学、中国哲学、专门史、宗教学、作物遗传育种、作物栽培学与耕作学

院系设置

24 个 人文学院、外国语学院、法学院、艺术学院、经济学院、管理学院、理学院、农学院、林学院、生命科学学院、计算机科学与工程学院、信息工程学院、机械工程学院、电气工程学院、材料科学与冶金工程学院、矿业学院、资源与环境工程学院、化学与化工学院、土木建筑工程学院、动物科学学院、职业技术学院、继续教育学院、明德学院(独立学院)、科技学院(独立学院)、人武学院(挂靠)

国家级、省部级研究机构设置

1. 实验室:24 个 国家级实验室:生物质资源综合利用国家地方联合工程实验室 省部级实验室:教育部绿色农药与农业生物工程重点实验室、教育部喀斯特环境与地质灾害防治重点实验室、现代制造技术省部共建教育部重点实验室、高原山地动物遗传育种与繁殖省部共建教育部重点实验室、贵州省喀斯特环境与地质灾害防治重点实验室、贵州省结构工程重点实验室、贵州省现代制造技术重点实验室、贵州省博弈、决策与控制系统重点实验室、贵州省发酵工程与生物制药重点实验室、贵州山地农业病虫害重点实验室、贵州省材料结构与强度重点实验室、贵州省精细化工重点实验室、贵州省大环化学与超分子化学重点实验室、贵州省高性能计算化学重点实验室、贵州省光电子技术及应用重点实验室、贵州省微纳电子与软件技术重点实验室、贵州省农业生物工程重点实验室、贵州省生物质化学利用工程实验室、贵州省动物遗传育种与繁殖重点实验室、贵州省非金属矿产资源综合利用重点实验室、贵州省中药材繁育与种植工程实验室、贵州省烟草品质研究重点实验室、贵州省电力系统智能化重点实验室

2. 研究中心(所):19 个 国家级研究中心(所):国家复合改性聚合物材料工程技术研究中心 省部级研究中心(所):教育部西南药用生物资源工程研究中心、贵州省材料技术创新基地、贵州省 CAD 应用工程技术中心、贵州省企业技术中心、贵州省机电装备工程技术研究中心、贵州省可靠性工程研究中心、贵州省激光技术应用工程研究中心、贵州省智能控制工程研究中心、贵州省制造业信息化生产力促进中心、贵州省生化工程中心、贵州省果树工程技术研究中心、贵州省植物分子育种工程研究中心、体育文化研究中心、中华传统文化和贵州地域文化研究中心、人口 社会 法制研究中心、喀斯特地区发展战略研究中心、马克思主义经济学发展与应用研究中心、中国西部发展能力研究中心

学校历史沿革

1902 年创建贵州大学堂;1928 年建立省立贵州大学;1941 年成立国立贵州农工学院;1942 年成立国立贵州大学;1993 年贵州人民大学并入贵州大学;1997 年 8 月,原贵州大学、贵州农学院、贵州艺术高等专科学校、贵州省农业管理干部学院合并组建为新的贵州大学;2004 年 8 月,原贵州大学、原贵州工业大学合并组建新的贵州大学;2004 年 12 月,成为教育部和贵州省省部共建大学;2005 年 9 月 8 日,成为国家"211 工程"重点建设大学。

贵阳医学院

学校(机构)标识码 4152010660	占地面积(平方米) 512336	成人专科 2794
学校办学类型 412:本科院校:学院	校舍建筑面积(平方米) 356682	博士研究生 33
学校性质类别 05 医药院校	图书(万册) 66.38	硕士研究生 1460
学校举办者 811 省级教育部门	固定资产总值(万元) 27267.67	专任教师(人) 664
学校地址 贵州省贵阳市北京路9号	教学、科研仪器设备资产值(万元) 17585.42	其中:正高级 98
邮政编码 550004	在校生数(人) 13306	副高级 258
办公电话 0851-6908234	其中:普通本科 6145	中级 255
传真电话 0851-6908066	普通专科 872	初级 47
校园(局域)网域名 www.gmc.edu.cn	成人本科 2002	未定职级 6
电子信箱 gyyqb@gmc.edu.cn		

本科专业 儿科学、法医学、妇幼卫生、公共事业管理、户外运动、护理学、急救医学、口腔医学、临床医学、麻醉学、生物医学工程、眼耳鼻喉学、药品营销、药物制剂、药学、医事法律、医学检验、医学生物技术、医学心理学、医学英语、医学影像学、预防医学、肿瘤学

专科专业 护理、临床医学、药学

博士专业 病理学与病理生理学

硕士专业 病理学与病理生理学、病原生物学、儿科学、儿少卫生与妇幼保健学、耳鼻咽喉科学、妇产科学、公共卫生、口腔临床医学、口腔医学、劳动卫生与环境卫生学、临床检验诊断学、临床医学、流行病与卫生统计学、麻醉学、免疫学、内科学、皮肤病与性病学、人体解剖与组织胚胎学、神经病学、生物化学与分子生物学、外科学、卫生毒理学、细胞生物学、眼科学、药剂学、药理学、营养与食品卫生学、影像医学与核医学、针灸推拿学、肿瘤学

院系设置

基础医学院、临床医学院、药学院、公共卫生学院、成人继续教育学院、研究生学院、护理学院、大学体育教学部、大学外语教学部、社会科学部、医学检验系、医学影像、口腔医学系

国家级、省部级研究机构设置

1. 实验室：省部级：贵州省药物制剂重点实验室、贵州省医学分子生物学重点实验室、农业部农药登记毒理学试验单位、卫生部化学品毒性鉴定机构

2. 研究所(中心)：国家级：民族药与中药开发应用教育部工程研究中心 省部级：贵州省实验动物工程技术中心、国家中医药管理局中医药防治传染病重点研究室

博士后科研流动站 "基础医学"学科

定期公开出版的专业刊物 《贵阳医学院学报》、《临床神经电生理学杂志》

学校设立奖学金情况

学校设立奖学金7项，奖励总金额不限(达到标准即可)。奖学金最高金额1600元/年，最低金额100元/年。其中：1. 院级一等奖学金：全年级总人数的5%（平均分≥80分）人/年，1600元/人 2. 院级二等奖学金：全年级总人数的5%（平均分≥80分）人/年，1000元/人 3. 院级三等奖学金：全年级总人数的10%（平均分≥80分）人/年，600元/人 4. "自强奖学金"一等奖：特困生总数的5%（平均分≥85分）人/年，300元/人 5. "自强奖学金"二等奖：特困生总数的5%（平均分≥80分）人/年，200元/人 6. "自强奖学金"三等奖：特困生总数的5%（平均分≥75分）人/年，100元/人。

主要校办产业

科技开发公司

学校历史沿革

贵阳医学院的前身为"国立贵阳医学院"，创建于1938年3月，是当时属教育部直管的全国仅有的九所国立高等医学院校之一。新中国成立后，于1950年2月由当地政府接管；1950年12月，根据西南军政委员会文教部文秘字第03049号通知，正式更名为"贵阳医学院"。2003年经国务院学位委员会批准，被新增为博士学位授予单位。2009年"基础医学"学科获准设立博士后科研流动站。

遵义医学院

学校(机构)标识码 4152010661	电子信箱 zmcyb@zmc.edu.cn	普通专科 190
学校办学类型 412：本科院校：学院	占地面积(平方米) 1031297	成人本科 3495
学校性质类别 05 医药院校	校舍建筑面积(平方米) 333232	成人专科 1058
学校举办者 811 省级教育部门	图书(万册) 77.2	硕士研究生 1334
学校地址 贵州省遵义市汇川区大连路201号	固定资产总值(万元) 51488.96	专任教师(人) 686
邮政编码 563000	教学、科研仪器设备资产值(万元) 8533.32	其中：正高级 115
办公电话 0852-8609388	在校生数(人) 14147	副高级 259
传真电话 0852-8609575	其中：普通本科 8070	中级 241
校园(局域)网域名 www.zmc.gz.cn		初级 71

本科专业 法医学、公共事业管理(卫生事业管理)、护理学、口腔医学、临床医学、临床医学(妇产科学)、临床医学(急救医学)、临床医学(临床心理学)、临床医学(眼耳鼻喉科学)、临床医学(医学美容)、麻醉学、社会体育、生物工程(生物技术与制药)、信息与计算科学(医学信息学)、药物制剂、药物制剂(药品检验)、医学检验、医学影像学、英语、英语(英语教育)、预防医学

专科专业 药物制剂技术

硕士专业 病理学与病理生理学、儿科学、妇产科学、口腔基础医学、口腔临床医学、口腔医学硕士、麻醉学、免疫学、内科学、皮肤病与性病学、人体解剖学与组织胚胎学、生理学、生物化学与分子生物学、思想政治教育、外科学、卫生毒理学、药理学、影像医学与核医学

院系设置

基础医学院、第一临床学院、第三临床学院、口腔学院、研究生学院、护理学院、药学院、人文社科学院、管理学院、公共卫生学院、外国语学院、体育学院、成人继续教育学院、麻醉学系、美容医学系、医学影像学系、医学检验系、医学信息工程系、法医学系、生物工程系。2001年设立珠海校区。

国家级、省部级研究机构设置

实验室：贵州省基础药理重点实验室、贵州省细胞工程重点

实验室、贵州省麻醉与器官保护基础研究重点实验室

定期公开出版的专业刊物 《遵义医学院学报》

学校设立奖学金情况

学校设立奖学金5项,奖励总金额106.58余万元。奖学金最高金额2000元/年,最低金额200元/年。

学校历史沿革

大连医学院(1947年),遵义医学院(1969年至今)。

贵阳中医学院

学校(机构)标识码 4152010662	电子信箱 gyctcm@126.com	普通专科 323
学校办学类型 412:本科院校:学院	占地面积(平方米) 1123711	成人本科 18
学校性质类别 05 医药院校	校舍建筑面积(平方米) 213629	成人专科 181
学校举办者 811 省级教育部门	图书(万册) 58.66	硕士研究生 588
学校地址 贵州省贵阳市市东路50号	固定资产总值(万元) 13380	专任教师(人) 435
邮政编码 550002	教学、科研仪器设备资产值(万元) 6871.65	其中:正高级 60
办公电话 0851-5652678		副高级 158
传真电话 0851-5652502	在校生数(人) 6199	中级 181
校园(局域)网域名 www.gyctcm.edu.cn	其中:普通本科 5089	初级 36

本科专业 法学、护理学、护理学(英语方向)、劳动与社会保障(医疗保险方向)、药物制剂、应用心理学、针灸推拿学、制药工程、中西医临床医学、中西医临床医学(4.5+1.5试点班)、中药学、中药学(分析方向)、中药学(营销方向)、中医学、中医学(骨伤方向)、中医学(全科医学方向)、中医学(英语方向)、中医学(中西医结合英语方向)

专科专业 护理、医药营销、中药制药技术

硕士专业 方剂学、临床医学硕士、临床医学专业学位、生药学、针灸推拿学、中西医结合基础、中西医结合临床、中药学、中药学硕士、中医妇科学、中医骨伤科学、中医基础理论、中医临床基础、中医内科学、中医外科学、中医五官科学、中医医史文献

院系设置

基础医学院、药学院、第一临床医学院、第二临床医学院、骨伤学院、针灸推拿学院、护理学院、医学人文学院、社会科学部、大学外语教学部、体育部、职业技术学院等12个。

国家级、省部级研究机构设置

研究所(中心):中医基础研究所、微量元素研究所、民族医药研究所、中药研究所、血液病研究所、中医临床第一研究所、中医临床第二研究所、实验动物研究所、中医药信息资料研究所等11个。

定期公开出版的专业刊物 《贵阳中医学院学报》、《微量元素》

学校设立奖学金情况

09年:1.学院优秀学生奖学金(一、二、三等、单项)300-800元/人,奖励总金额414900余万元。

2.国家奖学金:21人获奖,4000-6000元/人,94000元/年;奖学金最高金额94000元/年,最低金额12000元/年。

主要校办产业

贵阳中医学院药厂

毕业生一次就业率 80%

学校历史沿革

创建于1965年,由原中医院祖国医学系、贵州省中医药研究所、贵州省卫生干部进修学校、贵阳市中医医院合并组建而成,是贵州省唯一的中医药本科院校。2001年贵州省中医研究所(原研究所合并后成立)、贵州省中药研究所合并组成贵州省医研究院后整体并入我院。2002年经教育部、中国石化总公司和贵州省人民政府批准,将滇贵黔石油技工学校整体划入我院。2006年,我院成为省级重点支持建设高校。2008年,被教育部评为"本科教学工作水品评估优秀院校"。

贵州师范大学

学校(机构)标识码 4152010663	邮政编码 550001	占地面积(平方米) 2005627
学校办学类型 411:本科院校:大学	办公电话 0851-6767737	校舍建筑面积(平方米) 554602
学校性质类别 06 师范院校	传真电话 0851-6765857	图书(万册) 209.5
学校举办者 811 省级教育部门	校园(局域)网域名 www.gznu.edu.cn	固定资产总值(万元) 89845
学校地址 贵阳市宝山北路116号	电子信箱 gzsdxb@tom.com	教学、科研仪器设备资产值(万元)

	20621	成人专科 3129	副高级 444
在校生数(人) 33592	硕士研究生 1862	中级 543
其中:普通本科 16519	留学生 15	初级 73
普通专科 2036	专任教师(人) 1433	未定职级 186
成人本科 10031	其中:正高级 187	

本科专业 播音与主持艺术、地理科学、地理信息系统、电气工程及其自动化、电气信息工程、电子商务、电子信息科学与技术、电子信息科学与技术(应用电子技术)、动画、对外汉语、法学、法学(经济法方向)、法学(商法方向)、法学(司法实务方向)、法学(知识产权方向)、公共事业管理、广播电视新闻学、汉语言文学、化学、绘画、机械设计制造及其自动化、计算机科学与技术、计算机科学与技术(3+1培养模式)、教育技术学、教育学、金属材料工程、经济学、科学教育、历史学、旅游管理、旅游管理(3+1培养模式)、美术学、日语、社会工作、社会体育、摄影、生物工程、生物技术、生物科学、生物科学类、市场营销、数学与应用数学、思想政治教育、体育教育、土木工程、舞蹈学、物理学、信息管理与信息系统、信息与计算科学、学前教育、冶金工程、艺术设计、音乐学、英语、英语(旅游英语)、应用化学、应用心理学、园林、运动训练、政治学与行政学、资源环境与城乡规划管理、资源环境与城乡规划管理(土地规划)

专科专业 电气自动化技术、电子商务、工程造价、会展策划与管理、机电一体化技术、计算机网络技术、计算机网络技术(HND项目)、计算机应用技术、建筑工程技术、旅游管理(HND项目观光旅游)、旅游管理(HND项目国际酒店管理)、旅游管理(饭店管理)、数控技术、文秘、冶金技术

硕士专业 比较文学与世界文学、地图学与地理信息系统、动物学、分析化学、工程(工业设计工程)、工程(工业设计工程)、工程(环境工程)、国外马克思主义研究、汉语言文字学、环境科学、基础数学、基础心理学、计算机应用技术、计算数学、教育(化学)、教育(教育管理)、教育(教育管理)、教育(生物)、教育(数学)、教育(数学)、教育(思政)、教育(体育)、教育(体育)、教育(物理)、教育(音乐)、教育(音乐)、教育(英语)、教育(英语)、教育(英语笔译)、教育(语文)、教育管理、教育学原理、课程与教学论、历史文献学(含:敦煌学、古文字学)、马克思主义发展史、马克思主义基本原理、马克思主义哲学、马克思主义中国化研究、人文地理学、生态学、生物化学与分子生物学、世界史、思想政治教育、体育教育训练学、外国语言学及应用语言学、文艺学、遗传学、艺术学、英语语言文学、应用心理学、政治学理论、植物学、中国古代史、中国古代文学、中国近现代史、中国近现代史基本问题研究、中国现当代文学、专门史、自然地理学

院系设置
文学院、法学院、历史与政治学院、经济与管理学院、教育科学学院、外国语学院、数学与计算机科学学院、物理与电子科学学院、地理与环境科学学院、音乐学院、美术学院、继续教育学院、机械与电子工程学院、职业技术学院、国际旅游文化学院、马克思主义学院

定期公开出版的专业刊物 《贵州师范大学学报》(教育科学年版)、《贵州师范大学学报》(自然科学版)、《贵州师范大学学报》(社会科学版)

学校设立奖学金情况
学校设立师范专业奖学金2项(甲等、乙等奖学金);非师范类专业奖学金3项(甲等、乙等、丙等奖学金),奖励总金额261余万元。师范专业:甲等奖学金:600元/人;乙等奖学金:300元/人(奖学金最高金额600元/年,最低金额300元/年);非师范专业:甲等奖学金:1000元/人;乙等奖学金:700元/人;丙等奖学金400元/人,奖学金(最高金额1000/年,最低金额400/年)。

主要校办产业
印刷厂、经济开发有限责任公司、科技产业开发中心、教育服务中心、贵阳恒浩电子科技开发有限公司

学校历史沿革
贵州师范大学的前身是"国立贵阳师范学院,创立于1941年,1950年,学校改名为"贵阳师范学院"。1985年更名为"贵州师范大学"。1996年被确立为省属重点大学。2008年接受教育部本科教学工作水平评估,获"优秀学校"称号,2009年2月被贵州省学位委员会批准为新增博士学位授予单位建设立项。

遵义师范学院

学校(机构)标识码 4152010664	传真电话 0852-8923395	教学、科研仪器设备资产值(万元) 4936.41
学校办学类型 412:本科院校:学院	校园(局域)网域名 www.zync.edu.com	
学校性质类别 06 师范院校		在校生数(人) 14986
学校举办者 821 地级教育部门	电子信箱 ybgs@zync.edu.cn	其中:普通本科 10539
学校地址 贵州省遵义市上海路830号	占地面积(平方米) 503128	普通专科 1881
	校舍建筑面积(平方米) 308380	成人本科 2017
邮政编码 563002	图书(万册) 93.22	成人专科 549
办公电话 0852-8922406	固定资产净值(万元) 24302.51	专任教师(人) 668

| 其中：正高级 50 | 中级 280 | 未定职级 26 |
| 副高级 224 | 初级 88 | |

本科专业 材料化学、翻译、汉语言文学、汉语言文学（文秘方向）、化学、计算机科学与技术、教育学、科学教育、历史学、旅游管理、旅游管理（涉外旅游方向）、美术学、生物科学、数学与应用数学、思想政治教育、体育教育、通信工程、统计学、物理学、小学教育、学前教育、音乐表演、音乐学、英语、应用化学、应用心理学、植物生物技术

专科专业 电气自动化、旅游管理、美术教育、数学教育、体育教育、学前教育、音乐教育、英语教育、应用电子技术、语文教育

院系设置
中文系、政经系、历史系、外语系、教育科学系、初等教育系、数学系、物理系、化学系、生物系、计算机科学系、体育系、美术系、音乐系、马列教学部、大外部、公体部、公共计算机教学部、栋青园分院、南白分院、汇川分院

国家级、省部级研究机构设置
有普通物理实验室、普通化学实验室、普通生物实验室、计算机实验室、心理实验室5个教学实验室；普通生物实验室获省级实验教学示范中心称号，化学系黔北特色资源应用研究实验室获"贵州省2011年度普通本科高校教学质量提升特色重点实验室"称号。

定期公开出版的专业刊物 《遵义师范学院学报》

学校设立奖学金情况
学校设立奖学金4项，奖励总额445余万元。奖学金最高金额1300元/年，最低金额650元/年。

学校历史沿革
1907 – 1908年，遵义示范初级学堂；1908 – 1911.11，遵义中学堂；1912 – 1925.11，遵义中学校；1925.12 – 1926.5，黔北十县联立中学；1926.6 – 1935.12，省立遵义第三中学；1936.1 – 1936.8，省立遵义初级中学；1936.9 – 1950.1，省立遵义师范学校；1950.2 – 1958.8，贵州省遵义师范学校；1958.9 – 1961.8，遵义师范专科学校；1961.8 – 1962.8，遵义地区中学教师进修学校、遵义地区中级师范学校；1962.9 – 1975.7，遵义中级师范学校；1975.8 – 1977.8，遵义会区"五七"师范大学；1977.9 – 1978.3，贵阳师范学院遵义师范大专班；1978.4 – 1993.10，遵义师范专科学校；1993.10 – 2001.4，遵义师范高等专科学校；2001.5 升格为遵义师范学院；2008.11 贵州省遵义师范学校和贵州省南白师范学校并入学院。

铜仁学院

学校（机构）标识码	4152010665		
学校办学类型	412：本科院校：学院		
学校性质类别	06 师范院校		
学校举办者	821 地级教育部门		
学校地址	贵州省铜仁市清水大道103号		
邮政编码	554300		
办公电话	0856 – 5222556		
传真电话	0856 – 5230718		
校园（局域）网域名	thhp：www.gztrc.edu.cn		
电子信箱	trtgz@yahoo.com		
占地面积（平方米）	1001908		
校舍建筑面积（平方米）	187012		
图书（万册）	58		
固定资产总值（万元）	8294.37		
教学、科研仪器设备资产值（万元）	2822.07		
在校生数（人）	6894		
其中：普通本科	4762		
普通专科	1901		
成人本科	121		
成人专科	110		
专任教师（人）	490		
其中：正高级	17		
副高级	107		
中级	192		
初级	146		
未定职级	28		

本科专业 地理科学、汉语言文学、化学、计算机科学与技术、教育技术学、历史学、旅游管理、美术学、农村区域发展、社会工作、生物科学、数学与应用数学、思想政治教育、特殊教育、体育教育、统计学、物理学、小学教育理科、小学教育文科、信息工程、学前教育、艺术设计、音乐学、英语、应用物理学、园林、制药工程

专科专业 初等教育理科、初等教育文科、法律文秘、化学教育、计算机应用技术、经济管理、历史教育、旅游服务与管理、美术教育、生物教育、数学教育、思想政治教育、体育教育、文秘、舞蹈表演、物理教育、现代教育技术、心理咨询、学前教育、音乐教育、英语教育、语文教育、园林技术

院系设置
12个系：法律与政史系、中国语言文学系、音乐系、美术系、数学与计算机科学系、物理与电子科学系、生物科学系、体育系、教育系、初等教育系、学前教育系

国家级、省部级研究机构设置
省级研究中心：2个

定期公开出版的专业刊物 《铜仁学院学报》

学校设立奖学金情况
国家奖学金：13人/年，8000/人
国家励志奖学金25人/年，5000/人
国家助学金1800人，3000元/人
专业奖学金，4824人 共2412000元。

学校历史沿革
1920年，美国人在此办明德中学，1952年建立铜仁师范，1958年至1974年试办专科，1977年举办贵阳学院铜仁大专班，

1978年成立铜仁师范专科学校,1992年与铜仁教育学院合并更名为同人师范高等专科学校,2002年省政府批准将铜仁民族师范并入,2006年2月14日经国家教育部正式批准成立铜仁学院。

兴义民族师范学院

学校(机构)标识码　4152010666
学校办学类型　412:本科院校:学院
学校性质类别　06师范院校
学校举办者　821地级教育部门
学校地址　贵州省兴义市湖南街32号
邮政编码　562400
办公电话　0859-3296518
传真电话　0859-3296315
校园(局域)网域名　www.qxntc.edu.cn
电子信箱　xiaochan@qxntc.edu.cn
占地面积(平方米)　1097215
校舍建筑面积(平方米)　280444
图书(万册)　67.35
固定资产总值(万元)　17785
教学、科研仪器设备资产值(万元)　4655
在校生数(人)　7650
其中:普通本科　1928
　　　普通专科　5663
　　　成人专科　59
专任教师(人)　450
其中:正高级　13
　　　副高级　118
　　　中级　222
　　　初级　40
　　　未定职级　57

本科专业　汉语言文学、化学、计算机科学与技术、历史学、生物科学、数学与应用数学、思想政治教育、体育教育、物理学、信息与计算科学、学前教育、音乐学、英语、应用化学、应用心理学

专科专业　初等教育(理)、初等教育(文)、电子商务、国际经济与贸易、行政管理、化学教育、计算机应用技术、酒店管理、劳动与社会保障、历史教育、旅游管理(导游方向)、美术教育、人力资源管理、社区管理与服务、生物教育、市场开发与营销、数学教育、思想政治教育、体育教育、物理教育、现代教育技术、小学体育教育、小学音乐教育、心理咨询、新闻采编与制作、学前教育、音乐教育、英语教育、应用化工技术、语文教育、装饰艺术设计

院系设置
设有化学生物系、中文系、计算机科学管理系、政治历史系、英语系、物理系、教育管理系、体育系、艺术系、经济管理系、公共管理系共12个系

定期公开出版的专业刊物　《兴义民放师范学院学报》、《兴义民族师范学院校报》

学校设立奖学金情况
学校设立奖学金1项,奖励总金额120余万元,奖学金最高350元/年最低200元/年。

学校历史沿革
1978年经国务院批准,建立兴义师范专科学校,1982年改称黔西南民族师范专科学校,1993年又改称黔西南民族师范高等专科学校,2006年原兴义中等师范学校和安龙师范学校并入本校,2009年经国家教育部批准,在高等专科学校的基础上建立兴义民族师范学院。

安顺学院

学校(机构)标识码　4152010667
学校办学类型　412:本科院校:学院
学校性质类别　01综合大学
学校举办者　821地级教育部门
学校地址　贵州省安顺市开发区学院路25号
邮政编码　561000
办公电话　0853-3413582
传真电话　0853-3413582
校园(局域)网域名　www.asu.edu.cn
电子信箱　asxydzbgs@163.com
占地面积(平方米)　528291
校舍建筑面积(平方米)　197310
图书(万册)　48.23
固定资产总值(万元)　23563.88
教学、科研仪器设备资产值(万元)　2845.12
在校生数(人)　7586
其中:普通本科　5559
　　　普通专科　1775
　　　成人本科　252
专任教师(人)　384
其中:正高级　19
　　　副高级　76
　　　中级　223
　　　初级　36
　　　未定职级　30

本科专业　地理科学、电子信息工程、公共事业管理、汉语言文学、化学、计算机科学与技术、历史学、旅游管理、美术学、农学、生物科学、数学与应用数学、思想政治教育、特殊教育、体育教育、土地资源管理、文秘方向、物理学、音乐学、英语、应用心理学、资源管理与城乡规划

专科专业　电子信息工程技术、法律事务、房地产经营与估价、化学教育、计算机应用技术、旅游管理、美术教育、民间工艺美术、社区体育指导与管理、数学教育、水上运动、特殊教育、学前教育、音乐教育、英语教育、语文教育、综合理科教育、综合文科教育

院系设置

安顺学院下设16个系部,分别是:中文系、外语系、政史与法律系、数学与计算机科学系、物理与电子技术系、化学与生物农学系、资源管理与环境科学系、体育系、艺术系、教育管理系、旅游系、特殊教育系、成人教育部、特师培训部、综合教育部

国家级、省部级研究机构设置

研究中心(所):贵州省屯堡文化研究中心、安顺实验区发展研究中心

定期公开出版的专业刊物 《安顺学院学报》

学校设立奖学金情况

学校设立奖学金九项,奖励总金额862150元/年。最高金额600元/年,最低金额200元/年。

1. 新生学习成绩优秀奖学金:107人/年,600元/人;205人/年,450元/人;304人/年,300元/人。
2. 安顺学院奖学金:一等奖学金:233人/年,600元/年;二等奖学金:625人/年,450元/年;三等奖学金:934人/年,300元/年。
3. 学习优秀奖:170人/年,200元/年。
4. 科研创新优秀奖:10人/年,200元/年。
5. 文艺活动优秀奖:18人/年,200元/年。
6. 体育活动优秀奖:28人/年,200元/年。
7. 社会工作优秀奖:5人/年,200元/年。

学校历史沿革

创立于1938年的国立黔江中学师范班;1958年正式组建安顺师范专科学校;1980年经教育部批准,建立了新的安顺师范专科学校;1992年与安顺教育学院合并;1993年更名为安顺师范高等专科学校;2002年安顺师范学校并入安顺师专;2006年经教育部批准,建立了安顺学院。

毕节学院

学校(机构)标识码 4152010668	电子信箱 bgs@gzbjc.cn	普通专科 1955
学校办学类型 412:本科院校:学院	占地面积(平方米) 560003	成人本科 1262
学校性质类别 01 综合大学	校舍建筑面积(平方米) 187422	成人专科 3099
学校举办者 821 地级教育部门	图书(万册) 72.63	专任教师(人) 571
学校地址 贵州省毕节地区毕节市学院路	固定资产总值(万元) 32327.22	其中:正高级 27
	教学、科研仪器设备资产值(万元)	副高级 106
邮政编码 551700	4235.69	中级 261
办公电话 0857-8331423	在校生数(人) 14383	初级 108
传真电话 0857-8330068	其中:普通本科 8067	未定职级 69
校园(局域)网域名 www.gzbjc.edu.cn		

本科专业 安全工程、采矿工程、地理科学、光电子技术科学、广播电视新闻学、汉语言文学、化学、计算机科学与技术、经济学、历史学、美术学、人力资源管理、社会体育、生物科学、数学与应用数学、思想政治教育、特殊教育、体育教育、物理学、小学教育、信息管理与信息系统、信息与计算科学、学前教育、艺术设计、音乐学、英语、应用化学、应用物理学

专科专业 汉语、化学教育、会计、机械制造与自动化、计算机应用技术、建筑工程技术、旅游服务与管理、煤矿开采技术、特殊教育、体育教育、舞蹈教育、心理咨询、学前教育、音乐教育、英语教育

院系设置

人文学院、政治与法学学院、经济与管理学院、教育科学学院、外国语学院(公共外语教学部)、音乐学院、美术学院、体育与健康科学学院(公共体育教学部)、数学与计算机科学学院、物理科学与技术学院、化学与化学工程学院、地理与生命科学学院、资源与安全工程学院、建筑工程学院、继续教育学院

定期公开出版的专业刊物 《毕节学院学报》

学校设立奖学金情况

学校设立奖(助)学金14项,奖励总金额1034余万元。奖学金最高金额8000元/年,最低金额500元/年。

学校历史沿革

贵州省省立毕节师范学校(1938年-1949年),贵州省毕节师范学校(1949年-1977年),贵阳师范学院毕节专科大专班(1977年-1978年),贵阳师范学院毕节专科班(1978年-1981年),毕节师范专科学校(1981年-1993年),毕节师范高等专科学校(1993年-2000年),毕节学院(筹)(2001年-2005年)(含毕节师范高等专科学校、毕节教育学院),毕节学院(2006年至今)。

凯里学院

学校(机构)标识码 4152010669	学校性质类别 06 师范院校	学校地址 贵州省凯里市经济开发区鸭塘镇翁义村
学校办学类型 412:本科院校:学院	学校举办者 821 地级教育部门	

邮政编码　556011	固定资产总值(万元)　48954	留学生　8
办公电话　0855-8505647	教学、科研仪器设备资产值(万元)	专任教师(人)　556
传真电话　0855-8503572	5200	其中:正高级　46
校园(局域)网域名　www.kluniv.com	在校生数(人)　11962	副高级　109
电子信箱　Klxydzb@163.com	其中:普通本科　7422	中级　178
占地面积(平方米)　781057	普通专科　2099	初级　102
校舍建筑面积(平方米)　245741	成人本科　1636	未定职级　121
图书(万册)　105	成人专科　797	

本科专业　材料化学、地理科学、地理科学(生态旅游方向)、工商管理、汉语言文学、汉语言文学(民族文化方向)、汉语言文学(文秘)、化学、计算机科学与技术、历史学、旅游管理、美术学、农林经济管理、日语、社会体育、生物科学、数学与应用数学、数学与应用数学(师范方向)、思想政治教育、体育教育、舞蹈学、物理学、小学教育(理科)、小学教育(文科)、学前教育、艺术设计、音乐表演、音乐学、英语、英语(旅游英语)、园艺、资源环境科学

专科专业　化学教育、会计、计算机应用技术、建筑工程管理、建筑工程技术、金融保险、酒店管理、旅游管理、美术教育、生物教育、食品加工技术、数学教育、思想政治教育、体育教育、物理教育、物业管理、现代教育技术、学前教育、艺术设计(工艺美术设计)、音乐教育、英语教育、语文教育、综合文科教育、综合文科教育(政法方向)

院系设置
学院设有:艺术学院、旅游与经济发展学院、理学院、教育科学学院、法律与政治学院、计算机与信息科学学院、人文学院、环境与生命科学学院、外国语学院、建筑工程学院、成人教育学院

国家级、省部级研究机构设置
研究中心(所):贵州省原生态民族文化研究中心

定期公开出版的专业刊物　《凯里学院学报》、《原生态民族文化学刊》

学校设立奖学金情况
学校设立师范奖学金三项,奖励总额418余万元,奖学金最高金额800元/人、年,最低金额400元/人、年。一等奖学金:476人/年,800元/人、年,二等奖学金:952人/年,600元/人、年,三等奖学金:8093人/年,400元/人、年;优秀学生奖三项,其中:三好学生奖学金1000元/人、学年按学生人数的4%评定,优秀学生干部奖学金500元/人、学年,按学生干部人数的8%评定,学生单项奖学金430元/人、学年,按学生人数的10%评定。

主要校办产业
校办产业经营部、学院招待所

学校历史沿革
黔东南大学(1958-1959);黔东南师范专科学校(1959-1961);凯里师范学校(1962-1974);黔东南五七师范大学(1975-1977);贵阳师范学院凯里大专班(1977-1978);黔东南民族师范专科学校(1978-1993);1993年更名为黔东南民族师范高等专科学校;2002年在我校建"贵州师范大学凯里学院",实行一校两牌,同年黔东南商校划入我校;2006年经国家教育部批准将黔东南民族师范高等专科学校升格为凯里学院。

黔南民族师范学院

学校(机构)标识码　4152010670	com	普通专科　1103
学校办学类型　412:本科院校:学院	电子信箱　qnsybgs@163.com	成人本科　1042
学校性质类别　06 师范院校	占地面积(平方米)　487527	成人专科　531
学校举办者　821 地级教育部门	校舍建筑面积(平方米)　231203	留学生　4
学校地址　贵州省都匀市经济开发区龙山大道	图书(万册)　73.2	专任教师(人)　516
	固定资产总值(万元)　8355.09	其中:正高级　38
邮政编码　558000	教学、科研仪器设备资产值(万元)	副高级　188
办公电话　0854-8737000	3831.37	中级　210
传真电话　0854-8737012	在校生数(人)　11530	初级　30
校园(局域)网域名　www.sgmtu.edu.	其中:普通本科　8850	未定职级　50

本科专业　地理科学、电子信息工程、广播电视新闻学、汉语言文学、行政管理、化学、计算机科学与技术、经济学、历史学、旅游管理、旅游英语方向、美术学、农林经济管理、人力资源管理、社会工作、社会体育、生物化学、生物科学、数学与应用数学、思想政治教育、体育教育、舞蹈学、物理学、物流管理、小学教育、信息管理与信息系统、信息与计算科学、学前教育、艺术设计、音乐学、英语、应用化学

专科专业　初等教育、计算机信息管理、旅游管理、美术教育、生物教育、数学教育、体育教育、学前教育、音乐教育、英语教育、语文教育

院系设置

黔南民族师范学院设有中国汉语言文学、外国语言文化、数学、物理与电子科学、化学与化工、计算机科学、政法经济、历史与社会文化、体育、生命科学、音乐、美术、教育科学、管理科学、马列主义教学部

国家级、省部级研究机构设置

研究中心（所）：黔南民族师范学院民族研究所

定期公开出版的专业刊物 《黔南民族师范学院学报》、《黔南民族师范学院院报》

学校设立奖学金情况

学校设立奖学金3项，奖励总金额357.546万元。奖学金最高金额2500元/年，最低金额500元/年。

学校历史沿革

黔南民族师范学院于2000年3月经国家教育部批准，由黔南民族师范学院高等专科学校、黔南教育学院、都匀民族师范学校三校合并组建。

贵州财经学院

学校（机构）标识码 4152010671	电子信箱 yb@mail.gzife.edu	普通专科 688
学校办学类型 412：本科院校：学院	占地面积（平方米） 3562214	成人本科 5576
学校性质类别 08 财经院校	校舍建筑面积（平方米） 296462	成人专科 2156
学校举办者 811 省级教育部门	图书（万册） 117.3	硕士研究生 800
学校地址 贵阳市云岩区鹿冲关路276号	固定资产总值（万元） 41445.72	专任教师（人） 728
邮政编码 550004	教学、科研仪器设备资产值（万元） 4913.91	其中：正高级 128
办公电话 0851-6902220	在校生数（人） 19579	副高级 313
传真电话 0851-6903811	其中：普通本科 10359	中级 262
校园（局域）网域名 www.gzife.edu.cn		初级 25

本科专业 保险、财务管理、财政学、传播学、电子商务、法学、房地产经营管理、工程管理、工程管理（造价管理方向）、工商管理、公共事业管理、公共事业管理（教育管理方向）、公共事业管理（文化产业管理方向）、管理科学、管理科学（项目管理方向）、广告学、国际经济与贸易、国际商务、汉语言文学、汉语言文学（应用方向）、行政管理、环境资源与发展经济学、会计学、会计学（国际会计方向）、计算机科学与技术、教育技术学、金融工程、金融学、经济学、劳动与社会保障、旅游管理、旅游管理（酒店管理方向）、农村区域发展、人力资源管理、软件工程、社会工作、社会工作（家政管理方向）、审计学、市场营销、数学与应用数学、数学与应用数学（经济应用方向）、税务、统计学、投资学、土地资源管理、网络工程、舞蹈学、物流管理、信息管理与信息系统、音乐学、英语、英语（翻译方向）、英语（商务方向）、应用心理学、资源环境与城乡规划管理

专科专业 会计、会计（中外合作办学）、金融保险、金融保险（中外合作办学）、市场营销、市场营销（中外合作办学）、物流管理、物流管理（中外合作办学）、物业管理

硕士专业 保险、财政学（含：税收学）、产业经济学、工商管理、国际贸易学、国际商务、国民经济学、行政管理、会计学、计算机应用技术、金融、金融学（含：保险学）、经济史、劳动经济学、旅游管理、马克思主义中国化研究、企业管理（含：财务管理、市场营销）、区域经济学、人口、资源与环境经济学、数量经济学、思想政治教育、统计学、应用统计、政治经济学、中国少数民族经济

院系设置

学校现有21个分院

国家级、省部级研究机构设置

1. 实验室：贵州省经济系统方针重点实验室，成立于2008年

2. 研究中心（所）：欠发达地区经济发展研究中心，成立于2004年

3. 中国西部现代化发展研究中心，成立于2008年

定期公开出版的专业刊物 《贵州财经学院学报》

学校设立奖学金情况

学校设立奖学金共5项，奖励总金额161.15万元。奖学金最高金额2000元/年，最低金额500元/年。

学校历史沿革

贵州财经学院创建于1958年。经过五十余年的发展，已成为一所具有万人规模，以经济学、管理学学科为主体，兼有法学、文学、理学、工学、教育学等学科的多科性财经类大学。学校地处贵州省贵阳市，分北校区、南校区、花溪校区，校园总面3562214平方米。多年来，学校坚守"厚德、博学、笃行、鼎新"之校训，致力于锻铸"儒魂商才"，努力把学校建设成为西部地区高水平财经大学。

贵州民族学院

学校(机构)标识码　4152010672
学校办学类型　412:本科院校:学院
学校性质类别　12 民族院校
学校举办者　811 省级教育部门
学校地址　贵州省贵阳市花溪区董家堰
邮政编码　550025
办公电话　0851 - 3610278
传真电话　0851 - 3612501
校园(局域)网域名　www.gznc.edu.cn
电子信箱　xyab@mail.gznc.edu.cn
占地面积(平方米)　883103
校舍建筑面积(平方米)　343135
图书(万册)　140.37
固定资产总值(万元)　32381.17
教学、科研仪器设备资产值(万元)　7806.41
在校生数(人)　16609
其中:普通本科　11930
　　　普通专科　492
成人本科　1733
成人专科　2069
硕士研究生　380
留学生　5
专任教师(人)　718
其中:正高级　110
　　　副高级　301
　　　中级　285
　　　初级　20
　　　未定职级　2

本科专业　测控技术与仪器、电子商务、电子信息科学与技术、动画、法学、工程管理、工商管理、公共事业管理、光信息科学与技术、广播电视编导、广播电视新闻学、广告学、汉语言文学、汉语言文学(现代文秘)、行政管理、环境科学、会计学、计算机科学与技术、建筑学、教育技术学、教育技术学(远程教育方向)、金融学、经济学、劳动与社会保障、历史学、旅游管理、旅游管理(导游方向)、旅游管理(英语导游)、美术学、民族学、人力资源管理、日语、社会工作、社会体育、社会学、市场营销、数学与应用数学、数字媒体艺术、体育教育、统计学、土木工程、文化产业管理、舞蹈学、新闻学、信息管理与信息系统、信息与计算科学、药学、艺术设计、音乐表演、音乐表演(空中乘务方向)、音乐表演(民族特色表演方向)、音乐学、英语、应用化学、应用物理学、中国少数民族语言文学

专科专业　空中乘务、旅游管理、汽车技术服务与营销、舞蹈表演、艺术设计、音乐表演

硕士专业　法律、概率论与数理统计、经济法学、民族学、社会学、刑法学、中国少数民族语言文学(分语族)

院系设置
法学院、传媒学院、文学院、管理学院、外国语学院、化学与环境科学学院、计算机与信息工程学院、民族学与社会学学院、商学院、理学院、体育学院、音乐舞蹈学院、美术学院、旅游与航空服务学院、建筑工程学院、预科教育学院、继续教育(高等职业技术教育)学院、人文科技学院、马克思主义学院

国家级、省部级研究机构设置
研究中心:贵州民族文化艺术研究院、贵州民族科学研究院、贵州民族经济研究院、西南夜郎文化研究院、西南傩文化研究院、水书文化研究院、贵州侗族文化研究院、贵州民族医药研究院、法学研究院

定期公开出版的专业刊物　《贵州民族学院学报》
学校设立奖学金情况
学校设立奖学金15项,奖励总额17725700元。奖学金最高金额8000元/年。
1. 国家奖学金:22 人/年,8000 元/人;
2. 国家励志奖学金:500 人/年,5000 元/人;
3. 国家助学金:4220 人/年,3000 元/人;
4. 学校奖学金:1735 人/年,一等1200 元/人,二等800 元/人,三等400 元/人;
5. 学校民族类专业助学金:740 人/年,400 元/人;
6. "蒋梅林"助学金:6 人/年,6000 元/人;
7. 美国地区发展基金:40 人/年,800 元/人;
8. 香港"善真堂"助学金:100 人/年,1500 元/人;
9. "邓廷琮"教育基金:19 人/年,2500 元/人;
10. "新长城"助学金:50 人/年,3000 元/人;
11. "吕良文"助学金:5 人/年,1200 元/人;
12. "黄如健"助学金:20 人/年,3000 元/人;
13. "成长计划"助学金:90 人/年,3000 元/人;
14. 贵州省慈善总会助学金:39 人/年,5000 元/人;
15. "立木"奖学金:3 人/年,400 元/年。

学校历史沿革
贵州民族学院成立于1951年,1959年并入贵州大学,1974年经国务院批准恢复。

贵阳学院

学校(机构)标识码　4152010976
学校办学类型　412:本科院校:学院
学校性质类别　01 综合大学
学校举办者　821 地级教育部门
学校地址　贵阳市南明区见龙路103号
邮政编码　550005
办公电话　0851 - 5402889
传真电话　0851 - 5402889
校园(局域)网域名　www.gyu.cn
电子信箱　gyxyyb@126.com
占地面积(平方米)　425240

校舍建筑面积（平方米） 254000
图书（万册） 74.2
固定资产总值（万元） 63739.1
教学、科研仪器设备资产值（万元）
　　　　　　　　　　6231.1
在校生数（人） 17380

其中：普通本科 9043
　　　普通专科 516
　　　成人本科 2662
　　　成人专科 5159
专任教师（人） 585

其中：正高级 49
　　　副高级 172
　　　中级 276
　　　初级 87
　　　未定职级 1

本科专业 材料工程、电子商务、电子信息工程、电子信息科学与技术、法学、广播电视新闻学、国际经济与贸易、汉语言文学、化学、机械设计制造及其自动化、计算机科学与技术、科学教育、美术学、汽车服务工程、软件工程、社会工作、生物工程、数学、数学与应用数学、思想政治教育、体育教育、通信工程、微软、物流管理、小学教育、信息与计算科学、学前教育、艺术设计、音乐表演、音乐学、英语、园林

专科专业 美术教育、数学教育、体育教育、学前教育、音乐教育、英语教育、语文教育

院系设置
15个系，2个部，1个院

定期公开出版的专业刊物 《贵阳学院报》（自然科学版）、《贵阳学院报》（社会科学版）

学校设立奖学金情况
学校设立奖学金四项，奖励总金额289600余万元。奖学金最高金额600元/年，最低金额200元/年。

学校历史沿革
贵阳学院是贵阳市唯一的本科普通高等院校。2004年由原贵阳师范高等专科学校和贵阳金筑大学组建升格为贵阳学院。

六盘水师范学院

学校（机构）标识码 4152010977
学校办学类型 412：本科院校：学院
学校性质类别 06 师范院校
学校举办者 821 地级教育部门
学校地址 六盘水市钟山区明湖路朝阳新村
邮政编码 553004
办公电话 0858-8600486
传真电话 0858-8602133
校园（局域）网域名 lpssy.edu.cn

电子信箱 lpssybgs@126.com
占地面积（平方米） 458047
校舍建筑面积（平方米） 120638
图书（万册） 44.87
固定资产总值（万元） 7882.8
教学、科研仪器设备资产值（万元）
　　　　　　　　　　1885.59
在校生数（人） 5134
其中：普通本科 1674

普通专科 3214
成人本科 126
成人专科 120
专任教师（人） 354
其中：正高级 20
　　　副高级 103
　　　中级 113
　　　初级 82
　　　未定职级 36

本科专业 安全工程、采矿工程、汉语言文学、化学、化学工程与工艺、计算机科学与技术、矿物加工工程、历史学、生物科学、数学与应用数学、思想政治教育、学前教育、英语、应用物理学

专科专业 地理教育、法律文秘、化学教育、计算机应用技术、科学教育、矿井通风与安全、矿山地质、历史教育、煤矿开采技术、煤炭深加工与利用、美术教育、商务英语、生物教育、数学教育、思想政治教育、体育教育、物理教育、学前教育、音乐教育、英语教育、语文教育

院系设置
政治教育与法学系、思想政治理论教学部、历史与社会文化科学系、中国语言文学系、外国语言文学系、大学外语教学部、教育科学系、数学系、物理与电子科学系、化学与化学工程系、生命科学系、计算机科学与信息技术系、环境与资源科学系、矿业工程系、机械与电气工程系、材料与冶金工程系、艺术系、体育系

定期公开出版的专业刊物 《六盘水师范学院学报》

学校设立奖学金情况
设立奖学金共3项，奖励总额4783000万元。奖学金最高金额8000元/年，最低金额3000元/年。其中：
1. 国家奖学金：总额64000元，共8人，8000元/人；
2. 国家励志奖学金：总额780000元，共156人，5000元/人；
3. 国家助学奖学金：总额3939000元，共1313人，3000元/人。

毕业生一次就业率 82%

学校历史沿革
六盘水师范学院是经教育部批准设立的一所全日制普通高等师范院校。其前身是1975年6月在六盘水地区成立的五·七师范大学。1978年经贵州省人民政府批准，撤消"五七"师大，挂靠原贵阳师范学院（现贵州师范大学）成立六盘水大专班（分散三县区办学）。1980年，集中到原水城特区朝阳新村办学。1982年搬到现办学地址：六盘水市钟山区明湖路育才巷19号。1984年，"六盘水市教师进修学校"并入。1985年1月经贵州省人民政府批准更名为"六盘水师范专科学校"。1993年经原国家

教委评估验收后,批准更名为"六盘水师范高等专科学校"。2002年5月,经贵州省人民政府批准成立"贵州师范大学六盘水学院",实行一校两牌。2003年12月,"六盘水市师范学校"并入。2006年,"六盘水市体育运动学校"并入。2006年9月,经贵州省人民政府批准成立"贵州大学六盘水能源矿业学院",实行一校三牌。2009年3月,经全国高等学校设置评议委员会评议通过,教育部批准升格建立"六盘水师范学院"。"

黔南民族医学高等专科学校

学校(机构)标识码　4152011663
学校办学类型　414:专科院校:高等专科学校
学校性质类别　05 医药院校
学校举办者　821 地级教育部门
学校地址　贵州省都匀市黔医路7号附4号
邮政编码　558003
办公电话　0854-8308056
传真电话　0854-8308008
校园(局域)网域名　www.qnmc.cn
电子信箱　qnmc_xb@163.com
占地面积(平方米)　1066672
校舍建筑面积(平方米)　198165
图书(万册)　55
固定资产总值(万元)　18920
教学、科研仪器设备资产值(万元)　3626
在校生数(人)　6947
其中:普通专科　6695
　　　成人专科　252
专任教师(人)　436
其中:正高级　24
　　　副高级　124
　　　中级　227
　　　初级　47
　　　未定职级　14

专科专业　护理、计算机信息管理、临床医学、全科医学、药学、医学检验技术、医学影像技术、中药、助产
定期公开出版的专业刊物　《黔南民族医专学报》
学校历史沿革
　　黔南民族医学高等专科学校创建于1985年11月,是一所全日制普通高等专科学校。学校现有6个教学系、2个教学部、34个教研室、17个实验室、1个医学分子生物学开放实验室。学校开设有临床医学、全科医学、护理学、助产、医学检验技术、药学、中药学、医学影像技术、计算机信息管理等九个专业和专业方向。

贵州商业高等专科学校

学校(机构)标识码　4152011731
学校办学类型　414:专科院校:高等专科学校
学校性质类别　08 财经院校
学校举办者　812 省级其他部门
学校地址　贵州省贵阳市云岩区盐务街55号
邮政编码　550004
办公电话　0851-8128868
传真电话　0851-8128088
校园(局域)网域名　www.gycc.cnt
电子信箱　office@gycc.net
占地面积(平方米)　710639
校舍建筑面积(平方米)　152060
图书(万册)　47.9
固定资产总值(万元)　18554.96
教学、科研仪器设备资产值(万元)　2280.91
在校生数(人)　10140
其中:普通专科　9058
　　　成人专科　1082
专任教师(人)　316
其中:正高级　12
　　　副高级　86
　　　中级　170
　　　初级　48

专科专业　保险实务、财务管理、餐饮管理与服务、电脑艺术设计、电子商务、电子设备与运行管理、房地产经营与估价、工商行政管理、工商企业管理、公共事务管理、广告经营与管理、国际商务、会计、会计电算化、会计与审计、会展策划与管理、计算机网络技术、计算机信息管理、计算机应用技术、金融与证券、酒店管理、连锁经营管理、旅行社经营管理、旅游管理、器乐、商务英语、涉外旅游、声乐、市场营销、税务、投资与理财、文秘、舞蹈表演、物流管理、物业管理、信用管理、学前教育、营销与策划、应用电子技术、装饰、装饰艺术设计、资产评估与管理
院系设置
　　工商系、会计系、贸易经济系、计算机科学与应用系、财政金融系、旅游系、设计艺术系
定期公开出版的专业刊物　贵州商业高等专科学校学报
学校设立奖学金情况
　　学校设立奖学金8项,奖励总金额74元,奖学金最高金额1500元/年,最低金额50元/年。
智育单项奖:100元/年
体育单项奖:100元/年
德育单项奖:100元/年
综合奖:400元/年
一书多证奖:200元/年
竞赛奖:200元/年
个人进步奖:150元/年
考试单项奖:50元/年

学校历史沿革

贵州商业高等专科前身为贵阳市尚信会计学校,建立于1947年,1987年经国家教委同意正式建立贵州商业高等专科,2000年经人民政府批准贵州省商业干部学校并入。

贵州警官职业学院

学校(机构)标识码	4152012107
学校办学类型	415:专科院校:高等职业学校
学校性质类别	09 政法院校
学校举办者	812 省级其他部门
学校地址	贵州省贵阳市南明区龙洞堡见龙路180号
邮政编码	550005
办公电话	0851-5400180
传真电话	0851-5401021
校园(局域)网域名	www.gzjgxy.com
电子信箱	gzjgxy@126.com
占地面积(平方米)	441534
校舍建筑面积(平方米)	198932
图书(万册)	51.32
固定资产总值(万元)	16141
教学、科研仪器设备资产值(万元)	3020
在校生数(人)	4608
其中:普通专科	4582
成人专科	26
专任教师(人)	290
其中:正高级	24
副高级	99
中级	113
初级	54

专科专业

安全防范技术、法律事务、法律文秘、防火管理、计算机应用技术、社区管理与服务

院系设置

刑事科学技术系、侦查系、治安管理系、公安管理系、警体教学部、法律一系、法律二系、实验中心、基础教学部、政治理论教学部、计算机科学系、驾驶培训学校

国家级、省部级研究机构设置

贵州警官职业学院司法鉴定中心

定期公开出版的专业刊物 《贵州警官职业学院学报》

学校设立奖学金情况

学校设立奖学金奖励总金额1328000元/年,另有助学金5993000元/年。

学校历史沿革

学院的前身是创建于1950年的贵州省人民政府公安干部学校,其间与贵州省政法干部学校几经分合,数易校名:贵州省人民政府公安干部学校(1950-1955年),贵州省公安学校(1955-1957年),贵州省政法学院(1958-1960年),贵州省政法干部学校(1961-1975年);至1978年划分为贵州省公安干部学校和贵州省政法学校,1985年两校分别升格为成人大专院校。2000年,两校正式合并为贵州警官职业学院。

贵州交通职业技术学院

学校(机构)标识码	4152012222
学校办学类型	415:专科院校:高等职业学校
学校性质类别	02 理工院校
学校举办者	812 省级其他部门
学校地址	贵州交通职业技术学院
邮政编码	550008
办公电话	0851-4704694
传真电话	0851-4704694
校园(局域)网域名	www.gzjtzy.net
电子信箱	Gzjzy@163.com
占地面积(平方米)	638472
校舍建筑面积(平方米)	212599
图书(万册)	50.64
固定资产总值(万元)	14179.87
教学、科研仪器设备资产值(万元)	4961.77
在校生数(人)	9380
其中:普通专科	9380
专任教师(人)	501
其中:正高级	5
副高级	99
中级	156
初级	188
未定职级	53

专科专业

安全技术管理、表演艺术、城市轨道交通工程技术、道路桥梁工程技术、地下工程与隧道工程技术、电脑艺术设计、动漫设计与制作、多媒体设计与制作、高等级公路维护与管理、工程测量与监理、工程机械控制技术、工程机械运用与维护、工程造价、工业环保与安全技术、公路监理、公路运输与管理、会计电算化、会展策划与管理、机电一体化技术、机械制造与自动化、计算机多媒体技术、计算机网络技术、计算机应用技术、建筑工程技术、建筑设备工程技术、建筑设计技术、建筑装饰工程技术、交通安全与智能控制、经济信息管理、酒店管理、旅游工艺品设计与制作、旅游管理、汽车电子技术、汽车技术服务与营销、汽车检测与维修技术、汽车运用技术、汽车整形技术、软件技术、市场营销、数控技术、通信技术、物流管理、新能源应用技术、信息安全技术、应用电子技术

院系设置

路桥工程系、汽车工程系、管理工程系、信息工程系、建筑工程系、机电工程系、汽车驾驶技工学校、基础部、成教部

定期公开出版的专业刊物 《贵州交通职业技术学院学报》
学校设立奖学金情况
学校设立奖学金1项,奖励总金额20余万元。奖学金最高金额1200元/年,最低金额800元/年。
主要校办产业
贵阳凤凰村机动车技术检测有限责任公司、贵阳骄苑旅行社、贵州省交通职业技术学院试验检测中心

学校历史沿革
贵州交通职业技术学院于2000年经贵州省人民政府批准,教育部备案,由原贵州省交通学校、贵州省交通干部管理学校、贵州省驾驶技工学校合并而成。于2007年获财政部、教育部批准成为全国"百所示范性高职高专院校"建设单位。并于2010年顺利通过验收成为"国家示范性高职高专院校"。

贵州航天职业技术学院

学校(机构)标识码 4152012223	传真电话 0852-8612143	在校生数(人) 4911
学校办学类型 415:专科院校:高等职业学校	校园(局域)网域名 www.gzhtzy.com	其中:普通专科 4452
	电子信箱 htzy_gz@126.com	成人专科 459
学校性质类别 02 理工院校	占地面积(平方米) 360000	专任教师(人) 293
学校举办者 812 省级其他部门	校舍建筑面积(平方米) 129362	其中:副高级 37
学校地址 贵州省遵义市延安路314号	图书(万册) 28.04	中级 84
	固定资产总值(万元) 3991.15	初级 132
邮政编码 563003	教学、科研仪器设备资产值(万元) 2001.19	未定职级 40
办公电话 0852-8612760		

专科专业 导游、电气自动化技术、电子测量技术与仪器、飞行器电子装配技术、广告设计与制作、焊接技术及自动化、会计电算化、会展策划与管理、机电设备维修与管理、机电一体化技术、机械制造与自动化、计算机网络技术、计算机应用技术、建筑工程技术、酒店管理、旅游管理、旅游英语、模具设计与制造、汽车技术服务与营销、汽车检测与维修技术、汽车整形技术、软件技术、商务英语、社区管理与服务、市场营销、数控技术、通信技术、文秘、物业管理、信息安全技术、应用电子技术

院系设置
学院现设有机械工程系、汽车工程系、电子工程系、计算机科学系、经济管理系、基础科学系、社会科学教学部、成人教育培训部、中等职业教育部

学校历史沿革
贵州航天职业技术学院2000年5月经贵州省人民政府批准成立,由原贵州航天职工大学(1984年)和贵州航天高级技工学校(1976年)合并组建。

贵州电子信息职业技术学院

学校(机构)标识码 4152012336	校园(局域)网域名 www.gzeic.com www.gzeic.cn	在校生数(人) 6714
学校办学类型 415:专科院校:高等职业学校		其中:普通专科 6415
	电子信箱 205yb@163.com	成人专科 299
学校性质类别 02 理工院校	占地面积(平方米) 266400	专任教师(人) 440
学校举办者 812 省级其他部门	校舍建筑面积(平方米) 234276	其中:正高级 3
学校地址 贵州省凯里市华联路一号	图书(万册) 60.9	副高级 98
邮政编码 556000	固定资产总值(万元) 9273	中级 177
办公电话 0855-8225460	教学、科研仪器设备资产值(万元) 4714	初级 162
传真电话 0855-8270152		

专科专业 财务管理、电气自动化技术、电子商务、电子声像技术、电子信息工程技术、动漫设计与制作、广告媒体开发、广告设计与制作、焊接技术及自动化、会计电算化、机电设备维修与管理、机电一体化技术、机械设计与制造、机械制造与自动化、计算机辅助设计与制造、计算机网络技术、计算机应用技术、旅游管理、模具设计与制造、汽车电子技术、市场营销、数控技术、通信技术、通信网络与设备、通信系统运行管理、物流管理、移动通信技术、应用电子技术

院系设置
机电工程系、计算机科学系、管理工程系、电子工程系、通信工程系、电气工程系、中专部、成教部、基础教学部、教学科研处

定期公开出版的专业刊物 1种

学校设立奖学金情况

学校设立奖学金 6 项，一、二、三等奖学金、素质与能力拓展奖学金、清寒奖学金、单项奖学金。奖励总金额 139 万元。奖学金最高金额 1800 元/年，最低金额 500 元/年。

1. 一等奖：1800 元/年，占学生人数 1%；
2. 二等奖：1200 元/年占学生人数 5%；
3. 三等奖 800 元/年，占学生人数 8%；
4. 素质与能力拓展奖学金 600 元/年占学生人数；1%；
5. 清寒奖学金 800 元/年，占学生人数 3%；
6. 单项奖学金 500 元/年，占学生人数 9%。

学校历史沿革

贵州电子信息职业技术学院前身是贵州无线电工业学校（1973 年 7 月成立），1974 年－2000 年 7 月更名为贵州无线电工业学校；2000 年 7 月经贵州省人民政府批准（黔府函【2000】530 号），由贵州电子工业职工大学、贵州无线电工业学校合并组建贵州电子信息职业技术学院。

安顺职业技术学院

学校（机构）标识码	4152012821
学校办学类型	415：专科院校：高等职业学校
学校性质类别	01 综合大学
学校举办者	821 地级教育部门
学校地址	贵州省安顺市凤凰西路 27 号
邮政编码	561000
办公电话	0853－3238255
传真电话	0853－3238255
校园（局域）网域名	www.asotc.cn
电子信箱	aszybgs@sina.com
占地面积（平方米）	239605
校舍建筑面积（平方米）	133136
图书（万册）	39.8
固定资产总值（万元）	6473.16
教学、科研仪器设备资产值（万元）	2713.17
在校生数（人）	5066
其中：普通专科	5066
专任教师（人）	308
其中：正高级	5
副高级	80
中级	89
初级	124
未定职级	10

专科专业 茶叶生产加工技术、畜牧兽医、电力系统自动化技术、电子商务、工商行政管理、护理、会计电算化、机电设备维修与管理、机电一体化技术、计算机网络技术、计算机应用技术、金融保险、酒店管理、旅游管理、煤矿开采技术、模具设计与制造、农村行政管理、汽车检测与维修技术、食品加工技术、市场营销、数控技术、图形图像制作、文秘、医学影像技术、园林技术、中药制药技术

院系设置
经济管理系、现代农业工程系、应用医药系、护理系、信息与电子科学系、现代工程系、旅游系

定期公开出版的专业刊物 《安顺职业技术学院学报》

学校设立奖学金情况
学校设立奖学金 两 项，奖励总金额 18 余万元。奖学金最高金额 2000 元/年，最低金额 1000 元/年。

学校历史沿革
根据 2001 年 6 月 28 日《中共贵州省委常委会会议纪要》（八届［2001］年第 40 号）、2001 年 8 月 10 日省人民政府《关于组建安顺职业技术学院的批复》（黔府函［2001］423 号），以及 2002 年 5 月 24 日安顺市编委《关于组建安顺职业技术学院的通知》（安市编［2002］32 号）等文件的精神，明确安顺农业学校、安顺财政学校、安顺市卫生学校、安顺市工业学校合并组建安顺职业技术学院，为副厅级事业单位，实行省、市共管，以市为主的管理体制。

黔东南民族职业技术学院

学校（机构）标识码	4152012822
学校办学类型	415：专科院校：高等职业学校
学校性质类别	01 综合大学
学校举办者	821 地级教育部门
学校地址	贵州省凯里市红洲路 51 号
邮政编码	556000
办公电话	0855－2100588
传真电话	0855－2100688
校园（局域）网域名	www.qdnpt.com
电子信箱	qdnpt@163.com
占地面积（平方米）	588016
校舍建筑面积（平方米）	258665
图书（万册）	84.33
固定资产总值（万元）	10173.38
教学、科研仪器设备资产值（万元）	4300.02
在校生数（人）	7265
其中：普通专科	6994
成人专科	271
专任教师（人）	552
其中：正高级	18
副高级	108
中级	190
初级	74
未定职级	162

专科专业 财务管理、畜牧兽医、导游、广告与装潢设计、护理、会计、会计电算化、机电一体化技术、机械设计与制造、计算机应用技术、建筑工程技术、酒店管理、口腔医学、口腔医学技术、林业技术、临床医学、旅游管理、汽车检测与维修技术、市场营销、文秘、药学、园林技术、园艺技术、助产

院系设置
6个 护理系、临床医学系、医药技术系、生物与环境工程系、信息工程系、旅游与经济管理系

定期公开出版的专业刊物 《黔东南民族职业技术学院学报》

学校设立奖学金情况
学校设立奖学金3项,奖励总金额27万元。奖学金最高金额1000元/年,最低金额400元/年。一等奖学金:100人/年,1000元/人;二等奖学金:150人/年,600元/人;三等奖学金:200人/年,400元/人。

主要校办产业
黔东南民族职业技术学院驾驶学校,黔东南民族职业技术学院园林绿化公司,黔东南民族职业技术学院农牧中心。

学校历史沿革
黔东南民族职业技术学院是2001年8月经贵州省人民政府批准、教育部备案,由黔东 南民族农业学校、黔东南苗族侗族自治州卫生学校、黔东南州财贸学校和黔东南民族林业学校合并组建而成的全日制公办高等学校。

黔南民族职业技术学院

学校(机构)标识码 4152012823	校园(局域)网域名 www.qnzy.net	在校生数(人) 2310
学校办学类型 415:专科院校:高等职业学校	电子信箱 qnzy222222@163.com	其中:普通专科 2310
	占地面积(平方米) 887396	专任教师(人) 192
学校性质类别 01 综合大学	校舍建筑面积(平方米) 72788	其中:正高级 4
学校举办者 821 地级教育部门	图书(万册) 24.64	副高级 53
学校地址 贵州省都匀市甘塘镇	固定资产总值(万元) 5472	中级 96
邮政编码 558002	教学、科研仪器设备资产值(万元)	初级 35
办公电话 0854-8611794	2015.03	未定职级 4
传真电话 0854-8611795		

专科专业 保险实务、畜牧兽医、电脑艺术设计、电子商务、会计电算化、机电设备维修与管理、计算机多媒体技术、计算机网络技术、计算机信息管理、金融保险、楼宇智能化工程技术、旅游管理、农产品质量检测、汽车检测与维修技术、人力资源管理、商务英语、市场营销、数控技术、投资与理财、文秘、物流管理、新闻采编与制作、应用电子技术、园林技术、装潢艺术设计

院系设置
管理系、计算机科学系、机电工程系、生物工程系、财经系、旅游经济系、培训中心7个系。

学校设立奖学金情况
学校设立奖学金3项,奖励总金额13余万元。奖学金最高金额2000元/年,最低金额为600元/年。

学校历史沿革
2001年8月经省人民政府[2001]423号文件批准,由黔南民族行政管理学校、黔南民族财政学校、黔南民族工业学校、黔南民族农业学校合并成立黔南民族职业技术学院。

遵义职业技术学院

学校(机构)标识码 4152012824	校园(局域)网域名 www.zyzy.gov.cn	其中:普通专科 3115
学校办学类型 415:专科院校:高等职业学校	电子信箱 zyzybgs@163.com	成人专科 121
	占地面积(平方米) 260664	专任教师(人) 171
学校性质类别 01 综合大学	校舍建筑面积(平方米) 98898	其中:正高级 9
学校举办者 821 地级教育部门	图书(万册) 21	副高级 49
学校地址 遵义市红花岗区新蒲镇	固定资产总值(万元) 5406	中级 70
邮政编码 563003	教学、科研仪器设备资产值(万元)	初级 36
办公电话 0852-8912136	1962	未定职级 7
传真电话 0852-8655018	在校生数(人) 3236	

专科专业 财务管理、畜牧兽医、动物医学、公共事务管理、会计电算化、会计与审计、机电一体化技术、计算机信息管理、计

算机应用技术、金融保险、酒店管理、旅游管理、农业经济管理、汽车检测与维修技术、市场营销、图形图像制作、应用电子技术、园艺技术、种子生产与经营、作物生产技术

院系设置

设农学、会计、动物科学、经济贸易、机电工程、人文科学、计算机科学等七个教学系。

定期公开出版的专业刊物 《遵义职业技术学院学报》

学校设立奖学金情况

学校设立奖学金2项,奖励总金额7.34余万元。奖学金最高金额1000元/年,最低金额100元/年。

学校历史沿革

2002年4月由原遵义农校、遵义财校等四校一所组建成立遵义职业技术学院。

贵州亚泰职业学院

学校(机构)标识码	4152012850
学校办学类型	415:专科院校:高等职业学校
学校性质类别	01 综合大学
学校举办者	999 民办
学校地址	贵州省贵阳市花溪区鸿源路8号
邮政编码	550025
办公电话	0851-3870081
传真电话	0851-3870081
校园(局域)网域名	www.gzyt.com.cn
电子信箱	gzytbgs@163.com
占地面积(平方米)	338668
图书(万册)	31.7
固定资产总值(万元)	10580.02
教学、科研仪器设备资产值(万元)	1967.02
在校生数(人)	3962
其中:普通专科	3962
专任教师(人)	236
其中:正高级	4
副高级	20
中级	140
初级	50
未定职级	22

专科专业 出版与发行、电子商务、房地产经营与估价、工程测量技术、工程造价、工商行政管理、工商企业管理、广告设计与制作、会计电算化、会计与审计、计算机通信、计算机网络技术、计算机信息管理、建筑工程管理、建筑装饰工程技术、酒店管理、旅游管理、软件技术、商务管理、市场营销、投资与理财、物流管理、物业管理、新闻采编与制作、应用电子技术、资产评估与管理

院系设置

学院设有建筑工程系、经济贸易系、工商管理系、信息工程系、艺术传媒系和公共课部5系1部

学校设立奖学金情况

学校设立奖学金8项,奖励总金额10余万元。奖学金最高金额5000元/年,最低金额1000元/年。

学校历史沿革

贵州亚泰职业学院前身为贵州鸿源管理工程职业学院,于2001年3月16日经贵州省人民政府批准成立。2005年6月搬至贵阳市花溪区办学,2006年1月经省政府批准更名为贵州亚泰职业学院,学院现有在校生人数5000余人。

贵州工业职业技术学院

学校(机构)标识码	4152013052
学校办学类型	415:专科院校:高等职业学校
学校性质类别	02 理工院校
学校举办者	811 省级教育部门
学校地址	贵阳市白云大道松岭路49号
邮政编码	550008
办公电话	0851-4704585
传真电话	0851-4704585
校园(局域)网域名	www.gzky.edu.cn
电子信箱	gzgyzyjsxy@1163.com
占地面积(平方米)	258701
校舍建筑面积(平方米)	103312
图书(万册)	40.77
固定资产总值(万元)	7710.46
教学、科研仪器设备资产值(万元)	2271
在校生数(人)	7638
其中:普通专科	6820
成人专科	818
专任教师(人)	295
其中:正高级	9
副高级	62
中级	78
初级	125
未定职级	21

专科专业 材料工程技术、电气自动化技术、电子商务、电子信息工程技术、房地产经营与估价、工商企业管理、工业分析与检验、公共事务管理、供用电技术、化工设备维修技术、化学制药技术、环境艺术设计、机电一体化技术、机械制造与自动化、基础工程技术、计算机控制技术、计算机应用技术、建筑工程管理、建筑工程技术、建筑装饰工程技术、精细化学品生产技术、酒店管理、旅游管理、煤炭深加工与利用、汽车技术服务与营销、汽车运用技术、生产过程自动化技术、生物化工工艺、视觉传达艺术设计、水环境监测与保护、物业管理、应用电子技术、有机化工生产技术、装饰艺术设计

院系设置

四个分院两个部：化学与材料工程学院、电子与信息工程学院、城市建设与管理学院、机械与电气学院、成教部、基础部

学校设立奖学金情况

设立奖学金2项，奖励总金额26.5余万元。奖学金最高金额2000元/年，最低金额1000元/年。

学校历史沿革

我院前身是贵州化工学校，属于国家级重点中专，创建于1958年，2002年2月经省人民政府批准，正式升格为贵州科技工程职业学院。2009年4月经省人民政府同意并批复，学校更名为贵州工业职业技术学院。

贵州电力职业技术学院

学校(机构)标识码	4152013053
学校办学类型	415:专科院校:高等职业学校
学校性质类别	02 理工院校
学校举办者	812 省级其他部门
学校地址	贵州省贵阳市清镇红枫湖
邮政编码	551417
办公电话	0851-2554934
传真电话	0851-2554934
校园(局域)网域名	www.cageda.com
电子信箱	GZ-DLZY2xinhuannet
占地面积(平方米)	277268
校舍建筑面积(平方米)	117405
图书(万册)	16.25
固定资产总值(万元)	13442.45
教学、科研仪器设备资产值(万元)	3895.19
在校生数(人)	2220
其中:普通专科	1998
成人专科	222
专任教师(人)	121
其中:副高级	39
中级	47
初级	14
未定职级	21

专科专业 电厂热能动力装置、电厂设备运行与维护、电力系统自动化技术、电气自动化技术(电力远动方向)、电气自动化技术(机电方向)、电气自动化技术(控制方向)、电气自动化技术(中澳合作办学)、电子信息工程技术、发电厂及电力系统、高压输配电线路施工运行与维护、供用电技术、火电厂集控运行、机电一体化技术、市场开发与营销(电力营销方向)、水电站动力设备与管理

院系设置

电力系、动力系、管理工程部、国际合作部、成教部、教培部

学校设立奖学金情况

学校设立奖学金1项，奖励总金额21.5500余万元。奖学金最高金额1000元/年。最低金额500元/年。

主要校办产业

后勤服务中心

学校历史沿革

贵州电力职业技术学院是新组建的南方电网内唯一的电力高等学校，并且是贵州省内经批准实施中外办学的首家高职院校。我院前身为贵州电力学校、贵州电力技工学校和贵州电力培训中心。电力学校创建于1976年，电力技工学校创建于1980年，培训中心创建于1984年。2001年根据上级部门的有关精神将电力学校和技工学校合并成立了贵州电力职业技术学院。2006年根据电力系统教育资源整合的精神又将电力职业技术学院和电力培训中心合并。

六盘水职业技术学院

学校(机构)标识码	4152013054
学校办学类型	415:专科院校:高等职业学校
学校性质类别	01 综合大学
学校举办者	821 地级教育部门
学校地址	贵州省六盘水市人民西路345号
邮政编码	553003
办公电话	0858-8329989
传真电话	0858-8330736
校园(局域)网域名	www.lpszy.cn
电子信箱	lpszyjsxy@126.com
占地面积(平方米)	420343
校舍建筑面积(平方米)	147358
图书(万册)	26.95
固定资产总值(万元)	5596.55
教学、科研仪器设备资产值(万元)	1548.43
在校生数(人)	2630
其中:普通专科	2541
成人专科	89
专任教师(人)	205
其中:正高级	3
副高级	49
中级	75
初级	76
未定职级	2

专科专业 畜牧兽医、电子商务、发电厂及电力系统、房地产经营与估价、护理、会计电算化、机电一体化技术、机械设计与制造、计算机应用技术、酒店管理、康复治疗技术、旅游管理、煤矿开采技术、煤炭深加工与利用、人力资源管理、图形图像制作、烟草栽培技术、园艺技术、助产

院系设置

财经系、生物工程系、临床医学系、护理系、商务管理系、工业系、社会科学系、信息工程系

学校设立奖学金情况

奖励总金额 448700 元/年,最低金额 400 元/年。

学校历史沿革

六盘水职业技术学院由六盘水市卫生学校(创建于 1972 年)、六盘水市财经学校(创建于 1998 年)、六盘水市农业学校(创建于 1976 年)、六盘水市农科所(创建于 1979 年)、六盘水市林科所(创建于 1978 年)、六盘水市农机所(创建于 1975 年)三校三所合并组建,于 2002 年 6 月经贵州省人民政府批准成立。

铜仁职业技术学院

学校(机构)标识码 4152013055	传真电话 0856-5206375	在校生数(人) 7093
学校办学类型 415:专科院校:高等职业学校	校园(局域)网域名 www.trzy.cn	其中:普通专科 6599
	电子信箱 gztrzy@163.com	成人专科 475
学校性质类别 01 综合大学	占地面积(平方米) 790670	留学生 19
学校举办者 821 地级教育部门	校舍建筑面积(平方米) 226406	专任教师(人) 422
学校地址 贵州省铜仁市清水大道 137 号	图书(万册) 61	其中:正高级 28
	固定资产总值(万元) 48799.72	副高级 101
邮政编码 554300	教学、科研仪器设备资产值(万元) 4353	中级 211
办公电话 0856-5205912		初级 82

专科专业 茶叶生产加工技术、畜牧兽医、电子商务、工程测量技术、护理、环境监测与治理技术、环境艺术设计、会计电算化、计算机通信、计算机网络技术、计算机应用技术、金融保险、康复治疗技术、临床医学、旅游工艺品设计与制作、旅游管理、旅游英语、汽车检测与维修技术、商务经纪与代理、设施农业技术、生物制药技术、数控技术、水产养殖技术、水利水电建筑工程、投资与理财、图形图像制作、文秘、药品经营与管理、药物制剂技术、医学检验技术、医学影像技术、音乐表演、营销与策划、园艺技术、中药制药技术、助产、资产评估与管理

院系设置

生物工程系、机电工程系、计算机及应用系、医学系、护理系、药学系、经济与管理系、人文社科系

国家级、省部级研究机构设置

研究所(中心):铜仁职院民族地区高职教育研究所、铜仁地区民族医药研究所、铜仁地区民族文化研究所、铜仁地区民族兽药研究所

定期公开出版的专业刊物 《铜仁职业技术学院学报》

学校设立奖学金情况

学校设立的奖学金 1 项,奖励金额 45 万元;奖学金最高金额 1200 元/年,最低金额 800 元/年。

毕业生一次性就业率 96.5%

学校历史沿革

铜仁职业技术学院前身为:铜仁农校(1944-2002)、铜仁卫校(1958-2002)、铜仁财校(1958-2002)、铜仁商校(1978-2002)、铜仁地区职校(1992-2002);2002 年 6 月经贵州省人民政府批准《黔府函(200)25 号》合并组建而成。

贵阳中医学院时珍学院

学校(机构)标识码 4152013647	传真电话 0851-5652502	在校生数(人) 3916
学校办学类型 413:本科院校:独立学院	校园(局域)网域名 sz.gyctcm.edu.cn	其中:普通本科 3916
	电子信箱 gyctcm@126.com	专任教师(人) 278
学校性质类别 05 医药院校	占地面积(平方米) 109168	其中:正高级 48
学校举办者 999 民办	校舍建筑面积(平方米) 113462	副高级 98
学校地址 贵州省贵阳市南明区富源南路 548 号	图书(万册) 29.37	中级 79
	固定资产总值(万元) 8707	初级 49
邮政编码 550002	教学、科研仪器设备资产值(万元) 2810.85	未定职级 4
办公电话 0851-5652678		

本科专业 护理学、药物制剂、针灸推拿学、中西医临床医学、中药学、中医学(骨伤方向)

院系设置

药学系、骨伤系、针灸推拿系、护理系、医学人文系、临床一系、临床二系等7个。

学校设立奖学金情况

09年:1.学院优秀学生奖学金(一、二、三等、单项)300-800元/人,奖励总金额414900余万元。

2.国家奖学金:21人获奖,4000-6000元/人,94000元/年;奖学金最高金额94000元/年,最低金额12000元/年。

毕业生一次就业率 85%

学校历史沿革

贵阳中医学院时珍学院是为适应我国高等教育改革发展的新形势,依托贵阳中医学院雄厚的师资力量和办学经验,充分挖掘富余教学资源,遵循《高等教育法》、《民办教育促进法》等有关法律、法规的规定,按照国家教育部规定的"独立学院"的模式,以及相应的要求和管理机制而创办的,并经国家教育部批准设立的贵州省属全日制新机制独立学院,面向全国招收本科生。

贵州财经学院商务学院

学校(机构)标识码 4152013648	传真电话 0851-6911008	4580.32
学校办学类型 413:本科院校:独立学院	校园(局域)网域名 shangwu.gzife.edu.cn	在校生数(人) 8465
		其中:普通本科 8465
学校性质类别 08 财经院校	电子信箱 ayou3000@sina.com	专任教师(人) 443
学校举办者 999 民办	占地面积(平方米) 476368	其中:正高级 79
学校地址 贵州省贵阳市鹿冲关路276号	校舍建筑面积(平方米) 117943	副高级 142
	图书(万册) 86	中级 196
邮政编码 550004	固定资产总值(万元) 30730	初级 11
办公电话 0851-6911014	教学、科研仪器设备资产值(万元)	未定职级 15

本科专业 保险、财务管理、财政学、电子商务、法学、房地产经营管理、工程管理、工商管理、国际经济与贸易、汉语言文学、行政管理、会计学、计算机科学与技术、金融学、劳动与社会保障、旅游管理、人力资源管理、审计学、市场营销、统计学、物流管理、信息管理与信息系统、音乐学

院系设置

20个系部。金融系、工商管理系、会计系、信息管理系、行政管理系、资源与环境学系、管理科学系、汉语言文学系、法学系、数学系、统计系、财政系、国际经济系、教育系、旅游管理系、外语系、艺术系、体育工作教学部、马克思主义教学部、职业教育中心

学校设立奖学金情况

学校设立奖学金肆项,奖励总金额40余万元。奖学金最高金额1200元/年,最低金额500元/年。

学校历史沿革

2001年5月经贵州省人民政府批准成立。2004年初经国家教育部重新审批成立贵州财经学院商务学院。

贵州大学科技学院

学校(机构)标识码 4152013649	校园(局域)网域名 www.cst.gzu.edu.cn	4619
学校办学类型 413:本科院校:独立学院		在校生数(人) 6966
	电子信箱 gzukejixueyuan@126.com	其中:普通本科 6966
学校性质类别 01 综合大学	占地面积(平方米) 178389	专任教师(人) 411
学校举办者 999 民办	校舍建筑面积(平方米) 163676	其中:正高级 32
学校地址 贵阳市云岩区南垭路67号	图书(万册) 81.3	副高级 151
邮政编码 550004	固定资产总值(万元) 8850	中级 219
办公电话 0851-6803389	教学、科研仪器设备资产值(万元)	初级 9
传真电话 0851-6803389		

本科专业 表演、财务管理、电子信息工程、电子信息科学与技术、法学、工商管理、公共事业管理、国际经济与贸易、汉语言文学、行政管理、绘画、计算机科学与技术、金融学、旅游管理、通信工程、舞蹈学、新闻学、艺术设计、音乐表演、英语

院系设置

学院下设五个教学部:文学部、法学与公共管理学部、工学部、商学部、基础部

学校设立奖学金情况

学校设立奖学金3项奖励总金额92余万元,奖学金最高金额2000元/年,最低金额800元/年。

毕业生一次就业率 普通本专科74.38%

学校历史沿革

前身为贵州大学科技学院,2001年经贵州省人民政府批准成立。2004年2月,经教育部批准为独立学院。2005年6月被推举为全国独立学院协作会常务理事单位,2008年获连任;2008年4月成为中国独立学院协作会西南分会副会长单位。

贵州大学明德学院

学校(机构)标识码 4152013650	传真电话 0851-6607080	在校生数(人) 7153
学校办学类型 413:本科院校:独立学院	校园(局域)网域名 www.mdc.gzu.edu.cn	其中:普通本科 7153
学校性质类别 01 综合大学	电子信箱 md@gzu.edu.cn	专任教师(人) 249
学校举办者 999 民办	占地面积(平方米) 116905	其中:正高级 65
学校地址 贵州省贵阳市云岩区新添大道286号	校舍建筑面积(平方米) 111427	副高级 103
	图书(万册) 45.62	中级 60
邮政编码 550004	固定资产总值(万元) 4671.84	初级 16
办公电话 0851-6607080	教学、科研仪器设备资产值(万元) 2367.84	未定职级 5

本科专业 财务管理、城市规划、电气工程及其自动化、电子信息工程、工程管理、工程造价、工商管理、国际经济与贸易、行政管理、环境工程、会计学、机械设计制造及其自动化、机械设计制造及其自动化(传动方向)、计算机科学与技术、建筑学、生物工程、市场营销、水利水电工程、通信工程、土木工程(建筑工程方向)、土木工程(交通土建方向)、土木工程(岩土工程方向)、英语、制药工程

院系设置

机械与电气工程系、化学工程系、计算机科学与信息技术系、土木工程系、经济系、管理系、基础教学部

学校设立奖学金情况

2010年学校设立奖学金六项,奖励总金额120余万元。奖学金最高金额8000元/年,最低金额50元/年。

1. 国家奖学金:9人,奖金8000元/人
2. 国家励志奖学金:100人,奖金5000元/人
3. 考取研究生奖学金:13人,奖金3000元/人
4. 省优秀毕业生奖学金:54人,500元/人
5. 校优秀毕业生奖学金:50人,300元/人
6. 优秀学生奖学金:489人,1000元/人

学校历史沿革

贵州大学明德学院的前身是贵州省人民政府批准,成立于2001年6月的贵州省工业大学合作学院。2004年2月,经教育部《关于规范并加强普通高等学校以新机制和模式办独立学院管理的若干意见》,经教育部批准为独立学院,并更名为贵州工业大学明德学院。2004年8月,经教育部批准贵州大学和贵州工业大学合并成新的贵州大学,所以现在为贵州大学明德学院。贵州大学明德学院与社会力量合作创办的全日制本科普通高等学校。

贵州民族学院人文科技学院

学校(机构)标识码 4152013651	传真电话 0851-3612986	在校生数(人) 6210
学校办学类型 413:本科院校:独立学院	校园(局域)网域名 www.gzmyrw.cn	其中:普通本科 6210
学校性质类别 12 民族院校	电子信箱 rwkjxybgs@163.com	专任教师(人) 346
学校举办者 999 民办	占地面积(平方米) 119933	其中:正高级 52
学校地址 贵州省贵阳市花溪区董家堰	校舍建筑面积(平方米) 130260	副高级 106
	图书(万册) 61.85	中级 120
邮政编码 550025	固定资产总值(万元) 8276.6	初级 55
办公电话 0851-3613335	教学、科研仪器设备资产值(万元) 2482.86	未定职级 13

本科专业 动画、法学、汉语言文学、行政管理、计算机科学与技术、劳动与社会保障、旅游管理、旅游管理(导游方向)、旅游

管理(民族文化旅游)、美术学、美术学(书法方向)、人力资源管理、市场营销、体育教育、新闻学、信息管理与信息系统、信息与计算科学、艺术设计、艺术设计(民族旅游产品开发)、音乐学、音乐学(芦笙方向)、英语

院系设置

法律系、中文系、计科系、管科系、外语系、音乐系、体育系、美术系

学校设立奖学金情况

五项,奖励总金额100余万元。奖学金金额最高1200元/年,最低金额100元/年。

1. 一等奖学金：人/年 1200 元/人
2. 二等奖学金：人/年,800 元/人
3. 三等奖学金：人/年 500 元/人
4. 学习进步奖：人/年 300 元/人
5. 鼓励奖：人/年,100 元/人

学校历史沿革

贵州民族学院人文科技学院于2001年经贵州省人民政府(黔府函[2001]252号)批准成立。于2004年元月经教育部(教发函[2004]9号)予以确认。

贵州师范大学求是学院

学校(机构)标识码　4152013652	传真电话　0851-6779459	在校生数(人)　10964
学校办学类型　413:本科院校:独立学院	校园(局域)网域名　www.gznuqsxy.cn	其中:普通本科　10964
	电子信箱　qsxy_9999@gznu.edu.cn	专任教师(人)　459
学校性质类别　06 师范院校	占地面积(平方米)　251156	其中:正高级　60
学校举办者　999 民办	校舍建筑面积(平方米)　216200	副高级　163
学校地址　贵州省贵阳市白云区白云北路397号	图书(万册)　56.96	中级　192
	固定资产总值(万元)　31616.23	初级　40
邮政编码　550014	教学、科研仪器设备资产值(万元)	未定职级　4
办公电话　0851-8344559	4690.9	

本科专业 播音与主持艺术、地理科学、电气工程及其自动化、电子商务、法学、广播电视新闻学、汉语言文学、化学、计算机科学与技术、经济学、历史学、旅游管理、美术学、日语、生物科学、市场营销、数学与应用数学、思想政治教育、体育教育、物理学、学前教育、艺术设计、艺术设计(景观艺术设计方向)、艺术设计(旅游商品设计与营销方向)、音乐学、音乐学(航空及高级综合服务管理)、英语、英语(旅游英语方向)、应用心理学、园林、政治学与行政学、资源环境与城乡规划管理

院系设置

2005年11月设置了九个系:中文系、外语系、法学系、教育系、经管系、数计系、音乐系、体育系、美术系,2007年增设了理学系和地生系,同时将中文系改为文学与新闻传媒系,2010年增设历史与政治系。

学校设立奖学金情况

学校设立奖学金3项,奖励总金额123.67万元。奖学金最高金额元1000元/年,最低金额元400元/年。

学校历史沿革

我院成立于2001年6月26日,当时为二级学院,位于贵州师范大学田家炳教育书院三楼。2002年底学院迁至第五教学楼。2005年顺利通过教育部独立学院办学条件与教学工作专项检查,被确认为独立学院。2007年学院正式迁至白云校区。现正积极按照教育部的规定,规范和完善独立学院办学机制。

遵义医学院医学与科技学院

学校(机构)标识码　4152013653	办公电话　0852-8609696	3294.16
学校办学类型　413:本科院校:独立学院	传真电话　0852-8609065	在校生数(人)　5637
	校园(局域)网域名　www.zmc.edu.cn	其中:普通本科　5637
学校性质类别　05 医药院校	占地面积(平方米)　354418	专任教师(人)　185
学校举办者　999 民办	校舍建筑面积(平方米)　135406	其中:正高级　47
学校地址　贵州省遵义市汇川区贵阳路	图书(万册)　22.55	副高级　47
	固定资产总值(万元)　17479.08	中级　66
邮政编码　563003	教学、科研仪器设备资产值(万元)	初级　25

本科专业 妇产科学、公共事业管理、护理学、口腔医学、临床医学、麻醉学、眼耳鼻喉科学、药品检验、药物制剂、医学检验、

医学美容、医学信息学、医学影像学、英语、英语教育

学校设立奖学金情况

学校设立奖学金4项,奖励总金额64.56余万元。奖学金最高金额1000元/年,最低金额200元/年。

学校历史沿革

遵义医学院医学与科技学院创办于2001年,原名遵义医学科技学院,2004年更名为遵义医学院医学与科技学院。

贵阳医学院神奇民族医药学院

学校(机构)标识码 4152013676	办公电话 0851-5599096	在校生数(人) 4587
学校办学类型 413:本科院校:独立学院	传真电话 0851-5599943	其中:普通本科 4587
学校性质类别 05 医药院校	电子信箱 sqxy@gmc.edu.cn	专任教师(人) 310
学校举办者 999 民办	图书(万册) 18.88	其中:正高级 30
学校地址 贵州省贵阳市南明区云关村笋子林3号	固定资产总值(万元) 2275	副高级 94
	教学、科研仪器设备资产值(万元) 1875	中级 130
邮政编码 550005		未定职级 56

本科专业 法学、护理学、口腔医学、临床医学、麻醉学、药学、医学检验、医学影像学、英语

学校设立奖学金情况

学校设立奖学金4项,奖励总金额8余万元。奖学金最高金额1000元/年 最低金额500元/年

学校历史沿革

贵阳医学院神奇民族医药学院是经国家教育部批准的独立学院,坐落于贵阳市龙洞堡。

黔西南民族职业技术学院

学校(机构)标识码 4152013817	校园(局域)网域名 www.qxnzy.net	其中:普通专科 3517
学校办学类型 415:专科院校:高等职业学校	电子信箱 qxnzy01@163.com	成人专科 426
学校性质类别 01 综合大学	占地面积(平方米) 457024	专任教师(人) 280
学校举办者 821 地级教育部门	校舍建筑面积(平方米) 135778	其中:正高级 2
学校地址 贵州省兴义市凤仪路二号	图书(万册) 32.5	副高级 67
邮政编码 562400	固定资产总值(万元) 17355	中级 120
办公电话 0859-8709185	教学、科研仪器设备资产值(万元) 1829	初级 73
传真电话 0859-8709184	在校生数(人) 3943	未定职级 18

专科专业 电厂设备运行与维护、电力系统自动化技术、工程测量技术、护理、会计电算化、机电设备维修与管理、计算机控制技术、计算机网络技术、建筑工程技术、酒店管理、康复治疗技术、旅游管理、兽医、水产养殖技术、水利水电建筑工程、烟草栽培技术、药学、医药营销、园林技术、种子生产与经营、助产

院系设置

医药系、水利电力工程系、机械与电子工程系、商务系、生物工程系

学校设立奖学金情况

学校设立奖学金1项,奖励总金额4余万元。奖学金最高金额1000元/年,最低金额600元/年。

学校历史沿革

黔西南民族职业技术学院于2004年经省人民政府批准(黔府函〔2004〕12号),由原黔西南州农业学校、水电学校、农机化学校、财贸学校、卫生学校五所普通中专学校合并组建。2008年10月经黔西南州委(五届〔2008〕第52号)、州政府(州府专议〔2008〕第169号)批准,并报贵州省民委(黔族函〔2008〕62号)同意,贵州省黔西南民族行政管理学校并入黔西南民族职业技术学院。

贵州轻工职业技术学院

学校(机构)标识码 4152013818	传真电话 0851-5401054	在校生数(人) 5048
学校办学类型 415:专科院校:高等职业学校	校园(局域)网域名 www.gzqy.cn	其中:普通专科 5048
	电子信箱 gz_qgzy@163.com	专任教师(人) 274
学校性质类别 02 理工院校	占地面积(平方米) 798691	其中:正高级 1
学校举办者 811 省级教育部门	校舍建筑面积(平方米) 105104	副高级 72
学校地址 贵州省贵阳市南明区见龙洞路286号	图书(万册) 36.2	中级 95
	固定资产总值(万元) 8075.99	初级 76
邮政编码 550005	教学、科研仪器设备资产值(万元) 3194.93	未定职级 30
办公电话 0851-5401054		

专科专业 电脑艺术设计、电气自动化技术、电子商务、动漫设计与制作、服装设计、工商企业管理、工业分析与检验、环境艺术设计、会计电算化、机电设备维修与管理、机电一体化技术、计算机多媒体技术、计算机网络技术、计算机应用技术、旅游服务与管理、旅游工艺品设计与制作、软件技术、生物制药技术、食品生物技术、市场营销、室内设计技术、物流管理、移动通信技术、印刷技术、影视动画、应用电子技术、装潢艺术设计

院系设置
学院设6个系,即艺术设计系、经济管理系、信息工程系、轻工化工系、机电工程系、人文社科系

国家级、省部级研究机构设置
设有贵州省第101职业技能鉴定所

学校设立奖学金情况
学校设立奖学金1项,总奖金额22.26余万元。奖学金最高金额1200元/年,最低金额600元/年。

学校历史沿革
贵州轻工职业技术学院前身是贵州省第一、第二轻工业学校,建于1978年和1979年,2004年2月经贵州省人民政府批准成立全日制综合性高等职业技术院校。

遵义医药高等专科学校

学校(机构)标识码 4152014011	校园(局域)网域名 www.zunyiyizhuan.com	在校生数(人) 5727
学校办学类型 414:专科院校:高等专科学校		其中:普通专科 5540
	电子信箱 zunyiyizhuan@163.com	成人专科 187
学校性质类别 05 医药院校	占地面积(平方米) 343674	专任教师(人) 657
学校举办者 821 地级教育部门	校舍建筑面积(平方米) 228632	其中:正高级 32
学校地址 遵义医药高等专科学校	图书(万册) 75.67	副高级 178
邮政编码 563002	固定资产总值(万元) 13547.94	中级 240
办公电话 0852-8927309	教学、科研仪器设备资产值(万元) 4188.69	初级 168
传真电话 0852-8930278		未定职级 39

专科专业 公共卫生管理、护理、康复治疗技术、临床医学、药学、医学检验技术、医学营养、医学影像技术、针灸推拿、中药、中医学、助产

院系设置
临床医学系、中医学系、医学技术系、药学系、护理系、卫生管理系

国家级、省部级研究机构设置
1. 实验室:中药生药实验室(科研Ⅱ级)
2. 研究中心(所):贵州省实验用兔养殖基地

学校设立奖学金情况
学校设立奖学金2项,奖励总金额14.67万元。奖学金最高金额1000元/年,最低金额500元/年。

学校历史沿革
遵义医药高等专科学校是经教育部批准设置的全日制普通高等专科学校。由两所国家重点中专——遵义卫生学校和遵义中医学校于2006年2月合并升格后组建。原遵义卫生学校建于1956年,办学50年,共培养了14600名大中专专业卫生技术人员,2004年经国家教育部评定为国家级重点中专,2004年被国家教育部等六部委授予国家紧缺型人才培训基地;遵义中医学校创建于1986年,办学20年,为社会培养了6000多名中医药卫生人才,2004年省级中等职业学校评估第一名,2005年2月经国家教育部评定为国家重点中专,贵州省第五技能鉴定站挂牌于此。

贵阳护理职业学院

学校(机构)标识码 4152014083	传真电话 0850-4127087	在校生数(人) 4150
学校办学类型 415:专科院校:高等职业学校	校园(局域)网域名 www.gyhlxy.cn	其中:普通专科 4150
	电子信箱 gyhlzyxy@126.com	专任教师(人) 218
学校性质类别 05 医药院校	占地面积(平方米) 212785	其中:正高级 4
学校举办者 821 地级教育部门	校舍建筑面积(平方米) 138115	副高级 44
学校地址 贵阳市金阳新区石林西路2号	图书(万册) 19.42	中级 81
邮政编码 550081	固定资产总值(万元) 4790.83	初级 68
办公电话 0851-4127087	教学、科研仪器设备资产值(万元) 1348.31	未定职级 21

专科专业 公共卫生管理、护理、护理(康复护理方向)、护理(涉外护理方向)、护理(康复护理方向)、卫生检验与检疫技术、药物分析技术、药学、医疗美容技术、医学检验技术、医学营养、中药、助产、助产(计划生育方向)

院系设置
护理系、药学系、检验系、公共卫生管理系

学校设立奖学金情况
学校设立奖学金3项,奖励总金额198700元/年,最低金额300元/年。一等奖学金:800元/人;二等奖学金:500元/人;三等奖学金:300元/人。

学校历史沿革
贵阳护理职业学院是在国家级重点中专贵阳市卫生学校六十八年的办学基础上以贵阳市第一人民医院、金阳医院、贵阳市妇幼保健院为附属医院组建的全省第一所独立的以培养高素质应用型护理、药学、医学检验等医学相关专业人才为主的高等职业学院。贵阳市卫生学校创建于1939年10月,初名"贵州省贵阳高级医士职业学校",解放后定名为"贵州省贵阳市卫生学校"。1981年、1994年、2000年、2004年连续4次被评为国家级重点中等职业学校。2002年学校护理专业被教育部评为首批国家级重点建设示范专业,成为国家级护理专业技能型紧缺人才培养培训项目学校。2005年被评为全国职业教育先进单位,受到教育部等七部委的表彰。2006年1月经贵州省人民政府正式批准组建为贵阳护理职业学院,同年6月贵阳护理职业学院在教育部正式备案成功。2007年正式挂牌并面向全省招收高职学生。

贵阳职业技术学院

学校(机构)标识码 4152014129	传真电话 0851-7981576	2513.31
学校办学类型 415:专科院校:高等职业学校	校园(局域)网域名 www.gyvtc.cn	在校生数(人) 4307
	电子信箱 gyzhyjshxy@163.com	其中:普通专科 4307
学校性质类别 01 综合大学	占地面积(平方米) 324307	专任教师(人) 265
学校举办者 821 地级教育部门	校舍建筑面积(平方米) 198086	其中:副高级 107
学校地址 贵州省贵阳市金阳新区云潭南路西侧609号	图书(万册) 32.75	中级 98
邮政编码 550081	固定资产总值(万元) 46000	初级 37
办公电话 0851-7981576	教学、科研仪器设备资产值(万元)	未定职级 23

专科专业 材料工程技术、城市轨道交通车辆、城市轨道交通控制、城市轨道交通运营管理、电气化铁道技术、电子商务、非金属矿开采技术、广告设计与制作、环境艺术设计、会计电算化、会展策划与管理、机电一体化技术、计算机网络技术、建筑工程技术、旅游管理、旅游英语、软件技术、生物制药技术、室内设计技术、数控技术、文秘、物流管理、项目管理、应用化工技术、园林技术

院系设置
艺术系、生化工程系、机电系、财政经贸系、旅游管理系、信息科学系、城市轨道交通系、农林水技术系、建筑工程系、实训中心、基础教育部、就业与职业道德、中职教育部

学校设立奖学金情况
学校设立奖学金1项,奖励总金额17余万元。奖学金最高金额800元/年,最低金额600元/年。

学校历史沿革
贵阳职业技术学院是经贵州省人民政府批准(黔府函[2006]161号)、国家教育部备案(教发函[2007]66号)的具有

高等教育招生资格的全日制普通高等学校。实行省、市共管以市为主的办学管理体制,是贵阳市人民政府的高等职业院校。贵阳职业技术学院于2007年5月27日正式挂牌成立,学院的成立,标志着贵阳市高等职业教育结构体系的完善,实现了贵阳市高等职业教育"一本两专"的战略目标,将为贵阳市建设生态文明城市和"工业强市"战略和经济社会又快又好的发展提供强有力的人才资源。2009年1月16日,贵阳市人民政府召开专题会(筑府专议[2009]13号),决定整合贵阳市教育资源,将贵阳市科技学校、贵阳市财经学校、贵阳市财经学校、贵阳市第一高级技工学校、贵阳市职工中专等四所中等职业学校并入贵阳职业技术学院。

毕节职业技术学院

学校(机构)标识码	4152014198
学校办学类型	415:专科院校:高等职业学校
学校性质类别	01 综合大学
学校举办者	822 地级其他部门
学校地址	贵州省毕节市学院路德溪路口
邮政编码	551700
办公电话	0857-8330367
传真电话	0857-8330367
校园(局域)网域名	www.gzbjzy.com
电子信箱	gzbjzy@126.com
占地面积(平方米)	108721
校舍建筑面积(平方米)	60849
图书(万册)	11
固定资产总值(万元)	4674.49
教学、科研仪器设备资产值(万元)	1406.46
在校生数(人)	1781
其中:普通专科	1781
专任教师(人)	185
其中:正高级	3
副高级	31
中级	35
初级	79
未定职级	37

专科专业 畜牧兽医、电子商务、电子信息工程技术、工程造价、观光农业、护理、会计电算化、计算机网络技术、计算机应用技术、建筑工程技术、酒店管理、矿井通风与安全、旅游管理、煤矿开采技术、软件技术、物流管理、营销与策划、园林工程技术、中草药栽培技术

院系设置
毕节职业技术学院设6个系,即电子信息工程系、工矿建筑系、农业工程系、财政经济系、旅游管理系、艺术设计系

学校设立奖学金情况
学校设立奖学金2项,奖励总金额10余万元。奖学金最高金额1000元/年,最低金额300元/年。

学校历史沿革
2008年2月,经贵州省人民政府(黔府函[2008]31号)批复,并报国家教育部备案,将毕节学院职业学院从毕节学院整体剥离出来,与毕节地区农业学校合并,组建毕节职业技术学院。

贵州师范学院

学校(机构)标识码	4152014223
学校办学类型	412:本科院校:学院
学校性质类别	06 师范院校
学校举办者	811 省级教育部门
学校地址	贵州省贵阳市乌当区高新路115号
邮政编码	550018
办公电话	0851-5842710
传真电话	0851-5824414
校园(局域)网域名	www.gzhnc.edu.cn
电子信箱	gzjzxyyb@sina.com
占地面积(平方米)	437336
校舍建筑面积(平方米)	310908
图书(万册)	59.38
固定资产总值(万元)	34052.49
教学、科研仪器设备资产值(万元)	5042.21
在校生数(人)	16461
其中:普通本科	6341
普通专科	4495
成人本科	4063
成人专科	1562
专任教师(人)	486
其中:正高级	35
副高级	118
中级	136
初级	166
未定职级	31

本科专业 地理科学、电子信息科学与技术、对外汉语、广播电视新闻学、汉语言文学、化学、计算机科学与技术、历史学、旅游管理、美术学、农业资源与环境、生物科学、生物资源科学、数学与应用数学、思想政治教育、体育教育、物理学、学前教育、音乐学、英语、应用心理学

专科专业 初等教育、地理教育、电子信息工程技术、工商行政管理、广告设计与制作、化学教育、环境艺术设计、计算机教育、计算机网络技术、历史教育、旅游管理、旅游英语、美术教育、生化制药技术、生物教育、市场营销、数学教育、思想政治教育、体育教育、图形图像制作、舞蹈表演、物理教育、物流管理、学前教育、音乐教育、英语教育、资源环境与城市管理

院系设置

贵州师范学院下设13个学院和两个教学部,分别为文学院、外国语学院、教育科学学院、历史与社会学院、经济与政治学院、数学与计算机学院、物理与电子科学学院、化学与生命科学学院、地理与旅游学院、体育学院、艺术学院、职业技术学院、继续教育学院、马列主义教学部、大学外语教学部

国家级、省部级研究机构设置

贵州省纳米材料模拟与计算机重点实验室

定期公开出版的专业刊物
《贵州师范学院学报》(社会科学版)、《贵州师范学院学报》(自然科学版)

学校设立奖学金情况

学校设立奖学金1项,奖励总金额为26.61万元。奖学金最高金额500元/年,最低金额200元/年。国家奖学金设立两项,其中国家奖学金一项,奖励9人,每人8000元,共72000元;国家励志奖学金一项,奖励220人,每人5000元,共1100000元。

主要校办产业

贵州教育旅行社、贵州师范学院宾馆

学校历史沿革

贵州师范学院,前身系创建于1978年的贵州教育学院,2009年经教育部批准改制为全日制普通本科院校。贵州教育学院于1978年11月经贵州省革命委员会批准成立【黔通字(1978)第211号】,1982年开始招生。2001年经贵州省政府批准,贵阳职工大学并入贵州教育学院,成立职教分院(现改名为贵州师范学院职业技术学院)。贵州师范学院以普通师范本科教育为主,兼办非师范教育、中小学教师职后培训、成人高等教育和自学考试。

贵州职业技术学院

学校(机构)标识码 4152014252	传真电话 0851-4129705	在校生数(人) 4890
学校办学类型 415:专科院校:高等职业学校	校园(局域)网域名 www.gzvti.com	其中:普通专科 4890
	电子信箱 xb@gztvu.com	专任教师(人) 187
学校性质类别 01 综合大学	占地面积(平方米) 348135	其中:正高级 16
学校举办者 811 省级教育部门	校舍建筑面积(平方米) 152742	副高级 46
学校地址 贵阳市金阳新区云潭南路3号	图书(万册) 29	中级 55
	固定资产总值(万元) 61704	初级 60
邮政编码 550023	教学、科研仪器设备资产值(万元) 5221	未定职级 10
办公电话 0851-4129705		

专科专业

电子商务、工程造价、工商企业管理、会计、机械制造与自动化、计算机多媒体技术、计算机网络技术、计算机系统维护、建筑工程技术、酒店管理、矿井通风与安全、矿山地质、矿山机电、旅游管理、煤矿开采技术、软件技术、商务英语、市场营销、室内设计技术、通信技术、物流管理、物业管理、艺术设计、音乐表演、主持与播音

院系设置

学院设有六系一部,分别是信息技术系、工程技术系、商业与贸易系、经济管理系、能源系、艺术系、公共基础部

学校设立奖学金情况

学校设立奖学金3项,奖励金额413.2万余元。其中国家奖学金:4人/年,8000元/人;国家励志奖学金:100人/年,5000元/人;助学金:1200人/年,3000元/人。

学校历史沿革

2008年9月贵州省人民政府批准成立,2009年经教育部备案,9月正式招生办学。

贵州盛华职业学院

学校(机构)标识码 4152014371	校园(局域)网域名 www.forerunner-college.com	1200
学校办学类型 415:专科院校:高等职业学校	电子信箱 forerunnercollege@gmail.com	在校生数(人) 170
		其中:普通专科 170
学校性质类别 01 综合大学	占地面积(平方米) 101341	专任教师(人) 76
学校举办者 999 民办	校舍建筑面积(平方米) 50636	其中:正高级 8
学校地址 中国贵州惠水百鸟河景区	图书(万册) 18	副高级 4
邮政编码 550600	固定资产总值(万元) 19000	中级 18
办公电话 0854-6220002	教学、科研仪器设备资产值(万元)	初级 14
传真电话 0854-6230002		未定职级 32

专科专业 茶叶生产加工技术、计算机应用技术、酒店管理

院系设置

学校目前设有酒店管理学院、计算机学院、茶学院和光明天使学院四个学院

学校设立奖学金情况

学校设立3项奖学金，奖励总额104余万元，最高金额1万元/生/年，最低金额3250元/生/年。

学校历史沿革

贵州盛华职业学院是由全球十大华人经济领袖、2011年台湾首富王雪红陈文琦夫妇秉承其父王永庆先生的"教育扶贫"理念投巨资在贵州公益举办。学校已经获得国家教育部和贵州省人民政府批准，从2009年开始筹建，于2011年9月15日开学。

云南大学

学校(机构)标识码 4153010673	电子信箱 office@ynu.edu.cn	成人专科 5861
学校办学类型 411:本科院校:大学	占地面积(平方米) 3035056	博士研究生 827
学校性质类别 01 综合大学	校舍建筑面积(平方米) 815338	硕士研究生 6602
学校举办者 811 省级教育部门	图书(万册) 304.68	留学生 916
学校地址 云南省昆明市翠湖北路2号	固定资产总值(万元) 210036.53	专任教师(人) 1631
邮政编码 650091	教学、科研仪器设备资产值(万元) 33402.2	其中:正高级 346
办公电话 0871-5031330	在校生数(人) 40848	副高级 498
传真电话 0871-5147713	其中:普通本科 14202	中级 679
校园(局域)网域名 www.ynu.edu.cn	成人本科 12440	初级 66
		未定职级 42

本科专业 保险、材料化学、材料物理、财务管理、财务会计教育、财政学、城市管理、城市规划、大气科学、档案学、地理信息系统、地球物理学、地质学、电子科学与技术、电子商务、电子信息工程、电子信息科学与技术、对外汉语、法学、法学(检察院系统)、法学(司法行政系统)、法语、工程管理、工商管理、公共事业管理、光电信息工程、广播电视新闻学、国际经济与贸易、国际商务、国际政治、汉语言文学、汉语言文学(文秘教育)、行政管理、化学、化学工程与工艺、环境工程、环境科学、会计学、会计学(注册会计师)、绘画、计算机科学与技术、计算机科学与技术(计算机应用)、计算机科学与技术(武警国防生)、金融学、禁毒学、经济学、景观建筑设计、历史学基地班、旅游管理、美术学、民族学、日语、软件工程、社会工作、社会学、生态学、生物技术、生物科学、生物科学与技术基地班、生物学基地班、食品科学与工程、市场营销教育、数理基础科学、数学与应用数学、数字媒体技术、体育教育、通信工程、通信工程(武警国防生)、统计学、土木工程、网络工程、文化产业管理、无机非金属材料工程、物理学、物流管理、新闻学、信息安全、信息管理与信息系统、信息与计算科学、艺术设计、音乐学、英语、应用化学、应用物理学、园艺、哲学、政治学与行政学、制药工程、资源环境与城乡规划管理

博士专业 档案学、动物学、发育生物学、概率论与数理统计、国际关系、行政管理、进化生物学、考古学及博物馆学、科学社会主义与国际共产主义运动、跨境生态安全、理论物理、历史地理学、历史文献学(含:敦煌学、古文字学)、旅游管理、马克思主义民族理论与政策、民族法学、民族社会学、民族生态学、民族文化产业、民族学、民族政治与公共行政、气象学、人口、资源与环境经济学、社会史、神经生物学、生态学、生物化学与分子生物学、生物物理学、生物信息学、生物灾害环境、世界民族与民族问题、世界史、水生生物学、思想政治教育、通信与信息系统、微生物学、文艺学、系统分析与集成、遗传学、应用数学、有机化学、政治经济学、植物学、中国边疆学、中国古代史、中国近现代史、中国少数民族经济、中国少数民族史、中国少数民族艺术、专门史

硕士专业 比较文学与世界文学、材料工程、材料加工工程、材料物理与化学、材料学、财政学(含:税收学)、产业经济学、成人教育学、传播学、大气物理学与大气环境、档案学、地图学与地理信息系统、电路与系统、电子与通讯工程、动物学、法律、法律(法学)、法律(法学)、法律(非法学)、法律史、法学理论、法语笔译、法语语言文学、防灾减灾工程及防护工程、分析化学、概率论与数理统计、高等教育学、工程管理、工商管理(MBA)、公共管理(MPA)、古生物学与地层学(含:古人类学)、固体地球物理学、管理科学与工程、光学、国防经济、国际法学(含:国际公法、国际私、国际关系、国际贸易学、国际商务、国际政治、国民经济学、国外马克思主义研究、汉语国际教育、汉语言文字学、行政管理、化学工程、环境与资源保护法学、会计、会计学、基础数学、计算机技术、计算机软件与理论、计算机系统结构、计算机应用技术、计算数学、技术经济及管理、检测技术与自动化装置、建筑与土木工程、教育管理、教育技术学、教育经济与管理、金融学(含:保险学)、经济法学、经济史、经济思想史、考古学及博物馆学、科学技术哲学、科学社会主义与国际共产主义运动、控制工程、跨境生态安全、劳动经济学、理论物理、历史地理学、历史文献学(含:敦煌学、古文字学)、粒子物理与原子核物理、伦理学、旅游管理、马克思主义发展史、马克思主义基本原理、马克思主义理论与思想政治教育、马克思主义民族理论与政策、马克思主义哲学、马克思主义中国化研究、美术、美术学、美学、民商法学(含:劳动法学)、社会保障、民俗学(含:中国民间文学)、民族法学、民族生态学、民族文化产业、民族学、民族政治与公共行政、模式识别与智能系统、凝聚态物理、农业经济管理、企业管理(含:财务管理、市场营销)、气象学、情报学、区域经济学、人口、资源与环境经济学、人口学、人类学、人文地理学、软件工程、社会保障、社

会工作、社会史、社会学、社会医学与卫生事业管理、生态学、生物工程、生物化学与分子生物学、生物物理学、生物信息学、生物医学工程、史学理论及史学史、世界经济、世界民族与民族问题、世界史、数量经济学、思想政治教育、诉讼法学、通信与信息系统、统计学、图书馆学、图书情报、土地资源管理、微生物学、文物与博物馆、文艺学、无机化学、物理电子学、物理化学(含：化学物理)、西方经济学、系统分析与集成、系统理论、细胞生物学、宪法学与行政法学、项目管理、新闻学、新闻与传播、信号与信息处理、刑法学、药物化学、遗传学、艺术学、英语笔译、英语语言文学、应用化学、应用数学、应用统计、有机化学、语言学与应用语言学、运筹学与控制论、政治经济学、政治学理论、植物学、制药工程、中共党史(含：党的学说与党的建设)、中国古代史、中国古代文学、中国古典文献学、中国近现代史、中国少数民族经济、中国少数民族史、中国少数民族艺术、中国少数民族语言文学(分语族)、中国现当代文学、中外政治制度、专门史、资产评估、自然地理学、宗教学

院系设置

云南大学现设有17个重点本科学院、10个研究院、1个公共课教学部，还设有1个留学生院；开设80个本科专业。17个重点本科学院分别是：人文学院、经济学院、公共管理学院、法学院、外国语学院、艺术与设计学院、工商管理与旅游管理学院、生命科学学院、数学与统计学院、物理科学技术学院、化学科学与工程学院(药物研究院)、资源环境与地球科学学院、信息学院、软件学院、城市建设与管理学院、职业与继续教育学院、体育学院；10个研究院分别是：马克思主义研究院、国际关系研究院、发展研究院、高等教育研究院、民族研究院、文化产业研究院、自然科学研究院、工程技术研究院、农学研究院、医学研究院；1个公共教学部：大学外语教学部

国家级、省部级研究机构设置

1.实验室 国家级、省部级重点实验室(7个)：省部共建国家级重点实验室培育基地-云南省生物资源保护与利用重点实验室、省部共建教育部自然资源药物化学重点实验室、省部共建教育部微生物多样性可持续利用重点实验室、云南省工业微生物发酵工程重点实验室、云南省古生物研究重点实验室、云南省国际河流与跨境生态安全重点实验室、云南省软件工程重点实验室

2.研究中心(所) 省、部级研究(院、所、处)共6个：教育部人文社科基地"西南少数民族研究中心"；文化部"国家文化产业研究中心"、"云南生态建设与可持续发展研究基地"、"云南民族文化与文化产业发展研究基地"、"滇学研究基地"、"周边地区安全与区域合作研究基地"

博士后科研流动站 6个：民族学、历史学、生物学、数学、理论经济学、工商管理

定期公开出版的专业刊物 定期公开出版的专业刊物(7种)：《思想战线》、《云南大学学报(自然科学版)》、《云南大学学报(社会科学版)》、《云南大学学报(法学版)》、《云南地理环境研究》、《东南亚数学》、《学园》

学校设立奖学金情况

本科：学校设立奖学金15项，奖励总金额约390万元/年，最低金额500/年。研究生：学校设立奖学金9项，奖励总金额约69.925万元/年，最低金额300/年。

主要校办产业

云南大学校办全资、控股、参股的公司(16家)：云南大学投资管理有限公司、云南云大投资控股有限公司、昆明云大澳美企业咨询管理有限公司、云南云大房地产发展有限公司、云南大学科技咨询发展中心、云南大学国际教育服务中心、昆明东陆物业管理有限公司、云南云大城建设计有限公司、云南省高校人才市场、云南中科生物产业有限公司、昆明云大生化科技有限公司、昆明英万达科技有限公司、昆明云大智燊体育场地工程有限公司、绿春县云大农业科技开发有限责任公司、昆明云大电子商务有限公司、陆良云大通发生物产业有限公司

学校历史沿革

1922年12月8日，宣布成立；1923年4月20日，正式开学；1930年，改为省立东陆大学；1932年，云南省立师范学院并入；1934年9月，改称省立云南大学；1937年，熊庆来受聘出任云南大学校长；1938年，改为国立云南大学；1946年，被英国《简明不列颠百科全书》列为中国15所著名大学之一；1951—1958年，全国院系调整；1954年8月理工学院独立为昆明工学院；1956年8月医学院独立为昆明医学院；1958年8月农学院独立为昆明农林学院(今云南农业大学和西南林学院前身)；1958年8月划归云南省政府管辖；1978年，被教育部列为全国88所重点大学之一；1997年11月，正式成为国家"211"工程首批建设的大学之一；2004年成为省部共建高校。

昆明理工大学

学校(机构)标识码	4153010674
学校办学类型	411：本科院校：大学
学校性质类别	02 理工院校
学校举办者	811 省级教育部门
学校地址	云南省昆明市一二一大街文昌路68号
邮政编码	650093
办公电话	0871-5916977
传真电话	0871-5192076
校园(局域)网域名	www.kmust.edu.cn
电子信箱	xiaoban@kmust.edu.cn
占地面积(平方米)	2488057
校舍建筑面积(平方米)	1082309
图书(万册)	266.62
固定资产总值(万元)	274282.32
教学、科研仪器设备资产值(万元)	39108.81
在校生数(人)	67055
其中：普通本科	26519
普通专科	618
成人本科	14419
成人专科	18444
博士研究生	733
硕士研究生	5998
留学生	324
专任教师(人)	2104

其中：正高级 347　　　　　　　中级　814　　　　　　　未定职级　179
　　　副高级 611　　　　　　　初级　153

本科专业　安全工程、包装工程、宝石及材料工艺学、宝石及材料工艺学(高职本科)、编辑出版学、材料成型及控制工程、材料成型及控制工程(高职本科)、材料科学与工程、财务管理、财务管理(高职本科)、采矿工程、测绘工程、测控技术与仪器、测控技术与仪器(高职本科)、车辆工程、城市规划、城市规划(高职本科)、传播学、地理信息系统、电气工程及其自动化、电气工程及其自动化(高职本科)、电子科学与技术、电子信息工程、电子信息工程(高职本科)、电子信息科学与技术、动画、动画(高职本科)、对外汉语、法学、给水排水工程、工程管理、工程力学、工程造价、工程造价(高职本科)、工商管理、工业工程、工业设计、功能材料、广告学、国际经济与贸易、国际经济与贸易(高职本科)、过程装备与控制工程、化学工程与工艺、环境工程、环境科学、会计学、会计学(高职本科)、绘画、机械工程及自动化、机械工程及自动化(高职本科)、机械设计制造及其自动化、计算机科学与技术、计算机科学与技术(高职本科)、建筑环境与设备工程、建筑学、建筑学(高职本科)、交通工程、交通运输、交通运输(高职本科)、金融学、景观学、勘查技术与工程、矿物加工工程、能源化学工程、农业电气化与自动化、农业机械化及其自动化、农业水利工程、汽车服务工程、汽车服务工程(高职本科)、轻化工程、热能与动力工程、生物工程、生物医学工程、食品科学与工程、市场营销、市场营销(高职本科)、数字媒体技术(高职本科)、水利水电工程、水文与水资源工程、通信工程、土地资源管理、土木工程、土木工程(高职本科)、物联网工程、物流工程、物流工程(高职本科)、信息管理与信息系统、信息与计算科学、冶金工程、艺术设计、艺术设计(高职本科)、英语、英语(高职本科)、应用化学、园林、再生资源科学与技术、制药工程、资源环境与城乡规划管理、资源勘查工程、资源勘查工程(高职本科)、自动化

专科专业　电气自动化技术、会计、机电一体化技术、计算机网络技术、酒店管理、水利水电建筑工程、图形图像制作

博士专业　安全管理与工程、材料成型与控制、材料加工工程、材料物理与化学、材料学、地理信息工程、地球探测与信息技术、地质工程、钢铁冶金、工程力学、工业工程、管理科学与工程、国土资源信息化管理、环境工程、环境化学、环境科学、环境生态学、环境生物学、机械设计及理论、科教管理与知识创新、矿产普查与勘探、矿产资源保护与法治、矿产资源经济、矿物加工工程、生产过程物流学、项目管理与持续创新发展、冶金工程控制、冶金能源工程、冶金物理化学、有色金属冶金、再生资源科学与技术、资源环境规划与管理

硕士专业　安全工程、安全管理与工程、安全技术及工程、材料成型及控制工程、材料工程、材料加工工程、材料物理与化学、材料学、采矿工程、测绘工程、测试计量技术及仪器、车辆工程、城市规划与设计(含：风景园林规划)、大地测量学与测量工程、导航、制导与控制、道路与铁道工程、地球化学、地球探测与信息技术、地图学与地理信息系统、地图制图学与地理信息工程、地质工程、电力电子与电力传动、电力系统及其自动化、电路与系统、电器工程、电子与通讯工程、动力工程、动力机械及工程、防灾减灾工程及防护工程、钢铁冶金、工程管理、工程力学、工程热物理、工商管理、工业催化、工业工程、工业设计工程、供热、供燃气、通风及空调工程、构造地质学、固体力学、管理科学与工程、光学、国民经济学、化工过程机械、化学工程、化学工艺、环境工程、环境科学、环境与资源保护法学、会计学、机械电子工程、机械工程、机械设计及理论、机械制造及其自动化、计算机技术、计算机软件与理论、计算机系统结构、计算机应用技术、计算数学、技术经济及管理、检测技术与自动化装置、建筑技术科学、建筑历史与理论、建筑设计及其理论、建筑学、建筑与土木工程、交通运输工程、教育经济与管理、结构工程、科学技术哲学、控制工程、控制理论与控制工程、矿产普查与勘探、矿产资源经济、矿物加工工程、矿业工程、流体机械及工程、流体力学、旅游地质与地质遗迹、旅游管理、马克思主义基本原理、马克思主义哲学、模式识别与智能系统、农业电气化与自动化、农业工程、农业机械化工程、农业生物环境与能源工程、农业水土工程、农业推广、企业管理(含：财务管理、市场营销)、桥梁与隧道工程、轻工技术与工程、热能工程、软件工程、设计艺术学、生态学、生物工程、生物工程材料、生物化工、生物化学与分子生物学、生物冶金、食品科学、市政工程、水工结构工程、水力学及河流动力学、水利工程、水利水电工程、水文学与水资源、思想政治教育、通信与信息系统、土地资源管理、微生物学、物理电子学、物流工程、系统分析与集成、系统工程、系统理论、信号与信息处理、岩土工程、药物化学、冶金工程、冶金能源工程、冶金物理化学、一般力学与力学基础、仪器仪表工程、艺术设计、应用电化学工程、应用化学、应用数学、有色金属冶金、载运工具运用工程、再生资源科学与技术、植物学、制浆造纸工程、制冷与低温工程、制药工程、中国少数民族艺术

院系设置

24个学院：国土资源工程学院、冶金与能源工程学院、材料科学与工程学院、机电工程学院、电力工程学院、信息工程与自动化学院、建筑工程学院、环境科学与工程学院、化学工程学院、生命科学与技术学院、交通工程学院、现代农业工程学院、法学院、社会科学学院、艺术与传媒学院、理学院、管理与经济学院、国际文化交流学院、外国语言文化学院、应用技术学院、城市学院、成人教育学院、津桥学院、楚雄应用技术学院；2个教学部：研究生部、体育课部；2个发展研究院：质量发展研究院、知识产权发展研究院。

国家级、省部级研究机构设置

1.实验室：(1)国家级：真空冶金国家工程实验室，云南省复杂有色金属资源清洁利用省部共建国家重点实验室培育基地；(2)省部级：有色及稀贵先进材料教育部重点实验室(共建)、非常规冶金教育部重点实验室(共建)、云南省计算机应用重点实验室、云南省新材料制备与加工重点实验室、云南省有色金属真空冶金重点实验室、云南省内燃机重点实验室、云南省微波能应用及装备技术工程实验室、云南省矿产资源预测评价实验室；(3)省高校级：云南省高校非常规冶金重点实验室、云南省高校环境污染防治重点实验室、云南省高校复杂铁资源清洁冶金重点实验室、云南省高校结构健康诊断重点实验室、云南省高校先

进材料的力学行为与微结构设计重点实验室、云南省高校环境土壤科学重点实验室(培育);(4)校级:成矿动力学与隐伏矿预测昆明理工大学重点实验室、电力系统保护与控制昆明理工大学重点实验室、工业废气净化与资源化昆明理工大学重点实验室、流固耦合昆明理工大学重点实验室、内燃机先进技术昆明理工大学重点实验室、金属先进凝固成形昆明理工大学重点实验室、离子液体冶金昆明理工大学重点实验室、微波冶金昆明理工大学重点实验室、冶金节能减排与新能源昆明理工大学重点实验室、特种粉体材料与技术昆明理工大学重点实验室、智能信息处理昆明理工大学重点实验室、衰老与肿瘤分子遗传学昆明理工大学重点实验室、医学神经生物学昆明理工大学重点实验室、环境土壤科学昆明理工大学重点实验室

2.研究中心(所):(1)国家级:固体废弃物资源化国家工程研究中心;(2)省部级:西部优势矿产资源高效利用教育部工程研究中心(共建)、冶金节能减排教育部工程研究中心(共建)、国家环境保护工业资源循环利用工程技术(昆明)中心、中国有色金属行业微波冶金工程技术研究中心、云南省冶金节能减排工程技术研究中心、云南省先进成形制造工程技术研究中心、云南省抗震工程技术研究中心、云南省能源效率中心、云南省现代化管理与新型工业化研究基地、云南省智能电网工程技术研究中心、云南省工业废气净化及资源化利用工程研究中心、云南省肿瘤转化医学工程技术研究中心;(3)省高校级:云南省高校先进成形制造工程研究中心、云南省高校工业节能与能源新技术工程研究中心、云南省高校制浆造纸工程研究中心、云南省高校硅冶金与硅材料工程研究中心、云南省高校医学分子诊断工程研究中心、云南省高校智能交通系统工程研究中心;(4)校级:智能交通系统工程技术中心

博士后科研流动站 矿业工程流动站、地质资源与地质工程流动站、冶金工程流动站、材料科学与工程流动站、环境科学与工程流动站、力学流动站、机械工程流动站、管理科学与工程流动站

定期公开出版的专业刊物 《昆明理工大学学报》(理工版)、《昆明理工大学学报》(社科版)

学校设立奖学金情况

学校设立奖学金12项,奖励总金额571.79万元。奖学金最高金额3000元/年,最低金额200元/年。

主要校办产业

专家楼宾馆、颐园、国际学术交流中心、昆明理工大学科技产业经营管理有限公司、昆明理工大学科技园有限公司、昆明理工大学设计研究院、昆明理工大学驾驶培训学校有限公司、昆明理工大学城乡规划研究有限公司、昆明理工大学环境科学与工程研究有限公司、云南消防司法鉴定中心、云南华威废弃物资源化有限公司、昆明理工大学印务包装有限公司、昆明理工大西维尔技术服务有限公司、昆明理工大学高新技术咨询监理有限公司、云南交通司法鉴定中心

学校历史沿革

昆明理工大学创建于1954年,现在的昆明理工大学系1999年10月由原"昆明理工大学"与原"云南工业大学"两校合并组建而成。原"昆明理工大学"是于1995年2月由"昆明工学院"更名为昆明理工大学。1952年全国高校院系调整时,为筹建昆明工学院,贵州大学工学院、重庆大学工学院有色冶金一部分及西昌技艺高等专科学校先后并入云南大学工学院,1954年9月云南大学工学院独立建校为昆明工学院。1961年先后又有滇南大学、滇西大学、云南机械学院、云南煤炭学院、云南铁道学院的有关专业及甘肃工业大学的钢铁冶金专科并入昆明工学院。云南工业大学由原云南工学院、重庆建筑工程学院昆明分院(1984年9月成立)、云南化工专科学校(1985年3月成立)、成都电子科技大学昆明分部(1985年3月成立)四校于1994年9月合并组建而成。云南工学院组建于1974年9月,由云南第一工业学校(原昆华高级工业职业学校1930年4月成立)、云南第三工业学校(1965年9月成立)、云南农业机械学校(1965年9月成立)三校合并组建而成。

云南农业大学

学校(机构)标识码 4153010676	电子信箱 ynauxb@126.com	成人本科 4013
学校办学类型 411:本科院校:大学	占地面积(平方米) 1441107	成人专科 4760
学校性质类别 03 农业院校	校舍建筑面积(平方米) 511083	博士研究生 133
学校举办者 811 省级教育部门	图书(万册) 132.57	硕士研究生 1297
学校地址 云南省昆明市盘龙区黑龙潭	固定资产总值(万元) 81205	留学生 46
邮政编码 650201	教学、科研仪器设备资产值(万元) 15116.8	专任教师(人) 1073
办公电话 0871-5227742	在校生数(人) 24711	其中:正高级 151
传真电话 0871-5227316	其中:普通本科 13442	副高级 398
校园(局域)网域名 www.ynau.edu.cn	普通专科 1020	中级 436
		初级 88

本科专业 蚕学、草业科学、草业科学(草坪与城镇规划)、茶学、茶学(茶艺茶道方向)、车辆工程、电气工程与自动化、电子商务、电子信息工程、动物科学、动物科学(高职本)、动物科学(饲料科学与工程)、动物医学、动物医学(检疫方向)、动物医学(越南语方向)、动植物检疫(植物检疫方向)、工程管理(建筑工程方向)、高职本、工程管理(项目管理、特有民族班、工程造价、工程造价(高职本)、工业工程、公共事业管理、环境科学、机械设计制造及其自动化、计算机科学与技术、建筑环境与设备工程、

经济学、经济学(会计方向)、农村区域发展、农村区域发展(行政管理方向)、农林经济管理、农学、农业机械化及其自动化、农业建筑环境与能源工程、农业水利工程、农业资源与环境、热能与动力工程、森林资源保护与游憩、森林资源保护与游憩(旅游管理方向)、设施农业科学与工程、社会工作、社会体育、生物技术、食品科学与工程、食品科学与工程(蜂产品加工)、食品质量与安全、蔬菜、数学与应用数学、水产养殖学、水利水电工程、水土保持与荒漠化防治、体育教育、土地资源管理、土木工程、土木工程(高职本)、网络工程、文秘教育、信息管理与信息系统、烟草、英语、应用化学、园林、园林(景观规划设计)、园林(园林植物与观赏园艺)、园艺、园艺(中荷交流项目)、越南语、植物保护、植物保护(越南语)、中草药栽培与鉴定、种子科学与工程、资源环境与城乡规划管理

专科专业 城镇规划、工程监理、工程造价、建筑工程技术、建筑工程技术(建筑水电安装方向)、建筑工程技术(建筑装饰方向)、建筑工程技术(特有民族班)、建筑设计技术、园艺技术(含荷兰班)

博士专业 农药学、农业昆虫与害虫防治、植物病理学、作物遗传育种

硕士专业 草业科学、茶学、动物遗传育种与繁殖、动物营养与饲料科学、工程管理、果树学、环境科学、基础兽医学、科学技术史、临床兽医学、马克思主义哲学、农产品加工及贮藏工程、农药学、农业机械化工程、农业经济管理、农业昆虫与害虫防治、农业水土工程、农业推广、生物化学与分子生物学、食品科学、兽医、蔬菜学、水土保持与荒漠化防治、特种经济动物饲养(含:蚕、蜂等)、土壤学、预防兽医学、园林植物与观赏园艺、植物病理学、植物学、植物营养学、作物遗传育种、作物栽培学与耕作学

院系设置

农学与生物技术学院、动物科学学院、植物保护学院、园林园艺学院、资源与环境学院、烟草学院、食品科学学院、经济管理学院、工程学院、水利水电与建筑工程学院、人文社会科学学院、基础与信息工程学院、职业与继续教育学院、体育学院、外语学院、建筑工程学院、龙润普洱茶学院、思想政治理论研究教研部

国家级、省部级研究机构设置

国家级研究机构:农业生物多样性应用技术国家工程研究中心、农业生物多样性重点实验室(省部共建国家重点实验室培育基地)省部级研究机构设置:农业生物多样性病虫害控制教育部重点实验室、云南省植物病理重点实验室、云南动物营养与饲料重点实验室、云南省版纳微型猪近交系重点实验室、云南省滇型杂交水稻研究中心、云南省香料研究中心、云南省农产品加工技术研究中心、云南"三农"问题与新农村建设研究基地、云南省茶深加工工程技术研究中心、农业部云贵高原作物有害生物综合治理重点实验室、农业部云南耕地保育科学观测站、云南省优势中药材规范化种植工程研究中心

博士后科研流动站 植物保护博士后科研流动站

定期公开出版的专业刊物 《云南农业大学学报》(自然科学版)、(社会科学版)

学校设立奖学金情况

学校共设立奖学金23项,奖励总额为2010.444万元。最低金额为200元/年。

学校历史沿革

云南农业大学始创于1938年,1958年独立建设成为昆明农林学院,1971年合并建设成为云南农业大学。经过70余年的办学,学校已经发展成为多学科交叉融合、协调发展的省属重点大学。

西南林业大学

学校(机构)标识码 4153010677	电子信箱 yb@swfu.edu.cn	成人专科 3156
学校办学类型 411:本科院校:大学	占地面积(平方米) 802737	硕士研究生 1113
学校性质类别 04 林业院校	校舍建筑面积(平方米) 483936	留学生 37
学校举办者 811 省级教育部门	图书(万册) 131.6	专任教师(人) 815
学校地址 云南省昆明市白龙寺300号	固定资产总值(万元) 153281.51	其中:正高级 104
邮政编码 650224	教学、科研仪器设备资产值(万元) 13075.37	副高级 226
办公电话 0871-3863381	在校生数(人) 22266	中级 355
传真电话 0871-3863218	其中:普通本科 13538	初级 67
校园(局域)网域名 www.swfu.edu.cn	成人本科 4422	未定职级 63

本科专业 包装工程、财务管理、测绘工程、车辆工程、城市规划、地理信息系统、电子科学与技术、电子信息工程、动画、动物科学、法学、法语、给水排水工程、工商管理、工业设计、公共事业管理、汉语言文学、环境工程、环境科学、会计学、机械电子工程、机械设计制造及其自动化、计算机科学与技术、计算机科学与技术(软件技术和应用)、计算机科学与技术(网络信息工程)、交通运输、经济学、林产化工、林学、林学(双外语)、旅游管理、木材科学与工程、木材科学与工程(材料工程)、木材科学与工程(家具工程)、农村区域发展、农林经济管理、农学(药用植物)、农业资源与环境、汽车服务工程、森林工程、森林工程(道路与桥梁工程)、森林资源保护与游憩、森林资源保护与游憩(森林保护)、森林资源保护与游憩(生态旅游)、生物技术、食品科学与工程、水土保持与荒

漠化防治、泰语、体育教育、土木工程、消防工程、信息工程、信息管理与信息系统、信息与计算科学、野生动物与自然保护区管理、艺术设计、艺术设计（城市环境）、艺术设计（室内环境）、英语、应用化学、应用生物科学、园林、园艺、植物保护、资源环境与城乡规划管理

硕士专业 城市规划与设计（含：风景园林规划、地图学与地理信息系统、动物学、风景园林、工程、果树学、机械制造及其自动化、林产化学加工工程、林木遗传育种、林业、林业经济管理、旅游管理、木材科学与技术、农业经济管理、农业推广、企业管理（含：财务管理、市场营销、森林保护学、森林工程、森林经理学、森林培育、设计艺术学、生态学、水土保持与荒漠化防治、野生动植物保护与利用、园林植物与观赏园艺、载运工具运用工程、植物学

院系设置

学校下设林学院、园林学院、经济管理学院、生命科学学院、机械与交通学院、材料工程学院、生态旅游学院、环境科学与工程学院、土木工程学院、艺术学院、计算机与信息学院、人文学院、理学院、外国语学院、国际学院、继续教育学院、职业技术学院、思想政治理论课教学部、体育部

国家级、省部级研究机构

学校建立有国家级研究中心 1 个、教育部重点实验室 1 个、国家林业局重点实验室 1 个、云南省重点实验室 1 个、云南省高校重点实验室 3 个、云南省高校工程（技术）研究中心 2 个、云南省高校实验示范中心 4 个、云南省高校示范实验室 1 个、云南省教学团队 2 个、云南省竹藤科学创新团队 1 个、云南省创新人才培养基地 1 个、云南省人才培养模式创新实验区 1 个

定期公开出版的专业刊物 《西南林学院学报》

学校设立奖学金情况

学校设计奖学金 11 项，奖励总额 510 万元，奖学金最高金额 8000 元/年，最低金额 500 元/年

学校历史沿革

西南林业大学的前身为 1978 年教育部批注设置的"云南林学院"，是西部地区唯一一所独立设置的林业高等院校，原直属林业部管理，1993 年经原国家林业部（83）林发教字 734 号批准，云南林学院更名为西南林学院，2010 年经教育部教发函【2010】43 号批准，西南林学院更名为西南林业大学。

昆明医学院

学校（机构）标识码 4153010678	占地面积（平方米） 1087617	成人专科 9216
学校办学类型 412：本科院校：学院	校舍建筑面积（平方米） 562665	博士研究生 133
学校性质类别 05 医药院校	图书（万册） 141.35	硕士研究生 2037
学校举办者 811 省级教育部门	固定资产总值（万元） 69965.28	留学生 73
学校地址 昆明市呈贡新区雨花街春融西路 1168 号	教学、科研仪器设备资产值（万元） 12487.54	专任教师（人） 1001
邮政编码 650500	在校生数（人） 27503	其中：正高级 148
办公电话 0871-5922890	其中：普通本科 7186	副高级 324
传真电话 0871-5922777	普通专科 555	中级 443
校园（局域）网域名 www.kmmc.cn	成人本科 8303	初级 72
电子信箱 xiaoban@kmmc.edu.cn		未定职级 14

本科专业 法学、法医学、公共事业管理、护理学、康复治疗学、口腔医学、劳动与社会保障、临床药学、临床医学、麻醉学、市场营销、卫生检验、药剂制剂、药学、医学检验、医学影像学、预防医学

专科专业 护理、护理类新专业、口腔医学、临床医学、临床医学类新专业

博士专业 外科学

硕士专业 病理学与病理生理学、病原生物学、儿科学、儿少卫生与妇幼保健学、耳鼻喉科学、法医学、妇产科学、公共卫生、急诊医学、精神病与精神卫生学、康复医学与理疗学、口腔基础医学、口腔临床医学、口腔医学、劳动卫生与环境卫生学、老年医学、临床检验诊断学、临床医学、流行病与卫生统计学、麻醉学、内科学、皮肤病与性病学、人体解剖与组织胚胎学、社会医学与卫生事业管理、神经病学、神经生物学、生理学、生物化学与分子生物学、外科学、卫生毒理学、眼科学、药理学、药物化学、影像医学与核医学、中西医结合临床、肿瘤学

定期公开出版的专业刊物 《昆明医学院学报》（自然科学版）

学校设立奖学金情况

昆明医学院设立奖学金 20 项，2011 学年奖励总金额 476.343 万元，其中国家奖学金 8000 元/人/年，国家一等助学金 2500 元/人/年国家二等助学金 1500 元/人/年；国家励志奖学金 500 元/人/年；省政府奖学金 6000 元/人/年；校级优秀学生奖学金最高金额为 1200 元/人/年，最低金额为 300 元/人/年（其中优秀学生一等奖学金 1200 元/人/年，优秀学生二等奖学金 800 元/人/年，优秀学生三等奖学金 500 元/人/年），校级单项奖学金 100 元/人/年。

毕业生一次就业率 79.71%

学校历史沿革

昆明医学院是云南省最大的集教学、医疗、科研为一体的高等医学院校，其前身是 1933 年 9 月创建的云南省立东陆大学医学专修科和 1937 年成立的云南大学医学院，1956 年独立建院。

云南省

大理学院

学校(机构)标识码 4153010679
学校办学类型 412:本科院校:学院
学校性质类别 01 综合大学
学校举办者 811 省级教育部门
学校地址 云南省大理白族自治州大理古城弘圣路2号
邮政编码 671003
办公电话 0872-2219248
传真电话 0872-2219249
校园(局域)网域名 www.dali.edu.cn
电子信箱 xb@dali.edu.cn
占地面积(平方米) 1486674
校舍建筑面积(平方米) 520055
图书(万册) 158
固定资产总值(万元) 76014.31
教学、科研仪器设备资产值(万元) 12109.59
在校生数(人) 27079
其中:普通本科 15458
普通专科 663
成人本科 4114
成人专科 5801
硕士研究生 368
留学生 675
专任教师(人) 949
其中:正高级 124
副高级 293
中级 349
初级 139
未定职级 44

本科专业 电气工程及其自动化、电子信息科学与技术、动画、对外汉语、法学、公共关系学、公共事业管理、汉语言文学、护理学、化学、环境科学、绘画、计算机科学与技术、建筑学、经济学、临床医学、旅游管理、社会体育、生物技术、生物科学、生物医学工程、数学与应用数学、思想政治教育、泰语、体育教育、通信工程、卫生检验、物理学、小学教育、新闻学、信息与计算科学、学前教育、药物制剂、药学、医学检验、医学影像学、艺术设计、音乐表演、音乐学、英语、应用心理学、预防医学、园艺

专科专业 护理、计算机教育、临床医学、旅游管理

硕士专业 病原生物学、儿科学、临床医学、流行病与卫生统计学、马克思主义基本原理、内科学、思想政治教育、外科学、药物化学

院系设置 临床医学院、药学与化学学院、基础医学院、护理学院、公共卫生学院、文学院(对外汉语教育学院)、工程学院、经济与管理学院、农学与生物科学学院、外国语学院、数学与计算机学院、教育科学学院、体育科学学院、艺术学院、政法学院(马克思主义学院)、继续教育学院

国家级、省部级研究机构设置
实验室:云南省鼠疫防控技术重点实验室、云南省药用昆虫及蛛形类资源开发利用工程实验室

定期公开出版的专业刊物 《大理学院学报》(文、理、医学版)期刊,《大理学院学报》报刊

学校设立奖学金情况
学校设立奖学金13项,奖励总金额1800余万元。奖学金最高金额800元/年,最低金额500元/年。

学校历史沿革
大理学院是一所具有30年本科办学历史,以医学为优势学科多学科协调发展的地方综合性本科院校。2001年6月,经教育部批准,省政府同意,由大理医学院、大理师范高等专科学校合并,云南广播电视大学分校、大理工业学校并入组建大理学院,于2001年10月29日正式挂牌。

云南中医学院

学校(机构)标识码 4153010680
学校办学类型 412:本科院校:学院
学校性质类别 05 医药院校
学校举办者 811 省级教育部门
学校地址 云南省昆明市呈贡新城雨花路1076号
邮政编码 650500
办公电话 0871-5919009
传真电话 0871-5919000
校园(局域)网域名 www.ynutcm.edu.cn
电子信箱 qiuyongxiaoban@sohu.com
占地面积(平方米) 567859
校舍建筑面积(平方米) 79098
图书(万册) 52.59
固定资产总值(万元) 18779.74
教学、科研仪器设备资产值(万元) 6114.26
在校生数(人) 10426
其中:普通本科 5970
普通专科 334
成人本科 1342
成人专科 2277
硕士研究生 436
留学生 67
专任教师(人) 465
其中:正高级 48
副高级 112
中级 224
初级 76
未定职级 5

本科专业 公共事业管理、护理学、食品科学与工程、市场营销、药物制剂、药学、应用心理学、针灸推拿学、制药工程、中草药栽培与鉴定、中西医临床医学、中药学、中药资源与开发、中医学

专科专业 针灸推拿、中医学

硕士专业 临床医学、民族医学(含:藏医学、蒙医学等)、生药学、针灸推拿学、中西医结合基础、中西医结合临床、中药学、中医儿科学、中医妇科学、中医骨伤科学、中医基础理论、中医临床基础、中医内科学、中医外科学、中医五官科学、中医诊断学

院系设置

基础医学院、中药学院、临床医学院、思想政治理论教学研究部、继续教育学院、职业技术学院、护理学院、针灸推拿学院、人文与管理学院、药学院、民族医药学院、体育部、国际交流学院

国家级、省部级研究机构设置

省部级:中药药理实验室(国家中医药管理局中医药科研三级实验室)、中药药理(免疫)实验室(国家中医药管理局中医药科研三级实验室)、云南省高校民族药现代研究重点实验室、云南省高校中医药分子生物学重点实验室

定期公开出版的专业刊物 《云南中医学院学报》

学校设立奖学金情况

学校设立奖学金17项,奖励总金额102.65万元。奖学金最高金额8000元/年,最低金额200元/年。

学校历史沿革

昆明中医进修学院(1951年至1958年7月)、云南省中医学校(1958年至1960年5月)、云南中医学院(1960年5月年至今)。

云南师范大学

学校(机构)标识码	4153010681
学校办学类型	411:本科院校:大学
学校性质类别	06 师范院校
学校举办者	811 省级教育部门
学校地址	云南省昆明市呈贡新区雨花片区1号
邮政编码	650500
办公电话	0871-5911255
传真电话	0871-5911001
校园(局域)网域名	www.ynnu.edu.cn
电子信箱	xb@ynnu.edu.cn
占地面积(平方米)	2085617
校舍建筑面积(平方米)	860978
图书(万册)	288.09
固定资产总值(万元)	194844.51
教学、科研仪器设备资产值(万元)	17653.36
在校生数(人)	42566
其中:普通本科	22263
普通专科	295
成人本科	10981
成人专科	5321
博士研究生	46
硕士研究生	3261
留学生	399
专任教师(人)	1618
其中:正高级	241
副高级	478
中级	653
初级	241
未定职级	5

本科专业 播音与主持艺术、财务管理、财政学、测绘工程、地理科学、地理信息系统、电子信息科学类、电子信息科学与技术、动画、对外汉语、对外汉语(华文)、法学、工商管理类、公共事业管理、光电子科学与技术、广播电视新闻学、国际经济与贸易、国际经济与贸易(华文)、汉语言文学、汉语言文学(华文)、汉语言文学(实验班)、行政管理、化学、化学类、会计学、计算机科学与技术、计算机科学与技术(非师范)、教育技术学、教育学(师)、金融学、金融学(华文)、经济学、科学教育、历史学、旅游管理、旅游管理(东盟)、旅游管理(华文)、旅游管理与服务教育、旅游管理与服务教育(东盟)、旅游管理与服务教育(职教)、美术学、民族传统体育、农业建筑环境与能源工程、人文教育、日语、社会体育(高尔夫)、社会体育(师)、社会学、生物技术、生物科学、市场营销、数学类、数学与应用数学、数学与应用数学(实验班)、思想政治教育、泰语、泰语(华文)、体育教育、网络工程、文秘教育、文秘教育(职教)、舞蹈学、物理学、物理学类、小学教育(职教)、新闻传播学类、学前教育、学前教育(职教)、艺术教育、艺术教育(空乘与礼仪方向)、艺术教育(职教)、艺术设计、音乐表演、音乐学、英语、英语(非师范)、英语(华文)、应用电子技术教育、应用化学(职教)、应用生物教育、应用心理学、越南语、越南语(华文)、运动训练、再生资源科学与技术、哲学、制药工程、资源环境与城乡规划管理

专科专业 酒店管理、学前教育、应用电子技术

博士专业 农业生物环境与能源工程

硕士专业 比较教育学、成人教育学、地图学与地理信息系统、地图制图学与地理信息工程、发展与教育心理学、翻译、分析化学、概率论与数理统计、高等教育学、高分子化学与物理、工程、工商管理、光学、光学工程、广播电视艺术学、汉语国际教育、汉语言文字学、行政管理、环境科学、基础数学、基础心理学、计算机软件与理论、教育、教育技术学(教育学)、教育技术学(理学)、教育学、教育学原理、金融学(含:保险学)、科学技术哲学、科学社会主义与国际共产主义运动、课程与教学论、理论物理、伦理学、逻辑学、旅游管理、马克思主义基本原理、马克思主义哲学、美术学、美学、民族传统体育学、凝聚态物理、农业生物环境与能源工程、农业推广、区域经济学、人文地理学、社会学、生物化学与分子生物学、世界史、思想政治教育、体育、体育教育训练学、体育人文社会学、天体物理、外国语言学及应用语言学、外国哲学、文艺学、无机化学、无线电物理、物理化学(含:化学物理)、新闻学、学前教育学、遗传学、艺术、英语语言文学、应用化学、应用数学、应用心理、应用心理学、有机化学、语言学与应用语言学、运动人体科学、政治经济学、植物学、中国古代史、中国古代文学、中国近现代史、中国少数民族语言文学(分语族)、中国现当代文学、中国哲学、自然地理学、宗教学

院系设置

教育科学与管理学院、教师教育学院、哲学与政法学院、文学院、历史与行政学院、外国语学院、艺术学院、体育学院、数学学院、物理与电子信息学院、信息学院、化学化工学院、生命科学

学院、旅游与地理科学学院、经济与管理学院、能源与环境工程学院、成人继续教育学院、东南亚国际学院、国际汉语教育学院、职业技术教育学院、社会发展学院(马列主义教研部)、传媒学院、高等教育与区域发展研究院

国家级、省部级研究机构设置

1. 实验室：可再生能源材料先进技术与制备教育部重点实验室、民族教育信息化教育部重点实验室、国家体育总局体育文化研究基地、云南教育发展与西南联大研究省级基地、云南旅游产业发展研究基地、云南省舆情研究基地、云南人力资源开发与管理研究基地、云南省"农村能源工程"重点实验室、云南省高原地表过程与环境变化研究重点实验室、云南省生物质能与环境生物技术重点实验室、西南联合大学研究院

2. 研究中心(所)：国家太阳能质量检测中心、生物能源持续开发利用教育部工程研究中心、西部能源环境地理信息技术应用教育部工程研究中心

博士后科研流动站 农业工程

定期公开出版的专业刊物 《云南师范大学学报(哲学社会科学版)》、《云南师范大学学报(自然科学版)》、《云南师范大学学报(对外汉语教学)》

学校设立奖学金情况

学校设立奖学金25项，奖励总金额723.22万元，奖学金最高金额8000元/年，最低金额200元/年

1. 省级三好学生、优秀班干部奖学金：121人/年，200元/人，合计24200元
2. 国家奖学金：44人/年，8000元/人，合计352000元
3. 三好生标兵：44人/年，1500元/人，合计66000元
4. 三好生：25人/年，800元/人，合计20000元
5. 优秀学生干部：114人/年，600元/人，合计68400元
6. 单项奖：1748人/年，200元/人，合计349600元 588人/年，300元/人，合计176400元
7. 创新能力奖：55人/年，400元/人，合计22000元 24人/年，600元/人，合计14400元
8. 朱德祥奖学金：4人/年，1800元/人，合计7200元
9. 西南联大奖学金：7人/年，2000元/人，合计14000元
10. 伍达观奖学金：35人/年，2000元/人，合计70000元
11. 伍集成奖学金：14人/年，2600元/人，合计40400元
12. 赛德尔奖学金：10人/年，2500元/人，合计25000元
13. 校级助困奖学金：100人/年，400元/人，合计40000元 200人/年，800元/人，合计160000元 200人/年，1200元/人，合计240000元
14. 省政府奖学金：67人/年，6000元/人，合计402000元
15. 国家励志奖学金：668人/年，5000元/人，合计3340000元
16. 省政府励志奖学金：195人/年，4000元/人，合计780000元
17. 研究生优秀奖学金：20人/年，800元/人，合计16000元 25人/年，400元/人，合计10000元 98人/年，200元/人，合计19600元
18. 研究生伍达观奖学金：10人/年，2000元/人，合计20000元
19. 研究生华藏奖学金：10人/年，1500元/人，合计15000元
20. 红云红河助学金：150年，4000元/人，合计600000元
21. 应善良助学金：120人/年，2000元/人，合计240000元
22. 大益奖学金：50人/年，2000元/人，合计100000元

主要校办产业

昆明莲花宾馆、云南教育培训大厦、云南师范大学招待所、昆明德范印务有限公司、云南师范大学教育书行、云南德范绿源科技有限公司、云南索能太阳能技术开发有限公司、云南省光明工程公司、云南师范大学农药研究所

学校历史沿革

云南师范大学的前身为西南联合大学师范学院，创建于1938年。1946年，西南联合大学结束，三校(北京大学、清华大学、南开大学)北迁复员，西南联合大学师范学院独立设置为国立昆明师范学院，并以西南联合大学校庆日(11月1日)为院庆日。1950年改称昆明师范学院，1984年，昆明师范学院更名为云南师范大学。1998年，云南师范大学与云南教育学院、云南体育进修学院合并，组建新的云南师范大学。学校恪守西南联大"刚毅坚卓"的校训，形成了"学高身正，明德睿智"的校风。建校70余年来，已为国家培养了各类人才十余万人，被誉为"红土高原上的教师摇篮"。

昭通师范高等专科学校

学校(机构)标识码 4153010683	传真电话 0870-2139934	在校生数(人) 7183
学校办学类型 414：专科院校：高等专科学校	校园(局域)网域名 www.zttc.edu.cn	其中：普通专科 5918
	电子信箱 ynzttc@126.com	成人专科 1265
学校性质类别 06 师范院校	占地面积(平方米) 506669	专任教师(人) 361
学校举办者 811 省级教育部门	校舍建筑面积(平方米) 247112	其中：正高级 20
学校地址 云南省昭通市昭阳区环城东路146号	图书(万册) 64.7	副高级 110
	固定资产总值(万元) 47488.39	中级 162
邮政编码 657000	教学、科研仪器设备资产值(万元) 3733.86	初级 69
办公电话 0870-2125644		

专科专业 初等教育、地理教育、广播电视技术、化学教育、会计、计算机教育、计算机网络技术、计算机信息管理、计算机应

用技术、历史教育、旅游管理、旅游英语、美术教育、青少年工作与管理、人力资源管理、人群康复、商务英语、生物技术及应用、生物教育、数学教育、思想政治教育、体育教育、文秘、物理教育、现代教育技术、心理咨询、新闻采编与制作、学前教育、音乐教育、英语教育、应用化工技术、语文教育、装潢艺术设计

院系设置

中文系、政史系、英语系、数学系、物理系、化学系、计科系、艺术系、体育系、教育系、思政部

定期公开出版的专业刊物　《昭通师范高等专科学校学报》

学校设立奖学金情况

学校设立奖学金8项，奖励总金额362.33万元/年，最高金额8000元/年，最低金额350元/年。

学校历史沿革

昭通师范高等专科学校前身为昭通师范专科学校，创建于1978年，2000年8月与昭通师范学校合并组建为新的昭通师范高等专科学校至今。

曲靖师范学院

学校(机构)标识码　4153010684	占地面积(平方米)　838238	成人本科　2143
学校办学类型　412:本科院校:学院	校舍建筑面积(平方米)　271481	成人专科　2853
学校性质类别　06 师范院校	图书(万册)　82.35	留学生　14
学校举办者　811 省级教育部门	固定资产总值(万元)　53288.31	专任教师(人)　635
学校地址　曲靖市麒麟区三江大道	教学、科研仪器设备资产值(万元)　5642.52	其中:正高级　38
邮政编码　655011		副高级　156
办公电话　0874-8998698	在校生数(人)　18403	中级　273
传真电话　0874-8998697	其中:普通本科　12859	初级　134
校园(局域)网域名　www.qjnu.edu.cn	普通专科　534	未定职级　34
电子信箱　yb@qjnu.edu.cn		

本科专业　播音与主持艺术、财务会计教育、地理科学、电子信息科学与技术、动画、对外汉语、法学、工商管理、广告学、汉语言文学、化学、化学工程与工艺、会计学、计算机科学与技术、教育技术学、历史学、美术学、软件工程、社会工作、社会体育、生物技术、生物科学、食品科学与工程、数学与应用数学、思想政治教育、泰语、体育教育、文秘教育、舞蹈学、物理学、小学教育、信息管理与信息系统、信息与计算科学、学前教育、艺术教育、艺术设计、音乐学、英语、应用化学

专科专业　会计学、酒店管理、汽车检测与维修技术、体育教育、图形图像制作、舞蹈表演、艺术设计、应用泰国语

院系设置

学院设有人文学院、外国语学院、政法学院、经济与管理学院、教师教育学院、数学与信息科学学院、物理与电子工程学院、化学化工学院、生物资源与环境科学学院、计算机科学与工程学院、音乐舞蹈学院、美术学院、体育学院、继续教育学院、国际学院、马克思主义学院16个学院，教育科学研究中心等共17个教学单位

国家级、省部级研究机构设置

学院成立了"珠江上游经济发展研究所"、"滇东北基础教育发展研究中心"、"计算化学与理论研究所"、"文学艺术研究所"、"珠江源历史文化与现代文明研究中心"、"现代教育技术研究所"、"应用数学研究所"、"云南城市文化研究所"、"水彩画艺术研究所"、"翻译与跨文化研究中心"、"中小学英语教育研究所"、"双语教学研究所"、"马克思主义中国化研究所"、"软件工程研究所"、"云贵高原生物多样性研究所"、"版画艺术研究所"、"禁毒防艾社区教育研究所"、"曲靖市地方特色食品研究所"、"青少年心里健康研究所"和"法律教育与服务研究中心"等20个研究所(中心)。"儿童发展与学习科学媒体技术实验室"、"绿色能源材料与资源开发实验室"、"功能金属有机材料实验室"和"分子生物实验室"为校级重点建设实验室；"材料物理实验室"、"植物学实验室"、"陶艺雕塑实验室"和"资源与环境化学实验室"为校级重点实验室备选建设实验室。"珠江上游地区城乡一体化研究基地"、"珠江上游历史文化与现代文明研究基地"为校级立项建设人文社会科学重点研究基地。我校被批准为"国家体育总局体育文化发展中心体育文化研究基地"，"云南城市文化研究基地"为云南省哲学社会科学研究基地

定期公开出版的专业刊物　《曲靖师范学院学报》

学校历史沿革

曲靖师范学院是2000年3月经国家教育部批准建立的本科院校。学校位于云南省东北部曲靖市，是滇东北地区唯一的一所本科院校。

曲靖师范学院的办学历史可追溯到中华民国建立初期，为适应小学教师的需要，省立第三师范学校于1913年春在曲靖成立。新中国成立之后，为大力发展师范教育，曲靖地委、行署决定在原省立第三师范学校的基础上于1956年选址设置了曲靖师范学校。1978年4月在曲靖师范学校的基础上创建了曲靖师范专科学校。1980年12月经云南省人民政府批准，择址新建了曲靖地区师范学校，1984年4月新建了曲靖教育学院。1993年8月，曲靖师范专科学校更名为曲靖师范高等专科学校。2000年3月经国家教育部批准，在曲靖师范高等专科学校、曲靖教育学院、曲靖师范学校的基础上建立了曲靖师范学院。

思茅师范高等专科学校

学校(机构)标识码	4153010685
学校办学类型	414：专科院校：高等专科学校
学校性质类别	06 师范院校
学校举办者	811 省级教育部门
学校地址	云南省普洱市思茅区宁洱大道275号
邮政编码	665000
办公电话	0879-2304275
传真电话	0879-2304275
校园(局域)网域名	www.smtc.cn
电子信箱	smszbgs001@126.com
占地面积(平方米)	417335
校舍建筑面积(平方米)	162835
图书(万册)	62.5
固定资产总值(万元)	27024
教学、科研仪器设备资产值(万元)	3152
在校生数(人)	5692
其中：普通专科	5650
留学生	42
专任教师(人)	319
其中：正高级	21
副高级	101
中级	101
初级	95
未定职级	1

专科专业 茶叶生产加工技术、初等教育、法律事务、化学教育、计算机信息管理、计算机应用技术、酒店管理、历史教育、美术教育、生物技术及应用、生物教育、数学教育、思想政治教育、体育教育、文秘、物理教育、现代教育技术、学前教育、艺术设计、音乐教育、英语教育、应用英语、语文教育、园林技术、园艺技术

院系设置
中文系、英语系、数学系、生命科学系、社会科学系、体育系、美术系、音乐系、初等教育系、思想政治研究中心、教师教育教学与研究中心

定期公开出版的专业刊物 《思茅师范高等专科学校学报》

学校设立奖学金情况
学校设立奖学金8项，奖金总额645.2万元。奖学金最高额8000元/年，最低金额1000元/年。

学校历史沿革
思茅师专1977年开始筹建，1978年12月经国务院批准正式成立，定名为"思茅师范专科学校"。1992年更名为"思茅师范高等专科学校"。1998年8月学校管理机制调整为"省地共管，以省管为主"。

保山学院

学校(机构)标识码	4153010686
学校办学类型	412：本科院校：学院
学校性质类别	01 综合大学
学校举办者	811 省级教育部门
学校地址	云南省保山市隆阳区远征路保山学院
邮政编码	678000
办公电话	0875-3115668
传真电话	0875-3115889
校园(局域)网域名	www.bsnc.cn
电子信箱	bsszxb666@163.com
占地面积(平方米)	526936
校舍建筑面积(平方米)	184165
图书(万册)	57
固定资产总值(万元)	24615.13
教学、科研仪器设备资产值(万元)	2754.75
在校生数(人)	7064
其中：普通本科	2503
普通专科	4342
成人本科	182
成人专科	20
留学生	17
专任教师(人)	350
其中：正高级	25
副高级	101
中级	158
初级	45
未定职级	21

本科专业 财务管理、汉语言文学、化学、计算机科学与技术、美术学、生物科学、数学与应用数学、思想政治教育、体育教育、物理学、小学教育、艺术设计、音乐学、英语、政治学与行政学

专科专业 宝玉石鉴定与加工技术、初等教育、地理教育、环境艺术设计、会计、计算机教育、计算机网络技术、计算机应用技术、建筑设计技术、酒店管理、历史教育、旅游管理、美术教育、汽车运用技术、商务管理、商务英语、生物技术及应用、生物教育、数学教育、思想政治教育、体育教育、文化市场经营与管理、文秘、现代教育技术、学前教育、艺术设计、音乐表演、音乐教育、英语教育、应用缅甸语、语文教育

院系设置
1. 人文学院 2. 政治学院 3. 外国语学院 4. 数学学院 5. 信息学院 6. 理工学院 7. 资源环境学院 8. 体育学院 9. 教育学院 10. 艺术学院 11. 经济管理学院

定期公开出版的专业刊物 《保山学院学报》、《保山学院报》

学校设立奖学金情况
学校设立奖学金2项，奖励总金额208余万元。奖学金最高金额2000元/年，最低金额300元/年。

学校历史沿革

保山学院前身是保山师范高等专科学校。保山师范高等专科学校于1978年经国务院批准成立,原与保山师范学校在同一校址,1988年迁至保山城南角的黄龙山。1992年经国家教委批准,更名为保山师范高等专科学校。1999年由原来的省地共管、以地为主,改为省管为主。2003年,学校实施异地搬迁至保山市隆阳区远征路。2009年4月经教育部批准升格为保山学院。

红河学院

学校(机构)标识码 4153010687	电子信箱 office@uoh.edu.cn	普通专科 158
学校办学类型 412:本科院校:学院	占地面积(平方米) 782292	成人本科 2265
学校性质类别 01 综合大学	校舍建筑面积(平方米) 275507	成人专科 1252
学校举办者 811 省级教育部门	图书(万册) 61.35	留学生 109
学校地址 云南省 红河州 蒙自市	固定资产总值(万元) 46369.4	专任教师(人) 626
邮政编码 661111	教学、科研仪器设备资产值(万元) 5921.07	其中:正高级 53
办公电话 0873-3694099		副高级 130
传真电话 0873-3694806	在校生数(人) 15937	中级 365
校园(局域)网域名 www.uoh.edu.cn	其中:普通本科 12153	初级 78

本科专业 财务管理、电气工程及其自动化、对外汉语、广播电视新闻学、广告学、国际经济与贸易、国际政治、汉语言文学、化学、绘画、机械工程及自动化、计算机科学与技术、教育技术学、科学教育、历史学、农学、设施农业科学与工程、社会体育、生物技术、生物科学、数学与应用数学、思想政治教育、泰语、体育教育、通信工程、舞蹈学、物理学、物流管理、小学教育、信息与计算科学、学前教育、冶金工程、艺术设计、音乐表演、音乐学、英语、越南语、政治学与行政学

专科专业 美术教育、体育教育、学前教育、音乐教育

院系设置

人文学院、工学院、理学院、商学院、国际学院、教师教育学院、外国语学院、数学学院、生命科学与技术学院、体育学院、美术学院、音乐学院、政治学与国际关系学院、思想政治理论教研部

国家级、省部级研究机构设置

省、部级研究机构有:滇越合作研究基地、云南省高校天然药物与化学生物学重点实验室、云南省高校农作物优质高效栽培与安全控制重点实验室、云南省高校工业信息化工和研究中心培育基地。

定期公开出版的专业刊物 《红河学院报》、《红河学院学报》

学校设立奖学金情况

学校设立奖学金15项奖励总金额1045余万元奖学金最高金额8000元/年最低金额1000元/年。

学校历史沿革

红河学院前身为蒙自师范高等专科学校(成立于1978年4月,1992年校名调整为蒙自师范高等专科学校),2003年4月经教育部批准蒙自师范高等专科学校与云南广播电视大学红河分校合并组建成红河学院。

云南财经大学

学校(机构)标识码 4153010689	cn	普通专科 968
学校办学类型 411:本科院校:大学	电子信箱 xiaoban@ynufe.edu.cn	成人本科 9583
学校性质类别 08 财经院校	占地面积(平方米) 815027	成人专科 9491
学校举办者 811 省级教育部门	校舍建筑面积(平方米) 723373	硕士研究生 1547
学校地址 云南省昆明市龙泉路237号	图书(万册) 178.94	留学生 426
	固定资产总值(万元) 75167.16	专任教师(人) 966
邮政编码 650221	教学、科研仪器设备资产值(万元) 8039.08	其中:正高级 130
办公电话 0871-5023548		副高级 326
传真电话 0871-5024193	在校生数(人) 38339	中级 437
校园(局域)网域名 www.ynufe.edu.	其中:普通本科 16324	初级 73

本科专业 保险、财务管理、财政学、城市规划、电子商务、法学、工程管理、工商管理、公共事业管理、管理科学、广告学、国际会计、国际金融、国际经济与贸易、国际商务、国际商务英语、汉语言、行政管理、会计信息系统、会计学、会展经济与管理、计算机科学与技术、金融工程、金融学、经济学、劳动与社会保障、理财学、旅游管理、旅游管理(三校生)、人力资源管理、社会工作、市场营销、市场营销(三校生)、数学与应用数学、统计学、物流工程、物流管理、项目管理、新闻学、信息管理与信息系统、信息与计算科学、艺术设计、英语、越南语、政治学与行政学、资产评估、资源环境与城乡规划管理

专科专业 会计、计算机应用技术、旅游管理、市场营销、税务、物流管理

硕士专业 保险、财政学(含:税收学)、产业经济学、法律、法学理论、工商管理、公共管理、管理科学与工程、国防经济、国际贸易学、国际商务、国民经济学、行政管理、会计、会计学、计算机应用技术、技术经济及管理、金融、金融学(含:保险学)、经济法学、经济史、经济思想史、劳动经济学、伦理学、旅游管理、民商法学(含:劳动法学)、社会保障、农业经济管理、企业管理(含:财务管理、市场营销)、区域经济学、人口、资源与环境经济学、社会保障、世界经济、数量经济学、税务、思想政治教育、统计学、土地资源管理、西方经济学、应用统计、政治经济学、资产评估

院系设置

我校共有21个学院,2个教学部:财政与经济学院、金融学院、工商管理学院、会计学院、旅游学院、信息学院、统计与数学学院、城市管理与资源环境学院、外语学院、法学院、传媒学院、商学院、公共管理学院、现代设计艺术学院、国际工商学院东盟学院、MBA教育学院、继续教育学院、高等职业技术学院、马列主义学院、体育教学部、大学外语教学部和中华职业学院

国家级、省部级研究机构设置

学校设云南省社科研究基地2个、专职研究机构7个。1个云南省社科研究基地:云南省财税研究基地,云南对外金融合作研究基地;7个专职研究机构:经济研究院、区域发展研究所、国土资源与可持续发展研究所、财政税收研究所、公共政策研究所、经济制度与经济政策经济所、社会与经济行为研究中心。

定期公开出版的专业刊物 《云南财经大学学报》、《云南财经大学学报》(社会科学版)

学校设立奖学金情况

学校设立奖助学金18项,奖励人数7188人,总金额14936040元。奖学金最高金额8000元/年,最低金额150元/年。

1 国家奖学金:33人,8000元/年,264000元;
2 国家励志奖学金:374人,5000元/年,1870000元;
3 国家助学金一等:1176人,3500元/年,4116000元;国家助学金二等:2352人,2500元/年,5880000元;
4 省政府奖学金:53人,6000元/年,318000元;
5 省政府励志奖学金:111人,4000元/年,444000元;
6 贫困生自立奖学金:664人,1000元/年,664000元;
7 施源助学金:40人,4000元/年,160000元;
8 西部助学金:9人,5000元/年,45000元;
9 孤儿助学金:28人,3000元/年,84000元;
10 综合奖学金:208人,2000元/年,416000元;
11 考证过级奖学金:1028人,350元/年,359800元;
12 精神文明奖学金:370人,150元/年,55500元;
13 优秀学生干部奖学金:382人,150元/年,57300元;
14 学术科技:258人,300-1000元/年,82100元;
15 学习优秀:9人,500元/年,4500元;
16 优秀学术成果:48人,200-600元/年,15840元;
17 云南省煤化奖学金:20人,2500元/年,50000元;
18 大益奖学金:25人,2000元/年,50000元;

合计:7188人,总金额14936040元

学校历史沿革

1950年3月,共产党接管国民党财政厅后,为适应当时急需大批财政会计管理人才的需要,建立了财政干部训练班,共培训了近400名干部。1951年初,财政干部训练班改为云南省财政干部学校,并正式启用印章。1958年底,中共云南省委同意财贸系统的五所干部学校合并,成立云南省财贸干部学校("大干校")。1964年3月,中共云南省委作出"关于撤销云南省财贸干部学校、恢复建立商业、合作、财政、银行四个专业干校"的决定,1973年6月重新恢复粮食干校、商业干校和财政金融干校。1978年6月19日,中共云南省委决定将上述三所干校再度合并,成立云南省财贸干部学校,为局一级单位,1981年8月26日,国务院教育部下发《关于增设云南财贸学院的通知》,批准成立云南财贸学院,为本科高等学院,由云南省领导。云南经济管理干部学院的前身是成立于1979年11月的云南省工业干部学校。1983年8月,云南省政府决定将其校名改为"云南经济管理干部学院"。1998年2月,云南省政府决定并报经教育部批准,云南经济管理干部学院与云南财贸学院合并办学,成立新的云南财贸学院。1999年2月,新的云南财贸学院成立。2006年2月,教育部正式批准云南财贸学院更名为云南财经大学。

云南艺术学院

学校(机构)标识码 4153010690	邮政编码 650031	校舍建筑面积(平方米) 287422
学校办学类型 412:本科院校:学院	办公电话 0871-5937083	图书(万册) 33.42
学校性质类别 11 艺术院校	传真电话 0871-5937083	固定资产总值(万元) 49105.49
学校举办者 811 省级教育部门	校园(局域)网域名 www.ynart.edu.cn	教学、科研仪器设备资产值(万元) 3590.88
学校地址 昆明市呈贡县雨花校区雨花路1577号	电子信箱 ynysxycwc@126.con	
	占地面积(平方米) 641890	在校生数(人) 8479

其中:普通本科 7062	硕士研究生 379	副高级 133
普通专科 458	留学生 10	中级 144
成人本科 523	专任教师(人) 464	初级 100
成人专科 47	其中:正高级 57	未定职级 30

本科专业 播音与主持艺术、导演、雕塑、动画、公共事业管理、广播电视编导、广播电视新闻学、绘画、建筑学、美术学、美术学(师范)、商业摄影与媒体、数字媒体艺术、文化产业管理、舞蹈编导、舞蹈表演、舞蹈学、戏剧表演、戏剧学、戏剧影视美术设计、戏剧影视文学、艺术教育、艺术设计、艺术设计学、艺术摄影、音乐表演、音乐学、音乐学(师范)、影视摄影、作曲与作曲技术理论

专科专业 表演艺术、电脑艺术设计、舞蹈表演

硕士专业 MFA美术、MFA音乐、美术学、设计艺术学、舞蹈学、戏剧戏曲学、艺术学、音乐学

院系设置

1. 学院下设9个二级学院、系 (1)音乐学院;(2)美术学院;(3)艺术设计学院;(4)舞蹈学院;(5)戏剧学院;(6)电影电视艺术学院;(7)艺术文化学院;(8)高等职业教育学院;(9)思想政治部 2. 一个民办二级学院:云南艺术学院文华学院 3. 一个附属中专:云南艺术学院附属艺术学校

国家级、省部级研究机构设置

研究中心(所):云南艺术学院民族艺术研究所

定期公开出版的专业刊物 《云南艺术学院学报》、《云南艺术学院院报》

学校设立奖学金情况

学校设立奖学金3项,奖励总金额90余万元。奖学金最高金额4000元/年,最低金额2000元/年。

主要校办产业

·云南艺术学院科技开发部

学校历史沿革

学校于1959年8月经国家教育部批准成立,现有两个校区,老校区位于春城昆明西郊,占地面积184亩,新校区位于昆明呈贡大学城,占地800亩(正在建设中,现在已入住新生6800人),是我国西南边疆的一所综合性高等艺术院校。

云南民族大学

学校(机构)标识码 4153010691	电子信箱 ynnuxb@126.com	成人本科 4841
学校办学类型 411:本科院校:大学	占地面积(平方米) 1696822	成人专科 4618
学校性质类别 12 民族院校	校舍建筑面积(平方米) 698786	硕士研究生 2193
学校举办者 812 省级其他部门	图书(万册) 117.69	留学生 200
学校地址 云南省呈贡县吴家营乡雨花片区3号云南民族大学	固定资产总值(万元) 150035.81	专任教师(人) 946
	教学、科研仪器设备资产值(万元) 9429.82	其中:正高级 173
邮政编码 650031		副高级 304
办公电话 0871-5910010	在校生数(人) 29595	中级 321
传真电话 0871-5910035	其中:普通本科 16982	初级 145
校园(局域)网域名 www.ynni.edu.cn	普通专科 761	未定职级 3

本科专业 编辑出版学、财务管理、财务会计教育、电气工程及其自动化、电气信息类、电子信息工程、动画、对外汉语、法学、工商管理、公共事业管理、广播电视新闻学、广告学、国防教育与管理、国际经济与贸易、国际政治、汉语言文学、行政管理、化工与制药、化学、环境科学、会计学、计算机科学与技术、柬埔寨语、教育技术学、经济学、经济学类、老挝语、历史学、旅游管理、旅游管理与服务教育、马来语、美术学、缅甸语、民族学、人力资源管理、日语、少数民族艺术、社会工作、社会体育、社会学、生物技术、市场营销、市场营销教育、数学与应用数学、泰语、体育教育、体育学类、通信工程、统计学、网络工程、文秘教育、舞蹈编导、舞蹈学、物理学、物理学类、新闻传播学类、信息管理与信息系统、信息与计算科学、艺术设计、音乐表演、音乐学、印地语、印度尼西亚语、英语、应用化学、应用心理学、越南语、哲学、政法干警、政治学与行政学、中国少数民族语言文学、中国语言文学类、装潢设计与工艺教育、自动化

专科专业 导游、电脑艺术设计、计算机应用技术、旅游工艺品设计与制作、文秘、艺术设计、应用英语、装潢艺术设计

硕士专业 法律、翻译、分析化学、工商管理、公共管理、国际政治、国民经济学、汉语国际教育、行政管理、会计、会计学、基础数学、教育学原理、金融学(含:保险学)、经济法学、考古学与博物馆学、劳动经济学、历史文献学(含:敦煌学、古文字学)、伦理学、旅游管理、马克思主义基本原理、马克思主义民族理论与政策、民商法学(含:劳动法学)、社会保障、民俗学(含:中国民间文学)、民族传统体育学、民族学、企业管理(含:财务管理、市场营销)、区域经济学、人类学、社会工作、社会学、思想政治教育、文艺学、信号与信息处理、亚非语言文学、有机化学、语言学与应用语言学、政治学理论、中国古代文学、中国古典文献学、中国近现代史、中国少数民族经济、中国少数民族史、中国少数民族艺术、中国少数民族语言文学(分语族)、中国现当代文学、专门史、资产评估、宗教学

院系设置

现有 21 个学院(部):哲学与政治学学院、经济学院、法学院、教育学院(预科教育学院)、体育学院、人文学院、民族文化学院、外国语学院、东南亚南亚语言文化学院、艺术学院、数学与计算机科学学院、电气信息工程学院、化学与生物技术学院、管理学院(会计学院)、人民武装学院、国际教育学院、职业技术学院、继续教育学院、文化学院(九龙池校区)、研究生部、马列部等

国家级、省部级研究机构设置

1 个省属研究机构——云南省民族研究所,1 个馆藏文物近 20000 件的民族博物馆,另有 50 个校属研究机构,建立了中国——东盟语言文化人才培养基地

实验室:教育部国家民委共建重点实验室—民族药资源化学重点实验室

学校设立奖学金情况

1. 校级三好学生:382 人/年,1000 元/人
2. 云南省关工委少数民族特困学生生活补助:100 人/年,3000 元/人
3. 新长城助学金:178 人/年,1840 元/人
4. 龙绳文奖学金:80 人/年,2000 元/人
5. 中央西部开发助学金:26 人/年,5000 元/人
6. 伍达观助学金:90 人/年,1500 元/人
7. 伍集成奖学金:20 人/年,2600 元/人
8. 香港政协委员助学金:20 人/年,1000 元/人
9. 伍达观奖学金:40 人/年,1500 元/人(本科),20 人/年,2500 元/人(研究生)

学校历史沿革

云南民族大学是一所培养包括汉族在内的各民族高级专门人才的综合性大学。学校坐落在四季如春、风景秀丽的中国昆明,创建于 1951 年 8 月 1 日,是中华人民共和国最早成立的民族高等院校之一,也是国家民族事务委员会与云南省人民政府共建的省属重点大学,学校是国家新增博士授权建设单位。云南民族学院(1951 年 – 2003 年);云南民族大学(2003 年至今)。

玉溪师范学院

学校(机构)标识码 4153011390	电子信箱 office02@yxnu.net	普通专科 535
学校办学类型 412:本科院校:学院	占地面积(平方米) 697645	成人本科 1607
学校性质类别 06 师范院校	校舍建筑面积(平方米) 228997	成人专科 1294
学校举办者 811 省级教育部门	图书(万册) 68.7	专任教师(人) 488
学校地址 云南省玉溪市红塔区凤凰路 134 号	固定资产总值(万元) 27432.8	其中:正高级 45
	教学、科研仪器设备资产值(万元) 6051.67	副高级 147
邮政编码 653100		中级 237
办公电话 0877 – 2052896	在校生数(人) 13149	初级 43
传真电话 0877 – 2052835	其中:普通本科 9713	未定职级 16
校园(局域)网域名 www.yxtc.net		

本科专业 财务管理、地理科学、电气工程及其自动化、对外汉语、法学、工商管理、国际经济与贸易、汉语言文学、化学、环境科学、会计学、绘画、计算机科学与技术、教育技术学、旅游管理、美术学、农业资源与环境、社会工作、社会体育、生物科学、市场营销、数学与应用数学、思想政治教育、泰语、体育教育、通信工程、土地资源管理、舞蹈学、物理学、小学教育、信息管理与信息系统、学前教育、艺术设计、音乐学、英语、应用化学、资源环境与城乡规划管理

专科专业 会计电算化、计算机应用技术、食品药品监督管理、学前教育、应用电子技术、应用英语

院系设置

成人教育学院、文学院、理学院、资源环境学院、信息技术工程学院、商学院、外国语学院、法学院、教育学院、艺术学院、体育学院、马克思主义学院

学校历史沿革

1978 年 4 月,由云南省革委会批准,玉溪地区行署创建玉溪师专班;1983 年 11 月由云南省政府批准成立玉溪师范专科学校;1992 年 9 月经国家教委批准改名为玉溪师范高等专科学校;2000 年 3 月,由国家教育部批准,在玉溪师范高等专科学校、玉溪师范学校、玉溪成人教育培训中心基础上合并建立玉溪师范学院。

楚雄师范学院

学校(机构)标识码 4153011391	学校性质类别 06 师范院校	学校地址 楚雄市鹿城南路 461 号
学校办学类型 412:本科院校:学院	学校举办者 811 省级教育部门	邮政编码 675000

办公电话　0878-3123956	固定资产总值(万元)　34703.47	成人专科　782
传真电话　0878-3123956	教学、科研仪器设备资产值(万元)	留学生　16
校园(局域)网域名　www.cxtc.edu.cn	4655.15	专任教师(人)　489
电子信箱　xybgs@cxtc.edu.cn	在校生数(人)　12904	其中:正高级　33
占地面积(平方米)　415454	其中:普通本科　8676	副高级　149
校舍建筑面积(平方米)　221540	普通专科　518	中级　236
图书(万册)　74.53	成人本科　2912	初级　71

本科专业　财务管理、地理科学、电子信息科学与技术、雕塑、对外汉语、工商管理、公共事业管理、汉语言文学、化学、计算机科学与技术、教育技术学、科学教育、旅游管理与服务教育、美术学、葡萄与葡萄酒工程、人文教育、生物技术、市场营销、数学与应用数学、思想政治教育、泰语、体育教育、网络工程、物理学、小学教育、信息管理与信息系统、信息与计算科学、学前教育、艺术设计、音乐表演、音乐学、英语、应用物理学、资源环境与城乡规划管理

专科专业　法律事务、会计与审计、计算机网络技术、图形图像制作

院系设置

学校设有12个系,2个系级学院,即:中文系、初等教育学院、数学系、外语系、计算机科学系、化学与生命科学系、物理与电子科学系、地理科学与旅游管理系、艺术系、体育系、经济与信息管理系、政治与公共管理系、思想政治理论教育教学研究部、高等职业技术与成人教育学院

定期公开出版的专业刊物　《楚雄师范学院学报》(月刊)

学校设立奖学金情况

学校设立奖学金13项,奖励总金额1094610元/年,最高金额2500元/年,最低金额400元/年。

主要校办产业

印刷厂

学校历史沿革

楚雄师范学院的前身是楚雄师范高等专科学校,2000年与楚雄民族师范学校合并,2001年5月经国教育部批准组建楚雄师范学院,是一所集全日制师范教育、广播电视教育、成人教育为一体的本科院校2004年5月获得学士学位授予权。

云南警官学院

学校(机构)标识码　4153011392	cn	普通专科　97
学校办学类型　412:本科院校:学院	电子信箱　jingyuanbangjbb@sina.cn	成人本科　2123
学校性质类别　09 政法院校	占地面积(平方米)　836027	成人专科　416
学校举办者　812 省级其他部门	校舍建筑面积(平方米)　201425	专任教师(人)　274
学校地址　云南省昆明市教场北路249号	图书(万册)　72.91	其中:正高级　31
邮政编码　650223	固定资产总值(万元)　20153.8	副高级　89
办公电话　0871-5198015	教学、科研仪器设备资产值(万元)	中级　125
传真电话　0871-5185649	4574.23	初级　21
校园(局域)网域名　www.ynpsc.edu.	在校生数(人)　7935	未定职级　8
	其中:普通本科　5299	

本科专业　法学、公共事业管理、计算机科学与技术、禁毒学、禁毒学(体改)、禁毒学(体改班)、经济犯罪侦查(体改班)、经侦(体改班)、社会工作、信息安全、刑科(体改班)、刑事科学技术、刑事科学技术(体改班)、侦查学、侦查学(体改)、侦查学(体改班)、治安学、治安学(交管体改)、治安学(特警)、治安学(体改班)、治安学(治管体改)

专科专业　交通管理、禁毒、治安管理

院系设置

刑事侦查学院、治安管理学院、禁毒学院、信息网络安全学院、法学院、警察体育与实战教学部、列主义理论教学与研究、外警教研中心、职业与继续教育学院

国家级、省部级研究机构设置

1. 实验室:公安部毒品分析与禁毒技术重点实验室、云南省刑事科学技术重点实验室、云南省高校禁毒重点实验室

2. 研究所(中心):禁毒研究所、云南警官学院司法鉴定中心

定期公开出版的专业刊物　《云南警官学院学报》、《云南警官学院报》

学校设立奖学金情况

学校设立奖学金8项

学校历史沿革

中国人民解放军昆明市军管会公安接管部公安学校(1950.01-1950.08);云南省人民政府公安厅公安学校;简称:云南公安厅干学校(1950.08-1958.02);;云南省政法干部学校(1958.02-1959.12);云南政治学院(1959.12-1961.08);云南省政法干部学校(1961.08-1967.01),"文革"期间停办(1967.01-1973.03);云南省政法干部学校(1973.08-1980.05);其中,从

1978年9月开设中专班,招收全日制中专生;;云南省公安学校(1980.05－1984.07);云南省人民警察学校(1981.07－1984.07);与"云南省公安学校"实行"两块牌子,一套班子"体制,云南公安专科学校(1984.07－1992.09);云南公安高等专科学校(1992.09－2003.03);云南警官学院(2003.03至今);2009年实行招录体制改革。

昆明学院

学校(机构)标识码 4153011393	电子信箱 office@kmu.edu.cn	普通专科 4476
学校办学类型 412:本科院校:学院	占地面积(平方米) 2527503	成人本科 305
学校性质类别 01 综合大学	校舍建筑面积(平方米) 869031	成人专科 4935
学校举办者 811 省级教育部门	图书(万册) 153.82	留学生 39
学校地址 昆明市 昆明经济技术开发区浦新路2号	固定资产总值(万元) 181466.87	专任教师(人) 988
	教学、科研仪器设备资产值(万元) 13190.87	其中:正高级 52
邮政编码 650214		副高级 310
办公电话 0871－5098000	在校生数(人) 21641	中级 517
传真电话 0871－5098100	其中:普通本科 11886	初级 109
校园(局域)网域名 www.kmu.edu.cn		

本科专业 财务管理、电气工程及其自动化、电气工程与自动化、工商管理、国际经济与贸易、汉语言文学、护理学、化学、化学工程与工艺、机械设计制造及其自动化、计算机科学与技术、建筑学、教育技术学、教育学、历史学、旅游管理、烹饪与营养教育、人力资源管理、生物科学、数学与应用数学、水利水电工程、思想政治教育、体育教育、土木工程、物理学、学前教育、艺术设计、音乐学、英语、园艺

专科专业 茶艺、初等教育、畜牧兽医、导游、电子商务、广告设计与制作、护理、会计、计算机应用技术、建筑工程管理、建筑装饰工程技术、康复治疗技术、劳动与社会保障、绿色食品生产与检测、美术教育、烹饪工艺与营养、商品花卉、商务英语、社区管理与服务、生物技术及应用、体育教育、通信技术、文秘、物理教育、物流管理、现代教育技术、学前教育、药学、医学检验技术、音乐教育、英语教育、应用日语、园艺技术、植物保护、中药制药技术、助产

院系设置
18个院(系):经济学院、社会管理学院、教师教育学院、体育学院、人文学院、外国语学院、音乐学院、美术与艺术设计学院、信息技术学院、自动控制与机械工程学院、城乡建设与工程管理学院、农学院、医学院、旅游学院和数学系、物理科学与技术系、化学科学与技术系、生命科学与技术系;1个公共教学部:思想政治理论课教学科研部

国家级、省部级研究机构设置
研究中心(所):滇池(湖泊)流域生态文化研究基地。

定期公开出版的专业刊物 《昆明学院学报》、《旅游研究》

学校设立奖学金情况
学校设立奖学金14项奖励总金额1804340余万元。奖学金最高金额8000元/年最低金额400元/年。

主要校办产业
印刷厂、旅行社、科技开发服务中心、雄霸汽车驾驶培训站

学校历史沿革
2007年3月23日教育部教发函(2007)39号《教育部关于同意正式建立昆明学院的通知》同意昆明师范高等专科学校与昆明大学合并正式建立昆明学院。

文山学院

学校(机构)标识码 4153011556	电子信箱 wstcrsc@163.com	普通专科 3997
学校办学类型 412:本科院校:学院	占地面积(平方米) 434867	成人本科 798
学校性质类别 01 综合大学	校舍建筑面积(平方米) 178077	成人专科 306
学校举办者 811 省级教育部门	图书(万册) 73.6	专任教师(人) 410
学校地址 云南省文山市学府路66号	固定资产总值(万元) 21566.71	其中:正高级 19
邮政编码 663000	教学、科研仪器设备资产值(万元) 3713.27	副高级 105
办公电话 0876－8886203		中级 160
传真电话 0876－2152077	在校生数(人) 8303	初级 92
校园(局域)网域名 www.wstc.net	其中:普通本科 3202	未定职级 34

本科专业 汉语言文学、化学、计算机科学与技术、教育技术学、历史学、美术学、生物科学、食品科学与工程、数学与应用数学、思想政治教育、体育教育、物理学、小学教育、艺术设计、音乐学

专科专业 初等教育(理科)由、初等教育(文科)、地理教育、工程测量与监理、化学教育、计算机教育、计算机应用技术、矿物加工技术、历史教育、旅游管理、美术教育、生物教育、食品营养与检测、数学教育、思想政治教育、体育教育、文秘、物理教育、物流管理、现代教育技术、学前教育、冶金技术、艺术设计、音乐表演、音乐教育、英语教育、应用越南语、语文教育、中药制药技术

院系设置
中文系、政史系、数理系、生化系、外语系、计算机科学系、初等教育系、思想政治部、音乐系、美术系、体育系

国家级、省部级研究机构设置
省部级设置的研究室:三七研究室

定期公开出版的专业刊物 《文山学院学报》、《文山学院报》

学校设立奖学金情况
学校设立奖学金3项,奖励总金额38.24万元;奖学金最高金额1000元/年;最低金额400元/年。

学校历史沿革
文山学院的前身是西南国立师范学校,创建于1947年,由云南昭通地区迁入。1955年改为云南省文山师范学校。1958年开办文山人民大学,1959年停办。1977年,在文山师范学校的基础上创办师专班。1984年4月19日,经云南省人民政府批准,正式成立文山师范专科学校(云政发[1984]67号文件)。1992年7月,经国家教委批准,升格为文山师范高等专科学校(教计[1992]159号文件)。2009年5月5日经国家教育部和云南省人民政府批准,在文山师范高等专科学校的基础上建立文山学院(云政办发[2009]87号文转发教发函[2009]81号文件)。

昆明冶金高等专科学校

学校(机构)标识码 4153011557	校园(局域)网域名 www.kmyz.edy.cn	其中:普通专科 12341
学校办学类型 414:专科院校:高等专科学校	电子信箱 yjgxbgs@public.yn	成人专科 1059
	占地面积(平方米) 960025	留学生 7
学校性质类别 02 理工院校	校舍建筑面积(平方米) 465050	专任教师(人) 722
学校举办者 812 省级其他部门	图书(万册) 56.6	其中:正高级 58
学校地址 云南省昆明市学府路388号	固定资产总值(万元) 86385.74	副高级 260
	教学、科研仪器设备资产值(万元) 9980.49	中级 296
邮政编码 650033		初级 106
办公电话 0871-6051245	在校生数(人) 13407	未定职级 2
传真电话 0871-6051245		

专科专业 安全技术管理、报关与国际货运、材料成型与控制技术、材料工程技术、测绘工程技术、城市轨道交通车辆、城市轨道交通控制、城镇规划、道路桥梁工程技术、地理信息系统与地图制图技术、电力系统自动化技术、电脑艺术设计、电气自动化技术、电子商务、房地产经营与估价、给排水工程技术、工程测量与监理、工程地质勘查、工程监理、工程造价、工业分析与检验、公共关系、环境监测与治理技术、环境艺术设计、会计、机电设备维修与管理、机电一体化技术、机械设计与制造、机械制造与自动化、计算机网络技术、计算机应用技术、建筑工程管理、建筑工程技术、建筑设备工程技术、建筑装饰材料及检测、建筑装饰工程技术、金属材料与热处理技术、金属矿开采技术、矿物加工技术、连锁经营管理、旅游管理、煤矿开采技术、汽车检测与维修技术、软件技术、商务管理、商务英语、生物化工工艺、市场营销、市政工程技术、数控技术、水利水电建筑工程、炭素加工技术、尾矿设施工程与管理、文化市场经营与管理、无机非金属材料工程技术、物流工程技术、物流管理、物业管理、冶金技术、应用电子技术、应用化工技术、应用老挝语、应用泰国语、应用英语、应用越南语、知识产权管理、珠宝首饰工艺及鉴定、装饰艺术设计、资产评估与管理

院系设置
我校设有:冶金材料学院、矿业学院、电气学院、测绘学院、环境工程学院、建材学院、建工学院、化工学院、机械工程学院、计算机信息学院、艺术设计学院、商学院、物流学院、东盟国际学院、外语学院、社科学院、职业教育学院、成人教育学院、创新学院

定期公开出版的专业刊物 《昆明冶金高等专科学校学报》(双月刊)

学校设立奖学金情况
学校设立奖学金6项,2010年奖励总金额293.88万元。奖学金最高金额8000元/年,最低金额300元/年。

主要校办产业
昆明冶金高等专科学校国家乙级测绘资质测质队、云南筑盛监理公司、昆明冶金高等专科学校鑫海旅行社、昆明冶专技术产业有限公司

学校历史沿革
昆明冶金高等专科学校是教育部批准的全日制公办普通高校,学校始建于1952年;先后隶属原国家重工业部、冶金部、省冶金厅和目前共管的云南冶金集团股份有限公司、云南省教育

厅。前身是1952年成立的云南省首批中专学校——"云南个旧矿业技术学校";1954年迁至昆明市后更名为"昆明有色金属工业学校",隶属国家重工业部;1958年更名为"昆明冶金工业学校",隶属于国家冶金部;1985年经云南省人民政府批准,在中专基础上成立了"云南矿冶专科学校";1992年经国家教委批准更名为"昆明冶金高等专科学校"。

云南国土资源职业学院

学校(机构)标识码 4153012349	传真电话 0871-7278390	在校生数(人) 6357
学校办学类型 415:专科院校:高等职业学校	校园(局域)网域名 www.yngtxy.net	其中:普通专科 5972
	电子信箱 yngtzyzyxy@163.com	成人专科 385
学校性质类别 02 理工院校	占地面积(平方米) 769821	专任教师(人) 273
学校举办者 812 省级其他部门	校舍建筑面积(平方米) 103640	其中:正高级 5
学校地址 云南省昆明市国家经济技术开发区经牛路2号	图书(万册) 39.8	副高级 53
	固定资产总值(万元) 7281.57	中级 102
邮政编码 650217	教学、科研仪器设备资产值(万元) 2619.58	初级 80
办公电话 0871-7276788		未定职级 33

专科专业 安全技术管理、宝玉石鉴定与营销、测绘工程技术、导游、地籍测绘与土地管理信息技术、地理信息系统与地图制图技术、地球物理勘查技术、地质信息技术、地质灾害与防治技术、电气自动化技术、雕刻艺术与工艺、工程地质勘查、国土资源管理、机电设备维修与管理、金属矿开采技术、旅游管理、区域地质调查及矿产普查、石材开发与应用、市场营销、首饰设计与工艺、水文与工程地质、水文与水资源、图形图像制作、休闲服务与管理、岩矿分析与鉴定技术、英语导游、钻探技术

院系设置
学院设有地质矿产勘查系、珠宝玉石学院、旅游与休闲系、国土系、探矿与采矿工程系、机电及自动化系、环境地质系、测绘工程系、信息工程系、经济与管理系、基础部、继续教育学院

学校设立奖学金情况
学校设立奖学金三项,奖励总金额46余万元。奖学金最高金额2000元/年;最低金额100元/年。

学校历史沿革
云南地质局"七二一"工人大学于1974年正式成立,进行局内部专业技术人员的在职培训和文革中等专业学校毕业生的继续教育。1981年经云南省人民政府批准教育部备案,正式成立了云南省地质矿产局职工大学。2001年4月12日,经云南省人民政府批准,更名改制为云南国土资源职业学院,实现了由成人教育向普通教育,由行业教育向社会教育的转变。

云南交通职业技术学院

学校(机构)标识码 4153012357	传真电话 0871-5926683	在校生数(人) 9900
学校办学类型 415:专科院校:高等职业学校	校园(局域)网域名 www.ynjtc.com	其中:普通专科 9259
	电子信箱 jtiyy@siua.com	成人专科 641
学校性质类别 02 理工院校	占地面积(平方米) 533877	专任教师(人) 437
学校举办者 812 省级其他部门	校舍建筑面积(平方米) 313451	其中:正高级 9
学校地址 云南省昆明市五华区普吉路89号	图书(万册) 57.13	副高级 157
	固定资产总值(万元) 21063.48	中级 140
邮政编码 650101	教学、科研仪器设备资产值(万元) 6811.03	初级 90
办公电话 0871-5926683		未定职级 41

专科专业 安全技术管理、报关与国际货运、城市轨道交通控制、城市轨道交通运营管理、城市交通运输、城镇规划、道路桥梁工程技术、地下工程与隧道工程技术、工程测量技术、工程机械技术服务与营销、工程机械控制技术、工程机械运用与维护、工程监理、工程造价、公共关系、公路工程管理、公路机械化施工技术、公路运输与管理、供用电技术、广告设计与制作、国际贸易实务、行政管理、环境艺术设计、会计、会计与审计、计算机多媒体技术、计算机应用技术、建筑材料工程技术、建筑工程技术、交通安全与智能控制、经济管理、连锁经营管理、楼宇智能化工程技术、路政管理、汽车电子技术、汽车技术服务与营销、汽车检测与维修技术、汽车运用技术、人物形象设计、商务英语、摄影摄像技术、水运管理、文秘、物流管理、营销与策划

学校设立奖学金情况
学校设立奖学金4项,奖励总金额450万元/年。最低金额

400元/年。
学校历史沿革
云南交通职业技术学院是2001年4月经云南省人民政府批准,由原来的云南省公路局职工大学、云南省交通学校、云南省交通职工中等专业学校三校合并组建的。是一所培养适应生产、建设、管理、服务第一线需要的,德、智、体、美全面发展的高等应用型人才的公办高等职业技术学院。

昆明工业职业技术学院

学校(机构)标识码 4153012393	传真电话 0871-8604873	在校生数(人) 5537
学校办学类型 415:专科院校:高等职业学校	校园(局域)网域名 www.kmytc.net	其中:普通专科 5155
	电子信箱 kmgyzyjsxy@163.com	成人专科 382
学校性质类别 02 理工院校	占地面积(平方米) 421300	专任教师(人) 390
学校举办者 891 地方企业	校舍建筑面积(平方米) 229834	其中:正高级 10
学校地址 云南省安宁市昆钢建设街82号	图书(万册) 43	副高级 82
	固定资产总值(万元) 16130.13	中级 193
邮政编码 650302	教学、科研仪器设备资产值(万元) 2808.72	初级 90
办公电话 0871-8604013		未定职级 15

专科专业 材料成型与控制技术、材料工程技术、电机与电器、电气自动化技术、工程监理、工程造价、工业环保与安全技术、供用电技术、管道运输管理、广告设计与制作、焊接技术及自动化、机电设备维修与管理、机械制造与自动化、计算机控制技术、计算机网络技术、计算机应用技术、建筑工程技术、金属矿开采技术、矿物加工技术、煤炭深加工与利用、汽车检测与维修技术、市场营销、铁道机车车辆、物流管理、物业管理、冶金技术、液压与气动技术、应用电子技术、应用化工技术、自动化生产设备应用

院系设置
公共教学部、管理工程系、冶金化工系、材料建筑工程系、机械工程系、电气工程系、实训部

国家级、省部级研究机构设置
1. 省级示范基地3个。2. 研究所(中心):科研处(高职教育研究室)。

定期公开出版的专业刊物 《昆明工业职业技术学院学报》
学校设立奖学金情况
学校设立奖学金6项,奖励总金额11余万元。奖学金最高金额1000元/年,最低金额300元/年。昆明钢铁集团有限责任公司为学院设立500万元教育奖励金。

学校历史沿革
昆明工业职业技术学院的前身是昆钢职工大学。昆钢职工大学是昆明钢铁集团有限责任公司投资创办的成人高校。1985年经省政府云政办函[1985]57号文批准成立,国家教委任[1986]教计字037号文备案。学校与1979年成立的云南广播电视大学昆钢分校共用一个教学基地。从2000年起增开普通高等职业技术教育。2002年5月13日,经云南省人民政府云政复[2002]49号文批准,改制为昆明工业职业技术学院。

云南农业职业技术学院

学校(机构)标识码 4153012555	传真电话 0871-5326048	在校生数(人) 5595
学校办学类型 415:专科院校:高等职业学校	校园(局域)网域名 www.ynavc.com	其中:普通专科 5589
	电子信箱 ynavcoffice@126.com	成人专科 6
学校性质类别 03 农业院校	占地面积(平方米) 726978	专任教师(人) 231
学校举办者 812 省级其他部门	校舍建筑面积(平方米) 113336	其中:正高级 9
学校地址 云南省昆明市五华区茭菱路128号	图书(万册) 24.08	副高级 52
	固定资产总值(万元) 6290.81	中级 112
邮政编码 650031	教学、科研仪器设备资产值(万元) 2050.99	初级 37
办公电话 0871-6074010		未定职级 21

专科专业 茶艺、宠物养护与疫病防治、畜牧、畜牧兽医、电子商务、动物防疫与检疫、观光农业、计算机多媒体技术、计算机网络技术、计算机信息管理、计算机应用技术、农产品质量检测、农村行政管理、农村能源与环境技术、农业经济管理、农业水利技术、生物技术及应用、食品工艺与检测、食药用菌、市场开发与营销、兽医、兽医医药、水产养殖技术、饲料与动物营养、特种动

物养殖、文秘、野生植物资源开发与利用、应用泰国语、园林工程技术、园林技术、园艺技术、植物保护、中草药栽培技术、种子生产与经营、作物生产技术

院系设置

学院设有畜牧兽医系、园艺与园林工程系、管理与信息工程系、生物工程系、思想政治理论教学部、基础部等6个教学系部

学校设立奖学金情况

学校设立奖学金1项,奖励总金额15余万元。奖学金最高金额2000元/年,最低金额500元/年。

学校历史沿革

云南农业职业技术学院是经云南省人民政府批准,于2002年由原云南省农业学校和云南省畜牧兽医学校合并组建,具有高等学历教育资格的公办全日制普通高等院校。学院前身是始建于清光绪三十年(公元1904年)的云南蚕桑学堂,首开云南职业教育之先河,拥有106年的办学历史。1938－1939年,原国立西南联合大学理学院、文学院和法商学院曾在学院茭菱校区办学,1941－1942年学院原教学大楼曾为飞虎队招待所。经八届省委第38次常委会同意,学院机构规格已于2008年由正处级调整为副厅级。

云南司法警官职业学院

学校(机构)标识码　4153012556
学校办学类型　415:专科院校:高等职业学校
学校性质类别　09 政法院校
学校举办者　812 省级其他部门
学校地址　云南省昆明市东郊大板桥
邮政编码　650211
办公电话　0871－7337188
传真电话　0871－7337188
校园(局域)网域名　www.yncpu.net
电子信箱　shican81@163.com
占地面积(平方米)　225523
校舍建筑面积(平方米)　43188
图书(万册)　18.27
固定资产总值(万元)　5995.22
教学、科研仪器设备资产值(万元)　1097.06
在校生数(人)　2426
其中:普通专科　2426
专任教师(人)　137
其中:正高级　1
副高级　36
中级　67
初级　25
未定职级　8

专科专业　安全防范技术、法律服务方向、法律事务、法制新闻方向、基层司法行政事务、监狱管理方向、劳教管理方向、社区管理与服务、社区矫正方向、涉毒人员矫治、司法警务、司法信息安全、侦查保卫方向、罪犯心理测量与矫正技术

院系设置

学院设有刑事司法系、警察管理系、应用法律系、基础部、理论部等五个院系和一个现代教育中心。

学校设立奖学金情况

学校设立奖学金 十项,奖励总金额163.207万元。奖学金最高金额8000元/年,最低金额1000元/年。

1. 国家奖学金:2 名,8000 元/生/年
2. 国家励志奖学金:48 名,5000 元/生/年
3. 国家助学金:559 名,1500－2500 元/生/年
4. 勤工助学:30 名,72070 元
5. 省政府奖学金:4 名,6000 元/生/年
6. 省政府励志奖学金:19 名,4000 元/生/年
7. 院级特等奖学金:4 名,3000 元/生/年
8. 院级一等奖学金:14 名,2500 元/生/年
9. 院级二等奖学金:72 名,2000 元/生/年
10. 院级三等奖学金:128 名,1000 元/生/年

毕业生一次就业率　86.3 %

学校历史沿革

云南省公安厅劳改局干部轮训班(1980－1981年);云南省公安厅劳改工作干部学校、云南省劳改局技术学校(1981－1983年);云南省第二公安学校(1983－1987年);云南省劳改工作警官学校(1987－1995年);云南省司法警官学校(1995－2003年);云南司法警官职业学院(2003年至今)。

云南文化艺术职业学院

学校(机构)标识码　4153012558
学校办学类型　415:专科院校:高等职业学校
学校性质类别　11 艺术院校
学校举办者　812 省级其他部门
学校地址　云南省昆明市西山区碧鸡街道办事处17号
邮政编码　650111
办公电话　0871－8427871
传真电话　0871－8427871
校园(局域)网域名　www.ynarts.cn
电子信箱　yunwenbgs@sina.com
占地面积(平方米)　100160
校舍建筑面积(平方米)　29488
图书(万册)　10
固定资产总值(万元)　4909.5
教学、科研仪器设备资产值(万元)　772.93

在校生数(人)	1462	专任教师(人)	131	中级	40
其中:普通专科	1095	其中:正高级	8	初级	37
成人专科	367	副高级	46		

专科专业 广告设计与制作、环境艺术设计、计算机信息管理、人物形象设计、社区管理与服务、视觉传达艺术设计、文化市场经营与管理、文化艺术管理、文秘、舞蹈表演、戏曲表演、艺术设计、音乐表演、影视表演

院系设置
音乐系、舞蹈系、戏剧系、社会文化系、传媒艺术系、形体艺术系、继续教育学院

学校设立奖学金情况
学校设立奖学金1项,奖励总金额6余万元。奖学金最高金额3000元/年,最低金额650元/年。

学校历史沿革
云南文化艺术职业学院于2004年5月18日成立,前身为云南省艺术学校和云南省文化厅职工大学。

云南体育运动职业技术学院

学校(机构)标识码	4153012559	传真电话	0871-4311089	在校生数(人)	1255
学校办学类型	415:专科院校:高等职业学校	校园(局域)网域名	www.ynasc.com	其中:普通专科	1255
学校性质类别	10 体育院校	占地面积(平方米)	213334	专任教师(人)	150
学校举办者	812 省级其他部门	校舍建筑面积(平方米)	76881	其中:正高级	2
学校地址	昆明市海埂体院路3号	图书(万册)	10.32	副高级	49
邮政编码	650228	固定资产总值(万元)	5473.39	中级	69
办公电话	0871-4311089	教学、科研仪器设备资产值(万元) 1387.58		初级	17
				未定职级	13

专科专业 社会体育、体育保健、体育服务与管理、体育教育、新闻采编与制作、运动康复、运动训练

院系设置
体育系、运动系、社会体育系

学校设立奖学金情况
学校设立奖学金2项,助学金2项,奖励总金额40.04余万元。奖学金最高金额1500元/年,最低金额600元/年:综合奖学金160人,其中一等奖学金30人,1100元/年;二等奖学金77人,900元/年;三等奖学金53人,700元/年。单项奖学金45人,600元/年。励志助学金15人,1100元/年。勤工俭学助学金145人,1500元/年。此外,还有普通高校国家助学金336人,其中一等助学金112人,3000元/年;二等助学金224人,2000元/年;中级职业学校国家助学金497人,3000元/年。

学校历史沿革
云南体育运动职业技术学院2004年5月26日经云南省人民政府批准(云政复[2004]58号),国家教育部备案,由原云南省体育运动学校升格而成,是一所培养适应云南省体育事业发展需要,德、智、体、美全面发展的高级应用型人才的公办全日制普通高等职业技术学院(专科层次)。

云南经济管理职业学院

学校(机构)标识码	4153012560	传真电话	0871-8303441	在校生数(人)	18954
学校办学类型	415:专科院校:高等职业学校	校园(局域)网域名	www.ynjgy.com	其中:普通专科	18954
		电子信箱	ynjgy@163.com	专任教师(人)	906
学校性质类别	08 财经院校	占地面积(平方米)	141493	其中:正高级	35
学校举办者	999 民办	校舍建筑面积(平方米)	168639	副高级	186
学校地址	昆明市五华区海屯路296号	图书(万册)	106.18	中级	364
邮政编码	650106	固定资产总值(万元)	91538	初级	203
办公电话	0871-8303441	教学、科研仪器设备资产值(万元) 5053		未定职级	118

专科专业 保险实务、财务管理、电脑艺术设计、电子商务、法律事务、房地产经营与估价、工程测量技术、工程监理、工程造

价、广告设计与制作、国际经济与贸易、环境艺术设计、会计、计算机网络技术、计算机应用技术、建筑工程管理、建筑工程技术、金融与证券、经济管理、酒店管理、康复治疗技术、连锁经营管理、旅游管理、旅游英语、汽车技术服务与营销、软件技术、商务管理、商务英语、市场营销、市政工程技术、水利水电工程管理、水利水电建筑工程、投资与理财、文秘、物流管理、新闻采编与制作、学前教育、药品经营与管理、艺术设计、应用泰国语、应用英语、主持与播音

院系设置

学院设有商学院、财经学院、人文学院、工程学院、外语学院、计算机与艺术设计学院康复与护理学院7个学院

学校设立奖学金情况

学校设立奖学金5项,奖励总金额700.9余万元。奖学金最高金额8000元/年,最低金额1500元/年。

学校历史沿革

我校是云南省教育厅直属的民办全日制普通高等职业院校,学校前身为1992年成立的云南省科技培训学校,由昆明市教委研究所主管。1995年经云南省教育厅批准,学校更名为云南经济管理学校,面向全省招生。2001年,经云南省教育厅批准,学校成立为民办普通中等专业学校。2004年3月,国家教育部办公厅职教厅【2004】1号文件批准,学校成为国家级重点中专。2004年5月,经教育厅批准,国家教育部备案,学校升格为高等职业学院,更名为云南经济管理职业学院,面向全国招生。

云南科技信息职业学院

学校(机构)标识码 4153012825	传真电话 0871-5010403	在校生数(人) 4240
学校办学类型 415:专科院校:高等职业学校	校园(局域)网域名 www.ynkexin.cn	其中:普通专科 4240
	电子信箱 yuanban@ynkexin.cn	专任教师(人) 290
学校性质类别 01综合大学	占地面积(平方米) 55281	其中:正高级 28
学校举办者 999民办	图书(万册) 29.34	副高级 37
学校地址 昆明市穿金路757-1号	固定资产总值(万元) 11309.59	中级 82
邮政编码 650224	教学、科研仪器设备资产值(万元)	初级 120
办公电话 0871-5010918	2447.46	未定职级 23

专科专业 宝玉石鉴定与加工技术、电脑艺术设计、电子商务、电子信息工程技术、房地产经营与估价、工程造价、广播电视网络技术、国际贸易实务、环境艺术设计、会计、计算机网络技术、计算机系统维护、计算机应用技术、建筑工程管理、旅游管理、旅游日语、旅游英语、汽车技术服务与营销、软件技术、商务英语、食品营养与检测、市场营销、市政工程技术、室内设计技术、数控技术、通信技术、文秘、物流管理、物业管理、药物制剂技术、医药营销、有机化工生产技术、园林工程技术、园艺技术、中药制药技术

院系设置

(一)信息学部:计算机系、电子工程系、机电系、汽车系;(二)商学部:会计系、工商管理系、药学系、珠宝系;(三)人文学部:英语系、文史系、日语系

学校设立奖学金情况

学校设立奖、助学金一项,奖励总额16万元。奖学金2000元/年,助学金最高额5000元/年,最低额1000元/年。

毕业生一次就业率 2009年第六届毕业生最终就业率97%;2010年第七届毕业生最终就业率96.6%;2011年第八届毕业生初次就业率75.6%。

学校历史沿革

我院是2001年7月12日由云南省教育厅组织省高等学校设置评议委员会专家论证,并经云南省人民政府[2001]135号文件批准教育部认可成立的云南省第一所正规全日制民办大学,具有独立颁发国家高等学历证书资格。学生毕业后学院推荐就业。学院的业务主管部门是云南省教育厅,学院实行理事会领导下的院长负责制。2003年设立附属高级中学。

西双版纳职业技术学院

学校(机构)标识码 4153012826	号	占地面积(平方米) 165012
学校办学类型 415:专科院校:高等职业学校	邮政编码 666100	校舍建筑面积(平方米) 62088
	办公电话 0691-2145048	图书(万册) 23.68
学校性质类别 01综合大学	传真电话 0691-2142227	固定资产总值(万元) 5574.06
学校举办者 821地级教育部门	校园(局域)网域名 www.xsbnzy.com	教学、科研仪器设备资产值(万元)
学校地址 云南省景洪市宣慰大道93	电子信箱 xsbnzy@mail.xsbnzy.com	1609.39

在校生数(人) 3016	其中:正高级 1	初级 27
其中:普通专科 3016	副高级 36	未定职级 18
专任教师(人) 162	中级 80	

专科专业 茶艺、初等教育、傣医学、导游、法律事务、行政管理、护理、会计电算化、计算机应用技术、经济管理、酒店管理、林业技术、旅游工艺品设计与制作、旅游管理、人物形象设计、商务英语、市场营销、数学教育、体育教育、物流管理、学前教育、英语教育、应用老挝语、应用缅甸语、应用泰国语、语文教育、园林技术、园艺技术、植物保护、植物检疫、中药制药技术

院系设置
基础教育系、艺术体育系、语言文学系、旅游财经系、农业系、医学系

定期公开出版的专业刊物 有一种刊物

学校设立奖学金情况
学校设立奖学金壹项,奖励总金额十万余元。

1. 学院特等奖学金:按在籍学生1%评选,4000元/人。
2. 学院一等奖学金:按在籍学生2%评选,2000元/人。
3. 学院二等奖学金:按在籍学生3%评选,1000元/人。
4. 学院三等奖学金:按在籍学生6%评选,800元/人。

学校历史沿革
云南省佛海初级师范(1951－1954);云南省西双版纳初级师范学校(1954－1972);西双版纳傣族自治州民族师范学院(1972－1999);西双版纳教育学院(1999－2001);由西双版纳民族师范学院、西双版纳教育学院、西双版纳广播电视大学合并,2001年7月国务院、教育部备案、云南省人民政府正式批准创建西双版纳职业技术学院。

昆明艺术职业学院

学校(机构)标识码 4153012851	传真电话 0871－7328966	在校生数(人) 1293
学校办学类型 415:专科院校:高等职业学校	校园(局域)网域名 www.kmac.org.cn	其中:普通专科 1293
	电子信箱 kpca@163.com	专任教师(人) 124
学校性质类别 11 艺术院校	占地面积(平方米) 129567	其中:正高级 13
学校举办者 999 民办	校舍建筑面积(平方米) 10632	副高级 15
学校地址 昆明市官南大道夏之春园区	图书(万册) 11	中级 18
	固定资产总值(万元) 13989	初级 57
邮政编码 650228	教学、科研仪器设备资产值(万元) 880.3	未定职级 21
办公电话 0871－7328966		

专科专业 编导、表演艺术、电脑艺术设计、电视节目制作、多媒体设计与制作、广告设计与制作、环境艺术设计、旅游管理、社会体育、摄影摄像技术、市场营销、室内设计、室内设计技术、文秘、舞蹈表演、新闻采编与制作、艺术设计、音乐表演、影视动画、影视广告、应用英语、运动训练、主持与播音

院系设置
聂耳音乐学院、传媒学院、艺术设计学院、演艺学院(舞蹈系、中专部)、人文学院(应用外语系、体育系)

定期公开出版的专业刊物 《求索》

学校设立奖学金情况
学校设立奖学金一项,奖励总金额80余万元。奖学金最高金额9600元/年,中等金额5000元/年,最低金额2000元/年。

学校历史沿革
昆明艺术职业学院前身为创建于1986年聂耳音乐学校,2000年2月3日经云南省教委"云教计[2000]6号"文件批准为全日制普通中等专业学校,校名为"昆明艺术学校";2001年8月24日经云南省人民政府"云政复[2001]160号"文件批准报教育部备案升格为拥有大专学历教育资格的艺术类高等职业技术学院。

玉溪农业职业技术学院

学校(机构)标识码 4153012971	学校举办者 821 地级教育部门	办公电话 0877－2991214
学校办学类型 415:专科院校:高等职业学校	学校地址 云南省玉溪市红塔区研和镇向家庄41号	传真电话 0877－2991214
		校园(局域)网域名 www.yxnzy.net
学校性质类别 03 农业院校	邮政编码 653106	电子信箱 yxnzy@126.com

占地面积(平方米) 144530	1375.6	副高级 42
校舍建筑面积(平方米) 48930	在校生数(人) 2966	中级 98
图书(万册) 16.64	其中:普通专科 2966	初级 38
固定资产总值(万元) 6657.3	专任教师(人) 194	未定职级 14
教学、科研仪器设备资产值(万元)	其中:正高级 2	

专科专业 财务会计、测绘工程技术、茶艺与文秘、城市园林、畜牧兽医、电子商务、动物防疫与检疫、动物医学、都市园艺、观赏园艺、广告设计与制作、计算机多媒体技术、计算机网络技术、计算机应用技术、农畜特产品加工、农业经济管理、设施农业技术、市场营销、室内设计技术、文秘(OA)、烟草栽培技术、野生植物资源开发与利用、园林设计、植物保护、种子生产与经营

院系设置
园艺系、农林系、农业经济管理系、动物科学系、计算机科学系、基础部

学校设立奖学金情况
学校设立奖学金5项,奖励总金额66.4万元,奖学金最高金额8000元/年,最低金额1000元/年。

学校历史沿革
玉溪农业职业技术学院的前身是国家级重点中专玉溪农业学校,校址座落在玉溪市红塔区研和镇向家庄41号。1956年6月13日经云南省人民委员会批准成立。2002年3月,经云南省人民政府批准,玉溪农业学校升格为玉溪农业职业技术学院,正式成为以举办高等职业技术教育为主的普通全日制高等学校。

云南能源职业技术学院

学校(机构)标识码 4153013136	传真电话 0874-3181802	在校生数(人) 8153
学校办学类型 415:专科院校:高等职业学校	校园(局域)网域名 www.ynny.cn	其中:普通专科 4464
	电子信箱 114658/2763qq.com	成人专科 3689
学校性质类别 02 理工院校	占地面积(平方米) 258743	专任教师(人) 257
学校举办者 812 省级其他部门	校舍建筑面积(平方米) 197608	其中:正高级 3
学校地址 云南省曲靖市职教中心云南能源职业技术学院	图书(万册) 24.9	副高级 61
邮政编码 655001	固定资产总值(万元) 17537.29	中级 130
办公电话 0874-3181801	教学、科研仪器设备资产值(万元) 3070.21	初级 62
		未定职级 1

专科专业 地理信息系统与地图制图技术、电气自动化技术、发电厂及电力系统、工程测量技术、工商企业管理、工业分析与检验、工业设计、供用电技术、广告设计与制作、会计与审计、机电一体化技术、机械制造与自动化、计算机多媒体技术、计算机网络技术、计算机应用技术、矿井通风与安全、矿山测量、矿山地质、矿山机电、煤矿开采技术、煤炭深加工与利用、嵌入式技术与应用、数控技术、水电站动力设备与管理、文秘、物流管理、选煤技术、营销与策划

院系设置
能源职业技术学院、计算机与信息科学系、机械与电气工程系、资源与环境工程系、经济与工商管理系、人文与社会科学系

国家级、省部级研究机构设置
有中央财政支持建设实训基地1个,省级示范实训基地2个。

定期公开出版的专业刊物 《云南能源职业技术学院学报》

学校设立奖学金情况
学院设立奖学金3项,2010年奖金总额154800元。奖学金最高金额1800元/年,最低金额600元/年。
1. 一等奖学金:14人/年,1800元/年,计25200元;
2. 二等奖学金:90人/年,1200元/年,计108000元;
3. 三等奖学金:36人/年,600元/年,计21600元。

主要校办产业
云南能源职业技术学院驾驶员培训站

学校历史沿革
云南能源职业技术学院的前身为云南省煤炭工业学校(中专),创建于1978年12月16日。2000年11月14日更名为云南省工程技术学校。2002年10月17日,经云南省人民政府批准(批准文号[2002]112号),与云南广播电视大学煤炭分校、云南省煤炭基本建设公司技工学校合并组建"云南能源职业技术学院"。

云南大学滇池学院

学校(机构)标识码 4153013326	学校办学类型 413:本科院校:独立学院

学校性质类别 08 财经院校	edu.cn	在校生数(人) 14820
学校举办者 999 民办	电子信箱 ynudcs@public.km.yn.cn	其中:普通本科 14820
学校地址 云南省昆明市滇池国家旅游度假区红塔东路2号	占地面积(平方米) 457142	专任教师(人) 797
	校舍建筑面积(平方米) 125811	其中:正高级 133
邮政编码 650228	图书(万册) 82.02	副高级 211
办公电话 0871-4315177	固定资产总值(万元) 37940.61	中级 262
传真电话 0871-4315176	教学、科研仪器设备资产值(万元)	初级 83
校园(局域)网域名 www.dcxy.ynu.	4803.21	未定职级 108

本科专业 财务管理、电子信息工程、对外汉语、法学、工商管理、公共事业管理、广告学、国际经济与贸易、汉语言文学、行政管理、会计学、计算机科学与技术、金融学、经济学、旅游管理、日语、软件工程、社会工作、社会体育、市场营销、数学与应用数学、新闻学、艺术设计、英语、越南语

院系设置
学院现设8各系,2个教学部,分别是:经济系、法学系、体育系、文学与新闻系、外语系、艺术与设计系、计算机科学技术与电子信息工程系、管理系、公共教学部、大学外语教学部

定期公开出版的专业刊物 《云南大学报》滇池学院专刊

学校设立奖学金情况
学校设立奖学金10项,奖励总金额51.06余万元。奖学金最高金额10000元/年,最低金额300元/年。

学校历史沿革
云南大学滇池学院是2001年经云南省计划发展委员会【批文号:云计社会(2000)14号】、省教育厅【批文号:云高教(2000)6号】批准成立的公办民助二级学院,学院于2004年2月经教育部批准成为独立学院。2007年,云南大学滇池学院办理了民办非企业登记证,取得独立法人资格。

云南大学旅游文化学院

学校(机构)标识码 4153013328	传真电话 0888-5135606	在校生数(人) 12230
学校办学类型 413:本科院校:独立学院	校园(局域)网域名 www.lywhxy.com	其中:普通本科 12230
	电子信箱 lywhxy_zsb@163.com	专任教师(人) 620
学校性质类别 08 财经院校	占地面积(平方米) 527169	其中:正高级 101
学校举办者 999 民办	校舍建筑面积(平方米) 225716	副高级 89
学校地址 云南省丽江市古城区玉泉路1号	图书(万册) 133.7	中级 70
	固定资产总值(万元) 45756	初级 247
邮政编码 674100	教学、科研仪器设备资产值(万元)	未定职级 113
办公电话 0888-5135606	4103.67	

本科专业 财务管理、电子信息工程、动画、对外汉语、工商管理、国际经济与贸易、汉语言文学、会计学、计算机科学与技术、金融学、经济学、旅游管理、日语、市场营销、文化产业管理、新闻学、信息管理与信息系统、艺术设计、英语

学校历史沿革
云南大学旅游文化学院是云南大学在不断发展过程中,于2002年在拥有世界文化遗产、世界自然遗产、世界记忆遗产三项桂冠的丽江市创办的一所全日制新型本科学院,2004年被国家教育部首批确立为独立学院。

昆明理工大学津桥学院

学校(机构)标识码 4153013329	海源北路1268号	占地面积(平方米) 116671
学校办学类型 413:本科院校:独立学院	邮政编码 650106	图书(万册) 41
	办公电话 0871-8321951	固定资产总值(万元) 29597
学校性质类别 02 理工院校	传真电话 0871-8310442	教学、科研仪器设备资产值(万元)
学校举办者 999 民办	校园(局域)网域名 www.oxbridge.cn	3973.3
学校地址 云南省昆明市高新开发区	电子信箱 office@oxbridge.cn	在校生数(人) 7958

其中:普通本科 7958	副高级 80	初级 74
专任教师(人) 331	中级 71	未定职级 65
其中:正高级 41		

本科专业 测绘工程、城市规划、地理信息系统、电子信息科学与技术、对外汉语、法学、给水排水工程、工商管理、国际经济与贸易、汉语言、会计学、计算机科学与技术、计算机软件、建筑学、汽车维修工程教育、市场营销、水利水电工程、土木工程、物流管理、信息管理与信息系统、信息与计算科学、英语

院系设置

1. 经济管理系,下设工商管理、市场营销、会计学、国际经济与贸易、信息管理与信息系统、物流管理共计6个专业;2. 外语系,下设英语对外汉语两个专业;3. 法学系,下设法学专业;4. 计算机科学与电子信息工程系,下设计算机科学与技术、电子信息科学与技术、计算机软件3个专业;5. 建筑艺术及工学系,下设城市规划、建筑学、土木工程、水利水电工程、给水排水工程、测绘工程、地理信息系统、汽车维修工程教育、信息与计算机科学共计9个专业。

学校设立奖学金情况

学校设立奖学金、助学金15项,奖学金总额15.38万元,最低金额100元/年

1. 特等奖学金:4人/年,1500元/人;
2. 甲等奖学金:19人/年,1000元/人;
3. 乙等奖学金:121人/年,700元/人;
4. 丙等奖学金:238人/年,500元/人;
5. 特贫困学生奖学金:49人/年,500元/人;
6. 学习进步将奖学金:44人/年,100元/人;
7. 特贫困学生学习奖:11人/年,200元/人;
8. 社会活动优秀奖:16人/年,200元/人;
9. 突出才艺奖奖学金:6人/年,200元/人;
10. 创新创业奖:1人/年,300-1000元/人;
11. 社会工作奖:274人/年,300元/人;
12. 许雷奖学金:17人/年,3名/年,500元/人(名);
13. 校级先进班集体:11个班,每班500元;
14. 省级先进班集体:7个班,每班1000元。

学校历史沿革

2011年昆明理工大学与云南医药集团联合举办昆明理工大学津桥学院,2004年11月由云南省建工集团控股津桥学院,2005年4月由云南省城市建设投资有限公司控股。

云南师范大学商学院

学校(机构)标识码 4153013330	传真电话 0871-8301155	在校生数(人) 14046
学校办学类型 413:本科院校:独立学院	校园(局域)网域名 www.ynnubs.com	其中:普通本科 14046
	电子信箱 ynnubs@ynnubs.com	专任教师(人) 661
学校性质类别 08 财经院校	占地面积(平方米) 76074	其中:正高级 77
学校举办者 999 民办	图书(万册) 84.3	副高级 145
学校地址 云南昆明国家高新技术开发区商院路1号	固定资产总值(万元) 24070.13	中级 252
	教学、科研仪器设备资产值(万元) 4222.23	初级 144
邮政编码 650106		未定职级 43
办公电话 0871-8301155		

本科专业 财务管理、朝鲜语、电子商务、电子信息科学与技术、法学、工商管理、公共事业管理、广告学、国际经济与贸易、汉语言文学、会计学、计算机科学与技术、经济学、旅游管理、美术学、社会体育、市场营销、泰语、舞蹈学、学前教育、艺术设计、音乐学、英语

院系设置

工商管理学院、国际贸易学院、会计学院、财务管理学院、中文系等。

学校设立奖学金情况

学校设立奖学金4项,奖励总金额500余万元,奖学金最高金额8000元/年,最低金额100元/人。

1. 国家奖学金:11人/年,8000元/人;
2. 国家励志奖学金:173人/年,5000元/人;
3. 省政府奖学金:19人/人,6000元/人;
4. 省政府励志奖学金:74人/年,4000元/人;
5. 国家助学金:1677人/年,一等奖2500元/人,二等奖1500元/人;
6. 学生党内、团内评优表彰:516人,平均100元/人;
7. 其他奖项,如考研专项奖、计算机等级考试奖、校外奖励配套奖,等。

学校历史沿革

云南师范大学商学院于2006年8日正式挂牌成立,是按新机制和新模式试办的独立学院。

云南师范大学文理学院

学校(机构)标识码 4153013331	传真电话 0871-5843058	在校生数(人) 10105
学校办学类型 413:本科院校:独立学院	校园(局域)网域名 www.ysdwl.cn	其中:普通本科 10105
学校性质类别 01 综合大学	电子信箱 ynwlzb@163.com	专任教师(人) 437
学校举办者 999 民办	占地面积(平方米) 345133	其中:正高级 58
学校地址 云南省昆明市龙泉路岗头村627号	校舍建筑面积(平方米) 168642	副高级 57
	图书(万册) 92	中级 152
邮政编码 650222	固定资产总值(万元) 40123	初级 63
办公电话 0871-5843058	教学、科研仪器设备资产值(万元) 5135	未定职级 107

本科专业 财务管理、朝鲜语、城市规划、对外汉语、法语、工商管理、公共事业管理、国际经济与贸易、汉语言文学、计算机科学与技术、经济学、旅游管理、数学与应用数学、泰语、体育教育、物流管理、信息管理与信息系统、艺术教育、艺术设计、英语、园林、园艺

院系设置

学院下设外语学院、人文学院、经济学院、工商管理学院、城市学院、信息工程学院、艺术传媒学院和国际学院8个二级学院和体育系、马列部、大学外语教学部

学校设立奖学金情况

2011年我院共评出获"国家奖学金"11人,奖励总金额8.8万;"国家励志奖学金"195人,奖励总金额97.5万;"国家助学金"(一等)445人,奖励总金额77.8万;"国家助学金"(二等)1359人,奖励总金额140.71万;"云南省政府奖学金"115人,奖励总金额9万;"云南省政府励志奖学金"55人,奖励总金额22万。

学校历史沿革

学院创办于2000年,其前身是云南师范大学世博学院,2005年1月根据教育部《关于规范并加强普通高校以新的机制和模式试办独立学院管理的若干意见》(教发[2003]8号的具体要求,由云南师范大学作为举办者、云南德慧科教开发公司作为投资者,经教育部批准(云南省教育厅关于转发《教育部关于对云南师范大学文理学院、昆明理工大学津桥学院二所独立学院予以确认的通知》的通知)(云教计[200532号)成立的具有普通本科学历教育资格的独立学院,正式更名为云南师范大学文理学院。

昆明医学院海源学院

学校(机构)标识码 4153013332	办公电话 0871-8317575	3464.85
学校办学类型 413:本科院校:独立学院	传真电话 0871-8317446	在校生数(人) 6933
学校性质类别 05 医药院校	校园(局域)网域名 www.kyhyxy.com	其中:普通本科 6933
学校举办者 999 民办	电子信箱 kyhyxybgs@126.com	专任教师(人) 422
学校地址 云南省昆明市昆明高新技术产业开发区海源北路389号	占地面积(平方米) 465475	其中:正高级 68
	校舍建筑面积(平方米) 58824	副高级 149
	图书(万册) 44.83	中级 80
邮政编码 650106	固定资产总值(万元) 52100	初级 62
	教学、科研仪器设备资产值(万元)	未定职级 63

本科专业 电子信息科学与、公共事业管理、护理学、环境科学、康复治疗学、口腔医学、劳动与社会保障、临床医学、药学、医学检验、医学影像学、医药卫生方向、整形美容、肿瘤学

院系设置

我院现设置本科类专业十四个,临床医学专业、临床医学(整形美容方向)、临床医学(肿瘤方向)、医学影像学、医学检验、口腔学专业、药学专业、护理学专业、劳动与社会保障(医疗保险专业)、公共卫生事业管理(卫生事业管理方向)、英语(医药卫生方向)、环境科学(环境医学方向)、信息管理与信息系统(计算机技术医药卫生应用方向)、康复医学。

学校设立奖学金情况

学校设立奖学金有四项,奖励总金额100万元。奖学金最高金额2000元/年,最低金额200元/年。

1. 优秀学生奖学金:一等奖,金额1000元/人/年;二等奖,金额800元/人/年;三等奖,金额400元/人/年。

2. 优秀学生干部奖学金:金额700元/人/年。

3. 省级三好生奖学金：2000元/人/年。

4. 单项奖学金：金额200元/人/年。另外，学校还设立学生助工助学岗位，每年董事会在预算中拨10万元经费作为助困基金，教职工每年都向困难学生起家行捐款献爱心活动，目前学校助困基金已达50万元，通过学生的劳动受到资助的学生已达1800多人次。

毕业生一次就业率　87.56%（截止2011年10月）

主要校办产业

主要是临街商铺对外出租收入每年约有65万元。

学校历史沿革

昆明医学院是云南省历史最悠久最大的集教学、医疗、科研为一体的高等医学院校。为全国44所老医学院校之一。发展至今已有75年的历史。1993年被省政府选定为省属重点院校，在云南省高等医学教育和医药卫生行业中具有领军地位。昆明医学院海源学院是昆明医学院乘体制改革的春风，凭借昆明医学院坚实、丰富、高水平的教育资源，在党和政府及社会各界力量的支持下，以崭新新机制和模式创办的一所独立学院。2001年6月8日，经省教育厅批准成立，2004年1月经国家教育部批准确认试办独立学院。

云南艺术学院文华学院

学校(机构)标识码　4153013333
学校办学类型　413：本科院校：独立学院
学校性质类别　11 艺术院校
学校举办者　999 民办
学校地址　云南省昆明市西郊麻园艺苑巷4号
邮政编码　650101
办公电话　0871-8302565
传真电话　0871-8301553
电子信箱　Wenhua@vip.km169.net
占地面积(平方米)　174157
图书(万册)　14.95
固定资产总值(万元)　1455.26
教学、科研仪器设备资产值(万元)　865.53
在校生数(人)　3212
其中：普通本科　3212
专任教师(人)　147
其中：正高级　9
副高级　2
中级　37
初级　88
未定职级　11

本科专业　表演、播音与主持艺术、雕塑、动画、公共事业管理、广播电视编导、绘画、录音艺术、美术学、摄影、舞蹈学、戏剧影视文学、艺术设计、音乐表演、音乐学

院系设置

学院现设有音乐系、美术系、艺术设计系、戏剧系、舞蹈系、传媒艺术系和经济与管理科学系共七个系。

定期公开出版的专业刊物　《文华耕耘荟萃》

学校设立奖学金情况

学校设计奖学金10项，奖励总金额14.65余万元。奖学金最高金额1000元/年，最低金额100元/年。

学校历史沿革

云南艺术学院文华学院是云南艺术学院直属独立学院，是国家教育部批准成立的具有高等学历教育招生资格的本科院校，国家计划内招生，于2002年1月24日经云南省教育厅云教计【2002】3号文批准正式成立为二级学院，2004年1月28日经教育部教发函【2004】11号文确认为独立学院。

云南热带作物职业学院

学校(机构)标识码　4153013755
学校办学类型　415：专科院校：高等职业学校
学校性质类别　03 农业院校
学校举办者　812 省级其他部门
学校地址　普洱市思茅区思亭路3号
邮政编码　665000
办公电话　0879-2202320
传真电话　0879-2202320
校园(局域)网域名　www.ynry.cn
电子信箱　md4455@126.com
占地面积(平方米)　101736
校舍建筑面积(平方米)　61760
图书(万册)　17.41
固定资产总值(万元)　6085
教学、科研仪器设备资产值(万元)　1384.37
在校生数(人)　3510
其中：普通专科　3107
成人专科　403
专任教师(人)　147
其中：正高级　1
副高级　23
中级　55
初级　54
未定职级　14

专科专业　表演艺术、茶叶生产加工技术、茶艺、会计电算化、计算机应用技术、酒店管理、林业技术、旅游英语、农业环境保护技术、农业经济管理、热带作物生产技术、森林生态旅游、设施农业技术、生物技术及应用、微生物技术及应用、文秘、物业设

施管理、应用老挝语、应用泰国语、园林工程技术、园林技术、园艺技术、中草药栽培技术、作物生产技术

院系设置

学院现有四系一部,分别是人文科学与技术应用系、旅游经贸管理系、热带作物技术系、园林园艺系、思想政治理论课教学部

国家级、省部级研究机构设置

学院现有10个国家级实验室;9个省级实验室

学校设立奖学金情况

学院现设有国家奖学金、省政府励志奖学金、国家励志奖学金、国家助学金、茶友天下奖学金。奖励总金额364.95余万元;奖学金最高金额8000元/人/年;最低金额2500元/人/年。

学校历史沿革

云南热带作物职业学院前身是云南省热带农业工程学校,创办于1980年,2004年经云南省政府批准升格为高职学院。

云南国防工业职业技术学院

学校(机构)标识码	4153013756
学校办学类型	415:专科院校:高等职业学校
学校性质类别	02 理工院校
学校举办者	812 省级其他部门
学校地址	云南省昆明市学府路113号
邮政编码	650223
办公电话	0871-5197332
传真电话	0871-5122427
校园(局域)网域名	www.yntvu.edu.cn
电子信箱	yunnan@yntvu.edu.cn
占地面积(平方米)	659050
校舍建筑面积(平方米)	218225
图书(万册)	27.3
固定资产总值(万元)	71737.6
教学、科研仪器设备资产值(万元)	4891.36
在校生数(人)	7920
其中:普通专科	7516
成人专科	393
留学生	11
专任教师(人)	333
其中:正高级	1
副高级	88
中级	147
初级	54
未定职级	43

专科专业 电气自动化技术、电视节目制作、电子商务、工程造价、工业分析与检验、光电子技术、焊接技术及自动化、会计电算化、会计与审计、会计与统计核算、机电一体化技术、机械设计与制造、机械制造与自动化、计算机多媒体技术、计算机应用技术、检测技术及应用、建筑工程管理、建筑工程技术、精细化学品生产技术、酒店管理、旅游管理、模具设计与制造、软件技术、生物技术及应用、市场营销、数控技术、通信技术、文秘、印刷技术、应用电子技术、应用化工技术、应用泰国语、园林技术、园艺技术

院系设置

经济管理学院、光电工程学院、传媒与信息工程学院、化学工程学院、电子工程学院、机电工程学院、文理学院、继续教育学院、思政理论教学部

学校设立奖学金情况

学校设立奖学金1项,奖励总金额44.48余万元。奖学金最高金额1000元/年(14.4万元/年),最低金额800元/年(19.2万元/年)。设立校级优秀学生奖学金,分为一、二等奖。

学校历史沿革

云南国防工业职业技术学院是2004年7月1日经云南省人民政府云政200466号文件批准,由云南省国防工业学校、云南省国防技校,云南兵器工业职工大学(含云南西仪有限公司分校),合并而成的一所培养适应现代化装备制造煤磷化工、电子信息等到产业一线需要的高级应用型技能人才的全是制普通公办高等职业技术学院。

云南机电职业技术学院

学校(机构)标识码	4153013757
学校办学类型	415:专科院校:高等职业学校
学校性质类别	02 理工院校
学校举办者	812 省级其他部门
学校地址	云南机电职业技术学院
邮政编码	650203
办公电话	0871-6077520
传真电话	0871-6077520
校园(局域)网域名	www.ynmec.com
电子信箱	ynmecyb@yahoo.cn
占地面积(平方米)	287655
校舍建筑面积(平方米)	108947
图书(万册)	21.53
固定资产总值(万元)	25107.56
教学、科研仪器设备资产值(万元)	4403.38
在校生数(人)	5825
其中:普通专科	5793
成人专科	32
专任教师(人)	234
其中:正高级	1
副高级	53
中级	94
初级	46
未定职级	40

专科专业 材料成型与控制技术、产品造型设计、电气自动化技术、工商企业管理、供用电技术、焊接技术及自动化、会计、机电一体化技术、机械设计与制造、机械制造与自动化、计算机辅助设计与制造、计算机应用技术、建筑电气工程技术、模具设计与制造、汽车电子技术、汽车检测与维修技术、生产过程自动化技术、市场营销、数控技术、数控设备应用与维护、图形图像制作、文秘速录、物流管理、物业管理、应用电子技术

院系设置

学院设有机械工程系、电气工程系、工业信息技术系、管理工程系、汽车技术工程系、基础教学部、成人教学部

学校设立奖学金情况

学校设立奖学金5项,奖励总金额95余万元。奖学金最高金额8000元/年,最低金额600元/年。

学校历史沿革

云南机电职业技术学院前身为云南省机械工业学校,至今已有70多年的职业教育办学历史,2002年由云南省机械工业学校和云南省机械技工学校两校合并,2004年7月经云南省人民政府批准、教育部备案,升格组建为云南机电职业技术学院,是一所以工科为主的全日制高职院校。

云南林业职业技术学院

学校(机构)标识码 4153013758	传真电话 0871-5015103	在校生数(人) 6262
学校办学类型 415:专科院校:高等职业学校	校园(局域)网域名 www.ynftc.cn	其中:普通专科 5941
	电子信箱 ynlzybgs2008@126.com	成人专科 321
学校性质类别 04 林业院校	占地面积(平方米) 485758	专任教师(人) 426
学校举办者 812 省级其他部门	校舍建筑面积(平方米) 166613	其中:正高级 6
学校地址 云南省昆明市盘龙区金殿1号	图书(万册) 53.4	副高级 126
	固定资产总值(万元) 8834.5	中级 171
邮政编码 650224	教学、科研仪器设备资产值(万元) 3447.07	初级 123
办公电话 0871-5010859		

专科专业 环境监测与评价、环境艺术设计、会计电算化、计算机辅助设计与制造、计算机网络技术、计算机应用技术、家具设计与制造、建筑工程技术、经济林培育与利用、酒店管理、林产化工技术、林业技术、林业经济信息管理、林业信息技术、木材加工技术、森林生态旅游、森林资源保护、商品花卉、市场营销、图形图像制作、文秘、野生动物保护、野生植物资源开发与利用、园林工程技术、园林技术、资产评估与管理、自然保护区建设与管理

院系设置

我院设有八个系部,分别为森林培育与利用系、林产工业系、生物多样性保护与利用系、林业经济管理系、生态文化与传媒系、林业信息管理系、园林系和基础部

定期公开出版的专业刊物 《文论选》、《云南林业职教》

主要校办产业

科工贸公司

学校历史沿革

我院是一所经云南省人民政府于2004年7月正式批准组建的一所高等职业技术学院。学院前身云南省林业学校,创建于1955年,隶属于云南省林业厅。学院以培养林业生产、建设、管理、服务的高技能人才为主,集职业教育、职业培训为一体。

云南城市建设职业学院

学校(机构)标识码 4153013759	传真电话 0871-7985981	其中:普通专科 2414
学校办学类型 415:专科院校:高等职业学校	校园(局域)网域名 www.yncjxy.com	成人专科 35
	电子信箱 yucvc_yb@163.com	专任教师(人) 135
学校性质类别 01 综合大学	占地面积(平方米) 99841	其中:正高级 2
学校举办者 999 民办	图书(万册) 14.88	副高级 17
学校地址 云南省昆明市嵩明县职业教育基地	固定资产总值(万元) 17225	中级 31
	教学、科研仪器设备资产值(万元) 819	初级 26
邮政编码 651700		未定职级 59
办公电话 0871-7985517	在校生数(人) 2449	

专科专业 电子商务、房地产经营与估价、给排水工程技术、工程造价、广告设计与制作、计算机应用技术、建筑工程管

理、酒店管理、旅游管理、烹饪工艺与营养、商务英语、审计实务、室内设计技术、体育服务与管理、网络系统管理、医疗美容技术、医药营销、移动通信技术、影视动画、应用韩语、园艺技术

院系设置

学院设有公共基础教学部、思政课教学部、建筑工程系、工程管理系、经济管理系、信息工程系

学校历史沿革

云南城市建设职业学院是经云南省人民政府批准、国家教育部备案，具有独立颁发国家高等专科学历资格的全日制高等职业学院。

昆明扬帆职业技术学院

学校(机构)标识码	4153013761
学校办学类型	415:专科院校:高等职业学校
学校性质类别	01 综合大学
学校举办者	999 民办
学校地址	云南省安宁市职教基地
邮政编码	650300
办公电话	0871-8870800
传真电话	0871-8870800
电子信箱	kmyfzyjsxy@126.com
占地面积(平方米)	44336
校舍建筑面积(平方米)	38320
图书(万册)	34.1
固定资产总值(万元)	26516.16
教学、科研仪器设备资产值(万元)	2210.84
在校生数(人)	5338
其中:普通专科	5338
专任教师(人)	238
其中:正高级	11
副高级	51
中级	51
初级	54
未定职级	71

专科专业 城镇规划、导游、电子商务、电子信息工程技术、动漫设计与制作、法律事务、房地产经营与估价、工程监理、工程造价、国际金融、会计、计算机网络技术、计算机信息管理、建筑电气、建筑经济管理、金融保险、金融与证券、汽车服务与营销、汽车检测与整形、汽车运用技术、人力资源管理、软件技术、商务英语、食品营养与检测、室内设计技术、图形图像制作、文秘、物业管理、学前教育

院系设置

下设建筑工程学院、汽车工程学院、信息工程学院、商学院、学前教育管理学院五个二级学院

国家级、省部级研究机构设置

校内、校外实训基地(实验室)共10个

学校设立奖学金情况

为鼓励品学兼优的同学，学校设立奖学金4项，包括国家奖学金、国家励志奖学金、云南省政府奖学金、云南省政府励志奖学金，奖励总金额38万元。奖学金最高金额8000元/年，最低金额4000元/年。

学校历史沿革

昆明扬帆职业技术学院是2005年经云南省人民政府批准、国家教育备案，隶属于云南省教育厅直管的一所全日制普通高等院校。

云南工商学院

学校(机构)标识码	4153013909
学校办学类型	412:本科院校:学院
学校性质类别	08 财经院校
学校举办者	999 民办
学校地址	云南省昆明市嵩明职教基地
邮政编码	651701
办公电话	0871-7973036
传真电话	0871-7973036
校园(局域)网域名	www.yngsxy.net
电子信箱	edu22@einsun.com
占地面积(平方米)	535819
校舍建筑面积(平方米)	222744
图书(万册)	98
固定资产总值(万元)	35866.38
教学、科研仪器设备资产值(万元)	3380.42
在校生数(人)	9295
其中:普通本科	1322
普通专科	6826
成人专科	1147
专任教师(人)	515
其中:正高级	79
副高级	81
中级	107
初级	86
未定职级	162

本科专业 工商管理、会计学、计算机科学与技术、市场营销、艺术设计、英语

专科专业 电脑艺术设计、电子商务、动漫设计与制作、法律事务、工程监理、工程造价、工商企业管理、国际经济与贸易、会计电算化、计算机多媒体技术、计算机网络技术、计算机系统维护、计算机信息管理、建筑工程管理、金融保险、连锁经营管理、旅游管理、人力资源管理、软件技术、商务英语、市场营销、图形图像制作、文秘、物流管理、学前教育、影视广告、装潢艺术设计

院系设置

会计学院、国际商学院、管理学院、信息工程学院、软件学院、建筑工程学院、艺术设计学院、外国语学院/外事办公室、人文学院、继续教育学院、马列主义教研部/基础部

学校设立奖学金情况

学校设立自强奖学金1项,奖励总金额40万元/年。

学校历史沿革

云南工商学院原名云南爱因森软件职业学院,位于云南省昆明市嵩明职教基地。学院是经国家教育部批准、具有独立颁发本科学历文凭资格的全日制普通本科高等院校。2011年4月7日教育部批准同意在云南爱因森软件职业学院基础上建立云南工商学院,同时我院更名为云南工商学院。

曲靖医学高等专科学校

学校(机构)标识码	4153014012
学校办学类型	414:专科院校:高等专科学校
学校性质类别	05 医药院校
学校举办者	821 地级教育部门
学校地址	曲靖市经济技术开发区三江大道
邮政编码	655000
办公电话	0874－3122473
传真电话	0874－3122473
校园(局域)网域名	www.qjyz.org/
电子信箱	qjyzbgs@126.com
占地面积(平方米)	258100
校舍建筑面积(平方米)	111371
图书(万册)	26.4
固定资产总值(万元)	25168.53
教学、科研仪器设备资产值(万元)	2031.23
在校生数(人)	5530
其中:普通专科	4837
成人专科	693
专任教师(人)	258
其中:正高级	4
副高级	50
中级	54
初级	68
未定职级	82

专科专业 护理、口腔医学技术、临床医学、眼视光技术、药学、医学检验技术、医学文秘、医学影像技术、助产

院系设置

学校现设有护理系、医学技术系、临床医学系、药学系、公共课部、思政部六个教学系部

学校历史沿革

曲靖医学高等专科学校经国家教育部批准成立于2006年2月14日,是公办的普通医学高等专科学校。学校办学历史可追溯到1958年,其前身为云南省曲靖卫生学校。

楚雄医药高等专科学校

学校(机构)标识码	4153014013
学校办学类型	414:专科院校:高等专科学校
学校性质类别	05 医药院校
学校举办者	821 地级教育部门
学校地址	云南省楚雄市东瓜镇东瓜社区居民委员会
邮政编码	675005
办公电话	0878－3875657
传真电话	0878－3875439
校园(局域)网域名	www.cxmtc.net
电子信箱	Cxyzbgs@126.com
占地面积(平方米)	280080
校舍建筑面积(平方米)	64326
图书(万册)	16.8
固定资产总值(万元)	8547.86
教学、科研仪器设备资产值(万元)	1543.93
在校生数(人)	4905
其中:普通专科	4475
成人专科	430
专任教师(人)	188
其中:正高级	5
副高级	50
中级	56
初级	75
未定职级	2

专科专业 病理检验方向、公共卫生管理、护理、护理类、康复治疗技术、临床医学、输血技术方向、卫生检验与检疫技术、药品经营与管理、药物分析技术、药学、医疗保险实务、医学检验技术、医学生物技术、中药

院系设置

检验系、药学系、医学系、基础医学系、公共部

学校设立奖学金情况

学校设立奖学金5项,国家级奖学金:8000元;省政府奖学金:6000元;国家励志奖学金:5000元;省政府励志奖学金:4000元。校级奖学金:分三等;一等:1200元;二等:1000元;三等:800元,奖励总金额不一定,奖励总金额不一定,看当年评定情况。

学校历史沿革

楚雄医药高等专科学校的前身是原上海市卫生学校,创办于1950年,1970年全迁至楚雄后改名为云南省楚雄卫生学校。2006年2月经国家教育部批准升格为楚雄医药高等专科学校(一类高等专科学校)。

保山中医药高等专科学校

学校(机构)标识码 4153014014
学校办学类型 414:专科院校:高等专科学校
学校性质类别 05 医药院校
学校举办者 821 地级教育部门
学校地址 云南省保山市隆阳区兰城办事处龙泉社区窑湾村六社20号
邮政编码 678000
办公电话 0875-2122371
传真电话 0875-2224499
校园(局域)网域名 www.bszyz.cn
电子信箱 bsyzbgs888@163.com
占地面积(平方米) 76667
校舍建筑面积(平方米) 44595
图书(万册) 19.5
固定资产总值(万元) 6965.49
教学、科研仪器设备资产值(万元) 1981.34
在校生数(人) 3035
其中:普通专科 2654
成人专科 381
专任教师(人) 152
其中:正高级 4
副高级 43
中级 38
初级 63
未定职级 4

专科专业 护理、临床医学、医学检验技术、针灸推拿、中药、中医学

院系设置 基础系、护理系、临床系、社科部、实验中心、中医药系 6 个系部

学校设立奖学金情况
学校共设 6 项,奖励总金额 592700 元。奖学金最高 8000 元/年,奖学金最低 500 元/年。

学校历史沿革
保山中医药高等专科学校前身为保山卫生学校,1965 年建校,2006 年 2 月经教育部批准升格为中医药高等专科学校,迄今已有 46 年的历史。

丽江师范高等专科学校

学校(机构)标识码 4153014015
学校办学类型 414:专科院校:高等专科学校
学校性质类别 06 师范院校
学校举办者 811 省级教育部门
学校地址 云南省丽江市古城区新团片区
邮政编码 674100
办公电话 0888-3196066
传真电话 0888-3196116
校园(局域)网域名 www.lj-edu.cn
电子信箱 ljshzh@126.com
占地面积(平方米) 311828
校舍建筑面积(平方米) 67924
图书(万册) 34.69
固定资产总值(万元) 15872.63
教学、科研仪器设备资产值(万元) 2824.19
在校生数(人) 6335
其中:普通专科 6186
成人专科 134
留学生 15
专任教师(人) 313
其中:正高级 7
副高级 54
中级 113
初级 126
未定职级 13

专科专业 初等教育、初等教育(理科)、初等教育(文科)、导游、动漫设计与制作、化学教育、会计、计算机教育、计算机信息管理、计算机应用技术、酒店管理、旅游管理、旅游英语、美术教育、生物教育、食品生物技术、市场营销、数学教育、思想政治教育、体育保健、体育教育、文秘、舞蹈表演、物理教育、物流管理、小学教育、新闻采编与制作、学前教育、艺术教育、艺术设计、音乐表演、音乐教育、英语教育、应用英语、语文教育、园艺技术、运动休闲服务与管理

院系设置 学校设有中文、外语、旅游与经济管理、计算机科学、数理、生命科学、艺术、体育、教育科学、政治教育、继续教育学院等 11 个教学系院

学校设立奖学金情况
学金总金额 667.1 万元。国家奖学金:5 人,8000 元/人;国家励志奖学金:178 人,5000 元/人;省政府奖学金:9 人,6000 元/人;省政府励志奖学金:49 人,4000 元/人;国家一等助学金:646 人,3500 元/人;国家二等助学金:1292 人,2500 元/人;其他:困难学生临时生活补助、学校勤工助学、丽江市红十字会资助、冬季送温暖等 34.2 余万元。

学校历史沿革
1984 年 4 月 9 日经云南省人民政府批准建立"丽江教育学院";2001 年 3 月 7 日经云南省教育厅批准,将具有百年办学历史的丽江民族师范学校整体并入丽江教育学院;2006 年 2 月,经教育部批准将丽江教育学院改制更名为"丽江师范高等专科学校"。

德宏师范高等专科学校

学校(机构)标识码　4153014016
学校办学类型　414:专科院校:高等专科学校
学校性质类别　06 师范院校
学校举办者　811 省级教育部门
学校地址　云南省芒市仙池路14号
邮政编码　678400
办公电话　0692-2121737
传真电话　0692-2137572
校园(局域)网域名　www.yndhec.cn
电子信箱　dhshizhuan@sina.com
占地面积(平方米)　196889
校舍建筑面积(平方米)　116643
图书(万册)　27.54
固定资产总值(万元)　16180.56
教学、科研仪器设备资产值(万元)　1862.29
在校生数(人)　5300
其中:普通专科　5162
　　　成人专科　98
　　　留学生　40
专任教师(人)　299
其中:正高级　5
　　　副高级　60
　　　中级　140
　　　初级　49
　　　未定职级　45

专科专业　宝玉石鉴定与加工技术、保险实务、初等教育、导游、电力系统自动化技术、法律事务、国际贸易实务、化学教育、会计电算化、计算机多媒体技术、计算机应用技术、经济管理、酒店管理、历史教育、旅游英语、美术教育、商务管理、社区管理与服务、生物技术及应用、生物教育、市场营销、数学教育、水电站动力设备与管理、思想政治教育、体育教育、文秘、物理教育、现代教育技术、学前教育、艺术设计、音乐教育、英语教育、应用缅甸语、应用心理学、语文教育、园艺技术、作物生产技术

学校历史沿革
德宏师范高等专科学校前身为德宏教育学院,创办于1984年,是以省管为主的一所普通高校。2002年11月省教育厅发文撤销原德宏州民族师范学校建制,并入德宏教育学院办学。2006年3月教育厅发文撤销原德宏州农业学校建制,并入德宏教育学院办学。2006年2月经国家教育部评审并正式发文,同意在德宏教育学院基础上建立德宏师范高等专科学校,由成人高校转制为普通高校并于2006年6月挂牌庆典,更名为"德宏师范高等专科学校"。

云南新兴职业学院

学校(机构)标识码　4153014032
学校办学类型　415:专科院校:高等职业学校
学校性质类别　01 综合大学
学校举办者　999 民办
学校地址　云南省昆明市官渡区昆明经济技术开发区洛阳镇水海子村
邮政编码　530111
办公电话　0871-7427879
传真电话　0871-7427879
校园(局域)网域名　www.ynxzy.com
电子信箱　jxk01@163.com
图书(万册)　27.37
固定资产总值(万元)　6735
教学、科研仪器设备资产值(万元)　1700
在校生数(人)　3718
其中:普通专科　3692
　　　成人专科　26
专任教师(人)　202
其中:正高级　11
　　　副高级　32
　　　中级　47
　　　初级　68
　　　未定职级　44

专科专业　护理、会计电算化、计算机应用技术、戒毒康复、经济信息管理、康复治疗技术、老年服务与管理、人力资源管理、社区康复、生化制药技术、生物制药技术、药品经营与管理、药物制剂技术、医药营销、中草药栽培技术、中药制药技术

学校历史沿革
云南新兴职业学院学院前身是1994年创建的南方名族医药进修学院,2006年经云南省人民政府批准、教育部备案,升格为普通高等职业院校。

临沧师范高等专科学校

学校(机构)标识码　4153014092
学校办学类型　414:专科院校:高等专科学校
学校性质类别　06 师范院校
学校举办者　811 省级教育部门
学校地址　云南省临沧市临翔区学府路2号
邮政编码　677000
办公电话　0883-8882608

传真电话 0883-8882885	固定资产总值(万元) 25969.48	留学生 31
校园(局域)网域名 www.lcnc.cn	教学、科研仪器设备资产值(万元)	专任教师(人) 345
电子信箱 lcshizhuan@163.com	3432.11	其中:正高级 17
占地面积(平方米) 722670	在校生数(人) 5867	副高级 92
校舍建筑面积(平方米) 143700	其中:普通专科 5811	中级 158
图书(万册) 61.3	成人专科 25	初级 78

专科专业 茶叶生产加工技术、初等教育(理科)、初等教育(文科)、畜牧兽医、工商企业管理、化学教育、会计、会计电算化、计算机多媒体技术、计算机网络技术、计算机系统维护、计算机应用技术、金融保险、经济管理、酒店管理、矿物加工技术、历史教育、旅行社经营管理、美术教育、设施农业技术、社区管理与服务、生物教育、市场营销、数学教育、司法助理、思想政治教育、体育教育、文秘、物理教育、现代教育技术、学前教育、音乐教育、英语教育、应用缅甸语、语文教育、种子生产与经营

院系设置

八系一部:数理系、中文系、信息科学与技术系、艺术与体育系、政教系、外语系、管理与经济系、农学系、思想政治理论教学研究部

定期公开出版的专业刊物 《临沧师范高等专科学校学报》

学校设立奖学金情况

学校设立奖学金五项,奖励总金额168.19余万元。奖学金最高金额8000元/年,最低金额100-200元/项。

(一)国家奖学金,共5人,8000元/人,合计金额4万元。

(二)国家励志奖学金,共184人,5000元/人,合计金额92万元。

(三)省政府奖学金,共9人,6000元/人,合计金额5.4万元。

(四)省政府励志奖学金,共54人,4000元/人,合计金额21.6万元。

(五)学校奖学金:

1. 校级一等奖学金,共77人,1000元/人,合计金额7.7万元;

2. 校级二等奖学金共154人,900元/人,合计金额13.86万元;

3. 校级三等奖学金,共234人,800元/人,合计金额18.72万元;

4. 校级单项奖学金,共254人,100-200元/项,合计金额4.91万元。

学校历史沿革

1984年4月云南省政府批准成立临沧教育学院,1988年增设云南省教育学院电视师专部临沧分部。1989年10月增设云南广播电视大学临沧分校。2002年2月经云南省教育厅、云南省公安厅、云南省侨联联合行文批准为我校具有招生境外华侨学生,云南省重点建设的华文基地。学校实行"三块牌子,一套班子"的管理模式,是一所集教育学院、电大分校、电视师专分部、云南省重点建设的华文基地为一体的学校。2007年3月国家教育部批准为临沧师范高等专科学校。

云南锡业职业技术学院

学校(机构)标识码 4153014130	传真电话 0873-3116246	在校生数(人) 2342
学校办学类型 415:专科院校:高等职业学校	校园(局域)网域名 www.vtvtc.com	其中:普通专科 1937
学校性质类别 02 理工院校	电子信箱 ytvc_com@163.com	成人专科 405
学校举办者 891 地方企业	占地面积(平方米) 422806	专任教师(人) 88
学校地址 云南省红河州个旧市个金路20号	校舍建筑面积(平方米) 106612	其中:副高级 23
邮政编码 661000	图书(万册) 10.96	中级 26
办公电话 0873-3116246	固定资产总值(万元) 14023.46	初级 17
	教学、科研仪器设备资产值(万元) 785.81	未定职级 22

专科专业 材料工程技术、电气自动化技术、工业分析与检验、会计与统计核算、机电设备维修与管理、机电一体化技术、建筑工程技术、金属矿产地质与勘查技术、金属矿开采技术、矿井通风与安全、矿山测量、物流管理、选矿技术、冶金技术、应用化工技术、钻探技术

院系设置

云南锡业职业技术学院、机电工程系、材料冶金化学工程系、国土资源工程系、基础科学部

学校设立奖学金情况

国家奖学金2名,每生8000元,共奖励16000元;省政府奖学金2名,每生6000元,共奖励12000元;国家励志奖学金56名,每生奖励500元,共奖励280000元;省政府励志奖学金20名,每生奖励4000元,共奖励80000元;国家助学金一等102名,每生3500元,共奖励357000元;国家助学金二等208名,每生奖

励 2500 元,共计奖励 520000 元。
学校历史沿革
云南锡业职业技术学院于 2007 年 3 月有 1 日经云南省人民政府批准成立,国家教育部备案的一所以工科为主、培养有色行业所需专业和高技能人才的综合性全日制高等职业技术学院。

云南经贸外事职业学院

学校(机构)标识码	4153014212
学校办学类型	415:专科院校:高等职业学校
学校性质类别	08 财经院校
学校举办者	999 民办
学校地址	云南省昆明市西山区海口400号
邮政编码	650114
办公电话	0871-8586809
传真电话	0871-8586515
校园(局域)网域名	www.ynjw.net
电子信箱	jwyb400@163.com
占地面积(平方米)	100794
校舍建筑面积(平方米)	28931
图书(万册)	35
固定资产总值(万元)	11862.87
教学、科研仪器设备资产值(万元)	2518
在校生数(人)	5974
其中:普通专科	5913
成人专科	61
专任教师(人)	258
其中:正高级	6
副高级	35
中级	20
初级	84
未定职级	113

专科专业 电子商务、电子仪器仪表与维修、法律事务、房地产经营与估价、工程监理、工程造价、国际经济与贸易、汉语、会计、机电设备维修与管理、机电一体化技术、机械制造与自动化、计算机网络技术、计算机应用技术、建筑工程管理、金融与证券、经济管理、酒店管理、烹饪工艺与营养、汽车技术服务与营销、汽车检测与维修技术、人力资源管理、商务英语、涉外旅游、市场营销、数控技术、水利水电工程管理、物流管理、学前教育、药品经营与管理、应用泰国语、证券投资与管理、装潢艺术设计、装饰艺术设计
院系设置
学院设工程与机电系、经济管理系、人文系、计算机应用技术系、设计艺术学院
定期公开出版的专业刊物 《高等教育职业论坛》
学校设立奖学金情况
学校设立奖学金 6 项,奖励总金额 30 余万元。奖学金最高金额 15000 元/年,最低金额 100 元。
主要校办产业
电子仪器仪表加工制作
学校历史沿革
云南经贸外事专业学院是在云南商贸管理进修学院基础上筹建,成立于 2008 年 6 月,于 2008 年 6 月开始招生。

云南三鑫职业技术学院

学校(机构)标识码	4153014239
学校办学类型	415:专科院校:高等职业学校
学校性质类别	02 理工院校
学校举办者	999 民办
学校地址	云南省文山州文山市文砚1号
邮政编码	663000
办公电话	0876-2828516
传真电话	0876-2828516
校园(局域)网域名	www.ynsxzy.com
电子信箱	ynsxzyjs111@163.com
占地面积(平方米)	104000
校舍建筑面积(平方米)	36284
图书(万册)	7.05
固定资产总值(万元)	13564
教学、科研仪器设备资产值(万元)	1264
在校生数(人)	837
其中:普通专科	837
专任教师(人)	67
其中:正高级	3
副高级	15
中级	9
未定职级	40

专科专业 财务管理、财务信息管理、工程造价、供用电技术、护理、会计电算化、计算机应用技术、建筑工程技术、金融管理与实务、酒店管理、汽车技术服务与营销、汽车检测与维修技术、物流管理、应用越南语
学校历史沿革
云南三鑫职业技术学院是一所国家计划内统一招生,具有颁发国家承认学历文凭资格的全日制民办高等职业学院。2009 年 2 月 27 日云南省人民政府复【2009】12 号文件(批复)正式批准成立云南三鑫职业技术学院。2009 年 4 月经国家教育部核准备案,学院代号为 14239。

德宏职业学院

学校(机构)标识码 4153014253
学校办学类型 415:专科院校:高等职业学校
学校性质类别 01 综合大学
学校举办者 821 地级教育部门
学校地址 云南省德宏州芒市团结大街147号
邮政编码 678400
办公电话 0692-8895392
传真电话 0692-8895392
校园(局域)网域名 www.yndhvc.com
电子信箱 yndhvc@126.com
占地面积(平方米) 282067
校舍建筑面积(平方米) 35100
图书(万册) 11.56
固定资产总值(万元) 19972
教学、科研仪器设备资产值(万元) 1207.3
在校生数(人) 1722
其中:普通专科 1594
成人专科 128
专任教师(人) 103
其中:副高级 27
中级 33
初级 36
未定职级 7

专科专业 护理、会计电算化、临床医学、药学、医学检验技术、医学影像技术、助产

院系设置 学院现设有公共系、基础系、临床系、医技系、护理系、思政部等六个教学系

定期公开出版的专业刊物 《德宏职业学院学报》

学校设立奖学金情况 设立奖学金4项,奖励总金额30余万元。奖学金最高金额2000元/年,最低金额500元/年。

学校历史沿革
德宏职业学院是一所公办全日制高等职业学校,座落在有一个美丽的地方-云南德宏州府芒市。学院前身为德宏州卫生学校,始建于1960年,经历50年的风雨历程。2003年评审为"省(部)级重点中专学校",2006年被国家教育部评定为"国家级重点中等职业学校",2008年被国家教育部批准升格为德宏职业学院,成为以临床、护理、医药、财经、机电维修、水电为主的综合性高等职业技术学院。

云南商务职业学院

学校(机构)标识码 4153014317
学校办学类型 415:专科院校:高等职业学校
学校性质类别 08 财经院校
学校举办者 999 民办
学校地址 云南省昆明市寻甸天生桥
邮政编码 655200
办公电话 0871-3519099
传真电话 0871-2560599
校园(局域)网域名 www.ynswzyxy.com
电子信箱 108648043@qq.com
占地面积(平方米) 105683
图书(万册) 8.2
固定资产总值(万元) 14178
教学、科研仪器设备资产值(万元) 642.69
在校生数(人) 366
其中:普通专科 366
专任教师(人) 17
其中:中级 4
初级 13

专科专业 工商行政管理、国际金融、国际商务、汉语、会计、建筑工程管理、旅游管理、文秘、影视多媒体技术

院系设置 学院下设经济系、管理系、语言系和艺术系

学校历史沿革
2010年5月14日,根据《云南省教育厅转发关于云南商务职业学院备案有关文件的通知》,我院经云南省政府同意予以备案成立,学校部委代码为14317。2010年6月3日,云南省教育厅颁发《中华人民共和国办学许可证》,其中学院类型为高等职业教育学院。

昆明卫生职业学院

学校(机构)标识码 4153014372
学校办学类型 415:专科院校:高等职业学校
学校性质类别 05 医药院校
学校举办者 999 民办
学校地址 昆明市晋宁县昆阳镇东凤路2005号
邮政编码 650600
办公电话 0871-7803258

传真电话 0871-7809789	教学、科研仪器设备资产值(万元) 2236	其中:正高级 17
校园(局域)网域名 www.kmhpc.net	在校生数(人) 820	副高级 55
电子信箱 kmwszyxy@yahoo.cn	其中:普通专科 820	中级 103
占地面积(平方米) 212617	专任教师(人) 204	初级 23
图书(万册) 25.1		未定职级 6
固定资产总值(万元) 31570		

专科专业 护理、药学、医学检验技术、医学影像技术、针灸推拿、中医骨伤、助产

院系设置 护理系、药学系、中医系、医技系

学校历史沿革

昆明卫生职业学院是一所经云南省人民政府批准、国家教育部备案,纳入国家计划内统一招生,具有独立颁发国家承认学历文凭资格的全日制普通高等职业院校,是目前云南省省会昆明唯一一所举办全医学类的高等职业院校。学院坐落于规划建设中的昆明西城区——晋宁。

云南现代职业技术学院

学校(机构)标识码 4153014373	邮政编码 675000	在校生数(人) 124
学校办学类型 415:专科院校:高等职业学校	办公电话 0878-3036130	其中:普通专科 124
	传真电话 0878-3890957	专任教师(人) 23
学校性质类别 02 理工院校	校园(局域)网域名 www.ynxd.edu.cn	其中:副高级 3
学校举办者 999 民办	电子信箱 cxwzk13099820191@126.com	中级 9
学校地址 云南省楚雄市青龙社区职教园区		初级 11
	占地面积(平方米) 106667	

专科专业 电气自动化技术、会计、建筑工程技术、汽车检测与维修技术、水利水电建筑工程、学前教育

学校历史沿革

云南现代职业技术学院,成立于2011年9月17日。

云南旅游职业学院

学校(机构)标识码 4153014381	传真电话 0871-5187763	在校生数(人) 425
学校办学类型 415:专科院校:高等职业学校	校园(局域)网域名 www.ynslyxx.com	其中:普通专科 424
	电子信箱 yunlvzhiyuan@163.com	留学生 1
学校性质类别 08 财经院校	占地面积(平方米) 142617	专任教师(人) 165
学校举办者 812 省级其他部门	校舍建筑面积(平方米) 66175	其中:副高级 67
学校地址 云南省昆明市龙泉路268号	图书(万册) 15.63	中级 68
邮政编码 650221	固定资产总值(万元) 7401	初级 28
办公电话 0871-5187406	教学、科研仪器设备资产值(万元) 1630	未定职级 2

专科专业 工程测量技术、计算机信息管理、酒店管理、旅行社经营管理、普通话导游、休闲服务与管理(高尔夫方向)

院系设置 旅游管理系、酒店管理系、国土资源工程系、信息技术系

学校历史沿革

从1956年建校到旅游职业学院备案成功,该校经过了四个重要的发展历程,即,1956年4月,昆明地质学校建校,当年招生,9月开学;1965年昆明地质学校、重庆地质学校和四川地质技工学校"三校合并",增强了办学实力,1994年被国家教育部评定为全国重点中等专业学校;1997年12月25日,地矿部与云南省政府签署协议,将昆明地质学校成建制划转云南省管理,改建为"云南省旅游学校",直属于省旅游局,1998年12月23日云南省政府正式批复,2009年12月通过省高校设置专家组评估,2010年2月26日获省政府正式批复同意,2011年5月9日通过教育部备案,云南旅游职业学院正式成立。

西藏警官高等专科学校

学校(机构)标识码 4154010692	传真电话 0891-6312419	在校生数(人) 1550
学校办学类型 414:专科院校:高等专科学校	校园(局域)网域名 www.tpa.net.cn	其中:普通专科 1059
	电子信箱 xzjzbgs@163.com	成人本科 393
学校性质类别 09 政法院校	占地面积(平方米) 95000	成人专科 98
学校举办者 811 省级教育部门	校舍建筑面积(平方米) 39364	专任教师(人) 67
学校地址 西藏自治区拉萨市夺底路68号	图书(万册) 7.7	其中:副高级 14
邮政编码 850000	固定资产总值(万元) 3382.2	中级 28
办公电话 0891-6312419	教学、科研仪器设备资产值(万元) 170	初级 25

专科专业 安全保卫、交通管理、经济犯罪侦查、警察管理、信息网络安全监察、侦查、治安管理

学校历史沿革

西藏警官高等专科学校,其前身是西藏自治区人民警察学校,西藏自治区人民警察学校前身是1956年9月成立的西藏公安训练班,1957年迁往北京中央人民公安学院,建立西藏班,1960年4月在拉萨恢复建立,称西藏政法干部学校,1980年经自治区政府批准建立西藏自治区人民警察学校,2003年4月16日,国家教育部批准改建成西藏警官高等专科学校。

西藏大学

学校(机构)标识码 4154010694	cn	成人本科 3429
学校办学类型 411:本科院校:大学	电子信箱 Master@utibet.edu.cn	成人专科 1928
学校性质类别 01 综合大学	占地面积(平方米) 868703	硕士研究生 434
学校举办者 811 省级教育部门	校舍建筑面积(平方米) 284792	留学生 31
学校地址 拉萨市江苏路36号;拉萨市藏大路东端;拉萨市罗布林卡南路1号	图书(万册) 67.02	专任教师(人) 707
	固定资产总值(万元) 61803.26	其中:正高级 44
邮政编码 850000	教学、科研仪器设备资产值(万元) 14712.45	副高级 219
办公电话 0891-6339679	在校生数(人) 13984	中级 315
传真电话 0891-6334489	其中:普通本科 7480	初级 46
校园(局域)网域名 www.utibet.edu.	普通专科 682	未定职级 83

本科专业 财务管理、藏戏表演、藏语言文学、藏语言文学(藏汉翻译)、藏语言文学(藏汉文秘)、藏语言文学(藏语播音主持)、藏语言文学(藏语新闻)、藏语言文学(汉族班)、藏语言文学(师)、藏族传统绘画、城市规划、传统工艺美术设计、地理科学(师)、地质学、电子信息工程(广播电视工程方向)、电子信息工程(应用电子方向)、法学、服装设计、工商管理、公共事业管理、汉语言文学、汉语言文学(文秘方向)、行政管理、护理学、化学(师)、环境科学、计算机科学与技术、计算机科学与技术(师)、建筑学、交通运输、教育技术学、教育学(心理健康方向)、教育学(学前教育方向)、经济学、历史文博、历史学、临床医学、旅游管理、美术学(师)、平面设计、生物技术、生物科学(师)、市场营销、数学与应用数学(师)、思想政治教育、通信工程、土木工程、文秘与藏文信息处理、舞蹈表演、物理学(师)、新闻学、药学、音乐表演、音乐学、音乐学(师)、英语、英语(藏汉英翻译)、应用物理学(新能源应用技术方向)、预防医学、资源环境与城乡规划管理、资源勘查工程、作曲与作曲技术理论

专科专业 护理、护理(日喀则职校)、计算机应用技术、酒店管理、临床医学、临床医学(日喀则职校)、美术、舞蹈表演、音乐表演、应用日语

硕士专业 行政管理、教育、课程与教学论、美术学、森林培育、生态学、水利水电工程、艺术、音乐学、预防兽医学、中国少数民族史、中国少数民族语言文学(分语族)、作物、作物栽培学与耕作学

院系设置

拉萨校本部现有文学院、理学院、工学院、医学院、艺术学院、旅游与外语学院、政法学院、师范学院、经济与管理学院、思想政治理论教学部、财经学院等11个学院

国家级、省部级研究机构设置

1. 实验室：羊八井宇宙射线实验室（教育部重点实验室）；西藏大学生物技术重点实验室（2004 中央与地方共建高等学校的共建项目）2. 研究中心（所）：教育部人文社会科学重点研究基地 1 个——西藏大学·四川大学中国藏学研究所；教育部工程研究中心 1 个——藏文信息技术中心

定期公开出版的专业刊物　《西藏大学学报》（自然科学版，汉文版/半年刊）、《西藏大学学报》（社会科学版，汉文版/季刊）、《西藏大学学报》（藏文版/季刊）

学校设立奖学金情况

学校设立奖学金 8 项，奖励总金额 179 余万元，奖学金最高金额 10000 元/年，最低金额 300 元/年。

学校历史沿革

西藏大学是西藏自治区所属的综合性大学，"211 工程"重点建设大学，西藏自治区人民政府与教育部共建高校。西藏大学的办学历史可追溯到 1951 年的藏文干部训练班，历经西藏军区干部学校、西藏地方干部学校、西藏行政干部学校、西藏师范学校、西藏师范学院等发展阶段。1985 年 7 月，成立西藏大学。2001 年，原西藏农牧学院与西藏大学合并，校名仍为西藏大学。1999 年以来，西藏自治区艺术学校、西藏医学专科学校和西藏民族学院医疗系、西藏自治区财经学校先后并入西藏大学。

西藏民族学院

学校（机构）标识码	4154010695
学校办学类型	412：本科院校：学院
学校性质类别	12 民族院校
学校举办者	811 省级教育部门
学校地址	陕西省咸阳市文汇东路 6#
邮政编码	712082
办公电话	029-33755000
传真电话	029-33763081
校园（局域）网域名	www.xzmy.edu.cn
电子信箱	xzmyyb@xzmy.edu.cn
占地面积（平方米）	420088
校舍建筑面积（平方米）	290436
图书（万册）	100.58
固定资产总值（万元）	51434.1
教学、科研仪器设备资产值（万元）	5854.75
在校生数（人）	10755
其中：普通本科	7723
普通专科	976
成人本科	1527
成人专科	198
硕士研究生	331
专任教师（人）	596
其中：正高级	39
副高级	143
中级	251
初级	61
未定职级	102

本科专业　播音与主持艺术、财务管理、财政学、档案学、电子信息科学与技术、法学、工商管理、工业工程、公共事业管理、广播电视新闻学、广告学、国际经济与贸易、汉语言文学、行政管理、护理学、会计学、计算机科学与技术、教育技术学、教育学、金融学、劳动与社会保障、历史学、临床医学、旅游管理、民族学、人力资源管理、日语、社会工作、社会体育、思想政治教育、体育教育、通信工程、统计学、新闻学、信息管理与信息系统、学前教育、英语、应用心理学、哲学

专科专业　法律事务、会计电算化、计算机信息管理、临床医学、社会体育、文秘

硕士专业　民族学、文艺学、中国古代文学、中国少数民族经济、中国哲学、专门史

院系设置

文学院、新闻传播学院、法学院、思想政治学院、财经学院、教育学院、管理学院、信息工程学院、外语学院、医学院、民族研究院、体育学院

定期公开出版的专业刊物　《西藏民族学院学报》

学校设立奖学金情况

学校设立奖学金 13 项，奖励总金额 960 余万元。奖学金最高金额 8000 元/年，最低金额 100 元/年。

主要校办产业

西藏民族学院科教设备厂

学校历史沿革

西藏民族学院前身为西藏公学，创建于 1958 年，1965 年经国务院批准更名为西藏民族学院。

西藏藏医学院

学校（机构）标识码	4154010696
学校办学类型	412：本科院校：学院
学校性质类别	05 医药院校
学校举办者	811 省级教育部门
学校地址	拉萨市城关区当热路 10 号
邮政编码	850000
办公电话	0891-6386271
传真电话	0891-6387272
校园（局域）网域名	www.ttmc.edu.cn
电子信箱	master@ttmc.edu.cn
占地面积（平方米）	82133
校舍建筑面积（平方米）	38552
图书（万册）	7.5
固定资产总值（万元）	9110.18
教学、科研仪器设备资产值（万元）	

	1052	成人专科 257	副高级 26
在校生数(人) 1399	博士研究生 12	中级 23
其中:普通本科 631	硕士研究生 47	初级 26
普通专科 357	专任教师(人) 93	未定职级 16
成人本科 95	其中:正高级 2	

本科专业 藏药学、藏医学
专科专业 藏医学
博士专业 民族医学(含:藏医学、蒙医学等)
硕士专业 民族医学(含:藏医学、蒙医学等)
院系设置
现有藏医系、藏药系、基础部、继续教育部、研究生部5个教学单位,设有1个民族医学(藏医)硕士学位授予点
国家级、省部级研究机构设置
1.实验室与标本中心 2.科技研究所
学校设立奖学金情况
学校设立奖学金1项,奖励总金额6余万元。奖学金最高金额100元/年,最低金额60元/年。
主要校办产业
藏医药与藏药营销
学校历史沿革
西藏藏医学院前身系西藏藏医学校和西藏大学藏医系,1989年9月成立西藏大学藏医学院,1993年2月经国家教委批准独立设置为药王山藏医学院,至此,藏医药高等教育正式列入全国普通高等教育的序列。2002年国家教育部进一步明确学校名称为西藏藏医学院。成为国内外第一所独立设置的培养高层次藏医药专业人才的高等学府。

拉萨师范高等专科学校

学校(机构)标识码 4154012481	传真电话 0891-6823591	其中:普通专科 2547
学校办学类型 414:专科院校:高等专科学校	校园(局域)网域名 www.xzlssf.org	成人本科 543
	占地面积(平方米) 136674	成人专科 1028
学校性质类别 06 师范院校	校舍建筑面积(平方米) 66063	专任教师(人) 186
学校举办者 821 地级教育部门	图书(万册) 23.04	其中:正高级 1
学校地址 西藏自治区拉萨市娘热路43号	固定资产总值(万元) 11559.24	副高级 27
	教学、科研仪器设备资产值(万元) 1171.9	中级 76
邮政编码 850000		初级 40
办公电话 0891-6817279	在校生数(人) 4118	未定职级 42

专科专业 法律文秘、广播电视技术、计算机教育、科学教育、旅游工艺品设计与制作、旅游管理、美术教育、农村能源与环境技术、数学教育、思想政治教育、体育教育、心理咨询、学前教育、音乐教育、英语教育、应用电子技术、语文教育、中国少数民族语言文化(藏汉翻译)、综合文科教育

西藏职业技术学院

学校(机构)标识码 4154014085	校园(局域)网域名 www.xzgzy.cn	其中:普通专科 4724
学校办学类型 415:专科院校:高等职业学校	电子信箱 xzgzy_msk@163.com	成人本科 317
	占地面积(平方米) 365645	成人专科 166
学校性质类别 01 综合大学	校舍建筑面积(平方米) 124263	专任教师(人) 246
学校举办者 811 省级教育部门	图书(万册) 39.47	其中:正高级 3
学校地址 西藏拉萨市金珠中路金农巷5号	固定资产总值(万元) 20040	副高级 47
	教学、科研仪器设备资产值(万元) 2770.32	中级 97
邮政编码 850030		初级 82
办公电话 0891-6860034	在校生数(人) 5207	未定职级 17
传真电话 0891-6805106		

专科专业 畜牧兽医、导游、动物防疫与检疫、发电厂及电力系统、供用电技术、会计、机电设备运行与维护、计算机多媒体技术、计算机网络技术、计算机应用技术、建筑工程管理、建筑工程技术、建筑装饰工程技术、经济信息管理、林业技术、旅游管理、农业经济管理、汽车检测与维修技术、设施农业技术、市场营销、水电站动力设备与管理、水土保持、饲料与动物营养、小型水电站及电力网、园林技术、园艺技术、种子生产与经营、作物生产技术

院系设置
七系两部
学校设立奖学金情况
学校设立奖学金8项，奖励总金额66万余元。
学校历史沿革
在原西藏自治区农牧学校和原自治区综合中专合并基础上2005年7月组建西藏职业技术学院。

西北大学

学校(机构)标识码	4161010697
学校办学类型	411：本科院校：大学
学校性质类别	01 综合大学
学校举办者	811 省级教育部门
学校地址	西安市太白北路229号
邮政编码	710069
办公电话	029-88308011
传真电话	029-88308007
校园(局域)网域名	@nwu.edu.cn
电子信箱	xiaoban
占地面积(平方米)	1340984
校舍建筑面积(平方米)	861117
图书(万册)	244
固定资产总值(万元)	174003.54
教学、科研仪器设备资产值(万元)	42143.03
在校生数(人)	35882
其中：普通本科	13113
普通专科	6685
成人本科	928
成人专科	8553
博士研究生	852
硕士研究生	5408
留学生	343
专任教师(人)	1322
其中：正高级	339
副高级	370
中级	526
初级	87

本科专业 保险、播音与主持艺术、财政学、城市规划、档案学、地理信息系统、地球化学、地质学、地质学类、电气信息类、电子信息工程、电子信息科学类、电子信息科学与技术、动画、对外汉语、法学、工商管理、工商管理类、公共管理、公共事业管理、管理科学与工程、光信息科学与技术、广播电视编导、广告学、国际经济与贸易、国际政治、过程装备与控制工程、汉语言文学、行政管理、化工与制药、化学、化学工程与工艺、化学类、化学生物学、环境工程、环境科学、环境科学类、会计学、计算机科学与技术、金融工程、金融数学、金融学、经济学、经济学类、勘查技术与工程、考古学、劳动与社会保障、历史学、旅游管理、美术学、能源化学工程、人力资源管理、日语、软件工程、社会工作、生物工程、生物技术、生物科学、生物科学类、食品科学与工程、数学类、数学与应用数学、通信工程、统计学、图书档案学类、图书馆学、文物保护技术、物理学、物理学类新专业、物联网工程、戏剧影视文学、新闻传播学类、新闻学、信息管理与信息系统、信息与计算科学、艺术设计、英语、应用化学、应用物理学、哲学类、知识产权法、制药工程、中国语言文学类、中药学、资源环境与城乡规划管理、资源勘查工程

专科专业 财务信息管理、电脑艺术设计、电子商务、电子声像技术、电子信息工程技术、动漫设计与制作、广告设计与制作、会计电算化、会计与审计、计算机多媒体技术、计算机应用技术、金融管理与实务、酒店管理、汽车检测与维修技术、软件技术、商务管理、商务英语、生物技术及应用、市场营销、室内设计技术、网络系统管理、文秘、信息安全技术、移动通信技术、印刷图文信息处理、影视广告、应用化工技术、主持与播音、装潢艺术设计

博士专业 材料化学、产业经济与投资、地球化学、地球生物学、地球探测与信息技术、地质工程、地质环境科学、动物学、发展经济学、分析化学、高分子化学与物理、公共经济学、构造地质学、古生物学与地层学(含：古人类学)、光学、国民经济学、化学工程、化学工艺、化学生物学、基础数学、计算机软件与理论、经济思想史、考古学及博物馆学、科学技术史、矿产普查与勘探、矿物学、岩石学、矿床学、理论物理、旅游管理、马克思主义中国化研究、能源化工、能源经济学、凝聚态物理、农业经济学、企业管理(含：财务管理、市场营销)、人口、资源与环境经济学、人文地理学、生态学、生物化工、生物化学与分子生物学、世界经济、世界史、微生物学、文物保护学、无机化学、物理化学(含：化学物理)、西方经济学、细胞生物学、药物化学、遗传学、应用化学、油气动力学与检测技术、油气田地质与开发、油气田开发工程、有机化学、政治经济学、植物学、制度经济学、制药工程、中国古代史、中国古代文学、中国近现代史、中国审美文化史、中药生物工程、中药学、专门史、转型经济学、自然地理学

硕士专业 比较文学与世界文学、材料化学、材料物理与化学、财政学(含：税收学)、产业经济学、城市规划与设计(含：风景园林规划)、传播学、地球化学、地球探测与信息技术、地图学与地理信息系统、地质工程、第四纪地质学、电路与系统、电影学、动物学、发展经济学、法律、翻译、分析化学、概率论与数理统计、高等教育学、高分子化学与物理、工程、工商管理、工业催化、公共管理、公共经济学、构造地质学、古生物学与地层学(含：古人类学)、固体地球物理学、管理科学与工程、光学、国际法学(含：国际公法、国际私法)、国际关系、国际贸易学、国际政治、国民经济学、国外马克思主义研究、汉语国际教育、汉语言文字学、行政管理、化工过程机械、化学工程、化学工艺、化学生物学、环境工程、环境科学、会计学、基础数学、计算机软件与理论、计算机系

统结构、计算机应用技术、计算数学、技术经济及管理、教育、教育技术学、教育经济与管理、金融、金融学(含:保险学)、经济法学、经济史、经济思想史、考古学及博物馆学、科学技术史、科学技术哲学、矿产普查与勘探、矿物学、岩石学、矿床学、劳动经济学、理论物理、历史地理学、历史文献学(含:敦煌学、古文字学)、伦理学、旅游管理、马克思主义发展史、马克思主义基本原理、马克思主义哲学、马克思主义中国化研究、美术学、美学、民商法学(含:劳动法学)、社会保障、能源地质学、能源化工、能源经济学、凝聚态物理、企业管理(含:财务管理、市场营销)、区域经济学、人口、资源与环境经济学、人文地理学、日语语言文学、社会保障、社会工作、社会学、社会医学与卫生事业管理、生态学、生物化工、生物化学与分子生物学、食品科学、世界经济、世界史、数量经济学、思想政治教育、通信与信息系统、图书馆学、外国语言学及应用语言学、微电子学与固体电子学、微生物学、文物保护学、文物与博物馆、文艺学、无机化学、物理电子学、物理化学(含:化学物理)、西方经济学、细胞生物学、新闻学、新闻与传播、信号与信息处理、循环经济、药物化学、遗传学、艺术、英语语言文学、应用化学、应用数学、应用心理学、油气动力学与检测技术、油气田开发工程、有机化学、语言学与应用语言学、政治经济学、政治学理论、植物学、制药工程、中国古代史、中国古代文学、中国古典文献学、中国近现代史、中国近现代史基本问题研究、中国现当代文学、中国哲学、中药生物工程、中药学、专门史、自然地理学、宗教学

院系设置

文学院、艺术学院、新闻传播学院、文博学院、经济管理学院、法学院、外国语学院、公共管理学院、应用社会科学系、数学系、物理系、化学系、生命科学学院、地质学系、化工学院、城市与资源学院、环境科学系、信息科学与技术学院、软件学院、成人教育学院、职业技术教育学院、国际文化交流学院等

国家级、省部级研究机构设置

1. 研究所(中心):西部经济发展研究中心 国家微检测系统工程技术研究中心 光电技术与功能材料国际科技合作基地 陕北能源先进化工利用技术教育部工程研究中心 陕西省资源化工应用工程研究中心 陕西省生物芯片工程技术研究中心 陕西省全固态激光及应用工程研究中心等。

2. 国家重点实验室:大陆动力学国家重点实验室

3. 博士后流动站:现代物理等15个站。

定期公开出版的专业刊物 《纯粹数学与应用数学》等

学校设立奖学金情况

学校设立奖学金6项,奖励总金额400余万元。奖学金最高金额3000元/年,最低金额200元/年。

1. 特等奖学金:20人/年,3000元/人;
2. 一等奖学金:920人/年,2000元/人;
3. 二等奖学金:1100人/年,1000元/人;
4. 三等奖学金:1100人/年,600元/人;
5. 优干奖学金:276人/年,800元/人;
6. 单项奖学金:730人/年,200元/人。

主要校办产业

西安西大经营资产管理有限公司

毕业生一次就业率 81.39%

学校历史沿革

西北大学创建于1902年,1923年改称国立西北大学,1937年"七.七事变"后,国立北平大学近年无变化.国立北平师范大学.国立北洋工学院迁来陕,在西安合并组成国立西安临时大学,1936年3月南徙城固,更名为国立西北大学,1946年迁回西安现址,后改称西北大学至今。

西安交通大学

学校(机构)标识码 4161010698	电子信箱 xxglb@mail.xjtu.edu.cn	成人专科 8525
学校办学类型 411:本科院校:大学	占地面积(平方米) 1907293	博士研究生 4044
学校性质类别 01 综合大学	校舍建筑面积(平方米) 2005631	硕士研究生 9408
学校举办者 360 教育部	图书(万册) 465.77	留学生 906
学校地址 陕西省西安市咸宁西路28号	固定资产总值(万元) 481361.49	专任教师(人) 2621
邮政编码 710049	教学、科研仪器设备资产值(万元) 167970.94	其中:正高级 656
办公电话 029-82668902	在校生数(人) 42222	副高级 865
传真电话 029-82669156	其中:普通本科 15909	中级 1045
校园(局域)网域名 www.xjtu.edu.cn	成人本科 3430	初级 49
		未定职级 6

本科专业 ACCA(国际注册会计师)、材料科学与工程、材料类(硕)、材料物理、财务管理、财政学、测控技术与仪器(电气)、测控技术与仪器(机械)、车辆工程、地球环境科学、电气工程与自动化、电气工程与自动化(硕)、电气信息类(硕)、电子科学与技术、电子商务(经济方向)、法学、法学(体)、法医学、法语、飞行器设计与工程、工程结构分析、工程力学、工程力学(硕)、工商管理(2+4+X)、工业工程(2+4+X)、工业设计、公共管理类、光信息科学与技术、国际经济与贸易、过程装备与控制工程、汉语言文学、汉语言文学(体)、行政管理、核工程与核技术、护理学、化学工程与工艺、环境工程、机械工程及自动化、机械类(硕)、计算机科学与技术、建筑环境与设备工程、建筑学、金融信息工程、金融学、经济学、经济学(数量经济与金融试点班)、经济学类、口腔医学、劳动与社会保障、临床医学、临床医学(护理学)、临床医学(口腔医学)、临床医学(预防医学)、贸易经济、

能源动力类(硕)、能源动力系统及自动化、钱学森班、日语、软件工程、少年班、社会学、生命科学与技术(基地班)、生物工程、生物医学工程、数学实验班、数学与应用数学、统计学、土木工程、微电子学、物理实验班、物联网工程、新能源科学与工程、信息工程、信息与计算科学、药学、艺术设计、艺术设计(书法)、英语、英语(英德方向)、英语(英俄方向)、英语(英法方向)、应用化学、应用物理学、预防医学、哲学、制药工程、注册会计师、自动化、宗廉班

博士专业 病理学与病理生理学、病原生物学、材料加工工程、材料科学与工程、材料物理与化学、材料学、财政学(含:税收学)、测试计量技术及仪器、产业经济学、电磁场与微波技术、电工理论与新技术、电机与电器、电力电子与电力传动、电力系统及其自动化、电气工程、电子科学与技术、动力工程及工程热物理、动力机械及工程、法医学、妇产科学、概率论与数理统计、高电压与绝缘技术、工程力学、工程热物理、工商管理、固体力学、管理科学与工程、光学、国际贸易学、核技术及应用、核科学与技术、核能科学与工程、化工过程机械、化学工程、会计学、机械电子工程、机械工程、机械工程新专业、机械设计及理论、机械制造及其自动化、基础数学、计算机科学与技术、计算机软件与理论、计算机系统结构、计算机应用技术、计算数学、技术经济及管理、检测技术与自动化装置、金融学(含:保险学)、精密仪器及机械、康复医学与理疗学、控制科学与工程、控制理论与控制工程、劳动卫生与环境卫生学、理论物理、力学、临床医学、流行病与卫生统计学、流体机械及工程、马克思主义基本原理、马克思主义理论、马克思主义哲学、免疫学、模式识别与智能系统、内科学、凝聚态物理、皮肤病与性病学、企业管理(含:财务管理、市场营销)、区域经济学、热能工程、人体解剖与组织胚胎学、生理学、生物化学与分子生物学、生物物理学、生物医学工程、数量经济学、数学、思想政治教育、通信与信息系统、外科学、微电子学与固体电子学、物理电子学、物理学、系统工程、信号与信息处理、信息与通信工程、药剂学、药物分析学、一般力学与力学基础、仪器科学与技术、影像医学与核医学、应用经济学、应用数学、原子与分子物理、制冷及低温工程、肿瘤学

硕士专业 病理学与病理生理学、病原生物学、材料加工工程、材料科学与工程新专业、材料物理与化学、材料学、财政学(含:税收学)、测试计量技术及仪器、产业经济学、车辆工程、出版、传播学、电磁场与微波技术、电工理论与新技术、电机与电器、电力电子与电力传动、电力系统及其自动化、电路与系统、动力机械及工程、儿科学、儿少卫生与妇幼保健学、耳鼻咽喉科学、法律、法学理论、法医学、飞行器设计、分析化学、妇产科学、概率论与数理统计、高等教育学、高电压与绝缘技术、高分子化学与物理、工程、工程力学、工程热物理、工商管理、公共管理、供热、供燃气、通风及空调工程、固体力学、管理科学与工程、光学、国际法学(含:国际公法、国际私法)、国际贸易学、国际商务、国外马克思主义研究、行政管理、核技术及应用、核能科学与工程、护理学、化工过程机械、化学工程、化学工艺、环境工程、环境科学、会计、会计学、机械电子工程、机械设计及理论、机械制造及其自动化、基础数学、急诊医学、计算机软件与理论、计算机系统结构、计算机应用技术、计算数学、技术经济及管理、检测技术与自动化装置、建筑设计及其理论、结构工程、金融、金融学(含:保险学)、经济法学、精密仪器及机械、精神病与精神卫生学、康复医学与理疗学、科学技术哲学、控制理论与控制工程、口腔临床医学、口腔医学、劳动卫生与环境卫生学、老年医学、理论物理、临床检验诊断学、临床医学、流行病与卫生统计学、流体机械及工程、伦理学、麻醉学、马克思主义基本原理、马克思主义哲学、马克思主义中国化研究、美学、免疫学、民商法学(含:劳动法学)、社会保障、模式识别与智能系统、内科学、凝聚态物理、皮肤病与性病学、企业管理(含:财务管理、市场营销)、区域经济学、热能工程、人口、资源与环境经济学、人体解剖与组织胚胎学、设计艺术学、社会保障、社会学、社会医学与卫生事业管理、神经病学、神经生物学、生理学、生物化学与分子生物学、生物物理学、生物医学工程、生药学、数量经济学、税务、思想政治教育、体育教育训练学、通信与信息系统、统计学、图书馆学、土地资源管理、外国语言学及应用语言学、外国哲学、外科学、微电子学与固体电子学、文艺学、物理电子学、西方经济学、系统工程、细胞生物学、宪法学与行政法学、信号与信息处理、岩土工程、眼科学、药剂学、药理学、药物分析学、药物化学、一般力学与力学基础、遗传学、艺术学、英语语言文学、营养与食品卫生学、影像医学与核医学、应用化学、应用数学、应用统计、原子与分子物理、运筹学与控制论、政治经济学、职业技术教育学、制冷及低温工程、中共党史(含:党的学说与党的建设)、中国近现代史基本问题研究、中国哲学、中西医结合临床、肿瘤学

院系设置

理学院、机械工程学院、电气工程学院、能源与动力工程学院、电子与信息工程学院、软件学院、材料科学与工程学院、人居环境与建筑工程学院、生命科学与技术学院、航天航空学院、医学院、经济与金融学院、管理学院、金禾中心、公共政策与管理学院、人文社会科学学院、法学院、外国语学院、体育中心、职业与继续教育学院、网络教育学院、国际教育学院

国家级、省部级研究机构设置

1. 实验室:国家重点实验室5个:动力工程多相流国家重点实验室、金属材料强度国家重点实验室、电力设备电气绝缘国家重点实验室、机械制造系统工程国家重点实验室、机械结构强度与振动国家重点实验室(筹);

2. 研究中心(所):国家工程研究中心2个:流体机械及压缩机国家工程研究中心、快速制造国家工程研究中心;省部级设置的研究机构61个;

博士后可研流动站 1. 力学 2. 机械工程 3. 仪器科学与技术 4. 材料科学与工程 5. 动力工程与工程热物理 6. 核科学与技术 7. 电气工程 8. 电子科学与技术 9. 计算机科学与技术 10. 控制科学与工程 11. 信息与通信工程 12. 生物医学工程 13. 管理科学与工程 14. 工商管理 15. 数学 16. 应用经济学 17. 基础医学 18. 临床医学 19. 生物学 20. 马克思主义理论

定期公开出版的专业刊物 1.《西安交通大学学报》2.《西安交通大学学报(社版)》3.《西安交通大学学报(医学版)》4.《药物分析学报(英文)》5.《当代经济科学》6.《中国医学文摘·皮肤科学》7.《中国皮肤性病学杂志》8.《应用力学学报》9.《工程数学学报》10.《中国有线电视》11.《儿童与健康》12.《医药与保健》13.《西北药学杂志》14.《西北医学教育》15.《中国医学伦理学》16.《中国儿童保健杂志》17.《现代泌尿外科杂志》18.《中国美容医学杂志》19.《中国医学教育技术》20.《中国妇幼健康研究》21.《国外医学 医学地理分册》

学校设立奖学金情况

学校设立奖学金2项，奖励总金额452.1万元/年，最低金额1000元/年。

主要校办产业

西安交大资产经营有限公司（以下为资产公司下属主要子公司，排名不分先后）、西安交通大学科技园有限责任公司、西安交大科技园（聊城）有限公司、西安交大科技园（扬州）有限公司、西安交大产业（集团）总公司、西安康桥后勤产业有限公司、西安瑞特快速制造工程研究有限公司、陕西恒通智能机器有限公司、西安交大教育投资管理有限公司、西安碑林康桥培训学校、西安交大通州保险代理有限公司、西安交通大学出版社有限责任公司、西安交大药业（集团）有限公司、西安交大思源科技股份有限公司、西安交大瑞鑫药业有限公司、西安交大南洋大酒店有限公司、西安交大接待服务有限公司、西安交大康桥房地产开发有限公司、西安交大思源物业管理有限公司、西安交大科技园物业管理有限公司、西安交大康桥饮食有限公司、西安交通大学音像出版社有限公司、西安交大金桥留学服务有限公司、西安交大技术成果转移有限责任公司、陕西有线电视杂志社、陕西儿童与健康杂志社、西安交大康桥建筑规划设计研究院有限公司、陕西天奎生物医药科技有限公司

学校历史沿革

西安交通大学是国家教育部直属重点大学。其前身是1896年创建于上海的南洋公学，1921年改称交通大学，是国内建立最早的高等学府之一。新中国成立后，根据国家经济发展战略的需要，国务院决定内迁，1956年交通大学主体内迁西安，1959年正式定名为西安交通大学，并被列为全国重点大学。西安交通大学是国家"七五"、"八五"重点建设的几所大学之一。也是首批进入国家"211"工程建设的七所大学之一，1999年又被国家确定为我国西部地区唯一一所以建设世界知名高水平大学为目标的若干所大学之一。2000年4月经国务院批准，西安医科大学、陕西财经学院并入西安交通大学，组建成为新的西安交通大学。

西北工业大学

学校（机构）标识码	4161010699	
学校办学类型	411:本科院校:大学	
学校性质类别	02 理工院校	
学校举办者	339 工业和信息化部	
学校地址	陕西省西安市碑林区友谊西路127号	
邮政编码	710072	
办公电话	029-88430099	
传真电话	029-88430100	
校园（局域）网域名	www.nwpu.edu.cn	
电子信箱	wenjian@nwpu.edu.cn	
占地面积（平方米）	2678600	
校舍建筑面积（平方米）	1588448	
图书（万册）	297.1	
固定资产总值（万元）	395641	
教学、科研仪器设备资产值（万元）	166365	
在校生数（人）	28458	
其中：普通本科	14395	
成人本科	2620	
成人专科	972	
博士研究生	3066	
硕士研究生	7087	
留学生	318	
专任教师（人）	2035	
其中：正高级	489	
副高级	743	
中级	713	
初级	85	
未定职级	5	

本科专业 安全工程、材料成型及控制工程、材料科学与工程、材料物理、测控技术与仪器、车辆工程、德语、电磁场与无线技术、电气工程及其自动化、电子科学与技术、电子商务、电子信息工程、法学、飞行器动力工程、飞行器环境与生命保障工程、飞行器设计与工程、飞行器制造工程、复合材料与工程、高分子材料与工程、工程管理、工程力学、工商管理、工业工程、工业设计、光信息科学与技术、国际经济与贸易、化学工程与工艺、环境工程、环境科学、会计学、机械电子工程、机械设计制造及其自动化、计算机科学与技术、建筑学、交通工程、理论与应用力学、热能与动力工程、软件工程、生物技术、生物医学工程、市场营销、数学与应用数学、水声工程、探测制导与控制技术、通信工程、统计学、土木工程、微电子学、物联网工程、信息安全、信息对抗技术、信息工程、信息管理与信息系统、信息与计算科学、英语、应用物理学、自动化

博士专业 工业设计、网络与信息安全、微机电系统及纳米技术、兵器发射理论与技术、兵器科学与技术、材料加工工程、材料物理与化学、材料学、测试计量技术及仪器、车辆工程、导航制导与控制、电磁场与微波技术、电机与电器、电路与系统、电子科学与技术、飞行器设计、高分子化学与物理、工业设计、固体力学、管理科学与工程、光学工程、航空宇航科学与技术、航空宇航推进理论与工程、航空宇航制造工程、火炮、自动武器与弹药工程、机械电子工程、机械工程、机械设计及理论、机械制造及其自动化、计算机科学与技术、检测技术与自动化装置、交通信息工程及控制、交通运输工程、交通运输规划与管理、精密仪器及机械、控制科学与工程、控制理论与控制工程、力学、流固耦合与控制、流体机械及工程、流体力学、模式识别与智能系统、凝聚态物理、人机与环境工程、声学、水声工程、思想政治教育、通信与信息系统、网络与信息安全、微电子学与固体电子学、微机电系统及纳米技术、系统工程、信号与信息处理、信息与通信工程、仪器科学与技术、应用数学、载运工具运用工程

硕士专业 工业设计、航空航天安全工程、计算材料学、流固耦合与控制、网络与信息安全、微机电系统及纳米技术、武器动力与制造、武器信息与控制、兵器发射理论与技术、材料工程、材料加工工程、材料物理与化学、材料学、测试计量技术及仪器、产业经济学、车辆工程、船舶与海洋工程、船舶与海洋结构物设计制造、导航、制导与控制、道路与铁道工程、德语笔译、德语语

言文学、电磁场与微波技术、电工理论与新技术、电机与电器、电力电子与电力传动、电力系统及其自动化、电路与系统、电气工程、电子与通信工程、动力工程、飞行器设计、概率论与数理统计、高等教育学、高分子化学与物理、工程管理硕士、工程力学、工程热物理、工商管理硕士、工业工程、工业设计工程、公共管理硕士、固体力学、管理科学与工程、光学、光学工程、行政管理、航空工程、航空航天安全工程、航空宇航推进理论与工程、航空宇航制造工程、航天工程、化学工程、化学工艺、环境工程、环境科学、会计学、火炮、自动武器与弹药工程、机械电子工程、机械工程、机械设计及理论、机械制造及其自动化、基础数学、集成电路工程、计算机技术、计算机软件与理论、计算机系统结构、计算机应用技术、计算数学、技术经济及管理、检测技术与自动化装置、建筑设计及其理论、建筑与土木工程、交通信息工程及控制、交通运输工程、交通运输规划与管理、教育技术学、结构工程、经济法学、精密仪器及机械、控制工程、控制科学与工程、控制理论与控制工程、流固耦合与控制、流体机械及工程、流体力学、马克思主义理论、马克思主义中国化研究、模式识别与智能系统、凝聚态物理、企业管理、热能工程、人机与环境工程、软件工程、设计艺术学、生物医学工程、声学、水声工程、思想政治教育、体育教育训练学、通信与信息系统、统计学、外国语言学及应用语言学、网络与信息安全、微电子学与固体电子学、微机电系统及纳米技术、武器系统与运用工程、武器信息与控制、物理电子学、物理化学、西方经济学、系统分析与集成、系统工程、细胞生物学、信号与信息处理、药剂学、一般力学与力学基础、仪器仪表工程、艺术学、英语笔译、英语口译、英语语言文学、应用化学、应用数学、运筹学与控制论、载运工具运用工程、政治学理论

院系设置

航空学院、航天学院、航海学院、材料学院、机电学院、力学与土木建筑学院、动力与能源学院、电子信息学院、自动控制学院、计算机学院、理学院、管理学院、人文经法学院、生命学院、教育实验学院、软件与电子学院、国际教育学院、继续教育学院、网络教育学院、体育部

国家级、省部级研究机构设置

1. 研究所(中心):国家级工程研究中心:难加工材料锻造技术应用中心、国防科技工业(西北)特种制造技术研究应用中心。小型无人机驾驶飞机研究所、翼型研究中心、高教研究所、教育部空间物理与化学重点实验室、陕西省微纳米系统重点实验室、陕西省嵌入式系统技术重点实验室、陕西省CAM工程技术中心、陕西省制造业信息化工程技术中心、陕西省先进材料及凝固加工工程技术研究中心、陕西省稀土永磁电机及控制工程技术中心、陕西省电动汽车工程中心、陕西省语音图像信息处理重点实验室、航空航天难加工材料切削研究所、航空微电子研究所与培训中心、工程塑料应用研究室、西安市集成电路设计工程技术研究中心、西安市虚拟现实工程技术研究中心、工程电磁研究中心

2. 国家重点实验室:凝固技术国家重点实验室、声学工程与检测技术国家专业实验室、动力学与强度国家专业实验室、热工程信息处理国家专业实验室、计算机辅助设计与制造国家专业实验室、翼型叶栅空气动力学国防科技重点实验室、鱼雷制导技术国防重点实验室、固体火箭发动机燃烧结构与内流场国防科技重点实验室、无人机特种技术国防科技重点实验室、超高温结构复合材料国防科技重点实验室

3. 博士后流动站:力学博士后流动站、仪器科学与技术博士后流动站、材料科学与工程博士后流动站、电子科学与技术博士后流动站、信息与通信工程博士后流动站、控制科学与技术博士后流动站、计算机科学与技术博士后流动站、航空宇航科学与技术博士后流动站、兵器科学与技术博士后流动站、机械工程博士后流动站、管理科学与工程博士后流动站、舰艇与海洋工程博士后流动站、电气工程博士后流动站、动力工程及工程热物理博士后流动站

定期公开出版的专业刊物 《西北工业大学学报》(自然科学版、社会科学版)、《机械科学与技术》、《航空史研究》、《高等数学与教育》、《International Journal of Plant ENGINEERING AND MANAGEMEMT》

学校设立奖学金情况

学校设立奖学金57项,奖励总金额600余万元。奖学金最高金额15000元/年,最低金额300元/年。

主要校办产业

西北工业大学科技产业集团公司、西安爱生技术集团、西安西工大超晶科技发展有限公司、陕西西工大佳贝测控有限公司、西北工业大学稀土永磁厂

毕业生一次就业率 本科生96.99%;研究生98.68%

学校历史沿革

西北工业大学的前身是1938年成立的国立西北工学院(由北洋大学工学院、东北大学工学院、北平大学工学院、焦作工学院组建而成)和1952年成立的华东航空学院(由交通大学航空系、浙江大学航空系、南京大学航空系组建而成)。1957年,两院合并为西北工业大学。1970年,哈尔滨军事工程学院空军工程系整体迁并入校。

西安理工大学

学校(机构)标识码 4161010700	邮政编码 710048	校舍建筑面积(平方米) 774845
学校办学类型 411:本科院校:大学	办公电话 029-82312541	图书(万册) 182.57
学校性质类别 02 理工院校	传真电话 029-83230026	固定资产总值(万元) 140306
学校举办者 811 省级教育部门	校园(局域)网域名 www.xaut.edu.cn	教学、科研仪器设备资产值(万元) 33782.62
学校地址 西安市碑林区金花南路5号	电子信箱 xzb@mail.xaut.edu.cn	
	占地面积(平方米) 1352268	在校生数(人) 31026

其中：普通本科 16307	硕士研究生 4611	副高级 325
普通专科 3638	留学生 12	中级 647
成人本科 1818	专任教师（人） 1366	初级 145
成人专科 3930	其中：正高级 223	未定职级 26
博士研究生 710		

本科专业 包装工程、材料化学、材料类、材料物理、测控技术与仪器、车辆工程、城市地下空间工程、城市规划、电气工程及其自动化、电子科学与技术、电子信息工程、电子信息科学与技术、雕塑、动画、法学、风能与动力工程、给水排水工程、工程管理、工程力学、工商管理类、工业工程、工业设计、公共事业管理、光信息科学与技术、国际经济与贸易、环境工程、会计学、机械设计制造及其自动化、计算机科学与技术、金融学、经济学、经济学类、农业水利工程、热能与动力工程、人力资源管理、软件工程、摄影、市场营销、数字媒体技术、数字印刷、水利水电工程、水文与水资源工程、通信工程、土木工程、网络工程、微电子学、文化产业管理、物联网工程、信息管理与信息系统、信息与计算科学、艺术设计、印刷工程、英语、应用化学、应用物理学、制药工程、自动化

专科专业 材料成型与控制技术、电气自动化技术、电子商务、电子信息工程技术、机械制造与自动化、计算机网络技术、计算机应用技术、模具设计与制造、软件技术、生产过程自动化技术、数控技术、数控设备应用与维护、应用电子技术

博士专业 材料科学与工程、材料学、电力电子与电力传动、管理科学与工程、环境工程、机械工程、控制理论与控制工程、农业水土工程、企业管理（含：财务管理、市场营销）、水工结构工程、水力学及河流动力学、水利工程、水利水电工程、水文及水资源、思想政治教育、微电子学与固体电子学、岩土工程

硕士专业 材料工程、材料加工工程、材料科学与工程、材料物理与化学、材料学、测试计量技术及仪器、车辆工程、导航、制导与控制、电力电子与电力传动、电力系统及其自动化、电路与系统、电气工程、电子与通信工程、防灾减灾工程及防护工程、干旱环境生态学、港口、海岸及近海工程、高等教育学、工程力学、工商管理硕士、工业工程、工业设计、固体力学、管理科学与工程、光学、光学工程、国际贸易学、化学工程、环境工程、环境科学、会计硕士、会计学、机械电子工程、机械工程、机械设计及理论、机械制造及其自动化、基础数学、集成电路工程、计算机技术、计算机软件与理论、计算机系统结构、计算机应用技术、计算数学、技术经济及管理、检测技术与自动化装置、建筑与土木工程、结构工程、金融学（含：保险学）、精密仪器及机械、控制工程、控制理论与控制工程、流体机械及工程、流体力学、马克思主义发展史、马克思主义基本原理、马克思主义中国化研究、模式识别与智能系统、农业水土工程、企业管理（含：财务管理、市场营销）、桥梁与隧道工程、轻工技术与工程、区域经济学、人口、资源与环境经济学、软件工程、设计艺术学、食品科学、水工结构工程、水力学及河流动力学、水利工程、水利水电工程、水利水电建设工程管理、水土保持与荒漠化防治、水文学及水资源、思想政治教育、通信与信息系统、外国语言学及应用语言学、微电子学与固体电子学、物理电子学、系统工程、信号与信息处理、岩土工程、一般力学与力学基础、仪器仪表工程、印刷包装技术与设备、印刷包装与设备、应用化学、应用数学、制浆造纸工程、中国近现代史基本问题研究

院系设置

1 材料科学与工程学院：材料成型与控制工程、材料科学与工程系、材料物理化学系 2 自动化与信息工程学院：信息与控制工程系、电子工程系、电气工程系、"三电"中心 3 印刷包装工程学院：印刷技术系、包装工程系、信息科学系、印刷设备工程系 4 计算机科学与工程学院：计算机科学与技术系、网络工程系、软件工程系 5 经济与管理学院：金融系、会计系、营销系、信息工程系、电子商务系、工业工程系、经济系、工商管理系、国际贸易系、公共事业管理系 6 人文与外国语学院：社会科学系、英语系、外语部、法律系、中文系 7 理学院：应用数学系、工程力学系、工程图学系、应用物理系、应用化学系 8 机械与精密仪器工程学院：精密仪器工程系、机械设计系、机械工程及自动化系 9 艺术与设计学院：艺术设计系、工程设计系 10 水利水电学院：水利水电工程系、市政工程系、动力工程系、电力工程系、水资源与农业工程系、水力学研究所 11 土木建筑工程学院：土木工程系、工程管理系、工程力学系、城市规划系、岩土工程研究所 12 高等技术学院：信息与控制工程系、机电工程系、计算机系、人文与管理系 13 思想政治理论课教学科研部 14 体育教学部 15 继续教育学院 16 研究生院 17 国防生教育学院 18 工程训练中心

国家级、省部级研究机构设置

1 实验室：陕西省西北旱区生态水利工程重点实验室、教育部数控机床及机械制造装备集成重点实验室、教育部西北水资源与环境生态重点实验室、陕西省机械制造装备重点实验室、陕西省水资源与环境重点实验室、陕西省黄土力学与工程重点实验室、陕西省电工材料与熔（浸）渗技术重点实验室、陕西省印刷包装工程重点实验室、陕西省网络计算与安全技术重点实验室、腐蚀与防护工程技术重点实验室

2 研究中心（所）：晶体生长设备与系统集成国家地方联合工程研究中心、国家连铸连轧贝氏体铸铁技术研究推广中心、晶体生长设备与控制技术工程研究中心、陕西省城市战略研究所、陕西省大学生人文素质教育研究中心、城市经济与管理研究中心、陕西省工业设备自动化与信息工程技术研究中心、陕西省镁合金工程技术研究中心、陕西省军民两用超快光电技术研究中心、陕西省军民两用集成电路设计中心、陕西省军民两用铝镁钛合金应用工程技术研究中心、陕西省晶体设备工程技术研究中心、陕西省水力机械及其控制工程技术研究中心、陕西印包技术工程技术研究中心

博士后科研流动站 水利工程、土木工程、机械工程、电气工程、电子科学与技术、材料科学与工程、管理科学与工程

定期公开出版的专业刊物 《西安理工大学学报》

学校设立奖学金情况

学校设立奖学金16项，奖励总金额699余万元。奖学金最

高金额 8000 元/年,最低金额 500 元/年。
主要校办产业
西安理工晶体科技有限公司、西安世纪年华图书有限公司、深圳市华育昌国际科教开发有限公司、浙江富安水力机械研究所有限公司

学校历史沿革
西安理工大学的前身是北京机械学院 和陕西工业大学于 1972 年合并组建的陕西机械学院,创建 1949 年。1994 年 1 月经国家教育委员会批准更名为西安理大学。

西安电子科技大学

学校(机构)标识码	4161010701
学校办学类型	411:本科院校:大学
学校性质类别	02 理工院校
学校举办者	360 教育部
学校地址	陕西省西安市西沣路兴隆段 266 号
邮政编码	710126
办公电话	029-81891818
传真电话	029-81891819
校园(局域)网域名	www.xidian.edu.cn
电子信箱	xddzb@xidian.edu.cn
占地面积(平方米)	2629658
校舍建筑面积(平方米)	1380435
图书(万册)	220.81
固定资产总值(万元)	240557.32
教学、科研仪器设备资产值(万元)	57472.24
在校生数(人)	40420
其中:普通本科	21097
成人本科	2898
成人专科	5959
博士研究生	1689
硕士研究生	8611
留学生	166
专任教师(人)	1908
其中:正高级	295
副高级	744
中级	791
初级	28
未定职级	50

本科专业 材料科学与工程、测控技术与仪器、电波传播与天线、电磁场与无线技术、电气工程及其自动化、电子封装技术、电子科学与技术、电子商务、电子信息工程(二)、电子信息科学与技术、工商管理(理)、工商管理(文)、工业工程、工业设计、光信息科学与技术、机械设计制造及其自动化、集成电路设计与集成系统、计算机科学与技术、教育技术学、金融学、空间信息与数字技术、劳动与社会保障、录音艺术、人力资源管理、日语、软件工程、生物技术、生物医学工程、市场营销、数学与应用数学、探测制导与控制技术、通信工程、网络工程、微电子学、信息安全、信息对抗技术、信息工程、信息管理与信息系统、信息与计算科学、遥感科学与技术、英语、应用化学、应用物理学、智能科学与技术、自动化

博士专业 材料物理与化学、测试计量技术及仪器、电磁场与微波技术、电路与系统、光学、光学工程、机械电子工程、机械制造及其自动化、集成电路系统设计、计算机系统结构、计算机应用技术、军事通信学、密码学、模式识别与智能系统、通信与信息系统、微电子学与固体电子学、无线电物理、物理电子学、信号与信息处理、信息安全、信息对抗、应用数学、智能信息处理

硕士专业 材料工程、材料物理与化学、材料学、测试计量技术及仪器、导航、制导与控制、等离子体物理、电磁场与微波技术、电机与电器、电力电子与电力传动、电路与系统、电子与通信工程、高等教育学、工程力学、工商管理、工业工程、管理科学与工程、光通信、光学、光学工程、国民经济学、环境工程、环境科学、会计学、机械电子工程、机械工程、机械设计及理论、机械制造及其自动化、集成电路工程、集成电路系统设计、计算机技术、计算机软件与理论、计算机系统结构、计算机应用技术、计算数学、技术经济及管理、检测技术与自动化装置、交通信息工程及控制、教育技术学、金融、金融学(含:保险学)、精密仪器及机械、军事通信学、空间信息科学技术、控制工程、控制理论与控制工程、马克思主义基本原理、美学、密码学、模式识别与智能系统、凝聚态物理、企业管理(含:财务管理、市场营销)、情报学、软件工程、生物医学工程、思想政治教育、体育教育训练学、通信与信息系统、图书馆学、外国语言学及应用语言学、微电子学与固体电子学、无线电物理、物理电子学、物流工程、系统工程、信号与信息处理、信息安全、信息对抗、仪器仪表工程、英语笔译、英语语言文学、应用化学、应用数学、运筹学与控制论、智能信息处理、中共党史(含:党的学说与党的建设)、宗教学

院系设置
通信工程学院、电子工程学院、计算机学院、机电工程学院、技术物理学院、经济管理学院、理学院、人文学院、微电子学院、软件学院、网络与继续教育学院、国际教育学院、生命科学技术学院、长安学院

国家级、省部级研究机构设置
1.4 个国家重点实验室:综合业务网理论及关键技术国家重点实验室、雷达信号处理国防科技重点实验室、天线与微波技术国防科技重点实验室、宽带隙半导体技术国防重点学科实验室
2.6 个教育部重点实验室,16 个省部级重点实验室,3 个省部级工程研究中心

博士后流动站 信息与通信工程、电子科学与技术、机械工程、计算机科学与技术、物理学、控制科学与工程、军队指挥学

定期公开出版的专业刊物 《西安电子科技大学学报》(自然科学版)、《西安电子科技大学学报》(社会科学版)

学校设立奖学金情况
学校设立奖学金 25 项,奖励总金额 400 余万元。奖学金最高金额 4000 元/年,最低金额 400 元/年。

主要校办产业
金讯科技有限责任公司、海光数码有限公司、卓成软件有限责任公司、西电科大伟德公司、超元科技产业管理有限公司、创

新数码股份有限公司、西电科大工程训练中心、鲁瑞供电自动化有限公司、丰泽电子科技有限公司、赛福电子有限公司、恒益测控技术有限公司、寰宇易信软件股份有限公司、西电科大佳利电子公司、捷通无线网络通信有限公司、计算机远动技术研究中心、西电科大汇一科技有限公司、西电科大科技产业园、协同软件股份有限公司、西电科大立人集团、华为科技有限公司、思创机电有限责任公司、青松科技股份公司、西电科大通信技术开发公司、西电科大生力公司、安奇电子公司

学校历史沿革

中央军委无线电学校(1931年)中央军委无线电通信学校(1935年)华北军区电讯工程学校(1948年)中央军委工程学校(1949年)中国人民解放军通信兵学院(1958)中国人民解放军军事电信工程学院(1960年)西北电讯工程学院(1966年)西安电子科技大学(1988年)。

西安工业大学

学校(机构)标识码 4161010702	电子信箱 xiaoban@mail.xatu.edu.cn	成人本科 1335
学校办学类型 411:本科院校:大学	占地面积(平方米) 933357	成人专科 1221
学校性质类别 02 理工院校	校舍建筑面积(平方米) 755648	硕士研究生 1721
学校举办者 811 省级教育部门	图书(万册) 176.03	专任教师(人) 1230
学校地址 陕西省西安市金花北路4号	固定资产总值(万元) 118026	其中:正高级 112
	教学、科研仪器设备资产值(万元) 17375	副高级 221
邮政编码 710021		中级 507
办公电话 029-86173019	在校生数(人) 23814	初级 283
传真电话 029-86193019	其中:普通本科 17138	未定职级 107
校园(局域)网域名 www.xatu.edu.cn	普通专科 2399	

本科专业 包装工程、材料化学、测控技术与仪器、城市规划、电气工程及其自动化、电子科学与技术、电子信息工程、电子信息科学与技术、动画、对外汉语、法学、高分子材料与工程、给水排水工程、工业工程、工业设计、光电信息工程、光信息科学与技术、广告学、国际经济与贸易、汉语言文学、环境工程、会计学、机械设计制造及其自动化、计算机科学与技术、金属材料工程、经济学、美术学、人力资源管理、日语、软件工程、社会体育、生物医学工程、市场营销、数学与应用数学、探测制导与控制技术、通信工程、土木工程、网络工程、信息对抗技术、信息管理与信息系统、信息与计算科学、艺术设计、英语、应用物理学、自动化

专科专业 会计电算化、机电一体化技术、建筑工程技术、模具设计与制造、市场营销、物流管理、物业管理

硕士专业 兵器工程、材料工程、材料加工工程、材料物理与化学、材料学、测试计量技术及仪器、车辆工程、电子与通信工程、工程力学、工商管理硕士、工业工程、管理科学与工程、光学、光学工程、机械电子工程、机械工程、机械设计及理论、机械制造及其自动化、计算机技术、计算机软件与理论、计算机系统结构、计算机应用技术、检测技术与自动化装置、建筑与土木工程、精密仪器及机械、控制工程、控制理论与控制工程、马克思主义基本原理、马克思主义中国化研究、企业管理(含:财务管理、市场营销)、区域经济学、软件工程、思想政治教育、通信与信息系统、外国语言学及应用语言学、微电子学与固体电子学、武器系统与运用工程、物流工程、项目管理、信号与信息处理、岩土工程、仪器仪表工程

院系设置

光电工程学院、机电工程学院、材料科学与化工学院、电子信息工程学院、经济管理学院、外国语学院、人文学院、理学院、体育学院、艺术与传媒学院、继续教育学院、思政部、工业中心

学校历史沿革

西安工业大学创建于1955年,前身为西安第二工业学校,是国家"一五"计划156个重点建设项目的军工配套项目之一,具有鲜明的军工特色;1960年升格为西安仪器工业专科学校;1965年升格为西安工业学院,成为兵器行业部署在西北地区唯一的一所本科院校;1993年学校获得硕士学位授予权;2006年经教育部批准更名为西安工业大学。

西安建筑科技大学

学校(机构)标识码 4161010703	邮政编码 710055	电子信箱 bg@xauat.edu.cn
学校办学类型 411:本科院校:大学	办公电话 029-82202121	占地面积(平方米) 2049545
学校性质类别 02 理工院校	传真电话 029-85522471	校舍建筑面积(平方米) 980499
学校举办者 811 省级教育部门	校园(局域)网域名 www.xauat.edu.cn	图书(万册) 237.42
学校地址 西安市雁塔路13号		固定资产总值(万元) 147714.74

教学、科研仪器设备资产值(万元) 22204.14	成人专科 7481	其中:正高级 194
在校生数(人) 32503	博士研究生 794	副高级 433
其中:普通本科 12083	硕士研究生 4887	中级 676
成人本科 7199	留学生 59	初级 243
	专任教师(人) 1553	未定职级 7

本科专业 安全工程、材料成型及控制工程、材料科学与工程、测控技术与仪器、城市规划、地矿类、电气工程及其自动化、电子信息工程、电子信息科学与技术、雕塑、对外汉语、法学、给水排水工程、工程管理、工程机械、工程力学、工商管理、工业设计、公共事业管理、功能材料、管理科学、国际经济与贸易、汉语言文学、化学工程与工艺、环境工程、环境科学、会计学、会展艺术与技术、机械设计制造及其自动化、计算机科学与技术、建筑电气与智能化、建筑环境与设备工程、建筑学、交通工程、金属材料工程、景观学、矿物资源工程、社会体育、摄影、数学与应用数学、通信工程、土木工程、文化产业管理、戏剧影视文学、信息管理与信息系统、冶金工程、艺术设计、英语、应用化学、应用物理学、资源循环科学与工程、自动化、总图设计与工业运输

博士专业 材料加工工程、材料学、城市规划与设计(含:风景园林规划)、防灾减灾工程及防护工程、供热、供燃气、通风及空调工程、管理科学与工程、管理科学与工程新专业、环境工程、环境科学、环境科学与工程、环境科学与工程新专业、机械设计及理论、建筑技术科学、建筑历史与理论、建筑设计及其理论、建筑学、建筑学新专业、结构工程、桥梁与隧道工程、市政工程、土木工程新专业、岩土工程

硕士专业 安全技术及工程、材料加工工程、材料科学与工程新专业、材料物理与化学、材料学、采矿工程、车辆工程、城市规划与设计(含:风景园林规划)、防灾减灾工程及防护工程、风景园林、钢铁冶金、工程、工程管理、工程力学、工商管理、工业催化、供热、供燃气、通风及空调工程、固体力学、管理科学与工程、管理科学与工程新专业、光学、行政管理、化学工程、化学工艺、环境工程、环境科学、环境科学与工程、环境科学与工程新专业、环境与资源保护法学、会计学、机械电子工程、机械设计及理论、机械制造及其自动化、计算机软件与理论、计算机系统结构、计算机应用技术、计算数学、技术经济及管理、建筑技术科学、建筑历史与理论、建筑设计及其理论、建筑学、交通运输规划与管理、结构工程、科学技术哲学、控制理论与控制工程、矿物加工工程、旅游管理、马克思主义理论、企业管理(含:财务管理、市场营销)、桥梁与隧道工程、设计艺术学、生物化工、市政工程、思想政治教育、土木工程、土木工程新专业、系统工程、信号与信息处理、岩土工程、冶金物理化学、艺术、应用化学、应用数学、有色金属冶金、职业技术教育学、资产评估

院系设置
学校设有建筑学院、土木工程学院、环境与市政工程学院、管理学院、信息与控制工程学院、机电工程学院、冶金学院、材料科学与工程学院、理学院、文学院、艺术学院、思想政治理论研究院、体育系、继续教育学院、职业技术学院

学校设立奖学金情况
学校设立奖学金26项,奖励总金额290余万元。奖学金最高金额10000元/年,最低300元/年。

学校历史沿革
西安建筑科技大学办学历史源远流长,具有110余年的办学史,其前身最早可追溯到始建于1895年的北洋大学,积淀了我国近代高等教育史上最早的一批土木、建筑、市政类学科精华。1956年在全国第三次高等学校院系调整时由原东北工学院、西北工学院、青岛工学院和苏南工业专科学校的土木、建筑、市政类系(科)整建制合并而成,时名西安建筑工程学院。1959年和1963年,曾先后易名为西安冶金学院、西安冶金建筑学院。1994年3月8日,经原国家教委批准,更名为西安建筑科技大学,是公认的中国最具有影响力的土木建筑类院校及原冶金部重点大学。

西安科技大学

学校(机构)标识码 4161010704	占地面积(平方米) 1080457	成人专科 9332
学校办学类型 411:本科院校:大学	校舍建筑面积(平方米) 700401	博士研究生 198
学校性质类别 02 理工院校	图书(万册) 141.85	硕士研究生 2234
学校举办者 811 省级教育部门	固定资产总值(万元) 101093.5	专任教师(人) 1118
学校地址 陕西省西安市雁塔中路58#	教学、科研仪器设备资产值(万元) 16292.5	其中:正高级 179
邮政编码 710054		副高级 251
办公电话 029-83856361	在校生数(人) 35096	中级 604
传真电话 029-83856361	其中:普通本科 18450	初级 80
校园(局域)网域名 www.xust.edu.cn	普通专科 1091	未定职级 4
电子信箱 guihuachu@oa.xust.cn	成人本科 3791	

本科专业 安全工程、安全工程（单）、材料科学与工程、采矿工程、采矿工程（单）、测绘工程、测控技术与仪器、车辆工程、城市规划、地理信息系统、地质工程、地质工程（单）、电气工程及其自动化、电子科学与技术、电子商务（理）、电子商务（文）、电子信息工程、电子信息科学与技术、动画、法学、高分子材料与工程、给水排水工程、工程管理、工程力学、工商管理、工业工程、工业设计、汉语言文学、化学工程与工艺、环境工程、会计学、机械电子工程、机械设计制造及其自动化、机械设计制造及其自动化（单）、计算机科学与技术、建筑环境与设备工程、建筑学、矿物加工工程、旅游管理、煤及煤层气工程、软件工程、数学与应用数学、通信工程、土木工程、土木工程（单）、网络工程、微电子学、无机非金属材料工程、消防工程、信息管理与信息系统、信息与计算科学、艺术设计、英语、应用化学、政治学与行政学、资源环境与城乡规划管理、资源勘查工程、自动化

专科专业 电子商务（文、专）、机电一体化技术（单）、计算机网络技术、建筑工程管理、通信技术、物流管理、应用英语

博士专业 安全技术及工程、采矿工程、地质工程、矿山环境工程、矿山机电工程、矿山信息工程、矿物加工工程、矿业工程、思想政治教育、岩土工程

硕士专业 安全工程、安全技术及工程、材料工程、材料加工工程、材料物理与化学、材料学、采矿工程、测绘工程、测试计量技术及仪器、产业经济学、车辆工程、大地测量学与测量工程、地球探测与信息技术、地图学与地理信息系统、地图制图学与地理信息工程、地质工程、电力电子与电力传动、电力系统及其自动化、电路与系统、电气工程、电子与通信工程、防灾减灾工程及防护工程、工程力学、工商管理硕士、工业工程、供热、供燃气、通风及空调工程、固体力学、管理科学与工程、化学工程、化学工艺、环境工程、环境科学、机械电子工程、机械工程、机械设计及理论、机械制造及其自动化、计算机技术、计算机软件与理论、计算机应用技术、技术经济及管理、检测技术与自动化装置、建筑与土木工程、结构工程、控制工程、控制理论与控制工程、矿产普查与勘探、矿物加工工程、矿业工程、马克思主义理论、马克思主义中国化研究、模式识别与智能系统、企业管理（含：财务管理、市场营销）、桥梁与隧道工程、软件工程、摄影测量与遥感、市政工程、思想政治教育、通信与信息系统、微电子学与固体电子学、项目管理、信号与信息处理、岩土工程、仪器仪表工程、应用化学、应用数学

院系设置

能源学院、建筑与土木工程学院、地质与环境学院、测绘科学与技术学院、机械工程学院、电气与控制工程学院、通信与信息工程学院、计算机科学与技术学院、材料科学与工程学院、化学与化工学院、理学院、管理学院、人文与外国语学院、艺术学院、继续教育学院、体育部、思想政治理论课教学科研部

国家级、省部级研究机构设置

1.实验室：国家煤炭工业采矿工程重点实验室、陕西省岩层控制重点实验室、西部矿井开采及灾害防治教育部重点实验室

2.研究中心（所）：国家矿山救援西安研究中心、西部煤矿安全教育部工程研究中心、陕西（高校）哲学社会科学重点研究基地——能源经济与管理研究中心、陕西省硅镁产业节能与多联产工程技术研究中心、陕西省地理空间信息工程技术研究中心、陕西省煤矿机电工程技术研究中心、陕西省煤矿灾害防治及应急救援工程技术研究中心

博士后流动站 矿业工程博士后科研流动站、地质资源与地质工程博士后科研流动站

定期公开出版的专业刊物 《西安科技大学学报》、《技术与创新管理》

学校设立奖学金情况

学校设立奖学金11项，奖励金额总额497.7万元。奖学金最高金额4000元/年，最低金额700元/年。

主要校办产业

西安西科产业发展有限责任公司、西安西科大后勤服务有限责任公司

学校历史沿革

西安科技大学历史悠久底蕴深厚。其前身可追溯到1895年成立的北洋大学工学院采矿冶金科。1938年7月，北洋大学工学院迁并于西北工学院矿冶系。1957年，西北工学院矿冶系调整到西安交通大学。1958年9月15日以西安交通大学采矿系、地质系及基础课部部分师资与设备为基础成立了西安矿业学院，是当时原煤炭系统2所5年制本科院校之一，原中国科学院院长郭沫若为学院题写了校名。1998年8月，学校划归陕西省，属"中央与地方共建，以地方管理为主"院校。1999年6月，经教育部批准更名为西安科技学院。2003年4月，更名为西安科技大学。

西安石油大学

学校（机构）标识码 4161010705	校园（局域）网域名 www.xsyu.edu.cn	其中：普通本科 17788
学校办学类型 411：本科院校：大学	电子信箱 office@xsyu.edu.cn	普通专科 2081
学校性质类别 02 理工院校	占地面积（平方米） 1471492	成人本科 3892
学校举办者 811 省级教育部门	校舍建筑面积（平方米） 670806	成人专科 7048
学校地址 陕西省西安市电子二路东段18号	图书（万册） 129.45	博士研究生 3
	固定资产总值（万元） 166797.85	硕士研究生 1335
邮政编码 710065	教学、科研仪器设备资产值（万元） 28960.5	留学生 260
办公电话 029-88382261		专任教师（人） 1095
传真电话 029-88234429	在校生数（人） 32407	其中：正高级 186

副高级　439	中级　366	初级　104

本科专业　安全工程、材料成型及控制工程、材料物理、财务管理、测控技术与仪器、地质工程、地质学、电气工程及其自动化、电气信息类、电子商务、电子信息工程、电子信息科学与技术、俄语、法学、工程管理、工商管理类、工业设计、光信息科学与技术、广告学、国际经济与贸易、过程装备与控制工程、海洋油气工程、汉语言文学、焊接技术与工程、化学、化学工程与工艺、环境工程、会计学、机械类、机械设计制造及其自动化、计算机科学与技术、教育技术学、金属材料工程、勘查技术与工程、热能与动力工程、人力资源管理、软件工程、社会体育、石油工程、市场营销、数学与应用数学、数字媒体技术、通信工程、土木工程、网络工程、新闻学、信息管理与信息系统、信息与计算科学、艺术设计、音乐学、英语、应用化学、应用物理学、油气储运工程、资源勘查工程、自动化

专科专业　电气自动化技术、会计电算化、机械制造与自动化、计算机网络技术、热能动力设备与应用、石油化工生产技术、石油与天然气地质勘探技术、物流管理、油气储运技术、油气开采技术、钻井技术

博士专业　油气田开发工程

硕士专业　材料加工工程、材料学、测试计量技术及仪器、产业经济学、车辆工程、地球探测与信息技术、电力电子与电力传动、工程、工商管理、管理科学与工程、化工过程机械、化学工艺、会计、会计学、机械电子工程、机械设计及理论、机械制造及其自动化、计算机软件与理论、计算机应用技术、技术经济及管理、检测技术与自动化装置、精密仪器及机械、矿产普查与勘探、矿物学、岩石学、矿床学、流体机械及工程、马克思主义基本原理、企业管理(含：财务管理、市场营销)、物理电子学、信号与信息处理、应用化学、油气储运工程、油气井工程、油气田开发工程

院系设置
设有13个学院,4个直属部、系

国家级、省部级研究机构设置
拥有1个联合培养博士学位授权学科、14个硕士学位授权一级学科及52个二级学科,3个硕士专业学位授权类别、13个专业学位授权点(含11个工程硕士授权领域),55个本科专业。有1个国家工程实验室、18个省部级重点实验室和工程技术研究中心

定期公开出版的专业刊物　《西安石油大学学报(自然科学版)》、《西安石油大学学报(社会科学版)》、《石油工业技术监督》

学校设立奖学金情况
学校设立奖学金14项,奖励总金额743.385万元。奖学金最高金额8000元/年,最低金额400元/年。

主要校办产业
5个：西安石大宾馆、西安石油学院装备技术公司、西安石油大油气科技有限公司、西安石油大佳润实业有限公司、西安石大资产经营公司

学校历史沿革
1951年成立;1958年升格为学院;1969年因"文革"而改厂;1980年恢复建设;2000年由中国石油天然气集团公司所属划转为中央与地方共建、以陕西省为主管;2003年更名为西安石油大学。

陕西科技大学

学校(机构)标识码　4161010708	电子信箱　xiaoban@sust.edu.cn	成人本科　3522
学校办学类型　411：本科院校：大学	占地面积(平方米)　1371003	成人专科　4055
学校性质类别　02 理工院校	校舍建筑面积(平方米)　807030	博士研究生　103
学校举办者　811 省级教育部门	图书(万册)　152.4	硕士研究生　1590
学校地址　陕西省西安市北郊未央大学园	固定资产总值(万元)　121056	专任教师(人)　1195
	教学、科研仪器设备资产值(万元)　17451.74	其中：正高级　151
邮政编码　710021		副高级　321
办公电话　029-86168012	在校生数(人)　28776	中级　441
传真电话　029-86168012	其中：普通本科　18041	初级　263
校园(局域)网域名　www.sust.edu.cn	普通专科　1465	未定职级　19

本科专业　包装工程、播音与主持艺术、材料成型及控制工程、材料成型及控制工程(职)、材料化学、材料物理、测控技术与仪器、电气工程及其自动化、电子科学与技术、电子信息工程、电子信息工程(职)、电子信息科学与技术、动画、法学、服装设计与工程、高分子材料与工程、工商管理、工业工程、工业设计、光信息科学与技术、广播电视编导、国际经济与贸易、过程装备与控制工程、行政管理、化学、化学工程与工艺、环境工程、会计学、机械设计制造及其自动化、机械设计制造及其自动化(职)、计算机科学与技术、轻化工程、热能与动力工程、人力资源管理、生物工程、石油工程、食品科学与工程、食品质量与安全、市场营销、数学与应用数学、网络工程、无机非金属材料工程、物流工程、信息与计算科学、药物制剂、艺术设计、印刷工程、英语、应用化学、应用物理学、制药工程、自动化

专科专业　服装设计、机电一体化技术、机械制造与自动

化、经济信息管理、生物化工工艺、室内设计技术、数控技术、印刷技术、应用电子技术

博士专业 材料物理与化学、材料学、皮革化学与工程、应用化学、制浆造纸工程

硕士专业 材料加工工程、材料科学与工程、材料物理与化学、材料学、电力电子与电力传动、发酵工程、分析化学、服装设计与工程、高分子化学与物理、工程、工商管理、化工过程机械、化学、化学工程与技术、化学工艺、环境工程、环境科学、环境科学与工程、会计学、机械电子工程、机械工程、机械设计及理论、机械制造及其自动化、计算机软件与理论、计算机应用技术、控制理论与控制工程、粮食、油脂及植物蛋白工程、马克思主义基本原理、模式识别与智能系统、农产品加工及贮藏工程、皮革化学与工程、企业管理(含:财务管理、市场营销)、轻工技术与工程、设计艺术学、生物化工、食品科学、食品科学与工程、思想政治教育、无机化学、物理化学(含:化学物理)、艺术、应用化学、有机化学、制浆造纸工程、制糖工程

院系设置

学校设有造纸工程学院、材料科学与工程学院、资源与环境学院、生命科学与工程学院、机电工程学院、电气与信息工程学院、管理学院、化学与化工学院、设计与艺术学院、外国语与传播学院、理学院、职业技术学院、继续教育学院和体育教学部、思想政治理论课教学科研部等15个学院(部)

国家级、省部级研究机构设置

学校现有国家级、省部级重点实验室和工程技术研究中心16个,国家级、省部级重点研究基地2个。

博士后科研流动站 轻工技术与工程、材料科学与工程

定期公开出版的专业刊物 《陕西科技大学学报》

学校设立奖学金情况

学校设立奖学金20项,奖励总金额470余万元。奖学金最高金额5000元/年,最低金额100元/年。

主要校办产业

陶瓷研究所、精益凸轮公司、微机应用研究所

学校历史沿革

陕西科技大学创建于1958年,时名北京轻工业学院,是新中国第一所轻工高等学校;1970年迁至陕西咸阳,改名为西北轻工业学院;1978年被国务院确定为全国88所重点院校之一;1998年学校划转到陕西省,实行中央与地方共建、以地方管理为主的体制;2002年经教育部批准,更名为陕西科技大学;2006年学校主体东迁西安。目前,陕西科技大学是我国西部地区唯一一所以轻工为特色的多科性大学。

西安工程大学

学校(机构)标识码 4161010709
学校办学类型 411:本科院校:大学
学校性质类别 02 理工院校
学校举办者 811 省级教育部门
学校地址 西安市金花南路19号
邮政编码 710048
办公电话 029-82330078
传真电话 029-82330352
校园(局域)网域名 www.xpu.edu.cn
电子信箱 fzjhc@xpu.edu.cn

占地面积(平方米) 1080672
校舍建筑面积(平方米) 681603
图书(万册) 162.9
固定资产总值(万元) 111301
教学、科研仪器设备资产值(万元) 15355.21
在校生数(人) 23865
其中:普通本科 19978
普通专科 2055
成人本科 90

成人专科 102
硕士研究生 1627
留学生 13
专任教师(人) 1216
其中:正高级 194
副高级 402
中级 438
初级 152
未定职级 30

本科专业 包装工程、播音与主持艺术、材料成型及控制工程、测控技术与仪器、电气工程及其自动化、电子信息工程、电子信息科学与技术、动画、法学、纺织工程、非织造材料与工程、服装设计与表演、服装设计与工程、高分子材料与工程、给水排水工程、工商管理、工业工程、工业设计、广播电视编导、广告学、国际经济与贸易、过程装备与控制工程、汉语言文学、行政管理、化学工程与工艺、环境工程、环境科学、会计学、机械工程及自动化、计算机科学与技术、建筑环境与设备工程、教育技术学、录音艺术、美术学、轻化工程、人力资源管理、软件工程、摄影、生物工程、市场营销、数学与应用数学、通信工程、统计学、网络工程、微电子学、信息管理与信息系统、信息与计算科学、形象设计与策划、艺术设计、英语、应用化学、应用物理学、自动化

专科专业 电子信息工程技术、服装设计、国际商务、机电一体化技术、计算机应用技术、建筑工程技术、染整技术、现代纺织技术、应用英语、装潢艺术设计

硕士专业 电力电子与电力传动、纺织材料与纺织品设计、纺织工程、纺织化学与染整工程、服装设计与工程、工商管理硕士、工业工程、工业设计工程、供热、供燃气、通风及空调工程、管理科学与工程、化学工程、化学工艺、环境工程、环境科学、会计学、机械电子工程、机械工程、机械设计及理论、机械制造及其自动化、计算机技术、计算机应用技术、检测技术与自动化装置、建筑与土木工程、控制工程、控制理论与控制工程、马克思主义基本原理、企业管理(含:财务管理、市场营销)、设计艺术学、思想政治教育、外国语言学及应用语言学、信号与信息处理、应用化学、应用数学

院系设置

共13个:纺织与材料学院、机电工程学院、电子信息学院、计算机科学学院、环境与化学工程学院、管理学院、人文社会科学学院、理学院、服装与艺术设计学院、艺术工程学院、体育部、思想政治理论课教学研究部、应用技术学院

国家级、省部级研究机构设置

1. 实验室 2 个：功能性纺织材料及制品教育部重点实验室和陕西省功能性服装面料重点实验室。

2. 研究中心(所)3 个：陕西省产业用纺织品工程技术研究中心、陕西省服装工程技术研究中心和陕西省纺织印染自动化工程技术研究中心

定期公开出版的专业刊物 《西安工程大学学报》、《纺织高校基础科学学报》

学校设立奖学金情况

学校设立奖学金 14 项，奖励总金额 673.71 万元/年，最低金额 400 元/年。

主要校办产业

我校科技产业主要由经营性资产管理有限公司负责管理，公司注册资本 100 万元，由西安工程大学出资成立，主要从事科技企业的投资及咨询服务、企业管理咨询服务、公司兼并及资产重组的咨询服务等

学校历史沿革

西安工程大学是我国西部地区唯一以纺织服装为特色的高等学校。其前身为 1912 年创办的北京高等工业专门学校机织科，其后历经国立北平大学工学院纺织系、西北联合大学纺织系、西北工学院纺织系等发展阶段。1978 年成立西北纺织工学院，隶属纺织工业部。1998 年划转为中央与地方共建，以陕西省管理为主。2001 年，经教育部批准更名为西安工程科技学院。2006 年，经教育部批准更名为西安工程大学。

长安大学

学校(机构)标识码	4161010710
学校办学类型	411：本科院校：大学
学校性质类别	02 理工院校
学校举办者	360 教育部
学校地址	陕西省西安市南二环中段
邮政编码	710064
办公电话	029-82338114
传真电话	029-85261532
校园(局域)网域名	www.chd.edu.cn
电子信箱	a211@chd.edu.cn
占地面积(平方米)	1979445
校舍建筑面积(平方米)	1290025
图书(万册)	233.93
固定资产总值(万元)	248118.72
教学、科研仪器设备资产值(万元)	47648.69
在校生数(人)	45213
其中：普通本科	24279
成人本科	10659
成人专科	3712
博士研究生	941
硕士研究生	5484
留学生	138
专任教师(人)	1794
其中：正高级	306
副高级	638
中级	806
初级	44

本科专业 安全工程、材料成型及控制工程、财务管理、测绘工程、测控技术与仪器、车辆工程、城市规划、地理信息系统、地球物理学、地下水科学与工程、地质工程、地质学、电气工程及其自动化、电子科学与技术、电子商务、电子信息工程、法学、高分子材料与工程、给水排水工程、工程机械、工程力学、工程造价、工商管理、工业设计、公共事业管理、公路工程、公路工程管理、广播电视编导、广告学、国际班、国际经济与贸易、汉语言文学、行政管理、化学工程与工艺、环境工程、环境科学、会计学、机械电子工程、机械设计制造及其自动化、基地班、计算机科学与技术、建筑环境与设备工程、建筑设施智能技术、建筑学、交通安全工程、交通工程、交通建设与装备、交通运输管理、勘查技术与工程、矿物加工工程、旅游管理、汽车服务工程、汽车运用工程、桥梁工程、热能与动力工程、日语、软件工程、社会体育、生物工程、市场营销、数学与应用数学、水文与水资源工程、思想政治教育、遂道工程、通信工程、统计学、土地资源管理、土木工程、土木工程管理、网络工程、无机非金属材料工程、物流工程、物流管理、新闻学、信息管理与信息系统、信息与计算科学、遥感科学与技术、艺术设计、英语、卓越工程师、资源环境与城乡规划管理、资源勘查工程、自动化

博士专业 车辆工程、大地测量学与测量工程、道路材料科学与工程、道路经济与管理、道路与铁道工程、地球化学、地球探测与信息技术、地下水科学与工程、地图信息工程、地质工程、地质灾害科学与工程、第四纪地质学、防灾减灾工程及防护工程、供热、供燃气、通风及空调工程、构造地质学、古生物学与地层学(含：古人类学)、环境地质、环境工程、机械电子工程、机械设计及理论、机械制造及其自动化、建筑安全工程、交通工程、交通环境与安全技术、交通新能源与节能工程、交通信息工程及控制、交通运输规划与管理、结构工程、矿产普查与勘探、矿物学、岩石学、矿床学、桥梁与隧道工程、市政工程、水文学及水资源、物流工程与管理、岩土工程、油气田地质与开发、载运工具运用工程、智能交通与信息系统工程、资源与环境遥感

硕士专业 材料工程、材料加工工程、材料物理与化学、材料学、测绘工程、产业经济学、车辆工程、城市规划与设计(含：风景园林规划)、大地测量学与测量工程、道路材料科学与工程、道路经济与管理、道路与铁道工程、地球化学、地球探测与信息技术、地图学与地理信息系统、地图制图学与地理信息工程、地下水科学与工程、地质工程、地质灾害科学与工程、第四纪地质学、动力工程、动力机械及工程、防灾减灾工程及防护工程、工程机械、工程力学、工商管理、公共管理、供热、供燃气、通风及空调工程、构造地质学、古生物学与地层学(含：古人类学)、固体地球物理学、固体力学、行政管理、环境工程、环境科学、会计、会计学、机械电子工程、机械工程、机械设计及理论、机械制造及其自动化、计算机技术、计算机软件与理论、计算机应用技术、技术经济及管理、检测技术与自动化装置、建筑安全工程、建筑技术科学、

建筑设计及其理论、建筑与土木工程、交通工程、交通环境与安全技术、交通信息工程及控制、交通运输工程、交通运输规划与管理、结构工程、经济法学、科学技术哲学、控制工程、控制理论与控制工程、矿产普查与勘探、矿物学、岩石学、矿床学、流体机械及工程、旅游管理、马克思主义基本原理、马克思主义中国化研究、农业资源利用、企业管理(含:财务管理、市场营销)、桥梁与隧道工程、软件工程、摄影测量与遥感、市政工程、水工结构工程、水力学及河流动力学、水利工程、水文学及水资源、思想政治教育、土地资源管理、外国语言学及应用语言学、物流工程、物流工程与管理、信号与信息处理、岩土工程、应用化学、应用数学、油气田地质与开发、载运工具运用工程、智能交通与信息系统工程、资产评估、资源与环境遥感、自然地理学

院系设置

公路学院、汽车学院、工程机械学院、经济与管理学院、电子与控制工程学院、信息工程学院、地质工程与测绘学院、地球科学与资源学院、建筑工程学院、环境科学与工程学院、建筑学院、材料科学与工程学院、政治与行政学院、文学艺术与传播学院、理学院、外国语学院、国际教育学院、体育部、继续教育学院、马克思主义学院、现代工程训练中心

国家级、省部级研究机构设置

1. 实验室:特殊地区公路工程教育部重点实验室,道路施工技术与装备教育部重点实验室,西部矿产资源与地质工程教育部重点实验室,道路结构与材料交通行业重点实验室,旧桥检测与加固技术交通行业重点实验室,汽车运输安全保障技术交通行业重点实验室,国土资源部岩土工程开放研究实验室,国土资源部成矿作用及其动力学开放研究实验室,国土资源部干旱半干旱地区水资源与国土环境开放研究实验室,住房和城乡建设部给水排水重点实验室,陕西省公路桥梁与隧道重点实验室,陕西省交通新能源开发、应用与汽车节能重点实验室,陕西省高速公路施工机械重点实验室

2. 研究中心:高速公路筑养装备与技术教育部工程研究中心,公路大型结构安全教育部工程研究中心,交通铺面材料教育部工程研究中心,陕西省道路交通智能检测与装备工程技术研究中心,陕西省地下水与生态环境工程研究中心

博士后流动站 交通运输工程博士后科研流动站、机械工程博士后科研流动站、土木工程博士后科研流动站、水利工程博士后科研流动站、测绘科学与技术博士后科研流动站、地质资源与地质工程博士后科研流动站、环境科学与工程博士后科研流动站

定期公开出版的专业刊物 《中国公路学报》、《交通运输工程学报》、《建筑科学与工程学报》、《地球科学与环境学报》、《长安大学学报(自然科学版)》、《长安大学学报(社会科学版)》、《筑路机械与施工机械化》、《汽车驾驶员》

学校设立奖学金情况

学校设立奖学金13项,奖励总金额348.49余万元。奖学金最高金额3000元/年,最低金额300元/年。

主要校办产业

长安大学工程设计研究院、西安公路交大建设监理公司、陕西建筑工程建设监理公司、长安大学宾馆、长安大学实业发展公司、长安大学雁塔印刷厂、长安大学环境工程设计研究院、长安大学海威化学技术公司、长安大学海威环境技术公司、长安大学测绘新技术研究院、长安大学城市规划设计研究院、长安大学西安公路交通汽车综合性能检测站、西安长大公路工程检测中心、长安大学翠华园宾馆、长安大学海威机电有限责任公司、长安大学新技术发展有限责任公司、陕西西建建筑工程总承包公司、长安大学书店、长安大学教练车队

学校历史沿革

长安大学直属国家教育部,是教育部和交通运输部、陕西省人民政府共建的国家"211工程"重点建设大学,是国家"985工程"优势学科创新平台建设高校,2000年由始建于二十世纪50年代初的原西安公路交通大学、西安工程学院、西北建筑工程学院合并组建而成。

西北农林科技大学

学校(机构)标识码 4161010712	电子信箱 office@nwsuaf.edu.cn	成人专科 4911
学校办学类型 411:本科院校:大学	占地面积(平方米) 3940000	博士研究生 1695
学校性质类别 03 农业院校	校舍建筑面积(平方米) 924928	硕士研究生 5209
学校举办者 360 教育部	图书(万册) 210	留学生 124
学校地址 陕西杨凌示范区邰城路3号	固定资产总值(万元) 256460.02	专任教师(人) 1619
邮政编码 712100	教学、科研仪器设备资产值(万元) 62355.83	其中:正高级 330
办公电话 029-87082809	在校生数(人) 39121	副高级 409
传真电话 029-87082810	其中:普通本科 21912	中级 650
校园(局域)网域名 www.nwsuaf.edu.cn	成人本科 5270	初级 113
		未定职级 117

本科专业 保险、草业科学、城市规划、地理信息系统、电气工程及其自动化、电子商务、电子信息工程、动物科学、动物医学、法学、工商管理、工商管理类、公共事业管理、国际经济与贸易、环境科学、会计学、机械电子工程、机械设计制造及其自动化、计算机科学与技术、金融学、经济学、林产化工、林学、旅游管理、木材科学与工程、木材科学与工程(家具与室内设计)、农林

经济管理、农学、农业机械化及其自动化、农业水利工程、葡萄与葡萄酒工程、轻工纺织食品类、热能与动力工程、软件工程、森林资源保护与游憩、设施农业科学与工程、社会学、生命科学创新实验班、生物工程、生物工程(基地班)、生物技术、生物技术(基地班)、生物科学、生物科学类(动物科学创新实验班)、生物科学类(植物科学创新实验班)、食品科学与工程、食品质量与安全、市场营销、水产养殖学、水利水电工程、水土保持与荒漠化防治、水文与水资源工程、土地资源管理、土木工程、信息管理与信息系统、信息与计算科学、艺术设计、英语、应用化学、园林、园艺、植物保护、植物科学与技术、制药工程、种子科学与工程、资源环境与城乡规划管理

博士专业 草业科学、茶学、动物生物技术、动物学、动物遗传育种与繁殖、动物营养与饲料科学、发育生物学、肥料学、果树学、化学生物学、环境科学、基础兽医学、粮食、油脂及植物蛋白工程、林木遗传育种、林业经济管理、临床兽医学、农产品国际贸易与政策、农产品加工及贮藏工程、农村金融、农村人力资源管理、农药学、农业电气化与自动化、农业环境保护与食品安全、农业机械化工程、农业技术经济与项目管理、农业经济管理、农业昆虫与害虫防治、农业生物环境与能源工程、农业水土工程、农业水资源与水环境工程、农业与农村社会发展、葡萄与葡萄酒学、森林保护学、森林经理学、森林培育、设施园艺工程、神经生物学、生理学、生态学、生物材料科学与工程、生物化学与分子生物学、生物物理学、生物信息学、食品科学、蔬菜学、水产品加工及贮藏工程、水利水电工程、水生生物学、水土保持与荒漠化防治、水文学及水资源、特种经济动物饲养(含:蚕、蜂等)、土地资源与空间信息技术、土壤学、微生物学、细胞生物学、药用植物学、野生动植物保护与利用、遗传学、有害生物治理生态工程、预防兽医学、园林植物与观赏园艺、园艺植物种质资源学、植保资源利用、植物病理学、植物学、植物营养学、植物资源学、种子工程、资源环境生物学、作物遗传育种、作物栽培学与耕作学

硕士专业 "草业科学、茶学、地图学与地理信息系统、动物生物技术、动物学、动物遗传育种与繁殖、动物营养与饲料科学、发酵工程、发育生物学、肥料学、风景园林、工商管理、公共管理、管理科学与工程、果树学、化学生物学、环境工程、环境科学、环境与资源保护法学、会计学、机械设计及理论、基础兽医学、计算机软件与理论、计算机系统结构、计算机应用技术、建筑与土木工程、结构工程、金融、金融学(含:保险学)、科学技术史、科学技术哲学、粮食、油脂及植物蛋白工程、林产化学加工学、林木遗传育种、林业、林业经济管理、临床兽医学、马克思主义基本原理、马克思主义中国化研究、木材科学与技术、农产品国际贸易与政策、农产品加工及贮藏工程、农村金融、农村人力资源管理、农村与区域发展、农药学、农业电气化与自动化、农业工程、农业环境保护与食品安全、农业机械化工程、农业技术经济与项目管理、农业经济管理、农业科技组织与服务、农业昆虫与害虫防治、农业生物环境与能源工程、农业水土工程、农业信息化、农业与农村社会发展、农业资源利用、葡萄与葡萄酒学、企业管理(含:财务管理、市场营销)、区域经济学、森林保护学、森林经理学、森林培育、设施园艺工程、社会工作、社会学、神经生物学、生理学、生态学、生物材料科学与工程、生物工程、生物化学与分子生物学、生物物理学、生物信息学、生物信息学、食品工程、食品科学、兽医、蔬菜学、水工结构工程、水力学及河流动力学、水利工程、水利水电工程、水生生物学、水土保持与荒漠化防治、水文学及水资源、思想政治教育、特种经济动物饲养(含:蚕、蜂等)、土地资源管理、土地资源与空间信息技术、土壤学、外国语言学及应用语言学、微生物学、细胞生物学、岩土工程、养殖、药用植物学、野生动植物保护与利用、遗传学、应用化学、应用数学、有害生物治理生态工程、渔业、预防兽医学、园林植物与观赏园艺、园艺、园艺植物种质资源学、职业技术教育学、植保资源利用、植物保护、植物病理学、植物学、植物营养学、植物资源学、中药学、种子工程、专门史、资源环境生物学、作物、作物遗传育种、作物栽培学与耕作学

学校历史沿革

西北农林科技大学成立于1999年9月11日,由原西北农业大学、西北林学院、中国科学院水利部水土保持研究所、水利部西北水利科学研究所、陕西省农业科学院、陕西省林业科学院、陕西省中国科学院西北植物研究所等7所科教单位合并组建而成。

陕西中医学院

学校(机构)标识码 4161010716
学校办学类型 412:本科院校:学院
学校性质类别 05 医药院校
学校举办者 811 省级教育部门
学校地址 陕西省咸阳市秦都区陈阳寨世纪大道中段
邮政编码 712046
办公电话 029-38185013
传真电话 029-38185333
校园(局域)网域名 www.sntcm.edu.cn
电子信箱 yb888@126.com
占地面积(平方米) 703907
校舍建筑面积(平方米) 445879
图书(万册) 102.86
固定资产总值(万元) 46893.2
教学、科研仪器设备资产值(万元) 7512.1
在校生数(人) 17841
其中:普通本科 8954
普通专科 1091
成人本科 2077
成人专科 4831
硕士研究生 844
留学生 44
专任教师(人) 724
其中:正高级 123
副高级 305
中级 148
初级 148

本科专业 公共事业管理、汉语言文学、护理学、康复治疗学、临床医学、生物技术、市场营销、药物制剂、医学检验、医学影

像学、英语、应用心理学、预防医学、针灸推拿学、制药工程、中西医临床医学、中药学、中医学

专科专业 护理、康复治疗技术、药品经营与管理、中药制药技术、中医学

硕士专业 方剂学、针灸推拿学、中西医结合基础、中西医结合临床、中药学、中药学硕士、中医儿科学、中医妇科学、中医骨伤科学、中医基础理论、中医临床基础、中医内科学、中医外科学、中医五官科学、中医医史文献、中医诊断学

院系设置

中医临床医学院、药学院、针灸推拿系、中西医临床医学院、临床医学院、护理系、医学技术系、英语系、公共卫生系、人文科学系、基础医学院、社会科学部、体育部、继续教育学院(高等职业技术学院)

国家级、省部级研究机构设置

1. 实验室:国家药品临床研究基地一期测试中心

2. 研究中心(所):陕西中医学院药物研究所

定期公开出版的专业刊物 《陕西中医学院学报》、《现代中医药》

学校设立奖学金情况

学校设立奖学金4项,奖励总金额 余万元,奖学金最高金额8000元/年,最低金额1000元/年

主要校办产业

陕西中医学院制药厂

学校历史沿革

陕西中医学院是全国成立较早、西部地区实力较强的一所中医药普通高等学校。其前身是成立于1952年的西北中医进修学校,1956年经陕西省人民政府批准成立为陕西中医学院。1961年由省会西安迁址古都咸阳。2004年9月,陕西中医学院主体迁至位于咸阳市沣河西、世纪大道南的新校区,现分为南北两个校区。

陕西师范大学

学校(机构)标识码 4161010718	占地面积(平方米) 1747289	成人专科 4113
学校办学类型 411:本科院校:大学	校舍建筑面积(平方米) 920933	博士研究生 890
学校性质类别 06 师范院校	图书(万册) 335.54	硕士研究生 6697
学校举办者 360 教育部	固定资产总值(万元) 180945.55	留学生 825
学校地址 西安市长安南路199号	教学、科研仪器设备资产值(万元) 33815.46	专任教师(人) 1499
邮政编码 710062		其中:正高级 307
办公电话 029-85310003	在校生数(人) 32852	副高级 504
传真电话 029-85310097	其中:普通本科 17352	中级 540
校园(局域)网域名 www.snnu.edu.cn	普通专科 2	初级 68
电子信箱 dangban@snnu.edu.cn	成人本科 2973	未定职级 80

本科专业 编辑出版学、表演、播音与主持艺术、博物馆学、材料化学、财务管理、地理科学、地理科学(创新实验班)、地理信息系统、电子商务、电子信息科学与技术、对外汉语、俄语、法学、翻译、公共事业管理、古典文献、广播电视编导、汉语言文学、汉语言文学(创新实验班)、行政管理、化学、化学(创新实验班)、环境科学、绘画、计算机科学与技术、教育技术学、教育学、金融学、经济学、科学教育、历史学、历史学(创新实验班)、旅游管理、美术学、人力资源管理、日语、软件工程、社会学、生物技术、生物科学、生物学基地班、食品科学与工程、食品质量与安全、市场营销、数学与应用数学、数学与应用数学(创新实验班)、思想政治教育、思想政治教育(创新实验班)、体育教育、文秘教育、舞蹈学、舞蹈学(非师范)、物理学、物理学(创新实验班)、心理学、新闻学、信息管理与信息系统、信息与计算科学、学前教育、艺术设计、音乐学、音乐学(音乐文化方向)、英语、英语(创新实验班)、应用电子技术教育、应用化学、应用心理学、运动训练、哲学、中国语言文学基地班

专科专业 语文教育

博士专业 比较文学与世界文学、材料学、地图学与地理信息系统、动物学、发育生物学、分析化学、高分子化学与物理、国民经济学、国土资源学、国外马克思主义研究、汉语言文字学、基础数学、基础心理学、计算机软件与理论、教育、教育学原理、考古学及博物馆学、课程与教学论、跨语言文化研究、历史地理学、历史文献学(含:敦煌学、古文字学)、旅游管理、马克思主义发展史、马克思主义基本原理、马克思主义中国化研究、区域环境学、人口、资源与环境经济学、人文地理学、社会发展与制度文明、神经生物学、生理学、生态学、生物化学与分子生物学、生物数学、生物物理学、声学、食品化学、世界史、思想政治教育、文体研究与文学教育、文艺学、文艺与文化传播学、无机化学、物理化学(含:化学物理)、细胞生物学、艺术文化史、应用化学、有机化学、语言学与应用语言学、运动生物学、植物学、中国古代史、中国古代文学、中国古典文明、中国古典文献学、中国近现代史、中国近现代史基本问题研究、中国少数民族史、中国现当代文学、中国哲学、专门史、自然地理学、自然灾害学、宗教学

硕士专业 比较教育学、比较文学与世界文学、材料物理与化学、材料学、财政学(含:税收学)、产业经济学、成人教育学、传播学、地图学与地理信息系统、第四纪地质学、动物学、发育生物学、发展与教育心理学、法学理论、翻译、分析化学、高等教育学、高分子化学与物理、工程、工商管理、工业催化、公共管理、光学、光学工程、广播电视艺术学、国防经济、国际贸易学、国民经济学、国土资源学、汉语国际教育、汉语言文字学、行政管理、化学

工艺、化学生物学、环境科学、基础数学、基础心理学、计算机软件与理论、计算机系统结构、计算机应用技术、计算数学、教育、教育技术学、教育经济与管理、教育史、教育学原理、金融学(含：保险学)、经济思想史、考古学及博物馆学、科学技术史、科学技术哲学、课程与教学论、劳动经济学、理论物理、历史地理学、历史文献学(含：敦煌学、古文字学)、伦理学、旅游管理、马克思主义基本原理、马克思主义哲学、马克思主义中国化研究、美术学、美学、民商法学(含：劳动法学)、社会保障、民族传统体育学、民族学、凝聚态物理、农产品加工及贮藏工程、农业经济管理、企业管理(含：财务管理、市场营销)、区域环境学、区域经济学、人口、资源与环境经济学、人文地理学、设计艺术学、社会保障、社会工作、社会学、社会医学与卫生事业管理、神经生物学、生理学、生态学、生物化学与分子生物学、生物物理学、生物医学工程、声学、食品化学、食品科学、史学理论及史学史、世界经济、世界史、数量经济学、水生生物学、水土保持与荒漠化防治、思想政治教育、特殊教育学、体育、体育教育训练学、体育人文社会学、统计学、土地资源管理、外国语言学及应用语言学、外国哲学、微生物学、文体研究与文学教育、文物与博物馆、文艺学、文艺与文化传播学、无机化学、无线电物理、物理化学(含：化学物理)、西方经济学、细胞生物学、新闻学、新闻与传播、信号与信息处理、学前教育学、药物分析学、遗传学、艺术、艺术学、音乐学、英语语言文学、应用化学、应用数学、应用心理、应用心理学、有机化学、语言学与应用语言学、原子与分子物理、运筹学与控制论、运动人体科学、运动生物学、政治经济学、政治学理论、职业技术教育学、植物学、中共党史(含：党的学说与党的建设)、中国古代史、中国古代文学、中国古典文献学、中国近现代史、中国近现代史基本问题研究、中国少数民族经济、中国少数民族史、中国少数民族艺术、中国少数民族语言文学(分语族)、中国现当代文学、中国哲学、中药学、专门史、自然地理学、自然灾害学、宗教学

院系设置

政治经济学院、化学化工学院、教育学院、心理学院、音乐学院、计算机科学学院、旅游与环境学院、新闻与传播学院、生命科学学院、食品工程与营养科学学院、文学院、外国语学院、历史文化学院、体育学院、数学与信息科学学院、美术学院、物理学与信息技术学院、远程教育学院、国际商学院、国际汉学院、教师干部教育学院、民族教育学院、材料科学与工程学院、人文社科基础教学部、理工科基础教学部

国家级、省部级研究机构设置

1.实验室：西北濒危药材资源开发国家工程实验室、药用资源与天然药物化学教育部重点实验室、应用表面与胶体化学教育部重点实验室、陕西省大分子科学重点实验室、陕西省超声学重点实验室、陕西省生命分析化学重点实验室、陕西省行为与认知心理学重点实验室、陕西省基因治疗重点实验室、陕西省神经科学重点实验室、陕西省资源环境与区域发展重点实验室、陕西省食品工程与质量安全重点实验室、陕西省智能信息处理与信息安全重点实验室、陕西省整合与应用动物学重点实验室

2.研究中心(所)：历史文化遗产保护教育部工程研究中心、陕西省GAP工程技术研究中心、陕西省中药材规范化栽培与品种选育工程技术研究中心、陕西省文物保护工程技术研究中心、陕西省果蔬深加工工程技术研究中心、数学研究所、数学教育研究所、应用数学研究所、应用声学研究所、陕西省物理研究所、现代教学仪器研究所、现代物理研究所、近代光学研究所、凝聚态物理研究所、应用化学研究所、分析科学研究所、能源化学研究所、现代材料科学研究中心、历史文化遗产保护科学研究中心、动物研究所、脑与行为科学研究所、基因治疗研究室、植物生理研究室、中加资源与环境研究室、资源环境与区域发展研究所、旅游开发研究中心、软件工程研究所、智能信息处理与信息安全研究所、食品科学研究所、知识媒体研究所、运动生物学研究所、西北历史环境与经济社会发展研究院、西北民族研究中心、宗教研究中心、农村发展研究中心、西北国土资源研究中心、体育人文社会科学研究中心、西北基础教育与教师教育研究中心、教育部陕西师范大学基础教育课程研究中心、基础教育语文教学研究中心、周秦汉唐文字研究中心、《史记》研究中心、陈忠实研究中心、文学研究所、西北方言与民俗研究中心、诗词曲赋研究中心、中国青铜文化研究中心、中华古文明研究中心、欧美研究所、周秦汉唐文化研究中心、《儒藏》编纂研究所、东北亚历史研究所、唐史研究所、古籍整理研究所、池田大作池田香峰子研究中心、国际问题研究中心、邓小平理论研究中心、企业文化研究中心、心理与行为评估研究中心、西北教育政策与法律研究所、教育科学研究所、教育管理研究所、特殊儿童认知与行为研究中心、心理健康教育研究中心、外国语言文学研究所、中西方文化研究所、中国西部电影电视研究中心、国际汉学研究所、美术研究所、汉唐乐舞研究中心、陕西民歌民间舞蹈研究中心、新闻出版科学研究所、柏杨研究中心、民族教育科技研究中心、陕西师范大学新闻传播与社会发展中心、陕西师范大学延安文艺研究中心、西夏文字与文献研究中心、城市规划与研究中心、中外民族戏剧学研究中心、长安文化－文学研究中心、西安学研究所、现代远程教育研究中心、金融研究所

博士后科研流动站 中国语言文学、历史学、数学、物理学、地理学、生物学、教育学、心理学、哲学、化学、材料科学与工程、马克思主义理论

定期公开出版的专业刊物 《中学语文教学参考》、《中学数学教学参考》、《中学物理教学参考》、《中学化学教学参考》、《中学历史教学参考》、《中学地理教学参考》、《中学政治教学参考》、《中学生物教学》、《陕西师范大学学报》(自然科学版)、《陕西师范大学学报》(哲学社会科学版)、《当代教师教育》、《中国艺术教育》、《邓小平理论研究》、《高校实验室工作研究》、《中国历史地理论丛》

学校设立奖学金情况

学校设立奖学金37项，奖励金额3545.298万元奖金。最低300元/年 最高10000元/年。

主要校办产业

文化教育出版、教育产业开发、校园周边商业地产

学校历史沿革

陕西师范大学创建于1944年，前身是陕西省立师范专科学校，1954年独立建制，定名为西安师范学院，1960年与陕西师范学院合并，成立陕西师范大学，1978年划归教育部直属。2005年被列入国家"211"工程重点建设大学，2008年被教育部、财政部列入"教师教育创新平台"建设项目。

延安大学

学校(机构)标识码	4161010719	
学校办学类型	411：本科院校：大学	
学校性质类别	01 综合大学	
学校举办者	811 省级教育部门	
学校地址	陕西省延安市宝塔区杨家岭	
邮政编码	716000	
办公电话	0911－2332407	
传真电话	0911－2333677	
校园(局域)网域名	www.yau.edu.cn	
电子信箱	ydmsk@126.com	
占地面积(平方米)	1371793	
校舍建筑面积(平方米)	487202	
图书(万册)	175.36	
固定资产总值(万元)	60783.16	
教学、科研仪器设备资产值(万元)	13874.04	
在校生数(人)	26256	
其中：普通本科	14088	
普通专科	2333	
成人本科	4722	
成人专科	4130	
硕士研究生	979	
留学生	4	
专任教师(人)	990	
其中：正高级	140	
副高级	242	
中级	329	
初级	279	

本科专业 财政学、电子信息工程、法学、工程管理、工商管理、公共事业管理、广播电视新闻学、过程装备与控制工程、汉语言文学、汉语言文学(秘书方向)、行政管理、护理学、化学、化学工程与工艺(工业分析方向)、化学工程与工艺(煤化工方向)、化学工程与工艺(石油天然气化工)、环境科学、会计学、计算机科学与技术、教育技术学、教育学(初等教育方向)、教育学(学前教育方向)、金融学、经济学、历史学、临床医学、临床医学(麻醉学方向)、临床医学(眼耳鼻喉科学)、旅游管理、美术学、人力资源管理、日语、软件工程、商务英语、社会工作、社会体育、社会学、生物技术、生物技术(食用菌方向)、生物科学、石油工程、市场营销、数学与应用数学、思想政治教育、体育教育、通信工程、土木工程、舞蹈学、物理学、新闻学、信息与计算科学、医学检验、医学影像学、艺术设计、音乐学、英语、英语(教育方向)、应用化学、应用心理学、园林、政治学与行政学、中国革命史与中国共产党党史

专科专业 汉语、护理、会计、计算机应用技术、临床医学、体育教育、医学影像技术、英语教育、应用化工技术、油气开采技术

硕士专业 分析化学、行政管理、化学工艺、基础数学、教育、科学社会主义与国际共产主义运动、课程与教学论、临床医学、马克思主义发展史、马克思主义基本原理、马克思主义哲学、马克思主义中国化研究、内科学、思想政治教育、体育教育训练学、外国语言学及应用语言学、外科学、文艺学、政治经济学、中共党史(含：党的学说与党的建设)、中国近现代史、中国近现代史基本问题研究、中国现当代文学

院系设置
中国语言文学与新闻传播学院、生命科学学院、数学与计算机科学学院、化学与化工学院、体育学院、外国语学院、鲁迅艺术学院、政治与法学学院、现代教育科学学院、物理与电子信息学院、医学院、能源与环境工程学院、继续教育学院、历史文化学院、马列学院、管理学院、财经学院

国家级、省部级研究机构设置
研究所(中心)：延安学研究所、陕北经济技术开发研究所、陕北历史文化研究所、化工研究所、高等教育研究所、韩国历史文化研究所、人口与发展研究所、中国史学史研究所、中外语言文化比较研究所、遗传学研究所、社会主义经济与区域发展研究所、哲学研究所、美学研究所、应用化学研究所、数学研究所、电子研究所、企业文化与传播研究所、邓小平理论研究所、非物质文化遗产研究中心、西部开发研究中心、陕北文化研究院、延安学研究院、中共党史研究院、陕北能源研究院、陕北区域经济研究院、国际延安精神研究与传播中心、政治学研究所、运动人体科学研究所、基础教育研究中心、信息技术研究所、法律研究所、物理研究所、陕北地方病研究所、软件开发与研究中心、延安文艺研究中心、文化产业研究所、分析化学研究所、文学研究所、法学研究所、公共管理学研究所、陕北民歌研究中心、二十一世纪新逻辑研究院、方言研究所、史学史研究所、民族与宗教研究所、人力资源研究与服务中心、应用语言学研究所、路遥研究所、社会服务与管理研究中心、陕北农业技术研究所、金融研究所、课程与教学研究中心、电波研究所、智能信息处理研究所、运动损伤康复研究所、材料物理研究所、电子研究所

定期公开出版的专业刊物 《延安大学学报》(社会科学版)、《延安大学学报》(自然科学版)、《延安大学学报》(医学科学版)

学校设立奖学金情况
学校设立奖学金 6 项，奖励总金额 456 余万元。奖学金最高金额 8000 元/年，最低金额 200 元/年。
1. 国家奖学金：27 人/年，8000 元/人；
2. 国家励志奖学金：581 人/年，5000 元/人；
3. 优秀学生奖学金：1200 人/年，1150 元/人；
4. 华藏奖学金：18 人/年，800 元/人；
5. 徐特立奖学金：1 人/年，2000 元/人；
6. 单项奖学金：200 人/年，200 元/人。

毕业生一次就业率 本科 82.50%、专科 57.85%

学校历史沿革
延安大学创建于抗战时期，由著名的陕北公学、中国女子大学、泽东青年干部学校合并于 1941 年成立。1944 年延安自然科学院、延安鲁迅艺术文学院、民族学院、新文字干部学校和行政学院相继并入，其历史可以上溯到 1937 年。1958 年，延安大学恢复重建。1998 年，延安大学与原延安医学院、延安市人民医院合并成立新的延安大学。

陕西理工学院

学校(机构)标识码 4161010720	电子信箱 yuanban@snut.edu.cn	普通专科 1268
学校办学类型 412:本科院校:学院	占地面积(平方米) 1161391	成人本科 2437
学校性质类别 02 理工院校	校舍建筑面积(平方米) 598987	成人专科 1721
学校举办者 811 省级教育部门	图书(万册) 178.69	硕士研究生 177
学校地址 陕西省汉中东一环1号	固定资产总值(万元) 78325.6	专任教师(人) 1101
邮政编码 723001	教学、科研仪器设备资产值(万元) 17653	其中:正高级 129
办公电话 0916-2641855		副高级 224
传真电话 0916-2212866	在校生数(人) 25151	中级 591
校园(局域)网域名 www.snut.edu.cn	其中:普通本科 19548	初级 157

本科专业 材料成型及控制工程、材料科学与工程、财务管理、测控技术与仪器、地理科学、电气工程及其自动化、电子商务、电子信息工程、电子信息科学与技术、对外汉语、法学、高分子材料与工程、工程管理、工商管理、工业工程、工业设计、广播电视新闻学、国际经济与贸易、汉语言文学、化学、化学工程与工艺、环境工程、环境科学、会计学、机械设计制造及其自动化、计算机科学与技术、建筑学、教育技术学、金属材料工程、经济学、历史学、旅游管理、美术学、热能与动力工程、人力资源管理、日语、社会体育、生物工程、生物科学、食品质量与安全、市场营销、数学与应用数学、思想政治教育、体育教育、通信工程、图书馆学、土木工程、网络工程、文秘教育、物理学、物流管理、信息管理与信息系统、信息与计算科学、艺术设计、音乐学、英语、应用化学、应用心理学、运动训练、自动化

专科专业 工程造价、机械制造与自动化、计算机控制技术、计算机应用技术、汽车检测与维修技术、英语教育、语文教育

硕士专业 材料加工工程、机械设计及理论、植物学、中国古代文学

院系设置

经法学院、教科学院、体育学院、文学院、外语学院、文旅学院、艺术学院、数计学院、物电学院、化工学院、生工学院、材料学院、机械学院、电气学院、土建学院、管理学院

国家级、省部级研究机构设置

陕西省工业自动化重点实验室、陕西省资源生物重点实验室、陕西省汉中GAP工程技术中心、陕西省食药用菌工程技术中心、陕西省黑色有机食品工程技术中心、陕西省汉中地区中药资源开发科技创新平台、陕西省天麻山萸工程研究中心、汉水文化研究中心、陕西省油脂工程技术研究中心、陕西省薯蓣皂素工程研究中心

定期公开出版的专业刊物 《陕西理工学院学报》(自然科学版)、《陕西理工学院学报》(社会科学版)

学校设立奖学金情况

硕士研究生奖学金:学校设立奖学金8项,奖励总金额38.35万元,奖学金最高金额1500元/生,最低500元/生。本专科奖学金情况:学校设有奖学金5项,奖励总金额756.2万元,奖学金最高金额8000元/生,最低金额100元/次。

学校历史沿革

2001年,经教育部批准,原汉中师范学院和原陕西工学院合并组建陕西理工学院。原汉中师范学院前身是创建于1958年的汉中大学,原陕西工学院是1978年在原北京大学汉中分校校址上建立的一所省属工科院校。

宝鸡文理学院

学校(机构)标识码 4161010721	电子信箱 yb3368966@163.com	普通专科 1937
学校办学类型 412:本科院校:学院	占地面积(平方米) 955235	成人本科 1869
学校性质类别 06 师范院校	校舍建筑面积(平方米) 540045	成人专科 498
学校举办者 811 省级教育部门	图书(万册) 198.6	专任教师(人) 958
学校地址 陕西省宝鸡市高新大道1号	固定资产总值(万元) 42951.74	其中:正高级 105
邮政编码 721013	教学、科研仪器设备资产值(万元) 13008	副高级 216
办公电话 0917-3566366		中级 395
传真电话 0917-3566300	在校生数(人) 21115	初级 202
校园(局域)网域名 www.bjwlxy.cn	其中:普通本科 16811	未定职级 40

本科专业 播音与主持艺术、材料成型及控制工程、材料化学、测绘工程、测控技术与仪器、地理科学、电气工程及其自动化、电子科学与技术、电子信息工程、电子信息科学与技术、法学、给水排水工程、工商管理、工商管理类、工业设计、公共事业管理、广告学、汉语言文学、行政管理、化工与制药类、化学、化学工程与工艺、化学类、环境工程、机械设计制造及其自动化、计算机科学与技术、教育技术学、教育学、经济学、历史学、旅游管理、美术学、人力资源管理、软件工程、市场营销、数学与应用数学、思想政治教育、体育教育、通信工程、舞蹈学、物理学、新闻学、信息与计算科学、学前教育、艺术教育、艺术设计、音乐学、英语、应用化学、应用心理学、哲学、制药工程、资源环境与城乡规划管理、自动化

专科专业 地理教育、电气自动化技术、电子信息工程技术、会计电算化、机械制造与自动化、计算机网络技术、计算机应用技术、旅游管理、美术教育、商务英语、数学教育、学前教育、艺术教育、音乐教育、英语教育、语文教育

院系设置

学院现设哲学系(思政教研部)、政法系、教育科学与技术系、中文系、外语系、历史文化与旅游系、经济管理系、音乐系、美术系、数学系、物理与信息技术系、化学化工系、地理科学与环境工程系、机电工程系、电子电气工程系、计算机科学系、体育系等17个系部

国家级、省部级研究机构设置

省级实验室有：陕西省植物化学重点实验室、陕西省灾害监测与机理模拟实验室。研究中心有：周秦文化与现代道德价值研究中心、关陇方言与民俗研究中心

学校设立奖学金情况

学校设立奖学金2项，奖励总金额409余万元。奖学金最高金额2000元/年，最低金额300元/年。

主要校办产业

科工贸总公司、后勤产业服务有限公司

学校历史沿革

宝鸡文理学院是一所以教师教育为主要特色,拥有哲学、经济学、法学、教育学、文学、历史学、理学、工学、管理学、艺术学等多学科的省属普通本科高等学校。其前身是1958年创办的宝鸡大学(本科),1963年因国家经济困难停办,1975年在此基础上成立陕西师范大学宝鸡分校,1978年,经国务院批准为宝鸡师范学院,1992年经原国家教委批准,与1984年新设立的宝鸡大学合并,更名为宝鸡文理学院。

咸阳师范学院

学校(机构)标识码 4161010722	电子信箱 xysfxybgs@xync.edu.cn	普通专科 2663
学校办学类型 412:本科院校:学院	占地面积(平方米) 675346	成人本科 855
学校性质类别 06 师范院校	校舍建筑面积(平方米) 400071	成人专科 139
学校举办者 811 省级教育部门	图书(万册) 99.9	留学生 21
学校地址 陕西省咸阳市渭城区文林路	固定资产总值(万元) 52999.31	专任教师(人) 698
	教学、科研仪器设备资产值(万元) 8742.3	其中:正高级 72
邮政编码 712000		副高级 169
办公电话 029-33722887	在校生数(人) 15507	中级 382
传真电话 029-33722206	其中:普通本科 11829	初级 75
校园(局域)网域名 xync.edu.cn		

本科专业 材料化学、地理科学、地理信息系统、电气工程及其自动化、电子信息工程、电子信息科学与技术、对外汉语、公共事业管理、广告学、汉语言文学、化学、绘画、计算机科学与技术、教育技术学、经济学、历史学、旅游管理、美术学、软件工程、社会工作、数学与应用数学、思想政治教育、体育教育、土地资源管理、文化产业管理、文秘教育、舞蹈学、物理学、小学教育、新闻学、信息管理与信息系统、信息与计算科学、学前教育、艺术教育、艺术设计、音乐学、英语、应用化学、应用心理学

专科专业 地理教育、工程造价、汉语、计算机网络技术、计算机应用技术、建筑工程技术、旅游管理、美术教育、数学教育、思想政治教育、物理教育、学前教育、音乐教育、应用电子技术、应用化工技术、应用英语

院系设置

文学与传播学院、政治与管理学院、数学与信息科学学院、信息工程学院、物理与电子工程学院、体育系、化学与化工学院、教育科学学院、历史文化学院、美术学院、旅游与资源环境学院、音乐学院、外语系、国际交流学院

国家级、省部级研究机构设置

实验室：艺术实训、实践、实验教学中心

定期公开出版的专业刊物 《咸阳师范学院学报》

学校设立奖学金情况

学校设立奖学金4项,奖励总金额200余万元。奖学金最高金额2000元/年,最低金额100元/年。

学校历史沿革

咸阳师范学院的前身为咸阳师范专科学校,创建于1978年。2001年5月,咸阳师范专科学校与咸阳教育学院合并组建咸阳师范学院。

渭南师范学院

学校(机构)标识码 4161010723	电子信箱 xybgsnew@163.com	普通专科 3277
学校办学类型 412:本科院校:学院	占地面积(平方米) 867705	成人本科 1415
学校性质类别 06 师范院校	校舍建筑面积(平方米) 500482	成人专科 616
学校举办者 811 省级教育部门	图书(万册) 174.41	专任教师(人) 902
学校地址 陕西省渭南市临渭区朝阳大街醋西段	固定资产总值(万元) 76428	其中:正高级 74
	教学、科研仪器设备资产值(万元) 10523	副高级 241
邮政编码 714000	在校生数(人) 18976	中级 419
办公电话 0913-2133929	其中:普通本科 13668	初级 149
传真电话 0913-2133917		未定职级 19
校园(局域)网域名 www.wntc.edu.cn		

本科专业 材料化学、材料科学与工程、财务管理、朝鲜语、地理科学、电气工程及其自动化、电子商务、电子信息科学与技术、动画、高分子材料与工程、公共事业管理、广播电视编导、广播电视新闻学、广告学、汉语言文学、化学、会计学、计算机科学与技术、教育技术学、教育学、经济学、科学教育、历史学、旅游管理、美术学、人力资源管理、人文教育、日语、软件工程、生物科学、市场营销、数学与应用数学、数字媒体技术、思想政治教育、体育教育、网络工程、舞蹈学、物理学、物流管理、戏剧影视美术设计、心理学、新闻学、信息与计算科学、学前教育、艺术设计、音乐表演、音乐学、英语、应用化学

专科专业 化学教育、会计电算化、计算机应用技术、精细化学品生产技术、历史教育、软件技术、商务英语、市场营销、数学教育、思想政治教育、文秘、物理教育、物流管理、现代教育技术、艺术设计、音乐教育、英语教育、应用电子技术、应用英语、语文教育

院系设置

设有人文学院、教育科学学院、外国语学院、艺术学院、传媒工程学院、数学与信息科学学院、物理与电气工程学院、化学与生命科学学院、经济与管理学院、继续教育学院、国际交流学院等 11 个二级学院和思想政治理论课教学科研部 1 个

定期公开出版的专业刊物 《渭南师范学院学报》、《渭南师院报》

学校设立奖学金情况

学校设立奖助学金 9 项,奖励总金额 1839 余万元,奖学金最高金额 8000 元/年,最低金额 50 元/年。

1. 国家奖学金 25 人,每位 8000 元,共 200000 元;
2. 国家助学金 4936 人,共 13650000 元;
3. 国家励志奖学金 519 人,共 2595000 元;
4. 香港神福会助学金 60 人,共 80000 元;
5. 应善良助学金 120 人,共 120000 元;
6. 勤工助学岗位 3000 人次,共 507620 元;
7. 校长奖学金 16 人,共 128000 元;
8. 三星奖学金 16 人,48000 元;
9. 奖学金 64843 人,共计 1061550 元。

主要校办产业

渭南能源设备厂

学校历史沿革

1960 年 5 月 9 日,经国务院批准,陕西省人民委员会批复了陕西省高教局的请求,同意成立"陕西省渭南师范学院"。1960 年 7 月 4 日,陕西人民委员会批复陕西省高等教育局,同意将"陕西省渭南师范学院"更名为"渭南师范学院",渭南地区革命委员会 1978 年 6 月 5 日决定成立陕西师范大学渭南专修科;1978 年 12 月 28 日,经国务院批准,教育部下发《关于同意恢复和增设一批普通高等学校的通知》,同意以师范大专班为基础建立渭南师范专科学校。1977 年,渭南地区行署创办了渭南地区中学教师进修班。1983 年 1 月 15 日,渭南地区行署决定在渭南地区中学教师进修班的基础上成立渭南地区教师进修学院;1983 年 10 月 14 日,渭南地区行政公署发出了关于成立"陕西省渭南教育学院"的通知。2000 年 3 月 21 日,教育部批准同意渭南师范专科学校与渭南教育学院合并建立渭南师范学院。陕西省人民政府于 2000 年 4 月 11 日发出了《关于同意渭南师范专科学校与渭南教育学院合并成立渭南师范学院的通知》。陕西省教育委员会于 2000 年 5 月 8 日发出了《关于渭南师范专科学校与渭南教育学院合并成立渭南师范学院的通知》。

西安外国语大学

学校(机构)标识码 4161010724	学校举办者 811 省级教育部门	邮政编码 710128
学校办学类型 411:本科院校:大学	学校地址 西安市郭杜教育科技产业开发区文苑南路	办公电话 029-85319274
学校性质类别 07 语文院校		传真电话 029-85319000

校园(局域)网域名	www. Xisu. Edu. Cn			7007.57		留学生	317
		在校生数(人)	21926			专任教师(人)	972
电子信箱	xawy@xisu.edu.cn	其中:普通本科	14603			其中:正高级	114
占地面积(平方米)	1053384	普通专科	3154			副高级	304
校舍建筑面积(平方米)	697271	成人本科	1971			中级	515
图书(万册)	152.5	成人专科	438			初级	32
固定资产总值(万元)	167375.54	硕士研究生	1443			未定职级	7
教学、科研仪器设备资产值(万元)							

本科专业 阿拉伯语、表演、播音与主持艺术、朝鲜语、德语、动画、对外汉语、俄语、法学、法语、翻译、工商管理、广播电视编导、广播电视新闻学、广告学、国际经济与贸易、国际政治、汉语言文学、会计学、会展经济与管理、金融学、经济学、旅游管理、葡萄牙语、日语、商务英语、摄影、市场营销、泰语、外交学、西班牙语、戏剧影视文学、新闻学、艺术设计、意大利语、印地语、英语、资源环境与城乡规划管理

专科专业 旅游英语、商务英语、英语教育、应用德语、应用法语、应用日语、应用英语

硕士专业 阿拉伯语语言文学、比较文学与世界文学、德语语言文学、俄语语言文学、法语语言文学、翻译、汉语国际教育、课程与教学论、旅游管理、马克思主义基本原理、欧洲语言文学、区域经济学、人文地理学、日语语言文学、外国语言学及应用语言学、西班牙语语言文学、亚非语言文学、印度语言文学、英语语言文学、语言学与应用语言学

院系设置
学校现有28个院、系、部等教学机构,具有外国语言文学、中国语言文学、工商管理、教育学等4个一级学科硕士点,39个二级学科硕士点,是翻译硕士、汉语国际教育硕士、旅游管理硕士专业学位培养单位,开设41个本科专业,7个辅修专业

国家级、省部级研究机构设置
学校科研实力强,设有外国语言文学研究所、外语教育研究所、人文地理研究所等24个学术和研究机构,其中欧美文学研究中心和外国语言学及应用语言学研究中心是省部级研究中心

定期公开出版的专业刊物 学校创办的《外语教学》、《人文地理》、《西安外国语大学学报》等学术刊物是在国内外学术界具有一定影响的中国人文社会科学和中国地理学核心期刊,其中《外语教学》、《人文地理》杂志入选2010—2011年度CSSCI来源期刊

学校设立奖学金情况
学校设立奖助学金十余项,奖励总金额1000余万元,奖学金最高金额8000元/年。

主要校办产业
包括音像教材出版社、电脑翻译公司、国际教育旅行社、西外留学服务中心,西外大印刷厂等

学校历史沿革
西安外国语大学的前身为西北俄文专科学校,创建于1952年,1958年更名为西安外国语学院,1995年与陕西省外国语师范专科学校合并,成立新的西安外国语学院,2006年2月更名为西安外国语大学。

西北政法大学

学校(机构)标识码	4161010726	电子信箱	nwupl@nwupl.edu.cn		成人本科	659
学校办学类型	411:本科院校:大学	占地面积(平方米)	898449		成人专科	365
学校性质类别	09 政法院校	校舍建筑面积(平方米)	548431		硕士研究生	2221
学校举办者	811 省级教育部门	图书(万册)	184.33		留学生	8
学校地址	陕西省西安市长安区韦郭路	固定资产总值(万元)	114030.04		专任教师(人)	857
		教学、科研仪器设备资产值(万元)			其中:正高级	105
邮政编码	710122		7500.21		副高级	331
办公电话	029-88182226	在校生数(人)	17061		中级	369
传真电话	029-88182223	其中:普通本科	12638		初级	42
校园(局域)网域名	www.nwupl.edu.cn	普通专科	1170		未定职级	10

本科专业 编辑出版学、法学、公共事业管理、广播电视编导、广播电视新闻学、国际经济与贸易、行政管理、金融学、经济犯罪侦查、经济学、劳动与社会保障、人力资源管理、社会学、市场营销、思想政治教育、戏剧影视文学、新闻学、信息管理与信息系统、刑事科学技术、英语、哲学、侦查学、政治学与行政学、治安学

专科专业 法律事务、国际贸易实务、市场开发与营销、司法助理

硕士专业 法律、法律(法学)、法律史、法学理论、国际法学(含:国际公法、国际私法)、行政管理、环境与资源保护法学、经济法学、军事法学、马克思主义发展史、马克思主义基本原理、马克思主义哲学、马克思主义中国化研究、民商法学(含:劳动法学)、社会保障、思想政治教育、诉讼法学、宪法学与行政法学、新闻学、刑法学、政治经济学、政治学理论、中国哲学

院系设置

哲学与社会发展学院、经济管理学院、刑事法学院、民商法学院、经济法学院、行政法学院、国际法学院、政治与公共管理学院、公安学院、外国语学院、新闻传播学院、马克思主义教育研究院、研究生教育院、法律硕士学院、司法官教育院、国际教育学院、继续教育学院(职业技术学院)

国家级、省部级研究机构设置

研究中心(所):西北政法大学刑事法律科学研究中心(基地)

定期公开出版的专业刊物 《法律科学》、《西北法律评论》、《西北人文社会科学评论》

学校设立奖学金情况

学校设立奖学金6项,奖励总金额114余万元。奖学金最高金额1000元/年,最低金额200元/年。

学校历史沿革

陕北公学(1937年－1941年),延安大学(1941年－1949年),西北人民革命大学(1949年－1953年),西北政法干部学校(1953年－1954年),中央政法干部学校西北分校(1954年－1958年),西安政法学院(1958年－1962年),西安政治经济学院(1962年－1963年),西北政法学院(1963年－2006年),西北政法大学(2006年至今)。

西安体育学院

学校(机构)标识码 4161010727	电子信箱 yb@xaipe.edu.cn	成人本科 559
学校办学类型 412:本科院校:学院	占地面积(平方米) 613770	成人专科 757
学校性质类别 10 体育院校	校舍建筑面积(平方米) 273346	硕士研究生 614
学校举办者 812 省级其他部门	图书(万册) 54	留学生 13
学校地址 陕西省西安市含光北路65号	固定资产总值(万元) 48667.8	专任教师(人) 565
邮政编码 710068	教学、科研仪器设备资产值(万元) 7120	其中:正高级 69
办公电话 029-88409999	在校生数(人) 9801	副高级 162
传真电话 029-88409789	其中:普通本科 7806	中级 185
校园(局域)网域名 www.xaipe.edu.cn	普通专科 52	初级 109
		未定职级 40

本科专业 表演、播音与主持艺术、公共管理、经济学、民族传统体育、社会体育、市场营销、特殊教育、体育教育、舞蹈学、心理学、新闻学、休闲体育、音乐学、英语、运动康复与健康、运动人体科学、运动训练

专科专业 体育教育

硕士专业 课程与教学论、民族传统体育学、体育、体育教育训练学、体育人文社会学、应用心理学、运动人体科学、运动医学

院系设置

体育传媒系、体育教育系、体育经济与体育管理系、社会体育与休闲体育系、运动训练系、健康科学系、体育艺术系、武术系、研究生部、思想政治理论教学科研部、继续教育与职业技术学院、附属竞技体育运动学校

国家级、省部级研究机构设置

研究中心(所):国家体育总局社会科学重点研究基地、国家及社会体育指导员培训基地、国家高水平体育后备人才基地、国家柔道中高级教练员培训中心、国家跆拳道训练基地、国家健美操训练基地、国家青少年体育俱乐部、国家地掷球培训中心、陕西民族传统体育项目训练基地、中国残疾人体育训练基地、国家体育总局西北地区田径高水平后备人才培训中心

定期公开出版的专业刊物 《西安体育学院学报》、《时尚球类》

学校设立奖学金情况

学校设立奖学金4项,奖励总金额:609万元。奖学金最高金额:8000元/年,最低金额:100元/年。

主要校办产业

后勤产业集团总公司

学校历史沿革

西安体育学院于1954年9月建立,原名西北体育学院,1956年更名为西安体育学院至今。

西安音乐学院

学校(机构)标识码 4161010728
学校办学类型 412:本科院校:学院
学校性质类别 11 艺术院校
学校举办者 811 省级教育部门
学校地址 陕西省长安中路108号
邮政编码 710061
办公电话 029-85239738
传真电话 029-85241605
校园(局域)网域名 www.xacom.edu.cn
电子信箱 xyyzbgs@yeah.ned
占地面积(平方米) 56580
校舍建筑面积(平方米) 192736
图书(万册) 36.13
固定资产总值(万元) 49568.45
教学、科研仪器设备资产值(万元) 23706.69
在校生数(人) 3854
其中:普通本科 3557
硕士研究生 296
留学生 1
专任教师(人) 293
其中:正高级 39
副高级 80
中级 125
初级 39
未定职级 10

本科专业 舞蹈编导、音乐表演、音乐学、音乐学(教育)、作曲与作曲技术理论
硕士专业 艺术、音乐学
院系设置
音乐教育系、声乐系、管弦系、作曲与作曲技术理论系、民乐系、音乐学系、钢琴系、舞蹈编导系、视唱练耳教研室、基础部、电子音乐工程系
国家级、省部级研究机构设置
研究所(中心):西北民族音乐研究中心、长安古乐研究所、科研与研究生处、音乐研究所
定期公开出版的专业刊物 《交响》
学校设立奖学金情况
学校设立奖学金2项,奖励总金额25余万元。奖学金最高金额1500元/年,最低金额50元/年。
主要校办产业
乐器厂
毕业生一次就业率 73.7%
学校历史沿革
1948年,贺龙元帅在晋绥解放区创建了西北艺术学院,其二部即系安音乐学院前身。1949年5月,西北艺术学校随西北军政大学西渡黄河前往西安,二校合并"西北军政大学艺术学院"。之后,经历西北艺术学院、西北艺术专科学院、西安音乐学院等变迁。

西安美术学院

学校(机构)标识码 4161010729
学校办学类型 412:本科院校:学院
学校性质类别 11 艺术院校
学校举办者 811 省级教育部门
学校地址 陕西省西安市含光南段100号
邮政编码 710065
办公电话 029-88272053
传真电话 029-88272053
校园(局域)网域名 www.xafa.edu.cn
电子信箱 xamc@163.com
占地面积(平方米) 1207458
校舍建筑面积(平方米) 548984
图书(万册) 58.2
固定资产总值(万元) 28398.84
教学、科研仪器设备资产值(万元) 4221.95
在校生数(人) 6990
其中:普通本科 5390
普通专科 702
成人本科 503
博士研究生 49
硕士研究生 340
留学生 6
专任教师(人) 674
其中:正高级 98
副高级 196
中级 297
初级 64
未定职级 19

本科专业 雕塑、动画、绘画、美术学、摄影、戏剧影视美术设计、艺术设计、音乐学
专科专业 艺术设计
博士专业 美术学
硕士专业 美术学、设计艺术学、艺术
院系设置
中国画系、油画系、版画系、雕塑系、工艺系、设计系、建筑环境艺术系、服装系、艺术教育系、美术史论系、影视动画系、基础部、成人教育学院、附属中等学术学校、陕西省小学教师培训中心
定期公开出版的专业刊物 《西部美术》
学校设立奖学金情况
学校设立奖学金14项,奖励总金额382余万元。奖学金最高金额8000元/年,最低金额500元/年。
毕业生一次就业率 74.8%

陕西工业职业技术学院

学校(机构)标识码 4161010828	传真电话 029-33212356	其中:普通专科 16173
学校办学类型 415:专科院校:高等职业学校	校园(局域)网域名 www.sxpi.com.cn	成人专科 437
	占地面积(平方米) 430535	专任教师(人) 823
学校性质类别 02 理工院校	校舍建筑面积(平方米) 479289	其中:正高级 36
学校举办者 811 省级教育部门	图书(万册) 99.96	副高级 206
学校地址 陕西省咸阳市文汇西路12号	固定资产总值(万元) 49102.84	中级 375
	教学、科研仪器设备资产值(万元) 11509.26	初级 182
邮政编码 712000		未定职级 24
办公电话 029-33152055	在校生数(人) 16610	

专科专业 材料成型与控制技术、电气自动化技术、电子商务、电子信息工程技术、纺织品检验与贸易、纺织品设计、服装设计、服装制版与工艺、工程造价、工商企业管理、供用电技术、国际贸易实务、焊接技术及自动化、会计电算化、机电设备维修与管理、机电一体化技术、机械制造与自动化、计算机辅助设计与制造、计算机控制技术、计算机网络技术、计算机信息管理、计算机应用技术、检测技术及应用、建筑工程管理、建筑工程技术、金属材料与热处理技术、精密机械技术、酒店管理、连锁经营管理、旅游工艺品设计与制作、旅游管理、模具设计与制造、汽车技术服务与营销、汽车检测与维修技术、染整技术、软件技术、商务英语、生产过程自动化技术、数控技术、数控设备应用与维护、通信技术、图形图像制作、文秘、物流管理、现代纺织技术、新型纺织机电技术、冶金技术、营销与策划、应用电子技术、应用化工技术、装饰艺术设计

院系设置 机械工程学院、电气工程学院、材料工程学院、信息工程学院、数控工程学院、工商管理学院、物流管理学院、纺织染化学院、服装艺术学院、土木工程学院

定期公开出版的专业刊物 《陕西工业职业技术学院学报》

学校设立奖学金情况

学校设立奖学金6项,奖励总金额110余万元。奖学金最高金额2000元/人,最低金额300元/人。

学校历史沿革

1950年11月15日学校成立,定名为"西北工业部高级工业职业学校";1951年,经西北工业部批准,学校更名为"西北工业技术学校";1953年4月,学校划归中央第一机械工业部领导,同年10月更名为"中央第一机械工业部咸阳机器制造学校";1958年,学校划归陕西省机械工业局领导,更名为"陕西省机器制造学校";1962年,学校再次下放归陕西省机械工业局领导,校名为"咸阳机器制造学校";1999年3月,经教育部、陕西省政府批准改制建院,隶属陕西省教育厅领导,定名为"陕西工业职业技术学院";2010年1月,陕西省政府决定将陕西纺织服装职业技术学院和陕西工业职业技术学院合并,组成新的"陕西工业职业技术学院"。

杨凌职业技术学院

学校(机构)标识码 4161010966	传真电话 029-87083953	在校生数(人) 15488
学校办学类型 415:专科院校:高等职业学校	校园(局域)网域名 www.ylvtc.com	其中:普通专科 15252
	电子信箱 ylvtcjxk@163.com	成人专科 236
学校性质类别 03 农业院校	占地面积(平方米) 1085533	专任教师(人) 575
学校举办者 811 省级教育部门	校舍建筑面积(平方米) 434928	其中:正高级 37
学校地址 陕西省杨凌农业高新技术产业示范区渭惠路24号	图书(万册) 76.4	副高级 172
	固定资产总值(万元) 38277.57	中级 224
	教学、科研仪器设备资产值(万元) 11494.41	初级 131
邮政编码 712100		未定职级 11
办公电话 029-87083954		

专科专业 安全技术管理、财务信息管理、城市水净化技术、城市水利、宠物医疗与保健、畜牧兽医、导游、道路桥梁工程技术、电力系统自动化技术、电气自动化技术、电子商务、电子声像技术、雕刻艺术与家具设计、动漫设计与制作、动物防疫与检疫、动物医药、工程测量技术、工程机械控制技术、工程造价、公路监理、环境监测与治理技术、环境艺术设计、会计与审计、机电设备运行与维护、基础工程技术、计算机应用技术、建筑工程管理、建筑工程技术、建筑工程项目管理、建筑设备工程技术、经济

管理、酒店管理、连锁经营管理、林业技术、楼宇智能化工程技术、旅游管理、农产品质量检测、汽车检测与维修技术、软件技术、涉外旅游、生物化工工艺、生物技术及应用、生物制药技术、石油化工生产技术、食品生物技术、食品营养与检测、室内设计技术、兽医、水利工程、水利工程监理、水利水电建筑工程、饲料与动物营养、铁道工程技术、微生物技术及应用、物流管理、物业管理、药品经营与管理、药物分析技术、药物制剂技术、应用电子技术、应用英语、园林工程技术、园林建筑、园艺技术、中药制药技术、种子生产与经营

院系设置

水利工程学院、建筑工程学院、交通与测绘工程学院、经济与贸易学院、机电工程系、电子与信息工程系、旅游与管理系、生物工程系、生态环境工程系、药物工程系、动物工程系、公共课教学部、思想政治理论课教育部、体育课教育部、继续教育与培训学院、国际学院

定期公开出版的专业刊物 《杨凌职业技术学院学报》

学校设立奖学金情况

学院设立奖学金5项,奖励总金额:69.665万元。奖学金最高金额2000元/生,最低金额80元/生。特等奖学金:2000学/人,奖励53人,共计:106000元;一等奖学金:1000元/人,奖励95人,共计:95000元;二等奖学金:400元/人,奖励420人,共计:168000元;三等奖学金:200元/人,奖励1556人,共计:311200元;单项奖学金:80—200元/人,奖励137人,共计16450元。

学校历史沿革

杨凌职业技术学院是1999年经教育部批准,有陕西省农业学校(1934年创建)、陕西省水利学校(1943年创建)和陕西省农林学校(1953年创建)合并组建的一所省属普通高职院校。2006年被教育部、财政部确定为国家示范性高等职业院校建设单位。2009年,顺利通过验收,被确定为首批国家示范性高职院校。2009年5月,被水利部确定为全国水利高等职业教育示范院校。

西安文理学院

学校(机构)标识码 4161011080	电子信箱 xawlbgs@163.com	普通专科 1494
学校办学类型 412:本科院校:学院	占地面积(平方米) 494247	成人本科 1321
学校性质类别 01 综合大学	校舍建筑面积(平方米) 346733	成人专科 3882
学校举办者 821 地级教育部门	图书(万册) 122.9	专任教师(人) 643
学校地址 陕西省西安市太白南路168号	固定资产总值(万元) 71860.9	其中:正高级 45
	教学、科研仪器设备资产值(万元) 7514.66	副高级 219
邮政编码 710065		中级 306
办公电话 029-88258510	在校生数(人) 17509	初级 71
传真电话 029-88258510	其中:普通本科 10812	未定职级 2
校园(局域)网域名 www.xawl.org		

本科专业 测控技术与仪器、地理科学、电子信息工程、对外汉语、公共事业管理、汉语言文学、化学、化学工程与工艺、会计学、机械设计制造及其自动化、计算机科学与技术、历史学、旅游管理、美术学、日语、软件工程、生物科学、市场营销、数学与应用数学、思想政治教育、体育教育、文秘教育、物理学、戏剧影视文学、小学教育、信息与计算科学、学前教育、艺术设计、音乐表演、音乐学、英语、应用化学、应用物理学、应用心理学、园艺、自动化

专科专业 初等教育、广告设计与制作、计算机应用技术、精细化学品生产技术、文秘、学前教育、医学营养

院系设置

学院现有文学院、数学系、旅游与环境系、计算机科学系、商学院、机械电子工程系、外国语言文学系、体育系、化学与化工系、生命科学系、物理学与光电工程系、政教系、历史系、艺术设计系、音乐表演系、教育系、幼儿师范学院、初等教育学院等18个系(院)

定期公开出版的专业刊物 《唐都学刊》、《西安文理学院学报》

学校设立奖学金情况

学校设立奖学金8项,奖励总金额506余万元。奖学金最高金额8000元/年。取低金额1000元/年

学校历史沿革

1990年1月,经原国家教委批准,西安师范专科学校(始建于1958年)和西安大学(始建于1980年)合并,组建为西安联合大学。2003年4月,经教育部批准,西安联合大学与西安教育学院(始建于1953年)合并组建西安文理学院,并升格为普通本科高校。2006年西安幼儿师范学校、2009年西安师范学校先后并入西安文理学院。

榆林学院

学校(机构)标识码　4161011395
学校办学类型　412:本科院校:学院
学校性质类别　06 师范院校
学校举办者　811 省级教育部门
学校地址　陕西省榆林市榆阳区文化北路
邮政编码　719000
办公电话　0912 - 3891714 - 0912 - 3893380
传真电话　0912 - 3891714 - 0912 - 3893380
校园(局域)网域名　www. yulinu. edu. cn
电子信箱　bgs@ yulinu. edu. cn
占地面积(平方米)　641010
校舍建筑面积(平方米)　457755
图书(万册)　99.32
固定资产总值(万元)　47360.14
教学、科研仪器设备资产值(万元)　7602.04
在校生数(人)　13400
其中:普通本科　9246
普通专科　3030
成人本科　417
成人专科　695
留学生　12
专任教师(人)　668
其中:正高级　63
副高级　139
中级　293
初级　169
未定职级　4

本科专业　安全工程、财务管理、测控技术与仪器、电气工程与自动化、动物科学、法学、给水排水工程、过程装备与控制工程、汉语言文学、行政管理、化学、化学工程与工艺、会计学、机械设计制造及其自动化、计算机科学与技术、历史学、旅游管理、美术学、热能与动力工程、生物科学、石油工程、市场营销、数学与应用数学、思想政治教育、体育教育、统计学、土木工程、舞蹈学、物理学、新闻学、信息管理与信息系统、艺术设计、音乐学、英语、油气储运工程、园林、植物科学与技术

专科专业　城市热能应用技术、电厂设备运行与维护、动物防疫与检疫、法律事务、供用电技术、护理、化工设备维修技术、化学教育、环境监测与治理技术、会计、机电一体化技术、计算机应用技术、矿井通风与安全、历史教育、汽车检测与维修技术、生物教育、石油化工生产技术、数学教育、思想政治教育、现代教育技术、英语教育、应用化工技术、语文教育、园林技术、植物检疫

院系设置
中文系、政法学院、教育教学部、思政部、外语系、管理学院、数学与应用数学系、能源工程学院、化学与化工学院、生命科学学院、建筑工程系、信息工程学院、艺术系、体育系、继续教育学院(高等职业技术学院)

国家级、省部级研究机构设置
陕西省陕北绒山羊工程技术研究中心

定期公开出版的专业刊物　《榆林学院学报》

学校设立奖学金情况
学校设立奖学金 3 项,奖励总金额 408 万元。奖学金最高金额 8000 元/年,最低金额 300 元/年。

主要校办产业
榆林学院后勤集团(公司)

学校历史沿革
绥德师范学院(1959 - 1963);榆林地区中学教师进修学校(1963 - 1974);延安大学榆林教育基地(1976 - 1977);陕西师范大学榆林专修科(1977 - 1984);榆林师范专科学校(含榆林教育学院)(1984 - 1991);榆林高等专科学校(与原榆林农林专科学校合并)(1991 - 2003);榆林学院(2003 年 4 月至今)。

商洛学院

学校(机构)标识码　4161011396
学校办学类型　412:本科院校:学院
学校性质类别　06 师范院校
学校举办者　811 省级教育部门
学校地址　陕西省商洛市北新街 10 号
邮政编码　726000
办公电话　0914 - 2312156
传真电话　0914 - 2339390
校园(局域)网域名　www. slxy. cn
电子信箱　slshz@ public. xa. sn. cn
占地面积(平方米)　349886
校舍建筑面积(平方米)　208906
图书(万册)　73.8
固定资产总值(万元)　30390
教学、科研仪器设备资产值(万元)　4577
在校生数(人)　8350
其中:普通本科　5497
普通专科　2846
成人本科　5
成人专科　2
专任教师(人)　421
其中:正高级　27
副高级　103
中级　207
初级　48
未定职级　36

本科专业　地理科学、电子信息工程、电子信息科学与技术、工程管理、汉语言文学、化学、会计学、计算机科学与技术、金属材料工程、历史学、美术学、生物技术、生物科学、食品科学与工程、数学与应用数学、思想政治教育、文秘教育、物理学、信息

管理与信息系统、音乐学、英语、应用化学、应用心理学、制药工程、资源环境与城乡规划管理

专科专业 财务管理、畜牧兽医、地理教育、化学教育、会计、计算机多媒体技术、计算机信息管理、计算机应用技术、建筑工程管理、经济管理、历史教育、美术教育、汽车技术服务与营销、生物技术及应用、生物教育、数学教育、文秘、心理咨询、艺术设计、音乐教育、英语教育、应用电子技术、应用化工技术、语文教育、中草药栽培技术

院系设置

人文社会科学系、思想政治教育研究部、中文系、外语系、数学与计算科学系、物理与电子工程系、化学与化学工程系、计算机科学系、生物医药工程系、艺术系、城乡发展与管理工程系、体育教学部、成人教育学院

国家级、省部级研究机构设置

量子光学与量子信息研究所、中国西部科学发展研究所、数学研究所、贾平凹暨商洛文化研究所、中国中医研究院商洛中药材GAP科研工程中心、英语基础教育研究所、商洛旅游工艺品研究所

学校设立的奖学金情况

2007级：86人，48700元。

2008级：269人，121500元。

2009级：306人，133300元。

2010级：276人，117800元。

毕业生一次性就业率 86.53%

学校历史沿革

商洛学院是陕西省教育厅直属的一所多学科本科院校。学校创建于1976年，时称陕西师范大学商洛专修科，1984年改名为商洛师范专科学校，2006年经教育部批准，升格为本科院校，定名商洛学院。

安康学院

学校(机构)标识码 4161011397	校园(局域)网域名 www.aku.edu.cn	其中：普通本科 6176
学校办学类型 412：本科院校：学院	电子信箱 aku@aku.edu.cn	普通专科 3259
学校性质类别 01 综合大学	占地面积(平方米) 527632	成人本科 143
学校举办者 811 省级教育部门	校舍建筑面积(平方米) 242716	成人专科 386
学校地址 陕西省安康市汉滨区育才路92号	图书(万册) 95.37	专任教师(人) 549
	固定资产总值(万元) 21535.93	其中：正高级 23
邮政编码 725100	教学、科研仪器设备资产值(万元) 4896.48	副高级 142
办公电话 0915-3261835		中级 212
传真电话 0915-3261120	在校生数(人) 9964	初级 172

本科专业 财务管理、地理科学、电子信息工程、汉语言文学、化学工程与工艺、会计学、计算机科学与技术、旅游管理、美术学、农学、日语、社会工作、生物科学、食品科学与工程、数学与应用数学、数字媒体技术、思想政治教育、体育教育、统计学、小学教育、信息管理与信息系统、学前教育、艺术设计、音乐学、英语、应用化学、园林

专科专业 初等教育、地理教育、电子信息工程技术、供用电技术、环境规划与管理、会计、计算机应用技术、建筑经济管理、经济信息管理、历史教育、旅游管理、美术教育、生物技术及应用、市场开发与营销、数学教育、思想政治教育、文秘、学前教育、艺术设计、英语教育、应用电子技术、应用化工技术、语文教育、园林技术、中药制药技术

院系设置

学院现有数学系、电子与信息工程系、化学化工系、中文系、外语系、政治与历史系、教育科学系、艺术系、经济与管理系、体育系、农学与生命科学院和继续教育学院等12个教学院系

国家级、省部级研究机构设置

学院教学与科研并重，现已成立了"陕西省蚕桑重点实验室"、"陕西省富硒食品工程实验室""陕西省富硒食品监督检验中心"、"安康GAP工程技术研究中心"、"陕南民间文化研究中心"、"陕南蚕桑工程技术研究中心"等6个省级科研机构

定期公开出版的专业刊物 《安康学院学报》

学校设立奖学金情况

为了激励学生刻苦学习、奋发向上，学院设立了国家奖学金、国家励志奖学金、学院奖学金、单项奖励金，奖励总金额399.598余万元，奖学金最高金额8000元/年，最低金额200元/年。

学校历史沿革

安康学院的前身是创建于1958年的安康大学，1963年因国家经济困难停办。1978年重新设立"陕西师范大学安康专修科"，1984年经陕西省人民政府批准，更名为"安康师范专科学校"。2004年原安康教育学院、陕西省安康农业学校并入安康师范专科学校，2006年2月14日经教育部批准改建为全日制省属本科院校—安康学院。

西安培华学院

学校(机构)标识码 4161011400	校园(局域)网域名 www.peihua.cn	普通专科 7997
学校办学类型 412:本科院校:学院	电子信箱 office@peihua.cn	成人本科 156
学校性质类别 01 综合大学	占地面积(平方米) 64352	成人专科 1267
学校举办者 999 民办	图书(万册) 109.7	专任教师(人) 830
学校地址 陕西省西安市高新区白沙路南段2号	固定资产总值(万元) 52454.55	其中:正高级 78
	教学、科研仪器设备资产值(万元) 7912.53	副高级 146
邮政编码 710065		中级 316
办公电话 029-88220740	在校生数(人) 22775	初级 195
传真电话 029-88271591	其中:普通本科 13355	未定职级 95

本科专业 播音与主持艺术、财务管理、电子商务、电子信息工程、动画、对外汉语、法学、广告学、国际经济与贸易、汉语言文学、行政管理、护理学、会计学、计算机科学与技术、建筑学、旅游管理、人力资源管理、日语、通信工程、土木工程、物流管理、戏剧影视文学、新闻学、药学、艺术设计、英语

专科专业 财务管理、工商企业管理、国际经济与贸易、汉语、护理、会计、计算机网络技术、计算机应用技术、建筑工程管理、酒店管理、临床医学、人力资源管理、商务管理、市场营销、通信技术、物流管理、新闻采编与制作、药学、应用日语、应用英语

院系设置
文法学院、外国语学院、经济管理学院、财会学院、电气信息学院、国际商学院、医学院、艺术设计学院、建筑工程学院、职业教育学院、成人教育学院

国家级、省部级研究机构设置
研究所(中心):经济研究所、法制新闻与传播法制研究所、中华和谐文化研究所、女子教育研究所、西部民俗研究所、周秦文化研究所、全国妇联妇女/性别研究与培训陕西省委党校基地第一基地、关公文化研究所、红色文化研究所

定期公开出版的专业刊物 《西安培华学院报》、《台阶文学》、《培华学院报》

学校设立奖学金情况
学校设立奖学金6项,奖励总金额50余万元。奖学金最高金额1000元/年,最低金额300元/年。

毕业生一次就业率 93.85%

学校历史沿革
西安培华学院是经国家教育部批准成立的西部十二省市区首家民办本科普通高等学校,同时也是西部首家拥有学士学位授予权的民办高校。其前身为著名和平老人邵力子先生及夫人傅学文女士、爱国将领杨虎城将军的夫人谢葆贞女士为主要出资者,成立于1933年的培华女子职业学校(校址位于西安市后宰门,现西安市中心医院)。1936年培华女职交由地方管理,性质为民办公助,后相继更名为培华财经学院(男女兼收)、西安财经学校。1984年由陕西省人民政府批准,国家教委备案,在恢复原培华女大的基础上成立西安培华女子大学(民办公助),当年纳入国家计划内统招,后经国家教育部批准升格为本科院校,并更名为西安培华学院(男女兼收)。

西安财经学院

学校(机构)标识码 4161011560	校园(局域)网域名 www.xaufe.edu.cn	普通专科 4210
学校办学类型 412:本科院校:学院	电子信箱 yb@mail.xaufe.edu.cn	成人本科 450
学校性质类别 08 财经院校	占地面积(平方米) 1108021	成人专科 884
学校举办者 811 省级教育部门	校舍建筑面积(平方米) 631882	硕士研究生 537
学校地址 西安市长安区韦常路南段2号	图书(万册) 210.1	专任教师(人) 1046
	固定资产总值(万元) 37740.96	其中:正高级 133
邮政编码 710100	教学、科研仪器设备资产值(万元) 12437.79	副高级 281
办公电话 029-81556106		中级 509
传真电话 029-81556118	在校生数(人) 22005	初级 101
	其中:普通本科 15924	未定职级 22

本科专业 保险、财务管理、财政学、电子商务、法学、工程管理、工程造价、工商管理、工商管理类、工业工程、公共管理类、公共事业管理、广播电视编导、广播电视新闻学、广告学、国际经济与贸易、汉语言文学、行政管理、会计学、计算机科学与技术、

金融学、经济学、经济学类、旅游管理、农林经济管理、人力资源管理、软件工程、审计学、市场营销、数学类、数学与应用数学、税务、统计学、投资学、网络工程、物流管理、信息管理与信息系统、信息与计算科学、艺术设计、英语、政治学与行政学

专科专业 餐饮管理与服务、房地产经营与估价、会计、会计与审计、计算机信息管理、金融管理与实务、旅游管理、市场营销、室内设计技术、文秘

硕士专业 财政学(含:税收学)、产业经济学、经济法学、企业管理(含:财务管理、市场营销)、统计学

院系设置

经济学院、统计学院、管理学院、商学院、文法学院、信息学院、公共管理学院、国际教育学院、高等职业技术学院、继续教育学院、研究生部、公共外语教学部、思想政治理论教学科研部、体育部

国家级、省部级研究机构设置

研究中心(所):西安统计研究院、陕西省现代企业管理研究中心、陕西省国防科技与经济发展研究中心、陕西省统一战线理论与实践研究中心、陕西省信用研究中心

定期公开出版的专业刊物 《西安财经学院学报》、《统计与信息论坛》

学校设立奖学金情况

学校设立奖学金8项,奖励总金额205余万元。奖学金最高金额2500元/年,最低金额100元/年。

学校历史沿革

1996年5月14日陕西工商学院(原西安基础大学)、陕西财政专科学院、陕西商业专科学校合并组建陕西经贸学院(国家教委教计[1996]71号、陕西省人民政府陕政函[1996]118号)。2002年3月原陕西经贸学院、西安统计学院合并组建西安财经学院(国家教育部教发函[2001]164号、陕西省人民政府政函[2001]208号)。

西安邮电学院

学校(机构)标识码 4161011664
学校办学类型 412:本科院校:学院
学校性质类别 02 理工院校
学校举办者 811 省级教育部门
学校地址 陕西省西安市长安区韦郭路(长安校区)、西安市长安南路563号(雁塔校区)
邮政编码 710121
办公电话 029-85383106
　　　　　029-88166103
传真电话 029-88166104

029-85262731
校园(局域)网域名 www.xupt.edu.cn
电子信箱 xiaoxian225@xupt.edu.cn
占地面积(平方米) 1023420
校舍建筑面积(平方米) 527128
图书(万册) 145.45
固定资产总值(万元) 89887.21
教学、科研仪器设备资产值(万元)
　　　　　　　　　　　　19761.55
在校生数(人) 18644

其中:普通本科 14891
　　　普通专科 861
　　　成人本科 557
　　　成人专科 1493
　　　硕士研究生 842
专任教师(人) 1018
其中:正高级 122
　　　副高级 319
　　　中级 346
　　　初级 231

本科专业 财务管理、测控技术与仪器、电磁场与无线技术、电气工程及其自动化、电子科学与技术、电子商务、电子信息工程、电子信息科学与技术、工程管理、工商管理、工业工程、公共事业管理、光电信息工程、光信息科学与技术、广播电视工程、国际经济与贸易、行政管理、会计学、集成电路设计与集成系统、计算机科学与技术、经济学、人力资源管理、软件工程、商务策划管理、社会工作、审计学、市场营销、数字媒体艺术、通信工程、网络工程、微电子学、物流管理、信息安全、信息对抗技术、信息工程、信息管理与信息系统、信息与计算科学、英语、应用物理学、智能科学与技术、自动化

专科专业 计算机网络技术、市场营销、通信技术、物流管理

硕士专业 产业经济学、电路与系统、电子与通信工程、工商管理、管理科学与工程、计算机技术、计算机软件与理论、计算机系统结构、计算机应用技术、马克思主义基本原理、企业管理(含:财务管理、市场营销)、思想政治教育、通信与信息系统、物理电子学、物流工程、信号与信息处理

院系设置

通信与信息工程学院、电子工程学院、计算机学院、自动化学院、经济与管理学院、管理工程学院、理学院、人文社科学院、马克思主义教育研究院、继续教育、职业教育学院、外语系、数字媒体艺术系、体育部、国防教育学院、国际教育学院、物联网与两化融合研究院

国家级、省部级研究机构设置

实验室:陕西省通信专用集成电路设计工程研究中心、信息产业发展研究中心、专用集成电路(ASIC)设计中心、现代通信技术实验室、计算机软件工程实验室、邮政信息网络实验室、信息产业经济系统仿真实验室、陕西省网络与信息安全技术支持中心、陕西省工业化和信息化融合创新中心

定期公开出版的专业刊物 《西安邮电学院学报》

学校设立奖学金情况

学校设立奖学金9项,奖励总金额420余万元。奖学金最高金额8000元/年,最低金额300元/年。

主要校办产业

西安西邮资产经营管理有限公司、北电网络通讯工程有限

公司、西安邮电学院邮电技术公司、西安深亚电子有限公司、西安聚芯电子有限公司、西安西邮数据公司、西安邮通数码科技有限责任公司

西安航空技术高等专科学校

学校（机构）标识码　4161011736
学校办学类型　414：专科院校：高等专科学校
学校性质类别　02 理工院校
学校举办者　811 省级教育部门
学校地址　西安市西二环259号
邮政编码　710077
办公电话　029 - 84258166
传真电话　029 - 84261739

校园（局域）网域名　www.xihangzh.com
电子信箱　xhxb@xihangzh.com
占地面积（平方米）　772000
校舍建筑面积（平方米）　405134
图书（万册）　89.1
固定资产总值（万元）　52990
教学、科研仪器设备资产值（万元）　8032

在校生数（人）　9693
其中：普通专科　9693
专任教师（人）　566
其中：正高级　47
　　　副高级　154
　　　中级　241
　　　初级　122
　　　未定职级　2

专科专业　表演艺术、电气自动化技术、电子商务、电子信息工程技术、飞机制造技术、给排水工程技术、供热通风与空调工程技术、航空电子设备维修、航空机电设备维修、航空通信技术、环境监测与治理技术、会计电算化、机电一体化技术、机械制造与自动化、计算机多媒体技术、计算机控制技术、计算机网络技术、计算机信息管理、计算机应用技术、检测技术及应用、建筑工程管理、建筑设备工程技术、连锁经营管理、楼宇智能化工程技术、旅游管理、旅游英语、民航特种车辆维修、民航运输、模具设计与制造、汽车改装技术、热能动力设备与应用、软件技术、商务英语、生产过程自动化技术、税务、文秘、物流管理、新闻采编与制作、液压与气动技术、医用电子仪器与维护、营销与策划、应用电子技术、制冷与冷藏技术

院系设置
学校设有航空机务学院、航空工程系、机械工程系、电气工程系、车辆与医电工程系、动力工程系、计算机工程系、经济管理系等 8 个院（系）和基础课部、思想政治理论课教学科研部

定期公开出版的专业刊物　《西安航空技术高等专科学校学报》

学校设立奖学金情况
学校设立奖学金 6 项，奖励总金额 983 万元/年，最低金额 300 元/年。

主要校办产业
学校成立有校办产业红庆机械厂。

学校历史沿革
学校创建于 1956 年，原名为西安航空工业学校，隶属原航空工业部。1957 年合并兰州航空工业学校。1960 年升格为专科学校，更名为西安航空工业专科学校，后因国民经济调整而复原。1985 年，经原国家教委批准升格为高等专科学校，更名为西安航空技术高等专科学校。1999 年因高校体制改革划转地方，隶属陕西省人民政府，为中央与地方共建院校。

西安电力高等专科学校

学校（机构）标识码　4161011826
学校办学类型　414：专科院校：高等专科学校
学校性质类别　02 理工院校
学校举办者　812 省级其他部门
学校地址　西安市长乐西路180号
邮政编码　710032
办公电话　029 - 81009222
传真电话　029 - 83214934

校园（局域）网域名　xaepi.edu.cn
电子信箱　office@xaepi.edu.cn <office@xaepi.edu.cn>
占地面积（平方米）　267434
校舍建筑面积（平方米）　158686
图书（万册）　28.01
固定资产总值（万元）　26408.52
教学、科研仪器设备资产值（万元）　5974.36

在校生数（人）　4207
其中：普通专科　4115
　　　成人专科　92
专任教师（人）　234
其中：正高级　2
　　　副高级　95
　　　中级　110
　　　初级　22
　　　未定职级　5

专科专业　电厂化学、电厂热能动力装置、电力系统继电保护与自动化、发电厂及电力系统、发电厂及电力系统（中澳合作办学）、高压输配电线路施工运行与维护、工程造价、供用电技术、会计、火电厂集控运行、计算机控制技术、计算机通信、计算机应用技术、农村电气化技术、生产过程自动化技术（电厂热自）、市场营销、图形图像制作、物流管理、应用电子技术

院系设置
设有电力工程系、动力工程系、管理工程系、计算机工程系、

思想政治理论教学研究部、基础教学部6个教学系部。

学校设立奖学金情况

学校设立奖学金1项,奖励总金额20余万元。奖学金最高金额1000元/年,最低金额200元/年。

学校历史沿革

西安电力高等专科学校1953年建校。1994年升格为大专,2007年在教育部高职高专人才培养工作水平评估中获得"优秀",2008年成为省级示范性高等职业院校建设单位。

西安医学院

学校(机构)标识码 4161011840	电子信箱 xianyixueyuan08@163.com	普通专科 5837
学校办学类型 412:本科院校:学院	占地面积(平方米) 349045	成人本科 109
学校性质类别 05 医药院校	校舍建筑面积(平方米) 437670	成人专科 668
学校举办者 811 省级教育部门	图书(万册) 96.35	专任教师(人) 763
学校地址 西安市未央区辛王路1号	固定资产总值(万元) 68148.9	其中:正高级 96
邮政编码 710021	教学、科研仪器设备资产值(万元)	副高级 134
办公电话 029-86177362	9749.9	中级 366
传真电话 029-86177362	在校生数(人) 16147	初级 133
校园(局域)网域名 www.xiyi.edu.cn	其中:普通本科 9533	未定职级 34

本科专业 公共事业管理(卫生法学方向)、公共事业管理(卫生信息管理)、护理学、口腔医学、临床医学、临床医学(精神病与精神卫生方向)、临床医学(麻醉方向)、临床医学(全科医学定向)、临床医学(全科医学方向)、临床医学(医学影像)、市场营销(医药营销)、药学、药学(临床药学)、药学类、医学检验、医学影像学、英语(医学方向)、预防医学、中药学

专科专业 公共事务管理(卫生法学)、呼吸治疗技术、护理、护理(涉外方向)、家政服务、口腔医学、口腔医学技术、临床医学、临床医学(麻醉学)、临床医学(全科医学)、临床医学(预防医学)、卫生信息管理、眼视光技术、药物制剂技术、药学、药学(药事管理)、医学检验技术、医学影像技术、医药营销、应用英语(医学方向)、中药、助产

院系设置

临床医学院、药学院、护理学院、医学技术系、公共卫生系、口腔医学系、人文科学系、英语系、高等职业技术学院、继续教育学院、基础医学部、公共课部、体育部

学校设立奖学金情况

学校设立奖学金4项,奖励总金额309.91余万元。奖学金最高金额8000元/年,最低金额200元/年。

学校历史沿革

西安医学院前身为陕西省卫生学校,创建于1951年1月。同年2月改名为陕西省西安第一卫校,1955年与延安卫校合并。1959年改名为陕西省西安市卫生学校。同时在此基础上成立了陕西省卫生干部进修学院。1966年陕西省西安市卫生学校更名为陕西省人民卫生学校。1979年改为陕西省卫生学校。1988年陕西省卫生干部进修学院改办为陕西省卫生干部学院。1994年陕西省卫生干部学院和陕西省卫生学校共同更名为陕西医学高等专科学校。2006年2月经教育部批准,学校升格为医学本科院校—西安医学院。

陕西能源职业技术学院

学校(机构)标识码 4161012510	校园(局域)网域名 www.sxny.cn	在校生数(人) 10825
学校办学类型 415:专科院校:高等职业学校	电子信箱 sxnyyuanban@126.com	其中:普通专科 8915
	占地面积(平方米) 222579	成人专科 1910
学校性质类别 02 理工院校	校舍建筑面积(平方米) 213554	专任教师(人) 417
学校举办者 812 省级其他部门	图书(万册) 49.4	其中:正高级 15
学校地址 陕西省咸阳市文林路中段	固定资产总值(万元) 23762.53	副高级 138
邮政编码 712000	教学、科研仪器设备资产值(万元)	中级 170
办公电话 029-38103777	5528.72	初级 94
传真电话 029-38104444		

专科专业 财务管理、地球物理勘查技术、电厂热能动力装置、电气自动化技术、电子商务、工程测量与监理、工程地质勘查、广告与会展、护理、会计、机电一体化技术、机械制造与自动化、计算机网络技术、计算机应用技术、建筑工程技术、建筑经济

管理、建筑装饰工程技术、康复治疗技术、口腔医学技术、矿井通风与安全、临床医学、煤化工生产技术、煤矿开采技术、煤田地质与勘查技术、市场营销、药物制剂技术、医疗美容技术、医学检验技术、医学影像技术、医药营销、医用电子仪器与维护、应用电子技术、应用化工技术、助产、钻探技术

院系设置

基础一部、基础二部、能源工程系、机电工程系、电子工程系、地质测量系、经济管理系、临床医学系、医技系、护理系

国家级、省部级研究机构设置

研究所(中心):科研处

定期公开出版的专业刊物 《陕西能源职业技术学院学报》

学校设立奖学金情况

学校设立奖学金4项,奖励总金额85.3余万元。奖学金最高金额600元/年,最低金额300元/年。

毕业生一次就业率 85%

学校历史沿革

陕西能源职业技术学院前身陕西煤炭工业学校,1953年创建于西安,2001年9月经陕西省人民政府批准并报教育部备案,陕西煤炭工业学校与陕西煤矿职工医科大学(西安煤炭卫生学校)、陕西煤炭职工大学合并组建陕西能源职业技术学院。

西安欧亚学院

学校(机构)标识码 4161012712	校园(局域)网域名 www.eurasia.edu	其中:普通本科 8954
学校办学类型 412:本科院校:学院	电子信箱 master@eurasia.edu	普通专科 9759
学校性质类别 08 财经院校	占地面积(平方米) 442201	成人专科 2169
学校举办者 999 民办	校舍建筑面积(平方米) 120561	专任教师(人) 788
学校地址 西安市南郊电子城欧亚路1号	图书(万册) 122.5	其中:正高级 46
	固定资产总值(万元) 73259.86	副高级 146
邮政编码 710065	教学、科研仪器设备资产值(万元) 6566.13	中级 350
办公电话 029-88286920		初级 205
传真电话 029-88298771	在校生数(人) 20882	未定职级 41

本科专业 编辑出版学、财务管理、测控技术与仪器、电子商务、电子信息工程、工程管理、工商管理、国际经济与贸易、会计学、计算机科学与技术、金融学、旅游管理、人力资源管理、软件工程、市场营销、数字媒体艺术、通信工程、统计学、土木工程、网络工程、物流管理、新闻学、艺术设计、英语

专科专业 财务管理、电子商务、动漫设计与制作、工程造价、广告设计与制作、国际经济与贸易、环境艺术设计、计算机网络技术、计算机信息管理、建筑工程管理、建筑工程技术、金融保险、金融管理与实务、连锁经营管理、楼宇智能化工程技术、旅游管理、软件技术、视觉传达艺术设计、室内设计技术、投资与理财、物流管理、物业管理、新闻采编与制作、移动通信技术、应用电子技术、应用英语

院系设置

外国语学院、信息工程学院、新闻与传播学院、物流贸易学院、会计学院、艺术设计学院、建筑工程学院、管理学院、金融学院、理工学院、国际学院

定期公开出版的专业刊物 《西安欧亚学院学报》

学校设立奖学金情况

学校设立奖学金七项,奖励总金额36余万元。奖学金最高金额1000元/年,最低金额100元/年。

学校历史沿革

1995年10月成立"西安涉外人才培训学院";1996年9月更名为"陕西涉外人才培训学院";1997年12月更名为"西安欧亚培训学院";2000年5月更名为"西安欧亚学院";2005年3月经教育部批准晋升为本科院校,更名为"西安欧亚学院"。

西安外事学院

学校(机构)标识码 4161012713	办公电话 029-88751005	9804.02
学校办学类型 412:本科院校:学院	传真电话 029-88751555	在校生数(人) 23707
学校性质类别 01 综合大学	校园(局域)网域名 www.xaiu.edu.cn	其中:普通本科 10294
学校举办者 999 民办	电子信箱 xaiu@xaiu.edu.cn	普通专科 9960
学校地址 西安市丈八北路408号西安外事学院	图书(万册) 143	成人专科 3400
	固定资产总值(万元) 95834	留学生 53
邮政编码 710077	教学、科研仪器设备资产值(万元)	专任教师(人) 1164

| 其中:正高级 | 90 | 中级 | 461 | 未定职级 | 6 |
| 副高级 | 215 | 初级 | 392 | | |

本科专业 表演、财务管理、电气工程及其自动化、电子信息工程、法语、工商管理、广播电视编导、广播电视新闻学、国际经济与贸易、汉语言文学、护理学、会计学、计算机科学与技术、交通运输、旅游管理、人力资源管理、日语、市场营销、物流管理、新闻学、艺术设计、英语、园林

专科专业 保险实务、电子商务、法律事务、工商企业管理、广告设计与制作、国际商务、护理、环境艺术设计、会计电算化、计算机控制技术、计算机通信、计算机信息管理、建筑工程技术、口腔医学、口腔医学技术、旅游管理、汽车电子技术、汽车技术服务与营销、汽车检测与维修技术、文秘、物流管理、新闻采编与制作、药学、医疗美容技术、移动通信技术、影视动画、应用法语、应用日语、应用英语、园林工程技术、主持与播音、资产评估与管理

院系设置
学校下设商学院、创业学院、工学院、外国语学院、国际合作学院、人文学院、文化产业学院、医学院、国际护理学院、成人教育学院、继续教育学院等11个二级学院

学校历史沿革
西安外事学院创办于1992年，原名西安外事服务培训学院。1998年西安科技学院并入。2000年5月，经国家教育部备案，陕西省人民政府批准成立西安外事职业学院，取得独立颁发毕业证书资格，同年秋季招收计划内高职学生。2003年西安博迪学校并入。2005年3月教育部发出《关于同意建立西安外事学院的通知》，同意在西安外事职业学院的基础上建立民办本科层次的西安外事学院，同时撤销西安外事职业学院建制。

西安翻译学院

学校(机构)标识码	4161012714	校园(局域)网域名	www.xfuedu.org	其中:普通本科	8901
学校办学类型	412:本科院校:学院	电子信箱	xfuedu1987@163.com	普通专科	8826
学校性质类别	07 语文院校	占地面积(平方米)	342257	专任教师(人)	981
学校举办者	999 民办	校舍建筑面积(平方米)	368236	其中:正高级	79
学校地址	陕西省西安市长安区太乙宫西安翻译学院	图书(万册)	179.99	副高级	217
		固定资产总值(万元)	92369.35	中级	293
邮政编码	710105	教学、科研仪器设备资产值(万元)	8582	初级	227
办公电话	029-85891138			未定职级	165
传真电话	029-85893858	在校生数(人)	17727		

本科专业 财务管理、德语、电子商务、电子信息科学与技术、对外汉语、法语、翻译、工程管理、工业设计、广播电视新闻学、广告学、国际经济与贸易、汉语言文学、计算机科学与技术、旅游管理、人力资源管理、日语、软件工程、市场营销、物流管理、艺术设计、英语

专科专业 电子商务、工商企业管理、广告设计与制作、国际金融、国际经济与贸易、计算机网络技术、计算机信息管理、酒店管理、旅游管理、旅游英语、软件技术、商务英语、市场营销、室内设计技术、通信技术、物流管理、新闻采编与制作、英语教育、应用德语、应用日语

学校设立奖学金情况
学院设立奖学金4项，共计350余万元，奖学金最高金额8000元/年，最低金额1000元/年。

学校历史沿革
1985年秋西安翻译学院创始人原西安石油学院外语教研室主任丁祖诒先生办起培训班，时称"西安外国语联合培训部，"即为今天的西安翻译学院。1987年12月5日经原陕西省教委(87)058号文批准成立"西安翻译培训学院"。2000年6月2日，国家教育部授权陕西省人民政府以陕政函(2000)114号文，批准西译在"西安翻译培训学院"基础上成立了具有高等专科学历证书颁发资格的"西安翻译职业学院"。2005年5月，学院在西安翻译职业学院的基础上，经国家教育部批准，更名为西安翻译学院。

西京学院

学校(机构)标识码	4161012715	学校地址	陕西省西安市长安区西京路1号	传真电话	029-85628222
学校办学类型	412:本科院校:学院			校园(局域)网域名	www.xijing.edu.cn
学校性质类别	02 理工院校	邮政编码	710123		
学校举办者	999 民办	办公电话	029-85628111	电子信箱	xijingxx@126.com

占地面积(平方米) 499825		12817.94	其中:正高级 74
校舍建筑面积(平方米) 605285	在校生数(人) 20703	副高级 263
图书(万册) 131.6	其中:普通本科 9584	中级 339
固定资产总值(万元) 75651	普通专科 11119	初级 384
教学、科研仪器设备资产值(万元)	专任教师(人) 1060	

本科专业 测控技术与仪器、电子商务、电子信息工程、动画、对外汉语、工程管理、工业设计、国际经济与贸易、会计学、机械设计制造及其自动化、计算机科学与技术、交通运输、旅游管理、美术学、汽车服务工程、市场营销、数学与应用数学、土木工程、新闻学、艺术设计、英语、应用化学、应用物理学、自动化

专科专业 电脑艺术设计、电子商务、法律事务、工商企业管理、广告设计与制作、国际经济与贸易、护理、会计、机电一体化技术、计算机网络技术、计算机应用技术、建筑工程管理、旅游管理、汽车技术服务与营销、汽车检测与维修技术、汽车运用技术、商务英语、市场营销、数控技术、图形图像制作、物流管理、新闻采编与制作、移动通信技术、装潢艺术设计

院系设置

机电工程系、工程技术系、管理科学系、经济系、人文科学系、医护系、文理学院、艺术学院、基础部

学校设立奖学金情况

学校设立奖学金5项,奖励总金额1819.83余万元,奖学金最高金额8000元/年,最低金额1400元/年。

主要校办产业

西安西京智能装备有限责任公司

学校历史沿革

西京学院的前身是1994年经陕西省人民政府批准成立的民办西京大学(筹)。2000年,经陕西省人民政府(陕政函【2000】116号文件)批准成立西京大学,在向教育部备案时,更名(陕政函【2001】26号文件)为西京职业学院。2005年,经教育部批准,在西京职业学院的基础上升格为普通本科院校,定名为西京学院,实施普通本科和高职高专学历教育。

陕西国防工业职业技术学院

学校(机构)标识码 4161012827	传真电话 029-81480005	在校生数(人) 7934
学校办学类型 415:专科院校:高等职业学校	校园(局域)网域名 www.gfxy.com	其中:普通专科 7934
	电子信箱 dad@gfxy.com	专任教师(人) 487
学校性质类别 02 理工院校	占地面积(平方米) 668667	其中:正高级 5
学校举办者 812 省级其他部门	校舍建筑面积(平方米) 272822	副高级 101
学校地址 陕西国防工业职业技术学院	图书(万册) 50.46	中级 283
	固定资产总值(万元) 30361.97	初级 85
邮政编码 710300	教学、科研仪器设备资产值(万元) 4562.62	未定职级 13
办公电话 029-81481188		

专科专业 电气自动化技术、电子工艺与管理、电子商务、电子信息工程技术、工程造价、工业分析与检验、供热通风与空调工程技术、供用电技术、焊接技术及自动化、化学制药技术、会计电算化、机电一体化技术、机械制造与自动化、机械质量管理与检测技术、计算机辅助设计与制造、计算机网络技术、检测技术及应用、建筑工程技术、精细化学品生产技术、连锁经营管理、模具设计与制造、汽车技术服务与营销、汽车检测与维修技术、汽车制造与装配技术、热能动力设备与应用、人力资源管理、软件技术、石油化工生产技术、市场营销、数控技术、数控设备应用与维护、图形图像制作、微电子技术、物流管理、液压与气动技术、应用电子技术、应用化工技术、自动化生产设备应用

院系设置

机械工程学院、汽车工程学院、机电工程学院、数控工程学院、电子信息学院、化学工程学院、热能工程学院、经济管理学院、基础课部、体育部、思政处

学校历史沿革

惠安职业学校(1958-1959)、惠技工学校(1959-1962)、陕西化工技工学校(1962-1963)、陕西第一化学工业学校(1963-1969)、陕西第一化工学校(1972-1981)、陕西第一工业学校(1981-1998)、西安机电学校(1998-2001)、陕西国防工业职业技术学院(2001年至今)。

西安航空职业技术学院

学校(机构)标识码 4161012828　　学校办学类型 415:专科院校:高等职业学校

学校性质类别	02 理工院校			在校生数(人)	8564
学校举办者	811 省级教育部门	电子信箱	xihangyuanban@126.com	其中：普通专科	8564
学校地址	西安市阎良区人民西路48号	占地面积(平方米)	505276	专任教师(人)	476
		校舍建筑面积(平方米)	304558	其中：正高级	16
邮政编码	710089	图书(万册)	42.83	副高级	90
办公电话	029-86852321	固定资产总值(万元)	32271.49	中级	202
传真电话	029-86852300	教学、科研仪器设备资产值(万元)		初级	120
校园(局域)网域名	www.xihang.com.cn		8245.29	未定职级	48

专科专业 材料成型与控制技术、材料工程技术、电气自动化技术、电子商务、电子声像技术、电子信息工程技术、动漫设计与制作、飞机制造技术、工商企业管理、焊接技术及自动化、航空电子设备维修、航空服务、航空机电设备维修、机电一体化技术、机械设计与制造、机械制造与自动化、计算机辅助设计与制造、计算机控制技术、计算机网络技术、计算机系统维护、计算机信息管理、检测技术及应用、金属材料与热处理技术、空中乘务、楼宇智能化工程技术、旅游英语、民航特种车辆维修、模具设计与制造、汽车技术服务与营销、汽车运用技术、软件技术、生产过程自动化技术、市场营销、数控技术、数控设备应用与维护、无人机应用技术、液压与气动技术、应用电子技术、自动化生产设备应用

院系设置
电子工程系、计算机工程系、自动化工程系、航空维修工程系、航空管理工程系、航空材料工程系、基础课部、体育艺术部

学校设立奖学金情况
学校设立奖学金3项，总金额为204余万元，最高金额5000元/年，最低金额800元/年。

学校历史沿革
前身为中国人民解放军空军西安航空工程学校，建校于1958年。2001年9月经陕西省人民政府批准在原空军西安航空工程学校的基础上成立西安航空职业技术性学院，隶属陕西省教育厅，是一所具有高等学历教育资格的公办全日制普通高等学校。

陕西财经职业技术学院

学校(机构)标识码	4161012829	校园(局域)网域名	www.sxptife.net	在校生数(人)	6971
学校办学类型	415：专科院校：高等职业学校	电子信箱	bgs@scy.cn	其中：普通专科	6971
		占地面积(平方米)	172079	专任教师(人)	400
学校性质类别	08 财经院校	校舍建筑面积(平方米)	160014	其中：正高级	17
学校举办者	812 省级其他部门	图书(万册)	43.69	副高级	70
学校地址	陕西省咸阳市文林路1号	固定资产总值(万元)	19702.35	中级	133
邮政编码	712000	教学、科研仪器设备资产值(万元)		初级	145
办公电话	029-33732500		3114.86	未定职级	35
传真电话	029-33733844				

专科专业 保险实务、财务管理、电子商务、会计、会计电算化、会计与审计、计算机信息管理、建筑工程管理、金融与证券、酒店管理、市场营销、物流管理

院系设置
四系两部、信息工程系、会计系、财政税务系、工商管理系、基础课教学部、体育课教学部

定期公开出版的专业刊物 《陕西财经教育》、《陕西财经职业技术学院学报》

学校设立奖学金情况
学校设立奖学金3项，奖励总金额39.421万元。奖学金最高金额1000元/年，最低金额50元/年。

学校历史沿革
前身是陕西省财经学校，1960年创建于西安，1988年迁建于咸阳，2001年7月改制为陕西财经职业技术学院。

陕西交通职业技术学院

学校(机构)标识码	4161012830	学校性质类别	02 理工院校	邮政编码	710018
学校办学类型	415：专科院校：高等职业学校	学校举办者	812 省级其他部门	办公电话	029-86405391
		学校地址	西安市经开区文景路19号	传真电话	029-86405298

校园(局域)网域名　www.scct.cn	教学、科研仪器设备资产值(万元)	其中:正高级　8
占地面积(平方米)　680005	4255.98	副高级　52
校舍建筑面积(平方米)　162239	在校生数(人)　7622	中级　122
图书(万册)　46.8	其中:普通专科　7622	初级　65
固定资产总值(万元)　37860.09	专任教师(人)　268	未定职级　21

专科专业　保险实务、城市轨道交通工程技术、城市轨道交通控制、城市轨道交通运营管理、道路桥梁工程技术、电子商务、动漫设计与制作、高等级公路维护与管理、工程测量技术、工程造价、公路运输与管理、会计电算化、计算机应用技术、建筑工程管理、建筑工程技术、交通安全与智能控制、连锁经营管理、旅游英语、汽车电子技术、汽车技术服务与营销、汽车检测与维修技术、汽车整形技术、汽车制造与装配技术、市场营销、市政工程技术、铁道工程技术、投资与理财、网络系统管理、物流管理

院系设置
学院由校本部、自强校区、泾渭校区和太白校区四个校区组成。设有公路工程系、汽车工程系、经济管理系、信息工程系、基础学科部、思想政治理论教学科研部、体育教学部、成人教育部等8个系部

国家级、省部级研究机构设置
学院实验实训条件优良,教学设备技术先进。现拥有专业教学实验室47个、校内生产性实训基地12个、校外顶岗实习基地155个。道路桥梁专业实训中心配有GPS定位系统、全站仪、地质雷达、激光测距仪等一批先进的测量与检测教学仪器设备;汽车检测与维修实训中心拥有一流的汽车检测设备、车身测量与校正系统及电子检测设备;物流管理专业实训中心拥有仓储管理系统、运输管理系统、第三方物流系统及POS软件系统等软件和信息采集设备、物流作业设施设备、网络设备等硬件;交通安全与智能控制专业实训中心拥有公路收费、交通监控、交通信息处理、智能控制和车载智能设备等软硬件。其中汽车检测与维修实训中心被确定为中央财政支持的专业性实训基地和陕西省重点专业实训基地

定期公开出版的专业刊物　《陕西交通职业技术学院学报》
学校设立奖学金情况
学院设立奖学金6项,奖励总金额20余万元。奖学金最高金额1500元/年,最低金额200元/年。

学校历史沿革
陕西交通职业技术学院创建于1952年,其前身为国家级重点中专——陕西省交通学校。2001年经陕西省人民政府批准进入高等教育系列,是培养公路交通建设与管理人才的全日制高等职业技术学院。2009年经陕西省人民政府批准成为省级示范院校。

陕西职业技术学院

学校(机构)标识码　4161012831	029 – 85646809	4236.84
学校办学类型　415:专科院校:高等职业学校	传真电话　029 – 85646801	在校生数(人)　9370
	校园(局域)网域名　www.spvec.com.cn	其中:普通专科　9370
学校性质类别　08 财经院校	电子信箱　cw2000@263.com	专任教师(人)　474
学校举办者　811 省级教育部门	占地面积(平方米)　362502	其中:正高级　8
学校地址　西安市长安区西杨万甲字一号	校舍建筑面积(平方米)　165027	副高级　87
	图书(万册)　63.98	中级　236
邮政编码　710100	固定资产总值(万元)　18197.19	初级　112
办公电话　029 – 85646800	教学、科研仪器设备资产值(万元)	未定职级　31

专科专业　保险实务、报关与国际货运、电脑艺术设计、电子商务、电子组装技术与设备、动漫设计与制作、房地产经营与估价、工程监理、工程造价、国际经济与贸易、环境艺术设计、会计、会计电算化、计算机网络技术、计算机信息管理、计算机应用技术、建筑工程管理、建筑工程技术、建筑设备工程技术、金融保险、酒店管理、旅游管理、旅游英语、汽车技术服务与营销、人力资源管理、软件技术、商务管理、市场营销、投资与理财、图形图像制作、文秘、物流管理、学前教育、音乐教育、应用英语、证券投资与管理、装潢艺术设计、资源环境与城市管理

院系设置
设有财学院、建筑工程学院、计算机科学系、旅游系、艺术系、管理系和思政课教研部、基础课部等8个院系(部)

学校历史沿革
陕西职业技术学院前身是陕西省"九五"重点建设项目陕西省职业教育中心,成立于1995年10月20日。2011年经省政府批准在省职教中心基础上成立了陕西职业技术学院。

西安思源学院

学校(机构)标识码　4161013121
学校办学类型　412:本科院校:学院
学校性质类别　02 理工院校
学校举办者　999 民办
学校地址　西安市东郊水安路28号
邮政编码　710038
办公电话　029-82601808
传真电话　029-82616626
校园(局域)网域名　www.xasyu.cn

电子信箱　yb@xasyu.cn
占地面积(平方米)　344017
校舍建筑面积(平方米)　292690
图书(万册)　91.16
固定资产总值(万元)　63125
教学、科研仪器设备资产值(万元)　7225.98
在校生数(人)　16426
其中:普通本科　4310

普通专科　8719
成人专科　3397
专任教师(人)　702
其中:正高级　49
副高级　161
中级　234
初级　189
未定职级　69

本科专业　财务管理、电气工程及其自动化、电子信息工程、工业工程、国际经济与贸易、汉语言文学、机械设计制造及其自动化、计算机科学与技术、建筑学、交通运输、人力资源管理、土木工程、英语、自动化

专科专业　财务管理、城市交通运输、电力系统自动化技术、电气自动化技术、电子商务、电子信息工程技术、法律事务、工商企业管理、工商企业管理(工业工程方向中加、工商企业管理(中加合作)、广告设计与制作、国际商务、机电一体化技术、机电一体化技术(工业工程方向)、计算机多媒体技术、计算机网络技术、计算机网络技术(中加合作)、计算机应用技术、建筑工程管理、建筑工程技术、金融管理与实务、旅游管理、汽车技术服务与营销、汽车检测与维修技术、人力资源管理、人物形象设计、软件技术、市场营销、物流管理、物业管理、项目管理、新闻采编与制作、应用电子技术、应用英语

院系设置
我院共设12个分院,分别为:机电工程学院、电子信息工程学院、能源与电气工程学院、汽车交通学院、城市建设学院、经济贸易学院、管理学院、人文学院、国际学院、理工学院、文管学院、五年高职学院

定期公开出版的专业刊物　《西安思源学院学报》

学校设立奖学金情况
学校设立奖学金4项,奖励总金额24.84万元,奖学金金额300元/年
1. 三好学生奖学金419人/年,300元/年
2. 优秀学生干部奖学金138人/年,300元/年
3. 优秀毕业生奖学金197人/年,300元/年
4. 优秀团员干部奖学金74人/年,300元/年

学校历史沿革
西安思源学院前身为西安交通大学机械学院自考培训中心(1994-1998);西安思源科技培训学院(1998.7-2002.5);西安思源职业学院(2002.6-2008.4);西安思源学院(2008.5至今)。

西安高新科技职业学院

学校(机构)标识码　4161013122
学校办学类型　415:专科院校:高等职业学校
学校性质类别　02 理工院校
学校举办者　999 民办
学校地址　西安高新科技职业学院
邮政编码　710305
办公电话　029-84950380

传真电话　029-84950183
校园(局域)网域名　www.xhtu.com.cn
电子信箱　xhtuyuanban163.com
图书(万册)　58.75
固定资产总值(万元)　15900.2
教学、科研仪器设备资产值(万元)　3416
在校生数(人)　5210

其中:普通专科　5210
专任教师(人)　276
其中:正高级　14
副高级　52
中级　108
初级　84
未定职级　18

专科专业　财务信息管理、电子商务、电子信息工程技术、动漫设计与制作、多媒体设计与制作、工程监理、工程造价、工商企业管理、国际贸易实务、计算机控制技术、计算机网络技术、计算机信息管理、建筑工程管理、建筑经济管理、软件技术、商务管理、物流管理、物业管理、应用电子技术

院系设置
电子工程系、软件工程系、信息商务系、信息管理系、建筑工程系、基础课部

学校设立奖学金情况
学校设立奖学金9项,奖励总金额200余万元。奖学金最高金额8000元/年,最低金额200元/年。

1. 国家奖学金：3人，8000元/人
2. 国家励志奖学金：66人，5000元/人
3. 三好学生奖学金：400－600人，500－2000元/人
4. 学习竞赛奖学金：300－500人，300－1000元/人
5. 优秀学生干部奖学金：100－200人，300－800元/人
6. 社会实践奖学金：200－400人，200－600元/人
7. 贡献奖奖学金：200－300人，200－800元/人
8. 勤奋奖奖学金：200－300人，200－600元/人
9. 进步奖奖学金：200－300人，200－600元/人

毕业生一次就业率　60％

学校历史沿革

学院前身为西安高新科技培训学院，创立于1999年7月，2002正式纳入国家计划内统招，并更名为西安高新科技职业学院。

陕西国际商贸学院

学校（机构）标识码　4161013123
学校办学类型　412：本科院校：学院
学校性质类别　08 财经院校
学校举办者　999 民办
学校地址　陕西省咸阳市秦都区统一西路35号
邮政编码　712046
办公电话　029－33814519
传真电话　029－33811620
校园（局域）网域名　www.csiic.com
电子信箱　csiic@163.com
占地面积（平方米）　340247
校舍建筑面积（平方米）　81474
图书（万册）　55.7
固定资产总值（万元）　48701.31
教学、科研仪器设备资产值（万元）　2549.52
在校生数（人）　13906
其中：普通本科　4312
　　　普通专科　6200
　　　成人专科　3394
专任教师（人）　497
其中：正高级　41
　　　副高级　119
　　　中级　145
　　　初级　151
　　　未定职级　41

本科专业　财务管理、电子科学与技术、动画、对外汉语、服装设计与工程、国际经济与贸易、汉语言文学、计算机科学与技术、人力资源管理、市场营销、信息管理与信息系统、药物制剂、药学、英语、制药工程、中药学

专科专业　宝玉石鉴定与加工技术、电脑艺术设计、电子商务、动漫设计与制作、服装设计、工程造价、工商企业管理、国际贸易实务、国际商务、会计电算化、计算机网络技术、计算机信息管理、计算机应用技术、建筑工程管理、酒店管理、口腔医学技术、旅游管理、人力资源管理、商务英语、市场开发与营销、通信技术、投资与理财、文秘、物流管理、物业管理、药学、医药营销、中药制药技术、珠宝首饰工艺及鉴定

院系设置

下设商学院、金融与会计学院、国际经济学院、医药学院、信息与工程学院、文化与艺术学院、珠宝学院、服装学院、成教学院等九个二级学院和一个公共课部

学校历史沿革

陕西国际商贸学院是2008年5月依据教育部《教育部关于同意建立陕西国际商贸学院的通知》（教发函[2008]110号）和陕西省政府《陕西省政府关于同意建立陕西国际商贸学院的通知》（陕政函[2008]59号）的文件精神，在陕西国际商贸职业学院的基础上建立的。

西安三资职业学院

学校（机构）标识码　4161013124
学校办学类型　415：专科院校：高等职业学校
学校性质类别　08 财经院校
学校举办者　999 民办
学校地址　西安市长安区东大温泉大道002号
邮政编码　710114
办公电话　029－82039606
传真电话　029－82039606
校园（局域）网域名　www.sanziedu.com
电子信箱　guo_456@126.com
占地面积（平方米）　41034
校舍建筑面积（平方米）　79170
图书（万册）　32.1
固定资产总值（万元）　13489
教学、科研仪器设备资产值（万元）　1753.74
在校生数（人）　4301
其中：普通专科　3802
　　　成人专科　499
专任教师（人）　172
其中：正高级　6
　　　副高级　36
　　　中级　72
　　　初级　48
　　　未定职级　10

专科专业　报关与国际货运、城市轨道交通运营管理、导游、电子商务、动漫设计与制作、工程监理、工程造价、工商企业管理、国际商务、环境艺术设计、会计电算化、机电一体化技术、计算机信息管理、金融与证券、空中乘务、旅游管理、模具设计与制造、软件技术、室内设计技术、数控技术、物流管理、新闻采编与制作、应用电子技术

院系设置
经济管理系、电子信息系、机电工程系、基础部
定期公开出版的专业刊物 《三资学报》
学校设立奖学金情况
学院设立奖学金3项,奖励总金额50余万元。最高金额8000元/年最低金额2000元/年。

主要校办产业
三资后勤集团
学校历史沿革
陕西三资企业专修学院(1993-2002);西安三资职业学院(2002至今)。

陕西服装工程学院

学校(机构)标识码 4161013125	电子信箱 shanruyuanban@126.com	普通专科 7095
学校办学类型 412:本科院校:学院	占地面积(平方米) 485703	成人专科 46
学校性质类别 02 理工院校	校舍建筑面积(平方米) 301256	专任教师(人) 440
学校举办者 999 民办	图书(万册) 67.08	其中:正高级 34
学校地址 陕西咸阳南郊大学园区	固定资产总值(万元) 53053.9	副高级 126
邮政编码 712046	教学、科研仪器设备资产值(万元) 4473.23	中级 120
办公电话 029-38114111		初级 138
传真电话 029-38114112	在校生数(人) 7528	未定职级 22
校园(局域)网域名 www.scfu.org	其中:普通本科 387	

本科专业 纺织工程、服装设计与工程、计算机科学与技术、市场营销、艺术设计

专科专业 保险实务、表演艺术、产品造型设计、电子商务、雕塑艺术设计、动漫设计与制作、多媒体设计与制作、纺织品检验与贸易、纺织品装饰艺术设计、服装设计、工商企业管理、广告设计与制作、国际商务、环境艺术设计、计算机网络技术、计算机系统维护、计算机信息管理、建筑工程技术、酒店管理、连锁经营管理、旅游管理、人力资源管理、人物形象设计、软件技术、商务英语、市场营销、物流管理、新闻采编与制作、新型纺织机电技术、艺术设计、应用英语、针织技术与针织服装、珠宝首饰工艺及鉴定、主持与播音、装潢艺术设计、装饰艺术设计

院系设置
8
国家级、省部级研究机构设置
1.实验室:2
2.研究中心(所):1
定期公开出版的专业刊物 1
学校设立奖学金情况
学校设立奖学金3项,奖励总金额52余万元。奖学金最高金额1500元/年,最低金额500元/年。
主要校办产业
制衣公司
学校历史沿革
1994年4月经陕西省教育委员会批准成立"陕西服装进修学院",1998年9月经陕西省教育委员会批准成为高等学历文凭考试专业试点,2002年6月,经陕西省人民政府批准,教育部备案成立"陕西服装艺术职业学院",2011年4月,教育部同意在陕西服装艺术职业学院的基础上建立陕西服装工程学院。

陕西铁路工程职业技术学院

学校(机构)标识码 4161013566	传真电话 0913-2221178	在校生数(人) 9144
学校办学类型 415:专科院校:高等职业学校	校园(局域)网域名 www.sxri.net	其中:普通专科 9144
学校性质类别 02 理工院校	电子信箱 shantieyuanban@163.com	专任教师(人) 458
学校举办者 811 省级教育部门	占地面积(平方米) 666003	其中:正高级 8
学校地址 陕西省渭南市临渭区站北街东段1号	校舍建筑面积(平方米) 192727	副高级 80
邮政编码 714000	图书(万册) 56.34	中级 145
办公电话 0913-2221125	固定资产总值(万元) 24997.51	初级 192
	教学、科研仪器设备资产值(万元) 4598.89	未定职级 33

专科专业 材料工程技术、城市轨道交通工程技术、道路桥梁工程技术、地下工程与隧道工程技术、电气化铁道技术、盾构施工技术、高速铁道技术、给排水工程技术、工程测量技术、工程机械运用与维护、工程监理、工程造价、会计与审计、基础工程技术、建筑工程管理、建筑工程技术、铁道工程技术、铁道通信信号、网络系统管理、物流管理

院系设置
铁道工程系、道桥工程系等七系三部

学校设立奖学金情况
学院设立奖学金9项，奖励总金额585万元。最高8000元/年，最低100元/年。

学校历史沿革
学院前身是创建于1973年得渭南铁路工程学校，2002年6月移交陕西省教育厅，2003年4月，升格为高职学院，2007年评估优秀，2008年被确定为首批陕西省示范高职院校，2010年被教育部确定为国家骨干高职院校。

宝鸡职业技术学院

学校(机构)标识码	4161013567
学校办学类型	415：专科院校：高等职业学校
学校性质类别	06 师范院校
学校举办者	821 地级教育部门
学校地址	宝鸡市高新大道239号
邮政编码	721013
办公电话	0917-3568000
传真电话	0917-3568026
校园(局域)网域名	www.bjvtc.com
电子信箱	bzy3568000@163.com
占地面积(平方米)	1454071
校舍建筑面积(平方米)	564150
图书(万册)	66.49
固定资产总值(万元)	29892
教学、科研仪器设备资产值(万元)	6501
在校生数(人)	8206
其中：普通专科	8206
专任教师(人)	707
其中：正高级	16
副高级	200
中级	308
初级	169
未定职级	14

专科专业 初等教育、初等教育(美术)、初等教育(音乐)、初等教育(英语)、电气自动化技术、电子商务、动漫设计与制作、广告设计与制作、护理、会计电算化、机电设备维修与管理、机电一体化技术、机械设计与制造、计算机网络技术、建筑工程技术、金融管理与实务、康复治疗技术、临床医学、煤炭深加工与利用、模具设计与制造、汽车检测与维修技术、商务英语、生物技术及应用、数控技术、物流管理、学前教育、药学、医学检验技术、医学影像技术、医药营销、英语教育、应用电子技术、应用化工技术、语文教育、园林工程技术、针灸推拿、中药、中药制药技术、助产

院系设置
凤翔师范分院、医学分院、艺术体育系、外语系、机械工程系、电子信息工程系、中医药学系、经济管理系、生物工程系。

国家级、省部级研究机构设置
研究中心(所)：宝鸡职业技术学院高教研究所

定期公开出版的专业刊物 《宝鸡高等教育研究》

学校设立奖学金情况
学校设立奖学金3项，奖励总金额800.6余万元。奖学金最高金额8000元/年，最低金额100元/年。

学校历史沿革
宝鸡职业技术学院是2003年经陕西省人民政府批准成立，教育部备案的一所公办全日制专科层次普通高等院校。学院由宝鸡市原6所中专学校(陕西省凤翔师范学校、陕西省宝鸡师范学校、宝鸡市工业学校、宝鸡市卫生学校、宝鸡市中医药学校、宝鸡市财经学校)合并组建而成。2007年9月宝鸡市人民政府将宝鸡市农业学校移交我院管理，将宝鸡市第二人民医院整体划拨我院。

陕西航空职业技术学院

学校(机构)标识码	4161013568
学校办学类型	415：专科院校：高等职业学校
学校性质类别	02 理工院校
学校举办者	812 省级其他部门
学校地址	陕西省汉中市南郑县大河坎镇
邮政编码	723102
办公电话	0916-2385500
传真电话	0916-2385788
电子信箱	sxhkxy@sohu.com
占地面积(平方米)	501560
校舍建筑面积(平方米)	232040
图书(万册)	52
固定资产总值(万元)	13402
教学、科研仪器设备资产值(万元)	3733.62
在校生数(人)	6667
其中：普通专科	6644
成人专科	23
专任教师(人)	457
其中：正高级	9
副高级	76
中级	204
初级	126
未定职级	42

专科专业 材料成型与控制技术、电气自动化技术、电子测量技术与仪器、电子商务、飞机制造技术、工程造价、焊接技术及自动化、航空电子设备维修、航空机电设备维修、会计电算化、机电设备维修与管理、机电一体化技术、机械设计与制造、机械制造与自动化、计算机辅助设计与制造、检测技术及应用、金属材料与热处理技术、酒店管理、模具设计与制造、汽车电子技术、市场营销、数控技术、数控设备应用与维护、物流管理、液压与气动技术、应用电子技术、资产评估与管理

院系设置

机械工程系、机电工程系、电子工程系、材料工程系、管理工程系、基础学部

学校设立奖学金情况

学校设立奖学金3项,奖励总金额718.5余万元。奖学金最高金额8000元/年,最低金额2500元。

主要校办产业

万山机电厂

学校历史沿革

陕西航空职业技术学院原名陕南航空职工大学,前身为创建于1982年6月的0一二基地工学院,1989年经教育部备案,原航空工业部批准更名为陕南航空职工大学,2003年4月经陕西省人民政府批准,教育部备案改制为陕西航空职业技术学院。

西安科技商贸职业学院

学校(机构)标识码　4161013569
学校办学类型　415:专科院校:高等职业学校
学校性质类别　02 理工院校
学校举办者　999 民办
学校地址　西安科技商贸职业学院
邮政编码　710300
办公电话　029 – 89028902

传真电话　029 – 89028902
校园(局域)网域名　www.xikemao.com
电子信箱　xkmyb999@163.com
图书(万册)　45.5
固定资产总值(万元)　38024.91
教学、科研仪器设备资产值(万元)　3030.51
在校生数(人)　7480

其中:普通专科　6678
成人专科　802
专任教师(人)　346
其中:正高级　43
副高级　50
中级　97
初级　88
未定职级　68

专科专业 城市轨道交通车辆、城市轨道交通工程技术、城市轨道交通控制、城市轨道交通运营管理、电气化铁道技术、电气自动化技术、电子商务、房地产经营与估价、工程测量技术、工商企业管理、供热通风与空调工程技术、国际商务、会计电算化、计算机网络技术、计算机信息管理、计算机应用技术、建筑工程技术、酒店管理、连锁经营管理、汽车电子技术、通信技术、物流管理、物业管理

院系设置

1.电子工程系 2.经济贸易系 3.中职教育系 4.继续教育系 5.轨道交通系

国家级、省部级研究机构设置

实验室:物理实验室、化学实验室、城轨实验室

定期公开出版的专业刊物 《西科商院报》

学校设立奖学金情况

学校设立奖学金5项,奖励总金额193.9764余万元。奖学金最高金额1500元/年,最低金额1000元/年。

学校历史沿革

西安科技商贸职业学院创建于1994年6月,实施专科层次学历教育。

陕西电子信息职业技术学院

学校(机构)标识码　4161013570
学校办学类型　415:专科院校:高等职业学校
学校性质类别　02 理工院校
学校举办者　999 民办
学校地址　陕西电子信息职业技术学院
邮政编码　710077

办公电话　029 – 84674009
传真电话　029 – 84674009
校园(局域)网域名　www.sxitu.com
电子信箱　sxitu@sina.com
图书(万册)　13.93
固定资产总值(万元)　2313
教学、科研仪器设备资产值(万元)　1076.58

在校生数(人)　1726
其中:普通专科　1726
专任教师(人)　87
其中:正高级　6
副高级　15
中级　27
初级　32
未定职级　7

专科专业 电子商务、电子信息工程技术、机电一体化技术、计算机多媒体技术、计算机网络技术、计算机信息管理、计算机应用技术、经济信息管理、楼宇智能化工程技术、软件技术、市场营销、数控技术、通信技术、图形图像制作、物流管理、移动通

信技术、应用电子技术
　　院系设置
　　学院设有四个系:计算机技术系、通信工程系、数字控制系、经济管理系。
　　定期公开出版的专业刊物　《陕电院报》、《秦地草》
　　学校设立奖学金情况
　　学院设立奖学金2项,奖励总金额5余万元。奖学金最高金额1000元/年,最低金额300元/年。

　　学校历史沿革
　　1992年9月10日,经中国计算机应用协会批准成立中国电子信息技术应用学院。1993年5月13日,经陕西省教育委员会陕教成[1993]58号文件批准成立陕西电子信息培训学院。1998年4月,经陕西省教育委员会批准更名为陕西电子信息专修学院。2003年4月9日,经陕西省人民政府陕政函[2003]70号文件批准成立陕西电子信息职业技术学院,纳入国家统招计划。

西安交通大学城市学院

学校(机构)标识码　4161013677	传真电话　029-86652015	在校生数(人)　10860
学校办学类型　413:本科院校:独立学院	校园(局域)网域名　www.xjtucc.cn	其中:普通本科　10860
	电子信箱　yuanzhang@xjtucc.cn	专任教师(人)　464
学校性质类别　01综合大学	占地面积(平方米)　122066	其中:正高级　68
学校举办者　999民办	图书(万册)　55.4	副高级　85
学校地址　陕西省西安市未央区尚稷路8715号	固定资产总值(万元)　6126.82	中级　161
	教学、科研仪器设备资产值(万元)　3645.15	初级　123
邮政编码　710018		未定职级　27
办公电话　029-86652013		

　　本科专业　财务管理、财政学、测控技术与仪器、电气工程及其自动化、电子信息工程、动画、工商管理、公共事业管理、国际经济与贸易、行政管理、护理学、会计学、机械设计制造及其自动化、计算机科学与技术、金融学、热能与动力工程、人力资源管理、日语、市场营销、统计学、物流管理、信息管理与信息系统、艺术设计、英语、自动化
　　院系设置
　　学院现设有电气与信息工程系、计算机系、管理系、经济系、机械系、外语系、艺术设计系、护理系,共8个系,4个基础教研室,27个本科专业。学院建设有物理、电路、电子、机械、计算机、经管及艺术设计等实验室60个;建设有经管类、信息类、计算机类实习实训基地30余个
　　学校设立奖学金情况
　　学校设立奖学金21项,奖励总金额543.63万元。奖学金最高金额8000元/年,最低金额200元/年。
　　毕业生一次就业率　91.58%
　　学校历史沿革
　　西安交通大学城市学院是由西安交通大学和西安交大博通资讯股份有限公司共同举办并经国家教育部2004年5月批准设立的全日制本科层次的独立学院。

西北大学现代学院

学校(机构)标识码　4161013678	办公电话　029-81555800	在校生数(人)　8222
学校办学类型　413:本科院校:独立学院	传真电话　029-81555800	其中:普通本科　8222
	校园(局域)网域名　www.xdxd.cn	专任教师(人)　400
学校性质类别　01综合大学	电子信箱　xdyb104@126.com	其中:正高级　42
学校举办者　999民办	图书(万册)　82.3	副高级　94
学校地址　西安市长安区滦镇科教园陈北路1号	固定资产总值(万元)　25390	中级　168
	教学、科研仪器设备资产值(万元)　4215.43	初级　43
邮政编码　710130		未定职级　53

　　本科专业　播音与主持艺术、财务管理、动画、工程管理、工商管理、公共事业管理、广播电视编导、广播电视新闻学、广告学、国际经济与贸易、汉语言文学、行政管理、化学工程与工艺、计算机科学与技术、人力资源管理、食品科学与工程、市场营销、新闻学、艺术设计、英语、制药工程
　　院系设置
　　理工系、文学艺术系、外语系、体育教学部4个系部

学校历史沿革

西北大学现代学院是由西北大学申办、国家教育部批准设立的普通高等独立本科学院,2004年5月正式挂牌成立。

西安建筑科技大学华清学院

学校(机构)标识码	4161013679
学校办学类型	413:本科院校:独立学院
学校性质类别	02 理工院校
学校举办者	999 民办
学校地址	西安市新城区幸福路109号
邮政编码	710043
办公电话	029-82628222
传真电话	029-82628205
校园(局域)网域名	www.xauat-hqc.com
电子信箱	wlxy@xauat.edu.cn
图书(万册)	88.79
固定资产总值(万元)	36444.58
教学、科研仪器设备资产值(万元)	5654.61
在校生数(人)	10745
其中:普通本科	10745
专任教师(人)	648
其中:正高级	75
副高级	222
中级	285
初级	66

本科专业 安全工程、材料成型及控制工程、材料科学与工程、城市规划、电气工程及其自动化、电子信息科学与技术、给水排水工程、工程管理、国际经济与贸易、环境工程、会计学、机械设计制造及其自动化、计算机科学与技术、建筑环境与设备工程、建筑学、交通工程、金属材料工程、矿物资源工程、市场营销、通信工程、土木工程、舞蹈学、冶金工程、艺术设计、英语、应用化学、自动化

院系设置

建筑系、土木工程系、环境工程系、管理工程系、机械电子工程系、材料与冶金工程系、经济贸易系

学校设立奖学金情况

学校设立奖学金7项,奖励总金额200余万元。奖学金最高金额3000元/年,最低金额300元/年。

特等奖学金:10人/年,3000元/人。

一等奖学金:334人/年,1500元/人。

二等奖学金:669人/年,800元/人。

三等奖学金:1594人/年,500元/人。

社会活动奖学金:239人/年,300元/人。

文体活动奖学金:239人/年,300元/人。

创新奖学金:43人/年,300元/人。

新生奖学金:一等奖15人,2000元/人;二等奖29人,1000元/人;三等奖27人,500元/人。

毕业生一次就业率 90.52%

学校历史沿革

西安建筑科技大学华清学院是经教育部批准[教发函(2004)72号],由西安建筑科技大学联合社会力量以新机制、新模式成立的全日制本科独立学院。

西安建筑科技大学华清学院依托西安建筑科技大学的文化底蕴、专业特色、创新理念和优质资源,旨在培养专业知识扎实、动手能力强、适应社会需要、整体素质高的社会主义现代化建设者。

西安财经学院行知学院

学校(机构)标识码	4161013680
学校办学类型	413:本科院校:独立学院
学校性质类别	08 财经院校
学校举办者	999 民办
学校地址	陕西省西安市灞桥区狄寨路57号
邮政编码	710038
办公电话	029-82616220
传真电话	029-82617592
校园(局域)网域名	www.xcxz.com.cn
电子信箱	xcxzyb@126.com
图书(万册)	39.5
固定资产总值(万元)	10475.58
教学、科研仪器设备资产值(万元)	2160.43
在校生数(人)	6848
其中:普通本科	6848
专任教师(人)	348
其中:正高级	33
副高级	81
中级	108
初级	126

本科专业 财务管理、财政学、工程管理、工商管理、公共事业管理、广播电视新闻学、广告学、国际经济与贸易、行政管理、会计学、金融学、旅游管理、人力资源管理、社会体育、市场营销、统计学、信息管理与信息系统、艺术设计、英语

院系设置

经济系、会计系、工商管理、公共管理、信息系、人文社科系

学校设立奖学金情况

学校设立奖学金5项,奖励总金额42.88余万元。奖学金最高金额1500元/年,最低金额200元/元。

学校历史沿革

西安财经学院行知学院是2004年经教育部批准（教发函【2004】72号）成立，有西安财经学院按新的机制和模式举办的本科层次的独立学院。

陕西科技大学镐京学院

学校（机构）标识码　4161013681
学校办学类型　413：本科院校：独立学院
学校性质类别　02 理工院校
学校举办者　999 民办
学校地址　陕西省咸阳市南郊大学园区
邮政编码　712046
办公电话　029－33819807
传真电话　029－33819807
校园（局域）网域名　www.kdhj-edu.net
电子信箱　hjrsc@kdhj-edu.net
占地面积（平方米）　365458
校舍建筑面积（平方米）　149916
图书（万册）　53.6
固定资产总值（万元）　37475.76
教学、科研仪器设备资产值（万元）　3353.35
在校生数（人）　6569
其中：普通本科　6569
专任教师（人）　367
其中：正高级　52
　　　副高级　72
　　　中级　95
　　　初级　108
　　　未定职级　40

本科专业　电气工程及其自动化、电子信息工程、电子信息科学与技术、服装设计与工程、工商管理、国际经济与贸易、行政管理、会计学、机械设计制造及其自动化、计算机科学与技术、人力资源管理、市场营销、网络工程、物流工程、信息管理与信息系统、药物制剂、英语

院系设置　经济管理四系、经济管理五系、管理六系、经济六系、管理七系、经济七系、信息工程四系、信息工程五系、信息工程六系、信息工程七系、外语系、学工体育部、人事院办、财务处、教务招生就业办、外事办、后勤保卫处

学校设立奖学金情况　学校设立奖学金12项，奖励总金额429.7万余元。奖学金最高金额8000元/年，最低金额100元/年。

学校历史沿革　陕西科技大学镐京学院是2004年5月10日经教育部批准成立的本科层次的独立学院。位于陕西省咸阳市南郊陈梁路大学园区。学校实行董事会领导下的院长负责制。始终坚持正确的办学指导思想和办学理念，将"简约高校，追求卓越"确立为立校之本，强国之策。

西安工业大学北方信息工程学院

学校（机构）标识码　4161013682
学校办学类型　413：本科院校：独立学院
学校性质类别　02 理工院校
学校举办者　999 民办
学校地址　陕西省西安市灞桥区洪庆镇
邮政编码　710025
办公电话　029－82154590
传真电话　029－83113700
校园（局域）网域名　www.bxait.cn
电子信箱　bxaittj@126.com
图书（万册）　73.2
固定资产总值（万元）　21397.23
教学、科研仪器设备资产值（万元）　4801
在校生数（人）　8478
其中：普通本科　8478
专任教师（人）　530
其中：正高级　65
　　　副高级　105
　　　中级　225
　　　初级　79
　　　未定职级　56

本科专业　财务管理、测控技术与仪器、电气工程及其自动化、电子信息工程、高分子材料与工程、工业工程、工业设计、公共事业管理、光电信息工程、光信息科学与技术、广告学、国际经济与贸易、汉语言文学、会计学、机械设计制造及其自动化、计算机科学与技术、金属材料工程、经济学、人力资源管理、日语、软件工程、市场营销、通信工程、土木工程、信息管理与信息系统、自动化

院系设置　学院共有9系1部，分别为：光电信息系、机电信息系、电子信息系、经济与贸易系、计算机技术与科学系、建筑工程系、艺术设计系、人文社科系、基础部

学校设立奖学金情况　学院共设有奖学金20项，奖励总金额804900余万元。奖学金最高金额为：3000元/年，最低金额为：300元/年。

学校历史沿革　西安工业大学北方信息工程学院是经教育部2004年5月发函【2004】72号文批准设立的独立学院。

延安大学西安创新学院

学校(机构)标识码 4161013683	传真电话 029-83113002	在校生数(人) 8327
学校办学类型 413:本科院校:独立学院	校园(局域)网域名 www.xacxxy.com	其中:普通本科 8327
	电子信箱 tym_119_110@163.com	专任教师(人) 436
学校性质类别 01 综合大学	校舍建筑面积(平方米) 64858	其中:正高级 44
学校举办者 999 民办	图书(万册) 71.6	副高级 99
学校地址 西安市长安区皂河路2号	固定资产总值(万元) 12127	中级 150
邮政编码 710100	教学、科研仪器设备资产值(万元) 3883.9	初级 139
办公电话 029-83113002		未定职级 4

本科专业 电子信息工程、对外汉语、给水排水工程、工商管理、工业设计、广播电视新闻学、国际经济与贸易、汉语言文学、护理学、化学工程与工艺、会计学、计算机科学与技术、建筑工程教育、建筑学、旅游管理与服务教育、美术学、汽车服务工程、市场营销、数学与应用数学、土木工程、物流管理、艺术设计、英语、园林、制药工程

院系设置
中文系、经管系、外语系、艺术系、理工系、建工系、医学系。

学院设立奖学金情况
设立奖学金4项,总金额116.94万元,最高金额1200元,最低金额200元。

学校历史沿革
延安大学西安创新学院是经国家教育部教发函[2004]72号文批准成立,由延安大学与延安教科文发展基金会合作创办的一所全日制本科独立学院。学院的教学组织和管理工作由延安大学负责。

西安电子科技大学长安学院

学校(机构)标识码 4161013685	办公电话 029-85679210	在校生数(人) 2357
学校办学类型 413:本科院校:独立学院	传真电话 029-85679260	其中:普通本科 2357
	校园(局域)网域名 192.168.2.1	专任教师(人) 224
学校性质类别 02 理工院校	电子信箱 xd.caxy@163.com	其中:正高级 43
学校举办者 999 民办	图书(万册) 1	副高级 76
学校地址 西安市西沣路郭杜北段6号	固定资产总值(万元) 136.6	中级 88
邮政编码 710118	教学、科研仪器设备资产值(万元) 93.95	初级 17

本科专业 测控技术与仪器、电气工程及其自动化、电子科学与技术、电子信息工程、电子信息科学与技术、光信息科学与技术、机械设计制造及其自动化、计算机科学与技术、软件工程、生物医学工程、通信工程、网络工程、微电子学、信息管理与信息系统、信息与计算科学、自动化

院系设置
西安电子科技大学长安学院目前在校生3000余人,学院共有6个系,20个专业。这些专业全部是电子信息方面社会急需人才的专业,发展前景好,专业建设有特色,大部分是陕西省名牌专业,已形成较完整的IT领域专业布局。

(一)信息工程系:1.通信工程专业 2.信息与计算科学专业

(二)电子工程系:1.电子信息工程专业 2.生物医学工程专业 3.电子信息科学与技术专业 4.探测制导与控制技术

(三)控制工程系:1.测控技术与仪器专业 2.自动化专业 3.机械设计制造及其自动化专业 4.电气工程及其自动化专业

(四)计算机工程系:1.计算机科学与技术专业 2.软件工程专业 3.网络工程专业

(五)电子技术系:1.微电子专业 2.电子科学与技术专业 3.光信息科学技术专业

(六)信息管理系:1.信息管理与信息系统专业 2.电子商务专业 3.人力资源管理专业 4.工业工程专业

学校设立奖学金情况
学校设立奖学金4项,奖励总金额40.3万元。奖学金最高金额1000元/年,最低金额100元/年。

1. 一等奖学金:占学生人数的3%,1000元/人;
2. 二等奖学金:占学生人数的8%,600元/人;
3. 三等奖学金:占学生人数的14%,300元/人;
4. 单项奖:占学生人数的8%,100元/人。

毕业生一次就业率 55.09%

学校历史沿革

西安电子科技大学是以信息与电子科学为主,工、理、文多学科协调发展的全国重点大学,直属教育部,是国家列入"211工程"重点建设大学之一,是全国56所设有研究生院的高校之一,15所设有国家集成电路人才培养基地的高校之一。西安电子科技大学长安学院是经教育部(教发函[2004]156号)批准设立的以西安电子科技大学与西安耀德顺实业有限责任公司合作举办的一所本科层次的独立学院,实行全日制大学普通本科教育。

陕西邮电职业技术学院

学校(机构)标识码	4161013736
学校办学类型	415:专科院校:高等职业学校
学校性质类别	02 理工院校
学校举办者	812 省级其他部门
学校地址	陕西邮电职业技术学院
邮政编码	712000
办公电话	029-33732605
传真电话	029-33732607
校园(局域)网域名	www.sptc.sn.cn
电子信箱	ttc@263.net.cn
占地面积(平方米)	120006
校舍建筑面积(平方米)	82829
图书(万册)	19.17
固定资产总值(万元)	13921
教学、科研仪器设备资产值(万元)	4246.79
在校生数(人)	3885
其中:普通专科	3885
专任教师(人)	172
其中:正高级	3
副高级	16
中级	82
初级	63
未定职级	8

专科专业 电子商务、电子信息工程技术、计算机多媒体技术、计算机通信、金融管理与实务、连锁经营管理、软件技术、通信技术、通信网络与设备、图形图像制作、物流管理、信息安全技术、移动通信技术、营销与策划

西安海棠职业学院

学校(机构)标识码	4161013737
学校办学类型	415:专科院校:高等职业学校
学校性质类别	01 综合大学
学校举办者	999 民办
学校地址	西安市东郊水安路30号
邮政编码	710038
办公电话	029-82602179
传真电话	029-82602180
校园(局域)网域名	www.xahtxy.cn
电子信箱	fengjuqin@163.com
图书(万册)	37.78
固定资产总值(万元)	22140.48
教学、科研仪器设备资产值(万元)	2027.36
在校生数(人)	7755
其中:普通专科	7755
专任教师(人)	312
其中:正高级	20
副高级	38
中级	74
初级	135
未定职级	45

专科专业 安防技术管理、包装技术与设计、电脑艺术设计、电子商务、工程造价、护理、会展策划与管理、建筑工程管理、康复治疗技术、空中乘务、口腔医学技术、连锁经营管理、人物形象设计、生物技术及应用、物流管理、眼视光技术、医疗美容技术、医疗器械制造与维护、医学检验技术、印刷技术、营销与策划、中药、装潢艺术设计、资产评估与管理

院系设置

我院设置中医美容学院、医学院、管理学院、艺术学院等4个二级学院。

西安汽车科技职业学院

学校(机构)标识码	4161013738
学校办学类型	415:专科院校:高等职业学校
学校性质类别	02 理工院校
学校举办者	999 民办
学校地址	西安市灞桥区水安路168号
邮政编码	710038
办公电话	029-82600516
传真电话	029-82600226
校园(局域)网域名	www.atc168.com
电子信箱	autojy@126.com
图书(万册)	31.9
固定资产总值(万元)	18361.35
教学、科研仪器设备资产值(万元)	3276.63
在校生数(人)	9033
其中:普通专科	5895

成人专科 3138	副高级 47	初级 184
专任教师(人) 345	中级 59	未定职级 39
其中:正高级 16		

专科专业 道路桥梁工程技术、高等级公路维护与管理、公路运输与管理、机电一体化技术、机械制造与自动化、汽车电子技术、汽车改装技术、汽车技术服务与营销、汽车检测与维修技术、汽车运用技术、汽车整形技术、汽车制造与装配技术

院系设置
经济管理系、汽车运用系、电子工程系、机械制造系、汽车检测系、基础部

学校设立奖学金情况
学校设立奖学金三项,奖励总金额10余万元。奖学金最高金额1500元/年,最低500元/年。

学校历史沿革
西安汽车科技职业学院的前身是创建于1987年的"西安西影路摩托车修理技校";1988年经西安市教育委员会批准晋升为"西安汽车摩托车专修学院";2001年11月20日起经西安市教育委员会批准更名为"西安汽车科技专修学院";2004年4月经陕西省人民政府(陕政函【2004】47号文件)批准,中华人民共和国教育部(教发函【2004】76号文件)备案,更名为"西安汽车科技职业"成为一所全日制普通高校。

西安东方亚太职业技术学院

学校(机构)标识码 4161013739	办公电话 82022607-82022607	在校生数(人) 183
学校办学类型 415:专科院校:高等职业学校	传真电话 82022607-82022607	其中:普通专科 183
	校园(局域)网域名 www.yt-edu.cn	专任教师(人) 79
学校性质类别 01 综合大学	电子信箱 dongfang_yatai@126.com	其中:正高级 7
学校举办者 999 民办	图书(万册) 14.11	副高级 12
学校地址 西安东方亚太职业技术学院	固定资产总值(万元) 1987	中级 30
	教学、科研仪器设备资产值(万元)	初级 22
邮政编码 710065	1090	未定职级 8

专科专业 汉语、会计、计算机网络技术、建筑工程技术、旅游管理、汽车检测与维修技术、市场营销、物流管理、应用英语、园林技术

陕西警官职业学院

学校(机构)标识码 4161013819	传真电话 029-82257853	在校生数(人) 4159
学校办学类型 415:专科院校:高等职业学校	校园(局域)网域名 www.sxjgxy.com	其中:普通专科 4159
	电子信箱 yskdu@sisi.com	专任教师(人) 234
学校性质类别 09 政法院校	占地面积(平方米) 99844	其中:正高级 17
学校举办者 812 省级其他部门	校舍建筑面积(平方米) 92861	副高级 39
学校地址 陕西省西安市雁塔区建工路50号	图书(万册) 28.08	中级 96
	固定资产总值(万元) 9455.88	初级 49
邮政编码 710043	教学、科研仪器设备资产值(万元)	未定职级 33
办公电话 029-82257806	1623.96	

专科专业 法律事务、法律文秘、国际经济与贸易、会计与审计、计算机应用技术、社会工作、司法警务、司法信息安全、物业管理、心理咨询、刑事侦查技术、刑事执行、营销与策划、应用英语

院系设置
警察管理一系、警察管理二系、法律系、信息技术系、经济管理系、基础部、科研部、警体部、培训与继续教育部、实验实训中心

定期公开出版的专业刊物 《陕西警官职业学院学报》(内刊)

学校设立奖学金情况
学校设立奖学金四项,奖励总金额15.02万元。奖学金最高金额800元/年,最低100元/年。

学校历史沿革

陕西警官职业学院是根据陕西省委省政府陕政发(2000)32号文件,由陕西省政法管理干部学院,西北大学公安学院,陕西省司法学校,陕西省警官学校合并成立,主管上级为省委政法委员会。2003年4月,陕西省人民政府正式批复建立陕西警官职业学院,2004年教育部正式备案。

西北工业大学明德学院

学校(机构)标识码	4161013894
学校办学类型	413:本科院校:独立学院
学校性质类别	02 理工院校
学校举办者	999 民办
学校地址	陕西省西安市长安区西北工业大学沣河校区
邮政编码	710124
办公电话	029-85603138
传真电话	029-85603000
校园(局域)网域名	www.nupmd.cn
电子信箱	danganshi@npumd.cn
占地面积(平方米)	321322
校舍建筑面积(平方米)	169765
图书(万册)	43.25
固定资产总值(万元)	35754
教学、科研仪器设备资产值(万元)	6083
在校生数(人)	10385
其中:普通本科	10385
专任教师(人)	461
其中:正高级	53
副高级	104
中级	160
初级	82
未定职级	62

本科专业 播音与主持艺术(空乘方向)、测控技术与仪器、德语、电子科学与技术、电子商务、电子信息工程、飞行器制造工程、工业设计、公共事业管理(城市管理方向)、公共事业管理(房地产经营及物业)、国际经济与贸易、会计学、机械设计制造及其自动化、计算机科学与技术、金融学、日语、软件工程、市场营销、通信工程、信息管理与信息系统、信息与计算科学、艺术设计、英语、英语(民航服务方向)、英语(现代交通服务方向)、自动化

院系设置

计算机信息技术系、电子信息工程系、外语系、经济管理系、艺术与设计系、机电工程系

学校设立奖学金情况

学校设立奖学金11项,奖励总金额147余万元。奖学金最高金额10000元/年,最低金额200元/年。

学校历史沿革

1999年经陕西省人民政府陕政函【1999】184号文同意批准开办西工大金叶信息技术学院,2001年西工大金叶信息技术学院被国家教育部批准为全国31所示范性高等职业技术学院重点建设单位之一,2003年被教育部批准为全国35所示范性软件技术学院之一。2005年经教育部下发教发函【2005】51号文同意西北工业大学、陕西金叶科教集团股份有限公司、陕西金叶西工大软件股份有限公司三方合作试办西北工业大学明德学院。

陕西经济管理职业技术学院

学校(机构)标识码	4161013932
学校办学类型	415:专科院校:高等职业学校
学校性质类别	08 财经院校
学校举办者	812 省级其他部门
学校地址	陕西省西安市友谊西路175号
邮政编码	710068
办公电话	029-88418416
传真电话	029-88411148
校园(局域)网域名	www.sxjgy.com
电子信箱	bgsmsk407@163.com
占地面积(平方米)	187220
校舍建筑面积(平方米)	187220
图书(万册)	30
固定资产总值(万元)	5092.37
教学、科研仪器设备资产值(万元)	1089.09
在校生数(人)	3286
其中:普通专科	3286
专任教师(人)	167
其中:正高级	23
副高级	51
中级	70
初级	20
未定职级	3

专科专业 财务管理、电子商务、电子信息工程技术、国际经济与贸易、国际商务、会计电算化、金融管理与实务、酒店管理、连锁经营管理、旅游管理、人力资源管理、税务、物流管理、物业管理

院系设置

公共管理系、工商管理系、经济系、财务管理系、计算机应用系、外语教研部、基础理论部

国家级、省部级研究机构设置

研究所(中心):干部教育培训研究中心、公共管理与改革研究所、陕西经济研究所

学校设立奖学金情况

学校设立奖学金2项,奖励总金额61.7余万元。奖学金最

高金额 800 元/年,最低金额 300 元/年。
毕业生一次就业率 89.4％
学校历史沿革
1988 年省财贸管理干部学院和省经济管理干部学院合并为省经济管理干部学院(省行政学院),2005 年经国家教育部批准备案改制为陕西经济管理职业技术学院(陕西省行政学院)。

西安铁路职业技术学院

学校(机构)标识码 4161013945	传真电话 029-82150155	6310.28
学校办学类型 415:专科院校:高等职业学校	校园(局域)网域名 www.xatzy.cn	在校生数(人) 6670
	电子信箱 xty82150155@163.com	其中:普通专科 6670
学校性质类别 02 理工院校	占地面积(平方米) 182758	专任教师(人) 317
学校举办者 821 地级教育部门	校舍建筑面积(平方米) 205197	其中:正高级 10
学校地址 西安市自强西路 133 号	图书(万册) 48.23	副高级 75
邮政编码 710014	固定资产总值(万元) 19937.68	中级 174
办公电话 029-82150043	教学、科研仪器设备资产值(万元)	初级 58

专科专业 城市轨道交通车辆、城市轨道交通工程技术、城市轨道交通控制、城市轨道交通运营管理、电气化铁道技术、电气自动化技术、高速铁道技术、工程测量与监理、供用电技术、机电一体化技术、机械制造与自动化、计算机应用技术、建筑工程管理、建筑工程技术、汽车电子技术、软件技术、数控技术、数控设备应用与维护、铁道车辆、铁道工程技术、铁道机车车辆、铁道交通运营管理、铁道通信信号、通信技术、物流管理、应用电子技术、制冷与冷藏技术

院系设置
学院设交通运输系、电子信息系、机电工程系、电气工程系、土木工程系和基础部等 5 系 1 部

学校设立奖学金情况
学院设立奖(助)学金 2 项,奖励总金额 136.88 余万元。奖(助)学金最高金额 1000 元/年,最低金额 100 元/年。

学校历史沿革
西安铁路职业技术学院是在原西安铁路运输学校和原西安铁路运输职工大学的基础上组建的。原校创建于 1956 年,2001 年经陕西省政府批准成立西安铁路职业技术学院。2005 年学院由铁路企业移交西安市政府,并完成教育部高职备案。

咸阳职业技术学院

学校(机构)标识码 4161013946	传真电话 029-33680002	5138.06
学校办学类型 415:专科院校:高等职业学校	校园(局域)网域名 www.xianyang-zhiyuan.cn	在校生数(人) 7325
		其中:普通专科 7325
学校性质类别 01 综合大学	电子信箱 xianzhiyuanb@126.com	专任教师(人) 422
学校举办者 821 地级教育部门	占地面积(平方米) 698304	其中:正高级 4
学校地址 陕西省咸阳市西咸新区统一大道	校舍建筑面积(平方米) 293936	副高级 80
	图书(万册) 81	中级 153
邮政编码 712000	固定资产总值(万元) 16810.86	初级 143
办公电话 029-33680001	教学、科研仪器设备资产值(万元)	未定职级 42

专科专业 初等教育、畜牧兽医、道路桥梁工程技术、电脑艺术设计、光电子技术、焊接技术及自动化、护理、会计、机电一体化技术、计算机应用技术、建筑工程管理、建筑工程技术、旅游英语、模具设计与制造、汽车检测与维修技术、石油化工生产技术、数控技术、物流管理、物业管理、学前教育、医学影像技术、英语教育、应用电子技术、园林技术

院系设置
18 个处室,8 各系部

国家级、省部级研究机构设置
国家重点实验室:数控实验室
定期公开出版的专业刊物 《新叶》、《学报》
学校设立奖学金情况
学校设立奖学金 3 项,奖励总金额 150 余万元奖学金最高金额 10000 元/年,最低金额 1500 元/年。
毕业生一次就业率 90.70%

西安职业技术学院

学校(机构)标识码 4161013947
学校办学类型 415：专科院校：高等职业学校
学校性质类别 01 综合大学
学校举办者 821 地级教育部门
学校地址 西安市雁塔区鱼斗路251号
邮政编码 710077
办公电话 029-88514228
传真电话 029-88511832
校园(局域)网域名 www.xzyedu.com.cn
电子信箱 xajy_2008@163.com
占地面积(平方米) 274712
校舍建筑面积(平方米) 160066
图书(万册) 35.45
固定资产总值(万元) 13098
教学、科研仪器设备资产值(万元) 3123.74
在校生数(人) 6223
其中：普通专科 6069
　　　成人专科 154
专任教师(人) 286
其中：正高级 5
　　　副高级 65
　　　中级 115
　　　初级 100
　　　未定职级 1

专科专业 餐饮管理与服务、畜牧兽医、电气自动化技术、电子商务、电子信息工程技术、动漫设计与制作、房地产经营与估价、工程造价、广告媒体开发、国际贸易实务、环境艺术设计、会计电算化、机电设备维修与管理、机电一体化技术、建筑电气工程技术、建筑工程技术、金融与证券、模具设计与制造、软件技术、市政工程技术、数控技术、数控设备应用与维护、图形图像制作、微生物技术及应用、物流管理、应用电子技术、园林工程技术、园林技术、园艺技术

院系设置
内设机电工程系、经济管理系、财政金融系、生物工程系、动漫软件学院、建筑工程系等6个教学系(院)。

学校历史沿革
我院于2004年9月经陕西省人民政府批准，教育部备案的一所全日制普通高校。学院由西安市人民政府主管，由原西安市工业学校、西安市经济贸易学校、西安市财政会计学校和西安市农业学校组建而成。

商洛职业技术学院

学校(机构)标识码 4161013948
学校办学类型 415：专科院校：高等职业学校
学校性质类别 01 综合大学
学校举办者 821 地级教育部门
学校地址 商洛市商州区丹南新区商鞅大道西段
邮政编码 726000
办公电话 0914-2383161
传真电话 0914-2311494
校园(局域)网域名 www.slzyjsxy.com
电子信箱 slzjy@126.com
占地面积(平方米) 384435
校舍建筑面积(平方米) 176131
图书(万册) 44.33
固定资产总值(万元) 38393.74
教学、科研仪器设备资产值(万元) 3554.96
在校生数(人) 2943
其中：普通专科 2943
专任教师(人) 243
其中：正高级 11
　　　副高级 41
　　　中级 82
　　　初级 38
　　　未定职级 71

专科专业 财务管理、初等教育、电气自动化技术、工程监理、护理、会计电算化、机电一体化技术、机械设计与制造、计算机网络技术、计算机系统维护、建筑工程管理、建筑工程技术、临床医学、临床医学类(妇幼)、临床医学类(五官)、汽车检测与维修技术、学前教育、药学、医学影像技术、助产

院系设置
护理系、医学系、机电工程系、人文管理系、公共课教学部、图书馆、培训中心

定期公开出版的专业刊物 《商洛职业技术学院学报》

学校设立奖学金情况
学校设立奖学金3项，奖金总金额33.6余万元，奖学金最高金额1000元/年，奖学金最低金额600元/年。

主要校办产业
附属医院

学校历史沿革
商洛职业技术学院是经陕西省人民政府批准，国家教育部备案，列入省高等教育序列，以培养高素质、实用型、技术型人才为目的的全日制公办高等院校，是在原商洛师范学校和商洛市卫生学校基础上合并组建的，成立于2005年8月。

汉中职业技术学院

学校(机构)标识码 4161013949	传真电话 0916-2896969	在校生数(人) 4099
学校办学类型 415:专科院校:高等职业学校	校园(局域)网域名 www.hzvtc.cn	其中:普通专科 4099
	电子信箱 HZZY2010@yeah.net	专任教师(人) 399
学校性质类别 01 综合大学	占地面积(平方米) 476868	其中:正高级 8
学校举办者 821 地级教育部门	校舍建筑面积(平方米) 231572	副高级 108
学校地址 陕西省汉中市汉台区前进东路电视塔西侧	图书(万册) 31.02	中级 139
	固定资产总值(万元) 10214.84	初级 101
邮政编码 723000	教学、科研仪器设备资产值(万元) 3280.04	未定职级 43
办公电话 0916-2896981		

专科专业 初等教育、畜牧兽医、护理、会计电算化、会计与审计、计算机网络技术、建筑工程技术、酒店管理、口腔医学、临床医学、旅游管理、汽车技术服务与营销、汽车检测与维修技术、软件技术、生物技术及应用、学前教育、药学、英语教育、应用电子技术、语文教育、园林技术、中药、助产

院系设置
学院下设11个党政管理部门及九系两部一中心即农林科学与技术系、汽车系、计算机科学与技术系、经济与管理系、医学系、护理系、药学与医学技术系教育系、土木建筑工程系、基础课教学部、继续教育与培训部、图书与信息中心

学校设立奖学金情况
学校在贯彻落实国家奖学金、助学金有关政策的同时,设有两种院内奖学金,高职高专学生院内甲等奖学金3000元,乙等奖学金2000元;中职学生院内奖学金甲等2000元,乙等1000元。2010至2011学年,院内奖学金开支56.3万元,共有357名大中专学生享受院内奖学金。

学校历史沿革
汉中职业技术学院是2004年9月由陕西省人民政府批准,2005年4月国家教育部备案创建成立的公办普通高等职业院校,由汉中市人民政府主办,教学业务受教育厅管理和指导。学院由原汉中教育学院、汉中师范学校、汉中卫生学校、汉中农业学校、汉中财经学校五校合并组建。

延安职业技术学院

学校(机构)标识码 4161013950	0911-8235525	2579.02
学校办学类型 415:专科院校:高等职业学校	传真电话 0911-8235521	在校生数(人) 4830
	校园(局域)网域名 www.yapt.cn	其中:普通专科 4830
学校性质类别 02 理工院校	电子信箱 yananzhiyuan@163.com	专任教师(人) 421
学校举办者 821 地级教育部门	占地面积(平方米) 398197	其中:正高级 19
学校地址 延安市宝塔区枣园路莫家湾村	校舍建筑面积(平方米) 251007	副高级 137
	图书(万册) 31.04	中级 151
邮政编码 716000	固定资产总值(万元) 16512.14	初级 105
办公电话 0911-8235500	教学、科研仪器设备资产值(万元)	未定职级 9

专科专业 初等教育、畜牧兽医、电子信息工程技术、动物防疫与检疫、发电厂及电力系统、工程造价、工商行政管理、航海技术、护理、化工设备维修技术、会计电算化、机电一体化技术、计算机应用技术、建筑工程技术、轮机工程技术、旅游管理、煤炭深加工与利用、汽车检测与维修技术、石油化工生产技术、石油与天然气地质勘探技术、艺术设计、音乐表演、英语教育、应用化工技术、油气储运技术、油气开采技术、油田化学应用技术、园林技术、钻井技术

院系设置
设有石油工程系、农林建筑工程系、化工化学系、航运航海系、机电工程系、经济管理系、师范与基础教育系、医学护理系、继续教育学院

学校历史沿革
延安职业技术学院成立于2005年,由原延安财经学校、延安教育学院、延安师范学校、延安农业学校、延安机电工程学校和延安林业学校等6所中高等学校整合组建,是经陕西省人民政府批准成立、国家教育部备案的公办普通高等职业技术院校。

渭南职业技术学院

学校(机构)标识码 4161013951	校园(局域)网域名 www.wnzy.net	在校生数(人) 4381
学校办学类型 415：专科院校：高等职业学校	电子信箱 wnzyjys@163.com	其中：普通专科 4381
	占地面积(平方米) 425456	专任教师(人) 377
学校性质类别 01 综合大学	校舍建筑面积(平方米) 240906	其中：正高级 12
学校举办者 821 地级教育部门	图书(万册) 54.09	副高级 91
学校地址 渭南市临渭区杜化路4号	固定资产总值(万元) 15397	中级 141
邮政编码 714000	教学、科研仪器设备资产值(万元)	初级 85
办公电话 0913-2362133	3253	未定职级 48
传真电话 0913-2085389		

专科专业 宠物养护与疫病防治、初等教育、畜牧兽医、电子商务、工程测量与监理、护理、会计、计算机应用技术、建筑工程技术、旅游管理、汽车检测与维修技术、学前教育、英语教育、营销与策划、园艺技术、针灸推拿、中药、中医学、助产

院系设置
共有10个学院(部)：护理学院、医学院、师范学院、农学院、经济管理学院、机电工程学院、建筑工程学院、基础课部、继续教育学院、思想政治理论课教学部

学校设立奖学金情况
学校设立奖学金3项，奖励总金额64.7万元。奖学金最高金额8000元/年，最低金额5000元/年。

学校历史沿革
渭南职业技术学院是2004年9月经陕西省人民政府批准，教育部备案的全日制专科层次普通高等院校。学院由全国文明单位、全国重点中医学校—原陕西省中医学校，百年老校、省级文明单位—原陕西省大荔师范学校，省级文明单位—原陕西省蒲城师范学校，陕西省重点中专—原渭南农业学校四所中专中师合并组建而成。

安康职业技术学院

学校(机构)标识码 4161013952	传真电话 0915-3112619	在校生数(人) 4141
学校办学类型 415：专科院校：高等职业学校	校园(局域)网域名 www.akvtc.com	其中：普通专科 4141
	电子信箱 akptc@163.com	专任教师(人) 350
学校性质类别 01 综合大学	占地面积(平方米) 150000	其中：正高级 5
学校举办者 821 地级教育部门	校舍建筑面积(平方米) 124567	副高级 108
学校地址 陕西省安康市汉滨区育才路1号	图书(万册) 42.5	中级 170
邮政编码 725000	固定资产总值(万元) 12820	初级 62
办公电话 0915-3111504	教学、科研仪器设备资产值(万元) 1995	未定职级 5

专科专业 初等教育、电脑艺术设计、公共卫生管理、供用电技术、护理、会计电算化、计算机网络技术、计算机应用技术、酒店管理、康复治疗技术、临床医学、旅游管理、汽车技术服务与营销、汽车检测与维修技术、文秘、学前教育、药学、医学检验技术、医学影像技术、英语教育、营销与策划、助产

院系设置
现设基础医学系、临床医学系、护理系、教育系、艺术系、信息传媒系、机电工程系等七个系。

定期公开出版的专业刊物 《安康职业技术学院学报》

学校设立奖学金情况
学院设立奖学金2项，奖励总金额78.9万元。奖学金最高额8000元/年，最低金额5000元/年。

主要校办产业
设附属医院一个

学校历史沿革
安康职业技术学院是由原安康师范学校、安康卫生学校、安康第二师范学校于2004年9月组建的一所全日制高等职业院校。

铜川职业技术学院

学校(机构)标识码　4161013953
学校办学类型　415:专科院校:高等职业学校
学校性质类别　06 师范院校
学校举办者　821 地级教育部门
学校地址　陕西省铜川市耀州区正阳路街道办事处阳光社区
邮政编码　727031
办公电话　0919－3283907
传真电话　0919－3283901
校园(局域)网域名　www.tczyxy.net
电子信箱　tzbgsxx@163.com
占地面积(平方米)　189231
校舍建筑面积(平方米)　123591
图书(万册)　36.62
固定资产总值(万元)　15073.45
教学、科研仪器设备资产值(万元)　2177.4
在校生数(人)　1861
其中:普通专科　1857
　　　成人专科　4
专任教师(人)　232
其中:正高级　1
　　　副高级　43
　　　中级　90
　　　初级　72
　　　未定职级　26

专科专业　材料工程技术、初等教育、电气自动化技术、动漫设计与制作、给排水工程技术、供热通风与空调工程技术、汉语、护理、机电一体化技术、机械制造与自动化、计算机应用技术、建筑工程管理、建筑工程技术、建筑装饰工程技术、数控技术、学前教育、药学、医药营销、英语教育、助产

院系设置
学院设有人文科学系、建工系、机电系、医学系、基础部、培训部、继续教育学院四系二部一院

学校历史沿革
铜川职业技术学院是经陕西省人民政府批准,教育部备案的一所全日制普通高等院校。学院由原铜川师范、铜川教育学院、铜川职工卫校和电大铜川分校合并而成,2005 年 9 月 1 日正式挂牌招生。

陕西青年职业学院

学校(机构)标识码　4161014028
学校办学类型　415:专科院校:高等职业学校
学校性质类别　08 财经院校
学校举办者　812 省级其他部门
学校地址　陕西省西安市含光北路 155 号
邮政编码　710068
办公电话　029－88408331
传真电话　029－88408331
校园(局域)网域名　www.sxqzy.com
电子信箱　sxqzy8331@126.com
占地面积(平方米)　23317
校舍建筑面积(平方米)　70509
图书(万册)　32.5
固定资产总值(万元)　3136
教学、科研仪器设备资产值(万元)　2149.53
在校生数(人)　6622
其中:普通专科　6609
　　　成人专科　13
专任教师(人)　254
其中:正高级　9
　　　副高级　50
　　　中级　90
　　　初级　101
　　　未定职级　4

专科专业　财务管理、电子商务、动漫设计与制作、动漫设计与制作(动漫设计)、动漫设计与制作(动漫制作)、多媒体设计与制作、工商企业管理、广告设计与制作、会计电算化、会展策划与管理、计算机信息管理、计算机信息管理(办公自动化)、金融管理实务、酒店管理、连锁经营管理、旅游管理、汽车技术服务与营销、人力资源管理、商务英语、社区管理与服务、市场营销、市场营销(房地产经营与管理)、文秘、文秘(速录)、舞蹈表演、物流管理、物流管理(报关与国际货运)、新闻采编与制作、学前教育、学前教育(幼儿英语教育)、影视表演、主持与播音、主持与播音(空中乘务)、装潢艺术设计

院系设置
现有含光、青华两个校区;学院设有 6 个教学系,1 个继续教育学院

学校设立奖学金情况
设立奖学金 7 项,总金额 47 万余元。最高金额 2000 元/年,最低 100 元/年。

学校历史沿革
陕西青年职业学院是全日制公办普通高等专科(高职)院校,自 1952 年至今已有 59 年的办学历史,是一所环境幽雅,气质独特,以培养管理服务类人才为特色的高职学院。

陕西工商职业学院

学校(机构)标识码 4161014029	传真电话 029-81896189	在校生数(人) 1728
学校办学类型 415:专科院校:高等职业学校	校园(局域)网域名 www.snbcedu.cn	其中:普通专科 1728
学校性质类别 08 财经院校	电子信箱 snbcedu@163.com	专任教师(人) 154
学校举办者 811 省级教育部门	占地面积(平方米) 229311	其中:正高级 18
学校地址 陕西省西安市长安区郭杜北街41号	校舍建筑面积(平方米) 104082	副高级 22
邮政编码 710119	图书(万册) 9.1	中级 65
办公电话 029-81896159	固定资产总值(万元) 22067.86	初级 43
	教学、科研仪器设备资产值(万元) 4580.58	未定职级 6

专科专业 财务管理、电视节目制作、工程造价、公共事务管理、航空服务、会计电算化、计算机应用技术、建筑工程技术、金融保险、酒店管理、旅游管理、物流管理、物业管理、音乐表演

院系设置
工商管理系、现代服务与管理系、公共管理系、工程管理系、计算机与信息管理系、艺术系

学校设立奖学金情况
国家奖学金2项(国家奖学金和国家励志奖学金),奖励总金额81.8万元/年,最高金额8000元,最低金额5000元/年。

学校历史沿革
陕西工商职业学院是经陕西省人民政府批准、国家教育部备案的公办普通高等学校。学校在原陕西纺织服装职业技术学院基础上,于2010年4月更名为陕西工商职业学院。学校位于西安市长安区大学城,西接国家级高新技术产业开发区,周边环境优雅,道路四通八达。

陕西电子科技职业学院

学校(机构)标识码 4161014030	传真电话 029-85610805	其中:普通专科 5996
学校办学类型 415:专科院校:高等职业学校	校园(局域)网域名 www.sxetcedu.com	成人专科 480
学校性质类别 02 理工院校	电子信箱 sxetcedu@163.com	专任教师(人) 268
学校举办者 999 民办	图书(万册) 31.25	其中:正高级 26
学校地址 西安市长安区常宁新区神禾三路(常宁宫北)	固定资产总值(万元) 32412.1	副高级 42
	教学、科研仪器设备资产值(万元) 2078.4	中级 64
邮政编码 710125		初级 72
办公电话 029-85610689	在校生数(人) 6476	未定职级 64

专科专业 城市轨道交通控制、城市轨道交通运营管理、电子商务、电子信息工程技术、多媒体设计与制作、会计电算化、计算机控制技术、计算机通信、计算机网络技术、计算机信息管理、计算机应用技术、建筑电气工程技术、建筑经济管理、软件技术、通信技术、通信系统运行管理、网络系统管理、物流管理、信息安全技术、移动通信技术、应用电子技术

陕西旅游烹饪职业学院

学校(机构)标识码 4161014031	学校地址 西安市长安中路43号	占地面积(平方米) 46489
学校办学类型 415:专科院校:高等职业学校	邮政编码 710061	校舍建筑面积(平方米) 19572
学校性质类别 08 财经院校	办公电话 029-85233107	图书(万册) 3.77
	传真电话 029-85361391	固定资产总值(万元) 2882
学校举办者 999 民办	校园(局域)网域名 www.sntcc.cn	教学、科研仪器设备资产值(万元)

在校生数(人) 953	700 其中:普通专科 953 专任教师(人) 51	其中:副高级 11 中级 40

专科专业 酒店管理、旅游管理、烹饪工艺与营养
院系设置
学院目前设立烹饪工艺系、酒店管理系和旅游管理系。
学校历史沿革
陕西旅游烹饪职业学院创办于1994年,2005是经国家教育部备案、纳入计划内统招的普通高校。学院融教学、科研、职业技能鉴定为一体,现已成为我国职业教育中特色突出、培养知识型高技能旅游烹饪人才的高职院校。

长安大学兴华学院

学校(机构)标识码 4161014034	办公电话 029-88751029	在校生数(人) 1223
学校办学类型 413:本科院校:独立学院	传真电话 029-88751029	其中:普通本科 1223
	校园(局域)网域名 www.chdxhxy.com	专任教师(人) 80
学校性质类别 02 理工院校	电子信箱 YB@chdxhxy.com	其中:正高级 8
学校举办者 999 民办	图书(万册) 21.13	副高级 28
学校地址 陕西省西安市富鱼路中段81号	固定资产总值(万元) 29606	中级 29
	教学、科研仪器设备资产值(万元) 2145	初级 15
邮政编码 710077		

本科专业 电气工程及其自动化、电子信息工程、工程管理、行政管理、会计学、机械设计制造及其自动化、建筑环境与设备工程、建筑学、交通工程、交通运输、市场营销、土木工程、艺术设计、自动化
院系设置
建筑系、交通系、土木工程系、商学系、电子信息系
学校设立奖学金情况
学校设立奖学金14项,奖励总金额15余万元。奖学金最高金额3000元/年,最低金额500元/年。
毕业生一次就业率 75%
学校历史沿革
长安大学兴华学院是经教育部(教发函【2006】72号)批准成立的全日制普通本科独立院校。

西安理工大学高科学院

学校(机构)标识码 4161014041	办公电话 029-81899711	在校生数(人) 3572
学校办学类型 413:本科院校:独立学院	传真电话 029-85950210	其中:普通本科 3572
	校园(局域)网域名 www.xthtc.com	专任教师(人) 214
学校性质类别 02 理工院校	电子信箱 gk-bk@163.com	其中:正高级 40
学校举办者 999 民办	图书(万册) 37.4	副高级 39
学校地址 陕西省西安市长安区大学城子午大道南段35号	固定资产总值(万元) 3236.65	中级 124
	教学、科研仪器设备资产值(万元) 1845.65	初级 11
邮政编码 710109		

本科专业 包装工程、财务管理、电气工程及其自动化、电子信息工程、工程管理、机械设计制造及其自动化、计算机科学与技术、信息管理与信息系统、英语
院系设置
学院共设立英语、机械设计制造及其自动化、电子信息工程、包装工程、信息管理与信息系统、计算机科学与技术、电气工程及其自动化、财务管理、工程管理九个专业
学校设立奖学金情况
学校设立奖学金4项。奖励总金额87.6万元。奖学金最高金额8000元/年,最低金额500元/年。

学校历史沿革

2006年经教育部批准成立西安理工大学高科学院,共设立六个专业,首次参加招生工作;2007年新增电气工程及其自动化、财务管理两个专业;2008年新增工程管理专业。

西安科技大学高新学院

学校(机构)标识码	4161014042
学校办学类型	413:本科院校:独立学院
学校性质类别	01 综合大学
学校举办者	999 民办
学校地址	西安市长安区子午大道中段39号
邮政编码	710109
办公电话	029-81552019
传真电话	029-81552288
校园(局域)网域名	www.gx-xust.com
电子信箱	gxxyyz@163.com
占地面积(平方米)	63285
校舍建筑面积(平方米)	47801
图书(万册)	61.15
固定资产总值(万元)	36966.38
教学、科研仪器设备资产值(万元)	3758.92
在校生数(人)	11715
其中:普通本科	8687
普通专科	3028
专任教师(人)	476
其中:正高级	33
副高级	117
中级	180
初级	98
未定职级	48

本科专业 财务管理、采矿工程、测绘工程、测控技术与仪器、电气工程及其自动化、工程管理、工业设计、机械设计制造及其自动化、计算机科学与技术、建筑环境与设备工程、建筑学、旅游管理、能源工程及自动化、土木工程、微电子学、艺术设计、英语、自动化

专科专业 电气自动化技术、工程测量与监理、机电一体化技术、建筑工程管理、煤矿开采技术

院系设置
设有机电信息学院、能源学院、建筑与土木工程学院、人文与管理学院四个院系

学校设立奖学金情况
学校设立奖学金3项,奖励总金额55.3余万元。奖学金最高金额1000元/年,最低金额500元/年。

主要校办产业
有通讯类、自动化类、艺术设计类、安全监控类及节能类等

学校历史沿革
西安科技大学高新学院于2006年6月建校。

西安医学高等专科学校

学校(机构)标识码	4161014222
学校办学类型	414:专科院校:高等专科学校
学校性质类别	05 医药院校
学校举办者	999 民办
学校地址	西安市东仪路162号及户县秦渡镇
邮政编码	710309
办公电话	029-81483012
传真电话	029-81483216
校园(局域)网域名	xagdyz.com
电子信箱	xagdyz@126.com
占地面积(平方米)	310822
校舍建筑面积(平方米)	212589
图书(万册)	21.8
固定资产总值(万元)	12468.85
教学、科研仪器设备资产值(万元)	1425.3
在校生数(人)	4603
其中:普通专科	4603
专任教师(人)	292
其中:正高级	37
副高级	38
中级	79
初级	138

专科专业 护理、口腔医学、临床医学、药学、医学检验技术、医学影像技术

院系设置
我校现有护理系、口腔医学系、影像系、药学系、医学检验系、临床系、基础医学部、思政教研部、公共课教研室共七系三部

国家级、省部级研究机构设置
我校实验中心有各类实验室64个。

学校设立奖学金情况
学校设立奖学金两项,奖励总金额26万余元。

学校历史沿革
1999年经教育厅批准成立陕西卫生培训学院;2003年在户县秦渡镇征地512亩,开始建设新校区;2007年新校区正式使用;2009年3月经教育部批准正式成立西安医学高等专科学校。

榆林职业技术学院

学校(机构)标识码 4161014318	邮政编码 719300	图书(万册) 10
学校办学类型 415:专科院校:高等职业学校	办公电话 0912-8026510	在校生数(人) 779
	传真电话 0912-8026500	其中:普通专科 779
学校性质类别 01 综合大学	校园(局域)网域名 www.ylsmvtc.com	专任教师(人) 50
学校举办者 821 地级教育部门	电子信箱 ylsmvtc@126.com	其中:中级 30
学校地址 陕西省榆林市神木县新村南	占地面积(平方米) 56000	未定职级 20
	校舍建筑面积(平方米) 181168	

专科专业 电厂热能动力装置、化工设备维修技术、机电一体化技术、矿井通风与安全、矿山机电、煤矿开采技术、应用化工技术

院系设置
矿业工程系、化工工程系、机电工程系

学校设立奖学金情况
学校设立奖学金 3 项,奖励总金额 6.7 余万元。奖学金最高金额 8000 元/年,最低金额 1500 元/年。

学校历史沿革
榆林职业技术学院是经陕西省人民政府批准成立、教育部备案、陕西省教育厅主管的全日制公办高等职业技术学院。学院分榆林校区和神木校区,神木校区是以规模达万人的神木职教中心为基础建成的,地处国家级能源化工基地腹地神木县神木新村南区,占地 1028 亩,总建筑面积约 32 万平方米,总投资约 7.5 亿元。

兰州大学

学校(机构)标识码 4162010730	电子信箱 ldxb@lzu.edu.cn	成人专科 7412
学校办学类型 411:本科院校:大学	占地面积(平方米) 4564934	博士研究生 1795
学校性质类别 01 综合大学	校舍建筑面积(平方米) 1323415	硕士研究生 8565
学校举办者 360 教育部	图书(万册) 308.75	留学生 430
学校地址 甘肃省兰州市城关区天水南路 222 号	固定资产总值(万元) 276108.98	专任教师(人) 1911
	教学、科研仪器设备资产值(万元) 83130.3	其中:正高级 368
邮政编码 730000		副高级 581
办公电话 0931-8912169	在校生数(人) 40670	中级 806
传真电话 0931-8625576	其中:普通本科 19482	初级 86
校园(局域)网域名 www.lzu.edu.cn	成人本科 2986	未定职级 70

本科专业 博物馆学、材料化学、材料物理、草业科学、大气科学、大气科学类、德语、地理科学、地理信息系统、地球化学、地质工程、地质学、电子科学与技术、电子商务、俄语、法学、法语、辐射防护与环境工程、工商管理类、公共事业管理、功能材料、管理科学、广播电视新闻学、广告学、国际经济与贸易、国际政治、汉语言文学、行政管理、核化工与核燃料工程、核技术、核物理、护理学、化学、化学工程与工艺、环境工程、环境科学、会计学、计算机科学与技术、教育技术学、教育学、金融学、经济学、经济学类、酒店管理、口腔医学、理论与应用力学、历史学、历史学类、临床医学、旅游管理、麻醉学、民族学、农林经济管理、人力资源管理、日语、社会学、生态学、生物技术、生物科学、生物科学与生物技术、世界历史、市场营销、数学类、数学与应用数学、水文与水资源工程、思想政治教育、体育学类、通信工程、土木工程、微电子学、舞蹈学、物理学、戏剧影视文学、新闻传播学类、新闻学、信息安全、信息管理与信息系统、信息与计算科学、学前教育、药学、医学检验、医学影像学、艺术设计、音乐表演、英语、应用化学、预防医学类、哲学、政治学类、政治学与行政学、资源环境与城乡规划管理

博士专业 材料物理与化学、藏学、草业科学、大气物理学与大气环境、地球系统科学、地图学与地理信息系统、地质工程、第四纪地质学、动物学、放射化学、分析化学、概率论与数理统计、高分子化学与物理、工程力学、古生物学与地层学、固体力学、行政管理、化学信息学、环境科学、基础数学、计算数学、理论物理、历史文献学、粒子物理与原子核物理、临床医学、马克思主义民族理论与政策、马克思主义中国化研究、民族社会学、民族学、凝聚态物理、气象学、区域经济学、人文地理学、生态学、生物

地理学、生物化学与分子生物学、生物物理学、外科学、微电子学与固体电子学、微生物学、无机化学、无线电物理、物理化学、细胞生物学、药物化学(理)、遗传学、应用气象学、应用数学、有机化学、植物学、中国少数民族史、中国现当代文学、中西医结合临床、自然地理学

硕士专业　比较文学与世界文学、病理学与病理生理学、病原生物学、材料工程、材料物理与化学、材料学、藏学、草地营养生物学、草坪生物学、草业、草业地理信息学、草业科学、产业经济学、城市与区域规划、传播学、大气物理学与大气环境、地球化学、地球系统科学、地图学与地理信息系统、地质工程、第四纪地质学、电路与系统、电子与通信工程、动物学、动物营养与饲料科学、俄语语言文学、儿科学、儿少卫生与妇幼保健学、耳鼻咽喉科学、发育生物学、法律史、法律硕士(J.M)、法律硕士(法学)、防灾减灾工程及防护工程、放射化学、分析化学、妇产科学、概率论与数理统计、干旱气象与灾害、高等教育学、高等物理教育、高分子化学与物理、工程力学、工商管理硕士、公共管理硕士、公共卫生硕士、构造地质学、古生物学与地层学、固体力学、光学、国际法学、国际关系、国际政治、汉语国际教育硕士、汉语言文字学、行政管理、核技术及应用、核能与核技术工程、化学工程、化学工艺、环境工程、环境科学、环境与资源保护法学、会计硕士、会计学、基础数学、急诊医学、集成电路工程、计算机技术、计算机软件与理论、计算机系统结构、计算机应用技术、计算数学、建筑与土木工程、教育经济与管理、金融硕士、金融学、经济法学、经济史、精神病与精神卫生学、考古学及博物馆学、科学技术哲学、科学社会主义与国际共产主义运动、口腔临床医学、口腔医学硕士、矿物学、岩石学、矿床学、劳动卫生与环境卫生学、老年医学、理论物理、历史文献学、粒子物理与原子核物理、临床检验诊断学、临床医学硕士、流行病与卫生统计学、旅游管理、麻醉学、马克思主义基本原理、马克思主义民族理论与政策、马克思主义哲学、马克思主义中国化研究、免疫学、民商法学、民族社会学、民族学、内科学、凝聚态物理、农村与区域发展、农业经济管理、皮肤病与性病学、企业管理、气象学、情报学、区域经济学、人口、资源与环境经济学、人口学、人体解剖与组织胚胎学、人文地理学、软件工程、社会工作硕士、社会学、社会医学与卫生事业管理、神经病学、生理学、生态学、生物地理学、生物化学与分子生物学、生物物理学、生物医学工程、生药学、史学理论及史学史、世界史、数量经济学、水文学及水资源、思想政治教育、通信与信息系统、土地资源管理、外国语言学及应用语言学、外国哲学、外科学、微电子学与固体电子学、微生物学、微生物与生化药学、卫生毒理学、文艺学、无机化学、无线电物理、物理化学、戏剧戏曲学、细胞生物学、宪法学与行政法学、新闻学、新闻与传播硕士、信号与信息处理、刑法学、岩土工程、眼科学、药剂学、药理学、药物分析学、药物化学、药物化学(理)、药学硕士、遗传学、音乐学、英语笔译、英语口译、英语语言文学、营养与食品卫生学、影像医学与核医学、应用化学、应用气象学、应用数学、应用统计硕士、有机化学、原子与分子物理、运筹学与控制论、政治经济学、植物病理学、植物学、中国古代史、中国古代文学、中国古典文献学、中国近现代史、中国少数民族史、中国现当代文学、中国哲学、中西医结合基础、中西医结合临床、肿瘤学、专门史、自然地理学、作物栽培学与耕作学

院系设置

文学院、新闻与传播学院、历史文化学院、哲学社会学院、经济学院、管理学院、外国语学院、法学院、政治与行政学院、艺术学院、教育学院、数学与统计学院、信息科学与工程学院、物理科学与技术学院、核科学与技术学院、化学化工学院、草地农业科技学院、生命科学学院、大气科学学院、资源环境学院、土木工程与力学学院、药学院、基础医学院、口腔医学院、公共卫生学院、体育教研部、第一临床医学院、第二临床医学院、地质科学与矿产资源学院、萃英学院、民族学研究院、西部环境与气候变化研究院、继续教育学院、网络教育学院、国际文化交流学院

国家级、省部级研究机构设置

1.实验室：功能有机分子化学国家重点实验室、草地农业生态系统国家重点实验室、干旱与草地生态教育部重点实验室、磁学与磁性材料教育部重点实验室、西部环境教育部重点实验室、西部灾害与环境力学教育部重点实验室、半干旱气候变化教育部重点实验室、功能材料与结构设计教育部重点实验室(B类)、农业部草地农业生态系统学重点开放实验室、甘肃省新药临床前研究重点实验室、甘肃省有色金属化学与资源利用重点实验室、甘肃省消化系肿瘤重点实验室、甘肃省胃肠病重点实验室、甘肃省骨关节疾病研究重点实验室、甘肃省泌尿系统疾病研究重点实验室(培育基地)

2.研究中心(所)：中子应用技术教育部工程研究中心、旱区农业与生态修复教育部工程研究中心、草地农业教育部工程研究中心、开源软件与实时系统教育部工程研究中心、甘肃省西部草业工程技术研究中心、敦煌学研究所、西北少数民族研究中心、中国西部循环经济研究中心、西北社会发展与评价研究中心

博士后科研流动站　物理学、化学、生物学、地理学、数学、应用经济学、民族学、历史学、大气科学、力学、地质学、临床医学、地质资源与地质工程、畜牧学

定期公开出版的专业刊物　《兰州大学学报》(自然科学版)、《兰州大学学报》(医学版)、《兰州大学学报》(社会科学版)、《草业科学》、《草业学报》、《西北人口》、《高等理科教育》、《敦煌学辑刊》、《科学·经济·社会》、《秘书之友》、《视野》

学校设立奖学金情况

学校设立奖学金11项，奖励总金额516余万元。奖学金最高金额10000元/年，最低金额300元/年。

主要校办产业

兰州大学资产经营有限公司、兰州大学科技开发总公司、兰州兰大科技广场、兰州兰大萃英科技发展中心、兰州大学出版社有限责任公司、兰州兰大小精灵新技术有限公司、兰州大学劳动服务公司、兰州大学电子技术开发应用研究所、兰州华夏岩土技术开发公司、兰州爱华化学化工公司、甘肃正源建筑工程有限责任公司

学校历史沿革

甘肃法政学堂(1909年–1913年)、甘肃公立法政专门学校(1913年–1928年)、兰州中山大学(1928年–1929年)、甘肃大学(1929年–1931年)、甘肃省立甘肃学院(1931年–1944年)、国立甘肃学院(1944年–1946年)、国立兰州大学(1946年–1949年)、兰州大学(1950年至今)。

兰州理工大学

学校(机构)标识码　4162010731
学校办学类型　411：本科院校：大学
学校性质类别　02 理工院校
学校举办者　811 省级教育部门
学校地址　兰州市兰工坪路287号
邮政编码　730050
办公电话　0931-2973715
传真电话　0931-2755806
校园(局域)网域名　www.lut.cn
电子信箱　gdxb@lut.cn

占地面积(平方米)　1620001
校舍建筑面积(平方米)　855870
图书(万册)　177.36
固定资产总值(万元)　146652.28
教学、科研仪器设备资产值(万元)　29356.17
在校生数(人)　38928
其中：普通本科　22239
　　　普通专科　585

成人本科　4212
成人专科　8699
博士研究生　239
硕士研究生　2954
专任教师(人)　1443
其中：正高级　194
　　　副高级　462
　　　中级　611
　　　初级　176

本科专业　安全工程、材料成型及控制工程、材料成型及控制工程(基地班)、材料科学与工程、财务管理、测绘工程、测控技术与仪器、城市规划、电气工程及其自动化、电子信息科学与技术、法学、纺织工程、风能与动力工程、高分子材料与工程、给水排水工程、工程管理、工程力学、工商管理、工商管理类、工业工程、工业设计、工业设计(艺术类)、功能材料、国际经济与贸易、过程装备与控制工程、过程装备与控制工程(基地班)、焊接技术与工程、化学工程与工艺、环境工程、会计学、机械设计制造及其自动化、机械设计制造及其自动化(基地班)、计算机科学与技术、计算机科学与技术(基地班)、建筑环境与设备工程、建筑学、金融学、金属材料工程、旅游管理、热能与动力工程、热能与动力工程(基地班)、人力资源管理、日语、软件工程、生物工程、食品科学与工程、市场营销、市场营销(基地班)、水利水电工程、通信工程、土木工程、土木工程(基地班)、无机非金属材料工程、信息管理与信息系统、信息与计算科学、冶金工程、艺术设计(视觉传达方向)、艺术设计(室内环境艺术)、英语、应用化学、应用物理学、制药工程、自动化、自动化(基地班)

专科专业　动漫设计与制作、计算机多媒体技术、计算机网络技术、软件技术

博士专业　材料加工工程、材料物理与化学、材料学、机械制造及其自动化、结构工程、控制理论与控制工程、流体机械及工程、先进材料及其制备技术

硕士专业　安全工程、安全技术及工程、材料工程、材料加工工程、材料物理与化学、材料学、测试计量技术及仪器、车辆工程、电工理论与新技术、电力电子与电力传动、电力系统及其自动化、电路与系统、电器工程、电子与通信工程、动力工程、防灾减灾工程及防护工程、工程力学、工程热物理、工商管理、工业工程、供热、供燃气、通风及空调工程、固体力学、管理科学与工程、化工过程机械、化学工程、化学工艺、环境工程、会计学、机械电子工程、机械工程、机械设计及理论、机械制造及其自动化、基础数学、计算机技术、计算机软件与理论、计算机系统结构、计算机应用技术、检测技术与自动化装置、建筑与土木工程、结构工程、控制工程、控制理论与控制工程、流体机械及工程、流体力学、马克思主义基本原理、模式识别与智能系统、凝聚态物理、企业管理(含：财务管理、市场营销)、桥梁与隧道工程、热能与动力工程、软件工程、生物工程、生物化工、生物化学与分子生物学、食品科学、市政工程、水利工程、水利水电工程、思想政治教育、体育人文社会学、通信与信息系统、外国语言学及应用语言学、微生物与生化药学、物理电子学、系统分析与集成、系统工程、先进材料及其制备技术、信号与信息处理、岩土工程、冶金工程、冶金物理化学、应用化学、应用数学、有色金属冶金、运筹学与控制论、制冷及低温工程、制药工程

院系设置
18个，分别为材料科学与工程学院、能源与动力工程学院、电气工程与信息工程学院、计算机与通信学院、机电工程学院、石油化工学院、理学院、土木工程学院、经济管理学院、设计艺术学院、生命科学与工程学院、外国语学院、人文学院、继续教育学院、软件职业技术学院、软件学院、马克思主义学院、体育教学研究部

国家级、省部级研究机构设置
1. 实验室：8个，分别为甘肃省有色金属新材料重点实验室—省部共建国家重点实验室、有色金属合金及加工国家地方联合工程实验室、数字制造技术及应用省部共建教育部重点实验室、有色金属合金及加工教育部重点实验室、甘肃省工业过程先进控制重点实验室、甘肃省土木工程防灾减灾重点实验室、机械工业重载柔性机器人重点实验室、机械工业有色冶金综合自动化重点实验室
2. 研究中心(所)：13个，分别为西部土木工程防灾减灾教育部工程研究中心、有色冶金新装备教育部工程研究中心、甘肃有色金属及复合材料工程技术研究中心、甘肃省制造业信息化工程技术研究中心、甘肃省风力机工程技术研究中心、甘肃省工业经济发展研究院、甘肃省中俄科技合作暨技术转化中心、甘肃省石油化工过程及装备行业技术中心、甘肃省冶金有色新材料行业技术中心、机械工业泵及特殊阀门工程研究中心、甘肃省工程运输机械质量监督检验站、兰州理工大学国家Linux技术培训与推广中心、国家体育总局体育文化发展中心体育文化研究基地

博士后科研流动站　3个，分别为材料科学与工程博士后科研流动站、土木工程博士后科研流动站、机电工程博士后科研流动站

定期公开出版的专业刊物 《兰州理工大学学报》

学校设立奖学金情况

学校设立奖、助学金 14 项,奖励总金额约 2949.135 万元。奖助学金最高金额 8000 元/年,最低金额 10 元/年。

1. 国家助学金:6405 人/年,3000 元/人,共计 1921.5 万元;
2. 国家励志奖学金:984 人/年,5000 元/人,共计 492 万元;
3. 国家奖学金:53 人/年,8000 元/人,共计 42.4 万元;
4. 镇泰助学金:53 人/年,7000 元/人,共计 37.1 万元;
5. 学校困难补助:52.2850 万/年;
6. 鑫达助学金:40 人/年,7000 元/人,共计 28 万元;
7. 海鸥助学金:21 人/年,3000 元/人,共计 6.3 万元;
8. 镇泰奖学金:60 人/年,1000——3000 元/人,共计 12 万元;
9. 爱心基金:2—3 人/年,500—1000 元/人,共计 0.3 万元;
10. 省侨办助学金:20 人/年,共计 5 万;
11. 伙食补贴:10152 人/年,共计 60.91 万元;
12. 深甘助学金:95 人/年,共计 9.5 万元;
13. 学费减免:24 人,共计 14.42 万元;
14. 学校奖学金:120 元/人,22285 人/年,共计 267.42 万元。

主要校办产业

17 个,分别为甘肃工大舞台技术工程有限公司、兰州理工合金粉末有限公司、兰州理工大学建筑勘察设计院、兰州理工弘文科技开发有限责任公司、兰州华世泵业科技股份有限公司、甘肃工大机电设备制造有限公司、兰州华陇理工科技有限公司、甘肃工大科技发展股份有限公司、甘肃工大电子科技有限公司、甘肃工大科技创业投资有限公司、甘肃科技风险投资有限公司、甘肃工大石化装备工程有限公司、深圳市华育昌国际科教开发有限公司、北京华博机械教育科技开发有限公司、甘肃西脉新材料科技股份有限公司、焦作市森格高新材料有限责任公司、兰州三磊电子有限公司

学校历史沿革

兰州理工大学前身是始建于 1919 年的甘肃省立工艺学校。1958 年 7 月成立兰州工学院,同年 9 月,甘肃交通大学并入,10 月 1 日定名为甘肃工业大学。1965 年 3 月,学校划归国家第一机械工业部,同时将哈尔滨工业大学富拉尔基分校(原东北重型机械学院)的水力机械、化工机械、石油矿场机械和北京机械学院(现西安理工大学)的焊接工艺及设备等专业整建制迁入,并从湖南大学、合肥工业大学等重点高校抽调一批教师充实到学校教师队伍。1998 年 8 月,学校转制为"中央与地方共建,以地方管理为主"的院校。2003 年 3 月,经教育部批准,学校更名为兰州理工大学。

兰州交通大学

学校(机构)标识码	4162010732
学校办学类型	411:本科院校:大学
学校性质类别	02 理工院校
学校举办者	811 省级教育部门
学校地址	甘肃省兰州市安宁区安宁西路 88 号
邮政编码	730070
办公电话	0931-4956190
传真电话	0931-4938884
校园(局域)网域名	www.lzjtu.cn
电子信箱	lihh@mail.lzjtu.cn
占地面积(平方米)	949065
校舍建筑面积(平方米)	713913
图书(万册)	202.33
固定资产总值(万元)	106048.81
教学、科研仪器设备资产值(万元)	22373.32
在校生数(人)	48474
其中:普通本科	22426
普通专科	2697
成人本科	7863
成人专科	12223
博士研究生	168
硕士研究生	2894
留学生	203
专任教师(人)	1412
其中:正高级	201
副高级	451
中级	587
初级	173

本科专业 包装工程、材料成型及控制工程、材料科学与工程、财务管理、测绘工程、测控技术与仪器、车辆工程、城市规划、地理信息系统、电力工程与管理、电气工程及其自动化、电子科学与技术、电子信息工程、对外汉语、法语、给水排水工程、工程管理、工程力学、工商管理、工业工程、工业设计、广告学、国际经济与贸易、过程装备与控制工程、汉语言文学、化学工程与工艺、环境工程、环境科学、会计学、会计学(体育特招生)、机械设计制造及其自动化、机械设计制造及其自动化(三职生)、计算机科学与技术、建筑环境与设备工程、建筑学、交通工程、交通运输、热能与动力工程、热能与动力工程(太阳能方向)、软件工程、生物工程、市场营销、水利水电工程、通信工程、统计学、土木工程、物联网工程、物流管理、西班牙语、信息管理与信息系统、信息与计算科学、艺术设计(动漫)、艺术设计(环境)、艺术设计(室内)、英语、应用化学、应用物理学、自动化、自动化(自动控制)

专科专业 电气化铁道技术、工程测量技术、工程机械运用与维护、供热通风与空调工程技术、供用电技术、会计电算化、机械制造与自动化、数控技术、铁道工程技术、铁道机车车辆、铁道交通运营管理、铁道通信信号

博士专业 车辆工程、道路与铁道工程、防灾减灾工程及防护工程、供热、供燃气、通风及空调工程、环境工程、交通信息工程及控制、交通运输规划与管理、结构工程、桥梁与隧道工程、市政工程、土木工程材料与结构、物流管理、岩土工程、载运工具运用工程、智能交通与信息系统工程

硕士专业 安全技术及工程、材料工程、材料学、测试计量技术及仪器、产业经济学、车辆工程、城市规划与设计(含:风景园林规划)、道路与铁道工程、地图学与地理信息系统、电磁场与

微波技术、电工理论与新技术、电力电子与电力传动、电路与系统、电气工程、电子与通讯工程、防灾减灾工程及防护工程、概率论与数理统计、工程管理、工程力学、工程热物理、工商管理、工业催化、供热、供燃气、通风及空调工程、管理科学与工程、化学工程、化学工艺、环境工程、环境科学、机械电子工程、机械工程、机械设计及理论、机械制造及其自动化、基础数学、集成电路工程、计算机技术、计算机软件与理论、计算机系统结构、计算机应用技术、计算数学、检测技术与自动化装置、建筑与土木工程、交通信息工程及控制、交通运输工程、交通运输规划与管理、结构工程、控制工程、控制理论与控制工程、马克思主义中国化研究、模式识别与智能系统、企业管理（含：财务管理、市场营销）、桥梁与隧道工程、热能工程、软件工程、生态学、声学、市政工程、水利水电工程、水土保持与荒漠化防治、水文学及水资源、思想政治教育、通信与信息系统、土木工程材料与结构、土木工程建造与管理、外国语言学及应用语言学、微生物学、无机化学、物流工程、物流管理、系统分析与集成、系统工程、信号与信息处理、岩土工程、应用化学、应用数学、运筹学与控制论、载运工具运用工程、智能交通与信息系统工程

院系设置

学校共设有17个学院、1个教学部，即：土木工程学院、建筑与城市规划学院、自动化与电气工程学院、电子与信息工程学院、机电工程学院、环境与市政工程学院、交通运输学院、化学与生物工程学院、外国语学院、数理与软件工程学院、经济管理学院、艺术设计学院、文学与国际汉学院、铁道技术学院、国际交流学院、继续教育学院、马克思学院、体育教学部。学校共设有56个系，即：桥梁工程系、道路与铁道工程系、岩土与地下工程系、结构工程系、工程管理系、水利水电工程系、工程力学系、测绘工程系(8个)；建筑系、城市规划系(2个)；自动控制系、自动化系、电气工程系(3个)；通信工程系、计算机科学与技术系、电子信息工程系、电子科学与技术系、物联网工程系(5个)；机车车辆工程系、测控技术与仪器系、热能与动力工程系、材料科学与工程系、机械制造自动化系、工业工程系(6个)；环境科学系、环境工程系、给水排水系工程、建筑环境与设备工程系(4个)；交通运输系、物流管理系、信息管理与信息系统系、包装工程系、交通工程系(4个)；应用化学系、化学工程与工艺系、生物工程系、过程装备与控制工程系(4个)；法语系、英语系、西班牙语系(3个)；数学系、软件科学与工程系、图学与地理信息科学系、物理系(4个)；会计系、经济系、工商管理系(3个)；工业设计系、广告与传媒系、环境艺术设计系、动画影视系(4个)；汉语言文学系、对外汉语系(2个)；机械工程系、电信工程系、运输管理工程系、铁道工程系(4个)。

国家级、省部级研究机构设置

1. 实验室：省部级重点实验室9个，即：甘肃省高原交通信息工程及控制重点实验室、甘肃省道路桥梁与地下工程重点实验室、甘肃省轨道交通装备系统动力学与可靠性重点实验室、甘肃省铁路信号控制及调度集中工程实验室、光电技术与智能控制教育部重点实验室、铁道车辆热工教育部重点实验室、铁道部通信与自动化重点实验室、铁道部结构试验中心重点实验室、环境工程测试中心重点实验室

2. 研究中心(所)：国家级工程技术研究中心1个，即：国家绿色镀膜技术与装备工程技术研究中心。省部级研究中心(所)10个，即：甘肃省工业交通自动化工程技术研究中心、甘肃省物流及运输装备信息化工程技术研究中心、甘肃省网络测试技术研究中心、西北经济研究中心、甘肃省国际太阳能利用技术中心、甘肃省运输包装质量监督检验中心、甘肃省交通储运扬尘治理工程技术研究中心、甘肃省网络监测中心、甘肃省环境工程测试中心、寒旱地区水资源综合利用教育部工程研究中心

博士后科研流动站 博士后科研流动站3个，即：交通运输工程、土木工程、环境科学与工程

定期公开出版的专业刊物 《兰州交通大学学报》

学校设立奖学金情况

学校共设立奖学金11项，奖励总金额326.84万元。奖学金最高金额8000元/年，最低金额100元/年。

主要校办产业

1. 一人公司1个，即：兰州交通大学资产经营有限责任公司；2. 全民企业3个，即：兰州育苑宾馆、兰州交通大学勘察设计院、兰州交通大学节能电器厂；3. 控股企业7个，即：兰州交通大学科技园有限公司、兰州天际环境保护有限公司、兰州智天科技有限公司、兰州赛孚科技电子有限公司、兰州交大工程咨询有限公司、兰州铁成工程检测有限责任公司、兰州交大科技成果转化有限公司；4. 参股企业7个，即：兰州大成科技股份有限公司、兰州金诺绿色能源动力科技有限责任公司、兰州润泽生化科技有限公司、兰州交大恒安建筑技术有限公司、北京中北通信信息技术有限公司、兰州铁路兴达实业公司、兰州立盛达铁路技术有限责任公司。附：甘肃金轮铁路科技有限公司企业已破产清算，兰州中瑞房地产开发有限责任公司企业停产已撤资。

学校历史沿革

兰州交通大学的前身是兰州铁道学院，创建于1958年5月，是由北京铁道学院(现北京交通大学)和唐山铁道学院(现西南交通大学)部分系科成建制迁兰组建而成。2000年2月，学校实行"中央与地方共建，以地方管理为主"的管理体制，由地方统筹管理。2001年6月，原甘肃省石油化工学校整体并入我校。2003年4月，学校更名为兰州交通大学。2005年9月，原兰州铁路机械学校和兰州铁路运输技工学校整体并入我校。

甘肃农业大学

学校(机构)标识码 4162010733	学校举办者 811 省级教育部门	邮政编码 730070
学校办学类型 411：本科院校：大学	学校地址 甘肃省兰州市安宁区营门村1号	办公电话 0931-7632230
学校性质类别 03 农业院校		传真电话 0931-7630810

校园(局域)网域名　www.gsau.edu.cn	13131.5	专任教师(人)　984
电子信箱　xiaoban@gsau.edu.cn	在校生数(人)　21456	其中:正高级　135
占地面积(平方米)　701240	其中:普通本科　15921	副高级　254
校舍建筑面积(平方米)　472131	成人本科　973	中级　271
图书(万册)　90.32	成人专科　2812	初级　8
固定资产总值(万元)　52699.2	博士研究生　398	未定职级　316
教学、科研仪器设备资产值(万元)	硕士研究生　1352	

本科专业　财务管理、草业科学、草业科学(草坪管理)、地理信息系统、电气工程及其自动化、电子信息工程、动物科学、动物科学(畜牧兽医)、动物生物技术、动物医学、法学、公共事业管理、汉语言文学、环境工程、机械设计制造及其自动化、计算机科学与技术、交通运输、金融学、经济学、劳动与社会保障、林学、农村区域发展、农林经济管理、农林经济管理(基地班)、农学、农业电气化与自动化、农业机械化及其自动化、农业水利工程、农业资源与环境、设施农业科学与工程、生物工程、生物技术(生物制品)、生物技术(生物质能)、食品科学与工程、食品质量与安全、市场营销、水产养殖学、水利水电工程、水土保持与荒漠化防治、土地资源管理、土木工程、文秘教育、信息管理与信息系统、英语、应用化学、园林、园艺、植物保护、植物生物技术、中草药栽培与鉴定、种子科学与工程、资源环境与城乡规划管理

博士专业　草地生物多样性、草业科学、动物生产系统与工程、动物食品营养与工程、动物医学工程、动物遗传育种与繁殖、动物营养与饲料科学、基础兽医学、临床兽医学、设施农业、设施作物、生态学、兽医博士、水土保持与荒漠化防治、特种经济动物饲养(含:蚕、蜂等)、药用植物资源与利用、预防兽医学、作物保护、作物生态生理、作物遗传育种、作物栽培学与耕作学

硕士专业　草地生物多样性、草业、草业科学、动物生产系统与工程、动物食品营养与工程、动物医学工程、动物遗传育种与繁殖、动物营养与饲料科学、发育生物学、果树学、基础兽医学、林木遗传育种、林业、临床兽医学、农产品加工及贮藏工程、农村与区域发展、农药学、农业电气化与自动化、农业工程、农业机械化、农业机械化工程、农业经济管理、农业科技组织与服务、农业昆虫与害虫防治、农业水土工程、农业信息化、农业资源利用、区域经济学、人口、资源与环境经济学、森林经理学、设施作物、生态学、食品工程、食品加工与安全、食品科学、兽医硕士、蔬菜学、水土保持与荒漠化防治、特种经济动物饲养(含:蚕、蜂等)、土地资源管理、土壤学、养殖、药用植物资源与利用、野生动植物保护与利用、营养与食品卫生学、预防兽医学、园艺、植物保护、植物病理学、植物学、植物营养学、作物、作物生态生理、作物遗传育种、作物栽培学与耕作学

院系设置

农学院、草业学院、动物医学院、动物科学技术学院、经济管理学院、工学院、林学院、食品科学与工程学院、资源与环境学院、生命科学技术学院、人文学院、信息科学技术学院、理学院、外语学院、体育教学部、继续教育学院

国家级、省部级研究机构设置

1. 实验室:甘肃省干旱生境作物学重点实验室——省部共建国家重点实验室培育基地、教育部(省部共建)草业生态系统重点实验室、甘肃省作物遗传改良与种质创新重点实验室、甘肃省草食动物生物技术重点实验室、甘肃省草业工程实验室

2. 研究中心(所):国际牦牛信息研究中心、中美草地畜牧业可持续发展研究中心、甘肃农业大学马铃薯改良分中心、甘肃农村发展研究院、甘肃省畜产品工程技术研究中心、甘肃省牛羊胚胎工程技术研究中心、甘肃省现代养猪工程技术研究中心、甘肃省节水农业工程技术研究中心、甘肃省葡萄酒产业技术研发中心、西部农村发展与社会保障研究中心、国家环保总局有机食品发展中心甘肃分中心

博士后科研流动站　甘肃农业大学畜牧学博士后流动站、甘肃农业大学兽医学博士后流动站、甘肃农业大学作物学博士后流动站。

定期公开出版的专业刊物　《甘肃农业大学学报》、《草原与草坪》、《甘肃农大报》

学校设立奖学金情况

学校设立奖学金27项,奖励总金额2026.15余万元。奖学金最高金额8000元/年/人,最低金额100元/年/人。

主要校办产业

甘肃农大生态农业科技发展有限公司

学校历史沿革

甘肃农业大学的前身是1946年10月创建于兰州的国立兽医学院,1951年改名为西北畜牧兽医学院,为教育部部属院校。1958年迁往武威黄羊镇与筹建中的甘肃农学院合并,成立甘肃农业大学。1980年经国务院批准迁往兰州办学,1984年动工兴建,1986年开始在兰州招生。

甘肃中医学院

学校(机构)标识码　4162010735	东路35号	电子信箱　yb@gszy.edu.cn
学校办学类型　412:本科院校:学院	邮政编码　730000	占地面积(平方米)　80667
学校性质类别　05 医药院校	办公电话　0931-8765500	校舍建筑面积(平方米)　157090
学校举办者　811 省级教育部门	传真电话　0931-8627950	图书(万册)　40.39
学校地址　甘肃省兰州市城关区定西	校园(局域)网域名　www.gszy.edu.cn	固定资产总值(万元)　16000.23

教学、科研仪器设备资产值（万元） 4094.76	成人专科 1037	副高级 98
在校生数（人） 8414	硕士研究生 415	中级 199
其中：普通本科 6300	留学生 4	初级 8
成人本科 658	专任教师（人） 378	未定职级 25
	其中：正高级 48	

本科专业 藏医学、公共事业管理、国际经济与贸易、护理学、临床医学、临床医学（免费医学定向）、药物制剂、医学影像学、预防医学、针灸推拿学、中草药栽培与鉴定、中西医临床医学、中药学、中医学、中医学（骨伤方向）、中医学（免费医学定向）

硕士专业 方剂学、针灸推拿学、中西医结合基础、中西医结合临床、中药学、中医儿科学、中医妇科学、中医骨伤科学、中医基础理论、中医临床基础、中医内科学、中医外科学、中医医史文献、中医诊断学

院系设置
中医医疗系、药学系、针灸推拿系、临床医学系、中西医结合系、护理系、经贸与管理系、社会科学部、基础课部、公共课部、继续教育学院、藏医学院

国家级、省部级研究机构设置
研究所（中心）：中（藏）药化学与质量研究重点实验室、中药生药实验室、中药药理实验室、中药化学实验室、中药制剂实验室、中西医结合基础科研实验室、中药免疫与分子生物学实验室、生物化学实验室、敦煌医学文献整理与应用研究中心

定期公开出版的专业刊物 《甘肃中医学院学报》、《中医儿科》

学校设立奖学金情况
学校设立奖学金 5 项，奖励总金额 24.58 余万元。奖学金最高金额 4200 元/年，最低金额 100 元/年。
特等奖学金：4200 元/年，一等奖学金 1400 元/年，二等奖学金 800 元/年，三等奖学金 500 元/年，单项奖学金 100 元/年。

毕业生一次就业率 37.4%

学校历史沿革
甘肃中医学院是 1978 年国务院批准成立的省属普通本科院校。

西北师范大学

学校（机构）标识码 4162010736	电子信箱 xiaoban@nwnu.edu.cn	成人专科 3529
学校办学类型 411：本科院校：大学	占地面积（平方米） 834344	博士研究生 208
学校性质类别 06 师范院校	校舍建筑面积（平方米） 608533	硕士研究生 4405
学校举办者 811 省级教育部门	图书（万册） 187.82	留学生 150
学校地址 甘肃省兰州市安宁东路 967 号	固定资产总值（万元） 56381.47	专任教师（人） 1317
邮政编码 730070	教学、科研仪器设备资产值（万元） 18776.16	其中：正高级 256
办公电话 0931-7971941	在校生数（人） 34436	副高级 452
传真电话 0931-7768159	其中：普通本科 16961	中级 474
校园（局域）网域名 www.nwnu.edu.cn	成人本科 9183	初级 87
		未定职级 48

本科专业 播音与主持艺术、地理科学、地理信息系统、电子信息工程、对外汉语、俄语、法学、翻译、工商管理、管理科学、广播电视编导、广播电视编导（播音与主持艺术方向）、国际经济与贸易、国际文化交流、汉语言文学、行政管理、化学、化学工程与工艺、环境工程、环境科学、会计学、绘画（油画方向）、绘画（中国画方向）、计算机科学与技术（非）、计算机科学与技术（师）、计算机科学与技术（网络与信息安、计算机科学与技术（物联网技术与、教育技术学、教育学、教育学（特殊教育方向）、教育学院 2+2 培养、金融学、经济学、酒店管理、历史学、历史学（历史与社会方向）、历史学（文化遗产学方向）、旅游管理（国际交流与涉外事务管理）、旅游管理（旅游日语方向）、旅游管理（涉外旅游）、旅游管理与服务教育、旅游学院 1.5+2.5 培养、美术学、美术学（中国画班）、美术学类、民族传统体育、人力资源管理、日语、社会工作、生物技术、生物科学、数学与应用数学、数字媒体艺术、思想政治教育、体育教育、统计学、文秘教育、舞蹈学、舞蹈学（表演方向）、舞蹈学（教育方向）、物理学、新闻学、信息管理与信息系统、信息与计算科学、学前教育、艺术设计、艺术设计（动漫设计方向）、艺术设计（环境艺术设计）、艺术设计（平面艺术设计）、音乐表演、音乐学、音乐学（学前教育艺术方向）、英语、英语（翻译方向）、应用心理学、运动训练、哲学、制药工程、资源环境与城乡规划管理

博士专业 比较教育学、发展与教育心理学、分析化学、高等教育学、高分子化学与物理、基础数学、教育技术学、教育领导与管理、教育史、教育学原理、课程与教学论、历史文献学（含：敦煌、古文字学）、马克思主义基本原理、人文地理学、思想政治教育、无机化学、物理化学（含：化学物理）、学校课程与教学、有

机化学、原子与分子物理、中国古代文学、中国古典文献学、专门史、自然地理学

硕士专业 比较教育学、比较文学与世界文学、财政学、产业经济学、等离子体物理、地图学与地理信息系统、电路与系统、电子与通信工程、动物学、发展与教育心理学、法学理论、分析化学、概率论与数理统计、高等教育学、高分子化学与物理、工业催化、公共管理硕士、光学、广播电视艺术学、国际政治、汉语国际教育硕士、汉语言文字学、化学工程、环境工程、环境科学、基础数学、基础心理学、计算机技术、计算机软件与理论、计算机应用技术、计算数学、教育技术学、教育经济与管理、教育史、教育学原理、考古学及博物馆学、课程与教学论、理论物理、历史地理学、历史文献学(含:敦煌学、古文字学)、伦理学、旅游管理、旅游管理硕士、马克思主义基本原理、马克思主义哲学、马克思主义中国化研究、美术、美术学、民族传统体育学、凝聚态物理、区域经济学、人口、资源与环境经济学、人文地理学、软件工程、社会工作硕士、社会体育指导、社会学、生态学、生物化学与分子生物学、世界史、数量经济学、思想政治教育、体育教学、体育教育训练学、体育人文社会学、统计学、外国语言学及应用语言学、外国哲学、文物与博物馆硕士、文艺学、无机化学、物理化学(含:化学物理)、物理化学(含:物理化学)、细胞生物学、现代教育技术、心理健康教育、学科教学(地理)、学科教学(化学)、学科教学(历史)、学科教学(生物)、学科教学(数学)、学科教学(思政)、学科教学(物理)、学科教学(英语)、学科教学(语文)、学前教育、学前教育学、艺术学、音乐、音乐学、英语笔译、英语口译、英语语言文学、应用化学、应用数学、应用心理硕士、应用心理学、有机化学、语言学与应用语言学、原子与分子物理、运筹学与控制论、运动人体科学、运动训练、政治经济学、政治学理论、植物学、中国古代史、中国古代文学、中国古典文献学、中国近现代史、中国少数民族史、中国现当代文学、中国哲学、专门史、自然地理学

院系设置

学院:文史学院、教育学院(教师培训学院)、政法学院、经济管理学院、外国语学院、音乐学院、美术学院、体育学院、数学与信息科学学院、物理与电子工程学院、化学化工学院、生命科学学院、地理与环境科学学院、教育技术与传播学院、旅游学院、研究生学院(学位办)、继续教育学院(职业技术学院兰州企业管理培训中心)、网络教育学院(教学科研网络中心)。系:中文系、历史系、秘书学系、新闻学系、对外汉语系、心理系、学前教育系、教育管理系、哲学系、法律系、政治系、社会学系、公共管理系、经济系、信息管理系、工商管理系、会计学系、财政与金融学系、英语语言文学系、俄罗斯语言文学系、日语系、翻译系、美术学系、造型艺术系、艺术设计系、音乐学系、舞蹈系、器乐系、声乐系、体育教育系、民族传统体育系、运动训练系、数学系、信息与计算科学系、计算机科学系、物理系、电子信息工程系、化学系、化工系、生物科学系、生物技术与工程系、地理科学系、环境科学与工程系、城市与资源学系、地理信息学系、电化教育系、广播电视编导系、旅游管理系

国家级、省部级研究机构设置

1. 实验室:生态环境相关高分子材料教育部重点实验室、甘肃省高分子材料重点实验室、甘肃省生物电化学与环境分析重点实验室、甘肃省原子分子物理与功能材料重点实验室

2. 研究中心(所):国家级:西北少数民族教育发展研究中心;部级:教育部基础教育课程改革研究中心、教育部辅导员培训和研修基地、全国职业教育师资培训重点建设基地、国家体育艺术师资培养培训基地;省级:甘肃教育发展研究院、甘肃省教育行政干部政策法规培训中心、甘肃省高校思想政治教育研究与人才培训中心、甘肃省先秦文学与文化研究中心、西部资源应用研究院、甘肃省地方性法规评价中心、甘肃特色植物有效成分制品工程技术研究中心、甘肃现代远程教育中心、甘肃省物联网工程研究中心

博士后科研流动站 教育学、中国语言文学、历史学、数学、化学、物理学

定期公开出版的专业刊物 《西北师范大学学报(社会科学版)》、《西北师范大学学报(自然科学版)》、《电化教育研究》、《丝绸之路》、《数学教学研究》、《当代教育与文化》

学校设立奖学金情况

学校设立奖学金13项,奖励总金额510余万元。奖学金最高金额9000元/年,最低金额1000元/年。

主要校办产业

兰州助剂厂

学校历史沿革

前身为国立北平师范大学,发端于1902年建立的京师大学堂师范馆。1937年"七七"事变后,北平师范大学与同时西迁的国立北平大学、北洋工学院共同组成西北联合大学,国立北平师范大学整体改组为西北联大下设的师范学院。1939年师范学院独立设置,改称国立西北师范学院,1941年迁往兰州。1958年前学校为教育部直属的全国6所重点高师院校之一,1958年划归甘肃省领导,改称甘肃师范大学。1981年复名为西北师范学院。1988年更名为西北师范大学。

兰州城市学院

学校(机构)标识码　4162010737
学校办学类型　412:本科院校:学院
学校性质类别　01 综合大学
学校举办者　811 省级教育部门
学校地址　甘肃省兰州市安宁区街坊路11号
邮政编码　730070
办公电话　0931-7601072
传真电话　0931-7601142
校园(局域)网域名　www.lzcu.edu.cn
电子信箱　123@456.com
占地面积(平方米)　505356
校舍建筑面积(平方米)　409313
图书(万册)　79.61
固定资产总值(万元)　33638.42
教学、科研仪器设备资产值(万元)　6310
在校生数(人)　16067
其中:普通本科　13978
普通专科　659
成人本科　621

成人专科 807	其中：正高级 59	初级 76
留学生 2	副高级 243	未定职级 8
专任教师（人） 704	中级 318	

本科专业 播音与主持艺术、城市规划（景观建筑设计方向）、地理科学、地理科学（城乡规划方向）、电子信息科学与技术、电子信息科学与技术（职教师资）、对外汉语、广播电视编导、广播电视新闻学、汉语言文学、汉语言文学（文秘教育方向）、汉语言文学（中英文高级文秘）、焊接技术与工程、焊接技术与工程（职教师资）、化学、化学（化工工艺教育方向）、化学工程与工艺（石油化工）、化学工程与工艺（职教师资）、环境科学、机械设计制造及其自动化、计算机科学与技术（3G软件开发方向）、计算机科学与技术（教育方向）、计算机科学与技术（软件工程方向）、计算机科学与技术（网络方向）、计算机科学与技术（网络工程方向）、交通运输、交通运输（职教师资）、教育技术学、教育技术学（信息技术教育）、经济学、历史学、旅游管理与服务教育、社会工作、石油工程、数学与应用数学、数学与应用数学（计算数学方向）、数学与应用数学（金融数学方向）、思想政治教育、思想政治教育（心理健康教育方向）、体育教育、体育教育（社会体育方向）、物理学、小学教育、小学教育（特殊教育方向）、新闻学、信息管理与信息系统（1+3）、信息管理与信息系统（服务外包方向）、学前教育（艺术教育方向）、艺术设计、艺术设计（工艺美术教育方向）、音乐学、音乐学（表演方向）、音乐学（教师教育）、音乐学（舞蹈教育方向）、英语、英语（应用翻译方向）、应用心理学（人力资源管理方向）、油气储运工程

专科专业 工业设计、焊接技术及自动化、机电一体化技术、酒店管理、学前教育（艺术教育）、油气储运技术

院系设置

文学院、外国语学院、培黎国际学院、数学学院、化学与环境科学学院、培黎工程技术学院、音乐学院、城市经济与旅游文化学院、社会管理学院、体育学院、美术学院、信息工程学院、传媒学院、教育学院、培黎职业技术学院、培黎石油工程学院、继续教育学院

国家级、省部级研究机构设置

甘肃省城市发展研究院、城市环境污染控制甘肃省省级高校重点实验室

定期公开出版的专业刊物 《甘肃高师学报》

学校设立奖学金情况

学校设立奖学金3项，奖励总金额213.41万元，奖学金最高金额3000元/年，最低100元/年。

主要校办产业

兰州城市学院印刷厂、培黎机械厂、培黎汽修厂、培黎驾驶员培训中心

学校历史沿革

1958年6月18日成立"兰州师范专科学校"；1959年7月改名为"甘肃师范专科学校"；1962年3月全国高校调整时并入西北师院；1978年3月恢复招生 1978年12月国务院批准成立"兰州师范专科学校" 1992年10月学校更名为"兰州师范高等专科学校" 2006年2月经教育部批准在"兰州师范高等专科学校"基础上设立"兰州城市学院"。

陇东学院

学校（机构）标识码 4162010738	电子信箱 ldxymsk@163.com	普通专科 92
学校办学类型 412：本科院校：学院	占地面积（平方米） 669120	成人本科 2544
学校性质类别 06 师范院校	校舍建筑面积（平方米） 268478	成人专科 1659
学校举办者 811 省级教育部门	图书（万册） 73.5	专任教师（人） 559
学校地址 甘肃省庆阳市西峰区兰州路45号	固定资产总值（万元） 32700	其中：正高级 54
	教学、科研仪器设备资产值（万元） 6182.13	副高级 142
邮政编码 745000		中级 234
办公电话 0934-8651532	在校生数（人） 16809	初级 20
传真电话 0934-8651531	其中：普通本科 12514	未定职级 109
校园（局域）网域名 www.ldxy.edu.cn		

本科专业 安全工程、财务管理、测控技术与仪器、电气工程及其自动化、电子信息工程、法学、工程管理、公共事业管理、过程装备与控制工程、汉语言文学、化学、化学工程与工艺、计算机科学与技术、计算机科学与技术（非师范）、教育技术学、经济学、科学教育、历史学、历史学（历史文化遗产保护与产业、美术学、农学、农业资源与环境、人文教育、生物技术、生物科学、石油工程、食品科学与工程、数学与应用数学、思想政治教育、体育教育、土木工程、文秘教育、舞蹈学（非师范）、物理学、小学教育、学前教育、艺术设计、音乐学、英语、英语（翻译方向）、应用电子技术教育、应用化学、园艺、资源环境与城乡规划管理

专科专业 机械制造与自动化、油气开采技术

院系设置

学校设文学院、历史文化学院、外国语学院、教育学院、政法学院、经济管理学院、数学与统计学院、生命科学与技术学院、农

林科技学院、电气工程学院、化学化工学院、信息工程学院、土木工程学院、能源工程学院、机械工程学院、体育学院、美术学院、音乐学院和继续教育学院

国家级、省部级研究机构设置

"陇东历史文化研究中心"和"陇东生物资源保护与利用实验室"为甘肃省高校省级人文社科重点研究基地和甘肃省高校省级重点实验室

定期公开出版的专业刊物 《陇东学院学报》

学校设立奖学金情况

学校设立奖学金3项,奖金总金额197.6万,奖学金总金额8000元/年,最低金额3000元/年。

学校历史沿革

陇东学院的前身是始建于1978年12月的庆阳师范高等专科学校,2001年10月庆阳地区农业科学研究所和庆阳地区农业学校整体并入,2003年4月经教育部批准改建为全日制本科院校。

天水师范学院

学校(机构)标识码	4162010739
学校办学类型	412:本科院校:学院
学校性质类别	06 师范院校
学校举办者	811 省级教育部门
学校地址	甘肃省天水市秦州区籍河南路
邮政编码	741000
办公电话	0938-8362599
传真电话	0938-8362454
校园(局域)网域名	www.tsnc.edu.cn
电子信箱	webmaster@tsnc.edu.cn
占地面积(平方米)	638789
校舍建筑面积(平方米)	288820
图书(万册)	93.47
固定资产总值(万元)	37055.76
教学、科研仪器设备资产值(万元)	7144.47
在校生数(人)	15622
其中:普通本科	13742
成人本科	1677
成人专科	199
留学生	4
专任教师(人)	666
其中:正高级	52
副高级	159
中级	341
初级	98
未定职级	16

本科专业 博物馆学、材料成型及控制工程、财务管理、地理科学、电子信息科学与技术、法学、汉语言文学、化学、化学工程与工艺、会计学、绘画、机械设计制造及其自动化、计算机科学与技术、经济学、科学教育、历史学、美术学、汽车服务工程、人文教育、社会体育、生物技术、生物科学、市场营销、数学与应用数学、思想政治教育、体育教育、统计学、土木工程、舞蹈学、物理学、戏剧影视文学、小学教育、信息与计算科学、学前教育、艺术设计、音乐表演、音乐学、英语、应用化学、应用心理学、运动训练

院系设置

二级学院12个:文史学院、经济与社会管理学院、教育学院、数学与统计科学技术学院、物理与信息科学技术学院、生命科学与化学学院、工学院、美术学院、音乐学院、外国语学院、体育学院、继续教育学院

国家级、省部级研究机构设置

实验室、研究中心:省高校新型分子材料设计与功能重点实验室。

定期公开出版的专业刊物 《天水师范学院学报》

学校设立奖学金情况

学校设立奖学金4项,奖励总金额690余万元。奖学金最高金额4000元/年,最低金额500元/年。

主要校办产业

天水师院轻印刷中心

学校历史沿革

1959年4月筹建天水师范专科学校,同年8月开始招生;1963年9月天水师专更名为天水教师进修学校;1966年6月更名为甘肃省天水工读师范专科学校;1971年11月更名为天水地区师范专科学校;1979年1月更名为天水师范专科学校;1995年更名为天水师范高等专科学校;2000年更名为天水师范学院。

河西学院

学校(机构)标识码	4162010740
学校办学类型	412:本科院校:学院
学校性质类别	01 综合大学
学校举办者	811 省级教育部门
学校地址	甘肃省张掖市北环路87号
邮政编码	734000
办公电话	0936-8282007
传真电话	0936-8282000
校园(局域)网域名	www.hxu.edu.cn
电子信箱	hxu@hxu.edu.cn
占地面积(平方米)	668003
校舍建筑面积(平方米)	337243
图书(万册)	76.9
固定资产总值(万元)	33802.65
教学、科研仪器设备资产值(万元)	5709.3
在校生数(人)	12999
其中:普通本科	11889
普通专科	409
成人本科	558
成人专科	143

| 专任教师(人) 566 | 副高级 151 | 初级 81 |
| 其中:正高级 50 | 中级 245 | 未定职级 39 |

本科专业 电气工程及其自动化、电子信息科学与技术、法学、工商管理、广播电视新闻学、汉语言文学、化学、绘画、计算机科学与技术、教育技术学、经济学、历史学、旅游管理、美术学、农学、葡萄与葡萄酒工程、人文教育、生物工程、生物科学、数学与应用数学、思想政治教育、体育教育、物理学、小学教育、信息管理与信息系统、学前教育、学前教育(艺术)、音乐表演、音乐学、英语、应用化学、应用心理学、园艺、种子科学与工程、种子科学与工程(职教)

专科专业 电气自动化技术、机电一体化技术、汽车电子技术、园林技术、种子生产与经营

院系设置
教师教育学院、农业与生物技术学院、物理与机电工程学院、化学化工学院、信息技术与传媒学院、历史文化与旅游学院、经济管理学院、政法学院、文学院、数学与统计学院、外语学院、音乐学院、美术学院、体育学院、土木工程学院(筹建中)、继续教育学院

国家级、省部级研究机构设置
研究中心一个:甘肃省微藻工程技术研究中心

定期公开出版的专业刊物 《河西学院学报》

学校设立奖学金情况
学校设立奖学金9项,奖励总金额560余万元。奖学金最高额8000元/年,最低金额300元/年。

主要校办产业
1.河西学院凯源微藻中心 2.河西学院汽车驾驶培训中心

学校历史沿革
河西学院前身是1958年设立的张掖师范学院。1961年院系调整后改办张掖师范。1978年经国务院批准恢成立张掖师范高等专科学校。2000年,张掖地区农业学校和张掖农机校并入。2001年经教育部批准成立河西学院,学校一所学校两块牌子同时为甘肃省社科院河西分院,是甘肃西部和千里河西走廊唯一的普通本科院校。

兰州商学院

学校(机构)标识码 4162010741	电子信箱 xiaoban@lzcc.edu.cn	成人本科 2188
学校办学类型 412:本科院校:学院	占地面积(平方米) 982009	成人专科 3116
学校性质类别 08 财经院校	校舍建筑面积(平方米) 642889	硕士研究生 718
学校举办者 811 省级教育部门	图书(万册) 118.07	专任教师(人) 915
学校地址 兰州市城关区段家滩496号	固定资产总值(万元) 79972.16	其中:正高级 123
邮政编码 730020	教学、科研仪器设备资产值(万元) 5928.96	副高级 311
办公电话 0931-5252000		中级 366
传真电话 0931-5252010	在校生数(人) 23935	初级 68
校园(局域)网域名 www.lzcc.edu.cn	其中:普通本科 17913	未定职级 47

本科专业 保险、财务管理、财政学、电子商务、电子信息工程、法学、房地产经营管理、工商管理、公共事业管理、管理科学、广告学、国际经济与贸易、汉语言文学、会计学、绘画、计算机科学与技术、金融工程、金融学、经济学、劳动与社会保障、旅游管理、贸易经济、农林经济管理、人力资源管理、社会工作、审计学、市场营销、税务、统计学、投资学、土地资源管理、物流管理、新闻学、信息管理与信息系统、信息与计算科学、信用管理、艺术设计、音乐表演、英语、资源环境与城乡规划管理

硕士专业 财政学(含:税收学)、产业经济学、工商管理、国际贸易学、国际商务、国民经济学、会计、会计学、金融、金融学(含:保险学)、经济法学、马克思主义理论、企业管理(含:财务管理、市场营销)、区域经济学、世界经济、数量经济学、思想政治教育、统计学、应用统计

院系设置
兰州商学院设有经济学院、国际经济与贸易学院、金融学院、工商管理学院、会计学院、统计学院、信息工程学院、外语学院、艺术学院、商务传媒学院、法学院、马克思主义学院、财税与公共管理学院、农林经济管理学院、国际教育学院、继续教育学院等17个二级学院及MBA教育中心和体育教学部

国家级、省部级研究机构设置
1.国家级实验教学示范中心——经济管理实验教学中心和省级实验教学示范中心——商务信息技术实验教学中心
2.甘肃省人文社科重点研究基地——甘肃商务发展研究中心和甘肃经济发展数量分析研究中心

定期公开出版的专业刊物 《兰州商学院学报》

学校设立奖学金情况
学校设立奖学金1项,奖励总金额258余万元。奖学金最高金额2400元/年,最低金额600元/年。

学校历史沿革
学校成立于1958年,原名甘肃财经学院。1981年更名为兰州商学院,先后隶属于原国家商业部、国内贸易部领导,是甘、青、宁三省(区)唯一以本科教育为主的财经类高等院校。1998年7月,实行中央与地方共建、以甘肃为主的管理体制。

西北民族大学

学校(机构)标识码 4162010742		成人本科 894
学校办学类型 411：本科院校：大学	电子信箱 xbgs@xbmu.edu.cn	成人专科 623
学校性质类别 12 民族院校	占地面积(平方米) 1920009	博士研究生 55
学校举办者 308 国家民族事务委员会	校舍建筑面积(平方米) 619271	硕士研究生 1224
学校地址 甘肃省兰州市西北新村一号	图书(万册) 167.14	留学生 15
	固定资产总值(万元) 88764.48	专任教师(人) 1060
邮政编码 730030	教学、科研仪器设备资产值(万元) 17922.98	其中：正高级 165
办公电话 0931-2938006		副高级 315
传真电话 0931-2938000	在校生数(人) 23868	中级 421
校园(局域)网域名 www.xbmu.edu.	其中：普通本科 21057	初级 159

本科专业 阿拉伯语、保险、表演舞蹈、博物馆学、财务管理、电气工程及其自动化、电子信息工程、动物科学、动物医学、对外汉语、俄语、法学、高分子材料与工程、工商管理、工商管理(藏汉双语)、公共事业管理、广播电视编导、广播电视新闻学、广告学、国际经济与贸易、汉语言、汉语言文学、护理学、化学工程与工艺、环境工程、会计学、绘画、计算机科学与技术、教育技术学、金融学、经济学、口腔医学、历史学、临床医学、旅游管理、民族学、软件工程、社会工作、社会学、生物工程、生物技术、食品科学与工程、数学与应用数学、数学与应用数学(藏汉双语)、数字媒体艺术、体育教育、通信工程、土木工程、舞蹈学、物理学(藏汉双语)、新闻学、信息与计算科学、艺术设计、音乐表演、音乐学、英语、英语(蒙英双语)、应用心理学、制药工程、中国少数民族(藏)语言文学、中国少数民族(蒙古)语言文学、中国少数民族(维吾尔)语言文学、自动化、作曲与作曲技术理论

博士专业 中国少数民族语言文学(分语族)

硕士专业 比较文学与世界文学、动物营养与饲料科学、法律、工程、环境与资源保护法学、计算机软件与理论、计算机应用技术、课程与教学论、历史文献学(含：敦煌学、古文字学)、临床兽医学、伦理学、马克思主义基本原理、马克思主义民族理论与政策、马克思主义中国化研究、美术学、民俗学(含：中国民间文学)、民族传统体育学、民族学、人类学、社会工作、社会学、思想政治教育、文艺学、宪法学与行政法学、艺术、音乐学、应用数学、语言学与应用语言学、预防兽医学、中国少数民族经济、中国少数民族史、中国少数民族艺术、中国少数民族语言文学(分语族)、专门史、宗教学

院系设置
马克思主义学院、经济学院、法学院、民族学与社会学学院、现代教育技术学院、体育学院、文学院、蒙古语言文化学院、藏语言文化学院、维吾尔语言文学学院、外国语学院、新闻传播学院、音乐学院、舞蹈学院、美术学院、历史文化学院、数学与计算机科学学院、电气工程学院、土木工程学院、化工学院、生命科学与工程学院、医学院、管理学院、预科部、继续教育与职业教育学院

国家级、省部级研究机构设置
1. 实验室：1. 中国民族语言文字信息技术实验室；2. 藏文信息技术实验室；3. 口腔医学综合实验室；4. 电子材料实验室；5. 生物工程与技术实验室；6. 甘肃省新型建材与建筑节能重点实验室(培育基地)

2. 研究中心(所)：1. 西北少数民族文学研究中心；2. 西北少数民族宗教研究中心；3. 西北民族文献研究基地；4. 甘肃省动物细胞工程技术研究中心

博士后科研流动站 中国语言文学

定期公开出版的专业刊物 1.《西北民族大学学报》(哲学社会科学版)；2.《西北民族大学学报》(自然科学版)；3.《西北民族大学学报》(蒙古文版)；4.《西北民族大学学报》(藏文版)；5.《西北民族研究》

学校设立奖学金情况
学校设立奖学金17项，奖励总金额896.5余万元。奖学金最高金额8000元/年，最低金额300元/年。

主要校办产业
兰州民海生物工程有限公司、兰州民大土木工程科技有限公司、兰州民苑民族印刷厂、兰州民德商贸有限公司、西部民族建筑室内装饰设计研究所

学校历史沿革
西北民族大学创建于1950年，是新中国第一所民族院校，隶属于国家民资事务委员会。1952年开始设置本科专业并招生。同年，经上级主管部门批准开始招收研究生。1981年经国务院批准，学校成为首批硕士学位授予单位。2003年经教育部、国家民委批准学校更名为西北民族大学，并增列为博士授予单位。2007年顺利通过教育部本科教育评估，获得优秀。

兰州石化职业技术学院

学校(机构)标识码 4162010838	传真电话 0931-7556069	在校生数(人) 12237
学校办学类型 415:专科院校:高等职业学校	校园(局域)网域名 www.lzpcc.edu.cn	其中:普通专科 12011
	电子信箱 liuj@lzpcc.edu.cn	成人专科 226
学校性质类别 02 理工院校	占地面积(平方米) 246790	专任教师(人) 515
学校举办者 811 省级教育部门	校舍建筑面积(平方米) 263650	其中:正高级 22
学校地址 甘肃省兰州市西固区山丹街1号	图书(万册) 64.84	副高级 164
	固定资产总值(万元) 40232.64	中级 223
邮政编码 730060	教学、科研仪器设备资产值(万元) 12395.78	初级 106
办公电话 0931-7941323		

专科专业 电气自动化技术、电子商务、钢结构方向、高聚物生产技术、工程监理、工商企业管理、工业分析与检验、工业网络技术、过程控制方向、焊接技术及自动化、化工设备维修技术、化学工程与工艺、会计电算化、机电设备维修与管理、计算机辅助设计与制造、计算机网络技术、建筑工程、精细化学品生产技术、炼油技术、煤化工、模具设计与制造、汽车电子技术、汽车技术服务与营销、汽车检测与维修技术、软件技术、商务英语、涉外翻译、生产过程自动化技术、石化电子设备维修方向、石油化工生产技术、市场开发与营销、市场营销、数控技术、水利工程施工技术、图文信息、图形图像制作、无机化工、艺术设计、印前速录、印刷技术、应用电子技术、应用英语、油品分析、油气储运技术、有机化工

院系设置
石油化学工程系、机械工程系、电子电气工程系、信息处理与控制工程系、人文社会科学系、应用外语系、汽车工程系、土木工程系、继续教育学院

国家级、省部级研究机构设置
研究所(中心):石油化工研究所、磁力驱动技术研究所、自动化研究所、计算机及应用研究所、机械研究所及博信咨询策划工作室

定期公开出版的专业刊物 《兰州石化职业技术学院学报》

学校设立奖学金情况
学校设立奖学金4项,奖励总金额3155000元。奖学金最高金额8000元/年,最低金额300元/年。

1. 国家奖学金:10人/年,8000元/人;国家励志奖学金,335人/年,5000元/人。
2. 学院奖学金:(1)特等奖学金:5人/年,5000元/人;
(2)一等奖学金:363人/年,1000元/人;
(3)二等奖学金:580人/年,800元/人;
(4)三等奖学金:729人/年,500元/人。
3. 校友奖学金:100人/年,1000元/人。
4. 深圳-甘肃助学金:50人/年,1000元/人。
5. 云天化奖学金:20人/年,1000元/人。
6. 单项奖学金:45人/年,300元/人。

主要校办产业
印刷厂、磁力泵厂、实习工厂、招待所

毕业生一次就业率 93.55%

学校历史沿革
兰州石化职业技术学院始建于1956年,其前身为石油部和化工部直属的两所国家级重点中专和原兰州炼油化工总厂、兰州化学工业公司的两所职工大学。1999年,经教育部批准,学校改制为兰州石化职业技术学院,成为甘肃省第一所独立设置的高等职业技术学院。2000年,学院由中石化集团公司划转甘肃省管理。2002年12月,学院被教育部、财政部确定为国家重点建设的示范性高等职业技术院校。

甘肃政法学院

学校(机构)标识码 4162011406	传真电话 0931-7678037	2893
学校办学类型 412:本科院校:学院	校园(局域)网域名 www.gsli.edu.cn	在校生数(人) 12803
学校性质类别 09 政法院校	电子信箱 123@456.com	其中:普通本科 10514
学校举办者 811 省级教育部门	占地面积(平方米) 369530	成人本科 1481
学校地址 兰州市安宁区安宁西路6号	校舍建筑面积(平方米) 226971	成人专科 462
	图书(万册) 68.26	硕士研究生 346
邮政编码 730070	固定资产总值(万元) 37003	专任教师(人) 501
办公电话 0931-7601586	教学、科研仪器设备资产值(万元)	其中:正高级 48

副高级 125　　　　初级 122　　　　未定职级 31
中级 175

本科专业 边防管理、财务管理、法学、工商管理、公共事业管理、广告学、国际经济与贸易、汉语言文学、行政管理、计算机科学与技术、禁毒学、劳动与社会保障、人力资源管理、社会工作、市场营销、物流管理、新闻学、信息安全、信息管理与信息系统、刑事科学技术、艺术设计、英语、侦查学、政治学与行政学、治安学

硕士专业 法律硕士(法学)、法律硕士(非法学)、经济法学、民商法学(含:劳动法学)、社会保障、诉讼法学、宪法学与行政法学、刑法学

院系设置
法学院、民商经济法学院、公安分院、经济管理学院、公共管理学院、行政学院、人文学院、计算机科学学院、艺术学院、继续教育学院、人民武装分院、干部培训中心

国家级、省部级研究机构设置
学校科研机构总计 53 个,其中省级重点实验室 1 个,省高校人文社科重点研究基地 2 个。分别为:1. 实验室:证据科学技术研究与应用实验室。2. 研究中心(所):甘肃省经济法制研究中心、西北民族地区侦查理论与实务研究中心

定期公开出版的专业刊物 《甘肃政法学院学报》、《西部法学评论》

学校设立奖学金情况
学校设立奖学金 2 项,奖励总金额 125.49 余万元。奖学金最高金额 1500 元/年,最低金额 100 元/年。

学校历史沿革
甘肃政法学院其前身是 1956 年创建的甘肃政法干部学校。1984 年改名为甘肃政法学院,开办普通高等教育。

甘肃民族师范学院

学校(机构)标识码　4162011561
学校办学类型　412:本科院校:学院
学校性质类别　06 师范院校
学校举办者　811 省级教育部门
学校地址　甘肃省甘南藏族自治州合作市知合玛路 233 号
邮政编码　747000
办公电话　0941-8252077
传真电话　0941-8252380
校园(局域)网域名　www.gnun.edu.cn
电子信箱　xiaoban@gnun.edu.cn
占地面积(平方米)　431336
校舍建筑面积(平方米)　201553
图书(万册)　48.2
固定资产总值(万元)　20032
教学、科研仪器设备资产值(万元)　3693
在校生数(人)　8941
其中:普通本科　4182
普通专科　3882
成人本科　295
成人专科　582
专任教师(人)　435
其中:正高级　21
副高级　112
中级　224
初级　78

本科专业 藏汉双语方向、地理科学、汉语言文学、化学、计算机科学与技术、历史学、美术学、生物科学、数学与应用数学、思想政治教育、体育教育、物理学、学前教育、音乐学、英语、中国少数民族语言文学

专科专业 藏汉英翻译、藏语方向、藏语数学与科学方向、藏语言文学教育、初等教育(师)、地理教育(师)、动物防疫与检疫、法律事务、会计学、计算机科学教育、计算机应用技术、酒店管理、科学教育(师)、旅游工艺品设计与制作、旅游管理、美术教育(师)、生物教育(师)、数学教育(师)藏汉双语、思想政治教育(师)、舞蹈表演、物理教育(师)、物理教育(师)藏汉双语、现代教育技术(师)、小型水电站及电力网、学前教育(师)、艺术设计、音乐教育(师)、英语教育(师)、综合文科教育(师)

院系设置
藏语系、汉语系、数学系、历史文化系、化学与生命科学系、体育系、政法与经济管理、藏理科系、物理与水电工程系、外语系、计算机科学系、教育科学系、音乐舞蹈系、美术系、预科部

国家级、省部级研究机构设置
研究所(中心):(一)藏文化研究中心。下设藏语言文学研究室、民族美术研究室、民族音乐舞蹈研究室、藏文信息化研究室。(二)成立河洮岷文化研究中心。下设河洮岷历史文化研究室、河洮岷民间文学研究室。(三)民族教育研究所。(四)高寒生态系统研究所。(五)民族地区经济社会发展研究所。(六)民族体育文化研究所。

定期公开出版的专业刊物 《甘肃民族师范学院学报》中文版,《甘肃民族师范学院学报》藏文版。

学校设立奖学金情况
学校设立奖学金 3 项,奖励总金额 527.5 万元。奖学金最高金额 8000 元/年,最低金额 409.5 元/年。
1. 专业奖学金:年奖励总金额 380 余万元。
2. 国家奖学金:全院;20 人/年,8000 元/人。
3. 国家励志奖学金:全院;263 人/年,5000 元/人。

毕业生一次就业率 75%

学校历史沿革
甘肃民族师范学院成立于 1985 年,前身为合作民族师范高等专科学校,是甘肃省唯一一所民族师范本科院校。2009 年 3 月升格为本科院校,更名为甘肃民族师范学院。学院在维护祖国统一、加强民族团结、促进藏区稳定方面具有特殊地位。

甘肃联合大学

学校(机构)标识码　4162011562
学校办学类型　415:专科院校:高等职业学校
学校性质类别　01 综合大学
学校举办者　811 省级教育部门
学校地址　兰州市城关区雁滩北面滩400号
邮政编码　730000
办公电话　0931-8685268
传真电话　0931-8685007
校园(局域)网域名　www.gus.edu.cn
电子信箱　gldbgs2001@163.com
占地面积(平方米)　1018944
校舍建筑面积(平方米)　293169
图书(万册)　95.3
固定资产总值(万元)　50412.12
教学、科研仪器设备资产值(万元)　4812.68
在校生数(人)　9383
其中:普通专科　9383
专任教师(人)　527
其中:正高级　40
　　　副高级　127
　　　中级　225
　　　初级　116
　　　未定职级　19

专科专业　出版与发行、初等教育、电子信息工程技术、法律事务、法律文秘、房地产经营与估价、工商企业管理、工业分析与检验、广告设计与制作、国际经济与贸易、汉语、化学教育、环境艺术设计、会计与统计核算、计算机多媒体技术、计算机通信、计算机网络技术、计算机信息管理、计算机应用技术、金融保险、精细化学品生产技术、景区开发与管理、酒店管理、旅游管理、美术教育、软件技术、社区管理与服务、数学教育、司法助理、体育保健、物理教育、物流管理、现代教育技术、心理咨询、新闻采编与制作、学前教育、音乐表演、音乐教育、英语教育、应用电子技术、应用化工技术、应用英语、语文教育

院系设置
学校现设有师范学院、电子信息工程学院、人文学院、经济与管理学院、外语学院、化工学院、旅游学院、政法系、音乐系、美术系、体育系共11个院(系)。

定期公开出版的专业刊物　《甘肃联合大学学报》(自然科学版)、《甘肃联合大学学报》(社会科学版)

学校设立奖学金情况
学校设立奖学金3项,奖励总金额180.97万元。奖学金最高金额8000元/年,最低金额150元/年

学校历史沿革
2001年7月,甘肃省政府决定,原甘肃教育学院与原甘肃联合大学合并,组建新的甘肃联合大学。
原甘肃教育学院是于1962年由先后创建于1950年、1956年的兰州工农速成中学暨甘肃师范专科学校改建而成的一所师范类成人本科院校。原甘肃联合大学成立于1985年5月。

平凉医学高等专科学校

学校(机构)标识码　4162011805
学校办学类型　414:专科院校:高等专科学校
学校性质类别　05 医药院校
学校举办者　822 地级其他部门
学校地址　平凉医学高等专科学校
邮政编码　744000
办公电话　0933-8612040
传真电话　0933-8612040
校园(局域)网域名　www.plmc.edu.cn
电子信箱　plmc2040@163.com
占地面积(平方米)　399293
校舍建筑面积(平方米)　123429
图书(万册)　25.68
固定资产总值(万元)　20876.43
教学、科研仪器设备资产值(万元)　2653.85
在校生数(人)　7124
其中:普通专科　6527
　　　成人专科　597
专任教师(人)　306
其中:正高级　10
　　　副高级　42
　　　中级　69
　　　初级　134
　　　未定职级　51

专科专业　护理、康复治疗技术、口腔医学技术、临床医学、卫生检验与检疫技术、药学、医学检验技术、医学影像技术、针灸推拿、中药、助产

院系设置
公共课教学楼、医学基础学、临床医疗系、护理学、中医药系

国家级、省部级研究机构设置
研究所(中心):平凉市黄普谧研究院、平凉市崆峒学院研究院

学校设立奖学金情况
学校设立奖学金四项,奖励总金额57.4。奖学金最高金额2000元/年,最低金额400元/年。

毕业生一次就业率　88.81%

学校历史沿革
1958年,平凉市地区中等卫生学校成立;1962年,更名为甘肃省平凉地区卫生学校;由省卫生直属;1970年,更名为甘肃省平凉地区学校,归平凉地区学校;1984年,创办《卫生通讯》,现

更名为《卫生职业教育》,由卫生部科教司主办,面向全国发行;1997年,通过"省部级重点中专"评估验收;2001年,被教育局批准为"国家级重点中专"2002年,平凉撤地设市后更名为平凉卫生学校;2003年4月,由教育部批准,设立为平凉医学高等专科学校,同时撤销平凉卫生学校建制;2006年5月,通过省教育厅"首届专科毕业生教育质量评估"。

陇南师范高等专科学校

学校(机构)标识码	4162011806
学校办学类型	414:专科院校:高等专科学校
学校性质类别	06 师范院校
学校举办者	821 地级教育部门
学校地址	甘肃省成县城关镇陇南路34号
邮政编码	742500
办公电话	0939-3201436
传真电话	0939-3202016
校园(局域)网域名	www.lntu.edu.cn
电子信箱	lnszbgs@163.com
占地面积(平方米)	221073
校舍建筑面积(平方米)	125960
图书(万册)	39.06
固定资产总值(万元)	14638.19
教学、科研仪器设备资产值(万元)	2098.62
在校生数(人)	5119
其中:普通专科	5082
成人专科	37
专任教师(人)	302
其中:正高级	2
副高级	76
中级	136
初级	45
未定职级	43

专科专业 初等教育、地理教育、法律事务、化学教育、会计电算化、计算机应用技术、历史教育、旅游管理、美术教育、汽车检测与维修技术、生物教育、数学教育、思想政治教育、体育教育、文秘、物理教育、现代教育技术、学前教育、音乐教育、英语教育、语文教育

院系设置
学校设有中文系、数学系、英语系、物理与信息技术系、政史系、生物与化学系、教育系、地理系、音乐系

学校设立奖学金情况
学校设立奖学金4项,奖励总金额719.9余万元,奖学金最高金额8000元/年,最低金额1000元/年。

学校历史沿革
陇南师范高等专科学校前身为1937年成立的甘肃省成县师范学校和1973年成立的甘肃省礼县师范学校。2001年4月经甘肃省政府批准,将上述两校合并为陇南师范学校,2003年4月经国家教育部批准升格为陇南师范高等专科学校。

兰州工业高等专科学校

学校(机构)标识码	4162011807
学校办学类型	414:专科院校:高等专科学校
学校性质类别	02 理工院校
学校举办者	811 省级教育部门
学校地址	甘肃省兰州市七里河区龚家坪东路1号
邮政编码	730050
办公电话	0931-2861012
传真电话	0931-2861111
校园(局域)网域名	www.lzptc.edu.cn
电子信箱	lzptc@lzptc.edu.cn
占地面积(平方米)	1134667
校舍建筑面积(平方米)	251695
图书(万册)	56.51
固定资产总值(万元)	32000
教学、科研仪器设备资产值(万元)	5771.19
在校生数(人)	10072
其中:普通专科	9562
成人专科	510
专任教师(人)	489
其中:正高级	39
副高级	142
中级	186
初级	96
未定职级	26

专科专业 材料成型与控制技术、道路桥梁工程技术、电力系统自动化技术、电力系统自动化技术(风能与动力)、电力系统自动化技术(供用电技术)、电气自动化技术、电子商务、电子信息工程技术、电子信息工程技术(嵌入式系统方向)、电子信息工程技术(物联网技术方向)、动漫设计与制作、工程造价、工商企业管理、工商企业管理(人力资源管理方向)、供用电技术、广告设计与制作、国际贸易实务、焊接技术及自动化、焊接质量检测技术、会计、会计(金融会计方向)、会计(注册会计师方向)、机电一体化技术、机械设计与制造、机械制造与自动化、计算机网络技术、计算机应用技术、检测技术及应用、建筑电气工程技术、建筑工程技术、建筑工程技术(安全工程方向)、建筑工程技术(工程监理方向)、建筑工程技术(工程造价方向)、建筑工程技术(建筑施工方向)、建筑设备工程技术、建筑设备工程技术(供热通风与空、建筑设备工程技术(建筑电气及楼、金融与证券、经济信息管理、楼宇智能化工程技术、模具设计与制造、汽车电子技术、汽车检测与维修技术、汽车运用技术、汽车制造与装配技术、人力资源管理、软件技术、商务英语、社区管理与服务、生产过程自动化技术、生产过程自动化技术(电气自动化)、市场营销、市场营销(电子商务方向)、市政工程技术、市政工程技术(道路桥梁工程技术)、市政工程技术(给水排水工程方向)、数控技

术、通信技术、通信技术（通信网络工程方向）、通信技术（移动通信方向）、图形图像制作、图形图像制作（动漫设计与制作方向）、文秘、物流管理、艺术设计、应用电子技术、应用电子技术（电子工艺与装备方向）、应用电子技术（智能电子方向）、应用日语、应用英语、装潢艺术设计

院系设置
机械工程系、电气工程系、软件工程系、建筑工程系、交通工程系、电子信息工程系、管理工程系、社会科学系、外语系、艺术设计系、经济贸易系、材料工程系、基础学科部、体育教学部、工程训练中心、继续教育中心、网络中心

国家级、省部级研究机构设置
研究中心（所）：甘肃省第七十一国家职业技能鉴定所

定期公开出版的专业刊物 《兰州工业高等专科学校学报》

学校设立奖学金情况
学校设立奖学金六项，奖励总金额1100余万元，奖学金最高金额8000元/年，最低金额160元/年。

主要校办产业
兰州工专机电设备厂、兰州工专科贸公司

学校历史沿革
兰州工业高等专科学校是一所具有近70年办学历史的高等工程专科学校，前身是始建于1942年的兰州石油技工学校，1958年改建为举办中等专业教育的甘肃省机械制造学校，在1962年院校调整中，原机械、煤炭、电力、轻工、重工和邮电等6所中专合并组建为甘肃省工业学校1974年更名为兰州工业学校，1980年被原国家教委、机械工业部确定为全国首批重点中等专业学校，1989年经原国家教委批准改建为兰州工业高等专科学校。

定西师范高等专科学校

学校（机构）标识码 4162011808	传真电话 0932-8264241	在校生数（人） 4628
学校办学类型 414：专科院校：高等专科学校	校园（局域）网域名 www.dxatu.cn	其中：普通专科 4628
学校性质类别 06 师范院校	电子信箱 dxszbgs@163.com	专任教师（人） 295
学校举办者 821 地级教育部门	占地面积（平方米） 607396	其中：正高级 8
学校地址 甘肃省定西市安定区定临路4号	校舍建筑面积（平方米） 140497	副高级 79
邮政编码 743000	图书（万册） 31.3	中级 112
办公电话 0932-8264689	固定资产总值（万元） 11959.2	初级 73
	教学、科研仪器设备资产值（万元） 2335	未定职级 23

专科专业 地理教育、动漫设计与制作、法律事务、化学教育、会计电算化、计算机教育、计算机网络技术、经济管理、历史教育、美术教育、商务英语、生物技术及应用、生物教育、数学教育、思想政治教育、文秘、物理教育、现代教育技术、心理咨询、学前教育、艺术设计、音乐教育、英语教育、语文教育、园艺技术

院系设置
政史系、中文系、历史系、地理系、教育系、艺术系、数学系、生化系、物电系、计算机系

定期公开出版的专业刊物 《定西师专学报》、《甘肃高师学报》

学校设立奖学金情况
学校设立奖学金6项，奖励总金额176.822万元，奖学金最高金额8000元，最低金额500元。
1. 国家奖学金：4人/年，8000元/人；
2. 国家励志奖学金：90人/年，5000元/人；
3. 国家助学金：1326人/年，500元/人；
4. 邵氏奖学金：30人/年，3000元/人；
5. 甘肃-深圳奖学金：21人/年，1000元/人；
6. 国家经济困难学生补贴：1326人/年，300元/人；1857人/年，60元/人。

学校历史沿革
定西地区教师进修学校（1979年-1981年）；定西地区教师进修学院（1981年-1984年）；定西教育学院（1984年-2003年）；定西师范高等专科学校（2003年-现在）。

张掖医学高等专科学校

学校（机构）标识码 4162011809	学校举办者 822 地级其他部门	办公电话 0936-8361018
学校办学类型 414：专科院校：高等专科学校	学校地址 张掖市甘州区丹霞东路24号	传真电话 0936-8361018
学校性质类别 05 医药院校	邮政编码 734000	校园（局域）网域名 www.zyyz.gssedu.cn

电子信箱 zyyz_2003@163.com		2065.49	其中:正高级 5
占地面积(平方米) 463423	在校生数(人) 5617		副高级 41
校舍建筑面积(平方米) 118969	其中:普通专科 5520		中级 83
图书(万册) 21.37	成人专科 97		初级 89
固定资产总值(万元) 16126	专任教师(人) 228		未定职级 10
教学、科研仪器设备资产值(万元)			

专科专业 护理、临床医学、药学、医学影像技术、针灸推拿、助产

院系设置

学校下设"三系二部二中心",即:临床系、护理系、药学系、公共部、基础部、图书信息中心、实验中心

学校设立奖学金情况

学校设立奖学金 3 项,奖励总金额 17.96 余万元。奖学金最高金额 6000 元/年,最低金额 400 元/年。

学校历史沿革

张掖医学高等专科学校的前身是 1952 年创办的"酒泉卫生人员训练班",校址在酒泉市。1958 年 9 月"酒泉卫生人员训练班"迁至东门外,正式成立"张掖医学院",隶属于张掖专属卫生局。1960 年学校迁至现校址。1964 年,学校由甘肃省卫生厅接管,更名为"张掖地区卫生学校","文化大革命"开始后,学校由张掖专属卫生局代管,更名为"张掖专区白求恩卫生学校"。1969 年省卫生厅把隶属权移交张掖专属卫生局,再次更名为"张掖地区卫生学校"。2003 年经教育部批准,改建为"张掖医学高等专科学校"。

甘肃建筑职业技术学院

学校(机构)标识码 4162012511	传真电话 0931-2391150	2240.65
学校办学类型 415:专科院校:高等职业学校	校园(局域)网域名 www.gcvtc.gssedu.cn	在校生数(人) 6766
		其中:普通专科 6649
学校性质类别 02 理工院校	电子信箱 gsjycjc@163.com	成人专科 117
学校举办者 811 省级教育部门	占地面积(平方米) 165533	专任教师(人) 298
学校地址 兰州市七里河区晏家坪三村 200 号	校舍建筑面积(平方米) 137608	其中:副高级 60
	图书(万册) 29.79	中级 114
邮政编码 730050	固定资产总值(万元) 5465.68	初级 119
办公电话 0931-2391150	教学、科研仪器设备资产值(万元)	未定职级 5

专科专业 安全技术管理、道路桥梁工程技术、电子商务、给排水工程技术、工程测量技术、工程机械控制技术、工程监理、工程造价、供热通风与空调工程技术、焊接技术及自动化、会计电算化、计算机应用技术、建筑电气工程技术、建筑工程技术、建筑设备工程技术、建筑设计技术、建筑装饰工程技术、市政工程技术、室内设计技术、物业管理、园林工程技术

院系设置

建筑工程系、交通工程系、环境与市政工程系、建筑管理工程系、建筑系、基础课部

学校设立奖学金情况

学校设立奖学金 19 项,奖励总金额 80 余万元。最高每年 8000 元,最低每年 200 元。

毕业生一次性就业率 68%

学校历史沿革

1958 年成立甘肃省第一建筑工程局职工大学、甘肃省第二工程局职工大学;2. 1978 年两局职工大学合并为:甘肃省建筑工程局职工大学;3. 1980 年教育部将甘肃省建筑工程局职工大学更名为:甘肃省建筑职工工程学院;4. 1982 年 5 月成立甘肃省建筑工程学校、1985 年 6 月成立甘肃省建筑职工工程中等专业学校;5. 1990 年 1 月甘肃省建筑工程总公司决定将甘肃省建筑职工工程学院、甘肃省建筑工程学校、甘肃省建筑职工工程中等专业学校三校合并为:甘肃省建筑职工工程学院;6. 2001 年 6 月根据教育部的规定:将甘肃省建筑职工工程学院改制为:甘肃建筑职业技术学院。

酒泉职业技术学院

学校(机构)标识码 4162012539	业学校	学校举办者 821 地级教育部门
学校办学类型 415:专科院校:高等职	学校性质类别 02 理工院校	学校地址 酒泉市肃州区解放路 66 号

邮政编码 735000	图书(万册) 36.35	专任教师(人) 318
办公电话 0937-2688163	固定资产总值(万元) 19197.62	其中:正高级 3
传真电话 0937-2688162	教学、科研仪器设备资产值(万元)	副高级 81
校园(局域)网域名 www.jqzy.com	3863.6	中级 117
电子信箱 wujianxin@jqzy.com	在校生数(人) 6556	初级 62
占地面积(平方米) 1133248	其中:普通专科 6541	未定职级 55
校舍建筑面积(平方米) 139586	成人专科 15	

专科专业 财务信息管理、畜牧兽医、导游、道路桥梁工程技术、电厂设备运行与维护、电力系统继电保护与自动化、电气自动化技术、电子商务、电子信息工程技术、房地产经营与估价、风能与动力技术、工程造价、光伏材料加工与应用技术、化工设备维修技术、会计、机电一体化技术、机械制造与自动化、计算机网络技术、建筑工程技术、建筑设备工程技术、建筑设计技术、酒店管理、连锁经营管理、旅游管理、旅游英语、烹饪工艺与营养、汽车检测与维修技术、热能动力设备与应用、石油化工生产技术、食品加工技术、市场营销、水利工程、水利水电工程管理、饲料与动物营养、太阳能应用技术、图文信息技术、物流管理、艺术设计、英语教育、应用电子技术、应用化工技术、园林工程技术、园艺技术、种子生产与经营、作物生产技术

院系设置
旅游管理系、建筑工程系、生物工程系、机电工程系、新能源工程系、经济管理系、化学工程系、继续教育部

学校设立奖学金情况
学校设立奖学金6项,奖励总金额23万余元。奖学金最高金额8000元/年,最低金额1000元/年。

学校历史沿革
2001年,学院经甘肃人民政府批准、国家教育部备案,在酒泉教育学院和酒泉工业学校基础上成立;2003-2004年,相继整合了酒泉农林科技学校、酒泉市财经学校等优质教育资源,完成新校区搬迁;2008年被教育部、财政部列为"国家示范性高等职业院校建设计划"项目重点扶持院校。

兰州外语职业学院

学校(机构)标识码 4162012832	传真电话 0932-2185556	在校生数(人) 8679
学校办学类型 415:专科院校:高等职业学校	校园(局域)网域名 www.lzwyedu.com	其中:普通专科 8679
	电子信箱 www.lzwyedu@163.com	专任教师(人) 360
学校性质类别 07 语文院校	占地面积(平方米) 199800	其中:正高级 21
学校举办者 999 民办	校舍建筑面积(平方米) 126889	副高级 54
学校地址 甘肃省兰州市榆中县和平开发区	图书(万册) 42.75	中级 130
	固定资产总值(万元) 21336.17	初级 131
邮政编码 730101	教学、科研仪器设备资产值(万元)	未定职级 24
办公电话 0931-2185556	2607.28	

专科专业 财务管理、动漫设计与制作、法律事务、翻译、工商企业管理、广告设计与制作、国际金融、航空服务、会计电算化、会展、计算机教育、计算机应用技术、金融管理与实务、酒店管理、旅游管理、旅游英语、软件工程师、商务管理、商务英语、市场营销、网络工程师、网络商务、物流管理、物业管理、项目管理、英语教育、应用阿拉伯语、应用日语、注册会计

院系设置
应用外语系、计算机科学与技术系、经济管理系、财政金融系、会计学系、公共课教研部、公共外语教学部

定期公开出版的专业刊物 《兰州外院报》、《职业外语教育》

学校设立奖学金情况
学校设立奖学金2项,奖励总金额127.4余万元。奖学金最高金额8000元/年,最低金额5000元/年。

学校历史沿革
兰州外语职业学院前身为兰州翻译进修学院,创建于1998年。2001年经教育部备案,甘肃省人民政府甘函(2001)86号批复名为兰州外语职业学院。

兰州职业技术学院

学校(机构)标识码 4162012833	业学校	学校举办者 821 地级教育部门
学校办学类型 415:专科院校:高等职	学校性质类别 01 综合大学	学校地址 兰州市安宁区刘沙公路37

号	校舍建筑面积(平方米) 155569	成人专科 164
邮政编码 730070	图书(万册) 38.16	专任教师(人) 505
办公电话 0931-7837652	固定资产总值(万元) 17703	其中:正高级 6
传真电话 0931-7658813	教学、科研仪器设备资产值(万元)	副高级 148
校园(局域)网域名 www.lvu.edu.cn	5470	中级 245
电子信箱 lvtc@lvu.edu.cn	在校生数(人) 8084	初级 89
占地面积(平方米) 296201	其中:普通专科 7920	未定职级 17

专科专业 表演艺术、产品造型设计、初等教育、电子商务、电子设备与运行管理、动漫设计与制作、多媒体设计与制作、广告设计与制作、会计电算化、机电一体化技术、机械制造与自动化、计算机辅助设计与制造、计算机网络技术、计算机系统维护、计算机信息管理、计算机应用技术、酒店管理、旅游管理、模具设计与制造、农业环境保护技术、汽车电子技术、汽车技术服务与营销、汽车检测与维修技术、软件技术、室内装饰设计、数控技术、投资与理财、文秘、物流管理、现代教育技术、心理咨询、学前教育、艺术设计、英语教育、应用电子技术、应用日语、应用英语、园林工程技术、园林技术、装饰艺术设计

院系设置
信息工程系、汽车工程系、机电工程系、经济管理系、实用外国语言系、数字传媒系、教育系、生物工程系、艺术教育系、人文社会科学系、自然科学系、体育教育部

国家级、省部级研究机构设置
丝绸之路研究所

定期公开出版的专业刊物 《兰州职业技术学院学报》
学校设立奖学金情况
学校设立奖学金4项,奖励总金额12余万元。奖学金最高金额1500元/年,最低金额300元/年。
1. 特等奖奖学金:11人/年,1500元/人;
2. 一等奖奖学金:50人/年,800元/人;
3. 二等奖奖学金:76人/年,500元/人;
4. 三等奖奖学金:113人/年,300元/人。

主要校办产业
兰州格昌高校后勤服务有限公司

学校历史沿革
1.成立 1975年7月成立了兰州市第三十五中学。2.更名 1984年10月更名为兰州市职业技术学校。3.合并 1998年合并兰州工科职业技术学校。1999年合并兰州第十七中学。2009年合并兰州教育学院和兰州师范学校。4.升格 2001年6月兰州职业技术学校升格为兰州职业技术学院。

甘肃警察职业学院

学校(机构)标识码 4162012834	传真电话 0931-8304035	1604.26
学校办学类型 415:专科院校:高等职业学校	校园(局域)网域名 www.gs-police.com	在校生数(人) 2132
学校性质类别 09 政法院校	电子信箱 gsjczyxy@163.com	其中:普通专科 2132
学校举办者 812 省级其他部门	占地面积(平方米) 124673	专任教师(人) 87
学校地址 甘肃省兰州市城关区大砂坪左家湾169号	校舍建筑面积(平方米) 49186	其中:正高级 8
	图书(万册) 13.79	副高级 45
邮政编码 730046	固定资产总值(万元) 7866.31	中级 31
办公电话 0931-8304034	教学、科研仪器设备资产值(万元)	初级 3

专科专业 交通管理、禁毒、经济犯罪侦查、特警方向、刑事技术方向、刑事侦查技术、侦查、治安管理

院系设置
情报侦察系、刑事侦查系、治安系、法律系、基础教学部、警务技能训练部、科研部、实验实训部、图书馆。

学校设立奖学金情况
我院设立奖学金1项,奖励总金额10余万元。奖学金最高金额500元/年,最低金额300元/年。

学校历史沿革
我院前身是甘肃省公安学校,成立于1978年9月,1980年更名为甘肃省人民警察学校,2001年7月经省政府批准升格为甘肃警察职业学院。

甘肃林业职业技术学院

学校(机构)标识码 4162012835	传真电话 0398-2111068	在校生数(人) 7962
学校办学类型 415:专科院校:高等职业学校	校园(局域)网域名 www.gsfc.edu.cn	其中:普通专科 7962
	占地面积(平方米) 286681	专任教师(人) 349
学校性质类别 04 林业院校	校舍建筑面积(平方米) 160052	其中:正高级 14
学校举办者 811 省级教育部门	图书(万册) 29.8	副高级 104
学校地址 甘肃林业职业技术学院	固定资产总值(万元) 17882.9	中级 127
邮政编码 741020	教学、科研仪器设备资产值(万元) 4088.6	初级 69
办公电话 0938-2111068		未定职级 35

专科专业 城镇规划、道路桥梁工程技术、地理信息系统与地图制图技术、电脑艺术设计、电子商务、给排水工程技术、工程测量技术、环境监测与治理技术、环境艺术设计、会计与审计、机电一体化技术、计算机网络技术、计算机应用技术、建筑工程技术、建筑装饰工程技术、经济管理、林业技术、汽车电子技术、汽车技术服务与营销、森林公安、森林生态旅游、森林资源保护、商务英语、生物技术及应用、水利工程、水土保持、营销与策划、应用电子技术、应用化工技术、园林工程技术、园林技术、园艺技术、资源环境与城市管理

学校历史沿革

我院于1956年始建于兰州段家滩,原名"甘肃省兰州林校"。1960年因国民经济困难学校停办。1963年学校在天水市武山县复办,更名为"甘肃省林业学校"。1969年因"文革"学校再次被停办。1978年省委撤销平凉农学院改建为甘肃省林业学校,1982年搬迁至天水市麦积区马跑泉路58号,2001年经甘肃省政府批准改建为甘肃林业职业技术学院。

甘肃工业职业技术学院

学校(机构)标识码 4162012836	校园(局域)网域名 www.gsipc.gsedu.com	在校生数(人) 8143
学校办学类型 415:专科院校:高等职业学校	电子信箱 ggxymc@sina.com	其中:普通专科 8025
	占地面积(平方米) 216946	成人专科 118
学校性质类别 02 理工院校	校舍建筑面积(平方米) 156407	专任教师(人) 423
学校举办者 811 省级教育部门	图书(万册) 34.71	其中:正高级 8
学校地址 甘肃省天水市麦积区花牛镇18号	固定资产总值(万元) 10323.78	副高级 96
邮政编码 741025	教学、科研仪器设备资产值(万元) 3494.92	中级 167
办公电话 0938-2792752		初级 106
传真电话 0938-2792771		未定职级 46

专科专业 测绘与地理信息技术、地球物理勘查技术、电气自动化技术、电子商务、电子信息工程技术、房地产经营与估价、工程测量技术、工业分析与检验、光伏发电技术及应用、广告设计与制作、环境监测与评价、会计、基础工程技术、计算机应用技术、建筑工程管理、建筑工程技术、建筑装饰工程技术、金属矿开采技术、酒店管理、矿山机电、旅游工艺品设计与制作、旅游管理、旅游英语、汽车检测与维修技术、区域地质调查及矿产普查、商务英语、水文与工程地质、文秘、岩土工程技术、营销与策划、应用电子技术、钻探技术

院系设置

甘肃工业职业技术学院共设置八个二级学院,分别为:地质学院、测绘学院、化工学院、电信学院、建筑学院、经管学院、旅游学院、经管学院

国家级、省部级研究机构设置

我校共有省级支持实验室6个。

学校设立奖学金情况

我校共设立奖学金8项,奖励总金额105余万元。奖学金最高金额8000元/年,最低金额400元/年。

主要校办产业

天水凯默工程勘察院、天水聚思装饰有限责任公司

学校历史沿革

甘肃工业职业技术学院始建于1979年,原为:天水地质学校(1979-1984)、核工业部地质学校(1984-1988)、核工业地质学校(1988-1993)、西北工业学校(1993-2001)、2001年经甘肃省人民政府批准升格为:甘肃工业职业技术学院。

西北师范大学知行学院

学校(机构)标识码 4162013510	传真电话 0931-7970890	在校生数(人) 8375
学校办学类型 413:本科院校:独立学院	校园(局域)网域名 zxxy.nwnu.edu.cn	其中:普通本科 8375
	电子信箱 zxcollege001@163.com	专任教师(人) 400
学校性质类别 01 综合大学	占地面积(平方米) 175334	其中:正高级 36
学校举办者 999 民办	校舍建筑面积(平方米) 115724	副高级 119
学校地址 甘肃省兰州市安宁区长新路20号	图书(万册) 44.32	中级 135
	固定资产总值(万元) 15767.5	初级 67
邮政编码 730070	教学、科研仪器设备资产值(万元) 3172.7	未定职级 43
办公电话 0931-7970891		

本科专业 电子信息工程、动画、法学、工商管理、公共事业管理、广播电视编导、汉语言文学、汉语言文学(双语文秘方向)、会计学、会计学(会计师方向)、计算机科学与技术、教育学、美术学、人力资源管理、数学与应用数学、心理学、新闻学、新闻学(新闻编采方向)、新闻学(英语方向)、信息管理与信息系统、艺术设计、英语

院系设置
学院现设中国语言文学系、外国语言文学系、新闻系、数学系、计算机与电子信息工程系、经济管理系、法律系、艺术系、教育管理系及公共课程教学部、实验中心等12个系(部、中心)和图书馆。

学校设立奖学金情况
学院设立奖学金10项,奖励总金额65万元多,最低金额300元/生.年;最高金额1200元/生.年。

学校历史沿革
西北师范大学知行学院成立于1999年2004年2月国家教育部首批确认为大学独立学院。

兰州商学院陇桥学院

学校(机构)标识码 4162013511	传真电话 0931-5271764	2743.8
学校办学类型 413:本科院校:独立学院	校园(局域)网域名 www.lqc.edu.cn	在校生数(人) 10743
	电子信箱 www.lz_lqc@gs.edu.cn.com	其中:普通本科 10743
学校性质类别 08 财经院校	占地面积(平方米) 341755	专任教师(人) 492
学校举办者 999 民办	校舍建筑面积(平方米) 148260	其中:正高级 67
学校地址 兰州和平经济开发区学院路	图书(万册) 60	副高级 160
	固定资产总值(万元) 19923.79	中级 201
邮政编码 730101	教学、科研仪器设备资产值(万元)	初级 47
办公电话 0931-5271602		未定职级 17

本科专业 保险、财务管理、财务管理(资产评估方向)、财政学、电子商务、法学(法检业务方向)、法学(行政法务方向)、法学(经济法方向)、法学(律师方向)、工商管理、工商管理(中小企业管理方向)、国际经济与贸易、国际经济与贸易(报关方向)、国际经济与贸易(贸易实务方向)、国际经济与贸易(商务师方向)、会计学、会计学(注册会计师方向)、计算机科学与技术、计算机科学与技术(软件工程师方向)、计算机科学与技术(网络工程方向)、金融学、金融学(保险方向)、金融学(理财方向)、金融学(投资方向)、旅游管理、旅游管理(酒店管理方向)、人力资源管理、审计学、市场营销、市场营销(特许经营方向)、物流管理、物流管理(采购与供应链方向)、信息管理与信息系统、信息管理与信息系统(电子商务方向)、信息管理与信息系统(网络编辑方向)、艺术设计(广告设计方向)、艺术设计(环境艺术设计方向)、艺术设计(景观设计方向)、艺术设计(视觉传达设计方向)、艺术设计(装潢艺术设计方向)、英语(翻译方向)、英语(国际商务方向)、英语(旅游英语方向)、英语(英语教育方向)

院系设置
学院下设8各系,国际经济与贸易系、财政金融系、法学系、外国语言文学系、艺术设计系、信息管理系、工商管理系、会计学系,以及4个教学部思想政治理论课教学部、大学数学教学部、大学语文教学部、大学体育教学部

学校设立奖学金情况

学校设立奖学金5项,奖励总金额80万元。奖学金最高金额1000元/年,最低金额300元/年。

毕业生一次就业率　本科69%

学校历史沿革

兰州商学院陇桥学院于2000年3月14日由原甘肃省教委批准成立。2008年3月甘肃省教育厅组织专家对我院进行了专项检查评估,学院的优秀办学条件、独特的管理水平均获得专家组的一致肯定。

兰州商学院长青学院

学校(机构)标识码　4162013512	传真电话　0931-8700596	在校生数(人)　9142
学校办学类型　413:本科院校:独立学院	校园(局域)网域名　www.changqing.lzcc.edu.cn	其中:普通本科　9142
学校性质类别　08 财经院校	电子信箱　changqing@lzcc.edu.cn	专任教师(人)　463
学校举办者　999 民办	图书(万册)　45.74	其中:正高级　49
学校地址　兰州市城关区店子街45号	固定资产总值(万元)　20103	副高级　149
邮政编码　730020	教学、科研仪器设备资产值(万元)　2742.6	中级　161
办公电话　0931-8704893		初级　104

本科专业　保险、财务管理、财政学、工商管理、广告学、国际经济与贸易、会计学、计算机科学与技术、金融学、旅游管理、贸易经济、人力资源管理、审计学、市场营销、投资学、物流管理、信息管理与信息系统、艺术设计、英语、装潢设计与工艺教育

院系设置

设有会计系、工商管理系、经济贸易系、财政金融系、计算机科学系、艺术系、外语系和1个思想理论课教研室,一个体育教学部

学校设立奖学金情况

学校设立奖学金2项,奖励总金额130余万万。奖学金最高金额5000元/年,最低金额100元/年。

学校历史沿革

兰州商学院长青学院成立于2001年,2004年被教育部确立为甘肃省首批独立院校。

兰州交通大学博文学院

学校(机构)标识码　4162013514	传真电话　0931-5272605	4782.5
学校办学类型　413:本科院校:独立学院	校园(局域)网域名　www.bowenedu.cn	在校生数(人)　9509
学校性质类别　02 理工院校	电子信箱　bwxy@bowenedu.cn	其中:普通本科　9509
学校举办者　999 民办	占地面积(平方米)　194610	专任教师(人)　360
学校地址　兰州市榆中县和平镇薇乐大道311号	校舍建筑面积(平方米)　69745	其中:正高级　37
	图书(万册)　72.09	副高级　73
邮政编码　730101	固定资产总值(万元)　32100	中级　110
办公电话　0931-5272605	教学、科研仪器设备资产值(万元)	初级　140

本科专业　材料成型及控制工程、财务管理、测绘工程、电气工程及其自动化、电子商务、电子信息工程、给水排水工程、工程管理、广告学、国际经济与贸易、会计学、机械工程及自动化、机械设计制造及其自动化、计算机科学与技术、交通工程、金属材料工程、热能与动力工程、水利水电工程、通信工程、土木工程、网络工程、信息管理与信息系统、英语、自动化

院系设置

学院现设有土木工程系、电信工程系、机电工程系、信息管理系、经济管理系、艺术设计系、外国语系等7个系。

国家级、省部级研究机构设置

学院建有网络中心、计算机中心、语音、工程测量、CAD、电工、电子、单片机、力热学、电磁学、光学实验室和会计模拟、视听室、画室等设备先进、配套齐全的现代化基础教学实验室和多媒体综合训练室,另外学院还可以共享兰州交通大学各专业教学实验室。校区内建有3000门数字程控电话的通讯网、校园电视接受系统、宽带校园网络及无线广播发射系统。

学校设立奖学金情况

学院优秀学生享受国家奖学金、国家励志奖学金、国家助学

金,家庭困难的学生享有生源地助学贷款,另外,学院还设有优秀学生奖学金、单项奖学金、新生奖学金和其他奖学金制度。
学校历史沿革
兰州交通大学博文学院是由兰州交通大学申办经甘肃省教育厅(甘教厅[2002]52号)批准的兰州交通大学的二级学院,2004年2月经国家教育部(教发函[2004]25号)确认为独立学院,是本科层次的普通高等学校。学院面向全国招生,招生纳入国家普通高校统招计划。

兰州理工大学技术工程学院

学校(机构)标识码	4162013515
学校办学类型	413:本科院校:独立学院
学校性质类别	02 理工院校
学校举办者	999 民办
学校地址	兰州理工大学技术工程学院
邮政编码	730050
办公电话	0931-2867153
传真电话	0931-2867153
校园(局域)网域名	www.lutcte.cn
电子信箱	jigcxyyb@hotmail.com
图书(万册)	36.4
固定资产总值(万元)	15800
教学、科研仪器设备资产值(万元)	4717
在校生数(人)	8793
其中:普通本科	8793
专任教师(人)	495
其中:正高级	34
副高级	123
中级	193
初级	145

本科专业 材料成型及控制工程、测绘工程、测控技术与仪器、电气工程及其自动化、电子信息工程、纺织工程、给水排水工程、工程管理、过程装备与控制工程、化学工程与工艺、机械设计制造及其自动化、计算机科学与技术、建筑环境与设备工程、金属材料工程、热能与动力工程、食品科学与工程、食品质量与安全、市场营销、水利水电工程、土木工程、冶金工程、英语、应用化学、自动化

院系设置
土木系、机电系、材料系、流体系、化工系、电气系、经管系、外语系、轻工系、计算机系

学校设立奖学金情况
学校设立奖学金14项,奖励总金额337余万元,奖学金最高金额10000元/年,最低金额1000元/年。

学校历史沿革
兰州理工大学技术工程学院前身由原甘肃省轻纺工业学校整体并入甘肃工业大学后重新组建成立,并与2002年经甘肃省教育厅批准成立公办民助性质的二级学院。后经股权转让,于2004年2月通过国家教育部评估,以教发函【2004】25号文件确认为由兰州理工大学与深圳华育昌国际科教开发有限公司合作举办的全日制普通本科"独立学院"。

武威职业学院

学校(机构)标识码	4162013518
学校办学类型	415:专科院校:高等职业学校
学校性质类别	01 综合大学
学校举办者	821 地级教育部门
学校地址	甘肃省武威市西关街皇台路102号
邮政编码	733000
办公电话	0935-6122033
传真电话	0935-6122073
校园(局域)网域名	www.wwoc.cn
电子信箱	wwzyxybgs@163.com
占地面积(平方米)	314149
校舍建筑面积(平方米)	164131
图书(万册)	31.97
固定资产总值(万元)	18210
教学、科研仪器设备资产值(万元)	4007.5
在校生数(人)	5608
其中:普通专科	5608
专任教师(人)	323
其中:正高级	1
副高级	83
中级	100
初级	120
未定职级	19

专科专业 电脑艺术设计、电子商务、电子信息工程技术、动漫设计与制作、光伏发电技术及应用、焊接技术及自动化、护理、会计电算化、机电一体化技术、机械设计与制造、机械制造与自动化、计算机网络技术、计算机应用技术、建筑工程技术、金融与证券、旅游管理、旅游管理(酒店管理方向)、模具设计与制造、农村电气化技术、农村能源与环境技术、烹饪工艺与营养、汽车检测与维修技术、汽车检测与维修技术(营销方向)、商务英语、设施农业技术、市场营销、数控技术、太阳能光热技术及应用、投资与理财、图形图像制作、卫生信息管理、物流管理、现代教育技术、学前教育、药学、医学检验技术、音乐表演、英语教育、应用电子技术、助产

院系设置
学院设有经济管理、外语、艺术、电子信息工程、农业经济、机械工程、建筑工程、汽车工程、能源工程、医学技术、药学、护理、卫生信息管理、中医技术康复、口腔等15个系和基础部、基础医学部2个部

学校设立奖学金情况

设立奖学金4项,总金额59.76万元,奖学金最高金额8000元/年,最低200元/年。

1. 国家奖学金:4人/年,8000元/人;
2. 国家励志奖学金:90人/年,5000元/人;
3. 院长奖学金:2人/年,1000元/人;
4. 学院奖学金:379人/年,平均300元/人;

学校历史沿革

武威职业学院是2003年经教育部备案、甘肃省人民政府批准成立的全日制公办普通高等职业院校。与电大武威分校、武威市旅游职业中专、武威财贸学校、武威师范合并办学。2011年4月,经甘肃省教育厅、卫生厅批准,武威卫校整体并入武威职业学院。

甘肃交通职业技术学院

学校(机构)标识码	4162013519
学校办学类型	415:专科院校:高等职业学校
学校性质类别	02 理工院校
学校举办者	812 省级其他部门
学校地址	甘肃省兰州市安宁区培黎街道邱家湾128号
邮政编码	730070
办公电话	0931-7672525
传真电话	0931-7672523
校园(局域)网域名	www.gsjtxy.edu.cn
电子信箱	gsjtxy@163.com
占地面积(平方米)	172278
校舍建筑面积(平方米)	112925
图书(万册)	17.62
固定资产总值(万元)	12047.39
教学、科研仪器设备资产值(万元)	2200.84
在校生数(人)	4620
其中:普通专科	4620
专任教师(人)	191
其中:正高级	3
副高级	51
中级	77
初级	33
未定职级	27

专科专业 道路桥梁工程技术、高等级公路维护与管理、工程测量技术、工程机械运用与维护、工程造价、公路监理、会计、计算机网络技术、计算机应用技术、建筑工程技术、交通安全与智能控制、连锁经营管理、汽车电子技术、汽车技术服务与营销、汽车检测与维修技术、汽车运用技术、物流管理

院系设置

学院设置四系一部,即公路与桥梁工程系、汽车机电工程系、信息工程系、管理工程系和基础教学部

学校设立奖学金情况

学院设立奖学金四项,共设奖学金一等、二等、三等。

学校历史沿革

学院成立于2003年4月7日,由原甘肃交通学校和甘肃省交通干部学校合并而成。

兰州资源环境职业技术学院

学校(机构)标识码	4162013933
学校办学类型	415:专科院校:高等职业学校
学校性质类别	02 理工院校
学校举办者	811 省级教育部门
学校地址	甘肃省兰州市城关区东岗镇窦家山36号
邮政编码	730021
办公电话	0931-8799917
传真电话	0931-8799917
校园(局域)网域名	www.lzre.edu.cn
电子信箱	123@456.com
占地面积(平方米)	357533
校舍建筑面积(平方米)	203268
图书(万册)	41.01
固定资产总值(万元)	34215.5
教学、科研仪器设备资产值(万元)	4657.1
在校生数(人)	10404
其中:普通专科	10071
成人专科	333
专任教师(人)	423
其中:正高级	15
副高级	136
中级	93
初级	108
未定职级	71

专科专业 安全技术管理、城市水净化技术、大气科学技术、大气探测技术、地下工程与隧道工程技术、动漫设计与制作、防雷技术、高空气象探测技术、工程测量技术、工程监理、工业环保与安全技术、环境监测与治理技术、会计电算化、机电设备维修与管理、机电一体化技术、计算机网络技术、计算机应用技术、金属矿产地质与勘查技术、金属矿产地质与勘查技术( )、金属矿开采技术、矿井建设、矿井通风与安全、矿井运输与提升、矿山测量、矿山地质、矿山机电、矿物加工技术、煤矿开采技术、煤炭深加工与利用、煤田地质与勘查技术、模具设计与制造、商务英语、生产过程自动化技术、生态与农业气象技术、水利工程、水利工程施工技术、水文地质与勘查技术、水文与工程地质、通信技术、图形图像制作、物流管理、选矿机电技术、选煤技术、冶金技术、

应用电子技术、应用气象技术、装潢艺术设计

院系设置

学院下设7个系,分别是采矿工程系、地质工程系、机电工程系、气象系、水利工程系、冶金工程系。

学校历史沿革

兰州资源环境职业技术学院的前身是1984年成立的成人高校甘肃工业职工大学和1951年成立的国家级重点中专兰州气象学校。2004年2月根据省教育厅《关于同意甘肃工业职工大学与兰州气象学校合并的批复》(甘教发2004 9号)精神,兰州气象学校并入甘肃工业职工大学。2004年9月10日。经省政府批准,教育部备案,甘肃工业职工大学改建为兰州资源环境职业技术学院,属专科层次的普通高等学校,面向甘肃乃至西部培养资源环境类职业技术人才,隶属关系不变。

甘肃农业职业技术学院

		1636.26
学校(机构)标识码 4162013954	传真电话 0931-4674246	在校生数(人) 4420
学校办学类型 415:专科院校:高等职业学校	校园(局域)网域名 www.gnzy.gssedu.cn	其中:普通专科 4420
学校性质类别 03 农业院校	电子信箱 gnzy@126.com	专任教师(人) 170
学校举办者 811 省级教育部门	占地面积(平方米) 188094	其中:正高级 7
学校地址 甘肃兰州市城关区段家滩425号	校舍建筑面积(平方米) 89585	副高级 59
	图书(万册) 17.73	中级 58
邮政编码 730020	固定资产总值(万元) 8962.5	初级 38
办公电话 0931-4674246	教学、科研仪器设备资产值(万元)	未定职级 8

专科专业 财务管理、畜牧兽医、动物防疫与检疫、工业分析与检验、会计电算化、计算机网络技术、计算机应用技术、经济管理、设施农业技术、生物技术及应用、生物制药技术、食品生物技术、食品营养与检测、物流管理、营销与策划、应用化工技术、有机化工生产技术、园林工程技术、园林技术、园艺技术、种子生产与经营、作物生产技术

院系设置

基础教学部、农业技术系、园林工程系、经济管理系、畜牧兽医系、食品化工系

学校设立奖学金情况

学校设立奖学金一项,奖励总金额34.1万元,奖学金最高金额1000元/年,最低金额300元/年。

学校历史沿革

甘肃农业职业技术学院成立于1907年10月18日,校名为"甘肃农林学堂",1952年更名为"甘肃农业学校",2004年7月被甘肃省人民政府改建为"甘肃农业职业技术学院"。

甘肃畜牧工程职业技术学院

		2832.61
学校(机构)标识码 4162013955	传真电话 0935-2611341	在校生数(人) 7173
学校办学类型 415:专科院校:高等职业学校	校园(局域)网域名 www.xmgcxy.gsedu.cn	其中:普通专科 7173
学校性质类别 03 农业院校	电子信箱 lme_0327@163.com	专任教师(人) 292
学校举办者 811 省级教育部门	占地面积(平方米) 471569	其中:正高级 11
学校地址 甘肃省武威市凉州区黄羊镇镇北路6号	校舍建筑面积(平方米) 189966	副高级 79
	图书(万册) 34.03	中级 86
邮政编码 733006	固定资产总值(万元) 11473	初级 81
办公电话 0935-2615711	教学、科研仪器设备资产值(万元)	未定职级 35

专科专业 材料成型与控制技术、畜牧、畜牧(设施养殖方向)、畜牧(设施养殖技术)、畜牧兽医、畜牧兽医(牛羊方向)、畜牧兽医(牛羊生产技术)、畜牧兽医(猪禽方向)、畜牧兽医(猪禽生产技术)、电气自动化技术、电气自动化技术(风电)、电子信息工程技术、动物防疫与检疫、工程机械运用与维护、焊接技术及自动化、机电设备维修与管理、机电设备维修与管理(农业机械)、机电一体化技术、机械设计与制造(种子机械)、机械制造与自动化、计算机应用技术、模具设计与制造、汽车电子技术、汽车技术服务与营销、汽车检测与维修技术、汽车制造与装配技术、生物技术及应用、食品加工技术、食品生物技术、食品生物技术

（葡萄与葡萄酒工程）、食品营养与检测、市场开发与营销、市场开发与营销（动物产品）、兽药生产与营销、兽医、数控技术、饲料与动物营养、特种动物养殖

院系设置

学院设六系一部：车辆工程系、机械工程系、电子信息工程系、兽医系、畜牧系、食品科学系

学校设立奖学金情况

学校设立奖学金1项，奖励总额350余万元。奖学金最高金额800元/年，最低金额220元/年。

学校历史沿革

甘肃畜牧工程职业技术学院是2004年6月被甘肃省人民政府批准，由原甘肃省农业机械化学校和甘肃省畜牧学校两所国家级重点中专学校合并组建而成的一所普通高等职业院校，2005年5月正式挂牌成立，分东西两个校区，招收成人中专学生。

甘肃钢铁职业技术学院

学校（机构）标识码	4162014131
学校办学类型	415：专科院校：高等职业学校
学校性质类别	02 理工院校
学校举办者	891 地方企业
学校地址	甘肃省嘉峪关市五一南路3号
邮政编码	735100
办公电话	0937-6717885
传真电话	0937-6711221
校园（局域）网域名	www.gsgtxy.com
电子信箱	peixunzhongxin@jiugang.com
占地面积（平方米）	130000
校舍建筑面积（平方米）	44381
图书（万册）	13.35
固定资产总值（万元）	6747
教学、科研仪器设备资产值（万元）	3329.1
在校生数（人）	3484
其中：普通专科	2934
成人专科	550
专任教师（人）	179
其中：副高级	56
中级	52
初级	57
未定职级	14

专科专业 材料成型与控制技术、材料工程技术、电厂设备维护与管理、电厂设备运行与维护、电气自动化技术、电子测量技术与仪器、钢铁冶炼技术、工商企业管理、焊接技术、焊接技术及自动化、机电设备维修与管理、机电一体化技术、机械设计与制造、金属矿开采技术、经济信息管理、模具设计与制造、企业物流、企业物流与商务文秘、数控技术、铁合金冶炼、选矿技术、冶金设备应用与维护

院系设置

机械工程系、电气工程系、社会科学系、实习厂、实验室等六个厂系

学校设立奖学金情况

学校设立奖学金1项，奖励总额：9余万元，奖学金最高金额500元/年最低金额80元/年。

学校历史沿革

酒钢职工大学创建于1979年，1982经甘肃省人民政府批准、国家教育不被案'成为一所职工高等专科学校。2006年由甘肃省人民政府批准，2007年4月经国家教育部备案，改建为"甘肃钢铁职业技术学院"，成为一所普通高等职业院校。

甘肃机电职业技术学院

学校（机构）标识码	4162014319
学校办学类型	415：专科院校：高等职业学校
学校性质类别	02 理工院校
学校举办者	812 省级其他部门
学校地址	甘肃机电职业技术学院
邮政编码	741001
办公电话	0938-8366536
传真电话	0938-8361621
校园（局域）网域名	www.gsjdxy.com
电子信箱	123@456.com
占地面积（平方米）	259687
校舍建筑面积（平方米）	122698
图书（万册）	21.81
固定资产总值（万元）	11688.6
教学、科研仪器设备资产值（万元）	2334.14
在校生数（人）	3138
其中：普通专科	2767
成人专科	371
专任教师（人）	218
其中：正高级	1
副高级	45
中级	66
初级	84
未定职级	22

专科专业 电气自动化技术、焊接技术及自动化、化工设备维修技术、会计电算化、机电设备维修与管理、机电一体化技术、机械制造与自动化、计算机辅助设计与制造、计算机信息管理、模具设计与制造、数控技术、数控设备应用与维护、应用电子技术、自动化生产设备应用

院系设置

学院设有机械工程系、现代制造工程系、电气工程系、电子信息与管理工程系、经贸管理工程系、化工与环境工程系、基础

教学部等教学系部和工业中心、计算机信息中心等实训机构

国家级、省部级研究机构设置

设有国家第41和78职业技能鉴定所、国家教育部NIT考试中心、全国CAD等级考试点、CAXA软件培训中心、甘肃天水制造业信息化培训中心等中心。

学校设立奖学金情况

学校设立奖学金4项,奖励总金额30余万元。奖学金最高金额1000元/年,最低金额200元/年。

学校历史沿革

甘肃机电职业技术学院前身是甘肃机械电子职工大学,隶属于甘肃省工业和信息化委员会。2001年经甘肃省教育厅批准具有普通高校高职招生资格,面向全省招收高中毕业生及"三职生",开展高等职业教育。2007年学校申请改建普通高职院校,通过甘肃省高校设置委员会评审,2009年5月经甘肃省人民政府批准、教育部备案,以甘肃机械电子职工大学为基础,整合甘肃省机械工业学校、甘肃省机械高级技工学校两校资源,改制为甘肃机电职业技术学院。

甘肃有色冶金职业技术学院

学校(机构)标识码　4162014375	传真电话　0935-8218695	28730
学校办学类型　415:专科院校:高等职业学校	校园(局域)网域名　www.gsysyj.edu.cn	在校生数(人)　812
		其中:普通专科　765
学校性质类别　02 理工院校	电子信箱　gyy201108@163.com	成人专科　47
学校举办者　821 地级教育部门	占地面积(平方米)　468690	专任教师(人)　46
学校地址　甘肃省金昌市金川区天津路100号	校舍建筑面积(平方米)　70275	其中:副高级　10
	图书(万册)　5	中级　5
邮政编码　737100	固定资产总值(万元)　28730	初级　7
办公电话　0935-8218695	教学、科研仪器设备资产值(万元)	未定职级　24

专科专业　电气自动化技术、焊接技术及自动化、机电一体化技术、选矿技术、冶金技术、应用化工技术

院系设置

自动化工程系、矿冶系、化工系

学校设立奖学金情况

共设立2项奖学金,总金额3.5万余元,最高2000元/年,最低1000元/年。

学校历史沿革

甘肃有色冶金职业技术学院创建于2010年7月,是经甘肃省人民政府批准成立、国家教育部备案,由金昌市人民政府和金川集团公司共同出资兴建的全日制高等职业技术学院。

白银矿冶职业技术学院

学校(机构)标识码　4162014376	传真电话　0943-8811086	在校生数(人)　1422
学校办学类型　415:专科院校:高等职业学校	校园(局域)网域名　www.byjsxy.com	其中:普通专科　1340
	电子信箱　weiwei11240215@126.com	成人专科　82
学校性质类别　02 理工院校	占地面积(平方米)　134676	专任教师(人)　161
学校举办者　821 地级教育部门	校舍建筑面积(平方米)　74593	其中:副高级　50
学校地址　甘肃省白银市白银区建设北路135号	图书(万册)　14	中级　82
	固定资产总值(万元)　4687.8	初级　20
邮政编码　730900	教学、科研仪器设备资产值(万元)　2398.66	未定职级　9
办公电话　0943-8811086		

专科专业　会计、机电一体化技术、计算机应用技术、金属矿开采技术、数控技术、选矿技术、冶金技术

学校历史沿革

白银矿冶职业技术学院(原白银有色金属职工大学)是由甘肃省政府批准、国家教育部备案的普通高等职业院校,已有30多年的办学历史。2001年取得高等学历教育招生资格。现已形成以资源开发、有色金属采矿、选矿、冶炼、化工、汽修、焊接等专业为特色,以机电一体化、数控技术等专业为优势的全日制普通高等职业院校。

青海大学

学校(机构)标识码 4163010743	占地面积(平方米) 1736103	成人专科 2298
学校办学类型 411:本科院校:大学	校舍建筑面积(平方米) 442792	博士研究生 19
学校性质类别 01 综合大学	图书(万册) 125.33	硕士研究生 622
学校举办者 811 省级教育部门	固定资产总值(万元) 52387.5	留学生 7
学校地址 青海省西宁市城北区宁大路251号	教学、科研仪器设备资产值(万元) 13248.87	专任教师(人) 1165
邮政编码 810016	在校生数(人) 18557	其中:正高级 244
办公电话 0971-5314754	其中:普通本科 11467	副高级 379
传真电话 0971-5310031	普通专科 1403	中级 362
校园(局域)网域名 www.qhu.edu.cn	成人本科 2741	初级 107
电子信箱 qhuoffice@qhu.edu.cn		未定职级 73

本科专业 材料成型及控制工程、材料科学与工程、财务管理、财政学、藏西医结合方向、藏药学、藏医学、草坪与花卉方向、草业科学、测绘工程、城市规划、地方病防治方向、地质工程、电机电器及其控制方向、电气工程及其自动化、电子商务、动物科学、动物药学、动物医学、动物营养与饲料加工方向、动植物检疫方向、钢铁冶金方向、给水排水工程、工程管理方向、工商管理、工业设计、管理科学、国际经济与贸易、过程装备与控制工程、护理学、化工工艺方向、环境工程、环境科学、会计学、机械电子工程、机械电子工程方向、机械设计制造及其自动化、建筑工程方向、交通土建方向、金融学、经济学、精细化工方向、酒店管理方向、口腔医学、林学、临床医学、旅游管理、麻醉学、模具设计与制造方向、能源开发与利用方向、农学、农业水利工程、农业资源与环境、全科医学方向、人力资源管理、生物技术、生物制药方向、石油化工方向、食品科学与工程、食品卫生检验方向、市场营销、市政工程方向、水利水电工程、水文与水资源工程、饲料科学方向、统计学、文化产业管理方向、信息管理与信息系统、信息技术与应用方向、盐湖化工方向、药物制剂、药学、医学检验、医学影像学、有色冶金方向、预防医学、园林、园艺、针灸推拿学、植物保护、制药工程、中西医临床医学、中药学、中医学、资源勘查工程、自动化

专科专业 财政、电子商务、国际经济与贸易、护理、会计、机电一体化技术、机械制造与自动化、计算机多媒体技术、计算机应用技术、建筑工程技术、金融保险、旅游管理、文秘、医学影像技术

博士专业 民族医学(藏医藏药方向)、内科学(高原医学方向)、内科学(高原医学方向)

硕士专业 病理学与病理生理学、材料学、草业科学、动物营养与饲料科学、耳鼻咽喉科学、基础兽医学、临床医学、马克思主义基本原理、免疫学、民族医学(藏医学)、内科学、思想政治教育、外科学、影像医学与核医学、园林植物与观赏园艺、中西医结合临床、作物遗传育种、作物栽培学与耕作学

青海师范大学

学校(机构)标识码 4163010746	电子信箱 xb@qhnu.edu.cn	成人本科 2518
学校办学类型 411:本科院校:大学	占地面积(平方米) 460669	成人专科 364
学校性质类别 06 师范院校	校舍建筑面积(平方米) 386333	硕士研究生 699
学校举办者 811 省级教育部门	图书(万册) 99.95	留学生 53
学校地址 青海省西宁市五四西路38号	固定资产总值(万元) 26910	专任教师(人) 778
邮政编码 810008	教学、科研仪器设备资产值(万元) 10353	其中:正高级 147
办公电话 0971-6318682	在校生数(人) 11965	副高级 286
传真电话 0971-6307653	其中:普通本科 7870	中级 217
校园(局域)网域名 www.qhnu.edu.cn	普通专科 461	初级 108
		未定职级 20

本科专业 播音与主持艺术、地理科学、地理信息系统、电子信息工程、法学、公共事业管理、汉语言文学、化学、环境科学、计算机科学与技术、教育技术学、教育学、金融学、经济学、科学教育、历史学、旅游管理、美术学、民族传统体育、人力资源管理、

人文教育、日语、软件工程、社会工作、生物工程、生物科学、生物制药、数学与应用数学、思想政治教育、体育教育、网络工程、舞蹈学、物理学、小学教育、新闻学、信息与计算科学、学前教育、艺术设计、音乐表演、音乐学、英语、应用化学、应用心理学、运动训练、中国少数民族语言文学、资源环境与城乡规划管理

专科专业 初等教育、汉语、旅游管理、学前教育、应用英语

硕士专业 地图学与地理信息系统、发展与教育心理学、汉语言文字学、基础数学、计算机应用技术、教育学原理、课程与教学论、马克思主义基本原理、民俗学(含:中国民间文学)、区域经济学、人文地理学、生态学、思想政治教育、体育教育、体育教育训练学、无机化学、学科教育(数学)、学科教育(语文)、运动训练、植物学、中国古代史、中国古代文学、中国古典文献学、中国少数民族语言文学(分语族)、中国哲学、专门史、自然地理学

学校历史沿革

青海师范大学建于1956年。

青海民族大学

学校(机构)标识码 4163010748	电子信箱 qhmzdx@126.com	成人本科 1687
学校办学类型 411:本科院校:大学	占地面积(平方米) 708071	成人专科 267
学校性质类别 12 民族院校	校舍建筑面积(平方米) 427207	硕士研究生 845
学校举办者 811 省级教育部门	图书(万册) 122.28	留学生 187
学校地址 青海省西宁市八一中路3号	固定资产总值(万元) 31829	专任教师(人) 697
	教学、科研仪器设备资产值(万元) 9128.74	其中:正高级 181
邮政编码 810007		副高级 229
办公电话 0971-8804619	在校生数(人) 11387	中级 199
传真电话 0971-8800888	其中:普通本科 7665	初级 80
校园(局域)网域名 www.qhmu.edu.cn	普通专科 736	未定职级 8

本科专业 阿拉伯语、材料化学、财务管理、电气信息类、电子商务、电子信息科学与技术、法学、工商管理、公共事业管理、广播电视新闻学、广告学、国际经济与贸易、汉语言、汉语言文学、行政管理、化学、会计学、计算机科学与技术、交通工程、交通运输、教育技术学、经济学、旅游管理、民族传统体育、热能与动力工程、人力资源管理、日语、社会工作、生物工程、生物科学、数学与应用数学、思想政治教育、体育教育、通信工程、统计学、土地资源管理、土木工程、网络工程、物理学、小学教育、信息管理与信息系统、信息与计算科学、学前教育、药物制剂、药学、艺术设计、音乐学、英语、应用化学、应用心理学、政治学与行政学、中国少数民族语言文学

专科专业 保险实务、化学教育、机电一体化技术、计算机应用技术、旅游管理、热能动力设备与应用、生物化工工艺、市场营销、数学教育、铁道机车车辆、英语教育、语文教育、中国少数民族语言文化

硕士专业 法律、法学理论、工商管理、公共管理、行政管理、经济法学、历史文献学(含:敦煌学、古文字学)、逻辑学、马克思主义基本原理、马克思主义民族理论与政策、民商法学(含:劳动法学)、社会保障、民族学、企业管理(含:财务管理、市场营销)、人类学、思想政治教育、文艺学、物理化学(含:化学物理)、药物分析学、语言学与应用语言学、中国少数民族经济、中国少数民族史、中国少数民族艺术、中国少数民族语言文学(分语族)、中外政治制度、专门史、宗教学

学校历史沿革

1949年12月12日,青海民族学院的前身——"青海省青年干部训练班"成立。

青海卫生职业技术学院

学校(机构)标识码 4163012562	传真电话 0971-8458289	教学、科研仪器设备资产值(万元) 1428
学校办学类型 415:专科院校:高等职业学校	校园(局域)网域名 www.qheszy.edu.cn	在校生数(人) 2415
学校性质类别 05 医药院校	电子信箱 qhwygao@126.com	其中:普通专科 2332
学校举办者 812 省级其他部门	占地面积(平方米) 46667	成人专科 83
学校地址 青海卫生职业技术学院	校舍建筑面积(平方米) 69422	专任教师(人) 174
邮政编码 810000	图书(万册) 15.36	其中:正高级 25
办公电话 0971-8459395	固定资产总值(万元) 4283	副高级 66

| 中级 45 | 初级 35 | 未定职级 3 |

专科专业 公共卫生管理、护理、康复治疗技术、口腔医学、临床医学、眼视光技术、药学、医学检验技术、医学影像技术、针灸推拿、助产

学校历史沿革
青海省卫生职业技术学院始建于 1948 年 10 月。

青海警官职业学院

学校(机构)标识码 4163012852	校园(局域)网域名 www.qhjyedu.com	其中:普通专科 699
学校办学类型 415:专科院校:高等职业学校	电子信箱 www.qhjymail.com	成人本科 462
	占地面积(平方米) 113302	成人专科 39
学校性质类别 09 政法院校	校舍建筑面积(平方米) 29383	专任教师(人) 127
学校举办者 812 省级其他部门	图书(万册) 11	其中:正高级 10
学校地址 青海省西宁市城中区南山路建新巷 22 号	固定资产总值(万元) 7119.68	副高级 47
	教学、科研仪器设备资产值(万元) 1184.6	中级 36
邮政编码 810000		初级 28
办公电话 0971-8231396	在校生数(人) 1200	未定职级 6
传真电话 0971-8231396		

专科专业 法律事务、交通管理、警察指挥与战术、书记官、司法助理、刑事执行、侦查、治安管理

院系设置
公安系、法律系、基础部、警训部、技能培训部

国家级、省部级研究机构设置
研究所(中心):青海警官职业学院科研所

定期公开出版的专业刊物 《青海警官职业学院学报》

学校设立奖学金情况
学校设立奖学金 3 项,奖励总金额 8950 元/年,奖学金最高金额 200 元/年,最低金额 100 元/年。

学校历史沿革
青海省人民警察学校始创于 1953 年,时称青海省公安干部学校,隶属省公安厅领导,正处级事业单位。1960 年更名为青海省政法干部学校。"文革"期间学校被迫撤销,1978 年恢复建校;1980 年根据公安部等五部委联合通知,命名为青海省人民警察学校。青海省司法警官学校成立于 1982 年 12 月 9 日。1996 年 5 月 31 日由青海省劳改工作学校、青海省司法学校合并组建青海省司法警官学校。2000 年 2 月由青海省人民警察学校、青海省司法警官学校合并组建青海政法高等专科学校。2001 年 9 月 25 日,经青海省人民政府批准,更名为青海警官职业学院。

青海畜牧兽医职业技术学院

学校(机构)标识码 4163012972	校园(局域)网域名 www.qhxmzy.com.cn	在校生数(人) 2419
学校办学类型 415:专科院校:高等职业学校	电子信箱 www.qhxmzy.com	其中:普通专科 2419
	占地面积(平方米) 204235	专任教师(人) 195
学校性质类别 03 农业院校	校舍建筑面积(平方米) 86628	其中:正高级 13
学校举办者 812 省级其他部门	图书(万册) 17.13	副高级 64
学校地址 西宁市湟源县西大街 13 号	固定资产总值(万元) 6343.34	中级 40
邮政编码 812100	教学、科研仪器设备资产值(万元) 2950.66	初级 70
办公电话 0971-2432021		未定职级 8
传真电话 0971-2432021		

专科专业 财务信息管理、宠物医学、畜牧兽医、动物防疫与检疫、动物科学与技术、计算机多媒体技术、计算机网络技术、计算机应用技术、经济管理、景区开发与管理、老年服务与管理、农畜特产品加工、兽医、水产养殖技术、文秘、园林技术、植物保护、中草药栽培技术、作物生产技术

青海交通职业技术学院

学校(机构)标识码 4163012973	校园(局域)网域名 www.qhctc.edu.cn	在校生数(人) 5009
学校办学类型 415:专科院校:高等职业学校	电子信箱 qhjzybgs@163.com	其中:普通专科 4923
		成人专科 86
学校性质类别 02 理工院校	占地面积(平方米) 485558	专任教师(人) 225
学校举办者 812 省级其他部门	校舍建筑面积(平方米) 93694	其中:正高级 13
学校地址 青海省西宁市柴达木路22号	图书(万册) 20.23	副高级 71
	固定资产总值(万元) 8678.22	中级 73
邮政编码 810003	教学、科研仪器设备资产值(万元) 2336.08	初级 49
办公电话 0971-5122242		未定职级 19
传真电话 0971-5122242		

专科专业 宝玉石鉴定与加工技术、道路桥梁工程技术、工程测量技术、工程机械运用与维护、工程造价、公路工程管理、公路工程检测技术、公路监理、焊接技术及自动化、计算机多媒体技术、计算机网络技术、计算机应用技术、酒店管理、旅行社经营管理、旅游管理、汽车电子技术、汽车技术服务与营销、汽车检测与维修技术、汽车运用技术、市政工程技术、图形图像制作、物流管理

院系设置
设有汽车工程系、交通土木工程系、计算机系、管理工程系、基础部、思想政治理论教学科研部

国家级、省部级研究机构设置
教育督导与科研处。

定期公开出版的专业刊物 《青海交通职业技术学院学报》

学校设立奖学金情况
学校共设立奖励、资助、勤工助学、助学贷款23项。奖励总金额806.5797万元。奖学金最高金额8000元/年,最低金额400元/年。

主要校办产业
校内生产性实训基地及服务机构12个。

学校历史沿革
学校始建于1976年12月。历经多次教育机构改革,于2002年4月,经青海省人民政府批复,教育部备案,学校升格为青海交通职业技术学院,属专科层次的普通高等学校。2010年11月30日教育部、财政部联合下发通知(教高函[2010]27号)正式确定我院为2011年启动建设的骨干高职院校。

青海建筑职业技术学院

学校(机构)标识码 4163012974	传真电话 0971-6254547	在校生数(人) 3185
学校办学类型 415:专科院校:高等职业学校	校园(局域)网域名 www.qhavtc.edu.cn	其中:普通专科 2975
		成人专科 210
学校性质类别 02 理工院校	占地面积(平方米) 101494	专任教师(人) 174
学校举办者 812 省级其他部门	校舍建筑面积(平方米) 103402	其中:副高级 71
学校地址 青海省西宁市城中区南川西路96号	图书(万册) 19.84	中级 46
	固定资产总值(万元) 5134.78	初级 34
邮政编码 810012	教学、科研仪器设备资产值(万元) 1193.62	未定职级 23
办公电话 0971-6256237		

专科专业 城镇规划、电子信息工程技术、房地产经营与估价、工程监理、工程造价、建筑工程管理、建筑工程技术、建筑经济管理、建筑设备工程技术、建筑设计技术、建筑装饰工程技术、楼宇智能化工程技术、通信技术、物业管理

学校历史沿革
青海建筑职业技术学院成立于1978年,其前身为原青海省建委"七·二一"大学。

青海大学昆仑学院

学校(机构)标识码 4163013674	传真电话 0971-5311070	1833
学校办学类型 413:本科院校:独立学院	校园(局域)网域名 Klc.qhu.edu.cn	在校生数(人) 2771
	电子信箱 qhdx.klxy@163.com	其中:普通本科 2771
学校性质类别 01 综合大学	占地面积(平方米) 135500	专任教师(人) 200
学校举办者 999 民办	校舍建筑面积(平方米) 59779	其中:正高级 14
学校地址 青海省西宁市宁张路175号	图书(万册) 14.04	副高级 97
邮政编码 810016	固定资产总值(万元) 4024	中级 58
办公电话 0971-5311070	教学、科研仪器设备资产值(万元)	初级 31

本科专业 财务管理、城市规划、电气工程及其自动化、工商管理、公共事业管理、国际经济与贸易、行政管理、化学工程与工艺、环境科学与工程、会计学、机械设计制造及其自动化、计算机科学与技术、经济学、人力资源管理、生物技术、水利水电工程、土木工程、信息管理与信息系统、自动化

学校历史沿革

青海大学昆仑学院位于青海省省会西宁市生物科技产业园。

宁夏大学

学校(机构)标识码 4164010749	占地面积(平方米) 1578112	成人专科 9116
学校办学类型 411:本科院校:大学	校舍建筑面积(平方米) 572426	博士研究生 68
学校性质类别 01 综合大学	图书(万册) 152.49	硕士研究生 1936
学校举办者 811 省级教育部门	固定资产总值(万元) 85581.13	留学生 353
学校地址 宁夏回族自治区银川市西夏区贺兰山西路489号	教学、科研仪器设备资产值(万元) 23193.79	专任教师(人) 1477
	在校生数(人) 32460	其中:正高级 244
邮政编码 750021	其中:普通本科 14611	副高级 469
办公电话 0951-2061093	普通专科 1299	中级 601
传真电话 0951-2061958	成人本科 5077	初级 159
校园(局域)网域名 nxu.edu.cn		未定职级 4
电子信箱 xiao_b@nxu.edu.cn		

本科专业 阿拉伯语、材料化学、草业科学、城市规划、地理科学、地理信息系统、电气工程与自动化、电气信息类新专业、电子商务、电子信息工程、动物科学、动物医学、动物医学类新专业、法学、房地产经营管理、工程管理、工商管理、工商管理类新专业、广告学、过程装备与控制工程、汉语言文学、行政管理、化工与制药类、化学、化学工程与工艺、化学类新专业、环境科学、会计学、机械工程及自动化、计算机科学与技术、建筑学、交通工程、交通运输、教育技术学、经济学、历史学、林学、旅游管理、美术学、农林经济管理、农学、农业机械化及其自动化、农业水利工程、农业资源与环境、日语、软件工程、生物技术、生物科学、食品科学与工程、市场营销、数学与应用数学、水利水电工程、思想政治教育、体育教育、通信工程、土建类新专业、土木工程、网络工程、舞蹈学、物理学、小学教育、新闻学、信息管理与信息系统、艺术设计、音乐学、英语、应用心理学、园林、园艺、植物保护、植物生产类、制药工程

专科专业 会计电算化、建筑工程技术、酒店管理、汽车技术服务与营销、市场营销、数控技术、体育教育、艺术设计、音乐教育、应用化工技术

博士专业 草业科学、水利水电工程、中国少数民族史

硕士专业 草业科学、电路与系统、动物学、动物遗传育种与繁殖、动物营养与饲料科学、法学理论、翻译、分析化学、工程、工商管理新专业、固体力学、果树学、汉语言文字学、机械制造及其自动化、基础数学、计算机软件与理论、计算数学、教育、结构工程、课程与教学论、临床兽医学、马克思主义基本原理、马克思主义理论、民族学、凝聚态物理、农业经济管理、农业昆虫与害虫防治、农业水土工程、农业推广、人类学、人文地理学、生态学、生物化学与分子生物学、食品科学、水利水电工程、水文学及水资源、思想政治教育、外国哲学、物理化学(含:化学物理)、英语语言文学、应用化学、应用数学、应用心理学、有机化学、政治经济学、植物学、植物营养学、中国古代史、中国古代文学、中国现当

代文学、专门史、作物遗传育种、作物栽培学与耕作学

院系设置

(24)个人文学院、政法学院、外国语学院、经济管理学院、数学计算机学院、物理电气信息学院、化学化工学院、生命科学学院、资源环境学院、农学院、机械工程学院、土木与水利工程学院、教育科学学院、体育学院、音乐学院、美术学院、研究生院、国际教育学院、民族预科学院、远程教育学院、继续教育学院、高等职业技术学院、马克思主义学院、阿拉伯语学院

国家级、省部级研究机构设置

国家级科研创新平台 1. 天然气转化省部共建国家重点实验室培育基地 2. 宁东煤化工资源循环利用国家地方联合工程实验室 3. 国家级煤化工检测重点实验室 4. 西部土地退化与生态恢复省部共建国家重点实验室培育基地 省部级科技创新平台：1. 西北退化生态系统恢复与重建教育部重点实验室 2. 西部特色生物资源保护与利用教育部重点实验室 3. 西夏学研究院—教育部人文社科重点研究基地 4. 葡萄与葡萄酒教育部工程研究中心 5. 旱区现代农业水资源高效利用教育部工程研究中心 自治区级科技创新平台：1. 宁夏农业生物技术重点实验室 2. 宁夏葡萄与葡萄酒工程技术研究中心 3. 宁夏干旱区天然药物工程技术研究中心 4. 宁夏能源化工重点实验室 5. 宁夏宁东基地煤化工资源循环利用工程实验室 6. 宁夏退化生态恢复重点实验室 7. 宁夏饲料工程技术研究中心 8. 宁夏节水灌溉与水资源调控工程技术研究中心 9. 宁夏光伏材料重点实验室 10. 宁夏人文社科重点研究基地—回族研究院 学校级科技创新平台：1. 宁夏大学西部发展研究中心(中日联合研究所) 2. 宁夏大学新技术应用研究开发中心 3. 宁夏大学特色农产品储藏与加工工程技术研究中心 4. 宁夏大学新能源研究中心 5. 宁夏大学西北社会与文化研究中心

定期公开出版的专业刊物 《宁夏大学学报》(自然科学版)、《宁夏大学学报》(社会科学版)、《宁夏农学院学报》(宁夏工程技术)

学校设立奖学金情况

学校设立奖学金情况学校设立奖学金 29 项 其中政府 4 项 军队 2 项 社会团体及个人 23 项 奖励及资助总金额 1909 万余元 奖学金最高金额 8000/生/年 奖学金最低金额 500/生/年 受助人数达 5994 人 限于篇幅 奖学金名称及金额略去。

主要校办产业

宁夏大学教学试验农场，占地面积 1900 余亩主要承担教学实习以及科研科技推广和示范等任务

学校历史沿革

宁夏大学的前身是宁夏师范学院、宁夏农学院和宁夏医学院。1962 年 9 月 30 日三院合并成立宁夏大学。1971 年宁夏农学院、宁夏医学院先后从宁夏大学分出单独设院。宁夏大学实际上是在原宁夏师范学院的基础上发展起来的。1997 年 2 月经国家教委批准宁夏大学与宁夏工学院银川师范高等专科学校(含宁夏师范学院)四校合并成立宁夏大学，并于 1997 年 2 月 26 日正式挂牌。2002 年 2 月 26 日经教育部批准宁夏大学与宁夏农学院进行新一轮合并组建新的宁夏大学。2004 年成为教育部与宁夏回族自治区共建高校。2008 年 9 月 13 日被国家正式列入"211 工程"三期建设行列。

宁夏医科大学

学校(机构)标识码	4164010752
学校办学类型	411：本科院校：大学
学校性质类别	05 医药院校
学校举办者	811 省级教育部门
学校地址	宁夏回族自治区银川市兴庆区胜利街 1160 号
邮政编码	750004
办公电话	0951－6980055
传真电话	0951－6980018
校园(局域)网域名	www.nxmu.edu.cn
电子信箱	fgc@nxmu.edu.cn
占地面积(平方米)	834378
校舍建筑面积(平方米)	323078
图书(万册)	79.61
固定资产总值(万元)	106608
教学、科研仪器设备资产值(万元)	16313.6
在校生数(人)	11810
其中：普通本科	4595
普通专科	1125
成人本科	2431
成人专科	2409
硕士研究生	1185
留学生	65
专任教师(人)	665
其中：正高级	245
副高级	194
中级	215
初级	11

本科专业 电子信息科学与技术、妇幼卫生方向、公共事业管理、护理学、急危重症方向、检验方向、口腔医学、临床心理学方向、临床医学、麻醉学、全科医学方向、涉外护理方向、生物技术、卫生信息技术与管理方向、药学、医学检验、医学影像学、医药营销方向、预防医学、针灸推拿学、中西医结合方向、中西医临床医学、中药学、中医学

专科专业 护理、口腔医学、临床医学、全科医学方向、药学、医疗美容技术、医学检验技术

硕士专业 病理学与病理生理学、病原生物学、儿科学、耳鼻咽喉科学、妇产科学、公共卫生、护理学、精神病与精神卫生学、康复医学与理疗学、口腔临床医学、口腔医学、劳动卫生与环境卫生学、老年医学、临床检验诊断学、临床医学、流行病与卫生统计学、麻醉学、内科学、皮肤病与性病学、人体解剖与组织胚胎学、神经病学、生理学、外科学、眼科学、药理学、遗传学、影像医学与核医学、中医临床基础、肿瘤学

院系设置

1. 临床医学院 2. 基础医学院 3. 口腔医学院 4. 公共卫生学院 5. 中医学院 6. 护理学院 7. 药学院 8. 研究生学院 9. 管

理学院 10. 理学院 11. 检验学院 12. 高等卫生职业技术学院 13. 成人教育学院 14. 人文社会科学部 15. 体育部 16. 外国语教学部

国家级、省部级研究机构设置

(一)实验室:1. 省部共建国家重点实验室培育基地:宁夏颅脑疾病重点实验室 2. 教育部省部共建重点实验室:生育力保持重点实验室(二)自治区工程技术研究中心:宁夏回药现代化工程技术研究中心 (三)区级研究所:1. 宁夏医学科学研究所 2. 宁夏医科大学心血管病研究所 3. 宁夏医科大学肿瘤研究所 4. 宁夏医科大学计划生育科学研究所 5. 宁夏医科大学神经病研究所 6. 宁夏医药研究所 7. 宁夏基础医学研究所 8. 宁夏消化疾病研究所 9. 宁夏人类干细胞研究所

定期公开出版的专业刊物 《宁夏医科大学学报》

学校设立奖学金情况

学校设立奖学金 3 项奖励总金额 85.48 余万元。奖学金最高金额 3000 元/年,最低金额 300 元/年。

学校历史沿革

学校与自治区同龄,于 1958 年建校。1962 年,并入宁夏大学,改称宁夏大学医学系。1972 年,上海铁道医学院搬迁至银川,与宁夏大学医学系合并,重建宁夏医学院。2002 年,宁夏卫生学校、宁夏护士学校并入宁夏医学院。2008 年 8 月学校更名为宁夏医科大学。

宁夏师范学院

学校(机构)标识码	4164010753
学校办学类型	412:本科院校:学院
学校性质类别	06 师范院校
学校举办者	811 省级教育部门
学校地址	宁夏回族自治区固原市学院路
邮政编码	756000
办公电话	0954-2079442
传真电话	0954-2079442
校园(局域)网域名	www.nxtu.cn
电子信箱	nxtu_fzghc@163.com
占地面积(平方米)	881333
校舍建筑面积(平方米)	163656
图书(万册)	45.8
固定资产总值(万元)	12108.66
教学、科研仪器设备资产值(万元)	5649.82
在校生数(人)	9087
其中:普通本科	4289
普通专科	1591
成人本科	376
成人专科	2831
专任教师(人)	348
其中:正高级	47
副高级	81
中级	140
初级	55
未定职级	25

本科专业 电子科学与技术、汉语言文学、护理学、化学、绘画、计算机科学与技术、教育技术学、科学教育、历史学、美术学、人文教育、社会体育、数学与应用数学、思想政治教育、体育教育、文秘教育、舞蹈学、物理学、小学教育、信息与计算科学、学前教育、音乐学、英语、应用化学

专科专业 初等教育、护理、计算机应用技术、口腔医学、临床医学、美术教育、数学教育、体育教育、药学、音乐教育、英语教育、语文教育、综合理科教育、综合文科教育

院系设置

人文学院、政法学院、外国语学院、数学与计算机科学学院、物理与信息技术学院、化学与化学工程学院、教育科学学院、医学院、音乐舞蹈系、美术系、体育系、成人与继续教育学院

国家级、省部级研究机构设置

研究所(中心):六盘山地产中药材工程中心、西北回族社会历史研究所、大学生思想政治教育研究室、宁南区域经济研究所、西海固文学研究室、外语教学行动研究所、地方语言民俗文化研究所、应用数学研究室、应用化学研究所、基础教育研究室、西海固民间音乐研究室、西海固民间美术研究室、非线性物理研究室、软件工程研究所、健康与体育科学研究室

定期公开出版的专业刊物 《宁夏师范学院学报》

学校设立奖学金情况

学校设立奖学金 4 项,奖励总金额 495 余万元。奖学金最高金额 800 元/年,最低金额 400 元/年。

1. 国家奖学金:12 人/年,8000 元/人
2. 励志奖学金:185 人/年,5000 元/人
3. 综合奖学金:1758 人/年,一等:1000 元/人,二等:700 元/人,三等:400 元/人
4. 学生基础奖学金:5860 人/年,师范生:48 元/人,非师范生:13 元/人

毕业生一次就业率 82.3%

学校历史沿革

学院前身是 1975 年经宁夏回族自治区党委批准建立的六盘山大学,1978 年 12 月经国务院批准在原六盘山大学基础上建立固原师范专科学校,1993 年经原国家教委批准更名为固原师范高等专科学校;2002 年 10 月自治区人民政府批准将原固原卫生学校并入;2006 年经国家教育部同意,自治区人民政府批准升格为宁夏师范学院。

北方民族大学

学校(机构)标识码 4164011407		成人本科 20
学校办学类型 411：本科院校：大学	电子信箱 bfmdoffice@163.com	成人专科 15
学校性质类别 12 民族院校	占地面积(平方米) 766671	硕士研究生 324
学校举办者 308 国家民族事务委员会	校舍建筑面积(平方米) 380524	专任教师(人) 758
学校地址 宁夏银川市西夏区文昌北路 204 号	图书(万册) 117.36	其中：正高级 88
	固定资产总值(万元) 76963.29	副高级 222
邮政编码 750021	教学、科研仪器设备资产值(万元) 12054.02	中级 349
办公电话 0951-2066166		初级 74
传真电话 0951-2066124	在校生数(人) 15729	未定职级 25
校园(局域)网域名 www.nwsni.edu.cn	其中：普通本科 15370	

本科专业 材料成型及控制工程、材料科学与工程、财务管理、测控技术与仪器、传播学、电气工程及其自动化、电子商务、电子信息工程、动画、法学、高分子材料与工程、工商管理、公共事业管理、广告学、国际经济与贸易、过程装备与控制工程、汉语言文学、行政管理、化学工程与工艺、会计学、绘画、计算机科学与技术、金融学、经济学、历史学、旅游管理、人力资源管理、日语、软件工程、生物工程、生物技术、生物科学、食品科学与工程、数学与应用数学、通信工程、统计学、网络工程、舞蹈学、物流管理、新闻学、信息工程、信息管理与信息系统、信息与计算科学、艺术设计、音乐表演、音乐学、英语、制药工程、自动化、作曲与作曲技术理论

硕士专业 电路与系统、计算机技术、计算机应用技术、计算数学、生态学、思想政治教育、应用数学、语言学与应用语言学、中国古代文学、中国少数民族史、专门史

院系设置

学校共设 14 个教学院、3 个教学部。分别是商学院、管理学院、文史学院、外国语学院、法学院、音乐舞蹈学院、设计艺术学院、电气信息工程学院、计算机科学与工程学院、信息与计算科学学院、材料科学与工程学院、生物科学与工程学院、化学与化学工程学院、预科教育学院、基础教学部、思想政治理论课教学部、体育教学部

国家级、省部级研究机构设置

1. 实验室：粉体材料与特种陶瓷重点实验室、发酵酿造工程生物技术重点开放实验室、化工技术基础重点开放实验室、经济管理综合重点开放实验室、生态系统模型及应用重点开放实验室

2. 研究中心：西北少数民族社会发展研究中心、宁夏葡萄与葡萄酒技术创新中心

定期公开出版的专业刊物 《北方民族大学学报》(哲学社会版)

学校设立奖学金情况

学校设立奖学金 30 项，奖励总金额 1787.327 余万元。奖学金最高金额 8000 元/年，最低金额 100 元/年。

学校历史沿革

学校始建 1984 年,2003 年获得硕士学位授予权；2004 年,国家民委与宁夏回族自治区政府签署了共建协议；2007 年 5 月,顺利通过了教育部本科教学水平评估,成绩优秀；2008 年,经教育部同意,学校正式更名为北方民族大学。

宁夏理工学院

学校(机构)标识码 4164012544	电子信箱 nxist@nxist.com.cn	普通专科 1109
学校办学类型 412：本科院校：学院	占地面积(平方米) 862221	成人本科 120
学校性质类别 02 理工院校	校舍建筑面积(平方米) 159876	成人专科 749
学校举办者 999 民办	图书(万册) 51.11	专任教师(人) 335
学校地址 宁夏石嘴山市大武口区山水大道学院路 1 号	固定资产总值(万元) 36409.54	其中：正高级 74
	教学、科研仪器设备资产值(万元) 5149.12	副高级 81
邮政编码 753000		中级 74
办公电话 0952-2210006	在校生数(人) 6873	初级 96
传真电话 0952-2210009	其中：普通本科 4895	未定职级 10
校园(局域)网域名 www.nxist.com.cn		

本科专业 安全工程、电气工程及其自动化、电气信息类、电子商务、电子信息工程、给水排水工程、工程管理、工商管理类、国际经济与贸易、会计学、机械工程及自动化、机械类、计算机科学与技术、汽车服务工程、热能与动力工程、市场营销、土木工程、土木工程(道路桥梁)、土木工程(房屋建筑)、网络工程、英语、应用化学、自动化

专科专业 工程监理、工程造价、广告设计与制作、会计电算化、机电设备维修与管理、计算机网络技术、计算机应用技术、建筑工程技术、旅游管理、物流管理、应用化工技术、应用英语

院系设置 经济管理系、机械工程系、电气信息工程系、英语系、土木工程系、化学工程系、思政部、基础部、成人教育培训部以及信息中心和实验中心、实训中心

定期公开出版的专业刊物 《宁夏理工学院校报》

学校设立奖学金情况
学校设立奖学金三项,奖励总金额根据获奖人数定。奖学金最高金额5000元/年,最低金额600元/年。

毕业生一次就业率 97%

学校历史沿革
学院始建于1985年,经宁夏回族自治区人民政府批准为全区教育改革的试点单位,校名宁夏石嘴山联合职业大学。1993年12月,原国家教委正式批准设置宁夏石嘴山职工大学,为全国首批进行学历教育的5所民办高等学校之一。1995年学院办学成绩突出,时任国务院副总理的李岚清来宁夏视察,亲临学院并题词:"自力更生为主,大力发展职业教育"。2000年8月,经自治区人民政府批准、教育部同意改为宁夏石嘴山职业技术学院,从事普通高等职业教育,教育部原部长何东昌亲自为学院题写校名并揭牌。2001年,学院被国家教育部确定为全国中职教师师资培训基地。2005年3月,经教育部批准升格为本科普通高等学校—宁夏理工学院。

宁夏民族职业技术学院

学校(机构)标识码	4164012716
学校办学类型	415:专科院校:高等职业学校
学校性质类别	12 民族院校
学校举办者	811 省级教育部门
学校地址	宁夏民族职业技术学院
邮政编码	751100
办公电话	0953-2122984
传真电话	0953-2121047
占地面积(平方米)	617642
校舍建筑面积(平方米)	95696
图书(万册)	17.26
固定资产总值(万元)	7581.02
教学、科研仪器设备资产值(万元)	3102.57
在校生数(人)	2554
其中:普通专科	1904
成人专科	650
专任教师(人)	183
其中:正高级	1
副高级	56
中级	74
初级	12
未定职级	40

专科专业 初等教育、电子信息工程技术、会计电算化、机电一体化技术、计算机教育、计算机应用技术、美术教育、烹饪工艺与营养、汽车检测与维修技术、食品加工技术、市场营销、室内设计技术、数控技术、文秘、学前教育、音乐教育、英语教育、应用阿拉伯语

院系设置 设五系一部,即:经济管理系、艺术系、机电系、外语系、教育系、中职部

学校历史沿革
宁夏民族职业技术学院是经宁夏回族自治区人民政府批准,教育部备案公布的宁夏首批公办全日制高等职业院校,具有颁发全日制职业技术大专学历层次证书的能力和中、高级国家职业资格培训鉴定的能力,也是吴忠职业技术教育中心。2001年2月,是原吴忠师范学校、吴忠职工中专、吴忠职教中心合并成立吴忠职业技术学院。2006年12月经自治区人民政府批准更名为宁夏民族职业技术学院,并于2007年5月由教育部备案公布。

宁夏工业职业学院

学校(机构)标识码	4164012837
学校办学类型	415:专科院校:高等职业学校
学校性质类别	02 理工院校
学校举办者	811 省级教育部门
学校地址	宁夏回族自治区银川市西夏区朔方路5号
邮政编码	750021
办公电话	0951-6970595
传真电话	0951-6970595
校园(局域)网域名	www.ngzy.nx.edu.cn
电子信箱	ngzybgs@126.com
占地面积(平方米)	116988
校舍建筑面积(平方米)	49898
图书(万册)	19.5
固定资产总值(万元)	13614.21
教学、科研仪器设备资产值(万元)	

宁夏回族自治区

3807.95	成人专科 1184	中级 49
在校生数(人) 2443	专任教师(人) 138	初级 37
其中:普通专科 1259	其中:副高级 27	未定职级 25

专科专业 化工设备维修技术、机电一体化技术、矿山机电、煤矿开采技术、煤炭深加工与利用、应用化工技术

院系设置

宁夏工业职业学院、采矿工程系、化学工程系、机电工程系

学校设立奖学金情况

学生奖学金设一、二、三等奖 一等奖学金按班级总人数的2%,奖学金金额500元/年·人 二等奖学金按班级总人数的5%,奖学金金额300元/年·人 三等奖学金按班级总人数的10%,奖学金金额200元/年·人

学校历史沿革

宁夏工业职业学院隶属于神华宁夏煤业集团公司,是自治区唯一由大型国有企业开办的高职院校,2008年8月校址由石嘴山市大武口区搬迁至银川市西夏区。学院前身为原石炭井矿务局"七·二一"工人大学,1981年经国家教育部和自治区人民政府批准成立为石炭井矿务局职工专科学校,1989年更名为宁夏煤炭职工大学,1999年3月石炭井矿务局为了进一步优化教育资源配置,将石炭井煤矿技工学校、石炭井矿务局党校、职工培训中心合并到宁夏煤炭职工大学。2000年更名为宁夏工业职业大学,2001年经自治区人民政府批准[宁政(2001)137号]国家教育部备案(教发函字[2001]248号),改制为宁夏工业职业学院,成为一所集普通高职、成人大专、技工、职工培训和职业技能鉴定为一体的综合性、全日制普通高等职业院校。

宁夏职业技术学院

学校(机构)标识码 4164013086	传真电话 0951-2135067	在校生数(人) 5901
学校办学类型 415:专科院校:高等职业学校	校园(局域)网域名 www.nxtc.edu.cn	其中:普通专科 5097
	电子信箱 nxddxb@nxtvu.edu.cn	成人专科 804
学校性质类别 01 综合大学	占地面积(平方米) 727871	专任教师(人) 323
学校举办者 811 省级教育部门	校舍建筑面积(平方米) 176932	其中:正高级 18
学校地址 宁夏回族自治区银川市西夏区文萃北街	图书(万册) 32.05	副高级 106
	固定资产总值(万元) 11993.54	中级 134
邮政编码 750021	教学、科研仪器设备资产值(万元) 5943.2	初级 58
办公电话 0951-2135055		未定职级 7

专科专业 材料成型与控制技术、材料成型与控制技术(光伏材料加)、材料成型与控制技术(镁业方向)、畜牧兽医、电气自动化技术、电子商务、动漫设计与制作、动物防疫与检疫、广告设计与制作、广告设计与制作(平面广告设计)、广告设计与制作(室内设计)、焊接技术及自动化、化工设备维修技术、会计电算化、机电一体化技术、机电一体化技术(电梯工程技术)、机械制造与自动化、计算机网络技术、计算机应用技术、旅游管理、旅游英语、煤化工生产技术、模具设计与制造、热能动力设备与应用、商务英语、设施农业技术、生产过程自动化技术、生物技术及应用、生物制药技术、市场营销、兽药生产与营销、数控技术、数控设备应用与维护、通信技术、物流管理、物业管理、艺术设计、应用化工技术、园林技术、中药制药技术、中药制药技术(健康管理与民族医

院系设置

学院设有机械与电气技术系、能源与化工技术系、电子与信息技术系、工业工程技术系、生物工程技术系、动物科学技术系、经济管理系、实用工艺美术系、职业素养教学部、开放教育学院、继续教育学院、中专、农校部12个系部(院、校)。

学校设立奖学金情况

学校设立奖学金1项,奖励总金额29.09万元。奖学金最高金额800元/年,最低金额200元/年。

学校历史沿革

宁夏职业技术学院 宁夏广播电视大学是自治区人民政府直属的一所集高等职业教育、现代远程教育为一体的多门类、多学科的综合性高等学校。实行"两块牌子、一套班子"的办学管理体制。学校由宁夏广播电视大学、宁夏重工业职工大学、宁夏职工科技学院、宁夏机械技工学校、宁夏农业学校合并组建而成,迄今已有61年的办学历史。2010年8月,经教育部、财政部验收,学校正式进入国家百所示范性高职院校行列。同年,学校入选全国高职高专主席团高校成员单位。

宁夏工商职业技术学院

学校(机构)标识码 4164013087	学校办学类型 415:专科院校:高等职业学校

学校性质类别 08 财经院校	电子信箱 nxgsdzb@126.com	其中:普通专科 4118
学校举办者 811 省级教育部门	占地面积(平方米) 1722309	成人专科 427
学校地址 宁夏银川市西夏区文萃北路西	校舍建筑面积(平方米) 221688	专任教师(人) 373
	图书(万册) 47.19	其中:正高级 6
邮政编码 750021	固定资产总值(万元) 74351.8	副高级 126
办公电话 0951-5618918	教学、科研仪器设备资产值(万元) 3474.12	中级 106
传真电话 0951-5618918		初级 98
校园(局域)网域名 www.nxgs.edu.cn	在校生数(人) 4545	未定职级 37

专科专业 电气自动化技术、工商企业管理、化工设备维修技术、会计电算化、会展策划与管理、机电一体化技术、计算机多媒体技术、计算机网络技术、计算机信息管理、酒店管理、连锁经营管理、旅游管理、烹饪工艺与营养、汽车运用与维修、人力资源管理、生物化工工艺、生物技术及应用、市场营销、数控技术、物流管理、应用电子技术、应用化工技术

院系设置
目前设立七系、两部:商贸经济系、旅游管理系、会计系、机电工程系、机械工程系、化工工程系、信息技术系;思想政治理论课教学部、基础部

学校设立奖学金情况
学校设立奖学金4项,奖励总金额13.5余万元。奖学金最高金额2000元/年,最低金额200元/年。

学校历史沿革
宁夏工商职业技术学院的前身为宁夏经贸职业技术学院。2002年10月,经自治区人民政府批准,由原宁夏商业学校,宁夏经贸学校、宁夏供销学校合并组建而成。学院隶属于自治区教育厅,是国家级骨干高职院校建设单位。2006年9月,经自治区人民政府批准,教育部备案,正式更为现有校名。2009年8月25日,原宁夏化工技工学校 宁夏农业机械化学校(宁夏机电工程学校)整建制并入宁夏工商职业技术学院。

宁夏财经职业技术学院

学校(机构)标识码 4164013088	传真电话 0951-2181086	在校生数(人) 3147
学校办学类型 415:专科院校:高等职业学校	校园(局域)网域名 www.nxcy.edu.cn	其中:普通专科 3120
	电子信箱 nxcjxy@edu.cn	成人专科 27
学校性质类别 08 财经院校	占地面积(平方米) 94020	专任教师(人) 162
学校举办者 811 省级教育部门	校舍建筑面积(平方米) 50206	其中:正高级 7
学校地址 宁夏银川市西夏区文萃北街216号	图书(万册) 19	副高级 68
	固定资产总值(万元) 5810	中级 54
邮政编码 750021	教学、科研仪器设备资产值(万元) 1905	初级 33
办公电话 0951-2082020		

专科专业 财务管理、房地产经营与估价、会计、会计电算化、计算机系统维护、计算机应用技术、金融管理与实务、连锁经营管理、社区管理与服务、审计实务、市场营销、税务、投资与理财、图形图像制作、应用英语、证券与期货、资产评估与管理

学校历史沿革
宁夏财经职业技术学院是2002年由原宁夏财经学校和原宁夏银行学校合并建的一所普通高等职业技术学院,隶属于宁夏回族自治区教育厅,是自治区重点建设的示范性高等职业技术院校。学院自成立以来,在自治区党委教育厅工委、自治区教育厅的正确领导下,坚持科学发展观和以人为本的办学理念,以改革为动力,以创新促发展,促进了各项事业的健康快速发展。

宁夏司法警官职业学院

学校(机构)标识码 4164013089	学校举办者 811 省级教育部门	办公电话 0951-6883022
学校办学类型 415:专科院校:高等职业学校	学校地址 宁夏银川市西夏区学院东路350号	传真电话 0951-6883111
		校园(局域)网域名 www.nsjy.com.cn
学校性质类别 09 政法院校	邮政编码 750021	电子信箱 nsjyxy@163.com

占地面积(平方米) 239335	1158.68	副高级 34
校舍建筑面积(平方米) 51080	在校生数(人) 1868	中级 37
图书(万册) 23.14	其中:普通专科 1868	初级 57
固定资产总值(万元) 14761.05	专任教师(人) 178	未定职级 47
教学、科研仪器设备资产值(万元)	其中:正高级 3	

专科专业 安全防范、法律事务、法律文秘、交通管理、经济法律事务、司法警务、司法信息技术、图文信息技术、刑事侦查技术、刑事执行、治安管理

学校历史沿革

夏司法警官职业学院原名宁夏政法干部管理学院,成立于1980年,1983年在原宁夏政法干部管理学院的基础上又组建了宁夏司法学校。1987年更名为宁夏法律学校,1999年又更名为宁夏司法警官学校。2002年7月,经司法部同意、自治区人民政府批准升格为宁夏司法警官职业学院,2004年10月,经自治区人民政府批准将宁夏法律人才培训中心、宁夏监狱警官培训中心正式整合到我院。2005年10月,经自治区人民政府同意,将宁夏法官进修学院挂牌于我院,承担全区法院系统在职干警的培训任务

宁夏建设职业技术学院

学校(机构)标识码 4164013151	传真电话 0951-2138116	在校生数(人) 3374
学校办学类型 415:专科院校:高等职业学校	校园(局域)网域名 www.nxjy.edu.cn	其中:普通专科 3176
	电子信箱 nxjy@nxjy.edu.cn	成人专科 198
学校性质类别 02 理工院校	占地面积(平方米) 228668	专任教师(人) 168
学校举办者 811 省级教育部门	校舍建筑面积(平方米) 68780	其中:正高级 1
学校地址 宁夏银川市西夏区学院东路300号	图书(万册) 18.13	副高级 75
	固定资产总值(万元) 10158.64	中级 48
邮政编码 750021	教学、科研仪器设备资产值(万元)	初级 35
办公电话 0951-2138099	2006.56	未定职级 9

专科专业 房地产经营与估价、给排水工程技术、工程测量技术、工程监理、工程造价、工业分析与检验、供热通风与空调工程技术、建筑材料工程技术、建筑电气工程技术、建筑工程管理、建筑工程技术、建筑经济管理、建筑装饰工程技术、楼宇智能化工程技术、市政工程技术、物业管理、园林工程技术

院系设置

学院设土木建筑工程系、管理工程系、环境工程系、材料工程系、机电与信息工程系、基础部、职业技能鉴定所和图书馆。

学校设立奖学金情况

学校设奖学金1项奖励总金额17.36余万元。奖学金最高金额2000元/年,最低金额400元/年。

学校历史沿革

2002年9月自治区人民政府宁政函【2002】128号文批准同意撤销宁夏建筑工程学校、宁夏建筑职工中专学校、宁夏建筑技工学校建制,三校合并成立宁夏建设职业技术学院。

宁夏大学新华学院

学校(机构)标识码 4164013325	传真电话 0951-2062708	2599.58
学校办学类型 413:本科院校:独立学院	校园(局域)网域名 www.xinhua.nxu.edu.cn	在校生数(人) 5747
		其中:普通本科 5747
学校性质类别 01 综合大学	电子信箱 xhxy@nxu.edu.cn	专任教师(人) 355
学校举办者 999 民办	占地面积(平方米) 480987	其中:正高级 34
学校地址 宁夏回族自治区银川市西夏区贺兰山路686号	校舍建筑面积(平方米) 112870	副高级 106
	图书(万册) 39.8	中级 131
邮政编码 750021	固定资产总值(万元) 13268.21	初级 50
办公电话 0951-2062050	教学、科研仪器设备资产值(万元)	未定职级 34

本科专业 电气工程及其自动化、电子商务、电子信息工程、法学、房地产经营管理、工程管理、工商管理、过程装备与控制工程、汉语言文学、机械工程及自动化、计算机科学与技术、美术学、社会体育、生物技术、数学与应用数学、土木工程、网络工程、物流管理、新闻学、信息管理与信息系统、音乐学、英语、应用心理学

院系设置

1. 文法外语系 2. 信息与计算机科学系 3. 工程与应用科学系 4. 经济与科学管理系

学校设立奖学金情况

学校设立奖学金1项,奖励总金额86万元。奖学金最高金额1000元/年最低金额400/年。

学校历史沿革

宁夏大学新华学院于2002年3月经宁夏回族自治区教育厅批准成立,2004年1月教育部正式予以确认。宁夏大学新华学院由宁夏大学主办,是由宁夏大学做为投资主体并控股的独立学院,合作方为新华百货商店股份有限公司(上市公司)和宁夏海星酒店有限责任公司。

银川科技职业学院

学校(机构)标识码 4164013820	校园(局域)网域名 www.ycu.com.cn	在校生数(人) 5016
学校办学类型 415:专科院校:高等职业学校	电子信箱 office@ycu.com.cn	其中:普通专科 5016
学校性质类别 02 理工院校	占地面积(平方米) 519947	专任教师(人) 308
学校举办者 999 民办	校舍建筑面积(平方米) 194604	其中:正高级 57
学校地址 宁夏银川市永宁县王太堡	图书(万册) 43.7	副高级 48
邮政编码 750105	固定资产总值(万元) 32565.3	中级 75
办公电话 0951-8409371	教学、科研仪器设备资产值(万元) 3919.6	初级 101
传真电话 0951-8409361		未定职级 27

专科专业 电厂热能动力装置、电力系统自动化技术、电气自动化技术、电子商务、发电厂及电力系统、发酵技术、法律事务、房地产经营与估价、工业分析与检验、供用电技术、光伏材料加工与应用技术、会计与统计核算、机电一体化技术、机械制造与自动化、计算机应用技术、建筑工程技术、建筑设计技术、精细化学品生产技术、酒店管理、煤化工生产技术、汽车检测与维修技术、商务英语、设施农业技术、生产过程自动化技术、石油化工生产技术、市场营销、图形图像制作、文秘、物流管理、有机化工生产技术

院系设置

石油化工系、电力系、商学系、人文系(基础部)、法学系(思政部)、中职部、计算机与信息工程系、建筑工程系、生物与农业工程系、学前教育系、机械与汽车工程系、继续教育部

学校设立奖学金情况

2011年学校设立奖学金3项,奖励总金额10.54万元。奖学金最高金额600元,最低金额200元。

学校历史沿革

1999年10月,经宁夏回族自治区人民政府、自治区教育厅批准,银川大学正式筹建,2001年9月,租用灵武矿务局中心区作为教学区。2003年6月,我校与宁夏大学签定校区转让协议,由我校出资2700万元将宁夏大学王太校区土地及地面附着物整体收购,作为银川大学办学场地。2004年5月,经自治区人民政府批准,同意成立银川科技职业学院,保留银川大学(筹建)的牌子。2004年6月,经教育部批准,银川科技职业学院正式备案,并被教育部正式列入全国统招计划。

中国矿业大学银川学院

学校(机构)标识码 4164014200	校园(局域)网域名 www.cumtyc.com.cn	在校生数(人) 7465
学校办学类型 413:本科院校:独立学院	电子信箱 zgkdycxy@163.com	其中:普通本科 7465
学校性质类别 02 理工院校	占地面积(平方米) 357775	专任教师(人) 298
学校举办者 999 民办	校舍建筑面积(平方米) 141700	其中:正高级 31
学校地址 宁夏银川西夏区金波北街	图书(万册) 35.52	副高级 32
邮政编码 750011	固定资产总值(万元) 2433.53	中级 45
办公电话 0951-5181666	教学、科研仪器设备资产值(万元) 2254.73	初级 73
传真电话 0951-5181555		未定职级 117

本科专业 安全工程、采矿工程、测绘工程、地质工程、电气工程及其自动化、工程管理、工商管理、工业工程、过程装备与控制工程、汉语言文学、化学工程与工艺、机械工程及自动化、计算机科学与技术、热能与动力工程、人力资源管理、土木工程、英语

院系设置

学院目前有七系两部：矿业工程系、机电动力与信息工程系、土木工程系、化学工程系、管理与经济系、外国语言文学系、中国语言文学系、基础课部、思政课部

学校设立奖学金情况

学院设立校级一等奖学金、二等奖学金、三等奖学金，奖励总金额42万元余元，最高金额1000元/年，最低金额400元/年。

学校历史沿革

中国矿业大学银川学院是经教育部批准，由自治区教育厅、银川市人民政府、中国矿业大学与银川东方旭邦科教信息技术有限公司四方合作，按照新机制、新模式在宁夏创办的一所普通本科独立学院。学院于2005年9月开始筹建，2008年4月通过教育部专家验收，5月正式获批办学，同年秋季实现了首届本科招生。

宁夏防沙治沙职业技术学院

学校(机构)标识码	4164014377
学校办学类型	415：专科院校：高等职业学校
学校性质类别	04 林业院校
学校举办者	811 省级教育部门
学校地址	宁夏银川市永宁县胜利乡
邮政编码	750100
办公电话	0951-4091117
传真电话	0951-4091117
校园(局域)网域名	www.nxfszs.cn
占地面积(平方米)	1148826
校舍建筑面积(平方米)	72054
图书(万册)	2.33
固定资产总值(万元)	2132
教学、科研仪器设备资产值(万元)	874
在校生数(人)	216
其中：普通专科	216
专任教师(人)	87
其中：副高级	18
中级	6
初级	43
未定职级	20

专科专业 森林资源保护、设施农业技术、生物技术及应用、水土保持、园林技术

学校历史沿革

宁夏防沙治沙职业技术学院隶属于宁夏回族自治区林业局，其前身是宁夏林业学校，创建于1985年。2006年更名为宁夏防沙治沙职业技术学院。

新疆大学

学校(机构)标识码	4165010755
学校办学类型	411：本科院校：大学
学校性质类别	01 综合大学
学校举办者	811 省级教育部门
学校地址	新疆乌鲁木齐市胜利路14号
邮政编码	830046
办公电话	0991-8583026
传真电话	0991-8583693
校园(局域)网域名	www.xju.edu.cn
电子信箱	xjdxxz@xju.edu.cn
占地面积(平方米)	3026280
校舍建筑面积(平方米)	938394
图书(万册)	276.5
固定资产总值(万元)	204689.64
教学、科研仪器设备资产值(万元)	30673.72
在校生数(人)	26529
其中：普通本科	18991
普通专科	132
成人本科	1662
成人专科	1621
博士研究生	239
硕士研究生	3469
留学生	415
专任教师(人)	1664
其中：正高级	204
副高级	599
中级	760
初级	101

本科专业 播音与主持艺术、材料化学、采矿工程、测绘工程、城市规划、地理科学、地理信息系统、电气工程及其自动化、电子信息工程、电子信息科学与技术、对外汉语、俄语、法学、纺织工程、服装设计与工程、高分子材料与工程、给水排水工程、工程管理、工商管理、工业工程、工业设计、广播电视新闻学、广告学、国际经济与贸易、国际政治、过程装备与控制工程、汉语言、汉语言文学、行政管理、化学、化学工程与工艺、环境工程、环境科学、机械工程及自动化、计算机科学与技术、建筑环境与设备工程、建筑学、交通工程、金融学、经济学、勘查技术与工程、劳动与社会保障、历史学、旅游管理、民族学、能源化学工程、热能与动力工程、软件工程、社会工作、社会学、生态学、生物工程、生物技术、生物科学、食品科学与工程、市场营销、数学与应用数学、

数学与应用数学国家理科实验班、思想政治教育、通信工程、统计学、土木工程、网络工程、物理学、物流管理、新闻学、信息安全、信息管理与信息系统、信息与计算科学、遥感科学与技术、艺术设计、英语、应用化学、应用物理学、政治学与行政学、中国少数民族语言文学、资源环境与城乡规划管理、资源勘查工程、自动化

专科专业 现代纺织技术

博士专业 电力系统及其自动化、动物学、机械制造及其自动化、计算机应用技术、马克思主义基本原理、人口、资源与环境经济学、生态学、物理化学(含:化学物理)、应用化学、应用数学、中国少数民族语言文学(分语族)、自然地理学

硕士专业 材料工程、材料加工工程、材料物理与化学、地理学、地球探测与信息技术、地质工程、电工理论与新技术、电力系统及其自动化、电气工程、俄语语言文学、法律史、法律硕士(法学)、法律硕士(法学)、法律硕士(非法学)、法学理论、防灾减灾工程及防护工程、纺织工程、概率论与数理统计、工程力学、工商管理、工商管理硕士、公共管理硕士、国际法学(含:国际公法、国际私、国际政治、汉语国际教育、汉语国际教育硕士、行政管理、核技术及应用、化工过程机械、化学、化学工程、化学工程与技术、环境工程、环境科学、机械电子工程、机械工程、机械设计及理论、机械制造及其自动化、基础数学、计算机技术、计算机软件与理论、计算机应用技术、计算数学、技术经济及管理、检测技术与自动化装置、建筑设计及其理论、建筑与土木工程、结构工程、科学技术哲学、科学社会主义与国际共产主义运动、控制工程、控制理论与控制工程、矿产普查与勘探、矿物学、岩石学、矿床学、劳动经济学、历史文献学(含:敦煌学、古文字学)、旅游管理、旅游管理硕士、马克思主义基本理论、马克思主义民族理论与政策、马克思主义哲学、民商法学(含:劳动法学)、社会保障、民俗学(含:中国民间文学)、民族学、企业管理(含:财务管理、市场营销)、人口、资源与环境经济学、生态学、生物学、食品科学、通信与信息系统、文艺学、物理学、新闻学、新闻与传播、信号与信息处理、英语笔译、英语语言文学、应用数学、语言学及应用语言学概论、语言学与应用语言学、运筹学与控制论、政治经济学、中国近现代史、中国少数民族语言文学(分语族)、中国现当代文学、专门史

院系设置

新疆大学现有马克思主义学院、政治与公共管理学院、经济与管理学院、法学院、人文学院、新闻与传播学院、外国语学院、数学与系统科学学院、物理科学与技术学院、化学化工学院、生命科学与技术学院、资源与环境科学学院、地质与勘查工程学院、信息科学与工程学院、机械工程学院、电气工程学院、建筑工程学院、纺织与服装学院、旅游学院、语言学院、软件学院、国际文化交流学院、继续教育学院等23个学院,1个体育教学研究部,现代教育技术中心、计算中心、理化测试中心、工程训练中心等4个教学实践中心,1个独立学院

国家级、省部级研究机构设置

学校拥有1个教育部人文社会科学重点研究基地,1个教育部工程研究中心,4个省部共建重点实验室(其中科技部国家重点实验室培育基地1个),6个自治区重点实验室,1个研究中心,1个研发中心,7个研究所,2个研究院。(一)实验室 1.省部共建重点实验室:新疆生物资源基因工程科技部省部共建国家重点实验室培育基地、绿洲生态省部共建教育部重点实验室、石油天然气精细化工省部共建教育部重点实验室、清洁能源材料技术省部共建重点实验室。2.自治区重点实验室:新疆绿洲生态重点实验室、新疆生物资源基因工程重点实验室、新疆石油天然气精细化工重点实验室、新疆先进功能材料重点实验室、新疆多语种信息技术重点实验室、新疆中亚造山带大陆动力学与成矿预测重点实验室。(二)研究中心(所):西北少数民族人文社会科学重点研究基地(教育部)、可再生能源发电与并网技术工程研究中心(教育部)、数学与应用数学国家理科基础科学研究和教学人才培养基地、干旱半干旱可持续发展国际研究中心、大学生心理健康教育研究中心(自治区级)、新疆民文信息研发中心(自治区级)。学校现有7个研究所,2个研究院,分别是:数学物理研究所、中亚文化研究所、阿尔泰学研究所、人口研究所、干旱生态环境研究所、应用化学研究所、经济研究所、建筑设计研究院、中亚研究院。学校有1个教育部创新团队,教育部培育创新团队1个,7个自治区教育厅科研创新群体;1个国家级、9个自治区级实验教学示范中心。

博士后科研流动站 学校共有9个博士后科研流动站,分别是:马克思主义理论、理论经济学、中国语言文学、数学、化学工程与技术、地理学、计算机科学与技术、机械工程、电气工程等。

定期公开出版的专业刊物 《新疆大学学报》(哲学·人文社会科学版)、《新疆大学学报》(自然科学版)、《新疆大学学报》(维吾尔文哲学社会科学版)、《新疆大学学报》(维吾尔文自然科学版)、《新疆大学学报》(哈萨克文社会科学版)

学校设立奖学金情况

学校设立奖学金14项,奖励总金额608.9万元/年。奖学金最高金额10000元/年,最低金额1000元/年;设立的助学金有15项,助学金总金额3488万元/年,最高金额5000元/年,最低金额1000元/年。

主要校办产业

新疆大学资产经营管理有限公司(新疆大学独资)、新疆大学建筑设计院(新疆大学独资)、新疆大学科技园有限责任公司、新疆科力先进制造技术有限责任公司、新疆通用塑料高性能化工程技术研究中心。

学校历史沿革

新疆大学的前身是创办于1924年的新疆俄文法政专门学校。1935年1月改建为新疆学院,1960年10月1日正式成立新疆大学,1978年被国务院确定为新疆唯一的全国重点大学,1997年被列入国家"211工程"首批重点建设高校,2000年被确定为国家西部大开发重点建设高校。2000年12月30日,新疆大学与原新疆工学院合并组建新的新疆大学。2004年,学校成为新疆维吾尔自治区人民政府、教育部"区部共建"高校。

塔里木大学

学校(机构)标识码 4165010757	占地面积(平方米) 1713617	成人本科 1580
学校办学类型 411:本科院校:大学	校舍建筑面积(平方米) 507398	成人专科 2200
学校性质类别 03 农业院校	图书(万册) 104	硕士研究生 151
学校举办者 812 省级其他部门	固定资产总值(万元) 63878.63	专任教师(人) 813
学校地址 新疆阿拉尔市塔里木大学	教学、科研仪器设备资产值(万元) 8553.98	其中:正高级 49
邮政编码 843300		副高级 151
办公电话 0997-4680014	在校生数(人) 17633	中级 392
传真电话 0997-4680643	其中:普通本科 12263	初级 175
校园(局域)网域名 www.taru.edu.cn	普通专科 1439	未定职级 46
电子信箱 tdxb@raru.du.cn		

本科专业 财务管理、草业科学、城市规划、动物科学、动物医学、动植物检疫、法学、纺织工程、给水排水工程、工商管理、广播电视新闻学、国际经济与贸易、汉语言、化学工程与工艺、机械电子工程、机械设计制造及其自动化、计算机科学与技术、林学、旅游管理、农林经济管理、农学、农业电气化与自动化、农业机械化及其自动化、农业建筑环境与能源工程、农业水利工程、农业资源与环境、人力资源管理、生物技术、食品科学与工程、食品质量与安全、水产养殖学、通信工程、土木工程、英语、应用化学、应用生物科学、园林、园艺、植物保护、中国少数民族语言文学

专科专业 城镇建设、畜牧兽医、动物防疫与检疫、广告设计与制作、会计电算化、机电一体化技术、计算机科学与技术、计算机通信、计算机网络技术、食品加工技术、食品营养与检测、数控技术及应用、饲料与动物营养、物流管理、应用英语、作物生产技术

硕士专业 动物营养与饲料科学、果树学、农村区域与发展、农业水土工程、生物化学与分子生物学、蔬菜学、作物栽培学与耕作学

院系设置
植物科技学院、人文学院、成人教育学院、高等职业技术学院、信息工程学院、经济与管理学院、机电学院、水建学院、生命科学院

国家级、省部级研究机构设置
1. 塔里木盆地生物资源保护利用兵团重点实验室;2. 塔里木畜牧科技兵团 重点实验室:1. 农学实验室 2. 园艺实验室 3. 食用菌研究实验室 4. 动物科学实验室 5. 农业机械实验室 6. 农水与建工实验室 7. 计算机科学与技术实验室

2.研究中心(所):生物技术研发中心、西域文化研究中心、实用菌研究所、棉花研究所、园艺研究所、生物农药研究所、甘草研究所

定期公开出版的专业刊物 《塔里木大学学报》

学校设立奖学金情况
学校设立奖学金 9 项,奖励总金额 258 余万元。奖学金最高金额 5000 元/年,最低金额 1000 元/年。

主要校办产业
棉花、林果业

学校历史沿革
塔里木大学原名塔里木河农垦大学,于 1958 年,在新疆生产建设兵团农一师师直干部队伍的基础上创建的,原名叫"塔里木河农业大学"。学校是是国务院学位委员会、教育部批准的首批具有学士学位的本科院校。1962 年学校改名为"塔里木农垦大学"。1976 年 7 月,新疆维吾尔自治区区党委决定撤销南疆农学院塔里木教学占,正式恢复"塔里木农垦大学",归自治区领导。2003 年学校获得硕士学位授予予权,实现了办学层次的提升。2004 年学校更名"塔里木大学",奠定了向综合大学转型的前提基础。2007 年学校在教育部本科教学工作水平评估中获得优秀,为学校赢得了极大声誉。

新疆农业大学

学校(机构)标识码 4165010758	办公电话 0991-8763772	固定资产总值(万元) 76091.92
学校办学类型 411:本科院校:大学	传真电话 0991-8763772	教学、科研仪器设备资产值(万元) 12924.55
学校性质类别 03 农业院校	校园(局域)网域名 www.xjau.edu.cn	
学校举办者 811 省级教育部门	电子信箱 fzghc@xjau.edu.cn	在校生数(人) 16678
学校地址 新疆乌鲁木齐市南昌路 42 号	占地面积(平方米) 996396	其中:普通本科 14149
	校舍建筑面积(平方米) 566102	普通专科 349
邮政编码 830052	图书(万册) 106.88	成人本科 414

成人专科 231	专任教师(人) 870	中级 374
博士研究生 128	其中:正高级 102	初级 57
硕士研究生 1194	副高级 286	未定职级 51
留学生 213		

本科专业 包装工程、草业科学、地理信息系统、电气工程及其自动化、电子信息科学与技术、动物科学、动物医学、法学、工程管理、公共事业管理、国际经济与贸易、汉语言、环境科学、会计学、机械设计制造及其自动化、计算机科学与技术、交通工程、交通运输、经济学、林学、旅游管理、农林经济管理、农学、农业机械化及其自动化、农业水利工程、农业资源与环境、人力资源管理、设施农业科学与工程、生态学、生物技术、食品科学与工程、食品质量与安全、市场营销、数学与应用数学、水利水电工程、水文与水资源工程、土地资源管理、土木工程、信息管理与信息系统、药学、英语、应用化学、园林、园艺、植物保护、中国少数民族语言文学、种子科学与工程

专科专业 电力系统自动化技术、国际贸易实务、经济贸易类、汽车检测与维修技术、人力资源管理、水利水电建筑工程

博士专业 草业科学、果树学、林业经济管理、农业经济管理、水利水电工程、作物遗传育种

硕士专业 草业、草业科学、产业经济学、动物学、动物遗传育种与繁殖、动物营养与饲料科学、公共管理、果树学、环境工程、环境科学、机械工程、机械设计及理论、基础兽医学、交通运输工程、林木遗传育种、林业、林业经济管理、临床兽医学、农村与区域发展、农业工程、农业机械化、农业机械化工程、农业经济管理、农业科技组织与服务、农业水土工程、农业信息化、农业资源利用、森林经理学、森林培育、生态学、生物化学与分子生物学、食品工程、食品加工与安全、食品科学、兽医、蔬菜学、水工结构工程、水力学及河流动力学、水利工程、水利水电工程、水文及水资源、土地资源管理、土壤学、养殖、预防兽医学、园林植物与观赏园艺、园艺、载运工具运用工程、植物保护、植物病理学、植物学、作物、作物遗传育种、作物栽培学与耕作学

院系设置
我校共设17个学院和1个体育教学部及1个思想政治理论教学研究部

国家级、省部级研究机构设置
教育部棉花工程研究中心、西部干旱荒漠区草地资源与生态教育部重点实验室、新疆草地资源与生态自治区重点实验室

博士后流动站 作物学、园艺学、水利工程、农林经济管理、畜牧学

定期公开出版的专业刊物 《新疆农业大学学报》(汉、维)、《新疆农村经济》、《新疆农业高教研究》

学校设立奖学金情况
学校设立奖学金4项,奖励总金额379余万元。奖学金最高金额8000元/年,最低金额1000元/年。

主要校办产业
新疆农业大学实习工厂、新疆农业大学实习林场、新疆农业大学科技服务开发中心

学校历史沿革
新疆农业大学是新疆维吾尔自治区所属的一所综合性农业高等院校。新疆农业大学原名为新疆八一农学院,创建于1952年8月。1995年4月经国家教委批准,更名为新疆农业大学。

石河子大学

学校(机构)标识码 4165010759	占地面积(平方米) 1823740	成人专科 3711
学校办学类型 411:本科院校:大学	校舍建筑面积(平方米) 1119714	博士研究生 114
学校性质类别 01 综合大学	图书(万册) 200	硕士研究生 2559
学校举办者 812 省级其他部门	固定资产总值(万元) 153491	留学生 65
学校地址 新疆石河子市北四路221号	教学、科研仪器设备资产值(万元) 37323	专任教师(人) 1588
邮政编码 832003	在校生数(人) 32503	其中:正高级 155
办公电话 0993-2057926	其中:普通本科 22106	副高级 508
传真电话 0993-2058612	普通专科 1630	中级 818
校园(局域)网域名 www.shzu.edu.cn	成人本科 2318	初级 61
电子信箱 office_shzu.edu.cn		未定职级 46

本科专业 财务管理、地理科学、电气工程及其自动化、电子商务、电子信息工程、动物科学、动物医学、俄语、法学、给水排水工程、工商管理、工业工程、公共事业管理、广播电视新闻学、国际经济与贸易、汉语言、汉语言文学、护理学、化学、化学工程与工艺、环境工程、会计学、机械设计制造及其自动化、计算机科学与技术、建筑学、教育技术学、教育学、金融学、经济学、科学教

育、口腔医学、历史学、林学、临床医学、旅游管理、美术学、农林经济管理、农学、农业机械化及其自动化、农业水利工程、农业资源与环境、人力资源管理、审计学、生物技术、生物科学、食品科学与工程、食品质量与安全、市场营销、数学与应用数学、水利水电工程、体育教育、统计学、土木工程、物理学、物流管理、信息管理与信息系统、信息与计算科学、学前教育、药学、医学检验、医学影像学、艺术设计学、音乐学、英语、应用化学、应用物理学、应用心理学、预防医学、园林、园艺、运动训练、政治学与行政学、植物保护、中药学、资源环境与城乡规划管理

专科专业 国际经济与贸易、护理、机电一体化技术、计算机网络技术、建筑工程技术、精细化学品生产技术、口腔医学、口腔医学技术、食品加工技术、数控技术、体育教育、药学、医学检验技术

博士专业 动物遗传育种与繁殖、农业经济管理、作物遗传育种、作物栽培学与耕作学

硕士专业 病理学与病理生理学、产业经济学、动物遗传育种与繁殖、动物营养与饲料科学、妇产科学、高等教育学、工程、工商管理、果树学、护理、护理学、会计、会计学、机械设计及理论、机械制造及其自动化、基础兽医学、教育、临床兽医学、临床医学、流行病与卫生统计学、麻醉学、马克思主义民族理论与政策、马克思主义中国化研究、免疫学、内科学、农产品加工及贮藏工程、农药学、农业电气化与自动化、农业机械化工程、农业经济管理、农业昆虫与害虫防治、农业生物环境与能源工程、农业水土工程、农业推广、企业管理(含:财务管理、市场营销)、区域经济学、人体解剖与组织胚胎学、社会医学与卫生事业管理、生理学、生物化工、生物化学与分子生物学、兽医、蔬菜学、水工结构工程、思想政治教育、统计学、外科学、眼科学、药理学、遗传学、应用化学、预防兽医学、植物病理学、植物学、植物营养学、中国少数民族经济、肿瘤学、资产评估、作物遗传育种、作物栽培学与耕作学

院系设置
1.师范学院(教育系、心理系、课程与教学系)2.政法学院(思政部、法律系、政管系、历史系、旅游系)3.体育学院(体育教育系、运动训练系、公共体育部)4文学艺术学院(中文系、音乐系、美术系、广播电视新闻系、汉语教学部)5.理学院(数学系、物理系、地理系)6.外国语学院(英语系、公共外语教学系、俄语系)7.生命科学学院8.化学化工学院(化学系、环境科学与生物工程系、化学工程与工艺系、应用化学系、基础化学实验中心)9.信息科学与技术学院(计算机科学与技术系、电子信息工程系、信息管理与信息系统系、计算机基础教学部)10.机械电气工程学院(农业机械系、机械工程系、电气工程系、工业系、实验中心)11.水利建筑工程学院(农业水利工程系、土木工程系、给排水工程系、工程力学系、水利与土木工程实验中心)12.食品学院13.农学院(农学系、资源环境系、园艺系、植物保护系、林学系)14.动物科技学院(动物医学系、动物科学系)15.医学院(基础医学系、临床医学系、护理系、预防医学系、口腔医学系、医学检验系、医学影像系、麻醉学系)16.药学院(药理学系、药学系、中药学系、实验教学中心)17.经济与管理学院(经济贸易系、工商管理系、农林经济管理系、财务会计系、MBA 教育中心)18.商学院(统计与金融系、商务管理系、公共教学部、审计系、人力资源管理系、公关教学部)19.科技学院20.成人教育学院(高等职业技术学院)21.兵团干部培训学院

国家级、省部级研究机构设置
1.新疆兵团绿洲生态农业重点实验室 —省部共建国家重点实验室培育基地 科技部与兵团共建2.绿洲作物高产生理与高效栽培重点开放实验室 农业部3.特色果蔬国家地方联合工程研究中心 农业部4.现代农业技术培训基地 农业部5.绿洲农业工程与信息化教育部工程研究中心 教育部6.新疆特色果蔬加工教育部工程研究中心 教育部7.新疆地方与民族高发病重点实验室 教育部与兵团共建8.新疆特种植物资源重点实验室 教育部与兵团共建9.兵团化工绿色工程重点实验室 教育部与兵团共建10.兵团农业机械工程重点实验室 兵团11.干旱区绿洲农业节水灌溉兵团重点实验室 兵团

博士后流动站 1.作物学2.农业经济管理

定期公开出版的专业刊物 《新疆农垦经济》(月刊)、《石河子大学》(自然科学版、双月刊)、《石河子大学学报》(哲学社会科学版、双月刊)、《农垦医学》(双月刊)、《兵团教育学院学报》(双月刊)

学校设立奖学金情况
学校设立奖学金3类,总金额:851.985万元。奖学金最高金额4000元/年,最低金额500元/年。

主要校办产业
1.石河子大学科技产业园2.石河子开发区石大科技投资有限公司3.石河子开发区神内食品有限公司4.石河子市石大畜牧科技有限公司5.石河子市石大印务有限公司6.石河子市石大勘测设计有限公司7.石河子开发区石大奥思科技有限公司8.石河子开发区新疆石达赛特科技有限公司9.石河子开发区石大惠农科技开发有限公司10.石河子开发区神内天宇生物技术有限公司11.新疆石大伟农科技发展有限公司12.石河子开发区石大绿洲生态科技有限公司13.石河子开发区石大锐拓机械装备有限公司

毕业生一次就业率 76.12%

学校历史沿革
石河子大学由原石河子医学院、石河子农学院、新疆生产建设兵团师范专科学校、新疆生产建设兵团经济专科学校合并组建于1996年4月。

新疆医科大学

学校(机构)标识码 4165010760　　学校性质类别 05 医药院校　　学校地址 新疆乌鲁木齐市新医路393号
学校办学类型 411:本科院校:大学　　学校举办者 811 省级教育部门

邮政编码 830011	教学、科研仪器设备资产值(万元) 12468.9	硕士研究生 2335
办公电话 0991-4365334		留学生 614
传真电话 0991-4323398	在校生数(人) 21818	专任教师(人) 1311
校园(局域)网域名 www.xjmu.edu.cn	其中:普通本科 7561	其中:正高级 189
电子信箱 info@xjmu.edu.cn	普通专科 4273	副高级 538
占地面积(平方米) 1093200	成人本科 2813	中级 434
校舍建筑面积(平方米) 509774	成人专科 4007	初级 92
图书(万册) 135.96	博士研究生 215	未定职级 58
固定资产总值(万元) 96817.44		

本科专业 法医学、公共事业管理、哈医学、汉语言、护理学、口腔医学、临床医学、临床医学(免费医学生)、麻醉学、生物医学工程、维医学、信息管理与信息系统、药学、药学(临床药学)、医学检验、医学影像学、英语、预防医学、针灸推拿学、中西医临床医学、中药学、中医学、中医学(免费医学生)、中医学(运动康复与健康)

专科专业 护理、临床医学(农村医师)、针灸推拿、中医学(农村医师)

博士专业 劳动卫生与环境卫生学、临床医学、内科学、外科学、药理学

硕士专业 病理学与病理生理学、病原生物学、儿科学、儿少卫生与妇幼保健学、耳鼻咽喉科学、法医学、方剂学、妇产科学、公共卫生、护理、护理学、急诊医学、口腔临床医学、口腔医学、劳动卫生与环境卫生学、老年医学、临床检验诊断学、临床医学、流行病与卫生统计学、麻醉学、免疫学、内科学、皮肤病与性病学、人体解剖与组织胚胎学、社会医学与卫生事业管理、神经病学、生理学、生物化学与分子生物学、生药学、思想政治教育、外科学、卫生毒理学、眼科学、药剂学、药理学、药物分析学、药物化学、药学、遗传学、营养与食品卫生学、影像医学与核医学、针灸推拿学、中西医结合临床、中药学、中医内科学、中医外科学、肿瘤学

院系设置
中医学院、基础医学院、公共卫生学院、药学院、研究生学院、医学工程技术学院、护理学院、继续教育学院、国际教育学院、语言文化学院、高等职业技术学院、临床医学院、人文社会科学部、公共体育教研部、口腔系、维吾尔医药系

国家级、省部级研究机构设置
1.实验室:新疆维吾尔自治区重大疾病医学重点实验室、新疆维吾尔族高发疾病研究重点实验室、新疆包虫病基础医学重点实验室、新疆地方病分子生物学重点实验室、新疆心血管病研究实验室、新疆名医名方与特色方剂学实验室、新疆医学动物模型研究实验室

2.研究中心(所):新疆维吾尔自治区医学分子生物学研究中心、新疆维吾尔自治区卫生经济研究所、新疆维吾尔自治区中医药研究院、新疆中医名医名方研究开发中心、新疆维吾尔自治区心血管病研究所、新疆维吾尔自治区包虫病临床研究所、新疆维吾尔自治区血液病研究所、新疆维吾尔自治区医学影像研究所、新疆维吾尔自治区器官移植研究所、新疆维吾尔自治区临床麻醉研究所、新疆维吾尔自治区骨科研究所、新疆维吾尔自治区食管癌研究所、新疆维吾尔自治区临床超声医学研究所、新疆维吾尔自治区肿瘤防治研究所、新疆维吾尔自治区脊柱外科研究所

博士后科研流动站 新疆维吾尔自治区博士后科研工作站、新疆医科大学药学博士后科研流动站、新疆医科大学公共卫生与预防医学博士后流动站、新疆医科大学临床医学博士后流动站

定期公开出版的专业刊物 《新疆医科大学学报》(汉文版)、《新疆医科大学学报》(维吾尔文版)

学校设立奖学金情况
学校设立奖学金4项,奖励总金额477.05余万元。奖学金最高金额8000元/年,最低金额400元/年。

1. 学校优秀学生奖学金:一等奖91人/年,4000元/人 二等奖451人/年,3000元/人 三等奖903人/年,1500元/人 专项奖280人/年,400元/人。
2. 国家奖学金:19人/年,8000元/人。
3. 国家励志奖学金251人/年,5000元/人。
4. 曾宪梓奖学金50人/年,3600元/人。

学校历史沿革
1998年4月7日经国家教育部批准,由原新疆医学院、中医学院合并成立新疆医科大学。同年6月8日自治区党委正式宣布领导班子,1998年7月5时任中共中央总书记、国家主席江泽民同志亲笔为我校题写了校名,当月9月10日正式挂牌成立。

新疆师范大学

学校(机构)标识码 4165010762	学校地址 新疆乌鲁木齐市新医路102号	传真电话 0991-4812513
学校办学类型 411:本科院校:大学		校园(局域)网域名 www.xjnu.edu.cn
学校性质类别 06 师范院校	邮政编码 830053	电子信箱 xzbgs@xjnu.edu.cn
学校举办者 811 省级教育部门	办公电话 0991-4332575	占地面积(平方米) 611705

校舍建筑面积（平方米） 517720	其中：普通本科 12947	专任教师（人） 971
图书（万册） 136.4	普通专科 2502	其中：正高级 113
固定资产总值（万元） 87319.6	成人本科 3045	副高级 282
教学、科研仪器设备资产值（万元） 12558	成人专科 3684	中级 475
	硕士研究生 1534	初级 61
在校生数（人） 24440	留学生 728	未定职级 40

本科专业 表演、地理科学、地理信息系统、电子信息科学与技术、对外汉语、俄语、法学、公共事业管理、汉语言、汉语言文学、化学、环境科学、绘画、计算机科学与技术、教育技术学、教育学、经济学、历史学、旅游管理、美术学、人力资源管理、社会工作、生物技术、生物科学、数学与应用数学、数字媒体艺术、思想政治教育、特殊教育、体育教育、舞蹈学、物理学、小学教学（文科方向）、小学教育、小学教育（理科方向）、小学教育（英语方向）、心理学、信息与计算科学、学前教育、艺术设计、音乐表演、音乐学、英语、应用化学、运动训练、中国少数民族语言文学、资源环境与城乡规划管理

专科专业 初等教育、汉语、计算机控制技术、计算机信息管理、计算机应用技术、旅游管理、思想政治教育、文秘、学前教育、英语教育、应用日语、语文教育

硕士专业 地图学与地理信息系统、发展与教育心理学、汉语国际教育、汉语言文字学、化理学、基础数学、教育硕士、教育学原理、课程与教学论、理论物理、伦理学、旅游管理、马克思主义基本原理、马克思主义民族理论与政策、马克思主义哲学、马克思主义中国化研究、美术学、民商法学（含：劳动法学）、社会保障、民族传统体育学、民族学、区域经济学、人口、资源与环境经济学、人文地理学、世界史、思想政治教育、体育、体育教育训练学、体育人文社会学、外国语言学及应用语言学、文艺学、艺术、音乐学、英语笔译、英语口译、应用数学、语言学与应用语言学、运动人体科学、植物学、中共党史（含：党的学说与党的建设）、中国古代文学、中国古典文献学、中国少数民族经济、中国少数民族史、中国少数民族艺术、中国少数民族语言文学（分语族）、中国现当代文学、自然地理学、宗教学

院系设置

我校大学部设有19各学院。1. 法经学院设置：政治学院、经济与管理学院、法学系。2. 马克思主义学院设置：马克思主义基本原理教研室、马克思主义中国化研究教研室、中国近现代史基本问题教研室、思想政治教育教研室、新疆历史与民族宗教理论政策教研室。3. 教育科学学院设置：教育系、教育技术系、心理系。4. 文学院设置：古典文学教研室、文艺学教研室、现当代文学教研室。5. 历史与民族学学院：中国史教研室、世界史教研室、史学理论与文献教研室、社会工作教研室、民族教研室、民教研室。6. 语言学院设置设置：中语系、预科系。7. 外国语学院：英语系、日俄系、大学生英语教研室。8. 国际文化交流学院设置：对外汉语系、谚语语言系。9. 数学科学学院设置：分析教研室、代数教研室几何教研室、数学教育教研室、计算数学教研室、应用数学教研室、高等数学教研室、信息科学教研室。10. 物理与电子工程学院设置：物理系、电子信息工程系、力热教法教研室、电光原教研室、电路与系统教研室、信号与系统教研室。11. 计算机科学技术学院设置：软件教研室、网络教研室、系统结构教研室、计算机应用教研室。12. 地理科学与旅游学院设置：地理系、旅游系、人文地理教研室、自然地理教研室、资源环境与城乡计划教研室、地图学与地理信息系统教研室、旅游管理教研室、旅游规划教研室。13. 化学化工学院设置：化学系、环境科学与工程系。14. 生命科学学院：生物科学学院：生物科学系、生物技术系。15. 体育学院设置：运动技术部、以及体育人文社会学、民族传统体育、运动体育科学、田径、篮球、排球、足球等7个教研室。16. 音乐学院设置：音乐教育系、音乐表演系、大学音乐教研室。17. 美术学院设置：美术教育系、艺术设计系、绘画系。18. 初等教育学院设置：文科、理科、英语、教育科学等4个教研室。19. 青年政治学院设置：青年马列研究中心

国家级、省部级研究机构设置

研究所（中心）：中亚研究中心、文化人类学研究所．新疆基础教育发展研究中心、绿洲学研究所、新疆"双语"教育研究中心、自治区教育厅大学深思想政治教育研究中心、国家大学生文化素质教育基地

定期公开出版的专业刊物 使用汉语、维吾尔语两种语言分别出版哲学社会科学版与自然科学版的《新疆师范大学学报》

学校设立奖学金情况

（一）学校设立本转科生奖学金4项，奖励总金额233.37余万元。奖学金最高金额8000元/人，最低金额200员/人

1. 新疆师范大学奖学金：一等奖学金3000元/人 二等奖学金1000元/人 三等奖学金500元/人。特等单项鼓励奖2000元/人 一等单项鼓励奖500元/人 二等单项鼓励奖200元/人

2. 新疆师范大学"云和西部奖学金"（10万元）50人/年 2000元/人

3. 新疆师范大学国家奖学金（24万元）30人/年 8000元/人

4. 新疆师范大学国家励志奖学金（147万元）294人/年 5000元/人

（二）学校设立研究生奖学金7项，奖学金最高金额3000元/人，最低金额200元/人。

1. 研究生普通奖学金，全日制在校研究生。200元/人

2. 优秀研究生奖金 一等奖学金3000元/人 二等奖学金2000元/人 三等奖学金1000元/人

3. 优秀研究生干部奖学金：500人/学年

4. 科研奖学金：最高金额2000元/人，最低金额800元/人

5. 研究生华藏奖学金（1。2万元）25人/年 800元/人

6. 天山奖学金：1000元/人，学年

7. 优秀硕士论文奖学金：校内优秀论文1000元/人 自治区优秀论文2000元/人

此外,学校还设有许多助学金;每年资助金额达 20 余万元。
主要校办产业
新疆师范大学学术交流中心
学校历史沿革
新疆师范大学位于乌鲁木齐市,有两个校区,分布在新医路 102 号和喀什东路 16 号。1978 年 12 月经国务院批准,以新疆教师培训部和乌鲁木齐师范学校为基础,成立了新疆师范大学。经过三十多年的建设与发展,已经成为专业门类比较齐全,办学层次较高的自治区重点大学,是新疆教师教育的重点基地,为自治区经济繁荣和社会发展培养了大批各类专业人才。

喀什师范学院

学校(机构)标识码	4165010763
学校办学类型	412:本科院校:学院
学校性质类别	06 师范院校
学校举办者	811 省级教育部门
学校地址	新疆喀什市阔纳乃则尔巴格路 463 号
邮政编码	844006
办公电话	0998 - 2892237
传真电话	0998 - 2892555
校园(局域)网域名	www.kstc.edu.cn
电子信箱	kstc@ edu.cn
占地面积(平方米)	327345
校舍建筑面积(平方米)	242794
图书(万册)	90
固定资产总值(万元)	34765
教学、科研仪器设备资产值(万元)	7390
在校生数(人)	14497
其中:普通本科	9728
普通专科	1929
成人本科	1816
成人专科	894
硕士研究生	130
专任教师(人)	711
其中:正高级	24
副高级	182
中级	293
初级	117
未定职级	95

本科专业 地理科学、电子科学与技术、俄语、法学、广播电视新闻学、汉语言、汉语言文学、化学、环境科学、计算机科学与技术、教育技术学、教育学、历史学、美术学、社会体育、生物科学、数学与应用数学、思想政治教育、体育教育、统计学、物理学、小学教育、信息与计算科学、学前教育、音乐学、英语、应用化学、应用物理学、中国少数民族语言文学

专科专业 电子信息工程技术、对外汉语、法律事务、工商行政管理、汉语、化学教育、计算机应用技术、历史教育、旅游管理、美术教育、社会体育、生物技术及应用、数学教育、体育教育、统计实务、舞蹈教育、物理教育、心理咨询、学前教育、语文教育

硕士专业 课程与教学论、马克思主义基本原理、思想政治教育、中国少数民族语言文学(分语族)

院系设置
喀什师范学院具相当规模,由建校时的 4 个系 4 个专业,教职工 132 人(专任教师 60 人)、在校生 155 人(均为民族),发展到现在有人文系、法政系、中语系、外语系、数学系、物理系、化学与环境科学系、生物与地理科学系、信息工程技术系、体育系、艺术系、教育系、思政部、成人教育学院等 14 个系、部、院和教育学研究室、电化教育中心、网络管理中心、心理健康教育与咨询中心等。附设有业余大学、函授大学和附属中学等机构。

国家级、省部级研究机构设置
南疆口头与非物质文化遗产发展与保护研究中心、南疆经济与社会发展研究中心、南疆基础教育研究中心、南疆双语教育研究中心、风沙物理与环境研究中心

定期公开出版的专业刊物 有《喀什师范学院学报》(维、汉文版,国内外发行)。

学校设立奖学金情况
学校设立奖学金 2 项,奖励总金额 140 余万元。奖学金最高金额 8000 元/年,最低金额 5000 元/年。

主要校办产业
喀什师范学院文化中心和喀什师范学院劳动服务公司

学校历史沿革
喀什师范学院坐落在祖国西北边陲、古丝绸之路上的新疆维吾尔自治区唯一一个国家级历史文化名城——喀什市东郊的吐曼河畔,是祖国最西部的一所本科院校。她的前身是新疆喀什师范专科学校,始建于 1962 年,1978 年 8 月经国家教育部批准,升格为喀什师范学院。迄今已有 49 年的历史。

伊犁师范学院

学校(机构)标识码	4165010764
学校办学类型	412:本科院校:学院
学校性质类别	06 师范院校
学校举办者	811 省级教育部门
学校地址	新疆伊宁市解放西路 448 号
邮政编码	835000
办公电话	0999 - 8128625
传真电话	0999 - 8124245
校园(局域)网域名	www.ylsy.edu.cn
电子信箱	ylsy@ ylsy.edu.cn
占地面积(平方米)	1233102

校舍建筑面积(平方米) 336903	其中:普通本科 8274	专任教师(人) 803
图书(万册) 93.34	普通专科 3176	其中:正高级 27
固定资产总值(万元) 42327.2	成人本科 1973	副高级 199
教学、科研仪器设备资产值(万元)	成人专科 3646	中级 379
6581.17	硕士研究生 150	初级 133
在校生数(人) 17273	留学生 54	未定职级 65

本科专业 地理科学、电气工程及其自动化、电子信息科学与技术、俄语、法学、广播电视新闻学、汉语言、汉语言文学、化学、环境科学、计算机科学与技术、教育技术学、历史学、旅游管理、美术学、社会体育、生物科学、数学与应用数学、思想政治教育、体育教育、统计学、物理学、小学教育、信息管理与信息系统、学前教育、艺术设计、音乐学、英语、应用化学、应用物理学、中国少数民族语言文学

专科专业 表演艺术、法律文秘、房地产经营与估价、工程监理、工程造价、汉语、化学教育、环境监测与治理技术、机械制造与自动化、计算机应用技术、建筑电气工程技术、建筑工程技术、历史教育、旅游工艺品设计与制作、旅游管理、美术教育、烹饪工艺与营养、生物教育、数学教育、思想政治教育、舞蹈表演、物理教育、新闻采编与制作、学前教育、艺术设计、音乐表演、英语教育、语文教育、园林工程技术、园林技术、资源环境与城市管理

硕士专业 光学、基础数学、中国少数民族语言文学(突厥族)

院系设置
伊犁师范学院共设18个院(系),其中伊宁校区设有11个院(系),分别是:人文学院、数学与统计学院、物理科学与技术学院、化学与生物科学学院、中国语言学院、外语系、法政学院、电子信息与工程技术学院、教育科学系、艺术学院、体育学院;奎屯校区设有7个院(系),分别是:文理系、基础部、生命与资源环境系、建筑工程系、艺术设计系、音乐与舞蹈系、职业技术学院

国家级、省部级研究机构设置
1. 实验室:凝聚态相变与微结构实验室(自治区重点实验室)
2. 研究中心(所):哈萨克文化研究所

定期公开出版的专业刊物 《伊犁师范学院学报》(社会科学版)、《伊犁师范学院学报》(自然科学版)

学校设立奖学金情况
学校设立奖学金8项。其中国家奖学金8000元/年/生(国家设立),国家励志奖学金5000元/年/生(国家设立),国家助学金3000元/年/生(国家设立),新疆助学金一等3000元/年/生、二等2000元/年/生、三等1000元/年/生(自治区设立),学院奖学金2000元/年/生(学院设立),学院助学金1000年/年/生(学院设立),营建阳光助学金20万元/年(社会捐助),中国人保财险助学金17.5万元/年(社会捐助)。2010-2011年度奖助总金额2470.97万元

主要校办产业
印刷厂、校办农场

学校历史沿革
伊犁师范学院是一所隶属新疆维吾尔自治区管理的普通高等师范院校。学院前身是1948年成立的新疆省立伊犁专科学校,以后曾先后更名为阿合买提江专科学校、伊犁师范学校。1980年5月,经国务院批准升格为伊犁师范学院。2003年11月,经自治区人民政府批准,原伊犁教育学院整体并入伊犁师范学院。学院现有伊宁、奎屯两个校区,校本部坐落在伊犁哈萨克自治州的首府伊宁市,奎屯校区位于北疆交通枢纽奎屯市。

和田师范专科学校

学校(机构)标识码 4165010765	传真电话 0903-2513505	在校生数(人) 3957
学校办学类型 414:专科院校:高等专科学校	校园(局域)网域名 www.htsz.edu.com	其中:普通专科 3849
	电子信箱 xjhtszrsc@126.com	成人专科 108
学校性质类别 06 师范院校	占地面积(平方米) 617927	专任教师(人) 233
学校举办者 811 省级教育部门	校舍建筑面积(平方米) 99129	其中:正高级 4
学校地址 新疆和田市北京西路287号	图书(万册) 26.95	副高级 85
	固定资产总值(万元) 18059.61	中级 91
邮政编码 848000	教学、科研仪器设备资产值(万元)	初级 38
办公电话 0903-2515689	1502.02	未定职级 15

专科专业 初等教育、地理教育、汉语、化学教育、计算机应用技术、历史教育、美术教育、生物教育、数学教育、思想政治教

育、体育教育、物理教育、现代教育技术、学前教育、音乐教育、语文教育、中国少数民族语言文化

院系设置

和田师专设置1院,2个部,11个系。1院:成人教育学院。2个部:汉教部、马列部。11个系:数学系、物理系、生化系、地理系、体育系、计算机科学系、中文系、语言系、政史系、艺术系、初等教育系。

国家级、省部级研究机构设置

研究所(中心):1个:沙漠职务环境研究所

定期公开出版的专业刊物 《和田师范专科学校学报》(汉文)、《和田师范专科学校学报》(维文)

学校设立奖学金情况

1. 学校设立奖学金:1项,奖励总金额47000元/年。最低500元/年。

2. 国家奖学金:3人,8000元/人。

3. 国家励志奖学金:80人,5000元/年。

4. 专业奖学金:学校注册学生20元/人·月。

主要校办产业

2个:和田师专农场(兼教学、实习基地),和田师专学术交流中心

学校历史沿革

和田师范专科学校(以下简称和田师专)和田师范专科学校1978年12月,经国务院、国家教育部批准,在原和田地区师范学校(成立于1938年)的基础上建立的一所自治区直属全日制师范类院校。

新疆财经大学

学校(机构)标识码	4165010766
学校办学类型	411:本科院校:大学
学校性质类别	08 财经院校
学校举办者	811 省级教育部门
学校地址	新疆乌鲁木齐市新市区北京中路449号
邮政编码	830012
办公电话	0991-7842018
传真电话	0991-3718714
校园(局域)网域名	www.xjufe.edu.cn
电子信箱	msk@xjufe.edu.cn
占地面积(平方米)	630502
校舍建筑面积(平方米)	403382
图书(万册)	106.62
固定资产总值(万元)	50469
教学、科研仪器设备资产值(万元)	4664.85
在校生数(人)	17335
其中:普通本科	10084
成人本科	2131
成人专科	3621
硕士研究生	1399
留学生	100
专任教师(人)	823
其中:正高级	77
副高级	274
中级	420
初级	29
未定职级	23

本科专业 保险、财务管理、财政学、档案学、电子商务、对外汉语、法学、工商管理、国际经济与贸易、国际商务、汉语言、汉语言文学、行政管理、会计学、计算机科学与技术、金融学、经济学、酒店管理、旅游管理、农村区域发展、人力资源管理、审计学、市场营销、数学与应用数学、税务、统计学、物流管理、新闻学、信息安全、信息管理与信息系统、英语、中国少数民族语言文学

硕士专业 财政学(含:税收学)、产业经济学、工商管理、国际贸易学、国民经济学、会计、会计学、金融学(含:保险学)、经济法学、劳动经济学、企业管理(含:财务管理、市场营销)、区域经济学、数量经济学、统计学、政治经济学、中国少数民族经济

院系设置

金融学院、统计与信息学院、工商管理学院、会计学院、经济学院、公共经济与管理学院、旅游学院、国际经贸学院、法学院、新闻与传媒学院、计算机科学与工程学院、外国语学院、应用数学学院、中国语言学院、马列部、体育教学部、MBA 学院、继续教育学院、国际教育学院、孔子学院

国家级、省部级研究机构设置

实验室:金融综合实验室和工商管理实验室为中央与地方共建实验室

定期公开出版的专业刊物 《新疆财经》(维、汉)、《新疆财经大学学报》(维、汉)

学校设立奖学金情况

学校设立奖学金三项,奖励总金额400余万元。奖学金最高金额8000元/年,最低金额500元/年。

主要校办产业

印刷厂

学校历史沿革

新疆省人民政府干部训练班(1950—1951);新疆省人民政府干部学校(1951—1955);新疆维吾尔自治区人民政府干部学校(1955—1957);新疆维吾尔自治区财贸学校(1957—1959,合并财政学校、银行学校、商业学校、合作学校、粮食学校、手工业管理局训练班);新疆财经学院(1959—1962);新疆维吾尔自治区财贸学校(1962—1980);新疆财经学院(1980—2000);新疆财经学院(2000—2007 2000年与新疆经济管理干部学校、新疆财政学校(含新疆税务学校)合并);新疆财经大学(2007年至今)。

新疆艺术学院

学校(机构)标识码 4165010768
学校办学类型 412:本科院校:学院
学校性质类别 11 艺术院校
学校举办者 811 省级教育部门
学校地址 新疆乌鲁木齐市团结路 78 号
邮政编码 830049
办公电话 0991-2568202
传真电话 0991-2555429
校园(局域)网域名 www.xjart.edu.cn
电子信箱 webmaster_xjart.edu.cn
占地面积(平方米) 58164
校舍建筑面积(平方米) 155321
图书(万册) 28.5
固定资产总值(万元) 17119.89
教学、科研仪器设备资产值(万元) 3771.77
在校生数(人) 3803
其中:普通本科 3304
普通专科 30
成人本科 131
成人专科 304
留学生 34
专任教师(人) 251
其中:正高级 19
副高级 66
中级 119
初级 35
未定职级 12

本科专业 表演(舞蹈)、表演(戏剧)、播音与主持艺术、雕塑、动画、广播电视编导、绘画、录音艺术、美术学、摄影、文化产业管理、舞蹈编导、舞蹈学、戏剧影视美术设计、戏剧影视文学、艺术设计、音乐表演、音乐学、作曲与作曲技术理论

专科专业 舞蹈表演、艺术设计

院系设置

学院设有音乐、美术、影视戏剧、舞蹈、文化艺术管理系、附属中等艺术学校以及少数民族预科部、公共基础教学部、思想政治理论教研部 3 个教学部,设 12 个职能处(室)。

国家级、省部级研究机构设置

设有新疆民间美术研究所、新疆民族音乐研究中心、西域佛教文化艺术研究所、丝绸之路文化艺术研究所、民族乐团、青年交响乐团、合唱团、大学生艺术团和新艺演出团等科研、演出机构。目前,建有设备齐全的专业音乐厅 1 座(432 坐);有校园电视台、数字化图像、丝网版画、雕塑、陶艺、计算机音乐制作、音乐艺术实践、民族乐器制作、录音制作、摄影、配录音、非线性编辑、舞蹈艺术实践等 12 个综合实验室;有计算机基础课教室 2 间(112 坐)、语音教室 4 间(262 坐)、多媒体教室 18 间(1367 坐)、琴房 155 间;有 150 坐以上的阶梯教室及合奏实验室 3 个。近三年来,我院还创建 3 个实验教学示范中心(其中两个为自治区级),实现了优质教学资源的有效利用。

定期公开出版的专业刊物 《新疆艺术学院学报》(维、汉)

学校设立奖学金情况

学院设立奖学金 4 项,奖励总额 69.6 万元/年,最高金额 8000 元/年,最低金额 1000 元/年。

学校历史沿革

学院的前身是 1958 年成立的新疆艺术学校,1960 年升格为新疆艺术学院。1962 年因国家政策变动,调整为新疆艺术学校。1987 年经原国家教委批准恢复成立新疆艺术学院。

新疆工业高等专科学校

学校(机构)标识码 4165010994
学校办学类型 414:专科院校:高等专科学校
学校性质类别 02 理工院校
学校举办者 812 省级其他部门
学校地址 乌鲁木齐市南昌路 236 号
邮政编码 830091
办公电话 0991-7970108
传真电话 0991-4521377
校园(局域)网域名 www.xgz.edu.cn
电子信箱 zhfx99@shou.com
占地面积(平方米) 1187792
校舍建筑面积(平方米) 279053
图书(万册) 77.18
固定资产总值(万元) 14488.94
教学、科研仪器设备资产值(万元) 7560
在校生数(人) 10293
其中:普通专科 8192
成人专科 2101
专任教师(人) 433
其中:正高级 13
副高级 112
中级 108
初级 57
未定职级 143

专科专业 安全技术管理、城镇规划、电力系统自动化技术、电气自动化技术、电子信息工程技术、给排水工程技术、工程测量技术、工程地质勘查、工程机械运用与维护、工程造价、工业网络技术、供热通风与空调工程技术、供用电技术、固体矿床露天开采技术、国际贸易实务、汉语、化工设备维修技术、环境监测与治理技术、机电一体化技术、机械制造与自动化、计算机辅助设计与制造、计算机网络技术、计算机信息管理、计算机应用技术、建筑工程技术、酒店管理、救援技术、矿井通风与安全、矿山

安全技术与监察、矿山地质、矿山机电、旅游管理、煤化工生产技术、煤矿开采技术、热能动力设备与应用、软件技术、生产过程自动化技术、石油化工生产技术、市场营销、通信技术、物流管理、新能源应用技术、选矿技术、应用化工技术、应用英语

院系设置

电气与信息工程系、机械工程系、工业工程系、城建环保系、计算机工程系、基础部、汉语言教研部、体育教研部、成人教育学院、化学工程系、社会科学教研部

学校设立奖学金情况

学校设立奖学金6项，奖励总金额1400余万元。奖学金最高金额800元/年，最低金额300元/年。

学校历史沿革

学校前身是乌鲁木齐煤矿学校（1958年9月1日由中国人民解放军总后勤部第二预备学校官兵集体转业新疆后组建）。1960年7月6日经新疆维吾尔自治区党委批准升格为新疆煤矿学校。1961年又恢复到乌鲁木齐煤矿学校。1985年12月23日，经国家教委批准更名为新疆煤炭专科学校。1994年2月17日，经国有教委批准更名为新疆工业高等专科学校。

新疆农业职业技术学院

学校（机构）标识码 4165010995	校园（局域）网域名 www.xjnzy.edu.cn	其中：普通专科 8350
学校办学类型 415：专科院校：高等职业学校	电子信箱 bgs@xjnzy.edu.cn	成人专科 351
	占地面积（平方米）2508253	专任教师（人）408
学校性质类别 03 农业院校	校舍建筑面积（平方米）271568	其中：正高级 7
学校举办者 812 省级其他部门	图书（万册）80.46	副高级 89
学校地址 新疆昌吉市文化东路29号	固定资产总值（万元）16452.4	中级 211
邮政编码 831100	教学、科研仪器设备资产值（万元）8136.51	初级 80
办公电话 0994-2345498		未定职级 21
传真电话 0994-2338015	在校生数（人）8701	

专科专业 城市检测与工程技术、畜牧兽医、导游、电脑艺术设计、动漫设计与制作、动物防疫与检疫、工程造价、广告设计与制作、国际贸易实务、会计、会计与审计、会展策划与管理、机电一体化技术、计算机网络技术、计算机信息管理、计算机应用技术、建筑工程技术、酒店管理、连锁经营管理、旅游英语、纳税筹划、农产品质量检测、农畜特产品加工、农村能源与环境技术、农业环境保护技术、汽车检测与维修技术、软件技术、商务管理、商务英语、设施农业技术、涉外旅游、生物技术及应用、生物制药技术、食品机械与管理、食品营养与检测、兽医（宠物保健）、兽医（动物医学）、水产养殖技术、水利工程、文秘、物流管理（农产品方向）、营销与策划、园林工程技术、园艺技术、植物保护、中兽医医药、种子生产与经营

院系设置

动物科技学院、生物科技学院、园林科技学院、工程学院、经贸学院、软件学院、国际合作学院、人文学院、继续教育学院、社科部、体育部

国家级、省部级研究机构设置

研究中心（所）：高等职业教育研究所、新疆职业院校思想政治教育研究中心、新疆职业院校思想政治教育研究会

定期公开出版的专业刊物 《新疆农业职业技术学院院报》、《新疆职业技术教育》

学校设立奖学金情况

学校设立国家助学金、国家奖学金、国家励志奖学金、新疆助学金、苗永清奖学金共5项，奖励总金额1400余万元。奖学金最高金额8000元/年，最低金额1000元/年。

主要校办产业

新实良种有限责任公司、新农科技有限责任公司

学校历史沿革

新疆农业职业技术学院的前身为新疆维吾尔自治区农业学校，属国家级重点普通中专学校，创建于1959年9月。2006年6月，经自治区人民政府批准独立升格为新疆农业职业技术学院。2001年被教育部确定为国家重点支持建设的全国31所示范性职业技术学院之一。

昌吉学院

学校（机构）标识码 4165010997	学校性质类别 01 综合大学	学校地址 新疆昌吉市世纪大道南段9号
学校办学类型 412：本科院校：学院	学校举办者 811 省级教育部门	

邮政编码 831800	固定资产总值(万元) 25621.72	留学生 18
办公电话 0994-2331562	教学、科研仪器设备资产值(万元) 3901	专任教师(人) 443
传真电话 0994-2354383		其中:正高级 18
校园(局域)网域名 www.cjc.edu.cn	在校生数(人) 8995	副高级 113
电子信箱 bgs@cjc.edu.cn	其中:普通本科 5426	中级 194
占地面积(平方米) 669367	普通专科 1678	初级 76
校舍建筑面积(平方米) 151402	成人本科 622	未定职级 42
图书(万册) 60	成人专科 1251	

本科专业 工商管理、公共事业管理、汉语言(师)、汉语言文学(师)、汉语言文学(文秘方向)、化学(师)、化学工程与工艺、计算机科学与技术、教育技术学(师)、美术学(师)、能源工程及自动化、社会体育、数学与应用数学(金融)、数学与应用数学(师)、思想政治教育(师)、体育教育(师)、物理学(师)、小学教育(理)、小学教育(师)、小学教育(文)、新闻学、学前教育(师)、艺术设计、音乐表演、音乐学(师)、英语(师)、应用化学、应用物理学、中国少数民族语言文学

专科专业 (数学与科学方向)、(中文与社会方向)、电气自动化技术、电子信息工程技术、工商企业管理、工业分析与检验、汉语(师)、化学教育(师)、环境监测与治理技术、计算机应用技术、数学教育(师)、文秘(师)、物理教育(师)、学前教育(师)、英语教育(师)、应用化工技术、语文教育(师)、中国少数民族语言文化(维吾尔语)

院系设置
昌吉学院目前共有中文系、中语系、外语系、经济管理系、社会科学系、计算机工程系、数学系、物理系、化学与应用化学系、体育系、音乐系、美术系、初等教育学院、继续教育学院等14个系(院)

国家级、省部级研究机构设置
研究中心(所):昌吉学院现有女性文化研究所、西域文化研究所、西域体育研究所、计算机应用研究所、数学应用研究所、公共管理研究所、环境科学研究和技术教育研究中心等8个研究中心(所)

定期公开出版的专业刊物 《昌吉学院学报》双月刊

学校设立奖学金情况
学院设立奖学金3项,奖励总金额90余万元。奖学金最高金额8000元/年,最低金额1000元/年。

主要校办产业
门面房

学校历史沿革
昌吉学院是新疆维吾尔自治区唯一一所新建本科院校,其前身是始建于1959年的昌吉师范学校,1985年升格为昌吉师范专科学校,2001年5月经国家教育部批准在昌吉师范专科学校和昌吉州教育学院的基础上升格为普通本科院校。

乌鲁木齐职业大学

学校(机构)标识码 4165011565	传真电话 0991-8819092	在校生数(人) 11880
学校办学类型 415:专科院校:高等职业学校	校园(局域)网域名 www.uvu.edu.cn	其中:普通专科 9976
	电子信箱 uvunic@126.com	成人专科 1861
学校性质类别 02 理工院校	占地面积(平方米) 1567325	留学生 43
学校举办者 811 省级教育部门	校舍建筑面积(平方米) 278980	专任教师(人) 361
学校地址 新疆乌鲁木齐市天山区幸福路723号	图书(万册) 85.25	其中:副高级 105
邮政编码 830002	固定资产总值(万元) 25643	中级 182
办公电话 0991-8819092	教学、科研仪器设备资产值(万元) 4612	初级 43
		未定职级 31

专科专业 初等教育、电脑艺术设计、电气自动化技术、电视节目制作、电子商务、电子信息工程技术、动漫设计与制作、法律事务、房地产经营与估价、风能与动力技术、工程造价、工商企业管理、广告设计与制作、国际经济与贸易、汉语翻译、环境监测与治理技术、会计与审计、会展策划与管理、机械制造与自动化、计算机多媒体技术、计算机网络技术、计算机信息管理、建筑工程技术、金融保险、金融与证券、景区开发与管理、酒店管理、老年服务与管理、连锁经营管理、楼宇智能化工程技术、旅游工艺品设计与制作、旅游管理、旅游日语、旅游英语、美术教育、汽车运用技术、人力资源管理、人物形象设计、软件技术、商务英语、社会工作、社会体育、社区管理与服务、市场营销、体育教育、通信技术、投资与理财、文秘、物流管理、现代教育技术、项目管理、新闻采编与制作、学前教育、眼视光技术、艺术设计、音乐教育、印刷技术、英语教育、应用俄语、应用韩语、应用英语、语文教育、

证券投资与管理、主持与播音、资产评估与管理

院系设置

外国语学院、旅游学院、应用工程学院、信息工程学院、传媒学院、工商管理学院、经济贸易学院、艺术学院、初等师范学院、中等职业教育学院、教师培训学院、继续教育学院、体育系、汉教部、PSB 学院

国家级、省部级研究机构设置

研究所(中心):科研处。

定期公开出版的专业刊物 《乌鲁木齐职业大学学报》、《新疆职业教育研究》

学校设立奖学金情况

学校设立奖学金 5 项,奖励总金额 450 余万元。奖学金最高金额 8000 元/年,最低金额 100 元/年。

一)国家奖励:

1. 国家奖学金 8000 元/人·年;
2. 国家助学金:3000 元/人·年;
3. 国家励志奖学金:5000 元/人·年。

二)学校奖励

1. 学校奖学金:100—500 元/人·年;
2. 才益奖学金:400—2000 元/人·年。

主要校办产业

西北旅行社

学校历史沿革

2007 年 7 月,员乌鲁木齐职业大学(1985 年 1 月成立)与原乌鲁木齐成人教育学院(1979 年 1 月成立)合并组建新的乌鲁木齐职业大学。

新疆维吾尔医学专科学校

学校(机构)标识码　4165011818
学校办学类型　414;专科院校:高等专科学校
学校性质类别　05 医药院校
学校举办者　812 省级其他部门
学校地址　新疆和田市北京西路 370 号
邮政编码　848000
办公电话　0903 - 6183918
传真电话　0903 - 6183901
校园(局域)网域名　www.xjumc.com
电子信箱　weiyizhuan@163.com
占地面积(平方米)　904428
校舍建筑面积(平方米)　72689
图书(万册)　9.85
固定资产总值(万元)　8880.97
教学、科研仪器设备资产值(万元)　985.03
在校生数(人)　1634
其中:普通专科　1537
　　　成人专科　97
专任教师(人)　127
其中:正高级　4
　　　副高级　39
　　　中级　45
　　　初级　35
　　　未定职级　4

专科专业　护理、维药学、维医学、医学检验技术

院系设置

维医系、维药系、护理系、基础部、成教部、直属分校

定期公开出版的专业刊物　《新疆维吾尔医学专科学校学报》

学校设立奖学金情况

学校设立奖学金 2 项,奖励总金额 14.8 余万元。奖学金最高金额 8000 元/年,最低金额 5000 元/年。

主要校办产业

新维制药厂

学校历史沿革

始建于 1985 年,1987 年起招生,1989 年国家教委批准成立。

克拉玛依职业技术学院

学校(机构)标识码　4165012482
学校办学类型　415;专科院校:高等职业学校
学校性质类别　02 理工院校
学校举办者　812 省级其他部门
学校地址　新疆独山子北京路 10 号
邮政编码　833600
办公电话　0992 - 3866028
传真电话　0992 - 3682543
校园(局域)网域名　www.kzjsxy.net
电子信箱　kzjsxydb@petrochina.com.cn
占地面积(平方米)　853533
校舍建筑面积(平方米)　241813
图书(万册)　27.69
固定资产总值(万元)　18026.75
教学、科研仪器设备资产值(万元)　9338
在校生数(人)　3872
其中:普通专科　3851
　　　成人专科　21
专任教师(人)　275
其中:副高级　81
　　　中级　100
　　　初级　67
　　　未定职级　27

专科专业 电厂设备运行与维护、电气自动化技术、高聚物生产技术、工业分析与检验、供用电技术、焊接技术及自动化、化工设备维修技术、会计、机电设备维修与管理、机电一体化技术、机械制造与自动化、计算机网络技术、计算机应用技术、建筑工程技术、精细化学品生产技术、汽车电子技术、汽车技术服务与营销、汽车检测与维修技术、涉外旅游、生产过程自动化技术、石油化工生产技术、石油与天然气地质勘探技术、市场营销、油气储运技术、油气开采技术、油田化学应用技术、有机化工生产技术、钻井技术

院系设置

石油工程系、经济管理系、汽车工程系、信息工程系、电子与电气工程系、基础教学部、石油化学工程系、机械工程系、思想教研部、继续教育部

学校设立奖学金情况

学校设立奖学金4项,奖励总金额16余万元。奖学金最高金额3000元/年,最低金额500元/年。

主要校办产业

驾驶员培训、印刷厂、机械加工、润滑油生产

学校历史沿革

克拉玛依职业技术学院位于新疆维吾尔自治区克拉玛依市独山子区,学院初建于1956年,原石油工业乌鲁木齐石油学校,1961年迁独山子,改名为独山子石油学校,1984年更名为新疆石油学校。如今的克拉玛依职业技术学院是经自治区人民政府[2000(46)文]首批批准成立的一所以工科为主、文理兼备、多层次、多学科的综合性普通高等学校。

新疆机电职业技术学院

学校(机构)标识码	4165012513
学校办学类型	415:专科院校:高等职业学校
学校性质类别	02 理工院校
学校举办者	812 省级其他部门
学校地址	新疆乌鲁木齐市天津北路176号
邮政编码	830011
办公电话	0991 - 6668410
传真电话	0991 - 6638225
校园(局域)网域名	www.xjjd.com.cn
电子信箱	xjjdrsc@163.com
占地面积(平方米)	116521
校舍建筑面积(平方米)	91419
图书(万册)	24.4
固定资产总值(万元)	8483.4
教学、科研仪器设备资产值(万元)	3617.7
在校生数(人)	3674
其中:普通专科	3603
成人专科	71
专任教师(人)	209
其中:副高级	50
中级	90
初级	44
未定职级	25

专科专业 电气自动化技术、电气自动化控制、电子商务、工商管理、焊接技术及自动化、火电厂集控运行、机电设备维修与管理、机电一体化技术、机械设计与制造、机械设计制造类、计算机网络技术、计算机信息管理、计算机应用技术、矿山机电、模具设计与制造、热能动力工程、热能动力设备与应用、软件技术、商务英语、生产过程自动化技术、市场营销、数控技术、数控设备应用与维护、物流管理、应用俄语

院系设置

机械工程系、电气工程系、计算机工程系、管理工程系、实训中心、人文社科部

定期公开出版的专业刊物 《新疆机电职业技术学院学报》

学校设立奖学金情况

学校设立奖学金5项,奖励总金额44.3余万元。奖金最高金额8000元/年,最低金额3000元/年。

学校历史沿革

1978年经自治区人民政府批准成立了新疆农机厂职工大学,1980年改名为新疆联合收割机厂职工大学,1983年改名为新疆机械局职工大学,1984年与新疆工交学校(1987年改名为新疆机械电子工业学校)合并为新疆机电厅职工大学,一套班子"两块牌子"。2000年经自治区人民政府批准,新疆机械电子工业(1957年成立)、新疆机械电子高级技工学校(1982年成立)、新疆机械电子工业电视大学(1987年成立)合并成立了新疆机电职业技术学院。

新疆轻工职业技术学院

学校(机构)标识码	4165012514
学校办学类型	415:专科院校:高等职业学校
学校性质类别	02 理工院校
学校举办者	812 省级其他部门
学校地址	新疆乌鲁木齐市米东南路西四巷259号
邮政编码	830021
办公电话	0991 - 6866783
传真电话	0991 - 6866783
校园(局域)网域名	www.xjqg.edu.cn
电子信箱	xinjiangqg@163.com

占地面积（平方米） 515263	7174	其中：正高级 3
校舍建筑面积（平方米） 241545	在校生数（人） 9797	副高级 146
图书（万册） 75.3	其中：普通专科 9068	中级 326
固定资产总值（万元） 14990	成人专科 729	初级 135
教学、科研仪器设备资产值（万元）	专任教师（人） 627	未定职级 17

专科专业 产品造型设计、道路桥梁工程技术、电脑艺术设计、电气自动化技术、电子商务、电子信息工程技术、发电厂及电力系统、法律事务、纺织品检验与贸易、服装设计、工程造价、工商企业管理、国际经济与贸易、汉语、化工设备维修技术、环境监测与评价、环境监测与治理技术、会计电算化、机电一体化技术、计算机网络技术、计算机信息管理、检测技术及应用、金融保险、酒店管理、楼宇智能化工程技术、旅游服务与管理、热能动力设备与应用、人力资源管理、软件技术、商务英语、生产过程自动化技术、生物技术及应用、食品机械与管理、食品加工技术、食品营养与检测、食品贮运与营销、数控技术、水务管理、通信技术、文秘、物流管理、现代纺织技术、新闻采编与制作、移动通信技术、影视动画、应用电子技术、应用俄语、应用化工技术、有机化工生产技术

院系设置
食品工程系、化学工程系、纺织工程系、机电工程系、计算机系、工商管理系、语言系、新闻传播系、软件学院、基础部、思想政治和理论教学部、继续教育学院

定期公开出版的专业刊物 《新疆轻工职业技术学院学报》

学校设立奖学金情况
学校设立奖学金3项，奖励总金额100余万元。奖学金最高金额8000元/年，最低金额300元/年。

学校历史沿革
新疆轻工职业技术学院是自治区人民政府【2000】46号文件首批批准成立的一所以工科为主，多学科、多层次、综合性公办的普通高等学校。2010年9月被教育部确定为"国家示范性高等职业院校建设计划"骨干高职院校立项建设单位。

新疆能源职业技术学院

学校（机构）标识码 4165012570	传真电话 0991-5946902	在校生数（人） 330
学校办学类型 415：专科院校：高等职业学校	校园（局域）网域名 www.xjnyedu.com	其中：普通专科 330
学校性质类别 02 理工院校	电子信箱 xjblzxj2001@163.com	专任教师（人） 37
学校举办者 999 民办	占地面积（平方米） 667000	其中：正高级 3
学校地址 新疆乌鲁木齐市洛宾路8号	校舍建筑面积（平方米） 26173	副高级 8
	图书（万册） 6.92	中级 10
邮政编码 830039	固定资产总值（万元） 5138	初级 9
办公电话 0991-5946902	教学、科研仪器设备资产值（万元） 169.8	未定职级 7

专科专业 工程测量技术、固体矿床露天开采技术、机电一体化技术、计算机应用技术、酒店管理、矿井通风与安全、矿山机电、煤矿开采技术

院系设置
学院共设机电系、测量系、能源系、现代教育中心、旅游系、基础系六个大系。

国家级、省部级研究机构设置
现有各类实验室10个

学校设立奖学金情况
学院设立奖学金金额3万元，奖学金最高金额2500元/年，最低金额500元/年。

学校历史沿革
学院成立与2005年，是一所经自治区人民政府批准报国家教育部备案成立的一所具有独立颁发学历文聘资格的高等职业技术院校。

新疆警官高等专科学校

学校（机构）标识码 4165012734	学校性质类别 09 政法院校	1108号
学校办学类型 414：专科院校：高等专科学校	学校举办者 812 省级其他部门	邮政编码 830011
	学校地址 新疆乌鲁木齐市长沙路	办公电话 0991-3190018

传真电话 0991-3190018	固定资产总值(万元) 10608	专任教师(人) 294
校园(局域)网域名 www.xjjz.cn	教学、科研仪器设备资产值(万元)	其中:正高级 19
电子信箱 zfxyl@xj.cninfo.mail.net	2326.09	副高级 90
占地面积(平方米) 881119	在校生数(人) 3636	中级 123
校舍建筑面积(平方米) 172801	其中:普通专科 3614	初级 25
图书(万册) 47.56	成人专科 22	未定职级 37

专科专业 安全保卫、边境管理、法律事务、汉语、交通管理、警察管理、司法助理、信息网络安全监察、侦查、治安管理、中国少数民族语言文化

院系设置

法律系、公安管理系、侦查系、政教系、语言系、基础部、警体部、公安科技部

定期公开出版的专业刊物 《新疆警官高等专科学校学报》维汉

学校设立奖学金情况

学校设立奖学金4项。

1. 国家奖学金,国家奖学金3人/年8000元/年共计24000元。

2. 国家励志奖学金69人/年5000元,共计345000元。

3. 国家助学金886人/年平均每人3000元/年。最高4000元最低1000元.共计1732000元。

4. 新疆助学金1261人/年最高3000元最低1000元,共计11905万元。

学校历史沿革

新疆警官高等专科学校是在2001年5月在原新疆公安司法管理干部与新疆人民警察学校合并的基础上,组建起来的西北第一所公安司法普通高校。2002年7月自治区党委决定将新疆农业化机械学校整体并入新疆警官高等专科学校。学校由自治区人民政府领导,自治区公安厅、自治区教育厅进行业务管理和指导属正厅级建制。

昌吉职业技术学院

学校(机构)标识码 4165012838	传真电话 0994-2344771	在校生数(人) 6148
学校办学类型 415:专科院校:高等职业学校	校园(局域)网域名 www.cjpt.cn	其中:普通专科 5549
	占地面积(平方米) 560003	成人专科 599
学校性质类别 02 理工院校	校舍建筑面积(平方米) 140615	专任教师(人) 295
学校举办者 821 地级教育部门	图书(万册) 23.48	其中:正高级 1
学校地址 新疆昌吉市延安南路83号	固定资产总值(万元) 14358	副高级 86
邮政编码 831100	教学、科研仪器设备资产值(万元)	中级 123
办公电话 0994-2344771	4617.35	初级 85

专科专业 财务管理、电力系统自动化技术、电气自动化技术、电子信息工程技术、工程测量技术、机电设备维修与管理、机电一体化技术、机械制造与自动化、计算机多媒体技术、计算机网络技术、计算机应用技术、建筑工程技术、建筑经济管理、矿山机电、楼宇智能化工程技术、旅游管理、煤矿开采技术、烹饪工艺与营养、汽车检测与维修技术、热能动力设备与应用、商务管理、涉外事务管理、市场营销、数控技术、投资与理财、文秘、物流管理、应用电子技术

院系设置

机械工程系、电气工程系、建筑工程系、计算机系、工商管理系、旅游系、能源动力系、基础部、体育部

学校设立奖学金情况

学校设立奖学金2项,奖励金额8万元。奖学金最高金额800元,最低金额200元。

1. 奖学金:一等奖:800元;二等奖:500元;三等奖:200元;

2. 助学金:200元

学校历史沿革

昌吉职业技术学院筹建于2000年5月8日,由昌吉州职工大学、昌吉州财贸学校、昌吉州职工中专、昌吉州商业职工学校、昌吉州农业机械学校、昌吉州工交企业职工培训中心和昌吉州高级技工学校组建而成,2001年6月29日由自治区人民政府正式批准成立。

伊犁职业技术学院

学校(机构)标识码 4165012975	学校办学类型 415:专科院校:高等职业学校	

学校性质类别　03 农业院校	占地面积(平方米)　322636	其中:普通专科　2168
学校举办者　821 地级教育部门	校舍建筑面积(平方米)　98934	专任教师(人)　274
学校地址　新疆伊宁市胜利街 179 号	图书(万册)　15.2	其中:正高级　1
邮政编码　835000	固定资产总值(万元)　6392	副高级　70
办公电话　0999－8210423	教学、科研仪器设备资产值(万元)	中级　139
传真电话　0999－8210423	1701.08	初级　51
校园(局域)网域名　www.ylzyjs.cn	在校生数(人)　2168	未定职级　13
电子信箱　yzyylxj@163.com		

专科专业　草原监理、城镇规划、畜牧兽医、电气自动化技术、动物防疫与检疫、机电设备维修与管理、计算机网络技术、计算机应用技术、矿山机电、旅游管理、农产品质量检测、设施农业技术、兽医、物流管理、物业管理、园林技术、园艺技术、植物保护

院系设置
学院设有农业系、动物科学系、机电系、经管系、基础部

学校设立奖学金情况
学校设立奖学金四项,奖励总金额 72.13 余万元。奖学金最高金额 8000 元/年,最低金额 800 元/年。

学校历史沿革
伊犁职业技术学院经新疆维吾尔自治区人民政府批准,于 2002 年 3 月 11 日由原新疆伊犁畜牧兽医学校、伊犁农业学校、伊犁农牧机械化学校三所中等专业学校合并组建成立。

阿克苏职业技术学院

学校(机构)标识码　4165013093	校园(局域)网域名　www.akszy.com	在校生数(人)　3301
学校办学类型　415:专科院校:高等职业学校	电子信箱　315160789@qq.com	其中:普通专科　2817
	占地面积(平方米)　831337	成人专科　484
学校性质类别　01 综合大学	校舍建筑面积(平方米)　171730	专任教师(人)　334
学校举办者　822 地级其他部门	图书(万册)　58.2	其中:副高级　29
学校地址　新疆阿克苏市迎宾路 59 号	固定资产总值(万元)　15221.7	中级　134
邮政编码　843000	教学、科研仪器设备资产值(万元)	初级　112
办公电话　0997－2511372	3838.59	未定职级　59
传真电话　0997－2511916		

专科专业　安全技术管理、初等教育、畜牧兽医、电气自动化技术、汉语、护理、会计电算化、机电一体化技术、计算机多媒体技术、计算机网络技术、计算机应用技术、建筑经济管理、康复治疗技术、矿山机电、煤矿开采技术、体育教育、通信网络与设备、舞蹈表演、现代纺织技术、现代教育技术、学前教育、医学检验技术、园艺技术、助产

院系设置
现有医学系、基础部、经济管理系、机电水利系、植物科学系、计算机系、思政教学部、艺术系、体育系等九个教学系部

定期公开出版的专业刊物　一种

学校设立奖学金情况
学校设立奖学金 4 项,奖励总金额 635.8 万元。奖学金最高金额 8000 元/年,最低金额 1500 元/年。

学校历史沿革
阿克苏职业技术学院是 2002 年经新疆维吾尔自治区人民政府批准成立的,由原阿克苏地区农业学校、农业机械学校、财贸学校、卫生学校、体育运动学校、文化艺术学校等六所中专学校合并组成

巴音郭楞职业技术学院

学校(机构)标识码　4165013094	学校地址　新疆库尔勒市经济技术开发区	校园(局域)网域名　www.bayinxueyuan.com
学校办学类型　415:专科院校:高等职业学校	邮政编码　841000	电子信箱　bayinxueyuan@vip.163.com
学校性质类别　02 理工院校	办公电话　0996－6768538	占地面积(平方米)　597080
学校举办者　821 地级教育部门	传真电话　0996－6768519	校舍建筑面积(平方米)　211187

图书(万册) 61	其中：普通专科 3727	副高级 126
固定资产总值(万元) 13986	成人专科 34	中级 172
教学、科研仪器设备资产值(万元) 4048	留学生 11	初级 128
在校生数(人) 3772	专任教师(人) 526	未定职级 98
	其中：正高级 2	

专科专业 畜牧兽医、电脑艺术设计、电气自动化技术、电子信息工程技术、电子仪器仪表与维修、汉语、会计电算化、机电设备维修与管理、计算机网络技术、计算机应用技术、酒店管理、旅游管理、煤化工生产技术、煤矿开采技术、美术、汽车电子技术、汽车运用与维修、石油化工生产技术、食品加工技术、市场营销、舞蹈表演、物业管理、现代纺织技术、选矿技术、冶金技术、音乐表演、园林技术、园艺技术

院系设置
电子信息工程学院、机械电气工程学院、石油化工学院、人文经济学院、矿业工程学院、体育学院、生物工程系、纺织工程系、基础课教学部六院两系一部，培训中心、鉴定所、继续教育学院等教学单位

定期公开出版的专业刊物 《巴音职教、巴音郭楞职业技术学院·学报》

学校设立奖学金情况
设立3项奖学金，奖励总额250余万元，最高金额：8000元。

主要校办产业
巴音苑校办产业服务中心

学校历史沿革
巴音郭楞蒙古自治州职业技术学院于2002年2月经新疆维吾尔族自治区人民政府批准成立，五校合一组建而成同年7月份正式招生。2007年4月，经自治区人民政府批准"巴音郭楞蒙古自治州职业技师学院"，随后又批准成立了"巴音郭楞蒙古自治州技工学校"，实行"三块牌子，一套班子"的管理运行机制。

新疆大学科学技术学院

学校(机构)标识码 4165013558	传真电话 0991-4556017	3316
学校办学类型 413：本科院校：独立学院	校园(局域)网域名 www.kj.xju.edu.cn	在校生数(人) 3963
		其中：普通本科 3963
学校性质类别 01 综合大学	电子信箱 kjxy@xju.edu.cn	专任教师(人) 247
学校举办者 999 民办	占地面积(平方米) 228227	其中：正高级 15
学校地址 新疆乌鲁木齐市西北路499号	校舍建筑面积(平方米) 109040	副高级 89
	图书(万册) 42.92	中级 70
邮政编码 830008	固定资产总值(万元) 7240.2	初级 64
办公电话 0991-4556133	教学、科研仪器设备资产值(万元)	未定职级 9

本科专业 电气工程及其自动化、俄语、法学、工商管理、国际经济与贸易、过程装备与控制工程、计算机科学与技术、金融学、旅游管理、市场营销、通信工程、土木工程、物流工程、信息管理与信息系统、英语

院系设置
两个系：工程技术系、电子信息系；一个教研室：物流教研室。

学校设立奖学金情况
学校设立奖学金5项，奖金总金额691.4余万元。奖学金最高金额8000元/年。最低金额1000元/年。
优秀学生奖学金：一等奖：10人/年，4000元/人；二等奖：41人/年，2500元/人；三等奖：131人/年，1500元/人。
国家奖学金：8人/年，8000元/人。
国家励志奖学金：81人/年，5000元/人。
国家助学金：一等奖：255人/年，4000元/人；二等奖：518人/年，3000元/人；三等奖：255人/年，2000元/人。
新疆助学金：一等奖：336人/年，3000元/人；二等奖：751人/年，2000元/人；三等奖：512人/年，1000元/人。

学校历史沿革
新疆大学科学技术学院成立于2002年8月。2004年1月，通过教育部办学资质的审核批准成为新疆首批本科院校举办的独立学院。

新疆农业大学科学技术学院

学校(机构)标识码 4165013559	学校办学类型 413：本科院校：独立学院

学校性质类别 03 农业院校	电子信箱 kjxy@xjau.edu.cn	其中:普通本科 4258
学校举办者 999 民办	占地面积(平方米) 196009	专任教师(人) 80
学校地址 新疆乌鲁木齐市农大东路110号	校舍建筑面积(平方米) 68176	其中:正高级 10
	图书(万册) 34.1	副高级 37
邮政编码 830091	固定资产总值(万元) 5692.85	中级 17
办公电话 0991-8763757	教学、科研仪器设备资产值(万元) 2153.51	初级 13
传真电话 0991-8763861		未定职级 3
校园(局域)网域名 www.xjstc.net	在校生数(人) 4258	

本科专业 电子信息科学类、电子信息科学与技术、动物科学、动物医学、工程管理、公共事业管理、管理科学与工程类、国际经济与贸易、环境科学、机械设计制造及其自动化、计算机科学与技术、经济学、经济学类、旅游管理、农业电气化与自动化、人力资源管理、生物技术、生物科学、食品科学与工程、水利水电工程、土地资源管理、土建类、土木工程、信息管理与信息系统、药学、英语、园林、中国少数民族语言文学

院系设置

学院设有生物学学部、信息与工学学部、经济与商业学部、管理与法律学部、语言文学与教育学学部等5个专业学部,下设生物科学系、机电工程系、建筑工程系、经济管理系、语言文学系等5个系;并设教务管理部、学生管理部、招生就业办公室、实践教学中心等8个行政机构。

学校设立奖学金情况

学院分别设立了国家奖学金、国家励志奖学金、国家助学金、新疆助学金、阳光助学金、中粮助学金、院长奖学金、科技奖学金等8个奖项,奖励总金额达600余万元。奖学金最高金额8000元/年,最低金额260元/年。

具体设立情况如下:

1. 国家奖学金 7人/年 8000元/生
2. 国家励志奖学金 101人/年 5000元/生
3. 国家助学金 1016人/年 2000-4000元/生
4. 新疆助学金 765人/年 1000-3000元/生
5. 阳光助学金 30人/年 1000元/生
6. 中粮奖学金 11人/年 1000-3000元/生
7. 院长奖学金 173人/年 500-1500元/生
8. 科技奖学金 383人/年 260-980元/生

学校历史沿革

新疆农业大学科学技术学院2002年7月经自治区教育厅批准成立,2004年经国家教育部重新审批确认,为全国首批确认的124所(其中新疆2所)独立学院之一,是实施本科层次普通高等教育的独立学院。学院位于乌鲁木齐市农大东路110号,环境优雅,设施齐全。

新疆医科大学厚博学院

学校(机构)标识码 4165013560	传真电话 0991-4366084	在校生数(人) 3516
学校办学类型 413:本科院校:独立学院	校园(局域)网域名 www.xjmu.org	其中:普通本科 3516
	电子信箱 xjykdxhbxy@126.com	专任教师(人) 123
学校性质类别 05 医药院校	占地面积(平方米) 209863	其中:正高级 17
学校举办者 999 民办	校舍建筑面积(平方米) 61615	副高级 28
学校地址 新疆乌鲁木齐市鲤鱼山路附29号	图书(万册) 28.55	中级 60
	固定资产总值(万元) 6016.97	初级 10
邮政编码 830054	教学、科研仪器设备资产值(万元) 1879.09	未定职级 8
办公电话 0991-4366084		

本科专业 公共事业管理、护理学、口腔医学、临床医学、信息管理与信息系统、药学、医学检验、医学影像学、中西医临床医学

学校历史沿革

新疆医科大学厚博学院为新疆医科大学举办的,新疆维吾尔自治区教育厅2003年5月批准成立的独立学院。2004年2月5日,新疆医科大学厚博学院获得国家教育部正式确认(教育部教发函〔2004〕13号文件)。2006年8月,新疆医科大学厚博学院整体搬迁到鲤鱼山校区。

新疆财经大学商务学院

学校(机构)标识码　4165013561
学校办学类型　413：本科院校：独立学院
学校性质类别　08 财经院校
学校举办者　999 民办
学校地址　新疆乌鲁木齐市杭州西街237号
邮政编码　830026
办公电话　0991-7842275
传真电话　0991-7842275
校园(局域)网域名　www.xjufe.cn
电子信箱　swxy@xjufe.edu.cn
占地面积(平方米)　266800
校舍建筑面积(平方米)　80986
图书(万册)　45
固定资产总值(万元)　10250
教学、科研仪器设备资产值(万元)　2790
在校生数(人)　5009
其中：普通本科　5009
专任教师(人)　216
其中：正高级　27
　　　副高级　75
　　　中级　90
　　　初级　24

本科专业　财务管理、电子商务、法学、国际经济与贸易、会计学、金融学、旅游管理、人力资源管理、市场营销、税务、新闻学、英语

院系设置
金融系、财会系、国贸系、工商系、科学与社会教学部

学校设立奖学金情况
一等：2000 元/年　二等：1500 元/年　三等：1000 元/年

学校历史沿革
新疆财经大学商务学院于 2002 年 6 月经新疆维吾尔自治区人民政府批准成立，2004 年 2 月经国家教育部审核确认。2007 年 3 月经新疆维吾尔自治区批准更名为"新疆财经大学商务学院"并报国家教育部备案。

新疆建设职业技术学院

学校(机构)标识码　4165013562
学校办学类型　415：专科院校：高等职业学校
学校性质类别　02 理工院校
学校举办者　812 省级其他部门
学校地址　新疆乌鲁木齐杭州西街272号
邮政编码　830026
办公电话　0991-3716622
传真电话　0991-3716622
校园(局域)网域名　www.xjjsxy.net
电子信箱　jsxydzb@sina.com
占地面积(平方米)　154697
校舍建筑面积(平方米)　129808
图书(万册)　38.21
固定资产总值(万元)　4678
教学、科研仪器设备资产值(万元)　2148
在校生数(人)　3738
其中：普通专科　3635
　　　成人专科　103
专任教师(人)　263
其中：正高级　2
　　　副高级　112
　　　中级　111
　　　初级　25
　　　未定职级　13

专科专业　材料工程技术、城市管理与监察、城镇规划、道路桥梁工程技术、给排水工程技术、工程监理、工程造价、供热通风与空调工程技术、机电设备维修与管理、计算机信息管理、建筑材料工程技术、建筑电气工程技术、建筑工程管理、建筑工程技术、建筑设备工程技术、建筑设计工程技术(建筑动漫)、建筑装饰材料及检测、建筑装饰工程技术、楼宇智能化工程技术、市政工程技术、物业管理、园林工程技术、资产评估与管理、资源环境与城市管理、自动化生产设备应用

院系设置
土木工程系、建筑经济管理工程系、城市建设工程系、计算机工程系、政教部、基础教育部、继续教育培训部、中等职业教育部

定期公开出版的专业刊物　《新疆建设职业技术学院学报》

学校设立奖学金情况
学校设立奖学金 3 项，奖励总金额 50 余万元。奖学金最高金额 8000/年，最低金额 400 元/年。

毕业生一次就业率　93.3%

学校历史沿革
2002 年 11 月，新疆建设职业技术学院经自治区人民政府批准，由新疆建筑职业大学、新疆建筑工程学校、新疆城市建设学校、新疆建筑材料工业学校、新疆建筑材料技工学校 6 所学校合并而成，是国家批准的建筑类技能紧缺人才培养基地和自治区高技能人才和抗震安居人才培训基地。

新疆兵团警官高等专科学校

学校(机构)标识码 4165013563	办公电话 0994－5824211	教学、科研仪器设备资产值(万元)
学校办学类型 414:专科院校:高等专科学校	传真电话 0994－5824220	737
学校性质类别 09 政法院校	校园(局域)网域名 www.xjbt.jx.com	在校生数(人) 902
学校举办者 812 省级其他部门	电子信箱 xjbtjx@126.com	其中:普通专科 902
学校地址 新疆五家渠市前进东街158号	占地面积(平方米) 126635	专任教师(人) 81
	校舍建筑面积(平方米) 32968	其中:副高级 13
	图书(万册) 17	中级 55
邮政编码 831300	固定资产总值(万元) 4347.2	初级 13

专科专业 安全保卫、法律事务、司法警务、司法助理、刑事侦查技术、刑事执行、治安管理

院系设置
学校现设有7个院系部,公安系、法律系、监管系、基础部、政治理论部、电教中心、警体部

定期公开出版的专业刊物 《新疆兵团警官高等专科学校学报》

学校设立奖学金情况
学校设立奖学金3项,奖励总金额109.4万元。奖学金最高金额8000元/年,最低金额3000元/年。

学校历史沿革
兵团警官高等专科学校的前身是兵团公安司法学校,2003年升格为专科学校。

石河子大学科技学院

学校(机构)标识码 4165013628	传真电话 0993－2058175	1375
学校办学类型 413:本科院校:独立学院	校园(局域)网域名 kjxy.shzu.edu.cn	在校生数(人) 184
	电子信箱 shzuyin@sohu.com	其中:普通本科 184
学校性质类别 01 综合大学	占地面积(平方米) 102431	专任教师(人) 20
学校举办者 999 民办	校舍建筑面积(平方米) 32414	其中:正高级 3
学校地址 新疆石河子市北四路221号	图书(万册) 13.61	副高级 9
	固定资产总值(万元) 4635	中级 5
邮政编码 832003	教学、科研仪器设备资产值(万元)	初级 3
办公电话 0993－2058175		

本科专业 国际经济与贸易、护理学、土木工程、药学

学校设立奖学金情况
学校设立奖学金6项,奖励总金额40余万元。奖学金最高金额2000元/年,最低金额500元/年。

学校历史沿革
石河子大学科技学院是2002年8月经新疆生产建设兵团教育局批准成立。
2004年3月被国家教育部确认为独立学院。

新疆现代职业技术学院

学校(机构)标识码 4165013726	祥云东路1600号	占地面积(平方米) 2227275
学校办学类型 415:专科院校:高等职业学校	邮政编码 830023	校舍建筑面积(平方米) 193604
	办公电话 0991－3707015	图书(万册) 39.2
学校性质类别 05 医药院校	传真电话 0991－3707007	固定资产总值(万元) 10108.34
学校举办者 999 民办	校园(局域)网域名 www.xjxiandai.net	教学、科研仪器设备资产值(万元)
学校地址 新疆乌鲁木齐市头屯河区	电子信箱 tot827@163.com	3109.46

在校生数(人) 3747	专任教师(人) 297	中级 123
其中:普通专科 3671	其中:正高级 33	初级 47
成人专科 76	副高级 54	未定职级 40

专科专业 护理、康复治疗技术、药学、医学检验技术、医学影像技术、助产

院系设置

护理学院、医学系、外语系、国际学院、澳华国际中学、中专部、成人教育部、基础教育部、体育教育部、汉语言系、网络信息中心、职业技术培训中心

学校设立奖学金情况

学校设立奖学金2项,奖励总金额1042余万元。奖学金最高金额8000元/年,最低金额1500元/年。

学校历史沿革

新疆现代职业技术学院的前身是创建于1995年9月的新疆医学科技教育中心,2001年5月经自治区教育厅批准,将新疆医学科技教育中心更名为新疆医科专修学院。2004年经自治区人民政府批准报国家教育部备案正式成立了新疆现代职业技术学院。自1995年创办以来,累计为社会培养不同层次各类医药卫生及其他行业人才8500余人(医学类专业毕业生占97.6%)。

新疆天山职业技术学院

学校(机构)标识码 4165013727	传真电话 0991-4161039	在校生数(人) 4842
学校办学类型 415:专科院校:高等职业学校	校园(局域)网域名 www.xjtsxy.cn	其中:普通专科 2893
	电子信箱 xjtsxy@163.com	成人专科 1949
学校性质类别 01 综合大学	占地面积(平方米) 430836	专任教师(人) 358
学校举办者 999 民办	校舍建筑面积(平方米) 155311	其中:正高级 6
学校地址 新疆乌鲁木齐市观园路1066号	图书(万册) 40.11	副高级 84
	固定资产总值(万元) 13021.24	中级 165
邮政编码 830017	教学、科研仪器设备资产值(万元)	初级 90
办公电话 0991-4161055	2227.1	未定职级 13

专科专业 报关与国际货运、表演艺术、电子商务、服装设计、航空服务、会计电算化、计算机信息管理、酒店管理、旅游管理、民航商务、软件技术、审计实务、书记官、投资与理财、文秘、物流管理、物业管理、新闻采编与制作、信息安全技术、移动通信技术、应用电子技术、应用俄语、应用英语、装潢艺术设计

院系设置

新疆天山职业技术学院下设六个分院:即信息技术学院、商会学院、经济贸易管理学院、现代服务管理学院、外国语言学院、人文艺术学院、工程技术学院

定期公开出版的专业刊物 《新疆天山职业技术学院学报》

学校设立奖学金情况

学校设立奖学金三项,奖励总金额30万元。奖学金最高金额3000元/年,最低金额500元元/年。

天山英才励志奖学金、天山英才助学金、天山英才爱校奖学金

主要校办产业

新疆天山职业技术学院下设六个分院:即信息技术学院、商会学院、经济贸易管理学院、现代服务管理学院、外国语言学院、人文艺术学院、工程技术学院

毕业生一次就业率 89%

学校历史沿革

新疆天山职业技术学院由自治区高教第八培训部(1993-1995),新疆天山专修学校(1995-1997年),新疆民办自学考试辅导中心(1997-1999年),新疆天山高等教育专修学校(1999-2004年),新疆天山职业技术学院(2004年至今)建校至今经历了五次更名。

新疆交通职业技术学院

学校(机构)标识码 4165013926	学校地址 新疆乌鲁木齐市米东区友好路20号	校园(局域)网域名 www.xjjtedu.com
学校办学类型 415:专科院校:高等职业学校	邮政编码 831401	电子信箱 xjjtxy@sohu.com
学校性质类别 02 理工院校	办公电话 0991-7902666	占地面积(平方米) 591672
学校举办者 812 省级其他部门	传真电话 0991-6861430	校舍建筑面积(平方米) 110646
		图书(万册) 40

固定资产总值(万元)　16800	其中:普通专科　4396	中级　100
教学、科研仪器设备资产值(万元)	专任教师(人)　298	初级　101
4257.5	其中:副高级　62	未定职级　35
在校生数(人)　4396		

专科专业　安全技术管理、道路桥梁工程技术、电气化铁道技术、高等级公路维护与管理、工程测量技术、工程机械控制技术、工程机械运用与维护、公路工程管理、公路工程造价管理、公路监理、公路运输与管理、机电一体化技术、机动车保险实务、计算机网络技术、交通安全与智能控制、汽车电子技术、汽车技术服务与营销、汽车检测与维修技术、汽车运用技术、汽车整形技术、汽车制造与装配技术、铁道工程技术、物流管理、项目管理

院系设置
学院设立了基础教学部、思想政治教学部、道路与桥梁工程学院、汽车与机电学院、运输管理学院、继续教育学院六个院部

国家级、省部级研究机构设置
国家级重点实验室为《交通运输实训基地》、《中央财政支持物流实训基地》

定期公开出版的专业刊物　《新疆交通教育》

学校设立奖学金情况
学院设立一项奖学金,奖励总金额27.5万元,最高额为2000元/年,最低额为1000元/年。

主要校办产业
学院主要校办产业有新疆交通立弓公路设计院、新疆交通职业技术学院科技服务中心。

学校历史沿革
经新维吾尔自治区人民政府批准、教育部备案,2001年9月1日在新疆交通学校的基础上成立了新疆交通职业技术学院。

新疆石河子职业技术学院

学校(机构)标识码　4165013956	传真电话　0993-2059565	在校生数(人)　6806
学校办学类型　415:专科院校:高等职业学校	校园(局域)网域名　www.xjshzzy.com	其中:普通专科　5822
	电子信箱　shzss55@163.com	成人专科　984
学校性质类别　02 理工院校	占地面积(平方米)　480024	专任教师(人)　295
学校举办者　812 省级其他部门	校舍建筑面积(平方米)　143476	其中:副高级　60
学校地址　新疆石河子市开发区北五路38号小区	图书(万册)　36.72	中级　130
	固定资产总值(万元)　11603	初级　81
邮政编码　832000	教学、科研仪器设备资产值(万元)	未定职级　24
办公电话　0993-2059106	3538	

专科专业　城市热能应用技术、电气自动化技术、纺织品检验与贸易、工程造价、灌溉与排水技术、焊接技术及自动化、化工设备维修技术、会计电算化、机电设备运行与维护、机电一体化技术、机械制造与自动化、计算机网络技术、计算机信息管理、计算机应用技术、建筑工程技术、金融保险、旅游管理、煤化工生产技术、棉花检验加工与经营、农业机械应用技术、汽车技术服务与营销、汽车检测与维修技术、热能动力设备与应用、食品机械与管理、食品加工技术、食品生物技术、市场营销、数控技术、水利工程、图形图像制作、物流管理、现代纺织技术、新型纺织机电技术、应用化工技术、制浆造纸技术

院系设置
学院设有机电分院、轻工分院、水建分院、信息分院、经贸分院和成教分院等六个教学单体

学院设立奖学金情况
学院设立奖学金五项,奖励总金额340.5余万元。奖学金最高金额8000元/年,奖学金最低金额50元/年。

主要校办企业
学院校办企业有电气开关厂、启明经贸公司

学校历史沿革
学院前身由石河子职工大学、石河子商业职工中专、石河子职业中专三所学校在2004年合并组成。是兵团唯一独立设置的高职院校。是国家百所示范性高职院校。

新疆职业大学

学校(机构)标识码　4165014138　　学校办学类型　415:专科院校:高等职业学校

学校性质类别 01 综合大学	电子信箱 xjzdjb@163.com	其中：普通专科 7522
学校举办者 811 省级教育部门	占地面积（平方米） 661224	成人专科 500
学校地址 新疆乌鲁木齐市北京北路1075号	校舍建筑面积（平方米） 118806	专任教师（人） 297
	图书（万册） 40.14	其中：正高级 5
邮政编码 830013	固定资产总值（万元） 13113.46	副高级 76
办公电话 0991-3785300	教学、科研仪器设备资产值（万元） 3680.61	中级 120
传真电话 0991-3785300		初级 87
校园（局域）网域名 www.xjvu.edu.cn	在校生数（人） 8022	未定职级 9

专科专业 宝玉石鉴定与加工技术、宝玉石鉴定与加工技术（鉴定）、宝玉石鉴定与加工技术（玉雕）、宝玉石鉴定与加工技术（玉雕设计）、餐饮管理与服务、初等教育（双语师资）、电力系统继电保护与自动化、电气自动化技术、电子商务、法律事务、工商企业管理、广告设计与制作、汉语、汉语（翻译）、汉语（商务）、焊接技术及自动化、航空服务、航空机电设备维修、会计电算化、机电一体化技术、计算机网络技术、计算机系统维护、计算机信息管理、计算机应用技术（图形图象制作）、酒店管理、空中乘务、老年服务与管理、连锁经营管理、旅游管理、旅游英语、烹饪工艺与营养、烹饪工艺与营养（食品营养与健康、烹饪工艺与营养（西餐工艺与营养、汽车运用技术、人力资源管理、商务英语、社会工作、涉外旅游、市场营销、文秘（涉外秘书）、物流管理、新闻采编与制作、信息安全技术、学前教育（双语师资）、音乐表演、英语教育、应用俄语、资产评估与管理

院系设置
商学院、中国语言学院、机械电子技术学院、计算机信息技术学院、烹饪与餐饮管理学院、旅游与酒店管理学院、传媒与设计学院、外国语言学院、继续教育学院、公共教学部、思想政治理论课教研部

定期公开出版的专业刊物 《新疆职业大学学报》（民、汉）

学校设立奖学金情况
学校设立奖学金3项，奖励总金额87万元。奖学金最高金额8000元/年，最低金额1000元/年。

主要校办产业
新疆职工大学驼铃公司

学校历史沿革
学校成立于1962年，是一所由自治区人民政府创办，由自治区教育厅主管的自治区级示范性普通高等职业院校。2000年1月，经自治区教育厅论证并经自治区人民政府批准，学校更名为"新疆职业大学"，改制为高职院校，承担普通高等职业技术教育任务。2007年6月在教育部备案（教发函[2007]124号）。（2000年1月新疆职工大学与新疆商业技工学校实质性合并，2005年新疆蒙古师范学校并入我校。）

成人高等学校

北京市海淀区职工大学

学校(机构)标识码 4211050001	校园(局域)网域名 www.zgcxy.bjedu.cn	1846.49
学校办学类型 421:职工高校	电子信箱 bgs@zgcxy.bjedu.cn	在校生数(人) 369
学校举办者 811 省级教育部门	占地面积(平方米) 67235	其中:成人专科 369
学校地址 北京市海淀区北四环中路271号	校舍建筑面积(平方米) 27812	专任教师(人) 66
邮政编码 100083	图书(万册) 8.92	其中:副高级 12
办公电话 010-62347026	固定资产总值(万元) 4945.05	中级 50
传真电话 010-62347026	教学、科研仪器设备资产值(万元)	初级 4

专科专业 电脑艺术设计、航空服务、航空机电设备维修、军乐艺术、旅游管理、汽车检测与维修技术、舞蹈表演、学前教育、应用艺术设计

院系设置
学校设有英语系、计算机系、美术系、人文学科(部)系、经法系、基础学科部

学校历史沿革
海淀业余大学(1958年-文革时期);海淀区职工大学(1980年-2001年);中关村社区学院(2001年12月25日);2002年5月与海淀区成人教育中心合并;2002年9月,更名为中关村学院;2002年10月与北京市第99中合并。目前备案的学校名称仍为北京市海淀区职工大学。

北京市东城区职工业余大学

学校(机构)标识码 4211050002	校园(局域)网域名 www.dczd.com	在校生数(人) 543
学校办学类型 421:职工高校	电子信箱 dczd@btamail.net.cn	其中:成人专科 543
学校举办者 811 省级教育部门	占地面积(平方米) 21000	专任教师(人) 78
学校地址 北京市东城区朝外潘家坡1号	校舍建筑面积(平方米) 23806	其中:副高级 10
邮政编码 100020	图书(万册) 8.15	中级 45
办公电话 010-65520824	固定资产总值(万元) 1475.38	初级 15
传真电话 010-65520824	教学、科研仪器设备资产值(万元) 731.06	未定职级 8

专科专业 电脑艺术设计、多媒体设计与制作、工商企业管理、广告设计与制作、会计、计算机信息管理、人力资源管理、图形图像制作、艺术设计、应用英语、幼儿艺术教育

学校历史沿革
北京市东城区职工业余大学成立于1980年,是国家教育部备案、北京市教委批准成立的独立设置的成人高等学校。是全国恢复成人高等教育以来建校最早的院校之一。学校于1994年与东城电大实现联合,1999年开始举办开放式教育的本、专科教育;1998年-2010年根据社会需求成立了市委党校东城职大分院,目前学生已全部毕业。

北京市崇文区职工大学

学校(机构)标识码 4211050004	校园(局域)网域名 www.cwzd.com.cn	728.6
学校办学类型 421:职工高校	电子信箱 hafi_ultea@163.com	在校生数(人) 762
学校举办者 811 省级教育部门	占地面积(平方米) 21000	其中:成人专科 762
学校地址 北京市崇文区职工大学	校舍建筑面积(平方米) 9129	专任教师(人) 52
邮政编码 100061	图书(万册) 7.14	其中:副高级 12
办公电话 010-67148675	固定资产总值(万元) 1296	中级 35
传真电话 010-67153071	教学、科研仪器设备资产值(万元)	初级 5

专科专业 电子商务、多媒体设计与制作、广告设计与制作、会计、计算机应用技术、经济管理、经济信息管理、酒店管理、商务英语、物流管理、装饰艺术设计

院系设置
艺术系、管理系和基础系

学校历史沿革
崇文区业余公学（1985—1960年）；崇文区业余大学（1960—1983年）；崇文区职工大学（1983—2011年）；东城区职工大学（2011年—今）。

北京宣武红旗业余大学

学校（机构）标识码	4211050005
学校办学类型	421：职工高校
学校举办者	811 省级教育部门
学校地址	北京市西城区右安门内大街79号
邮政编码	100054
办公电话	010 - 63543784
传真电话	010 - 83522008
校园（局域）网域名	www.hqdx.com
电子信箱	hqdx211@sina.com
占地面积（平方米）	32837
校舍建筑面积（平方米）	35997
图书（万册）	7.74
固定资产总值（万元）	1398.1
教学、科研仪器设备资产值（万元）	678
在校生数（人）	761
其中：成人专科	761
专任教师（人）	61
其中：正高级	1
副高级	15
中级	32
初级	12
未定职级	1

专科专业 电脑艺术设计、电子商务、工商企业管理、广告设计与制作、会计、计算机网络技术、计算机信息管理、人力资源管理、摄影与摄像艺术、物流管理、物业管理、学前教育、应用英语、装饰艺术设计

院系设置
公共课部、管理系、艺术系、计算机系、外语系

定期公开出版的专业刊物 《北京宣武红旗业余大学学报》

北京市石景山区业余大学

学校（机构）标识码	4211050006
学校办学类型	421：职工高校
学校举办者	811 省级教育部门
学校地址	北京石景山区八角北路51号
邮政编码	100043
办公电话	010 - 68875216
传真电话	010 - 68825782
校园（局域）网域名	www.sjsyd.com.cn
电子信箱	sjsyd@sina.com
占地面积（平方米）	21005
校舍建筑面积（平方米）	24530
图书（万册）	13.3
固定资产总值（万元）	3146
教学、科研仪器设备资产值（万元）	281
在校生数（人）	881
其中：成人专科	881
专任教师（人）	64
其中：副高级	15
中级	41
初级	8

专科专业 城市轨道交通运营管理、电脑艺术设计、多媒体设计与制作、广告设计与制作、会计、计算机信息管理、经济管理、旅游管理、市场营销、物流管理、应用英语、幼儿艺术教育业、幼儿艺术设计

北京市朝阳区职工大学

学校（机构）标识码	4211050007
学校办学类型	421：职工高校
学校举办者	832 县级其他部门
学校地址	朝阳区和平里南口砖角楼北里5号
邮政编码	100013
办公电话	010 - 64211719
传真电话	010 - 64210193
校园（局域）网域名	www.bjccc.com
电子信箱	cccb@bjccc.com
占地面积（平方米）	34707
校舍建筑面积（平方米）	27723
图书（万册）	7.6
固定资产总值（万元）	4578.07
教学、科研仪器设备资产值（万元）	1842.81
在校生数（人）	545
其中：成人专科	545
专任教师（人）	39
其中：副高级	12
中级	26
初级	1

专科专业　电脑艺术设计、动漫设计与制作、法律文秘、工商企业管理、广告设计与制作、会计、计算机网络技术、物流管理、艺术教育、音乐表演、应用英语

北京市机械工业局职工大学

学校(机构)标识码　4211050008　　学校办学类型　421:职工高校　　学校举办者　811 省级教育部门

北京医药集团职工大学

学校(机构)标识码　4211050018	校园(局域)网域名　www.bjyyjy.org.cn	1502
学校办学类型　421:职工高校		在校生数(人)　515
学校举办者　812 省级其他部门	电子信箱　bjyyjy@163.com	其中:成人专科　515
学校地址　北京市丰台区宋家庄苇子坑148号	占地面积(平方米)　23400	专任教师(人)　40
	校舍建筑面积(平方米)　18083	其中:副高级　13
邮政编码　100079	图书(万册)　4.4	中级　25
办公电话　010-58167811	固定资产总值(万元)　6320	未定职级　2
传真电话　010-58167866	教学、科研仪器设备资产值(万元)	

专科专业　护理、药品质量检测技术、药学、中药

学校历史沿革

北京医药集团职工大学前身为北京市医药总公司职工大学。学校创建于1982年,2002年更名为北京医药集团职工大学。

北京市建设职工大学

学校(机构)标识码　4211050021	校园(局域)网域名　www.bccs.cn	1576
学校办学类型　421:职工高校	电子信箱　chjoffice@vip.163.com	在校生数(人)　806
学校举办者　811 省级教育部门	占地面积(平方米)　29068	其中:成人专科　806
学校地址　北京市朝阳区水碓子东路15号	校舍建筑面积(平方米)　22770	专任教师(人)　77
	图书(万册)　3.6	其中:副高级　24
邮政编码　100026	固定资产总值(万元)　23031	中级　41
办公电话　010-85982068	教学、科研仪器设备资产值(万元)	初级　12
传真电话　010-85982066		

专科专业　给排水工程技术、工程造价、供热通风与空调工程技术、建筑工程管理、建筑工程技术、市政工程技术、装饰艺术设计

学校历史沿革

北京市建设职工大学是经市政府批准、国家教委备案的成人高等院校,成立于1983年,是隶属于北京市教育委员会的成人高校。

北京市总工会职工大学

学校(机构)标识码　4211050025	学校举办者　812 省级其他部门	号
学校办学类型　421:职工高校	学校地址　北京市西城区陶然亭路53	邮政编码　100054

办公电话 010-63521133	图书(万册) 6.39	成人专科 1017
传真电话 010-63521133	固定资产总值(万元) 3681	专任教师(人) 49
校园(局域)网域名 www.ghgy.com.cn	教学、科研仪器设备资产值(万元)	其中:正高级 1
电子信箱 ghgy@ghgy.com.cn	1010	副高级 11
占地面积(平方米) 20720	在校生数(人) 1074	中级 35
校舍建筑面积(平方米) 28711	其中:成人本科 57	初级 2

本科专业 行政管理

专科专业 城市燃气工程技术、工商企业管理、工业环保与安全技术、化工设备维修技术、会计电算化、金融管理与实务、汽车制造与装配技术、人力资源管理、生物化工工艺

学校历史沿革

北京市总工会职工大学前身为北京市职工业余大学,创建于1980年。1984年更名为北京市总工会职工大学。1986年与市总工会干部学校合并至今。

中央党校继续教育学院

学校(机构)标识码 4211050038	学校办学类型 421:职工高校	学校举办者 281 中央党校

中国记协职工新闻学院

学校(机构)标识码 4211050043	学校举办者 722 中华全国新闻工作者	协会
学校办学类型 421:职工高校		

中南海业余大学

学校(机构)标识码 4211050044	学校办学类型 421:职工高校	学校举办者 201 中央办公厅

北京市丰台区职工大学

学校(机构)标识码 4211051624	电子信箱 ftzdxx@sohu.com	其中:成人专科 821
学校办学类型 421:职工高校	占地面积(平方米) 20996	专任教师(人) 53
学校举办者 811 省级教育部门	校舍建筑面积(平方米) 15840	其中:正高级 1
学校地址 北京市丰台区职工大学	图书(万册) 4.9	副高级 14
邮政编码 100161	固定资产总值(万元) 525.8	中级 27
办公电话 010-63851839	教学、科研仪器设备资产值(万元)	初级 8
传真电话 010-63846799	232.8	未定职级 3
校园(局域)网域名 www.ftzd.com	在校生数(人) 821	

专科专业 工商管理类、会计、机械制造与自动化、计算机信息管理、物流管理、新闻与传播、艺术设计

北京市西城经济科学大学

学校(机构)标识码 4211051626	传真电话 010-66560169	626.99
学校办学类型 421:职工高校	校园(局域)网域名 www.xcjkd.org	在校生数(人) 1364
学校举办者 811 省级教育部门	占地面积(平方米) 43000	其中:成人专科 1364
学校地址 北京市西直门内南草厂22号	校舍建筑面积(平方米) 44000	专任教师(人) 63
	图书(万册) 10.72	其中:副高级 19
邮政编码 100035	固定资产总值(万元) 1469.79	中级 38
办公电话 010-66560169	教学、科研仪器设备资产值(万元)	初级 6

专科专业 电脑艺术设计、工商企业管理、广告设计与制作、会计、计算机网络与安全管理、人力资源管理、艺术教育、艺术设计、影视动画

学校历史沿革

经北京市政府京政函字(2000)158号文件及北京市教委京教计(2000)065号文件批准,北京市西城区职工大学与北京市西城经济科学大学合并,成立新的北京市西城经济科学大学。同时,撤销西城职工中专建制。

北京市汽车工业总公司职工大学

学校(机构)标识码 4211051627	学校办学类型 421:职工高校	学校举办者 812 省级其他部门

北京市农工商联合总公司职工大学

学校(机构)标识码 4211051630	学校办学类型 421:职工高校	学校举办者 811 省级教育部门

国家法官学院

学校(机构)标识码 4211051651	校园(局域)网域名 njc.chinacourt.org	在校生数(人) 1145
学校办学类型 421:职工高校	电子信箱 njc-office@163.com	其中:成人本科 795
学校举办者 161 最高人民法院	占地面积(平方米) 50183	成人专科 350
学校地址 北京市通州区天成桥甲一号	校舍建筑面积(平方米) 28561	专任教师(人) 58
	图书(万册) 8.1	其中:正高级 8
邮政编码 101100	固定资产总值(万元) 11094.51	副高级 27
办公电话 010-67559017	教学、科研仪器设备资产值(万元) 157.85	中级 20
传真电话 010-67559145		初级 3

本科专业 法学
专科专业 法律事务、司法警务
院系设置
法律系
国家级、省部级研究机构设置
研究所(中心):国家法官学院案例开发研究中心

定期公开出版的专业刊物 《法律适用》、《中国审判案例要览》

学校历史沿革

国家法官学院成立于1997年,其前身为全国法院干部业余法律大学(1985-2001)和中国高级法官培训中心(1998-1997)。

华北电业联合职工大学

学校(机构)标识码 4211051800	学校办学类型 421:职工高校	学校举办者 812 省级其他部门

首都联合职工大学

学校(机构)标识码　4211051837
学校办学类型　421:职工高校
学校举办者　812 省级其他部门
学校地址　北京市朝阳区水岸南街1号院
邮政编码　100012
办公电话　010-84631746
传真电话　010-84923283

校园(局域)网域名　www.sdld.cn
电子信箱　zx@sdld.cn
占地面积(平方米)　585788
校舍建筑面积(平方米)　180904
图书(万册)　24.12
固定资产总值(万元)　4956.53
教学、科研仪器设备资产值(万元)　1740.96

在校生数(人)　2676
其中:成人专科　2676
专任教师(人)　132
其中:正高级　29
　　　副高级　43
　　　中级　32
　　　初级　12
　　　未定职级　16

专科专业　多媒体设计与制作、工商行政管理、国际商务、会计、会展策划与管理、机电一体化技术、计算机信息管理、经济法律事务、汽车运用与维修、商务英语、数控技术、文物鉴定与修复、舞蹈表演、物流管理、音乐表演、应用俄语

毕业生一次就业率　90%

学校历史沿革

1988 年 5 月 20 日,根据国家教委(88)教计字 020 号文件精神,首都联合职工大学(以下简称首都联大)在人民大会堂举行成立大会。

1988 年 10 月 5 日,首都联大学术委员会成立。

1989 年 12 月 6 日,中南海业余大学不再作为分校接受首都联大领导。

2007 年 8 月 1 日,首都联合职工大学校址由朝阳区惠新东街 16 号迁至朝阳区水岸南街 1 号院。

2008 年 6 月 20 日,首都联合职工大学举行 20 周年校庆纪念活动。

民航管理干部学院

学校(机构)标识码　4211051167
学校办学类型　423:管理干部学院
学校举办者　417 中国民用航空总局
学校地址　中国民航管理干部学院
邮政编码　100102
办公电话　010-64720632
传真电话　010-64728993

占地面积(平方米)　42000
校舍建筑面积(平方米)　50157
图书(万册)　9
固定资产总值(万元)　3973.33
教学、科研仪器设备资产值(万元)　2036.51
在校生数(人)　2994

其中:成人专科　2994
　　　留学生　2256
专任教师(人)　161
其中:正高级　9
　　　副高级　50
　　　中级　97
　　　初级　5

专科专业　航空服务、航空油料管理和应用、民航安全技术管理、民航运输、应用英语

院系设置

外语系、经管系、社科系、飞行标准系、航空医学系、航空安保系、航空安全管理系、机场管理系、适航维修与管理系、空中交通安全管理系

国家级、省部级研究机构设置

研究所(中心):发展战略与产业政策研究所、民航企业基础管理研究所、人力资源管理研究所、航空运输市场研究所、信息技术应用研究所、企业改革研究所、现代物流研究所、财务管理研究所、项目管理研究所、继续教育研究所、经济与法律研究中心、民航员工心理测评中心、中国民航竞争力研究中心、民航收入会计研究所、通用航空研究所

定期公开出版的专业刊物　《民航管理》、《民航政工》、《空运商务》

学校历史沿革

1982 年 7 月 10 日,成立中国民航干部学校,1984 年 8 月更名为中国民航管理干部学院。

公安部管理干部学院

学校(机构)标识码 4211051643
学校办学类型 423:管理干部学院
学校举办者 312 公安部
学校地址 北京市西城区木樨地南里1号
邮政编码 100038
办公电话 010-83903019
传真电话 010-83903797
校园(局域)网域名 www.cppsu.edu.cn
电子信箱 msk@cppsu.edu.cn
在校生数(人) 2113
其中:成人专科 2113

专科专业 法律文秘、行政管理

国家检察官学院

学校(机构)标识码 4211051898
学校办学类型 423:管理干部学院
学校举办者 151 最高人民检察院
学校地址 北京市昌平区百沙路9号
邮政编码 102206
办公电话 010-61719028
传真电话 010-61731152
校园(局域)网域名 www.jcgxy.org
电子信箱 jcgxybgs@163.com
占地面积(平方米) 136066
校舍建筑面积(平方米) 68200
图书(万册) 12
固定资产总值(万元) 7877
教学、科研仪器设备资产值(万元) 1278
在校生数(人) 1152
其中:成人本科 1084
　　　成人专科 68
专任教师(人) 50
其中:正高级 10
　　　副高级 15
　　　中级 23
　　　未定职级 2

本科专业 法学
专科专业 书记官
学校历史沿革
国家检察官学院,隶属于最高人民检察院,是中国检察系统的最高学府,是培养共和国高级检察官的摇篮。

经教育部批准,面向社会开展成人本科学国家检察官学院两区办学,香山校区是国家检察官学院原址,位于北京著名的风景区西山八大处,占地面积61亩,建筑面积近2万平方米,现为"检察官国际交流中心",依托学院管理,开展检察官国际交流、培训和研修活动。

北京教育学院

学校(机构)标识码 4211050061
学校办学类型 424:教育学院
学校举办者 811 省级教育部门
学校地址 北京西城区德胜门外黄寺大街什坊街2号
邮政编码 110120
办公电话 86-0108208
传真电话 86-0106200
校园(局域)网域名 www.djie.ac.cn
电子信箱 yban@ms.bjie.ac.cn
占地面积(平方米) 52749
校舍建筑面积(平方米) 120134
图书(万册) 63.59
固定资产总值(万元) 23853.87
教学、科研仪器设备资产值(万元) 6127
在校生数(人) 5321
其中:成人本科 1956
　　　成人专科 3365
专任教师(人) 240
其中:正高级 11
　　　副高级 84
　　　中级 123
　　　初级 20
　　　未定职级 2

本科专业 会计学、教育学(小学数学教育)、教育学(学校教育)、科学教育、旅游管理、美术学、美术学(电脑美术)、商务英语、书法学、体育教育、物理学、小学教育、学前教育、音乐学、英语
专科专业 多媒体设计与制作、工商企业管理、会计、金融与证券、旅游管理、人力资源管理、体育教育、舞蹈表演、艺术设计、艺术设计(会展方向)、艺术设计(酒店服务艺术方向)、艺术设计(烹饪方向)、音乐表演、幼儿艺术教育、装潢艺术设计、装饰艺术设计

院系设置

学院机构设置为教师教育人文学院、教师教育数理学院、校长研修学院、职业教育学院、体育与艺术学院、信息与远程教育学院、国际语言与文化学院、图书馆8个教学科研机构

定期公开出版的专业刊物 《北京教育学院学报》(双月刊)、《北京教育学院学报》(自然科学版 季刊)、《中小学管理》

学校历史沿革

1953年10月,北京教师进修学院(北京教育学院前身)正式成立。隶属北京市教育局。

1954年北京教师进修学院和北京师范学院为"一套班子,两块牌子"。

1956年,为进一步集中师资培训力量,加强师资培训工作,北京市委、市政府决定,将北京市教育局教研室与北京教师进修学院合并,另将北京小学教师进修学校和北京广播函授学校并入北京教师进修学院。至此,北京教师进修学院和北京师范学院正式分开设置。

1978年5月,经原北京市革委会批准,在教材编写组、干部学习班、教师进修办公室的基础上,重新建院,更名为北京教育学院。

1979年10月,干部培训部、教学理论部从北京教育学院划出,并在此基础上成立北京教育行政学院,承担全市中小学干部培训工作。

1986年11月,市委决定北京教育学院为正局级单位。

1993年12月,根据北京市政府的决定,北京教育学院、北京教育行政学院合并,定名为北京教育学院;同时,北京英语教师培训中心并入北京教育学院。

1995年6月,成立北京市普教系统干部培训中心。2002年4月,更名为北京市普职成教系统干部培训中心。

1995年6月,成立北京市中学教师培训中心。2002年7月,更名为北京市中小学中等职业学校教师培训中心。

1999年5月,教育部在北京教育学院设立面向21世纪中小学教师继续教育工程办公室,简称"继教工程办",受教育部师范司和北京教育学院双重领导。

2000年9月,根据北京市政府的决定,北京市成人教育学院、北京实验大学、北京市成人教育服务中心并入北京教育学院。新的北京教育学院承担基础教育、成人教育和职业教育教师及管理干部的本、专科学历教育和进修培训,同时面向社会培养各类高等职业技术人才。

北京广播电视大学

学校(机构)标识码 4211051160	校园(局域)网域名 www.btvu.org	在校生数(人) 1686
学校办学类型 426;广播电视大学	电子信箱 xb@mail.btvu.org	其中:成人专科 1686
学校举办者 811 省级教育部门	占地面积(平方米) 25010	留学生 211
学校地址 北京市海淀区皂君庙甲4号	校舍建筑面积(平方米) 52224	专任教师(人) 74
邮政编码 100081	图书(万册) 3.93	其中:正高级 2
办公电话 010-82192000	固定资产总值(万元) 11614.22	副高级 25
传真电话 010-82192114	教学、科研仪器设备资产值(万元) 4174.13	中级 39
		初级 8

专科专业 电子商务、法律事务、广告设计与制作、会计、计算机应用技术、金融管理与实务、金融与证券、舞台影视技术、艺术设计、应用英语

学校历史沿革

北京广播电视大学创建于1960年,是由北京市市委、市政府举办的高等学校。学校坚持"有教无类"的办学理念,采用灵活多样的教学手段,借助现代远程教育技术,编制立体化教材,开发多媒体课件、网络课程等多种教学媒体资源,开展远程开放教育,是一所新型开放大学。

中央广播电视大学

学校(机构)标识码 4211051161	办公电话 010-66490503	教学、科研仪器设备资产值(万元) 2650.88
学校办学类型 426;广播电视大学	传真电话 010-66490505	专任教师(人) 150
学校举办者 360 教育部(国家语言文字工作委员会)	校园(局域)网域名 www.crtvu.edu.cn	其中:正高级 19
	电子信箱 center@crtvu.edu.cn	副高级 66
学校地址 北京市西城区复兴门内大街160号中央广播电视大学	占地面积(平方米) 2671	中级 52
	校舍建筑面积(平方米) 72377	初级 5
	图书(万册) 8.79	未定职级 8
邮政编码 100031	固定资产总值(万元) 104405.82	

院系设置

中央电大设有文法学院、经济管理学院、工学院、教育学院、外语学院、农林医药学院等六个教学学院和直属学院、继续教育学院以及八一学院、总参学院、空军学院、西藏学院、残疾人教育学院,专设中国电视师范学院、中国燎原广播电视学校、中央广播电视中等专业学校。

国家级、省部级研究机构设置

研究所(中心):"中央电大现代远程教育研究所"前身为"中央电大远距离教育研究室",始建于 1985 年,1992 年更名为"远距离教育科学研究所",1998 年更名为"远距离开放教育研究所",2001 年改用现名。中央电大远研所是国内最早建立的专门研究远程教育的专业科研和管理机构,主要从事远程教育、开放教育和教育技术研究,并进行科研课题管理的工作,同时还负责中国教育技术协会高校远程教育专业委员会的工作,负责学校学术委员会的组织联络工作。

定期公开出版的专业刊物 《中国远程教育》

学校设立奖学金情况

我校 2008 年首次设立奖学金 1 项,名称是中央广播电视大学奖学金。

主要校办产业

中央广播电视大学远程教育出版集团、中央电大培训中心、电大在线远程教育技术有限公司(电大在线)

毕业生一次就业率 中央电大开放教育学生均为在职社会人员。

学校历史沿革

1978 年 2 月开始筹建,1979 年 2 月 6 日开学。

1990 年 4 月,原国家教委批准成立中国燎原广播电视学校,设在中央电大。

1993 年 12 月,原国家教委决定将中国电视师范学院并入中央广播电视大学。

1997 年 6 月,原国家教委批准成立中央广播电视中等专业学校,设在中央电大。

2000 年,中央广播电视大学八一学院成立。

2001 年,教育部把中央广播电视大学定位是教育部直属的,运用广播、电视、文字教材、音像教材、计算机课件和网络等多种媒体,面向全国开展远程开放教育的新型高等学校。

天津市和平区新华职工大学

学校(机构)标识码　4212050063
学校办学类型　421:职工高校
学校举办者　831 县级教育部门
学校地址　天津市和平区河北路 211 号
邮政编码　300040
办公电话　022 - 23396190
传真电话　022 - 23396190
校园(局域)网域名　www.tjxhcc.org
电子信箱　xhzd_tj@163.com
占地面积(平方米)　45341
校舍建筑面积(平方米)　26368
图书(万册)　14.7
固定资产总值(万元)　2918.25
教学、科研仪器设备资产值(万元)　1486.15
在校生数(人)　1683
其中:成人专科　1683
专任教师(人)　198
其中:正高级　2
副高级　82
中级　87
初级　26
未定职级　1

专科专业 电脑艺术设计、工商企业管理、会计、计算机网络技术、计算机信息管理、人力资源管理、软件技术、商务日语、物流管理

学校历史沿革

学校始建于 1958 年,校址在新华区河北路 271 号,,2004 年新华职工大学迁入河北路汇文中学。汇文中学迁址。

天津市河西区职工大学

学校(机构)标识码　4212050064
学校办学类型　421:职工高校
学校举办者　831 县级教育部门
学校地址　天津市河西区徽州道 31 号
邮政编码　300203
办公电话　022 - 23262956
传真电话　022 - 23243524
校园(局域)网域名　www.tjhxzd.com
电子信箱　hexizhidagaotong@126.com
占地面积(平方米)　48426
校舍建筑面积(平方米)　32859
图书(万册)　16.3
固定资产总值(万元)　4615.31
教学、科研仪器设备资产值(万元)　2299.79
在校生数(人)　1525
其中:成人专科　1525
专任教师(人)　140
其中:副高级　66
中级　56
初级　18

专科专业 动漫设计与制作、工商企业管理、会计、机电一体化技术、计算机网络技术、人力资源管理、商务英语、市场营

销、投资与理财、物流管理、行政管理

学校历史沿革

天津市河西区职工大学1960年经国家教育部门同意,恢复重办。原河西业余大学改为河西职大,至今。后于2006年8月与电子计算机职专合并组建河西职大(河西社区学院)。

天津市河东区职工大学

学校(机构)标识码　4212050065
学校办学类型　421:职工高校
学校举办者　831 县级教育部门
学校地址　天津市河东区职工大学
邮政编码　300170
办公电话　022 – 24122186
传真电话　022 – 24122186

电子信箱　hjmwlhyj@163.com
占地面积(平方米)　49602
校舍建筑面积(平方米)　27143
图书(万册)　18.9
固定资产总值(万元)　3398.94
教学、科研仪器设备资产值(万元)　1726.18

在校生数(人)　1494
其中:成人专科　1494
专任教师(人)　62
其中:副高级　25
中级　22
初级　15

专科专业　电气自动化技术、电子科学与技术、电子商务、工程测量技术、工商管理类、国际金融、国际经济与贸易、汉语、会计、机械制造与自动化、计算机科学与技术、旅游管理、社区管理与服务、市场营销、网络工程、物流管理、信息管理与信息系统

院系设置

河东区职工大学下设计算机、机电、经济、语言、政法、数学、体卫7个教研室

学校历史沿革

河东区职工大学前身为河东区业余大学,创建于1958年,1960年改为国办。1982年经天津市人民政府批准,国家教育部备案,河东区业余大学更名为河东区职工大学。1987年与天津广播电视大学河东工作站合并,学校名称仍为河东区职工大学。2004年初,天津广播电视大学河东工作站经市教委验收后升格为天津广播电视大学河东分校。

天津市红桥区职工大学

学校(机构)标识码　4212050066
学校办学类型　421:职工高校
学校举办者　831 县级教育部门
学校地址　天津市红桥区丁字沽三号路45号
邮政编码　300131
办公电话　022 – 86513066
传真电话　022 – 86513059

校园(局域)网域名　www.hqzd.net
电子信箱　office86513059@126.com
占地面积(平方米)　34997
校舍建筑面积(平方米)　15517
图书(万册)　6.5
固定资产总值(万元)　998.1
教学、科研仪器设备资产值(万元)　81.9

在校生数(人)　1040
其中:成人专科　1040
专任教师(人)　75
其中:副高级　30
中级　38
初级　7

专科专业　电气自动化技术、工程监理、工商企业管理、会计、机电一体化技术、计算机网络技术、计算机信息管理、计算机应用技术、市场营销、物流管理、行政管理

学校历史沿革

1958年初创建红桥大学,1958年6月创建工人大学,1960年两校合交,定名红桥大学,1961年更名为天津市红桥区业余大学,文革停办。1974年下半年复校。1979年开始设立专业。1979年2月,天津市广播电视大学在红桥区设立工作站,成立天津市第一个站校合一单位。1981年2月15日经天津市人民政府办公厅(81)政办函字15号文件正式批准立案,1982年6月17日经教育部以(82)教工字20号文件批准立案,从此以后红桥业余大学作为地区性成人高等专科学校教育部承认其学历,毕业证书在国内有效。2002年1月,红桥职大,红桥职工中专合并。2005年3月21日天津市教委下发津教委(2005)5号文件,同意在红桥区成教中心,红星职专,北洋职专单个单位实质性便的基础上,组建天津市北洋社区学院。2005年6月,红桥职大与北洋职专合并。

天津市南开区职工大学

学校(机构)标识码　4212050068　　学校办学类型　421:职工高校　　学校举办者　831 县级教育部门

学校地址 天津市南开区五马路94号	占地面积(平方米) 36661	在校生数(人) 1472
邮政编码 300100	校舍建筑面积(平方米) 21939	其中:成人专科 1472
办公电话 022-27373310	图书(万册) 6.1	专任教师(人) 80
传真电话 022-27373310	固定资产总值(万元) 850.59	其中:副高级 41
校园(局域)网域名 www.tjnkcc.com	教学、科研仪器设备资产值(万元)	中级 36
电子信箱 nkzdbgs@eyou.com	468.17	初级 3

专科专业 工商企业管理、会计、机电一体化技术、计算机网络技术、物流管理、行政管理

院系设置

目前设立有机电系、经济系、外语系、基础系、会计系五个系,17个专科专业。另设有培训中心,主要开展各类在职培训和老年教育。

定期公开出版的专业刊物 每年一期《南开社区学院论文集》

学校历史沿革

1958年,南开区职工大学的前身-南开区工农师范学校开始设立高师大专班。

1962年,学校独立建制,定名为南开区业余大学。

1966年,因文化大革命,学校停办。

1978年,南开区业余大学恢复办学。

1980年12月,经天津市人民政府批准,国家教育部备案,学校更名为天津市南开区职工大学。

2002年1月31日,经天津市政府同意、天津市教委批准,南开区立信职专、南开区商业职专并入南开区职工大学,学校设三个校区,其人、财、物由南开区职工大学统一管理。

天津市建筑工程职工大学

学校(机构)标识码 4212050070	cn	在校生数(人) 1692
学校办学类型 421:职工高校	电子信箱 jgzddt@163.com	其中:成人专科 1692
学校举办者 891 地方企业	占地面积(平方米) 20284	专任教师(人) 58
学校地址 天津市河西区气象台93号	校舍建筑面积(平方米) 9813	其中:正高级 2
邮政编码 300074	图书(万册) 8	副高级 19
办公电话 022-23016675	固定资产总值(万元) 673	中级 20
传真电话 022-23015817	教学、科研仪器设备资产值(万元)	初级 15
校园(局域)网域名 www.tjjgzd.com.	331	未定职级 2

专科专业 工程造价、工商企业管理、会计、机电安装工程、建筑工程技术、人力资源管理、物流管理、物业管理

学校历史沿革

天津市建筑工程职工大学前身系"天津市职工业余建筑工程学校"(1952年-1958年),是天津市人民政府及建筑工程局为解决当时国民经济恢复和发展中建筑任务的增长与建筑专业技术人员不足的矛盾而兴办的。当时是中等专业学校性质。1958年升格为天津市建筑工程业余大学(1958年-2003年),1966年"文化大革命"开始后被迫停办。1978年9月复校。1980年12月经市政府批准为职工高等学校,2003年9月更名为天津市建筑工程职工大学(2003年至今)。

天津市职工经济技术大学

学校(机构)标识码 4212050073	电子信箱 zhidaxiaoban@sina.com	在校生数(人) 1049
学校办学类型 421:职工高校	占地面积(平方米) 39467	其中:成人专科 1049
学校举办者 812 省级其他部门	校舍建筑面积(平方米) 8963	专任教师(人) 63
学校地址 天津市河北区民生路56号	图书(万册) 6.24	其中:正高级 1
邮政编码 300010	固定资产总值(万元) 958.86	副高级 27
办公电话 022-58321509	教学、科研仪器设备资产值(万元)	中级 23
传真电话 022-58321510	149.06	初级 12

专科专业 电子商务、工商企业管理、会计、机电一体化技术、计算机信息管理、物流管理

院系设置
基础部、应用外语系、机电系、计算机系、经济管理系
国家级、省部级研究机构设置
研究所(中心):研究室
学校历史沿革
我校于一九五八年九月建校,属天津市总工会主办。当时学校定名为"天津市职工业余技术大学","文革"期间停办,一九七九年三月恢复招生。独立建制,并更名为"天津市工人业余技术大学"。一九八一年二月经天津市人民政府审查批准备案。现学校是面向全市招生的综合性职工大学,经国家教委(国家教委计司[1994]1号文复函)同意,自一九九四年七月起,更名为"天津市职工经济技术大学"。

天津市渤海化工职工学院

学校(机构)标识码 4212050095	校园(局域)网域名 www.tjpxzx.cn	
学校办学类型 421:职工高校	电子信箱 jy1c@tjsoda.com	在校生数(人) 665
学校举办者 891 地方企业	占地面积(平方米) 29000	其中:成人专科 665
学校地址 天津市滨海新区塘沽东大街206号	校舍建筑面积(平方米) 19002	专任教师(人) 54
	图书(万册) 4.5	其中:副高级 9
邮政编码 300450	固定资产总值(万元) 3092	中级 22
办公电话 022-25850248	教学、科研仪器设备资产值(万元)	初级 23
传真电话 022-25850248		

专科专业 工商企业管理、会计、机电设备维修与管理、物流管理、应用化工技术
院系设置
2个教研室
学校历史沿革
1975年2月,天津碱厂"七二一"工人大学成立;
1981年1月,经天津市政府批准改为天津碱厂职工大学;
1987年2月,经国家教育委员会同意更名为天津市渤海化工职工学院。

天津市房地产局职工大学

学校(机构)标识码 4212051659	邮政编码 300270	校园(局域)网域名 www.tjgfxy.com.cn
学校办学类型 421:职工高校	办公电话 022-63303860	
学校举办者 812 省级其他部门	传真电话 022-63303872	电子信箱 gsxy_bgs163@163.com
学校地址 天津市房地产局职工大学		

天津市管理干部学院

学校(机构)标识码 4212050121	校园(局域)网域名 www.tjdx.gov.cn	教学、科研仪器设备资产值(万元) 2610.94
学校办学类型 423:管理干部学院	电子信箱 tjdx@tjdx.gov.cn	
学校举办者 812 省级其他部门	占地面积(平方米) 162713	专任教师(人) 131
学校地址 天津市南开区育梁道4号	校舍建筑面积(平方米) 84606	其中:正高级 25
邮政编码 300191	图书(万册) 68.4	副高级 68
办公电话 022-23679103	固定资产总值(万元) 13047.43	中级 38
传真电话 022-23362627		

院系设置
中共天津市委党校、天津行政学院、天津市管理干部学院
国家级、省部级研究机构设置
研究所(中心):政党政治研究所、经济发展战略研究所、哲

学研究所、中国特色社会主义体系研究中心

定期公开出版的专业刊物 《中共天津市委党校学报》、《天津行政学院学报》、《求知》

主要校办产业

天津市管理干部学院西青防水建筑工程公司、天津市富丽装饰公司

学校历史沿革

天津市管理干部学院是1983年经天津市人民政府批准、国家教育部备案的独立设置的成人高等学院。它是以天津市干部学校为基础改建的。天津市干部学校的前身是1986年成立的天津市10.4干校(后改称天津市五.七干校)。

1989年7月31日,天津市人民政府批准依托于天津市管理干部学院教学实体,建立天津行政学院,一套机构,两块牌子,实行党委负责制。承担全市公务员培训任务。

2001年8月10日,中共天津市委、市政府决定,中共天津市委党校与天津行政学院(天津市管理干部学院)合并,实行校务委员会负责制,管理干部学院开展学历教育的职能不变。

天津物资管理干部学院

学校(机构)标识码　4212051172
学校办学类型　423:管理干部学院
学校举办者　812 省级其他部门
学校地址　天津市河东区
邮政编码　300204
办公电话　022-23145908
传真电话　022-23145908
电子信箱　123@126.com

天津市政法管理干部学院

学校(机构)标识码　4212051175
学校办学类型　423:管理干部学院
学校举办者　812 省级其他部门
学校地址　天津市南开区水上公园路45号
邮政编码　300191
办公电话　022-23368935
传真电话　022-23361023
校园(局域)网域名　www.tjzfxy.com
电子信箱　ZFXY_tj@eyou.com
占地面积(平方米)　39959
校舍建筑面积(平方米)　19864
图书(万册)　7.5
固定资产总值(万元)　2572.5
教学、科研仪器设备资产值(万元)　471.1
在校生数(人)　217
其中:成人专科　217
专任教师(人)　87
其中:正高级　4
副高级　40
中级　35
初级　2
未定职级　6

专科专业　司法警务

院系设置

法律系、经济法系、司法行政系、基础理论部、党校工作部

国家级、省部级研究机构设置

研究所(中心):科研图书资料部

定期公开出版的专业刊物　《天津法学》

学校设立奖学金情况

学校设立奖学金2项,奖励总金额5.6余万元。奖学金最高金额500元/年,最低金额100元/年。

学校历史沿革

1981年7月,根据国务院[1980]179号文件精神,经天津市政府办公厅(津政办函[1981]76号)文件批准,成立天津市政法干部学校筹备组。1982年10月,天津市政府(津政办函[1982]66号)文件,批准成立天津市政法干部学院。

天津市工会管理干部学院

学校(机构)标识码　4212051176
学校办学类型　423:管理干部学院
学校举办者　812 省级其他部门
学校地址　天津市西青区西青道274号
邮政编码　300380
办公电话　022-58321508
传真电话　022-58321509
校园(局域)网域名　www.tjghxy.com
电子信箱　sygonghui@ftutj.cn
占地面积(平方米)　85334
校舍建筑面积(平方米)　64207
图书(万册)　12.77
固定资产总值(万元)　2073.1
教学、科研仪器设备资产值(万元)　1034.6
在校生数(人)　103
其中:成人专科　103

专任教师(人) 95	副高级 40	初级 17
其中：正高级 2	中级 36	

专科专业 计算机信息管理、美术、人力资源管理、商务代理、物流管理

院系设置
影视艺术系、旅游管理系、经济管理系

定期公开出版的专业刊物 《天津市工会管理干部学院学报》

学校设立奖学金情况
学校共设立奖学金6项，奖励总额31.29万元。奖学金最高金额8000元/年，最低金额50元/年。

1. 国家奖学金：1人/年，8000元/人；
2. 国家励志奖学金 24人，5000元/人；
3. 国家助学金：174人/年，1250元/人（一等），900元/人（二等），600元/人（三等）；
4. 人民政府奖学金：1人/年，8000元/人；
5. 院级奖学金：6人/年，100元/人；
6. 系极奖学金：42人/年，50元/人。

毕业生一次就业率 88.4%

学校历史沿革
我院的前身是于1953年成立的天津市总工会干部学校。50年来，对我市工会干部开展继续教育一直是学校的主要任务。

1983年，学校开始开展成人中专学历教育，先后开设工会建设、计算机应用、财务等9个专业。

1985年建院，开始开展成人大专学历教育，先后开设工会建设、劳动经济、法律、群众文化管理、书法篆刻、广告美术设计等13个专业，现4个专业有在校生。

天津市广播电视大学

学校(机构)标识码 4212051171	电子信箱 tjrtvuxb@tjrtvu.edu.cn	在校生数(人) 1123
学校办学类型 426：广播电视大学	占地面积(平方米) 16723	其中：成人专科 1123
学校举办者 811 省级教育部门	校舍建筑面积(平方米) 31632	专任教师(人) 68
学校地址 天津市南开区迎水道1号	图书(万册) 11.83	其中：正高级 11
邮政编码 300191	固定资产总值(万元) 6250	副高级 32
办公电话 022-23679931	教学、科研仪器设备资产值(万元)	中级 22
传真电话 022-23679972	3540	初级 3
校园(局域)网域名 www.tjrtvu.edu.		

专科专业 城市轨道交通运营管理、电子信息技术及产品营销、法律事务、法律文秘、工程测量与监理、工程监理、工程造价、工商企业管理、公共事务管理、国际贸易实务、汉语、会计、会计电算化、计算机信息管理、金融管理与实务、酒店管理、旅游英语、民事执行、商务英语、水运管理、行政管理、装饰艺术设计

定期公开出版的专业刊物 1种

河北地质职工大学

学校(机构)标识码 4213050139	校园(局域)网域名 www.dkyaolan.com	在校生数(人) 225
学校办学类型 421：职工高校	电子信箱 275467427@qq.com	其中：成人专科 225
学校举办者 812 省级其他部门	占地面积(平方米) 25765	专任教师(人) 71
学校地址 河北省石家庄市中山西路901号	校舍建筑面积(平方米) 25765	其中：正高级 1
	图书(万册) 14.75	副高级 19
邮政编码 050081	固定资产总值(万元) 1235.71	中级 16
办公电话 0311-83632884	教学、科研仪器设备资产值(万元)	初级 20
传真电话 0311-83609115	561.31	未定职级 15

专科专业 地籍测绘与土地管理信息技术、工程测量技术、工程地质勘查、会计与审计、矿山地质、区域地质调查及矿产普查、水文与工程地质、钻探技术

院系设置
地质系、工程勘查系、经济管理系

定期公开出版的专业刊物 《河北地勘》

学校设立奖学金情况

学校设立奖学金1项,奖励总金额10.96余万元。奖学金最高金额600元/年,最低金额300元/年。

毕业生一次就业率 98.76%

学校历史沿革

河北地质职工大学的前身,是1979年成立的河北地质局干部学校;1982年,经河北省人民政府批准,国家教育部备案,我校成为建制的成人高等学校,名称为"河北地质职工大学";1991年,以原河北地质职工大学为基础,在原校址与河北地勘局技工学校合并,定名为"河北地质职工大学暨技工学校";2009年初,经省编委批准,我校又拆分为"河北地质职工大学"、"河北省地勘局技工学校"两块牌子。我校于2003年列入普招行列,招收全日制普通高职高专在校生。

河北省职工医学院

- 学校(机构)标识码 4213050144
- 学校办学类型 421:职工高校
- 学校举办者 811省级教育部门

张家口市职工大学

- 学校(机构)标识码 4213051179
- 学校办学类型 421:职工高校
- 学校举办者 811省级教育部门

石家庄职工大学

- 学校(机构)标识码 4213051180
- 学校办学类型 421:职工高校
- 学校举办者 821地级教育部门
- 学校地址 河北省石家庄市长安区胜利北街491号
- 邮政编码 050041
- 办公电话 0311-87659855
- 传真电话 0311-86812224
- 校园(局域)网域名 www.sjzzgdx.com
- 电子信箱 zhidabangonshi@126.com
- 占地面积(平方米) 70225
- 校舍建筑面积(平方米) 32197
- 图书(万册) 10.52
- 固定资产总值(万元) 1414.33
- 教学、科研仪器设备资产值(万元) 592.8
- 在校生数(人) 187
- 其中:成人专科 187
- 专任教师(人) 84
- 其中:正高级 1
- 副高级 20
- 中级 43
- 初级 20

专科专业 电子商务、法律事务、工商企业管理、会计、计算机应用技术、物流管理、印刷技术

定期公开出版的专业刊物 《职大学报》、《北京市总工会职工大学学报》

学校设立奖学金情况

学校设立奖学金三项,奖励总金90100元。奖学金最高金额500元/年,最低金额200元/年。

1. 一等奖学金:53人/年,500元/人
2. 二等奖学金:106人/年,300元/人
3. 三等奖学金:159人/年,200元/人

学校设立贫困助学金:800元/年,共32人,共25600元

毕业生一次就业率 86%

学校历史沿革

石家庄职工大学前身为石家庄市职工业余大学,创建于1984年11月,2001年10月更名为石家庄职工大学。

石油物探职工大学

- 学校(机构)标识码 4213051804
- 学校办学类型 421:职工高校
- 学校举办者 812省级其他部门

河北省经贸管理干部学院

学校(机构)标识码　4213050136　　学校办学类型　423：管理干部学院　　学校举办者　812 省级其他部门

农业部乡镇企业管理干部学院

学校(机构)标识码　4213050146　　学校办学类型　423：管理干部学院　　学校举办者　812 省级其他部门

中国环境管理干部学院

学校(机构)标识码　4213051721
学校办学类型　423：管理干部学院
学校举办者　811 省级教育部门
学校地址　中国环境管理干部学院
邮政编码　066004
办公电话　0335-5315700
传真电话　0335-8054854
校园(局域)网域名　www.emcc.cn

电子信箱　emcc201130@126.com
占地面积(平方米)　540314
校舍建筑面积(平方米)　127447
图书(万册)　35.8
固定资产总值(万元)　7770
教学、科研仪器设备资产值(万元)　3000
在校生数(人)　154

其中:成人专科　154
专任教师(人)　292
其中:正高级　20
　　　副高级　68
　　　中级　120
　　　初级　74
　　　未定职级　10

专科专业　环境规划与管理、环境艺术设计
院系设置
环境科学系、环境工程系、环境艺术系、生态学系、信息工程系、人文社科系、经济学系、公共课部、培训部、现代化教育中心、实验中心、国际交流中心
定期公开出版的专业刊物　《中国环境管理干部学院学报》
学校设立奖学金情况
学校设立奖学金 8 项，奖励总金额 140 余万元。奖学金最高金额 8000 元/年，最低金额 200 元/年。
主要校办产业
中环院环保产业有限公司
毕业生一次就业率　82.5%
学校历史沿革
中国环境管理干部学院是 1981 年经国家城乡建设环境保护部批准、教育部备案的一所以培养环境保护专业人才为主的全日制高等学校，是我国最早开展环境教育的高校之一。

河北管理干部学院

学校(机构)标识码　4213051723
学校办学类型　423：管理干部学院
学校举办者　812 省级其他部门
学校地址　石家庄市槐中路 516 号
邮政编码　050031
办公电话　0311-85058718
传真电话　0311-85070264
校园(局域)网域名　www.hebeixzxy.gov.com

电子信箱　ybsh@hebeixzxy.gov.com
占地面积(平方米)　66670
校舍建筑面积(平方米)　72974
图书(万册)　14
固定资产总值(万元)　2701
教学、科研仪器设备资产值(万元)　1082.72

在校生数(人)　23
其中:成人专科　23
专任教师(人)　90
其中:正高级　7
　　　副高级　32
　　　中级　37
　　　初级　14

专科专业　工程管理类、会计、计算机应用技术
院系设置
经济学考研部、社会和文化考研部、信息化教研部、公共管

理教研部、综合教研部、信息化管理处、继续教育处
学校设立奖学金情况
学校设立奖学金 三 项,奖励总金额 36.4 余万元。奖学金最高金额 8000 元/年,最低金额 5000 元/年。
毕业生一次就业率 81.53%

学校历史沿革
化工部基本建设总公司石家庄培训中心,创建于 1981 年 11 月 30 日;1985 年 11 月 20 日成立:化工部石家庄管理干部学院;2005 年 5 月 24 日更名为:河北管理干部学院。

河北青年管理干部学院

学校(机构)标识码 4213051802	校园(局域)网域名 www.hbqgy.cn	在校生数(人) 25
学校办学类型 423:管理干部学院	电子信箱 hbqgypg06@126.com	其中:成人专科 25
学校举办者 812 省级其他部门	占地面积(平方米) 43333	专任教师(人) 131
学校地址 河北省石家庄市槐中路 417 号	校舍建筑面积(平方米) 50745	其中:正高级 9
	图书(万册) 15.4	副高级 18
邮政编码 050031	固定资产总值(万元) 2749	中级 37
办公电话 0311-87251624	教学、科研仪器设备资产值(万元) 1420.61	初级 41
传真电话 0311-85052640		未定职级 26

专科专业 电视节目制作、法律事务、会计电算化、计算机网络技术、文秘
院系设置
影视新闻系、法律经济系、信息技术与传播系
国家级、省部级研究机构设置
研究所(中心):河北省青少年研究中心
定期公开出版的专业刊物 《河北青年管理干部学院学报》
学校设立奖学金情况
学校设立奖学金 3 项,奖励总金额 100 余万元。奖学金最高金额 8000 元/年,最低金额 600 元/年。
毕业生一次就业率 66%
学校历史沿革
河北青年管理干部学院 河北省团校 河北青年管理干部学院与河北省团校是两块牌子,一套人马。河北省团校 1950 年 9 月始建设于保定,文革中停办。1982 年 11 月 3 日经河北省政府批准在石家庄恢复建立河北省团校。1987 年 1 月经省委省政府批准并报国家教委批准验收,在河北省团校的基础上成立河北青年管理干部学院。

张家口教育学院

学校(机构)标识码 4213050158	校园(局域)网域名 www.zjkjyxy.cn	在校生数(人) 21
学校办学类型 424:教育学院	电子信箱 yb8161203@sina.com	其中:成人专科 21
学校举办者 821 地级教育部门	占地面积(平方米) 423000	专任教师(人) 442
学校地址 河北省张家口市桥西区平门路副 19 号	校舍建筑面积(平方米) 193982	其中:正高级 23
	图书(万册) 64	副高级 149
邮政编码 075000	固定资产总值(万元) 21356.69	中级 133
办公电话 0313-8161203	教学、科研仪器设备资产值(万元) 3915	初级 99
传真电话 0313-8161203		未定职级 38

专科专业 英语教育、语文教育
院系设置
财经学院、护理学院、艺术系、外语系、中文系、地理与旅游系、数学系、计算机与电子信息系、法政系、体育系、临床医学系、医学影像系、生化与基础医学系、心理与教育学习
定期公开出版的专业刊物 《张家口教育学院高校教学与研究》
学校设立奖学金情况
学校设立奖学金 4 项,奖励总金额 84 余万元。奖学金最高金额 800 元/年,最低金额 200 元/年。
毕业生一次就业率 90.2%
学校历史沿革
张家口教育学院前身为张家口地区进修学校,创建于 1978 年。1984 年 5 月,经省、市政府批准成立河北省张家口地区教育学院,并于当年 7 月 5 日在国家教育部备案。1994 年张家口地市合并后改为张家口教育学院。2004 年 7 月,根据张家口市人民政府《关于对市属大中专院校布局调整的决定》,原张家口市卫生学校、财经学校、卫生职工中等专业学校并入张家口教育学

院,组建为新的张家口教育学院。2005 年 10 月,根据张家口市人民政府《关于将张家口艺术学校合并到张家口教育学院的决定》,原张家口艺术学校并入张家口教育学院。

秦皇岛教育学院

学校(机构)标识码　4213051186
学校办学类型　424:教育学院
学校举办者　812 省级其他部门

河北省广播电视大学

学校(机构)标识码　4213051177
学校办学类型　426:广播电视大学
学校举办者　811 省级教育部门
学校地址　河北省石家庄市和平西路 481 号
邮政编码　050071
办公电话　0311-87041337
传真电话　0311-87047810
校园(局域)网域名　www.hebnetu.edu.cn
电子信箱　xb@hebnetu.edu.cn
占地面积(平方米)　48024
校舍建筑面积(平方米)　72583
图书(万册)　7.39
固定资产总值(万元)　3704.63
教学、科研仪器设备资产值(万元)　2367.18
在校生数(人)　2129
其中:成人专科　2129
专任教师(人)　61
其中:正高级　13
副高级　9
中级　38
未定职级　1

专科专业　电脑艺术设计、电子商务、多媒体设计与制作、法律事务、工程造价、工商管理、汉语、焊接技术及自动化、会计电算化、机电一体化技术、计算机应用技术、旅游管理、汽车检测与维修技术、人力资源管理、软件技术、生化制药技术、市场营销、铁道交通运营管理、铁道通信信号、网络系统管理、文秘、物流管理、信息管理与信息系统、行政管理、学前教育、药物制剂技术、冶金技术、医药营销、应用英语、中药

院系设置
河北广播电视大学高等职业技术学院、张家口电大、承德电大、唐山电大、秦皇岛电大、廊坊电大、沧州电大、衡水电大、保定电大、石家庄电大、邢台电大、邯郸意大、省直分校、检察分校、电力分校、华油分校

定期公开出版的专业刊物　《河北广播电视大学学报》
学校设立奖学金情况
学校设立奖学金　三 项,奖励总金额 17 余万元。奖学金最高金额 800 元/年,最低金额 400 元/年。
毕业生一次就业率　71.5%
学校历史沿革
河北广播电视大学始建于 1978 年,是一所利用卫星、电视、纸质教材、互联网等多媒体手段和现代化教学手段,进行现代远程教育的远程开放大学。河北电大以省校为中心,市电大为骨干,县级电大为基础,组成遍布全省城乡的现代远程教育网络。

太原化学工业集团有限公司职工大学

学校(机构)标识码　4214050162
学校办学类型　421:职工高校
学校举办者　891 地方企业
学校地址　山西省太原市晋源区义井南三巷十三号
邮政编码　030021
办公电话　0351-6558274
传真电话　0351-6558274
校园(局域)网域名　www.thmcw@sina.com
电子信箱　thmcw@sina.com
占地面积(平方米)　26000
校舍建筑面积(平方米)　11300
图书(万册)　3.6
固定资产总值(万元)　490.5
教学、科研仪器设备资产值(万元)　64
在校生数(人)　782
其中:成人专科　782
专任教师(人)　42
其中:副高级　18
中级　22
初级　2

专科专业　工程造价、化工设备与机械、会计电算化、机电一体化技术、煤炭深加工与利用、生物化工工艺、行政管理
毕业生一次就业率　98%

山西机电职工学院

学校(机构)标识码 4214050163	校园(局域)网域名 www.sxjd.net	610.4
学校办学类型 421:职工高校	电子信箱 sxjdxy@163.com	在校生数(人) 1476
学校举办者 811 省级教育部门	占地面积(平方米) 54408	其中:成人专科 1476
学校地址 太原市新寇庄南街6号	校舍建筑面积(平方米) 64811	专任教师(人) 137
邮政编码 030012	图书(万册) 14.28	其中:副高级 46
办公电话 0351-7050994	固定资产总值(万元) 2961.42	中级 71
传真电话 0351-7050994	教学、科研仪器设备资产值(万元)	初级 20

专科专业 焊接技术及自动化、会计电算化、机电设备维修与管理、计算机应用技术、汽车运用与维修、市场营销、数控技术

学校历史沿革

山西机电职工学院原名山西机械职工大学,是1982年经原国家教委批准成立的省教育厅直属高等学校。于1991年经国家教委计字(1991)29号文件批准组建的一所成人高校。1999年经省政府晋政函(99)50号文件、省教委计(1997)7号文件的批复,太原重机厂职工大学、太原机械厂职工大学并入山西机电职工学院,隶属山西省教育厅。

太原钢铁(集团)有限公司职工钢铁学院

学校(机构)标识码 4214050164	传真电话 0351-3014231	526.15
学校办学类型 421:职工高校	电子信箱 tgpx@tisco.com.cn	在校生数(人) 337
学校举办者 891 地方企业	占地面积(平方米) 39500	其中:成人专科 337
学校地址 山西省太原市尖草坪街28号	校舍建筑面积(平方米) 11748	专任教师(人) 44
	图书(万册) 9.5	其中:副高级 11
邮政编码 030003	固定资产总值(万元) 1600	中级 30
办公电话 0351-3014280	教学、科研仪器设备资产值(万元)	初级 3

专科专业 安全技术管理、材料工程技术、电气自动化技术、法律事务、工商企业管理、环境工程技术、会计、机电设备运行与维护、计算机应用技术、建筑工程管理、热能动力设备与应用、学前教育、冶金技术

山西职工医学院

学校(机构)标识码 4214050166	电子信箱 sxzgyxybgs@163.com	其中:成人本科 2437
学校办学类型 421:职工高校	占地面积(平方米) 66684	成人专科 1216
学校举办者 812 省级其他部门	校舍建筑面积(平方米) 99959	专任教师(人) 201
学校地址 山西省太原市双塔寺街22号	图书(万册) 18.44	其中:正高级 23
邮政编码 030012	固定资产总值(万元) 9697.85	副高级 80
办公电话 0351-4294224	教学、科研仪器设备资产值(万元)	中级 68
传真电话 0351-4294224	1613.84	初级 29
校园(局域)网域名 www.sxzgyxy.com	在校生数(人) 3653	未定职级 1

本科专业 护理学、口腔医学、临床医学、药学、医学检验

专科专业 护理、口腔医学、临床医学、医学检验技术

院系设置

基础部、人文社科部、护理系、医学系、口腔系、药学系、卫生管理系

定期公开出版的专业刊物 《山西职工医学院学报》

学校设立奖学金情况

学校设立奖学金2项,其中国家励志奖学金总金额90余万

元。奖学金最高金额4000元/年,最低金额600元/年。

企业家侯丽萍出资10万元用于考取研究生的应届毕业生每人1000元。

毕业生一次就业率 88%

学校历史沿革

1953至1957年 山西省卫生厅卫生人员训练班。1957至1981年 山西省卫生干部学校。1958至1961年太原医学院。1981至1986年山西医药卫生职工专科学校。1986至今山西职工医学院。

山西煤炭职工联合大学

学校(机构)标识码 4214050167	电子信箱 sxmldyq@sina.com	在校生数(人) 2201
学校办学类型 421:职工高校	占地面积(平方米) 112159	其中:成人专科 2201
学校举办者 812 省级其他部门	校舍建筑面积(平方米) 89896	专任教师(人) 256
学校地址 山西省阳泉市北大西街西河路东	图书(万册) 19.9	其中:副高级 89
邮政编码 045000	固定资产总值(万元) 11749.36	中级 113
办公电话 0353－7073069	教学、科研仪器设备资产值(万元) 2747.82	初级 44
传真电话 0353－7073573		未定职级 10

专科专业 工商企业管理、会计电算化、机电一体化技术、计算机信息管理、矿井通风与安全、矿山安全技术与监察、矿山地质、矿山机电、煤矿开采技术、煤质分析技术、选矿技术

定期公开出版的专业刊物 《先行月刊》

主要校办产业

生产项目及产品主要有:

1. 5－120KW 防爆非防爆电动机设备大修。
2. 100KVA－500KVA 各型变压器设备大修。
3. 11.4KW、25KW、40KW 绞车设备大修。
4. 7.5KW、14KW 回柱机设备大修。
5. 其他中、小设备大修。
6. K0－K4 给煤机设备制造。
7. MC、MS－20 型埋刮板输送机设备制造。
8. 40T 刮板输送机、机头架制造。
9. 30型、60型、耙岩机、斗身、铲子制造。
10. 各种规格矿用筛网、振动筛。
11. SX－20－0.8 锁道货车制造。
12. T3240－T50120 型脱水斗式提升机制造。
13. P－30B、P－60B 耙岩机修理。
14. MD、CD型 0.25T－10T 电动葫芦修理。
15. JD－1 型调度绞车制造。
16. CTN 型永磁筒式磁选机大修。

毕业生一次就业率 80%

学校历史沿革

山西煤炭职工联合大学(阳泉校本部):学校创建于1980年10月。1991年3月,经原国家教委【1991】57号文批复同意,由潞安、汾西、西山和阳泉四所职工大学组合后联合办学,成立山西煤炭职工联合大学,校总部设在阳泉。1996年6月,经原阳泉矿务局党委常委会研究决定,阳泉职工大学、阳煤技工学校、安全培训中心及职工教育培训中心,合属为四块牌子一套办学机构。2002年4月,经阳煤集团公司党委常委会、董事会研究决定,将党校和职业一校、二校合属划归本校办学,合并后单位总称为职工教育培训中心。2006年8月,经过整体内部变革整合,把职业一、二校和阳煤技工学校统一纳入中等职业技术教育范畴。

山西兵器工业职工大学

学校(机构)标识码 4214050169	电子信箱 lilsbq@163.net	其中:成人专科 1052
学校办学类型 421:职工高校	占地面积(平方米) 29352	专任教师(人) 167
学校举办者 812 省级其他部门	校舍建筑面积(平方米) 29629	其中:正高级 1
学校地址 太原市胜利街114号	图书(万册) 11.22	副高级 52
邮政编码 030009	固定资产总值(万元) 755	中级 84
办公电话 0351－3346618	教学、科研仪器设备资产值(万元) 570	初级 29
传真电话 0351－3346618	在校生数(人) 1052	未定职级 1
校园(局域)网域名 www.sxbqdx.com		

专科专业 财务会计类新专业、财政金融类新专业、电气自动化技术、工程造价、工商管理类、工商企业管理、会计电算化、机电设备维修与管理、机械设计与制造、机械设计制造类新专业、机械制造与自动化、计算机信息管理、计算机应用技术、矿山机电、煤矿开采技术、数控技术、冶金技术

学校设立奖学金情况

学校设立奖学金 5 项,奖励总金额 12 余万元。奖学金最高金额 1000 元/年,最低金额 500 元/年 30 人。

毕业生一次就业率 86%

学校历史沿革

山西兵器工业职工大学成立于 1957 年。当时校名为太原一零一业余工学院。1964 年称山西机床厂红专大学。1975 年更为七.二一工人大学。1982 年经国家教育部和准备案更名为山西机床厂职工工学院。经国家教委[1991]219 号及中国兵器工业总公司【1992】6 号文件批准,成立了现近的山西兵器工业职工大学。

山西省职工工艺美术学院

学校(机构)标识码	4214050175
学校办学类型	421:职工高校
学校举办者	812 省级其他部门
学校地址	山西省太原市尖草坪区汾泉路三号院
邮政编码	030051
办公电话	0351－2280599
传真电话	0351－2280599
电子信箱	sxstyhldn518@163.com
占地面积(平方米)	52699
校舍建筑面积(平方米)	23634
图书(万册)	7.3
固定资产总值(万元)	1571
教学、科研仪器设备资产值(万元)	191
在校生数(人)	1007
其中:成人专科	1007
专任教师(人)	45
其中:副高级	6
中级	13
初级	20
未定职级	6

专科专业 电脑艺术设计、电子商务、会计电算化、经济管理

院系设置

学院现有美术系、经管系和基础系三个系

学校设立奖学金情况

学院设立奖学金 3 项,奖励总金额 2 余万元。奖学金最高金额 2000 元/年,最低金额 600 元/年。

1. 三好学生奖学金:8 人/年,1000 元/人
2. 优秀班团干奖:10 人/年,300 元/人
3. 体育竞赛奖:6 人/年,100 元/人

学校历史沿革

山西省职工工艺美术学院的前身是太原市二轻职工大学,创立于 1980 年,1992 年更名山西省职工二轻学院,2002 年 12 月改名为现用名。

广播电影电视管理干部学院

学校(机构)标识码	4214050031
学校办学类型	423:管理干部学院
学校举办者	811 省级教育部门
学校地址	山西省太原市五龙口街 118 号
邮政编码	030013
办公电话	0351－2261881
传真电话	0351－4658009
校园(局域)网域名	www.arft.net
电子信箱	ggybgshi@163.com
占地面积(平方米)	138001
校舍建筑面积(平方米)	119805
图书(万册)	47.49
固定资产总值(万元)	15118.21
教学、科研仪器设备资产值(万元)	6034.77
在校生数(人)	46
其中:成人专科	46
专任教师(人)	311
其中:正高级	13
副高级	82
中级	103
初级	113

专科专业 新闻采编与制作

院系设置

学院现设有五系一部,即:制作系、动画系、艺术设计系、编播系、传媒管理系和基础部

国家级、省部级研究机构设置

研究所(中心):影视制作中心、影视信息中心、影视动画中心

定期公开出版的专业刊物 《广播影视研究》

学校设立奖学金情况

学校设立奖学金 6 项,奖励总金额 230 余万元。奖学金最高金额 8000 元/年,最低金额 1000 元/年。

毕业生一次就业率 92.38%

学校历史沿革

1983 年,原国家广播电视部根据广播电视行业人才需求,建立华北广播电视学校。

1991 年 8 月,广电部根据国家广播影视行业发展的需求,在

华北广播电视学校的基础上成立广电部管理干部学院。2000年9月,根据国务院高教改革精神,学院由广电总局划转地方,山西省政府决定在保留广干院的同时,成立广播影视职业学院,一套人马,两块牌子。

山西煤炭管理干部学院

学校(机构)标识码 4214051189	校园(局域)网域名 www.sxmtxy.net	在校生数(人) 7246
学校办学类型 423:管理干部学院	电子信箱 mgywc@sohu.com	其中:成人专科 7246
学校举办者 812 省级其他部门	占地面积(平方米) 119067	专任教师(人) 203
学校地址 山西省太原市许坦西街29号	校舍建筑面积(平方米) 120962	其中:正高级 12
	图书(万册) 39.55	副高级 110
邮政编码 030006	固定资产总值(万元) 7104.92	中级 51
办公电话 0351-7040390	教学、科研仪器设备资产值(万元)	初级 28
传真电话 0351-7040390	1398.12	未定职级 2

专科专业 财政学、工商管理、机电教育技术、矿井通风与安全、矿山安全技术与监察、煤矿开采技术、煤矿开采技术(五长)、市场营销、信息管理、行政管理

院系设置
经贸系、财经系、计算机系、人文科技系、技术工程系、矿业工程系、环境工程系、旅游系、成人教育部、煤矿安全工程系

定期公开出版的专业刊物 《山西煤炭管理干部学院学报》

学校设立奖学金情况
学校设立奖学金 二项,奖励总金额50余万元。奖学金最高金额8000元/年,最低金额5000元/年。

1. 国家奖学金:5人/年,8000元/人;
2. 励志奖学金:93人/年,5000元/人。

毕业生一次就业率 81.7%

学校历史沿革
山西煤炭管理干部学院的前身是山西省煤炭工业干部学校。山西省煤炭工业干部学校成立于1959年,隶属山西省煤炭厅领导。1970年因历史原因被解散,归属霍州市管理(原霍州县),1982年拟恢复山西省煤炭工业干部学校开始筹建。
1984年6月7日省政府第14次常务会议批转成立山西煤炭管理干部学院【由山西省煤炭工业干部学校改建】。

山西省政法管理干部学院

学校(机构)标识码 4214051787	校园(局域)网域名 www.sxzfxy.com	在校生数(人) 37
学校办学类型 423:管理干部学院	电子信箱 sxzfglgbxy@163.com	其中:成人专科 37
学校举办者 812 省级其他部门	占地面积(平方米) 157000	专任教师(人) 164
学校地址 山西省太原市体育北街6号	校舍建筑面积(平方米) 58156	其中:正高级 5
	图书(万册) 17.29	副高级 38
邮政编码 030012	固定资产总值(万元) 3043.66	中级 63
办公电话 0351-7620511	教学、科研仪器设备资产值(万元)	初级 38
传真电话 0351-7620316	1391.83	未定职级 20

专科专业 法律实务类

学校历史沿革
我院前身为山西省政法干校,创建于1954年。1985年11月经山西省政府批准,在原干校基础上组建了山西省政法管理干部学院。2002年开始招收普通专科学生(含对口升学)。

山西省吕梁市教育学院

学校(机构)标识码 4214050197	邮政编码 033000	电子信箱 tianying@163.com
学校办学类型 424:教育学院	办公电话 0358-8223665	占地面积(平方米) 21677
学校举办者 822 地级其他部门	传真电话 0358-8260688	校舍建筑面积(平方米) 22359
学校地址 山西省离石区文化路4号	校园(局域)网域名 www.lljyxy.com	图书(万册) 14.1

固定资产总值(万元) 740	其中:成人专科 72	副高级 53
教学、科研仪器设备资产值(万元) 163	专任教师(人) 94	中级 32
在校生数(人) 72	其中:正高级 1	初级 8

专科专业 小学教育
院系设置
中文系、数学与计算机系、外语系、政史系、小学教育 物理系
定期公开出版的专业刊物 《吕梁教育学院学报》
毕业生一次就业率 100%
学校历史沿革
1975 年,由吕梁地区教育局批准筹建吕梁地区教师进修学校,1977 年起开始正式招生,以短期培训(三个月)为主.1983 年 6 月,经省政府批准、国家教委备案,成立吕梁地区教育学院,以成人大专学历为主,同年开始招生首届成人大专生。2000 年,经山西省教育厅批准,我院正式设立吕梁高专吕梁教育学院办学点,并招生首届普高生。

长治市教育学院

学校(机构)标识码 4214051788	电子信箱 cjy026@yahoo.cn	在校生数(人) 484
学校办学类型 424:教育学院	占地面积(平方米) 43956	其中:成人专科 484
学校举办者 822 地级其他部门	校舍建筑面积(平方米) 25361	专任教师(人) 63
学校地址 山西省长治市城西北路 11 号	图书(万册) 4.3	其中:副高级 16
邮政编码 046011	固定资产总值(万元) 630	中级 18
办公电话 0355-2086615	教学、科研仪器设备资产值(万元) 245	初级 27
传真电话 0355-2085894		未定职级 2

专科专业 初等教育、教育类新专业、人力资源管理、文秘、小学教育、音乐教育、语文教育
学校设立奖学金情况
学校设立奖学金 1 项,奖励总金额 3 余万元。奖学金最高金额 600 元/年,最低金额 260 元/年。
毕业生一次就业率 75%
学校历史沿革
长治市教育学院前身为长治市教师进修校,创建于 1954 年。1984 年 7 月经山西省人民政府批准,长治市进修校升格为长治市教育学院.1986 年 9 月经原国家教委复查后正式备案(国家教字[1986]037 号)。2002 年 7 月长治市人民政府与北京师范大学教师培训学院签定联合办学协议,北京师范大学教师培训学院长治培训基地在长治市教育学院成立。同年 11 月长治市人民政府决定,长治师范南关分校并入长治市教育学院。

山西省广播电视大学

学校(机构)标识码 4214051187	校园(局域)网域名 www.sxtvu.cn	在校生数(人) 1856
学校办学类型 426:广播电视大学	电子信箱 office@sxtvu.cn	其中:成人专科 1856
学校举办者 811 省级教育部门	占地面积(平方米) 32666	专任教师(人) 121
学校地址 山西省太原市千峰北路 109 号	校舍建筑面积(平方米) 77561	其中:正高级 5
	图书(万册) 4.5	副高级 54
邮政编码 030027	固定资产总值(万元) 4046.84	中级 34
办公电话 0351-6622223	教学、科研仪器设备资产值(万元) 1095.51	初级 28
传真电话 0351-6622221		

专科专业 城市交通运输、道路桥梁工程技术、发电厂及电力系统、法律事务、工商企业管理、公路运输与管理、汉语、会计、会计电算化、机械制造与自动化、计算机应用技术、建筑工程技术、建筑设备工程技术、建筑装饰工程技术、路政管理、市场开发与营销、市场营销、刑事执行、行政管理

院系设置
基础部、文法学院、财经学院、工学院、农医学院
定期公开出版的专业刊物 《山西广播电视大学学报》
学校历史沿革
山西广播电视大学创建于1979年2月,2002年5月山西广播函授学校成建制并入山西广播电视大学。目前有在校生七万多人,是山西在校生最多的高等学校,形成了拥有11个地市电大分校和3个行业系统分校,106个县级电大工作站的办学网络。

包头市职工大学

学校(机构)标识码 4215050204	学校办学类型 421:职工高校	学校举办者 822 地级其他部门

鄂尔多斯教育学院

学校(机构)标识码 4215050213	学校办学类型 424:教育学院	学校举办者 811 省级教育部门

内蒙古自治区广播电视大学

学校(机构)标识码 4215051192	校园(局域)网域名 www.imrtvu.edu.cn		3312.2
学校办学类型 426:广播电视大学		在校生数(人) 2413	
学校举办者 811 省级教育部门	电子信箱 nmgddxx@163.com	其中:成人专科 2413	
学校地址 内蒙古呼和浩特市赛罕区新华东街34号	占地面积(平方米) 284187	专任教师(人) 255	
	校舍建筑面积(平方米) 94638	其中:正高级 6	
邮政编码 010011	图书(万册) 38.95	副高级 110	
办公电话 0471-4601097	固定资产总值(万元) 12162.2	中级 101	
传真电话 0471-4601096	教学、科研仪器设备资产值(万元)	初级 38	

专科专业 表演艺术、财务管理、财务信息管理、道路桥梁工程技术、电厂设备运行与维护、电力系统自动化技术、动漫设计与制作、法律事务、工程测量技术、工商行政管理、公路运输与管理、广告设计与制作、汉语、会计、会计电算化、机电一体化技术、计算机信息管理、计算机应用技术、建筑工程管理、建筑工程技术、建筑设计技术、交通管理、金融保险、金融管理与实务、经济管理、酒店管理、林业技术、旅游管理、煤矿开采技术、农业技术与管理、热能动力设备与应用、人力资源管理、软件技术、生物制药技术、食品加工技术、食品生物技术、市场营销、铁道交通运营管理、铁道通信信号、网络系统管理、文秘、舞蹈表演、物流管理、新闻采编与制作、刑事侦查技术、刑事执行、行政管理、畜牧、学前教育、音乐表演、应用化工技术、应用英语、英语教育、影视动画、治安管理、主持与播音

学校历史沿革
内蒙古广播电视大学是根据邓小平同志关于创办广播电视大学的批示,于1979年2月经内蒙古自治区人民政府批准成立的一所自治区直属高等学校。

辽宁兵器工业职工大学

学校(机构)标识码 4221051087	邮政编码 110045	占地面积(平方米) 31800
学校办学类型 421:职工高校	办公电话 024-88279411	校舍建筑面积(平方米) 8660
学校举办者 891 地方企业	传真电话 024-88262750	图书(万册) 5
学校地址 辽宁兵器工业职工大学	电子信箱 lnbqdx@163.com	固定资产总值(万元) 363.34

教学、科研仪器设备资产值(万元) 178.84	其中:成人专科 93	中级 17
在校生数(人) 93	专任教师(人) 28	初级 2
	其中:副高级 7	未定职级 2

专科专业 计算机应用技术、数控技术

学校历史沿革

一九五六年十月,由第二机械工业部批准,国家教育部备案,成立沈阳201业余工学院,这就是辽宁兵器工业职工大学前身。

沈阳新光动力机械公司职工大学

学校(机构)标识码 4221051089	学校地址 沈阳市皇姑区黄河北大街25号	办公电话 024-86895623
学校办学类型 421:职工高校		传真电话 024-86895623
学校举办者 891 地方企业	邮政编码 110031	电子信箱 ddty@sina.com

辽宁省直属机关职工大学

学校(机构)标识码 4221051097	校园(局域)网域名 www.lndxzd.com	138.2
学校办学类型 421:职工高校	电子信箱 dx26210024@.126.com	专任教师(人) 40
学校举办者 812 省级其他部门	占地面积(平方米) 7014	其中:正高级 1
学校地址 辽宁省沈阳市辽河街60号	校舍建筑面积(平方米) 9320	副高级 18
邮政编码 110032	图书(万册) 4.9	中级 19
办公电话 024-86841273	固定资产总值(万元) 808.78	初级 2
传真电话 024-86841273	教学、科研仪器设备资产值(万元)	

大连工人大学

学校(机构)标识码 4221051110	校园(局域)网域名 www.dlgrdx.com	417.31
学校办学类型 421:职工高校	电子信箱 dlgrdx@sina.com	在校生数(人) 1942
学校举办者 822 地级其他部门	占地面积(平方米) 31635	其中:成人专科 1942
学校地址 辽宁省大连市西岗区同仁街67号	校舍建筑面积(平方米) 19000	专任教师(人) 42
	图书(万册) 8	其中:副高级 18
邮政编码 116011	固定资产总值(万元) 1696.8	中级 23
办公电话 0411-83632523	教学、科研仪器设备资产值(万元)	初级 1
传真电话 0411-83635941		

专科专业 电气自动化技术、工商企业管理、焊接技术及自动化、会计、会计电算化、机械制造与自动化、计算机网络技术、计算机应用技术、建筑工程管理、建筑工程技术、旅游管理、模具设计与制造、人力资源管理、软件技术、商务日语、商务英语、数控技术、物流管理、艺术设计、园艺技术

空军第四职工大学

| 学校(机构)标识码 4221051117 | 学校办学类型 421:职工高校 | 学校举办者 302 国防部 |

学校地址 辽宁省大连市182号信箱 　　　　人力资源处 邮政编码 116038	办公电话 0411-62978460 传真电话 0411-62978419 占地面积(平方米) 7140	校舍建筑面积(平方米) 4041 固定资产总值(万元) 161.17

学校历史沿革

其前身是中国人民解放军第5706工厂"七·二一"大学,1979年底建校,学校名称为中国人民解放军航空修理职工大学企业管理系,1983年2月经国家教育部备案,文件号(1983)教成字007号。

海军职工大学

学校(机构)标识码 4221051118 学校办学类型 421:职工高校 学校举办者 302 国防部 学校地址 辽宁省大连市旅顺口区长 　　　　江路118号 邮政编码 116041 办公电话 0411-86632754 传真电话 0411-39695642	校园(局域)网域名 www.hjzd.cn 占地面积(平方米) 21425 校舍建筑面积(平方米) 13476 图书(万册) 4.2 固定资产总值(万元) 4002 教学、科研仪器设备资产值(万元) 　　　　　　　　　　175.02	在校生数(人) 3745 其中:成人专科 3745 专任教师(人) 67 其中:副高级 21 　　中级 33 　　初级 11 　　未定职级 2

专科专业 财务信息管理、船舶工程技术、电气自动化技术、国际经济与贸易、航海技术、航空服务、护理、机械制造与自动化、计算机信息管理、建筑工程管理、口腔医学、临床医学、旅游管理、轮机工程技术、汽车运用与维修、热能动力设备与应用、物流管理、应用电子技术、应用化工技术、应用日语

学校设立奖学金情况

学校设立奖学金3项,奖励总金额4万元。奖学金最高金额1000元/年,最低金额200元/年。

毕业生一次就业率 100%

学校历史沿革

本校成立于1983年,独立建制,隶属于海军工厂管理部;2004年归属海军装备部管理。

大连职工大学

学校(机构)标识码 4221051120 学校办学类型 421:职工高校 学校举办者 822 地级其他部门 学校地址 大连市甘井子区华北路1 　　　　号 邮政编码 116033 办公电话 0411-86641187 传真电话 0411-86641497 校园(局域)网域名 59.44.107.35.	8081 电子信箱 Zgdx_cm@126.com 占地面积(平方米) 65093 校舍建筑面积(平方米) 56175 图书(万册) 20.5 固定资产总值(万元) 14155.1 教学、科研仪器设备资产值(万元) 　　　　　　　　　　1901.6	在校生数(人) 3476 其中:成人专科 3476 专任教师(人) 287 其中:正高级 13 　　副高级 91 　　中级 117 　　初级 54 　　未定职级 12

专科专业 电脑艺术设计、多媒体设计与制作、服装设计、工商企业管理、国际贸易实务、会计电算化、机电一体化技术、机械设计与制造、机械制造与自动化、计算机网络技术、金融与证券、旅游管理、商务日语、商务英语、市场营销、数控技术、物流管理、学前教育、应用日语、影视动画

院系设置

学校本部设四个教学系和继续教育学院,教学系分别是经济管理系、财税金融系、应用语言系、计算机科学系。另下设四个分校,分别是大重分校、普兰店分校、瓦轴分校、大化分校

定期公开出版的专业刊物 《大连职业教育》

学校设立奖学金情况

学校设立奖学金2项,奖励总金额50.8余万元。奖学金最高金额120元/年,最低金额80元/年。

学校历史沿革

学校是1989年经国家教育部批准成立的一所独立设置的综合性成人高校。2004年7月由原职工大学财贸学院为主,重

新组建新的大连职工大学。现学校由总校、继续教育学院、大重分校、瓦轴分校、普兰店分校、大化分校组成。现有在校生 4026 人。

抚顺矿务局职工工学院

学校(机构)标识码　4221051125	占地面积(平方米)　82600	其中:成人专科　803
学校办学类型　421:职工高校	校舍建筑面积(平方米)　66633	专任教师(人)　111
学校举办者　891 地方企业	图书(万册)　12	其中:正高级　1
学校地址　辽宁省抚顺市新抚区略阳街8号	固定资产总值(万元)　7117	副高级　32
	教学、科研仪器设备资产值(万元)　1375	中级　45
邮政编码　113008		初级　14
办公电话　024 - 52539121	在校生数(人)　803	未定职级　19
传真电话　024 - 52539224		

专科专业　电气自动化技术、会计电算化、机电一体化技术、机械设计与制造、计算机类、计算机应用技术、建筑工程技术、经济管理、煤矿开采技术、汽车运用与维修、石油工程技术、数控技术

学校历史沿革

抚顺矿务局职工工学院前身是抚顺矿务局工业学校和抚顺煤矿工业大学。1980 年 5 月 26 日,辽宁省人民政府下发辽政发(80)1152 号文件,批准抚顺矿务局工学院为国家承认的职工高等学校,1996 年 9 月 3 日,抚矿工学院与抚矿技校合并。合并后称抚顺矿务局职工工学院。1997 年 3 月 13 日,抚矿工学院与抚矿干校合并,更名为"抚顺矿务局职业培训中心"。

抚顺石油化工公司职工大学

学校(机构)标识码　4221051126	传真电话　024 - 57119047	教学、科研仪器设备资产值(万元)　428.57
学校办学类型　421:职工高校	电子信箱　huwei0413@yahoo.com.cn	
学校举办者　891 地方企业	占地面积(平方米)　35000	专任教师(人)　58
学校地址　辽宁省抚顺市顺城区西戈一路12号	校舍建筑面积(平方米)　14904	其中:副高级　12
	图书(万册)　10.9	中级　38
邮政编码　113005	固定资产总值(万元)　1585.23	初级　8
办公电话　024 - 57118417		

学校历史沿革

抚顺石化职工大学成立于 1983 年,是经辽宁省人民政府批准、辽宁省教育局备案的省属独立设置的甲级成人高校,92 年曾被国家教委命名为全国先进成人高校。在行政上,职工大学隶属于抚顺石化公司领导,是公司直属的事业单位;在业务上,职工大学受辽宁省教委、抚顺市教委的领导。

辽宁轻工职工大学

学校(机构)标识码　4221051127	学校地址　抚顺市东洲区南花园街 25 号	办公电话　024 - 54250285
学校办学类型　421:职工高校		传真电话　024 - 54250979
学校举办者　891 地方企业	邮政编码　113009	

抚顺职工大学

学校(机构)标识码　4221051128
学校办学类型　421：职工高校
学校举办者　822 地级其他部门
学校地址　辽宁省抚顺市新抚区丹凤街5号
邮政编码　113008
办公电话　024-52426580
传真电话　024-52423000
电子信箱　luqianyu723@163.com

阜新矿务局职工大学

学校(机构)标识码　4221051138
学校办学类型　421：职工高校
学校举办者　891 地方企业
学校地址　辽宁省阜新市太平区安培中心
邮政编码　123003
办公电话　0418-6551567
传真电话　0418-6551567
电子信箱　fxmaoyi@163.com
占地面积(平方米)　135241
校舍建筑面积(平方米)　34335
图书(万册)　10.78
固定资产总值(万元)　2607.83
教学、科研仪器设备资产值(万元)　530.1
在校生数(人)　914
其中：成人专科　914
专任教师(人)　118
其中：副高级　60
中级　42
初级　13
未定职级　3

专科专业　材料工程技术、电厂设备运行与维护、计算机网络技术、经济管理、矿井通风与安全、矿山测量、矿山机电、煤矿开采技术、数控设备应用与维护、油气开采技术

学校历史沿革
学校与1980年5月经省政府批准，教育部备案正式建校。

朝阳职工工学院

学校(机构)标识码　4221051143
学校办学类型　421：职工高校
学校举办者　891 地方企业
学校地址　辽宁省北票市振兴街建设路西段
邮政编码　122100
办公电话　0421-5382088
传真电话　0421-5873322
校园(局域)网域名　www.lnchgy.cn
占地面积(平方米)　82658
校舍建筑面积(平方米)　63750
图书(万册)　8
固定资产总值(万元)　7707
教学、科研仪器设备资产值(万元)　1792
在校生数(人)　355
其中：成人专科　355
专任教师(人)　148
其中：副高级　33
中级　95
初级　20

专科专业　会计电算化、机电一体化技术、机械设计与制造、计算机应用技术、建筑工程技术、经济管理、土建施工类新专业

阜新煤炭职工医学专科学校

学校(机构)标识码　4221051227
学校办学类型　421：职工高校
学校举办者　891 地方企业
学校地址　辽宁省阜新市海州区新华路118号
邮政编码　123000
办公电话　0418-6555029
传真电话　0418-3329348
电子信箱　yufen2008tan@163.com
占地面积(平方米)　25000
校舍建筑面积(平方米)　12985
图书(万册)　10.1
在校生数(人)　2548
其中：成人专科　2548
专任教师(人)　78
其中：正高级　19
副高级　30
中级　21
初级　8

专科专业 护理、口腔医学技术、临床医学、药学
院系设置
医疗系、护理系、药学系
学校设立奖学金情况
学校设立奖学金 项,奖励总金额 1.2 余万元。奖学金最高金额 800 元/年,最低金额 500 元/年。
毕业生一次就业率 85%
学校历史沿革
阜新煤炭职工医学专科学校创建于 1970 年 9 月,1984 年经原煤炭部(84)煤教字第 136 号文件批准成立,1986 年 3 月由原国家教委会(86)教计字 037 号文件批准备案,学校独立设置的医学成人高校,业务工作隶属于辽宁省教育厅。

辽宁文化艺术职工大学

学校(机构)标识码 4221051694	校园(局域)网域名 www.lnysxx.cn	在校生数(人) 41
学校办学类型 421:职工高校	电子信箱 wangzhaolai999@163.com	其中:成人专科 41
学校举办者 812 省级其他部门	占地面积(平方米) 21551	专任教师(人) 81
学校地址 沈阳市浑南新区富民南街56号	校舍建筑面积(平方米) 16041	其中:正高级 5
	图书(万册) 6.25	副高级 16
邮政编码 110180	固定资产总值(万元) 2207	中级 34
办公电话 024-23819732	教学、科研仪器设备资产值(万元)	初级 26
传真电话 024-23824866	561.97	

专科专业 广告设计与制作、舞蹈表演、音乐表演、影视表演、主持与播音、装饰艺术设计
院系设置
戏剧系、美术系、音乐系、舞蹈系
学校设立奖学金情况
学校设立奖学金 一 项,奖励总金额 5 余万元。奖学金最高金额 3000 元/年,最低金额 800 元/年。
毕业生一次就业率 20%
学校历史沿革
学校前身是 1956 年成立的辽宁省文化干部培训班。1957 年改为辽宁省文化干部学校,1979 年恢复文化干部培训班,1980 年 3 月 18 日辽宁省文化厅报请辽宁省政府和国家教育部审核备案,国家教计字 86(037)号文件批准,在辽宁省文化干部学校的基础上成立了辽宁省文化艺术职工大学,86 年 9 月首批大学生入学。1993 年经省政府批准改名为辽宁文化艺术职工大学,去掉了"省"字,1995 年 6 月辽宁省文化干部学校并入辽宁文化艺术与职工大学。2003 年经省教育主管部门批准,在辽宁文化艺术职工大学基础上开始筹划辽宁文化艺术职业学院,学校进入普通高等职业教育系列(从 2006 年始,高招公布的招生计划校名暂使用辽宁文化艺术职工大学)。

辽宁冶金职工大学

学校(机构)标识码 4221051695	传真电话 0411-86602078	200
学校办学类型 421:职工高校	电子信箱 lnyjzgdx2011@sina.com	专任教师(人) 45
学校举办者 891 地方企业	占地面积(平方米) 62446	其中:副高级 10
学校地址 辽宁省大连市甘井子区金一街56号	校舍建筑面积(平方米) 12168	中级 22
	图书(万册) 5.6	初级 8
邮政编码 116031	固定资产总值(万元) 7430.17	未定职级 5
办公电话 0411-86583177	教学、科研仪器设备资产值(万元)	

院系设置
冶金工业系
学校历史沿革
辽宁冶金职工大学始建于 1986 年,是经辽宁省人民政府批准【辽高教通字(1986)195 号】办学的成人高等专科学校,十多年来,相继开设了钢铁冶金、金属压力加工、冶金机械设备、工业自动化等九个专业。

沈阳机械工业职工大学

学校(机构)标识码 4221051843	校园(局域)网域名 www.syeme.com	3197
学校办学类型 421:职工高校	电子信箱 zbbgs8005@126.com	在校生数(人) 1275
学校举办者 822 地级其他部门	占地面积(平方米) 121051	其中:成人专科 1275
学校地址 沈阳市铁西区肇工北街16号	校舍建筑面积(平方米) 78003	专任教师(人) 16
	图书(万册) 16.81	其中:副高级 9
邮政编码 110026	固定资产总值(万元) 23731	中级 4
办公电话 024-25827590	教学、科研仪器设备资产值(万元)	初级 3
传真电话 024-25827590		

专科专业 电脑艺术设计、电气自动化技术、工商企业管理、航空服务、会计电算化、机械制造与自动化、计算机信息管理、计算机应用技术、旅游服务与管理、数控技术

学校历史沿革

我校系1987年经国家教育部批准成立独立设置的成人高校与原沈阳市机械工业学校(1962年建校的普通中等专业学校),同隶属于沈阳市机械工业管理局,一套班子,两块牌子,资源共享,合署办公。

新乐精密机器公司职工大学

学校(机构)标识码 4221051844	学校地址 沈阳市皇姑区崇山东路46-6号	办公电话 024-86908847
学校办学类型 421:职工高校		传真电话 024-86908847
学校举办者 891 地方企业	邮政编码 110031	电子信箱 sywg@sina.com

鞍山钢铁集团公司职工大学

学校(机构)标识码 4221051845	校园(局域)网域名 www.agzgdx.com	在校生数(人) 286
学校办学类型 421:职工高校	电子信箱 agzgdx-2@163.com	其中:成人本科 193
学校举办者 891 地方企业	占地面积(平方米) 104734	成人专科 93
学校地址 辽宁省鞍山市立山区建工街3号	校舍建筑面积(平方米) 59347	专任教师(人) 175
	图书(万册) 30.8	其中:正高级 2
邮政编码 114032	固定资产总值(万元) 5436.3	副高级 123
办公电话 0412-6313745	教学、科研仪器设备资产值(万元) 1417.33	中级 40
传真电话 0412-6313745		初级 10

本科专业 材料成型及控制工程、电气工程及其自动化、机械设计制造及其自动化、冶金工程

专科专业 环保类新专业、机电设备运行与维护、铁道机车车辆

院系设置

自控系、冶金系、文管系、计算机系、机械系、基础部

学校历史沿革

鞍钢职工大学位于鞍山市立山区建工街3号,是鞍钢集团公司的直属单位。1997年8月8日鞍钢集团公司实施教育体制改革,对鞍钢职工工学院、鞍钢广播电视大学、鞍钢职工医学专科学校三所成人高

铁岭职工大学

学校(机构)标识码　4221051847
学校办学类型　421:职工高校
学校举办者　822 地级其他部门
学校地址　辽宁省铁岭市铁东区 23 号
邮政编码　112000
办公电话　024 - 74843832
传真电话　024 - 74843832
电子信箱　ghej@sohu.com

辽宁公安司法管理干部学院

学校(机构)标识码　4221051842
学校办学类型　423:管理干部学院
学校举办者　812 省级其他部门
学校地址　辽宁省沈阳市东陵区东陵东路 82 号
邮政编码　110161
办公电话　024 - 86843342
传真电话　024 - 86861134
校园(局域)网域名　www.lacpj.com
电子信箱　lacpj@163.com
占地面积(平方米)　243829
校舍建筑面积(平方米)　116846
图书(万册)　19.19
固定资产总值(万元)　3867
教学、科研仪器设备资产值(万元)　1939.36
在校生数(人)　512
其中:成人本科　396
　　　成人专科　116
专任教师(人)　179
其中:正高级　10
　　　副高级　74
　　　中级　32
　　　初级　40
　　　未定职级　23

本科专业　法学
专科专业　法律
院系设置
法学院、公共安全工程与信息技术系、社会科学系、外语系、中药应用技术开发系、继续教育学院、中文速录学院
国家级、省部级研究机构设置
研究所(中心):辽宁公安司法管理干部学院中国特色社会主义研究中心 辽宁省法学会犯罪学研究会
定期公开出版的专业刊物　《辽宁公安司法管理干部学院学报》
学校设立奖学金情况
学校设立奖学金四项,奖励总金额 423000 余元。奖学金最高金额 5000 元/年,最低金额 1500 元/年。
毕业生一次就业率　86.8%

学校历史沿革
辽宁公安司法管理干部学院为辽北干校,始建于 1948 年 5 月。1956 年撤销省行政干校,建立了省政法干校,1958 年又与东北政法干校合并,名称仍为辽宁省政法干校。1966 年学校停办。1973 年成立辽宁省人民警察学校,1978 年改为政法干校,1985 年省政法干校分设公安管理干部学院、政法管理干部学院。1988 年 5 月经省政府批准,撤销公安管理干部学院和政法管理干部学院,成立辽宁公安司法管理干部学院。1998 年 8 月,省委、省政府将辽宁省司法学校并入我院。2004 年 2 月,经省政府批准,我院将辽宁省中药研究所并入我院。2008 年,学院在原辽宁省中药研究所旧址利用老校区置换资金一亿多元全面建设新校区并于 10 月实现了整体搬迁。学院名称仍旧为辽宁公安司法管理干部学院至今。

大连市教育学院

学校(机构)标识码　4221051149
学校办学类型　424:教育学院
学校举办者　811 省级教育部门
学校地址　辽宁省大连市西岗区五四路 82 号
邮政编码　116021
办公电话　0411 - 84313882
传真电话　0411 - 84313882
校园(局域)网域名　www.dledu.com
电子信箱　azura1986@163.com
占地面积(平方米)　22493
校舍建筑面积(平方米)　14711
图书(万册)　27.4
固定资产总值(万元)　3692.52
教学、科研仪器设备资产值(万元)　2489.71
在校生数(人)　3742
其中:成人本科　1385
　　　成人专科　2357
专任教师(人)　207
其中:正高级　15
　　　副高级　135
　　　中级　31
　　　初级　26

本科专业 汉语言文学、教育学、数学与应用数学、音乐学、英语

专科专业 初等教育、电子商务、计算机信息管理、旅游管理、人物形象设计、数控技术、文秘、物流管理、学前教育、音乐教育、应用电子技术、应用日语、英语教育、影视动画

定期公开出版的专业刊物 《大连教育学院学报》

学校历史沿革

大连教育学院成立于1952年10月,当时名称为旅大市中学教师进修学校,后改名为旅大市教师进修学院,并于1970年解散。于1972年12月恢复成立旅大市教学研究室,并于1978年3月改称大连市教育学院,1992年10月改称为大连教育学院。

辽宁广播电视大学

学校(机构)标识码 4221051196	校园(局域)网域名 www.lntvu.com	在校生数(人) 2381
学校办学类型 426:广播电视大学	电子信箱 lntvuxb@163.com	其中:成人专科 2381
学校举办者 811 省级教育部门	占地面积(平方米) 20666	专任教师(人) 401
学校地址 沈阳市皇姑区黄河北大街50号	校舍建筑面积(平方米) 24224	其中:正高级 14
邮政编码 110034	图书(万册) 16.68	副高级 77
办公电话 024-86120754	固定资产总值(万元) 4693.3	中级 74
传真电话 024-86800250	教学、科研仪器设备资产值(万元) 501.58	初级 236

专科专业 船舶工程技术、法律事务、给排水工程技术、工商企业管理、供用电技术、汉语、会计、会计电算化、机电一体化技术、机械制造与自动化、计算机信息管理、建筑工程技术、旅游管理、汽车技术服务与营销、汽车检测与维修技术、汽车制造与装配技术、商务英语、社区管理与服务、市场营销、物流管理、艺术设计、装潢艺术设计

院系设置

开放教育学院、继续教育学院、培训学院、广播电视学校

国家级、省部级研究机构设置

研究所(中心):科研处

定期公开出版的专业刊物 《辽宁广播电视大学学报》、《电大理工》、《辽宁广播电视大学报》

学校历史沿革

辽宁广播电视大学于1978年11月经辽宁省人民政府批准正式成立,为正厅级事业单位,现下设18所市级电大分校(学院)。学校位于沈阳市皇姑区黄河北大街50号,左邻北陵公园、背靠沈阳航空工业学院,周边环境优美,文化氛围优异。

沈阳市广播电视大学

学校(机构)标识码 4221051848	校园(局域)网域名 www.sytvu.cn	在校生数(人) 1214
学校办学类型 426:广播电视大学	电子信箱 xb@sytvu.cn	其中:成人专科 1214
学校举办者 811 省级教育部门	占地面积(平方米) 283690	专任教师(人) 458
学校地址 沈阳市和平区十四纬路7号	校舍建筑面积(平方米) 123126	其中:正高级 23
邮政编码 110003	图书(万册) 37.25	副高级 192
办公电话 024-23218337	固定资产总值(万元) 9918.89	中级 190
传真电话 024-23218530	教学、科研仪器设备资产值(万元) 1211.68	初级 52
		未定职级 1

专科专业 电脑艺术设计、工商企业管理、会计电算化、机械制造与自动化、计算机应用技术、汽车制造与装配技术、商务英语

院系设置

文法学院、外语学院、财经学院、理工学院、信息工程学院、继续教育学院、广播电视中专

学校历史沿革

沈阳电大是全国44所省级电大之一,创建于1960年3月,"文革"期间停办,1979年恢复办学,1984年沈阳市委、市政府将沈阳电大纳入地方高等学校序列管理。作为中心城市电大,沈阳电大以推进大众化教育,构建终身教育体系为目标,形成了以开放教育为主体,高等职业技术教育和非学历教育为两翼,各类教育协调发展的"一体两翼"的办学特色。

大连市广播电视大学

学校(机构)标识码　4221051849
学校办学类型　426:广播电视大学
学校举办者　811 省级教育部门
学校地址　大连市西岗区白云新村绕山路 3-1 号
邮政编码　110621
办公电话　0411-84337128
传真电话　0411-84315884

校园(局域)网域名　www.dlrtvu.edu.cn
电子信箱　xb@dltvu.com
占地面积(平方米)　7067
校舍建筑面积(平方米)　19451
图书(万册)　9.64
固定资产总值(万元)　5357
教学、科研仪器设备资产值(万元)　2300

在校生数(人)　1025
其中:成人专科　1025
专任教师(人)　53
其中:正高级　13
　　　副高级　34
　　　中级　6

专科专业　电力系统自动化技术、电子商务、国际贸易实务、会计电算化、机械设计与制造、计算机应用技术、经济信息管理、旅游管理、文秘

学校历史沿革
大连广播电视大学系大连市直属单位。大连广播电视大学成立于 1979 年 2 月,1981 年 12 月经辽宁省人民政府批准,由辽宁省广播电视大学旅大工作站改建为辽宁广播电视大学旅大分校。

长春职工大学

学校(机构)标识码　4222050226
学校办学类型　421:职工高校
学校举办者　822 地级其他部门
学校地址　吉林省长春市长春大街 243 号
邮政编码　130041
办公电话　0431-88910062
传真电话　0431-88917256

电子信箱　weishaowen100@sina.com
占地面积(平方米)　20400
校舍建筑面积(平方米)　27700
图书(万册)　7
固定资产总值(万元)　220
教学、科研仪器设备资产值(万元)　100

在校生数(人)　493
其中:成人专科　493
专任教师(人)　27
其中:正高级　2
　　　副高级　13
　　　中级　11
　　　初级　1

专科专业　电气自动化技术、法律事务、工商企业管理、供用电技术、汉语、会计电算化、机电一体化技术、机械制造与自动化、计算机信息管理、人力资源管理、商务英语、市场营销、物流管理、物业管理、艺术设计、证券投资与管理

院系设置
我校现有经管、中文、电子、机械 4 个教学系

学校历史沿革
1976 年 4 月成立 长春工人业余大学;1980 年 7 月更名为长春职工业余大学;1984 年 7 月更名为长春职工大学。

长春市建筑职工业余大学

学校(机构)标识码　4222050229
学校办学类型　421:职工高校
学校举办者　822 地级其他部门
学校地址　吉林省长春市南关区大经路 500 号
邮政编码　130041
办公电话　0431-88750754
传真电话　0431-88750754

校园(局域)网域名　www.8738470.com
电子信箱　8738470@163.com
占地面积(平方米)　33700
校舍建筑面积(平方米)　16788
图书(万册)　4.6
固定资产总值(万元)　2163.5
教学、科研仪器设备资产值(万元)　206

在校生数(人)　201
其中:成人专科　201
专任教师(人)　66
其中:正高级　1
　　　副高级　18
　　　中级　43
　　　初级　4

专科专业 道路桥梁工程技术、供热通风与空调工程技术、建筑电气工程技术、建筑工程技术

学校设立奖学金情况

学校设立奖学金 5 项,奖励总金额 2 余万元。奖学金最高金额 1000 元/年,最低金额 200 元/年。

学校历史沿革

长春市建筑职工业余大学的前身是长春市业余建筑工学院,成立于 1958 年,文革期间停办;1978 年 10 月复办,更名为长春市基本建设委员会业余大学;1982 年 5 月经吉林省人民政府批准,报国家教育部备案;1984 年经吉林省人民政府批准,更名为长春市建筑职工业余大学。

长春市直属机关业余大学

学校(机构)标识码 4222050231　　学校办学类型 421:职工高校　　学校举办者 822 地级其他部门

长春职工医科大学

学校(机构)标识码　4222050232
学校办学类型　421:职工高校
学校举办者　822 地级其他部门
学校地址　吉林省长春市吉林大路 6177 号
邮政编码　130031
办公电话　0431 - 82724058
传真电话　0431 - 82731321
电子信箱　cjb@ cmcedu. cn
占地面积(平方米)　474514
校舍建筑面积(平方米)　190600
图书(万册)　36.82
固定资产总值(万元)　25173
教学、科研仪器设备资产值(万元)　6044
在校生数(人)　4469
其中:成人本科　2563
　　　成人专科　1906
专任教师(人)　373
其中:正高级　25
　　　副高级　99
　　　中级　140
　　　初级　96
　　　未定职级　13

本科专业 护理学、临床医学、药学

专科专业 护理、口腔医学、临床医学、药学、医疗美容技术、中医学

院系设置

学校设有五系六部、两所附属医院、三个中心、一所模拟教学医院:即医学系、护理系、药学系、生物工程系、医学技术系、社区卫生服务中心、外语培训中心、网络中心

定期公开出版的专业刊物　《长春医学》

学校历史沿革

长春职工医科大学历史沿革长春市卫生局技术干部业余学校(1954—1979)(1966—1978 年因文化大革命学校停办。1978 年 12 月 25 日经市委批准正式恢复,更名为"长春市卫生干部业余大学"。)979 年 7 月 28 日,吉林省教育局、吉林省人事局、吉林省卫生局批准,恢复后的学校名称为"吉林长春业余医科大学"。1982 年 7 月 15 日吉林省教育厅新发了教育部《关于吉林省职工大学、职工业余大学备案的复函》的通知,确定长春职工医科大学经教育部备案。2001 年经长春市编制委员会同意,将长春职工医科大学并入长春医学高等专科学校。保留学校原有牌子。

吉林市职工大学

学校(机构)标识码 4222050234　　学校办学类型 421:职工高校　　学校举办者 822 地级其他部门

吉林化学工业公司职工大学

学校(机构)标识码　4222050236
学校办学类型　421:职工高校
学校举办者　822 地级其他部门
学校地址　吉林市龙潭区龙山路 36 号
邮政编码　132022
办公电话　0432 - 63967561
传真电话　0432 - 63966724
校舍建筑面积(平方米)　42200
专任教师(人)　68

其中:副高级 27	初级 3	未定职级 8
中级 30		

毕业生一次就业率 90%
学校历史沿革
1982年,成立吉林化学工业公司职工大学。2005年,吉林石化技校合并过来。

通化市职工大学

学校(机构)标识码 4222050242	校园(局域)网域名 www.jlrtvu.cn	496.6
学校办学类型 421:职工高校	电子信箱 thxban@jlrtvu.jl.cn	在校生数(人) 83
学校举办者 821 地级教育部门	占地面积(平方米) 30400	其中:成人专科 83
学校地址 通化市欣荣路135号	校舍建筑面积(平方米) 21960	专任教师(人) 45
邮政编码 134001	图书(万册) 6	其中:副高级 22
办公电话 0435-5001609	固定资产总值(万元) 1076	中级 20
传真电话 0435-5008799	教学、科研仪器设备资产值(万元)	初级 3

专科专业 电气自动化技术、会计电算化、机电一体化技术、计算机应用技术、市场营销
学校历史沿革
通化市职工大学系1980年经省政府批准,教育部备案的成人高校,1980年建校以来,于1986年与通化工交干校、工交职工中等专业学校合并,内设有大专、中专、短期培训等多种形式办学。2002年7月经通化市政府批准,通化市职工大学与通化广播电视大学合并,对外统称通化高等职业技术学院。

通化钢铁公司职工大学

学校(机构)标识码 4222050243	传真电话 0435-3794096	474.66
学校办学类型 421:职工高校	电子信箱 tgzd07@163.com	在校生数(人) 27
学校举办者 822 地级其他部门	占地面积(平方米) 70000	其中:成人专科 27
学校地址 吉林省通化市二道江区龙山路	校舍建筑面积(平方米) 15578	专任教师(人) 40
	图书(万册) 4.12	其中:副高级 10
邮政编码 134003	固定资产总值(万元) 2136.66	中级 28
办公电话 0435-3794085	教学、科研仪器设备资产值(万元)	初级 2

专科专业 材料工程技术、电气自动化技术、机械制造与自动化、冶金技术
院系设置
冶金、机械、电气等4个系

学校历史沿革
通化钢铁公司职工大学前身为通化钢铁厂职工大学,创建于1975年2月24日。

吉林职工医科大学

学校(机构)标识码 4222051704	办公电话 0432-65083611	图书(万册) 8
学校办学类型 421:职工高校	传真电话 0432-65083611	固定资产总值(万元) 3415.35
学校举办者 822 地级其他部门	校园(局域)网域名 www.jlzgyd.com	教学、科研仪器设备资产值(万元)
学校地址 吉林市船营区昆明街北安五条一号	电子信箱 382654290@qq.com	785.48
	占地面积(平方米) 50383	在校生数(人) 1731
邮政编码 132011	校舍建筑面积(平方米) 52872	其中:成人专科 1731

专任教师(人) 143	副高级 59	初级 23
其中:正高级 8	中级 53	

专科专业 护理、口腔医学、临床医学
院系设置
护理系、口腔系、临床医学系
定期公开出版的专业刊物 《吉林职工医科大学学报》

学校历史沿革
吉林职工医科大学建校于1979年11月,是经省政府批准、教育部备案的一所职工高校。1994年8月通过卫生部教学评估。1999年1月与吉林卫生学校合并。

梨树农村成人高等专科学校

学校(机构)标识码 4222050249	传真电话 0434-5299017	在校生数(人) 1366
学校办学类型 422:农民高校	校园(局域)网域名 www.lsnz.911.net	其中:成人专科 1366
学校举办者 831 县级教育部门	占地面积(平方米) 59300	专任教师(人) 89
学校地址 吉林省梨树县原杏山乡东三华里	校舍建筑面积(平方米) 14552	其中:副高级 14
	图书(万册) 8.9	中级 40
邮政编码 136500	固定资产总值(万元) 718.23	初级 35
办公电话 0434-5299767		

专科专业 城镇规划、法律事务、工商行政管理、公路运输与管理、供用电技术、国际经济与贸易、国土资源管理、会计、机电一体化技术、机械制造与自动化、计算机应用技术、经济管理、林业技术、社会工作、水利工程、税务、物流管理、戏曲表演、乡镇企业管理、新闻采编与制作、畜牧兽医、应用英语、园林技术、作物生产技术
院系设置
财经系、人文系、农业工程系、工程管理系、牧医系、机电系、艺术系、计算机系
国家级、省部级研究机构设置
1. 研究所(中心):果树蔬菜研究所、畜牧兽医研究所、食用菌研究所
2. 国家重点实验室:生物实验室、化学实验室、牧医实验室
学校设立奖学金情况
学校设立奖学金一项,奖励总金额10余万元。奖学金最高金额1000元/年,最低金额200元/年。
1. 一等奖学金:30人/年,1000元/人;
2. 二等奖学金:60人/年,600元/人;
3. 三等奖学金:200人/年,200元/人。
主要校办产业
梨树县牧丰生猪发展有限公司、梨树县教育建筑公司、梨树农业技术开发公司
毕业生一次就业率 98%
学校历史沿革
梨树农村成人高等专科学校前身为梨树县五·七大学,创建于1980年。梨树县农民技术专科学校(1980年-1983年);梨树县农民专科学校(1983年-1995年);梨树农村成人高等专科学校(1995年至今)。

吉林省行政管理干部学院

学校(机构)标识码 4222051240	学校办学类型 423:管理干部学院	学校举办者 812 省级其他部门

吉林省经济管理干部学院

学校(机构)标识码 4222051243	邮政编码 130012	电子信箱 zhangxiaojing1231@yahoo.com.cn
学校办学类型 423:管理干部学院	办公电话 0431-85113177	
学校举办者 812 省级其他部门	传真电话 0431-85113177	占地面积(平方米) 318587
学校地址 吉林省经济管理干部学院	校园(局域)网域名 校园网	校舍建筑面积(平方米) 150515

图书(万册) 58	在校生数(人) 1140	其中:正高级 13
固定资产总值(万元) 7572	其中:成人本科 326	副高级 77
教学、科研仪器设备资产值(万元) 2641	成人专科 814	中级 76
	专任教师(人) 227	初级 61

本科专业 法学、工商管理、国际经济与贸易、会计学、计算机科学与技术、金融学、土地资源管理

专科专业 电子商务、法律事务、工商企业管理、广告设计与制作、会计电算化、机电一体化技术、计算机网络技术、计算机信息管理、建筑工程技术、金融保险、酒店管理、旅游管理、商务英语、市场营销、物流管理、物业管理

院系设置

吉林省经济管理干部学院(吉林经济职业技术学院)设置:人文科学系、政教部、外语系、工商管理系、计算机系、会计系、财政金融系、国际商务系、资源与环境管理系

国家级、省部级研究机构设置

研究所(中心):韩国所/高教科研处

定期公开出版的专业刊物 《吉林省经济管理干部学院学报》

学校设立奖学金情况

学校设立奖学金3项,奖励总金额29万余元。奖学金最高金额800元/年,最低金额300元/年。

毕业生一次就业率 82.81%

学校历史沿革

吉林省经济管理干部学院是经省委、省政府决定并报请国家教委批准,于1989年2月由省工交、财贸、农业三所管理干部学院合并组建成为吉林省经济管理干部学院。吉林经济职业技术学院是2007年7月经省政府批准,在吉林省经济管理干部学院的基础上建立的一所专科层次的高等职业技术学院。

吉林省教育学院

学校(机构)标识码 4222050252	电子信箱 www.jledu.net	其中:成人本科 421
学校办学类型 424:教育学院	占地面积(平方米) 78001	成人专科 233
学校举办者 811 省级教育部门	校舍建筑面积(平方米) 87867	专任教师(人) 235
学校地址 吉林省长春市人民大街6755号	图书(万册) 18.4	其中:正高级 31
	固定资产总值(万元) 10646	副高级 135
邮政编码 130022	教学、科研仪器设备资产值(万元) 736	中级 43
办公电话 0431-85385592		初级 23
传真电话 0431-85383299	在校生数(人) 654	未定职级 3
校园(局域)网域名 www.jledu.net		

本科专业 汉语言文学、计算机科学与技术、教育学、历史学、数学与应用数学、思想政治教育、物理学、英语

专科专业 汉语、计算机应用技术、商务英语、市场营销、艺术设计

院系设置

中文系、教管系(干训办)、政史系(经济管理系、马列主义教研室)、外语系、艺术系、计算机(实验中心)、数学系、基础部及学生工作处

国家级、省部级研究机构设置

建设"二个基地"和"五个中心":即中小学校长及教育行政管理干部培训基地、中小学教师培训基地、基础教育教学研究中心、基础教育政策咨询中心、基础教育教学质量监测中心、基础教育课程资源发展中心、职业教育教研培训中心

定期公开出版的专业刊物 《吉林省教育学院学报》、《小学生阅读报》

学校设立奖学金情况

学校设立奖学金1项,奖励总金额37200余万元。

主要校办产业

吉林华翰教育发展集团有限公司

毕业生一次就业率 89%

学校历史沿革

吉林省教育学院前身为吉林省教师进修学校,始建于1957年。1962年与吉林省教育学院合并。1963年3月,吉林省函授大学改为吉林省函授学院。1972年11月,重建教育学院。1978年1月,恢复函授学院。1982年,吉林省教育学院与函授学院合署办公,沿用吉林省教育学院至今。

长春教育学院

学校(机构)标识码 4222050253	学校办学类型 424:教育学院	学校举办者 821 地级教育部门

学校地址　长春市康平街428号	校舍建筑面积(平方米)　20042	成人专科　499
邮政编码　130061	图书(万册)　5.98	专任教师(人)　90
办公电话　0431-88929719	固定资产总值(万元)　1433	其中:正高级　9
传真电话　0431-88985228	教学、科研仪器设备资产值(万元)	副高级　34
校园(局域)网域名　www.ccjyxy.net	449.4	中级　36
电子信箱　ccjyxy@163.com	在校生数(人)　1492	初级　11
占地面积(平方米)　38000	其中:成人本科　993	

本科专业　法学、公共事业管理、汉语言文学、计算机科学与技术、科学教育、旅游管理、美术学、人文教育、数学与应用数学、特殊教育、体育教育、心理学、学前教育、艺术教育、艺术设计、音乐学、英语

专科专业　公共事务管理、汉语、计算机应用技术、旅游管理、心理咨询、学前教育、艺术教育、艺术设计、英语教育、主持与播音

院系设置
中文系、数学系、外语系、教育系、计算机系、理化生系、政史地系、音体美系

国家级、省部级研究机构设置
研究所(中心):长春市教育科学研究所

定期公开出版的专业刊物　《长春教育学院学报》、《长春教育》

学校历史沿革
　　长春教育学院创建于1952年1月1日,原名长春市中小学教师进修学校,位于北安路原长春五中学生宿舍。1954年3月,中学部改为长春市中学教师进修学校,小学部仍称教师进修学校,迁至青岛路。1958年与教育局教研室、市师范学院合并,成立长春市师范专科学校,1962年改为长春师范学校。1960年秋,再次重建长春市教师进修学院,位于北安路,1962年迁至汉口大街14号为长春教育学院。1978年经省政府批准,定位县团级单位。1985年迁至北安路副48号新建成的教学大楼。1988年更名为长春教育学院,由老一辈无产阶级革命家彭真同志提写院名。

吉林广播电视大学

学校(机构)标识码　4222051230	校园(局域)网域名　www.jlrtvu.jl.cn	在校生数(人)　2077
学校办学类型　426:广播电视大学	电子信箱　xban@jlrtvu.jl.cn	其中:成人专科　2077
学校举办者　811 省级教育部门	占地面积(平方米)　8469	专任教师(人)　83
学校地址　吉林省长春市人民大街6815号	校舍建筑面积(平方米)　27580	其中:正高级　7
邮政编码　130022	图书(万册)　6.81	副高级　26
办公电话　0431-85379216	固定资产总值(万元)　4597	中级　29
传真电话　0431-85384123	教学、科研仪器设备资产值(万元)　2890	初级　14
		未定职级　7

专科专业　保险实务、财务管理、道路桥梁工程技术、电脑艺术设计、电气自动化技术、电视节目制作、发电厂及电力系统、法律事务、法律文秘、房地产经营与估价、服装表演、给排水工程技术、工商企业管理、工商行政管理、国际贸易实务、国土资源管理、汉语、会计、会计电算化、机电一体化技术、机械设计与制造、计算机信息管理、计算机应用技术、建筑工程技术、金融管理与实务、金融与证券、旅游管理、旅游英语、热能动力设备与应用、商务英语、市场营销、水利水电工程管理、水利水电工程造价管理、图书档案管理、文秘、新闻采编与制作、音乐表演、应用俄语、应用韩语、应用日语、应用英语、装潢艺术设计

院系设置
高职学院

国家级、省部级研究机构设置
研究所(中心):科研处

定期公开出版的专业刊物　《吉林广播电视大学》

学校历史沿革
　　广播电视大学是小平同志亲自批准创建的,吉林电大与全国电大在一起,与1979年2月正式成立,是吉林省第一所独立设置的省级现代远程教育高等学校。省校本部即办学实体,又有对全省电大系统进行办学、教学指导和管理的只能,还承担着社会远程教育公共服务的功能和继续教育、岗位培训的任务。

长春广播电视大学

学校(机构)标识码 4222051887	校园(局域)网域名 www.ccrtvu.com	在校生数(人) 1473
学校办学类型 426:广播电视大学	电子信箱 office@ccrtvu.com	其中:成人专科 1473
学校举办者 821 地级教育部门	占地面积(平方米) 20400	专任教师(人) 95
学校地址 长春市宽城区西广大街535号	校舍建筑面积(平方米) 26750	其中:正高级 13
	图书(万册) 7.24	副高级 39
邮政编码 130051	固定资产总值(万元) 4899	中级 23
办公电话 0431-82857710	教学、科研仪器设备资产值(万元) 2371	初级 20
传真电话 0431-82857709		

专科专业 保险实务、道路桥梁工程技术、电子商务、法律事务、工商企业管理、汉语、会计电算化、会计与统计核算、机电一体化技术、计算机信息管理、计算机应用技术、建筑工程技术、金融管理与实务、经济管理、汽车检测与维修技术、汽车运用技术、汽车运用与维修、软件技术、市场营销、物流管理、学前教育、音乐表演、应用俄语、应用英语、影视表演

院系设置
外语系、理工系、文法学、财经系、直属学院

学校历史沿革
长春广播电视大学前身为吉林广播电视大学长春工作站,创建于1979年。1990年经国家教委批准,成为独立建制的成人高等学校,享有省级电大的权限和待遇,校名为长春广播电视大学。1999年8月长春市成人文理学院并入长春广播电视大学。

黑龙江兵器工业职工大学

学校(机构)标识码 4223050264	传真电话 0451-57684882	其中:成人专科 189
学校办学类型 421:职工高校	占地面积(平方米) 27396	专任教师(人) 50
学校举办者 891 地方企业	校舍建筑面积(平方米) 18740	其中:正高级 1
学校地址 哈尔滨市道外区道口街36号	图书(万册) 7.1	副高级 22
	固定资产总值(万元) 780.1	中级 25
邮政编码 150056	教学、科研仪器设备资产值(万元) 30	初级 2
办公电话 0451-57684062	在校生数(人) 189	

专科专业 焊接技术及自动化、机电一体化技术、数控技术
毕业生一次就业率 90%

学校历史沿革
黑龙江兵器工业职工大学前身为哈尔滨兵器工业职工大学,创建于1982年;1989年与牡丹江北方工具厂工学院、北安庆华工具厂工学院、齐齐哈尔建华机械厂工学院、和平机器厂工学院、华安机械厂工学院合并组建成黑龙江兵器工业职工大学。自2007年底,其中有两所学校北安庆华工具厂工学院和齐齐哈尔建华机械厂工学院归入社会。学校原隶属于兵器工业总公司,自1999年起归属于黑龙江省教育厅。

哈尔滨航空职工大学

学校(机构)标识码 4223050266	办公电话 0451-86589950	固定资产总值(万元) 694.45
学校办学类型 421:职工高校	传真电话 0451-86526098	教学、科研仪器设备资产值(万元) 108.85
学校举办者 891 地方企业	电子信箱 hf.zjzx@yahoo.com.cn	
学校地址 黑龙江省哈尔滨市平房区建文街17号	占地面积(平方米) 37555	在校生数(人) 221
	校舍建筑面积(平方米) 20923	其中:成人专科 221
邮政编码 150060	图书(万册) 7.44	专任教师(人) 74

其中:副高级 20　　　中级 53　　　初级 1

专科专业　工商企业管理、机电一体化技术、计算机应用技术、数控技术

学校历史沿革
1956年至文革前为403业余学院,文革期间中断;1974年至1978年为"7.21"大学,1978年至1998年为哈飞工学院,1999年为哈尔滨航空职工大学。

哈尔滨轻型车厂职工大学

学校(机构)标识码　4223050268　　　学校办学类型　421:职工高校　　　学校举办者　891 地方企业

哈尔滨市职工大学

学校(机构)标识码　4223050269
学校办学类型　421:职工高校
学校举办者　822 地级其他部门
学校地址　哈尔滨市道外区南马路120号
邮政编码　150020
办公电话　0451-88323088
传真电话　0451-88323152

电子信箱　hrbzd@126.com
占地面积(平方米)　30000
校舍建筑面积(平方米)　19478
图书(万册)　4.1
固定资产总值(万元)　1308.6
教学、科研仪器设备资产值(万元)　348.6

在校生数(人)　1662
其中:成人专科　1662
专任教师(人)　60
其中:正高级　1
　　　副高级　41
　　　中级　16
　　　初级　2

专科专业　电子商务、工商企业管理、会计电算化、机械设计与制造、计算机信息管理、计算机应用技术、建筑工程技术、商务英语、市场营销类、物业管理

学校历史沿革
哈尔滨市业余工业大学(1958年至1966年);哈尔滨市工人业余大学(1973年至1994年);哈尔滨市职工大学(1994年至今)。本校在1997年被国家教委授予全国成人高等教育优秀学校;在1999年被中华全国总工会系统评为示范性职工大学。

黑龙江省直属机关职工大学

学校(机构)标识码　4223050290　　　学校办学类型　421:职工高校　　　学校举办者　812 省级其他部门

黑龙江省电力职工大学

学校(机构)标识码　4223050293　　　学校办学类型　421:职工高校　　　学校举办者　812 省级其他部门

齐齐哈尔市建设职工大学

学校(机构)标识码　4223050306　　　学校办学类型　421:职工高校　　　学校举办者　822 地级其他部门

学校地址　黑龙江省齐齐哈尔市富拉尔基区	占地面积(平方米)　42732	其中:成人专科　869
	校舍建筑面积(平方米)　14146	专任教师(人)　60
邮政编码　161006	图书(万册)　5.84	其中:正高级　1
办公电话　0452-6805115	固定资产总值(万元)　1820	副高级　25
传真电话　0452-6805104	教学、科研仪器设备资产值(万元)	中级　27
校园(局域)网域名　www.qjszgdx.com	298	初级　5
电子信箱　qlgzyxy@163.com	在校生数(人)　869	未定职级　2

专科专业　工程造价、供热通风与空调工程技术、建筑电气工程技术、建筑工程技术、建筑设备工程技术、市政工程技术

齐齐哈尔市职工大学

学校(机构)标识码　4223050311	cn/com	在校生数(人)　2028
学校办学类型　421:职工高校	电子信箱　qqhrc@china163.com	其中:成人专科　2028
学校举办者　822 地级其他部门	占地面积(平方米)　140000	专任教师(人)　196
学校地址　齐齐哈尔市职工大学(龙沙区新文路9号)	校舍建筑面积(平方米)　38815	其中:正高级　1
	图书(万册)　12	副高级　64
邮政编码　161005	固定资产总值(万元)　1567.77	中级　106
办公电话　0452-8984005	教学、科研仪器设备资产值(万元)	初级　23
传真电话　0452-8984005	219.77	未定职级　2
校园(局域)网域名　www.qqhrc.china.		

专科专业　法律事务、工商企业管理、汉语、会计电算化、机电一体化技术、计算机信息管理、计算机应用技术、经济管理、数控技术、应用化工技术

学校历史沿革

齐齐哈尔市职工大学,始建于一九七二年,原名为齐齐哈尔市七二一工人大学。一九七五年改名为齐齐哈尔市职工业余大学。一九八三年经黑龙江政府批准报请国家教育备案,正式纳入国民教育系列。一九九四年,由黑龙江省教委组织领导,齐齐哈尔市教委组织承办,我校与齐齐哈尔市另外七所系统成人高校实行联合,取名为齐齐哈尔市职工大学总工会分校。一九九九年三月,在落实全国改革及调整成人高校管理和领导体制的过程中,黑龙江省教委正式发文批准齐齐哈尔市职工大学总工会分校独立设校,并更名为齐齐哈尔市职工大学。

鹤岗矿务局职工大学

学校(机构)标识码　4223050327	电子信箱　hgclg1964@163.com	在校生数(人)　1453
学校办学类型　421:职工高校	占地面积(平方米)　168000	其中:成人专科　1453
学校举办者　891 地方企业	校舍建筑面积(平方米)　41044	专任教师(人)　110
学校地址　鹤岗市南山区北红旗路87号	图书(万册)　7	其中:副高级　54
	固定资产总值(万元)　2244	中级　26
邮政编码　154103	教学、科研仪器设备资产值(万元)	初级　28
办公电话　0468-3737445	459	未定职级　2
传真电话　0468-3737445		

专科专业　财务管理、电气自动化技术、化学工程与工艺、机械设计与制造、计算机应用技术、经济管理、矿井通风与安全、矿山地质、矿山机电、煤矿开采技术、热能动力设备与应用、选煤技术

学校历史沿革

鹤岗矿务职局工大学是于1996年4月组建,是原矿务局职工工学院、技工学校、安全技术培训中心等单位进行实体性合并后成立的,其前身为矿务局工干校,创建于1950年1月份。

大庆石油化工总厂职工大学

学校(机构)标识码　4223050330	传真电话　0459－6757021	在校生数(人)　59
学校办学类型　421：职工高校	占地面积(平方米)　58000	其中：成人专科　59
学校举办者　891 地方企业	校舍建筑面积(平方米)　20090	专任教师(人)　26
学校地址　黑龙江省大庆市龙凤区龙凤大街289号	图书(万册)　4.2	其中：副高级　8
	固定资产总值(万元)　700	中级　13
邮政编码　163711	教学、科研仪器设备资产值(万元)　237	初级　5
办公电话　0459－6700754		

专科专业　化工设备维修技术、石油化工生产技术

学校历史沿革

大庆石油化工总厂职工大学1978年10月建校，1982年教育部教工农字(022)号批准备案，是中国石油天然气集团公司所属院校。三十多年来共培养1840名大专层次毕业生。1993年和1997年先后两次被省教育厅评为教学质量优秀奖。近几年来，该学校在教学学历教育的同时，成为企业的培训基地。

伊春市职工大学

学校(机构)标识码　4223050334	学校地址　黑龙江省伊春市伊春区新兴西大街3号	办公电话　0458－3763906
学校办学类型　421：职工高校		传真电话　0458－3763906
学校举办者　822 地级其他部门	邮政编码　153000	

鸡西煤炭职工医学院

学校(机构)标识码　4223051743	学校办学类型　421：职工高校	学校举办者　812 省级其他部门

黑龙江省商业职工大学

学校(机构)标识码　4223051744	校园(局域)网域名　www.hlj-syzg.com	200
学校办学类型　421：职工高校		在校生数(人)　416
学校举办者　812 省级其他部门	电子信箱　hljszd0451@163.com	其中：成人专科　416
学校地址　黑龙江省哈尔滨市松北区太阳岛游览街37号	占地面积(平方米)　22890	专任教师(人)　45
	校舍建筑面积(平方米)　27000	其中：副高级　21
邮政编码　150018	图书(万册)　4.5	中级　16
办公电话　0451－88190063	固定资产总值(万元)　1030	初级　7
传真电话　0451－88190356	教学、科研仪器设备资产值(万元)	未定职级　1

专科专业　会计、计算机信息管理、计算机应用技术、酒店管理、旅游管理、市场营销

学校历史沿革

黑龙江省商业职工大学是1984年经省政府批准，国家教委备案的一所成人高等学校。办学层次为成人专科学校。学校前身是1949年成立的黑龙江省商业干部学校，现隶属于黑龙江省商务厅。

黑龙江省社会科学院职工大学

学校(机构)标识码 4223051745	校园(局域)网域名 www.hskzd.com	232
学校办学类型 421:职工高校	电子信箱 hljskzd@163.com	在校生数(人) 630
学校举办者 812 省级其他部门	占地面积(平方米) 21030	其中:成人专科 630
学校地址 哈尔滨市道里区友谊路501号	校舍建筑面积(平方米) 7340	专任教师(人) 68
	图书(万册) 25	其中:正高级 25
邮政编码 150018	固定资产总值(万元) 723	副高级 40
办公电话 0451-86497583	教学、科研仪器设备资产值(万元)	中级 3
传真电话 0451-86497667		

专科专业 电子商务、法律事务、工商企业管理、会计电算化、计算机应用技术、旅游管理、应用日语

学校历史沿革

我校始建于1984年12月,是由省政府批准国家教育部备案的一所成人高校,自办学以来坚持以"科研为主体,以人才培训和咨询服务"为两翼的办学方针而建立起来的一所依靠学院办学的新型成人高校,这在我国教育史上还是首创,建校二十多年来在省教育厅指导下和院党委的领导下,我校初步形成了自己的办学特点,收到了较好的社会效益和经济效益,积累了一定的经验,得到了院党委省教育厅和社会各界的充分肯定.

哈尔滨市职工医学院

学校(机构)标识码 4223051746	占地面积(平方米) 106775	其中:成人专科 530
学校办学类型 421:职工高校	校舍建筑面积(平方米) 68088	专任教师(人) 112
学校举办者 821 地级教育部门	图书(万册) 21.3	其中:正高级 20
学校地址 哈尔滨市道外区景阳街47号	固定资产总值(万元) 2826.5	副高级 37
邮政编码 150020	教学、科研仪器设备资产值(万元) 958.1	中级 32
办公电话 0451-86295006		初级 17
传真电话 0451-86295006	在校生数(人) 530	未定职级 6

专科专业 护理、口腔医学、临床医学

学校设立奖学金情况

学校设立奖学金4项,奖励总金额3余万元。奖学金最高金额500元/年,最低金额100元/年。

学校历史沿革

哈尔滨市职工医学院是根据1986年3月18日,国家教委下发的国教计字[1986]037号文件批准的成人医学高等院校,经黑龙江省政府批准,在国家教育部和卫生部备案。学院隶属于哈尔滨市教育局,面向全省招生。

黑龙江省职工体育运动技术学院

学校(机构)标识码 4223051747	占地面积(平方米) 32000	其中:成人专科 1093
学校办学类型 421:职工高校	校舍建筑面积(平方米) 30449	专任教师(人) 101
学校举办者 812 省级其他部门	图书(万册) 10.4	其中:正高级 2
学校地址 哈尔滨市南岗区宣信街50号	固定资产总值(万元) 930.2	副高级 48
邮政编码 150008	教学、科研仪器设备资产值(万元) 461.2	中级 31
办公电话 0451-82800854		初级 18
传真电话 0451-82800854	在校生数(人) 1093	未定职级 2

专科专业 运动训练
学校历史沿革
黑龙江省职工体育运动技术学院成立于1986年,是教育部备案的黑龙江省内唯一一所体育类成人高校,学院实行单独招生考试制度,考试时间为每年11月初,由国家体育总局单独命题。

黑龙江省经济管理干部学院

学校(机构)标识码 4223050335
学校办学类型 423:管理干部学院
学校举办者 812 省级其他部门
学校地址 黑龙江省哈尔滨市南岗区学府路7号
邮政编码 150080
办公电话 0451-86662074
传真电话 0451-86662074
校园(局域)网域名 www.hcic.gov.cn
电子信箱 86662074@163.com
占地面积(平方米) 199000
校舍建筑面积(平方米) 80188
图书(万册) 29.7
固定资产总值(万元) 7792
教学、科研仪器设备资产值(万元) 1361
在校生数(人) 4139
其中:成人本科 605
成人专科 3534
专任教师(人) 241
其中:正高级 8
副高级 89
中级 62
初级 58
未定职级 24

本科专业 工商管理、会计学、金融学
专科专业 电气自动化技术、给排水工程技术、工商企业管理、焊接技术及自动化、会计电算化、机械制造与自动化、计算机信息管理、经济管理、市场营销、数控技术、应用英语
院系设置
信息工程系、财政贸易系、会计统计系、工商管理系、外语系、基础部、成人教育部
定期公开出版的专业刊物 《北方经贸》

学校历史沿革
黑龙江省财贸干部学校(1979-1981);黑龙江省财贸干部学院(1981-1984);黑龙江省财贸管理干部学院(1984-1992);黑龙江省工业交通干部学校(1982-1983);黑龙江省工业交通管理干部学院(1983-1992);1992年两校合并成立黑龙江省经济管理干部学院(1992至今);2007年8月,黑龙江省科技职工大学并入黑龙江省经济管理干部学院。

黑龙江农垦管理干部学院

学校(机构)标识码 4223050337
学校办学类型 423:管理干部学院
学校举办者 812 省级其他部门
学校地址 黑龙江省哈尔滨市南岗区黄河路184号
邮政编码 150090
办公电话 0451-55196188
传真电话 0451-55196189
校园(局域)网域名 www.nkgy.com
电子信箱 nkgynetcenter@msn.com
占地面积(平方米) 24427
校舍建筑面积(平方米) 34994
图书(万册) 11.25
固定资产总值(万元) 5052.31
教学、科研仪器设备资产值(万元) 421
在校生数(人) 530
其中:成人专科 530
专任教师(人) 102
其中:正高级 10
副高级 42
中级 48
初级 2

专科专业 会计电算化、计算机信息管理、金融管理与实务、经济管理、市场开发与营销、市场营销、物流管理
学校设立奖学金情况
学校设立奖学金3项,奖励总金额10余万元。奖学金最高金额 3000 元/年,最低金额 1000 元/年。
毕业生一次就业率 89%

学校历史沿革
黑龙江农垦管理干部学院1982年建于庆安县柳河。在垦区高校布局调整中,1994年经省政府批准搬迁到哈尔滨市香坊区香电街69号与农垦教师进修学院三校合署办学;1998年农垦电大也搬迁到哈尔滨市香坊区香电街合署办学。2001年整体搬迁到哈尔滨市南岗区黄河路184号新校区。

黑龙江省政法管理干部学院

学校(机构)标识码 4223050343　学校办学类型 423:管理干部学院　学校举办者 812 省级其他部门

学校地址 黑龙江省哈尔滨市南岗区学府四道街17号	占地面积（平方米） 24000	其中：成人专科 718
	校舍建筑面积（平方米） 49419	专任教师（人） 94
邮政编码 150080	图书（万册） 13.75	其中：正高级 9
办公电话 0451-86661298	固定资产总值（万元） 7788	副高级 35
传真电话 0451-86661298	教学、科研仪器设备资产值（万元）	中级 35
校园（局域）网域名 www.hzfxy.com	702	初级 13
电子信箱 hlj-zfxy@163.com	在校生数（人） 718	未定职级 2

专科专业 电子商务、法律事务、会计、计算机类、经济管理

学校历史沿革

黑龙江省政法管理干部学院前身为黑龙江省政法干部学校，始创于1956年。1981年4月原址改为黑龙江省公安干部学校，另行组建黑龙江省政法干部学校。1982年初开始于现址定点建设，同年11月完成筹建工作，经省政府批准，成立黑龙江省政法干部学校，按厅级管理，隶属于省委政法委，省司法厅代管，为全省政法系统培训在职干部。

1984年2月28日，经黑龙江省人民政府同意、黑龙江省高教局黑高教字（84）23号文件批准，并报国家教委备案，将黑龙江省政法干部学校改为黑龙江省政法管理干部学院。1985年，经原黑龙江省教委批准，开始面向社会招收成人教育大专生。

黑龙江省教育学院

学校（机构）标识码 4223050344	电子信箱 82456220@163.com	其中：成人本科 2021
学校办学类型 424：教育学院	占地面积（平方米） 86524	成人专科 2843
学校举办者 811 省级教育部门	校舍建筑面积（平方米） 93723	专任教师（人） 394
学校地址 哈尔滨市南岗区和兴路133号	图书（万册） 30.9	其中：正高级 30
	固定资产总值（万元） 9092	副高级 161
邮政编码 150080	教学、科研仪器设备资产值（万元）	中级 155
办公电话 0451-82456220	2276	初级 41
传真电话 0451-82456220	在校生数（人） 4864	未定职级 7
校园（局域）网域名 www.hljy.cn		

本科专业 俄语、法学、汉语言文学、化学、会计学、计算机科学与技术、教育技术学、教育学、金融学、历史学、美术学、蒙古语、生物科学、食品科学与工程、数学与应用数学、思想政治教育、体育教育、物理学、小学教育、学前教育、音乐学、应用心理学、英语

专科专业 报关与国际货运、初等教育、道路桥梁工程技术、动漫设计与制作、法律事务、会计电算化、机电一体化技术、计算机信息管理、计算机应用技术、建筑装饰工程技术、美术教育、市场营销、数控技术、数学教育、体育教育、舞蹈表演、心理咨询、行政管理、畜牧、学前教育、音乐教育、应用俄语、应用韩语、应用日语、应用英语、英语教育、语文教育

学校历史沿革

黑龙江省教育学院1959年成立。2006年教育厅机关服务公司并入省教育学院。

绥化市教育学院

学校（机构）标识码 4223050349	校园（局域）网域名 www.shjyxy.com	在校生数（人） 1131
学校办学类型 424：教育学院	电子信箱 admin@shjyxy.com	其中：成人专科 1131
学校举办者 821 地级教育部门	占地面积（平方米） 20070	专任教师（人） 109
学校地址 黑龙江省绥化市红星西街3号	校舍建筑面积（平方米） 11669	其中：正高级 8
	图书（万册） 6.4	副高级 70
邮政编码 152002	固定资产总值（万元） 648	中级 29
办公电话 0455-8158981	教学、科研仪器设备资产值（万元）	初级 2
传真电话 0455-8156617	190	

专科专业 计算机教育、美术教育、数学教育、英语教育、语文教育

学校历史沿革

绥化市教育学院建于1979年,是黑龙江省创办较早的国家教育部备案,具有师范性质的成人高等专科学校。经过三十多年的建设和发展,现已成为绥化市所属十个县(市、区)的教育师资培训、干部培训、专科学历教育、教育研究指导、教育科研等业务指导中心。是一所多功能的基本适应全市教育发展需要的成人高校。

牡丹江市教育学院

学校(机构)标识码　4223050350　　学校办学类型　424:教育学院　　学校举办者　821 地级教育部门

佳木斯市教育学院

学校(机构)标识码　4223050351　　学校办学类型　424:教育学院　　学校举办者　822 地级其他部门

齐齐哈尔铁路教育学院

学校(机构)标识码　4223051250　　学校办学类型　424:教育学院　　学校举办者　347 铁道部

黑龙江省广播电视大学

学校(机构)标识码　4223051244
学校办学类型　426:广播电视大学
学校举办者　811 省级教育部门
学校地址　黑龙江省哈尔滨市南岗区和兴路92号
邮政编码　150080
办公电话　0451-86301309
传真电话　0451-86301645

校园(局域)网域名　www.hljrtvu.com
电子信箱　hljrtvu0818@163.com
占地面积(平方米)　11600
校舍建筑面积(平方米)　113778
图书(万册)　16.28
固定资产总值(万元)　6869.68
教学、科研仪器设备资产值(万元)　2869.95

在校生数(人)　2925
其中:成人专科　2925
专任教师(人)　159
其中:正高级　7
副高级　71
中级　31
初级　28
未定职级　22

专科专业　电厂热能动力装置、电气自动化技术、电子商务、发电厂及电力系统、法律事务、服装设计与加工、工程造价、工商企业管理、供用电技术、广告设计与制作、汉语、焊接技术及自动化、护理、会计、会计电算化、机电一体化技术、机械制造与自动化、计算机应用技术、建筑工程管理、建筑工程技术、金融管理与实务、经济管理、空中乘务、临床医学、旅游管理、汽车运用与维修、热能动力设备与应用、人力资源管理、商务英语、社区管理与服务、石油工程技术、食品营养与检测、市场营销、数控技术、铁道车辆、铁道工程技术、铁道运输经济、通信技术、文秘、物流管理、行政管理、畜牧兽医、学前教育、应用电子技术、应用俄语、应用化工技术、油气开采技术、园林技术

学校历史沿革

黑龙江广播电视大学是黑龙江省人民政府领导下的一所运用广播、电视、文字教材、音像教材、计算机课件和网络等多种媒体,面向全省开展远程开放教育的新型高等学校,业务上接受中央广播电视大学指导,是黑龙江省教育厅直属单位。2005年3月,经省政府批准,黑龙江省粮食学校并入黑龙江广播电视大学。2007年4月,黑龙江粮食职业学院在教育部备案,开始招生。

哈尔滨市广播电视大学

学校(机构)标识码　4223051876
学校办学类型　426：广播电视大学
学校举办者　821 地级教育部门
学校地址　哈尔滨市南岗区一曼街259号
邮政编码　150001
办公电话　0451－53648718
传真电话　0451－53629941
校园(局域)网域名　www.hrbopenu.com
电子信箱　xb@mail.hrbopenu.com
占地面积(平方米)　10700
校舍建筑面积(平方米)　12767
图书(万册)　5.2
固定资产总值(万元)　4284.41
教学、科研仪器设备资产值(万元)　135.05
在校生数(人)　823
其中：成人专科　823
专任教师(人)　63
其中：正高级　8
　　　副高级　31
　　　中级　14
　　　初级　1
　　　未定职级　9

专科专业　动漫设计与制作、法律实务类新专业、工商管理类新专业、会计、机电一体化技术、计算机应用技术、建筑经济管理、市场营销、物流管理、物业管理、行政管理、艺术设计类新专业、英语教育、制药技术类

学校历史沿革
哈尔滨广播电视大学始建于 1960 年，是我国创建最早的几所广播电视大学之一。学校现下设 12 所分校、2 个工作站，形成覆盖哈尔滨市的现代远程开放教育系统和网络，在哈尔滨市现代远程教育中发挥重要骨干作用，系全市成人教育的龙头和终身教育的基地。

上海市黄浦区业余大学

学校(机构)标识码　4231050363
学校办学类型　421：职工高校
学校举办者　832 县级其他部门
学校地址　上海市黄浦区业余大学
邮政编码　200002
办公电话　021－63741311
传真电话　021－63739681
校园(局域)网域名　www.hpcollege.net
电子信箱　uxyed@hpe.cn
占地面积(平方米)　24000
校舍建筑面积(平方米)　29787
图书(万册)　6.38
固定资产总值(万元)　1867.4
教学、科研仪器设备资产值(万元)　1301.09
在校生数(人)　939
其中：成人专科　939
专任教师(人)　67
其中：正高级　1
　　　副高级　10
　　　中级　50
　　　初级　5
　　　未定职级　1

专科专业　财务会计、电子商务、工商企业管理、广告电脑制作、国际经济与贸易、会计、计算机信息管理、商务日语、商务英语、投资与理财、物流管理、行政管理、应用艺术设计(电脑绘画)

院系设置
基础部、英语系、计算机系、经济系、管理系、应用艺术系

国家级、省部级研究机构设置
黄浦区成人教育研究室

定期公开出版的专业刊物　《黄浦业大学刊》(非公开出版)

学校设立奖学金情况
学校设立奖学金 一项，奖励总金额 2.64 余万元。奖学金最高金额 1200 元/年，最低金额 200 元/年。
1."文科、工科类"一等奖：800 元/人
2."文科、工科类"二等奖：400 元/人
3."文科、工科类"三等奖：200 元/人
4."艺术类"一等奖：1200 元/人
5."艺术类"二等奖：600 元/人
6."艺术类"三等奖：300 元/人

毕业生一次就业率　成人学生是属有工作，在业余时间学习的学生。

学校历史沿革
黄浦区业余工学院(1958 年－1979 年)；黄浦区职工业余大学(1980 年－1981 年)；黄浦区业余大学(1982 年至今)。

上海市卢湾区业余大学

学校(机构)标识码 4231050365	校园(局域)网域名 www.yd.lwedu.sh.cn	1044.52
学校办学类型 421：职工高校	电子信箱 yeyudx@lwedu.sh.cn	在校生数(人) 545
学校举办者 832 县级其他部门	占地面积(平方米) 22960	其中：成人专科 545
学校地址 上海市建国西路 154 号	校舍建筑面积(平方米) 16384	专任教师(人) 36
邮政编码 200020	图书(万册) 5.7	其中：副高级 7
办公电话 021-64315078	固定资产总值(万元) 1572.74	中级 23
传真电话 021-64733042	教学、科研仪器设备资产值(万元)	初级 6

专科专业 船舶与海洋工程、工程造价、工商企业管理、会计、计算机信息管理、商务日语、商务英语、社会工作、物流管理、行政管理

学校设立奖学金情况
学校设立奖学金 4 项，奖励总金额 1.78 余万元。奖学金最高金额 600 元/年，最低金额 200 元/年。

学校历史沿革
上海市卢湾区业余大学建于 1960 年初，她的前身是卢湾区职工业余工业专科学校(浏河路 50 号)。在经历了 1966—1976 年的 10 年动乱之后，社会上出现了学习文化科学知识的热潮，学校于 1977 年恢复成人高考招生，进入了成人业余高等教育的恢复发展时期。1978 年 3 月，学校改名为卢湾区业余工学院(马当路 80 号)。1979 年 7 月与卢湾区业余教师进修学院(复兴中路 535 号)合并，正式命名为上海市卢湾区业余大学(雁荡路 80 号)。1984 年 12 月上海电视大学卢湾工作站并入我校，1999 年升格为电大卢湾分校。1996 年 2 月迁校至建国西路 154 号。

上海市徐汇区业余大学

学校(机构)标识码 4231050366	电子信箱 xhydxb@163.com	其中：成人专科 908
学校办学类型 421：职工高校	占地面积(平方米) 40325	专任教师(人) 61
学校举办者 832 县级其他部门	校舍建筑面积(平方米) 22553	其中：正高级 1
学校地址 上海市大木桥路 434 号	图书(万册) 8.29	副高级 12
邮政编码 200032	固定资产总值(万元) 1211.2	中级 31
办公电话 021-64168608	教学、科研仪器设备资产值(万元)	初级 16
传真电话 021-64168608	358.61	未定职级 1
校园(局域)网域名 www.shxhlu.net	在校生数(人) 908	

专科专业 财务会计、电子商务、动漫设计与制作、工商管理、工商企业管理、广告与会展、计算机信息管理、计算机应用、经济信息管理、旅游管理、商务日语、商务英语、社会工作与管理、市场营销、物流管理、行政管理、装潢艺术设计(聋人)

院系设置
经济管理系、计算机信息系、艺术设计系、外语系

学校设立奖学金情况
学校设立奖学金 1 项，奖励总金额 0.56 余万元。奖学金最高金额 200 元/年，最低金额 200 元/年。

毕业生一次就业率 92%

学校历史沿革
上海市徐汇区机关干部学校(1960-1972)；上海市徐汇区业余教师进修学校(1972-1974)；上海市徐汇区业余工业专科学校(1974-1980)；上海市徐汇区业余大学(1980-迄今)。

上海市长宁区业余大学

学校(机构)标识码 4231050367	邮政编码 200336	电子信箱 sqxy@chneic.sh.cn
学校办学类型 421：职工高校	办公电话 021-62085800	占地面积(平方米) 23581
学校举办者 832 县级其他部门	传真电话 021-62085800	校舍建筑面积(平方米) 35732
学校地址 上海市长宁区水城路 68 号	校园(局域)网域名 www.chncc.net	图书(万册) 3.4

固定资产总值(万元) 6900	在校生数(人) 955	其中:副高级 9
教学、科研仪器设备资产值(万元) 1680	其中:成人专科 955	中级 31
	专任教师(人) 52	初级 12

专科专业 电子商务、动漫设计与制作、服装设计、工商企业管理、广告设计与制作、国际经济与贸易、会计、经济信息管理、旅游管理、人物形象设计、商务日语、商务英语、摄影摄像技术、室内设计、物流管理、物业管理、行政管理

院系设置
办公室、教务处(下设文科部和理科部)、发展研究室、总务处、社区教育指导中心(培训部)、教育服务业指导中心、信息中心。

学校设立奖学金情况
学校设立奖学金1项,奖励总金额8余万元。奖学金最高金额2000元/年,最低金额(无)元/年。

学校历史沿革
长宁区业余大学是1978年由国家教育部备案、上海市人民政府批准、长宁区人民政府主办的区域成人高校,前身是建国初期的长宁区工业专科学校,初设机构制造工艺及设备和电气自动控制两个专业;1980年5月,易名为长宁区职工大学;1981年9月,从江苏路563弄42号迁到定西路1300号(原安化中学校址);1982年5月改为今名。

上海市静安区业余大学

学校(机构)标识码 4231050368	校园(局域)网域名 www.sjdc.net.cn	在校生数(人) 745
学校办学类型 421:职工高校	电子信箱 janxzs@sjdc.net.cn	其中:成人专科 745
学校举办者 832 县级其他部门	占地面积(平方米) 48576	专任教师(人) 74
学校地址 上海市静安区胶州路601号	校舍建筑面积(平方米) 59763	其中:副高级 7
	图书(万册) 6.5	中级 42
邮政编码 200040	固定资产总值(万元) 7113.92	初级 21
办公电话 021-62550900	教学、科研仪器设备资产值(万元) 1664	未定职级 4
传真电话 021-62537099		

专科专业 餐饮管理与服务、电子商务、工商企业管理、广告设计与制作、会计、会展策划与管理、计算机信息管理、计算机应用技术、酒店管理、人物形象设计、商务管理、商务日语、商务英语、社会工作、物流管理、行政管理、装饰艺术设计

院系设置
教学部

学校历史沿革
1958年,原新成区六所职工业余中学合并建立了新成区职工业余机械制造专科学校、新成区职工业余化工专科学校、新成区职工业余机电专科学校。

1960年,这三所职工业余工业专科学校的高专部合并建立了静安区业余工学院。

1972年,易名静安区业余工业专科学校。

1978年,静安区七二一大学并入静安区业余工业专科学校,成立了静安区职工业余大学

1983年,市政府决定统一全市区办成人高校校名,易名静安区业余大学,沿用迄今。

上海市普陀区业余大学

学校(机构)标识码 4231050369	电子信箱 shptyd@126.com	在校生数(人) 1125
学校办学类型 421:职工高校	占地面积(平方米) 40266	其中:成人专科 1125
学校举办者 832 县级其他部门	校舍建筑面积(平方米) 31137	专任教师(人) 62
学校地址 上海市曹杨路805号	图书(万册) 12.8	其中:正高级 2
邮政编码 200062	固定资产总值(万元) 3542.82	副高级 13
办公电话 021-62573946	教学、科研仪器设备资产值(万元) 1373.69	中级 33
传真电话 021-62163107		初级 14
校园(局域)网域名 www.ptyd.com		

专科专业 报关与国际货运、会计、计算机信息管理、计算机应用技术、计算机应用与质量管理、金融管理与实务、商务英语、市场营销、物流管理、行政管理、应用艺术设计

学校历史沿革

上海市普陀区业余大学前身是上海市普陀区业余工业专科学校,1978 年改为现名。1980 年 5 月上海市人民政府[沪府(80)82 号]文正式批准上海市普陀区工业专科学校改建为上海市普陀区业余大学。

上海市虹口区业余大学

学校(机构)标识码 4231050371	校园(局域)网域名 www.hksc.sh.cn	在校生数(人) 755
学校办学类型 421:职工高校	电子信箱 hkydxb@126.com	其中:成人专科 755
学校举办者 832 县级其他部门	占地面积(平方米) 21730	专任教师(人) 45
学校地址 上海市虹口区吴淞路 297 号	校舍建筑面积(平方米) 30135	其中:副高级 4
	图书(万册) 10.23	中级 21
邮政编码 200080	固定资产总值(万元) 1491	初级 19
办公电话 021 – 63245796	教学、科研仪器设备资产值(万元) 743.9	未定职级 1
传真电话 021 – 63245796		

专科专业 工商企业管理、会计、机电一体化技术、计算机信息管理、汽车营销与维修、商务英语、文秘、物流管理、行政管理、装潢艺术设计

院系设置

基础文科部、信息实验中心、计算机专业部、数控机械专业部、外语专业部、艺术专业部

学校设立奖学金情况

学校设立奖学金 4 项,奖励总金额 37600 元。奖学金最高金额 1000 元/年,最低金额 300 元/年。

1. 一等奖学金:7 人,1000 元/人
2. 二等奖学金:19 人,600 元/人
3. 三等奖学金:60 人,300 元/人
4. 优秀班干部奖:2 人,600 元/人

主要校办产业

天一经营公司

学校历史沿革

1958 年 8 月学校成立之初的校名为上海市虹口区职工业余工业专科学校,校址为武进路 86 号。

1960 年虹口区与提篮桥区合并,虹口区职工业余工业专科学校改名为虹口区第一职工业余工业专科学校,提篮桥区职工业余工业专科学校改名为虹口区第二职工业余工业专科学校。同年虹口区第一职工业余工业专科学校改名为虹口区业余科技大学。

1961 年下半年因"精兵简政",虹口区业余科技大学和虹口区第二职工业余工业专科学校两校合并,校名为虹口区职工业余工业专科学校。

"文化大革命"期间学校被迫停办,期间曾先更名为虹口区业余学校,后改称虹口区七·二一工人大学。

1974 年学校迁往东大名路 1145 号。

1977 年恢复建校,并于 1978 年恢复招生。当年 5 月更名为上海市虹口区工人业余大学。

1979 年 4 月经虹口区教育局(虹教(79)发字第 48 号)批复同意改名为上海市虹口区业余大学。并于 1982 年经教育部备案,实行上海市教育局和虹口区人民政府双重领导体制。1983 年东大名路校区因市政工程拆迁,搬至吴淞路 297 号。

1992 年上海电视大学虹口分校划入虹口区业余大学。

上海市杨浦区业余大学

学校(机构)标识码 4231050372	占地面积(平方米) 76935	其中:成人专科 540
学校办学类型 421:职工高校	校舍建筑面积(平方米) 46750	专任教师(人) 68
学校举办者 832 县级其他部门	图书(万册) 26.82	其中:正高级 1
学校地址 上海市许昌路 1461 号	固定资产总值(万元) 4093.88	副高级 19
邮政编码 200092	教学、科研仪器设备资产值(万元) 1068.02	中级 39
办公电话 021 – 65639231		初级 8
传真电话 021 – 65639559	在校生数(人) 540	未定职级 1
电子信箱 shypuu@163.com		

专科专业 报关与国际货运、财务会计类、电脑艺术设计、工商企业管理、机电一体化技术、计算机信息管理、计算机应用技术、酒店管理、商务英语、物流管理、行政管理

学校历史沿革

我校历经五十余个春秋,如今已是一所颇具规模的培养经济管理、计算机应用和电脑美术等人才的多科性地区成人高等学校。

我校前身是上海市榆林区职工业余高等高等专科学校,创建于1958年。1960年,杨浦、榆林两区合并,学校改名为上海市杨浦区职工业余工业专科学校。1962年学校迁至平凉路1480号,与杨浦区教师红专学院合用一幢1100多平方米的教学楼。1978年恢复招生,学校改名为上海市杨浦区业余工学院。1980年秋学校迁至鞍山七村24号。1983年3月经上海市人民政府批准,报教育部备案,并改名为上海市杨浦区业余大学,即现用校名。

上海机电工业职工大学

学校(机构)标识码　4231050379　　学校办学类型　421:职工高校　　学校举办者　811 省级教育部门

上海纺织工业职工大学

学校(机构)标识码　4231050393
学校办学类型　421:职工高校
学校举办者　891 地方企业
学校地址　上海市长寿路652号
邮政编码　200060
办公电话　021-62773748
传真电话　021-62771443

校园(局域)网域名　www.ae.shfe.edu.cn
电子信箱　shfzzd@sh163.net
占地面积(平方米)　29049
校舍建筑面积(平方米)　38134
图书(万册)　10
固定资产总值(万元)　2017
教学、科研仪器设备资产值(万元)　765

在校生数(人)　307
其中:成人专科　307
专任教师(人)　46
其中:副高级　8
中级　35
初级　3

专科专业 电子商务、服装设计、会计、商务日语、文秘

院系设置

下属4个教研室:1. 管理教研室 2. 电子商务教研室 3. 时尚教研室 4. 商务英语教研室

定期公开出版的专业刊物 《风尚智库》季刊

学校历史沿革

华东纺织管理局上海干部学校(1955年-1958年);
更名:上海纺织工业局干部学校(1958年-1969年);
撤消:上海纺织工业局干部学校(1969年-1979年);
恢复:上海纺织工业局干部学校(1979年-1989年);
建立:上海纺织工业局职工大学(1980年-1989年);
更名为:上海纺织工业职工大学(1989年-1997年);
更名为:上海纺织工业职工大学、上海纺织干部学校(1997年-至今)。

上海医药职工大学

学校(机构)标识码　4231050424
学校办学类型　421:职工高校
学校举办者　891 地方企业
学校地址　上海市愚园路1088弄48号
邮政编码　200050
办公电话　021-62522920
传真电话　021-62522945

电子信箱　bgs@yyzgdx.com
占地面积(平方米)　193802
校舍建筑面积(平方米)　64759
图书(万册)　15.4
固定资产总值(万元)　3306.31
教学、科研仪器设备资产值(万元)　851.71

在校生数(人)　1227
其中:成人专科　1227
专任教师(人)　106
其中:副高级　25
中级　58
初级　20
未定职级　3

专科专业 药物制剂技术、药学、医药营销、中药

院系设置

基础教育系、经济管理系、药学系、医疗器械系

学校设立奖学金情况

学校设立奖学金1项,奖励总金额5余万元。奖学金最高金额1000元/年,最低金额100元/年

毕业生一次就业率　98.58%

学校历史沿革

上海医药职工大学是由原"上海市医药工业公司职工大学"和"上海市医疗器械工业公司职工大学"于1987年4月组成。

上海财政税务职工大学

学校(机构)标识码　4231051601　　学校办学类型　421:职工高校　　学校举办者　811 省级教育部门

上海工商学院

学校(机构)标识码　4231051608
学校办学类型　421:职工高校
学校举办者　999 民办
学校地址　上海市黄浦区香港路59号
邮政编码　200002
办公电话　021-63230153
传真电话　021-63291250

电子信箱　gongsh@shtvu.edu.cn
占地面积(平方米)　58044
校舍建筑面积(平方米)　29133
图书(万册)　11.42
固定资产总值(万元)　7263
教学、科研仪器设备资产值(万元)　664

在校生数(人)　646
其中:成人专科　646
专任教师(人)　63
其中:副高级　21
　　　中级　29
　　　初级　10
　　　未定职级　3

专科专业　工商企业管理、工商行政管理、会计、物流管理
院系设置
经济管理系、英语系、基础部
学校设立奖学金情况
学校设立奖学金 两 项,奖励总金额10余万元。奖学金最高金额1500元/年,最低金额400元/年。

学校历史沿革
上海工商学院于1985年4月经上海市人民政府批准,由中国民主建国会上海市委与上海市工商业联合会主办的成人高校。1986年3月国家教育委员会批准备案,25年来为国家培养了大批经济管理人才。

上海市宝山区业余大学

学校(机构)标识码　4231051852
学校办学类型　421:职工高校
学校举办者　832 县级其他部门
学校地址　上海市宝山区永乐路737号
邮政编码　200940
办公电话　021-56126521
传真电话　021-56126521

校园(局域)网域名　www.bstvu.edu.cn
电子信箱　xingzhi737@163.com
占地面积(平方米)　29700
校舍建筑面积(平方米)　30857
图书(万册)　8
固定资产总值(万元)　5805
教学、科研仪器设备资产值(万元)　1128

在校生数(人)　1498
其中:成人专科　1498
专任教师(人)　58
其中:副高级　9
　　　中级　45
　　　初级　4

专科专业　报关与国际货运、工商企业管理、会计、机电一体化技术、计算机信息管理、计算机应用技术、社会工作、物流管理、行政管理
院系设置
人文系、外语系、经济系、管理系、计算机系
学校设立奖学金情况
学校每年按学员1.2%的比率评优秀学员,奖学金500元/人。
主要校办产业
上海市淞滨工贸实业公司

毕业生一次就业率　成人学生不推荐
学校历史沿革
1985年经上海市人民政府批准【沪府办(1985)35号】文正式成立上海市吴淞业余大学。
1988年10月原宝山县、吴淞区根据国务院决定进行"撤二建一",原"上海市吴淞区业余大学"更名为"上海市宝山区业余大学"。

上海科技管理干部学院

学校(机构)标识码　4231050033
学校办学类型　423:管理干部学院
学校举办者　812 省级其他部门
学校地址　上海嘉定区城中路37号
邮政编码　201800
办公电话　021-69983000
传真电话　021-59529353
校园(局域)网域名　www.sistm.edu.cn

电子信箱　sistma@stn.sh.cn
占地面积(平方米)　16606
校舍建筑面积(平方米)　18551
图书(万册)　7.82
固定资产总值(万元)　3347.66
教学、科研仪器设备资产值(万元)
　　　　　　　865.26

在校生数(人)　258
其中:成人专科　258
专任教师(人)　34
其中:正高级　3
　　　副高级　5
　　　中级　23
　　　初级　3

专科专业　电子商务、工商管理类、物流管理
院系设置
管理系、外语系、电子信息系
国家级、省部级研究机构设置
研究所(中心):科技政策研究所

学校历史沿革
学院前身是由上海科技大学在1980年经上海市政府同意筹办的科技干部进修学院,1994年经原国家教委批准同意,2003年经上海市教委批准,改为上海科技管理干部学院。

海关管理干部学院

学校(机构)标识码　4231051332
学校办学类型　423:管理干部学院
学校举办者　415 海关总署

学校地址　上海市华夏西路5677号
邮政编码　201204
办公电话　021-28992899

传真电话　021-58434157
校园(局域)网域名　www.shcc.edu.cn
电子信箱　shccbgs@customs.gov.cn

上海市经济管理干部学院

学校(机构)标识码　4231051613
学校办学类型　423:管理干部学院
学校举办者　812 省级其他部门
学校地址　徐汇区梅陇路161号
邮政编码　200237
办公电话　021-64776597
传真电话　021-64104736
校园(局域)网域名　www.semc.edu.cn

电子信箱　bangongshi@semc.edu.cn
占地面积(平方米)　24333
校舍建筑面积(平方米)　45551
图书(万册)　15.21
固定资产总值(万元)　21667.94
教学、科研仪器设备资产值(万元)
　　　　　　　2100.86

在校生数(人)　936
其中:成人专科　936
专任教师(人)　40
其中:正高级　2
　　　副高级　18
　　　中级　19
　　　初级　1

专科专业　工商管理类、国际贸易实务、会计、经济信息管理、商务管理、物流管理
院系设置
继续教育分院、资产管理分院、财会分院、党建与理论政策培训部、培训一处、培训二处、外语部
国家级、省部级研究机构设置
研究所(中心):邓小平理论研究所
定期公开出版的专业刊物　《上海市经济管理干部学院》(双月刊)
毕业生一次就业率　93%
学校历史沿革
1983年5月,上海市企业管理培训中心。1985年1月经上海市人民政府办(85)4号文批准,同意建立上海市经济管理干部学院,与上海企业管理培训中心合建。1993年2月中共上海市工业党校与上海市经济管理干部学院一体化办学。

上海青年管理干部学院

学校(机构)标识码　4231051615
学校办学类型　423:管理干部学院
学校举办者　812 省级其他部门
学校地址　虹口区西江湾路 574 号
邮政编码　200083
办公电话　021-65404436
传真电话　021-56961010
校园(局域)网域名　www.qgy.com.cn

电子信箱　zhouweiliang@shqgy.com.cn
占地面积(平方米)　102537
校舍建筑面积(平方米)　58140
图书(万册)　17.82
固定资产总值(万元)　9155.58
教学、科研仪器设备资产值(万元)　1321.34

在校生数(人)　745
其中:成人专科　745
专任教师(人)　69
其中:正高级　4
　　　副高级　13
　　　中级　46
　　　初级　6

专科专业　公共关系、经济管理、社会工作
院系设置
本院现设有 4 个教学系:青少年工作系、社会工作系、管理系、计算机系
国家级、省部级研究机构设置
研究所(中心):上海青年运动史研究会、上海青年研究中心、应用社会学研究所
定期公开出版的专业刊物　《上海青年管理干部学院学报》
学校设立奖学金情况
学校设立奖学金 3 项,奖励总金额 25.61 余万元。奖学金最高金额 3000 元/年,最低金额 600 元/年。

学校历史沿革
上海青年管理干部学院的前身是 1951 年 10 月正式成立的团校。文革期间,团校被迫停办。于 1978 年 11 月,在十分困难的条件下正式复校。1980 年,上海团校与上海师范大学合作,创立了全国第一个从应届高中毕业生中直接招生的全日制团队干部大专班。1998 年,在 10 多年和举办全日制团队干部大专学历教育取得成功经验的基础上,该专业升格为四年本科层次。上海青年管理干部学院 1985 年被市政府和国家教委批准成立。1988 年,上海青年管理干部学院(上海团校)进驻西江湾路 574 号。

上海市广播电视大学

学校(机构)标识码　4231051252
学校办学类型　426:广播电视大学
学校举办者　811 省级教育部门
学校地址　上海市杨浦区阜新路 25 号
邮政编码　200092
办公电话　021-65834279
传真电话　021-65028212
校园(局域)网域名　www.shtvu.edu.cn

电子信箱　office@shtvu.edu.cn
占地面积(平方米)　55936
校舍建筑面积(平方米)　72944
图书(万册)　7.84
固定资产总值(万元)　44443.1
教学、科研仪器设备资产值(万元)　13107.32

专任教师(人)　154
其中:正高级　14
　　　副高级　40
　　　中级　72
　　　初级　24
　　　未定职级　4

院系设置
上海电视大学开放教育学院、上海电视大学继续教育学院、上海电视大学国际交流学院;管理系、法律与行政系、金融与会计系、外语系、文学艺术系、信息与工程系
国家级、省部级研究机构设置
研究所(中心):上海电视大学开放教育研究所
定期公开出版的专业刊物　《开放教育研究》
主要校办产业
上海白玉兰影视公司、上海高教电子音像出版社、上海电达信息技术有限公司、上海诚智教育信息技术有限公司、上海电视大学印刷厂
学校历史沿革
上海电视大学创建于 1960 年。1966 年停办,1978 年复办,1983 年正式独立建制,2000 年 1 月,上海电视大学、上海教育电视台、上海电化教育馆、上海电视中专四家单位重组成立上海远程教育集团。

南京市职工大学

学校(机构)标识码 4232050460	电子信箱 njszdzb8428@163.com	在校生数(人) 838
学校办学类型 421:职工高校	占地面积(平方米) 25763	其中:成人专科 838
学校举办者 822 地级其他部门	校舍建筑面积(平方米) 21955	专任教师(人) 38
学校地址 江苏省南京市大光路27号	图书(万册) 4.07	其中:正高级 1
邮政编码 210007	固定资产总值(万元) 2003.22	副高级 8
办公电话 025-84640714	教学、科研仪器设备资产值(万元)	中级 21
传真电话 025-84586777	434.3	初级 8
校园(局域)网域名 www.njszgdx.com		

专科专业 电子商务、工商企业管理、会计、机电一体化技术、计算机信息管理

学校历史沿革

1958年,在南京市地方工业干部学校的基础上,成立了南京市业余工业大学,后经江苏省人民政府批准,并报国家教育部审定备案,是国内最早建立的成人高等学校之一。文革"开始后,学校被迫停办,1979年12月批复复校。1980年2月恢复招生。其后,南京市政府分别于1980年10月、1981年6月两次报请江苏省政府审批南京市工业大学。1981年11月,江苏省人民政府批准举办,1982年11月国家教育部批准备案。

1994年经江苏省人民政府批准,更名为南京市职工大学。

空军第一职工大学

学校(机构)标识码 4232050461	传真电话 025-84637069	教学、科研仪器设备资产值(万元)
学校办学类型 421:职工高校	电子信箱 kjyzd@sina.com	253.2
学校举办者 302 国防部	占地面积(平方米) 20220	专任教师(人) 23
学校地址 中国人民解放军空军第一职工大学	校舍建筑面积(平方米) 14738	其中:副高级 8
	图书(万册) 5.16	中级 6
邮政编码 210007	固定资产总值(万元) 997	初级 9
办公电话 025-52761032		

学校历史沿革

空军第一职工大学前身为空军航空修理工厂职工大学,创建于1980年12月30日,1983年2月更名为空军航空修理第一职工大学(以下简称一职大),1986年6月空军航空修理第三职工大学并入一职大,1995年3月更名为空军第一职工大学至今。

常州市职工大学

学校(机构)标识码 4232050488	占地面积(平方米) 98000	其中:成人专科 1547
学校办学类型 421:职工高校	校舍建筑面积(平方米) 47839	专任教师(人) 85
学校举办者 822 地级其他部门	图书(万册) 10.5	其中:副高级 15
学校地址 常州市清潭木梳路12号	固定资产总值(万元) 3536	中级 37
邮政编码 213015	教学、科研仪器设备资产值(万元)	初级 30
办公电话 0519-86975691	713	未定职级 3
传真电话 0519-86964444	在校生数(人) 1547	

专科专业 道路桥梁工程技术、电子商务、工程机械运用与维护、工程监理、工程造价、会计、机电一体化技术、计算机信息管理、计算机应用技术、建筑工程管理、建筑工程技术、建筑设计技术、建筑装饰工程技术、经济管理、模具设计与制造、汽车检测

与维修技术、商务管理、市场营销、数控技术

学校历史沿革

常州市职工大学是经江苏省人民政府苏政复(93)5号文批准成立,教育部备案的独立设置的成人高校。学校由三所行业职工大学联合组建,原隶属关系不变,办学由松散型逐步向半紧密、紧密型方面发展。总部设在常州市清潭木梳路12号。

南通市工人业余大学

学校(机构)标识码 4232050504	电子信箱 ntydjwc@sina.com	在校生数(人) 106
学校办学类型 421:职工高校	占地面积(平方米) 24642	其中:成人专科 106
学校举办者 822 地级其他部门	校舍建筑面积(平方米) 15930	专任教师(人) 50
学校地址 南通市段家坝路129号	图书(万册) 6.6	其中:副高级 15
邮政编码 226007	固定资产总值(万元) 1450	中级 29
办公电话 0513-85126976	教学、科研仪器设备资产值(万元) 127	初级 6
传真电话 0513-85126972		

专科专业 会计、计算机信息管理

学校历史沿革

南通市工人业余大学的前身为南通市业余工业大学,创建于1963年,文革期间停办。1980年经南通市政府批准独立建制办学,并对外恢复招生。1983年10月由国家教委正式批准备案。批准文号为:苏政复(1983)140号,校名为南通市工人业余大学。

江苏电力职工大学

学校(机构)标识码 4232050451	学校办学类型 421:职工高校	学校举办者 812 省级其他部门

南京联合职工大学

学校(机构)标识码 4232050440	学校办学类型 421:职工高校	学校举办者 822 地级其他部门

南京人口管理干部学院

学校(机构)标识码 4232051256	校园(局域)网域名 www.ncppm.cn	在校生数(人) 430
学校办学类型 423:管理干部学院	电子信箱 yuanban@mail.ncppm.cn	其中:成人本科 405
学校举办者 811 省级教育部门	占地面积(平方米) 139167	成人专科 25
学校地址 南京市玄武区龙蟠路177号	校舍建筑面积(平方米) 109897	专任教师(人) 258
	图书(万册) 39.6	其中:正高级 18
邮政编码 210042	固定资产总值(万元) 20559.5	副高级 77
办公电话 025-85483008	教学、科研仪器设备资产值(万元) 4282.36	中级 156
传真电话 025-85413483		初级 7

本科专业 财务管理、工商管理、公共事业管理、国际经济与贸易、计算机科学与技术、人力资源管理、信息管理与信息系统、行政管理

专科专业 人力资源管理

院系设置

学院现设有6系2部,分别为人口经济系、公共管理系、工商管理系、社会工作系、信息科学系、外语系、基础学科部和继续教育部

国家级、省部级研究机构设置

目前学院设有人口与健康研究所。

定期公开出版的专业刊物 《南京人口管理干部学院学报》

学校设立奖学金情况

学院目前设立奖学金 3 项,分别为综合奖学金、单项奖学金和优秀新生奖学金,奖励总金额上学年为 150 余万元。奖学金最高金额 3000 元/人,最低金额为 200 元/人/学期。具体情况为:

1. 优秀新生奖学金:特别优秀奖 本科 3000 元/人,专科 2000 元/人

优秀奖 本科 1000 元/人,专科 800 元/人

单项奖 600 元/人

2. 综合奖学金:特等奖 1000 元/人/学期

一等奖 750 元/人/学期

二等奖 500 元/人/学期

三等奖 300 元/人/学期

3. 单项奖学金 200 元/人/学期

学院为关心和帮助贫困学子完成学业,还设有"爱心助成材"助学金:2000 元/人/学年。

另外,学院每年有 1000 多名学生获得国家奖学金、国家励志奖学金和国家助学金,上学年总金额为 320 余万元。

毕业生一次就业率 2010 届毕业生就业率为 95.81%

学校历史沿革

学院于 1980 年由国家筹建,是我国最早接受外援的项目之一,是原国家计划生育委员会直属的唯一一所高等院校。

1980 年,学院名为南京计划生育管理干部培训中心,单纯承担我国计生系统干部的培训任务。

1984 年,更名为南京计划生育管理干部学院,开始招收成人大专学生。

1990 年,更名为南京人口管理干部学院。

江苏省省级机关管理干部学院

学校(机构)标识码	4232051257
学校办学类型	423:管理干部学院
学校举办者	812 省级其他部门
学校地址	江苏省省级机关管理干部学院
邮政编码	210008
办公电话	025-83226709
传真电话	025-83226709
校园(局域)网域名	www.sdx.js.cn
电子信箱	js-ggy@sohu.con
占地面积(平方米)	147226
校舍建筑面积(平方米)	43650
图书(万册)	19.6
固定资产总值(万元)	1490
教学、科研仪器设备资产值(万元)	750
在校生数(人)	2505
其中:成人专科	2505
专任教师(人)	144
其中:正高级	54
副高级	41
中级	40
初级	9

专科专业 电子商务、房地产经营与估价、房地产经营与管理、广告经营与管理、会计、计算机信息管理、经济管理、旅游管理、商务英语、市场营销、物流管理、行政管理、艺术设计

学校设立奖学金情况

学校设立奖学金 9 项,奖励总金额 15.6 余万元。奖学金最高金额 1000 元/年,最低金额 200 元/年。

毕业生一次就业率 100%

学校历史沿革

1980 年经省编办同意恢复江苏省干部业余大学。1983 年经省政府同意建立江苏省省级机关干部业余大学(大专建制)。1984 年经国家教育部准予备案。行政由江苏省委机关工作委员会领导,业务由江苏省教育厅指导。1990 年经省政府批准,江苏省省级机关干部业余大学行政划归江苏省人事厅领导。1994 年经省政府同意省级机关干部业余大学更名为江苏省省级机关管理干部学院,行政隶属于省人事厅。

江苏省青年管理干部学院

学校(机构)标识码	4232051828
学校办学类型	423:管理干部学院
学校举办者	812 省级其他部门
学校地址	南京市玄武区后宰门西村 40 号
邮政编码	210016
办公电话	025-84823507
传真电话	025-84828744
校园(局域)网域名	www.qgy.sdx.js.cn
电子信箱	jsqgy@publicl.ptt.sj.cn
占地面积(平方米)	153200
校舍建筑面积(平方米)	49023
图书(万册)	21.15
固定资产总值(万元)	1823.96
教学、科研仪器设备资产值(万元)	801.3
在校生数(人)	2995
其中:成人专科	2995
专任教师(人)	146
其中:正高级	43
副高级	50
中级	41
初级	10
未定职级	2

专科专业 报关与国际货运、法律事务、工商行政管理、国际经济与贸易、会计、计算机信息管理、经济管理、社区管理与服务、文秘、行政管理

学校设立奖学金情况

学校设立奖学金一项,奖励总金额15余万元。奖学金最高金额2000元/年,最低金额300元/年。

毕业生一次就业率 96.53%

学校历史沿革

江苏省青年管理干部学院的前身是江苏省团校。1987年,省青干院经江苏省人民政府、国家教育委员会批准成立,与江苏省团校为同一建制列入国民教育成人高校序列。学院的主要办学类型为学历教育(大专层次),考生参加全国成人统一考试,经江苏省高等学校招生委员会录取后进入学校学习。

江苏教育学院

学校(机构)标识码 4232050516	校园(局域)网域名 www.jsie.edu.cn
学校办学类型 424:教育学院	电子信箱 jsedu@jsie.edu.cn
学校举办者 822 地级其他部门	占地面积(平方米) 354679
学校地址 江苏省南京市北京西路77号	校舍建筑面积(平方米) 202309
邮政编码 210013	图书(万册) 80
办公电话 025-83758111	固定资产总值(万元) 37482.35
传真电话 025-83700603	教学、科研仪器设备资产值(万元) 3873.03

在校生数(人) 7832	其中:成人本科 6723
成人专科 1109	专任教师(人) 341
其中:正高级 30	副高级 136
中级 128	初级 47

本科专业 地理科学、汉语言文学、化学、教育技术学、教育学、历史学、美术学、生物科学、数学与应用数学、思想政治教育、体育教育、物理学、小学教育、学前教育、音乐学、英语

专科专业 学前教育

学校历史沿革

江苏教育学院的前身是南京市教师进修学校、南京教师进修学院、江苏教师进修学院和江苏省教育行政干部学校。1952年10月建立了南京市教师进修学校,1953年8月根据江苏省教育厅通知,更名为南京教师进修学院。1956年经上级批准南京教师进修学院改名为江苏教师进修学院。1958年2月,省教育厅决定将江苏教师进修学院与江苏省教育行政干部学校合并,组建江苏教育学院。1969年12月,江苏省革命委员会决定撤销江苏教育学院和江苏函授大学。1978年6月,省政府决定同意江苏省教育局《关于请求复办江苏教育学院的报告》,同意复办江苏教育学院,并决定原南京市北京西路77号所有校舍仍归江苏教育学院使用。2000年7月,江苏教育学院列为中小学骨干教师省级培训基地之一。2002年1月,省政府整合江苏教育学院、江苏省教育科学研究所、江苏省中小学教学研究室,组建江苏省教育科学研究院。

扬州教育学院

学校(机构)标识码 4232050526	校园(局域)网域名 www.yzpc.edu.cn
学校办学类型 424:教育学院	电子信箱 yzjy@mail.yzpc.edu.cn
学校举办者 822 地级其他部门	占地面积(平方米) 50182
学校地址 江苏省扬州市文昌西路458号	校舍建筑面积(平方米) 37648
邮政编码 225012	图书(万册) 14
办公电话 0514-87697076	固定资产总值(万元) 14200
传真电话 0514-87697068	教学、科研仪器设备资产值(万元) 1369.75

在校生数(人) 3003	其中:成人专科 3003
专任教师(人) 117	其中:正高级 1
副高级 24	中级 43
初级 26	未定职级 23

专科专业 财务管理、机电一体化技术、计算机信息管理、经济管理、旅游管理、小学教育、学前教育

江苏省广播电视大学

学校(机构)标识码 4232051255　　学校办学类型 426:广播电视大学　　学校举办者 811 省级教育部门

学校地址　南京市江东北路399号	校舍建筑面积(平方米)　73717	专任教师(人)　102
邮政编码　210036	图书(万册)　7	其中:正高级　3
办公电话　025-86265300	固定资产总值(万元)　23352.82	副高级　24
传真电话　025-86265318	教学、科研仪器设备资产值(万元)	中级　60
校园(局域)网域名　www.jstvu.edu.cn	520.01	初级　9
电子信箱　bgs@jstvu.edu.cn	在校生数(人)　3913	未定职级　6
占地面积(平方米)　43246	其中:成人专科　3913	

专科专业　报关与国际货运、电子商务、电子信息工程技术、工商企业管理、国际经济与贸易、会计、机电一体化技术、计算机信息管理、计算机应用技术、建筑工程管理、旅游服务与管理、旅游管理、汽车技术服务与营销、商务英语、市场营销、视觉传达艺术设计、物流管理、行政管理、装潢艺术设计

学校历史沿革
　　江苏广播电视大学创办于1979年2月,是一所运用印刷、广播电视、计算机和网络技术等多种媒体进行远程开放教育的省属高校。

南京市广播电视大学

学校(机构)标识码　4232051396	校园(局域)网域名　www.njtvu.edu.cn	在校生数(人)　3039
学校办学类型　426:广播电视大学	电子信箱　xb@njtvu.edu.cn	其中:成人专科　3039
学校举办者　822 地级其他部门	占地面积(平方米)　380999	专任教师(人)　347
学校地址　南京市白下区游府西街46号	校舍建筑面积(平方米)　250277	其中:正高级　2
	图书(万册)　59.23	副高级　89
邮政编码　210002	固定资产总值(万元)　48139	中级　175
办公电话　025-82212100	教学、科研仪器设备资产值(万元)	初级　70
传真电话　025-82212180	7691	未定职级　11

专科专业　电子商务、动漫设计与制作、工程造价、工商企业管理、会计、机电一体化技术、计算机网络技术、计算机信息管理、建筑工程技术、经济信息管理、旅游管理、模具设计与制造、汽车检测与维修技术、市场开发与营销、数控技术

定期公开出版的专业刊物　《南京广播电视大学学报》
　　1979年5月11日,江苏省南京市革命委员会批准我校为江苏省广播电视大学南京市分校(宁革发[1979]99号)。
　　1985年7月31日,江苏省人民政府发文,同意江苏省广播电视大学南京市分校更名为南京市广播电视大学(苏政复[1985]99号)。
　　1991年11月22日,国家教育委员会批准我校为独立建制的成人高校,在教育方面享有相当省级广播电视大学的权限和待遇(教计[1991]221号)。

浙江省省级机关职工业余大学

学校(机构)标识码　4233050550	电子信箱　zjjgdx@vip.163.com	其中:成人专科　1674
学校办学类型　421:职工高校	占地面积(平方米)　21000	专任教师(人)　47
学校举办者　812 省级其他部门	校舍建筑面积(平方米)　8190	其中:正高级　1
学校地址　浙江省杭州市西湖区省府路29号	图书(万册)　6.03	副高级　7
	固定资产总值(万元)　1722	中级　25
邮政编码　310007	教学、科研仪器设备资产值(万元)	初级　7
办公电话　0571-87054829	861.7	未定职级　7
传真电话　0571-87054819	在校生数(人)　1674	

专科专业　电子商务、工商企业管理、公共事务管理、国际经济与贸易、会计、计算机信息管理、建筑工程技术、经济管理、酒店管理、旅游管理、物流管理、行政管理、学前教育、装潢艺术设计

学校设立奖学金情况

分别为一等奖学金,二等奖学金,三等奖学金,单项奖学金,奖项总金额7.7万每年,最低金额5.2万每年。

学校历史沿革

学校前身是成立于1952年的浙江省省级机关干部文化补习学校,"文革"期间被撤消,1980年恢复。1983年,经浙江省人民政府批准,国家教育部备案,成立浙江省省级机关职工业余大学,从事成人大专学历教育和岗位培训。

杭州市工人业余大学

学校(机构)标识码 4233050551	校园(局域)网域名 www.zjhzgd.com	126.78
学校办学类型 421:职工高校	电子信箱 wed@zjhzgd.com	在校生数(人) 1160
学校举办者 812 省级其他部门	占地面积(平方米) 31257	其中:成人专科 1160
学校地址 杭州市下城区林司后41号	校舍建筑面积(平方米) 19176	专任教师(人) 61
邮政编码 310003	图书(万册) 7.38	其中:副高级 11
办公电话 0571 - 87221398	固定资产总值(万元) 1244.26	中级 36
传真电话 0571 - 87221398	教学、科研仪器设备资产值(万元)	初级 14

专科专业 工商管理类、会计、机电一体化技术、建筑工程管理、经济管理、市场营销、行政管理

学校设立奖学金情况

学校设立奖学金3项,奖励总金额5余万元。奖学金最高金额2200元/年,最低金额100元/年。

学校历史沿革

杭州市工人业余大学是1979年由杭州市总工会创办,1981年经浙江省人民政府批准并由国家教育部备案的成人高等学校。

温州市工人业余大学

学校(机构)标识码 4233050554	校园(局域)网域名 www.wztvu.com	891.7
学校办学类型 421:职工高校	电子信箱 wtvu@mail.wzppt.zj.cn	在校生数(人) 270
学校举办者 822 地级其他部门	占地面积(平方米) 20694	其中:成人专科 270
学校地址 温州市信河街周宅祠巷21号	校舍建筑面积(平方米) 16015	专任教师(人) 41
邮政编码 325000	图书(万册) 5.3	其中:副高级 4
办公电话 0577 - 88226561	固定资产总值(万元) 3354	中级 31
传真电话 0577 - 89998799	教学、科研仪器设备资产值(万元)	初级 6

专科专业 电子商务、工商管理类、广告设计与制作、会计、装潢艺术设计

浙江经济管理职工大学

学校(机构)标识码 4233051259	电子信箱 jgzhd@zjdx.gov.cn	在校生数(人) 1999
学校办学类型 421:职工高校	占地面积(平方米) 200000	其中:成人专科 1999
学校举办者 812 省级其他部门	校舍建筑面积(平方米) 98229	专任教师(人) 117
学校地址 杭州市文一西路1000号	图书(万册) 45.8	其中:正高级 23
邮政编码 311121	固定资产总值(万元) 1096	副高级 52
办公电话 0571 - 89085617	教学、科研仪器设备资产值(万元)	中级 37
传真电话 0571 - 89085618	331.7	初级 5
校园(局域)网域名 www.zjdx.gov.con		

专科专业 电子商务、法律事务、工商企业管理、国际经济与贸易、会计、计算机信息管理、经济管理、社区管理与服务、行政管理

学校设立奖学金情况

学校设立奖学金三项,奖励总金额2.8余万元。奖学金最高金额400元/年,最低金额220元/年。

毕业生一次就业率 35%

学校历史沿革

1. 成立浙江省职工政治大学:1984年5月浙江省人民政府批准(浙政发[1984]140号),1985年2月教育部备案(1985)教高三字001号。2. 更名为浙江经济管理职工大学:1996年1月浙江省人民政府批准(浙政发[1996]6号)。

杭州教育学院

学校(机构)标识码 4233050558	学校地址 杭州市文晖路321号	传真电话 0571-88008800
学校办学类型 424:教育学院	邮政编码 310014	校园(局域)网域名 www.hzjyxy.com
学校举办者 821 地级教育部门	办公电话 0571-88008800	电子信箱 hzjyxy@126.com

宁波教育学院

学校(机构)标识码 4233050559	电子信箱 nbei86@126.com	其中:成人本科 2615
学校办学类型 424:教育学院	占地面积(平方米) 52891	成人专科 1985
学校举办者 821 地级教育部门	校舍建筑面积(平方米) 41005	专任教师(人) 106
学校地址 宁波市环城北路西段625号	图书(万册) 19.21	其中:正高级 2
	固定资产总值(万元) 14606.25	副高级 42
邮政编码 315016	教学、科研仪器设备资产值(万元) 1408.22	中级 45
办公电话 574-87200210		初级 4
传真电话 574-87219681	在校生数(人) 4600	未定职级 13
校园(局域)网域名 www.nbei.net		

本科专业 法学、公共事业管理(财务管理)、公共事业管理(经贸管理)、汉语言文学、计算机科学与技术、教育学、教育学(心理健康教育)、科学教育、美术学、数学与应用数学、体育教育、物理学、小学教育、学前教育、音乐学、英语、英语(国际贸易)

专科专业 初等教育、国际经济与贸易、会计、计算机信息管理、计算机信息管理(应用电子)、旅游管理、体育教育、行政管理、学前教育、艺术设计、应用英语、幼儿艺术教育

院系设置

学院设有教育行政学院、继续教育学院、成教学院、人文与幼教学院、外语与经贸学院、信息与艺术学院等六个学院

国家级、省部级研究机构设置

研究所(中心):教育科学研究所

定期公开出版的专业刊物 《宁波教育学院学报》

学校设立奖学金情况

学校设立奖学金1项,奖励总金额19.64余万元。奖学金最高金额1200元/年,最低金额400元/年。

主要校办产业

宁波市宁教培训学校、宁波骏腾出国留学服务中心、宁波教育学院音像服务中心

毕业生一次就业率 97.71%

学校历史沿革

宁波市教师进修学院的前身为宁波市教师进修学院创建于1959年5月。宁波地区教师进修学院由当时的宁波地区革命委员会于1978年8月批准筹建。10月正式成立并开展工作。1983年,由于地区和市行政建制改变,宁波地区和宁波市两所教师进修学院于该年9月合并,定名为宁波教师进修学院,次年2月,经浙江省人民政府批准又更名为宁波教育学院,与此同时,经国家教育部审查公告,首批予以备案。

金华教育学院

学校(机构)标识码 4233050561	学校举办者 821 地级教育部门	邮政编码 321000
学校办学类型 424:教育学院	学校地址 金华市东市街388号	办公电话 0579-89107200

传真电话 0579-89107202	固定资产总值(万元) 3073.1	其中:正高级 2
校园(局域)网域名 www.jyxy579.com	教学、科研仪器设备资产值(万元) 450.48	副高级 39
电子信箱 bgs218@126.com	在校生数(人) 941	中级 65
占地面积(平方米) 62084	其中:成人专科 941	初级 16
校舍建筑面积(平方米) 35817	专任教师(人) 141	未定职级 19
图书(万册) 16.71		

专科专业 初等教育、国际经济与贸易、会计学、计算机科学与技术、市场营销、体育教育、文秘、物流管理、学前教育、英语教育、语文教育

院系设置

人文分院、理工分院、自考分院、成教分院、体校

定期公开出版的专业刊物 《金华教育学院学报》

学校设立奖学金情况

学校设立奖学金1项,奖励总金额8余万元。奖学金最高金额1000元/年,最低金额300元/年。

毕业生一次就业率 92.34%

学校历史沿革

金华教育学院的前身是金华专区教师进修学院,成立于1962年。1984年1月改名为金华地区教师进修学院;1984年2月更名为金华教育学院。2003年3月,金华市体育运动学校并入金华教育学院。

浙江嘉兴教育学院

学校(机构)标识码 4233051814	cn/MainSite/Index.aspx	419.45
学校办学类型 424:教育学院	电子信箱 jyxy001@163.com	在校生数(人) 318
学校举办者 821 地级教育部门	占地面积(平方米) 62861	其中:成人专科 318
学校地址 浙江省嘉兴市双溪路1798号	校舍建筑面积(平方米) 38668	专任教师(人) 87
邮政编码 314051	图书(万册) 4.9	其中:副高级 49
办公电话 0573-82684563	固定资产总值(万元) 2545.12	中级 30
传真电话 0573-82684563	教学、科研仪器设备资产值(万元)	初级 7
校园(局域)网域名 www.jxjy.com		未定职级 1

专科专业 会计、经济管理、学前教育

院系设置

学院内设机构:学院办公室、教务处、学科教学研究处、职业教育研究处、课程改革研究处、师资培训处、教育科研与信息处、监察室

定期公开出版的专业刊物 《嘉兴教育学院学报》《嘉兴教育》

学校历史沿革

1984年开始筹建,1986年浙江省人民政府批准成立嘉兴教育学院,并报国家教委备案。1986年3月正式开学。1987年2月,国家教委下达(87)计字26号文件,批准试办嘉兴教育学院。同年7月,中共嘉兴市委批准建立中共嘉兴教育学院委员会。1992年5月,经国家教委考核组复查验收,正式批准成立嘉兴教育学院。

浙江省广播电视大学

学校(机构)标识码 4233051258	电子信箱 xb@zjtvu.edu.cn	在校生数(人) 8487
学校办学类型 426:广播电视大学	占地面积(平方米) 48225	其中:成人专科 8487
学校举办者 811 省级教育部门	校舍建筑面积(平方米) 40920	专任教师(人) 67
学校地址 浙江省杭州市教工路42号	图书(万册) 10.61	其中:副高级 19
邮政编码 310012	固定资产总值(万元) 13454	中级 43
办公电话 0571-88087063	教学、科研仪器设备资产值(万元) 4963	初级 2
传真电话 0571-88842657		未定职级 3
校园(局域)网域名 www.zjtvu.edu.cn		

专科专业 传媒策划与管理、电子商务、动漫设计与制作、工程监理、工商企业管理、广告媒体开发、广告设计与制作、国际经济与贸易、会计、机电一体化技术、机械制造与自动化、计算机网络技术、计算机信息管理、计算机应用技术、建筑工程技术、建筑经济管理、旅游服务与管理、旅游管理、商务英语、食品药品监督管理、市场营销、室内设计技术、文秘、物流管理、行政管理、学前教育、艺术教育、应用英语、营销与策划、装潢艺术设计

学校历史沿革

文法学院、经管学院、外国语学院、信息与工程学院、直属学院、开放教育学院、继续教育学院

定期公开出版的专业刊物 《远程教育杂志》、《社区教育研究》

学校设立奖学金情况

学校设立奖学金 2 项,奖励总金额 500 余万元。奖学金最高金额 1000 元/年,最低金额 1000 元/年。

学校历史沿革

1978 年 2 月 6 日,小平同志亲笔批示同意创办广播电视大学。1979 年 1 月 4 日,浙江省革命委员会批准创办浙江广播电视大学,并于当年 2 月 6 日开学。全省电大目前已形成以省电大为中心、10 所市级电大为主干、59 所县级电大和 11 个企事业单位的分校、教学点为基础、覆盖全省城乡的远程教育网络。2008 年初,经浙江省政府同意,浙江省编委正式下文,在浙江广播电视大学增挂"浙江省社区教育指导中心"牌子。

宁波市广播电视大学

学校(机构)标识码 4233051885	电子信箱 xb@nbtvu.net.cn	其中:成人专科 3036
学校办学类型 426:广播电视大学	占地面积(平方米) 34647	专任教师(人) 351
学校举办者 821 地级教育部门	校舍建筑面积(平方米) 20852	其中:正高级 1
学校地址 宁波市江北区文教路 1 号	图书(万册) 8.3	副高级 81
邮政编码 315016	固定资产总值(万元) 8292.37	中级 219
办公电话 574-87210566	教学、科研仪器设备资产值(万元)	初级 42
传真电话 574-87200008	1717.46	未定职级 8
校园(局域)网域名 www.NBTVU.net.cn	在校生数(人) 3036	

专科专业 财政、法律事务、国际经济与贸易、会计、机电安装工程、机电一体化技术、计算机信息管理、计算机应用技术、建筑工程管理、建筑工程技术、经济管理、经济信息管理、模具设计与制造、人力资源管理、市场营销、物流管理、行政管理、学前教育、英语教育

院系设置

开放网络教育学院、继续教育学院、成人教育学院、文法系、经济管理系、信息系与基础教学部、外语系

国家级、省部级研究机构设置

研究所(中心):教育科学研究所、信息与资源中心

定期公开出版的专业刊物 《宁波广播电视大学学报》

学校设立奖学金情况

学校设立奖学金三项,奖励总金额 20 余万元。奖学金最高金额 1200 元/年,最低金额 200 元/年。

毕业生一次就业率 62%

学校历史沿革

浙江广播电视大学宁波分校(1979-1990 年);宁波广播电视大学(1990-至今)。

淮南市职工大学

学校(机构)标识码 4234050565	校园(局域)网域名 www.hnuuu.edu.cn	280
学校办学类型 421:职工高校		在校生数(人) 1099
学校举办者 822 地级其他部门	电子信箱 hnidxqb@126.com	其中:成人专科 1099
学校地址 安徽省淮南市田家庵区朝阳街道电力社区居委会	占地面积(平方米) 22644	专任教师(人) 175
	校舍建筑面积(平方米) 21915	其中:副高级 36
邮政编码 232001	图书(万册) 22	中级 63
办公电话 0554-6862692	固定资产总值(万元) 1399	初级 57
传真电话 0554-6862601	教学、科研仪器设备资产值(万元)	未定职级 19

专科专业 护理、会计电算化、机电一体化技术、计算机应用技术、市场营销

院系设置
护理系、计生管理系、财经系、机电系、基础部
学校设立奖学金情况
学校设立奖学金 3 项,奖励总金额 2 余万元。奖学金最高金额 400 元/年,最低金额 200 元/年。
毕业生一次就业率　80%

学校历史沿革
淮南职工医学专科学校创建于 1979 年,1993 年经省政府、国家教委备案,将"淮南机械局职工大学"和"淮南职业医学专科学校"调整合并为淮南市职工大学,为正县级事业单位,是独立设置的成人高校,隶属淮南市政府领导。

合肥职工科技大学

学校(机构)标识码　4234050569	校园(局域)网域名　www.hftvu.net.cn	在校生数(人)　109
学校办学类型　421:职工高校	电子信箱　hftvubgs@163.com	其中:成人专科　109
学校举办者　822 地级其他部门	占地面积(平方米)　23717	专任教师(人)　53
学校地址　合肥市庐阳区阜南路十五号	校舍建筑面积(平方米)　20704	其中:副高级　10
邮政编码　230001	图书(万册)　6.8	中级　24
办公电话　0551-2691031	固定资产总值(万元)　4900.04	初级　13
传真电话　0551-2691032	教学、科研仪器设备资产值(万元)　1036.46	未定职级　6

专科专业　工程测量与监理、广告设计与制作、会计电算化、机电一体化技术、计算机应用技术、建筑工程技术
毕业生一次就业率　80%
学校历史沿革
合肥职工科技大学的前身为合肥市科技业余进修学院,创建于 1980 年,1983 年改为合肥职工科技大学;1993 年 7 月,与安徽广播电视大学合肥分校(1979 年成立)合并;1998 年,学校增挂了"合肥行政学院"校牌;2010 年 2 月,市委党校增挂"合肥行政学院"牌子,我校不再保留"合肥行政学院"牌子。目前,学校实行一套班子,两块牌子办学。

合肥市职工大学

学校(机构)标识码　4234050570	校园(局域)网域名　www.hfszd.com	507
学校办学类型　421:职工高校	电子信箱　hfuws@hf.ah.cn	在校生数(人)　595
学校举办者　822 地级其他部门	占地面积(平方米)　70667	其中:成人专科　595
学校地址　安徽省合肥市滁州路 87 号	校舍建筑面积(平方米)　24005	专任教师(人)　61
邮政编码　230011	图书(万册)　6.47	其中:副高级　18
办公电话　0551-4693337	固定资产总值(万元)　1382.2	中级　35
传真电话　0551-4693329	教学、科研仪器设备资产值(万元)	初级　8

专科专业　会计电算化、计算机应用技术、经济管理、市场营销
学校历史沿革
合肥市职工大学是经省政府批准,国家教育部备案的由工会主办的一所综合性职工高校。学校由合肥市总工会和合肥市科技协会联合创建于 1964 年,1966 年 4 月 16 日学校主管部门《关于要求正式成立"合肥市职工大学"的报告》呈省总工会、省教育厅,后联合发文[66]职教字第 073 号和[66]教高普字第 047 号批复同意成立"合肥市职工业余大学",属县级制。文革期间学校被迫停办,1979 年恢复办学,1984 年经安徽省人民政府重新批准承认(政函字[1984]25 号),同年 5 月到国家教育部审定备案(教育部[84]教职成字 021),1992 年更名为"合肥市职工大学"。

安徽经济管理干部学院

学校(机构)标识码　4234050581	学校举办者　812 省级其他部门	邮政编码　230059
学校办学类型　423:管理干部学院	学校地址　合肥市望江东路 115 号	办公电话　0551-3448029

传真电话　0551-3414031	教学、科研仪器设备资产值(万元)	其中：正高级　10
校园(局域)网域名　www.ahsa.edu.cn	3018.73	副高级　105
占地面积(平方米)　538007	在校生数(人)　761	中级　139
校舍建筑面积(平方米)　288972	其中：成人专科　761	初级　63
图书(万册)　40.33	专任教师(人)　318	未定职级　1
固定资产总值(万元)　20354.24		

专科专业　法律事务、会计、会计与统计核算、经济管理、经济信息管理、农业技术与管理、行政管理

院系设置

公共管理系、工商管理系、财务会计系、金融系、贸易经济系、旅游管理系、信息科学系、计算机工程系、外语系、社会学系、基础教学部、国际合作学部、公务员培训部、工商管理培训部、农业管理培训部

国家级、省部级研究机构设置

研究所(中心)：中国特色社会主义理论研究中心、经济管理研究所、行政管理研究所

定期公开出版的专业刊物　《华东经济管理》、《乡镇经济》

学校设立奖学金情况

学校设立奖学金3项，奖励总金额41余万元。奖学金最高金额1000元/年，最低金额300元/年。

毕业生一次就业率　99.07%

学校历史沿革

安徽经济管理干部学院成立于1983年9月，安徽行政学院成立于1991年1月。1996年2月，安徽省人民政府决定安徽经济管理干部学院与安徽行政学院合并，保留两院名称，为省政府直属单位。2002年9月，合肥物价学校并入学院。2006年8月，安徽农业管理干部学院并入学院。

宿州教育学院

学校(机构)标识码　4234051265	学校地址　安徽省宿州市胜利西路890	传真电话　0557-3603504
学校办学类型　424：教育学院	邮政编码　234101	电子信箱　szjy2003@263.net
学校举办者　822 地级其他部门	办公电话　0557-3603503	

安徽广播电视大学

学校(机构)标识码　4234051388	电子信箱　xb@ahtvu.ah.cn	其中：成人本科　134
学校办学类型　426：广播电视大学	占地面积(平方米)　54020	成人专科　1765
学校举办者　811 省级教育部门	校舍建筑面积(平方米)　60018	专任教师(人)　133
学校地址　安徽省合肥市包河区桐城南路398号	图书(万册)　13.65	其中：正高级　1
	固定资产总值(万元)　5769.9	副高级　32
邮政编码　230022	教学、科研仪器设备资产值(万元)	中级　53
办公电话　0551-3636792	1511.7	初级　38
传真电话　0551-3635732	在校生数(人)　1899	未定职级　9
校园(局域)网域名　www.ahtvu.ah.cn		

本科专业　法学、会计学、计算机科学与技术、市场营销、英语

专科专业　电脑艺术设计、电子商务、会计、会计电算化、机电一体化技术、机械设计与制造、计算机信息管理、建筑工程管理、商务英语、市场营销

院系设置

开放教育学院、网络教育学院、城市建设学院、继续教育学院

定期公开出版的专业刊物　《安徽广播电视大学学报》、《安徽电大报》

学校历史沿革

安徽广播电视大学位于合肥市桐城南路398号。1979年2月正式建校，为省属高等学校。现任校党政领导有王传旭、郑汉华、郭化兰、李向荣、周先宁五位同志。

福建教育学院

学校(机构)标识码　4235050591
学校办学类型　424:教育学院
学校举办者　811 省级教育部门
学校地址　福州鼓楼区梦山路73号
邮政编码　350001
办公电话　0591-83728489
传真电话　0591-83728489
校园(局域)网域名　www.fjjyxy.com
电子信箱　fjjyxy@pub5fz.fj.cn
占地面积(平方米)　115807
校舍建筑面积(平方米)　32498
图书(万册)　37.98
固定资产总值(万元)　12374.3
教学、科研仪器设备资产值(万元)　4405.93
在校生数(人)　9222
其中:成人本科　4007
　　　成人专科　5215
专任教师(人)　338
其中:正高级　11
　　　副高级　129
　　　中级　108
　　　初级　69
　　　未定职级　21

本科专业　汉语言文学、计算机科学与技术、教育学、旅游管理、数学与应用数学、小学教育、行政管理、学前教育、英语
专科专业　初等教育、导游、会计、计算机应用技术、酒店管理、美术教育、商检技术、商务英语、物流管理、行政管理、学前教育、装潢艺术设计
院系设置
校长研修部、文科研修部、理科研修部、信息技术研修部、外语研修部、体育与艺术研修部、函授教育部
定期公开出版的专业刊物　《福建教育学院学报》、《福建基础教育研究》
学校设立奖学金情况
学校设立奖学金2项,奖励总金额9余万元。奖学金最高金额1500元/年,最低金额500元/年。
毕业生一次就业率　71%
学校历史沿革
1956年:创办福建教育学院。

福州教育学院

学校(机构)标识码　4235051274
学校办学类型　424:教育学院
学校举办者　821 地级教育部门
学校地址　福州市上街大学城学府南路福州教育学院新校区
邮政编码　350108
办公电话　0591-87607526
传真电话　0591-87568241
校园(局域)网域名　www.fzjyxy.com
电子信箱　fz_jyxy@163.com
占地面积(平方米)　106789
校舍建筑面积(平方米)　59982
图书(万册)　21
固定资产总值(万元)　11124.12
教学、科研仪器设备资产值(万元)　1365.16
在校生数(人)　104
其中:成人专科　104
专任教师(人)　86
其中:副高级　24
　　　中级　30
　　　初级　31
　　　未定职级　1

专科专业　初等教育、学前教育
院系设置
我院共设四系一部:人文社科系、初等教育系、外语系、计算机系、公共基础部
国家级、省部级研究机构设置
研究所(中心):福州教育研究院
定期公开出版的专业刊物　《福州教育研究》
学校设立奖学金情况
学校设立奖学金5项,奖励总金额18余万元。奖学金最高金额8000元/年,最低金额500元/年。
1.国家奖学金:1人/年,8000元/人;
2.国家励志奖学金:32人/年,5000元/人;
3.院一等奖学金:25人/年,1200元/人;4.院二等奖学金:112人/年,800元/人;5.院三等奖学金:112人/年,500元/人。
主要校办产业
福州教育学院印刷厂
毕业生一次就业率　87.2%
学校历史沿革
1960年5月 福州市教师进修学校成立,与福州市教育局合署办公;1970年2月 学校因"文革"停办;1972年底 学校复办,在教师进修校的基础上成立福州市教师训练班;1978年 改名为福州市教师进修学校,独立建制;1985年2月 经福建省政府批准,报国家教委备案,升级为福州教育学院;2004年2月 经福州市委、市政府研究决定,整合福州教育学院、福州师范、福州市普通教育教学研究室、福州市成人教育教学研究室、福州市教科所等五个单位,成立新的福州教育学院。

福建省广播电视大学

学校(机构)标识码　4235051270
学校办学类型　426:广播电视大学
学校举办者　811 省级教育部门
学校地址　福州市鼓楼区铜盘路 15 号
邮政编码　350003
办公电话　0591-87833115
传真电话　0591-87848924
校园(局域)网域名　www.fjrtvu.edu.cn
电子信箱　lhb@fjrutvu.edu.cn
占地面积(平方米)　77670
校舍建筑面积(平方米)　83872
图书(万册)　20.9
固定资产总值(万元)　13366
教学、科研仪器设备资产值(万元)　4297
在校生数(人)　4573
其中:成人专科　4573
专任教师(人)　160
其中:正高级　3
　　　副高级　48
　　　中级　75
　　　初级　28
　　　未定职级　6

专科专业　电子商务、多媒体设计与制作、工商企业管理、汉语、会计、会计电算化、机电一体化技术、计算机网络技术、计算机应用技术、经济管理、精细化学品生产技术、旅游管理、商务英语、市场营销、数控技术、铁道车辆、铁道交通运营管理、物流管理、学前教育、装潢艺术设计
院系设置
高等职业技术学院、开放教育学院、继续教育学院
国家级、省部级研究机构设置
研究所(中心):现代远程教育研究所、闽文化研究所
定期公开出版的专业刊物　《福建广播电视大学学报》
学校历史沿革
1979 年 1 月成立至今。

厦门市广播电视大学

学校(机构)标识码　4235051833
学校办学类型　426:广播电视大学
学校举办者　811 省级教育部门
学校地址　厦门市前埔南路 1263 号
邮政编码　361008
办公电话　0592-5909025
传真电话　0592-5909001
校园(局域)网域名　www.xmrtvu.cn
电子信箱　xiaoban@xmcu.cn
占地面积(平方米)　2333
校舍建筑面积(平方米)　6002
图书(万册)　3.27
固定资产总值(万元)　589
教学、科研仪器设备资产值(万元)　248
在校生数(人)　526
其中:成人专科　526
专任教师(人)　28
其中:副高级　8
　　　中级　9
　　　初级　7
　　　未定职级　4

专科专业　法律事务、工商企业管理、国际贸易实务、计算机信息管理、建筑工程技术、市场营销
院系设置
工程技术学部、人文应该学部、经济管理学部
定期公开出版的专业刊物　《厦门广播电视大学学报》
学校历史沿革
厦门市广播电视大学建立于 1979 年,初创阶段为福建电大厦门市工作站;1983 年经省政府批准成为福建电大厦门分校;1988 年国家教委[88]教计字 117 号批准改为厦门市广播电视大学。厦门电大为厦门市属成人高等学校,教学业务直接接受中央电大的指导和宏观管理。

昌河职工工学院

学校(机构)标识码　4236050603　　学校办学类型　421:职工高校　　学校举办者　812 省级其他部门

南昌钢铁有限责任公司职工大学

学校(机构)标识码 4236050607	校园(局域)网域名 www.jxng.com	在校生数(人) 69
学校办学类型 421:职工高校	电子信箱 jxng@sina.com	其中:成人专科 69
学校举办者 812 省级其他部门	占地面积(平方米) 561869	专任教师(人) 75
学校地址 南昌钢铁有限责任公司职工大学	校舍建筑面积(平方米) 127427	其中:副高级 21
邮政编码 338015	图书(万册) 17	中级 21
办公电话 0790-6857058	固定资产总值(万元) 10805	初级 29
传真电话 0790-6857058	教学、科研仪器设备资产值(万元) 2895.8	未定职级 4

专科专业 工商行政管理、会计电算化、冶金技术

学校设立奖学金情况

学校设立奖学金 4 项,奖励总金额 28 余万元。奖学金最高金额 3000 元/年,最低金额 400 元/年。

1. 三好学生奖学金:800 元/人;
2. 优秀班干部:400 元/人;
3. 励志奖学金:16 人/年,3000 元/人
4. 国家助学金:115 人,2000 元/人。

毕业生一次就业率 82.59%

学校历史沿革

原名为江西省南昌钢铁有限责任公司职工大学,1997 年更名为南昌钢铁有限责任公司职工大学。

南昌市业余大学

学校(机构)标识码 4236050616	校园(局域)网域名 www.ncgz.com	在校生数(人) 48
学校办学类型 421:职工高校	电子信箱 ncsyd@public.jx.cn	其中:成人专科 48
学校举办者 821 地级教育部门	占地面积(平方米) 30210	专任教师(人) 59
学校地址 江西省南昌市三眼井街 13 号	校舍建筑面积(平方米) 16467	其中:正高级 5
邮政编码 330003	图书(万册) 7	副高级 15
办公电话 0791-86277556	固定资产总值(万元) 700.6	中级 22
传真电话 0791-86277556	教学、科研仪器设备资产值(万元) 307.6	初级 17

专科专业 化工工艺、模具设计与制造

院系设置

学校现有管理系、中文系、外语系、机电系、艺术系、化工系、政法系

学校历史沿革

南昌市业余大学的前身为 1952 年创办的南昌市职工业余学校和南昌市机关干部文化学校,1958 年南昌市中小学教师进修学校并入,成立南昌市业余大学。

南昌市职工科技大学

学校(机构)标识码 4236050617	电子信箱 nzkd@vip.sina.com	在校生数(人) 1778
学校办学类型 421:职工高校	占地面积(平方米) 98400	其中:成人专科 1778
学校举办者 822 地级其他部门	校舍建筑面积(平方米) 66722	专任教师(人) 72
学校地址 南昌市二七北路 520 号	图书(万册) 12.5	其中:正高级 6
邮政编码 330077	固定资产总值(万元) 13000	副高级 23
办公电话 0791-88611474	教学、科研仪器设备资产值(万元) 2190	中级 24
传真电话 0791-88611474		初级 19
校园(局域)网域名 www.nzkd.org		

专科专业 电脑艺术设计、电子商务、工商企业管理、海关管理、会计电算化、机电一体化技术、计算机网络技术、计算机信息管理、建筑工程管理、酒店管理、旅游管理、模具设计与制造、市场营销、文秘、行政管理

院系设置

学校设有经济管理系、中文及应用美术系、计算机与信息工程系

学校设立奖学金情况

学校设立奖学金1项,奖励总金额3余万元。奖学金最高金额1000元/年,最低金额100元/年。

毕业生一次就业率 85%

学校历史沿革

1978年成立南昌市工人业余科技大学1981年经江西省政府批准,原国家教育部备案为南昌市工人业余大学,并获得成人高等学历教育资格;2001年10月经江西省人民政府批准,更名为南昌市职工科技大学。

江西行政管理干部学院

学校(机构)标识码	4236050151
学校办学类型	423:管理干部学院
学校举办者	812 省级其他部门
学校地址	江西省国家经济技术开发区飞鸿大道99号
邮政编码	330033
办公电话	0791-83889611
传真电话	0791-83889611
校园(局域)网域名	www.jxdx.gov.cn
电子信箱	jxglzyxy@sina.com
占地面积(平方米)	483387
校舍建筑面积(平方米)	132472
图书(万册)	41.73
固定资产总值(万元)	11204.26
教学、科研仪器设备资产值(万元)	2479.9
在校生数(人)	88
其中:成人本科	77
成人专科	11
专任教师(人)	116
其中:正高级	19
副高级	54
中级	34
初级	6
未定职级	3

本科专业 财务管理、法学、政治学与行政学

专科专业 行政管理

院系设置

财经系、公共管理与法律系、工商管理系、电子信息管理系、外语系、基础课部

国家级、省部级研究机构设置

研究所(中心):研究室、国际学术交流中心、江西经济区域经济研究中心、社会学研究中心、江西党建与地方党史研究中心、公共事务与政府管理研究中心、农村经济发展研究中心、社会性别研究中心

学校设立奖学金情况

学校设立奖学金1项,奖励总金额90余万元。奖学金最高金额600元/年,最低金额300元/年。

毕业生一次就业率 78.9%

学校历史沿革

1981年12月经省政府批准(赣政字[1981]202号),在原中共江西省委党校梅岭分校的基础上,设立"江西省行政学院"。当时为全国第一所行政学院。1983年6月经省政府批准(赣府字[1983]113号),国家教育部(原国家教委)备案,江西省行政学院更名为"江西行政管理干部学院"。

江西经济管理干部学院

学校(机构)标识码	4236051285
学校办学类型	423:管理干部学院
学校举办者	812 省级其他部门
学校地址	江西省南昌市红角洲卧龙路269号
邮政编码	330088
办公电话	0791-83956600
传真电话	0791-83956638
校园(局域)网域名	www.jiea.cn
电子信箱	jgyyzxx@163.com
占地面积(平方米)	429506
校舍建筑面积(平方米)	161457
图书(万册)	35.5
固定资产总值(万元)	24648.01
教学、科研仪器设备资产值(万元)	2395.87
在校生数(人)	2254
其中:成人本科	1017
成人专科	1237
专任教师(人)	326
其中:正高级	28
副高级	78
中级	67
初级	119
未定职级	34

本科专业 财务管理、法学、工程造价、工商管理、国际经济与贸易、汉语言文学、会计学、计算机科学与技术、市场营销、英语

专科专业 法律事务、工程造价、工商企业管理、国际经济

与贸易、会计、会计电算化、计算机信息管理、旅游管理、商务英语、市场营销、物流管理、物业管理

院系设置

学院设有：工商管理系、财贸管理系、会计系、旅游系、外语系、政法系、电子计算机系、基础课部

学校设立奖学金情况

学校设立奖学金3项，奖励总金额36.6余万元。奖学金最高金额1500元/年，最低金额10元/年。

1. "新资源"教育奖励金；
2. 优秀大学生奖学金等。

毕业生一次就业率 90%

学校历史沿革

江西经济管理干部学院是省政府直属全日制公办高等院校，建立于1984年，是在原江西省工业交通干部学校基础上建立起来的，原江西省工业交通干部学校建立于1981年。

江西教育学院

学校(机构)标识码 4236050618	电子信箱 jxjyxybgs@163.com	其中：成人本科 4436
学校办学类型 424：教育学院	占地面积(平方米) 409207	成人专科 3466
学校举办者 811 省级教育部门	校舍建筑面积(平方米) 227367	专任教师(人) 290
学校地址 江西省南昌市南昌经济技术开发区瑞香路889号	图书(万册) 55.18	其中：正高级 67
	固定资产总值(万元) 13755.9	副高级 81
邮政编码 330032	教学、科研仪器设备资产值(万元) 3070.34	中级 63
办公电话 0791-83812190		初级 66
传真电话 0791-83812190	在校生数(人) 7902	未定职级 13
校园(局域)网域名 www.jxie.edu.cn		

本科专业 地理科学、电子商务、电子信息工程、法学、汉语言文学、化学、会计学、计算机科学与技术、教育学、科学教育、历史学、旅游管理、美术学、生物科学、数学与应用数学、体育教育、物理学、心理学、行政管理、学前教育、音乐学、英语、政治学与行政学

专科专业 电脑艺术设计、法学、工商企业管理、化学教育、会计电算化、计算机应用技术、经济管理、科学教育、旅游管理、数学教育、思想政治教育、体育教育、文秘、物理教育、物流管理、行政管理、学前教育、英语、英语教育、语文教育

院系设置

教育系、旅游系、中文系、外文系、理学分院、数计系、音乐系、美术系、体育系、社科部

国家级、省部级研究机构设置

研究所(中心)：计算机应用技术研究所、教育管理研究所、中国书画研究所、人口研究所、基础教育研究所、生物技术研究所、心理健康教育研究中心、文艺理论研究所、高教研究所

定期公开出版的专业刊物《江西教育学院学报》

学校设立奖学金情况

学校设立奖学金 三 项，奖励总金额36余万元。奖学金最高金额800元/年，最低金额400元/年。

毕业生一次就业率 86.9%

学校历史沿革

江西教育学院的前身为江西省中等师资进修学校，创建于1952年4月1日，1956年更名为南昌师范专科学校。1958年，在南昌师专的基础上创办了江西教育学院。"文革"期间曾与江西师范学院及江西大学文科合并办学。1979年复校至今。

南昌教育学院

学校(机构)标识码 4236051283	电子信箱 ncjyxy8512@sina.com	其中：成人专科 925
学校办学类型 424：教育学院	占地面积(平方米) 62400	专任教师(人) 138
学校举办者 821 地级教育部门	校舍建筑面积(平方米) 72650	其中：正高级 2
学校地址 江西省南昌市叠山路75号	图书(万册) 33.35	副高级 32
邮政编码 330006	固定资产总值(万元) 6230	中级 34
办公电话 0791-86829983	教学、科研仪器设备资产值(万元) 1683	初级 42
传真电话 0791-86829983		未定职级 28
校园(局域)网域名 www.ncjyxy.cn	在校生数(人) 925	

专科专业 工商企业管理、汉语、会计电算化、计算机信息管理、计算机应用技术、教育管理、经济管理、商务英语、市场营销、文秘、学前教育、应用英语、英语教育

院系设置

下设中文、数学、经管、外语、综合教学部、机电工程、基础部等七个系部

定期公开出版的专业刊物 《南昌教育学院学报》

学校设立奖学金情况

学校设立奖学金四项,奖励总金额10余万元。奖学金最高金额1000元/年,最低金额300元/年。

毕业生一次就业率 87.87%

学校历史沿革

南昌教育学院成立于1985年12月。

赣南教育学院

学校(机构)标识码 4236051719	校园(局域)网域名 www.gnjyxy.com	在校生数(人) 786
学校办学类型 424:教育学院	电子信箱 dzb8481107@163.com	其中:成人专科 786
学校举办者 821 地级教育部门	占地面积(平方米) 689337	专任教师(人) 218
学校地址 赣州市黄金开发区高校园区	校舍建筑面积(平方米) 217868	其中:正高级 22
	图书(万册) 26.32	副高级 80
邮政编码 341000	固定资产总值(万元) 8371.98	中级 89
办公电话 0797-8363066	教学、科研仪器设备资产值(万元)	初级 27
传真电话 0797-8363066	1333.34	

专科专业 汉语言文学(师)、数学教育(师)、学前教育(师)、英语(师)

院系设置

中文系、数学系、外语系、计算机及其应用系、教育系、物理系、生化系、音乐系、美术系、体育系

学校设立奖学金情况

学校设立奖学金2项,奖励总金额40.8余万元。奖学金最高金额8000元/年,最低金额5000元/年。

主要校办产业

学生公寓股份制,年收入325万元。

毕业生一次就业率 86.42%

学校历史沿革

赣南教育学院成立于1985年12月,是一所独立设置的市属成人学校。2000年4月经省政府批准,在赣南师范学校的基础上设定赣南师院师专部,2001年赣南教育学院从兴国迁入,与赣南师院师专部实行两块牌子、一套人马的办学模式。2005年经教育部批准,赣南教育学院具备全日制普通学生的招生资格。2009年,赣南文艺学校成建制并入我校。

江西省广播电视大学

学校(机构)标识码 4236051281	校园(局域)网域名 www.jxrtvu.com	在校生数(人) 791
学校办学类型 426:广播电视大学	电子信箱 bgs@jxrtvu.com	其中:成人专科 791
学校举办者 811 省级教育部门	占地面积(平方米) 108934	专任教师(人) 202
学校地址 江西省南昌市东湖区洪都北大道86号	校舍建筑面积(平方米) 79692	其中:正高级 9
	图书(万册) 12.5	副高级 45
邮政编码 330046	固定资产总值(万元) 7563	中级 64
办公电话 0791-88520539	教学、科研仪器设备资产值(万元)	初级 84
传真电话 0791-88512930	2200	

专科专业 工商企业管理、护理、会计、计算机信息管理、建筑工程技术、市场营销、药学、应用电子技术

院系设置

高职学院(江西工程职业学院)、开放学院、继续教育学院

定期公开出版的专业刊物 《江西广播电视大学学报》

毕业生一次就业率 成人学生以在职为主

学校历史沿革

1979年成立江西广播电视大学,2003年合并江西省林业技工学校。

山东省水利职工大学

学校(机构)标识码 4237050626	校园(局域)网域名 www.sdcw.net	在校生数(人) 1482
学校办学类型 421:职工高校	电子信箱 syzsc98@tom.com	其中:成人专科 1482
学校举办者 812 省级其他部门	占地面积(平方米) 640000	专任教师(人) 191
学校地址 山东省淄博市淄川经济开发区水院路169号	校舍建筑面积(平方米) 98378	其中:正高级 1
	图书(万册) 17.85	副高级 52
邮政编码 255130	固定资产总值(万元) 19800	中级 52
办公电话 0533－3825088	教学、科研仪器设备资产值(万元) 3010	初级 85
传真电话 0533－3825105		未定职级 1

专科专业 电气自动化技术、计算机多媒体技术、计算机应用技术、建筑工程技术、建筑经济管理、汽车技术服务与营销、汽车检测与维修技术、数控技术、水利工程

院系设置 设有水利与土木工程技术系、汽车与工程机械技术系、机电工程技术系、信息工程技术系

毕业生一次就业率 90%

学校历史沿革

1982年1月,经山东省人民政府批准,山东省水利职工大学在济南成立。1983年4月,经山东省人民政府批准,山东省水利职工大学迁至泰安,依托原山东水利专科学校办学。1999年7月,山东省水利职工大学迁至曲阜,依托原山东省水利学校(原山东省曲阜水利机电学校)办学。2004年8月,经山东省教育厅批准,山东省水利职工大学迁至淄博,挂靠山东省水利技术学院办学。

山东兵器工业职工大学

学校(机构)标识码 4237050638	校园(局域)网域名 www.zbvc.cn	在校生数(人) 9
学校办学类型 421:职工高校	占地面积(平方米) 63807	其中:成人专科 9
学校举办者 822 地级其他部门	校舍建筑面积(平方米) 20175	专任教师(人) 72
学校地址 淄博市张店区联通路西首	图书(万册) 2.5	其中:副高级 23
邮政编码 255314	固定资产总值(万元) 945	中级 25
办公电话 0533－2778769	教学、科研仪器设备资产值(万元) 201	初级 22
传真电话 0533－2777796		未定职级 2

专科专业 艺术设计

新汶矿务局职工大学

学校(机构)标识码 4237050641	校园(局域)网域名 www.sdkyxy.cn	在校生数(人) 638
学校办学类型 421:职工高校	电子信箱 xkzdlw@yahoo.cn	其中:成人专科 638
学校举办者 822 地级其他部门	占地面积(平方米) 68405	专任教师(人) 112
学校地址 山东省莱芜市莱城区凤城东大街81号	校舍建筑面积(平方米) 46908	其中:正高级 2
	图书(万册) 8.84	副高级 38
邮政编码 271100	固定资产总值(万元) 2287	中级 27
办公电话 0634－8861281	教学、科研仪器设备资产值(万元) 846.5	初级 38
传真电话 0634－6056807		未定职级 7

专科专业 采矿工程、电气自动化技术、工程造价、会计电算化、机电工程、机电一体化技术、机械工程、机械设计与制造、计算机科学与技术、计算机应用技术、建筑工程技术、经济管理、矿山地质、矿山机电、煤矿开采技术、应用电子技术

院系设置
新汶矿业职工大学现设"三系一部",即:机械电气工程系、信息工程系、经济管理系和基础部

主要校办产业
学校综合培训中心于1998年建成并投入使用,该中心建筑面积4000平方米,室内设施先进,配套齐全。集培训、学术报告会、会议、餐饮、客房为一体,可同时容纳400人的培训及住宿,校办产业年营业收入180余万元。

毕业生一次就业率 88.5%

学校历史沿革
新汶矿业职工大学原名"新汶矿务局职工大学",隶属新汶矿业集团(原新汶矿务局),于1978年下半年筹建,1979年开始正式招生(全日制专科生),1980年9月经山东省人民政府批准正式成立,1982年6月由教育部批准备案。1988年原新汶矿务局改制为"新汶矿业集团有限责任公司",经省教育厅同意,学校名称也由"新汶矿务局职工大学"相应更名为"新汶矿业职工大学",同年由煤炭部属成人高校划归山东省人民政府,由教育厅业务管理。1999年学校被省教育厅批准纳入全省高职统招行列,开始举办高等职业技术教育,面向全省17个地市和江西、河北、河南、新疆等外省招生。

济南市职工大学

| 学校(机构)标识码 4237050644 | 学校办学类型 421:职工高校 | 学校举办者 811 省级教育部门 |

山东电力职工大学

| 学校(机构)标识码 4237051776 | 学校办学类型 421:职工高校 | 学校举办者 811 省级教育部门 |

兖州矿区职工大学

学校(机构)标识码 4237051777	校园(局域)网域名 www.sdgmxy.com	在校生数(人) 318
学校办学类型 421:职工高校	电子信箱 gym882@163.com	其中:成人专科 318
学校举办者 891 地方企业	占地面积(平方米) 100522	专任教师(人) 157
学校地址 山东省邹城市东滩路519号	校舍建筑面积(平方米) 74814	其中:正高级 3
	图书(万册) 11.95	副高级 49
邮政编码 273500	固定资产总值(万元) 9925.69	中级 45
办公电话 0537-5369264	教学、科研仪器设备资产值(万元) 2360.33	初级 49
传真电话 0537-5369402		未定职级 11

专科专业 电气自动化技术、工商企业管理、建筑工程技术、矿山机电、煤矿开采技术、应用电子技术

院系设置
电气工程系、机械工程系、基础部、经济管理系、信息工程系、采矿工程系、实习实验中心、成人教学部

学校设立奖学金情况
学校设立奖学金1项,奖励总金额2余万元。奖学金最高金额300元/年,最低金额50元/年。

学校历史沿革
前身是兖州矿务局函授站,创建于1980年。1986年经与兖州煤机厂职工大学、矿务局电大站合并,由山东省教育厅批准〔(86)鲁教字21号〕、国家教委备案〔(86)教计字037号〕正式成立兖州矿区职工大学。

山东财政职工大学

学校(机构)标识码　4237051779
学校办学类型　421:职工高校
学校举办者　812 省级其他部门
学校地址　山东省济南市舜耕路40号
邮政编码　250014
办公电话　0531-82617783
传真电话　0531-82914071
校园(局域)网域名　www.sdfi.edu.cn

电子信箱　sccjzs@sdfi.edu.cn
占地面积(平方米)　36666
校舍建筑面积(平方米)　12670
图书(万册)　12.51
固定资产总值(万元)　229.83
教学、科研仪器设备资产值(万元)　108.8

在校生数(人)　104
其中:成人专科　104
专任教师(人)　84
其中:正高级　16
副高级　34
中级　29
初级　5

山东省职工体育运动技术学院

学校(机构)标识码　4237051855　　学校办学类型　421:职工高校　　学校举办者　811 省级教育部门

山东省经济管理干部学院

学校(机构)标识码　4237050649
学校办学类型　423:管理干部学院
学校举办者　812 省级其他部门
学校地址　山东省济南市历下区燕子山东路一号
邮政编码　250014
办公电话　0531-88513515
传真电话　0531-88933721

校园(局域)网域名　www.sdai.gov.cn
电子信箱　bangongshi3505@163.com
占地面积(平方米)　1038952
校舍建筑面积(平方米)　244282
图书(万册)　51.78
固定资产总值(万元)　15573.24
教学、科研仪器设备资产值(万元)　2870.98

在校生数(人)　7890
其中:成人本科　2476
成人专科　5414
专任教师(人)　394
其中:正高级　37
副高级　105
中级　184
初级　68

本科专业　法学、工商管理、会计学、经济学
专科专业　财务管理、电子商务、法律事务、工商管理类、工商管理类新专业、工商企业管理、国际经济与贸易、会计、金融管理与实务、经济管理、旅游管理、物业管理
院系设置
　　基础教学部、金融系、管理工程系、行政管理系、计算机信息管理系、经济贸易系、财务与会计系、成人教育部、工商管理培训部、公务员培训处、研究生部、学报编辑部、公共管理教研部
国家级、省部级研究机构设置
　　研究所(中心):公务员制度研究所、高等教育研究所、党建与政治体制改革研究中心、区域发展研究中心、县域经济研究中心、企业发展研究中心、国情省情与资政研究中心、行政区划与地名研究中心、宪法与行政法研究中心

定期公开出版的专业刊物　《山东行政学院 山东省经济管理干部学院学报》
学校设立奖学金情况
　　学校设立奖学金2项,奖励总金额11.41余万元。奖学金最高金额1000元/年,最低金额100元/年。
毕业生一次就业率　93.44%
学校历史沿革
　　山东省经济管理干部学院的前身是建于1980年2月的山东省工业干部学校;1983年10月,改建为山东省工业管理干部学院;1986年6月更名为山东省经济管理干部学院。1992年12月在山东省经济管理干部学院的基础上扩建成立山东行政学院。山东行政学院建立以后,与山东省经济管理干部学院实行一个机构,挂两块牌子。

山东省农业管理干部学院

学校(机构)标识码　4237050651
学校办学类型　423:管理干部学院
学校举办者　812 省级其他部门
学校地址　山东省农业管理干部学院
邮政编码　250100
办公电话　0531-85593861
传真电话　0531-88117809
校园(局域)网域名　www.sdngy.com

电子信箱　sdngyzs@public.jn.sd.cn
占地面积(平方米)　638760
校舍建筑面积(平方米)　303100
图书(万册)　81.52
固定资产总值(万元)　26930
教学、科研仪器设备资产值(万元)　6210.27
在校生数(人)　2622

其中:成人本科　632
　　　成人专科　1990
专任教师(人)　567
其中:正高级　41
　　　副高级　178
　　　中级　220
　　　初级　128

本科专业　会计学、计算机科学与技术、农学、土地资源管理
专科专业　财务管理、工商企业管理、国土资源管理、会计电算化、机电一体化技术、计算机应用技术、经济管理、文秘、物业管理、畜牧兽医、园艺技术、作物生产技术
院系设置
会计系、现代农业技术系、经济管理系、土地资源与房地产管理系、计算机科学与技术系、机电系、园林技术系、基础部、外语系、进修部、成教学院
国家级、省部级研究机构设置
研究所(中心):农业系统工程研究所、县级经济研究所、动物营养研究所、食品研究所
定期公开出版的专业刊物　《山东省农业管理干部学院学报》
学校设立奖学金情况
学校设立奖学金 4 项,奖励总金额 50 余万元。奖学金最高金额 400 元/年,最低金额 100 元/年。
主要校办产业
实习农场
毕业生一次就业率　94.3%
学校历史沿革
　　山东省农业管理干部学院是全省唯一独立设置的农业成人高校,前身是山东省省级机关"五七"干校,1979 年 4 月,经中共山东省委批准,改建为山东省农林干部学院。1983 年 10 月,经山东省人民政府批准,报国家教育部备案,成立山东省农业管理干部学院,设立济南、济北两个校区。

山东省工会管理干部学院

学校(机构)标识码　4237051856
学校办学类型　423:管理干部学院
学校举办者　812 省级其他部门
学校地址　山东省济南市桑园路 60 号
邮政编码　250100
办公电话　0531-88617701
传真电话　0531-88604243
校园(局域)网域名　www.sdtuc.com.cn

电子信箱　ghxy7718@163.com
占地面积(平方米)　735701
校舍建筑面积(平方米)　269970
图书(万册)　94
固定资产总值(万元)　29123
教学、科研仪器设备资产值(万元)　4987.32
在校生数(人)　980

其中:成人本科　299
　　　成人专科　681
专任教师(人)　528
其中:正高级　37
　　　副高级　127
　　　中级　178
　　　初级　176
　　　未定职级　10

本科专业　法学、工商管理、会计学、计算机科学与技术、社会工作、信息管理与信息系统、艺术学、英语
专科专业　法律事务、公共关系、会计电算化、计算机网络技术、计算机应用技术、经济管理、商务英语、物流管理、应用艺术设计
院系设置
学院设有会计系、工商管理系、商务外语系、公共管理系、劳动关系系、信息工程系、艺术系、培训部、国际交流学院等教学部门
定期公开出版的专业刊物　《工会论坛》(山东省工会管理干部学院)
学校设立奖学金情况
学校设立奖学金 5 项,奖励总金额 447.5 余万元。奖学金最高金额 8000 元/年,最低金额 400 元/年。
毕业生一次就业率　92.03%
学校历史沿革
　　山东省工会管理干部学院前身为山东省总工会干部学校,1938 年创建于革命老区山东省沂水县,1957 年重建于济南。1987 年经教育部和山东省人民政府批准成立学院至今。

山东省滨州教育学院

学校(机构)标识码　4237050659　　学校办学类型　424:教育学院　　学校举办者　811 省级教育部门

山东省聊城教育学院

学校(机构)标识码　4237050661
学校办学类型　424:教育学院
学校举办者　821 地级教育部门
学校地址　聊城东昌府区观前街18号
邮政编码　252000
办公电话　06358520220
传真电话　0635-8520005
校园(局域)网域名　www.lcjy.com

电子信箱　jbsc@jyxy.com
占地面积(平方米)　227468
校舍建筑面积(平方米)　68148
图书(万册)　15.64
固定资产总值(万元)　11726.91
教学、科研仪器设备资产值(万元)　1724.25

在校生数(人)　37
其中:成人专科　37
专任教师(人)　139
其中:正高级　7
　　　副高级　41
　　　中级　69
　　　初级　22

专科专业　会计电算化、计算机应用技术、文秘、学前教育
院系设置
我院下设10个西部,分别为中文系、经法系、英语系、教育系、数学系、物理工程系、电子科学系、化生系、机电系和基础部
学校设立奖学金情况
学校设立奖学金6项,奖励总金额20余万元。奖学金最高金额1000元/年,最低金额200元/年。
一等奖学金:43人/年,500元/人。
二等奖学金:77人/年,350元/人。
三等奖学金:149人/年,250元/人。
英才奖学金:8人/年,500元/人。
校园十佳:3人/年,1000元/人。
单项奖:10人/年,200元/人。
毕业生一次就业率　88.47%
学校历史沿革
聊城教育学院始建于1978年4月。1981年经山东省教育厅(81)号鲁教人字第26号文件正式批准,校名为"聊城地区进修学校",隶属聊城地区教育局。1984年,经教育部(84)教师字003号文件批准,聊城行署作出决定,在西院(原师专)办教育学院,隶属关系不变。1998年3月,聊城撤地设市,聊城教育学院随隶属于聊城市教育委员会。2001年10月,聊城市教育委员会更名为聊城市教育局,聊城教育学院随隶属于聊城市教育局。

山东省济宁教育学院

学校(机构)标识码　4237050663
学校办学类型　424:教育学院
学校举办者　821 地级教育部门
学校地址　山东省金乡县城中心东路39号
邮政编码　272200
办公电话　0537-8721047

传真电话　0537-8726170
校园(局域)网域名　www.jnjyxy.cn
电子信箱　jxsfbgs@tom.com
占地面积(平方米)　98890
校舍建筑面积(平方米)　28542
图书(万册)　6.2
固定资产总值(万元)　3365

教学、科研仪器设备资产值(万元)　726
专任教师(人)　147
其中:副高级　62
　　　中级　55
　　　初级　18
　　　未定职级　12

学校历史沿革
我院始建于1950年,原名"平原省湖西区联立金乡师范学校",老校址在星湖公园的文庙。1952年平原省撤销,金乡县划归山东省,学校更名为"山东省金乡师范学校"。建校至1957年,学校主要举办初师班,为鲁西南地区

山东省菏泽教育学院

学校(机构)标识码 4237050665　　学校办学类型 424:教育学院　　学校举办者 811 省级教育部门

山东省广播电视大学

学校(机构)标识码 4237051286
学校办学类型 426:广播电视大学
学校举办者 811 省级教育部门
学校地址 山东省济南市经十一路21号
邮政编码 250014
办公电话 0531-82626612
传真电话 0531-82600740
校园(局域)网域名 www.sdtvu.com.cn
电子信箱 wmk@sdtvu.com.cn
占地面积(平方米) 106173
校舍建筑面积(平方米) 92333
图书(万册) 12.39
固定资产总值(万元) 26442.21
教学、科研仪器设备资产值(万元) 3002.85
在校生数(人) 590
其中:成人专科 590
专任教师(人) 109
其中:正高级 11
副高级 24
中级 41
初级 25
未定职级 8

专科专业 电气自动化技术、电子商务、工商企业管理、国际经济与贸易、汉语、会计电算化、机械制造与自动化、计算机应用技术、建筑工程技术、商务英语、市场营销、舞台影视技术

院系设置
山东广播电视大学下设六个学院：直属学校、职业技术学院、继续教育学院、外语学院、经济管理学院、文法学院、计算机与通信学院

国家级、省部级研究机构设置
研究所(中心):山东省远程教育学会

定期公开出版的专业刊物 《山东广播电视大学学报》、《山东电大报》

学校历史沿革
山东广播电视大学创建于1979年1月,是一所运用广播电视多媒体举办全省普通、成人本专科及中等学历教育,开展运用技术和岗前培训的一所成人高校。

青岛市广播电视大学

学校(机构)标识码 4237051858
学校办学类型 426:广播电视大学
学校举办者 821 地级教育部门
学校地址 青岛市市北区大连路16号
邮政编码 266012
办公电话 0532-82736328
传真电话 0532-82711442
校园(局域)网域名 www.qdtvu.com
电子信箱 wangyi@qdtvu.com
占地面积(平方米) 2476
校舍建筑面积(平方米) 6860
图书(万册) 3.59
固定资产总值(万元) 1347.96
教学、科研仪器设备资产值(万元) 1296.82
在校生数(人) 630
其中:成人专科 630
专任教师(人) 57
其中:正高级 5
副高级 15
中级 35
初级 2

专科专业 电子商务、工商行政管理、国际经济与贸易、会计电算化、机电一体化技术、机械设计与制造、计算机网络技术、计算机信息管理、计算机应用技术、建筑工程技术、经济管理、商务日语、商务英语、市场营销、数控技术、司法鉴定技术、物流管理、学前教育、药学、应用电子技术、应用韩语

院系设置
建有覆盖全市城乡的远程教育网络,下设城阳分校、平度分校、莱西分校、即墨分校、胶州分校、胶南分校、黄岛分校、李沧分校、崂山分校9所分校

国家级、省部级研究机构设置
研究所(中心):设立导学科研处,研究网络教育,承担青岛

市终身教育体系建设规划
定期公开出版的专业刊物 《青岛广播电视大学报》
学校历史沿革
1978年冬筹建,始为山东广播电视大学青岛工作站;1986年山东省教育厅批准改建为青岛广播电视大学;1987年2月国家教委批准享有相当省级广播电视大学办学权限,学校开设成人专科、成人中专教育和各种非学历继续教育的专业技能培训等。

长城铝业公司职工工学院

学校(机构)标识码	4241050673
学校办学类型	421:职工高校
学校举办者	812 省级其他部门
学校地址	河南省郑州市上街区济源路1号
邮政编码	450041
办公电话	0371-85131329
传真电话	0371-85131329
校园(局域)网域名	www.cl-edu.cn
电子信箱	xuli1994@126.com
占地面积(平方米)	52660
校舍建筑面积(平方米)	38130
图书(万册)	6.5
固定资产总值(万元)	1575.27
教学、科研仪器设备资产值(万元)	518.8
在校生数(人)	434
其中:成人专科	434
专任教师(人)	67
其中:副高级	49
中级	15
初级	1
未定职级	2

专科专业 工商企业管理、工业分析与化验、供用电技术、会计电算化、机电一体化技术、计算机应用技术、热动力工程、冶金技术

学校历史沿革
1975年,郑州铝厂成立"七·二一"工人大学;1980年9月,经河南省政府豫政文(1980)108号文批准,郑州铝厂"七·二一"工人大学改名为郑州铝厂职工工学院;郑州铝厂职工工学院于1982年11月经国家教育部审查验收合格,以教育部(82)教工农字(042)号文核准备案,列入全国职工高等学校系列;1992年郑州铝厂更名为中国长城铝业公司,郑州铝厂职工工学院随之更名为中国长城铝业公司职工工学院。

郑州市职工大学

学校(机构)标识码	4241050674
学校办学类型	421:职工高校
学校举办者	822 地级其他部门
学校地址	郑州市工人路84号
邮政编码	450007
办公电话	0371-67448071
传真电话	0371-67948087
校园(局域)网域名	www.zzzgd.com
电子信箱	zzszfdx@126.com
占地面积(平方米)	37334
校舍建筑面积(平方米)	17148
图书(万册)	6.35
固定资产总值(万元)	2609.56
教学、科研仪器设备资产值(万元)	535.15
在校生数(人)	826
其中:成人专科	826
专任教师(人)	42
其中:副高级	13
中级	20
初级	9

专科专业 电脑艺术设计、电子商务、工程造价、会计、机电一体化技术、计算机信息管理、计算机应用技术、建筑工程技术、经济管理、汽车运用技术、市场营销、装潢艺术设计

院系设置
学校设有计算机系、经济系、机电系、基础部

学校设立奖学金情况
学校设立奖学金1项,奖励总金额0.6余万元。奖学金最高金额300元/年,最低金额200元/年。

毕业生一次就业率 76%

学校历史沿革
郑州市职工业余大学创建于1981年2月,1985年6月经河南省教育厅"豫教高二字(1985)120号"文批准"郑州市职工业余大学"更名为"郑州市职工大学",更名后的学校名称沿用至今。

第一拖拉机制造厂拖拉机学院

学校(机构)标识码	4241050680	学校举办者	891 地方企业
学校办学类型	421:职工高校	学校地址	洛阳市涧西区龙鳞路99号
		邮政编码	471000
		办公电话	0379-64964071

传真电话　0379-64287051	固定资产总值(万元)　3498.85	专任教师(人)　92
校园(局域)网域名　www.ytzjw.com	教学、科研仪器设备资产值(万元)	其中:副高级　31
电子信箱　ytgjjx@163.com	884.68	中级　52
占地面积(平方米)　86836	在校生数(人)　1215	初级　8
校舍建筑面积(平方米)　61292	其中:成人专科　1215	未定职级　1
图书(万册)　21.4		

专科专业　会计、机电设备维修与管理、机械设计与制造、酒店管理、市场营销、数控技术、数控设备应用与维护

学校设立奖学金情况

学校设立奖学金2项,奖励总金额44.3余万元。奖学金最高金额1000元/年,最低金额500元/年。

毕业生一次就业率　98%

学校历史沿革

中国一拖集团有限公司拖拉机学院创办于1956年9月,前期为6年本科学制的职工业余大学,1960年曾参加全国高等学校统一招生。1977年整顿恢复办学以后,被国家教育部核定为成人高等专科学校,1993年学院成立了全国数控培训网络洛阳分中心,1995年国家教育部指定为高等职业技术教育试点学校,1999年在河南省高校评估检查中被评定为优秀学校。从2002年起,经省教育厅批准,在国家普通高招中招收高职高专类学生。

洛阳轴承厂职工大学

学校(机构)标识码　4241050682	校园(局域)网域名　www.lzzgdx.com	309
学校办学类型　421:职工高校	电子信箱　lzzddz@163.com	在校生数(人)　808
学校举办者　891 地方企业	占地面积(平方米)　28170	其中:成人专科　808
学校地址　河南省洛阳市建设路96号	校舍建筑面积(平方米)　44196	专任教师(人)　62
邮政编码　471039	图书(万册)　11.5	其中:副高级　5
办公电话　0379-64986819	固定资产总值(万元)　1118.5	中级　42
传真电话　0379-64265652	教学、科研仪器设备资产值(万元)	初级　15

专科专业　电子商务、工商企业管理、会计电算化、机械设计与制造、市场营销、数控技术

学校历史沿革

洛阳轴承厂职工大学创建于1989年,是原机械工业部批准、国家教育部备案、具有颁发国家承认大专学历文凭资格的独立设置的成人高等院校。

洛阳有色金属职工大学

学校(机构)标识码　4241050686	校园(局域)网域名　www.nfmitedu.com	379
学校办学类型　421:职工高校	电子信箱　bangongshi056@163.com	在校生数(人)　666
学校举办者　812 省级其他部门	占地面积(平方米)　28000	其中:成人专科　666
学校地址　洛阳市建设路50号洛阳有色金属职工大学	校舍建筑面积(平方米)　12340	专任教师(人)　65
邮政编码　471039	图书(万册)　10	其中:副高级　19
办公电话　0379-64949056	固定资产总值(万元)　1249	中级　28
传真电话　0379-64938396	教学、科研仪器设备资产值(万元)	初级　17
		未定职级　1

专科专业　材料工程技术、电气自动化技术、电子商务、会计电算化、机电一体化技术、数控技术、冶金技术、应用化工技术

学校历史沿革

洛阳有色金属职工大学于1980年12月经原冶金工业部批准成立,原名为洛阳有色金属业余大专班,1984年1月经中国有色金属工业总公司批准,正式更名为现名。

开封空分设备厂职工大学

学校(机构)标识码　4241050688
学校办学类型　421：职工高校
学校举办者　822 地级其他部门
学校地址　河南省开封市梁苑路 1 号
邮政编码　410204
办公电话　0378 - 3662659
传真电话　0378 - 3661589
电子信箱　hjwsxy - li@263.net
占地面积(平方米)　22000
校舍建筑面积(平方米)　30561
图书(万册)　6.73
固定资产总值(万元)　200
教学、科研仪器设备资产值(万元)　40
专任教师(人)　93
其中：副高级　16
　　　中级　34
　　　初级　42
　　　未定职级　1

河南卫生职工学院

学校(机构)标识码　4241051288
学校办学类型　421：职工高校
学校举办者　812 省级其他部门
学校地址　郑州市新郑龙湖镇双湖大道 8 号
邮政编码　451191
办公电话　0371 - 62576610
传真电话　0371 - 62576649
校园(局域)网域名　www.hamc.com.cn
占地面积(平方米)　748419
校舍建筑面积(平方米)　258761
图书(万册)　42.03
固定资产总值(万元)　36840.62
教学、科研仪器设备资产值(万元)　4848
在校生数(人)　3463
其中：成人专科　3463
专任教师(人)　439
其中：正高级　26
　　　副高级　87
　　　中级　158
　　　初级　140
　　　未定职级　28

专科专业　护理、临床医学、药学、医学检验技术、医学影像技术
院系设置
护理系、医学技术系、医学系、基础部
定期公开出版的专业刊物　《河南职工医学院学报》
学校设立奖学金情况
学校设立奖学金 3 项，奖励总金额 98.62 余万元。奖学金最高金额 800 元/年，最低金额 200 元/年。
毕业生一次就业率　63.02%
学校历史沿革
1952 年 12 月 1 日"河南省卫生行政人员培训班"在开封正式成立。
1955 年更名为"河南省卫生厅卫生人员培训班"。
1958 年 2 月 25 日，经省人委批准，更名为"河南省卫生干部学校"。
1959 年 3 月学校搬迁到郑州市。
1984 年 7 月 10 日，经河南省人民政府批准，教育部备案改制命名为"河南省卫生职工学院"，专科层次。
2004 年 3 月 10 日，学院搬迁到新郑龙湖镇双湖大道 8 号。

焦作职工医学院

学校(机构)标识码　4241051408
学校办学类型　421：职工高校
学校举办者　812 省级其他部门
学校地址　焦作市解放区院校路 1 号
邮政编码　454000
办公电话　0391 - 3530440
传真电话　0391 - 3530440
校园(局域)网域名　www.jzzgyxy.com.cn
电子信箱　hnjzyxy@sina.com
占地面积(平方米)　63012
校舍建筑面积(平方米)　24180
图书(万册)　12.3
固定资产总值(万元)　1743.3
教学、科研仪器设备资产值(万元)　732.3
在校生数(人)　8995
其中：成人专科　8995
专任教师(人)　151
其中：正高级　5
　　　副高级　57
　　　中级　77
　　　初级　11
　　　未定职级　1

专科专业 护理、口腔医学、临床医学、医学检验技术、医学影像技术

院系设置
基础部、临床部、护理部

定期公开出版的专业刊物 《学院动态》

学校设立奖学金情况
学校设立奖学金 6 项,奖励总金额 10 余万元。奖学金最高金额 1000 元/年,最低金额 100 元/年。

毕业生一次就业率 95%

学校历史沿革
焦作职工医学院的前身"鹤壁矿务局七二一医学院",始建于 1975 年 9 月,1980 年 8 月 13 日经河南省人民政府批准,更名为"鹤壁煤矿职工医学院专科学校"。1983 年 12 月,河南省人民政府发文,正式批准"鹤壁煤矿职工医学院"迁往"焦作煤矿职工医学院",主管部门为煤炭部、河南省煤管局。1998 年 8 月由于煤炭部撤销,学院归属地方,主管部门为河南省煤炭厅和河南省教育厅。2000 年 2 月经河南省人民政府批准,学院易名为"焦作职工医学院"。2008 年 12 月,由于焦煤集团合并于河南省煤业化工集团,河南省煤炭厅撤销,主管部门为河南省工业和信息化厅及河南省教育厅。

磨料磨具工业职工大学

学校(机构)标识码	4241051411
学校办学类型	421:职工高校
学校举办者	822 地级其他部门
学校地址	河南省郑州市中原区嵩山南路 140 号
邮政编码	450052
办公电话	0371-67789879
传真电话	0371-67789879
校园(局域)网域名	www.haut.edu.cn
电子信箱	mzd@haut.edu.cn
占地面积(平方米)	21343
校舍建筑面积(平方米)	20517
图书(万册)	9.19
固定资产总值(万元)	303.5
教学、科研仪器设备资产值(万元)	73.5
在校生数(人)	187
其中:成人专科	187
专任教师(人)	42
其中:正高级	8
副高级	19
中级	10
初级	5

专科专业 材料工程技术、电子商务、工程造价、国际经济与贸易、环境艺术设计、会计电算化、计算机应用技术、建筑工程技术、模具设计与制造、磨料磨具制造、汽车检测与维修技术、物流管理

学校历史沿革
磨料磨具工业职工大学创建于 1984 年,是经原国家教务、机械工业部批准,由磨料磨具行业集资与河南工业大学(原工业高等专科学校)联合创办的一所成人高等学校。自成立至 1998 年归机械工业部所属,1998 年后归河南省教育厅管理。

河南教育学院

学校(机构)标识码	4241050699
学校办学类型	424:教育学院
学校举办者	811 省级教育部门
学校地址	郑州市纬五路 21 号
邮政编码	450018
办公电话	86-0371
传真电话	86-0371
校园(局域)网域名	www.haie.edu.cn
电子信箱	ban@haie.edu.cn
占地面积(平方米)	607392
校舍建筑面积(平方米)	247892
图书(万册)	70.2
固定资产总值(万元)	28287.57
教学、科研仪器设备资产值(万元)	6050.63
在校生数(人)	4469
其中:成人本科	3112
成人专科	1357
专任教师(人)	402
其中:正高级	44
副高级	117
中级	195
初级	46

本科专业 地理科学、法学、汉语言文学、化学、计算机科学与技术、教育学、旅游管理、美术学、人口与计划生育、人力资源管理、市场营销、数学与应用数学、体育教育、小学教育、心理学、学前教育、英语

专科专业 初等教育、会计电算化、计算机网络技术、计算机应用技术、人口与计划生育、社会工作、市场营销、学前教育、英语教育、语文教育

院系设置
国际教育学院、继续教育学院、软件学院、教育系、中文系、政治系、法律与经济系、外语系、管理系、历史系、信息技术系、数学系、物理系、化学系、人口与生命科学系、体育系、地理系、旅游系、艺术系等 19 个院系

国家级、省部级研究机构设置
研究所(中心):河南省教师教育研究中心、高等教育研究所、基础教育研究所
定期公开出版的专业刊物 《河南教育学院学报》

毕业生一次就业率　91.29%
学校历史沿革
河南教育学院前身是成立于1955年的河南教育行政干部学校,1978年定名为河南教育学院。

开封教育学院

学校(机构)标识码	4241050707
学校办学类型	424:教育学院
学校举办者	821 地级教育部门
学校地址	开封市龙亭区东京大道东段
邮政编码	475004
办公电话	0378-2115671
传真电话	0378-2115671
校园(局域)网域名	www.kfie.sf.edude.net
电子信箱	kfjy2231@vip.sina.com
占地面积(平方米)	285940
校舍建筑面积(平方米)	139593
图书(万册)	38
固定资产总值(万元)	4823
教学、科研仪器设备资产值(万元)	
在校生数(人)	526
其中:成人专科	526
专任教师(人)	324
其中:正高级	2
副高级	75
中级	113
初级	134

1312

专科专业 地理教育、机电一体化技术、计算机应用技术、旅游管理、美术教育、人力资源管理、软件技术、商务英语、数控设备应用与维护、数学教育、物理教育、小学教育、心理咨询与心理健康教育、学前教育、音乐教育、英语教育、语文教育
院系设置
中文系、数学系、外语系、计算机系、体育系、音乐系、美术系、自然科学系、社会科学系、教育科学系、幼教系
定期公开出版的专业刊物 《开封教育学院学报》
学校设立奖学金情况
学校设立奖学金2项,奖励总金额150余万元。奖学金最高金额300元/年,最低金额150元/年。
毕业生一次就业率 88%
学校历史沿革
开封教育学院创建于1979年3月,原名为开封干部学校,同年更名为开封市职工大学、开封市教师进修学校,2002年9月开封市第一师范学校、开封市第二师范学校、开封市教育学院合并为开封教育学院。

平顶山教育学院

学校(机构)标识码	4241050709
学校办学类型	424:教育学院
学校举办者	821 地级教育部门
学校地址	河南省平顶山市园丁路北一号院
邮政编码	467000
办公电话	0375-2868628
传真电话	0375-2868601
校园(局域)网域名	www.pdsjyxy.com
电子信箱	pdsjyxyrsc@sohu.com
占地面积(平方米)	156543
校舍建筑面积(平方米)	202685
图书(万册)	77.64
固定资产总值(万元)	7753.87
教学、科研仪器设备资产值(万元)	3876.12
在校生数(人)	1110
其中:成人专科	1110
专任教师(人)	495
其中:正高级	2
副高级	71
中级	120
初级	295
未定职级	7

专科专业 初等教育、计算机教育、美术教育、数学教育、思想政治教育、体育教育、学前教育、音乐教育、英语教育、语文教育
院系设置
中文系、数学及财会电算化系、外语系、政史地系、教育系、物理与电子技术系、生化系、音乐系、美术系、体育系、计算机科学与应用系、戏曲舞蹈部、旅游与酒店管理部、幼儿师范部
毕业生一次就业率 87%
学校历史沿革
原平顶山教育学院成立于1978年,1984年经国家教育部正式批准备案,是平顶山市成立最早的成人高等师范专科院校。2002年7月经河南省教育厅豫教法规【2002】111号文件精神,平顶山教育学院与原平顶山师范学校合并,组建了新的平顶山教育学院;2009年12月经平顶山市人民政府平编【2009】37号文件精神,平顶山教育学院与平顶山市艺术学校、平顶山旅游学校合并,共同组建成新的平顶山教育学院(平顶山市文化旅游学校),标志着学院成为多元化协调发展的综合性院校,揭开学院发展新的纪元。

驻马店教育学院

学校(机构)标识码 4241051413	校园(局域)网域名 www.zmdjyxy.com	在校生数(人) 587
学校办学类型 424:教育学院	电子信箱 jkhy@shon.com	其中:成人专科 587
学校举办者 821 地级教育部门	占地面积(平方米) 133564	专任教师(人) 136
学校地址 驻马店市驿城区学院街 18 号	校舍建筑面积(平方米) 125992	其中:正高级 3
	图书(万册) 24.3	副高级 35
邮政编码 463000	固定资产总值(万元) 2448	中级 62
办公电话 0396-2869991	教学、科研仪器设备资产值(万元) 114	初级 31
传真电话 0396-2869000		未定职级 5

专科专业 初等教育、地理教育、会计电算化、计算机教育、历史教育、美术教育、数学教育、思想政治教育、学前教育、英语教育、语文教育

院系设置
中文系、英语系、历史系、政教系、艺体系、地理系、数理系、计算机系

定期公开出版的专业刊物 《驻马店教育学院学报》

学校设立奖学金情况
学校设立奖学金 3 项,奖励总金额 10 余万元。奖学金最高金额 1800 元/年,最低金额 600 元/年。

毕业生一次就业率 75%

学校历史沿革
驻马店教育学院创建于 1978 年 5 月,其前身为驻马店教师进修学校,1981 年 5 月与驻马店高等师范专科学校合并,在驻马店教师进修学校的基础上,1983 年 5 月与驻马店高等师范专科学校分离,1983 年驻马店教师进修学院更名为驻马店教育学院至今。

河南省广播电视大学

学校(机构)标识码 4241051287	校园(局域)网域名 www.open.ha.cn	在校生数(人) 3188
学校办学类型 426:广播电视大学	电子信箱 bgs@open.ha.cn	其中:成人本科 34
学校举办者 811 省级教育部门	占地面积(平方米) 296815	成人专科 3154
学校地址 河南省郑州市金水区黄河路 124 号	校舍建筑面积(平方米) 205594	专任教师(人) 200
	图书(万册) 37.3	其中:正高级 6
邮政编码 450008	固定资产总值(万元) 15909	副高级 29
办公电话 0371-65954188	教学、科研仪器设备资产值(万元) 5358	中级 43
传真电话 0371-65936344		初级 122

本科专业 法学、汉语言、会计学

专科专业 宝玉石鉴定与加工技术、电力系统自动化技术、电气化铁道技术、电子商务、法律事务、汉语、会计电算化、机电一体化技术、计算机网络技术、计算机信息管理、建筑工程技术、经济信息管理、美术教育、汽车检测与维修技术、市场营销、数控技术、铁道车辆、铁道机车车辆、铁道交通运营管理、行政管理、畜牧兽医、应用化工技术、园艺技术

院系设置
省直电大、郑州电大、开封电大、洛阳电大、新乡电大、焦作电大、安阳电大、濮阳电大、鹤壁电大、商丘电大、三门峡电大、平顶山电大、驻马店电大、许昌电大、信阳电大、南阳电大、周口电大、漯河电大、济源电大、郑铁电大、中原油田电大、工商电大

定期公开出版的专业刊物 《河南广播电视大学学报》

学校设立奖学金情况
学校设立奖学金 3 项。

学校历史沿革
河南广播电视大学创办于 1979 年。建校后学校名称沿用至今,未与其他高校联合或合并。

湖北兵器工业职工大学

学校(机构)标识码　4242050717
学校办学类型　421:职工高校
学校举办者　891 地方企业
学校地址　湖北省武汉市武昌区洪山路
邮政编码　430000

湖北省纺织职工大学

学校(机构)标识码　4242050733
学校办学类型　421:职工高校
学校举办者　891 地方企业
学校地址　湖北省荆州市沙市区江津路
邮政编码　434000
办公电话　0716 - 1234567
传真电话　0716 - 1234567

鄂城钢铁厂职工大学

学校(机构)标识码　4242050738
学校办学类型　421:职工高校
学校举办者　891 地方企业
学校地址　湖北省鄂州市鄂城区鄂城钢铁厂
邮政编码　436000
办公电话　0711 - 1234567
传真电话　0711 - 1234567

丹江口工程管理局职工大学

学校(机构)标识码　4242050740
学校办学类型　421:职工高校
学校举办者　812 省级其他部门
学校地址　丹江口市丹赵璐 162 号
邮政编码　442700
办公电话　027 - 87933318
传真电话　027 - 87933366
电子信箱　zgdxdzbgs@126.com
在校生数(人)　3
其中:成人专科　3
专任教师(人)　60
其中:副高级　22
中级　20
初级　18

专科专业　电气自动化技术
院系设置
机电冶金系、计算机科学系、水利水电工程系、工商管理系
学校设立奖学金情况
学校设立奖学金 2 项,奖励总金额 12000 余万元。奖学金最高金额 600 元/年,最低金额 400 元/年。
毕业生一次就业率　96%
学校历史沿革
丹江口职工大学是由水利部申报,经国家教育部和准备的一所独立设置的成人高等学校(教工农字【1982】36 号文)。1994 年划归到水利部丹江口水利枢纽管理局[汉江(集团)公司]管理并更名为"丹江口职工大学。"1995 年,丹江口水利枢纽管理局下文将"丹江口职工大学"、"丹江口水利枢纽管理局职业技术培训学校"、"中共丹江口水利枢纽管理局党校"、"湖北省十堰广播电视大学丹江口管理局分校"五校合一,以丹江口职工大学领衔。2001 年,水利部也再次将丹江口职工大学确定为水利部定点培训机构。2002 年,湖北省经贸委命名丹江口职工大学为"湖北省经营管理干部培训基地。"2005 年,经国家安全生产监督管理局批准,获得劳动保护安全教育二级资质;汉江(集团)公司企业博士后工作站办公地设在丹江口职工大学。2006 年,学校成功恢复"水利部工程管理培训中心。"

湖北省直属机关业余大学

学校(机构)标识码　4242050742
学校办学类型　421:职工高校
学校举办者　812 省级其他部门
学校地址　湖北省直属机关业余大学
邮政编码　430064
办公电话　027-59548615
传真电话　027-59548649
电子信箱　hbszsyydx@163.com

占地面积(平方米)　87335
校舍建筑面积(平方米)　18311
图书(万册)　13.22
固定资产总值(万元)　8796
教学、科研仪器设备资产值(万元)　1765
在校生数(人)　70

其中:成人专科　70
专任教师(人)　20
其中:正高级　1
　　　副高级　10
　　　中级　5
　　　初级　1
　　　未定职级　3

专科专业　法律文秘、汉语、会计、计算机应用技术、经济管理、文秘、新闻与传播

院系设置
公共学科教研室、管理教研室、理论教研室

大冶钢厂职工大学

学校(机构)标识码　4242051297
学校办学类型　421:职工高校
学校举办者　891 地方企业

学校地址　湖北省黄石市大冶市大冶钢厂
邮政编码　435000

办公电话　0714-1234567
传真电话　0714-1234567

华中电业联合职工大学

学校(机构)标识码　4242051862
学校办学类型　421:职工高校
学校举办者　891 地方企业

学校地址　湖北省武汉市武昌区东湖路
邮政编码　430072

办公电话　027-12345678
传真电话　027-12345678

湖北省经济管理干部学院

学校(机构)标识码　4242050756
学校办学类型　423:管理干部学院
学校举办者　811 省级教育部门
学校地址　湖北省武汉市洪山区卓刀泉路108号
邮政编码　430079
办公电话　027-87491398
传真电话　027-87491324

电子信箱　hbfgc@163.com
占地面积(平方米)　369600
校舍建筑面积(平方米)　162573
图书(万册)　39
固定资产总值(万元)　17116
教学、科研仪器设备资产值(万元)　3423
在校生数(人)　1636

其中:成人本科　842
　　　成人专科　794
专任教师(人)　392
其中:正高级　17
　　　副高级　169
　　　中级　190
　　　初级　11
　　　未定职级　5

本科专业　财务管理、法学、工程管理、工商管理、会计学、计算机科学与技术、英语

专科专业　电子商务、法律实务、工商企业管理、工商行政管理、国际经济与贸易、会计学、计算机信息管理、建筑工程管理、经济管理、人力资源管理、市场营销

院系设置
工商管理系、财金管理系、计算机信息工程系、政治法律系、外语系、人文系、函授部、培训部

定期公开出版的专业刊物 《当代经济》

学校设立奖学金情况

学校设立奖学金2项,奖励总金额12余万元。奖学金最高金额400元/年,最低50元/年。

毕业生一次就业率 82%

学校历史沿革

湖北省经济管理干部学院于1983年经湖北省人民政府批准成为正厅级单位,同年成立国家经贸委武汉培训中心(现为武汉经理学院)。国家外专局所属的全国工商企业出国培训备选人员武汉外语考试/培训中心(BFT)设在院内。

武汉冶金管理干部学院

学校(机构)标识码	4242051773
学校办学类型	423:管理干部学院
学校举办者	812 省级其他部门
学校地址	湖北省武汉市青山区和平大道1248号
邮政编码	430080
办公电话	027-86806849
传真电话	027-86802144
电子信箱	dxgybgs@163.com
占地面积(平方米)	39734
校舍建筑面积(平方米)	45199
图书(万册)	32.25
固定资产总值(万元)	3082
教学、科研仪器设备资产值(万元)	897.6
在校生数(人)	321
其中:成人专科	321
专任教师(人)	93
其中:正高级	3
副高级	31
中级	43
初级	15
未定职级	1

专科专业 电子商务、工商管理类、会计、建筑工程管理、市场营销

院系设置

现共设5个系部,即党史党建系、文法系、管理系、信息工程系、信息工程系

定期公开出版的专业刊物 《武汉冶金管理干部学院》(季刊)

学校设立奖学金情况

学校设立奖学金3项,奖励总金额6余万元。奖学金一等800元/年,二等500元/年,三等200元/年。

毕业生一次就业率 85%

学校历史沿革

武汉冶金管理干部学院于1985年1月20日成立,1986年3月17日报原国家教委备案,同年开始招生,2003年开始招收普通高职生。2001年9月,原武钢党校、武钢职工培训学院进入我校。

湖北武汉公安管理干部学院

学校(机构)标识码	4242051774
学校办学类型	423:管理干部学院
学校举办者	822 地级其他部门
学校地址	湖北省武汉市桥口区解放大道96号
邮政编码	430034
办公电话	027-83833875
传真电话	027-83833875

十堰教育学院

学校(机构)标识码	4242050762
学校办学类型	424:教育学院
学校举办者	811 省级教育部门
学校地址	湖北省十堰市十堰教育学院
邮政编码	442000
办公电话	0719-8117608
传真电话	0719-8662995
校园(局域)网域名	www.syddjy.cn
电子信箱	syddxb@126.com
占地面积(平方米)	12000
校舍建筑面积(平方米)	11149
图书(万册)	7
固定资产总值(万元)	920
教学、科研仪器设备资产值(万元)	518
在校生数(人)	586
其中:成人专科	586
专任教师(人)	58
其中:正高级	2
副高级	19
中级	31
初级	6

专科专业 初等教育、电子商务、法律事务、汉语、会计电算化、计算机应用技术、美术教育、市场营销、音乐教育、英语教育

院系设置

理工部、文法部、经济教育管理部

定期公开出版的专业刊物 《十堰教育学院学报》

学校设立奖学金情况

学校设立奖学金1项,奖励总金额10余万元。奖学金最高金额8000元/年,最低金额500元/年。

毕业生一次就业率 82%

学校历史沿革

2003年12月与原十堰广播电视大学合并,2005年取得普通专科教育招生资格。2010年停止普通专科教育招生资格,校内师资进行了合理分流。

荆州教育学院

学校(机构)标识码 4242050763	校园(局域)网域名 www.jz100.net	在校生数(人) 2017
学校办学类型 424:教育学院	电子信箱 jzjyxy100@163.com	其中:成人专科 2017
学校举办者 811 省级教育部门	占地面积(平方米) 93240	专任教师(人) 182
学校地址 湖北省荆州市沙市区江津东路100号	校舍建筑面积(平方米) 73393	其中:正高级 3
	图书(万册) 22.28	副高级 56
邮政编码 434001	固定资产总值(万元) 5530	中级 68
办公电话 0716-8324125	教学、科研仪器设备资产值(万元) 1602	初级 55
传真电话 0716-8324121		

专科专业 初等教育、电子商务、电子信息工程技术、法律事务、工商行政管理、公共事务管理、国际经济与贸易、国土资源管理、汉语、会计、机电一体化技术、计算机应用技术、经济管理、旅游管理、美术教育、人力资源管理、市场营销、数学教育、土木工程检测技术、文秘、小学教育、学前教育、音乐教育、英语教育

院系设置

学院设有计算机科学系、中文系、外语系、管理科学系、艺术系、体育系和信息工程系等系部

国家级、省部级研究机构设置

研究所(中心):荆州教育学院科研处

定期公开出版的专业刊物 《荆州教育学院学报》

学校设立奖学金情况

学校设立奖学金4项,奖励总金额10余万元。奖学金最高金额8000元/年,最低金额1000元/年。

毕业生一次就业率 93%

学校历史沿革

荆州教育学院前身是沙市教师进修学院,创办于1971年。荆州教育学院是经湖北省人民政府批准,国家教育部备案的公办高等专科院校。

武汉市广播电视大学

学校(机构)标识码 4242050046	邮政编码 430033	cn
学校办学类型 426:广播电视大学	办公电话 027-83971876	电子信箱 admin@whtvu.com.cn
学校举办者 822 地级其他部门	传真电话 027-83791876	在校生数(人) 588
学校地址 武汉市桥口区中山大道192号	校园(局域)网域名 www.wutvu.com.	其中:成人专科 588

专科专业 电子商务、法律文秘、工商行政管理、汉语言文学、会计、机电一体化技术、机械设计与制造、计算机信息管理、建筑设计技术、金融管理与实务、市场营销、通信技术、物业管理、小学教育、行政管理、应用英语

院系设置

开放教育学院、继续教育学院、网络教育学院

学校历史沿革

武汉市广播电视大学于2000年由省政府批准与第一师范学校合并,成立汉口职业技术学院,并保留武汉市广播电视大学牌子及功能。2004年汉口职业技术学院更名武汉软件职业学院,2006年武汉软件职业学院与武汉工交职业学院合并成立武汉软件工程职业学院,并保留武汉市广播电视大学牌子及办学功能。

湖北省广播电视大学

学校(机构)标识码　4242051305
学校办学类型　426：广播电视大学
学校举办者　811 省级教育部门
学校地址　湖北省武汉市洪山区鲁巷民院路82号
邮政编码　430074
办公电话　027－87776492
传真电话　027－87776491
校园(局域)网域名　www.hubtvu.edu.cn
电子信箱　office8752@163.com
占地面积(平方米)　249000
校舍建筑面积(平方米)　151685
图书(万册)　41.83
固定资产总值(万元)　7491.32
教学、科研仪器设备资产值(万元)　2911.17
在校生数(人)　5516
其中：成人本科　578
　　　成人专科　4938
专任教师(人)　398
其中：正高级　6
　　　副高级　93
　　　中级　113
　　　初级　150
　　　未定职级　36

本科专业　电子商务、法学、房地产经营管理、工商管理、国际经济与贸易、汉语言文学、护理学类、会计学、计算机科学与技术、金融学、市场营销、行政管理、英语

专科专业　财务管理、财务信息管理、城市管理与监察、道路桥梁工程技术、电气工程技术、电气自动化技术、电子商务、电子信息工程技术、法律事务、工程造价、工商企业管理、公共关系、公共事务管理、国际金融、国土资源管理、汉语、会计、机械设计与制造、机械制造与自动化、计算机多媒体技术、计算机应用技术、建筑工程管理、建筑工程技术、建筑设备工程技术、教育管理、金融保险、金融管理与实务、经济管理、景观设计、科学教育、旅游管理、人力资源管理、审计实务、石油工程技术、市场营销、水产养殖技术、水利水电工程管理、水利水电建筑工程、文秘、物业管理、小学教育、信息安全技术、行政管理、艺术设计、音乐表演、音乐教育、应用电子技术、证券投资与管理

院系设置

定期公开出版的专业刊物　《湖北广播电视大学学报》

学校设立奖学金情况

学校设立奖学金2项，奖励总金额29.3余万元。奖学金最高金额500元/年，最低金额1000元/年。

学校历史沿革

湖北广播电视大学创建于1979年，下辖16所地、市级电大分校，2005年3月，湖北冶金技术学校并入湖北广播电视大学。

涟源钢铁总厂职工大学

学校(机构)标识码　4243050774
学校办学类型　421：职工高校
学校举办者　812 省级其他部门
学校地址　湖南省娄底市涟钢花庙冲
邮政编码　417009
办公电话　0738－8664456
传真电话　0738－8664456
电子信箱　ld_xfy@hnrtu.com
在校生数(人)　24
其中：成人专科　24
专任教师(人)　68
其中：副高级　27
　　　中级　28
　　　初级　13

专科专业　机电一体化

长沙工业职工大学

学校(机构)标识码　4243050784
学校办学类型　421：职工高校
学校举办者　822 地级其他部门
学校地址　长沙市雨花区井湾路264号
邮政编码　410004
办公电话　0731－84456877
传真电话　0731－84456877
校园(局域)网域名　csgyzd.12edu.cn
电子信箱　csgyzd@163.com
占地面积(平方米)　32196
校舍建筑面积(平方米)　17466
图书(万册)　5.5
固定资产总值(万元)　974.5
教学、科研仪器设备资产值(万元)　255.75
在校生数(人)　506
其中：成人专科　506
专任教师(人)　58
其中：正高级　1
　　　副高级　15
　　　中级　22
　　　初级　20

专科专业 动漫设计与制作、法律事务、国际经济与贸易、汉语、会计电算化、机电一体化技术、机械设计与制造、计算机信息管理、计算机应用技术、金融管理与实务、经济管理、模具设计与制造、市场营销、数控技术、证券投资与管理

院系设置
学校设有经管系和机械电子系

毕业生一次就业率 100%

学校历史沿革
1983年教育部(83)教成字035号文件批准设置,名称为:长沙市冶金机械工业局职工大学

1991年国家教委教计(1991)56号文件批准更名为:长沙机械电子职工大学

1996年湖南省政府湘政办函(1996)283号文件批准与湘西仪器仪表总厂职工大学合并并更名为:长沙工业职工大学

株洲市职工大学

学校(机构)标识码 4243050788	校园(局域)网域名 www.gyxx.hnzz.net	1749.12
学校办学类型 421:职工高校		在校生数(人) 619
学校举办者 812 省级其他部门	电子信箱 djf1971@163.com	其中:成人专科 619
学校地址 湖南省株洲市荷塘区石宋大道1059号	占地面积(平方米) 76420	专任教师(人) 156
	校舍建筑面积(平方米) 73844	其中:副高级 54
邮政编码 412008	图书(万册) 16.47	中级 63
办公电话 0731-22621390	固定资产总值(万元) 6335.3	初级 36
传真电话 0731-22621390	教学、科研仪器设备资产值(万元)	未定职级 3

专科专业 电脑艺术设计、电气自动化技术、电子商务、服装设计、工业设计、环境艺术设计、会计电算化、机械设计与制造、计算机网络技术、旅游管理、市场营销、行政管理

毕业生一次就业率 86%

学校历史沿革
株洲市职工大学创建于1980年10月,原隶属于中华总工会,系湖南省总工会办的一所成人高校。1986年6月报国家教育部备案,2001年学校由株洲市政府主办,株洲市教育局主管。

南方动力机械公司职工工学院

学校(机构)标识码 4243050793	传真电话 0731-28550336	在校生数(人) 458
学校办学类型 421:职工高校	占地面积(平方米) 46168	其中:成人专科 458
学校举办者 812 省级其他部门	校舍建筑面积(平方米) 44091	专任教师(人) 61
学校地址 湖南省株洲市芦淞区董家塅	图书(万册) 8.75	其中:副高级 22
	固定资产总值(万元) 1377.47	中级 30
邮政编码 412000	教学、科研仪器设备资产值(万元) 712.41	初级 4
办公电话 0731-28556460		未定职级 5

专科专业 工商企业管理、会计电算化、机电一体化技术、计算机信息管理、金融管理与实务、旅游管理、模具设计与制造、市场营销、数控技术、文秘

院系设置
公共基础部、计算机信息工程系、机电工程系、经贸管理系

学校设立奖学金情况
学校设立奖学金10项,奖励总金额20余万元。奖学金最高金额8000元/年,最低金额200元/年。

主要校办产业
机械加工

毕业生一次就业率 96.99%

学校历史沿革
1956年11月原331厂业余工学院成立,文革期间更名为331厂七二一工大;文革后又改名为湘江机器厂工学院。

1982年8月3日,教育部(82)教工农字028号文《关于职工大学备案的复函》批准三机工业部举办的二十二所职工大学备案,隶属航空工业部

1986年7月,原南方公司职工学校并入学院,成立南方航空动力机械公司职工工学院。

1998,航空工业部改制为中国航空工业总公司,我院规划湖南省教育厅主管。

2000年,公司决定将南方动力机械公司高级技工学校与我院合并,组建南方航空技术学院。

中钢集团衡阳重机职工大学

学校(机构)标识码 4243050794	校园(局域)网域名 www.zgzgzy.com	在校生数(人) 894
学校办学类型 421:职工高校	占地面积(平方米) 43467	其中:成人专科 894
学校举办者 812 省级其他部门	校舍建筑面积(平方米) 20510	专任教师(人) 61
学校地址 湖南省衡阳市珠晖区建国里175号	图书(万册) 8.7	其中:副高级 20
	固定资产总值(万元) 606	中级 34
邮政编码 421002	教学、科研仪器设备资产值(万元) 290	初级 5
办公电话 0734-3125043		未定职级 2
传真电话 0734-3125043		

专科专业 电气自动化技术、电子商务、法律事务、会计电算化、机电一体化技术、计算机应用技术、经济管理、模具设计与制造、市场营销、数控技术、文秘、行政管理

毕业生一次就业率 98%

学校历史沿革

中钢集团衡阳重机职工大学原名衡阳有色冶金职工大学,始创于1975年,是一所国家教育部备案、独立设置的省优秀成人高校。学校于2008年4月更名为中钢集团衡阳重机职工大学。

衡阳工业职工大学

学校(机构)标识码 4243050798	校园(局域)网域名 hgzd.org	649.75
学校办学类型 421:职工高校	电子信箱 zim8320158@tom.com	在校生数(人) 3734
学校举办者 812 省级其他部门	占地面积(平方米) 40000	其中:成人专科 3734
学校地址 湖南省衡阳市珠晖区苗圃街道凤凰村	校舍建筑面积(平方米) 36220	专任教师(人) 75
	图书(万册) 11.7	其中:副高级 16
邮政编码 421002	固定资产总值(万元) 1290.75	中级 46
办公电话 0734-8320108	教学、科研仪器设备资产值(万元)	初级 13
传真电话 0734-8320108		

专科专业 财政、城镇规划、电气自动化技术、电子商务、法律事务、国际金融、国土资源管理、汉语、会计电算化、机电一体化技术、机械设计与制造、计算机信息管理、计算机应用技术、建筑工程技术、经济管理、模具设计与制造、市场营销、数控技术、水利水电工程管理、文秘、行政管理

学校设立奖学金情况

学校设立奖学金3项,奖励总金额4余万元。奖学金最高金额800元/年,最低金额100元/年。

毕业生一次就业率 100%

学校历史沿革

1975年由地质矿产部设立,1981年通过国家教育部组织的专家合格评估后报教育部备案同意设立。1984年-1993年学校校名为地质矿产部衡阳探矿机械厂职工大学,1993年报地质矿产部批准更名为衡阳工业职工大学。

湖南金融技术职工大学

学校(机构)标识码 4243051766	学校地址 湖南省长沙市洪山路596号	办公电话 0731-4093218
学校办学类型 421:职工高校		传真电话 0731-4093218
学校举办者 812 省级其他部门	邮政编码 410151	

湖南纺织职工大学

学校(机构)标识码 4243051767	电子信箱 hfdwxy@126.com	在校生数(人) 1984
学校办学类型 421:职工高校	占地面积(平方米) 151410	其中:成人专科 1984
学校举办者 812 省级其他部门	校舍建筑面积(平方米) 80000	专任教师(人) 105
学校地址 湖南省湘潭市高岭路7号	图书(万册) 10	其中:副高级 38
邮政编码 430302	固定资产总值(万元) 7715.7	中级 36
办公电话 0731-5286767	教学、科研仪器设备资产值(万元) 3400	初级 23
传真电话 0731-5286767		未定职级 8
校园(局域)网域名 www.xtjsxy.net		

专科专业 服装设计、工商管理类、环境艺术设计、会计电算化、机电一体化技术、模具设计与制造、数控技术

湖南经济管理干部学院

学校(机构)标识码 4243051313	邮政编码 410004	校园(局域)网域名 www.hemc.edu.cn
学校办学类型 423:管理干部学院	办公电话 0731-5623085	
学校举办者 812 省级其他部门	传真电话 0731-5623085	电子信箱 hemc100163.com
学校地址 长沙市青园路258号		

长沙教育学院

学校(机构)标识码 4243050810	校园(局域)网域名 www.csjyxy.con	在校生数(人) 79
学校办学类型 424:教育学院	电子信箱 csjyxy@sina.com	其中:成人专科 79
学校举办者 811 省级教育部门	占地面积(平方米) 73800	专任教师(人) 66
学校地址 湖南省长沙市岳麓区望月湖月桂街39号	校舍建筑面积(平方米) 46355	其中:正高级 1
	图书(万册) 15.25	副高级 36
邮政编码 410006	固定资产总值(万元) 3023	中级 26
办公电话 0731-88615001	教学、科研仪器设备资产值(万元) 1062	初级 3
传真电话 0731-88615001		

专科专业 初等教育、学前教育、语文教育
院系设置
人文旅游系、英语系、计算机系
学校设立奖学金情况
学校设立奖学金3项,奖励总金额150000余万元。奖学金最高金额5000元/年,最低金额200元/年。
毕业生一次就业率 83.12%
学校历史沿革
1954年11月22日成立长沙市中小学教师业余进修学校。1957年8月10日,正式将"长沙市中小学教师业余进修学校"更名为"长沙市教师进修学院"。1968年12月12日,市革委会[1968]321号文件宣布撤销长沙教师进修学院。1973年5月18日以革委[1973]44号文件批准市教育局成立长沙市辅导站。1978年6月14日,市革委会决定,撤销长沙市教学辅导站,恢复长沙市教师进修学院。1981年9月19日经湖南省人民政府批准,正式恢复长沙市教师进修学院并明确学院相当于县团级机构,由长沙市政府领导,长沙市教育局管理。1990年8月11日更名为长沙教育学院。2005年1月18日经湖南省人民政府湘教通[2005]7号文件批复,长沙市教师进修学院更名为长沙教育学院。

湘潭教育学院

学校(机构)标识码　4243050812
学校办学类型　424:教育学院
学校举办者　811 省级教育部门
学校地址　湘潭市雨湖路文化街 45 号
邮政编码　411100
办公电话　0731-58252940
传真电话　0731-58261857

校园(局域)网域名　www.xtjyxy.com
电子信箱　hnxtjyxy@163.com
占地面积(平方米)　50270
校舍建筑面积(平方米)　40011
图书(万册)　12.1
固定资产总值(万元)　2250
教学、科研仪器设备资产值(万元)　593.8

在校生数(人)　536
其中:成人专科　536
专任教师(人)　46
其中:副高级　11
　　　中级　26
　　　初级　9

专科专业　财务会计类、初等教育、电子商务、法律文秘、广告设计与制作、化学教育、计算机多媒体技术、酒店管理、商务英语、数学教育、文秘、现代教育技术、学前教育、音乐教育、英语教育、语文教育

学校设立奖学金情况
学校设立奖学金 5 项,奖励总金额 36 余万元。奖学金最高金额 8000 元/年,最低金额 200 元/年。

毕业生一次就业率　79.2%

学校历史沿革
湘潭教育学院始创于 1959 年 8 月,1984 年 7 月由教育部审查备案。2001 年 9 月,经湖南省政府批准同意,与湘潭师范合并,接收其校产及部分教师。2005 年起,开始举办高职。

湘西民族教师进修学院

学校(机构)标识码　4243050815
学校办学类型　424:教育学院
学校举办者　811 省级教育部门

学校地址　湖南省吉首市雷公井 10 号
邮政编码　416000

办公电话　0743-8750866
传真电话　0743-8750866

益阳教育学院

学校(机构)标识码　4243051310
学校办学类型　424:教育学院
学校举办者　812 省级其他部门
学校地址　湖南省益阳市康复北路 5 号
邮政编码　413000
办公电话　0737-4225947
传真电话　0737-4225947

校园(局域)网域名　www.yyrtu.com
电子信箱　58421791@qq.com
占地面积(平方米)　63080
校舍建筑面积(平方米)　24967
图书(万册)　7.23
固定资产总值(万元)　1448
教学、科研仪器设备资产值(万元)　482

在校生数(人)　465
其中:成人专科　465
专任教师(人)　64
其中:副高级　22
　　　中级　38
　　　初级　4

专科专业　初等教育、汉语、会计、计算机应用技术、经济管理、旅游管理、文秘、行政管理、学前教育、应用英语

院系设置
现设有四个院系:中文系、数学系、英语系、综合系

学校历史沿革
益阳教育学院建于 1980 年,是一所由湖南省教育厅批准,教育部备案的一所成人高校。

湖南省广播电视大学

学校(机构)标识码　4243051306
学校办学类型　426:广播电视大学

学校举办者　811 省级教育部门
学校地址　长沙市青园路 168 号

邮政编码　410004
办公电话　0731-82822518

传真电话 0731-82821123	图书(万册) 36.42	专任教师(人) 266
校园(局域)网域名 210.42.192.2/redwind/	固定资产总值(万元) 21008.4	其中:正高级 20
	教学、科研仪器设备资产值(万元) 4056.91	副高级 66
电子信箱 hnddxzxx@163.com		中级 126
占地面积(平方米) 133466	在校生数(人) 6933	初级 33
校舍建筑面积(平方米) 102446	其中:成人专科 6933	未定职级 21

专科专业 初等教育、电力系统自动化技术、电子商务、法律事务、工商管理类、工商企业管理、工商行政管理、汉语、护理、会计、机电一体化技术、机械制造与自动化、计算机信息管理、计算机应用技术、建筑工程管理、建筑工程技术、金融管理与实务、经济管理、经济信息管理、口腔医学、临床医学、旅游管理、模具设计与制造、烹饪工艺与营养、汽车运用技术、商务英语、市场营销、数学教育、水利水电建筑工程、文秘、物业管理、小学教育、行政管理、学前教育、药学、医学检验技术、医学影像技术、艺术设计、音乐表演、应用电子技术、应用英语、英语教育、影视表演、语文教育

院系设置 3个,电大文法部、电大经管部、电大理工部
国家级、省部级研究机构设置
研究所(中心):远程教育研究所
定期公开出版的专业刊物 《学报》、《校报》
学校历史沿革
湖南广播电视大学创办于1979年。

南海成人学院

学校(机构)标识码 4244050079	校园(局域)网域名 www.ounh.org		2017.8
学校办学类型 421:职工高校	电子信箱 web master@ounh.org	在校生数(人) 2218	
学校举办者 822 地级其他部门	占地面积(平方米) 53700	其中:成人专科 2218	
学校地址 广东省佛山市南海区桂城南新三路2号	校舍建筑面积(平方米) 65040	专任教师(人) 71	
	图书(万册) 6.98	其中:副高级 22	
邮政编码 528200	固定资产总值(万元) 7711.8	中级 44	
办公电话 0757-86337448	教学、科研仪器设备资产值(万元)	初级 5	
传真电话 0757-86393994			

专科专业 工商企业管理、会计
毕业生一次就业率 92%
学校历史沿革
南海成人学院是一所经广东省人民政府批准(1994)317号文,同意南海市政府在南海广播电视大学的基础上成立南海成人学院,一九九五年三月正式挂牌至今。

湛江市业余大学

学校(机构)标识码 4244050821	学校办学类型 421:职工高校	学校举办者 822 地级其他部门

广东省国防工业职工大学

学校(机构)标识码 4244050826	办公电话 020-86332105	校舍建筑面积(平方米) 48320
学校办学类型 421:职工高校	传真电话 020-86332103	图书(万册) 8.6
学校举办者 822 地级其他部门	校园(局域)网域名 www.gfgd.net	固定资产总值(万元) 4580
学校地址 广州市白云大道北解放庄	电子信箱 sgfzd@yahoo.com.cn	教学、科研仪器设备资产值(万元) 470
邮政编码 510420	占地面积(平方米) 40335	

在校生数(人) 1242	专任教师(人) 75	中级 23
其中:成人专科 1242	其中:副高级 13	初级 39

专科专业 电气自动化技术、电子商务、工商企业管理、会计、会计电算化、计算机辅助设计与制造、计算机信息管理、计算机应用技术、行政管理

院系设置

设置了计算机与电子工程系、经济贸易与管理工程系、电气自动化与机电工程系

学校设立奖学金情况

学校设立奖学金3项,奖励总金额2余万元。奖学金最高金额500元/年,最低金额150元/年。

毕业生一次就业率 96%

学校历史沿革

我校创建于1976年,1979年广东省国防工业办公室将"七二一"工人大学收管,由国防工业办公室举办,面向全省军工企业招生,并改名为广东省国防工业职工大学。1981年6月经广东省民政府批准、教育部正式备案,成为省属独立设置的成人高校。

汕头市业余大学

学校(机构)标识码 4244050835	电子信箱 stddbgs@126.com	在校生数(人) 114
学校办学类型 421:职工高校	占地面积(平方米) 34242	其中:成人专科 114
学校举办者 822 地级其他部门	校舍建筑面积(平方米) 32952	专任教师(人) 100
学校地址 广东省汕头市珠厦生活区	图书(万册) 12	其中:正高级 1
邮政编码 515041	固定资产总值(万元) 4665	副高级 13
办公电话 0754-88347344	教学、科研仪器设备资产值(万元) 879	中级 55
传真电话 0754-88347346		初级 31
校园(局域)网域名 www.sttvu.net		

专科专业 电子商务、会计、商务英语

院系设置

外语系、理工系、经管系、文法系

学校历史沿革

学校于1979年,经汕头市人民政府批准成立。

韶关市职工大学

学校(机构)标识码 4244050837	校园(局域)网域名 www.sgegj.com	在校生数(人) 1290
学校办学类型 421:职工高校	电子信箱 sgej@163.com	其中:成人专科 1290
学校举办者 822 地级其他部门	占地面积(平方米) 54349	专任教师(人) 179
学校地址 广东省韶关市浈江区十里亭	校舍建筑面积(平方米) 51603	其中:副高级 39
邮政编码 512031	图书(万册) 6.16	中级 72
办公电话 0751-8853354	固定资产总值(万元) 5429.27	初级 27
传真电话 0751-8853354	教学、科研仪器设备资产值(万元) 1503.63	未定职级 41

专科专业 会计、机电一体化技术、计算机应用技术、经济信息管理

学校设立奖学金情况

学校设立奖学金1项,奖励总金额2万元。奖学金最高金额300元/年,最低金额100元/年。

主要校办产业

韶关市第二高级技工学校实习工厂

毕业生一次就业率 95%

学校历史沿革

韶关市第二高级技工学校创办于1982年7月,是经广东省政府批准、教育部备案的成人高校。学校自2004年初与韶关市第二高级技工学校合并后,办学实力进一步增强,更具办学特色。

广东新华教育学院

学校(机构)标识码　4244051317
学校办学类型　421:职工高校
学校举办者　999 民办
学校地址　广州市长寿西路 27 号
邮政编码　510140
办公电话　020-81817687
传真电话　020-81955673
校园(局域)网域名　www.gdxhec.com

电子信箱　mei.cc@163.com
占地面积(平方米)　374
校舍建筑面积(平方米)　1808
图书(万册)　2.5
固定资产总值(万元)　1227
教学、科研仪器设备资产值(万元)　180

在校生数(人)　233
其中:成人专科　233
专任教师(人)　8
其中:正高级　1
副高级　2
中级　3
初级　2

专科专业　工商企业管理、会计、商务英语、行政管理
院系设置
管理系、计算机系、英语系、政治系
学校设立奖学金情况
(一)校董会主席、香港新华集团总裁蔡冠深先生捐资高产"蔡冠深奖教奖学金"1 项,奖励总金额 30 万元,每年奖金 5 万元。
(二)学校设立助学金 1 项,每年金额 3 万元。
1. 奖教:每学期通过教学测评,评出先进教师进行表彰奖励,三分之一教师一等奖,三分之一教师二等奖。奖金每学期 1 万元。
2. 奖学:每年'五四'前后评选先进学生,占学生数的 15%-20%,人均奖金约 200 元;
另设新生入学统考成绩优秀奖,每年奖励 10-15 人左右,奖金每人 200-300 元。
3. 助学:试行为品学兼优,家庭困难的学生提供助学金。助学金每人每学年约 1500 至 2400 元,年助学金总额约 2-3 万元。
毕业生一次就业率　80%(脱产班毕业生达 80%,业余学生 90% 以上为在职人员)
学校历史沿革
广东新华教育学院前身为广东业余大学,由中国民主同盟广东省委员会于 1982 年创建,属独立设置的成人高等院校,大专层次业余为主的学历教育。

广东省职工体育运动技术学院

学校(机构)标识码　4244051319　　学校办学类型　421:职工高校　　学校举办者　821 地级教育部门

广东社会科学大学

学校(机构)标识码　4244051320
学校办学类型　421:职工高校
学校举办者　812 省级其他部门
学校地址　广州市黄华路四号之二
邮政编码　510050
办公电话　020-83867591
传真电话　020-83867591
校园(局域)网域名　www.gdskd.com

电子信箱　skdjxb@163.com
占地面积(平方米)　26800
校舍建筑面积(平方米)　30171
图书(万册)　10.6
固定资产总值(万元)　1670
教学、科研仪器设备资产值(万元)　310.87

在校生数(人)　904
其中:成人专科　904
专任教师(人)　56
其中:正高级　7
副高级　13
中级　35
初级　1

专科专业　电子商务、工商企业管理、会计电算化、计算机网络技术、商务英语、市场营销、物流管理、行政管理
院系设置
2010 年设置 6 个系,分别是:管理系、营销系、应用经济系、会计系、商务系、计算机系
国家级、省部级研究机构设置
研究所(中心):教学实验室
毕业生一次就业率　82%

学校历史沿革

广东社会科学大学（以下简称"社科大"创建于1984年，是经广东省人民政府和省教育厅批准成立、教育部备案，由广东省社会科学界联合会主办的一所兼有文、理多学科专业的综合性成人高校。广东省人民政府已于2005年12月20日正式批准社科大筹设广东社会科学职业学院，广东省发展和规划委员会、广东省教育厅、广州市规划局同意我校新校区用地的立项，目前学校正在积极找寻开拓更广的办学路子。

广州金桥管理干部学院

学校(机构)标识码　4244050075
学校办学类型　423：管理干部学院
学校举办者　812 省级其他部门
学校地址　广州金桥管理干部学院
邮政编码　510260
办公电话　020-84107971
传真电话　020-84191180
校园(局域)网域名　www.jqedu.cn

电子信箱　jqxb@21cn.com
占地面积(平方米)　28600
校舍建筑面积(平方米)　24272
图书(万册)　15.96
固定资产总值(万元)　2726
教学、科研仪器设备资产值(万元)　1677.2

在校生数(人)　495
其中：成人专科　495
专任教师(人)　48
其中：副高级　4
　　　中级　38
　　　初级　5
　　　未定职级　1

专科专业　工商行政管理
学校设立奖学金情况
学校设立奖学金1项，奖励总金额6余万元。奖学金最高金额2000元/年，最低金额300元/年。
毕业生一次就业率　78%

学校历史沿革

广州金桥管理干部学院的前身是广州海员学校，位于广州市新港西路25号，一九九五年九月建校，是一所专门培养远洋船员的中等技术学校。一九九三年十月八日经广东省人民政府批准成立广州金桥管理干部学院，隶属广州远洋运输公司。

广州市公安管理干部学院

学校(机构)标识码　4244050855
学校办学类型　423：管理干部学院
学校举办者　822 地级其他部门
学校地址　广州市同沙路135号
邮政编码　510515
办公电话　020-83120705

传真电话　020-83120703
占地面积(平方米)　596555
校舍建筑面积(平方米)　45632
图书(万册)　6.44
固定资产总值(万元)　1840.19
教学、科研仪器设备资产值(万元)　1094.79

专任教师(人)　61
其中：副高级　13
　　　中级　15
　　　初级　5
　　　未定职级　28

学校历史沿革

我院前身是广州市人民政府公安学校，创建于1950年8月，之后经历过数次停办又复办的过程。1982年在公安学校的基础上分设广州市人民警察学校。1994年公安学校经省政府批准和国家教委备案，成为成人高校性质的广州市公安管理干部学院。1999年9月因广州市公务员需大专以上学历、不再招录中专毕业生，故撤销广州市人民警察学校，其教育资源并入广州市公安管理干部学院，2002年6月学院由事业单位改制为国家行政机关，改称为广州市公安局警察训练部，同时仍挂广州市公安管理学院牌子，主要承担广州市公安系统人民警察的各种训练任务。

广东省公安司法管理干部学院

学校(机构)标识码　4244050859　　学校办学类型　423：管理干部学院　　学校举办者　811 省级教育部门

湛江教育学院

学校(机构)标识码 4244050853	校园(局域)网域名 www.zjec.org	在校生数(人) 1020
学校办学类型 424:教育学院	电子信箱 yuanban@126.com	其中:成人专科 1020
学校举办者 811省级教育部门	占地面积(平方米) 44615	专任教师(人) 110
学校地址 广东省湛江市赤坎区寸金四横路8号	校舍建筑面积(平方米) 27684	其中:正高级 1
	图书(万册) 18.8	副高级 19
邮政编码 524037	固定资产总值(万元) 6586.66	中级 66
办公电话 0759-3610688	教学、科研仪器设备资产值(万元)	初级 18
传真电话 0759-3610678	944.96	未定职级 6

专科专业 英语教育、语文教育

院系设置

学院下设中文系、英语系、数学系、计算机科学系、政史系、生化系、物理系、艺术系、体育系、思政部、教育科学研究中心等教学研究单位

学校设立奖学金情况

学校设立奖学金1项,奖励总金额10余万元。奖学金最高金额500元/年,最低金额200元/年。

毕业生一次就业率 94.5%

学校历史沿革

湛江教育学院原名湛江地区教师进修学校,建于1981年4月18日。1983年4月23日经省人民政府同意改为湛江教育学院,1984年2月22日国家教委同意备案;2009年4月13日经湛江市人民政府批准,与原湛江师范学院民政府同意改为湛江教育学院,1984年2月22日国家教委同意备案;2009年4月13日经湛江市人民政府批准,与原湛江师范学院基础教育学院合并重组,组建新的湛江师范学院基础教育学院,同时保留湛江教育学院牌子,实行"一套人马两块牌子"管理。二十多年来,湛江教育学院已初成规模,是湛江市成人高等师范教育的重要基地。

广东省广播电视大学

学校(机构)标识码 4244051315	校园(局域)网域名 www.gdrtvu.edu.cn	在校生数(人) 2028
学校办学类型 426:广播电视大学	电子信箱 xb@gdrtvu.edu.cn	其中:成人专科 2028
学校举办者 811省级教育部门	占地面积(平方米) 11939	专任教师(人) 374
学校地址 广东省广州市下塘西路一号	校舍建筑面积(平方米) 22389	其中:正高级 15
	图书(万册) 5.52	副高级 64
邮政编码 510091	固定资产总值(万元) 1050.71	中级 125
办公电话 020-83502785	教学、科研仪器设备资产值(万元)	初级 46
传真电话 020-83594914	505.62	未定职级 124

专科专业 电厂热能动力装置、电力系统继电保护与自动化、电子商务、高等级公路维护与管理、工商企业管理、工商行政管理、供用电技术、会计、会计电算化、计算机应用技术、金融与证券、模具设计与制造、商务英语、市场营销

院系设置

工程技术系、计算机技术系、经济管理系、外语系、文法系、数码设计与制作系、机械与自动化系、思想政治理论课教学部、工商学部、汽车工程系

定期公开出版的专业刊物 《广东广播电视大学学报》

学校历史沿革

1978年11月15日,中共广东省委常委会议在吴南生同志主持下,通过了开办广东电视大学和中山大学基础学院的决定,由省文教办具体组织实施,校址设在广东省展览馆(交易会旧址)。广东广播电视大学的现在校址在广州市下塘西路一号,于1984年征地,1988年至1992年陆续建成,1990年从沙面大街74号搬到现址。

广州市广播电视大学

学校(机构)标识码　4244051393
学校办学类型　426:广播电视大学
学校举办者　821 地级教育部门
学校地址　广州市麓景西路41号
邮政编码　510091
办公电话　020-83481493
传真电话　020-83481422
校园(局域)网域名　www.ougz.com.cn

电子信箱　xb@ougz.com.cn
占地面积(平方米)　35871
校舍建筑面积(平方米)　93645
图书(万册)　18.08
固定资产总值(万元)　19930.02
教学、科研仪器设备资产值(万元)　8220
在校生数(人)　8286

其中:成人专科　8286
专任教师(人)　1557
其中:正高级　20
　　　副高级　318
　　　中级　698
　　　初级　385
　　　未定职级　136

专科专业　电气自动化技术、电子商务、法律事务、工商企业管理、工业设计、广告设计与制作、国际金融、汉语、环境艺术设计、会计、机电一体化技术、机械制造与自动化、计算机网络技术、计算机应用技术、酒店管理、旅游服务与管理、旅游管理、美术、汽车检测与维修技术、人力资源管理、商务英语、市场营销、数控技术、文秘、物流管理、物业管理、新闻与传播、行政管理、学前教育、艺术设计

院系设置
人文学院、财经学院、管理学院、信息与工程学院、继续教育学院、成人教育学院

定期公开出版的专业刊物　《广州市广播电视大学学报》

学校历史沿革
广州市广播电视大学创办于1961年,当时的广州市市长曾生任校长。1968年底因"文革"而停办。1979年复校,名为广东省广播电视大学广州分校,校址设在海珠广场广东展览馆。1985年4月,广州市政府决定更名为广州市广播电视大学,并经国家教育部批准,享有省级电大的权限和待遇(教育部教计字[1985]039号文),校址于1986年迁至中山四路172号。

深圳市广播电视大学

学校(机构)标识码　4244051888
学校办学类型　426:广播电视大学
学校举办者　821 地级教育部门
学校地址　深圳市罗湖区解放路4006号
邮政编码　518001
办公电话　0755-82116820
传真电话　0755-25575453
校园(局域)网域名　www.szrtvu.com

电子信箱　srtvu@public.szppt.net.cn
占地面积(平方米)　6492
校舍建筑面积(平方米)　19986
图书(万册)　4.5
固定资产总值(万元)　10495
教学、科研仪器设备资产值(万元)　8266

在校生数(人)　786
其中:成人专科　786
专任教师(人)　196
其中:正高级　6
　　　副高级　50
　　　中级　32
　　　初级　19
　　　未定职级　89

专科专业　电子商务、法律事务、工商企业管理、广告设计与制作、国际金融、会计、计算机应用技术、商务英语、物流管理、物业管理、行政管理

院系设置
经济管理系、人文科学系、信息与工程系、外语系、继续教育学院、中央广播电视大学残疾人教育学院学习中心、深圳市开放职业技术学校

国家级、省部级研究机构设置
研究所(中心):深圳市成人远距离教育研究所

学校设立奖学金情况
学校设立奖学金4项,奖励总金额42.08万元。奖学金最高金额3000元/年,最低金额600元/年。

学校历史沿革
深圳广播电视大学是深圳市政府建立的第一所高等学校。1980年9月15日深圳市革命委员会颁发《深革发[1990]190号》文件,决定成立"广东省广播电视大学深圳市分校";1988年6月9日深圳市政府机构编制办公室颁发《深编[1988]85号》文件,同意"广东省广播电视大学深圳市分校"更名为"深圳广播电视大学";1991年11月22日国家教委颁发《教计[1991]221号》文件,确定深圳广播电视大学属于独立建制的成人高等学校,在教育方面享有相当于省级广播电视大学的权限和待遇。

桂林市职工大学

学校(机构)标识码　4245050867
学校办学类型　421：职工高校
学校举办者　822 地级其他部门
学校地址　桂林市象山区环城西二路67号
邮政编码　541002
办公电话　0773-2110008
传真电话　0773-3831713
校园(局域)网域名　www.glzhida.com
电子信箱　zdbgsh@163.com
占地面积(平方米)　36666
校舍建筑面积(平方米)　19195
图书(万册)　7.2
固定资产总值(万元)　447
教学、科研仪器设备资产值(万元)　225.87
在校生数(人)　476
其中：成人专科　476
专任教师(人)　62
其中：副高级　10
　　　中级　36
　　　初级　14
　　　未定职级　2

专科专业　财务管理、电子商务、法律事务、工商企业管理、机电一体化技术、计算机信息管理、建筑工程技术、经济管理、旅游管理、市场营销、文秘

学校历史沿革

桂林市职工大学是经广西壮族自治区人民政府批准、教育部备案的独立设置的综合性成人高校,桂林市总工会主办。学校创办于 1979 年,原名为"桂林市职工业余大学",是工会系统在计划经济状态下为提高广大职工文化素质而兴办的机构,当时主要的职能是培养工会干部和为广大职工提供学历补偿教育。1993 年,经广西壮族自治区人民政府批准,学校改名为"桂林市职工大学"。

广西壮族自治区经济管理干部学院

学校(机构)标识码　4245050869
学校办学类型　423：管理干部学院
学校举办者　812 省级其他部门
学校地址　广西壮族自治区南宁市西乡塘区大学东路105号
邮政编码　530007
办公电话　0771-3245182
传真电话　0771-3246590
校园(局域)网域名　www.jgy.gx.cn
电子信箱　gxjgy@jgy.gx.cn
占地面积(平方米)　376500
校舍建筑面积(平方米)　178455
图书(万册)　67.1
固定资产总值(万元)　7509.25
教学、科研仪器设备资产值(万元)　2748
在校生数(人)　1990
其中：成人本科　995
　　　成人专科　995
专任教师(人)　345
其中：正高级　35
　　　副高级　79
　　　中级　159
　　　初级　52
　　　未定职级　20

本科专业　财务管理、传播学、工程管理、工商管理、国际经济与贸易、国民经济管理、会计学、计算机科学与技术、计算机软件、金融学、人力资源管理、市场营销、税务、物流管理、信息管理与信息系统、行政管理

专科专业　财务管理、电子商务、房地产经营与估价、工程监理、工商企业管理、工商行政管理、国际商务、会计、建筑工程技术、金融管理与实务、经济管理、经济信息管理、市场营销、物流管理、物业管理、行政管理

院系设置

学院设有会计系、财税金融系、工商管理系、信息管理系、建筑管理系、贸易经济系、行政管理系、外语系、计算机系、文化与传播系、社会科学教学部、公共课教学部、继续教育部等 13 个教学系部

定期公开出版的专业刊物　《广西经济管理干部学院学报》

学校设立奖学金情况

学校设立奖学金 4 项,奖励总金额 30.9 余万元。奖学金最高金额 102000 元/年,最低金额 20000 元/年。

毕业生一次就业率　90.17%

学校历史沿革

广西经济管理干部学院的前身为开办于 1951 年 5 月的广西省行政干部训练班,历经了广西人民革命大学、广西省人民政府行政干部学校、广西壮族自治区和南宁市五七干校、广西壮族自治区经济干部学校的历史。

广西政法管理干部学院

学校(机构)标识码　4245051340
学校办学类型　423:管理干部学院
学校举办者　812 省级其他部门
学校地址　广西南宁市东葛路 117 号
邮政编码　530023
办公电话　0771－5702076
传真电话　0771－5703129
校园(局域)网域名　www.gxzfxy.cn
电子信箱　zfxyzzc@163.com
占地面积(平方米)　59207
校舍建筑面积(平方米)　80184
图书(万册)　20.7
固定资产总值(万元)　5348.86
教学、科研仪器设备资产值(万元)　796
在校生数(人)　90
其中:成人专科　90
专任教师(人)　177
其中:正高级　8
副高级　44
中级　73
初级　47
未定职级　5

专科专业　法律事务
院系设置
法律系、民商法系、司法警察系、信息工程系、公共管理系、外语系、基础部
定期公开出版的专业刊物　《广西政法管理干部学院学报》
学校设立奖学金情况
学校设立奖学金 2 项,奖励总金额 33.2 余万元。奖学金最高金额 5000 元/年,最低金额 200 元/年。
1. 优秀学生奖学金:799 人/年
2. 万益律师事务所奖学金:10 人/年,5000 元/人
毕业生一次就业率　90.23%
学校历史沿革
广西政法管理干部学院在 1981 年成立的广西政法干校的基础上,于 1984 年 10 月经自治区人民政府批准建立。是广西独立设置的政法类高等学校。于 1996 年 9 月与广西司法学校合并办学。办学以高职高专为主,以成人专科、普通中专以及区内外本科院校联合办成人法学本科为辅。

广西教育学院

学校(机构)标识码　4245050870
学校办学类型　424:教育学院
学校举办者　811 省级教育部门
学校地址　广西壮族自治区南宁市建政路 37 号
邮政编码　530023
办公电话　0771－5624977
传真电话　0771－5624977
校园(局域)网域名　www.gxec.net.cn
电子信箱　gxjyyb@yahoo.com.cn
占地面积(平方米)　47424
校舍建筑面积(平方米)　83630
图书(万册)　38.1
固定资产总值(万元)　5667
教学、科研仪器设备资产值(万元)　1313.42
在校生数(人)　2154
其中:成人本科　1742
成人专科　412
留学生　22
专任教师(人)　228
其中:正高级　28
副高级　75
中级　79
初级　28
未定职级　18

本科专业　法学、汉语言文学、计算机科学与技术、教育技术学、历史学、美术学、社会工作、数学与应用数学、思想政治教育、特殊教育、网络工程、文秘教育、音乐学、英语
专科专业　初等教育、汉语、市场营销、文秘
院系设置
中文系、数学与计算机科学系、外语系、教育管理系、政治经济系、信息科学与技术系、旅游与环境学系、艺术系、文化传播学系、教育科学系
国家级、省部级研究机构设置
研究所(中心):广西教育学院人力资源研究所、广西教育学院教育科学研究所、广西教育学院思想政治教育研究所、广西教育学院生态文化研究所、广西教育学院公共行政管理研究所、广西教育学院高等教育研究所、广西教育学院跨境教育研究所、广西教育学院心理研究所、广西教育学院信息科学与技术研究所、广西教育学院道德教育研究所、广西教育学院课程与教学论研究所、广西教育学院特殊教育研究所、广西教育学院学校发展研究所、广西教育学院教学研究部、广西教育学院基础教育研究院
定期公开出版的专业刊物　《中学教学参考》、《哲理》、《小学教学参考》、《创新作文》、《广西教育学院学报》、《基础教育研究》
学校设立奖学金情况
学校设立奖学金 2 项,奖励总金额 6.4 余万元。奖学金最高金额 1000 元/年,最低金额 200 元/年。
1. 优秀学生奖学金:约 300 人/年,200—1000 元/人。
2. 优秀学生干部奖学金:约 200 人/年,200—1000 元/人。
毕业生一次就业率　88.25%

学校历史沿革

广西教育学院创建于 1953 年 10 月 27 日,学院前身为广西省中等学校教师进修学院,1954 年更名为广西省教师进修学院,1958 年更名为广西教师进修学院,1966 年更名为广西教育学院。现址为广西南宁市建政路 37 号。学院承担中学师资和教育管理干部培训、培养,以及中小学教学研究、教学资料编辑出版等任务。

南宁地区教育学院

学校(机构)标识码	4245051675
学校办学类型	424:教育学院
学校举办者	821 地级教育部门
学校地址	广西南宁市西乡塘区北湖北路 57 号
邮政编码	530001
办公电话	0771-3133499
传真电话	0771-3133499
校园(局域)网域名	www.ndjy.net
电子信箱	ndjybgs@126.com
占地面积(平方米)	33439
校舍建筑面积(平方米)	43737
图书(万册)	12.5
固定资产总值(万元)	2578.2
教学、科研仪器设备资产值(万元)	598
专任教师(人)	95
其中:正高级	3
副高级	35
中级	39
初级	18

院系设置

文化传播系、数学与计算机科学系、理工系、外语系、公共管理系

定期公开出版的专业刊物 《南宁地区教育学院论丛》

学校设立奖学金情况

学校设立奖学金 1 项,奖励总金额 3 余万元。奖学金最高金额 1000 元/年,最低金额 200 元/年。

毕业生一次就业率 82.67%

学校历史沿革

南宁地区教育学院前身为南宁地区教师进修学校。创建于 1982 年 8 月。

1984 年 2 月,广西壮族自治区人民政府批准,南宁地区教师进修学校更名为南宁地区教育学院,隶属自治区教委和南宁地区行政公署双重领导。

1986 年 3 月,经国家教委备案,南宁地区教育学院正式列入全国成人高等院校系列,并分别于 1988 年、1994 年通过自治区教委和国家教委的评估验收。

1992 年 3 月,学院改由南宁地委、南地行署直接领导。

1999 年 7 月,"南宁地区教育学院"与"南宁地区电大分校"合并,实行"两块牌子,一套人马"的合并办学形式,组成新的"南宁地区教育学院",这标志着学院的发展进入一个崭新的阶段。

广西壮族自治区广播电视大学

学校(机构)标识码	4245051338
学校办学类型	426:广播电视大学
学校举办者	811 省级教育部门
学校地址	南宁市东宝路 1 号
邮政编码	530022
办公电话	0771-5885296
传真电话	0771-5854063
校园(局域)网域名	www.gxou.com.cn
电子信箱	xb@gxou.com.cn
占地面积(平方米)	23250
校舍建筑面积(平方米)	51314
图书(万册)	11.97
固定资产总值(万元)	3323.04
教学、科研仪器设备资产值(万元)	1427.51
在校生数(人)	935
其中:成人本科	458
成人专科	477
专任教师(人)	112
其中:副高级	28
中级	61
初级	13
未定职级	10

本科专业 法学、工商管理、汉语言文学、会计学、计算机科学与技术、教育技术学、教育学类、金融学、人力资源管理、物流管理、行政管理、英语

专科专业 财务会计类、电力系统自动化技术、电子商务、工商管理类、国际经济与贸易、汉语、会计、会计电算化、计算机网络技术、计算机应用技术、教育类、经济管理、经济信息管理、旅游管理、市场开发与营销、数学教育、文秘、物流管理、行政管理、应用英语、英语教育、营销与策划

院系设置

广西广播电视大学在全区各地共有地市级分校 17 所,1 所系统行业工作站,共有县级工作站(教学点)75 所

定期公开出版的专业刊物 《广西广播电视大学学报》

学校历史沿革

广西广播电视大学(简称广西电大)创办于一九七九年一月,由广西壮族自治区人民政府主办、自治区教育厅主管。学校坐落在自治区首府南宁市青秀区秀丽的金花茶公园西侧的东宝路 1 号,现任党委书记崔践研究员,校长毛汉领教授、博士。

海南省广播电视大学

学校(机构)标识码　4246051865
学校办学类型　426:广播电视大学
学校举办者　811 省级教育部门
学校地址　海南省海口市龙华二横路15号
邮政编码　570105
办公电话　0898-66225540
传真电话　0898-66211471

校园(局域)网域名　www.hainrtvu.com
电子信箱　hainrtvu@hainrtvu.com
占地面积(平方米)　72368
校舍建筑面积(平方米)　34140
图书(万册)　8.2
固定资产总值(万元)　3857.64
教学、科研仪器设备资产值(万元)　1454.13

在校生数(人)　788
　其中:成人专科　788
专任教师(人)　67
　其中:正高级　4
　　　　副高级　11
　　　　中级　29
　　　　初级　15
　　　　未定职级　8

专科专业　道路桥梁工程技术、电力系统自动化技术、法律事务、工商企业管理、工商行政管理、汉语、会计、机电一体化技术、计算机应用技术、建筑工程技术、金融管理与实务、经济管理、旅游管理、农业经济管理、市场营销、水利水电工程管理、行政管理、畜牧兽医、学前教育、药品经营与管理、资源环境与城市管理

院系设置
开放教育学院、成人教育学院、自考管理学院、继续教育学院

国家级、省部级研究机构设置
研究所(中心):海南广播电视大学远程教育研究所

定期公开出版的专业刊物　《海南广播电视大学学报》

学校历史沿革
学校创办于 1983 年 9 月,是海南省唯一一所省属成人高校。

重庆电力职工大学

学校(机构)标识码　4250050901
学校办学类型　421:职工高校
学校举办者　812 省级其他部门
学校地址　重庆市九龙坡区黄桷坪电力五村 50 号
邮政编码　400053
办公电话　023-68063013
传真电话　023-68503509

校园(局域)网域名　www.etc.cqep
电子信箱　dlzd@cqep.com.cn
占地面积(平方米)　68163
校舍建筑面积(平方米)　89659
图书(万册)　11.5
固定资产总值(万元)　10190
教学、科研仪器设备资产值(万元)　4231.35

在校生数(人)　486
　其中:成人专科　486
专任教师(人)　46
　其中:副高级　26
　　　　中级　17
　　　　初级　3

专科专业　电力系统自动化技术、发电厂及电力系统、供用电技术

院系设置
发电厂及电力系统、电厂设备运行与维护、供用电技术、供用电管理、电力系统自动化技术

学校设立奖学金情况
学校设立奖学金 3 项,奖励总金额 25 余万元。奖学金最高金额 5000 元/年,最低金额 100 元/年。

毕业生一次就业率　84.39%

学校历史沿革
重庆电力职工大学创建 1981 年初,是全国电力系统先进学校,98 年评为"全国优秀成人高校"。学校 20 年来已发展主以工科为主,理、工、经、管相结合的多学科职工大学,为全国电力系统培养了具有大专以上学历的工程技术人员 10000 多人,大部分学生已成为生产建设中的技术骨干,部分学生已走上各级领导岗位。

重庆冶金成人学院

学校(机构)标识码　4250050905
学校办学类型　421:职工高校

学校举办者　812 省级其他部门
学校地址　重庆市大渡口区跃进路 30 号
邮政编码　400080

办公电话　023-68842660	固定资产总值(万元)　1552.11	专任教师(人)　155
传真电话　023-68846516	教学、科研仪器设备资产值(万元)	其中：副高级　28
电子信箱　cqyjcry@163.com	500.63	中级　90
占地面积(平方米)　65962	在校生数(人)　696	初级　27
校舍建筑面积(平方米)　59739	其中：成人专科　696	未定职级　10
图书(万册)　20.4		

专科专业　材料成型与控制技术、电气自动化技术、会计电算化、机电一体化技术、计算机信息管理、金属矿开采技术、经济管理、数控技术、选矿技术、冶金技术

院系设置

重庆冶金成人学院重钢分院、重庆冶金成人学院西铝分院

学校设立奖学金情况

学校设立奖学金3项，奖励总金额8余万元。奖学金最高金额300元/年，最低金额100元/年。

毕业生一次就业率　98%

学校历史沿革

重庆冶金成人学院于2000年经重庆市人民政府【2000】8号文批准成立，其前身为重庆钢铁(集团)有限责任公司职工大学和西南铝业(集团)公司职工大学以及重庆特殊钢铁集团职工大学三校合并。现重庆特殊钢铁集团已破产，重庆特钢分院未办学。学院主要承担企业职工培训和大专层次学历教育的任务。

重庆职工会计专科学校

学校(机构)标识码　4250051759	校园(局域)网域名　www.cqkzx.com	在校生数(人)　246
学校办学类型　421：职工高校	电子信箱　xy_71733@163.com	其中：成人专科　246
学校举办者　812 省级其他部门	占地面积(平方米)　24464	专任教师(人)　70
学校地址　重庆市沙坪坝区先锋街2号	校舍建筑面积(平方米)　22640	其中：正高级　3
	图书(万册)　8.15	副高级　16
邮政编码　400033	固定资产总值(万元)　1631	中级　26
办公电话　023-62762807	教学、科研仪器设备资产值(万元)	初级　25
传真电话　023-62305585	774.78	

专科专业　会计、会计电算化、工商企业管理、市场营销、人力资源管理、金融管理与实务、财务信息管理、农村合作金融、税务

学校历史沿革

重庆职工会计专科学校是按照国发[79]225号及中央教育部[84]190号文件的规定，经重庆市人民政府1984年11月7日常务会议研究同意创办的。重庆职工会计专科学校于2004年12月29日主管单位由重庆市渝中区人民政府变更为重庆市劳动和社会保障局。

重庆教育学院

学校(机构)标识码　4250050938	校园(局域)网域名　www.cqec.net.cn	其中：成人本科　464
学校办学类型　424：教育学院	占地面积(平方米)　414277	成人专科　721
学校举办者　811 省级教育部门	校舍建筑面积(平方米)　231564	专任教师(人)　410
学校地址　重庆市南岸区南山街道崇教路1号	图书(万册)　73.6	其中：正高级　38
	固定资产总值(万元)　96228.9	副高级　108
邮政编码　400067	教学、科研仪器设备资产值(万元)	中级　210
办公电话　023-61638000	4142.86	初级　54
传真电话　023-61638004	在校生数(人)　1185	

本科专业　汉语言文学、计算机科学与技术、教育学、美术学、数学与应用数学、体育教育、物理学、英语

专科专业　汉语、计算机应用技术、经济信息管理、美术、人力资源管理、学前教育

院系设置

我院设置有继续教育学院一个二级学院，有文学与传媒系、

外国语言文学系、美术系、工商管理系、旅游系、教育系、计算机科学系、生物与化学工程系、经济贸易系、通识教育部 10 个系（部）

定期公开出版的专业刊物 《重庆教育学院院报》（月刊）
学校设立奖学金情况
学校设立奖学金 3 项，奖励总金额 306.68 万元。奖学金最高金额 1200 元/年，最低金额 400 元/年。

1. 师范专业奖学金 82.738 万元 体育教育专业 600 元/人/年 其它师范专业 500 元/人/年
2. 综合奖学金 223.9428 万元
   一等：1378 元/人/年
   二等：919 元/人/年
   三等：460 元/人/年
3. 单项奖学金
   学习奖：300 元/人/次
   单科奖：30 元/人/次
   专业技能奖：30——800 元/人/次
   学术科研奖：100——1000 元/人/次
   文体活动奖：50——1000 元/人/次
   社会工作奖：30 元/人/次
毕业生一次就业率 92.26%
学校历史沿革
重庆教育学院前身始建于 1954 年的重庆市中学教师进修学院，1983 年经四川省人民政府批准，教育部备案正式更名为重庆教育学院。

重庆市广播电视大学

学校（机构）标识码 4250051866
学校办学类型 426：广播电视大学
学校举办者 811 省级教育部门
学校地址 重庆市高新区科园一路九号
邮政编码 400052
办公电话 023-68613575
传真电话 023-68613575
校园（局域）网域名 www.cqdd.cq.cn
电子信箱 msk@cqdd.cq.cn
占地面积（平方米） 893733
校舍建筑面积（平方米） 288079
图书（万册） 33.19
固定资产总值（万元） 63949.77
教学、科研仪器设备资产值（万元） 4575.69
在校生数（人） 13145
其中：成人专科 13145
专任教师（人） 336
其中：正高级 17
副高级 68
中级 187
初级 64

专科专业 初等教育、道路桥梁工程技术、电力系统自动化技术、电气自动化技术、电子商务、法律事务、房地产经营与估价、服装设计、服装设计与加工、工程造价、工商企业管理、工商行政管理、公共关系、公共卫生管理、广告设计与制作、汉语、护理、环境艺术设计、会计、会计电算化、机电一体化技术、机械设计与制造、机械制造与自动化、计算机网络技术、计算机信息管理、计算机应用技术、建筑工程管理、建筑工程技术、建筑装饰工程技术、金融与证券、酒店管理、旅游管理、人力资源管理、软件技术、商务管理、市场营销、文秘、物流管理、物业管理、行政管理、学前教育、药学、应用电子技术、语文教育、装潢艺术设计
院系设置
开放教育学院、继续教育学院

定期公开出版的专业刊物 《重庆广播电视大学学报》
主要校办产业
重庆广播电视大学驾校
学校历史沿革
重庆广播电视大学是重庆市人民政府举办的高等院校，创办于 1979 年 2 月，重庆成为计划单列市后，经重庆市人民政府（重府函[1984]3 号）批准成立独立设置的"重庆广播电视大学"。1985 年，按重庆市委办公厅（市办[1985]95 通知），重庆广播电视大学升格副地级单位。1991 年经重庆市政府研究同意，重庆广播电视大学享受正局级待遇。

四川科技职工大学

学校（机构）标识码 4251050081
学校办学类型 421：职工高校
学校举办者 812 省级其他部门
学校地址 四川省成都市龙泉驿区大面镇号科飞大街 189
邮政编码 610101
办公电话 028-84813606
传真电话 028-84812775
校园（局域）网域名 www.sckjzdx.com
电子信箱 sckjzgdx@sckjzgdx.com
占地面积（平方米） 23792
校舍建筑面积（平方米） 20129
图书（万册） 8.1
固定资产总值（万元） 3339.64
教学、科研仪器设备资产值（万元）

500.29　专任教师(人)　86　　初级　20
在校生数(人)　1673　其中:副高级　25　未定职级　5
其中:成人专科　1673　中级　36

专科专业　安全技术管理、电机与电器、电子商务、工商行政管理、会计电算化、计算机信息管理、矿井通风与安全、矿山测量、矿山地质、矿山机电、煤矿开采技术

院系设置
安全工程管理系、职业健康与环境保护系、矿业工程系、机电工程系、计算机信息与管理系

学校历史沿革
1981年7月,中共四川省委以川委函(1981)98号文批准建立了四川省科技干部进修学校,地址位于成都市大面镇。

1988年,国家科委以将我校确定为西南、西北地区地(县)科委主任岗位专业知识培训基地,委托我校承担西南、西北地区科技管理干部岗位职务培训的任务。1988年3月1日,省科委又以川科委发(1988)7号向省政府报送了"关于四川省科技管理干部学院(筹)增挂'科技管理干部四川培训中心'牌子的请示"。3月17日,省编委以川编发(1988)50号文同意增挂"科技管理干部四川培训中心"的牌子。从此,学校开始了正规的干部培训工作。

学校从1989年下半年起,与电子科技大学、成都科技大学、四川轻化工学院、西南民族学院等院校合作,作为它们的教学点,承担部分成人大专班和专业证书班的教学任务。

1992年6月,省政府以川府函(92)302号向国家教委重新提出了建院要求。1993年5月,国家教委组织了专家来校考察。同年10月,在湖南长沙,国家教委高校设置评审委员会通过了建院意见。1994年3月31日,国家教委以教计(1994)81号文同意正式建立四川科技职工大学。

四川省东方动力职工大学

学校(机构)标识码　4251050875
学校办学类型　421:职工高校
学校举办者　891 地方企业
学校地址　四川省东方动力职工大学
邮政编码　610045
办公电话　028-87424959
传真电话　028-87420506
电子信箱　scdfzd@scdfzd.com
占地面积(平方米)　30675
校舍建筑面积(平方米)　22938
图书(万册)　6.5
固定资产总值(万元)　2402
教学、科研仪器设备资产值(万元)　205
在校生数(人)　25
其中:成人专科　25
专任教师(人)　34
其中:副高级　12
中级　20
初级　2

专科专业　机电设备维修与管理、机械制造与自动化、计算机信息管理、应用电子技术

学校设立奖学金情况
学校设立奖学金5项,奖励总金额1.5余万元。奖学金最高金额300元/年,最低金额50元/年。

学校历史沿革
四川省东方动力职工大学于1989年成立,由东方汽轮机厂职工大学、东风电机厂职工大学、东方锅炉厂职工大学等几所职工大学合并而成

中国工程物理研究院职工工学院

学校(机构)标识码　4251050879
学校办学类型　421:职工高校
学校举办者　812 省级其他部门
学校地址　四川省绵阳市科学城八区
邮政编码　621900
办公电话　0816-2482134
传真电话　0816-2491744
校园(局域)网域名　www.caepit.com
www.caepit.net
占地面积(平方米)　54056
校舍建筑面积(平方米)　35725
图书(万册)　11
固定资产总值(万元)　3364
教学、科研仪器设备资产值(万元)　1002
在校生数(人)　178
其中:成人本科　86
成人专科　92
专任教师(人)　102
其中:副高级　37
中级　40
初级　14
未定职级　11

本科专业 化学工程与工艺、机械设计制造及其自动化、计算机科学与技术、自动化

专科专业 机电一体化技术、计算机信息管理、计算机应用技术、数控技术、应用电子技术

院系设置 计算机科学与技术系、机电技术与自动化系、电子电气工程系、人文与管理科学系

定期公开出版的专业刊物 《教学与实践》

学校设立奖学金情况
学校设立奖学金3项,奖励总金额7余万元。奖学金最高金额3000元/年,最低金额400元/年。

毕业生一次就业率 95%

学校历史沿革
中国工程物理研究院职工工学院是经国家教委批准,独立设置的成人高校。成立于1978年9月。第一任院长由原第九研究院院长李凤翔兼任,建校时由原二机部(原核工业部)主管,现由中国工程物理研究(国家直属单位)主管。1982年在原国家教育部批准备案(〈82〉教字022号文)。1987年,由于第九研究院更名为中国工程物理研究院,我学院相应的也更名为中国工程物理研究院职工工学院。

四川核工业职工大学

学校(机构)标识码　4251050881
学校办学类型　421:职工高校
学校举办者　891 地方企业
学校地址　宜宾市翠屏区西郊建中社区
邮政编码　644000
办公电话　0831-8279556
传真电话　0831-8279554
占地面积(平方米)　43297
校舍建筑面积(平方米)　20536
图书(万册)　5.59
固定资产总值(万元)　889.72
教学、科研仪器设备资产值(万元)　366.2
在校生数(人)　448
其中:成人专科　448
专任教师(人)　48
其中:副高级　24
中级　20
初级　3
未定职级　1

专科专业 电气自动化技术、电子商务、工商企业管理、机械制造与自动化、计算机信息管理、热能动力设备与应用

学校历史沿革
1982年6月17日,教育部下发《关于职工大学备案的复函》(〔82〕教工农字022号),八一二厂职工工学院和第一研究设计院职工大学获准在教育部备案,同年录取的学生毕业后国家承认学历。

1996年3月4日,国家教委下发《关于同意核工业所属部分成人高校调整更名的通知》(教计司〔1996〕14号),将八一二厂职工工学院和第一研究设计院职工大学合并调整为四川核工业职工大学,同时撤销八一二厂职工工学院、第一研究设计院职工大学的成人高校的建制。

成都发动机公司职工大学

学校(机构)标识码　4251050882
学校办学类型　421:职工高校
学校举办者　891 地方企业
学校地址　成都发动机公司职工大学
邮政编码　610066
办公电话　028-89357113
传真电话　028-89358585
校园(局域)网域名　www.cf-group.com
电子信箱　zcb@cf-group.com

学校历史沿革
成都发动机公司职工大学创立于1958年,原隶属于航空工业大型企业新都机械厂,文革前举办"七二一"大学;1979年经航空工业部批准更名为新都机械厂职工工学院;1982年经教育部审批备案;1988年经批准更名为成都发动机公司职工大学。

成都飞机工业公司职工工学院

学校(机构)标识码　4251050883
学校办学类型　421:职工高校
学校举办者　891 地方企业
学校地址　四川省成都市青羊区黄田坝
邮政编码　610092
办公电话　028-87455940
传真电话　028-87455940
校舍建筑面积(平方米)　38800
图书(万册)　12
固定资产总值(万元)　444.4
教学、科研仪器设备资产值(万元)　150.4
在校生数(人)　146
其中:成人专科　146

专任教师(人) 68	中级 35	未定职级 1
其中:副高级 25	初级 7	

专科专业 飞行器制造工艺、数控技术
院系设置
机电系、信息系
学校设立奖学金情况
学校设立奖学金 1 项,奖励总金额 1 余万元。奖学金最高金额 3000 元/年,最低金额 500 元/年。

主要校办产业
实习厂
毕业生一次就业率 98%
学校历史沿革
峨眉机械厂职工工学院(1982 – 1992 年),成都飞机工业公司职工工学院(1992 年 – 至今)。

成都电子职工大学

学校(机构)标识码 4251050884	校园(局域)网域名 www.cddzfx.com	在校生数(人) 1316
学校办学类型 421:职工高校	电子信箱 380105839@qq.com	其中:成人专科 1316
学校举办者 891 地方企业	占地面积(平方米) 233450	专任教师(人) 156
学校地址 成都市郫县红光镇港通北三路 1899 号	校舍建筑面积(平方米) 165699	其中:副高级 39
	图书(万册) 10.8	中级 72
邮政编码 610031	固定资产总值(万元) 9464	初级 41
办公电话 028 – 86267172	教学、科研仪器设备资产值(万元) 5072	未定职级 4
传真电话 028 – 86275040		

专科专业 电脑艺术设计、电气自动化技术、工程造价、工商行政管理、计算机应用技术、人力资源管理、数控技术、通信系统运行管理、物业管理、应用电子技术
院系设置
机械工程系、电子信息工程系、电气工程与自动化系、现代服务管理系、基础教学部、轨道交通运输看系、成人教育中心

毕业生一次就业率 98%
学校历史沿革
成都电子职工大学是 1991 年 3 月经国家教育委员会批准由国光电子管总厂职工大学、前锋无线电仪器厂职工大学和南光机器厂职工大学三所学校合并组建而成。

国营涪江机器厂职工大学

学校(机构)标识码 4251050885	电子信箱 zzjx@jzjyy.com	其中:成人专科 514
学校办学类型 421:职工高校	占地面积(平方米) 24000	专任教师(人) 92
学校举办者 891 地方企业	校舍建筑面积(平方米) 20713	其中:正高级 1
学校地址 国营涪江机器厂职工大学	图书(万册) 10.7	副高级 15
邮政编码 621000	固定资产总值(万元) 245	中级 50
办公电话 0816 – 2468685	教学、科研仪器设备资产值(万元) 15	初级 14
传真电话 0816 – 2469184	在校生数(人) 514	未定职级 12
校园(局域)网域名 www.jzjyy.com		

专科专业 财务信息管理、工程管理类新专业、广告设计与制作、会计、机电设备类新专业、计算机信息管理、经济信息管理、无线电技术
定期公开出版的专业刊物 《九洲报》
学校历史沿革
涪江机器厂职工大学是由四川九洲电器集团公司(原国营涪江机器厂)创办于 1976 年,是由国家教育部 1982 年以教工农字(1982)031 号文件批准独立设置的成人高等院校,学校一直坚持社会主义办学方向,以服务为宗旨,以就业为导向,面向社会和市场办学,以提高素质、丰富知识、增强技能、完善人格、服务社会为培养目标,培养中高级技术蓝领。

红光电子管厂职工大学

- 学校(机构)标识码　4251050888
- 学校办学类型　421:职工高校
- 学校举办者　811 省级教育部门

成都电力职工大学

- 学校(机构)标识码　4251050900
- 学校办学类型　421:职工高校
- 学校举办者　811 省级教育部门

成都冶金职工大学

- 学校(机构)标识码　4251050907
- 学校办学类型　421:职工高校
- 学校举办者　891 地方企业
- 学校地址　成都市青白江区团结南路12号
- 邮政编码　610303
- 办公电话　028-89305071
- 传真电话　028-89305071
- 占地面积(平方米)　30310
- 校舍建筑面积(平方米)　33527
- 图书(万册)　9.68
- 固定资产总值(万元)　1149.37
- 教学、科研仪器设备资产值(万元)　105.34
- 在校生数(人)　47
- 其中:成人专科　47
- 专任教师(人)　38
- 其中:副高级　18
- 中级　14
- 初级　4
- 未定职级　2

专科专业　电子商务、工商企业管理、冶金技术

主要校办产业
机加工

毕业生一次就业率　98%

学校历史沿革
我校始建于 1975 年 6 月,为"成都无缝钢管厂"七·二一"大学"。1982 年 6 月 19 日,经国家教育部以教工农字【82】018 号文批准为"成都无缝钢管厂职工大学"。1996 年 4 月 3 日,经四川省人民政府函【1996】138 号文批准更名为"成都冶金职工大学"。

第五冶金建设公司职工大学

- 学校(机构)标识码　4251050908
- 学校办学类型　421:职工高校
- 学校举办者　891 地方企业
- 学校地址　成都市成洛大道槐树店路35号
- 邮政编码　610051
- 办公电话　028-84710473
- 传真电话　028-84738306
- 电子信箱　zgwyzd@163.com
- 占地面积(平方米)　31690
- 校舍建筑面积(平方米)　44426
- 图书(万册)　6.87
- 固定资产总值(万元)　3254.7
- 教学、科研仪器设备资产值(万元)　638.7
- 在校生数(人)　5166
- 其中:成人专科　5166
- 专任教师(人)　91
- 其中:副高级　12
- 中级　42
- 初级　31
- 未定职级　6

专科专业　安全技术管理、道路桥梁工程技术、电气自动化技术、电子商务、服装设计、工程监理、工程造价、工商企业管理、焊接技术及自动化、会计电算化、机电设备维修与管理、机电一体化技术、计算机系统维护、计算机信息管理、建筑工程管理、建筑工程技术、经济信息管理、旅游管理、模具设计与制造、汽车检测与维修技术、数控技术、水利水电工程管理、物流管理、物业管理、应用电子技术、油气储运技术

学校设立奖学金情况
学校设立奖学金 1 项,奖励总金额 2 余万元。奖学金最高金额 1000 元/年,最低金额 300 元/年。

毕业生一次就业率　80%
学校历史沿革
中国第五冶金建设公司职工大学是在文革期间的五冶"七·二一"大学基础上组建，并于1979年成立和招生办学，经四川省人民政府函(80)号文批准，教育部教工农字(82)018号文备案的省属成人学校。

成都工业职工大学

学校(机构)标识码　4251050913
学校办学类型　421：职工高校
学校举办者　822 地级其他部门
学校地址　成都市清江东路118号
邮政编码　610072
办公电话　028-87329254
传真电话　028-87329254
校园(局域)网域名　cdjycypxorg. domain.
电子信箱　gyzd_jxd@sina.com
占地面积(平方米)　47549
校舍建筑面积(平方米)　71235
图书(万册)　13.4
固定资产总值(万元)　3661.65
教学、科研仪器设备资产值(万元)　342.5
cddgg.com

在校生数(人)　1205
其中：成人专科　1205
专任教师(人)　82
其中：副高级　31
中级　41
初级　9
未定职级　1

专科专业　电气自动化技术、电子信息工程技术、护理、机电一体化技术、临床医学、楼宇智能化工程技术、模具设计与制造、数控技术、药学、中西医结合
毕业生一次就业率　100%
学校历史沿革
成都工业职工大学是1991年经国家教委教计(91)30号文批准，由原成都量具刃具厂职工大学、轻工局职工大学、医药职工大学三所职工大学合并而成。学校下设总校、医药分校、轻工分校、量具刃具分校。1992年经成都市成人高等学校办学评估组验收，成都工业职工大学为合格学校。1994年底，为进一步加强统一领导和管理，推进工业职工大学煌改革和发展，经成都市经委(成经教[94]13号文)及成都市教委(成教发[94]第64号文件批准，成都工业职工大学总校由原所在地轻工分校迁至成都市工业交通干部学校。至此，成都工业职工大学发展成包括总校(市工交干校)、医药分校、轻工分校、量具刃具分校等四所相对独立的办学实体的联合成人高校。2002年8月，成都市工业交通干部学校与成都市就业训练中心合并，成都工业职工大学办学单位由原成都市经委变更为成都市就业局。

四川省化工职工大学

学校(机构)标识码　4251050919
学校办学类型　421：职工高校
学校举办者　891 地方企业
学校地址　四川省成都市青白江区大弯西路47号
邮政编码　610300
办公电话　028-89307721
传真电话　028-89307721
电子信箱　83984187@qq.com
固定资产总值(万元)　235
教学、科研仪器设备资产值(万元)　55
在校生数(人)　50

其中：成人专科　50
专任教师(人)　50
其中：副高级　17
中级　26
初级　7

专科专业　电子仪器仪表与维修、工商企业管理、工业分析与检验、工业环保与安全技术、化工设备维修技术、应用化工技术

中国科学院成都分院职工大学

学校(机构)标识码　4251050928
学校办学类型　421：职工高校
学校举办者　491 中国科学院
学校地址　四川省成都市人民南路四段九号
邮政编码　610041
办公电话　028-85210587
传真电话　028-85210587
电子信箱　cdercdr.hotmail.com
占地面积(平方米)　28010
校舍建筑面积(平方米)　18900
固定资产总值(万元)　1301.7
教学、科研仪器设备资产值(万元)　120.5

专任教师(人)　46
其中：正高级　5
副高级　14
中级　24
初级　3

学校历史沿革

中国科学院成都分院职工大学的前身为中国科学院成都分院业余职工大学,创建于1981年。1982年更名为中国科学院成都分院职工大学。

成都水利水电职工大学

学校(机构)标识码　4251050929
学校办学类型　421:职工高校
学校举办者　822 地级其他部门
学校地址　四川省成都市金牛区蜀光路8号
邮政编码　610036
办公电话　028-87521320
传真电话　028-87521320
电子信箱　lzw5858@163.co
占地面积(平方米)　13800
校舍建筑面积(平方米)　14865
图书(万册)　4

学校历史沿革

成勘院七·二一大学(1978年-1980年);电力工业部成都勘测设计院职工大学(1980年-1982年);成都勘测设计院职工大学(1982年-1996年);成都水利水电职工大学(1996年至今)。

广元职工医学院

学校(机构)标识码　4251050930
学校办学类型　421:职工高校
学校举办者　822 地级其他部门
学校地址　广元市利州区利州东路
邮政编码　628017
办公电话　0839-3303165
传真电话　0839-3303165
电子信箱　gy709503@163.com
占地面积(平方米)　40396
校舍建筑面积(平方米)　14731
图书(万册)　4.2
固定资产总值(万元)　1929.53
教学、科研仪器设备资产值(万元)　218.5
在校生数(人)　887
其中:成人专科　887
专任教师(人)　30
其中:副高级　12
中级　12
初级　6

专科专业　护理、临床医学、中西医结合
毕业生一次就业率　95%
学校历史沿革

我校创建于1977年,由第四机械工业部创办,1980年定名为"四机部广元职工医学院",1982年更名为"电子工业部广元职工医学院",1983年10月教育部备案为独立设置的成人高等学校,国家承认学历。随着电子工业系统相继下放地方,1996年10月,四川省教委明确我院由广元市人民政府主管,教育业务工作由省教委归口管理。我院随之更名为"广元职工医学院"。

南充市职工大学

学校(机构)标识码　4251050932
学校办学类型　421:职工高校
学校举办者　812 省级其他部门
学校地址　四川省南充市果山街55号
邮政编码　637000
办公电话　0817-2292702
传真电话　0817-2292935
校园(局域)网域名　www.ncwu.com
电子信箱　quan.wei.123@163.com
占地面积(平方米)　21354
校舍建筑面积(平方米)　13071
图书(万册)　3.83
固定资产总值(万元)　1251.4
教学、科研仪器设备资产值(万元)　330.1
在校生数(人)　746
其中:成人专科　746
专任教师(人)　42
其中:副高级　7
中级　34
初级　1

专科专业　电子信息工程技术、法律事务、供用电技术、汉语、会计电算化、机电一体化技术、计算机应用技术、建筑工程技术、建筑经济管理、经济管理、农业经济管理、水利水电建筑工程
学校历史沿革

我校成立于1976年,1984年经四川省人民政府批准成为独立建制的成人高校。学校隶属于四川省总工会。是我省工会系统两所高校之一。

四川省职工运动技术学院

学校(机构)标识码　4251051351
学校办学类型　421:职工高校
学校举办者　812 省级其他部门
学校地址　成都市武侯区太平寺路8号
邮政编码　610043
办公电话　028-85184977
传真电话　028-85184977
电子信箱　ydjsxy@163.com
占地面积(平方米)　637555
校舍建筑面积(平方米)　193441
图书(万册)　6.7
固定资产总值(万元)　29000
教学、科研仪器设备资产值(万元)　6000
在校生数(人)　633
其中:成人专科　633
专任教师(人)　247
其中:正高级　5
副高级　46
中级　97
初级　97
未定职级　2

专科专业　社会体育、体育教育
院系设置
田径系、重竞技系、体育系、游泳系、体操系、小球系、大球系
学校历史沿革
四川省运动技术学院是四川省人民政府川府(81)153号文批准,在原四川省体工队基础上成立的,归属四川省体育局领导,按省属大专院校一级待遇,1984年正式招生。

成都市职工大学

学校(机构)标识码　4251051758
学校办学类型　421:职工高校
学校举办者　822 地级其他部门
学校地址　四川省成都市南府街72号
邮政编码　610016
办公电话　028-87318870
传真电话　028-87318870
电子信箱　cdzd5158@sohu.com
占地面积(平方米)　36440
校舍建筑面积(平方米)　22721
图书(万册)　6.2
固定资产总值(万元)　643.21
教学、科研仪器设备资产值(万元)　127.49
在校生数(人)　512
其中:成人专科　512
专任教师(人)　23
其中:副高级　11
中级　10
初级　2

专科专业　动漫设计与制作、房地产经营与估价、工商企业管理、工业环保与安全技术、广告设计与制作、会计电算化、机电一体化技术、计算机信息管理、建筑工程管理、建筑工程技术、汽车检测与维修技术
学校历史沿革
我校是1985年2月经四川省人民政府批准开办的,1986年3月由国家教委审定备案的一所独立的成都地区综合型成人高等学校。

四川农业管理干部学院

学校(机构)标识码　4251051348
学校办学类型　423:管理干部学院
学校举办者　812 省级其他部门
学校地址　四川省成都市一环路西二段17号
邮政编码　610071
办公电话　028-87769702
传真电话　028-87769702
校园(局域)网域名　www.scngy.com
电子信箱　scngy@126.com
占地面积(平方米)　30000
校舍建筑面积(平方米)　15153
图书(万册)　6.5
固定资产总值(万元)　2012.26
教学、科研仪器设备资产值(万元)　428
在校生数(人)　1612
其中:成人专科　1612
专任教师(人)　43
其中:正高级　3
副高级　19
中级　10
初级　11

专科专业　法律事务、工商企业管理、会计电算化、机电一体化技术、计算机信息管理、建筑工程技术、金融管理与实务、林

业技术、农业经济管理、食品生物技术、市场营销、水利水电工程管理、畜牧兽医、应用电子技术、作物生产技术

毕业生一次就业率 95%

学校历史沿革

1984年12月,省政府批准在四川省农业干部学校的基础上,成立四川省农业管理干部学院,规模400人,人员编制120人。由此,成为独立设置的全日制成人高校。

四川省计划生育管理干部学院

学校(机构)标识码 4251051751　　**学校办学类型** 423:管理干部学院　　**学校举办者** 811 省级教育部门

四川教育学院

学校(机构)标识码 4251050937
学校办学类型 424:教育学院
学校举办者 811 省级教育部门
学校地址 四川省成都市人民南路三段24号
邮政编码 610041
办公电话 028 - 66772000
传真电话 028 - 66772000
校园(局域)网域名 www.scce.edu.cn

电子信箱 jy0999@126.com
占地面积(平方米) 765873
校舍建筑面积(平方米) 527409
图书(万册) 126
固定资产总值(万元) 64047
教学、科研仪器设备资产值(万元) 6555.47
在校生数(人) 3923

其中:成人本科 1061
成人专科 2862
专任教师(人) 687
其中:正高级 46
副高级 173
中级 273
初级 186
未定职级 9

本科专业 地理科学、地理科学类、电子商务、法学、工商管理、广播电视新闻学、汉语言文学、化学、计算机科学与技术、教育技术学、教育学、经济学、历史学、美术学、生物科学、市场营销、数学与应用数学、思想政治教育、物理学、物流管理、小学教育、心理学、行政管理、学前教育、艺术设计、音乐学、英语

专科专业 财务信息管理、初等教育、电子商务、电子信息工程技术、工程造价、工商企业管理、广告设计与制作、环境艺术设计、会计、会计电算化、机电一体化技术、计算机多媒体技术、计算机信息管理、计算机应用技术、建筑工程技术、科学教育、旅游管理、美术教育、模具设计与制造、汽车技术服务与营销、汽车检测与维修技术、人力资源管理、人物形象设计、软件技术、社会体育、市场开发与营销、市场营销、数学教育、铁道工程技术、物流管理、现代教育技术、心理咨询、行政管理、学前教育、药品经营与管理、音乐教育、应用英语、英语教育、语文教育

院系设置

四川教育学院共设有19个院(系),其中设有14个系:中文系、史地与旅游系、政教系、教育系、外语系、美术系、音乐系、数学系、物理与电子技术系、化学与应用化学系、科学教育系、经济贸易管理系、计算机科学系、体育系。5个学院:商学院、土木与交通工程学院、汽车应用技术学院、早期教育学院、传媒艺术学院

国家级、省部级研究机构设置

研究所(中心):院级研究所:教师教育研究所、教育经济研究所 系管研究所:现代教育技术应用研究所、职业教育研究所、现当代散文与诗歌研究所、应用化学研究所、外国语言文化与教育研究所、音乐专业技能(声乐、钢琴)基础教学研究所、汽车新技术开发研究所、应用数学与数学研究所、美术教育研究所、信息技术应用研究所、思想政治教育研究所、四川农村教育改革发展研究会

定期公开出版的专业刊物 《四川教育学院学报》、《四川心理科学》、《教改探索》

学校设立奖学金情况

学校设立奖学金4项,奖励总金额2551540余万元。奖学金最高金额8000元/年,最低金额30元/年。

1. 国家奖学金:6人 8000/人 48000元
2. 国家励志奖学金:295 5000/人 1475000元
3. 学校师范专业"专业奖学金":一等:142人 550元/人;二等:287人 500元/人;三等:1709人 200元/人
4. 非师范专业"优秀学生奖学金":一等:319人 400元/人;二等:624人 300元/人;三等:623人 200元/人;单项奖:858人 30元/人

主要校办产业

四川教育学院招待所、专家招待所

毕业生一次就业率 96.1%

学校历史沿革

我院是四川省教育厅直属的成人高等师范本科为主,同时举办普通高等教育的院校,现有本科专业46个,专科60个。1955年四川省委批准成立"四川教育行政学校",1964年省政府

批准更名为"四川教育干部进修学院",文革中停办。1978年省委批准恢复,并更名为"四川教育学院"。1986年,经教育部评估为"合格院校",1997年被教育厅评为"四川省优秀办学单位"。

成都教育学院

学校(机构)标识码　4251050940
学校办学类型　424:教育学院
学校举办者　811 省级教育部门

四川广播电视大学

学校(机构)标识码　4251051341
学校办学类型　426:广播电视大学
学校举办者　811 省级教育部门
学校地址　四川省成都市一环路西三段3号
邮政编码　610073
办公电话　028 - 87778170
传真电话　028 - 87769438
校园(局域)网域名　www.scrtvu.net
　　　　　　　　　www.scopen.net
电子信箱　scddxb@ scrtvu.net
占地面积(平方米)　201790
校舍建筑面积(平方米)　65166
图书(万册)　16.09
固定资产总值(万元)　8616.65
教学、科研仪器设备资产值(万元)　2765.81
在校生数(人)　20001
其中:成人本科　1828
　　　成人专科　18173
专任教师(人)　199
其中:正高级　6
　　　副高级　45
　　　中级　47
　　　初级　76
　　　未定职级　25

本科专业　法学、汉语言、会计学、计算机科学与技术、金融学、英语

专科专业　保险实务、蚕学、初等教育、道路桥梁工程技术、电子商务、电子信息工程技术、动漫设计、动漫设计与制作、发电厂及电力系统、发电电力、法律、法律事务、法律文秘、房地产、房地产经营与估价、服装表演、服装设计、工程测量技术、工程机械运用与维护、工程造价、工商企业管理、工商行政管理、公共事务管理、公路路政、广告设计与制作、汉语言文学、航空服务、护理、化工设备与机械、会计、会计电算化、机电一体化技术、机械设计与制造、机械制造与自动化、计算机应用技术、建筑工程管理、建筑经济管理、交通运输、金融与证券、经济信息管理、酒店管理、旅游管理、旅游英语、煤矿开采技术、美术教育、模具设计与制造、烹饪工艺与营养、汽车技术服务与营销、汽车运用与维修、人力资源管理、商务英语、食品药品监督管理、市场营销、数控技术、思想政治教育、铁道工程技术、铁道交通运营管理、通信工程设计与施工、通信技术、卫生监督、文秘、物流管理、物业管理、现代教育技术、新闻采编与制作、行政管理、畜牧兽医、学前教育、药品经营与管理、音乐教育、应用电子技术、英语教育、影视动画、园林工程技术、装饰艺术设计

定期公开出版的专业刊物　《现代远程教育研究》、《当代职业教育》

学校设立奖学金情况
学校设立奖学金1项,奖励总金额31余万元。奖学金最高金额1000元/年,最低金额1000元/年。

主要校办产业
四川电大资产经营公司、后勤服务有限责任公司、四川电大科技开发总公司、四川远程电子出版社有限公司

学校历史沿革
四川广播电视大学(以下简称四川电大)创建于1979年,是邓小平同志亲自批示,经中共四川省委、省人民政府批准建立的一所新型综合性省属高校。

成都广播电视大学

学校(机构)标识码　4251051886
学校办学类型　426:广播电视大学
学校举办者　822 地级其他部门
学校地址　成都市建设北路一段七号
邮政编码　610051
办公电话　028 - 83395833
传真电话　028 - 83399944
校园(局域)网域名　www.cdrtvu.com
电子信箱　cddddbgs@ cdrtvu.com
占地面积(平方米)　59261
校舍建筑面积(平方米)　80864
图书(万册)　3
固定资产总值(万元)　13876.99
教学、科研仪器设备资产值(万元)　955

在校生数(人) 6982	其中:正高级 1	中级 41
其中:成人专科 6982	副高级 20	初级 5
专任教师(人) 67		

专科专业 保险实务、财政、初等教育、导游、电脑艺术设计、电子商务、动漫设计与制作、法律事务、服装设计、工商企业管理、公共卫生管理、广告设计与制作、汉语、护理、环境艺术设计、会计、会计电算化、机电设备维修与管理、机电一体化技术、机械设计与制造、机械制造与自动化、计算机网络技术、计算机信息管理、计算机应用技术、计算机硬件与外设、建筑工程管理、建筑工程技术、建筑经济管理、建筑设计技术、金融与证券、经济信息管理、酒店管理、旅游管理、美术教育、模具设计与制造、汽车技术服务与营销、人力资源管理、软件技术、社会工作、食品药品监督管理、市场营销、视觉传达艺术设计、数控技术、体育教育、文秘、物业管理、新闻采编与制作、行政管理、学前教育、音乐教育、应用电子技术、应用英语、影视动画、自动化生产设备应用

院系设置

开放教育学院、成教职教学院、继续教育学院、新都分校、彭州分校、温江分校、双流分校、郫县分校、都江堰分校、崇州分校、新津分校、蒲江分校、邛崃分校、青白江分校、金堂分校、龙泉分校、青羊分校、五冶分校、电子工业分校、旅游分校、成华分校

国家级、省部级研究机构设置

研究所(中心):科研处

定期公开出版的专业刊物 《成都电大报》

学校设立奖学金情况

学校设立奖学金1项,奖励总金额4500万元。奖学金最高金额500元/年,最低金额500元/年。

学校设立助学金1项,奖励总金额1900万元。

学校历史沿革

成都广播电视大学创建于1979年2月,其前身为"四川广播电视大学成都工作站"。1983年经成都市人民政府办公厅"成府函[1983]20号"文件批准更名为"四川广播电视大学成都分校";1984年8月,成都市人民政府办公厅"成府函[1984]133号"文件将该名称更名为"成都广播电视大学";1990年12月,原国家教委以"教计[1990]170号"文件批复成都市人民政府:"成都广播电视大学属独立建制的成人高等学校,接受成都市人民政府的领导和教育行政部门的管理,并享有省级广播电视大学的权限和待遇"。

贵州铝厂职工大学

学校(机构)标识码 4252050962	校园(局域)网域名 www.gljyxy.com	1121.31
学校办学类型 421:职工高校	电子信箱 gliyxy@chinagac.com	在校生数(人) 33
学校举办者 812 省级其他部门	占地面积(平方米) 102598	其中:成人专科 33
学校地址 贵州省贵阳市白云区龚家寨龚中路32号	校舍建筑面积(平方米) 61996	专任教师(人) 74
邮政编码 550058	图书(万册) 8.3	其中:副高级 22
办公电话 0851-4897430	固定资产总值(万元) 3175.31	中级 46
传真电话 0851-4871968	教学、科研仪器设备资产值(万元)	初级 6

专科专业 电气自动化技术

院系设置

专业部、基础部

学校历史沿革

贵州铝厂职工大学前身为贵州铝厂"七·二一"大学,创建于1975年10月,1980年9月经贵州省人民政府批准改为贵州铝厂职工大学。

贵州航空工业职工大学

学校(机构)标识码 4252050963	传真电话 0853-2219002	固定资产总值(万元) 652.81
学校办学类型 421:职工高校	校园(局域)网域名 www.ghzd.com	教学、科研仪器设备资产值(万元)
学校举办者 812 省级其他部门	电子信箱 ghzdlxs@163.com	104.31
学校地址 贵州省安顺市24号信箱	占地面积(平方米) 27210	在校生数(人) 1597
邮政编码 561018	校舍建筑面积(平方米) 24562	其中:成人专科 1597
办公电话 0853-2219002	图书(万册) 3.76	专任教师(人) 52

其中:副高级　12	初级　7	未定职级　2
中级　31		

专科专业　电气自动化技术、法律事务、工程造价、工商企业管理、会计电算化、机电一体化技术、机械制造与自动化、计算机信息管理、计算机应用技术、建筑工程技术、经济管理、酒店管理、矿山资源开发与管理、煤炭深加工与利用、市场营销、文化事业管理、行政管理、语言文化类新专业

学校历史沿革
　　贵州航空工业职工大学,1983年成立,国家教育部批准独立设置的成人高校;1992、1996、2003年相继通过教育部、贵州省教育厅组织的办学水平评估,连年进入教育部公布的"具有招生资格的合格成人高校名单"之一。

贵州机械工业职工大学

学校(机构)标识码　4252050965	传真电话　0853-3524906	固定资产总值(万元)　850
学校办学类型　421:职工高校	校园(局域)网域名　www.gzggd.com	教学、科研仪器设备资产值(万元)　350
学校举办者　812省级其他部门	电子信箱　jxzd_I@163.com	
学校地址　贵州省安顺市西秀区虹轴社区	占地面积(平方米)　22100	专任教师(人)　5
	校舍建筑面积(平方米)　17000	其中:中级　2
邮政编码　561000	图书(万册)　9.85	初级　3
办公电话　0853-3524906		

学校历史沿革
1. 七二一大学:(1975-1979);
2. 贵州广播电视大学虹山轴承厂工作站:(1979-1982);
3. 机械工业部虹山轴承厂职工大学:(1982-1986);
4. 贵州机械工业职工大学:(1986-今)。

贵州广播电视大学

学校(机构)标识码　4252051352	电子信箱　xb@gztvu.com	其中:成人专科　4434
学校办学类型　426:广播电视大学	占地面积(平方米)　348135	专任教师(人)　183
学校举办者　811省级教育部门	校舍建筑面积(平方米)　166493	其中:正高级　16
学校地址　贵阳市八鸽岩路138号	图书(万册)　29	副高级　45
邮政编码　550004	固定资产总值(万元)　61934	中级　53
办公电话　0851-6823537	教学、科研仪器设备资产值(万元)　5216.38	初级　59
传真电话　0851-6839464		未定职级　10
校园(局域)网域名　www.gztvu.com	在校生数(人)　4434	

专科专业　编导、初等教育、法律事务、供用电技术、广告设计与制作、国土资源管理、护理、会计、会计电算化、机电一体化技术、机械制造与自动化、计算机应用技术、建筑装饰工程技术、经济管理、矿井通风与安全、矿山安全技术与监察、矿山地质、矿山机电、矿山资源开发与管理、林业技术、临床医学、旅游服务与管理、煤矿开采技术、市场营销、数控技术、行政管理、畜牧兽医、学前教育、艺术教育、影视表演、幼教保育、语文教育、综合理科教育、综合文科教育

院系设置
设立四个院系:成人开放教育学院、网络学院、继教学院、中专校
定期公开出版的专业刊物　《贵州广播电视大学学报》
毕业生一次就业率　70%
学校历史沿革
　　贵州广播电视大学创建于1979年9月。2001年11月贵州省外贸学校并入。

南方电力职工大学

学校(机构)标识码 4253051361	电子信箱 985355360@qq.com	在校生数(人) 39
学校办学类型 421:职工高校	占地面积(平方米) 24237	其中:成人专科 39
学校举办者 891 地方企业	校舍建筑面积(平方米) 21425	专任教师(人) 51
学校地址 昆明市五华区羊仙坡28号	图书(万册) 6.8	其中:副高级 14
邮政编码 650033	固定资产总值(万元) 2777.34	中级 26
办公电话 0871-6319196	教学、科研仪器设备资产值(万元)	初级 10
传真电话 0871-9319196	495.04	未定职级 1

专科专业 发电厂及电力系统
毕业生一次就业率 100%
学校历史沿革
云南省电力职工大学成立于1985年,批准文号:西南电教(85)8号"关于成立电力工业局职工大学的批复",备案文号:国家教委(86)教计字037号"关于成立高等学校有关备案问题的通知"。1992年更改校名为南方电力职工大学,批准文号:能源人(1992)685号"关于更改云南电力职工大学校名的通知"。

云南广播电视大学

学校(机构)标识码 4253051357	cn	其中:成人本科 24
学校办学类型 426:广播电视大学	电子信箱 yunnan@edu.cn	成人专科 3178
学校举办者 811 省级教育部门	占地面积(平方米) 300341	专任教师(人) 895
学校地址 云南省昆明市学府路113号	校舍建筑面积(平方米) 98965	其中:正高级 11
邮政编码 650223	图书(万册) 84.25	副高级 189
办公电话 0871-5197332	固定资产总值(万元) 21368	中级 401
传真电话 0871-5145632	教学、科研仪器设备资产值(万元)	初级 209
校园(局域)网域名 www.yntvu.edu.	7510	未定职级 85
	在校生数(人) 3202	

本科专业 法学、工商管理
专科专业 初等教育、法律事务、工程造价、工商企业管理、汉语、护理、会计电算化、会计与审计、计算机信息管理、计算机应用技术、建筑工程技术、临床医学、汽车技术服务与营销、数控技术、文秘、学前教育、语文教育、园林技术
院系设置
开放教育学院、网络教育学院、成人教育学院、继续教育学院、云南省干部在线学院、云南省现代远程教育中心办公室、云南省教育终身服务中心
学校设立奖学金情况
学校设立奖学金6项,奖励总金额136.15余万元。奖学金最高金额8000元/年,最低金额1500元/年。
1. 国家奖学金:4人/年,8000元/人;
2. 国家励志奖学金:80人/年,5000元/人;
3. 省政府奖学金:5人/年,6000元/人;
4. 省政府励志奖学金:20人/年,4000元/人;
5. 国家助学金(一等):149人/年,2500元/人;
6. 国家助学金(二等):298人/年,1500元/人。
主要校办产业
校办印刷厂
毕业生一次就业率 87%
学校历史沿革
广播电视大学是一所运用广现代化信息技术远程开放教育的新型省属高等学校。学校于1979年5月29日经中共云南省委批准正式成立。

陕西航天职工大学

学校(机构)标识码 4261050083	学校办学类型 421:职工高校	学校举办者 812 省级其他部门

学校地址	陕西省西安市长安区宇航街601号楼	占地面积(平方米) 168733	其中:成人专科 1400
	校舍建筑面积(平方米) 76039	专任教师(人) 158
邮政编码 710100	图书(万册) 14.55	其中:正高级 17
办公电话 029-85206100	固定资产总值(万元) 6259	副高级 31
传真电话 029-85206100	教学、科研仪器设备资产值(万元) 1338	中级 72
校园(局域)网域名 www.htzd.org		初级 37
电子信箱 htzd-50083@163.com	在校生数(人) 1400	未定职级 1

专科专业 供用电技术、护理类新专业、机电一体化技术、市场营销、数控技术、物业管理

院系设置

机电工程系、管理系、信息技术部、基础部

学校设立奖学金情况

学校设立奖学金8项，奖励总金额30余万元。奖学金最高金额1500元/年，最低金额200元/年。

1. 一等奖学金 47人/年,1500元/人
2. 二等奖学金 91人/年,1000元/人
3. 三等奖学金 136人/年,500元/人
4. 优秀班干部 25人/年,200元/人
5. 优秀学生会干部 3人/年,300元/人
6. 三好学生 46人/年,1500元/人
7. 思想品德奖 47人/年,200元/人
8. 单科奖 150人/年,200元/人

毕业生一次就业率 85%

学校历史沿革

陕西航天职工大学：1980年，第七机械工业总公司对六九一厂、七七一所等单位的"七二一"予以批准确认。

1982年将六九一厂、"七二一"大学与临潼七七一所职工大学合并，成立"骊山微电子公司职工大学"。

1986年航天工业部将"骊山微电子公司职工大学"划归陕西管理局领导，校名改为"陕西航天职工大学"。

陕西航天职工大学(1996年至今)。

陕西电子工业职工大学

学校(机构)标识码 4261050084	cn	1984.81
学校办学类型 421:职工高校	电子信箱 develop@sxeis.com	在校生数(人) 923
学校举办者 812 省级其他部门	占地面积(平方米) 108000	其中:成人专科 923
学校地址 陕西电子工业职工大学	校舍建筑面积(平方米) 58622	专任教师(人) 95
邮政编码 721001	图书(万册) 10.75	其中:副高级 19
办公电话 0917-2887929	固定资产总值(万元) 6085.28	中级 43
传真电话 0917-3663242	教学、科研仪器设备资产值(万元)	初级 33
校园(局域)网域名 www.sxeic.com.		

专科专业 电子信息工程技术、会计电算化、机电一体化技术、计算机信息管理、市场营销、数控技术

院系设置

信息技术系、电子工程系、机电工程系、管理工程系、基础部

定期公开出版的专业刊物 《电子信息职教》

学校设立奖学金情况

学校设立奖学金1项，奖励总金额4.2余万元。奖学金最高金额1000元/年，最低金额100元/年。

毕业生一次就业率 99%

学校历史沿革

陕西电子工业职工大学(1993-至今)，是经陕西省人民政府批准，省教委备案，由原电子工业部批准设立的黄河机器厂职工大学、彩虹显像管厂职工大学、西北机器厂职工大学和长岭机器厂职工大学四所职工大学合并成立的一所电子信息类成人高等学校。办学二十多年来，为社会和我省各大、中型企业培养了近5000余名从事电子信息技术工作的应用型、实用型高级人才。2001年4月经陕西省信息产业厅批准，总校校址由西安黄河机器厂迁至宝鸡市宝福路56号。

西安航空职工大学

学校(机构)标识码 4261050989	学校地址 西安市阎良区人民路东段	传真电话 029-86837451
学校办学类型 421:职工高校	邮政编码 710089	校园(局域)网域名 www.sfygxy.com
学校举办者 812 省级其他部门	办公电话 029-81676706	电子信箱 sfygxy@163.com

占地面积(平方米) 225250	1837.53	副高级 28
校舍建筑面积(平方米) 96769	在校生数(人) 118	中级 34
图书(万册) 18.6	其中:成人专科 118	初级 15
固定资产总值(万元) 4270	专任教师(人) 86	未定职级 7
教学、科研仪器设备资产值(万元)	其中:正高级 2	

专科专业 电子商务、国际经济与贸易、计算机信息管理、数控技术、应用电子技术

院系设置

试飞院工学院、西航工学院、宝成工学院、庆安工学院、远东工学院、陕飞工学院

学校设立奖学金情况

学校设立奖学金 1 项,奖励总金额 6 余万元。奖学金最高金额 1000 元/年,最低金额 100 元/年。

毕业生一次就业率 68.3%

学校历史沿革

西安航空职工大学由航空工业总公司在陕企业【中国飞行试验研究院、西安航空发动机(集团)有限公司、宝成航空仪表(集团)有限公司、庆安宇航设备(集团)有限公司、西安远东公司、陕西飞机工业(集团)有限公司】的工学院合并而成,六家工学院分别是试飞院工学院、西航工学院、宝成工学院、庆安工学院、远东工学院、陕飞工学院,西安航空职工大学校部设在试飞院工学院,以上六家工学院都创建于上世纪五十年代末,1999 年 4 月,经中国航空工业总公司批准并经教育部备案,合并成立"西安航空职工大学"。

西安飞机工业公司职工工学院

学校(机构)标识码 4261050990	传真电话 029-86844972	教学、科研仪器设备资产值(万元)
学校办学类型 421:职工高校	校园(局域)网域名 www.xfgxy.com.cn	646
学校举办者 812 省级其他部门	电子信箱 xf@xfgxy.com.cn	在校生数(人) 131
学校地址 陕西省西安市阎良区西飞大道 1 号	占地面积(平方米) 22136	其中:成人专科 131
	校舍建筑面积(平方米) 20656	专任教师(人) 74
邮政编码 710089	图书(万册) 9	其中:副高级 40
办公电话 029-86844972	固定资产总值(万元) 1691	中级 34

专科专业 飞机制造技术、机电一体化技术、机械设计制造类、计算机信息管理

学校历史沿革

西安飞机工业公司职工工学院的前身为红安公司"七·二一"大学,成立于 1975 年 4 月 1 日,1979 年 9 月 25 日,更名为红安机械公司职工工学院,1982 年 9 月,航空工业部航教函《1982》1314 号文件:教育部批准红安工学院的备案,享受教育部规定的成人教育高等院校待遇。上世纪九十年代经济体制改革,红安公司改名为"西安飞机工业(集团)有限责任公司",红安工学院更名为西安工业公司职工工学院,简称"西飞工学院"。

陕西兵器工业职工大学

学校(机构)标识码 4261051001	电子信箱 bingqizhida@126.com	在校生数(人) 1226
学校办学类型 421:职工高校	占地面积(平方米) 77053	其中:成人专科 1226
学校举办者 812 省级其他部门	校舍建筑面积(平方米) 50817	专任教师(人) 122
学校地址 陕西省西安市新城区韩森寨街道办事处	图书(万册) 15	其中:副高级 36
	固定资产总值(万元) 3145	中级 52
邮政编码 710043	教学、科研仪器设备资产值(万元)	初级 26
办公电话 029-83218059	1388	未定职级 8
传真电话 029-83218059		

专科专业 工商企业管理、护理、会计电算化、机械设计与制造、机械制造与自动化、计算机应用技术、建筑工程管理、经济管理、连锁经营管理、模具设计与制造、汽车检测与维修技术、数控技术、药学、应用电子技术、应用化工技术

学校历史沿革

陕西兵器工业职工大学创建于 1974 年，1982 年 8 月，经国家教育部批准（教育部(1982)教工农字 39 号文）备案的一所公办 A 类成人高等学校。该校由省内八大军工企业联办，总校位于陕西省西安市东郊幸福中路 39 号。

西北电业职工大学

学校(机构)标识码　4261051002
学校办学类型　421：职工高校
学校举办者　812 省级其他部门
学校地址　西安市文艺北路 101 号
邮政编码　710054
办公电话　029-81007223
传真电话　029-83214934
校园(局域)网域名　www.xaepi.edu.cn

电子信箱　office@xaepi.edu.cn
　　　　　office@xaepi.edu.cn
占地面积(平方米)　56182
校舍建筑面积(平方米)　50048
图书(万册)　7
固定资产总值(万元)　10276
教学、科研仪器设备资产值(万元)
　　　　　1956

在校生数(人)　225
其中：成人本科　52
　　　成人专科　173
专任教师(人)　55
其中：副高级　21
　　　中级　24
　　　初级　5
　　　未定职级　5

本科专业　电气工程与自动化
专科专业　发电厂及电力系统、供用电技术、火电厂集控运行、热能动力设备与应用
学校历史沿革

西北电业职工大学的前身为陕西送变电公司职工大学。1982 年水利电力部批准，将陕西送变电公司职工大学改名为西北电业职工大学，隶属西北电管局领导。1983 年元月迁至西安市文艺路 19 号西安水轮发电机厂。1984 年学校开始体制改革，实行校长负责制，职工大学逐渐发展成为一所集学历教育、岗位培训、继续教育、专业技术培训为一体的多功能、多层次、多形式的培训中心。

西安铁路工程职工大学

学校(机构)标识码　4261051006
学校办学类型　421：职工高校
学校举办者　812 省级其他部门
学校地址　西安市太白南路 189 号
邮政编码　710065
办公电话　029-82057856
传真电话　029-82057856

电子信箱　xtgczd@163.com
占地面积(平方米)　217243
校舍建筑面积(平方米)　146351
图书(万册)　20.42
固定资产总值(万元)　7378.84
教学、科研仪器设备资产值(万元)
　　　　　1544.93

在校生数(人)　779
其中：成人专科　779
专任教师(人)　149
其中：副高级　37
　　　中级　92
　　　初级　20

专科专业　道路桥梁工程技术、工程机械运用与维护、工程造价、护理、铁道工程技术
毕业生一次就业率　95.40%
学校历史沿革

西安铁路工程职工大学成立于 1982 年 6 月，是铁道部批准（铁道部(82)铁字 1119 号文）、国家教育部注册备案的独立设置的成人高等院校。其前身为"铁道部第一工程职工大学"，1989 年由铁道部根据国家教委(89)教计字 013 号文件精神，将原"铁道部第一工程职工大学"更名为"西安铁路工程职工大学"。2006 年 2 月，根据中铁程劳(2006)47 号文件精神，将"中铁咸阳干部管理学院"并入"西安铁路工程职工大学"。

西安电力机械制造公司机电学院

学校(机构)标识码　4261051009
学校办学类型　421：职工高校
学校举办者　812 省级其他部门
学校地址　西安市雁塔区昆明路 22 号

邮政编码　710077
办公电话　029-84261233
传真电话　029-84259266
校园(局域)网域名　www.xdpxedu.com

电子信箱　rsb@xdpxedu.com
占地面积(平方米)　201470
校舍建筑面积(平方米)　121654
图书(万册)　15

固定资产总值（万元） 17241	其中：成人专科 3111	中级 71
教学、科研仪器设备资产值（万元） 2148.7	专任教师（人） 211	初级 82
	其中：副高级 44	未定职级 14
在校生数（人） 3111		

专科专业 电气自动化技术、发电厂及电力系统、焊接技术及自动化、机电设备类新专业、机电设备维修与管理、机械制造与自动化、计算机多媒体技术、计算机网络技术、计算机应用技术、模具设计与制造、汽车检测与维修技术、数控技术、数控设备应用与维护

院系设置
机械工程系、工业自动化系、高压电器系、计算机系、艺术师范教研室、汽车工程教研室

学校设立奖学金情况
学校设立奖学金1项，奖励总金额3.54余万元。奖学金最高金额1000元/年，最低金额200元/年。

主要校办产业
1个

毕业生一次就业率 98%

学校历史沿革
西安电力机械制造公司机电学院隶属中国西电集团公司管理，建于1958年，其前身为一机部西安业余机电学院。1978年，经政府批准，国家教育部备案，正式命名西安电力机械制造公司机电学院，是一所面向全国可独立颁发国民教育大专学历的成人高等学院。

陕西省建筑工程总公司职工大学

学校（机构）标识码 4261051010	电子信箱 sjzdbgs@163.com	在校生数（人） 1651
学校办学类型 421：职工高校	占地面积（平方米） 178400	其中：成人专科 1651
学校举办者 812 省级其他部门	校舍建筑面积（平方米） 199874	专任教师（人） 153
学校地址 西安市太白北路254号	图书（万册） 24.5	其中：副高级 40
邮政编码 710068	固定资产总值（万元） 4378	中级 66
办公电话 029-88498427	教学、科研仪器设备资产值（万元） 1298	初级 44
传真电话 029-88498432		未定职级 3

专科专业 工程造价、护理、建筑工程技术、临床医学、医学影像技术

学校设立奖学金情况
学校设立奖学金8项，奖励总金额490余万元。奖学金最高金额1180000元/年，最低金额150000元/年。

毕业生一次就业率 92%

学校历史沿革
我校一九八二年四月经省政府批准，国家教委首批备案的一所独立设置的成人高校，当时国家教委备案校名为陕西省建工局职工大学，一九八三年十月陕西省建工局更名为陕西省建筑工程总公司，我校也随之更名为陕西省建筑工程总公司职工大学。一九九二年元月更名为陕西省建筑职工大学。

西安石油勘探仪器总厂职工大学

学校（机构）标识码 4261051013	学校办学类型 421：职工高校	学校举办者 812 省级其他部门

西安市职工大学

学校（机构）标识码 4261051017	邮政编码 710100	占地面积（平方米） 86580
学校办学类型 421：职工高校	办公电话 029-62806097	校舍建筑面积（平方米） 65580
学校举办者 822 地级其他部门	传真电话 029-62806096	图书（万册） 27.03
学校地址 陕西省西安市太白北路262号	校园（局域）网域名 www.xazd.cn	固定资产总值（万元） 6353.28
	电子信箱 szdbgs@sina.com	教学、科研仪器设备资产值（万元）

	1706.16	专任教师(人) 149		初级 22
	在校生数(人) 1571	其中:副高级 30		未定职级 4
	其中:成人专科 1571	中级 93		

专科专业 护理、会计电算化、机电一体化技术、计算机信息管理、建筑工程技术、临床医学、涉外旅游、药学

学校历史沿革
1980年成立。

宝鸡市职工大学

学校(机构)标识码 4261051018	传真电话 2856319		135.7
学校办学类型 421:职工高校	占地面积(平方米) 41000	在校生数(人) 465
学校举办者 822 地级其他部门	校舍建筑面积(平方米) 22000	其中:成人专科 465
学校地址 陕西省宝鸡市文化路三号	图书(万册) 4	专任教师(人) 51
邮政编码 721000	固定资产总值(万元) 1165.7	其中:副高级 7
办公电话 2856306-2856399	教学、科研仪器设备资产值(万元)	中级 44

专科专业 会计电算化、机电一体化技术、计算机信息管理

学校历史沿革
宝鸡市职工大学创始于1980年,1983年10月经陕西省人民政府批准,设立宝鸡市职工业余大学,1984年国家教育部审定备案。1988年经陕西省高等教育局批准,更名为宝鸡市职工大学。

西安外贸职工大学

学校(机构)标识码 4261051020	校园(局域)网域名 www.xawmxy.com	在校生数(人) 1500
学校办学类型 421:职工高校	电子信箱 xawmxyxz@163.com	其中:成人专科 1500
学校举办者 812 省级其他部门	占地面积(平方米) 226036	专任教师(人) 107
学校地址 西安市灞桥区狄寨路2028号	校舍建筑面积(平方米) 106851	其中:正高级 6
	图书(万册) 12.3	副高级 24
邮政编码 710038	固定资产总值(万元) 1768.6	中级 42
办公电话 029-83572006	教学、科研仪器设备资产值(万元) 973.6	初级 35
传真电话 029-83572002		

专科专业 报关与国际货运、电子商务、国际商务、会计电算化、机电一体化技术、机械设计与制造、计算机应用技术、建筑工程管理、建筑工程技术、旅游管理、商务英语、市政工程技术、物流管理、应用化工技术

学校设立奖学金情况
学校设立奖学金5项,奖励总金额50000余万元,奖学金最高金额600元/年,最低金额100元/年

毕业生一次就业率 90%

陕西省财贸管理干部学院

| 学校(机构)标识码 4261051023 | 学校办学类型 423:管理干部学院 | 学校举办者 812 省级其他部门 |

陕西工运学院

| 学校(机构)标识码 4261051373 | 学校办学类型 423:管理干部学院 | 学校举办者 812 省级其他部门 |

学校地址　西安市西北一路98号	校舍建筑面积(平方米)　61705	专任教师(人)　137
邮政编码　710003	图书(万册)　21.1	其中:正高级　2
办公电话　029-87320243	固定资产总值(万元)　3070	副高级　22
传真电话　029-87320243	教学、科研仪器设备资产值(万元)	中级　64
校园(局域)网域名　www.sxgyxy.com	1005	初级　46
电子信箱　gy@mail.sxgyxy.com	在校生数(人)　519	未定职级　3
占地面积(平方米)　121687	其中:成人专科　519	

专科专业　初等教育、导游、会计电算化、计算机信息管理、老年服务与管理、连锁经营管理、旅游管理、商务英语

陕西教育学院

学校(机构)标识码　4261051025	电子信箱　sxjyxybgs@163.com	其中:成人本科　158
学校办学类型　424:教育学院	占地面积(平方米)　431703	成人专科　882
学校举办者　811 省级教育部门	校舍建筑面积(平方米)　227521	专任教师(人)　389
学校地址　陕西教育学院	图书(万册)　71.57	其中:正高级　56
邮政编码　710061	固定资产总值(万元)　40175.99	副高级　93
办公电话　029-81530019	教学、科研仪器设备资产值(万元)	中级　163
传真电话　029-81530019	3580	初级　66
校园(局域)网域名　www.snie.edu.cn	在校生数(人)　1040	未定职级　11

本科专业　汉语言文学、化学、计算机科学与技术、教育学、历史学、旅游管理、生物科学、数学与应用数学、思想政治教育

专科专业　国际经济与贸易、计算机教育、旅游管理、人力资源管理、生物技术及应用、生物制药技术、食品生物技术、市场开发与营销、学前教育、语文教育

院系设置

教育系、中国语言文学系、政治经济系、历史文化与旅游系、环境与资源管理系、外国语言文学系、计算科学与技术系、数学系、物理与电子技术系、生物科学与技术系、化学与化工系、音乐系、美术系、体育教学部、继续教育

国家级、省部级研究机构设置

研究所(中心):学校德育研究所、生物工程研究所、中国重彩画研究所、西北地区妇女生活研究所、基础教育研究中心、西北民间音乐文化研究所、天然产物化工应用研究所、图书文献与信息传播研究所、书法研究所、教育数学与教育技术研究所、创业教育研究所

定期公开出版的专业刊物　《陕西教育学院学报》

学校设立奖学金情况

学校设立奖学金5项,奖励总金额67余万元。奖学金最高金额2000元/年,最低金额200元/年。

1. 一等奖学金:134人/年,1500元/人
2. 二等奖学金:262人/年,800元/人
3. 三等奖学金:659人/年,400元/人

毕业生一次就业率　97.04%

学校历史沿革

陕西教育学院前身是陕西教师进修学院,创建与1956年11月。校址在西安市北大街原省二中校址,1963年迁到西安市南郊大雁塔原西安师专校址,原西安师范学校叶迁来这里,同年10月,经省政府批准,两校合并,成立陕西省教师进修学院。"文化革命"开始后,陕西省教师进修学院被迫停办。1976年1月,陕西省革委会通知将原省委文化干部学校校址(即我院现址)交陕西省教育局学习班和中小学教材编写组使用。1978年6月,经革委会批准,陕西省教师进修学院在陕西省教育局学习班和中小学教材编写组的基础上恢复,定名陕西教育学院。1978年6月22日陕西省政府批准陕西省教育局《关于恢复和办好陕西教育学院的请示报告》,学院正式恢复,1984年报教育部备案。

陕西省宝鸡教育学院

学校(机构)标识码　4261051027	邮政编码　721004	电子信箱　jyxybgsh@126.com
学校办学类型　424:教育学院	办公电话　0917-3156808	图书(万册)　7.36
学校举办者　821 地级教育部门	传真电话　0917-3156809	固定资产总值(万元)　1436.9
学校地址　宝鸡市金台区大庆路29号	校园(局域)网域名　www.bjjyxy.net	教学、科研仪器设备资产值(万元)

	226.3	专任教师(人) 61	中级 17
在校生数(人) 328	其中:正高级 2	初级 24
其中:成人专科 328	副高级 15	未定职级 3

专科专业 初等教育、计算机教育(师)、计算机应用技术(师)、经济管理、数学教育(师)、思想政治教育、学前教育(师)、英语教育(师)、语文教育、语文教育(师)

院系设置
中文系、数学系、化学系、生物系、英语系、政教系、教育系、计算机系、小学教育系

定期公开出版的专业刊物 《宝鸡教育学院学刊》

毕业生一次就业率 90%

学校历史沿革
宝鸡教育学院1983年经省政府批准成立,并报国家教育部备案。原址在宝福路55号,2010年8月25日迁至大庆路18号,与市教研室、小学教师培训中心共同在一个校园办公,校园建筑共用。

陕西省广播电视大学

学校(机构)标识码　4261051370
学校办学类型　426:广播电视大学
学校举办者　811 省级教育部门
学校地址　陕西省西安市含光北路32号
邮政编码　710068
办公电话　029-82069000
传真电话　029-82069222

校园(局域)网域名　www.sxrtvu.edu
电子信箱　xb@sxrtvu.edu
占地面积(平方米)　15233
校舍建筑面积(平方米)　22963
图书(万册)　3.4
固定资产总值(万元)　4883.1
教学、科研仪器设备资产值(万元)　1034.32

在校生数(人)　6263
其中:成人专科　6263
专任教师(人)　143
其中:正高级　15
　　　副高级　25
　　　中级　60
　　　初级　43

专科专业 发电厂及电力系统、工程造价、工商企业管理、汉语、护理、会计电算化、机械设计与制造、机械制造与自动化、计算机辅助设计与制造、计算机网络技术、计算机应用技术、建筑工程技术、经济信息管理、酒店管理、模具设计与制造、汽车运用与维修、商务英语、生物技术及应用、石油化工生产技术、市场开发与营销、数控技术、冶金技术、音乐教育、应用电子技术、应用化工技术

学校历史沿革
陕西广播电视大学是我省唯一的一所综合性现代远程教育开放大学。学校成立于1978年12月,隶属陕西省人民政府,由陕西省教育厅主管,原名为陕西省广播电视大学,2002年5月,经省人民政府批准更名。

西安市广播电视大学

学校(机构)标识码　4261051871
学校办学类型　426:广播电视大学
学校举办者　821 地级教育部门
学校地址　西安市五味十字48号
邮政编码　710002
办公电话　029-87619720
传真电话　029-87619822
校园(局域)网域名　www.xartvu.sn.cn

电子信箱　xartvu_bgs@126.com
占地面积(平方米)　12027
校舍建筑面积(平方米)　18578
图书(万册)　3.2
固定资产总值(万元)　3385.47
教学、科研仪器设备资产值(万元)　1610.88
在校生数(人)　1248

其中:成人专科　1248
专任教师(人)　36
其中:正高级　1
　　　副高级　11
　　　中级　17
　　　初级　5
　　　未定职级　2

专科专业 表演艺术、电脑艺术设计、广告设计与制作、航空服务、护理、会计电算化、计算机信息管理、口腔医学、临床医学、美术教育、人力资源管理、人物形象设计、摄影摄像技术、视觉传达艺术设计、铁道交通运营管理、舞蹈表演、舞蹈教育、学前教育、音乐表演、音乐教育、应用日语、英语教育、影视动画、主持与播音、装饰艺术设计

定期公开出版的专业刊物 《西安电大报》、《西安电大情况》

学校历史沿革
西安广播电视大学的前身是陕西广播电视大学西安市工作站,于1979年10月26日经陕西省人民政府批准成立。西安市计划单列市之后,经陕西省高教局批准,于1985年10月26日在

原工作站的基础上创办了西安市广播电视大学,2002年6月经陕西省人民政府同意更名为西安广播电视大学,西安市人民政府领导,归西安市教育局管理,业务上接受中央广播电视大学的指导,校址在西安市五味十字48号。

兰州航空工业职工大学

学校(机构)标识码	4262051038
学校办学类型	421:职工高校
学校举办者	891 地方企业
学校地址	甘肃省兰州市安宁区万新路274号
邮政编码	730070
办公电话	0931-7677176
传真电话	0931-7677176
校园(局域)网域名	www.lzavu.cn
占地面积(平方米)	101338
校舍建筑面积(平方米)	52616
图书(万册)	10.71
固定资产总值(万元)	2609.47
教学、科研仪器设备资产值(万元)	646
在校生数(人)	357
其中:成人专科	357
专任教师(人)	78
其中:正高级	2
副高级	26
中级	43
初级	7

专科专业 电子商务、电子信息工程技术、工商企业管理、焊接技术及自动化、航空机电设备维修、会计、计算机信息管理、建筑工程技术、精密机械技术、模具设计与制造、数控技术、数控设备应用与维护

学校历史沿革
始建于1958年,1964年改为万里工学院,从此开始大专层次的高等教育,1971年改为七二一大学,1982年根据航空工业部文件批准,成立兰州航空工业职工大学。

兰州铁路工程职工大学

学校(机构)标识码	4262051039
学校办学类型	421:职工高校
学校举办者	891 地方企业
学校地址	甘肃省兰州市城关区和政西街64号
邮政编码	730000
办公电话	0931-4934565
传真电话	0931-4934565
电子信箱	zhangsj1314@126.com
占地面积(平方米)	20343
校舍建筑面积(平方米)	10764
图书(万册)	7.12
固定资产总值(万元)	507.28
教学、科研仪器设备资产值(万元)	253.26
在校生数(人)	18
其中:成人专科	18
专任教师(人)	66
其中:副高级	22
中级	39
初级	5

专科专业 工程造价

学校设立奖学金情况
学校设立奖学金2项,奖励总金额4余万元。奖学金最高金额500元/年,最低金额150元/年。

毕业生一次就业率 85%

学校历史沿革
兰州铁路工程职工大学是1979年6月1日成立,当时是铁道部第一勘测设计院七二一大学,1980年经铁教字改为铁道部第一勘测设计院工学院,1989年由铁道部192号文件改为兰州铁路工程职工大学。

甘肃核工业职工大学

学校(机构)标识码	4262051040
学校办学类型	421:职工高校
学校举办者	891 地方企业
学校地址	甘肃省兰州市西固区新安路
邮政编码	730065
办公电话	0931-7915400
传真电话	0931-7917090
校园(局域)网域名	www.dd504.gsrt-vu.cn
电子信箱	ghzd504@sina.com
占地面积(平方米)	22943
校舍建筑面积(平方米)	6090
图书(万册)	4.86
固定资产总值(万元)	617.06
教学、科研仪器设备资产值(万元)	306.16
在校生数(人)	163
其中:成人专科	163
专任教师(人)	46
其中:副高级	15
中级	17
初级	14

专科专业 工程机械控制技术、工商管理
院系设置
学校下设机械组、电子组、数理组、经济管理组等教学机构
毕业生一次就业率 100%
学校历史沿革
甘肃核工业职工大学隶属于中国核工业集团公司。前身为五０四厂职工大学和四０四厂职工大学。五０四厂职工大学于1976年建校,四０四厂职工大学于1981年建校。1996年经国家教育部批准备案,两校合并为甘肃核工业职工大学。

银光化学材料厂职工大学

学校(机构)标识码 4262051042
学校办学类型 421:职工高校
学校举办者 891 地方企业
学校地址 甘肃省白银市银光路223号
邮政编码 730900
办公电话 0943-8301154
传真电话 0943-8301154

占地面积(平方米) 25653
校舍建筑面积(平方米) 8512
图书(万册) 8
固定资产总值(万元) 1093.8
教学、科研仪器设备资产值(万元) 400.1
在校生数(人) 210

其中:成人专科 210
专任教师(人) 44
其中:正高级 1
副高级 16
中级 20
初级 4
未定职级 3

专科专业 应用化工技术
学校历史沿革
学校始建于1975年,1982年被教育部正式批准为成人高校。
化学工程、化工工艺、化工机械、机电工程、计算机应用与维护、工业与民用建筑、化工仪表等专业。

兰州服装职工大学

学校(机构)标识码 4262051378
学校办学类型 421:职工高校
学校举办者 811 省级教育部门
学校地址 甘肃省兰州市城关区秦安路28号
邮政编码 730030
办公电话 0931-8820064

传真电话 0931-8820064
占地面积(平方米) 20199
校舍建筑面积(平方米) 14261
图书(万册) 3.48
固定资产总值(万元) 827
在校生数(人) 252

其中:成人专科 252
专任教师(人) 50
其中:副高级 12
中级 28
初级 9
未定职级 1

专科专业 艺术设计、装潢设计
学校历史沿革
兰州服装职工大学是省属艺术类成人高校,设有服装设计、服装工艺工程、服装设计与模特表演、工业造型设计等专业。自85年建校以来,学校注重对学生动手能力和创新能力的培养,是我省提前实施素质教育的学校之一。

兰州教育学院

学校(机构)标识码 4262051700
学校办学类型 424:教育学院
学校举办者 821 地级教育部门

学校地址 兰州市城关区雁儿湾34号
邮政编码 730000

办公电话 0931-7658812
传真电话 0931-7658812

甘肃广播电视大学

学校(机构)标识码　4262051374
学校办学类型　426:广播电视大学
学校举办者　811 省级教育部门
学校地址　甘肃省兰州市城关区南滨河东路571号
邮政编码　730030
办公电话　0931-8828004
传真电话　0931-8828191

校园(局域)网域名　www.gsrtvu.cn
电子信箱　bgs@gsrtvu.cn
占地面积(平方米)　13915
校舍建筑面积(平方米)　43288
图书(万册)　7.48
固定资产总值(万元)　6919.53
教学、科研仪器设备资产值(万元)　1275.49

在校生数(人)　6640
其中:成人专科　6640
专任教师(人)　111
其中:正高级　3
副高级　34
中级　56
初级　18

专科专业　财政、道路桥梁工程技术、电子商务、发电厂及电力系统、法律事务、工商企业管理、汉语、护理、会计电算化、机电设备维修与管理、机电一体化技术、机械制造与自动化、计算机通信、计算机应用技术、建筑工程管理、建筑工程技术、教育管理、金融管理与实务、酒店管理、旅游管理、汽车运用与维修、市场营销、数控技术、水利水电工程管理、文秘、物流管理、小学教育、行政管理、应用电子技术、应用化工技术、应用英语、油气开采技术

院系设置
直属学院(残疾人教育学院)、继续教育学院、职业技术学院(甘肃省广播电视中等专业学校)、现代教育技术培训学院、甘肃信息工程技术中等专业学校、社区学院

国家级、省部级研究机构设置
研究所(中心):远程教育研究所

定期公开出版的专业刊物　《甘肃广播电视大学学报》
学校设立奖学金情况
学校设立奖学金 4 项,奖励总金额 36 余万元。奖学金最高金额 1000 元/年/人,最低金额 400 元/年/人。
主要校办产业
甘肃广播电视大学印刷厂(甘肃教育科技工贸总公司)
毕业生一次就业率　90%
学校历史沿革
1978年12月,甘肃广播电视大学筹备领导小组成立;1979年1月8日,甘肃省革命委员会第一次主任办公会议讨论省教育局、省广播事业局《关于成立甘肃广播电视大学的报告》,决定同意成立甘肃广播电视大学;

青海省联合职工大学

学校(机构)标识码　4263051049
学校办学类型　421:职工高校
学校举办者　811 省级教育部门
学校地址　青海省西宁市胜利路8号
邮政编码　810001
办公电话　0971-6127650
传真电话　0971-6127650

占地面积(平方米)　72313
校舍建筑面积(平方米)　22455
图书(万册)　8.8
固定资产总值(万元)　2666
教学、科研仪器设备资产值(万元)　987
在校生数(人)　1565

其中:成人专科　1565
专任教师(人)　108
其中:副高级　21
中级　59
初级　15
未定职级　13

专科专业　法律文秘、工商企业管理、汉语、护理、会计、机电一体化技术、计算机应用技术、经济管理、旅游管理、通信技术、文秘、行政管理、学前教育、冶金技术、应用英语、中国少数民族语言文化

学校历史沿革
青海联合职工大学是1990年经国家教育部正式批准成立的一所成人高等学校由冶金分校、大通分校、青干分校、信息分校、直属分校、理工分校、格尔木分校七所分校组成。以培养应用型专业人才为主要目的的综合性成人高等学青海省联合职工大学成立十几年来,开辟了我省成人高等教育的新领域。

青海省广播电视大学

学校(机构)标识码 4263051382	校园(局域)网域名 www.qhrtvu.edu.cn	286
学校办学类型 426:广播电视大学	电子信箱 xb@qhrtvu.edu.cn	在校生数(人) 447
学校举办者 811 省级教育部门	占地面积(平方米) 10655	其中:成人专科 447
学校地址 西宁市城西区五四西路7号	校舍建筑面积(平方米) 10000	专任教师(人) 54
邮政编码 810008	图书(万册) 2.94	其中:正高级 3
办公电话 0971-7327727	固定资产总值(万元) 836	副高级 17
传真电话 0971-7327619	教学、科研仪器设备资产值(万元)	中级 22
		初级 12

专科专业 藏医学、对外汉语、会计、机电一体化技术、美术教育、汽车检测与维修技术、舞蹈表演、学前教育、药学、艺术设计、音乐表演、应用化工技术

学校历史沿革
青海广播电视大学是由省人民政府举办、省教育厅主管、中央电大教学指导,面向全省社会从业人员办学的省属高等院校。

宁夏回族自治区广播电视大学

学校(机构)标识码 4264051383	cn	在校生数(人) 3205
学校办学类型 426:广播电视大学	电子信箱 nxddxb@nxtvu.edu.cn	其中:成人专科 3205
学校举办者 811 省级教育部门	占地面积(平方米) 22477	专任教师(人) 66
学校地址 宁夏回族自治区银川市西夏区文萃北街	校舍建筑面积(平方米) 28871	其中:正高级 5
邮政编码 750021	图书(万册) 3.3	副高级 34
办公电话 0951-2135055	固定资产总值(万元) 2387.93	中级 24
传真电话 0951-2135072	教学、科研仪器设备资产值(万元) 643.6	初级 2
校园(局域)网域名 www.nxtvu.edu.		未定职级 1

专科专业 安全保卫、初等教育、电厂热能动力装置、电机与电器、电视节目制作、电子商务、法律事务、工商企业管理、工商行政管理、广播电视技术、汉语(汉语言文学)、护理、会计电算化、机电一体化技术、计算机应用技术、建筑工程技术、经济管理、酒店管理、旅游管理、农村行政管理、农业技术与管理、农业经济管理、农业水利技术、热能动力设备与应用、社区管理与服务、生化制药技术、市场营销、数控设备应用与维护、水利水电工程管理、铁道交通运营管理、图书档案管理、物流管理、信息安全技术、畜牧兽医、学前教育、药学、应用电子技术、应用化工技术、油田化学应用技术、园林技术、制浆造纸技术、治安管理

国家级、省部级研究机构设置
学校建有双向视频会议系统、卫星电视数据接收系统、多媒体课件制作系统、计算机网络管理系统、计算机网络教室、多媒体教室和语音室;还建有计算机应用实验室、计算机硬件实验室、多媒体制作实验室、计算机网络实验室、计算机图形图象实验室、财会电算化模拟实验室等实验实训设施。

学校历史沿革
宁夏广播电视大学是一所运用广播、电视、文字教材、音像教材、计算机课件和网络等多种媒体,面向全区开展远程开放教育的新型高等学校。1978年12月建校,1979年2月6日正式开学。学校隶属于自治区人民政府领导,业务接受自治区教育厅和中央广播电视大学的指导管理。

新疆维吾尔自治区钢铁公司职工大学

学校(机构)标识码 4265051060	学校举办者 891 地方企业	八一路
学校办学类型 421:职工高校	学校地址 新疆乌鲁木齐市头屯河区	邮政编码 830022

办公电话 0991-3892290	图书(万册) 8.8	专任教师(人) 75
传真电话 0991-3892290	固定资产总值(万元) 1786.22	其中:副高级 22
校园(局域)网域名 www.xjgtxx.com	教学、科研仪器设备资产值(万元)	中级 29
电子信箱 xjgtxxjx@163.com	807.78	初级 11
占地面积(平方米) 38396	在校生数(人) 209	未定职级 13
校舍建筑面积(平方米) 14584	其中:成人专科 209	

专科专业 材料工程技术、电气自动化技术、机械设计制造类、冶金技术

学校历史沿革

新疆钢铁公司职工大学始建于1982年,位于乌鲁木齐市头屯河区文景一路,与新疆钢铁学校、新疆钢铁技工学校合为一体的一所统一管理的多学科、多层次、多规格的教育基地,是一所综合性的职业教育学校。从1982年招生以来,作为新疆唯一一家冶金院校,为钢铁行业培养了许多专业骨干技术力量。

新疆教育学院

学校(机构)标识码 4265051592	电子信箱 bailin@xjei.cn	其中:成人本科 417
学校办学类型 424:教育学院	占地面积(平方米) 146134	成人专科 855
学校举办者 812 省级其他部门	校舍建筑面积(平方米) 232163	专任教师(人) 417
学校地址 新疆乌鲁木齐市天山区光明路333号	图书(万册) 60	其中:正高级 11
	固定资产总值(万元) 26963	副高级 128
邮政编码 830043	教学、科研仪器设备资产值(万元)	中级 174
办公电话 0991-8898218	4243	初级 54
传真电话 0991-8865282	在校生数(人) 1272	未定职级 50
校园(局域)网域名 www.xjei.cn		

本科专业 哈语言文学、汉语言、汉语言文学、数学与应用数学、维语言文学、学前教育、音乐学、英语

专科专业 初等教育、电脑艺术设计、工商管理、汉语、计算机应用技术、学前教育、音乐教育、英语教育、语文教育、综合理科教育

院系设置

学校设有双语学院、教育科学分院、人文科学分院、美术教育分院、音乐教育分院、数学与信息技术分院、外国语教育分院、职业教育分院、体育分院、成人与业余教育分院、思想政治理论课教学研究部(12个分院)

国家级、省部级研究机构设置

研究所(中心):学院设有:新疆中小学教师继续教育中心、自治区中小学德育研究中心

定期公开出版的专业刊物 《新疆教育学院学报》

学校设立奖学金情况

学校设立奖学金 三 项,奖励总金额 23.71 余万元。奖学金最高金额 8000 元/年,最低金额 600 元/年。

1. 国家级奖学金:4 人/年,8000 元/人,共计 32000 元
2. 国家励志奖学金:101 人/年,5000 元/人,共计 505000 元
3. 学校级一等奖学金:37 人/年,1500 元/人,共计 55500 元
4. 学校级二等奖学金:91 人/年,1000 元/人,共计 91000 元
5. 学校级三等奖学金:151 人/年,600 元/人,共计 90600 元

主要校办产业

新疆教育学院学术交流中心、新疆教育学院印刷厂

毕业生一次就业率 86.2%

学校历史沿革

1978 年,新疆教育学院在原乌鲁木齐第一师范学校(其前身是创建于1906 年的新疆师范学堂)基础上建立。1989、2003 年原新疆广播电视师范大学和原新疆纺织工业技术学校相继并入我院。新疆教育学院是一所培养中小学教师和教育行政管理干部为主的成人师范高校。

喀什教育学院

学校(机构)标识码 4265051594	路115号	占地面积(平方米) 339344
学校办学类型 424:教育学院	邮政编码 844002	校舍建筑面积(平方米) 43238
学校举办者 811 省级教育部门	办公电话 0998-2918395	图书(万册) 11.1
学校地址 新疆喀什市多来特巴格东	传真电话 0998-2918432	固定资产总值(万元) 2081

教学、科研仪器设备资产值（万元） 379.8	其中：成人专科 223 专任教师（人） 169 其中：副高级 37	中级 86 初级 46

专科专业 初等教育、汉语、语文教育、中国少数民族语言文化（维吾尔语）

学校历史沿革

根据喀署复[2005(53)号]文件精神，原喀什成人教育学院与喀什农业学校在2005年8月合并。合并为"喀什教育学院"。合并后校址设在喀什地区农业学校。实行一套领导班子，挂喀什教育学院、新疆广播电视大学喀什分校、喀什农业学校三块牌子，保留原三所院校教学任务和专业的管理体制，原喀什教育学院，新疆电大喀什分校，喀什农业学校的性质不变，业务隶属关系不变。合并后，学校面积、资产、设备统一管理使用，2009年下半年对原喀什成人学院的部分资产搬迁到新校址。

新疆生产建设兵团教育学院

学校（机构）标识码 4265051595 学校办学类型 424：教育学院 学校举办者 811 省级教育部门 学校地址 新疆石河子市北四路 邮政编码 832003 办公电话 0993-2058331 传真电话 0993-2057553 校园（局域）网域名 www.shzu.edu.cn	电子信箱 wf_tea@shzu.edu.cn 占地面积（平方米） 399600 校舍建筑面积（平方米） 88360 图书（万册） 57.2 固定资产总值（万元） 1121 教学、科研仪器设备资产值（万元） 481 在校生数（人） 624	其中：成人本科 24 　　　成人专科 600 专任教师（人） 247 其中：正高级 13 　　　副高级 100 　　　中级 74 　　　初级 60

本科专业 数学与应用数学、物理学

专科专业 初等教育、汉语、学前教育、应用俄语、综合理科教育、综合文科教育

院系设置

中文系、数学系、物理系、化学系、英语系、地理系、音乐系、美术系

定期公开出版的专业刊物 《兵团教育学院学报》

学校历史沿革

新疆生产建设兵团教育学院的前身是新疆生产建设兵团教师进修学校，创建于1982年4月，1983年更名为新疆生产建设兵团教育学院，1984年原国家教委批准兵团教育学院享受高等师范学校的地位和待遇，1987年3月在此基础上成立了兵团师范专科学校，至此以后，兵团教育学院和兵团师范专科学校合署办学，形成了普通高等师范教育与成人教育合二为一的办学模式－师范教育模式。

和田地区教育学院

学校（机构）标识码 4265051599 学校办学类型 424：教育学院 学校举办者 811 省级教育部门 学校地址 新疆和田市乌鲁木齐南路73号 邮政编码 848000 办公电话 0903-2512746 传真电话 0903-2512746	电子信箱 htjyxy@yahoo.com.cn 占地面积（平方米） 21334 校舍建筑面积（平方米） 17305 图书（万册） 2.5 固定资产总值（万元） 2367.59 教学、科研仪器设备资产值（万元） 2266.69	在校生数（人） 299 其中：成人专科 299 专任教师（人） 83 其中：副高级 16 　　　中级 40 　　　初级 26 　　　未定职级 1

专科专业 汉语、美术、学前教育、音乐教育

院系设置

现设有文科，理科，语言部，幼儿部等四个教学部，政教教研组，语文教研组，数学教研组，汉语教研组，英语教研组，生化物理教研组，计算机教研组，体育教研组，音美教研组等9个教研组。

定期公开出版的专业刊物 《教育学院（师范学校）学报》

学校设立奖学金情况

学校设立奖学金 壹 项,奖励总金额 0.9 余万元。奖学金最高金额 1600 元/年,最低金额 400 元/年。

学校历史沿革

和田地区师范学校创建于 1938 年,和田地区教育学院创建于 1982 年,2003 年 10 月,原教育学院和师范学校合并成立和田地区教育学院(师范学校)。

阿克苏教育学院

学校(机构)标识码	4265051717
学校办学类型	424:教育学院
学校举办者	811 省级教育部门
学校地址	新疆阿克苏市教育路 11 号
邮政编码	843000
办公电话	0997-2612109
传真电话	0997-2660929
校园(局域)网域名	www.xjaksedu.com
电子信箱	xzbgsh2006@126.com
占地面积(平方米)	119214
校舍建筑面积(平方米)	20652
图书(万册)	4.05
固定资产总值(万元)	2555.6
教学、科研仪器设备资产值(万元)	318
在校生数(人)	355
其中:成人专科	355
专任教师(人)	98
其中:副高级	11
中级	45
初级	26
未定职级	16

专科专业 综合文科教育

院系设置

阿克苏教育学院、阿克苏教育学院(中专部)

定期公开出版的专业刊物 《阿克苏教育学院学报》(维文版)、《阿克苏教育学院》(汉文版)

学校历史沿革

阿克苏教育学院坐落在阿克苏市教育路 11 号,于 1984 年经新疆维吾尔自治区人民政府批准的师范类成人高等院校,属国有公办性质,正县级建制,隶属阿克苏地委、行署,为全额拨款的事业单位。2003 年在地委、行署的高度重视下,在上海市委、市政府的大力援助下,在阿克苏教育学院原址上瞅见了阿克苏地区教师培训中心。2004 年 8 月经阿克苏地区行政公署批复将阿克苏教育学院成立阿克苏地区教师培训中心,自此阿克苏教育学院和阿克苏地区教师培训中心实行两块牌子、一个机构,为院党委领导下的院长负责制。

新疆生产建设兵团广播电视大学

学校(机构)标识码	4265051210
学校办学类型	426:广播电视大学
学校举办者	812 省级其他部门
学校地址	新疆乌鲁木齐市二道湾路一巷 100 号
邮政编码	830001
办公电话	0991-8867622
传真电话	0991-8827640
校园(局域)网域名	www.bttvu.com
电子信箱	xbs@bttvu.com
占地面积(平方米)	384610
校舍建筑面积(平方米)	156861
图书(万册)	34
固定资产总值(万元)	18763.64
教学、科研仪器设备资产值(万元)	10235.06
在校生数(人)	857
其中:成人专科	857
专任教师(人)	376
其中:正高级	2
副高级	118
中级	167
初级	50
未定职级	39

专科专业 电厂设备运行与维护、发电厂及电力系统、法律事务、工程造价、会计、建筑设计技术、旅游管理、热能动力设备与应用、人力资源管理、食品加工技术、物流管理、学前教育

学校历史沿革

1983 年新疆维吾尔自治区教育厅下发了新教工农字(83)21 号文件《关于成立新疆生产建设兵电大分校的建议》,同年 5 月,新疆生产建设兵团下发的兵编字(83)026 号文件,新疆广播电视大学兵团分校正式成立。1984 年 11 月新疆生产建设兵团广播电视大学师范大学工作总站成立。

1993 年 8 月,国家教育委员会下发了教计[1993]133 号文件,同意成立新疆生产建设兵团广播电视大学,接受兵团的领导和兵团教育委员会的管理,并享受相当省级广播电视大学的权限和待遇。

新疆维吾尔自治区广播电视大学

学校(机构)标识码 4265051387	校园(局域)网域名 www.xrtvu.com	在校生数(人) 2005
学校办学类型 426:广播电视大学	电子信箱 db@mail.xrtvu.com	其中:成人专科 2005
学校举办者 811 省级教育部门	占地面积(平方米) 1879608	专任教师(人) 1695
学校地址 新疆乌鲁木齐市新华南路654号	校舍建筑面积(平方米) 584268	其中:正高级 22
	图书(万册) 145.45	副高级 405
邮政编码 830049	固定资产总值(万元) 39156.45	中级 784
办公电话 0991-8528709	教学、科研仪器设备资产值(万元)	初级 433
传真电话 0991-8530767	10528.77	未定职级 51

专科专业 电厂设备运行与维护、电视节目制作、电子商务、工程造价、护理、化工设备维修技术、会计、会计电算化、机电一体化技术、建筑工程管理、舞蹈表演、物流管理、新闻采编与制作、音乐表演、应用化工技术、主持与播音

院系设置
学校设置直属学院、继续教育学院、远程教育学院等部门

定期公开出版的专业刊物 《新疆广播电视大学学报》(汉、维)

学校历史沿革
学校成立于 1979 年 1 月,经历广播、电视、现代教育技术远程教育等阶段。

ISBN 978-7-301-10190-2